Zugang zur Online-Datenbank:

http://www.stotax-portal.de/anmelden

Bitte folgenden Registrierungscode im Eingabefeld
„Benutzername/Registrierungscode" eingeben

74L6N32CF1

und mit „Enter" bestätigen. Nach erfolgter
Registrierung erhalten Sie für die Aktivierung
Ihrer persönlichen Zugangsdaten eine E-Mail.

Stollfuß Medien GmbH & Co. KG

ABC des Lohnbüros 2016

ABC des Lohnbüros 2016

Lohn- und Gehaltsabrechnung 2016
von A bis Z

Lohnsteuer · Sozialversicherung

von

Dipl.-Finanzwirten (FH)
Klaus Mader, Regierungsoberamtsrat a. D.,
ehemals im Lohnsteuerreferat des
Niedersächsischen Finanzministeriums, Hannover

Detlef Perach, Regierungsoberamtsrat
Lohnsteuerreferat des Niedersächsischen
Finanzministeriums, Hannover

und

Rainer Voss, leitender Verwaltungsdirektor
AOK Rheinland/Hamburg

mit
Beiträgen zum Arbeitsrecht

von

Dietmar Besgen,
Richter am Arbeitsgericht a. D., Sankt Augustin

Rechtsstand: 1. Januar 2016

(Redaktionsschluss: 2. Dezember 2015)

Benutzerhinweise

- Die **Inhaltsübersicht** enthält durch Fettdruck hervorgehoben alle Stichwörter des ABC-Teils in alphabetischer Reihenfolge mit Angabe der Anfangsseite. Darüber hinaus werden weitere Verweise auf Stichwörter als Einstiegshilfe ausgewiesen.

- Der **ABC-Teil** des Ratgebers bietet ausführliche Darstellungen zu allen wichtigen Stichwörtern des Lohnbüros. Zur schnellen Orientierung bei der lohnsteuerlichen und sozialversicherungsrechtlichen **Beurteilung einzelner Sachverhalte** wurden die betreffenden Textstellen im ABC-Teil mit Piktogrammen versehen.

    Sind Sachverhalte z.B. steuer- und beitragspflichtig, so ist dies mit den Symbolen [LSt] [SV] gekennzeichnet, bei Steuer- und Beitragsfreiheit entsprechend mit den Symbolen [L̶S̶t̶] [S̶V̶].

- Die Quellenangabe www.stotax-first.de verweist auf das umfassende Fachportal von Stollfuß Medien. Hier sind die zitierten Urteile und Verwaltungsvorschriften schnell zu finden.

- Sämtliche Regelungen in diesem Ratgeber zu Ehegatten und Ehen gelten entsprechend für Lebenspartner und Lebenspartnerschaften, soweit nichts anderes vermerkt ist.

Werkbegleitende Online-Datenbank

- Die **Zugangsdaten zur werkbegleitenden kostenlosen Online-Datenbank** des ABC des Lohnbüros 2016 sowie der Vorauflagen 2015 und Juni 2015 mit den u.a. nachfolgend aufgeführten Mehrwerten haben wir für Sie vorne im Werk eingebunden.

- Die im ABC des Lohnbüros genannten SV-Rundschreiben und Besprechungsergebnisse der **Spitzenorganisationen der Sozialversicherung** finden Sie u.a. in der werkbegleitenden Online-Datenbank „www.stotax-portal.de" unter „SV-Dokumente".

- Die Anwendung „Stotax-Lohn 2016", mit der Sie komfortabel Löhne und Gehälter berechnen können, steht Ihnen in der werkbegleitenden Online-Datenbank zum Download zur Verfügung. Nach der Installation haben Sie Zugriff auf den vollen Leistungsumfang von „Stotax-Lohn 2016".

Online-Aktualisierungsdienst

- Informationen zu **aktuellen Rechtsänderungen**, die 2016 zu berücksichtigen sind, werden nach Bekanntgabe unverzüglich in der werkbegleitenden Online-Datenbank unter www.stotax-portal.de zur Verfügung gestellt. Zusätzlich können Sie sich unter „www.stollfuss-lohnbuero.de" in den **kostenlosen Newsletter** eintragen, der Sie über neue Texte zu unterjährigen Rechtsänderungen informiert.

- Aktuelle Informationen aus den Bereichen Steuerrecht und Arbeitsrecht erhalten Sie darüber hinaus laufend auf unserer Homepage www.stollfuss.de unter der Rubrik NEWS.

ISBN 978-3-08-**317816**-3

Stollfuß Medien GmbH & Co. KG 2016 · Alle Rechte vorbehalten
Satz: rdz GmbH, Sankt Augustin
Druck und Verarbeitung: Bonner Universitäts-Buchdruckerei (bub)

Inhaltsübersicht

	Seite
Abkürzungsverzeichnis	XV
ABC-Teil	1
Abfindungen	1
Abführung der Lohnsteuer	1
Abführung der Sozialversicherungsbeiträge	2
Abgeltung von Urlaubsansprüchen	2
Abgeordnete	2
Abrufarbeit	4
Abschlagszahlungen	4
Abschlussgebühr: Zahlungsverzicht	5
Abschnittsbesteuerung	5
Absetzung für Abnutzung	5
Abtretung des Arbeitslohns	5
Abtretung einer Forderung als Arbeitslohn	6
Abwälzung der pauschalen Lohnsteuer auf den Arbeitnehmer	6
Abzug ausländischer Steuer	9
Agentur für Arbeit	9
Akkordlohn	9
Aktentasche, -koffer, -schrank	9
Aktienoption	9
Aktien: Zuwendung an Arbeitnehmer	12
Aktion Tagwerk	13
Alterseinkünfte	13
Altersentlastungsbetrag	13
Altersrenten	14
Altersteilzeit	17
Altersvermögensgesetz	28
Altersvorsorge und Altersversorgung	28
Amateursportler	29
Amtseinführung, Kostenübernahme	30
Änderung des Lohnsteuerabzugs	30
Angehörige	32
Angestelltenversicherung	37
Anmeldung der Lohnsteuer	37
Anmeldung der Sozialversicherungsbeiträge	41
Annehmlichkeiten	41
Anpassungshilfe	42
Anrechnung/Abzug ausländischer Steuern	42
Anreizprämie	43
Anrufungsauskunft	43
Ansässigkeitsstaat	43
Antrittsgebühr	43
Anwärterbezüge, Unterhaltszuschüsse	43
Anwesenheitsprämie	43
Anzeigepflichten des Arbeitgebers	43
AOK (Allgemeine Ortskrankenkassen)	43
Apotheker	43
Arbeitgeber	44
Arbeitgeberbeiträge zur Sozialversicherung	45
Arbeitgeberhaftung	45
Arbeitgeberleistungen: unentgeltliche	45
Arbeitnehmer	46
Arbeitnehmer-ABC	50
Arbeitnehmerentsendung	69
Arbeitnehmererfindung	69
Arbeitnehmerjubiläum	69
Arbeitnehmer-Pauschbetrag	69

	Seite
Arbeitnehmer-Sparzulage	69
Arbeitnehmerüberlassung	69
Arbeitnehmer-Vertreter	75
Arbeitsbelohnungen von Patienten in psychiatrischen Krankenhäusern und Entziehungsanstalten	75
Arbeitsentgelt	75
Arbeitsessen	80
Arbeitsförderung	81
Arbeitsgemeinschaft	81
Arbeitskammern	81
Arbeitskampf	81
Arbeitskleidung	82
Arbeitslohn	82
Arbeitslohn-ABC	85
Arbeitslohn für mehrere Jahre	89
Arbeitslohnrückzahlung	90
Arbeitslosengeld	90
Arbeitslosenversicherung	91
Arbeitsmittel	93
Arbeitsplatz	93
Arbeitsschutzkleidung	93
Arbeitsunfähigkeit	93
Arbeitsunterbrechungen durch Arbeitnehmer	93
Arbeitsversuch: missglückter	95
Arbeitsvertrag	95
Arbeitszeit: Dokumentation	95
Arbeitszeitmodelle	95
Arbeitszimmer	103
Arzt	111
Arzthelferin	115
Ärztliche Betreuung	115
Asylbewerber, Flüchtlinge	115
Attest	115
Aufbewahrungspflichten	115
Aufenthaltsräume	116
Aufklärungspflichten	116
Auflassungsvollmachten: Notarangestellte	116
Aufmerksamkeiten	116
Aufrechnung	116
Aufsichtsratsvergütungen	117
Aufsichtsvergütungen	118
Aufstockungsbeträge	118
Aufwandsentschädigungen für bestimmte nebenberufliche Tätigkeiten	118
Aufwandsentschädigungen im öffentlichen Dienst	126
Aufwandsentschädigungen privater Arbeitgeber	131
Aufwendungsausgleichsgesetz	131
Aufzeichnungspflicht	131
Ausbildungsbeihilfen	131
Ausbildungsdienstverhältnis	131
Ausbildungskosten	131
Ausgleichsgeld nach dem FELEG	132
Aushilfskraft/Aushilfstätigkeit	133
Auskünfte und Zusagen des Finanzamts	134
Auskunftspflicht des Arbeitgebers	138

Inhaltsübersicht

	Seite		Seite
Auslagenersatz und durchlaufende Gelder ...	138	**Beitragsüberwachung**	179
Ausländische Arbeitnehmer	140	**Beitragszuschuss zur Krankenversicherung**	181
Ausländische Einkünfte	140	**Beitragszuschuss zur Pflegeversicherung** ...	184
Ausländische Lehrkräfte	140	**Beköstigung am Arbeitsort**	185
Ausländische Praktikanten	141	Belegschaftsaktien	185
Ausländischer Arbeitslohn	141	Belegschaftsrabatte	185
Ausländische Studenten	141	Belegschaftsspenden	185
Auslandsaufenthalt	142	**Belohnungen**	186
Auslandsbeamte	142	Belohnungsessen	186
Auslandsjournalisten	142	Belohnungsreise	186
Auslandslehrer	143	**Benzin: Mitarbeitervergünstigung**	186
Auslandsreise	143	**Beratung**	186
Auslandsreisekosten, Auslandstagegelder	143	**Berechnung der Lohnsteuer**	187
Auslandstätigkeit	143	Berechnung der Sozialversicherungsbeiträge ...	189
Auslandstätigkeitserlass	143	**Bereitschaftsdienst**	189
Auslandsumzug	147	Bergmannsprämien	189
Auslandszulagen	147	Berichtigung des Lohnsteuerabzugs	189
Auslösungen	147	**Berufsausbildung**	189
Außenprüfung	147	**Berufsgenossenschaften**	189
Außergewöhnliche Belastungen	147	**Berufskleidung**	189
Außergewöhnlicher Arbeitseinsatz	147	Berufskraftfahrer	192
Aussetzung der Vollziehung	147	**Berufskrankheiten**	193
Aussperrung	148	Berufsschule	193
Ausstrahlung	148	Berufssoldat	193
Auswärtstätigkeit	152	**Berufssportler**	193
Auszubildende	152	**Beschäftigungsgesellschaften**	195
Autoinsassen-Unfallversicherung	159	Bestechungsgelder	198
Automobil	159	**Betreuungsgeld**	198
Autotelefon	159	**Betreuungskosten**	198
Backwaren: Zuwendungen an Arbeitnehmer	160	Betreuungsreise	202
Badekuren	160	Betriebliche Altersversorgung	202
Bäder	160	Betriebliche Gesundheitsförderung	202
bahn.bonus	160	Betriebliche Weiterbildung	202
BahnCard	160	Betriebsarzt	202
Ballbesuch	161	Betriebsausflug	202
Barablösung	161	Betriebskrankenkassen	202
Barlohnumwandlung	161	Betriebsnummer	202
Basisabsicherung	164	Betriebsprüfung	202
Bauabzugssteuer	164	**Betriebsrat**	203
Baudarlehen	164	Betriebsrente	203
Baugenossenschaften	164	Betriebssport	203
Baukostenzuschüsse	164	**Betriebsstätte**	203
Bausparbeträge	164	Betriebsstättenfinanzamt	204
Bausparkassen-Mitarbeiter	164	**Betriebsveranstaltungen**	204
Beamte	164	Betriebsverlegung	210
Beamtenpension	167	**Betriebsversammlung**	210
Beerdigungskosten	167	**Bewachung**	210
Beförderung	167	Bewerbungskosten	211
Befreiung vom Lohnsteuerabzug	167	**Bewirtungskosten**	211
Behinderte Menschen	167	Bezüge	218
Beihilfen	168	**Bezugsgröße**	218
Beiträge: Übernahme durch Arbeitgeber	169	**Bildschirmarbeit**	219
Beiträge zur Sozialversicherung	170	**Bildungsgutschein**	219
Beitragsbemessungsgrenzen	177	**Bildungsurlaub**	220
Beitragserstattung	177	Billigkeitsmaßnahmen	220
Beitragsfreiheit	179	**Binnenschiffer**	220
Beitragsgruppen	179	Bleibeprämie	221
Beitragsnachweis	179	Blockmodell	221
Beitragsprüfung, Sozialversicherung	179	Blockschulunterricht	221
Beitragsrückvergütungen	179	Blu-ray-Player/-Recorder	221

	Seite		Seite
Bonus	221	Ehegattenarbeitsverhältnis	276
Brillen	221	**Ehrenamtsinhaber**	276
Bücher	221	Ehrensold	278
Bundesfreiwilligendienst	221	Eigenbetriebliches Interesse	278
Bundeswehr	221	Eigenheimrentengesetz	278
Bürgermeister	223	Eigenleistungen	278
Bürgschaft	224	**Einbehaltene Lohnteile**	278
Busfahrer	224	Einbehaltung der Lohnsteuer	278
Bußgelder	225	**Ein-Euro-Jobs**	278
Bußgelder, Geldstrafen, Ordnungsgelder, Verwarnungsgelder	226	Eingliederungszuschuss	279
Camcorder	226	Einmalprämien	279
Choreograph	226	**Einmalzahlungen**	279
Chorleiter/Chormitglieder	226	Einsatzgelder	284
Clearingstelle Deutsche Rentenversicherung Bund	226	**Einsatzwechseltätigkeit**	284
		Einspruch	284
Computer	226	**Einstrahlung**	284
Croupier	229	Ein-Tages-Aushilfe	285
Dachdeckerhandwerk: Lohnausgleich	229	**Eintrittskarten**	285
Darlehen an Arbeitnehmer	229	Einzelnachweis	286
Datenverarbeitungsgeräte	230	**Einzug des Gesamtsozialversicherungsbeitrags/Einzugsstelle**	286
Deputate	230	Elektrizitätswerke	286
Deutscher Akademischer Austauschdienst	230	Elektrofahrrad	286
Deutsches Rotes Kreuz	230	Elektronische Lohnsteuerabzugsmerkmale	286
Deutsch-Französisches Jugendwerk	231	Elektronische Lohnsteuerkarte	286
Diakonissen	231	**ELENA**	286
Diäten	231	**ELStAM**	287
Diebstahl	232	**Elterngeld**	297
Dienstaufsichtsbeschwerde	233	**Elternzeit**	298
Dienstgang	233	Entfernungspauschale	300
Dienstjubiläum	233	Entgelt	300
Dienstkleidung	233	Entgeltersatzleistungen	300
Dienstleistungen/ Mitarbeitervergünstigung	233	**Entgeltfortzahlung**	300
Dienstreisen	233	Entgeltmeldung	311
Dienstverhältnis	233	Entgeltsicherung für ältere Arbeitnehmer	311
Dienstvertrag	233	Entgeltunterlagen	311
Dienstwagen zur privaten Nutzung	233	Entlassungsabfindungen	311
Dienstwohnung	233	**Entlassungsabfindungen/Entlassungsentschädigungen**	311
Dienstzimmer	241	**Entlastungsbetrag für Alleinerziehende**	314
Diplomaten und Konsularbeamte	241	Entlohnung	319
Directors&Officers-Versicherungen	241	Entlohnung für mehrjährige Tätigkeit	319
Direktversicherung	242	**Entschädigungen**	319
Direktzusage	242	Entsendung	331
Doktoranden	242	**Entwicklungshelfer**	332
Dokumentationspflicht	242	Equal Pay	332
Doppelbesteuerung	242	Erbbaurecht	332
Doppelbesteuerungsabkommen: Allgemeines	242	Erbe	332
Doppelbesteuerungsabkommen bei Einkünften aus nichtselbständiger Arbeit	245	Erbschaft	332
		Erfindervergütungen	332
Doppelte Haushaltsführung: Allgemeines	257	Erfolgsbeteiligungen: Zuwendung an Arbeitnehmer	333
Doppelte Haushaltsführung: Erstattungsbeträge	267	Erfrischungen	333
D&O-Versicherung	275	**Erholung: Arbeitgeberzuwendungen**	333
Dreizehntes Monatsgehalt	275	Erholungsbeihilfen	335
Duale Studiengänge	275	**Erkrankung von Arbeitnehmern**	335
Durchlaufende Gelder	275	Erlass einer Forderung	335
Durchschnittlicher Zusatzbeitrag	275	**Erlass von Lohnsteuer**	335
DVD-Player/-Recorder	275	Ermäßigungsverfahren	337
Eheähnliche Lebensgemeinschaft	275	Ersatzdienstleistende	337
Ehegatte des Arbeitnehmers	275	Ersatzkassen	337

Inhaltsübersicht

	Seite
Erschwerniszuschläge	337
Erstattungsverfahren bei Lohnfortzahlung	337
Erstattung von Lohnsteuer	337
Erstattung von Sozialversicherungsbeiträgen	338
Erste Tätigkeitsstätte	338
Erstmalige Berufsausbildung	338
Erststudium	338
Erzieher	338
Erziehungsbeihilfen	338
Erziehungsgeld	338
Erziehungsurlaub	338
Fachstudienreisen	338
Fahrergestellung	338
Fahrerlaubnis	338
Fahrgemeinschaften	338
Fahrpreisermäßigungen	338
Fahrrad	338
Fahrtätigkeit	338
Fahrtenbuch	338
Fahrten zwischen Wohnung und Arbeitsstätte	338
Fahrtkosten	339
Fahrtkostenerstattungen/Fahrtkostenzuschüsse	339
Faktisches Arbeitsverhältnis	339
Faktorverfahren	339
Fälligkeit der Sozialversicherungsbeiträge	339
Fälligkeit und Entstehung der Lohnsteuer	342
Familienangehörige	342
Familienbüros	342
Familienheimfahrten	342
Familienpflegezeit	342
Familienstiftung	342
Familien- und Jugendbetreuer	342
Familienzuschläge	342
Fehlen der ELStAM	342
Fehlen der Lohnsteuerkarte	342
Fehlgeldentschädigung	342
Fehlzeiten	342
Feiertagsarbeit	342
Feiertagslohn	342
Feiertagslohn und Kurzarbeit	343
Ferienbetreuer	344
Ferienhäuser	344
Fernsehgerät: Zuwendung an Arbeitnehmer	344
Fernsprechgebühren	345
Fernwärme: verbilligter Bezug	345
Feuerwehr	345
Filmkamera (und -material)	346
Filmschauspieler	346
Finanzierungskosten des Kraftfahrzeugs	346
Finderlohn	346
Firmenjubiläum	346
Firmenkreditkarte	346
Firmenwagen zur privaten Nutzung	347
Flexizeitkonto	365
Flüchtlinge	366
Folgerenten	366
Forderungsübergang	366
Forderungsverzicht	366

	Seite
Formulararbeitsvertrag	366
Forstbedienstete	367
Forstwirtschaft	368
Fortbildung	368
Fortsetzungserkrankung	377
Frackgelder	377
Franchisenehmer/Franchiseverträge	377
Frauenbeauftragte	378
Freibeträge	378
Freie Kost	378
Freie Mitarbeiter	378
Freifahrten	379
Freiflüge	379
Freikarten	380
Freimilch	380
Freistellungsbescheinigung	380
Freitrunk	381
Freiwillige Krankenversicherung	381
Freiwilligendienste	381
Friseurkosten	383
Frühstück: Zuwendungen an Arbeitnehmer	383
Führerschein	383
Fundgelder	383
Fünftelregelung	384
Fußballspieler	384
Futtergeld	384
Garage	384
Gastarbeiter	384
Gastlehrkräfte	384
Gas: verbilligter Bezug	385
Gebührenanteile	385
Geburtstag	385
Geburts- und Heiratsbeihilfen	385
Gefahrenzuschläge	385
Gefälligkeiten	385
Gehalt	385
Gehaltskürzung	385
Gehaltsumwandlung	385
Gehaltsverzicht	385
Gehaltsvorschüsse	386
Geistliche	386
Geldbußen	386
Geldfaktor	386
Geldwerter Vorteil	386
Gelegenheitsarbeiter	386
Gelegenheitsgeschenke	386
Gemeindebedienstete	386
Gemischte Tätigkeit	387
Genossenschaften	388
Genussmittel: Zuwendungen an Arbeitnehmer	388
Genussrechte	388
Gerichtsvollzieher	388
Geringfügig Beschäftigte	389
Geringverdienergrenze	389
Geschäftsführer	390
Geschäftsjubiläum	391
Geschäftswagen zur privaten Nutzung	391
Geschenke	391
Gesellschaft bürgerlichen Rechts	392

Inhaltsübersicht

	Seite
Gesellschafter/Gesellschafter-Geschäftsführer	392
Gesonderte Meldung	400
Gesundheits-Check	400
Gesundheitsfonds	400
Gesundheitsförderung, betriebliche	401
Getränke	401
Gewährleistungsbeträge	401
Gewerkschaft	401
Gewinnausschüttung	401
Gewinnbeteiligung	401
Gewöhnlicher Aufenthalt	401
GKV-Monatsmeldung	401
GKV-Wettbewerbsstärkungsgesetz	401
Gleisbauarbeiter	402
Gleitzeit	402
Gleitzone	402
Gnadenbezüge	407
Gratifikationen	407
Grenzgänger	408
Grenzpendler	413
Großelternzeit	414
Grundstücke: verbilligte Überlassung	414
Gründungszuschuss	416
Gruppenunfallversicherung	416
Gutschein	416
Gutschrift von Arbeitslohn	416
Habilitation	416
Haftung für Lohnsteuer: Allgemeine Grundsätze	416
Haftung für Lohnsteuer: Berechnung der Nachforderung	422
Haftung für Lohnsteuer: Verfahrensvorschriften	425
Haftung für Sozialversicherungsbeiträge	429
Haftungsschulden	430
Handelsvertreter	430
Handy	430
Hausbrand	430
Haushaltsfreibetrag	430
Haushaltshilfe/Haushaltsgehilfe	431
Haushaltsnahe Beschäftigungsverhältnisse und Dienstleistungen: Steuerermäßigung	431
Haushaltsscheckverfahren	432
Häusliche Krankenpflege	432
Häusliches Arbeitszimmer	433
Hauspflegerin	433
Haustrunk	433
Heimarbeit	433
Heirats- und Geburtsbeihilfen	434
Heizung	435
Helfer von Wohlfahrtsverbänden	435
Hinterbliebenenbezüge	435
Hinterlegung des SV-Ausweises	435
Hinzurechnungsbetrag	435
Hinzuverdienstgrenzen	435
Hochschullehrer	435
Hochschulstudium	436
Hochzeitsfeier	436
Home-Office/Mobile-Office/Telearbeit	436
Honorarärzte	438

	Seite
Hörapparat	438
Humanitäre Hilfsfonds für ehemalige Zwangsarbeiter	438
Hundehaltung	438
Hypotax	438
Ich-AG	439
Illegale Arbeitnehmerüberlassung	440
Impfungen	440
Incentive-Essen	440
Incentive-Reisen	440
Infektionsschutz	442
Innungskrankenkassen	442
Insolvenz des Arbeitgebers	442
Insolvenz des Arbeitnehmers (Verbraucherinsolvenz)	444
Insolvenzgeld	444
Insolvenzgeldumlage	448
Insolvenzsicherung	448
Instrumentengeld	448
Integrationshelfer	448
Internationaler Jugendfreiwilligendienst	448
Internetkosten	448
Invalidenversicherung	448
Jagdaufwandsentschädigung	448
Jahresarbeitsentgeltgrenze in der gesetzlichen Krankenversicherung	448
Jahresarbeitszeitmodelle	450
Jahresmeldung	451
Jahresnetzkarte	451
Jahreswagen	451
Jobsharing	451
Job-Ticket	451
Journalist	454
Jubiläumsfeier	454
Jubiläumsgeschenke	455
Jugendfreiwilligendienste	455
Jugendweihe	456
Kaffee: Zuwendung an Arbeitnehmer	456
Kaminfeger/Kaminkehrer	456
Kantinen	456
Karenzentschädigung	456
Kaskoversicherung	456
Kassenindividueller Zusatzbeitrag	456
Kassenverlustentschädigungen	456
Katastrophenschutzhelfer	456
Kaufkraftausgleich	456
Kaufoption	458
Kautionszahlung im Strafprozess	458
Kilometergelder/Kilometer-Pauschalen	458
Kinderbetreuungskosten	458
Kinderfreibetrag	458
Kindergarten	458
Kindergeld/Freibeträge für Kinder	459
Kinder-Krankengeld	461
Kindermitarbeit	461
Kinderzuschlag	461
Kirchenbedienstete	461
Kirchensteuer	463
Kleidung	468
Kohledeputate	468
Kommanditgesellschaft	468

Inhaltsübersicht

	Seite
Kommunale Vertretungen	468
Kommunion/Konfirmation	468
Konferenzreise	468
Konfirmation	468
Konkurrenzverbot	468
Kontogebühren	468
Kontrollmeldung	468
Konzert-, Theater- und Museumsbesuche	468
Korrespondenten	468
Kosmetika	469
Kraftfahrzeug	469
Kraftfahrzeuggestellung	469
Kraftfahrzeugversicherung	470
Krankengeld bei Erkrankung eines Kindes	470
Krankengeld/Krankenbezüge	470
Krankengeldzuschüsse	471
Krankenhauspersonal	471
Krankenkassen	471
Krankenkassenwahlrecht	471
Krankenschwestern	473
Krankentagegeld	473
Krankenversicherung: gesetzliche	474
Krankenversicherungsbeiträge	476
Krankheitskosten	476
Kreditkarte	479
Kreditkosten	479
Kundenbindungsprogramme	479
Künstlerische Tätigkeit	481
Künstler (und verwandte Berufe)	481
Kur/Kurkosten	482
Kurzarbeitergeld	482
Kurzarbeitergeldzuschüsse	484
Kurzfristig Beschäftigte	485
Kürzung des Arbeitslohns	485
Landeserziehungsgeld	485
Land- und Forstwirtschaft	485
Land- und forstwirtschaftliche Betriebshilfsdienste	485
Laptop	486
Laufender Arbeitslohn	486
Lebensarbeitszeitmodelle	486
Lebensführungskosten	486
Lebensmittel	486
Lebensmittelpunkt	486
Lebenspartnerschaft	486
Lebensversicherung	486
Lehrabschlussprämien	487
Lehramtsassistenten	487
Lehrzulagen	487
Leibrentenversicherung	487
Leiharbeitnehmer	487
Leistungsprämie	487
Leitende Angestellte	487
Liebhaberei	487
Listenpreis	487
Lohn	487
Lohnabrechnung	487
Lohnabrechnungszeitraum	487
Lohnausgleichskasse	488
Lohnbescheinigung	489

	Seite
Lohnersatzleistungen	489
Lohnfortzahlung: Erstattungsverfahren für Arbeitgeber	489
Lohnkonto	492
Lohnnachzahlung	496
Lohnpfändung	496
Lohnrückzahlung	500
Lohnsteuer	500
Lohnsteuerabzug durch Dritte	500
Lohnsteuer-Anerkenntnis	502
Lohnsteueranmeldung	502
Lohnsteuer-Außenprüfung	502
Lohnsteuerbelege	503
Lohnsteuerberechnung	504
Lohnsteuerbescheinigung	504
Lohnsteuer-Ermäßigungsverfahren	511
Lohnsteuerhaftung	516
Lohnsteuer-Jahresausgleich durch den Arbeitgeber	516
Lohnsteuerkarte	518
Lohnsteuer-Nachschau	519
Lohnsteuerpauschalierung	520
Lohnsteuertabellen	520
Lohnzahlung an Dritte	520
Lohnzahlung durch Dritte	520
Lohnzahlungszeitraum	523
Lohnzuschläge	523
Lösegeld	523
Mahlzeiten	523
Mahlzeiten aus besonderem Anlass	529
Maifeier/Maigeld	532
Managementbeteiligung	532
Mandatsträger	532
Mankogelder	532
März-Klausel	532
Maschinelle Lohnabrechnung	532
Mehrarbeitslohn, Mehrarbeitszuschlag	533
Mehraufwand für Verpflegung	533
Mehraufwands-Wintergeld	533
Mehrfachbeschäftigung	533
Mehrjährige Tätigkeit	534
Meldefristen	534
Meldepflicht nach Kündigung bzw. bei befristetem Arbeitsverhältnis	534
Meldungen für Arbeitnehmer in der Sozialversicherung	534
Merchandiser	546
Messebesuch	546
Miles & More	546
Mindestlohn	546
Mini-Jobs	551
Mitgliedsbeiträge	561
Mobbing, Bossing	561
Mobile-Office	561
Mobilitätshilfen	561
Montageerlass	562
Motorsägegeld	562
Musiker	562
Musikinstrumente, Musik-CD	563
Mutterschaftsgeld	563
Mutterschutzlohn	566

Inhaltsübersicht

	Seite		Seite
Nachforderung von Steuern und Beiträgen	567	**Phantomentgelt**	612
Nachrichtenreporter, -sprecher	567	Pkw-Nutzung	612
Nachtarbeitszuschläge	567	**Praktikanten**	612
Nachzahlungen	567	**Prämien**	614
Nachzahlungszinsen	568	Praxisvertreter	615
NATO: Mitarbeiter	568	**Preise**	615
Nebenberufliche Lehr- und Prüfungstätigkeit	569	Private Nutzung betrieblicher Pkw	616
Nebenberufliche Pflegetätigkeit	570	Privatforstbedienstete	616
Nebentätigkeit	570	Privatversicherte	616
Negative Einnahmen und Werbungskosten	572	Professor	616
Nettoarbeitsentgelt	573	**Progressionsvorbehalt**	616
Nettolöhne	573	Promotion	619
Nettolohnfiktion	575	Promotionskosten	619
Nettolohn: Übernahme der Einkommensteuer des Arbeitnehmers	575	**Provisionen**	619
Nichteheliche Lebensgemeinschaft	575	**Prozesskosten: Arbeitgeberersatz**	620
Notarangestellte	575	Prüfungsaufsicht	620
Notarzt	575	Prüfungsvergütung	620
Notbetreuung	575	Psychologische Seminare	620
Notstandsbeihilfen	575	Putzfrau	620
Objektschutz	575	Quellenstaat	620
OECD-Musterabkommen	575	**Rabatte**	620
Öffentliche Haushalte	575	Radio	637
Öffentliche Kassen	575	Rechtliche Betreuer	638
Öffnungsklausel	576	**Rechtsbehelfe**	638
Offshore-Zulage	576	**Rechtskreise (Ost und West)**	640
Ökologisches Jahr	576	**Rechtsnachfolger**	640
Optionsrecht	576	**Rechtsschutzversicherung**	640
Ordensangehörige	576	**Referendare**	641
Ortsräte	576	Regierungsamt	641
Outplacement	577	Reinigungskosten	641
Parkgebühren: Erstattung	577	Reisegepäckversicherung	641
Parkplätze: Überlassung	578	**Reisekosten: Allgemeine Grundsätze**	641
Parkplatzkosten	578	**Reisekosten: Erstattungen**	661
Partnerschaftsbonus	578	**Reisekostenvergütungen aus öffentlichen Kassen**	683
Pauschale Lohnsteuer	578	**Reiseveranstalter: Arbeitnehmerreisen**	685
Pauschalierung der Einkommensteuer bei Sachzuwendungen	578	Reiseversicherung	686
Pauschalierung der Lohnsteuer	583	Renten	686
Pauschalierung der Lohnsteuer bei Aushilfskräften	588	**Rentenversicherung**	686
Pauschalierung der Lohnsteuer bei geringfügig Beschäftigten	594	**Rentner**	687
Pauschbetrag	598	Reparaturkosten	692
Payback	598	Richtfest	692
Pensionäre	598	**Riester-Förderung**	692
Pensionsfonds	598	**Rückdeckung/Rückdeckungsversicherung**	696
Pensionskasse	598	**Rückzahlung von Arbeitslohn**	696
PEP-Reisen	598	Rufbereitschaft	699
Permanenter Lohnsteuer-Jahresausgleich	599	**Ruhestandsbeamte**	699
Personalrabatte	600	**Sabbatjahr**	699
Personalrat	600	**Sachbezüge**	700
Personengruppen	600	Sachgeschenke	710
Personenschutz	600	Sachversicherung	710
Pfändungsfreigrenzen	600	Saisonarbeiter	710
Pfändungs- und Überweisungsbeschluss	600	Saisonaushilfskraft	710
Pfändung von Arbeitslohn	600	**Saison-Kurzarbeitergeld**	710
Pflege-Pauschbetrag	600	Saitengeld	712
Pflegeunterstützungsgeld	600	**Sammelbeförderung**	712
Pflegeversicherung	600	Sammellohnkarte	712
Pflegezeiten	607	Sänger	712
		Sanierungsbeitrag	712
		Säumniszuschlag	712

Inhaltsübersicht

	Seite
Schadensersatz	713
Schauspieler	715
Scheidung	715
Scheinarbeitsverträge	715
Scheinselbständigkeit	715
Schichtlohnzuschläge	715
Schmerzensgeld	715
Schmiergelder	715
Schriftsteller	715
Schulden	715
Schulderlass	715
Schuldzinsen	715
Schüler	715
Schulgeld	716
Schussgeld	716
Schutzkleidung	716
Schwarzarbeit	716
Schwerbehinderung	718
Sechs-Wochen-Frist	718
Seeschifffahrt	718
Selbständigkeit	719
Sicherheitseinrichtungen	720
Silberne Hochzeit	720
Smartphone	720
Sofortmeldung	720
Soldat	720
Solidaritätszuschlag	720
Sonderausgaben	722
Sondermeldung	726
Sonntagszuschläge	726
Sonstige Bezüge	726
Sozialausgleich	730
Sozialer Tag	730
Soziales Jahr	730
Sozialgesetzbuch	730
Sozialhilfe	730
Sozialplan	731
Sozialräume	731
Sozialversicherungsausweis	731
Sozialversicherungsmeldung	731
Sozialversicherungstage	731
Sparkassenbedienstete: Aufwandsentschädigungen und Remunerationen	731
Sparprämien	732
Sparvertrag	732
Speisen	732
Spenden	732
Spielbank: Mitarbeiter	732
Sport	733
Sporttrainer	734
Sprachkursc	734
Springer	734
Staatsangehörigkeitsschlüssel	734
Statusfeststellungsverfahren	734
Statuskennzeichen	735
Sterbebegleitung	735
Sterbegeld	735
Steuerberechnung	735
Steuerklassen	735
Steuerpflicht	738

	Seite
Steuerpflicht: unbeschränkte	746
Steuerpflicht: Wechsel	749
Steuerrechtlicher Arbeitgeber	749
Steuertarif	749
Stille Beteiligung	751
Stipendien	751
Strafverfahren: Kostenübernahme	753
Streik	753
Strom: verbilligter Bezug	753
Studenten	753
Studienbeihilfen	756
Studienreisen	756
Stundung	756
Subunternehmer	756
Summenbescheid	756
Tabakwaren	756
Tabellen-Freibeträge	756
Tablet	756
Tagegelder	757
Tagelöhner	757
Tagesaushilfe	757
Tagesmütter	757
Tageszeitungen	757
Tallyman	757
Tantiemen	757
Tarifliche Zuschläge	757
Tarifvertrag	757
Tätigkeitsortprinzip	757
Tätigkeitsschlüssel	757
Tätigkeitsstätte	757
Tatsächliche Verständigung	757
Taucherzulage	757
Technikerzulage	757
Teilarbeitslosengeld	757
Teillohnzahlungszeitraum	757
Teilzeitbeschäftigte	760
Telearbeit	761
Telefonkosten	761
Telekommunikation	761
Territorialitätsprinzip	768
Theaterkarten	768
Thüringen-Stipendium	768
Tod des Arbeitgebers	768
Tod des Arbeitnehmers	768
Transfergesellschaften	770
Trennungsgeld	770
Treueprämien	770
Trinkgelder	770
Tronc	771
Überbrückungsbeihilfen	771
Übergangsbeihilfen im Bau- und Gerüstbaugewerbe	772
Übergangsgelder/Übergangsbeihilfen	772
Überlassung von Arbeitnehmern	772
Übernachtungsgelder	772
Übernahme der Lohnsteuer und der Arbeitnehmerbeitragsanteile	773
Überstundenvergütung	773
Übertragung des Grundfreibetrags	773
Übungsleiter	773

Inhaltsübersicht

	Seite
Umlage (U1/U2)	773
Umsatzbeteiligung	773
Umsatzsteuer	773
Umschulung	774
Umzugskosten	774
Unbeschränkte Steuerpflicht	780
Unbezahlter Urlaub	780
Unfallkosten	781
Unfallverhütungsprämien	783
Unfallversicherung: freiwillige	784
Unfallversicherung: gesetzliche	788
Uniform	789
Unterarbeitsverhältnisse	789
Unterbrechung der Lohnzahlung	789
Unterbrechungsmeldung	789
Unterkunft	789
Unterrichtende Tätigkeit	789
Unterstützungen	789
Unterstützungskasse	790
Urlaubsabgeltung	790
Urlaubsentgelt	791
Urlaubsgeld	792
Urlaubsvergütungen im Baugewerbe	792
Veranlagung von Arbeitnehmern	793
Veranstaltungen	795
Veranstaltungsgemeinschaften (VG) im Lokalen Hörfunk in NRW	795
Verbesserungsvorschläge	795
Verbraucherinsolvenz	795
Verdeckte Gewinnausschüttung	795
Verdienstausfallentschädigungen	796
Vereinsbeiträge: Arbeitgeberersatz	796
Vergütungen für mehrjährige Tätigkeit	796
Vergütungsbestandteile: Anrechnung auf Mindestlohn	796
Verjährung	796
Verkaufsoption	799
Verletztengeld	799
Verlosungsgeschenke/Verlosungsgewinne	799
Vermögensbeteiligungen	800
Vermögensbildung der Arbeitnehmer	802
Vermögensschaden-Haftpflichtversicherung	809
Vermögensverluste	809
Verpflegung	809
Versichertenälteste	809
Versicherungsbeiträge	809
Versicherungsnummer	809
Versorgungsbezüge	810
Versorgungsfreibeträge	813
Versorgungswerk	815
Versorgungszusage	815
Versorgungszuschlag	815
Verständigungsvereinbarungen	815
Vertragsstrafe	815
Vertreter	815
Verwaltungsräte	816
Verwirkter Arbeitslohn	816
Verzögerungsgeld	816
Verzugszinsen	816
Videorecorder	816

	Seite
Vorauszahlungen zur Einkommensteuer	816
Vorauszahlung von Arbeitslohn	817
Vormund/Betreuer	817
Vorschüsse	817
Vorsorgeaufwendungen	818
Vorsorgepauschale	822
Vorsorgeuntersuchung	826
Vorsorgeuntersuchungen	826
Vorstandsmitglieder	826
Vorsteuerabzug	827
Vorzugsaktien	828
Wachhund	828
Wahlhelfer	828
Wahlkampfkosten	828
Waisengeld	828
Waldarbeiter	828
Wandelschuldverschreibungen	828
Warengutscheine	828
Waren: Personalrabatt	830
Wäschegeld	830
Wasser, Personalrabatte	830
Wechselschichtzulage	830
Wegegelder	831
Wege zwischen Wohnung und erster Tätigkeitsstätte	831
Wehrdienst	845
Weihnachtsfeier	845
Weihnachtsgratifikation	845
Weisungsgebundenheit	847
Weiterbildung	847
Weiterverpflichtungsprämie	847
Werbegeschenke	847
Werbeprämien	847
Werbung auf Fahrzeugen des Arbeitnehmers	847
Werbungskosten	847
Werkstudenten	861
Werkswohnung	861
Werkvertrag	861
Werkzeuggeld	861
Wertguthaben	862
Wertmarken	862
Wettbewerbsverbot	862
Winterausfallgeld	863
Winterbeschäftigungs-Umlage	863
Wintergeld	863
Wirtschaftlicher Arbeitgeber	863
Witwenbezüge	863
Wochenendheimfahrten	863
Wohnsitzbegriff	863
Wohnungseigentümergemeinschaften	863
Wohnungsüberlassung	863
Zählgelder	863
Zahlstellenverfahren	863
Zehrgelder	864
Zeitungen: kostenlose Überlassung	864
Zeitungsausträger	864
Zeitwertkonto	865
Zielvereinbarungen	865
Zinsersparnisse/Zinszuschüsse	867
Zivildienst	869

Inhaltsübersicht

	Seite
Zufluss von Arbeitslohn	870
Zukunftssicherung: Betriebliche Altersversorgung	872
Zukunftssicherung: Gesetzliche Altersversorgung	896
Zulagen	900
Zusage: verbindliche	901
Zusammenballung von Einnahmen	901
Zusatzbeitrag	901
Zusatzverpflegung	901
Zusatzversorgungskassen	902
Zuschläge	903
Zuschläge für Sonntags-, Feiertags- oder Nachtarbeit	904
Zuschüsse des Arbeitgebers	915
Zuschüsse des Arbeitgebers zum Kurzarbeitergeld	915
Zuschuss-Wintergeld	915
Zweites Pflegestärkungsgesetz (PSG II)	915
Zweitstudium	915
Zwischenheimfahrten	915
Zwölf-Monats-Frist	915
Anhang	917–968
A. Lohnsteuer	
1. Allgemeine Erläuterungen zur Lohnsteuer	918–919
2. Steuerfreier Arbeitgeberersatz bei Auswärtstätigkeit und doppelter Haushaltsführung	920
3. Auslandsreisekostenvergütungen 2016	921–923
4. Wichtige lohnsteuerrechtliche Daten und weitere Zahlen im Überblick	924–929
5. Übersichten zur Kirchensteuer	930
6. Lohnsteuer-Pauschalierung nach § 40a EStG	931
7. Steuerliche Behandlung von 450 €-Jobs	932
8. Übersicht zur betrieblichen Altersversorgung	933–934
9. Übersicht zur Ermittlung der ersten Tätigkeitsstätte nach § 9 Abs. 4 EStG	935
B. Sozialversicherung	
1. Sozialversicherungs-Rechengrößen 2016	936–939
2. Sachbezugswerte 2016	940
3. Versicherungsrechtliche Beurteilung von Gesellschafter-Geschäftsführern einer GmbH	941–952
C. Arbeitsrecht	
1. Übersicht zur Entgeltfortzahlung: Praxisfragen/Checkliste	953
2. Dokumentation der Arbeitszeit nach dem Mindestlohngesetz	954–955
3. Mindestlohn im Praktikum	956–957
4. Übersicht: Mindestlöhne i.S.d. Arbeitnehmer-Entsendegesetzes (einschließlich der Lohnuntergrenze nach dem Arbeitnehmerüberlassungsgesetz) nach dem Tarifvertragsgesetz	958–962
5. Pfändungsfreigrenzen	963–968
Stichwortverzeichnis	969–978

Abkürzungsverzeichnis

A

a. A.	anderer Ansicht
AAG	Aufwendungsausgleichsgesetz
ABM	Arbeitsbeschaffungsmaßnahmen
ABS	Arbeitsförderungs-, Beschäftigungs- und Strukturanpassungsgesellschaft
Abs.	Absatz
Abschn.	Abschnitt
a.F.	alte Fassung
AfA	Absetzung für Abnutzungen
AfaA	Absetzung für außergewöhnliche technische und wirtschaftliche Abnutzungen
AFG	Arbeitsförderungsgesetz
AFRG	Arbeitsförderungs-Reformgesetz
AG	Aktiengesellschaft
AGBG	Gesetz zur Regelung des Rechts der Allgemeinen Geschäftsbedingungen
AGS	Amtlicher Gemeinde-Schlüssel
AiB	Arbeitsrecht im Betrieb (Zeitschrift)
AIF	Alternative Investmentfonds
ak	altkatholisch (Religionsgemeinschaft)
AktG	Aktiengesetz
ALG	Gesetz über die Alterssicherung der Landwirte
AltTZG	Altersteilzeitgesetz
AltvDV	Altersvorsorge-Durchführungsverordnung
AltZertG	Altersvorsorgeverträge-Zertifizierungsgesetz
AO	Abgabenordnung
AOK	Allgemeine Ortskrankenkasse
AP	Arbeitsrechtliche Praxis (Entscheidungssammlung des Bundesarbeitsgerichts)
ArbG	Arbeitsgericht
ArbGG	Arbeitsgerichtsgesetz
ArbMedVV	Verordnung zur arbeitsmedizinischen Vorsorge
ArbN	Arbeitnehmer
ArbnErfG	Arbeitnehmererfindergesetz
ArbPlSchG	Arbeitsplatzschutzgesetz
ArbSchG	Arbeitsschutzgesetz
ArbuR	Arbeit und Recht (Zeitschrift)
ArbZG	Arbeitszeitgesetz
Art.	Artikel
ASAV	Anwerbestoppausnahmeverordnung
ASiG	Gesetz über Betriebsärzte, Sicherheitsbeamte und andere Fachkräfte für Arbeitssicherheit (Arbeitssicherheitsgesetz)
AStA	Allgemeiner Studentenausschuss
AStG	Außensteuergesetz
AsylblG	Asylbewerberleistungsgesetz
AtG	Altersteilzeitgesetz
AÜG	Arbeitnehmerüberlassungsgesetz
AUV	Auslandsumzugskostenverordnung
AV	Arbeitslosenversicherung
AVG	Angestelltenversicherungsgesetz
Az.	Aktenzeichen

B

BA	Bundesagentur für Arbeit
BAföG	Bundesausbildungsförderungsgesetz
BAG	Bundesarbeitsgericht
BAnz	Bundesanzeiger
BAT	Bundes-Angestelltentarif
BayLfSt	Bayerisches Landesamt für Steuern
BB	Betriebs-Berater (Zeitschrift)
BBeamtenG	Bundesbeamtengesetz
BBesG	Bundesbesoldungsgesetz
BBG	Beitragsbemessungsgrenze
BBiG	Berufsbildungsgesetz
BeamtVG	Beamtenversorgungsgesetz
beE	betriebsorganisatorisch eigenständige Einheit
BEEG	Bundeselterngeld- und Elternzeitgesetz
BErzGG	Bundeserziehungsgeldgesetz
BeschFG	Beschäftigungsförderungsgesetz
BeschV	Beschäftigungsverordnung
betr.	betreffend
BetrAV	Betriebliche Altersversorgung (Zeitschrift)
BetrAVG	Gesetz zur Verbesserung der betrieblichen Altersversorgung
BetrVG	Betriebsverfassungsgesetz
BewG	Bewertungsgesetz
BfA	Bundesversicherungsanstalt für Angestellte
BFDG	Bundesfreiwilligendienstgesetz
BFH	Bundesfinanzhof
BGB	Bürgerliches Gesetzbuch
BGBl.	Bundesgesetzblatt
BGH	Bundesgerichtshof
BGJ	Berufsgrundbildungsjahr
BildscharbV	Bildschirmarbeitsverordnung
BKGG	Bundeskindergeldgesetz
BKK	Die Betriebskrankenkasse (Zeitschrift)
BlStSozArbR	Blätter für Steuer-, Sozial- und Arbeitsrecht (Zeitschrift)
BMAS	Bundesministerium für Arbeit und Soziales
BMF	Bundesministerium der Finanzen
BMFSFJ	Bundesministerium für Familie, Senioren, Frauen und Jugend
BMI	Bundesministerium des Inneren
B+P	Betrieb und Personal (Zeitschrift)
BPolBG	Bundespolizeibeamtengesetz
BR-Drucks.	Bundesrats-Drucksache
BRKG	Bundesreisekostengesetz
BSG	Bundessozialgericht
BSGE	Entscheidungen des Bundessozialgerichts (Entscheidungssammlung)
BSHG	Bundessozialhilfegesetz
BStBl	Bundessteuerblatt
BT-Drucks.	Bundestags-Drucksache
BTPrax	Betreuungsrechtliche Praxis (Zeitschrift)
BUKG	Bundesumzugskostengesetz
BUrlG	Bundesurlaubsgesetz
BÜVO	Beitragsüberwachungsverordnung
II. BV	Zweite Berechnungsverordnung
BVA	Bundesversicherungsamt
BVerfG	Bundesverfassungsgericht
BVerwG	Bundesverwaltungsgericht
BVV	Beitragsverfahrensverordnung
BZgA	Bundesamt für Familie und zivilgesellschaftliche Aufgaben
BZSt	Bundeszentralamt für Steuern

Abkürzungsverzeichnis

D

DAAD	Deutscher Akademischer Austauschdienst
DA-FamEStG	Dienstanweisung zur Durchführung des steuerlichen Familienleistungsausgleichs nach dem X. Abschnitt des Einkommensteuergesetzes
DB	Der Betrieb (Zeitschrift)
DBA	Doppelbesteuerungsabkommen
DEÜV	Datenerfassungs- und -übermittlungsverordnung
DEVO	Datenerfassungs-Verordnung
DFJW	Deutsch-Französisches Jugendwerk
d.h.	das heißt
DienstwohnungsVO	Dienstwohnungsverordnung
DOK	Die Ortskrankenkasse (Zeitschrift)
DRK	Deutsches Rotes Kreuz
DStR	Deutsches Steuerrecht (Zeitschrift)
DStZ	Deutsche Steuer-Zeitung (Zeitschrift)
DStZ/E	Deutsche Steuer-Zeitung/Eildienst (Zeitschrift)
DÜVO	Datenübermittlungs-Verordnung

E

EE	Entlassungsentschädigung
EEÄndG	Entlassungsentschädigungs-Änderungsgesetz
EEK	Entscheidungssammlung zur Entgeltfortzahlung an Arbeiter und Angestellte bei Krankheit, Kur und anderen Arbeitsverhinderungen
EFG	Entscheidungen der Finanzgerichte (Zeitschrift)
EFZG	Entgeltfortzahlungsgesetz
EG	Europäische Gemeinschaften
EGBGB	Einführungsgesetz zum Bürgerlichen Gesetzbuch
EGMR	Europäischer Gerichtshof für Menschenrechte
ELENA	Elektronischer Entgeltnachweis
ELStAM	Elektronische LohnsteuerAbzugsMerkmale
EnWG	Energiewirtschaftsgesetz
ESF	Europäische Sozialfonds
ESt	Einkommensteuer
EStG	Einkommensteuergesetz
EStH	Amtliches Einkommensteuer-Handbuch
EStR	Einkommensteuer-Richtlinien
etc.	et cetera
EU	Europäische Union
EuGH	Europäischer Gerichtshof
EURLUmsG	EU-Richtlinien-Umsetzungsgesetz
ev	evangelisch/protestantisch (Religionsgemeinschaft)
EWG	Europäische Wirtschaftsgemeinschaft
EWGVO	Verordnung der Europäischen Wirtschaftsgemeinschaft
EWR	Europäischer Wirtschaftsraum
EzA	Entscheidungssammlung zum Arbeitsrecht
EzulV	Erschwerniszulagenverordnung

F

f.	folgende
FahrlG	Gesetz über das Fahrlehrerwesen
fb	freireligiöse Gemeinde (Religionsgemeinschaft)
FELEG	Gesetz zur Förderung der Einstellung der landwirtschaftlichen Erwerbstätigkeit
ff.	fortfolgende
fg	freireligiöse Gemeinde (Religionsgemeinschaft)
FG	Finanzgericht
FinMin	Finanzministerium oder andere oberste Finanzbehörde
FKM	Flugkilometerwert
FlurbG	Flurbereinigungsgesetz
fm	freireligiöse Gemeinde (Religionsgemeinschaft)
FPfZG	Familienpflegezeitgesetz
fr	französisch-reformiert (Religionsgemeinschaft)
FR	Finanz-Rundschau (Zeitschrift)
fs	freireligiöse Gemeinde (Religionsgemeinschaft)
FSHG	Gesetz über den Feuerschutz und die Hilfeleistung bei Unglücksfällen und öffentlichen Notständen (Nordrhein-Westfalen)
FSJG	Gesetz zur Förderung eines freiwilligen sozialen Jahres

G

GAK	Gehaltsausgleichskasse der Apothekerkammern
GbR	Gesellschaft bürgerlichen Rechts
GenG	Gesetz betreffend die Erwerbs- und Wirtschaftsgenossenschaften
GewO	Gewerbeordnung
GewStG	Gewerbesteuergesetz
GewStR	Gewerbesteuer-Richtlinien
GFAW	Gesellschaft für Arbeits- und Wirtschaftsförderung des Freistaates Thüringen
GG	Grundgesetz
ggf.	gegebenenfalls
GKV	Gesetzliche Krankenversicherung
GmbH	Gesellschaft mit beschränkter Haftung
GmbH & Co. KG	Kommanditgesellschaft, deren Komplementär eine GmbH ist
GmbHG	Gesetz betreffend die Gesellschaften mit beschränkter Haftung
GMBl.	Gemeinsames Ministerialblatt
GMG	Gesetz zur Modernisierung der gesetzlichen Krankenversicherung (GKV-Modernisierungsgesetz)
GVEntschVO	Gerichtsvollzieher-Entschädigungsverordnung

H

H	Hinweis (im Lohnsteuer- oder Einkommensteuer-Handbuch)
HAG	Heimarbeitsgesetz
HFR	Höchstrichterliche Finanzrechtsprechung (Zeitschrift)
HGB	Handelsgesetzbuch
HRG	Hochschulrahmengesetz

I

ib	israelisch (Religionsgemeinschaft)
i.d.R.	in der Regel
IFSG	Infektionsschutzgesetz
IG	Industriegewerkschaft
i. H. v.	in Höhe von

Abkürzungsverzeichnis

IKK	Innungskrankenkasse
INF	Die Information über Steuer und Wirtschaft (Zeitschrift)
InsO	Insolvenzordnung
i.R.	im Rahmen
is	israelisch (Religionsgemeinschaft)
i.S.	im Sinne
IStR	Internationales Steuerrecht (Zeitschrift)
ITSG	Informationstechnische Servicestelle der Gesetzlichen Krankenversicherung GmbH
i.V.m.	in Verbindung mit
iw	israelisch (Religionsgemeinschaft)

J

JAE	Jahresarbeitsentgelt
JArbSchG	Jugendarbeitsschutzgesetz
jd	jüdisch (Religionsgemeinschaft)
js	jüdisch (Religionsgemeinschaft)
JStG	Jahressteuergesetz
JVA	Justizvollzugsanstalt

K

KAV	Kindergeldauszahlungs-Verordnung
KBV	Kleinbetragsverordnung
KG	Kommanditgesellschaft
KO	Konkursordnung
KSchG	Kündigungsschutzgesetz
KStG	Körperschaftsteuergesetz
KStR	Körperschaftsteuer-Richtlinien
ktgl.	kalendertäglich
KV	Krankenversicherung
KVLG	Gesetz über die Krankenversicherung der Landwirte
KWV	Kommunale Wohnungsverwaltung

L

LAG	Landesarbeitsgericht
LAGE	Entscheidungen der Landesarbeitsgerichte (Entscheidungssammlung)
LATV	Lohnausgleichs-Tarifvertrag
L+F	Land- und Forstwirtschaft
LFD Thüringen	Thüringer Landesfinanzdirektion
LFZG	Lohnfortzahlungsgesetz
LG	Landgericht
LKV	Landwirtschaftliche Krankenversicherung
LPG	Landwirtschaftliche Produktionsgenossenschaft
LSF Sachsen	Landesamt für Steuern und Finanzen Sachsen
LSG	Landessozialgericht
LSt	Lohnsteuer
LStDV	Lohnsteuer-Durchführungsverordnung
LStH	Amtliches Lohnsteuer-Handbuch
LSt-Kartei	Lohnsteuer-Kartei
LStR	Lohnsteuer-Richtlinien
lt	evangelisch-lutherisch/protestantisch (Religionsgemeinschaft)
lt.	laut

M

MDR	Monatsschrift für Deutsches Recht (Zeitschrift)
MiLoG	Mindestlohngesetz
mtl.	monatlich
MTV	Manteltarifvertrag
MuSchBV	Mutterschutzverordnung
MuSchEltZV	Mutterschutz- und Elternzeitverordnung
MuSchG	Mutterschutzgesetz
m.w.N.	mit weiteren Nachweisen

N

NachwG	Nachweisgesetz
Nds.MBl.	Niedersächsisches Ministerialblatt
n.F.	neue Fassung
NJW	Neue Juristische Wochenschrift (Zeitschrift)
Nr.	Nummer
n.rkr.	nicht rechtskräftig
n.v.	nicht veröffentlicht
NVA	Nationale Volksarmee
NWB	Neue Wirtschafts-Briefe für Steuer- und Wirtschaftsrecht (Zeitschrift)
NZA	Neue Zeitschrift für Arbeits- und Sozialrecht (Zeitschrift)

O

o.a.	oben angegeben
o.Ä.	oder Ähnliches
OECD	Organisation für wirtschaftliche Zusammenarbeit und Entwicklung
OECD-MA	OECD-Musterabkommen zur Vermeidung der Doppelbesteuerung
OFD	Oberfinanzdirektion
o.g.	oben genannt
OGAW	Organismen für gemeinsame Anlagen in Wertpapieren
OHG	Offene Handelsgesellschaft
OLG	Oberlandesgericht

P

PartG	Parteiengesetz
PC	Personalcomputer
PflegeVersG	Pflege-Versicherungsgesetz
PflegeZG	Pflegezeitgesetz
PV	Pflegeversicherung

R

R	Richtlinie
RdA	Recht der Arbeit (Zeitschrift)
ResG	Reservistinnen- und Reservistengesetz
rf	evangelisch-reformiert (Religionsgemeinschaft)
RFH	Reichsfinanzhof
RIW	Recht der internationalen Wirtschaft (Zeitschrift)
rk	römisch-katholisch (Religionsgemeinschaft)
RRG	Rentenreformgesetz
RStBl	Reichssteuerblatt
RV	Rentenversicherung
RVO	Reichsversicherungsordnung
Rz.	Randziffer

S

S.	Seite
s.	siehe
SchwarzArbG	Gesetz zur Bekämpfung der Schwarzarbeit
SchwbG	Schwerbehindertengesetz

Abkürzungsverzeichnis

SdL	Soziale Sicherheit in der Landwirtschaft (Zeitschrift)
SGB	Sozialgesetzbuch
SGB I	Erstes Buch Sozialgesetzbuch (Allgemeiner Teil)
SGB II	Zweites Buch Sozialgesetzbuch (Grundsicherung für Arbeitsuchende)
SGB III	Drittes Buch Sozialgesetzbuch (Arbeitsförderung)
SGB IV	Viertes Buch Sozialgesetzbuch (Gemeinsame Vorschriften für die Sozialversicherung)
SGB V	Fünftes Buch Sozialgesetzbuch (Gesetzliche Krankenversicherung)
SGB VI	Sechstes Buch Sozialgesetzbuch (Gesetzliche Rentenversicherung)
SGB VII	Siebtes Buch Sozialgesetzbuch (Gesetzliche Unfallversicherung)
SGB VIII	Achtes Buch Sozialgesetzbuch (Kinder- und Jugendhilfe)
SGB IX	Neuntes Buch Sozialgesetzbuch (Rehabilitation und Teilhabe behinderter Menschen)
SGB X	Zehntes Buch Sozialgesetzbuch (Sozialverwaltungsverfahren und Sozialdatenschutz)
SGB XI	Elftes Buch Sozialgesetzbuch (Soziale Pflegeversicherung)
SGB XII	Zwölftes Buch Sozialgesetzbuch (Sozialhilfe)
SGG	Sozialgerichtsgesetz
s.o.	siehe oben
sog.	so genannt
SolZ	Solidaritätszuschlag
SolZG	Solidaritätszuschlagsgesetz
SozR	Sozialrecht (Entscheidungssammlung des Bundessozialgerichts)
Stbg	Die Steuerberatung (Zeitschrift)
std.	ständige
StEd	Steuer-Eildienst (Zeitschrift)
StLex	Steuer-Lexikon (Zeitschrift)
StuW	Steuer und Wirtschaft (Zeitschrift)
SV	Sozialversicherung
SVÄndG	Sozialversicherungsänderungsgesetz
SvEV	Sozialversicherungsentgeltverordnung
SVG	Soldatenversorgungsgesetz
SVN-Heft	Sozialversicherungsnachweis-Heft

T

TGV	Trennungsgeldverordnung
TSG	Transsexuellengesetz
TV-Ärzte/VKA	Tarifvertrag für Ärztinnen und Ärzte an kommunalen Krankenhäusern
TVG	Tarifvertragsgesetz
TVK	Tarifvertrag für die Musiker in Kulturorchestern
TVöD	Tarifvertrag für den öffentlichen Dienst
Tz.	Textziffer
TzBfG	Teilzeit- und Befristungsgesetz

U

u.a.	unter anderem
u.Ä.	und Ähnliches
u.E.	unseres Erachtens
ULAK	Urlaubs- und Lohnausgleichskasse der Bauwirtschaft
un	unitarisch-protestantisch (Religionsgemeinschaft)
USK	Urteilssammlung für die gesetzliche Krankenversicherung (Entscheidungssammlung)
UStAE	Umsatzsteuer-Anwendungserlass
UStDV	Umsatzsteuer-Durchführungsverordnung
UStG	Umsatzsteuergesetz
usw.	und so weiter

V

VAG	Versicherungsaufsichtsgesetz
VBL	Versorgungsanstalt des Bundes und der Länder
VDR	Verband Deutscher Rentenversicherungsträger
VermBDV	Verordnung zur Durchführung des Fünften Vermögensbildungsgesetzes
5.VermBG	Fünftes Vermögensbildungsgesetz
Vfg.	Verfügung
VG	Verwaltungsgericht
vgl.	vergleiche
VRG	Vorruhestandsgesetz
VSt	Vermögensteuer
VStR	Vermögensteuer-Richtlinien
VVaG	Versicherungsverein auf Gegenseitigkeit
VVG	Gesetz über den Versicherungsvertrag
v.H.	vom Hundert

W

WFG	Wachstums- und Beschäftigungsförderungsgesetz
WGG	Gesetz über die Gemeinnützigkeit im Wohnungswesen
II. WoBauG	Zweites Wohnungsbaugesetz
WoPG	Wohnungsbau-Prämiengesetz
WPflG	Wehrpflichtgesetz
WÜD	Wiener Übereinkommen über diplomatische Beziehungen
WÜK	Wiener Übereinkommen über konsularische Beziehungen
WzS	Wege zur Sozialversicherung (Zeitschrift)

Z

z.B.	zum Beispiel
ZDG	Zivildienstgesetz
ZERV	Zentrale polizeiliche Ermittlungsstelle für die Bekämpfung der Regierungs- und Vereinigungskriminalität
ZfS	Zeitschrift für Sozialrecht
ZIP	Zeitschrift für Wirtschaftsrecht
ZPO	Zivilprozessordnung
ZuSEG	Gesetz über die Entschädigung von Zeugen und Sachverständigen
ZVK	Zusatzversorgungskasse
zz.	zurzeit

= keine Lohnsteuerpflicht
LSt = Lohnsteuerpflicht

Abfindungen

1. Entlassungsabfindungen

1 Entlassungsabfindungen, die wegen Auflösung eines Dienstverhältnisses gezahlt werden, sind in voller Höhe steuerpflichtig, die Steuerbefreiung nach § 3 Nr. 9 EStG a.F. ist zum 1.1.2008 weggefallen. Ggf. kommt jedoch eine **tarifermäßigte Besteuerung** nach § 34 EStG in Betracht, Einzelheiten → *Entschädigungen* Rz. 1134.

2. Steuerpflichtige Abfindungen

2 Sonstige Abfindungen oder Entschädigungen, die als Ersatz für entgangene oder entgehende Einnahmen oder für die Aufgabe oder Nichtausübung einer Tätigkeit gezahlt werden, können ebenfalls steuerpflichtig sein (§ 24 Nr. 1 EStG), Einzelheiten → *Entschädigungen* Rz. 1134.

Abfindungen bzw. Schadensersatzleistungen sind **steuerpflichtiger Arbeitslohn**, wenn das **Arbeitsverhältnis Grundlage** für die Schadensersatzleistung ist, wenn also ein unmittelbarer Zusammenhang zwischen der Schadensersatzleistung und dem Dienstverhältnis besteht. Das kann z.B. der Fall sein, wenn

- der Arbeitgeber wegen **vorzeitiger Räumung einer Dienstwohnung** eine Abfindung zahlt, die nicht nur Kostenersatz für Einbauten und Instandsetzungen darstellt (BFH v. 16.12.1966, VI R 61/66, BStBl III 1967, 251),
- ein Feuerwehrbeamter eine **Ausgleichszahlung für rechtswidrig erbrachte Mehrarbeit** erhält; es handelt sich nicht um eine steuerfreie Schadensersatzzahlung (FG Münster v. 31.3.2014, 1 K 2795/13 E, EFG 2014, 1579).

3. Nicht steuerpflichtige Abfindungen

3 Nicht steuerpflichtig sind hingegen Abfindungen, die auf einer **unerlaubten Handlung** i.S. der §§ 823 ff. BGB beruhen oder ihre Grundlage in einer gesetzlich für besondere Fälle vorgesehenen **Gefährdungshaftung** haben (z.B. aus dem Betrieb von Eisenbahnen und Flugzeugen). Dazu gehören z.B.

- Zahlungen bei Berufsunfällen, wie z.B. **Schmerzensgeld** (zuletzt BMF v. 15.7.2009, IV C 3 – S 2255/08/10012, BStBl I 2009, 836 betr. Schmerzensgeldrenten nach § 253 Abs. 2 BGB);
- **Haftentschädigungen** nach dem Gesetz über die Entschädigung für Strafverfolgungsmaßnahmen, wenn eine Person zu Unrecht inhaftiert worden ist, soweit es sich um Schmerzensgeld handelt; soweit eine Entschädigung für entgangene Einkünfte gewährt wird, sind die Einnahmen gem. § 24 Nr. 1a EStG steuerpflichtig;
- **Schadensersatzleistungen** des Arbeitgebers, soweit er zur Leistung gesetzlich verpflichtet ist oder einen zivilrechtlichen Schadensersatzanspruch des Arbeitnehmers wegen schuldhafter Verletzung arbeitsvertraglicher Fürsorgepflichten erfüllt (BFH v. 20.9.1996, VI R 57/95, BStBl II 1997, 144 betr. eine fehlerhafte Lohnbescheinigung des Arbeitgebers);
- eine vom Arbeitgeber an eine gemeinnützige Organisation gezahlte **Spende**, die anlässlich eines arbeitsgerichtlichen Vergleichs nach einer umstrittenen Kündigung vereinbart wurde (BFH v. 23.9.1998, XI R 18/98, BStBl II 1999, 98).

Nicht steuerpflichtig sind ferner Abfindungen, die **nicht unter die sieben Einkunftsarten des Einkommensteuergesetzes fallen** (vgl. BFH v. 26.11.2008, X R 31/07, BStBl II 2009, 651 sowie BMF v. 15.7.2009, IV C 3 – S 2255/08/10012, BStBl I 2009, 836 betr. eine Schadensersatzrente nach § 844 Abs. 2 BGB, da sie lediglich den durch ein schädigendes Ereignis entfallenden, nicht steuerbaren Unterhaltsanspruch ausgleicht und keinen Ersatz für entgangene oder entgehende einkommensteuerpflichtige Einnahmen gewährt. Hierzu gehören z.B. Leistungen aus dem **Entschädigungsfonds für Opfer der Heimerziehung**, weil bei diesen Leistungen der Entschädigungscharakter überwiegt. Dies gilt gleichermaßen für Leistungen aus dem Unterfonds für Rentensatzleistungen sowie aus dem Unterfonds für Folgeschäden (OFD Münster v. 15.8.2012, S 2255 – 62 – St 22 – 31, www.stotax-first.de).

Zur Frage, ob **Invaliditätsentschädigungen** aus einer vom Arbeitgeber für seine Arbeitnehmer abgeschlossenen **Gruppenunfallversicherung** als steuerpflichtiger Arbeitslohn zu behandeln sind, ausführlich → *Unfallversicherung: freiwillige* Rz. 2944. Abfindungen zur **Ablösung einer Direktversicherung** nach § 3 Abs. 1 BetrAVG sind steuerfrei, soweit sich der Abfindungsanspruch gegen das Versicherungsunternehmen richtet (BMF v. 15.6.1976, BB 1976, 867).

4. Tarifermäßigung

4 Soweit Entlassungsabfindungen und sonstige Abfindungen bzw. Entschädigungen hiernach steuerpflichtig sind, können sie unter bestimmten Voraussetzungen nach § 34 EStG tarifermäßigt besteuert werden (sog. Fünftelregelung); Einzelheiten → *Entschädigungen* Rz. 1134.

Abführung der Lohnsteuer

1. Allgemeines

5 Der Arbeitgeber ist nach § 41a Abs. 1 EStG verpflichtet, spätestens am **zehnten Tag** nach Ablauf eines jeden Lohnsteuer-Anmeldungszeitraums die einzubehaltende und von ihm zu übernehmende pauschale Lohnsteuer beim Betriebsstättenfinanzamt **anzumelden**. Ist dieser Tag ein Samstag, Sonntag oder Feiertag, so verschiebt sich die Frist auf den nächstfolgenden Werktag (§ 108 Abs. 3 AO). Besonderheiten gelten für die sog. Mini-Jobs (→ *Pauschalierung der Lohnsteuer bei geringfügig Beschäftigten* Rz. 2225). Einzelheiten → *Anmeldung der Lohnsteuer* Rz. 139. Einzelheiten zur Sozialversicherung → *Beiträge zur Sozialversicherung* Rz. 548.

Der Arbeitgeber hat die Lohnsteuer in einem Betrag an die Kasse des Betriebsstättenfinanzamts (→ Rz. 8) oder an eine von der obersten Finanzbehörde des Landes bestimmte öffentliche Kasse (§ 41a Abs. 3 EStG) abzuführen. Die Abführung an Kassenhilfsstellen ist nicht zulässig.

Der Arbeitgeber muss mit der **Zahlung angeben** oder durch sein Kreditinstitut angeben lassen:

- seine **Steuernummer**,
- die **Bezeichnung der Steuer** und
- den **Lohnsteuer-Anmeldungszeitraum** (R 41a.2 Satz 2 LStR).

Die Lohnsteuer ist eine **Bringschuld** (§ 224 AO), der Arbeitgeber wird deshalb erst mit dem Eingang der Zahlung beim Finanzamt von seiner Schuld befreit. Ein vorheriger Verlust geht zu seinen Lasten. Dies gilt auch, wenn ein Verrechnungsscheck aus dem Briefkasten des Finanzamts entwendet worden ist (vgl. zuletzt BFH v. 8.3.1999, VII B 208/98, www.stotax-first.de).

2. Abführungstermine

6 Die Lohnsteuer ist grundsätzlich spätestens am **zehnten Tag nach Ablauf eines jeden Lohnsteuer-Anmeldungszeitraums** zu zahlen. Ist dieser Tag ein Samstag, Sonntag oder Feiertag, so verschiebt sich die Frist auf den nächstfolgenden Werktag (§ 108 Abs. 3 AO). Zum unterschiedlichen Feiertagsrecht in den Bundesländern, das auch für die Wahrung von Zahlungsfristen von Bedeutung ist, s. OFD Magdeburg v. 4.5.2004, S 0260 – 3 – St 251, www.stotax-first.de.

Verlängerte Fristen gelten für den Fall, dass das Finanzamt

- die **Lohnsteuer abweichend von der Lohnsteuer-Anmeldung festsetzt** (auch bei Nichtabgabe einer Anmeldung): Zahlungsfrist dann **eine Woche**,
- oder einen **Haftungs- oder Nachforderungsbescheid** gegen den Arbeitgeber erlässt: Zahlungsfrist dann **einen Monat** (R 42d.1 Abs. 7 LStR). Entsprechendes gilt, wenn der Arbeitgeber nach **einer Lohnsteuer-Außenprüfung seine Zahlungspflicht anerkennt** (§ 42d Abs. 4 EStG).

Der Arbeitgeber wird auch bei **Liquiditätsproblemen** nicht von der Verpflichtung zur Einbehaltung und Abführung der Lohnsteuer frei, sondern darf die Löhne nur gekürzt als Vorschuss oder als Teilbetrag auszahlen und muss aus den dann übrig bleibenden Mitteln die entsprechende Lohnsteuer an das Finanzamt abführen. Von dieser Verpflichtung wird er auch nicht dadurch frei, dass er sich um die Erlangung der fehlenden Mittel zur Bezahlung der Steuerschulden bemüht und dass er auf den Eingang ausstehender Forderungen vertraut (vgl. zuletzt BFH v. 6.7.2005, VII B 296/04, www.stotax-first.de, m.w.N.). **Stundung oder Erlass** der Lohnsteuer gegenüber dem Arbeitgeber sind allenfalls möglich,

Abführung der Lohnsteuer

keine Sozialversicherungspflicht = ⊘SV
Sozialversicherungspflicht = ●SV

soweit es sich um „Lohnsteuer des Arbeitgebers" handelt, z.B. um die von ihm zu übernehmende pauschale Lohnsteuer. Einzelheiten → *Erlass von Lohnsteuer* Rz. 1175, → *Stundung* Rz. 2830.

Ist eine Lohnsteuer-Anmeldung bestandskräftig geworden, richtet sich die Fälligkeit der Lohnsteuerschuld grundsätzlich nach den in der Lohnsteuer-Anmeldung gemachten Angaben. Nach § 166 AO entfaltet die Bestandskraft eines Bescheids auch gegenüber demjenigen Wirkung, der in der Lage gewesen wäre, den gegen den Stpfl. erlassenen Bescheid als dessen Vertreter, Bevollmächtigter oder kraft eigenen Rechts anzufechten. Hinsichtlich der von einer **KG abgegebenen Lohnsteuer-Anmeldung** gehört zu dem in § 166 AO angesprochenen Personenkreis auch der **gesetzliche Vertreter** der geschäftsführenden Komplementär-GmbH. Dieser muss – ebenso wie andere zur Anfechtung berechtigte gesetzliche Vertreter von Personen- oder Kapitalgesellschaften – unanfechtbare Lohnsteuer-Anmeldungen gegen sich gelten lassen. Eine unzutreffende, jedoch bestandskräftig gewordene Lohnsteuer-Anmeldung muss sich der als Haftungsschuldner in Anspruch genommene **Geschäftsführer einer GmbH** jedoch dann nicht nach § 166 AO entgegenhalten lassen, wenn er nicht während der gesamten Dauer der Rechtsbehelfsfrist Vertretungsmacht und damit das Recht gehabt hat, namens der GmbH zu handeln (BFH v. 24.8.2004, VII R 50/03, BStBl II 2005, 127).

3. Schonfrist und verspätete Zahlung

7 Zu den Folgen der **verspäteten Abgabe** → *Anmeldung der Lohnsteuer* Rz. 144. Danach kann bei verspäteter Abgabe der Lohnsteuer-Anmeldung insbesondere ein **Verspätungszuschlag** festgesetzt werden.

Bei **verspäteter Zahlung** sind nach § 240 AO **Säumniszuschläge** zu entrichten. Dies gilt auch für Haftungsschulden (→ *Säumniszuschlag* Rz. 2635). Für jeden angefangenen Monat der Säumnis wird ein Säumniszuschlag von 1 % des rückständigen, auf 50 € nach unten abgerundeten Steuerbetrags erhoben. Die Säumnis tritt grundsätzlich ein, wenn die Steuer nicht bis zum Ablauf des Fälligkeitstags entrichtet wird. Bei der Lohnsteuer, die nach § 41a Abs. 1 EStG ohne die erforderliche Anmeldung oder Festsetzung fällig wird (→ Rz. 5), tritt die Säumnis nicht ein, bevor die Steuer festgesetzt oder die Anmeldung abgegeben worden ist. Der Tag des Eingangs der Anmeldung wird bei der Berechnung der Säumniszuschläge nicht mitgerechnet.

Bei Zahlung durch **Banküberweisung** wird ein Säumniszuschlag bei Zahlung innerhalb der sog. **Zahlungs-Schonfrist** nach § 240 Abs. 3 AO nicht erhoben. Die Zahlungs-Schonfrist ist mit Wirkung vom 1.1.2004 von fünf auf **drei Tage** verkürzt worden.

Die Zahlungs-Schonfrist gilt **nicht bei Scheck- oder Barzahlungen** (§ 240 Abs. 3 Satz 2 AO i.V.m. § 224 Abs. 2 Nr. 1 AO). Diese müssen zur Vermeidung von Säumniszuschlägen spätestens am Fälligkeitstag bzw. am Tag, an dem die Lohnsteuer-Anmeldung beim Finanzamt eingeht, entrichtet werden. Eine **Scheckzahlung gilt erst am dritten Tag nach dem Eingang beim Finanzamt als entrichtet** (§ 224 Abs. 2 Nr. 1 AO), und zwar selbst dann, wenn die Finanzbehörde tatsächlich schon früher über den Zahlbetrag verfügen kann (BFH v. 28.8.2012, VII R 71/11, BStBl II 2013, 103). Fällt das Ende dieser Drei-Tages-Regelung auf einen Samstag, Sonntag oder einen gesetzlichen Feiertag, so gilt die Zahlung erst mit Ablauf des nächstfolgenden Werktags als geleistet. Mit dieser Gesetzesänderung soll insbesondere den mit der Scheckzahlung verbundenen Zinsnachteilen für Bund und Länder und dem hohen Verwaltungsaufwand bei der Buchung solcher Einzahlungen begegnet werden (dazu FG Niedersachsen v. 4.7.2011, 7 K 40/11, EFG 2012, 205: Für die Bestimmung des Tages der Entrichtung einer Zahlung bei Hingabe oder Übersendung von Schecks gem. § 224 Abs. 2 Nr. 1 2. Halbsatz AO kommt es auf den Eingang des Schecks bei der Finanzkasse am nächsten Werktag an). Wer die Lohnsteuerschuld aus seiner Lohnsteuer-Anmeldung mit Scheckzahlung begleicht, darf seinen Scheck deshalb z.B. nicht erst am 10., sondern muss ihn **bereits am 7. des Fälligkeitsmonats in den Briefkasten des Finanzamts werfen**.

> **Beispiel 1:**
> Arbeitgeber A muss für den Monat Januar 2016 für seine Arbeitnehmer 50 040 € Lohnsteuer an das Finanzamt entrichten. Er hat die Lohnsteuer-Anmeldung erst am 11.2.2016 mit beigefügtem Scheck in den Hausbriefkasten des Finanzamts geworfen.
>
> Da die Lohnsteuer-Anmeldung nach dem 10.2.2016, also verspätet, abgegeben wurde, kann das Finanzamt einen **Verspätungszuschlag** von bis zu 10 % der festgesetzten Steuer, höchstens 25 000 €, hier also bis zu 5 004 € festsetzen (s. im Einzelnen → *Anmeldung der Lohnsteuer* Rz. 144). Außerdem sind **Säumniszuschläge** i.H.v. 500 € (1 % der auf 50 € nach unten abgerundeten Steuer für jeden angefangenen Monat) zu entrichten, weil die Zahlung mit Scheck erst am 14.2.2016 als entrichtet gilt.

> **Beispiel 2:**
> Wie Beispiel 1, die Zahlung erfolgt aber erst am 15.2.2016 durch Bankgutschrift.
>
> Für den **Verspätungszuschlag** gelten die im Beispiel 1 genannten Grundsätze. Da die am Tag nach der Abgabe der Lohnsteuer-Anmeldung (also am 12.2.2016) eingetretene Säumnis nicht mehr als drei Tage (**Zahlungs-Schonfrist**) beträgt, ist **kein Säumniszuschlag** zu entrichten.

Zur Vermeidung von Verspätungs- und Säumniszuschlägen sollte der Arbeitgeber die **Lohnsteuer-Anmeldungen für 2016 spätestens um 24.00 Uhr des in Spalte 2 der nachfolgenden Tabelle angegebenen Tags dem Finanzamt zu übermitteln, Lohnsteuer-Anmeldungen mit beigefügtem Scheck allerdings drei Tage früher**. Die Zahlungs-Schonfrist bei Zahlung durch Banküberweisungen ergibt sich aus Spalte 3.

Lohnsteuer-Anmeldung für 2016	Ende der Abgabefrist	Ende der Zahlungs-Schonfrist bei Zahlung durch Banküberweisung
Januar	10.2.2016	15.2.2016
Februar	10.3.2016	14.3.2016
März bzw. I. Quartal	11.4.2016	14.4.2016
April	10.5.2016	13.5.2016
Mai	13.6.2016	16.6.2016
Juni bzw. II. Quartal	11.7.2016	14.7.2016
Juli	10.8.2016	15.8.2016
August	12.9.2016	15.9.2016
September bzw. III. Quartal	10.10.2016	13.10.2016
Oktober	10.11.2016	14.11.2016
November	12.12.2016	15.12.2016
Dezember bzw. IV. Quartal	10.1.2017	13.1.2017

Hinweis:

Zur Vermeidung von Säumniszuschlägen empfiehlt die Finanzverwaltung allen Steuerzahlern, Zahlungen künftig möglichst nur noch im **Lastschrifteinzugsverfahren** zu leisten.

4. Betriebsstättenfinanzamt

Die Lohnsteuer ist an das Finanzamt der Betriebsstätte abzuführen, Besonderheiten gelten für die sog. Mini-Jobs (→ *Pauschalierung der Lohnsteuer bei geringfügig Beschäftigten* Rz. 2225). Die lohnsteuerliche Betriebsstätte ist nach § 41 Abs. 2 EStG i.V.m. R 41.3 LStR der im Inland gelegene **Betrieb oder Betriebsteil des Arbeitgebers**, an dem der Arbeitslohn insgesamt ermittelt wird, Einzelheiten → *Betriebsstätte* Rz. 696. 8

Besonderheiten gelten beim → *Lohnsteuerabzug durch Dritte* Rz. 1848.

Abführung der Sozialversicherungsbeiträge

→ *Fälligkeit der Sozialversicherungsbeiträge* Rz. 1196

Abgeltung von Urlaubsansprüchen

→ *Urlaubsabgeltung* Rz. 2962

Abgeordnete

1. Abgeordnete des Bundestages, Landtages usw.

Die Entschädigungen, Amtszulagen, Altersentschädigungen (BFH v. 14.10.2003, IX R 17/01, www.stotax-first.de, sowie BVerfG v. 15.9.2009, 2 BvR 2030/03, StEd 2009, 676) usw. der Abgeordneten des Europäischen Parlament, des Bundestags und der Landtage gehören zu den steuerpflichtigen **sonstigen Einkünften** 9 i.S.d. § 22 Nr. 4 EStG. Die sog. Kostenpauschalen bleiben dagegen nach § 3 Nr. 12 Satz 1 EStG steuerfrei (BFH v. 11.9.2008, VI R 13/06, BStBl II 2008, 928 sowie BVerfG v. 26.7.2010, 2 BvR 2227/08, 2 BvR 2228/08, www.stotax-first.de, Beschwerde vom EGMR als unzulässig verworfen).

Zur steuerlichen Behandlung der Abgeordnetenentschädigungen haben einzelne Bundesländer z.T. umfangreiche Verwaltungsregelungen herausgegeben (z.B. FinMin Mecklenburg-Vorpommern v. 18.1.2013, IV 301 – S 2257a – 00000 – 2012/001, www.stotax-first.de: Merkblatt „Steuerliche Behandlung der Einkünfte der Mitglieder des Landtages von Mecklenburg-Vorpommern, ehemaliger Mitglieder und Hinterbliebener").

Werbungskosten im Zusammenhang mit der Mandatstätigkeit können regelmäßig nicht abgezogen werden (§ 22 Nr. 4 Satz 2 EStG, zuletzt FG Niedersachsen v. 31.1.2001, 4 K 180/97, EFG 2001, 1048). Die Aufwendungen eines Abgeordneten für ein Wahlprüfungsverfahren stehen dagegen nicht im Zusammenhang mit einer steuerfreien Kostenpauschale für Schreibarbeiten, Porto, Telefon etc. und sind daher in voller Höhe als Werbungskosten abzugsfähig (FG Berlin-Brandenburg v. 13.6.2012, 12 K 12096/09, EFG 2012, 1725).

Die sog. Gemeinschaftssteuer, die von der Europäischen Union von den Einkünften der EU-Abgeordneten erhoben wird, ist auf die deutsche Einkommensteuer anzurechnen.

2. Tätigkeit bestimmter Funktionsträger

10 Soweit Abgeordnete des Bundestages, der Landtage usw. gleichzeitig als Vorstandsmitglieder, Parlamentarische Geschäftsführer der Fraktionen/Gruppen oder als Vorsitzende von Arbeitskreisen tätig werden, gilt Folgendes (BMF v. 7.12.1993, IV B 6 – S 2337 – 66/93, www.stotax-first.de):

Die Tätigkeit der **Vorsitzenden und stellvertretenden Vorsitzenden** der Fraktionen besteht im Wesentlichen in einer intensiveren Wahrnehmung ihrer sich aus dem **Abgeordnetenmandat** ergebenden politischen Aufgaben. Bezüge, die für diese Tätigkeit von den Fraktionen gezahlt werden, gehören daher zu den sonstigen Bezügen i.S.d. § 22 Nr. 1 Satz 1 EStG (FG Berlin v. 27.5.2002, 8 K 8658/99, EFG 2002, 1228). Arbeitslohn liegt somit nicht vor.

Parlamentarische Geschäftsführer der Fraktionen und die **Vorsitzenden der Arbeitskreise** sind als Arbeitnehmer anzusehen, wenn sie überwiegend verwaltende Tätigkeiten ausüben.

3. Abgeordnete mit Regierungsamt

11 Besonderheiten gelten für Abgeordnete, die noch ein **Regierungsamt** innehaben, z.B. als **Minister**. Sie sind **insoweit Arbeitnehmer**, die Einkünfte aus der Ministertätigkeit unterliegen dem Lohnsteuerabzug. Dazu gehört auch der geldwerte Vorteil aus der Überlassung eines **Dienstwagens für private Zwecke**, z.B. für Urlaubsfahrten. Einzelheiten → *Firmenwagen zur privaten Nutzung* Rz. 1226.

4. Kommunale Mandatsträger

12 Die sog. kommunalen Mandatsträger (Gemeinderäte usw.) sind **keine Arbeitnehmer**. Ihre Aufwandsentschädigungen, Sitzungsgelder usw. sind zwar grundsätzlich als Einkünfte aus sonstiger selbständiger Arbeit i.S.d. § 18 Abs. 1 Nr. 3 EStG **einkommensteuerpflichtig** (zuletzt BFH v. 13.6.2013, III B 156/12, www.stotax-first.de, m.w.N., betr. Einkünfte eines Gemeinderatsmitglieds und stellvertretenden ehrenamtlichen Bürgermeisters in NRW sowie FG Hessen v. 24.6.2013, 3 K 2837/11, EFG 2013, 1820: keine Verdoppelung des steuerfreien Mindestbetrags, auch wenn der Stpfl. nicht nur Gemeinderatsmitglied, sondern gleichzeitig Vorsitzender der Gemeindevertretung ist), bleiben jedoch in erheblichem Umfang **nach § 3 Nr. 12 Satz 2 EStG steuerfrei** (→ *Aufwandsentschädigungen im öffentlichen Dienst* Rz. 383). Die Finanzverwaltung hat in bundeseinheitlichen Ländererlassen (sog. **Ratsherrenerlasse**) aus Vereinfachungsgründen **steuerfreie Pauschbeträge** festgesetzt, die in vielen Fällen weit über die für ehrenamtliche Tätigkeiten allgemein geltende Regelung des R 3.12 Abs. 3 LStR hinausgehen (zuletzt OFD Frankfurt v. 13.2.2014, S 2248 A – 7 – St 213, www.stotax-first.de). Mit diesen steuerfreien Pauschbeträgen sind alle Aufwendungen, die mit der ehrenamtlichen Tätigkeit als Mandatsträger zusammenhängen, mit Ausnahme der Aufwendungen für Dienstreisen, abgegolten. Den Stpfl. bleibt es unbenommen, ihre tatsächlichen Aufwendungen, soweit sie nicht Kosten der Lebensführung sind, die ihre wirtschaftliche oder gesellschaftliche Stellung mit sich bringt, gegenüber dem Finanzamt nachzuweisen oder glaubhaft zu machen. In diesem Falle können die tatsächlichen Aufwendungen insoweit, als sie die steuerfreien Entschädigungen übersteigen, bei den Einkünften aus sonstiger selbständiger Arbeit i.S.d. § 18 Abs. 1 Nr. 3 EStG als Betriebsausgaben berücksichtigt werden (zuletzt FG Nürnberg v. 5.12.2014, 7 K 1981/12, EFG 2015, 1188). **Pauschal gewährter Fahrtkostenersatz** eines Kreistagsabgeordneten und Fraktionsvorsitzenden ist nur insoweit steuerfrei nach § 3 Nr. 13 EStG, soweit er tatsächlich entstandene Betriebsausgaben nicht offenbar überschreitet (FG Niedersachsen v. 24.8.2011, 3 K 501/08, www.stotax-first.de).

In einigen Bundesländern, z.B. Baden-Württemberg und Thüringen, sind die **ehrenamtlichen Bürgermeister** (→ *Bürgermeister* Rz. 771; → *Ehrenamtsinhaber* Rz. 974) **Arbeitnehmer**, die in einer Rechtsverordnung („**Aufwandsentschädigungs-Verordnung**") festgelegte Aufwandsentschädigungen erhalten. Diese bleiben nach R 3.12 Abs. 3 Satz 2 Nr. 2 LStR i.H.v. 1/3 der gewährten Aufwandsentschädigungen, mindestens jedoch i.H.v. 200 € monatlich, steuerfrei. Ist die Aufwandsentschädigung niedriger als 200 €, bleibt nur der tatsächlich geleistete Betrag steuerfrei (R 3.12 Abs. 3 Satz 4 LStR sowie FinMin Baden-Württemberg v. 20.3.2014, 3 – S 233.7/5, www.stotax-first.de).

Auch wenn die in §§ 10 Abs. 1, 11 Abs. 1 LKomBesVO Baden-Württemberg normierte Dienstaufwandsentschädigung eines Bürgermeisters nicht durch die Reisekostenerstattung abgegoltene Reisekosten umfasst, **erfüllen Reisekostenvergütungen aus öffentlichen Kassen nicht den Tatbestand des § 3 Nr. 12 Satz 2 EStG**, so dass das Abzugsverbot des § 3c Satz 1 EStG keine Anwendung findet und die nicht abgegoltenen Reisekosten bzw. Mehrverpflegungsaufwendungen als Werbungskosten abzugsfähig sind (FG Baden-Württemberg v. 10.3.2015, 6 K 1433/12, EFG 2015, 1249, Revision eingelegt, Az. beim BFH: VI R 23/15).

Arbeitnehmer sind z.B. auch die sog. **Ortsvorsteher** in Hessen, sofern ihnen neben ihrer Tätigkeit in der kommunalen Volksvertretung (insoweit liegen Einkünfte aus selbständiger Tätigkeit gem. § 18 Abs. 1 Nr. 3 EStG vor) von der Gemeinde die **Leitung einer Verwaltungsaußenstelle übertragen** wird (OFD Frankfurt v. 17.7.2013, S 2337 A – 35 – St 211, StEd 2013, 568, auch zur Gewährung der Steuerbefreiung nach § 3 Nr. 12 Satz 2 EStG); vergleichbare Regelungen gibt es auch in den anderen Bundesländern.

Die **Rechtsprechung hat die Verwaltungsauffassung bestätigt**, wonach bei kommunalen Mandatsträgern die allgemeine Vereinfachungsregelung der R 3.12 Abs. 3 Satz 2 LStR (pauschale Steuerfreiheit von 1/3 der gewährten Aufwandsentschädigung ohne Höchstgrenze) auch dann nicht angewendet werden darf, wenn sie im Einzelfall günstiger sein sollte als der sog. Ratsherrenerlass (zuletzt FG Schleswig-Holstein v. 22.9.2009, 3 K 130/09, www.stotax-first.de: keine gesonderte Steuerbefreiung für eine Tätigkeit im Hauptausschuss einer Gemeinde).

Der sog. **Ehrensold**, den ehrenamtliche Bürgermeister, Ortsteilbürgermeister oder Ortschaftsbürgermeister nach verschiedenen kommunalen Regelungen der einzelnen Bundesländer erhalten, wird steuerlich unterschiedlich behandelt:

- Ist der Stpfl. als **Arbeitnehmer** der Gemeinde anzusehen, weil er nicht nur Vorsitzender des Gemeinderats, sondern auch Leiter der Verwaltung ist, gehört der Ehrensold, der an die ehemaligen ehrenamtlichen Bürgermeister gezahlt wird, zu den **Versorgungsbezügen** gem. § 19 Abs. 2 Satz 2 Nr. 1 EStG (s. auch die Aufzählung in R 19.8. Abs. 1 LStR).

- Ortsteil- bzw. Ortschaftsbürgermeister werden dagegen steuerlich wie „normale Ratsmitglieder" behandelt; sie sind selbständig tätig und erzielen Einnahmen aus **sonstiger selbständiger Arbeit** i.S.d. § 18 Abs. 1 Nr. 3 EStG. Demgemäß ist der Ehrensold, der an die ehrenamtlichen Ortsteil- bzw. Ortschaftsbürgermeister gezahlt wird, den Einkünften i.S.d. § 24 Nr. 2 i.V.m. § 18 Abs. 1 Nr. 3 EStG aus einer ehemaligen Tätigkeit zuzurechnen.

Die private Nutzungsmöglichkeit eines sog. **Tablet-PC**, der einem kommunalen Mandatsträger von der Gebietskörperschaft zur Ver-

Abgeordnete

fügung gestellt wird, ist nach Erweiterung des § 3 Nr. 45 EStG durch das Zollkodex-Anpassungsgesetz v. 22.12.2014, BStBl I 2015, 58 **ab 2015 steuerfrei**, sofern sie im Rahmen ihrer Tätigkeit eine Aufwandsentschädigung i.S.d. § 3 Nr. 12 EStG erhalten.

5. Assistenten von Abgeordneten

13 Die Assistenten von Abgeordneten des **Europäischen Parlaments** sind **Arbeitnehmer** der Abgeordneten, weil sie auf Grund eines Werkvertrags tätig werden. Die Bezüge sind – sofern die Tätigkeit im Inland ausgeübt wird – weder auf Grund des deutsch-luxemburgischen Doppelbesteuerungsabkommens noch nach anderen zwischenstaatlichen Vereinbarungen von der deutschen Steuer befreit (OFD Düsseldorf 1988 – 12 – 00 VI, www.stotax-first.de).

Das Gleiche gilt für Assistenten der Abgeordneten des **Bundestages** sowie der **Landtage**, ferner für Schreibkräfte.

6. Ehrenamtliche Schriftführer

14 Es ist gefragt worden, wie Leistungen, die den Bediensteten von Kommunalverwaltungen für ihre Tätigkeit als Schriftführer in kommunalparlamentarischen Gremien gewährt werden, steuerlich zu behandeln sind.

Die obersten Finanzbehörden haben entschieden, dass eine Anwendung der sog. „Ratsherren-Erlasse" bei Schriftführern nicht möglich ist. Die einem Schriftführer gewährte Aufwandsentschädigung ist jedoch unter den Voraussetzungen des § 3 Nr. 12 Satz 2 EStG steuerfrei, nämlich wenn die Aufwandsentschädigung Aufwendungen abgilt, die zum Werbungskosten- oder Betriebsausgabenabzug berechtigen würden.

Zur Erleichterung der Feststellung, inwieweit es sich um eine steuerfreie Aufwandsentschädigung handelt, können bis zu 200 € im Monat ohne weiteren Nachweis steuerfrei gestellt werden (R 3.12 Abs. 3 LStR). Übersteigende Beträge unterliegen der Steuerpflicht und gehören bei Schriftführern, die in einem hauptamtlichen Dienstverhältnis zur Kommune stehen, zu den Einnahmen aus der nichtselbständigen Haupttätigkeit.

Aufwendungen, welche die steuerfreie Aufwandsentschädigung überschreiten, können auf Antrag im Rahmen der Einkommensteuer-Veranlagung berücksichtigt werden.

7. Betriebsausgaben/Werbungskosten

15 Von dem o.g. Personenkreis werden in der Praxis häufig Aufwendungen geltend gemacht, die im Hinblick auf das sog. **Aufteilungs- und Abzugsverbot des § 12 Nr. 1 EStG** nicht als Betriebsausgaben (z.B. bei den kommunalen Mandatsträgern) oder Werbungskosten (z.B. bei den als Arbeitnehmer anzusehenden Bürgermeistern) abzugsfähig sind. Dies gilt z.B. für Aufwendungen
- von Mandatsträgern für die Bewirtung von Kollegen und anderen Kommunalpolitikern sowie für Geschenke an solche Personen (BFH v. 23.1.1991, X R 6/84, BStBl II 1991, 396),
- eines Politikers für die Einladung anlässlich der der kirchlichen Trauung vorangehenden standesamtlichen Trauung (ca. 10 private Gäste, ca. 110 Personen aus der Politik) und für Weihnachtspost (FG Nürnberg v. 5.12.2014, 7 K 1981/12, EFG 2015, 1188),
- eines Abgeordneten für eine Hochzeitsfeier (FG Köln v. 11.11.2014, 2 K 1706/11, EFG 2015, 635).

Abrufarbeit

→ *Arbeitszeitmodelle* Rz. 279

Abschlagszahlungen

1. Arbeitsrecht

16 Oftmals werden im Arbeitsverhältnis **Zahlungen** durch den Arbeitgeber **vor Fälligkeit** vorgenommen. Zu unterscheiden sind hierbei Abschlagszahlungen und Vorschüsse.
- **Abschlagszahlungen** sind Leistungen auf den bereits verdienten, aber noch nicht abgerechneten Lohn. Ohne Aufrechnung oder sonstige Erklärung tritt hierdurch eine vorzeitige Erfüllung des Anspruchs des Arbeitnehmers auf Zahlung des Arbeitsentgelts ein. Die freie Verrechenbarkeit ist insbesondere durch Pfändungsgrenzen nicht berührt.
- **Vorschüsse** sind Leistungen des Arbeitgebers auf den noch nicht verdienten Lohn. Der Fälligkeitstermin wird hier also vorgezogen. Durch die Zahlung des Arbeitgebers erfolgt eine vorweggenommene Tilgung des Anspruchs auf Arbeitsentgelt, so dass auch hierdurch ohne Aufrechnung oder sonstige Erklärung der Anspruch vorzeitig teilweise erfüllt wird. Die Berücksichtigung erfolgt bei der nächsten Lohnabrechnung automatisch ohne Einschränkung durch Pfändungsfreigrenzen (→ *Vorschüsse* Rz. 3068).

Ein Anspruch des Arbeitnehmers auf Abschlag oder Vorschuss besteht grundsätzlich nicht. Zur **Beweissicherung** sollte ein Abschlag oder Vorschuss nur gegen Quittung und mit genauer Bezeichnung geleistet werden, worauf die vorzeitige Zahlung erbracht wird (s. § 366 BGB). Damit wird z.B. dem Einwand des Arbeitnehmers begegnet, die Zahlung sei nicht als Vorschuss oder Abschlag, sondern als Abgeltung von Überstunden erbracht worden.

2. Lohnsteuer

Der Arbeitgeber hat die Lohnsteuer zwar grundsätzlich **bei jeder** 17 **Lohnzahlung** vom Arbeitslohn einzuhalten (§ 38 Abs. 3 EStG). Für „Abschlagszahlungen" gibt es jedoch eine **Vereinfachungsregelung**, vgl. § 39b Abs. 5 EStG i.V.m. R 39b.5 Abs. 5 LStR:

Zahlt der Arbeitgeber den Arbeitslohn für den üblichen Lohnzahlungszeitraum nur in ungefährer Höhe **(Abschlagszahlung)** und nimmt er eine genaue Lohnabrechnung für einen längeren Zeitraum vor, so braucht er die Lohnsteuer erst bei der **Lohnabrechnung** einzuhalten, wenn der Lohnabrechnungszeitraum **fünf Wochen** nicht übersteigt und die Lohnabrechnung innerhalb von **drei Wochen** nach Ablauf des Lohnabrechnungszeitraums erfolgt. Die Lohnabrechnung gilt als abgeschlossen, wenn die Zahlungsbelege den Bereich des Arbeitgebers verlassen haben; auf den zeitlichen Zufluss der Zahlung beim Arbeitnehmer kommt es nicht an.

> **Beispiel 1:**
> Ein Arbeitgeber mit monatlichen Abrechnungszeiträumen leistet jeweils am 20. eines Monats eine Abschlagszahlung. Die Lohnabrechnung wird am 10. des folgenden Monats mit der Auszahlung von Spitzenbeträgen vorgenommen.
> Der Arbeitgeber ist berechtigt, auf eine Lohnsteuereinbehaltung bei der Abschlagszahlung zu verzichten und die Lohnsteuer erst bei der Schlussabrechnung einzubehalten.

> **Beispiel 2:**
> Ein Arbeitgeber mit monatlichen Abrechnungszeiträumen leistet jeweils am 28. für den laufenden Monat eine Abschlagszahlung und nimmt die Lohnabrechnung am 28. des folgenden Monats vor.
> Die Lohnsteuer ist bereits von der Abschlagszahlung einzubehalten, da eine Abrechnung nicht innerhalb von drei Wochen nach Ablauf des Lohnabrechnungszeitraums erfolgt.

Wird die Lohnabrechnung für **den letzten Abrechnungszeitraum des abgelaufenen Kalenderjahrs** erst im nachfolgenden Kalenderjahr, aber noch innerhalb der Drei-Wochen-Frist vorgenommen, so handelt es sich um Arbeitslohn und einbehaltene Lohnsteuer dieses Lohnabrechnungszeitraums; der Arbeitslohn und die Lohnsteuer sind deshalb im **Lohnkonto und in den Lohnsteuerbelegen des abgelaufenen Kalenderjahrs zu erfassen**. Die einbehaltene Lohnsteuer ist aber für die Anmeldung und Abführung als Lohnsteuer des Kalendermonats bzw. Kalendervierteljahrs zu erfassen, in dem die Abrechnung tatsächlich vorgenommen wird.

> **Beispiel 3:**
> Auf den Arbeitslohn für Dezember werden Abschlagszahlungen geleistet. Die Lohnabrechnung erfolgt am 15. Januar.
> Die dann einzuhaltende Lohnsteuer ist spätestens am 10. Februar als Lohnsteuer des Monats Januar anzumelden und abzuführen. Sie gehört gleichwohl zum Arbeitslohn des abgelaufenen Kalenderjahrs und ist in die Lohnsteuerbescheinigung für das abgelaufene Kalenderjahr aufzunehmen.

Die zuletzt dargestellten Grundsätze gelten sinngemäß, wenn zwar der übliche Arbeitslohn für den letzten Lohnzahlungszeitraum des

Kalenderjahrs am Ende dieses Lohnzahlungszeitraums abgerechnet wird und **nur einzelne Lohnteile, z.B. Mehrarbeitsvergütungen, im nachfolgenden Kalenderjahr**, aber noch innerhalb der Drei-Wochen-Frist, abgerechnet werden. Erfolgt die Abrechnung dieser wirtschaftlich zum abgelaufenen Kalenderjahr gehörenden Lohnteile später als drei Wochen nach Ablauf des Lohnabrechnungszeitraums, so handelt es sich insoweit um **sonstige Bezüge** (→ Sonstige Bezüge Rz. 2704), die im Kalenderjahr des Zufließens zu versteuern sind (§ 38a Abs. 1 Satz 3 EStG).

Für die **Einhaltung der Drei-Wochen-Frist** ist es erforderlich, dass der Arbeitgeber neben der maschinellen Lohnabrechnung auch die **Auszahlung des Restlohns veranlasst** hat. Hierfür reicht es aber aus, wenn die Überweisungsbelege den Arbeitgeber verlassen haben. Auf die Gutschrift des Restlohns auf dem Konto des Arbeitnehmers kommt es nicht an (OFD Köln v. 5.1.1981, S 2367 – 14 – St 121, DB 1981, 238).

Die **Vereinfachungsregelung ist nicht anzuwenden**, wenn die **Erhebung der Lohnsteuer nicht gesichert erscheint**. Das Betriebsstättenfinanzamt kann dann anordnen, dass die Lohnsteuer von den Abschlagszahlungen einzubehalten ist (§ 39b Abs. 5 Satz 3 EStG).

Pauschale Zuschläge können nur dann als Abschlagszahlungen oder Vorschüsse auf Zuschläge für tatsächlich geleistete **Sonntags-, Feiertags- oder Nachtarbeit** angesehen und damit nach § 3b EStG steuerfrei belassen werden, wenn eine Verrechnung der Zuschläge mit den tatsächlich erbrachten Arbeitsstunden an Sonntagen, Feiertagen oder zur Nachtzeit erfolgt. Allein die Aufzeichnung der tatsächlich erbrachten Arbeitsstunden ersetzt diese Verrechnung nicht (BFH v. 23.10.1992, VI R 55/91, BStBl II 1993, 314 und BFH v. 25.5.2005, IX R 72/02, BStBl II 2005, 725; R 3b Abs. 7 LStR).

Werden lediglich pauschal gezahlte Zuschläge für Nachtarbeit vereinbarungsgemäß als Abschlagszahlungen geleistet, muss regelmäßig eine **Einzelabrechnung** zum jährlichen Abschluss des Lohnkontos vorgenommen werden (vgl. zuletzt FG Niedersachsen v. 24.9.2015, 14 K 232/14, www.stotax-first.de, betr. eine sog. Offshore-Zulage). Darauf kann **im Einzelfall verzichtet** werden, wenn die Arbeitsleistungen fast ausschließlich zur Nachtzeit zu erbringen sind (BFH v. 22.10.2009, VI R 16/08, www.stotax-first.de, betr. einen Bäckereibetrieb).

3. Sozialversicherung

18 Zur sozialversicherungsrechtlichen Beurteilung → *Beiträge zur Sozialversicherung* Rz. 548, → *Fälligkeit der Sozialversicherungsbeiträge* Rz. 1196.

Abschlussgebühr: Zahlungsverzicht

1. Arbeitslohn

19 **Verzichtet eine Bausparkasse** gegenüber ihren eigenen Mitarbeitern oder auch gegenüber Arbeitnehmern anderer Kreditinstitute, Versicherungsunternehmen usw. **auf die Erhebung einer Abschlussgebühr**, liegt darin ein steuerpflichtiger geldwerter Vorteil, der steuerlich wie folgt zu behandeln ist (BMF v. 28.3.1994, IV B 6 – S 2334 – 46/94, BStBl I 1994, 233):

- Bei **eigenen Arbeitnehmern** der Bausparkasse handelt es sich um eine Dienstleistung i.S.d. § 8 Abs. 3 EStG, o dass der Rabattfreibetrag von 1 080 € abzuziehen ist. Zuvor ist der Endpreis um 4 % zu mindern (→ *Rabatte* Rz. 2345).

- Bei **Arbeitnehmern anderer Unternehmen** (z.B. Kreditinstitute, Versicherungsunternehmen) kann der Rabattfreibetrag nicht abgezogen werden, weil der Vorteil von dritter Seite zugewendet wird. Zur Versteuerung → *Lohnzahlung durch Dritte* Rz. 1949.

Soweit der geldwerte Vorteil als Arbeitslohn versteuert wird, ist er der **Zahlung einer Abschlussgebühr gleichzustellen** (vgl. R 9.1 Abs. 4 Satz 2 LStR), so dass der Arbeitnehmer insoweit ggf. die Wohnungsbauprämie in Anspruch nehmen kann.

Der Verzicht auf die **Sondereinlage** beim Abschluss eines Bausparvertrags ist dagegen lohnsteuerlich ohne Bedeutung.

2. Kein Arbeitslohn

20 Rabatte, die der Arbeitgeber nicht nur seinen Arbeitnehmern, sondern auch fremden Dritten üblicherweise einräumt, begründen bei den Arbeitnehmern keinen Arbeitslohn. Werden Rabatte beim Abschluss von Bauspar- oder Versicherungsverträgen sowohl Arbeitnehmern von Geschäftspartnern als auch einem weiteren Personenkreis (Angehörige der gesamten Versicherungsbranche, Arbeitnehmer weiterer Unternehmen) eingeräumt, so liegt hierin kein Arbeitslohn. Rabatte, die ein Dritter einräumt, gehören nicht allein deshalb zum Arbeitslohn, weil der Arbeitgeber an deren Verschaffung mitgewirkt hat (BFH v. 10.4.2014, VI R 62/11, BStBl II 2015, 191). S. ausführlich → *Rabatte* Rz. 2359.

Abschnittsbesteuerung

21 Bei der Einkommensteuer – und damit auch bei der Lohnsteuer – gilt der Grundsatz der Abschnittsbesteuerung, d.h., dass das Finanzamt

- für jeden Steuerabschnitt (Kalenderjahr) Sachverhalt sowie Rechtslage **neu zu prüfen** hat und

- **an eine abweichende Beurteilung in früheren Jahren selbst dann nicht gebunden** ist, wenn der Stpfl. im Vertrauen darauf disponiert hat. Dies ist sogar dann angenommen worden, wenn das Finanzamt die – fehlerhafte – Auffassung bei einer früheren **Betriebsprüfung/Lohnsteuer-Außenprüfung** vertreten und sogar in einem **Prüfungsbericht** niedergelegt hat (zuletzt FG Köln v. 29.10.2014, 5 K 463/12, EFG 2015, 1524, Revision eingelegt, Az. beim BFH: VI R 27/15, betr. Abzugsfähigkeit von Schadensersatzleistungen) oder über eine längere Zeitspanne eine rechtsirrige, für den Stpfl. günstige Auffassung vertreten hatte. Entsprechendes gilt, wenn z.B. bei der **Einkommensteuerveranlagung des Vorjahrs** bestimmte Aufwendungen zu Unrecht zum Abzug zugelassen wurden (vgl. zuletzt BFH v. 14.5.2014, XI R 13/11, BStBl II 2014, 734 zur Umsatzsteuer).

Unerheblich ist auch, welche Auffassung das Finanzamt im Zeitpunkt der **Eintragung eines Freibetrags als Lohnsteuerabzugsmerkmal** vertreten hat, denn das Lohnsteuer-Ermäßigungsverfahren steht als selbständiges Verfahren neben der Veranlagung zur Einkommensteuer (zuletzt BFH v. 10.4.2007, VI B 134/06, www.stotax-first.de, m.w.N., betr. den Ansatz der Entfernungspauschale).

Eine Ausnahme gilt nur, wenn das Finanzamt eine **Zusage** erteilt, z.B. im Rahmen einer **Anrufungsauskunft**, oder durch sein **früheres Verhalten** außerhalb einer Zusage einen **Vertrauenstatbestand geschaffen** hat (zuletzt BFH v. 1.4.2015, V B 63/14, www.stotax-first.de, m.w.N.). Vgl. dazu ausführlich → *Auskünfte und Zusagen des Finanzamts* Rz. 413.

Sollten bei anderen Stpfl. Aufwendungen zu Unrecht als Werbungskosten oder Betriebsausgaben anerkannt worden sein (z.B. Kosten einer Studienreise), ist das Finanzamt ebenfalls daran nicht gebunden, da es **keinen „Anspruch auf Gleichbehandlung im Unrecht"** gibt (zuletzt FG Berlin-Brandenburg v. 1.7.2015, 7 K 7230/13, EFG 2015, 1598, Revision eingelegt, Az. beim BFH: VIII R 28/15, betr. Anwendung des § 3 Nr. 26 EStG bei einer ehrenamtlichen Versichertenberaterin).

Absetzung für Abnutzung

→ *Lohnsteuer-Ermäßigungsverfahren* Rz. 1905

→ *Werbungskosten* Rz. 3182

Abtretung des Arbeitslohns

1. Grundsätze und Verfahren

22 Der Arbeitnehmer kann grundsätzlich über seinen Anspruch auf Arbeitsentgelt frei verfügen und deshalb seinen Anspruch an Dritte (z.B. an seine Gläubigerbank zur Sicherung eines Kredits oder an seinen Vermieter zur Sicherung der Mietforderung als Sicherungsabtretung in Form der **Vorausabtretung**) nach §§ 398 ff. BGB abtreten.

Abtretung des Arbeitslohns

Bei einer Abtretung der Forderung auf Arbeitsentgelt tritt der Dritte (dies kann auch der Arbeitgeber selbst sein, z.B. bei einer Abtretung im Hinblick auf ein Arbeitgeberdarlehen), an den abgetreten ist, als **neuer Gläubiger** an die Stelle des Arbeitnehmers; der Arbeitgeber muss also die Entgeltforderung an diesen neuen Gläubiger erfüllen.

Im Hinblick auf den Pfändungsschutz des Arbeitsentgelts ist die **Abtretbarkeit** gem. § 400 BGB **beschränkt**: Soweit das Arbeitsentgelt ganz oder teilweise **unpfändbar** ist, z.B. nach den Vorschriften der §§ 850ff. ZPO, ist die Abtretung unzulässig und unwirksam; sie darf vom Arbeitgeber nicht zu Lasten des Arbeitnehmers bedient werden: Leistet der Arbeitgeber im Fall einer solchen unzulässigen und damit unwirksamen Abtretung oder Verfügung an den Dritten, so ist auch die Leistung unwirksam und erfolgt somit ohne Rechtsgrund. Im Ergebnis kann der Arbeitgeber das Geleistete vom Dritten gem. § 812 BGB zurückfordern. Das Risiko der Durchsetzbarkeit trägt insoweit der Arbeitgeber. Dem Arbeitnehmer gegenüber bleibt der Arbeitgeber zur Leistung verpflichtet. Im Zweifel kann der Arbeitgeber nach § 372 BGB **hinterlegen**.

> **Beispiel:**
> Der Arbeitnehmer A verdient bei seinem Arbeitgeber B monatlich 2 030 € netto. Nach der Anlage zu § 850c ZPO sind insoweit bei Unterhaltspflicht des A gegenüber der Ehefrau und zwei Kindern 46,03 € pfändbar.
> A hat am 5. Januar an seinen Darlehensgläubiger C eine Lohnabtretung über 1 000 € gegeben, die dieser gegenüber B Mitte Januar zur Bedienung offen legt. Daraufhin führt B am 1. Februar bei Fälligkeit des Lohns an C den Betrag von 1 000 € ab und zahlt an A den Restbetrag von 1 030 € aus.
> Bei dieser Sachlage ist die Bedienung der Abtretung über den pfändbaren Betrag von 46,03 € hinaus A gegenüber unwirksam. Der Arbeitgeber muss also an A weitere 953,97 € auszahlen und sich hinsichtlich des ohne Rechtsgrund an C geleisteten Betrages in dieser Höhe mit diesem über den Rückzahlungsanspruch auseinander setzen.

Hat ein Arbeitnehmer **mehrere Einkünfte**, so gilt: Der Abtretungsgläubiger, der nur im pfändungsfreien Umfang auf die Arbeitsvergütung des Arbeitnehmers zugreifen kann, kann bei einem Streit vor dem Arbeitsgericht über die Entgeltforderungen und über die Pfändungsfreigrenzen die anderweitigen Einkünfte des Arbeitnehmers bei anderen Arbeitgebern oder Rentenversicherungsträgern **nicht hinzurechnen** (BAG v. 24.4.2002, 10 AZR 42/01, www.stotax-first.de).

Arbeitnehmer und Arbeitgeber können im Übrigen einzelvertraglich **vereinbaren**, dass die **Abtretung von Ansprüchen auf Arbeitsentgelt ausgeschlossen ist**, vgl. § 399 BGB. Die Vereinbarung kann bei oder nach Vertragsabschluss schriftlich oder mündlich erfolgen. Auch **arbeitsvertragliche Klauseln** wie „Abtretung wird nicht anerkannt" bedeuten einen Abtretungsausschluss. Eine gegen § 399 BGB verstoßende Abtretung ist **unwirksam**. Der unwirksam abgetretene Lohnanspruch steht daher nach wie vor dem Arbeitnehmer zu und kann bei diesem auch gepfändet werden. Ein Abtretungsverbot kann sich im Übrigen auch aus einer Betriebsvereinbarung oder aus einem Tarifvertrag ergeben.

Bei Abtretungsverboten der vorliegenden Art wird im Einzelfall überprüft werden müssen, ob nach Sinn und Zweck der geltenden Regelungen das Abtretungsverbot **auch gegenüber dem Arbeitgeber selbst** und gegenüber solchen Gläubigern wirksam sein soll, die beispielsweise Leistungen des Arbeitgebers bevorschusst haben. In der Regel wird in diesen Fällen das Abtretungsverbot nicht greifen, so gilt beispielsweise das Abtretungsverbot nicht gegenüber dem Sozialversicherungsträger, der den Unterhalt des Arbeitnehmers für den Lohnzeitraum getragen hat (BAG v. 2.6.1966, 2 AZR 322/65, www.stotax-first.de).

Nach dem **Grundsatz der Priorität** geht eine vor Zustellung eines Pfändungs- und Überweisungsbeschlusses erfolgte wirksame Abtretung von Arbeitsentgeltansprüchen der Pfändung vor, da mit Abtretung der Zessionar Gläubiger der Lohnforderung wird. Der Grundsatz der Priorität gilt auch, wenn **mehrere Abtretungen** zusammentreffen.

Bis zur **Offenlegung der Abtretung** leistet der Arbeitgeber als Drittschuldner allerdings an den Pfändungsgläubiger mit befreiender Wirkung.

Der Arbeitnehmer kann über eine **Vereinbarung** an den **Kosten** beteiligt werden, die dem Arbeitgeber durch die Behandlung entstehen; ohne Vereinbarung treffen die Kosten allein den Arbeitgeber (BAG v. 18.7.2006, 1 AZR 578/05, www.stotax-first.de).

Zu weiteren Einzelheiten vgl. auch → Forderungsübergang Rz. 1287, → Lohnpfändung Rz. 1828 und → Rückzahlung von Arbeitslohn Rz. 2578.

2. Lohnsteuer und Sozialversicherung

Tritt der Arbeitnehmer seinen Arbeitslohn ganz oder teilweise an einen Dritten ab, handelt es sich um **„Einkommensverwendung"**, die steuerlich ohne Bedeutung ist (zuletzt BFH v. 12.4.2007, VI R 6/02, BStBl II 2007, 581). Der Arbeitgeber hat auch für den abgetretenen und an den Abtretungsempfänger ausgezahlten Arbeitslohn die Lohnsteuer und Sozialversicherungsbeiträge so einzubehalten, als wäre der Arbeitslohn unmittelbar dem Arbeitnehmer ausgezahlt worden. Maßgebend sind daher die Lohnsteuerabzugsmerkmale des abtretenden Arbeitnehmers. Arbeitslohn ist dagegen nicht anzunehmen, wenn dem Arbeitnehmer von vornherein nur der gekürzte Arbeitslohn zugeflossen ist, vgl. zur Abgrenzung → Gehaltsverzicht Rz. 1365. Zu den Besonderheiten im Sozialversicherungsrecht → Arbeitsentgelt Rz. 216. 23

Abtretung einer Forderung als Arbeitslohn

Arbeitgeber, die sich in einer wirtschaftlich angespannten Situation befinden und deshalb Lohnansprüche ihrer Arbeitnehmer nicht auszahlen können, treten gelegentlich ihre eigenen Forderungen gegenüber Dritten (z.B. Kunden) ab. Bei solchen zumeist **zahlungshalber** abgetretenen Forderungen fließt Arbeitslohn dem Arbeitnehmer erst zu, wenn der **Schuldner gezahlt** hat. Im Zeitpunkt der Abtretung ist keine Lohnsteuer einzubehalten. 24

Bei der Abtretung einer Forderung liegt nur dann ein Zufluss von Arbeitslohn i.S.d. § 11 Abs. 1 EStG vor, wenn dem Arbeitnehmer eine bereits fällige, unbestrittene und einziehbare Forderung abgetreten wird. Zieht der Zedent die Forderung nicht sofort ein, so ist trotzdem die Zession ebenso ein Zufluss wie eine Barzahlung des Arbeitslohns. Weitergehend führt die **Abtretung einer Forderung an Zahlungs statt in jedem Fall zum Zufluss im Zeitpunkt der Abtretung**, und zwar in Höhe des wirtschaftlichen Wertes, der der Forderung im Abtretungszeitpunkt zukommt. Ob und inwieweit der Arbeitnehmer dann später diese Forderung realisiert, ist für den **Lohnsteuerabzug ohne Bedeutung**; dies gilt sowohl für etwaige „Gewinne" als auch „Verluste" (BFH v. 22.4.1966, VI 137/65, BStBl III 1966, 394 und zuletzt v. 30.10.1980, IV R 97/78, BStBl II 1981, 305).

Abwälzung der pauschalen Lohnsteuer auf den Arbeitnehmer

Inhaltsübersicht:	Rz.
1. Arbeitsrecht	25
2. Lohnsteuer und Sozialversicherung	26
a) Allgemeines	26
b) Ermittlung der pauschalen Lohnsteuer	27
c) Zukunftssicherungsleistungen	28
d) Beförderungsleistungen/Fahrtkostenzuschüsse	29
e) Teilzeitbeschäftigte	30
f) Sonstige Bezüge/Nachforderung von Lohnsteuer	31
g) Weitere Fälle	32

1. Arbeitsrecht

Der Arbeitgeber kann in bestimmten Fällen den Arbeitslohn auch pauschal besteuern (→ Pauschalierung der Lohnsteuer Rz. 2174). In diesen Fällen regelt das Einkommensteuergesetz in § 40 Abs. 3 EStG, dass der **Arbeitgeber die Lohnsteuer zu übernehmen hat**; er ist insoweit Schuldner der Lohnsteuer gegenüber dem Finanzamt. 25

Arbeitsrechtlich ist es jedoch zulässig, dass sich der Arbeitgeber die pauschale Lohnsteuer, den pauschalen Solidaritätszuschlag und die pauschale Kirchensteuer **vom Arbeitnehmer erstatten lässt**. Wichtig insoweit: Notwendig ist eine **Vereinbarung** zwischen Arbeitgeber und Arbeitnehmer, dass im Innenverhältnis der Arbeitnehmer die Abgaben zu übernehmen hat, z.B. eine Lohnvereinbarung mit der Bezeichnung „brutto". Das BAG hat hierzu entschieden, dass es keinen gesetzlichen Grundsatz gibt, dass

[LSt] = keine Lohnsteuerpflicht
[LSt] = Lohnsteuerpflicht

Abwälzung der pauschalen Lohnsteuer auf den Arbeitnehmer

der Arbeitgeber dem Arbeitnehmer die Lohnsteuer abnehmen muss, wenn er sich für das Pauschalierungsverfahren entscheidet. Daher kann der Arbeitgeber vereinbarungsgemäß im **Innenverhältnis** den Arbeitnehmer mit der Pauschallohnsteuer belasten (BAG v. 5.8.1987, 5 AZR 22/86, 2 AZR 322/65, www.stotax-first.de, BAG v. 1.2.2006, 5 AZR 628/04, HFR 2006, 727).

Die Abwälzung der pauschalen Lohnsteuer ist auch möglich, wenn Arbeitgeber und Arbeitnehmer **tarifgebunden** sind. Das BAG (BAG v. 5.8.1987, 5 AZR 571/86, www.stotax-first.de) hat hierzu ausgeführt:

„Die vereinbarte Übernahme der pauschalen Lohnsteuer durch den Arbeitnehmer **verstößt auch nicht gegen die zwingende Wirkung eines Tarifvertrags** (§ 4 Abs. 1 und 3 TVG). Der tarifliche Bruttolohn wird hierdurch nicht unterschritten. Der Arbeitnehmer kann i.R.d. geltenden Steuerrechts jederzeit frei entscheiden, wie der Lohnsteuerabzug künftig vorgenommen werden soll. Er behält das Recht, eine Lohnsteuerkarte vorzulegen und die Heranziehung zur Lohnsteuer nach den persönlichen Steuermerkmalen zu verlangen. Damit steht der Arbeitnehmer sich nicht schlechter als andere Arbeitnehmer, bei denen die Lohnsteuer nicht pauschal berechnet und auf ihn abgewälzt wird."

Der Arbeitgeber muss jedoch vorab prüfen, ob sich nicht aus einem Tarifvertrag, aus einer Betriebsvereinbarung oder aus dem Einzelarbeitsvertrag eine Regelung ergibt, nach der die **Abwälzung** der Lohnsteuer auf den Arbeitnehmer **ausgeschlossen** wird. In diesem Falle wäre die Abwälzung unzulässig. Eine vor dem 1.4.1999 vereinbarte Übernahme der pauschalen Lohnsteuer durch den Arbeitgeber wird durch die Sozialversicherungspflicht ab 1.4.1999 nicht hinfällig (LAG Köln v. 25.1.2001, 10 Sa 1040/00, www.stotax-first.de). Dieser Grundsatz besteht auch nach der erneuten Neuregelung ab 1.4.2003 weiter. Insoweit ist bei **Altverträgen** sorgfältig zu prüfen, wer nach der Vertragslage und -handhabung die pauschale Steuer zu tragen hat (BAG v. 24.6.2003, 9 AZR 302/02, www.stotax-first.de).

Bei der Frage, ob der **tarifliche Bruttolohn** durch den gezahlten (pauschal versteuerten) Nettolohn erreicht wird, ist nicht auf den Nettolohn abzustellen, sondern es ist der dem ausgezahlten Nettolohn entsprechende Bruttolohn zu ermitteln.

Um Ihnen bei der **arbeitsrechtlich möglichen Abwälzung** der pauschalen Lohnsteuer auf den Arbeitnehmer **die Ermittlung des Nettobetrags zu erleichtern**, ist nachfolgend eine Umrechnungstabelle für alle möglichen Pauschsteuersätze abgedruckt:

Ermittlung des Nettobetrags

Lohnsteuer	Solidaritätszuschlag	Kirchensteuer	Nettobetrag
5 %	–	–	95,2381 %
15 %	–	–	86,9566 %
20 %	–	–	83,3334 %
25 %	–	–	80,0000 %
5 %	5,5 %	–	94,9894 %
15 %	5,5 %	–	86,3372 %
20 %	5,5 %	–	82,5764 %
25 %	5,5 %	–	79,1296 %
5 %	5,5 %	4 %	94,8092 %
15 %	5,5 %	4 %	85,8923 %
20 %	5,5 %	4 %	82,0345 %
25 %	5,5 %	4 %	78,5084 %
5 %	5,5 %	5 %	94,7643 %
15 %	5,5 %	5 %	85,7817 %
20 %	5,5 %	5 %	81,9001 %
25 %	5,5 %	5 %	78,3546 %
5 %	5,5 %	6 %	94,7194 %
15 %	5,5 %	6 %	85,6715 %
20 %	5,5 %	6 %	81,7662 %
25 %	5,5 %	6 %	78,2014 %
5 %	5,5 %	7 %	94,6746 %
15 %	5,5 %	7 %	85,5615 %
20 %	5,5 %	7 %	81,6327 %
25 %	5,5 %	7 %	78,0488 %
5 %	5,5 %	8 %	94,6298 %
15 %	5,5 %	8 %	85,4519 %
20 %	5,5 %	8 %	81,4996 %
25 %	5,5 %	8 %	77,8968 %
5 %	5,5 %	9 %	94,5851 %
15 %	5,5 %	9 %	85,3425 %
20 %	5,5 %	9 %	81,3670 %
25 %	5,5 %	9 %	77,7454 %

Beispiel:

Ein Arbeitgeber in Hannover möchte seinem Arbeitnehmer eine Erholungsbeihilfe gewähren, allerdings soll die Belastung (Erholungsbeihilfe, pauschale Lohnsteuer, Solidaritätszuschlag und Kirchensteuer) insgesamt nur 156 € betragen. Zur Möglichkeit der Pauschalbesteuerung s. → *Erholung: Arbeitgeberzuwendungen* Rz. 1169.

Der Nettobetrag beträgt bei einer Lohnsteuer von 25 %, einem Solidaritätszuschlag von 5,5 % und einer Kirchensteuer von 6 % **78,2014 %**. Der Arbeitgeber gewährt dem Arbeitnehmer daher eine Erholungsbeihilfe von 122 € (78,2014 % von 156 €) und trägt die Pauschsteuern.

Für den Arbeitgeber beträgt die Gesamtbelastung:

	Erholungsbeihilfe	122,— €
+	pauschale Lohnsteuer (25 % von 122 €)	30,50 €
+	Solidaritätszuschlag (5,5 % von 30,50 €)	1,67 €
+	Kirchensteuer (6 % von 30,50 €)	1,83 €
=	Insgesamt	156,— €

2. Lohnsteuer und Sozialversicherung

a) Allgemeines

Im Einkommensteuergesetz wird die arbeitsrechtlich mögliche Abwälzung der pauschalen Lohnsteuer auf den Arbeitnehmer **nicht anerkannt**. Nach § 40 Abs. 3 Satz 2 EStG **gilt die auf den Arbeitnehmer abgewälzte pauschale Lohnsteuer als zugeflossener Arbeitslohn** und mindert nicht die Bemessungsgrundlage. Dies gilt über die Verweisung in § 40a Abs. 5 EStG und § 40b Abs. 4 Satz 1 EStG auch für die Pauschalierung der Lohnsteuer von Aushilfskräften, geringfügig Beschäftigten und von bestimmten Zukunftssicherungsleistungen.

Abwälzung der Lohnsteuer bedeutet nach Auffassung der Finanzverwaltung (BMF v. 10.1.2000, IV C 5 – S 2330 – 2/00, BStBl I 2000, 138), dass der Arbeitgeber zwar Schuldner der pauschalen Lohnsteuer bleibt, sie jedoch **im wirtschaftlichen Ergebnis vom Arbeitnehmer getragen** wird. Die Verlagerung der Belastung darf weder zu einer Minderung des individuell nach den Lohnsteuerabzugsmerkmalen zu versteuernden Arbeitslohns noch zu einer Minderung der Bemessungsgrundlage für die pauschale Lohnsteuer führen. Eine Abwälzung kann sich beispielsweise aus dem Arbeitsvertrag selbst, aus einer Zusatzvereinbarung zum Arbeitsvertrag oder aus dem wirtschaftlichen Ergebnis einer Gehaltsumwandlung oder Gehaltsänderungsvereinbarung ergeben.

Das ist der Fall, wenn die pauschale Lohnsteuer **als Abzugsbetrag in der Gehaltsabrechnung ausgewiesen** wird. Dies gilt auch, wenn zur Abwälzung zwar in arbeitsrechtlich zulässiger Weise eine Gehaltsminderung vereinbart wird, der bisherige ungekürzte Arbeitslohn aber weiterhin **für die Bemessung künftiger Erhöhungen** des Arbeitslohns oder anderer Arbeitgeberleistungen (z.B. Weihnachtsgeld, Tantieme, Jubiläumszuwendungen) maßgebend bleibt.

Beispiel 1:

Ein Arbeitnehmer bezieht einen monatlichen Lohn von 3 000 €. Auf Wunsch des Arbeitnehmers hat der Arbeitgeber im Kalenderjahr 2003 eine Direktversicherung i.H.v. 146 € monatlich abgeschlossen; der Arbeitnehmer hat am 10.1.2005 auf die Anwendung des § 3 Nr. 63 EStG verzichtet. Im Arbeitsvertrag wird der Lohnanspruch des Arbeitnehmers zwar um 179,44 € (Direktversicherung 146 €, Lohnsteuer 29,20 €, Solidaritätszuschlag 1,61 €, Kirchensteuer 2,63 €) auf 2 820,56 € gemindert, gleichzeitig wird aber festgestellt, dass sich das 13. Gehalt und zukünftige Gehaltserhöhungen vom bisherigen Arbeitslohn von 3 000 € ermitteln.

Aus dem wirtschaftlichen Ergebnis der Gehaltsänderungsvereinbarung ergibt sich eine Abwälzung der pauschalen Steuern auf den Arbeitnehmer. Daher mindert sich in Höhe der Pauschalsteuern nicht die steuerliche Bemessungsgrundlage für die individuelle Lohnbesteuerung; die auf den Arbeitnehmer abgewälzte pauschale Lohnsteuer gilt als zugeflossener Arbeitslohn. Wird die Pauschalsteuer arbeitsrechtlich zulässig auf den Arbeitnehmer abgewälzt, so muss der Arbeitgeber die pauschale Lohnsteuer, den Solidaritätszuschlag und die Kirchensteuer vom **Nettoarbeitslohn** abziehen. Für die Lohnsteuerberechnung ist daher **von einem Arbeitslohn von 2 854 €** (2 820,56 € + abgewälzte Pauschalsteuern i.H.v. 33,44 €) auszugehen.

Eine **Abwälzung der pauschalen Lohnsteuer** ist hingegen **nicht anzunehmen**, wenn eine Gehaltsänderungsvereinbarung zu einer **Neufestsetzung künftigen Arbeitslohns** führt, aus der alle rechtlichen und wirtschaftlichen Folgerungen gezogen werden, also insbesondere der geminderte Arbeitslohn Bemessungs-

Abwälzung der pauschalen Lohnsteuer auf den Arbeitnehmer

keine Sozialversicherungspflicht = (SV̸)
Sozialversicherungspflicht = (SV)

grundlage für künftige Erhöhungen des Arbeitslohns oder andere Arbeitgeberleistungen wird. Dies gilt auch dann, wenn die Gehaltsminderung in Höhe der Pauschalsteuer vereinbart wird.

Beispiel 2:
Sachverhalt wie Beispiel 1, aus der Gehaltsänderungsvereinbarung werden aber alle rechtlichen und wirtschaftlichen Konsequenzen gezogen, d.h. das 13. Gehalt und zukünftige Gehaltserhöhungen ermitteln sich vom herabgesetzten Arbeitslohn von 2 820,56 €.
Es liegt keine Abwälzung pauschaler Lohnsteuer vor, daher ist für die **Lohnsteuerberechnung vom gekürzten Arbeitslohn von 2 820,56 €** auszugehen.

Dies gilt auch für im Zusammenhang mit der Pauschalierung der Lohnsteuer ebenfalls pauschal erhobene und auf den Arbeitnehmer **abgewälzte Annexsteuern** (Solidaritätszuschlag, Kirchensteuer). Daher ist auch hinsichtlich der abgewälzten Annexsteuern von zugeflossenem Arbeitslohn auszugehen, der die Bemessungsgrundlage für die Lohnsteuer nicht mindert.

Für die **versicherungsrechtliche Beurteilung** und die Beitragsberechnung in der Sozialversicherung ist – wie bisher schon – das vereinbarte Bruttoarbeitsentgelt und nicht das um die Pauschalsteuer verminderte ausgezahlte Arbeitsentgelt zu Grunde zu legen.

b) Ermittlung der pauschalen Lohnsteuer

27 Wird die Pauschalsteuer arbeitsrechtlich zulässig auf den Arbeitnehmer abgewälzt, so muss der Arbeitgeber dennoch die pauschale Lohnsteuer, den Solidaritätszuschlag und die Kirchensteuer vom vereinbarten Arbeitslohn errechnen. Diese Abzugsbeträge kann sich der Arbeitgeber dann vom Arbeitnehmer erstatten lassen.

Beispiel:
Ein niedersächsischer Arbeitgeber führt im Dezember eine Weihnachtsfeier durch. Da es sich um die dritte Betriebsveranstaltung im Kalenderjahr handelt, gehören die Zuwendungen des Arbeitgebers in voller Höhe zum Arbeitslohn seiner Arbeitnehmer. Auf jeden Arbeitnehmer entfallen 75 €. Der Arbeitgeber will die Zuwendungen pauschal versteuern, wenn die Arbeitnehmer im Innenverhältnis die Steuern übernehmen.

Es ergibt sich für den einzelnen Arbeitnehmer folgende Berechnung:

Arbeitslohn aus Anlass der Betriebsveranstaltung	75 €

Von diesem Betrag sind die pauschale Lohnsteuer von 25 %, der pauschale Solidaritätszuschlag von 5,5 % und die pauschale Kirchensteuer von 6 % (in Niedersachsen) zu berechnen.

Die Steuern betragen:

Pauschale Lohnsteuer (25 % von 75 €)	18,75 €
Solidaritätszuschlag (5,5 % von 18,75 €)	1,03 €
Kirchensteuer (6 % von 18,75 €)	1,12 €
Insgesamt	20,90 €

Die vom Arbeitnehmer zu übernehmende Pauschalsteuer beträgt insgesamt 20,90 €. Dieser Betrag darf beim Arbeitnehmer nicht vom Bruttolohn abgezogen werden, sondern lediglich vom auszuzahlenden Nettolohn. Bei einem verheirateten Arbeitnehmer (30 Jahre) mit der Steuerklasse IV, Kirchensteuermerkmal „rk", kein Kind und einem monatlichen Arbeitslohn von 3 000 € ergibt sich folgende Lohnabrechnung:

Arbeitslohn		3 000,— €
∕. gesetzliche Abzüge		
a) Lohnsteuer (Steuerklasse IV)	441,41 €	
b) Solidaritätszuschlag (5,5 %)	24,27 €	
c) Kirchensteuer (9 %)	39,72 €	
d) Sozialversicherungsbeiträge	614,25 €	1 119,65 €
= Nettolohn		1 880,35 €
∕. übernommene Pauschalsteuer		20,90 €
= auszuzahlender Betrag		1 859,45 €

c) Zukunftssicherungsleistungen

28 Auch für die Lohnsteuerpauschalierung bei bestimmten Zukunftssicherungsleistungen nach § 40b EStG (→ *Zukunftssicherung: Betriebliche Altersversorgung* Rz. 3320) mindert die auf den Arbeitnehmer abgewälzte pauschale Lohnsteuer **nicht die Bemessungsgrundlage** und **gilt als zugeflossener Arbeitslohn** (§ 40b Abs. 4 Satz 1 i.V.m. § 40 Abs. 3 Satz 2 zweiter Halbsatz EStG).

Bei der Sozialversicherung sind die nach § 40b EStG pauschal besteuerten Zukunftssicherungsleistungen nach § 1 Abs. 1 Nr. 4 SvEV nur dann sozialversicherungsfrei, wenn die Leistungen zusätzlich zum vereinbarten Arbeitsentgelt gezahlt werden (→ *Barlohnumwandlung* Rz. 520).

d) Beförderungsleistungen/Fahrtkostenzuschüsse

29 Im Falle der Abwälzung der pauschalen Steuerbeträge bei pauschal besteuerten Beförderungsleistungen oder Fahrtkostenzuschüssen zu Fahrten zwischen Wohnung und erster Tätigkeitsstätte sind die **Auswirkungen auf den Werbungskostenabzug** des Arbeitnehmers zu beachten (§ 40 Abs. 2 Satz 3 EStG). Der Arbeitgeber muss deshalb in der Lohnsteuerbescheinigung den Betrag als pauschal besteuerte Arbeitgeberleistung bescheinigen, auf den der gesetzliche Pauschsteuersatz von 15 % angewandt worden ist.

Beispiel 1:
Ein Arbeitnehmer in Niedersachsen erhält von seinem Arbeitgeber einen Zuschuss zu seinen Pkw-Kosten für Fahrten zwischen Wohnung und erster Tätigkeitsstätte in Höhe der gesetzlichen Entfernungspauschale von 0,30 € je Entfernungskilometer. Die Entfernung beträgt 20 km, hierfür kann der Arbeitnehmer eine Entfernungspauschale beanspruchen (→ *Wege zwischen Wohnung und erster Tätigkeitsstätte* Rz. 3133). Für den Lohnabrechnungszeitraum ergibt sich somit ein Fahrtkostenzuschuss von insgesamt 90 € (15 Tage × 20 km × 0,30 €). Arbeitgeber und Arbeitnehmer haben vereinbart, dass diese Arbeitgeberleistung pauschal besteuert wird und der Arbeitnehmer die pauschale Lohnsteuer, den Solidaritätszuschlag und die Kirchensteuer tragen soll (für einzelne Arbeitnehmer wird nachgewiesen, dass diese nicht in der Kirche sind).

Die Abzugsbeträge berechnen sich wie folgt:

Pauschale Lohnsteuer (15 % von 90 €)	13,50 €
Solidaritätszuschlag (5,5 % von 13,50 €)	0,74 €
Kirchensteuer (9 % von 13,50 €)	1,21 €
Insgesamt	15,45 €

Der Arbeitgeber rechnet daher wie folgt ab:

Fahrtkostenzuschuss	90,— €
∕. pauschale Lohnsteuer (15 % von 90 €)	13,50 €
∕. Solidaritätszuschlag (5,5 % von 13,50 €)	0,74 €
∕. Kirchensteuer (9 % von 13,50 €)	1,21 €
Auszuzahlender Betrag	74,55 €

Obwohl der Arbeitnehmer wegen der Übernahme der Pauschsteuern nur 74,55 € ausgezahlt bekommt, ist als pauschal besteuerte Arbeitgeberleistung der Betrag von 90 € zu bescheinigen. Dieser Betrag mindert den nach § 9 Abs. 1 Satz 3 Nr. 4 EStG abziehbaren Werbungskostenbetrag von 90 €, so dass keine Werbungskosten berücksichtigt werden können (BMF v. 31.10.2013, IV C 5 – S 2351/09/10002 :002, BStBl I 2013, 1376, Tz. 1.9).

Gerade bei Fahrtkostenzuschüssen, die zusätzlich zum ohnehin geschuldeten Arbeitslohn gewährt werden, haben Arbeitgeber und Arbeitnehmer bei erstmaliger Gewährung Gestaltungsmöglichkeiten. Statt eines hohen Fahrtkostenzuschusses, bei dem die Pauschsteuer vom Arbeitnehmer zu tragen ist, sollte ein niedrigerer Fahrtkostenzuschuss vereinbart werden, bei dem der Arbeitgeber die Pauschsteuer trägt. Für den Arbeitgeber bleibt die Belastung gleich, während der Arbeitnehmer zusätzlich zum höheren Fahrtkostenzuschuss auch noch einen teilweisen Werbungskostenabzug übrig behält.

Beispiel 2:
Sachverhalt wie Beispiel 1, Arbeitgeber und Arbeitnehmer vereinbaren allerdings einen Fahrtkostenzuschuss von 0,25 € je Entfernungskilometer und dass der Arbeitgeber die Pauschsteuern trägt. Für den Lohnabrechnungszeitraum ergibt sich ein Fahrtkostenzuschuss von insgesamt 75 € (15 Tage × 20 km × 0,25 €).

Die Abzugsbeträge berechnen sich wie folgt:

Pauschale Lohnsteuer (15 % von 75 €)	11,25 €
Solidaritätszuschlag (5,5 % von 11,25 €)	0,61 €
Kirchensteuer (9 % von 11,25 €)	1,01 €
Insgesamt	12,87 €

Die Belastung für den Arbeitgeber beträgt 87,87 € (75 € + 12,87 €), also 2,13 € weniger als im Beispiel 1. Hingegen erhält der Arbeitnehmer 75 € ausbezahlt, also 0,45 € mehr als im Beispiel 1. Darüber hinaus kann der Arbeitnehmer noch 15 € (90 € ∕. 75 €) als Werbungskosten nach § 9 Abs. 1 Satz 3 Nr. 4 EStG geltend machen.

e) Teilzeitbeschäftigte

30 Eine Abwälzung der Lohnsteuer auf den Arbeitnehmer ist auch bei **Teilzeitbeschäftigten** möglich und wird in der Praxis häufig angewandt. Allerdings mindert auch bei der Lohnsteuerpauschalierung für Teilzeitbeschäftigte nach § 40a EStG (→ *Pauschalierung der Lohnsteuer bei Aushilfskräften* Rz. 2193, → *Pauschalierung der Lohnsteuer bei geringfügig Beschäftigten* Rz. 2215) die auf den Arbeitnehmer abgewälzte pauschale Lohnsteuer **nicht die Bemessungsgrundlage** und **gilt als zugeflossener Arbeitslohn** (§ 40a Abs. 5 Satz 1 i.V.m. § 40 Abs. 3 Satz 2 zweiter Halbsatz EStG).

Wie unter → Rz. 29 dargestellt, sollte der Arbeitgeber auch bei Teilzeitbeschäftigten statt der möglichen Abwälzung der Pauschsteuern von vornherein einen niedrigeren Arbeitslohn mit Übernahme der Pauschsteuern vereinbaren.

f) Sonstige Bezüge/Nachforderung von Lohnsteuer

31 Die Abwälzung der Lohnsteuer ist auch bei einer Pauschalierung der Lohnsteuer auf Grund der Gewährung von **sonstigen Bezügen bis zu 1 000 €** jährlich in einer größeren Zahl von Fällen (§ 40 Abs. 1 Satz 1 Nr. 1 EStG) oder bei der Pauschalierung auf Grund der Nachforderung von Lohnsteuern (§ 40 Abs. 1 Satz 1 Nr. 2 EStG) theoretisch möglich, **aber praktisch nicht durchführbar**. In beiden Fällen ist ein besonderer Pauschsteuersatz zu ermitteln, der sich an der durchschnittlichen Steuerbelastung **aller Arbeitnehmer** orientiert. Das bedeutet, dass der besondere Pauschsteuersatz für etwa die Hälfte aller Arbeitnehmer **höher** ist als der individuelle Steuersatz bei der Regelversteuerung. Diese Arbeitnehmer werden sich mit einer Pauschalbesteuerung, bei der sie auch noch die Pauschalsteuer selber tragen sollen, nicht einverstanden erklären, zumal der Arbeitnehmer nach der Rechtsprechung des BAG (→ Rz. 25) jederzeit die Regelbesteuerung beantragen kann. Bei der Nachforderung von Lohnsteuer, z.B. nach einer Lohnsteuer-Außenprüfung, ist darüber hinaus vielfach eine direkte Zuordnung auf den einzelnen Arbeitnehmer nicht mehr möglich, so dass auch aus diesem Grund eine Abwälzung der Lohnsteuer ausscheidet.

g) Weitere Fälle

32 Bei allen anderen Zuwendungen, die pauschal versteuert werden können, ist eine Abwälzung möglich, also auch z.B. bei der kostenlosen oder verbilligten Abgabe von Mahlzeiten, bei Erholungsbeihilfen, bei Zuwendungen aus Anlass von Betriebsveranstaltungen, bei Vergütungen für Verpflegungsmehraufwendungen oder bei der Übereignung von Datenverarbeitungsgeräten und der Gewährung von Zuschüssen für die Internetnutzung des Arbeitnehmers.

Auch hier gilt: Die auf den Arbeitnehmer abgewälzte pauschale Lohnsteuer mindert **nicht die Bemessungsgrundlage** und **gilt als zugeflossener Arbeitslohn** (Beispiel → Rz. 27).

Abzug ausländischer Steuer

→ *Anrechnung/Abzug ausländischer Steuern* Rz. 154

Agentur für Arbeit

→ *Arbeitslosengeld* Rz. 260, → *Bildungsgutschein* Rz. 755

Akkordlohn

1. Arbeitsrecht

33 Durch den Akkordlohn erhält der Arbeitnehmer eine von der **Arbeitsmenge** abhängige Vergütung; diese kann in vollem Umfang von der Arbeitsmenge abhängig sein, es kann aber auch der Grundlohn mit einem leistungsabhängigen Akkordaufschlag verbunden werden.

Wesentlich für die Höhe der Akkordvergütung, die der einzelne Arbeitnehmer erzielt, ist die sog. **Akkordvorgabe**. Die Akkordvorgabe beim Geldakkord besteht beispielsweise in der Festlegung der einzelnen Arbeitsmenge, beim Zeitakkord in der Zeitvorgabe für die einzelnen Arbeitseinheiten. Wesentlich für die Höhe der Akkordvergütung ist weiterhin der **Geldfaktor**. Unter Geldfaktor ist derjenige Geldbetrag zu verstehen, der für die Ausgangsleistung gezahlt werden soll. Die Akkordvorgabe kann ebenso wie der Geldfaktor durch Tarifvertrag, Betriebsvereinbarung oder einzelvertragliche Abmachung festgelegt werden.

Das **Risiko**, die für die Akkordvergütung vorgesehene **Normalleistung** nicht zu erreichen, liegt beim **Arbeitnehmer**, vorausgesetzt, dass der Akkord nicht fehlerhaft berechnet worden ist oder der Arbeitgeber bei einseitiger Festsetzung unbillig gehandelt hat.

Das **Risiko** der **Arbeitsqualität** trägt demgegenüber auch beim Akkord der **Arbeitgeber** (mit evtl. Schadensersatzanspruch bei schuldhafter Schlechtleistung), es sei denn, es besteht eine Vereinbarung, wonach der Akkordlohnanspruch nur bei mängelfreier Arbeit entsteht.

Der Akkordlohn ist i.d.R. auch für **Lohnersatzzahlungen** maßgeblich, z.B. bei der Entgeltfortzahlung im Krankheitsfall (BAG v. 26.2.2003, 5 AZR 162/02, www.stotax-first.de) oder bei der Urlaubsvergütung.

Zur Anrechnung des Akkordlohns auf den Mindestlohn → *Mindestlohn* Rz. 2031.

2. Lohnsteuer

34 Der nach Arbeitsleistung oder Zeit und Arbeitsleistung berechnete Akkordlohn stellt **normalen Arbeitslohn** dar. Welche **Lohnsteuertabelle** anzuwenden ist, ergibt sich im Allgemeinen aus dem vereinbarten **Lohnzahlungs- oder Lohnabrechnungszeitraum**. Sollte eine entsprechende Vereinbarung nicht vorliegen, ist die **Summe der tatsächlichen Arbeitstage als Lohnzahlungszeitraum** anzusehen, d.h., dass die **Tagestabelle** anzuwenden ist (R 39b.5 Abs. 2 Satz 2 LStR). Die aufgewendete Arbeitszeit spielt keine Rolle. Enthält der Akkordlohn Zuschläge für Sonntags-, Feiertags- oder Nachtarbeit, so können diese i.R.d. § 3b EStG steuerfrei bleiben (→ *Zuschläge für Sonntags-, Feiertags- oder Nachtarbeit* Rz. 3366).

3. Sozialversicherung

35 Akkordlohn ist als Gegenwert für eine geleistete Arbeit (hier: Stückpreis) beitragspflichtiges **Arbeitsentgelt**. Werden nach den arbeitsvertraglichen Regelungen bei Akkordarbeiten Teile des Arbeitsentgelts (Akkordspitzen) erst nach Fertigstellung eines Auftrags **(verspätet) abgerechnet** und ausgezahlt, dann sind diese Arbeitsentgeltteile für die Berechnung der Sozialversicherungsbeiträge **nachträglich auf die Lohnabrechnungszeiträume zu verteilen**, in denen sie erarbeitet worden sind; Entsprechendes gilt für solche Teile des Arbeitsentgelts, die mit Rücksicht auf eine „Mängelhaftung" der Arbeitnehmer zunächst zurückbehalten und erst nach Feststellung der mängelfreien Ausführung der Arbeiten ausgezahlt werden. Sofern sich bei verspäteter Abrechnung und Auszahlung von Teilen des Arbeitsentgelts nicht mehr exakt ermitteln lässt, wann die entsprechenden Arbeiten ausgeführt wurden, ist ein Abrechnungsverfahren zu wählen, das einer gleichmäßigen Verteilung der Arbeit, mit der das Arbeitsentgelt erzielt wurde, möglichst nahe kommt (BSG v. 15.5.1984, 12 RK 28/83; www.stotax-first.de; s. auch → *Beiträge zur Sozialversicherung* Rz. 548).

Aktentasche, -koffer, -schrank

→ *Werbungskosten* Rz. 3188

Aktienoption

1. Allgemeines

36 Bei einer Aktienoption erhält der Käufer der Option (Optionsnehmer) vom Verkäufer der Option (Optionsgeber oder „Stillhalter") entweder das Recht, Aktien am Ende der Laufzeit oder jederzeit innerhalb der Laufzeit zu einem fest vereinbarten Preis (Basispreis) zu kaufen (**Kaufoption** oder Call-Option) oder zu verkaufen (**Verkaufsoption** oder Put-Option). Für den Erwerb der Option hat der Käufer regelmäßig ein Entgelt (**Optionsprämie**) zu zahlen. Liegt der Wert der Aktien bei der Kaufoption zum Zeitpunkt der Optionsausübung über dem Basispreis, so erzielt der Optionsnehmer

Aktienoption

in Höhe der Differenz zwischen Basispreis und dem gültigen Aktienkurs einen Gewinn. Liegt der Aktienkurs unter dem vereinbarten Kaufpreis, wird er die Option verfallen lassen. In Höhe der gezahlten Optionsprämie entsteht ihm ein Verlust.

Das **Optionsrecht** wird allgemein als Wirtschaftsgut anerkannt, das eigenständig verkehrsfähig und **selbständig bewertbar** ist (BMF v. 27.11.2001, IV C 3 – S 2256 – 265/01, BStBl I 2001, 986).

2. Lohnsteuer

37 Gewährt der Arbeitgeber seinem Arbeitnehmer auf Grund des Dienstverhältnisses Aktienoptionsrechte, ist **bei der steuerlichen Beurteilung der Aktienoptionen** von folgenden Grundsätzen auszugehen:

a) Handelbare Aktienoptionsrechte

38 Räumt **der Arbeitgeber selbst** handelbare Aktienoptionsrechte ein, gelangt der für den Zufluss von Arbeitslohn maßgebliche Vorteil in Gestalt eines Preisnachlasses auf gewährte Aktien erst auf Grund der Verwertung der Option in das wirtschaftliche Eigentum des Arbeitnehmers (BFH v. 20.11.2008, VI R 25/05, BStBl II 2009, 382). Damit gelten **auch bei handelbaren Aktienoptionen**, die vom Arbeitgeber oder der Konzernmutter gewährt werden, hinsichtlich des Lohnzuflusses **die gleichen Grundsätze wie bei nicht handelbaren Aktienoptionen** (→ Rz. 39).

Ob etwas anderes gilt, wenn der Arbeitgeber nicht die Funktion eines Stillhalters innehat, er demzufolge nicht als Optionsgeber eigene Aktien bei Umwandlung überträgt, sondern sich **am Markt Optionsrechte** gegenüber einem Dritten verschafft hat, hat der **BFH** allerdings **offen gelassen**.

b) Nicht handelbare Aktienoptionsrechte

39 Ein **nicht handelbares Aktienoptionsrecht** führt weder im Zeitpunkt der Gewährung noch der erstmaligen Ausübbarkeit des Optionsrechts zu einem Lohnzufluss beim Arbeitnehmer (BFH v. 24.1.2001, I R 100/98, BStBl II 2001, 509; BFH v. 24.1.2001, I R 119/98, BStBl II 2001, 512 und BFH v. 20.6.2001, VI R 105/99, BStBl II 2001, 689). **Gegenstand des Lohnzuflusses ist vielmehr die unentgeltlich oder verbilligt überlassene Aktie.** Da es sich bei Aktien um Vermögensbeteiligungen i.S.d. § 2 Abs. 1 Nr. 1 5. VermBG handelt, richtet sich die steuerliche Beurteilung nach § 3 Nr. 39 EStG. Als Wert der überlassenen Aktie ist daher **der gemeine Wert** im Zeitpunkt der Überlassung anzusetzen (§ 3 Nr. 39 Satz 4 EStG).

Ein als Arbeitslohn zu erfassender geldwerter Vorteil kann auch darin liegen, dass der Arbeitnehmer **gegen Entgelt auf die Ausübung des Optionsrechts verzichtet**, wenn die Einräumung einer nicht handelbaren Option auf Bezug von Geschäftsanteilen als Entgelt für die individuelle Arbeitskraft zu beurteilen ist (BFH v. 18.12.2001, IX R 24/98, HFR 2002, 701).

aa) Zufluss

40 **Zeitpunkt des verbilligten Aktienerwerbs** und damit Zuflusszeitpunkt ist der Tag der Erfüllung des Anspruchs des Arbeitnehmers auf Verschaffung der wirtschaftlichen Verfügungsmacht über die Aktien (BFH v. 23.6.2005, VI R 10/03, BStBl II 2005, 770). Dies ist regelmäßig **der Tag der Einbuchung der Aktien in das Depot des Arbeitnehmers** (FG Köln v. 5.10.2005, 5 K 4396/03, EFG 2006, 182). Aus Vereinfachungsgründen kann für die Wertermittlung auch vom **Tag der Ausbuchung** beim Überlassenden oder dessen Erfüllungsgehilfen ausgegangen werden; es kann auch auf den **Vortag der Ausbuchung** abgestellt werden (BMF v. 8.12.2009, IV C 5 – S 2347/09/10002, BStBl I 2009, 1513). **Für den Arbeitgeber** bedeutet diese Vereinfachungsregelung, dass er für Zwecke des Lohnsteuerabzugs nicht recherchieren muss, wann der geldwerte Vorteil dem Arbeitnehmer genau zugeflossen ist. Darüber hinaus muss er nur einen Wert für alle Arbeitnehmer feststellen. Dem **Arbeitnehmer** wiederum bleibt es unbenommen, in der Veranlagung zur Einkommensteuer einen niedrigeren geldwerten Vorteil nachzuweisen.

Hingegen führt das **Behaltendürfen von Aktien** aus einem Aktienoptionsprogramm für Mitarbeiter trotz einer Verfallklausel bei Beendigung des Arbeitsverhältnisses nicht zu (erneuten) Einnahmen aus nichtselbständiger Arbeit (BFH v. 30.9.2008, VI R 67/05, BStBl II 2009, 282). In dem Urteil hat der BFH noch einmal Folgendes klargestellt:

- Bei einem Aktienerwerb fließt dem Arbeitnehmer der geldwerte Vorteil in dem Zeitpunkt zu, in dem der Anspruch auf Verschaffung der wirtschaftlichen Verfügungsmacht über die Aktien erfüllt wird.
- Dem Zufluss steht es nicht entgegen, wenn der Arbeitnehmer auf Grund einer Sperrfrist bzw. Haltefrist die Aktien für eine bestimmte Zeit nicht veräußern kann. Der Erwerber ist rechtlich und wirtschaftlich bereits von dem Augenblick an Inhaber der Aktie, in dem sie auf ihn übertragen oder auf seinen Namen im Depot einer Bank hinterlegt wird.
- Der geldwerte Vorteil fließt dem Arbeitnehmer auch dann mit der Verschaffung der Verfügungsmacht zu, wenn die Aktien unter der auflösenden Bedingung einer Rückzahlungsverpflichtung (§ 158 Abs. 2 BGB) überlassen werden und diese Bedingung eintritt (sog. Istprinzip).

Bei **gesetzlich geregelten Verfügungsbeschränkungen** („restricted shares") fließt dem Arbeitnehmer der geldwerte Vorteil in Form verbilligter Aktien in dem Zeitpunkt zu, in dem er die **wirtschaftliche Verfügungsmacht über die Aktien** erhält. Solange dem Arbeitnehmer eine Verfügung über die Aktien rechtlich unmöglich ist, liegt ein solcher Zufluss nicht vor (BFH v. 30.6.2011, VI R 37/09, BStBl II 2011, 923).

Ein geldwerter Vorteil fließt auch dann zu, wenn der Arbeitnehmer bei einem sog. Aktienoptionsplan die erhaltenen Aktien zwar verkaufen, aber nicht über den Erlös verfügen kann (BFH v. 1.2.2007, VI R 73/04, www.stotax-first.de).

Wird die Aktienoption in der sog. **„Exercise and Sell"-Variante** ausgeübt, also die Aktien sofort mit Ausübung des Aktienoptionsrechts verkauft, kann der Tag der Einbuchung nicht als maßgeblicher Zuflusszeitpunkt angesehen werden, weil die Aktien gar nicht erst in das Depot das Arbeitnehmers gelangen. Bei dieser Variante ist daher der Zufluss des geldwerten Vorteils bereits **im Zeitpunkt der Optionsausübung des Aktienoptionsrechts** bewirkt (OFD Frankfurt v. 23.10.2010, S 2332 A – 9 – St 211, www.stotax-first.de).

Werden einem Arbeitnehmer vom Arbeitgeber im Hinblick auf das Dienstverhältnis Aktienankaufsrechte oder Vorkaufsrechte eingeräumt und **verzichtet der Arbeitnehmer gegen Entgelt** auf die Rechtsausübung, fließt dem Arbeitnehmer nicht zum Zeitpunkt der Rechtseinräumung, sondern erst zum Zeitpunkt des entgeltlichen Verzichts ein geldwerter Vorteil zu (BFH v. 19.6.2008, VI R 4/05, BStBl II 2008, 826). Veräußert ein Arbeitnehmer **nicht handelbare Aktienoptionsrechte** unmittelbar nachdem er sie erhalten hat an einen Dritten, der diese **einen Tag später zu einem geringfügig erhöhten Preis dem Arbeitgeber überlässt**, führt die Veräußerung der Rechte selbst im Zeitpunkt der Veräußerung zum Zufluss von Arbeitslohn (FG Münster v. 10.7.2008, 12 K 4391/07 E, EFG 2008, 1702).

Eine **verdeckte Einlage von Aktienoptionsrechten** eines Arbeitnehmers in eine von ihm beherrschte Kapitalgesellschaft führt **schon im Zeitpunkt der verdeckten Einlage** und nicht erst nach Ausübung des Optionsrechts im Zeitpunkt der Einbuchung der Aktien im Depot der Kapitalgesellschaft **zu einem Lohnzufluss** beim Arbeitnehmer, denn der Vorteil aus einem vom Arbeitgeber eingeräumten Aktienoptionsrecht fließt dem Arbeitnehmer zu, wenn er das Recht ausübt oder anderweitig verwertet. Eine solche anderweitige Verwertung liegt insbesondere vor, wenn der Arbeitnehmer das Recht auf einen Dritten überträgt (BFH v. 18.9.2012, VI R 90/10, BStBl II 2013, 289).

bb) Bewertung

41 Die **Bewertung überlassener Aktien** richtet sich nach § 3 Nr. 39 EStG. Bewertungsstichtag ist danach grundsätzlich der Tag, an dem die Aktien überlassen werden (BMF v. 8.12.2009, IV C 5 – S 2347/09/10002, BStBl I 2009, 1513). Entsprechend der BFH-Rechtsprechung (BFH v. 7.5.2014, VI R 73/12, BStBl II 2014, 904) können auch die Wertverhältnisse bei Abschluss des für beide Seiten verbindlichen Veräußerungsgeschäfts herangezogen werden.

Zu den **Anschaffungskosten bei der Ermittlung eines privaten Veräußerungsgewinns** gem. § 23 EStG gehört neben dem vom Arbeitnehmer gezahlten Basis- bzw. Ausübungspreis u.a. auch der

Wert, der als geldwerter Vorteil bei den Einkünften aus nichtselbständiger Arbeit angesetzt wird (BFH v. 20.6.2001, VI R 105/99, BStBl II 2001, 689).

cc) Höhe des steuerpflichtigen Vorteils

42 Im Zuflusszeitpunkt liegt zu versteuernder Arbeitslohn vor in Höhe der **Differenz zwischen dem Kurswert** der überlassenen Aktie am maßgebenden Bewertungsstichtag **und den Aufwendungen des Arbeitnehmers** für die überlassenen Aktien (BFH v. 20.6.2001, VI R 105/99, BStBl II 2001, 689).

> **Beispiel 1:**
> Eine Aktiengesellschaft hat ihren Führungskräften am 1.7.2014 kostenlos eine nicht übertragbare Kaufoption auf jeweils 1000 Aktien zum Basispreis von 100 € je Aktie eingeräumt. Die Option ist spätestens am 30.6.2016 auszuüben. Die Führungskraft F übt die Option am 30.6.2016 aus und erwirbt die Aktien zum Preis von 100 000 €. Der Kurswert der Aktien beträgt am 18.7.2016 (Tag der Ausbuchung der Aktien beim Überlassenden und Einbuchung im Depot des Arbeitnehmers) 150 € je Aktie.
> Zum Zeitpunkt der Optionseinräumung fließt F kein geldwerter Vorteil zu. Erst nach der Optionsausübung ist zu prüfen, ob der Kurswert den Basispreis übersteigt; maßgebender Zufluss- und Wertermittlungszeitpunkt ist der Tag, an dem die Aktien in das Depot des Arbeitnehmers eingebucht werden (aus Vereinfachungsgründen kann auch vom **Tag der Ausbuchung** beim Überlassenden oder dessen Erfüllungsgehilfen ausgegangen werden). Am 18.7.2016 übersteigt der Kurswert der Aktien den Basispreis um 50 € je Aktie; in dieser Höhe liegt lohnsteuerpflichtiger Arbeitslohn vor. Die Führungskraft F hat daher im Juli 2016 einen geldwerten Vorteil von 50 000 € (50 € × 1 000 Aktien) zu versteuern.

> **Beispiel 2:**
> Sachverhalt wie Beispiel 1, weil der Kurswert der Aktien während der Optionsfrist nicht über 100 € liegt, übt F sein Optionsrecht nicht aus, sondern lässt es verfallen.
> Da F sein Optionsrecht nicht ausübt, entsteht für ihn kein geldwerter Vorteil aus der Optionseinräumung.

Die **Ableitung des Werts von Aktien** aus Verkäufen ist **nicht mehr möglich**, wenn nach den Veräußerungen aber noch vor dem Bewertungsstichtag weitere objektive Umstände hinzutreten, die dafür sprechen, dass die Verkäufe nicht mehr den gemeinen Wert der Aktien repräsentieren (BFH v. 29.7.2010, VI R 30/07, BStBl II 2011, 68 und BFH v. 29.7.2010, VI R 53/08, HFR 2010, 1293).

dd) Zuordnung zum deutschen Besteuerungsrecht

43 Für die **Zuweisung des Besteuerungsrechts nach den Doppelbesteuerungsabkommen** ist der bei Ausübung der Aktienoptionsrechte zugeflossene geldwerte Vorteil **dem gesamten Zeitraum zwischen der Gewährung und der Ausübung der Optionsrechte zuzuordnen** (zukunfts- und zeitraumbezogene Leistung). Einzelheiten s. → *Doppelbesteuerungsabkommen bei Einkünften aus nichtselbständiger Arbeit* Rz. 872.

ee) Tarifermäßigung nach § 34 EStG

44 Für steuerpflichtige geldwerte Vorteile aus der Ausübung der Aktienoptionsrechte kommt die **Tarifbegünstigung** des § 34 Abs. 1 i.V.m. Abs. 2 Nr. 4 EStG **in Betracht**, wenn es sich um **Vergütungen für mehrjährige Tätigkeiten** handelt (BFH v. 24.1.2001, I R 100/98, BStBl II 2001, 509). Geldwerte Vorteile aus einem Aktienoptionsprogramm stellen **im Regelfall** als Anreizlohn **eine Vergütung für eine mehrjährige Tätigkeit** dar. Mehrjährigkeit erfordert dabei, dass **zwischen Einräumung und Erfüllung** des Optionsrechts **mehr als zwölf Monate liegen** und der Arbeitnehmer in diesem Zeitraum auch beschäftigt war. Der Tarifermäßigung nach § 34 Abs. 1 i.V.m. Abs. 2 Nr. 4 EStG steht weder entgegen, dass wiederholt Aktienoptionen eingeräumt werden, noch, dass die jeweils gewährte Option in vollem Umfang einheitlich ausgeübt wird (BFH v. 19.12.2006, VI R 136/01, BStBl II 2007, 456). Dies gilt auch für die ab 1999 geltende Fassung des § 34 Abs. 1 EStG (BFH v. 18.12.2007, VI R 62/05, BStBl II 2008, 294 und BFH v. 10.7.2008, VI R 70/06, HFR 2009, 130).

Eine Vergütung für eine mehrjährige Tätigkeit liegt auch dann vor, wenn die Bezugsberechtigung von einer Leistungsbeurteilung des jeweiligen Vorgesetzten abhängt, durch die das Bezugsrecht auf einen Teil der Belegschaft begrenzt wird (BFH v. 19.12.2006, VI R 24/01, www.stotax-first.de).

Selbst wenn das Aktienoptionsrecht noch **nach Beendigung des Dienstverhältnisses** ausgeübt werden kann, liegt eine Vergütung für eine mehrjährige Tätigkeit (und keine Entschädigung i.S.d. § 34 Abs. 2 Nr. 2 EStG) vor (FG Hamburg v. 30.4.2008, 3 K 108/07, EFG 2009, 115).

ff) Kursveränderungen der Aktie nach dem Zuflusszeitpunkt

45 Veränderungen des Kurswerts der Aktie nach dem Zuflusszeitpunkt haben eine steuerliche Auswirkung grundsätzlich **im Rahmen der Ermittlung der Einkünfte von privaten Veräußerungsgewinnen** (§ 22 Nr. 2 i.V.m. § 23 Abs. 1 Satz 1 Nr. 2 EStG). Insbesondere rechtfertigen Verschlechterungen des Kurswerts nach dem Zuflusszeitpunkt der Aktie **keine sachliche Billigkeitsmaßnahme**. Ein etwaiger Verlust ist der privaten Vermögensebene zuzurechnen. Dies gilt auch dann, wenn die durch Ausübung des Optionsrechts erworbenen Aktien einer gesetzlichen oder vertraglichen Sperrfrist unterliegen.

c) Wandelschuldverschreibungen

46 Wird dem Arbeitnehmer im Rahmen seines Arbeitsverhältnisses durch Übertragung einer **nicht handelbaren Wandelschuldverschreibung** ein Anspruch auf die Verschaffung von Aktien eingeräumt, wird ein Zufluss von Arbeitslohn nicht bereits durch die Übertragung der Wandelschuldverschreibung begründet. Im Falle der Ausübung des Wandlungsrechts durch den Arbeitnehmer fließt diesem ein geldwerter Vorteil grundsätzlich erst dann zu, wenn dem Arbeitnehmer durch Erfüllung des Anspruchs das wirtschaftliche Eigentum an den Aktien verschafft wird (BFH v. 23.6.2005, VI R 124/99, BStBl II 2005, 766 sowie auch FG Düsseldorf v. 22.11.2005, 3 K 1795/02 L, EFG 2006, 1157). Ein geldwerter Vorteil fließt auch aus dem Erwerb verbilligter Aktien zu, die im Rahmen der Ausübung des Wandlungsrechts aus einer **von einer Konzernmuttergesellschaft** begebenen Wandelanleihe erworben werden (FG Hessen v. 16.11.2011, 5 K 1794/06, EFG 2012, 1132).

Dies gilt auch dann, wenn der Arbeitnehmer dem Arbeitgeber ein **Darlehen** gewährt, das mit einem Wandlungsrecht zum Bezug von Aktien ausgestattet ist. Überträgt der Arbeitnehmer das Darlehen nebst Wandlungsrecht allerdings gegen Entgelt auf einen Dritten, fließt dem Arbeitnehmer ein geldwerter Vorteil im Zeitpunkt der Übertragung zu (BFH v. 23.6.2005, VI R 10/03, BStBl II 2005, 770). Die Zurechnung des geldwerten Vorteils zu einem erst künftigen Dienstverhältnis ist zwar nicht ausgeschlossen, bedarf aber der Feststellung eines eindeutigen Veranlassungszusammenhangs, wenn sich andere Ursachen für die Vorteilsgewährung als Veranlassungsgrund aufdrängen (BFH v. 20.5.2010, VI R 12/08, BStBl II 2010, 1069).

Der geldwerte Vorteil bemisst sich im Falle der Ausübung des Wandlungsrechts aus der Differenz zwischen dem Börsenpreis der Aktien an dem Tag, an dem der Arbeitnehmer die wirtschaftliche Verfügungsmacht über die Aktien erlangt, und den Erwerbsaufwendungen (BFH v. 23.6.2005, VI R 10/03, BStBl II 2005, 770).

Leistet der Arbeitgeber **zur Ablösung von Rechten** aus **von ihm begebenen Wandelschuldverschreibungen**, die nur einem eng begrenzten Kreis von Arbeitnehmern angeboten worden waren, **Zahlungen**, so ist in der Differenz zwischen Ablösungsbetrag und einbezahltem Nennbetrag der gezeichneten Wandelschuldverschreibung Arbeitslohn anzunehmen (FG Hessen v. 4.10.2007, 10 K 1471/02, EFG 2008, 478).

d) Verkaufsoptionen

47 Die o.g. Grundsätze gelten auch für die **Einräumung von Verkaufsoptionen**. Räumt z.B. der Arbeitgeber dem Arbeitnehmer beim Erwerb von Aktien zur Vermeidung von Kursverlusten bei einer späteren Veräußerung dieser Wertpapiere eine **nicht übertragbare Verkaufsoption** ein, so führt erst die Ausübung der Verkaufsoption in Höhe des dadurch vermiedenen Kursverlustes zum Zufluss von Arbeitslohn.

e) Virtuelle Aktien

48 Auch Vergütungen aus Optionen, die nicht auf den Erwerb von Aktien, sondern auf die Zahlung eines Geldbetrags in Abhängigkeit von einer Kursentwicklung gerichtet sind (sog. virtuelle Aktien oder phantom stocks), können als Arbeitslohn anzusehen sein. Allerdings führt der Veräußerungsgewinn aus einer Kapitalbeteili-

Aktienoption

gung an einem Unternehmen (sog. **EVA-Zertifikate** = **E**conomic **V**alue **A**dded Zertifikate) nicht allein deshalb zu Arbeitslohn, weil die Kapitalbeteiligung von einem Arbeitnehmer des Unternehmens gehalten und nur Arbeitnehmern angeboten wird (BFH v. 17.6.2009, VI R 69/06, BStBl II 2010, 69). Arbeitslohn ist nur anzunehmen, wenn zwischen Kursgewinn und dem Arbeitsverhältnis ein lohnsteuerrechtlich erheblicher Veranlassungszusammenhang besteht, z.B. weil das Zertifikat Anreizlohn wie bei einer Aktienoption sein soll oder das Zertifikat verbilligt überlassen wird.

f) Mitarbeiterbeteiligungsprogramm nach französischem Recht

49 Nach ständiger Rechtsprechung des BFH führt das Innehaben von Ansprüchen oder Rechten gegenüber dem Arbeitgeber regelmäßig noch nicht zum Lohnzufluss (vgl. BFH v. 23.6.2005, VI R 124/99, BStBl II 2005, 766 betr. Wandelschuldverschreibungen). Der Zufluss ist grundsätzlich erst mit der Erfüllung des Anspruchs (der Gewinnchance) gegeben. Ein Vorteil ist dem Arbeitnehmer erst dann zugeflossen, wenn die geschuldeten Leistungen tatsächlich erbracht worden ist, er also wirtschaftlich verfügt oder zumindest verfügen kann.

Unter Berücksichtigung dieser Grundsätze erfolgt bei **Mitarbeiterbeteiligungsprogrammen** mittels Einschaltung eines Fonds Commun de Placement d'Entreprise (FCPE) **nach französischem Recht** eine Besteuerung des geldwerten Vorteils **erst im Zeitpunkt der Auflösung des Programms** und Überweisung eines Geldbetrags an den Arbeitnehmer bzw. der Zuwendung anderer Vorteile (z.B. Tausch in Aktien). Dies gilt unabhängig von der Ausgestaltung im Einzelfall. Bis zur Auflösung des Programms fließen dem Arbeitnehmer auch keine Kapitaleinkünfte (Dividenden, Zinsen etc.) zu (BMF v. 8.12.2009, IV C 5 – S 2347/09/10002, BStBl I 2009, 1513).

g) Werbungskosten

50 Übt der Arbeitnehmer die ihm vom Arbeitgeber eingeräumte Aktienoption nicht aus, weil der Kurswert der Aktie unter dem Übernahmepreis liegt, kann er die in einem anderen Veranlagungszeitraum geleisteten Optionsprämien im Jahr des Optionsverzichts **als Werbungskosten abziehen** (BFH v. 3.5.2007, VI R 36/05, BStBl II 2007, 647).

Im Falle der **Rückgewähr von Aktien** bemisst sich der negative Arbeitslohn jedenfalls im Falle der zwischenzeitlichen Wertsteigerung nach dem **Wert des Sachbezugs zum Zeitpunkt der Gewährung** (BFH v. 17.9.2009, VI R 17/08, BStBl II 2010, 299).

h) Nachforderung der Lohnsteuer

51 Das Betriebsstättenfinanzamt kann die Lohnsteuer auf den geldwerten Vorteil aus der Ausübung von Aktienoptionen grundsätzlich mit **Nachforderungsbescheid** gegenüber dem **Arbeitnehmer** geltend machen, wenn der Arbeitgeber nach § 38 Abs. 4 EStG angezeigt hat, dass er die Lohnsteuer nicht einbehalten und abführen kann (FG München v. 11.1.1999, 8 V 3484/98, EFG 1999, 381).

3. Sozialversicherung

52 Für den Bereich der Sozialversicherung gilt die lohnsteuerliche Verfahrensweise. Das bedeutet, dass auch sozialversicherungsrechtlich ein geldwerter Vorteil auf Grund einer Aktienoption im Zuflusszeitpunkt entsteht (→ Rz. 40). Dabei sind die Regelungen für einmalig gezahltes Arbeitsentgelt (→ Einmalzahlungen Rz. 983) anzuwenden (vgl. Besprechungsergebnis der Spitzenverbände der Sozialversicherungsträger v. 30./31.1.2003).

Aktien: Zuwendung an Arbeitnehmer

53 Der verbilligte Erwerb von Aktien vom Arbeitgeber (oder einem Dritten) kann zu Einnahmen aus nichtselbständiger Arbeit nach § 19 Abs. 1 Satz 1 Nr. 1 i.V.m. § 8 Abs. 1 EStG führen, wenn der **Vorteil dem Arbeitnehmer „für" seine Arbeitsleistung gewährt wird**. Auf Sachbezüge in Form von unentgeltlich bzw. verbilligt überlassenen Aktien ist die sog. 44 €-Freigrenze des § 8 Abs. 2 Satz 11 EStG unabhängig davon anwendbar, ob sie auch unter § 19a EStG fallen. Auch Sachbezüge, die auf Grund der Anwendung der Freigrenze des § 8 Abs. 2 Satz 11 EStG außer Ansatz bleiben, sind in die Berechnung der Steuervergünstigung nach § 19a EStG einzubeziehen (BFH v. 15.1.2015, VI R 16/12, HFR 2015, 564 betr. Aktienerwerb im Rahmen von **Mitarbeiterbeteiligungsprogrammen**).

Ein lohnsteuerbarer Vorteil liegt jedoch nur insoweit vor, als der **Arbeitgeber die Aktien tatsächlich verbilligt an den Arbeitnehmer veräußert**, mithin der Wert der Aktien den vereinbarten Kaufpreis übersteigt. Ob der Arbeitnehmer das Wirtschaftsgut verbilligt erwirbt oder sich Leistung und Gegenleistung entsprechen, ist grundsätzlich anhand der Wertverhältnisse bei Abschluss des für beide Seiten verbindlichen Veräußerungsgeschäfts zu bestimmen. Der Zeitpunkt des Zuflusses der erworbenen Aktien (regelmäßig die Erlangung der wirtschaftlichen Verfügungsmacht über die Aktien) ist für die Frage, ob und in welcher Höhe ein verbilligter Erwerb von Wirtschaftsgütern vorliegt, unbeachtlich. Denn positive wie negative Wertveränderungen zwischen schuldrechtlichem Veräußerungs- und dinglichem Erfüllungsgeschäft werden nicht mehr durch den Arbeitgeber vermittelt. Wertveränderungen in dieser Zeitspanne sind vielmehr der privaten Vermögenssphäre zuzuordnen (zuletzt BFH v. 7.5.2014, VI R 73/12, BStBl II 2014, 904).

Aktien, die der Arbeitgeber dem Arbeitnehmer zu einem Vorzugskurs überlässt, führen grundsätzlich in Höhe der **Differenz zwischen gezahltem Entgelt und Börsenkurs am Übergabetag** zu einem als Arbeitslohn zu erfassenden **geldwerten Vorteil** (zuletzt BFH v. 20.11.2008, VI R 25/05, BStBl II 2009, 382). Nach § 19a EStG gelten jedoch für die Überlassung von Vermögensbeteiligungen an Arbeitnehmer besondere Regeln; Einzelheiten → Vermögensbeteiligungen Rz. 3005.

Dem Arbeitnehmer fließt der geldwerte Vorteil in Form verbilligter Aktien in dem Zeitpunkt zu, in dem er die wirtschaftliche Verfügungsmacht über die Aktien erlangt. Ein solcher Zufluss liegt nicht vor, solange dem Arbeitnehmer eine Verfügung über die Aktien rechtlich unmöglich ist (BFH v. 30.6.2011, VI R 37/09, BStBl II 2011, 923).

Werden **Aktien oder Genussrechte** vom Arbeitgeber unentgeltlich oder verbilligt den Arbeitnehmern überlassen, so liegt hierin ein geldwerter Vorteil, der als Arbeitslohn zu versteuern ist. Dies gilt auch, wenn der Arbeitnehmer die von seinem Arbeitgeber erworbenen Genussrechte nur dadurch verwerten kann, dass er sie nach Ablauf der Laufzeit an diesen veräußert und die Höhe des Rückkaufswerts der Genussrechte davon abhängt, wie das Anstellungsverhältnis endet. Es handelt sich bei dem Überschuss aus dem Rückverkauf der Genussrechte um Einkünfte aus nichtselbständiger Arbeit gem. § 19 Abs. 1 Satz 1 Nr. 1 i.V.m. § 8 Abs. 1 EStG, nicht um solche aus Kapitalvermögen. Der geldwerte Vorteil fließt dem Arbeitnehmer zu dem Zeitpunkt zu, in dem ihm das Entgelt für die Rücknahme der Genussrechte ausgezahlt wird (BFH v. 5.11.2013, VIII R 20/11, BStBl II 2014, 275).

Bei der **Verzinsung von Genussrechten** kann es sich u.a. deshalb um Einkünfte aus nichtselbständiger Arbeit gem. § 19 Abs. 1 Satz 1 Nr. 1 i.V.m. § 8 Abs. 1 EStG und nicht um Kapitaleinkünfte gem. § 20 Abs. 1 Nr. 7 EStG handeln, weil die Höhe der Verzinsung völlig unbestimmt ist und von einem aus Arbeitgeber und einem Vertreter der Arbeitnehmer bestehenden Partnerschaftsausschuss bestimmt wird (BFH v. 21.10.2014, VIII R 44/11, BStBl II 2015, 593). Im Falle der **Rückübertragung von Aktien**, z.B. aus einem Mitarbeiterbeteiligungsprogramm, liegt entweder negativer Arbeitslohn oder Werbungskosten vor (ausführlich → Negative Einnahmen und Werbungskosten Rz. 2124).

Arbeitslohn liegt jedoch bei einer Entschädigungszahlung für entgehende Einnahmen aus Genussrechten dann **nicht** vor, wenn es sich bei den Genussrechten um eine **eigenständige Erwerbsgrundlage** handelt, da weder die Höhe des Rücknahmepreises noch der Vergütung von dem früheren Arbeitsverhältnis des Stpfl. abhängen (BFH v. 11.2.2015, VIII R 4/12, BStBl II 2015, 647).

Werden einem Arbeitnehmer vom Arbeitgeber oder einem Dritten im Hinblick auf das Dienstverhältnis **Aktienankaufs- oder Vorkaufsrechte** eingeräumt, fließt dem Arbeitnehmer ebenfalls steuerpflichtiger Arbeitslohn zu, der aber nicht schon zum Zeitpunkt der Rechtseinräumung, sondern erst zum Zeitpunkt des entgeltlichen Verzichts zu versteuern ist (BFH v. 19.6.2008, VI R 4/05, BStBl II 2008, 826).

Werden einem Arbeitnehmer nach Maßgabe eines staatlichen Privatisierungsgesetzes Aktien eines ehemals staatlichen Unternehmens, das zu derselben Unternehmensgruppe wie das Arbeitge-

LSt = keine Lohnsteuerpflicht
LSt = Lohnsteuerpflicht

Altersentlastungsbetrag

ber-Unternehmen gehört, unentgeltlich oder verbilligt überlassen, handelt es sich bei dem Preisvorteil dann um Arbeitslohn, wenn die Möglichkeit des unentgeltlichen oder verbilligten Erwerbs nur solchen Arbeitnehmern eingeräumt wird, die bei einem der Unternehmensgruppe angehörenden Unternehmen beschäftigt sind oder waren (BFH v. 19.7.1996, VI R 19/96, HFR 1997, 224).

Die Höhe des steuerpflichtigen Vorteils der einem Arbeitnehmer unentgeltlich zugewendeten, **nicht börsengängigen Namensaktien** seines Arbeitgebers bemisst sich grundsätzlich nach dem Kurswert der börsennotierten Inhaberaktien seines Arbeitgebers (FG Münster v. 4.10.1994, 1 K 7906/89 E, EFG 1995, 320).

Ein Arbeitnehmer, dem in einem als „Wandeldarlehen" bezeichneten Darlehensvertrag mit seinem Arbeitgeber Ansprüche auf **Wandelung seines Darlehensrückzahlungsanspruches in Aktien** seines Arbeitgebers eingeräumt werden, erzielt bei Ausübung seines Wandelungsrechtes einen geldwerten Vorteil, wenn der Kurswert der Aktien die Anschaffungskosten übersteigt. Für die Bemessung der Höhe des geldwerten Vorteils ist der niedrigste Börsenkurs am Tag der Ausübung des Wandelungsrechtes maßgeblich. Der geldwerte Vorteil wird als Vergütung für eine mehrjährige Tätigkeit i.S.v. § 34 Abs. 2 Nr. 4 EStG nach § 34 Abs. 1 EStG tarifermäßigt besteuert, wenn das Wandelungsrecht erstmals nach einer zweijährigen Sperrfrist ausgeübt werden kann (FG München v. 11.12.2002, 1 K 1882/02, EFG 2003, 616 sowie BFH v. 14.9.2005, VI R 18/03, www.stotax-first.de).

Aktion Tagwerk

→ *Schüler* Rz. 2653

Alterseinkünfte

→ *Altersentlastungsbetrag* Rz. 54, → *Versorgungsbezüge* Rz. 3050, → *Vorsorgeaufwendungen* Rz. 3075, → *Vorsorgepauschale* Rz. 3094, → *Zukunftssicherung: Betriebliche Altersversorgung* Rz. 3234

Altersentlastungsbetrag

1. Allgemeines

a) Anspruchsberechtigte

54 Den Altersentlastungsbetrag nach § 24a EStG erhalten Stpfl., die vor dem Beginn des Kalenderjahrs das **64. Lebensjahr** vollendet haben; für 2016 also diejenigen, die **vor dem 2.1.1952 geboren** sind. Er beträgt für das Jahr 2016 **22,4 %** des Arbeitslohns und der positiven Summe der Einkünfte, die nicht solche aus nichtselbständiger Arbeit sind, höchstens jedoch insgesamt **1 064 €** im Kalenderjahr. Die Regelung soll im Alter bezogene „normale" Einkünfte steuerlich begünstigen. Außer Betracht bleiben daher folgende bereits steuerbegünstigte Bezüge (diese Beschränkung ist nicht zu beanstanden: BFH v. 23.3.2005, VI B 146/04, www.stotax-first.de):

- **Versorgungsbezüge** (wegen des Abzugs des Versorgungsfreibetrags und des Zuschlags zum Versorgungsfreibetrag),
- **Leibrenten** i.S.d. § 22 Nr. 1 Satz 3 Buchst. a EStG (wegen der Besteuerung nur mit einem geringen Anteil). S. dazu auch BMF v. 23.5.2007, IV C 8 – S 2265/07/0001, BStBl I 2007, 486.

Der Altersentlastungsbetrag wird auch **Pensionären und Rentnern mit Nebeneinkünften** gewährt, das kann auch „normaler" Arbeitslohn sein, z.B. bei sog. weiterbeschäftigten Rentnern (→ *Rentner* Rz. 2537). In diesen Fällen kann es dann auch zu einem „Nebeneinander" von Versorgungsfreibetrag und Altersentlastungsbetrag kommen.

Bei der **Zusammenveranlagung** von Ehegatten wird der Altersentlastungsbetrag jedem Ehegatten für die von ihm bezogenen Einkünfte gewährt, sofern er die altersmäßigen Voraussetzungen erfüllt (§ 24a Satz 4 EStG).

Der Altersentlastungsbetrag ist auch bei **beschränkt einkommensteuerpflichtigen Arbeitnehmern** abzuziehen (§ 50 Abs. 1 Satz 3 EStG, R 39b.4 Abs. 1 LStR).

b) Bemessungsgrundlage

Bemessungsgrundlage ist aus Vereinfachungsgründen „der Arbeitslohn" ohne Kürzung um irgendwelche Werbungskosten oder Freibeträge. Steuerfreie Zuwendungen bleiben allerdings außer Betracht (zuletzt BFH v. 26.6.2014, VI R 41/13, BStBl II 2015, 39 betr. Fahrvergünstigung der Deutschen Bahn AG für Ruhestandsbeamte, die nach dem Rabattfreibetrag nach § 8 Abs. 3 EStG steuerfrei bleibt). 55

Bei **Nettolohnvereinbarungen** ist auf den jeweiligen Bruttolohn „hochzurechnen". Von Arbeitslohn, von dem die Lohnsteuer nach den §§ 40 bis 40b EStG mit **Pauschsteuersätzen** erhoben wird, darf der Altersentlastungsbetrag nicht abgezogen werden (R 39b.4 Abs. 2 Satz 4 LStR).

Unterliegen Kapitalerträge der Abgeltungsteuer, scheidet eine weitere Begünstigung durch die Gewährung des Altersentlastungsbetrags gem. § 24a EStG aus (FG Münster v. 28.3.2012, 11 K 3383/11 E, EFG 2012, 1464 sowie R 24a EStR).

Zur Berücksichtigung eines **Verlustausgleichs** s. BFH v. 17.11.2005, III R 83/04, BStBl II 2006, 511 und eines **Verlustabzugs** bei Einkünften aus privaten Veräußerungsgeschäften bei der Berechnung der Bemessungsgrundlage für den Altersentlastungsbetrag s. BFH v. 22.11.2012, III R 66/11, HFR 2013, 307.

Bei Anwendung der **Tarifermäßigung** nach § 34 EStG (→ *Entschädigungen* Rz. 1134) sind die außerordentlichen Einkünfte nicht um den anteiligen Altersentlastungsbetrag zu kürzen (BFH v. 15.12.2005, IV R 68/04, HFR 2006, 473).

c) Höhe des Altersentlastungsbetrags

Der Altersentlastungsbetrag wird **bis zum Jahre 2040 abgeschafft**, weil dann Leibrenten voll steuerpflichtig und Versorgungsbezüge nicht mehr durch den Versorgungsfreibetrag und den Zuschlag zum Versorgungsfreibetrag begünstigt sind. 56

Bis dahin wird der Altersentlastungsbetrag **schrittweise abgeschmolzen**: Im Jahre 2005 beträgt der Altersentlastungsbetrag 40 %, höchstens 1 900 €. Ab 2006 verringert sich der Prozentsatz in den ersten 15 Jahren um jeweils 1,6 Prozentpunkte und der Höchstbetrag um 76 € pro Jahr und in den darauf folgenden 20 Jahren um jeweils 0,8 Prozentpunkte bzw. um 38 € jährlich. Für jeden Steuerbürger wird nach Vollendung des 64. Lebensjahrs der maßgebende **Prozentsatz und Höchstbetrag einmal festgestellt und dann zeitlebens berücksichtigt**. Personen, die erst im Jahre 2039 64 Jahre alt werden, bekommen ab 2040 keinen Altersentlastungsbetrag mehr.

Die Höhe des maßgeblichen Altersentlastungsbetrags ist der nachfolgenden **Tabelle zu** § 24a EStG zu entnehmen:

Altersentlastungsbetrag				
Das auf die Vollendung des 64. Lebensjahrs folgende Kalenderjahr	Altersentlastungsbetrag		Das auf die Vollendung des 64. Lebensjahrs folgende Kalenderjahr	Altersentlastungsbetrag	
	in % der Einkünfte	Höchstbetrag in €		in % der Einkünfte	Höchstbetrag in €
2005	40,0	1 900	2023	13,6	646
2006	38,4	1 824	2024	12,8	608
2007	36,8	1 748	2025	12,0	570
2008	35,2	1 672	2026	11,2	532
2009	33,6	1 596	2027	10,4	494
2010	32,0	1 520	2028	9,6	456
2011	30,4	1 444	2029	8,8	418
2012	28,8	1 368	2030	8,0	380
2013	27,2	1 292	2031	7,2	342
2014	25,6	1 216	2032	6,4	304
2015	24,0	1 140	2033	5,6	266
2016	22,4	1 064	2034	4,8	228
2017	20,8	988	2035	4,0	190
2018	19,2	912	2036	3,2	152
2019	17,6	836	2037	2,4	114
2020	16,0	760	2038	1,6	76
2021	15,2	722	2039	0,8	38
2022	14,4	684	2040	0	0

Altersentlastungsbetrag

keine Sozialversicherungspflicht =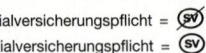
Sozialversicherungspflicht = (SV)

Beispiel 1:
Pensionär A, geb. 1.12.1940 (d.h. Vollendung des 64. Lebensjahrs im Jahre 2004), hat neben seiner Pension Einkünfte aus Vermietung und Verpachtung von 10 000 €.

A erhält nach der obigen Tabelle ab 2005 einen Altersentlastungsbetrag von 40 % von 10 000 €, höchstens 1 900 €. Dies gilt im Übrigen auch für alle Personen, die bis zum 1.1.2005 64 Jahre alt wurden.

Der Prozentsatz und der Höchstbetrag bleiben für A in den nächsten Jahren gleich.

Beispiel 2:
Wie Beispiel 1, A wird jedoch erst im Jahre 2015 64 Jahre alt.

A erhält nach der obigen Tabelle ab 2016 einen Altersentlastungsbetrag von 22,4 % von 10 000 € = 2 240 €, höchstens jedoch 1 064 €.

2. Lohnsteuerverfahren

57 Der Altersentlastungsbetrag wird **nicht durch einen Freibetrag** als Lohnsteuerabzugsmerkmal berücksichtigt. Der Arbeitgeber muss ihn jedoch **vor Anwendung der Lohnsteuertabelle** abziehen, wenn der Arbeitnehmer die altersmäßigen Voraussetzungen erfüllt (§ 39b Abs. 2 Satz 2 EStG). Der **Arbeitgeber** muss dies selbständig nach dem in den Lohnsteuerabzugsmerkmalen des Arbeitnehmers eingetragenen Geburtsdatum beurteilen.

Vom **laufenden Arbeitslohn** ist höchstens der anteilige Betrag des Altersentlastungsbetrags abzuziehen. Der dem Lohnzahlungszeitraum entsprechende anteilige Höchstbetrag darf auch dann nicht überschritten werden, wenn in früheren Lohnzahlungszeiträumen desselben Kalenderjahrs wegen der geringeren Höhe des Arbeitslohns ein niedrigerer Betrag als der Höchstbetrag berücksichtigt worden ist.

Eine **Verrechnung** des in einem Monat **nicht ausgeschöpften Höchstbetrags** mit den die Höchstbeträge übersteigenden Beträgen eines anderen Monats ist nicht zulässig. Eine Ausnahme gilt nur für den Permanenten Lohnsteuer-Jahresausgleich (→ *Permanenter Lohnsteuer-Jahresausgleich* Rz. 2232). Eine Verrechnung ist lediglich beim **Lohnsteuer-Jahresausgleich** des Arbeitgebers oder bei der Veranlagung (→ *Veranlagung von Arbeitnehmern* Rz. 2973) zur Einkommensteuer möglich.

Beispiel:
A, Pensionär, 75 Jahre alt, ist nebenbei für ein Bewachungsunternehmen tätig und erzielt hierfür vom 1.1. bis 30.6.2016 einen „normal versteuerten" Arbeitslohn (Lohnsteuerklasse V) von monatlich 350 €, der ab 1.7.2016 auf monatlich 500 € aufgestockt wird. Der Jahresarbeitslohn beträgt somit 5 100 €.

Der Arbeitgeber hat beim laufenden Lohnsteuerabzug vor Anwendung der Lohnsteuertabelle als Altersentlastungsbetrag abzuziehen (keine Kürzungen, weil die für das Jahr 2005 festgestellten Beträge maßgebend bleiben)

– für die Monate Januar bis Juni monatlich jeweils 140 € (40 % von 350 €), insgesamt also 840 €, und

– für die Monate Juli bis Dezember monatlich jeweils 158 € (40 % von 500 €, höchstens aber 158 € = 1/12 von 1 900 €), insgesamt also 948 €.

Eine Übertragung der in den Monaten Januar bis Juni nicht ausgeschöpften Beträge von insgesamt 108 € (158 € ./. 140 € = 18 € × 6 Monate) auf die Monate Juli bis Dezember ist beim laufenden Lohnsteuerabzug nicht möglich. Während des Jahres wird hiernach nur ein Altersentlastungsbetrag von insgesamt 1 788 € abgezogen.

Der volle Altersentlastungsbetrag von 1 900 € kann erst beim Lohnsteuer-Jahresausgleich des Arbeitgebers berücksichtigt werden:

Jahresarbeitslohn	5 100 €
Altersentlastungsbetrag davon 40 %, höchstens	1 900 €
Maßgebender Jahresarbeitslohn für den Lohnsteuer-Jahresausgleich des Arbeitgebers	3 200 €

Der Altersentlastungsbetrag ist auch beim Lohnsteuerabzug nach der **Steuerklasse VI** zu berücksichtigen. Bei mehreren Dienstverhältnissen kann es somit zu einem mehrfachen Abzug des Altersentlastungsbetrags kommen. Dies wird nach Ablauf des Jahres dadurch korrigiert, dass Arbeitnehmer, die nebeneinander von mehreren Arbeitgebern Arbeitslohn bezogen haben, zur **Einkommensteuer veranlagt** werden (§ 46 Abs. 2 Nr. 2 EStG).

3. Sozialversicherung

Der steuermindernde Altersentlastungsbetrag wirkt sich in der Sozialversicherung nicht aus. Bei der Beitragsberechnung ist ein Abzug nicht möglich. 58

Altersrenten

1. Allgemeines

Versicherte erhalten von der gesetzlichen Rentenversicherung eine Altersrente, wenn sie hierzu die persönlichen Voraussetzungen (z.B. Vollendung eines bestimmten Lebensalters) sowie eine Mindestversicherungszeit (Wartezeit) erfüllt haben. Altersrenten werden geleistet als 59

– Regelaltersrente,

– Altersrente für langjährig Versicherte,

– Altersrente für besonders langjährig Versicherte,

– Altersrente für Schwerbehinderte,

– Altersrente für langjährig unter Tage beschäftigte Bergleute.

2. Lohnsteuer

Steuerpflichtiger Arbeitslohn sind nur die **Pensionen** der Beamten oder an andere Arbeitnehmer vom früheren Arbeitgeber oder aus einer betrieblichen Unterstützungskasse gezahlte **Betriebsrenten, die nicht auf eigener Beitragsleistung des Arbeitnehmers beruhen** (§ 2 Abs. 2 Nr. 2 Satz 2 LStDV). Wenn der Arbeitnehmer bestimmte Voraussetzungen erfüllt, erhält er den **Versorgungsfreibetrag** und den **Zuschlag zum Versorgungsfreibetrag** nach § 19 Abs. 2 EStG (→ *Versorgungsbezüge* Rz. 3050, → *Versorgungsfreibeträge* Rz. 3056). 60

3. Rentenbesteuerung ab 2005

a) Allgemeines

Die unterschiedliche Besteuerung von Renten und Pensionen hatte das **BVerfG** für verfassungswidrig erklärt und den Gesetzgeber aufgefordert, spätestens zum 1.1.2005 eine gesetzliche Neuregelung zu treffen (BVerfG v. 6.3.2002, 2 BvL 17/99, BStBl II 2002, 618). I.R.d. **Alterseinkünftegesetzes** v. 5.7.2004, BStBl I 2004, 554 ist deshalb die Besteuerung von Altersrenten grundlegend geändert worden: 61

Das Gesetz beinhaltet eine **schrittweise Umstellung bis zum Jahre 2040** auf die sog. **nachgelagerte Besteuerung**, d.h. die Beiträge in die Rentenversicherung werden in vollem Umfang von der Einkommensteuer freigestellt und dafür die späteren Altersrenten in vollem Umfang der Einkommensteuer unterworfen.

Nachgelagert besteuert werden Leibrenten und andere Leistungen aus den **gesetzlichen Rentenversicherungen, den landwirtschaftlichen Alterskassen, berufsständischen Versorgungseinrichtungen und Leibrentenversicherungen**, die die Zahlung einer monatlichen, auf das Leben des Stpfl. bezogenen lebenslangen Leibrente nicht vor Vollendung des 60. Lebensjahrs des Berechtigten vorsehen. Die sich ergebenden Versorgungsansprüche dürfen außerdem nicht übertragbar, nicht beleihbar, nicht veräußerbar und nicht kapitalisierbar sein, und es darf über den Anspruch auf Leibrente hinaus kein Anspruch auf Auszahlungen bestehen. Auch **Renten wegen verminderter Erwerbsfähigkeit und Hinterbliebenenrenten** werden – sofern die Beiträge i.R.d. Sonderausgabenabzugs für Altersvorsorgeaufwendungen steuermindernd berücksichtigt wurden – nachgelagert besteuert.

Alle Renten mit Rentenbeginn bis einschließlich 2005 unterliegen ab dem Jahr 2005 einheitlich zu 50 % der Besteuerung. Der steuerpflichtige Anteil der Rente wird für jeden neu hinzukommenden Rentnerjahrgang bis zum Jahre 2020 in Schritten von 2 % auf 80 % und anschließend in Schritten von 1 % **bis zum Jahre 2040 auf 100 % angehoben** (§ 22 Nr. 1 Satz 3 EStG):

Altersrenten

Jahr des Rentenbeginns	Besteuerungsanteil in %	Jahr des Rentenbeginns	Besteuerungsanteil in %	Jahr des Rentenbeginns	Besteuerungsanteil in %
bis 2005	50	2017	74	2029	89
2006	52	2018	76	2030	90
2007	54	2019	78	2031	91
2008	56	2020	80	2032	92
2009	58	2021	81	2033	93
2010	60	2022	82	2034	94
2011	62	2023	83	2035	95
2012	64	2024	84	2036	96
2013	66	2025	85	2037	97
2014	68	2026	86	2038	98
2015	70	2027	87	2039	99
2016	72	2028	88	**2040**	**100**

Der sich nach Maßgabe dieser Prozentsätze ergebende steuerfrei bleibende Teil der Jahresbruttorente wird für jeden Rentnerjahrgang als **Festbetrag bestimmt und auf Dauer festgeschrieben. Regelmäßige Rentenanpassungen führen nicht zur Erhöhung des steuerfreien Teils der Rente** (BFH v. 8.10.2013, X B 217/12, www.stotax-first.de). Zur Neuberechnung im Zusammenhang mit der „**Mütterrente**" s. LfSt Rheinland-Pfalz v. 5.8.2015, S 2255 A – St 32 3, www.stotax-first.de.

Die Festschreibung gilt erst ab dem Jahr, das auf das Jahr des ersten Rentenbezugs folgt. Damit wird vermieden, dass in Abhängigkeit vom Renteneintrittsmonat im Jahr des Rentenbeginns sowie vor oder nach einer Rentenanpassung (vgl. § 65 SGB VI) bei ansonsten gleichem Sachverhalt ein unterschiedlicher steuerfreier Teil der Rente dauerhaft festgeschrieben wird. Der festgeschriebene steuerfreie Rentenbetrag ist für die Monate zu kürzen, in denen keine Rentenbezüge gezahlt werden. Damit wird ausgeschlossen, dass in Jahren, in denen Zahlungen nicht ganzjährig erfolgen, unvertretbar geringe oder sogar negative Einkünfte entstehen können.

Beispiel:
A ging im Sept. 2005 in Rente. Er erhält mtl. 1 000 €. Zum 1.7.2006 erfolgte eine Rentenanpassung auf 1 100 €. Lt. Rentenbezugsmitteilung der Deutschen Rentenversicherung Bund hat die Rente im Jahr 2016 15 000 € betragen.
Im **Jahr 2005** gilt ein Besteuerungsanteil von 50 %. A hat daher folgende Beträge zu versteuern:

4 × 1 000 €	4 000 €
davon 50 % Besteuerungsanteil	2 000 €
./. Werbungskosten-Pauschbetrag	102 €
zu versteuern	1 898 €

Für das **Jahr 2006** (Folgejahr = Jahr, das dem Jahr des Rentenbeginns folgt) gilt:

6 × 1 000 € + 6 × 1 100 € ergibt Gesamtbetrag	12 600 €
davon 50 % dauerhafter Freibetrag	**6 300 €**
./. Werbungskosten-Pauschbetrag	102 €
zu versteuern	6 198 €

Für die restliche Laufzeit der Rente wird **ein Freibetrag von 6 300 € festgeschrieben.** Dieser wird allerdings nur zeitanteilig gewährt, wenn die Rente nicht über das volle Jahr gezahlt wird.
Für 2016 gilt dann:

Rentenbezüge lt. Rentenbezugsmitteilung	15 000 €
./. **dauerhafter Freibetrag**	**6 300 €**
./. Werbungskosten-Pauschbetrag	102 €
zu versteuern	8 598 €

Nach der Neuregelung sind die Bestandsrenten und Neufälle des Jahres 2005 bis zu einer Höhe von rund 18 900 €/Jahr (rund 1 575 €/Monat) bei Alleinstehenden generell steuerfrei. Bei einem Renteneintritt im Jahre 2015 verringert sich dieser Betrag auf 14 485 € (rund 1 207 €/Monat); der Besteuerungsanteil beträgt 70 % (s. dazu ausführlich die auf den Internetseiten des BMF veröffentlichte „Übersicht zur Rentenbesteuerung 2015").

Die geänderte Rentenbesteuerung ist **verfassungsrechtlich umstritten;** es wird geltend gemacht, sie verstoße gegen das Verbot der Doppelbesteuerung. Der **BFH** hat jedoch entschieden, dass es **verfassungsrechtlich nicht zu beanstanden ist, dass der Ge**setzgeber die Besteuerung der Alterseinkünfte auf das System der nachgelagerten Besteuerung umgestellt hat (BVerfG v. 29.9.2015, 2 BvR 2683/11, www.stotax-first.de und v. 30.9.2015, 2 BvR 1066/10, 2 BvR 1961/10, www.stotax-first.de). Dies gilt nach seiner Auffassung auch für die Übergangsregelung des Alterseinkünftegesetzes. Es handele sich hierbei um die Regelung komplexer Lebenssachverhalte, bei denen dem Gesetzgeber größere Typisierungen und Generalisierungen zugestanden werden müssten. Vor diesem Hintergrund begegne die Besteuerung der Renteneinkünfte eines vormals Selbständigen im Rahmen der Übergangsregelung keinen verfassungsrechtlichen Bedenken, sofern nicht gegen das Verbot der Doppelbesteuerung verstoßen werde (vgl. auch BFH v. 19.8.2013, X R 35/11, BStBl II 2014, 557 m.w.N., Verfassungsbeschwerde eingelegt, Az. beim BVerfG: 2 BvR 2315/13). Steuerfestsetzungen werden insoweit vorläufig durchgeführt (BMF v. 5.11.2015, IV A 3 – S 0338/07/10010, BStBl I 2015, 786).

Der BFH hat weiter entschieden, dass

- auch **Erwerbsminderungsrenten** – ebenso wie Altersrenten – nach dem ab 2005 geänderten Recht mit dem Besteuerungsanteil von mindestens 50 % versteuert werden müssen (BFH v. 13.4.2011, X R 54/09, BStBl II 2011, 910),

- eine **Rentennachzahlung** der gesetzlichen Rentenversicherung, die dem Rentenempfänger nach dem 31.12.2004 zufließt, auch dann mit dem Besteuerungsanteil gem. § 22 Nr. 1 Satz 3 Buchst. a Doppelbuchst. aa EStG besteuert wird, wenn sie für einen Zeitraum gezahlt wird, der vor dem Inkrafttreten des AltEinkG liegt. Die Anwendung des AltEinkG auf Nachzahlungen einer Rente, deren Beginn vor 2005 liegt, ist verfassungsgemäß (BFH v. 13.4.2011, X R 1/10, BStBl II 2011, 915),

- eine **(private) Berufsunfähigkeitsrente** eine abgekürzte Leibrente ist, die mit dem Ertragsanteil gem. § 22 Nr. 1 Satz 3 Buchst. a Doppelbuchst. bb Satz 4 EStG i.V.m. § 55 Abs. 2 EStDV besteuert wird, sofern nach den vertraglichen Bedingungen der Versicherung die Rentenansprüche nicht nur beim Tod des Versicherten, sondern auch dann erlöschen, wenn die Prämienzahlungsdauer der Hauptversicherung abläuft oder die Berufsunfähigkeit wegfällt (BFH v. 4.12.2012, X B 151/11, www.stotax-first.de).

Die Nichterklärung von Berufsunfähigkeitsrenten (und anderen steuerpflichtigen Renten) in der Einkommensteuer-Erklärung kann u.U. als **Einkommensteuerhinterziehung** gewertet werden (FG Köln v. 22.6.2011, 4 K 950/08, EFG 2012, 1011).

Rentner sind auch dann zur Abgabe einer Einkommensteuererklärung verpflichtet, wenn ihnen das Finanzamt vor 2005 mitgeteilt hat, dass sie dazu nicht mehr verpflichtet seien (zuletzt BFH v. 15.10.2014, X B 38/14, www.stotax-first.de).

Erziehungsrenten der gesetzlichen Rentenversicherung sind mit dem Besteuerungsanteil nach § 22 Nr. 1 Satz 3 Buchst. a Doppelbuchst. aa EStG zu besteuern. Sie unterscheiden sich von den nicht steuerbaren Schadensersatzrenten oder Unterhaltsrenten gem. § 844 Abs. 2 BGB, weil sie auf steuerlich abziehbaren Beiträgen in die gesetzliche Rentenversicherung beruhen (BFH v. 9.8.2013, X R 35/11, BStBl II 2014, 557 m.w.N., Verfassungsbeschwerde eingelegt, Az. beim BVerfG: 2 BvR 2315/13).

Die Steuerfreistellung der Kindererziehungsleistungen, die den vor dem 1.1.1921 geborenen Müttern gem. § 3 Nr. 67 EStG gewährt werden, verstößt nicht gegen Art. 3 GG. Hierdurch wird vor allem die Benachteiligung der sog. **Trümmerfrauen** ausgeglichen, bei denen – im Gegensatz zu den später geborenen Müttern – die Zeiten der Kindererziehung nach dem Hinterbliebenenrenten- und Erziehungszeiten-Gesetz nicht rentenbegründend bzw. rentensteigernd angerechnet wurden (BFH v. 5.12.2012, X B 169/11, www.stotax-first.de). Eine entsprechende Anwendung auf Mütter, die nach 1920 geboren wurden, hat der BFH abgelehnt.

Nach § 3 Nr. 8a EStG **steuerfrei** sind Renten wegen Alters und Renten wegen verminderter Erwerbsfähigkeit aus der gesetzlichen Rentenversicherung, die an **Verfolgte i.S.d. § 1 des Bundesentschädigungsgesetzes** gezahlt werden. Schwerpunkt der Regelung sind die Fälle, in denen der Anspruch auf Rentenzahlung wesentlich oder ausschließlich zur Anrechnungszeiten zum Ausgleich von Schäden in der Sozialversicherung für Zeiten der Verfolgung bzw. auf Zeiten der Beschäftigung in einem Ghetto während der Verfolgungszeit beruht. Hierfür bestehen unterschiedliche sozial-

Altersrenten

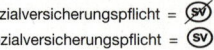

versicherungsrechtliche Rechtsgrundlagen, wie das Gesetz zur Zahlbarmachung von Renten aus Beschäftigungen in einem Ghetto (ZRBG), das Gesetz zur Regelung der Wiedergutmachung nationalsozialistischen Unrechts in der Sozialversicherung (WGSVG) und das Fremdrentengesetz (FRG), auf deren Grundlage eine Sozialversicherungsrente an Verfolgte ermittelt bzw. zahlbar gemacht wird (OFD Frankfurt v. 4.5.2012, S 2342 A – 76 – St 213, www.stotax-first.de).

b) Rentenbezugsmitteilungen

62 Teil der gesetzlichen Neuregelung ist u.a. die Übermittlung sog. Rentenbezugsmitteilungen über die Höhe der Rentenzahlungen durch die Rentenversicherungsträger an die Finanzverwaltung (§ 22a EStG), die mit der Einführung der **steuerlichen Identifikationsnummer jetzt rückwirkend für die Rentenbezüge für die Jahre 2005 bis 2008 begonnen** hat (s. ausführlich BMF v. 7.12.2011, IV C 3 – S 2257c/10/10005 :003, BStBl I 2011, 1223).

c) Besteuerungsanteil von Folgerenten (z.B. Witwenrenten)

63 In der Praxis besteht häufig Unsicherheit bezüglich der Festlegung des Besteuerungsanteils sog. Folgerenten. Hierfür gilt Folgendes:

Folgen nach dem 31.12.2004 **Renten aus derselben Versicherung** einander nach (z.B. eine **Witwen-/Witwerrente folgt einer Altersrente des verstorbenen Ehegatten**), wird bei der Ermittlung des Prozentsatzes für die nachfolgende Rente nicht der tatsächliche Beginn der Folgerente herangezogen. Es wird ein **fiktives Jahr des Rentenbeginns ermittelt**, indem vom tatsächlichen Rentenbeginn der Folgerente die Laufzeit der vorhergehenden Rente abgezogen wird (§ 22 Nr. 1 Satz 3 Buchst. a Doppelbuchst. aa Satz 8 EStG, BMF v. 19.8.2013, IV C 3 – S 2221/12/10010 :004/IV C 5 – S 2345/08/0001, BStBl I 2013, 1087 Tz. 225 ff. mit Beispiel unter Berücksichtigung der Änderungen durch BMF v. 10.1.2014, IV C 3 – S 2221/12/10010 :003, BStBl I 2014, 70, BMF v. 10.4.2015, IV C 5 – S 2345/08/10001 :006, BStBl I 2015, 256 und BMF v. 1.6.2015, IV C 5 – S 2345/15/10001, BStBl I 2015, 475).

Bei Witwen-/Witwerrenten liegt die Erwägung zu Grunde, dass diese typischerweise überwiegend auf Beiträgen beruhen, die während der Dauer der Ehe gezahlt und aus gemeinsam erworbenem Einkommen entrichtet wurden. Der steuerfrei bleibende Teil der Folgerente wird erstmalig im Jahr, das dem Beginn der Folgerente folgt, festgeschrieben, Bemessungsgrundlage ist der volle Jahresbetrag der Folgerente. Der Besteuerungsanteil beträgt mindestens 50 %.

Angerechnet werden kann aber nur die Laufzeit der Altersrente des verstorbenen Ehegatten aus der gleichen Anwartschaft wie die Hinterbliebenenrente. Bezieht der überlebende Ehegatte zunächst eine Witwenrente und später eine **eigene Altersrente**, ist der Prozentsatz der eigenen Altersrente nach dem tatsächlichen Beginn dieser eigenen Rente zu bestimmen.

Diese Grundsätze zur Festlegung des Besteuerungsanteils sind z.B. auch bei Altersrenten, die **Erwerbsminderungsrenten** folgen, oder Renten wegen voller Erwerbsminderung, die teilweisen Erwerbsminderungsrenten nachfolgen, zu beachten.

d) Rentenversicherungsbeiträge als Werbungskosten abzugsfähig?

64 Streitig ist, ob nach der geänderten Rentenbesteuerung, die langfristig eine volle Besteuerung der Altersrenten nach § 22 EStG vorsieht, die Rentenversicherungsbeiträge nicht mehr wie bisher nur als beschränkt abzugsfähige Sonderausgaben, sondern als **voll abzugsfähige (vorweggenommene) Werbungskosten bei den sonstigen Einkünften nach § 22 EStG** berücksichtigt werden können. Der **BFH** hat jedoch entschieden, dass auch im zeitlichen Geltungsbereich des Alterseinkünftegesetzes geleistete Beiträge zu den gesetzlichen Rentenversicherungen nur beschränkt als **Sonderausgaben abziehbar** sind und hiergegen keine verfassungsrechtlichen Bedenken bestehen (BFH v. 18.11.2009, X R 6/08, BStBl II 2010, 282 und 414 sowie BFH v. 9.12.2010, X R 28/07, BStBl II 2010, 348). Gegen die Urteile sind jedoch **Verfassungsbeschwerden** eingelegt worden (Az. beim BVerfG: 2 BvR 288/10, 2 BvR 323/10, 2 BvR 289/10). Steuerfestsetzungen werden insoweit vorläufig durchgeführt (BMF v. 5.11.2015, IV A 3 – S 0338/07/10010, BStBl I 2015, 786).

4. Sozialversicherung

a) Kranken- und Pflegeversicherung

65 Beschäftigte Rentner sind in der Kranken- und Pflegeversicherung unabhängig von der bezogenen Rente versicherungspflichtig, sofern nicht auf Grund eines Ausschlusstatbestands Versicherungsfreiheit besteht (→ *Krankenversicherung: gesetzliche* Rz. 1717). Der Arbeitgeber hat wie bei allen anderen Beschäftigten die Beiträge aus dem Arbeitsentgelt zu berechnen. In der Krankenversicherung wird jedoch der ermäßigte Beitragssatz angewandt (→ *Beiträge zur Sozialversicherung* Rz. 548, → *Gleitzone* Rz. 1446), denn beschäftigte **Altersrentner** haben keinen Anspruch auf Krankengeld. Hinsichtlich der Beitragstragung gelten die für Arbeitnehmer gültigen Regelungen (→ *Beiträge zur Sozialversicherung* Rz. 548). Sofern die Beschäftigung **geringfügig** ausgeübt wird (→ *Mini-Jobs* Rz. 2047), besteht in der Kranken- und Pflegeversicherung Versicherungsfreiheit. Bei Rentnern, die eine geringfügige Beschäftigung i.S.d. § 8 Abs. 1 Nr. 1 SGB IV ausüben und somit krankenversicherungsfrei sind, hat der Arbeitgeber einen Beitragsanteil i.H.v. 13 % (bei Beschäftigten in Privathaushalten i.S.d. § 8a SGB IV: 5 %) zu übernehmen (→ *Beiträge zur Sozialversicherung* Rz. 554, → *Mini-Jobs* Rz. 2047). In der Regel ist der Rentner durch eine Pflichtversicherung in der Krankenversicherung der Rentner ausreichend für den Fall der Krankheit und der Pflegebedürftigkeit versichert. Die Kranken- und Pflegeversicherung der Rentner wird verdrängt, wenn auf Grund der Beschäftigung Kranken- und Pflegeversicherungspflicht besteht. Bei versicherungsfreien geringfügigen Beschäftigungen bleibt die Kranken- und Pflegeversicherung der Rentner bestehen. Besteht die Versicherungsfreiheit in der Krankenversicherung, weil der Rentner ein Arbeitsentgelt erhält, das die Jahresarbeitsentgeltgrenze in der Krankenversicherung überschreitet, tritt in der Krankenversicherung der Rentner keine Versicherungspflicht ein. In diesem Fall müsste sich der beschäftigte Rentner in der gesetzlichen Krankenversicherung **freiwillig versichern**. Dann besteht jedoch ein Anspruch auf Beitragszuschuss zur Kranken- und Pflegeversicherung (→ *Beitragszuschuss zur Krankenversicherung* Rz. 604; → *Pflegeversicherung* Rz. 2236).

b) Rentenversicherung

66 Arbeitnehmer, die bereits eine **Vollrente wegen Alters** aus der gesetzlichen Rentenversicherung beziehen, sind während einer abhängigen Beschäftigung **rentenversicherungsfrei** (§ 5 Abs. 4 Nr. 1 SGB VI; → *Rentner* Rz. 2537).

Aus arbeitsmarktpolitischen Gründen hat aber der Arbeitgeber dennoch seinen Arbeitgeberanteil zur Rentenversicherung zu entrichten. In der Anmeldung hat der Arbeitgeber dies entsprechend zu kennzeichnen (Beitragsgruppe 3 in der Gruppe „Rentenversicherung"). Vgl. auch → *Meldungen für Arbeitnehmer in der Sozialversicherung* Rz. 1989.

Bei **Rentnern**, die eine **geringfügige Beschäftigung** i.S.d. § 8 Abs. 1 Nr. 1 SGB IV ausüben und somit rentenversicherungsfrei (Befreiung beantragt) sind, hat der Arbeitgeber einen Beitragsanteil i.H.v. 15 % (bei Beschäftigten im Privathaushalt i.S.d. § 8a SGB IV: 5 %) zu übernehmen (→ *Beiträge zur Sozialversicherung* Rz. 554, → *Gleitzone* Rz. 1446, → *Mini-Jobs* Rz. 2047).

Bezieher einer **Teilrente wegen Alters** sind hingegen nicht rentenversicherungsfrei. Durch die vorgesehene Weiterbeschäftigung während eines gekürzten Rentenbezuges kann der Teilrentner durch weitere Beitragsleistungen gegebenenfalls seine bisherigen Rentenansprüche steigern.

c) Arbeitslosenversicherung

67 Beschäftigte Rentner sind grundsätzlich auch arbeitslosenversicherungspflichtig, wenn sie eine Vollzeitbeschäftigung ausüben. Bei einem monatlichen Arbeitsentgelt bis zu 450 € besteht wegen Geringfügigkeit jedoch Arbeitslosenversicherungsfreiheit. Rentner sind in der Arbeitslosenversicherung versicherungsfrei, wenn sie das Alter zum Bezug einer Regelaltersrente erreicht haben. Bis zum 31.12.2007 war mit Vollendung des 65. Lebensjahres diese

Voraussetzung erfüllt. Mit dem Gesetz zur Anpassung der Regelaltersgrenze an die demografische Entwicklung und zur Stärkung der Finanzierungsgrundlagen der gesetzlichen Rentenversicherung (RV-Altersgrenzenanpassungsgesetz) vom 20.4.2007 (BGBl. I 2007 S. 554) wurde die Altersgrenze für die Regelaltersrente von bisher 65 Jahren auf das 67. Lebensjahr stufenweise angehoben. Mit dem Gesetz über Leistungsverbesserungen in der gesetzlichen Rentenversicherung wurde zum 1.7.2014 die abschlagsfreie Altersrente ab 63 Jahren unter Erfüllung einer Wartezeit von 45 Jahren eingeführt. Hierbei handelt es sich um eine zeitliche befristete Absenkung der Altersgrenze. Rentner sind dann arbeitslosenversicherungsfrei, wenn sie das Lebensjahr für den Anspruch auf Regelaltersrente i.S.d. SGB VI vollenden. Die Versicherungsfreiheit tritt mit Ablauf des Monats, in dem sie das maßgebliche Lebensjahr vollenden, ein (→ *Beiträge zur Sozialversicherung* Rz. 578). Allerdings hat der Arbeitgeber wie in der Rentenversicherung den halben Anteil (Arbeitgeberanteil) zur Arbeitslosenversicherung zu entrichten (→ *Arbeitslosenversicherung* Rz. 263).

Altersteilzeit

Inhaltsübersicht: Rz.
1. Allgemeines 68
2. Begünstigter Personenkreis 69
3. Wiederbesetzung des Arbeitsplatzes 70
4. Lohnsteuer 71
   a) Allgemeine Grundsätze 71
   b) Abgrenzung zu Versorgungsbezügen 72
   c) Höhere Mindestbeträge 73
   d) Verfahrensfragen 74
   e) Störfälle 75
   f) Sachbezüge als steuerfreie Aufstockungsbeträge 76
   g) Zuschläge für Sonntags-, Feiertags- oder Nachtarbeit 77
   h) Zeitwertkonten und Altersteilzeit 78
   i) Altersteilzeit und Entlassungsentschädigungen 79
   j) Aufstockungsleistungen an Stelle eines Krankengeldzuschusses 81
   k) Rückwirkende Inanspruchnahme von Altersteilzeit 82
   l) Werbungskostenabzug 83
5. Sozialversicherung 84
   a) Allgemeines 84
   b) Voraussetzungen der Altersteilzeit ab dem 1.7.2004 85
   c) Aufstockung des Regelarbeitsentgelts 86
   d) Berechnung der zusätzlichen Rentenversicherungsbeiträge 87
   e) Versicherungsrecht 88
   f) Beitragsrecht 89
   g) Beitragsverfahren für Störfälle 94
   h) Auswirkungen der Rente mit 63 95
   i) Abfindungen 96
   j) Fälligkeit der Beiträge 97
   k) Auswirkungen auf die Umlageberechnung nach dem AAG 98
   l) Insolvenzgeldumlage 99
   m) Arbeitsunfähigkeit während der Altersteilzeitarbeit 100
   n) Unterbrechung der Altersteilzeitarbeit 101
   o) Insolvenzsicherung 102
   p) Melderecht 103

1. Allgemeines

68 Aus arbeitsmarktpolitischen Gründen fördert der Gesetzgeber auf Grund verschiedener gesetzlicher Regelungen den gleitenden Übergang von älteren Arbeitnehmern in den Ruhestand. Grundprinzip dieser Regelung ist die Unterstützung von tarifvertraglichen Vereinbarungen durch die Bundesagentur für Arbeit.

Das Altersteilzeitgesetz (AltTZG) v. 23.7.1996 ist zwischenzeitlich wiederholt geändert und ergänzt worden, zuletzt durch Art. 6 des Gesetzes zur Durchführung des Haager Übereinkommens v. 30.6.2005 über Gerichtsstandsvereinbarungen sowie zur Änderung des Rechtspflegergesetzes, des Gerichts- und Notarkostengesetzes, des Altersteilzeitgesetzes und des Dritten Buches Sozialgesetzbuch v. 10.12.2014, BGBl. I 2014, 2082.

Durch das mit Wirkung **ab 1.1.2009 in Kraft** getretene **Gesetz zur Verbesserung der Rahmenbedingungen für die Absicherung flexibler Arbeitszeitregelungen** und zur Änderung anderer Gesetze ist die Förderung weggefallen. Nach dieser Neuregelung gibt es zu einer ab 1.1.2010 beginnenden Altersteilzeit **keine Subventionsleistungen der Bundesagentur für Arbeit für Aufstockungsbeträge mehr**; neu ist auch die Einbettung der Altersteilzeit in das System der **Langzeitkonten** (s. die Darstellung von Hanau, Neue Altersteilzeit, NZA 2009, 225).

Ein **gesetzlicher Anspruch** des Arbeitnehmers auf Gewährung von Altersteilzeit gegen den Arbeitgeber besteht **nicht**. Ein Anspruch kann sich erst aus einer Individualvereinbarung, aus einem Tarifvertrag oder aus einer Betriebsvereinbarung (vgl. BAG v. 10.12.2013, 1 ABR 39/12, www.stotax-first.de) ergeben und richtet sich dann nach den dort vorgegebenen Voraussetzungen und Bedingungen. Insoweit kommt in der Praxis den verbreiteten **flankierenden Tarifverträgen** zu Begründung und Inhalt der Altersteilzeit besondere Bedeutung zu. Will ein Arbeitnehmer den in einer **Betriebsvereinbarung** geregelten Anspruch auf Abschluss eines Altersteilzeitarbeitsvertrags geltend machen, muss das Altersteilzeitarbeitsverhältnis innerhalb der Geltungsdauer der Betriebsvereinbarung beginnen; der Anspruch erlischt mit Ende der Betriebsvereinbarung bzw. entsteht nicht, wenn die Anspruchsvoraussetzungen erst nach Ablauf der Betriebsvereinbarung erfüllt sind. Die Umwandlung eines Arbeitsverhältnisses in ein Altersteilzeitarbeitsverhältnis muss also innerhalb der Laufzeit der Betriebsvereinbarung bewirkt werden (BAG v. 29.4.2015, 9 AZR 999/13, www.stotax-first.de).

Das Altersteilzeitarbeitsverhältnis muss vor seinem Beginn vereinbart worden sein. Die gesetzlichen Vergünstigungen beschränken die Arbeitsvertragsparteien bei der Gestaltung von Altersteilzeitarbeit. Eine **rückwirkende** Umwidmung oder **Umwandlung** eines „normalen" Arbeitsvertrags in einen Altersteilzeitarbeitsvertrag mit Wirkung gegenüber der Sozialversicherung oder der Bundesagentur für Arbeit ist deshalb grundsätzlich **ausgeschlossen** (BAG v. 4.5.2010, 9 AZR 155/09, www.stotax-first.de); hiervon besteht jedoch für den Fall eine **Ausnahme**, dass die rückwirkende Begründung des Altersteilzeitarbeitsvertrags das Ergebnis einer (gerichtlichen) Auseinandersetzung ist (BAG v. 23.1.2007, 9 AZR 393/06, www.stotax-first.de).

Eine Vereinbarung, die regelt, dass der Arbeitnehmer während der Altersteilzeit ein „sabbatical" nimmt und von der Arbeitsleistung völlig freigestellt wird, erfüllt die Voraussetzungen des § 2 Abs. 1 Nr. 2 AltTZG 1996 bzw. des § 237 SGB VI nicht. Der bevorzugte Zugang zur Altersrente nach Altersteilzeit kann nur durch eine Gestaltung der Altersteilzeit erworben werden, die § 2 Abs. 1 Nr. 2 AltTZG 1996 entspricht (BAG v. 22.5.2012, 9 AZR 453/10, www.stotax-first.de).

Führt die Altersteilzeitvereinbarung durch fehlerhafte Veranlassung des Arbeitgebers nicht zu einem Anspruch auf vorzeitige Altersrente, muss der Arbeitgeber **Schadensersatz** leisten (BAG v. 10.2.2004, 9 AZR 401/02, www.stotax-first.de). **Schwerbehinderte** haben keinen Anspruch, aus Gleichbehandlung bzw. wegen Diskriminierung, im Hinblick auf ihre frühere Rentenmöglichkeit bevorzugt zu werden (BAG v. 18.11.2003, 9 AZR 122/03, www.stotax-first.de); das Ausscheiden vor Vollendung des 65. Lebensjahrs bei Altersrente wegen Schwerbehinderung ist keine unzulässige Benachteiligung (BAG v. 27.4.2004, 9 AZR 18/03, www.stotax-first.de).

Ein tarifvertraglicher Anspruch auf Altersteilzeit kann auf 5 % der Arbeitnehmer eines Betriebs begrenzt werden, **Überforderungsschutz** (BAG v. 18.9.2001, 9 AZR 397/00, www.stotax-first.de); bei der Berechnung der – tariflichen – **Überlastquote** ist auf den Betrieb, nicht auf den Betriebsteil abzustellen (BAG v. 12.8.2008, 9 AZR 620/07, www.stotax-first.de).

Trifft der Arbeitgeber aber freiwillig mit über 5 % seiner Belegschaft Altersteilzeitvereinbarungen, ist er an den arbeitsrechtlichen **Gleichbehandlungsgrundsatz** gebunden (BAG v. 15.4.2008, 9 AZR 111/07, www.stotax-first.de). Schließt der Arbeitgeber mit Arbeitnehmern Altersteilzeitverträge, obwohl er wegen Überschreitens der in § 3 Abs. 1 Nr. 3 1 Alt AltTZG geregelten **Überlastquote** hierzu nicht verpflichtet ist, erbringt er eine freiwillige Leistung und hat deshalb bei der Entscheidung über den Antrag eines Arbeitnehmers auf Abschluss eines Altersteilzeitarbeitsver-

Altersteilzeit

trags den arbeitsrechtlichen Gleichbehandlungsgrundsatz zu beachten (BAG v. 15.11.2011, 9 AZR 387/10, www.stotax-first.de).

Auch in der Altersteilzeit ist im Verhältnis der Arbeitnehmer in Altersteilzeit zu den anderen vollzeit- oder teilzeitbeschäftigten Arbeitnehmern der **Gleichbehandlungsgrundsatz** zu beachten (BAG v. 21.1.2003, 9 AZR 4/02, www.stotax-first.de). Insoweit verstößt es z.B. gegen den Gleichbehandlungsgrundsatz, wenn ein Arbeitgeber zwar seinen vollzeit- und teilzeitbeschäftigten Arbeitnehmern auf Grund einer Gesamtzusage eine jährliche **Leistungsprämie** gewährt, Altersteilzeitarbeitnehmer aber hiervon ohne billigenswerte Gründe ausschließt; unerheblich ist, dass der Arbeitgeber in seiner Gesamtzusage auf die Freiwilligkeit der Leistung hinweist (BAG v. 24.10.2006, 9 AZR 681/05, www.stotax-first.de).

Das im **Blockmodell** während der Freistellungsphase der Altersteilzeit zu zahlende **Entgelt** ist Gegenleistung für die während der Arbeitsphase über die verringerte Arbeitszeit hinausgehende Arbeit. Das in der Arbeitsphase angesparte Wertguthaben wird in der Freistellungsphase ausgeglichen. Für die Bemessung der Altersteilzeitvergütung während der Freistellungsphase ist grundsätzlich **spiegelbildlich** dieselbe tarifliche Vergütungsgruppe zu Grunde zu legen, nach der während der Arbeitsphase die Vergütung bemessen worden war (BAG v. 4.10.2005, 9 AZR 449/04, www.stotax-first.de; BAG v. 19.4.2012, 6 AZR 14/11, www.stotax-first.de). *Mit anderen Worten*: Monatlich zu zahlende Bezüge, die der Altersteilzeitarbeitnehmer in der Arbeitsphase des Blockmodells angespart hat, werden **zeitversetzt in dem Monat der Freistellungsphase** fällig. Das bedeutet, dass das in dem ersten Monat der Arbeitsphase angesparte Entgelt in dem ersten Monat der Freistellungsphase zu zahlen ist. Die in den folgenden Monaten angesparten Entgelte werden jeweils in einer weiteren Folge fällig, so dass die Ordnungszahl des Monats der Arbeitsphase der Ordnungszahl des Monats der Freistellungsphase entspricht (BAG v. 21.1.2011, 9 AZR 870/09, www.stotax-first.de). Kommt es in der Freistellungsphase zu **Lohnerhöhungen**, einem Einfrieren oder einer Kürzung von Zuwendungszahlungen, ist (mindestens) das auszuzahlen, was der Altersteilzeitarbeitnehmer erarbeitet hat (BAG v. 22.5.2012, 9 AZR 423/10, www.stotax-first.de). Allerdings ist es grundsätzlich sowohl arbeits- als auch sozialrechtrechtlich zulässig, wenn das in der Arbeitsphase insgesamt angesparte Entgelt durch die Zahl der Monate der Freistellungsphase geteilt und mit einem monatlich gleichbleibenden Durchschnittsbetrag in der Freistellungsphase ausgezahlt wird.

Eine **betriebsbedingte Kündigung** des Arbeitnehmers in der Freistellungsphase der Altersteilzeit ist nicht sozial gerechtfertigt (BAG v. 5.12.2002, 2 AZR 571/01, www.stotax-first.de), wohl aber eine betriebsbedingte Kündigung in der Arbeitsphase wegen Stilllegung des Betriebs (BAG v. 16.6.2005, 6 AZR 476/04, www.stotax-first.de).

Bei einem **Betriebsübergang** während der Altersteilzeit geht das Arbeitsverhältnis des Arbeitnehmers in Altersteilzeit auf den neuen Betriebsinhaber über, und zwar sowohl in der Arbeitsphase (BAG v. 19.10.2004, 9 AZR 645/03, www.stotax-first.de) als auch in der Freistellungsphase (BAG v. 31.1.2008, 8 AZR 27/07, www.stotax-first.de).

Beliebt zu sein scheint in der Praxis ein gezielter **Wechsel der Lohnsteuerklasse** im Zusammenhang mit der Altersteilzeit im Hinblick auf die Pflicht des Arbeitgebers zur Aufstockung der Nettovergütung. Das **BAG** hat sich insoweit in zwei Entscheidungen v. 9.9.2003, 9 AZR 554/02 und 9 AZR 605/02, www.stotax-first.de, mit der Frage beschäftigt, wann ein Wechsel der Steuerklasse im Zusammenhang mit Altersteilzeit zu Lasten des Arbeitgebers rechtsmissbräuchlich ist. Diese Vorgänge waren im Zusammenhang mit § 5 Abs. 2 des Tarifvertrags zur Regelung der Altersteilzeit im öffentlichen Dienst zu sehen, nach der Arbeitgeber verpflichtet ist, das während der Altersteilzeit herabgesetzte Einkommen des Arbeitnehmers durch Aufstockungsleistungen auf 83 % seines bisherigen Nettoeinkommens zu erhöhen. Insoweit erhöhten sich durch den Wechsel der Steuerklasse die vom Arbeitgeber zu zahlenden Leistungen. Der Arbeitgeber kann dem Arbeitnehmer den Einwand des Rechtsmissbrauchs entgegenhalten, wenn die **Änderung der Steuermerkmale ohne sachlichen Grund** erfolgt. Das ist regelmäßig anzunehmen, wenn der Wechsel nur erfolgt, um den Arbeitgeber zu höheren Zahlungen zu verpflichten. Dies ist wiederum insbesondere der Fall, wenn die gewählte Steuerklassen-Kombination für den Arbeitnehmer und seinen Ehegatten steuerlich nachteilig ist. Maßgebend sind insoweit die monatlich anfallenden steuerpflichtigen Arbeitsentgelte beider Ehegatten. Ein Rechtsmissbrauch ist dann nicht gegeben, wenn die gewählte Steuerklassen-Kombination **steuerlich vernünftig** ist. Die Wahl der **Steuerklassenkombination IV/IV** ist regelmäßig **nicht missbräuchlich** (BAG v. 13.6.2006, 9 AZR 423/05, www.stotax-first.de).

Hinsichtlich der Aufstockung des Arbeitsentgelts in der Altersteilzeit gilt: Eine sich aus dem sog. **Progressionsvorbehalt** ergebende höhere Einkommensteuer (Schattenbesteuerung) fällt allein dem Arbeitnehmer zur Last und ist nicht vom Arbeitgeber zu erstatten (BAG v. 25.6.2002, 9 AZR 155/01, www.stotax-first.de).

Zu den Problemen und **Störfällen** aus der Verzahnung der nicht immer kompatiblen Regelungen aus Arbeitsrecht, Sozialversicherungsrecht und Steuerrecht s. Debler, NZA 2001, 1285.

Zum Störfall einer **vorzeitigen Beendigung** des Altersteilzeitverhältnisses gilt: Die vom Arbeitnehmer erbrachte **Vorleistung ist auszugleichen** (BAG v. 14.10.2003, 9 AZR 146/03, www.stotax-first.de, und BAG v. 18.11.2003, 9 AZR 270/03, www.stotax-first.de).

Das Altersteilzeitverhältnis ist ein **Arbeitsverhältnis**. Es kann als normales Teilzeitarbeitsverhältnis, mit **Blockarbeitszeit**, aber **auch als Abrufarbeitsverhältnis** oder in **Jobsharing** ausgestaltet werden. In der Altersteilzeitvereinbarung kann vorgesehen werden, dass es enden soll, wenn der Arbeitnehmer Anspruch auf Rente wegen Alters hat (§ 8 Abs. 3 AltTZG). Mit der Änderung des § 8 Abs. 3 AltTZG durch das RV-Altersgrenzenanpassungsgesetz v. 20.4.2007, BGBl. I 2007, 554 hat der Gesetzgeber klargestellt, dass Vereinbarungen über Altersteilzeit, die die Beendigung des Arbeitsverhältnisses ohne Kündigung zu einem Zeitpunkt vorsehen, in dem der Arbeitnehmer einen Anspruch auf Rente nach Altersteilzeitarbeit (§ 237 SGB VI) oder auf eine andere Altersrente hat, wirksam sind. Bei einer **auflösenden Bedingung** (Beendigung des Altersteilzeitverhältnisses vor Ablauf der vereinbarten Zeitbefristung durch frühestmögliche Beanspruchung gesetzlicher Altersrente) darf es sich nicht um eine **Überraschungsklausel** i.S.d. § 305c Abs. 1 BGB handeln (BAG v. 8.8.2007, 7 AZR 605/06, www.stotax-first.de).

Geklärt ist die Rechtslage zu der Frage, ob Arbeitnehmer in Altersteilzeit in der **Freistellungsphase** noch **mitzuzählen** sind, wenn es um die Anzahl der Arbeitnehmer in bestimmten gesetzlichen Regelungszusammenhängen geht, z.B. nach § 23 KSchG oder § 9 BetrVG, oder um das aktive und passive Wahlrecht zu §§ 7, 8 BetrVG: Diese Arbeitnehmer zählen nicht mit (BAG v. 16.4.2003, 7 ABR 53/02, www.stotax-first.de). Im mitbestimmten Aufsichtsrat verliert ein solcher Arbeitnehmer sein Mandat (BAG v. 25.10.2000, 7 ABR 18/00, www.stotax-first.de).

Bei krankheitsbedingter **Arbeitsunfähigkeit** während der Arbeitsphase besteht der Anspruch auf die **Aufstockungsleistungen** längstens für die Dauer der Entgeltfortzahlung. Diese Leistungen sind an den Arbeitnehmer längstens bis zum Ablauf der Fristen für die Zahlung von „Krankenbezügen" zu erbringen; im Fall langanhaltender Arbeitsunfähigkeit während des Altersteilzeitarbeitsverhältnisses über diese Fristen hinaus besteht kein Anspruch auf weitere Aufstockungsleistungen (BAG v. 15.8.2006, 9 AZR 639/05, www.stotax-first.de).

Bei **Insolvenz** gilt für die **Vergütungsansprüche** bei Altersteilzeit im Blockmodell (BAG v. 19.10.2004, 9 AZR 647/03, www.stotax-first.de):

– Die in der **Arbeitsphase vor Insolvenzeröffnung** erarbeiteten Ansprüche sind Insolvenzforderungen. Die **nach Insolvenzeröffnung** erarbeiteten Ansprüche sind Masseforderungen.

– Die spiegelbildlich zur Arbeitsphase in der **Freistellungsphase** zu leistende Vergütung ist **spiegelbildlich** Insolvenzforderung/Masseforderung.

– Die **Masseforderung** umfasst auch den **Aufstockungsbetrag**.

Der **Geschäftsführer** einer GmbH-Arbeitgeberin **haftet** regelmäßig nicht persönlich im Wege der Durchgriffshaftung bei unterbliebener Sicherung des Wertguthabens nach § 8a Abs. 1 AltTZG a.F. (BAG v. 23.2.2010, 9 AZR 44/09, www.stotax-first.de). Den **Geschäftsführer** trifft vielmehr nur in den Fällen eine **Eigenhaftung**, in denen ein besonderer Haftungsgrund vorliegt (BAG v.

12.4.2011, 9 AZR 229/10, www.stotax-first.de). Spiegelt der **Geschäftsführer** allerdings vor, die tariflich vorgeschriebene **Insolvenzsicherung** aus einem Altersteilzeitarbeitsverhältnis sei erfolgt, kann dies wegen Betrugs seine persönliche **Schadensersatzpflicht** begründen. Der Geschäftsführer haftet dann persönlich für den Schaden, der dem Arbeitnehmer durch die (teilweise) Nichterfüllung seines erarbeiteten und nicht gesicherten Wertguthabens in der Insolvenz entsteht (BAG v. 13.2.2007, 9 AZR 207/06, www.stotax-first.de).

2. Begünstigter Personenkreis

69 Die Steuerbefreiung des § 3 Nr. 28 EStG gilt für Arbeitnehmer, die

– das 55. Lebensjahr vollendet haben,

– auf Grund einer Vereinbarung mit dem Arbeitgeber, die sich zumindest auf die Zeit erstrecken muss, bis eine Rente wegen Alters beansprucht werden kann, ihre Arbeitszeit auf die Hälfte der bisherigen wöchentlichen Arbeitszeit vermindert haben, in dieser Beschäftigung versicherungspflichtig nach den Vorschriften des SGB III sind, und

– in den letzten fünf Jahren vor Beginn der Altersteilzeitarbeit mindestens 1080 Kalendertage (drei Jahre) in einer arbeitslosenversicherungspflichtigen Beschäftigung gestanden haben. Den Beschäftigungszeiten stehen u.a. Zeiten mit Anspruch auf Arbeitslosengeld, Arbeitslosenhilfe oder Arbeitslosengeld II gleich (s. ausführlich R 3.28 Abs. 1 LStR).

Die teilweise **Refinanzierung** der Altersteilzeitvergütung setzt die **Verminderung** der vorherigen vereinbarten wöchentlichen Arbeitszeit **auf die Hälfte** voraus; insoweit handelt es sich bei einer über zwei Jahre vor dem Übergang in die Altersteilzeit um 3,5 Stunden erhöhten Arbeitszeit nicht um Überarbeit, sondern um die regelmäßige vereinbarte Arbeitszeit (BAG v. 18.8.2009, 9 AZR 482/08, www.stotax-first.de; vgl. auch BAG v. 14.8.2007, 9 AZR 18/07, www.stotax-first.de).

Die Altersteilzeitarbeit kann auch in der Weise geleistet werden, dass die wöchentliche Arbeitszeit im Durchschnitt eines Zeitraums von bis zu drei Jahren oder bei Regelung in einem Tarifvertrag oder in einer Regelung der Kirchen und der öffentlich-rechtlichen Religionsgesellschaften im Durchschnitt eines Zeitraums von bis zu sechs Jahren die Hälfte der bisherigen wöchentlichen Arbeitszeit nicht überschreitet. In einem solchen **Blockzeitmodell** werden in aller Regel zwei gleich große Zeitblöcke gebildet (eine Arbeitsphase und eine sich hieran anschließende Freizeitphase von entsprechender Dauer). Auch in diesem Fall muss während der gesamten Dauer der Altersteilzeitarbeit eine versicherungspflichtige Beschäftigung nach den Vorschriften des SGB III gewährleistet sein.

Nicht tarifgebundene Arbeitgeber **im Geltungsbereich** eines Tarifvertrags zur Altersteilzeit können diese tarifvertragliche Regelung zur Altersteilzeit durch Betriebsvereinbarung bzw. in Betrieben ohne Betriebsrat einzelvertraglich übernehmen. Lässt der Tarifvertrag Regelungen über Altersteilzeitarbeit auf der Betriebsebene zu (Öffnungsklausel), können entsprechende Regelungen auch in Betrieben nicht tarifgebundener Arbeitgeber auf der Grundlage eines übernommenen Tarifvertrags durch Betriebsvereinbarung getroffen werden. In einem Bereich, in dem tarifvertragliche Regelungen zur Verteilung der Arbeitszeit nicht getroffen sind oder üblicherweise nicht getroffen werden, kann eine Regelung über die unterschiedliche Verteilung der Arbeitszeit mit einem Verteilzeitraum von mehr als drei Jahren durch eine Betriebsvereinbarung oder, wenn ein Betriebsrat nicht besteht, durch schriftliche Vereinbarung zwischen Arbeitgeber und Arbeitnehmer getroffen werden.

3. Wiederbesetzung des Arbeitsplatzes

70 Der Arbeitgeber erhält von der Bundesagentur für Arbeit Förderleistungen, wenn der frei gemachte oder durch Umsetzung frei gewordene Arbeitsplatz **mit einem bei der Agentur für Arbeit arbeitslos gemeldeten Arbeitnehmer oder mit einem Arbeitnehmer nach Abschluss der Ausbildung wieder besetzt** wird **(Junktim-Regelung)**. Die Förderleistungen können auch Arbeitgeber erhalten, die einen **Auszubildenden** einstellen. Dies gilt jedoch nur, wenn der Arbeitgeber i.d.R. nicht mehr als 50 Arbeitnehmer (Auszubildende und schwerbehinderte Menschen zählen nicht mit) beschäftigt. Die Wiederbesetzung (bzw. die Beschäftigung eines Auszubildenden) muss stets aus Anlass des Übergangs des älteren Arbeitnehmers in die Altersteilzeit erfolgen.

4. Lohnsteuer

a) Allgemeine Grundsätze

Nach § 3 Nr. 28 EStG **sind steuerfrei und** gehören damit auch 71 nicht zum sozialversicherungsrechtlichen Entgelt

– **die Aufstockungsbeträge** i.S.d. § 3 Abs. 1 Nr. 1 Buchst. a AtG, selbst wenn der Arbeitgeber – wie z.B. im Fall der Arbeitsunfähigkeit nach Ablauf der Entgeltfortzahlung – nur Aufstockungsbeträge i.S.d. § 3 Abs. 1 Nr. 1 Buchst. a AtG, nicht jedoch die zusätzlichen Rentenversicherungsbeiträge nach § 3 Abs. 1 Buchst. b AltTZG erbringt (BMF v. 27.4.2001, IV C 5 – S 2333 – 21/01, www.stotax-first.de),

– **die zusätzlichen Beiträge zur gesetzlichen Rentenversicherung** i.S.d. § 3 Abs. 1 Nr. 1 Buchst. b AltTZG,

– Zahlungen des Arbeitgebers zur **Übernahme der Beiträge i.S.d. § 187a SGB VI, durch die Rentenminderungen bei vorzeitiger Inanspruchnahme der Altersrente vermieden** werden sollen; die Beiträge des Arbeitgebers müssen nicht durch eine vorzeitige Rente wegen Altersteilzeit veranlasst sein (FinMin Saarland v. 27.11.2001, B/2 – 4 – 227/2001 – 2333, www.stotax-first.de). Die Steuerfreiheit ist auf **50 %** der insgesamt geleisteten zusätzlichen Rentenversicherungsbeiträge **begrenzt**, weil auch Pflichtbeiträge des Arbeitgebers zur gesetzlichen Rentenversicherung nur zu 50 % des Gesamtbeitrags steuerfrei sind,

– **Zuschläge**, die **versicherungsfrei Beschäftigte** i.S.d. § 27 Nr. 1 bis 3 SGB III zur Aufstockung der Bezüge bei Altersteilzeit nach beamtenrechtlichen Vorschriften oder Grundsätzen erhalten. Diese Regelung gilt nicht nur für **Beamte und Richter**, sondern für alle versicherungsfrei Beschäftigten mit beamtenähnlichem Status, z.B. **Kirchenbeamte und Pfarrer**,

wenn die Voraussetzungen des § 2 AltTZG, z.B. Vollendung des 55. Lebensjahrs, Verringerung der bisherigen regelmäßigen wöchentlichen Arbeitszeit auf die Hälfte, vorliegen. Die Vereinbarung über die Arbeitszeitverminderung muss sich zumindest auf die Zeit erstrecken, bis der Arbeitnehmer eine Rente wegen Alters beanspruchen kann. Dafür ist nicht erforderlich, dass diese Rente ungemindert ist. Der frühestmögliche Zeitpunkt, zu dem eine Altersrente in Anspruch genommen werden kann, ist die Vollendung des 60. Lebensjahrs. Die Steuerfreiheit kommt **nicht mehr in Betracht mit Ablauf des Kalendermonats, in dem der Arbeitnehmer die Altersteilzeit beendet oder die für ihn geltende gesetzliche Altersgrenze für die Regelaltersrente erreicht hat** (§ 5 Abs. 1 Nr. 1 AltTZG); vgl. dazu R 3.28 Abs. 1 LStR.

Altersteilzeit i.S. dieses Gesetzes liegt **unabhängig von einer Förderung durch die Bundesagentur** auch vor bei einer Teilzeitarbeit älterer Arbeitnehmer, die ihre Arbeitszeit ab Vollendung des 55. Lebensjahrs **nach dem 31.12.2009 vermindern**. Die Leistungen sind auch dann steuerfrei, wenn mit der **Altersteilzeit erst nach dem 31.12.2009 begonnen** wurde und diese nicht durch die Bundesagentur für Arbeit nach § 4 AltTZG gefördert wird (R 3.28 Abs. 2 Satz 2 LStR).

Abweichend von der o.g. Voraussetzung „Verringerung der bisherigen regelmäßigen wöchentlichen Arbeitszeit auf die Hälfte" hat das **FG Niedersachsen** bei einem Lehrer die vom Arbeitgeber gezahlten Aufstockungsbeträge nach § 3 Nr. 28 EStG steuerfrei belassen, obwohl er wegen Lehrermangels vorübergehend zusätzlich zur vereinbarten „halbierten" Wochenstundenzahl weitere zwei Wochenstunden für eine monatliche Vergütung von 360,10 € unterrichtet hatte (FG Niedersachsen v. 14.6.2007, 11 K 541/06, EFG 2007, 1410). Begründung: Die vereinbarte **Mehrarbeit war nur geringfügig** (nicht mehr als 450 € monatlich) und hätte daher auch nicht zu einem Ruhen des Anspruchs auf Leistungen nach § 4 AltTZG geführt. Ein **Gestaltungsmissbrauch** war überdies nicht zu erkennen. Ein solcher läge allerdings vor, wenn ein Vertrag über Altersteilzeit geschlossen wird, obwohl von Beginn an geplant ist, dass der Arbeitnehmer dauerhaft mehr als

Altersteilzeit

keine Sozialversicherungspflicht = (SV durchgestrichen)
Sozialversicherungspflicht = (SV)

die Hälfte einer Vollzeittätigkeit arbeiten soll. Da die Finanzverwaltung die vom FG wegen grundsätzlicher Bedeutung der Rechtsfrage ausdrücklich zugelassene Revision nicht eingelegt hat, kann davon ausgegangen werden, dass sie die Entscheidung allgemein akzeptiert.

Die Leistungen sind auch dann steuerfrei, wenn der Förderanspruch des Arbeitgebers an die Bundesagentur für Arbeit nach § 5 Abs. 1 Nr. 2 und 3, Abs. 2 bis 4 AltTZG erlischt, nicht besteht oder ruht, z.B. wenn der frei gewordene **Voll- oder Teilarbeitsplatz nicht wieder besetzt** wird. Durch eine vorzeitige Beendigung der Altersteilzeit (Störfall) ändert sich der Charakter der bis dahin erbrachten Arbeitgeberleistungen nicht, weil das Altersteilzeitgesetz keine Rückzahlung vorsieht. Die Steuerfreiheit der Aufstockungsbeträge bleibt daher bis zum Eintritt des Störfalls erhalten (R 3.28 Abs. 2 LStR).

Voraussetzung für die Steuerfreiheit ist, dass der Arbeitgeber das Arbeitsentgelt für die Altersteilzeit um **mindestens 20 %** dieses Arbeitsentgelts, jedoch auf **mindestens 70 % des** um die gesetzlichen Abzüge, die bei Arbeitnehmern gewöhnlich anfallen, verminderten **bisherigen Arbeitsentgelts aufstockt** (§ 3 Abs. 1 Nr. 1a AltTZG). Als „Aufstockungsbeträge" gezahlte Leistungen des Arbeitgebers, die **unterhalb** dieses im Altersteilzeitgesetz geforderten Mindestbetrags liegen, können **nicht** nach § 3 Nr. 28 EStG steuerfrei belassen werden. Dies gilt auch, wenn der Arbeitgeber zwar den Arbeitslohn aufgestockt, die Arbeitszeit jedoch nicht auf die Hälfte vermindert hat. Ungeschriebene Voraussetzung für die Steuerfreiheit der Aufstockungsbeträge ist, dass der Altersteilzeitarbeitnehmer die persönlichen Voraussetzungen des § 2 AltTZG erfüllt. Diese sind nicht erfüllt, wenn der Arbeitnehmer von der **Arbeitsleistung umfassend freigestellt (beurlaubt)** ist (FG Hessen v. 3.12.2007, 11 K 2422/06, EFG 2008, 781).

Die Leistungen des Arbeitgebers nach § 3 Abs. 1 Nr. 1 AltTZG sind auch dann steuerfrei, wenn sie über einen Zeitraum von bis zu **zehn Jahren** erbracht werden (vgl. BMF v. 10.6.1998, IV B 6 – S 2333 – 6/98, DB 1998, 1306).

Werden Arbeitnehmeransprüche aus Altersteilzeitarbeitsverhältnissen vom Arbeitgeber gegen **Insolvenzrisiken** gesichert, so führt die Insolvenzsicherung nicht zu einem geldwerten Vorteil beim Arbeitnehmer (BMF v. 13.2.1998, IV B 6 – S 2333 – 43/97, www.stotax-first.de).

Bezüge, welche ein in **Frankreich ansässiger Arbeitnehmer** von seinem Arbeitgeber für eine in Deutschland ausgeübte nichtselbständige Arbeit während der Freistellungsphase nach dem sog. Blockmodell im Rahmen der Altersteilzeit erhält, sind keine Ruhegehälter, sondern nachträglicher Arbeitslohn, der als solcher in Deutschland zu versteuern ist (BFH v. 12.1.2011, I R 49/10, BStBl II 2011, 446).

b) Abgrenzung zu Versorgungsbezügen

72 Streitig ist in der Praxis häufig, ob die im Rahmen von **Altersteilzeitregelungen (Blockmodell)** gewährten Dienstbezüge als **Versorgungsbezüge** i.S.d. § 19 Abs. 2 EStG unter Berücksichtigung des **Versorgungsfreibetrags** zu erfassen sind. Die Finanzverwaltung verneint dies, denn nach § 19 Abs. 2 Satz 2 Nr. 1 Buchst. a EStG sind **Versorgungsbezüge** Bezüge und Vorteile aus früheren Dienstleistungen, die als Ruhegehalt oder als gleichartiger Bezug auf Grund beamtenrechtlicher oder entsprechender gesetzlicher Vorschriften gewährt werden. Bei den in der Freistellungsphase gezahlten Dienstbezügen i.H.v. 50 % der beim vollen Beschäftigungsumfang gewährten Bezüge handelt es sich dagegen um das **Entgelt für die vorausgeleistete Arbeitszeit in der Ansparphase**. Diese Bezüge werden mit herausgeschobener Fälligkeit ausdrücklich für den im Voraus geleisteten aktiven Dienst gezahlt und **dienen nicht der Versorgung des Beamten für die Zeit nach Wegfall der Arbeitsverpflichtung**.

Der **BFH** hat diese Auffassung bestätigt (BFH v. 21.3.2013, VI R 5/12, BStBl II 2013, 611). S. dazu zuletzt OFD Frankfurt v. 24.7.2014, S 2333 A – 39 – St 211, www.stotax-first.de, betr. einkommensteuerliche Behandlung der Bezüge hessischer Beamter während der Freistellungsphase der Altersteilzeit im Blockmodell.

S. auch → *Versorgungsbezüge* Rz. 3050.

c) Höhere Mindestbeträge

Aufstockungsbeträge und zusätzliche Beiträge zur gesetzlichen **73** Rentenversicherung sind **auch steuerfrei**, soweit der Arbeitgeber z.B. auf Grund tarifvertraglicher Regelungen **höhere Mindestbeträge** als im Altersteilzeitgesetz vorgesehen zahlt. Dies gilt jedoch nur, soweit die Aufstockungsbeträge zusammen mit dem während der Altersteilzeit bezogenen Nettoarbeitslohn monatlich **100 % des maßgebenden Arbeitslohns nicht übersteigen**. Maßgebend ist bei **laufendem Arbeitslohn** der Nettoarbeitslohn, den der Arbeitnehmer im jeweiligen Lohnzahlungszeitraum ohne Altersteilzeit üblicherweise erhalten hätte. Bei **sonstigen Bezügen** ist auf den unter Berücksichtigung des nach R 39b.6 Abs. 2 LStR ermittelten voraussichtlichen Jahresnettoarbeitslohn unter Einbeziehung der sonstigen Bezüge bei einer unterstellten Vollzeitbeschäftigung abzustellen. Unangemessene Erhöhungen vor oder während der Altersteilzeit sind dabei nicht zu berücksichtigen (R 3.28 Abs. 3 Sätze 1 bis 4 LStR). Vgl. nachfolgende Beispiele aus H 3.28 (Begrenzung auf 100 % des Nettoarbeitslohns) LStH:

Beispiel 1 (laufend gezahlter Aufstockungsbetrag):

Ein Arbeitnehmer mit einem monatlichen Vollzeit-Bruttogehalt i.H.v. 8 750 € nimmt von der Vollendung des 62. bis zur Vollendung des 64. Lebensjahrs Altersteilzeit in Anspruch. Danach scheidet er aus dem Arbeitsverhältnis aus.

Der Mindestaufstockungsbetrag nach § 3 Abs. 1 Nr. 1 Buchst. a AltTZG beträgt 875 €. Der Arbeitgeber gewährt eine weitere freiwillige Aufstockung i.H.v. 3 000 € (Aufstockungsbetrag insgesamt 3 875 €). Der steuerfreie Teil des Aufstockungsbetrags ist wie folgt zu ermitteln:

a) Ermittlung des maßgebenden Arbeitslohns
Bruttoarbeitslohn bei fiktiver Vollarbeitszeit	8 750 €
./. gesetzliche Abzüge (Lohnsteuer, Solidaritätszuschlag, Kirchensteuer, Sozialversicherungsbeiträge)	3 750 €
= maßgebender Nettoarbeitslohn	5 000 €

b) Vergleichsberechnung
Bruttoarbeitslohn bei Altersteilzeit	4 375 €
./. gesetzliche Abzüge (Lohnsteuer, Solidaritätszuschlag, Kirchensteuer, Sozialversicherungsbeiträge)	1 725 €
= Zwischensumme	2 650 €
+ Mindestaufstockungsbetrag	875 €
+ freiwilliger Aufstockungsbetrag	3 000 €
= Nettoarbeitslohn	6 525 €

Durch den freiwilligen Aufstockungsbetrag von 3 000 € ergäbe sich ein Nettoarbeitslohn bei der Altersteilzeit, der den maßgebenden Nettoarbeitslohn um 1 525 € übersteigen würde. Demnach sind steuerfrei:

Mindestaufstockungsbetrag		875 €
+ freiwilliger Aufstockungsbetrag	3 000 €	
abzgl.	1 525 €	1 475 €
= steuerfreier Aufstockungsbetrag		2 350 €

c) Abrechnung des Arbeitgebers
Bruttoarbeitslohn bei Altersteilzeit	4 375 €
+ steuerpflichtiger Aufstockungsbetrag	1 525 €
= steuerpflichtiger Arbeitslohn	5 900 €
./. gesetzliche Abzüge (Lohnsteuer, Solidaritätszuschlag, Kirchensteuer, Sozialversicherungsbeiträge)	2 300 €
= Zwischensumme	3 600 €
+ steuerfreier Aufstockungsbetrag	2 350 €
= Nettoarbeitslohn	5 950 €

Beispiel 2 (sonstiger Bezug als Aufstockungsbetrag):

Ein Arbeitnehmer in Altersteilzeit hätte bei einer Vollzeitbeschäftigung Anspruch auf ein monatliches Bruttogehalt i.H.v. 4 000 € sowie im März auf einen sonstigen Bezug (Ergebnisbeteiligung) i.H.v. 1 500 € (brutto).

Nach dem Altersteilzeitvertrag werden im März folgende Beträge gezahlt:

– laufendes Bruttogehalt	2 000 €
– laufende steuerfreie Aufstockung (einschließlich freiwilliger Aufstockung des Arbeitgebers)	650 €
– Brutto-Ergebnisbeteiligung (50 % der vergleichbaren Vergütung auf Basis einer Vollzeitbeschäftigung)	750 €
– Aufstockungsleistung auf die Ergebnisbeteiligung	750 €

a) Ermittlung des maßgebenden Arbeitslohns
jährlicher laufender Bruttoarbeitslohn bei fiktiver Vollarbeitszeitbeschäftigung	48 000 €
+ sonstiger Bezug bei fiktiver Vollzeitbeschäftigung	1 500 €
./. gesetzliche jährliche Abzüge (Lohnsteuer, Solidaritätszuschlag, Kirchensteuer, Sozialversicherungsbeiträge)	18 100 €
= maßgebender Jahresnettoarbeitslohn	31 400 €

Altersteilzeit

b) Vergleichsberechnung

jährlich laufender Bruttoarbeitslohn bei Altersteilzeit	24 000 €
+ steuerpflichtiger sonstiger Bezug bei Altersteilzeit	750 €
./. gesetzliche jährliche Abzüge (Lohnsteuer, Solidaritätszuschlag, Kirchensteuer, Sozialversicherungsbeiträge)	6 000 €
= Zwischensumme	18 750 €
+ Aufstockung Ergebnisbeteiligung	750 €
+ steuerfreie Aufstockung (12 × 650)	7 800 €
= Jahresnettoarbeitslohn	27 300 €

Durch die Aufstockung des sonstigen Bezugs wird der maßgebende Jahresnettoarbeitslohn von 31 400 € nicht überschritten. Demnach kann die Aufstockung des sonstigen Bezugs (im Beispiel: Aufstockung der Ergebnisbeteiligung) i.H.v. 750 € insgesamt steuerfrei bleiben.

d) Verfahrensfragen

74 Die **Aufstockungsbeträge** sowie die **Zuschläge an Beamte** – nicht also die zusätzlichen Beiträge zur Rentenversicherung – unterliegen dem **Progressionsvorbehalt** nach § 32b Abs. 1 Nr. 1 Buchst. g EStG und werden ggf. im Rahmen einer Einkommensteuerveranlagung nach § 46 Abs. 2 Nr. 1 EStG erfasst (→ *Veranlagung von Arbeitnehmern* Rz. 2974). Der Arbeitgeber hat daher diese Leistungen sowohl im **Lohnkonto** (§ 41 Abs. 1 EStG) als auch in der **Lohnsteuerbescheinigung** (Zeile 15 der Rückseite) gesondert einzutragen (§ 41b Abs. 1 Satz 2 Nr. 4 EStG); außerdem darf er in diesen Fällen **keinen Lohnsteuer-Jahresausgleich** durchführen (§ 42b Abs. 1 Satz 2 Nr. 4 EStG).

e) Störfälle

75 Bei Altersteilzeit im **Blockmodell** arbeitet der Arbeitnehmer in der ersten Hälfte des Altersteilzeitarbeitsverhältnisses in Vollzeit (**Arbeitsphase**) und erwirbt so den Anspruch auf vollständige Freistellung in der zweiten Hälfte (**Freistellungsphase**). In bestimmten Fällen kann es zu einem **vorzeitigen Ende des Arbeitsverhältnisses** kommen ("Störfall"). In Betracht kommen z.B. folgende Sachverhalte:

– Kündigung

– vorzeitige Verrentung oder

– Tod des Arbeitnehmers.

Bei einem Störfall erhält der Arbeitnehmer bzw. seine Hinterbliebenen für die in der Arbeitsphase vorerbrachte Arbeitsleistung den **Unterschiedsbetrag** zwischen den Bezügen, die er tatsächlich erhalten hat und den Bezügen, die der Arbeitnehmer für den Zeitraum seiner tatsächlichen (Vollzeit-)Beschäftigung erhalten hätte, wenn kein Altersteilzeitarbeitsverhältnis vereinbart worden wäre.

> **Beispiel:**
> Ein Arbeitnehmer, der zwei Jahre Altersteilzeit im Blockmodell leisten wollte, verstirbt bereits nach Ablauf von sechs Monaten Altersteilzeit noch während der Arbeitsphase. Sein Teilzeitbrutto betrug monatlich 2 500 €, der Aufstockungsbetrag 800 €, die zusätzlichen Rentenversicherungsbeiträge 406 € und das Vollzeitbrutto 5 000 €.
>
> Der Nachzahlungsbetrag berechnet sich wie folgt:
>
> | | |
> |---|---:|
> | Fiktive Bezüge für den Zeitraum der tatsächlichen Beschäftigung, die ohne Eintritt der Altersteilzeit erzielt worden wären (6 × 5 000 €) | 30 000 € |
> | ./. erhaltene Bezüge während der Altersteilzeit (6 × 2 500 €) | 15 000 € |
> | ./. erhaltene Aufstockungsleistungen während der Altersteilzeit (6 × 800 € + 6 × 406 €) | 7 236 € |
> | = Nachzahlungsbetrag | 7 764 € |

Steuerlich gilt Folgendes (vgl. BMF v. 28.3.2000, NWB 2000 Fach 1 S. 124, sowie R 3.28 Abs. 2 Sätze 2 und 3 LStR):

– **Nachzahlungen**, die keine Aufstockungsbeträge i.S.d. § 3 Nr. 28 EStG sind, sind unabhängig von dem Grund der Beendigung dieses Arbeitsverhältnisses steuerpflichtiger **Arbeitslohn**.

– Die für den Zeitraum bis zur vorzeitigen Beendigung der Altersteilzeit gezahlten **Aufstockungsbeträge** sowie die Beiträge und Aufwendungen i.S.d § 3 Abs. 1 Nr. 1 Buchst. b und des § 4 Abs. 2 AltTZG sind nach § 3 Nr. 28 EStG **steuerfrei**.

– Zahlt der Arbeitgeber auf Grund der Auflösung der in der Arbeitsphase angesparten und in der Freistellungsphase noch nicht verbrauchten Wertguthaben i.S. der Sozialversicherung **Beiträge zur Renten-, Arbeitslosen-, Kranken- oder Pflegeversicherung** nach (§ 7 Abs. 1a i.V.m. § 23b Abs. 2 SGB IV, sog. **Krebsgang**), sind diese Beitragsanteile des Arbeitgebers am Gesamtsozialversicherungsbeitrag nach Maßgabe des § 3 Nr. 62 EStG **steuerfrei**. Für Arbeitnehmer, die von der Versicherungspflicht in der gesetzlichen Rentenversicherung befreit sind oder die freiwillig in der gesetzlichen Kranken- bzw. Pflegeversicherung versichert oder privat kranken- bzw. pflegeversichert sind, wird auf R 3.62 LStR hingewiesen.

Soweit für den steuerpflichtigen Arbeitslohn die Voraussetzungen des § 34 Abs. 2 Nr. 4 EStG vorliegen, ist eine **ermäßigte Besteuerung** als außerordentliche Einkünfte möglich (→ *Entschädigungen* Rz. 1134).

Auf Grund der vorzeitigen Beendigung der Altersteilzeit (sog. Störfall) nachgezahlte Beträge sind als **sonstige Bezüge** i.S.d. § 38a Abs. 1 Satz 3 EStG zu qualifizieren und im Zeitpunkt des Zuflusses zu versteuern (BFH v. 15.12.2011, VI R 26/11, BStBl II 2012, 415).

Viele Tarifverträge, Betriebsvereinbarungen etc. enthalten die folgende Klausel: „Bei vorzeitiger Beendigung des Altersteilzeitarbeitsverhältnisses hat der Arbeitnehmer Anspruch auf die Differenz zwischen den ausgezahlten Entgelten (Altersteilzeitentgelt und Aufstockungsbetrag) und dem Entgelt für den Zeitraum seiner tatsächlichen Beschäftigung, das er ohne Altersteilzeit erhalten hätte." Wie die Zahlungen steuerlich zu behandeln sind, soll das folgende Beispiel verdeutlichen.

> **Beispiel:**
> Ein Arbeitnehmer würde ohne Teilzeitvereinbarung ein Vollzeitentgelt von 3 000 € erhalten. Im Blockmodell der Altersteilzeit erhält er in der Ansparphase 1 500 € Bruttoentgelt (50 %). Darüber hinaus erhält er 300 € (20 % gesetzlich, tariflich ggf. mehr) steuerfreie, dem Progressionsvorbehalt unterliegende Aufstockungsbeträge (Lohnersatzleistungen). Nach zwölf Monaten wird das Arbeitsverhältnis auf Grund einer Insolvenz beendet. In seinem Tarifvertrag ist o. b. Klausel vereinbart.
>
> Der Stpfl. erhält laut o.b. Vertragsklausel folgenden Ausgleichsanspruch: 36 000 € (12 Monate × 3 000 €) ./. 18 000 € (12 Monate × 1 500 €) ./. 3 600 € (12 Monate × 300 €) = 14 400 €
>
> Dieser Betrag ist der steuerpflichtige Bruttoarbeitslohn. Er ist nicht zusätzlich um 12 × 300 € = 3 600 € nach § 3 Nr. 28 EStG steuerfreie Aufstockungsbeträge aus der Zeit vor Eintritt der Insolvenz ("Störfall") zu erhöhen.

f) Sachbezüge als steuerfreie Aufstockungsbeträge

76 Aufstockungsbeträge, die in Form von **Sachbezügen** gewährt werden, sind steuerfrei, wenn die Aufstockung betragsmäßig in Geld festgelegt und außerdem vereinbart ist, dass der Arbeitgeber an Stelle der Geldleistung Sachbezüge erbringen darf (R 3.28 Abs. 3 Satz 5 LStR).

> **Beispiel:**
> Die allgemeine Dienstwagenregelung eines Arbeitgebers sieht vor, dass dieser bestimmten Mitarbeitern ein Kraftfahrzeug zur dienstlichen und privaten Nutzung zur Verfügung stellt. Das Kraftfahrzeug ist zurückzugeben, wenn der Mitarbeiter dazu vom Arbeitgeber aufgefordert wird, weil z.B. dienstliche Gründe für die Überlassung entfallen sind. Bei Arbeitnehmern, deren Arbeitsverhältnis als Altersteilzeitarbeitsverhältnis im Blockmodell durchgeführt wird, entfallen dienstliche Gründe für die Dienstwagenüberlassung mit Ablauf der Arbeitsphase. Das Kraftfahrzeug wäre daher nach den allgemeinen Grundsätzen zurückzugeben. Durch den Altersteilzeitvertrag wird den betroffenen Arbeitnehmern indes der Anspruch auf die Nutzungsüberlassung des Dienstwagens (nur) für Privatfahrten auch für die Dauer der Freistellungsphase eingeräumt.
>
> Der **Arbeitgeber** vertritt die Auffassung, dass in der Arbeitsphase die geldwerten Vorteile nach § 8 Abs. 2 EStG zu ermitteln und dem steuerpflichtigen Arbeitslohn zuzurechnen sind, weil insoweit die Überlassung eines Dienstwagens den Regelungen bei „normalen" Teilzeitbeschäftigten entspricht. Demgegenüber führt nach Auffassung des Arbeitgebers der aus dem Altersteilzeitvertrag resultierende Anspruch auf die Nutzung eines Dienstwagens für Privatfahrten während der Freistellungsphase zu einem Aufstockungsbetrag i.S.d. § 3 Abs. 1 Nr. 1 Buchst. a AltTZG, der nach § 3 Nr. 28 EStG steuerfrei zu belassen ist.
>
> Nach Auffassung der **Finanzverwaltung** handelt es sich bei Sachbezügen, die der Arbeitgeber während der Freistellungsphase im Blockmodell erhält, grundsätzlich um Arbeitsentgelt, das für die Erbringung der Arbeitsleistung im Rahmen der Altersteilzeitarbeit geschuldet wird und daher selbst als Arbeitsentgelt für die Altersteilzeitarbeit i.S.d. § 3 Abs. 1 Nr. 1 Buchst. a AltTZG der Aufstockungspflicht unterliegt. Damit können

Altersteilzeit

keine Sozialversicherungspflicht = ⓢⱽ̸
Sozialversicherungspflicht = ⓢⱽ

> Zuwendungen dieser Art nicht selbst Aufstockungsbeträge sein. Ein geldwerter Vorteil, der einem Arbeitnehmer dadurch entsteht, dass ihm der Arbeitgeber ein Fahrzeug zur privaten Nutzung in der Freistellungsphase des Blockzeitmodells überlässt, kann nur dann als **Aufstockungsbetrag** angesehen werden, wenn in der **vertraglichen Abrede** ausdrücklich geregelt ist, dass der Aufstockungsbetrag i.S.d. § 3 Abs. 1 Nr. 1 Buchst. a AltTZG ganz oder teilweise **nicht in Geld, sondern in Form der Nutzungsüberlassung** gewährt werden soll.
>
> Im Beispielsfall ist die Regelung im Altersteilzeitvertrag, den betroffenen Arbeitnehmern den Anspruch auf Nutzungsüberlassung des Dienstwagens für Privatfahrten auch für die Dauer der Freistellungsphase einzuräumen, allerdings in diesem Zusammenhang nicht ausreichend. Das bedeutet, dass die Überlassung des Dienstwagens in der Freistellungsphase nicht steuerfrei nach § 3 Nr. 28 EStG ist.

Soweit ein Sachbezug bei entsprechender vertraglicher Gestaltung als steuerfreier Aufstockungsbetrag anzusehen ist, richtet sich die **Bewertung des Sachbezugs** nach der SvEV. Diese verweist für die Bewertung sonstiger Bezüge auf die einschlägigen steuerrechtlichen Vorschriften. Als steuerfreier Aufstockungsbetrag ist daher der Betrag anzusehen, der nach § 8 Abs. 2 bzw. Abs. 3 EStG der Steuerpflicht unterliegen würde.

g) Zuschläge für Sonntags-, Feiertags- oder Nachtarbeit

77 Bei der Bildung von Arbeitszeitkonten im Blockmodell werden zur Bildung des Wertguthabens häufig neben steuerpflichtigen Lohnbestandteilen auch nach § 3b EStG steuerfreie Zuschläge verwendet. Dieses Wertguthaben wird während der Freistellungsphase an den Arbeitnehmer ausbezahlt. In diesem Fall bleibt die **Steuerfreiheit von Zuschlägen für Sonntags- Feiertags- oder Nachtarbeit auch bei der zeitversetzten Auszahlung grundsätzlich erhalten.** Voraussetzung ist jedoch, dass vor der Leistung der begünstigten Arbeit vereinbart wird, dass ein steuerfreier Zuschlag – ggf. teilweise – als Wertguthaben auf ein Arbeitszeitkonto genommen und getrennt ausgewiesen wird (R 3b Abs. 8 LStR).

Eine **Verzinsung** oder Wertsteigerung von auf Zeitwertkonten gutgeschriebenen Zuschlägen ist nicht als steuerfreier Zuschlag zu behandeln (BMF v. 17.6.2009, IV C 5 – S 2332/07/0004, BStBl I 2009, 1286 sowie H 3b „Zeitwertkonto" LStH). Nach § 3b EStG sind nur Zuschläge, die für tatsächlich geleistete Sonntags-, Feiertags- oder Nachtarbeit neben dem Grundlohn gezahlt werden, innerhalb bestimmter Grenzen steuerfrei. Werden diese Zuschläge im Rahmen der Altersteilzeit teilweise auf einem Zeitwertkonto angesammelt und wegen der Auszahlung in der Freistellungsphase verzinst oder erfolgt eine Wertsteigerung auf Grund von Tariferhöhungen, so hat die Verzinsung oder die Wertsteigerung ihre alleinige Ursache in der zeitversetzten Auszahlung. Sie stellt folglich keine Vergütung für tatsächlich geleistete Sonntags-, Feiertags- oder Nachtarbeit dar, so dass § 3b EStG nicht anzuwenden ist. Die während der Arbeitsfreistellung ausbezahlten Zinsen und Wertsteigerungen sind deshalb steuerpflichtiger Arbeitslohn.

h) Zeitwertkonten und Altersteilzeit

78 Vereinbaren Arbeitgeber und Arbeitnehmer, künftig fällig werdenden Arbeitslohn ganz oder teilweise betragsmäßig auf einem Zeitwertkonto gutzuschreiben, um ihn in Zeiten der Arbeitsfreistellung auszuzahlen, führt weder die Vereinbarung noch die Wertgutschrift auf dem Zeitwertkonto zum Arbeitslohn, sofern die getroffenen Vereinbarungen dem BMF-Schreiben v. 17.6.2009, IV C 5 – S 2332/07/0004, BStBl I 2009, 1286 zur lohn-/einkommensteuerlichen Behandlung sowie Voraussetzungen für die steuerliche Anerkennung von Zeitwertkonten-Modellen entsprechen (→ *Arbeitszeitmodelle* Rz. 279).

Das vorgenannte BMF-Schreiben hat keine Auswirkungen auf Altersteilzeitverträge der Vorstände von Genossenschaftsbanken, wenn sie den Bestimmungen des Altersteilzeitgesetzes entsprechend abgeschlossen wurden bzw. werden. § 3 Nr. 28 EStG ist weiterhin für solche Altersteilzeitvereinbarungen anwendbar.

i) Altersteilzeit und Entlassungsentschädigungen

aa) Allgemeines

79 Vereinbaren Arbeitgeber und Arbeitnehmer, die bisherige Arbeitszeit durch Altersteilzeit zu vermindern und danach das Dienstverhältnis (auf Veranlassung des Arbeitgebers) gegen eine Entlassungsentschädigung zu beenden, handelt es sich – nach Wegfall der Steuerbefreiung des § 3 Nr. 9 EStG a.F. – um steuerpflichtigen Arbeitslohn, der jedoch ggf. als **Entschädigung** i.S.d. § 24 Nr. 1 Buchst. a EStG unter den Voraussetzungen des § 34 EStG **tarifermäßigt versteuert werden kann** (→ *Entschädigungen* Rz. 1134).

bb) Ausgleich wegen Rentenkürzung

80 Nach § 5 Abs. 7 des Tarifvertrags zur Regelung der Altersteilzeitarbeit (TV ATZ) vom 5.5.1998 erhalten Arbeitnehmer, die nach Inanspruchnahme der Altersteilzeitarbeit auf Grund der Auflösung des Dienstverhältnisses eine **Rentenkürzung** wegen vorzeitiger Inanspruchnahme der Rente zu erwarten haben, beim Ausscheiden eine linear gestaffelte **Abfindung von bis zu drei Monatsbezügen**. Dieser Ausgleich für Abschläge in der gesetzlichen Rentenversicherung ist – nach Wegfall der Steuerbefreiung des § 3 Nr. 9 EStG a.F. – steuerpflichtig, jedoch ggf. als Entschädigung i.S.d. § 24 Nr. 1 Buchst. a EStG anzusehen und somit unter den Voraussetzungen des § 34 EStG tarifermäßigt zu versteuern (→ *Entschädigungen* Rz. 1134). Entsprechendes gilt nach Auffassung der Finanzverwaltung, wenn

- der Arbeitnehmer den zum hälftigen Ausgleich der Rentenabschläge notwendigen Betrag nach Beendigung des Altersteilzeitverhältnisses unmittelbar und direkt vom Arbeitgeber ausgezahlt bekommt, oder
- der Arbeitnehmer nach Beendigung des Altersteilzeitverhältnisses von einer zwischengeschalteten Direktversicherung, an die der Arbeitgeber beim Ausscheiden den notwendigen Betrag entrichtet, ergänzende Leistungen zum hälftigen Ausgleich der Rentenabschläge erhält, oder
- Arbeitgeber und Arbeitnehmer sich bei Abschluss des Altersteilzeitvertrags auf die Gewährung einer Entlassungsentschädigung zum Zeitpunkt der Beendigung des Altersteilzeitverhältnisses zum Ausgleich von Rentenabschlägen geeinigt haben, die der Arbeitgeber unmittelbar an den Versicherer erbringt.

j) Aufstockungsleistungen an Stelle eines Krankengeldzuschusses

81 Im Rahmen der Altersteilzeitbeschäftigung vom Arbeitgeber gewährte tarifliche Aufstockungsleistungen, die an Stelle eines Krankengeldzuschusses an arbeitsunfähig erkrankte Arbeitnehmer gezahlt werden, sind als Aufstockungsleistungen i.S.d. § 3 Abs. 1 Nr. 1 Buchst. a AltTZG anzusehen und deshalb nach § 3 Nr. 28 EStG **steuerfrei**. Sie sind daher auch sozialversicherungsfrei (BMF v. 27.4.2001, IV C 5 – S 2333 – 21/01, www.stotax-first.de).

k) Rückwirkende Inanspruchnahme von Altersteilzeit

82 Bei der rückwirkenden Inanspruchnahme von Altersteilzeit ab dem Vorjahr kann die **Rückzahlung von Arbeitslohn** nach dem Zuflussprinzip steuerlich erst im Jahr der Rückzahlung berücksichtigt werden. Soweit in dem Arbeitslohn jedoch ein **steuerfreier Aufstockungsbetrag** enthalten ist, ist insoweit bereits die Steuerbefreiung nach § 3 Nr. 28 EStG zu berücksichtigen (vgl. dazu OFD Berlin v. 27.6.2001, St 177 – S 2340 – 2/99, www.stotax-first.de, mit Beispiel). Zur steuerlichen Behandlung der **rückwirkenden Bewilligung von Altersteilzeit im sog. Blockmodell** s. OFD Magdeburg v. 29.3.2001, S 2332 – 46 – St 222, www.stotax-first.de.

l) Werbungskostenabzug

83 Die obersten Finanzbehörden haben entschieden, dass Werbungskosten nicht nach den Grundsätzen des § 3c EStG zu kürzen sind, auch soweit der in Altersteilzeit befindliche Arbeitnehmer nach § 3 Nr. 28 EStG steuerfreie Aufstockungsbeträge usw. erhält (OFD Magdeburg v. 12.8.2008, S 2350 – 33 – St 223, www.stotax-first.de).

5. Sozialversicherung

a) Allgemeines

84 Die Spitzenverbände der Sozialversicherungsträger haben die sich aus dem Altersteilzeitgesetz für das Versicherungs-, Beitrags-

und Melderecht der Sozialversicherung ab 1.7.2004 ergebenden Auswirkungen und Besonderheiten in einem Gemeinsamen Rundschreiben v. 2.11.2010 zusammengefasst.

Der Gesetzgeber hat mit dem Gesetz zur Verbesserung der Rahmenbedingungen für die Absicherung flexibler Arbeitszeitregelungen v. 21.12.2008 (BGBl. I 2008, 2940) die Regelungen für Wertguthaben aus Arbeitszeitflexibilisierungen geändert. Seit 1.1.2009 werden insbesondere

- Wertguthabenvereinbarungen von anderen Arbeitszeitflexibilisierungsformen abgegrenzt,
- geringfügige Beschäftigungsverhältnisse einbezogen,
- ein Anspruch auf Wertguthabenverwendung bei gesetzlicher Freistellung eingeführt,
- die Pflichten bei der Wertguthabenführung erweitert,
- der Insolvenzschutz von Wertguthaben konkretisiert und
- die Portabilität der Wertguthaben verbessert.

Da es sich bei der Altersteilzeit um eine besondere Form der Wertguthabenvereinbarung i.S.d. § 7b SGB IV handelt, gilt auch hier das gemeinsame Rundschreiben der Spitzenorganisationen der Sozialversicherung zur sozialrechtlichen Absicherung flexibler Arbeitszeitregelungen vom 31.3.2009 und der dieses Rundschreiben ergänzende Frage-/Antwortkatalog v. 13.4.2010.

b) Voraussetzungen der Altersteilzeit ab dem 1.7.2004

85 Altersteilzeitarbeit können Arbeitnehmer vereinbaren, die u.a. das 55. Lebensjahr vollendet haben und weiterhin arbeitslosenversicherungspflichtig beschäftigt sind. Sie kann demnach höchstens bis zum Ablauf des Kalendermonats vereinbart werden, in dem die Regelaltersgrenze der Rentenversicherung erreicht wird, da ab dem Folgemonat Arbeitslosenversicherungsfreiheit eintritt (§ 2 Abs. 1 Nr. 2 letzter Halbsatz AltTZG i.V.m. § 28 Abs. 1 Nr. 1 SGB III). Die bisherige Regelaltersgrenze von 65 Jahren wird für ab 1947 geborene Versicherte ab 2012 schrittweise auf 67 Jahre angehoben (§ 35 i.V.m. § 235 SGB VI).

Dies gilt auch für von der Rentenversicherungspflicht befreite Mitglieder berufsständischer Versorgungseinrichtungen (z.B. Ärzte, Rechtsanwälte, Wirtschaftsprüfer) unabhängig davon, ob nach den Versorgungsregelungen der Versorgungseinrichtungen erst zu einem späteren Zeitpunkt das Regelaltersruhegeld der Versorgung bezogen werden kann und die Beschäftigung erst zu diesem Zeitpunkt endet.

Mindestdauer der Altersteilzeit

Die Altersteilzeitarbeit ist nicht an eine konkrete Mindestdauer gebunden. Allerdings ist in den Fällen, in denen nach der Altersteilzeitarbeit die besondere Altersrente wegen Altersteilzeitarbeit beansprucht werden soll, die für diese Rente erforderliche Mindestdauer der Alterszeitarbeit von 24 Monaten zu beachten. Die Altersteilzeitarbeit muss mindestens bis zur Erfüllung eines Anspruchs auf Altersrente vereinbart werden. Dabei handelt es sich um den Zeitpunkt, zu dem

- eine (ggf. geminderte) Altersrente aus der gesetzlichen Rentenversicherung,
- bei Befreiung von der Rentenversicherungspflicht das 65. Lebensjahr vollendet wird bzw. vorher eine der Altersrente vergleichbare Leistung einer Versicherungs- oder Versorgungseinrichtung oder eines Versicherungsunternehmens oder
- eine ähnlich Leistung öffentlich-rechtlicher Art (z.B. eine ausländische Altersrente)

beansprucht werden kann.

Höchstdauer der Altersteilzeit

Altersteilzeitarbeit kann höchstens bis zum Ablauf des Monats des Erreichens der Regelaltersgrenze vereinbart werden, da ab dem Folgemonat Versicherungsfreiheit in der Arbeitslosenversicherung eintritt (§ 2 Abs. 1 Nr. 2 letzter Halbsatz AltTZG i.V.m. § 28 Abs. 1 Nr. 1 SGB III). Bei Vereinbarung eines Teilzeitmodells über diesen Zeitpunkt hinaus ist daher die Voraussetzung der Altersteilzeitarbeit nach dem AltTZG nur bis zum Ablauf des Monats des Erreichens der Regelaltersgrenze erfüllt. Altersteilzeitvereinbarungen im Blockmodell, die über den Zeitpunkt des Erreichens der Regelaltersgrenze hinaus vereinbart werden, erfüllen von Beginn an die Voraussetzungen der Altersteilzeitarbeit nach dem AltTZG nicht, da in diesen Fällen in der Zeit bis zum Ablauf des Monats des Erreichens der Regelaltersgrenze die Hälftigkeit der wöchentlichen Arbeitszeit nicht gegeben sein wird. Dies gilt bei der Verlängerung einer bestehenden Altersteilzeitvereinbarung im Blockmodell über diesen Zeitpunkt hinaus ab dem Zeitpunkt, zu dem die Verlängerung vereinbart wird. Allerdings kann im Anschluss an eine Altersteilzeitarbeit eine Beschäftigung nach § 7 Abs. 1 SGB IV bzw. in Zeiten der Freistellungsphase eine Beschäftigung nach § 7 Abs. 1a SGB IV fortbestehen

Die Möglichkeit der Inanspruchnahme einer vorgezogenen (geminderten oder ungeminderten) Altersrente der gesetzlichen Rentenversicherung oder einer vergleichbaren vorgezogenen Leistung von Versorgungs- oder Versicherungseinrichtungen bzw. Versicherungsunternehmen oder einer vergleichbaren Leistung öffentlich-rechtlicher Art vor Erreichen der jeweiligen Regelaltersgrenze steht der Altersteilzeitarbeit über diesen Zeitpunkt hinaus nicht entgegen. Dem steht die förderrechtliche Regelung des § 5 Abs. 1 Nr. 2 AltTZG nicht entgegen, da dieser lediglich das Erlöschen bzw. Ruhen des Erstattungsanspruchs des Arbeitgebers regelt.

Nebenbeschäftigung/Nebentätigkeit

Für das Vorliegen einer Altersteilzeitbeschäftigung im sozialversicherungsrechtlichen Sinne sind neben der Altersteilzeit ausgeübte Beschäftigungen bei einem anderen Arbeitgeber oder selbständige Tätigkeiten unschädlich. Dies gilt – abweichend von der Altersteilzeitbeschäftigung im förderrechtlichen Sinne – unabhängig von deren Umfang. Dabei ist im Rahmen von Altersteilzeit im Blockmodell unerheblich, ob die Nebenbeschäftigung oder Nebentätigkeit während der Arbeits- oder während der Freistellungsphase ausgeübt wird. Im besonderen Einzelfall kann auch die Ausübung einer selbständigen Tätigkeit für den eigenen Arbeitgeber für die Altersteilzeitarbeit unschädlich sein, wenn diese nicht im Rahmen eines einheitlichen Beschäftigungsverhältnisses erfolgt und damit keinen Bezug zur Altersteilzeitarbeit hat.

Verwendung von Wertguthaben

Soweit Wertguthaben bereits vor Beginn der Altersteilzeitarbeit angespart worden ist, kann dieses im Rahmen der Altersteilzeitarbeit berücksichtigt werden. Durch die Berücksichtigung dieses Wertguthabens kann während der Altersteilzeitarbeit im Teilzeitmodell die regelmäßige Arbeitszeit oder im Blockmodell die Arbeitsphase verkürzt werden. Auch durch die vom Arbeitgeber zuvor freiwillig erfolgte Aufstockung eines entsprechenden Wertguthabens kann eine Reduzierung der Arbeitszeit erfolgen. Dies kann sogar dazu führen, dass eine tatsächliche Arbeitsleistung nicht mehr erforderlich wird. Hierfür wäre bei verblockter Altersteilzeitarbeit auch entsprechendes Wertguthaben für die „reguläre" Freistellungsphase erforderlich.

Eine Verwendung von Wertguthaben als zusätzliches Arbeitsentgelt zur Reduzierung der Aufstockungsleistung und der zusätzlichen Rentenversicherungsbeiträge des Arbeitgebers ist nicht möglich, da sich durch das zusätzliche Arbeitsentgelt auch das Regelarbeitsentgelt und damit auch die Berechnungsgrundlage für die Aufstockungsbeträge und zusätzlichen Rentenversicherungsbeiträge erhöht.

Wird ein vor der Altersteilzeitarbeit aufgebautes Wertguthaben nicht ins Wertguthaben für die Altersteilzeitarbeit übertragen und ist nach der maßgebenden Wertguthabenvereinbarung eine Wertguthabenverwendung während oder nach der Altersteilzeitarbeit nicht mehr möglich, tritt für das Wertguthaben ein Störfall ein. Allerdings ist nicht zwingend davon auszugehen, dass der Arbeitnehmer nach der Altersteilzeitarbeit aus dem Erwerbsleben ausscheidet und deshalb für das Wertguthaben keine Verwendungsmöglichkeit mehr besteht. Auch bei der zulässigen Befristung der Beschäftigung über das Ende der Altersteilzeitarbeit hinaus würde die Möglichkeit bestehen, noch entsprechendes Wertguthaben zu verwenden. Soweit darüber hinaus nach der maßgebenden Wertguthabenvereinbarung z.B. auch die Inanspruchnahme des Wertguthabens für Pflegezeiten möglich ist, kann eine entsprechende Wertguthabenverwendungsmöglichkeit während der Altersteilzeitarbeit bestehen.

Wird vor der Altersteilzeitarbeit aufgebautes und nicht ins Altersteilzeitarbeitwertguthaben übertragenes Wertguthaben für die laufende Arbeitsentgeltzahlung in Zeiten der Freistellung von der Arbeitsleistung im Teilzeitmodell oder der Arbeitsphase im Blockmodell der Altersteilzeitarbeit verwendet, würde die Altersteilzeitarbeit nicht unterbrochen werden, wenn der Arbeitgeber weiterhin

Altersteilzeit

keine Sozialversicherungspflicht = ⓢⓥ̸
Sozialversicherungspflicht = ⓢⓥ

die Aufstockungsleistung und die zusätzlichen Rentenversicherungsbeiträge zahlt.

Während der Altersteilzeitarbeit ist der Aufbau eines weiteren Wertguthabens für die Altersteilzeitbeschäftigung auf der Grundlage einer neben der Altersteilzeitvereinbarung bestehenden (zweiten) Wertguthabenvereinbarung nicht möglich. Es würde dem Charakter und Ziel der Altersteilzeitarbeitvereinbarung über die Reduzierung der Arbeitszeit und das daraus resultierende Regelarbeitsentgelt sowie den Aufbau von Wertguthaben für die Freistellungsphase während der Arbeitsphase im Blockmodell widersprechen, wenn durch einen zusätzlichen Verzicht auf Teile des Regelarbeitsentgelts ein zweites Wertguthaben z.B. für eine Verkürzung der Arbeitsphase im Blockmodell aufgebaut werden soll. Dies wäre nicht mit der Voraussetzung der Altersteilzeitarbeit zur hälftigen Reduzierung der Arbeitszeit vereinbar. Aus diesem Grund ist auch die Aufstockung eines Altersteilzeitarbeitwertguthabens durch den Arbeitgeber nach Beginn der Altersteilzeitarbeit i.R.d. Altersteilzeitgesetzes nur noch in Ausnahmefällen möglich. Der Aufbau eines zusätzlichen Wertguthabens im Rahmen einer zweiten Wertguthabenvereinbarung ist nur dann möglich, wenn dieses Wertguthaben ausschließlich für Zeiten nach dem Ende der Altersteilzeitarbeit aufgebaut wird. Dies setzt aber voraus, dass das Beschäftigungsverhältnis nach der Altersteilzeitvereinbarung nicht mit Ablauf der Altersteilzeitarbeit beendet wird. Durch den Verzicht auf Teile des Regelarbeitsentgelts zu Gunsten eines weiteren Wertguthabens würde neben der Reduzierung des Regelarbeitsentgelts auch die Bemessungsgrundlage für die Aufstockungsbeträge und zusätzlichen Rentenversicherungsbeiträge gemindert werden und diese zusätzlichen Arbeitgeberleistungen vermindern. Für das zusätzliche Wertguthaben gelten allerdings, anders als für das Altersteilzeitarbeitwertguthaben, die Regelungen zur Insolvenzsicherung nach § 7f SGB IV.

Verzicht auf die Arbeitsleistung

Verzichtet der Arbeitgeber aus betriebsbedingten Gründen auf die im Rahmen der Altersteilzeitarbeitvereinbarung vorgesehene Arbeitsleistung des Arbeitnehmers, ohne dass vereinbart ist, dass ein bereits angesammeltes Wertguthaben in dieser Freistellungsphase abgebaut wird, und wird nicht vereinbart, dass diese Freistellung noch nachgearbeitet und damit ein negatives Wertguthaben ausgeglichen wird, sind die Voraussetzungen der Altersteilzeitarbeit demnach nicht erfüllt. Unschädlich für die Altersteilzeitarbeit ist lediglich eine vorübergehende Freistellung, wenn das Arbeitsentgelt und die zusätzlichen Arbeitgeberleistungen weitergezahlt werden. Vorübergehende Freistellungen liegen jedoch nur vor, wenn kurzfristige betriebsbedingte Anlässe die Arbeitsleistung nicht mehr zulassen und unplanbar eingetreten sind. Der Arbeitnehmer muss dabei weiterhin dienstbereit bleiben, der Verfügungsmacht des Arbeitgebers unterstehen und auch tatsächlich wieder eine Tätigkeit aufnehmen, wenn der betriebsbedingte Anlass weggefallen ist. Ob es sich um einen vorübergehenden einseitigen Verzicht des Arbeitgebers auf die Arbeitsleistung handelt, dessen zeitliche Grenzen sich aus dem betriebsbedingten Anlass ergeben, kommt auf den konkreten Einzelfall an.

c) Aufstockung des Regelarbeitsentgelts

86 Das **Regelarbeitsentgelt** ist um mindestens 20 % aufzustocken. Das Regelarbeitsentgelt ist das auf einen Monat entfallende sozialversicherungspflichtige Arbeitsentgelt, das der Arbeitgeber i.R.d. Altersteilzeitarbeitsverhältnisses **regelmäßig** zu erbringen hat. Es ist bei Abweichung gegenüber dem Vormonat neu festzusetzen. Dabei darf das Regelarbeitsentgelt die Beitragsbemessungsgrenze des SGB III nicht überschreiten. Arbeitsentgelte, die einmalig oder nicht regelmäßig gezahlt werden, bleiben unberücksichtigt.

Beispiel (Altersteilzeit-Lohnabrechnung):

monatlich laufender Lohn	2 250 €
beitragspflichtige Zulagen, die zwar monatlich, aber in unterschiedlicher Höhe anfallen	320 €
Mehrarbeitsvergütung (fällt nicht jeden Monat an)	180 €
jährliches Urlaubsgeld	1 130 €
einmalige Jubiläumsprämie	1 500 €

Lösung:
Das Regelarbeitsentgelt beträgt insgesamt 2 570 € (2 250 € + 320 €). Die Mehrarbeitsvergütung, das Urlaubsgeld und die Jubiläumsprämie sind nicht zu berücksichtigen, da diese Leistungen nicht regelmäßig jeden Monat bzw. nur einmalig im Jahr gezahlt werden. Der gesetzliche **Aufstockungsbetrag** berechnet sich wie folgt: 20 % von 2 570 € = **514 €**.

d) Berechnung der zusätzlichen Rentenversicherungsbeiträge

87 Das Regelarbeitsentgelt ist zugleich die Berechnungsbasis zur Ermittlung der in der Altersteilzeit zusätzlich zu zahlenden Rentenversicherungsbeiträge. Der Arbeitgeber muss ausgehend vom Regelarbeitsentgelt die **Beiträge um 80 % aufstocken**. Die Bemessungsgrundlage für die zusätzlichen Beiträge ist jedoch begrenzt. Sie darf, zusammen mit dem Regelarbeitsentgelt, 90 % der **monatlichen** Beitragsbemessungsgrenze des SGB III nicht überschreiten

Beispiel 1 (West):

Regelarbeitsentgelt	1 500 €
90 % der Beitragsbemessungsgrenze (2016: 6 200 €)	5 580 €
Differenz zum Regelarbeitsentgelt	4 080 €
80 % des Regelarbeitsentgelts	1 200 €
Lösung:	
zusätzliche beitragspflichtige Einnahme	1 200 €

Beispiel 2 (West):

Regelarbeitsentgelt	3 400 €
90 % der Beitragsbemessungsgrenze (2016: 6 200 €)	5 580 €
Differenz zum Regelarbeitsentgelt	2 180 €
80 % des Regelarbeitsentgelts	2 720 €
Lösung:	
zusätzliche beitragspflichtige Einnahme	2 180 €

e) Versicherungsrecht

88 Für Arbeitnehmer, die Altersteilzeitarbeit i.S.d. Altersteilzeitgesetzes leisten, finden uneingeschränkt die in den einzelnen Versicherungszweigen bestehenden versicherungsrechtlichen Regelungen Anwendung.

Bei einer kontinuierlichen Verteilung der Arbeitszeit liegt während des Gesamtzeitraums ein Beschäftigungsverhältnis nach § 7 Abs. 1 SGB IV vor.

Krankenversicherung

Für die Dauer der Altersteilzeitarbeit besteht **grundsätzlich Krankenversicherungspflicht** nach § 5 Abs. 1 Nr. 1 SGB V. Die Arbeitnehmer sind jedoch nach § 6 Abs. 1 Nr. 1 SGB V krankenversicherungsfrei, wenn ihr regelmäßiges Jahresarbeitsentgelt die **Jahresarbeitsentgeltgrenze** übersteigt (→ *Jahresarbeitsentgeltgrenze in der gesetzlichen Krankenversicherung* Rz. 1616). Arbeitnehmer, die wegen Überschreitens der Jahresarbeitsentgeltgrenze krankenversicherungsfrei sind und deren Arbeitsentgelt auf Grund der Altersteilzeitarbeit die Jahresarbeitsentgeltgrenze nicht mehr überschreitet, unterliegen von dem Tag an, von dem sie Altersteilzeitarbeit leisten, der Krankenversicherungspflicht. Dies gilt sowohl bei kontinuierlicher als auch bei diskontinuierlicher Verteilung der Arbeitszeit im Rahmen der Altersteilzeitarbeit.

Bei der Ermittlung des regelmäßigen Jahresarbeitsentgelts werden im Übrigen auch Sonderzuwendungen, die mit hinreichender Sicherheit zu erwarten sind, berücksichtigt. Fällt der Anspruch auf die Sonderzuwendung weg (z.B. mit Beginn der Freistellungsphase), ist vom Zeitpunkt des Wegfalls an eine neue versicherungsrechtliche Beurteilung vorzunehmen.

Personen, die nach Vollendung des 55. Lebensjahrs versicherungspflichtig werden, wird der Zugang zur gesetzlichen Krankenversicherung verwehrt, wenn sie unmittelbar zuvor keinen ausreichenden Bezug zur gesetzlichen Krankenversicherung nachweisen können (→ *Krankenversicherung: gesetzliche* Rz. 1717).

Nach § 8 Abs. 1 Nr. 3 SGB V kann sich ein Arbeitnehmer, der krankenversicherungspflichtig wird, weil seine Arbeitszeit auf die Hälfte oder auf weniger als die Hälfte der regelmäßigen Wochenarbeitszeit vergleichbarer Vollbeschäftigter des Betriebs herabgesetzt wird, von der Krankenversicherungspflicht befreien lassen; Voraussetzung hierfür ist, dass der Arbeitnehmer seit mindestens fünf Jahren wegen Überschreitens der Jahresarbeitsentgeltgrenze krankenversicherungsfrei ist. Diese Befreiungsmöglichkeit gilt auch für Arbeitnehmer, die infolge Altersteilzeitarbeit ihre Arbeitszeit auf mindestens die Hälfte reduzieren und dadurch krankenversicherungspflichtig werden.

Pflegeversicherung

Die Versicherungspflicht in der sozialen Pflegeversicherung nach § 20 Abs. 1 Satz 2 Nr. 1 i.V.m. Satz 1 SGB XI wird nicht dadurch berührt, dass ein bislang krankenversicherungspflichtiger Arbeitnehmer Altersteilzeitarbeit leistet. Handelt es sich hingegen um einen Arbeitnehmer, der vor Beginn der Altersteilzeitarbeit wegen Überschreitens der Jahresarbeitsentgeltgrenze nach § 6 Abs. 1 Nr. 1 SGB V krankenversicherungsfrei und in der gesetzlichen Krankenversicherung freiwillig versichert war und nunmehr infolge der Altersteilzeitarbeit krankenversicherungspflichtig wird, ändert sich die Rechtsgrundlage für die Versicherungspflicht in der sozialen Pflegeversicherung, d.h., die Versicherungspflicht in der sozialen Pflegeversicherung nach § 20 Abs. 3 SGB XI wird in eine solche nach § 20 Abs. 1 Satz 2 Nr. 1 i.V.m. Satz 1 SGB XI umgewandelt.

Sofern ein (bislang freiwillig krankenversicherter) Arbeitnehmer allerdings nach § 22 SGB XI von der sozialen Pflegeversicherung befreit ist, endet diese Befreiung mit dem Eintritt von Krankenversicherungspflicht; von diesem Zeitpunkt an besteht Versicherungspflicht in der sozialen Pflegeversicherung nach § 20 Abs. 1 Satz 2 Nr. 1 i.V.m. Satz 1 SGB XI. Eine Befreiung von der sozialen Pflegeversicherung auf Grund eines „Alt"-Pflegeversicherungsvertrags nach Art. 42 PflegeVG wird durch den Eintritt von Krankenversicherungspflicht infolge der Altersteilzeitarbeit nicht berührt.

Für Arbeitnehmer, die wegen Überschreitens der Jahresarbeitsentgeltgrenze krankenversicherungsfrei, bei einem Unternehmen der privaten Krankenversicherung krankenversichert und damit auch privat pflegeversichert sind und nunmehr im Rahmen der Altersteilzeitarbeit krankenversicherungspflichtig werden, tritt ebenfalls Versicherungspflicht in der sozialen Pflegeversicherung nach § 20 Abs. 1 Satz 2 Nr. 1 i.V.m. Satz 1 SGB XI ein. Sofern sich diese Arbeitnehmer allerdings nach § 8 Abs. 1 Nr. 3 SGB V von der Versicherungspflicht in der Krankenversicherung befreien lassen und auf Grund des § 23 Abs. 1 SGB XI privat pflegeversichert sind, bleiben sie weiterhin in der privaten Pflegeversicherung versichert.

Renten- und Arbeitslosenversicherung

In der Renten- und Arbeitslosenversicherung gibt es hinsichtlich der versicherungsrechtlichen Beurteilung von altersteilzeitarbeitenden Arbeitnehmern keinerlei Besonderheiten. Für die Dauer der vereinbarten Altersteilzeitarbeit besteht grundsätzlich Rentenversicherungspflicht nach § 1 Satz 1 Nr. 1 SGB VI und Arbeitslosenversicherungspflicht nach § 25 Abs. 1 SGB III.

f) Beitragsrecht

89 Maßgebend für die Berechnung der Beiträge zur Kranken-, Pflege-, Renten- und Arbeitslosenversicherung ist das für die Altersteilzeitarbeit jeweils fällige **Arbeitsentgelt**. Die auf dieses Arbeitsentgelt entfallenden Beiträge sind vom Arbeitnehmer und Arbeitgeber je zur Hälfte zu tragen. Liegt der Beschäftigungsort des Arbeitnehmers in Sachsen, gelten hinsichtlich der Pflegeversicherung Besonderheiten (→ *Beiträge zur Sozialversicherung* Rz. 548). Für die knappschaftliche Rentenversicherung gilt die für diesen Versicherungszweig maßgebende besondere Beitragslastverteilung. Den von der Krankenkasse eventuell festgelegten Zusatzbeitragssatz trägt der Altersteilzeiter alleine; der Arbeitgeber ist heran nicht beteiligt. Die mit dem Zweiten Gesetz für moderne Dienstleistungen am Arbeitsmarkt vom 23.12.2002 (BStBl I 2003, 3) – im Zusammenhang mit der Anhebung der Arbeitsentgeltgrenze für geringfügige Beschäftigungen – eingeführte Gleitzonenregelung für den Niedriglohnbereich **gilt nicht** in den Fällen der Altersteilzeit, in denen das reduzierte Arbeitsentgelt in die Gleitzone fällt (→ *Gleitzone* Rz. 1446).

Die während einer im Blockmodell in der Arbeitsphase erzielten **steuer- und beitragsfreien Schichtzulagen** bleiben auch dann beitragsfrei, wenn deren Auszahlung in anteiligem Umfang in die Freistellungsphase verschoben wird. Diese Beträge sind weder bei der Berechnung des Aufstockungsbetrags noch des Unterschiedsbetrags zu berücksichtigen.

aa) Beitragssatz

In der Krankenversicherung gilt in der **Arbeitsphase** der allgemeine Beitragssatz. Die Anwendung des ermäßigten Beitragssatzes in der Krankenversicherung während der **Freistellungsphase** der Altersteilzeit im Blockmodell erfordert, dass nach der Freistellungsphase keine erneute Aufnahme einer krankenversicherungspflichtigen Beschäftigung beabsichtigt ist, weil nur so ein späterer Anspruch auf Krankengeld des Versicherten faktisch ausgeschlossen ist. Üben Arbeitnehmer im Anschluss an die beendete Altersteilzeit bis zum Beginn der abschlagsfreien Altersrente mit 63 Jahren nach § 236b SGB VI eine mehr als geringfügige Beschäftigung aus, verfügen sie während dieser Beschäftigung im Falle der Arbeitsunfähigkeit jedoch über einen Anspruch auf Krankengeld nach § 44 Abs. 1 SGB V. Auf Seiten der Krankenkasse besteht insofern ein entsprechendes wirtschaftliches Leistungsrisiko. Deshalb hat die Aufnahme einer krankenversicherungspflichtigen Anschlussbeschäftigung zur Folge, dass die während der Freistellungsphase der Altersteilzeit zu leistenden Krankenversicherungsbeiträge – ungeachtet der im Einzelfall ggf. nur wenige Monate betragenden Beschäftigungsdauer – auf Grundlage des allgemeinen Beitragssatzes zu bemessen sind. 90

Sofern die krankenversicherungspflichtige Anschlussbeschäftigung bereits vor Beginn der Freistellungsphase der Altersteilzeit vereinbart wird, ist für die gesamte Dauer der Freistellungsphase der allgemeine Beitragssatz in der Krankenversicherung zu Grunde zu legen. Wird die krankenversicherungspflichtige Anschlussbeschäftigung erst nach dem Beginn der Freistellungsphase vereinbart, sind die Krankenversicherungsbeiträge von dem Tag der Vereinbarung an auf der Grundlage des allgemeinen Beitragssatzes zu bemessen; für die Zeit davor bleibt der ermäßigte Beitragssatz maßgebend.

Durch eine Anschlussbeschäftigung, die im Rahmen einer geringfügig entlohnten Beschäftigung ausgeübt wird, tritt für die Beschäftigten keine Krankenversicherungspflicht ein. Für sie entsteht nach der Freistellungsphase somit kein (erneuter) Krankengeldanspruch. Deshalb ist während der Freistellungsphase weiterhin der ermäßigte Beitragssatz in der Krankenversicherung anzuwenden, wenn eine geringfügig entlohnte Anschlussbeschäftigung vereinbart wird. Hierbei ist unbeachtlich, dass geringfügig entlohnte Beschäftigungen rentenversicherungspflichtig sind.

bb) Beitragszuschuss

Freiwillig in der gesetzlichen Krankenversicherung Versicherte sowie Beschäftigte, die bei einem privaten Krankenversicherungsunternehmen versichert sind, erhalten von ihrem Arbeitgeber als Zuschuss zu ihren Kranken- und Pflegeversicherungsbeiträgen den Arbeitgeberanteil, der für einen versicherungspflichtig Beschäftigten zu zahlen wäre, höchstens aber die Hälfte des tatsächlich zu zahlenden Beitrags. Dabei wird der Bemessung des Beitragszuschusses bei Altersteilzeitarbeit im Blockmodell während der Arbeitsphase der allgemeine Beitragssatz und während der Freistellungsphase der ermäßigte Beitragssatz der Krankenversicherung zu Grunde gelegt. 91

Der Zuschuss zur Kranken- und Pflegeversicherung beträgt vom 1.1.2016 an während der Arbeitsphase höchstens 309,34 € zur Krankenversicherung und 49,79 € zur Pflegeversicherung (in Sachsen 28,60 €). Ist während der Freistellungsphase der ermäßigte Beitragssatz anzuwenden, beträgt der Beitragszuschuss höchstens 296,63 € in der Krankenversicherung.

Für den von der Krankenkasse festgelegten Zusatzbeitragssatz kann ein Beitragszuschuss nicht beansprucht werden.

cc) Einmalig gezahltes Arbeitsentgelt

Einmalig gezahltes Arbeitsentgelt und Arbeitsentgelt, das nicht regelmäßig jeden Monat gezahlt wird, gehört nicht zum Regelarbeitsentgelt und ist daher bei der Berechnung der **zusätzlichen** Rentenversicherungsbeiträge nicht zu berücksichtigen. 92

dd) Mehrarbeit

Wird während der Altersteilzeitarbeit Mehrarbeit geleistet, müssen vor Verbeitragung der hierfür zu beanspruchenden Vergütung vorrangig die zusätzlichen Rentenversicherungsbeiträge ermittelt werden. 93

Altersteilzeit

keine Sozialversicherungspflicht = ⓢⱽ̷
Sozialversicherungspflicht = ⓢⱽ

Beispiel 3:

Regelarbeitsentgelt für Altersteilzeitarbeit	1 500 €
80 % des Regelarbeitsentgelt	1 200 €
Mehrarbeitsvergütung	500 €
Beitragspflichtige Einnahme	
KV/PV/ALV (1 500 € + 500 € =)	2 000 €
RV (1 500 € + 1 200 € + 500 € =)	3 200 €

g) Beitragsverfahren für Störfälle

94 Für den Fall, dass es bei Altersteilzeitarbeit im Blockmodell zu einer vorzeitigen Beendigung der Altersteilzeitvereinbarung (sog. Störfall wie z.B. Tod, Auflösung des Arbeitsverhältnisses o.Ä.) kommt, sieht § 10 Abs. 5 AltTZG für den Bereich der Rentenversicherung einerseits sowie für die Bereiche der Kranken-, Pflege- und Arbeitslosenversicherung andererseits eine unterschiedliche beitragsrechtliche Behandlung des Wertguthabens vor. Da in der Phase der Arbeitsleistung bereits Rentenversicherungsbeiträge von mindestens 90 % (auf Grund vertraglicher Vereinbarung eventuell auch höher) des bisherigen Arbeitsentgelts bzw. der Beitragsbemessungsgrenze der Rentenversicherung gezahlt worden sind, muss nach § 10 Abs. 5 erster Halbsatz AltTZG im Störfall nur noch die Differenz bis zu 100 % des erarbeiteten bisherigen Arbeitsentgelts bzw. bis zur Beitragsbemessungsgrenze als beitragpflichtige Einnahme aus dem Wertguthaben verbeitragt werden. Für die Berechnung der Beiträge zur Kranken-, Pflege- und Arbeitslosenversicherung gilt hingegen nach § 10 Abs. 5 zweiter Halbsatz AltTZG der § 23b Abs. 2 SGB IV.

Für den bereits abgelaufenen Zeitraum der Altersteilzeitbeschäftigung bleibt es bei der bisherigen beitragsrechtlichen Behandlung des Arbeitsentgelts aus der Altersteilzeitarbeit sowie des Aufstockungsbetrags und der zusätzlichen Rentenversicherungsbeiträge aus dem Unterschiedsbetrag. Das gilt selbst dann, wenn die vereinbarte Altersteilzeitarbeit im Blockmodell noch während der Arbeitsphase endet, ohne dass es zu einer Freistellung von der Arbeitsleistung und damit im Durchschnitt gesehen zu einer Reduzierung der bisherigen wöchentlichen Arbeitszeit gekommen ist und arbeitsrechtlich eine Minderung des Wertguthabens vorgenommen wird.

Für den Fall, dass das Wertguthaben nicht wie vereinbart für eine laufende Freistellung von der Arbeit verwendet wird (Störfall), sieht § 23b Abs. 2 SGB IV für die Kranken-, Pflege- und Arbeitslosenversicherung und § 10 Abs. 5 AltTZG für die Rentenversicherung für Störfälle, die seit dem 1.1.2001 eintreten, ein besonderes Beitragsberechnungsverfahren vor.

Für die Kranken-, Pflege- und Arbeitslosenversicherung gilt in einem Störfall als beitragspflichtiges Arbeitsentgelt das Wertguthaben, höchstens jedoch die Differenz zwischen der für die Dauer der Arbeitsphase seit der ersten Bildung des Wertguthabens maßgebenden Beitragsbemessungsgrenze für den jeweiligen Versicherungszweig und dem in dieser Zeit beitragspflichtigen Arbeitsentgelt (Summenfelder-Modell).

Die sich aus dem Summenfelder-Modell ergebenden Beitragsbemessungsgrundlagen sind bereits während der Arbeitsphase einer diskontinuierlichen Altersteilzeitarbeit (z.B. im Blockmodell) in der Entgeltabrechnung (Entgeltkonto) mindestens kalenderjährlich darzustellen. Dies sind die (Gesamt-)Differenzen zwischen dem beitragspflichtigen Arbeitsentgelt und der Beitragsbemessungsgrenze des jeweiligen Versicherungszweigs (SV-Luft) für die Dauer der Arbeitsphase seit der erstmaligen Bildung des Wertguthabens. Für die Freistellungsphase ist keine weitere SV-Luft zu bilden. Die SV-Luft ist zu reduzieren, soweit sie den Betrag des (Rest-)Wertguthabens nicht unterschreitet.

In der Rentenversicherung ist für eine im Blockmodell ausgeübte Altersteilzeitarbeit für die Dauer der Altersteilzeitarbeit bis zum Eintritt des Störfalls die Differenz zwischen dem bisherigen laufenden Arbeitsentgelt (§ 6 Abs. 1 AltTZG) und dem laufenden Arbeitsentgelt für die Altersteilzeit einschließlich des Unterschiedsbetrags (dem Arbeitsentgelt, von dem tatsächlich Beiträge zur Rentenversicherung entrichtet wurden) als SV-Luft auszuweisen. Die Feststellung erfolgt – anders als in den übrigen Sozialversicherungszweigen – für die Zeit vom Beginn der Altersteilzeitarbeit bis zum Eintritt des Störfalls und berücksichtigt auch die Zeiten der Freistellung von der Arbeitsleistung. Einmalzahlungen mindern, soweit sie zur Beitragsberechnung herangezogen werden, die SV-Luft des Jahres, dem sie beitragsrechtlich zugeordnet werden.

Gleiches gilt für die auf Einmalzahlungen entfallenden Unterschiedsbeträge für zusätzliche Rentenversicherungsbeiträge. Sollte der beitragspflichtige Teil der Einmalzahlung einschließlich des Unterschiedsbetrags höher sein, als die für dieses Kalenderjahr (ggf. für das Kalenderjahr der Zuordnung der Einmalzahlung) zu bildende SV-Luft, ist die SV-Luft für dieses Kalenderjahr auf null zu reduzieren.

Wertguthaben, die auf Grund einer Vereinbarung nach § 7 Abs. 1a SGB IV bereits vor der Altersteilzeitarbeit erzielt wurden, können für die Alterszeitarbeit zur Verkürzung der Arbeitsphase verwendet werden. Mit dem Übergang in die Altersteilzeitarbeit wird die bisher festgestellte SV-Luft in allen Versicherungszweigen übernommen und fortgeführt.

Die Berechnung der Beiträge aus laufendem sowie einmalig gezahltem Arbeitsentgelt (§ 23a SGB IV) geht jeweils der Beitragsberechnung nach § 23b Abs. 2 SGB IV und § 10 Abs. 5 AltTZG vor. Tritt in einem Abrechnungszeitraum, in dem eine Einmalzahlung gezahlt wird, ein Störfall ein, erfolgt zuerst die Berechnung der Beiträge aus dem laufenden Arbeitsentgelt (laufendes und einmalig gezahltes Arbeitsentgelt). Anschließend sind der beitragspflichtige Teil des Wertguthabens sowie die darauf entfallenden Beiträge zu ermitteln.

Nach § 8 Abs. 1 Nr. 6 BVV hat der Arbeitgeber Angaben zum Beginn und zum Ende der Altersteilzeitarbeit in die Entgeltunterlagen aufzunehmen. Darüber hinaus ist nach § 8 Abs. 1 Nr. 7 BVV der Unterschiedsbetrag nach § 3 Abs. 1 Nr. 1 Buchst. b AltTZG in den Entgeltunterlagen festzuhalten; nach § 9 Abs. 1 Nr. 3 BVV gilt dies auch für die Beitragsabrechnung.

Bei einer Altersteilzeitarbeit im Blockmodell hat der Arbeitgeber nach § 2 Abs. 1 Nr. 7 BVV in der Arbeitsphase die Zugänge auf Grund der Vorarbeit oder freiwilliger besonderer Zahlungen und in der Freistellungsphase die Abgänge des Wertguthabens in den Entgeltunterlagen aufzuführen. Zusätzlich sind der Abrechnungsmonat, in dem die erste Gutschrift erfolgt, sowie alle weiteren Abrechnungsmonate, in denen Änderungen des Wertguthabens erfolgen, in den Entgeltunterlagen anzugeben.

h) Auswirkungen der Rente mit 63

95 Die Förderung von Altersteilzeitarbeit durch die Bundesagentur für Arbeit nach dem Altersteilzeitgesetz endet, wenn eine abschlagsfreie Altersrente beansprucht werden kann (→ Rz. 70). Für Altersteilzeitbeschäftigte, die auf Grund der neu konzipierten Rente für besonders langjährig Versicherte („Rente mit 63") nunmehr vor dem vereinbarten Ende einer geförderten Altersteilzeitbeschäftigung die abschlagsfreie Altersente beanspruchen könnten, würde hiernach der Förderanspruch des Arbeitgebers entfallen. Aus Vertrauensschutzgründen wurde daher das Altersteilzeitgesetz um eine Übergangsregelung ergänzt, wonach der Wegfall des Förderanspruchs in diesen Fällen ausgeschlossen ist (§ 15h AltTZG).

Mit dieser Regelung war auch eine gewisse Signalwirkung für die Tarifvertragsparteien und nicht tarifvertragsgebundenen Arbeitgeber für die Fälle beabsichtigt, in denen Tarifverträge, Betriebsvereinbarungen oder Arbeitsverträge eine vergleichbare Regelung über die vorzeitige Beendigung einer Altersteilzeitbeschäftigung bei einem möglichen Altersrentenanspruch enthalten. Die Vertragspartner sollten entsprechende Regelungen ebenfalls unter Vertrauensschutzaspekten prüfen, da andernfalls ein vorzeitiges Ende der Altersteilzeitbeschäftigung bereits erhebliche Auswirkungen auf den Fortbestand der Altersteilzeitarbeit im Blockmodell haben kann.

Bei einer vorzeitigen Beendigung einer Altersteilzeitbeschäftigung ist zu prüfen, ob bis zum vorgezogenen Ende der Beschäftigung noch die Voraussetzungen der Altersteilzeitarbeit erfüllt sind. Dies betrifft hier die Frage der Hälftigkeit der bisherigen Arbeitszeit. Diese kann bei einem absehbaren vorzeitigen Ende der Altersteilzeitbeschäftigung im Blockmodell regelmäßig nur durch eine entsprechende Anpassung der Arbeits- und Freistellungsphase gewahrt werden. Ist dies insbesondere in den Fällen, in denen die Freistellungsphase bereits begonnen hat, nicht mehr möglich, fällt eine wesentliche Voraussetzung der Altersteilzeitarbeit weg. Dies hat zur Folge, dass keine Altersteilzeitarbeit mehr vorliegt. Die Beschäftigung kann dann allenfalls als Beschäftigung mit einer Wertguthabenvereinbarung nach § 7b SGB IV ohne Anspruch auf die Steuer- und Beitragsfreiheit der bisherigen Aufstockungsbeträge und die Möglichkeit der Zahlung zusätzlicher Rentenversicherungsbeiträge für Altersteilzeitarbeit fortgesetzt werden.

Soll hingegen nach dem vereinbarten Ende der Altersteilzeitbeschäftigung zum Beginn einer Altersrente mit Abschlägen die Beschäftigung bis zum Beginn der neuen abschlagsfreien Altersrente für langjährig Versicherte fortgesetzt werden, steht dies dem vorherigen Fortbestand der Altersteilzeitbeschäftigung nicht entgegen. Allerdings kann in diesen Fällen in der Freistellungsphase der Altersteilzeitarbeit nicht mehr der ermäßigte Beitragssatz in der gesetzlichen Krankenversicherung (→ Rz. 89) angewendet werden.

i) Abfindungen

96 Abfindungen aus Anlass der Beendigung des Altersteilzeitverhältnisses (z.B. zum Ausgleich einer Rentenminderung bei vorzeitiger Inanspruchnahme einer Altersrente) sind als Abfindungen für den Verlust des Arbeitsplatzes anzusehen und gehören damit nicht zum Arbeitsentgelt i.S.d. Sozialversicherung (BSG v. 21.2.1990, 12 RK 20/88, www.stotax-first.de).

j) Fälligkeit der Beiträge

97 Es gelten die allgemeinen Grundsätze zur → *Fälligkeit der Sozialversicherungsbeiträge* Rz. 1196.

In den Fällen, in denen bei einem Blockmodell eine ursprünglich vorgesehene Wiederbesetzung des Arbeitsplatzes nicht erfolgen kann, sind die zusätzlichen Rentenversicherungsbeiträge für Zeiten der Arbeitsunfähigkeit vom Arbeitgeber unverzüglich nachzuzahlen, sobald ihm bekannt wird, dass es zu der vorgesehenen Wiederbesetzung nicht kommt; spätestens sind sie zu Beginn der Freistellungsphase fällig. Gegebenenfalls ist der Beitragsnachweis bei Zuordnung zu bereits abgelaufenen Kalenderjahren zu korrigieren. Die Zahlung der steuer- und beitragsfreien Aufstockungsbeträge nach § 3 Abs. 1 Nr. 1 Buchst. a AltTZG während einer Arbeitsphase durch den Arbeitgeber begründet in diesen Fällen keine zeitgleiche Fälligkeit zusätzlicher Rentenversicherungsbeiträge aus dem Unterschiedsbetrag, wenn der Arbeitnehmer im Hinblick auf die ursprünglich vorgesehene Wiederbesetzung des Arbeitsplatzes seinen diesbezüglichen Anspruch gegen die Bundesagentur für Arbeit an den Arbeitgeber abtritt.

k) Auswirkungen auf die Umlageberechnung nach dem AAG

98 Bei der Berechnung der Umlage nach dem Aufwendungsausgleichsgesetz (U1- als auch im U2-Verfahren) als auch bei der Insolvenzgeldumlage ist das Arbeitsentgelt der Arbeitnehmer in der Altersteilzeit zu berücksichtigen, und zwar unabhängig davon, ob sie sich in der Arbeits- oder in der Freistellungsphase befinden. Als umlagepflichtiges Arbeitsentgelt ist in der Arbeitsphase das tatsächlich erzielte (ausgezahlte) Arbeitsentgelt maßgebend, in der Freistellungsphase das ausgezahlte Wertguthaben. Auch dies gilt sowohl für die Berechnung der Umlage zum U1- als auch zum U2-Verfahren. Von der Beitragsbemessungsgrundlage nach § 163 Abs. 5 SGB VI zur Ermittlung des zusätzlichen (Aufstockungs-)Betrags in der Rentenversicherung werden sowohl im U1- als auch im U2-Verfahren keine Umlagen berechnet. Dies gilt sowohl für die Arbeits- als auch für die Freistellungsphase. Von Wertguthaben in Störfällen werden weder zum U1- noch zum U2-Verfahren Umlagen erhoben, denn vom Charakter her sind diese fällig werdenden Entgeltbestandteile i.S.d. Umlageverfahrens einmalig gezahltem Arbeitsentgelt gleichzusetzen, von dem nach § 7 Abs. 2 Satz 2 AAG Umlagen nicht zu erheben sind.

l) Insolvenzgeldumlage

99 Bei der Berechnung der Umlage ist das Arbeitsentgelt der Arbeitnehmer in der Altersteilzeit oder sonstigen flexiblen Arbeitszeitverhältnissen nach § 7 Abs. 1a SGB IV zu berücksichtigen. Dies gilt unabhängig davon, ob sie sich in der Arbeits- oder Freistellungsphase befinden. Als umlagepflichtiges Arbeitsentgelt ist in der Arbeitsphase das tatsächlich erzielte (ausgezahlte) Arbeitsentgelt maßgebend, in der Freistellungsphase das ausgezahlte Wertguthaben.

Bei Altersteilzeitarbeit werden

– der Aufstockungsbetrag nach § 3 Abs. 1 Nr. 1 Buchst. a AltTZG,

– der zusätzliche Beitrag zur Rentenversicherung nach § 3 Abs. 1 Nr. 1 Buchst. b AltTZG sowie

die nach § 163 Abs. 5 SGB VI zu Grunde zu legende zusätzliche beitragspflichtige Einnahme für die Berechnung der Umlage nicht berücksichtigt. Dies gilt sowohl für die Arbeits- als auch für die Freistellungsphase.

Wird während der Altersteilzeit Mehrarbeit geleistet, kann es vorkommen, dass die Vergütung hierfür durch die vorrangige Anrechnung der zusätzlichen beitragspflichtigen Einnahme nach § 163 Abs. 5 SGB VI für die Berechnung der Rentenversicherungsbeiträge wegen Überschreitens der Beitragsbemessungsgrenze nicht bzw. nicht in voller Höhe herangezogen wird. Da die zusätzliche beitragspflichtige Einnahme für die Berechnung der Umlage aber nicht berücksichtigt wird, wird die Vergütung für Mehrarbeit in die Berechnung der Umlage einbezogen. Entsprechendes gilt für einmalig gezahltes Arbeitsentgelt während der Altersteilzeit.

Ist wegen einer nicht vertragsgemäßen Verwendung von Wertguthaben eine sog. Störfallbeitragsberechnung vorzunehmen, wird Insolvenzgeldumlage erhoben. Als umlagepflichtiges Entgelt gilt dabei das nach den besonderen Bestimmungen des § 10 Abs. 5 Altersteilzeitgesetz für Altersteilzeitarbeitsverhältnisse (unter Berücksichtigung der zusätzlichen beitragspflichtigen Einnahme) bzw. das nach § 23b Abs. 2 bis 3 SGB IV für sonstige flexible Arbeitszeitverhältnisse ermittelte rentenversicherungspflichtige Entgelt.

m) Arbeitsunfähigkeit während der Altersteilzeitarbeit

100 Bei Zeiten längerer Arbeitsunfähigkeit in der Arbeitsphase des Blockmodells wird nach Ablauf des Entgeltfortzahlungsanspruchs keine Arbeitsleistung mehr erbracht, durch die für die Freistellungsphase Wertguthaben erzielt werden könnte. Damit in diesen Fällen eine vorzeitige Beendigung des Versicherungsschutzes in der Freistellungsphase verhindert werden kann, kann entweder die Freistellungsphase durch Nacharbeit verkürzt oder das Wertguthaben durch den Arbeitgeber in der entsprechenden Höhe aufgestockt werden. Erfolgt keine Nacharbeit der Wertguthabenaufstockung, verkürzt sich die Altersteilzeitarbeit entsprechend. Dabei ist es unerheblich, wenn die Altersteilzeitarbeit ggf. nicht mehr bis zum frühestmöglichen Beginn einer Altersrente läuft. Die Streckung des Wertguthabens durch geringere Entsparung oder die Reduzierung des fälligen Arbeitsentgelts in der Arbeitsphase zu Gunsten der Erhöhung des Wertguthabens für die Freistellungsphase sind nicht zulässig.

n) Unterbrechung der Altersteilzeitarbeit

101 Zu einer Unterbrechung der Altersteilzeitarbeit, die keinen Störfall auslöst, kann es in folgenden Fällen kommen:

– Zubilligung einer Rente auf Zeit wegen voller Erwerbsminderung,

– sachlich begründete, betriebsbedingt notwendige Rückkehr zur Beschäftigung mit bisheriger wöchentlicher Arbeitszeit in der Arbeits- oder Freistellungsphase,

– unbezahlter Urlaub und Pflegezeit mit vollständiger Freistellung von der Arbeitsleistung während der Arbeitsphase.

Eine Beschäftigung gegen Arbeitsentgelt wird in den Fällen, in denen das Beschäftigungsverhältnis ohne Anspruch auf Arbeitsentgelt besteht, für die Dauer von längstens einem Monat unterstellt. Altersteilzeitarbeit liegt nur vor, wenn ein Arbeitnehmer zum begünstigten Personenkreis gehört und sein Arbeitgeber den steuer- und beitragsfreien Aufstockungsbetrag sowie zusätzliche Rentenversicherungsbeiträge zahlt. In Fällen der unbezahlten Freistellung von der Arbeit können zusätzliche Rentenversicherungsbeiträge nicht gezahlt werden; Altersteilzeitarbeit liegt also trotz weiter bestehender Beschäftigung nicht vor. Während der Inanspruchnahme von Pflegezeit mit vollständiger Freistellung von der Arbeitsleistung ist der Fortbestand der Beschäftigung ohnehin ausgeschlossen.

Auf Grund des in der gesetzlichen Rentenversicherung bestehenden Monatsprinzips, nach dem ein angebrochener Monat als voller

Altersteilzeit

Monat zu berücksichtigen ist, liegt in jedem Monat ein Altersteilzeitarbeitsverhältnis vor, in dem dieses Arbeitsverhältnis mindestens an einem Tag bestand. Insoweit liegt keine Unterbrechung der Altersteilzeitarbeit vor, Wertguthaben für eine spätere Freistellung sind zu bilden. Zu einer Unterbrechung der Altersteilzeitarbeit kommt es somit erst, wenn z.B. ein unbezahlter Urlaub mindestens einen vollen Kalendermonat umfasst.

o) Insolvenzsicherung

102 Um einen noch besseren Schutz der Wertguthaben der im sog. Blockmodell (Arbeitsphase mit anschließender gleichlanger Freistellungsphase) beschäftigten Arbeitnehmer zu gewährleisten, wurde eine spezielle Insolvenzsicherung im Altersteilzeitgesetz verbindlich vorgeschrieben. Ergibt sich aus der Vereinbarung zur Einführung der Altersteilzeitarbeit, dass ein Wertguthaben aufgebaut wird, das den Betrag des **dreifachen Regelarbeitsentgelts** einschließlich des darauf entfallenden Arbeitgeberanteils zur Gesamtsozialversicherung überschreitet, muss der Arbeitgeber das Wertguthaben in geeigneter Weise gegen das Risiko seiner Zahlungsunfähigkeit absichern. Eine Verrechnung von steuer- und beitragsfreien Aufstockungsleistungen mit den beitragspflichtigen Entgelten im Wertguthaben ist nicht zulässig.

Die Verpflichtung zur Absicherung besteht mit **der ersten Gutschrift**, d.h. ab dem Zeitpunkt, in dem der zu sichernde Anspruch auf das in der Freistellungsphase auszuzahlende Arbeitsentgelt entsteht. Der Arbeitgeber hat gegenüber dem Arbeitnehmer erstmals mit der ersten Gutschrift und anschließend alle sechs Monate die zur Sicherung ergriffenen **Maßnahmen** in Textform (§ 126b BGB) **nachzuweisen**. Kommt der Arbeitgeber seiner gesetzlichen Sicherungsverpflichtung nicht nach, hat der Arbeitnehmer einen gesetzlichen Anspruch auf **Sicherheitsleistung** in Höhe des bestehenden Wertguthabens gegen seinen Arbeitgeber.

Geeignete Insolvenzsicherungsmodelle können z.B. sein:
- Bankbürgschaften,
- Absicherung im Wege dinglicher Sicherheiten (z.B. Verpfändung von Wertpapieren, insbesondere Fonds) zu Gunsten der Arbeitnehmer,
- bestimmte Versicherungsmodelle der Versicherungswirtschaft oder
- das Modell der doppelseitigen Treuhand.

Nicht zulässig sind dagegen:
- bilanzielle Rückstellungen,
- zwischen Konzernunternehmen (§ 18 Aktiengesetz) begründete Einstandspflichten, insbesondere Bürgschaften, Patronatserklärungen oder Schuldbeitritte.

Die Insolvenzschutzregelung des § 7e SGB IV (i.d.F. des Gesetzes zur Verbesserung der Rahmenbedingungen für die Absicherung flexibler Arbeitszeitregelungen vom 21.12.2008, BGBl. I 2008, 2940) findet für Wertguthabenvereinbarungen nach dem Altersteilzeitgesetz keine Anwendung.

p) Melderecht

103 Der Arbeitgeber hat bei Beginn der Altersteilzeitarbeit und bei Ende der Altersteilzeitarbeit eine Meldung zu erstatten. Für Arbeitnehmer in Altersteilzeitarbeit gilt ein besonderer Personengruppenschlüssel (103). Bei einem Übergang in die Altersteilzeitarbeit ist das Ende der bisherigen Beschäftigung (taggenau) durch eine Abmeldung mit Abgabegrund 33 und der Beginn der Altersteilzeitarbeit durch eine Anmeldung mit Abgabegrund 13 zu melden. Für den Fall, dass die Altersteilzeitarbeit ausnahmsweise nicht am Ersten eines Monats, sondern im Laufe eines Monats beginnen soll, kann an Stelle der taggenauen Meldung der Erste des Monats angegeben werden.

Als beitragspflichtiges Bruttoarbeitsentgelt ist nicht nur das Arbeitsentgelt für die Altersteilzeitarbeit einzutragen, sondern der Gesamtbetrag, von dem Beiträge zur Rentenversicherung gezahlt worden sind; das Arbeitsentgelt für Altersteilzeitarbeit ist also um den Unterschiedsbetrag zu erhöhen.

Werden Beiträge anlässlich des Eintritts eines Störfalls entrichtet, ist das beitragspflichtige Arbeitsentgelt mit einer besonderen Meldung (Grund der Abgabe 55) zu bescheinigen. Es sind jeweils der Personengruppenschlüssel und der Beitragsgruppenschlüssel anzugeben, die beim Versicherten zum Zeitpunkt des Störfalls zutreffen. Sind Beiträge zu einem Versicherungszweig zu entrichten, zu dem zum Zeitpunkt des Störfalls keine Versicherungspflicht besteht, ist der für den Versicherten zuletzt maßgebende Beitragsgruppenschlüssel anzugeben. Die Meldungen haben das zur Rentenversicherung beitragspflichtige Arbeitsentgelt zu enthalten.

Endet das Beschäftigungsverhältnis im Zusammenhang mit der Zuerkennung einer Rente wegen verminderter Erwerbsfähigkeit gilt Folgendes:

- Wertguthaben, die bis zum Tag vor dem Eintritt der Erwerbsminderung erzielt wurden, sind mit einer Sondermeldung (Abgabegrund 55) unverzüglich zu melden. Als Meldezeitraum sind der Monat und das Jahr des Eintritts der Erwerbsminderung anzugeben.

- Das Wertguthaben, das seit Eintritt der Erwerbsminderung erzielt wurde, ist zusammen mit dem Arbeitsentgelt der erforderlichen Abmeldung wegen Ende der Beschäftigung zu melden. Hierdurch kann es vorkommen, dass die anteilige Beitragsbemessungsgrenze des Meldezeitraums überschritten wird. Es sollte daher auch dieser Teil des Wertguthabens mit einer Sondermeldung (Grund der Abgabe: „55") gemeldet werden. Als Meldezeitraum ist der Monat und das Jahr der nicht zweckentsprechenden Verwendung des Wertguthabens anzugeben. Ist seit dem Eintritt der Erwerbsminderung kein Wertguthaben erzielt worden, ist für diesen Zeitraum keine besondere Meldung abzugeben.

Damit zum Ende des Beschäftigungsverhältnisses nach einer zuvor anerkannten Zeitrente wegen verminderter Erwerbsfähigkeit die Meldedaten für die Zeit bis zum Tag vor dem Eintritt der Erwerbsminderung präsent sind, wird empfohlen, diese Daten bei Zugang des Bescheides über die Zeitrente gesondert festzuhalten.

Im Fall der Insolvenz des Arbeitgebers ist nur das Arbeitsentgelt gesondert zu melden, von dem tatsächlich Beiträge zur Rentenversicherung entrichtet wurden.

Altersvermögensgesetz

→ *Riester-Förderung* Rz. 2549

Altersvorsorge und Altersversorgung

auch → *Vorsorgeaufwendungen* Rz. 3069

1. Beiträge zur gesetzlichen Rentenversicherung

104 Die **Arbeitnehmeranteile** zur Arbeitslosen-, Kranken- und Rentenversicherung stellen eine Gegenleistung für die Erbringung der Arbeitsleistung dar und sind damit **Arbeitslohn**. Unerheblich ist, dass diese Anteile nicht dem Arbeitnehmer ausgezahlt und vom Arbeitgeber direkt an die Sozialversicherungsträger überwiesen werden (zuletzt BFH v. 13.9.2007, VI R 54/03, BStBl II 2008, 58 betr. hinterzogene Arbeitnehmeranteile zur Gesamtsozialversicherung als Arbeitslohn).

Der **Beitragsanteil des Arbeitgebers** für die gesetzliche Rentenversicherung des Arbeitnehmers stellt dagegen keinen Arbeitslohn dar (zuletzt BFH v. 21.1.2010, VI R 52/08, BStBl II 2010, 703); im Übrigen wäre er unter den Voraussetzungen des § 3 Nr. 62 EStG steuer- und beitragsfrei (→ *Zukunftssicherung: Gesetzliche Altersversorgung* Rz. 3344).

Der **Arbeitnehmer kann seine eigenen Beitragsanteile** bis zu bestimmten Höchstbeträgen als **Sonderausgaben** absetzen (→ *Vorsorgeaufwendungen* Rz. 3075), im Lohnsteuerverfahren wird hierfür die Vorsorgepauschale (→ *Vorsorgepauschale* Rz. 3094) gewährt.

2. Betriebliche Altersversorgung

105 Die betriebliche Altersversorgung hat als Instrument betrieblicher Sozialpolitik erhebliche Bedeutung gewonnen; Einzelheiten → *Zukunftsicherung: Betriebliche Altersversorgung* Rz. 3234.

[LSt] = keine Lohnsteuerpflicht
[LSt] = Lohnsteuerpflicht

3. Private Altersabsicherung des Arbeitnehmers

106 Die private Altersabsicherung des Arbeitnehmers soll – meist in der Form einer **Leibrentenversicherung** – mögliche Versorgungslücken zwischen der angestrebten Höhe der gesamten Altersversorgung und den tatsächlichen Leistungen aus der gesetzlichen Rentenversicherung und einer ggf. bestehenden betrieblichen Altersversorgung schließen.

Die gebräuchlichste Form der **privaten Rentenversicherung** ist die Leibrentenversicherung mit aufgeschobener Rentenzahlung, Rentengarantie und Beitragsrückgewähr. Andere Formen sind beispielsweise die Leibrentenversicherung nur mit aufgeschobener Rentenzahlung oder die sog. Optionsrentenversicherung als spezielle Form einer Kapital bildenden Lebensversicherung. Weitere Informationen können insbesondere beim Gesamtverband der Deutschen Versicherungswirtschaft e.V. (GDV), Friedrichstraße 191, 10117 Berlin, erfragt werden.

Beiträge des Arbeitnehmers zur privaten Altersversorgung können von ihm unter den Voraussetzungen des § 10 Abs. 1 Nr. 2 und 3 EStG als **Sonderausgaben** geltend gemacht werden (→ *Vorsorgeaufwendungen* Rz. 3075).

4. Steuerliche Förderung der privaten Altersvorsorge

107 Als Ausgleich für die in den kommenden Jahren eintretenden Rentenminderungen fördert der Staat durch das **Altersvermögensgesetz** den Aufbau einer zusätzlichen privaten Altersversorgung, und zwar entweder durch Zulagen oder einen steuerlichen Sonderausgabenabzug sowie durch Verbesserungen der betrieblichen Altersversorgung. Einzelheiten → *Riester-Förderung* Rz. 2549 sowie → *Zukunftssicherung: Betriebliche Altersversorgung* Rz. 3234.

Amateursportler

1. Lohnsteuer

108 Amateursportler sind als **Arbeitnehmer** anzusehen, wenn nach den im Einzelfall getroffenen mündlichen oder schriftlichen Vereinbarungen oder dem tatsächlichen Verhalten ein **Dienstverhältnis begründet** worden ist. Ein Dienstverhältnis zwischen Spieler und seinem Verein kann dann anzunehmen sein, wenn die Zahlungen die Aufwendungen nicht nur unwesentlich übersteigen, der Spieler sich gegenüber dem Verein für jeweils eine Saison verpflichtet hat und die Zahlungen auch im Falle des Urlaubs und der Krankheit weiter fließen (vgl. FG Düsseldorf v. 4.5.2000, 8 K 9058/98 E, EFG 2001, 136 m.w.N. betr. Fußballspieler der Amateur-Oberliga). In der Praxis wird dies wohl eher bei **Mannschaftssportarten** (z.B. Fußball) der Fall sein. Durch die Gewährung von Fahrtkosten für Fahrten zwischen Wohnung und Trainingsstätte und einer Mehrverpflegungspauschale an die Spieler eines Handballvereins wird ein Arbeitsverhältnis zwischen dem Verein und seinen aktiven Mitgliedern nicht begründet (FG Köln v. 1.4.1987, 11 K 513/84, EFG 1987, 524).

Arbeitgeber ist der Verein, auch wenn der Lohn von einer **Scheinfirma** gezahlt wird (BFH v. 1.4.1999, VII R 51/98, HFR 2000, 19 betr. einen Fußball-Amateur-Oberliga-Verein). Zur Frage, ob auch einzelne Abteilungen eines Vereins Arbeitgeber sein können, s. BFH v. 13.3.2003, VII R 46/02, BStBl II 2003, 960 betr. Haftung des Vereinsvorsitzenden für Lohnsteuer.

[LSt] [SV]

Steuerpflichtiger Arbeitslohn liegt nach den o.g. Urteilen allerdings **nicht** vor, wenn die Amateursportler im Wesentlichen **nur Aufwandsersatz** erhalten (zuletzt BFH v. 9.4.2014, X R 40/11, HFR 2015, 461 betr. Abzug von Verpflegungsmehraufwendungen eines Kraftsportlers sowie → *Arbeitnehmer* Rz. 175). Die Zahlung einer „**Aufwandsentschädigung**" besagt allerdings noch nicht, dass dies der Fall ist. Das Finanzamt wird sicherlich wie bei Aufwandsentschädigungen im öffentlichen Dienst weitere Nachprüfungen anstellen (→ *Aufwandsentschädigungen im öffentlichen Dienst* Rz. 383).

Amateursportler können die ab 2007 eingeführte **Steuerbefreiung** nach § 3 Nr. 26a EStG bis höchstens 720 € im Jahr **nicht** in Anspruch nehmen (→ *Aufwandsentschädigungen für bestimmte ne-*benberufliche Tätigkeiten Rz. 360), sie wird lediglich ehrenamtlichen Schiedsrichtern im Amateursportbereich gewährt (R 3.26a Abs. 2 EStR).

Arbeitslohn liegt auch vor, wenn ein Sportler bei einem **Transfer** einen Anteil der Ablösezahlung erhält (FG Köln v. 28.8.1998, 15 K 4889/98, EFG 1998, 1586) oder Zahlungen vom **Vereinsvorsitzenden** erhält (FG Düsseldorf v. 4.5.2000, 8 K 9058/98 E, EFG 2001, 136 betr. Zahlungen an einen Fußballspieler der Amateur-Oberliga).

Zur steuerlichen Behandlung von **Werbeeinnahmen** → *Berufssportler* Rz. 654.

Zur Vorbereitung für die Teilnahme an Meisterschaften und Olympischen Spielen werden Spitzensportlern zur Erfüllung ihrer sportlichen Leistungsverpflichtungen von der **Stiftung „Deutsche Sporthilfe" Frankfurt (Main) Zuschüsse** gewährt. Die Zuwendungen bestehen regelmäßig im Ersatz der Auslagen, die den Spitzensportlern bei ihren Trainings- und Wettkampfverpflichtungen sowie für Massagen, Bäder, Sportkleidung, Sportgeräte und zusätzliche Nahrung erwachsen. Gelegentlich werden die Zuschüsse auch aus Vereinfachungsgründen pauschal als **Stipendium** oder für **Verdienstausfall** gezahlt.

Die Zuwendungen sind nach Auffassung der Finanzverwaltung (vgl. z.B. FinMin Nordrhein-Westfalen v. 11.1.1994 – II, www.stotax-first.de) grundsätzlich als **wiederkehrende Bezüge** i.S.d. § 22 Nr. 1 EStG anzusehen. Bei der Ermittlung der Einkünfte kann jedoch davon ausgegangen werden, dass den Zuschüssen i.d.R. **in gleicher Höhe Werbungskosten** gegenüberstehen, sofern nicht in besonderen Einzelfällen eine andere Beurteilung erforderlich werden sollte (z.B. bei Ersatz von Verdienstausfall). Die Leistungen können auch den **Einkünften aus Gewerbebetrieb** zuzurechnen sein, wenn einem Hochleistungssportler aus Ausrüsterverträgen mit privaten Sponsoren gewerbliche Einnahmen zufließen (FG Hessen v. 16.10.2000, 5 K 187/98, EFG 2001, 683). Ein Lohnsteuerabzug entfällt.

2. Sozialversicherung

a) Arbeitnehmereigenschaft

Mit der versicherungsrechtlichen Beurteilung von Amateursportlern haben sich die Spitzenorganisationen der Sozialversicherung am 23./24.11.2011 und am 13.3.2013 befasst. Hiernach gelten folgende Abgrenzungsregelungen: **109**

– **Vertragsamateure**

Sind die Rechte und Pflichten des Amateurs in einem Vertrag schriftlich festgelegt, wird grundsätzlich ein sozialversicherungsrechtliches Beschäftigungsverhältnis unterstellt.

– **Amateure ohne Vertrag**

Für Amateure, die allein auf Grund ihrer mitgliedschaftsrechtlichen Bindung tätig werden, wird folgende Vermutung zu Grunde gelegt:

Bei Zahlungen bis zur Höhe von 200 € monatlich (Aufwandsentschädigung) liegt keine sozialversicherungsrechtlich relevante Beschäftigung vor. Hierbei sind Prämien für besondere Erfolge jedoch mit einzubeziehen.

Wird aus besonderen Gründen ein höherer Aufwand erstattet, muss dieser belegt werden. Aber umgekehrt kann auch die Zahlung von bis zu 200 € bei nachweislich niedrigeren tatsächlichen Aufwänden zu einem sozialversicherungsrechtlichen Beschäftigungsverhältnis führen. Es handelt sich dann um eine geringfügig entlohnte Beschäftigung, die bei der Minijob-Zentrale anzumelden ist.

Die 200 €-Grenze ist für die sozialversicherungsrechtliche Beurteilung seit 28.3.2013 – Tag der Verkündung des Ehrenamtsstärkungsgesetzes – anwendbar.

Hinzuweisen ist noch auf folgende Entscheidungen:

– Vertragsamateure i.S.d. § 15 der Spielordnung des Deutschen Fußballbundes (DFB) sind dann Arbeitnehmer, wenn sie auf Grund der jeweiligen Vertragsgestaltung und -abwicklung ihre Leistungen für den Verein in einer für ein Arbeitsverhältnis typischen persönlichen Abhängigkeit erbringen, die über die bereits durch die Vereinsmitgliedschaft begründete Weisungsgebundenheit hinausgeht. Macht ein Fußballverein bei der praktischen Handhabung des Sportbetriebes keinen Unter-

Amateursportler

schied zwischen Amateuren und den Vertragsamateuren, so kann dies Grund für eine einheitliche Statusbeurteilung sein mit der Folge, dass allen Spielern die Arbeitnehmereigenschaft fehlt (BAG v. 10.5.1990, 2 AZR 607/89, www.stotax-first.de).

- Eine weisungsgebundene Eingliederung i.S. eines Arbeitsverhältnisses ist bei einem Fußballspieler gegeben, wenn sich dieser gegenüber dem Sportverein zur Erbringung fußballsportlicher Tätigkeiten nach Weisungen des Vereins verpflichtet, typischerweise gegen Zahlung eines Arbeitsentgelts (§ 14 SGB IV). An einer Beschäftigung fehlt es aber, wenn zwischen Sportler und Sportverein lediglich mitgliedschaftsrechtliche Bindungen bestehen. Die zu beurteilenden Verpflichtungen dürfen nicht allein im Rahmen der Mitgliedschaft zu einem privatrechtlichen Verein in Erfüllung mitgliedschaftlicher Vereinspflichten ausgeübt werden. Materielle Anreize zur Förderung der sportlichen Leistungsbereitschaft und zur Erreichung sportlicher Erfolge lassen nicht zwingend auf ein Arbeitsentgelt schließen. Wenn die Zahlungen erbracht werden, um pauschal einen nicht nachzuweisenden Aufwand abzudecken, die Fußballspieler an den Sportverein zu binden, ohne sie arbeitsvertraglich zu verpflichten und sie im Rahmen ihrer fußballerischen Tätigkeit zu motivieren, handelt es sich nicht um Arbeitsentgelt (LSG Niedersachsen-Bremen v. 12.11.2013, L 4 KR 383/13 B ER, www.stotax-first.de).

b) Mindestlohn

110 Durch die Einführung des **Mindestlohns** zum 1.1.2015 stellte sich die Frage nach der Auswirkung auf den Amateursport.

Das Bundesministerium für Arbeit und Soziales (BMAS) hat sich mit dem Deutschen Olympischen Sportbund und dem Deutschen Fußball-Bund auf folgende Regelung verständigt:

Viele Amateursportler werden über das Mitgliedschaftsverhältnis hinaus vertraglich an den Verein gebunden und es findet eine Anmeldung als Mini-Jobber bei der Minijob-Zentrale statt. Vertragsamateure sind typischerweise nicht in einem Arbeitsverhältnis tätig und damit entfällt auch die Anwendung des Mindestlohngesetzes. Entscheidend dafür ist, dass die sportliche Betätigung und nicht die finanzielle Gegenleistung im Vordergrund steht. Das BMAS hat diese Auffassung mit dem für die Finanzkontrolle Schwarzarbeit (FKS) zuständigen Bundesministerium für Finanzen abgeklärt.

Sollten Einkünfte oberhalb der Minijob-Grenze von 450 € erzielt werden, ist in jedem Fall eine Einzelfallprüfung erforderlich. Hierbei ist zu bewerten, ob es in erster Linie um die sportliche Betätigung oder die finanzielle Gegenleistung geht.

Die Aussage, dass Amateursportler nicht in einem Arbeitsverhältnis stehen, widerspricht der Auffassung der Spitzenorganisationen der Sozialversicherung. Man hat sich mit dem BMAS darauf verständigt, dass eine Trennung zwischen sozialversicherungsrechtlicher Beurteilung und der Bewertung nach dem Mindestlohngesetz zu erfolgen hat. Die Träger der Sozialversicherung werden sich daher nur zu sozialversicherungsrechtlichen Belangen äußern. Einzelheiten zum → *Mindestlohn* Rz. 2028.

Amtseinführung, Kostenübernahme

→ *Bewirtungskosten* Rz. 724

Änderung des Lohnsteuerabzugs

1. Allgemeines

111 Es kommt häufig vor, dass der Lohnsteuerabzug sich im Nachhinein als unzutreffend erweist. Die Gründe können vielfältig sein: Denkbar ist, dass dem Arbeitgeber die elektronischen Lohnsteuerabzugsmerkmale des Arbeitnehmers erst später vorliegen, weil ihm der Arbeitnehmer seine Identifikationsnummer zunächst nicht mitgeteilt hat. Denkbar sind aber auch **Fehler des Arbeitgebers** bei der Lohnabrechnung, z.B. das Übersehen einer Steuerbefreiung. In bestimmten Fällen ist der Arbeitgeber **gesetzlich verpflichtet**, den Lohnsteuerabzug nachträglich zu korrigieren, in anderen Fällen ist er dazu lediglich **berechtigt**.

Die Vorschriften über die Änderung des Lohnsteuerabzugs gelten auch für die sog. **Annexsteuern** (Kirchensteuer, Solidaritätszuschlag).

2. Verpflichtung zur Änderung

a) Keine Lohnsteuerabzugsmerkmale

112 Solange der Arbeitnehmer dem Arbeitgeber zum Zweck des Abrufs der elektronischen Lohnsteuerabzugsmerkmale (→ *ELStAM* Rz. 1007) die ihm zugeteilte Identifikationsnummer sowie den Tag der Geburt schuldhaft nicht mitteilt oder das BZSt die Mitteilung elektronischer Lohnsteuerabzugsmerkmale ablehnt, hat der Arbeitgeber die Lohnsteuer nach **Steuerklasse VI** zu ermitteln (§ 39c Abs. 1 Satz 1 EStG).

Kann der Arbeitgeber die elektronischen Lohnsteuerabzugsmerkmale wegen technischer Störungen nicht abrufen oder hat der Arbeitnehmer die fehlende Mitteilung der ihm zuzuteilenden Identifikationsnummer nicht zu vertreten, hat der Arbeitgeber für die Lohnsteuerberechnung die **voraussichtlichen Lohnsteuerabzugsmerkmale** i.S.d. § 38b EStG längstens für die **Dauer von drei Kalendermonaten** zu Grunde zu legen. Hat nach Ablauf der drei Kalendermonate der Arbeitnehmer die Identifikationsnummer sowie den Tag der Geburt nicht mitgeteilt, ist rückwirkend die Steuerklasse VI anzuwenden (§ 39c Abs. 1 Satz 2 und 3 EStG).

Sobald dem Arbeitgeber in den Fällen des § 39c Abs. 1 Satz 2 EStG die elektronischen Lohnsteuerabzugsmerkmale vorliegen, sind die Lohnsteuerermittlungen für die vorangegangenen Monate zu überprüfen und, falls erforderlich, zu ändern (§ 39c Abs. 1 Satz 4 EStG).

Die zu wenig oder zu viel einbehaltene Lohnsteuer ist jeweils bei der nächsten Lohnabrechnung auszugleichen (§ 39c Abs. 1 Satz 5 EStG).

b) Rückwirkende Gesetzesänderung

113 Nach § 41c Abs. 1 Satz 2 EStG ist der Arbeitgeber, wenn ihm dies wirtschaftlich zumutbar ist, **grundsätzlich verpflichtet (bisher war er dazu nur „berechtigt")**, bei der jeweils nächstfolgenden Lohnzahlung bisher erhobene Lohnsteuer zu erstatten oder noch nicht erhobene Lohnsteuer nachträglich einzubehalten, wenn er erkennt, dass er die Lohnsteuer bisher nicht vorschriftsmäßig einbehalten hat, weil etwa das **Gesetz rückwirkend geändert** wurde (z.B. wenn der Steuertarif nachträglich geändert worden ist).

Wirtschaftlich zumutbar ist dies regelmäßig Arbeitgebern mit maschineller Lohnabrechnung, deren Lohnabrechnungsprogramme eine rückwirkende Neuberechnung vorsehen und ermöglichen. Die Art und Weise der Neuberechnung wird durch die gesetzliche Verpflichtung nicht zwingend festgelegt. Sie kann folglich durch eine Neuberechnung zurückliegender Lohnabrechnungszeiträume oder durch eine Differenzberechnung für diese Monate im nächsten (nächstmöglichen) Lohnzahlungszeitraum erfolgen. Auch eine Erstattung im Rahmen der Berechnung der Lohnsteuer für einen demnächst fälligen sonstigen Bezug ist nicht ausgeschlossen, sofern sie noch i.R.d. Ziels (schnellstmögliche Erstattung zu viel erhobener Lohnsteuer durch den Arbeitgeber) liegt. Eine Verpflichtung zur geänderten Lohnsteuerberechnung scheidet von vornherein aus, wenn z.B. der Arbeitnehmer vom Arbeitgeber Arbeitslohn nicht mehr bezieht oder die Lohnsteuerbescheinigung bereits übermittelt oder ausgeschrieben ist.

Nicht wirtschaftlich zumutbar kann einem Arbeitgeber die Neuberechnung für zurückliegende Lohnabrechnungszeiträume jedoch sein, wenn sein Lohnabrechnungsprogramm dies nicht kurzfristig und mit vertretbaren Kosten realisieren kann. Andernfalls könnte dies bei **kleineren Arbeitgebern** zu finanziellen Belastungen führen, insbesondere unter Berücksichtigung der weiteren Arbeiten, wie z.B. Druck neuer Lohnabrechnungen, und wirtschaftlich nicht mehr vertretbar sein, wenn die steuerliche Entlastung des Arbeitnehmers nur gering ist. Zukünftige Lohnzahlungen müssen jedoch regelmäßig mit der geänderten Tarifformel gerechnet werden (s. dazu BT-Drucks. 16/11740).

3. Berechtigung zur Änderung

114 Unabhängig von der Verpflichtung des Arbeitgebers, nach § 39c Abs. 1 und 2 EStG den Lohnsteuerabzug für vorangegangene Monate zu überprüfen und erforderlichenfalls zu ändern, ist der Arbeitgeber berechtigt, bei der jeweils nächstfolgenden Lohnzahlung bisher erhobene Lohnsteuer zu erstatten oder noch nicht erhobene Lohnsteuer nachträglich einzubehalten, wenn

– ihm elektronische Lohnsteuerabzugsmerkmale zum Abruf zur Verfügung gestellt werden oder ihm der Arbeitnehmer eine Bescheinigung für den Lohnsteuerabzug mit Eintragungen vorlegt, die auf einen Zeitpunkt vor Abruf der Lohnsteuerabzugsmerkmale oder vor Vorlage der Bescheinigung für den Lohnsteuerabzug **zurückwirken** (§ 41c Abs. 1 Satz 1 Nr. 1 EStG), oder

– er erkennt, dass er die Lohnsteuer bisher **nicht vorschriftsmäßig einbehalten** hat; dies gilt auch bei **rückwirkender Gesetzesänderung** (§ 41c Abs. 1 Satz 1 Nr. 2 EStG).

In diesem Fall ist der **Arbeitgeber, wenn ihm dies wirtschaftlich zumutbar ist, sogar zu einer Änderung verpflichtet** (§ 41c Abs. 1 Satz 2 EStG); s. dazu ausführlich → Rz. 113.

Die Änderung ist zu Gunsten oder zu Ungunsten des Arbeitnehmers zulässig, ohne dass es dabei auf die Höhe der zu erstattenden oder nachträglich einzubehaltenden Steuer ankommt. Die für Fälle der Nachforderung durch das Finanzamt bestehende Vorschrift, dass Beträge bis zu **10 €** nicht nachzufordern sind, gilt **nicht** für die nachträgliche Einbehaltung durch den Arbeitgeber (R 41c.1 Abs. 1 Satz 3 LStR).

Der **Arbeitgeber** ist zur Änderung des Lohnsteuerabzugs nur berechtigt, soweit die Lohnsteuer von **ihm einbehalten** worden ist oder einzubehalten war (R 41c.1 Abs. 2 Satz 1 LStR). **Fehler anderer Arbeitgeber** darf er also nicht korrigieren.

> **Beispiel:**
> A wechselt zum 1. Juli den Arbeitgeber. Nach seinen elektronischen Lohnsteuerabzugsmerkmalen hat ihm das Finanzamt rückwirkend ab 1. März einen Freibetrag wegen erhöhter Werbungskosten gewährt. Die Bearbeitung durch das Finanzamt hatte sich auf Grund eines Einspruchs verzögert.
> Der neue Arbeitgeber darf den Lohnsteuerabzug für die Monate März bis Juni nicht korrigieren. Aber auch der „alte" Arbeitgeber darf keine Änderung mehr vornehmen, wenn er bereits die Lohnsteuerbescheinigung (→ *Lohnsteuerbescheinigung* Rz. 1863) ausgeschrieben hat (§ 41c Abs. 3 EStG). Der Arbeitnehmer kann jedoch beim Finanzamt einen Erstattungsantrag nach § 37 Abs. 2 AO stellen (→ *Erstattung von Lohnsteuer* Rz. 1180).

4. Verfahren

115 Die Änderung des Lohnsteuerabzugs ist, sofern der Arbeitgeber von seiner Berechtigung hierzu Gebrauch macht, bei der **nächsten Lohnzahlung** vorzunehmen, die auf den Abruf der elektronischen Lohnsteuerabzugsmerkmale mit den rückwirkenden Eintragungen oder das Erkennen einer nicht vorschriftsmäßigen Lohnsteuereinbehaltung folgt. Der Arbeitgeber darf in Fällen nachträglicher Einbehaltung von Lohnsteuer die Einbehaltung nicht auf mehrere Lohnzahlungen verteilen. Die nachträgliche Einbehaltung ist auch insoweit zulässig, als dadurch die **Pfändungsfreigrenzen der §§ 850 ff. ZPO unterschritten** werden (im Extremfall kann somit der gesamte Arbeitslohn der nachträglichen Einbehaltung zum Opfer fallen). Wenn die nachträglich einzubehaltende Lohnsteuer den auszuzahlenden **Barlohn übersteigt**, ist die nachträgliche Einbehaltung in Höhe des auszuzahlenden Barlohns vorzunehmen und dem Finanzamt für den übersteigenden Betrag eine **Anzeige** nach § 41c Abs. 4 EStG zu erstatten (R 41c.1 Abs. 4 LStR).

Im Fall der **Erstattung von Lohnsteuer** hat der Arbeitgeber die zu erstattende Lohnsteuer dem Gesamtbetrag der von ihm abzuführenden Lohnsteuer zu entnehmen. Wenn dieser für die zu erstattende Lohnsteuer nicht ausreicht, wird dem Arbeitgeber der **Fehlbetrag auf Antrag vom Betriebsstättenfinanzamt ersetzt** (§ 41c Abs. 2 EStG). Als Antrag auf Ersatz eines etwaigen Fehlbetrags reicht es aus, wenn in der **Lohnsteueranmeldung** der Erstattungsbetrag kenntlich gemacht wird (z.B. durch **Minuszeichen oder Rotbetrag**). Macht der Arbeitgeber von seiner Berechtigung zur Lohnsteuererstattung nach § 41c Abs. 1 und 2 EStG keinen Gebrauch, so kann der **Arbeitnehmer** noch im laufenden Kalenderjahr die **Erstattung** zu viel einbehaltener Lohnsteuer nach § 37 Abs. 2 AO beim Finanzamt **beantragen** (R 41c.1 Abs. 5 Satz 3 LStR). Er kann die Erstattung aber auch nach Ablauf des Kalenderjahrs im Rahmen einer Veranlagung zur Einkommensteuer erreichen (→ *Veranlagung von Arbeitnehmern* Rz. 2973). Vgl. auch → *Erstattung von Lohnsteuer* Rz. 1180.

Das Finanzamt kann grundsätzlich auch im **Lohnsteueranmeldungsverfahren einen Nachforderungsbescheid** gegen den Arbeitgeber nach §§ 167, 168 AO erlassen, wenn dieser die einzubehaltende Lohnsteuer nicht ordnungsgemäß abgeführt hat. Dies wird grundsätzlich nicht durch die Möglichkeit ausgeschlossen, dass der Arbeitgeber nach § 42d EStG nach pflichtgemäßem Ermessen auch in Haftung genommen werden kann.

Eine Minderung der einzubehaltenden und zu übernehmenden Lohnsteuer (§ 41a Abs. 1 Satz 1 Nr. 1 EStG) nach § 164 Abs. 2 Satz 1 AO ist **nach der Übermittlung oder Ausschreibung der Lohnsteuerbescheinigung** nur dann zulässig, wenn sich der Arbeitnehmer ohne vertraglichen Anspruch und gegen den Willen des Arbeitgebers Beträge verschafft hat, für die Lohnsteuer einbehalten wurde. In diesem Fall hat der Arbeitgeber die bereits übermittelte oder ausgestellte Lohnsteuerbescheinigung zu berichtigen und sie als geändert gekennzeichnet an die Finanzverwaltung zu übermitteln. Der Arbeitgeber hat seinen Antrag zu begründen und die Lohnsteuer-Anmeldung zu berichtigen (neuer § 41c Abs. 3 EStG).

5. Zeitliche Beschränkungen

Neben der Beschränkung der Änderungsmöglichkeit des Arbeitgebers auf Lohnzahlungszeiträume, für die die Lohnsteuer von **ihm** einbehalten worden ist oder einzubehalten war, gibt es eine weitere zeitliche Beschränkung:

116

Bei **Beendigung des Dienstverhältnisses oder am Ende des Kalenderjahrs** hat der Arbeitgeber das Lohnkonto des Arbeitnehmers – nach einem eventuellen Lohnsteuer-Jahresausgleich (§ 42b EStG – abzuschließen und die Eintragungen bis zum 28. Februar des Folgejahres der Steuerverwaltung zu übermitteln (elektronische Lohnsteuerbescheinigung, → *Lohnsteuerbescheinigung* Rz. 1863). Damit wird gem. § 41b EStG der Lohnsteuerabzug – auch hinsichtlich der danach zu bemessenden Zuschlagsteuern – abgeschlossen. Die Bescheinigung enthält die für eine etwaige Einkommensteuerveranlagung erforderlichen Angaben.

Nach der Übermittlung oder Ausschreibung der Lohnsteuerbescheinigung ist eine Änderung des Lohnsteuerabzugs sowie der danach zu bemessenden Zuschlagsteuern nicht mehr zulässig (§ 41c Abs. 3 EStG, § 42b Abs. 3 EStG). Etwaige Fehler beim Lohnsteuerabzug können dann nur noch im Rahmen der **Einkommensteuerveranlagung berichtigt** werden; für eine Berichtigung der Lohnsteuerbescheinigung besteht nach diesem Zeitpunkt kein Rechtsschutzbedürfnis mehr (zuletzt BFH v. 30.12.2010, III R 50/09, www.stotax-first.de, m.w.N.).

Ein **Wechsel von der Regelbesteuerung zur Pauschalbesteuerung nach § 40a EStG** ist daher nach § 41c Abs. 3 Satz 1 EStG nach Ablauf des Kalenderjahrs nur bis zur Ausschreibung oder Übermittlung der Lohnsteuerbescheinigung möglich, für 2016 also bis zum 28.2.2017 (FG Nürnberg v. 16.10.2014, 6 K 178/13, EFG 2015, 732). Dies gilt auch für die Pauschalierung der Lohnsteuer bei der Gewährung von Fahrtkostenzuschüssen für Fahrten zwischen Wohnung und erster Tätigkeitsstätte nach § 40 Abs. 2 Satz 2 EStG. Das Wahlrecht des Arbeitgebers, die Lohnsteuer nach § 40 Abs. 2 Satz 2 EStG zu pauschalieren, wird im Übrigen nicht durch einen Antrag, sondern durch Anmeldung der mit einem Pauschsteuersatz erhobenen Lohnsteuer ausgeübt (BFH v. 24.9.2015, VI R 69/14, www.stotax-first.de).

Nach Ablauf des Kalenderjahrs muss die nachträglich einzubehaltende oder die zu erstattende Lohnsteuer nach dem Jahresarbeitslohn auf Grund der Jahreslohnsteuertabelle ermittelt werden. Eine **Erstattung** darf der Arbeitgeber dabei aber nur vornehmen, wenn er zur Durchführung des **Lohnsteuer-Jahresausgleichs** berechtigt ist (→ *Lohnsteuer-Jahresausgleich durch den Arbeitgeber* Rz. 1926). Ist das nicht der Fall oder ist die Frist für die Durchführung des Lohnsteuer-Jahresausgleichs (31. März des Folgejahrs) abgelaufen, kann der Arbeitnehmer die Erstattung nur im Rahmen einer **Veranlagung zur Einkommensteuer** erreichen, die ggf. beantragt werden muss (R 41c.1 Abs. 6 Satz 1 bis 3 LStR).

Soweit der Arbeitgeber auf Grund einer Änderung des Lohnsteuerabzugs nach Ablauf des Kalenderjahrs nachträglich Lohnsteuer einbehält, handelt es sich um **Lohnsteuer des abgelaufenen Kalenderjahrs**, die zusammen mit der übrigen einbehaltenen Lohnsteuer des abgelaufenen Kalenderjahrs in einer Summe in der

Änderung des Lohnsteuerabzugs

Lohnsteuerbescheinigung zu übermitteln oder anzugeben ist (R 41c.1 Abs. 6 Satz 4 LStR).

6. Anzeigepflichten des Arbeitgebers

117 Der Arbeitgeber hat die Fälle, in denen er die Lohnsteuer nach § 41c Abs. 1 EStG (→ Rz. 114) nicht nachträglich einbehält oder nicht nachträglich einbehalten kann, weil

- der Arbeitnehmer vom Arbeitgeber Arbeitslohn nicht mehr bezieht oder
- der Arbeitgeber nach Ablauf des Kalenderjahrs bereits die Lohnsteuerbescheinigung übermittelt oder ausgeschrieben hat,

unverzüglich dem Betriebsstättenfinanzamt anzuzeigen (§ 41c Abs. 4 Satz 1 EStG).

Das Finanzamt hat die zu wenig erhobene Lohnsteuer vom Arbeitnehmer nachzufordern, wenn der nachzufordernde Betrag 10 € übersteigt (§ 41c Abs. 4 Satz 2 EStG). Diese Vereinfachungsregelung entbindet den Arbeitgeber jedoch nicht von seiner Anzeigepflicht. Die **Anzeigepflicht** über die zu geringe Einbehaltung der Lohnsteuer erstreckt sich auch auf die zurückliegenden **vier Kalenderjahre** (R 41c.2 Abs. 1 LStR).

Eine Anzeigepflicht des Arbeitgebers ergibt sich darüber hinaus in den Fällen des § 38 Abs. 4 EStG, wenn der **Barlohn zur Deckung der Lohnsteuer nicht ausreicht** (insbesondere bei Gewährung von Sachbezügen) und weder von anderen Bezügen des Arbeitnehmers ein entsprechender Teil zurückbehalten werden kann noch der Arbeitnehmer den Fehlbetrag zur Verfügung stellt.

Die Anzeige ist **schriftlich** zu erstatten. In ihr sind Name und Anschrift des Arbeitnehmers, die Lohnsteuerabzugsmerkmale, nämlich Geburtstag, Steuerklasse, Zahl der Kinderfreibeträge, Religionsgemeinschaft, an die die Kirchensteuer abzuführen ist, und ggf. ein Freibetrag sowie der Anzeigegrund und die für die Berechnung einer Lohnsteuer-Nachforderung erforderlichen Mitteilungen über die Höhe und Art des Arbeitslohns, z.B. Auszug aus dem Lohnkonto, anzugeben (R 41c.2 Abs. 2 LStR). **Vordrucke** für die Anzeige sind kostenlos beim Finanzamt erhältlich.

Das Betriebsstättenfinanzamt wird die Lohnsteuer im Regelfall nicht selbst vom Arbeitnehmer nachfordern, sondern die Anzeige an das **Wohnsitzfinanzamt** des Arbeitnehmers weiterleiten. Dies besonders dann, wenn es wahrscheinlich ist, dass der Arbeitnehmer zur Einkommensteuer veranlagt wird (R 41c.2 Abs. 3 LStR). In diesem Verfahren wird dann auch die Lohnsteuer nachgefordert.

Die **Erfüllung der Anzeigepflichten ist für den Arbeitgeber von erheblicher Bedeutung**, weil er für die auf Grund der Anzeige nachzuerhebende Lohnsteuer **nicht mehr haftet** (§ 42d Abs. 2 Nr. 1 EStG). Einzelheiten → *Haftung für Lohnsteuer: Allgemeine Grundsätze* Rz. 1493.

7. Besonderheiten bei beschränkt Steuerpflichtigen

118 Bei beschränkt steuerpflichtigen Arbeitnehmern ist auch nach Ablauf des Kalenderjahrs eine Änderung des Lohnsteuerabzugs nur für Lohnzahlungszeiträume vorzunehmen, auf die sich die Änderungen beziehen (R 41c.1 Abs. 7 LStR), d.h. dass nicht rückwirkend die Jahreslohnsteuertabelle angewendet werden darf. Änderungen sind außerdem nur zulässig, soweit Lohnsteuer **nachgefordert** wird. **Änderungen mit Erstattungsfolge** kann nur das Finanzamt nach § 37 Abs. 2 AO durchführen (→ *Erstattung von Lohnsteuer* Rz. 1180).

Angehörige

Inhaltsübersicht: Rz.
1. Begriff 119
2. Arbeitsrecht 120
   a) Ehegattenmitarbeit, eheähnliche Lebensgemeinschaft und Lebenspartnerschaft 120
   b) Ehegatten-Arbeitsverhältnis 121
   c) Kindermitarbeit 122
   d) Arbeitsverhältnis mit Kindern 123
   e) Unterarbeitsverhältnisse mit Angehörigen 124
3. Lohnsteuer 125
   a) Allgemeines 125
   b) Ehegatten-Arbeitsverhältnisse 126
   c) Arbeitsverhältnisse zwischen Eltern und Kindern 133
   d) Unterarbeitsverhältnisse 135
   e) Nichteheliche Lebensgemeinschaften, Verlobte 137
4. Sozialversicherung 138

1. Begriff

119 Der Begriff des Angehörigen wird in den verschiedenen Gesetzen jeweils unterschiedlich verstanden. Grundsätzlich aber gehören insbesondere der Ehegatte/Lebenspartner und Verwandte in gerader Linie (also Kinder) dazu.

Zur Beschäftigung von Familienangehörigen s. ausführlich D. Besgen, Beschäftigung von Familienangehörigen, B+P 2014, 307.

2. Arbeitsrecht

a) Ehegattenmitarbeit, eheähnliche Lebensgemeinschaft und Lebenspartnerschaft

120 Ob ein Ehegatte als Arbeitnehmer anzusehen ist, ist abhängig davon, ob er neben anderen auf Grund familienrechtlicher Verpflichtung (z.B. nach §§ 1353, 1360 BGB) oder aber auf der Grundlage eines besonderen Arbeitsvertrages tätig wird. Im ersten Fall läge lediglich eine **familienrechtliche Mithilfe** vor. Im strengen Sinne besteht eine Verpflichtung des Ehegatten zur Mitarbeit im Geschäft des anderen nur in besonderen Notsituationen. Ansonsten ist jeder Ehegatte in der Entscheidung darüber frei, wie er seine Arbeitskraft verwertet, ob er dies im Rahmen eines Arbeitsvertrages mit dem anderen Ehegatten oder im Rahmen eines Arbeitsverhältnisses mit einem Fremdarbeitgeber tut.

Bei bloßer **familienrechtlicher Mitarbeit** des Ehegatten finden die arbeitsrechtlichen Regelungen im Wesentlichen keine Anwendung; die Rechtsbeziehungen richten sich nach den familienrechtlichen Vorschriften.

Allein die gerichtlich festgestellte **arbeitsrechtliche Wirksamkeit** eines Arbeitsverhältnisses zwischen Ehegatten genügt nicht für dessen steuerliche Anerkennung; der Maßstab der Fremdüblichkeit kann nicht auf die arbeitsrechtliche Wirksamkeit reduziert werden (BFH v. 1.12.2004, X R 4/03, HFR 2005, 403).

Auch die Mitarbeit des Partners einer **eheähnlichen Lebensgemeinschaft** oder eines Partners einer **Lebenspartnerschaft** nach dem Lebenspartnerschaftsgesetz im Hauswesen, Geschäft, Gewerbe oder Beruf des anderen Partners kann wie bei Ehegatten auf familienrechtlicher, gesellschaftsrechtlicher, freiberuflicher oder arbeitsrechtlicher Grundlage erfolgen. Insoweit gelten die vorstehenden Ausführungen zur ehelichen Mitarbeit entsprechend. Vereinbaren insoweit die Partner einer nichtehelichen Lebensgemeinschaft ein Arbeitsverhältnis, so ist durch Auslegung des Verhaltens der Parteien zu ermitteln, wie weit eine von der Lebensgemeinschaft zu trennende separate Rechtsbeziehung eines Arbeitsverhältnisses reichen und den Grundsatz der Nichtausgleichung innerhalb der Lebensgemeinschaft verdrängen soll (LAG Köln v. 14.3.2008, 4 Sa 1583/07, n.v.; LAG Berlin-Brandenburg v. 12.4.2011, 15 SHA 484/11, www.stotax-first.de).

b) Ehegatten-Arbeitsverhältnis

121 Voraussetzung für ein Ehegatten-Arbeitsverhältnis ist **Abschluss und tatsächlicher Vollzug** eines Arbeitsvertrages. Dieser Arbeitsvertrag wird i.d.R. schon aus steuerlichen Gründen zur Dokumentation gegenüber dem Finanzamt ausdrücklich und förmlich abgeschlossen. Entscheidend ist der **tatsächliche Vollzug** des Arbeitsverhältnisses insbesondere hinsichtlich der finanziellen Seite (BAG v. 20.7.1993, 3 AZR 99/93, www.stotax-first.de).

Ist ein förmlicher Arbeitsvertrag zwischen den Ehegatten nicht abgeschlossen worden, ist also unklar, ob die Tätigkeit des einen Ehegatten familiäre Mitarbeit im oben beschriebenen Sinne darstellt oder arbeitsvertraglicher Natur ist, so muss die Zuordnung zu der einen oder anderen Form durch **Ermittlung und Auslegung aller Umstände des Einzelfalles** gefunden werden. Für die Annahme eines Arbeitsverhältnisses spricht in erster Linie die Einordnung unter das arbeitsvertragliche Weisungsrecht des anderen Ehegatten, aber auch die Zahlung eines regelmäßigen Lohnes und die Einhaltung bestimmter Arbeitszeiten.

Fehlt es an einer ausdrücklichen oder ansonsten feststellbaren konkludenten arbeitsvertraglichen Grundlage für die Mitarbeit des Ehegatten, ist insbesondere die Mitarbeit über einen längeren Zeitraum **unentgeltlich** und ohne besondere Absprachen erfolgt, so wird die Mitarbeit als familienrechtliche Mitarbeit zu behandeln sein. Die Einschätzung der Rechtslage kann insoweit besonders schwierig sein, wenn der mitarbeitende Ehegatte ein – möglicherweise geringfügiges – Entgelt erhält, denn auch auf familienrechtlicher Grundlage kann eine Entgeltlichkeit vereinbart werden.

Die Gefahr des Missbrauchs in Form von **Scheinarbeitsverträgen** besteht im Hinblick auf die günstigen Folgen, u.a. im steuerrechtlichen Bereich (s.u.). Neben der Schriftform und der Aufnahme für einen Arbeitsvertrag sonst üblicher Regelungen im Einzelnen ist deswegen zu empfehlen, den Vollzug des Arbeitsvertrages, insbes. die Vergütungszahlungen, entsprechend der Vertragsvereinbarung zu handhaben und dies zu dokumentieren.

c) Kindermitarbeit

122 Ob ein Kind als Arbeitnehmer anzusehen ist, ist wie beim Ehegatten davon abhängig, ob es auf Grund einer familienrechtlichen Verpflichtung oder auf der Grundlage eines Arbeitsvertrages tätig wird. Die **familienrechtliche Mitarbeitspflicht** der Kinder ergibt sich nach § 1619 BGB aus der Zugehörigkeit zum elterlichen Haushalt einerseits und der Erziehung und Unterhaltung durch die Eltern andererseits. Grundsätzlich besteht aber auch im Verhältnis zwischen Eltern und Kindern die Möglichkeit der **freien Vereinbarung**, in welcher Form eine Tätigkeit der Kinder abgewickelt werden soll.

d) Arbeitsverhältnis mit Kindern

123 Für die Vertragsanforderungen bei einem Arbeitsverhältnis mit Kindern gelten die Ausführungen zum Ehegatten-Arbeitsverhältnis entsprechend.

Zu beachten ist die Besonderheit, dass Arbeitsverhältnisse mit **Kindern unter 15 Jahren** wegen Verstoßes gegen § 5 JArbSchG grundsätzlich – mit engen Ausnahmen – verboten und damit nichtig sind. Kinder über 13 Jahre dürfen allerdings im Berufsausbildungsverhältnis und außerhalb eines Berufsausbildungsverhältnisses nur mit leichten und für sie geeigneten Tätigkeiten bis zu bestimmten zeitlichen Grenzen mit Einwilligung des Personensorgeberechtigten nach den Vorschriften der §§ 5 bis 7 JArbSchG beschäftigt werden; eine weitere Auflistung der zulässigen Tätigkeiten enthält die Verordnung über den Kinderarbeitsschutz vom 23.6.1998 (BGBl. I 1998, 1508).

Eine **weitere Besonderheit** bei einem Arbeitsverhältnis zwischen Eltern und Kindern kann sich noch daraus ergeben, dass ein Kind zwar nach ausdrücklicher oder konkludenter Vereinbarung Arbeit im Dienste der Eltern bzw. eines Elternteils leistet, jedoch hierfür die Vergütung nicht oder nur teilweise erhält mit der Abrede, dass die offene **Vergütung bei Tod des Elternteils** durch Erbeinsetzung oder Vermächtnis abgegolten wird. Eine solche Vereinbarung ändert an dem Charakter der arbeitsvertraglichen Beziehungen nichts.

e) Unterarbeitsverhältnisse mit Angehörigen

124 Ein „Unterarbeitsverhältnis" liegt vor, wenn **ein Arbeitnehmer** ein Arbeitsverhältnis mit anderen Personen (meistens nahe Angehörige) eingeht, die ihn bei seiner Tätigkeit unterstützen sollen.

3. Lohnsteuer

a) Allgemeines

125 Arbeitsverhältnisse mit **Angehörigen** (§ 15 AO) werden häufig begründet, um Steuern zu sparen (z.B. durch Inanspruchnahme des Arbeitnehmer-Pauschbetrags von 1 000 € oder der Pauschalierung der Lohnsteuer nach §§ 40, 40a und 40b EStG) und ggf. gleichzeitig **Ansprüche in der Rentenversicherung zu begründen**.

Maßgebend für die Beurteilung, ob Verträge zwischen nahen Angehörigen durch die Einkunftserzielung (§ 4 Abs. 4, § 9 Abs. 1 EStG) veranlasst oder aber durch private Zuwendungs- oder Unterhaltsüberlegungen (§ 12 Nr. 1 und 2 EStG) motiviert sind, ist seit der Neuausrichtung der höchstrichterlichen Rechtsprechung im Anschluss an **BVerfG** v. 7.11.1995, 2 BvR 802/90, BStBl II 1996, 34 (unter B.I.2.) die **Gesamtheit der objektiven Gegebenheiten**. Zwar ist weiterhin Voraussetzung, dass die vertraglichen Hauptpflichten klar und eindeutig vereinbart sowie entsprechend dem Vereinbarten durchgeführt werden. **Jedoch schließt nicht mehr jede geringfügige Abweichung einzelner Sachverhaltsmerkmale vom Üblichen die steuerrechtliche Anerkennung des Vertragsverhältnisses aus.** Vielmehr sind einzelne Kriterien des Fremdvergleichs im Rahmen der gebotenen Gesamtbetrachtung unter dem Gesichtspunkt zu würdigen, ob sie den Rückschluss auf eine privat veranlasste Vereinbarung zulassen (zuletzt BFH v. 13.5.2015, III R 59/13, www.stotax-first.de, m.w.N.).

In Bezug auf **Arbeitsverhältnisse** geht die ständige höchstrichterliche Rechtsprechung davon aus, dass Lohnzahlungen an einen im Betrieb des Stpfl. mitarbeitenden Angehörigen als Betriebsausgaben abziehbar sind, wenn der Angehörige

- **auf Grund eines wirksamen, inhaltlich dem zwischen Fremden Üblichen entsprechenden Arbeitsvertrags beschäftigt wird,**
- **die vertraglich geschuldete Arbeitsleistung erbringt**
- **und der Stpfl. seinerseits alle Arbeitgeberpflichten, insbesondere die der Lohnzahlung, erfüllt** (BFH v. 17.7.2013, X R 31/12, BStBl II 2013, 1015 m.w.N.).

Dabei ist – ebenso wie bei Darlehensverträgen zwischen nahen Angehörigen – die Intensität der erforderlichen Prüfung der Fremdüblichkeit der Vertragsbedingungen auch vom **Anlass des Vertragsschlusses abhängig**. Hätte der Stpfl. im Falle der Nichtbeschäftigung seines Angehörigen einen fremden Dritten einstellen müssen, ist der Fremdvergleich weniger strikt durchzuführen als wenn der Angehörige für solche Tätigkeiten eingestellt wird, die üblicherweise vom Stpfl. selbst oder unentgeltlich von Familienangehörigen erledigt werden (BFH v. 17.7.2013, X R 31/12 BStBl II 2013, 1015 m.w.N.).

Die o.g. Anforderungen der Rechtsprechung an die Anerkennung von Verträgen zwischen nahen Angehörigen gründen auf der Überlegung, dass es innerhalb eines Familienverbunds typischerweise an einem **Interessensgegensatz mangelt** und somit zivilrechtliche Gestaltungsmöglichkeiten steuerrechtlich missbraucht werden können. Im Interesse einer effektiven Missbrauchsbekämpfung ist es daher geboten und zulässig, an den Beweis des Abschlusses und an den Nachweis der Ernstlichkeit von Vertragsgestaltungen zwischen **nahen Angehörigen strenge Anforderungen** zu stellen. Ein solches Näheverhältnis kann auch zu einem **Lebensgefährten** oder sogar dessen Eltern (BFH v. 22.1.2013, IX R 70/10, www.stotax-first.de, betr. Anerkennung eines Mietverhältnisses, m.w.N.) sowie zur **Schwägerin** bestehen (BFH v. 13.5.2015, III R 59/13, www.stotax-first.de).

Die Beachtung der zivilrechtlichen Formerfordernisse bei Vertragsabschluss und die Kriterien des Fremdvergleichs aber bilden lediglich **Beweisanzeichen (Indizien)** bei der im Rahmen einer **Gesamtbetrachtung** zu treffenden Entscheidung, ob die streitigen Aufwendungen in einem sachlichen Zusammenhang mit der Erzielung von Einkünften stehen oder dem nicht steuerbaren privaten Bereich (§ 12 EStG) zugehörig sind. Dabei kann einzelnen Beweisanzeichen je nach Lage des Falls unterschiedliche Bedeutung zukommen; der **Formunwirksamkeit** eines unter nahen Angehörigen abgeschlossenen Vertrags kommt jedoch eine Indizwirkung gegen dessen steuerliche Anerkennung zu (BFH v. 12.5.2009, IX R 46/08, BStBl II 2011, 24 m.w.N.). Nicht jede Abweichung vom Üblichen schließt somit notwendigerweise die steuerrechtliche Anerkennung des Vertragsverhältnisses aus. Allerdings sind an den Nachweis, dass es sich um ein ernsthaftes Vertragsverhältnis handelt, umso strengere Maßstäbe anzulegen, je mehr die Umstände auf eine private Veranlassung deuten; vgl. zuletzt die BFH-Entscheidungen vom

- 20.7.2004, XI B 189/03, www.stotax-first.de, betr. **Vereinbarung flexibler Arbeitszeiten**,
- 25.10.2004, III B 131/03, www.stotax-first.de, betr. **nachträglich vereinbarte Mehrarbeitsvergütung**,
- 1.12.2004, X R 4/03, HFR 2005, 403 betr. **verdeckter Unterhalt als Arbeitslohn**,
- 17.7.2013, X R 31/12, BStBl II 2013, 1015: Leistet der als Arbeitnehmer beschäftigte Angehörige **unbezahlte Mehrarbeit** über seine vertragliche Stundenzahl hinaus, steht dies der Annahme, das Arbeitsverhältnis sei tatsächlich durchgeführt worden, grundsätzlich nicht entgegen,

Angehörige

keine Sozialversicherungspflicht = (SV)
Sozialversicherungspflicht = (SV)

– 13.5.2015, III R 59/13, www.stotax-first.de, betr. Lohnaufwendungen für die Schwägerin für **nicht ausreichend nachgewiesenen Telefondienst**.

Weitere Nachweise s. R 4.8 EStR und die dazugehörigen Hinweise im Amtlichen Einkommensteuer-Handbuch.

Die vorstehenden Grundsätze gelten auch für Arbeitsverhältnisse zwischen einer **Personengesellschaft und dem Ehegatten eines die Gesellschaft beherrschenden Gesellschafters** (zuletzt BFH v. 10.6.2008, VIII R 68/06, BStBl II 2008, 973 m.w.N.).

Wird ein Arbeitsvertrag **steuerlich nicht anerkannt**, so können die gezahlte Vergütung, die einbehaltene Steuer und die abgeführte Sozialversicherung nicht – auch nicht teilweise – als **Betriebsausgaben** abgezogen werden, selbst wenn der Angehörige unstreitig Arbeitsleistungen erbracht haben sollte (zuletzt FG Nürnberg v. 3.4.2008, VI 140/2006, EFG 2008, 1013). Die Vertragsparteien müssen sich dann so behandeln lassen, als sei kein Vertrag abgeschlossen worden (vgl. zuletzt BFH v. 18.6.1997, III R 81/96, HFR 1998, 191); diese Schlussfolgerung verstößt weder gegen Art. 3 noch gegen Art. 6 GG (BVerfG v. 5.6.1997, 2 BvR 2558/95, www.stotax-first.de).

Kein Arbeitsverhältnis wird begründet, wenn jemand einen pflegebedürftigen Angehörigen in seinen Haushalt aufgenommen hat (BFH v. 14.9.1999, IX R 88/95, BStBl II 1999, 776 sowie BFH v. 16.1.2003, IX B 172/02, BStBl II 2003, 301) oder Großeltern ihr Enkelkind betreuen (FG Rheinland-Pfalz v. 6.7.1999, 4 K 3114/98, EFG 1999, 1123). Derartige Leistungen und Zahlungen vollziehen sich im Regelfall im **Rahmen der familiären Lebensgemeinschaft** und erfüllen grundsätzlich nicht die Voraussetzungen des Erzielens von Einkünften i.S.d. § 2 EStG.

b) Ehegatten-Arbeitsverhältnisse

126 Ehegatten-Arbeitsverhältnisse werden **steuerlich nur anerkannt**, wenn sie nachfolgende Kriterien erfüllen, vgl. ausführlich R 4.8 EStR sowie H 4.8 (Ehegatten-Arbeitsverhältnisse) EStH und zuletzt BFH v. 21.1.2014, X B 181/13, www.stotax-first.de, sowie v. 21.10.2014, VIII R 21/12, BStBl II 2015, 638):

aa) Keine Tätigkeit auf familienrechtlicher Grundlage

127 Es darf sich nicht nur um eine relativ unbedeutende Tätigkeit handeln, die üblicherweise auf familienrechtlicher Grundlage unentgeltlich erbracht wird.

> **Beispiel:**
> Ein Lehrer schließt mit seiner Ehefrau einen Arbeitsvertrag über die Reinigung seines häuslichen Arbeitszimmers ab.
> Der BFH hat den Vertrag nicht anerkannt, weil es sich hier um eine „unbedeutende Hilfeleistung" handelt, die üblicherweise unentgeltlich erbracht wird (zuletzt BFH v. 16.1.2003, IX B 172/02, BStBl II 2003, 301 m.w.N.).

Weitere üblicherweise **im Rahmen der Haushaltsführung miterledigte Aufgaben** sind für einen Arbeitnehmer-Ehegatten z.B. die Mithilfe bei der Abwicklung der Reisetätigkeit (z.B. Erstellung von Reisekostenabrechnungen), die Bewirtung von Geschäftsfreunden, die Beschaffung von Geschenken für Geschäftsfreunde, Telefon- und gelegentliche Botendienste sowie das gelegentliche Anfertigen von Aktennotizen – über derartige Aufgaben kann also **kein Arbeitsvertrag** abgeschlossen werden (s. z.B. FG Saarland v. 26.3.2003, 1 K 187/01, www.stotax-first.de).

bb) Ernsthafte Vereinbarung

128 Das Arbeitsverhältnis muss **ernsthaft vereinbart** sein. Dies bedeutet z.B., dass im Arbeitsvertrag, der schon aus Beweisgründen möglichst immer **schriftlich** abgeschlossen werden sollte – und zwar vor Beginn des Leistungsaustausches (**rückwirkende Vereinbarungen sind nicht zulässig**, zuletzt BFH v. 21.10.2014, VIII R 21/12, BStBl II 2015, 638) –, der Umfang der zu leistenden Arbeiten, die Höhe des Arbeitslohns sowie die Dauer des Urlaubs usw. genau beschrieben werden sollten. Fehlt es an einer Vereinbarung über die Höhe des Arbeitslohns, so kann ein wirksamer Vertrag nicht angenommen werden.

cc) Fremdvergleich

129 Die vertragliche Gestaltung und ihre Durchführung muss auch **unter Dritten üblich** sein, d.h. einem sog. **Fremdvergleich standhalten; dies gilt auch für die Vereinbarung einzelner Gehaltsbestandteile** (vgl. dazu zuletzt BFH v. 21.1.2014, X B 181/13, www.stotax-first.de: Die Überlassung eines Pkw im Rahmen eines Ehegatten-Arbeitsverhältnisses kann nur unter der Voraussetzung anerkannt werden, dass die Konditionen der eingeräumten Pkw-Nutzung im konkreten Arbeitsverhältnis auch fremdüblich sind. Im Urteilsfall hat der BFH die Fremdüblichkeit im Hinblick auf den zwischen den Eheleuten vereinbarten Inhalt des Arbeitsverhältnisses – einfache Büro- und Reinigungsarbeiten –, die geringe Höhe der Vergütung und die im Gegensatz dazu stehende uneingeschränkte Nutzungsmöglichkeit eines hochwertigen PKW's verneint).

Die Vereinbarung eines **unüblich niedrigen Arbeitslohns oder eines überhöhten Arbeitslohns** steht der Anerkennung des Arbeitsverhältnisses nicht entgegen (zuletzt FG Niedersachsen v. 7.1.2014, 9 K 135/12, EFG 2014, 822 m.w.N.).

dd) Tatsächliche Durchführung

130 Das Arbeitsverhältnis muss entsprechend den getroffenen Vereinbarungen **tatsächlich durchgeführt** werden. Dazu gehört z.B., dass der Arbeitslohn jeweils zum üblichen Zahlungszeitpunkt ausgezahlt wird und aus dem Vermögen des Arbeitgeber-Ehegatten in das Vermögen des Arbeitnehmer-Ehegatten gelangt. Bei der Auszahlung müssen Lohnsteuer und ggf. Sozialversicherungsbeträge einbehalten und abgeführt werden. Nach der Rechtsprechung des BVerfG darf die steuerliche Anerkennung eines Arbeitsverhältnisses zwischen Ehegatten aber nicht mehr allein deswegen versagt werden, weil das Entgelt auf ein Konto geflossen ist, über das jeder der Ehegatten allein verfügen darf, sog. **Oder-Konto** (Beschlüsse v. 7.11.1995, 2 BvR 802/90, BStBl II 1996, 34 und v. 15.8.1996, 2 BvR 3027/95, www.stotax-first.de). Nur wenn der Arbeitnehmer überhaupt nicht berechtigt ist, über das Konto des Arbeitgeber-Ehegatten zu verfügen, ist kein Arbeitslohn geflossen und damit das Arbeitsverhältnis nicht tatsächlich durchgeführt (BFH v. 5.2.1997, X R 145/94, www.stotax-first.de).

Nicht jede Abweichung vom Üblichen schließt eine steuerliche Anerkennung des Vertragsverhältnisses aus. So hat z.B. der BFH ein Arbeitsverhältnis anerkannt, obwohl dem Arbeitnehmer-Ehegatten das **Gehalt wiederholt verspätet ausgezahlt** worden war; denn nach einer Gesamtabwägung aller Umstände des Einzelfalles haben die **übrigen Umstände** (z.B. die langjährige beanstandungsfreie Anerkennung des Vertragsverhältnisses, die Abführung von Lohnsteuer und Sozialabgaben) den Ausschlag für die Anerkennung des Arbeitsverhältnisses gegeben (BFH v. 26.6.1996, X R 155/94, HFR 1997, 223).

ee) Weitere Hinweise

131 Die Grundsätze über Verträge zwischen nahen Angehörigen sind auch bei **getrennt lebenden Eheleuten** anzuwenden, wenn Anhaltspunkte für das Fehlen gegenläufiger Interessen zwischen den (getrennt lebenden) Eheleuten vorliegen. Denn es ist denkbar, dass getrennt Lebende bzw. Geschiedene auf Grund einer bestimmten Interessenlage, in der sie übereinstimmend eine zutreffende Zuordnung zum wirklichen Rechtsgrund nicht für erforderlich halten, ihre Vertragsverhältnisse zu Lasten des Steuergläubigers gestalten. Das ist etwa der Fall, wenn die Möglichkeit besteht, dass durch sog. **Arbeitslohn verdeckter Unterhalt an den Ehepartner geleistet** wird (zuletzt FG Düsseldorf v. 4.7.2012, 9 K 4673/08 E, www.stotax-first.de: Ein zwischen getrennt lebenden Ehegatten geschlossener Arbeitsvertrag, in dem die Vereinbarung des Umfangs der Wochenarbeitszeit sowie der konkreten Arbeitszeiten fehlt, hält einem Fremdvergleich nicht stand).

Unter den o.g. allgemeinen Voraussetzungen (ernsthafte Vereinbarung, tatsächliche Durchführung, Fremdvergleich) können grundsätzlich auch **wechselseitige Ehegatten-Arbeitsverhältnisse** steuerlich anerkannt werden (zuletzt FG Thüringen v. 24.9.2014, 3 K 1014/13, EFG 2014, 2123); diese Voraussetzungen sind nicht erfüllt, wenn die Ehefrau im Hinblick auf ihre weitere Belastung durch ihren eigenen Gewerbebetrieb und ihre Rolle als Hausfrau und Mutter die arbeitsvertraglich geschuldete Leistung nicht erbracht hat (BFH v. 10.10.1997, X B 59/97, www.stotax-first.de). Wechselseitige Arbeitsverhältnisse zwischen Ehegatten halten einem Fremdvergleich auch dann nicht stand, wenn diese in einer überschaubaren Stadt konkurrierende Geschäfte (hier: Apotheken) betreiben (FG Baden-Württemberg v. 6.11.2003, 8 K 462/98, EFG 2004, 484).

[LSt] = keine Lohnsteuerpflicht
[LSt] = Lohnsteuerpflicht

Angehörige

Sind die Verträge hiernach steuerlich anzuerkennen, ergeben sich für den Lohnsteuerabzug selbst keine Besonderheiten. Bei einer Aushilfs- oder Teilzeitbeschäftigung kann die Lohnsteuer aber auch **pauschal nach** § 40a EStG ermittelt werden (→ *Pauschalierung der Lohnsteuer bei Aushilfskräften* Rz. 2190). Bei der Einkommensteuerveranlagung der Ehegatten bleiben der pauschal versteuerte Arbeitslohn und die pauschal einbehaltene Lohnsteuer außer Betracht.

Wenn ein **Gewerbebetrieb zum Gesamtgut** der in Gütergemeinschaft lebenden Ehegatten gehört, ist regelmäßig ein Gesellschaftsverhältnis zwischen den Ehegatten anzunehmen mit der Folge, dass der an den im Betrieb mitarbeitenden Ehegatten gezahlte Arbeitslohn als **Gewinnanteil** i.S. des § 15 Abs. 1 Nr. 2 EStG zu behandeln ist. **Arbeitslohn** liegt dagegen vor, wenn im Gewerbebetrieb die persönliche Arbeitsleistung eines Ehegatten in den Vordergrund tritt und im Betrieb kein nennenswertes, ins Gesamtgut fallendes Kapital eingesetzt wird (BFH v. 20.3.1980, IV R 53/76, BStBl II 1980, 634). Sozialversicherungspflicht ist dagegen in aller Regel auszuschließen.

Wird der **Arbeitsvertrag nicht anerkannt** und ist zunächst Lohnsteuer einbehalten und abgeführt worden, kann der Arbeitnehmer beim Finanzamt eine Erstattung beantragen. Im Falle der Pauschalierung der Lohnsteuer nach §§ 40 bis 40b EStG ist der Arbeitgeber selbst erstattungsberechtigt (vgl. FG München v. 5.5.2008, 15 K 3507/05, EFG 2008, 1433 sowie → *Erstattung von Lohnsteuer* Rz. 1180).

Der BFH hat entschieden, dass der an den Ehegatten gezahlte Arbeitslohn im Billigkeitswege nicht versteuert werden muss, wenn der Betrieb wegen fehlender Gewinnerzielungsabsicht steuerlich nicht anerkannt wird (sog. **Liebhaberei**) und deshalb ein Betriebsausgabenabzug der Gehaltszahlungen ausscheidet (Urteil v. 17.11.2004, X R 62/01, BStBl II 2005, 336).

Wegen weiterer Einzelfragen s. R 4.8 EStR und die dazugehörigen Hinweise im Amtlichen Einkommensteuer-Handbuch.

ff) Rechtsprechung

132 **Anerkannt** hat der BFH einen Ehegatten-Arbeitsvertrag zuletzt

- bei einem nur **geringfügig beschäftigten Ehegatten**. In diesen Fällen sind Unklarheiten bei der Wochenarbeitszeit für die steuerliche Anerkennung des Arbeitsverhältnisses nicht schädlich, wenn die Arbeitszeit von den betrieblichen oder beruflichen Erfordernissen des Stpfl. abhängt und deshalb letztlich unbestimmt und nur in Schätzwerten anzugeben ist. In einem solchen Fall ist die Unklarheit auf die **Eigenart des Arbeitsverhältnisses** zurückzuführen und nicht auf eine unübliche Gestaltung (BFH v. 18.10.2007, VI R 59/06, BStBl II 2009, 200).

Nicht anerkannt wurde ein Ehegatten-Arbeitsvertrag dagegen zuletzt

- bei einem Ehegatten-Arbeitsverhältnis **mit flexiblen Arbeitszeiten**, bei dem der Umfang der erbringenden Leistung tatsächlich nicht mehr feststellbar war (BFH v. 20.7.2004, XI B 189/03, www.stotax-first.de; s. zur Abgrenzung aber BFH v. 17.7.2013, X R 31/12, BStBl II 2013, 1015 betr. unbezahlte Mehrarbeit),
- bei **einem nur geringfügig beschäftigten Ehegatten**. Die Fremdüblichkeit hat der BFH im Hinblick auf den Inhalt des Arbeitsverhältnisses (einfache Büro- und Reinigungsarbeiten), die geringe Höhe der Vergütung und die im Gegensatz dazu stehende uneingeschränkte Nutzungsmöglichkeit eines hochwertigen PKW's verneint (BFH v. 21.1.2014, X B 181/13, www.stotax-first.de).

c) Arbeitsverhältnisse zwischen Eltern und Kindern

aa) Allgemeines

133 Die von der Rechtsprechung entwickelten Grundsätze – insbesondere das Erfordernis der Vergleichbarkeit der Rechtsbeziehungen unter einander fremden Personen – zur Anerkennung von Arbeitsverhältnissen zwischen nahen Angehörigen beziehen sich nicht nur auf Rechtsbeziehungen zwischen Ehegatten oder zu Minderjährigen, sondern auch auf Vereinbarungen zwischen Eltern und volljährigen Kindern (zuletzt BFH v. 17.7.2013, X R 31/12, BStBl II 2013, 1015; vgl. auch R 4.8 Abs. 3 EStR). Die Anforderungen der Rechtsprechung sind dabei aber nicht ganz so streng, weil bei Eltern und Kindern die wirtschaftlichen Interessenlagen verschieden sein können (BFH v. 18.5.1983, I R 20/77, BStBl II 1983, 562). Ein Arbeitsverhältnis ist steuerrechtlich anzuerkennen, wenn es so gestaltet und abgewickelt wird, wie dies sonst zwischen Arbeitgebern und Arbeitnehmern üblich ist (BFH v. 25.1.1989, X R 168/87, BStBl II 1989, 453). Dies ist bei einem zwischen Eltern und ihrem Kind abgeschlossenen unbefristeten Arbeitsvertrag nicht der Fall, wenn die Vereinbarung einer Probezeit fehlt und dieser keine Tätigkeitsbeschreibung oder Arbeitsplatzbeschreibung enthält (FG Saarland v. 7.1.2003, 2 V 289/02, www.stotax-first.de).

Nicht anzuerkennen sind aber auch hier „Arbeitsleistungen", die wegen ihrer **Geringfügigkeit oder Eigenart üblicherweise nicht auf arbeitsvertraglicher Grundlage** erbracht werden. Die Abgrenzung kann schwierig sein und ist in der Praxis immer wieder streitig:

> **Beispiel 1:**
>
> A, praktischer Arzt, hat mit seiner 15-jährigen Tochter einen Arbeitsvertrag abgeschlossen, nach dem sie für eine monatliche Vergütung von rund 200 € zu bestimmten Zeiten, v.a. während der Wochenendbereitschaft, in der Familienwohnung den Telefondienst übernehmen und samstags für zwei Stunden die Praxiswäsche waschen und bügeln soll.
>
> Der BFH hat den „Arbeitsvertrag" nicht anerkannt, weil insbesondere der Telefondienst im Rahmen der normalen Lebensführung miterledigt werden kann (BFH v. 9.12.1993, IV R 14/92, BStBl II 1994, 298 sowie v. 16.1.2003, IX B 172/02, HFR 2003, 353).

> **Beispiel 2:**
>
> B, Lebensmittelhändler, hat mit seinen beiden volljährigen Töchtern Arbeitsverträge abgeschlossen, nach denen sie als Verkaufshilfe bzw. Buchhalterin im Betrieb mitarbeiten sollen.
>
> Der BFH hat die Arbeitsverträge anerkannt, weil die Kinder hier Arbeiten übernommen haben, die häufig von Schülern, Studenten oder auch Hausfrauen gegen entsprechende Bezahlung ausgeführt werden (BFH v. 25.1.1989, X R 168/87, BStBl II 1989, 453).

Für die steuerliche Anerkennung eines Arbeitsverhältnisses mit einem minderjährigen Kind ist die Bestellung eines **Ergänzungspflegers** nicht erforderlich (R 4.8 Abs. 3 Satz 1 EStR sowie FG Köln v. 12.12.1989, 2 K 329/86, EFG 1990, 344; vgl. zuletzt auch BFH v. 13.7.1999, VIII R 29/97, BStBl II 2000, 386 betr. Pachtverträge). Zu beachten ist jedoch, dass Arbeitsverhältnisse mit **Kindern unter 15 Jahren** wegen Verstoßes gegen das Jugendarbeitsschutzgesetz (§ 7) im Allgemeinen nichtig sind und deshalb auch steuerlich nicht anerkannt werden können (R 4.8 Abs. 3 Satz 2 EStR). Die Gewährung **freier Wohnung und Verpflegung** kann als Teil der Arbeitsvergütung zu behandeln sein, wenn die Leistungen auf arbeitsvertraglichen Vereinbarungen beruhen (R 4.8 Abs. 3 Satz 3 EStR).

Unangemessen hohe oder unregelmäßig ausgezahlte betrieblich veranlasste Ausbildungsvergütungen (z.B. für die Ausbildung des „betrieblichen Nachfolgers") können nicht anerkannt werden; ein **Betriebsausgabenabzug** kommt ohnehin nur in Ausnahmefällen in Betracht, wobei es auf die Differenzierung zwischen Fortbildungs- und Ausbildungskosten nicht ankommt (vgl. zuletzt BFH v. 6.11.2012, VIII R 49/10, BStBl II 2013, 309: Die Aufwendungen eines Facharztes für die Facharztausbildung seines Sohnes, der als sein Nachfolger unentgeltlich in eine GbR eintreten soll, sind keine Sonderbetriebsausgaben, wenn eine solche Ausbildung einem fremden Dritten nicht gewährt worden wäre).

bb) Rechtsprechung

Anerkannt wurde z.B. 134

- ein Arbeitsverhältnis mit der **Schwiegermutter** über die Erbringung von Reinigungsleistungen, wenn zwar die Höhe des Entgelts genau festgelegt ist, nicht jedoch die Zahl der zu erbringenden Arbeitsstunden (FG München v. 25.10.2005, 6 K 5409/04, www.stotax-first.de);
- ein Arbeitsverhältnis zwischen einer **Zahnärztin und ihrem volljährigen Sohn**, der nachweisbar sieben Stunden in der Woche in der Praxis tätig war, u.a. für Kurierdienste und Betreuung der Computer (FG Sachsen v. 17.4.2009, 6 K 1713/05, www.stotax-first.de, m.w.N.);
- der **Arbeitsvertrag eines Unternehmers mit seinem Vater**, auch wenn dieser unbezahlte Mehrarbeit über seine vertragliche Stundenzahl hinaus leistet; etwas anderes gilt nur, wenn die vereinbarte Vergütung schlechterdings nicht mehr als Gegenleistung für die Tätigkeit des Angehörigen angesehen werden kann und deshalb auf das Fehlen eines Rechtsbindungswillens zu schließen ist (BFH v. 17.7.2013, X R 31/12, BStBl II 2013, 1015).

Nicht anerkannt wurde dagegen z.B.

- mangels Fremdüblichkeit ein Anstellungsverhältnis zwischen einem Rechtsanwalt und seinem Rechtswissenschaften studierenden **Sohn**, der nach dem Anstellungsvertrag lediglich verpflichtet ist, an der Uni-

Angehörige

versität zu studieren und in den Semesterferien ohne feste Arbeitszeiten oder festen Aufgabenbereich in der Kanzlei des Vaters mitzuarbeiten, wofür er neben einem monatlichen Gehalt die Finanzierung seines Studiums bis zum Abschluss bekommt und ein Fahrzeug der Luxusklasse für die Fahrten zur Hochschule zur Verfügung gestellt bekommt (FG Sachsen-Anhalt v. 2.12.2005, 1 K 141/02, www.stotax-first.de);

- ein mündlich abgeschlossenen Arbeitsvertrag zwischen der Mutter (Ärztin) und ihrem **Sohn** über die Reinigung der Praxis, weil der Umfang der tatsächlich erbrachten Arbeitsleistungen nicht nachgewiesen werden konnte (FG Nürnberg v. 3.4.2008, VI 140/2006, EFG 2008, 1013).

d) Unterarbeitsverhältnisse

aa) Allgemeines

135 Für die steuerliche Anerkennung muss hier – außer den o.g. Grundsätzen – insbesondere geprüft werden, ob die Übertragung der im Arbeitsvertrag vorgesehenen Tätigkeiten auf Außenstehende aus **arbeitsrechtlicher Sicht überhaupt zulässig** ist. Denn es dürfen nur **untergeordnete Tätigkeiten**, nicht aber die Hauptpflichten aus dem Arbeitsverhältnis „delegiert" werden. Die Rechtsprechung fordert für die Anerkennung außerdem, dass die Übertragung untergeordneter Tätigkeiten auf andere Personen **wirtschaftlich sinnvoll** oder gar **notwendig** ist und solche Tätigkeiten nicht üblicherweise von **Dritten unentgeltlich** übernommen werden (BFH v. 22.11.1996, VI R 20/94, BStBl II 1997, 187). Diese Voraussetzung wird v.a. bei im **Außendienst** tätigen Arbeitnehmern erfüllt sein, die z.B. durch Verlagerung „einfacher" Tätigkeiten auf den Ehegatten mehr Zeit für ihre eigentliche Außendiensttätigkeit gewinnen.

In der Praxis führt die Anerkennung von Unterarbeitsverhältnissen immer wieder zu Schwierigkeiten, zumal die **Rechtsprechung nicht einheitlich** ist. Es kommt immer auf die jeweiligen Umstände des einzelnen Falles an.

bb) Rechtsprechung

136 Anerkannt wurde ein Unterarbeitsverhältnis z.B. bei einem

- **Verkaufsleiter**, dessen Ehefrau bestimmte Bürotätigkeiten ausübt (FG Bremen v. 21.2.1991, I 15/89 K, EFG 1991, 314). Das Fehlen fester Arbeitszeiten hielt das Gericht für unerheblich; diese Auffassung hat das FG Düsseldorf in einem ähnlichen Fall abgelehnt (Urteil v. 18.4.1996, 15 K 1449/93 E, EFG 1996, 1152; s. zu dieser Frage auch BFH v. 20.7.2004, XI B 189/03, www.stotax-first.de),
- sog. **Controller**, dessen Ehefrau Präsentationsunterlagen vorbereitet und verschiedene Schreib- und Büroarbeiten erledigt (FG Bremen v. 27.6.1991, I 159/90 K, EFG 1991, 729),
- **Außendienstmitarbeiter**, dessen Ehegattin Büroarbeiten erledigen und die Kundenkartei pflegen sollte, sofern die Aufgabe die bloße organisationsmäßige Führung der Kundenkartei und nicht die Akquirierung und Betreuung von Kunden und damit nicht die Übertragung der Hauptpflichten aus dem Arbeitsvertrag umfasst (FG Düsseldorf v. 26.11.2002, 14 K 657/00 E, EFG 2005, 1030).

Abgelehnt wurde ein Unterarbeitsverhältnis dagegen z.B. bei

- einer **Pharmareferentin**, deren Ehemann die schriftliche Dokumentation und Lagerverwaltung übernommen hat (FG Hamburg v. 2.12.1994, V 80/92, EFG 1995, 427),
- einem **Personalsachbearbeiter**, dessen Ehefrau zu Hause Personalakten bearbeitet (FG Baden-Württemberg v. 27.11.1990, XI K 66/87, EFG 1991, 378),
- einer **Lehrerin**, deren Tochter bei der Korrektur von Klassenarbeiten u.Ä. hilft (BFH v. 6.3.1995, VI R 86/94, BStBl II 1995, 394),
- einem **Pfarrer**, dessen Ehefrau ihn bei seiner Arbeit unterstützt (BFH v. 22.11.1996, VI R 20/94, BStBl II 1997, 187),
- einem **Bankkaufmann**, der von seiner Ehefrau vertrauliche Sicherheitsunterlagen übersetzen ließ und damit sowohl gegen seine Geheimhaltungspflicht als auch gegen seine höchstpersönliche Dienstleistungspflicht verstoßen hat (FG Köln v. 28.6.2000, 15 K 4044/94, EFG 2000, 994),
- einem **Vertriebsleiter**, der seiner Ehefrau Büroarbeiten (Schreibarbeiten, Fachzeitschriftenauswertung, Telefondienst, Statistikauswertung) übertragen hatte (FG Niedersachsen v. 9.5.2001, 12 K 711/95, EFG 2001, 1181). Das Gericht hatte schon Zweifel, ob diese Aufgaben tatsächlich die vereinbarten zwölf Stunden Arbeitszeit in der Woche ausfüllen,
- einem nebenberuflichen **Versicherungsvertreter**, dessen Ehefrau das Arbeitszimmer reinigen sowie Telefon- und gelegentliche Botendienste verrichten sollte (FG Saarland v. 26.3.2003, 1 K 187/01, www.stotax-first.de),
- einem **Geschäftsführer**, der seine Ehefrau als Chauffeur beschäftigt (FG Nürnberg v. 15.8.2003, VI 284/1999, www.stotax-first.de).

e) Nichteheliche Lebensgemeinschaften, Verlobte

137 Die für die steuerrechtliche Beurteilung von Verträgen zwischen Eheleuten geltenden strengen Grundsätze können nicht auf Verträge zwischen Partnern einer **nichtehelichen Lebensgemeinschaft** übertragen werden, weil es beim Aushandeln von Arbeitsverträgen zwischen den Partnern einer nichtehelichen Lebensgemeinschaft durchaus Interessengegensätze geben kann (zuletzt FG Niedersachsen v. 13.11.1996, XII 682/95, EFG 1997, 524 m.w.N.). Dies gilt grundsätzlich auch für Verträge zwischen **Verlobten**, weil ein Verlöbnis noch keine Lebens- und Wirtschaftsgemeinschaft begründet. Das schließt allerdings – selbst bei einander Fremden – nicht aus, nach den Grundsätzen des sog. Fremdvergleichs im Einzelfall die „wirkliche Veranlassung" eines Rechtsgeschäfts und einer auf diesem beruhenden Ausgabe zu prüfen (BFH v. 20.11.2002, X B 6/02, www.stotax-first.de, betr. die Anerkennung einer Versorgungszusage zu Gunsten des geschiedenen Ehegatten).

4. Sozialversicherung

138 Grundlage der Versicherungspflicht in der Kranken-, Pflege-, Renten- und Arbeitslosenversicherung ist die Beschäftigung gegen Arbeitsentgelt. Durch verwandtschaftliche Beziehungen wird ein versicherungspflichtiges Beschäftigungsverhältnis grundsätzlich nicht ausgeschlossen. Je enger die persönlichen gegenseitigen Beziehungen sind, umso eher kann aber eine Mitarbeit außerhalb eines Beschäftigungsverhältnisses vorliegen. Das Lebensalter und der Beweggrund für die Aufnahme eines Beschäftigungsverhältnisses unter Angehörigen sind grundsätzlich unerheblich, insbesondere kommt es nicht darauf an, ob der mitarbeitende Angehörige wirtschaftlich auf die Verwertung seiner Arbeitskraft angewiesen ist. Andere Formen der Mitarbeit des Angehörigen, wie die Mitarbeit in Gleichstellung mit dem Betriebsinhaber oder die Mitarbeit auf familienrechtlicher Basis (familienhafte Mithilfe), begründen kein abhängiges Beschäftigungsverhältnis bzw. schließen ein solches aus. In aller Regel gilt dies auch bei einer Mitarbeit auf gesellschaftsrechtlicher Grundlage.

Die Frage, ob zwischen Angehörigen eine Beschäftigung gegen Arbeitsentgelt vorliegt, beurteilt sich nach den gleichen Grundsätzen, wie sie allgemein für die Beurteilung der Versicherungspflicht maßgebend sind (BSG v. 5.4.1956, 3 RK 65/55, www.stotax-first.de).

Ein entgeltliches Beschäftigungsverhältnis zwischen Angehörigen (Ehegatten, Lebenspartnern i.S. des Lebenspartnerschaftsgesetzes, Verlobten, Lebensgefährten, geschiedenen Ehegatten, Verwandten, Verschwägerten, sonstigen Familienangehörigen) kann nach den in der Rechtsprechung entwickelten Grundsätzen angenommen werden, wenn

- der Angehörige in dem Betrieb des Arbeitgebers wie eine fremde Arbeitskraft eingegliedert ist und die Beschäftigung tatsächlich ausübt,
- der Angehörige dem Weisungsrecht des Arbeitgebers – wenn auch in abgeschwächter Form – unterliegt,
- der Angehörige an Stelle einer fremden Arbeitskraft beschäftigt wird,
- ein der Arbeitsleistung angemessenes (d.h. grundsätzlich ein tarifliches oder ortsübliches) Arbeitsentgelt vereinbart ist und auch regelmäßig gezahlt wird,
- von dem Arbeitsentgelt regelmäßig Lohnsteuer entrichtet wird und
- das Arbeitsentgelt als Betriebsausgabe gebucht wird.

Die Spitzenverbände der Sozialversicherungsträger haben sich in ihrer Besprechung am 18./19.11.2002 dafür ausgesprochen, die in allgemein verbindlichen Tarifverträgen festgelegten Arbeitsentgelte auch für Angehörige anzuwenden, sofern die Allgemeinverbindlichkeitserklärung dies **nicht** ausdrücklich ausschließt.

Der Höhe des Entgelts kommt für die Annahme eines abhängigen Beschäftigungsverhältnisses lediglich eine Indizwirkung zu (vgl. BSG v. 17.12.2002, B 7 AL 34/02 R, www.stotax-first.de). Vor dem Hintergrund halten die Spitzenverbände der Sozialversicherungsträger an ihrer bisherigen Auffassung nur in modifizierter Form fest. Die Angemessenheit des Arbeitsentgelts sollte bei der versicherungsrechtlichen Beurteilung mitarbeitender Familienangehöriger künftig in der Weise berücksichtigt werden, dass ein Arbeitsentgelt, das den halben Tariflohn unterschreitet, regelmäßig ein Indiz gegen die Annahme eines angemessenen Gegenwerts für die ausgeübte Tätigkeit darstellt. Ein abhängiges Beschäftigungsverhältnis ist damit jedoch nicht ausgeschlossen; vielmehr ist auch in diesen Fällen eine Würdigung der Gesamtumstände erforderlich (Besprechungsergebnis vom 30./31.10.2003).

I.R.d. Meldeverfahrens haben die Arbeitgeber der Einzugsstelle (bzw. bei geringfügig Beschäftigten der Mini-Job-Zentrale der Deutschen Rentenversicherung Knappschaft-Bahn-See) bei Anmeldungen mit dem Abgabegrund 10 das Statuskennzeichen 1 anzugeben, wenn es sich bei dem Arbeitnehmer um einen mitarbeitenden Ehegatten/Lebenspartner oder Abkömmling handelt. Die Deutsche Rentenversicherung Bund trifft dann die Statusentscheidung (→ *Statusfeststellungsverfahren* Rz. 2745).

Zu weiteren Einzelfragen haben die **Spitzenverbände der Sozialversicherungsträger** in einer Verlautbarung Stellung genommen, die u.a. in BB 2000, 2103 veröffentlicht ist. Die **Spitzenverbände der Sozialversicherung** haben mit Datum vom 13.4.2010 ein umfassendes Rundschreiben herausgegeben, welches die Grundsätze zu dem Thema Statusfeststellung von Erwerbstätigen enthält und sich in der Anlage 4 mit der versicherungsrechtlichen Beurteilung von mitarbeitenden Angehörigen auseinandersetzt. Das Rundschreiben ist in www.stotax-first.de sowie auf den Internetseiten der Sozialversicherungsträger veröffentlicht, z.B. unter www.deutsche-rentenversicherung.de.

Im Allgemeinen besteht Übereinstimmung mit der steuerlichen Beurteilung.

Nehmen Personen, die mindestens zehn Jahre nicht in der sozialen **Pflegeversicherung** oder der gesetzlichen Krankenversicherung versicherungspflichtig waren, eine dem äußeren Anschein nach versicherungspflichtige Beschäftigung oder selbständige Tätigkeit von untergeordneter wirtschaftlicher Bedeutung auf, besteht die widerlegbare Vermutung, dass eine die Versicherungspflicht begründende Beschäftigung oder eine versicherungspflichtige selbständige Tätigkeit i.S. der sozialen Pflegeversicherung tatsächlich nicht ausgeübt wird. Dies gilt **insbesondere bei Familienangehörigen** (vgl. § 20 Abs. 4 SGB XI).

Durch mehrere gesetzliche Regelungen wurden beschäftigte Ehegatten zum 1.1.1967 in der Rentenversicherung, zum 1.7.1969 in der Arbeitslosenversicherung und zum 1.1.1970 in der Krankenversicherung versicherungspflichtig. Auf Grund von Übergangsvorschriften konnten sich die Ehegatten von der Renten- und der Krankenversicherungspflicht befreien lassen. Die Befreiungen und somit die Versicherungsfreiheit gelten für die Dauer der Beschäftigung beim Ehegatten. Endet dieses Beschäftigungsverhältnis und wird später erneut eine Beschäftigung aufgenommen, tritt Versicherungspflicht ein.

Angestelltenversicherung

→ *Altersvorsorge und Altersversorgung* Rz. 104, → *Rentenversicherung* Rz. 2531

Anmeldung der Lohnsteuer

Inhaltsübersicht: Rz.
1. Allgemeines 139
2. Anzumeldende Steuern 140
3. Form der Anmeldung 141
4. Lohnsteuer-Anmeldungszeitraum 142
5. Frist für die Abgabe 143
6. Verspätete Abgabe 144
7. Nichtabgabe 145
8. Berichtigung der Anmeldung 146
9. Anmeldung und Abführung der Lohnsteuer an ein unzuständiges Finanzamt 147
10. Verfahrensvorschriften 148
11. Übernahme lohnsteuerlicher Pflichten durch Dritte 149

1. Allgemeines

139 Der Arbeitgeber ist nach § 41a Abs. 1 EStG verpflichtet, spätestens am **zehnten Tag** nach Ablauf eines jeden Lohnsteuer-Anmeldungszeitraums die einzubehaltende und zu übernehmende (d.h. pauschalierte) **Lohnsteuer beim Betriebsstättenfinanzamt anzumelden und abzuführen**. Dies gilt auch für die Anmeldung und Abführung pauschal erhobener Lohnsteuer, auch wenn Finanzämter vereinzelt in der Vergangenheit eine jährliche Abführung der pauschalen Lohnsteuer geduldet haben (BMF v. 18.9.1997, IV B 6 – S 2386 – 31/97, DB 1997, 2355). Zur Abführung der Lohnsteuer → *Abführung der Lohnsteuer* Rz. 5. Besonderheiten gelten für die sog. Mini-Jobs (→ *Pauschalierung der Lohnsteuer bei geringfügig Beschäftigten* Rz. 2225).

Die **Lohnsteuer-Anmeldung steht einer Steuerfestsetzung unter Vorbehalt der Nachprüfung gleich**. Dabei bestimmt der Inhalt der Steueranmeldung auch den Inhalt der Steuerfestsetzung. Eine Festsetzung der Steuerschuld gegenüber dem Arbeitnehmer als dem eigentlichen Steuerschuldner setzt das Lohnsteuer-Anmeldeverfahren nicht voraus. Vielmehr erklärt der Arbeitgeber mit der Abgabe der Steueranmeldung seine eigene Abführungsschuld aus § 41a Abs. 1 EStG und gibt damit eine Art Steueranerkenntnis ab. Ist eine Lohnsteuer-Anmeldung bestandskräftig geworden, richtet sich die Fälligkeit der Lohnsteuerschuld grundsätzlich nach den in der Lohnsteuer-Anmeldung gemachten Angaben. Eine unzutreffende, jedoch bestandskräftig gewordene Lohnsteuer-Anmeldung muss sich der als Haftungsschuldner in Anspruch genommene **Geschäftsführer einer GmbH** jedoch dann nicht nach § 166 AO entgegenhalten lassen, wenn er nicht während der gesamten Dauer der Rechtsbehelfsfrist Vertretungsmacht und damit das Recht gehabt hat, namens der GmbH zu handeln (BFH v. 24.8.2004, VII R 50/03, BStBl II 2005, 127).

Auch der **Arbeitnehmer** kann gegen die Lohnsteuer-Anmeldung seines Arbeitgebers **Einspruch** einlegen, soweit sie ihn betrifft (zuletzt BFH v. 21.10.2009, I R 70/08, BStBl II 2012, 493).

Einzelheiten zur Sozialversicherung → *Beiträge zur Sozialversicherung* Rz. 548.

Der Arbeitgeber wird von der **Verpflichtung** zur Abgabe weiterer Lohnsteuer-Anmeldungen **befreit**, wenn er dem Betriebsstättenfinanzamt **mitteilt**, dass er im Lohnsteuer-Anmeldungszeitraum **keine Lohnsteuer einzubehalten** oder zu übernehmen hat, weil er

– entweder keine Arbeitnehmer mehr beschäftigt,
– oder der Arbeitslohn seiner Arbeitnehmer nicht steuerbelastet ist,
– oder nur Arbeitnehmer beschäftigt, für die er lediglich die Pauschsteuer nach § 40a Abs. 2 Satz 2 EStG von 2 % an die Deutsche Rentenversicherung Knappschaft-Bahn-See entrichtet (R 41a.1 Abs. 1 LStR).

Für jede Betriebsstätte (§ 41 Abs. 2 EStG) und für jeden Lohnsteuer-Anmeldungszeitraum ist eine **einheitliche Lohnsteuer-Anmeldung** einzureichen (→ *Betriebsstätte* Rz. 696). Die Abgabe mehrerer Lohnsteuer-Anmeldungen für dieselbe Betriebsstätte und denselben Lohnsteuer-Anmeldungszeitraum, etwa getrennt nach den verschiedenen Bereichen der Lohnabrechnung, z.B. gewerbliche Arbeitnehmer, Gehaltsempfänger, Pauschalierungen nach §§ 40 bis 40b EStG, ist nicht zulässig (R 41a.1 Abs. 2 LStR). Das gilt innerhalb eines **Konzerns** auch, wenn z.B. die Lohnabrechnungen der leitenden Angestellten von der Muttergesellschaft vorgenommen werden. Der Arbeitgeber hat die Lohnsteuer auch für diese Arbeitnehmer bei seinem lohnsteuerlichen Betriebsstättenfinanzamt und nicht beim Betriebsstättenfinanzamt der Muttergesellschaft anzumelden (OFD Hannover v. 18.8.1993, S 2376 – 1 – StH 211, www.stotax-first.de).

Ein inländisches Unternehmen, das die Lohnkosten für den Arbeitnehmer eines ausländischen Unternehmens übernimmt, kann nach § 38 Abs. 1 Satz 2 EStG als **wirtschaftlicher Arbeitgeber** dieses Arbeitnehmers im Inland zur Lohnsteueranmeldung verpflichtet sein (FG Saarland v. 25.7.2013, 1 V 1184/13, EFG 2013, 1706).

Das **Haushaltsscheckverfahren** (→ *Mini-Jobs* Rz. 2079) hat für die Lohnsteuer gem. § 40a Abs. 6 EStG die sich aus § 168 Satz 1 AO ergebenden **Wirkungen einer Steueranmeldung**. Die Lohnsteuerfestsetzung kann daher im Rahmen der Festsetzungsfrist gem. § 164 Abs. 2 AO geändert werden. Daher kann auch nachträglich die Gewährung von Steuerbefreiungen (hier § 3 Nr. 26 EStG betr. die sog. Übungsleiterpauschale), die bei der ursprünglichen Anmeldung irrtümlich nicht in Anspruch genommen wurden, begehrt werden (FG Köln v. 26.2.2015, 6 K 116/13, www.stotax-first.de).

Anmeldung der Lohnsteuer

keine Sozialversicherungspflicht = (SV)
Sozialversicherungspflicht = (SV)

2. Anzumeldende Steuern

140 Maßgebend für den Zeitpunkt der **Einbehaltung** der Lohnsteuer usw. ist der **Zeitpunkt der Lohnzahlung, also der Zufluss** (vgl. zuletzt BFH v. 20.7.2005, VI R 165/01, BStBl II 2005, 890 sowie → *Zufluss von Arbeitslohn* Rz. 3231), der somit auch für die Lohnsteuer-Anmeldung von Bedeutung ist. Der Arbeitgeber hat nach § 38 Abs. 3 EStG bei jeder Lohnzahlung Lohnsteuer usw. einzubehalten (R 39b.5 Abs. 1 LStR).

Dem steht nicht entgegen, dass **beim Arbeitnehmer** nach § 38a Abs. 1 Satz 2 EStG **laufender Arbeitslohn** bereits in dem Kalenderjahr als **bezogen gilt**, in dem der **Lohnzahlungszeitraum** (das ist der Zeitraum, für den jeweils der laufende Arbeitslohn gezahlt wird, → *Berechnung der Lohnsteuer* Rz. 629) **endet**. Beide Zeitpunkte dürfen nicht verwechselt werden, weil sie z.B. bei der **Geschäftsführerhaftung** von erheblicher Bedeutung sein können (vgl. dazu BFH v. 17.11.1992, VII R 13/92, BStBl II 1993, 471).

> **Beispiel:**
> A erhält den Lohn für Dezember 2015 statt Ende Dezember erst am 6.1.2016 und den Lohn für Januar 2016 am 27.1.2016 ausgezahlt.
>
> Lohnsteuer-Anmeldungszeitraum für beide Lohnzahlungen ist der Monat Januar 2016. Der Arbeitgeber hat die Lohnsteuer, den Solidaritätszuschlag und ggf. die Kirchensteuer für diesen Monat bis zum 10.2.2016 beim Betriebsstättenfinanzamt anzumelden und abzuführen (Fälligkeit). Das gilt auch für die verspätete Zahlung des Dezember-Lohns.
>
> Beim Arbeitnehmer gilt der Dezember-Lohn als im Dezember 2015 bezogen. Das bedeutet für den Arbeitgeber, dass er den Lohnsteuerabzug insoweit noch nach den für Dezember 2015 ermittelten Lohnsteuerabzugsmerkmalen vornehmen muss; er muss ferner sowohl den Arbeitslohn als auch die Steuerbeträge noch in der Lohnsteuerbescheinigung 2015 angeben.
>
> Für die Lohnsteuerberechnung des Januar-Lohns sind dagegen die für 2016 ermittelten Lohnsteuerabzugsmerkmale maßgebend.

3. Form der Anmeldung

141 Nach § 41a Abs. 1 Satz 2 und 3 EStG hat der Arbeitgeber **ab dem Jahr 2005** die Lohnsteuer-Anmeldung **grundsätzlich nach amtlich vorgeschriebenem Vordruck auf elektronischem Weg** nach Maßgabe der **Steuerdaten-Übermittlungsverordnung** (s. dazu BMF v. 16.11.2011, IV A 7 – O 2200/09/10009 :001, BStBl I 2011, 1063) dem Finanzamt zu übermitteln. Die Finanzverwaltung stellt dafür das kostenlose Programm ElsterFormular (www.elsterformular.de) zur Verfügung. **Die Neuregelung ist verfassungsgemäß**, vgl. zuletzt BFH v. 14.4.2015, V B 158/14, www.stotax-first.de, m.w.N., zur Abgabe von Umsatzsteuer-Voranmeldungen (gilt für die Abgabe von Lohnsteuer-Anmeldungen sinngemäß).

Seit dem 1.1.2013 müssen Lohnsteuer-Anmeldungen und Umsatzsteuer-Voranmeldungen zwingend **authentifiziert übermittelt** werden. Dies ergibt sich aus § 41a Abs. 1 Satz 2 EStG bzw. § 18 Abs. 1 Satz 1 UStG i.V.m. § 6 Abs. 1 Steuerdaten-Übermittlungsverordnung. Aus Kulanzgründen hat die Finanzverwaltung bis zum 31.8.2013 auch Übermittlungen ohne Authentifizierung akzeptiert. Seit dem 1.9.2013 ist eine elektronische Übermittlung dieser Anmeldungen ohne Authentifizierung nicht mehr möglich.

Eine Anmeldung, die entgegen der gesetzlichen Verpflichtung zur elektronischen Übermittlung weiterhin auf Papier eingereicht wird und die von dem Finanzamt nicht auf Grund der Härtefallregelung akzeptiert wird (s.u.), gilt als nicht abgegeben. **Das Finanzamt hat in diesen Fällen die Abgabe der Anmeldung in der gesetzlich vorgeschriebenen Form zu erzwingen (Verspätungszuschlag, Zwangsgeld) und/oder die Steuer im Wege der Schätzung unter dem Vorbehalt der Nachprüfung festzusetzen** (§ 167 Abs. 1 Satz 1 zweite Alternative AO). Bei der Schätzung wird es jedoch im Regelfall von den Werten der Papiererklärung ausgehen (OFD Koblenz v. 19.8.2013, S 0321 A – St 35 2/Z 14 2, www.stotax-first.de).

§ 150 Abs. 8 AO enthält – in Ergänzung der einzelgesetzlichen Regelungen – eine **Härtefallregelung**, nach der das Finanzamt auf die elektronische Datenübermittlung verzichten kann, wenn sie für den Stpfl. **wirtschaftlich oder persönlich unzumutbar** ist. Dies ist insbesondere der Fall, wenn der Stpfl. nicht über die erforderliche technische Ausstattung verfügt und die Schaffung der technischen Möglichkeiten für eine Datenfernübertragung des amtlich vorgeschriebenen Datensatzes nur mit einem nicht unerheblichen finanziellen Aufwand möglich wäre (z.B. bei **Kleinstunternehmen**). Darüber hinaus ist eine unbillige Härte anzunehmen, wenn der Stpfl. nach seinen **individuellen Kenntnissen und Fähigkeiten** nicht oder nur eingeschränkt in der Lage ist, die Möglichkeiten der Datenfernübertragung zu nutzen (BayLfSt v. 4.2.2009, S 0321.1.1 – 3/3 St 41, www.stotax-first.de).

Härtefallanträge, die mit **Sicherheitsbedenken** begründet werden, werden jedoch abgelehnt (OFD Koblenz v. 19.8.2013, S 0321 A – St 35 2/Z 14 2, www.stotax-first.de, sowie zuletzt FG Rheinland-Pfalz v. 15.7.2015, 1 K 2204/13, www.stotax-first.de, und BVerfG v. 22.9.2015, 1 BvR 2132/15, StEd 2015, 644 m.w.N.); ggf. sind sogar Verspätungszuschläge zu erheben (vgl. FG Nürnberg v. 5.8.2014, 2 V 676/14, EFG 2014, 1846).

Erkennt das Finanzamt einen **Härtefall** an, ist die Lohnsteuer-Anmeldung nach **amtlichem Vordruck** abzugeben und vom Arbeitgeber oder von einer zu seiner Vertretung berechtigten Person zu **unterschreiben** (§ 41a Abs. 1 Satz 2 EStG, vgl. dazu auch OFD Hannover v. 27.1.2003, S 0321 – 3 – StH 462, www.stotax-first.de). Das Vordruckmuster und die „Übersicht über länderunterschiedliche Werte in der Lohnsteuer-Anmeldung" (z.B. bei den heberechtigten Kirchen) werden jährlich vom BMF bekannt gemacht (vgl. für das Jahr 2016 BMF v. 27.8.2015, IV C 5 – S 2533/15/10001, BStBl I 2015, 650).

Lohnsteuer-Anmeldungen können in diesen Fällen auch per **Telefax** abgegeben werden (vgl. BFH v. 8.10.2014, VI R 82/13, BStBl II 2015, 359 betr. Einkommensteuer-Erklärungen, das aber für Lohnsteuer-Anmeldungen und Umsatzsteuer-Voranmeldungen entsprechend gilt).

4. Lohnsteuer-Anmeldungszeitraum

142 „Lohnsteuer-Anmeldungszeitraum" kann der Kalendermonat, das Kalendervierteljahr oder auch das Kalenderjahr sein (§ 41a Abs. 2 Sätze 1 und 2 EStG). Maßgebend hierfür ist die Höhe der für das **Vorjahr abzuführenden Lohnsteuer (ohne Kirchensteuer und Solidaritätszuschlag) ohne Kürzung** um das ihr entnommene **Kindergeld** (R 41a.1 Abs. 3 LStR), selbst wenn sich inzwischen die Verhältnisse geändert haben.

Höhe der Lohnsteuer im Vorjahr	Lohnsteuer-Anmeldungszeitraum
mehr als 4 000 €	Kalendermonat
mehr als 1 080 €, aber nicht mehr als 4 000 €	Kalendervierteljahr
nicht mehr als 1 080 €	Kalenderjahr

> **Beispiel 1:**
> Arbeitgeber A hat im **Jahr 2015** für seinen Arbeitnehmer (Bruttolohn 2 500 €, Steuerklasse I, keine Kinder, 22 Jahre) an das Finanzamt abgeführt:
>
> | | |
> |---|---:|
> | Lohnsteuer (Jahresverdienst 30 000 €) | 3 905,— € |
> | Solidaritätszuschlag 5,5 % | 214,67 € |
> | Kirchensteuer 9 % | 351,42 € |
> | zusammen | 4 471,09 € |
>
> A muss für das **Jahr 2016** die Lohnsteuer-Anmeldungen **vierteljährlich** abgeben, weil die für das Jahr 2015 abgeführte **Lohnsteuer** nicht mehr als 4 000 € betragen hat. Es spielt keine Rolle, dass A unter Einbeziehung des Solidaritätszuschlags und der Kirchensteuer insgesamt mehr als 4 000 € an das Finanzamt abgeführt hat.
>
> Bei einem Arbeitslohn von monatlich 2 535 € würde sich aber schon eine Lohnsteuer von jährlich 4 010,— € ergeben. Die 4 000 €-Grenze würde damit überschritten, so dass A ab **dem Jahre 2016** die Lohnsteuer-Anmeldungen monatlich abgeben müsste.

Ist die **Betriebsstätte**, für die die Lohnsteuer-Anmeldung abzugeben ist,

a) erst im **Laufe des Vorjahrs eröffnet** worden, so ist die sich für das Vorjahr ergebende Lohnsteuer auf einen **Jahresbetrag** umzurechnen (§ 41a Abs. 2 Satz 3 EStG);

> **Beispiel 2:**
> Sachverhalt wie Beispiel 1, der Betrieb ist aber erst am 1.12.2015 eröffnet worden. Für den Monat Dezember 2015 ist eine Lohnsteuer von 305,25 € einbehalten worden (hinzukommen Solidaritätszuschlag und Kirchensteuer).
>
> A muss für 2016 seine Lohnsteuer-Anmeldungen vierteljährlich abgeben, weil die für das Jahr 2015 abzuführende Lohnsteuer auf einen Jahresbetrag umzurechnen ist (ergibt 3 663,— €) und dieser den Betrag von 4 000 € nicht übersteigt.

Anmeldung der Lohnsteuer

b) im **Vorjahr noch nicht vorhanden** gewesen, so ist von der für den **ersten vollen Kalendermonat** nach der Eröffnung abzuführenden Lohnsteuer auszugehen und dieser Betrag auf einen Jahresbetrag umzurechnen (§ 41a Abs. 2 Satz 4 EStG).

Beispiel 3:

Sachverhalt wie Beispiel 1, der Betrieb ist aber erst am 1.1.2016 eröffnet worden. Für den Monat Januar 2016 ist eine Lohnsteuer von 316,41 € einbehalten worden (hinzukommen Solidaritätszuschlag und Kirchensteuer).

A muss für 2016 seine Lohnsteuer-Anmeldungen vierteljährlich abgeben, weil die für den Monat Januar 2016 abzuführende Lohnsteuer auf einen Jahresbetrag umzurechnen ist (ergibt 3 796,92 €) und dieser den Betrag von 4 000 € nicht übersteigt. Die erste Lohnsteuer-Anmeldung muss A also bis zum 10.4.2016 beim Betriebsstättenfinanzamt abgeben.

Das Betriebsstättenfinanzamt ist an diese gesetzlichen Anmeldungszeiträume nicht gebunden: Wenn die Abführung der Lohnsteuer nicht gesichert erscheint (z.B. bei **mangelnder Liquidität** des Arbeitgebers), kann es z.B. die **monatliche Anmeldung und Abführung anordnen** (§ 41a Abs. 3 Satz 2 EStG).

5. Frist für die Abgabe

143 Die Anmeldung muss spätestens am **zehnten Tag** nach Ablauf des Lohnsteuer-Anmeldungszeitraums dem Betriebsstättenfinanzamt eingereicht werden (§ 41a Abs. 1 Satz 1 EStG). Ist dies ein **Samstag, Sonntag oder Feiertag**, so verschiebt sich die Frist auf den nächstfolgenden Werktag (§ 108 Abs. 3 AO). Zum unterschiedlichen Feiertagsrecht in den Bundesländern, das auch für die Abgabe von Steuererklärungen von Bedeutung ist, s. OFD Frankfurt v. 18.6.2008, S 0260 A – 2 – St 23, www.stotax-first.de.

Das Betriebsstättenfinanzamt kann im Einzelfall eine **Fristverlängerung**, z.B. bei Krankheit, gewähren. Eine generelle Fristverlängerung wie bei der Umsatzsteuer (Dauerfristverlängerung, Abschn. 18.4 UStAE) ist nicht möglich.

6. Verspätete Abgabe

144 Bei nicht rechtzeitigem Eingang der Lohnsteuer-Anmeldung kann das Finanzamt nach § 152 AO einen **Verspätungszuschlag** von bis zu 10 % der festgesetzten Steuer, höchstens 25 000 € festsetzen (s.a. BMF v. 14.2.2000, IV A 4 – S 0062 – 1/00, BStBl I 2000, 190 zu § 152 AO), die Abgabe der Anmeldung nach §§ 328 ff. AO mit **Zwangsmitteln** durchsetzen oder die Höhe der **Steuer schätzen** (R 41a.1 Abs. 4 Satz 2 und 3 LStR sowie BFH v. 7.7.2004, VI R 171/00, BStBl II 2004, 1087).

Die Regelung, nach der das Finanzamt im Allgemeinen von der Festsetzung eines Verspätungszuschlags absah, wenn die Lohnsteuer-Anmeldung innerhalb von fünf Tagen beim Finanzamt eingereicht und gleichzeitig die Lohnsteuer bezahlt wurde (**sog. Anmeldungs-Schonfrist), ist ab 2004 aufgehoben** worden (BMF v. 1.4.2003, IV D 2 – S 0323 – 8/03, BStBl I 2003, 239). Begründet wird diese Aufhebung damit, dass es angesichts des weit gehenden Einsatzes der EDV jedem Arbeitgeber möglich sein müsse, die Lohnsteuer-Anmeldungen pünktlich abzugeben. Sollte dies im Einzelfall nicht möglich sein, kann der Arbeitgeber nach § 109 AO Fristverlängerung beantragen. Beim erstmaligen Versäumnis wird das Finanzamt jedoch von der Erhebung eines Verspätungszuschlags absehen (BayLfSt v. 30.11.2012, S 0323.1.1 – 2/1 St 42, www.stotax-first.de), auch → *Abführung der Lohnsteuer* Rz. 7.

7. Nichtabgabe

145 Gibt der Arbeitgeber überhaupt keine Lohnsteuer-Anmeldungen ab, kann das Finanzamt die Lohnsteuer im **Schätzungswege** ermitteln und den Arbeitgeber durch Steuerbescheid in Anspruch nehmen (R 41a.1 Abs. 4 Satz 3 LStR sowie BFH v. 7.7.2004, VI R 171/00, BStBl II 2004, 1087). Daneben kann das Finanzamt auch **Zwangsgelder** bis zu 25 000 € festsetzen (§ 328 bis 335 AO).

8. Berichtigung der Anmeldung

146 Wenn der Arbeitgeber feststellt, dass eine bereits eingereichte Lohnsteuer-Anmeldung **fehlerhaft oder unvollständig** ist, so ist für den betreffenden Anmeldungszeitraum eine **berichtigte Lohnsteuer-Anmeldung** einzureichen (§ 153 AO), die als solche zu kennzeichnen ist (Eintragung der Kennziffer 1 in die Kennzahl 10 der Lohnsteueranmeldung). Dabei sind Eintragungen auch in den Zeilen vorzunehmen, in denen sich keine Änderung ergeben hat. Es ist nicht zulässig, nur Einzel- oder Differenzbeträge nachzumelden. Für die Berichtigung mehrerer Anmeldungszeiträume sind jeweils gesonderte berichtigte Lohnsteuer-Anmeldungen einzureichen.

Anders bei → *Beiträge zur Sozialversicherung* Rz. 548.

Nach der BFH-Rechtsprechung (Urteil v. 13.11.2012, VI R 38/11, BStBl II 2013, 929) ist eine **Korrektur der abgeführten Lohnsteuer zu Gunsten des Arbeitgebers auch noch nach der Ausstellung und Übermittlung der Lohnsteuer-Bescheinigung zulässig**, solange die Lohnsteuer-Anmeldungen unter dem Vorbehalt der Nachprüfung nach § 164 Abs. 2 AO stehen. Die Finanzverwaltung hat die Anwendung des Urteils auf solche Sachverhalte beschränkt, die mit dem entschiedenen Sachverhalt vergleichbar sind (BMF v. 7.11.2013, IV C 5 – S 2378/0 – 07, BStBl I 2013, 1474). Dies sind Fallgestaltungen, bei denen sich der Arbeitnehmer die Beträge, für die Lohnsteuer einbehalten worden ist, ohne vertraglichen Anspruch gegen den Willen des Arbeitgebers verschafft hat. In Betracht kommen also ausschließlich Zahlungen, die keinen Arbeitslohn darstellen, etwa vom Arbeitnehmer veruntreute Beträge. Hingegen gehören versehentliche Überweisungen des Arbeitgebers auch dann zum Arbeitslohn des Arbeitnehmers, wenn sie der Arbeitgeber zurückfordern kann (BFH v. 4.5.2006, VI R 17/0, BStBl II 2006, 830).

Nach dem **ab 2014 geänderten § 41c Abs. 3 EStG** ist die Änderung von Lohnsteuer-Anmeldungen nur in den Fällen, in denen sich der Arbeitnehmer ohne vertraglichen Anspruch und gegen den Willen des Arbeitgebers Beträge verschafft hat, für die Lohnsteuer einbehalten wurde, nach Maßgabe der abgabenrechtlichen Vorschrift des § 164 AO auch nach Ablauf des betreffenden Kalenderjahrs und ungeachtet einer bereits übermittelten bzw. ausgestellten Lohnsteuer-Bescheinigung zulässig. Voraussetzung ist, dass der Arbeitgeber den bei seinem Betriebsstätten-Finanzamt einzureichenden Änderungsantrag ausreichend begründet und eine berichtigte Lohnsteuer-Bescheinigung für den bzw. die betroffenen Arbeitnehmer beifügt. Die berichtigte Lohnsteuer-Bescheinigung ist entsprechend zu kennzeichnen (BMF v. 7.11.2013, IV C 5 – S 2378/0 – 07, BStBl I 2013, 1474). Ferner wurde gesetzlich klargestellt, dass der Arbeitgeber auch die Lohnsteuer-Anmeldung zu berichtigen hat (§ 41c Abs. 3 Satz 6 EStG).

Die ggf. zuviel entrichtete Lohnsteuer ist dem **Arbeitgeber, nicht dem Arbeitnehmer zu erstatten** (FG Hamburg v. 4.7.2012, 1 K 12/10, www.stotax-first.de, betr. irrtümliche Abführung von Lohnsteuer für einen an der Firma beteiligten Kommanditisten).

Im Bereich der Lohnsteuer-Anmeldungen sieht § 371 Abs. 2a AO eine Ausnahme vom Vollständigkeitsgebot der **Selbstanzeige** und des Ausschlussgrunds der Tatentdeckung (§ 371 Abs. 2 Nr. 2 AO) vor. Das bedeutet, dass eine korrigierte oder verspätete Lohnsteuer-Anmeldung als wirksame Teilselbstanzeige gelten kann. Dies gilt gem. § 371 Abs. 2a Satz 3 AO jedoch nicht für jährliche Lohnsteuer-Anmeldungen.

9. Anmeldung und Abführung der Lohnsteuer an ein unzuständiges Finanzamt

147 Es kommt immer wieder vor, dass Arbeitgeber die Lohnsteuer bei einem unzuständigen Finanzamt in einem anderen Bundesland anmelden und abführen. Dies betrifft z.B. **konzernverbundene Personen- oder Kapitalgesellschaften**, die die Lohnsteuer bei dem für die Muttergesellschaft zuständigen Betriebsstättenfinanzamt anmelden. Gleiches gilt für Arbeitgeber, die zwar in einem Bundesland **ansässig** sind, aber in einem anderen Bundesland eine **Niederlassung** betreiben, die die Voraussetzungen einer lohnsteuerlichen **Betriebsstätte** (→ *Betriebsstätte* Rz. 698) gem. § 41 Abs. 2 EStG erfüllen.

Wegen der Auswirkungen auf **die Verteilung der Steuereinnahmen nach dem Zerlegungsgesetz** prüfen die Finanzämter verstärkt, wo sich lohnsteuerliche Betriebsstätten i.S.d. § 41 Abs. 2 EStG befinden. Hat der Arbeitgeber die Lohnsteuer-Anmeldung bei einem unzuständigen Finanzamt abgegeben, werden die erforderlichen **Korrekturen verwaltungsintern** – d.h. ohne Berichtigung der Lohnsteueranmeldungen durch den Arbeitgeber – vorgenommen. S. dazu z.B. OFD Karlsruhe v. 13.4.2010, S 2376/5 – St 141, StEd 2010, 315:

Anmeldung der Lohnsteuer

keine Sozialversicherungspflicht = (SV̶)
Sozialversicherungspflicht = (SV)

„Das zuständige Betriebsstättenfinanzamt hat den Arbeitgeber im Einvernehmen mit dem unzuständigen Finanzamt aufzufordern, die Lohnsteuer, die Kirchensteuer und den Solidaritätszuschlag künftig beim zuständigen Betriebsstättenfinanzamt anzumelden und abzuführen. Die an das unzuständige Finanzamt bereits abgeführte Lohnsteuer des laufenden Kalenderjahrs ist dem zuständigen Betriebsstättenfinanzamt verwaltungsintern zu überweisen. Dem Arbeitgeber ist mitzuteilen, dass hinsichtlich der bereits abgerechneten Lohnzahlungszeiträume des laufenden Kalenderjahrs der Ausgleich verwaltungsintern stattfindet und er in den Lohnsteuerbescheinigungen der Arbeitnehmer das zuständige Betriebsstättenfinanzamt als das Finanzamt anzugeben hat, an das die Lohnsteuer abgeführt worden ist.

Ein verwaltungsinterner Ausgleich außerhalb des Zerlegungsverfahrens ist auch in den Fällen durchzuführen, in denen Eintragungen zu den für die Anmeldung pauschaler Lohnsteuer vorgesehenen Kennzahlen enthalten sind. Denn die angemeldete pauschale Lohnsteuer wirkt sich auch auf die Ermittlung des Zerlegungsschlüssels aus (§ 7 Abs. 4 ZerlG). Für bereits abgerechnete Lohnzahlungszeiträume des laufenden Kalenderjahrs ist die pauschale Lohnsteuer in den verwaltungsinternen Ausgleich einzubeziehen.

Von einer Inanspruchnahme des Arbeitgebers oder einer verwaltungsinternen Überweisung der an ein unzuständiges Finanzamt abgeführten Lohnsteuer für abgelaufene Kalenderjahre ist aus Vereinfachungsgründen abzusehen, weil Art und Umfang des Ausgleichs durch die Vorschriften des Zerlegungsgesetzes bestimmt werden.

> **Beispiel 1:**
> Bei einer Lohnsteuer-Außenprüfung wurde festgestellt, dass sich die lohnsteuerliche Betriebsstätte im Land B befand. Die Lohnsteuer für dort beschäftigte und auch ansässige Arbeitnehmer wurde fehlerhaft an ein Finanzamt im Land A abgeführt und dieses Finanzamt in den Lohnsteuerbescheinigungen als das Finanzamt angegeben, an das die Lohnsteuer abgeführt worden ist.
> Eine Korrektur ist nicht vorzunehmen. Die Lohnsteuer steht nach den Vorschriften des Zerlegungsgesetzes dem Wohnsitzland B zu. Eine Lohnsteuerzerlegung findet statt, wenn das Wohnsitzland des Arbeitnehmers nicht mit dem Land übereinstimmt, das die Lohnsteuer ausweislich der Eintragung in der Lohnsteuerbescheinigung vereinnahmt hat. Der Ausgleich der fehlerhaft an ein unzuständiges Finanzamt im Land A abgeführten Lohnsteuer erfolgt daher im Rahmen der Lohnsteuerzerlegung.

> **Beispiel 2:**
> Bei einer Lohnsteuer-Außenprüfung wurde festgestellt, dass sich die lohnsteuerliche Betriebsstätte im Land A befand. Die Lohnsteuer für dort beschäftigte, jedoch im Land B ansässige Arbeitnehmer war fehlerhaft an ein Finanzamt des Landes B abgeführt worden. Auf den Lohnsteuerbescheinigungen der betreffenden Arbeitnehmer war das Finanzamt des Landes B als das Finanzamt angegeben, an das die Lohnsteuer abgeführt worden ist.
> Eine Korrektur ist nicht vorzunehmen. Die Lohnsteuer steht nach den Vorschriften des Zerlegungsgesetzes dem Wohnsitzland B zu und ist bereits an dieses abgeführt worden. Wäre die Lohnsteuer zutreffend an das zuständige Betriebsstättenfinanzamt im Land A abgeführt und dies auf den Lohnsteuerbescheinigungen entsprechend angegeben worden, stünde dem Land B ein Anspruch nach dem Zerlegungsgesetz zu.

Ein verwaltungsinterner Ausgleich der an ein unzuständiges Finanzamt abgeführten Lohnsteuer für abgelaufene Kalenderjahre ist nur in den Fällen durchzuführen, für die das Zerlegungsgesetz eine Zerlegung nach dem Wohnsitzprinzip vorsieht, die aber wegen der Besonderheiten des Sachverhalts nicht als Zerlegungsfälle erkannt werden können.

> **Beispiel 3:**
> Bei einer Lohnsteuer-Außenprüfung wurde festgestellt, dass sich eine lohnsteuerliche Betriebsstätte im Land B befand. Die Lohnsteuer für dort beschäftigte und im Land B ansässige Arbeitnehmer und/oder pauschale Lohnsteuer wurde jedoch an ein Finanzamt im Land A angemeldet und abgeführt. Auf den Lohnsteuerbescheinigungen dieser Arbeitnehmer war fehlerhaft vermerkt, dass die Lohnsteuer an das Betriebsstättenfinanzamt im Land B abgeführt worden sei.
> Es ist ein verwaltungsinterner Ausgleich der Lohnsteuer durchzuführen. Die Lohnsteuer steht nach den Vorschriften des Zerlegungsgesetzes dem Wohnsitzland B zu. Ein Anspruch nach dem Zerlegungsgesetz für das Land B kann hingegen nicht entstehen, da auf den Lohnsteuerbescheinigungen fehlerhaft die Abführung an Land B vermerkt ist.

> Wohnsitzland und das Land, an das die Lohnsteuer abgeführt worden ist, stimmen laut Lohnsteuerbescheinigung überein, so dass keine Zerlegung stattfinden würde, obwohl die Abführung tatsächlich an das Land A erfolgt ist. Für abgelaufene Kalenderjahre ist die pauschale Lohnsteuer nicht in den verwaltungsinternen Ausgleich einzubeziehen.

Die an das unzuständige Finanzamt bereits abgeführte Kirchensteuer und der Solidaritätszuschlag sind in den Fällen eines verwaltungsinternen Ausgleichs der Lohnsteuer für das laufende Kalenderjahr bzw. abgelaufene Kalenderjahre nicht einzubeziehen."

10. Verfahrensvorschriften

Die Lohnsteuer-Anmeldung steht einer **Steuerfestsetzung unter Vorbehalt der Nachprüfung** gleich und wirkt wie ein Steuerbescheid (§ 168 Satz 1 i.V.m. § 164 AO). Sie kann somit jederzeit – sowohl zu Gunsten als auch zu Ungunsten des Arbeitgebers – geändert werden, bis der Vorbehalt der Nachprüfung aufgehoben ist, allerdings nicht mehr nach Übermittlung oder Ausschreibung der Lohnsteuerbescheinigung (BFH v. 17.6.2009, VI R 46/07, BStBl II 2010, 72). **148**

Der **Vorbehalt der Nachprüfung** wird aufgehoben

– nach **Abschluss einer Außenprüfung** oder

– kraft Gesetzes (§ 164 Abs. 4 AO) mit **Ablauf der Verjährungsfrist**, die regelmäßig **vier Jahre** beträgt, → *Verjährung* Rz. 2983.

> **Beispiel 1:**
> Arbeitgeber A hat seit Eröffnung seines Betriebs im Juni 2006 immer pünktlich seine Lohnsteuer-Anmeldungen abgegeben. Ende Juni 2016 findet bei ihm eine Lohnsteuer-Außenprüfung statt, die die Jahre 2012 bis 2015 umfasst.
> Mit dem Abschluss der Außenprüfung fällt der Vorbehalt der Nachprüfung für alle Lohnsteuer-Anmeldungen einschließlich der am 10.6.2016 abgegebenen Anmeldung für den Monat Mai 2016 weg. Eine Änderung der Lohnsteuer-Anmeldungen gem. § 164 Abs. 2 AO für die Monate Januar bis Mai 2016 ist damit – weder zu Gunsten noch zu Ungunsten des Arbeitgebers – nicht mehr möglich.

> **Beispiel 2:**
> Sachverhalt wie oben, es findet jedoch keine Lohnsteuer-Außenprüfung statt.
> Der Vorbehalt der Nachprüfung fällt mit Ablauf der Verjährungsfrist von vier Jahren weg. Diese beginnt mit dem Ende des Jahres, in dem die Lohnsteuer-Anmeldung abgegeben wird. Mit Ablauf des 31.12.2015 ist somit für alle Lohnsteuer-Anmeldungen Verjährung eingetreten, die bis zum 31.12.2011 abgegeben worden sind, also auch für die am 10.12.2011 abgegebene Lohnsteuer-Anmeldung für November 2011. Für die am 10.1.2012 abgegebene Anmeldung für Dezember 2011 endet die Verjährungsfrist hingegen erst mit Ablauf des 31.12.2016.

Sind Lohnsteuer-Anmeldungen mit Aufhebung des Vorbehalts der Nachprüfung bestandskräftig geworden, können sie nur geändert werden, wenn die Voraussetzungen der gesetzlichen Änderungsvorschriften der AO vorliegen (zuletzt BFH v. 26.1.2006, VI R 2/03, www.stotax-first.de, betr. eine Änderung nach § 175 AO wegen eines rückwirkenden Ereignisses).

Einschränkungen gelten für den Fall, dass es sich um Lohnsteuer des Arbeitnehmers handelt (also nicht vom Arbeitgeber selbst zu tragende pauschale Lohnsteuer) und diesem bereits die Lohnsteuerbescheinigung ausgehändigt worden ist (→ *Änderung des Lohnsteuerabzugs* Rz. 111).

Weicht das Finanzamt von der Anmeldung ab, muss es einen Steuerbescheid erteilen (§ 167 AO).

Die Lohnsteuer-Anmeldung betrifft den jeweiligen Arbeitnehmer als Schuldner der Lohnsteuer unmittelbar, weil er ihren Abzug vom Lohn zu dulden hat; er kann daher – ebenso wie der Arbeitgeber – die Lohnsteuer-Anmeldung des Arbeitgebers aus eigenem Recht anfechten, soweit sie ihn betrifft (BFH v. 20.7.2005, VI R 165/01, BStBl II 2005, 890). Im finanzgerichtlichen Verfahren ist dann der Arbeitgeber als Adressat der Bescheide beizuladen (BFH v. 7.8.2015, VI B 66/15, www.stotax-first.de).

11. Übernahme lohnsteuerlicher Pflichten durch Dritte

Einzelheiten hierzu s. → *Lohnsteuerabzug durch Dritte* Rz. 1848. **149**

Anmeldung der Sozialversicherungsbeiträge

→ *Altersteilzeit* Rz. 68, → *Beiträge zur Sozialversicherung* Rz. 548

Annehmlichkeiten

1. Allgemeines

150 Der Begriff „Annehmlichkeit" ist weder im Einkommensteuergesetz noch in den Lohnsteuer-Richtlinien definiert. Der BFH hat in früheren Urteilen den Begriff der „Annehmlichkeit" und des „Gelegenheitsgeschenks" (→ *Gelegenheitsgeschenke* Rz. 1368) geprägt (BFH v. 2.10.1968, VI R 79/68, BStBl II 1969, 116).

In seiner neuen Rechtsprechung hat der **BFH den Begriff der „Annehmlichkeit" aufgegeben**. Nunmehr sieht er als Arbeitslohn alle Einnahmen an, die dem Empfänger mit Rücksicht auf das Dienstverhältnis zufließen und sich als Ertrag der nichtselbständigen Arbeit darstellen, d.h. wenn sich die Leistung des Arbeitgebers im weitesten Sinne als Gegenleistung für das Zurverfügungstellen der individuellen Arbeitskraft des Arbeitnehmers erweist (vgl. BFH v. 17.7.2014, VI R 69/13, BStBl II 2015, 41). Soweit begrifflich Arbeitslohn vorliegt, ist dieser nur noch dann steuerfrei, wenn dies der Gesetzgeber ausdrücklich angeordnet hat.

Folgende Zuwendungen des Arbeitgebers sind allerdings von vornherein **nicht als Arbeitslohn** anzusehen:

- Aufmerksamkeiten,
- Leistungen des Arbeitgebers, die er im **ganz überwiegenden betrieblichen Interesse** erbringt.

Für die Behandlung von Zuwendungen des Arbeitgebers ergibt sich folgende Übersicht:

```
             Zuwendungen
                 des
             Arbeitgebers
                  |
                  v
          steuerfrei lt.      ja
          Einkommen-    ───────────►
          steuergesetz
                  |
                 nein
                  v
          Aufmerksamkeiten    ja
                        ───────────►
                  |
                 nein
                  v
          Zuwendungen im      ja
          ganz überwiegenden ───────────►
          betrieblichen Interesse
          des Arbeitgebers
                  |
                 nein
                  v
          steuerpflichtiger        steuerfreie
          Arbeitslohn              Zuwendungen
```

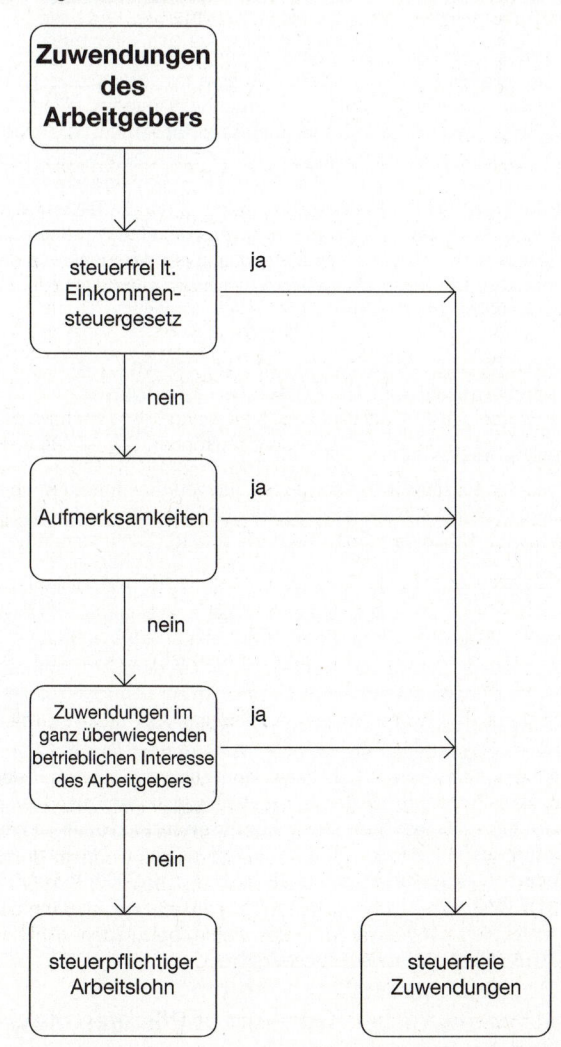

2. Aufmerksamkeiten

Aufmerksamkeiten sind **Sachleistungen** des Arbeitgebers, die **151** auch im gesellschaftlichen Verkehr üblicherweise ausgetauscht werden und zu keiner ins Gewicht fallenden Bereicherung der Arbeitnehmer führen; sie gehören nicht zum Arbeitslohn (R 19.6 Abs. 1 LStR). Hierzu gehören alle Sachzuwendungen bis zu einem **Wert von 60 €** (inklusive Umsatzsteuer), z.B. Blumen, Genussmittel, ein Buch oder Tonträger, die dem Arbeitnehmer oder seinen Angehörigen aus Anlass eines besonderen persönlichen Ereignisses zugewendet werden (BFH v. 22.3.1985, VI R 26/82, BStBl II 1985, 641). Bei der Bewertung der Sachzuwendungen gilt R 8.1 Abs. 2 Satz 3 LStR, d.h., der Wert der Sachzuwendung kann aus Vereinfachungsgründen mit 96 % des Endpreises bewertet werden, zu dem sie der Abgebende oder dessen Abnehmer fremden Letztverbrauchern im allgemeinen Geschäftsverkehr anbietet.

Bei **Geschenkgutscheinen** ist die Freigrenze von 60 € nur anwendbar, wenn der Gutschein als Sachzuwendung anzusehen ist (FinMin Hamburg v. 3.7.2003, 52 – S 2363 – 002/03, www.stotax-first.de). Zu dieser Frage s. → *Warengutscheine* Rz. 3119.

Zu den Aufmerksamkeiten gehören auch Getränke und Genussmittel, die der Arbeitgeber den Arbeitnehmern zum Verzehr im Betrieb unentgeltlich oder verbilligt überlässt (vgl. BFH v. 2.10.1968, VI R 295/67, BStBl II 1969, 115). Dasselbe gilt für **Speisen**, die der Arbeitgeber den Arbeitnehmern anlässlich und während eines **außergewöhnlichen Arbeitseinsatzes**, z.B. während einer betrieblichen Besprechung, zum Verzehr **im Betrieb** unentgeltlich oder verbilligt überlässt und deren Wert 60 € nicht überschreitet (R 19.6 Abs. 2 LStR; vgl. hierzu → *Arbeitsessen* Rz. 233).

Wenn der Wert der Sachzuwendung die Freigrenze von 60 € **übersteigt**, so ist die Zuwendung **in voller Höhe** steuer- und beitragspflichtig, und zwar auch dann, wenn mit ihr soziale Zwecke verfolgt werden oder wenn sie dem Arbeitnehmer anlässlich eines besonderen persönlichen Ereignisses zugewendet wird, z.B. Konfirmation des Kinds, vgl. H 19.6 (Gelegenheitsgeschenke) LStH. **Geldzuwendungen** sind stets steuer- und beitragspflichtig, auch wenn ihr Wert gering ist (R 19.6 Abs. 1 Satz 3 LStR).

> **Beispiel 1:**
> Der Arbeitgeber schenkt seinen Arbeitnehmern zum 50. Geburtstag jeweils einen Blumenstrauß und eine Flasche Champagner im Wert von 58 €.
>
> Die Sachzuwendung ist steuer- und beitragsfrei, weil die Freigrenze von 60 € nicht überschritten wird.

> **Beispiel 2:**
> Da im Winter die Blumen teurer sind, kosten der Blumenstrauß und die Flasche Champagner bei einem Arbeitnehmer 63 €.
>
> Die Sachzuwendung ist i.H.v. 63 € steuer- und beitragspflichtig, weil nach Anwendung der Vereinfachungsregelung der R 8.1 Abs. 2 Satz 3 LStR (96 % des Endpreises) die Freigrenze von 60 € überschritten wird (96 % von 63 € = 60,48 €).

3. Leistungen im ganz überwiegenden Interesse des Arbeitgebers

Leistungen des Arbeitgebers, die im ganz überwiegenden be- **152** trieblichen Interesse erbracht werden, gehören nicht zum Arbeitslohn. Die Leistungen des Arbeitgebers sind dabei im Rahmen einer Gesamtwürdigung einheitlich zu beurteilen; eine Aufteilung zwischen Arbeitslohn und Zuwendung im betrieblichen Interesse ist grundsätzlich nicht zulässig (BFH v. 9.8.1996, VI R 88/93, BStBl II 1997, 97).

Der BFH beschreibt mit dem Begriff „Leistungen im ganz überwiegend eigenbetrieblichen Interesse" solche Vorteile, die sich bei objektiver Würdigung aller Umstände nicht als Entlohnung, sondern lediglich als **notwendige Begleiterscheinung betriebsfunktionaler Zielsetzungen** erweisen (z.B. BFH v. 14.11.2013, VI R 36/12, BStBl II 2014, 278 m.w.N. betr. Übernahme von Bußgeldern).

Der BFH hat deshalb bei folgenden Leistungen des Arbeitgebers die Annahme von **Arbeitslohn** verneint:

Annehmlichkeiten

- **Vorsorgeuntersuchungen** bei leitenden Angestellten (BFH v. 17.9.1982, VI R 75/79, BStBl II 1983, 39),
- **Mitgliedsbeiträge für einen Industrieclub** (BFH v. 20.9.1985, VI R 120/82, BStBl II 1985, 718),
- unentgeltliche Bereitstellung von **Speisen und Getränken** bei Dienstbesprechungen und Fortbildungsveranstaltungen, wenn das eigenbetriebliche Interesse des Arbeitgebers an der günstigen Gestaltung des Arbeitsablaufs den Vorteil der Arbeitnehmer bei weitem überwiegt (BFH v. 5.5.1994, VI R 55-56/92, BStBl II 1994, 771),
- Überlassung eines **Werkstattwagens** im Rahmen einer Wohnungsrufbereitschaft für Fahrten zwischen Wohnung und erster Tätigkeitsstätte (BFH v. 25.5.2000, VI R 195/98, BStBl II 2000, 690),
- Übernahme von **Massagekosten**, wenn die Maßnahme des Arbeitgebers einer spezifisch berufsbedingten Beeinträchtigung der Gesundheit des Arbeitnehmers vorbeugt oder ihr entgegenwirkt (BFH v. 30.5.2001, VI R 177/99, BStBl II 2001, 671),
- Erwerb des **Führerscheins der Klasse 3** im Rahmen einer umfassenden Gesamtausbildung zum Polizeivollzugsdienst, sofern das Ausbildungsinteresse des Dienstherrn im Vordergrund steht (BFH v. 26.6.2003, VI R 112/98, BStBl II 2003, 886),
- Gestellung **einheitlicher, während der Arbeitszeit zu tragender bürgerlicher Kleidung**, wenn das eigenbetriebliche Interesse des Arbeitgebers im Vordergrund steht (BFH v. 22.6.2006, VI R 21/05, BStBl II 2006, 915),
- Gewährung **unentgeltlicher Verpflegung an Bord eines Flusskreuzfahrtschiffes**, wenn das eigenbetriebliche Interesse des Arbeitgebers an einer Gemeinschaftsverpflegung wegen besonderer betrieblicher Abläufe den Vorteil der Arbeitnehmer bei weitem überwiegt (BFH v. 21.1.2010, VI R 51/08, BStBl II 2010, 700).

Eine Zuwendung ist allerdings nicht bereits deswegen im ganz überwiegend eigenbetrieblichen Interesse, weil für sie betriebliche Gründe sprechen, beim Arbeitgeber also **Betriebsausgaben** vorliegen. Denn eine betriebliche Veranlassung liegt jeder Art von Lohnzahlungen zu Grunde. **Aus den Begleitumständen wie z.B.**

- Anlass,
- Art und Höhe des Vorteils,
- Auswahl der Begünstigten,
- freie oder nur gebundene Verfügbarkeit,
- Freiwilligkeit oder Zwang zur Annahme des Vorteils,
- besondere Geeignetheit für den jeweils verfolgten betrieblichen Zweck

muss sich ergeben, dass diese Zielsetzung ganz im Vordergrund steht und ein damit einhergehendes **eigenes Interesse des Arbeitnehmers**, den betreffenden Vorteil zu erlangen, deshalb **vernachlässigt** werden kann (BFH v. 5.5.1994, VI R 55-56/92, BStBl II 1994, 771). Zwischen dem eigenbetrieblichen Interesse des Arbeitgebers und dem Ausmaß der Bereicherung des Arbeitnehmers besteht allerdings eine **Wechselwirkung**. Das aus der Sicht des Arbeitgebers vorhandene eigenbetriebliche Interesse zählt umso geringer, je höher **aus der Sicht des Arbeitnehmers** die Bereicherung anzusetzen ist. Das bedeutet: Ist – neben dem eigenbetrieblichen Interesse des Arbeitgebers – ein nicht unerhebliches Interesse des Arbeitnehmers gegeben, so liegt die Gewährung des Vorteils nicht im ganz überwiegend eigenbetrieblichen Interesse des Arbeitgebers (zuletzt BFH v. 14.11.2013, VI R 36/12, BStBl II 2014, 278 m.w.N. betr. Übernahme von Bußgeldern).

Anpassungshilfe

153 Älteren landwirtschaftlichen Arbeitnehmern, die ihren Arbeitsplatz auf Veranlassung des Arbeitgebers aufgeben müssen, werden in einigen Bundesländern vom Land sog. **Anpassungshilfen** gewährt. Hierbei handelt es sich um eine Lohnzahlung durch Dritte (→ *Lohnzahlung durch Dritte* Rz. 1949), weil die Zahlung durch das Dienstverhältnis veranlasst ist (FinMin Thüringen v. 11.10.1994, S 2340 A – 7/94 – 204.1, www.stotax-first.de).

Zu dem nach dem Gesetz zur Förderung der Einstellung der landwirtschaftlichen Erwerbstätigkeit v. 21.2.1989, BGBl. I 1989, 233 von der Alterskasse gezahlten **Ausgleichsgeld** → *Ausgleichsgeld nach dem FELEG* Rz. 404.

Anrechnung/Abzug ausländischer Steuern

1. Allgemeines

Bei Personen, die Einkünfte aus Quellen außerhalb ihres Wohnsitzstaats erzielen, unterliegen diese ausländischen Einkünfte grundsätzlich sowohl im Wohnsitzstaat als auch im Quellen- bzw. Tätigkeitsstaat der Besteuerung. Dies gilt auch in Fällen mit Doppelwohnsitz, z.B. wenn ein Arbeitnehmer für seinen Arbeitgeber vorübergehend im Ausland tätig ist und während seines Auslandsaufenthalts auch dort einen Wohnsitz begründet. **154**

In diesen Fällen ist die **Anrechnung bzw. der Abzug ausländischer Steuer** eine Methode zur **Vermeidung der Doppelbesteuerung** (→ *Doppelbesteuerung* Rz. 854).

Die Anrechnungsmethode ist anzuwenden, wenn

- insoweit kein Doppelbesteuerungsabkommen besteht,
- ein Doppelbesteuerungsabkommen für die Einkünfte die Anrechnungsmethode vorsieht.

Bei der Anrechnungsmethode werden die ausländischen Einkünfte mit in die Bemessungsgrundlage für die deutsche Einkommensteuer einbezogen. Dies gilt sowohl für positive als auch für negative Einkünfte, d.h. Letztere sind zum Ausgleich mit anderen Einkünften zuzulassen, soweit nicht ein Ausgleichs- und Abzugsverbot (insbesondere nach § 2a EStG) eingreift.

2. Bedeutung im Lohnsteuerabzugsverfahren/ Veranlagungsverfahren

Eine **Anrechnung** ausländischer Steuern ist nicht im Lohnsteuerabzugsverfahren, sondern **nur im Rahmen der Veranlagung des Arbeitnehmers** möglich. Der Arbeitnehmer muss ggf. zur Anrechnung ausländischer Steuern eine Veranlagung nach § 46 Abs. 2 Nr. 8 EStG beantragen. **155**

Ein **Abzug** ausländischer Steuern, die nicht auf die Einkünfte aus nichtselbständiger Arbeit entfallen, ist ebenfalls grundsätzlich nur im Veranlagungsverfahren des Arbeitnehmers möglich. Eine Berücksichtigung **im Lohnsteuerabzugsverfahren** ist allerdings **ausnahmsweise** dann möglich, wenn sich der Arbeitnehmer unter den Voraussetzungen des § 39a Abs. 1 Nr. 5 EStG **wegen negativer Einkünfte einen Freibetrag** eintragen lässt. Entfällt die ausländische Steuer auf Einkünfte aus nichtselbständiger Arbeit, so dürfte aus Gründen der Gleichbehandlung mit dem Einkommensteuervorauszahlungsverfahren eine Berücksichtigung im Ermäßigungsverfahren möglich sein.

3. Ermittlung, Nachweis und Umrechnung ausländischer Einkünfte und Steuern

Art und Höhe der ausländischen Einkünfte sind **nach deutschem Steuerrecht** zu ermitteln. **156**

Der **Nachweis** über Höhe der ausländischen Einkünfte und über Festsetzung und Zahlung ausländischer Steuern muss durch entsprechende **Urkunden (z.B. Steuerbescheid**, Zahlungsquittung) erbracht werden (§ 68b EStDV). Wird die Steuer im Ausland vom Arbeitgeber/Unternehmer angemeldet, so genügt als Nachweis eine hinreichend klare Bescheinigung des Anmeldenden über die Höhe der abgeführten Steuer (H 34c (1-2) [Festsetzung ausländischer Steuern] EStH). Der Arbeitgeber sollte dem Arbeitnehmer daher bei Bedarf entsprechende Unterlagen zur Verfügung stellen.

Umrechnungsmaßstab ist – soweit vorhanden – der auf den Umrechnungszeitpunkt bezogene **Euro-Referenzkurs** der Europäischen Zentralbank. Lohnzahlungen sind bei Zufluss des Arbeitslohns anhand der von der Europäischen Zentralbank veröffentlichten **monatlichen Durchschnittsreferenzkurse umzurechnen**, denen die im BStBl I veröffentlichten Umsatzsteuer-Umrechnungskurse entsprechen (BFH v. 3.12.2009, VI R 4/08, BStBl II 2010, 698).

4. Anrechnungsmethode ohne Doppelbesteuerungsabkommen

Nach § 34c Abs. 1 Satz 1 EStG ist die Anrechnung von Steuern von folgenden **Voraussetzungen** abhängig: **157**

- unbeschränkte Steuerpflicht,

[LSt] = keine Lohnsteuerpflicht
[LSt] = Lohnsteuerpflicht

- **ausländische Einkünfte** i.S. des § 34d EStG, die der deutschen Besteuerung unterliegen,
- die Einkünfte werden im Quellenstaat zu einer der **deutschen Einkommensteuer entsprechenden** Steuer herangezogen.

Sind vorstehende Voraussetzungen erfüllt, wird die **festgesetzte und gezahlte und um einen entstandenen Ermäßigungsanspruch gekürzte ausländische Steuer** auf die deutsche Einkommensteuer angerechnet, die auf die Einkünfte **aus diesem Staat entfällt**.

Die Höchstbetragsberechnung ist für jeden Staat gesondert vorzunehmen (§ 68a EStDV).

Die auf die ausländischen Einkünfte entfallende deutsche Steuer ist wie folgt zu ermitteln:

$$\frac{\text{Ausländische Einkünfte} \times \text{deutsche ESt}}{\text{Summe der Einkünfte}}$$

Ist die im ausländischen Staat gezahlte Steuer höher als der so ermittelte Höchstbetrag, ist nur Letzterer anrechenbar. Die auf die ausländischen Einkünfte entfallende anteilige deutsche Einkommensteuer ist für die Einkünfte, die aus einem Staat stammen, jeweils insgesamt zu ermitteln. Pauschalierte Einkünfte, die Pauschsteuer und die der Freistellungsmethode unterliegenden Einkünfte sowie die im Ausland nicht besteuerten Einkünfte bleiben bei der Höchstbetragsberechnung außer Betracht.

5. Anrechnungsmethode mit Doppelbesteuerungsabkommen

158 Die Anrechnungsmethode kommt **nur** für die im jeweiligen Doppelbesteuerungsabkommen genannten Einkunftsarten zum Zuge. Sie gilt z.B. regelmäßig bei Einkünften aus Dividenden oder der Tätigkeit als Künstler oder Berufssportler. Die Anrechnung erfolgt grundsätzlich genau so, als wenn kein Doppelbesteuerungsabkommen vorhanden wäre. Allerdings kann eine gegenüber den im Doppelbesteuerungsabkommen vereinbarten Regelungen im Quellenstaat erhobene zu hohe ausländische Steuer insoweit nicht angerechnet werden. Der Stpfl. kann den Erstattungsanspruch wegen abkommenswidriger „Mehr"-Steuern nur gegenüber dem Quellenstaat geltend machen (BFH v. 15.3.1995, I R 98/94, BStBl II 1995, 580); s. auch → *Grenzgänger* Rz. 1473. Manche Doppelbesteuerungsabkommen sehen die Anrechnung fiktiver Steuern vor.

6. Abzug ausländischer Steuern

159 Liegen die **Voraussetzungen** für die **Anrechnung** ausländischer Steuern **nicht** vor, weil diese nicht der deutschen Einkommensteuer entsprechen oder die Steuer nicht im Quellenstaat erhoben wurde oder keine ausländischen Einkünfte i.S. des § 34d EStG vorliegen, sind diese nach § 34c Abs. 3 EStG **bei der Ermittlung der Einkünfte abzuziehen**. § 34c Abs. 3 EStG gilt nicht in DBA-Fällen.

Der **Abzug ausländischer Steuern** kann aber auch nach § 34c Abs. 2 EStG **auf Antrag statt der Anrechnung** gewählt werden. In DBA-Fällen ist ein Abzug bei der Ermittlung der Einkünfte auch dann zulässig, wenn das Doppelbesteuerungsabkommen ausdrücklich nur die Anrechnung erwähnt (R 34c Abs. 5 EStR). Das Wahlrecht muss für die gesamten Einkünfte aus einem Staat und für alle nach dem jeweiligen Doppelbesteuerungsabkommen anrechenbaren Steuern einheitlich ausgeübt werden. Der Abzug ausländischer Steuern kann günstiger sein in Verlustjahren oder wenn die ausländische Steuer höher ist als die auf die ausländischen Einkünfte entfallende deutsche Einkommensteuer.

Anreizprämie

→ *Belohnungen* Rz. 621

Anrufungsauskunft

→ *Auskünfte und Zusagen des Finanzamts* Rz. 413

Ansässigkeitsstaat

→ *Doppelbesteuerungsabkommen: Allgemeines* Rz. 855

Antrittsgebühr

→ *Arbeitslohn-ABC* Rz. 255

Anwärterbezüge, Unterhaltszuschüsse

→ *Arbeitslohn-ABC* Rz. 255

Anwesenheitsprämie

→ *Arbeitslohn-ABC* Rz. 255

Anzeigepflichten des Arbeitgebers

1. Lohnsteuer

160 Damit keine Steuerausfälle eintreten, hat der Gesetzgeber dem Arbeitgeber bestimmte Anzeigepflichten auferlegt. **So muss er dem Finanzamt schriftlich eine Anzeige erstatten, wenn**

- der **Barlohn eines Arbeitnehmers zur Deckung der Lohnsteuer nicht ausreicht** und der Fehlbetrag weder aus zurückbehaltenen anderen Bezügen des Arbeitnehmers noch durch einen entsprechenden Barzuschuss des Arbeitnehmers aufgebracht werden kann (§ 38 Abs. 4 Satz 2 EStG) – hierbei handelt es sich regelmäßig um Fälle, in denen der Arbeitnehmer neben dem Barlohn Sachbezüge oder Arbeitslohn von dritter Seite erhält;

> **Beispiel:**
>
> Arbeitgeber A hatte seinem Arbeitnehmer B eine Pensionszusage erteilt und diese durch eine Rückdeckungsversicherung abgesichert. Nach dem Ausscheiden des B wurde eine Vereinbarung getroffen, wonach B auf seine Rechte auf die Versorgungszusage verzichtete. Im Gegenzug trat A sämtliche Rechte aus der Rückdeckungsversicherung an die frühere Ehefrau des B ab, die Versicherungsgesellschaft zahlte die kapitalisierte Versicherungssumme an diese aus. Lohnsteuer wurde nicht einbehalten.
>
> Der Arbeitgeber haftet für die nicht einbehaltene Lohnsteuer, weil er die Anzeige fehlender Barmittel (der vom Arbeitgeber geschuldete Lohn betrug nach dem Ausscheiden des B 0 € und reichte somit zur Deckung der Lohnsteuer nicht aus; auch haben weder B noch dessen frühere Ehefrau den Fehlbetrag zur Verfügung gestellt) gegenüber dem Betriebsstättenfinanzamt nach § 38 Abs. 4 Satz 2 EStG unterlassen hat (BFH v. 9.10.2002, VI R 112/99, BStBl II 2002, 884).

- der **Arbeitnehmer keine oder erkennbar unrichtige Angaben** zu den von einem Dritten gewährten Bezügen macht und der Arbeitgeber weiß oder erkennen kann, dass derartige Vergütungen erbracht werden (§ 38 Abs. 4 Satz 3 EStG), → *Lohnzahlung durch Dritte* Rz. 1949;
- der **Arbeitgeber in folgenden Fällen die Lohnsteuer nicht nachträglich einbehalten kann** (§ 41c Abs. 4 Satz 1 EStG):
  – Der Arbeitnehmer bezieht vom Arbeitgeber keinen Arbeitslohn mehr.
  – Der Arbeitgeber hat nach Ablauf des Kalenderjahrs bereits die Lohnsteuer-Bescheinigung übermittelt oder ausgeschrieben.

Die Erfüllung der Anzeigepflichten ist auch deshalb von Bedeutung, weil der Arbeitgeber dann insoweit **nicht mehr zur Haftung herangezogen** werden kann (→ *Haftung für Lohnsteuer: Allgemeine Grundsätze* Rz. 1499).

2. Sozialversicherung

161 Zu den Anzeigepflichten in der **Sozialversicherung** → *Meldungen für Arbeitnehmer in der Sozialversicherung* Rz. 1989.

AOK (Allgemeine Ortskrankenkassen)

→ *Krankenversicherung: gesetzliche* Rz. 1717

Apotheker

1. Beiträge zum Versorgungswerk

162 Angestellte oder selbständige Apotheker, die sowohl Pflichtmitglied im **Versorgungswerk der Apothekerkammer** als auch kraft

Apotheker

Gesetzes Pflichtmitglied in der Berufskammer (Apothekerkammer) sind, können sich auf Antrag von der **Rentenversicherungspflicht** befreien lassen (§ 6 Abs. 1 Nr. 1 SGB VI). Eine freiwillige Zugehörigkeit zur Berufskammer reicht als Voraussetzung für die Befreiung nicht aus (BSG v. 9.3.2005, B 12 RA 11/04 R, www.stotax-first.de).

Die **Beiträge an das Versorgungswerk** der Apothekerkammer sind **steuerpflichtiger Arbeitslohn**, sofern keine Befreiung von der Rentenversicherungspflicht erfolgt ist; die Steuerbefreiung des § 3 Nr. 62 EStG für Beiträge des Arbeitgebers zur Zukunftssicherung (→ *Zukunftssicherung: Gesetzliche Altersversorgung* Rz. 3344) des Arbeitnehmers ist insoweit nicht anzuwenden (R 3.62 Abs. 1 Satz 4 LStR).

Die **Leistungen des Versorgungswerks** gehören zu den **sonstigen Einkünften** i.S.d. § 22 Nr. 1 Satz 3 Buchst. a EStG, die nur mit dem Besteuerungsanteil zu versteuern sind.

2. Zuschüsse der Gehaltsausgleichskasse

163 Die Zuschüsse (Frauenzulage, Kinderzulage, Diebstahlszulage) der **Gehaltsausgleichskasse** der Apothekerkammern (GAK) an pharmazeutische Angestellte sind mit ihrem monatlichen Anteil steuer- und beitragspflichtiger Arbeitslohn, selbst wenn sie unmittelbar von der GAK an die Angestellten ausgezahlt werden. Um auch insoweit den Lohnsteuerabzug vornehmen zu können, muss die GAK dem Arbeitgeber eine entsprechende Mitteilung geben.

Arbeitgeber

1. Arbeitsrecht

164 **Arbeitgeber i.S.d. Arbeitsrechts** ist derjenige, der einen Arbeitnehmer beschäftigt. Insoweit kann Arbeitgeber sowohl eine **juristische Person** des Privatrechts (z.B. eine GmbH, KG oder AG) oder des öffentlichen Rechts oder eine **natürliche Person** sein oder auch eine Mehrzahl von natürlichen oder juristischen Personen **(Arbeitgebergruppe)**.

Der Arbeitgeber als Vertragspartner des Arbeitsvertrages mit dem Arbeitnehmer ist Gläubiger (und Schuldner) der Beschäftigung und **Schuldner der Arbeitsvergütung**, soweit nicht eine dritte Person als Zahlarbeitgeber vereinbart ist.

Bei einem **Wechsel des Arbeitgebers** durch Betriebsübergang oder Teilbetriebsübergang nach § 613a BGB erhält der Arbeitnehmer im Übrigen automatisch und unabhängig von seinem Willen einen neuen Arbeitgeber.

Delegiert ein Arbeitgeber im vorgenannten Sinne seine **Weisungsbefugnisse** zur Ausübung auf andere Personen, z.B. auf Betriebs- oder Abteilungsleiter, so werden diese dadurch nicht zum Arbeitgeber (s. aber → *Arbeitnehmerüberlassung* Rz. 191).

2. Lohnsteuer

a) Begriff

165 Der Begriff „Arbeitgeber" ist ein zentraler Begriff des Lohnsteuerrechts, da der Gesetzgeber den Arbeitgeber **kraft öffentlichen Rechts zur Einbehaltung der Lohnsteuer verpflichtet** hat (§§ 38 ff. EStG). Trotzdem ist der Begriff weder im Einkommensteuergesetz selbst noch in der Lohnsteuer-Durchführungsverordnung geregelt. Er kann auch nicht durch Rückgriff auf den arbeits- bzw. sozialrechtlichen Arbeitgeberbegriff als definiert angesehen werden, da Steuerrecht einerseits und **Arbeits- bzw. Sozialrecht** andererseits unterschiedlichen Zwecken folgen; auch der für Doppelbesteuerungsabkommen maßgebliche **abkommensrechtliche Arbeitgeberbegriff** kann vom lohnsteuerlichen Arbeitgeberbegriff abweichen (zuletzt BFH v. 23.2.2005, I R 46/03, BStBl II 2005, 547 m.w.N.).

Der lohnsteuerliche Begriff „Arbeitgeber" ergibt sich aber im Umkehrschluss zum Arbeitnehmerbegriff des § 1 Abs. 1 LStDV:

Arbeitgeber ist danach derjenige, dem der Arbeitnehmer die Arbeitsleistung schuldet, unter dessen Leitung er tätig wird oder dessen Weisungen er zu folgen hat.

Arbeitgeber ist danach regelmäßig der Vertragspartner des Arbeitnehmers aus dem Dienstvertrag. Allerdings gibt es Fälle, in denen der Arbeitnehmer weder unter der Leitung seines Vertragspartners aus dem Dienstvertrag tätig wird noch dessen Weisungen zu folgen hat. So kann es sich bei **Arbeitnehmerüberlassung** oder bei sonstigen Formen des drittbezogenen Arbeitseinsatzes verhalten. In solchen Fällen wird als Arbeitgeber im lohnsteuerlichen Sinne derjenige angesehen, der dem Arbeitnehmer den Lohn im eigenen Namen und für eigene Rechnung auszahlt (vgl. zuletzt BFH v. 19.2.2004, VI R 122/00, BStBl II 2004, 620 m.w.N.).

Unerheblich ist, ob derjenige, dem die Arbeitskraft geschuldet wird, den **Arbeitslohn zahlt** oder aber ein **Dritter** (→ *Lohnzahlung durch Dritte* Rz. 1949).

Bei **verbundenen Gesellschaften** ist nicht jede Gesellschaft Arbeitgeber des für verschiedene Gesellschaften handelnden Geschäftsführers, sondern nur diejenige, von der er angestellt ist und entlohnt wird und die ihn so mit der Tätigkeit für die andere Gesellschaft betraut hat. Das gilt auch im Verhältnis zwischen einer GmbH & Co. KG und ihrer Komplementär-GmbH (FG Hamburg v. 29.11.2004, III 352/02 (2), EFG 2005, 1268). Auch im **Konzern** ist eine GmbH grundsätzlich nicht Arbeitgeberin ihrer von einer Obergesellschaft entlohnten Geschäftsführer, wenn diese vorübergehend entsandt sind und nur im Rahmen ihres mit der Obergesellschaft abgeschlossenen Anstellungsvertrags tätig werden (BFH v. 19.2.2004, VI R 122/00, BStBl II 2004, 620). Sie kann in Fällen der **Arbeitnehmerentsendung** aber als „**wirtschaftlicher Arbeitgeber**" zum Lohnsteuerabzug verpflichtet sein (→ Rz. 167).

Soweit vollzeitbeschäftigte Arbeitnehmer eines Landkreises neben einer Arbeitnehmerüberlassung zusätzlich Arbeitslohn aus einem geringfügigen Beschäftigungsverhältnis mit einer GmbH beziehen, an der der Landkreis zu 40 % beteiligt ist, ist der Landkreis nicht Arbeitgeber im lohnsteuerrechtlichen Sinne (FG Baden-Württemberg v. 8.3.2010, 6 K 68/07, EFG 2010, 1037).

In § 1 Abs. 2 LStDV werden lediglich **öffentliche Körperschaften, Unternehmer und Haushaltsvorstände** als Arbeitgeber bezeichnet. Arbeitgeber können aber auch sein

- **natürliche oder juristische Personen** (z.B. Einzelpersonen oder -unternehmen, Kapitalgesellschaften, Körperschaften des öffentlichen Rechts),

- **Personenvereinigungen** (z.B. Personengesellschaften, Vereine, Wohnungseigentümergemeinschaften) oder Vermögensmassen, vgl. dazu zuletzt FG Berlin v. 28.2.2001, 6 K 2396/98, EFG 2001, 1500 m.w.N. betr. eine Gesellschaft bürgerlichen Rechts,

- ein **Sportverein** hinsichtlich der von ihm eingesetzten Amateursportler (BFH v. 23.10.1992, VI R 59/91, BStBl II 1993, 303 und BFH v. 13.3.2003, VII R 46/02, BStBl II 2003, 960),

- der **Verleiher**, der einem Dritten (Entleiher) sog. Leiharbeitnehmer überlässt,

- kraft gesetzlicher Fiktion für **Zukunftssicherungsleistungen** i.S.d. § 3 Nr. 65 EStG eine **Pensionskasse oder Lebensversicherung**,

- wer Arbeitslohn aus einem **früheren oder für ein künftiges Dienstverhältnis** zahlt; s. R 19.1 LStR sowie H 19.1 (Arbeitgeber) LStH.

b) Zum Lohnsteuerabzug verpflichtete Arbeitgeber

166 Zur Vornahme des Lohnsteuerabzugs verpflichtet sind lediglich **inländische Arbeitgeber**, d.h. der Arbeitgeber muss im Inland

- einen Wohnsitz,
- seinen gewöhnlichen Aufenthalt,
- seine Geschäftsleitung,
- seinen Sitz,
- eine Betriebsstätte oder
- einen ständigen Vertreter

i.S.d. §§ 8 bis 13 AO haben (§ 38 Abs. 1 Nr. 2 EStG).

[LSt] = keine Lohnsteuerpflicht
[LSt] = Lohnsteuerpflicht

Arbeitgeberleistungen: unentgeltliche

Beispiel:
Eine englische Firma führte für deutsche Unternehmen fest umrissene Projekte aus. Sie stellte hierfür den deutschen Unternehmen eigene, fest angestellte Arbeitskräfte zur Verfügung. Diese Arbeitskräfte wurden in Deutschland von einem deutschen Angestellten betreut, der ein Büro gemietet hatte. Der Angestellte zahlte die in Großbritannien errechneten und nach Deutschland überwiesenen Löhne an die englischen Arbeitnehmer aus. Lohnsteuer wurde nicht einbehalten.
Nach BFH v. 5.10.1977, I R 90/75, BStBl II 1978, 205 war die englische Firma zum Lohnsteuerabzug verpflichtet, weil sie durch ihr Büro im Inland eine **Betriebsstätte** unterhielt.

Die Frage, wer „inländischer Arbeitgeber" ist, hat auch für die **Lohnsteuerhaftung** Bedeutung.

c) Lohnsteuerabzug durch inländische Unternehmen bei Arbeitnehmerentsendung

167 Nach dem durch das Steueränderungsgesetz 2003 v. 15.12.2003, BGBl. I 2003, 2645 ab 2004 geänderten § 38 Abs. 1 Satz 2 EStG ist **inländischer Arbeitgeber** i.S. des Satzes 1 in den Fällen der Arbeitnehmerentsendung auch das **in Deutschland ansässige aufnehmende Unternehmen**, das den Arbeitslohn für die ihm geleistete Arbeit wirtschaftlich trägt (sog. **wirtschaftlicher Arbeitgeber**). Hiervon ist insbesondere dann auszugehen, wenn die von dem anderen Unternehmen gezahlte Arbeitsvergütung dem deutschen Unternehmen weiterbelastet wird. Die Erfüllung der Arbeitgeberpflichten setzt nicht voraus, dass das inländische Unternehmen den Arbeitslohn im eigenen Namen und für eigene Rechnung auszahlt. Die Lohnsteuer entsteht bereits im Zeitpunkt der Arbeitslohnzahlung an den Arbeitnehmer, wenn das inländische Unternehmen auf Grund der Vereinbarung mit dem ausländischen Unternehmen mit einer Weiterbelastung rechnen kann; in diesem Zeitpunkt ist die Lohnsteuer vom inländischen Unternehmen zu erheben (R 38.3 Abs. 5 LStR).

d) Arbeitnehmer-Überlassung

168 Besonderheiten gelten für die Fälle der sog. Arbeitnehmerüberlassung (→ *Arbeitnehmerüberlassung* Rz. 203).

3. Sozialversicherung

169 Auch das Sozialversicherungsrecht definiert den Begriff des Arbeitgebers nicht näher, wohl aber hat die **Rechtsprechung** hierzu Stellung genommen. Danach ist als **Arbeitgeber derjenige anzusehen, der über Art, Ort, Zeit und Weise der Arbeitserledigung bestimmt und hierfür ein Entgelt zahlt (Ausnahme: Auszubildende ohne Entgelt)**. Zwischen Arbeitgeber und Arbeitnehmer besteht also ein Abhängigkeitsverhältnis persönlicher und wirtschaftlicher Art. Er verfügt die Einstellung und ggf. Entlassung, kann die Arbeitsleistung fordern und Arbeitsanweisungen geben, zu seinen Lasten wird das Entgelt gezahlt, er trägt auch das wirtschaftliche Risiko der Arbeitsleistung.

Arbeitgeber können sowohl natürliche Personen als auch juristische Personen des privaten oder öffentlichen Rechts sein.

Arbeitet der **Gesellschafter** in dem Unternehmen mit, wird er weiterhin als Arbeitgeber anzusehen sein, wenn er entweder durch seine Kapitalbeteiligung/sein Stimmrecht oder seine Sachkenntnis die Geschicke der Gesellschaft **maßgeblich** beeinflussen kann. Einzelheiten → *Gesellschafter/Gesellschafter-Geschäftsführer* Rz. 1401.

Auch der **Unternehmer**, der im eigenen Namen, aber für Rechnung eines Dritten (Unternehmers) den Betrieb führt, ist als Arbeitgeber anzusehen, es sei denn, der auftraggebende Unternehmer nimmt unmittelbaren Einfluss auf die Beschäftigungsverhältnisse der Arbeitnehmer.

Bei **erlaubter Arbeitnehmerüberlassung bleibt der Verleiher Arbeitgeber der Leiharbeitnehmer**. Daran ändert auch eine mögliche Haftung für die Erfüllung der Zahlungspflichten des Verleihers durch den Entleiher nichts (§ 28e Abs. 2 SGB IV).

Bei **unerlaubter** Arbeitnehmerüberlassung wird ein Arbeitsverhältnis zwischen Leiharbeitnehmer und Entleiher fingiert. Der Entleiher wird also ohne Arbeitsvertragsabschluss o.Ä. mit dem Arbeitnehmer als dessen Arbeitgeber angesehen mit der Folge der Verpflichtung zur Übernahme sämtlicher Arbeitgeberpflichten.

Führt der **Insolvenzverwalter** den Betrieb nach einem Insolvenzverfahren fort, ist er Arbeitgeber der weiterhin beschäftigten Arbeitnehmer.

Arbeitgeberbeiträge zur Sozialversicherung

1. Steuerfreie Arbeitgeberleistungen

Die Beitragsanteile des Arbeitgebers am **Gesamtsozialversicherungsbeitrag** (Rentenversicherung, Krankenversicherung, Pflegeversicherung, Arbeitslosenversicherung) sind nach § 3 Nr. 62 EStG steuerfrei, soweit der Arbeitgeber zur Beitragsleistung **gesetzlich verpflichtet** ist, auch wenn er den **Beitrag allein aufbringen** muss (z.B. bei Auszubildenden mit geringem Arbeitsentgelt, Kurzarbeit, sowie bei bestimmten Sachbezügen, Pauschalbeiträge für geringfügig Beschäftigte). Beitragsteile, die auf Grund einer nach **ausländischen Gesetzen** bestehenden Verpflichtung an ausländische Sozialversicherungsträger, die den inländischen Sozialversicherungsträgern vergleichbar sind, geleistet werden, sind ebenfalls steuerfrei (R 3.62 Abs. 1 Satz 2 LStR).

170

[LSt] [SV]

2. Steuerpflichtige Arbeitgeberleistungen

Steuerpflichtig sind hingegen

171

– Beitragsanteile des Arbeitgebers, die er auf Grund einer **tarifvertraglichen Verpflichtung** übernimmt (R 3.62 Abs. 1 Satz 4 LStR),

– Zuschüsse zur **Altersversorgung** (Lebensversicherung) eines **nicht versicherungspflichtigen Vorstandsmitglieds einer AG** (BFH v. 9.10.1992, VI R 47/91, BStBl II 1993, 169),

– **Zuschüsse**, die über die steuerfreien „**Pflichtbeiträge**" des § 3 Nr. 62 EStG **hinausgehen** (FG Hessen v. 24.3.1992, 4 K 1112/88, EFG 1993, 56).

[LSt] [SV]

Einzelheiten → *Zukunftssicherung: Gesetzliche Altersversorgung* Rz. 3344.

Die **Weiterleitung erstatteter Arbeitgeberanteile zur Rentenversicherung** durch den Gesellschafter-Geschäftsführer einer GmbH an dessen in der GmbH beschäftigte Ehefrau, für deren Altersversorgung die Arbeitgeberanteile irrtümlich gezahlt wurden, ist keine Zuwendung des Arbeitgebers, die dem Gesellschafter-Geschäftsführer als verdeckte Gewinnausschüttung i.S. d. § 20 Abs. 1 Nr. 1 Satz 2 EStG zuzurechnen ist, wenn das Arbeitsverhältnis fremdüblich vereinbart und tatsächlich durchgeführt wurde; es handelt sich um **Arbeitslohn der Ehefrau** (BFH v. 21.10.2014, VIII R 21/12, BStBl II 2015, 638).

Arbeitgeberhaftung

→ *Haftung für Lohnsteuer: Allgemeine Grundsätze* Rz. 1493

Arbeitgeberleistungen: unentgeltliche

Erbringt der Arbeitgeber für einen Arbeitnehmer **unentgeltliche** oder verbilligte Arbeitsleistungen, z.B. eine kostenlose Zahnbehandlung, liegt darin ein als Arbeitslohn anzusehender **Sachbezug**, der ggf. i.R.d. § 8 Abs. 3 EStG, → *Rabatte* Rz. 2345, steuerfrei bleibt (s. z.B. → *Beratung* Rz. 626). Entsprechendes gilt, wenn der Arbeitgeber einem Arbeitnehmer **unentgeltlich** oder verbilligt **Arbeitskräfte** für private Zwecke, z.B. zum Hausbau, überlässt. Der geldwerte Vorteil stellt steuer- und beitragspflichtigen Arbeitslohn dar.

172

Der Arbeitnehmer kann jedoch ggf. – auch wenn er eigentlich keine Aufwendungen gehabt hat – bis zur Höhe des steuerlich erfassten Arbeitslohns **Werbungskosten** (R 9.1 Abs. 4 Satz 2 LStR) oder **Herstellungskosten** geltend machen und auch insoweit z.B. für Baumaßnahmen an einem Gebäude die ggf. in Betracht kommenden Steuervergünstigungen (z.B. nach § 7i EStG betr. Baudenkmale) beantragen.

[LSt] [SV]

Arbeitnehmer

Inhaltsübersicht: Rz.
1. Allgemeines — 173
2. Arbeitsrecht — 174
3. Lohnsteuerrecht — 175
   a) Allgemeines — 175
   b) Definition des Arbeitnehmerbegriffs nach § 1 LStDV — 178
   c) Weitere Abgrenzungsmerkmale nach Rechtsprechung — 179
   d) Gesamtbild der Verhältnisse — 180
   e) Weisungsgebundenheit — 181
   f) Eingliederung in den Betrieb — 182
   g) Abgrenzungsprobleme in der Praxis — 183
4. Sozialversicherungsrecht — 184
5. Feststellung der Arbeitnehmereigenschaft und Abwicklungsfragen — 185
6. „Arbeitnehmer-ABC" — 186
7. Nachversteuerung — 187

1. Allgemeines

173 In der Praxis werden immer häufiger „normale" Arbeitnehmer als „freie Mitarbeiter" (→ *Freie Mitarbeiter* Rz. 1331) oder „Subunternehmer" beschäftigt, die **angeblich selbständig** tätig sind und somit nicht mehr dem Lohnsteuerabzug unterliegen (→ *Selbständigkeit* Rz. 2667). Die **Vorteile für den Unternehmer** können – Anerkennung vorausgesetzt – vielfältig sein: Keine Verpflichtung zum Lohnsteuerabzug, der Einbehaltung von Sozialversicherungsbeiträgen, keine Beachtung arbeitsrechtlicher Bestimmungen, besonders beim Kündigungsschutz, keine Bindung an tariflich festgelegte Arbeitslöhne usw.

Nachteile für den Arbeitnehmer: Kein Erwerb von Rentenansprüchen, ggf. zusätzliche Belastung durch Gewerbe- oder Umsatzsteuer (s. z.B. FG Niedersachsen v. 25.6.2015, 16 K 222/13, www.stotax-first.de, betr. eine Gutachterin für den Medizinischen Dienst der Krankenversicherung Niedersachsen).

Es gibt hierzu eine umfangreiche Rechtsprechung, auf die wir im „Arbeitnehmer-ABC" hingewiesen haben (→ *Arbeitnehmer-ABC* Rz. 188).

2. Arbeitsrecht

174 Für den Arbeitnehmerbegriff fehlt es an einer gesetzlichen, wohl aber gibt es eine allgemein anerkannte Definition. Danach ist **Arbeitnehmer** im arbeitsrechtlichen Sinn, **wer auf Grund privatrechtlichen Vertrages oder ihm gleichgestellten Rechtsverhältnisses im Dienst eines anderen zur Arbeit verpflichtet ist**. Das wesentliche und in der Praxis für die Abgrenzung der Arbeitnehmereigenschaft bedeutsamste, aber auch am schwierigsten zu meisternde Merkmal ist dasjenige von der „Arbeit im Dienst eines anderen". **Selbständig** ist demgegenüber nach § 84 HGB, wer seine Tätigkeit im Wesentlichen frei gestalten und seine Arbeitszeit bestimmen kann. Ist der zur Dienstleistung Verpflichtete nach den tatsächlichen Umständen nicht in der Lage, seine vertraglichen Leistungspflichten alleine zu erfüllen, sondern auf Hilfskräfte angewiesen und vertraglich berechtigt, seine Leistungen durch Dritte erbringen zu lassen, liegt regelmäßig kein Arbeitsverhältnis vor (BAG v. 12.12.2001, 5 AZR 253/00, www.stotax-first.de). Der **Arbeitnehmer** unterscheidet sich von den sonstigen dienstpflichtigen Mitarbeitern durch den Grad der **persönlichen Abhängigkeit**, durch seine Weisungsgebundenheit, durch Zeit- und Ortsgebundenheit, durch den Grad der Eingliederung in den Betrieb des Arbeitgebers, durch fehlendes Tragen eines Unternehmerrisikos etc. Die **Darlegungs- und Beweislast** hinsichtlich der Arbeitnehmermerkmale trägt der Dienstnehmer (z.B. Handelsvertreter), der die Arbeitnehmereigenschaft geltend macht (BAG v. 20.8.2003, 5 AZR 610/02, www.stotax-first.de).

Nach ständiger Rechtsprechung des BAG (z.B. BAG v. 20.8.2003, 5 AZR 610/02, www.stotax-first.de; BAG v. 25.5.2005, 5 AZR 347/04, www.stotax-first.de) lautet die **Arbeitnehmerdefinition** wie folgt:

„Arbeitnehmer ist, wer auf Grund eines privatrechtlichen Vertrags im Dienste eines anderen zur Leistung weisungsgebundener, fremdbestimmter Arbeit in persönlicher Abhängigkeit verpflichtet ist. Das Arbeitsverhältnis ist ein auf den Austausch von Arbeitsleistung und Vergütung gerichtetes Dauerschuldverhältnis. Die vertraglich geschuldete Leistung ist im Rahmen einer von Dritten bestimmten Arbeitsorganisation zu erbringen. Die Eingliederung in die fremde Arbeitsorganisation zeigt sich insbesondere darin, dass der Beschäftigte einem Weisungsrecht seines Vertragspartners (Arbeitgebers) unterliegt. Das Weisungsrecht kann Inhalt, Durchführung, Zeit, Dauer und Ort der Tätigkeit betreffen. Arbeitnehmer ist derjenige Mitarbeiter, der nicht im Wesentlichen frei seine Tätigkeit gestalten und seine Arbeitszeit bestimmen kann. Selbständig ist dagegen, wer im Wesentlichen frei seine Tätigkeit gestalten und frei seine Arbeitszeit bestimmen kann, § 84 Abs. 1 Satz 2 HGB. Für die Abgrenzung hat sich das Gesetz im Bereich der Vermittlung von Geschäften und Versicherungen für Dritte auf diese beiden Kriterien beschränkt. Zwar sind dabei alle Umstände des Falles in Betracht zu ziehen und schließlich in ihrer Gesamtheit zu würdigen. Die heranzuziehenden Anknüpfungspunkte müssen sich jedoch diesen gesetzlichen Unterscheidungsmerkmalen zuordnen lassen. Der jeweilige Vertragstyp ergibt sich aus dem wirklichen Geschäftsinhalt. Widersprechen sich Vereinbarung und tatsächliche Durchführung, ist das letztere maßgebend. Dabei kommt es auf die Gesamtwürdigung der Umstände des Einzelfalles an."

Zur aktuellen Abgrenzung zum Werk-/Dienstvertrag s. BAG v. 25.9.2013, 10 AZR 282/12, www.stotax-first.de.

Demgegenüber ist der **Grad der wirtschaftlichen Abhängigkeit** eines Mitarbeiters vom Einkommen bei einem bestimmten Dienstherrn **unerheblich** für die Arbeitnehmereigenschaft; die wirtschaftliche Abhängigkeit kann lediglich für die Einordnung als **arbeitnehmerähnlicher Mitarbeiter Bedeutung erlangen**.

Aus den wesentlichen Umständen müssen die das Rechtsverhältnis prägenden **charakteristischen Merkmale nach der praktischen Durchführung und Gestaltung** der Vertragsbeziehungen ermittelt und die nebensächlichen Merkmale ausgeschieden werden. Sodann ist aus der gewichtenden Gesamtschau unter Berücksichtigung der Verkehrsanschauung nach der Eigenart der jeweiligen Tätigkeit festzustellen, ob das Vertragsverhältnis als freie Mitarbeit (Dienstvertrag, → *Freie Mitarbeiter* Rz. 1331), sonstige freie Unternehmertätigkeit oder Arbeitsverhältnis einzuordnen ist.

Widersprechen sich die vertraglichen Vereinbarungen und die praktische Durchführung, kommt es **entscheidend** auf die **praktische Handhabung an** (st. Rspr. des BAG, z.B. Urteil v. 20.9.2000, 5 AZR 61/99, www.stotax-first.de).

Im Übrigen gilt wegen des Schriftformgebots für die Aufhebung des Arbeitsvertrags nach § 623 BGB: Die **Umwandlung eines Arbeitsvertrags in einen freien Dienstvertrag** ist nur bei gewahrter Schriftform wirksam (LAG Berlin v. 5.3.2003, 17 Sa 2269/02, www.stotax-first.de).

Zur **Abgrenzung** freier Mitarbeiter – Arbeitnehmer und zu **Abwicklungs-/Rückabwicklungsfragen** nach aufgedecktem Arbeitnehmerstatus s. die zusammenfassende Darstellung von D. Besgen, B+P 2005, 811; hierzu auch BAG v. 8.11.2006, 5 AZR 706/05, www.stotax-first.de.

3. Lohnsteuerrecht

a) Allgemeines

aa) Verhältnis zum Sozialversicherungsrecht und Arbeitsrecht

175 Voraussetzung für die Einbehaltung von Lohnsteuer und Sozialversicherungsbeiträgen ist die **Arbeitnehmer-Eigenschaft** der beschäftigten Person. Der **Begriff „Arbeitnehmer"** ist allerdings in diesen beiden Rechtsgebieten und auch im Arbeitsrecht **nicht einheitlich** und kann deshalb bei einigen Berufen „auseinander laufen", so z.B. bei Gesellschafter-Geschäftsführern einer GmbH (zuletzt FG Hamburg v. 4.3.2014, 3 K 175/13, www.stotax-first.de, sowie → *Gesellschafter/Gesellschafter-Geschäftsführer* Rz. 1401). Daher hat weder eine sozialversicherungsrechtlich anzunehmende sog. **Scheinselbständigkeit** nach § 7 Abs. 4 SGB IV a.F. noch die **Neufassung** dieser Vorschrift durch Art. 2 Nr. 2 des Zweiten Gesetzes für moderne Dienstleistungen am Arbeitsmarkt v. 23.12.2002, BGBl. I 2002, 4621 entscheidende Bedeutung für die steuerrechtliche Abgrenzung Selbständigkeit/Nichtselbständigkeit (zuletzt BFH v. 24.1.2008, VIII B 197/06, www.stotax-first.de, m.w.N.). Der Grund für das „Auseinanderlaufen" liegt darin, dass die einzelnen **Rechtsgebiete unterschiedliche Zielsetzungen** verfolgen: Dem Arbeitsrecht liegt z.B. der Gedanke der sozialen Schutzbedürftigkeit zu Grunde, das Sozialversicherungsrecht stellt mehr als das Steuerrecht auf die Weisungsgebundenheit ab.

Danach steht eine wegen sog. Scheinselbständigkeit i.S.d. § 7 Abs. 4 SGB IV sozialversicherungspflichtige Beschäftigung der Annahme einer steuerlich selbständigen Tätigkeit nicht entgegen (BFH v. 2.12.1998, X R 83/96, BStBl II 1999, 534 betr. sog. Rundfunkermittler); **arbeitnehmerähnliche Selbständige** i.S.d. § 2 Satz 1 Nr. 9 SGB VI sind steuerlich regelmäßig selbständig tätig (H 15.1 „Sozialversicherungspflicht" EStH).

Grundsätzlich besteht zwischen arbeits- und sozialrechtlicher Einordnung einer Tätigkeit einerseits und steuerrechtlicher Bewertung andererseits ebenso wenig eine Bindung wie umgekehrt (zuletzt LSG Hamburg v. 10.12.2012, L 2 R 13/09, www.stotax-first.de, sowie FG Rheinland-Pfalz v. 23.1.2014, 6 K 2294/11, EFG 2014, 538, Revision eingelegt, Az. beim BFH: VIII R 9/14). Die sozial- und arbeitsrechtliche Beurteilung einer Tätigkeit kann jedoch ebenso ein **Indiz für die lohnsteuerliche Beurteilung der Tätigkeit als selbständig oder unselbständig** sein wie umgekehrt die steuerrechtliche Behandlung für die versicherungsrechtliche Beurteilung einer Tätigkeit, d.h. dass die Lohnsteuerpflicht für das Vorliegen eines Beschäftigungsverhältnisses spricht, während eine Veranlagung zur Einkommen- und Gewerbesteuer auf eine selbständige Tätigkeit hindeutet (vgl. BFH v. 2.12.1998, X R 83/96, BStBl II 1999, 534 und zuletzt SG Reutlingen v. 20.10.2005, S 10 KR 3300/03, www.stotax-first.de, m.w.N.).

In Zweifelsfällen kann daher durchaus die zu diesen Rechtsgebieten ergangene Rechtsprechung hilfreich sein, meistens besteht in der Praxis Übereinstimmung.

Der wichtigste Unterschied liegt darin, dass im lohnsteuerlichen Sinne Arbeitnehmer auch die Personen sein können, die Arbeitslohn aus einem **früheren Dienstverhältnis** erzielen; das kann sogar der **Rechtsnachfolger** (Erbe) sein. Einzelheiten → *Rechtsnachfolger* Rz. 2404.

bb) Verhältnis zur Umsatzsteuer und Gewerbesteuer

176 **Übereinstimmung** besteht dagegen regelmäßig mit Umsatzsteuer und Gewerbesteuer: Ob eine Person selbständig oder nichtselbständig ist, ist im Regelfall **für alle Steuerarten einheitlich** zu beurteilen, auch wenn eine förmliche Bindung nicht besteht (zuletzt FG Niedersachsen v. 25.6.2015, 16 K 222/13, www.stotax-first.de, betr. eine Gutachterin für den Medizinischen Dienst der Krankenversicherung Niedersachsen). In Streitfällen kann daher auch die Rechtsprechung zur Umsatzsteuer und Gewerbesteuer herangezogen werden. Bei der umsatzsteuerrechtlichen Entscheidung über die Selbständigkeit einer Tätigkeit besteht allerdings dann keine Bindung an die ertragsteuerrechtliche Beurteilung, wenn die Einkünfte aus dieser Tätigkeit auf Grund der Sonderregelung des § 15 Abs. 1 Satz 1 Nr. 2 EStG zu Gewinneinkünften umqualifiziert werden (zuletzt BFH v. 14.4.2010, XI R 14/09, BStBl II 2011, 433 betr. die Unternehmereigenschaft des geschäftsführenden Komplementärs einer KG).

Der Ausweis der **Umsatzsteuer** kann zwar ein Indiz für die Annahme einer selbständigen Tätigkeit sein, ist aber nicht allein entscheidend. Denn er kann auch auf einem Rechtsirrtum der Vertragsparteien beruhen (BFH v. 20.12.2000, XI R 32/00, BStBl II 2001, 496).

cc) Abgrenzung zur „Liebhaberei"

177 Vor Prüfung der Frage, ob steuerpflichtiger Arbeitslohn anzunehmen ist oder ob die gezahlten Vergütungen zu einer anderen Einkunftsart gehören, muss entschieden werden, ob **überhaupt steuerpflichtige Einkünfte** vorliegen. Dies ist **nicht der Fall, wenn die sog. Überschusserzielungsabsicht fehlt**, wenn also z.B. die Einnahmen in Geld oder Geldeswert lediglich dazu dienen, in pauschalierender Weise die Selbstkosten zu decken (vgl. zuletzt BFH v. 9.4.2014, X R 40/11, HFR 2015, 461 betr. Abzug von Verpflegungsmehraufwendungen eines Kraftsportlers). In diesem Fall ist die Tätigkeit dem steuerlich irrelevanten Bereich der sog. **Liebhaberei** zuzurechnen. Das hat steuerlich zur Folge, dass zwar die **Einnahmen** nicht der Besteuerung unterliegen, andererseits aber auch die **Aufwendungen** bei Arbeitnehmern nicht als Werbungskosten abgesetzt werden können.

Beurteilungseinheit für die Überschusserzielungsabsicht bei den Einkünften aus nichtselbständiger Arbeit ist das **einzelne Dienstverhältnis**. Fiktive weitere Einkünfte aus anderen Beschäftigungsverhältnissen, die sich im Anschluss an das jeweilige Dienstverhältnis ergeben könnten, sind für die Totalüberschussprognose nicht zu berücksichtigen. In die Totalüberschussprognose ist allerdings das zu **erwartende Ruhegehalt** des Stpfl. und eine etwaige Hinterbliebenenversorgung seines Ehegatten mit den nach der aktuellen Sterbetafel des Statistischen Bundesamts zu bestimmenden und nicht abzuzinsenden Verkehrswerten einer lebenslänglichen Leistung einzubeziehen (BFH v. 28.8.2008, VI R 50/06, BStBl II 2009, 243).

Liebhaberei kommt in der Praxis zwar v.a. bei sog. **Verlustzuweisungsgesellschaften**, der Vermietung von **Ferienwohnungen** (vgl. zuletzt BFH v. 6.5.2015, IX B 18/15, www.stotax-first.de, m.w.N.), sog. **Hobbytätigkeiten** (z.B. Malen, Töpfern, Pferdezucht) oder **anderen Tätigkeiten** vor, wenn aus persönlichen Gründen oder Neigungen ständige Verluste hingenommen werden (vgl. dazu zuletzt BFH v. 3.2.2015, III B 37/14, www.stotax-first.de, betr. Liebhaberei bei Rechtsanwaltstätigkeit einer alleinerziehenden Mutter).

Vor allem im **„ehrenamtlichen und sportlichen Bereich"** treten solche Fälle aber auch bei der Beschäftigung von **Arbeitnehmern** auf, wenn diese **im Wesentlichen nur Aufwandsersatz erhalten**. Für die Frage, ob eine steuerrechtlich erhebliche Überschusserzielungsabsicht vorliegt oder nicht, kann es allerdings keinen Unterschied machen, ob der Beschäftigung primär zum eigenen Vergnügen oder aber aus altruistischen, karitativen Erwägungen nachgegangen wird. **Der BFH hat es abgelehnt, eine subjektive Gewinnerzielungsabsicht erst bei einem angemessenen Stundenlohn anzunehmen**; denn diese Sichtweise könne Grauzonen für steuerfreie Nebeneinnahmen eröffnen, weil ehrenamtliche Nebentätigkeiten dann unter Umständen im wirtschaftlichen Nettoergebnis besser bezahlt würden als eine des Gelderwerbs wegen verrichtete Arbeit (BFH v. 13.6.2013, III B 156/12, www.stotax-first.de, betr. Einkünfte eines Gemeinderatsmitglieds und stellvertretenden ehrenamtlichen Bürgermeisters in NRW).

> **Beispiel:**
> **Fußballverein** A spielt mit seiner 1. Mannschaft in der Verbandsliga. Der Verein zahlt den Spielern u.a. einen monatlichen Grundbetrag zwischen 50 € und 150 € sowie Einsatz- und Punkteprämien. Das Finanzamt sah den Verein als Arbeitgeber an und forderte nach einer Lohnsteuer-Außenprüfung Lohnsteuer nach.
>
> Ob der Verein tatsächlich **Arbeitgeber der Spieler** ist, muss nach BFH v. 23.10.1992, VI R 59/91, BStBl II 1993, 303 weiter aufgeklärt werden. Begründung: Sport wird im Allgemeinen zum Selbstzweck (Freizeitgestaltung und Stärkung der Leistungsfähigkeit) ausgeübt, nicht aber um des Entgelts willen. Zahlungen, die nur den tatsächlichen Aufwand des Sportlers abdecken sollen, bewegen sich daher noch im Bereich der steuerlich unbeachtlichen „Liebhaberei". Einkunftserzielungsabsicht ist erst dann anzunehmen, wenn die Zahlungen nicht nur ganz unwesentlich höher sind als die dem Sportler entstandenen Aufwendungen. Je nach den vertraglichen Vereinbarungen kann der Spieler dann als Arbeitnehmer des Vereins anzusehen sein.
>
> Der BFH hat den Fall an das FG zur weiteren Aufklärung zurückverwiesen, welchen Inhalt die mündlichen Vereinbarungen zwischen dem Verein und den einzelnen Spielern hatten und in welcher Höhe den jeweils geleisteten Zahlungen des Vereins Aufwendungen des jeweiligen Spielers gegenübergestanden haben. Wenn die Prüfung ergibt, dass die Zahlungen die Aufwendungen nicht nur unwesentlich überschritten haben, kann Indiz für die **Arbeitnehmer-Eigenschaft der Spieler** sein, wenn der Grundbetrag auch im Falle des Urlaubs und der Krankheit gezahlt wird.
>
> **Hinweis:**
> Ein A-Jugend-Fußballspieler, der neben seiner Ausbildung in einem Amateurfußballverein gegen eine monatliche sog. Aufwandsentschädigung trainiert und spielt, begründet kein Arbeitsverhältnis. An einer Beschäftigung fehlt es, wenn zwischen Sportler und Sportverein lediglich mitgliedschaftsrechtliche Bindungen bestehen (BSG v. 27.10.2009, B 2 U 26/08 R, www.stotax-first.de).

Ein ähnliches Urteil des BFH v. 4.8.1994, VI R 94/93, BStBl II 1994, 944 betrifft die **ehrenamtlichen Sanitätshelfer** des Deutschen Roten Kreuzes. Die Finanzverwaltung folgt dieser Rechtsprechung und nimmt daher **keinen Arbeitslohn** an, wenn die Vergütungen die mit der Tätigkeit zusammenhängenden Aufwendungen nur unwesentlich übersteigen (H 19.3 [Beispiele] LStH). Eine Betragsgrenze ist hierfür weder im Gesetz noch in den Lohnsteuer-Richtlinien festgelegt worden; die Finanzverwaltung nimmt bei **ehrenamtlichen Tätigkeiten** – in Anlehnung an die Freigrenze für die Besteuerung sonstiger Einkünfte nach § 22 Nr. 3 EStG – im Allgemeinen **keine Einkunftserzielungsabsicht** an, wenn die Einnahmen abzüglich Werbungskosten den Betrag von **256 €** im Jahr nicht übersteigen (s. z.B. FinMin Bayern, Broschüre „Steuertipps für Vereine", S. 93). Diese Grenze dürfte aber auch für andere Arbeitnehmertätigkeiten gelten, wenn – wie z.B. bei **Gefälligkeiten** (→ *Gefälligkeiten* Rz. 1363) – die vereinbarte Vergütung den Rah-

Arbeitnehmer

men einer pauschalierten Unkostenvergütung nicht überschreitet (vgl. dazu FG Hamburg v. 7.9.1999, I 1154/97, EFG 2000, 13 betr. Hilfe beim Umzug eines Bekannten). Für andere Einkunftsarten, z.B. Vermietung und Verpachtung, haben die **obersten Finanzbehörden** dagegen eine solche Betragsgrenze abgelehnt.

b) Definition des Arbeitnehmerbegriffs nach § 1 LStDV

178 Eine gesetzliche Definition des Arbeitnehmerbegriffs fehlt, der Begriff wird jedoch – auch nach Auffassung des BFH (vgl. zuletzt BFH v. 22.2.2012, X R 14/10, BStBl II 2012, 511 betr. Werbeeinkünfte eines Fußball-Nationalspielers) – zutreffend in § 1 LStDV wie folgt umschrieben:

„(1) **Arbeitnehmer** sind Personen, die in öffentlichem oder privatem Dienst **angestellt oder beschäftigt sind oder waren** und die aus diesem Dienstverhältnis oder einem früheren Dienstverhältnis Arbeitslohn beziehen. Arbeitnehmer sind auch die **Rechtsnachfolger** dieser Personen, soweit sie Arbeitslohn aus dem früheren Dienstverhältnis ihres Rechtsvorgängers beziehen.

(2) Ein **Dienstverhältnis** (Absatz 1) liegt vor, wenn der Angestellte (Beschäftigte) dem Arbeitgeber (öffentliche Körperschaft, Unternehmer, Haushaltsvorstand) seine **Arbeitskraft schuldet**. Dies ist der Fall, wenn die tätige Person in der Betätigung ihres geschäftlichen Willens unter der **Leitung des Arbeitgebers** steht oder im geschäftlichen Organismus des Arbeitgebers dessen **Weisungen zu folgen verpflichtet** ist.

(3) **Arbeitnehmer ist nicht**, wer Lieferungen und sonstige Leistungen innerhalb der von ihm **selbständig ausgeübten gewerblichen oder beruflichen Tätigkeit** im Inland gegen Entgelt ausführt, soweit es sich um die Entgelte für diese Lieferungen und sonstigen Leistungen handelt."

Arbeitnehmer ist nicht, wer auf Grund einer **öffentlich-rechtlichen Verpflichtung** zu bestimmten – z.B. gemeinnützigen – Arbeiten herangezogen wird. Eine freiwillig eingegangene Verpflichtung, die Arbeitskraft zu schulden, liegt dann nicht vor. Entsprechendes gilt für die Annahme eines Arbeitsverhältnisses i.S. des Arbeitsrechts und eines Beschäftigungsverhältnisses i.S. der gesetzlichen Kranken- und Rentenversicherung; vgl. dazu OFD Erfurt v. 15.3.1999, S 2331 A – 08 – St 332, www.stotax-first.de, betr. Asylbewerber.

Ist ein Arbeitnehmer für **zwei verschiedene Betriebe desselben Inhabers** tätig, handelt es sich nicht um ein einheitliches Beschäftigungsverhältnis bei demselben Arbeitgeber (FG Münster v. 21.2.2003, 11 K 1158/01 L, EFG 2003, 864).

c) Weitere Abgrenzungsmerkmale nach Rechtsprechung

179 Zur weiteren Abgrenzung gegenüber einer selbständig ausgeübten Tätigkeit hat der **BFH** ausgeführt, vgl. H 19.0 (Allgemeines) LStH sowie BFH v. 23.4.2009, VI R 81/06, BStBl II 2012, 262 betr. Gesellschafter-Geschäftsführer sowie das zur Umsatzsteuer ergangene Urteil v. 25.6.2009, V R 37/08, BStBl II 2009, 873 betr. den „festen freien Mitarbeiter" einer öffentlich-rechtlichen Rundfunkanstalt:

„Es entspricht ständiger Rechtsprechung des BFH, dass der Arbeitnehmerbegriff sich nicht durch Aufzählung feststehender Merkmale abschließend bestimmen lässt. Das Gesetz bedient sich nicht eines tatbestandlich scharf umrissenen Begriffs. Es handelt sich vielmehr um einen **offenen Typusbegriff**, der nur durch eine größere und unbestimmte Zahl von Merkmalen beschrieben werden kann. Die Frage, ob jemand eine Tätigkeit selbständig oder nichtselbständig ausübt, ist deshalb anhand einer Vielzahl in Betracht kommender Merkmale nach dem Gesamtbild der Verhältnisse zu beurteilen. Hierzu hat der erkennende Senat in seinem Urteil v. 14.6.1985, VI R 150 - 152/82, BStBl II 1985, 661, zahlreiche Kriterien (Indizien) beispielhaft aufgeführt, die für die bezeichnete Abgrenzung Bedeutung haben können. Diese Merkmale sind im konkreten Einzelfall zu gewichten und gegeneinander abzuwägen. Diese Aufgabe obliegt in erster Linie den Finanzgerichten als Tatsacheninstanz. Die im Wesentlichen auf tatrichterlichem Gebiet liegende Beurteilung ist revisionsrechtlich nur begrenzt überprüfbar."

Für eine Arbeitnehmer-Eigenschaft können demnach insbesondere folgende Merkmale sprechen:

– persönliche Abhängigkeit,
– Weisungsgebundenheit hinsichtlich Ort, Zeit und Inhalt der Tätigkeit,
– feste Arbeitszeiten,
– Ausübung der Tätigkeit gleich bleibend an einem bestimmten Ort,
– feste Bezüge,
– Urlaubsanspruch,
– Anspruch auf sonstige Sozialleistungen,
– Fortzahlung der Bezüge im Krankheitsfall,
– Überstundenvergütung,
– zeitlicher Umfang der Dienstleistungen,
– Unselbständigkeit in Organisation und Durchführung der Tätigkeit,
– kein Unternehmerrisiko,
– keine Unternehmerinitiative,
– kein Kapitaleinsatz,
– keine Pflicht zur Beschaffung von Arbeitsmitteln,
– Notwendigkeit der engen ständigen Zusammenarbeit mit anderen Mitarbeitern,
– Eingliederung in den Betrieb,
– Schulden der Arbeitskraft und nicht eines Arbeitserfolges,
– Ausführung von einfachen Tätigkeiten, bei denen eine Weisungsabhängigkeit die Regel ist.

Die obige **Aufzählung ist nicht abschließend**. Weitere Merkmale für die Arbeitnehmer-Eigenschaft sind:

– Höhe der Einnahmen hängt nicht weitgehend von der Eigeninitiative ab,
– Tätigwerden nur für **einen** Vertragspartner,
– regelmäßige Berichterstattung,
– ernsthaft gewollte und tatsächlich durchgeführte Gestaltung,
– Tarifvertrag als Grundlage der Beschäftigung,
– Einbehaltung von Lohnsteuer und Sozialversicherungsbeiträgen,
– höchstpersönliche Arbeitsleistung, Unzulässigkeit der Vertretung,
– Nebentätigkeit für den Arbeitgeber der Haupttätigkeit bei engem Zusammenhang mit dem hauptberuflichen Dienstverhältnis,
– Anspruch oder Anwartschaft auf Alters- und Hinterbliebenenversorgung."

Diese Indizien stehen allerdings nicht für sich allein. Denn in die Würdigung ist insbesondere auch einzubeziehen, wie das der Beschäftigung zu Grunde liegende **Vertragsverhältnis ausgestaltet** worden ist; vereinbaren die Vertragsparteien eine Vergütung auf der Basis von **Erfolgshonoraren**, ist dies ein wesentliches Indiz dafür, dass **kein lohnsteuerrechtlich erhebliches Beschäftigungsverhältnis** vorliegt, sofern die Vereinbarungen ernsthaft gewollt und tatsächlich durchgeführt worden sind (zuletzt BFH v. 18.6.2015, VI R 77/12, BStBl II 2015, 903 betr. sog. Telefoninterviewer).

d) Gesamtbild der Verhältnisse

180 Die o.g. Merkmale ergeben sich regelmäßig aus dem der Beschäftigung zu Grunde liegenden **Vertragsverhältnis**, sofern die **Vereinbarungen ernsthaft gewollt sind und tatsächlich durchgeführt** werden. Maßgebend ist wie auch im Arbeitsrecht das **Gesamtbild der Verhältnisse**, d.h. dass die **für** oder **gegen** ein Dienstverhältnis sprechenden Merkmale ihrer Bedeutung entsprechend **gegeneinander abzuwägen** sind, vgl. H 19.0 (Allgemeines) LStH. Es ist also nicht zulässig, nur **eines** dieser Merkmale herauszugreifen und damit die Arbeitnehmer-Eigenschaft zu begründen oder auch abzulehnen.

Bei vielen Berufen kann die **Abgrenzung schwierig** sein, weil die Tätigkeit sowohl selbständig als auch unselbständig ausgeübt werden kann. Vgl. dazu das „Arbeitnehmer-ABC" (→ Rz. 186).

e) Weisungsgebundenheit

181 Die Weisungsgebundenheit ist ebenso wie im Arbeitsrecht eines der **wichtigsten Abgrenzungskriterien**, vgl. dazu H 19.0 (Weisungsgebundenheit) LStH. Sie kann auf einem besonderen öffentlich-rechtlichen Gewaltverhältnis beruhen, wie z.B. bei Beamten und Richtern, oder Ausfluss des Direktionsrechtes sein, mit dem ein Arbeitgeber die **Art und Weise, Ort, Zeit und Umfang der zu erbringenden Arbeitsleistung bestimmt**. Die Weisungsbefugnis **kann eng, aber auch locker** sein, wie z.B. bei einem angestellten Arzt, der fachlich weitgehend eigenverantwortlich handelt. **Entscheidend ist, ob die beschäftigte Person einer etwaigen Weisung bei der Art und Weise der Ausführung der geschuldeten Arbeitsleistung zu folgen verpflichtet ist** oder ob ein solches Weisungsrecht nicht besteht. **Maßgebend ist das Innenverhältnis**; die Weisungsgebundenheit muss durch Auftreten der beschäftigten Person nach außen hin nicht erkennbar sein. Deshalb kann ein Reisevertreter auch dann Arbeitnehmer sein, wenn er **erfolgsabhängig entlohnt** wird und ihm eine gewisse Bewegungsfreiheit eingeräumt ist, die nicht Ausfluss seiner eigenen Machtvollkommenheit ist. Die **Eingliederung in einen Betrieb kann auch bei einer **kurzfristigen Beschäftigung** gegeben sein, wie z.B. bei einer Urlaubsvertretung.

Bei **einfachen Handarbeiten**, bei denen der Beschäftigte kaum eine eigene Initiative entfalten kann, ist in der Regel von seiner **Weisungsgebundenheit** auszugehen (z.B. FG Rheinland-Pfalz v. 23.8.1994, 2 K 1447/92, www.stotax-first.de, betr. Arbeitnehmereigenschaft von Kistensortierern).

Die vorstehenden Kriterien gelten auch für die Entscheidung, ob ein sog. **Schwarzarbeiter** Arbeitnehmer des Auftraggebers ist (→ *Schwarzarbeit* Rz. 2657). Die Rechts- oder Sittenwidrigkeit einer Tätigkeit ist für die steuerliche Behandlung der Einkünfte ohne Bedeutung (vgl. zuletzt BFH v. 13.9.2007, VI R 54/03, BStBl II 2008, 58 betr. Lohnzufluss bei Nachentrichtung der Arbeitnehmeranteile zur Gesamtsozialversicherung nach Schwarzlohnzahlungen).

f) Eingliederung in den Betrieb

182 Ebenso wichtig ist die **organisatorische Eingliederung** in den Betrieb des Arbeitgebers. Sie kann schon dann vorliegen, wenn der Arbeitnehmer seine Dienstleistung zu **festen Arbeitszeiten** erbringen oder mit **anderen Arbeitnehmern des Betriebs zusammenarbeiten** muss. Deshalb sind auch Aushilfskräfte grundsätzlich Arbeitnehmer (→ *Aushilfskraft/Aushilfstätigkeit* Rz. 410).

g) Abgrenzungsprobleme in der Praxis

183 Welche Probleme sich bei der Beurteilung der vorgenannten Kriterien in der Praxis ergeben, zeigen folgende Beispielsfälle:

Beispiel 1 (Telefoninterviewer):

Firma A, ein Meinungsforschungsunternehmen, beschäftigt rund 1 000 Telefoninterviewer, die sie als freie Mitarbeiter behandelte und deshalb keine Lohnsteuer und Sozialversicherungsbeiträge einbehielt und abführte. Begründung: Es wurden ausdrücklich **Verträge über eine „freie Mitarbeit" abgeschlossen**; deshalb fehlen insbesondere auch Regelungen über die Urlaubsgewährung und die „Lohnfortzahlung im Krankheitsfall".

Der **BFH** hat die Telefoninterviewer dennoch als **Arbeitnehmer** angesehen, weil die für eine Arbeitnehmereigenschaft sprechenden Merkmale überwiegen (Urteil v. 29.5.2008, VI R 11/07, BStBl II 2008, 933). Begründung: Die Telefoninterviewer trugen kein Unternehmerrisiko und konnten keine nennenswerte Unternehmerinitiative entfalten (es war ein fester Rahmenlohn zwischen 14 und 18 DM vorgegeben, der nicht beliebig steigerungsfähig war). Außerdem waren sie in erheblichem Umfang hinsichtlich Ort, Zeit und Inhalt ihrer Tätigkeit weisungsgebunden und fest in die betriebliche Organisation der Firma A eingebunden.

In einem **anderen Fall hat der BFH die Sache an das FG zurückverwiesen**, damit dieses die Arbeitnehmereigenschaft nochmals prüft (BFH v. 18.6.2015, VI R 77/12, BStBl II 2015, 903). Begründung: Vereinbaren die Vertragsparteien eine Vergütung auf der Basis von **Erfolgshonoraren, ist dies ein wesentliches Indiz dafür, dass kein lohnsteuerrechtlich erhebliches Beschäftigungsverhältnis vorliegt**, sofern diese Vereinbarung den tatsächlichen Verhältnissen nicht widerspricht. Diesen Umstand hat das FG nur unzureichend berücksichtigt. Das FG hat ein **Unternehmerrisiko** der Interviewer damit verneint, dass es der Klägerin faktisch „ein begrenzt variables Stundenhonorar" gezahlt habe. Eine solche Würdigung verkennt indessen bereits, dass Stundenhonorare auch im Rahmen von selbständigen und gewerblichen Tätigkeiten durchaus üblich sind. So rechnen etwa selbständig tätige Handwerker ihre Leistungen regelmäßig auf Stundenbasis ab und auch selbständig tätige Rechtsanwälte stellen **Honorare auf Stundenbasis** in Rechnung. Die Erwägung des FG, ein maßgebliches Unternehmerrisiko sei nicht darin zu sehen, dass es die jeweiligen Interviewer nach Maßgabe des Rahmenhonorars in der Hand gehabt hätten, durch mehr Befragungen pro Zeiteinheit ihr Honorar zu steigern, berücksichtigt nicht hinreichend, dass auch andere zweifelsohne selbständig Tätige ihre Einkünfte ebenfalls nur durch entsprechend zügigere oder zusätzliche Arbeit steigern können, etwa wenn es branchen- oder ortsübliche Stundenhonorarsätze gibt.

Die Arbeitnehmereigenschaft verneint wurde dagegen bei den ebenfalls beschäftigten sog. **Codierern**, die Antworten nach einem vorgeschriebenen Kennzahlenplan verschlüsselten. Diese Personen waren in Heimarbeit tätig und hätten daher eine freiere und eigenverantwortlichere, gegen eine Arbeitnehmerstellung sprechende Tätigkeit ausgeübt. Auch sog. **Face to Face-Interviewer**, die persönliche Befragungen von Zielpersonen durchführen, wurden nicht als Arbeitnehmer angesehen (FG Köln v. 14.3.2012, 2 K 476/06, EFG 2012, 1650; im Revisionsverfahren VI R 77/12 war diese Frage nicht mehr streitig).

Beispiel 2 (Kurierfahrer):

B ist für das Kleintransportunternehmen X als Kurierfahrer tätig (angeblich als Subunternehmer). Er verfügt über kein eigenes Fahrzeug, sondern mietet entsprechende Transporte an, oftmals fährt er mit von einer Autovermietung gemieteten Fahrzeugen.

Das FG Köln hat B als **Arbeitnehmer** angesehen (Urteil v. 18.10.2007, 10 K 6376/03, EFG 2008, 415). Begründung: B hat zwar keine arbeitnehmertypischen Vergünstigungen erhalten (insbesondere keine Fortzahlung der Bezüge im Krankheitsfall, Anspruch auf sonstige Sozialleistungen und Fortzahlung der Bezüge im Urlaubsfall). Außerdem erhielt er ausschließlich ein Entgelt für durchgeführte Fahrten.

Trotz dieser für eine Selbständigkeit sprechenden Merkmale überwiegen aber die für eine Nichtselbständigkeit sprechenden Merkmale. B ist ausschließlich für die Firma X tätig gewesen. Er verfügte über kein eigenes Transportfahrzeug, dieses wurde vielmehr regelmäßig von der Firma X gestellt. Zumindest in den Streitjahren hat B sich nicht um andere Auftraggeber bemüht. Entgegen dem Sachverhalt in BAG v. 27.6.2001, 5 AZR 561/99, www.stotax-first.de, war B in der Arbeitszeitgestaltung nicht frei. Er musste die morgens angenommenen Aufträge am selben Tag ausführen. B konnte rein zeitlich nicht für andere Auftraggeber tätig werden. Insoweit unterscheidet sich der Sachverhalt auch von demjenigen, der dem Urteil des LSG Nordrhein-Westfalen v. 13.9.2007, L 5 R 5/06, www.stotax-first.de, zu Grunde lag.

Beispiel 3 (Scheinselbständige):

C hat ein Einzelunternehmen der Gebäude- und Baureinigung angemeldet. Für seine erbrachten Leistungen stellte er an die X-GmbH Rechnungen mit gesondertem Umsatzsteuerausweis. Nach dem schriftlichen Subunternehmervertrag zwischen der X-GmbH und C verpflichtete sich C 9 Stunden pro Tag und fünf Tage in der Woche zu arbeiten.

Das **FG München** hat C als Arbeitnehmer angesehen (Urteil v. 4.12.2012, 10 K 3854/09, www.stotax-first.de, Nichtzulassungsbeschwerde durch BFH v. 12.2.2014, X B 22/13, nicht dokumentiert, als unbegründet zurückgewiesen). Begründung: Zwar hatte C seinen Handwerksbetrieb beim Gewerbeaufsichtsamt angemeldet und Rechnungen ausgestellt, was im Grundsatz für eine selbständige Tätigkeit sprechen könnte. Aber bereits die Art der Abrechnung sprach im Urteilsfall für eine nichtselbständige Tätigkeit. So erfolgte die tatsächliche Durchführung hinsichtlich der Abrechnungen der Vergütungen des C nicht wie bei einem Werkvertrag (als „Werklohn"), sondern zeigt vielmehr Kennzeichen eines Arbeitsverhältnisses. Nach § 641 BGB (Fälligkeit der Vergütung) der Werklohn nämlich erst nach Abnahme des Werks fällig. Im Gegensatz dazu rechnete C regelmäßig am Ende eines Monats den ganzen Monat ab. Ferner wurden von der X-GmbH nach monatlicher Abrechnung monatliche Zahlungen geleistet.

In einem ähnlichen Fall hat das **FG Düsseldorf** polnische Handwerker unter Berücksichtigung der Gesamtumstände (u.a. zeitraumbezogene monatliche Abrechnung zu grundsätzlich festen Beträgen ohne Rücksicht auf die Fertigstellung von Gewerken, zusätzliche Abrechnung von Mehrarbeit nach Stundenbasis, unklar formulierte Werkverträge, Unterkunftsüberlassung) als Arbeitnehmer angesehen (Urteil v. 21.10.2009, 7 K 3109/07 H (L), www.stotax-first.de, Nichtzulassungsbeschwerde als unzulässig verworfen: BFH v. 15.6.2010, VI B 158/09, n.v.).

S. zu einer ähnlichen Fragestellung **FG Niedersachsen** v. 10.4.2003, 11 K 130/01, www.stotax-first.de, betr. einen Kfz-Handel mit Reparaturbetrieb. Es hat die polnischen Staatsbürger ebenfalls als Arbeitnehmer angesehen. Begründung: Die mehrwöchige Verweildauer bestimmte sich jeweils nach dem Umfang der üblicherweise und regelmäßig in einem Kfz-Betrieb anfallenden Arbeiten, den Mitarbeitern stand zur Ausführung ihrer Arbeiten die Werkstatt und das schwere Arbeitsgerät zur Verfügung, die Bezahlung erfolgte nach dem vereinbarten Stundenlohn und den Mitarbeitern wurde fortlaufend eine Unterkunft auf dem Werkstattgelände gestellt.

4. Sozialversicherungsrecht

184 In der Kranken-, Pflege-, Renten- und Arbeitslosenversicherung sind Arbeitnehmer, die gegen Arbeitsentgelt beschäftigt werden, versicherungspflichtig. Da selbständig Tätige in der Kranken-, Pflege- und Arbeitslosenversicherung nicht zum versicherungspflichtigen Personenkreis zählen und in der Rentenversicherung nur ein kleiner Kreis selbständig tätiger Personen versicherungspflichtig ist, bedarf es zur Unterscheidung einer selbständigen Tätigkeit von einer Beschäftigung als Arbeitnehmer bestimmter Abgrenzungskriterien.

Nach § 5 Abs. 5 SGB V werden Personen, die hauptberuflich selbständig erwerbstätig sind, von der Krankenversicherungspflicht als Arbeitnehmer nach § 5 Abs. 1 Nr. 1 SGB V ausgeschlossen. Dadurch wird vermieden, dass ein hauptberuflich selbständiger Erwerbstätiger durch Aufnahme einer versicherungspflichtigen Nebenbeschäftigung versicherungspflichtig wird

Arbeitnehmer

und damit den umfassenden Schutz der gesetzlichen Krankenversicherung erhält (→ *Gemischte Tätigkeit* Rz. 1373).

Die Beschäftigung wird in § 7 Abs. 1 Satz 1 SGB IV als nichtselbständige Arbeit, insbesondere in einem Arbeitsverhältnis, definiert. Der Begriff des Beschäftigungsverhältnisses ist allerdings weiter gehend als der Begriff des Arbeitsverhältnisses; er erfasst somit auch Fälle, in denen ein Arbeitsverhältnis nicht vorliegt z.B. bei GmbH-Geschäftsführern (→ *Gesellschafter/Gesellschafter-Geschäftsführer* Rz. 1412). Typisches Merkmal einer Beschäftigung ist die Weisungsgebundenheit der Erwerbsperson und ihre betriebliche Eingliederung. Diese Merkmale sind nicht zwingend kumulativ für das Bestehen eines Beschäftigungsverhältnisses erforderlich, sie sind lediglich als Anhaltspunkte erwähnt, ohne eine abschließende Bewertung vorzunehmen. So kann das Weisungsrecht – vornehmlich bei Diensten höherer Art – eingeschränkt und zur „funktionsgerecht dienenden Teilhabe am Arbeitsprozess verfeinert" sein. Ansonsten gelten die gleichen Abgrenzungskriterien wie im Arbeits- und Steuerrecht.

Die verschärfte Wettbewerbs- und Arbeitsmarktsituation hat im Zuge einer Deregulierung der Beschäftigung in den letzten Jahren zu einem Anstieg der sog. Scheinselbständigkeit geführt. Diese Erscheinung erstreckt sich – mit gewissen Schwerpunkten – auf zahlreiche Bereiche des Wirtschaftslebens.

In Zweifelsfällen wird deshalb empfohlen, das **Anfrageverfahren zur Statusklärung** (→ *Statusfeststellungsverfahren* Rz. 2745) **bei der Deutschen Rentenversicherung Bund nach § 7a SGB IV einzuleiten**. Zu weiteren Einzelheiten wird verwiesen auf die Darstellungen unter → *Selbständigkeit* Rz. 2667 und → *Freie Mitarbeiter* Rz. 1331.

5. Feststellung der Arbeitnehmereigenschaft und Abwicklungsfragen

185 Die Klärung der Arbeitnehmereigenschaft ist wegen der **Arbeitgeber-Haftung** nicht nur für das Lohnsteuerabzugsverfahren von **größter Bedeutung**, sondern auch für die **Einbehaltung von Sozialversicherungsbeiträgen und die Beachtung arbeitsrechtlicher Bestimmungen**.

Um Nachzahlungen von Steuern und Sozialversicherungsbeiträgen zu vermeiden, sollte – wenn Zweifel bestehen, ob die beschäftigte Person Arbeitnehmer ist – zweckmäßigerweise zunächst eine sog. **Anrufungsauskunft des Finanzamts** und der Einzugsstelle eingeholt oder ein **Anfrageverfahren nach § 7a SGB IV bei der Deutschen Rentenversicherung Bund eingeleitet** werden (→ *Auskünfte und Zusagen des Finanzamts* Rz. 413). Ergibt sich aus der Anmeldung des Arbeitgebers, dass der beschäftigte Ehegatte, Lebenspartner oder Abkömmling des Arbeitgebers ist, erfolgt ein Statusfeststellungsverfahren über die Deutsche Rentenversicherung Bund (→ *Statusfeststellungsverfahren* Rz. 2745). Aufwendungen für das Anfrageverfahren sind im Übrigen als **Werbungskosten** abzugsfähig (BFH v. 6.5.2010, VI R 25/09, BStBl II 2010, 851).

Darüber hinaus gibt es noch folgende Möglichkeiten, die Arbeitnehmereigenschaft klären zu lassen:

– Der Arbeitgeber wartet die **nächste Lohnsteuer-Außenprüfung** ab. Wenn dann das Finanzamt einzelne Mitarbeiter als Arbeitnehmer ansieht und vom Arbeitgeber **im Haftungswege Lohnsteuer nachfordert, kann der Arbeitgeber im Einspruchs- und ggf. Klageverfahren** gegen den Haftungsbescheid eine Klärung herbeiführen. Fordert das Finanzamt die Lohnsteuer unmittelbar vom Arbeitnehmer an, so kann dieser den Nachforderungsbescheid anfechten und auf diese Weise eine Klärung seiner Arbeitnehmereigenschaft erreichen.

– Der Arbeitgeber nimmt vorsorglich den Lohnsteuerabzug vor und **überlässt es dem Arbeitnehmer**, beim Betriebsstättenfinanzamt eine Erstattung der aus seiner Sicht zu Unrecht einbehaltenen Lohnsteuer zu beantragen (→ *Erstattung von Lohnsteuer* Rz. 1180).

Daneben kann der Mitarbeiter regelmäßig auch mit einer sog. **Statusklage** beim Arbeitsgericht eine Klärung seiner Stellung herbeiführen, die aber i.d.R. im Nachhinein nach Beendigung des Vertragsverhältnisses nicht mehr zulässig ist; ein Feststellungsinteresse ist nur gegeben, wenn sich aus der Feststellung **Folgen für Gegenwart oder Zukunft** ergeben (vgl. zuletzt BAG v. 15.12.1999, 5 AZR 457/98, www.stotax-first.de, und BAG v. 21.6.2000, 5 AZR 782/98, www.stotax-first.de).

Bei einer erfolgreichen Statusklage muss die bisherige freie Mitarbeitervergütung an die zukünftig zu zahlende **Arbeitsvergütung angepasst** werden, die in aller Regel **niedriger** zu bemessen ist (BAG v. 21.1.1998, 5 AZR 50/97, www.stotax-first.de); eine bisher bestehende Vergütungsvereinbarung wird allerdings nicht ohne Weiteres unwirksam (BAG v. 12.12.2001, 5 AZR 257/00, www.stotax-first.de; BAG v. 21.11.2001, 5 AZR 87/00, www.stotax-first.de).

Zu den vielfältigen Fragen bei der **Abwicklung** eines nach Scheinselbständigkeit **aufgedeckten Arbeitsverhältnisses** im Hinblick auf Arbeitsrecht, Steuer und Sozialversicherung s. B+P 2000, 159; zu Rückwirkungsfragen s. auch Dütemeyer, NZA 2002, 712.

6. „Arbeitnehmer-ABC"

Das „Arbeitnehmer-ABC" finden Sie unter dem besonderen Stichwort „Arbeitnehmer-ABC" (→ *Arbeitnehmer-ABC* Rz. 188). 186

7. Nachversteuerung

Sind die Beteiligten eines Dienstverhältnisses irrtümlich von freier Mitarbeit ausgegangen und ist deshalb ein Lohnsteuerabzug unterblieben, sind als Arbeitslohn die zugeflossenen Einnahmen (Barlohn und Sachbezüge) anzusetzen und nicht ein um etwaige Lohnsteuerbeträge hochgerechneter Bruttolohn (BFH v. 23.4.1997, VI R 12/96, VI R 99/96, www.stotax-first.de). 187

Arbeitnehmer-ABC

Ob Arbeitnehmereigenschaft gegeben ist, kann nur im jeweiligen Einzelfall unter Berücksichtigung der allgemeinen Abgrenzungsmerkmale entschieden werden (→ *Arbeitnehmer* Rz. 173). 188

Es gibt dazu eine Fülle von Gerichts- und Verwaltungsentscheidungen (s. z.B. den von den Spitzenverbänden der Sozialversicherungsträger herausgegebenen **„Katalog bestimmter Berufsgruppen zur Abgrenzung zwischen abhängiger Beschäftigung und selbständiger Tätigkeit", sog. Abgrenzungskatalog, Anlage 5 zum Rundschreiben vom 13.4.2010**, der in www.stotax-first.de sowie auf den Internetseiten der Sozialversicherungsträger veröffentlicht ist, z.B. unter www.deutsche-rentenversicherung.de). Auf Einige soll nachstehend hingewiesen werden.

Vorab ist auf Folgendes hinzuweisen:

1. Die nachstehend aufgeführten Entscheidungen betreffen immer nur konkrete Einzelfälle und dürfen daher grundsätzlich nicht verallgemeinert werden. Für die Beurteilung, ob eine Tätigkeit als Arbeitnehmer oder abhängig Beschäftigter ausgeübt wird, kommt es immer auf die Gesamtumstände des einzelnen Falles an. Andererseits können diese Entscheidungen wertvolle Entscheidungshilfen bieten.

2. Grundsätzlich besteht zwischen arbeits- und sozialrechtlicher Einordnung einer Tätigkeit einerseits und steuerrechtlicher Bewertung andererseits ebenso wenig eine Bindung wie umgekehrt. Die sozial- und arbeitsrechtliche Beurteilung einer Tätigkeit kann jedoch ein **wichtiges Indiz** für die lohnsteuerliche Beurteilung der Tätigkeit als selbständig oder unselbständig sein, **meistens besteht in der Praxis Übereinstimmung** (s. ausführlich → *Arbeitnehmer* Rz. 175).

3. Dieses „ABC" ist nicht abschließend; soweit bei einzelnen Berufen noch andere Fragen von Bedeutung sind, wird bei den **Hauptstichworten** auch auf die Arbeitnehmereigenschaft hingewiesen.

Ableser: Zählerableser für Gas, Wasser, Strom und Heizung usw. stehen auch dann in einem abhängigen Beschäftigungsverhältnis, wenn nach der vertraglichen Vereinbarung über "freie Mitarbeit" in Ausnahmefällen das Ablesen auch von einem zuverlässigen Vertreter übernommen werden darf (zuletzt FG Schleswig-Holstein v. 19.4.2005, 3 K 88/03, sowie SG Köln v. 23.5.2006, S 6 R 53/05, www.stotax-first.de, beide m.w.N.). Im Einzelfall (bei Unternehmerrisiko, Unternehmerinitiative kein Urlaubsanspruch, keine Entgeltfortzahlung im Krankheitsfall, weitgehende Freiheit hinsichtlich der Arbeitszeit und Organisation) kann auch eine selbständige Tätigkeit gegeben sein (FG Brandenburg v. 22.10.2003, 2 K 1792/02, EFG 2004, 34).

Arbeitnehmer-ABC

Bei **Wärmedienstablesern** sprechen im Regelfall gleichgewichtige Argumente sowohl für als auch gegen die Selbständigkeit, weshalb bei diesem Personenkreis auf den im Vertrag zum Ausdruck kommenden Willen der Vertragspartner abzustellen ist (LSG Bayern v. 21.12.2004, L 5 KR 210/03 und v. 5.4.2005, L 5 KR 80/04, www.stotax-first.de). „Ableser" einer Wärmemesser-Gesellschaft, die für die Gesellschaft nebenberuflich auf Grund von Werkverträgen Wärmemesseinrichtungen bei den Kunden der Gesellschaft ablesen, können auch dann nichtselbständig beschäftigt sein, wenn die einzelnen „Ableser" ein Gewerbe angemeldet haben (FG Köln v. 30.11.1993, 8 K 463/86, www.stotax-first.de).

Ein für ein Energieversorgungsunternehmen tätiger **Stromableser** ist als abhängig Beschäftigter einzustufen, wenn seine Handlungsfähigkeit durch die Arbeitsumstände eng begrenzt ist, ihm ein fester Ablesebezirk zugewiesen ist, er hinsichtlich Inhalt, Art und Weise der Arbeitsausführung nur einen geringen Spielraum besitzt, er die vertraglich vereinbarte Leistung persönlich zu erbringen hat und er, mit Ausnahme seines eigenen Kraftfahrzeuges, eigenes Kapital nicht einsetzt (LSG Sachsen v. 20.9.2006, L 1 KR 29/02, www.stotax-first.de).

Abrufkraft: Arbeitnehmer, wenn sie auf Grund einer Dauerrechtsbeziehung (z.B. bei Druckereien oder Lebensmittelfilialen) bei besonderem Arbeitsanfall immer wieder abgerufen werden kann (vgl. LAG Düsseldorf/Köln v. 19.3.1980, 2 Sa 685/79, www.stotax-first.de).

An einer die Versicherungsfreiheit wegen Zeitgeringfügigkeit ausschließenden „regelmäßigen" Beschäftigung fehlt es, wenn Tätigkeiten in den gesetzlichen zeitlichen Höchstgrenzen über Jahre hinweg beim selben Arbeitgeber zwar „immer wieder" ausgeübt werden, die einzelnen Arbeitseinsätze aber ohne bestehende Abrufbereitschaft nicht vorhersehbar zu unterschiedlichen Anlässen und ohne erkennbaren Rhythmus erfolgen sowie der Betrieb des Arbeitgebers nicht strukturell auf den Einsatz von Aushilfskräften ausgerichtet ist (BSG v. 7.5.2014, B 12 R 5/12 R, www.stotax-first.de).

Alters- und Pflegeheim: Eine in einer Seniorenwohnanlage tätige Betreuungskraft, welche hinsichtlich des Inhalts ihrer Arbeit einem weitgehenden Weisungsrecht des Betreibers unterliegt, ihre Tätigkeit weitestgehend in der Anlage erbringt, vertraglich verpflichtet ist, dort in einem vereinbarten Mindestzeitraum anwesend zu sein, eine Vergütung nach einem vereinbarten Stundenhonorar erhält und ein Unternehmerrisiko nicht zu tragen hat, übt eine abhängige Beschäftigung aus. Das gilt auch dann, wenn sie keinen Anspruch auf Urlaubsentgelt und Entgeltfortzahlung im Krankheitsfall hat und für weitere Auftraggeber tätig werden kann (LSG Nordrhein-Westfalen v. 2.7.2014, L 8 R 368/12, www.stotax-first.de).

Eine **abhängige Beschäftigung bejaht** worden ist ferner z.B. bei
- "Honorarkräften", die in einem zugelassenen Pflegeheim zusätzlich zu angestellten Mitarbeitern/Mitarbeiterinnen in Nachtwachen tätig sind (LSG Baden-Württemberg v. 19.10.2012, L 4 R 761/11, www.stotax-first.de),
- einem Dienstleister i.R.d. ambulanten betreuten Wohnens psychisch erkrankter Menschen; eine diesem eingeräumte eigenständige Entscheidungs- und Gestaltungsbefugnis bei der konkreten Ausgestaltung seiner Tätigkeit führt nicht notwendig zur Annahme einer Selbständigkeit i.S. einer unternehmerischen Tätigkeit. Dessen Dokumentationspflicht über die jeweiligen Einsätze gegenüber seinem Auftraggeber deutet auf eine Integration in den Betrieb des Auftraggebers hin. Ist für die Tätigkeit ein festes Stundenhonorar vereinbart, ist eine eigene Betriebsstätte nicht vorhanden, so rechtfertigt das Fehlen von Regelungen zu Ansprüchen auf Urlaubsentgelt und Entgeltfortzahlung im Krankheitsfall noch nicht die Annahme eines unternehmerischen Risikos. Angesichts solcher Merkmale ist von dem Bestehen einer abhängigen Beschäftigung und nicht von demjenigen einer selbständigen Tätigkeit auszugehen (LSG Nordrhein-Westfalen v. 18.6.2014, L 8 R 1052/12, www.stotax-first.de),
- einer Tätigkeit im Rahmen der einzelfallbezogenen Betreuung von psychisch Kranken mit Anspruch auf Eingliederungshilfe in einer Einrichtung „Betreutes Wohnen" nach dem SGB XII (LSG Nordrhein-Westfalen v. 9.9.2010, L 16 KR 203/08, www.stotax-first.de),
- einer Tätigkeit als Kranken- und Altenpfleger in einem Altenheim; an einer Eingliederung in einen fremden Betrieb ändert nichts, wenn die Pflegekraft dem Auftraggeber gegenüber den Anschein erweckt, sie sei Inhaber eines nach § 132 SGB V zugelassenen Pflegedienstes mit eigenen Mitarbeitern, um einen besonders hohen Stundenlohn zu erhalten (LSG Hamburg v. 10.12.2012, L 2 R 13/09, www.stotax-first.de).

Ambulante Sonntagshändler: Diese Personengruppe, die nur an Sonntagen tätig und ausschließlich mit dem eigenverantwortlichen Vertrieb der nur im Einzelhandel erhältlichen Sonntagszeitungen befasst ist, ist regelmäßig selbständig tätig (s. ausführlich den o.g. Abgrenzungskatalog).

Amtsvormund: Kein Arbeitnehmer, sofern er nicht in ein Beamten- oder Angestelltenverhältnis übernommen worden ist (RFH v. 27.10.1939, RStBl 1940, 5).

Amway-Berater: Selbständige Tätigkeit (LSG Berlin-Brandenburg v. 14.3.2013, L 22 R 881/10, www.stotax-first.de).

Animateure: Animateure in Diskotheken sind sozialversicherungspflichtig beschäftigt, wenn sie lediglich für *einen* Auftraggeber tätig sind und keine eigenen unternehmerischen Aktivitäten wie Eigenwerbung entfalten. Eine selbständige Tätigkeit liegt dagegen dann vor, wenn *mehrere* Auftraggeber bzw. eigene Betriebsmittel (z.B. Kostüme) vorhanden sind sowie Eigenwerbung im Internet betrieben wird und die Bezahlung unmittelbar nach den jeweiligen Auftritten vom Auftraggeber erfolgt (SG Dortmund v. 19.8.2005, S 34 RJ 54/03, www.stotax-first.de).

Anwaltsvertreter: Kein Arbeitnehmer, wenn auch bei einer fest vereinbarten Vergütung Zeit und Art der Tätigkeit frei bestimmbar sind (BFH v. 12.9.1968, V 174/65, BStBl II 1968, 811). Dies gilt unter bestimmten Voraussetzungen auch für die Tätigkeit eines **Gerichtsreferendars** bei einem Rechtsanwalt (BFH v. 22.3.1968, VI R 228/67, BStBl II 1968, 455). Betätigt sich demgegenüber ein Gerichtsreferendar nebenher als freier Mitarbeiter für eine Anwaltssozietät, ist er Arbeitnehmer, wenn er ein Entgelt als monatliches Fixum erhält und ihm im Büro der Sozietät ein Arbeitsplatz eingeräumt ist (FG Baden-Württemberg v. 19.3.1975, V 238/73, EFG 1975, 361).

Anzeigenwerber: Kein Arbeitnehmer, wenn er gegen Provision arbeitet, ein Unternehmerrisiko trägt und in seiner Arbeits- und Zeiteinteilung frei ist (BFH v. 28.7.1977, V R 98/76, www.stotax-first.de).

Apothekervertreter: Im Allgemeinen kein Arbeitnehmer, allenfalls bei Urlaubsvertretung (zuletzt FG München v. 23.7.2002, 2 K 3177/01, EFG 2002, 1513 m.w.N.). Arbeitnehmer sind regelmäßig Pharmaziestudenten, die ihr Praktikum in einer Apotheke ableisten.

Arbeitskolonne zur Schiffsentladung: Keine Arbeitnehmer (BSG v. 11.2.1988, 7 RAr 5/86, www.stotax-first.de).

Arbeitsvermittler der Bundesagentur für Arbeit: Selbständige Tätigkeit (OFD Nürnberg v. 21.8.1998, S 7179 – 103/St 43, www.stotax-first.de). Arbeitsvermittler der Bundesagentur für Arbeit, die auf Grund eines Arbeitsvertrags und unter Zahlung von Arbeitsentgelt bei der Bundesagentur für Arbeit beschäftigt sind, sind Arbeitnehmer. Wird die Tätigkeit als Arbeitsvermittler in einem Beamtenverhältnis durchgeführt, liegt keine Arbeitnehmereigenschaft vor.

Architekten: Regelmäßig keine Arbeitnehmer.

Artist: Arbeitnehmer, wenn er seine Arbeitskraft einem Unternehmer für eine Zeitdauer, die eine Reihe von Veranstaltungen umfasst (also nicht lediglich für einige Stunden eines Abends), ausschließlich zur Verfügung stellt (BFH v. 16.3.1951, IV 197/50 U, BStBl III 1951, 97 sowie BAG v. 20.10.1966, 5 AZR 28/66, www.stotax-first.de).

Arzthelferin: Regelmäßig Arbeitnehmer (BAG v. 9.7.1959, 2 AZR 39/57, www.stotax-first.de).

Ärztebesucher: S. „Pharmabetreuer".

Assessor: Arbeitnehmer, wenn er halbtags in einer Anwaltskanzlei tätig ist (LAG Hamm v. 20.7.1989, 16 Sa 33/89, www.stotax-first.de).

AStA (Allgemeiner Studentenausschuss): Der Vorsitzende und die Referenten des AStA sind Arbeitnehmer der Studentenschaft (BFH v. 22.7.2008, VI R 51/05, BStBl II 2008, 981). Die Aufwandsentschädigungen bleiben im Rahmen der R 3.12 Abs. 3 Satz 3 LStR steuerfrei. Auf Sachbearbeitern und Hilfskräften gewährte Aufwandsentschädigungen oder Vergütungen ist die Anwendung von § 3 Nr. 12 EStG generell zu versagen, wenn mit den gewährten Bezügen die eingesetzte Arbeitszeit abgegolten wird. In Betracht kommt regelmäßig allerdings die Befreiung nach § 3 Nr. 26a EStG sowie im Einzelfall – bei Vorliegen der Voraussetzungen – die Berücksichtigung des § 3 Nr. 26 EStG (OFD Frankfurt v. 8.1.2010, S 2342 A – 4 – St 211, www.stotax-first.de).

Aupairmädchen: Keine Arbeitnehmerin, wenn es nur Taschengeld, Unterkunft und Verpflegung erhält (FG Hamburg v. 17.5.1982, VI 198/79, EFG 1983, 21 sowie OFD Koblenz v. 25.5.2009, S 2144d A – St 32 3, www.stotax-first.de). Kann bei entsprechender Ausgestaltung – so bei detaillierten Regelungen hinsichtlich der Verpflichtung zur Mitarbeit im Haushalt und bei der Kinderbetreuung, der Dienstzeiten, der Freizeit und des Urlaubs – aber auch Arbeitsverhältnis sein (ArbG Bamberg v. 27.10.2003, 1 Ca – 1162/03, www.stotax-first.de).

Außenrequisiteur bei Fernsehanstalten: Regelmäßig Arbeitnehmer (BAG v. 2.6.1976, 5 AZR 131/75, www.stotax-first.de).

Automatenbetreuer: Arbeitnehmer, wenn ein bestimmter Arbeitsplan, eine Mindestarbeitszeit und ein festes Arbeitspensum besteht; die Gestaltung als „freies Mitarbeiterverhältnis" ist dann unerheblich (FG Nürnberg v. 17.5.1977, V 75/76, EFG 1977, 555).

Autor: Kein Arbeitnehmer.

Autoverkäufer: Autoverkäufer, die Neu- oder Gebrauchtfahrzeuge gegen Provision eines Autohauses verkaufen, führen diese Tätigkeit in einem abhängigen Beschäftigungsverhältnis und nicht als freier Handelsvertreter aus (s. ausführlich den o.g. Abgrenzungskatalog).

Bademeister in Badeanstalten: Arbeitnehmer (BSG v. 30.5.1967, 3 RK 74/64, www.stotax-first.de).

Bäckerei-Verkaufsstellen-Betreiberin: Rechtsweg zum Arbeitsgericht, wenn „Arbeitsverhältnis" im Streit (BAG v. 17.1.2001, 5 AZB 18/00, www.stotax-first.de).

Jemand, der mit dem Verkauf von Backwaren in mehreren Verkaufsstellen gegen Zahlung einer Umsatzprovision beauftragt wird, mit der er auch das von ihm im eigenen Namen eingestellte Verkaufspersonal vergüten muss,

Arbeitnehmer-ABC

keine Sozialversicherungspflicht = (SV̶)
Sozialversicherungspflicht = (SV)

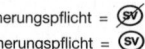

ist kein Arbeitnehmer (LAG Hamm v. 23.11.2004, 19 (5) Sa 334/04, www.stotax-first.de).

Baggerfahrer: Ein Baugeräteführer, der als Baggerfahrer Aufträge übernimmt, für die ein Festpreis vereinbart wurde, und der nach Auftragserteilung keine Einzelweisungen mehr erhält, kann auch dann als Selbständiger tätig sein, wenn er über keinen eigenen Bagger verfügt (LSG Baden-Württemberg v. 16.12.2014, L 11 R 2387/13, www.stotax-first.de).

Barmitarbeiter: Eine Bardame ist Arbeitnehmerin, wenn sie nach dem Umsatz entlohnt wird, jedoch in den Betrieb eingegliedert ist, also z.B. feste Arbeitszeiten (Schichtdienst) hat (FG Rheinland-Pfalz v. 13.12.1982, 5 K 335/81, EFG 1983, 505; FG Köln v. 30.1.1985, I (VI) 589 - 593/80, EFG 1985, 524; BFH v. 27.1.1997, V B 83/96, www.stotax-first.de). Keine Arbeitnehmerin, wenn sie außer einem geringen Fixum mit 30 % am Sekt- und Weinumsatz beteiligt ist und sich Arbeitstage und -zeiten nach eigenem Gutdünken aussuchen kann (FG Rheinland-Pfalz v. 27.1.1986, 5 K 67/85, EFG 1986, 299).

Wer auf Grund eines **Beratervertrages** in einem Club bzw. einer Bar arbeitet und hierfür eine gleichbleibende monatliche Vergütung erhält, ist auch dann sozialversicherungspflichtig beschäftigt, wenn er nach dem Beratervertrag zwar unterschiedliche Dienstleistungen (z.B. Einarbeitung und Schulung von Mitarbeitern, Beratung der Gäste, Erstellen der Cocktailkarte) schuldet, diesen Aufgaben aber keine unterschiedlichen Vergütungen zugeordnet werden (LSG Baden-Württemberg v. 21.10.2014, L 11 R 487/13, www.stotax-first.de).

Bau- und Projektleiter: Ein als Architekt und Bauleiter in einem Bauunternehmen tätiger Diplom-Ingenieur gilt als abhängig Beschäftigter, wenn er am Betriebssitz des Unternehmens eingestellt ist, in der Gestaltung seiner Arbeitszeit eingeschränkt ist, eine erfolgsunabhängige Vergütung auf Stundenbasis erhält, weder eigenes Kapital noch eigene Betriebsmittel einsetzt und die Tätigkeit persönlich ausführt. Bei Vorliegen dieser Merkmale ist für die Annahme einer abhängigen Beschäftigung das Fehlen eines Urlaubsanspruchs und eines Anspruchs auf Entgeltfortzahlung im Krankheitsfall unbeachtlich. Dies gilt in gleicher Weise, wenn der Betreffende auch noch für andere Auftraggeber tätig ist (SG Detmold v. 25.3.2014, S 22 R 1001/13, www.stotax-first.de).

Bausparkasse: Die Immobilienberaterin einer Bausparkasse steht in keinem Arbeitsverhältnis zu ihrem Vertragspartner, wenn sie im Wesentlichen frei ihre Arbeitszeit bestimmen und ihre Tätigkeit gestalten kann (LAG Rheinland-Pfalz v. 16.2.2012, 11 Sa 534/11, www.stotax-first.de).

Bedienungspersonal in Gastronomiebetrieben: Das in Gastronomiebetrieben tätige Bedienungspersonal, das ein Gewerbe zur „Vermittlung von Speisen und Getränken" angemeldet hat, ist nach dem Gesamtbild der ausgeübten Tätigkeit nichtselbständig tätig (s. ausführlich den o.g. Abgrenzungskatalog). Vgl. aber auch BAG v. 12.12.2001, 5 AZR 253/00, www.stotax-first.de: Übernahme der Stand- und Pausenbewirtung in einer Veranstaltungshalle – keine Arbeitnehmereigenschaft bei Berechtigung zur Erbringung der Dienstleistung durch Dritte.

Beratungsanwärter bei der Bundesagentur für Arbeit: Arbeitnehmer, die Ausbildungsvergütungen sind nicht nach § 3 Nr. 11 EStG steuerfrei (FG Baden-Württemberg v. 25.8.1981, IX 384/78, IV 530/78, EFG 1982, 130).

Beratungsstellenleiter eines Lohnsteuerhilfevereins: Kein Arbeitnehmer, wenn sich die Vergütungen nach der Höhe der Mitgliedsbeiträge, der Aufnahmegebühren und der Zahl der Mitglieder richten und die Arbeitszeit frei eingeteilt werden kann (BFH v. 10.12.1987, IV R 176/85, BStBl II 1988, 273; BFH v. 18.5.1988, X R 57/81, www.stotax-first.de).

Bereitschaftsarzt für Blutproben: Kein Arbeitnehmer (BSG v. 22.2.1973, RU 110/71, www.stotax-first.de).

Besamungstechniker: Besamungstechniker bzw. Besamungsbeauftragte üben grundsätzlich eine abhängige Beschäftigung aus (s. ausführlich den o.g. Abgrenzungskatalog).

Besucherdienst: Die Tätigkeit eines auf Honorarbasis tätigen Dozenten beim Besucherdienst des Deutschen Bundestags. Den Besuchergruppen des Deutschen Bundestags – in erster Linie Schüler, aber auch Angehörige der Bundeswehr, Lehrer und andere Ausbilder sowie Multiplikatoren im Bereich der politischen Bildung – über dessen Funktion, Struktur und Arbeitsweise sowie über die demokratischen Willensbildungs- und Entscheidungsprozesse informiert, ist eine **selbständige Tätigkeit** (zuletzt BFH v. 7.1.2015, V B 102/14, www.stotax-first.de). Ebenso BAG v. 15.2.2012, 10 AZR 111/11, www.stotax-first.de, betr. Rahmenvertrag als freier Mitarbeiter über die selbständige Betreuung von Veranstaltungen im Rahmen der Öffentlichkeitsarbeit des Deutschen Bundestages.

SG Berlin (Urteil v. 26.10.2012, S 81 KR 2081/10, www.stotax-first.de) nimmt demgegenüber eine **abhängige Beschäftigung** an, wenn eine Besucherbetreuerin des Bundestages in sehr hohem Maße in die Arbeitsorganisation des Besucherdienstes eingegliedert ist, weisungsgebunden tätig ist und die tatsächlichen Arbeitsbedingungen deutlich für eine Angestelltentätigkeit sprechen.

Betreuer: Zur steuerlichen Behandlung von **Mannschaftsbetreuern** usw. → *Aufwandsentschädigungen für bestimmte nebenberufliche Tätigkeiten* Rz. 360. **Ehrenamtliche Betreuer**, die nach §§ 1896 ff. BGB Volljährige auf Grund einer psychischen Krankheit usw. betreuen, sind selbständig tätig; zur Besteuerung der Aufwandsentschädigungen → *Aufwandsentschädigungen für bestimmte nebenberufliche Tätigkeiten* Rz. 360.

Betriebsberater: Kein Arbeitnehmer, wenn er wie Unternehmensberater mit eigenem Büro für mehrere Auftraggeber sowie zeitlich unabhängig und auf eigene Kosten arbeitet (FG Niedersachsen v. 21.10.1974, IV 129/73, EFG 1975, 343).

Betriebshelfer in der Land- und Forstwirtschaft: S. → *Land- und forstwirtschaftliche Betriebshilfsdienste* Rz. 1770.

Betriebsleiter: Arbeitnehmer, wenn er als Verwaltungsorgan zwar nicht unbedingt weisungsgebunden, aber ebenso wie ein Geschäftsführer/Vorstandsmitglied in den Betrieb eingegliedert ist und trotz grundsätzlich freier Zeiteinteilung eine Arbeitsverpflichtung von mindestens 20 Tagen im Monat hat (BFH v. 9.2.1961, IV 373/58, HFR 1962, 340).

Betriebswirt in Rechtsanwaltskanzlei: Kann je nach Einzelfall Arbeitnehmer sein (OLG Köln v. 15.9.1993, 2 W 149/93, www.stotax-first.de).

Bezirksstellenleiter bei Lotto- und Totogesellschaften: Kein Arbeitnehmer (BFH v. 14.9.1967, V 108/63, V 128/64, V 4/65, BStBl III 1968, 193, 195 und 244 sowie BSG v. 1.12.1977, 12/3/12 RK 39/74, www.stotax-first.de).

Bildberichterstatter: Grundsätzlich kein Arbeitnehmer (vgl. BFH v. 10.12.1964, IV 238/61 U, BStBl III 1965, 114). Kann je nach den Umständen des einzelnen Falls aber auch als Arbeitnehmer tätig werden (BAG v. 29.1.1992, 7 ABR 25/91, www.stotax-first.de).

Bodenprüfer: Arbeitnehmer, wenn er durch Bindung an den Einsatzbezirk sowie Zeit und Umfang der Tätigkeit in den Betrieb einer Behörde eingegliedert ist (FG Nürnberg v. 15.3.1983, II 34/80, EFG 1984, 48).

Bodenverleger: Arbeitnehmer, wenn ihnen die Baustellen zugewiesen und die Zeiten der Leistungserbringung bestimmt werden. Das Fehlen von Bestimmungen über zustehenden Urlaub bzw. Lohnfortzahlung im Krankheitsfall ist bei kurzfristigen Arbeitseinsätzen ohne ausschlaggebende Bedeutung (BFH v. 2.3.2005, VI B 161/04, www.stotax-first.de).

Bordell: Sexarbeiterinnen eines Bordells, die umfassende und detaillierte Regeln bei ihrer Arbeit verfolgen müssen, sind als abhängig Beschäftigte tätig und unterliegen somit der Sozialversicherungspflicht (SG Düsseldorf v. 11.9.2014, S 5 R 120/14 ER, www.stotax-first.de).

Buchgemeinschaft: Nebenberufliche Vertrauensleute sind keine Arbeitnehmer (BFH v. 11.3.1960, VI 186/58 U, BStBl III 1960, 215).

Buchhalter, Buchführungshilfe: Es kommt immer auf die Gesamtumstände des einzelnen Falles an:

a) Arbeitnehmereigenschaft bejaht wurde z.B. bei

– einer früheren Angestellten der Bundesversicherungsanstalt für Angestellte, die auf Grund eines Werkvertrags wöchentlich 25 Beitragsübersichten bzw. Kontenspiegel gegen einen festen Stückpreis zu erstellen hat (BFH v. 13.2.1980, I R 17/78, BStBl II 1980, 303);

– einer Buchführungshilfe (Bearbeitung eines festen Mandantenstamms in einer Steuerberatungskanzlei), die mit dem vom Auftraggeber verwendeten Buchführungsprogramm in den Betriebsräumen und mit den Betriebsmitteln des Auftraggebers zu festgelegten Zeiten verrichtet wird, ohne dass eigenes Kapital in nennenswertem Umfang eingesetzt wird (LSG Nordrhein-Westfalen v. 4.12.2013, L 8 R 296/10, www.stotax-first.de),

– einem für mehrere Unternehmen tätigen sog. Stundenbuchhalter, selbst wenn er ein Gewerbe angemeldet hat („Scheinselbständigkeit") und Honorarrechnungen mit Umsatzsteuerausweis schreibt, tatsächlich aber wie ein Arbeitnehmer im Betrieb des Auftraggebers tätig wird (LAG Hessen v. 22.6.1995, DStZ 1996, 364),

– der Durchführung von Tätigkeiten im Bereich „Büroorganisation" (z.B. Abwicklung des Zahlungsverkehrs, Durchführung der Korrespondenz, vorbereitende Buchführung) für eine Firma, wenn dieselbe Tätigkeit von derselben Person früher bereits im Rahmen eines Arbeitsverhältnisses ausgeübt wurde und keine gewichtigen, auf ein Unternehmerrisiko hinweisenden Umstände im Einzelfall hinzutreten (SG Landshut v. 12.7.2013, S 10 R 5063/12, www.stotax-first.de),

– (selbständigen) Beraterinnen für das befristete Projekt „Umorganisation der Finanzbuchhaltung von DATEV auf das EDV-System der Fa. X, wenn keine schriftlichen Verträge über die Festlegung des Arbeitserfolgs und die Durchführung der Arbeiten geschlossen und ihnen neben der vereinbarten Vergütung auch Reise- und Übernachtungskosten erstattet werden sowie zeitweise Prokura erteilt wird (BFH v. 16.11.2006, VI B 74/06, www.stotax-first.de).

b) Arbeitnehmereigenschaft verneint wurde z.B. bei

– einem Buchhalter mit eigenem eingerichteten Büro, einer versicherungspflichtigen Angestellten und einem eigenen Mandantenstamm, der im Auftrag mehrerer Wirtschaftsprüfer und Steuerberater Buchhaltungen und Bilanzen durchführt und an Revisionen teilnimmt (LSG Schleswig-Holstein v. 7.9.2005, L 5 KR 47/04, www.stotax-first.de),

– einem Buchhalter, der für mehrere Auftraggeber tätig ist, einem Weisungsrecht weder hinsichtlich der Art der Arbeitsausführung noch der Arbeitszeit unterworfen und nicht in die Betriebsabläufe des Unternehmens eingegliedert ist, für das er tätig ist. Ist er für mehrere Auftraggeber tätig, so kommt darin das Tragen eines unternehmerischen Risikos zum Ausdruck, weil hiernach das Risiko des Lohnausfalls durch man-

Arbeitnehmer-ABC

gelnde Aufträge bzw. Krankheit deutlich wird (SG Köln v. 17.4.2012, S 7 R 267/10, www.stotax-first.de),

– einer Bilanzbuchhalterin, wenn sie die Möglichkeit hat, Dritte in die Aufgabenerledigung einzuschalten, auch wenn hiervon tatsächlich nur in einem geringen zeitlichen Umfang Gebrauch gemacht wurde (BSG v. 17.12.2014, B 12 R 13/13 R, www.stotax-first.de).

Büfettier: Arbeitnehmer (BFH v. 31.1.1963, V 80/60 U, BStBl III 1963, 230); kein Arbeitnehmer bei berechtigtem und notwendigem Einsatz von Hilfskräften (BAG v. 12.12.2001, 5 AZR 253/00, www.stotax-first.de).

Bühnenbildner: Arbeitnehmer, wenn er in einen Betrieb eingegliedert ist, d.h. feste Arbeitszeiten hat (BAG v. 3.10.1975, 5 AZR 445/74, www.stotax-first.de), nicht dagegen ein Gast-Bühnenbildner (LSG Berlin v. 8.5.1985, L 9 Kr 87/83, www.stotax-first.de).

Call-Agent: Viele Firmen bedienen sich sog. Call-Agents, die Kunden anrufen und nach der Zufriedenheit mit den von ihnen gekauften Produkten fragen. Ein „Call-Agent" kann im Einzelfall selbständig beschäftigter Subunternehmer eines Telefonmarketing-Unternehmens sein (LSG Berlin-Brandenburg v. 26.6.2009, L 1 KR 156/08, www.stotax-first.de).

Call-Center: Die Tätigkeit als Call-Center-Mitarbeiterin, die – auch im Rahmen vorgegebener projektbezogener Einsätze – in einer Telemarketingagentur Dienstleistungen in Form von Beratung, Vermittlung und Verkauf an Neu- und Bestandskunden sowie Marktanalysen telefonisch durchführt und abwickelt, wird in der Regel im Rahmen eines abhängigen Beschäftigungsverhältnisses ausgeübt, wenn sich die Tätigkeit von einer vergleichbaren Arbeitnehmertätigkeit nicht wesentlich unterscheidet und keine besonderen, auf ein Unternehmerrisiko hinweisenden Umstände im Einzelfall erkennbar sind (LSG Sachsen v. 6.3.2012, L 5 KR 152/10, www.stotax-first.de; s. ferner LSG Bayern v. 17.2.2009, L 5 R 412/08, www.stotax-first.de).

Das eine Sozialversicherungspflicht begründende Weisungsrecht des Arbeitgebers kann sich aus einem außerhalb des Beschäftigungsvertrages bestehenden Regelwerk ergeben, wenn im Beschäftigungsvertrag in Form einer dynamischen Verweisung auf dieses Regelwerk Bezug genommen wird (LSG Baden-Württemberg v. 28.4.2009, L 11 KR 2495/05, www.stotax-first.de).

Chefarzt: Arbeitnehmer (BAG v. 27.7.1961, 2 AZR 255/60, www.stotax-first.de), kann aber auch eine „gemischte Tätigkeit" ausüben. Ausführlich → Arzt Rz. 329.

Chorleiter: Nebenberufliche Leiter von Laienchören (vokal oder instrumental), deren Zweck überwiegend nicht darauf gerichtet ist, künstlerische Werke oder Leistungen öffentlich aufzuführen oder darzubieten, stehen regelmäßig nicht in einem abhängigen Beschäftigungsverhältnis zum Chor bzw. zum Trägerverein des Chors, sofern sich aus dem Engagementvertrag nichts Abweichendes ergibt. Vgl. ausführlich den o.g. Abgrenzungskatalog.

Codierungserfasser im Verlag: Arbeitnehmer (LAG Düsseldorf v. 5.12.1988, 4 Sa 1288/88, www.stotax-first.de).

Conférencier: Im Allgemeinen kein Arbeitnehmer (FG Düsseldorf/Köln v. 27.6.1963, EFG 1963, 589).

Containerreparateur: Ist ein Rahmen für die Arbeitszeit ebenso vorgegeben wie der Arbeitsort, werden keinerlei eigene Betriebsmittel eingesetzt und sieht der zugrundeliegende Vertrag ein beiderseitiges Kündigungsrecht vor, so sprechen solche Umstände für das Vorliegen eines abhängigen Beschäftigungsverhältnisses. Die Möglichkeit der Beauftragung von Subunternehmern spricht dann nicht gegen das Vorliegen einer abhängigen Beschäftigung, wenn diese nur theoretisch besteht, aber nicht praktiziert wird (LSG Hamburg v. 14.12.2011, L 2 R 139/10, www.stotax-first.de).

Croupier: Regelmäßig Arbeitnehmer (BFH v. 18.12.2008, VI R 49/06, BStBl II 2009, 820, Verfassungsbeschwerde vom BVerfG mit Beschluss v. 13.10.2010, 2 BvR 1399/09 und 2 BvR 1493/09, StEd 2010, 722 nicht zur Entscheidung angenommen, betr. Versteuerung der Trinkgelder. S. auch → Spielbank: Mitarbeiter Rz. 2737.

Cutterin: Auch bei nicht programmgestaltenden Mitarbeitern von Rundfunkanstalten ist die Arbeitnehmereigenschaft anhand der allgemeinen Kriterien für die Abgrenzung zwischen einem Arbeitsverhältnis und einem freien Dienstvertrag zu prüfen (zuletzt LAG Berlin-Brandenburg v. 2.6.2015, 11 Sa 89/15, www.stotax-first.de, Arbeitnehmertätigkeit bejaht).

Die Tätigkeit eines Cutters/Editors kann sowohl selbständig als auch in einem abhängigen Beschäftigungsverhältnis ausgeübt werden. Überwiegt die schöpferische Leistung, spricht dies für eine selbständige Tätigkeit (LSG Bayern v. 8.11.2011, L 5 R 858/09, www.stotax-first.de).

Datenschutzbeauftragter: Kein Arbeitnehmer (LAG Hessen v. 28.2.1989, 4 TaBV 106/88, www.stotax-first.de).

Deichläufer: Deichläufer, die bei Vorliegen einer Katastrophe das Deichsystem der Oder kontrollieren, stehen in keinem Dienstverhältnis zu einem öffentlichen Katastrophenhelfer (FG Brandenburg v. 17.5.2001, 6 K 331/00, EFG 2001, 1280).

Dekorateur: Kann selbständig oder nichtselbständig sein. Sind keine Zahlungen im Krankheitsfall vereinbart, kann das für eine selbständige Tätigkeit sprechen (BSG v. 27.1.1977, 12/3 RK 33/75, www.stotax-first.de). S. zur Abgrenzung auch FG Niedersachsen v. 14.1.1980, IX 100/78, EFG 1980, 349.

Dentalhygieniker: Eine in einer Zahnarztpraxis ohne schriftliche Vereinbarungen tätige Dentalhygienikerin ist selbständig tätig, wenn sie sowohl die Inhalte als auch die Zeiten, zu denen sie tätig sein will, frei bestimmen sowie Aufträge ablehnen kann und auch für andere Zahnarztpraxen tätig ist (SG Lüneburg v. 17.8.2015, S 1 R 529/11, www.stotax-first.de).

Detektiv: Kann im Einzelfall nichtselbständig tätig sein (BFH v. 29.7.2003, V B 22/03, V S 3/03 (PKH), www.stotax-first.de).

Bei einem Detektiv sind sowohl Merkmale der Selbständigkeit als auch der Abhängigkeit vorhanden; letztere überwiegen. Für die Abgrenzung ist nicht relevant eine für den Detektiv vorliegende Gewerbeerlaubnis, weil ein Gewerbeschein ohne nähere Prüfung ausgestellt wird. Ebenso ist nicht entscheidend, wenn kein Urlaub genommen wird. Gegen die Selbständigkeit spricht ein nicht vorhandenes Unternehmerrisiko des Detektivs, der keine Aufträge akquiriert und kein vorhandenes Kapital einsetzt. Ein festes erfolgsunabhängiges Honorar ist ein für einen Selbständigen untypisches Merkmal. Der Detektiv wird in der Rechtsprechung überwiegend als abhängig Beschäftigter beurteilt. (Kaufhaus-)Detektive, die im Rahmen eines Subunternehmerverhältnisses tätig sind, unterliegen als Arbeitnehmer der Versicherungs- bzw. Beitragspflicht in der Sozialversicherung (LSG Rheinland-Pfalz v. 30.6.1977, L 5 K 58/76 und LSG Schleswig-Holstein v. 25.1.2006, L 5 130/04, www.stotax-first.de). S. auch den o.g. Abgrenzungskatalog.

Deutsche Gesellschaft zur Rettung Schiffbrüchiger: Die ehrenamtlichen Mitarbeiter (z.B. Motormänner) sind Arbeitnehmer, sofern sie nicht nur Aufwandsersatz erhalten. Die Werbungskosten-Pauschsätze für Vor- und Motormänner und freiwillige Rettungsmänner sind ab 1.1.1998 aufgehoben worden (FinMin Niedersachsen v. 16.4.1998, S 2353 – 61 – 35, FR 1998, 586). Die Entschädigungen bleiben jedoch i.R.d. § 3 Nr. 26 EStG steuerfrei (BayLfSt v. 8.9.2011, S 2121.1.1 – 1/33 St 32, www.stotax-first.de); dazu → Aufwandsentschädigungen für bestimmte nebenberufliche Tätigkeiten Rz. 360.

Deutsche Lebensrettungsgesellschaft (DLRG): Rettungsschwimmer im vorbeugenden Wasserrettungsdienst sind keine Arbeitnehmer, sondern erzielen ggf. sonstige Einkünfte i.S.d. § 22 Nr. 3 EStG (OFD Niedersachsen v. 16.7.2014, S 2334 – 69 – St 213, www.stotax-first.de, auch zur Steuerbefreiung nach § 3 Nr. 26 EStG, dazu → Aufwandsentschädigungen für bestimmte nebenberufliche Tätigkeiten Rz. 360).

Diakonische Begleiter: Die diakonischen Begleiter christlicher Gefährdetenhilfen, die straffällige, strafentlassene oder auch drogenabhängige Personen betreuen und ihre Wiedereingliederung in ein geregeltes Leben fördern sollen, sind nach Auffassung der obersten Finanzbehörden Arbeitnehmer.

Dienstmänner (Gepäckträger): Regelmäßig keine Arbeitnehmer (RFH v. 29.4.1942, RStBl 1942, 572). Arbeitnehmer, wenn z.B. die Tätigkeit in einer sog. Gepäckträgergemeinschaft ausschließlich vom Willen der Deutschen Bahn AG abhängt und jegliches Unternehmerrisiko fehlt (FG Münster v. 28.5.1971, I 158/71 G, EFG 1971, 596).

Diplomanden: Durch einen Diplomandenvertrag (vorübergehende Beschäftigung zum Zweck der Anfertigung einer Diplomarbeit) wird kein steuerrechtliches Dienstverhältnis begründet (FG München v. 15.10.2001, 13 K 812/01, www.stotax-first.de). Nach Auffassung der Spitzenverbände der Sozialversicherungsträger (Besprechungsergebnis v. 15./16.11.2005) ist die für Diplomanden getroffene Regelung auf Personen, die sich zur Erstellung ihrer Abschlussarbeit im Rahmen eines Bachelor- oder Masterstudiengangs in einen Betrieb begeben, analog anzuwenden. Sofern die Absolventen eines Bachelor- oder Masterstudiengangs während der Zeit im Betrieb neben ihrer Abschlussarbeit keine für den Betrieb verwertbare Arbeitsleistung erbringen, gehören sie nicht zu den abhängig Beschäftigten; eine Kranken-, Pflege-, Renten- und Arbeitslosenversicherungspflicht kommt deshalb für sie nicht in Betracht.

Dirigenten: Der nebenberufliche Leiter eines Orchesters, das nur einmal wöchentlich im Rundfunk spielt und dessen wechselnde Mitglieder auch für andere Auftraggeber tätig sind, ist weder Arbeitnehmer des Rundfunks noch Arbeitgeber seiner Musiker (FG Hamburg v. 9.3.1955, EFG 1956, 19). Das Gleiche gilt für den Dirigenten eines Gesangvereins (RFH v. 14.12.1927, RStBl 1928, 124). S. zur weiteren Abgrenzung auch den sog. Künstlererlass (BMF v. 5.10.1990, IV B 6 – S 2332 – 73/90, BStBl I 1990, 638), auch → Künstler (und verwandte Berufe) Rz. 1748.

Der Organisator und Dirigent einer **Kurkapelle**, der die vertraglich geschuldete Leistung nicht in Person zu erbringen hat, sondern die Durchführung der musikalischen Veranstaltungen als Ganzes nicht nur die Tätigkeit eines Dirigenten schuldet, dazu die Musiker auswählen, engagieren, zur Verfügung stellen, entlohnen und die gesetzlichen Abgaben leisten muss, ist kein Arbeitnehmer, sondern selbständiger Unternehmer (BAG v. 20.1.2010, 5 AZR 99/09, www.stotax-first.de). S.a. → Musiker Rz. 2082.

Doktorand: → Doktoranden Rz. 853.

Dozenten: Es kommt immer auf die Gesamtumstände des einzelnen Falles an:

a) Arbeitnehmereigenschaft bejaht wurde z.B. bei

– Lehrkräften, die außerhalb von Universitäten und Hochschulen an **allgemein bildenden Schulen** unterrichten, auch wenn sie ihren Unterricht nebenberuflich erteilen. Dies gilt auch für Lehrkräfte, die in schuli-

Arbeitnehmer-ABC

keine Sozialversicherungspflicht = ⊘SV
Sozialversicherungspflicht = SV

schen Lehrgängen, etwa der Volkshochschulen oder eines privaten Abendgymnasiums, unterrichten, sowie für Lehrkräfte an Musikschulen. Für die Arbeitnehmereigenschaft spricht, dass auch die nebenberuflichen Lehrkräfte ihre Leistung in der vom Schulträger bestimmten Arbeitsorganisation erbringen müssen (zuletzt BAG v. 20.1.2010, 5 AZR 106/09, www.stotax-first.de, und SG Duisburg v. 28.11.2014, S 29 R 308/10, www.stotax-first.de).

Dagegen können **Volkshochschuldozenten**, die außerhalb schulischer Lehrgänge unterrichten, und Musikschullehrer auch als freie Mitarbeiter beschäftigt werden, und zwar selbst dann, wenn es sich bei ihrem Unterricht um aufeinander abgestimmte Kurse mit vorher festgelegtem Programm handelt. Sie sind u.a. dann **Arbeitnehmer**, wenn im Einzelfall festzustellende Umstände hinzutreten, aus denen sich ergibt, dass der für das Bestehen eines Arbeitsverhältnisses erforderliche Grad der persönlichen Abhängigkeit gegeben ist. Solche Umstände können etwa sein das vom Schulträger beanspruchte Recht, die zeitliche Lage der Unterrichtsstunden einseitig zu bestimmen oder das Rechtsverhältnis umfassend durch – einseitig erlassene – „Dienstanweisung" zu regeln (BAG v. 12.9.1996, 5 AZR 1066/94, www.stotax-first.de),

- einer an einer Grund- und Hauptschule vollbeschäftigten Lehrerin, die an einer anderen Grund- und Hauptschule freiwillig gegen eine besondere Vergütung zwei Stunden wöchentlich unterrichtet (BFH v. 4.12.1975, IV R 162/72, BStBl II 1976, 291, 292),
- Dozenten in der beruflichen Bildung (Weiterbildungsinstituten), wenn der Schulträger einseitig den Unterrichtsgegenstand sowie Zeit und Ort der Tätigkeit vorgibt (BAG v. 19.11.1997, 5 AZR 21/97, www.stotax-first.de),
- Lehrer an Abendgymnasien (BAG v. 20.1.2010, 5 AZR 106/09, www.stotax-first.de),
- einem in einer Justizvollzugsanstalt als „nicht hauptamtliche Lehrkraft" angestellten Lehrer, der dort außerhalb der Schulpflicht jungen Untersuchungshäftlingen Aufbauunterricht erteilt (BAG v. 15.2.2012, 10 AZR 301/10, www.stotax-first.de),
- einer Volkshochschuldozentin, wenn sie in schulischen Kursen des zweiten Bildungsweges zur Vorbereitung auf eine staatliche Prüfung eingesetzt ist. Die gilt erst recht, wenn ihr die Aufgaben einer Studienleiterin übertragen sind (LAG Niedersachsen v. 28.1.2003, 13 Sa 1381/02, www.stotax-first.de).

b) Arbeitnehmereigenschaft verneint wurde z.B. bei

- Dozenten an Universitäten, Hoch- und Fachhochschulen, Fachschulen usw. (s. ausführlich den o.g. Abgrenzungskatalog, Stichwort „Dozenten/Lehrbeauftragte" sowie zuletzt BFH v. 27.9.2007, V R 75/03, BStBl II 2008, 323 und BAG v. 20.1.2010, 5 AZR 106/09, www.stotax-first.de). Allerdings kann auch bei einer Unterrichtstätigkeit von weniger als sechs Stunden eine Tätigkeit als Arbeitnehmer ausgeübt werden, wenn der Tätigkeit ein Arbeitsvertrag zu Grunde liegt (BFH v. 4.12.1975, IV R 162/72, BStBl II 1976, 291, 292 sowie zuletzt BAG v. 12.9.1996, 5 AZR 1066/94, www.stotax-first.de, betr. eine teilzeitbeschäftigte Lehrerin an einer städtischen Lehranstalt),
- Lehrkräften, die nur Zusatzunterricht erteilen (BAG v. 20.1.2010, 5 AZR 106/09, www.stotax-first.de),
- einem Lehrer (Dozent) an einer Sprachschule, wenn er nach der Anzahl der geleisteten Unterrichtsstunden bezahlt wird, nicht verpflichtet ist, Vertretungsstunden zu übernehmen und auch nicht an Lehrerkonferenzen teilnehmen muss und Einzelanordnungen zur Durchführung des Unterrichts nicht ergehen (LSG Baden-Württemberg v. 21.10.2014, L 11 R 4761/13, www.stotax-first.de),
- einem Dozenten der Volkshochschule mit mehreren Dozentenverträgen und einer Wochenstundenzahl von regelmäßig 20 bis 29 Unterrichtsstunden (LSG Rheinland-Pfalz v. 19.9.2002, L 5 KR 8/02, www.stotax-first.de).

Sollten Dozenten/Lehrbeauftragte selbständig tätig sein, unterliegen sie der Rentenversicherungspflicht nach § 2 Satz 1 Nr. 1 SGB VI, sofern sie im Zusammenhang mit ihrer selbständigen Tätigkeit keinen versicherungspflichtigen Arbeitnehmer beschäftigen.

EDV-Fachkräfte: Es kommt immer auf die Gesamtumstände des einzelnen Falles an:

a) Arbeitnehmereigenschaft bejaht wurde z.B. bei

- einem „selbständigen" EDV-Berater, wenn er für einen festgelegten Zeitraum lediglich für ein Datenverarbeitungsunternehmen tätig wird, das ihm bestimmte Software-Aufgaben überträgt, den Einsatzort und die Auftragsdauer nennt und die Vergütung festlegt (BFH v. 12.10.1988, X R 18/87, www.stotax-first.de),
- IT-Spezialisten (EDV-Beratern), die von einem Beratungs- und Dienstleistungsunternehmen beauftragt werden, bei einer Dritten Firma (Endkundin) im Rahmen eines Projekts dieser Endkundin tätig zu werden (LSG Baden-Württemberg v. 30.7.2014, L 5 R 3157/13, www.stotax-first.de),
- einem IT-Experte, der als Arbeitnehmer für einen Kunden des Auftraggebers tätig ist, vom Kunden Weisungen entgegen nimmt und in dessen Betriebsorganisation eingebunden ist (SG München v. 21.11.2013, S 15 R 1528/11, www.stotax-first.de),
- einem Computertechniker, der in hohem Maß in die Arbeitsorganisation des Betriebsinhabers eingebunden, örtlich, zeitlich und inhaltlich weisungsgebunden ist, die gesamte Woche über in der Zeit von 8 bis 20 Uhr rufbereit zur Verfügung zu stehen hat, binnen einer Stunde nach Kundenanruf den jeweiligen Auftrag abholt, mit den Kunden einen Termin abspricht und spätestens am folgenden Tag mit der Auftragsdurchführung beginnt (LSG Berlin-Brandenburg v. 17.10.2012, L 9 KR 364/11 WA, www.stotax-first.de),
- einem EDV-Systemingenieur, der für ein Unternehmen bei Endkunden IT-Leistungen erbringt (LSG Baden-Württemberg v. 14.2.2012, L 11 KR 3007/11, www.stotax-first.de),
- einem in seinem Home-Office tätigen Programmentwickler, wenn er dabei auf das Bereitstellen der Programmierumgebung durch den Betriebsinhaber angewiesen ist, ein nicht abgrenzbares Werk im Rahmen eines EDV-Programms in Abstimmung mit weiteren Programmierern im Betrieb zu erstellen hat und daneben für vielfältige Nebenarbeiten, insbesondere zur Beantwortung vielfältiger Fachfragen auf dem Gebiet der IT, herangezogen worden ist (LAG Hessen v. 13.3.2015, 10 Sa 575/14, www.stotax-first.de, Revision eingelegt, Az. beim BAG: 9 AZR 305/15),
- einem Softwareentwickler, der laut Vertrag mit dem Auftraggeber bei diesem in allen Fragen der Softwareentwicklung und Realisierung mitarbeiten soll; soll die Mitarbeit in Abstimmung mit der Geschäftsleitung organisiert werden, spricht dies eher für eine abhängige Beschäftigung, da die zu erbringende Leistung nach dem Vertrag so wenig bestimmt ist, dass sie erst noch durch weitere Weisungen konkretisiert werden muss. Kommt außerdem hinzu, dass der beauftragte Softwareentwickler die spezielle Entwicklungsumgebung und Elektronik sowie Messinstrumente benötigt, die nur beim Auftraggeber vorhanden sind und über die er selbst nicht verfügt, spricht auch dies im Rahmen der vorzunehmenden Gesamtabwägung für eine abhängige Beschäftigung (SG Augsburg v. 4.9.2015, S 2 R 931/14, www.stotax-first.de).

b) Arbeitnehmereigenschaft verneint wurde z.B. bei

- einem Fachplaner und Fachbauleiter Elektrotechnik, der ein Gewerbe für IT-Dienstleistungen angemeldet hat, wenn nach dem Gesamtbild der konkreten, rechtlich relevanten Umstände keine Eingliederung in eine fremde Betriebsorganisation vorliegt (LSG Baden-Württemberg v. 14.5.2013, L 11 KR 1396/12, www.stotax-first.de),
- einer als Systemspezialistin für einen IT-Dienstleister auf der Basis eines Stundenlohns von 77 € tätigen Diplomphysikerin, wenn sie nicht in die Arbeitsorganisation des Unternehmens eingegliedert ist, weil sie im Rahmen eines Projektauftrages selbst bestimmen konnte, welche Arbeitspakete sie übernimmt, nach freiem Ermessen entscheiden konnte, ob sie ihre Arbeit von ihrem Home-Office aus oder am Betriebssitz des Kunden verrichtet und sie – im Gegensatz zu den festangestellten Mitarbeitern – nicht verpflichtet ist, an den wöchentlichen Teambesprechungen teilzunehmen (LSG Baden-Württemberg v. 18.5.2015, L 11 R 4586/12, www.stotax-first.de).

Ehe-, Familien- und Lebensberaterin: Ehe-, Familien- und Lebensberater(innen) einer katholischen Familien- und Lebensberatungsstelle, die an den regelmäßig stattfindenden Sitzungen des der kollegialen Supervision dienenden Fallbesprechungsteams teilnehmen müssen, sind versicherungspflichtige abhängige Arbeitnehmer. Die Art der Einbindung eines Beschäftigten und die Art der von ihm geschuldeten Arbeit kann dazu führen, dass das Vertragsverhältnis mit einem nicht oder weniger stark weisungsgebundenen Mitarbeiter dennoch als abhängiges Arbeitsverhältnis einzuordnen ist (SG Hildesheim v. 11.4.2006, S 9 RA 28/03, www.stotax-first.de).

Ehrenamtliche Mitarbeiter (hier: Telefonseelsorge): Durch eine echte ehrenamtliche Tätigkeit wird **kein Arbeitsverhältnis** begründet (BAG v. 29.8.2012, 10 AZR 499/11, www.stotax-first.de). S. auch → *Ehrenamtsinhaber* Rz. 974.

Ehrenamtliche Rettungssanitäter: Ehrenamtliche Rettungssanitäter werden steuerrechtlich als Arbeitnehmer behandelt. Nichts anderes kann für die Sozialversicherung gelten. Die Anmerkungen zu Übungsleitern gelten sinngemäß. Zur Steuerbefreiung nach § 3 Nr. 26 EStG → *Aufwandsentschädigungen für bestimmte nebenberufliche Tätigkeiten* Rz. 360.

Ein-Euro-Kräfte: Keine Arbeitnehmer, → *Ein-Euro-Jobs* Rz. 979.

Einzelfallhelfer: Die Umstände des Einzelfalles entscheiden darüber, ob ein von einem freien Träger beauftragter Einzelfallhelfer, der Leistungen der Sozialhilfeträger erbringt (hier sozialpädagogische Einzelfallhilfe für ein autistisches Kind), abhängig beschäftigt oder selbständig tätig ist (LSG Berlin-Brandenburg v. 16.1.2015, L 1 KR 474/12 WA, www.stotax-first.de). Immer dann, wenn sich aus dem Vertrag zwischen Dienstgeber und Dienstnehmer ergibt, dass der Leistungsinhalt durch Dritte wesentlich vorgegeben oder gestaltet wird, sind auch die vertraglichen Beziehungen zwischen dem Dritten und dem Dienstgeber in die statusrechtlichen Überlegungen einzubeziehen. Darf ein Dienstnehmer zur Erfüllung seiner Leistungspflicht keine Dritten einsetzen, spricht dies für eine (abhängige) Beschäftigung (LSG Berlin-Brandenburg v. 26.11.2014, L 9 KR 154/12, www.stotax-first.de). S.

zur Abgrenzung zuletzt LSG Baden-Württemberg v. 22.4.2015, L 5 R 3908/14, www.stotax-first.de, m.w.N.

Eisverkäufer: Kein Arbeitnehmer, wenn er nur aushilfsweise gegen Umsatzprovision beschäftigt wird (FG Freiburg v. 13.6.1962, EFG 1963, 172).

Erhebungsbeauftragte (Interviewer): Es kommt immer auf die Gesamtumstände des einzelnen Falles an:

a) Arbeitnehmereigenschaft bejaht wurde z.B. bei

- den für **Marktforschungsunternehmen tätigen Telefoninterviewern**, sofern sie einen fest vorgegebenen Rahmenlohn haben, auf den sie nur geringen Einfluss haben, ihnen die gesamten Arbeitsmittel und die Büroräume vom Unternehmen zur Verfügung gestellt werden, ihre einzige Initiativmöglichkeit darin besteht, sich bei dem Unternehmen auf den Dienstplan setzen zu lassen, sie in erheblichem Umfang weisungsgebunden sind hinsichtlich Ort, Zeit und Inhalt ihrer Tätigkeit und die von ihnen zu verrichtende Tätigkeit nicht besonders anspruchsvoll und bereits nach kurzer Einarbeitungszeit möglich ist (BFH v. 29.5.2008, VI R 11/07, BStBl II 2008, 933). Zu prüfen ist allerdings, wie das der Beschäftigung zu Grunde liegende Vertragsverhältnis ausgestaltet worden ist; vereinbaren die Vertragsparteien eine Vergütung auf der Basis von Erfolgshonoraren, ist dies ein wesentliches Indiz dafür, dass **kein lohnsteuerrechtlich erhebliches Beschäftigungsverhältnis** vorliegt, sofern die Vereinbarungen ernsthaft gewollt und tatsächlich durchgeführt worden sind (zuletzt BFH v. 18.6.2015, VI R 77/12, BStBl II 2015, 905 betr. sog. Telefoninterviewer). Die Arbeitnehmereigenschaft verneint wurde in diesem Verfahren bei sog. **Codierern**, die Antworten nach einem vorgeschriebenen Kennzahlenplan verschlüsseln. Diese Personen waren in Heimarbeit tätig und hatten daher eine freiere und eigenverantwortlichere, gegen eine Arbeitnehmerstellung sprechende Tätigkeit ausgeübt. Auch sog. **Face to Face-Interviewer**, die persönliche Befragungen von Zielpersonen durchführen, wurden nicht als Arbeitnehmer angesehen (FG Köln v. 14.3.2012, 2 K 476/06, EFG 2012, 1650; im o.g. Revisionsverfahren VI R 77/12 war diese Frage ebenfalls nicht mehr streitig);

- einem für ein privates **Marktforschungsinstitut eingesetzten Interviewer**, der nach einem vorgegebenen Fragenkatalog tätig wird, er dabei telefonisch ausschließlich im Studio des Instituts arbeitet und hierbei dessen Weisungsrecht unterliegt, er seine Arbeit nur im Rahmen vorgegebener Öffnungszeiten des Instituts und den für das jeweilige Projekt vorgegebenen Interviewzeiten leisten kann und die Vergütung nach einem Basisstundensatz und nach erfolgsabhängigen Parametern erfolgt. Demgegenüber kommt der Befugnis des Interviewers, auch für andere Unternehmen tätig zu werden, kein entscheidendes Gewicht zu (zuletzt LSG Nordrhein-Westfalen v. 3.7.2015, L 8 R 672/14 B ER, www.stotax-first.de, m.w.N.).

b) Arbeitnehmereigenschaft verneint wurde z.B. bei

- den von einem **Marktforschungsinstitut beauftragten Ermittlern (Interviewern)**, wenn sie eine Tätigkeit ausüben, deren Vergütung sich jeweils auf einen Einzelauftrag bezieht und nicht ihre Existenzgrundlage bildet, die überdies mit einem unternehmereigentümlichen finanziellen Risiko verbunden ist und die andererseits dem Marktforschungsinstitut kein für ein abhängiges Beschäftigungsverhältnis kennzeichnendes weitgehendes Verfügungsrecht über deren Arbeitskraft einräumt, sie vielmehr bei der Durchführung des jeweiligen Auftrages zeitlich im Wesentlichen frei und sachlich nur insoweit gebunden sind, als es nach der Natur des Auftrags unerlässlich ist (BSG v. 14.11.1974, 8 RU 266/73, www.stotax-first.de);

- den im Auftrag einer **Gemeinde ehrenamtlich tätigen „Erhebungsbeauftragten"**, die statistische Erhebungen durchführen (Mikrozensus, Wohnungszählungen u.Ä.); die Aufwandsentschädigungen bleiben im Rahmen der Drittelregelung der R 3.12 Abs. 3 Satz 2 Nr. 2 LStR nach § 3 Nr. 12 Satz 2 EStG steuerfrei (BayLfSt v. 15.6.2010, S 2500.1.1 – 1/8 St 32, www.stotax-first.de). Werden für solche Tätigkeiten Gemeindebedienstete eingesetzt, kann Arbeitslohn vorliegen, der der Haupttätigkeit zuzurechnen ist; vgl. H 19.2 (Nebentätigkeit bei demselben Arbeitgeber) LStH.

  Auch die Aufwandsentschädigungen der ehrenamtlichen Erhebungsbeauftragten für die Bevölkerungs-, Gebäude- und Wohnungszählung im Jahre 2011 nach § 11 Abs. 4 Zensusgesetz 2011 v. 8.7.2009, BGBl. I 2009, 1781 bleiben – anders als bei der Volkszählung 1987 – nicht in voller Höhe, sondern lediglich bis zur Höhe von 175 € (ab 2013 200 €) monatlich nach § 3 Nr. 12 Satz 2 EStG i.V.m. R 3.12 Abs. 3 LStR steuerfrei; ein ggf. verbleibender steuerpflichtiger Anteil gehört zu den sonstigen Einkünften i.S.d. § 22 Nr. 3 EStG (d.h. Anwendung der Freigrenze von 256 € im Jahr), so dass kein Lohnsteuerabzug vorzunehmen ist. Die Steuerbefreiungen nach § 3 Nr. 26, 26a EStG finden keine Anwendung (zuletzt OFD Frankfurt v. 3.9.2012, S 2337 A – 67 – St 213, www.stotax-first.de);

- einem **Interviewer**, wenn kein Anspruch auf Entgeltfortzahlung im Krankheitsfall besteht, weder Urlaubs- noch Weihnachtsgeld vereinbart ist, das Vertragsverhältnis von beiden Seiten ohne Einhaltung von Fristen kündbar und der Interviewer zur Abführung von Steuern und Abgaben verpflichtet ist (SG Wiesbaden v. 6.7.2011, S 1 KR 200/09, www.stotax-first.de).

Erzieherin: Eine Erzieherin, die vertretungsweise in einer Kindertagesstätte aushilft und mit einem Stundenentgelt honoriert wird, verfügt regelmäßig nicht über für eine Arbeitnehmerin uncharakteristische Handlungsspielräume, sondern übt eine abhängige Beschäftigung aus (LSG Niedersachsen-Bremen v. 15.7.2015, L 2 R 47/15, www.stotax-first.de).

Erziehungsbeistand: Bei Tätigkeiten als Erziehungsbeistand nach § 30 SGB VIII ist die weitgehende Weisungsfreiheit wegen der Art der Tätigkeit kein maßgebliches Abgrenzungskriterium für eine selbständige Beschäftigung. Aus den Vorschriften des SGB VIII, insbesondere aus der Letztverantwortung des Jugendamtes für das Kindeswohl, kann nicht auf das Vorliegen einer abhängigen Beschäftigung geschlossen werden. Entscheidend sind die Einbindung in den Betrieb, die vertraglichen Vereinbarungen und das Bestehen eines Unternehmerrisikos. Hierbei tritt die Pflicht zur höchstpersönlichen Leistungserbringung in den Hintergrund (LSG Bayern v. 29.4.2015, L 16 R 1062/13, www.stotax-first.de).

Erziehungshelfer: Kann Arbeitnehmer oder auch selbständig sein (BFH v. 2.10.2003, IV R 4/02, BStBl II 2004, 129).

Fahrlehrer: Arbeitnehmer, wenn er haupt- oder nebenberuflich in einem Beschäftigungsverhältnis zu einer Fahrschule steht und Fahrunterricht erteilt (OFD Frankfurt v. 5.11.1990, S 2331 A – 37 – St II 30, www.stotax-first.de). Ob ein Fahrlehrer sozialversicherungspflichtig tätig ist, bestimmt die Rechtsordnung, insbesondere das Fahrlehrergesetz. Danach dürfen Fahrlehrer für eine fremde Fahrschule nicht auf Honorarbasis tätig sein (LSG Bayern v. 11.11.2014, L 5 R 910/12, www.stotax-first.de).

Fahrlehrer können aber auch als selbständige Subunternehmer tätig werden (vgl. dazu BFH v. 17.10.1996, V R 63/94, BStBl II 1997, 188). Dies gilt auch für Fahrlehrer, denen keine Fahrschulerlaubnis erteilt ist. Selbständige Fahrlehrer sind in der Rentenversicherung nach § 2 Satz 1 Nr. 1 SGB VI versicherungspflichtig, wenn sie im Zusammenhang mit ihrer selbständigen Tätigkeit keinen versicherungspflichtigen Arbeitnehmer beschäftigen. Vgl. ausführlich den o.g. Abgrenzungskatalog.

Familien- und Jugendbetreuer: Ein Familien- und Jugendbetreuer ist bei einem freien Träger der Jugendhilfe abhängig beschäftigt, auch wenn er ein eigenes Gewerbe angemeldet hat und mit dem freien Träger einen Kooperationsvertrag wie ein Selbständiger geschlossen hat, wenn er gegenüber dem Jugendamt nur über den anerkannten Träger abrechnen kann (SG Stade v. 10.5.2012, S 30 R 355/11, www.stotax-first.de).

Familienhilfe: Sog. Familienhelfer, die für einen Landkreis als Träger der öffentlichen Jugendhilfe tätig werden, werden im Regelfall selbständig tätig (zuletzt SG Karlsruhe v. 10.6.2015, S 10 R 1092/14, www.stotax-first.de, auch LSG Bayern v. 29.4.2015, L 16 R 1062/13, www.stotax-first.de, betr. einen sog. Erziehungsbeistand nach § 30 SGB VIII). Das gilt auch für einen sog. Umgangsbetreuer im Rahmen der Jugendhilfe (LSG Berlin-Brandenburg v. 16.4.2015, L 1 KR 258/13, www.stotax-first.de).

Feldgeschworene: Ehrenamtliche Feldgeschworene, die u.a. Grenzzeichen auswechseln, sind keine Arbeitnehmer der Kommune (OFD München v. 20.10.2003, S 2337 – 2 St 41, www.stotax-first.de, auch zur Anerkennung steuerfreier Aufwandsentschädigungen und pauschaler Betriebsausgaben).

Fernsehanstalten: S. „Rundfunk- und Fernsehanstalten".

Filialleiter: Bei einer Filialleiterin deuten der Verkauf von Waren für Rechnung eines Auftraggebers in einer von ihm angemieteten und ausgestatteten Verkaufsstelle, die Einhaltung der üblichen Geschäftszeiten, die Bindung an Mindestpreise, die Verpflichtung zur täglichen Abrechnung der Einnahmen sowie die Übernahme der Geschäftsunkosten und die Zurücknahme unverkaufter Waren durch den Auftraggeber und seine Zuständigkeit für die überörtliche Werbung auf eine unselbständige Beschäftigung hin, während die Berechtigung der Filialleiterin zur Einstellung fremder Hilfskräfte und die damit verbundene freie Bestimmung über den Einsatz ihrer eigenen Arbeitskraft für eine selbständige Tätigkeit sprechen (BSG v. 13.7.1978, 12 RK 14/78, www.stotax-first.de).

Fitnesstrainerin: Eine Fitnesstrainerin übt eine abhängige Beschäftigung aus, wenn sie nicht über eine eigene Arbeitsorganisation verfügt, sondern vielmehr funktionsgerecht dienend in einer fremden Arbeitsorganisation tätig und folglich mit ihrer Tätigkeit in den Betriebsablauf des Fitness-Studios planmäßig eingebunden ist und auch kein wesentlich ins Gewicht fallendes Unternehmerrisiko trägt; dies gilt auch, wenn sie auch noch für andere Fitnesscenter als Trainerin arbeitet (LSG Baden-Württemberg v. 30.3.2012, L 4 R 2043/10, www.stotax-first.de).

Zur Frage, unter welchen Voraussetzungen ein sog „Bereichsleiter Racket", der in einem Fitnessstudio Kunden betreut und Sportangebote ausarbeitet, in einem abhängigen Beschäftigungsverhältnis zum Auftraggeber steht, s. LSG Niedersachsen-Bremen v. 21.4.2010, L 2 R 561/09, www.stotax-first.de.

Fleischbeschauer: Regelmäßig Arbeitnehmer, wenn schriftliche Arbeitsverträge abgeschlossen werden (OFD Magdeburg v. 14.7.2000, S 2331 – 25 – St 226, StEd 2000, 691). Im Einzelfall kann aber auch eine selbständige Tätigkeit vorliegen (z.B. FG Mecklenburg-Vorpommern v. 23.4.2009, 2 K 298/07, EFG 2009, 1862 betr. einen nebenberuflich tätigen Fleischbeschautierarzt).

In Sachsen-Anhalt werden die mit der Schlachttier- und Fleischbeschau beauftragten Personen regelmäßig als selbständig angesehen (OFD Mag-

Arbeitnehmer-ABC

keine Sozialversicherungspflicht = ⓢⱽ̷
Sozialversicherungspflicht = ⓢⱽ

deburg v. 26.8.2005, S 2331 – 25 – St 226, www.stotax-first.de, aktualisiert nach dem Stand 28.5.2014).

Fliesenleger: Ist der Mitarbeiter an streng geregelte Arbeitszeiten gebunden, wurde mit firmeneigenen Fahrzeugen zu den jeweiligen Baustellen gefahren, wurden das zu verarbeitende Material und die Werkzeuge von dem Firmeninhaber gestellt und wurde der Mitarbeiter auf der Baustelle von dem Firmeninhaber kontrolliert, so sprechen solche Umstände deutlich für das Bestehen einer abhängigen Beschäftigung.

Maßgebliches Kriterium für das Bestehen eines Unternehmerrisikos ist, ob eigenes Kapital oder die eigene Arbeitskraft auch mit der Gefahr des Verlustes eingesetzt wird, der Erfolg des Einsatzes der persönlichen oder sächlichen Mittel also ungewiss ist. Das Fehlen von Ansprüchen auf Urlaubsentgelt bzw. Entgeltfortzahlung im Krankheitsfall rechtfertigt für sich allein nicht die Annahme eines unternehmerischen Risikos (LSG Nordrhein-Westfalen v. 21.2.2012, L 8 R 1047/11 B ER, www.stotax-first.de).

Ein Fliesenlegergeselle, der von einer Gesellschaft mit beschränkter Haftung (GmbH) als solcher beschäftigt wird, ist auch dann Arbeitnehmer, wenn er Gesellschafter oder Treugeber von Gesellschaftsteilen ist und die Geschäftsführerin im Innenverhältnis außerhalb der laufenden Verwaltung nur einvernehmlich mit den Gesellschaftern handeln darf bzw. bei Verstoß haftet (LAG Hessen v. 2.12.1988, 15 Sa 758/88, www.stotax-first.de).

Fluglehrerin: Die Arbeit einer Fluglehrerin für Tragschrauber, die nur eine Vergütung für die geleisteten Flugstunden erhält, kann als selbständige Tätigkeit gewertet werden, selbst wenn sie einem bundesweiten Konkurrenzverbot unterliegt (LSG Baden-Württemberg v. 16.12.2014, L 11 R 3903/13, www.stotax-first.de).

Flurbereinigung: Die sog. Kassenverwalter und Vorstandsmitglieder der Teilnehmergemeinschaften können Arbeitnehmer sein (vgl. FG Freiburg v. 17.11.1964, EFG 1965, 129).

Fotograf: Kein Arbeitnehmer, sofern er nicht ausnahmsweise in ein Unternehmen fest eingegliedert ist, z.B. bei einer Zeitung (BFH v. 14.12.1976, VIII R 76/75, BStBl II 1977, 474; FG Brandenburg v. 11.12.1995, 1 K 404/95 G, www.stotax-first.de). Dies gilt auch für Fotografen in der Möbelindustrie, die nicht weisungsgebunden tätig werden; durch die Berechtigung des Auftraggebers, Kontrollen durchzuführen sowie das vertragliche Rügerecht wahrzunehmen, wird der Status als freier Mitarbeiter nicht erschüttert. Auch der freie Mitarbeiter muss mit einer Kontrolle der Qualität seiner Arbeit rechnen. Zeitliche Vorgaben oder die Verpflichtung, bestimmte Termine für die Erledigung der übertragenen Aufgaben einzuhalten, sind kein wesentliches Merkmal für ein Arbeitsverhältnis (LAG Hamm v. 10.1.2013, 15 Sa 1238/12, www.stotax-first.de).

Pauschal bezahlte Fotoreporter einer Zeitungsredaktion können Arbeitnehmer sein, wenn sie – u.a. durch Dienstpläne – derart in den Arbeitsablauf eingebunden sind, dass sie faktisch die Übernahme von Fototerminen nicht ablehnen können (BAG v. 16.6.1998, 5 AZN 154/98, www.stotax-first.de).

Fotomodell: Kein Arbeitnehmer des Werbefilmproduzenten, sofern es einmalig für ein bis drei Tage für Werbefilmaufnahmen engagiert ist (BFH v. 14.6.2007, VI R 5/06, BStBl II 2009, 931). Das BSG hat hingegen Fotomodelle als Arbeitnehmer angesehen, auch solche, die von Werbeagenturen, Fotografen u.Ä. zu meist nur eintägigen Aufnahmen herangezogen werden (BSG v. 12.12.1990, 11 RAr 73/90, www.stotax-first.de).

Ob Fotomodelle oder Mannequins als Arbeitnehmer zu betrachten sind, hängt davon ab, ob sie ihre Leistung in persönlicher Abhängigkeit unter Berücksichtigung von Zeit, Ort und Art der Ausführung der Arbeit erbringen. Von abhängiger Arbeit kann gesprochen werden, wenn sich die Modelle für einen Auftraggeber in Bereitschaft halten und dieser jederzeit auf das Modell zurückgreifen kann, wenn er es benötigt (OLG Düsseldorf v. 18.9.1987, 5 Ss (OWi) 306/87 - 229/87 I, www.stotax-first.de).

Freie Berufe: Die alleinige Zugehörigkeit zu den freien Berufen reicht nicht aus, um bei diesem Personenkreis auf Selbständigkeit zu erkennen. Maßgeblich ist die im Einzelfall vorzunehmende Gesamtbetrachtung, bei der geprüft werden muss, ob der Einzelne in das Unternehmen des Auftraggebers eingegliedert und dadurch Arbeitnehmer ist (s. ausführlich den o.g. Abgrenzungskatalog).

Freie Mitarbeiter: Die Bezeichnung „freier Mitarbeiter" sagt noch nichts über die sozialversicherungsrechtliche Beurteilung aus und stellt für sich kein Kriterium für die Annahme einer selbständigen Tätigkeit dar. Die Beurteilung ist im Wege der Gesamtbetrachtung vorzunehmen (s. ausführlich den o.g. Abgrenzungskatalog).

Überträgt ein Unternehmen das Bewerbungsmanagement (Bearbeitung von Stellenausschreibungen und Bewerbungen) an eine „freie Mitarbeiterin", liegt gleichwohl eine abhängige Beschäftigung vor, wenn diese weisungsgebunden und in das Unternehmen eingegliedert ist und die wesentlichen Arbeitsmittel in Form von Laptop, einschließlich des Zugangs zum Datensystem des Unternehmens, gestellt bekommt (LSG Bayern v. 29.4.2014, L 5 R 11/13, www.stotax-first.de).

Freiwilliger Polizeidienst: Die in einigen Bundesländern ehrenamtlich im sog. Freiwilligen Polizeidienst tätigen Bürger sind Arbeitnehmer; die Aufwandsentschädigungen bleiben i.R.d. § 3 Nr. 12 Satz 2 EStG i.V.m. R 3.12 Abs. 3 LStR steuerfrei (OFD Frankfurt v. 6.4.2010, S 2337 A – 61 – St 211, www.stotax-first.de).

Friedensrichter: Die in **Sachsen** ehrenamtlich tätigen Friedensrichter, die nach Möglichkeit Streitfälle schlichten sollen, sind Arbeitnehmer, weil sie in gewissem Umfang der Aufsicht und den Weisungen der Gemeinde unterliegen (LSF Sachsen v. 25.6.2013, S 2331 – 22/28 – 212, www.stotax-first.de, auch zur Steuerbefreiung der Entschädigungen; a.A. SG Dresden v. 13.3.2008, S 16 KR 401/05, www.stotax-first.de: kein sozialversicherungspflichtiges Beschäftigungsverhältnis). In **Nordrhein-Westfalen** werden Friedensrichter dagegen als **selbständig** angesehen. Nach Auffassung der obersten Finanzbehörden ist eine unterschiedliche Behandlung in den einzelnen Bundesländern möglich, weil die landesrechtlichen Vorschriften unterschiedlich sein können.

Garderobenfrau: Das Abendpersonal an Theatern und Bühnen wird im Regelfall in einem Arbeitsverhältnis tätig (BAG v. 16.12.2003, 3 AZR 668/02, www.stotax-first.de, zur Frage, ob Beiträge an die VBL zu entrichten sind). Betreibt eine Garderobenfrau die Garderobe „ganz auf eigene Rechnung", ist sie Gewerbetreibende.

Gästebetreuerin: Die Tätigkeit der Begleitung bzw. Betreuung von Gästen der Bundesrepublik Deutschland ähnelt der Tätigkeit einer Fremdenführerin. An der Arbeitnehmereigenschaft fehlt es dann, wenn die Betreuerin nicht an Dienstzeiten gebunden ist, nicht weisungsgebunden ist und keine örtlichen Vorgaben erhält (LAG Köln v. 16.2.1994, 7 Sa 1092/93, www.stotax-first.de).

Gebäudereiniger: Kann als Arbeitnehmer tätig werden; die Wahlmöglichkeiten, zunächst die Toiletten oder zunächst die Stockwerksküchen zu reinigen und hierbei mit dem Erdgeschoss oder mit dem Obergeschoss zu beginnen, begründet noch keine Unternehmereigenschaft (SG München v. 15.1.2015, S 30 R 1523/12, www.stotax-first.de).

Gebrechlichkeitspfleger: Kein Arbeitnehmer (OFD Saarbrücken v. 15.7.1997, StEd 1997, 585).

Gefangene: Können als Freigänger eine Arbeitnehmertätigkeit ausüben (FG Rheinland-Pfalz v. 29.5.1998, 3 K 2553/97, EFG 1998, 1313).

Gelegenheitsarbeiter: Arbeitnehmer, auch wenn sie nur wenige Stunden zu bestimmten, unter Aufsicht durchzuführenden Verlade- und Umladearbeiten herangezogen werden (BFH v. 18.1.1974, VI R 221/69, BStBl II 1974, 301).

Gerüstbauer: Zur Abgrenzung eines abhängigen Beschäftigungsverhältnisses von einer selbständigen Tätigkeit (hier Gerüstbauer der als „Subunternehmer" tätig ist) s. LSG Baden-Württemberg v. 3.2.2004, L 11 KR 1769/03, www.stotax-first.de.

Geschäftsführer: Regelmäßig keine Arbeitnehmer, → *Geschäftsführer* Rz. 1392.

Geschäftslokal-Betreiberin: Rechtsweg zum Arbeitsgericht, wenn „Arbeitsverhältnis" im Streit (BAG v. 19.12.2000, 5 AZB 16/00, www.stotax-first.de).

Gesetzlicher Vertreter: Der gesetzliche Vertreter einer natürlichen Person ist kein Arbeitnehmer der bestellenden Behörde (vgl. „Amtsvormund"). Der gesetzliche Vertreter einer Kapitalgesellschaft kann dagegen Arbeitnehmer sein, → *Vorstandsmitglieder* Rz. 3106.

Grabungshelfer, archäologische: Die für ein Unternehmen, das archäologische baubegleitende Untersuchungen vornimmt (diese werden in der Regel im Rahmen von Nebenbestimmungen bei einer denkmalrechtlichen Erlaubnis für größere Bauvorhaben nach Ausschreibung durch das Land Brandenburg erbracht), tätigen Grabungshelfer sind Arbeitnehmer, da sie in die Arbeitsorganisation des Auftraggebers eingeordnet und dessen Weisungen hinsichtlich Zeit, Dauer, Ort und Art der Arbeitsleistung unterworfen sind. Angesichts solcher Merkmale können fehlende typische Arbeitgeberleistungen wie Lohnfortzahlung im Krankheitsfall, Weihnachts- und Urlaubsgeld nicht zur Annahme einer selbständigen Tätigkeit herangezogen werden (SG Cottbus v. 21.11.2013, S 28 R 300/11, www.stotax-first.de).

Gutachter: Regelmäßig kein Arbeitnehmer (vgl. z.B. BFH v. 22.6.1971, VIII 23/65, BStBl II 1971, 749 betr. einen Sachverständigen für Mobiliar und Kunst).

Eine Gutachterin für den Medizinischen Dienst der Krankenversicherung Niedersachsen (MDKN) übt eine selbständige Tätigkeit aus, wenn sie in eigener Verantwortung tätig ist und das Unternehmerrisiko trägt (FG Niedersachsen v. 25.6.2015, 16 K 222/13, www.stotax-first.de).

Gutachterausschuss/Umlegungsausschuss: Die Mitglieder der sog. kommunalen Gutachter- und Umlegungsausschüsse sind keine Arbeitnehmer, nur die Kommunalbeamten, die die Tätigkeit in einem dieser Ausschüsse im Rahmen ihres Hauptamts wahrnehmen, z.B. als Geschäftsführer (vgl. OFD Frankfurt v. 22.1.2013, S 2248 A – 12 – St 213, www.stotax-first.de, auch zur Steuerbefreiung der Aufwandsentschädigungen nach § 3 Nr. 12 Satz 2 EStG).

Handwerker: Ein Handwerker, dem maßgebliches Werkzeug fehlt, ohne das die Arbeit nicht erbracht werden kann, ist grundsätzlich abhängig beschäftigt (LSG Bayern v. 18.11.2014, L 5 R 1071/12, www.stotax-first.de). ⓢⱽ

Hausaufgabenbetreuer an Grundschulen: Tätigkeit kann grundsätzlich sowohl im Wege eines Arbeitsverhältnisses als auch im Wege einer selbständigen Tätigkeit erbracht werden. Entscheidend sind die Umstände des Einzelfalls (LAG Düsseldorf v. 18.3.2013, 9 Sa 1746/12, www.stotax-first.de).

Hausmeister: Der von einer Wohnungseigentümergemeinschaft beschäftigte Hausmeister wird im Regelfall nichtselbständig tätig (BSG v. 23.10.2014, B 11 AL 6/14 R, www.stotax-first.de).

Dies gilt auch für eine **hausmeisterähnliche Tätigkeit** in einem Hotel (Tätigkeit im Bereich Facility Management, Erstellung von Statistiken, Schneeräumung, Verkehrssicherung, Malertätigkeiten und der Tätigkeit als Nachtportier). Kann der Betroffene weder Arbeitszeit noch Arbeitsort frei wählen, ist er in den Betrieb seines Auftraggebers eingegliedert und erhält er keine erfolgsabhängige Entlohnung, sondern eine Zeitvergütung, so sprechen solche Umstände für das Vorliegen einer abhängigen Beschäftigung. Typisch für eine abhängige Beschäftigung ist, wenn die Arbeitsleistung höchstpersönlich zu erbringen ist und sich der Beschäftigte nicht Dritter als Erfüllungsgehilfen bedienen kann (LSG Thüringen v. 27.5.2014, L 6 R 1524/12, www.stotax-first.de).

Ist die Tätigkeit eines Hausverwalters und Hausmeisters ihrer Struktur nach so ausgelegt, dass der Beauftragte insbesondere angesichts des relativ geringen für die Ausübung der ihm übertragenen Tätigkeit benötigten Zeitaufwands und auf Grund weitgehender Freiheiten bei der Konkretisierung der Arbeitszeiten in vergleichbarer Weise auch gegenüber zahlreichen weiteren Auftraggebern tätig werden könnte, dann stellt dies einen im Rahmen der gebotenen Gesamtabwägung für die Annahme einer selbständigen Tätigkeit sprechenden Gesichtspunkt dar (LSG Niedersachsen-Bremen v. 22.10.2014, L 2 R 258/14, www.stotax-first.de).

Hausschlachter: Ein nebenberuflich tätiger Hausschlachter, der gegenüber seinen Auftraggebern nicht verpflichtet ist, die Schlachtungen zu bestimmten Zeiten und nach irgendwelchen Anweisungen durchzuführen, steht nicht in einem Arbeitsverhältnis (BSG v. 30.4.1971, 7/2 RU 188/69, www.stotax-first.de).

Ist ein als Hausschlachter tätiger Rentner gegenüber seinen Auftraggebern nicht verpflichtet, die Hausschlachtung zu einer bestimmten Zeit und nach irgendwelchen Anweisungen zu verrichten, so liegt wegen des Fehlens der persönlichen Abhängigkeit kein Arbeitsverhältnis vor (BSG v. 17.12.1970, 7/2 RU 187/69, www.stotax-first.de).

Hausvertrieb: Der Hausvertrieb/Direktvertrieb (Homeservice) zeichnet sich grundsätzlich dadurch aus, dass Produkte oder auch Dienstleistungen durch Nutzung eines Vertriebsnetzes von Vertriebsrepräsentanten meist in der Wohnung der Umworbenen (Kaufinteressenten) angeboten werden. Die Mitarbeiter im Außendienst der Direktvertriebsunternehmen sind in erster Linie verkäuferische Laien.

Ob diese Personen selbständig oder nichtselbständig tätig sind, kann wegen der Vielfalt der Vertriebssysteme nur im jeweiligen Einzelfall beurteilt werden. Bei einer hierarchischen Struktur muss teilweise von der Eingliederung in den Betrieb/die Organisation gesprochen werden. Letztlich müssen die Merkmale wie bei Handelsvertretern (→ *Vertreter* Rz. 3062) zur Beurteilung herangezogen werden (vgl. ausführlich den o.g. Abgrenzungskatalog, Stichwort „Hausvertrieb", m.w.N.).

Hausverwalter für Wohnungseigentümergemeinschaft: Kein Arbeitnehmer (BFH v. 13.5.1966, VI 63/64, BStBl III 1966, 489), sofern er nicht bei einem Hausverwaltungsunternehmen angestellt ist.

Ein Hausverwalter, der die für den Abschluss und die Beendigung der Mietverhältnisse erforderlichen Erklärungen abgibt, den Eingang der Mieten überwacht, Reparaturaufträge an Handwerker erteilt, jedoch bei allen Geschäftsvorfällen nach außen hin im Namen des Hausbesitzers handelt, wobei er diesem wöchentlich einmal Bericht zu erstatten hat, für seine Tätigkeit ein fest vereinbartes Arbeitsentgelt nebst Portokostenersatz erhält, unterliegt grundsätzlich als Arbeitnehmer der Versicherungspflicht; dem steht nicht entgegen, dass er seine Arbeiten in der eigenen Wohnung erledigt, an keine festen Arbeits- oder Bürozeiten gebunden ist und Telefon- und Fahrtkosten selbst zu tragen hat (BSG v. 18.11.1980, 12 RK 76/79, www.stotax-first.de).

Ist die Tätigkeit eines Hausverwalters und Hausmeisters ihrer Struktur nach so ausgelegt, dass der Beauftragte insbesondere angesichts des relativ geringen für die Ausübung der ihm übertragenen Tätigkeit benötigten Zeitaufwandes und auf Grund weitgehender Freiheiten bei der Konkretisierung der Arbeitszeiten in vergleichbarer Weise auch gegenüber zahlreichen weiteren Auftraggebern tätig werden könnte, dann stellt dies einen im Rahmen der gebotenen Gesamtabwägung für die Annahme einer selbständigen Tätigkeit sprechenden Gesichtspunkt dar (LSG Niedersachsen-Bremen v. 22.10.2014, L 2 R 258/14, www.stotax-first.de).

Hebamme/Entbindungspfleger: Eine Hebamme, die auf Grund eines sog. Beleghebammenvertrags in einem Krankenhaus tätig ist, steht in keinem Arbeitsverhältnis zu dem Krankenhaus (LAG Düsseldorf v. 3.9.2009, 11 Sa 608/09, www.stotax-first.de, Revision eingelegt, Az. beim BAG: 10 AZR 800/09).

Heimbetriebsleiter einer Kantine: Kein Arbeitnehmer (BAG v. 13.8.1980, 4 AZR 592/78, www.stotax-first.de).

Heimdienstfahrer (Getränkeauslieferung): Regelmäßig Arbeitnehmer (BSG v. 11.3.1970, 3 RK 25/67, www.stotax-first.de). Vgl. zur Abgrenzung auch BGH v. 21.10.1998, VIII ZB 54/97, www.stotax-first.de, betr. Tiefkühlverkäufer der Fa. Eismann.

Hofübergabe: Macht ein Stpfl. nachträglich für geleistete Dienste wegen fehlgeschlagener Vergütungserwartung (Hofübergabe) vor dem Arbeitsgericht mit Erfolg eine Vergütung geltend, begründet dies noch nicht die Feststellung, er sei auch im steuerlichen Sinne von Anfang an als Arbeitnehmer anzusehen (BFH v. 8.5.2008, VI R 50/05, BStBl II 2008, 868).

Honorarkräfte: Die Bezeichnung Honorarkraft sagt noch nichts über die sozialversicherungsrechtliche Beurteilung aus und stellt für sich kein Kriterium für die Annahme einer selbständigen Tätigkeit dar. Die Beurteilung ist im Wege der Gesamtbetrachtung vorzunehmen (s. ausführlich den o.g. Abgrenzungskatalog).

Hostessen: Arbeitnehmer, auch wenn sie diese Tätigkeit „als Nebentätigkeit" für ihren Arbeitgeber ausüben (BFH v. 7.11.2006, VI R 81/02, HFR 2007, 228). Im Urteilsfall waren mehrere Mitarbeiterinnen für ihren Arbeitgeber (ein Kreditinstitut) im Anschluss an die reguläre Arbeitszeit als Service- und Betreuungskräfte bei Veranstaltungen (Buchvorstellungen, Empfänge, Vorträge usw.) tätig und erhielten dafür eine besondere Vergütung.

Die als Hostess bei Messen, Tagungen, Kongressen und anderen Veranstaltungen eingesetzten Personen (typischerweise Studentinnen und Studenten) können Arbeitnehmer sein; maßgeblich ist auch bei solchen Tätigkeiten, in welchem Maße sie Weisungen der Kunden oder ihrer Repräsentanten hinsichtlich der Arbeitsausführung in zeitlicher und fachlicher Hinsicht unterliegen und ob diese Weisungen typisch für ein Arbeitsverhältnis sind (LSG Hessen v. 20.10.2005, L 8/14 KR 334/04, www.stotax-first.de, Arbeitsverhältnis bejaht).

Hotelmanager: Ein Hotelmanager ist als versicherungspflichtig Beschäftigter einzuordnen, wenn er nach dem Gesamtbild in die Arbeitsorganisation des Hotels eingegliedert und allein fremdbestimmt für die Zwecke des Hotelbesitzers tätig war und die Tätigkeiten nicht der unternehmerischen Betätigung im eigenen Betrieb dienten (SG Stuttgart v. 5.6.2013, S 4 R 6819/12, www.stotax-first.de).

Hygieneauditor: Die Tätigkeit eines Hygieneauditors wird sowohl abhängig als auch selbständig ausgeübt. Die Tätigkeit besteht u.a. in der Prüfung der Einhaltung von Hygienestandards der Lebensmittelbranche. Dabei werden in vertraglich vereinbarten Zeitabständen visuelle Hygienekontrollen in Einzelhandelsbetrieben und Lebensmittelhandelsketten durchgeführt. Der angefertigte Bericht wird mit dem jeweiligen Marktleiter durchgesprochen; entnommene Proben werden einem Labor zur Analysierung übersandt. Wird der Hygieneauditor bei den Kunden des Auftraggebers eingesetzt, um dessen vertragliche Verpflichtungen zu erfüllen, tritt er diesen gegenüber als dessen Mitarbeiter auf, ist in dessen Arbeitsorganisation eingegliedert und in dessen Arbeitsabläufe eingebunden, unterliegt er einem Weisungsrecht und erhält er eine pauschale Vergütung nach Rechnungstellung, so ist vom Vorliegen einer abhängigen Beschäftigung auszugehen. Einer solchen Annahme steht das Fehlen von Regelungen zu Ansprüchen auf Urlaubsentgelt oder Entgeltfortzahlung im Krankheitsfall nicht entgegen. Dies gilt erst recht, wenn er mangels eigener Zertifizierung auf die Aufträge seines Auftraggebers angewiesen ist und sich infolgedessen einen eigenen Kundenstamm nicht aufbauen kann (LSG Nordrhein-Westfalen v. 30.4.2014, L 8 R 376/12, www.stotax-first.de).

Informanden: Angestellte eines ausländischen Unternehmens, die sich zu Informationszwecken bei einer inländischen AG aufhalten, sind nicht Arbeitnehmer des inländischen Unternehmens, solange sie nicht weisungsgebunden oder in den geschäftlichen Organismus eingegliedert sind (FG Niedersachsen v. 14.3.1977, IX L 71/74, EFG 1978, 177).

Ingenieur: Ein an einer Technischen Abendschule wöchentlich zwei Stunden unterrichtender Ingenieur ist Arbeitnehmer, wenn tatsächlich ein Arbeitsverhältnis gewollt ist; vgl. BFH v. 4.12.1975, IV R 180/72, BStBl II 1976, 292 sowie H 19.2 (Nebenberufliche Lehrtätigkeit) LStH. Trotz anderslautender Vereinbarungen Arbeitnehmer, wenn der Ingenieur in den Betrieb des Auftraggebers eingegliedert ist und bei der Ausführung seiner Arbeitsleistung dessen Weisungen untersteht (FG Rheinland-Pfalz v. 7.3.1996, 4 K 1744/93, EFG 1997, 15).

Zur Frage des Vorliegens eines abhängigen Beschäftigungsverhältnisses eines Ingenieurs, welchem mittels Rahmenvertrag einzelne Auftragsprojekte von einem Ingenieurbüro zur selbständigen Ausführung übertragen wurden, s. LSG Rheinland-Pfalz v. 1.7.2004, L 5 KR 120/03, www.stotax-first.de.

Integrationshelfer: Unterliegt ein im Rahmen der Eingliederungshilfe nach § 35a SGB VIII als Integrationshelfer eingesetzter Diplom-Pädagoge keinerlei Weisungen des für ihn zuständigen Jugendhilfeträgers, nutzt er zur Ausübung seiner Tätigkeit nicht die Struktur des Jugendamtes, existieren keine Weisungen hinsichtlich der Arbeitszeit, sondern richten sich diese nach den Schulzeiten des zu betreuenden Kindes, erfolgt die Vergütung als freier Mitarbeiter nach einer pro Arbeitsstunde vereinbarten Vergütung und trägt der Integrationshelfer damit für den zu entschädigenden Umfang seiner Tätigkeit das unternehmerische Risiko, so ist nicht von einer abhängigen Beschäftigung, sondern von einer selbständigen Tätigkeit auszugehen (LSG Baden-Württemberg v. 27.3.2015, L 4 R 574/14, www.stotax-first.de).

Interviewer: S. „Erhebungsbeauftragte".

Jagdberater: Die ehrenamtlichen Jagdberater in Bayern sind selbständig tätig. Die Aufwandsentschädigungen bleiben nach § 3 Nr. 12 Satz 2 EStG i.V.m. R 3.12 Abs. 3 Satz Nr. 2 LStR i.H.v. einem Drittel der Aufwandsentschädigung, mindestens 200 €, monatlich steuerfrei (FinMin Bayern v. 7.1.2001, S 2337 – 146 – 175/02, www.stotax-first.de).

Arbeitnehmer-ABC

keine Sozialversicherungspflicht = Ⓢ︎Ⓥ︎
Sozialversicherungspflicht = Ⓢ︎Ⓥ︎

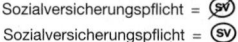

Journalist: Kann nach den Umständen des Einzelfalls selbständig oder nichtselbständig sein: Für selbständige Tätigkeit sprechen mehrere Auftraggeber, Tätigkeit im eigenen Büro, Vergütung nach Art und Umfang des Beitrags. Für nichtselbständige Tätigkeit sprechen feste Arbeitszeit, ein Arbeitsplatz beim Arbeitgeber und eine feste Vergütung. Ein Journalist kann gleichzeitig mehrere Tätigkeiten ausüben, d.h. in einem Auftragsverhältnis nichtselbständig und in einem anderen selbständig tätig sein. Das Bestreben einer Journalistin, das Ergebnis ihrer Arbeit ohne Verlust ihrer Verwertungsrechte an einen Zeitungsverlag zu verkaufen, spricht gegen das Bestehen eines Arbeitsverhältnisses (LAG Bremen v. 18.1.2012, 2 Sa 39/11, www.stotax-first.de, Revision eingelegt, Az. beim BAG: 10 AZR 549/12).

Wird eine Journalistin nur auf Grund von zeitlich befristeten Rahmenvereinbarungen über einen längeren Zeitraum in der Weise beschäftigt, dass nach den geschlossenen Verträgen keine Verpflichtung zur Erteilung bzw. Annahme einzelner Aufträge besteht, kann gleichwohl nach den Umständen des konkreten Einzelfalles eine nichtselbständige Tätigkeit vorliegen, die nicht der Umsatzsteuer unterliegt (FG Hamburg v. 2.8.2013, 5 K 52/10, EFG 2013, 1967).

Jugendbetreuer in Freizeiteinrichtungen: Kein Arbeitnehmer, wenn er über Art und zeitliche Lage seiner Tätigkeit entsprechend den Wünschen der betreuten Jugendlichen und seinen eigenen Neigungen mitbestimmen kann (BAG v. 9.5.1984, 5 AZR 195/82, www.stotax-first.de).

Kameraassistent: Regelmäßig Arbeitnehmer (BAG v. 22.4.1998, 5 AZR 2/97, www.stotax-first.de).

Kantinenpächter. Bei einem formal gestalteten Pachtverhältnis können die dem Pächter auferlegten Pflichten einen so hohen Grad der persönlichen Abhängigkeit vom Verpächter begründen, dass das Vertragsverhältnis als Arbeitsverhältnis angesehen werden muss (hier verneint). Voraussetzung hierfür ist, dass die Pflichten des Pächters gegenüber dem Verpächter eine Dienstleistung enthalten. Ist dies der Fall, ist für die Abgrenzung eines Arbeitsverhältnisses von einem Pachtverhältnis ebenso wie bei der Abgrenzung eines Arbeitsverhältnisses von einem freien Dienstverhältnis der Grad der persönlichen Abhängigkeit maßgebend, in der sich der zur Dienstleistung jeweils Verpflichtete befindet (LAG Schleswig-Holstein v. 18.12.2003, 1 Ta 210/03, www.stotax-first.de).

Kassierer: Hauptberuflich tätige Kassierer, z.B. in Supermärkten, Kaufhäusern usw., sind im Regelfall Arbeitnehmer. **Nebenberufliche Kassierer** können je nach den Umständen des Einzelfalls Arbeitnehmer oder Gewerbetreibende sein, sofern nicht nur „reiner Aufwandsersatz" gezahlt wird (→ Rz. 175). Ein als sog. Haus- und Platzkassierer tätiges Vereinsmitglied wurde als Arbeitnehmer angesehen, obwohl die Einnahmen damals lediglich 299 DM bzw. 570 DM im Jahr betragen hatten (Urteil v. 25.10.1957, VI 143/56 U, BStBl III 1958, 15). Ein für lediglich 47 DM im Jahr tätiger Betriebskassierer der Gewerkschaft wurde dagegen nicht als Arbeitnehmer angesehen (Urteil v. 7.10.1954, IV 127/53 U, BStBl III 1954, 374); ebenfalls nicht die sog. Heber an einer Ersatzkasse (Urteil v. 24.11.1961, VI 208/61 U, BStBl III 1962, 125). Nebenberufliche Beitragskassierer von Versicherungsunternehmen werden ebenfalls nicht als Arbeitnehmer tätig. Die Vergütungen können daher nur im Rahmen einer Einkommensteuerveranlagung erfasst werden, die Betriebsausgaben müssen einzeln nachgewiesen werden. Eine Pauschalierung mit 25 % der Einnahmen, höchstens 614 € im Jahr, ist nicht zulässig (FinMin Niedersachsen v. 30.11.1978, S 2144 – 60 – 31 1, BB 1979, 504).

Katecheten: Arbeitnehmer der Schulträger (BFH v. 13.11.1987, VI R 154/84, www.stotax-first.de) oder der Kirche (LAG Niedersachsen v. 12.7.1985, 9 Sa 75/84, www.stotax-first.de).

Kellner: Kellner werden ebenso wie Aushilfskellner regelmäßig als Arbeitnehmer tätig (BFH v. 24.11.1961, VI 183/59 S, BStBl III 1962, 37). Dies gilt selbst dann, wenn der Arbeitslohn in einer Umsatzprovision besteht. Für die Annahme einer selbständigen Tätigkeit fehlt es an dem Unternehmerrisiko. Es besteht lediglich ein gewisses Vergütungsrisiko, das aber für Arbeitnehmer in der Gastronomie berufstypisch ist.

Hält ein gastronomischer Unternehmer fest angestelltes Stammpersonal und bedient er sich darüber hinaus aus einem Pool der ihm zur Verfügung stehenden Kellner und Barkeeper nach dem jeweiligen Bedarf, so folgt aus der fehlenden festen Anstellung dieser letztgenannten Mitarbeiter nicht, dass es sich bei diesen um selbständige Unternehmer handelt. Allein daraus, dass nur ein Beschäftigungsverhältnis je nach Bedarf abgehandelt wird, ergibt sich keine andere Wertung, weil sie vollständig in die Arbeitsorganisation des Gastronomiebetriebes eingegliedert sind (SG Sachsen-Anhalt v. 1.12.2010, L 1 R 213/10 B ER, www.stotax-first.de).

Freiwillige Trinkgelder sind bei Arbeitnehmern seit 1.1.2002 in voller Höhe nach § 3 Nr. 51 EStG steuerfrei (→ *Trinkgelder* Rz. 2886).

Kinderbetreuung: Ist ein Anbieter als Träger für die Durchführung von Integrationskursen für Ausländer und Spätaussiedler vom Bundesamt für Migration und Flüchtlinge zugelassen und bedient er sich in diesem Rahmen zur Betreuung von Kleinkindern gegen einen Stundensatz Betreuungspersonen, sind diese bei ihren Betreuungseinsätzen an feste Orte und Zeiten gebunden und haben sie ein unternehmerisches Risiko erkennbar nicht zu tragen, so liegt bei diesen eine abhängige Beschäftigung und keine selbständige Tätigkeit vor (SG Aachen v. 14.10.2014, S 13 R 819/13, www.stotax-first.de).

Eine Person, die in einer festgelegten Zeit Kinder des Auftraggebers im Rahmen eines Pflegevertrags in dessen Haushalt gegen ein festes Entgelt betreut und hinsichtlich der inhaltlichen Ausgestaltung der Betreuung den Weisungen des Auftraggebers unterliegt, ist abhängig beschäftigt. Unbeachtlich ist dabei, wenn die Höhe der Vergütung nicht mit dem Auftraggeber vereinbart ist, sondern von der kommunalen Jugendhilfe gezahlt wird. Das Fehlen eines vertraglichen Vergütungsanspruchs im Urlaubs- oder Krankheitsfall stellt dabei kein Indiz für eine Selbständigkeit der Betreuungsperson dar (SG Aachen v. 26.3.2014, S 8 R 207/13, www.stotax-first.de).

Kirchenorganisten: Personen, die nebenberuflich als Organist oder Organistin in Kirchengemeinden bei Gottesdiensten oder anderen Veranstaltungen tätig sind, stehen in einem abhängigen Beschäftigungsverhältnis zur Kirchengemeinde. Bei ihrem Einsatz sind sie den Vorgaben der Gottesdienstordnung, die der Gemeinde zuzurechnen und keine Kraft der Natur der Sache vorgegebene Ordnung ist, unterworfen. S. ausführlich den o.g. Abgrenzungskatalog.

Kistensortierer: Bei einfachen Handarbeiten, bei denen der Beschäftigte kaum eine eigene Initiative entfalten kann, ist in der Regel von seiner Weisungsgebundenheit auszugehen (FG Rheinland-Pfalz v. 23.8.1994, 2 K 1447/92, www.stotax-first.de).

Koch: Die Tätigkeit eines Mietkochs im Auftrag einer Catering-Firma ist als abhängige Beschäftigung zu qualifizieren, wenn der Mietkoch nicht selbst die Durchführung der Veranstaltung plant und organisiert, sondern in einem zeitlich, örtlich sowie inhaltlich vorgegebenen und vorbereiteten Rahmen lediglich die reine Arbeitsleistung erbringt (SG Oldenburg (Oldenburg) v. 14.1.2015, S 51 R 69/12, www.stotax-first.de). Ebenso SG Karlsruhe v. 10.4.2015, S 13 R 2434/14, www.stotax-first.de, betr. einen aushilfsweise tätigen Koch.

Die arbeitsteilige Tätigkeit eines Kochs kann in aller Regel allenfalls dann selbständig ausgeübt werden, wenn er selbst Inhaber des Restaurants oder Catering-Unternehmens ist (LSG Berlin-Brandenburg v. 20.11.2013, L 9 KR 152/11, www.stotax-first.de).

Keine versicherungspflichtige Beschäftigung liegt bei einem Koch vor, der zugleich atypischer (stiller) Gesellschafter ist (SG Schleswig v. 15.8.2000, S 2 KR 14/00, www.stotax-first.de).

Kommissionär: In der Regel selbständiger Gewerbetreibender. Ein Arbeitsverhältnis liegt jedoch vor, wenn Vereinbarungen getroffen und praktiziert werden, die zur Folge haben, dass der betreffende Kommissionär nicht mehr im Wesentlichen frei seine Tätigkeit gestalten und seine Arbeitszeit bestimmen kann. Die bloße Berechtigung, die vertraglich geschuldete Leistung durch Dritte erbringen zu lassen, schließt ein Arbeitsverhältnis nicht von vornherein aus, wenn die Leistungserbringung durch einen Dritten eine seltene Ausnahme darstellt, die das Gesamtbild der Tätigkeit nicht nennenswert verändert (BAG v. 4.12.2002, 5 AZR 667/01, www.stotax-first.de).

Kopfschlächter: Arbeitnehmer, wenn sie – wie dies regelmäßig der Fall ist – eine „Fließbandarbeit" verrichten und nach Tarifverträgen tariflich entlohnt werden (FG Düsseldorf v. 26.11.2001, 16 K 1370/98 E, EFG 2002, 187 und zuletzt OFD Magdeburg v. 26.8.2005, S 2331 – 25 – St 226, www.stotax-first.de, aktualisiert nach dem Stand 28.5.2014).

Eine einheitliche Rechtsprechung gibt es nicht: Das FG Düsseldorf hat die Unternehmereigenschaft – und damit die Selbständigkeit – eines Kopfschlächters anerkannt (Urteil v. 13.3.1996, 16 K 148/89, durch BFH v. 30.1.1997, V B 70/96, www.stotax-first.de, bestätigt). Ebenso ArbG Passau v. 13.3.1998, 4e Ca 906/97 E, www.stotax-first.de. Ein Stpfl., der als Fleischzerleger und Ausbeiner für verschiedene Zerlegebetriebe tätig wird, kann Unternehmer im umsatzsteuerrechtlichen Sinne sein, wenn er nach außen hin als Unternehmer auftritt und im Innenverhältnis zu den jeweiligen Auftraggebern Unternehmerinitiative und Unternehmerrisiko entfaltet. Das Tätigwerden des Stpfl. auch im Rahmen einer Kolonne schließt nicht zwingend seine Selbständigkeit aus (FG Sachsen v. 14.7.2004, 7 K 2385/01, www.stotax-first.de).

Bei der Sozialversicherung werden sog. **Ausbeiner** ebenfalls als Arbeitnehmer angesehen (BSG v. 4.6.1998, B 12 KR 5/97 R, www.stotax-first.de). Vgl. ausführlich den o.g. Abgrenzungskatalog.

Korrekturleserin: Arbeitnehmerin, da sie vollständig in die betriebliche Organisation des Verlags eingeliedert und damit vollständig fremdbestimmt beschäftigt war. Sie hatte die bearbeiteten Manuskripte von dem Zeitpunkt an, wo sie für ihre Tätigkeit bereit lagen, zu bearbeiten, sich an einen Endtermin zu halten, um die Produktion der Zeitung nicht zu gefährden, und war auf Grund einer ausdrücklichen Anweisung des Verlags auch verpflichtet, die Korrekturarbeiten im Betrieb des Verlags an einem dort für sie bereit gestellten Arbeitsplatz auszuführen (LAG Rheinland-Pfalz v. 12.3.2015, 3 Sa 437/14, www.stotax-first.de).

Kraftfahrer: Es kommt immer auf die Gesamtumstände des einzelnen Falles an (vgl. den o.g. Abgrenzungskatalog, Stichwort „Frachtführer/Unterfrachtführer", m.w.N.):

a) Arbeitnehmereigenschaft bejaht wurde z.B. bei

– einem „Frachtführer"; die Erledigung von Fahraufträgen kann nur dann als unternehmerische Tätigkeit angesehen werden, wenn die wesentliche Leistung des Auftragnehmers nicht in der Verwertung seiner Arbeitskraft gegenüber dem Arbeitgeber besteht, sondern dieser (als selbständiger Frachtführer) bereits ein eigenes Unternehmen mit eigenem Fuhrpark besitzt und für mehrere Auftraggeber tätig wird. Zudem darf der Fahrer nicht so zeitlich an den Auftraggeber gebunden sein, dass ein weiteres Anbieten seiner Dienstleistung am Markt nicht möglich ist (FG Hessen v. 26.2.1999, 6 V 5947/98, www.stotax-first.de),

– als „Selbständige Gewerbetreibende" bezeichneten und ein Gewerbe angemeldeten Kraftfahrern, wenn sie unter Berücksichtigung der Umstände des Einzelfalles tatsächlich unselbständig tätig sind; die Bezeichnung der zur Arbeitsleistung gegen ein nach der Dauer der Tätigkeit bestimmtes Entgelt und nicht zur Herbeiführung eines festgelegten Arbeitserfolges verpflichteten Kraftfahrer als „Subunternehmer" vermag an deren steuerrechtlicher Einstufung als Arbeitnehmer nichts zu ändern (FG Hamburg v. 16.3.1983, II 355/81, EFG 1984, 47),

– mit Subunternehmervertrag beauftragten Auslieferungsfahrern, denen die Auslieferungsrouten vorgegeben sind, die über kein wesentliches Anlagevermögen verfügen, weil die Fahrzeuge und Werkzeuge gestellt werden und denen eine Mindestauftragsmenge garantiert wird, selbst wenn im Krankheits- und Urlaubsfall kein Lohnfortzahlungsanspruch besteht und die Gefahr der Verschlechterung oder des Untergangs der transportierten Gegenstände bei deren Übernahme auf den Auftragnehmer übergeht (FG Hessen v. 28.10.2004, 6 K 1405/99, EFG 2005, 573),

– einem Auslieferungsfahrer als Nebentätigkeit, selbst wenn er stets aufs Neue seine Entschließungsfreiheit betätigen kann, einen weiteren Auftrag anzunehmen und damit eine weitere Vertragsbeziehung zu begründen oder nicht (LSG Niedersachsen-Bremen v. 28.1.2015, L 2 R 67/13, www.stotax-first.de),

– einem „freiberuflichen" Kraftfahrer, der im Auftrag eines Unternehmens Windbruch- bzw. Windwurfholzes abtransportiert (LSG Nordrhein-Westfalen v. 12.3.2014, L 8 R 431/11),

– einem Lastkraftwagenfahrer, der im Auftrag eines Dritten bei Bedarf Sonderfahrten oder Fahrten zur Vertretung in Krankheits- oder Urlaubsfällen ohne eigenen Lastkraftwagen und ohne eigene Güterkraftverkehrsgenehmigung verrichtet, wenn sich die Tätigkeit von einer vergleichbaren Arbeitnehmertätigkeit nicht wesentlich unterscheidet und keine besonderen, auf ein Unternehmerrisiko hinweisenden Umstände im Einzelfall erkennbar sind (LSG Sachsen v. 4.3.2014, L 5 R 425/12, www.stotax-first.de),

– einem Lkw-Fahrer ohne eigenen Lkw, der nur seine Arbeitskraft zur Verfügung stellt; die Vereinbarung eines festen Stundenlohns entspricht der typischen Entlohnung eines abhängig Beschäftigten (zuletzt LSG Baden-Württemberg v. 18.7.2013, L 11 R 1083/12, www.stotax-first.de),

– einem Frachtführer im Güternahverkehr, wenn er bei einem Auftraggeber von morgens 6:00 Uhr bis abends 18:00 Uhr tätig ist und damit die vertraglich eingeräumte Möglichkeit, Transporte auch für weitere eigene Kunden auf eigene Rechnung durchzuführen, nur eine theoretische ist, weil dieses vorausgesetzt hätte, dass dem Stpfl. während seiner Tour oder danach genügend Zeit für solche Transporte verblieben wäre (LSG Baden-Württemberg v. 24.3.2009, L 11 R 3849/05, www.stotax-first.de),

– einem Fuhrleistungen erbringenden Kraftfahrer, der ein Gewerbe zur Führung von Güterkraftverkehrsgeschäften angemeldet hat und als Subunternehmer Transporte für Betonwerke übernimmt, wenn er seine Tätigkeit faktisch in enger persönlicher Abhängigkeit von Auftraggeber ausübt und sich die praktizierte Vertragsgestaltung, wonach der Auftraggeber in seinem Eigentum stehende Fahrzeuge an diesen vermietet, lediglich als Gestaltungsmittel darstellt, um Leistungen, die sich nur im Rahmen einer engen Einbindung in die Betriebsorganisation sinnvoll erbracht werden können, als im Rahmen einer selbständigen Tätigkeit geleistet erscheinen zu lassen (LSG Baden-Württemberg v. 14.10.2005, L 4 KR 2083/03, www.stotax-first.de),

– einem Transport-Unternehmer, auch wenn er angeblich selbständig ist und ein Gewerbe angemeldet hat, wenn die vertraglichen Bindungen (die Fahrzeuge weisen die Farben und das Logo der Firma auf, die Transporteure tragen Firmenkleidung, sie müssen jeden Morgen um 6 Uhr zur Übernahme der Transportaufträge erscheinen) die üblichen Bindungen eines Frachtführers gegenüber dem Spediteur derart übersteigen, dass ein für ein Arbeitsverhältnis hinreichender Grad persönlicher Abhängigkeit vorliegt (BAG v. 19.11.1997, 5 AZR 653/96, www.stotax-first.de, sowie LSG Hessen v. 19.10.2006, L 8/14 KR 1188/03, www.stotax-first.de),

– Personen, die im Bereich medizinischer Labordiagnostik Transporte durchführen (BSG v. 22.6.2005, B 12 KR 28/03 R, www.stotax-first.de),

– einem LKW-Fahrer, der in einer Dauerrechtsbeziehung zu dem auftraggebenden Unternehmen steht, in dessen Organisation eingegliedert ist, den Weisungen des Betriebs unterliegt, vereinbarte Vergütung pro Arbeitsstunde erhält und ein unternehmerisches Risiko nicht zu tragen hat; dies gilt auch dann, wenn er in Ausnahmefällen berechtigt ist, einen einzelnen Transportauftrag abzulehnen. Das Fehlen von Ansprüchen auf Entgeltfortzahlung im Krankheitsfall und auf Urlaub rechtfertigt nicht die Annahme eines unternehmerischen Risikos (LSG Nordrhein-Westfalen v. 22.4.2015, L 8 R 680/12, www.stotax-first.de),

– Fahrer eines gepanzerten Sicherheitstransporters, wenn sich seine Tätigkeit in keiner Weise von denen der angestellten Arbeitnehmer des Unternehmens unterscheidet und er wie diese in den fremdbestimmten Ablauf eingebunden ist (LSG Schleswig-Holstein v. 7.9.2015, L 5 KR 147/15 B ER, www.stotax-first.de).

b) Arbeitnehmereigenschaft verneint wurde z.B. bei

– einer Transportfahrerin, die bei ihrer Arbeit bestimmte Zeiten einhalten muss, ihr Fahrzeug selbst und nach eigenen Vorstellungen beladen kann, keiner Kontrolle durch den Auftraggeber unterliegt, ihre Arbeit an Erfüllungsgehilfen delegieren kann, für ihre Transporte ein eigenes Kraftfahrzeug benutzen muss, im Falle des Ausfalls für die Kosten eines Ersatzfahrers aufkommen und Vertragsstrafen bei Nichterfüllung zahlen muss (LSG Niedersachsen-Bremen v. 10.7.2007, L 4 KR 175/03, www.stotax-first.de),

– einem sog. Ringtourenfahrer (Kleinfuhrunternehmer), der für einen Verlag mit eigenem Fahrzeug Zeitungen an Einzelhändler weitertransportierte. Er schuldete einen bestimmten Erfolg, erhielt einen festen Betrag für jede Tour, hatte keinen Urlaubsanspruch, musste im Verhinderungsfall für Ersatz sorgen, haftete selbst für während der Fahrt auftretende Schäden und eine Kündigung des Beförderungsvertrags war jederzeit möglich (BSG v. 27.11.1980, S 67 U 168/75, www.stotax-first.de),

– einem Lkw-Fahrer, der auf Grund eines „Beschäftigungsvertrags" für ein Speditionsunternehmen tätig ist und somit zwar in weitgehendem Umfang den Weisungen des Speditionsunternehmens unterliegt, wenn ihm jedoch durch den Vertrag gestattet und dies auch praktisch möglich ist, den Lkw durch einen angestellten Fahrer führen zu lassen (BGH v. 4.11.1998, VIII ZB 12/98, www.stotax-first.de),

– einem Frachtführer, der nur für einen Auftraggeber fährt, wenn weder Dauer noch Beginn und Ende der täglichen Arbeitszeit vorgeschrieben sind und er die – nicht nur theoretische – Möglichkeit hat, auch Transporte für eigene Kunden auf eigene Rechnung durchzuführen. Ob diese Möglichkeit tatsächlich nutzt, ist nicht entscheidend (BAG v. 30.9.1998, 5 AZR 563/97, www.stotax-first.de; s. auch LAG Niedersachsen v. 26.1.1999, 7 Sa 1192/98, www.stotax-first.de).

Der Frachtführer i.S.d. § 425 HGB übt ein selbständiges Gewerbe aus. Das gilt auch dann, wenn er als Einzelperson ohne weitere Mitarbeiter nur für einen Spediteur tätig ist und beim Transport ein mit den Farben und dem Firmenzeichen des Spediteurs ausgestattetes eigenes Fahrzeug einsetzt. Wird die Tätigkeit des Transporteurs stärker eingeschränkt, als es auf Grund gesetzlicher Regelungen oder wegen versicherungsrechtlicher Obliegenheiten geboten ist, so kann das Rechtsverhältnis als ein Arbeitsverhältnis anzusehen sein (BSG v. 11.3.2009, B 12 KR 21/07 R, www.stotax-first.de).

Kann er jedoch die geschuldete Leistung durch Dritte erbringen lassen, z.B. durch Einstellung eines Fahrers, ist er selbständig tätig; vgl. dazu ausführlich BGH v. 4.11.1998, VIII ZB 12/98, www.stotax-first.de, betr. Selbständigkeit eines Frachtführers und Beschluss v. 21.10.1998, VIII ZB 54/97, www.stotax-first.de, betr. Arbeitnehmereigenschaft eines Verkaufsfahrers der Fa. Eismann.

Kranführer: Die Tätigkeit eines Kranführers, der durch ein Unternehmen gegen eine feste Stundenvergütung jeweils auf Baustellen vermittelt und dort auf Veranlassung der dortigen Entscheidungsträger auf vorhandenen Kränen eingesetzt wird, stellt regelmäßig eine sozialversicherungspflichtige abhängige Beschäftigung dar. Dabei verweist auch allein der Abschluss einer Betriebshaftpflichtversicherung durch den Kranführer nicht auf eine eigenverantwortliche selbständige Tätigkeit (LSG Nordrhein-Westfalen v. 9.1.2013, L 8 R 406/12 B ER, www.stotax-first.de).

Krankengymnast: Kann sowohl selbständig als auch bei Beschäftigung in Krankenhäusern nichtselbständig tätig sein. Krankengymnasten mit eigener Praxis benötigen für die Versorgung von Versicherten der gesetzlichen Krankenversicherung eine besondere Zulassung von den Krankenversicherungsträgern. Diese Krankengymnasten sind selbständig tätig. Ein ohne eigene Kassenzulassung in einer Kollegenpraxis tätiger Krankengymnast steht nicht in einem abhängigen Beschäftigungsverhältnis, wenn er entsprechend den vertraglichen Abmachungen und deren tatsächlicher Abwicklung in seiner Berufsausübung weitestgehend frei ist, selbst Patienten annehmen und seine Arbeitszeiten nach eigenem Ermessen einteilen kann und als Vergütung eine Umsatzbeteiligung von 70 % des auf seine Leistungen beruhenden Umsatzes erhält (BSG v. 14.9.1989, 12 RK 64/87 und 12 RK 2/88, www.stotax-first.de). Diese Rechtsprechung hat über die entschiedenen Einzelfälle hinaus keine Bedeutung (vgl. ausführlich Abgrenzungskatalog, Stichwort „Physiotherapeuten, Krankengymnasten"). Ein selbständiger Krankengymnast ist jedoch in der Rentenversicherung versicherungspflichtig, wenn er keine versicherungspflichtigen Angestellten in seinem Betrieb beschäftigt (BSG v. 30.1.1997, 12 RK 31/96, www.stotax-first.de). Die Versicherung wird von der Bundesversicherungsanstalt für Angestellte durchgeführt. Die Beiträge sind direkt an den Rentenversicherungsträger zu zahlen.

Eine Krankengymnastin, die in einer Krankengymnastikpraxis als freie Mitarbeiterin tätig ist, ist selbständig, wenn sie in ihrer Berufsausübung weitestgehend frei ist, Patienten selbst annimmt, ihre Arbeitszeiten nach eigenem Ermessen einteilt und auf eigenes Risiko arbeitet (LSG Saarland v. 26.1.2006, L 1 RJ 11/03, www.stotax-first.de).

Arbeitnehmer-ABC

keine Sozialversicherungspflicht = (SV durchgestrichen)
Sozialversicherungspflicht = (SV)

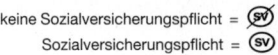

S. auch „Physiotherapeut".

Kreisjägermeister: Der (ehrenamtliche) Kreisjägermeister, der in Niedersachsen auf Vorschlag der Organisation der Jäger von der Vertretung des Landkreises oder der kreisfreien Stadt für die Dauer von deren Wahlperiode gewählt wird, berät jagdlich die Jagdbehörde, sorgt für die Beachtung der allgemein anerkannten Grundsätze deutscher Waidgerechtigkeit und für die Durchführung der Hege, gleichzeitig ist er Vorsitzender der Prüfungskommission für die Jägerprüfung. Die Tätigkeit eines Kreisjägermeisters, die sich im Allgemeinen in einer nur beratenden Tätigkeit erschöpft, ist hiernach nicht als nichtselbständige Arbeit i.S.d. § 19 EStG anzusehen (OFD Magdeburg v. 29.4.2010, S 2337 – 108 – St 225, www.stotax-first.de).

Kükensortierer: Sog. Kükensortierer, die bei den frisch geschlüpften Eintagsküken eine Geschlechtsbestimmung vornehmen, können auch dann als Arbeitnehmer angesehen werden, wenn sie sich zur Ausübung ihrer beruflichen Tätigkeit als Kommanditisten zu einer Kommanditgesellschaft und zu einer die Aufgaben der Komplementärin wahrnehmenden GmbH zusammengeschlossen haben (LSG Niedersachsen-Bremen v. 25.9.2013, L 2 R 597/10, www.stotax-first.de).

Kundenberaterin: Eine auf „Honorarbasis" tätige Kundenschulungsbeauftragte, die Kunden an den von der Firma verkauften Maschinen (Faxgeräte, Fotokopierer) schult, ist Arbeitnehmerin; die Firma hatte exakte Weisungen gegeben, wann und wie sie die Kundenschulung zu betreiben hatte (BAG v. 6.5.1998, 5 AZR 247/97, www.stotax-first.de).

Kunstmaler: Ein Kunstmaler, der selbst bestimmen kann, wann und wo er malt, welche Themen er behandelt und seine Bilder nicht auf Einzelweisung hin anfertigen muss, übt keine abhängige Beschäftigung aus (BSG v. 29.11.1988, 11/7 RAr 89/87, www.stotax-first.de).

Kunsttherapeutin: Eine „Kunsttherapeutin", die u.a. zwar im Einsatz kreativer Medien bei der Diagnose und Therapie von seelischen Störungen von in einer Facharztpraxis für Psychiatrie und Psychotherapie behandelten Kinder frei ist, die einzusetzenden Medien selbst beschafft und deren persönliche Fähigkeiten im Umgang mit den Patienten in nicht unerheblichem Maße zum Erfolg der Sitzungen beiträgt, jedoch hinsichtlich der Tätigkeit durch den behandelnden Arzt umfassend überwacht wird, hinsichtlich der Testverfahren keinen Gestaltungsspielraum hat, da der Arzt den Test vorgibt und für dessen Auswertung zuständig ist, ist nicht selbständig tätig (FG Hessen v. 19.10.2009, 6 K 3138/06, www.stotax-first.de).

Kurierdienstfahrer: Es kommt immer auf die Gesamtumstände des einzelnen Falles an:

a) Arbeitnehmereigenschaft bejaht wurde z.B. bei

– Fahrern („Subunternehmer") für Kleintransporte und Kurierdienste, wenn sie im Rahmen ihrer Tätigkeit weder Unternehmerinitiative entfalten noch Unternehmerrisiko tragen können, weil sie die Fahrstrecken nach einem vorgegebenen Einsatzplan fahren, über keine eigenen Fahrzeuge verfügen und sämtliche Kosten vom Auftraggeber getragen werden (FG Köln v. 18.10.2007, 10 K 6376/03, EFG 2008, 415 sowie FG München v. 14.1.2010, 14 V 2234/09, www.stotax-first.de),

– Fahrern für Kurierdienste und Kleintransporte; für das Bestehen einer abhängigen Beschäftigung spricht bei der Ausübung eines Gewerbes mit Tätigkeiten des Kurierdienstes und von Kleintransporten, wenn der Beauftragte auf Abruf für den Auftraggeber tätig ist und er dabei keine unternehmerischen Freiheiten in Bezug auf Dauer und Verteilung der Arbeitszeit besitzt, vom Auftraggeber kostenlos das Transportfahrzeug zur Verfügung gestellt wird, er Weisungen hinsichtlich Art, Ort, Dauer und Zeit der Arbeitsausführung unterliegt und eigenes Kapital nicht einzusetzen hat (LSG Nordrhein-Westfalen v. 12.3.2014, L 8 R 22/12, www.stotax-first.de),

– einem Kurierfahrer/Zusteller trotz der Vereinbarung einer Tätigkeit als freier Sub-Subunternehmer, wenn er unter anderem durch einzuhaltende detaillierte Vorgaben des Qualitätshandbuchs des Auftraggebers in die Arbeitsorganisation des Subunternehmers eingebunden ist (LSG Berlin-Brandenburg v. 17.1.2014, L 1 KR 358/12, www.stotax-first.de),

– einem Kurierdienstfahrer, der Apotheken und Krankenhäuser mit Medikamenten beliefert, wenn er faktisch ein festes Mindestgehalt erhält, nur für einen Auftraggeber tätig ist und keine anderweitigen Aufträge übernimmt und kein Unternehmerrisiko trägt (LSG Schleswig-Holstein v. 20.11.2001, L 1 KR 42/01, www.stotax-first.de).

b) Arbeitnehmereigenschaft verneint wurde z.B. bei

– einem Zusteller oder Kurierdienstfahrer, wenn es ihm freigestellt ist, seine gegenüber dem Auftraggeber bestehenden Verpflichtungen auch durch von ihm eingesetzte Mitarbeiter zu erfüllen, er eine pauschale Vergütung unabhängig davon erhält, wie umfangreich die zu leistende Arbeit am jeweiligen Tag ausfällt, der Auftraggeber die Mehrwertsteuer zahlt, die der Kurierfahrer als umsatzsteuerpflichtige Einnahme verbucht, er unter Beachtung von Qualitätsvorgaben seine Zeit selbst einteilen kann und er für weitere Auftraggeber tätig werden kann. Dies gilt erst recht, wenn er für die Zusteller- und Kurierdiensttätigkeit ein eigens angeschafftes Kraftfahrzeug einsetzt und das volle Risiko eines Ausfalls des Fahrzeugs oder seiner eigenen Person im Krankheitsfall trägt (SG Aachen v. 10.6.2014, S 13 R 73/14, www.stotax-first.de),

– einem Kurierdienstfahrer, der allein entscheidet, ob, wann und in welchem Umfang er tätig werden will, und für ausgeführte Frachtaufträge das volle vom Auftraggeber zu leistende Entgelt erhält (BAG v. 27.6.2001, 5 AZR 561/99, www.stotax-first.de).

Kursleiter: Der Leiter eines von der Kommune angebotenen Computerkurses bzw. eines Kurses Werken mit Holz, der direkt in den Betrieb einer kommunalen Jugendfreizeiteinrichtung eingebunden ist, deren Aufsicht unterliegt, an deren Arbeitsort gebunden ist und ausschließlich Räumlichkeiten sowie Material nutzt, welche ihm von der Einrichtung zur Verfügung gestellt werden, übt eine abhängige Beschäftigung aus. Dies gilt erst recht dann, wenn er hierbei kein unternehmerisches Risiko zu tragen hat, die Höhe seiner Vergütung sich nach Stundensätzen bemisst und er eigenes Kapital bei seiner Tätigkeit nicht einsetzt. Sind solche Umstände gegeben, so ist eine fehlende Lohnfortzahlung im Krankheitsfall ein Indiz für ein bestehendes unternehmerisches Risiko (LSG Berlin-Brandenburg v. 9.7.2014, L 9 KR 513/12, www.stotax-first.de). Ebenso LSG Berlin-Brandenburg v. 9.7.2014, L 9 KR 512/12, www.stotax-first.de, für den Mitarbeiter in einer kommunalen Jugendfreizeiteinrichtung, der für Jugendliche Musikveranstaltungen organisiert.

Bei der Frage, ob die Tätigkeit einer Hausfrau, die im Rahmen der städtischen Jugendhilfe oder eines Jugendbildungswerkes Koch- und Bastelkurse leitet, eine abhängige Beschäftigung oder eine selbständige Tätigkeit ist, kommt es entscheidend darauf an, inwieweit während der Durchführung der Aufgabe von Seiten der die Arbeit vergebenden Person Einfluss auf Ort, Zeit und Durchführung genommen werden kann. Die Ehrenamtlichkeit einer dem allgemeinen Erwerbsleben zugänglichen Tätigkeit schließt die Begründung eines abhängigen Beschäftigungsverhältnisses nicht aus (BSG v. 1.2.1979, 12 RK 7/77, www.stotax-first.de).

Lehrbeauftragte: Keine Arbeitnehmer (BFH v. 17.7.1958, IV 101/56 U, BStBl III 1958, 360).

Lehrer: Vollzeit- und teilzeitbeschäftigte Lehrer, die hauptberuflich an allgemein- und berufsbildenden Schulen tätig sind, sind Arbeitnehmer. Dies gilt selbst für die im Rahmen eines Lehrauftrags mit 13 Wochenstunden oder weniger beschäftigten Personen (BAG v. 14.1.1982, 2 AZR 254/81, www.stotax-first.de). Zu nebenberuflich tätigen Lehrern und der Unterscheidung zwischen nichtselbständiger und selbständiger Tätigkeit s. → *Nebenberufliche Lehr- und Prüfungstätigkeit* Rz. 2113. Lehrer, die Privatstunden bei mehreren Auftraggebern oder außerhalb ihrer haupt- oder nebenamtlichen Lehrtätigkeit Nachhilfeunterricht erteilen, sind keine Arbeitnehmer (vgl. LAG Schleswig-Holstein v. 13.11.2013, 6 Sa 370/12, www.stotax-first.de). Dies gilt auch für Lehrer, die ausländischen Schülern bei den Hausaufgaben helfen (FinMin Niedersachsen v. 1.10.1987, S 2332 – 113 – 35 1, Lohnsteuerkartei OFD Hannover § 19 Fach 1 Nr. 28).

Unterliegt eine für eine kommunale Musikschule tätige Diplomballettpädagogin bei ihrer Tätigkeit wesentlichen Leistungspflichten, hat sie bei der Planung und Durchführung von Musikschulveranstaltungen mitzuwirken, ist sie in die organisatorische Struktur der Musikschule in erheblichem Umfang eingegliedert, ist sie an einen bestimmten Ort der Arbeitsleistung gebunden und unterrichtet sie ausschließlich Schüler, die ihr von der Verwaltung der Musikschule zugewiesen werden, so ist bei ihrer Tätigkeit von dem Vorliegen einer abhängigen Beschäftigung auszugehen. Dies gilt erst recht, wenn sie in die Richtlinien und Rahmenlehrpläne des Verbandes der Musikschulen eingebunden ist. Wenn darüber hinaus Vorgaben über konkrete Unterrichtsinhalte oder -methoden nicht gemacht werden, führt dies nicht zur Annahme einer selbständigen Tätigkeit. In einer solchen Konstellation rechtfertigt die Überbürdung eines Vergütungsrisikos sowie das Fehlen von Regelungen zu Ansprüchen auf Urlaubsentgelt bzw. Entgeltfortzahlung im Krankheitsfall nicht die Annahme eines unternehmerischen Risikos (LSG Nordrhein-Westfalen v. 27.11.2013, L 8 R 174/12, www.stotax-first.de).

Zur Sozialversicherungspflicht einer Lehrkraft für die Fächer Blockflöte, musikalische Früherziehung, Musikpavillon und Klavier, die an einer öffentlichen Musikschule auf der Basis eines Vertrages über freie Mitarbeit tätig ist, s. LSG Nordrhein-Westfalen 27.11.2013, L 8 R 148/12, www.stotax-first.de.

Lektor bei Hörfunk und Fernsehen: Kein Arbeitnehmer, wenn er den wesentlichen Teil seiner Aufgaben in selbst bestimmter Arbeitszeit und an selbst gewähltem Arbeitsort verrichtet (BAG v. 27.3.1991, 5 AZR 194/90, www.stotax-first.de).

Eine Tätigkeit als Lektor für eine TV-Produktionsfirma ist kein Arbeitsverhältnis, sondern ein freies Mitarbeiterverhältnis, wenn zwar für Gutachten Abgabetermine beachten werden müssen, eine sachliche Eingrenzung der Stoffrecherche besteht und Tätigkeitsberichte zu erstellen sind, dies aber ohne fachliche Weisungsgebundenheit und ohne jede Arbeitszeitkontrolle stattfindet. Auch die formlose Urlaubsabsprache und das Anmieten von Büroräumen auf Anraten des Arbeitgebers reicht nicht zur Eingliederung in den Betrieb aus (ArbG Berlin v. 8.1.2004, 78 Ca 26918/03, www.stotax-first.de).

Liquidator in Treuhandgesellschaften: Kann Arbeitnehmer sein (BAG v. 29.12.1997, 5 AZB 38/97, www.stotax-first.de).

Logopädin: Eine Logopädin, die in einer logopädischen Praxis arbeitet, kann sowohl in Form einer abhängigen Beschäftigung als auch einer selbständigen Tätigkeit tätig werden. Entscheidend ist, wie die Tätigkeit organisiert und ausgestaltet ist (LSG Berlin-Brandenburg v. 5.1.2015, L 1 KR 278/13, www.stotax-first.de).

Lotse: In der Regel kein Arbeitnehmer, sondern übt eine freiberufliche Tätigkeit i.S.d. § 18 Abs. 1 Nr. 1 EStG aus (zuletzt BFH v. 31.7.1996, XI R 5/95, HFR 1997, 294). Zum Nichtabzug von Umlagen für den gemeinschaftlich unterhaltenen Kantinenbetrieb einer Lotsenbrüderschaft als Betriebsausgaben s. BFH v. 17.2.2009, VIII R 21/08, HFR 2009, 861.

Luftaufsicht: Die nebenberuflich tätigen „Beauftragten für Luftaufsicht", die im Auftrag der Bezirksregierung in regelmäßigen Abständen Landeplätze und Segelfluggelände kontrollieren, sind Arbeitnehmer (FinMin Niedersachsen v. 21.2.1995, S 2331 – 67 – 351).

Makler: Ein Grundstücksmakler, der laut Dienstvertrag verpflichtet ist, Weisungen in Bezug auf seine Tätigkeit zu befolgen, ist Arbeitnehmer, auch wenn bei der Durchführung des Vertrages keine Weisungen praktiziert wurden (LAG Köln v. 18.12.2000, 7 Ta 184/00, www.stotax-first.de).

Mannequin: Kann Arbeitnehmer sein, wenn für die Dauer der Vorführung eine Eingliederung in den Betrieb des Arbeitgebers vereinbart und durchgeführt ist (BFH v. 2.10.1968, VI R 56/67, BStBl II 1969, 71). Ebenso Vorführdamen, die sich an mehreren aufeinander folgenden Tagen von 9 Uhr bis 18 Uhr in den Betriebsräumen des Unternehmens aufhalten, um den dort erscheinenden Kunden Kleider zu zeigen (FG Berlin v. 2.6.1967, III 37/65, EFG 1968, 64).

Maschinenring: Durch einen Maschinenring vermittelte Aushilfskräfte sind als Arbeitnehmer eines gewerblichen Gartenbaubetriebs anzusehen, wenn sie nur einfache Arbeiten an verschiedenen Baustellen des Betriebs verrichten, ihre Arbeit nach Inhalt, Zeit und Ort nicht individuell gestalten können, ihre Dienstleistung keinen Kapitaleinsatz verlangt und sie kein Unternehmerrisiko tragen (BFH v. 7.2.2008, VI R 83/04, BStBl II 2009, 703).

Maskenbildner oder Visagisten: Die Tätigkeit einer Maskenbildnerin kann grundsätzlich sowohl in Form einer abhängigen als auch in Form einer selbständigen Tätigkeit ausgeübt werden (LSG Sachsen v. 31.7.2015, L 1 KR 37/10, www.stotax-first.de). Das Gericht hat eine abhängige Beschäftigung angenommen, weil die Stpfl. ihre Tätigkeit überwiegend in den Produktionsstätten des Auftraggebers und (im Rahmen der einzelnen Arbeitseinsätze) auch zeitlich nach Weisung ausgeübt hatte und dabei in vollem Umfang in den Betrieb des Auftraggebers eingegliedert war. Eigene Arbeitsmittel hat sie allenfalls in begrenztem Umfang genutzt. Auch hat ihr die vereinbarte Vergütung unabhängig vom Ergebnis ihrer Tätigkeit zugestanden, Abzüge bei Schlechtleistung hatte sie nicht zu befürchten. Eine eigene Betriebsstätte hat sie nicht unterhalten und ist auch nicht als Selbständige am Markt aufgetreten.

Ist der als Maskenbildner oder Visagist Tätige bei Ausführung seiner Tätigkeit an keinerlei Weisungen gebunden, kann er seine Arbeitszeit frei einteilen und ist er berechtigt, zu den Arbeiten einen Vertreter zu entsenden, so sprechen solche Umstände deutlich für das Vorliegen einer selbständigen Tätigkeit. Dies gilt erst recht dann, wenn er bei Ausübung seiner Tätigkeit keinerlei Vorgaben eines Dritten zu befolgen hat, arbeitsorganisatorisch selbständig arbeiten kann, bei seiner Tätigkeit eigene Arbeitsmittel benutzt, auch für weitere Auftraggeber tätig und am Markt werbend tätig ist (LSG Berlin-Brandenburg v. 21.2.2014, L 1 KR 57/12, www.stotax-first.de).

Masseure, Masseusen: Masseusen in Massagesalons sind Arbeitnehmerinnen, wenn die Inhaberin des Salons als die eigentliche Veranstalterin hinsichtlich der angebotenen Massagebehandlungen auftritt (FG Düsseldorf v. 9.11.1978, XVII (XII) 84/73 L, EFG 1979, 239).

Zur Versicherungspflicht von in Hallenbädern tätigen Masseuren, die im Rahmen freier Mitarbeitsverhältnisse tätig werden, s. LSG Bayern v. 2.10.2012, L 5 R 781/12 B ER, www.stotax-first.de.

Meistersöhne: Im Betrieb mitarbeitende erwachsene Kinder (sog. Meistersöhne) können im Einzelfall Arbeitnehmer sein, wenn ein Beschäftigungsverhältnis mit Entgeltzahlung vorliegt (BSG v. 5.4.1956, 3 RK 65/55, www.stotax-first.de, und v. 29.3.1962, 3 RK 83/59, 84/59 und 85/59, www.stotax-first.de), s.a. → *Angehörige* Rz. 119.

Mentoren der Fernuniversität Hagen: Arbeitnehmer (BAG v. 10.9.2002, 3 AZR 454/01, www.stotax-first.de).

Menü-Bringer: Ein Auslieferungsfahrer von Fertigmenüs kann Arbeitnehmer sein, auch wenn er Mitarbeiter einsetzen kann und lediglich eine umsatzabhängige Provision erhält (BSG v. 19.8.2003, B 2 U 38/02 R, www.stotax-first.de).

Merchandiser: S. „Verkaufsförderer".

Messehostessen: S. „Hostessen".

Museum: Ein **Museumsführer** kann auch dann Arbeitnehmer sein, wenn er nur hinsichtlich der Zeit, nicht jedoch hinsichtlich des Orts und des Inhalts der Führungen, Weisungen der Behörde unterworfen ist (FG Rheinland-Pfalz v. 28.8.1990, 2 K 1644/90, EFG 1991, 321). Eine selbständige Tätigkeit kann vorliegen, wenn nur die tatsächlichen Führungen vergütet werden und weder ein Anspruch auf Vergütung etwaiger ausgefallener Führungen noch auf eine Urlaubsvergütung oder auf eine Fortzahlung im Krankheitsfall besteht (FG Berlin v. 29.7.1976, V 38 - 39/76, EFG 1977, 316; s.a. LSG Baden-Württemberg v. 24.2.2015, L 11 R 5165/13, www.stotax-first.de).

Eine **Kustodin** kann vom Träger eines Museums auch im Rahmen eines freien Dienstleistungsvertrages beschäftigt werden, Öffnungszeiten des Museums sind nicht mit vorgegebenen Arbeitszeiten gleichzusetzen (ArbG Solingen v. 30.9.2014, 1 Ca 479/14, www.stotax-first.de, Berufung eingelegt, Az. beim LAG Düsseldorf 15 Ta 498/14).

Nachrichtenreporter, -sprecher: Regelmäßig Arbeitnehmer (BAG v. 9.3.1977, 5 AZR 110/76, www.stotax-first.de, und v. 28.6.1973, 5 AZR 19/73, www.stotax-first.de), auch regelmäßig eingesetzte Sprecher und Übersetzer von Nachrichten- und Kommentartexten im fremdsprachlichen Dienst von Rundfunkanstalten, selbst wenn ihre wöchentliche Arbeitszeit nur vier Stunden beträgt (BAG v. 11.3.1998, 5 AZR 522/96, www.stotax-first.de). Wird ein Nachrichtensprecher dagegen für verschiedene Anstalten tätig, kann er selbständig sein (BAG v. 28.6.1973, 5 AZR 568/72, www.stotax-first.de).

Werden Dienstpläne für Nachrichtensprecher im Fernsehen auf Grund ins Einzelne gehender Vorgaben der Sprecher erstellt und haben die Sprecher die Möglichkeit, geplante Einsätze jederzeit untereinander zu tauschen und geplante Einsätze ersatzlos abzugeben, spricht dies gegen das Vorliegen eines Arbeitsverhältnisses (LAG Hamburg v. 1.4.2009, 3 Sa 58/08, www.stotax-first.de).

Nichtsesshafte: Arbeitnehmer, wenn er eine i.R.d. § 19 BSHG beschaffte Arbeit verrichtet und hierfür – neben der Hilfe zum Lebensunterhalt – ein nach Stunden bemessenes Arbeitsentgelt erhält (BSG v. 16.4.1985, 12 RK 53/83, www.stotax-first.de).

Notar: Grundsätzlich selbständig, auch bei gleichzeitiger Bestellung als Notariatsverweser (BFH v. 12.9.1968, V 174/65, BStBl II 1968, 811). Zu Notarvertretern s. entsprechend „Anwaltsvertreter".

Notarassessoren befinden sich im Anwärterdienst des Landes und erhalten **lohnsteuerpflichtige Anwärterbezüge**. Im Fall der **Bestellung als Notariatsverwalter** (§ 56 Bundesnotarordnung, nachfolgend BNotO) führt der Notarassessor sein Amt auf Rechnung der Notarkammer gegen eine angemessene Vergütung (Verwalterzulage) aus. Da die Kostenforderungen dem Notariatsverwalter im Außenverhältnis zustehen (§ 58 BNotO), wird er umsatzsteuerlich als Unternehmer behandelt. Die im eigenen Namen auf Rechnung der Notarkammer ausgeübte Verwaltertätigkeit kann daher nicht dem Arbeitslohn aus der Anwärtertätigkeit zugerechnet werden. Es handelt sich hierbei um Einkünfte aus **selbständiger Arbeit** i.S.d. § 18 Abs. 1 Nr. 1 Satz 2 EStG.

Notfallsanitäter: Personen in der Ausbildung zur Notfallsanitäterin oder zum Notfallsanitäter sind als zur Berufsausbildung Beschäftigte anzusehen und unterliegen als solche für die gesamte Dauer der Ausbildung der Versicherungspflicht in der Kranken-, Pflege-, Renten- und Arbeitslosenversicherung (Besprechungsergebnis der Spitzenorganisationen der Sozialversicherung über Fragen des gemeinsamen Beitragseinzugs am 9.4.2014).

Omnibusfahrer: Omnibusfahrer, die keine eigenen Busse besitzen, jedoch für Busunternehmen Linienfahrten, Reiserouten, Schulfahrten etc. ausführen, sind auf Grund der damit verbundenen Eingliederung in die Betriebsorganisation des Busunternehmens und der persönlichen Abhängigkeit hinsichtlich Zeit, Dauer, Ort und Art der Arbeitsausführung als Arbeitnehmer zu beurteilen (s. ausführlich und o.g. Abgrenzungskatalog). S. auch → *Busfahrer* Rz. 774.

Orchesteraushilfe: Für den Arbeitnehmerstatus eines zur Aushilfe engagierten Orchestermusikers ist entscheidend, ob der Mitarbeiter auch i.R.d. übernommenen Engagements seine Arbeitszeit noch im Wesentlichen frei gestalten kann oder insoweit einem umfassenden Weisungsrecht der Orchesterleitung unterliegt (BAG v. 22.8.2001, 5 AZR 502/99, www.stotax-first.de). Der über mehrere Jahre turnusmäßig erfolgende Einsatz eines Orchestermusikers auf einer Position, die nach der künstlerischen Ausrichtung des Orchesters regelmäßig bei bestimmten Stücken zu besetzen ist, führt zu einer persönlichen Abhängigkeit und damit zum Entstehen eines Arbeitsverhältnisses (BAG v. 9.10.2002, 5 AZR 405/01, www.stotax-first.de). s.a. → *Musiker* Rz. 2082.

Ortsgerichtsmitglieder: Die in Hessen tätigen Mitglieder der sog. Ortsgerichte beziehen Einkünfte aus sonstiger selbständiger Tätigkeit i.S.d. § 18 Abs. 1 Nr. 3 EStG, keinen Arbeitslohn. Die Finanzämter dürfen daher bei den Ortsgerichten keine Lohnsteueraußenprüfungen durchführen (OFD Frankfurt v. 16.9.2014, S 2337 A – 36 – St 213, StEd 2014, 682).

Paketdienst: Eine als Subunternehmerin tätige Paketzustellerin bzw. Kurierdienstfahrerin, die faktisch ihr Zustellgebiet selbst bestimmen kann, ein erhebliches eigenes wirtschaftliches Risiko trägt und der freigestellt ist, ob und wann sie ihre Tätigkeit ausübt, ist selbständig tätig (SG Düsseldorf v. 5.3.2015, S 45 R 1190/14, www.stotax-first.de, Revision eingelegt, Az. beim LSG Nordrhein-Westfalen: L 8 R 297/14). Ein Subunternehmer eines Paketdienst-Systems, der mit 18 selbst ausgewählten Arbeitnehmern und eigenen Fahrzeugen in einem ihm überlassenen Bezirk den Zustellungsdienst organisiert und durchführt, ist nicht Arbeitnehmer (LAG Köln v. 5.3.1997, 3 Ca 4254/96, www.stotax-first.de). Vgl. ausführlich den o.g. Abgrenzungskatalog, Stichwort „Kurier-, Express- und Paketdienstfahrer".

Fahrer eines Paketdienstes sind keine selbständigen Unternehmer, sondern abhängig Beschäftigte (LSG Hessen v. 19.10.2006, L 8/14 KR 1188/03, www.stotax-first.de).

Ein vereinbarungsgemäß als „Sub-Subunternehmer" tätiger Paketfahrer ist als abhängig Beschäftigter anzusehen, wenn er durch einzuhaltende detaillierte Vorgaben des Vertragspartners und Auftraggebers des Subunternehmers (u.a. in einem Qualitätshandbuch) in die Arbeitsorganisation des

Arbeitnehmer-ABC

keine Sozialversicherungspflicht = (SV durchgestrichen)
Sozialversicherungspflicht = (SV)

Subunternehmers eng eingebunden ist (LSG Rheinland-Pfalz v. 15.7.2015, L 6 R 23/14, www.stotax-first.de).

Grundsätzlich übt ein Frachtführer i.S.d. §§ 407 ff HGB ein selbständiges Gewerbe aus. Jedoch ist ein solches Rechtsverhältnis dann als Arbeitsverhältnis anzusehen, wenn die Tätigkeit des Paketzustellers/Kurierfahrers durch den Auftraggeber stärker eingeschränkt wird, als es auf Grund der gesetzlichen Regelungen geboten ist (LAG Mecklenburg-Vorpommern v. 13.7.2015, 3 Ta 6/15, www.stotax-first.de).

Ist ein Paketfahrer durch ein Qualitätshandbuch und einen Verhaltenskodex in die Abläufe eines Logistikunternehmens eingebunden, wird er sozialversicherungspflichtig beschäftigt, auch wenn der Zusteller einen eigenen PKW nutzt (SG Dortmund v. 11.9.2015, S 34 R 934/14, www.stotax-first.de). Der Sub-Sub-Unternehmer lieferte Pakete mit einem eigenen PKW-Kombi für ein bundesweit tätiges Logistikunternehmen aus. Das Gericht ging davon aus, dass der Fahrer bei dem zwischengeschalteten Kurierdienst (Vertragspartner des Logistikunternehmens) abhängig beschäftigt gewesen sei. Er sei durch die Verpflichtung auf die Vorgaben des Logistikunternehmens, die Nutzung von dessen Scanner, Formularen und Arbeitskleidung, die Begrenzung auf ein festgelegtes Zustellgebiet und die Nutzung der Betriebsstätte des Kurierdienstes eng in die Arbeitsorganisation des Subunternehmers des Logistikunternehmens eingegliedert gewesen. Zwar könnten die Nutzung des eigenen PKW und die Tragung eines Haftungsrisikos Indizien für eine selbständige Tätigkeit sein. Hier sei diese Vertragsgestaltung jedoch weniger Ausdruck unternehmerischer Freiheit des Paketfahrers als vielmehr Ausdruck wirtschaftlicher Macht des hinter dem Kurierdienst stehenden Logistikunternehmens.

Partnerschaftsvertrag: Haben Freiberufler einen sog. Partnerschaftsvertrag abgeschlossen, ist für die Frage, ob ein Stpfl. eine Tätigkeit selbständig oder nichtselbständig ausübt, auch die Art und Weise der Vergütung von Bedeutung. Hat der Vertragspartner lediglich das Recht, monatlich einen bestimmten Betrag als Gewinn vorab zu Lasten des Verrechnungskontos zu entnehmen, auf das zuvor von ihm ein Darlehen in vertraglich bestimmter Höhe eingezahlt wurde und entfällt dieses Recht, wenn das geführte Konto nicht mehr positiv ist, handelt es sich um eine bloße Darlehensrückzahlung. Ist der Stpfl. darüber hinaus nur auf Grund eines vertraglich festgelegten Schlüssels am Honorarumsatz beteiligt, ist diese Beteiligung kein Entgelt für das bloße Zurverfügungstellen der Arbeitskraft und damit kein Arbeitslohn i.S.d. § 19 Abs. 1 Satz 1 Nr. 1 EStG (FG München v. 18.4.2012, 9 K 1249/09, EFG 2012, 1550).

Peepshow-Modell: Arbeitnehmer, auch soweit ihm neben den laufenden Auftritten noch „Sonderleistungen" in Filmen, Videos, Fotostudios sowie bei Striptease und Sextelefon vergütet werden (FG Baden-Württemberg v. 15.1.1998, 10 K 55/94, EFG 1998, 821).

Pegel- und Messstellenbeobachter: Auch bei nebenberuflicher Tätigkeit Arbeitnehmer; die Aufwandsentschädigungen bleiben zu einem Drittel nach § 3 Nr. 12 Satz 2 EStG steuerfrei (FinMin Thüringen. v. 23.9.1997, S 2337 A – 22/97 – 204.1, www.stotax-first.de). In einigen Bundesländern, z.B. Bayern, werden Pegelbeobachter als „freie Mitarbeiter" beschäftigt.

Pflegekräfte: Bei regelmäßiger Erbringung von Pflegeleistungen für einen anderen Vertragspartner als den Patienten besteht ein Beschäftigungsverhältnis, wenn nicht besondere Umstände hinzutreten, die die Abhängigkeit der Pflegekraft aufheben (s. ausführlich den o.g. Abgrenzungskatalog). Im Übrigen kommt es immer auf die Gesamtumstände des einzelnen Falles an:

a) Arbeitnehmereigenschaft bejaht wurde z.B. bei

– Mitarbeitern einer Sozialstation, die hauswirtschaftliche Tätigkeiten bei den zu betreuenden Personen in deren Privathaushalt verrichten; dies gilt nicht nur für die angestellten Mitarbeitern, sondern auch für zusätzliche „Honorarkräfte". Steht es der Pflegekraft frei, zu welcher genauen Tagesstunde die erforderliche Tätigkeit bei den zu pflegenden Personen ausgeführt wird, so stellt dies kein wesentliches Merkmal für eine selbständige Tätigkeit dar (LSG Nordrhein-Westfalen v. 21.11.2012, L 8 R 900/11, www.stotax-first.de),

– Pflegekräften, die von einem Dienstleistungsunternehmen vermittelt werden (LSG Hamburg v. 20.6.2012, L 2 R 116/10, www.stotax-first.de),

– Tätigkeit als Hilfspflegekraft für einen Pflegedienstleistungen anbietenden Verein (LSG Sachsen-Anhalt v. 8.3.2012, L 3 R 72/08, www.stotax-first.de),

– von einer Gemeinde aus Polen vermittelten Betreuungskräften (LSG Nordrhein-Westfalen v. 17.10.2011, L 8 R 420/11 B ER, www.stotax-first.de),

– der Pflege eines nahen Familienangehörigen, wenn der Angehörige anstelle einer fremden Hilfskraft tätig wird. Im Einzelfall muss eine Abgrenzung in der Weise erfolgen, ob die Hilfeleistungen erfolgen, die auf Grund familienrechtlicher Verpflichtungen nach § 1618a BGB erbracht werden (LSG Rheinland-Pfalz v. 26.7.2001, L 1 AL 6/00, www.stotax-first.de),

– Pflegekräften in der Alten- und Krankenpflege, die ihre Tätigkeit für einen „Pflegeverein" ausüben (LSG Baden-Württemberg v. 11.10.2006, L 5 KR 3378/05, www.stotax-first.de),

– Mitarbeitern eines privaten Pflegedienstes, die die häusliche Pflege und Versorgung behinderter Menschen übernehmen (LSG Baden-Württemberg v. 17.12.1999, L 4 KR 2023/98, www.stotax-first.de).

b) Arbeitnehmereigenschaft verneint wurde z.B. bei

– einer hauswirtschaftlichen Familienbetreuerin im Auftrag eines privaten Pflegedienstes (BSG v. 28.9.2011, B 12 R 17/09 R, www.stotax-first.de). Diese Entscheidung bedeute – so das BSG – nicht, dass eine solche Tätigkeit stets als selbständige Tätigkeit anzusehen wäre. Maßgebend für die Beurteilung sind vielmehr die Umstände des Einzelfalls. Von daher ist es durchaus möglich, dass andere LSG in ihren Entscheidungen zu Tätigkeiten ähnlicher Art zu anderen Ergebnissen gelangen. So hat z.B. das LSG Sachsen-Anhalt in einem ähnlichen Fall die Arbeitnehmereigenschaft bejaht (LSG Sachsen-Anhalt v. 8.3.2012, L 3 R 72/08, www.stotax-first.de),

– einer für einen ambulanten Pflegedienst tätigen Krankenpflegerin, die über einen Internet-Vermittlungsdienst für Pflegekräfte für eine 24-Stunden-Betreuung einer Pflegebedürftigen gebucht werden kann (SG Hamburg v. 27.1.2014, S 10 R 971/08, www.stotax-first.de),

– einer Intensivpflegerin für einen ambulanten Pflegedienst, wenn die Pflegerin selbst bestimmen kann, welche und wie viele Schichten sie übernimmt und sie sich bei der Durchführung der Pflege zwar an die Vorgaben des Arztes (Behandlungsplan) und die Angehörigen der Pflegebedürftigen beachten muss, ansonsten aber keine Einzelweisungen des Pflegedienstes erfolgen (LSG Baden-Württemberg v. 23.4.2015, L 11 R 3224/14, www.stotax-first.de).

Pharmabetreuer: Regelmäßig Arbeitnehmer, wenn er in dem ihm zugewiesenen Reisegebiet pro Arbeitstag durchschnittlich zehn Arztbesuche ausführen und hierüber Berichte abliefern muss (LAG Hamm v. 13.10.1989, 5 Sa 746/89, www.stotax-first.de; LAG Hamm v. 15.10.1989, 16 Sa 762/89, www.stotax-first.de).

Zur Beurteilung des Gesamtbildes der Tätigkeit von Ärztebesuchern, die im Auftrag eines Arzneimittelherstellers für bestimmte Präparate bei Ärzten werben, gehört auch die Frage nach Art und Umfang von Tätigkeiten für andere Firmen sowie die Frage nach der Regelung der Unkostenvergütung (BSG v. 7.6.1979, 12 RK 12/77, www.stotax-first.de).

Physiotherapeut: Physiotherapeuten, die ihre Leistungen in einer fremden, zur Leistungserbringung nach § 124 SGB V zugelassenen Praxis erbringen, sind in der Regel abhängig beschäftigt (zuletzt LSG Bayern v. 13.2.2014, L 5 R 1180/13 B ER, www.stotax-first.de, sowie LSG Niedersachsen-Bremen v. 24.9.2014, L 1 KR 351/12, www.stotax-first.de).

Zur selbständigen Tätigkeit einer nicht zur Leistungserbringung im System der gesetzlichen Krankenversicherung zugelassenen Physiotherapeutin in der Praxis eines zur Leistungserbringung zugelassenen und die Abrechnung durchführenden Physiotherapeuten s. LSG Baden-Württemberg v. 14.10.2015, L 4 R 3874/14, www.stotax-first.de.

Die für ein Physiotherapiestudio tätigen Physiotherapeutinnen und Physiotherapeuten sind nichtselbständig tätig, wenn sie in dem Hotel, in dem sie tätig sind, nicht über eigene Betriebsmittel verfügen, sondern ihnen alle für Massage und Krankengymnastik notwendigen Einrichtungen wie Massageliegen, Handtücher, Massageöle oder etwa die Bestuhlung für die Wartezeit vor Ort zur Verfügung gestellt werden, ihnen jeweiligen Patienten zugewiesen werden und sie die Leistungen auch nicht selbst abrechnen dürfen. Die demgegenüber vorhandenen Freiheiten, wie z.B. die Möglichkeit, Art der Physiotherapie und Abfolge der Massageleistungen nach eigenen Entscheidungen zu gestalten, keine permanente Präsenzpflicht sowie das Fehlen von Entgeltfortzahlung im Urlaubs- und Krankheitsfall treten im Rahmen der vorzunehmenden Gesamtabwägungen jeweils hinter die oben genannten recht starken und zahlreichen Indizien für eine abhängige Beschäftigung zurück (LSG Bayern v. 6.3.2013, L 5 R 604/13, www.stotax-first.de).

Pilot: Regelmäßig Arbeitnehmer; auch ehemalige in den Diensten ziviler Fluggesellschaften bzw. in den Diensten der Bundeswehr gestandene Flugzeugführer, die sich gegenüber einem Luftfahrtunternehmen als sog. **Freelancer** zur Mitarbeit verpflichtet, sind auf Grund ihrer ständigen, i.R.d. Dienstplans bestehenden Dienstbereitschaft als **Arbeitnehmer** anzusehen (FG Düsseldorf v. 24.2.1999, 2 K 7576/95 H (L), www.stotax-first.de, m.w.N., Piloten können aber auch **selbständig** sein (BFH v. 16.5.2002, IV R 94/99, BStBl II 2002, 565).

Einem im Vertrag dokumentierten Willen der Vertragsparteien, kein sozialversicherungspflichtiges Beschäftigungsverhältnis zu wollen, kommt jedenfalls dann indizielle Bedeutung zu, wenn dieser dem festgestellten sonstigen tatsächlichen Verhältnis nicht offensichtlich widerspricht und er durch weitere Aspekte gestützt wird (hier: Dienstvertrag über freie Mitarbeit eines Flugzeugführers im Flugbetrieb eines Luftfahrtunternehmens). Eine im Widerspruch zu ursprünglich getroffenen Vereinbarungen stehende tatsächliche Beziehung und die sich hieraus ergebende Schlussfolgerung auf die tatsächlich gewollte Natur der Rechtsbeziehung geht der formellen Vereinbarung regelmäßig vor. In diesem Sinne gilt, dass die tatsächlichen Verhältnisse den Ausschlag geben, wenn sie von den Vereinbarungen abweichen. Daran, dass Vereinbarungen zwischen Freelancern und einem Luftfahrtunternehmen einer Pilotentätigkeit wesentlich das Gepräge einer selbständigen Tätigkeit geben, ändert nichts, dass den Piloten auch andere zumutbare Tätigkeiten zugewiesen werden können und sie sich an die Weisungen der Geschäftsleitung sowie der von ihr bevollmächtigten Personen zu halten haben. Soweit eine Tätigkeit wie die Pilotentätigkeit sowohl im Rahmen von Beschäftigungsverhältnissen als auch im Rahmen freier Dienstverhältnisse ausgeübt werden kann, zwingt allein die Feststellung wiederholter, jeweils gesondert und „von Fall zu Fall" vereinbarter Tätigkeiten im Rahmen eines Dauerrechtsverhältnisses nicht zu der Annahme eines Beschäftigungsverhältnisses. Erforderlich ist auch hier stets eine Bewertung der einzelnen Arbeitseinsätze am Maßstab der von der Rechtsprechung für die Abgrenzung zwischen selbständiger Tätigkeit und abhängiger Beschäftigung entwickelten Grundsätze (BSG v. 28.5.2008, B 12 KR 13/07 R, www.stotax-first.de).

Ein **Co-Pilot** im Verkehrsflugzeug ist in aller Regel Arbeitnehmer, auch wenn er als freier Mitarbeiter eingestellt worden ist (BAG v. 16.3.1994, 5 AZR 447/92, www.stotax-first.de). Kann aber auch selbständig sein (vgl. BFH v. 16.5.2002, IV R 94/99, BStBl II 2002, 565).

Plakatkleber: Kein Arbeitnehmer, wenn er von Fall zu Fall für mehrere Auftraggeber tätig und somit nicht in den Betrieb eingegliedert (vgl. LSG Rheinland-Pfalz v. 11.12.1980, L 5 K 39/79, www.stotax-first.de, sowie BAG v. 25.6.1996, 1 ABR 6/96, www.stotax-first.de) oder in der Zeiteinteilung weitgehend frei ist (BAG v. 13.3.2008, 2 AZR 1037/06, www.stotax-first.de).

Arbeitnehmer, wenn der Auftraggeber bestimmt, wo und an welchen Plakatanschlagstellen der Plakatkleber tätig werden soll und welche Verpflichtungen er dabei beachten muss, er also weisungsgebunden ist und kein Unternehmerrisiko zu tragen hat (LSG Hessen v. 18.5.1977, L 8 Kr 755/74, www.stotax-first.de).

Platten- und Mosaikleger: Es spricht nicht gegen eine von Anfang an selbständige Tätigkeit als Platten- und Mosaikleger, dass zu Beginn der Existenzgründung im Wesentlichen nur für einen Auftraggeber Arbeiten ausgeführt wurden, wenn das Gesamtbild des Tätigkeitsverlaufes durch objektive Umstände zeigt, dass der typische Fall eines im Aufbau befindlichen Unternehmens vorliegt, z.B. Ausweitung der Geschäftstätigkeit auf mehrere Auftraggeber (SG Landshut v. 3.7.2013, S 10 R 5033/12, www.stotax-first.de).

Postagentur: Der Betreiber einer Postagentur, der auf Grund eines mit der Deutschen Post AG geschlossenen Partnervertrages tätig wird, unterliegt als selbständiger Handelsvertreter nicht der Versicherungs- bzw. Beitragspflicht in der gesetzlichen Renten-, Kranken-, Pflege- und Arbeitslosenversicherung (LSG Baden-Württemberg v. 21.1.2014, L 11 R 2662/12, www.stotax-first.de).

Pressefotograf: Regelmäßig kein Arbeitnehmer (BAG v. 3.5.1989, 5 AZR 158/88, www.stotax-first.de).

Probanden: Testpersonen, die gegen Entgelt neue Medikamente testen, sind keine Arbeitnehmer; die Honorare sind gem. § 22 Nr. 3 EStG einkommensteuerpflichtig (FG Rheinland-Pfalz v. 19.3.1996, 2 K 1960/95, EFG 1996, 979).

Probenehmer für Erze u.Ä.: Keine Arbeitnehmer (BFH v. 14.11.1972, VIII R 18/67, BStBl II 1973, 183; BFH v. 9.12.1986, VIII R 314/82, www.stotax-first.de).

Programmierer: S. „EDV-Fachkräfte".

Projektleiter: Selbständige Tätigkeit, wenn sich die Vertragsparteien über viele Jahre hinweg bewusst gegen eine arbeitsvertragliche Regelung entschieden und projektbezogene Teilleistungsvereinbarungen bzw. einen Beratervertrag geschlossen haben, in dem die Selbständigkeit des Stpfl. festgeschrieben wurde, d.h. keine z.B. Ansprüche auf Urlaub, Lohnfortzahlung im Krankheitsfall, Kündigungsschutz, keine Abführung an die Sozialversicherung, und der Stpfl. ein eigenes Unternehmerrisiko trägt, da er keinen Anspruch darauf hatte, jeweils mit Anschlussverträgen versorgt zu werden und eine gleichmäßige konstante Entlohnung zu erhalten (LSG Bayern v. 29.10.2010, L 4 KR 138/08, www.stotax-first.de).

Prokurist: Regelmäßig Arbeitnehmer. Bei einem Prokuristen ist dessen Vertretungsbefugnis zwingend auf den Umfang einer rechtsgeschäftlichen Prokura i.S.d. §§ 48, 49 HGB begrenzt. Der Arbeitgeber hat es damit in der Hand, ihn zu entlassen, ohne dass der Prokurist die Rechtsmacht besitzt, dem mit Erfolgsaussicht entgegenzutreten. Werden neben einem festen Gehalt gewinnabhängige Tantiemezahlungen gewährt, so haben diese keinen Einfluss auf die Annahme einer abhängigen Beschäftigung. Gleiches gilt, wenn dem Arbeitgeber ein verzinsliches Kapitalanlagedarlehen gewährt wird; dies ist bei leitenden abhängig Beschäftigten nicht unüblich (LSG Nordrhein-Westfalen v. 30.4.2014, L 8 R 744/11, www.stotax-first.de).

Promotoren: Zur Frage, ob Promotoren, die auf der Grundlage von sog. Promotionsverträgen und Aktionsvereinbarungen in Fachmärkten, Warenhäusern und unternehmenseigenen Verkaufs- und Beratungsstellen zum Zwecke der Bewerbung von Produkten und der Dokumentation der Marktpräsenz wie auch des Verkaufs von Mobilfunkgeräten und Zubehör sowie des Abschlusses von Mobilfunkverträgen eingesetzt werden, in einem sozialversicherungspflichtigen Beschäftigungsverhältnis stehen, s. BSG v. 11.3.2009, B 12 R 11/07 R, www.stotax-first.de, sowie zuletzt LSG Baden-Württemberg v. 10.10.2014, L 4 R 2204/13, www.stotax-first.de.

Bei einem Verkaufsförderer bzw. Promoter ist vom Vorliegen einer abhängigen Beschäftigung auszugehen, wenn im zugrundeliegenden Dienstleistungsvertrag sowohl die Orte der Tätigkeit als auch der zeitliche Rahmen, in dem die Aktionen durchzuführen sind, festgelegt sind. Dies gilt erst recht bei Zahlung eines festen Stundenlohns bzw. eines festen Entgelts ohne die Möglichkeit, dies steigern zu können. Ist die persönlich zu erbringende Dienstleistung die Regel, so kommt der vertraglich eingeräumten Möglichkeit, einen Ersatz zu stellen, im Rahmen der Abwägung keine wesentliche Bedeutung zu. Verfügt der Verkaufsförderer über keine eigene Betriebsstätte und setzt er keine eigenen Betriebsmittel ein, so führt das Fehlen einer Lohnfortzahlung im Krankheitsfall, eines Urlaubsanspruchs und einer sozialen Absicherung trotz eines vereinbarten Haftungsrisikos nicht zur Annahme einer selbständigen Tätigkeit. In gleicher Weise gilt dies, wenn es dem Promoter gestattet ist, für andere Auftraggeber tätig zu werden (LSG Hamburg v. 19.2.2014, L 2 R 158/11 und L 2 R 159/11, www.stotax-first.de).

Der Verkauf von Duft- und Pflegeprodukten als sog „Beauty Advisor" ist eine abhängige versicherungspflichtige Beschäftigung, wenn die Tätigkeit nach inhaltlichen und zeitlichen Vorgaben des Auftraggebers durchgeführt wird und die Vergütung für diese Tätigkeit unabhängig vom Verkaufserfolg auf Stundenlohnbasis erfolgt (LSG Baden-Württemberg v. 18.5.2015, L 11 R 5122/13, www.stotax-first.de).

Propagandisten: „S. „Verkaufsförderer".

Prorektor, studentischer: Kein Arbeitnehmer (BAG v. 9.4.2014, 10 AZR 590/13, www.stotax-first.de).

Prospekteinleger: Regelmäßig Arbeitnehmer (LAG Düsseldorf v. 19.3.1980, 2 Sa 685/79, www.stotax-first.de).

Prospektverteiler: Werbeprospektverteiler können je nach Umfang und Organisation der übernommenen Tätigkeit Arbeitnehmer oder Gewerbetreibende sein (BFH v. 9.9.2003, VI B 53/03, HFR 2003, 1181).

Prostituierte: Selbständig tätige Prostituierte erzielen Einkünfte aus Gewerbebetrieb (BFH v. 20.2.2013, GrS 1/12, BStBl II 2013, 441 und zuletzt FG Köln v. 15.5.2014, 3 K 2923/11, EFG 2015, 622, Revision eingelegt, Az. beim BFH: VII R 50/14, zum sog. Düsseldorfer Verfahren). Eine **selbständige Tätigkeit** kann sich im Einzelfall aus der Ausgestaltung der Zahlungs- und sonstigen Leistungsverhältnisse zwischen dem Club (hier Swinger-Club), den Prostituierten und den Freiern ergeben (LSG Hessen v. 26.3.2009, L 1 KR 331/08 B ER, www.stotax-first.de).

Prostituierte, die in einem „Club" (Bordell) ohne einen festen Arbeitsplatz, d.h. ohne festes Zimmer, tätig sind und sich in dessen Organisation u.a. zeitlich und/oder preislich einzufügen haben, sind jedenfalls dann **nicht-selbständig tätig**, wenn ihnen der „Club"-Betreiber die für ihre Tätigkeit wesentlichen Vorrichtungen (wie Zimmer, Bettwäsche, Sanitäranlagen etc.) zur Verfügung stellt und sie auch als Animierdamen mit Beteiligung am Getränkeumsatz tätig sind. Dem steht nicht entgegen, wenn die Prostituierten keinen Grundlohn und/oder keine Vergütung im Krankheitsfall oder Urlaub, sondern ein ausschließlich leistungsbezogenes „Stichgeld" und eine umsatzorientierte Vergütung (Getränkeprovision) erhalten. Ein Entgeltrisiko stellt noch kein echtes Unternehmerrisiko dar und schließt damit die Annahme eines Arbeitsverhältnisses nicht aus (FG München v. 19.3.2010, 8 K 1157/06, EFG 2011, 56).

Sexarbeiterinnen eines Bordells, die umfassende und detaillierte Regeln bei ihrer Arbeit befolgen müssen, sind als **abhängig Beschäftigte** tätig (SG Düsseldorf v. 11.9.2014, S 5 R 120/14 ER, www.stotax-first.de).

Psychologe in Behindertenfürsorge: Freier Mitarbeiter, wenn er Zeit und Ort seiner Tätigkeit frei bestimmen kann (BAG v. 9.9.1981, 5 AZR 477/79, www.stotax-first.de).

Psychologische Psychotherapeuten: Die Phase der praktischen Ausbildung zum Psychologischen Psychotherapeuten wird nicht im Rahmen eines sozialversicherungsrechtlich relevanten Beschäftigungsverhältnisses vollzogen. Es besteht deshalb keine Versicherungpflicht in der Kranken-, Pflege-, Renten- und Arbeitslosenversicherung.

Zur Versicherungs- und Beitragspflicht eines in einem Krankenhaus/einer Rehabilitationsklinik auf Stundenbasis in Vollzeit vermeintlich als Honorararzt freiberuflich selbständig Tätigen ärztlichen Psychotherapeuten bei regulärer Einbindung in den fremdbestimmten Klinikalltag unter Zugrundelegung des Behandlungskonzeptes der Klinik sowie ihres konkreten Behandlungsplanes/Versorgungsauftrages s. SG Kassel v. 20.2.2013, S 12 KR 69/12, www.stotax-first.de.

Radio- und Fernsehtechniker: Kann freier Mitarbeiter sein, wenn er für ein Kabelfernsehunternehmen als freier „Handelsvertreter" gegen Provisionen Anschlüsse an das Kabelnetz kontrolliert und auf Schwarzschaltungen überprüft (BAG v. 29.10.1997, 5 AZR 624/96, www.stotax-first.de).

Ratsschreiber: Arbeitnehmer (BFH v. 8.3.1957, VI 121/55 U, BStBl III 1957, 175).

Rechtsanwalt: Rechtsanwalt mit eigener Praxis ist kein Arbeitnehmer (BAG v. 15.4.1993, 2 AZB 32/92, www.stotax-first.de). Ob ein in einer Rechtsanwaltskanzlei beschäftigter Rechtsanwalt selbständiger Unternehmer oder Arbeitnehmer ist, bestimmt sich nach allgemeinen Grundsätzen. Die vertragliche Bezeichnung „freier Mitarbeiter" und fehlende Vereinbarungen über die Abführung von Sozialversicherungsbeiträgen und Lohnsteuer sowie über die sonst üblichen Sozialleistungen sind für die rechtliche Beurteilung nicht maßgebend (FG Nürnberg v. 14.12.1993, II 279/92, EFG 1994, 544). Auch die Aufnahme eines angestellten Rechtsanwalts in den Briefkopf einer Rechtsanwaltspraxis ändert nichts daran, dass der Angestellte Arbeitnehmer ist (OFD Hannover v. 17.11.1998, S 7104 – 385 – StH 542, www.stotax-first.de). Rechtsanwälte, die in den Vermögensämtern der Landkreise der neuen Bundesländer an Aufgaben nach dem Vermögensgesetz mitwirken, können je nach vertraglicher Vereinbarung und tatsächlicher Durchführung freie Mitarbeiter (BAG v. 3.6.1998, 5 AZR 656/97, www.stotax-first.de) oder Arbeitnehmer sein (zuletzt FG Hamburg v.

Arbeitnehmer-ABC

keine Sozialversicherungspflicht = (SV̸)
Sozialversicherungspflicht = (SV)

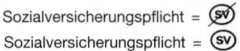

8.4.2004, II 367/02, EFG 2004, 1646). Rechtsanwälte, die in einem Beschäftigungsverhältnis als „freier Mitarbeiter" stehen, wirtschaftlich jedoch weitgehend abhängig und somit nach ihrem sozialen Status einem Arbeitnehmer vergleichbar sind, sind „arbeitnehmerähnliche Personen" (OLG München v. 24.11.1998, 29 W 3071/98, www.stotax-first.de).

Die von einem für eine Rechtsanwaltskanzlei als Insolvenzverwalter tätigen Rechtsanwalt ausgeführten Umsätze sind der Kanzlei zuzurechnen. Dies gilt sowohl für einen – ausschließlich als Insolvenzverwalter tätigen – angestellten Rechtsanwalt als auch für einen an der Kanzlei als Gesellschafter beteiligten Rechtsanwalt (FinMin Bayern v. 17.4.2009, 31 – S 7105 – 2/07, www.stotax-first.de).

Der Begriff des Arbeitnehmers definiert sich insbesondere im Umkehrschluss zu § 84 Abs. 1 Satz 3 HGB durch die persönliche Abhängigkeit des Arbeitnehmers, der seine Dienstleistung im Rahmen der vom Arbeitgeber bestimmten Arbeitsorganisation zu erbringen hat und dem Weisungsrecht des Arbeitgebers (Inhalt, Dauer, Durchführung, Zeit und Ort der Arbeitsleistung betreffend) unterliegt. Dabei kann der Grad der persönlichen Abhängigkeit sich abhängig vom ausgeübten Beruf und Berufsbild unterschiedlich stark ausprägen (hier Arbeitnehmereigenschaft eines Rechtsanwalts verneint, der als International Partner zu einer Jahresvergütung i.H.v. 650 000 € zuzüglich Bonus beschäftigt werden sollte). Eine arbeitnehmerähnliche Person i.S.v. § 5 Abs. 1 Satz 2 3. Alternative ArbGG muss ihrer gesamten sozialen Stellung nach einem Arbeitnehmer vergleichbar schutzwürdig sein – hier verneint (LAG Hessen v. 20.2.2012, 13 Ta 468/11, www.stotax-first.de).

Eine Rechtsanwältin, die für eine GmbH ohne eigene Rechtsabteilung als Geschäftsführerin angestellt ist, kann abhängig Beschäftigte i.S.d. § 7 SGB IV sein (LSG Berlin-Brandenburg v. 5.11.2014, L 16 R 406/11, www.stotax-first.de).

Rechtsbeistand: Kein Arbeitnehmer (BFH v. 18.3.1970, I R 147/67, BStBl II 1970, 455).

Rechtspraktikant in einstufiger Juristenausbildung: Arbeitnehmer (BFH v. 19.4.1985, VI R 131/81, BStBl II 1985, 465; BFH v. 24.9.1985, IX R 96/82, BStBl II 1986, 184).

Redakteur: Die Honorar-Tätigkeit einer Redakteurin in einem Übergangszeitraum von zwei Monaten zwischen einer angestellten Redakteurstätigkeit (Schwangerschaftsvertretung) und dem geplanten Antritt einer Planstelle als Angestellte bei dem gleichen Verlag kann als nichtselbständige Tätigkeit i.S.d. § 19 Abs. 1 EStG zu qualifizieren sein, auch wenn bei Krankheit und Urlaub in diesem Zeitraum kein Anspruch auf Entgeltfortzahlung bestanden hat (FG Niedersachsen v. 23.1.2013, 9 K 43/12, EFG 2013, 750).

Bei einem Redakteur einer Presseagentur kann entgegen der ausdrücklich getroffenen Vereinbarung ein Arbeitsverhältnis vorliegen, wenn ihm ein geringes Maß an Gestaltungsfreiheit, Eigeninitiative und Selbständigkeit verbleibt und die Arbeiten auch in zeitlicher Hinsicht zugewiesen werden. Das ist jedoch nicht der Fall, wenn ein Redakteur auf Themen inhaltlich Einfluss nehmen kann und Zeitungsartikel eigenverantwortlich im Wesentlichen frei von fremder Kontrolle inhaltlich und sprachlich erarbeitet, sodass sie ihm als Verfasser zugeordnet werden können und er durch namentliche Nennung nach außen auch als solcher erkennbar wird. Das ist darüber hinaus nicht der Fall, wenn dem Redakteur bei der Arbeitsleistung in zeitlicher und örtlicher Hinsicht Freiräume verbleiben; eine gewisse organisatorische Einbindung steht dem nicht entgegen. Einer freien Mitarbeit steht auch nicht entgegen, dass Steuern und Sozialversicherungsbeiträge wie bei einem Arbeitsverhältnis abgeführt werden (ArbG Stuttgart v. 6.10.2014, 11 Ca 2368/14, www.stotax-first.de).

Zur Abgrenzung eines Arbeitsverhältnisses von dem Rechtsverhältnis eines freien Mitarbeiters im Bereich des Rundfunks s. LAG Köln v. 9.5.2014, 4 Sa 8/14, www.stotax-first.de.

Regalauffüller: Regalauffüller bzw. Platzierungshilfen, die in Warenhäusern und Supermärkten die Warenplatzierung, Regalpflege sowie Dispositionsaufgaben übernehmen, sind Arbeitnehmer (vgl. ausführlich den o.g. Abgrenzungskatalog, Stichwort „Platzierungshilfen/Regalauffüller" sowie BFH v. 20.11.2008, VI R 4/06, BStBl II 2009, 374).

Ein Regalauffüller ist trotz der Vereinbarung einer Tätigkeit als Agentur auf selbständiger Basis abhängig beschäftigt, wenn ihm der Auftraggeber konkrete Weisungen erteil (LSG Berlin-Brandenburg v. 30.3.2012, L 1 KR 118/09, www.stotax-first.de).

Die Tätigkeit als externer Regalauffüller, der in Supermärkten Produkte bestimmter Marken und Firmen in Regale einsortiert, wird regelmäßig im Rahmen eines abhängigen Beschäftigungsverhältnisses ausgeübt und unterliegt somit der Sozialversicherungspflicht, wenn sich die Tätigkeit von einer vergleichbaren Arbeitnehmertätigkeit nicht wesentlich unterscheidet und keine besonderen auf ein Unternehmerrisiko hinweisenden Umstände im Einzelfall erkennbar sind (LSG Sachsen v. 17.5.2011, L 5 R 368/09, www.stotax-first.de).

Der im Bereich Regalservice tätige Mitarbeiter eines Logistikzentrums, das Produkte im Auftrag der Herstellerfirmen lagert und von dort an Großmärkte im Bereich Elektronikfachmarkt und Warenhausbereich liefert, ist in einem persönlichen Abhängigkeitsverhältnis tätig, auch wenn er diese Tätigkeit im Außendienst und in eigenständiger Aufgabenerfüllung ausgeübt hat. Der Annahme der Eingliederung in den Betriebsaufbau steht nicht entgegen, dass der Mitarbeiter seine Tätigkeit – in Absprache mit den jeweiligen Filialleitern – weitgehend selbst gestalten kann (LSG Hessen v. 18.10.2007, L 8 KR 78/05, www.stotax-first.de).

Rehabilitand: Kein Arbeitnehmer (BAG v. 26.1.1994, 7 ABR 13/92, www.stotax-first.de).

Reinigungskraft: Es kommt immer auf die Gesamtumstände des einzelnen Falles an:

a) Arbeitnehmereigenschaft bejaht wurde z.B. bei

- einer Reinigungskraft, die keine eigenen Putzgerätschaften oder Reinigungsmittel einsetzt, kein Firmenfahrzeug hat, nicht werbend am Markt auftritt und einen Stundenlohn von 10 bis 12 € erhält, auch wenn sie ein Gewerbe angemeldet hat, bei mehreren Vertragspartnern Reinigungsarbeiten durchführt, über die Arbeiten Rechnungen ausstellt und die Einkünfte als Einkünfte aus Gewerbebetrieb versteuert (SG München v. 5.1.2015, S 31 R 2588/13, www.stotax-first.de),
- einer als Haushaltshilfe in der Hotelbranche Tätigen, wenn Arbeitgeber und Arbeitnehmer vereinbaren können, dass der Arbeitnehmer seine Arbeitsleistung entsprechend dem Arbeitsanfall zu erbringen hat. Ausreichend ist, wenn die einzelnen Arbeitseinsätze jeweils vorher verabredet werden, solange der Arbeitnehmer häufig über einen längeren Zeitraum herangezogen wird, er von seinem Ablehnungsrecht keinen Gebrauch macht und er darauf vertrauen kann, auch in Zukunft herangezogen zu werden (LSG Nordrhein-Westfalen v. 15.10.2014, L 8 R 870/13, www.stotax-first.de),
- der Reinigungskraft in einer Rechtsanwaltskanzlei, wenn die Reinigung mit den Betriebsmitteln des Auftraggebers zu festgelegten Zeiten verrichtet wird, ohne dass eigenes Kapital in nennenswertem Umfang eingesetzt wird (LSG Nordrhein-Westfalen v. 30.4.2014, L 8 R 981/12, www.stotax-first.de); dies gilt auch, wenn sich die Reinigungskraft von ihrer Tochter vertreten lassen kann (LSG Berlin-Brandenburg v. 30.10.2009, L 1 KR 315/08, www.stotax-first.de),
- einem WC-Kabinenfahrer bzw. Reiniger ohne eigene WC-Kabinen, auch wenn er zur Ausübung seiner Tätigkeit einen eigenen LKW oder PKW benutzt (LSG Baden-Württemberg v. 12.12.2008, L 4 R 3542/05, www.stotax-first.de),
- einem Filialleiter von Reinigungen (BSG v. 27.5.1971, 3 RK 12/71, www.stotax-first.de).

b) Arbeitnehmereigenschaft verneint wurde z.B. bei

- einer Reinigungskraft (hier Vertrag über die Wartung und Beaufsichtigung einer öffentlichen Bedürfnisanstalt), wenn diese nach den tatsächlichen Umständen nicht in der Lage ist, ihre vertraglichen Leistungspflichten allein zu erfüllen, sondern auf Hilfskräfte angewiesen und vertraglich berechtigt ist, ihre Leistungen durch Dritte erbringen zu lassen. Die Möglichkeit der Leistungserbringung durch Dritte ist ein wesentliches Merkmal des selbständigen Tätigwerdens, das mit dem Status eines Arbeitnehmers grundsätzlich nicht zu vereinbaren ist (LAG Köln v. 5.4.2012, 6 Sa 1018/11, www.stotax-first.de).

Reiseleiter: Studenten, die in den Semesterferien kurzzeitig als Reiseleiter für einen Reiseveranstalter tätig sind, sind jedenfalls dann **Arbeitnehmer**, wenn sie bei der Gestaltung des Tagesablaufs an das vom Veranstalter vorgegebene Reiseprogramm gebunden sind, als Vergütung eine feste Tagespauschale erhalten, der Reiseveranstalter sämtliche ihnen entstehenden Kosten trägt und sie im Falle der Schlechtleistung nicht auf Schadensersatz in Anspruch nimmt (FG Hamburg v. 24.9.1987, II 39/85, EFG 1988, 120). Das gilt auch für eine Reiseleiterin, die für einen Reiseveranstalter Reisegruppen auf Autobus-Rundreisen durch Europa begleitet, selbst wenn die Reisebegleitung jeweils durch separate Aufträge erfolgt, die Reiseleiterin jedoch in das Unternehmen des Reiseveranstalters eingegliedert ist und kein eigenes Unternehmerrisiko trägt (FG Hamburg v. 30.6.1993, VI 48/92, n.v.).

Eine Reiseleiterin einer deutschen Reiseagentur, die in der Dominikanischen Republik für die Fluggäste den Transfer zum Hotel zu organisieren und Sprechstunden im Hotel abzuhalten hat, in denen sie Exkursionen ins Landesinnere für eine einheimische Agentur gegen Provision verkauft, ist deshalb nicht bereits Arbeitnehmerin. Es kommt vielmehr auf die Umstände des Einzelfalles an (LAG Düsseldorf v. 3.12.1996, 8 Sa 1174/96, www.stotax-first.de).

Ein sog. Zielort-Reiseleiter, der ausschließlich am Zielort für ein Pauschalreiseunternehmen tätig ist, kann **selbständig** sein (BSG v. 17.5.1973, 12 RK 23/72, www.stotax-first.de). Dies gilt auch für nur **kurzfristig** als Reiseleiter beschäftigte Personen (z.B. Studenten), wenn ihnen ein Gestaltungsspielraum bei der Ausgestaltung der Reise eingeräumt ist und ein gewisses Vergütungsrisiko besteht (FG Hamburg v. 29.6.2005, II 402/03, www.stotax-first.de), s.a. „Museum".

Reitpädagogin: Eine Reitpädagogin, die in einem Reitponyclub ausschließlich selbst die Reitstunden abhält und sich nicht durch andere Personen vertreten lässt und auch kein Unternehmerrisiko trägt (sie benutzt ausschließlich das Pferd des Clubs und wird nicht an den Nutzung der Reitanlage beteiligt), ist abhängig beschäftigt (SG Würzburg v. 6.7.2010, S 2 R 4087/10, www.stotax-first.de).

Rendanten: Rendanten (Rechnungsführer in größeren Kirchengemeinden) erfüllen ihre Aufgaben nach den für einen Geschäftsbesorgungs-Vertrag im

Rahmen eines Werkvertrags geltenden Grundsätzen, wenn sie weder an bestimmten Dienstzeiten noch an einen bestimmten Dienstort gebunden sind. Ein abhängiges Beschäftigungsverhältnis liegt dann nicht vor (OFD Köln v. 22.11.1982, S 2331 – 32 – St 113, www.stotax-first.de).

Restaurantleiter: Die Entscheidung, ob ein Beschäftigungsverhältnis oder eine selbständige Tätigkeit vorliegt, richtet sich danach, welche gesetzlichen und von der Rechtsprechung entwickelten Merkmale überwiegen. Hauptmerkmale sind die vertragliche Vereinbarung, die Weisungsgebundenheit, die Eingliederung in den fremden Betrieb und das Unternehmerrisiko. Ausschlaggebend ist das Gesamtbild der Arbeitsleistung unter Berücksichtigung der Verkehrsanschauung (LSG Sachsen-Anhalt v. 1.11.2012, L 1 R 306/10, www.stotax-first.de, hier selbständige Tätigkeit angenommen).

Der Pächter eines Schiffs-Restaurants kann in Wirklichkeit Arbeitnehmer sein (LAG Köln v. 27.5.1998, 7 (4) Sa 1769/97, www.stotax-first.de).

Repräsentanten der AOK: Es handelt sich um Personen, die hauptamtlich für ein anderes Unternehmen tätig sind und sich bereit erklärt haben, in diesem Unternehmen vor Ort die Versicherten der AOK umfassend zu informieren und zu beraten. Für diese Tätigkeit erhalten sie von der AOK eine Aufwandsentschädigung. Die Betreuungsbeauftragten sind keine Arbeitnehmer der AOK. Es handelt sich bei den Zahlungen der AOK auch nicht um Arbeitslohn von dritter Seite, von dem das Unternehmen Lohnsteuer einzubehalten hätte, sondern um Einnahmen aus sonstiger selbständiger Tätigkeit i.S.d. § 18 Abs. 1 Nr. 3 EStG. Die Aufwandsentschädigungen bleiben im Rahmen der Höchstbeträge nach § 3 Nr. 12 Satz 2 EStG i.V.m. R 3.12 Abs. 3 LStR steuerfrei (OFD Frankfurt v. 10.11.2011, S 2337 A – 54 – St 213, www.stotax-first.de).

Rundfunkermittler, -gebührenbeauftragter: Kein Arbeitnehmer, wenn die Höhe seiner Einnahmen weitgehend von seinem eigenen Arbeitseinsatz abhängt und er auch im Übrigen – insbesondere bei Ausfallzeiten – ein Unternehmerrisiko in Gestalt des Entgeltrisikos trägt (zuletzt BFH v. 9.1.2004, V B 140/03, www.stotax-first.de, und v. 25.4.2006, X R 9/04, www.stotax-first.de, beide m.w.N.). Können je nach Ausgestaltung der vertraglichen Beziehungen freie Mitarbeiter oder Arbeitnehmer sein (BAG v. 26.5.1999, 5 AZR 469/98, www.stotax-first.de). Rundfunkgebührenbeauftragte können arbeitnehmerähnliche Personen i.S.d. § 12a TVG sein (BAG v. 15.2.2005, 9 AZR 51/04, www.stotax-first.de).

Rundfunkkorrespondent, -mitarbeiter, -sprecher: Regelmäßig Arbeitnehmer, insbesondere wenn er in den Dienstplänen der Anstalt aufgeführt ist (zuletzt BAG v. 20.9.2000, 5 AZR 61/99, www.stotax-first.de). Der Redakteur einer Rundfunkanstalt kann auch dann Arbeitnehmer sein, wenn er auf der Basis von Einzelhonorarverträgen tätig ist, jedoch schon durch die festgelegten Arbeitszeiten in den Betrieb der Rundfunkanstalt eingegliedert ist (FG Rheinland-Pfalz v. 27.6.1988, 5 K 532/87, EFG 1989, 22). Auch sog. „feste freie Mitarbeiter" einer Rundfunkanstalt, die programmgestaltend tätig sind, können Arbeitnehmer sein (BFH v. 25.6.2009, V R 37/08, BStBl II 2009, 873). Zur Abgrenzung gegenüber freier Mitarbeit s.a. BAG v. 14.3.2007, 5 AZR 499/06, www.stotax-first.de, betr. einen Sportredakteur: Arbeitsverhältnis verneint. Zur **Abgrenzung zur arbeitnehmerähnlichen Person** s.a. BAG v. 21.6.2011, 9 AZR 820/09, www.stotax-first.de, betr. einen Journalisten mit Honorar-Rahmenvertrag.

Rundfunk- und Fernsehanstalten: Programmgestaltende Mitarbeiter einer Sendeanstalt stehen zu dieser nur dann in einem Beschäftigungsverhältnis, wenn die Sendeanstalt innerhalb eines bestimmten zeitlichen Rahmens über ihre Arbeitsleistung verfügen kann (zuletzt LSG Sachsen v. 31.7.2015, L 1 KR 73/10, www.stotax-first.de, m.w.N., betr. einen Moderator).

Der Redakteur einer Rundfunkanstalt kann auch dann Arbeitnehmer sein, wenn er auf der Basis von Einzelhonorarverträgen tätig ist, jedoch schon durch die festgelegten Arbeitszeiten in den Betrieb der Rundfunkanstalt eingegliedert ist (FG Rheinland-Pfalz v. 27.6.1988, 5 K 532/87, EFG 1989, 22). Auch sog. „feste freie Mitarbeiter" einer Rundfunkanstalt, die programmgestaltend tätig sind, können Arbeitnehmer sein (BFH v. 25.6.2009, V R 37/08, BStBl II 2009, 873)

Sargträger: Sargträgertätigkeiten sind nach der Verkehrsauffassung regelmäßig dem Bestattungsunternehmen zuzurechnen und daher als Beschäftigte anzusehen (SG Hamburg v. 2.9.2011, S 40 U 57/10, www.stotax-first.de). Kein Arbeitnehmer, wenn er ohne konkrete Bereithaltungsverpflichtung kraft freier Einzelfallentscheidung nur von Fall zu Fall für ein Bestattungsunternehmen tätig wird (FG Saarland v. 8.11.1995, 2 K 43/94, EFG 1996, 98). Kann bei regelmäßiger Tätigkeit für ein Unternehmen aber selbst dann Arbeitnehmer sein, wenn er auf Betreiben der Arbeitgeberin ein entsprechendes Gewerbe angemeldet hat (LAG Düsseldorf v. 9.9.1997, 8 Sa 756/97, www.stotax-first.de).

Schiedsmann: Kein Arbeitnehmer (OFD Magdeburg v. 11.12.2007, S 2248 – 16 – St 213 V, StEd 2008, 60).

Schiedsrichter: Kein Arbeitnehmer; die vom Deutschen Fußball-Bund u.Ä. gezahlten Spesen gehören zu den sonstigen Einkünften i.S.d. § 22 Nr. 3 EStG oder – wenn der Schiedsrichter auch international z.B. für die FIFA eingesetzt wird – den Einkünften aus Gewerbebetrieb nach § 15 EStG. Letzteres gilt auch für Einnahmen aus Werbetätigkeit, selbst wenn die Schiedsrichter ausschließlich auf nationaler Ebene eingesetzt werden (OFD Frankfurt v. 24.4.2012, S 2257 A – 19 – St 218, www.stotax-first.de). Das FG Rheinland-Pfalz lehnt demgegenüber gewerbesteuerpflichtige Einnahmen ab (Urteil v. 18.7.2014, 1 K 2552/11, EFG 2014, 2065, Revision eingelegt, Az. beim BFH: X R 5/15).

Diese Grundsätze sind auf Schiedsrichter anderer Sportarten ohne Prüfung der Verbandsstrukturen nicht übertragbar (s. FG Niedersachsen v. 24.11.2004, 9 K 147/00, EFG 2005, 766, zu Tennisschiedsrichtern). Voraussetzung für die Anerkennung von Einkünften ist immer das Vorliegen einer Einkunftserzielungsabsicht. Schiedsrichter im Amateursportbereich können ggf. den Freibetrag nach § 3 Nr. 26a EStG in Anspruch nehmen (R 3.2 EStR).

Schlüsseldienste: Arbeitnehmer, wenn ihnen Werkzeuge und Arbeitskleidung gestellt werden, sie kein Kapital einsetzen, kaum die Möglichkeit haben, die Höhe ihrer Einnahmen zu beeinflussen (also keine Unternehmerinitiative) und nach außen hin im Namen der Firma X auftreten (FG Hamburg v. 27.8.1991, I 301/87, EFG 1992, 279). Das Gericht hielt es nach dem „Gesamtbild der Verhältnisse" für unerheblich, dass Urlaub, Sozialleistungen, ein festes Gehalt und Lohnfortzahlung im Krankheitsfall nicht vereinbart waren.

Die Übernahme einer Service-Station für Schumacher- und Schlüsseldienstleistungen im Lebensmittelmarkt kann selbst dann als „arbeitnehmerähnlich" i.S.d. § 5 Abs 1 Satz 2 ArbGG anzusehen sein, wenn der Betreiber die Preise seiner Dienstleistungen und Verkaufsprodukte selbst bestimmen kann (LAG Nürnberg v. 20.8.2002, 6 Ta 63/02, www.stotax-first.de).

Schnittmeister: Unterliegt ein Diplom-Schnittmeister bei seiner Tätigkeit innerhalb der Post-Produktion von Filmen für ein Unternehmen keinerlei Weisungen, kann er über seine Arbeitszeit frei verfügen und erhält er von dem Auftraggeber eine pauschale Vergütung, hat er keinen Anspruch auf Entgeltfortzahlung im Krankheitsfall oder bezahlten Urlaub, so sprechen solche Umstände für die Annahme einer selbständigen Tätigkeit. Geht im Übrigen die Tätigkeit des Schnittmeisters über das einfache Schneiden eines Films weit hinaus, steht ihm vielmehr ein erheblicher künstlerisch-eigenschöpferischer Gestaltungsspielraum zu und unterliegt er damit einer inhaltlichen Einflussnahme seines Auftraggebers nicht, so liegt eine versicherungsfreie selbständige Tätigkeit vor; dies gilt erst recht dann, wenn er für mehrere Auftraggeber tätig ist (LSG Berlin-Brandenburg v. 4.4.2014, L 1 KR 57/13, www.stotax-first.de).

Schreibkraft: Eine „Heimschreibkraft", die für ein Ministerium zu Hause Schreibarbeiten durchführt und nur nach dem Erfolg ihrer Arbeitsleistung – Seitenhonorar, nicht nach Stundenbezahlung – entlohnt wird, kann selbständig tätig sein (FG Düsseldorf v. 15.7.1970, DStZ/B 1970, 382; auch LSG Schleswig-Holstein v. 22.8.1967, L 2 KrV 1/67, www.stotax-first.de).

Schulbegleiter: Die Tätigkeit als Schulbegleiterin für einen Landkreis ist keine abhängige Beschäftigung (zuletzt LSG Bayern v. 29.4.2015, L 16 R 935/13, www.stotax-first.de). Ebenso LAG Niedersachsen v. 3.3.2011, 7 Sa 1370/10, www.stotax-first.de, wenn der Schulbegleiter weder einem umfassenden Weisungsrecht im Hinblick auf Art und Weise der Ausführung seiner Tätigkeit unterlag noch in die Arbeitsorganisation des Landkreises eingegliedert war.

Ein vom Träger der Schule vertraglich verpflichteter Schulbegleiter (Integrationshelfer) ist im Regelfall Arbeitnehmer im materiellen Sinne (ArbG Würzburg v. 28.7.2010, 1 Ca 2108/09, www.stotax-first.de).

Schulbusbegleiter: Arbeitnehmer, wenn er in die Organisation des Busunternehmens eingegliedert und hinsichtlich Zeit und Ort seiner Tätigkeit an Weisungen gebunden ist (BSG v. 18.5.1983, 12 RK 41/81, www.stotax-first.de). Aufwandsentschädigungen der von Gemeinden eingesetzten Schulweghelfer und Schulbusbegleiter bleiben nach § 3 Nr. 12 Satz 2 EStG (→ *Aufwandsentschädigungen im öffentlichen Dienst* Rz. 383) und § 3 Nr. 26 EStG (→ *Aufwandsentschädigungen für bestimmte nebenberufliche Tätigkeiten* Rz. 360) steuerfrei (OFD Niedersachsen v. 28.7.2011, S 2121 – 55 – St 213, www.stotax-first.de).

Schulhelfer: An einigen Schulen werden sog. Schulhelfer beschäftigt (oft von Elternvereinen), die angeblich selbständig tätig werden („Honorarkräfte"). Sie sollen z.B. behinderte Kinder beim Unterricht unterstützen, z.B. beim Transport oder durch Hilfeleistungen bei der Einnahme von Mahlzeiten u.Ä. Die Finanzverwaltung sieht diese Schulhelfer als Arbeitnehmer an, weil nur einfachere Tätigkeiten verrichtet werden. Arbeitnehmer sind auch Betreuungspersonen, die Kinder im Rahmen von Modellen der „betreuten Grundschule" („Schule von 8.00 bis 13.00 Uhr") während des gesamten Vormittags – auch bei Unterrichtsausfall – betreuen (OFD Düsseldorf v. 3.11.1998, S 2331 A – 57 St 213, www.stotax-first.de). Aufwandsentschädigungen bleiben ggf. nach § 3 Nr. 12 Satz 2 EStG (→ *Aufwandsentschädigungen im öffentlichen Dienst* Rz. 383) und §§ 3 Nr. 26, 26a EStG (→ *Aufwandsentschädigungen für bestimmte nebenberufliche Tätigkeiten* Rz. 360) steuerfrei (OFD Niedersachsen v. 28.7.2011, S 2121 – 55 – St 213, www.stotax-first.de).

Schweißer: Ein Schweißer ohne besondere Qualifikationen, der faktisch in den laufenden Produktionsprozess eines Industriebetriebs eingegliedert ist und keine eigene Betriebsstätte hat, kann abhängig beschäftigt sein, auch wenn im Einzelfall eine werkvertragliche Vereinbarung geschlossen wurde und eine Abrechnung und Bezahlung auf Grundlage einer Honorarvereinbarung erfolgt (SG Stade v. 10.5.2012, S 30 R 384/11, www.stotax-first.de).

Sekretärin: Kann „freie Mitarbeiterin" sein, wenn sie keinem Weisungsrecht unterliegt und immer nur einzelne Aufträge erhält. Im Regelfall ist jedoch von

Arbeitnehmer-ABC

keine Sozialversicherungspflicht = (SV̶)
Sozialversicherungspflicht = (SV)

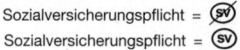

einem Arbeitsverhältnis auszugehen (BAG v. 11.12.1996, 5 AZR 708/95, www.stotax-first.de).

Skilehrer: Skilehrer im Nebenberuf (ohne Arbeitsvertrag), der für Sporthäuser am Wochenende oder für einzelne Wochenkurse tätig wird, ist insoweit kein Arbeitnehmer (BFH v. 24.10.1974, IV R 101/72, BStBl II 1975, 407).

Standesbeamte: Nebenamtliche Standesbeamte sind Arbeitnehmer.

Steuerbevollmächtigter, -gehilfe: Arbeitnehmer, wenn er für einen anderen Steuerbevollmächtigten in dessen Büro während der üblichen Geschäftszeit tätig ist, kein Unternehmerrisiko trägt und für seine Tätigkeit eine feste, zeitbezogene Vergütung sowie bezahlten Urlaub erhält (BSG v. 27.9.1972, 12/3 RK 31/71, www.stotax-first.de). Die Aufnahme eines angestellten Steuerberaters in den Briefkopf einer Steuerberaterpraxis ändert nichts daran, dass der Angestellte Arbeitnehmer ist (OFD Hannover v. 17.11.1998, S 7104 – 385 – StH 542, www.stotax-first.de). Freier Mitarbeiter, wenn er bei einem Steuerberater – oder auch zu Hause – an selbst gewählten Tagen gegen Honorar Steuererklärungen erstellt oder Buchhaltungsarbeiten vornimmt (LAG Köln v. 23.3.1988, 7 Sa 1378/87, www.stotax-first.de; LAG Berlin v. 29.5.1989, 9 Sa 17/89, www.stotax-first.de). Ein angestellter Steuerberater, der als Testamentsvollstrecker eines Erblassers, der zuvor Mandant des Arbeitgebers des Steuerberaters war, eingesetzt wird, kann insoweit selbständig tätig werden (FG Hamburg v. 22.5.2001, II 258/00, EFG 2001, 1246).

Straßenverkehrszähler: Die sog. Fremdzähler (meist Schüler, Studenten, Rentner oder Angehörige der Straßenbauverwaltung) sind Arbeitnehmer, weil sie weisungsgebunden sind (hinsichtlich Einsatzort und des zeitlichen Rahmens der Zählung) und bei einfachen Tätigkeiten eher eine Eingliederung in den Betrieb des Auftraggebers anzunehmen ist (OFD Hannover v. 7.2.1997, S 2360 – 35 – StH 212, www.stotax-first.de).

Stripteasetänzerin: In der Regel Arbeitnehmerin (BAG v. 7.6.1972, 5 AZR 512/71, www.stotax-first.de). Vgl. auch „Prostituierte".

Subunternehmer: Es kommt auf die Gesamtumstände des Einzelfalls an: Ist Anlass für die Beschäftigung polnischer, in ihrem Heimatland selbständig tätiger Mitarbeiter bei einem Kfz-Betrieb in Deutschland die Ausführung einzelner, vorher genau bestimmter Reparaturarbeiten, bestimmt sich jedoch deren mehrwöchige Verweildauer nach dem Umfang der üblicherweise und regelmäßig in einem Kfz-Betrieb anfallenden Arbeiten, steht den Mitarbeitern zur Ausführung ihrer Arbeiten die Werkstatt und das schwere Arbeitsgerät zur Verfügung, erfolgt die Bezahlung nach dem vereinbarten Stundenlohn und wird den Mitarbeitern fortlaufend eine Unterkunft auf dem Werkstattgelände gestellt, sind die Mitarbeiter nicht als Subunternehmer, sondern **nichtselbständig beschäftigt** (FG Niedersachsen v. 10.4.2003, 11 K 130/01, www.stotax-first.de). **Keine Arbeitnehmereigenschaft** liegt dagegen vor, wenn ein Monteur zwar nur für einen Auftraggeber als Subunternehmer tätig ist, nach außen hin jedoch als selbständiger Unternehmer auftritt, z.B. Aufsuchen der Baustellen mit eigenem Fahrzeug, Bereitstellen eigenen Werkzeugs und eigener Arbeitskleidung, Haftung für fehlerhafte Arbeiten, Übernahme von Konventionalstrafen usw. (FG Niedersachsen v. 14.1.1980, IX 100/78, EFG 1980, 349).

Syndikusanwalt: S. → *Zukunftssicherung: Gesetzliche Altersversorgung* Rz. 3349.

Tagesmütter: Tagesmütter, die in ihren Räumen häusliche Beaufsichtigung und Betreuung fremder Kinder übernehmen, sind keine weisungsabhängigen Arbeitnehmer; sie erzielen Einkünfte aus selbständiger Tätigkeit i.S.d. § 18 Abs. 1 Nr. 1 EStG. Betreut die Tagespflegeperson ein Kind jedoch in dessen Familie nach Weisungen der Personensorgeberechtigten, ist sie in der Regel Arbeitnehmerin und die Personensorgeberechtigten sind Arbeitgeber (OFD Magdeburg v. 17.7.2013, S 2248 – 13 – St 213, www.stotax-first.de, sowie OFD Frankfurt v. 14.8.2014, S 2121 A – 14 – St 210, www.stotax-first.de, auch zum Abzug von Betriebsausgaben und zur Steuerfreiheit von Erstattungen zur Unfallversicherung und Altersvorsorge).

In § 10 Abs. 1 Satz 3 SGB V gibt es eine befristete Sonderregelung, wonach Tagespflegepersonen, die die Betreuung von bis zu fünf gleichzeitig anwesenden fremden Kindern übernehmen, nicht als hauptberuflich selbständig anzusehen sind.

Diese Regelung wurde bis zum 31.12.2018 verlängert.

Tankreinigungstrupp: Ein Zusammenschluss natürlicher Personen (hier: Tankreinigungstrupp) erbringt regelmäßig nur dann als selbständiger Unternehmer Leistungen gegen Entgelt, wenn dem Leistungsempfänger diese Personenmehrheit als Schuldner der vereinbarten Leistung und Gläubiger des vereinbarten Entgelts gegenübersteht. Grundsätzlich ist auf die zivilrechtlichen Vereinbarungen abzustellen (BFH v. 16.8.2001, V R 67/00, HFR 2002, 232).

Tankstellenverwalter: Kein Arbeitnehmer, auch soweit er in der von einer Treibstoffgesellschaft gepachteten Tankstelle Fremdgeschäfte (Verkauf im Namen und für Rechnung der Gesellschaft) tätig ist (BSG v. 11.8.1966, 3 RK 57/63, www.stotax-first.de). Zum Status eines Tankstellenpächters, der alleiniger Gesellschafter und Geschäftsführer einer von ihm gegründeten GmbH ist, s. ArbG Mönchengladbach v. 19.1.2000, 2 Ca 3647/99, www.stotax-first.de.

Tankwarte: Regelmäßig Arbeitnehmer, auch bei Aushilfstätigkeit. Das Weisungsrecht des Arbeitgebers muss sich nicht auf die Arbeitszeit erstrecken, sondern kann sich auf Inhalt und Durchführung der geschuldeten Tätigkeit beschränken (BAG v. 12.6.1996, 5 AZR 960/94, www.stotax-first.de).

Taxifahrer: Es kommt immer auf die Gesamtumstände des einzelnen Falles an:

a) Arbeitnehmereigenschaft bejaht wurde z.B. bei

– Aushilfsfahrern, die für ein Mietwagenunternehmen auf 40 %-Basis tätig werden. Hierfür spricht ihre Weisungsgebundenheit gegenüber dem Unternehmer hinsichtlich Ort, Zeit und Inhalt der Tätigkeit, ihre Eingliederung in den Betrieb und der Umstand, dass sie eher einfache Arbeiten verrichtet haben. Keine Rolle spielt demgegenüber das Fehlen eines Anspruchs auf Entgeltfortzahlung, auf Urlaub und auf sonstige soziale Leistungen, weil solche Regelungen für Aushilfsfahrer nicht üblich sind (FG Schleswig-Holstein v. 26.1.1994, II 857/92, EFG 1994, 540),

– einem Taxivermittler, wenn er in den Betrieb des Taxiunternehmens eingegliedert und diesem gegenüber weisungsgebunden ist (LSG Bayern v. 21.12.2004, L 5 KR 166/04, www.stotax-first.de),

– einem Taxifahrer, der in den Betrieb des Fahrzeugeigentümers zeitlich eingebunden und dessen Weisungen unterworfen ist, die erzielten Einnahmen mit diesem abzurechnen hat und nicht selbst werbend auf dem Markt auftritt. Ein echtes Unternehmerrisiko entsteht erst dann, wenn wegen Arbeitsmangels nicht nur kein Einkommen erzielt wird, sondern zusätzlich auch Kosten für betriebliche Investitionen anfallen. Eine umsatzabhängige Entlohnung mit dem Risiko eines geringeren Verdienstes für den Fall gehäufter Wartezeiten oder Leerfahrten stellt kein ausschlaggebendes unternehmerisches Risiko dar. Eine fehlende Konzession des Taxifahrers nach dem Personenbeförderungsgesetz und dessen fehlendes Auftreten im eigenen Namen sind Indizien gegen eine selbständige Tätigkeit (LSG Hamburg v. 4.12.2013, L 2 R 116/12, www.stotax-first.de).

b) Arbeitnehmereigenschaft verneint wurde z.B. bei

– Aushilfstaxifahrern, die – vorwiegend in der Nacht und am Wochenende – auf Anfrage für ein Taxiunternehmen Fahrten durchführen, die ihnen von der Taxizentrale zugeteilt werden, ansonsten aber an keine festen Arbeitszeiten gebunden sind, d.h. sich jederzeit von der Taxizentrale „abmelden" und das Fahrzeug zurückgeben können, und einen bestimmten Prozentsatz (50 % bzw. 60 %) des eingefahrenen Umsatzes an das Taxiunternehmen abführen müssen (BAG v. 29.5.1991, 7 ABR 67/90, www.stotax-first.de),

– Taxifahrern mit eigenem Fahrzeug, wenn sie über eine Konzession verfügen. Eine Arbeitgebereigenschaft der „Taxizentrale" scheidet aus (vgl. ausführlich den o.g. Abgrenzungskatalog, Stichwort „Taxifahrer").

Telearbeit: Ob „Telearbeiter" selbständig oder nichtselbständig tätig sind, muss nach den Gesamtumständen des Einzelfalls entschieden werden; s. dazu ausführlich den o.g. Abgrenzungskatalog sowie → *Home-Office/Mobile-Office/Telearbeit* Rz. 1571. Vielfach handelt es sich hierbei lediglich um einen **ausgelagerten Arbeitsplatz**. In diesen Fällen ist von einem **abhängigen Beschäftigungsverhältnis** auszugehen, weil es nicht rechtserheblich ist, wo der Beschäftigte seine Tätigkeit verrichtet (BSG v. 27.9.1972, 12 RK 11/72, www.stotax-first.de).

Telefoninterviewer: S. „Erhebungsbeauftragte (Interviewer)"

Telefonistin, Telefonsex: Keine Arbeitnehmerin bei arbeitstäglich dreistündiger Tätigkeit betr. „Termin-Legen" für Außendienstler nach vorgegebenen Listen mit vorformulierten Fragen (LAG München v. 22.1.2004, 3 Ta 440/03, www.stotax-first.de).

Das FG Köln hat hingegen bei einer Telefonistin in einem Telefon-Sex-Callcenter die Arbeitnehmereigenschaft bejaht, weil sie hinsichtlich Arbeitszeit, Arbeitsort und Inhalt ihrer Tätigkeit weisungsgebunden war und kein nennenswertes Unternehmerrisiko trug (Urteil v. 19.1.2007, 10 K 2841/05, EFG 2007, 1032). Ebenso LSG Baden-Württemberg v. 18.2.2014, L 11 R 3323/12, www.stotax-first.de, zur Sozialversicherungspflicht der Tätigkeit als Telefon-Operator in den Bereichen Flirtgespräche, Telefonsex und Partnervermittlung.

Zur Sozialversicherungspflicht bzw. -freiheit einer im Rahmen eines Auftragsvertrags ausgeübten Tätigkeit als „telefonische Gesprächspartnerin" für ein Telekommunikationsunternehmen, wenn sich diese von zuhause aus in das Telekommunikationssystem des Unternehmens einwählt und ihre aktiven Sprechzeiten vom Unternehmen aufgezeichnet werden, s. BSG v. 30.10.2013, B 12 KR 17/11 R, www.stotax-first.de.

Telefonseelsorger: Ehrenamtliche Tätigkeit, kein Arbeitnehmer (BAG v. 29.8.2012, 10 AZR 499/11, www.stotax-first.de).

Telefonverkäufer: Kein Arbeitnehmer, wenn er Provisionen nur bei erfolgreichem Abschluss erhält und somit das unternehmerische Risiko trägt, keine Arbeitszeiten einhalten muss und auch keinen Anspruch auf Urlaub und auf Weiterzahlung des Arbeitslohnes im Krankheitsfalle hat (BFH v. 14.12.1988, X R 34/82, www.stotax-first.de).

Begründen die Parteien ein Vertragsverhältnis, das sowohl Elemente eines Arbeitsverhältnisses als auch (überwiegend) eines freien Mitarbeiterverhältnisses enthält, dann können die Parteien vereinbaren, dass die Tätigkeit im Rahmen eines Arbeitsverhältnisses erbracht wird. Ob ein Arbeitsverhältnis oder ein freier Dienstvertrag vorliegt hängt davon ab, ob derjenige, der die Dienste erbringt von seinem Vertragspartner persönlich abhängig ist

Arbeitnehmer-ABC

(LAG Rheinland-Pfalz v. 17.4.2003, 2 Ta 216/03, www.stotax-first.de, betr. einen sog. Home-Agenten).

Telefonvermittler: Größere Versandunternehmen bieten ihre Waren und Serviceleistungen durch Kundenbetreuungsbüros, die sich über das gesamte Bundesgebiet verteilen, an. Die in den Kundenbetreuungsbüros angestellten Mitarbeiter sollen Neukunden werben, telefonische Bestellungen aufnehmen und diese mittels EDV an die Zentrale des Unternehmens weiterleiten. Neben dem angestellten Personal bedienen sich die Unternehmen freier Mitarbeiter, die automatisch die Anrufe erhalten, die von den Kundenbetreuungsbüros nicht zu schaffen sind. Das Konzept ist von vornherein so angelegt, dass die als freie Mitarbeiter beschäftigten Telefonvermittler einen größeren Teil der Anrufe erhalten. Die Versandunternehmen statten die Telefonvermittler mit dem erforderlichen Arbeitsmaterial (Bildschirmgerät, Tastatur, Telefon und Formulare) aus. Die Telefonvermittler sind als **abhängig Beschäftigte** zu sehen (s. ausführlich den o.g. Abgrenzungskatalog).

Theaterintendant: Kann selbständig tätig sein (FG Berlin v. 18.7.2003, 3 K 3092/02, www.stotax-first.de), auch → *Künstler (und verwandte Berufe)* Rz. 1748.

Toiletten-Service-Personal: Regelmäßig **Arbeitnehmer**, auch bei angeblich freier Mitarbeit; das Personal ist regelmäßig hinsichtlich Zeit, Dauer, Art und Ort der Arbeitsausführung weisungsgebunden (Besprechungsergebnis der Spitzenverbände der Sozialversicherungsträger v. 5./6.11.1996, BB 1997, 266 sowie FG Münster v. 9.7.2003, 8 K 5308/02 L, EFG 2003, 1549).

Kein Arbeitnehmer, wenn der zur Dienstleistung Verpflichtete nach den tatsächlichen Umständen nicht in der Lage ist, seine vertraglichen Leistungspflichten allein zu erfüllen, sondern auf Hilfskräfte angewiesen und vertraglich berechtigt ist, seine Leistungen durch Dritte erbringen zu lassen (LAG Köln v. 5.4.2012, 6 Sa 1018/11, www.stotax-first.de).

Trainer: Die steuerliche und die sozialversicherungsrechtliche Beurteilung sind nicht deckungsgleich:

1. Lohnsteuer

Trainer von Sportvereinen können je nach den Gesamtumständen des Einzelfalls Arbeitnehmer oder selbständig sein. Die **Finanzverwaltung** sieht nebenberufliche Übungsleiter und vergleichbare Personen grundsätzlich als **selbständig** an, wenn sie **in der Woche durchschnittlich nicht mehr als sechs Stunden** tätig werden und zudem noch ausschließlich für die tatsächlich geleisteten Stunden bezahlt werden, d.h. keine Zahlung bei Krankheit oder während der Ferien erhalten (zuletzt OFD Magdeburg v. 29.4.2010, S 2331 – 8 – St 225, www.stotax-first.de, sowie R 19.2 Satz 4 LStR). Bei der Ermittlung der Sechs-Stunden-Grenze sind die tatsächlich geleisteten Übungsleiterstunden maßgebend. Auf Anfahrts- und Vorbereitungszeiten etc. kommt es nicht an. Werden jedoch z.B. Mannschaftsbesprechungen zur Vor- und Nachbereitung von Spielen auch als Honorarstunden gerechnet, so sind auch diese Zeiten in die Sechs-Stunden-Grenze einzubeziehen. Fahrtzeiten werden nur einbezogen, wenn sie wie Arbeitszeit behandelt und honoriert werden.

Hauptberufliche Fußballtrainer sind Arbeitnehmer, wenn sie für mindestens eine Spielzeit verpflichtet werden. Entsprechendes gilt für die von Fußballverbänden verpflichteten Trainer.

Nebenberufliche Trainer sind im Allgemeinen selbständig tätig, wenn sie nicht mehr als sechs Stunden wöchentlich für den Verein tätig sind, R 19.2 Satz 4 LStR (s.a. FG Hessen v. 9.7.1993, 4 K 2744/92, EFG 1994, 396; BFH v. 13.5.1993, IV R 131/92, www.stotax-first.de). Etwas anderes gilt nur, wenn die der Tätigkeit zu Grunde liegende Vertragsbeziehung als Arbeitsvertrag zu werten ist, weil z.B. Versorgungsregelungen, Urlaubsvereinbarungen, Bestimmungen über die Entgeltfortzahlung im Krankheitsfall usw. enthält.

Bei nebenberuflicher Übungsleitertätigkeit bleiben unter den Voraussetzungen des § 3 Nr. 26 EStG von den Einnahmen 2 400 € im Jahr (Betrag ab 2013) pauschal steuerfrei (→ *Aufwandsentschädigungen für bestimmte nebenberufliche Tätigkeiten* Rz. 360).

2. Sozialversicherung

In der Sozialversicherung spielt die zeitliche Inanspruchnahme der Tätigkeit – im Unterschied zur Sechs-Stunden-Grenze im Steuerrecht – keine Rolle. Entscheidend ist vielmehr, ob und ggf. in welchem Umfang der Übungsleiter in den Verein eingegliedert ist und von dort seine Weisungen erhält (weitere Einzelheiten s. den o.g. Abgrenzungskatalog). So kann z.B. eine Übungsleiterin als abhängig Beschäftigte anzusehen sein, auch wenn sie nur an einem Abend in der Woche drei Stunden Gymnastikkurse durchführt (BSG v. 18.12.2001, B 12 KR 8/01 R, www.stotax-first.de). Ist die Zuordnung nicht zweifelsfrei möglich, kann der Trainer den Status verbindlich klären lassen. Er kann sich hierzu an die Clearingstelle der Bundesversicherungsanstalt für Angestellte in Berlin wenden. Sollten Trainer/Übungsleiter selbständig tätig sein, unterliegen sie der Rentenversicherungspflicht nach § 2 Satz 1 Nr. 1 SGB VI, sofern sie im Zusammenhang mit ihrer selbständigen Tätigkeit keinen versicherungspflichtigen Arbeitnehmer beschäftigen.

3. Weitere Rechtsprechungsnachweise

a) Arbeitnehmereigenschaft bejaht wurde z.B. bei

- Übungsleitern, die nicht ehrenamtlich, sondern gegen eine vertraglich geregelte Vergütung tätig werden, wenn die zu trainierenden Mannschaften und die Trainingszeiten bzw. Hallenbelegungszeiten vom Verein festgelegt werden, sie somit in die Organisationsstruktur des Sportvereins eingebunden sind – Abweichung von dem gemeinsamen Rundschreiben der Spitzenverbände der Sozialversicherung v. 13.10.2010 (LSG Baden-Württemberg v. 30.7.2014, L 5 R 4091/11, www.stotax-first.de),
- einer in einem Wellnesszentrum tätigen Sporttherapeutin, wenn sie einem umfassenden Weisungsrecht hinsichtlich Ort, Zeit und Art der Ausführung unterliegt, ihre Arbeitszeit nicht uneingeschränkt selbst bestimmen kann und ihr im Fall ihrer Verhinderung nicht eingeräumt ist, eine Vertretung zu bestellen. Dies gilt erst recht, wenn sie bei ihrer Tätigkeit nur die eigene Arbeitskraft, aber kein eigenes Kapital einzusetzen hat und die Vergütung entsprechend der geleisteten Arbeit erfolgt (LSG Thüringen v. 1.7.2014, L 6 R 1680/10, www.stotax-first.de),
- einem Fitnesstrainer und Servicebetreuer, der im Rahmen seiner Tätigkeit in die Betriebsorganisation eines Fitness Centers eingegliedert ist (LAG Rheinland-Pfalz v. 19.12.2013, 10 Sa 239/13, www.stotax-first.de, Nichtzulassungsbeschwerde eingelegt, Az. beim BAG: 9 AZN 64/14),
- einer Fitnesstrainerin in einem Fitnesscenter (LSG Baden-Württemberg v. 30.3.2012, L 4 R 2043/10, www.stotax-first.de),
- einem Co-Trainer einer Handball-Bundesligamannschaft (LSG Sachsen-Anhalt v. 13.10.2011, L 1 R 305/09, www.stotax-first.de),
- einem Fußballtrainer, der mit der Aufgabe der sportlichen Leitung einer Mannschaft betraut ist (LSG Nordrhein-Westfalen v. 14.2.2007, L 11 (8) R 242/05, www.stotax-first.de),
- einem Trainer einer Fußballamateurmannschaft (LSG Rheinland-Pfalz v. 27.4.2006, L 1 KR 31/04, www.stotax-first.de),
- Tennislehrern, die vertragliche Verpflichtungen mit einer Tennisschule zum Tennistraining eingegangen sind (LSG Schleswig-Holstein v. 26.4.2006, L 5 KR 22/05, www.stotax-first.de; gilt allerdings nicht für Tennislehrer, die noch für andere Vereine tätig sein durften),
- einem Golflehrer, der Schnupper- und Platzreifekurse für einen Golfclub durchführt (LSG Schleswig-Holstein v. 29.6.2005, L 5 KR 114/04, www.stotax-first.de),
- einem Trainer einer Fußball-Oberligamannschaft, der neben dem Trainervertrag mit dem Verein einen Vertrag mit einer Sponsorenfirma abgeschlossen hat, dort jedoch von jeder Arbeitsleistung freigestellt ist und der dem Präsidium/Vorstand des Vereins unterstellt ist (LAG Thüringen. v. 1.3.2002, 1 Ta 84/01, www.stotax-first.de),
- einer Sportlehrerin, die als Übungsleiterin für einen Sportverein Gymnastikkurse abhält (BSG v. 18.12.2001, B 12 KR 8/01 R, www.stotax-first.de),
- einem Golflehrer, wenn er eine feste monatliche Vergütung erhält und verpflichtet ist, sich während der Tagesstunden auf dem Gelände des Clubs bereitzuhalten. Dem steht nicht entgegen, dass er die Vergütung für seine Lehrtätigkeit von den Golfschülern erhält (BSG v. 29.8.1963, 3 RK 86/59, www.stotax-first.de).

b) Arbeitnehmereigenschaft abgelehnt wurde z.B. bei

- einem nebenberuflich tätigen Fußballtrainer einer Amateurmannschaft, wenn er nicht persönlich alle Trainingseinheiten leiten muss (LAG Hamm v. 13.3.2012, Ta 680/11, www.stotax-first.de),
- einem Trainer für den Deutschen Basketballbund; tritt ein Trainer am Markt als Selbständiger auf, werden ihm inhaltliche Vorgaben, wie sein Training zu gestalten ist, nicht gemacht und kann er in den ihm übertragenen Bereichen eigenständig arbeiten, dann wird seine Trainertätigkeit durch ein Maß an Gestaltungsfreiheit geprägt, welches für ein Arbeitsverhältnis untypisch ist (LSG Hessen v. 6.4.2005, L 8/14 KR 30/04, www.stotax-first.de),
- bei Golflehrern, wenn es ihnen freisteht, Golfunterricht nach ihrem Belieben nicht nur an Mitglieder des Golfclubs, sondern auch anderen Personen zu erteilen, sie nicht bei der Erteilung des Unterrichts an das Golfgelände gebunden sind und sie das Stundenhonorar auch mit den Mitgliedern des Clubs im Wesentlichen frei vereinbaren (LSG Nordrhein-Westfalen v. 24.6.2004, L 5 KR 180/01, www.stotax-first.de),
- einem Tennistrainer, wenn er sowohl die organisatorischen als auch terminlichen Absprachen sowie die Abrechnung unabhängig von dem Verein direkt mit den zu trainierenden Sportlern durchführt. Dies gilt selbst dann, wenn der Verein auf Grund einer Alimentationsabrede den Unterricht bezuschusst. Der Selbständigkeit der Tätigkeit des Trainers steht nicht entgegen, dass die Trainerstunden auf dem Spielgelände des Vereins und nur zu von diesem vorgegebenen Zeiten abzuhalten sind (ArbG Kempten v. 5.11.1997, 3 Ca 1317/97, www.stotax-first.de),
- einem für einen Sportverein tätigen Übungsleiter, der auf Honorarbasis u.a. Kurse im Rücken- und Reha-Sport gibt, er selbst plant und durchführt, und auch noch für andere Vereine tätig ist (SG Lüneburg v. 17.8.2015, S 1 R 446/12, www.stotax-first.de),
- dem Co-Trainer einer Fußballmannschaft, weil er hinsichtlich des Umfangs der Erbringung seiner Leistungen frei war und ein festes, vom Leistungsumfang unabhängiges Honorar weder vereinbart noch tatsächlich geleistet wurde (LSG Baden-Württemberg v. 17.7.2015, L 4 R 1570/12, www.stotax-first.de).

Arbeitnehmer-ABC

keine Sozialversicherungspflicht = (SV̷)
Sozialversicherungspflicht = (SV)

Telefoninterviewer: S. „Erhebungsbeauftragte (Interviewer)".

Tutoren eines Studentenwohnheims: Bei Begründung eines Arbeitsverhältnisses Arbeitnehmer, so in Nordrhein-Westfalen (FinMin Nordrhein-Westfalen v. 2.11.1981, www.stotax-first.de); in Bayern dagegen selbständige Tätigkeit (vgl. BFH v. 21.7.1972, VI R 188/69, BStBl II 1972, 738; BFH v. 28.2.1978, VIII R 116/75, BStBl II 1978, 387).

Übersetzer: Regelmäßig kein Arbeitnehmer (BAG v. 13.6.1990, 5 AZR 419/89, www.stotax-first.de). Regelmäßig eingesetzte Sprecher und Übersetzer von Nachrichten- und Kommentartexten im fremdsprachlichen Dienst von Rundfunkanstalten können jedoch auch dann Arbeitnehmer sein, wenn ihre wöchentliche Arbeitszeit nur vier Stunden beträgt (BAG v. 11.3.1998, 5 AZR 522/96, www.stotax-first.de).

Unternehmensberater: Kein Arbeitnehmer, auch wenn er seine Arbeitskraft lediglich in den Dienst eines beratenen Unternehmens stellt, jedoch keinen Weisungen hinsichtlich Ort, Zeit und Inhalt der Tätigkeit unterworfen ist und jederzeit abberufen werden kann (FG Baden-Württemberg v. 5.2.1997, 6 V 10/96, EFG 1997, 802).

Vereine: Ehrenamtlich tätige Mitglieder (z.B. Vereinsvorsitzende, Betreuer, Kassierer), denen der Verein im Wesentlichen nur die tatsächlichen Aufwendungen ersetzt, sind keine Arbeitnehmer (vgl. BFH v. 4.8.1994, VI R 94/93, BStBl II 1994, 944 sowie → Rz. 175).

Werden dagegen von Vereinen Trainer usw. fest angestellt und entlohnt, kann es sich um Arbeitnehmer handeln (vgl. auch „Trainer" sowie „Kassierer").

Veranstaltungstechniker: Ein Veranstaltungstechniker, der für eine Vielzahl von Auftraggebern tätig ist, unterschiedliche Vergütungen vereinbart und mittels Rechnung im eigenen Namen abrechnet und selbst am Markt werbend auftritt, ist selbständig tätig. Das für eine selbständige Tätigkeit typische Unternehmerrisiko ist nicht gleichzusetzen mit einem Kapitalrisiko. Geringer Kapitaleinsatz ist bei Dienstleistungen höherer Art, die auf besonderen Kenntnissen beruhen, typisch (LSG Berlin-Brandenburg v. 28.1.2009, L 9 KR 101/03, www.stotax-first.de).

Verkaufsfahrer: Regelmäßig Arbeitnehmer (BSG v. 11.3.1970, 3 RK 25/67, www.stotax-first.de). Vgl. auch BGH v. 21.10.1998, VIII ZB 54/97, www.stotax-first.de, betr. **Tiefkühlverkäufer der Fa. Eismann.**

Arbeitnehmer sind auch Verkäufer in **mobilen Verkaufsständen** (z.B. sog. Hähnchenwagenfahrer), die weisungsgebunden und im Betrieb eingebunden sind, z.B. durch die Verpflichtung, das Verkaufsfahrzeug jeden Abend zur Betriebsstätte zurückbringen, damit es dort gereinigt werden kann, und kein Unternehmerrisiko tragen, weil alle Betriebsmittel gestellt werden (SG Detmold v. 23.6.2009, S 8 (2) R 260/07, www.stotax-first.de).

Verkaufsförderer: Verkaufsförderer treten im Regelfall unter der Bezeichnung Merchandiser, Werber, Werbedame, Promoter oder Propagandist auf. Ihnen obliegt die Aufgabe, im Rahmen von Verkaufs- oder Werbeaktionen zumeist in Kaufhäusern, Supermärkten oder auf Messen für Produkte zu werben. Die Werbetätigkeit setzt besondere persönliche Fähigkeiten wie z.B. Einfühlungsvermögen, Redegewandtheit, Überzeugungskraft und Geschick voraus. Zum Teil werden zusätzlich Produkte auf Provisionsbasis verkauft.

Die Berufsbezeichnung Werber, Werbedame, Promoter oder Propagandist sagt noch nichts über die steuerliche bzw. sozialversicherungsrechtliche Beurteilung aus und stellt für sich kein Kriterium für die Annahme einer selbständigen Tätigkeit dar. Die Selbständigkeit der Tätigkeit oder die Abhängigkeit der Beschäftigung ist nach dem Gesamtbild des beruflichen Einsatzes zu beurteilen (s. BSG v. 11.3.1997, 12 BK 46/96, www.stotax-first.de, sowie den o.g. Abgrenzungskatalog).

a) Arbeitnehmereigenschaft bejaht wurde z.B. bei

- einem Verkaufsförderer, der ohne unternehmerisches Risiko Außendiensttätigkeiten wahrnimmt, d.h. Einholen von Aufträgen von Outlets, Beobachtung des Wettbewerbs, Markt- und Preiserhebungen usw. (SG München v. 12.9.2014, S 15 R 1125/13, www.stotax-first.de),
- sog. „Sortimentskräften", die in Warenhäusern und Fachgeschäften Produkte des Auftraggebers verkaufen (LSG Baden-Württemberg v. 10.9.2010, L 4 R 1775/07, www.stotax-first.de),
- Propagandisten, die in gewisser Regelmäßigkeit von ihrem Auftraggeber hergestellte Waren gegen Provision in einem Kaufhaus in dessen Namen und für dessen Rechnung anbieten und verkaufen (BSG v. 24.10.1978, 12 RK 58/76, www.stotax-first.de, und v. 12.10.1979, 12 RK 24/78, www.stotax-first.de). Das ist insbesondere dann der Fall, wenn eine Mindestprovision vom Auftraggeber garantiert wird. Im Einzelfall kann auch eine selbständige Tätigkeit vorliegen.

b) Arbeitnehmereigenschaft verneint wurde z.B. bei

- einem als Rack-Jobber und Merchandiser Tätigen, der mehreren Auftraggebern im Bereich der Verkaufsförderung anbietet und dem es somit obliegt, zusätzlich zum Bestücken von Regalflächen auch die Warendarstellung/Warenpräsentation zu prüfen und ggf. mit dem Ziel steigender Umsätze zu optimieren (BSG v. 31.3.2015, B 12 KR 17/13 R, www.stotax-first.de, und zuletzt LSG Sachsen v. 10.9.2015, L 1 KR 175/12, www.stotax-first.de),
- Propagandisten auf Grund der vertraglichen Ausgestaltung: vertragliche Ausgestaltung mit einem gewissen „Auftragsvolumen", die Entgeltabwicklung auf Grund von Rechnungstellung mit einem Pauschalbetrag zzgl. Auslagen, der Umstand, dass kein Anspruch auf Lohnfortzahlung bei Krankheit oder Urlaub bestand und dass die Leistung nicht persönlich erbracht werden musste, sowie der Umstand, dass Tätigkeiten für andere Auftraggeber vertraglich und zeitlich möglich und auch tatsächlich üblich waren; kein Weisungsrecht des Auftraggebers, keine Vorgabe eines konkreten Arbeitsortes und einer konkreten Arbeitszeit, Bestehen eines unternehmerischen Risikos, Aufträge waren immer nur von jeweils kurzer Dauer (LSG Hamburg v. 4.12.2012, L 3 R 213/07, www.stotax-first.de),
- Werbedamen, die von ihren Auftraggebern von Fall zu Fall für jeweils kurzfristige Werbeaktionen beschäftigt werden (BFH v. 14.6.1985, VI R 150 - 152/82, BStBl II 1985, 661),
- Verkaufsförderern, wenn sie lediglich kurzfristig für verschiedene Werbeaktionen eines oder mehrerer Auftraggeber eingesetzt werden. Auf Grund der wechselnden Arbeitszeiten und Arbeitsorte besteht keine Weisungsabhängigkeit (LSG Bayern v. 18.5.2004, L 5 KR 194/03, www.stotax-first.de),
- einer Werbedame, die für eine Getränkefirma in Supermärkten und Kaufhäusern Ausschankwerbung betreibt, wenn sie nur bei besonderen Werbeaktionen eingesetzt wird und das Risiko der persönlichen Verhinderung zu tragen hat; gegen FG Münster v. 24.10.1979, V 2722/77 U, EFG 1980, 311 (FG Rheinland-Pfalz v. 12.5.1982, 1 K 200/81, www.stotax-first.de),
- einem Verkaufsförderer, dem die Betreuung von sog. „Shops" übertragen ist. Kontrolle der Leistung und Informationsaustausch mit dem Auftraggeber qualifizieren die Kommunikation nicht zur arbeitsrechtlichen Weisung. Maßgeblich ist für diese Tätigkeit die eingeräumte Zeithoheit (LAG Köln v. 20.4.2015, 2 Sa 998/14, www.stotax-first.de).

Verkaufsstellenleiter: Arbeitnehmer, auch wenn er am Umsatz beteiligt ist, seine Stellung sich aber von der eines angestellten Verkäufers nicht wesentlich unterscheidet (RFH v. 27.11.1935, RStBl 1936, 296).

Vermögensberater: Arbeitnehmer oder Handelsvertreter; offen gelassen in BAG v. 15.2.2005, 5 AZB 13/04, www.stotax-first.de, weil Ein-Firmen-Vertreter und prozessrechtlich Arbeitnehmer nach § 5 Abs. 3 ArbGG.

Verputzer: Arbeitnehmer, wenn sie kein Unternehmerrisiko tragen. Allein die Vereinbarung einer erfolgsbezogenen Entlohnung bedeutet noch nicht die Übernahme eines Unternehmerrisikos, solange sich dies lediglich als Arbeitnehmerrisiko besonderer Art darstellt (BFH v. 10.2.2005, IX B 183/03, www.stotax-first.de).

Auch ein selbständiger Unternehmer kann – trotz gleicher oder höherer Qualifikation – im Einzelfall für einen anderen Unternehmer eine abhängige Beschäftigung ausüben, z.B. als Mitglied einer Verputzerkolonne (BSG v. 30.1.2007, B 2 U 6/06 R, www.stotax-first.de).

Versicherungsvermittlerin: Offen gelassen (BAG v. 25.4.2001, 5 AZR 360/99, www.stotax-first.de).

Versicherungsvertreter: Abhängig von Weisungsgebundenheit (BAG v. 15.12.1999, 5 AZR 566/98, 5 AZR 770/98 und 5 AZR 169/99, www.stotax-first.de; BAG v. 20.9.2000, 5 AZR 271/99, www.stotax-first.de); wegen der typologischen Doppelköpfigkeit ist grundsätzlich der **gewählte Vertragstypus** maßgeblich (BAG v. 9.6.2010, 5 AZR 332/09, www.stotax-first.de). S. „Vertreter".

V-Leute: Keine Arbeitnehmer; von den Vergütungen werden pauschal 10 % an die einzelnen Finanzkassen der Länder abgeführt; die Einkommensteuer ist damit abgegolten (vgl. BT-Drs. 17/12470 v. 26.2.2013).

Vormund: S. „Betreuer".

Werbebeauftragte: Der Werbebeauftragte eines Unternehmens für den Direktvertrieb von Eiskrem und Tiefkühlkost ist nicht versicherungspflichtig, wenn seine Tätigkeitsvergütung ausschließlich vom Werbeerfolg abhängt und er seine Arbeitszeit im Wesentlichen frei gestalten kann (LSG Baden-Württemberg v. 27.6.2003, L 4 KR 2155/02, www.stotax-first.de, betr. Fa. bofrost).

Werbedame: S. „Verkaufsförderer".

Werbesprecher: Sprecher von Werbesendungen bei Funk, Fernsehen und Kino, Anrufbeantwortern, Infoansagen, Stadionwerbung, Industriefilmen, Ladendurchsagen usw. sind – anders als Sprecher in Werbefilmen – im Allgemeinen selbständig.

Werbezettelausträger: Können je nach Umfang und Organisation der übernommenen Tätigkeit Arbeitnehmer oder Gewerbetreibende sein (BFH v. 9.9.2003, VI B 53/03, HFR 2003, 1181). Ausführlich → *Zeitungsausträger* Rz. 3205.

Zeitschriften-Anzeigenwerber: Arbeitnehmer, wenn sie nur für einen Verlag tätig sind und ihnen die Anzeigenwerbung in einem abgegrenzten Bezirk und bei bestimmten Firmen obliegt (BFH v. 28.7.1977, V R 98/76, www.stotax-first.de).

Zeitungskorrespondent: Ein auswärtiger Zeitungskorrespondent kann je nach den getroffenen Vereinbarungen Angestellter oder auch völlig selbständiger Journalist sein, auch wenn an Stelle eines Zeilenhonorars eine Pauschalvergütung gezahlt wird. Für Selbständigkeit spricht, wenn er ein eigenes Büro unterhält, Hilfskräfte beschäftigt und auch für andere Zeitungen tätig ist (LAG Mannheim v. 26.5.1954, BB 1954, 686; ArbG Bremen v. 30.3.1954, BB 1954, 686).

Zeugen Jehovas: Auf Bund-Länder-Ebene wurde die Frage aufgeworfen, wie die Bezüge der Mitglieder des Ordens der Sondervollzeitdiener der Zeugen Jehovas in Deutschland steuerlich zu behandeln sind. Im fraglichen Fall erhielten die Mitglieder des Ordens zur Bestreitung ihres Lebensunterhalts Zuwendungen vom Träger des Ordens. Weiterhin wurde ihnen eine Wohnung zur unentgeltlichen Nutzung zur Verfügung gestellt.

Der Orden der Sondervollzeitdiener ist eine Organisationseinheit innerhalb der Zeugen Jehovas. Dieser ist in Deutschland als Körperschaft des öffentlichen Rechts anerkannt. Nach bundeseinheitlicher Abstimmung stellen die Bezüge der Ordensangehörigen seit der Anerkennung keine steuerpflichtigen Einkünfte dar. Die Bezüge der Ordensmitglieder sind weder als sonstige Einkünfte nach § 22 Nr. 1 EStG noch als Bezüge nach § 19 EStG der Besteuerung zu unterwerfen.

Da die Bezüge der Ordensmitglieder freiwillig oder auf Grund einer freiwillig begründeten Rechtspflicht gezahlt werden, handelt es sich nicht um wiederkehrende Einkünfte nach § 22 Nr. 1 Satz 1 EStG. Sie sind daher nach § 22 Nr. 1 Satz 2 erster Halbsatz EStG nicht dem Empfänger zuzurechnen. Die Rückausnahme nach § 22 Nr. 1 Satz 2 zweiter Halbsatz EStG greift nicht, da die Ordensmitglieder mit ihrer Tätigkeit kirchliche Aufgaben i.S.d. § 54 Abs. 2 AO übernehmen.

Bei der Tätigkeit der Sondervollzeitdiener der Zeugen Jehovas liegt zwischen den Ordensmitgliedern und dem Orden kein Dienstverhältnis i.S.d. § 19 EStG vor. Die Bezüge sind daher nicht nach § 19 EStG steuerpflichtig.

Zustelldienste: Ist eine Dienstleistung an 365 Tagen im Jahr mit dem Recht, hierbei andere Personen einzusetzen (Brötchenzustelldienst), übernommen worden und wird von der Einsatzmöglichkeit auch Gebrauch gemacht, fehlt es an dem für ein Arbeitsverhältnis typischen Direktionsrecht im Hinblick auf den persönlich geschuldeten Zeiteinsatz (LAG Köln v. 29.8.2011, 2 Sa 478/11, www.stotax-first.de, Nichtzulassungsbeschwerde eingelegt, Az. beim BAG: 10 AZN 1880/11, betr. Arbeitnehmerstatus einer „Service-Fahrerin" eines Backwaren- und Zeitungszustelldienstes).

Arbeitnehmerentsendung

→ *Arbeitgeber* Rz. 164

Arbeitnehmererfindung

→ *Erfindervergütungen* Rz. 1164

Arbeitnehmerjubiläum

→ *Jubiläumsgeschenke* Rz. 1640, → *Bewirtungskosten* Rz. 720

Arbeitnehmer-Pauschbetrag

1. Lohnsteuer

189 Arbeitnehmer erhalten einen **Pauschbetrag von 1 000 €** im Jahr (§ 9a Satz 1 Nr. 1 EStG, **Betrag ab 2011**). Der Arbeitnehmer-Pauschbetrag hat den Charakter eines **„Werbungskosten-Pauschbetrags"**, d.h. die tatsächlichen Werbungskosten des Arbeitnehmers wirken sich nur noch dann steuermindernd aus, wenn bzw. soweit sie den Betrag von 1 000 € im Jahr übersteigen. Ausgenommen ist wie bisher der Abzug berufsbedingter **Kinderbetreuungskosten**, diese sind ab 2012 nach § 10 Abs. 1 Nr. 5 EStG gesondert als Sonderausgaben abzugsfähig (→ *Betreuungskosten* Rz. 686).

Die **Neuregelung der Rentenbesteuerung** (→ *Altersrenten* Rz. 61) hat auch Auswirkungen auf den Arbeitnehmer-Pauschbetrag: Soweit es sich bei dem Arbeitslohn um **Versorgungsbezüge** handelt (z.B. Beamtenpensionen), wird nur noch ein **Arbeitnehmer-Pauschbetrag von 102 €** im Jahr gewährt. Begründet wird dies mit der schrittweisen steuerlichen Gleichstellung von Altersrenten und Pensionen, denn auch Rentner erhalten nur einen Werbungskosten-Pauschbetrag von 102 € (§ 9a Satz 1 Nr. 3 EStG). Solange diese Gleichstellung aber noch nicht vollzogen ist (das ist erst 2040 der Fall), erhalten Versorgungsempfänger zusätzlich zum (abgesenkten) Arbeitnehmer-Pauschbetrag von 102 € und dem „normalen" Versorgungsfreibetrag den neuen **Zuschlag zum Versorgungsfreibetrag**; letztere Freibeträge werden jedoch bis zum Jahr 2040 schrittweise auf 0 € abgeschmolzen (→ *Versorgungsfreibeträge* Rz. 3056).

Das **BVerfG** hat den Arbeitnehmer-Pauschbetrag für **verfassungsgemäß** erklärt (BVerfG v. 10.4.1997, 2 BvL 77/92, BStBl II 1997, 518). Es ist auch nicht verfassungswidrig, dass bei Einkünften aus Kapitalvermögen ein Sparer-Freibetrag abgezogen wird; der Arbeitnehmer kann nicht die Übertragung des nicht ausgeschöpften Sparer-Freibetrags auf seine Einkünfte aus nichtselbständiger Arbeit beantragen (FG Mecklenburg-Vorpommern v. 22.7.1997, 2 K 77/96, EFG 1998, 53 sowie FG Sachsen-Anhalt v. 27.1.1998, I 145/95, EFG 1998, 1200).

Beim Zusammentreffen von „normalem" mit tarifermäßigt zu versteuerndem Arbeitslohn ist der Arbeitnehmer-Pauschbetrag bei der Ermittlung der nach § 34 Abs. 1, 2 EStG tarifbegünstigten Einkünfte aus nichtselbständiger Tätigkeit nur insoweit abzuziehen, als tariflich voll zu besteuernde Einnahmen dieser Einkunftsart dafür nicht mehr zur Verfügung stehen (BFH v. 29.10.1998, XI R 63/97, BStBl II 1999, 588). Der BFH hat sich damit für die für den Stpfl. günstigste Lösung entschieden. Die Finanzverwaltung wendet das Urteil in vollem Umfang an, und zwar auch auf die **Versorgungsfreibeträge** und den **Sparer-Freibetrag** (vgl. R 34.4 Abs. 4 EStR sowie OFD München v. 3.9.1999, S 2290 – 25 St 412, www.stotax-first.de). Zum Abzug des Arbeitnehmer-Pauschbetrags und zur Anwendung des Progressionsvorbehalts bei inländischen Lohnersatzleistungen und ausländischem Arbeitslohn s. OFD Magdeburg v. 6.9.2006, S 2295 – 47 – St 223, www.stotax-first.de.

Der Arbeitnehmer hat auch dann Anspruch auf den **(ungekürzten) Arbeitnehmer-Pauschbetrag**, wenn er auf demselben Arbeitsgebiet eine **Nebentätigkeit** ausübt. Die durch die verschiedenen Tätigkeiten veranlassten Aufwendungen sind den jeweiligen Einkunftsarten, ggf. nach einer im Schätzungswege vorzunehmenden Aufteilung, als Werbungskosten oder Betriebsausgaben zuzuordnen. Der Stpfl. kann keine beliebige Bestimmung treffen und auf diese Weise neben dem Arbeitnehmer-Pauschbetrag sämtliche nachgewiesenen Aufwendungen als Betriebsausgaben geltend machen (BFH v. 10.6.2008, VIII R 76/05, BStBl II 2008, 937 betr. einen Juristen, der als angestellter Assessor und als selbständiger Rechtsanwalt tätig war).

I.R.d. **Progressionsvorbehalts** ist vom **Elterngeld der Arbeitnehmer-Pauschbetrag nicht abzuziehen**, wenn bei der Ermittlung der Einkünfte aus nichtselbständiger Arbeit den Pauschbetrag übersteigende Werbungskosten abgezogen wurden (BFH v. 25.9.2014, III R 61/12, BStBl II 2015, 182, Verfassungsbeschwerde eingelegt, Az. beim BVerfG: 2 BvR 3057/14, StEd 2015, 242).

2. Sozialversicherung

190 Der steuermindernde Arbeitnehmer-Pauschbetrag wirkt sich in der Sozialversicherung nicht aus. Bei der Beitragsberechnung ist ein Abzug nicht möglich.

Arbeitnehmer-Sparzulage

→ *Vermögensbildung der Arbeitnehmer* Rz. 3018

Arbeitnehmerüberlassung

Inhaltsübersicht:	Rz.
1. Arbeitsrecht	191
a) Grundsätze	192
b) Regelungen seit dem 1.1.2004	193
c) Speziell zum Grundsatz des Equal Pay	194
d) Befristung und betriebsbedingte Kündigung des Leiharbeitsvertrags	195
2. Abgrenzung gegenüber anderen Rechtsverhältnissen (Werkvertrag, Subunternehmer u.a.)	196
a) Ausschlusskriterien der Arbeitnehmerüberlassung	196
b) Werkverträge	197
c) Dienstvertrag	198
d) Geschäftsbesorgungsvertrag	199
e) Arbeitsleistung als Nebenleistung	200
f) Subunternehmer	201
g) Scheinverträge	202
3. Arbeitgebereigenschaft	203
4. Steuerabzug durch ausländische Verleiher	204
a) Allgemeines	204
b) Sonderzuständigkeiten	205
5. Haftung des inländischen Entleihers für die Lohnsteuer	206
a) Allgemeines	206

Arbeitnehmerüberlassung

keine Sozialversicherungspflicht = ⓈⓋ
Sozialversicherungspflicht = ⓈⓋ

	b) Baugewerbe	207
	c) Ausschluss der Entleiherhaftung für die Lohnsteuer	208
	d) Höhe des Haftungsbetrags bei der Lohnsteuer	209
	e) Durchsetzung des Zahlungsanspruchs	210
6.	Haftung des Verleihers für die Lohnsteuer	211
7.	Sicherungsverfahren nach § 42d Abs. 8 EStG	212
8.	Haftungsbescheid	213
9.	Haftung für Sozialversicherungsbeiträge	214
	a) Legale Arbeitnehmerüberlassung	214
	b) Illegale Arbeitnehmerüberlassung	215

1. Arbeitsrecht

191 **Vorbemerkung:** Zu den Einzelheiten der Neuregelungen durch das Erste Gesetz zur Änderung des Arbeitnehmerüberlassungsgesetzes – Verhinderung von Missbrauch der Arbeitnehmerüberlassung v. 28.4.2011 (BGBl. I 2011, 642 ff.) s. „ABC des Lohnbüros" 2014 Rdnr. 180. **Aktuelle arbeitsrechtliche Darstellungen** zu Fragen der Arbeitnehmerüberlassung finden sich bei D. Besgen, Arbeitnehmerüberlassung – Aktuelle Rechtsprechung, B+P 2014, 19 und Jüngst, Arbeitnehmerüberlassung – Neue Gesetzeslage und Aktuelle Rechtsprechung, B+P 2011, 595.

Die **Leiharbeit oder Arbeitnehmerüberlassung** ist durch das Gesetz zur Regelung der gewerbsmäßigen Arbeitnehmerüberlassung (**AÜG**) i.d.F. der Bekanntmachung v. 3.2.1995 (BGBl. I 1995, 158 ff. mit der letzten wichtigen Änderungsfassung) geregelt; mit letzterem Gesetz ist nunmehr die Richtlinie 2008/104/EG des Europäischen Parlamentes und Rates v. 19.11.2008 (ABl.EG 2008 Nr. L 327, 9) über Leiharbeit umgesetzt. Die Änderungen sind **mit Wirkung ab 1.12.2011 nunmehr sämtlich in Kraft.**

Die Leiharbeit ist nach wie vor sozialpolitisch nicht unumstritten und wird nicht zuletzt wegen ihres teilweise prekären Charakters mit Verdrängung regulärer Arbeitsverhältnisse und der gegebenen **Missbrauchsgefahr** durch die verschiedenen Formen der illegalen Leiharbeit und der Schwarzarbeit mit Skepsis betrachtet, wozu auch in jüngerer Zeit die Merkwürdigkeiten bestimmter Tarifverträge mit Niedriglöhnen im Hinblick auf das neue Gebot der Lohngleichbehandlung (**Equal Pay**) beigetragen haben.

a) Grundsätze

192 **Arbeitnehmerüberlassung liegt vor**, wenn ein Arbeitgeber (Verleiher) einem Dritten (Entleiher) bei ihm angestellte Arbeitskräfte (Leiharbeitnehmer) zur Verfügung stellt, die dieser nach seinen Vorstellungen und Zielen in seinem Betrieb wie eigene Arbeitnehmer einsetzt. Anders als bei **Arbeitsvermittlung**, die mit Abschluss eines Arbeitsvertrags ihr Ende findet, sind die Rechtsbeziehungen zwischen dem Überlassenden und dem überlassenen Arbeitnehmer von Dauer.

Nach der Neufassung des § 1 Abs. 1 Satz 2 AÜG erfolgt die Arbeitnehmerüberlassung **vorübergehend**, ohne dass der Gesetzgeber diesen Begriff näher erläutert oder zeitlich fixiert hätte. Insoweit stellt sich die Frage, welche Rechtsfolge eine gesetzwidrig nicht vorübergehende Überlassung hat, ob sie insbesondere die Fiktion eines Arbeitsverhältnisses mit dem Entleiher nach § 10 Abs. 1 Satz 1 AÜG auslöst. Das BAG hat diese Frage in nunmehr gefestigter Rechtsprechung jedenfalls verneint: Besitzt ein Arbeitgeber die nach § 1 Abs. 1 Satz 1 AÜG erforderliche Erlaubnis, als Verleiher Entleihern Leiharbeitnehmer im Rahmen seiner wirtschaftlichen Tätigkeit zu überlassen, kommt zwischen einem Leiharbeitnehmer und einem Entleiher kein Arbeitsverhältnis zu Stande, wenn der Einsatz des Leiharbeitnehmers entgegen der Regelung in § 1 Abs. 1 Satz 2 AÜG nicht nur vorübergehend erfolgt (BAG v. 10.12.2013, 9 AZR 51/13, www.stotax-first.de; BAG v. 29.4.2015, 9 AZR 883/13, www.stotax-first.de).

Zur **Abgrenzung zum Dienst- und Werkvertrag** → Rz. 196 sowie zuletzt BAG v. 18.1.2012, 7 AZR 723/10, www.stotax-first.de.

Die **Arbeitnehmerüberlassung**, soweit sie nicht erlaubnisfrei ist, darf nur mit **Erlaubnis der Bundesagentur für Arbeit**, die diese auf die Regionaldirektionen „delegiert" hat, betrieben werden (§§ 1, 17 AÜG). **Fehlt die Erlaubnis**, sind die Verträge zwischen Verleihern und Entleihern sowie zwischen Verleihern und Leiharbeitnehmern unwirksam (§ 9 Nr. 1 AÜG). § 10 Abs. 1 AÜG **fingiert** jedoch für diesen Fall das **Zustandekommen eines Arbeitsverhältnisses zwischen Entleiher und Leiharbeitnehmer**. Dies gilt auch bei der gesetzlich grundsätzlich verbotenen Arbeitnehmerüberlassung im Baugewerbe (BAG v. 8.7.1998, 10 AZR 274/97, www.stotax-first.de). Nach einer Entscheidung des LAG Hessen (Urteil v. 6.3.2001, 2/9 Sa 1246/00, www.stotax-first.de) soll dem Arbeitnehmer ein Widerspruchsrecht gegen die Fiktion eines Arbeitsverhältnisses mit dem Entleiher zustehen, bei dessen Ausübung es bei einem Arbeitsverhältnis mit dem Verleiher bleibt.

Unter **Personalführungsgesellschaft** versteht man den Zusammenschluss mehrerer Arbeitgeber, der Arbeitsverträge mit Arbeitnehmern mit dem Ziel abschließt, die Arbeitnehmer im Betrieb jedes Arbeitgebers nach Bedarf im Rahmen eines **Personalpools** einsetzen zu können. Hier handelt es sich regelmäßig um unerlaubte Arbeitnehmerüberlassung

Bei **nicht gewerbsmäßiger Arbeitnehmerüberlassung** ist die Regelung des § 10 Abs. 1 Satz 1 AÜG, wonach im Falle einer unerlaubten gewerbsmäßigen Arbeitnehmerüberlassung ein Arbeitsverhältnis zwischen dem Arbeitnehmer und dem Entleiher fingiert wird, nicht entsprechend anwendbar (BAG v. 2.6.2010, 7 AZR 946/08, www.stotax-first.de).

Arbeitnehmerüberlassung in Betrieben des **Baugewerbes** (gemeint **Bauhauptgewerbe** laut BGH v. 17.2.2000, III ZR 78/99, www.stotax-first.de) ist **unzulässig** für Arbeiten, die üblicherweise von Arbeitern verrichtet werden. Sie ist jedoch – beim Vorliegen einer AÜG-Erlaubnis – zwischen Betrieben des Baugewerbes dann gestattet, wenn diese Betriebe von denselben Rahmen- und Sozialkassentarifverträgen oder von deren Allgemeinverbindlichkeit erfasst werden.

Nicht erlaubnispflichtig sind insbesondere die nicht gewerbsmäßig (z.B. ohne Gewinnerzielungsabsicht) ausgeübte Arbeitnehmerüberlassung, die Überlassung von Maschinen mit Bedienungspersonal und verschiedene gesetzlich geregelte Ausnahmen (z.B. § 1 Abs. 1 Satz 2 AÜG betr. Abordnung zu einer zur Herstellung eines Werkes gebildeten Arbeitsgemeinschaft).

Für die **Arbeitnehmerüberlassung im Konzern** gilt unter bestimmten Voraussetzungen nach § 1 Abs. 3 Nr. 2 AÜG das Gesetz nicht unter der Voraussetzung, dass der Arbeitnehmer nicht zwecks Überlassung eingestellt und beschäftigt wird; ansonsten gilt – anders als zuvor – jetzt auch bei fehlender Gewinnerzielungsabsicht das AÜG.

Zur Mitbestimmung des Betriebsrats bei der Einstellung von Leiharbeitnehmern, speziell in einen **Leiharbeitnehmer-Pool**, s. BAG v. 23.1.2008, 1 ABR 74/06, www.stotax-first.de; s.a. Hamann, Leiharbeitnehmer-Pool, NZA 2008, 1042.

Der Arbeitsausfall von Arbeitnehmern in einem Betrieb der gewerbsmäßigen Arbeitnehmerüberlassung ist als branchenüblich regelmäßig vermeidbar, so dass kein Kurzarbeitergeld gezahlt werden kann (BSG v. 21.7.2009, B 7 AL 3/08 R, www.stotax-first.de).

b) Regelungen seit dem 1.1.2004

193 Hinsichtlich der Neuregelungen durch das **Erste Gesetz für moderne Dienstleistungen am Arbeitsmarkt** v. 23.12.2002, BGBl. I 2002, 4607 s. „ABC des Lohnbüros" 2011 Rdnr. 187.

c) Speziell zum Grundsatz des Equal Pay

194 Nach diesem verfassungsrechtlich nicht zu beanstandenden (BVerfG v. 29.12.2004, 1 BvR 2283/03, 1 BvR 2504/03, 1 BvR 2582/03, www.stotax-first.de) Gebot gleicher Vertrags- und Beschäftigungsbedingungen/**Equal Pay** gilt im Einzelnen:

Für die Dauer der Arbeitnehmerüberlassung hat der Verleiher dem Leiharbeitnehmer grundsätzlich die für vergleichbare Arbeitnehmer des Entleihers geltenden wesentlichen Arbeitsbedingungen im Entleiherbetrieb einschließlich des Arbeitsentgelts zu gewähren, § 10 Abs. 4 AÜG. Unter **Arbeitsbedingungen** sind alle nach dem allgemeinen Arbeitsrecht vereinbarten Bedingungen, wie Dauer der Arbeitszeit und des Urlaubs oder die Nutzung sozialer Einrichtungen, unter **Arbeitsentgelt** nicht nur das laufende Entgelt, sondern auch Zuschläge, Ansprüche auf Entgeltfortzahlung und Sozialleistungen sowie andere Lohnbestandteile wie z.B. Jahressonderzahlungen und zusätzliche Urlaubsvergütung zu verstehen. Entscheidend für die Behandlung als Arbeitsentgelt dürfte eine **funktionale Gleichwertigkeit** zwischen Tätigkeit und Vergütungsbestandteilen sein (BAG v. 18.4.2012, 4 AZR 139/10, www.stotax-first.de). Nach dem **NachwG** muss der Verleiher allerdings dem Leiharbeitnehmer allein die Vertragsbedingungen als die in seinem Vertragsverhältnis zum Verleiher geltenden Bedingungen nachweisen; eine Pflicht des Verleihers, die wesentlichen Arbeitsbedingungen des Entleiherbetriebs nachzuweisen, ist auch im AÜG nicht normiert (BAG v. 25.3.2015, 5 AZR 368/13, www.stotax-first.de).

Die gesetzlichen Regelungen sind **zwingend** und begründen ggf. nach § 10 Abs. 4 AÜG einen **Anspruch** des Leiharbeitnehmers gegen seinen Verleiharbeitgeber auf Gewährung der Leistungen wie im Entleihbetrieb. Vereinbarungen, die gegen den Gleichbehandlungsgrundsatz verstoßen, sind gem. § 9 Nr. 2 AÜG unwirksam. Zur Sicherung des Leiharbeitnehmers begründet § 13 AÜG einen **Auskunftsanspruch** des Leiharbeitnehmers gegen den Entleiher. Eine rechtswidrig unterlassene oder eine fehlerhafte Auskunft des Entleihers kann im Übrigen zu einem **Schadensersatzanspruch** des Leiharbeitnehmers nach § 280 Abs. 1 BGB führen (BAG v. 24.4.2014, 8 AZR 1081/12, www.stotax-first.de).

Im Entleiherbetrieb geltende **Ausschlussfristen** muss der Leiharbeitnehmer **nicht** einhalten (BAG v. 23.3.2011, 5 AZR 7/10, www.stotax-first.de).

Zur Frage der **Darlegungs- und Beweislast** bei einem erhobenen Anspruch des Arbeitnehmers auf Equal-Pay-Vergütung gilt: Die von einem Unternehmen an einen entliehenen Arbeitnehmer nach § 13 AÜG erteilte **Auskunft** über die an vergleichbare Stammarbeitnehmer des Unternehmens gezahlte Vergütung enthält grundsätzlich auch eine Aussage über die Vergleichbarkeit der eigenen Tätigkeit mit derjenigen der verglichenen Stammarbeitnehmer. Für eine Klage auf eine Equal-Pay-Vergütung nach § 9 Nr. 2, § 10 Abs. 4 AÜG reicht es für die Schlüssigkeit aus, wenn der Arbeitnehmer den Inhalt dieser ihm nach § 13 AÜG erteilten Auskunft mitteilt und sich zur Begründung seines Zahlungsanspruchs auf die Differenz zu seiner vom Verleiher gezahlten Vergütung beruft. Es ist dann Sache des Arbeitgebers, ggf. einen für die fehlende Vergleichbarkeit der Tätigkeiten substantiierten Vortrag zu erbringen (BAG v. 13.3.2013, 5 AZR 146/12, www.stotax-first.de).

Ausnahmen vom Gleichbehandlungsgrundsatz:

– Eine wichtige Ausnahme enthält § 9 Nr. 2 AÜG: Ein Tarifvertrag kann (noch bis zum 1.1.2017, s. unten) Abweichungen von den vorstehenden Regelungen zulassen, also z.B. eine Unterschreitung der Equal-Pay-Vergütung. Ein solcher Tarifvertrag kann in seinem Geltungsbereich auch zwischen nicht tarifgebundenen Arbeitnehmern und Arbeitgebern vereinbart werden und damit Eingang in das Leiharbeitsverhältnis finden; dabei sollte der anzuwendende Tarifvertrag im Arbeitsvertrag genau bezeichnet werden.

– Für Leiharbeitsverhältnisse, die ab dem 15.10.2010 begründet worden sind, gilt aber jetzt das Verbot der „Drehtür-Methode": Eine abweichende tarifliche Regelung gilt nicht für Arbeitnehmer, die in den letzten sechs Monaten vor der Überlassung an den Entleiher aus einem Arbeitsverhältnis bei diesem oder einem Arbeitgeber, der mit dem Entleiher einen Konzern i.S. des § 18 AG bildet, ausgeschieden sind; bei derartigen Fallgestaltungen gilt also ein striktes Equal-Pay-Gebot ohne tarifliche Öffnung .

– Bei Beginn des Einsatzes in der zeitlichen Sechs-Monats-Frist gilt das Verbot der „Drehtür-Methode für die gesamte Dauer des konkreten Einsatzes, nicht aber für nachfolgende Überlassungsfälle nach Ablauf der Sechs-Monats-Frist.

– Mit der Neuregelung in § 3a AÜG ist die Möglichkeit eröffnet, über die komplizierten Verfahren eine verbindliche Lohnuntergrenze zu schaffen. Durch Festsetzung von Mindeststundenentgelten durch Rechtsverordnung in einem eine solche Lohnuntergrenze wird eine tarifvertragliche Abweichung nach § 9 Nr. 2 AÜG gem. den vorstehenden Ausführungen ausgeschaltet.

– Nach dem neuen Mindestlohngesetz (MiLoG), das auch für den Bereich der Arbeitnehmerüberlassung Anwendung findet, gilt ab 1.1.2015 ein zwingender gesetzlicher Mindestlohn von 8,50 € pro Zeitstunde für alle Arbeitnehmer mit persönlichen Ausnahmen, z.B. für Langzeitarbeitslose in den ersten sechs Monaten einer neuen Beschäftigung. Allgemeinverbindliche Tarifverträge können noch bis zum 1.1.2017 einen niedrigeren Stundenlohn vorsehen.

Allerdings ist es nicht zulässig, die Anwendung eines derartigen Tarifvertrags durch **Änderungskündigung** eines bestehenden Arbeitsvertrags einseitig zu erzwingen (BAG v. 12.1.2006, 2 AZR 126/05, www.stotax-first.de).

Ein Verstoß gegen das Equal-Pay-Gebot begründet im Übrigen für den **Betriebsrat** des Entleiherbetriebs kein Zustimmungsverweigerungsrecht nach § 99 BetrVG (BAG v. 21.7.2009, 1 ABR 35/08, www.stotax-first.de).

Zu **Verjährungsfragen** hinsichtlich des erhöhten Vergütungsanspruchs aus Equal-Pay s. BAG v. 13.3.2013, 5 AZR 424/12, www.stotax-first.de, zu **Ausschlussfristen** s. BAG v. 13.3.2013, 5 AZR 954/11, www.stotax-first.de, zum Verzicht durch eine **Ausgleichsklausel** s. BAG v. 27.5.2015, 5 AZR 137/14, www.stotax-first.de.

d) Befristung und betriebsbedingte Kündigung des Leiharbeitsvertrags

Für die **Befristung des Leiharbeitsvertrags** gelten keine Besonderheiten mehr, sie ist nach den allgemeinen Regeln des Teilzeit- und Befristungsgesetzes zu beurteilen.

195

Für die **betriebsbedingte Kündigung** des Leiharbeitsvertrags gilt:

„ ...reicht ein bloßer Hinweis auf einen auslaufenden Auftrag und auf einen fehlenden Anschlussauftrag regelmäßig nicht aus, um einen – dauerhaften – Wegfall des Beschäftigungsbedürfnisses zu begründen. Der Arbeitgeber muss anhand der Auftrags- und Personalplanung vielmehr darstellen, warum es sich nicht nur um eine – kurzfristige – Auftragsschwankung, sondern um einen dauerhaften Auftragsrückgang handelt und ein anderer Einsatz des Arbeitnehmers bei einem anderen Kunden bzw. in einem anderen Auftrag – auch ggf. nach entsprechenden Anpassungsfortbildungen – nicht in Betracht kommt. Dies gilt umso mehr, als es dem Wesen der Arbeitnehmerüberlassung und dem Geschäft eines Arbeitnehmerüberlassungs-Unternehmens entspricht, Arbeitnehmer – oft kurzfristig – bei verschiedenen Auftraggebern einzusetzen und zu beschäftigen. ... Deshalb ist es gerechtfertigt, an die Darlegung der Tatsachen, auf denen die zu stellende Prognose des zukünftigen Beschäftigungsvolumens beruht, dezidierte Anforderungen – auch in zeitlicher Hinsicht – zu stellen. Das Vorliegen von möglicherweise nur kurzfristigen Auftragsschwankungen muss auszuschließen sein. Kurzfristige Auftragslücken sind bei einem Leiharbeitsunternehmen nicht geeignet, eine betriebsbedingte Kündigung i.S.v. § 1 Abs. 2 Satz 1 KSchG zu rechtfertigen, da sie zum typischen Wirtschaftsrisiko dieser Unternehmen gehören" (BAG v. 18.5.2006, 2 AZR 412/05, www.stotax-first.de).

An die Darlegung der **Prognose** für die zukünftige Auftragsentwicklung beim Verleiharbeitgeber wird danach ein **strengerer Maßstab** angelegt als beim normalen Arbeitgeber, wobei andererseits die frühere zeitliche Grenze einer auftragslosen Mindestwartezeit von drei Monaten nicht mehr eingehalten werden muss. Zu beachten haben die Verleiharbeitgeber auch eine Weiterbeschäftigung in anderen Aufträgen mit ggf. geänderten Bedingungen nach zumutbaren Qualifikationsmaßnahmen.

2. Abgrenzung gegenüber anderen Rechtsverhältnissen (Werkvertrag, Subunternehmer u.a.)

a) Ausschlusskriterien der Arbeitnehmerüberlassung

Die Haftung des Entleihers scheidet von vornherein aus, wenn sich das jeweilige Rechtsgeschäft **nicht als „Arbeitnehmerüberlassung" darstellt**, so z.B. wenn (vgl. R 42d.2 Abs. 2 Satz 9 LStR)

196

– Arbeitnehmer zu einer zur Herstellung eines Werkes gebildeten **Arbeitsgemeinschaft** (Arge) abgeordnet werden, sofern der Arbeitgeber Mitglied der Arge ist, für alle Mitglieder der Arge Tarifverträge desselben Wirtschaftszweiges gelten und alle Mitglieder auf Grund des Arge-Vertrags zur selbständigen Erbringung von Vertragsleistungen verpflichtet sind (§ 1 Abs. 1 Satz 2 AÜG),

– Arbeitnehmer zwischen **Arbeitgebern desselben Wirtschaftszweiges** zur Vermeidung von Kurzarbeit oder Entlassungen überlassen werden, sofern ein für den Entleiher und Verleiher geltender Tarifvertrag dies vorsieht (§ 1 Abs. 3 Nr. 1 AÜG),

Arbeitnehmerüberlassung

keine Sozialversicherungspflicht = (SV)
Sozialversicherungspflicht = (SV)

- Arbeitnehmer eines **Konzernunternehmens** i.S.d. § 18 AktG vorübergehend bei einem anderen Konzernunternehmen tätig werden (§ 1 Abs. 3 Nr. 2 AÜG), vgl. BAG v. 3.12.1997, 7 AZR 764/96, www.stotax-first.de,
- Arbeitnehmerüberlassung ins Ausland in ein auf der Grundlage zwischenstaatlicher Vereinbarungen begründetes **deutsch-ausländisches Gemeinschaftsunternehmen** erfolgt, an dem der Verleiher beteiligt ist (§ 1 Abs. 3 Nr. 3 AÜG),
- es sich um eine **private Arbeitnehmerüberlassung** handelt. Eine private Arbeitnehmerüberlassung ist zu vermuten, wenn Arbeitnehmer Dritten zur Arbeitsleistung überlassen werden und der Überlassende nicht die üblichen Arbeitgeberpflichten oder das Arbeitgeberrisiko übernimmt.

b) Werkverträge

197 Schwierig kann in der Praxis besonders die Abgrenzung einer Arbeitnehmerüberlassung gegenüber einem **Werkvertrag** sein; auf die Bezeichnung des Rechtsgeschäfts, z.B. als Werkvertrag, kommt es dabei nicht entscheidend an (s. zuletzt FG Hessen v. 21.2.2008, 13 K 2392/05, www.stotax-first.de, betr. Unternehmensberatungsleistungen in Saudi-Arabien).

R 42d.2 Abs. 3 Satz 3 LStR führt folgende Merkmale auf, die **für eine Arbeitnehmerüberlassung** sprechen:

- Der Inhaber der Drittfirma (Entleiher) nimmt im Wesentlichen das Weisungsrecht des Arbeitgebers wahr,
- der mit dem Einsatz des Arbeitnehmers verfolgte Leistungszweck stimmt mit dem Betriebszweck der Drittfirma überein,
- das zu verwendende Werkzeug wird im Wesentlichen von der Drittfirma gestellt, es sei denn auf Grund von Sicherheitsvorschriften,
- die mit anderen Vertragstypen, insbesondere Werkvertrag, verbundenen Haftungsrisiken sind ausgeschlossen oder beschränkt worden,
- die Arbeit des eingesetzten Arbeitnehmers gegenüber dem entsendenden Arbeitgeber wird auf der Grundlage von Zeiteinheiten vergütet.

> **Beispiel:**
> Firma A betreibt die Industrieberatung in Forschungsbereichen. Zu diesem Zweck hat sie mit verschiedenen Industrieunternehmen (Auftraggeber) Verträge abgeschlossen, die von diesen als Werkverträge bezeichnet wurden. Zur Erfüllung der in diesen Verträgen eingegangenen Verpflichtungen setzte A eine Reihe von Wissenschaftlern und Ingenieuren ein, die ihre Leistungen zumeist im Rahmen von Teamworks in den Betrieben der Auftraggeber erbrachten. Mit ihren Mitarbeitern hat A ebenfalls „Werkverträge" abgeschlossen, in denen ein festes, nach Arbeitsstunden bemessenes Entgelt vereinbart war. Lohnsteuer hat A nicht einbehalten, für sie waren die Mitarbeiter selbständige Unternehmer. Bei der Lohnsteuer-Außenprüfung sah der Prüfer A als Arbeitgeber an und forderte im Haftungswege Lohnsteuer nach.
>
> Im Urteil v. 18.1.1991, VI R 122/87, BStBl II 1991, 409 hat der BFH zu diesem Fall umfangreiche Kriterien aufgestellt, nach denen zu prüfen ist, ob
> - die Mitarbeiter selbständige Erfüllungsgehilfen (**Subunternehmer**) oder
> - nichtselbständige Erfüllungsgehilfen, d.h. **Arbeitnehmer der Auftraggeber** (also der einzelnen Industrieunternehmen) sind,
> - ob **Arbeitnehmerüberlassung** vorliegt (Arbeitgeber ist dann A) oder
> - ob es sich um die Überlassung von **selbständig** (unternehmerisch) tätigen Mitarbeitern handelt.
>
> Gegen die Überlassung selbständig tätiger Kräfte und **für Arbeitnehmerüberlassung** sprechen nach diesem Urteil:
> - Die Mitarbeiter sind in die Betriebsorganisation des „Entleihers" ähnlich wie dessen Stammarbeitskräfte eingegliedert.
> - Der **Auftraggeber** kann bestimmte Qualifikationen der eingesetzten Kräfte verlangen und bestimmte Mitarbeiter zurückweisen.
> - Die Mitarbeiter sind gegenüber dem Auftraggeber weisungsgebunden.
> - Die Vergütungen erfolgen nach Zeiteinheiten.
> - Überstunden werden gesondert vergütet.
> - Der „Verleiher" (A) haftet dafür, dass seine Mitarbeiter für die vorgesehenen Aufgaben tauglich und geeignet sind.
> - Die Pflicht des **Auftraggebers**, die vereinbarte Vergütung unabhängig von dem Ergebnis der von den eingesetzten Kräften erbrachten Leistungen zu entrichten:
>
> Die Haftung für mangelhafte (Werk-)Leistungen ist ganz oder weitgehend ausgeschlossen worden. Im Rahmen eines **Werk- oder Dienstvertrags** haftet der **Unternehmer** für das Verschulden seiner Arbeitnehmer nach § 278 BGB; bei der **Arbeitnehmerüberlassung** findet diese Bestimmung keine Anwendung.

Bei der Prüfung der Frage, ob Arbeitnehmerüberlassung vorliegt, wird das Finanzamt regelmäßig die **Auffassung der Bundesagentur für Arbeit berücksichtigen**. Eine Inanspruchnahme des Entleihers kommt regelmäßig nicht in Betracht, wenn die Bundesagentur für Arbeit gegenüber dem Entleiher die Auffassung geäußert hat, bei dem verwirklichten Sachverhalt liege Arbeitnehmerüberlassung nicht vor (R 42d.2 Abs. 3 Sätze 4 und 5 LStR). Vgl. zur Zusammenarbeit zwischen den Dienststellen der Bundesagentur für Arbeit und den Finanzbehörden im Bereich der Arbeitnehmerüberlassung BMF v. 29.2.1988, IV A 5 – S 0132 – 1/88, BStBl I 1988, 106.

c) Dienstvertrag

Anders als bei Werkvertragsverhältnissen wird bei **Dienstverträgen** i.S.d § 611 BGB kein bestimmter Erfolg, sondern eine bestimmte Tätigkeit geschuldet. Ein Dienstvertrag liegt nur dann vor, wenn der Unternehmer die geschuldeten Dienste entweder in einer Person oder mittels seiner Erfüllungsgehilfen unter eigener Verantwortung und nach eigenem Plan ausführt (Organisation der Dienstleistung, zeitliche Disposition, Zahl der Erfüllungsgehilfen, Eignung der Erfüllungsgehilfen usw.). Das bedeutet insbesondere, dass die Erfüllungsgehilfen in Bezug auf die Ausführung der zu erbringenden Dienstleistung im Wesentlichen frei von Weisungen seitens des Arbeitgeberrepräsentanten des Drittbetriebs sind und ihre Arbeitszeit selbst bestimmen können (BSG v. 23.6.1982, 7 RAr 98/80, www.stotax-first.de). **198**

Ein drittbezogener Personaleinsatz auf dienstvertraglicher Basis ist daher nur in den aufgezeigten engen Grenzen möglich, etwa bei Dienstleistungen, die gegenständlich umschrieben werden können und deren Ausführung keine Integration in die Betriebsorganisation des Drittbetriebs bedingen. Ein Dienstvertrag kann z.B. bei der Wartung von Spezialmaschinen oder sonstigen technischen Anlagen, der Ausführung von Werbemaßnahmen oder von Aufgaben der Unternehmensberatung in Betracht kommen. Gleiches gilt für die Durchführung von Bewachungsaufgaben sowie von Serviceleistungen im EDV-Bereich.

Da Arbeitnehmerüberlassung eine Form der Dienstverschaffung, nämlich die Verschaffung von Arbeitsleistungen ist, kann ein von **Arbeitnehmerüberlassung abzugrenzender Dienstverschaffungsvertrag** nur dann in Betracht kommen, wenn ein Vertragspartner die Verpflichtung übernimmt, dem anderen Vertragspartner nicht die Arbeitsleistung, sondern die selbständige Dienstleistung eines Dritten zu verschaffen.

Voraussetzung dafür ist, dass der überlassene Dritte in wirtschaftlicher und sozialer Selbständigkeit und Unabhängigkeit die Dienste (z.B. als **Wirtschaftsprüfer**) leistet: Arbeitsvertragliche Beziehungen bzw. auf Grund der tatsächlichen Verhältnisse gegebene persönliche Abhängigkeit zu einem der Vertragspartner schließen einen derartigen Dienstverschaffungsvertrag aus. Es liegt dann entweder **Arbeitnehmerüberlassung oder Arbeitsvermittlung** vor.

d) Geschäftsbesorgungsvertrag

Vom Werkvertrag zu unterscheiden ist der **Geschäftsbesorgungsvertrag** (§ 675 BGB), der auf eine selbständige Tätigkeit wirtschaftlicher Art gerichtet ist (zuletzt BAG v. 6.8.2003, 7 AZR 180/03, www.stotax-first.de). Auch in diesem Fall liegt **keine Arbeitnehmerüberlassung** vor. **199**

> **Beispiel:**
> Eine Werbefirma erhält den Auftrag, in einem Supermarkt mit eigenen personellen und sachlichen Mitteln eine Werbeaktion durchzuführen. Sie setzt zu diesem Zweck Werbedamen ein, die während der Geschäftszeiten im Supermarkt einen Probierstand aufgebaut haben.
>
> Die Werbedamen sind Arbeitnehmer der Werbefirma. Es liegt keine Arbeitnehmerüberlassung vor. Der Supermarkt haftet daher nicht, wenn die Werbefirma die Lohnsteuer nicht korrekt einbehält und abführt.

e) Arbeitsleistung als Nebenleistung

Wird als Nebenleistung eines Kauf- oder Mietvertrages über Anlagen, Geräte, Systeme oder Programme Bedienungs-, Montage- oder Einweisungspersonal überlassen (z.B. Computer und Pro- **200** gramme mit Einweisungspersonal, Spezialbaumaschine mit Fahrer, Flugzeug mit Pilot), wird in aller Regel nicht von Arbeitnehmerüberlassung auszugehen sein, wenn der wirtschaftliche Wert der Anlagen, Geräte, Systeme oder Programme erheblich höher ist als die Arbeitsleistung (vgl. R 42d.2 Abs. 2 Satz 8 LStR).

> **Beispiel:**
> A chartert von B ein Schiff mit Bedienungspersonal.
> Es handelt sich um keine Arbeitnehmerüberlassung, weil Hauptzweck die Vercharterung des Schiffes ist. Wenn der „Verleiher" keine Lohnsteuer für seine Arbeitnehmer einbehält und abführt, kann sich das Finanzamt nicht an B als „Entleiher" halten. Vgl. auch BAG v. 17.2.1993, 7 AZR 167/92, www.stotax-first.de, betr. die Vermietung eines Flugzeugs mit Pilot.

Bei der Vermietung einer Schreibmaschine mit Personal muss dagegen Arbeitnehmerüberlassung angenommen werden, weil der Wert der Schreibmaschine eher gering ist.

f) Subunternehmer

201 Von einem Subunternehmerverhältnis spricht man, wenn sich der Subunternehmer gegenüber dem Generalunternehmer verpflichtet, ein bestimmtes Teilprojekt oder eine sonstige abgrenzbare Leistung zu erbringen. Handelt es sich insoweit um ein echtes Subunternehmerverhältnis, bei dem die Arbeitnehmer des Subunternehmers nicht dem Weisungsrecht des Generalunternehmers unterliegen, so handelt es sich nicht um (unerlaubte) Arbeitnehmerüberlassung.

Um die strengen Vorschriften des Arbeitnehmerüberlassungsgesetzes zu umgehen, treten die Verleiher von Arbeitskräften – vornehmlich **ausländische Unternehmer** im Grenzgebiet – insbesondere im Bau- und Baunebengewerbe häufig als Subunternehmer auf. Die vom Verleiher und dem Entleiher über die Arbeitnehmerüberlassung abgeschlossenen Verträge werden als **Werkverträge oder auch Subunternehmerverträge bezeichnet**, die nicht unter die Vorschriften des Arbeitnehmerüberlassungsgesetzes fallen und damit nicht erlaubnispflichtig sind. Diese Werkverträge enthalten zwar oft allgemeine Leistungsbestimmungen, doch aus den Abmachungen über die geleistete Arbeit ergibt sich häufig, dass keine der o.g. Grundvoraussetzungen für einen Werkvertrag erfüllt ist, sondern es sich um **gewerbsmäßige** und damit **erlaubnispflichtige Arbeitnehmerüberlassung** handelt.

Mitunter lassen Arbeitgeber **an sich nichtselbständige Tätigkeiten** durch selbständig tätige Einzelbetriebe, sog. **Ein-Mann-Betriebe, erledigen**. Es handelt sich hierbei häufig um **getarnte Arbeitsverhältnisse**. Ob ein Arbeitsverhältnis vorliegt, ist im Einzelfall nach dem Gesamtbild der Verhältnisse zu beurteilen (vgl. BFH v. 14.6.1985, VI R 150-152/82, BStBl II 1985, 661 und BFH v. 18.1.1991, VI R 122/87, BStBl II 1991, 409 sowie zuletzt FG Hessen v. 14.11.1997, 2 V 4096/97, EFG 1998, 484 betr. Überlassung englischer Arbeitskräfte).

g) Scheinverträge

202 Die Form der Montagearbeit, des Werk- oder Dienstvertrags und des Subunternehmerverhältnisses werden ebenso wie Maschinenüberlassungsverträge und Personalführungsgesellschaften gelegentlich missbraucht, um unerlaubte Arbeitnehmerüberlassung nach dem AÜG und die Schutzvorschriften des AÜG zu verdecken und zu umgehen. In solchen Fällen, in denen z.B. ein Schein-Werkvertrag abgeschlossen wird, in Wirklichkeit jedoch – unerlaubte – Leiharbeit vorliegt, weil die Arbeitnehmer dem Weisungsrecht des Drittarbeitgebers unterstellt werden, greift das AÜG ein (vgl. BAG v. 22.6.1994, 7 AZR 506/93, www.stotax-first.de). Fraglich und umstritten ist, ob und ggf. unter welchen Voraussetzungen eine derartige **verdeckte Arbeitnehmerüberlassung** zur Fiktion eines Arbeitsverhältnisses nach § 10 Abs. 1 Satz 2 AÜG führt, wenn der „verleihende" Arbeitgeber über eine – nicht offengelegte – unbeschränkte **Arbeitnehmerüberlassungserlaubnis** verfügt (s. z. B. zuletzt LAG Baden-Württemberg v. 7.5.2015, 6 Sa 78/14, www.stotax-first.de).

Entscheidend für die Abgrenzung zwischen echten Verträgen und Scheinverträgen ist nicht die Vertragsbezeichnung und der Vertragsinhalt, sondern die **praktische Durchführung und Handhabung** der Vertragsbeziehungen, für die derjenige die Darlegungs- und Beweislast trägt, der sich auf das Vorliegen einer Arbeitnehmerüberlassung beruft (vgl. BAG v. 18.1.2012, 7 AZR 723/10, www.stotax-first.de; BGH v. 25.6.2002, X ZR 83/00, www.stotax-first.de).

Weisungen des Drittarbeitgebers reichen aber zur Annahme einer Arbeitnehmerüberlassung nicht in jedem Fall aus, wenn der Arbeitnehmer nicht für die Betriebszwecke des Drittarbeitgebers tätig wird, sondern weiterhin für seinen Hausarbeitgeber. Zur Annahme einer unerlaubten Arbeitnehmerüberlassung ist weiterhin eine Vereinbarung zwischen dem Hausarbeitgeber und dem Drittarbeitgeber erforderlich (vgl. BAG v. 26.4.1995, 7 AZR 850/94, www.stotax-first.de).

3. Arbeitgebereigenschaft

203 Bei der Überlassung von Arbeitnehmern durch Unternehmer an andere Unternehmen bleibt der **Verleiher grundsätzlich Arbeitgeber** der Leiharbeitnehmer und ist damit zur Einbehaltung und Abführung der Steuerabzugsbeträge verpflichtet, sofern er **inländischer Arbeitgeber** ist (§ 38 Abs. 1 Satz 1 Nr. 1 EStG sowie R 19.1 Satz 5 LStR i.V.m. H 42d.2 „Steuerrechtlicher Arbeitgeber" LStH).

Der **Verleiher** hat auch bei **unerlaubter Arbeitnehmerüberlassung** die Arbeitgeber-Pflichten zu erfüllen, da § 10 Abs. 1 AÜG (danach ist an sich der Entleiher Arbeitgeber der Leiharbeitnehmer) steuerrechtlich nicht maßgebend ist, vgl. H 42d.2 (Steuerrechtlicher Arbeitgeber) LStH.

Der **Entleiher** wird nur in Ausnahmefällen als Arbeitgeber anzusehen sein, insbesondere wenn er die Löhne im eigenen Namen und auf eigene Rechnung an die Leiharbeitnehmer auszahlt (vgl. BFH v. 24.3.1999, I R 64/98, BStBl II 2000, 41 sowie R 42d.2 Abs. 1 Satz 3 LStR). Hierbei wird es sich regelmäßig um Fälle **unerlaubter Arbeitnehmerüberlassung** handeln; bei **erlaubter Arbeitnehmerüberlassung liegt eine Lohnzahlung durch Dritte** vor, die die Arbeitgebereigenschaft des Verleihers unberührt lässt.

Zu Abgrenzungsfragen und Besonderheiten im Zusammenhang mit der Arbeitnehmerüberlassung zwischen international verbundenen Unternehmen, insbesondere zu der Frage, wer als wirtschaftlicher Arbeitgeber i.S.d. DBA anzusehen ist, s. BMF v. 12.11.2014, IV B 2 – S 1300/08/10027, BStBl I 2014, 1467, Rdnr. 98 ff.

4. Steuerabzug durch ausländische Verleiher

a) Allgemeines

204 Nach § 38 Abs. 1 Satz 1 Nr. 2 EStG ist der ausländische Verleiher auch dann zum Lohnsteuerabzug verpflichtet, wenn er im Inland weder eine Betriebsstätte noch einen ständigen Vertreter i.S. der §§ 12, 13 AO hat oder der Entleiher als Arbeitgeber i.S. eines Doppelbesteuerungsabkommens anzusehen ist. Die Arbeitgebereigenschaft nach einem Doppelbesteuerungsabkommen hat nur Bedeutung für die Zuweisung des Besteuerungsrechts.

Die Verpflichtung gilt für die vom Beginn des Einsatzes im Inland an gezahlten Arbeitslöhne und unabhängig davon, wie lange der Einsatz dauert. Das deutsche Besteuerungsrecht bezieht sich auf alle Arbeitnehmer und nicht nur auf solche mit Leitungsfunktionen. Es kommt jedoch ggf. eine Freistellung des Arbeitslohns nach einem Doppelbesteuerungsabkommen in Betracht, wenn der ausländische Arbeitnehmer sich nicht länger als 183 Tage im Inland aufhält.

Zur Zuweisung des Besteuerungsrechts nach einem Doppelbesteuerungsabkommen

– bei **gewerblicher Arbeitnehmerüberlassung** s. → *Doppelbesteuerungsabkommen bei Einkünften aus nichtselbständiger Arbeit* Rz. 886 und

– bei **gelegentlicher Arbeitnehmerüberlassung** s. → *Doppelbesteuerungsabkommen bei Einkünften aus nichtselbständiger Arbeit* Rz. 887.

b) Sonderzuständigkeiten

205 Als Betriebsstätte im Fall des § 38 Abs. 1 Satz 1 Nr. 2 EStG gilt der Ort im Inland, an dem die Arbeitsleistung ganz oder überwiegend stattfindet (§ 41 Abs. 2 EStG). An das für diesen Ort zuständige Finanzamt **(Betriebsstätten-Finanzamt)** hat der ausländische Verleiher die Steuerabzugsbeträge anzumelden und abzuführen.

Arbeitnehmerüberlassung

In den einzelnen Bundesländern bestehen für ausländische Verleiher (ohne Bauunternehmen) **Sonderzuständigkeiten,** die zuständigen Finanzämter sind aufgeführt in

- H 41.3 (Zuständige Finanzämter für ausländische Verleiher) LStH,
- sowie H 41.3 (Zuständige Finanzämter für ausländische Bauunternehmer) LStH.

Für **ausländische Bauunternehmer** sind die in der Umsatzsteuerzuständigkeitsverordnung genannten Finanzämter für die Verwaltung der Lohnsteuer zuständig (s. die Hinweise in H 41.3 „Zuständige Finanzämter für ausländische Bauunternehmer" LStH).

5. Haftung des inländischen Entleihers für die Lohnsteuer

a) Allgemeines

206 Der Entleiher haftet nach § 42d Abs. 6 EStG im Falle einer **Arbeitnehmerüberlassung** i.S.d. § 1 Abs. 1 Satz 1 AÜG neben dem Verleiher (Arbeitgeber), jedoch beschränkt auf die Lohnsteuer für die Zeit, für die ihm der Leiharbeitnehmer überlassen worden ist. Die Haftung des Entleihers richtet sich deshalb nach denselben Grundsätzen wie die Haftung des Arbeitgebers (→ Haftung für Lohnsteuer: Allgemeine Grundsätze Rz. 1493). Sie scheidet aus, wenn der Verleiher als Arbeitgeber nicht haften würde (R 42d.2 Abs. 2 Sätze 1 bis 3 LStR).

Die Haftung des Entleihers kommt nur bei **Arbeitnehmerüberlassung nach § 1 AÜG** in Betracht. Der erweiterte § 1 Abs. 1 Satz 1 AÜG stellt nur noch darauf ab, ob eine wirtschaftliche Tätigkeit ausgeübt wird. Auf die Gewerbsmäßigkeit der Arbeitnehmerüberlassung i.S.d. Gewerberechts kommt es für die Erlaubnispflicht der Arbeitnehmerüberlassung nicht mehr an.

Die im Rahmen der Entleiherhaftung zu erhebende Lohnsteuer ist nicht Gegenstand einer Lohnsteuer-Anmeldung. § 42d Abs. 6 EStG begründet einen eigenständigen Haftungstatbestand. Deshalb kann ein Arbeitgeber auch dann noch als Haftender nach § 42d Abs. 6 und 7 EStG in Anspruch genommen werden, wenn bei ihm bereits eine abschließende Lohnsteuer-Außenprüfung durchgeführt und der Vorbehalt der Nachprüfung für die betroffenen Lohnsteuer-Anmeldungen aufgehoben worden ist. Entsprechendes gilt sinngemäß bezüglich der Inanspruchnahme des Arbeitgebers nach § 42d Abs. 9 EStG in den Fällen, in denen ein Dritter nach § 38 Abs. 3a EStG die Arbeitgeberpflichten erfüllt.

Die Entleiher-Haftung gilt nach § 42d Abs. 6 Satz 1 EStG auch, wenn ein Arbeitnehmer dem Entleiher **länger als 24 Monate** überlassen wird. Die Regelung des § 1 Abs. 2 AÜG, die in diesem Fall nicht mehr von Arbeitnehmerüberlassung, sondern von Arbeitsvermittlung des Überlassenden ausgeht, ist insoweit ohne Bedeutung. Das schließt nicht aus, dass auch nach steuerlichen Grundsätzen der Entleiher nach Ablauf dieses Zeitraums als Arbeitgeber anzusehen ist; er haftet dann unmittelbar nach § 42d Abs. 1 EStG.

b) Baugewerbe

207 Für das Baugewerbe sind die Sondervorschriften über die sog. **Bauabzugssteuer** zu beachten (§§ 48 bis 48d EStG). Danach entfällt eine Entleiherhaftung nach § 42d Abs. 6 EStG, wenn der Entleiher als Leistungsempfänger für eine Bauleistung seiner Verpflichtung zur Anmeldung und Abführung der Bauabzugssteuer nachgekommen ist oder ihm eine im Zeitpunkt der Gegenleistung gültige Freistellungsbescheinigung hat (BMF v. 1.11.2001, IV A 5 – S 1900 – 292/01, BStBl I 2001, 804 Rdnr. 66).

c) Ausschluss der Entleiherhaftung für die Lohnsteuer

208 Die Haftung des Entleihers ist in nachfolgenden Fällen gesetzlich ausgeschlossen:

§ 42d Abs. 6 Satz 2 EStG lässt zunächst eine Ausnahme von der Entleiher-Haftung zu, wenn es sich um eine **erlaubte Arbeitnehmerüberlassung** nach § 1 AÜG handelt und soweit der Entleiher nachweist, dass er den nach § 51 Abs. 1 Nr. 2 Buchst. d EStG vorgesehenen Mitwirkungspflichten nachgekommen ist.

Dies ist der Fall, wenn der **Verleiher zur Zeit des Verleihs eine Erlaubnis** besessen hat oder die Erlaubnis in dieser Zeit nach § 2 Abs. 4 AÜG als fortbestehend gilt, d.h. bis zu **zwölf Monaten** nach Erlöschen der Erlaubnis für die Abwicklung der erlaubt abgeschlossenen Verträge (R 42d.2 Abs. 4 Satz 2 LStR). Der Überlassung liegt jedoch **keine Erlaubnis** zu Grunde, wenn Arbeitnehmer **gewerbsmäßig in Betriebe des Baugewerbes** für Arbeiten überlassen werden, die üblicherweise von Arbeitern verrichtet werden, weil dies nach § 1b AÜG unzulässig ist und sich die Erlaubnis nach § 1 AÜG auf solchen Verleih nicht erstreckt, es sei denn, die Überlassung erfolgt zwischen Betrieben des Baugewerbes, die von denselben Rahmen- und Sozialkassentarifverträgen oder von deren Allgemeinverbindlichkeit erfasst werden (R 42d.2 Abs. 4 Satz 3 LStR).

Diese **Haftungsausschlussmöglichkeit** des Entleihers in Fällen **erlaubter** Arbeitnehmerüberlassung ist in **der Praxis von erheblicher Bedeutung.** Der Entleiher sollte sich daher vergewissern, ob sein **Vertragspartner die Erlaubnis** nach § 1 AÜG hat. Dies muss der Verleiher in dem schriftlichen Überlassungsvertrag nach § 12 Abs. 1 AÜG erklären, kann aber auch der Entleiher selbst durch **Anfrage** bei der Regionaldirektion der Bundesagentur für Arbeit erfahren (R 42d.2 Abs. 4 Satz 9 LStR).

Eine Inanspruchnahme des Entleihers kommt regelmäßig auch dann nicht in Betracht, wenn die Bundesagentur für Arbeit gegenüber dem Entleiher die Auffassung vertreten hat, dass bei dem verwirklichten Sachverhalt keine Arbeitnehmerüberlassung vorliegt (R 42d.2 Abs. 3 Sätze 4 und 5 LStR).

Nach § 42d Abs. 6 Satz 3 EStG haftet der Entleiher ferner nicht, wenn er über das Vorliegen einer Arbeitnehmerüberlassung **ohne Verschulden** irrte und dies dem **Finanzamt nachweisen** kann (R 42d.2 Abs. 4 Satz 5 LStR). Diese Ausnahmeregelung gilt sowohl für die **erlaubte** wie auch für die **unerlaubte** Arbeitnehmerüberlassung.

Ein **Irrtum** wird in der Praxis insbesondere bei der – selbst nach Einschätzung der Finanzverwaltung schwierigen – Abgrenzung der Arbeitnehmerüberlassung gegenüber einem **Werkvertrag** vorkommen (vgl. R 42d.2 Abs. 4 Satz 6 i.V.m. Abs. 3 LStR). Im Bereich **unzulässiger Arbeitnehmerüberlassung** – also v.a. im **Baugewerbe** – sind wegen des Verbots in § 1b AÜG **strengere Maßstäbe** anzulegen, wenn sich der Entleiher darauf beruft, ohne Verschulden einem Rechtsirrtum erlegen zu sein. Dies gilt insbesondere, wenn das **Überlassungsentgelt deutlich günstiger** ist als dasjenige von anderen Anbietern (R 42d.2 Abs. 4 Sätze 7 und 8 LStR).

Für das **Baugewerbe** sind zudem die Vorschriften über die sog. Bauabzugssteuer zu beachten (§§ 48 - 48d EStG). Danach entfällt eine Entleiherhaftung nach § 42d Abs. 6 EStG, wenn der Entleiher als Leistungsempfänger für eine Bauleistung seiner Verpflichtung zur Anmeldung und Abführung der Bauabzugssteuer nachgekommen ist oder ihm eine im Zeitpunkt der Gegenleistung gültige Freistellungsbescheinigung vorgelegen hat, auf deren Rechtmäßigkeit er vertrauen durfte (H 42d.2 „Arbeitnehmerüberlassung im Baugewerbe" LStH sowie BMF v. 27.12.2002, IV A 5 – S 2272 – 1/02, BStBl I 2002, 1399, Rdnr. 96).

Dies gilt jedoch nicht, wenn Auftraggeber und Auftragnehmer missbräuchlich zusammenwirken. Dies ist dann der Fall, wenn dem Entleiher als Empfänger der Leistung bekannt ist oder nur durch grobe Fahrlässigkeit nicht bekannt ist, dass die Bescheinigung durch unlautere Mittel oder durch falsche Angaben erwirkt wurde. Das für den Verleiher zuständige FA kann insoweit einen Haftungsbescheid nach § 48a Abs. 3 EStG erlassen, da keine Bauleistung vorliegt; vielmehr kommen die Vorschriften über die Entleiherhaftung gem. § 42d Abs. 6 EStG sowie ggf. die Regelung des § 160 AO zur Anwendung.

d) Höhe des Haftungsbetrags bei der Lohnsteuer

209 Die Höhe des Haftungsbetrags des Entleihers ist auf die Lohnsteuer begrenzt, die vom Verleiher ggf. anteilig für die Zeit einzubehalten war, für die der Leiharbeitnehmer dem Entleiher überlassen war. Hat der Verleiher einen Teil der von ihm insgesamt einbehaltenen und angemeldeten Lohnsteuer für den entsprechenden Lohnsteuer-Anmeldungszeitraum gezahlt, wobei er auch die Lohnsteuer des dem Entleiher überlassenen Leiharbeitnehmers berücksichtigt hat, so mindert sich der Haftungsbetrag im Verhältnis von angemeldeter zu gezahlter Lohnsteuer. Die **Haftungsschuld kann mit 15 % des zwischen Verleiher und Entleiher vereinbarten Entgelts** ohne Umsatzsteuer (§ 42d Abs. 6 Satz 7

EStG) angenommen werden, wenn nach den Umständen die Arbeitnehmerüberlassung im Einzelfall nicht oder nur schwer, d.h. nicht mit zumutbarem Aufwand, ermittelt werden kann. Die Haftungsschuld ist mit einem **niedrigeren Prozentsatz** zu schätzen, wenn der Entleiher dies glaubhaft macht.

e) Durchsetzung des Zahlungsanspruchs

210 Der Haftungsbescheid kann gegen den Entleiher ergehen, wenn die Voraussetzungen der Haftung erfüllt sind. Auf Zahlungen darf er jedoch erst in Anspruch genommen werden nach einem Vollstreckungsversuch in das inländische bewegliche Vermögen des Verleihers oder wenn die Vollstreckung keinen Erfolg verspricht (§ 42d Abs. 6 Satz 6 EStG). Eine vorherige Zahlungsaufforderung an den Arbeitnehmer oder ein Vollstreckungsversuch bei diesem ist nicht erforderlich (entsprechende Anwendung des § 219 Satz 2 AO).

6. Haftung des Verleihers für die Lohnsteuer

211 Nach § 42d Abs. 7 EStG kann der Verleiher, der steuerrechtlich nicht als Arbeitgeber zu behandeln ist, **wie ein Entleiher** nach § 42d Abs. 6 EStG als Haftender in Anspruch genommen werden kann. Insoweit kann er aber erst **nach dem Entleiher** auf Zahlung in Anspruch genommen werden.

Davon zu unterscheiden ist der **Erlass des Haftungsbescheids**, der vorher ergehen kann. Gegen den Haftungsbescheid kann sich der Verleiher deswegen nicht mit Erfolg darauf berufen, der Entleiher sei auf Grund der tatsächlichen Abwicklung einer unerlaubten Arbeitnehmerüberlassung als Arbeitgeber aller oder eines Teils der überlassenen Leiharbeitnehmer zu behandeln (R 42d.2 Abs. 7 LStR).

7. Sicherungsverfahren nach § 42d Abs. 8 EStG

212 Als Sicherungsmaßnahme kann das **Finanzamt den Entleiher verpflichten, einen bestimmten Euro-Betrag oder einen als Prozentsatz bestimmten Teil des vereinbarten Überlassungsentgelts einzubehalten und abzuführen**. Hat der Entleiher bereits einen Teil der geschuldeten Überlassungsvergütung an den Verleiher geleistet, so kann der Sicherungsbetrag mit einem bestimmten Euro-Betrag oder als Prozentsatz bis zur Höhe des Restentgelts festgesetzt werden. Die Sicherungsmaßnahme ist nur anzuordnen in Fällen, in denen eine Haftung in Betracht kommen kann. Dabei darf berücksichtigt werden, dass sie den Entleiher im Ergebnis weniger belasten kann als die nachfolgende Haftung, wenn er z.B. einen Rückgriffsanspruch gegen den Verleiher nicht durchsetzen kann (R 42d.2 Abs. 8 LStR).

8. Haftungsbescheid

213 Wird der Entleiher oder Verleiher als Haftungsschuldner in Anspruch genommen, so ist ein Haftungsbescheid zu erlassen (R 42d.2 Abs. 9 LStR).

Soweit die Haftung des Entleihers reicht, sind der Arbeitgeber (Verleiher), der Entleiher und der Arbeitnehmer **Gesamtschuldner** (§ 42d Abs. 6 Satz 5 EStG). Ob ein Haftungsbescheid gegen den Entleiher ergehen soll, obliegt – sofern die Voraussetzungen für die Entleiher-Haftung gegeben sind – daher dem Ermessen des Finanzamts (sog. **Auswahlermessen**).

Für eine **Zahlung** darf der Entleiher jedoch erst in Anspruch genommen werden nach einem **fehlgeschlagenen Vollstreckungsversuch** in das inländische bewegliche Vermögen des **Verleihers** oder wenn die Vollstreckung keinen Erfolg verspricht (§ 42d Abs. 6 Satz 6 EStG, R 42d.2 Abs. 6 Satz 2 LStR).

Eine **vorherige Zahlungsaufforderung an den Arbeitnehmer** oder ein Vollstreckungsversuch bei diesem ist dagegen nicht erforderlich (R 42d.2 Abs. 6 Satz 3 LStR).

9. Haftung für Sozialversicherungsbeiträge

a) Legale Arbeitnehmerüberlassung

214 Ein Arbeitgeber, der mit einer Erlaubnis der Bundesagentur für Arbeit **gewerbsmäßig Arbeitnehmerüberlassung** betreibt, ist Arbeitgeber im sozialversicherungsrechtlichen Sinne. Für ihn gelten demgemäß die üblichen Arbeitgeberpflichten, d.h. er hat den Gesamtsozialversicherungsbeitrag für seine Beschäftigten an die jeweils zuständige Einzugsstelle zu entrichten. Allerdings haftet für die Erfüllung der Beitragspflicht des Arbeitgebers auch der **Entleiher** wie ein selbstschuldnerischer Bürge. Diese Bürgenhaftung richtet sich nach der Hauptschuld, d.h. nach der gegenüber dem Verleiher bestehenden Beitragsforderung. Die Haftung beschränkt sich jedoch auf die Beitragsschuld für den Zeitraum, für den dem Entleiher Arbeitnehmer überlassen wurden. Der Entleiher kann jedoch die Zahlung verweigern, solange die Einzugsstelle den Verleiher nicht mit einer Fristsetzung gemahnt hat und die Frist nicht verstrichen ist.

Gegen diese Haftungsregelung kann sich der Entleiher i.d.R. nicht schützen. Auch eine von der Einzugsstelle ausgestellte Unbedenklichkeitsbescheinigung entbindet ihn nicht von der Haftung.

Die Verpflichtung des Entleihers, Beginn und Ende der Überlassung eines Leiharbeitnehmers innerhalb von zwei Wochen mit einer Kontrollmeldung zu melden, besteht seit dem 1.1.2003 nicht mehr.

b) Illegale Arbeitnehmerüberlassung

215 Besitzt der Verleiher dagegen nicht die erforderliche Erlaubnis für die **gewerbsmäßige Arbeitnehmerüberlassung**, wird kraft Gesetzes ein Arbeitsverhältnis zwischen dem Entleiher und dem Leiharbeitnehmer begründet (§ 10 Abs. 1 AÜG). Der Entleiher hat – obwohl kein Arbeitsvertrag besteht – die Arbeitgeberpflichten wahrzunehmen und die Gesamtsozialversicherungsbeiträge zu zahlen. Die Arbeitgebereigenschaft des Entleihers bei unerlaubter Arbeitnehmerüberlassung wird nicht durch dessen Gutgläubigkeit oder durch einen Irrtum über die Erlaubnispflichtigkeit der Arbeitnehmerüberlassung beseitigt (BSG v. 27.8.1987, 2 RU 41/85, www.stotax-first.de). Zahlt allerdings der Verleiher den Arbeitnehmern das Arbeitsentgelt bzw. einen Teil des Arbeitsentgelts, so hat er auch die hierauf entfallenden Beiträge an die Einzugsstelle zu zahlen. Insoweit gelten hinsichtlich der Zahlungspflicht sowohl Entleiher als auch Verleiher als Arbeitgeber. Sie haften für den auf das vom Verleiher gezahlte Arbeitsentgelt entfallenden Gesamtsozialversicherungsbeitrag als Gesamtschuldner. Somit kann jeder von der Einzugsstelle in Anspruch genommen werden. Eine Mahnfrist, wie sie bei der erlaubten Arbeitnehmerüberlassung zu beachten ist, gilt dabei nicht. Mit dieser Regelung wird erreicht, dass der Verleiher für seine illegale Arbeitnehmerüberlassung haftet, da er sonst durch die illegale Arbeitnehmerüberlassung einen Vorteil hätte.

Besonderheit im Baugewerbe: Nach BAG v. 8.7.1998, 19 AZR 274/97, www.stotax-first.de, gilt Folgendes: Zwar ist im Baugewerbe Arbeitnehmerüberlassung grundsätzlich verboten. Betreibt jedoch ein Verleiher trotz dieses gesetzlichen Verbots Arbeitnehmerüberlassung, ohne die nach § 1 AÜG erforderliche Erlaubnis zur Arbeitnehmerüberlassung überhaupt zu besitzen, so gilt nach § 10 Abs. 1 AÜG ein Arbeitsverhältnis zwischen dem Entleiher und den Leiharbeitnehmern als zu Stande gekommen. Diese Rechtsfolge wird durch das grundsätzliche Verbot der Arbeitnehmerüberlassung im Baugewerbe nicht ausgeschlossen. Der **Entleiher** ist deshalb **verpflichtet**, für die überlassenen Leiharbeitnehmer Beiträge zur Sozialversicherung und zu den Sozialkassen des Baugewerbes **abzuführen**.

Arbeitnehmer-Vertreter

→ *Aufsichtsratsvergütungen* Rz. 351

Arbeitsbelohnungen von Patienten in psychiatrischen Krankenhäusern und Entziehungsanstalten

→ *Arbeitslohn-ABC* Rz. 255

Arbeitsentgelt

1. Allgemeines

216 In der **Sozialversicherung** kommt dem Arbeitsentgelt eine zentrale Bedeutung zu; so sind Arbeiter und Angestellte nur dann **versicherungspflichtig**, wenn sie **gegen Entgelt** beschäftigt werden. Eine **Ausnahme** besteht nur bei **Auszubildenden** und sonst zu ihrer Berufsausbildung Beschäftigten, diese sind auch

Arbeitsentgelt

versicherungspflichtig, wenn kein Arbeitsentgelt gezahlt wird. Die Beiträge der versicherungspflichtig Beschäftigten werden aus ihrem Arbeitsentgelt entrichtet. Zum Arbeitsentgelt gehören alle **laufenden und einmaligen Einnahmen** aus einer Beschäftigung, gleichgültig, ob ein Rechtsanspruch hierauf besteht, unter welchen Bezeichnungen und in welcher Form sie geleistet werden und ob sie unmittelbar aus der Beschäftigung oder im Zusammenhang mit ihr erzielt werden (§ 14 SGB IV). Das bedeutet, dass auch **Sachbezüge** und Entgeltfortzahlungen durch Dritte zum Arbeitsentgelt zählen. **Steuerfreie Aufwandsentschädigungen** (→ *Aufwandsentschädigungen für bestimmte nebenberufliche Tätigkeiten* Rz. 382) gelten nicht als Arbeitsentgelt (§ 14 Abs. 1 Satz 3 SGB IV). Soweit einem Beschäftigten ein entstandener Aufwand i.S. der steuerrechtlichen Regelung des § 3 Nr. 26 und 26a EStG abgegolten wird, liegt ein **geldwerter Vorteil** und damit Arbeitsentgelt nicht vor. Die Regelungen des § 14 Abs. 1 Satz 3 SGB IV wurden ohne inhaltliche Veränderungen in die SvEV übertragen.

Damit bei der Berechnung der Sozialversicherungsbeiträge eine möglichst weitgehende Übereinstimmung mit den Regelungen des Steuerrechts erreicht wird, hat auf Grund der Ermächtigungsregelung des § 17 SGB IV die Bundesregierung mit der **SvEV** Näheres zum Arbeitsentgelt geregelt. Danach sind einmalige Einnahmen, laufende Zulagen, Zuschläge, Zuschüsse sowie ähnliche Einnahmen, die zusätzlich zu Löhnen oder Gehältern gewährt werden, nicht dem Arbeitsentgelt zuzurechnen, soweit sie lohnsteuerfrei sind (§ 1 Abs. 1 Nr. 1 SvEV).

Bei einem **vereinbarten Nettoarbeitsentgelt** gelten als Arbeitsentgelt die Einnahmen des Beschäftigten einschließlich der darauf entfallenden Steuern und der seinem gesetzlichen Anteil entsprechenden Beiträge zur Sozialversicherung. Für die **Ermittlung der beitragspflichtigen Einnahmen** ist das Nettoarbeitsentgelt in einen Bruttobetrag umzurechnen. Diese Hochrechnung erfolgt im Abtastverfahren anhand der Lohnsteuer- und Beitragstabellen (s. → *Nettolöhne* Rz. 2126).

Sind bei illegalen Beschäftigungsverhältnissen Steuern und Beiträge zur Sozialversicherung nicht gezahlt worden, ist das beitragspflichtige Arbeitsentgelt im Rahmen einer Hochrechnung (im Abtastverfahren) zu ermitteln, wenn ein Nettolohn einem illegal Beschäftigten zuzuordnen ist.

2. Beitragsrechtliche Behandlung von nicht gezahlten Arbeitsentgelten

217 Im Beitragsrecht der Sozialversicherung gilt seit dem Inkrafttreten des Vierten Buchs Sozialgesetzbuch am 1.7.1977 für die Erhebung der Einnahmen das sog. Entstehungsprinzip. Dies bedeutet, dass Beiträge dann fällig werden, wenn der Anspruch des Arbeitnehmers auf das Arbeitsentgelt entstanden ist (§ 22 Abs. 1 SGB IV). Das BSG hat dieses Entstehungsprinzip in seinen Urteilen BSG v. 25.9.1981, 12 RK 58/80, www.stotax-first.de, und BSG v. 26.10.1982, 12 RK 8/81, www.stotax-first.de, bekräftigt. Beiträge sind daher auch für geschuldetes, bei Fälligkeit aber noch nicht gezahltes Arbeitsentgelt zu zahlen. Damit unterscheidet sich das Beitragsrecht der Sozialversicherung seit 1977 grundlegend vom Steuerrecht. Im Steuerrecht gilt unverändert das sog. Zuflussprinzip; maßgebend ist also hier, ob und ggf. wann eine Einnahme zugeflossen ist.

Auf Grund des Entstehungsprinzips ergibt sich das für die Sozialversicherung maßgebliche Arbeitsentgelt aus dem für den Arbeitnehmer geltenden Arbeitsvertrag oder Tarifvertrag. Das Arbeitsvertragsrecht hat mithin entscheidende Bedeutung für das Beitragsrecht der Sozialversicherung, wobei das Auseinanderfallen von Steuerrecht und Beitragsrecht der Sozialversicherung in Fällen entstandener, aber nicht gezahlter Arbeitsentgeltansprüche in letzter Zeit vermehrt zu Problemen in der betrieblichen Praxis führt. Die Spitzenverbände der Sozialversicherungsträger geben deshalb zu häufig auftretenden Problemfällen die nachfolgenden Hinweise (Besprechungsergebnis v. 21./22.11.2001).

a) Tarifvertrag

218 Nach § 4 Abs. 1 Satz 1 TVG gelten die Rechtsnormen eines Tarifvertrags unmittelbar und zwingend lediglich zwischen den Arbeitgebern und Gewerkschaftsangehörigen, die unter den Geltungsbereich des Tarifvertrags fallen. Danach unterliegt regelmäßig nur der in der betreffenden Gewerkschaft organisierte Arbeitnehmer der Bindung eines Tarifvertrags. Dies bedeutet, dass die Tarifbestimmungen den Inhalt der Arbeitsverhältnisse gestalten ohne dass es auf die Kenntnis von Arbeitnehmer und Arbeitgeber über den Arbeitsentgeltanspruch ankommt. Erst recht bedarf es keiner Anerkennung, Unterwerfung oder Übernahme des Tarifvertrags durch die Parteien eines Einzelarbeitsvertrags. Die Regelungen des Tarifvertrags gelten selbst dann, wenn die Arbeitsvertragsparteien ausdrücklich gegenteilige oder auch andere Bedingungen vereinbart haben. Auch neu geschlossene tarifwidrige Arbeitsverträge sind hinsichtlich des tarifwidrigen Teils unwirksam. Ebenfalls sind Vertragsabsprachen, die den durch Tarifvertrag gestalteten Arbeitsvertrag auf Zeit einschränken oder suspendieren wollen, unwirksam. Abweichende Abmachungen sind nur zulässig, soweit sie durch den Tarifvertrag gestattet sind oder eine Änderung zu Gunsten des Arbeitnehmers enthalten (§ 4 Abs. 3 TVG).

b) Allgemein verbindlich erklärte Tarifverträge

219 Eine besondere Stellung nehmen für allgemein verbindlich erklärte Tarifverträge ein. Nach § 5 Abs. 1 TVG kann der Bundesminister für Arbeit und Soziales im Einvernehmen mit dem Tarifausschuss, der sich aus jeweils drei Vertretern der Spitzenorganisationen der Arbeitgeber und der Arbeitnehmer zusammensetzt, einen Tarifvertrag auf Antrag einer Tarifvertragspartei für allgemein verbindlich erklären. Mit einer derartigen Erklärung erfassen die Rechtsnormen des Tarifvertrags in seinem Geltungsbereich auch die bisher nicht tarifgebundenen Arbeitgeber und Arbeitnehmer (§ 5 Abs. 4 TVG).

Ein Arbeitsentgeltanspruch mindestens in Höhe des in einem allgemein verbindlichen Tarifvertrag festgesetzten Lohns bzw. Gehalts kann demnach von den Parteien eines Arbeitsvertrags, die der Geltung dieses Tarifvertrags unterliegen, nicht rechtswirksam unterschritten werden.

Das BSG hat mit Urteilen v. 14.7.2004, B 12 KR 1/04 R, B 12 KR 10/03 R, B 12 KR 7/03 R, B 12 KR 7/04 und B 12 KR 34/03 R, www.stotax-first.de, das Entstehungsprinzip im Beitragsrecht der Sozialversicherung bestätigt. Die Nachberechnung von Beiträgen im Rahmen einer Betriebsprüfung der Rentenversicherungsträger für Arbeitnehmer, die ein tatsächliches Entgelt unter der Geringfügigkeitsgrenze erhalten haben, obwohl ihnen auf Grund eines für allgemeinverbindlich erklärten Tarifvertrags ein höheres Arbeitsentgelt zustand, war rechtens.

Das BMAS gibt zu Beginn eines jeden Quartals im Bundesarbeitsblatt ein Verzeichnis der für allgemein verbindlich erklärten Tarifverträge heraus. Das Verzeichnis der für allgemein verbindlich erklärten Tarifverträge kann im Internet unter www.bmas.de eingesehen werden. Es stellt allerdings lediglich eine Momentaufnahme dar. In einem besonderen Teil wird zwar auf die Tarifverträge hingewiesen, deren Allgemeinverbindlichkeit im abgelaufenen Quartal endete; darüber hinaus gibt es aber keine Historie.

c) Wirkung von Öffnungsklauseln

220 Der Tarifvertrag kann bestimmen, dass bestimmte Regelungen nicht für alle Tarifparteien gelten bzw. nicht für allgemein verbindlich erklärt werden (Öffnungsklausel). Auf Grund einer Öffnungsklausel nicht gezahltes Arbeitsentgelt wird – wie im Steuerrecht – auch in der Sozialversicherung nicht berücksichtigt.

d) Einzelarbeitsvertrag

221 Unterliegt der Arbeitnehmer nicht der Bindungswirkung eines Tarifvertrags, ist für die Sozialversicherung der Einzelarbeitsvertrag maßgebend. Nach § 2 NachwG müssen sich die wesentlichen Vertragsbedingungen aus dem schriftlichen Arbeitsvertrag ergeben, oder sie sind anderweitig schriftlich niederzulegen. Die Niederschrift ist zu unterschreiben und dem Arbeitnehmer auszuhändigen. Dies gilt nicht, wenn der Arbeitnehmer nur zur Aushilfe von höchstens einem Monat eingestellt ist. Der Einzelarbeitsvertrag ist auch bei bindendem Tarifvertrag insoweit zu beachten, als er für den Arbeitnehmer günstigere Regelungen (z.B. ein höheres Arbeitsentgelt) vorsieht als der verbindliche Tarifvertrag.

e) Nachträgliche Minderung des Arbeitsentgeltanspruchs

222 Nach dem Urteil des BSG v. 21.5.1996, 12 RK 64/94, www.stotax-first.de, mindert eine Vertragsstrafe, die nach dem Entstehen

der Beitragsforderung zu einer Lohnkürzung führt, nachträglich nicht den bereits entstandenen Beitragsanspruch. Dies gilt nach dem Besprechungsergebnis der Spitzenorganisationen der Sozialversicherung v. 5./6.11.1996 (Die Beiträge 1997, 55) auch für Schadenersatzansprüche des Arbeitgebers, die nachträglich den Arbeitsentgeltanspruch mindern. Ein Beitragserstattungsanspruch auf Grund einer solchen Lohnminderung besteht somit nicht.

f) Arbeitsentgelt im Rechtsstreit

223 Nach dem Urteil des BSG v. 18.11.1980, 12 RK 47/79, www.stotax-first.de, sind Ansprüche, die in einem gerichtlichen Vergleich derart geregelt werden, dass sie nicht mehr geltend gemacht werden können, so anzusehen, als ob sie von Anfang an nicht bestanden hätten. Gleiches nimmt das BSG bei einem Erlass von Ansprüchen im Wege des Vergleichs an. Etwas anderes gilt dann, wenn die streitige Arbeitsentgeltforderung sehr wohl als bestehend anerkannt worden ist, aber nur deshalb nicht im Vergleich erscheint, weil gegen eine andere Forderung des Arbeitgebers aufgerechnet oder diese wegen einer sonstigen Gegenleistung nicht mehr geltend gemacht worden ist. In diesen Fällen ist die Forderung auf Arbeitsentgelt nicht entfallen, sondern anderweitig erfüllt worden. Ein Beitragsanspruch besteht in diesem Fall auch aus dem anderweitig erfüllten Arbeitsentgeltanspruch.

Wird in einem Kündigungsschutzprozess der Arbeitgeber neben der Feststellung, dass die Kündigung unwirksam war, auch zur Zahlung von Arbeitsentgelt verurteilt, entsteht der Beitragsanspruch nach dem Urteil des BSG v. 25.9.1981, 12 RK 58/80, www.stotax-first.de, nur aus diesem Arbeitsentgelt, und die Beitragsforderung wird regelmäßig erst nach der rechtskräftigen Beendigung des Rechtsstreits fällig. Mit seiner Entscheidung hat das BSG aber klargestellt, dass der Beitragsanspruch auch in einem Kündigungsschutzprozess bereits mit der Fälligkeit des Arbeitsentgeltanspruchs entsteht und die hinausgeschobene Fälligkeit nur den Beitragsanspruch berührt, der auf der streitbefangenen Arbeitsentgeltforderung beruht. Ausnahmsweise kann die Einzugsstelle aber auch vor der Beendigung des Kündigungsschutzprozesses berechtigt sein, den Beitrag zu fordern. Dies wird man dann annehmen können, wenn die Kündigung sich bei objektiver Betrachtung als offensichtlich unberechtigt erweist.

g) Unter auflösender Bedingung gezahltes Arbeitsentgelt

224 Nach den Urteilen des BSG v. 28.2.1967, 3 RK 72/64 und 3 RK 73/64, www.stotax-first.de, verliert fälliges und gezahltes Arbeitsentgelt (z.B. Weihnachtsgeld) nachträglich seine Eigenschaft als Arbeitsentgelt, wenn es unter Vorbehalt gewährt und auf Grund einer Rückzahlungsklausel zurückgezahlt wird, so dass der daraus gezahlte Beitrag nach Maßgabe des § 26 Abs. 2 SGB IV sowie des § 351 Abs. 1 SGB III als zu Unrecht gezahlt zu erstatten ist.

h) Verzicht auf Arbeitsentgelt

225 Der Verzicht auf Teile des Arbeitsentgelts muss kumulativ folgende drei Kriterien erfüllen, um beitragsrechtlich berücksichtigt zu werden:

– Der Verzicht muss arbeitsrechtlich zulässig sein.

Bei einem bindenden Tarifvertrag ist der Gehaltsverzicht nur zulässig, soweit eine Öffnungsklausel besteht. Im Fall eines Gehaltsverzichts einer Teilzeitkraft (insbesondere auf Einmalzahlungen) ist außerdem zu prüfen, ob der Verzicht gegen das Teilzeit- und Befristungsgesetz (TzBfG) v. 28.12.2000 (BGBl. I 2000, 1966) verstößt.

– Der Verzicht muss schriftlich niedergelegt sein.

Nach § 2 Abs. 1 Satz 2 Nr. 6 NachwG müssen die Zusammensetzung und die Höhe des Arbeitsentgelts einschließlich Zuschlägen, Zulagen, Prämien und Sonderzuwendungen sowie anderer Bestandteile des Arbeitsentgelts und dessen Fälligkeit schriftlich niedergelegt sein. Ein Gehaltsverzicht gehört auch zu den schriftlich niederzulegenden Arbeitsvertragsinhalten.

Ausgenommen von der Nachweispflicht sind die in § 1 NachwG genannten Personen (Arbeitnehmer, die nur zur vorübergehenden Aushilfe von höchstens einem Monat eingestellt werden).

– Der Verzicht darf nur auf künftig fällig werdende Arbeitsentgeltbestandteile gerichtet sein.

Ein rückwirkender Verzicht der Arbeitnehmer auf Arbeitsentgeltanspruch führt nicht zu einer Reduzierung der Beitragsforderung. Der Beitragsanspruch ist bereits entstanden und wird durch den Verzicht auf das Arbeitsentgelt nicht mehr beseitigt (bestätigt durch LSG Nordrhein-Westfalen v. 31.10.2000, L 5 KR 27/00).

Erfüllt der Verzicht auch nur eines der o.g. drei Kriterien nicht, ist er beitragsrechtlich nicht zu beachten. Für die Prüfung der Versicherungspflicht und die Beitragsberechnung ist dann das Arbeitsentgelt ohne Verzicht maßgebend.

3. Beitragsrechtliche Behandlung von einmalig gezahltem Arbeitsentgelt

226 Das Entstehungsprinzip in der Sozialversicherung hat im Laufe der Jahre Durchbrechungen erfahren. Dabei handelt es sich u.a. um die beitragsrechtliche Behandlung von einmalig gezahltem Arbeitsentgelt (→ *Einmalzahlungen* Rz. 983). Nach § 23a Abs. 1 SGB IV sind einmalig gezahltes Arbeitsentgelt Zuwendungen, die dem Arbeitsentgelt zuzurechnen sind und nicht für die Arbeit in einem einzelnen Entgeltabrechnungszeitraum gezahlt werden. Einmalig gezahltes Arbeitsentgelt ist grundsätzlich dem Abrechnungszeitraum zuzuordnen, in dem es gezahlt wird. Es kommt also nicht darauf an, wann der Entgeltanspruch entstanden ist, sondern wann das Arbeitsentgelt gezahlt wird. Diese Ausnahme ergibt sich aus der Definition des einmalig gezahlten Arbeitsentgelts; sie ist zugleich eine Konzession an die betriebliche Abrechnungspraxis. Würde in diesen Fällen streng am Entstehungsprinzip festgehalten, müssten bereits erfolgte Abrechnungen neu durchgeführt werden. Der damit verbundene Aufwand wäre nicht gerechtfertigt. Zur Vermeidung von Beitragsausfällen ist bei einmalig gezahltem Arbeitsentgelt anstatt einer monatlichen eine (anteilige) jährliche Beitragsbemessungsgrenze (BBG) vorgesehen. Einmalig gezahlte Arbeitsentgelte, die im ersten Quartal eines Jahres gezahlt werden, werden ggf. dem Vorjahr zugeordnet.

In seinem Urteil v. 14.5.2002, B 12 KR 15/01 R, www.stotax-first.de, hat das BSG die ausnahmsweise Anwendung des Zuflussprinzips in der Sozialversicherung bei der Beitragsberechnung von einmalig gezahltem Arbeitsentgelt bestätigt.

Mit dem Zweiten Gesetz für moderne Dienstleistungen am Arbeitsmarkt v. 23.12.2002, BStBl I 2003, 3 wurde diese praktizierte Verfahrensweise vom Gesetzgeber festgeschrieben. Dies bedeutet, dass Beitragsansprüche aus einmalig gezahltem Arbeitsentgelt entstehen, sobald dieses ausgezahlt worden ist. Erfolgt keine Auszahlung von einmalig gezahltem Arbeitsentgelt, können **keine** Beiträge erhoben werden.

Auf Grund der Entscheidung des BSG v. 7.2.2002, B 12 KR 12/01 R, www.stotax-first.de, hat der Gesetzgeber im o.a. Gesetz für eine weitere Klarstellung gesorgt. Nach der aktuellen BSG-Rechtsprechung war der geldwerte Vorteil für eine kostenlose Kontoführung (→ *Kontogebühren* Rz. 1690) oder Freiflüge (→ *Freiflüge* Rz. 1333) als einmaliges Arbeitsentgelt anzusehen. Dadurch konnte bei einer Pauschalbesteuerung keine Beitragsfreiheit eintreten. Mit der Änderung des § 23a SGB IV i.R.d. o.a. Gesetzes sind folgende Arbeitsentgelte nicht als einmalig gezahltes anzusehen:

– Zuwendungen, wenn sie üblicherweise zur Abgeltung bestimmter Aufwendungen des Beschäftigten dienen, die auch im Zusammenhang mit der Beschäftigung stehen,

– Waren oder Dienstleistungen (Personalrabatte), die vom Arbeitgeber nicht überwiegend für den Bedarf seiner Beschäftigten hergestellt, vertrieben oder erbracht werden und monatlich in Anspruch genommen werden können (z.B. freie oder verbilligte Flüge von Mitarbeitern der Fluggesellschaften),

– sonstige Sachbezüge oder

– vermögenswirksame Leistungen.

Bei einer Pauschalversteuerung besteht seit dem 1.1.2003 Beitragsfreiheit.

Durch das 3. Gesetz zur Änderung des SGB IV und anderer Gesetze (BGBl. I 2010, 112 ff.) wurde § 14 Abs. 3 SGB IV geändert. Danach bleiben im Haushaltsscheckverfahren Zuwendungen unberücksichtigt, die nicht in Geld (Sachzuwendungen) gewährt worden sind.

Arbeitsentgelt

Einmalzahlungen, die – ungeachtet der arbeitsrechtlichen Zulässigkeit – in jedem Kalendermonat zu einem Zwölftel zur Auszahlung gelangen, verlieren ihren Charakter als einmalig gezahltes Arbeitsentgelt (§ 23a SGB IV) und sind somit laufendes Arbeitsentgelt. Dies hat u.a. Auswirkungen auf die beitragsrechtliche Behandlung von Beiträgen zur Direktversicherung, die nach § 40b EStG pauschal versteuert werden, denn die pauschal versteuerten Direktversicherungsbeiträge sind nach § 1 Abs. 1 Nr. 4 SvEV nur dann nicht dem Arbeitsentgelt zuzuordnen, wenn es sich hierbei um zusätzliche Leistungen des Arbeitgebers handelt, die neben dem laufenden Arbeitsentgelt gezahlt werden, oder wenn sie aus Einmalzahlungen finanziert werden. Sofern also für die Direktversicherungsbeiträge laufendes Arbeitsentgelt verwendet wird, was im Falle einer Umstellung von Einmalzahlungen auf monatliche Zahlungen der Fall wäre, führt dies nicht zu einer Minderung des beitragspflichtigen Arbeitsentgelts, d.h. die aus dem laufenden Arbeitsentgelt finanzierten Direktversicherungsbeiträge unterliegen auch bei einer vorgenommenen Pauschalbesteuerung der Beitragspflicht.

Einzelheiten und Sonderregelungen sind unter den jeweiligen Stichworten zu finden.

Zur Begriffsabgrenzung hinsichtlich Arbeitslohn s. → *Arbeitslohn* Rz. 244.

4. Beitragsrechtliche Behandlung von arbeitgeberseitigen Leistungen während des Bezugs von Entgeltersatzleistungen (Sozialleistungen)

227 Die Sozialversicherung hat bisher – ohne eindeutige gesetzliche Regelung – geduldet, dass Arbeitsentgelte, die für die Zeit des Bezugs von Krankengeld oder anderer Sozialleistungen als so genannte arbeitgeberseitige Leistungen gewährt worden sind, mit Ausnahme der Zuschüsse zum Elterngeld, i.d.R. ohne bestimmte Begrenzungen in ihrer Höhe beitragsfrei blieben. Dies galt allerdings bei Bezug von Krankengeld lediglich für Versicherte der gesetzlichen Krankenversicherung. **Bei privat Krankenversicherten** führten arbeitgeberseitige Leistungen während des Bezugs von Krankentagegeld dazu, dass die Beschäftigung gegen Arbeitsentgelt nicht unterbrochen war; es waren SV-Tage zu berücksichtigen und es bestand Beitragspflicht.

Mit dem Gesetz zur Vereinfachung der Verwaltungsverfahren im Sozialrecht (Verwaltungsvereinfachungsgesetz) v. 21.3.2005, BGBl. I 2005, 818 ist mit Wirkung vom 30.3.2005 die Vorschrift des § 23c SGB IV eingefügt worden. Hiernach gelten nunmehr arbeitgeberseitige Leistungen, die für die Zeit des Bezugs von Krankengeld, Versorgungskrankengeld, Verletztengeld, Übergangsgeld und Mutterschaftsgeld sowie von Krankentagegeld oder für eine Elternzeit (bis 31.12.2007) in Anspruch genommen werden, **nicht als beitragspflichtiges Arbeitsentgelt**, soweit die Einnahmen zusammen mit den genannten Sozialleistungen das Nettoarbeitsentgelt nicht übersteigen. Dies gilt sowohl für **Versicherte der gesetzlichen Krankenversicherung als auch für Versicherte der privaten Krankenversicherung**. Durch das Gesetz zur Änderung des SGB IV und anderer Gesetze wurde zum 1.1.2008 eine Bagatellgrenze i.H.v. 50 € eingeführt. Übersteigt die arbeitgeberseitige Leistung den SV-Freibetrag um mehr als 50 €, ist der gesamte Betrag beitragspflichtig. Ebenfalls seit 1.1.2008 ist für die beitragsrechtliche Beurteilung nach § 23c SGB IV nicht mehr die Elternzeit, sondern das Erziehungsgeld oder das Elterngeld maßgebend.

Die Spitzenorganisationen der Sozialversicherung haben die Auswirkungen der Neuregelung in einem Rundschreiben v. 15.11.2005 zusammengefasst.

a) Allgemeines

228 Die neue gesetzliche Regelung (§ 23c SGB IV) hat grundsätzlich die bisherige langjährige Praxis der Sozialversicherungsträger zur Beitragsfreiheit aufgegriffen und stellt eine einheitliche Rechtsanwendung für alle für die Zeit des Bezugs von Sozialleistungen gezahlten Leistungen des Arbeitgebers für Mitglieder sowohl der gesetzlichen als auch der privaten Krankenversicherung sicher.

Außerdem trägt die Regelung der Tatsache Rechnung, dass Zusatzleistungen, die nur für Zeiten der Arbeitsunfähigkeit oder auf Grund der sonstigen den Bezug der genannten Sozialleistungen begründenden Faktoren gewährt werden, insbesondere Krankengeldzuschüsse, grundsätzlich nicht in die Berechnungsgrundlage späterer Sozialleistungen einfließen sollen und damit z.B. zu höheren Rentenanwartschaften im Alter führen.

§ 23c SGB IV findet keine Anwendung auf Arbeitsentgelt aus einer während des Bezugs von Sozialleistungen tatsächlich ausgeübten Beschäftigung (z.B. Beschäftigung in Fällen der stufenweisen Wiedereingliederung in das Erwerbsleben, Teilzeitbeschäftigung während der Elternzeit). Die daneben vom Arbeitgeber laufend gezahlten Leistungen, die üblicherweise in einem Beschäftigungsverhältnis anfallen können, sind dem tatsächlichen Arbeitsentgelt hinzuzurechnen und unterliegen damit grundsätzlich in vollem Umfang der Beitragspflicht.

b) Beitragsrecht

229 Arbeitgeberseitige Leistungen, die für die Zeit des Bezugs von Sozialleistungen gezahlt werden, gelten **nicht** als beitragspflichtiges Arbeitsentgelt, soweit die Einnahmen zusammen mit den Sozialleistungen das **Nettoarbeitsentgelt nicht übersteigen**. Das hat zur Folge, dass alle arbeitgeberseitigen Leistungen, die für die Zeit des Bezugs der Sozialleistungen laufend gezahlt werden, bis zum maßgeblichen Nettoarbeitsentgelt nicht der Beitragspflicht unterliegen. Alle darüber hinausgehenden Beträge sind hingegen als beitragspflichtige Einnahmen zu berücksichtigen, die Bagatellgrenze von 50 € ist zu beachten vgl. → Rz. 216.

Zu den laufend gezahlten arbeitgeberseitigen Leistungen zählen insbesondere

– Zuschüsse zum Krankengeld, Verletztengeld, Übergangsgeld,
– Zuschüsse zum Mutterschaftsgeld,
– Zuschüsse zum Krankentagegeld privat Versicherter,
– Sachbezüge (z.B. Kost, Wohnung und private Nutzung von Geschäftsfahrzeugen),
– Firmen- und Belegschaftsrabatte,
– vermögenswirksame Leistungen,
– Kontoführungsgebühren,
– Zinsersparnisse aus verbilligten Arbeitgeberdarlehen,
– Telefonzuschüsse und
– Beiträge und Zuwendungen zur betrieblichen Altersvorsorge (§ 1b BetrAVG).

Das Gesetz erfasst folgende Sozialleistungen, neben denen laufend gezahlte arbeitgeberseitige Leistungen unter den genannten Voraussetzungen nicht als beitragspflichtige Einnahmen gelten:

– Krankengeld und Krankengeld bei Erkrankung des Kindes (Krankenkassen)
– Verletztengeld und Verletztengeld bei Verletzung des Kindes (Unfallversicherungsträger)
– Übergangsgeld (Rentenversicherungsträger/Bundesagentur für Arbeit/Unfallversicherungsträger/Kriegsopferfürsorge)
– Versorgungskrankengeld (Träger der Kriegsopferversorgung)
– Mutterschaftsgeld (Krankenkassen/Bund)
– Erziehungsgeld bzw. Elterngeld
– Krankentagegeld (private Krankenversicherungsunternehmen)

Obwohl keine Sozialleistung im eigentlichen Sinne, wird von § 23c SGB IV auch die Elternzeit erfasst.

Zur Feststellung des SV-Freibetrags wird ein zu vergleichendes Nettoarbeitsentgelt (Vergleichs-Nettoarbeitsentgelt) benötigt. Der höchstmögliche SV-Freibetrag ist die Differenz zwischen dem Vergleichs-Nettoarbeitsentgelt und der Nettosozialleistung. Der so ermittelte Betrag bleibt für die Dauer des Bezugs von Sozialleistungen unverändert. Es bestehen keine Bedenken, wenn der Arbeitgeber monatlich das Nettoarbeitsentgelt als Vergleichs-Nettoarbeitsentgelt berücksichtigt, das im Fall der tatsächlichen Ausübung der Beschäftigung zu ermitteln wäre.

In verschiedenen Unternehmen sehen tarifliche Regelungen vor, die Mitarbeiter durch Zuzahlungen z.B. zum Krankengeld so zu stellen, dass sie ihr bisheriges Nettoarbeitsentgelt-Niveau behalten. Dies kann aber nur dadurch erreicht werden, dass der Differenzbetrag zwischen dem bisherigen Nettoarbeitsentgelt und dem Nettokrankengeld um die Steuern auf einen Bruttobetrag hochgerechnet und die Steuerschuld vom Arbeitgeber übernommen wird. Nur auf diesem Weg erhalten die Mitarbeiter einen Betrag, der insgesamt dem bisherigen Nettoarbeitsentgelt entspricht. Ergibt sich nur durch die Berücksichtigung von auf einen Zuschuss zu einer Sozialleistung zu zahlenden Steuern ein das Vergleichs-Nettoarbeitsentgelt übersteigender Betrag, wird dieser übersteigende Betrag unter Zurückstellung rechtlicher Bedenken nicht der Beitragspflicht unterworfen (vgl. Besprechungsergebnis der Spitzenverbände der Sozialversicherungsträger am 25./26.4.2006).

Nach einigen Tarifverträgen hat der Arbeitgeber für privat Krankenversicherte einen Zuschuss zur Entgeltersatzleistung in Höhe der Differenz zwischen dem in der gesetzlichen Krankenversicherung geltenden Krankengeldhöchstsatz für Versicherungspflichtige und dem Nettoarbeitsentgelt der Beschäftigten zu zahlen. In diesen Fällen bleibt der auf das Nettoarbeitsentgelt begrenzte Zuschuss beitragsfrei. Für jede weitere Zahlung des Arbeitgebers (z.B. Firmen- und Belegschaftsrabatte) besteht dann allerdings Beitragspflicht, weil insoweit davon auszugehen ist, dass das Nettoarbeitsentgelt damit überschritten wird (vgl. Besprechungsergebnis der Spitzenverbände der Sozialversicherungsträger am 25./26.4.2006).

Für die Berechnung des Zuschusses des Arbeitgebers zu einer Sozialleistung kann das durch arbeitsrechtliche oder tarifrechtliche Regelung vereinbarte Nettoarbeitsentgelt verwendet werden. Zur Berechnung des Nettoarbeitsentgelts ist für privat Krankenversicherte – wie bei freiwilligen Mitgliedern der gesetzlichen Krankenversicherung – der um den Beitragszuschuss für Beschäftigte verminderte Betrag des Versicherten zur Kranken- und Pflegeversicherung abzuziehen (vgl. Besprechungsergebnis der Spitzenverbände der Sozialversicherungsträger am 25./26.4.2006).

c) Ermittlung der beitragspflichtigen Einnahmen

230 Der zusammen mit der jeweiligen Sozialleistung das Vergleichs-Nettoarbeitsentgelt übersteigende Teil der laufend gezahlten arbeitgeberseitigen Leistungen wird beitragspflichtig in der Sozialversicherung. Hierfür sind jeweils die Nettosozialleistung und die Bruttozahlungen des Arbeitgebers zu berücksichtigen.

Nettosozialleistung ist bei gesetzlichen Leistungsträgern die Bruttosozialleistung abzüglich der vom Versicherten zu tragenden Sozialversicherungs-Beitragsanteile. Sie bleibt für den gesamten Zeitraum des Bezugs von Sozialleistungen für die Ermittlung des SV-Freibetrags unverändert. Bei privaten Leistungsträgern sind Brutto- und Nettosozialleistung gleich.

Beitragspflichtige Einnahmen auf Grund von arbeitgeberseitigen Leistungen fallen – auch in Monaten mit nur teilweisem Sozialleistungsbezug – nur an, wenn unter Berücksichtigung eines vollen Abrechnungsmonats mit Bezug von Sozialleistungen die dem Grunde nach beitragspflichtigen laufend gezahlten arbeitgeberseitigen Leistungen zusammen mit der Sozialleistung das Vergleichs-Nettoarbeitsentgelt übersteigen. Die laufend gezahlten arbeitgeberseitigen Leistungen müssen somit höher sein als der SV-Freibetrag. Für jeden Kalendertag des Sozialleistungsbezugs ist vom SV-Freibetrag 1/30 – in vollen Kalendermonaten 30/30 – bei der Beitragsberechnung zu berücksichtigen. In den Fällen, in denen die Nettosozialleistung eines privaten Leistungsträgers das Vergleichs-Nettoarbeitsentgelt übersteigt, unterliegt die beitragspflichtige Einnahme in voller Höhe der Beitragspflicht.

Beispiel 1:

Bruttoarbeitsentgelt	3 000,— € mtl.
Vergleichs-Nettoarbeitsentgelt	2 100,— € mtl.
Bruttozahlungen des Arbeitgebers	500,— € mtl.
Nettokrankengeld	1 628,10 € mtl.
SV-Freibetrag (2 100 € ∕. 1 628,10 €)	471,90 € mtl.

Der SV-Freibetrag wird durch den Zuschuss des Arbeitgebers monatlich um (500 € ∕. 471,90 € =) 28,10 € überschritten; dieser Betrag übersteigt jedoch nicht die Freigrenze von 50 €. Es liegt keine beitragspflichtige Einnahme vor.

Beispiel 2:

Bruttoarbeitsentgelt	3 000,— € mtl.
Vergleichs-Nettoarbeitsentgelt	2 100,— € mtl.
Bruttozahlungen des Arbeitgebers	600,— € mtl.
Nettokrankengeld	1 628,10 € mtl.
SV-Freibetrag (2 100 € ∕. 1 628,10 €)	471,90 € mtl.

Der SV-Freibetrag wird durch den Zuschuss des Arbeitgebers monatlich um (600 € ∕. 471,90 € =) 128,10 € überschritten und übersteigt die Freigrenze von 50 €. Es liegt eine kalendertägliche beitragspflichtige Einnahme von (128,10 € : 30 =) 4,27 € vor.

Die Ermittlung der beitragspflichtigen Einnahmen aus arbeitgeberseitigen Leistungen erfolgt auf Basis der zu Beginn der Zahlung einer Sozialleistung maßgebenden Verhältnisse. Spätere (tarifvertragliche) Erhöhungen einer arbeitgeberseitigen Leistung sowie die auf Grund der gesetzlichen Regelungen vorgesehenen Erhöhungen der Sachbezugswerte und die Dynamisierungen der Sozialleistungen bleiben unberücksichtigt. Kommt während des Sozialleistungsbezugs eine weitere arbeitgeberseitige Leistung hinzu oder fällt von unterschiedlichen Leistungen des Arbeitgebers eine weg, ist die beitragspflichtige Einnahme aus arbeitgeberseitigen Leistungen neu zu ermitteln. Dies gilt auch bei einer Änderung der Sozialleistungsart.

Erhält der Arbeitnehmer für einen Teil des Monats noch Arbeitsentgelt (z.B. Entgeltfortzahlung) und für den anderen Teil des Monats eine Entgeltersatzleistung, sind die arbeitgeberseitigen Leistungen nur beitragspflichtig, wenn unter Berücksichtigung eines vollen Abrechnungsmonats mit Bezug von Sozialleistungen die dem Grunde nach beitragspflichtigen laufend gezahlten arbeitgeberseitigen Leistungen zusammen mit der Sozialleistung das Vergleichs-Nettoarbeitsentgelt übersteigen (vgl. Besprechungsergebnis der Spitzenverbände der Sozialversicherungsträger am 25./26.4.2006).

Erhält der Arbeitnehmer für den Teilmonat ein Arbeitsentgelt (Entgeltfortzahlung), das die für den Teilmonat maßgebende anteilige BBG überschreitet, und für die anschließende Zeit des Entgeltersatzleistungsbezugs eine beitragspflichtige Einnahme nach § 23c SGB IV, ist nach Auffassung der Spitzenverbände der Sozialversicherungsträger (Besprechungsergebnis v. 23./24.4.2007) für die Beitragsberechnung das im Teilmonat erzielte tatsächliche Arbeitsentgelt zuzüglich der beitragspflichtigen Einnahmen nach § 23c SGB IV heranzuziehen, und zwar unter Zugrundelegung der monatlichen BBG (30 SV-Tage).

Beispiel 3:

Bezug von Krankengeld (krankenversicherungspflichtiger Arbeitnehmer) ab 11.4.

Bruttoarbeitsentgelt	4 000,— € mtl.
Vergleichs-Nettoarbeitsentgelt	2 100,— € mtl.
Brutto-Zahlungen des Arbeitgebers (Firmenwagen)	600,— € mtl.
Nettokrankengeld	2 015,37 € mtl.
Nettokrankengeld	1 628,10 € mtl.
SV-Freibetrag (2 100 € ∕. 1 628,10 €=)	471,90 € mtl.

Der SV-Freibetrag wird durch den Zuschuss des Arbeitgebers monatlich um (600 € ∕. 471,90 € =) 128,10 € überschritten und übersteigt die Freigrenze von 50 €. Es liegt eine kalendertägliche beitragspflichtige Einnahme von (128,10 € : 30 =) 4,27 € vor. Für die Zeit vom 11.4. bis 30.4. beträgt die beitragspflichtige Einnahme 85,40 €.

d) Bezug von Mutterschaftsgeld

231 Zuschüsse zum Mutterschaftsgeld nach § 14 MuSchG → *Mutterschaftsgeld* Rz. 2087 sind dem Arbeitsentgelt nicht zuzurechnen. Der Arbeitgeber hat einen Zuschuss in Höhe des Unterschiedsbetrags zwischen 13 € und dem um die gesetzlichen Abzüge verminderten kalendertäglichen Arbeitsentgelt (Nettoarbeitsentgelt) zu zahlen.

Bei einem **kalendertäglichen Nettoarbeitsentgelt von bis zu 13 €** besteht somit kein Anspruch auf einen Arbeitgeberzuschuss. In diesem Fall **stellt jede arbeitgeberseitige Leistung eine beitragspflichtige Einnahme** dar.

Bei einem **kalendertäglichen Nettoarbeitsentgelt von über 13 €** übersteigt der Arbeitgeberzuschuss zusammen mit dem Mutterschaftsgeld nicht das Nettoarbeitsentgelt. Es liegt somit **ausschließlich eine nicht beitragspflichtige Einnahme** vor. Ein Überschreiten des SV-Freibetrags kann in diesem Fall nur (aber immer dann) eintreten, wenn der Arbeitgeber neben dem Zuschuss nach § 14 Abs. 1 MuSchG weitere arbeitgeberseitige Leistungen erbringt.

e) Beiträge und Zuwendungen für die betriebliche Altersvorsorge

232 Die vom Arbeitgeber für Zeiten des Bezugs von Sozialleistungen übernommenen Beiträge zur betrieblichen Altersvorsorge, die i.R.d. § 1 Abs. 1 Nr. 4 SvEV nicht dem Arbeitsentgelt zuzurechnen sind, können von vornherein als Arbeitsentgelt ausgeschlossen werden.

Arbeitsessen

1. Begriff

233 Unter einem Arbeitsessen versteht man die Bewirtung von Arbeitnehmern durch den Arbeitgeber am Firmensitz ohne die Teilnahme von Geschäftspartnern des Arbeitgebers. Werden solche Arbeitsessen vom Arbeitgeber durchgeführt, so liegt i.d.R. **steuerpflichtiger Arbeitslohn** vor.

Eine **Ausnahme** von dieser Regel kommt dann in Betracht, wenn eine Gesamtwürdigung aller Umstände des Einzelfalls ergibt, dass der Arbeitgeber die Aufwendungen für Speisen in seinem **ganz überwiegend eigenbetrieblichen Interesse** getätigt hat.

2. Eigenbetriebliches Interesse

234 Bei der Gewährung von Mahlzeiten durch den Arbeitgeber legt der **BFH den Begriff „eigenbetriebliches Interesse" sehr restriktiv** aus, weil die Nahrungsaufnahme – ebenso wie die Bekleidung – ein allgemeines menschliches Bedürfnis befriedigt und deshalb in aller Regel ein erhebliches eigenes Interesse des Arbeitnehmers an der unentgeltlichen Zuwendung einer Mahlzeit durch den Arbeitgeber anzunehmen ist (vgl. BFH v. 5.5.1994, VI R 55-56/92, BStBl II 1994, 771). Allerdings ist dann kein Arbeitslohn anzunehmen, wenn das eigenbetriebliche Interesse des Arbeitgebers an einer Gemeinschaftsverpflegung wegen besonderer betrieblicher Abläufe den Vorteil der Arbeitnehmer bei Weitem überwiegt (BFH v. 21.1.2010, VI R 51/08, BStBl II 2010, 700 betr. unentgeltliche Verpflegung an Bord eines Flusskreuzfahrtschiffes).

Auch wenn Speisen und Getränke anlässlich und während eines **außergewöhnlichen Arbeitseinsatzes** aus durch den Arbeitsablauf bedingten Gründen unentgeltlich überlassen werden, ist kein Arbeitslohn anzunehmen. In einem derartigen Fall kann im Hinblick auf ansonsten erforderliche andere Programmabläufe das eigene Interesse des Arbeitgebers daran, dass die Arbeitnehmer gemeinschaftlich und im zeitlichen Zusammenhang mit diesem Arbeitseinsatz ein vom Arbeitgeber unentgeltlich angebotenes Essen einnehmen, das Interesse der Arbeitnehmer an der Erlangung dieses Vorteils bei weitem überwiegen.

3. Außergewöhnlicher Arbeitseinsatz

235 Ein außergewöhnlicher Arbeitseinsatz **liegt allerdings nicht** bereits dann vor, wenn sich Arbeitnehmer des Arbeitgebers zu einer **beruflichen Besprechung** außerhalb der üblichen Arbeitszeiten oder während der Mittagszeit in einem Restaurant oder einer Gaststätte verabreden oder von dem Arbeitgeber zu einem derartigen Essen eingeladen werden. Hinzukommen muss, dass es sich beispielsweise um einen innerhalb einer kurzen Zeit zu erledigenden oder einen **unerwarteten Arbeitsanfall** handelt, so dass die Überlassung der Mahlzeit der im Interesse des Arbeitgebers liegenden Beschleunigung des Arbeitsablaufs dient, so z.B. wenn Überstunden zur Bewältigung kurzfristiger Arbeitsspitzen geleistet werden (FG Hamburg v. 24.7.2002, VI 226/99, EFG 2003, 89); nach diesem Urteil kann bei besonderen Projektarbeiten auch eine **nach Abschluss des Arbeitstags** den Arbeitnehmern in einem Restaurant gewährte Mahlzeit der Beschleunigung der Arbeit dienen und damit im überwiegenden Interesse des Arbeitgebers liegen.

Allerdings kann einer Bewirtung ausschließlich eigener Arbeitnehmer ein Belohnungscharakter nur dann abgesprochen und damit ein ganz überwiegend eigenbetriebliches Interesse des Arbeitgebers lediglich dann angenommen werden, wenn das überlassene **Essen einfach und nicht aufwendig** ist. Hierzu hat die Finanzverwaltung in R 19.6 Abs. 2 Satz 2 LStR festgelegt, dass der Wert der Mahlzeit deshalb **60 €** nicht überschreiten darf.

> **Beispiel 1:**
> Im Betrieb des Arbeitgebers ist die Computeranlage ausgefallen. Die Systemtechniker des Arbeitgebers arbeiten über den normalen Feierabend hinaus, um den Fehler zu beheben. Da die eigene Kantine geschlossen ist, lädt der Arbeitgeber die Arbeitnehmer in die nahe gelegenen Gaststätte zum Abendessen ein. Nach dem Abendessen wird die Arbeit fortgesetzt, weil am nächsten Morgen der Fehler behoben sein muss. Das Essen kostet pro Arbeitnehmer 15 €.
>
> Die Mahlzeitengewährung führt bei den Arbeitnehmern nicht zu einem geldwerten Vorteil, weil die Mahlzeiten anlässlich und während eines außergewöhnlichen Arbeitseinsatzes abgegeben wurden.

> **Beispiel 2:**
> Wie Beispiel 1, bei der Gaststätte handelt es sich um ein Gourmet-Restaurant; der Wert der Mahlzeit beträgt deshalb 80 €.
>
> Der Wert der Mahlzeit ist in voller Höhe als Arbeitslohn zu versteuern, weil die 60 €-Freigrenze überschritten worden ist.

> **Beispiel 3:**
> Wie Beispiel 1, der Computerfehler wurde behoben. Anschließend lädt der Arbeitgeber seine Techniker zum Abendessen ein.
>
> Der Wert der Mahlzeit ist als Arbeitslohn bei den Arbeitnehmern zu versteuern, weil der Arbeitseinsatz bereits vor der Mahlzeitengewährung beendet worden ist (nicht während eines Arbeitseinsatzes, sondern danach). Jeder Arbeitnehmer hat grundsätzlich 15 € als Arbeitslohn zu versteuern. Sofern die Freigrenze von monatlich 44 € nach § 8 Abs. 2 Satz 11 EStG (→ *Sachbezüge* Rz. 2605) nicht überschritten wird, bleibt das Essen aus diesem Grund im Ergebnis steuerfrei.

> **Beispiel 4:**
> Die Arbeitnehmer einer Werbeagentur erhalten vom Arbeitgeber Verpflegungskosten erstattet, wenn für Projekte ein besonderer Termindruck besteht und Überstunden zur Bewältigung kurzfristiger Arbeitsspitzen angeordnet werden. Muss in diesen Fällen voraussichtlich länger als 22.00 Uhr gearbeitet werden, kann auf ausdrückliche Anordnung des zuständigen Etatdirektors bzw. Creativdirectors der Projektgruppe ab 20.00 Uhr eine zusätzliche Verpflegung zu Lasten der Agentur bestellt werden; dabei sind die verpflegten Personen namentlich unter Angabe der Projektnummer aufzulisten. Die Mahlzeiten werden z.T. nach Anlieferung durch einen Pizzaservice und dergleichen in der Agentur und z.T. in schlichten, in der Nähe der Agentur gelegenen Restaurants, teilweise nach Abschluss des Arbeitstags, eingenommen. In derartigen Fällen werden die Arbeiten für den nächsten Tag (z.B. Präsentationen bei Kunden) vorbereitet.
>
> Sowohl die in der Agentur als auch in den Restaurants eingenommenen Mahlzeiten stellen steuerfreie Aufmerksamkeiten dar. Dies gilt auch, soweit die Mahlzeiten nach Abschluss des Arbeitstags in einem Restaurant eingenommen werden, weil sie der Beschleunigung der Arbeit dienen und damit im überwiegenden Interesse des Arbeitgebers liegen (FG Hamburg v. 24.7.2002, VI 226/99, EFG 2003, 89).

4. Höhe des geldwerten Vorteils

236 Soweit Arbeitslohn anzunehmen ist, weil es sich um ein Belohnungsessen (Incentive-Essen) handelt, ist als geldwerter Vorteil der maßgebende Wert der Mahlzeit anzusetzen, also der anteilige Rechnungsbetrag laut Gaststättenrechnung, und nicht etwa der niedrigere Sachbezugswert (R 8.1 Abs. 8 Nr. 2 LStR). Muss der Arbeitnehmer für das Essen etwas zahlen, ist dieser Betrag anzurechnen.

> **Beispiel 1:**
> Der Arbeitgeber veranstaltet regelmäßig (etwa zehnmal im Jahr) an seinem Sitz Geschäftsleitungssitzungen, die mit einem Mittagessen verbunden werden. Es nehmen jeweils etwa 25 leitende Angestellte – Prokuristen und Direktoren – teil. Die Arbeitsessen finden in der Zeit von 13.00 bis 14.30 Uhr statt. Das Essen wird von der Geschäftsleitung ohne Auswahlmöglichkeit für die einzelnen Teilnehmer bestimmt. Pro Teilnehmer entstehen jeweils Kosten von 35 €.
>
> Die Überlassung von Mahlzeiten im Rahmen regelmäßig stattfindender Besprechungen der Geschäftsleitung hat belohnenden Charakter und führt daher bei den Arbeitnehmern, die an den Mahlzeiten teilgenommen haben, zu einem Zufluss von Arbeitslohn. Die Voraussetzungen für die Annahme eines außergewöhnlichen Arbeitseinsatzes mit der Folge, dass die Überlassung einer Mahlzeit durch den Arbeitgeber ausnahmsweise nicht als Arbeitslohn zu werten ist, liegen auch nicht vor, wenn Besprechungen der Geschäftsführung mit einer gewissen Regelmäßigkeit (ca. zehnmal im Jahr) stattfinden und planmäßig in die Mittagszeit gelegt werden. Die organisatorische Vereinfachung, die für den Arbeitgeber darin liegt, dass für alle Teilnehmer der Besprechung ein einheitliches Essen vorbestellt wird, überwiegt bei dieser Fallgestaltung den eigenen Vorteil der Arbeitnehmer an der Erlangung dieses Essens nicht (BFH v. 4.8.1994, VI R 61/92, BStBl II 1995, 59).
>
> Das Arbeitsessen führt bei den teilnehmenden Arbeitnehmern zu einem geldwerten Vorteil von 35 €. Der Sachbezugswert für ein Mittagessen von 3,10 € ist nicht anzusetzen.

Ist das Arbeitsessen als Arbeitslohn des Arbeitnehmers anzusehen, so ist noch zu prüfen, ob die **Freigrenze von 44 €** für Sachbezüge überschritten wird (→ *Sachbezüge* Rz. 2605). Werden dem Arbeitnehmer außer dem Arbeitsessen im Kalendermonat keine weiteren Sachbezüge gewährt, so bleibt ein Arbeitsessen bis zu einem Wert von 44 € steuer- und beitragsfrei.

> **Beispiel 2:**
> Der Arbeitgeber gewährt seinen Arbeitnehmern grundsätzlich keine Rabatte oder ähnliche Vorteile. Jeden Monat wird allerdings der erfolgreichste Verkäufer zu einem Abendessen im Werte von 40 € eingeladen.
> Bei dem Essen handelt es sich um ein Belohnungsessen, das der Arbeitnehmer grundsätzlich als Arbeitslohn zu versteuern hat. Da der Wert des Essens 44 € nicht übersteigt und er keine weiteren Sachbezüge erhält, bleibt der Sachbezug nach § 8 Abs. 2 Satz 11 EStG außer Ansatz.

5. Sonstiges

a) Beschränkung des Betriebsausgabenabzugs

237 Bei einem Arbeitsessen hat der Arbeitgeber die **Beschränkung des Betriebsausgabenabzugs** auf 70 % der Aufwendungen **nicht zu beachten**, er kann die Aufwendungen in voller Höhe als Betriebsausgaben abziehen (vgl. R 4.10 Abs. 7 Satz 1 EStR sowie BFH v. 9.4.1997, I R 20/96, BStBl II 1997, 539 betr. Ferienhäuser im Ausland, die Arbeitnehmern unentgeltlich zur Verfügung gestellt werden). Vgl. auch → *Bewirtungskosten* Rz. 724.

b) Pauschalierung nach § 40 Abs. 2 Satz 1 Nr. 1a EStG

238 Eine **Lohnsteuerpauschalierung** nach § 40 Abs. 2 Satz 1 Nr. 1a EStG ist für Mahlzeiten, die im überwiegend eigenbetrieblichen Interesse des Arbeitgebers abgegeben werden (z.B. sog. Arbeitsessen) **nicht möglich**, weil insoweit kein steuerpflichtiger Arbeitslohn vorliegt (→ *Mahlzeiten aus besonderem Anlass* Rz. 1982).

c) Kürzung der Verpflegungspauschalen

239 Seit 2014 werden **Verpflegungspauschalen** nach § 9 Abs. 4a Satz 8 EStG **gekürzt**, wenn dem Arbeitnehmer eine Mahlzeit von seinem Arbeitgeber oder auf dessen Veranlassung von einem Dritten zur Verfügung gestellt wird.

Die **Kürzung gilt daher auch** für die Teilnahme des Arbeitnehmers an einem außerhalb der ersten Tätigkeitsstätte gewährten **Arbeitsessen** (R 19.6 Abs. 2 Satz 2 LStR), wenn der Arbeitgeber oder auf dessen Veranlassung ein Dritter die Mahlzeit zur Verfügung stellt. Es kommt nicht darauf an, ob Vorteile aus der Gestellung derartiger Mahlzeiten zum Arbeitslohn zählen.

Nimmt der Arbeitnehmer hingegen an einem **Arbeitsessen eines Dritten** teil, fehlt es in aller Regel an einer durch den Arbeitgeber zur Verfügung gestellten Mahlzeit; in diesem Fall sind die **Verpflegungspauschalen nicht zu kürzen**.

Einzelheiten hierzu → *Reisekosten: Erstattungen* Rz. 2491.

Arbeitsförderung

→ *Arbeitslosenversicherung* Rz. 261

Arbeitsgemeinschaft

→ *Werbungskosten* Rz. 3182, → *Auszubildende* Rz. 484

Arbeitskammern

240 Die nur in Bremen und im Saarland bestehenden Arbeitskammern sind Pflichtzusammenschlüsse der Arbeitnehmer und als Körperschaft des öffentlichen Rechts organisiert. **Beitragspflichtig** sind alle in diesen Bundesländern tätigen **Arbeitnehmer**. Die Beiträge sind vom **Arbeitgeber einzubehalten** und mit den Steuerabzugsbeträgen an das zuständige Betriebsstättenfinanzamt abzuführen. Einzelheiten s. zuletzt Amtliche Bekanntmachung des Senators für Finanzen **Bremen** v. 8.12.2014, BStBl I 2015, 90. Ähnliche Regelungen bestehen im **Saarland**, Einzelheiten sind im Internet unter www.arbeitskammer.de veröffentlicht. Für die Einbehaltung, Abführung, Haftung usw. gelten die gleichen Grundsätze wie für das Lohnsteuerabzugsverfahren. Die Beiträge für das Saarland werden jährlich bekannt gemacht.

Übernimmt der Arbeitgeber die Beiträge des Arbeitnehmers, liegt steuerpflichtiger Arbeitslohn vor. Der Arbeitnehmer kann die versteuerten Beiträge aber als **Werbungskosten** absetzen.

Arbeitskampf

1. Arbeitsrecht

241 Durch den grundsätzlich als **Mittel des Arbeitskampfes zulässigen Streik** werden die wechselseitigen Pflichten der Arbeitsvertragsparteien aus dem Arbeitsvertrag suspendiert. Die streikenden Arbeitnehmer haben also **keinen Anspruch auf Arbeitsvergütung**. Dies gilt erst recht bei einem unzulässigen oder gar wilden Streik. Auch bei Streikbeteiligung nach einer unwirksamen Kündigung steht ihnen für die Dauer der Teilnahme an dem Arbeitskampf keine Vergütung aus Annahmeverzug zu (BAG v. 17.7.2012, 1 AZR 563/11, www.stotax-first.de).

2. Lohnsteuer

242 **Streikgelder oder Aussperrungsunterstützungen** sind nicht steuerpflichtig. Sie sind weder steuerpflichtiger Arbeitslohn noch sonstige steuerpflichtige Einnahmen (BFH v. 24.10.1990, X R 161/88, BStBl II 1991, 337).

Damit entfällt aber gleichzeitig der Werbungskostenabzug von streikbedingten Aufwendungen, z.B. für Fahrten zum Streiklokal oder Mehraufwendungen für Verpflegung wegen der Teilnahme an Streikversammlungen.

Steuerpflichtige Betriebseinnahmen sind dagegen Streikunterstützungsleistungen, die ein **Unternehmer** anlässlich von Arbeitskämpfen von seinem Arbeitgeberverband erhält (FG Köln v. 1.3.2001, 5 K 3372/96, EFG 2001, 1230, auch zur steuerlichen Behandlung entsprechender Zahlungen bei Arbeitnehmern).

3. Sozialversicherung

243 Die Mitgliedschaft in der **Kranken- und Pflegeversicherung** bleibt für einen Monat erhalten, wenn das Beschäftigungsverhältnis ohne Entgeltzahlung fortbesteht (→ *Arbeitsunterbrechungen durch Arbeitnehmer* Rz. 270). Im Falle eines rechtmäßigen Arbeitskampfs (Streik und Aussperrung) bleibt die Mitgliedschaft bis zu dessen Beendigung bestehen. Dies bedeutet, dass die Mitgliedschaft in der Kranken- und Pflegeversicherung bei einem rechtswidrigen Arbeitskampf spätestens nach einem Monat zu beenden ist. Der Arbeitnehmer hat dann die Möglichkeit, die Mitgliedschaft in der Krankenversicherung freiwillig fortzusetzen, sofern er die dafür erforderlichen Voraussetzungen erfüllt (→ *Freiwillige Krankenversicherung* Rz. 1345). In der Pflegeversicherung würde dann auch wieder kraft Gesetzes ein Versicherungsschutz bestehen.

Das Versicherungsverhältnis in der Arbeitslosenversicherung bleibt längstens für einen Monat bestehen. Dies gilt auch bei einem rechtmäßigen Arbeitskampf (§ 7 Abs. 3 SGB IV).

In der **Rentenversicherung** bleibt eine Beschäftigung gegen Arbeitsentgelt fortbestehen, solange das Beschäftigungsverhältnis ohne Anspruch auf Arbeitsentgelt fortdauert (z.B. unbezahlter Urlaub, Arbeitsbummelei, Streik, Aussperrung), jedoch nicht länger als einen Monat. In der Renten- und Arbeitslosenversicherung wird nicht zwischen einem rechtmäßigen und einem rechtswidrigen Arbeitskampf unterschieden. Das bedeutet, dass das Versicherungsverhältnis in der Renten- und Arbeitslosenversicherung generell nach einem Monat endet.

Da während des Arbeitskampfes kein Arbeitsentgelt gezahlt wird, sind auch für diese Zeit grundsätzlich keine Beiträge zur Kranken-, Pflege-, Renten- und Arbeitslosenversicherung zu entrichten. Dennoch handelt es sich bei diesem Zeitraum um eine beitragspflichtige Zeit. Das heißt, bei der Lohnabrechnung sind – wie beim unbezahlten Urlaub (→ *Unbezahlter Urlaub* Rz. 2930) – bei der Ermittlung der anteiligen BBG auch die Tage des Arbeitskampfes zu berücksichtigen (→ *Beiträge zur Sozialversicherung* Rz. 565; → *Teillohnzahlungszeitraum* Rz. 2836).

Arbeitskleidung

→ *Berufskleidung* Rz. 643

Arbeitslohn

Inhaltsübersicht:

		Rz.
1.	Begriffsabgrenzung: Arbeitslohn und Arbeitsentgelt	244
2.	Arbeitsrecht	245
3.	Lohnsteuerrecht	246
	a) Begriff	246
	b) Arbeitslohn von dritter Seite	247
	c) Arbeitslohn	248
	d) Kein Arbeitslohn	249
	e) Arbeitslohn in ausländischer Währung	254

1. Begriffsabgrenzung: Arbeitslohn und Arbeitsentgelt

244 Nachstehend werden lediglich die allgemeinen Grundsätze zum Begriff „Arbeitslohn" dargestellt. Welche Leistungen beispielhaft steuerpflichtig sind oder nicht, ist im nachstehenden **„Arbeitslohn-ABC"** aufgeführt (→ *Arbeitslohn-ABC* Rz. 255). Soweit noch andere Fragen von Bedeutung sind (z.B. Steuerbefreiungen), s. die jeweiligen Stichworte.

Der **steuerliche Begriff Arbeitslohn** und der **sozialversicherungsrechtliche Begriff Arbeitsentgelt** (→ *Arbeitsentgelt* Rz. 216) stimmen in der Praxis im Regelfall überein, auch wenn – wie beim Begriff Arbeitnehmer (→ *Arbeitnehmer* Rz. 173) – Steuerrecht und Sozialversicherungsrecht grundsätzlich „auseinander laufen" können. Die Gerichte der Sozialgerichtsbarkeit sind z.B. an die Auslegung vergleichbarer Vorschriften durch die Finanzgerichtsbarkeit nicht gebunden (BSG v. 18.11.1980, 12 RK 59/79, www.stotax-first.de). In § 17 SGB IV wird die Bundesregierung jedoch vom Gesetzgeber ermächtigt, durch Rechtsverordnung eine **möglichst weitgehende Übereinstimmung** mit den Regelungen des Steuerrechts sicherzustellen.

Der steuerrechtliche Arbeitslohnbegriff deckt sich auch nicht unbedingt mit dem Begriff des **Arbeitsentgelts im arbeitsrechtlichen Sinn**. Die arbeitsrechtliche Rechtsprechung ist deshalb für das Lohnsteuerrecht nicht ohne weiteres anwendbar. Der steuerrechtliche Arbeitslohnbegriff ist weit gefasst und umfasst somit – anders als das Arbeitsrecht – z.B. auch Schadensersatzleistungen, die ihre Grundlage in einem Dienstverhältnis haben (BFH v. 13.4.1976, VI R 216/72, BStBl II 1976, 694).

Ein **Dienstverhältnis i.S.d. § 611 BGB** ist nicht zwingende Voraussetzung der Steuerbarkeit eines als Arbeitslohn gewollten Zuflusses. Für die Anwendbarkeit des § 19 Abs. 1 Nr. 1 EStG genügt ein sog. **faktisches Dienstverhältnis**. Auf Grund der im Ertragsteuerrecht vorherrschenden wirtschaftlichen Betrachtungsweise liegt Lohnzufluss auch dann vor, wenn zwischen Zahlendem und Zahlungsempfänger kein Arbeitsverhältnis besteht, die Beteiligten dies aber rechtsirrig angenommen haben und daher einerseits ihre Arbeitskraft angedient und diese andererseits entlohnt haben (FG Köln v. 13.2.2014, 6 K 2745/10, EFG 2014, 843 betr. Lohnzufluss bei Streit über das Bestehen eines Arbeitsverhältnisses).

Arbeitslohn kann auch vorliegen, wenn Zuwendungen im Hinblick auf ein **zukünftiges Dienstverhältnis** erbracht werden (zuletzt BFH v. 26.6.2014, VI R 94/13, BStBl II 2014, 864: Der geldwerte Vorteil aus dem verbilligten Erwerb einer Beteiligung, der im Hinblick auf eine spätere Beschäftigung als Geschäftsführer gewährt wird, ist als Arbeitslohn zu berücksichtigen).

2. Arbeitsrecht

245 Unter Arbeitslohn (Arbeitsvergütung, Arbeitsentgelt) ist arbeitsrechtlich die Vergütung zu verstehen, die der Arbeitgeber als **Gegenleistung für die Arbeitsleistung** schuldet (vgl. § 612 BGB). Dabei ist begrifflich sowohl der Lohn im engeren Sinne gemeint, d.h. die unmittelbar auf die erbrachte Arbeit bezogene Gegenleistung, als auch der Lohn im weiteren Sinne, d.h. Sozial- und Sonderleistungen mit indirektem Bezug zur Arbeit wie Gratifikationen, Prämien u.Ä. (Vergütung mit Mischcharakter). Zum Arbeitslohn zählen im Übrigen auch die **Lohnersatzleistungen**, wie z.B. die Entgeltfortzahlung im Krankheitsfall.

Der Anspruch des Arbeitnehmers auf eine **bestimmte Höhe** des Arbeitslohns kann sich ergeben aus einer mündlichen oder schriftlichen **Vertragsvereinbarung**, aus einem Tarifvertrag oder insbesondere bei Sonderleistungen auch aus einer Betriebsvereinbarung, u.U. auch aus dem Gleichbehandlungsgrundsatz.

Zum Mindestlohn als Lohnuntergrenze → *Mindestlohn* Rz. 2028.

3. Lohnsteuerrecht

a) Begriff

Der Begriff „Arbeitslohn" ist im **Gesetz nicht geregelt**. Nach § 2 246 Abs. 1 LStDV sind Arbeitslohn **alle Einnahmen, die dem Arbeitnehmer aus dem Dienstverhältnis zufließen**. Es ist gleichgültig, ob es sich um **laufende oder einmalige** Bezüge handelt, ob ein Rechtsanspruch auf sie besteht, unter welcher Bezeichnung oder in welcher Form die Einnahmen gewährt werden und ob der Arbeitgeber die Aufwendungen als Betriebsausgaben abziehen kann.

Finanzverwaltung und Rechtsprechung sehen als Arbeitslohn grundsätzlich alle Einnahmen in Geld oder Geldeswert an, die „**für eine Beschäftigung**" gewährt werden, also als Frucht der Arbeitsleistung für den Arbeitgeber zu betrachten sind. **Arbeitslohn** liegt danach vor, wenn

– die Einnahmen dem Empfänger **nur mit Rücksicht auf das Dienstverhältnis** zufließen und

– **Entlohnungscharakter** haben, sie sich also im weitesten Sinne als Gegenleistung für das Zurverfügungstellen der individuellen Arbeitskraft erweisen, d.h. sich für den Arbeitnehmer als Frucht seiner Arbeit für den Arbeitgeber darstellen (R 19.3 Abs. 1 LStR). Bei der Beurteilung der Veranlassung der Leistung des Arbeitgebers als Gegenleistung für das Zurverfügungstellen der individuellen Arbeitskraft des Arbeitnehmers ist nicht entscheidend, dass die Leistung des Arbeitgebers für eine konkrete (einzelne) Dienstleistung des Arbeitnehmers erbracht wird. Es genügt vielmehr, dass sich die Zuwendung im weitesten Sinne als **Gegenleistung für das Zurverfügungstellen der individuellen Arbeitskraft erweist** (z.B. BFH v. 26.6.2014, VI R 94/13, BStBl II 2014, 864 betr. den verbilligten Erwerb einer Beteiligung als Arbeitslohn).

Arbeitslohn liegt dagegen **nicht** vor, wenn der Arbeitnehmer einen (geldwerten) **Vorteil gegen den Willen des Arbeitgebers erlangt**, weil der Vorteil dann nicht „für" eine Beschäftigung im öffentlichen oder privaten Dienst gewährt wird (z.B. BFH v. 21.3.2013, VI R 46/11, BStBl II 2013, 1044 und BFH v. 18.4.2013, VI R 23/12, BStBl II 2013, 920 betr. die **unentgeltliche Nutzung eines Firmenwagens** zur privaten Nutzung – der Ansatz eines lohnsteuerrechtlich erheblichen Vorteils rechtfertigt sich nur insoweit, als der Arbeitgeber dem Arbeitnehmer auch gestattet, den Dienstwagen privat zu nutzen, sowie BFH v. 16.6.2015, IX R 26/14, www.stotax-first.de, betr. Erhalt und Rückzahlung von **Bestechungsgeldern**). Überweist ein Arbeitnehmer unter eigenmächtiger Überschreitung seiner Befugnisse Beträge, die ihm vertraglich nicht zustehen, auf sein Konto, so liegt darin kein Arbeitslohn i.S.d. § 19 EStG (BFH v. 13.11.2012, VI R 38/11, BStBl II 2013, 929; ebenso BMF v. 7.11.2013, IV C 5 – S 2378/0 – 07, BStBl I 2013, 1474).

Richtlinien wie die **Compliance-Regeln** einer Konzernmuttergesellschaft schließen die einkommensteuerrechtliche Einordnung und Würdigung der Zuwendung als Lohnzahlung nicht aus. Sollte der Arbeitnehmer die Zuwendungen angesichts und in Befolgung dieser Compliance-Regeln in späteren Veranlagungszeiträumen wieder zurückgezahlt haben, spricht nichts dagegen, diese Rückzahlungen dann einkünftemindernd zu berücksichtigen (BFH v. 28.2.2013, VI R 58/11, BStBl II 2013, 642).

Es kommt nicht darauf an, ob der Arbeitnehmer die Zuwendung des Vorteils auch subjektiv als „Frucht seiner Dienstleistung für den Arbeitgeber" betrachtet (BFH v. 5.7.1996, VI R 10/96, BStBl II 1996, 545). Auch **überzahlte Gehaltsanteile**, die auf einen Rechenfehler bei der Lohnabrechnung zurückzuführen sind, sind als Arbeitslohn im Zeitpunkt des Zuflusses zu erfassen; die Rückzahlung wird ggf. erst im Folgejahr steuerlich berücksichtigt (zuletzt BFH v. 4.5.2006, VI R 17/03, BStBl II 2006,

Ein allgemeines Korrespondenzprinzip besteht nicht; es gibt keine Rechtsgrundlage dafür, dass auf der Arbeitgeberseite einerseits und auf der Arbeitnehmerseite andererseits stehts korrespondierende Ansätze vorzunehmen wären (zuletzt BFH v. 3.9.2015, VI R 27/14, www.stotax-first.de, betr. eine Leasingsonderzahlung bei der Fahrtenbuchmethode). Deshalb führt z.B. die Erstattung von Ausbildungskosten durch den Arbeitgeber auch dann zu steuerpflichtigem Arbeitslohn, wenn entsprechende Aufwendungen des Arbeitnehmers lediglich in begrenztem Umfang als Sonderausgaben abzugsfähig waren (BFH v. 19.2.2004, VI B 146/02, www.stotax-first.de, betr. Verzicht auf die Rückzahlung eines Darlehens, mit dem eine Pilotenausbildung finanziert wurde).

b) Arbeitslohn von dritter Seite

247 Zum Arbeitslohn gem. § 19 Abs. 1 Satz 1 Nr. 1 EStG gehören nach ständiger Rechtsprechung alle Vorteile, die für eine Beschäftigung im öffentlichen oder privaten Dienst gewährt werden. Dies gilt auch für die **Zuwendung eines Dritten**, wenn diese ein Entgelt „für" eine Leistung bildet, die der Arbeitnehmer i.R.d. Dienstverhältnisses für seinen Arbeitgeber erbringt, erbracht hat oder erbringen soll. Voraussetzung ist, dass sie sich für den Arbeitnehmer als **Frucht seiner Arbeit** für den Arbeitgeber darstellt und im Zusammenhang mit dem Dienstverhältnis steht (zuletzt BFH v. 18.6.2015, VI R 37/14, HFR 2015, 1011 betr. Steuerfreiheit von Trinkgeldern an Saalassistenten einer Spielbank).

Werden **Rabatte beim Abschluss von Versicherungsverträgen** sowohl Arbeitnehmern von Geschäftspartnern als auch einem weiteren Personenkreis (Angehörige der gesamten Versicherungsbranche, Arbeitnehmer weiterer Unternehmen) eingeräumt, so liegt hierin kein Arbeitslohn. Rabatte, die ein Dritter einräumt, gehören nicht deshalb zum Arbeitslohn, weil der Arbeitgeber an deren Verschaffung mitgewirkt hat (BFH v. 10.4.2014, VI R 62/11, BStBl II 2015, 191 betr. Rabatte beim Abschluss von Versicherungsverträgen).

In folgenden Fällen hat der BFH daher steuerpflichtigen **Arbeitslohn von dritter Seite bejaht:**

- unentgeltliche Teilnahme eines Arbeitnehmers an einer von einem Geschäftspartner seines Arbeitgebers veranstalteten und vorwiegend touristisch ausgerichteten **Reise** (BFH v. 5.7.1996, VI R 10/96, BStBl II 1996, 545),
- verbilligt überlassene **GmbH-Anteile** (zuletzt BFH v. 17.6.2005, VI B 176/04, www.stotax-first.de),
- **Aktienoptionen**, die der bei einer inländischen Konzerntochtergesellschaft tätige Arbeitnehmer von der ausländischen Konzernobergesellschaft erhält (BFH v. 24.1.2001, I R 119/98, BStBl II 2001, 512; zum Lohnsteuerabzug s.a. BFH v. 4.4.2006, VI R 11/03, BStBl II 2006, 668),
- entgeltlicher Verzicht auf **Aktienankaufsrechte** (BFH v. 19.6.2008, VI R 4/05, BStBl II 2008, 826),
- Zahlungen aus der **Lohnausgleichskasse der Bauwirtschaft** (BFH v. 21.2.2003, VI R 74/00, BStBl II 2003, 497),
- das von einem Dritten eingeräumte **Wohnrecht** (BFH v. 19.8.2004, VI R 33/97, BStBl II 2004, 1076),
- der **verbilligte Warenverkauf** bei einer Konzernschwestergesellschaft (BFH v. 10.5.2006, IX R 82/98, BStBl II 2006, 669),
- **Trinkgelder aus dem Spielbanktronc** (zuletzt BFH v. 18.6.2015, VI R 37/14, HFR 2015, 1011 m.w.N.),
- von einem Dritten einem Arbeitnehmer verliehener **Nachwuchsförderpreis** (BFH v. 23.4.2009, VI R 39/08, BStBl II 2009, 668),
- **Zuwendung der ehemaligen Konzernmuttergesellschaft des Arbeitgebers an dessen Arbeitnehmer mit der Veräußerung der GmbH-Anteile** (BFH v. 28.2.2013, VI R 58/11, BStBl II 2013, 642),
- **freiwillige Zahlungen von Spielbankkunden an die Saalassistenten einer Spielbank** für das Servieren von Speisen und Getränken, die allerdings als Trinkgelder nach § 3 Nr. 51 EStG steuerfrei bleiben (BFH v. 18.6.2015, VI R 37/14, HFR 2015, 1011).

In folgenden Fällen hat der BFH daher steuerpflichtigen **Arbeitslohn von dritter Seite verneint:**

- **Rabatte beim Abschluss von Versicherungsverträgen**, die sowohl Arbeitnehmern von Geschäftspartnern als auch einem weiteren Personenkreis (Angehörige der gesamten Versicherungsbranche, Arbeitnehmer weiterer Unternehmen) eingeräumt werden (BFH v. 10.4.2014, VI R 62/11, BStBl II 2015, 191).

Zur Behandlung von **Preisvorteilen**, die dem Arbeitnehmer nicht unmittelbar von seinem Arbeitgeber, sondern von **dritter Seite eingeräumt** werden, vgl. BMF v. 20.1.2015, IV C 5 – S 2360/12/10002, BStBl I 2015, 143 sowie → Rabatte Rz. 2345.

c) Arbeitslohn

Als **Arbeitslohn** zählen § 19 Abs. 1 EStG und § 2 Abs. 2 LStDV **248** beispielhaft auf:

- **Gehälter, Löhne, Gratifikationen, Tantiemen** und andere Bezüge und Vorteile, die für eine Beschäftigung im öffentlichen oder privaten Dienst gewährt werden,
- **Wartegelder, Ruhegelder, Witwen- und Waisengelder** und andere Bezüge und Vorteile aus **früheren Dienstleistungen**,
- Einnahmen im Hinblick auf ein **künftiges Dienstverhältnis**,
- Einnahmen aus einem **früheren Dienstverhältnis**, auch wenn sie dem **Rechtsnachfolger** zufließen.

Bezüge, die ganz oder teilweise auf **früheren Beitragsleistungen** des Bezugsberechtigten oder seines Rechtsvorgängers beruhen, gehören **nicht zum Arbeitslohn**, es sei denn, dass die Beitragsleistungen **Werbungskosten** gewesen sind. **Altersrenten** sind hiernach kein Arbeitslohn, sondern gehören zu den sonstigen Einkünften i.S.d. § 22 Satz 3 Nr. 1 Buchst. a EStG, die nur mit dem sog. **Ertragsanteil** einkommensteuerpflichtig sind.

- Ausgaben des Arbeitgebers für die **Zukunftssicherung** seiner Arbeitnehmer,
- **Entschädigungen**, die dem Arbeitnehmer oder seinem Rechtsnachfolger als **Ersatz für entgangenen oder entgehenden Arbeitslohn oder für die Aufgabe oder Nichtausübung einer Tätigkeit** gewährt werden,
- **besondere Entlohnungen** für Dienste, die über die regelmäßige Arbeitszeit hinaus geleistet werden, wie Entlohnung für **Überstunden, Überschichten, Sonntagsarbeit**,
- **Lohnzuschläge**, die wegen der Besonderheit der Arbeit gewährt werden,
- Entschädigungen für **Nebenämter und Nebenbeschäftigungen** im Rahmen eines Dienstverhältnisses.

d) Kein Arbeitslohn

Nicht zum Arbeitslohn gehören nach der Rechtsprechung des BFH **249** zunächst Zuwendungen, die im Wesentlichen nur **Aufwendungsersatz** darstellen (vgl. auch → Arbeitnehmer Rz. 175).

Arbeitslohn liegt aber auch dann nicht vor, wenn die Zuwendung gewährt wird

- wegen **anderer Rechtsverhältnisse**,
- auf Grund **sonstiger, nicht auf dem Dienstverhältnis beruhender Beziehungen zwischen Arbeitnehmer und Arbeitgeber**
- oder im **ganz überwiegenden eigenbetrieblichen Interesse des Arbeitgebers** (vgl. zuletzt BFH v. 16.5.2013, VI R 7/11, BStBl II 2015, 189 betr. Zuwendungen aus Anlass einer Betriebsveranstaltung).

aa) Andere Rechtsbeziehungen

Kein Arbeitslohn liegt ferner vor, wenn die Zuwendung wegen **250** **anderer Rechtsbeziehungen oder wegen sonstiger, nicht auf dem Dienstverhältnis beruhender Beziehungen zwischen Arbeitnehmer und Arbeitgeber gewährt wird.** Solche Rechtsbeziehungen zeigen ihre Unabhängigkeit und Eigenständigkeit insbesondere dadurch, dass diese auch selbständig und losgelöst vom Arbeitsverhältnis bestehen könnten. Als derartige Zuwendungen auf Grund von Sonderrechtsbeziehungen kommt u.a. die **Veräußerung von Sachen oder Rechten** – z.B. auch einer kapitalmäßigen Beteiligung am Arbeitgeber oder an einem anderen Unternehmen – in Betracht. Der Arbeitnehmer nutzt in diesem Fall sein Kapital als eine vom Arbeitsverhältnis unabhängige und eigenständige Erwerbsgrundlage zur Einkunftserzielung; die daraus erzielten Erträge sind daher keine Einkünfte aus nichtselbständiger Arbeit, sondern solche aus Kapitalvermögen (zuletzt BFH v. 21.5.2014, I R 42/12, BStBl II 2015, 4 betr. Vorliegen eines Treuhandverhältnisses in Bezug auf einen Geschäftsanteil an einer GmbH). Entsprechendes gilt, wenn die Zuwendung auf anderen **Rechtsbeziehungen zwischen Arbeitnehmer und Drittem** gründet (zuletzt BFH v. 28.2.2013, VI R 58/11, BStBl II 2013, 642 betr. Zuwendungen der ehemaligen Konzernmuttergesellschaft des Arbeitgebers an dessen Arbeitnehmer). Dazu gehören neben direkten Beteiligungen am Unternehmen des Arbeitgebers auch

Arbeitslohn

keine Sozialversicherungspflicht = (SV)
Sozialversicherungspflicht = (SV)

Darlehen der Arbeitnehmer. Der Veräußerungsgewinn einer solchen Kapitalbeteiligung führt jedenfalls nicht allein deswegen zu Arbeitslohn, weil der Beteiligte oder der Darlehensgeber Arbeitnehmer des Unternehmens war und der Abschluss der Verträge auch nur Arbeitnehmern angeboten worden war (zuletzt BFH v. 20.5.2010, VI R 12/08, BStBl II 2010, 1069 betr. den geldwerten Vorteil aus der Veräußerung von Wandeldarlehen). Auch bei der **verbilligten Überlassung von Wohnungen an Arbeitnehmer** ist, wenn der Arbeitgeber vergleichbare Wohnungen auch an fremde Dritte zu einem niedrigeren als dem üblichen Mietzins vermietet, zu prüfen, ob der Vorteil im Arbeitsverhältnis begründet ist oder auf anderen Rechtsbeziehungen beruht (BFH v. 11.5.2011, VI R 65/09, BStBl II 2011, 946).

Die Zuwendung kann dann jedoch nach **anderen Vorschriften einkommensteuerpflichtig sein**, so z.B.

- Einnahmen für die **Vermietung eines häuslichen Arbeitszimmers oder einer Garage** ggf. als Einkünfte aus Vermietung und Verpachtung (Einzelheiten → *Arbeitszimmer* Rz. 326 sowie → *Garage* Rz. 1357);

- **Zinsen** aus stehen gelassenem und in ein Darlehen umgewandeltem Lohn oder einer fällig werdenden verzinslichen Gratifikation als Einkünfte aus Kapitalvermögen (BFH v. 7.6.2002, VI R 145/99, BStBl II 2002, 829 m.w.N.).

Die Abgrenzung kann im Einzelfall schwierig sein. Arbeitslohn kann auch vorliegen, wenn der Arbeitnehmer eine in einem unmittelbaren Zusammenhang mit seiner nichtselbständigen Tätigkeit stehende **Nebentätigkeit** ausübt und hierfür von seinem Arbeitgeber eine Sondervergütung erhält (BFH v. 20.12.2000, XI R 32/00, BStBl II 2001, 496 betr. ein Honorar, das ein leitender Angestellter von seinem Arbeitgeber dafür erhielt, dass er diesen bei Verhandlungen über den Verkauf des Betriebs beraten hat, sowie BFH v. 7.11.2006, VI R 81/02, HFR 2007, 228 betr. eine gelegentliche Hostessentätigkeit für den Arbeitgeber im Anschluss an die reguläre Arbeitszeit). Vgl. hierzu auch → *Nebentätigkeit* Rz. 2117.

Kein Arbeitslohn sind daher z.B. Leistungen des Arbeitgebers bzw. eines Dritten, wenn

- er dazu auf Grund **gesetzlicher Vorschriften verpflichtet** ist, weil der Gesetzgeber bestimmte sozialpolitische oder auch ordnungs- sowie verkehrspolitische Zwecke verfolgt (vgl. dazu zuletzt BFH v. 6.6.2002, VI R 178/97, BStBl II 2003, 34 betr. Arbeitgeberanteile zur gesetzlichen Sozialversicherung eines Gesellschafter-Geschäftsführers),

- er einen **zivilrechtlichen Schadensersatzanspruch** des Arbeitnehmers wegen schuldhafter Verletzung arbeitsvertraglicher Fürsorgepflichten erfüllt (vgl. dazu BFH v. 20.9.1996, VI R 57/95, BStBl II 1997, 144 betr. Schadensersatzzahlungen des Arbeitgebers wegen einer fehlerhaften Lohnbescheinigung),

- er anlässlich eines arbeitsgerichtlichen Vergleichs nach umstrittener Kündigung des Arbeitsverhältnisses eine **Spende** an eine gemeinnützige Organisation leistet (BFH v. 23.9.1998, XI R 18/98, BStBl II 1999, 98),

- die Zahlungen auf **anderen Rechtsbeziehungen** beruhen, z.B. auf einem **Mietvertrag über ein häusliches Arbeitszimmer** (zuletzt BFH v. 16.9.2004, VI R 25/02, BStBl II 2006, 10) oder eine **Garage** (BFH v. 7.6.2002, VI R 145/99, BStBl II 2002, 829 und BFH v. 7.6.2002, VI R 53/01, BStBl II 2002, 878) oder der Arbeitnehmer sich im Rahmen der **Mitarbeiterbeteiligung** kapitalmäßig an seiner Firma beteiligt hat (BFH v. 17.6.2009, VI R 69/06, BStBl II 2010, 69 sowie BFH v. 9.12.2010, VI B 80/10, www.stotax-first.de, betr. sog. EVA-Zertifikate),

- ein leitender Angestellter „hinter dem Rücken seines Arbeitgebers" von Firmen für Auftragsvergaben **Provisionen** erhält (FG München v. 29.7.2004, 14 K 4355/01, www.stotax-first.de),

- es sich um eine **„private Schenkung"** handelt (s. z.B. BFH v. 15.5.1986, IV R 119/84, BStBl II 1986, 609 betr. die Auszahlung eines Geldbetrags an eine über 50 Jahre in der Rechtsanwaltspraxis tätige Bürovorsteherin auf Grund eines Vermächtnisses des inzwischen verstorbenen Rechtsanwalts, sowie zur Abgrenzung FG Düsseldorf v. 6.3.2008, 16 K 4847/06 E, EFG 2008, 1121 betr. Zahlungen, die die bisherigen Anteilsinhaber im Zusammenhang mit der Veräußerung ihrer GmbH-Anteile einem kleinen Kreis von Führungskräften der Gesellschaft als Anerkennung für Leistungen in der Vergangenheit zukommen ließen),

- eine **Entschädigung für entgehende Einnahmen aus Genussrechten** gezahlt und es sich bei den Genussrechten um eine eigenständige Erwerbsgrundlage handelt, da weder die Höhe des Rücknahmepreises noch der Vergütung von dem früheren Arbeitsverhältnis abhängen (BFH v. 11.2.2015, VIII R 4/12, BStBl II 2015, 647).

Beispiel 1:

A erhält von seinem Arbeitgeber eine Abfindung für die vorzeitige Auflösung seines Dienstverhältnisses. Mit einem bestimmten Teilbetrag sollen die Verluste des A „in seinem persönlichen und fachlichen Prestige" ausgeglichen werden.

Die Abfindung fällt nicht unter die sieben Einkunftsarten des Einkommensteuergesetzes und wird somit nicht von der Einkommensteuer erfasst (BFH v. 29.10.1963, VI 290/62 U, BStBl III 1964, 12).

Beispiel 2:

A erhält von seinem Arbeitgeber eine Gratifikation, die im Betrieb „stehen bleibt" und erst nach zehn Jahren mit Zinsen ausgezahlt wird.

Die Zinsen beruhen nicht auf dem Dienstverhältnis und sind daher kein Arbeitslohn, sie gehören aber zu den Einkünften aus Kapitalvermögen (vgl. BFH v. 31.10.1989, VIII R 210/83, BStBl II 1990, 532).

Entsprechendes gilt für Zinsen (auch Prozesszinsen), die für rückständigen Arbeitslohn gezahlt werden (FG Köln v. 19.6.1989, 7 K 2621/88, EFG 1989, 640); vgl. zuletzt BFH v. 7.6.2002, VI R 145/99, BStBl II 2002, 829 m.w.N.

Die **Verzinsung von Arbeitszeitguthaben** auf Grund kollektiver arbeitsrechtlicher Vereinbarung (FG Köln v. 16.12.2003, 13 K 2681/03, EFG 2004, 654) oder dem Arbeitgeber gewährter Darlehen im Rahmen eines sog. **Mitarbeiter-Beteiligungsmodells** (BFH v. 28.6.2007, VI B 23/07, www.stotax-first.de) führt dagegen zu steuerpflichtigem **Arbeitslohn**, nicht zu Einkünften aus Kapitalvermögen. Bei dieser Abgrenzung ist maßgebend, welche Einkunftsart im Vordergrund steht.

bb) Eigenbetriebliches Interesse

Vorteile haben keinen Arbeitslohncharakter, wenn sie sich bei objektiver Würdigung aller Umstände nicht als Entlohnung, sondern lediglich als notwendige Begleiterscheinung betriebsfunktionaler Zielsetzung erweisen. Das ist der Fall, wenn sie aus ganz überwiegend eigenbetrieblichem Interesse des Arbeitgebers gewährt werden. Ein rechtswidriges Tun ist keine beachtliche Grundlage einer solchen betriebsfunktionalen Zielsetzung

Arbeitslohn sind auch nicht Zuwendungen, die sich bei objektiver Würdigung aller Umstände **nicht als Entlohnung**, sondern lediglich als notwendige Begleiterscheinung betriebsfunktionaler Zielsetzungen erweisen und **somit im ganz überwiegenden eigenbetrieblichen Interesse des Arbeitgebers** getätigt werden. Die Leistungen des Arbeitgebers sind dabei im Rahmen einer Gesamtwürdigung einheitlich zu beurteilen; eine Aufteilung zwischen Arbeitslohn und (steuerfreien) Zuwendungen im betrieblichen Interesse ist grundsätzlich nicht zulässig.

Derartige Zuwendungen werden vom Arbeitgeber nicht mit dem Ziel der Entlohnung gewährt und vom Arbeitnehmer nicht als Frucht seiner Dienstleistung aufgefasst (zuletzt BFH v. 14.11.2013, VI R 36/12, BStBl II 2014, 278 betr. Übernahme von gegen die Fahrer verhängten Bußgeldern durch eine Spedition).

Hierzu gehören z.B. Fälle, in denen

- ein **Vorteil der Belegschaft als Gesamtheit zugewendet** wird, wie z.B. die Ausgestaltung des Arbeitsplatzes oder auch Betriebsveranstaltungen.

   Hierzu gehören auch pauschale Zahlungen des Arbeitgebers an ein Dienstleistungsunternehmen, das sich verpflichtet, alle Arbeitnehmer des Auftraggebers kostenlos in persönlichen und sozialen Angelegenheiten zu beraten und zu betreuen, beispielsweise durch die Übernahme der Vermittlung von Betreuungspersonen für Familienangehörige (R 19.3 Abs. 2 Nr. 5 LStR). Steuerfrei sind hiernach z.B. Zahlungen des Arbeitgebers an ein sog. **Kinderbüro/Familienservice**, dazu → *Kindergarten* Rz. 1654; zur neuen Steuerbefreiung nach § 3 Nr. 34a EStG s. *Betreuungskosten* Rz. 681.

- dem Arbeitnehmer ein **Vorteil „aufgedrängt"** wird, wie z.B. Vorsorgeuntersuchungen. Die Leistung des Arbeitgebers darf dem Arbeitnehmer aber keinen individuellen und konkreten Vorteil bringen. Eine Lohnzuwendung kann in derartigen Fällen nur ausgeschlossen sein, wenn das eigene Interesse des Arbeitnehmers an dem „aufgedrängten" Vorteil in den Hintergrund tritt (vgl. zuletzt BFH v. 11.4.2006, VI R 60/02, BStBl II 2006, 691 betr. Arbeitslohn bei Überlassung **hochwertiger Kleidungsstücke** an Arbeitnehmer zu Repräsentationszwecken). Dies ist jedoch regelmäßig nicht der Fall, wenn eine Firma Beiträge für die Mitgliedschaft eines angestellten GmbH-Geschäftsführers in einem **Golfclub** übernimmt, auch wenn eine solche Mitgliedschaft dem Beruf förderlich ist (BFH v. 21.3.2013, VI R 31/10, BStBl II 2013, 700),

- die Vorteile für den Arbeitnehmer lediglich **notwendige Begleiterscheinung einer betriebsfunktionalen Zielsetzung** sind; ausführlich → *Annehmlichkeiten* Rz. 152.

251

[LSt] = keine Lohnsteuerpflicht
[LSt] = Lohnsteuerpflicht

Arbeitslohn-ABC

Beispiel:
Ein Polizeianwärter erwirbt im Rahmen seiner Ausbildung auf Kosten des Arbeitgebers den Führerschein der Klasse B.
Es handelt sich nicht um Arbeitslohn, da das eigenbetriebliche Interesse des Dienstherrn ganz im Vordergrund steht. Der Anwärter soll auf Grund seines Wissens und der erlangten Fahrfertigkeit in der Lage sein, Polizeifahrzeuge selbständig auch in schwierigen Verkehrslagen und Grenzsituationen verkehrsgerecht und sicher zu führen (BFH v. 26.6.2003, VI R 112/98, BStBl II 2003, 886).

Übernimmt der eine **Spedition betreibende Arbeitgeber die Bußgelder**, die gegen bei ihm angestellte Fahrer wegen Verstößen gegen die Lenk- und Ruhezeiten verhängt worden sind, handelt es sich dabei um **Arbeitslohn**. Vorteile haben keinen Arbeitslohncharakter, wenn sie sich bei objektiver Würdigung aller Umstände nicht als Entlohnung, sondern lediglich als notwendige Begleiterscheinung betriebsfunktionaler Zielsetzung erweisen. Das ist der Fall, wenn sie aus ganz überwiegend eigenbetrieblichem Interesse des Arbeitgebers gewährt werden. Ein rechtswidriges Tun ist keine beachtliche Grundlage einer solchen betriebsfunktionalen Zielsetzung (BFH v. 14.11.2013, VI R 36/12, BStBl II 2014, 278).

cc) Keine Vergünstigung

252 Arbeitslohn sind nicht Zuwendungen, die keine „echte" Vergünstigung darstellen, weil die vom Arbeitgeber gewährten **Vorteile jeder Dritte im normalen Geschäftsverkehr erhalten kann** (zuletzt BFH v. 26.7.2012, VI R 30/09, BStBl II 2013, 400 und BFH v. 26.7.2012, VI R 27/11, BStBl II 2013, 402 betr. sog. Jahreswagen).

Beispiel 1:
A, Angestellte eines Autohauses, erhält beim Kauf eines Fahrzeugs einen Rabatt von 8 %.
Der Rabatt wurde nicht als Arbeitslohn versteuert (FG Niedersachsen v. 9.12.1997, I 561/96, EFG 1998, 820). Das Gericht hatte durch Vernehmung der Autoverkäufer festgestellt, dass viele Kunden derartige Rabatte erhalten hatten.

Dagegen ist ein lohnsteuerpflichtiger geldwerter Vorteil nicht allein deshalb abzulehnen, weil der Arbeitnehmer eine vergleichbar günstige Ware oder Dienstleistung von **einem anderen Hersteller oder Dienstleister** hätte bekommen können (BFH v. 30.5.2001, VI R 123/00, BStBl II 2002, 230 und zuletzt BFH v. 28.6.2007, VI R 45/02, HFR 2007, 979 betr. Vorteilsgewährung bei Lebensversicherungen).

Beispiel 2:
Den Bediensteten einer Sparkasse werden von der Sparkassenversicherung Sondertarife eingeräumt, die günstiger sind als die von anderen Letztverbrauchern zu zahlenden Beiträge. Sie sind aber nicht günstiger als etwa die Tarife der HUK-Coburg.
Der BFH hat entschieden, dass es allein darauf ankommt, ob der **Arbeitgeber** eine Ware oder Dienstleistung verbilligt abgegeben hat (BFH v. 30.5.2001, VI R 123/00, BStBl II 2002, 230).

dd) Aufmerksamkeiten

253 Kein Arbeitslohn sind Zuwendungen, die zu den sog. **Aufmerksamkeiten gehören**, → Annehmlichkeiten Rz. 150.

Dies sind Sachleistungen des Arbeitgebers, die auch im gesellschaftlichen Verkehr üblicherweise ausgetauscht werden und zu keiner ins Gewicht fallenden Bereicherung des Arbeitnehmers führen, z.B. die unentgeltliche Bereitstellung von Getränken im Betrieb oder auch die Mahlzeitengewährung während eines außergewöhnlichen Arbeitseinsatzes (vgl. R 19.6 LStR).

Einzelheiten zur Abgrenzung gegenüber „Belohnungsessen", Bewirtungen auf Dienstreisen usw. → Arbeitsessen Rz. 233; → Mahlzeiten aus besonderem Anlass Rz. 1974.

R 19.3 LStR sowie H 19.3 (Beispiele) LStH enthalten eine **ausführliche Zusammenstellung** der Zuwendungen, die entweder zum Arbeitslohn oder aber nicht dazugehören. Vgl. hierzu die einzelnen Stichworte.

e) Arbeitslohn in ausländischer Währung

254 Einkünfte in einer gängigen, frei konvertiblen und im Inland handelbaren ausländischen Währung sind als Einnahmen in Geld zu besteuern; es handelt sich **nicht um einen Sachbezug** i.S.d. § 8 Abs. 2 EStG, auf die die 44 €-Freigrenze des § 8 Abs. 2 Satz 11 EStG anzuwenden wäre (R 8.1 Abs. 1 Satz 6 LStR sowie BFH v. 27.10.2004, VI R 29/02, BStBl II 2005, 135).

Sie stellen aus sich heraus einen Wert dar, der durch **Umrechnung in Euro** zu bestimmen ist. Umrechnungsmaßstab ist grundsätzlich der bei Zufluss von der Europäischen Zentralbank veröffentlichte **monatliche Euro-Durchschnittsreferenzkurs, dem der im BStBl I veröffentlichte Umsatzsteuer-Umrechnungskurs entspricht**; eine taggenaue Umrechnung der monatlichen Gehaltszahlungen ist nicht erforderlich (BFH v. 3.12.2009, VI R 4/08, BStBl II 2010, 698; H 8.1 (1-4) „Ausländische Währung" LStH; Rdnr. 221 BMF v. 12.11.2014, IV B 2 – S 1300/08/10027, BStBl I 2014, 1467).

Hiervon abweichend kann aus Vereinfachungsgründen die Umrechnung der ausländischen Währung mit dem **am Tag des Zuflusses veröffentlichten Tagesreferenzkurs der Europäischen Zentralbank** vorgenommen werden. Es ist auch nicht zu beanstanden, wenn die in einer ausländischen Währung erhaltenen Lohnzahlungen auf Basis eines **jährlichen Umrechnungskurses** – ermittelt aus den monatlich veröffentlichten Umsatzsteuerreferenzkursen, abgerundet auf volle 50 Cent –, umgerechnet werden (FinMin Schleswig-Holstein v. 27.1.2012, VI 302 – S 2255 – 174, www.stotax-first.de).

Die mit der **Umrechnung verbundenen Kosten und Gebühren** sind der privaten Lebensführung des Arbeitnehmers zuzuordnen und können daher nicht arbeitslohnmindernd oder als Werbungskosten berücksichtigt werden (BFH v. 24.6.2009, X R 57/06, BStBl II 2009, 1000).

Arbeitslohn-ABC

1. Allgemeines

255 Unter diesem Stichwort finden Sie zahlreiche Beispiele zur Frage, ob Arbeitslohn vorliegt oder nicht. Grundsätzliche Ausführungen zum Begriff „Arbeitslohn" finden Sie unter → Arbeitslohn Rz. 244.

Dieses „ABC" ist nicht abschließend; soweit bei einzelnen Zuwendungen des Arbeitgebers noch andere Fragen von Bedeutung sind (z.B. die Anwendung von Steuerbefreiungen), sehen Sie bitte unter den einzelnen Stichwörtern nach.

Für alle nachstehenden Arbeitslohnzahlungen gilt Folgendes:

- Ist der **Rabattfreibetrag von 1 080 € anzuwenden**, weil ein Sachbezug vom eigenen Arbeitgeber gewährt wird, bleibt er steuerfrei, wenn der Betrag von 1 080 € im Kalenderjahr nicht überschritten wird. Maßgebend ist der um 4 % geminderte Endpreis des Arbeitgebers (→ Rabatte Rz. 2345).

- Ist der **Rabattfreibetrag von 1 080 € nicht** anzuwenden, weil ein Sachbezug von einem mit dem Arbeitgeber verbundenen Unternehmen gewährt wird, bleibt er steuerfrei, wenn die **Freigrenze von 44 € im Kalendermonat** nicht überschritten wird (→ Sachbezüge Rz. 2605).

- Wenn der Arbeitslohn lohnsteuerpflichtig ist, unterliegt er auch der **Sozialversicherungspflicht**.

2. Arbeitslohn-ABC

256 Die nachstehende Aufzählung kann sich nur auf „Stichworte" beschränken. Wenn Sie genauere Informationen wünschen, lesen Sie bitte die angegebenen Rechtsquellen nach:

Abfallprodukte, Verwertungserlöse: Erlöse aus dem Verkauf von Produktionsabfällen (z.B. Schrott oder Abfallgold in der Porzellanindustrie oder bei Zahnärzten), die der Arbeitnehmer mit Wissen und Wollen des Arbeitgebers auf eigene Rechnung verwerten darf, sind steuerpflichtiger Arbeitslohn (FG Münster v. 26.6.1969, V 338/67 L, EFG 1969, 600).

Dies gilt jedoch nicht, wenn die Verwertung ohne Wissen und Wollen des Arbeitgebers erfolgt (BFH v. 6.6.1973, I R 203/71, BStBl II 1973, 727 betr. das eigenmächtige Einsammeln von Pfandwert-Flaschen im Betrieb). Es gelten die gleichen Grundsätze wie für einen Diebstahl (→ Diebstahl Rz. 798).

Antrittsgebühr: Die im graphischen Gewerbe für Sonntagsarbeit gezahlte Antrittsgebühr ist steuerpflichtiger Arbeitslohn, der aber teilweise nach § 3b EStG als Zuschlag für Sonntags-, Feiertags- oder Nachtarbeit steuerfrei sein kann (BFH v. 22.6.1962, VI 50/61 S, BStBl III 1962, 376).

Bei Packern gehört die Antrittsgebühr dagegen zum steuerpflichtigen Arbeitslohn (BFH v. 25.11.1966, VI 227/65, BStBl III 1967, 117).

Anwärterbezüge: Die an Beamte im Vorbereitungsdienst gezahlten Anwärterbezüge sind steuerpflichtiger Arbeitslohn, vgl. H 3.11 LStH (Steuer-

Arbeitslohn-ABC

keine Sozialversicherungspflicht = (SV̶)
Sozialversicherungspflicht = (SV)

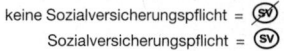

freiheit nach § 3 Nr. 11 EStG), ebenso Anwärterbezüge, die ein Student der einstufigen Juristenausbildung erhält (s. auch → *Referendare* Rz. 2406).

Die Steuerbefreiungen nach § 3 Nr. 11 oder 44 EStG kommen nicht in Betracht (BFH v. 19.4.1985, VI R 131/81, BStBl II 1985, 465). S. auch BZSt v. 28.7.2004, St I 4 – S 2471 – 325/04, BStBl 2004, 612 betr. Studienbeihilfen für Absolventen dualer Studiengänge.

Anwesenheitsprämie: Die v.a. in der Baubranche gezahlten Anwesenheitsprämien (zur Zulässigkeit und zu Zulässigkeitsgrenzen s. § 4a EFZG) – Zahlung setzt i.d.R. voraus, dass der Arbeitnehmer in einem bestimmten Zeitraum nicht gefehlt hat – sind steuerpflichtiger Arbeitslohn.

Anzeigen: Personalrabatte: Erhalten Arbeitnehmer von Zeitungsverlagen die Möglichkeit, kostenlos Anzeigen in Zeitungen aufzugeben, so ist dieser Vorteil grundsätzlich steuerpflichtig.

Steuerfrei sind Anzeigen, in denen der Arbeitnehmer den Tod eines Angehörigen bekannt gibt (steuerfreie Unterstützung i.S.d. § 3 Nr. 11 EStG i.V.m. R 3.11 Abs. 2 LStR).

Arbeitsbelohnungen von Patienten in psychiatrischen Krankenhäusern und Entziehungsanstalten: Bei den sog. Arbeitsbelohnungen von Patienten in psychiatrischen Krankenhäusern und Entziehungsanstalten handelt es sich grundsätzlich um Einkünfte aus nichtselbständiger Arbeit.

Dient die Beschäftigung jedoch überwiegend der Rehabilitation und somit überwiegend therapeutischen und sozialen Zwecken und weniger der Erzielung eines produktiven Arbeitsergebnisses, ist kein Arbeitsverhältnis im steuerlichen Sinne anzunehmen. Das gilt besonders, wenn die Höhe des Entgelts durch die Arbeitsleistung nicht beeinflusst wird. Das Vorliegen dieser Voraussetzungen kann nicht generell unterstellt werden. Bei der steuerlichen Einordnung kommt es vielmehr auf den tatsächlichen Ablauf der Beschäftigung und die Gestaltung der Entlohnung im Einzelfall an (FinMin Bayern v. 26.9.1994, 32 – S 2331 – 49 – 52185, www.stotax-first.de).

Arbeitsplatz: Aufwendungen des Arbeitgebers für die Ausgestaltung des Arbeitsplatzes sowie Leistungen zur Verbesserung der Arbeitsbedingungen, z.B. die Bereitstellung von Aufenthalts- und Erholungsräumen, von betriebseigenen Dusch- und Badeanlagen oder Parkplätzen (s. auch → *Parkplätze: Überlassung* Rz. 2146), stellen keinen Arbeitslohn dar, vgl. BFH v. 25.7.1986, VI R 203/83, BStBl II 1986, 868 sowie H 19.3 (Beispiele) LStH. Dazu gehört nicht die Bereitstellung von Tennis- oder Squashplätzen, s. dazu → *Sport* Rz. 2739.

Arbeitsschutzkleidung: Die Überlassung von Arbeitsschutzkleidung ist nach § 3 Nr. 31 EStG steuerfrei (R 3.31 Abs. 1 Satz 3 LStR), s.a. → *Berufskleidung* Rz. 643 und → *Bildschirmarbeit* Rz. 753.

Autoverkäufer: Autoverkäufer bei einem Kfz-Händler sind zwar regelmäßig als Arbeitnehmer tätig. Erlöse aus der Veräußerung ihres Vorführwagens gehören jedoch nicht zum Arbeitslohn, wenn sie über den Verkauf frei entscheiden können. Dies gilt auch, wenn sie arbeitsvertraglich zum Halten eines Vorführwagens verpflichtet sind (BFH v. 12.4.1962, V 21/60 U, BStBl III 1962, 262).

Backwaren: Zuwendungen an Arbeitnehmer: Soweit an Arbeitnehmer in der Brotindustrie oder in Bäckereien kostenlos Brot oder Backwaren abgegeben werden, ist dieser Vorteil grundsätzlich steuerpflichtig (bei Verzehr im Betrieb s. → *Annehmlichkeiten* Rz. 150).

Bäder: Leistungen zur Verbesserung der Arbeitsbedingungen sind nicht als Arbeitslohn anzusehen. Hierzu gehört auch die Bereitstellung betriebseigener Dusch- und Badeanlagen, vgl. H 19.3 (Beispiele) LStH.

Steuerpflichtig ist jedoch die unentgeltliche Überlassung von Eintrittskarten für ein öffentliches Schwimmbad oder die Übernahme solcher Kosten (→ *Eintrittskarten* Rz. 999 sowie → *Sport* Rz. 2739). Ausnahme: Der Arbeitnehmer soll sich dort reinigen, weil z.B. die betriebseigenen Duschen defekt sind.

Bauprämien: Eine für die pünktliche Fertigstellung eines Baus gezahlte Bauprämie ist als Leistungszulage steuer- und somit auch beitragspflichtig (§ 2 Abs. 2 Nr. 6 LStDV).

Baustellenzulagen: Baustellenzulagen, die z.B. wegen unzureichender Unterkunftsverhältnisse gewährt werden, sind als sog. Erschwerniszuschläge steuerpflichtig (§ 2 Abs. 2 Nr. 7 LStDV).

Wenn Baustellenzulagen dagegen als Ersatz von Mehraufwendungen für Verpflegung gezahlt werden, können sie nach den für die Doppelte Haushaltsführung oder Auswärtstätigkeiten geltenden Regeln steuerfrei bleiben (→ *Doppelte Haushaltsführung: Allgemeines* Rz. 901; → *Reisekosten: Allgemeine Grundsätze* Rz. 2409).

Bauzuschlag: Der Bauzuschlag zur Abgeltung witterungsbedingter Arbeitsausfälle außerhalb der Schlechtwetterzeit ist als Erschwerniszuschlag steuerpflichtig (§ 2 Abs. 2 Nr. 7 LStDV).

Beitragsrückvergütungen: Beitragsrückvergütungen der Unfall- und Berufsgenossenschaften wegen erfolgreicher Unfallverhütung, die der Arbeitgeber an seine Arbeitnehmer weitergibt, ggf. durch Verlosung, sind steuerpflichtiger Arbeitslohn (FinMin Hamburg v. 12.9.1957,– 54 – S 2220 – 77, DB 1957, 933); auch → *Unfallverhütungsprämien* Rz. 2941.

Bergmannsprämien: Bergmannsprämien bei einer Beschäftigung unter Tage nach dem Gesetz über Bergmannsprämien waren nach § 3 Nr. 46 EStG a.F. steuerfrei. I.R.d. Steuervereinfachungsgesetzes 2011 ist diese Steuerbefreiung aufgehoben worden. Sie hatte keine Bedeutung mehr, weil bereits i.R.d. Steueränderungsgesetzes 2007 (Art. 4) v. 19.7.2006, BStBl I 2006, 432 das Gesetz über Bergmannsprämien mit Wirkung ab 1.1.2008 aufgehoben worden war.

Beteiligung: Der geldwerte Vorteil aus dem verbilligten Erwerb einer Beteiligung, der im Hinblick auf eine spätere Beschäftigung als Geschäftsführer gewährt wird, ist als Arbeitslohn zu berücksichtigen (BFH v. 26.6.2014, VI R 94/13, www.stotax-first.de).

Betriebsverlegung: Zahlungen des Arbeitgebers an einzelne Arbeitnehmer auf Grund eines Sozialplans gem. § 112 Abs. 1 BetrVG (im Streitfall Fahrtkostenzuschüsse wegen der Verlegung von Betriebsteilen) erfolgen nicht im ganz überwiegend eigenbetrieblichen Interesse des Arbeitgebers und stellen daher Arbeitslohn dar (FG Baden-Württemberg v. 28.6.1989, XII K 26/85, EFG 1989, 574).

Bleibeprämie: Eine Bleibeprämie (z.B. an Mitarbeiter von bereits stillgelegten Betrieben, die nach Beendigung ihres Arbeitsverhältnisses noch übergangsweise mit Abwicklungsmaßnahmen beschäftigt sind) ist steuerpflichtiger Arbeitslohn (FG Baden-Württemberg v. 23.11.1988, XII K 1170/85, EFG 1989, 336).

Brauereiarbeiter: Der sog. Freitrunk (s. auch „Haustrunk") ist steuerpflichtiger Arbeitslohn, ebenso sog. Hefegelder der Braumeister aus dem Verkauf von Hefe.

Bürgschaft: Übernimmt ein Arbeitnehmer für seinen Arbeitgeber eine Bürgschaft und erhält er hierfür eine „Bürgschaftsprovision", so handelt es sich im Allgemeinen nicht um Arbeitslohn; die Provisionen sind jedoch ggf. als sonstige Einkünfte i.S.d. § 22 Nr. 3 EStG zu versteuern. Zu prüfen ist allerdings, ob tatsächlich eine „Bürgschaftsprovision" oder „versteckter Arbeitslohn" gezahlt wird (BFH v. 22.1.1965, VI 243/62 U, BStBl III 1965, 313).

Clearing-Stelle: Die Zahlung von Verwaltungskosten durch den Arbeitgeber an eine sog. Clearing Stelle (diese übernimmt für den Arbeitgeber Verwaltungsaufgaben im Rahmen der betrieblichen Altersversorgung) ist lohnsteuerlich irrelevant. Sie führt beim Arbeitnehmer nicht zum Zufluss von Arbeitslohn.

Verlangt der Arbeitgeber vom Arbeitnehmer die Erstattung solcher Aufwendungen, handelt es sich nicht um eine Entgeltumwandlung, sondern um Einkommensverwendung. Entgelt wird nicht in eine wertgleiche Anwartschaft auf Versorgungsleistungen umgewandelt, sondern für zusätzlich anfallende Verwaltungskosten verwendet. Die Steuerbefreiung des § 3 Nr. 63 EStG für Leistungen des Arbeitnehmers aus eigenem Einkommen ist nicht möglich und kommt daher für diese Beträge nicht in Betracht. Die Einbeziehung der Verwaltungskosten in die Vereinbarung einer Entgeltumwandlung zu Gunsten einer betrieblichen Altersversorgung hat auf die steuerliche Anerkennung der Entgeltumwandlung keinen Einfluss.

Die vom Arbeitnehmer an den Arbeitgeber zu erstattenden Kosten für die Beauftragung der Clearing Stelle stellen keine Aufwendungen des Arbeitnehmers zur Erzielung und zur Sicherung von Einkünften dar. Beim Arbeitnehmer liegen weder Werbungskosten bei den laufenden Einkünften aus § 19 EStG vor, noch können in den Aufwendungen zur Sicherung einer zukünftigen Einkommensquelle (Einkünfte gem. § 22 Nr. 5 EStG bezogen auf die späteren Versorgungsleistungen) gesehen werden (BayLfSt v. 14.7.2008, S 2333.1.1 – 3/2 St32/St33, www.stotax-first.de).

Deutscher Akademischer Austauschdienst: Ausgleichszahlungen des Deutschen Akademischen Austauschdienstes für die Tätigkeit als Lektorin an einer ausländischen Hochschule gehören zu den Einkünften aus nichtselbständiger Arbeit. Sie sind nicht nach § 3 Nr. 64 EStG steuerfrei (FG Brandenburg v. 5.12.2001, 6 K 1585/00, EFG 2002, 311).

Abweichend hiervon haben die obersten Finanzbehörden beschlossen, in diesen Fällen die Steuerbefreiung nach § 3 Nr. 64 EStG analog anzuwenden, wenn mindestens die Voraussetzung des § 3 Nr. 64 Satz 2 EStG erfüllt wird, dass die Auszahlung der Ausgleichszulage aus einer öffentlichen Kasse erfolgt (FinMin Niedersachsen v. 26.1.2004, S 2341 – 3 – 35, www.stotax-first.de).

Deutsch-Französisches Jugendwerk: I.R.d. Austauschprogramms des Deutsch-Französischen Jugendwerks werden den französischen Praktikanten, die in der Bundesrepublik bei deutschen Arbeitgebern beschäftigt sind, Beihilfen in Höhe des Unterschieds zwischen dem monatlichen Netto-Arbeitsentgelt und einem als Mindesteinkommen garantierten Betrag gewährt. Die Beihilfen werden aus Haushaltsmitteln des Bundes dem DFJW zur Verfügung gestellt und von Trägerorganisationen oder vom Arbeitgeber ausgezahlt.

Die Beihilfen stellen Bezüge aus öffentlichen Mitteln i.S.d. § 3 Nr. 11 EStG dar und sind daher steuerfrei zu belassen (FinMin Hessen v. 11.2.1992, S 2342 A – 66 – II B 21, www.stotax-first.de).

Dienstleistungen/Mitarbeitervergünstigung: Die unentgeltliche oder verbilligte Erbringung von Dienstleistungen an den Arbeitnehmer, z.B. Beförderungsleistungen, Beratung, Kontenführung, stellt grundsätzlich steuerpflichtigen Arbeitslohn dar. Ausnahmen sind möglich, z.B. bei einer unentgeltlichen Steuerberatung im Arbeitgeberinteresse (→ *Beratung* Rz. 626).

Der als Arbeitslohn zu versteuernde geldwerte Vorteil kann ggf. als Werbungskosten abgezogen werden (R 9.1 Abs. 4 Satz 2 LStR).

Dienstzimmer: Der Mietwert eines Dienstzimmers ist bei der Ermittlung des geldwerten Vorteils aus der Überlassung einer Dienstwohnung auszuklammern. Denkbar ist aber auch, dass der Arbeitnehmer mit seinem Arbeitgeber einen Mietvertrag über die Überlassung eines Dienstzimmers abschließt. Die Vergütungen gehören dann bei ihm zu den Einnahmen aus Vermietung und Verpachtung und unterliegen somit nicht dem Lohnsteuerabzug, dies war z.B. bei den sog. Posthaltern der Fall (BMF v. 23.4.1990, IV B 6 – S 2337 – 15/90, StEd 1990, 165).

Zum häuslichen Arbeitszimmer → *Arbeitszimmer* Rz. 313.

Dreizehntes Monatsgehalt: Das 13. und ggf. auch das 14. Monatsgehalt ist steuerpflichtiger Arbeitslohn und wird wie sonstige Bezüge versteuert (R 39b.2 Abs. 2 Nr. 1 LStR); → *Sonstige Bezüge* Rz. 2704; zur sozialversicherungsrechtlichen Beurteilung → *Einmalzahlungen* Rz. 983.

Einmalprämien: Einmalprämie zu einer Direktversicherung zu Gunsten des Arbeitnehmers oder seiner Hinterbliebenen ist Arbeitslohn (→ *Zukunftssicherung: Betriebliche Altersversorgung* Rz. 3285).

Erschwerniszuschläge: Erschwerniszuschläge wie Hitzezuschläge, Wasserzuschläge, Gefahrenzuschläge, Schmutzzulagen usw. gehören zum Arbeitslohn (R 19.3 Abs. 1 Nr. 1 LStR). Weitere Einzelheiten s. → *Zulagen* Rz. 3355 und → *Zuschläge* Rz. 3364. Nicht hierunter fallen Zuschläge für Sonntags-, Feiertags- oder Nachtarbeit, die i.R.d. § 3b EStG steuerfrei sind (→ *Zuschläge für Sonntags-/Feiertags- oder Nachtarbeit* Rz. 3366).

Erziehungsbeihilfen: Erziehungsbeihilfen des Arbeitgebers (z.B. an Auszubildende) sind grundsätzlich steuerpflichtiger Arbeitslohn. Dies gilt z.B. auch für Unterhaltszuschüsse an Beamtenanwärter.

Erziehungsbeihilfen aus öffentlichen Mitteln können jedoch nach § 3 Nr. 11 EStG steuerfrei bleiben. Hierzu gehören z.B. die Leistungen nach dem Bundesausbildungsförderungsgesetz (BAföG) sowie Ausbildungszuschüsse bei Polizei und Bundeswehr. Einzelheiten s. H 3.11 (Steuerfreiheit nach § 3 Nr. 11 EStG) LStH sowie → *Stipendien* Rz. 2811.

Europäischer Sozialfonds: Das aus dem Europäischen Sozialfonds (ESF) finanzierte Unterhaltsgeld und die aus Landesmitteln ergänzten Leistungen aus dem ESF zur Aufstockung des Überbrückungsgeldes nach dem SGB III oder dem AFG sind steuerfrei (§ 3 Nr. 2 EStG).

Dem Progressionsvorbehalt nach § 32b Abs. 1 Nr. 1 Buchst. a EStG unterliegen jedoch nur das aus dem ESF finanzierte Unterhaltsgeld, nicht die aus Landesmitteln finanzierten ergänzenden Leistungen aus dem ESF zur Aufstockung des Überbrückungsgeldes (OFD Frankfurt v. 30.8.2004, S 2295 A – 6 – St II 2.06, DB 2004, 2073).

Familienzuschläge: Die nach den Besoldungsgesetzen, Tarifverträgen usw. zu zahlenden Ortszuschläge für Verheiratete, Kinderzuschläge usw. sind steuerpflichtiger Arbeitslohn.

Bei der Ermittlung des regelmäßigen Jahresarbeitsentgelts bleiben nach ausdrücklicher Bestimmung des § 6 Abs. 1 Nr. 1 SGB V Zuschläge, die mit Rücksicht auf den Familienstand gezahlt werden, unberücksichtigt (→ *Jahresarbeitsentgeltgrenze in der gesetzlichen Krankenversicherung* Rz. 1616).

Ferienhäuser: Stellt ein Arbeitgeber seinen Arbeitnehmern zu Erholungszwecken unentgeltlich angemietete Ferienhäuser zur Verfügung, so stellt dies auch dann Arbeitslohn dar, wenn die Ferienhäuser im Ausland belegen sind. Der geldwerte Vorteil ist mit den Sachbezugswerten anzusetzen (BFH v. 9.4.1997, I R 20/96, BStBl II 1997, 539).

Kein Arbeitslohn wird dagegen anzunehmen sein, wenn der Arbeitgeber ein Ferienhaus oder eine Ferienwohnung „ohne Wissen und Wollen" des Arbeitnehmers dessen Ehegatten verbilligt überlässt (vgl. FG Düsseldorf v. 27.8.1998, 15 K 3517/95 H (L), EFG 1999, 117 betr. die verbilligte Vermietung eines Ferienhauses).

Fertighaus, verbilligte Überlassung: Überlässt ein Fertighaushersteller einem Arbeitnehmer auf Grund des Dienstverhältnisses verbilligt ein Fertighaus, so ist die Differenz zwischen dem Endpreis am Abgabeort und dem Kaufpreis als geldwerter Vorteil zu versteuern (BFH v. 19.4.1974, VI R 107/70, BStBl II 1975, 383). Hinsichtlich des versteuerten geldwerten Vorteils liegen „Anschaffungskosten" vor, so dass der Arbeitnehmer auch insoweit Absetzungen für Abnutzung in Anspruch nehmen kann (FG Münster v. 1.3.1994, 1 K 2709/93 E, EFG 1994, 703, in BFH v. 27.8.1997, X R 138-139/94, HFR 1998, 358, offen gelassen).

Ist dagegen der Preisnachlass mit der Auflage verbunden, das Fertighaus von Kunden des Arbeitgebers besichtigen zu lassen, liegt kein geldwerter Vorteil vor, wenn der Preisnachlass etwa dem Wert der übernommenen Auflagen entspricht (FG Rheinland-Pfalz v. 5.10.1978, III 191/76, EFG 1979, 122).

Finderlohn: Finderlohn gehört zum Arbeitslohn, wenn das Auffinden von Geld oder Wertsachen zu den eigentlichen Dienstobliegenheiten des Arbeitnehmers gehört, z.B. bei Detekteien. Das gilt auch für Zahlungen durch Dritte (s. auch „Fundgelder").

Finderlohn für das Auffinden von Gegenständen, die Dritte in den Räumen des Arbeitgebers verloren haben, ist dagegen regelmäßig kein Arbeitslohn, weil ein Veranlassungszusammenhang mit dem Dienstverhältnis fehlt.

Frackgelder: Orchestermusiker erhalten nach § 13 des Tarifvertrags für die Musiker in Kulturorchestern (TVK) für jede Veranstaltung, für die Frack bzw. Abendkleid vorgeschrieben und getragen worden ist, eine als Kleidergeld bezeichnete Entschädigung. Dieses Kleidergeld ist nach § 3 Nr. 31 EStG steuerfrei (FinMin Niedersachsen v. 27.12.1984, S 2332 – 99 – 31 3, www.stotax-first.de).

Frühstück: Zuwendungen an Arbeitnehmer: Ein vom Arbeitgeber im Betrieb kostenlos gewährtes Frühstück ist weder als Ganzes noch hinsichtlich der verabreichten Getränke eine steuerfreie Annehmlichkeit, sondern steuerpflichtiger Arbeitslohn (BFH v. 14.6.1985, VI R 167/81, www.stotax-first.de).

Ausnahme: Die Mahlzeitengewährung erfolgt im ganz überwiegenden Arbeitgeberinteresse (z.B. FG Baden-Württemberg v. 21.3.2013, 3 K 3932/11, EFG 2013, 1353: Wohnt eine angestellte Pflegekraft mit behinderten Menschen in einer Wohngemeinschaft, um diese rund um die Uhr pflegen, betreuen und versorgen zu können, ist für die vom Arbeitgeber der Pflegekraft kostenlos zur Verfügung gestellte Unterkunft und Verpflegung kein Sachbezug anzusetzen, weil die kostenlose Unterkunft und Verpflegung eigenbetrieblichen Interessen des Arbeitgebers dienen).

Fundgelder: Fundgelder (Bargeld oder Jetons), die Arbeitnehmer in Spielbanken mit Wissen und Billigung des Arbeitgebers behalten dürfen, sind steuerpflichtiger Arbeitslohn. Der Arbeitgeber haftet, wenn er den Lohnsteuerabzug nicht vornimmt (FG Rheinland-Pfalz v. 22.3.1990, 6 K 129/87, www.stotax-first.de).

Gebührenanteile: Gebührenanteile, die ein Arbeitnehmer neben dem festen Gehalt erhält, gehören grundsätzlich zum steuerpflichtigen Arbeitslohn. Sie können aber im öffentlichen Dienst, z.B. bei Gerichtsvollziehern, bis zu bestimmten Beträgen als → *Aufwandsentschädigungen im öffentlichen Dienst* Rz. 383 nach § 3 Nr. 12 EStG steuerfrei bleiben (auch → *Gerichtsvollzieher* Rz. 1379).

Geburts- und Heiratsbeihilfen: Die Steuerbefreiung für Geburts- und Heiratsbeihilfen (§ 3 Nr. 15 EStG) ist zum 1.1.2006 durch das Gesetz zum Einstieg in ein steuerliches Sofortprogramm v. 22.12.2005, BStBl I 2006, 79 aufgehoben worden. Entsprechende Zahlungen des Arbeitgebers stellen nunmehr immer steuerpflichtigen Arbeitslohn dar.

Gefahrenzuschläge: Gefahrenzuschläge sind als sog. Erschwerniszuschläge steuerpflichtiger Arbeitslohn (R 19.3 Abs. 1 Nr. 1 LStR). Es ist nicht verfassungswidrig, dass Gefahrenzuschläge nicht wie das sog. § 3b-Zuschläge (→ *Zuschläge für Sonntags-, Feiertags- oder Nachtarbeit* Rz. 3366) teilweise steuerfrei sind (BFH v. 15.9.2011, VI R 6/09, BStBl II 2012, 144 betr. Gefahrenzulagen und Zulagen im Kampfmittelräumdienst).

Genussrechte/Genussscheine: Die unentgeltliche oder verbilligte Überlassung von Genussrechten/Genussscheinen ist Arbeitslohn, der z.T. nach § 19a EStG steuerfrei sein kann. Einzelheiten → *Vermögensbeteiligungen* Rz. 3005. Der Vorteil ist nicht deshalb zu vermindern, weil die Genussrechte einer zweijährigen Veräußerungssperre unterliegen.

Kann der Arbeitnehmer die von seinem Arbeitgeber erworbenen Genussrechte nur dadurch verwerten, dass er sie nach Ablauf der Laufzeit an diesen veräußert, und hängt die Höhe des Rückkaufswerts der Genussrechte davon ab, wie das Anstellungsverhältnis endet, handelt es sich bei dem Überschuss aus dem Rückverkauf der Genussrechte um Einkünfte aus nichtselbständiger Arbeit. Der geldwerte Vorteil fließt dem Arbeitnehmer zu dem Zeitpunkt zu, in dem ihm das Entgelt für die Rücknahme der Genussrechte ausgezahlt wird (BFH v. 5.11.2013, VIII R 20/11, BStBl II 2014, 275).

Bei der Verzinsung von Genussrechten kann es sich u.a. deshalb um Einkünfte aus nichtselbständiger Arbeit gem. § 19 Abs. 1 Satz 1 Nr. 1 i.V.m. § 8 Abs. 1 EStG und nicht um Kapitaleinkünfte gemäß § 20 Abs. 1 Nr. 7 EStG handeln, weil die Höhe der Verzinsung völlig unbestimmt ist und von einem aus Arbeitgeber und einem Vertreter der Arbeitnehmer bestehenden Partnerschaftsausschuss bestimmt wird (BFH v. 21.10.2014, VIII R 44/11, BStBl II 2015, 593).

Kein Arbeitslohn liegt vor, wenn die Zuwendung wegen anderer Rechtsverhältnisse oder auf Grund sonstiger, nicht auf dem Dienstverhältnis beruhender Beziehungen zwischen Arbeitnehmer und Arbeitgeber gewährt wird. Dies wurde in BFH v. 11.2.2015, VIII R 4/12, BStBl II 2015, 647 angenommen, da die Entschädigungszahlung für entgehende Einnahmen aus Genussrechten in keinem einkommensteuerrechtlich erheblichen Veranlassungszusammenhang zu dem früheren Arbeitsverhältnis des Klägers stand. Bei den Genussrechten handelte es sich um eine eigenständige Erwerbsgrundlage, da weder die Höhe des Rücknahmepreises noch der Vergütung von dem früheren Arbeitsverhältnis des Klägers abhingen.

Getränke: Zuwendung an Arbeitnehmer: Getränke, die der Arbeitgeber den Arbeitnehmern zum Verzehr im Betrieb kostenlos oder verbilligt überlässt, gehören als Aufmerksamkeiten → *Annehmlichkeiten* Rz. 150) nicht zum Arbeitslohn und sind deshalb steuerfrei (R 19.6 Abs. 2 Satz 1 LStR). Zu den nicht der Lohnsteuer unterliegenden Aufmerksamkeiten gehören nicht nur die Abgabe von nicht alkoholischen Getränken, wie z.B. Kaffee, Tee, Milch, Mineralwasser oder Limonade, sondern auch die Abgabe von alkoholischen Getränken. So hat der BFH entschieden, dass die kostenlose Abgabe von täglich *einem* Liter Bier nicht der Lohnsteuer unterliegt, wenn es sich um Betriebe handelt, in denen die Verwendung von Bier zum Ausgleich von Flüssigkeitsverlusten üblich ist (BFH v. 2.10.1968, VI R 295/67, BStBl II 1969, 115).

Getränke, die der Arbeitgeber den Arbeitnehmern zum häuslichen Verzehr kostenlos oder verbilligt überlässt, z.B. im Brauereigewerbe oder in der Getränkeindustrie, sind keine Aufmerksamkeiten. Sie sind grundsätzlich steuerpflichtiger Arbeitslohn (s. „Haustrunk").

Arbeitslohn-ABC

keine Sozialversicherungspflicht = Ⓢⱽ
Sozialversicherungspflicht = Ⓢⱽ

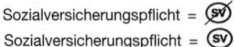

Gewerkschaftsbeiträge: Gewerkschaftsbeiträge des Arbeitnehmers dürfen vom Arbeitgeber nicht steuerfrei ersetzt werden, weil es hierfür keine Steuerbefreiungsvorschrift gibt (R 19.3 Abs. 3 Satz 1 LStR).

Sie können jedoch vom Arbeitnehmer als Werbungskosten abgesetzt werden (R 9.3 LStR).

Gnadenbezüge: Dem Lohnsteuerabzug unterliegen auch freiwillige Zahlungen des Arbeitgebers – sog. Gnadenbezüge – an die Witwe und andere Hinterbliebene, insbesondere an die Kinder (vgl. FG Berlin v. 24.1.1984, V 168/83, EFG 1984, 406), auch → *Sterbegeld* Rz. 2746.

Gutschrift von Arbeitslohn: Arbeitslohn fließt dem Arbeitnehmer in dem Zeitpunkt zu, in dem er wirtschaftlich darüber verfügen kann. Das kann schon die Gutschrift auf einem Konto des Arbeitnehmers sein, der Zeitpunkt der Auszahlung ist unerheblich (R 38.2 LStR), auch → *Zufluss von Arbeitslohn* Rz. 3231.

Abgrenzungsschwierigkeiten ergeben sich oft bei der Frage, ob und wann Arbeitslohn, der im Betrieb „stehen gelassen" wird (freiwillig oder unfreiwillig), dem Arbeitnehmer zufließt. Einzelheiten hierzu s. → *Einbehaltene Lohnteile* Rz. 978, → *Gehaltsverzicht* Rz. 1364 und → *Zufluss von Arbeitslohn* Rz. 3231.

Hausbrand: Die unentgeltliche oder verbilligte Überlassung von Feuerungsmaterial ist Arbeitslohn (BFH v. 10.6.1966, VI 261/64, BStBl III 1966, 607). Einzelheiten → *Sachbezüge* Rz. 2598; → *Rabatte* Rz. 2345.

Haustrunk: Soweit an Arbeitnehmer im Brauereigewerbe oder in der Getränkeindustrie kostenlos Bier oder alkoholfreie Getränke abgegeben werden, ist dieser Vorteil grundsätzlich steuerpflichtig.

Hochschulstudium: Ein Arbeitsverhältnis wird begründet, wenn das Hochschulstudium Inhalt eines sog. Ausbildungsdienstverhältnisses ist, vgl. H 9.2 (Ausbildungsdienstverhältnis) LStH. Die Studienbeihilfen und Stipendien sind dann steuerpflichtiger Arbeitslohn. S. auch → *Auszubildende* Rz. 485 sowie → *Doktoranden* Rz. 853.

Kautionszahlung im Strafprozess: Zahlt der Arbeitgeber für einen Arbeitnehmer in einem strafprozessualen Verfahren eine Kaution, kann die Zahlung im ganz überwiegend eigenbetrieblichen Interesse des Arbeitgebers liegen und deshalb nicht zum Arbeitslohn gehören (vgl. FG Nürnberg v. 13.3.1986, VI 239/84, EFG 1986, 493 betr. Verkehrsunfall eines Arbeitnehmers auf einer Geschäftsfahrt durch die damalige DDR).

Im Allgemeinen dürfte aber Arbeitslohn anzunehmen sein, insbesondere wenn kein konkreter Zusammenhang mit dem Dienstverhältnis besteht. Die Tatsache allein, dass mit der Zahlung der Kaution eine Gefängnisstrafe des Arbeitnehmers abgewendet werden soll und der Arbeitgeber sich damit die Arbeitskraft des Arbeitnehmers erhalten will, dürfte nicht ausreichen.

Kommunion/Konfirmation: Zuwendungen des Arbeitgebers an den Arbeitnehmer anlässlich der Konfirmation bzw. Kommunion eines Kindes sind durch das individuelle Dienstverhältnis veranlasst und deshalb Arbeitslohn (BFH v. 9.8.1985, VI R 81/82, BStBl II 1986, 95). Sie können allenfalls im Rahmen der für Gelegenheitsgeschenke (→ *Gelegenheitsgeschenke* Rz. 1368) geltenden Grundsätze steuerfrei bleiben.

Kreditkosten: Zinszahlungen des Arbeitgebers auf ein vom Arbeitnehmer aufgenommenes Darlehen sind steuerpflichtiger Arbeitslohn (vgl. BFH v. 4.5.2006, VI R 67/03, BStBl II 2006, 914). Dies gilt selbst dann, wenn die Arbeitnehmer mit dem Kredit Produkte aus dem Unternehmen des Arbeitgebers erworben haben (FG Hessen v. 5.3.1990, 4 K 85/86, EFG 1990, 523).

Zur Annahme von Arbeitslohn bei Arbeitgeberdarlehen → *Darlehen an Arbeitnehmer* Rz. 787.

Lehrabschlussprämien: Lehrabschlussprämien werden Auszubildenden häufig als Belohnung nach Bestehen ihrer Prüfung gezahlt; solche Vergütungen sind steuerpflichtig.

Wird lediglich ein Sachgeschenk bis zu einem Wert von 60 € als Prämie überreicht, liegt eine steuerfreie Aufmerksamkeit vor, → *Annehmlichkeiten* Rz. 151.

Lehrzulagen: Lehrzulagen, die Arbeitnehmern, die für die Ausbildung im Betrieb zuständig sind, neben dem laufenden Arbeitslohn gezahlt werden, sind steuerpflichtig.

Im öffentlichen Dienst können solche Zahlungen als Aufwandsentschädigungen steuerfrei sein (→ *Aufwandsentschädigungen im öffentlichen Dienst* Rz. 383).

Lesezirkel: Werbe-Vergütungen: Lesezirkel erhalten von Illustrierten- und Zeitschriftenverlagen Geldbeträge, die an die Boten als Vergütung für die Reklamebeschriftung der boteneigenen Fahrzeuge weitergegeben werden. Diese Vergütungen sind Arbeitslohn der Boten, von dem der Lesezirkel den Lohnsteuerabzug vorzunehmen hat (FG Schleswig-Holstein v. 24.11.1964, EFG 1965, 286).

Maifeier/Maigeld: Zuwendungen des Arbeitgebers anlässlich des Maifeiertags (Maigeld) gehören zum steuerpflichtigen Arbeitslohn (BFH v. 30.8.1972, VI R 300/69, BStBl II 1973, 64).

Managementbeteiligung: Konnten sich zunächst die Führungskräfte der ersten Führungsebene unmittelbar als Management-Gesellschafter an einer Holding beteiligen und danach die angestellten Führungskräfte der zweiten Führungsebene über eine Beteiligungs-GbR mittelbar, wobei die Beendigung des Arbeitsverhältnisses den Ausschluss aus der Beteiligungs-GbR bedingt, führt der Gewinn aus der zu marktüblichen Preisen erfolgten Veräußerung der – vermittelt über die Beteiligungsgesellschaft – auch zu marktüblichen Preisen erworbenen indirekten Beteiligung an der Holding, an der neben Arbeitnehmern auch Private Equity Gesellschaften als Investoren beteiligt sind, nicht zu Arbeitslohn, da sich aus der Beteiligung kein wirtschaftlicher oder finanziell messbarer Vorteil ergibt, der allein auf dem Arbeitsverhältnis beruht. Die ein effektives Verlustrisiko beinhaltende indirekte Beteiligung an der Holding stellt eine eigenständige Einkunftsquelle im Sinne einer Kapitalbeteiligung dar. Auch wenn das Arbeitsverhältnis den Ausgangspunkt für die Beteiligung gebildet hat, muss der erzielte Veräußerungsgewinn nicht in einem unmittelbaren Veranlassungszusammenhang mit diesem stehen (FG Köln v. 20.5.2015, 3 K 3253/11, www.stotax-first.de, Revision eingelegt, Az. beim BFH: IX R 43/15).

Nettolohn: Übernahme der Einkommensteuer des Arbeitnehmers: Leistet der Arbeitgeber bei einer Nettolohnvereinbarung für den Arbeitnehmer eine Einkommensteuernachzahlung für einen vorangegangenen Veranlagungszeitraum, wendet er dem Arbeitnehmer Arbeitslohn zu, der dem Arbeitnehmer als sonstiger Bezug im Zeitpunkt der Zahlung zufließt. Der in der Tilgung der persönlichen Einkommensteuerschuld des Arbeitnehmers durch den Arbeitgeber liegende Vorteil unterliegt der Einkommensteuer. Er ist deshalb auf einen Bruttobetrag hochzurechnen (BFH v. 3.9.2015, VI R 1/14, www.stotax-first.de; s.a. → *Nettolöhne* Rz. 2126).

Richtfest: Kleine Beträge, die vom Bauherrn an die Arbeitnehmer der Baufirma an Stelle der Ausrichtung eines Richtfestes gezahlt werden, zählen als freiwillige Trinkgelder nicht zum steuerpflichtigen Arbeitslohn. Das gilt auch dann, wenn die Baufirma bei der Verteilung der Gelder in der Art eines Treuhänders eingeschaltet wird (FG Nürnberg v. 20.8.1974, II 2/71, EFG 1974, 565 sowie BFH v. 18.6.2015, VI R 37/14, HFR 2015, 1011).

Sparprämien: Zahlt der Arbeitgeber seinen Arbeitnehmern Sparprämien, wenn sie am sog. Belegschaftssparen teilnehmen, so sind die Prämien Arbeitslohn.

Tabakwaren: Tabakwaren, die der Arbeitgeber den Arbeitnehmern zum Verzehr im Betrieb kostenlos oder verbilligt überlässt, gehören als Aufmerksamkeiten (→ *Annehmlichkeiten* Rz. 151) nicht zum Arbeitslohn und sind deshalb steuerfrei (R 19.6 Abs. 2 Satz 1 LStR).

Tabakwaren, die der Arbeitgeber den Arbeitnehmern zum häuslichen Verzehr kostenlos oder verbilligt überlässt, z.B. in der Tabakindustrie, sind keine Aufmerksamkeiten. Sie sind grundsätzlich steuerpflichtiger Arbeitslohn.

Tageszeitungen: Wenn der Arbeitgeber dem Arbeitnehmer Aufwendungen für regionale oder überregionale Tageszeitungen ersetzt, so sind diese Zahlungen steuerpflichtiger Arbeitslohn, denn Aufwendungen für Tageszeitungen gehören im Allgemeinen zu den nicht abziehbaren Kosten der Lebensführung i.S.v. § 12 EStG (s. ausführlich → *Werbungskosten* Rz. 3194 „Zeitungen, Zeitschriften"). Ein steuerfreier Arbeitgeberersatz für Werbungskosten wäre überdies grundsätzlich nicht möglich (R 19.3 Abs. 3 Satz 1 LStR).

Bei Zeitungsverlagen gehört die kostenlose Überlassung einer Tageszeitung an Arbeitnehmer zu den geldwerten Vorteilen (→ *Zeitungen: kostenlose Überlassung* Rz. 3204).

Treueprämien: Treueprämien, die Arbeitnehmern nach einer gleich bleibenden Anzahl von Jahren der Betriebszugehörigkeit gezahlt werden, z.B. nach jeweils fünf Jahren, sind steuerpflichtig (→ *Jubiläumsgeschenke* Rz. 1640).

Verzugszinsen: Zinsen für rückständigen Arbeitslohn (auch Prozesszinsen) sind kein Arbeitslohn, aber ggf. im Rahmen der Einkünfte aus Kapitalvermögen zu versteuern (FG Köln v. 19.6.1989, 7 K 2621/88, EFG 1989, 640 sowie BFH v. 7.6.2002, VI R 145/99, BStBl II 2002, 829). Die Zinsen können vom Bruttolohn berechnet werden (BAG v. 7.3.2001, GS 1/00, www.stotax-first.de).

Waisengeld: Die v.a. im öffentlichen Dienst gezahlten Waisengelder sind ebenso wie Witwenbezüge (→ *Witwenbezüge* Rz. 3199) steuerpflichtiger Arbeitslohn, weil sie dem Kind als Rechtsnachfolger des verstorbenen Arbeitnehmers zufließen (R 19.9 LStR sowie BFH v. 12.6.2006, III B 189/05, www.stotax-first.de, betr. die Abgrenzung zur Halbwaisenrente). Für das Kind muss der Arbeitgeber Lohnsteuer einbehalten, selbst wenn das Waisengeld zusammen mit dem Witwengeld der Witwe ausgezahlt wird. Da es sich um Hinterbliebenenbezüge und somit um Versorgungsbezüge (→ *Versorgungsbezüge* Rz. 3050) handelt, können die Freibeträge für Versorgungsbezüge (→ *Versorgungsfreibeträge* Rz. 3056) gewährt werden.

Weiterverpflichtungsprämie: Weiterverpflichtungsprämien an Zeitsoldaten sind steuerpflichtiger Arbeitslohn, der aber tarifbegünstigt versteuert wird (→ *Arbeitslohn für mehrere Jahre* Rz. 257).

Werbung auf Fahrzeugen des Arbeitnehmers: Erhält der Arbeitnehmer von seinem Arbeitgeber Vergütungen dafür, dass er auf seinem Fahrzeug Werbung für die Firma seines Arbeitgebers anbringt, handelt es sich nicht um Arbeitslohn, sondern um grundsätzlich steuerpflichtige sonstige Einkünfte i.S.d. § 22 Nr. 3 EStG (dabei ist allerdings die Freigrenze von 256 € im Jahr zu beachten). Die Zahlungen des Arbeitgebers sind Gegenleistung für den Werbeaufdruck auf dem privaten Kraftfahrzeug des Arbeitnehmers, nicht Gegenleistung für das Zurverfügungstellen der individuellen Arbeitskraft (vgl. BFH v. 7.6.2002, VI R 145/99, BStBl II 2002, 829 betr. Garagengelder).

Wertmarken: Erhält der Arbeitnehmer vom Arbeitgeber Wertmarken, die er zu jeder Zeit in Bargeld eintauschen kann, so ist mit der Aushändigung der Wertmarken dem Arbeitnehmer der Arbeitslohn zugeflossen und nicht erst beim Umtausch der Wertmarken.

Kann dagegen der Arbeitnehmer die Wertmarken lediglich in Waren bzw. Dienstleistungen des Arbeitgebers eintauschen, so ist der Arbeitslohn erst bei Einlösung der Wertmarke zugeflossen. Einzelheiten s. → *Warengutscheine* Rz. 3119.

Zusatzverpflegung: Aufwendungen für Verpflegung gehören regelmäßig zu den nicht abziehbaren Kosten der Lebensführung (→ *Mahlzeiten Rz. 1958*). Dies gilt auch für zusätzliche Verpflegung, die infolge der Berufsausübung eingenommen wird (zuletzt BFH v. 9.4.2014, X R 40/11, www.stotax-first.de, betr. Verpflegungsmehraufwendungen eines Kraftsportlers). Demzufolge kann der Arbeitgeber dem Arbeitnehmer weder die Aufwendungen für Verpflegung steuerfrei ersetzen noch entsprechende Mahlzeiten steuerfrei zur Verfügung stellen (zuletzt FG München v. 3.5.2013, 8 K 4017/09, EFG 2013, 1407 betr. kostenlose Mahlzeiten für Profi-Sportler).

Wird allerdings in Betrieben mit gesundheitsgefährdenden Tätigkeiten Zusatzverpflegung vom Arbeitgeber zur Verfügung gestellt, so führt dies nicht zu Arbeitslohn, weil es sich bei der Zusatzverpflegung um eine Sachleistung zur Verhütung einer typischen Berufskrankheit handelt (FinMin Niedersachsen v. 1.4.1963, DStZ/E 1963, 178).

Wird die Sachleistung jedoch durch Barzahlung abgegolten, so ist der gezahlte Betrag steuerpflichtiger Arbeitslohn.

Arbeitslohn für mehrere Jahre

1. Allgemeine Grundsätze

257 Nach § 34 Abs. 1, 2 Nr. 4 EStG wird für Vergütungen für mehrjährige Tätigkeiten eine **Tarifermäßigung ("Fünftelregelung")** gewährt, da sich andernfalls insbesondere bei Lohnnachzahlungen für mehrere Jahre durch den progressiven Steuertarif (→ *Steuertarif* Rz. 2808) eine ungerechtfertigt hohe Steuerbelastung ergeben könnte. Nach § 34 Abs. 2 Nr. 4 2. Halbsatz EStG ist eine **Tätigkeit mehrjährig, soweit sie sich über mindestens zwei Veranlagungszeiträume erstreckt und einen Zeitraum von mehr als zwölf Monaten umfasst.** Anders als bei den Einkünften aus selbständiger Arbeit muss es sich bei der mehrjährigen Tätigkeit **nicht um eine abgrenzbare Sondertätigkeit handeln.** Insbesondere ist es nicht erforderlich, dass die Tätigkeit selbst von der regelmäßigen Erwerbstätigkeit abgrenzbar ist oder die in mehreren Veranlagungszeiträumen erdiente Vergütung auf einem besonderen Rechtsgrund beruht, der diese von den laufenden Einkünften unterscheidbar macht. Dementsprechend ist beim **Arbeitnehmer** jede Vergütung für eine Tätigkeit, die sich über mindestens zwei Veranlagungszeiträume erstreckt und einen Zeitraum von mehr als zwölf Monaten umfasst, **atypisch zusammengeballt und damit „außerordentlich"** i.S.d. § 34 Abs. 1 Satz 1 EStG (BFH v. 7.5.2015, VI R 44/13, BStBl II 2015, 890).

Allerdings reicht es nicht aus, dass der Arbeitslohn in einem anderen Veranlagungszeitraum als dem zufließt, zu dem er wirtschaftlich gehört, und dort mit weiteren Einkünften aus nichtselbständiger Arbeit zusammentrifft. Die Entlohnung muss vielmehr für sich betrachtet **zweckbestimmtes Entgelt für eine mehrjährige Tätigkeit** sein, die Vergütung folglich für einen Zeitraum von mehr als zwölf Monaten und veranlagungszeitraumübergreifend geleistet werden. Diese mehrjährige Zweckbestimmung kann sich entweder aus dem Anlass der Zuwendung oder aus den übrigen Umständen ergeben. Soweit andere Hinweise auf den Verwendungszweck fehlen, kommt der Berechnung des Entgelts maßgebliche Bedeutung zu (BFH v. 7.5.2015, VI R 44/13, BStBl II 2015, 890). Es ist nicht Ziel des § 34 Abs. 1, 2 EStG, jede sich aus dem Zuflussprinzip des § 11 Abs. 1 Satz 1 EStG möglicherweise ergebende steuerliche Mehrbelastung zu mildern (BFH v. 2.7.2008, VI B 115/07, www.stotax-first.de, m.w.N.).

Nach der bisherigen Regelung in R 34.4 Abs. 1 EStR 2008 war die Fünftelregelung auf den gesamten Nachzahlungsbetrag der Vergütung für eine mehrjährige Tätigkeit, d.h. auch auf den auf das Zuflussjahr entfallenden Teil, anwendbar. Durch eine Änderung in R 34.4 Abs. 1 EStR 2012 ist das ab dem Veranlagungszeitraum 2012 nicht mehr möglich. **Jetzt gilt, dass die Fünftelregelung auf Nachzahlungen nicht mehr anzuwenden ist, soweit diese für das laufende Veranlagungsjahr gezahlt werden.**

Voraussetzung für die Anwendung der Tarifvergünstigung ist, dass

- eine **„mehrjährige" Tätigkeit** vorliegt: Mehrjährig ist eine Tätigkeit, soweit sie sich über mindestens zwei Veranlagungszeiträume erstreckt und einen **Zeitraum von mehr als zwölf Monaten umfasst** (Änderung des § 34 Abs. 2 Nr. 4 EStG; das Urteil des BFH v. 14.10.2004, VI R 46/99, BStBl II 2005, 289 ist damit überholt),

- **wirtschaftlich vernünftige Gründe für die zusammengeballte Entlohnung vorliegen.** Diese können sowohl in der Person des Arbeitnehmers als auch des Arbeitgebers vorliegen. Das Merkmal der wirtschaftlich vernünftigen Gründe dient der Verhütung von Missbräuchen. Deshalb schließt nur eine willkürliche, wirtschaftlich nicht gerechtfertigte Zusammenballung allein aus steuerlichen Gründen die Anwendung der Tarifbegünstigung auf mehrjährigen Arbeitslohn aus (BFH v. 7.5.2015, VI R 44/13, BStBl II 2015, 890),

- **„außerordentliche Einkünfte"** i.S.d. § 34 Abs. 2 EStG vorliegen, d.h. eine **„Zusammenballung"** von Einkünften eintritt (dies gilt auch für Jubiläumszuwendungen, → *Jubiläumsgeschenke* Rz. 1640), der Zusammenballungseffekt kann nicht nur bei Nachzahlungen, sondern auch bei **Vorauszahlungen** für eine mehrjährige Tätigkeit eintreten (FG Hamburg v. 20.4.2005, VI 113/03, www.stotax-first.de, betr. Kapitalisierung einer Betriebsrentenverpflichtung auf Grund einer betrieblichen Altersversorgung).

Unerheblich ist dagegen, ob

- die Vergütung für eine **abgrenzbare Sondertätigkeit** gezahlt wird; um einmalige (Sonder)Einkünfte, die für die konkrete Berufstätigkeit unüblich sind und nicht regelmäßig anfallen, muss es sich nicht handeln. Insbesondere ist es nicht erforderlich, dass die Tätigkeit selbst von der regelmäßigen Erwerbstätigkeit abgrenzbar ist oder die in mehreren Veranlagungszeiträumen erdiente Vergütung auf einem besonderen Rechtsgrund beruht, der diese von den laufenden Einkünften unterscheidbar macht (BFH v. 7.5.2015, VI R 44/13, BStBl II 2015, 890),

- auf sie ein **Rechtsanspruch** besteht oder

- sie eine **zwangsläufige Zusammenballung** von Einnahmen darstellt (R 34.4. Abs. 2 EStR) und ob

- der Arbeitnehmer tatsächlich eine **Arbeitsleistung erbringt**: Begünstigt ist daher auch für mehrere Jahre vorausgezahlter Arbeitslohn (BFH v. 17.7.1970, VI R 66/67, BStBl II 1970, 683).

> **Beispiel 1:**
> A hat im Jahre 1984 einen Bruttoarbeitslohn von 60 000 DM erhalten. Hierin ist für das Jahr 1983 nachgezahltes Weihnachts- und Urlaubsgeld i.H.v. 3 000 DM enthalten, das deshalb nicht im Jahre 1983 ausgezahlt werden konnte, weil A längere Zeit krank war und nur Krankengeld bezogen hatte.
>
> Der BFH hat die ermäßigte Besteuerung nach § 34 Abs. 3 EStG a.F. abgelehnt, weil das nachgezahlte Weihnachts- und Urlaubsgeld – für sich betrachtet – kein Entgelt für eine mehrjährige Tätigkeit darstellt (BFH v. 6.12.1991, VI R 135/88, www.stotax-first.de; durch BFH v. 14.10.2004, VI R 46/99, BStBl II 2005, 289 nochmals bestätigt). Es reicht nicht aus, dass die Nachzahlung mit laufenden Lohnzahlungen zusammentrifft.

> **Beispiel 2:**
> B ist als Vorstand einer als gemeinnützig anerkannten Stiftung, die sich überwiegend aus Spenden finanziert, tätig. Die Rechtsbeziehungen zwischen ihm und der Stiftung sind in einem Dienstvertrag geregelt. Beim BFH war streitig, ob es sich bei der von der Stiftung erhaltenen Tätigkeitsvergütung des B um ermäßigt zu besteuernden Arbeitslohn für mehrere Jahre handelt, denn der Lohnzahlungszeitraum sei ausnahmsweise – und mit Einverständnis des B – von zwölf auf 14 Monate erweitert worden. Dadurch sei monatliche Durchschnittsbetrag seiner Bezüge um mehr als 10 % reduziert und eine möglicherweise unangemessen hohe gemeinnützigkeitsschädliche Vergütung i.S.d. § 55 der AO vermieden worden.
>
> Der BFH hat die Tarifermäßigung gewährt (BFH v. 7.5.2015, VI R 44/13, BStBl II 2015, 890). B und die Stiftung haben nicht lediglich vereinbart, dass zusätzlich zum jährlichen Arbeitslohn eine Abschlagszahlung für die folgenden zwei Monate zu leisten ist. Außerdem lagen für die Verlängerung des Lohnzahlungszeitraums gründende Zusammenballung des Arbeitslohns wirtschaftlich vernünftige – im Streitfall gemeinnützigkeitsrechtliche – Gründe vor.

Die ermäßigte Besteuerung des § 34 Abs. 1 EStG kommt auch dann zur Anwendung, wenn ein Versorgungsguthaben für eine mehrjährige nichtselbständige Tätigkeit in einem Betrag zur Aus-

Arbeitslohn für mehrere Jahre

zahlung an die Witwe des regulär Begünstigten gelangt. Auch bei Auszahlung des Versorgungskapitals des verstorbenen Ehemanns an die Witwe verbleibt es dabei, dass die ausbezahlte Vergütung Resultat einer mehrjährigen Tätigkeit ist. Die Qualität des Vergütungsanspruchs aus dem Arbeitsverhältnis als solchem, welcher durch mehrjähriges Tätigwerden entstanden ist, wird durch die Ausbezahlung an die Witwe nicht verändert (FG München v. 25.3.2015, 1 K 2723/13, EFG 2015, 1200).

2. Anwendungsfälle

258 Die Tarifermäßigung des § 34 Abs. 1, 2 EStG ist z.B. **anzuwenden** auf

- **Lohn- und Gehaltsnachzahlungen** für frühere Jahre, z.B. nach einem Rechtsstreit vor dem Arbeitsgericht (BFH v. 15.11.2007, VI R 66/03, BStBl II 2008, 375) sowie auf Nachzahlungen von Versorgungsbezügen oder Betriebsrenten. Wird im Jahr 1999 auf Grund eines Vergleichs eine Gehaltsnachzahlung für die Jahre 1997 bis 1999 geleistet, so umfasst die Tarifbegünstigung auch den **Teil der Nachzahlung, der wirtschaftlich auf das laufende Jahr (1999) entfällt**; es handelt sich nicht um laufenden Arbeitslohn (FG Brandenburg v. 11.12.2002, 2 K 3118/00, EFG 2003, 395);
- **Vorauszahlungen** von Arbeitslohn anlässlich der Auflösung eines Arbeitsverhältnisses (BFH v. 23.7.1974, VI R 41/72, BStBl II 1974, 743);
- vom Arbeitgeber **voraus- oder nachgezahlte Prämien** mehrerer Kalenderjahre für eine Versorgung oder für eine Unfallversicherung des Arbeitnehmers, weil er dadurch günstigere Prämiensätze erzielt oder weil die Zusammenfassung satzungsgemäßen Bestimmungen einer Versorgungseinrichtung entspricht;
- **Tantiemen**, die dem Arbeitnehmer für mehrere Jahre in einem Kalenderjahr zusammengeballt zufließen (BFH v. 11.6.1970, VI R 338/67, BStBl II 1970, 639);
- Zuwendungen aus Anlass eines **Arbeitnehmerjubiläums**. Bei einem **Firmenjubiläum** dagegen nur, wenn die Zuwendungen auch nach der Dauer der Betriebszugehörigkeit des Arbeitnehmers bemessen werden (BFH v. 3.7.1987, VI R 43/86, BStBl II 1987, 820);
- die **Übernahme von Steuern** (geldwerter Vorteil) durch den Arbeitgeber für eine mehrjährige Auslandstätigkeit des Arbeitnehmers (BFH v. 24.11.2000, I R 102/99, BStBl II 2001, 195);
- eine vertraglich vereinbarte **Kapitalisierung einer Betriebsrentenverpflichtung auf Grund einer betrieblichen Altersversorgung** (FG Hamburg v. 20.4.2005, VI 113/03, www.stotax-first.de);
- die **Kapitalisierung** laufenden Ruhegehalts und anderer laufender Versorgungsansprüche, wenn die Kapitalisierung zwar ohne Zwangslage, aber aus wirtschaftlich vernünftigen Gründen in der Person des Arbeitnehmers oder Arbeitgebers erfolgt (zuletzt BFH v. 14.12.2004, XI R 12/04, HFR 2005, 974);
- **nachgezahltes Arbeitslosengeld,** auch bei der Berechnung des **Progressionsvorbehalts** (FG Hamburg v. 19.2.2001, II 189/00, www.stotax-first.de);
- **Wandelung einer Darlehensrückzahlung in Aktien**, wenn das Wandelungsrecht erstmals nach einer zweijährigen Sperrfrist ausgeübt werden kann (FG München v. 11.12.2002, 1 K 1882/02, EFG 2003, 616);
- geldwerte Vorteile aus **Aktienoptionsprogrammen**, wenn die Laufzeit zwischen Einräumung und Ausübung der Optionsrechte mehr als zwölf Monate beträgt und der Arbeitnehmer in dieser Zeit auch bei seinem Arbeitgeber beschäftigt ist. Für die Anwendung der Tarifermäßigung ist es unschädlich, wenn dem Arbeitnehmer wiederholt Aktienoptionen eingeräumt werden und die jeweilige Option nicht in vollem Umfang einheitlich ausgeübt wird (BFH v. 18.12.2007, VI R 62/05, BStBl II 2008, 294 und zuletzt BFH v. 10.7.2008, VI R 70/06, HFR 2009, 130);
- **Ablösung einer vom Arbeitgeber erteilten Pensionszusage** (BFH v. 12.4.2007, VI R 6/02, BStBl II 2007, 581);
- **Zahlungen des Arbeitgebers für eine von ihm in Anspruch genommene Diensterfindung** an den Arbeitnehmer-Erfinder (zuletzt BFH v. 29.2.2012, IX R 28/11, BStBl II 2012, 569: Gibt der Arbeitnehmer mit seinem Interesse an einer Weiterführung der ursprünglichen Vereinbarung auf Arbeitnehmererfindervergütung im Konflikt mit seinem Arbeitgeber nach und nimmt dessen Abfindungsangebot an, so entspricht es dem Zweck des von der Rechtsprechung entwickelten Merkmals der Zwangssituation, nicht schon wegen dieser gütlichen Einigung in konfligierender Interessenlage einen tatsächlichen Druck in Frage zu stellen);
- **Ausgleichszahlungen an Berufsfeuerwehrleute für EG-rechtswidrig geleistete Mehrarbeit** (FG Münster v. 31.3.2014, 1 K 3820/13 E, EFG 2014, 1579);
- **atypische Einmalkapitalauszahlungen im Rahmen der betrieblichen Altersvorsorge** (FG Rheinland-Pfalz v. 19.5.2015, 5 K 1792/12, EFG 2015, 1441, Revision eingelegt, AZ. beim BFH: X R 23/15).

Nicht anzuwenden ist die Tarifermäßigung dagegen auf

- **gewinnabhängige Tantiemen**, die zwischen Arbeitgeber und Arbeitnehmer vereinbart sind und **regelmäßig ausgezahlt** werden, deren Höhe aber erst nach Ablauf des Wirtschaftsjahres festgestellt werden kann;
- **Jubiläumszuwendungen**, die **ohne Rücksicht auf die Dauer der Betriebszugehörigkeit** lediglich aus Anlass eines Firmenjubiläums erfolgen (vgl. H 34.4 (Jubiläumszuwendungen) EStH);
- Prämien für einen **betrieblichen Verbesserungsvorschlag**, die der Arbeitgeber auf Grund von Regelungen ermittelt, die **nicht** auf die **Dauer der Betriebszugehörigkeit** abstellen (BFH v. 16.12.1996, VI R 51/96, BStBl II 1997, 222);
- **Wiedereingliederungsbeihilfe** der evangelischen Kirche, die ein Pastor nach Rückkehr von einem mehrjährigen Auslandsaufenthalt erhält. Die Beihilfe wird nicht für eine mehrjährige Tätigkeit, sondern zum **Aufbau eines neuen Hausstandes** gezahlt (FG Niedersachsen v. 21.6.1996, XII 443/94, EFG 1996, 1200);
- eine Abfindung aus Anlass einer **betriebsbedingten Kündigung** (FG Köln v. 19.12.2001, 10 K 2834/97, EFG 2002, 469);
- nachgezahlte **Überstundenvergütungen**, auch wenn die Überstunden in mehreren Jahren geleistet wurden (FG Hamburg v. 2.7.2002, II 83/01, EFG 2002, 1530);
- Abfindungszahlungen, die einen **Urlaubsanspruch abgelten**, der den Jahresurlaub unterschreitet, sowie eine Abfindung eines auf einen einjährigen Lohnzahlungszeitraum bezogenen **Weihnachtsgeldes** (FG Düsseldorf v. 22.8.2002, 15 K 381/01 E, www.stotax-first.de);
- eine **Pauschalvergütung für eine Arbeitnehmererfindung** nach dem ArbnErfG, wenn mit dieser nicht eine mehrjährige Tätigkeit des Arbeitnehmers entlohnt werden soll, sondern der Übergang der Verwertungsbefugnis an den Diensterfindungen des Arbeitnehmers (FG Münster v. 27.4.2013, 12 K 1625/12 E, EFG 2013, 1222).

Bei Arbeitslohnnachzahlungen für einen sehr langen Zeitraum kann die Erhebung von Einkommensteuer und Solidaritätszuschlag auch unter Berücksichtigung der Steuerermäßigung nach § 34 Abs. 1 und 2 Nr. 3 EStG (früher § 34 Abs. 3 EStG a.F.) sachlich unbillig sein, so dass zumindest ein **teilweiser Steuererlass** in Betracht kommt (vgl. FG Brandenburg v. 15.7.1999, 4 K 1327/98 AO, EFG 1999, 937 betr. Nachzahlung von Witwengeld für zehn Jahre).

3. Lohnsteuerverfahren

Diese Steuervergünstigung ist vom **Arbeitgeber** bereits im **Lohnsteuerabzugsverfahren anzuwenden** (§ 39b Abs. 3 Satz 9 EStG). Dazu ausführlich → *Entschädigungen* Rz. 1159. **259**

Die Besteuerung erfolgt sinngemäß wie bei sonstigen Bezügen (→ *Sonstige Bezüge* Rz. 2704): Zunächst hat der Arbeitgeber die Lohnsteuer für den voraussichtlichen Jahresarbeitslohn ohne den sonstigen Bezug festzustellen. Dann ist die Lohnsteuer zu ermitteln, die sich unter Einbeziehung eines Fünftels des sonstigen Bezugs ergibt. Der Unterschiedsbetrag ist dann zu verfünffachen.

Arbeitslohnrückzahlung

→ *Rückzahlung von Arbeitslohn* Rz. 2578

Arbeitslosengeld

Nach § 3 Nr. 2 Buchst. a EStG **steuerfrei** sind die in dieser Vorschrift aufgezählten Leistungen nach dem Dritten Buch Sozialgesetzbuch (SGB III) oder dem Arbeitsförderungsgesetz, also u.a. das **Arbeitslosengeld I** und das **Teilarbeitslosengeld**; sie unterliegen jedoch nach § 32b Abs. 1 Nr. 1a EStG dem sog. **Progressionsvorbehalt** (→ *Progressionsvorbehalt* Rz. 2331). Der Arbeitnehmer ist deshalb ggf. zur Einkommensteuer zu veranlagen (§ 46 Abs. 2 Nr. 1 EStG). **260**

Leistungen, die den nach § 3 Nr. 2 Buchst. a EStG steuerfreien Leistungen, die auf Grund des Arbeitsförderungsgesetzes (AFG), des SGB III oder entsprechender Programme des Bundes und der Bundesländer gezahlt werden, vergleichbar sind, aber auf Grund **ausländischer Vorschriften** gezahlt werden, sind nicht nach § 3 Nr. 2 Buchst. a EStG steuerfrei (FG Köln v. 20.4.2012, 4 K 1943/09, EFG 2012, 1677 betr. Arbeitslosengeld nach belgischem Recht).

Zum 1.1.2005 wurde das neue **Arbeitslosengeld II** eingeführt, das die bisherigen Leistungen „Arbeitslosenhilfe" und „Sozialhilfe" ersetzt. Diese Leistung ist **steuerfrei** (§ 3 Nr. 2b EStG – Leistungen zur Sicherung des Lebensunterhalts und zur Eingliederung in Arbeit nach dem Zweiten Buch Sozialgesetzbuch), unterliegt jedoch – anders als das Arbeitslosengeld I – **nicht dem Progressionsvorbehalt** des § 32b EStG, weil es in der abschließenden Aufzählung des § 32b Abs. 1 Nr. 1 EStG nicht enthalten ist (OFD Münster v. 13.1.2006, Kurzinformation Nr. 002/2006, DStZ 2006, 133).

Etwaige **spätere Zahlungen des Arbeitgebers an die Agentur für Arbeit** auf Grund des gesetzlichen Forderungsübergangs (§ 115 SGB X) sind ebenfalls steuerfrei, wenn über das Vermögen des Arbeitgebers das Insolvenzverfahren eröffnet worden ist oder einer der Fälle des § 183 Abs. 1 Nr. 2 oder 3 SGB III vorliegt, also bei

– **Abweisung des Antrags auf Eröffnung des Insolvenzverfahrens** mangels Masse oder bei

– der **vollständigen Beendigung der Betriebstätigkeit** im Inland, wenn ein Antrag auf Eröffnung des Insolvenzverfahrens nicht gestellt worden ist und ein Insolvenzverfahren offensichtlich mangels Masse nicht in Betracht kommt (ausführlich → *Forderungsübergang* Rz. 1287).

Zahlungen des Arbeitgebers an die Agentur für Arbeit, die die vorstehenden Voraussetzungen nicht erfüllen, sind **steuerpflichtiger Arbeitslohn**. Die Besteuerung erfolgt nach den Regeln für sonstige Bezüge (→ *Sonstige Bezüge* Rz. 2704).

Hat die Agentur für Arbeit in den Fällen des § 143 Abs. 3, § 143a Abs. 4 SGB III (Anrechnung von Entlassungsentschädigungen auf das Arbeitslosengeld) und § 143 Abs. 3 SGB III (Ruhen des Anspruchs bei Arbeitsentgelt und Urlaubsabgeltung) zunächst Arbeitslosengeld gezahlt und zahlt der Arbeitnehmer dieses auf Grund dieser Vorschriften der Agentur für Arbeit zurück, so bleibt die **Rückzahlung** mit Ausnahme des Progressionsvorbehalts ohne steuerliche Auswirkung (§ 3c EStG); der dem Arbeitnehmer vom Arbeitgeber nachgezahlte Arbeitslohn ist grundsätzlich steuerpflichtig (R 3.2 Abs. 1 Satz 3 LStR).

Arbeitslosenversicherung

1. Ziele der Arbeitsförderung

261 Die Arbeitsförderung ist der Kern der Arbeitsmarktpolitik und im Dritten Buch des Sozialgesetzbuches (SGB III) geregelt. Sie verknüpft als übergreifendes Leistungssystem die Maßnahmen der aktiven Arbeitsmarktpolitik und die Leistungen der Arbeitslosenversicherung. Die Arbeitsförderung soll zu einem hohen Beschäftigungsstand beitragen und dient damit unmittelbar dem Erreichen des im Grundgesetz (Art. 109 Abs. 2 GG) und Stabilitätsgesetz (Gesetz zur Förderung der Stabilität und des Wachstums der Wirtschaft) formulierten Staatsziels des gesamtwirtschaftlichen Gleichgewichts. Konkret soll sie dem **Entstehen von Arbeitslosigkeit entgegenwirken**, die **Dauer** der Arbeitslosigkeit **verkürzen** und den **Ausgleich von Angebot und Nachfrage** auf dem Ausbildungs- und Arbeitsmarkt unterstützen (§ 1 SGB III).

Generell enthält das SGB III dabei die **Erwartung des Gesetzgebers an die Arbeitsvertragsparteien**, einen verantwortungsvollen Beitrag zur Erreichung der Ziele der Arbeitsförderung zu leisten (§ 2 SGB III).

Arbeitgeber haben danach bei ihren Entscheidungen verantwortungsvoll deren Auswirkungen auf den Arbeitsmarkt zu berücksichtigen (§ 2 Abs. 2 und Abs. 3). Sie sollen insbesondere

– für die Anpassung der beruflichen Leistungsfähigkeit ihrer Arbeitnehmer sorgen,

– durch betriebliche Maßnahmen (z.B. Nutzung von Arbeitszeitflexibilisierung oder Arbeitszeitkonten, Urlaubsgewährung, etc.) die Inanspruchnahme von Leistungen der Arbeitsförderung sowie Entlassungen vermeiden,

– vor Beendigung des Arbeitsverhältnisses Arbeitnehmer frühzeitig über die Notwendigkeit eigener Suchaktivitäten sowie über die Meldepflicht nach § 38 Abs. 1 SGB III informieren, sie dafür und für die Teilnahme an erforderlichen Weiterbildungsmaßnahmen freistellen und

– die Arbeitsagenturen frühzeitig über betriebliche Veränderungen unterrichten, die Auswirkungen auf die Beschäftigung haben können (z.B. Betriebserweiterungen und den Arbeitskräftebedarf oder Betriebseinschränkungen und deren Folgen).

Entsprechende Erwartungen richtet das Gesetz an Arbeitnehmer. Sie haben bei ihren Entscheidungen verantwortungsvoll die Auswirkungen auf ihre beruflichen Möglichkeiten zu berücksichtigen (§ 2 Abs. 4 und Abs. 5 SGB III). Arbeitnehmer sollen insbesondere

– ihre berufliche Leistungsfähigkeit an sich verändernde Anforderungen anpassen,

– frühzeitig und eigenverantwortlich nach einer Beschäftigung suchen und

– eine zumutbare Beschäftigung aufnehmen oder fortsetzen.

Aus den in § 2 SGB III geregelten Obliegenheiten folgen jedoch keine unmittelbaren Sanktionen – weder für Arbeitgeber noch für Arbeitnehmer. Die Regelungen dienen aber als Maßstab bei der gesetzeskonformen Auslegung von Normen und unbestimmten Rechtsbegriffen.

2. Leistungen der Arbeitsförderung

Zu beachten ist der generelle Vorrang der Vermittlung vor den 262 Entgeltersatzleistungen bei Arbeitslosigkeit und den Leistungen der aktiven Arbeitsförderung (§ 4 SGB III). Nur wenn eine ungeförderte dauerhafte Eingliederung in den Arbeitsmarkt nicht möglich ist, kommen die Leistungen der Arbeitsförderung in Betracht.

Die arbeitsmarktpolitischen Instrumente sind nach Unterstützungsleistungen geordnet, die für Ausbildungs- und Arbeitsuchende sowie Arbeitgeber und Träger in bestimmten Arbeitsmarktkontexten erforderlich werden können. **Bedarfslagen in diesem Sinne sind**:

– **Beratung und Vermittlung (z.B. Berufsberatung, Berufsorientierung),**

– **Aktivierung und berufliche Eingliederung (z.B. Vermittlungsgutschein),**

– **Berufswahl und Berufsausbildung (z.B. Berufsvorbereitende Bildungsmaßnahmen),**

– **Berufliche Weiterbildung (z.B. Bildungsgutschein),**

– **Aufnahme einer Erwerbstätigkeit (z.B. Gründungszuschuss),**

– **Verbleib in Beschäftigung (z.B. Kurzarbeitergeld),**

– **Teilhabe behinderter Menschen am Arbeitsleben (z.B. Übergangsgeld).**

Arbeitnehmer erhalten Leistungen der aktiven Arbeitsförderung und Entgeltersatzleistungen. Leistungen der aktiven Arbeitsförderung sind Ermessensleistungen mit Ausnahme folgender Leistungen:

– Aktivierungs- und Vermittlungsgutschein nach § 45 Abs. 7 SGB III,

– Berufsausbildungsbeihilfe während der ersten Berufsausbildung oder einer berufsvorbereitenden Bildungsmaßnahme,

– Leistung zur Vorbereitung auf den nachträglichen Erwerb des Hauptschulabschlusses oder eines gleichwertigen Schulabschlusses im Rahmen einer berufsvorbereitenden Bildungsmaßnahme,

– Weiterbildungskosten zum nachträglichen Erwerb des Hauptschulabschlusses oder eines gleichwertigen Schulabschlusses,

– Kurzarbeitergeld bei Arbeitsausfall,

– Wintergeld,

– Leistungen zur Förderung der Teilnahme an Transfermaßnahmen,

– besondere Leistungen zur Teilhabe am Arbeitsleben und

– Arbeitslosengeld bei beruflicher Weiterbildung.

Das bedeutet, dass auf diese Leistungen ein Anspruch besteht, wenn die entsprechenden Voraussetzungen vorliegen.

Entgeltersatzleistungen sind:

– Arbeitslosengeld bei Arbeitslosigkeit und bei beruflicher Weiterbildung,

– Teilarbeitslosengeld bei Teilarbeitslosigkeit,

– Übergangsgeld bei Teilnahme an Maßnahmen zur Teilhabe am Arbeitsleben,

Arbeitslosenversicherung

keine Sozialversicherungspflicht = (SV̸)
Sozialversicherungspflicht = (SV)

- Kurzarbeitergeld bei Arbeitsausfall,
- Insolvenzgeld bei Zahlungsunfähigkeit des Arbeitgebers.

3. Versicherter Personenkreis
a) Versicherungspflichtige Personen

263 In der Arbeitslosenversicherung versicherungspflichtig sind u.a.

- Arbeitnehmer (Arbeiter und Angestellte), die gegen Arbeitsentgelt beschäftigt sind (anders als in der Krankenversicherung ist die Arbeitslosenversicherungspflicht nicht durch das Überschreiten einer Entgeltgrenze ausgeschlossen),
- Arbeitnehmer, die zu ihrer Berufsausbildung beschäftigt sind – auch wenn sie kein Arbeitsentgelt erhalten,
- Auszubildende in einer außerbetrieblichen Einrichtung, wenn ein Ausbildungsvertrag nach dem BBiG vorliegt und Teilnehmer an dualen Studiengängen; sie sind den zur Berufsausbildung Beschäftigten gleichgestellt,
- Jugendliche, die in Einrichtungen der beruflichen Rehabilitation, insbesondere in Berufsbildungswerken, an einer berufsfördernden Maßnahme teilnehmen, die ihnen eine Erwerbstätigkeit auf dem allgemeinen Arbeitsmarkt ermöglichen soll,
- Jugendliche, die in Einrichtungen der Jugendhilfe durch Beschäftigung für eine Erwerbstätigkeit befähigt werden sollen,
- Personen, die Mutterschaftsgeld, Krankengeld oder Krankentagegeld von einem privaten Krankenversicherungsunternehmen erhalten,
- Personen, die ein Kind erziehen, das das dritte Lebensjahr noch nicht vollendet hat,
- Personen, die einen nahen Angehörigen pflegen und dafür eine Pflegezeit nach dem Pflegezeitgesetz in Anspruch nehmen.

Nach § 54a SGB III soll für Jugendliche, die bisher noch keinen Ausbildungsplatz gefunden haben, über ein betriebliches Praktikum eine Brücke zur Berufsausbildung geschlagen werden.

Arbeitgeber, die eine betriebliche Einstiegsqualifizierung durchführen, können durch Zuschüsse zur Vergütung bis zu einer Höhe von 216 € monatlich zuzüglich eines pauschalierten Anteils am durchschnittlichen Gesamtsozialversicherungsbeitrag gefördert werden. Bei der Einstiegsqualifizierung handelt es sich um ein sozialversicherungspflichtiges Langzeitpraktikum von sechs bis max. zwölf Monaten Dauer, das für Personen, die zum förderfähigen Personenkreis gehören, der Vermittlung und Vertiefung von Grundlagen für den Erwerb beruflicher Handlungsfähigkeit dient.

Nach Auffassung der Spitzenorganisationen der Sozialversicherung (TOP 2 der Niederschrift über die Besprechung am 28./29.10.2004) gliedern sich die Jugendlichen während der Einstiegsqualifizierung in den Betrieb des Arbeitgebers ein; sie erwerben berufliche Kenntnisse, Fertigkeiten und Erfahrungen im Rahmen eines Vertragsverhältnisses nach § 19 BBiG und gehören damit in der Sozialversicherung zu den **zur Berufsausbildung Beschäftigten** i.S.d. § 7 Abs. 2 SGB IV. Damit unterliegen sie – die Zahlung von Arbeitsentgelt vorausgesetzt – der Versicherungspflicht in der Kranken- und Pflegeversicherung sowie – ungeachtet der Zahlung von Arbeitsentgelt – der Versicherungspflicht in der Renten- und Arbeitslosenversicherung.

b) Versicherungsfreie Personen

264 In der Arbeitslosenversicherung **versicherungsfrei** sind u.a.

- Beamte, Richter, Soldaten auf Zeit sowie Berufssoldaten der Bundeswehr und sonstige Beschäftigte des Bundes, eines Landes, eines Gemeindeverbands, einer Gemeinde, einer öffentlich-rechtlichen Körperschaft, Anstalt oder Stiftung oder deren Spitzenverbände, wenn sie nach beamtenrechtlichen Vorschriften oder Grundsätzen bei Krankheit Anspruch auf Fortzahlung der Bezüge und auf Beihilfe oder Heilfürsorge haben (→ Beamte Rz. 524),
- Arbeitnehmer in geringfügigen Beschäftigungen i.S.d. § 8 SGB IV (→ Mini-Jobs Rz. 2047),
- Arbeitnehmer, die während der **Dauer ihrer Ausbildung** an einer **allgemein bildenden Schule** eine Beschäftigung ausüben,
- ordentliche Studierende einer Hochschule oder einer der fachlichen Ausbildung dienenden Schule, die während des Studiums eine Beschäftigung ausüben (→ Studenten Rz. 2817),
- Arbeitnehmer, die das Alter zum Bezug einer Regelaltersrente erreicht haben,
- Arbeitnehmer, die einen Anspruch auf eine Rente wegen voller Erwerbsminderung aus der gesetzlichen Rentenversicherung oder eine **vergleichbare Leistung eines ausländischen Leistungsträgers** haben (→ Altersrenten Rz. 59),
- Arbeitnehmer in **unständigen Beschäftigungen**, die sie berufsmäßig ausüben. Eine unständige Beschäftigung liegt vor, wenn sie auf weniger als eine Woche nach der Natur der Sache beschränkt oder im Voraus durch Arbeitsvertrag befristet ist,
- als Bürgermeister oder Beigeordneter beschäftige Arbeitnehmer, wenn diese Beschäftigung ehrenamtlich ausgeübt wird,
- **Heimarbeiter**, die gleichzeitig Zwischenmeister sind und den überwiegenden Teil ihres Verdienstes als Zwischenmeister beziehen (→ Heimarbeit Rz. 1561),
- Beschäftigte mit einem Beschäftigungszuschuss nach § 16e SGB II,
- Beschäftigte, die sog. Bürgerarbeit und Quartierarbeit leisten (§ 420 SGB III).

Eine neben dem Bezug von Arbeitslosengeld ausgeübte Beschäftigung ist in der Arbeitslosenversicherung versicherungsfrei, wenn weiterhin ein Anspruch auf Arbeitslosengeld besteht. Ein solcher Anspruch besteht nur dann, wenn u.a. Arbeitslosigkeit i.S.d. § 138 Abs. 1 SGB III vorliegt und der Arbeitnehmer in keinem versicherungspflichtigen Beschäftigungsverhältnis steht. Wird eine Beschäftigung mit einer Arbeitszeit von **weniger als 15 Stunden** wöchentlich ausgeübt, bleibt diese unberücksichtigt. Im Übrigen sind die Arbeitszeiten mehrerer nebeneinander ausgeübter Beschäftigungen **zusammenzurechnen**. Eine Abweichung von geringer Dauer im vorgenannten Sinne ist nur anzuerkennen, wenn die Abweichung bei einer **befristeten Beschäftigung**

- von mindestens vier Wochen nicht mehr als eine Woche,
- von mindestens acht Wochen nicht mehr als zwei zusammenhängende Wochen,
- von mindestens zwölf Wochen nicht mehr als drei zusammenhängende Wochen

beträgt. Bei einer **unbefristeten Beschäftigung** liegt eine Abweichung von geringer Dauer nur vor, wenn die Abweichung nicht mehr als drei zusammenhängende Wochen umfasst. Das aus der Beschäftigung erzielte Arbeitsentgelt ist für die versicherungsrechtliche Beurteilung grundsätzlich ohne Bedeutung. Allerdings ist das Nebeneinkommen u.U. nach den Maßgaben des § 155 SGB III auf das Arbeitslosengeld anzurechnen. Führt die Anrechnung des Nebeneinkommens dazu, dass wegen der Höhe des Anrechnungsbetrags kein auszuzahlendes Arbeitslosengeld verbleibt, besteht der Anspruch auf die Leistung aber gleichwohl weiterhin fort mit der Folge, dass auch in diesen Fällen Arbeitslosenversicherungsfreiheit nach § 27 Abs. 5 SGB III gegeben ist. Beschäftigungslosigkeit i.S.d. § 138 Abs. 3 i.V.m. Abs. 1 Nr. 1 SGB III liegt hingegen **nicht mehr** vor, wenn die Zeitgrenze von 15 Stunden wöchentlich **überschritten** wird. Damit entfällt eine der Anspruchsvoraussetzungen für das Arbeitslosengeld, so dass ein Anspruch auf Arbeitslosengeld nicht mehr besteht und Versicherungsfreiheit in der Arbeitslosenversicherung nach § 27 Abs. 5 SGB III nicht mehr vorliegen kann.

c) Antragspflichtversicherung

265 Neben der Versicherungspflicht besteht in der Arbeitslosenversicherung die **Möglichkeit der Antragspflichtversicherung nach § 28a SGB III**. Bei einer Leistungsgewährung werden beide Versicherungsarten (Pflichtversicherung und Antragspflichtversicherung) gleich beurteilt.

Versicherungsberechtigt sind

- Pflegepersonen, die einen Angehörigen pflegen, der die Pflegestufe I bis III hat und Leistungen der sozialen Pflegeversicherung erhält; der zeitliche Umfang muss wenigstens 14 Stunden wöchentlich betragen,
- Selbständige, die eine Tätigkeit mit einem Umfang von mindestens 15 Stunden wöchentlich aufnehmen und ausüben,

- Arbeitnehmer, die eine Beschäftigung mit einem Umfang von mindestens 15 Stunden wöchentlich in einem Staat außerhalb der EU, eines Vertragsstaats des Europäischen Wirtschaftsraums oder der Schweiz aufnehmen und ausüben,

Für die Antragspflichtversicherung wird vorausgesetzt, dass der Antragsteller innerhalb der letzten 24 Monate vor Aufnahme der Tätigkeit oder Beschäftigung mindestens zwölf Monate arbeitslosenversicherungspflichtig war oder unmittelbar davor eine Entgeltersatzleistung (z.B. Arbeitslosengeld) bezogen hat. Die zwölfmonatige **Vorversicherungszeit** muss dabei nicht zusammenhängend verlaufen; vielmehr kann sie auch durch Zusammenrechnung mehrerer einzelner Beschäftigungsverhältnisse erfüllt werden.

Der **Antrag** muss spätestens innerhalb einer Ausschlussfrist von drei Monaten nach Aufnahme der Tätigkeit oder Beschäftigung, die zur Antragspflichtversicherung berechtigt, oder nach Beendigung der Pflegezeit nach dem Pflegezeitgesetz gestellt werden. Es handelt sich um eine materiell-rechtliche **Ausschlussfrist**. Dabei beginnt die Antragspflichtversicherung mit dem Tag, an dem erstmals die Voraussetzungen erfüllt sind. Wird die Ausschlussfrist versäumt, ist die Antragspflichtversicherung nicht möglich.

Die Antragspflichtversicherung **endet**, wenn der Versicherungsberechtigte eine Entgeltersatzleistung (z.B. Arbeitslosengeld) bezieht, mit Ablauf des Tags, an dem die Voraussetzungen für das Versicherungspflichtverhältnis letztmals erfüllt werden, in den Fällen der Versicherungsfreiheit nach § 28 SGB III oder durch Kündigung des Versicherten. Die Kündigung ist erstmals nach Ablauf von fünf Jahren möglich. Ist der Versicherungsberechtigte mehr als drei Monate mit der Beitragszahlung in **Verzug**, wird die Versicherung ebenfalls beendet. Der Versicherte muss den Beitrag allein tragen und direkt an die Bundesagentur für Arbeit zahlen.

d) Leistungsrechtliche Bindung

266 Der Anspruch auf Versicherungsleistungen der Arbeitslosenversicherung ist von dem Vorliegen eines **Versicherungspflichtverhältnisses** (§§ 24 bis 28 SGB III) abhängig. Mangelt es an einem Versicherungspflichtverhältnis in der Arbeitslosenversicherung, begründet weder die fehlerhafte Zahlung von Beiträgen noch die widerspruchslose Entgegennahme der Beiträge durch die Einzugsstelle (Krankenkasse) den Anspruch auf z.B. Arbeitslosengeld. Für geschäftsführende Gesellschafter einer GmbH, mitarbeitende Ehegatten und Lebenspartner sowie für Abkömmlinge ist nach § 336 SGB III daher ein **Statusfeststellungsverfahren** obligatorisch, an dessen Ergebnis die Bundesagentur für Arbeit gebunden ist. Das Statusfeststellungsverfahren wird von der Clearingstelle der Deutschen Rentenversicherung Bund durchgeführt. Das Prüfungsergebnis wird den Betroffenen mit Bescheid mitgeteilt.

Nach § 28a Abs. 3 Satz 2 Nr. 1 Buchst. d und e SGB IV hat der Arbeitgeber in der Meldung des bei ihm sozialversicherungspflichtig Beschäftigten die Angabe zu machen, ob der Beschäftigte zu ihm in einer Beziehung als Ehegatte bzw. Lebenspartner steht, Abkömmling ist oder als GmbH-Gesellschafter-Geschäftsführer tätig ist (→ *Statusfeststellungsverfahren* Rz. 2745).

4. Finanzierung

267 Zur Durchführung ihrer Aufgaben erhebt die Bundesagentur für Arbeit von **Arbeitnehmern** und **Arbeitgebern** Beiträge oder auch Umlagen. Der Beitragssatz der Arbeitslosenversicherung beträgt 3 %.

Die Beiträge werden grundsätzlich je zur Hälfte von Arbeitgebern und Arbeitnehmern getragen.

Eine Ausnahme ergibt sich bei Beschäftigungen innerhalb der sog. Gleitzone (450,01 bis 850 €). Hier trägt der Arbeitgeber immer seinen hälftigen Beitragsanteil, während der des Arbeitnehmers kontinuierlich steigt, bis er bei 850 € den hälftigen Anteil erreicht.

5. Lohnsteuer

268 Nach § 3 Nr. 2 EStG sind u.a. das Arbeitslosengeld I (auch das Teilarbeitslosengeld), das Kurzarbeitergeld und verschiedene weitere Leistungen nach dem Dritten Buch Sozialgesetzbuch (SGB III) oder dem Arbeitsförderungsgesetz **steuerfrei**, unterliegen jedoch dem sog. **Progressionsvorbehalt** (→ *Progressionsvorbehalt* Rz. 2331). Zur steuerlichen Behandlung der Arbeitgeber- und Arbeitnehmerbeiträge → *Zukunftssicherung: Gesetzliche Altersversorgung* Rz. 3344.

Steuerfrei ist auch das **Arbeitslosengeld II**, es unterliegt jedoch **nicht dem Progressionsvorbehalt** des § 32b EStG (OFD Münster v. 13.1.2006, Kurzinformation Nr. 002/2006, DStZ 2006, 133).

Steuerfreie Leistungen i.S.d. § 3 Nr. 2 EStG, z.B. **Fahrtkostenerstattungen der Bundesagentur für Arbeit**, sind nach § 3c EStG von den entsprechenden Aufwendungen abzuziehen, nicht jedoch das **Arbeitslosengeld bei beruflicher Weiterbildung** nach § 117 SGB III (BFH v. 13.10.2003, VI R 71/02, BStBl II 2004, 890).

Zur steuerlichen Behandlung sog. **Ein-Euro-Jobs** → *Ein-Euro-Jobs* Rz. 979.

Die Beschränkung des **Abzugs von Beiträgen zur Arbeitslosenversicherung ist verfassungsgemäß**, auch wenn die Höchstbeträge für den Abzug von Vorsorgeaufwendungen regelmäßig schon durch Beiträge zur Renten- und Krankenversicherung ausgeschöpft sind (BFH v. 16.11.2011, X R 15/09, BStBl II 2012, 325). Gegen das Urteil ist **Verfassungsbeschwerde** eingelegt worden (Az. beim BVerfG: 2 BvR 598/12). Einsprüche, die sich auf dieses anhängige Verfahren stützen, ruhen nach § 363 Abs. 2 Satz 2 AO. Aussetzung der Vollziehung wird von der Finanzverwaltung im Hinblick auf die o.g. BFH-Entscheidung jedoch nicht gewährt.

Beiträge zur Arbeitslosenversicherung sind **nicht als Werbungskosten abzugsfähig**, da sie nicht der Erzielung der nichtselbständigen Einkünfte dienen; sie sind vielmehr Folge der konkret ausgeübten Tätigkeit. Unerheblich ist, ob der Stpfl. – im Urteilsfall ein beurlaubter Berufssoldat – jemals in den Genuss von Leistungen aus der Arbeitslosenversicherung kommen wird. Die Beiträge sind ihrem Charakter nach stets Sonderausgaben (BFH v. 21.9.2000, XI B 59/00, www.stotax-first.de).

Arbeitsmittel

→ *Werbungskosten* Rz. 3182

Arbeitsplatz

→ *Arbeitslohn-ABC* Rz. 255

Arbeitsschutzkleidung

Die Überlassung von Arbeitsschutzkleidung ist nach § 3 Nr. 31 **269** EStG steuerfrei (R 3.31 Abs. 1 Satz 3 LStR), s.a. → *Berufskleidung* Rz. 643 und → *Bildschirmarbeit* Rz. 753.

Arbeitsunfähigkeit

→ *Entgeltfortzahlung* Rz. 1071

Arbeitsunterbrechungen durch Arbeitnehmer

1. Allgemeines

Nach § 7 Abs. 3 Satz 1 SGB IV gilt eine Beschäftigung gegen Arbeitsentgelt als fortbestehend, solange das Beschäftigungsverhältnis ohne Anspruch auf Arbeitsentgelt fortdauert (z.B. unbezahlter Urlaub, Arbeitsbummelei, Streik, Aussperrung), jedoch nicht länger als einen Monat. Diese Vorschrift gilt einheitlich für alle Zweige der Sozialversicherung und bedeutet, dass die Versicherungspflicht für die Dauer der Arbeitsunterbrechung ohne Anspruch auf Arbeitsentgelt in der Kranken-, Pflege-, Renten- und Arbeitslosenversicherung fortbesteht. Dabei wird nicht vorausgesetzt, dass die Dauer der Arbeitsunterbrechung von vornherein befristet ist. Die Versicherungspflicht bleibt mithin auch dann für einen Monat erhalten, wenn die Dauer der Arbeitsunterbrechung nicht absehbar oder die Unterbrechung von vornherein auf einen Zeitraum von mehr als einem Monat befristet ist.

270

Darüber hinaus findet diese Regelung in Bezug auf die Renten- und Arbeitslosenversicherung für krankenversicherungsfreie oder

Arbeitsunterbrechungen durch Arbeitnehmer

keine Sozialversicherungspflicht = ⓢⱽ
Sozialversicherungspflicht = Ⓢⱽ

von der Krankenversicherungspflicht befreite Arbeitnehmer Anwendung, die arbeitsunfähig sind und deren Anspruch auf Fortzahlung des Arbeitsentgelts erschöpft ist, und zwar auch dann, wenn sie bei einem privaten Krankenversicherungsunternehmen versichert sind. Auch bei ihnen gilt die Beschäftigung gegen Arbeitsentgelt nach Ablauf der Entgeltfortzahlung noch für längstens einen Monat als fortbestehend, vorausgesetzt, dass das Beschäftigungsverhältnis weiterhin besteht.

Die Beschäftigung gegen Arbeitsentgelt gilt nicht als fortbestehend, wenn Krankengeld, Verletztengeld, Versorgungskrankengeld, Übergangsgeld oder Mutterschaftsgeld (nach § 13 Abs. 1 oder 2 MuSchG) oder nach gesetzlichen Vorschriften Elterngeld bezogen oder Elternzeit in Anspruch genommen wird. In der Kranken- und Pflegeversicherung bleibt in diesen Fällen die Mitgliedschaft nach den Vorschriften der Kranken- bzw. Pflegeversicherung erhalten. Dies gilt grundsätzlich auch für die Renten- und Arbeitslosenversicherung, denn in diesen Versicherungszweigen besteht (im Zusammenhang mit dem Leistungsbezug) auf Grund anderer gesetzlicher Vorschriften Versicherungspflicht bzw. verlängert sich in der Arbeitslosenversicherung die Rahmenfrist des § 124 SGB III.

Seit 1.1.2008 wird das Versicherungsverhältnis (zur Renten- und Arbeitslosenversicherung) für Versicherte in der privaten Krankenversicherung beim Krankentagegeldbezug nicht mehr um einen Monat verlängert. Es erfolgte eine Gleichstellung mit dem Krankengeld, dessen Zahlung das Versicherungsverhältnis unmittelbar unterbricht, so dass keine Meldung mit Grund der Abgabe „34", sondern mit Grund der Abgabe „51" zu erstatten ist.

2. Mehrere unterschiedliche Unterbrechungstatbestände

271 Sofern mehrere Unterbrechungstatbestände unterschiedlicher Art aufeinander treffen (z.B. unbezahlter Urlaub oder rechtmäßiger Arbeitskampf im Anschluss an den Bezug von Krankengeld, Mutterschaftsgeld oder Elternzeit), sind die Zeiten der einzelnen Arbeitsunterbrechungen nicht zusammenzurechnen (vgl. BSG v. 7.2.2004, B 1 KR 7/02 R, www.stotax-first.de). Etwas anderes gilt nur dann, wenn Unterbrechungstatbestände i.S.v. § 7 Abs. 3 Satz 1 SGB IV aufeinander treffen (z.B. unbezahlter Urlaub oder Streik, gegebenenfalls im Anschluss an eine Arbeitsunfähigkeit nach Ablauf der Entgeltfortzahlung bei einem privat krankenversicherten Arbeitnehmer). In diesen Fällen kommt für den Bereich der Renten- und Arbeitslosenversicherung ein Fortbestand des Beschäftigungsverhältnisses für längstens einen Monat in Betracht. Für den Bereich der Kranken- und Pflegeversicherung besteht das Beschäftigungsverhältnis u.U. auch darüber hinaus fort; allerdings ist in den Fällen, in denen im unmittelbaren Anschluss an einen rechtmäßigen Arbeitskampf ein unbezahlter Urlaub oder eine Arbeitsbummelei folgt, die Zeit des rechtmäßigen Arbeitskampfs auf die Monatsfrist anzurechnen.

Während die Versicherungspflicht in der Renten- und Arbeitslosenversicherung bei Arbeitskampfmaßnahmen (→ *Arbeitskampf* Rz. 241) – ungeachtet der Tatsache, ob die Maßnahmen rechtmäßig oder rechtswidrig sind – längstens für einen Monat fortbesteht, bleibt die Mitgliedschaft in der Kranken- und Pflegeversicherung im Falle eines rechtmäßigen Arbeitskampfs bis zu dessen Beendigung erhalten.

Außerdem bleibt die Mitgliedschaft in der Kranken- und Pflegeversicherung erhalten, solange Anspruch auf Krankengeld oder Mutterschaftsgeld besteht oder eine dieser Leistungen oder nach gesetzlichen Vorschriften Elterngeld bezogen oder Elternzeit in Anspruch genommen wird. Entsprechendes gilt, solange von einem Rehabilitationsträger während einer Leistung zur medizinischen Rehabilitation Verletztengeld, Versorgungskrankengeld oder Übergangsgeld gezahlt wird.

Ferner bleibt in der Kranken- und Pflegeversicherung die Mitgliedschaft von Schwangeren, deren Beschäftigungsverhältnis vom Arbeitgeber zulässig aufgelöst worden ist oder die unter Wegfall des Arbeitsentgelts beurlaubt worden sind, erhalten.

Bei stationärer Behandlung umfassen die Leistungen der Krankenversicherung nach § 11 Abs. 3 SGB V auch die aus medizinischen Gründen notwendige Mitaufnahme einer Begleitperson des Versicherten. Sofern die Begleitperson dadurch einen Verdienstausfall hat, kommt allerdings weder die Zahlung von Krankengeld nach § 47 SGB V noch nach § 45 SGB V in Betracht. Vielmehr wird in Fällen dieser Art als Nebenleistung der stationären Behandlung von der Krankenkasse der Verdienstausfall in Höhe des bei Arbeitsunfähigkeit zu gewährenden Krankengeldes ersetzt.

Die Spitzenverbände der Sozialversicherungsträger (Besprechungsergebnis am 28./29.3.2001) vertreten den Standpunkt, dass der Ersatz des Verdienstausfalls in Höhe des Krankengelds weder als Arbeitsentgelt anzusehen ist und damit über den Rahmen des § 7 Abs. 3 Satz 1 SGB IV hinaus zum Fortbestand des Versicherungsverhältnisses führt, noch einen Erhalt der Mitgliedschaft in der Kranken- und Pflegeversicherung zur Folge hat. Auch handelt es sich bei dem Ersatz des Verdienstausfalls nicht um eine Entgeltersatzleistung im Rechtssinne, die Versicherungs- bzw. Beitragspflicht in der Pflege-, Renten- und Arbeitslosenversicherung begründet.

3. Beiträge

Diese Arbeitsunterbrechungen haben mittelbar Auswirkungen auf **272** die Beitragsberechnung und gegebenenfalls auf die Höhe der zu zahlenden Beiträge, denn die Zeiten der Arbeitsunterbrechung ohne Anspruch auf Arbeitsentgelt sind keine beitragsfreien, sondern dem Grunde nach beitragspflichtige Zeiten (→ *Beiträge zur Sozialversicherung* Rz. 548). Dies bedeutet, dass für Zeiträume von Arbeitsunterbrechungen i.S.d. § 7 Abs. 3 Satz 1 SGB IV Sozialversicherungstage (SV-Tage) anzusetzen sind. Mithin sind diese Zeiträume auch bei der Ermittlung der anteiligen Jahresbeitragsbemessungsgrenzen (→ *Einmalzahlungen* Rz. 983) zu berücksichtigen. In den Fällen, in denen die Versicherungspflicht wegen einer Arbeitsunterbrechung ohne Fortzahlung von Arbeitsentgelt im Laufe eines Monats geendet hat, kann ein nach Wiederbeginn der Versicherungspflicht in diesem Monat erzieltes laufendes Arbeitsentgelt nicht auf Zeiten davor verlagert werden.

Für den Bereich der Kranken- und Pflegeversicherung sind zwar die im Falle eines rechtmäßigen (→ *Arbeitskampf* Rz. 241) Arbeitskampfes über einen Monat hinausgehenden Tage als SV-Tage anzusehen. Im Interesse einer einheitlichen Berechnung der Beiträge aus Arbeitsentgelt für alle vier Versicherungszweige wird allerdings empfohlen, die über einen Monat hinausgehenden Tage nicht als SV-Tage zu berücksichtigen.

Für die Dauer des Anspruchs auf Krankengeld oder Mutterschaftsgeld sowie für die Dauer des Bezugs von Elterngeld besteht in der Kranken- und Pflegeversicherung Beitragsfreiheit. Dies bedeutet, dass bei der Beitragsberechnung aus dem Arbeitsentgelt für diese Zeiten keine SV-Tage anzusetzen sind.

Eine Elternzeit ohne Bezug von Elterngeld löst von Rechts wegen keine Beitragsfreiheit aus. Gleichwohl sollten Elternzeiten ohne Bezug von Elterngeld nicht als SV-Tage gewertet werden (vgl. Besprechung der Spitzenverbände der Sozialversicherungsträger über Fragen des gemeinsamen Beitragseinzugs am 12./13.5.1992).

Für Zeiten des Bezugs von Versorgungskrankengeld, Verletztengeld oder Übergangsgeld ist keine ausdrückliche Beitragsfreiheit in der Kranken- und Pflegeversicherung vorgesehen. Während des Bezugs von Versorgungskrankengeld, Verletztengeld oder Übergangsgeld wegen einer Leistung zur medizinischen Rehabilitation dürfte aber im Allgemeinen ein ruhender Anspruch auf Krankengeld bestehen, so dass gleichwohl Beitragsfreiheit eintritt.

Für die Bereiche der Renten- und Arbeitslosenversicherung fehlt eine entsprechende Vorschrift; der gemeinsame Einzug der Beiträge zur Kranken-, Pflege-, Renten- und Arbeitslosenversicherung gebietet es allerdings, diese Regelung für alle vier Versicherungszweige gleichermaßen auf die Beitragsberechnung aus Arbeitsentgelt aus dem Beschäftigungsverhältnis anzuwenden.

4. Lohnsteuer

Der Zeitraum, für den jeweils der laufende Arbeitslohn gezahlt **273** wird, ist der Lohnzahlungszeitraum. Solange das Dienstverhältnis fortbesteht, sind auch solche in den Lohnzahlungszeitraum fallende Arbeitstage mitzuzählen, für die der Arbeitnehmer keinen steuerpflichtigen Arbeitslohn bezogen hat (z.B. wegen Krankheit oder unbezahltem Urlaub).

In den Fällen, in denen zwar das Beschäftigungsverhältnis weiterbesteht, der Anspruch auf Arbeitslohn aber für **mindestens fünf aufeinander folgende Arbeitstage** im Wesentlichen weggefallen ist, hat der Arbeitgeber jeweils den **Großbuchstaben „U"** (U = Unterbrechung) im Lohnkonto und in der elektronischen Lohnsteuerbescheinigung des Arbeitnehmers einzutragen. Der Zeitraum, für den der Arbeitslohnanspruch weggefallen ist, muss nicht eingetragen werden (→ *Lohnkonto* Rz. 1803, → *Lohnsteuerbescheinigung* Rz. 1866).

Arbeitsversuch: missglückter

274 Die Mitgliedschaft in der **gesetzlichen Krankenversicherung** setzt i.d.R. eine **Beschäftigung** voraus. Dabei beginnt die Mitgliedschaft versicherungspflichtig Beschäftigter mit dem Eintritt in die versicherungspflichtige Beschäftigung. Hierunter wird im Allgemeinen die Aufnahme der Arbeit verstanden. Kann die Arbeit nicht aufgenommen werden, weil z.B. der Arbeitnehmer auf dem Weg zur erstmaligen Arbeitsaufnahme verunglückt, tritt nach der Rechtsprechung des BAG Versicherungspflicht in der Sozialversicherung ein. **Scheitert die Arbeitsaufnahme** daran, dass der Arbeitnehmer arbeitsunfähig krank ist, tritt gleichwohl **Versicherungspflicht in der Krankenversicherung** ein (Besprechungsergebnis der Spitzenverbände der Sozialversicherungsträger v. 6./7.5.1998).

Zugleich stellte das BSG allerdings fest, dass an den **Nachweis** der Tatsachen, die Krankenversicherungspflicht begründen, **strenge Anforderungen** zu stellen sind, wenn der Verdacht von Manipulation zu Lasten der Krankenkassen besteht (BSG v. 4.12.1997, 12 RK 46/94 und BSG v. 4.12.1997, 12 RK 3/97, www.stotax-first.de). Dies könne, zumal wenn weitere Umstände hinzutreten, der Fall sein, wenn bei Beginn der Arbeitsaufnahme Arbeitsunfähigkeit besteht, dieses bekannt ist und die Arbeit alsbald aufgegeben wird. Die Feststellungslast für die Tatsachen, die Versicherungspflicht begründen, trägt nach Ansicht des BSG derjenige, der sich auf sie beruft. Die **Beweislast** obliegt deshalb grundsätzlich dem Arbeitnehmer.

Vor diesem Hintergrund wird bei Verdachtsmomenten insbesondere kritisch geprüft, ob die Versicherungspflicht auf Grund eines **Scheinarbeitsverhältnisses** ausgeschlossen ist. So wird keine die Versicherungspflicht auslösende Beschäftigung i.S.d. § 7 Abs. 1 SGB IV ausgeübt, wenn tatsächlich eine familienhafte Mithilfe oder eine selbständige Tätigkeit, insbesondere als Mitunternehmer oder Mitgesellschafter, vorliegt oder wenn ein Beschäftigungsverhältnis durch ein nach § 117 BGB nichtiges Scheingeschäft vorgetäuscht wird.

Arbeitsvertrag

1. Begriff

275 Durch den Arbeitsvertrag verpflichtet sich der Arbeitnehmer gem. § 611 BGB zur Leistung der vereinbarten Arbeit nach Anleitung und Weisung (**Direktionsrecht**) des Arbeitgebers, wohingegen dieser sich zur **Zahlung** der **vereinbarten Vergütung** verpflichtet. Durch den Vertragsschluss wird das Arbeitsverhältnis begründet. Der Arbeitsvertrag ist dabei gekennzeichnet durch die persönliche Abhängigkeit des Arbeitnehmers.

2. Abschluss des Arbeitsvertrags

276 Der Arbeitsvertrag wird nach §§ 145 ff. BGB durch wechselseitige übereinstimmende Willenserklärung, durch Angebot und Annahme abgeschlossen. Dabei ist nach der neuen Vorschrift des § 105 GewO jetzt auch für den Arbeitsvertrag der Grundsatz der **Vertragsfreiheit** ausdrücklich gesetzlich normiert.

Voraussetzung ist dabei beiderseitige **Geschäftsfähigkeit**, bei Minderjährigen die Zustimmung des gesetzlichen Vertreters.

Bei **Mängeln** beim Vertragsschluss (z.B. Geschäftsunfähigkeit oder bei arglistiger Täuschung mit erfolgreicher Anfechtung) ist der Vertrag nichtig, muss jedoch bis zur faktischen Beendigung als sog. **faktisches Arbeitsverhältnis** ordnungsgemäß abgewickelt werden.

Der Vertragsschluss ist, soweit sich nicht aus besonderer Gesetzesvorschrift, aus Tarifvertrag oder aus Betriebsvereinbarung etwas anderes ergibt, **formlos möglich**, wobei ein schriftlicher Vertrag aus Beweisgründen zu empfehlen ist. Ohnehin schreibt das **Nachweisgesetz** die schriftliche Bestätigung wesentlicher Vertragspunkte vor.

Der Arbeitsvertrag kann im Übrigen auch konkludent oder **stillschweigend** abgeschlossen werden, insbesondere durch Aufnahme und Fortsetzung der Tätigkeit mit Billigung durch den Arbeitgeber.

3. Inhalt des Arbeitsvertrags

Für den Arbeitsvertrag gilt zunächst der Grundsatz der **Vertrags-** 277 **freiheit:** Arbeitgeber und Arbeitnehmer bestimmen die Bedingungen ihres Vertragsverhältnisses in freier Vereinbarung. Die Vertragsfreiheit findet jedoch ihre **Grenze** in den **zwingenden Arbeitsschutzvorschriften**, die einzelvertraglich nicht unterlaufen werden können, weiterhin bei Tarifbindung in den tariflichen Mindestarbeitsbedingungen, in den durch Betriebsvereinbarungen gesetzten Bedingungen und in dem Grundsatz von Recht und Billigkeit.

Verstößt der Arbeitsvertrag in diesem Sinne gegen zwingendes Recht, so tritt an die Stelle der unwirksamen Regelung die entsprechende Mindestbedingung, z.B. bei einem Verstoß gegen den **Gleichbehandlungsgrundsatz** die vergleichbare Gestaltung.

Im Übrigen sind bei **Formulararbeitsverträgen** die Einschränkungen nach den **AGB-Bestimmungen** (§§ 305 ff. BGB) zu beachten.

4. Beendigung des Arbeitsvertrags

Der Arbeitsvertrag endet durch gegenläufigen Vertrag/**Aufhe-** 278 **bungsvertrag** (Achtung: Schriftformgebot nach § 623 BGB!), durch **Zeitablauf** bei wirksam befristetem Vertrag, durch Erreichen der **Altersgrenze** oder durch eine wirksame **Kündigung**, um die wichtigsten Beendigungstatbestände anzuführen.

Arbeitszeit: Dokumentation

→ *Mindestlohn* Rz. 2028

Arbeitszeitmodelle

Inhaltsübersicht:

	Rz.
1. Vorbemerkung	279
2. Arbeitsrecht	280
3. Lohnsteuer	281
a) Allgemeines zu Zeitwertkonten	282
b) Modellinhalte	286
c) Planwidrige Verwendung der Zeitwertkontenguthaben	291
d) Übertragung des Zeitwertkontenguthabens bei Beendigung der Beschäftigung	294
e) Übergangsregelungen	295
f) Rechtsprechung	298
4. Sozialversicherung	299
a) Versicherungsrecht	300
b) Beitragsrecht	306
c) Melderecht	312

1. Vorbemerkung

In der betrieblichen Praxis kommen gerade in den letzten Jahren 279 unterschiedliche **Modelle flexibler Arbeitszeit** verstärkt vor, z.B.

– Abrufarbeit,
– Altersteilzeitmodelle (→ *Altersteilzeit* Rz. 68),
– Gleitzeitmodelle,
– Jahresarbeitszeitmodelle,
– Jobsharing,
– Lebensarbeitszeitmodelle,
– Sabbatjahrmodelle (→ *Sabbatjahr* Rz. 2597),
– Teilzeitmodelle.

Alle diese Modelle haben das Ziel, einerseits die Arbeitszeit der Arbeitnehmer besser an die Bedürfnisse der Unternehmen anzupassen, andererseits ggf. aber auch dem Arbeitnehmer mehr Gestaltungsspielraum einzuräumen, z.B. hinsichtlich der Vereinbarkeit von Familie und Beruf. **Gleitzeitmodelle** ermöglichen dem Arbeitnehmer den Beginn und das Ende seiner täglichen Arbeitszeit in einem festgelegten Rahmen frei zu wählen und geleistete

Arbeitszeitmodelle

Mehrarbeit innerhalb der Gleitzeit „abzubummeln". **Jahresarbeitszeitkonten** gehen noch einen Schritt weiter. Sie ermöglichen, dass die zu bestimmten Zeiten geleistete **Mehrarbeit nicht mehr zusätzlich vergütet** werden muss, sondern in arbeitsarmen Zeiten in einem festgelegten Umfang in Freizeit eingetauscht werden kann. Zu diesem Zweck wird dann für jeden Arbeitnehmer ein Arbeitszeitkonto geführt, in dem die geleistete Mehrarbeit und die dagegen verrechneten Freizeittage aufgezeigt werden. **Sabbatjahrmodelle** sind z.B. im öffentlichen Dienst eingeführt worden. Bei ihnen wird das Gehalt in der „Arbeitsphase" gekürzt, dafür aber in der „Freizeitphase" weitergezahlt, vgl. im Einzelnen → *Sabbatjahr* Rz. 2597.

Insbesondere um jungen Menschen einen Einstieg in das Berufsleben zu ermöglichen, haben die Tarifvertragsparteien im Zeichen der Verknappung von Arbeitsplätzen auch **Lebensarbeitszeitmodelle** eingeführt. Mit diesen Modellen soll älteren Arbeitnehmern der Weg in einen vorzeitigen Ruhestand ermöglicht werden. Dazu werden nicht nur die Möglichkeiten genutzt, die das Altersteilzeitgesetz (→ *Altersteilzeit* Rz. 68) bietet. Bei Lebensarbeitszeitmodellen hat der Arbeitnehmer die Möglichkeit, während seiner aktiven Tätigkeit auf die Bezahlung bestimmter Leistungen, wie z.B. Mehrarbeit, Erholungspausen, Zuschläge für Sonntags-, Feiertags- oder Nachtarbeit, Urlaubsgeld, Weihnachtsgeld, Tantiemen oder andere Gewinnbeteiligungen zu verzichten und sie stattdessen auf einem Lebensarbeitszeitkonto gutschreiben zu lassen. Diese Gutschriften werden vom Arbeitnehmer am Ende seiner Lebensarbeitszeit eingelöst, so dass er vorzeitig in Rente gehen kann.

Zu den sozialversicherungsrechtlichen Voraussetzungen → Rz. 299.

2. Arbeitsrecht

280 Flexible Arbeitszeit im Arbeitsverhältnis bedarf eines arbeitsrechtlichen Rahmens durch eine **Vereinbarung** (im Einzelnen → Rz. 300). Die Zulässigkeit der zu leistenden Arbeitszeit richtet sich nach der einzelvertraglichen Vereinbarung und nach Tarifvertrag und Betriebsvereinbarung, insbesondere aber nach den einschränkenden Rahmenregelungen des Arbeitszeitgesetzes. Eine nur befristet vereinbarte Aufstockung der Arbeitszeit kann je nach den Umständen zulässig oder wegen unangemessener Benachteiligung des Arbeitnehmers unwirksam sein (BAG v. 2.9.2009, 7 AZR 233/08, www.stotax-first.de).

Hinsichtlich der **Kündigung** eines Arbeitsverhältnisses gilt nach § 7 Abs. 1b SGB IV: Die Möglichkeit eines Arbeitnehmers zur Vereinbarung flexibler Arbeitszeiten ist nicht eine die Kündigung des Arbeitsverhältnisses durch den Arbeitgeber begründende Tatsache nach § 1 Abs. 2 KSchG.

Nach § 7d SGB IV sind als **Sicherung** Wertguthaben als Arbeitsentgeltguthaben einschließlich des darauf entfallenden Arbeitgeberanteils am Gesamtsozialversicherungsbeitrag zu führen. Die Arbeitszeitguthaben sind in Arbeitsentgelt umzurechnen. Arbeitgeber haben Beschäftigte mindestens einmal jährlich in Textform über die Höhe ihres im Wertguthaben enthaltenen Arbeitsentgeltguthabens zu unterrichten.

Zur Vermeidung unnötiger Risiken und Auseinandersetzungen ist im Übrigen zu empfehlen, eine **kontinuierlich fortgezahlte Vergütung** bzw. Durchschnittsvergütung zu vereinbaren mit einem Arbeitszeitkonto, auf dem die Abweichungen von der regulären Arbeitszeit positiv oder negativ angerechnet werden, sei es i.S. eines Wertguthabens oder i.S. eines reinen Zeitguthabens.

Zum **Arbeitszeitkonto** hat das **BAG** bisher Folgendes entschieden:

Aufbau und Abbau eines Arbeitszeitkontos können jeweils eigenen Regeln folgen (BAG v. 17.3.2010, 5 AZR 296/09, www.stotax-first.de).

Nach der Beendigung des Arbeitsverhältnisses kann eine Gutschrift auf einem Arbeitszeitkonto nicht mehr durchgesetzt werden (BAG v. 21.8.2013, 5 AZR 872/12, www.stotax-first.de).

Der Arbeitgeber darf das auf einem Arbeitszeitkonto ausgewiesene Zeitguthaben des Arbeitnehmers nur mit **Minusstunden verrechnen**, wenn ihm die der Führung des Arbeitszeitkontos zu Grunde liegende Vereinbarung (Arbeitsvertrag, Betriebsvereinbarung, Tarifvertrag) die Möglichkeit dazu eröffnet (BAG v. 21.3.2012, 5 AZR 676/11, www.stotax-first.de).

Ein **negatives Guthaben** auf einem Arbeitszeitkonto stellt einen Lohn- und Gehaltsvorschuss des Arbeitgebers dar. Kann allein der Arbeitnehmer darüber entscheiden, ob und in welchem Umfang das negative Guthaben entsteht, hat er es im Fall der Beendigung des Vertrags bei nicht rechtzeitigem Zeitausgleich finanziell auszugleichen. Dazu darf der Arbeitgeber eine Verrechnung mit Vergütungsansprüchen vornehmen (BAG v. 13.12.2000, 5 AZR 334/99, www.stotax-first.de).

Ein in der schriftlichen Lohnabrechnung ausgewiesenes **positives Guthaben** auf einem Arbeitszeitkonto muss zur Wahrung einer **Ausschlussfrist** nicht noch einmal geltend gemacht werden, und zwar auch dann nicht, wenn es sich später von einem Freizeitausgleichsanspruch in einen Auszahlungsanspruch umwandelt (BAG v. 28.7.2010, 5 AZR 521/09, www.stotax-first.de).

Wird in Vollzug einer tarifgerechten Betriebsvereinbarung über die flexible Gestaltung von Arbeitszeiten vor Ablauf des Ausgleichszeitraums entstandener sog. **Plusstundensaldo** durch Zahlung des Stundenlohns abgebaut, so sind auf diese Stundenlöhne keine Mehrarbeitszuschläge zu zahlen (BAG v. 25.10.2000, 4 AZR 596/99, www.stotax-first.de).

Der Anspruch auf Freizeitausgleich kann auch durch eine **widerrufliche Freistellung** erfüllt werden (BAG v. 19.5.2009, 9 AZR 433/08, www.stotax-first.de).

Verlangt der Arbeitnehmer beim Ausscheiden aus dem Arbeitsverhältnis die Auszahlung eines auf dem Arbeitszeitkonto vorhandenen **Saldos**, so muss er nicht die Tage und Tageszeiten vortragen, für die er weitere Arbeitsvergütung fordert; ausreichend ist die Darlegung der Vereinbarung eines Arbeitszeitkontos und die Höhe des Guthabens zum vereinbarten Auszahlungszeitpunkt (BAG v. 13.3.2002, 5 AZR 43/01, www.stotax-first.de). Wird der Arbeitnehmer im Hinblick auf die Beendigung des Arbeitsverhältnisses zum Ausgleich des Arbeitszeitguthabens freigestellt und wird er sodann **arbeitsunfähig krank,** hat er keinen Anspruch auf Auszahlung (BAG v. 11.9.2003, 6 AZR 374/02, www.stotax-first.de).

Bei der **Entgeltfortzahlung im Krankheitsfall** ist die ausfallende Arbeitszeit bezüglich Vergütung und Arbeitszeitkonto nach den konkreten Ausfallzeiten zu behandeln (BAG v. 26.9.2001, 5 AZR 539/00, www.stotax-first.de, und BAG v. 13.2.2002, 5 AZR 470/00, www.stotax-first.de).

Für die Führung des Arbeitszeitkontos betr. **Urlaubszeiten** gilt:

– Die in Folge des Urlaubs ausgefallenen Soll-Arbeitsstunden sind in das Arbeitszeitkonto als Ist-Stunden einzustellen;

– Die Vereinbarung, nur eine geringere Stundenanzahl als die Soll-Arbeitsstunden dem Konto gutzuschreiben, verstößt gegen § 13 BUrlG und ist unwirksam (BAG v.19.6.2012, 9 AZR 712/10, www.stotax-first.de).

3. Lohnsteuer

281 Zur **lohnsteuerlichen Behandlung von Zeitwertkonten-Modellen** sowie den Voraussetzungen für die steuerliche Anerkennung hat die Finanzverwaltung wie folgt Stellung genommen (BMF v. 17.6.2009, IV C 5 – S 2332/07/0004, BStBl I 2009, 1286):

a) Allgemeines zu Zeitwertkonten

aa) Steuerlicher Begriff des Zeitwertkontos

282 Bei **Zeitwertkonten** vereinbaren Arbeitgeber und Arbeitnehmer, dass der Arbeitnehmer **künftig fällig werdenden Arbeitslohn** nicht sofort ausbezahlt erhält, sondern dieser Arbeitslohn beim Arbeitgeber **nur betragsmäßig erfasst wird,** um ihn im Zusammenhang mit einer vollen oder teilweisen Freistellung von der Arbeitsleistung während des noch fortbestehenden Dienstverhältnisses auszuzahlen. **In der Zeit der Arbeitsfreistellung ist dabei das angesammelte Guthaben um den Vergütungsanspruch zu vermindern,** der dem Arbeitnehmer in der Freistellungsphase gewährt wird. Der steuerliche Begriff des Zeitwertkontos entspricht insoweit dem Begriff der Wertguthabenvereinbarungen i.S.v. § 7b SGB IV (**sog. Lebensarbeitszeit- bzw. Arbeitszeitkonto**).

Keine Zeitwertkonten in diesem Sinne sind dagegen Vereinbarungen, die das Ziel der flexiblen Gestaltung der werktäglichen oder wöchentlichen Arbeitszeit oder den Ausgleich betrieblicher Produktions- und Arbeitszeitzyklen verfolgen (**sog. Flexi- oder Gleitzeitkonten**). Diese dienen lediglich zur Ansammlung von Mehr- oder Minderarbeitszeit, die zu einem späteren Zeitpunkt ausgeglichen wird. Bei Flexi- oder Gleitzeitkonten ist der Arbeitslohn mit Auszahlung bzw. anderweitiger Erlangung der wirtschaftlichen Verfügungsmacht des Arbeitnehmers zugeflossen und zu versteuern.

bb) Besteuerungszeitpunkt

283 Die **Vereinbarung eines Zeitwertkontos** oder die Wertgutschrift auf diesem Konto führen zu **keinem Zufluss von Arbeitslohn**, sofern die getroffene Vereinbarung den **nachfolgenden Voraussetzungen entspricht**. Erst die Auszahlung des Guthabens während der Freistellung löst Zufluss von Arbeitslohn und damit eine Besteuerung aus.

> **Beispiel 1:**
> Arbeitgeber A hat mit seinen Arbeitnehmern eine Betriebsvereinbarung abgeschlossen, nach der die **Vergütungen** für Mehrarbeit, das Urlaubs- und Weihnachtsgeld sowie ggf. die Tantiemen **nicht mehr ausbezahlt**, sondern **auf einem Zeitwertkonto erfasst** werden. Entsprechend dem Guthaben auf dem Zeitwertkonto wird der Arbeitnehmer schon ein, zwei oder drei Jahre vor Beginn der Rente unter Fortzahlung seiner Bezüge von der Arbeit freigestellt.
>
> In der Arbeitsphase unterliegt nur der tatsächlich ausgezahlte Arbeitslohn der Lohnsteuer, nicht aber die dem Zeitwertkonto gutgeschriebenen Guthaben. In der Entnahmephase unterliegt der vom Arbeitgeber tatsächlich gezahlte Arbeitslohn der Lohnsteuer.

Die Gutschrift von Arbeitslohn (laufender Arbeitslohn, Einmal- und Sonderzahlungen) zu Gunsten eines Zeitwertkontos wird **aus Vereinfachungsgründen auch dann steuerlich anerkannt**, wenn die Gehaltsänderungsvereinbarung bereits erdiente, aber **noch nicht fällig gewordene Arbeitslohnteile** umfasst. Dies gilt auch, wenn eine Einmal- oder Sonderzahlung einen Zeitraum von mehr als einem Jahr betrifft.

> **Beispiel 2:**
> Sachverhalt wie Beispiel 1, **die Arbeitnehmer können** jedoch – bevor der Anspruch fällig wird – **wählen**, ob die Vergütung dem Zeitwertkonto gutgeschrieben oder sofort ausgezahlt werden soll. Ein Arbeitnehmer **wählt vor Fälligkeit der Überstundenvergütung die Gutschrift** auf seinem Zeitwertkonto.
>
> Da der Arbeitnehmer **vor Fälligkeit** des Arbeitslohns über die Überstundenentlohnung verfügt, fließt ihm der entsprechende Arbeitslohn erst später in der Entnahmephase zu.

cc) Verwendung des Guthabens zu Gunsten betrieblicher Altersversorgung

284 Wird das **Guthaben des Zeitwertkontos** auf Grund einer Vereinbarung zwischen Arbeitgeber und Arbeitnehmer **vor Fälligkeit** (planmäßige Auszahlung während der Freistellung) ganz oder teilweise **zu Gunsten der betrieblichen Altersversorgung herabgesetzt**, ist dies steuerlich als eine Entgeltumwandlung zu Gunsten der betrieblichen Altersversorgung **anzuerkennen**. Der Zeitpunkt des Zuflusses dieser zu Gunsten der betrieblichen Altersversorgung umgewandelten Beträge richtet sich nach dem Durchführungsweg der zugesagten betrieblichen Altersversorgung (BMF v. 24.7.2013, IV C 3 – S 2015/11/10002/IV C 5 – S 2333/09/10005, BStBl I 2013, 1022, Rdnr. 291 unter Berücksichtigung der Änderungen durch BMF v. 13.1.2014, IV C 3 – S 2015/11/10002 :018, BStBl I 2014, 97 und BMF v. 13.3.2014, IV C 3 – S 2257-b/13/10009, BStBl I 2014, 554).

Bei einem **Altersteilzeitarbeitsverhältnis** im sog. Blockmodell gilt dies in der Arbeitsphase und der Freistellungsphase entsprechend. Folglich ist auch in der Freistellungsphase steuerlich von einer Entgeltumwandlung auszugehen, wenn vor Fälligkeit (planmäßige Auszahlung) vereinbart wird, das Guthaben des Zeitwertkontos oder den während der Freistellung auszuzahlenden Arbeitslohn zu Gunsten der betrieblichen Altersversorgung herabzusetzen. **Sozialversicherungsrechtlich** liegt in diesen Fällen i.d.R. **ein Störfall** vor (→ Rz. 306).

dd) Begünstigter Personenkreis

285 • **Grundsatz**

Ein Zeitwertkonto kann für **alle Arbeitnehmer** (§ 1 LStDV) im Rahmen **eines gegenwärtigen Dienstverhältnisses** eingerichtet werden.

Dazu gehören auch Arbeitnehmer mit einer **geringfügig entlohnten Beschäftigung** i.S.d. § 8 bzw. § 8a SGB IV.

• **Besonderheiten**

– Befristete Dienstverhältnisse

Bei **befristeten Dienstverhältnissen** werden Zeitwertkonten steuerlich **nur anerkannt**, wenn die sich während der Beschäftigung ergebenden Guthaben bei normalem Ablauf **während der Dauer des befristeten Dienstverhältnisses**, d.h. innerhalb der vertraglich vereinbarten Befristung, **durch Freistellung ausgeglichen** werden.

– Organe von Körperschaften

Vereinbarungen über die Einrichtung von Zeitwertkonten bei Arbeitnehmern, die **zugleich als Organ einer Körperschaft bestellt** sind – z.B. bei Mitgliedern des Vorstands einer Aktiengesellschaft oder Geschäftsführern einer GmbH –, sind **mit dem Aufgabenbild des Organs einer Körperschaft nicht vereinbar**. Infolgedessen führt bereits **die Gutschrift** des künftig fällig werdenden Arbeitslohns auf dem Zeitwertkonto **zum Zufluss von Arbeitslohn**. Die allgemeinen Grundsätze der verdeckten Gewinnausschüttung bleiben unberührt.

Der **Erwerb einer Organstellung** hat keinen Einfluss auf das bis zu diesem Zeitpunkt aufgebaute Guthaben eines Zeitwertkontos. Nach Erwerb der Organstellung führen alle weiteren Zuführungen zu dem Konto steuerlich zu Zufluss von Arbeitslohn. Nach Beendigung der Organstellung und Fortbestehen des Dienstverhältnisses kann der Arbeitnehmer das Guthaben weiter aufbauen oder das aufgebaute Guthaben für Zwecke der Freistellung verwenden.

– Als Arbeitnehmer beschäftigte beherrschende Anteilseigner

Die Regelung für Organe von Körperschaften gilt entsprechend für Arbeitnehmer, die von der Körperschaft beschäftigt werden, die sie beherrschen.

> **Beispiel:**
> Eine Aktiengesellschaft hat mit seinen Arbeitnehmern eine Betriebsvereinbarung über die Bildung von Zeitwertkonten abgeschlossen. Arbeitnehmer B wird zum 1.10.2016 in den Vorstand der AG berufen; das Guthaben auf seinem Zeitwertkonto beträgt 100 000 €.
>
> Der Erwerb der Organstellung hat keinen Einfluss auf das bis zum 30.9.2016 angesammelte Guthaben; dieses ist erst bei Auszahlung als Arbeitslohn zu versteuern. Ab dem 1.10.2016 führen allerdings alle weiteren Zuführungen sofort zum Zufluss von Arbeitslohn.

Die Finanzgerichte haben allerdings die Verwaltungsauffassung, dass die Einrichtung von Zeitwertkonten mit dem Aufgabenbild des Organs einer Körperschaft nicht vereinbar ist, **abgelehnt** und entschieden, dass auch hier die Gutschrift des künftig fällig werdenden Arbeitslohns auf dem Zeitwertkonto **nicht zum Zufluss von Arbeitslohn führt**, vgl. → Rz. 298.

b) Modellinhalte

aa) Aufbau des Zeitwertkontos

286 Zweck eines Zeitwertkontos ist die Verschiebung der Auszahlung von noch nicht fälligem Arbeitslohn in Zeiten der Arbeitsfreistellung. Deshalb können **keine weiteren Gutschriften mehr unversteuert** in ein Zeitwertkonto eingestellt werden, sobald feststeht, dass die dem Konto zugeführten Beträge **nicht mehr durch Freistellung vollständig aufgebraucht** werden können.

Bei Zeitwertkontenvereinbarungen, die **die Anforderungen** des § 7 Abs. 1a Satz 1 Nr. 2 SGB IV hinsichtlich der Angemessenheit der Höhe des während der Freistellung fälligen Arbeitsentgelts berücksichtigen, **wird davon ausgegangen**, dass die dem Konto zugeführten Beträge durch Freistellung **vollständig aufgebraucht werden können** und somit eine solche **Prognoseentscheidung regelmäßig entbehrlich** ist.

Für Zeitwertkonten, die diese Anforderungen nicht berücksichtigen und eine Freistellung für Zeiten, die unmittelbar vor dem Zeitpunkt liegen, an dem der Beschäftigte eine Rente wegen Alters nach dem SGB VI bezieht oder beziehen könnte, vorsehen, ist hierfür **einmal jährlich eine Prognoseentscheidung** zu treffen.

Für diese Prognoseentscheidung ist zum einen der **ungeminderte Arbeitslohnanspruch** (ohne Berücksichtigung der Gehaltsände-

Arbeitszeitmodelle

rungsvereinbarung) und zum anderen **der voraussichtliche Zeitraum** der maximal noch zu beanspruchenden Freistellung maßgeblich. Der voraussichtliche Zeitraum der Freistellung bestimmt sich dabei grundsätzlich nach der vertraglichen Vereinbarung. Das Ende des voraussichtlichen Freistellungszeitraums kann allerdings nicht über den Zeitpunkt hinausgehen, zu dem der Arbeitnehmer eine Rente wegen Alters nach dem SGB VI spätestens beanspruchen kann (Regelaltersgrenze). Jede weitere Gutschrift auf dem Zeitwertkonto ist dann Einkommensverwendung und damit steuerpflichtiger Zufluss von Arbeitslohn.

> **Beispiel 1:**
> Zwischen dem 55-jährigen Arbeitnehmer B und seinem Arbeitgeber wird vereinbart, dass ab dem 1.1.2009 die Hälfte des Arbeitslohns in ein Zeitwertkonto eingestellt wird, das dem Arbeitnehmer während der Freistellungsphase ratierlich ausgezahlt werden soll. Das Arbeitsverhältnis soll planmäßig mit Vollendung des 67. Lebensjahrs am 31.12.2020 beendet werden. Der aktuelle Jahresarbeitslohn beträgt 100 000 €. Nach sieben Jahren (31.12.2015) beträgt das Guthaben 370 000 € (einschließlich Wertzuwächsen). Der Jahresarbeitslohn im Kalenderjahr 2016 beläuft sich auf 120 000 €. Kann hiervon wieder die Hälfte dem Zeitwertkonto zugeführt werden?
>
> Nach Ablauf des achten Jahrs (31.12.2016) verbleiben für die Freistellungsphase noch vier Jahre. Eine Auffüllung des Zeitwertkontos ist bis zum Betrag von 480 000 € (= ungekürzter Arbeitslohn des laufenden Jahrs × Dauer der Freistellungsphase in Jahren) steuerlich unschädlich. Daher können im Jahr 2016 weitere 60 000 € dem Zeitwertkonto zugeführt werden (370 000 € + 60 000 € = 430 000 € [Stand Guthaben 31.12.2015]).
>
> Sollte im Kalenderjahr 2017 die Freistellungsphase noch nicht begonnen haben, können keine weiteren Beträge mehr unversteuert in das Zeitwertkonto eingestellt werden (Prognoserechnung: bei einem Jahresarbeitslohn von 120 000 € für die Freistellungsphase von drei Freistellungsjahren = 360 000 €).

Bei **erfolgsabhängiger Vergütung** ist dabei neben dem Fixum auch der erfolgsabhängige Vergütungsbestandteil zu berücksichtigen. Es bestehen keine Bedenken, insoweit den **Durchschnittsbetrag der letzten fünf Jahre** zu Grunde zu legen. Wird die erfolgsabhängige Vergütung noch keine fünf Jahre gewährt oder besteht das Dienstverhältnis noch keine fünf Jahre, ist der Durchschnittsbetrag dieses Zeitraums zu Grunde zu legen.

> **Beispiel 2:**
> Zwischen dem 55-jährigen Arbeitnehmer C und seinem Arbeitgeber wird vereinbart, dass ab dem 1.1.2009 die Hälfte des Arbeitslohns in ein Zeitwertkonto eingestellt wird, das dem Arbeitnehmer während der Freistellungsphase ratierlich ausgezahlt werden soll. Das Arbeitsverhältnis soll planmäßig mit Vollendung des 67. Lebensjahrs am 31.12.2020 beendet werden. C bezieht im Kalenderjahr 2009 ein Festgehalt von 100 000 €. Daneben erhält er erfolgsabhängige Vergütungsbestandteile, die ebenfalls hälftig dem Zeitwertkonto zugeführt werden sollen. Nach sieben Jahren (31.12.2015) beträgt das Guthaben des Zeitwertkontos 520 000 €. Die Fixvergütung beläuft sich im Kalenderjahr 2016 auf 120 000 €. Die variablen Vergütungsbestandteile im Kalenderjahr 2016 betragen 80 000 €; in den letzten fünf Jahren standen ihm variable Vergütungen i.H.v. insgesamt 300 000 € zu.
>
> Dem Zeitwertkonto können im Kalenderjahr 2016 100 000 € unversteuert zugeführt werden. Damit beläuft sich das Guthaben des Zeitwertkontos am Ende des Kalenderjahrs 2016 auf 620 000 € und ist – bezogen auf eine mögliche Freistellungsphase von noch vier Jahren – weiterhin geringer als das Vierfache des aktuellen jährlichen Fixgehalts (120 000 €) zuzüglich der durchschnittlichen jährlichen variablen Vergütungen von 60 000 € (300 000 € : 5), die sich somit für einen Freistellungszeitraum von vier Jahren auf 720 000 € belaufen (= 180 000 € × 4 Jahre).

bb) Verzinsung der Zeitwertkontenguthaben

287 Im Rahmen von Zeitwertkonten kann dem Arbeitnehmer auch eine **Verzinsung des Guthabens** zugesagt sein. Diese kann beispielsweise bestehen in einem festen jährlichen Prozentsatz des angesammelten Guthabens, wobei sich der Prozentsatz auch nach dem Umfang der jährlichen Gehaltsentwicklung richten kann, oder in einem Betrag in Abhängigkeit von der Entwicklung bestimmter am Kapitalmarkt angelegter Vermögenswerte.

Die **Zinsen erhöhen das Guthaben des Zeitwertkontos**, sind jedoch erst bei tatsächlicher Auszahlung an den Arbeitnehmer als Arbeitslohn zu erfassen.

cc) Zuführung von steuerfreiem Arbeitslohn zu Zeitwertkonten

288 Wird vor der Leistung von steuerlich begünstigtem Arbeitslohn bestimmt, dass ein **steuerfreier Zuschlag auf dem Zeitwertkonto eingestellt** und **getrennt ausgewiesen** wird, bleibt **die Steuerfreiheit** bei Auszahlung **in der Freistellungsphase erhalten** (R 3b Abs. 8 LStR). Dies gilt jedoch **nur für den Zuschlag** als solchen, **nicht** hingegen für eine darauf beruhende **etwaige Verzinsung oder Wertsteigerung**.

dd) Kein Rechtsanspruch gegenüber einem Dritten

289 Wird das Guthaben eines Zeitwertkontos auf Grund der Vereinbarung zwischen Arbeitgeber und Arbeitnehmer z.B. als Depotkonto bei einem Kreditinstitut oder Fonds geführt, darf der Arbeitnehmer zur Vermeidung eines Lohnzuflusses **keinen unmittelbaren Rechtsanspruch gegenüber dem Dritten** haben.

Eine Verpfändung der Ansprüche an den Arbeitnehmer ist aber möglich, weil dieser bei einer Verpfändung gegenwärtig keine Rechte erwirbt, die ihm einen Zugriff auf das Zeitwertkonto und die darin angesammelten Werte ermöglichen. Entsprechendes gilt für eine aufschiebend bedingte Abtretung, weil die Abtretung rechtlich erst wirksam wird, wenn die Bedingung eintritt (§ 158 Abs. 1 BGB), vgl. BMF v. 6.12.2002, IV C 5 – S 2360 – 98/02, Steuer-Telex 2003, 169 sowie → *Rückdeckung/Rückdeckungsversicherung* Rz. 2575.

Beauftragt der Arbeitgeber ein **externes Vermögensverwaltungsunternehmen** mit der Anlage der Guthabenbeträge, findet die Minderung wie auch die Erhöhung des Depots z.B. durch Zinsen und Wertsteigerungen infolge von Kursgewinnen zunächst **in der Sphäre des Arbeitgebers** statt. Beim Arbeitnehmer sind die durch die Anlage des Guthabens erzielten Vermögensminderungen/-mehrungen – unter Berücksichtigung der Regelung zur Zeitwertkontengarantie – erst bei Auszahlung der Beträge in der Freistellungsphase lohnsteuerlich zu erfassen. Ein **Kapitalanlagewahlrecht des Arbeitnehmers** ist dann **unschädlich**.

> **Beispiel:**
> Arbeitgeber A hat mit seinen Arbeitnehmern eine Betriebsvereinbarung über die Bildung von Zeitwertkonten abgeschlossen und eine externe Vermögensverwaltungsgesellschaft mit der Anlage der Beträge beauftragt. Die Arbeitnehmer können bei der Gesellschaft zwischen folgenden Risikostufen wählen:
> - Risikostufe A (risikoarm, konservativ),
> - Risikostufe B (ausgewogen),
> - Risikostufe C (risikobehaftet, chancenorientiert).
>
> Die Wahlmöglichkeit der Kapitalanlage führt für den Arbeitnehmer allein noch nicht zu einem Zufluss von Arbeitslohn. Nur wenn keine Zeitwertkontengarantie vorgesehen ist, ist aus diesem Grunde bereits bei Anlage der Beträge Zufluss von Arbeitslohn anzunehmen.

Beim Erwerb von Ansprüchen des Arbeitnehmers gegenüber einem Dritten im Fall der **Eröffnung des Insolvenzverfahrens** ist § 3 Nr. 65 Buchst. c 2. Halbsatz EStG zu beachten.

ee) Zeitwertkontengarantie

- **Inhalt der Zeitwertkontengarantie**

290 Zeitwertkonten werden im Hinblick auf die in §§ 7d und 7e SGB IV getroffenen Regelungen steuerlich **nur dann anerkannt**, wenn die zwischen Arbeitgeber und Arbeitnehmer getroffene Vereinbarung vorsieht, dass zum **Zeitpunkt der planmäßigen Inanspruchnahme** des Guthabens mindestens ein **Rückfluss der dem Zeitwertkonto zugeführten Arbeitslohn-Beträge** (Bruttoarbeitslohn im steuerlichen Sinne ohne den Arbeitgeberanteil am Gesamtsozialversicherungsbeitrag) gewährleistet ist (**Zeitwertkontengarantie**).

Im Fall der **arbeitsrechtlichen Garantie des Arbeitgebers** für die in das Zeitwertkonto für den Arbeitnehmer eingestellten Beträge bestehen seitens der Finanzverwaltung **keine Bedenken**, von der **Erfüllung der Zeitwertkontengarantie auszugehen**, wenn der Arbeitgeber für diese Verpflichtung insbesondere die **Voraussetzungen des Insolvenzschutzes** nach § 7e SGB IV entsprechend **erfüllt**. Dies gilt nicht nur zu Beginn, sondern **während der gesamten Auszahlungsphase**, unter Abzug der bereits geleisteten Auszahlungen.

Wertschwankungen sowie die Minderung des Zeitwertkontos (z.B. durch die Abbuchung von Verwaltungskosten und Depotgebühren) in der Zuführungsphase sind lohnsteuerlich unbeachtlich.

> **Beispiel 1 (Zeitwertkontengarantie und Wertschwankungen):**
>
> Im Rahmen eines vereinbarten Zeitwertkontos ergibt sich zum Ende des dritten Jahrs innerhalb der zehnjährigen Ansparphase ein Guthaben von 10 000 €. Bei jährlichen Zuführungen von 4 000 € ergab sich durch Wertschwankungen sowie die Belastung von Provisionszahlungen und Verwaltungskosten ein geringerer Wert als die Summe der zugeführten Arbeitslohnbeträge.
>
> Die Minderung des Guthabens des Zeitwertkontos ist unschädlich, wenn bis zum Beginn der Auszahlungsphase die Wertminderung durch Wertsteigerungen der Anlage oder durch Erträge aus der Anlage wieder ausgeglichen wird.

> **Beispiel 2 (Zeitwertkontengarantie und Verwaltungskosten):**
>
> Der Bestand des Zeitwertkontos beträgt zu Beginn der Freistellungsphase 60 000 €, die aus jährlichen Gutschriften von jeweils 5 000 € innerhalb der achtjährigen Aufbauphase sowie Erträgen aus der Anlage und Wertsteigerungen herrühren. Während der Freistellungsphase fallen jährlich Verwaltungskosten i.H.v. 120 € an, die dem Zeitwertkonto belastet werden sollen.
>
> Die Belastung des Zeitwertkontos mit Verwaltungskosten und sonstigen Gebühren ist unschädlich, denn die Summe der bis zu Beginn der Freistellungsphase zugeführten Beträge (= 40 000 €) wird hierdurch nicht unterschritten.

> **Beispiel 3 (Zeitwertkontengarantie und Verwaltungskosten):**
>
> Der Bestand des Zeitwertkontos beträgt zu Beginn der Auszahlungsphase 40 200 €, die aus jährlichen Zuführungen von jeweils 5 000 € innerhalb der achtjährigen Aufbauphase sowie Erträgen aus der Anlage herrühren, aber auch durch Wertschwankungen in der Vergangenheit beeinflusst wurden. Im Hinblick auf die ertragsschwache Anlage wird eine Beratung in Anspruch genommen, die Kosten von 500 € verursacht. Ferner fallen weitere Verwaltungskosten i.H.v. 180 € an.
>
> Die Belastung des Zeitwertkontos ist nur bis zu einem Betrag von 200 € unschädlich (Summe der zugeführten Arbeitslohnbeträge zu Beginn der Freistellungsphase und als steuerpflichtiger Arbeitslohn während der Freistellung mindestens auszuzahlen 40 000 €). Die restlichen Aufwendungen i.H.v. 480 € (= 500 € + 180 € ./. 200 €) muss der Arbeitgeber, der für den Erhalt des Zeitwertkontos einzustehen hat, tragen.

- **Zeitwertkontengarantie des Anlageinstituts**

  Wird das Guthaben eines Zeitwertkontos auf Grund der Vereinbarung zwischen Arbeitgeber und Arbeitnehmer bei einem externen Anlageinstitut (z.B. Kreditinstitut oder Fonds) geführt und liegt keine Zeitwertkontengarantie des Arbeitgebers vor, muss eine **vergleichbare Garantie durch das Anlageinstitut** vorliegen.

c) Planwidrige Verwendung der Zeitwertkontenguthaben

aa) Auszahlung bei existenzbedrohender Notlage

291 Die Vereinbarungen zur Bildung von Guthaben auf einem Zeitwertkonto werden **steuerlich auch dann noch anerkannt**, sofern die Möglichkeit der **Auszahlung des Guthabens** bei fortbestehendem Beschäftigungsverhältnis neben der Freistellung von der Arbeitsleistung **auf Fälle einer existenzbedrohenden Notlage des Arbeitnehmers begrenzt** wird.

Als existenzbedrohende Notfälle können in Betracht kommen:
– Vermögensschäden auf Grund höherer Gewalt (Brand, Hochwasser usw.),
– Tod eines Familienangehörigen,
– lebensbedrohende Erkrankung (Herzinfarkt, Bypass-Operation, Krebs, Schlaganfall, Nierenversagen, Aids, Multiple Sklerose usw.),
– schwerwiegende Behinderung des Arbeitnehmers oder einen Familienangehörigen bzw. Lebenspartners.

Keine existenzbedrohende Notlage ist jedoch die Heirat des Arbeitnehmers oder die Geburt eines Kindes.

Wenn entgegen der Vereinbarung **ohne existenzbedrohende Notlage** des Arbeitnehmers das Guthaben dennoch ganz oder teilweise **ausgezahlt** wird, ist bei dem einzelnen Arbeitnehmer **das gesamte Guthaben** – also neben dem ausgezahlten Betrag auch der verbleibende Guthabenbetrag – **im Zeitpunkt der planwidrigen Verwendung zu besteuern**.

> **Beispiel 1:**
>
> Arbeitgeber A hat mit seinen Arbeitnehmern eine Betriebsvereinbarung über die Bildung von Zeitwertkonten abgeschlossen. Die Vereinbarung sieht vor, dass nur im Falle einer lebensbedrohenden Erkrankung des Arbeitnehmers eine vorzeitige Verfügung über das Guthaben möglich ist. Arbeitnehmer B erleidet einen Schlaganfall und lässt sich deshalb am 6.5.2016 die Hälfte seines Guthabens von 100 000 €, das er in acht Jahren angespart hat, auszahlen.
>
> Das Zeitwertkonten-Modell kann steuerlich anerkannt werden, da es nur für den Fall einer lebensbedrohenden Erkrankung eine vorzeitige Auszahlung des Guthabens vorsieht. Die Auszahlung von 50 000 € am 6.5.2016 führt zum Zufluss von Arbeitslohn, der als Arbeitslohn für mehrere Jahre nach der „Fünftelregelung" ermäßigt besteuert wird (§ 34 Abs. 2 Nr. 4 EStG).

> **Beispiel 2:**
>
> Sachverhalt wie Beispiel 1, allerdings lässt sich Arbeitnehmer B am 6.5.2016 einen Betrag von 10 000 € auszahlen, weil seine Tochter heiratet.
>
> Das Zeitwertkonten-Modell kann steuerlich anerkannt werden, da es nur für den Fall einer lebensbedrohenden Erkrankung eine vorzeitige Auszahlung des Guthabens vorsieht. Die planwidrige Auszahlung von 10 000 € führt dazu, dass das gesamte Guthaben von 100 000 € am 6.5.2016 lohnsteuerlich als zugeflossen gilt. Arbeitnehmer B hat also 100 000 € lohnzuversteuern. Da es sich um Arbeitslohn für mehrere Jahre handelt, kommt die „Fünftelregelung" in Betracht.

bb) Beendigung des Dienstverhältnisses vor oder während der Freistellungsphase

Eine **planwidrige Verwendung** liegt im Übrigen vor, wenn das **292** Dienstverhältnis **vor Beginn** oder während **der Freistellungsphase beendet** wird (z.B. durch Erreichen der Altersgrenze, Tod des Arbeitnehmers, Eintritt der Invalidität, Kündigung) und der Wert des Guthabens an den Arbeitnehmer oder seine Erben **ausgezahlt** wird.

Lohnsteuerlich gelten dann die allgemeinen Grundsätze, d.h. der Einmalbetrag ist i.d.R. **als sonstiger Bezug** zu besteuern. Wurde das Guthaben über einen Zeitraum von mehr als zwölf Monate hinweg angespart, kommt eine tarifermäßigte Besteuerung nach § 34 Abs. 2 Nr. 4 EStG in Betracht (→ *Arbeitslohn für mehrere Jahre* Rz. 257).

> **Beispiel:**
>
> Arbeitgeber A hat mit seinen Arbeitnehmern vor Jahren eine Betriebsvereinbarung über die Bildung von Zeitwertkonten abgeschlossen. Arbeitnehmer B verstirbt am 8.3.2016. A zahlt das Guthaben von 100 000 € im April 2016 an die Witwe aus.
>
> Die Witwe hat im April 2016 das ausgezahlte Wertguthaben von 100 000 € als sonstigen Bezug zu versteuern; da es sich um Arbeitslohn für mehrere Jahre handelt, kommt die „Fünftelregelung" in Betracht.

Wurde das Zeitwertkontoguthaben während einer **Tätigkeit im Ausland angespart**, ist unabhängig vom Zeitpunkt der Auszahlung ein Doppelbesteuerungsabkommen zu beachten. Dabei stellt die Auszahlung des Guthabens keine Abfindung dar, sondern laufenden Arbeitslohn (FG Köln v. 11.9.2008, 10 K 1133/05, EFG 2009, 29).

cc) Planwidrige Weiterbeschäftigung

Der **Nichteintritt oder die Verkürzung der Freistellung** durch **293** planwidrige Weiterbeschäftigung ist ebenfalls eine **planwidrige Verwendung**. Eine lohnsteuerliche Erfassung erfolgt in diesen Fällen im Zeitpunkt der Auszahlung des Guthabens.

> **Beispiel:**
>
> Arbeitgeber A hat mit seinen Arbeitnehmern vor Jahren eine Betriebsvereinbarung über die Bildung von Zeitwertkonten abgeschlossen. Für Arbeitnehmer B hätte am 1.4.2016 die Freistellungsphase begonnen. Auf Grund finanzieller Schwierigkeiten bittet B seinen Arbeitgeber, noch zwei Jahre länger arbeiten zu dürfen und ihm dann das Guthaben in einer Summe auszuzahlen.
>
> Die Weiterbeschäftigung ist eine planwidrige Verwendung. Das Guthaben ist aber erst bei Auszahlung lohnzuversteuern, also erst in 2018. Da es sich um Arbeitslohn für mehrere Jahre handelt, kommt die „Fünftelregelung" in Betracht.

Arbeitszeitmodelle

keine Sozialversicherungspflicht = (SV̄)
Sozialversicherungspflicht = (SV)

d) Übertragung des Zeitwertkontenguthabens bei Beendigung der Beschäftigung

294 Bei Beendigung einer Beschäftigung besteht die Möglichkeit, ein in diesem Beschäftigungsverhältnis aufgebautes **Zeitwertkonto zu erhalten** und nicht auflösen zu müssen.

Bei der **Übertragung des Guthabens an den neuen Arbeitgeber** (§ 7f Abs. 1 Satz 1 Nr. 1 SGB IV) tritt der neue Arbeitgeber an die Stelle des alten Arbeitgebers und übernimmt **im Wege der Schuldübernahme** die Verpflichtungen aus der Zeitwertkontenvereinbarung. Die Leistungen aus dem Zeitwertkonto durch den neuen Arbeitgeber sind Arbeitslohn, von dem er **bei Auszahlung Lohnsteuer einzubehalten** hat.

Im Fall der **Übertragung des Guthabens auf die Deutsche Rentenversicherung Bund** (§ 7f Abs. 1 Satz 1 Nr. 2 SGB IV) wird die **Übertragung durch** § 3 Nr. 53 EStG **steuerfrei gestellt**. Ein tatsächlich noch bestehendes Beschäftigungsverhältnis ist hierfür nicht erforderlich. Bei der Auszahlung des Guthabens durch die Deutsche Rentenversicherung Bund handelt es sich um Arbeitslohn, für den die **Deutsche Rentenversicherung Bund Lohnsteuer einzubehalten** hat (§ 38 Abs. 3 Satz 3 EStG).

Voraussetzung für die Übertragung des Guthabens auf die Deutsche Rentenversicherung Bund ist, dass das Wertguthaben höher ist als das Sechsfache der monatlichen Bezugsgröße (§ 7f Abs. 1 Satz 1 Nr. 2 SGB IV). Im Jahr 2016 beträgt dieser Wert 17 430 € (West) bzw. 15 120 € (Ost). Eine Rückübertragung ist im Übrigen ausgeschlossen.

e) Übergangsregelungen

aa) Übergangsregelung für vor dem 1.1.2009 eingerichtete Zeitwertkonten

295 Bei Zeitwertkonten-Modellen, die vor dem 1.1.2009 eingerichtet wurden und **ohne die Regelungen zur Zeitwertkontengarantie steuerlich anzuerkennen gewesen wären**, sind **aus Vertrauensschutzgründen** der am 31.12.2008 **vorhandene Wertbestand** des Zeitwertkontos sowie die **Zuführungen vom 1.1. bis 31.12.2009** erst bei Auszahlung zu besteuern. Zuführungen ab dem 1.1.2010 führen steuerlich zum Zufluss von Arbeitslohn.

Wird spätestens bis zum 31.12.2009 eine Zeitwertkontengarantie für den am 31.12.2008 vorhandenen Wertbestand des Zeitwertkontos sowie die Zuführungen vom 1.1. bis 31.12.2009 nachträglich vorgesehen, können diese Modelle steuerlich weiter als Zeitwertkonten anerkannt werden, so dass auch die Zuführungen nach dem 31.12.2009 erst bei Auszahlung zu besteuern sind. Die Regelungen zur planwidrigen Verwendung der Zeitwertkontenguthaben sind jedoch zu beachten.

> **Beispiel:**
> Arbeitgeber A hat mit seinen Arbeitnehmern vor Jahren eine Betriebsvereinbarung über die Bildung von Zeitwertkonten abgeschlossen. Eine Zeitwertkontengarantie ist nicht vorhanden. Das Wertguthaben betrug am 31.12.2008 für seine Arbeitnehmer insgesamt 400 000 €. Im Kalenderjahr 2009 wurden weitere Beträge i.H.v. 50 000 € den Zeitwertkonten der Arbeitnehmer zugeführt. Ab 2010 sind Zuführungen in gleicher Höhe geplant.
>
> Wenn A bis spätestens 31.12.2009 eine Zeitwertkontengarantie i.H.v. 450 000 € eingeführt hat (Bestand 31.12.2008: 400 000 € + Zuführungen 2009: 50 000 €), sind auch die Zuführungen ab 2010 erst bei Auszahlung zu versteuern. Voraussetzung ist allerdings, dass auch diese Beträge in die Zeitwertkontengarantie einbezogen werden.
>
> Erfolgt keine Zeitwertkontengarantie, sind die Zuführungen ab 2010 mit Einstellung in das Zeitwertkonto lohnzuversteuern. Der Bestand zum 31.12.2009 i.H.v. 450 000 € ist erst bei Auszahlung lohnzuversteuern.

bb) Übergangsregelung für Zeitwertkonten zu Gunsten von Organen von Körperschaften (Geschäftsführer und Vorstände) und als Arbeitnehmer beschäftigte beherrschende Anteilseigner

296 Bei Zeitwertkonten-Modellen für Organe von Körperschaften sowie als Arbeitnehmer beschäftigte beherrschende Anteilseigner, die bis zum 31.1.2009 eingerichtet wurden und aus Vertrauensschutzgründen steuerlich anzuerkennen gewesen wären, sind **alle Zuführungen bis zum 31.1.2009 erst bei Auszahlung zu besteuern**. Die Übergangsregelung gilt nicht für verdeckte Gewinnausschüttungen. Die Regelungen zur planwidrigen Verwendung der Zeitwertkontenguthaben sind jedoch zu beachten.

cc) Besondere Aufzeichnungen

297 Als Arbeitslohn zu besteuernde Zuführungen nach den o.a. Übergangsregelungen sind **im Zeitwertkonto gesondert aufzuzeichnen**. Eine etwaige Verzinsung ist entsprechend aufzuteilen; die auf zu besteuernde Zuführungen nach dem Stichtag entfallenden Zinsen fließen dem Arbeitnehmer als Einkünfte aus Kapitalvermögen zu.

f) Rechtsprechung

298 Fragen zu Zeitwertkonten beschäftigen zunehmend die Finanzgerichte. Hier eine **Übersicht** zu aktuellen Urteilen:

- Bei außerplanmäßiger Vollauszahlung (sog. „Störfall") des gesamten angesparten Zeitwertguthabens eines Arbeitnehmers liegt **laufender Arbeitslohn** vor. Die **Auszahlung eines Zeitwertguthabens stellt keine Abfindung** dar. Wurde das Zeitwertguthaben während einer Tätigkeit im Ausland angespart, ist, unabhängig vom Zeitpunkt der Auszahlung, ein ggf. vorhandenes Doppelbesteuerungsabkommen zu beachten (FG Köln v. 11.9.2008, 10 K 1133/05, EFG 2009, 29).

- Es bestehen ernsthafte Zweifel, ob bei einer **Tantieme**, die auf ein **externes Zeitwertkonto** eingezahlt werden soll, von einer **verdeckten Gewinnausschüttung** ausgegangen werden kann, wenn eine zweifelsfreie Beurteilung im summarischen Verfahren nicht möglich ist (FG München v. 30.6.2008, 6 V 3516/07, www.stotax-first.de).

- Vereinbarungen zwischen Arbeitnehmer und Arbeitgeber, bei denen die **Möglichkeit des Totalverlustes** des auf einem Arbeitszeitkonto gutgeschriebenen Arbeitslohns besteht und ein **Kapitalanlagewahlrecht des Arbeitnehmers** vorgesehen ist, führen bei Einstellung des Wertguthabens auf dem Zeitwertkonto zum **Zufluss von Arbeitslohn** (FG Münster v. 24.3.2011, 8 K 3696/10 E, EFG 2011, 1712).

- Einzahlungen auf ein Zeitwertkonto stellen nur dann einen **Zufluss von Arbeitslohn** dar, wenn hierdurch die **wirtschaftliche Verfügungsmacht auf den Arbeitnehmer übergeht** oder es sich hierbei um eine Novation handelt. Aus der Stellung als **beherrschender Gesellschafter-Geschäftsführer** des Arbeitgebers folgt regelmäßig nichts anderes (FG Hessen v. 19.1.2012, 1 K 250/11, EFG 2012, 1243).

- Auf einem Zeitwertkonto gutgeschriebener Arbeitslohn fließt **nicht bereits im Zeitpunkt** der Gutschrift zu. Dies gilt auch bei einem **nicht beherrschenden Geschäftsführer** (FG Niedersachsen v. 16.2.2012, 14 K 202/11, EFG 2012, 1397).

- Gutschriften auf einem für einen Arbeitnehmer eingerichteten Zeitwertkonto führen auch dann **erst mit der Auszahlung** des durch das Guthaben auf dem Konto dargestellten Arbeitslohns **zu einem Zufluss**, wenn der betreffende **Arbeitnehmer Organ (Geschäftsführer) der Arbeitgeberin** ist (FG Düsseldorf v. 21.3.2012, 4 K 2834/11 AO, EFG 2012, 1400).

- Im Rahmen eines Zeitwertkonten-Modells erfolgende Zeitwertgutschriften stellen auch dann **keinen Zufluss von Arbeitslohn** dar, wenn sie **zu Gunsten eines Gesellschafter-Geschäftsführers** erfolgen. Dabei ist es gleichgültig, ob der Geschäftsführer beherrschend oder minderheitlich an der GmbH beteiligt ist (FG Münster v. 13.3.2013, 12 K 3812/10 E, EFG 2013, 1026).

Hinweis:

Der BFH hat die drei zuletzt genannten Urteile im **Revisionsverfahren jeweils aufgehoben**, aber aus „formalen Gründen". In den drei Verfahren ging es um die **Rechtmäßigkeit einer Anrufungsauskunft** nach § 42e EStG (→ Auskünfte und Zusagen des Finanzamts Rz. 413). Nach Ansicht des BFH trifft die Anrufungsauskunft nach § 42e EStG lediglich eine Regelung dahin, wie die Finanzbehörde den vom Antragsteller dargestellten Sachverhalt gegenwärtig beurteilt. Entsprechend diesem Regelungsgehalt hat das Finanzgericht die Auskunft sachlich nur daraufhin zu überprüfen, ob der Sachverhalt zutreffend erfasst und die rechtliche Beurteilung nicht evident fehlerhaft ist (BFH v. 27.2.2014, VI R 23/13, BStBl II 2014, 894; BFH v. 27.2.2014, VI R 19/12, www.stotax-first.de; BFH v. 27.2.2014, VI R 26/12, www.stotax-first.de). Somit können von der höchstrichterlichen Rechtsprechung noch nicht entschiedene Rechtsfragen nicht in einem Verfahren gegen eine Anrufungsauskunft nach § 42e EStG geklärt werden.

4. Sozialversicherung

299 Die Sozialversicherungspflicht Beschäftigter ist grundsätzlich davon abhängig, dass eine Beschäftigung gegen Arbeitsentgelt ausgeübt wird (§ 2 Abs. 2 SGB IV). Durch die Vielzahl verschiedener Arbeitszeitmodelle kann es Phasen geben, in der Beschäftigte, ohne dass sie Arbeit leisten, Arbeitsentgelt erhalten, das vor oder nach der Freistellungsphase erzielt wird. Erfüllt eine schriftlich abgeschlossene Vereinbarung bestimmte Voraussetzungen, besteht auch in den Freistellungsphasen Sozialversicherungspflicht. Außerdem wird bei derartigen Vereinbarungen die Beitragsfälligkeit auf den Auszahlungszeitpunkt des bereits erarbeiteten Arbeitsentgelts hinausgeschoben. Die notwendigen Voraussetzungen sind seit dem 1.1.2009 in dem Gesetz zur Verbesserung der Rahmenbedingungen für die Absicherung flexibler Arbeitszeitregelungen und zur Änderung anderer Gesetze v. 21.12.2008 (BGBl. I 2008, 2940) – allgemein als Flexi II-Gesetz bezeichnet – geregelt.

a) Versicherungsrecht

300 Bei der sozialversicherungsrechtlichen Beurteilung ist zu unterscheiden, ob die Freistellung von der Arbeitsleistung auf Grund

- einer sonstigen flexiblen Arbeitszeitregelung zur flexiblen Gestaltung der werktäglichen oder wöchentlichen Arbeitszeit oder zum Ausgleich betrieblicher Produktions- und Arbeitszyklen oder
- einer Wertguthabenvereinbarung, die den Aufbau von Wertguthaben durch Verzicht auf erarbeitetes Arbeitsentgelt vorsieht,

erfolgt.

Bei einer bezahlten Freistellung im Rahmen sonstiger flexibler Arbeitszeitregelungen kann eine Sozialversicherungspflicht nicht über drei Monate hinaus bestehen bleiben. Bei längeren Freistellungen endet das sozialversicherungsrechtliche Beschäftigungsverhältnis nach drei Monaten. Dem steht die Rechtsprechung des BSG (Urteile v. 24.9.2008, B 12 KR 22/07 und B 12 KR 27/07, www.stotax-first.de) zum Fortbestand einer versicherungspflichtigen Beschäftigung in Zeiten der einvernehmlichen und unwiderruflichen Freistellung von der Arbeitsleistung nicht entgegen. Über den Drei-Monats-Zeitraum hinaus gezahltes, aus Arbeitszeitguthaben abgeleitetes Arbeitsentgelt ist beitragsrechtlich wie einmalig gezahltes Arbeitsentgelt zu behandeln und dem letzten Entgeltabrechnungszeitraum zuzuordnen.

Damit Sozialversicherungspflicht in den Fällen der Freistellung entsprechend § 7 Abs. 1a SGB IV bestehen kann, muss eine Wertguthabenvereinbarung schriftlich abgeschlossen werden. Wertguthabenvereinbarungen liegen also nur dann vor, wenn auch tatsächlich ein Wertguthaben als Arbeitsentgeltguthaben aufgebaut und nicht lediglich die flexible Gestaltung der werktäglichen oder wöchentlichen Arbeitszeit oder der Ausgleich betrieblicher Produktions- und Arbeitszyklen ermöglicht werden soll.

Eine Beschäftigung gegen Arbeitsentgelt besteht hiernach in Zeiten der Freistellung von der Arbeitsleistung von mehr als drei Monaten, wenn

- während der Freistellung Arbeitsentgelt aus einem Wertguthaben auf Grund einer Wertguthabenvereinbarung fällig ist und
- das monatlich fällige Arbeitsentgelt in der Zeit der Freistellung nicht unangemessen von dem für die vorausgegangenen zwölf Kalendermonate abweicht, in denen Arbeitsentgelt bezogen wurde.

Die Beschäftigung besteht während der Freistellungsphase auch dann, wenn sie danach nicht mehr fortgesetzt wird.

Eine Wertguthabenvereinbarung liegt vor, wenn

- der Aufbau des Wertguthabens auf Grund schriftlicher Vereinbarung erfolgt;
- die Vereinbarung nicht das Ziel der flexiblen Gestaltung der werktäglichen oder wöchentlichen Arbeitszeit oder den Ausgleich betrieblicher Produktions- und Arbeitszyklen verfolgt;
- Arbeitsentgelt in das Wertguthaben eingebracht wird, um es für Zeiten der Freistellung von der Arbeitsleistung oder der Verringerung der vertraglich vereinbarten Arbeitszeit zu entnehmen;
- das aus dem Wertguthaben fällige Arbeitsentgelt mit einer vor oder nach der Freistellung von der Arbeitsleistung oder der Verringerung der vertraglich vereinbarten Arbeitszeit erbrachten Arbeitsleistung erzielt wird und
- das fällige Arbeitsentgelt insgesamt 450 € monatlich (→ *Mini-Jobs* Rz. 2052) übersteigt, es sei denn, die Beschäftigung wurde vor der Freistellung als geringfügige Beschäftigung ausgeübt.

Arbeitszeitregelungen wie Gleitzeitvereinbarungen werden nicht von den besonderen Regelungen für Wertguthabenvereinbarungen (z.B. über die Führung, Verwendung und den Insolvenzschutz von Wertguthaben) erfasst. Bei diesen Arbeitszeitvereinbarungen soll nicht – wie bei Wertguthabenvereinbarungen – die vollständige oder teilweise Freistellung von der Arbeitsleistung, sondern lediglich die Flexibilisierung von Beginn und Ende der werktäglichen oder wöchentlichen Arbeitszeit ermöglicht werden.

Zu den sozialversicherungsrechtlichen Auswirkungen einer Wertguthabenvereinbarung im Rahmen der Familienpflegezeit wird auf die Ausführungen zur → *Pflegezeiten* Rz. 2279 verwiesen.

aa) Angemessenheit des Arbeitsentgelts

301 Ein versicherungsrechtliches Beschäftigungsverhältnis bleibt nur dann erhalten, wenn das monatliche Arbeitsentgelt in der Freistellungsphase nicht unangemessen von dem Arbeitsentgelt, das in den der Freistellungsphase vorangegangenen zwölf Monaten erzielt wurde, abweicht.

Das Arbeitsentgelt gilt dann noch als angemessen, wenn es im Monat mindestens 70 % und maximal 130 % des bisherigen Arbeitsentgelts beträgt. Eine Über- bzw. Unterschreitung dieser Grenzwerte ist ohne Belang, sofern diese auf Änderungen von Beitragssätzen und/oder Beitragsbemessungsgrenzen zurückzuführen sind.

bb) Geringfügig entlohnte Beschäftigungen

302 Wertguthabenvereinbarungen sind auch in geringfügig entlohnten Beschäftigungsverhältnissen möglich. In diesen Fällen darf für Zeiten der Freistellung von der Arbeitsleistung das Arbeitsentgelt ebenfalls nicht unangemessen von dem Arbeitsentgelt in den vorangegangenen letzten zwölf Kalendermonaten der geringfügig entlohnten Beschäftigung abweichen. Der Status der geringfügig entlohnten Beschäftigung ist jedoch während der Freistellung beizubehalten. In der Freistellung darf daher das Arbeitsentgelt ebenfalls regelmäßig 450 € (→ *Mini-Jobs* Rz. 2052) monatlich nicht überschreiten. Die Begründung einer mehr als geringfügig entlohnten Beschäftigung in Zeiten der Freistellung von der Arbeitsleistung aus einem aus einer geringfügig entlohnten versicherungsfreien Beschäftigung aufgebauten Wertguthaben ist nicht möglich. Es bleibt sowohl in der Arbeitsphase als auch in der Freistellungsphase bei der Versicherungsfreiheit in der Kranken-, Pflege-, Renten- und Arbeitslosenversicherung (§ 8 Abs. 1 Nr. 1 SGB IV i.V.m. § 7 Abs. 1 SGB V, § 5 Abs. 2 Satz 1 Nr. 1 SGB VI, § 27 Abs. 2 SGB III). Bei der Übernahme von Wertguthaben aus geringfügig entlohnter Beschäftigung in eine mehr als geringfügig entlohnte Beschäftigung mit Wertguthabenbildung sind dementsprechend getrennte Wertguthaben mit getrennter Bildung der SV-Luft zu führen, die eine differenzierte Entsparung für Zeiten der Freistellung bzw. der Verbeitragung im Störfall ermöglichen. Wurde in einer geringfügig entlohnten Beschäftigung auf die Rentenversicherungsfreiheit verzichtet, gilt der Verzicht auch in der Freistellung von der Arbeitsleistung weiter.

cc) Höherverdienende

303 Verringert sich das regelmäßige Jahresarbeitsentgelt auf Grund einer Wertguthabenvereinbarung, so dass die maßgebende Jahresarbeitsentgeltgrenze nicht mehr überschritten wird, unterliegt der Arbeitnehmer von dem Tag an der Krankenversicherungspflicht, von dem an feststeht, dass das regelmäßige Jahresarbeitsentgelt die Jahresarbeitsentgeltgrenze nicht mehr übersteigt. Unter den Voraussetzungen des § 8 Abs. 1 Nr. 3 SGB V besteht allerdings die Möglichkeit der Befreiung von der Krankenversicherungspflicht. Eine Besonderheit gilt nach § 6 Abs. 3a SGB V für Personen, die zum Zeitpunkt der Verringerung des Arbeitsentgelts und somit beim Eintritt der Krankenversicherungspflicht bereits das 55. Lebensjahr vollendet haben. Waren diese Personen in den letzten fünf Jahren vor dem Eintritt der Versicherungspflicht nicht in der gesetzlichen Krankenversicherung versichert und waren sie mindestens die Hälfte dieses Zeitraums krankenversicherungsfrei, von der Krankenversicherungspflicht befreit oder als hauptberuflich Selbständige nicht krankenversicherungspflichtig, tritt Krankenversicherungspflicht nicht ein.

dd) Freistellung bei Beschäftigungsbeginn

304 Ein **Beschäftigungsverhältnis** kann nach § 7 Abs. 1a Satz 2 SGB IV auch mit einer Freistellungsphase beginnen. In diesem Fall darf die Höhe des für die Freistellungsphase gezahlten Arbeitsentgelts nicht unangemessen von der Höhe des Arbeitsentgelts in

Arbeitszeitmodelle

keine Sozialversicherungspflicht = (SV)
Sozialversicherungspflicht = (SV)

der späteren Arbeitsphase abweichen. Dem steht nicht entgegen, dass die Arbeitsleistung, mit der das Arbeitsentgelt später erzielt werden soll, wegen einer im Zeitpunkt der Vereinbarung nicht vorhersehbaren vorzeitigen Beendigung des Arbeitsverhältnisses nicht mehr erbracht werden kann (§ 7 Abs. 1a Satz 3 SGB IV).

ee) Übertragung von Wertguthaben auf Dritte

305 Die vorstehenden Ausführungen gelten nach § 7 Abs. 1a Satz 5 SGB IV nicht für Personen, auf die Wertguthaben lediglich übertragen werden. Dadurch wird ausgeschlossen, dass Dritte durch **Erwerb von Wertguthaben**, die ein anderer Beschäftigter durch Arbeitsleistung angesammelt hat, einen sozialversicherungsrechtlichen Schutz ohne Arbeitsleistung begründen können. Bei demjenigen Arbeitnehmer, der das Wertguthaben erarbeitet hat, wird mit der Übertragung des Wertguthabens auf einen Dritten der übertragende Teil des Wertguthabens beitragspflichtig (§ 23b Abs. 4 SGB IV).

b) Beitragsrecht

306 Grundlage für die Beitragsberechnung ist das in dem jeweiligen Abrechnungszeitraum erzielte Arbeitsentgelt, das um den auf Grund der Vereinbarung nach § 7 Abs. 1a SGB IV als Wertguthaben verwendeten Teil zu vermindern ist.

Das für die Freistellungsphase vereinbarungsgemäß gezahlte Arbeitsentgelt ist ebenfalls eine beitragspflichtige Einnahme (§ 23b Abs. 1 SGB IV) und insoweit Grundlage für die Beitragsberechnung.

Soweit reine Arbeitszeitregelungen nicht von den besonderen Vorschriften für Wertguthabenvereinbarungen erfasst werden, findet auch nicht die Regelung über die hinausgeschobene Fälligkeit der Beiträge für erarbeitetes, jedoch ins Wertguthaben eingestellte Arbeitsentgelt Anwendung. Bei Ansprüchen auf ein festes Monatsentgelt bei flexibilisierter Arbeitszeit ist dies unproblematisch. Um jedoch bei Ansprüchen auf einen Stundenlohn flexible Arbeitszeitregelungen auch ohne Wertguthabenbildung zu ermöglichen, wurde für diese Fälle das Zuflussprinzip eingeführt. Hiernach werden Sozialversicherungsbeiträge aus einem Arbeitsentgelt, das aus – aus Arbeitszeitguthaben abgeleiteten – Entgeltguthaben errechnet wird, erst bei Auszahlung des Arbeitsentgelts fällig. **Die Gleitzonenregelung für die Berechnung der Gesamtsozialversicherungsbeiträge für den Niedriglohnbereich gilt nicht in den Fällen** der Altersteilzeit bzw. **bei flexiblen Arbeitszeitmodellen,** in denen das reduzierte Arbeitsentgelt in die Gleitzone fällt (→ *Gleitzone* Rz. 1446).

aa) Einmalig gezahltes Arbeitsentgelt

307 Das angesparte und in der Freistellungsphase fällige Wertguthaben stellt ausnahmslos beitragspflichtiges laufendes Arbeitsentgelt dar; dies gilt insbesondere auch für angespartes einmalig gezahltes Arbeitsentgelt. Werden während der Freistellungsphase zusätzliche Beträge des Wertguthabens als Einmalzahlung (z.B. als Weihnachtsgeld u.Ä.) verwendet, ist § 23a SGB IV entsprechend anzuwenden. Voraussetzung ist jedoch, dass die Höhe der Einmalzahlung die Höhe der während einer Arbeitsphase zu zahlenden Einmalzahlung nicht übersteigt. Übersteigt die in der Freistellungsphase gezahlte Einmalzahlung die Höhe der in einer Arbeitsphase zu zahlenden Einmalzahlung, ist diese Verwendung des Wertguthabens insoweit als Teilauszahlung nicht für eine Zeit der Freistellung zu werten. Diese Einmalzahlung stellt dann insoweit einen Störfall dar mit der Folge der besonderen Beitragsberechnung.

bb) Fälligkeit

308 Grundsätzlich ist die Fälligkeit der Sozialversicherungsbeiträge an die geleistete Arbeit gebunden. Für die im Rahmen einer Vereinbarung nach § 7 Abs. 1a SGB IV gebildeten Wertguthaben wird die Fälligkeit der Sozialversicherungsbeiträge auf die Freistellungszeiträume verschoben. Für die Fälle, in denen das im Rahmen einer flexiblen Arbeitszeitregelung gebildete Wertguthaben nicht entsprechend der getroffenen Vereinbarung für eine Freistellung von der Arbeitsleistung verwendet wird (**Störfälle**), wird ein besonderes Verfahren für die Berechnung und Zuordnung der Sozialversicherungsbeiträge sowie für das Meldeverfahren bestimmt.

cc) Beitragssatz in der Krankenversicherung

309 Während der Freistellungsphase besteht grundsätzlich ein Anspruch auf Krankengeld. Der Anspruch ruht jedoch in dieser Zeit (§ 49 Abs. 1 Nr. 6 SGB V). Die Beiträge zur Krankenversicherung richten sich in den Fällen, in denen nach der Freistellungsphase die Beschäftigung wieder aufgenommen wird (z.B. Freistellung während einer Pflege- oder Elternzeit), nach dem allgemeinen Beitragssatz, weil der Beschäftigte nur vorübergehend den Krankengeldanspruch nicht realisieren kann. Wird nach der Freistellungsphase die Beschäftigung nicht wieder aufgenommen (z.B. Freistellung zur Verkürzung der Lebensarbeitszeit unmittelbar vor der Rente), sind Beiträge nach dem ermäßigten Beitragssatz zu berechnen, weil der Beschäftigte vom Zeitpunkt der Freistellung an dauerhaft den Krankengeldanspruch nicht realisieren kann.

dd) Störfall

310 Fälle, in denen das Wertguthaben nicht wie vereinbart für eine Zeit der Freistellung verwendet wird (Störfälle), können insbesondere sein

– Beendigung des Beschäftigungsverhältnisses, z.B. durch Kündigung; dies gilt nicht, wenn das Wertguthaben zu einem neuen Arbeitgeber mitgenommen oder von der Möglichkeit zur Übertragung des Wertguthabens auf die Deutsche Rentenversicherung Bund Gebrauch gemacht wird,

– Beendigung des Beschäftigungsverhältnisses wegen Zubilligung einer Rente wegen Erwerbsminderung ohne Wiedereinstellungsgarantie,

– vollständige oder teilweise Auszahlung des Wertguthabens nicht für Zeiten einer Freistellung,

– Übertragung von Wertguthaben auf andere Personen,

– Verwendung des Wertguthabens für Zwecke der betrieblichen Altersversorgung aus Wertguthabenvereinbarungen, die nach dem 13.11.2008 geschlossen wurden,

– Verwendung des Wertguthabens für Zwecke der betrieblichen Altersversorgung aus Wertguthabenvereinbarungen, die nach dem 31.12.2000 und vor dem 14.11.2008 geschlossen waren und keine diesbezügliche Regelung enthielten,

– Tod des Arbeitnehmers.

Stellt der Rentenversicherungsträger im Rahmen einer Betriebsprüfung fest, dass die Insolvenzsicherungspflicht des Wertguthabens nicht beachtet wurde, wird der Arbeitgeber zur Zahlung der im Wertguthaben enthaltenen und im Störfall zu leistenden Gesamtsozialversicherungsbeiträge aufgefordert. Die Beitragsforderung kann abgewendet werden, wenn der Arbeitgeber die notwendige Insolvenzsicherung innerhalb von zwei Monaten nachweist.

Für den Fall, dass das Wertguthaben nicht wie vereinbart für eine laufende Freistellung von der Arbeit verwendet wird (**Störfall**), sieht § 23b Abs. 2 SGB IV ein besonderes Beitragsberechnungsverfahren vor. Näheres zu dieser speziellen Beitragsberechnung kann dem Gemeinsamen Rundschreiben der Spitzenverbände der Sozialversicherungsträger vom 31.3.2009 entnommen werden. Für die Behandlung von Wertguthaben, die auf Grund der bis zum 31.12.2008 geltenden Rechtslage angespart wurden, gilt das Gemeinsame Rundschreiben der Spitzenverbände der Sozialversicherungsträger v. 29.8.2003.

Für die Berechnung der Beiträge im Störfall sind nach § 23b Abs. 2 Satz 4 SGB IV die im Zeitpunkt der Fälligkeit der Beiträge **jeweils geltenden Beitragssätze** maßgebend. Diese Beiträge werden mit den Beiträgen der Entgeltabrechnung des Kalendermonats **fällig**, der auf den Monat folgt, in dem der Störfall eingetreten ist bzw. bei Zahlungsunfähigkeit des Arbeitgebers die Mittel für die Beitragszahlung verfügbar sind.

Sind vom Wertguthaben Beiträge zu einem Versicherungszweig zu zahlen, zu dem im Zeitpunkt des Störfalls oder der Fälligkeit der Beiträge keine Versicherungspflicht besteht, ist gleichwohl der **aktuelle Beitragssatz** dieses Versicherungszweiges anzuwenden.

Gilt zum Zeitpunkt des Eintritts eines Störfalls und der Auszahlung des Wertguthabens ein **anderer Beitragssatz** als zum Zeitpunkt der Fälligkeit der Beiträge, sind die Beiträge aus dem Wertguthaben nach einem anderen Beitragssatz zu ermitteln als die Beiträge aus dem Arbeitsentgelt des Abrechnungszeitraumes, in dem der

Störfall eintrat. Um Probleme in der Entgeltabrechnung durch die Anwendung von zwei Beitragssätzen in einem Abrechnungszeitraum zu vermeiden, kann der Beitragssatz für die Berechnung der Beiträge nach § 23b Abs. 2 SGB IV angewendet werden, der im Abrechnungszeitraum, in dem das Wertguthaben ausgezahlt wurde, galt. Die Beiträge sind mit dem Beitragsnachweis dieses Abrechnungszeitraums nachzuweisen.

Die Krankenkasse, der der Versicherte im Zeitpunkt des Störfalls angehört, erhält die Krankenversicherungsbeiträge aus dem Wertguthaben. Dabei ist es unerheblich, ob im gesamten Zeitraum, auf den das Wertguthaben rückwirkend zu verteilen ist, eine Mitgliedschaft bei dieser Krankenkasse bestanden hat. Auch ist es unerheblich, in welcher Höhe für diesen Zeitraum bereits in der Vergangenheit – ohne das Wertguthaben – tatsächlich Beiträge zur Krankenversicherung entrichtet wurden.

Gehört der Arbeitnehmer zum Zeitpunkt des Störfalls oder der Fälligkeit der Beiträge keiner Krankenkasse an, umfasst das Wertguthaben aber auch einen zur Krankenversicherung beitragspflichtigen Teil, so ist der Beitragssatz der Krankenkasse anzuwenden, die im Zeitpunkt des Störfalls als Einzugsstelle die Beiträge zur Renten- oder Arbeitslosenversicherung annimmt.

Sind vom Wertguthaben **Beiträge zur Rentenversicherung** zu zahlen und besteht zum Zeitpunkt des Störfalls oder der Fälligkeit der Beiträge keine Rentenversicherungspflicht, sind die Beiträge zu dem Rentenversicherungszweig zu zahlen, dem der Arbeitnehmer zuletzt angehörte. Wird der Arbeitgeber insolvent, stellt das Wertguthaben nach § 23b Abs. 2 Satz 7 SGB IV nur insoweit beitragspflichtiges Arbeitsentgelt dar, als hiervon Beiträge entrichtet werden. Nach § 23b Abs. 2 Satz 8 SGB IV werden die Beiträge mit den Beiträgen des Monats fällig, der dem Monat folgt, in dem die Mittel für die Beitragszahlung zur Verfügung stehen. Jeweils dann, wenn Mittel für die Beitragszahlung zur Verfügung stehen, tritt ein Störfall mit der besonderen Beitragsberechnung ein. Für jeden dieser Störfälle gilt ein besonderer Fälligkeitstag.

ee) Besonderheiten in der Unfallversicherung

311 Nach § 23b Abs. 1 Satz 1 SGB IV ist bei Vereinbarungen nach § 7b SGB IV (Wertguthabenvereinbarungen) für Zeiten der tatsächlichen Arbeitsleistung und für Zeiten der Inanspruchnahme des Wertguthabens das in dem jeweiligen Zeitraum fällige Arbeitsentgelt als Arbeitsentgelt i.S.d. Fälligkeitsregelung für Sozialversicherungsbeiträge (§ 23 Abs. 1 SGB IV) maßgebend. Die Regelung des § 23b SGB IV zur Fälligkeit von beitragspflichtigem Arbeitsentgelt bei flexiblen Arbeitszeitregelungen findet in der Unfallversicherung keine Anwendung. Für die Ermittlung der Unfallversicherungsbeiträge ist das laufende Arbeitsentgelt stets nach dem Entstehungsprinzip (§ 22 Abs. 1 Satz 1 SGB IV) heranzuziehen. Das bedeutet, dass in der Unfallversicherung – anders als in übrigen Sozialversicherungszweigen – in den Fällen der Inanspruchnahme eines Wertguthabens für gesetzlich geregelte oder vertraglich vereinbarte vollständige Freistellungen Unfallversicherungsbeiträge ausschließlich in der Ansparphase der flexiblen Arbeitszeitregelung erhoben werden. Diesem Ergebnis liegt der Gedanke zu Grunde, dass ein unfallversicherungsrechtlich relevantes Risiko in der Phase der vollständigen Freistellung nicht (mehr) besteht.

Die Deutsche Gesetzliche Unfallversicherung (DGUV) hat mitgeteilt, dass sie die Beitragspflicht von laufendem Arbeitsentgelt, das während der Freistellungsphase monatlich gezahlt und nicht aus dem Wertguthaben entnommen wird (z.B. vermögenswirksame Leistungen, Firmenwagen als geldwerter Vorteil, Jubiläumszahlungen), für gegeben hält. Zugleich ist die Möglichkeit ausgeschlossen, dass im Rahmen einer Sonderregelung auf Beiträge verzichtet werden kann. Das bedeutet, dass dieses Arbeitsentgelt auch dann in der Unfallversicherung zu verbeitragen und zu melden ist, wenn es sich im Einzelfall um geringe Beträge handelt.

Das der Beitragspflicht zur Unfallversicherung unterliegende laufende Arbeitsentgelt ist im Rahmen der Jahresmeldung zur Unfallversicherung anzugeben.

c) Melderecht

312 Werden Beiträge anlässlich des Eintritts eines Störfalls entrichtet, ist das beitragspflichtige Arbeitsentgelt mit einer **besonderen Meldung** zu bescheinigen. Für die besondere Meldung gilt der **Grund der Abgabe 55**. Es sind jeweils der Personengruppenschlüssel und der Beitragsgruppenschlüssel anzugeben, die beim Versicherten zum Zeitpunkt des Störfalls zutreffen. Sind Beiträge zu einem Versicherungszweig zu entrichten, zu dem zum Zeitpunkt des Störfalls keine Versicherungspflicht besteht, ist der für den Versicherten **zuletzt** maßgebende Beitragsgruppenschlüssel anzugeben. Hiermit ist die letzte Pflichtbeitragsgruppe bezogen auf die einzelnen Versicherungszweige gemeint, zu denen Beiträge zu zahlen sind. Die Meldung hat das zur Rentenversicherung beitragspflichtige Arbeitsentgelt zu enthalten. Sind im Störfall keine Beiträge zur Rentenversicherung zu entrichten, weil der Arbeitnehmer z.B. im gesamten maßgebenden Zeitraum wegen der Zugehörigkeit zu einer berufsständischen Versorgungseinrichtung versicherungsfrei war, ist als Arbeitsentgelt „00000" € zu melden.

Endet das Beschäftigungsverhältnis im Zusammenhang mit der Zuerkennung einer **Rente wegen verminderter Erwerbsfähigkeit**, gilt Folgendes:

– Wertguthaben, die bis zum Tag vor dem Eintritt der Erwerbsminderung erzielt wurden, sind nach § 28a Abs. 1 Nr. 19 SGB IV i.V.m. § 11a Abs. 1 DEÜV mit einer Sondermeldung (Abgabegrund: 55) unverzüglich zu melden. Als Meldezeitraum sind der Monat und das Jahr des Eintritts der Erwerbsminderung anzugeben.

– Das Wertguthaben, das seit Eintritt der Erwerbsminderung erzielt wurde, ist zusammen mit dem Arbeitsentgelt der erforderlichen Abmeldung wegen Ende der Beschäftigung zu melden. Hierdurch kann es vorkommen, dass die anteilige Beitragsbemessungsgrenze des Meldezeitraums überschritten wird. Es wird deshalb empfohlen, auch diesen Teil des Wertguthabens mit einer Sondermeldung zu melden. Als Meldezeitraum sind der Monat und das Jahr der nicht zweckentsprechenden Verwendung des Wertguthabens anzugeben. Ist seit dem Eintritt der Erwerbsminderung kein Wertguthaben erzielt worden, ist für diesen Zeitraum keine besondere Meldung abzugeben.

Nach § 28a Abs. 3 Nr. 4 Buchst. a SGB IV i.V.m. § 11a Abs. 1 DEÜV ist im Fall der Insolvenz des Arbeitgebers nur das Arbeitsentgelt gesondert zu melden, von dem tatsächlich Beiträge zur Rentenversicherung entrichtet wurden. Als Meldezeitraum sind nach § 28a Abs. 3 Nr. 4 Buchst. b SGB IV der Kalendermonat und das Jahr der Beitragszahlung anzugeben. Wurde aus Vereinfachungsgründen der Beitragssatz des Abrechnungszeitraumes angewendet, in dem das Wertguthaben ausgezahlt wurde, ist als Meldezeitraum der Monat und das Kalenderjahr des Abrechnungszeitraumes zu melden. Erfolgen mehrere Zahlungen, weil der Anspruch nur schrittweise erfüllt wurde, sind mehrere Meldungen mit den entsprechenden Meldezeiträumen zu erstatten.

Ergänzende Hinweise zur versicherungs- und beitragspflichtigen Beurteilung können dem gemeinsamen Rundschreiben der Spitzenverbände der Sozialversicherungsträger v. 31.3.2009 entnommen werden. Dieses Rundschreiben ersetzt das bisherige Rundschreiben v. 29.8.2003, welches hinsichtlich der Rechtslage bis zum 31.12.2008, insbesondere von Wertguthaben aus.

Arbeitszimmer

Inhaltsübersicht:	Rz.
1. Arbeitsrecht	313
2. Ersatzleistungen des Arbeitgebers	314
3. Werbungskostenabzug	315
a) Allgemeine Grundsätze	315
b) Anerkennung als Arbeitszimmer	319
c) Begriff „häusliches" Arbeitszimmer	320
d) Abgrenzung häusliches/außerhäusliches Arbeitszimmer	321
e) Abgrenzung zu Betriebsräumen	322
f) Mittelpunkt der gesamten Tätigkeit	323
g) Anderer Arbeitsplatz steht nicht zur Verfügung	324
h) Arbeitszimmer in einem sog. Home-Office	325
4. Mietverhältnis mit dem Arbeitgeber	326
5. Ehegatten-Mietverträge	327

→ *Home-Office/Mobile-Office/Telearbeit* Rz. 1571, → *Werbungskosten* Rz. 3182

Arbeitszimmer

1. Arbeitsrecht

313 Die Nutzung eigener Räumlichkeiten (Home-Office) durch den Arbeitnehmer zur Erfüllung von Arbeitsaufgaben kann einen **Aufwendungsersatzanspruch des Arbeitnehmers** entsprechend § 670 BGB auslösen, wenn der Arbeitgeber ein im Verhältnis zum Arbeitnehmer ganz überwiegendes Interesse an der Nutzung eines häuslichen Arbeitszimmers hat. Dient das häusliche Arbeitszimmer dem Interesse des Arbeitnehmers durch Ersparnis von Wegezeit und Wegekosten sowie der freien Einteilung von Freizeit/Arbeitszeit, überwiegt das Interesse des Arbeitnehmers an der Nutzung. In diesem Fall kommt die Erstattung der Aufwendung nur durch eine entsprechende Vereinbarung zwischen Arbeitnehmer und Arbeitgeber in Betracht (BAG v. 12.4.2011, 9 AZR 14/10, HFR 2012, 215: Kein Ersatz von Aufwendungen für das häusliche Arbeitszimmer eines Lehrers).

2. Ersatzleistungen des Arbeitgebers

314 Ersetzt der Arbeitgeber dem Arbeitnehmer die Kosten für ein **Arbeitszimmer** in dessen eigener oder gemieteter Wohnung, liegt grundsätzlich steuer- und beitragspflichtiger Arbeitslohn vor, weil es für diesen Werbungskostenersatz keine Steuerbefreiungsvorschrift gibt (R 19.3 Abs. 3 Satz 1 LStR). Das gilt auch, wenn ein Arbeitgeber einem Angestellten einen **pauschalen Bürokostenzuschuss** zahlt, weil dieser ein häusliches Arbeitszimmer benötigt. Auch wenn der Arbeitgeber dadurch Ausgaben für eigene Betriebsstätten erspart, erfolgen derartige Zahlungen nicht im überwiegend eigenbetrieblichen Interesse des Arbeitgebers; es handelt sich auch nicht um steuerfreien Auslagenersatz i.S.d. § 3 Nr. 50 EStG (BFH v. 8.3.2006, IX R 76/01, HFR 2006, 1081). Zur Abgrenzung gegenüber „echten" Mietverträgen → Rz. 326.

Eine **steuerfreie Ersatzmöglichkeit** haben lediglich öffentliche Arbeitgeber, die die Steuerbefreiung nach § 3 Nr. 12 Satz 2 EStG anwenden können. Die Steuerfreiheit ist jedoch auf die Höhe des möglichen Werbungskostenabzugs für das häusliche Arbeitszimmer begrenzt (BFH v. 13.6.2013, VI R 37/11, HFR 2013, 1089: Kürzung des Werbungskostenabzugs bei steuerfreiem Aufwendungsersatz für das häusliche Arbeitszimmer eines technischen Aufsichtsbeamten einer Berufsgenossenschaft).

Auch wenn der Arbeitgeber lediglich die Kosten der **Büroeinrichtung oder Arbeitsmittel** wie z.B. Telefon, Faxgerät, Kopierer usw. übernimmt, stellen diese Leistungen steuer- und beitragspflichtigen Arbeitslohn dar, weil es auch hierfür keine Steuerbefreiungsvorschrift gibt. Die Steuerbefreiung des § 3 Nr. 30 EStG i.V.m. R 3.30 LStR für die Überlassung von Werkzeugen findet keine Anwendung, weil solche Gegenstände kein „Werkzeug" sind (BFH v. 21.8.1995, VI R 30/95, BStBl II 1995, 906). Einzelheiten → *Home-Office/Mobile-Office/Telearbeit* Rz. 1574 sowie → *Werkzeuggeld* Rz. 3195. Besonderheiten gelten lediglich für die Überlassung oder auch Übereignung von **Computern** nebst Zubehör (→ *Computer* Rz. 782).

Bei der Berechnung des **Mietwerts** einer vom Arbeitgeber zugewiesenen **Dienstwohnung** sind solche Räume **nicht einzubeziehen**, die dem Arbeitnehmer **vom Arbeitgeber im überwiegend eigenbetrieblichen Interesse als Büro oder Dienstzimmer zugewiesen** werden. Für ein solches überwiegend eigenbetriebliches Interesse kann z.B. die Möblierung des Büros durch den Arbeitgeber oder die gesonderte Erfassung der Energiekosten über gesonderte Zähler sprechen. Erstattet der Arbeitgeber – ohne selbst Rechnungsempfänger zu sein – dem Arbeitnehmer die auf das dienstlich zugewiesene Zimmer entfallenden **Nebenkosten (Strom, Heizung)**, liegt steuerpflichtiger Arbeitslohn vor; es bleibt dem Arbeitnehmer überlassen, die Aufwendungen als Werbungskosten – ggf. schon im Lohnsteuerermäßigungsverfahren – geltend zu machen. Entsprechendes gilt, wenn der Arbeitgeber dem Arbeitnehmer die Aufwendungen für ein Arbeitszimmer in der eigenen oder vom Arbeitnehmer angemieteten Wohnung ersetzt. Zahlt der Arbeitgeber an Forstbedienstete im öffentlichen Dienst bzw. an Geistliche oder andere Mitarbeiter der öffentlich-rechtlichen Religionsgemeinschaften, die ebenfalls öffentliche Dienste leisten, Amts- oder Dienstzimmerentschädigungen, können diese unter den Voraussetzungen des § 3 Nr. 12 Satz 2 EStG i.V.m. R 3.12 Abs. 3 Satz 3 Nr. 1 LStR **bis zur Höhe von 200 € monatlich steuerfrei** bleiben. Voraussetzung hierfür ist, dass die Zahlung deutlich als **„(Aufwands-)Entschädigung" gekennzeichnet** ist (vgl. OFD Münster v. 8.1.2010, S 2334 – 3 – St 22 – 31, Lohnsteuer-Handausgabe 2015, 189 betr. Dienstwohnungen Geistlicher).

3. Werbungskostenabzug

a) Allgemeine Grundsätze

aa) Inhalt der Abzugsbeschränkung

315 Zur Rechtsentwicklung s. zuletzt „ABC des Lohnbüros" 2014 Rdnr. 301.

Nach § 4 Abs. 5 Satz 1 Nr. 6b EStG, der über § 9 Abs. 5 EStG auch für Arbeitnehmer gilt, sind Aufwendungen für ein häusliches Arbeitszimmer sowie Kosten der Ausstattung grundsätzlich überhaupt nicht mehr abzugsfähig. Die Beschränkung des Werbungskostenabzugs dient der typisierenden Begrenzung von Aufwendungen, die eine **Berührung mit dem privaten Lebensbereich** des Stpfl. aufweisen und in einer Sphäre anfallen, die einer sicheren Nachprüfung durch Finanzverwaltung und FG entzogen ist; zugleich sollen **Missbräuche verhindert** werden (zuletzt BFH v. 15.10.2014, VIII R 8/11, HFR 2015, 914 m.w.N.). Dieser Zweck schließt es aus, für die Frage, ob es sich um ein häusliches Arbeitszimmer handelt und demgemäß die Abzugsbeschränkung zu beachten ist, danach zu differenzieren, ob der Stpfl. selbst oder dessen angestellter Ehegatte das Büro tatsächlich nutzt (zuletzt BFH v. 29.4.2010, VI B 153/09, www.stotax-first.de).

Vom Abzugsverbot gelten jedoch folgende Ausnahmen:

– Wenn dem Stpfl. für die betriebliche oder berufliche Tätigkeit **kein anderer Arbeitsplatz zur Verfügung steht**, können die Aufwendungen bis **höchstens 1 250 € im Jahr** berücksichtigt werden.

– Wenn das häusliche Arbeitszimmer den **Mittelpunkt der gesamten betrieblichen und beruflichen Betätigung** des Stpfl. bildet, können die Aufwendungen sogar **in voller Höhe berücksichtigt** werden.

Anders als bis 2006 ist ein (begrenzter) Abzug auch dann nicht mehr möglich, wenn die berufliche Nutzung des Arbeitszimmers **mehr als 50 % der gesamten betrieblichen und beruflichen Tätigkeit** des Stpfl. ausmacht; hiergegen bestehen keine verfassungsrechtlichen Bedenken (BFH v. 8.12.2011, VI R 13/11, BStBl II 2012, 236 betr. das häusliche Arbeitszimmer einer Richterin am Amtsgericht).

Der Höchstbetrag von 1 250 € für häusliche Arbeitszimmer ist **objektbezogen**, d.h. er wird auch dann nicht verdoppelt, wenn das häusliche Arbeitszimmer von beiden als Lehrkräften tätigen Eheleuten gemeinsam genutzt wird (zuletzt FG Baden-Württemberg v. 12.7.2012, 3 K 447/12, EFG 2012, 1957, Revision eingelegt, Az. beim BFH: VI R 53/12). Ebenso kann ein Stpfl. – auch wenn er aus beruflichen Gründen zwei Wohnungen hat – **keine zwei Arbeitszimmer geltend** machen (FG Rheinland-Pfalz v. 25.2.2015, 2 K 1595/13, EFG 2015, 1076, Revision eingelegt, Az. beim BFH: VIII R 15/15).

Einzelfragen zur Abzugsbeschränkung sind in BMF v. 2.3.2011, IV C 6 – S 2145/07/10002, BStBl I 2011, 195 geregelt worden.

Zur **rechnerischen Ermittlung der auf ein häusliches Arbeitszimmer entfallenden Kosten** s. OFD Hannover v. 4.8.2008, S 2354 – 38 – StO 217, www.stotax-first.de. Entspricht ein im Keller belegenes häusliches Arbeitszimmer nach seiner Funktion, baulichen Beschaffenheit, Lage und Ausstattung dem Standard eines Wohnraumes, gehört es zu den Haupträumen der Wohnung, so dass der Anteil der auf dieses Arbeitszimmer entfallenden Gebäudekosten nach dem Verhältnis der Fläche des Arbeitszimmers zur Fläche der reinen Wohnfläche zuzüglich des Arbeitszimmers zu ermitteln ist. Die Fläche der übrigen im Keller belegenen (Neben-)Räume bleibt bei der Kostenaufteilung unberücksichtigt (BFH v. 11.11.2014, VIII R 3/12, BStBl II 2015, 382).

bb) Nicht abgegoltene Kosten

316 Nicht vom Abzugsverbot erfasst sind die Aufwendungen für die **beruflich genutzten Einrichtungsgegenstände** im Arbeitszimmer (z.B. Schreibtisch, Bücherregale, Klavier, Computer), bei denen es sich im steuerlichen Sinne um **Arbeitsmittel i.S.d. § 9 Abs. 1 Nr. 7 EStG** handelt (zuletzt BFH v. 23.9.2009, IV R 21/08, BStBl II 2010, 337). Die Abgrenzung kann schwierig sein; es muss nach den Umständen des Einzelfalls entschieden werden, ob der Ausstattungsgegenstand eines Arbeitszimmers zu den abziehba-

ren Aufwendungen der **Einrichtung** oder den nicht abziehbaren Aufwendungen der **Ausschmückung** gehört (vgl. dazu BFH v. 8.11.1996, VI R 22/96, HFR 1997, 479 sowie FG München v. 25.1.2007, 6 K 3326/05, www.stotax-first.de: Wandschmuck im Arbeitszimmer gehört regelmäßig zu den Aufwendungen für die allgemeine Lebensführung).

Nicht als Arbeitsmittel anerkannt wurden – auch wenn sie sich im Arbeitszimmer befinden – z.B.

- **Teppiche** (zuletzt FG München v. 10.3.2005, 15 K 1857/04, www.stotax-first.de, m.w.N.),
- eine **Couch** (FG München v. 28.9.2005, 10 K 1427/03, www.stotax-first.de).

cc) Vorab entstandene Werbungskosten

317 Das Abzugsverbot gilt auch für sog. vorab entstandene Werbungskosten. Ob und in welchem Umfang die Aufwendungen für das Herrichten eines häuslichen Arbeitszimmers für eine nachfolgende berufliche Tätigkeit als Werbungskosten abziehbar sind, bestimmt sich nach den zu erwartenden Umständen der späteren beruflichen Tätigkeit (zuletzt BFH v. 13.12.2011, VIII B 39/11, www.stotax-first.de, betr. eine beabsichtigte Tätigkeit als Berater und Dozent). Nicht entscheidend ist, ob die beabsichtigte berufliche Nutzung im Jahr des Aufwands bereits begonnen hat (vgl. BFH v. 2.12.2005, VI R 63/03, BStBl II 2006, 329 betr. Nutzung des Arbeitszimmers während einer **Erwerbslosigkeit** und BFH v. 23.5.2006, VI R 21/03, BStBl II 2006, 600 betr. Aufwendungen für die Einrichtung eines **Telearbeitsplatzes**).

dd) Sonstiges

318 Zum Werbungskostenabzug in den Fällen, in denen ein Arbeitnehmer z.B. ein Arbeitszimmer in einem seinem Ehegatten/Lebensgefährten gehörenden Haus nutzt (Abzug des sog. **Drittaufwands**), s. BFH v. 23.9.2009, IV R 21/08, BStBl II 2010, 337 sowie zuletzt FG Düsseldorf v. 21.10.2014, 13 K 1554/12 E, EFG 2015, 709.

Aufwendungen für die (nicht durch die Reparatur des Gebäudes veranlasste) Neuanlage eines **Gartens** sind nicht anteilig den Kosten des häuslichen Arbeitszimmers im selbst genutzten Einfamilienhaus zuzurechnen (BFH v. 14.3.2008, IX B 183/07, www.stotax-first.de).

Dagegen gehören zu den Aufwendungen im Zusammenhang mit einem Arbeitszimmer, welche ggf. als Betriebsausgaben oder Werbungskosten berücksichtigt werden können, insbesondere auch **Reparaturaufwendungen, welche das gesamte Haus betreffen sowie Aufwendungen für die Renovierung "des Zimmers"**. Während Kosten, die das gesamte Haus betreffen, anteilig dem Arbeitszimmer zugerechnet werden, werden **Kosten, welche nur das Arbeitszimmer betreffen** (z.B. Teppichbodenerneuerung oder Malerarbeiten), in voller Höhe als Betriebsausgaben oder Werbungskosten berücksichtigt. Maßnahmen, die den Teil des Hauses oder der Wohnung betreffen, der privaten Wohnzwecken dient, sind dagegen insgesamt vom Abzug ausgeschlossen. Soweit die Kosten nicht – wie z.B. die Aufwendungen für die Ausstattung oder die Renovierung des Zimmers – nur für das häusliche Arbeitszimmer, sondern für das gesamte Gebäude oder die ganze Eigentumswohnung anfallen, ist allein der auf das häusliche Arbeitszimmer entfallende Anteil der Gesamtaufwendungen abzuziehen. Dieser Anteil ist grundsätzlich nach dem Verhältnis der Fläche des häuslichen Arbeitszimmers zur Wohnfläche des Einfamilienhaus bzw. der Eigentumswohnung (Wohnflächenverhältnis) im Schätzwege zu ermitteln (BFH v. 11.11.2014 VIII R 3/12, BStBl II 2015, 382). Dies gilt nach Auffassung des **FG Münster** (Urteil v. 18.3.2015, 11 K 829/14 E, EFG 2015, 1073, Revision eingelegt, Az. beim BFH: VIII R 16/15) auch für **Kosten des Umbaus von Badezimmer und Flur**; es handele sich dabei um solche Kosten, welche – ähnlich wie Kosten für die Neueindeckung des Daches, die Renovierung der Fassade, das Ersetzen der Eingangstür oder die Trockenlegung des Kellers – das **gesamte Gebäude betreffen**.

b) Anerkennung als Arbeitszimmer

319 Es ist zunächst nach den Grundsätzen der BFH-Rechtsprechung (s. zuletzt BFH v. 22.11.2006, X R 1/05, BStBl II 2007, 304 m.w.N.) zu prüfen, ob ein „häusliches Arbeitszimmer" überhaupt steuerlich anerkannt werden kann, also insbesondere so gut wie **ausschließlich beruflich genutzt** wird. Ob dies der Fall ist, ist unter Berücksichtigung der Gesamtumstände des einzelnen Falls zu beurteilen. Zur Aufklärung kommt auch die Vernehmung der Mitbewohner in Betracht; dies gilt auch, wenn der Stpfl. in einer Wohngemeinschaft lebt. Der Zeugenbeweis durch Mitbewohner ist grundsätzlich kein untaugliches Beweismittel (BFH v. 13.11.2007, VI B 100/07, www.stotax-first.de). Der Werbungskostenabzug für beruflich genutzte Arbeitszimmer darf aber nicht allein deshalb versagt werden, weil die Räumlichkeiten auch zu Wohnzwecken genutzt werden könnten – es kommt allein auf die tatsächliche Nutzung an (BFH v. 6.3.2008, VI R 3/05, www.stotax-first.de, betr. die Pfarrdienstwohnung einer Pastorin).

Wird das Arbeitszimmer zu mehr als 10 % privat genutzt (dazu gehört auch die Nutzung für die Erstellung der privaten Einkommensteuererklärung), sind die Aufwendungen nach § 12 Nr. 1 EStG insgesamt nicht abzugsfähig, weil die beruflichen und privaten Veranlassungsbeiträge untrennbar ineinandergreifen (vgl. BMF v. 6.7.2010, IV C 3 – S 2227/07/10003 :002, BStBl I 2010, 614). Der BFH hat inzwischen dem **Großen Senat des BFH** die Frage zur Entscheidung vorgelegt, ob der **Begriff des häuslichen Arbeitszimmers voraussetzt, dass der jeweilige Raum (nahezu) ausschließlich für betriebliche/berufliche Zwecke genutzt wird** (BFH v. 21.11.2013, IX R 23/12, BStBl II 2014, 312, Az. beim Großen Senat des BFH: GrS 1/14). Die Entscheidung bleibt abzuwarten. Der Beschluss betrifft **nicht die „Arbeitsecke"**, Aufwendungen hierfür dürften weiterhin nicht abzugsfähig sein.

Ist das Arbeitszimmer z.B. mit einem **Bett, einem Kühlschrank mit Getränken und einer Kaffeemaschine** ausgestattet, spricht dies für eine nicht unerhebliche private Mitbenutzung des Arbeitszimmers; die Aufwendungen können dann von vornherein nicht als Werbungskosten anerkannt werden (FG Niedersachsen v. 13.2.2001, 8 K 592/94 und 8 K 769/00, EFG 2002, 1586). Nicht anzuerkennen ist ein als „Arbeitszimmer" genutzter **offener Galeriebereich**, der räumlich nicht vom Wohnbereich getrennt ist (BFH v. 16.8.2005, VI B 8/05, www.stotax-first.de).

c) Begriff „häusliches" Arbeitszimmer

320 Das Abzugsverbot gilt nur für ein „häusliches" Arbeitszimmer sowie die Kosten der Ausstattung (§ 4 Abs. 5 Satz 1 Nr. 6b Satz 1 EStG). Der Begriff des häuslichen Arbeitszimmers ist im Gesetz nicht näher bestimmt. Es handelt sich um einen Typusbegriff, der durch die BFH-Rechtsprechung geprägt worden ist und den der Gesetzgeber mit der in § 4 Abs. 5 Satz 1 Nr. 6b EStG geschaffenen Regelung übernommen hat; seine Grenzen sind fließend und es gibt Übergangsformen. Entscheidend ist das Gesamtbild. Im Einzelnen wird unter einem häuslichen Arbeitszimmer ein Raum verstanden, der seiner **Lage, Funktion und Ausstattung** nach in die häusliche Sphäre des Stpfl. eingebunden ist und vorwiegend der Erledigung gedanklicher, schriftlicher, verwaltungstechnischer oder -organisatorischer Arbeiten dient. Ein solcher Raum ist typischerweise mit Büromöbeln eingerichtet, wobei der Schreibtisch regelmäßig das zentrale Möbelstück ist. Die Ausstattung mit einem Schreibtisch ist indessen nicht zwingend erforderlich; der Begriff des Arbeitszimmers ist auch nicht so zu verstehen, dass er lediglich solche Räume erfasst, die nach ihrer Funktion und Ausstattung nur zur büromäßigen Erledigung der vorstehend genannten konzeptionellen und organisatorischen Arbeiten bestimmt sind. Ebenso wenig muss der Raum für die Verrichtung menschlicher Arbeit von einer gewissen Dauer hergerichtet sein (zuletzt BFH v. 9.6.2015, VIII R 8/13, www.stotax-first.de, m.w.N. betr. das Arbeitszimmer einer Klavierlehrerin).

Eine **Einbindung in die häusliche Sphäre** ist regelmäßig dann gegeben, wenn die betrieblich oder beruflich genutzten **Räume zur Wohnung oder zum Wohnhaus des Stpfl. gehören**. Eine **Durchbrechung des inneren Zusammenhangs eines Arbeitszimmers mit den in demselben Gebäude gelegenen Wohnräumen** setzt regelmäßig voraus, dass das Arbeitszimmer über eine der Allgemeinheit zugängliche und auch von anderen Personen genutzte Verkehrsfläche zu erreichen ist, da nur in diesem Fall die räumliche Trennung zwischen Arbeitszimmer und Wohnhaus so stark ausgeprägt ist, dass der **Zusammenhang zur häuslichen Sphäre gelöst wird**. Dementsprechend erfordert die **Annahme eines häuslichen Arbeitszimmers keine unmittelbare Verbindung des Arbeitszimmers zur Wohnung**; auch Mansardenzimmer oder Kellerräume im selben Haus stehen als Zubehör-

Arbeitszimmer

räume zu der Wohnung noch in einer räumlichen Verbindung, die sie als häusliches Arbeitszimmer einordnen lässt. Sogar die Lage der Räume in einem Anbau, der nicht vom Wohnhaus aus, sondern nur über einen separaten, straßenabgewandten Eingang vom Garten aus betreten werden kann, genügt noch für die Einbindung in die häusliche Sphäre (zuletzt BFH v. 9.6.2015, VIII R 8/13, www.stotax-first.de, m.w.N. betr. das Arbeitszimmer einer Klavierlehrerin). Auch ein beruflich genutzter **Archivraum**, in dem Bücher, Akten und Unterlagen aufbewahrt, gesichtet und herausgesucht werden, kann der vorbereitenden und unterstützenden Erledigung gedanklicher, schriftlicher oder verwaltungstechnischer Arbeiten dienen und dadurch (Teil-)Funktionen erfüllen, die üblicherweise einem häuslichen Arbeitszimmer i.S.d. § 4 Abs. 5 Satz 1 Nr. 6b EStG zukommen (zuletzt BFH v. 11.11.2014, VIII R 3/12, BStBl II 2015, 382 betr. das im Keller belegene häusliche Arbeitszimmer eines Pensionärs).

Ein Arbeitszimmer, das sich in einem **selbst genutzten Einfamilienhaus** befindet, ist danach **grundsätzlich ein häusliches Arbeitszimmer** i.S.d. § 4 Abs. 5 Satz 1 Nr. 6b EStG, es sei denn, die Einbindung des Büros in die häusliche Sphäre wird – etwa durch **Publikumsverkehr** oder die Beschäftigung von nicht familienangehörigen Teilzeitkräften – **aufgehoben oder überlagert**. Räume sind begrifflich **keine „häuslichen Arbeitszimmer"**, wenn sie für einen intensiven und dauerhaften **Publikumsverkehr geöffnet** sind. Insoweit kann auch die nach außen erkennbare Widmung der Räumlichkeiten für den Publikumsverkehr zur Folge haben, dass diese nicht der Abzugsbeschränkung des § 4 Abs. 5 Satz 1 Nr. 6b EStG unterfallen. Ein Herausfallen aus dem Anwendungsbereich des § 4 Abs. 5 Satz 1 Nr. 6b EStG ist allerdings nicht schon allein deshalb gegeben, weil ein Stpfl. die von ihm genutzten Räumlichkeiten **gelegentlich für Beratungsgespräche** benutzt oder in diesen Räumen stundenweise Hilfskräfte für Büroarbeiten eingesetzt werden – anders bei andauernder Beschäftigung familienfremder Personen (zuletzt BFH v. 15.10.2014, VIII R 8/11, HFR 2015, 914 m.w.N.). Gleiches muss gelten, wenn die Funktion, gelegentliche Besprechungen zu ermöglichen, in einen **separaten Raum ausgelagert** wird. Umstände, die die Einbindung in die häusliche Sphäre aufheben oder überlagern, können aber dann gegeben sein, wenn die funktionale Büroeinheit auch von dritten, nicht familienangehörigen und auch nicht haushaltszugehörigen Personen genutzt wird (zuletzt BFH v. 18.4.2012, X R 57/09, BStBl II 2012, 770 m.w.N).

Begehrt der Stpfl. den Werbungskostenabzug für **mehrere in seine häusliche Sphäre eingebundene Räume**, ist die Qualifizierung als häusliches Arbeitszimmer grundsätzlich **für jeden Raum gesondert** vorzunehmen. Eine **gemeinsame Qualifizierung** kommt nur dann in Betracht, wenn die Räume eine **funktionale Einheit** bilden (zur funktionalen Einheit von Büro-, Ablage- und Archivräumen vgl. grundlegend BFH v. 19.9.2002, VI R 70/01, BStBl II 2003, 139). Denn es kann keinen Unterschied machen, ob auf Grund der räumlichen Situation die Nutzung in einem oder in mehreren Räumen erfolgt. Der BFH hat daher z.B. bei einem Unternehmer die Büroräume sowie den Ablage- und Archivraum im Kellergeschoss sowie die Besprechungsräume im Kellergeschoss und ersten Obergeschoss als funktionale Einheit angesehen und die Aufwendungen für alle Räume nur bis zum Höchstbetrag von 1 250 € berücksichtigt, da alle Räume mit den Beratungs- und Vermittlungsleistungen des Stpfl. als „externe Exportabteilung" mittelständischer Unternehmen in Zusammenhang standen (BFH v. 18.4.2012, X R 57/09, BStBl II 2012, 770 und zuletzt BFH v. 15.10.2014, VIII R 8/11, HFR 2015, 914 m.w.N.).

Abzugrenzen ist das „häusliche" Arbeitszimmer gegenüber

- sog. **außerhäuslichen Arbeitszimmern** (→ Rz. 321),
- **Betriebsräumen** u.Ä., die begrifflich kein Arbeitszimmer i.S.d. o.g. Rechtsprechung sind (→ Rz. 322),

bei denen die Kosten in voller Höhe berücksichtigt werden können.

d) Abgrenzung häusliches/außerhäusliches Arbeitszimmer

321 Streitig ist häufig, ob überhaupt ein „häusliches" Arbeitszimmer vorliegt. Es wird oft geltend gemacht, ein beruflich genutzter Raum im **Keller, im Dachgeschoss, im Garten (Gartenhaus) oder gar einem Nebenhaus gehöre nicht zur Wohnung** und falle daher von vornherein nicht unter die Abzugsbeschränkung („**außerhäusliches**" Arbeitszimmer).

Als **außerhäusliches Arbeitszimmer** angesehen wurden vom BFH z.B. (also keine Abzugsbeschränkung)

- ein nicht zur Wohnung gehörender **zusätzlich angemieteter Kellerraum** in einem Mehrfamilienhaus (BFH v. 26.2.2003, VI R 160/99, BStBl II 2003, 515);
- eine **Mansardenwohnung im Dachgeschoss eines Mehrfamilienhauses**, die nicht in unmittelbarer räumlicher Nähe zur Wohnung des Stpfl. im Erdgeschoss liegt (BFH v. 18.8.2005, VI R 39/04, BStBl II 2006, 428);
- ein „**außerhäusliches**" Arbeitszimmer in einem Zweifamilienhaus, weil es keinen direkten Zugang vom privaten Wohnbereich in die Büroräume gab (BFH v. 20.6.2012, IX R 56/10, HFR 2012, 1143).

Nicht als außerhäusliches Arbeitszimmer angesehen wurden vom BFH dagegen z.B. (also Abzugsbeschränkung)

- ein Arbeitszimmer, das sich in einem **Anbau** zum Wohnhaus des Stpfl. befindet und nur über einen separaten Eingang vom straßenabgewandten Garten aus betreten werden kann (BFH v. 13.11.2002, VI R 164/00, BStBl II 2003, 350);
- ein **Keller in einem Mehrfamilienhaus, der zur Wohnung gehört** (BFH v. 19.9.2002, VI R 70/01, BStBl II 2003, 139 und BFH v. 26.2.2003, VI R 130/01, BStBl II 2004, 74);
- ein Arbeitszimmer, das im **Dachgeschoss eines Einfamilienhauses** liegt (BFH v. 26.2.2003, VI R 156/01, BStBl II 2004, 75);
- ein im **Kellergeschoss** eines Einfamilienhauses belegenes Arbeitszimmer (BFH v. 11.11.2014, VIII R 3/12, BStBl II 2015, 382);
- das Büro eines Oberarztes, das sich im **Obergeschoss des von den Eheleuten bewohnten Zweifamilienhauses** befindet. Die Büroräume waren zwar nicht durch einen direkten Zugang mit den Wohnräumen der Familie verbunden sind und verfügten sogar über einen eigenen Eingang und Treppenaufgang. Das gesamte Grundstück und Gebäude wurde jedoch ausschließlich von der Familie genutzt, so dass **auf dem Weg zum Büro keine der Allgemeinheit zugängliche oder von fremden Dritten benutzte Verkehrsfläche betreten werden musste** (BFH v. 15.1.2013, VIII R 7/10, BStBl II 2013, 374);
- das als Arbeitszimmer genutzte **ausgebaute Dachgeschoss einer Doppelgarage**, die ca. 20 m vom selbstbewohnten Einfamilienhaus entfernt auf dem Grundstück des Stpfl. steht, weil es vom Privatbereich aus zugänglich ist (BFH v. 23.5.2013, VIII B 153/12, www.stotax-first.de);
- ein Arbeitszimmer, das sich im **Untergeschoss des Einfamilienhauses** des Stpfl. befindet. Denn allein der Umstand, dass sich das häusliche Arbeitszimmer und die übrigen Teile der Wohnung nicht auf derselben Etage befinden, macht aus einem häuslichen Arbeitszimmer kein außerhäusliches (BFH v. 28.2.2013, VIII R 58/11, BStBl II 2013, 642);
- eine **zweite abgeschlossene Wohnung in einem vom Stpfl. bewohnten Zweifamilienhaus**. Um ein „außerhäusliches" Arbeitszimmer würde es sich erst dann handeln, wenn der Stpfl., um aus dem Wohnbereich in die Arbeitsräume zu gelangen, zunächst das Haus verlassen und/oder eine auch von anderen Personen genutzte und der Allgemeinheit zugänglich gemachte Verkehrsfläche durchqueren müsste (BFH v. 13.5.2015, III R 59/13, HFR 2015, 316);
- die im **Keller** eines Einfamilienhauses belegenen Büroräume des Gesellschafters einer Ingenieur-GbR (BFH v. 15.10.2014, VIII R 8/11, HFR 2015, 914);
- das im **Erdgeschoss** ihres Einfamilienhauses belegene sog. **Klavierstudio** einer Klavierlehrerin; es fehlte an einer klaren Abgrenzung des Eingangsbereichs zu den privat genutzten Räumen (BFH v. 9.6.2015, VIII R 8/13, www.stotax-first.de).

e) Abgrenzung zu Betriebsräumen

322 Beruflich genutzte Räume, die in die häusliche Sphäre des Stpfl. eingebunden sind, können durch ihre – für eine büromäßige Nutzung untypische – Ausstattung und eine damit zusammenhängende Funktionszuweisung ein **betriebsstättenähnliches Gepräge** erlangen und sind somit kein „häusliches Arbeitszimmer". So können technische Anlagen und Schallschutzmaßnahmen dem betreffenden Raum das Gepräge eines häuslichen Tonstudios geben. Auch eine als Behandlungsraum ausgestattete und über einen separaten Eingang für Patienten leicht zugängliche Notfallpraxis im selbstgenutzten Einfamilienhaus ist kein häusliches Arbeitszimmer. Hiernach ist für die Abgrenzung eines Arbeitszimmers von einem Raum mit betriebsstättenähnlichem Gepräge neben der Ausstattung auch dessen **funktionale Bestimmung maßgeblich**.

**Ist ein Raum nach außen erkennbar für den Publikumsverkehr gewidmet und für das Publikum (Patienten, Mandanten, Kunden) leicht zugänglich, liegt regelmäßig kein Arbeitszimmer vor. An einer „leichten Zugänglichkeit" für Publikum fehlt es allerdings, wenn diese Personen erst einen den Privatbereich betreffenden Flur durchqueren müssen, der den Zugang zu den Wohnräumen ermöglicht. Zwar setzt die von der Rechtsprechung in diesem Kontext geforderte „leichte Zugänglichkeit" des für betriebliche Zwecke genutzten Raumes nicht notwendigerweise voraus, dass dieser – wie z.B. in einer öffentlichen Musikschule – (zu bestimmten Zeiten) frei zugänglich ist. Auch rechtfertigt allein der Umstand, dass Publikum (nur) nach Terminvereinbarung empfangen wird, nicht die Annahme, es fehle an einer leichten Zugänglichkeit des Raumes. Wird indes ein in die häusliche Sphäre eingebundener, technisch nicht besonders ausgestatteter Raum in unterschiedlicher Weise genutzt, so hängt die Beurteilung als Arbeitszimmer von Intensität und Dauerhaftigkeit eines die Einbindung in die häusliche Sphäre überlagernden Publikumsverkehrs ab (zuletzt BFH v. 9.6.2015, VIII R 8/13, www.stotax-first.de, m.w.N. betr. das Arbeitszimmer einer Klavierlehrerin).

Anerkannt als Betriebsraum wurden vom BFH z.B. (also keine Abzugsbeschränkung)

- das **„Dienstzimmer" eines Försters**, das auch von Kollegen genutzt werden darf (BFH v. 16.9.2004, VI R 25/02, BStBl II 2006, 10);
- ein **Lager** im Keller eines Einfamilienhauses für pharmazeutische Produkte und Werbematerialien (BFH v. 19.3.2003, VI R 40/01, www.stotax-first.de);
- ein **Tonstudio**, selbst wenn es mit den Wohnräumen des Stpfl. räumlich verbunden ist (BFH v. 28.8.2003, IV R 53/01, BStBl II 2004, 55);
- das häusliche Arbeitszimmer bei dem **Direktionsreferenten einer Versicherung** (Außendienstmitarbeiter). Begründung: Ein Büroraum, der einem nicht unwesentlichen **Publikumsverkehr** unterliegt (z.B. Gespräche und Beratungen mit Mitarbeitern bzw. Kunden), ist seiner Funktion nach regelmäßig kein häusliches Arbeitszimmer i.S. der Abzugsbeschränkung (BFH v. 14.1.2004, VI R 55/03, www.stotax-first.de);
- die **ärztliche Notfallpraxis** im selbst genutzten Wohnhaus, wenn sie nach außen erkennbar dem Publikumsverkehr gewidmet ist. Die Bestimmung für den Publikumsverkehr setzt voraus, dass die Notfallpraxis über einen Eingangsbereich verfügt, der sich erkennbar von den privat genutzten Räumlichkeiten absetzt und keine unmittelbare räumliche Verbindung zu diesen aufweist (zuletzt BFH v. 27.6.2011, VIII B 22/10, www.stotax-first.de, m.w.N.);
- die **Praxis eines Steuerberaters** (BFH v. 27.6.2011, VIII B 22/10, www.stotax-first.de);
- das **häusliche Arbeitszimmer einer Arbeitsmedizinerin**, sofern es sich um eine ärztliche Praxis handelt, die erkennbar besonders für die Untersuchung von Patienten eingerichtet und für jene leicht zugänglich ist. Sollte dies zu verneinen sein, ist zu prüfen, welche konkreten häuslichen und außerhäuslichen Tätigkeiten von der Arbeitsmedizinerin unter Berücksichtigung der gesetzlichen Aufgabendefinition des § 3 ASiG zu erbringen sind, und ob bei einer Gesamtbetrachtung das häusliche Arbeitszimmer den Mittelpunkt der gesamten betrieblichen und beruflichen Tätigkeit bildet (BFH v. 7.2.2013, VIII R 8/10, HFR 2013, 788)

Nicht als Betriebs- oder Lagerraum angesehen wurden dagegen vom BFH z.B. (also Abzugsbeschränkung)

- ein Raum, der **zusätzlich zum häuslichen Arbeitszimmer als Archiv** genutzt wird, wenn Archivraum und Arbeitszimmer eine funktionale Einheit bilden. Das ist z.B. der Fall, wenn der Archivraum im Wesentlichen mit Regalen ausgestattet ist, in denen eine Vielzahl von Aktenordnern aufbewahrt wird (zuletzt BFH v. 18.4.2012, X R 57/09, BStBl II 2012, 770);
- die **Beratungsstelle für einen Lohnsteuerhilfeverein**; trotz nicht unwesentlichen Publikumverkehrs ist ein Büroraum im selbst genutzten Wohnhaus als häusliches Arbeitszimmer zu qualifizieren, wenn das Publikum (Patienten, Mandanten, Kunden) erst einen den Privatbereich betreffenden Flur durchqueren müssen, der den Zugang zu den Wohnräumen ermöglicht (BFH v. 15.10.2014, VIII R 8/11, HFR 2015, 914 m.w.N.);
- das Büro eines **Handelsvertreters** (BFH v. 31.3.2004, X R 1/03, www.stotax-first.de);
- als Büro genutzte **Räume im Souterrain eines Einfamilienhauses**, die von der Wohnung aus über eine Treppe und Diele ohne Weiteres erreichbar sind, auch wenn durch den Einbau besonderer Zugangstüren und spezieller Türverriegelungen der Zugang von den Büroräumen zur Wohnung erschwert worden ist. Unerheblich sind auch die Größe des Büros und die Ausstattung mit mehreren Schreib- und Computertischen (BFH v. 15.12.2004, XI R 14/03, HFR 2005, 1068);
- der Arbeitsraum eines **Schauspielers** (BFH v. 9.8.2011, VIII R 4/09, www.stotax-first.de);
- der Arbeitsraum eines **Journalisten** (BFH v. 4.1.2012, VIII B 186/10, www.stotax-first.de);
- das Arbeitszimmer einer **Musikerin** (BFH v. 10.10.2012, VIII R 44/10, HFR 2013, 288);
- das im Erdgeschoss ihres Einfamilienhauses belegene sog. **Klavierstudio einer Klavierlehrerin** (BFH v. 9.6.2015, VIII R 8/13, www.stotax-first.de).

Auch ein häuslicher **Telearbeitsplatz** kann – selbst wenn der Arbeitgeber die Kosten für Kommunikation und Möblierung übernimmt – „häusliches Arbeitszimmer" sein mit der Folge, dass es unter die Abzugsbeschränkung fällt; der Tatbestand des häuslichen Arbeitszimmers ist nicht schon dann stets ausgeschlossen ist, wenn der Arbeitnehmer zuhause über einen Telearbeitsplatz verfügt. Ein Abzug kommt nur dann in Betracht, wenn der Arbeitgeber für den Stpfl. in der Firma tatsächlich keinen „anderen Arbeitsplatz" mehr vorhält (BFH v. 26.2.2014, VI R 40/12, BStBl II 2014, 568).

> **Beispiel:**
> Herr A ist als Oberregierungsrat bei einer Behörde beschäftigt. An drei Tagen in der Woche ist er im Amt tätig, an zwei Tagen arbeitet er im häuslichen Arbeitszimmer, wo ein sog. Telearbeitsplatz eingerichtet ist. Die Kosten hierfür betragen 509 €. In einer „Einvernehmlichen Anordnung" zwischen ihm und seinem Dienstherrn über die Einrichtung eines Telearbeitsplatzes verpflichtete er sich, in seiner Wohnung einen geeigneten Arbeitsbereich zur Verfügung zu stellen und ggf. Beauftragten seines Dienstherrn nach Ankündigung Zutritt zu diesem Arbeitsbereich zu gestatten. Von der regelmäßigen wöchentlichen Arbeitszeit sollten 24 Stunden (Dienstag, Mittwoch und Donnerstag) in der Dienststelle abgeleistet werden, 8 Stunden sollten als „Kommunikationszeit" (montags und freitags von 9 – 11 Uhr und von 14 – 16 Uhr) zu Hause geleistet werden, die restliche Arbeitszeit sollte zu Hause frei eingeteilt werden. Der Telearbeitsplatz sollte vom Dienstherrn in Absprache mit Herrn A eingerichtet werden; hierzu sollten vom Dienstherrn Arbeitsmittel kostenlos zur Verfügung gestellt werden. Für die Zurverfügungstellung von Raum, Energie und Mobiliar sollte keine Kostenerstattung gezahlt werden.
> Der BFH hat entschieden, dass das Arbeitszimmer als „häusliches Arbeitszimmer" anzusehen ist, das unter die Abzugsbeschränkung fällt. Außerdem hat Herrn A am Dienstsitz ein „anderer Arbeitsplatz" zur Verfügung gestanden (BFH v. 26.2.2014, VI R 40/12, BStBl II 2014, 568).

Wird eine Wohnung z.T. als **Tele-Heimarbeitsplatz an den Arbeitgeber fremdvermietet**, z.T. zu eigenen Wohnzwecken genutzt, sind gebäudebezogene Aufwendungen nur insoweit als Werbungskosten abziehbar, als sie auf den vermieteten Heimarbeitsplatz entfallen (FG Niedersachsen v. 17.6.2011, 13 K 142/10, www.stotax-first.de, Nichtzulassungsbeschwerde als unbegründet zurückgewiesen: BFH v. 5.12.2011, IX B 131/11, www.stotax-first.de).

f) Mittelpunkt der gesamten Tätigkeit

Nach der ständigen BFH-Rechtsprechung ist der „Mittelpunkt" i.S.d. § 4 Abs. 5 Satz 1 Nr. 6b Satz 3 Halbs. 2 EStG – für alle Berufsgruppen gleichermaßen – nach dem **inhaltlichen (qualitativen) Schwerpunkt der betrieblichen und beruflichen Betätigung eines Stpfl. zu bestimmen**. Dies hat zur Folge, dass bei der Feststellung des Mittelpunktes der gesamten betrieblichen und beruflichen Tätigkeit eines Stpfl. nicht im Wortsinne auf die betriebliche und berufliche Tätigkeit, sondern in einem umfassenden Sinne auf die **gesamte der Erzielung von Einkünften dienende Tätigkeit des Stpfl. abzustellen** ist (zuletzt BFH v. 16.7.2014, X R 49/11, HFR 2015, 452 und BFH v. 9.6.2015, VIII R 8/13, www.stotax-first.de, m.w.N.).

Das häusliche Arbeitszimmer eines Stpfl., der lediglich **eine** berufliche Tätigkeit – teilweise zu Hause und teilweise auswärts – ausübt, ist Mittelpunkt seiner gesamten Betätigung, wenn er dort **diejenigen Handlungen vornimmt und Leistungen erbringt, die für den konkret ausgeübten Beruf wesentlich und prägend** sind. Der Mittelpunkt bestimmt sich nach dem inhaltlichen **(qualitativen) Schwerpunkt** der betrieblichen und beruflichen Betätigung eines Stpfl. Wo dieser Schwerpunkt liegt, ist im Wege einer Wertung der Gesamttätigkeit des Stpfl. festzustellen. Im Rahmen dieser Wertung kommt dem zeitlichen **(quantitativen) Umfang** der Nutzung des häuslichen Arbeitszimmers lediglich eine **indizielle Bedeutung** zu. Deswegen schließt das **zeitliche Überwiegen der außerhäuslichen Tätigkeit einen unbeschränkten Abzug nicht von vornherein aus** (zuletzt BFH v. 27.10.2011, VI R 71/10, BStBl II 2012, 234 und v. 8.12.2011, VI R 13/11, BStBl II 2012, 236

Arbeitszimmer

keine Sozialversicherungspflicht = ⊘SV
Sozialversicherungspflicht = SV

m.w.N.). Das Arbeitszimmer kann also auch dann **Mittelpunkt** der gesamten betrieblichen und beruflichen Betätigung sein, wenn die Nutzung **nicht mehr als 50 %** der gesamten betrieblichen und beruflichen Tätigkeit beträgt. Dies setzt jedoch voraus, dass diesen Tätigkeiten nur eine untergeordnete Bedeutung gegenüber den im Arbeitszimmer verrichteten Tätigkeiten zukommt. Letztere müssen für den ausgeübten Beruf so maßgeblich sein, dass sie diesen prägen. Allein der Umstand, dass sie zur Erfüllung der außerhäuslichen Tätigkeit (etwa vor- und nachbereitend) erforderlich sind, genügt nicht. Der Gesichtspunkt, dass im häuslichen Arbeitszimmer die „geschäftsleitenden Ideen" entwickelt und die „unternehmensbezogenen Entscheidungen" getroffen werden, ist nur dann von Bedeutung, wenn die Entwicklung der Ideen und das Fällen der Entscheidungen für die Tätigkeit des Stpfl. insgesamt prägend sind. Dienen sie dagegen lediglich der Vorbereitung oder Unterstützung der eigentlichen Tätigkeit, die im Außendienst verrichtet wird, machen sie das Arbeitszimmer noch nicht zum Tätigkeitsmittelpunkt (zuletzt BFH v. 22.11.2006, X R 1/05, BStBl II 2007, 304 m.w.N. betr. Aufwendungen für einen zugleich als Büroarbeitsplatz und als Warenlager betrieblich genutzten Raum).

Weitere Voraussetzung für die steuerliche Berücksichtigung ist, dass das Arbeitszimmer für die **Erwerbstätigkeit erforderlich** ist. Diese Voraussetzung dürfte nicht erfüllt sein, wenn eine in Elternzeit befindliche Personalreferentin einer Bank über ein einzelnes Arbeitszimmer hinaus weitere Räume für ein spätere Wiederaufnahme der beruflichen Tätigkeit vorhält (BFH v. 19.8.2004, VI R 103/01, www.stotax-first.de, m.w.N.).

Übt ein Stpfl. **mehrere betriebliche und berufliche Tätigkeiten** nebeneinander aus, lassen sich grundsätzlich folgende Fallgruppen unterscheiden:

- Bilden bei allen Erwerbstätigkeiten – jeweils – die im häuslichen Arbeitszimmer verrichteten Arbeiten den qualitativen Schwerpunkt, so liegt dort auch der Mittelpunkt der Gesamttätigkeit.
- Bilden hingegen die außerhäuslichen Tätigkeiten – jeweils – den qualitativen Schwerpunkt der Einzeltätigkeiten oder lassen sich diese keinem Schwerpunkt zuordnen, so kann das häusliche Arbeitszimmer auch nicht durch die Summe der darin verrichteten Arbeiten zum Mittelpunkt der Gesamttätigkeit werden.
- Bildet das häusliche Arbeitszimmer schließlich den qualitativen Mittelpunkt lediglich einer Einzeltätigkeit, nicht jedoch im Hinblick auf die übrigen, ist regelmäßig davon auszugehen, dass das Arbeitszimmer nicht den Mittelpunkt der Gesamttätigkeit bildet.

Der Stpfl. hat jedoch die Möglichkeit, anhand konkreter Umstände des Einzelfalls glaubhaft zu machen oder nachzuweisen, dass die Gesamttätigkeit gleichwohl einem einzelnen qualitativen Schwerpunkt zugeordnet werden kann und dass dieser im häuslichen Arbeitszimmer liegt. Abzustellen ist dabei auf das Gesamtbild der Verhältnisse und auf die Verkehrsanschauung, nicht auf die Vorstellung des betroffenen Stpfl. (zuletzt BFH v. 13.4.2010, VIII R 27/08, www.stotax-first.de, m.w.N. sowie BMF v. 2.3.2011, IV C 6 – S 2145/07/10002, BStBl I 2011, 195).

Der BFH hat seine o.g. Rechtsprechung zuletzt im Urteil v. 6.2015, VIII R 8/13, www.stotax-first.de, bestätigt. Übt der Stpfl. mehrere unterschiedliche im Rahmen der Gesamtbetrachtung zu berücksichtigende Tätigkeiten aus, ist zwar nicht erforderlich, dass das Arbeitszimmer den Mittelpunkt „jedweder" oder „einer jeden einzelnen betrieblichen und beruflichen Tätigkeit" bilden muss. Gleichwohl bedarf es zunächst der Bestimmung des jeweiligen Betätigungsmittelpunktes der einzelnen betrieblichen und beruflichen Tätigkeit des Stpfl., um sodann auf dieser Grundlage den qualitativen Schwerpunkt der Gesamttätigkeit zu ermitteln. In diesem Zusammenhang ist sodann der Mittelpunkt der Gesamttätigkeit nach dem Mittelpunkt der Haupttätigkeit zu bestimmen. Fehlt für die Feststellung einer solchen Haupttätigkeit eine insoweit indizielle nichtselbständige Vollzeitbeschäftigung auf Grund privat- oder öffentlich-rechtlicher Arbeits- oder Dienstverhältnisse, so ist in Zweifelsfällen zur Feststellung der Haupttätigkeit auf die Höhe der jeweils erzielten Einnahmen, das den einzelnen Tätigkeiten nach der Verkehrsauffassung zukommende Gewicht und den auf die jeweilige Tätigkeit insgesamt entfallenden Zeitaufwand abzustellen.

Als **Tätigkeitsmittelpunkt anerkannt** (also keine Abzugsbeschränkung) wurde vom BFH das Arbeitszimmer z.B. bei

- einem **Vertriebsingenieur** (BFH v. 13.11.2002, VI R 28/02, BStBl II 2004, 59 und v. 29.4.2003, VI R 86/01, www.stotax-first.de);
- einem **Verkaufsleiter** (BFH v. 13.11.2002, VI R 104/01, BStBl II 2004, 65);
- einem **Praxis-Consultant** (BFH v. 29.4.2003, VI R 78/02, BStBl II 2004, 76);
- einem **Sachverständigen und Regulierungsbeauftragten** im Außendienst (BFH v. 21.2.2003, VI R 84/02, HFR 2003, 857);
- einer **Key-Account-Managerin** (BFH v. 29.4.2003, VI R 54/02, www.stotax-first.de);
- einem **Diplom-Ingenieur**, der seine berufliche Tätigkeit als leitender Vertriebsingenieur und Verkaufsleiter für einen Hersteller größerer Klimaanlagen teils im Außendienst und teils zu Hause verrichtet – hier: Außendienst an 130 Tagen (BFH v. 26.6.2003, VI R 79/01, www.stotax-first.de);
- einem **Außendienstmitarbeiter**, der als Referatsleiter einer Lebensversicherungsgesellschaft Altersversorgungsmodelle konzipiert und entsprechende Verträge ausarbeitet und betreut (BFH v. 29.4.2003, VI R 34/01, www.stotax-first.de, und zuletzt ausführlich BFH v. 23.3.2005, III R 17/03, www.stotax-first.de, betr. Versicherungsvertreter);
- einem **Versicherungsmathematiker**, der eine in qualitativer Hinsicht gleichwertige Arbeitsleistung wöchentlich an drei Tagen an einem häuslichen Telearbeitsplatz und an zwei Tagen im Betrieb seines Arbeitgebers zu erbringen hat (BFH v. 23.5.2006, VI R 21/03, BStBl II 2006, 600);
- einem **Pensionär**, der noch eine Gutachtertätigkeit ausübt (BFH v. 11.11.2014, VIII R 3/12, BStBl II 2015, 382).

Als **Tätigkeitsmittelpunkt nicht anerkannt** (also Abzugsbeschränkung) wurde vom BFH das Arbeitszimmer dagegen z.B. bei

- **Lehrkräften**, Tätigkeitsmittelpunkt ist die Schule (BFH v. 17.12.2008, VI B 43/08, www.stotax-first.de); dies gilt nach Verwaltungsauffassung auch für die sog. Schulinspektoren sowie Fachberater der Schulaufsicht;
- einer **Produkt- und Fachberaterin**, wenn die Tätigkeit nach dem Gesamtbild der Verhältnisse durch die Arbeit im Außendienst geprägt ist (BFH v. 13.11.2002, VI R 82/01, BStBl II 2004, 62);
- einem **Verkaufsleiter** einer Sektkellerei, der die Handelsvertreter und Kunden seines Arbeitgebers in Norddeutschland betreut und dem bei seinem Arbeitgeber kein Arbeitsplatz zur Verfügung steht, wenn der „Mittelpunkt der Tätigkeit" nicht eindeutig feststellbar ist, weil sich z.B. die Tätigkeit im häuslichen Arbeitszimmer und im Außendienst gleichwertig gegenüber stehen (BFH v. 21.2.2003, VI R 14/02, BStBl II 2004, 68). Denn häusliches Arbeitszimmer und Außendienst können nicht gleichermaßen „Mittelpunkt" der beruflichen Betätigung eines Stpfl. i.S.d. § 4 Abs. 5 Satz 1 Nr. 6b Satz 3 zweiter Halbsatz EStG sein;
- einem **Diakon**, der zwar möglicherweise bis zu 70 % seiner gesamten Arbeitszeit im häuslichen Arbeitszimmer verbringt, dessen berufliche Tätigkeit aber gleichwohl von der Arbeit in der Gemeinde (Kirche, Krankenhaus, Pfarrversammlung, Friedhof etc.) wesentlich geprägt wird (BFH v. 22.7.2003, VI R 20/02, www.stotax-first.de);
- einem **Architekten**, der neben der Planung auch mit der Ausführung der Bauwerke (Bauüberwachung) betraut ist und dessen Gesamttätigkeit keinem konkreten Tätigkeitsschwerpunkt zugeordnet werden kann (BFH v. 26.6.2003, IV R 9/03, BStBl II 2004, 50);
- einem **freien Bildjournalisten** (BFH v. 28.8.2003, IV R 34/02, BStBl II 2004, 53);
- einem **Handelsvertreter**, der nahezu werktäglich von 7 bis 21 Uhr im Außendienst tätig ist (BFH v. 31.3.2004, X R 1/03, www.stotax-first.de);
- einem angestellten **Kirchenmusikdirektor**, der im Nebenberuf eine **Lehrtätigkeit an einer Musikhochschule** ausübt – der Tätigkeitsmittelpunkt liegt nicht im häuslichen Arbeitszimmer, sondern in der Musikhochschule (BFH v. 17.6.2004, IV R 33/02, HFR 2005, 303);
- der **Angestellten einer Versicherungsgesellschaft**, auch wenn ihr 13 Mitarbeiter unterstehen und sie zur Vorbereitung ihrer Außendiensttätigkeit auf ein häusliches Arbeitszimmer angewiesen ist; denn dies schließt nicht aus, dass die gesamte berufliche Betätigung unter qualitativen Gesichtspunkten gleichwohl durch den Außendienst geprägt wird (BFH v. 7.7.2004, VI R 67/02, www.stotax-first.de). Der Beschluss enthält eine Abgrenzung zu BFH v. 13.11.2002, VI R 104/01, BStBl II 2004, 65: Hier hatte der BFH entschieden, dass bei einem Verkaufsleiter, der zur Überwachung von Mitarbeitern und zur Betreuung von Großkunden auch im Außendienst tätig ist, das häusliche Arbeitszimmer gleichwohl den Mittelpunkt der beruflichen Betätigung bilden kann, wenn er dort die für seinen Beruf wesentlichen Leistungen (hier: Organisation der Betriebsabläufe) erbringt;
- einem **Versicherungsvertreter**, wenn er die wesentlichen und sein Berufsbild prägenden Tätigkeiten als Versicherungsvertreter in Form von Beratungs- und Überzeugungsgesprächen im Außendienst bei den vorhandenen bzw. – besonders in der Aufbauphase – noch zu gewin-

nenden Kunden erbracht hat (BFH v. 23.3.2005, III R 17/03, www.stotax-first.de);
- einem **Personalberater** mit den Schwerpunkten Beratung, Konzeptentwicklung und Training, wenn er Dienstleistungen im Rahmen einer umfangreichen Außentätigkeit in Form von Trainingsveranstaltungen, sog. Coachingshops sowie Teamworkshops, Workshopmoderationen und Vorträgen beim Kunden vor Ort selbst erbringt (BFH v. 24.2.2005, IV R 29/03, www.stotax-first.de);
- einer **freiberuflich tätigen Dokumentarfilmerin**, die zugleich noch als Cutterin bei einer Rundfunkanstalt angestellt war (BFH v. 30.1.2007, XI B 84/06, www.stotax-first.de);
- einem **Rechtsreferendar** (BFH v. 13.3.2007, VI B 96/06, www.stotax-first.de);
- einem **Hochschullehrer** (zuletzt BFH v. 14.12.2012, VI B 134/12, www.stotax-first.de, m.w.N.);
- sog. **Berufsbetreuern** (BFH v. 12.11.2008, X B 112/08, www.stotax-first.de);
- einem **Geschäftsführer und Steuerberater**, auch wenn er daneben **Kapitaleinkünfte** bezieht (BFH v. 27.3.2009, VIII B 184/08, BStBl II 2009, 850);
- einem **Betriebsprüfer** eines Finanzamts für Großbetriebsprüfung (BFH v. 20.4.2010, VI B 150/09, www.stotax-first.de);
- dem als Arbeitnehmer in Vollzeit tätigen **Syndikusanwalt eines Industrieunternehmens**, der daneben eine selbständige Tätigkeit als Rechtsanwalt ausübt und hierfür ein häusliches Arbeitszimmer nutzt (BFH v. 13.4.2010, VIII R 27/08, www.stotax-first.de);
- bei einem als **Rechtsbeistand tätigen pensionierten Beamten**, der daneben Einkünfte aus selbständiger Arbeit als Dozent sowie aus einer schriftstellerischen und beratenden Tätigkeit erzielte (BFH v. 9.8.2011, VIII R 5/09, www.stotax-first.de);
- einer **Richterin am Landgericht** (BFH v. 6.11.2014, VI R 4/14, www.stotax-first.de);
- einem **technischen Aufsichtsbeamten einer Berufsgenossenschaft** (BFH v. 13.6.2013, VI R 37/11, HFR 2013, 1098);
- das im Erdgeschoss ihres Einfamilienhauses belegene sog. **Klavierstudio einer Klavierlehrerin und Pianistin** (BFH v. 9.6.2015, VIII R 8/13, www.stotax-first.de).

Einkünfte i.S. von § 19 Abs. 1 Satz 1 Nr. 2 EStG (**Versorgungsbezüge**), die nach Erreichen der Altersgrenze auf Grund einer früheren Tätigkeit gezahlt werden, sind in die Gesamtbetrachtung zur Beurteilung des Mittelpunkts der gesamten betrieblichen und beruflichen Betätigung im Hinblick auf den Abzug der Aufwendungen für ein häusliches Arbeitszimmer nicht mit einzubeziehen. Vielmehr sind nur solche Einkünfte zu berücksichtigen, die grundsätzlich ein Tätigwerden des Stpfl. im jeweiligen Veranlagungszeitraum erfordern (BFH v. 11.11.2014, VIII R 3/12, BStBl II 2015, 382 betr. das im Keller belegene häusliche **Arbeitszimmer eines Pensionärs**).

> **Beispiel:**
> Herr A, Finanzbeamter, übt nebenbei noch eine schriftstellerische Nebentätigkeit aus; er hat sich dafür ein häusliches Arbeitszimmer eingerichtet (Kosten 5 000 € im Jahr). Am 1.1.2015 geht er in Ruhestand und bezieht Versorgungsbezüge, seine Nebentätigkeit übt er weiterhin aus.
>
> Bis einschließlich 2014 kann Herr A bei der Ermittlung der Einkünfte aus der selbständigen (Neben)Tätigkeit Aufwendungen für das häusliche Arbeitszimmer bis höchstens 1 250 € als Betriebsausgaben absetzen, weil ihm für diese Tätigkeit kein anderer Arbeitsplatz zur Verfügung steht. Ab 2015 ist – so der BFH – das häusliche Arbeitszimmer als Tätigkeitsmittelpunkt anzusehen, so dass Herr A seine Aufwendungen in voller Höhe als Betriebsausgaben absetzen kann.

g) Anderer Arbeitsplatz steht nicht zur Verfügung

324 Nach Abschn. VI BMF v. 2.3.2011, IV C 6 – S 2145/07/10002, BStBl I 2011, 195 und der BFH-Rechtsprechung (zuletzt BFH v. 26.2.2014, VI R 40/12, BStBl II 2014, 568 betr. Telearbeitsplatz, v. 26.2.2014, VI R 37/13, BStBl II 2014, 570 betr. Poolarbeitsplatz und v. 26.2.2014, VI R 11/12, BStBl II 2014, 674 betr. Arbeitszimmer eines Pfarrers im Pfarrhaus) gelten folgende Grundsätze:

Anderer Arbeitsplatz i.S.d. § 4 Abs. 5 Satz 1 Nr. 6b Satz 2 EStG ist grundsätzlich jeder Arbeitsplatz, der zur Erledigung büromäßiger Arbeiten geeignet ist. Weitere Anforderungen an die Beschaffenheit des Arbeitsplatzes werden nicht gestellt; unbeachtlich sind mithin grundsätzlich die konkreten Arbeitsbedingungen und Umstände wie beispielsweise Lärmbelästigung oder Publikumsverkehr. Voraussetzung ist auch nicht das Vorhandensein eines eigenen, räumlich abgeschlossenen Arbeitsbereichs oder eines individuell zugeordneten Arbeitsplatzes, so dass auch ein Arbeitsplatz in einem Großraumbüro oder in der Schalterhalle einer Bank ein anderer Arbeitsplatz i.S. der o.g. Vorschrift ist. Die Ausstattung des häuslichen Arbeitszimmers mit Arbeitsmitteln, die im Betrieb/in dem vom Arbeitgeber zur Verfügung gestellten Raum nicht vorhanden sind, ist ohne Bedeutung. Ob ein anderer Arbeitsplatz vorliegt, ist nach objektiven Gesichtspunkten zu beurteilen. Subjektive Erwägungen des Stpfl. zur Annehmbarkeit des Arbeitsplatzes sind unbeachtlich.

Ein anderer Arbeitsplatz steht dem Stpfl. dann zur Verfügung, wenn dieser ihn in dem konkret erforderlichen Umfang und in der konkret erforderlichen Art und Weise tatsächlich nutzen kann. Die Erforderlichkeit des häuslichen Arbeitszimmers entfällt nicht bereits dann, wenn dem Stpfl. irgendein Arbeitsplatz zur Verfügung steht, sondern nur dann, wenn dieser Arbeitsplatz grundsätzlich so beschaffen ist, dass der Stpfl. auf das häusliche Arbeitszimmer nicht angewiesen ist. Die Beurteilung, ob für die betriebliche oder berufliche Tätigkeit kein anderer Arbeitsplatz zur Verfügung steht, ist jeweils tätigkeitsbezogen vorzunehmen. Ein anderer Arbeitsplatz steht auch dann zur Verfügung, wenn er außerhalb der üblichen Arbeitszeiten, wie z.B. am Wochenende oder in den Ferien, nicht zugänglich ist. Ändern sich die Nutzungsverhältnisse des Arbeitszimmers innerhalb eines Veranlagungszeitraums, ist auf den Zeitraum der begünstigten Nutzung abzustellen. Werden in einem Arbeitszimmer sowohl Tätigkeiten, für die ein anderer Arbeitsplatz zur Verfügung steht, als auch Tätigkeiten, für die ein anderer Arbeitsplatz nicht zur Verfügung steht, ausgeübt, so sind die Aufwendungen dem Grunde nach nur zu berücksichtigen, soweit sie auf Tätigkeiten entfallen, für die ein anderer Arbeitsplatz nicht zur Verfügung steht.

Übt ein Stpfl. mehrere betriebliche oder berufliche Tätigkeiten nebeneinander aus, ist daher für jede Tätigkeit zu prüfen, ob ein anderer Arbeitsplatz zur Verfügung steht. Dabei kommt es nicht darauf an, ob ein für eine Tätigkeit zur Verfügung stehender Arbeitsplatz auch für eine andere Tätigkeit genutzt werden kann (z.B. Firmenarbeitsplatz auch für schriftstellerische Nebentätigkeit).

Geht ein Stpfl. nur einer betrieblichen oder beruflichen Tätigkeit nach, muss ein vorhandener anderer Arbeitsplatz auch tatsächlich für alle Aufgabenbereiche dieser Erwerbstätigkeit genutzt werden können. Ist ein Stpfl. auf sein häusliches Arbeitszimmer angewiesen, weil er dort einen nicht unerheblichen Teil seiner betrieblichen oder beruflichen Tätigkeit verrichten muss, ist der andere Arbeitsplatz unschädlich. Es genügt allerdings nicht, wenn er im häuslichen Arbeitszimmer Arbeiten verrichtet, die grundsätzlich auch an einem anderen Arbeitsplatz verrichten könnte.

Beispiele (kein anderer Arbeitsplatz vorhanden):

- Ein Lehrer hat für seine Unterrichtsvorbereitung in der Schule keinen Schreibtisch. Das jeweilige Klassenzimmer oder das Lehrerzimmer stellt keinen Arbeitsplatz i.S.d. Abzugsbeschränkung dar.
- Ein angestellter oder selbständiger Orchestermusiker hat im Konzertsaal keine Möglichkeit zu üben. Hierfür hat er sich ein häusliches Arbeitszimmer eingerichtet.
- Ein angestellter Krankenhausarzt übt eine freiberufliche Gutachtertätigkeit aus. Dafür steht ihm im Krankenhaus kein Arbeitsplatz zur Verfügung.

Beispiele (vorhandener anderer Arbeitsplatz steht nicht für alle Aufgabenbereiche der Erwerbstätigkeit zur Verfügung):

- Ein EDV-Berater übt außerhalb seiner regulären Arbeitszeit vom häuslichen Arbeitszimmer aus Bereitschaftsdienst aus und kann dafür den Arbeitsplatz bei seinem Arbeitgeber tatsächlich nicht nutzen (BFH v. 7.8.2003, VI R 41/98, BStBl II 2004, 80).
- Einer Schulleiterin mit einem Unterrichtspensum von 18 Wochenstunden steht im Schulsekretariat ein Schreibtisch nur für die Verwaltungsarbeiten zur Verfügung. Für die Vor- und Nachbereitung des Unterrichts kann dieser Arbeitsplatz nach objektiven Kriterien wie Größe, Ausstattung und Nutzung nicht genutzt werden; diese Arbeiten müssen im häuslichen Arbeitszimmer verrichtet werden (BFH v. 7.8.2003, VI R 118/00, BStBl II 2004, 82).
- Einem Grundschulleiter, der zu 50 % von der Unterrichtsverpflichtung freigestellt ist, steht für die Verwaltungstätigkeit ein Dienstzimmer von 11 qm zur Verfügung. Das Dienstzimmer bietet keinen ausreichenden Platz zur Unterbringung der für die Vor- und Nachbereitung des Unterrichts erforderlichen Gegenstände (BFH v. 7.8.2003, VI R 16/01, BStBl II 2004, 77).
- Muss ein Bankangestellter in einem nicht unerheblichen Umfang Büroarbeiten auch außerhalb der üblichen Bürozeiten verrichten und steht ihm hierfür sein regulärer Arbeitsplatz nicht zur Verfügung, können die Aufwendungen für das häusliche Arbeitszimmer grundsätzlich (bis zu einer Höhe von 1 250 €) als Werbungskosten zu berücksichtigen sein (BFH v. 7.8.2003, VI R 162/00, BStBl II 2004, 83).

Beispiele (anderer Arbeitsplatz vorhanden):

- Ein wissenschaftlicher Mitarbeiter einer Universität, dem dort ein Büro zur Verfügung steht, in dem die ihm obliegenden Aufgaben bei objektiver Betrachtung erledigt werden konnten, hat zu Hause ein zusätzliches Arbeitszimmer eingerichtet.

  Der BFH hat die Aufwendungen für das Arbeitszimmer nicht anerkannt; es reicht nicht aus, dass einige Arbeiten zuhause möglicherweise leichter, besser oder angenehmer erledigt werden können (BFH v. 15.10.2012, VI B 22/12, www.stotax-first.de).

Arbeitszimmer

Ein anderer Arbeitsplatz steht erst dann zur Verfügung, wenn der Arbeitgeber dem Arbeitnehmer den Arbeitsplatz tatsächlich zugewiesen hat. Ein Raum ist nicht zur Erledigung büromäßiger Arbeiten geeignet, wenn wegen **Sanierungsbedarfs Gesundheitsgefahr besteht** (BFH v. 26.2.2014, VI R 11/12, BStBl II 2014, 674 betr. Arbeitszimmer eines Pfarrers im Pfarrhaus). Der BFH hat diese Rechtsprechung weitergeführt und entschieden, dass ein Arbeitsplatz auch dann nicht geeignet ist für die Erledigung der konkret erforderlichen beruflichen Tätigkeiten, wenn – ggf. nach Einholung eines Sachverständigengutachtens – arbeitsschutzrechtlich zu beachtende Vorgaben (z.B. § 6 der Sicherheit und dem Gesundheitsschutz dienenden Arbeitsstättenverordnung zur **Größe der Dienstzimmer oder die Grenzwerte der Lärm- und Vibrations-Arbeitsschutzverordnung**) nicht eingehalten werden (BFH v. 6.11.2014, VI R 4/14, www.stotax-first.de, betr. das Dienstzimmer einer Richterin am Landgericht). Die praktischen Auswirkungen dieses Urteils lassen sich noch nicht übersehen.

Firmen mit einem großen Anteil von Außendienstmitarbeitern gehen vermehrt dazu über, nicht mehr jedem Außendienstmitarbeiter einen festen Arbeitsplatz in der Firma zuzuweisen; es gibt nur sog **Poolarbeitsplätze**. Die Mitarbeiter müssen daher einen großen Teil ihrer Arbeiten in einem häuslichen Arbeitszimmer erbringen. Nach der BFH-Rechtsprechung ist ein Arbeitsplatz in einem Großraumbüro auch dann „ein anderer Arbeitsplatz" i.S.d. § 4 Abs. 5 Satz 1 Nr. 6b Satz 2 EStG, wenn er dem Stpfl. nicht individuell zugeordnet ist; Entsprechendes gilt für einen sog. Poolarbeitsplatz. Auch ein Poolarbeitszimmer in der Firma kann dem Stpfl. als ein „anderer Arbeitsplatz" zur Verfügung stehen, wenn bei diesem nach den tatsächlichen Gegebenheiten insbesondere durch eine ausreichende Anzahl an Poolarbeitsplätzen, ggf. ergänzt durch arbeitgeberseitig organisierte dienstliche Nutzungseinteilungen, gewährleistet ist, dass der Arbeitnehmer seine beruflichen Tätigkeiten in dem konkret erforderlichen Umfang dort erledigen kann. Ein Poolarbeitsplatz, bei dem sich acht Großbetriebsprüfer drei Arbeitsplätze für die vor- und nachbereitenden Arbeiten der Prüfungen teilen, steht jedoch nicht als „anderer Arbeitsplatz" zur Verfügung, wenn er zur Erledigung der Innendienstarbeiten nicht in dem erforderlichen Umfang genutzt werden kann (BFH v. 26.2.2014, VI R 37/13, BStBl II 2014, 570).

h) Arbeitszimmer in einem sog. Home-Office

325 Arbeitnehmer, die im Betrieb des Arbeitgebers keinen festen Arbeitsplatz haben, z.B. Heimarbeiter, Verbandsprüfer oder Reisevertreter (also Arbeitnehmer, die Kunden ihres Arbeitgebers von daheim aus betreuen), unterhalten in ihrer Wohnung häufig ein Büro, Arbeitszimmer bzw. Home-Office. Hier werden Aufgaben im direkten Zusammenhang mit ihrer Berufstätigkeit ausgeübt.

Steuerlich gilt Folgendes:

1. Das häusliche Arbeitszimmer kann **keine erste Tätigkeitsstätte** i.S.d. § 9 Abs. 4 EStG sein (BMF v. 24.10.2014, IV C 5 – S 2353/14/10004, BStBl I 2014, 1412 Rdnr. 3). Fahrten zu den Kunden gelten als **Auswärtstätigkeit**, denn der Mittelpunkt der Tätigkeit liegt im Außendienst. Durch wöchentliche Fahrten zum Betriebssitz wird auch der Betrieb nicht zur ersten Tätigkeitsstätte i.S.d. § 9 Abs. 4 EStG. Daher sind sowohl die Fahrten zu den Kunden als auch die Fahrten zum Betrieb mit dem pauschalen km-Satz von 0,30 €/km (für Pkw) oder den tatsächlichen Kosten als Werbungskosten absetzbar. Falls die Abwesenheit von der Wohnung mehr als acht Stunden dauert, kann ein Verpflegungsmehraufwand von 12 € pro Tag geltend gemacht werden.

2. Zur Frage, ob und ggf. in welchem Umfang die **Arbeitszimmerkosten** steuerlich berücksichtigt werden können, s. ausführlich → Home-Office/Mobile-Office/Telearbeit Rz. 1578.

4. Mietverhältnis mit dem Arbeitgeber

326 Um die ab 1996 geltenden Abzugsbeschränkungen des häuslichen Arbeitszimmers zu „umgehen", werden verschiedentlich „Mietverträge" mit dem Arbeitgeber über das häusliche Arbeitszimmer abgeschlossen. Die Mieteinnahmen werden als Einnahmen aus **Vermietung und Verpachtung** erklärt, als Werbungskosten bei Vermietung und Verpachtung werden die **vollen Kosten** des häuslichen Arbeitszimmers – d.h. ohne Berücksichtigung der Abzugsbeschränkung – geltend gemacht.

Die **Finanzverwaltung erkennt derartige Mietverhältnisse nicht an**, wenn ein **Missbrauch von Gestaltungsmöglichkeiten** des Rechts (§ 42 AO) gegeben ist. In diesen Fällen wird die steuerliche Anerkennung eines Mietverhältnisses auch dann versagt, wenn der **Arbeitnehmer-Ehegatte Miteigentümer oder Alleineigentümer** des häuslichen Arbeitszimmers (d.h. der Wohnung) ist (vgl. FG Münster v. 5.6.2003, 8 K 5960/01 E, EFG 2003, 1374). Das Gleiche gilt bei **Untervermietung** eines Arbeitszimmers in einer gemieteten Wohnung. Die als Miete vereinbarten und geleisteten Zahlungen werden als **steuerpflichtiger Arbeitslohn** angesehen.

Erfolgt die Anmietung des Arbeitszimmers jedoch erkennbar im betrieblichen Interesse des Arbeitgebers, etwa bei **Heimarbeitern** oder **Telearbeitsplätzen**, erkennt die Finanzverwaltung die Mietverhältnisse steuerlich an (vgl. OFD Frankfurt v. 7.5.2007, S 2334 A – 18 – St 211, www.stotax-first.de).

Aber selbst wenn das eigenbetriebliche Interesse des Arbeitgebers an der Nutzung des Arbeitszimmers anerkannt und steuerlich somit kein Arbeitslohn angenommen wird, folgt daraus nach Auffassung der Finanzverwaltung noch nicht, dass der Arbeitgeber-Zuschuss als Nutzungsentgelt i.S.d. § 21 Abs. 1 Nr. 1 EStG anzusehen ist und der Arbeitnehmer somit **Verluste bei den Einkünften aus Vermietung und Verpachtung** steuerlich geltend machen kann. Etwas anderes gilt, wenn Arbeitgeber und Arbeitnehmer über das Arbeitszimmer einen **ausdrücklichen Mietvertrag abgeschlossen** haben (OFD Münster v. 27.2.2008, Kurzinformation ESt Nr. 10/2008, DB 2008, 729 betr. außerbetriebliche Arbeitsplätze bei Versicherungsunternehmen).

Der **BFH** hat dagegen in mehreren Urteilen die Vermietung des häuslichen Arbeitszimmers an den Arbeitgeber steuerlich anerkannt (zuletzt BFH v. 16.9.2004, VI R 25/02, BStBl II 2006, 10 m.w.N. betr. einen Forstbeamten). Die Unterscheidung zwischen Arbeitslohn einerseits und Einkünften aus Vermietung und Verpachtung andererseits ist danach vorzunehmen, **in wessen vorrangigem Interesse die Nutzung des Büros erfolgt** (zuletzt BFH v. 8.3.2006, IX R 76/01, HFR 2006, 1081 betr. einen sog. Bürokostenzuschuss sowie v. 2.10.2008, VI B 102/07, www.stotax-first.de):

Wird der betreffende Raum v.a. im betrieblichen Interesse des Arbeitgebers genutzt und geht dieses Interesse – objektiv nachvollziehbar – über die Entlohnung des Arbeitnehmers bzw. über die Erbringung der jeweiligen Arbeitsleistung hinaus, so ist anzunehmen, dass die betreffenden Zahlungen auf einer neben dem Dienstverhältnis gesondert bestehenden Rechtsbeziehung beruhen und somit Vermietungseinkünfte vorliegen.

Der BFH hat darüber hinaus entschieden, dass die **Verluste aus der Vermietung** bei den Vermietungseinkünften in voller Höhe abgesetzt werden können. Die sog. Einkünfteerzielungsabsicht ist nicht zu prüfen.

Der für **Vermietungseinkünfte** zuständige IX. Senat des BFH hat sich inzwischen der o.g. Rechtsprechung des v.a. für Lohneinkünfte zuständigen VI. Senats angeschlossen (z.B. BFH v. 11.1.2005, IX R 72/01, www.stotax-first.de). Im Urteilsfall hatte der Geschäftsführer einer GmbH einen im Keller seines Zweifamilienhauses belegenen Büroraum, den die GmbH mit Bürotechnik und Fachliteratur ausgestattet hatte, an die GmbH vermietet. Der BFH hat die Sache an das FG zurückverwiesen, damit dies prüft, in wessen vorrangigem Interesse die Nutzung des Büros erfolgt und ob die Mietzahlungen somit als Arbeitslohn oder als Mieteinnahmen im Rahmen der Vermietungseinkünfte zu erfassen sind. Ein etwa **gleichgewichtiges Interesse** von Arbeitgeber und Arbeitnehmer reicht für die Anerkennung der Vermietung nicht aus.

Die obersten Finanzbehörden haben beschlossen, dieser Rechtsprechung nunmehr zu folgen, sie aber recht eng auszulegen (BMF v. 13.12.2005, IV C 3 – S 2253 – 112/05, BStBl I 2006, 4).

Anerkannt wurde die **Vermietung** hiernach z.B.

- bei Zahlungen der Forstverwaltung an einen **Revierförster** für die Überlassung eines Raums im selbstgenutzten Einfamilienhaus als **Dienstzimmer** (BFH v. 16.9.2004, VI R 25/02, BStBl II 2006, 10).

Arbeitslohn liegt hingegen vor, wenn

- ein Arbeitgeber dem Arbeitnehmer eine pauschale Nutzungsentschädigung für die Zurverfügungstellung eines Arbeitszimmers im eigenen Einfamilienhaus lediglich **auf Grund einer Betriebsvereinbarung** mit dem Betriebsrat zahlt, also nicht auf Grund eines zwischen Arbeitgeber und Arbeitnehmer abgeschlossenen Mietvertrags (FG Baden-Württemberg v. 27.5.2002, 12 K 22/01, www.stotax-first.de);

- der Arbeitsraum durch den Arbeitnehmer auf Grund eines **Arbeitsvertrags bereitzustellen** ist, **ohne dass insoweit ein Mietvertrag geschlossen** und dem Arbeitgeber ein Verfügungsrecht darüber eingeräumt wird (BFH v. 8.3.2006, IX R 76/01, HFR 2006, 1081 betr. einen sog. Bürokostenzuschuss sowie v. 2.10.2008, VI B 102/07, www.stotax-first.de);
- eine **GmbH ihrem Geschäftsführer** ein Arbeitszimmer in seinem Haus überlässt (FG München v. 7.10.2008, 13 K 1037/06, www.stotax-first.de).

Wie bei der Lohnsteuer erkennt die Finanzverwaltung im Übrigen auch bei der **Umsatzsteuer die Vermietung des Arbeitszimmers an den Arbeitgeber** im Allgemeinen wegen Gestaltungsmissbrauchs (§ 42 AO) steuerlich nicht an (s. z.B. FG Niedersachsen v. 30.6.2005, 5 K 796/01, EFG 2005, 1813 betr. Vermietung von Büroräumen des Gesellschafters an die Gesellschaft). Ausnahme: Der Ehegatte des Arbeitnehmers oder die Ehegatten gemeinsam sind Eigentümer des Grundstücks (OFD Karlsruhe v. 5.3.2001, S 7100/21, DStR 2001, 665).

Die an sich wohl klärungsbedürftige Frage, welcher Aufteilungsmaßstab bei der Vermietung eines Büroraumes an den Arbeitgeber des Vermieters im Rahmen eines sog. „home office" für die auf die mitbenutzten Gemeinschaftsflächen entfallenden Werbungskosten heranzuziehen sei, stellt sich nicht, wenn die Gemeinschaftsflächen nicht tatsächlich mitvermietet worden waren (BFH v. 5.12.2011, IX B 131/11, www.stotax-first.de).

5. Ehegatten-Mietverträge

327 Als Gestaltungsmissbrauch (§ 42 AO) kann auch ein **Mietvertrag zwischen Eheleuten** über die Nutzung eines Arbeitszimmers anzusehen sein, wenn er zu einer Umgehung des gesetzlichen Abzugsverbots führt; dem steht nicht entgegen, dass der Mietvertrag schon längere Zeit besteht (BFH v. 1.2.2000, IX B 154/99, www.stotax-first.de, sowie zuletzt FG München v. 8.10.2008, 10 K 1573/07, EFG 2009, 153 m.w.N.).

Die Frage, ob ein Mietverhältnis über den ideellen Anteil eines Partners einer **nichtehelichen Lebensgemeinschaft** am vom anderen Partner genutzten Arbeitszimmer steuerlich anzuerkennen ist, ist bislang in der Rechtsprechung nicht entschieden worden. Die Begründungen mit der die finanzgerichtliche Rechtsprechung die steuerliche Anerkennung eines Mietvertrags, den der nutzende Ehegatte mit dem anderen Ehegatten über dessen ideellen Anteil am Arbeitszimmer abgeschlossen hat, versagt, lassen sich – wegen Nichtbestehens entsprechender Unterhaltspflichten – nicht auf die Partner einer nichtehelichen Lebensgemeinschaft übertragen (FG Düsseldorf v. 21.10.2014, 13 K 1554/12 E, EFG 2015, 709).

Aber selbst bei einer grundsätzlichen Anerkennung des Mietvertrags wären die gesetzlichen Abzugsbeschränkungen zu beachten. Auf der Empfängerseite sind die Mieteinnahmen auch dann steuerlich zu erfassen, wenn ein Werbungskostenabzug nicht möglich ist (FG Hamburg v. 11.12.2006, 2 K 8/05, www.stotax-first.de).

Arzt

1. Allgemeines

328 Ärzte erzielen Einkünfte aus einer **freiberuflichen Tätigkeit** i.S.d. § 18 Abs. 1 Nr. 1 EStG, wenn sie eine eigene Praxis haben.

Ärzte können aber auch **nichtselbständig** tätig sein, wenn sie z.B. im Beamtenverhältnis stehen (z.B. beim Gesundheitsamt) oder in einem Krankenhaus angestellt sind.

Nicht niedergelassenen Ärzten kann die Berechtigung zur Ausübung des ärztlichen Berufs in Form der stationären Behandlung von Krankenhauspatienten in Hauptabteilungen – beschränkt auf ein bestimmtes Krankenhaus – nur durch die Anstellung bei diesem vermittelt werden (sog. **Honorarärzte**). Die selbständige Tätigkeit eines Arztes in einem Krankenhaus im Rahmen einer Kooperation mit diesem setzt zumindest eine vorhandene Berechtigung zur Behandlung von eigenen Patienten und damit die Niederlassung des Arztes voraus. Die Aneinanderreihung zeitlich befristeter Beschäftigungen eines – nicht niedergelassenen – Arztes an einem oder mehreren Krankenhäusern auf der Grundlage eines Rahmenvertrags ist arbeitsrechtlich zulässig und verstößt nicht gegen das Verbot der Ausübung des ärztlichen Berufs im Umherziehen. Sie unterfällt der **Sozialversicherungspflicht**, i.d.R. einschließlich der Versicherungspflicht nach dem Recht der Arbeitsförderung, da sie regelmäßig nicht als unständige Beschäftigung zu qualifizieren sein wird (LSG Baden-Württemberg v. 17.4.2013, L 5 R 3755/11, www.stotax-first.de, Revision zugelassen). Es kommt jedoch immer auf die Gesamtumstände des Einzelfalls an, s. zuletzt SG Braunschweig v. 25.7.2014, S 64 KR 206/12 und S 64 KR 412/13, www.stotax-first.de, in denen im Krankenhaus tätige approbierte Ärzte als **selbständig** tätig angesehen wurden.

In vielen Fällen ist die Abgrenzung jedoch schwierig:

Eine **abhängige Beschäftigung bzw. Arbeitnehmertätigkeit bejaht** worden ist z.B. bei

- **Stationsärzten** eines Krankenhauses, die in die Arbeitsorganisation der Station eingegliedert sind und kein unternehmerisches Risiko tragen, sie sind keine freiberuflichen Honorarkräfte (SG Dortmund v. 20.2.2015, S 34 R 2153/13, www.stotax-first.de),
- einem auf der Grundlage eines Vertrags „über eine zahnärztliche nicht gleichberechtigte Gemeinschaftspraxis" tätigen **Zahnarzt**, der seine Tätigkeit in der Gemeinschaftspraxis ausübte, die Praxiseinrichtung und Materialien nutzte und mit dem dortigen Personal und dem Praxisinhaber zusammenarbeitete. Hierbei hatte er sich auch mit Blick auf die Öffnungszeiten mit dem Praxisinhaber und dem Personal abzusprechen. Dies gilt auch hinsichtlich des Urlaubs; der Zahnarzt musste seine Dienste auch höchstpersönlich erbringen und durfte nicht – wie typischerweise ein Unternehmer – übernommene Aufträge delegieren. Die Verpflichtung, Dienste persönlich zu erbringen, ist ein wesentliches Merkmal abhängiger Tätigkeit (LSG Baden-Württemberg v. 12.12.2014, L 4 R 1333/13, www.stotax-first.de),
- einem **Notarzt** im Rettungsdienst (Notarzteinsatzfahrzeug), der für die Schichtdauer in den Betrieb des Krankenhauses bzw. des DRK-Rettungsdienstes eingegliedert ist (LSG Niedersachsen-Bremen v. 18.12.2013, L 2 R 64/10, www.stotax-first.de),
- einer in einer **Gemeinschaftspraxis** auf Grund eines sog. Kooperationsvertrags als freie Mitarbeiterin tätigen Ärztin, wenn sie gegenüber den Gesellschaftern der Gemeinschaftspraxis weisungsabhängig ist, unter deren Leitung tätig wird, in den Betrieb eingegliedert ist und kein unternehmerisches Risiko trägt (BFH v. 21.1.2004, XI R 38/02, BStBl II 2004, 650),
- einem **Schiffsarzt** an Bord eines Kreuzfahrtschiffes, weil er eine weisungsgebundene Tätigkeit im Rahmen der Arbeitsorganisation an Bord des Schiffes schuldete (LAG Hamm v. 2.7.2012, 2 Ta 1/12, www.stotax-first.de).

Eine **abhängige Beschäftigung bzw. Arbeitnehmertätigkeit verneint** worden ist dagegen z.B. bei

- einem niedergelassenen Arzt, der in einer von einem eingetragenen Verein unterhaltenen Bereitschaftsdienstzentrale **Bereitschaftsdienst** leistet (LAG Rheinland-Pfalz v. 28.6.2011, 11 Ta 123/11, www.stotax-first.de),
- einem Arzt, der eine **Notfalldiensttätigkeit** ausübt, wenn er die Notfalldiensttätigkeit wie ein Angehöriger eines freien Berufs ausübt, nämlich eigenverantwortlich und frei von solchen Weisungen, die über Rahmenanweisungen, wie sie (auch) bei der Beauftragung von Gewerbetreibenden und freiberuflich Tätigen üblich sind, hinausgehen (FG Bremen v. 16.3.2005, 2 K 179/04 (1), EFG 2005, 1600),
- **Betriebsärzten**, wenn ihnen neben den kraft Gesetzes weisungsfreien Aufgaben (§§ 3, 8 ASiG) keine anderen weisungsgebundenen Aufgaben übertragen worden sind, die Bindung an die Arbeitszeit sich auf die Abhaltung bestimmter Sprechstunden im Betrieb beschränkt und dem Arzt freisteht, Zeit und Dauer seines Urlaubs selbst zu bestimmen und an Fortbildungsveranstaltungen teilzunehmen (BSG v. 9.12.1981, 12 RK 4/81 sowie 12 RK 34/81, www.stotax-first.de),
- einem **Notarzt**, der sich am Standort des Notarzteinsatzfahrzeuges während seiner Dienstbereitschaft aufhält und über die notwendige Therapie und ggf. Krankenhauseinweisung eigenverantwortlich entscheidet (LSG Berlin-Brandenburg v. 20.3.2015, L 1 KR 105/13, www.stotax-first.de).

Die Mitversicherung der angestellten Klinikärzte in der **Betriebshaftpflichtversicherung** stellt keinen geldwerten Vorteil dar, da für diese Ärzte keine Pflicht zum Abschluss einer Berufshaftpflichtversicherung gem. § 30 Satz 1 Nr. 6 HBKG besteht (FG Schleswig-Holstein v. 25.6.2014, 2 K 78/13, EFG 2014, 1620, Revision eingelegt, Az. beim BFH: VI R 47/14).

Arzt

2. Chefärzte

329 Darüber hinaus können Ärzte „**gemischte Tätigkeiten**" ausüben, wenn ein Chefarzt z.B. nebenher privat liquidieren darf. Der BFH hat entschieden, dass ein angestellter Chefarzt mit den Einnahmen aus dem ihm eingeräumten Liquidationsrecht im stationären Bereich für die gesondert berechenbaren wahlärztlichen Leistungen i.d.R. **Arbeitslohn** bezieht, wenn die wahlärztlichen Leistungen innerhalb des Dienstverhältnisses erbracht werden (BFH v. 5.10.2005, VI R 152/01, BStBl II 2006, 94, ebenso FG Münster v. 7.6.2011, 1 K 3800/09 L, EFG 2012, 319 und zuletzt FG München v. 25.6.2015, 15 K 3749/13, www.stotax-first.de). Grundsätzlich können nach dieser Rechtsprechung die wahlärztlichen Leistungen selbständig oder nichtselbständig erbracht werden. Entscheidend ist das Gesamtbild der Verhältnisse des Einzelfalls. Dabei ist insbesondere das Vorliegen bzw. das **Fehlen der Unternehmerinitiative und des Unternehmerrisikos von Bedeutung.**

Zur Anwendung des o.g. BFH-Urteils gilt nach Auffassung der **Finanzverwaltung** Folgendes (s. z.B. OFD Frankfurt v. 2.5.2013, S 2332 A – 98 – St 211, www.stotax-first.de, sowie FinMin Bremen v. 17.7.2007, S 2332 – 444 – 11 – 3, www.stotax-first.de):

Für das Vorliegen von **Einkünften aus nichtselbständiger Arbeit** spricht Folgendes:

- Die Erbringung der wahlärztlichen Leistungen gehört zu den vertraglich geschuldeten Dienstaufgaben des Arztes gegenüber dem Krankenhaus.
- Die Verträge über die wahlärztlichen Leistungen werden unmittelbar zwischen den Patienten und dem Krankenhaus geschlossen.
- Der Arzt unterliegt – mit Ausnahme seiner rein ärztlichen Tätigkeit – den Weisungen des leitenden Arztes des Krankenhauses.
- Der Arzt erbringt die mit den wahlärztlichen Leistungen zusammenhängenden Behandlungen mit den Einrichtungen und Geräten des Krankenhauses.
- Neue diagnostische und therapeutische Untersuchungs- und Behandlungsmethoden bzw. Maßnahmen, die wesentliche Mehrkosten verursachen, können grundsätzlich nur im Einvernehmen mit dem Krankenhaus eingeführt werden.
- Der Dienstvertrag sieht für die gesondert berechenbaren wahlärztlichen Leistungen ausdrücklich vor, dass diese im Verhinderungsfall vom Stellvertreter übernommen werden.
- Der betroffene Arzt hat nur eine begrenzte Möglichkeit, den Umfang der wahlärztlichen Leistungen zu bestimmen.
- Sofern wahlärztliche Leistungen vereinbart werden, beziehen sich diese nicht speziell auf die Leistungen des liquidationsberechtigten Arztes, sondern auf die Leistungen aller an der Behandlung beteiligten liquidationsberechtigten Ärzte des Krankenhauses.
- Der Arzt kann es nicht ablehnen, die mit dem Krankenhaus vereinbarten wahlärztlichen Leistungen zu erbringen.
- Das Risiko eines Forderungsausfalls, das der liquidationsberechtigte Arzt zu tragen hat, ist gering.
- Das Krankenhaus rechnet über die wahlärztlichen Leistungen direkt mit den Patienten ab und vereinnahmt auch die geschuldeten Beträge.

Demgegenüber sprechen folgende Kriterien für eine **selbständige Tätigkeit**:

- Die Erbringung der wahlärztlichen Leistung wird nicht gegenüber dem Krankenhaus geschuldet.
- Der liquidationsberechtigte Arzt vereinbart die zu erbringende wahlärztliche Leistung direkt mit den Patienten und wird hierdurch unmittelbar verpflichtet.
- Nur der liquidationsberechtigte Arzt haftet für die von ihm vorgenommenen wahlärztlichen Behandlungen.
- Der liquidationsberechtigte Arzt rechnet direkt mit den Patienten ab und vereinnahmt auch selbst die geschuldeten Beträge.

Nach den aufgezeigten Abgrenzungsmerkmalen liegen jedenfalls in folgenden Fällen **Einkünfte aus nichtselbständiger Arbeit** vor:

- Der Vertrag für die Erbringung der wahlärztlichen Leistungen wird zwischen dem Krankenhaus und den Patienten geschlossen. Die Liquidation erfolgt ebenfalls durch das Krankenhaus.
- Der Vertrag für die Erbringung der wahlärztlichen Leistungen wird zwischen dem Krankenhaus und den Patienten geschlossen. Die Liquidation erfolgt aber durch den Arzt auf ein von ihm geführtes persönliches Konto.
- Der Vertrag für die Erbringung der wahlärztlichen Leistungen wird zwischen dem Arzt und den Patienten geschlossen. Die Liquidation erfolgt (im Namen und für Rechnung) durch das Krankenhaus.

Der **Krankenhausträger hat hier den Lohnsteuerabzug vorzunehmen.** Dabei ist es nach Auffassung der obersten Finanzbehörden zulässig, die Lohnsteuer von dem **(Netto-)Betrag** zu berechnen, der dem Arzt nach Abzug der gesetzlich oder vertraglich geschuldeten und aus den „Bruttoliquidationserlösen" zu bestreitenden Zahlungen verbleibt.

Werden die Zahlungen regelmäßig geleistet (z.B. vierteljährlich) und liegt ihnen der gleiche Abrechnungszeitraum zu Grunde, handelt es sich um laufenden Arbeitslohn i.S.d. R 39b.2 Abs. 1 LStR. Dass die Zahlungen in der Höhe Schwankungen unterliegen, führt allein noch nicht zu sonstigen Bezügen.

Einkünfte aus selbständiger Arbeit liegen nur vor, wenn die Verträge über die wahlärztlichen Leistungen unmittelbar zwischen den Patienten und dem Chefarzt abgeschlossen werden und die Liquidation durch den Chefarzt erfolgt. Soweit den Chefärzten neben den wahlärztlichen Leistungen im stationären Bereich auch die Möglichkeit eingeräumt wird, auf eigene Rechnung und eigenes Risiko Leistungen im ambulanten Bereich zu erbringen, handelt es sich ebenfalls um Einkünfte aus selbständiger Arbeit.

Hinweis:

Das o.g. BFH-Urteil v. 5.10.2005, VI R 152/01, BStBl II 2006, 94 ist **nicht unumstritten**. Nach Auffassung des **FG Düsseldorf** handelt es sich um einen **besonders gelagerten Sachverhalt**, der nicht verallgemeinert werden darf (FG Düsseldorf v. 22.10.2007, 3 V 1703/07 A (L), www.stotax-first.de, betr. Aussetzung der Vollziehung).

Auch das **FG Rheinland-Pfalz** hat das o.g. BFH-Urteil abgelehnt und entschieden, dass ein Chefarzt **freiberufliche Einkünfte** erzielt, wenn ein Patient mit dem Krankenhaus eine Wahlleistungsvereinbarung schließt, mit der das Krankenhaus zugleich als Vertreter seiner Chefärzte für diese einen Arztzusatzvertrag abschließt; denn diese Vereinbarungen begründen ein originäres Liquidationsrecht der Ärzte (FG Rheinland-Pfalz v. 22.10.2008, 2 K 2583/07, www.stotax-first.de). Begründung: Im Streitfall sei die konkrete Ausgestaltung der wahlärztlichen Vereinbarung als „**totaler Krankenhausvertrag mit Arztzusatzvertrag**" erfolgt. Der BFH sei aber im o.g. Urteil v. 5.10.2005, VI R 152/01, BStBl II 2006, 94, in dem die Liquidationserlöse den Einkünften aus nichtselbständiger Arbeit zugerechnet wurden, von einem **Krankenhausaufnahmevertrag ohne einen solchen Arztzusatzvertrag ausgegangen**.

Die weitere Rechtsprechung bleibt abzuwarten. Soweit ersichtlich sind zu dieser Frage zz. aber keine Verfahren beim BFH anhängig.

3. Arztvertreter

Ein Arztvertreter ist regelmäßig **selbständig** tätig, es sei denn, 330 dass er nicht nur bezüglich der Sprechstunden usw., sondern auch hinsichtlich der Behandlungsmethoden den Weisungen des Praxisinhabers folgen muss (BFH v. 10.4.1953, IV 429/52 U, BStBl III 1953, 142).

Zur Annahme des Arbeitnehmerstatus eines als **Praxisvertreter** tätigen Facharztes reicht nicht aus, dass dieser die Praxis in der gewohnten Weise in den Räumen und mit Instrumenten des vertretenen Praxisinhabers zu den von diesen gehabten Sprechstundenzeiten fortführt (LAG Thüringen v. 22.8.2011, 6 Ta 73/11, www.stotax-first.de).

4. Mitarbeiterbeteiligung

Zur steuerlichen Behandlung der Anteile der Assistenz- und Ober- 331 ärzte sowie des übrigen Krankenhauspersonals an den Liquidationseinnahmen der Chefärzte gilt Folgendes (BMF v. 27.4.1982, IV B 6 – S 2332 – 16/82, BStBl I 1982, 530):

Vergütungen, die Arbeitnehmer eines Krankenhausträgers als Anteil an den Liquidationseinnahmen der liquidationsberechtigten Krankenhausärzte erhalten, gehören zu den **Einkünften aus nichtselbständiger Arbeit** (BFH v. 11.11.1971, IV R 241/70, BStBl II 1972, 213).

Für den Regelfall ist davon auszugehen, dass die Mitarbeit im Liquidationsbereich **i.R.d. Dienstverhältnisses zum Krankenhausträger** geschuldet wird, und zwar auch dann, wenn die Tätigkeit zwar im Arbeitsvertrag nicht ausdrücklich vorgesehen ist, ihre Erfüllung aber vom Krankenhausträger nach der tatsächlichen Gestaltung des Dienstverhältnisses und nach der Verkehrsauffassung erwartet werden kann. Werden die Vergütungen nicht vom Krankenhausträger gezahlt oder ist dieser nicht in die Auszahlung eingeschaltet (R 38.4 Abs. 1 LStR), stellen sie **Lohnzahlungen Dritter** i.S.d. § 38 Abs. 1 Satz 2 EStG dar, für die der **Krankenhausträger als Arbeitgeber** zusammen mit dem dienstvertraglichen Arbeitslohn die Lohnsteuer

☐ = keine Lohnsteuerpflicht
☒ = Lohnsteuerpflicht

einzubehalten und abzuführen hat. Dabei ist es unerheblich, ob die Vergütungen vom liquidationsberechtigten Arzt auf Grund einer besonderen Verpflichtung oder freiwillig erbracht und ob sie direkt oder aus einem **Mitarbeiterfonds (Liquidationspool)** gewährt werden.

Soweit der Krankenhausträger die Vergütungen nicht selbst ermitteln kann und sie ihm auch nicht vom liquidationsberechtigten Arzt mitgeteilt werden, hat sie der **Arbeitnehmer dem Krankenhausträger mitzuteilen** (R 38.4 Abs. 2 Satz 4 LStR). In diesem Fall entfällt eine **Haftung** für zu wenig einbehaltene Lohnsteuer (R 42.d.1 Abs. 1 Satz 2 LStR).

Besteht gegenüber dem Krankenhausträger keine Verpflichtung zur Mitarbeit im Liquidationsbereich, weil der Arbeitnehmer ausschließlich auf Grund einer Vereinbarung mit dem Chefarzt im Liquidationsbereich tätig wird, ist der **liquidationsberechtigte Arzt als Arbeitgeber** anzusehen mit allen sich daraus im Steuerabzugsverfahren ergebenden Pflichten.

[LSt] (SV)

Das **FG Düsseldorf** hat die Verwaltungsauffassung bestätigt, dass die bei der Behandlung von Privatpatienten mitarbeitenden Bediensteten des Krankenhauses (Krankenschwestern, Büropersonal usw.) **keine Arbeitnehmer des liquidationsberechtigten Arztes** sind. Beteiligt dieser das Krankenhauspersonal an den Liquidationseinnahmen, handelt es sich nicht um steuerlich abzugsfähige Betriebsausgaben oder Werbungskosten (FG Düsseldorf v. 29.4.2002, 17 K 2860/99 E, EFG 2002, 971).

Vergütungen, die ein angestellter Arzt (z.B. der Oberarzt) aus einem sog. **Chefarzt-Pool** erhält, sind **keine steuerfreien Trinkgelder** i.S.d. § 3 Nr. 51 EStG (FG Baden-Württemberg v. 3.2.2009, 6 K 2319/07, EFG 2009, 1286). Entsprechendes gilt für freiwillige Zahlungen eines Klinikdirektors an eine Angestellte des Krankenhauses, die den Klinikdirektor bei der Durchführung von Vortragsveranstaltungen organisatorisch unterstützt hat (FG Hamburg v. 30.3.2009, 6 K 45/08, EFG 2009, 1367).

5. Gutachten

332 Bezüglich der Gutachten von Klinikärzten, die diese für Dritte erstellen, sind bei der Frage, ob es sich bei den Einnahmen aus dieser Tätigkeit um Einkünfte aus selbständiger oder aus nichtselbständiger Arbeit handelt, verschiedene Konstellationen zu unterscheiden. Allen Fällen ist jedoch gemeinsam, dass eine am Einzelfall orientierte Zuordnung unter Beachtung der allgemeinen Abgrenzungsmerkmale nach dem Gesamtbild der Verhältnisse vorgenommen werden muss. Besonders bedeutsam ist bei der Frage der Abgrenzung, ob die Gutachtertätigkeit innerhalb des Dienstverhältnisses erbracht wird (vgl. BFH v. 5.10.2005, VI R 152/01, BStBl II 2006, 94).

Im Einzelnen gilt Folgendes (OFD Frankfurt v. 2.5.2013, S 2332 A – 98 – St 211, www.stotax-first.de):

a) Gutachtertätigkeit von Chefärzten

333 Erstellen Chefärzte Gutachten für dem Klinikbetrieb nicht zugehörige Dritte (z.B. Krankenkassen, Berufsgenossenschaften), so ist für die lohnsteuerrechtliche Behandlung der Einkünfte anhand der Gesamtumstände zu ermitteln, wie die Ausübung der Tätigkeit im konkreten Einzelfall erfolgt.

Für ein Ausüben der Tätigkeit innerhalb des Dienstverhältnisses und somit für das Vorliegen **nichtselbständiger Arbeit** spricht es hierbei z.B., wenn die Gutachteraufträge dem Chefarzt nicht direkt zugehen, sondern **über die Klinikleitung an ihn weitergereicht** werden und auch die Abrechnung der gutachtlichen Tätigkeit unter Mitwirkung der Klinik erfolgt.

[LSt] (SV)

Anhaltspunkte für das Vorliegen **selbständiger Arbeit** können hingegen etwa darin gesehen werden, dass der **Chefarzt dem Krankenhaus ein Entgelt für die Benutzung der zur Erstellung der Gutachten notwendigen Krankenhauseinrichtungen zahlt**. Des Weiteren kann es für eine selbständige Tätigkeit des Chefarztes sprechen, wenn der Chefarzt selbst die **Gutachten in seinem Namen und mit eigenem Briefkopf unterschreibt** (vgl. BFH v. 19.4.1956, IV 88/56 U, BStBl III 1956, 187).

☐ ⓈⓥV̸

b) Gutachtertätigkeit von nachgeordneten Ärzten/Assistenzärzten

334 In der Praxis werden Gutachten häufig von bei der Klinik angestellten Assistenzärzten oder unter deren Mitwirkung erstellt.

Werden die Gutachten von den Assistenzärzten ohne Mitwirkung eines übergeordneten Arztes/Chefarztes gefertigt, ist die Einordnung der Gutachtertätigkeit als selbständige oder nichtselbständige Arbeit anhand der oben beschriebenen Kriterien vorzunehmen. Hierbei ist allerdings zu beachten, dass **Tarifverträge oder auch Einzelarbeitsverträge der Ärzte eine Pflicht zur Erstellung von Gutachten beinhalten** können (besonders bei Universitätskliniken). Eine derartige Verpflichtung spricht dafür, dass das Erstellen des Gutachtens i.R.d. Dienstverhältnisses erfolgt. Dies gilt insbesondere dann, wenn die Übernahme der Nebentätigkeit nur in besonders begründeten Ausnahmefällen verweigert werden darf. In diesen Fällen ist für die Frage, ob die Gutachtertätigkeit i.R.d. Dienstverhältnisses erfolgt, besonders bedeutsam, inwiefern eine Weisungsabhängigkeit der Assistenzärzte besteht.

Gleiches gilt im Übrigen auch für die Zuordnung der Einkünfte der angestellten Assistenzärzte, wenn die Erstellung des Gutachtens im Rahmen einer zugelassenen Nebentätigkeit eines Chefarztes erfolgt, der sich der Hilfe eines Assistenzarztes bedient, wenn tarif- oder arbeitsvertraglich eine Pflicht der Assistenzärzte zur Gutachtenerstellung besteht und diese Pflicht sich auch auf die Erstellung von Gutachten im Rahmen der Nebentätigkeit des Chefarztes erstreckt. Auch hier ist für die Zuordnung der Tätigkeit zum Dienstverhältnis das Vorliegen einer Weisungsabhängigkeit zu beachten.

Der Umstand, dass die nachgeordneten Ärzte eine besondere Vergütung für ihre Gutachtertätigkeit erhalten, ist für die Einordnung der Einkünfte als solche aus nichtselbständiger Arbeit unschädlich.

[LSt] (SV)

Diese Grundsätze gelten für die **Sozialversicherung** entsprechend: Das SG Marburg hat entschieden, dass die Pflicht zur Aufbringung von Gesamtsozialversicherungsbeiträgen eines Krankenhausträgers sich nicht auf Zahlungen erstreckt, die ein Chefarzt an nachgeordnete Mitarbeiter der Klinik erbringt, um deren Hilfstätigkeiten bei seiner privaten nebenberuflichen Gutachtertätigkeit zu vergüten (SG Marburg v. 5.2.2008, S 2 R 8/05, www.stotax-first.de).

☐ ⓈⓥV̸

6. Stipendien

a) Sog. Thüringen-Stipendium

335 Zur steuerlichen Behandlung des sog. Thüringen-Stipendiums, das von der Stiftung zur Förderung der ambulanten ärztlichen Versorgung im Freistaat Thüringen (kurz: Stiftung) unter bestimmten Voraussetzungen an Weiterbildungsassistenten in Thüringen ausgereicht wird, vertritt die Finanzverwaltung folgende Auffassung:

Die Stiftung wurde im Juli 2009 von der Kassenärztlichen Vereinigung Thüringen und dem Freistaat Thüringen gegründet. Zweck der Stiftung ist die Förderung der ambulanten ärztlichen Versorgung in Thüringen. Mit dem Thüringen-Stipendium, das von der Stiftung ausgereicht wird, können Assistenzärzte in der Weiterbildung mit bis zu 250 € für die Dauer von maximal 60 Monaten gefördert werden. Die vertraglichen Gestaltungsmöglichkeiten der Stiftung sehen jedoch auch die Möglichkeit einer Einmalzahlung vor, sodass ein Maximalbetrag i.H.v. 15 000 € einmalig ausgezahlt werden könnte. Nach dem Vertrag über den Erhalt der Fördermaßnahme verpflichtet sich der Stipendiat, die vorgeschriebene Weiterbildung zu dem von ihm angegebenen Fachgebiet zu absolvieren und an der entsprechenden Facharztprüfung teilzunehmen. Des Weiteren ist der Stipendiat verpflichtet, unmittelbar nach erfolgreichem Abschluss der Facharztprüfung für mindestens 4 Jahre als Arzt an der vertragsärztlichen Versorgung in Thüringen teilzunehmen. Die Förderung erfolgt grundsätzlich pro vollzeitbeschäftigte Assistentenstelle, bei Teilzeitarbeit erfolgt die Förderung anteilig.

Die Zahlungen auf Grund des Thüringen-Stipendiums sind nicht als Einkünfte i.S.d. § 19 EStG zu qualifizieren, da das Stipendium nicht unmittelbar Ausfluss aus einem Dienstverhältnis ist.

Zwar setzt die Weiterbildung zum Facharzt grundsätzlich ein Anstellungsverhältnis mit einer entsprechenden Weiterbildungsstätte voraus. Die Gewährung des Stipendiums stellt insoweit jedoch keine (echte) Lohnzahlung durch einen Dritten dar, da die Zahlung

Arzt

nicht Entgelt für die Leistung ist, die der Stipendiat im Rahmen dieses Dienstverhältnisses für seinen Arbeitgeber erbringt. Arbeitslohn würde insoweit nur vorliegen, wenn das Stipendium im Zusammenhang mit einer konkreten, i.R.d. Dienstverhältnisses geschuldeten Arbeitsleistung vermittelt wird (vgl. H 19.3 (Lohnzahlung durch Dritte) LStH). Das Stipendium wird jedoch nicht für die während der Weiterbildung zum Facharzt geschuldeten Arbeitsleistung gezahlt, sondern weil der Stipendiat die Weiterbildung überhaupt absolviert und sich verpflichtet, nach erfolgreichem Abschluss für eine bestimmte Zeit im Freistaat Thüringen in der vertragsärztlichen Versorgung tätig zu sein.

Die Zahlungen werden auf Grund eines Vertrages zwischen der Stiftung und dem Assistenzarzt geleistet. Zwar verpflichtet sich der Assistenzarzt, die Facharztprüfung abzulegen und danach mindestens 4 Jahre als niedergelassener oder angestellter Facharzt in Thüringen tätig zu sein, jedoch können die Einkünfte aus dem Stipendium noch nicht dieser zukünftigen Tätigkeit (§§ 18 oder 19 EStG) zugerechnet werden.

Mangels Zuordnung zu einer anderen Einkunftsart handelt es sich deshalb um wiederkehrende Bezüge i.S.d. § 22 Nr. 1 EStG, soweit die Auszahlung monatlich erfolgt.

Entscheidet sich ein Stipendiat hingegen für die **Einmalauszahlung**, liegen keine wiederkehrenden Bezüge vor, da bereits von Anfang an feststeht, dass die Zahlungen nicht wiederholt werden. Aus diesem Grund handelt es sich bei dem Einmalbetrag um **sonstige Einkünfte i.S.d. § 22 Nr. 3 EStG.**

Für die **Steuerbefreiung nach § 3 Nr. 11 EStG bzw. § 3 Nr. 44 EStG** ist jeweils Voraussetzung, dass der Empfänger nicht zu einer bestimmten wissenschaftlichen oder künstlerischen Gegenleistung oder zu einer bestimmten Arbeitnehmertätigkeit verpflichtet wird. Da jedoch, wie zuvor ausgeführt, die Weiterbildung zum Facharzt grundsätzlich nur im Rahmen eines Anstellungsvertrags mit einer Weiterbildungsstätte möglich ist, besteht eine Verpflichtung zu einer bestimmten Arbeitnehmertätigkeit, so dass schon aus diesem Grund eine Steuerbefreiung nicht in Betracht kommt. Dies gilt unabhängig von den gewählten Auszahlungsmodalitäten des Stipendiums.

b) Tätigkeit in hausärztlich unterversorgten Gebieten

336 Es ist weiter die Frage aufgeworfen worden, ob Studienbeihilfen an Medizinstudenten gem. § 3 Nr. 11 bzw. Nr. 44 EStG **steuerbefreit** sind, wenn sich die Medizinstudenten im Gegenzug verpflichten müssen, im Anschluss an die Facharztausbildung für Allgemeinmedizin für eine bestimmte Dauer in hausärztlich unterversorgten Gebieten tätig zu werden. Bei Nichterfüllung sind die Studienbeihilfen zurückzuzahlen.

Die Voraussetzungen der o.g. Steuerbefreiungen sind nach Auffassung der Finanzverwaltung auch hier nicht erfüllt, weil sich die Medizinstudenten zu einer bestimmten Gegenleistung verpflichten. Die Studienbeihilfen sind daher als **sonstige Einkünfte nach § 22 Nr. 1 EStG steuerpflichtig.**

7. Steuerfreiheit von Zuschlägen für Sonntags-, Feiertags- oder Nachtarbeit nach § 3b EStG

337 Zur steuerlichen Behandlung der Zeitzuschläge für Bereitschaftsdienste in den Nachtstunden gem. **§ 12 Abs. 4 des Tarifvertrags für Ärztinnen und Ärzte an kommunalen Krankenhäusern** im Bereich der Vereinigung der kommunalen Arbeitgeberverbände (TK-Ärzte/VKA) sowie der anderen im Tarifvertrag aufgeführten Zuschläge vertritt die Finanzverwaltung folgende Auffassung (OFD Frankfurt v. 26.5.2011, S 2343 A – 37 – St 222, Lohnsteuer-Handausgabe 2015, 146):

Folgende Zuschläge können nach § 3b EStG steuerfrei gezahlt werden:

– **Ausgleich für Sonderformen der Arbeit** (§ 11 Abs. 1 TV-Ärzte/VKA): Die prozentualen Zuschläge für Nachtarbeit (Buchstabe b), für Sonntagsarbeit (Buchstabe c), für Feiertagsarbeit i.H.v. 35 % (Buchstabe d) sowie für Arbeit am 24. und 31. Dezember (Buchst. e) sind i.R.d. § 3b EStG steuerfrei.

– **Zeitzuschlag für Feiertagsarbeit** (§ 12 Abs. 3 TV-Ärzte/VKA): Der nach § 12 Abs. 3 TV-Ärzte/VKA zu gewährende Zeitzuschlag für Feiertagsarbeit ist bei einer Zahlung in Geld i.R.d. § 3b EStG steuerfrei, da nach § 12 Abs. 5 TV-Ärzte/VKA ein vorrangiger Ausgleich in Geld besteht und das Wahlrecht zu Gunsten von Freizeit nur dem Arbeitgeber zusteht.

– **Nachtzuschlag** (§ 12 Abs. 4 TV-Ärzte/VKA): Der nach § 12 Abs. 4 TV-Ärzte/VKA in Geld zu zahlende Nachtzuschlag erfüllt ebenfalls die Voraussetzungen des § 3b EStG.

Für die nachfolgend aufgeführten Zuschläge kommt eine Steuerbefreiung nach § 3b EStG nicht in Betracht:

– **Zuschlag für Arbeit an gesetzlichen Feiertagen** (§ 8 Abs. 1 TV-Ärzte/VKA): Da hier ein Anspruch auf Ausgleich in Freizeit besteht, ist die Barabgeltung dieses Freizeitanspruchs kein begünstigter Lohnzuschlag (R 3b Abs. 1 Satz 6 LStR)

– **Rufbereitschaftsentschädigung** (§ 11 Abs. 3 TV-Ärzte/VKA): Die Rufbereitschaftsentschädigung ist nicht nach § 3b EStG steuerfrei. Dies gilt auch für den an Wochenenden bzw. Feiertagen zu zahlenden Verdopplungsbetrag, weil dieser auch an Samstagen und damit nicht nur für begünstigte Zeiten i.S.d. § 3b EStG gezahlt wird.

– **Wechselschichtzulage/Schichtzulage** (§ 11 Abs. 4 und 5 TV-Ärzte/VKA): Bei den beiden Zulagen handelt es sich nicht um Zuschläge für Sonntags-, Feiertags- oder Nachtarbeit. Sie sind folglich steuerpflichtig.

– **Bereitschaftsdienstentgelte** (§ 12 TV-Ärzte/VKA): Das „übliche" Bereitschaftsdienstentgelt nach § 12 Abs. 2 TV-Ärzte/VKA ist nicht nach § 3b EStG steuerfrei. Es handelt sich nicht um einen Zuschlag für tatsächlich geleistete Sonntags-, Feiertags- oder Nachtarbeit bzw. nicht um „neben dem Grundlohn gezahlte Zuschläge" (vgl. BFH v. 24.11.1989, VI R 92/88, BStBl II 1990, 315).

Auch das **FG Baden-Württemberg** hat kürzlich entschieden, dass eine pauschale Vergütung für den Bereitschaftsdienst – ohne Rücksicht darauf, ob dieser auf Sonntage, Feiertage bzw. Nachtzeit oder auf steuerlich nicht begünstigte Zeiten entfällt – nicht den Anforderungen des § 3b Abs. 2 EStG entspricht (Urteil v. 21.10.2013, 6 K 4246/11, EFG 2015, 106, Revision eingelegt, Az. beim BFH: VI R 61/14).

8. Werbungskosten

338 Aufwendungen eines Chefarztes an einer Universitätsklinik für eine **Antrittsvorlesung** mit anschließendem **Empfang** und für ein **Betriebsfest** können **in vollem Umfang als Werbungskosten** berücksichtigt werden; die für Bewirtungskosten geltende Abzugsbeschränkung auf 70 % der (angemessenen) Aufwendungen und die formellen Nachweiserfordernisse finden auf die „reine Arbeitnehmerbewirtung" keine Anwendung (BFH v. 10.7.2008, VI R 26/07, www.stotax-first.de). Nach dieser geänderten BFH-Rechtsprechung sind u.E. auch Aufwendungen eines Chefarztes für die **Weihnachtsfeier** mit dem Klinikpersonal als Betriebsausgaben bzw. Werbungskosten abzugsfähig (so auch FG Niedersachsen v. 27.2.2002, 4 K 30/96, EFG 2002, 1508).

Aufwendungen eines Oberarztes für eine Feier mit den Bediensteten des Krankenhauses aus Anlass des **Abschieds in den Ruhestand** können ohne Abzugsbeschränkung als Werbungskosten zu berücksichtigen sein (BFH v. 26.1.2010, VI B 95/09, www.stotax-first.de).

Aufwendungen eines angestellten Chefarztes für eine **Skifreizeit** zur Steigerung der Motivation seiner Mitarbeiter sind als Werbungskosten abzugsfähig, wenn sie nach der Gesamtwürdigung aller Umstände ausschließlich beruflich und nicht durch die gesellschaftliche oder wirtschaftliche Stellung des Stpfl. veranlasst waren. Auch die auf die eigene Teilnahme des Stpfl. an der Skifreizeit entfallenden Aufwendungen sind abzugsfähig, wenn die Anwesenheit des Stpfl. zwingend ist, um den Zweck der Veranstaltung zu erfüllen, und wenn dieser unter Würdigung der Gesamtumstände ein ausschließlicher beruflicher Anlass zu Grunde liegt, während die private Mitveranlassung unbedeutend ist (FG Thüringen v. 9.10.2013, 3 K 306/12, EFG 2014, 1290).

Arzthelferin

→ *Arbeitnehmer-ABC* Rz. 188

Ärztliche Betreuung

339 Die vom Arbeitgeber im ganz überwiegenden betrieblichen Interesse übernommenen Kosten für **Vorsorgeuntersuchungen** und **Kreislauftrainingskuren** der Arbeitnehmer sind **kein Arbeitslohn** (BFH v. 31.10.1986, VI R 73/83, BStBl II 1987, 142). Das Gleiche gilt für die ärztliche Betreuung der Belegschaft zur **Hebung des Gesundheitszustands** und damit der Arbeitsleistung (BFH v. 24.1.1975, VI R 242/71, BStBl II 1975, 340); vgl. sinngemäß auch BFH v. 30.5.2001, VI R 177/99, BStBl II 2001, 671 betr. Übernahme von Massagekosten für Bildschirmarbeitnehmer.

Seit 2008 sind bestimmte zusätzlich zum ohnehin geschuldeten Arbeitslohn erbrachte Leistungen des Arbeitgebers zur **betrieblichen Gesundheitsförderung bis zur Höhe von 500 € im Jahr steuerfrei** (§ 3 Nr. 34 EStG); Einzelheiten → *Krankheitskosten* Rz. 1735.

Arbeitslohn liegt jedoch vor, wenn der Arbeitgeber die Kosten übernimmt für

- eine **Kur für alle älteren Arbeitnehmer**, z.B. nach Vollendung ihres 50. Lebensjahres, ungeachtet ihrer Stellung und Bedeutung für den Betrieb (BFH v. 31.10.1986, VI R 73/83, BStBl II 1987, 142),
- ein **gesundheitsförderndes Trainingsprogramm in einem Sport-Center**, wenn das private Interesse des Arbeitnehmers an dem Programm nicht vernachlässigt werden kann (BFH v. 24.3.2009, VI B 106/08, www.stotax-first.de),
- die **Regenerierungskur eines Fluglotsen** (BFH v. 11.3.2010, VI R 7/08, BStBl II 2010, 763).

Asylbewerber, Flüchtlinge

1. Arbeitsrecht

a) Gemeinnützige Beschäftigung

340 Nach § 5 AsylbLG sollen Asylbewerbern **Arbeitsgelegenheiten in Aufnahmeeinrichtungen** nach dem Asylverfahrensgesetz sowie (soweit möglich) bei staatlichen, kommunalen bzw. gemeinnützigen Trägern zur Verfügung gestellt werden. Arbeitsfähige, nicht erwerbstätige Leistungsberechtigte, die nicht mehr im schulpflichtigen Alter sind, sind zur Wahrnehmung derartiger Arbeitsgelegenheiten verpflichtet. Für die zu leistende Arbeit wird den Asylbewerbern eine **Aufwandsentschädigung von 1,05 € je Stunde** ausgezahlt. Ein Arbeitsverhältnis i.S.d. Arbeitsrechts wird nach der ausdrücklichen Bestimmung des § 5 Abs. 5 AsylbLG nicht begründet. Die in diesem Rahmen beschäftigten Asylbewerber sind daher – auch steuerlich – **nicht als Arbeitnehmer zu qualifizieren**.

b) Tätigkeit im Arbeitsverhältnis mit Arbeitserlaubnis

341 Die Aufnahme eines regulären Arbeitsverhältnisses und die Tätigkeit als Arbeitnehmer in jedweder Form bzw. umgekehrt eine Beschäftigung durch einen Arbeitgeber ist (wie allgemein bei der Beschäftigung ausländischer Arbeitnehmer aus Drittstaaten) nur zulässig, wenn der Asylsuchende bzw. Flüchtling eine **Arbeitserlaubnis** besitzt. Insoweit ist grundsätzlich zu unterscheiden:

- Der **Asylsuchende** darf nach § 61 Abs. 1 AsylVfG für die Dauer der Pflicht, in einer Aufnahmeeinrichtung zu wohnen, grundsätzlich keine Erwerbstätigkeit ausüben.
- **Asylsuchende mit Aufenthaltserlaubnis, Aufenthaltsgestattung oder mit Duldung** dürfen nach § 61 Abs. 2 AsylVfG eine Arbeit ausüben, wenn die Ausländerbehörde auf Antrag nach Ablauf einer **Wartezeit von drei Monaten** eine **Arbeitserlaubnis** für eine konkrete Beschäftigung erteilt hat. Die Erlaubniserteilung hängt von bestimmten von der **Bundesagentur für Arbeit** zu prüfenden Voraussetzungen und deren **Zustimmung** ab.
- **Ausnahmen:** Keiner Prüfung und Zustimmung der Bundesagentur für Arbeit bedarf die Erlaubnis der Ausländerbehörde u.a. nach § 32 BeschV für die Ausübung eines **Praktikums** nach § 22 MiLoG (→ *Praktikanten* Rz. 2313) und eine **Berufsausbildung**.
- **Anerkannte Asylbewerber/Flüchtlinge** aus völkerrechtlichen, humanitären oder politischen Gründen **mit Aufenthaltserlaubnis** können jeder Beschäftigung nachgehen.

Hinweise:

1. Ausführliche Informationen und aktuelle Hinweise über mögliche Rechtsänderungen können Sie den Internetseiten des **Bundesamts für Migration und Flüchtlinge** entnehmen (www.bamf.de; im Bereich „Häufige Fragen": „FAQ: Zugang zum Arbeitsmarkt für geflüchtete Menschen").

2. Zur Frage, ob Asylsuchende, anerkannte Flüchtlinge und Geduldete in einem **Minijob beschäftigt** werden dürfen, hat die **Minijobzentrale** auf ihren Internetseiten ausführliche Informationen bereitgestellt (www.minijob-zentrale.de).

Bei anderen Fragen zur Beschäftigung geflüchteter Menschen (z.B. Anerkennung ausländischer Berufsabschlüsse, Einreise und Aufenthalt usw.) können Sie sich an die "Hotline Arbeiten und Leben in Deutschland" wenden, welche gemeinsam vom Bundesamt für Migration und Flüchtlinge (BAMF) und der Bundesagentur für Arbeit (BA) betrieben wird. Die Hotline ist von Montag bis Freitag in der Zeit von 9 bis 15 Uhr unter der Rufnummer +49 30 1815-1111 erreichbar.

2. Lohnsteuer

342 Bei den Leistungen nach dem AsylbLG (Grundleistungen, Ernährung, Unterkunft, Heizung, Kleidung, Gesundheits- und Körperpflege, Gebrauchs- und Verbrauchsgüter des Haushalts) handelt es sich um Bezüge aus öffentlichen Mitteln, die wegen Hilfsbedürftigkeit geleistet werden. Sie sind daher nach **§ 3 Nr. 11 EStG** (→ *Unterstützungen* Rz. 2958) **als steuerfrei zu behandeln und unterliegen nicht dem Progressionsvorbehalt nach § 32b EStG** (→ *Progressionsvorbehalt* Rz. 2331), vgl. OFD Frankfurt v. 7.4.2015, S 2342 A – 49 – St 213, www.stotax-first.de.

3. Sozialversicherung

343 Bei der Beschäftigung von Asylbewerbern und anderen Flüchtlingen ist bei der versicherungsrechtlichen Beurteilung einer Beschäftigung oder eines Praktikums zunächst nach den grundsätzlichen Kriterien vorzugehen.

Wird allerdings eine geringfügige Beschäftigung ausgeübt, sind für Flüchtlinge keine Pauschalbeiträge zur Krankenversicherung zu entrichten. Es fehlt hier die Mitgliedschaft in der gesetzlichen Krankenversicherung.

Ist die geringfügige Beschäftigung eine kurzfristige Beschäftigung, besteht keine Versicherungsfreiheit, man geht hier immer von Berufsmäßigkeit aus.

Attest

→ *Entgeltfortzahlung* Rz. 1071

Aufbewahrungspflichten

1. Lohnsteuer

344 Die Lohnkonten hat der Arbeitgeber nach § 41 Abs. 1 Satz 10 EStG **bis zum Ablauf des sechsten Kalenderjahrs**, das auf die zuletzt eingetragene Lohnzahlung folgt, aufzubewahren. Für das Lohnkonto 2015 endet also die Aufbewahrungspflicht mit Ablauf des 31.12.2021. Die auf zehn Jahre verlängerte Aufbewahrungsfrist in § 147 Abs. 3 AO gilt wegen der Sonderregelung in § 41 Abs. 1 EStG nicht (OFD Hannover v. 18.2.2000, S 2375 – 22 – StH 212, www.stotax-first.de).

Das in der letzten Legislaturperiode vom **Bundestag** verabschiedete Gesetz zur Verkürzung der Aufbewahrungsfristen sowie zur Änderung weiterer steuerlicher Vorschriften (BR-Drucks. 316/13 v. 26.4.2013) sieht u.a. eine Verkürzung der Aufbewahrungsfristen für steuerliche Unterlagen von derzeit zehn Jahren rückwirkend ab

Aufbewahrungspflichten

2013 auf acht und in einem weiteren Schritt ab 2015 auf sieben Jahre vor. Der **Bundesrat** hatte jedoch seine Zustimmung verweigert und den Vermittlungsausschuss angerufen (BR-Drucks. 316/13 v. 3.5.2013). Es bleibt abzuwarten, ob in der laufenden Legislaturperiode erneut ein entsprechender Gesetzentwurf eingebracht wird.

Für den **Nachweis von Werbungskosten, Sonderausgaben** usw. gibt es nach Durchführung der Einkommensteuerveranlagung und Rückgabe durch das Finanzamt keine gesetzliche Aufbewahrungspflicht, selbst wenn die Veranlagung „vorläufig" durchgeführt worden ist (OFD Magdeburg v. 19.10.2006, S 0240 – 2 – St 251, www.stotax-first.de).

2. Sozialversicherung

345 Der Arbeitgeber ist verpflichtet, für jeden Beschäftigten, getrennt nach Kalenderjahren, Lohnunterlagen in deutscher Sprache zu führen. Auch für Geringverdiener, Aushilfskräfte, Pauschalbesteuerte usw. müssen detaillierte Lohnunterlagen vorhanden sein. Die Lohn- und Gehaltsunterlagen hat er im Geltungsbereich des Sozialgesetzbuches bis zum Ablauf des auf die **letzte Betriebsprüfung** des Rentenversicherungsträgers **folgenden Kalenderjahrs** geordnet aufzubewahren (§ 28f Abs. 1 SGB IV).

Die vom Arbeitgeber erstellten **Beitragsabrechnungen** und bei der Einzugsstelle einzureichenden **Beitragsnachweise** sind ebenfalls bis zu diesem Zeitpunkt aufzubewahren. Die Verpflichtung zur Führung von Lohnunterlagen und somit auch die Aufbewahrungsfristen gelten **nicht für die in privaten Haushalten Beschäftigten**.

Die Entgeltunterlagen können auf maschinell verwertbaren Datenträgern geführt werden. Werden die Entgeltunterlagen auf Datenträgern geführt, sind die Daten in der Aufbewahrungsfrist jederzeit verfügbar und unverzüglich lesbar vorzuhalten.

Nach § 17 Abs. 1 MiLoG haben ab 1.1.2015 Arbeitgeber Dokumentationspflichten bei geringfügig Beschäftigten zu befolgen. Hier müssen Beginn, Ende und Dauer der täglichen Arbeitszeit dokumentiert werden und die Unterlagen hierzu zwei Jahre lang aufbewahrt werden.

Aufenthaltsräume

→ *Arbeitslohn-ABC* Rz. 255

Aufklärungspflichten

346 Das **Finanzamt** soll einen Sachverhalt auch **zu Gunsten des Stpfl. – das kann auch der Arbeitgeber sein – prüfen** (§ 88 Abs. 2 AO) und ggf. die Abgabe von Erklärungen, die Stellung von Anträgen z.B. zur Inanspruchnahme von Steuervergünstigungen oder auch die Berichtigung von Erklärungen anregen (§ 89 AO). Dies gilt auch für das **Lohnsteuerabzugsverfahren**.

Dieser sehr weitgehende Grundsatz wird in der Praxis allerdings dadurch eingeengt, dass auch die **Beteiligten zur Mitwirkung bei der Ermittlung eines Sachverhaltes verpflichtet** sind (§ 90 AO). Erfüllen sie diese Verpflichtung nicht, endet auch die Ermittlungspflicht des Finanzamts. Außerdem endet die Ermittlungspflicht dort, wo die Ermittlungen einen **nicht mehr zumutbaren Aufwand** an Zeit und Arbeit erfordern würden (BMF v. 15.7.1998, IV A 4 – S 0062 – 13/98, BStBl I 1998, 630 zu § 88 AO).

Auflassungsvollmachten: Notarangestellte

347 Vergütungen, die **Angestellte eines Notars** für die Übernahme der Auflassungsvollmacht von den Parteien eines beurkundeten Grundstücksgeschäfts erhalten, gehören zu den Einkünften aus der Haupttätigkeit und unterliegen somit dem Lohnsteuerabzug (BFH v. 9.12.1954, IV 46/54 U, BStBl III 1955, 55).

Freiwillige Zahlungen von Notaren an Notarassessoren für deren Vertretungstätigkeit sind **keine steuerfreien Trinkgelder** i.S.d. § 3 Nr. 51 EStG, sondern steuerpflichtiger Arbeitslohn. Es liegt insbesondere kein kunden- oder kundenähnliches Verhältnis vor, wie es der Begriff des Trinkgelds, der auch § 3 Nr. 51 EStG zu Grunde liegt, voraussetzt. Notarassessoren gehören nicht zu der typischen Berufsgruppe, in der Arbeitnehmertrinkgelder traditionell einen flankierenden Bestandteil der Entlohnung darstellen (BFH v. 10.3.2015, VI R 6/14, HFR 2015, 718).

Aufmerksamkeiten

→ *Annehmlichkeiten* Rz. 150

Aufrechnung

1. Arbeitsrecht

348 Gegenüber den Ansprüchen des Arbeitnehmers auf Arbeitsentgelt kann der Arbeitgeber mit **fälligen Gegenansprüchen** nach §§ 387 ff. BGB aufrechnen, z.B. mit Rückzahlungsansprüchen aus Überzahlung oder Darlehen oder auch mit Schadensersatzansprüchen. Erforderlich ist eine **Aufrechnungserklärung**:

Bei einer solchen Aufrechnung muss allerdings nach § 394 BGB beachtet werden, dass gegen das Arbeitsentgelt nur im Rahmen der Pfändbarkeit (→ *Lohnpfändung* Rz. 1828) aufgerechnet werden kann. Der unpfändbare Teil des Arbeitsentgelts z.B. nach den Vorschriften der §§ 850 ff. ZPO muss also dem Arbeitnehmer verbleiben und ausgezahlt werden. Dies gilt jedoch nicht bei der Verrechnung von Lohnvorschüssen (→ *Vorschüsse* Rz. 3068), die als vorweggenommene Tilgung des Lohnanspruchs anzusehen sind. Die pfändbaren Teile des Arbeitseinkommens sind nicht von Amts wegen zu ermitteln (BAG v. 5.12.2002, 6 AZR 569/01, www.stotax-first.de). Hat der Arbeitgeber mit einem Erstattungsanspruch gegen Arbeitseinkommen aufgerechnet, obliegt es ihm - unabhängig von einer entsprechenden Rüge des Arbeitnehmers - **darzulegen und ggf. zu beweisen**, dass die Aufrechnung unter Beachtung der Pfändungsschutzvorschriften erfolgt ist (BAG v. 22.9.2015, 9 AZR 143/14, www.stotax-first.de).

Der Pfändungsschutz für Arbeitseinkommen kann im Übrigen nicht durch eine Vereinbarung **umgangen** werden, in der z.B. dem Arbeitgeber die Befugnis eingeräumt wird, eine monatliche Beteiligung des Arbeitnehmers an der Reinigung und Pflege der Berufskleidung mit dem monatlichen Nettoentgelt ohne Rücksicht auf Pfändungsfreigrenzen zu „verrechnen" (BAG v. 17.2.2009, 9 AZR 676/07, www.stotax-first.de).

Bei Zusammentreffen von Aufrechnung mit einer Pfändung oder Abtretung geht die Aufrechnung vor, wenn die Forderung vor Pfändung oder Abtretung fällig war.

Ist eine Aufrechnungsforderung wegen Ablaufs einer **tariflichen Ausschlussfrist** verfallen, kann mit dem erloschenen Anspruch auch nicht mehr aufgerechnet werden.

Bei der Aufrechnung in der **Insolvenz** sind Besonderheiten zu beachten (BAG v. 21.1.2010, 6 AZR 593/07, www.stotax-first.de).

2. Lohnsteuer

349 I.R.d. lohnsteuerlichen Verfahrens kann das Finanzamt z.B. einen **Lohnsteuererstattungsanspruch mit Umsatzsteuerschulden aufrechnen** (BFH v. 19.10.1982, VII R 64/80, BStBl II 1983, 541). Voraussetzung ist aber immer die sog. **Gegenseitigkeit**, d.h., das Finanzamt darf nur mit eigenen Forderungen aufrechnen. S. zur Aufrechnung im Steuerrecht ausführlich FinMin Nordrhein-Westfalen v. 13.5.2015, S 0456, www.stotax-first.de.

Beispiel:
Das Finanzamt ist vom Landesarbeitsamt gebeten worden, den Einkommensteuererstattungsanspruch eines Arbeitnehmers mit einer rückständigen Darlehensforderung zu verrechnen.
Der BFH hat die Aufrechnung für unzulässig erklärt, weil es an der Gegenseitigkeit fehlt (BFH v. 13.10.1983, VII R 146/82, BStBl II 1984, 183).

Der **Geschäftsführer einer GmbH** ist verpflichtet, für Löhne, die im Anmeldungszeitraum – wenn auch nicht für diesen – gezahlt worden sind, die Lohnsteuer zum Fälligkeitstermin zu entrichten. Das durch die unterbliebene Entrichtung eingegangene Haftungsrisiko entfällt nicht, wenn ein Geschäftsführer irrtümlich annimmt, die Entrichtungsschuld durch vermeintliche **Vorsteuer-Guthaben** oder private Mittel bzw. solche eines Kreditinstituts begleichen zu können (zuletzt BFH v. 24.3.2004, VII B 317/03, www.stotax-first.de, und v. 25.11.2004, VI B 289/00, www.stotax-first.de).

Zahlt der **Arbeitgeber keinen Lohn** aus, weil er diesen mit rückständigen Forderungen gegen den Arbeitnehmer verrechnet, ist trotzdem beim Arbeitnehmer Zufluss von Arbeitslohn anzunehmen und Lohnsteuer einzubehalten.

Lohnsteuerlich ist zu beachten, dass für den **Zufluss von Arbeitslohn** i.S.d. § 11 Abs. 1 EStG in Aufrechnungsfällen die zivilrechtliche Rückwirkung (§ 389 BGB) unbeachtlich ist. Steuerrechtlich kommt es nicht auf den Zeitpunkt der sog. Aufrechnungslage an, sondern auf den Zeitpunkt der durch die Aufrechnungserklärung bewirkten Leistung. Entsprechendes gilt für den gleichen Grundsätzen folgenden **Abfluss von Werbungskosten** (vgl. zuletzt BFH v. 2.5.2007, VI B 139/06, www.stotax-first.de).

[LSt] [SV]

3. Sozialversicherung

350 In der Sozialversicherung kann der zuständige Leistungsträger Ansprüche auf Geldleistungen gegen Ansprüche des Berechtigten **aufrechnen**, soweit die Ansprüche auf Geldleistungen **pfändbar** sind (§ 51 SGB I). Der für eine Geldleistung zuständige Leistungsträger kann mit Ermächtigung eines anderen Leistungsträgers dessen Ansprüche gegen den Berechtigten mit der ihm obliegenden Geldleistung verrechnen, soweit die Aufrechnung zulässig ist.

Aufsichtsratsvergütungen

1. Einkunftsart

a) Selbständige Tätigkeit

351 **Aufsichtsratsmitglieder** üben grundsätzlich eine **sonstige selbständige Tätigkeit** i.S.d. § 18 Abs. 1 Nr. 3 EStG aus, sofern nicht im Wesentlichen Aufgaben der Geschäftsführung selbst wahrgenommen werden; die Vergütungen unterliegen daher im Regelfall nicht dem Lohnsteuerabzug (zuletzt BFH v. 9.4.2013, VIII R 19/11, BStBl II 2013, 689). Dies gilt auch für Aufsichtsratsmitglieder, die gleichzeitig als **Arbeitnehmer im selben Unternehmen tätig** sind, z.B. Vorstandsmitglieder, Führungskräfte (OFD Münster v. 8.10.2007, Kurzinformation Umsatzsteuer v. 8.10.2007, DB 2007, 2288), sowie für die sog. **Arbeitnehmer-Aufsichtsräte** (BFH v. 9.10.1980, IV R 81/76, BStBl II 1981, 29). Aufsichtsratsvergütungen stellen auch kein sozialversicherungsrechtliches Entgelt dar (LSG NRW v. 13.9.1966, L 15 Kn U 156/64, www.stotax-first.de).

Wie „Aufsichtsräte" sind auch die sog. **Verwaltungsräte** zu behandeln, dies sind Mitglieder von Aufsichtsräten bei **Rundfunk- und Fernsehanstalten** sowie bei den **Sparkassen**; die Aufwandsentschädigungen können ggf. nach § 3 Nr. 12 Satz 2 EStG steuerfrei sein (vgl. OFD Frankfurt v. 16.9.2014, S 2248 A – 8 – St 213, www.stotax-first.de, betr. Aufwandsentschädigungen an die Mitglieder der Aufsichtsgremien im Bereich der öffentlich-rechtlichen Rundfunk- und Fernsehanstalten; dazu → *Aufwandsentschädigungen im öffentlichen Dienst* Rz. 383).

[keine LSt] [SV]

b) Nichtselbständige Tätigkeit

352 In Fällen, in denen die Aufsichtsratstätigkeit in einem engen sachlichen Zusammenhang mit einer nichtselbständig ausgeübten Hauptbeschäftigung steht, kann die ertragsteuerliche Würdigung vom o.g. Grundsatz abweichen (zuletzt LSF Sachsen v. 22.12.2014, S 2248 – 19/8 – 212, www.stotax-first.de):

aa) Übernahme auf Veranlassung des Arbeitgebers

353 Nimmt ein Stpfl. die Tätigkeit in einem Aufsichtsrat auf Verlangen, Vorschlag oder Veranlassung seines Arbeitgebers wahr, so wird es nach einem Beschluss der Finanzministerkonferenz nicht beanstandet, die erhaltene Vergütung als Einkünfte aus nichtselbständiger Arbeit (§ 19 EStG) anzusehen.

Es besteht insoweit für den Arbeitgeber keine Pflicht zum Einbehalt von Lohnsteuer, vielmehr hat der Stpfl. die Vergütung eigenständig in seiner Einkommensteuererklärung anzugeben.

> **Beispiel:**
> A, Landesbeamter, wird auf Veranlassung seines Dienstherrn in den Aufsichtsrat eines Unternehmens entsandt, an dem das Land beteiligt ist.

> Die Finanzverwaltung beanstandet es wegen der starken Bindung der Tätigkeit an das Dienstverhältnis nicht, wenn die Vergütungen als Arbeitslohn angesehen werden. Da der Dienstherr aber erst nach Ablauf des Kalenderjahrs von der Höhe der Vergütung Kenntnis erlangt, wird vom Lohnsteuerabzug abgesehen. A muss seine Einkünfte in der Einkommensteuererklärung angeben. Er kann den an das Land abzuführenden Betrag als „durchlaufende Gelder" und seine übrigen Kosten als Werbungskosten absetzen, soweit diese nicht – wie z.B. Reisekosten – steuerfrei erstattet wurden (vgl. LSF Sachsen v. 22.12.2014, S 2248 – 19/8 – 212, www.stotax-first.de).

bb) Übernahme kraft Amt

354 Ist mit dem Antritt eines Hauptamtes unmittelbar die Übernahme eines Aufsichtsratspostens verbunden (Übernahme kraft Amt bzw. Funktion), so liegen insoweit Einkünfte aus nichtselbständiger Arbeit vor. Dies betrifft insbesondere Bedienstete im öffentlich-rechtlichen Bereich (z.B. Minister, Bürgermeister, Landräte). Als Arbeitslohn von Dritter Seite unterliegt die Vergütung gemäß § 38 Abs. 1 Satz 3 EStG grundsätzlich dem Lohnsteuerabzug, da sie dem Arbeitgeber/Dienstherren bekannt ist bzw. er diese kennen kann. Neben der Anzeigepflicht des Arbeitnehmers gemäß § 38 Abs. 4 Satz 3 EStG liegt in diesen Fällen auch regelmäßig eine Abführungspflicht (s. nachstehend Buchst. cc) vor.

Die Finanzverwaltung beanstandet es jedoch nicht, wenn auch in diesen Fällen der Arbeitgeber auf den Lohnsteuerabzug verzichtet. Hat der Arbeitgeber keinen Lohnsteuerabzug vorgenommen, ist der Arbeitnehmer verpflichtet, die Einnahmen im Rahmen seiner Einkommensteuererklärung zu deklarieren. Die Abführung der Aufsichtsratsvergütung an den Arbeitgeber führt zu negativem Arbeitslohn (OFD Frankfurt v. 23.9.2013, S 2337 A – 26 – St 211, www.stotax-first.de).

cc) Abführung der Vergütung an den Arbeitgeber

355 Aufgrund gesetzlicher oder vertraglicher Regelungen (Beamtenrecht, Tarifvertragsrecht) müssen bestimmte Personen, die nebenberuflich als Aufsichtsrat tätig sind, die erhaltene Vergütung ganz oder teilweise an ihren Arbeitgeber abführen.

Dabei ist die Vergütung auch im Falle einer sofortigen Abtretung, d.h. bei unmittelbarer Zahlung vom Unternehmen, dessen Aufsichtsrat der Stpfl. ist, an den Arbeitgeber/Dienstherren, dem Stpfl. zunächst als Einnahme zuzurechnen (BFH v. 1.10.1993, III R 32/92, BStBl II 1994, 179).

Die Abführung an den Arbeitgeber führt zu negativen Betriebseinnahmen bzw. negativem Arbeitslohn.

Unterbleibt im Einzelfall eine Abführung der Aufsichtsratsvergütung an den Arbeitgeber, weil die Vergütung z.B. einen bestimmten Grenzbetrag nicht überschreitet, ist dennoch ein enger ursächlicher Zusammenhang mit der Haupttätigkeit anzunehmen, wenn dem Grunde nach eine Abführungsverpflichtung für den Arbeitnehmer besteht.

dd) Weitere Hinweise

356 **Nicht als Arbeitslohn** sind Zuwendungen zu qualifizieren, die sich nicht als Entlohnung, sondern lediglich als Begleiterscheinung einer betriebsfunktionalen Zielsetzung erweisen. Solche Zuwendungen erfolgen im ganz überwiegenden betrieblichen Interesse und stellen deshalb keinen steuerpflichtigen Arbeitslohn dar (vgl. H 19.3 „Allgemeines zum Arbeitslohn" LStH).

[keine LSt] [SV]

Nimmt ein Aufsichtsratsmitglied auch **Geschäfte des Vorstands** wahr, handelt es sich insoweit um **Arbeitslohn** (BFH v. 20.9.1966, I 265/62, BStBl III 1966, 688). Das Gleiche gilt, wenn der Aufsichtsrat **Sachverständige** zur Unterstützung seiner Kontrollfunktionen hinzuzieht (BFH v. 30.9.1975, I R 46/74, BStBl II 1976, 155).

[LSt] [SV]

Gibt ein **Arbeitnehmer-Vertreter** im Aufsichtsrat einer Kapitalgesellschaft seine **Aufsichtsratsvergütung an seine Arbeitskollegen weiter**, so erzielen diese hierdurch **keinen Arbeitslohn**, da die Zahlungen nicht durch das Dienstverhältnis veranlasst sind (BFH v. 7.8.1987, VI R 53/84, BStBl II 1987, 822). Beim Arbeitnehmer-Vertreter können diese Beträge als Betriebsausgaben abgezogen werden (BFH v. 9.10.1980, IV R 81/76, BStBl II 1981, 29).

[keine LSt] [SV]

Aufsichtsratsvergütungen

keine Sozialversicherungspflicht = (SV̄)
Sozialversicherungspflicht = (SV)

2. Steuerpflichtige Einnahmen

357 Nach § 18 Abs. 1 Nr. 3 EStG zählen Vergütungen für die Tätigkeit als Aufsichtsratsmitglied zu den Einkünften aus selbständiger Arbeit. Darunter können auch **geldwerte Vorteile** fallen, wie z.B. Sachzuwendungen, sofern diese durch die Tätigkeit als Aufsichtsratsmitglied veranlasst sind. Hinsichtlich des Umfangs der sachlichen Steuerpflicht von Zuwendungen besteht zwischen den Einkünften aus selbständiger Arbeit und denen aus nichtselbständiger Arbeit kein Unterschied. Die Zuwendung von geldwerten Gütern ist steuerpflichtig, sofern zwischen der Zuwendung und der Einkunftsart ein konkreter sachlicher und wirtschaftlicher Veranlassungszusammenhang gegeben ist (zuletzt BFH v. 9.4.2013, VIII R 19/11, BStBl II 2013, 689 betr. **Aktienoptionen**).

Größere Unternehmen stellen den Mitgliedern ihres Aufsichtsrats neben der Barvergütung mitunter **Büroräume, Bürokräfte und Kfz** zur Verfügung. Es ist die Frage aufgeworfen worden, ob der Wert dieser Leistungen als Aufsichtsratsvergütung i.S.d. § 18 Abs. 1 Nr. 3 EStG anzusehen ist. Die Finanzverwaltung vertritt dazu folgende Auffassung (OFD Magdeburg v. 3.8.2011, S 2248 – 15 – St 213, DB 2011, 2118):

- Stehen die Büroräume und die Bürokräfte dem Aufsichtsratsmitglied **im Gebäude des Unternehmens** zur Verfügung, so kann i.d.R. angenommen werden, das eine steuerpflichtige Vergütung nicht vorliegt, sondern dass damit nur die technischen Voraussetzungen für die Ausübung der Aufsichtsratstätigkeit geschaffen werden.

- Werden dagegen die Büroräume und die Bürokräfte **außerhalb des Gebäudes des Unternehmens** und insbesondere im Zusammenhang mit der Wohnung oder den Betriebsräumen des Aufsichtsratsmitglieds (z.B. mit den Räumen seiner Rechtsanwaltskanzlei) zur Verfügung gestellt, so liegt darin grundsätzlich eine zusätzliche Vergütung, die den Einnahmen aus der Aufsichtsratstätigkeit zuzurechnen ist. Die Prüfung der Frage, inwieweit der Vergütung Betriebsausgaben des Aufsichtsratsmitglieds gegenüberstehen, ist bei der Veranlagung des Aufsichtsratsmitglieds vorzunehmen.

- Steht dem Aufsichtsratsmitglied ein **Kfz** nur auf Abruf für Fahrten zur Verfügung, die mit seiner Aufsichtsratstätigkeit zusammenhängen, so wird man i.d.R. hierin keine steuerpflichtige Vergütung sehen können, weil in diesem Fall nur die technischen Voraussetzungen für die Ausübung der Aufsichtsratstätigkeit geschaffen werden.

- Steht aber dem Aufsichtsratsmitglied ein **Kfz** ständig zur freien Verfügung, so ist darin eine zusätzliche Vergütung anzunehmen.

Diese Grundsätze gelten für die Versteuerung der Aufsichtsratsvergütung bei dem Aufsichtsratsmitglied. Die Umstände des Einzelfalls können jedoch eine von diesen Grundsätzen abweichende Beurteilung rechtfertigen.

Für Sachzuwendungen ist ggf. eine Pauschalversteuerung nach § 37 EStG durch das zuwendende Unternehmen möglich.

Bei Zuwendungen von Unternehmen an ihre Aufsichtsräte handelt es sich nicht um Geschenke i.S.d. § 4 Abs. 5 Satz 1 Nr. 1 EStG, weil die Zuwendung durch die Rechtsbeziehung zwischen Aufsichtsrat und Unternehmen veranlasst ist.

3. Betriebsausgabenabzug

358 Ein Arbeitnehmervertreter im Aufsichtsrat einer Kapitalgesellschaft kann Zuwendungen, zu denen er sich im Interesse des Betriebs oder der sozialen Belange der Betriebsangehörigen vor seiner Wahl verpflichtet hatte (z.B. **Zuwendungen an eine betriebliche Urlaubskasse**), bei der Ermittlung seiner Einkünfte aus der Aufsichtsratstätigkeit als **Betriebsausgaben abziehen** (BFH v. 9.10.1980, IV R 81/76, BStBl II 1981, 29).

Dies gilt auch für **Zuwendungen an gewerkschaftliche Einrichtungen**, wenn zumindest die gewerkschaftlichen Richtlinien eingehalten werden. Fehlt es danach an einer allgemeinen (gewerkschaftlichen) Abführungspflicht und hat der Arbeitnehmer-Vertreter vor seiner Wahl in den Aufsichtsrat auch keine Verpflichtungserklärung abgegeben, erfolgen die Zahlungen auf freiwilliger Basis und können somit allenfalls i.R.d. (begrenzten) **Spendenabzugs** nach § 10b EStG berücksichtigt werden (FG Berlin-Brandenburg v. 2.4.2009, 10 K 1190/06 B, EFG 2009, 1286 betr. Zahlungen an eine gemeinnützige gewerkschaftsnahe Stiftung).

Aufsichtsvergütungen

359 Vergütungen für die **„reine" Aufsichtsführung** bei den schriftlichen Prüfungsarbeiten für **juristische Staatsprüfungen** sind den Einnahmen aus der Haupttätigkeit zuzurechnen und somit als „normaler" **Arbeitslohn** zu versteuern (FinMin Bayern v. 4.4.1991, 32 – S 2332 – 15/174 – 4 835, www.stotax-first.de). Es handelt sich um keine selbständig ausgeübte Nebentätigkeit. Die Aufsichtsführung ist vielmehr – anders als z.B. die Mitwirkung eines Hochschullehrers an juristischen Staatsprüfungen – als **Nebenpflicht aus dem Dienstverhältnis** anzusehen, deren Erfüllung der Arbeitgeber nach der tatsächlichen Gestaltung des Dienstverhältnisses und nach der Verkehrsauffassung erwarten darf, vgl. auch H 19.2 (Nebentätigkeit bei demselben Arbeitgeber) LStH.

Dies gilt entsprechend in anderen Bereichen, in denen Prüfungen abgehalten werden (z.B. bei der **Sparkassenschule** oder bei der **Steuerberaterprüfung**). Wie Aufsichtsvergütungen behandelt die Finanzverwaltung auch Vergütungen, die insbesondere Lehrkräfte für die **Abnahme medizinischer Tests** für die Zulassung zum Medizinstudium erhalten. Auch diese Tätigkeit wird als Nebenpflicht aus dem Arbeitsverhältnis angesehen mit der Folge, dass die Vergütungen zusammen mit dem Arbeitslohn für die Haupttätigkeit der Lohnsteuer zu unterwerfen sind (OFD Koblenz v. 12.6.1996, S 2332 A – St 33 1, www.stotax-first.de).

(LSt) (SV)

Diese Zurechnung zur Haupttätigkeit hat weiterhin zur Folge, dass der Arbeitnehmer **keine steuerbegünstigte nebenberufliche Tätigkeit** i.S.d. § 3 Nr. 26, 26a EStG ausübt und somit nicht den Steuerfreibetrag von 2 400 € bzw. 720 € in Anspruch nehmen kann (→ Aufwandsentschädigungen für bestimmte nebenberufliche Tätigkeiten Rz. 360).

Die Aufsichtstätigkeit ist dagegen **Bestandteil der selbständig ausgeübten Prüfungstätigkeit** und damit nach § 3 Nr. 26 EStG begünstigt, wenn ein **Prüfer selbst** die Aufsichtsführung wahrnimmt, vgl. H 19.2 (Nebenberufliche Prüfungstätigkeit) LStH sowie OFD Magdeburg v. 20.6.1995, S 2332 – 14 – St 225, www.stotax-first.de.

(LSt) (SV)

Aufstockungsbeträge

→ Altersteilzeit Rz. 68

Aufwandsentschädigungen für bestimmte nebenberufliche Tätigkeiten

Inhaltsübersicht:	Rz.
1. Allgemeine Voraussetzungen	360
a) Allgemeines	360
b) Nebenberuflichkeit	361
c) Förderung gemeinnütziger, mildtätiger und kirchlicher Zwecke	363
d) Begünstigter Auftraggeber	364
e) Begrenzung der Steuerbefreiungen	365
f) Werbungskosten- bzw. Betriebsausgabenabzug	366
2. „Übungsleiter" usw.	367
a) Allgemeines	367
b) Einzelfälle	368
3. Künstlerische Tätigkeiten	369
4. Pflegetätigkeiten	370
5. Steuerbefreiung nach § 3 Nr. 26a EStG	371
a) Allgemeines	371
b) Begünstigte Tätigkeiten	372
c) Verhältnis zu den Steuerbefreiungen nach § 3 Nr. 12, 26 oder 26b EStG	373
d) Verschiedenartige Tätigkeiten	374
e) Höchstbetrag	375
f) Ehrenamtlicher Vorstand	376
g) Werbungskosten- oder Betriebsausgabenabzug	377
h) Freigrenze des § 22 Nr. 3 EStG	378
6. Steuerbefreiung nach § 3 Nr. 26b EStG	379
7. Verfahrensfragen	380
8. Rückspende	381
9. Sozialversicherung	382

[LSt̶] = keine Lohnsteuerpflicht
[LSt] = Lohnsteuerpflicht

Aufwandsentschädigungen für bestimmte nebenberufliche Tätigkeiten

1. Allgemeine Voraussetzungen

a) Allgemeines

360 Nach § 3 Nr. 26 EStG (sog. **Übungsleiterpauschale**) sind Einnahmen für folgende **nebenberufliche Tätigkeiten** bis zur Höhe von insgesamt **2 400 € (Betrag ab 2013) im Jahr steuerfrei**:

– **Übungsleiter, Ausbilder, Erzieher, Betreuer oder eine vergleichbare Tätigkeit**,
– **künstlerische Tätigkeiten**,
– **Pflege alter, kranker oder behinderter Menschen**.

Nach § 3 Nr. 26a EStG (sog. **Ehrenamtspauschale**) sind **grundsätzlich alle Einnahmen aus nebenberuflichen Tätigkeiten bis zur Höhe von insgesamt 720 € (Betrag ab 2013) im Jahr steuerfrei**. Diese Steuerbefreiung ist jedoch – bezogen auf die gesamten Einnahmen aus der jeweiligen nebenberuflichen Tätigkeit – ausgeschlossen, wenn für die Einnahmen aus der Tätigkeit – ganz oder teilweise – eine Steuerbefreiung nach § 3 Nr. 12 EStG (dazu → *Aufwandsentschädigungen im öffentlichen Dienst* Rz. 383) gewährt wird oder eine Steuerbefreiung nach § 3 Nr. 26 EStG (Übungsleiter usw.) gewährt wird oder gewährt werden könnte (BMF v. 21.11.2014, IV C 4 – S 2121/07/0010 :032, BStBl I 2014, 1581).

Ab 2011 ist die Steuerbefreiung des **§ 3 Nr. 26b EStG bis höchstens 2 400 € (Betrag ab 2013) im Jahr für ehrenamtliche rechtliche Betreuer, Vormünder und Pflegschaften** eingeführt worden (s. zu den § 3 Nr. 26a und 26b EStG ausführlich das Anwendungsschreiben des BMF v. 21.11.2014, IV C 4 – S 2121/07/0010 :032, BStBl I 2014, 1581).

b) Nebenberuflichkeit

aa) Allgemeines

361 Eine Tätigkeit wird nebenberuflich ausgeübt, wenn sie – bezogen auf das Kalenderjahr – nicht mehr als **ein Drittel der Arbeitszeit eines vergleichbaren Vollzeiterwerbs** in Anspruch nimmt; eine **Halbtagsbeschäftigung** wird deshalb bereits als hauptberufliche Tätigkeit angesehen. Es können auch solche Personen nebenberuflich tätig sein, die im steuerrechtlichen Sinne **keinen Hauptberuf** ausüben, z.B. Hausfrauen, Vermieter, Studenten, Rentner oder Arbeitslose. Übt ein Stpfl. **mehrere verschiedenartige Tätigkeiten** i.S.d. § 3 Nr. 26, 26a EStG aus, ist die Nebenberuflichkeit für jede Tätigkeit getrennt zu beurteilen. Mehrere **gleichartige Tätigkeiten** sind zusammenzufassen, wenn sie sich nach der Verkehrsanschauung als Ausübung eines einheitlichen Hauptberufs darstellen, z.B. Erledigung der Buchführung oder Aufzeichnungen von jeweils weniger als dem dritten Teil des Pensums einer Bürokraft für mehrere gemeinnützige Körperschaften (BMF v. 21.11.2014, IV C 4 – S 2121/07/0010 :032, BStBl I 2014, 1581). S. zuletzt auch FG Sachsen-Anhalt v. 16.4.2002, 4 K 10500/99, EFG 2002, 958 betr. die freiwillige Betreuung Suchtkranker durch einen Sozialpädagogen in der Freizeit – nebenberufliche Tätigkeit anerkannt.

> **Beispiel 1:**
> A, Hausfrau, ist auf Grund eines Arbeitsvertrags an den Schulen X und Y als Dozentin tätig. Sie unterrichtet an beiden Schulen durchschnittlich jeweils fünf Stunden in der Woche (insgesamt also zehn Stunden). Ein „Vollzeitlehrer" würde 25 Wochenstunden geben.
> Für die Anwendung des § 3 Nr. 26 EStG sind beide Lehrtätigkeiten zusammenzufassen, da es sich um die Ausübung eines **einheitlichen Hauptberufs** handelt. Da die Lehrtätigkeit mehr als ein Drittel der Stundenzahl eines Vollzeitlehrers ausmacht, kann die Steuerbefreiung des § 3 Nr. 26 EStG nicht gewährt werden. Dies wäre nur der Fall, wenn A insgesamt acht Stunden unterrichten würde. Unterliegt die Lehrtätigkeit zeitlichen Schwankungen, ist von dem auf den Veranlagungszeitraum bezogenen Durchschnittswert (durchschnittliche Stundenzahl) auszugehen. Vgl. zu einem ähnlichen Fall BFH v. 30.3.1990, VI R 188/87, BStBl II 1990, 854.

> **Beispiel 2:**
> Sachverhalt wie oben, A unterrichtet aber nur an einer Schule fünf Wochenstunden. Daneben übt sie eine Trainertätigkeit in einem Sportverein aus (etwa sechs Stunden in der Woche).
> Da hier **verschiedenartige Tätigkeiten** ausgeübt werden, dürfen die Stunden nicht zusammengerechnet werden. A übt zwei unter die Steuerbefreiung des § 3 Nr. 26 EStG fallende nebenberufliche Tätigkeiten aus. Der Steuerfreibetrag von 2 400 € darf aber trotzdem insgesamt nur einmal gewährt werden (BFH v. 23.6.1988, IV R 21/86, BStBl II 1988, 890).

Bei Prüfung der Nebenberuflichkeit ist nach R 3.26 Abs. 2 Satz 1 LStR auf das ganze Jahr abzustellen („**Jahresbetrachtung**").

> **Beispiel 3:**
> Ein Lehrer betreut während der Ferien für einen gemeinnützigen Verein vier Wochen lang behinderte Kinder und erhält hierfür 1 500 €.
> Während der Ferienbetreuung ist der Lehrer zwar ganztags tätig. Dies ist aber unerheblich, weil es sich bezogen auf das ganze Jahr (auch der Steuerfreibetrag ist ein Jahresbetrag!) um eine typische nebenberufliche Tätigkeit handelt.

Eine Tätigkeit wird **nicht nebenberuflich ausgeübt**, wenn sie als Teil der Haupttätigkeit anzusehen ist. Dies ist auch bei formaler Trennung von haupt- und nebenberuflicher selbständiger oder nichtselbständiger Tätigkeit für denselben Arbeitgeber anzunehmen, wenn beide Tätigkeiten gleichartig sind und die Nebentätigkeit unter ähnlichen organisatorischen Bedingungen wie die Haupttätigkeit ausgeübt wird oder der Stpfl. mit der Nebentätigkeit eine ihm aus seinem Dienstverhältnis faktisch oder rechtlich obliegende Nebenpflicht erfüllt (BMF v. 21.11.2014, IV C 4 – S 2121/07/0010 :032, BStBl I 2014, 1581). Folglich ist die Gleichartigkeit von Haupt- und Nebenberuf grundsätzlich nicht schädlich für die Gewährung der Steuerbefreiung nach § 3 Nr. 26 EStG, sofern eine klare Abgrenzung vorgenommen werden kann. So kann beispielsweise ein hauptberuflich (selbständig oder nichtselbständig) tätiger **(Not-)Arzt**, der im Rahmen einer davon abzugrenzenden nebenberuflichen Tätigkeit als Not- bzw. Rettungsarzt für eine andere (gemeinnützige) Einrichtung arbeitet, den Freibetrag für die nebenberufliche Arbeit in Anspruch nehmen. Wird dagegen eine gleichartige Tätigkeit sowohl haupt- als auch nebenberuflich für den gleichen Auftraggeber ausgeübt, fehlt es an der erforderlichen Abgrenzung.

Hochschullehrer, die Hochschulprüfungen abnehmen müssen, können die Steuerbefreiung nach § 3 Nr. 26 EStG nicht in Anspruch nehmen, anders dagegen bei der **Abnahme juristischer Staatsprüfungen** (FinMin Baden-Württemberg v. 30.1.1991, S 2332 A – 3/71, Lohnsteuer-Handausgabe 2015, 347).

> **Beispiel 4:**
> A ist Hochschullehrer der Rechtswissenschaft an der FU Berlin. Zusätzlich wirkt er an Prüfungen des Justizprüfungsamts Berlin zur ersten juristischen Staatsprüfung mit und hat hierfür eine Vergütung erhalten. Das Finanzamt hat diese Tätigkeit als Bestandteil des „Hauptberufs" angesehen und die Vergütungen dem Arbeitslohn zugerechnet. Den Steuerfreibetrag nach § 3 Nr. 26 EStG hat es nicht gewährt, weil die Tätigkeit nicht „nebenberuflich" ausgeübt worden sei.
> Der BFH hat A Recht gegeben. Zwar sei A dienstrechtlich zur Übernahme der Prüfungstätigkeit im Nebenamt verpflichtet gewesen, er habe aber diese Tätigkeit nicht als Teil seiner Haupttätigkeit und auch nicht unter Weisung und Kontrolle der Hochschule ausgeübt. Dies ergebe sich schon daraus, dass die Prüfungen nicht von der Universität, sondern vom Landesjustizprüfungsamt abgenommen werden (BFH v. 29.1.1987, IV R 189/85, BStBl II 1987, 783).
> Die Vergütungen für die Prüfungstätigkeit gehören somit zu den Einkünften aus selbständiger Tätigkeit i.S.d. § 18 Abs. 1 Nr. 1 EStG. Von den Vergütungen bleiben 2 400 € nach § 3 Nr. 26 EStG steuerfrei, denn A übt eine begünstigte nebenberufliche Tätigkeit aus. Die Tätigkeit eines Prüfers ist grundsätzlich der eines Ausbilders vergleichbar.

> **Beispiel 5:**
> B, Sachbearbeiter bei einem Bundesamt, hat an einem vom Bundesministerium X veranstalteten Ideenwettbewerb „Bürokratieabbau" teilgenommen und ein Preisgeld gewonnen. Er beantragt, einen Teil des Preisgeldes nach § 3 Nr. 26a EStG steuerfrei zu belassen, da die Erarbeitung von Vorschlägen zum Bürokratieabbau weder Ziel noch unmittelbare Folge seiner Berufstätigkeit sei und somit nicht seiner hauptberuflichen Tätigkeit zugerechnet werden könne.
> Das FG Köln hat die Steuerbefreiung nach § 3 Nr. 26a EStG abgelehnt und entschieden, dass B das Preisgeld im Rahmen seiner hauptberuflich ausgeübten Tätigkeit bezogen hat, so dass die Tatbestandsvoraussetzung der Erzielung von Einnahmen aus einer nebenberuflichen Tätigkeit nicht erfüllt ist (Urteil v. 12.6.2013, 4 K 759/10, EFG 2013, 1405).

Eine nebenberufliche Tätigkeit kann auch für den Arbeitgeber im Hauptberuf ausgeübt werden. Das FG Köln hat deshalb bei Arbeitnehmern der Handwerkskammer, die in der Lehrlingsausbildung tätig sind, die Steuerbefreiung für nebenberufliche Lehrtätigkeiten (Mitwirkung an Meistervorbereitungslehrgängen) gewährt (FG Köln v. 22.11.1994, 2 K 2343/93, EFG 1995, 416). Eine weitere

Aufwandsentschädigungen für bestimmte nebenberufliche Tätigkeiten

keine Sozialversicherungspflicht = ⊗ⓈⓋ
Sozialversicherungspflicht = ⓈⓋ

Beschäftigung für denselben Arbeitgeber wird zwar dann allgemein als Teil einer nichtselbständigen Haupttätigkeit angesehen, wenn zwischen beiden Tätigkeiten ein **unmittelbarer Zusammenhang** besteht. Ein solcher Zusammenhang mit einem bestehenden Dienstverhältnis kann aber nur angenommen werden, wenn beide **Tätigkeiten gleichartig** sind, der Stpfl. mit der Nebentätigkeit eine ihm aus seinem Dienstverhältnis – faktisch oder rechtlich – obliegende Nebenpflicht erfüllt oder auch in der zusätzlichen Tätigkeit der Weisung und Kontrolle des Dienstherrn unterliegt. Beaufsichtigen und betreuen Arbeitnehmer im Hauptberuf Kinder bei den Hausaufgaben, der Einnahme von Mahlzeiten und beim Spielen und wirken teilweise im Rahmen einer **zusätzlichen Vereinbarung über die Erbringung einer Nebentätigkeit**, die vom zeitlichen Umfang weniger als ein Drittel der Haupttätigkeit umfasst, bei der Gestaltung besonderer Nachmittagsangebote mit (Kurse, Projekte), welche individuelle Fertigkeiten voraussetzen und einer unterrichtenden Tätigkeit gleichkommen, steht die Beurteilung dieser nicht gleichartigen Nachmittags-Tätigkeit als nebenberufliche Tätigkeit i.S.d. § 3 Nr. 26 EStG nicht das Tätigwerden für denselben Arbeitgeber entgegen (FG Düsseldorf v. 29.2.2012, 7 K 4364/10 L, EFG 2012, 1313 m.w.N.).

bb) Kombination der sog. Übungsleiterpauschale mit geringfügigen Beschäftigungsverhältnissen

362 Wird eine nebenberufliche Tätigkeit als Übungsleiter, Ausbilder oder Betreuer in einem Dienstverhältnis ausgeübt, so bleibt der Freibetrag von 2 400 € jährlich bei der Prüfung der Frage, ob die **450 €-Grenze** eingehalten ist, außer Betracht. Bei nebeneinander vorliegender Haupt- und Nebentätigkeit für die nebenberufliche Betätigung – die auch als geringfügige Beschäftigung ausübbar ist – sind folgende Fallgestaltungen zu unterscheiden:

1. **geringfügige Beschäftigung und Haupttätigkeit bei unterschiedlichen Arbeitgebern**
   a) gleichartige Tätigkeiten
   b) verschiedenartige Tätigkeiten
2. **geringfügige Beschäftigung und Haupttätigkeit bei demselben Arbeitgeber**
   a) gleichartige Tätigkeiten
   b) verschiedenartige Tätigkeiten

Steuerliche Bewertung:

1.a) Nach R 3.26 Abs. 2 Satz 1 LStR sind mehrere gleichartige Tätigkeiten zu einer einheitlichen Tätigkeit zusammenzufassen, wenn sie sich nach der Verkehrsauffassung als Ausübung eines einheitlichen Hauptberufs darstellen. Dies gilt auch für den Fall der Gleichartigkeit von Hauptberuf und daneben ausgeübten Nebenberuf bei unterschiedlichen Arbeitgebern, wenn sie nach der Verkehrsanschauung als Einheit zu betrachten sind.

1.b) Wird neben einer Haupttätigkeit eine davon verschiedenartige Nebentätigkeit bei unterschiedlichen Arbeitgebern verrichtet, liegt regelmäßig kein einheitliches Beschäftigungsverhältnis vor.

2.a) Bilden zwei oder mehrere gleichartige Tätigkeiten bei ein und demselben Arbeitgeber nach der Verkehrsanschauung eine Einheit, liegt steuerlich ein einheitliches Beschäftigungsverhältnis vor. Das hat zur Folge, dass die Gewährung des Übungsleiterfreibetrags für die gesamte Tätigkeit nur dann möglich ist, wenn deren zeitlicher Umfang höchstens ein Drittel eines vergleichbaren Vollzeiterwerbs einnimmt. Ist dieses Nebenberuflichkeitskriterium bei Zusammenrechnung der Tätigkeiten nicht oder nicht mehr gegeben, sind die Voraussetzungen des § 3 Nr. 26 EStG in Hinblick auf die zeitliche Komponente (Überschreiten der sog. Drittelgrenze nach R 3.26 Abs. 2 Satz 1 LStR) insgesamt nicht erfüllt.

2.b) Ungleichartige Tätigkeiten sind steuerlich dann zu einer Einheit zusammenzufassen, wenn sie nach der Verkehrsanschauung eine Einheit darstellen.

Die Regelung aus dem **Sozialversicherungsrecht**, wonach mehrere Beschäftigungsverhältnisse bei demselben Arbeitgeber, unabhängig davon, ob sie gleichartig sind oder sich voneinander unterscheiden, immer als einheitliche Tätigkeit zusammenzufassen sind, sind nur für die Frage des Vorliegens einer geringfügigen Beschäftigung nach § 40a Abs. 2 EStG maßgeblich und können nicht allgemein auf das Steuerrecht übertragen werden. **Insbesondere besteht kein allgemeiner lohnsteuerlicher Grundsatz, dass zwei nichtselbständige Beschäftigungen beim selben Arbeitgeber stets zu einem Dienstverhältnis zusammenzufassen sind.**

c) Förderung gemeinnütziger, mildtätiger und kirchlicher Zwecke

363 Die Begriffe der gemeinnützigen, mildtätigen und kirchlichen Zwecke ergeben sich aus den §§ 52 bis 54 AO. Eine Tätigkeit dient auch dann der selbstlosen Förderung begünstigter Zwecke, wenn sie diesen Zwecken nur mittelbar zu Gute kommt (BMF v. 21.11.2014, IV C 4 – S 2121/07/0010 :032, BStBl I 2014, 1581).

Eine nach § 3 Nr. 26 EStG begünstigte Tätigkeit liegt u.a. dann vor, wenn eine nebenberufliche Tätigkeit im steuerbegünstigten Bereich einer juristischen Person des öffentlichen Rechts oder einer unter § 5 Abs. 1 Nr. 9 KStG fallenden Einrichtung, d.h. zur Förderung gemeinnütziger, mildtätiger und kirchlicher Zwecke ausgeübt wird. **Diese Zwecke müssen selbstlos verfolgt werden.** Eine Förderung oder Unterstützung geschieht selbstlos, wenn dadurch **nicht in erster Linie eigenwirtschaftliche Zwecke verfolgt werden** und die übrigen in § 55 Abs. 1 Nr. 1 bis 5 AO genannten Voraussetzungen gegeben sind.

Eine Förderung gemeinnütziger, mildtätiger und kirchlicher Zwecke (§§ 52 bis 54 AO) ist grundsätzlich nur dann gegeben, wenn die **Tätigkeit der Allgemeinheit zu Gute kommt**. Bei nebenberuflicher Lehrtätigkeit ist diese Voraussetzung auch dann erfüllt, wenn eine Aus- oder Fortbildung zwar nur einem **abgeschlossenen Personenkreis** zu Gute kommt (z.B. innerhalb eines Unternehmens oder einer Dienststelle), die **Aus- oder Fortbildung selbst aber im Interesse der Allgemeinheit liegt** (vgl. BFH v. 26.3.1992, IV R 34/91, BStBl II 1993, 20 sowie OFD Frankfurt v. 12.8.2014, S 2245 A – 2 – St 213, www.stotax-first.de).

> **Beispiel 1:**
> A ist als Dozent bei der Sparkassenakademie X tätig und erhält hierfür Honorare.
>
> Die Honorare fallen, selbst wenn Sparkassen juristische Personen des öffentlichen Rechts sind, nicht unter die Steuerbefreiung des § 3 Nr. 26 EStG. Die im Dienst/Auftrag der Sparkassenakademie X ausgeübte unterrichtende Ausbildungstätigkeit liegt nicht im Interesse der Allgemeinheit, sondern dient den eigenwirtschaftlichen Interessen der Sparkassenverbände, die sich der Sparkassenakademie X zur Aus- und Fortbildung der Mitarbeiterinnen und Mitarbeiter der Mitgliedssparkassen bedienen. Mit einer nach § 3 Nr. 26 EStG begünstigten Ausbildung der Bankkaufleute würde den Sparkassen ein Wettbewerbsvorteil gegenüber anderen Banken eingeräumt werden.

> **Beispiel 2:**
> B, Arzt in einem Krankenhaus, unterrichtet nebenbei die Pflegeschüler der dem Krankenhaus angeschlossenen Pflegeschule und erhält hierfür eine Vergütung von rund 1 800 € im Jahr.
>
> Die Vergütung bleibt in voller Höhe nach § 3 Nr. 26 EStG steuerfrei. Es wird zwar nur ein „abgeschlossener Personenkreis" unterrichtet. Der Unterricht kommt aber **mittelbar der Allgemeinheit zugute**, da er der Gesundheitspflege dient (BFH v. 26.3.1992, IV R 34/91, BStBl II 1993, 20).

Wird die Tätigkeit im Rahmen der Erfüllung der Satzungszwecke einer juristischen Person ausgeübt, die wegen Förderung gemeinnütziger, mildtätiger oder kirchlicher Zwecke steuerbegünstigt ist, ist im Allgemeinen davon auszugehen, dass die Tätigkeit ebenfalls der Förderung dieser steuerbegünstigten Zwecke dient. Dies gilt auch dann, wenn die nebenberufliche Tätigkeit in einem so genannten Zweckbetrieb i.S.d. §§ 65 bis 68 AO ausgeübt wird, z.B. als nebenberuflicher Übungsleiter bei sportlichen Veranstaltungen nach § 67a Abs. 1 AO, als nebenberuflicher Erzieher in einer Einrichtung über Tag und Nacht (Heimerziehung) oder sonstigen betreuten Wohnform nach § 68 Nr. 5 AO. Eine Tätigkeit in einem steuerpflichtigen wirtschaftlichen Geschäftsbetrieb einer im Übrigen steuerbegünstigten juristischen Person (§§ 64, 14 AO) erfüllt dagegen das Merkmal der Förderung gemeinnütziger, mildtätiger oder kirchlicher Zwecke nicht (R 3.26 Abs. 5 LStR).

Die Steuerbefreiungen nach § 3 Nr. 26, 26a EStG können dagegen **nicht gewährt werden, wenn eine Tätigkeit vorliegt, die in den Hoheitsbereich einer juristischen Person des öffentlichen Rechts fällt**, vielmehr muss daneben die Tätigkeit der Förderung eines steuerbegünstigten Zwecks i.S.d. §§ 52 bis 54 AO dienen. Die Durchführung einer Befragung i.R.d. **Zensus 2011** stellt z.B. keinen in diesen Normen benannten steuerbegünstigten Zweck

Aufwandsentschädigungen für bestimmte nebenberufliche Tätigkeiten

dar (OFD Frankfurt v. 3.9.2012, S 2337 A – 67 – St 213, www.stotax-first.de).

d) Begünstigter Auftraggeber

364 Begünstigt sind nach § 3 Nr. 26 EStG i.V.m. R 3.26 Abs. 3 LStR und § 3 Nr. 26a EStG nur Tätigkeiten im Dienst oder Auftrag

- **einer juristischen Person des öffentlichen Rechts**, die in einem Mitgliedstaat der Europäischen Union oder in einem Staat belegen ist, auf den das Abkommen über den Europäischen Wirtschaftsraum Anwendung findet:

  Hierzu gehören

  - alle **Gebietskörperschaften** (Bund, Länder, Gemeinden, Gemeindeverbände),
  - ferner **Körperschaften des öffentlichen Rechts** (z.B. Bundesbank, Landeszentralbanken, Hochschulen, öffentlich-rechtliche Religionsgemeinschaften, Berufsgenossenschaften, Rentenversicherungsträger, Orts- und Innungskrankenkassen sowie Ersatzkassen, Ärztekammern, Innungen, Handelskammern usw.). Bei einer Tätigkeit für juristische Personen des öffentlichen Rechts ist es unschädlich, wenn sie für einen **Betrieb gewerblicher Art** ausgeführt wird, da Betriebe gewerblicher Art auch gemeinnützigen Zwecken dienen können (z.B. Krankenhaus oder Kindergarten). Ziel des § 3 Nr. 26 EStG ist es, Bürger, die im gemeinnützigen, mildtätigen oder kirchlichen Bereich nebenberuflich tätig sind, von steuerlichen Verpflichtungen freizustellen. Mithin ist bei einer Tätigkeit für einen Betrieb gewerblicher Art darauf abzustellen, ob dieser einen entsprechend begünstigten Zweck verfolgt oder nicht (OFD Frankfurt v. 12.8.2014, S 2245 A – 2 – St 213, www.stotax-first.de),
  - sowie **rechtsfähige Anstalten** (z.B. Rundfunkanstalten sowie Stiftungen und Zweckverbände).

  Begünstigt sind hiernach z.B. die nebenberufliche Lehrtätigkeit an einer Universität oder **Volkshochschule**, die nebenberufliche Ausbildungstätigkeit bei der Feuerwehr oder die nebenberufliche Fortbildungstätigkeit für eine Anwalts- oder Ärztekammer, selbst wenn die Tätigkeit in den Hoheitsbereich der juristischen Person des öffentlichen Rechts fällt (R 3.26 Abs. 5 LStR).

- oder einer unter § 5 Abs. 1 Nr. 9 KStG fallenden **gemeinnützigen, mildtätigen oder kirchlichen Zwecken dienenden Einrichtung** (dazu gehören Körperschaften, Personenvereinigungen, Stiftungen und Vermögensmassen, die nach der Satzung oder dem Stiftungsgeschäft und nach der tatsächlichen Geschäftsführung ausschließlich und unmittelbar gemeinnützige, mildtätige oder kirchliche Zwecke verfolgen):

  Hierzu gehören alle **gemeinnützigen Vereine** wie z.B. das Deutsche Rote Kreuz oder auch Sportvereine.

Mit Vorabentscheidungsersuchen v. 15.7.2015, C-478/15, www.stotax-first.de, hat das **FG Baden-Württemberg dem EuGH die Frage vorgelegt**, ob es den Vorschriften des Freizügigkeitsabkommens entgegensteht, dass ein in diesen Mitgliedstaaten unbeschränkt Steuerpflichtiger der Freibetrag nach § 3 Nr. 26 EStG deshalb versagt wird, weil die Tätigkeit nicht im Dienst oder Auftrag einer juristischen Person des öffentlichen Rechts erfolgt, die ihren Sitz in einem Mitgliedstaat der EU oder EWR hat, sondern im Dienst oder Auftrag einer im Hoheitsgebiet der **Schweizerischen Eidgenossenschaft** ansässigen juristischen Person des öffentlichen Rechts erfolgt. Die Entscheidung des EuGH bleibt abzuwarten.

Nicht begünstigt sind z.B. Tätigkeiten für **Parteien, Privatschulen, Berufsverbände Gewerkschaften, Arbeitgeberverband** usw., auch wenn für solche Nebentätigkeiten die gleichen Aufwendungen entstehen (vgl. z.B. FG Saarland v. 8.9.1993, 2 K 79/91, EFG 1994, 110 betr. nebenberufliche Dozententätigkeit an einer von einer Bergbau AG betriebenen Bauingenieurschule sowie FG Sachsen-Anhalt v. 20.8.2002, 1 K 145/02, EFG 2002, 1579 betr. Pressearbeit bei einem Berufsverband). Die Bevorzugung öffentlicher und gemeinnütziger Tätigkeiten wird hier jedoch bisher – anders als bei den Steuerbefreiungen nach § 3 Nr. 12 Satz 1 EStG von Aufwandsentschädigungen im öffentlichen Dienst oder nach § 3 Nr. 13 EStG für Reisekostenvergütungen aus öffentlichen Kassen – offensichtlich als verfassungsgemäß angesehen. Begünstigt ist auch eine Tätigkeit für eine **im „EU-Raum" ansässige Körperschaft** (s.a. BFH v. 22.7.2008, VIII R 101/02, BStBl II 2010, 265 betr. eine nebenberufliche Lehrtätigkeit an der Universität Straßburg und die darauf beruhenden Änderungen der § 3 Nr. 26 und 26a EStG).

e) Begrenzung der Steuerbefreiungen

Die Steuerfreiheit **365**

- nach § 3 Nr. 26 und 26b EStG ist auf einen **Jahreshöchstbetrag von 2 400 €**
- und die nach § 3 Nr. 26a EStG auf einen **Jahreshöchstbetrag von 720 €** beschränkt.

Dies gilt auch, wenn ein Arbeitnehmer **mehrere begünstigte Tätigkeiten** ausübt oder Vergütungen für mehrere Jahre in einer Summe erhält. Der Jahreshöchstbetrag ist **nicht zeitanteilig aufzuteilen**, selbst wenn die begünstigte Tätigkeit lediglich wenige Monate ausgeübt wird, so z.B. bei der Betreuung von Kindern bei Ferienmaßnahmen (R 3.26 Abs. 8 LStR).

f) Werbungskosten- bzw. Betriebsausgabenabzug

Soweit Betriebsausgaben oder Werbungskosten mit späteren, **366** nach § 3 Nr. 26, 26a EStG steuerfreien Einnahmen im Zusammenhang stehen, kommt ein Abzug nach § 3c EStG nicht in Betracht (zuletzt BFH v. 22.7.2003, VI R 7/01, www.stotax-first.de, betr. Aufwendungen eines als Lehrer tätigen Arztes für verschiedene Bildungsmaßnahmen, die auch im Zusammenhang mit seiner Tätigkeit als Mitglied in den Prüfungsausschuss bei den Abschlussprüfungen im Ausbildungsberuf „Arzthelfer/-in" stehen). Aufwendungen zur **Vorbereitung** einer nebenberuflichen Tätigkeit i.S.d. § 3 Nr. 26, 26a EStG können als **vorab entstandene Werbungskosten bzw. Betriebsausgaben** abgezogen werden und somit zu Verlusten führen (BFH v. 6.7.2005, XI R 61/04, BStBl II 2006, 163); nach Auffassung der obersten Finanzbehörden ist dieses Urteil auch auf das ab 2000 geänderte Recht anzuwenden (s.a. BayLfSt v. 8.9.2011, S 2121.1.1 – 1/33 St 32, www.stotax-first.de).

Betriebsausgaben oder Werbungskosten im Zusammenhang mit den nach § 3 Nr. 26, 26a, 26b EStG begünstigten Tätigkeiten können nach **Auffassung der Finanzverwaltung** nur abgesetzt werden, wenn die Einnahmen aus der Tätigkeit und gleichzeitig auch die jeweiligen Ausgaben den Freibetrag von 2 400 € bzw. 720 € übersteigen; bei Arbeitnehmern ist mindestens der **Arbeitnehmer-Pauschbetrag** von 1 000 € anzusetzen, soweit er nicht bei anderen Dienstverhältnissen verbraucht ist (vgl. R 3.26 Abs. 9 LStR). **Diese Auffassung wird von mehreren Finanzgerichten abgelehnt, auch Verluste sind nicht um den Freibetrag i.H.v. 2 400 € zu kürzen** (FG Rheinland-Pfalz v. 25.5.2011, 2 K 1996/10, EFG 2011, 1596 und zuletzt FG Thüringen v. 30.9.2015, 3 K 480/14, www.stotax-first.de, Revision eingelegt, Az. beim BFH noch nicht bekannt).

> **Beispiel 1:**
> A hat aus seiner Übungsleitertätigkeit Einnahmen i.H.v. 108 € erzielt, seine Betriebsausgaben haben 608 € betragen. Das Finanzamt hat es abgelehnt, den Verlust i.H.v. 500 € steuerlich anzuerkennen. Begründung: Nach R 3.26 Abs. 9 Satz 1 LStR ist ein Abzug von Werbungskosten oder Betriebsausgaben nur dann möglich, wenn die Einnahmen aus der Tätigkeit und gleichzeitig auch die jeweiligen Ausgaben den Freibetrag von § 3 Nr. 26 EStG von 2 400 € übersteigen.
>
> Das **FG Mecklenburg-Vorpommern** hat den Verlust von 500 € in vollem Umfang berücksichtigt (Urteil v. 16.6.2015, 3 K 368/14, www.stotax-first.de, Nichtzulassungsbeschwerde eingelegt, Az. beim BFH: VIII B 73/15). Zur Begründung verweist es auf das o.g. Urteil des FG Rheinland-Pfalz, wonach durch § 3 Nr. 26 EStG eine Besserstellung für nebenberufliche Übungsleiter, Ausbilder, Erzieher o.Ä. erreicht werden solle, keinesfalls eine Schlechterstellung.

Wichtig ist außerdem, dass Betriebsausgaben oder Werbungskosten nach § 3 Nr. 26, 26a, 26b EStG abweichend von § 3c EStG nur insoweit berücksichtigt werden können, als sie den Betrag der steuerfreien Einnahmen übersteigen.

> **Beispiel 2:**
> B hat Einnahmen aus einer Prüfungstätigkeit bei der Industrie- und Handelskammer von 4 800 €, von denen 2 400 € nach § 3 Nr. 26 EStG steuerfrei bleiben (50 %). Seine mit dieser Tätigkeit im Zusammenhang stehenden Betriebsausgaben für Fahrtkosten, Computer, Fachliteratur u.Ä. betragen 2 600 €.

Aufwandsentschädigungen für bestimmte nebenberufliche Tätigkeiten

keine Sozialversicherungspflicht = (SV durchgestrichen)
Sozialversicherungspflicht = (SV)

Von dem steuerpflichtigen Betrag i.H.v. 2 400 € könnte A nach § 3c EStG 1 300 € (50 % von 2 600 €) als Betriebsausgaben absetzen, da diese zur Hälfte mit steuerpflichtigen Einnahmen im Zusammenhang stehen. Es ergäben sich somit Einkünfte von 1 100 €.

Abweichend von § 3c EStG ist nach § 3 Nr. 26 EStG jedoch nur ein Abzug von Betriebsausgaben zulässig, soweit sie den Steuerfreibetrag von 2 400 € übersteigen (das sind nur 200 €). Es ergeben sich somit steuerpflichtige Einkünfte i.H.v. 2 200 €.

2. „Übungsleiter" usw.

a) Allgemeines

367 **Hauptanwendungsfall** der Vorschrift sind **nebenberufliche Tätigkeiten** wie z.B.

- eines **Sporttrainers** oder
- eines **Chorleiters oder Orchesterdirigenten**,
- die **Lehr- und Vortragstätigkeit** im Rahmen der allgemeinen Bildung und Ausbildung, z.B. Kurse und Vorträge an Schulen und Volkshochschulen (s.a. OFD Koblenz v. 25.7.2002, S 2121 A, www.stotax-first.de, betr. Außenstellenleiter von Volkshochschulen), Mütterberatung, Erste-Hilfe-Kurse, Schwimm-Unterricht oder der beruflichen Ausbildung und Fortbildung,
- eines **Prüfers** bei einer Prüfung, die zu Beginn, im Verlauf oder als Abschluss einer Ausbildung abgenommen wird (BFH v. 23.6.1988, IV R 21/86, BStBl II 1988, 890). Keine begünstigte „Prüfungstätigkeit" ist hingegen die **„reine" Aufsichtsführung** bei der Abnahme von Prüfungen oder die **Erstellung von Lehrmaterialien** (FG Thüringen v. 12.2.2014, 3 K 926/13, EFG 2014, 1662, Revision eingelegt, Az. beim BFH: VIII R 43/14); in vielen Fällen fehlt es hier auch schon an der „Nebenberuflichkeit" (dazu → *Aufsichtsvergütungen* Rz. 359),
- die **Betreuung einer Fußballmannschaft**.

Beispiel 1:
A ist beim Sparkassen- und Giroverband beschäftigt, dem eine Sparkassenschule angeschlossen ist. Für die Mitwirkung an Prüfungen der Sparkassenschule erhält er eine Vergütung von 5 000 € jährlich.
Auch Sparkassen- und Giroverbände sind Körperschaften des öffentlichen Rechts (BFH v. 27.2.1976, VI R 97/72, BStBl II 1976, 418). Die Prüfungstätigkeit ist eine selbständig ausgeübte Nebentätigkeit, vgl. H 19.2 (Nebenberufliche Prüfungstätigkeit) LStH, die nicht dem Hauptberuf zugerechnet werden kann und somit nicht dem Lohnsteuerabzug unterliegt. Die Vergütungen sind daher nach § 3 Nr. 26 EStG bis 2 400 € im Jahr steuerfrei.

Beispiel 2:
B ist als Kanzleikraft ebenfalls bei dem o.g. Sparkassen- und Giroverband beschäftigt. Sie wirkt ebenfalls an den Prüfungen der Sparkassenschule mit, aber lediglich als Aufsichtskraft. Sie erhält hierfür Vergütungen von rund 720 € im Jahr.
Die Finanzverwaltung rechnet die „reine Aufsichtsführung" der Haupttätigkeit zu. Die Vergütungen unterliegen zusammen mit dem „normalen" Arbeitslohn dem Lohnsteuerabzug, die Steuerbefreiung des § 3 Nr. 26a EStG wird nicht gewährt.

Begünstigt ist nur eine Tätigkeit als Übungsleiter, Ausbilder, Erzieher oder Betreuer, wenn der Stpfl. durch persönlichen Kontakt auf andere Menschen Einfluss nimmt, um auf diese Weise deren geistige und leibliche Fähigkeiten zu entwickeln und zu fördern, d.h., dass die **Tätigkeit pädagogisch ausgerichtet** sein muss (R 3.26 Abs. 1 Sätze 1 und 2 LStR). **Nicht begünstigt** nach § 3 Nr. 26 EStG ist daher die Aufwandsentschädigung nach § 1835a BGB für **ehrenamtliche rechtliche Betreuer** nach §§ 1896 ff. BGB, ehrenamtlich tätige Vormünder nach §§ 1773 BGB und ehrenamtliche Pfleger nach §§ 1909 ff. BGB (OFD Frankfurt v. 12.8.2014, S 2245 A - 2 - St 213, www.stotax-first.de, sowie R 3.26 Abs. 1 Satz 5 LStR). Es ist **nicht verfassungswidrig**, dass der Gesetzgeber nicht sämtliche einem gemeinnützigen Zweck dienende Tätigkeiten begünstigt hat (BFH v. 1.6.2004, XI B 117/02, www.stotax-first.de).

Nicht begünstigt sind ferner die Ausbildung von Tieren (z.B. Rennpferden oder Diensthunden) sowie „verwaltende" Tätigkeiten z.B. als Vorstandsmitglied, Vereinskassierer oder Gerätewart bei einem Sportverein, auch wenn solche Tätigkeiten ebenfalls unmittelbar im Vereinsinteresse – und damit auch im öffentlichen Interesse – liegen (R 3.26 Abs. 1 Sätze 3 und 5 LStR). In diesen Fällen kommt jedoch ab 2007 ggf. die Steuerbefreiung nach § 3 Nr. 26a EStG in Betracht (→ Rz. 371).

b) Einzelfälle

368 Die Abgrenzung, ob eine pädagogisch ausgerichtete und damit steuerbefreite Tätigkeit vorliegt, ist in der Praxis immer wieder streitig.

Die **Steuerbefreiung nach § 3 Nr. 26 EStG wird gewährt** z.B. für folgende nebenberufliche Tätigkeiten:

- **Ärzte im Behindertensport sowie Coronar-Sport** (OFD Frankfurt v. 12.8.2014, S 2245 A – 2 – St 213, www.stotax-first.de);
- **Aufsichtsvergütung für die juristische Staatsprüfung**, d.h. Vergütungen an Richter, Staatsanwälte und Verwaltungsbeamte des höheren Dienstes, die nebenamtlich als Leiter von Arbeitsgemeinschaften für Referendarinnen und Referendare tätig sind (OFD Frankfurt v. 12.8.2014, S 2245 A – 2 – St 213, www.stotax-first.de);
- **Bahnhofsmission**, begünstigter Anteil pauschal 60 % der Einnahmen (OFD Frankfurt v. 12.8.2014, S 2245 A – 2 – St 213, www.stotax-first.de);
- **Bereitschaftsleitungen und Jugendgruppenleiter**, soweit die Vergütung auf die Tätigkeit als Ausbilder oder Betreuer entfällt. Soweit lediglich organisatorische Aufgaben wahrgenommen werden, liegt keine begünstigte Tätigkeit vor (OFD Frankfurt v. 12.8.2014, S 2245 A – 2 – St 213, www.stotax-first.de);
- **Diakone**, soweit sie nach § 3 Nr. 26 EStG begünstigte Tätigkeiten ausüben wie ausbildende und betreuende Tätigkeiten mit pädagogischer Ausrichtung sowie Arbeiten im sozialen Bereich, die als Pflege alter, kranker oder behinderter Menschen gewertet werden können. Bei einer Tätigkeit im Bereich der Verkündigung (z.B. Taufen, Krankenkommunion, Trauungen, Predigtdienst) handelt es sich dagegen nicht um eine begünstigte Tätigkeit (OFD Frankfurt v. 12.8.2014, S 2245 A – 2 – St 213, www.stotax-first.de);
- **Ferienbetreuer**, die zeitlich begrenzt zur Durchführung von Ferienmaßnahmen eingesetzt werden (OFD Frankfurt v. 12.8.2014, S 2245 A – 2 – St 213, www.stotax-first.de);
- **Feuerwehrleute**, soweit sie eine ausbilderische Tätigkeit ausüben (→ *Feuerwehr* Rz. 1217);
- **Kloster-, Museums- oder Mühlenführer**, wenn die Tätigkeit für einen „begünstigten Auftraggeber" ausgeübt wird (OFD Hannover v. 28.9.2004, S 2121 – 55 – StO 211/S 2121 – 109 – StH 211, DStZ 2004, 844);
- **Korrekturassistenten** (FG Berlin v. 12.10.2004, 5 K 5316/03, EFG 2005, 340 mit Hinweisen auf **gegenteilige Rechtsprechung!**);
- **Lehrbeauftragte an Schulen**, die von Schulen für einen ergänzenden Unterricht eingesetzt werden (OFD Frankfurt v. 12.8.2014, S 2245 A – 2 – St 213, www.stotax-first.de);
- **Schulweghelfer und Schulbusbegleiter**, die gleichzeitig zur Verkehrserziehung beitragen (OFD Frankfurt v. 12.8.2014, S 2245 A – 2 – St 213, www.stotax-first.de);
- **Stadtführer**, sofern die Tätigkeit für einen „begünstigten Auftraggeber" durchgeführt wird (OFD Frankfurt v. 12.8.2014, S 2245 A – 2 – St 213, www.stotax-first.de);
- **Zahnärzte** im Arbeitskreis Jugendzahnpflege (OFD Frankfurt v. 12.8.2014, S 2245 A – 2 – St 213, www.stotax-first.de);
- **Erziehungsbeistand und Betreuungshelfer nach § 30 SGB VIII, Familienhelfer nach § 31 SGB VIII**: Im Rahmen der Hilfe zur Erziehung nach den §§ 27 ff. SGB VIII werden sog. Erziehungs- und Familienhelfer eingesetzt, die das Kind oder den Jugendlichen (§ 30 SGB VIII) oder die Familie (§ 31 SGB VIII) durch pädagogische und therapeutische Hilfen bei der Bewältigung von Entwicklungsproblemen oder bei der Erfüllung von Erziehungsaufgaben unterstützen sollen. Sofern kein Dienstvertrag vorliegt, ist eine nebenberufliche Tätigkeit nach § 3 Nr. 26 EStG begünstigt. Die neben der eigentlichen Hauptaufgabe zusätzlich zu erbringende hauswirtschaftliche praktische Versorgung einer in Not geratenen Familie oder einer Einzelperson kann insoweit vernachlässigt werden (BayLfSt v. 8.9.2011, S 2121.1.1 – 1/33 St 32, www.stotax-first.de).

Nicht gewährt wird die **Steuerbefreiung nach § 3 Nr. 26 EStG** dagegen z.B. für folgende nebenberufliche Tätigkeiten:

- **ehrenamtliche Betreuer nach § 1835a BGB**, da eine eher rechtsberatende Tätigkeit ausgeübt wird (zuletzt FG Niedersachsen v. 8.2.2012, 9 K 399/10, OFD Frankfurt v. 12.8.2014, S 2245 A – 2 – St 213, www.stotax-first.de, R 3.26 Abs. 1 Satz 5 LStR);
- **Dolmetscherin, gerichtlich bestellte** (BFH v. 11.5.2005, VI R 25/04, BStBl II 2005, 791);
- **Küchenmitarbeiter in sog. Waldheimen**; im Vordergrund steht die Essenszubereitung für die in den Waldheimen während der Ferienzeit aufgenommenen Jugendlichen, nicht deren pädagogische Betreuung (OFD Frankfurt v. 12.8.2014, S 2245 A – 2 – St 213, www.stotax-first.de);

- **Prädikanten und Lektoren** der evangelischen Kirche (OFD Frankfurt v. 12.8.2014, S 2245 A – 2 – St 213, www.stotax-first.de);
- **Pressearbeit** bei einem Berufsverband (FG Sachsen-Anhalt v. 20.8.2002, 1 K 145/02, EFG 2002, 1579);
- **Richter, Parcourschefs, Parcourschefassistenten bei Pferdesportveranstaltungen** (OFD Frankfurt v. 12.8.2014, S 2245 A – 2 – St 213, www.stotax-first.de);
- **Versichertenälteste**, da keine pädagogisch ausgerichtete, sondern eher eine rechtsberatende Tätigkeit ausgeübt wird (OFD Frankfurt v. 12.8.2014, S 2245 A – 2 – St 213, www.stotax-first.de, FG Sachsen v. 25.6.2003, 2 K 1945/01, www.stotax-first.de). Die Tätigkeit der Versichertenältesten fällt unter die schlichte Hoheitsverwaltung, so dass die Steuerbefreiung des § 3 Nr. 12 Satz 2 EStG anwendbar ist (OFD Frankfurt v. 21.10.2013, S 2121 A – 32 – St 213, www.stotax-first.de);
- **Versichertenberaterin**, die eine eher beratende Tätigkeit ausübt (FG Berlin-Brandenburg v. 1.7.2015, 7 K 7230/13, EFG 2015, 1598, Revision eingelegt, Az. beim BFH: VIII R 28/15);
- **Turnierrichter im Pferdesport** (FG Nürnberg v. 15. 4. 2015, 5 K 1723/12, EFG 2015, 1425).

In allen Fällen kommt jedoch ab 2007 ggf. die Steuerbefreiung nach § 3 Nr. 26a EStG (→ Rz. 371) bzw. für die ehrenamtlichen rechtlichen Betreuer, Vormünder und Pflegschaften die nach § 3 Nr. 26b EStG (→ Rz. 379) **in Betracht.**

3. Künstlerische Tätigkeiten

369 Hierunter werden z.B. die nebenberuflich ausgeübte **Konzerttätigkeit** eines Musikpädagogen in Kirchen, Altenheimen usw. (BFH v. 22.7.1993, VI R 122/92, BStBl II 1994, 510) sowie die nebenberufliche **Organistentätigkeit in Kirchengemeinden** fallen (OFD Frankfurt v. 12.8.2014, S 2245 A – 2 – St 213, www.stotax-first.de), nicht dagegen die Darbietung von **Musik auf Kirmesveranstaltungen oder auf Schützen- und Volksfesten**. Viele Tätigkeiten sind aber bereits als Ausbildungstätigkeiten begünstigt (z.B. Chorleiter). Häufig **fehlt es allerdings an einem „begünstigten Auftraggeber"**, weil die Künstler nicht im Dienst oder Auftrag der Gemeinde, eines Vereins usw., sondern im eigenen Namen tätig werden.

Für die Auslegung des **Begriffs „künstlerische Tätigkeit"** i.S.d. § 3 Nr. 26 EStG gelten grundsätzlich dieselben strengen Anforderungen wie für die hauptberufliche künstlerische Tätigkeit i.S.d. § 18 Abs. 1 Nr. 1 EStG (OFD Frankfurt v. 20.1.2011, S 2245 A – 2 – St 213, www.stotax-first.de). Allerdings ist zu berücksichtigen, dass unter § 3 Nr. 26 EStG nur nebenberufliche Tätigkeiten fallen. Die nach Art und Höhe vorgegebenen Begrenzungen beeinflussen somit die Auslegung einer künstlerischen Tätigkeit i.S.d. § 3 Nr. 26 EStG.

Eine künstlerische Tätigkeit in diesem Sinn kann daher auch vorliegen, wenn sie die **eigentliche künstlerische (Haupt-)Tätigkeit unterstützt und ergänzt**, sofern sie Teil des gesamten künstlerischen Geschehens ist. Auch der **Komparse** kann daher – anders als z.B. ein Bühnentechniker – eine künstlerische Tätigkeit ausüben, wenn sich seine Tätigkeit nicht auf eine rein mechanische Funktion („menschliche Requisite") beschränkt (BFH v. 18.4.2007, XI R 21/06, BStBl II 2007, 702 sowie OFD Frankfurt v. 12.8.2014, S 2245 A – 2 – St 213, www.stotax-first.de).

> **Beispiel:**
> Frau K, Anglistin aus Bonn, im Hauptberuf Werbetexterin, ist Mitglied eines gemeinnützigen Theater-Vereins, der es sich zur Aufgabe gemacht hat, die Zusammenarbeit zwischen Literaturwissenschaft und Theaterpraxis zu fördern und die Dramen Shakespeares in Originalsprache aufzuführen. Für ihre Inszenierung des „Wintermärchens" erhält sie eine Entschädigung von 2 500 €.
>
> Die Tätigkeit eines Intendanten ist eine künstlerische Tätigkeit (vgl. die o.g. Verfügung der OFD Frankfurt), die Einkünfte sind daher nach § 18 Abs. 1 Nr. 1 EStG einkommensteuerpflichtig. Da die Tätigkeit hier nebenberuflich ausgeübt worden ist und auch ein „begünstigter Auftraggeber" vorhanden ist, bleibt der erhaltene Betrag nach § 3 Nr. 26 EStG bis 2 400 € steuerfrei.

4. Pflegetätigkeiten

370 „Pflege" i.S.d. § 3 Nr. 26 EStG setzt eine unmittelbare, in **persönlichem Kontakt** zum Empfänger zu erbringende Leistung des Pflegenden voraus, eine nur mittelbare Hilfe durch Geld- oder Sachleistungen erfüllt nicht den Gesetzeszweck (BFH v. 1.6.2004, XI B 117/02, www.stotax-first.de).

Hierunter fallen außer der **Dauerpflege** auch Hilfsdienste

- bei der häuslichen Betreuung durch **ambulante Pflegedienste**, z.B. Unterstützung bei der Grund- und Behandlungspflege, bei häuslichen Verrichtungen und Einkäufen, beim Schriftverkehr, bei der Altenhilfe entsprechend § 75 BSHG, z.B. Hilfe bei der Wohnungs- und Heimplatzbeschaffung, in Fragen der Inanspruchnahme altersgerechter Dienste,
- und bei Sofortmaßnahmen gegenüber Schwerkranken und Verunglückten, z.B. durch **Rettungssanitäter und Ersthelfer** (R 3.26 Abs. 1 Satz 2 LStR).

Die **Steuerbefreiung nach** § 3 Nr. 26 EStG **wird gewährt** z.B. für folgende nebenberufliche Tätigkeiten:

- **Feuerwehrleute**, soweit sie Verletzte bergen und versorgen (BayLfSt v. 7.5.2009, S 2121.1.1 – 1/19 St 33/St 33, s.a. → *Feuerwehr* Rz. 1217);
- **Behindertentransporte (auch Auslandsrückholdienst, Behindertenfahrdienst, Krankentransport und Medizinisches Transportmanagement)**, soweit sich die Tätigkeit nicht auf das „reine Fahren" beschränkt, sondern auch die Betreuung der Kranken bzw. Behinderten umfasst. Die Finanzverwaltung geht aus Vereinfachungsgründen davon aus, dass 50 % der Vergütungen auf eine nach § 3 Nr. 26 EStG begünstigte Tätigkeit entfallen, und zwar sowohl beim Fahrer als auch beim Beifahrer (BayLfSt v. 8.9.2011, S 2121.1.1 – 1/33 St 32, www.stotax-first.de);
- **Helfer im sog. Hintergrunddienst des Hausnotrufdienstes (Schlüsseldienst im Hausnotruf und Pflegenotruf)**: Um bei Hausnotrufdiensten die Entgegennahme von Alarmanrufen rund um die Uhr, die Vertrautheit der Bewohner mit dem Hausnotrufdienst und die Funktionsfähigkeit der Hausnotrufgeräte zu gewährleisten, wird von den Hilfsorganisationen – zusätzlich zu den Mitarbeitern der Hausnotrufzentrale – ein sog. Hintergrunddienst eingerichtet, um vor Ort Hilfe zu leisten. Die Mitarbeiter des Hintergrunddienstes sind daneben auch mit der Einweisung, Einrichtung, Wartung und Überprüfung der Hausnotrufgeräte beschäftigt. Diese Tätigkeiten fallen einschließlich der Bereitschaftsdienste unter § 3 Nr. 26 EStG. Eine Differenzierung zwischen Einsatzzeiten und Bereitschaftszeiten verbietet sich nicht zuletzt deshalb, weil das Sich-Bereithalten unabdingbare Voraussetzung für die erfolgreiche Durchführung der Rettungseinsätze ist (FG Köln v. 25.2.2015, 3 K 1350/12, EFG 2015, 1507). Nach diesem Urteil kommt die Steuerbefreiung auch dann zur Anwendung, wenn ein Rettungssanitäter zwar mehr als ein Drittel der Arbeitszeit eines vergleichbaren Vollzeitbeschäftigten tätig wird, letztlich aber maximal den in § 3 Nr. 26 EStG genannten Höchstbetrag erhält, da nach Erhalt der maximal steuerfreien Vergütung innerhalb der Drittelgrenze unentgeltlich unter deren Überschreitung weiter gearbeitet wird;
- **Rettungsschwimmer sowie Sanitätshelfer und Rettungssanitäter im Rettungs- und Krankentransportwagen und bei Großveranstaltungen einschließlich der Bereitschaftsdienste** (R 3.26 Abs. 1 Satz 4 LStR). Einsatz- und Bereitschaftsdienstzeiten der Rettungssanitäter und Ersthelfer sind als einheitliche Tätigkeit zu behandeln, die insgesamt nach § 3 Nr. 26 EStG begünstigt sein kann und für die deshalb auch nicht teilweise die Steuerbefreiung nach § 3 Nr. 26a EStG gewährt wird (OFD Frankfurt v. 12.8.2014, S 2245 A – 2 – St 213, www.stotax-first.de).

Nicht gewährt wird die Steuerbefreiung nach § 3 Nr. 26 EStG dagegen z.B. für folgende nebenberufliche Tätigkeiten:

- **Gastfamilien, die behinderte Menschen zum betreuten Wohnen in ihren Haushalt aufnehmen**; ab 2009 hat der Gesetzgeber für diese Fälle die **Steuerbefreiung** des § 3 Nr. 10 EStG eingeführt (FinMin Berlin v. 18.2.2010, III B – S 2245 – 2/2005, www.stotax-first.de);
- **Geschäftsführer** einer als gemeinnützig anerkannten Stiftung, deren Zweck es vornehmlich ist, Bedürftige zu unterstützen (BFH v. 1.6.2004, XI B 117/02, www.stotax-first.de);
- **Hauswirtschaftliche Tätigkeiten in Altenheim, Krankenhäusern** usw.: Reine Hilfsdienste, wie z.B. Putzen, Waschen und Kochen im Reinigungsdienst und in der Küche von Altenheimen, Krankenhäusern, Behinderteneinrichtungen und ähnlichen Einrichtungen stehen nicht den ambulanten Pflegediensten gleich und fallen daher nicht unter § 3 Nr. 26 EStG, da keine häusliche Betreuung im engeren Sinne stattfindet und damit kein unmittelbarer persönlicher Bezug zu den gepflegten Menschen entsteht. Die Leistungen werden primär für das jeweilige Heim oder Krankenhaus erbracht und betreffen daher nur mittelbar die pflegebedürftigen Personen (OFD Frankfurt v. 12.8.2014, S 2245 A – 2 – St 213, www.stotax-first.de);
- **Mahlzeitendienste**, da das Überreichen einer Mahlzeit allein nicht zur Annahme einer Pflegeleistung ausreicht (OFD Frankfurt v. 12.8.2014, S 2245 A – 2 – St 213, www.stotax-first.de);
- **Notarzt**, da er keine Pflegeleistung i.S.d. § 3 Nr. 26 EStG erbringt, sondern eine seinem Hauptberuf als Arzt entsprechende Tätigkeit ausübt (BFH v. 20.2.2002, VI R 85/99, www.stotax-first.de).

Aufwandsentschädigungen für bestimmte nebenberufliche Tätigkeiten

keine Sozialversicherungspflicht = Ⓢⱽ̸
Sozialversicherungspflicht = Ⓢⱽ

Notärzte im Rettungsdienst sind dagegen wie Rettungssanitäter in die Freibetragsregelung einzubeziehen, wenn Haupt- und Nebenberuf klar abzugrenzen sind. Eine Gleichartigkeit von haupt- und nebenberuflicher Tätigkeit ist für die Gewährung des Freibetrags unschädlich. So könnte z.B. ein hauptberuflich tätiger (Not-)Arzt, der im Rahmen einer davon abzugrenzenden Nebentätigkeit als Not- bzw. Rettungsarzt für eine andere Einrichtung arbeitet, den Freibetrag in Anspruch nehmen (BayLfSt v. 8.9.2011, S 2121.1.1 – 1/33 St 32, www.stotax-first.de);

- **Notfallfahrten bei Blut- und Organtransport** (OFD Frankfurt v. 12.8.2014, S 2245 A – 2 – St 213, www.stotax-first.de);
- **Patientenfürsprecher**, der die Interessen der Patienten gegenüber dem Krankenhaus zu vertreten hat; die Tätigkeit stellt keine Pflege alter, kranker oder behinderter Menschen dar (OFD Frankfurt v. 12.8.2014, S 2245 A – 2 – St 213, www.stotax-first.de).

In allen Fällen kommt jedoch ab 2007 ggf. die Steuerbefreiung nach § 3 Nr. 26a EStG in Betracht (→ Rz. 371).

Praktische Bedeutung haben die Steuerbefreiungen der § 3 Nr. 26, 26a EStG für viele, insbesondere **für gemeinnützige Organisationen ausgeübte ehrenamtliche Tätigkeiten**. Bei diesen Tätigkeiten ist jedoch vorher zu prüfen, ob **überhaupt steuerpflichtige Einkünfte** erzielt werden. Dies ist nicht der Fall, wenn im Wesentlichen **nur Aufwandsersatz** geleistet wird und somit eine einkommensteuerlich irrelevante Tätigkeit vorliegt ("**Liebhaberei**"). Die Steuerfreiheit der Aufwandsentschädigungen ergibt sich dann aus allgemeinen Grundsätzen. Einzelheiten → *Arbeitnehmer* Rz. 173 und → *Deutsches Rotes Kreuz* Rz. 789.

5. Steuerbefreiung nach § 3 Nr. 26a EStG

a) Allgemeines

371 Seit Jahren wurde kritisiert, dass die Steuerbefreiung des § 3 Nr. 26 EStG in erster Linie für **pädagogisch ausgerichtete Tätigkeiten gewährt** wird. Für einen gemeinnützigen Verein sei aber die Tätigkeit der Vereinsvorsitzenden, Platzwarte, Kassierer usw. ebenso wichtig wie die der Übungsleiter. Der Gesetzgeber hat diese Kritik aufgegriffen und ab 2007 in § 3 Nr. 26a EStG einen **allgemeinen Freibetrag** für Einnahmen aus nebenberuflichen Tätigkeiten im gemeinnützigen, mildtätigen oder kirchlichen Bereich bis zur Höhe von **720 € (Betrag ab 2013)** im Jahr eingeführt. Mit dem Freibetrag soll der Aufwand, der den nebenberuflich tätigen Personen durch ihre Beschäftigung entsteht, pauschal abgegolten werden. Wenn die als Betriebsausgaben oder Werbungskosten abziehbaren Aufwendungen höher sind als der Freibetrag, sind die gesamten Aufwendungen nachzuweisen oder glaubhaft zu machen. Der Freibetrag wird – bezogen auf das gesamten Einnahmen aus der jeweiligen nebenberuflichen Tätigkeit – **nicht** zusätzlich zu den Steuerbefreiungen nach § 3 Nr. 12 EStG (Aufwandsentschädigungen aus öffentlichen Kassen) oder § 3 Nr. 26 EStG ("Übungsleiterpauschale") gewährt.

b) Begünstigte Tätigkeiten

372 Der Förderung begünstigter Zwecke kann auch eine Tätigkeit für eine juristische Person des öffentlichen Rechts dienen, z.B. nebenberufliche Aufsichtstätigkeit in einem Schwimmbad, nebenberuflicher Kirchenvorstand. Dem steht nicht entgegen, dass die Tätigkeit in den Hoheitsbereich der juristischen Person des öffentlichen Rechts fallen kann (BMF v. 21.11.2014, IV C 4 – S 2121/07/0010 :032, BStBl I 2014, 1581).

§ 3 Nr. 26a EStG sieht im Gegensatz zu § 3 Nr. 26 EStG **keine Begrenzung auf bestimmte Tätigkeiten im gemeinnützigen Bereich** vor (BMF v. 21.11.2014, IV C 4 – S 2121/07/0010 :032, BStBl I 2014, 1581).

Unter die Steuerbefreiung fällt z.B. die nebenberufliche Tätigkeit als:

- **Vereinsvorstand, Kassierer, Schatzmeister, Bürokraft, Reinigungspersonal, Platzwart, Gerätewart, Aufsichtspersonal, Fahrdienst von Eltern zu Auswärtsspielen von Kindern usw. in gemeinnützigen Vereinen**,
- **Reinigungskraft in gemeinnützigen Einrichtungen**,
- **alle übrigen ehrenamtlichen Tätigkeiten im gemeinnützigen Bereich, die nicht unter die engere Steuerbefreiung des § 3 Nr. 26 EStG fallen** (s. z.B. R 3.26 Abs. 1 Satz 3 LStR: **Ausbildung von Rennpferden und Diensthunden**),
- **Schiedsrichtern im Amateurbereich** (vgl. R 3.26a Abs. 2 EStR sowie BMF v. 21.11.2014, IV C 4 – S 2121/07/0010 :032, BStBl I 2014, 1581).

Nicht gewährt wird die Steuerbefreiung dagegen z.B. für

- **Amateursportler** (R 3.26a Abs. 2 EStR sowie BMF v. 21.11.2014, IV C 4 – S 2121/07/0010 :032, BStBl I 2014, 1581),
- sog. **Friedensrichter** in Sachsen, weil ihre Tätigkeit nicht der Förderung der in §§ 52 bis 54 AO genannten Zwecke dient (LSF Sachsen v. 25.6.2013, S 2331 – 22/28 – 212, www.stotax-first.de),
- die sog. **Erhebungsbeauftragten** für die Durchführung von Befragungen i.R.d. Zensus 2011, da es sich nicht um eine Tätigkeit zur Förderung gemeinnütziger, mildtätiger oder kirchlicher Zwecke i.S.d. §§ 52 bis 54 AO handelt (OFD Frankfurt v. 3.9.2012, S 2337 A – 67 – St 213, www.stotax-first.de).

Für die Anwendung der Steuerbefreiung gelten weitgehend dieselben Grundsätze wie für die vorstehend dargestellte Steuerbefreiung nach § 3 Nr. 26 EStG. Der „Ehrenamtsfreibetrag" kann für Tätigkeiten im Auftrag oder Dienst einer juristischen Person des öffentlichen Rechts (Stadt, Landkreis, usw.) oder eines gemeinnützigen Vereins nur in Anspruch genommen werden, wenn die dortige Tätigkeit der Förderung gemeinnütziger, mildtätiger oder kirchlicher Zwecke dient.

Eine Tätigkeit im Dienst oder Auftrag einer steuerbegünstigten Körperschaft muss für deren ideellen Bereich einschließlich ihrer Zweckbetriebe ausgeübt werden. Tätigkeiten in einem steuerpflichtigen wirtschaftlichen Geschäftsbetrieb und bei der Verwaltung des Vermögens sind nicht begünstigt. **Nicht begünstigt sind danach Tätigkeiten im Hoheitsbereich oder in Betrieben gewerblicher Art (BgA) juristischer Personen des öffentlichen Rechts, z.B. der Mini-Jobber, der im Rathaus die Kantine bewirtschaftet oder den städtischen Kindergarten (BgA) reinigt (R 3.26a Abs. 1 EStR)**.

c) Verhältnis zu den Steuerbefreiungen nach § 3 Nr. 12, 26 oder 26b EStG

373 Ein wesentlicher Unterschied zwischen den Steuerbefreiungen nach § 3 Nr. 26 und 26a EStG besteht darin, dass die **Steuerbefreiung des § 3 Nr. 26 EStG neben anderen Steuerbefreiungen gewährt** werden kann. Die Steuerfreiheit von Bezügen nach anderen Vorschriften, z.B. nach § 3 Nr. 9, 12, 13, 16 EStG, bleibt unberührt; wenn auf bestimmte Bezüge sowohl § 3 Nr. 26 EStG als auch andere Steuerbefreiungsvorschriften anwendbar sind, so sind die Vorschriften in der Reihenfolge anzuwenden, die für den Stpfl. am günstigsten ist (R 3.26 Abs. 7 Satz 2 LStR).

Der **Freibetrag nach § 3 Nr. 26a EStG kann dagegen nicht in Anspruch genommen** werden, wenn für die Einnahmen aus derselben Tätigkeit ganz oder teilweise

- eine Steuerbefreiung nach § 3 Nr. 12 EStG (Aufwandsentschädigungen aus öffentlichen Kassen) gewährt wird
- oder eine Steuerbefreiung nach § 3 Nr. 26 EStG (sog. Übungsleiterfreibetrag) gewährt wird oder gewährt werden könnte.

Die Tätigkeit der **Versichertenältesten** fällt unter die schlichte Hoheitsverwaltung, so dass die Steuerbefreiungsvorschrift des § 3 Nr. 12 Satz 2 EStG anwendbar ist. Für eine andere Tätigkeit, die neben einer nach § 3 Nr. 12 oder 26 EStG begünstigten Tätigkeit bei einer anderen oder derselben Körperschaft ausgeübt wird, kann die Steuerbefreiung nach § 3 Nr. 26a EStG nur dann in Anspruch genommen werden, wenn die Tätigkeit nebenberuflich ausgeübt wird und die Tätigkeiten voneinander trennbar sind, gesondert vergütet werden und die dazu getroffenen Vereinbarungen eindeutig sind und durchgeführt werden. Einsatz- und Bereitschaftsdienstzeiten der **Rettungssanitäter** und Ersthelfer sind als einheitliche Tätigkeit zu behandeln, die insgesamt nach § 3 Nr. 26 EStG begünstigt sein kann und für die deshalb auch nicht teilweise die Steuerbefreiung nach § 3 Nr. 26a EStG gewährt wird.

Aufwandsentschädigungen nach § 1835a BGB an **ehrenamtlich tätige Betreuer** (§ 1896 Abs. 1 Satz 1, § 1908i Abs. 1 Satz 1 BGB), Vormünder (§ 1773 Abs. 1 Satz 1 BGB) und Pfleger (§§ 1909 ff., 1915 Abs. 1 Satz 1 BGB) fallen ab dem Veranlagungszeitraum 2011 ausschließlich unter die Steuerbefreiung nach § 3 Nr. 26b EStG. Eine Anwendung des § 3 Nr. 26a EStG ist ausgeschlossen (§ 3 Nr. 26a Satz 2 EStG).

> **Beispiel 1:**
> Die Aufwandsentschädigung eines **Kreisausbildungsleiters** in der freiwilligen Feuerwehr beträgt jährlich 5 000 €. Davon entfallen 100 % auf eine Ausbildungstätigkeit i.S.d. § 3 Nr. 26 EStG.

In diesem Fall sind die Steuerbefreiungen nach § 3 Nr. 12 Satz 2 EStG (nach R 3.12 Abs. 3 LStR bleiben pauschal 2 400 € steuerfrei) und § 3 Nr. 26 EStG (Höchstbetrag 2 400 €) nebeneinander anzuwenden, d.h., dass insgesamt 4 800 € steuerfrei bleiben. Der Restbetrag kann nicht nach § 3 Nr. 26a EStG steuerfrei belassen werden, weil diese Steuerbefreiung nicht neben den o.g. anderen Steuerbefreiungen gewährt werden darf.

Beispiel 2:

Der ehrenamtlich und nebenberuflich tätige **Naturschutzbeauftragte A** der Region H erhält nach der Satzung eine Aufwandsentschädigung von 3 600 € im Jahr, von der nach § 3 Nr. 12 Satz 2 EStG i.V.m. R 3.12 Abs. 3 LStR pauschal 2 400 € steuerfrei bleiben.

Die Steuerbefreiung nach § 3 Nr. 26 EStG kann nicht gewährt werden, weil es sich nicht um eine pädagogisch ausgerichtete Tätigkeit handelt. Da A jedoch für eine juristische Person des öffentlichen Rechts tätig ist, fällt seine Tätigkeit unter die Steuerbefreiung des § 3 Nr. 26a EStG i.H.v. bis zu 720 € im Jahr.

A wird jedoch die günstigere Steuerbefreiung des § 3 Nr. 12 Satz 2 EStG (2 400 €) in Anspruch nehmen. Der Differenzbetrag von 1 200 € kann auch nicht i.H.v. 720 € nach § 3 Nr. 26a EStG steuerfrei bleiben, da diese Vorschrift – anders als § 3 Nr. 26 EStG (s. Beispiel 1) – nicht neben der Steuerbefreiung nach § 3 Nr. 12 EStG in Anspruch genommen werden kann.

Hinzuweisen ist darauf, dass mit der steuerfreien Ehrenamtspauschale Einnahmen einschließlich des Ersatzes für eigene Werbungskosten/Betriebsausgaben des Stpfl. steuerfrei gestellt werden. Von den eigenen Werbungskosten/Betriebsausgaben des Stpfl. zu unterscheiden sind Aufwendungen, die der Stpfl. als Beauftragter des Vereins für diesen tätig und die ihm vom Verein nach § 670 BGB ersetzt werden. **Dieser Auslagenersatz ist stets neben der steuerfreien Ehrenamtspauschale möglich, ohne dass insoweit eine Steuerpflicht entsteht.**

d) Verschiedenartige Tätigkeiten

374 Erzielt der Stpfl. Einnahmen, die teils für eine Tätigkeit, die unter § 3 Nr. 26a EStG fällt, und teils für eine andere Tätigkeit, die nicht unter § 3 Nr. 12, 26 oder 26a EStG fällt, gezahlt werden, ist lediglich für den entsprechenden Anteil nach § 3 Nr. 26a EStG der Freibetrag zu gewähren. Die Steuerfreiheit von Bezügen nach anderen Vorschriften, z.B. nach § 3 Nr. 13, 16 EStG, bleibt unberührt; wenn auf bestimmte Bezüge sowohl § 3 Nr. 26a EStG als auch andere Steuerbefreiungsvorschriften anwendbar sind, sind die Vorschriften in der Reihenfolge anzuwenden, die für den Stpfl. am günstigsten ist (BMF v. 21.11.2014, IV C 4 – S 2121/07/0010 :032, BStBl I 2014, 1581).

e) Höchstbetrag

375 Der Freibetrag nach § 3 Nr. 26a EStG ist ein **Jahresbetrag**. Dieser wird auch dann nur einmal gewährt, wenn mehrere begünstigte Tätigkeiten ausgeübt werden. Er ist nicht zeitanteilig aufzuteilen, wenn die begünstigte Tätigkeit lediglich wenige Monate ausgeübt wird.

Die Steuerbefreiung ist auch bei **Ehegatten oder Lebenspartnern stets personenbezogen** vorzunehmen. Auch bei der Zusammenveranlagung kann der Freibetrag demnach von jedem Ehegatten oder Lebenspartner bis zur Höhe der Einnahmen, höchstens 720 Euro, die er für eine eigene begünstigte Tätigkeit erhält, in Anspruch genommen werden. Eine Übertragung des nicht ausgeschöpften Teils des Freibetrags eines Ehegatten oder Lebenspartners auf höhere Einnahmen des anderen Ehegatten oder Lebenspartners aus der begünstigten nebenberuflichen Tätigkeit ist nicht zulässig.

f) Ehrenamtlicher Vorstand

376 Nach BMF v. 21.11.2014, IV C 4 – S 2121/07/0010 :032, BStBl I 2014, 1581 gilt Folgendes:

Die Zahlung von pauschalen Vergütungen für Arbeits- oder Zeitaufwand (Tätigkeitsvergütungen) an den Vorstand ist nur dann zulässig, wenn dies durch bzw. auf Grund einer Satzungsregelung ausdrücklich zugelassen ist (vgl. auch § 27 Abs. 3 Satz 2 BGB i.d.F. des Ehrenamtsstärkungsgesetzes). Ein Verein, der nicht ausdrücklich die Bezahlung des Vorstands regelt und der dennoch Tätigkeitsvergütungen an Mitglieder des Vorstands zahlt, verstößt gegen das Gebot der Selbstlosigkeit. Die regelmäßig in den Sat-

zungen enthaltene Aussage: „Es darf keine Person ... durch unverhältnismäßig hohe Vergütungen begünstigt werden" (vgl. Anlage 1 zu § 60 AO; dort § 4 der Mustersatzung) ist keine satzungsmäßige Zulassung von Tätigkeitsvergütungen an Vorstandsmitglieder.

Eine Vergütung ist auch dann anzunehmen, wenn sie nach der Auszahlung an den Verein zurückgespendet oder durch Verzicht auf die Auszahlung eines entstandenen Vergütungsanspruchs an den Verein gespendet wird.

Der Ersatz tatsächlich entstandener Aufwendungen (z.B. Büromaterial, Telefon- und Fahrtkosten) ist auch ohne entsprechende Regelung in der Satzung zulässig. Der Einzelnachweis der Aufwendungen ist nicht erforderlich, wenn pauschale Zahlungen den tatsächlichen Aufwand offensichtlich nicht übersteigen; dies gilt nicht, wenn durch die pauschalen Zahlungen auch Arbeits- oder Zeitaufwand abgedeckt werden soll. Die Zahlungen dürfen nicht unangemessen hoch sein (§ 55 Abs. 1 Nr. 3 AO).

Falls ein gemeinnütziger Verein bis zum 31.12.2010 ohne ausdrückliche Erlaubnis dafür in seiner Satzung bereits Tätigkeitsvergütungen gezahlt hat, sind daraus unter den folgenden Voraussetzungen keine für die Gemeinnützigkeit des Vereins schädlichen Folgerungen zu ziehen:

1. Die Zahlungen dürfen nicht unangemessen hoch gewesen sein (§ 55 Abs. 1 Nr. 3 AO).

2. Die Mitgliederversammlung hat bis zum 31.12.2010 eine Satzungsänderung beschlossen, die Tätigkeitsvergütungen zulässt. An die Stelle einer Satzungsänderung kann ein Beschluss des Vorstands treten, künftig auf Tätigkeitsvergütungen zu verzichten.

g) Werbungskosten- oder Betriebsausgabenabzug

377 Ein Abzug von Werbungskosten bzw. Betriebsausgaben, die mit den steuerfreien Einnahmen nach § 3 Nr. 26a EStG in einem unmittelbaren wirtschaftlichen Zusammenhang stehen, ist nach Auffassung der Finanzverwaltung (s.aber Rz. 366) nur dann möglich, wenn die Einnahmen aus der Tätigkeit und gleichzeitig auch die jeweiligen Ausgaben den Freibetrag übersteigen. In Arbeitnehmerfällen ist in jedem Falle der Arbeitnehmer-Pauschbetrag anzusetzen, soweit er nicht bei anderen Dienstverhältnissen verbraucht ist (BMF v. 21.11.2014, IV C 4 – S 2121/07/0010 :032, BStBl I 2014, 1581).

Beispiel:

Ein Student, der keine anderen Einnahmen aus nichtselbständiger Arbeit erzielt, arbeitet nebenberuflich im Dienst der Stadt als Tierpfleger bei deren als gemeinnützig anerkanntem Tierheim. Dafür erhält er insgesamt 1 500 € im Jahr.

Von den Einnahmen sind der Arbeitnehmer-Pauschbetrag von 1 000 € (§ 9a Satz 1 Nr. 1 Buchst. b EStG) und der Freibetrag nach § 3 Nr. 26a EStG bis zur Höhe der verbliebenen Einnahmen (500 €) abzuziehen. Die Einkünfte aus der nebenberuflichen Tätigkeit betragen 0 €.

Bei einer **unentgeltlichen Tätigkeit** kann der Freibetrag nicht in Anspruch genommen werden. Die ursprünglich i.R.d. Gesetzes zur weiteren Stärkung des bürgerschaftlichen Engagements v. 10.10.2007, BGBl. I 2007, 2332 geplante Steuervergünstigung für ohne Bezahlung geleistete Pflegetätigkeiten (neuer § 34h EStG, sog. **Zeitspende**) wurde nicht in das Gesetz übernommen.

h) Freigrenze des § 22 Nr. 3 EStG

378 Gehören die Einnahmen des Stpfl. aus seiner nebenberuflichen Tätigkeit zu den sonstigen Einkünften (§ 22 Nr. 3 EStG), sind diese nicht einkommensteuerpflichtig, wenn sie weniger als 256 € im Kalenderjahr betragen haben. Der Freibetrag nach § 3 Nr. 26a EStG ist bei der Prüfung, ob diese Freigrenze überschritten ist, zu berücksichtigen (BMF v. 21.11.2014, IV C 4 – S 2121/07/0010 :032, BStBl I 2014, 1581).

Beispiel:

Ein nebenberuflicher ehrenamtlicher Schiedsrichter im Amateurbereich erhält insgesamt 900 €.

Nach Abzug des Freibetrags nach § 3 Nr. 26a EStG von 720 € betragen die Einkünfte 180 €. Sie sind nicht einkommensteuerpflichtig, weil sie weniger als 256 € im Kalenderjahr betragen haben (§ 22 Nr. 3 Satz 2 EStG).

Aufwandsentschädigungen für bestimmte nebenberufliche Tätigkeiten

keine Sozialversicherungspflicht = SV
Sozialversicherungspflicht = SV

6. Steuerbefreiung nach § 3 Nr. 26b EStG

379 Ab 2011 ist i.R.d. **Jahressteuergesetzes 2010** die Steuerbefreiung des § 3 Nr. 26b EStG bis höchstens 2 400 € (Betrag ab 2013) im Jahr für **ehrenamtliche rechtliche Betreuer, Vormünder und Pflegschaften** eingeführt worden. Steuerfrei sind danach Aufwandsentschädigungen nach § 1835a BGB, soweit sie zusammen mit den steuerfreien Einnahmen i.S.d. § 3 Nr. 26 EStG den Freibetrag nach § 3 Nr. 26 Satz 1 EStG von **2 400 € nicht überschreiten** (BFH v. 17.10.2012, VIII R 57/09, BStBl II 2013, 799). Diese Änderung soll in Anbetracht der alternden Gesellschaft, die künftig vermehrt auf ehrenamtliche rechtliche Betreuer usw. angewiesen sein wird, deren Tätigkeit dadurch aufwerten, dass sie eine gleich hohe Steuerbefreiung erhalten wie z.B. Übungsleiter in gemeinnützigen Vereinen.

Der Steuerfreibetrag nach § 3 Nr. 26b EStG wird, wenn der Betreffende **mehrere begünstigte nebenberufliche Tätigkeiten ausübt**, allerdings nicht zusätzlich zu den Steuerbefreiungen nach § 3 Nr. 26, 26a EStG gewährt.

> **Beispiel:**
> A ist nebenberuflich als Tennistrainer in einem gemeinnützigen Verein tätig und erhält hierfür Einnahmen i.H.v. 3 000 €; daneben hat er zwei ehrenamtliche rechtliche Betreuungen übernommen, für die er jeweils 399 €, zusammen also 798 € im Jahr erhält.
>
> Ab 2011 ist für ehrenamtliche rechtliche Betreuer ausschließlich die der Höhe nach begrenzte Steuerbefreiung des § 3 Nr. 26b EStG anzuwenden (OFD Niedersachsen v. 28.1.2015, S 2337 – 121 – St 213, www.stotax-first.de).
>
> Wenn A für seine Trainertätigkeit ab dem Jahre 2011 die volle Steuerbefreiung nach § 3 Nr. 26 EStG in Anspruch nimmt (ab 2013 höchstens 2 400 € im Jahr), sind die Aufwandsentschädigungen für die ehrenamtlichen rechtlichen Betreuungen zu versteuern – weder die Steuerbefreiung nach § 3 Nr. 26b EStG noch die Steuerbefreiung nach § 3 Nr. 26a EStG können zusätzlich zur Steuerbefreiung nach § 3 Nr. 26 EStG gewährt werden.
>
> Bisher war es zudem bei ehrenamtlichen Betreuungen nach § 1835a BGB nicht zu beanstanden, wenn der Betreuer die Betriebsausgaben ohne Nachweis pauschal mit 25 % der erhaltenen Aufwandspauschale berücksichtigt hat. Es bestand eine Wahlmöglichkeit zwischen der Inanspruchnahme des pauschalierten Betriebsausgabenabzugs und der Steuerbefreiung. Die obersten Finanzbehörden haben beschlossen, dass ehrenamtlich tätige Betreuer mit Wirkung ab dem Veranlagungszeitraum 2015 keine Betriebsausgabenpauschale mehr geltend machen können (OFD Niedersachsen v. 28.1.2015, S 2337 – 121 – St 213, www.stotax-first.de).

7. Verfahrensfragen

380 Werden die nebenberuflichen Tätigkeiten in einem **Dienstverhältnis** ausgeübt, hat der **Arbeitgeber** die nach § 3 Nr. 26, 26a EStG steuerfreien Höchstbeträge von 2 400 € bzw. 720 € **vor Anwendung der Lohnsteuertabelle abzuziehen**. Die Freibeträge werden nicht Lohnsteuerabzugsmerkmal berücksichtigt. Eine zeitanteilige Aufteilung dabei nicht erforderlich, selbst wenn feststeht, dass das Dienstverhältnis nicht bis zum Ende des Kalenderjahrs besteht (R 3.26 Abs. 10 Satz 1 LStR sowie BMF v. 21.11.2014, IV C 4 – S 2121/07/0010 :032, BStBl I 2014, 1581).

Der **Arbeitnehmer hat dem Arbeitgeber jedoch schriftlich zu bestätigen**, dass die Steuerbefreiung nicht bereits in einem anderen Dienst- oder Auftragsverhältnis berücksichtigt worden ist oder wird. Diese Erklärung ist zum Lohnkonto zu nehmen (R 3.26 Abs. 10 Sätze 2 und 3 LStR sowie BMF v. 21.11.2014, IV C 4 – S 2121/07/0010 :032, BStBl I 2014, 1581).

8. Rückspende

381 Die Rückspende einer steuerfrei ausgezahlten Aufwandsentschädigung oder Vergütung an die steuerbegünstigte Körperschaft ist grundsätzlich zulässig. Für den Spendenabzug nach § 10b EStG sind die in BMF v. 25.11.2014, IV C 4 – S 22223/07/0010 :005, BStBl I 2014, 1584 dargestellten Grundsätze zur Anerkennung sog. **Aufwandsspenden** an gemeinnützige Vereine zu beachten.

Es ist vorgesehen, dieses **BMF-Schreiben zu ändern**. Von Vereinen und ihren Mitgliedern wird oft der Aufwand beklagt, wenn nach den geltenden Regelungen der **Verzicht auf die Erstattung von Fahrtkosten** steuerlich als Spende anerkannt werden soll. Dabei geht es vor allem um das Erfordernis, gegenüber der Finanzverwaltung alle drei Monate eine Verzichtserklärung abzuge-

ben, wenn auf Ansprüche – zum Beispiel die Erstattung von Fahrtkosten – aus einer regelmäßigen Tätigkeit für einen gemeinnützigen Verein verzichtet werden soll. Die Finanzministerkonferenz hat sich am 22.10.2015 dafür ausgesprochen, diese 3-Monats-Frist bei regelmäßigen Tätigkeiten durch eine weniger bürokratische und damit anwenderfreundliche Jahresfrist zu ersetzen. **Eine Verzichtserklärung wäre dann nur noch einmal im Jahr erforderlich.**

9. Sozialversicherung

Steuerfreie Entschädigungen gehören nach ausdrücklicher Bestimmung des § 14 Abs. 1 Satz 2 SGB IV **nicht zum Arbeitsentgelt** i.S. der Sozialversicherung; dies gilt auch für die Steuerbefreiungen nach § 3 Nr. 26, 26a EStG. Diese Regelungen des § 14 SGB IV wurden inzwischen ohne inhaltliche Veränderungen in die SvEV übertragen. 382

Es wird jedoch empfohlen, dass bei Beschäftigungen, die das ganze Kalenderjahr über andauern, im Interesse einer kontinuierlichen versicherungsrechtlichen Beurteilung als Entschädigung ein **monatlicher Betrag** in Abzug gebracht werden sollte (vgl. Besprechungsergebnis v. 25.2.2003). Übersteigt das unter Abzug der steuerfreien Entschädigung verbleibende Arbeitsentgelt nicht den Betrag von **450 €**, besteht – sofern die übrigen Voraussetzungen erfüllt sind – **Versicherungsfreiheit in der Kranken-, Pflege- und Arbeitslosenversicherung**. Wird nur die steuerfreie Entschädigung gezahlt, wird in aller Regel in der Sozialversicherung Versicherungsfreiheit bestehen (→ Mini-Jobs Rz. 2047).

Aufwandsentschädigungen im öffentlichen Dienst

1. Allgemeines

§ 3 Nr. 12 EStG stellt bestimmte Bezüge, die aus öffentlichen Kassen als Aufwandsentschädigung gezahlt werden, steuerfrei. Die Steuerbefreiung unterscheidet hierbei zwischen 383

– Aufwandsentschädigungen, die aus Bundes- oder Landeskassen gezahlt werden (**§ 3 Nr. 12 Satz 1 EStG**), und

– anderen Aufwandsentschädigungen, die aus öffentlichen Kassen an öffentliche Dienste leistende Personen gezahlt werden (**§ 3 Nr. 12 Satz 2 EStG**).

Es handelt sich bei § 3 Nr. 12 EStG um zwei getrennt zu beurteilende Regelungen:

– Während § 3 Nr. 12 Satz 1 EStG unter bestimmten gesetzlichen Voraussetzungen die **Steuerbefreiung in voller Höhe** zulässt,

– ist die Steuerbefreiung nach § 3 Nr. 12 Satz 2 EStG ausdrücklich dem Grunde und der Höhe nach auf einen „echten" **Aufwandsersatz** beschränkt. Steuerfrei ist eine Aufwandsentschädigung nach § 3 Nr. 12 Satz 2 EStG nur, soweit nicht festgestellt wird, dass sie als Verdienstausfall oder Entschädigung der aufgebrachten Zeit gewährt wird, oder die Entschädigung den beim Empfänger entstehenden Aufwand offensichtlich übersteigt. Die Prüfung, ob es sich um eine „echte" Aufwandsentschädigung oder eine nicht steuerbegünstigte „Zeitaufwandsentschädigung" handelt, richtet sich nach R 3.12 Abs. 2, 3 und 5 LStR.

Diese differenzierte Beurteilung hat folgenden Hintergrund: **§ 3 Nr. 12 Satz 1 EStG** unterstellt, dass der Bundes- oder Landesgesetzgeber (§ 7 Abs. 1 BHO; für die Länder gelten entsprechende Regelungen) Aufwandsentschädigungen nur in einem bescheidenen Rahmen als Sachaufwandsersatz gewährt. Insoweit bedarf es neben einer Prüfung der formalen gesetzlichen Voraussetzungen keiner näheren Untersuchung zur Höhe der Entschädigung. Da in diesen Fällen der Gesetzgeber selbst die sachliche Berechtigung der Aufwandsentschädigung sowohl dem Grunde als auch der Höhe nach gewährleistet, ist insoweit eine weitere Prüfung durch die Finanzverwaltung entbehrlich. Das Prüfungsrecht der Finanzverwaltung ist auf die im Wesentlichen formellen Voraussetzungen beschränkt.

In den Fällen des **§ 3 Nr. 12 Satz 2 EStG** fehlt eine solche unmittelbare parlamentarische Kontrolle über die Festsetzung der Aufwandsentschädigungen. Diese Steuerbefreiungsnorm stellt deshalb strengere Anforderungen an die Steuerfreiheit und überträgt dem Finanzamt insbesondere ein Prüfungsrecht hinsichtlich des der Aufwandsentschädigung gegenüber stehenden Sachaufwands. Eine Nachprüfung, ob die Erstattungen Werbungskosten oder Betriebsausgaben abdecken, ist nach R 3.12 Abs. 2 Satz 6 LStR nur geboten, wenn dazu ein Anlass von einigem Gewicht besteht.

Die Steuerbefreiung nach § 3 Nr. 12 EStG ist **verfassungsrechtlich umstritten**, weil sie die Privatwirtschaft benachteiligt, wird aber in der FG-Rechtsprechung bisher allgemein akzeptiert (zuletzt FG Nürnberg v. 5.12.2014, 7 K 1981/12, EFG 2015, 1188). Das **BVerfG** hat in seinem Beschluss zur **„Buschzulage"** für sog. Aufbauhelfer in den neuen Bundesländern zwar die Steuerfreiheit (nur) **dieser Zulage für verfassungswidrig erklärt** (weil es sich um eine „echte" Stellen- oder Erschwerniszulage handelt), **nicht** jedoch – wie von vielen erwartet worden war – die **Steuerbefreiung des** § 3 Nr. 12 EStG **insgesamt** (BVerfG v. 11.10.1998, 2 BvL 10/95, BStBl II 1999, 502).

Es bleibt auch dabei, dass z.B. die **Kostenpauschale der Bundestags- und Landtagsabgeordneten** nach § 3 Nr. 12 Satz 1 EStG steuerfrei ist (BFH v. 11.9.2008, VI R 13/06, BStBl II 2008, 928, Verfassungsbeschwerde nicht zur Entscheidung angenommen, BVerfG v. 26.7.2010, 2 BvR 2227/08, 2 BvR 2228/08, HFR 2010, 1108), während vergleichbarer Werbungskostenersatz in der Privatwirtschaft steuerpflichtigen Arbeitslohn darstellt. Der Arbeitnehmer kann zwar seine Aufwendungen als Werbungskosten absetzen, dies ist jedoch ungünstiger als die Steuerfreiheit von Aufwandsentschädigungen (→ *Aufwandsentschädigungen privater Arbeitgeber* Rz. 401). Die gegen die Entscheidungen des BVerfG eingelegten Beschwerden beim EGMR (Az. 7258/11 und 7227/11) sind für unzulässig erklärt worden.

2. Steuerbefreiung nach § 3 Nr. 12 Satz 1 EStG

a) Allgemeines

384 Steuerfrei sind nach § 3 Nr. 12 Satz 1 EStG aus einer Bundes- oder Landeskasse gezahlte Bezüge, die zum einen

a) in einem Bundesgesetz oder Landesgesetz,

b) auf Grundlage einer bundesgesetzlichen oder landesgesetzlichen Ermächtigung beruhenden Bestimmung oder

c) von der Bundesregierung oder einer Landesregierung

als Aufwandsentschädigung festgesetzt sind und die zum anderen jeweils auch als Aufwandsentschädigung im Haushaltsplan ausgewiesen werden.

Die Leistung „öffentlicher Dienste", wie dies die Steuerbefreiung nach § 3 Nr. 12 Satz 2 EStG verlangt, ist formal nicht Tatbestandsvoraussetzung in § 3 Nr. 12 Satz 1 EStG. Offenbar geht der Gesetzgeber hier davon aus, dass Aufwandsentschädigungen in diesen Fällen außerhalb eines öffentlichen Dienstes nicht denkbar sind.

b) Zahlung aus einer Bundes- oder Landeskasse

385 **Bundeskassen** sind diejenigen Kassen, über die die im Bundeshaushalt veranschlagten Einnahmen und Ausgaben des Bundes als Gebietskörperschaft abgewickelt werden (§ 11 BHO) und die über die Bundeshauptkasse abgeschlossen werden und insoweit in die Rechtslegung des Bundes eingehen (Art. 114 Abs. 1 GG; §§ 80 ff. BHO). Das sind z.B. die Kassen der Bundesverwaltung, des Bundestages, des Bundesrates und des BVerfG.

Keine Bundeskassen in diesem Sinne sind z.B. die Kasse der Bundesagentur für Arbeit und der Deutschen Bundesbank, da diese eigene Haushaltspläne aufstellen, die nicht Teile des Bundeshaushalts sind. Das gilt entsprechend für die privatisierten Unternehmen der Deutschen Post und Deutschen Bahn.

Die obigen Ausführungen sind auf den Begriff der **Landeskassen** übertragbar. Keine Landeskassen sind danach z.B. die Kassen der kommunalen Gebietskörperschaften und der Verbandskörperschaften.

Die aus **anderen als Bundes- oder Landeskassen** ausgezahlten Aufwandsentschädigungen erfüllen selbst dann nicht die Voraussetzungen des § 3 Nr. 12 Satz 1 EStG, wenn es sich um Bundes- oder Landesmittel handelt, deren Auszahlung lediglich auftragsgemäß auf eine andere Kasse verlagert wurde. In diesen Fällen kommt ggf. die eingeschränkte Steuerbefreiung nach § 3 Nr. 12 Satz 2 EStG in Betracht.

c) Festsetzung als Aufwandsentschädigung

386 Voraussetzung ist die Festsetzung der Aufwandsentschädigung in einem Bundes- oder Landesgesetz im formellen Sinne. Untergesetzliche Festsetzungen z.B. in einer Rechtsverordnung, Satzung oder Verwaltungsregelung genügen nur dann den Anforderungen des § 3 Nr. 12 Satz 1 EStG, wenn diese auf einer entsprechenden formalgesetzlichen Ermächtigung beruhen.

Als Empfänger für per Bundes- oder Landesgesetz festgesetzte Aufwandsentschädigungen kommen z.B. in Betracht: Bundespräsident, Bundeskanzler, Ministerpräsident, Mitglieder des Bundesrates, Bundes- und Landtagsabgeordnete, Bundes- und Landesminister, Dienststellenleiter von obersten Bundes- oder Landesbehörden usw.

d) Ausweis im Haushaltsplan

387 Durch das StAnpG Kroatien wurde § 3 Nr. 12 Satz 1 EStG neu gefasst. Darin wurde gesetzlich normiert, dass **alle** o.g. Festsetzungen von Aufwandsentschädigungen auch im entsprechenden **Haushaltsplan ausgewiesen** sein müssen.

Mit dieser Neufassung wurde die BFH-Rechtsprechung „ausgehebelt", nach der im Gesetz geregelte Aufwandsentschädigungen nicht zusätzlich noch als Aufwandsentschädigung im Haushaltsplan ausgewiesen werden müssen (BFH v. 17.10.2012, VIII R 57/09, BStBl II 2013, 799 betr. Aufwandsentschädigungen der ehrenamtlichen rechtlichen Betreuer; für diese gilt ab 2011 als „lex specialis" ohnehin die besondere Steuerbefreiung des § 3 Nr. 26b EStG, s. → *Aufwandsentschädigungen für bestimmte nebenberufliche Tätigkeiten* Rz. 360).

Da der Bundeshaushalt ohnehin durch Gesetz festgestellt wird (Art. 110 Abs. 2 GG), ist der Gesetzesvorbehalt (Ausweis im Haushaltsplan) bereits unmittelbar durch das betreffende Haushaltsgesetz erfüllt. Die im Bundeshaushalt festgesetzten Aufwandsentschädigungen unterliegen somit unmittelbar der parlamentarischen Kontrolle. Entsprechendes gilt für die Landeshaushalte.

Vorsorglich hatte der BFH allerdings darauf hingewiesen, dass seine Entscheidung **nicht für andere öffentlich-rechtliche Zahlungen wie Ministerialzulagen und oberstgerichtliche Zulagen gilt, die regelmäßig nicht ausschließlich auf die Abgeltung von Sonderaufwand ausgerichtet sind**. Für Zulagen dieser Art wäre die unwiderlegbare Vermutung des § 3 Nr. 12 Satz 1 EStG, nach dieser Vorschrift festgesetzte Zahlungen seien bei Einhaltung der gesetzlich benannten Festsetzungsvoraussetzungen Aufwandsentschädigungen, sachlich verfehlt.

3. Steuerbefreiung nach § 3 Nr. 12 Satz 2 EStG

a) Allgemeines

388 Erfüllt eine Aufwandsentschädigung nicht die formalen Voraussetzungen nach § 3 Nr. 12 Satz 1 EStG, kommt ggf. eine (teilweise) Steuerbefreiung nach § 3 Nr. 12 Satz 2 EStG in Betracht.

Aufwandsentschädigungen sind nach § 3 Nr. 12 Satz 2 EStG unter den folgenden Voraussetzungen steuerfrei:

– Zahlung als Aufwandsentschädigung aus einer öffentlichen Kasse,

– an öffentliche Dienste leistende Personen,

– soweit es sich nicht um Verdienstausfall oder eine Entschädigung für Zeitverlust handelt, oder die Entschädigung den Aufwand des Empfängers offenbar übersteigt.

Die Annahme des § 3 Nr. 12 Satz 1 EStG, wonach der Bundes- oder Landesgesetzgeber nur Aufwandsentschädigungen im engeren Sinne gewährt, greift hier nicht. Es gelten deshalb in § 3 Nr. 12 Satz 2 EStG **strengere Anforderungen an die Steuerfreiheit**, was insbesondere durch das Prüfungsrecht des Finanzamts hinsichtlich des der Aufwandsentschädigung gegenüber stehenden und dem Grunde nach steuerlich abziehbaren Aufwands deutlich wird.

Aufwandsentschädigungen im öffentlichen Dienst

keine Sozialversicherungspflicht = ⓢⓥ
Sozialversicherungspflicht = Ⓢⓥ

b) Zahlung aus einer öffentlichen Kasse

389 Öffentliche Kassen sind die Kassen der inländischen juristischen Personen des öffentlichen Rechts wie z.B. die Kassen des Bundes, der Länder und der Gemeinden, der öffentlich-rechtlichen Religionsgemeinschaften, der öffentlich-rechtlichen Körperschaften, Anstalten und Stiftungen, der Ortskrankenkassen, Landwirtschaftliche Krankenkassen, Innungskrankenkassen und Ersatzkassen, die Kassen des Bundeseisenbahnvermögens, der Deutschen Bundesbank, der öffentlich rechtlichen Rundfunkanstalten, der Berufsgenossenschaften und Gemeindeunfallverbände, der Deutschen Rentenversicherung und die Kassen von kommunalen Zweckverbänden (H 3.11 „Öffentliche Kassen" LStH). S. ausführlich → *Öffentliche Kassen* Rz. 2134.

c) Öffentliche Dienste leistende Personen

390 Öffentliche Dienste i.S. dieser Vorschrift leisten grundsätzlich Personen, die im Dienst einer juristischen Person des öffentlichen Rechts stehen und hoheitliche (einschließlich schlichter Hoheitsverwaltung) Aufgaben ausüben, die **nicht der Daseinsvorsorge** (z.B. Pflegeleistungen im Rahmen der Nachbarschaftshilfe, s. dazu H 3.12 „Daseinsvorsorge" LStH) zuzurechnen sind. Der Begriff „Daseinsvorsorge" umschreibt die staatliche Aufgabe zur Bereitstellung der für ein menschliches Dasein als notwendig erachteten Güter und Leistungen. Zu dieser sog. Grundversorgung zählt als Teil der kommunalen Leistungsverwaltung die Bereitstellung von öffentlichen Einrichtungen für die Allgemeinheit, also das Verkehrs- und Beförderungswesen, Gas-, Wasser-, und Elektrizitätsversorgung, Müllabfuhr, Abwasserbeseitigung, Bildungs- und Kultureinrichtungen, Krankenhäuser, Friedhöfe, Bäder und Ähnliches. Diese Aufgaben werden größtenteils von kommunalwirtschaftlichen Betrieben wahrgenommen, die der fiskalischen Verwaltung zuzurechnen und bereits aus diesem Grund dem Anwendungsbereich von § 3 Nr. 12 Satz 2 EStG entzogen sind.

Öffentlicher Dienst ist z.B. die Tätigkeit als Mitglied in kommunalen Vertretungen, als kommunaler Wahlbeamter, Schöffe, oder öffentlich bestellter Sachverständiger, aber auch die Tätigkeit in Landwirtschaftskammern, Industrie- und Handelskammern (BFH v. 15.3.1968, VI R 288/64, BStBl II 1968, 437) Innungen sowie **in Berufs- und Standesorganisationen** (FinMin Berlin v. 6.6.2007, III A – S 2121 – 1/2007, www.stotax-first.de), ebenso die Tätigkeit als Verbandsvorsitzende eines Abwasserzweckverbands (FG Sachsen-Anhalt v. 12.7.2007, 1 K 147/06, EFG 2007, 1853).

Keine öffentlichen Dienste leisten hingegen Personen, die in der **fiskalischen Verwaltung** tätig sind (R 3.12 Abs. 1 Satz 2 LStR, H 3.12 „Fiskalische Verwaltung" LStH). **Nicht steuerbegünstigte fiskalische Verwaltung ist die Tätigkeit in Betrieben der öffentlichen Hand, die im Wettbewerb mit der Privatwirtschaft stehen**, z.B. in einem land- und forstwirtschaftlichen Betrieb einer Gebietskörperschaft, oder einem **Betrieb gewerblicher Art** i.S.v. § 1 Abs. 1 Nr. 6 KStG, z.B. einem kommunalen Versorgungsbetrieb für Gas, Wasser, Strom oder Wärme (BFH v. 19.1.1990, VI R 42/86, BStBl II 1990, 679), einem kommunalen Hafenbetrieb oder einer kommunalen Sparkasse (BFH v. 13.8.1971, VI R 391/69, BStBl II 1971, 818). Gleiches gilt für andere Eigenbetriebe der Gebietskörperschaften, z.B. Krankenhäuser, Altersheime, Theater, Verkehrsbetriebe und zwar auch dann, wenn diese Einrichtungen von öffentlich-rechtlichen Zweckverbänden betrieben werden. Ist der Empfänger einer Aufwandsentschädigung sowohl hoheitlich als auch fiskalisch tätig, kommt die Steuerbefreiung nur dann in Betracht, wenn die hoheitliche Tätigkeit überwiegt (BFH v. 31.1.1975, VI R 171/74, BStBl II 1975, 563).

Die Frage, ob es sich um einen **Betrieb gewerblicher Art** einer juristischen Person des öffentlichen Rechts handelt, beurteilt sich ausschließlich nach dem Körperschaftsteuerrecht (§ 4 KStG und R 6 KStR). Hierbei kommt es nicht darauf an, ob der Betrieb gewerblicher Art von der Körperschaftsteuer befreit ist

Aufwandsentschädigungen eines Versorgungswerks an ehrenamtliche Vorstandsmitglieder sind nach § 3 Nr. 12 Satz 2 EStG steuerfrei, wenn sich das Versorgungswerk als juristische Person des öffentlichen Rechts im Rahmen seiner gesetzlichen Aufgabenzuweisung auf die Gewährleistung der Alters-, Invaliden- und Hinterbliebenenversorgung für seine Zwangsmitglieder beschränkt und dabei die insoweit bestehenden Anlagegrundsätze beachtet (BFH v. 27.8.2013, VIII R 34/11, BStBl II 2014, 248).

d) Kein Verdienstausfall/Entschädigung für Zeitverlust

391 Die Steuerbefreiung von Aufwandsentschädigungen ist nur insoweit gerechtfertigt, als durch die Steuerbefreiung ein dem Empfänger der Entschädigung ansonsten zustehender **Werbungskosten- oder Betriebsausgabenabzug vorweggenommen** wird (BVerfG v. 11.11.1998, 2 BvL 10/95, BStBl II 1999, 502). Eine – wenn auch nur geringe – Entlohnung insbesondere der für die Tätigkeit aufgebrachten (Arbeits-)Zeit ist deshalb grundsätzlich nicht steuerbefreit. Gleiches gilt für eine **Verdienstausfallentschädigung** die – wirtschaftlich betrachtet – an die Stelle der ausgefallenen und im Grundsatz steuerpflichtigen Einnahmen tritt (vgl. § 24 Nr. 1 Buchst. a EStG), bzw. für eine **Entschädigung zur Abgeltung eines Haftungsrisikos** (R 3.12 Abs. 2 Satz 2 LStR).

Deshalb ist auch eine dem Grunde nach **steuerfreie, aber überhöht gezahlte Aufwandsentschädigung**, die den Empfängeraufwand offenbar übersteigt, in Höhe des überschießenden Teilbetrags steuerpflichtig. Der maßgebende Aufwand bestimmt sich hierbei nach den im Zusammenhang mit der betreffenden Tätigkeit typischerweise anfallenden Aufwendungen, die ohne Steuerbefreiung als Werbungskosten oder Betriebsausgaben steuerlich berücksichtigt werden könnten (BFH v. 29.11.2006, VI R 3/04, BStBl II 2007, 308). Hierbei kommt es auf den ansonsten steuerlich abziehbaren Aufwand an. **Abzugsbeschränkungen** z.B. für ein häusliches Arbeitszimmer (§ 4 Abs. 5 Nr. 6b EStG ggf. i.V.m. § 9 Abs. 5 EStG), die Höhe eines abziehbaren Verpflegungsmehraufwands bei Auswärtstätigkeit (§ 9 Abs. 4a EStG), Fahrtkosten für die Wege zwischen Wohnung und erster Tätigkeitsstätte (§ 9 Abs. 1 Satz 3 Nr. 4 EStG) oder sog. Repräsentationsaufwendungen (§ 12 Nr. 1 Satz 2 EStG) **sind zu beachten**; bei sog. gemischten Aufwendungen kommt ggf. eine Aufteilung in einen steuerlich abziehbaren und einen steuerlich irrelevanten Teil in Betracht (BFH v. 21.9.2009, GrS 1/06, BStBl II 2010, 672, ergänzend BMF v. 6.7.2010, IV C 3 – S 2227/07/10003 :002, BStBl I 2010, 614).

Beim Vergleich der Aufwandsentschädigung mit den typischerweise anfallenden Aufwendungen kommt es aber nicht auf die konkrete Höhe des beim individuell zu beurteilenden Entschädigungsempfänger tatsächlich angefallenen und nachgewiesenen Kosten an. Entscheidend ist vielmehr, ob vergleichbaren Personen mit entsprechenden Tätigkeiten im Durchschnitt abziehbare Aufwendungen in Höhe der gezahlten Aufwandsentschädigung entstehen. Das Finanzamt hat insoweit zwar ein Prüfungsrecht (BFH v. 9.6.1989, VI R 154/86 und VI R 27/88, BStBl II 1990, 121 und 123). **Anlass zu weiteren Nachforschungen gibt insoweit aber nur ein offensichtliches Missverhältnis von Entschädigung und typisiertem Aufwand** (R 3.12 Abs. 2 Sätze 4 und 5 LStR).

Die o.g. Vergleichsrechnung macht es erforderlich, dass zunächst ermittelt werden muss, welchen Aufwand die Entschädigung konkret abgelten soll. Werden für eine bestimmte Tätigkeit verschiedene Entschädigungen gezahlt, ist für jede dieser Entschädigungen bzw. Teilbeträge zu untersuchen, ob und inwieweit dem ein steuerlicher Kostenabzug gegenüber steht.

Wird z.B. eine dreigeteilte Entschädigung für Reisekosten, nachgewiesene Sachkosten und Verdienstausfall gezahlt, ist

– die Reisekostenentschädigung nach den Regelungen in § 3 Nr. 13 EStG steuerfrei,

– die Verdienstausfallentschädigung steuerpflichtig

– und die Sachkostenentschädigung nach § 3 Nr. 12 Satz 2 EStG steuerfrei, soweit kein Anlass für die Vermutung einer überhöhten Zahlung besteht; im Zweifel kommt die Schätzung nach den unten genannten Regelungen des R 3.12 Abs. 3 EStG in Betracht.

Der sachliche Geltungsbereich der Aufwandsentschädigung ergibt sich aus der ihr zu Grunde liegenden Entschädigungsregelung.

Wird eine **einheitliche Gesamtaufwandsentschädigung** gezahlt, die sowohl dem Grunde nach steuerfreie als auch dem Grunde nach steuerpflichtige Entschädigungsbestandteile enthält, können die steuerfrei bleibenden Teilbeträge nach R 3.12 Abs. 3 LStR geschätzt werden. Das gilt auch dann, wenn zwar verschiedene Teilentschädigungen für bestimmte Aufwendungen, zusätzlich aber auch Entschädigungsteile gezahlt werden, die einen in diesem Sinne „gemischten" Aufwand ausgleichen sollen.

e) Vereinfachungsregelungen

392 Zur Erleichterung der Feststellung, inwieweit es sich in den Fällen des § 3 Nr. 12 Satz 2 EStG um eine steuerfreie Aufwandsentschädigung handelt, sind in R 3.12 Abs. Sätze 1 bis 3 LStR folgende Vereinfachungsregelungen getroffen worden:

- Sind die Anspruchsberechtigten und der Betrag oder auch ein Höchstbetrag der aus einer öffentlichen Kasse gewährten Aufwandsentschädigung durch **Gesetz oder Rechtsverordnung bestimmt**, so ist die Aufwandsentschädigung
  - bei **hauptamtlich tätigen Personen in voller Höhe steuerfrei**,
  - bei **ehrenamtlich tätigen Personen i.H.v. 1/3 der gewährten Aufwandsentschädigung, mindestens 200 €** steuerfrei.
- Sind die Anspruchsberechtigten und der Betrag oder auch ein Höchstbetrag **nicht durch Gesetz oder Rechtsverordnung bestimmt**, so kann bei hauptamtlich und ehrenamtlich tätigen Personen in der Regel ohne weiteren Nachweis ein steuerlich anzuerkennender Aufwand von **200 € monatlich** angenommen werden.

Werden **Aufwandsentschädigungen in monatlich unterschiedlicher Höhe gezahlt** und wird dadurch der steuerfreie Monatsbetrag von 200 € nicht ausgeschöpft, ist eine Übertragung in andere Monate dieser Tätigkeiten im selben Kalenderjahr möglich. Maßgebend für die Ermittlung der Anzahl der in Betracht kommenden Monate ist die Dauer der ehrenamtlichen Funktion bzw. Ausübung im Kalenderjahr, auf den Umfang der Tätigkeit in dem betreffenden Kalendermonat kommt es nicht an (R 3.12 Abs. 3 Sätze 8 und 9 LStR); s. dazu auch gleich lautende Erlasse v. 15.10.2002, BStBl I 2002, 993.

Wird der Empfänger von Aufwandsentschädigungen für **verschiedene Körperschaften des öffentlichen Rechts tätig**, ist die Vereinfachungsregelung für die Tätigkeiten bei jeder dieser verschiedenen Körperschaften jeweils **gesondert anzuwenden** (R 3.12 Abs. 3 Satz 5 LStR). Das bedeutet, dass z.B. der steuerfrei bleibende Monatsbetrag i.H.v. 200 € ggf. mehrfach zum Zuge kommen, für die verschiedenen Tätigkeiten also vervielfältigt werden kann. **Verschiedene Tätigkeiten für dieselbe Körperschaft sind aber zusammenzurechnen** (R 3.12 Abs. 3 Satz 6 LStR).

> **Beispiel 1:**
> Ein hauptamtlicher Kreisbeigeordneter erhält eine gesetzlich geregelte Dienstaufwandsentschädigung. Diese ist in voller Höhe steuerfrei (R 3.12 Abs. 3 Satz 2 Nr. 1 LStR).
> Daneben ist er als Wehrleiter der freiwilligen Feuerwehr seiner Heimatgemeinde ehrenamtlich tätig. Die hierfür kraft Landesverordnung gezahlte Aufwandsentschädigung ist i.H.v. 1/3 der Entschädigung, mindestens aber 200 € mtl. steuerfrei. Die Vereinfachungsregelung nach R 3.12 Abs. 3 Sätze 2 und 3 LStR ist für jede Tätigkeit gesondert anzuwenden, weil es sich um verschiedene Gebietskörperschaften, den Landkreis einerseits und die Ortsgemeinde andererseits, handelt.

> **Beispiel 2**
> Ein vielseitig ehrenamtlich engagierter Bürger ist gleichzeitig ehrenamtlicher Jugend- und Migrationsbeirat in seiner Heimatgemeinde. Für beide Tätigkeiten erhält er gesonderte Aufwandsentschädigungen, die jeweils durch kommunale Satzung geregelt sind.
> Mangels Regelung durch Gesetz oder Rechtsverordnung sind die Aufwandsentschädigungen bis zur Höhe von insgesamt 200 € mtl. steuerfrei. Der steuerfrei bleibende Betrag i.H.v. 200 € darf auch im Hinblick auf die verschiedenen Tätigkeiten nicht vervielfältigt werden, weil es sich um Tätigkeiten für dieselbe Gebietskörperschaft handelt.

Der Gewährung dieser ohne Nachweis für den entstandenen Aufwand anzuerkennenden Pauschale steht nicht entgegen, dass der ehrenamtlich Tätige seine **Reisekosten** (Tagegelder, Fahrt-, Übernachtungs- und Nebenkosten) auf Grund von Einzelnachweisen **erstattet erhält**. Werden jedoch neben den für entgangenen Verdienst und Zeitverlust gezahlten pauschalen Aufwandsentschädigungen die **gesamten Barauslagen auf Grund von Einzelnachweisen gesondert erstattet, so besteht für die Anwendung der Vereinfachungsregelung zur Feststellung des steuerfreien Teils der Aufwandsentschädigung keine Notwendigkeit**. In diesem Fall ist der gewährte Kostenersatz nach § 3 Nr. 12 Satz 2 EStG nur steuerfrei, soweit er für als Betriebsausgaben abzugsfähige Kosten gewährt wird. Die Vereinfachungsregelung soll lediglich in Fällen, in denen die an ehrenamtlich tätige Personen gezahlten Beträge sowohl echten Aufwand als auch den Aufwand an Zeit und Arbeitsleistung sowie den entgangenen Arbeitsverdienst und das Haftungsrisiko abgelten, die Feststellung erleichtern, in welcher Höhe die unter der Bezeichnung Aufwandsentschädigung gezahlten Beträge steuerfreie Aufwandsentschädigungen oder steuerpflichtige Einnahmen darstellen. Wenn aber **von der zahlenden Stelle bereits zwischen Auslagenersatz und einer Entschädigung für Zeitverlust oder entgehende Einnahmen unterschieden** wird, ist für eine vereinfachte Aufteilung der Gesamtentschädigung kein Raum (s. z.B. FinMin Nordrhein-Westfalen v. 3.4.2007, S 2337 – 67 – V B 3, www.stotax-first.de, betr. ehrenamtliche Tätigkeit in **Berufs- und Standesorganisationen**).

f) Sonderregelungen

393 Für bestimmte Aufwandsentschädigungen haben die obersten Finanzbehörden der Länder im Einvernehmen mit dem BMF von der o.g. Vereinfachungsregelung in R 3.12 Abs. 3 Sätze 2 und 3 LStR abweichende steuerfrei bleibende Beträge festgelegt (R 3.12 Abs. 3 Satz 10 LStR). In den sog. „Ratsherrenerlassen" der Länder sind besondere Regelungen für die **ehrenamtlichen Mitglieder in Gemeinde- und Stadträten** festgelegt (→ *Abgeordnete* Rz. 12). Hierbei geht es insbesondere um höhere steuerfreie Mindestbeträge für die Ratsmitglieder in größeren Gemeinden bzw. für Ratsmitglieder mit Sonderfunktionen, z.B. Fraktionsvorsitzende. Diese Ratsherrenerlasse sind zwar bundesweit abgestimmt, gehen aber vor allem auf die jeweiligen landesrechtlichen Gegebenheiten der geltenden Kommunalverfassung ein. Die Gemeinde- und Stadträte erzielen mit den die steuerfrei bleibenden Beträge übersteigenden Entschädigungen i.d.R. Einkünfte aus selbständiger Arbeit (§ 18 Abs. 1 Nr. 3 EStG).

Daneben gibt es landesspezifische Sonderregelungen für die bei den kommunalen Gebietskörperschaften **haupt- oder ehrenamtlich beschäftigten Wahlbeamten**, z.B. Landräte, Bürgermeister, Ortsvorsteher oder Beigeordnete. Deren steuerpflichtige Teile der Aufwandsentschädigungen unterliegen als Einkünfte aus nichtselbständiger Arbeit dem Lohnsteuerabzug.

g) Nachweis höherer Kosten

394 Der Empfänger einer Aufwandsentschädigung kann im Einzelfall auch einen höheren steuerlich abziehbaren Aufwand geltend machen (R 3.12 Abs. 4 LStR). In diesem Fall sind dann die glaubhaft gemachten oder nachgewiesenen Aufwendungen als Werbungskosten abziehbar, soweit sie die steuerfrei belassenen Teile der Aufwandsentschädigung übersteigen. Dieser Kostennachweis ist jedoch nur gegenüber dem Finanzamt, also im Rahmen der **Abgabe einer Steuererklärung** möglich.

Wird die Aufwandsentschädigung im Rahmen eines Beschäftigungsverhältnisses gezahlt, ist der **Arbeitgeber beim Lohnsteuerabzug an die o.g. Vereinfachungsregelung gebunden**, denn die Prüfung der Höhe der Werbungskosten oder Betriebsausgaben ist dem Finanzamt vorbehalten.

h) Steuerbefreiung nach § 3 Nr. 45 EStG

395 Stpfl., denen für ihre Tätigkeit eine steuerfreie Aufwandsentschädigung aus einer öffentlichen Kasse gewährt wird (§ 3 Nr. 12 EStG), erhalten ab dem Jahr 2015 auf Grund einer Änderung durch das ZollkodexAnpG auch die **Steuerbefreiung für die Überlassung von betrieblichen Datenverarbeitungs- und Telekommunikationsgeräten zur Privatnutzung**. Die Vorschrift des § 3 Nr. 45 EStG wurde auf ehrenamtliche Mitglieder kommunaler Vertretungen und an andere öffentliche Dienste leistende Personen, die keine Arbeitnehmer sind, ausgedehnt, **sofern sie steuerfreie Aufwandsentschädigungen aus öffentlichen Kassen erhalten**. Steuerfrei sind die geldwerten Vorteile aus der Privatnutzung dienstlich überlassener Datenverarbeitungsgeräte sowie aus der Privatnutzung dienstlicher PC und Telekommunikationsgeräten.

4. Einzelfragen

396 Entschädigungen eines **gerichtlichen Sachverständigen** nach §§ 3, 4 des Gesetzes über die Entschädigung von Zeugen und Sachverständigen (ZuSEG) sind weder nach § 3 Nr. 12 Satz 1 EStG noch nach § 3 Nr. 12 Satz 2 EStG steuerbefreit; die Aufwandser-

Aufwandsentschädigungen im öffentlichen Dienst

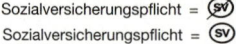

keine Sozialversicherungspflicht = (SV durchgestrichen)
Sozialversicherungspflicht = (SV)

stattungen eines Sachverständigen nach den §§ 8 ff. ZuSEG sind gem. § 3 Nr. 12 Satz 2 EStG steuerbefreit; die entsprechenden Betriebsausgaben sind nach § 3c Abs. 1 EStG unberücksichtigt zu lassen (FG Münster v. 24.6.2010, 3 K 3556/06 E, EFG 2010, 1675).

Die Steuerfreiheit ist nur dann gegeben, wenn die Entschädigung dazu bestimmt ist, Aufwendungen abzugelten, die steuerlich als **Werbungskosten abziehbar** wären. Der BFH hat daher für „Mietentschädigungen" für eine „Arbeitsecke" im Wohnzimmer die Steuerfreiheit versagt, weil die Voraussetzungen für einen Werbungskostenabzug der Aufwendungen für ein häusliches Arbeitszimmer mangels deutlicher Trennung von den Wohnräumen nicht gegeben waren (BFH v. 29.11.2006, VI R 3/04, BStBl II 2007, 308).

Als nach § 3 Nr. 12 Satz 2 EStG **steuerfrei anerkannt** hat dagegen das FG Berlin-Brandenburg Aufwandsentschädigungen für das Vorhalten eines **Arbeitszimmers** bei der Außendienstprüferin einer Rentenversicherung, soweit diese nicht den steuerlich abzugsfähigen Betrag von 1250 € überschreiten (FG Berlin-Brandenburg v. 22.6.2011, 12 K 12068/11, EFG 2012, 500; offen gelassen in BFH v. 13.6.2013, VI R 37/11, HFR 2013, 1098 betr. das häusliche Arbeitszimmer eines technischen Aufsichtsbeamten einer Berufsgenossenschaft).

Ebenso kann eine Aufwandsentschädigung, die eine Stadt an den **Personalratsvorsitzenden** leistet, damit dieser den mit seiner Funktion verbundenen Aufwand bestreiten kann, **steuerfrei** sein; ein hinreichender beruflicher Zusammenhang kann vorliegen, wenn mit der Aufwandsentschädigung beruflich veranlasste Kosten u.a. für Bewirtung, Geschenke und Fahrten gedeckt werden (BFH v. 15.11.2007, VI R 91/04, HFR 2008, 687).

Der **BFH** hat mit Urteilen v. 26.3.2002, VI R 26/00, BStBl II 2002, 823, 827 gegen die Verwaltungsauffassung entschieden, dass die steuerfreie „Buschzulage" nicht in voller Höhe auf die durch die Abordnung in das Beitrittsgebiet verursachten **Werbungskosten angerechnet** werden darf, sondern die **Grundsätze des** § 3c EStG anzuwenden sind. Das heißt, dass die Werbungskosten zu dem Teil nicht abziehbar sind, der dem Verhältnis der steuerfrei gewährten Aufwandsentschädigung zu den im Zeitraum der Tätigkeit im Beitrittsgebiet erzielten Gesamteinnahmen entspricht. Die Werbungskosten müssen also aufgeteilt werden. Die Grundsätze gelten auch in anderen Fällen, in denen steuerfreie Aufwandsentschädigungen nach § 3 Nr. 12 Satz 2 EStG gewährt werden.

Pauschale Aufwandsentschädigungen, die ein Teilnehmer im Rahmen einer Mission der Organisation für Sicherheit und Zusammenarbeit in Europa (**OSZE**) im Kosovo neben der von der OSZE bezogenen Vergütung vom Auswärtigen Amt als Arbeitslohn von Dritter Seite erhält, unterliegen nach dem Kassenstaatsprinzip des Art. 16 Abs. 3 DBA Jugoslawien der Besteuerung in der Bundesrepublik Deutschland. Die Zahlungen des Auswärtigen Amts sind nicht nach § 3 Nr. 12 EStG steuerfrei (BFH v. 20.8.2008, I R 35/08, HFR 2009, 348).

Es sind Fälle bekannt geworden, in denen **Gemeinden ihre bislang geringfügig beschäftigten Gemeindearbeiter als ehrenamtliche Friedhofs- bzw. öffentliche Grünpfleger bestellen** und dafür stundenbezogene Aufwandsentschädigungen zahlen, um auf diese Weise u.a. die Vermeidung einer Steuerlast zu erreichen. Die Finanzverwaltung vertritt dazu folgende Auffassung:

Die Steuerbefreiung gem. § 3 Nr. 12 Satz 2 EStG kommt im Falle einer begünstigten Tätigkeit grundsätzlich in Betracht, wenn die Zahlung **formal als Aufwandsentschädigung bezeichnet** wird. Dies bedeutet jedoch umgekehrt nicht, dass jede als Aufwandsentschädigung bezeichnete Zahlung auch eine Aufwandsentschädigung i.S.d. § 3 Nr. 12 Satz 2 EStG ist. Voraussetzung für eine Steuerbefreiung nach § 3 Nr. 12 Satz 2 EStG ist, dass finanzieller und sachlicher Aufwand ersetzt wird. Entschädigungen, die für Verdienstausfall oder Zeitverlust gezahlt werden, sind ausdrücklich von der Steuerbefreiung ausgenommen.

In den o.a. Fällen ist – ungeachtet der Frage, ob derartige Gestaltungen überhaupt kommunalverfassungsrechtlich zulässig und auch tarifrechtlich anzuerkennen sind – eine eingehende Überprüfung vorzunehmen und die Regelung des § 3 Nr. 12 Satz 2 EStG eng auszulegen. Wird ein bisher **reguläres Beschäftigungsverhältnis in ein „Ehrenamt" umgewandelt**, ist dies ein Indiz dafür, dass es sich nach wie vor um eine Entlohnung der Gemeindearbeiter handelt, nämlich um die **Vergütung des Zeitaufwands**.

5. Einzelregelungen

Ergänzend soll auf folgende Einzelregelungen hingewiesen werden: 397

- OFD Frankfurt v. 20.11.2014, S 2248 A – 1 – St 213, www.stotax-first.de, betr. ehrenamtliche Tätigkeit bei **Sozialversicherungsträgern**;
- OFD Rheinland v. 3.4.2007, S 2337 – 67 – V B 3, www.stotax-first.de, betr. Aufwandsentschädigungen an **ehrenamtliche Mitglieder in Berufs- und Standesorganisationen**. Satzungen der Berufskammern, z.B. der Steuerberaterkammer, können Rechtsverordnungen nicht gleichgestellt werden, so dass die (günstigere) Vereinfachungsregelung der R 3.12 Abs. 3 Satz 2 LStR – hiernach bleibt pauschal 1/3 der gezahlten Aufwandsentschädigung ohne Höchstgrenze steuerfrei – keine Anwendung findet (OFD Magdeburg v. 28.3.2002, S 2337 – 38– St 223, www.stotax-first.de);
- OFD Frankfurt v. 18.2.2011, S 2337 A – 3 – St 211, www.stotax-first.de, betr. **Aufwandsentschädigungen kommunaler Spitzenverbände an ihre Arbeitnehmer**;
- FinMin Baden-Württemberg v. 18.2.2009, 3 – S 233.7/61, www.stotax-first.de, betr. **Aufwandsentschädigungen der Landräte, der hauptamtlichen Bürgermeister und der Ersten Beigeordneten**;
- FinMin Baden-Württemberg v. 8.4.2009, 3 – S 233.7/3, www.stotax-first.de, betr. **Entschädigungen an kommunale Beamte aus Anlass der Teilnahme an Sitzungen der Gemeinde- und Kreisorgane**;
- FinMin Baden-Württemberg v. 8.4.2009, S 233.7/64, www.stotax-first.de, betr. steuerliche Behandlung von Aufwandsentschädigungen an **kommunale Forstbedienstete**;
- OFD Frankfurt v. 6.4.2010, S 2337 A – 61 – St 211, www.stotax-first.de, betr. steuerliche Behandlung der Aufwandsentschädigungen für Angehörige des **Freiwilligen Polizeidienstes**;
- FinMin Baden-Württemberg v. 19.4.2011, 3 – S 233.7/67, www.stotax-first.de, betr. Aufwandsentschädigungen für ehrenamtliche Tätigkeiten bei den **Regionalverbänden** bzw. Regionen in Baden-Württemberg;
- OFD Frankfurt v. 10.11.2011, S 2337 A – 42 – St 213, www.stotax-first.de, betr. Aufwandsentschädigungen aus öffentlichen Kassen; **Kassenärztliche Vereinigung**;
- OFD Frankfurt v. 16.9.2014, S 2248 A – 8 – St 213, StEd 2014, 666 betr. Aufwandsentschädigungen im Bereich der **Rundfunk-/Fernsehanstalten**;
- OFD Frankfurt v. 21.3.2012, S 2337 A – 67 – St 213, www.stotax-first.de, betr. Entschädigungszahlungen an die zur Durchführung des **Zensus 2011** eingesetzten Erhebungsbeauftragten; die Einkünfte sind ggf. nach § 22 Nr. 3 EStG einkommensteuerpflichtig;
- OFD Frankfurt v. 19.11.2014, S 2248 A – 12 – St 213, www.stotax-first.de, betr. Entschädigung der ehrenamtlichen Mitglieder der **Gutachterausschüsse** für Grundstückswerte und sonstige Wertermittlungen.

6. Ehrenamtliche Tätigkeiten

Nach Ausweitung der Steuerbefreiung nach § 3 Nr. 12 Satz 2 EStG 398 i.V.m. R 3.12 Abs. 3 Satz 2 bis 8 LStR, die für viele in **Gemeinden ehrenamtlich Tätige** von erheblicher Bedeutung ist (so z.B. für Mitglieder kommunaler Volksvertretungen oder der Freiwilligen Feuerwehren, Landschaftspfleger, ehrenamtliche Frauenbeauftragte usw.), bleiben von den Aufwandsentschädigungen **mindestens 200 € monatlich steuerfrei**.

> **Beispiel:**
> A, Mitglied der Freiwilligen Feuerwehr, erhält von der Gemeinde eine monatliche Aufwandsentschädigung von 200 €.
>
> Der gesamte Betrag von 200 € bleibt steuer- und damit auch sozialversicherungsfrei.
>
> Es braucht deshalb in diesem Fall nicht weiter geprüft zu werden, ob A zugleich noch eine unter die Steuerbefreiungen nach § 3 Nr. 26, 26a EStG fallende Tätigkeit ausübt (vgl. dazu → *Aufwandsentschädigungen für bestimmte nebenberufliche Tätigkeiten* Rz. 360).

7. Lohnsteuerabzug

Sind die Aufwandsentschädigungen den Einkünften aus nicht- 399 selbständiger Arbeit zuzuordnen (so z.B. bei den als **Arbeitnehmer** anzusehenden Funktionsträgern der Freiwilligen Feuerwehren oder sog. Wahlbeamten), unterliegen sie dem Lohnsteuerabzug (§ 38 EStG). Der Arbeitgeber hat die Steuerbefreiung nach § 3 Nr. 12 Satz 2 EStG bereits beim Lohnsteuerabzug zu berücksichtigen.

Praktische Schwierigkeiten können sich dadurch ergeben, dass die obersten Finanzbehörden die **Verrechnung eines nicht ausgeschöpften steuerfreien Monatsbetrags (200 €) mit steuerpflichtigen Aufwandsentschädigungen anderer Lohnzahlungszeiträume** dieser Tätigkeit im Kalenderjahr zugelassen haben. Eine Verrechnung ist auch mit abgelaufenen Lohnzahlungszeiträumen zulässig; sie kann auch bei Beendigung der Tätigkeit oder zum Ende des Kalenderjahrs für die Dauer der ehrenamtlichen Funktion bzw. Amtsausübung im Kalenderjahr vorgenommen werden. Zu weiteren Einzelheiten s. die gleich lautenden Erlasse v. 15.10.2002, BStBl I 2002, 993 sowie R 3.12 Abs. 3 Sätze 8 und 9 LStR und H 3.12 Übertragung nicht ausgeschöpfter Monatsbeträge (Beispiel) LStH.

Bei mehreren Tätigkeiten für eine Körperschaft sind die Aufwandsentschädigungen für die Anwendung der Mindest- und Höchstbeträge zusammenzurechnen (R 3.12 Abs. 3 Satz 6 LStR).

8. Sozialversicherung

400 Die im Steuerrecht praktizierte Regelung, nach der nicht ausgeschöpfte steuerfreie Monatsbeträge nachträglich auf abgelaufene Entgeltabrechnungszeiträume übertragen werden können, ist **im Sozialversicherungsrecht nicht anzuwenden**. Die Spitzenverbände der Sozialversicherungsträger haben sich in der Besprechung am 2.6.2003 für die Beibehaltung des vom BSG in ständiger Rechtsprechung aufgestellten Grundsatzes, nach dem in abgewickelte Versicherungsverhältnisse nicht mehr rückwirkend eingegriffen werden darf, ausgesprochen (vgl. BSG v. 30.11.1978, 12 RK 26/78, BSG v. 28.5.1980, 5 RKn 21/79, und BSG v. 25.1.1995, 12 RK 51/93, www.stotax-first.de). Aus diesem Grunde ist für den Bereich der Sozialversicherung eine Übertragung nicht ausgeschöpfter steuerfreier Monatsbeträge auf abgelaufene Entgeltabrechnungszeiträume mit der Folge nachträglicher Beitragsfreiheit nicht zulässig.

Aufwandsentschädigungen privater Arbeitgeber

1. Steuerfreie Erstattungen

401 Seit 1990 ist der Arbeitgeber grundsätzlich nicht mehr berechtigt, Werbungskosten seiner Arbeitnehmer steuerfrei zu erstatten, sofern es hierfür keine ausdrückliche Steuerbefreiungsvorschrift gibt. In Betracht kommen insbesondere

- § 3 Nr. 12 EStG – Aufwandsentschädigungen aus öffentlichen Kassen,
- § 3 Nr. 13 EStG – Ersatz von Reisekosten aus öffentlichen Kassen,
- § 3 Nr. 16 EStG – Ersatz von Reisekosten durch private Arbeitgeber,
- § 3 Nr. 26 EStG – sog. Übungsleiterpauschale,
- § 3 Nr. 26a EStG – allgemeine Ehrenamtspauschale,
- § 3 Nr. 30 EStG – Werkzeuggeld,
- § 3 Nr. 31 EStG – Überlassung typischer Berufskleidung,
- § 3 Nr. 34 EStG – gesundheitsfördernde Maßnahmen des Arbeitgebers,
- § 3 Nr. 45 EStG – Vorteile des Arbeitnehmers aus der privaten Nutzung von betrieblichen Datenverarbeitungsgeräten und Telekommunikationsgeräten sowie deren Zubehör,
- § 3 Nr. 50 EStG – Durchlaufende Gelder, Auslagenersatz.

Vgl. die Zusammenstellung in H 19.3 (Beispiele) LStH.

Der Arbeitnehmer kann seine Aufwendungen entweder im Lohnsteuer-Ermäßigungsverfahren als **Lohnsteuerabzugsmerkmal** oder spätestens im Rahmen der **Einkommensteuerveranlagung** geltend machen. Steuerlich wirken sie sich dann allerdings nur aus, wenn und soweit der **Arbeitnehmer-Pauschbetrag von 1 000 €** überschritten wird. Der steuerfreie Arbeitgeberersatz ist somit günstiger, weil hier der Pauschbetrag nicht gegenzurechnen ist. Das BVerfG hat dies jedoch für verfassungsgemäß erklärt (→ *Arbeitnehmer-Pauschbetrag* Rz. 189).

Das **BVerfG** hält es bisher auch grundsätzlich nicht für verfassungswidrig, dass Aufwandsentschädigungen aus öffentlichen Kassen nach § 3 Nr. 12 EStG steuerfrei sind, während vergleichbarer Werbungskostenersatz in der Privatwirtschaft versteuert werden muss (BVerfG v. 11.10.1998, 2 BvL 10/95, BStBl II 1999, 502 betr. die sog. Buschzulage für Aufbauhelfer in den neuen Bundesländern und zuletzt FG Nürnberg v. 5.12.2014, 7 K 1981/12, EFG 2015, 1188). Der Beschluss des BVerfG vermag nicht zu überzeugen, weil das BVerfG in den Urteilsgründen zwar die steuerliche Benachteiligung der Privatwirtschaft kritisiert, daraus aber keine Folgerungen zieht. Zur Steuerfreiheit der **Kostenpauschalen** der Bundes- und Landtagsabgeordneten → *Aufwandsentschädigungen im öffentlichen Dienst* Rz. 383.

2. Pauschalversteuerung

Folgende Werbungskosten-Ersatzleistungen sind zwar steuerpflichtig, können aber pauschal versteuert werden: **402**

- § 40 Abs. 2 Satz 2 EStG – Zuschüsse des Arbeitgebers zu den Aufwendungen des Arbeitnehmers für Wege zwischen Wohnung und erster Tätigkeitsstätte, Pauschsteuersatz 15 %.
- § 40 Abs. 2 Satz 1 Nr. 4 EStG – Vergütungen für Verpflegungsmehraufwendungen aus Anlass von Auswärtstätigkeiten bis zum doppelten Betrag der Pauschbeträge, Pauschsteuersatz 25 %.
- § 40 Abs. 2 Satz 1 Nr. 5 EStG – Zuschüsse des Arbeitgebers, die zusätzlich zum ohnehin geschuldeten Arbeitslohn zu den Aufwendungen des Arbeitnehmers für die Internetnutzung gezahlt werden, Pauschsteuersatz 25 %.

Aufwendungsausgleichsgesetz

→ *Lohnfortzahlung: Erstattungsverfahren für Arbeitgeber* Rz. 1785

Aufzeichnungspflicht

→ *Mindestlohn* Rz. 2028, → *Mini-Jobs* Rz. 2047
→ *Lohnkonto* Rz. 1801

Ausbildungsbeihilfen

Ausbildungsbeihilfen können steuerfrei sein **403**

- nach § 3 Nr. 2 EStG: Leistungen nach dem **Dritten Buch Sozialgesetzbuch** oder entsprechenden Programmen des Bundes und der Länder zur Förderung der Ausbildung oder Fortbildung;
- nach § 3 Nr. 11 EStG: **Bezüge aus öffentlichen Mitteln** u.a. für Zwecke der Ausbildung;
- nach § 3 Nr. 44 EStG: **Stipendien aus öffentlichen Mitteln** u.a. zur Förderung der Aus- oder Fortbildung; vgl. dazu R 6 EStR sowie H 6 Nr. 44 (Stipendien) EStH.

Steuerfrei können auch vom Arbeitgeber übernommene Fortbildungskosten sein (→ *Fortbildung* Rz. 1319; → *Stipendien* Rz. 2811).

Sind die besonderen Voraussetzungen der o.g. Steuerbefreiungen nicht erfüllt, z.B. bei **Studienbeihilfen privater Arbeitgeber**, die mit Rücksicht auf ein zukünftiges Dienstverhältnis gezahlt werden, oder Anwärterbezügen, liegt steuerpflichtiger Arbeitslohn vor. Einzelheiten → *Auszubildende* Rz. 485; → *Stipendien* Rz. 2811.

Ausbildungsdienstverhältnis

→ *Auszubildende* Rz. 485, → *Fortbildung* Rz. 1296

Ausbildungskosten

→ *Werbungskosten* Rz. 3182

Ausgleichsgeld nach dem FELEG

keine Sozialversicherungspflicht = Ⓢⓥ
Sozialversicherungspflicht = Ⓢⓥ

Ausgleichsgeld nach dem FELEG

1. Allgemeines

404 Nach dem Gesetz zur Förderung der Einstellung der landwirtschaftlichen Erwerbstätigkeit v. 21.2.1989, BGBl. I 1989, 233 erhalten Arbeitnehmer, die in der gesetzlichen Rentenversicherung versichert waren und deren Beschäftigung in einem landwirtschaftlichen Unternehmen auf Grund dessen Stilllegung oder Abgabe endete, unter den in § 9 Nr. 2 FELEG genannten Voraussetzungen ein monatlich auszuzahlendes Ausgleichsgeld i.H.v. 65 % des durchschnittlichen Bruttoarbeitsentgelts.

Das Ausgleichsgeld wird von der **Landwirtschaftlichen Alterskasse** nach Abzug des Arbeitnehmeranteils zur Kranken- und Pflegeversicherung ausgezahlt. Zusätzlich dazu trägt der **Bund** nach § 15 FELEG

- die Beiträge für die gesetzliche Rentenversicherung,
- die Arbeitgeberanteile an den Kranken- und Pflegeversicherungsbeiträgen.

2. Lohnsteuer

405 Zu der steuerlichen Behandlung der aufgeführten Leistungen nach dem FELEG wird folgende Auffassung vertreten (OFD Magdeburg v. 14.1.1999, S 2333 – 42 – St 222, www.stotax-first.de):

a) Ausgleichsgeld

406 Das Ausgleichsgeld (einschließlich der Eigenanteile zur Kranken- und Pflegeversicherung) ist nach § 3 Nr. 27 EStG bis zu einem Höchstbetrag von **18 407 € steuerfrei**.

Ist durch die laufenden Zahlungen der Höchstbetrag überschritten worden, sind die übersteigenden Beträge als steuerpflichtiger Arbeitslohn i.S.d. § 19 Abs. 1 Nr. 2 EStG anzusehen, der unter den Voraussetzungen des § 19 Abs. 2 Nr. 2 EStG als **begünstigter Versorgungsbezug** zu behandeln ist.

Das steuerfreie Ausgleichsgeld nach § 3 Nr. 27 EStG unterliegt **nicht dem Progressionsvorbehalt**, da es in der abschließenden Aufzählung des § 32b Abs. 1 EStG nicht enthalten ist.

Abweichend hiervon sieht das FG Mecklenburg-Vorpommern (Urteil v. 12.1.2006, 3 K 560/05, www.stotax-first.de) das Ausgleichsgeld nicht als Arbeitslohn, sondern als Einkünfte aus einer Leibrente gem. § 22 Satz 3 Buchst. a EStG an, die nur mit dem Ertragsanteil steuerlich zu erfassen ist. Ob die Finanzverwaltung dem Urteil folgen wird, bleibt abzuwarten.

Ausgleichsgeld nach § 8 FELEG und Leistungen zur sozialen Sicherung nach § 15 FELEG sind als Entschädigungen den **Einkünften aus Land- und Forstwirtschaft** zuzuordnen, wenn sie als Ersatz für zuvor von einer Mitunternehmerschaft bezogene Tätigkeitsvergütungen gezahlt werden, die als Sondervergütungen zu den Einkünften aus Land- und Forstwirtschaft zählten (BFH v. 8.11.2007, IV R 30/06, www.stotax-first.de).

b) Beitragszahlungen des Bundes

407 Nach § 3 Nr. 27 EStG sind nur der Grundbetrag der Produktionsaufgaberente und das Ausgleichsgeld nach dem FELEG bis zu einem Höchstbetrag von 18 407 € steuerfrei.

Die Beiträge für die gesetzliche Rentenversicherung und Arbeitgeberanteile zur Kranken- und Pflegeversicherung, die der Bund nach § 15 FELEG trägt, stellen bei den ehemaligen Arbeitnehmern der stillgelegten landwirtschaftlichen Unternehmen **keinen Arbeitslohn** dar (BFH v. 14.4.2005, VI R 134/01, BStBl II 2005, 569). Sie sind jedoch, wenn der steuerfreie Höchstbetrag des § 3 Nr. 27 EStG von 18 407 € überschritten wird, als **sonstige Einkünfte** i.S.d. § 22 EStG zu erfassen.

Die **Eigenanteile** der Leistungsempfänger zur **Kranken- und Pflegeversicherung** sind, sobald der Höchstbetrag nach § 3 Nr. 27 EStG überschritten worden ist, als Sonderausgaben zu berücksichtigen (OFD Magdeburg v. 14.1.1999, S 2333 – 42 – St 222, www.stotax-first.de).

c) Verpflichtung zur Abgabe einer Einkommensteuererklärung

408 Das Ausgleichsgeld unterliegt nicht dem Lohnsteuerabzug nach § 38 Abs. 1 EStG, da es sich bei der landwirtschaftlichen Alterskasse nicht um den Arbeitgeber der Leistungsempfänger handelt und sie daher mangels gesetzlicher Regelung auch nicht die Arbeitgeberpflichten wahrnehmen muss.

Der Bezug von steuerpflichtigem Ausgleichsgeld sowie von den als Arbeitslohn zu erfassenden Beitragszahlungen des Bundes hat daher die Verpflichtung zur Abgabe einer Einkommensteuer-Erklärung nach § 46 Abs. 2 Nr. 1 EStG zur Folge.

Zu den von einzelnen Bundesländern gezahlten **Anpassungshilfen** → Anpassungshilfe Rz. 153.

3. Sozialversicherung

409 Während der Zahlung des Ausgleichsgelds besteht das rentenversicherungspflichtige Beschäftigungsverhältnis dem Grunde nach weiter (§ 15 Abs. 1 FELEG). Die Beiträge werden aus Steuermitteln finanziert.

Die Bezieher von Ausgleichsgeld nach dem FELEG werden in der Rentenversicherung und in der allgemeinen Krankenversicherung wie Arbeitnehmer behandelt; der Bezug von Ausgleichsgeld gilt als Bezug von Arbeitsentgelt (§ 15 Abs. 1, 3 und 4 FELEG). Demgegenüber gilt der Bezug von Ausgleichsgeld hinsichtlich der landwirtschaftlichen Krankenversicherung als Bezug einer Rente wegen Erwerbsunfähigkeit nach dem ALG (§ 14 Abs. 4 FELEG). Näheres über die Versicherungspflicht in der Kranken-, Pflege- und Rentenversicherung, die Zuständigkeit in der Rentenversicherung, die Fälligkeit der Beiträge, das Meldeverfahren, die Kranken- und Pflegeversicherung bei den landwirtschaftlichen Krankenkassen und Pflegekassen sowie die Versicherungskonkurrenz zwischen allgemeiner/knappschaftlicher und landwirtschaftlicher Krankenversicherung enthalten die vom Gesamtverband der landwirtschaftlichen Alterskassen, vom Verband Deutscher Rentenversicherungsträger, von der Bundesversicherungsanstalt für Angestellte und von den Spitzenverbänden der Krankenkassen und der Bundesagentur für Arbeit herausgegebenen Grundsätze zur versicherungs-, beitrags- und melderechtlichen Beurteilung in der gesetzlichen Kranken-, Pflege- und Rentenversicherung v. 14.9.1999. Hinsichtlich der Abgrenzung der Kassenzuständigkeit zwischen allgemeiner und landwirtschaftlicher Krankenversicherung wird auf das gemeinsame Rundschreiben der Spitzenverbände der Krankenkassen und der Deutschen Rentenversicherung Bund v. 23.2.2007, Tit. B IV, verwiesen.

Die Beurteilung der Frage, welche versicherungs- und beitragsrechtlichen Auswirkungen eintreten, wenn ein Bezieher von Ausgleichsgeld nach dem FELEG eine geringfügig entlohnte Beschäftigung (→ Mini-Jobs Rz. 2047) aufnimmt, hängt nach Auffassung der Spitzenverbände der Sozialversicherungsträger (Geringfügigkeits-Richtlinien v. 20.12.2012) vom Versicherungsverhältnis auf Grund des Bezugs von Ausgleichsgeld ab:

- **Pflichtversicherung in der Rentenversicherung sowie in der allgemeinen Krankenversicherung und Pflegeversicherung**

  Der Bezug von Ausgleichsgeld gilt als Bezug von Arbeitsentgelt (§ 15 Abs. 3 und 4 FELEG). Übt ein in der Kranken-, Pflege- und Rentenversicherung versicherungspflichtiger Bezieher von Ausgleichsgeld nach dem FELEG eine geringfügig entlohnte Beschäftigung aus, findet keine Zusammenrechnung mit dem Ausgleichsgeld statt, so dass die geringfügig entlohnte Beschäftigung – anders als nach dem bis zum 31.3.2003 geltenden Recht – in der Kranken- und Pflegeversicherung versicherungsfrei bleibt. Werden hingegen neben dem Bezug von Ausgleichsgeld mehrere geringfügig entlohnte Beschäftigungen ausgeübt, dann scheidet für eine geringfügig entlohnte Beschäftigung die Zusammenrechnung mit dem Ausgleichsgeld aus. Ausgenommen von der Zusammenrechnung wird dabei diejenige geringfügig entlohnte Beschäftigung, die zeitlich zuerst aufgenommen worden ist, so dass diese Beschäftigung versicherungsfrei bleibt. Die weiteren geringfügig entlohnten Beschäftigungen sind nach § 8 Abs. 2 Satz 1 SGB IV i.V.m. § 7 Abs. 1 Satz 2 SGB V bzw. § 5 Abs. 2 Satz 1 zweiter Halbsatz SGB VI mit dem Ausgleichsgeld zusammenzurechnen. Sind aber Bezieher von Ausgleichsgeld in der landwirtschaftlichen Krankenversicherung als Rentner versichert, werden sie auf Grund einer daneben ausgeübten Beschäftigung in der Krankenversicherung wie beschäftigte Rentner behandelt.

- **Freiwillige Versicherung in der allgemeinen Krankenversicherung**

  Üben freiwillig krankenversicherte Bezieher von Ausgleichsgeld eine geringfügig entlohnte Beschäftigung aus, findet § 249b Satz 1 SGB V Anwendung; der Arbeitgeber hat aus der geringfügig entlohnten Beschäftigung den pauschalen Beitrag zur Krankenversicherung zu zahlen.

Aushilfskraft/Aushilfstätigkeit

1. Arbeitsrecht

410 In der betrieblichen Praxis wird der Begriff des Aushilfsarbeitsverhältnisses vielfach pauschal zur Bezeichnung verschiedener Fallgestaltungen verwendet, die vom normalen Vollzeitarbeitsverhältnis abweichen. So wird beispielsweise Teilzeitarbeit in ihren verschiedenen Formen, Nebentätigkeit oder geringfügige Beschäftigung, häufig als Aushilfstätigkeit bezeichnet.

Der **arbeitsrechtliche Begriff** des Aushilfsarbeitsverhältnisses ist jedoch sehr viel enger gefasst: Ein Aushilfsarbeitsverhältnis liegt vor, wenn durch die vereinbarte Einstellung zur Aushilfe ein **vorübergehend auftretender Bedarf** an Arbeitskraft gedeckt werden soll (vgl. BAG v. 11.12.1985, 5 AZR 135/85, www.stotax-first.de).

Für den Begriff des Aushilfsarbeitsverhältnisses kommt es also entscheidend auf den **Aushilfszweck** an, der sich aus den betrieblichen Bedürfnissen nach vorübergehend zusätzlicher Arbeitskraft ergeben muss. Diese betrieblichen Bedürfnisse müssen mit anderen Worten einem Arbeitsverhältnis auf unbestimmte Zeit entgegenstehen i.S. eines lediglich für einen bestimmten Zeitraum anfallenden Arbeitskräftebedarfs. Insoweit kommen Aushilfsarbeitsverhältnisse für gewerbliche Arbeitnehmer ebenso wie für Angestellte in Betracht.

Als **typische Fallgruppen** für vorübergehend auftretenden Bedarf zur Begründung von Aushilfsarbeitsverhältnissen sind:

- **Ersatz- und Vertretungsbedarf** für fehlende Arbeitnehmer, z.B. bei Krankheit, Urlaub, Schwangerschaft, Elternzeit, Wehrdienst (**anders** aber bei den für eine Vielzahl solcher Fehlzeiten vom Betrieb vorgehaltenen Ersatzkräften, z.B. Springern), wobei es zulässig ist, dass ein ständiger Mitarbeiter die Aufgaben des ausfallenden Arbeitnehmers übernimmt und die Aushilfe in **mittelbarer Vertretung** (BAG v. 25.8.2004, 7 AZR 32/04, www.stotax-first.de) den ständigen Mitarbeiter vertritt,
- **Zusatzbedarf** an Arbeitskräften bei vorübergehender Produktionserhöhung oder vorübergehender Mehrbedarf (BAG v. 19.3.2008, 7 AZR 1098/06, www.stotax-first.de),
- **Saisonbedarf**, z.B. für den Schlussverkauf im Einzelhandel, für das Sommerhoch in der Eis- und Getränkeindustrie, für das Wintersporthotel oder für die Weihnachtskonfektion in der Schokoladenindustrie.

Ist andererseits ein ständiger betrieblicher Bedarf für bestimmte Arbeit vorhanden, geht aber das **Interesse des Arbeitnehmers** auf eine nur vorübergehende Beschäftigung, so kann dies **nicht** zur Begründung eines Aushilfsarbeitsverhältnisses führen. Es handelt sich weder mit Rücksicht auf das Wort „Aushilfe" noch im Hinblick auf Sinn und Zweck des Aushilfsarbeitsverhältnisses um Aushilfsarbeit im arbeitsrechtlichen Sinne.

Wegen des Aushilfszweckes zur Abdeckung eines vorübergehenden Bedarfs ist im Übrigen das Aushilfsarbeitsverhältnis typischerweise befristet; eine solche **Befristung** ist wegen ihrer Kürze ohne Sachgrund i.R.d. § 14 Abs. 2 TzBfG, daneben aber auch als Sachgrundbefristung nach § 14 Abs. 1 Nr. 1 TzBfG zulässig. Die **Befristungsabrede** bedarf der **Schriftform**!

Speziell zu **Tagesaushilfen** gilt: Das BAG (Urteil v. 29.8.1979, 4 AZR 863/77, www.stotax-first.de) hat insoweit im Fall **studentischer Sitz- oder Sonderwachen** in einem Krankenhaus, die sich selbst aus einem Pool ohne Mitwirkung der Verwaltung dienstplanmäßig einteilen, ein dauerndes Teilzeitarbeitsverhältnis mit einem Anspruch der studentischen Sitzwachen auf Urlaub angenommen. In einem anderen Fall eines „aushilfsweise" an einer Autobahntankstelle tätigen **studentischen Tankwarts** mit regelmäßig zumindest neun Schichten im Monat hat das BAG (Urteil v. 12.6.1996, 5 AZR 960/94, www.stotax-first.de) ebenfalls ein Dauerarbeitsverhältnis angenommen und für unbeachtlich erklärt, dass der Arbeitnehmer die Arbeitszeit selbst durch Eintragung in vom Arbeitgeber ausgelegte Listen bestimmen konnte.

Generell gilt für **Ein-Tages-Aushilfsverträge:** Ob ein unbefristeter Arbeitsvertrag oder einzelne, jeweils befristete Arbeitsverträge geschlossen werden, richtet sich allein nach dem Parteiwillen (BAG v. 16.5.2012, 5 AZR 268/11, www.stotax-first.de). Damit **Tagesaushilfen** als Ein-Tages-Arbeitsverhältnisse (und nicht als Dauerarbeitsverhältnisse) anerkannt werden können, darf **kein Rahmenarbeitsvertrag** abgeschlossen sein. Zulässig und unschädlich ist insoweit nach dem BAG (Urteil v. 31.7.2002, 7 AZR 181/01 www.stotax-first.de) eine den Arbeitnehmer und Arbeitgeber nicht bindende Rahmenvereinbarung (BAG v. 7.5.2008, 7 ABR 17/07, www.stotax-first.de). Eine Rahmenvereinbarung, welche nur die Bedingungen der **erst noch abzuschließenden Arbeitsverträge** wiedergibt, selbst aber noch keine Verpflichtung zur Arbeitsleistung begründet, ist kein Arbeitsvertrag; ein solcher kann sich aber aus einer abweichenden tatsächlichen Handhabung ergeben. Es besteht keine Verpflichtung, statt der Kombination einer solchen Rahmenvereinbarung mit Einzelverträgen über die jeweiligen Einsätze ein Abrufarbeitsverhältnis nach § 12 TzBfG zu vereinbaren; zwingendes Kündigungsschutz- oder Befristungskontrollrecht wird dadurch nicht umgangen (BAG v. 15.2.2012, 10 AZR 111/11, www.stotax-first.de). Auch bei befristeten Ein-Tages-Aushilfsverträgen ist jedoch nicht auszuschließen, dass der Arbeitnehmer – zukunftsgerichtet – im Wege der **Befristungskontrollklage die** Unzulässigkeit der Befristung einer Tagesaushilfe auf einen Tag geltend macht wegen des **Verbots der Anschlussbefristung** nach § 14 Abs. 2 TzBfG (vgl. insoweit BAG v. 16.4.2003, 7 AZR 187/02, www.stotax-first.de; BAG v. 12.11.2008, 7 ABR 73/07, www.stotax-first.de).

Bei Aushilfsarbeitsverhältnissen bis zu drei Monaten darf im Übrigen die gesetzliche **Mindestkündigungsfrist** durch Vereinbarung **verkürzt** werden, § 622 Abs. 5 BGB.

Fehlt hingegen der erforderliche Aushilfszweck – **Scheinaushilfe** –, so gelten die arbeitsrechtlichen Sonderregelungen für Aushilfsarbeitsverhältnisse nicht. **Missbräuchlich** und arbeitsrechtlich unwirksam ist im Übrigen auch die Umfunktionierung eines Aushilfsarbeitsverhältnisses in ein Verhältnis der **freien Mitarbeit** (Scheinselbständigkeit), insbesondere um die Abführung von pauschaler Lohnsteuer und ggf. auch von Sozialversicherungsbeiträgen zu umgehen; so ist z.B. ein studentischer Tankwart auf Abruf regelmäßig Arbeitnehmer (BAG v. 12.6.1996, 5 AZR 960/94, www.stotax-first.de).

2. Lohnsteuer

411 Die Aushilfstätigkeit kann nichtselbständig oder selbständig ausgeübt werden. Maßgebend sind die **allgemeinen Abgrenzungsmerkmale** (→ *Arbeitnehmer* Rz. 173); dabei ist die Aushilfstätigkeit i.d.R. für sich allein zu beurteilen. Die Art einer etwaigen Haupttätigkeit ist für die Beurteilung nur wesentlich, wenn beide Tätigkeiten unmittelbar zusammenhängen, vgl. H 19.2 (Allgemeines) LStH.

Aushilfskräfte sind im Allgemeinen **nichtselbständig** tätig, selbst wenn sie nur **stundenweise beschäftigt** sind. Hierfür spricht zumeist schon **die Eingliederung in den Betrieb** hinsichtlich Ort und Zeit der Arbeitsleistung sowie die Tatsache, dass sie meist nur eine **einfache Tätigkeit verrichten**, die ständig kontrolliert wird.

Ein **Arbeitsverhältnis bejaht** wurde hiernach z.B. bei

- Schülern als **Erntehelfer** (BFH v. 10.7.1959, VI 73/58 U, BStBl III 1959, 354);
- Aushilfen zum **Bewachen und Abladen** in einem Lager (BFH v. 24.11.1961, VI 87/60 U, HFR 1962, 137);
- Aushilfen in einem **Kohlengroß- und Einzelhandel** (BFH v. 24.11.1961, VI 183/59 S, BStBl III 1962, 37);
- Gelegenheitsarbeitern in **Markthallen** (BFH v. 18.1.1974, VI R 221/69, BStBl II 1974, 301);
- **Musikern, die in einer Gaststätte auftreten** (zuletzt FG Baden-Württemberg v. 24.4.2007, 4 K 200/04, www.stotax-first.de); vgl. auch → *Musiker* Rz. 2082.

[LSt]

Kein Arbeitsverhältnis wird hingegen begründet, wenn sich die Vergütung nach dem **Arbeitserfolg** richtet, die **Zeiteinteilung frei** ist und **eigene Geräte** eingesetzt werden, so z.B. bei

- **Hopfentretern**, die für mehrere Auftraggeber tätig waren, nach Leistung bezahlt wurden und ihre Arbeitsgeräte selbst stellten (BFH v. 24.11.1961, VI 87/60 U, BStBl III 1962, 69);
- **Fensterputzern** (BFH v. 19.1.1979, VI R 28/77, BStBl II 1979, 326)

oder wenn es sich um bloße **Gefälligkeiten** (→ *Gefälligkeiten* Rz. 1363) handelt.

Wird die Aushilfskraft **nichtselbständig** tätig, ist der **Lohnsteuerabzug** nach den allgemeinen Regeln vorzunehmen. Unter be-

Aushilfskraft/Aushilfstätigkeit

stimmten Voraussetzungen darf alternativ die Lohn- und Kirchensteuer aber auch nach § 40a EStG mit einem **Pauschsteuersatz** erhoben werden (→ *Pauschalierung der Lohnsteuer bei Aushilfskräften* Rz. 2190).

Der Arbeitgeber darf den **Lohnsteuerabzug nicht unterlassen**, weil der Arbeitnehmer voraussichtlich auf das ganze Jahr gesehen die Besteuerungsgrenzen (→ *Steuertarif* Rz. 2803) **nicht überschreitet** (BFH v. 15.11.1974, VI R 167/73, BStBl II 1975, 297). In diesem Fall muss die Lohnsteuer nach den „normalen" Regeln einbehalten werden; der Arbeitnehmer kann sich dann die Lohnsteuer im Rahmen einer Veranlagung zur Einkommensteuer erstatten lassen (→ *Veranlagung von Arbeitnehmern* Rz. 2973). Seit 2000 kann ggf. der bei dem ersten Dienstverhältnis nicht ausgenutzte Tabellenfreibetrag beim zweiten Dienstverhältnis berücksichtigt werden (→ *Übertragung des Grundfreibetrags* Rz. 2899).

3. Sozialversicherung

412 Für Aushilfen, die nur **gelegentlich** einer Beschäftigung nachgehen, gelten im Sozialversicherungsrecht bei der versicherungsrechtlichen Beurteilung **Besonderheiten**. Bis zu einer Geringfügigkeitsgrenze von 450 € monatlich tritt grundsätzlich keine Versicherungspflicht ein (→ *Mini-Jobs* Rz. 2047).

Auskünfte und Zusagen des Finanzamts

Inhaltsübersicht: Rz.
1. Allgemeines   413
2. Anrufungsauskunft   414
   a) Allgemeines   414
   b) Beteiligte   415
   c) Anwendungsbereich   416
   d) Rechtswirkungen, Haftung   417
   e) Formvorschriften   418
   f) Bindungswirkung   419
   g) Zuständigkeit   420
   h) Regelungsinhalt   421
   i) Widerruf   422
   j) Rechtsbehelf   423
3. Verbindliche Zusage   424
   a) Voraussetzungen (§ 204 AO)   424
   b) Form und Inhalt (§ 205 AO)   425
   c) Bindungswirkung (§ 206 AO)   426
   d) Außer-Kraft-Treten, Aufhebung und Änderung (§ 207 AO)   427
4. Tatsächliche Verständigung   428
   a) Allgemeines   428
   b) Voraussetzungen   429

1. Allgemeines

413 Nach **§ 89 Abs. 2 AO** kann der Stpfl. aus Gründen der Planungs- und Entscheidungssicherheit eine **verbindliche Auskunft (Zusage)** darüber verlangen, wie ein in der Zukunft liegender Besteuerungstatbestand steuerlich zu beurteilen ist. Dabei handelt es sich um einen Verwaltungsakt nach § 118 Satz 1 AO, gegen den ggf. **Rechtsmittel eingelegt** werden kann. Die verbindliche Auskunft regelt aber lediglich, wie die Finanzbehörde eine ihr zur Prüfung gestellte hypothetische Gestaltung gegenwärtig beurteilt, nicht aber trifft sie die – dem Steuerbescheid vorbehaltene – endgültige Aussage über die materielle Rechtmäßigkeit einer Steuerfestsetzung (zuletzt BFH v. 29.2.2012, IX R 11/11, BStBl II 2012, 651).

Die verbindliche Auskunft ist mit einer **Gebührenpflicht** verbunden worden (vgl. § 89 Abs. 2 bis 5 AO). Diese ist dem Grunde und der Höhe nach verfassungsrechtlich gerechtfertigt und verstößt nicht gegen das Grundgesetz (BFH v. 30.3.2011, I R 61/10, BStBl II 2011, 536 sowie v. 30.3.2011, I B 136/10, www.stotax-first.de). Die Gebührenpflicht entsteht auch, wenn eine verbindliche Auskunft aus formalen Gründen abgelehnt wird (FG Hessen v. 6.7.2011, 4 K 3139/09, EFG 2011, 1938).

Die neue **Gebührenpflicht** gilt jedoch **nicht** für

– Anträge auf **verbindliche Zusagen auf Grund einer Außenprüfung** nach §§ 204 ff. AO,

– **Lohnsteueranrufungsauskünfte** nach § 42e EStG (s. ausdrücklich R 42e Abs. 1 Satz 1 LStR),

– Anfragen, die **keine verbindliche Auskunft** des Finanzamts i.S.d. § 89 Abs. 2 AO zum Ziel haben. Hierzu gehören z.B. Fragen von **Arbeitnehmern** nach steuerlichen Abzugsmöglichkeiten für beruflich veranlasste Aufwendungen (z.B. Fahrten zur Arbeit, häusliche Arbeitszimmer, Fortbildungskosten). Vgl. BMF v. 12.3.2007, IV A 4 – S 0224 – 12/06, BStBl I 2007, 227.

Für das **Lohnsteuerabzugsverfahren** ist eine Sonderregelung geschaffen worden. Zur Milderung der aus der Verpflichtung zur Einbehaltung der Lohnsteuer resultierenden besonders hohen Haftungsrisiken hat der Gesetzgeber dem Arbeitgeber mit der sog. **Anrufungsauskunft** nach § 42e EStG die Möglichkeit eingeräumt, vom Finanzamt verbindlich zu erfahren, wie er im Zweifelsfall beim Lohnsteuerabzug verfahren soll (BFH v. 9.10.1992, VI R 97/90, BStBl II 1993, 166). Ähnliches bezweckt zwar auch die **verbindliche Zusage**, zwischen beiden Verfahren bestehen jedoch **gravierende Unterschiede**.

Im Einzelfall kann zudem – auch wenn vom Finanzamt weder eine Zusage noch eine verbindliche Auskunft noch eine Anrufungsauskunft gegeben worden ist – der **Grundsatz von Treu und Glauben** eine Bindungswirkung erzeugen. Das FG Baden-Württemberg hat einen gegen den Arbeitgeber gerichteten **Nachforderungsbescheid von Lohnsteuer** aufgehoben, weil durch eindeutige Äußerungen bei einer **Lohnsteuer-Außenprüfung** ein Vertrauen in eine bestimmte steuerliche Behandlung von wiederkehrenden Zuwendungen (hier Sachzuwendungen bei Weihnachtsfeiern) erzeugt worden ist. Wenn aus diesem Grund eine **Haftung** des Arbeitgebers ausgeschlossen ist, dann muss entsprechend auch bei Übernahme der Lohnsteuer durch den Arbeitgeber eine **Nachforderung** ausgeschlossen sein (Urteil v. 10.10.1996, 3 K 268/92, EFG 1997, 109).

Ändert sich die einer unverbindlichen Auskunft zu Grunde liegende Rechtslage, ist das Finanzamt nicht nach Treu und Glauben gehindert, einen der geänderten Rechtslage entsprechenden erstmaligen Bescheid zu erlassen, es sei denn, es hat anderweitig einen Vertrauenstatbestand geschaffen (zuletzt BVerfG v. 11.5.2015, 1 BvR 741/14, HFR 2015, 882). Das Finanzamt schafft i.d.R. nicht dadurch einen Vertrauenstatbestand, dass es nach Änderung der einer unverbindlichen Auskunft zu Grunde liegenden Rechtslage einen entsprechenden Hinweis an den Stpfl. unterlässt (BFH v. 30.3.2011, XI R 30/09, BStBl II 2011, 613 betr. Umsatzsteuer).

Eine Auskunft (dies gilt nicht nur für verbindliche Zusagen, sondern auch für sog. Anrufungsauskünfte und tatsächliche Verständigungen) ist jedoch **nur dann verbindlich**, wenn sie der für die spätere Entscheidung **zuständige Beamte (i.d.R. der Sachgebietsleiter) oder Vorsteher** erteilt hat; Äußerungen eines Sachbearbeiters oder Betriebsprüfers entfalten keine Bindungswirkung (zuletzt FG Köln v. 29.10.2014, 5 K 463/12, EFG 2015, 1524, Revision eingelegt, Az. beim BFH: VI R 27/15).

Bei schwierigen Sachverhaltsermittlungen gibt es darüber hinaus noch die Möglichkeit, mit dem Finanzamt im Wege der **„Tatsächlichen Verständigung"** eine Vereinbarung über die steuerliche Behandlung bestimmter Sachverhalte zu treffen.

2. Anrufungsauskunft

a) Allgemeines

Nach § 42e EStG hat das Betriebsstättenfinanzamt auf Anfrage 414 eines Beteiligten darüber **Auskunft zu geben, ob und inwieweit im einzelnen Fall die Vorschriften über die Lohnsteuer anzuwenden sind**. Eine Anrufungsauskunft ist – unabhängig von einer Lohnsteuer-Außenprüfung – jederzeit **gebührenfrei** möglich (R 42e Abs. 1 Satz 1 LStR) und kann sich auf alle Fragen im Zusammenhang mit dem Lohnsteuerabzug erstrecken.

Die obersten Finanzbehörden haben ein BMF-Schreiben v. 18.2.2011, IV C 5 – S 2388/0 – 01, BStBl I 2011, 213 herausgegeben, in dem die Auswirkungen der neuen BFH-Rechtsprechung (**die Anrufungsauskunft ist ein Verwaltungsakt, gegen den Rechtsmittel eingelegt werden können**) dargestellt sind.

b) Beteiligte

Die Anrufungsauskunft kann vom **Arbeitgeber**, von dem die 415 Pflichten des Arbeitgebers erfüllenden **Dritten** i.S.d. § 38 Abs. 3a EStG, aber auch vom **Arbeitnehmer** erbeten werden:

Auskünfte und Zusagen des Finanzamts

Auch der **Arbeitnehmer** kann sich als „Beteiligter" mit Fragen zu seinem Lohnsteuerabzug an das **Betriebsstättenfinanzamt des Arbeitgebers** wenden (BFH v. 9.3.1979, VI R 185/76, BStBl II 1979, 451). Ihm soll es bei Meinungsverschiedenheiten mit dem Arbeitgeber ermöglicht werden, auf schnellem Wege und ohne arbeitsgerichtliches Verfahren einen evtl. vom Arbeitgeber vorgenommenen zu hohen Lohnsteuerabzug durch eine ihm günstige Auskunft des für seinen Arbeitgeber zuständigen Finanzamts zu verringern (BFH v. 9.10.1992, VI R 97/90, BStBl II 1993, 166). Das Betriebsstättenfinanzamt des Arbeitgebers soll dann seine Auskunft mit dem **Wohnsitzfinanzamt** des Arbeitnehmers, das für eine evtl. spätere Einkommensteuerveranlagung zuständig ist, **abstimmen** (R 42e Abs. 1 Sätze 1 und 2 LStR).

„Beteiligte" können aber auch **andere Personen** sein, die an Stelle des Arbeitgebers für die Lohnsteuer haften, z.B. GmbH-Geschäftsführer, Insolvenzverwalter.

c) Anwendungsbereich

416 Gegenstand einer Anrufungsauskunft können nur **Fragen zum Lohnsteuerabzugsverfahren** sein, also z.B. ob Arbeitnehmer-Eigenschaft gegeben ist, ob der Arbeitslohn steuerpflichtig ist, ob die Lohnsteuer pauschal berechnet werden kann und wie Sachbezüge zu besteuern sind. **Nicht** dazu gehören Fragen z.B. zum Abzug von Werbungskosten oder Sonderausgaben des Arbeitnehmers, auch wenn dieser hierfür einen entsprechenden Freibetrag beantragt. Derartige Anfragen sind an das Wohnsitzfinanzamt des Arbeitnehmers zu richten.

Im Gegensatz zum engen Gesetzeswortlaut („im einzelnen Fall") muss die erbetene Auskunft nicht nur einen einzigen Fall betreffen, sondern kann sich auch **auf einen bestimmten Falltypus oder eine Fallgruppe beziehen**. Voraussetzung ist lediglich, dass der Anfrage ein **konkreter Anlass** zu Grunde liegt, da das Finanzamt nicht zur Erteilung aller denkbaren theoretischen Auskünfte ohne konkretes Rechtsschutzbedürfnis verpflichtet ist (BFH v. 9.10.1992, VI R 97/90, BStBl II 1993, 166).

> **Beispiel 1:**
> Arbeitgeber A fragt beim Finanzamt an, in welchem Umfang er seinen Außendienstmitarbeitern steuerfreie Auslösungen zahlen kann.
> Das Finanzamt wird ohne weiteres eine Auskunft erteilen.

> **Beispiel 2:**
> Arbeitgeber B will vom Finanzamt wissen, unter welchen Voraussetzungen Zuschläge für Sonntags-, Feiertags- oder Nachtarbeit steuerfrei sind. Der Arbeitgeber beschäftigt jedoch keine Arbeitnehmer, für die steuerfreie Zuschläge i.S.d. § 3b EStG in Betracht kommen.
> Das Finanzamt wird die Erteilung der Auskunft ablehnen, weil kein konkretes Rechtsschutzbedürfnis ersichtlich ist.

d) Rechtswirkungen, Haftung

417 Hat der Arbeitgeber eine Anrufungsauskunft eingeholt und ist er danach verfahren, ist das **Betriebsstättenfinanzamt im Lohnsteuer-Abzugsverfahren daran gebunden** (zuletzt BFH v. 7.10.2013, VI R 44/12, BStBl II 2014, 892). Eine Nacherhebung der Lohnsteuer ist auch dann nicht zulässig, wenn der Arbeitgeber nach einer Lohnsteuer-Außenprüfung einer Pauschalierung nach § 40 Abs. 1 Satz 1 Nr. 2 EStG zugestimmt hat (FG Düsseldorf v. 15.4.2008, 10 K 3840/04 AO, EFG 2008, 1290). Der Grundsatz von Treu und Glauben geht dem Grundsatz der Gleichmäßigkeit der Besteuerung vor. Das gilt auch, wenn der **Arbeitnehmer** vom Betriebsstättenfinanzamt des Arbeitgebers eine unrichtige Auskunft erhalten hat, selbst wenn er auf die Auskunft hin keine besonderen wirtschaftlichen Maßnahmen getroffen hat (BFH v. 9.3.1979, VI R 185/76, BStBl II 1979, 451).

Der Arbeitgeber ist zwar gesetzlich **nicht verpflichtet, nach der Anrufungsauskunft des Finanzamts zu verfahren**, wenn er anderer Rechtsauffassung ist. Wenn sich die Rechtsauffassung des Arbeitgebers aber als unrichtig erweist, **haftet** er für die zu wenig einbehaltene Lohnsteuer und kann auch **strafrechtlich** verfolgt werden. Ein Haftungsausschluss kann nicht dadurch erreicht werden, dass der Arbeitgeber die Abweichung, die Differenzbeträge und die steuerlichen Daten der betreffenden Arbeitnehmer dem Betriebsstättenfinanzamt anzeigt (BFH v. 4.6.1993, VI R 95/92, BStBl II 1993, 687).

Hat der Arbeitgeber in schwierigen Fällen, in denen ihm bei Anwendung der gebotenen Sorgfalt Zweifel über die Rechtslage kommen müssen, von der Möglichkeit der **Anrufungsauskunft keinen Gebrauch gemacht**, so ist ein auf dieser Unterlassung beruhender Rechtsirrtum grundsätzlich nicht entschuldbar und steht der Inanspruchnahme des Arbeitgebers im Wege der **Haftung** nicht entgegen (zuletzt BFH v. 29.5.2008, VI R 11/07, BStBl II 2008, 933 betr. Arbeitnehmereigenschaft sog. Telefoninterviewer).

e) Formvorschriften

418 Für die **Anfrage** hinsichtlich Anrufungsauskunft ist **keine Form vorgeschrieben**, grundsätzlich reichen daher mündliche Anfragen aus. Der Haftungsausschluss des Arbeitgebers wird aber nur wirksam, wenn er **alle rechtlich bedeutsamen Tatsachen dem Finanzamt mitgeteilt** hat. Kann der Arbeitgeber dies im Streitfall nicht beweisen, geht dies zu seinen Lasten (FG Niedersachsen v. 13.6.1978, VI (IX) L 199/76, EFG 1978, 594). Um solche Schwierigkeiten zu vermeiden, sollten Anfragen **immer schriftlich** an das Finanzamt gerichtet werden.

Das Finanzamt soll die **Auskunft** unter ausdrücklichem Hinweis auf § 42e EStG **schriftlich** erteilen und kann sie befristen; das gilt auch, wenn der Beteiligte die Auskunft nur formlos erbeten hat (R 42e Abs. 1 Satz 3 LStR).

f) Bindungswirkung

419 Die **Auskunft bindet das Finanzamt nur gegenüber demjenigen, der sie erbeten hat** (das ist i.d.R. der Arbeitgeber). Durch eine dem **Arbeitgeber** vom Betriebsstättenfinanzamt erteilte Auskunft ist das Wohnsitzfinanzamt des Arbeitnehmers nicht gehindert, gegenüber dem **Arbeitnehmer einen anderen für ihn ungünstigeren Rechtsstandpunkt einzunehmen**. Dies gilt erst recht für das **Veranlagungsverfahren** durch das Wohnsitzfinanzamt, auch wenn dem Arbeitnehmer selbst vom Betriebsstättenfinanzamt des Arbeitgebers eine mit seinem Wohnsitzfinanzamt abgestimmte Anrufungsauskunft erteilt worden ist (zuletzt BFH v. 18.6.2015, VI R 37/14, HFR 2015, 1011 m.w.N.).

Hat der Arbeitgeber für einen **einzelnen Arbeitnehmer** eine Anrufungsauskunft erhalten und verfährt er auch **in gleich gelagerten Fällen** danach, kann er sich auch insoweit auf die Auskunft berufen (FG Berlin v. 9.9.1969, III 41/69, EFG 1970, 364).

Eine dem Arbeitgeber (BFH v. 17.10.2013, VI R 44/12, BStBl II 2014, 892) oder den die Pflichten des Arbeitgebers erfüllenden Dritten (BFH v. 20.3.2014, VI R 43/13, BStBl II 2014, 592) gegenüber erteilte Auskunft wirkt im Lohnsteuer-Abzugsverfahren auch dem Arbeitnehmer gegenüber.

Zu beachten ist hierbei, dass strikt zwischen dem Lohnsteuer-Abzugsverfahren und dem Einkommensteuer-Veranlagungsverfahren zu unterscheiden ist:

– Lohnsteuer-Abzugsverfahren

Der Arbeitnehmer kann als Schuldner der Lohnsteuer (§ 38 Abs. 2 Satz 2 EStG) grundsätzlich für nicht einbehaltene und nicht abgeführte Lohnsteuer in Anspruch genommen werden. Allerdings gilt dies nur dann, wenn der Arbeitgeber die Lohnsteuer nicht vorschriftsmäßig vom Arbeitslohn einbehalten hat (§ 42d Abs. 3 Satz 4 Nr. 1 EStG). An dieser vorschriftswidrigen Einbehaltung der Lohnsteuer fehlt es jedoch, wenn der Arbeitgeber eine Anrufungsauskunft eingeholt hat und danach verfahren ist. Selbst wenn die erteilte Auskunft daher materiell unrichtig war, hat der Arbeitgeber, sofern er entsprechend der Auskunft verfahren ist, den „Weisungen und Vorschriften" des Auftrag gebenden Finanzamts Rechnung getragen und damit die Lohnsteuer vorschriftsmäßig einbehalten. **Dementsprechend können in diesen Fällen im Lohnsteuer-Abzugsverfahren weder Arbeitgeber noch Arbeitnehmer in Anspruch genommen werden.**

– Einkommensteuer-Veranlagungsverfahren

Das Wohnsitz-Finanzamt ist bei der Einkommensteuer-Festsetzung gegenüber dem Arbeitnehmer nicht an die Anrufungsauskunft gebunden. Die Bindungswirkung der Anrufungsauskunft beschränkt sich auf das Lohnsteuer-Abzugsverfahren und erstreckt sich nicht auf das Einkommensteuer-Veranlagungsverfahren (zuletzt BFH v. 17.10.2013, VI R 44/12, BStBl II 2014, 892). Bei Anfragen des Arbeitnehmers soll

Auskünfte und Zusagen des Finanzamts

deshalb das Betriebsstätten-Finanzamt seine Auskunft ggf. mit dessen Wohnsitz-Finanzamt abstimmen (R 42e Abs. 1 Satz 2 LStR).

Mit der Anrufungsauskunft entscheidet das Finanzamt nicht über den Steueranspruch. Das Finanzamt bindet sich damit aber im Lohnsteuer-Abzugsverfahren in der Weise, Lohnsteuer weder im Wege eines Haftungs- noch eines Nachforderungsbescheides nachzuerheben. Voraussetzung hierfür ist, dass der später verwirklichte Sachverhalt nicht von dem der Auskunft zu Grunde gelegten Sachverhalt abweicht. Die Anrufungsauskunft führt zu einer einseitigen Selbstbindung der Finanzverwaltung. Der Antragsteller ist an die ihm erteilte Auskunft nicht gebunden. Weicht der Arbeitgeber von einer erteilten Anrufungsauskunft ab, kann er nicht dadurch einen Haftungsausschluss nach § 42d Abs. 2 Nr. 1 i.V.m. § 41c Abs. 4 EStG erreichen, dass er die Abweichung und die zur Besteuerung notwendigen Angaben dem Betriebsstätten-Finanzamt anzeigt (BFH v. 4.6.1993, VI R 95/92, BStBl II 1993, 687). Die Anrufungsauskunft ist im Übrigen nicht bindend, wenn sie zuungunsten des Stpfl. dem geltenden Recht widerspricht.

Das Finanzamt ist nicht an eine erteilte Anrufungsauskunft gebunden, wenn der verwirklichte Sachverhalt von dem der Anrufungsauskunft zu Grunde liegenden abweicht (FG München v. 17.2.2012, 8 K 3916/08, EFG 2012, 2313).

g) Zuständigkeit

420 Eine Bindungswirkung tritt nur ein, wenn die Auskunft von der **zuständigen Stelle des Finanzamts („Arbeitgeberstelle") erteilt** wurde. Der **Lohnsteuer-Außenprüfer** ist für die Erteilung von Anrufungsauskünften nicht zuständig.

Sind für einen Arbeitgeber **mehrere Betriebsstättenfinanzämter** (§ 41 Abs. 2 EStG) zuständig, so erteilt das **Finanzamt** die Auskunft, in dessen Bezirk sich die **Geschäftsleitung** (§ 10 AO) des Arbeitgebers im Inland befindet. Ist dieses Finanzamt kein Betriebsstättenfinanzamt, so ist das Finanzamt zuständig, in dessen Bezirk sich die Betriebsstätte mit den meisten Arbeitnehmern befindet. In diesen Fällen hat der Arbeitgeber sämtliche Betriebsstättenfinanzämter, das Finanzamt der Geschäftsleitung und erforderlichenfalls die Betriebsstätte mit den meisten Arbeitnehmern anzugeben sowie zu erklären, für welche Betriebsstätten die Auskunft von Bedeutung ist (§ 42e Sätze 2 bis 4 EStG). Diese ab dem Jahr 2000 geltende Änderung trägt Forderungen des Bundesrechnungshofes und der Wirtschaftsverbände Rechnung, wonach die Erteilung von Anrufungsauskünften für Unternehmen mit mehreren Betriebsstätten **zentralisiert** werden sollte. Zuständig ist damit künftig i.d.R. allein das **„Geschäftsleitungsfinanzamt"**. Dieses hat seine Auskunft mit den anderen Betriebsstättenfinanzämtern abzustimmen, soweit es sich um einen Fall von einigem Gewicht handelt und die Auskunft auch für die anderen Betriebsstätten von Bedeutung ist. Bei Anrufungsauskünften grundsätzlicher Art informiert das zuständige Finanzamt die übrigen betroffenen Finanzämter (R 42e Abs. 2 LStR).

Sind **mehrere Arbeitgeber** unter einer einheitlichen Leitung zusammengefasst (**Konzernunternehmen**), bleiben für den einzelnen Arbeitgeber entsprechend § 42e Sätze 1 und 2 EStG das Betriebsstättenfinanzamt bzw. das Finanzamt der Geschäftsleitung für die Erteilung der Anrufungsauskunft zuständig. Sofern es sich bei einer Anrufungsauskunft um einen Fall von einigem Gewicht handelt und erkennbar ist, dass die Auskunft auch für andere Arbeitgeber des Konzerns von Bedeutung ist oder bereits Entscheidungen anderer Finanzämter vorliegen, ist insbesondere auf Antrag des Auskunftsersuchenden die zu erteilende Auskunft mit den übrigen betroffenen Finanzämtern abzustimmen. Dazu informiert das für die Auskunftserteilung zuständige Finanzamt das **Finanzamt der Konzernzentrale**. Dieses koordiniert daraufhin die Abstimmung mit den von der zu erteilenden Auskunft betroffenen Finanzämtern der anderen Arbeitgeber des Konzerns (R 42e Abs. 3 LStR).

h) Regelungsinhalt

421 Der Beteiligte, der eine Anrufungsauskunft beantragt, hat zwar einen Anspruch auf eine inhaltlich richtige Auskunft, die nach den allgemeinen Regeln angefochten werden kann. Die finanzgerichtliche inhaltliche Überprüfung einer Anrufungsauskunft beschränkt sich allerdings nur darauf, ob die gegenwärtige rechtliche Einordnung des zur Prüfung gestellten Sachverhalts in sich schlüssig und nicht evident rechtsfehlerhaft ist. Einer umfassenden gerichtlichen Kontrolle, welche lohn- und einkommensteuerrechtlichen Folgen der Sachverhalt hat, bedarf es nicht, da mit der Anrufungsauskunft keine Entscheidung über den materiellen Einkommensteueranspruch getroffen wird. **Es ist nicht die Aufgabe des Anrufungsverfahrens, ungeklärte Rechtsfragen abschließend zu beantworten oder die Übereinstimmung von Verwaltungsanweisungen mit dem Gesetz zu überprüfen.** Denn die Anrufungsauskunft dient vornehmlich der Vermeidung des Haftungsrisikos des Arbeitgebers, soweit er ihren Inhalt den von ihm einzureichenden Lohnsteuer-Anmeldungen zu Grunde legt. Sie bezweckt hingegen nicht, ihm das Prozessrisiko abzunehmen, falls er nicht nach dem Inhalt der Auskunft verfahren will (vgl. BFH v. 27.2.2014, VI R 23/13, BStBl II 2014, 894 zur Frage, ob künftig fällig werdender Arbeitslohn bei Gutschrift auf dem Zeitwertkonto eines Organs einer Körperschaft als Arbeitslohn zu versteuern ist, und v. 7.5.2014, VI R 28/13, www.stotax-first.de, zur Frage, ob die Teilnahme eines Arbeitnehmers an einer sog. Sensibilisierungswoche im ganz überwiegenden Arbeitgeberinteresse gelegen hat und damit kein Arbeitslohn ist).

Aufgrund des vorläufigen Charakters des Lohnsteuer-Abzugsverfahrens kommt es lediglich darauf an, ob das Betriebsstätten-Finanzamt mit der Aussage über die gegenwärtige Einschätzung der Rechtslage den Anforderungen an ein faires Verwaltungsverfahren genügt hat. Dabei hat das Finanzgericht sachlich nur zu prüfen, ob das Finanzamt in der Auskunft den zur Prüfung gestellten Sachverhalt zutreffend erfasst hat und ob die Auskunft nicht offensichtlich mit dem Gesetz oder der höchstrichterlichen Rechtsprechung – soweit sie von der Finanzverwaltung angewandt wird – in Widerspruch steht. Einer umfassenden inhaltlichen Überprüfung durch das Finanzgericht bedarf es nicht.

i) Widerruf

422 Das Finanzamt ist an die erteilte **Auskunft gebunden**, solange sie **nicht widerrufen** wird. Es kann die Auskunft mit Wirkung für die Zukunft widerrufen oder ändern, wenn sich z.B. **Verwaltungsanweisungen oder Rechtsprechung geändert** haben. Hierbei handelt es sich um eine Ermessensentscheidung, die zu begründen ist (BFH v. 2.9.2010, VI R 3/09, BStBl II 2011, 233 und BMF v. 18.2.2011, IV C 5 – S 2388/0 – 01, BStBl I 2011, 213). Haben sich jedoch die der Auskunft zu Grunde liegenden **gesetzlichen Bestimmungen geändert**, ist ein besonderer Widerruf durch das Finanzamt nicht erforderlich (zuletzt FG Düsseldorf v. 8.5.2003, 15 K 1455/00 H (L), EFG 2003, 1105 m.w.N. betr. die Ermittlung des geldwerten Vorteils eines Firmenwagens nach Einführung der „1 %-Regelung"). Der BFH verlangt im Urteil v. 9.3.1965, VI 109/62 U, BStBl III 1965, 426 sogar vom Arbeitgeber, dass er sich auch über die im Bundessteuerblatt veröffentlichten **Lohnsteuer-Richtlinien** auf dem Laufenden hält. Dies dürfte aber wohl zu weit gehen.

Das Finanzamt kann die Auskunft aber auch von vornherein **befristen** (R 42e Abs. 1 Satz 3 LStR). In diesem Fall endet die Wirksamkeit des Verwaltungsaktes durch Zeitablauf (§ 124 Abs. 2 AO und BMF v. 18.2.2011, IV C 5 – S 2388/0 – 01, BStBl I 2011, 213).

j) Rechtsbehelf

423 Nach **geänderter BFH-Rechtsprechung** stellt eine dem Arbeitgeber erteilte Anrufungsauskunft nach § 42e EStG nicht nur eine Wissenserklärung (unverbindliche Rechtsauskunft) des Betriebsstättenfinanzamts darüber dar, wie im einzelnen Fall der Vorschriften über die Lohnsteuer anzuwenden sind. Sie ist vielmehr **feststellender Verwaltungsakt** i.S.d. § 118 Satz 1 AO, mit dem sich das Finanzamt selbst bindet. Die Vorschrift des § 42e EStG gibt dem Arbeitgeber nicht nur ein Recht auf förmliche Bescheidung seines Antrags. Sie berechtigt ihn auch, eine ihm erteilte Anrufungsauskunft erforderlichenfalls im **Einspruchs- oder Klagewege inhaltlich überprüfen zu lassen, soweit es nicht um ungeklärte Rechtsfragen geht** (s.o.). Dies gilt auch, soweit es sich um die Aufhebung (Rücknahme, Widerruf) einer Anrufungsauskunft handelt (BFH v. 30.4.2009, VI R 54/07, BStBl II 2010, 996 und v. 2.9.2010, VI R 3/09, BStBl II 2011, 233). Auf diese Weise sollen präventiv Konflikte zwischen dem Betriebsstättenfinanzamt und dem Arbeitgeber vermieden und auftretende lohnsteuerliche Fragen, die häufig auch die Kostenkalkulation des Arbeitgebers und ggf. auch die zivilrechtliche Ausgestaltung von Verträgen mit Mitarbeitern berühren, zeitnah geklärt werden (zuletzt BFH v. 27.2.2014, VI R 23/13, BStBl II 2014, 894).

Da die Lohnsteueranrufungsauskunft nach § 42e EStG lediglich eine Regelung dahin trifft, wie die **Finanzbehörde** den vom Antragsteller dargestellten typischerweise hypothetischen Sachverhalt im Hinblick auf die Verpflichtung zum Lohnsteuerabzug **gegenwärtig beurteilt**, erschöpft sich der Inhalt des Widerrufs einer Lohnsteueranrufungsauskunft darin, dass das Finanzamt mitteilt, von nun an eine andere Auffassung als bisher zu vertreten. Die Wirkung eines Widerrufs einer Lohnsteueranrufungsauskunft geht damit nicht über die Negation des zuvor Erklärten hinaus. Vollziehbar sind jedoch nur solche Verwaltungsakte, deren Wirkung sich nicht auf eine reine Negation beschränkt. Legt der Arbeitgeber oder Arbeitnehmer gegen den Widerruf Einspruch bzw. Klage ein, ist ein Antrag auf **Aussetzung der Vollziehung nicht statthaft** (BFH v. 15.1.2015, VI B 103/14, BStBl II 2015, 447 sowie OFD Frankfurt v. 5.8.2015, S 2388 A – 04 – St 222, www.stotax-first.de).

3. Verbindliche Zusage

a) Voraussetzungen (§ 204 AO)

424 Unabhängig von der Anrufungsauskunft kann der **Arbeitgeber** (nicht der Arbeitnehmer) im Anschluss an eine **Lohnsteuer-Außenprüfung** eine verbindliche Zusage gem. § 204 AO dazu beantragen, wie ein für die Vergangenheit geprüfter und im Prüfungsbericht dargestellter Sachverhalt in Zukunft steuerrechtlich behandelt wird (R 42f Abs. 5 LStR sowie BMF v. 14.2.2000, IV A 4 – S 0062 – 1/00, BStBl I 2000, 190 zu § 204 AO). Sie ist jedoch immer an eine vorhergehende **Außenprüfung** und damit an wesentlich engere Voraussetzungen geknüpft als die Anrufungsauskunft. Der Arbeitgeber kann außerdem nur erfahren, wie ein für die **Vergangenheit geprüfter Sachverhalt in Zukunft lohnsteuerlich behandelt** wird. Die verbindliche Zusage ist gebührenfrei.

Die Voraussetzungen im Einzelnen:

- Die Zusage kann nur „**im Anschluss**" an eine Außenprüfung erteilt werden. Bei einem erst nach der **Schlussbesprechung** gestellten Antrag wird i.d.R. keine verbindliche Zusage erteilt, wenn nochmalige umfangreiche Prüfungshandlungen erforderlich sind.
- Der Anwendungsbereich der Vorschrift erstreckt sich praktisch nur auf für die **Vergangenheit geprüfte (verwirklichte) und im Prüfungsbericht dargestellte Sachverhalte**, die für die Zukunft von Bedeutung sind.
- Die **Kenntnis der künftigen steuerrechtlichen Behandlung** dieses Sachverhalts muss für die **geschäftlichen Maßnahmen des Arbeitgebers** von Bedeutung sein. Sachverhalte, die erst in Zukunft verwirklicht werden sollen, können also nicht Gegenstand einer verbindlichen Zusage sein. Hier hat der Arbeitgeber nur die Möglichkeit, eine Anrufungsauskunft nach § 42e EStG zu beantragen.

> **Beispiel:**
> Arbeitgeber A zahlt seinen Arbeitnehmern erstmals Weihnachtsgeld. Er will wissen, ob er hierfür die Lohnsteuer pauschal berechnen kann.
> Zu dieser Frage kann A nur eine Anrufungsauskunft erbitten.

Gegen den Inhalt oder auch die Ablehnung einer verbindlichen Zusage kann der Arbeitgeber **Einspruch** und ggf. anschließend Klage erheben. Eine verbindliche Auskunft gem. § 204 AO hindert den Arbeitgeber im Übrigen nicht, Rechtsschutz gegen einen der Auskunft inhaltlich folgenden Steuerbescheid (z.B. Haftungsbescheid) zu suchen, ohne die Auskunft selbst mit dem Rechtsmittel anzugreifen (FG Hamburg v. 29.6.2005, II 402/03, www.stotax-first.de).

b) Form und Inhalt (§ 205 AO)

425 Die verbindliche Auskunft ist **schriftlich** zu erteilen und als verbindlich zu kennzeichnen. Die verbindliche Zusage hat den zu Grunde gelegten Sachverhalt, die Entscheidungsgründe und die Rechtsvorschriften, auf die die Entscheidung gestützt wird, den Zeitraum und die Steuerart, für die sie gilt, und notwendige Nebenbestimmungen (§ 120 Abs. 2 AO) zu enthalten. Hinsichtlich des Sachverhalts kann auf den Prüfungsbericht Bezug genommen werden.

c) Bindungswirkung (§ 206 AO)

426 Die verbindliche Zusage ist für das **Lohnsteuer-Abzugsverfahren bindend**. Entspricht jedoch der nach Erteilung der verbindlichen Zusage festgestellte und steuerlich zu beurteilende **Sachverhalt** nicht dem der verbindlichen Zusage zu Grunde gelegten Sachverhalt, so ist das Finanzamt an die erteilte Zusage auch ohne besonderen Widerruf nicht gebunden.

Die Bindungswirkung besteht auch, wenn die Zusage **nicht dem geltenden Recht entspricht**. Etwas anderes gilt aber dann, wenn die verbindliche Zusage zu Ungunsten des Arbeitgebers dem geltenden Recht widerspricht. Er kann dann die Anwendung der zutreffenden Rechtsvorschriften verlangen. Hierbei ist es unerheblich, ob die Fehlerhaftigkeit der Zusage bereits bei ihrer Erteilung erkennbar war oder erst später (z.B. durch Rechtsprechung zu Gunsten des Arbeitgebers) erkennbar geworden ist.

Mündlich erteilte Zusagen haben nicht die Bindungswirkung des § 206 AO, doch kann das Finanzamt evtl. nach dem Gebot von Treu und Glauben daran gebunden sein. Die Tatsache, dass das Finanzamt Auskünfte mündlich erteilt hat, legt jedoch die Annahme nahe, dass nur eine **unverbindliche Meinungsäußerung** und keine bindende (verbindliche) Zusage angestrebt und gegeben worden ist. An den **Nachweis** der eine Bindung des Finanzamts begründenden Merkmale sind daher strenge Anforderungen zu stellen (vgl. z.B. BFH v. 9.12.2004, VII B 129/04, www.stotax-first.de, m.w.N., betr. mündliche Auskünfte eines Sachbearbeiters). **Vorbehalte** (z.B. „vorbehaltlich des Ergebnisses einer Besprechung mit den obersten Finanzbehörden der Länder") schließen die Bindung aus (BFH v. 4.8.1961, VI 269/60 S, BStBl III 1961, 562).

d) Außer-Kraft-Treten, Aufhebung und Änderung (§ 207 AO)

427 Enthält die Zusage **keine zeitliche Einschränkung**, so bleibt sie bis zur Aufhebung oder Änderung wirksam.

Eine verbindliche Zusage tritt – ohne besonderen Widerruf – außer Kraft, wenn die **Rechtsvorschriften geändert** werden, auf denen sie beruht (vgl. FG Düsseldorf v. 8.5.2003, 15 K 1455/00 H (L), EFG 2003, 1105 und zuletzt BVerfG v. 11.5.2015, 1 BvR 741/14, HFR 2015, 882). In einem solchen Fall können aber Billigkeitsmaßnahmen in Betracht gezogen werden, wenn sich für den Arbeitgeber unbillige Härten ergeben. Grundsätzlich kann jedoch das Vertrauen auf den Fortbestand einer Rechtsvorschrift keinen Schutz genießen.

Das Finanzamt kann eine verbindliche Zusage **mit Wirkung für die Zukunft widerrufen oder ändern**, wenn sich die steuerliche Beurteilung des zu Grunde gelegten Sachverhalts durch **Rechtsprechung oder Verwaltungsvorschriften** zum Nachteil des Arbeitgebers ändert (vgl. auch BFH v. 21.3.1996, XI R 82/94, BStBl II 1996, 518). **Verwaltungsvorschriften** begründen für sich allein keinen Vertrauensschutz, insbesondere wenn der Stpfl. keine entsprechenden Dispositionen getroffen hat (BFH v. 10.2.2005, IX B 182/03, www.stotax-first.de, betr. eine Änderung der Lohnsteuer-Richtlinien). Auch in solchen Fällen können jedoch **Billigkeitsmaßnahmen** gerechtfertigt sein, wenn sich der Arbeitgeber nicht mehr ohne erheblichen Aufwand bzw. unter beträchtlichen Schwierigkeiten von den getroffenen Dispositionen oder eingegangenen vertraglichen Verpflichtungen lösen kann.

Wird festgestellt, dass eine verbindliche Zusage durch unlautere Mittel wie **Täuschung, Zwang** oder **Bestechung** erwirkt worden ist, kann sie auch rückwirkend aufgehoben oder geändert werden (§ 130 Abs. 2 AO).

4. Tatsächliche Verständigung

a) Allgemeines

428 In Fällen **erschwerter Sachverhaltsermittlung** dient es unter bestimmten Voraussetzungen der **Effektivität der Besteuerung** und allgemein dem **Rechtsfrieden**, wenn sich die Beteiligten über die Annahme eines bestimmten Sachverhalts und über eine bestimmte Sachbehandlung einigen können. Derartige Vereinbarungen zwischen dem Stpfl./Arbeitgeber und der Finanzbehörde werden als „Tatsächliche Verständigung" bezeichnet. Sie können nach der BFH-Rechtsprechung in jedem Stadium des Veranlagungsverfahrens, insbesondere auch anlässlich einer Außenprü-

Auskünfte und Zusagen des Finanzamts

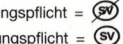

fung und während eines anhängigen Rechtsbehelfsverfahrens, getroffen werden (vgl. zuletzt BFH v. 1.9.2009, VIII R 78/06, HFR 2010, 562 zur Bindungswirkung einer tatsächlichen Verständigung m.w.N.). Eine tatsächliche Verständigung über **reine Rechtsfragen** ist jedoch nicht zulässig (zuletzt BFH v. 11.8.2010, VIII B 68/10, www.stotax-first.de, m.w.N.).

Die tatsächliche Verständigung hat auch im **Lohnsteuerbereich** erhebliche Bedeutung, und zwar nicht nur für den **Lohnsteuerabzug** durch den Arbeitgeber, sondern auch für den **Werbungskostenabzug** des Arbeitnehmers.

> **Beispiel 1:**
> Ein Arbeitgeber streitet sich mit dem Lohnsteuer-Außenprüfer über die Frage, in welchem Umfang bei seinen Arbeitnehmern die Voraussetzungen für die pauschale Versteuerung von Arbeitslohn nach § 40a Abs. 2 EStG vorliegen.
> Soweit es um eine Frage der Sachverhaltsfeststellung geht, kann eine Schätzung im Wege einer tatsächlichen Verständigung erfolgen.

> **Beispiel 2:**
> Ein Lehrer schafft in erheblichem Umfang Fachbücher sowie allgemein bildende Literatur an.
> In dem vergleichbaren Fall eines selbständigen Publizisten hat der BFH darauf hingewiesen, dass eine Schätzung des als Betriebsausgaben oder Werbungskosten abzugsfähigen beruflichen Teils im Rahmen einer tatsächlichen Verständigung wohl das Vernünftigste sei (BFH v. 21.5.1992, IV R 70/91, BStBl II 1992, 1015).

b) Voraussetzungen

429 Die Voraussetzungen für eine „Tatsächliche Verständigung" sind im Wesentlichen von der Rechtsprechung entwickelt worden. Die geltenden Grundsätze sind in BMF v. 30.7.2008, IV A 3 – S 0223/07/10002, BStBl I 2008, 831 mit Rechtsprechungsnachweisen zusammengefasst worden (ergänzend OFD Frankfurt v. 9.7.2009, S 0223 A – 5 – St 23, www.stotax-first.de, sowie zuletzt BFH v. 28.4.2011, III B 78/1022, www.stotax-first.de, m.w.N.).

Auskunftspflicht des Arbeitgebers

1. Lohnsteuer

430 Nach der Abgabenordnung gibt es verschiedene Vorschriften, die den Arbeitgeber zur Auskunftserteilung verpflichten (vgl. z.B. §§ 90, 93, 93a AO). Dies gilt v.a. für die **Lohnsteuer-Außenprüfung** (vgl. § 200 Abs. 1 AO). Häufig sind aber auch Rückfragen der Finanzämter, wenn sich bei der Bearbeitung der **Einkommensteuerveranlagung des Arbeitnehmers Unklarheiten** ergeben.

> **Beispiel:**
> Arbeitnehmer A hat in seiner Einkommensteuererklärung Reisekosten für Auswärtstätigkeiten als Werbungskosten geltend gemacht. Die Frage nach steuerfreien Erstattungen des Arbeitgebers hat er verneint, auch nach einer entsprechenden Rückfrage des Finanzamts.
> Wenn weiterhin Zweifel bestehen, kann das Finanzamt den Arbeitgeber nach § 93 AO um Auskunft bitten. Um die hierdurch entstehende Mehrarbeit von vornherein zu vermeiden, sollte der Arbeitgeber steuerfreie Reisekostenerstattungen immer in den Zeilen 20 und 21 der Lohnsteuerbescheinigung eintragen.

2. Sozialversicherung

431 Soweit es in der Sozialversicherung einschließlich der Arbeitslosenversicherung im Einzelfall für die **Erbringung** von Sozialleistungen erforderlich ist, hat der Arbeitgeber **auf Verlangen dem Leistungsträger** oder der zuständigen **Einzugsstelle** Auskunft über die Art und Dauer der Beschäftigung, den Beschäftigungsort und das Arbeitsentgelt zu erteilen. Wegen der Entrichtung von Beiträgen hat der Arbeitgeber über **alle Tatsachen Auskunft zu geben, die für die Erhebung der Beiträge notwendig** sind. Der Arbeitgeber hat die Geschäftsbücher, Listen oder andere Unterlagen, aus denen die Angaben über die Beschäftigung hervorgehen, während der Betriebszeit nach seiner Wahl den o.a. Versicherungsträgern entweder in deren oder in seinen eigenen Geschäftsräumen zur Einsicht vorzulegen (vgl. § 98 SGB X). Die Versicherungsträger sind berechtigt, beim Arbeitgeber über den Bereich der Lohn- und Gehaltsabrechnung, jedoch nicht über den Bereich des Rechnungswesens hinaus zu prüfen.

Außerdem ist der Arbeitgeber verpflichtet, **unaufgefordert** Bescheide und **Prüfberichte der Finanzbehörden** vorzulegen, die für die Aufgabenerfüllung der Prüfer, insbesondere für die Versicherungs- oder Beitragspflicht und die Beitragshöhe, von Bedeutung sind (vgl. § 10 Abs. 2 Beitragsverfahrensverordnung).

Auslagenersatz und durchlaufende Gelder

1. Allgemeine Voraussetzungen

432 Steuerfrei sind nach § 3 Nr. 50 EStG
– die Beträge, die der Arbeitnehmer vom Arbeitgeber erhält, um sie für ihn auszugeben **(durchlaufende Gelder)**, und
– die Beträge, durch die Auslagen des Arbeitnehmers ersetzt werden **(Auslagenersatz)**.

Der Unterschied begründet sich wie folgt:

Der **Auslagenersatz** ist Ersatz der in der **Vergangenheit** gemachten Aufwendungen. **Durchlaufende Gelder** sind dagegen Beträge, die für **zukünftige Aufwendungen** bestimmt sind (BFH v. 10.6.1966, VI 261/64, BStBl III 1966, 607).

Durchlaufende Gelder oder Auslagenersatz liegen nur vor, wenn
– der Arbeitnehmer die Ausgaben für **Rechnung des Arbeitgebers** macht, wobei es gleichgültig ist, ob das im Namen des Arbeitgebers oder im eigenen Namen geschieht, und
– über die **Ausgaben grundsätzlich im Einzelnen abgerechnet** wird (R 3.50 Abs. 1 Satz 1 LStR). Pauschaler Auslagenersatz kann nur unter engen Voraussetzungen anerkannt werden.

Eine **Gehaltsumwandlung** von steuerpflichtigem in steuerfreien oder pauschal besteuerten Arbeitslohn ist grundsätzlich nur dann ausgeschlossen, wenn die Steuerbefreiungs- oder Pauschalierungsvorschrift die Aussage enthält, dass die Leistung des Arbeitgebers zusätzlich zum ohnehin geschuldeten Arbeitslohn erbracht werden muss (BMF v. 22.5.2013, IV C 5 – S 2388/11/10001 – 02, BStBl I 2013, 728). Durchlaufende Gelder und Auslagenersatz werden immer zusätzlich gezahlt, da sie ihrem Wesen nach keinen Arbeitslohn darstellen; sie können daher auch keinen anderen Arbeitslohn ersetzen (R 3.50 Abs. 1 Satz 4 LStR). Eine Gehaltsumwandlung kommt daher in diesen Fällen nicht in Betracht.

Im Gegensatz zum vorstehend beschriebenen einzeln abgerechneten Auslagenersatz kann beim **pauschalen Auslagenersatz** (R 3.50 Abs. 2 LStR) eine Gehaltsumwandlung von bisher steuerpflichtigem in steuerfreien Arbeitslohn durchaus vorgenommen werden. Der repräsentative Nachweis für einen Zeitraum von drei Monaten muss in diesem Fall aber bereits vor Änderung des Arbeitsvertrags geführt werden. S. ausführlich → *Barlohnumwandlung* Rz. 513.

2. Abgrenzung gegenüber steuerpflichtigem Werbungskostenersatz

433 In der Praxis bereitet besonders die Abgrenzung gegenüber dem steuerpflichtigen Ersatz von Werbungskosten erhebliche Schwierigkeiten. Denn nach der BFH-Rechtsprechung kommt die Steuerfreiheit des § 3 Nr. 50 EStG nicht in Betracht, wenn der **Arbeitnehmer** an den Aufwendungen ein nicht ganz unerhebliches **eigenes Interesse** hat, so z.B. beim Ersatz von Werbungskosten und von Kosten der privaten Lebensführung (vgl. z.B. BFH v. 5.4.2006, IX R 109/00, BStBl II 2006, 541 betr. Sicherheitsmaßnahmen am Wohnhaus eines Bankvorstands sowie R 3.50 Abs. 1 Satz 2 und 3 LStR). Nach welchen Merkmalen die Abgrenzung vorzunehmen ist, ist noch nicht für alle Fälle abschließend geklärt (zuletzt BFH v. 28.3.2006, VI R 24/03, BStBl II 2006, 473 betr. Instrumentengelder sowie v. 15.3.2011, VI B 151/10, www.stotax-first.de, betr. pauschale Fahrtkostenerstattungen des Arbeitgebers für Auswärtstätigkeiten). In den Lohnsteuer-Richtlinien heißt es lediglich, dass

– die Ausgaben des Arbeitnehmers bei ihm so zu beurteilen sind, als hätte der **Arbeitgeber sie selbst getätigt**
– und dass hiernach die Steuerfreiheit der durchlaufenden Gelder oder des Auslagenersatzes nach § 3 Nr. 50 EStG stets

⌊LSt⌋ = keine Lohnsteuerpflicht
⌊LSt⌋ = Lohnsteuerpflicht

Auslagenersatz und durchlaufende Gelder

dann **ausgeschlossen** ist, wenn die Ausgaben **durch das Dienstverhältnis des Arbeitnehmers veranlasst** sind (R 3.50 Abs. 1 Satz 2 und 3 LStR).

Auslagenersatz ist jedenfalls dann anzunehmen, wenn der Arbeitnehmer im ganz **überwiegenden Interesse des Arbeitgebers Aufwendungen tätigt, die der Arbeitsausführung dienen und die nicht zu einer Bereicherung des Arbeitnehmers führen.** Liegen diese Voraussetzungen vor, wird auch zivilrechtlich ein Erstattungsanspruch des Arbeitnehmers gegenüber dem Arbeitgeber bejaht. Auslagenersatz liegt hiernach grundsätzlich immer vor, wenn der Arbeitgeber dem Arbeitnehmer **Hilfs- und Betriebsstoffe**, die für die Arbeitsausführung erforderlich sind, ersetzen muss. Die Eigentumsverhältnisse spielen dann keine Rolle, weil beim Arbeitnehmer bei solchen sich ständig verschleißenden Hilfsmitteln – anders als bei dem Erwerb eines längerfristig nutzbaren Wirtschaftsguts – keine Bereicherung eintritt (BFH v. 21.8.1995, VI R 30/95, BStBl II 1995, 906).

> **Beispiel 1:**
> Außendienstmitarbeiter A kauft Kundengeschenke und legt die Rechnung seinem Arbeitgeber vor.
> Die Erstattung durch den Arbeitgeber ist steuerfrei. Dies gilt selbst dann, wenn der Arbeitnehmer die Kundengeschenke im eigenen Namen erworben hat.

> **Beispiel 2:**
> Außendienstmitarbeiter B kauft einen Computer, der so gut wie ausschließlich zu beruflichen Zwecken genutzt wird. Der Arbeitgeber übernimmt die Kosten.
> Die Erstattung durch den Arbeitgeber kann nicht als Auslagenersatz steuerfrei bleiben, weil es sich bei dem Computer um einen Gegenstand von mehrjähriger Nutzungsdauer handelt und er im Eigentum des Arbeitnehmers steht. Die Leistungen des Arbeitgebers führen bei ihm auch zu einer Bereicherung. Es handelt sich somit um steuerpflichtigen Werbungskostenersatz, der Arbeitnehmer kann die Aufwendungen jedoch als Werbungskosten absetzen. Es ist dabei unerheblich, dass der Arbeitgeber die Kosten getragen hat, da nur steuerfreie Bezüge den Werbungskostenabzug ausschließen (vgl. R 9.1 Abs. 4 Satz 3 LStR).

Der Arbeitgeber kann nach § 40 Abs. 2 Satz 1 Nr. 5 EStG die Lohnsteuer für die Schenkung eines Datenverarbeitungsgeräts mit 25 % pauschal erheben (→ *Computer* Rz. 783).

Steuerfrei sind z.B.

- der Ersatz von Gebühren für ein geschäftliches **Telefongespräch**, das der Arbeitnehmer für den Arbeitgeber außerhalb des Betriebs führt, vgl. H 3.50 (Allgemeines) LStH; das gilt auch für Telefonkosten vom **häuslichen Telefon** (→ *Telekommunikation* Rz. 2852). Zum pauschalen Auslagenersatz → Rz. 435;
- als durchlaufende Gelder nach R 9.13 Abs. 2 LStR in bestimmter Höhe **Heimarbeiterzuschläge** (→ *Heimarbeit* Rz. 1561);
- die vom Arbeitgeber erstatteten **Garagenmieten**, wenn der Arbeitnehmer den Dienstwagen in einer von ihm angemieteten Garage unterstellt und die Kosten vom Arbeitgeber erstattet werden; bei „Untervermietung" gemieteter Garagen an den Arbeitgeber sind dagegen Einkünfte aus Vermietung und Verpachtung anzunehmen (BFH v. 7.6.2002, VI R 145/99, BStBl II 2002, 829 und v. 7.6.2002, VI R 53/01, BStBl II 2002, 878);
- Zuschüsse des Arbeitgebers, der ein Orchester unterhält, zu der von den Musikern abgeschlossenen **Instrumentenversicherung** (FG Thüringen v. 15.10.2003, IV 272/00, EFG 2004, 716) sowie für die **Instandhaltung und Wartung der Instrumente** seiner Orchestermitglieder, wenn die Rechtsgrundlage für den Aufwandsersatzanspruch der Musiker tarifvertraglich fixiert ist (zuletzt FG Saarland v. 2.9.2013, 2 K 1425/11, EFG 2014, 1821);
- **Weinpräsente** für Geschäftsfreunde (FG Düsseldorf v. 18.12.2002, 13 K 2376/01 E, www.stotax-first.de, insoweit rkr., s. zu einer anderen Frage BFH v. 14.9.2005, VI R 37/03, BStBl II 2006, 72).

⌊LSt⌋ ⌊SV⌋

Nicht steuerfrei sind hingegen

- die Erstattung von **Mitgliedsbeiträgen an gesellige Vereinigungen** durch den Arbeitgeber (BFH v. 27.2.1959, VI 271/57 U, BStBl III 1959, 230);
- der Ersatz von **Verzehraufwendungen** durch eine Sparkasse an Mitarbeiter, die auf Aufforderung der Sparkassenleitung in ihrer Freizeit Gaststätten besuchen müssen, deren Inhaber Kunden der Sparkasse sind (BFH v. 19.1.1976, VI R 227/72, BStBl II 1976, 231);
- von einer Bank übernommene Kosten für **Sicherheitsmaßnahmen am Wohnhaus** eines Bankvorstands (BFH v. 5.4.2006, IX R 109/00, BStBl II 2006, 541);
- eine vom Arbeitgeber finanzierte **Outplacement-Beratung** (FG Düsseldorf v. 5.4.2000, 13 K 9505/97 E, EFG 2000, 740 sowie FG Baden-Württemberg v. 6.3.2007, 4 K 280/06, EFG 2007, 832);
- **Kontoführungsgebühren**, die der Arbeitgeber dem Arbeitnehmer ersetzt (R 19.3 Abs. 3 Satz 2 Nr. 1 LStR sowie OFD Hannover v. 30.4.2002, S 2354 – 20 – StH 214, www.stotax-first.de).

⌊LSt⌋ ⌊SV⌋

3. Pauschaler Auslagenersatz

a) Allgemeines

Grundsätzlich ist Auslagenersatz nur bei **Einzelabrechnung** steuerfrei; **pauschaler Auslagenersatz** führt regelmäßig zu Arbeitslohn (R 3.50 Abs. 2 Satz 1 LStR). Ausnahmsweise kann pauschaler Auslagenersatz steuerfrei bleiben, wenn er 434

- regelmäßig wiederkehrt und der Arbeitnehmer die entstandenen Aufwendungen für einen Zeitraum von **mindestens drei Monaten im Einzelnen nachweist**. Der pauschale Auslagenersatz bleibt grundsätzlich so lange steuerfrei, bis sich die Verhältnisse wesentlich ändern (R 3.50 Abs. 2 Sätze 2 und 3 LStR). Nach der BFH-Rechtsprechung können vom Arbeitgeber auch Auslagen des Arbeitnehmers von mehr als 51 € monatlich pauschal steuerfrei ersetzt werden (BFH v. 21.8.1995, VI R 30/95, BStBl II 1995, 906),
- oder auf Grund einer **tarifvertraglichen Verpflichtung** des Arbeitgebers gezahlt wird (BFH v. 28.3.2006, VI R 24/03, BStBl II 2006, 473 betr. sog. **Instrumentengelder** für Orchestermitglieder).

Als **steuerfrei anerkannt** wurden weiter

- eine **pauschale Zuwendung** von monatlich 25 DM (umgerechnet 12,78 €) an **Baustellenleiter** zur Abgeltung kleinerer Ausgaben im Außendienst (BFH v. 21.8.1959, VI 1/59, www.stotax-first.de);
- eine **Auslagenpauschale** von monatlich 20 DM (umgerechnet 10,23 €) zur Abgeltung von Ermittlungsauslagen an Bedienstete der **Steuerfahndung** (FinMin Niedersachsen v. 29.10.1975, S 2337 – 66 – 31 3, DB 1975, 2206);
- eine sog. **Sachkostenpauschale**, die ein gemeinnütziger Verein an die bei ihm angestellten Betreuer für die vollstationäre Betreuung von Kindern in einer familienähnlichen Wohngruppe neben dem Gehalt zahlt, sofern der Stpfl. nachweist, dass die Pauschale den tatsächlichen Aufwendungen im Großen und Ganzen entspricht. Kann der Nachweis nicht erbracht werden, ist die Pauschale als Bestandteil des Arbeitslohns steuerpflichtig. Die tatsächlichen Aufwendungen des Stpfl., die notfalls im Wege der Schätzung zu ermitteln sind, stellen Werbungskosten dar (BFH v. 2.10.2003, IV R 4/02, BStBl II 2004, 129);
- eine **Kostenpauschale** von 1 350 DM je Kind und Monat, die eine angestellte **Erzieherin** von ihrem Arbeitgeber im Jahr 2000 und 2001 neben ihrem laufenden Arbeitslohn für die Unterbringung, Verpflegung und Betreuung von drei Kindern erhielt. Die Pauschale von 1 350 DM pro Kind und Monat entsprach in etwa dem tatsächlichen Aufwand der ansonsten keine weiteren Zahlungen (keine Einmalzahlungen, kein Kindergeld) vereinnahmenden Stpfl. (BFH v. 20.4.2010, VI R 44/09, BStBl II 2010, 691).

Nicht anerkannt wurden hingegen

- ein vom Arbeitgeber gezahlter **pauschaler Bürokostenzuschuss**, weil sein Arbeitnehmer kein häusliches Arbeitszimmer benötigt (BFH v. 8.3.2006, IX R 76/01, HFR 2006, 1081); ebenso FG Nürnberg v. 23.4.2009, 7 K 1954/2007, www.stotax-first.de, betr. das Arbeitszimmer eines Außendienstprüfers einer Rentenversicherung;
- **Schmiergeldzahlungen**;
- eine sog. **Wagenpflegepauschale**, die der Arbeitgeber für die Säuberung des einem Arbeitnehmer unentgeltlich überlassenen Firmenwagens zahlt. Ein steuerfreier Auslagenersatz kommt nur im Rahmen der R 3.50 LStR zur Anwendung. Damit ist die Erstattung der tatsächlichen Kosten oder eines pauschalen Auslagenersatzes nur bei Nachweis über einen repräsentativen Zeitraum möglich. Die **obersten Finanzbehörden** haben es abgelehnt, das zu „beamteneigenen Wagen" ergangene Urteil des BFH v. 26.7.2001, VI R 122/98, BStBl II 2001, 844 auf von „privaten Arbeitgebern" überlassene Firmenwagen anzuwenden;
- die Leistung von **Erziehungshilfe**, wenn der Stpfl. die betreuten Kinder zeitweise in seinen Haushalt aufnimmt und dafür von einem privaten Träger der Kinder- und Jugendhilfe neben einem Gehalt eine pauschale Kostenerstattung erhält. Steuerfreier Auslagenersatz liegt nur vor, wenn der Stpfl. nachweist, dass die Pauschale den tatsächlichen Aufwendungen im Großen und Ganzen entspricht. Kann der Nachweis nicht erbracht werden, ist die Pauschale als Bestandteil des Arbeitslohns

Auslagenersatz und durchlaufende Gelder

steuerpflichtig. Die tatsächlichen Aufwendungen des Stpfl., die notfalls im Wege der Schätzung zu ermitteln sind, stellen Werbungskosten dar (FG Schleswig-Holstein v. 19.4.2005, 3 K 50337/03, EFG 2005, 1173);

- **pauschale Fahrtkostenerstattungen** des Arbeitgebers für Dienstfahrten mit privaten Pkw, wenn nicht durch Aufzeichnungen o.Ä. nachgewiesen ist, dass die erstatteten Beträge zumindest in etwa den tatsächlichen Aufwendungen entsprechen (BFH v. 15.3.2011, VI B 151/10, www.stotax-first.de).

Beispiel:
Eine GmbH hatte an ihre Geschäftsführer mehrere 10 000 € gegen Kassenauszahlungsbelege mit dem Vermerk „Geschenke über 75 €" ausgezahlt. Die GmbH behandelte die Zahlungen als nicht abzugsfähige Betriebsausgaben nach § 4 Abs. 5 Satz 1 Nr. 1 EStG und gab an, dass es sich bei den Zahlungen um Schmiergelder für Geschäftsfreunde gehandelt habe, die sie nicht benennen wolle.

Das FG Brandenburg (Urteil v. 2.12.1996, 5 V 1368/96 H, n.v.) hat die Zahlungen als steuerpflichtigen Arbeitslohn der Geschäftsführer angesehen. Begründung: Die Anerkennung nicht steuerbaren Auslagenersatzes i.S.d. § 3 Nr. 50 EStG kommt grundsätzlich nur bei **Einzelabrechnung** der vom Arbeitnehmer verauslagten Beträge in Betracht. Es muss nämlich praktisch feststehen, dass das gesamte erhaltene Geld im Interesse des Arbeitgebers verbraucht wird und nicht auch nur ein kleiner Teil davon bei dem Arbeitnehmer verbleibt.

Zwar sind **Pauschalzahlungen** steuerlich als Auslagenersatz anzuerkennen, wenn sie im Großen und Ganzen den tatsächlichen Aufwendungen entsprechen. Dies gilt jedoch nicht, wenn die Zahlungen an den Arbeitnehmer überhöht sind oder wenn anhand der angebotenen Beweismittel nicht aufklärbar ist, ob sie den tatsächlichen Aufwendungen im Großen und Ganzen entsprechen. Im entschiedenen Fall war nach den Angaben der GmbH gerade **nicht aufklärbar**, ob und an wen die Empfänger der Zahlungen diese weitergegeben hatten. Da nicht festzustellen war, ob und in welcher Höhe Schmiergelder an Geschäftsfreunde gezahlt worden waren, mussten die als Auslagenersatz deklarierten Zahlungen in voller Höhe als **Arbeitslohn der Geschäftsführer** angesehen werden.

b) Aufwendungen für Telekommunikation

435 Nach R 3.50 Abs. 2 Satz 3 bis 5 LStR können bei Aufwendungen für Telekommunikation auch die Aufwendungen für das **Nutzungsentgelt** einer Telefonanlage sowie für den **Grundpreis** der Anschlüsse entsprechend dem beruflichen Anteil der Verbindungsentgelte an den gesamten Verbindungsentgelten (Telefon und Internet) steuerfrei ersetzt werden (so bereits BMF v. 24.5.2000, IV C 5 – S 2336 – 13/00, BStBl I 2000, 613, das allerdings aufgehoben wurde). Fallen erfahrungsgemäß beruflich veranlasste Telekommunikationsaufwendungen an, können aus Vereinfachungsgründen **ohne Einzelnachweis bis zu 20 % des Rechnungsbetrags, höchstens 20 € monatlich steuerfrei ersetzt** werden.

Damit der pauschale Auslagenersatz nicht für jeden Monat neu ermittelt werden muss, kann der **monatliche Durchschnittsbetrag**, der sich aus den Rechnungsbeträgen für einen repräsentativen Zeitraum von **drei Monaten** ergibt, dem pauschalen Auslagenersatz zu Grunde gelegt werden. Diese Regelung soll der weiteren Vereinfachung dienen, weil der Aufwand beim Arbeitgeber zu groß wäre, wenn er die Rechnungsbelege während des ganzen Jahres zum Lohnkonto nehmen müsste.

Der pauschale Auslagenersatz bleibt auch hier grundsätzlich so lange steuerfrei, bis sich die **Verhältnisse wesentlich ändern** (R 3.50 Abs. 2 Satz 6 LStR).

Beispiel 1:
A, Außendienstmitarbeiter einer Computerfirma, muss von zu Hause aus viele berufliche Telefongespräche führen (Entgegennahme von Störungsmeldungen, Terminabsprachen usw.). Seine monatlichen Telefonrechnungen betragen im Monat Januar 80 €, Februar 90 € und März 112 €.

Wenn A seinem Arbeitgeber die monatlichen Telefonrechnungen vorlegt, kann dieser jeweils 20 % der Rechnungsbeträge als Auslagenersatz steuerfrei ersetzen, d.h. für Januar 16 €, Februar 18 € und März 20 € (20 % von 112 € = 22,40 €, höchstens jedoch 20 €). Weist A auf Grund der den Telefonrechnungen beiliegenden Einzelverbindungsnachweise einen höheren beruflichen Anteil der Telefonnutzung nach, kann der Arbeitgeber A auch einen höheren Betrag steuerfrei ersetzen.

Der Arbeitgeber muss die monatlichen Telefonrechnungen zum Lohnkonto nehmen.

Beispiel 2:
Sachverhalt wie Beispiel 1. Der Arbeitgeber möchte sich jedoch nicht mehr alle Telefonrechnungen vorlegen lassen und zum Lohnkonto nehmen.

Der Arbeitgeber kann ab April 20 % des Durchschnittsbetrags von 94 € (80 € + 90 € + 112 € = 282 € : 3) = 18,80 € (der Höchstbetrag von 20 € wird nicht überschritten) pauschal als Auslagenersatz steuerfrei ersetzen.

Nur die Rechnungen für die Monate Januar bis März sind zum Lohnkonto zu nehmen. Dieser Betrag kann so lange steuerfrei ersetzt werden, bis sich die Verhältnisse wesentlich ändern, also auch noch in den Folgejahren.

Vgl. im Übrigen → *Telekommunikation* Rz. 2852.

4. Verfahren

436 Die Abgrenzung, wann pauschaler steuerfreier Auslagenersatz anerkannt werden kann, wird im Einzelfall schwierig sein. Der BFH hat hierzu aber ausdrücklich darauf hingewiesen, dass der **Arbeitgeber die Möglichkeit hat**, vorher vom Finanzamt unter Nachweis der tatsächlichen Beträge eines bestimmten Zeitraums gem. § 42e EStG eine **Anrufungsauskunft** (→ *Auskünfte und Zusagen des Finanzamts* Rz. 413) darüber einzuholen, ob die vereinbarte Pauschalabgeltung nach Ansicht der Finanzverwaltung als nicht steuerbarer Auslagenersatz oder als steuerpflichtiger Arbeitslohn zu beurteilen ist (BFH v. 21.8.1995, VI R 30/95, BStBl II 1995, 906).

Ausländische Arbeitnehmer

437 Auch ein ausländischer Arbeitnehmer ist nach § 1 Abs. 1 EStG unbeschränkt steuerpflichtig, wenn er in Deutschland einen Wohnsitz oder seinen gewöhnlichen Aufenthalt hat (→ *Steuerpflicht: unbeschränkte* Rz. 2794). Zu **familien- und ehegattenbezogenen Entlastungen** für Familienangehörige im Ausland → *Steuerpflicht* Rz. 2771. Der Lohnsteuerabzug ist nach den Lohnsteuerabzugsmerkmalen vorzunehmen.

Hat der Arbeitnehmer **keinen Wohnsitz/gewöhnlichen Aufenthalt** in Deutschland, ist er grundsätzlich nach § 1 Abs. 4 EStG mit seinen inländischen Einkünften (§ 49 EStG) beschränkt steuerpflichtig, sofern er nicht die Voraussetzungen für die unbeschränkte Steuerpflicht auf Antrag (§ 1 Abs. 3 EStG) oder die erweiterte unbeschränkte Steuerpflicht (§ 1 Abs. 2 EStG) erfüllt. Der Lohnsteuerabzug ist auch in diesem Fall nach den Lohnsteuerabzugsmerkmalen vorzunehmen (§ 39b Abs. 1 EStG).

Das deutsche Besteuerungsrecht kann insbesondere jeweils durch ein Doppelbesteuerungsabkommen eingeschränkt sein, wenn Wohnsitz- und Tätigkeitsstaat auseinander fallen. Zum Einfluss eines Doppelbesteuerungsabkommens auf das Lohnsteuerabzugsverfahren s. → *Doppelbesteuerungsabkommen bei Einkünften aus nichtselbständiger Arbeit* Rz. 866.

Zu weiteren Einzelheiten auch → *Steuerpflicht* Rz. 2765.

Ausländische Einkünfte

→ *Anrechnung/Abzug ausländischer Steuern* Rz. 154

Ausländische Lehrkräfte

1. Allgemeines

438 Ausländische Lehrkräfte sind **unbeschränkt steuerpflichtig**, wenn sie im **Inland einen Wohnsitz oder ihren gewöhnlichen Aufenthalt** haben (→ *Steuerpflicht: unbeschränkte* Rz. 2794). Da entsandte Lehrkräfte zumeist ihren Wohnsitz im Heimatland (Entsendestaat) beibehalten oder Arbeitslohn aus einer öffentlichen Kasse ihres Heimatlands erhalten, unterliegen sie auch dort der Steuerpflicht.

Das deutsche Besteuerungsrecht kann durch Doppelbesteuerungsabkommen eingeschränkt sein.

2. Sonderregelung für Gastlehrkräfte nach Doppelbesteuerungsabkommen

439 Sofern Deutschland mit dem Entsendestaat ein **Doppelbesteuerungsabkommen** abgeschlossen hat, ist zu prüfen, ob dieses eine **Sonderregelung zur Befreiung von Lehrtätigkeitsvergütungen** bei Gastlehrkräften enthält (vgl. auch Art. 20 OECD-MA). Dies ist im Interesse des Kulturaustauschs häufig der Fall. Zum Begriff der Lehranstalten und des Lehrers i.S. der Regelungen für Gastlehrer vgl. BMF v. 10.1.1994, IV C 5 – S 1300 – 196/93, BStBl I 1994, 14.

Die Befreiung von der deutschen Einkommen-/Lohnsteuer hängt oft z.B. davon ab, dass der Arbeitnehmer im Entsendestaat i.S. der Doppelbesteuerungsabkommen ansässig ist, ggf. zumindest unmittelbar vor Aufnahme der Tätigkeit, oder Vergütungen von Quellen außerhalb des Tätigkeitsstaates erzielt.

Nach mehreren Doppelbesteuerungsabkommen sind die Lehrkräfte aus dem Partnerstaat mit ihren Lehrvergütungen in Deutschland steuerbefreit, wenn sie sich hier **vorübergehend für höchstens zwei Jahre zu Unterrichtszwecken** aufhalten (z.B. Art. 19 DBA-Großbritannien). Bei längerem Aufenthalt tritt für die ersten beiden Jahre auch dann keine Steuerbefreiung ein, wenn ursprünglich eine kürzere Verweildauer geplant war und der Aufenthalt später verlängert wurde (BFH v. 22.7.1987, I R 224/83, BStBl II 1987, 842). Liegt ein Zeitraum von mehr als sechs Monaten zwischen zwei Aufenthalten, so gelten die Aufenthalte nicht als zusammenhängend. Beträgt der Zeitraum weniger als sechs Monate, so gilt der Aufenthalt als nicht unterbrochen, es sei denn, aus den Umständen des Einzelfalls ergibt sich, dass die beiden Aufenthalte völlig unabhängig voneinander sind. Zur Dauer des Aufenthalts bei zeitweiser Beurlaubung für einen Forschungsauftrag im Heimatland vgl. FG Baden-Württemberg v. 28.6.2001, 14 K 341/94, EFG 2001, 1261.

Im Einzelfall sind die Voraussetzungen für die Steuerfreiheit stets nach den Vorschriften des jeweiligen Doppelbesteuerungsabkommens zu prüfen. Bei einer Besoldung der Lehrkräfte aus Kassen des ausländischen Entsendestaats sind die jeweiligen Abkommensbestimmungen zum öffentlichen Dienst anzuwenden.

3. Bescheinigung der Steuerbefreiung durch das Betriebsstättenfinanzamt

440 Ist nach einem Doppelbesteuerungsabkommen (→ *Doppelbesteuerungsabkommen bei Einkünften aus nichtselbständiger Arbeit* Rz. 866) die **Steuerbefreiung** von einem **Antrag** abhängig, so darf der Lohnsteuerabzug nur dann unterbleiben, wenn das **Betriebsstättenfinanzamt** bescheinigt, dass der Arbeitslohn nicht der deutschen Lohnsteuer unterliegt (BFH v. 10.5.1989, I R 50/85, BStBl II 1989, 755). Ist die Steuerbefreiung antragsunabhängig, hat das Betriebsstättenfinanzamt gleichwohl auf Antrag eine Freistellungsbescheinigung zu erteilen (R 39b.10 LStR). Wird zulässigerweise kein Antrag gestellt, kann die für die Lohnsteuerbefreiung maßgebende Zwei-Jahres-Frist (→ Rz. 439) im Rahmen einer Lohnsteuer-Außenprüfung überprüft werden und die Inanspruchnahme des Arbeitgebers als **Haftungsschuldner** in Frage kommen. Der Arbeitgeber sollte daher vom **Antragsrecht zur Vermeidung des Haftungsrisikos** Gebrauch machen. Ist zweifelhaft, ob die Zwei-Jahres-Frist eingehalten wird oder nicht, kann das Finanzamt eine Freistellungsbescheinigung unter dem Vorbehalt der Nachprüfung (§ 164 AO) erteilen und Steuerfestsetzungen nach § 165 AO vorläufig erlassen oder die Festsetzung aussetzen. Zu weiteren Einzelheiten vgl. → *Freistellungsbescheinigung* Rz. 1344.

4. Billigkeitsmaßnahmen

441 Liegen die Voraussetzungen für eine Steuerfreiheit nach den oben genannten Grundsätzen nicht vor, kann im Einzelfall nach Maßgabe der allgemeinen Vorschriften, z.B. wegen einer schwangerschaftsbedingten Verlängerung des Aufenthalts oder Beendigung des vorübergehenden Aufenthalts durch Begründung eines Familienwohnsitzes nach Heirat eines in Deutschland ansässigen Partners, eine Billigkeitsmaßnahme in Betracht kommen (BMF v. 10.1.1994, IV C 5 – S 1300 – 196/93, BStBl I 1994, 14). Zum Verzicht auf eine Nachversteuerung in Härtefällen (z.B. kurze Überschreitung der Frist wegen Krankheit) s.a. Vereinbarung mit der Steuerverwaltung der USA (BMF v. 20.9.1999, IV B 4 – S 1301 USA – 81/99, BStBl I 1999, 844).

5. Beschäftigung von Lehramtsassistenten

442 Vergütungen, die ausländischen Lehramtsassistenten gewährt werden, sind unter den Voraussetzungen des § 3 Nr. 11 EStG steuerfrei (FinMin Bremen v. 20.11.1984, S 2342 – 210, www.stotax-first.de).

Ausländische Praktikanten

1. Steuerpflicht

443 Der ausländischen Praktikanten gezahlte Arbeitslohn ist **grundsätzlich lohnsteuerpflichtig**. Es ist allerdings zu prüfen, ob das deutsche Besteuerungsrecht durch ein Doppelbesteuerungsabkommen mit dem Heimatland des Praktikanten eingeschränkt ist; s.a. → *Ausländische Studenten* Rz. 446 und → *Ausländische Arbeitnehmer* Rz. 437.

2. Sozialversicherungspflicht

444 In der Bundesrepublik Deutschland abgeleistete Praktika ausländischer Studenten sind unter der gleichen Voraussetzung versicherungsfrei, sofern das Praktikum in einer Studien- oder Prüfungsordnung vorgeschrieben ist. Sofern das Praktikum auf Grund einer ausländischen Studien- oder Prüfungsordnung ohne Arbeitsentgelt durchgeführt wird, besteht sowohl für Vor- und Nachpraktika als auch für Zwischenpraktika keine Versicherungspflicht (Gemeinsames Rundschreiben der Spitzenverbände der Krankenkassen v. 21.3.2006). Als Nachweis der Versicherungsfreiheit hat der Arbeitgeber unbedingt eine **aktuelle Immatrikulationsbescheinigung** der ausländischen Hochschule zu seinen Lohnunterlagen zu nehmen (→ *Lohnkonto* Rz. 1801).

Ausländischer Arbeitslohn

445 Bei unbeschränkt steuerpflichtigen Arbeitnehmern ist die Frage, inwieweit ausländischer Arbeitslohn vorliegt, insbesondere für eine etwaige Einschränkung des Besteuerungsrechts oder eine **Steuerermäßigung bei ausländischen Einkünften** nach § 34c EStG von Bedeutung (→ *Anrechnung/Abzug ausländischer Steuern* Rz. 154). Das Besteuerungsrecht für ausländischen Arbeitslohn ist bei Vorliegen eines **Doppelbesteuerungsabkommens** regelmäßig eingeschränkt. Liegt kein Doppelbesteuerungsabkommen vor, ist der Arbeitslohn unter den Voraussetzungen des **Auslandstätigkeitserlasses** steuerfrei. Steuerfreier ausländischer Arbeitslohn ist regelmäßig beim **Progressionsvorbehalt** zu berücksichtigen. Auf diesen entfallende Werbungskosten dürfen die inländischen Einkünfte nicht mindern.

Ausländischer Arbeitslohn ist gem. § 34d EStG Arbeitslohn

- für eine **Tätigkeit**, die
  - in einem ausländischen Staat ausgeübt wird oder worden ist, oder
  - ohne in Deutschland ausgeübt worden zu sein, **im Ausland verwertet** wird oder worden ist, oder
- der aus einer **ausländischen öffentlichen Kasse** mit Rücksicht auf ein Dienstverhältnis gewährt worden ist.

Einkünfte aus einer **inländischen öffentlichen Kasse** gelten auch bei Ausübung der Tätigkeit in einem ausländischen Staat als inländische Einkünfte.

Zur Behandlung von Arbeitslohn aus einer Tätigkeit im Ausland, die im Inland verwertet wird, s. → *Steuerpflicht* Rz. 2774.

Zu weiteren Einzelheiten → *Steuerpflicht* Rz. 2765; → *Auslandstätigkeitserlass* Rz. 464.

Zur Ermittlung, Umrechnung und zum Nachweis von Arbeitslohn und Einkünften in ausländischer Währung → *Anrechnung/Abzug ausländischer Steuern* Rz. 156.

Ausländische Studenten

1. Keine Sonderregelung nach deutschem Steuerrecht

446 Für ausländische Studenten gelten grundsätzlich **dieselben Regelungen wie für andere ausländische Arbeitnehmer**. Das

Ausländische Studenten

deutsche Besteuerungsrecht kann aber insbesondere durch ein Doppelbesteuerungsabkommen eingeschränkt sein (→ *Doppelbesteuerungsabkommen: Allgemeines* Rz. 855). Eine Einschränkung durch die „183 Tage-Regelung" (→ *Doppelbesteuerungsabkommen bei Einkünften aus nichtselbständiger Arbeit* Rz. 866) scheitert grundsätzlich daran, dass die Vergütungen von einem oder für einen im Inland ansässigen Arbeitgeber oder von einer inländischen Betriebsstätte/festen Einrichtung eines ausländischen Arbeitgebers gezahlt werden.

2. Sonderregelungen in Doppelbesteuerungsabkommen

447 Allerdings enthalten Doppelbesteuerungsabkommen i.d.R. Sonderregelungen für Studenten und vergleichbare Personen, also z.B. Schüler, Lehrlinge, Praktikanten, Volontäre oder Personen, die sich zur Erlangung technischer, beruflicher Erfahrungen oder zur Ausbildung oder Forschung in Deutschland aufhalten (vgl. Art. 20 OECD-MA).

3. Ausgestaltung der Sonderregelungen

448 Die Steuerbefreiungen für ausländische Studenten und vergleichbare Personen sind in den einzelnen Doppelbesteuerungsabkommen unterschiedlich ausgestaltet.

Die **Anknüpfungsmerkmale** sind aber im Wesentlichen

- **ausbildungsbezogene Tätigkeit**,
- **Dauer** der Tätigkeit,
- **Höhe der Vergütung**.

a) Ausbildungsbezogene Tätigkeit

449 Voraussetzung für die Steuerfreiheit in Deutschland ist regelmäßig, dass die in Deutschland ausgeübte Tätigkeit eine **Beziehung zum Studienfach hat**.

Häufig verlangen Doppelbesteuerungsabkommen zusätzlich, dass die ausbildungsbezogene Tätigkeit ein **notwendiges Praktikum** ist (z.B. DBA-Frankreich, Niederlande). Die Steuerfreiheit ist dann von einem entsprechenden **Nachweis** abhängig (vgl. auch BFH v. 22.1.1992, I R 49/91, BStBl II 1992, 546).

Ist die Steuerfreiheit nicht von der Ausbildungsbezogenheit abhängig, so sind auch andere Einkünfte des Studenten, z.B. **durch „Jobben" erzielte Einkünfte**, steuerfrei. Die Steuerfreiheit der Einkünfte ist günstiger als die Pauschalierung für Aushilfskräfte, so dass in diesen Fällen ein Verzicht auf die Pauschalierung ratsam ist.

b) Dauer der Tätigkeit

450 Voraussetzung für die Steuerfreiheit in Deutschland ist nach vielen Doppelbesteuerungsabkommen, dass die Person nicht **länger als 183 Tage beschäftigt** werden darf (z.B. Frankreich, Niederlande).

c) Dauer des Aufenthalts

451 In vielen Doppelbesteuerungsabkommen ist auch die **Aufenthaltsdauer in Deutschland beschränkt**, z.B. ein Jahr (Israel, Portugal). Zu Billigkeitsmaßnahmen in Härtefällen bei Überschreitung der Frist s.a. BMF v. 20.9.1999, IV B 4 – S 1301 USA – 81/99, BStBl I 1999, 844.

d) Höhe der Vergütung

452 Manche Doppelbesteuerungsabkommen (z.B. USA, Korea) machen die Steuerfreiheit in Deutschland von einer **Höchst- oder Freigrenze für Vergütungen abhängig** (vgl. hierzu auch BMF v. 16.3.2001, IV B 3 – S 1300 – 14/01, BStBl I 2001, 204).

4. Unterlassen des Lohnsteuerabzugs

453 Ist nach einem Doppelbesteuerungsabkommen die Steuerbefreiung von einem Antrag abhängig, darf der Arbeitgeber den Lohnsteuerabzug nur unterlassen, wenn eine **Freistellungsbescheinigung** des Betriebsstättenfinanzamts vorliegt. Zu Einzelheiten vgl. → *Freistellungsbescheinigung* Rz. 1344.

5. Sozialversicherung

Zur versicherungsrechtlichen Beurteilung → *Ausländische Praktikanten* Rz. 443.

Auslandsaufenthalt

→ *Ausstrahlung* Rz. 480, → *Einstrahlung* Rz. 998

Auslandsbeamte

1. Steuerpflicht

455 Auslandsbeamte sind aktive und pensionierte Beamte, die im Ausland leben, in einem Dienstverhältnis zu einem inländischen Dienstherrn stehen und **Arbeitslohn aus einer inländischen öffentlichen Kasse** beziehen. Ihr Arbeitslohn unterliegt dem **Lohnsteuerabzug**, weil es sich stets um inländische Einkünfte aus nichtselbständiger Arbeit von einem inländischen Arbeitgeber i.S.d. § 49 Abs. 1 Nr. 4 EStG handelt, die sowohl bei beschränkter als auch bei unbeschränkter Steuerpflicht der deutschen Einkommensteuer/Lohnsteuer unterliegen, und in Fällen eines Doppelbesteuerungsabkommens das Besteuerungsrecht wegen des **Kassenstaatsprinzips** der Bundesrepublik Deutschland zusteht (→ *Doppelbesteuerungsabkommen bei Einkünften aus nichtselbständiger Arbeit* Rz. 867). Zur Besteuerung des von Organen der EU gezahlten Tagegelds für in ihrem Bereich verwendete deutsche Beamte s. BMF v. 12.4.2006, IV B 3 – S 1311 – 75/06, BStBl I 2006, 340.

Seit der **Einschränkung des sog. Beamtenprivilegs** erhalten öffentlich Bedienstete, soweit sie nicht mit ihren Angehörigen erweitert unbeschränkt steuerpflichtig (§ 1 Abs. 2 EStG) sind, grundsätzlich personen- und familienbezogene Entlastungen unter **denselben Voraussetzungen wie Arbeitnehmer der Privatwirtschaft**. Eine **Ausnahme** besteht insoweit, als der Splittingtarif (= Steuerklasse III) nach § 1a Abs. 2 EStG auch bei einem Wohnsitz außerhalb eines EU/EWR-Mitgliedstaats gewährt wird, wenn es sich um den **Dienstort** handelt, und die Einkünfte fast ausschließlich der deutschen Besteuerung unterliegen; keine Sonderregelungen bestehen hinsichtlich des Abzugs von Unterhaltsaufwendungen an den geschiedenen Ehegatten (Realsplitting) und wenn der Beamte z.B. nach der Pensionierung freiwillig im Ausland lebt (vgl. auch → *Steuerpflicht* Rz. 2772).

2. Sozialversicherungspflicht

456 Beamte einer deutschen Körperschaft des öffentlichen Rechts, die ihren Wohnsitz im Ausland haben, sind – wie inländische Beamte – sozialversicherungsfrei.

Auslandsjournalisten

auch → *Korrespondenten* Rz. 1685

457 Zur einkommensteuerrechtlichen Behandlung der **nicht im Inland ansässigen Korrespondenten** inländischer Rundfunk- und Fernsehanstalten sowie inländischer Zeitungsunternehmen s. BMF v. 13.3.1998, IV B 4 – S 2303 – 28/98, BStBl I 1998, 351. Auslandsjournalisten sind grundsätzlich beschränkt steuerpflichtig, wenn sie nicht ausnahmsweise nach § 1 Abs. 3 EStG auf Antrag als unbeschränkt steuerpflichtig behandelt werden. Soweit sie nicht Arbeitslohn von einem inländischen Arbeitgeber erhalten, der dem **Lohnsteuerabzug** unterliegt, ist regelmäßig der **Steuerabzug nach** § 50a EStG vorzunehmen. Vgl. hierzu im Einzelnen → *Steuerpflicht* Rz. 2774.

Nach den **Doppelbesteuerungsabkommen** hat Deutschland regelmäßig für Korrespondenten, die im Ausland ansässig und tätig sind, **kein Besteuerungsrecht**. Abweichend davon hat Deutschland das Besteuerungsrecht bei Einkünften aus **nichtselbständiger Arbeit** für Vergütungen, die von einer deutschen juristischen Person des öffentlichen Rechts (z.B. Rundfunk- oder Fernsehanstalt) an Korrespondenten gezahlt werden,

- unabhängig von der Staatsangehörigkeit des Korrespondenten nach den DBA-Marokko, Spanien,
- wenn der Korrespondent die deutsche Staatsangehörigkeit oder nicht die Staatsangehörigkeit des Wohnsitzstaates hat

oder die Ansässigkeit im Ausland ausschließlich im Hinblick auf die Tätigkeit begründet worden ist nach den DBA-Belgien, Bolivien, Dänemark, Frankreich, Kasachstan, Litauen, Luxemburg, Niederlande, Norwegen, Österreich, Schweden, Schweiz.

Sofern vom Steuerabzug nicht bereits auf Grund eines Doppelbesteuerungsabkommens abgesehen werden kann, wird auf den **Steuerabzug verzichtet**, wenn nachgewiesen wird, dass von den Einkünften im Tätigkeitsstaat eine der deutschen Einkommensteuer entsprechende Steuer tatsächlich erhoben wird. In diesen Fällen darf vom Steuerabzug nur abgesehen werden, wenn eine **Freistellungsbescheinigung des Finanzamts** vorliegt. Vgl. auch → *Steuerpflicht* Rz. 2774.

Zur Lohnsteuerabzugspflicht ausländischer Medienunternehmen in Bezug auf sog. Korrespondentenbetriebsstätten s. OFD Düsseldorf v. 29.9.1998, S 1301 A – St 112 – D, www.stotax-first.de.

Auslandslehrer

1. Begriff des Auslandslehrers

458 Ein Auslandslehrer ist eine Lehrkraft, die vom Dienstherrn an eine **Schule im Ausland abgeordnet** worden ist.

2. Art der Steuerpflicht

459 Sofern Auslandslehrer ihren **Wohnsitz im Inland beibehalten**, unterliegen sie weiterhin der **unbeschränkten Steuerpflicht**. Geben Auslandslehrer ihren **inländischen Wohnsitz auf**, können sie unter den Voraussetzungen des § 1 Abs. 2 EStG der erweiterten unbeschränkten Steuerpflicht unterliegen. Die Voraussetzungen für die erweiterte unbeschränkte Steuerpflicht werden **grundsätzlich nicht erfüllt** werden, weil der Empfangsstaat die Lehrkräfte regelmäßig nicht nur in einem der beschränkten Steuerpflicht entsprechenden Umfang besteuert (→ *Steuerpflicht* Rz. 2765).

Ausnahmen:

In den **USA, Ecuador und Kolumbien** werden amtlich in diese Staaten vermittelte Lehrkräfte sowie andere nicht entsandte, dort tätige Arbeitnehmer und ihre Ehegatten nur in einem der beschränkten Steuerpflicht ähnlichen Umfang zur Einkommensteuer herangezogen. Sie können daher unter den übrigen Voraussetzungen des § 1 Abs. 2 EStG der erweiterten Steuerpflicht unterliegen (im Einzelnen BMF v. 10.11.1994, IV B 4 – S 2102 – 27/94, BStBl I 1994, 853 und BMF v. 17.6.1996, IV B 4 – S 2102 – 35/96, BStBl I 1996, 688).

Vgl. im Übrigen → *Auslandsbeamte* Rz. 455.

3. Zulagen an Lehrer bei den Europäischen Schulen

460 Die vom Obersten Rat der Europäischen Schulen an die Lehrkräfte der Europäischen Schulen in **München** und **Karlsruhe** gezahlte Gehaltszulage und Ausgleichszulage ist nach § 5 der Verordnung über die Gewährung von Vorrechten und Befreiungen an den Europäischen Schulen in Karlsruhe und München v. 12.8.1985, BGBl. II 1985, 999 **steuerfrei**, und zwar auch dann, wenn sie den an diesen Schulen tätigen **deutschen Lehrkräften** gezahlt werden. Die Zulagen unterliegen nicht dem Progressionsvorbehalt (→ *Progressionsvorbehalt* Rz. 2331).

Nach der Verordnung über die Gewährung von Vorrechten und Befreiungen an die Direktoren und Lehrer bei den **Europäischen Schulen im Ausland** v. 18.8.1995, BStBl I 1995, 416 sind die Zulagen, die den Direktoren und Lehrern der in Anwendung des Protokolls über die Gründung Europäischer Schulen v. 13.4.1962, BGBl. II 1969, 1301 im Ausland gegründeten Schulen auf Grund der Vorschriften des Statuts des Lehrerpersonals der Europäischen Schulen gezahlt werden, von der **Einkommensteuer befreit**. Die Zulagen unterliegen nicht dem Progressionsvorbehalt (BFH v. 15.12.1999, I R 80/98, HFR 2000, 577).

4. Zulagen allgemein

461 S. → *Kaufkraftausgleich* Rz. 1646.

Auslandsreise

→ *Reisekosten: Allgemeine Grundsätze* Rz. 2409

Auslandsreisekosten, Auslandstagegelder

→ *Reisekosten: Erstattungen* Rz. 2465

Auslandstätigkeit

1. Steuerpflicht

462 Wenn Arbeitnehmer für ihren inländischen Arbeitgeber im Ausland tätig werden, ist zu prüfen:

- Ob und in welchem Umfang ist der Arbeitslohn im Inland steuerpflichtig? Die Besteuerung des Arbeitslohns hängt im Wesentlichen von der **persönlichen Steuerpflicht** des Arbeitnehmers ab. S. dazu → *Steuerpflicht* Rz. 2765.

- Kommt eine **Steuerfreistellung** in Betracht
  - nach einem **Doppelbesteuerungsabkommen** (→ *Doppelbesteuerungsabkommen: Allgemeines* Rz. 855),
  - bei **unbeschränkt steuerpflichtigen** Arbeitnehmern (→ *Steuerpflicht: unbeschränkte* Rz. 2794) nach § 34c Abs. 5 EStG, insbesondere nach den Grundsätzen des **Auslandstätigkeitserlasses** (→ *Auslandstätigkeitserlass* Rz. 464),
  - bei **beschränkt steuerpflichtigen** Arbeitnehmern (→ *Steuerpflicht* Rz. 2765) nach § 50 Abs. 4 EStG, z.B. wegen inländischer **Verwertung** einer im Ausland ausgeübten Tätigkeit (→ *Steuerpflicht* Rz. 2774)?

- Sofern der ausländische Staat vom Arbeitslohn für die Auslandstätigkeit eine Steuer erhoben hat, kann diese bei unbeschränkt steuerpflichtigen Arbeitnehmern unter den Voraussetzungen des § 34c EStG auf die deutsche Einkommensteuer angerechnet oder bei der Ermittlung der Einkünfte abgezogen werden? S. auch → *Anrechnung/Abzug ausländischer Steuern* Rz. 154.

2. Sozialversicherungspflicht

463 Die **Versicherungs- und Beitragspflicht** in der deutschen Sozialversicherung entsteht nur dann, wenn eine Beschäftigung im Geltungsbereich des Sozialgesetzbuchs, d.h. in Deutschland (Inland), ausgeübt wird **(Territorialitätsprinzip)**. Beschäftigungen im Ausland werden dagegen nach den Rechtsvorschriften des entsprechenden Staates sozialrechtlich beurteilt. Ausnahmen hiervon sieht SGB IV für die Fälle vor, in denen im Inland bestehende Beschäftigungsverhältnisse vorübergehend im Ausland ausgeübt werden (→ *Ausstrahlung* Rz. 480).

Auslandstätigkeitserlass

Inhaltsübersicht:

	Rz.
1. Allgemeines	464
a) Lohnsteuer	464
b) Inländische öffentliche Kasse	465
c) Sozialversicherung	466
2. Inländischer Arbeitgeber	467
3. Tätigkeitsstaat	468
4. Begünstigte Auslandstätigkeit	469
a) Sachliche Voraussetzungen	469
b) Zeitliche Voraussetzungen	470
5. Begünstigter Arbeitslohn	472
a) Art des Arbeitslohns	472
b) Aufteilung einheitlicher Zuwendungen	473
6. Folgen der Steuerfreiheit	474
7. Verfahrensvorschriften	475

1. Allgemeines

a) Lohnsteuer

464 Der sog. **Auslandstätigkeitserlass** (BMF v. 31.10.1983, IV B 6 – S 2293 – 50/83, BStBl I 1983, 470) – der den früheren Montageerlass ersetzt hat – stellt bestimmte Arbeitnehmereinkünfte bei

Auslandstätigkeitserlass

keine Sozialversicherungspflicht = (SV̶)
Sozialversicherungspflicht = (SV)

Auslandstätigkeiten zur Vermeidung der Doppelbesteuerung und zur Förderung der deutschen Exportwirtschaft auf der Grundlage der §§ 34c, 50 Abs. 4 EStG von der Einkommensteuer/Lohnsteuer frei. Er gilt für beschränkt und unbeschränkt steuerpflichtige Arbeitnehmer.

Voraussetzung für die Steuerfreiheit ist, dass

– Arbeitslohn für ein gegenwärtiges Dienstverhältnis,
– der von einem **inländischen Arbeitgeber**
– für eine **begünstigte Tätigkeit**,
– **nicht aus einer inländischen öffentlichen Kasse** – einschließlich der Kassen der Deutschen Bundesbank – **gezahlt wird** (BMF v. 31.10.1983, IV B 6 – S 2293 – 50/83, BStBl I 1983, 470, Abschn. V Nr. 1), und
– mit dem Tätigkeitsstaat **kein Doppelbesteuerungsabkommen** besteht, das sich auf Einkünfte aus nichtselbständiger Arbeit bezieht (ist ein Abkommen bereits für die Zeit vor dem Inkrafttreten anzuwenden, so sind die Regelungen des Auslandstätigkeitserlasses anzuwenden, wenn diese für den Arbeitnehmer günstiger sind [BMF v. 31.10.1983, IV B 6 – S 2293 – 50/83, BStBl I 1983, 470, Abschn. V Nr. 2]).

Die Steuerfreiheit setzt keine Besteuerung im Tätigkeitsstaat voraus (FG Köln v. 22.3.2001, 7 K 1709/99, EFG 2001, 974). § 50d Abs. 8 EStG gilt insoweit nicht.

b) Inländische öffentliche Kasse

465 Arbeitslöhne können nur von der inländischen Besteuerung ausgenommen werden, soweit sie **nicht aus inländischen öffentlichen Kassen** einschließlich der Kassen des Bundeseisenbahnvermögens und der Deutschen Bundesbank bezahlt werden (BMF v. 31.10.1983, IV B 6 – S 2293 – 50/83, BStBl I 1983, 470, Abschn. V Nr. 1).

Die obersten Finanzbehörden haben entschieden, dass **Arbeitslohn aus einer inländischen öffentlichen Kasse** auch dann vorliegt, wenn die auszahlende Stelle zwar eine juristische Person des Privatrechts ist, diese aber **hinsichtlich ihres Finanzgebarens der Aufsicht oder Prüfung** durch die öffentliche Hand unterliegt und die **gezahlte Vergütung überwiegend aus öffentlichen Mitteln finanziert** wird (vgl. FG Düsseldorf v. 31.1.2012, 13 K 1178/10 E, EFG 2012, 1167).

Das bedeutet, dass insbesondere entsandte **Mitarbeiter der Deutschen Gesellschaft für Internationale Zusammenarbeit (GIZ) nicht mehr von der Freistellung** durch den Auslandstätigkeitserlass **profitieren** können. Aus **Gründen des Vertrauensschutzes** wendet die Finanzverwaltung die neue Auslegung des Auslandstätigkeitserlasses erst **ab dem 1.1.2014** an. Zur Besteuerung von Zahlungen der GIZ für eine Tätigkeit in Kambodscha vgl. FG Berlin-Brandenburg v. 16.12.2014, 4 K 4264/11, EFG 2015, 928.

c) Sozialversicherung

466 Wegen des in der Sozialversicherung geltenden **Territorialprinzips** besteht für die Beschäftigung von deutschen Arbeitnehmern im Ausland nur in seltenen Fällen Sozialversicherungspflicht (z.B. bei Angehörigen deutscher Botschaften und Konsulate, bei Entwicklungshelfern auf Antrag).

Die deutsche Sozialversicherungspflicht bleibt bestehen, wenn sich die kurzfristige Entsendung eines deutschen Arbeitnehmers ins Ausland als **Ausstrahlung** des inländischen Beschäftigungsverhältnisses darstellt (→ Ausstrahlung Rz. 480).

2. Inländischer Arbeitgeber

467 Der Begriff des inländischen Arbeitgebers bestimmt sich nach den allgemeinen Grundsätzen des deutschen Einkommen- bzw. Lohnsteuerrechts (FG Köln v. 22.3.2001, 7 K 1709/99, EFG 2001, 974 sowie BFH v. 8.12.2010, I B 98/10, www.stotax-first.de; → Arbeitgeber Rz. 165).

Der EuGH hat jedoch entschieden, dass die **Beschränkung des Auslandstätigkeitserlasses auf inländische Arbeitgeber europarechtswidrig** ist (EuGH v. 28.2.2013, C-544/11, BStBl II 2013, 847). Daher ist der Auslandstätigkeitserlass auch auf Arbeitnehmer eines Arbeitgebers, der seinen Sitz in einem EU/EWR-Mitgliedstaat hat, und die übrigen Voraussetzungen des Auslandstätigkeitserlasses gegeben sind, anwendbar. Auf Arbeitgeber, die ihren Sitz außerhalb eines EU/EWR-Mitgliedstaats haben, ist das EuGH-Urteil nicht übertragbar. Eine Steuerbefreiung nach dem Auslandstätigkeitserlass kommt in diesen Fällen weiterhin nicht in Betracht (LFD Thüringen v. 17.12.2013, S 2293 A – 04 –A 3.12, Lohnsteuer-Handausgabe 2015, 557).

3. Tätigkeitsstaat

468 Mit den meisten Staaten bestehen Doppelbesteuerungsabkommen (→ Doppelbesteuerungsabkommen: Allgemeines Rz. 855), die sich auch auf Einkünfte aus nichtselbständiger Arbeit beziehen, so dass der Auslandstätigkeitserlass hier nicht gilt. Der Auslandstätigkeitserlass hat derzeit aber z.B. Bedeutung für Tätigkeiten in Libyen, Nigeria und Saudi-Arabien.

4. Begünstigte Auslandstätigkeit

a) Sachliche Voraussetzungen

469 Begünstigt ist die **Auslandstätigkeit für einen inländischen Lieferanten, Hersteller, Auftragnehmer oder Inhaber ausländischer Mineralaufsuchungs- oder -gewinnungsrechte** (BMF v. 31.10.1983, IV B 6 – S 2293 – 50/83, BStBl I 1983, 470, Abschn. I). Unmittelbare Tätigkeiten ausschließlich für ausländische Geschäftspartner sind hiernach nicht begünstigt. Der Inlandsbezug ist wegen des Gesetzeszwecks „Förderung der deutschen Volkswirtschaft" erforderlich.

Die Tätigkeit muss im **Zusammenhang** stehen mit

– der Planung, Errichtung, Einrichtung, Inbetriebnahme, Erweiterung, Instandsetzung, Modernisierung, Überwachung oder Wartung von **Fabriken, Bauwerken, ortsgebundenen großen Maschinen** oder ähnlichen Anlagen sowie
– dem Einbau, der Aufstellung oder Instandsetzung **sonstiger Wirtschaftsgüter**; das Betreiben der Anlagen bis zur Übergabe an den Auftraggeber ist ebenfalls begünstigt; auch die **reine Wartung** sonstiger Wirtschaftsgüter ist begünstigt; sonstige Wirtschaftsgüter in diesem Sinne sind solche, die ausschließlich von **Arbeitnehmern inländischer Unternehmen** hergestellt und gewartet werden, somit auch von inländischen Unternehmen produzierte Militärfahrzeuge, Flugzeuge und Schiffe; nicht begünstigt ist hingegen die Produktion von Schiffen im Ausland (LFD Thüringen v. 17.12.2013, S 2293 A – 04 – A 3.12, Lohnsteuer-Handausgabe 2015, 557),
– dem **Aufsuchen** oder der Gewinnung von Bodenschätzen,
– der **Beratung** (Consulting) ausländischer Auftraggeber oder Organisationen im Hinblick auf Vorhaben im vorstehenden Sinne oder
– der deutschen **öffentlichen Entwicklungshilfe** im Rahmen der technischen oder finanziellen Zusammenarbeit; damit sind **Entwicklungshilfeprojekte im privaten Bereich nicht begünstigt**; Kriterium für die Frage, ob es sich um eine öffentliche Entwicklungshilfe handelt, ist die **finanzielle Unterstützung** der Hilfsorganisationen **durch staatliche Stellen**; die Projektförderung muss zu mindestens 75 % durch das Bundesministerium für wirtschaftliche Zusammenarbeit und Entwicklung (BMZ) oder der GIZ erfolgen.

Hinweis: Entsandte Mitarbeiter der GIZ erhalten seit 1.1.2014 keine Freistellung durch den Auslandstätigkeitserlass mehr, weil sie aus einer inländischen öffentlichen Kasse entlohnt werden, vgl. → Rz. 465.

Nicht begünstigt ist

– die Tätigkeit des **Bordpersonals** auf **Seeschiffen**,
– die **finanzielle Beratung** mit Ausnahme der deutschen öffentlichen Entwicklungshilfe im Rahmen der technischen und finanziellen Zusammenarbeit,
– das Einholen von Aufträgen **(Akquisition)**, ausgenommen die Beteiligung an Ausschreibungen,
– die personelle und technische Unterstützung des seit Jahren **laufenden Betriebs eines Flugzeugs** durch einen Verkehrsflugzeugführer (FG Baden-Württemberg v. 24.1.2011, 10 K 3251/09, EFG 2011, 1162).

Der Auslandstätigkeitserlass gilt entgegen seinem Wortlaut **auch für Leiharbeitnehmer**, sofern die übrigen Voraussetzungen des Auslandstätigkeitserlasses vorliegen (LFD Thüringen v.

17.12.2013, S 2293 A – 04 – A 3.12, Lohnsteuer-Handausgabe 2015, 557).

b) Zeitliche Voraussetzungen
aa) Mindestzeitraum

470 Die Auslandstätigkeit muss **mindestens drei Monate ununterbrochen** in Staaten ausgeübt werden, mit denen kein Doppelbesteuerungsabkommen besteht, in das Einkünfte aus nichtselbständiger Arbeit einbezogen sind (BMF v. 31.10.1983, IV B 6 – S 2293 – 50/83, BStBl I 1983, 470, Abschn. II). Der Mindestzeitraum scheidet Einkünfte von der Steuerfreistellung aus, bei denen nicht typisierend von einer Doppelbesteuerung in Deutschland und im Tätigkeitsstaat ausgegangen werden kann.

Der Mindestzeitraum **beginnt** mit dem **Antritt der Reise** ins Ausland und **endet** mit der **endgültigen Rückkehr** ins Inland. Er muss nicht in einem Kalenderjahr oder Steuerjahr liegen, kann sich also über die Jahreswende erstrecken. Der Ablauf des Mindestzeitraums kann ein rückwirkendes Ereignis i.S.d. § 175 Abs. 1 Satz 1 Nr. 2 AO sein, wenn er nach Bekanntgabe des Steuerbescheids eintritt (FG Münster v. 25.2.2003, 6 K 5165/00 E, EFG 2003, 897). Reisetage einschließlich der inländischen Reisezeiten gehören zur begünstigten Tätigkeit. Es handelt sich auch dann um eine begünstigte Auslandstätigkeit, wenn der Arbeitnehmer während des Mindestzeitraums **bei einem oder mehreren Objekten** in **einem oder mehreren Ländern** beschäftigt war.

bb) Unterbrechungen

471 Eine **vorübergehende Rückkehr ins Inland** oder ein kurzer Aufenthalt in einem Staat, mit dem ein Doppelbesteuerungsabkommen besteht, in das Einkünfte aus nichtselbständiger Arbeit einbezogen sind, gelten bis zu einer Gesamtaufenthaltsdauer **von zehn vollen Kalendertagen** innerhalb des Mindestzeitraums **nicht als Unterbrechung** der Auslandstätigkeit, wenn sie **zur weiteren Durchführung oder Vorbereitung eines begünstigten Vorhabens notwendig** sind. Dies gilt bei längeren Auslandstätigkeiten entsprechend für die jeweils letzten drei Monate.

> **Beispiel 1:**
>
> | | |
> |---|---:|
> | Beginn der begünstigten Auslandstätigkeit: | 1.11.2015 |
> | Klärung von Montageproblemen im Inland | 16.11. bis 18.11.2015 |
> | und vom | 25.1. bis 10.2.2016 |
> | Rückreise ins Ausland | 11.2.2016 |
>
> Die Zehn-Tage-Grenze gilt für sämtliche Unterbrechungen gemeinsam, so dass die Unterbrechungstage zusammengerechnet werden müssen. Der Mindestzeitraum von drei Monaten ist erfüllt, weil der 1.2.2016 (11. Unterbrechungstag) außerhalb des Zeitraums liegt.
>
> | | |
> |---|---:|
> | Der Arbeitslohn ist | |
> | steuerfrei | vom 1.11.2015 bis 31.1.2016 |
> | steuerpflichtig | ab 1.2.2016 |
>
> Mit dem Reisetag 11.2.2016 beginnt ein neuer Mindestzeitraum.

> **Beispiel 2:**
>
> Der Arbeitnehmer übt eine begünstigte Tätigkeit in Libyen aus und hält sich objektbedingt in Deutschland und Frankreich auf.
>
> | Aufenthaltsdauer: | |
> |---|---:|
> | Libyen | 1.1. bis 4.4.2016 |
> | Frankreich | 5.4. bis 13.4.2016 |
> | Libyen | 14.4. bis 9.7.2016 |
> | Deutschland | 10.7. bis 19.7.2016 |
> | Abreise nach Libyen | 20.7.2016 |
>
> Zu berücksichtigen sind nur die Unterbrechungstage innerhalb der letzten drei Monate vor der letzten Rückkehr ins Inland. Der Arbeitnehmer hielt sich in diesem Zeitraum (10.4. bis 9.7.2016) an vier Tagen (10.4. bis 13.4.2016) objektbedingt nicht in Libyen auf. Von der Zehn-Tage-Grenze verbleiben noch sechs Tage, die der begünstigten Auslandstätigkeit zugerechnet werden können, obwohl der Arbeitnehmer in dieser Zeit seine Tätigkeit objektbedingt nicht mehr in Libyen ausübt. Das bedeutet, dass der Zeitraum vom 10.7. bis 15.7. der Tätigkeit in Libyen zuzurechnen ist mit der Folge, dass auch der hierfür bezogene Arbeitslohn steuerfrei ist.
>
> | | |
> |---|---:|
> | Der Arbeitslohn ist | |
> | steuerfrei | vom 1.1. bis 15.7.2016 |
> | steuerpflichtig | ab 16.7.2016 |
> | Vom 16.7.2016 ist der Mindestzeitraum unterbrochen. | |
> | Neubeginn des Mindestzeitraums | 20.7.2016 |

Eine Unterbrechung der Tätigkeit im Fall eines **Urlaubs** oder einer **Krankheit** ist unschädlich, unabhängig davon, wo sich der Arbeitnehmer während der Unterbrechung aufhält. Zeiten der unschädlichen Unterbrechung sind bei dem Mindestzeitraum nicht mitzurechnen, d.h., der Mindestzeitraum verlängert sich um Urlaubs- und Krankheitstage.

> **Beispiel 3:**
>
> | | |
> |---|---:|
> | Begünstigte Auslandstätigkeit (Bautätigkeit) | ab 1.8.2015 |
> | Erkrankung | 31.10. bis 10.12.2015 |
> | Urlaub | 11.12.2015 bis 1.1.2016 |
>
> Der Mindestzeitraum beginnt am 1.8.2015 und endet grundsätzlich am 31.10.2015. Die Krankheits- und Urlaubstage bewirken eine Verlängerung des Mindestzeitraums um 63 Tage (31.10. bis 10.12.2015 = 41 Tage, 11.12.2015 bis 1.1.2016 = 22 Tage). Dieser endet damit erst am 2.1.2016 (31.10.2015 + 63 Tage). Der für die Zeit vom 1.8.2015 bis 1.1.2016 bezogene Arbeitslohn kann daher nur dann steuerfrei gestellt werden, wenn A am 2.1.2016 wieder auf der ausländischen Baustelle tätig wird.

Als **unschädliche Unterbrechung** gelten auch **Freizeitblöcke** (inklusive eingeschlossener arbeitsfreier Wochenenden und Feiertage) während einer begünstigten Auslandstätigkeit, sofern die Arbeitnehmertätigkeit zusammengenommen mindestens drei Monate in einem Staat ausgeübt wird, mit dem kein Doppelbesteuerungsabkommen besteht, in das Einkünfte aus nichtselbständiger Arbeit einbezogen sind (LFD Thüringen v. 17.12.2013, S 2293 A – 04 – A 3.12, Lohnsteuer-Handausgabe 2015, 557).

5. Begünstigter Arbeitslohn
a) Art des Arbeitslohns

472 Zum begünstigten Arbeitslohn gehört der auf die begünstigte Auslandstätigkeit entfallende Arbeitslohn **einschließlich folgender steuerpflichtiger Einnahmen, soweit sie für eine begünstigte Auslandstätigkeit gezahlt werden** (BMF v. 31.10.1983, IV B 6 – S 2293 – 50/83, BStBl I 1983, 470, Abschn. III):

– **Zulagen**, Prämien oder Zuschüsse des Arbeitgebers für Aufwendungen des Arbeitnehmers, die durch eine begünstigte Auslandstätigkeit veranlasst sind (z.B. Tropenkleidung), oder die entsprechende unentgeltliche Ausstattung oder Bereitstellung durch den Arbeitgeber;

– **Weihnachtszuwendungen**, **Erfolgsprämien** oder **Tantiemen**;

– Arbeitslohn, der auf den **Urlaub** – einschließlich eines angemessenen Sonderurlaubs auf Grund einer begünstigten Tätigkeit – entfällt, Urlaubsgeld oder Urlaubsabgeltung (es kommt daher nicht darauf an, wann der Urlaub vom Arbeitnehmer genommen wird);

– Entgeltfortzahlung auf Grund einer **Erkrankung** während einer begünstigten Auslandstätigkeit bis zur Wiederaufnahme dieser oder einer anderen begünstigten Tätigkeit oder bis zur endgültigen Rückkehr ins Inland.

Bei vorübergehender Rückkehr ins Inland sowie bei einem kurzen Aufenthalt in einem Staat, mit dem ein Doppelbesteuerungsabkommen besteht, bleibt auch der für zehn unschädliche Unterbrechungstage (→ Rz. 470) gezahlte Arbeitslohn steuerfrei.

Hat der Arbeitnehmer während der aktiven Phase bei **Altersteilzeit** begünstigten Arbeitslohn erzielt, so bleibt auch der während der Freistellungsphase gezahlte Arbeitslohn steuerfrei.

b) Aufteilung einheitlicher Zuwendungen

473 Werden die oben genannten Zuwendungen – z.B. Weihnachtszuwendungen – nicht gesondert für die begünstigte Tätigkeit geleistet, so sind sie **im Verhältnis der Kalendertage** der begünstigten und der nicht begünstigten Tätigkeit aufzuteilen. Der steuerfreie Anteil errechnet sich dabei aus dem Verhältnis der Kalendertage, an denen der Arbeitnehmer während des Jahrs die begünstigte Tätigkeit ausübt, und der Kalendertage, an denen er sie nicht ausgeübt hat. Nach dem Verhältnis ist auch Arbeitslohn für allgemeinen Urlaub aufzuteilen. Lediglich Arbeitslohn, der auf einen angemessenen Sonderurlaub auf Grund einer begünstigten Auslandstätigkeit entfällt, ist in voller Höhe steuerfrei.

Auslandstätigkeitserlass

Eine Aufteilung nach Kalendertagen entsprechend dem Wortlaut des Auslandstätigkeitserlasses ist kompliziert, wenn der Arbeitnehmer auch Auslandstätigkeiten in Ländern ausübt, mit denen ein Doppelbesteuerungsabkommen besteht. Denn die Aufteilung bei Doppelbesteuerungsabkommen ist nach Arbeitstagen vorzunehmen. Aus Vereinfachungsgründen kann daher auch in den Fällen des Auslandstätigkeitserlasses nach Arbeitstagen aufgeteilt werden.

Beispiel:
Ein Arbeitnehmer ist bei einem niedersächsischen Arbeitgeber im Kalenderjahr 2016 wie folgt tätig:

Deutschland	1.1. bis 10.4.2016
Libyen	11.4. bis 31.7.2016
Deutschland	1.8. bis 31.12.2016
Krankheit während der Auslandstätigkeit	12.4. bis 15.4.2016 (4 Tage)
Urlaubsanspruch: 30 Tage	
Urlaub in Libyen	25.4. bis 26.4.2016 (2 Tage)
Urlaub in Deutschland	1.8. bis 6.9.2016 (25 Tage)
Resturlaub genommen im Kalenderjahr 2017: 3 Tage	

Der Arbeitslohn im Kalenderjahr 2016 setzt sich wie folgt zusammen:

Arbeitslohn: monatlich	6 000 €
13. Monatsgehalt:	6 000 €
Urlaubsgeld:	900 €
Arbeitslohn April für die Arbeitsausübung	4 800 €
Arbeitslohn April 4 Tage Lohnfortzahlung bei Krankheit	800 €
Arbeitslohn April 2 Tage Lohnfortzahlung für Urlaub	400 €
Arbeitslohn August in voller Höhe Lohnfortzahlung für Urlaub	6 000 €
Arbeitslohn August, Urlaubsgeld	900 €
Arbeitslohn September 3 Tage Lohnfortzahlung für Urlaub	600 €
Arbeitslohn September für die Arbeitsausübung	5 400 €

Die Kalendertage der Arbeitsausübung verteilen sich wie folgt:

Zeitraum	mögliche Arbeitstage	Tatsächliche Arbeitstage		Urlaub	Krankheit
		Inland	Ausland		
Januar	20	20	–	–	–
Februar	21	21	–	–	–
März	21	21	–	–	–
April	21	6	9 (ohne Krankheit)	2	4
Mai	20	–	20	–	–
Juni	22	–	22	–	–
Juli	21	–	21	–	–
August	23	–	–	23	–
September	22	18	–	4	–
Oktober	20	20	–	–	–
November	22	22	–	–	–
Dezember	21	21	–	–	–
Kalenderjahr	**254**	**149**	**72**	**29**	**4**

Kalendertage der Arbeitsausübung in Deutschland	149
Kalendertage der Arbeitsausübung in Libyen	72
Kalendertage der Arbeitsausübung insgesamt	221
Steuerfreier Anteil von Bezügen, die das ganze Kalenderjahr betreffen	72/221
Stpfl. Anteil von Bezügen, die das ganze Kalenderjahr betreffen	149/221

Aufteilung des Arbeitslohns

Zeitraum	Lohnart	Gesamtbetrag in Euro	steuerpflichtig		steuerfrei	
			Anteil	Euro	Anteil	Euro
Januar	normaler Lohn	6 000	1	6 000	0	–
Februar	normaler Lohn	6 000	1	6 000	0	–
März	normaler Lohn	6 000	1	6 000	0	–
April	normaler Lohn	4 800	6/15	1 920	9/15	2 880
	Lohnfortzahlung Krankheit	800	0	–	1	800
	Lohnfortzahlung Urlaub	400	149/221	269	72/221	131
Mai	normaler Lohn	6 000	0	–	1	6 000
Juni	normaler Lohn	6 000	0	–	1	6 000
Juli	normaler Lohn	6 000	0	–	1	6 000
August	Lohnfortzahlung Urlaub	6 000	149/221	4 045	72/221	1 955
	Urlaubsgeld	900	149/221	606	72/221	294
September	Lohnfortzahlung Urlaub	600	149/221	404	72/221	196
	normaler Lohn	5 400	1	5 400	0	–
Oktober	normaler Lohn	6 000	1	6 000	0	–
November	normaler Lohn	6 000	1	6 000	0	–
Dezember	normaler Lohn	6 000	1	6 000	0	–
	13. Monatsgehalt	6 000	149/221	4 045	72/221	1 955
Gesamt		**78 900**		**52 689**		**26 211**

Die Entgeltfortzahlung für die im Jahr 2017 genommenen drei Tage Resturlaub aus dem Jahr 2016 ist im gleichen Verhältnis wie die Entgeltfortzahlung bei Urlaub im Jahr 2016 aufzuteilen, also bleiben 72/221 der Entgeltfortzahlung für den Resturlaub in 2017 steuerfrei.

Hinweis:

In Kürze soll ein BMF-Schreiben ergehen, nach dem es **aus Vereinfachungsgründen** nicht beanstandet wird, wenn der Arbeitgeber bei der Ermittlung des steuerfreien und steuerpflichtigen Arbeitslohns nach den Doppelbesteuerungsabkommen im jeweiligen Lohnzahlungszeitraum anstatt der tatsächlichen Arbeitstage im Kalenderjahr die jeweils **voraussichtlichen tatsächlichen Arbeitstage** im Kalenderjahr ansetzt (Prognose). Diese Vereinfachungsregelung soll auch für die Aufteilung des Arbeitslohns nach den Regelungen des Auslandstätigkeitserlasses gelten.

Sobald das BMF-Schreiben vorliegt, unterrichten wir Sie unverzüglich durch unseren Online-Aktualisierungsdienst (s. Benutzerhinweise auf S. IV).

6. Folgen der Steuerfreiheit

Da der begünstigte Arbeitslohn steuerfrei ist, können **Werbungskosten**, die im unmittelbaren Zusammenhang mit dem steuerfreien Arbeitslohn stehen (z.B. für die Begründung eines doppelten Haushalts im Ausland), **nicht steuermindernd berücksichtigt** werden (§ 3c EStG); ein steuerfreier Ersatz von Reisekosten u.Ä. durch den Arbeitgeber ist jedoch möglich. Auch **Vorsorgeaufwendungen**, die im unmittelbaren Zusammenhang mit dem steuerfreien Arbeitslohn stehen, können **nicht als Sonderausgaben** berücksichtigt werden (§ 10 Abs. 2 Satz 1 Nr. 1 EStG).

Bei einer Freistellung von Arbeitslohn eines beschränkt Stpfl. für eine **im Inland verwertete Tätigkeit** ist kein Nachweis der ausländischen Besteuerung erforderlich, wenn bereits Steuerfreiheit nach dem Auslandstätigkeitserlass vorliegt (R 39.4 Abs. 3 Nr. 2 Satz 2 LStR).

Der nach dem Auslandstätigkeitserlass steuerfreie Arbeitslohn unterliegt bei unbeschränkt steuerpflichtigen Arbeitnehmern und bei beschränkt steuerpflichtigen Arbeitnehmern mit EU/EWR-Staatsangehörigkeit, die nach § 50 Abs. 5 Nr. 2 EStG auf Antrag veranlagt werden, auf der Grundlage des § 34c Abs. 5 und § 50 Abs. 4 EStG dem **Progressionsvorbehalt** (→ *Progressionsvorbehalt* Rz. 2331), vgl. BMF v. 31.10.1983, IV B 6 – S 2293 – 50/83, BStBl I 1983, 470, Abschn. IV.

7. Verfahrensvorschriften

475 Der **Verzicht auf die Besteuerung** (Freistellung) im Steuerabzugsverfahren ist vom Arbeitgeber oder Arbeitnehmer beim Betriebsstättenfinanzamt auf amtlichem Vordruck **zu beantragen**. Der Arbeitgeber ist verpflichtet, für **jeden einzelnen Arbeitnehmer** einen gesonderten Antrag zu stellen; Sammelanträge für mehrere Arbeitnehmer sind nicht zulässig. Ein Nachweis, dass von dem Arbeitslohn in dem Staat, in dem die Tätigkeit ausgeübt wird, eine der deutschen Lohnsteuer (Einkommensteuer) entsprechende Steuer erhoben wird, ist nicht erforderlich. Die **Freistellungsbescheinigung** wird für die Dauer der Auslandstätigkeit, längstens für drei Jahre, erteilt. Danach ist eine neue Bescheinigung zu beantragen. Liegt **keine Freistellungsbescheinigung** vor, so darf der Arbeitgeber – anders als in antragsunabhängigen Fällen eines Doppelbesteuerungsabkommens – **nicht vom Lohnsteuerabzug absehen**. Hat der Arbeitgeber gleichwohl vom Lohnsteuerabzug abgesehen, kann von einer Nachversteuerung abgesehen werden, wenn die Voraussetzungen für die Freistellung offensichtlich erfüllt sind. Das Betriebsstättenfinanzamt hat aber in diesen Fällen das Wohnsitzfinanzamt des Arbeitnehmers zu unterrichten, damit die unter → Rz. 474 dargelegten Folgerungen der Steuerfreiheit (insbesondere Anwendung des Progressionsvorbehalts) gezogen werden können.

Ist glaubhaft gemacht worden, dass die Voraussetzungen für die Steuerbefreiung vorliegen, so kann die **Freistellungsbescheinigung rückwirkend nur** erteilt werden, solange dem Arbeitgeber eine **Änderung des Lohnsteuerabzugs** möglich ist (§ 41c EStG).

Der Arbeitgeber muss sich im Übrigen verpflichten, das **folgende Verfahren** einzuhalten (BMF v. 31.10.1983, IV B 6 – S 2293 – 50/83, BStBl I 1983, 470, Abschn. VI):

– Der begünstigte Arbeitslohn ist im **Lohnkonto** (→ *Lohnkonto* Rz. 1801) und in der **Lohnsteuerbescheinigung** (→ *Lohnsteuerbescheinigung* Rz. 1863) getrennt von dem übrigen Arbeitslohn anzugeben.

– Die **Freistellungsbescheinigung** ist als **Beleg zum Lohnkonto** des Arbeitnehmers zu nehmen.

– Für Arbeitnehmer, die während des Kalenderjahrs begünstigten Arbeitslohn nach dem Auslandstätigkeitserlass bezogen haben, darf der Arbeitgeber weder die Lohnsteuer **nach dem voraussichtlichen Jahresarbeitslohn** (permanenter Lohnsteuer-Jahresausgleich) noch einen **Lohnsteuer-Jahresausgleich** durchführen.

Der Arbeitgeber ist bis zur Übermittlung oder Ausschreibung der Lohnsteuerbescheinigung berechtigt, bei der jeweils nächstfolgenden Lohnzahlung bisher noch nicht erhobene Lohnsteuer nachträglich einzubehalten, wenn er erkennt, dass die Voraussetzungen für den Verzicht auf die Besteuerung nicht vorgelegen haben. Macht er von dieser Berechtigung keinen Gebrauch oder kann die Lohnsteuer nicht nachträglich einbehalten werden, so ist er zu einer **Anzeige an das Betriebsstättenfinanzamt** verpflichtet.

Soweit nicht bereits vom Steuerabzug abgesehen worden ist, kann der **Arbeitnehmer den Verzicht auf die Besteuerung** bei seinem **Wohnsitzfinanzamt** beantragen. Der Steuererlass kann noch nach Bestandskraft des Einkommensteuerbescheids, jedoch notwendigerweise vor Eintritt der Festsetzungsverjährung beantragt werden (FinMin Niedersachsen v. 13.7.1993, S 2293 – 135 – 35 2, www.stotax-first.de). Eine vom Betriebsstättenfinanzamt dem Arbeitgeber erteilte Freistellungsbescheinigung hat keine Bindungswirkung für den Einkommensteuerbescheid für den Arbeitnehmer (FG Köln v. 22.3.2001, 7 K 1709/99, EFG 2001, 974).

Hat das Finanzamt **rechtsirrtümlich eine Freistellungsbescheinigung** ausgestellt, obwohl es den vollständigen Sachverhalt kannte, so **scheidet eine Haftung des Arbeitgebers grundsätzlich** aus. Es kommt dann allenfalls die Besteuerung des Arbeitslohns im Rahmen der Veranlagung des Arbeitnehmers in Betracht.

Auslandsumzug

→ *Umzugskosten* Rz. 2903

Auslandszulagen

Auslandszulagen sind unter den Voraussetzungen des § 3 Nr. 64 **476** EStG steuerfrei. Im Einzelnen → *Kaufkraftausgleich* Rz. 1646. Daneben kommt eine generelle Steuerfreistellung von Auslands- und Ausgleichszulagen nicht in Betracht (BFH v. 14.11.1986, VI R 209/82, BStBl II 1989, 351).

Auslösungen

So genannte Auslösungen (der Begriff stammt nicht aus dem **477** Steuerrecht) sind oft tarifvertraglich oder in Betriebsvereinbarungen festgelegte Zahlungen des Arbeitgebers als **Ausgleich für bestimmte Mehraufwendungen** des Arbeitnehmers **bei Auswärtstätigkeiten**, z.B. für erhöhte Fahrtkosten, Mehraufwendungen für Verpflegung und Übernachtungskosten. Sie bleiben nach § 3 Nr. 13 oder 16 EStG ganz oder teilweise steuer- und beitragsfrei, soweit sie die Voraussetzungen für die steuerliche Anerkennung als **Doppelte Haushaltsführung** oder **Auswärtstätigkeit** erfüllen (→ *Doppelte Haushaltsführung: Allgemeines* Rz. 901; → *Reisekosten: Allgemeine Grundsätze* Rz. 2409).

Außenprüfung

→ *Beitragsüberwachung* Rz. 598, → *Lohnsteuer-Außenprüfung* Rz. 1855

Außergewöhnliche Belastungen

→ *Lohnsteuer-Ermäßigungsverfahren* Rz. 1905

Außergewöhnlicher Arbeitseinsatz

→ *Arbeitsessen* Rz. 233

Aussetzung der Vollziehung

1. Lohnsteuer

Gegen Steuerbescheide ist als Rechtsbehelf der **Einspruch** gegeben (§ 347 AO). Durch die Einlegung des Einspruchs wird die Vollziehung des Steuerbescheides **grundsätzlich nicht gehemmt** (§ 361 Abs. 1 AO). **478**

Aussetzung der Vollziehung kann jedoch gewährt werden, wenn bei einer summarischen Prüfung der Sach- und Rechtslage **ernstliche Zweifel an der Rechtmäßigkeit eines Verwaltungsakts bestehen** oder die sofortige Vollziehung für den Stpfl. eine unbillige, nicht durch überwiegende öffentliche Interessen gebotene Härte zur Folge hätte (§ 361 Abs. 2 AO). Diese Vorschrift kann auch für **Arbeitgeber** Bedeutung haben, die z.B. nach einer **Lohnsteuer-Außenprüfung einen Haftungsbescheid** erhalten, weil der Arbeitgeber insoweit selbst Schuldner ist. Von der Verpflichtung zur **Einbehaltung der Lohnsteuer** kann der Arbeitgeber aber weder durch Stundung noch durch Aussetzung der Vollziehung befreit werden, vgl. H 38 (Lohnsteuerabzug) LStH sowie → *Stundung* Rz. 2830.

Der **Arbeitnehmer** kann zwar im Wege der Aussetzung der Vollziehung keine vorzeitige Erstattung der vom Arbeitgeber abgeführten Lohnsteuer erlangen (BFH v. 2.11.1999, I B 49/99, BStBl II 2000, 57). Im Freibetragsverfahren kann jedoch ggf. im Wege der Aussetzung der Vollziehung ein **Freibetrag als Lohnsteuerabzugsmerkmal berücksichtigt oder eine Steuerklassenänderung vorgenommen** werden (zuletzt FG München v. 2.10.2012, 8 V 3233/11, EFG 2013, 86 betr. Anwendung der Steuerklasse III für Partner einer eingetragenen Lebensgemeinschaft).

Da die **Lohnsteueranrufungsauskunft** nach § 42e EStG lediglich eine Regelung dahin trifft, wie die **Finanzbehörde** den vom Antragsteller dargestellten typischerweise hypothetischen Sachverhalt im Hinblick auf die Verpflichtung zum Lohnsteuerabzug **gegenwärtig beurteilt**, erschöpft sich der Inhalt des Widerrufs einer

Aussetzung der Vollziehung

Lohnsteueranrufungsauskunft darin, dass das Finanzamt mitteilt, von nun an eine andere Auffassung als bisher zu vertreten. Die Wirkung eines Widerrufs einer Lohnsteueranrufungsauskunft geht damit nicht über die Negation des zuvor Erklärten hinaus. Vollziehbar sind jedoch nur solche Verwaltungsakte, deren Wirkung sich nicht auf eine reine Negation beschränkt. Legt der Arbeitgeber oder Arbeitnehmer gegen den Widerruf Einspruch bzw. Klage ein, ist ein Antrag auf **Aussetzung der Vollziehung nicht statthaft** (BFH v. 15.1.2015, VI B 103/14, BStBl II 2015, 447).

2. Sozialversicherung

479 Ein Beitragsbescheid der für den Beitragseinzug zuständigen Krankenkasse stellt einen Verwaltungsakt dar, der unter bestimmten Voraussetzungen für die Beteiligten bindend wird. Er kann jedoch durch **Widerspruch** angefochten werden. Enthält der Beitragsbescheid eine vollständige Rechtsbehelfsbelehrung, ist der Widerspruch binnen eines Monats, nachdem der Verwaltungsakt bekannt gegeben worden ist, schriftlich oder zur Niederschrift bei der Stelle einzureichen, die den Verwaltungsakt erlassen hat (§ 84 Abs. 1 SGG). Der Widerspruch gegen Nacherhebungsbescheide hat **keine** aufschiebende Wirkung. Der Widerspruch gegen Verwaltungsakte, die die Rückforderung von Beiträgen betreffen, hat dagegen aufschiebende Wirkung (§ 86 Abs. 2 SGG). Wird der Widerspruch nicht innerhalb dieser Monatsfrist erhoben, ist der Beitragsbescheid bindend geworden. Vgl. im Übrigen auch → *Stundung* Rz. 2831.

Aussperrung

→ *Arbeitskampf* Rz. 241

Ausstrahlung

1. Allgemeines

480 Die **Versicherungs- und Beitragspflicht** in der deutschen Sozialversicherung entsteht nur dann, wenn eine Beschäftigung im Geltungsbereich des Sozialgesetzbuchs, d.h. in der Bundesrepublik Deutschland (Inland), ausgeübt wird **(Territorialitätsprinzip)**. Beschäftigungen im Ausland werden dagegen nach den Rechtsvorschriften des entsprechenden Staats sozialrechtlich beurteilt. Ausnahmen hiervon sieht das Vierte Buch des Sozialgesetzbuches für die Fälle vor, in denen im Inland bestehende Beschäftigungsverhältnisse vorübergehend im Ausland ausgeübt werden. Nach den Vorschriften über die **Ausstrahlung** (§ 4 SGB IV) bleibt die Versicherung in der Kranken-, Pflege-, Renten- und Arbeitslosenversicherung nach deutschem Sozialversicherungsrecht weiter bestehen, wenn

- es sich um eine **Entsendung**
- im Rahmen eines **im Inland bestehenden Beschäftigungsverhältnisses** handelt und
- die Dauer der Beschäftigung im Ausland **im Voraus zeitlich begrenzt** ist.

Zur versicherungsrechtlichen Beurteilung von Arbeitnehmern bei Ausstrahlung haben die Spitzenverbände der Sozialversicherungsträger **Richtlinien** herausgegeben, die in den wesentlichen Punkten **nachfolgend dargestellt sind**.

2. Anwendungsbereich

481 Die Vorschriften über die Versicherungspflicht in der Sozialversicherung und nach dem Recht der Arbeitsförderung gelten nach § 3 Nr. 1 SGB IV grundsätzlich nur für Personen, die im Geltungsbereich des SGB beschäftigt sind (Territorialitätsprinzip). Ausnahmen von diesem Prinzip regeln die Vorschriften über die Ausstrahlung (§ 4 SGB IV) und die Einstrahlung (§ 5 SGB IV) (→ *Einstrahlung* Rz. 998). Diese gelten einheitlich für die Kranken-, Pflege-, Renten- und Unfallversicherung sowie für das Recht der Arbeitsförderung. Abweichende Regelungen des über- und zwischenstaatlichen Rechts sind vorrangig zu beachten (§ 6 SGB IV).

Liegen die Voraussetzungen der Ausstrahlung vor, gelten die deutschen Rechtsvorschriften über die Versicherungspflicht in der Sozialversicherung und nach dem Recht der Arbeitsförderung. Sie gelten nicht, wenn die Voraussetzungen der Einstrahlung vorliegen. Auf die Staatsangehörigkeit des Arbeitnehmers kommt es hierbei nicht an. Die maßgeblichen Rechtsbegriffe (Entsendung im Rahmen eines Beschäftigungsverhältnisses, zeitliche Begrenzung der Entsendung) sind bei Ausstrahlung und Einstrahlung gleich.

In § 6 SGB IV wird klargestellt, dass abweichende Regelungen des über- und zwischenstaatlichen Rechts unberührt bleiben, d.h. vorrangig sind. Überstaatliches Recht sind in erster Linie die Regelungen des europäischen Gemeinschaftsrechts für den Bereich der sozialen Sicherheit; zwischenstaatliches Recht sind in erster Linie die von der Bundesrepublik Deutschland mit anderen Staaten abgeschlossenen Abkommen über soziale Sicherheit. Bei Entsendungen innerhalb der Mitgliedstaaten der Europäischen Union sind ab 1.5.2010 der Art. 12 EG-Verordnung Nr. 883/2004, die Art. 14 und 15 EG-Durchführungsverordnung 987/2009 und der Beschluss A2 der EG-Verwaltungskommission für die Koordinierung der Systeme der sozialen Sicherheit zu beachten (s. ABl.EU 2010 Nr. C 106 v. 24.4.2010). Die Voraussetzungen für die Entsendung nach bzw. aus Island, Liechtenstein und Norwegen sowie in die bzw. aus der Schweiz wurden bis 31.3.2012 bzw. 31.5.2012 in den Art. 14 Abs. 1 und 14a EWG-Verordnung Nr. 1408/71 geregelt und durch den Beschluss Nr. 181 v. 13.12.2000 der EG-Verwaltungskommission für soziale Sicherheit der Wanderarbeitnehmer konkretisiert (s. ABl.EG 2001 Nr. L 329 v. 14.12.2001). Ab 1.4.2012 finden die Regelungen der VO (EG) 883/2004 und 987/2009 auch auf die Schweiz Anwendung. In Bezug auf den persönlichen Geltungsbereich der Verordnung ergeben sich jedoch keine Änderungen zur bisherigen Situation. Die sogenannte „Drittstaatsangehörigenverordnung – VO (EG) 1231/2010" wurde nicht in das Sektoralabkommen aufgenommen. Für Drittstaatsangehörige gilt somit weiter das deutsch-schweizerische Abkommen über soziale Sicherheit.

Auf Grund der Änderung des Anhangs VI des EWR-Abkommens sind die Regelungen der VO (EG) 883/2004 und VO (EG) 987/2009 ab 1.6.2012 auch für die EWR-Staaten Island, Liechtenstein und Norwegen anwendbar. Auch hier gilt, dass die vorgenannte „Drittstaatsangehörigenverordnung- (EG) 1231/2010" im Verhältnis zu den EWR-Staaten nicht anwendbar ist. Das bedeutet, dass die Verordnung (EG) 883/2004 und 987/2009 grundsätzlich nur für EU-Staatsangehörige maßgebend sind. Bei Sachverhalten in Bezug auf Liechtenstein ist allerdings zu beachten, dass die kollisonsrechtlichen Vorschriften des deutsch-liechtensteinischen Abkommens über soziale Sicherheit ungeachtet der Staatsangehörigkeit gelten. Die §§ 4 und 5 SGB IV sind uneingeschränkt nur in solchen Fällen anzuwenden, in denen über- oder zwischenstaatliche Regelungen über das anzuwendende Versicherungsrecht (im Folgenden: Zuständigkeitsregelungen) nicht greifen. Dies ist der Fall, wenn es entsprechende Zuständigkeitsregelungen nicht gibt oder aber der sachliche, persönliche oder gebietliche Geltungsbereich der jeweiligen Zuständigkeitsregelung eingeschränkt ist.

Alle Zweige der Sozialversicherung werden von den Regelungen des europäischen Gemeinschaftsrechts erfasst. Dies gilt auch für die Entgeltfortzahlung im Krankheitsfall sowie die Leistungen bei Mutterschaft. Dementsprechend gilt im Anwendungsbereich der Regelungen des europäischen Gemeinschaftsrechts der Grundsatz, dass sich die Umlagepflicht des Arbeitgebers hinsichtlich der Teilnahme am Ausgleich der Aufwendungen nach dem AAG (U1- und U2-Verfahren) grundsätzlich auf die Arbeitsentgelte der im Betrieb beschäftigten Arbeitnehmer bezieht, für die die deutschen Rechtsvorschriften über soziale Sicherheit gelten. Das Insolvenzgeld und die Insolvenzgeldumlage fallen dagegen nicht in den sachlichen Anwendungsbereich der Regelungen des europäischen Gemeinschaftsrechts.

Von den Abkommen über soziale Sicherheit wird die soziale Pflegeversicherung dagegen i.d.R. nicht erfasst. Auch die Umlagen nach dem AAG sowie die Insolvenzgeldumlage fallen nicht unter die Abkommensregelungen über soziale Sicherheit.

Aus der folgenden Aufstellung sind die in Betracht kommenden Staaten, mit denen Regelungen des über- und zwischenstaatlichen Rechts getroffen wurden, und der jeweilige sachliche Geltungsbereich ersichtlich.

Die EG-Verordnung Nr. 883/2004 gilt ab dem 1.5.2010 für die Mitgliedstaaten der Europäischen Union Belgien, Bulgarien, Dänemark, Deutschland, Estland, Finnland, Frankreich, Griechenland, Großbritannien und Nordirland, Irland, Italien, Kroatien, Lettland, Litauen, Luxemburg, Malta, Niederlande, Österreich, Polen, Por-

[LSt] = keine Lohnsteuerpflicht
[LSt] = Lohnsteuerpflicht

Ausstrahlung

tugal, Rumänien, Schweden, Slowakei, Slowenien, Spanien, Tschechien, Ungarn, Zypern. Seit 1.4.2012 gilt dies auch für die Schweiz und seit 1.6.2012 auch für die EWR-Staaten Island, Liechtenstein und Norwegen. Diese Staaten sind in der folgenden Aufstellung ebenfalls angegeben:

Abkommensstaat	Krankenversicherung	Pflegeversicherung	Rentenversicherung	Arbeitslosenversicherung	Unfallversicherung
Australien	–	–	X	X	–
Belgien	X	X	X	X	X
Bosnien-Herzegowina	X	–	X	X	X
Brasilien	–	–	X	X	–
Bulgarien	X	X	X	X	X
Chile	–	–	X	X	–
China	–	–	X	X	–
Dänemark	X	X	X	X	X
Estland	X	X	X	X	X
Finnland	X	X	X	X	X
Frankreich	X	X	X	X	X
Griechenland	X	X	X	X	X
Großbritannien	X	X	X	X	X
Irland	X	X	X	X	X
Island	X	X	X	X	X
Israel	X	–	X	–	X
Italien	X	X	X	X	X
Japan	–	–	X	X	–
Kanada	–	–	X	X	–
Korea	–	–	X	X	–
Kroatien	X	X	X	X	X
Lettland	X	X	X	X	X
Liechtenstein	X	X	X	X	X
Litauen	X	X	X	X	X
Luxemburg	X	X	X	X	X
Malta	X	X	X	X	X
Marokko	X	–	X	X	X
Mazedonien	X	X	X	X	X
Montenegro	X	–	X	X	X
Niederlande	X	X	X	X	X
Norwegen	X	X	X	X	X
Österreich	X	X	X	X	X
Polen	X	X	X	X	X
Portugal	X	X	X	X	X
Quebec	–	–	X	X	–
Rumänien	X	X	X	X	X
Schweden	X	X	X	X	X
Schweiz	X	X	X	X	X
Serbien	X	–	X	X	X
Slowakei	X	X	X	X	X
Slowenien	X	X	X	X	X
Spanien	X	X	X	X	X
Tschechien	X	X	X	X	X
Türkei	X	–	X	X	X
Tunesien	X	–	X	–	X
Ungarn	X	X	X	X	X
Uruguay[1]	–	–	X	–	–
USA[2]	–	–	X	–	–
Zypern	X	X	X	X	X

1) Der sachliche Geltungsbereich erstreckt sich in Bezug auf Deutschland auf die gesetzliche Rentenversicherung. Gelten für einen in Uruguay beschäftigten Arbeitnehmer weiterhin die deutschen Rechtsvorschriften in der deutschen gesetzlichen Rentenversicherung, so kommen hinsichtlich dieser Beschäftigung auch aus schließlich die deutschen Vorschriften in Bezug auf die Kranken-, Pflege- und Unfallversicherung sowie die Versicherungspflicht nach dem Recht der Arbeitsförderung zur Anwendung.
2) Gelten für eine Person nach den Zuständigkeitsregelungen des Abkommens die deutschen Rechtsvorschriften, finden auf sie die bundesstaatliche Krankenversicherung für Alte und Gebrechliche (Hospital Insurance für Aged and Disabled-Medicare, Part A) keine Anwendung. Ist eine Person auf Grund der Zuständigkeitsregeln des Abkommens von den deutschen Rechtsvorschriften freigestellt, gilt dies auch für die Kranken- und Pflegeversicherung.

Sofern Zuständigkeitsregelungen des über- bzw. zwischenstaatlichen Rechts gelten, sehen diese i.d.R. vor, dass die Rechtsvorschriften des Entsendestaats lediglich für eine konkrete Höchstdauer weiterhin gelten. Für den Begriff der Entsendung gelten aber im Abkommensbereich grundsätzlich die gleichen Merkmale wie bei den §§ 4 und 5 SGB IV (BSG v. 8.12.1994, 2 RU 37/93, www.stotax-first.de).

Die Zuständigkeitsregelungen der EG-Verordnung Nr. 883/2004 gelten für Staatsangehörige der Mitgliedstaaten der Europäischen Union. Darüber hinaus gilt die EG-Verordnung Nr. 883/2004 für Staatenlose i.S. des Abkommens über die Rechtsstellung der Staatenlosen sowie für Flüchtlinge i.S. der Genfer Flüchtlingskonvention, die in einem Mitgliedstaat der Europäischen Union wohnen. Zum 1.1.2011 wurden die EG-Verordnungen Nr. 883/2004 und Nr. 987/2009 durch die Verordnung (EU) Nr. 1231/2010 v. 24.11.2010 auch auf Drittstaatsangehörige (z.B. auf brasilianische Staatsangehörige, aber auch auf Staatsangehörige der EWR-Staaten Island, Liechtenstein, Norwegen und die Schweiz) ausgeweitet, wenn diese ihren regelmäßigen Wohnsitz in einem Mitgliedstaat der Europäischen Union haben. Wird eine Person nicht vom persönlichen Geltungsbereich der EG-Verordnung Nr. 883/2004 erfasst (z.B. Drittstaatsangehörige im Verhältnis zu Dänemark, Großbritannien und Nordirland) oder ist diese Verordnung auf Grund einer vorübergehenden Beschäftigung in Island, Liechtenstein, Norwegen oder der Schweiz nicht anwendbar, ist die Anwendbarkeit der EWG-Verordnung Nr. 1408/71 zu prüfen.

> **Beispiel:**
> Arbeitnehmer B mit der Staatsangehörigkeit Ägyptens und rechtmäßigem Wohnsitz in Deutschland wird von seinem inländischen Arbeitgeber nach Island entsandt. Er wird von der VO (EWG) Nr. 1408/71 auch hinsichtlich der Zuständigkeitsregelungen erfasst.

Die Zuständigkeitsregelungen der meisten **Abkommen über Soziale Sicherheit** gelten ohne Rücksicht auf die Staatsangehörigkeit. Ausnahmen bestehen für die Abkommen über Soziale Sicherheit mit Marokko und Tunesien. Diese Abkommen gelten nur für die Staatsangehörigen der jeweiligen Vertragsstaaten sowie für Flüchtlinge und Staatenlose.

Die Regelungen des europäischen Gemeinschaftsrechts gelten bei Entsendungen von einem in einen anderen Mitgliedstaat, soweit der Beschäftigungsort vom gebietlichen Geltungsbereich des Gemeinschaftsrechts erfasst wird. Entsprechendes gilt bei Entsendung in Abkommensstaaten. Nach der EWG-Verordnung Nr. 1408/71 ist der Entsendezeitraum auf zwölf Monate begrenzt. Eine Verlängerung um weitere zwölf Monate kann mit Hilfe eines Verlängerungsantrags bewirkt werden. Sofern ab 1.5.2010 bzw. für Drittstaatsangehörige ab 1.1.2011 die Regelungen der EG-Verordnung Nr. 883/2004 Anwendung finden, ist ein Entsendezeitraum von bis zu 24 Monaten möglich. Dies gilt bei EU-Staatsangehörigen seit 1.4.2012 und auch für die Schweiz und seit 1.6.2012 auch für Island, Liechtenstein und Norwegen. Ein Antragsverfahren zur Verlängerung sieht die EG-Verordnung Nr. 883/2004 jedoch nicht vor. Bei vorübergehender Erwerbstätigkeit in einem anderen EU-Staat ist die Entsendebescheinigung „A1" grundsätzlich im Voraus bei der Krankenkasse, bei der der Arbeitnehmer versichert ist, bzw. beim zuständigen Rentenversicherungsträger zu beantragen. Die Bescheinigung „A1" kann jedoch im Einzelfall auch nachträglich und rückwirkend ausgestellt werden. Daher kann bei kurzfristig anberaumten Geschäftsreisen oder bei sehr kurzen Entsendungen von bis zu einer Woche auf den Antrag zur Ausstellung der Bescheinigung „A1" verzichtet werden (vgl. Art. 15 Abs. 1 VO (EG) Nr. 987/2009 und EuGH v. 30.3.2000, C – 178/97, Ziffer 49-57, www.stotax-first.de). Personen, die gewöhnlich in zwei oder mehr EU-Staaten tätig sind, gelten als Mehrfachbeschäftigte. Für diesen Personenkreis wird die Prüfung der anzuwendenden Rechtsvorschriften von der Deutschen Verbindungsstelle Krankenversicherung Ausland vorgenommen. Dies gilt bei der Anwendbarkeit der EG-Verordnung Nr. 883/2004 auch für Personen, die im Internationalen Verkehrswesen tätig sind.

Gemäß Artikel 12 Abs. 1 der VO (EG) 883/04 liegt eine Entsendung nicht vor, wenn die entsandte Person eine zuvor entsandte Person ablöst. Dies gilt selbst dann, wenn die abgelöste Person von einem anderen Unternehmen entsandt wurde und auch, wenn dieses Unternehmen in einem anderen Mitgliedstaat ansässig ist. In et-

Ausstrahlung

waigen Fällen gelten für die Dauer des Einsatzes die Rechtsvorschriften des Beschäftigungsstaates.

3. Ausstrahlung

482 Ein Arbeitnehmer unterliegt bei einer Beschäftigung im Ausland im Wege der Ausstrahlung nach § 4 SGB IV den deutschen Vorschriften über die Sozialversicherung, wenn

- es sich um eine Entsendung
- im Rahmen eines im Inland bestehenden Beschäftigungsverhältnisses handelt und
- die Dauer der Beschäftigung im Ausland im Voraus zeitlich begrenzt ist.

Ist eine dieser Voraussetzungen nicht erfüllt, liegt keine Ausstrahlung i.S.v. § 4 SGB IV vor.

Eine Entsendung i.S. der Ausstrahlung liegt vor, wenn sich ein Beschäftigter auf Weisung seines Arbeitgebers vom Inland in das Ausland begibt, um dort eine Beschäftigung für diesen Arbeitgeber auszuüben.

> **Beispiel 1:**
> Ein Beschäftigter der Firma G, Pflichtmitglied bei einer deutschen gesetzlichen Krankenkasse, wird von seinem Arbeitgeber für elf Monate nach Mexiko entsandt. Er unterliegt nach § 4 SGB IV weiterhin den deutschen Rechtsvorschriften über soziale Sicherheit, d.h. die Versicherungspflicht in der Kranken-, Pflege-, Renten-, Arbeitslosen- und Unfallversicherung bleibt bestehen.

Dem steht nicht entgegen, dass der Beschäftigte eigens für eine Beschäftigung im Ausland eingestellt worden ist, also im Inland noch nicht für den entsendenden Arbeitgeber tätig gewesen ist.

> **Beispiel 2:**
> Der Arbeitnehmer G wird von einer Arbeitsgemeinschaft eigens für die Beschäftigung in Argentinien eingestellt. Für den befristet nach Argentinien entsandten Arbeitnehmer handelt es sich um eine Entsendung i.S. der Ausstrahlung.

Darüber hinaus können auch Beschäftigte, die unmittelbar vor der Auslandsbeschäftigung im Inland gelebt und noch nicht im Erwerbsleben gestanden haben (z.B. Schüler, Studenten, Hausfrauen), i.S. der Vorschriften über die Ausstrahlung entsandt werden.

Die Entsendung muss sich nicht nur auf einen Staat beschränken. Eine Ausstrahlung liegt vielmehr auch dann vor, wenn ein Arbeitnehmer nacheinander in mehrere Staaten ohne zeitliche Unterbrechung entsandt wird, vorausgesetzt, dass der Auslandseinsatz insgesamt im Voraus zeitlich begrenzt ist.

Typisches Merkmal einer Entsendung ist die fortbestehende Inlandsintegration bei vorübergehender Auslandsbeschäftigung. Demzufolge dürfen keine Anhaltspunkte dafür sprechen, dass der Arbeitnehmer nach dem Auslandseinsatz nicht in die Bundesrepublik Deutschland zurückkehrt, um dort seinen Wohnsitz oder gewöhnlichen Aufenthalt (wieder) zu nehmen. Wird eine Person von einem in Deutschland ansässigen Unternehmen in einem anderen Staat eingestellt und von dort in einen Drittstaat entsandt, so handelt es sich nicht um eine Entsendung i.S.d. § 4 SGB IV; d.h., die betreffende Person unterliegt nicht den deutschen Rechtsvorschriften.

> **Beispiel 3:**
> Ein Unternehmen mit Sitz in der Bundesrepublik Deutschland stellt in Ägypten den dort wohnenden Arbeitnehmer M ein, um ihn in Tunesien für eine von vornherein begrenzte Zeit zu beschäftigen. Dies ist keine Entsendung aus der Bundesrepublik Deutschland.

Eine andere Beurteilung ergibt sich auch nicht aus der Rechtsprechung des EuGH zur Entsendung aus EU-/EWR-Staaten in Drittstaaten. Eine Entsendung im o.g. Sinne liegt nicht vor, wenn eine Person im Ausland lebt und dort als sog. Ortskraft eine Beschäftigung für einen inländischen Arbeitgeber aufnimmt.

Dies gilt selbst dann, wenn die Person beabsichtigt, ihren Wohnsitz in die Bundesrepublik Deutschland zu verlegen.

Eine Entsendung kann auch dann vorliegen, wenn ein Arbeitgeber einen Arbeitnehmer vom Inland in das Ausland verleiht und hierfür die erforderliche Verleiherlaubnis nach dem Arbeitnehmerüberlassungsgesetz hat. Fehlt diese Erlaubnis, ist der Vertrag zwischen Verleiher und Leiharbeitnehmer unwirksam (§ 9 Nr. 1 AÜG); insoweit liegt auf Grund von § 10 Abs. 1 AÜG keine Entsendung und somit keine Ausstrahlung vor. Wird ein Arbeitnehmer in das Ausland, und zwar in ein auf der Grundlage zwischenstaatlicher Vereinbarungen begründetes deutsch-ausländisches Gemeinschaftsunternehmen verliehen, an dem der Verleiher beteiligt ist (§ 1 Abs. 3 Nr. 3 AÜG), haben die Regelungen des AÜG für die Ausstrahlung keine Bedeutung.

Der Beschäftigte muss im Rahmen eines inländischen Beschäftigungsverhältnisses entsandt werden. Es muss eine Beschäftigung im sozialversicherungsrechtlichen Sinne im Inland fortbestehen. Dies bedeutet, dass der im Ausland Beschäftigte organisatorisch in den Betrieb des inländischen Arbeitgebers eingegliedert bleiben bzw. sein muss. Außerdem muss er dem Weisungsrecht des inländischen Arbeitgebers in Bezug auf Zeit, Dauer, Ort und Art der Ausführung der Arbeit – u.U. in einer durch den Auslandseinsatz bedingten gelockerten Form – unterstehen. Schließlich muss sich der Arbeitsentgeltanspruch des Arbeitnehmers gegen den bisherigen Arbeitgeber richten.

> **Beispiel 4:**
> Arbeitnehmer H eines inländischen Unternehmens wird von einer in Paraguay errichteten Arbeitsgemeinschaft, der das inländische Unternehmen angehört, eingestellt. Das Arbeitsverhältnis zu dem inländischen Unternehmen besteht ohne Zahlung von Arbeitsentgelt fort. Es handelt sich nicht um eine Entsendung i.S. der Ausstrahlung.

Wesentliches Indiz ist, gegen wen der arbeitsrechtliche Entgeltanspruch besteht. Für das Vorliegen des Indizes spricht, wenn der inländische Arbeitgeber das Arbeitsentgelt des im Ausland Beschäftigten – weiterhin – in der Entgeltabrechnung wie für seine Beschäftigten im Inland ausweist. In diesem Falle bedarf es im Allgemeinen keiner Ermittlungen über die Eingliederung und das Weisungsrecht. Unterbleibt eine Heranziehung zur Lohnsteuer wegen eines Abkommens zur Vermeidung der Doppelbesteuerung, so ist dies unbeachtlich.

Zur Fortführung des in der Bundesrepublik Deutschland begründeten Sozialversicherungsverhältnisses im Rahmen der Ausstrahlung des § 4 SGB IV (BSG v. 25.1.1994, 4 RA 48/92, www.stotax-first.de) reicht ein im Inland bestehendes so genanntes Rumpfarbeitsverhältnis nicht aus. Voraussetzung ist vielmehr, dass die gegenseitigen sich aus dem Beschäftigungsverhältnis ergebenden Hauptpflichten fortbestehen. Abreden über das Ruhen der Hauptpflichten auf Arbeitsleistung und die Zahlung von Arbeitsentgelt sowie das „automatische" Wiederaufleben der Rechte und Pflichten aus dem ursprünglichen Arbeitsvertrag bei Rückkehr ins Inland sind Kriterien für ein Rumpfarbeitsverhältnis.

Besondere Ermittlungen sind dann erforderlich, wenn sich Anhaltspunkte dafür ergeben, dass trotz Vorliegens der Indizien ein Fortbestehen des inländischen Beschäftigungsverhältnisses fraglich erscheint.

Eine Entsendung i.S. einer Ausstrahlung nach § 4 SGB IV bei Beschäftigung bei einer ausländischen Beteiligungsgesellschaft (z.B. einer Tochtergesellschaft) ist grundsätzlich möglich. Keine Ausstrahlung i.S.v. § 4 SGB IV liegt vor, wenn das Beschäftigungsverhältnis bei einer ausländischen Beteiligungsgesellschaft den Schwerpunkt der rechtlichen und tatsächlichen Gestaltungsmerkmale ausweist und das bisherige inländische Arbeitsverhältnis in den Hintergrund tritt (z.B. ruht). Dies gilt selbst dann, wenn

- die im Voraus zeitlich begrenzte Beschäftigung auf Veranlassung oder mit Zustimmung der inländischen Gesellschaft zu Stande gekommen ist,
- der Beschäftigte von dieser weiterhin als Vertrauensperson betrachtet wird,
- eine Abrechnung von Personalkosten zwischen beiden Unternehmen stattfindet,
- die im Entsendestaat ansässige Gesellschaft Arbeitsentgelt zu eigenen Lasten zahlt.

Grundsätzlich ist ohne Bedeutung, ob die ausländische Gesellschaft von dem im Inland ansässigen Unternehmen wirtschaftlich beherrscht wird; mithin gelten insoweit die gleichen Kriterien wie bei Entsendung zu einem sonstigen ausländischen Unternehmen. Ein nur formelles Fortbestehen des Arbeitsvertrags mit der inländischen Gesellschaft begründet wegen der fehlenden Beschäftigungsmerkmale keine Entsendung i.S.d. § 4 SGB IV, beispielsweise auch nicht eine zwischen den Beteiligten vereinbarte Berechtigung der in Deutschland ansässigen Gesellschaft, den Beschäftigten jederzeit zur Arbeitsleistung für sie selbst in das Inland zurückzurufen. Bei der Entsendung zu einem rechtlich selbständigen Unternehmen innerhalb eines Konzerns, aber auch bei der Entsendung zu einer rechtlich unselbständigen Zweigniederlassung eines Unternehmens, bestimmt sich der Schwerpunkt des Beschäftigungsverhältnisses nach den tatsächlichen Merkmalen der Beschäftigung und nicht nach dem Arbeitsvertrag mit dem entsendenden Unternehmen. Für die Zuordnung des Beschäftigungsverhältnisses ist daher der Arbeitsvertrag nicht entscheidend.

Beispiel 5:
Das Unternehmen N mit Sitz in Weiden stellt den Arbeitnehmer Y an sein Tochterunternehmen in Albanien ab. Der Arbeitnehmer hat auch einen befristeten Arbeitsvertrag mit der albanischen Tochtergesellschaft, das Arbeitsentgelt wird aber weiterhin von der Muttergesellschaft auf ein Konto in Deutschland überwiesen. Die Personalkosten werden mit der albanischen Tochtergesellschaft abgerechnet, die diese bei der Gewinnermittlung als Betriebsausgabe steuerlich geltend macht. Der Arbeitnehmer erbringt seine Arbeitsleistung für die albanische Tochtergesellschaft und ist in den Betrieb dieses Unternehmens eingegliedert. Der albanischen Tochtergesellschaft wird die Arbeitsleistung wirtschaftlich zugerechnet, weil sie die Kosten dafür auch als Betriebsausgabe steuerrechtlich geltend macht. Im Übrigen verwirklicht der Arbeitnehmer den Betriebszweck der Tochtergesellschaft. Es handelt sich dabei, trotz der Entgeltzahlung durch das Unternehmen N, nicht um eine Entsendung i.S. der Ausstrahlung.

Hinsichtlich der Auswirkung der Entgeltzahlung auf die Zuordnung des Beschäftigungsverhältnisses ist bei Konzernunternehmen zudem zu berücksichtigen, ob das Arbeitsentgelt bei der Gewinnermittlung im Inland als Betriebsausgabe steuerrechtlich geltend gemacht wird (BSG v. 7.11.1996, 12 RK 79/94, www.stotax-first.de). Die steuerliche Geltendmachung des Arbeitsentgelts als Betriebsausgabe durch die Konzerngesellschaft im Ausland ist jedoch unschädlich, wenn der vorübergehende Einsatz des Arbeitnehmers nur kurzfristig für die Dauer von bis zu zwei Monaten ist und der Beschäftigte keinen anderen Arbeitnehmer ablöst, der zuvor vorübergehend dort eingesetzt war (vgl. Top 1 des Besprechungsergebnisses der Spitzenorganisationen der Sozialversicherung zu Fragen des gemeinsamen Beitragseinzugs v. 30.3.2011).

Unter Repräsentanz ist die unselbständige Geschäftsstelle eines inländischen Unternehmens zu verstehen. Sie dient etwa der Marktforschung und der Kontaktpflege (oft bei Banken). Da die Beschäftigten in vollem Umfang Arbeitnehmer des inländischen Arbeitgebers bleiben, handelt es sich um eine Entsendung im Rahmen eines inländischen Beschäftigungsverhältnisses.

Eine zeitliche Begrenzung der Entsendung i.S. der Ausstrahlung ist nur dann zu bejahen, wenn die Begrenzung bei vorausschauender Betrachtungsweise gegeben ist. Die Begrenzung im Voraus kann sich aus der Eigenart der Beschäftigung oder aus einem Vertrag ergeben. Auf feste Zeitgrenzen (etwa zwei Jahre) ist nicht abzustellen. Es ist somit unschädlich, wenn die Entsendung auf mehrere Jahre befristet ist. Das Erreichen der Altersgrenze für eine Vollrente wegen Alters ist allerdings keine zeitliche Begrenzung in diesem Sinne.

Eine Entsendung ist im Voraus zeitlich begrenzt, wenn bereits zu ihrem Beginn feststeht, dass eine objektive Begrenzung gegeben ist. Ergibt sich die Begrenzung erst im Laufe der Entsendung, so liegt keine Ausstrahlung i.S.v. § 4 SGB IV vor.

Beispiel 6:
Ein inländisches Unternehmen entsendet die Arbeitnehmer Q und R im Rahmen eines in Deutschland bestehenden Beschäftigungsverhältnisses nach Pakistan. Die Dauer der Entsendung des Arbeitnehmers Q ist von Anfang an auf drei Jahre begrenzt. Der Arbeitnehmer R ist zunächst für unbestimmte Zeit entsandt worden, nach einem Jahr stellt sich aber wider Erwarten heraus, dass die Entsendung im nächsten Jahr enden wird. Die Entsendung des Arbeitnehmers Q ist im Voraus zeitlich begrenzt, deshalb handelt es sich um eine Entsendung i.S. der Ausstrahlung. Da die zeitliche Begrenzung der Entsendung des Arbeitnehmers R nicht im Voraus bestanden hat, sondern sich erst im Laufe der Entsendung ergab, ist eine Entsendung i.S. der Ausstrahlung zu verneinen.

Ob bei mehreren aufeinander folgenden Auslandseinsätzen jeder einzelne Einsatz eine befristete Entsendung darstellt oder ob es sich insgesamt um eine – unbefristete – Entsendung handelt, hängt von den Umständen des Einzelfalls ab. Sind z.B. von Anfang an nur Auslandseinsätze geplant oder kommen wegen der Art der Tätigkeit nur solche in Frage, liegt keine Befristung vor (BSG v. 25.8.1994, 2 RU 14/93, www.stotax-first.de). Aus einem Recht des Arbeitgebers, den Beschäftigten jederzeit aus dem Ausland zurückzurufen und ihm einen Arbeitsplatz im Inland zuzuweisen, ergibt sich keine im Voraus bestehende zeitliche Begrenzung der Entsendung. In diesem Falle steht nicht bereits zu Beginn der Entsendung fest, ob und ggf. wann der Arbeitgeber von seinem Rückrufrecht Gebrauch machen wird.

Beschäftigungen, die nach allgemeiner Lebenserfahrung nicht auf Dauer angelegt sind, gelten als begrenzt. Dies gilt z.B. für Beschäftigungen, die mit Projekten usw. im Zusammenhang stehen, deren Fertigstellung eine absehbare Zeit in Anspruch nimmt – insbesondere für Montage- und Einweisungsarbeiten, Arbeiten im Zusammenhang mit der Errichtung von Bauwerken und Betriebsanlagen.

Auch hier ist in vorausschauender Betrachtungsweise zu beurteilen, ob Wesen, Inhalt oder Umfang der vorgesehenen Beschäftigung deren zeitliche Beschränkung ergeben.

Ob eine Entsendung im Voraus vertraglich begrenzt ist, lässt sich dem Arbeitsvertrag entnehmen, wenn dieser ein Datum enthält, zu dem die Entsendung endet. Eine vertragliche Begrenzung ist dagegen zu verneinen, wenn ein befristeter Vertrag vorliegt, der – wenn er nicht gekündigt wird – sich automatisch fortsetzt (BSG v. 4.5.1994, 11 RAr 55/93, www.stotax-first.de).

Eine zunächst begrenzte Entsendung, die nach dem Vertrag für einen weiteren begrenzten Zeitraum fortgesetzt werden kann, gilt grundsätzlich auch für die Verlängerungszeit als im Voraus zeitlich begrenzt.

Beispiel 7:
Arbeitnehmer S wird für zwei Jahre nach Brasilien entsandt, wobei der Vertrag vorsieht, dass eine Verlängerung der Entsendung für weitere zwei Jahre möglich ist. Es handelt sich um eine im Voraus zeitlich begrenzte Entsendung.

Regelmäßig ist die Ausstrahlung auch beendet, wenn
– der ausländische Beschäftigungsort derselbe bleibt, aber der inländische Arbeitgeber gewechselt wird oder
– der Arbeitgeber derselbe bleibt, jedoch der Beschäftigungsort vorübergehend vom Ausland ins Inland verlegt wird oder
– eine befristete Entsendung in eine unbefristete Auslandsbeschäftigung umgewandelt wird.

Es sind dabei die nachfolgenden Erläuterungen zu beachten:

Erfolgt ein Wechsel des Arbeitgebers lediglich dadurch, dass das Unternehmen des bisherigen Arbeitgebers durch ein anderes Unternehmen übernommen wird, so ist dieser Wechsel unbeachtlich. Es handelt sich um eine einheitliche Entsendung.

Ein vertraglich vorgesehener vorübergehender kurzzeitiger Aufenthalt im Inland während der Entsendung, etwa aus Urlaubsgründen oder für eine Beschäftigung (zur Berichterstattung, zur Unterrichtung über neue Techniken, Geschäftsgrundsätze usw. für die Dauer von höchstens zwei Monaten/50 Arbeitstagen, § 8 SGB IV), unterbricht die Entsendung nicht. Für die Beurteilung, ob eine zeitliche Begrenzung der Entsendung i.S. der Ausstrahlung vorliegt, ist mithin von dem insgesamt vorgesehenen Entsendezeitraum auszugehen.

Ist vertraglich vorgesehen, dass die Beschäftigung im Inland über den in § 8 Abs. 1 Nr. 2 SGB IV festgelegten Zeitraum hinausgeht, ist zu prüfen, ob es sich bei der Fortsetzung der Beschäftigung im Ausland um eine neue Entsendung i.S. der Ausstrahlung handelt.

Durch § 9 Abs. 6 SGB IV wird der Beschäftigungsort insbesondere in solchen Fällen geregelt, in denen der Beschäftigte eigens für die Arbeit im Ausland eingestellt wurde. Danach gilt als Beschäftigungsort der Ort, an dem der Betrieb, von dem der Beschäftigte entsandt wird, seinen Sitz hat.

Bei der Ausstrahlung treten die sich aus § 4 SGB IV ergebenden Rechtsfolgen unabhängig davon ein, ob Versicherungspflicht in der Sozialversicherung des in Betracht kommenden anderen Staats besteht. Dies gilt entsprechend für die Einstrahlung (§ 5 SGB IV), wobei es nicht darauf ankommt, ob Versicherungspflicht im Entsendestaat besteht.

Ausstrahlung

4. Entsendung auf fremdflaggige Seeschiffe

483 Seit 1.1.1998 gelten die Regelungen über die Ausstrahlung ohne Einschränkung auch für die auf fremdflaggige Seeschiffe entsandten Personen. Die o.a. Ausführungen entsprechend.

In der Seefahrt ist eine Entsendung i.d.R. bereits auf Grund ihrer Besonderheiten zeitlich befristet, z.B. bei Entsendung für die Dauer einer Reise, bei Urlaubsvertretung, bei Charter eines Schiffs oder bei befristeter Ausflaggung des Schiffs. Eine Entsendung liegt auch vor, wenn die Beschäftigung bei demselben Arbeitgeber nacheinander auf verschiedenen Schiffen ausgeübt wird. Einer Entsendung steht nicht entgegen, dass das Heuerverhältnis eigens für die Beschäftigung begründet wird, und zwar auch bei Anmusterung im Ausland.

Ob eine Entsendung i.S. der Ausstrahlung vorliegt, hängt im Wesentlichen davon ab, ob das fremdflaggige Schiff, auf dem die Beschäftigung ausgeübt wird, im deutschen Seeschiffsregister eingetragen ist.

Werden Seeleute auf Schiffe entsandt, die im deutschen Seeschiffsregister eingetragen sind, jedoch nach § 7 Flaggenrechtsgesetz mit Genehmigung des Bundesamts für Seeschifffahrt und Hydrographie für bestimmte Zeit an Stelle der deutschen Flagge eine andere Nationalflagge führen, besteht grundsätzlich Versicherungspflicht kraft Ausstrahlung, wenn diese Seeleute ungeachtet der Nationalität ihren Lebensmittelpunkt in Deutschland haben und bei Beschäftigungsaufnahme davon auszugehen ist, dass sie nach Beendigung des Beschäftigungsverhältnisses oder der Ausflaggung wieder in das Inland zurückkehren.

Werden Seeleute auf Schiffe entsandt, die in einem ausländischen Seeschiffsregister eingetragen und z.B. von einem Unternehmen mit Sitz in Deutschland aus dem Ausland „bareboat" gechartert sind, tritt eine Versicherung kraft Ausstrahlung i.d.R. nur bei befristeten Heuerverhältnissen ein. Seeleute, die unbefristet ausschließlich auf solchen Schiffen beschäftigt werden, erfüllen nicht die Voraussetzungen einer Entsendung und sind demzufolge nicht kraft Ausstrahlung versichert. Hat ein Arbeitgeber jedoch sowohl im deutschen als auch im ausländischen Seeschiffsregister eingetragene Schiffe unter deutscher oder fremder Flagge im Einsatz und schließt der Heuervertrag einen wechselnden Einsatz nicht aus, liegt auch bei einer Beschäftigung auf einem Schiff unter fremder Flagge Versicherungspflicht kraft Ausstrahlung vor.

Eine Entsendung kann grundsätzlich auch bei einer im Voraus zeitlich befristeten Beschäftigung auf einem Schiff vorliegen, das unter der Flagge eines Staates fährt, in dem die Regelungen des europäischen Gemeinschaftsrechts gelten, oder mit dem ein Sozialversicherungsabkommen geschlossen wurde. In diesen Fällen sind die besonderen Bestimmungen des über- und zwischenstaatlichen Rechts zu beachten. Für Seeleute gilt nach § 10 Abs. 3 SGB IV als Beschäftigungsort der Heimathafen des Seeschiffs. Ist ein inländischer Heimathafen nicht vorhanden, gilt als Beschäftigungsort Hamburg.

5. Beitragseinzug

484 Bleibt das Versicherungsverhältnis nach deutschem Recht bestehen, hat der Arbeitgeber wie bei allen anderen Arbeitnehmern die Gesamtsozialversicherungsbeiträge an die zuständige Einzugsstelle abzuführen. Besondere Meldungen sind nicht erforderlich.

Auswärtstätigkeit

→ *Reisekosten: Allgemeine Grundsätze* Rz. 2409, → *Reisekosten: Erstattungen* Rz. 2465

Auszubildende

Inhaltsübersicht:	**Rz.**
1. Arbeitsrecht	485
2. Lohnsteuer (Allgemeines)	486
a) Arbeitnehmereigenschaft	486
b) Arbeitslohn	487
c) Kein Arbeitslohn	488
d) Duale Studiengänge	489
e) Abgrenzung Arbeitslohn/Darlehen	490
f) Abzug als Werbungskosten bzw. Sonderausgaben	491
g) Abgrenzung Eigenaufwand – Drittaufwand	492
3. Bildungseinrichtung als erste Tätigkeitsstätte	493
a) Die Gesetzesänderung	493
b) Studium oder Bildungsmaßnahme außerhalb eines Dienstverhältnisses	494
c) Studium oder Bildungsmaßnahme innerhalb eines Dienstverhältnisses	495
d) Vollzeitstudium und vollzeitige Bildungsmaßnahme	496
4. Anwendungsfälle	497
a) Wege zwischen Wohnung und Betrieb	497
b) Fahrten zur Berufsschule	498
c) Betriebliche Aus- und Fortbildungen	499
d) Abschnittsweise Lehrgänge	501
e) Sonstige Aus- und Fortbildungen	502
f) Lernarbeitsgemeinschaften	503
5. Sozialversicherung	505
a) Auszubildende	505
b) Förderung lernbeeinträchtigter und sozial benachteiligter junger Menschen	506
c) Auszubildende im Handwerk mit gezahlter Vorwegausbildungsvergütung	507
d) Beiträge zur Sozialversicherung	508

1. Arbeitsrecht

485 Das Berufsausbildungsverhältnis ist ein besonders ausgestaltetes Arbeitsverhältnis, der Berufsausbildungsvertrag demzufolge ein **Arbeitsvertrag**, mit dem die berufliche Grundausbildung des Auszubildenden und die Vermittlung fachlicher Fertigkeiten und Kenntnisse für eine qualifizierte berufliche Tätigkeit geregelt wird, i.d.R. in einem nach § 4 BBiG anerkannten Ausbildungsberuf. Für den Abschluss des Berufsausbildungsvertrags als Arbeitsvertrag gelten deshalb zunächst die allgemeinen Regelungen für den Abschluss eines Arbeitsvertrags, § 10 Abs. 2 BBiG (→ *Arbeitsvertrag* Rz. 275).

Der Ausbildungsvertrag muss als befristeter Vertrag nach der Vorschrift des § 623 BGB **schriftlich** abgeschlossen werden. Entgegen einer verbreiteten irrigen Auffassung führt aber ein nur mündlich abgeschlossener Vertrag nicht zu dessen Unwirksamkeit: Auch ein mündlich abgeschlossener Ausbildungsvertrag ist also wirksam und bindet die Vertragsparteien (bei Pflicht des Arbeitgebers zur schriftlichen Niederlegung der wesentlichen Vertragsbedingungen nach dem **NachweisG**), s. BAG v. 21.8.1997, 5 AZR 713/96, www.stotax-first.de.

Nach § 17 Abs. 1 BBiG ist die Pflicht des Ausbildenden zur Zahlung einer angemessenen **Ausbildungsvergütung** zwingend vorgeschrieben, die nach dem Lebensalter des Auszubildenden so zu bemessen ist, dass sie mit fortschreitender Berufsausbildung (also mit zunehmendem betrieblichem Nutzen der Arbeitsleistung), mindestens jährlich ansteigt.

Die gelegentlich streitige Frage nach der **Angemessenheit einer Ausbildungsvergütung** kann naturgemäß nur in jedem Einzelfall nach Lage der besonderen Umstände beantwortet werden. Aus dem persönlichen Anwendungsbereich des **Mindestlohngesetzes** sind Auszubildende generell nach § 22 MiLoG **ausgenommen** (→ *Mindestlohn* Rz. 2028).

In der betrieblichen Praxis werden i.d.R. die tariflich vorgesehenen Ausbildungsvergütungen vereinbart, wodurch ein Streit über die Höhe einer angemessenen Vergütung vermieden wird. Besteht keine Tarifbindung und ist die **tarifliche Ausbildungsvergütung** auch nicht vereinbart, so ist für die Frage der Angemessenheit die tarifliche Vergütung anerkanntermaßen von Bedeutung, gleichsam als Richtschnur.

Eine vertraglich vereinbarte Ausbildungsvergütung, die unterhalb der tariflichen Ausbildungsvergütung liegt, ist bei Nichtanwendbarkeit des Tarifvertrags nicht ohne weiteres unangemessen (bei Anwendbarkeit des Tarifvertrags ist allerdings die tarifliche Vergütung die Untergrenze). Unterschreitet jedoch die vertraglich vereinbarte Ausbildungsvergütung diejenige nach einem für den Ausbildungsbetrieb maßgeblichen Tarifvertrag um mehr als 20 %, so ist die Vergütung nicht mehr angemessen; an die Stelle der unangemessenen Vergütung tritt dann die einschlägige Vergütung nach dem Tarifvertrag (vgl. BAG v. 26.3.2013, 3 AZR 89/11, www.stotax-first.de, und BAG v. 30.9.1998, 5 AZR 690/97, www.stotax-first.de). Dies gilt grundsätzlich auch für die Krankenpflegeausbildung durch Ausbildungsträger im Krankenhausbereich trotz beschränkten Budgets (BAG v. 19.2.2008, 9 AZR 1091/06, www.stotax-first.de). Andererseits darf bei einem ausschließlich durch öffentliche Gelder und private Spenden zur Schaffung zusätzlicher Ausbildungsplätze finanzierten Ausbildungsverhältnis, das für den nicht tarifgebundenen Ausbilder mit keinerlei finanziellen Vorteilen verbunden ist, die tariflich geregelte Ausbildungsvergütung auch erheblich unterschritten werden (BAG v. 24.10.2002, 6 AZR 626/00, www.stotax-first.de), z.B. bei einem durch Zuschüsse der Bundesagentur für Arbeit finanzierten Ausbildungsverhältnis (BAG v. 22.1.2008, 9 AZR 999/06, www.stotax-first.de). Bei einem mit öffentlichen Mitteln geförderten Ausbildungsplatz kann die einschlägige tarifliche Ausbildungsvergütung auch um mehr als 20 % unterschritten werden. Insoweit ist eine Ausbildungsvergütung in Höhe von **zwei Dritteln des einschlägigen BAföG-Satzes** noch angemessen (BAG v. 17.3.2015, 9 AZR 732/13, www.stotax-first.de).

Ist bei einer mit bestimmten Beträgen vereinbarten Ausbildungsvergütung weiterhin vereinbart, dass **mindestens** die **tariflichen** Sätze gelten sollen, so führt eine Absenkung der tariflichen Sätze nicht zu einer Verminderung des Vergütungsanspruchs (BAG v. 26.9.2002, 6 AZR 434/00, www.stotax-first.de).

Wichtig wegen der Sonderregelung in § 24 BBiG: Wird der Auszubildende **im Anschluss an das Berufsausbildungsverhältnis beschäftigt**, ohne dass hierüber ausdrücklich etwas vereinbart worden ist, so gilt ein **Arbeitsverhältnis auf unbestimmte Zeit als begründet**. Will also der Arbeitgeber ein Arbeitsverhältnis mit dem Auszubildenden nicht begründen, so muss er die Weiterbeschäftigung ablehnen, ggf. die tatsächliche Arbeitsleistung ausdrücklich zurückweisen. Tut er dies nicht, so entsteht kraft Gesetzes ein Arbeitsverhältnis auf unbestimmte Zeit, dessen Inhalt sich bei tarifgebundenen Arbeitnehmern nach dem Tarifrecht, im Übrigen nach den üblichen Bedingungen, z.B. hinsichtlich Lohn und Urlaub, richtet.

Zu achten ist außerdem darauf, ob sich im einschlägigen **Tarifvertrag** eine automatische **Übernahme** in ein Arbeitsverhältnis oder ein Anspruch auf Übernahme nach Verlangen findet (vgl. BAG v. 14.10.1997, 7 AZR 298/96, www.stotax-first.de).

Nach § 12 Abs. 2 BBiG ist eine Vereinbarung über die Verpflichtung des Auszubildenden, für die Berufsausbildung eine **Entschädigung** zu zahlen, nichtig. Die Vorschrift ist nach § 25 BBiG nicht abdingbar, gilt aber nur bei betrieblicher, nicht bei schulischer Ausbildung; sie setzt voraus, dass der Auszubildende **in einen Betrieb eingegliedert** ist, in einer dem Arbeitsverhältnis nahestehenden Rechtsbeziehung zum Ausbildenden steht und für den Betrieb mit einer vom Ausbildungszweck bestimmten Zielrichtung arbeitet (BAG v. 21.11.2001, 5 AZR 158/00, www.stotax-first.de). Der Ausbildender darf also den Auszubildenden nicht an den Ausbildungskosten beteiligen, z.B. einen Auszubildenden zum Berufskraftfahrer nicht an den Kosten zum Erwerb der Fahrerlaubnis der Klasse 2 (BAG v. 25.4.1984, 5 AZR 386/83, www.stotax-first.de).

Dieses Verbot der Rückzahlung von Ausbildungskosten nach § 12 BBiG gilt aber nur für Berufsausbildungsverhältnisse im engeren Sinne nach § 1 Abs. 3 BBiG, **nicht für die berufliche Fortbildung und Umschulung**. Zu Zulässigkeit und Grenzen von Rückzahlungsklauseln der vom Arbeitgeber übernommenen Ausbildungs- und Fortbildungskosten s. die Darstellung von N. Besgen, Rückzahlungsklauseln für Fortbildungskosten – Rechtliche Rahmenbedingungen und Gestaltungsmöglichkeiten, B+P 2010, 737.

2. Lohnsteuer (Allgemeines)

a) Arbeitnehmereigenschaft

486 Arbeitnehmer sind Personen, die in öffentlichem oder privatem Dienst angestellt oder beschäftigt sind oder waren und aus diesem Dienstverhältnis oder einem früheren Dienstverhältnis Arbeitslohn beziehen (§ 1 Abs. 1 Satz 1 LStDV). Auszubildende sind steuerlich im Regelfall Arbeitnehmer, auch wenn dies arbeitsrechtlich zweifelhaft sein mag (vgl. zuletzt BZSt v. 28.7.2004, St I 4 – S 2471 – 325/04, BStBl I 2004, 612 betr. Absolventen dualer Studiengänge).

[LSt] [SV]

b) Arbeitslohn

487 Ausbildungsvergütungen sind steuerpflichtiger Arbeitslohn, auch soweit ihnen Unterhaltscharakter zukommt; die Steuerbefreiung des § 3 Nr. 11 EStG scheidet in diesen Fällen aus (BFH v. 22.3.1985, VI R 26/82, BStBl II 1985, 641 und BFH v. 18.7.1985, VI R 93/80, BStBl II 1985, 644). Dies gilt auch für die **Anwärterbezüge** an Beamte im Vorbereitungsdienst, die zur Sicherstellung von Nachwuchskräften gezahlten **Studienbeihilfen** und die für die Fertigung einer **Habilitationsschrift** gewährten Beihilfen, vgl. H 3.11 (Steuerfreiheit nach § 3 Nr. 11 EStG) LStH.

Arbeitslohn liegt auch vor, wenn der Arbeitgeber einem Arbeitnehmer **Ausbildungskosten erstattet**. Dem steht bei einer beträchtlichen Höhe des erstatteten Betrags nicht entgegen, dass der Arbeitgeber mit der Zahlung auch **eigenbetriebliche Interessen** verfolgt (FG Köln v. 19.7.2000, 14 K 6947/99, EFG 2000, 1251 und zuletzt BFH v. 19.2.2004, VI B 146/02, www.stotax-first.de, betr. Erstattung von Schulungskosten für Pilotenlizenz; der Vorteil der Arbeitnehmer an der Zahlung wird nicht durch eigenbetriebliche Interessen des Arbeitgebers an einem guten Betriebsklima im Cockpit überlagert).

Ein Dienstverhältnis liegt auch vor, wenn zwischen einem **Ausbildungsträger** (Unternehmen) und einem Auszubildenden ein Ausbildungsvertrag abgeschlossen wird, die Ausbildungsvergütungen dem Ausbildungsträger aber aus **öffentlichen Mitteln**, z.B. auf Grund eines Sonderprogramms zur Bekämpfung der Jugendarbeitslosigkeit, erstattet werden. Die Ausbildungsvergütungen unterliegen dem Lohnsteuerabzug (s.a. OFD Düsseldorf v. 15.2.1977, S 2332 A – St 12 H, DB 1977, 2163).

c) Kein Arbeitslohn

Die **eigentliche Ausbildung** ist nicht als steuerpflichtiger geldwerter Vorteil zu erfassen (R 19.7 LStR). Steuerfrei nach § 3 Nr. 11 und 44 EStG sind auch BAföG-Leistungen, Stipendien aus öffentlichen Mitteln sowie Ausbildungszuschüsse nach verschiedenen bundes- und landesrechtlichen Regelungen, vgl. H 3.11 (Steuerfreiheit nach § 3 Nr. 11 EStG) LStH. Dies gilt auch, wenn ein Betrieb mit einer Person einen **Studien- und Ausbildungsvertrag** abschließt, nach dem zwar die **praktische Ausbildung im Ausbildungsbetrieb** durchgeführt, die **theoretische Ausbildung jedoch einer Ausbildungsakademie** übertragen wird. **488**

Trägt der Ausbildungsbetrieb neben der Ausbildungsvergütung die **Kosten des Studiums an der Berufsakademie als unmittelbarer Schuldner**, stellen die vom Arbeitgeber getragenen Studiengebühren keinen steuerpflichtigen Arbeitslohn dar. Die Studiengebühren werden auf Grund des Ausbildungsdienstverhältnisses vom Ausbildungsbetrieb geschuldet und sind ebenso wie in dem Fall, in dem der Ausbildungsbetrieb eine eigene Ausbildungsanstalt unterhält, kein geldwerter Vorteil für den Auszubildenden (OFD Hannover v. 1.4.2008, S 2332 – 235 – StO 212, www.stotax-first.de, betr. Studiengebühren, die an eine **Berufsakademie** geleistet werden).

d) Duale Studiengänge

In der Praxis ist immer wieder streitig, ob die **Übernahme von Studiengebühren für einen Auszubildenden im Rahmen eines berufsbegleitenden Studiums durch den Arbeitgeber** **489**

- als lohnsteuerpflichtiger Arbeitslohn anzusehen ist,
- ob es sich um steuerfreie Leistungen im ganz überwiegenden betrieblichen Interesse des Arbeitgebers handelt
- oder um Darlehen, die nicht steuerpflichtig sind.

Die **Finanzverwaltung** hat zu dieser Frage wie folgt Stellung genommen (BMF v. 13.4.2012, IV C 5 – S 2332/07/0001, BStBl I 2012, 531):

„Grundsätzlich gehören nach § 19 Abs. 1 Satz 1 Nr. 1 i.V.m. § 8 Abs. 1 EStG alle Einnahmen in Geld oder Geldeswert, die durch ein individuelles Dienstverhältnis veranlasst sind, zu den Einkünften aus nichtselbständiger Arbeit. Dies gilt – vorbehaltlich der weiteren Ausführungen – auch für vom Arbeitgeber übernommene Studiengebühren für ein berufsbegleitendes Studium des Arbeitnehmers.

1. Ausbildungsdienstverhältnis

Ein berufsbegleitendes Studium findet **im Rahmen eines Ausbildungsdienstverhältnisses** statt, wenn die Ausbildungsmaßnahme Gegenstand des Dienstverhältnisses ist (vgl. R 9.2 LStR und H 9.2 „Ausbildungsdienstverhältnis" LStH sowie die dort angeführte Rechtsprechung des BFH). Voraussetzung ist, dass die Teilnahme an dem berufsbegleitenden Studium zu den Pflichten des Arbeitnehmers aus dem Dienstverhältnis gehört.

Auszubildende

keine Sozialversicherungspflicht = (SV̸)
Sozialversicherungspflicht = (SV)

Ein berufsbegleitendes Studium findet insbesondere **nicht im Rahmen eines Ausbildungsdienstverhältnisses** statt, wenn

- das Studium nicht Gegenstand des Dienstverhältnisses ist, auch wenn das Studium seitens des Arbeitgebers durch Hingabe von Mitteln, z.B. eines Stipendiums, gefördert wird oder
- Teilzeitbeschäftigte ohne arbeitsvertragliche Verpflichtung ein berufsbegleitendes Studium absolvieren und das Teilzeitarbeitsverhältnis lediglich das Studium ermöglicht.

1.1. Arbeitgeber ist Schuldner der Studiengebühren

Ist der Arbeitgeber im Rahmen eines Ausbildungsdienstverhältnisses Schuldner der Studiengebühren, wird ein ganz überwiegend eigenbetriebliches Interesse des Arbeitgebers unterstellt und steuerrechtlich **kein Vorteil mit Arbeitslohncharakter angenommen**. So sind auch Studiengebühren kein Arbeitslohn, die der Arbeitgeber bei einer im dualen System durchgeführten Ausbildung auf Grund einer Vereinbarung mit der Bildungseinrichtung als unmittelbarer Schuldner trägt.

1.2. Arbeitnehmer ist Schuldner der Studiengebühren

Ist der Arbeitnehmer im Rahmen eines Ausbildungsdienstverhältnisses Schuldner der Studiengebühren und übernimmt der Arbeitgeber die Studiengebühren, wird ein ganz überwiegend eigenbetriebliches Interesse des Arbeitgebers unterstellt und steuerrechtlich **kein Vorteil mit Arbeitslohncharakter angenommen**, wenn

- sich der Arbeitgeber arbeitsvertraglich zur Übernahme der Studiengebühren verpflichtet **und**
- der Arbeitgeber die übernommenen Studiengebühren vom Arbeitnehmer arbeitsvertraglich oder auf Grund einer anderen arbeitsrechtlichen Rechtsgrundlage zurückfordern kann, sofern der Arbeitnehmer das ausbildende Unternehmen auf eigenen Wunsch **innerhalb von zwei Jahren nach dem Studienabschluss verlässt**.

Ein ganz überwiegend eigenbetriebliches Interesse des Arbeitgebers kann auch dann angenommen werden, wenn der Arbeitgeber die übernommenen Studiengebühren nach arbeitsrechtlichen Grundsätzen nur zeitanteilig zurückfordern kann. Scheidet der Arbeitnehmer zwar auf eigenen Wunsch aus dem Unternehmen aus, fällt der Grund für das Ausscheiden aus dem Arbeitsverhältnis aber allein in die Verantwortungs- oder Risikosphäre des Arbeitgebers (Beispiele: Der vertraglich zugesagte Arbeitsort entfällt, weil der Arbeitgeber den Standort schließt. Der Arbeitnehmer nimmt das Angebot eines Ausweicharbeitsplatzes nicht an und kündigt), kann eine vereinbarte **Rückzahlungsverpflichtung** nach arbeitsrechtlichen Grundsätzen hinfällig sein. In diesen Fällen genügt die Vereinbarung der Rückzahlungsverpflichtung für die Annahme eines überwiegenden eigenbetrieblichen Interesses an der Übernahme der Studiengebühren.

Der Arbeitgeber hat auf der ihm vom Arbeitnehmer zur Kostenübernahme vorgelegten Originalrechnung die Kostenübernahme sowie deren Höhe anzugeben. Eine Ablichtung der insoweit ergänzten Originalrechnung ist als **Beleg zum Lohnkonto** aufzubewahren.

2. Berufliche Fort- und Weiterbildungsleistung

Ein berufsbegleitendes Studium kann als berufliche Fort- und Weiterbildungsleistung des Arbeitgebers i.S.d. R 19.7 LStR anzusehen sein, wenn es die Einsatzfähigkeit des Arbeitnehmers im Betrieb erhöhen soll. Ist dies der Fall, führt die Übernahme der Studiengebühren für dieses Studium durch den Arbeitgeber nicht zu Arbeitslohn, denn sie wird im ganz überwiegend eigenbetrieblichen Interesse des Arbeitgebers durchgeführt. Die lohnsteuerliche Beurteilung, ob das berufsbegleitende Studium als berufliche Fort- und Weiterbildungsleistung des Arbeitgebers i.S.d. Richtlinie R 19.7 LStR anzusehen ist, ist nach den konkreten Umständen des Einzelfalls vorzunehmen.

Hierbei ist Folgendes zu beachten:

2.1. Schuldner der Studiengebühren

Es kommt für die Annahme eines ganz überwiegend eigenbetrieblichen Interesses des Arbeitgebers nicht darauf an, ob der Arbeitgeber oder der Arbeitnehmer Schuldner der Studiengebühren ist. Ist der Arbeitnehmer Schuldner der Studiengebühren, ist nur insoweit die Annahme eines ganz überwiegend eigenbetrieblichen Interesses des Arbeitgebers möglich, wie der Arbeitgeber vorab die Übernahme der zukünftig entstehenden Studiengebühren schriftlich zugesagt hat (R 19.7 Abs. 1 Satz 3 und 4 LStR). Der Arbeitgeber hat auf der ihm vom Arbeitnehmer zur Kostenübernahme vorgelegten Originalrechnung die Kostenübernahme sowie deren Höhe anzugeben. Eine Ablichtung der insoweit ergänzten Originalrechnung ist als Beleg zum Lohnkonto aufzubewahren.

2.2. Rückforderungsmöglichkeit des Arbeitgebers

Für die Annahme eines ganz überwiegend eigenbetrieblichen Interesses des Arbeitgebers ist es nicht erforderlich, dass der Arbeitgeber die übernommenen Studiengebühren vom Arbeitnehmer arbeitsvertraglich oder auf Grund einer anderen arbeitsrechtlichen Rechtsgrundlage zurückfordern kann.

2.3. Übernahme von Studienkosten durch den Arbeitgeber im Darlehenswege

Bei einer Übernahme von Studienkosten durch den Arbeitgeber im Darlehenswege, bei der marktübliche Vereinbarungen über Verzinsung, Kündigung und Rückzahlung getroffen werden, **führt weder die Hingabe noch die Rückzahlung der Mittel zu lohnsteuerlichen Folgerungen**.

Ist das Arbeitgeberdarlehen nach den getroffenen Vereinbarungen nur dann tatsächlich zurückzuzahlen, wenn der Arbeitnehmer aus Gründen, die in seiner Person liegen, vor Ablauf des vertraglich festgelegten Zeitraums (i.d.R. zwei bis fünf Jahre) aus dem Arbeitsverhältnis ausscheidet oder ist der marktübliche Zinssatz unterschritten, ist zu prüfen, ob im Zeitpunkt der Einräumung des Arbeitgeberdarlehens die **Voraussetzungen des R 19.7 LStR vorliegen. Wird dies bejaht, ist der Verzicht auf die Darlehensrückzahlung oder der Zinsvorteil eine Leistung des Arbeitgebers im ganz überwiegend eigenbetrieblichen Interesse.**

Liegen die Voraussetzungen der R 19.7 LStR nicht vor, stellt der (Teil-)Erlass des Darlehens einen Vorteil mit Arbeitslohncharakter für den Arbeitnehmer dar. Gleiches gilt für einen Zinsvorteil nach Maßgabe des BMF-Schreibens v. 19.5.2015, IV C 5 – S 2334/07/0009, BStBl I 2015, 484. Der Arbeitslohn fließt dem Arbeitnehmer bei einem Darlehens(teil-)erlass in dem Zeitpunkt zu, in dem der Arbeitgeber zu erkennen gibt, dass er auf die (Teil-)Rückzahlung des Darlehens verzichtet (BFH v. 27.3.1992, VI R 145/89, BStBl II 1992, 837).

2.4. Prüfschema

Es ist nicht zu beanstanden, wenn die lohnsteuerliche Beurteilung nach folgendem Prüfschema vorgenommen wird:

1. Liegt eine erstmalige Berufsausbildung oder ein Erststudium als Erstausbildung außerhalb eines Ausbildungsdienstverhältnisses i.S.d. § 9 Abs. 6 vor? Vgl. auch BMF v. 22.9.2010, IV C 4 – S 2227/07/10002 :002, BStBl I 2010, 721.

Wenn ja:.

=> Es handelt sich weder um Werbungskosten des Arbeitnehmers noch liegt ein ganz überwiegendes betriebliches Interesse des Arbeitgebers vor. Die Übernahme von Studiengebühren durch den Arbeitgeber führt zu Arbeitslohn.

Wenn nein:

2. Ist eine berufliche Veranlassung gegeben?

Wenn nein:

=> Es handelt sich weder um Werbungskosten des Arbeitnehmers noch liegt ein ganz überwiegendes betriebliches Interesse des Arbeitgebers vor. Die Übernahme von Studiengebühren durch den Arbeitgeber führt zu Arbeitslohn.

Wenn ja:

3. Sind die Voraussetzungen der R 19.7 LStR (vgl. auch Tz. 2.1. bis 2.3.) erfüllt?

Wenn nein:

=> Es handelt sich um Werbungskosten des Arbeitnehmers, aber kein ganz überwiegendes betriebliches Interesse des Arbeitgebers. Die Übernahme von Studiengebühren durch den Arbeitgeber führt zu Arbeitslohn.

Wenn ja:

=> Es liegt eine Leistung des Arbeitgebers im ganz überwiegend eigenbetrieblichen Interesse vor. Die Übernahme von Studiengebühren durch den Arbeitgeber führt nicht zu Arbeitslohn. Zur Übernahme von weiteren durch die Teilnahme des Arbeitnehmers an dem berufsbegleitenden Studium veranlassten Kosten durch den Arbeitgeber vgl. R 19.7 Abs. 3 LStR."

Die vorstehenden Grundsätze soll das nachstehende Beispiel verdeutlichen:

> **Beispiel 1:**
>
> Das Studium an der Fachhochschule X wird in einem **dualen System durchgeführt** – einem theoretischen Semester an der Fachhochschule folgt jeweils ein Praxissemester in einem Partnerunternehmen der Fachhochschule. Die einzelnen Partnerunternehmen schließen jeweils mit der **Fachhochschule einen Kooperationsvertrag** ab, der nur im Zusammenhang mit einem zwischen der **Fachhochschule und einem Studierenden abgeschlossenen Studienvertrag** wirksam wird. Von den jeweiligen **Partnerunternehmen sind Studiengebühren an die Fachhochschule zu entrichten**. Zwischen dem **Studierenden und dem Partnerunternehmen besteht ein sog. Praktikantenvertrag**, in dem ein monatliches Gehalt vereinbart ist, das durchgehend – also auch während der theoretischen Ausbildung an der Fachhochschule – gezahlt wird. Der Praktikantenvertrag enthält weiterhin allgemeine Regelungen über die Anwesenheitszeit, Gehaltsfortzahlung im Krankheitsfall, Urlaub und Nebenbeschäftigung. Außerdem legt der Vertrag eine **Verpflichtung zur Rückzahlung der Ausbildungskosten bei vorzeitigem Abbruch der Ausbildung fest**. Neben der monatlichen Vergütung hat der Studierende dem Partnerunternehmen ggf. auch die Studiengebühren zurückzuzahlen. Des Weiteren ist der Studierende verpflichtet, nach Beendigung der Ausbildung mindestens drei Jahre in dem Partnerunternehmen tätig zu sein.
>
> Es liegt in diesem Fall ein **Ausbildungsdienstverhältnis** vor, bei dem die **Übernahme der Studiengebühren keinen steuerpflichtigen Arbeitslohn darstellt**, weil das eigenbetriebliche Interesse des Arbeitgebers im Vordergrund steht (BMF v. 13.4.2012, IV C 5 – S 2332/07/0001, BStBl I

☒ = keine Lohnsteuerpflicht
☒ = Lohnsteuerpflicht

Auszubildende

2012, 531). Theoretische und praktische Ausbildung sind nach den o.g. vertraglichen Regelungen untrennbar miteinander verbunden.

☒ ⓈⓋ

Ergänzend haben die obersten Finanzbehörden entschieden, dass steuerpflichtiger Arbeitslohn vorliegt, wenn im Falle des Arbeitgeberwechsels der neue Arbeitgeber die Verpflichtung des Arbeitnehmers, die Studiengebühren an den bisherigen Arbeitgeber zurückzuzahlen, übernimmt. In diesen Fällen ist kein überwiegend eigenbetriebliches Interesse des neuen Arbeitgebers anzunehmen. Dies gilt sowohl bei sofortiger Übernahme des gesamten Rückzahlungsbetrags als auch bei Übernahme des Rückzahlungsbetrags durch den neuen Arbeitgeber im Darlehenswege (entsprechend Tz. 2.3. des o.g. BMF-Schreibens); vgl. dazu FinMin Berlin, Kurzinfo LSt Nr. 1/15 v. 16.1.2015, DB 2015, 218.

> **Beispiel 2:**
> Der neue Arbeitgeber verpflichtet sich vertraglich vor Beginn des Dienstverhältnisses zur Übernahme der Rückzahlungsverpflichtung und zahlt spätestens unmittelbar nach Beginn des Dienstverhältnisses den vollen Rückzahlungsbetrag an den Mitarbeiter aus, der damit seine Rückzahlungsverpflichtung gegenüber seinem alten Arbeitgeber erfüllt, bzw. es überweist der neue Arbeitgeber den vollen Rückzahlungsbetrag auf dem abgekürzten Zahlungsweg direkt an den alten Arbeitgeber.
>
> Die Zahlung des neuen Arbeitgebers führt zu steuerpflichtigem Arbeitslohn.

> **Beispiel 3:**
> Der neue Arbeitgeber gewährt dem Mitarbeiter auf Grund einer vor Beginn des Dienstverhältnisses getroffenen Vereinbarung in Höhe der Rückzahlungsverpflichtung ein Darlehen, auf dessen Rückzahlung für jeden vollen Monat der Tätigkeit beim neuen Arbeitgeber dann schrittweise verzichtet wird. Die Laufzeit des Darlehens entspricht hierbei der ursprünglich mit dem alten Arbeitgeber vertraglich vereinbarten Mindestdauer des Beschäftigungsverhältnisses abzüglich der bereits beim alten Arbeitgeber erbrachten Arbeitszeit.
>
> Im Zeitpunkt des Verzichts auf Rückzahlung des Darlehens führt dies zu steuerpflichtigem Arbeitslohn.

ⓁⓈⓉ ⓈⓋ

e) Abgrenzung Arbeitslohn/Darlehen

490 Zur Abgrenzung Arbeitslohn/Darlehen bei der Übernahme von Studiengebühren für ein **berufsbegleitendes Studium** durch den Arbeitgeber s. Tz. 2.3 des vorstehenden BMF-Schreibens v. 13.4.2012, IV C 5 – S 2332/07/0001, BStBl I 2012, 531.

Die eventuelle **Rückzahlung** von Teilen der Vergütung durch den Studierenden wirkt sich erst im Zeitpunkt ihres Abflusses aus (zuletzt BFH v. 22.6.2006, VI R 5/03, BStBl II 2007, 4 betr. eine Vertragsstrafe wegen vorzeitiger Kündigung des Arbeitsverhältnisses).

Bei einem zinslosen **öffentlichen Förderdarlehen von der Kassenärztlichen Vereinigung** zur Weiterbildung zum Facharzt für Allgemeinmedizin handelt es sich um **Arbeitslohn von dritter Seite**. Die als steuerpflichtige Einnahmen zu wertenden Mittel der Kassenärztlichen Vereinigung sind nach § 11 EStG **im Jahr des Zuflusses zu erfassen**. Das ist das Jahr, in dem der Arzt die Mittel erhält, und zwar unabhängig davon, ob als sog. leistungsfreies Darlehen oder als Zuschuss, denn die Kassenärztliche Vereinigung kann in beiden Fällen die Mittel nicht zurückfordern, wenn der Arzt entsprechend dem Förderungszweck des Darlehensvertrags die Facharzt-Anerkennung als Allgemeinmediziner erhält (FG Münster v. 6.12.2006, 8 K 4463/02 E, EFG 2007, 921).

f) Abzug als Werbungskosten bzw. Sonderausgaben

491 Aufwendungen für die **erstmalige Berufsausbildung** bzw. für ein **Erststudium**, das zugleich eine Erstausbildung vermittelt, sind – abweichend von der BFH-Rechtsprechung – nur begrenzt als **Sonderausgaben** abzugsfähig (§ 9 Nr. 6 EStG). Die Frage, ob diese Einschränkung verfassungsgemäß ist, liegt dem **BVerfG** zur Entscheidung vor. Steuerfestsetzungen ergehen insoweit vorläufig; weitere Einzelheiten → Fortbildung Rz. 1302.

Voll abzugsfähige (ggf. sog. vorab entstandene) **Werbungskosten** können dagegen bei einem **Erststudium nach abgeschlossener Berufsausbildung**, bei Fortbildungsmaßnahmen, einer Umschulung oder auch einem Ergänzungs- oder Zweitstudium vorliegen, sofern sie beruflich veranlasst sind (zuletzt BFH v. 28.2.2013, VI R 6/12, BStBl II 2015, 180 betr. Werbungskostenabzug bei Ausbildung einer Flugbegleiterin zur Verkehrsflugzeugführerin sowie BMF v. 22.9.2010, IV C 4 – S 2227/07/10002 :002, BStBl I 2010, 721).

Die Abgrenzung kann schwierig sein, vgl. z.B. OFD Frankfurt v. 4.10.2010, S 2332 A – 63 – St 211, www.stotax-first.de, betr. Aus- und Fortbildungsmaßnahmen in der Bankwirtschaft, insbesondere Bachelor- und Masterstudiengänge sowie Studiengänge zum „Bankfachwirt"/„Bankbetriebswirt"/„Dipl. Bankbetriebswirt". Weitere Einzelheiten s. BMF v. 22.9.2010, IV C 4 – S 2227/07/10002 :002, BStBl I 2010, 721 sowie → Fortbildung Rz. 1297.

Für die steuerliche Abzugsfähigkeit von als Darlehen gewährten **BAföG-Leistungen** ist maßgebend, wann die kreditfinanzierten Aufwendungen verausgabt worden sind. Unabhängig davon, ob es sich bei den Aufwendungen für das Studium um Werbungskosten, Sonderausgaben oder außergewöhnliche Belastungen handelt, können sie allenfalls im **Jahr des tatsächlichen Abflusses**, nämlich der Verwendung der Darlehensmittel, berücksichtigt werden. Bei der Tilgung des Darlehens handelt es sich um keine unmittelbaren Aufwendungen für eine Berufsausbildung (zuletzt BFH v. 27.8.2010, III B 70/09, www.stotax-first.de, m.w.N.).

Studiengebühren gehören – sofern sie weder Betriebsausgaben noch Werbungskosten sind – zu den Sonderausgaben i.S.d. § 10 Abs. 1 Nr. 7 EStG, die bis zu 6 000 € (bis 2011: 4 000 €) im Kalenderjahr berücksichtigt werden können. Um allen Studierenden den Zugang zum Hochschulstudium zu ermöglichen, werden teilweise Studienkredite von staatlichen Banken eingesetzt, aus denen den Studenten während des Studiums Geldmittel zufließen, die sie nach Abschluss des Studiums und einer gewissen Karenzzeit wieder zurückzahlen müssen. Die mit Hilfe der Darlehen bezahlten Studiengebühren können nach § 10 Abs. 1 Nr. 7 EStG **im Kalenderjahr der Zahlung geltend gemacht werden**, wirken sich jedoch steuerlich im Regelfall nicht aus, da Studierende im Allgemeinen keine oder nur geringe eigene Einkünfte haben. Nach Aufnahme der Berufstätigkeit wirken sich nur die Zinsen für die Ausbildungsdarlehen als Sonderausgaben aus, nicht aber die Aufwendungen zur Tilgung der Darlehen.

Ein anderes Modell ist das Modell der **nachlaufenden Studiengebühren**. Hierbei wird auf eine dritte Partei, die die Vorfinanzierung regelt, verzichtet. Es wird stattdessen eine **staatliche Stundung der Studienbeiträge** und eine einkommensabhängige Rückzahlung eingeführt. Dies hat, anders als bei einer Finanzierung durch Darlehen, steuerlich zur Folge, dass **Aufwendungen für Studiengebühren erst nach Abschluss des Studiums anfallen** und der Stpfl. sie sodann – auch nach Abschluss der Berufsausbildung – i.R.d. § 10 Abs. 1 Nr. 7 EStG als Sonderausgaben geltend machen kann. Es kommt nicht darauf an, ob das Studium schon beendet ist. Die Studiengebühren verlieren durch Beendigung des Studiums nicht ihren Charakter als Sonderausgaben und ihren Veranlassungszusammenhang (R 10.9 Abs. 2 EStR). Da die Stpfl. zu diesem Zeitpunkt im Regelfall Einkünfte erzielen, wirken sich die als Sonderausgaben abzuziehenden Studiengebühren in diesen Fällen steuerlich aus. Diese unterschiedliche steuerliche Behandlung darlehensfinanzierter und nachlaufender Studiengebühren ist nicht zu beanstanden (OFD Frankfurt v. 4.2.2009, S 2221 A – 28 –St 218, www.stotax-first.de).

Streitig ist häufig auch die Frage, ob ein „Ausbildungs**dienst**verhältnis" oder lediglich ein „Ausbildungsverhältnis" vorliegt, denn nur im erstgenannten Fall können auch nach der ab 2004 geltenden gesetzlichen Neuregelung Ausbildungskosten als vorab entstandene **Werbungskosten** berücksichtigt und in späteren Jahren steuerlich abgezogen werden (§ 10d EStG). S. zur Abgrenzung ausführlich Tz. 1 BMF v. 13.4.2012, IV C 5 – S 2332/07/0001, BStBl I 2012, 531 (s. dazu → Fortbildung Rz. 1309).

> **Beispiel:**
> A schließt nach seinem Abitur einen Schulungsvertrag mit der X-Schulungs-GmbH ab, die zum Konzern der X-AG gehört. Im Schulungsvertrag wird bereits festgelegt, dass A bei erfolgreicher Schulung ein Arbeitsplatz im Konzern der X-AG angeboten wird. Gleichzeitig wird mit der X-AG ein Darlehensvertrag abgeschlossen über den von A zu tragenden Eigenanteil an der Schulungsmaßnahme. Während der Schulungsmaßnahme erhält A weder von der X-Schulungs-GmbH noch von der X-AG Arbeitslohn.

Auszubildende

Es handelt sich nach Auffassung der Finanzverwaltung **nicht um ein Ausbildungsdienstverhältnis** mit der X-AG, daher können die Ausbildungskosten nicht als vorab entstandene Werbungskosten berücksichtigt werden (so auch FG Düsseldorf v. 3.12.2008, 2 K 3575/07 F, EFG 2009, 1201). Die **Rechtsprechung ist jedoch nicht einheitlich**, s. zuletzt FG Köln v. 31.7.2014, 6 K 2104/12, EFG 2014, 2129, Revision eingelegt, Az. beim BFH: VI R 59/14, mit Hinweisen auf gegenteilige FG-Entscheidungen).

Da es sich um Aufwendungen für die **erstmalige Berufsausbildung** des A handelt, kommt lediglich ein auf 6 000 € jährlich begrenzter Sonderausgabenabzug nach § 10 Abs. 1 Nr. 7 EStG in Betracht.

Beim Werbungskostenabzug ist § 3c Abs. 1 EStG zu berücksichtigen: Aufwendungen, die mit **steuerfreien Einnahmen** in unmittelbarem Zusammenhang stehen, dürfen nicht als Werbungskosten abgezogen werden. Allein die Möglichkeit, dass die Berufstätigkeit später auch im Ausland ausgeübt werden könnte, begründet allerdings noch keinen unmittelbaren wirtschaftlichen Zusammenhang i.S.d. § 3c Abs. 1 EStG zwischen den Berufsausbildungskosten und später tatsächlich erzielten steuerfreien Auslandseinkünften (BFH v. 28.7.2011, VI R 5/10, BStBl II 2012, 553 und zuletzt FG Köln v. 19.10.2011, 9 K 3301/10, EFG 2012, 2210 betr. ein Forschungsstipendium in Kanada).

g) Abgrenzung Eigenaufwand – Drittaufwand

492 Als **Werbungskosten** sind nur **eigene Aufwendungen des Stpfl. abziehbar**, die bei diesem nach dem sog. Nettoprinzip zu einer wirtschaftlichen Belastung geführt haben. Das ist auch bei Aufwendungen der Fall, die der Stpfl. aus Mitteln bestreitet, die ihm schenkweise oder in Erfüllung der gesetzlichen Unterhaltspflicht von dritter Seite zugewendet worden sind.

Auch Zahlungen Dritter können im Falle der sog. **Abkürzung des Zahlungswegs** als Aufwendungen des Stpfl. zu werten sein. Hierbei handelt es sich um die Zuwendung eines Geldbetrags an den Stpfl. in der Weise, dass der Dritte im Einvernehmen mit dem Stpfl. dessen Schuld tilgt, statt ihm den Geldbetrag unmittelbar zu geben, wenn also der Dritte für Rechnung des Stpfl. an dessen Gläubiger leistet (s. zuletzt BFH v. 15.5.2013, IX R 5/11, BStBl II 2014, 143 betr. von den Eltern gezahlte Ausbildungskosten).

Leistet dagegen der Dritte auf eine eigene Schuld, handelt es sich um **echten Drittaufwand**, der insbesondere bei Dauerschuldverhältnissen nicht zu abziehbaren Aufwendungen des Stpfl. führt (H 4.7 „Drittaufwand" EStH).

> **Beispiel 1:**
> Abschluss des Ausbildungsvertrags durch den Stpfl.; die Lehrgangsgebühren werden monatlich von den Eltern gezahlt.
>
> Die Zahlungen der Eltern führen unter dem Gesichtspunkt der **Abkürzung des Zahlungswegs** als eigene Aufwendungen zu abziehbaren Werbungskosten des Stpfl. (vgl. BFH v. 22.7.2003, VI R 4/02, HFR 2004, 215).

> **Beispiel 2:**
> Abschluss des Ausbildungsvertrags durch den Vater, der auch die Lehrgangsgebühren monatlich zahlt.
>
> Es handelt sich um **Drittaufwand**, den der Stpfl. mangels eigener Aufwendungen nicht als Werbungskosten abziehen kann (vgl. BFH v. 13.3.1996, VI R 103/95, BStBl II 1996, 375).

3. Bildungseinrichtung als erste Tätigkeitsstätte

a) Die Gesetzesänderung

493 Nach dem neuen § 9 Abs. 4 Satz 8 EStG gilt als erste Tätigkeitsstätte auch eine Bildungseinrichtung, die

- **außerhalb eines Dienstverhältnisses**
- **zum Zwecke eines Vollzeitstudiums oder einer vollzeitigen Bildungsmaßnahme aufgesucht wird.**

Mit dieser Gesetzesänderung ist die bisherige BFH-Rechtsprechung (s. „ABC des Lohnbüros 2013" Rdnr. 446 ff.) überholt, wonach eine Bildungseinrichtung keine regelmäßige Arbeitsstätte darstellt und die Fahrten Wohnung – Bildungseinrichtung somit nicht der Abzugsbeschränkung auf die Entfernungspauschale unterliegen (BMF v. 24.10.2014, IV C 5 – S 2353/14/10004, BStBl I 2014, 1412 Rdnr. 32). **Die Fahrten zur Hochschule können in diesen Fällen ab 2014 lediglich mit der Entfernungspauschale** berücksichtigt werden, Verpflegungsmehraufwendungen und evtl. Übernachtungskosten überhaupt nicht.

Aus der **Gesetzesbegründung** (BT-Drucks. 17/10774):

„Als erste Tätigkeitsstätte wird auch eine Bildungseinrichtung behandelt, die zum Zwecke eines Vollzeitstudiums oder einer vollzeitigen Bildungsmaßnahme aufgesucht wird. Voraussetzung für diese Annahme ist allerdings, dass die Maßnahme nicht durch ein bestehendes Dienstverhältnis veranlasst ist. Da der Steuerpflichtige in diesen Fällen keinem Direktionsrecht unterliegt, sondern selbst die Entscheidung für die jeweilige Bildungseinrichtung trifft, hat er – vergleichbar dem Arbeitnehmer, der einer betrieblichen Einrichtung dauerhaft zugeordnet ist – die Möglichkeit, sich auf die ihm entstehenden Wegekosten einzurichten und deren Höhe zu beeinflussen."

Die Neuregelung wirkt sich für viele Stpfl. nachteilig, für andere dagegen vorteilhaft aus (s. nachstehendes Beispiel).

b) Studium oder Bildungsmaßnahme außerhalb eines Dienstverhältnisses

494 Ein Studium oder eine Bildungsmaßnahme findet insbesondere dann außerhalb eines Dienstverhältnisses statt, wenn

- diese nicht Gegenstand des Dienstverhältnisses sind, auch wenn sie seitens des Arbeitgebers durch Hingabe von Mitteln, wie z.B. eines Stipendiums, gefördert werden, oder
- diese ohne arbeitsvertragliche Verpflichtung absolviert werden und die Beschäftigung lediglich das Studium oder die Bildungsmaßnahme ermöglicht (BMF v. 24.10.2014, IV C 5 – S 2353/14/10004, BStBl I 2014, 1412 Rdnr. 32).

> **Beispiel:**
> Frau A, studierte Diplom-Sozialpädagogin, war arbeitslos geworden. Sie hat anschließend an einer Hochschule ein weiteres Studium aufgenommen, um nach dem erfolgreichen Abschluss an einer Berufsschule als Lehrerin für Sozialpädagogik tätig zu werden.
>
> Die Aufwendungen sind als sog. vorab entstandene Werbungskosten abzugsfähig. § 12 Nr. 5 EStG steht dem nicht entgegen, weil Frau A vor dem Beginn ihres Studiums ein Hochschulstudium und damit eine (erste) Berufsausbildung i.S.d. § 9 Nr. 6 absolviert hatte (BFH v. 9.2.2012, VI R 44/10, BStBl II 2013, 234).
>
> Der BFH hatte allerdings auch entschieden, dass die Hochschule nicht als regelmäßige Arbeitsstätte anzusehen ist und die Fahrten zur Hochschule daher mit den tatsächlichen Kosten oder den pauschalen km-Sätzen (für Pkw 0,30 €/km) berücksichtigt werden können. Soweit Frau A unentgeltlich im Rahmen einer Fahrgemeinschaft mitgenommen wird oder als Studentin auf Grund eines sog. Semestertickets unentgeltlich öffentliche Verkehrsmittel nutzen kann, ist ein Werbungskostenabzug jedoch nicht möglich. Je nach Dauer der Abwesenheit von der Wohnung konnten Verpflegungsmehraufwendungen geltend gemacht werden.
>
> Ab 2014 ist dies nicht mehr möglich. Die Hochschule wird als „erste Tätigkeitsstätte" behandelt. Die Fahrtkosten können nur in Höhe der Entfernungspauschale berücksichtigt werden (0,30 € je Entfernungskilometer, km-Satz also nur 0,15 €), Verpflegungsmehraufwendungen überhaupt nicht.
>
> Die Entfernungspauschale ist aber auch anzusetzen, wenn Frau A aus den o.g. Gründen keine tatsächlichen Fahrtkosten entstehen sollten. Insoweit wirkt sich die Neuregelung vorteilhaft aus.

c) Studium oder Bildungsmaßnahme innerhalb eines Dienstverhältnisses

495 Die o.g. gesetzliche Neuregelung findet auf Studien oder Bildungsmaßnahmen innerhalb eines Dienstverhältnisses keine Anwendung. Das kann der Fall sein bei

- Studien oder Bildungsmaßnahmen im Rahmen eines sog. Ausbildungsdienstverhältnisses (vgl. R 9.2 Abs. 1 Satz 2 LStR),
- beruflichen Fort- oder Weiterbildungsleistungen des Arbeitgebers (R 19.7 LStR),
- Aufwendungen des Arbeitnehmers für seine Fortbildung in dem bereits erlernten Beruf, z.B. Besuch eines Meisterkurses.

In diesen Fällen handelt es sich bei dem Besuch der Bildungseinrichtung wie bisher um eine **Auswärtstätigkeit** (Folge: Voller Abzug der Fahrtkosten, ggf. pauschal 0,30 €/m für Pkw und ggf. Berücksichtigung von Verpflegungsmehraufwendungen und Übernachtungskosten).

[LSt] = keine Lohnsteuerpflicht
[LSt] = Lohnsteuerpflicht

Auszubildende

Beispiel:
Frau B hat das Abitur und eine Lehre als staatlich geprüfte Wirtschaftsassistentin erfolgreich abgeschlossen und absolviert seit dem 1.10.2009 im Rahmen eines Ausbildungsdienstverhältnisses ein duales Hochschulstudium mit dem Ziel „Bachelor of Arts im Studiengang Steuern und Prüfungswesen". Arbeitgeber ist die B-GmbH, die ganzjährig die monatliche Vergütung der Auszubildenden bezahlt und das Direktionsrecht gegenüber der Auszubildenden hat. In den Praxisphasen arbeitet Frau B in der Steuerkanzlei des Arbeitgebers.

Es handelt sich um ein Ausbildungsdienstverhältnis. Bei den Studienaufenthalten an der Dualen Hochschule handelt es sich wie bisher um Auswärtstätigkeiten (FG Baden-Württemberg v. 18.7.2011, 10 K 1105/11, EFG 2011, 1906). Folge: Voller Abzug der Fahrtkosten, ggf. pauschal 0,30 €/km für Pkw und ggf. Berücksichtigung von Verpflegungsmehraufwendungen.

Wird zunächst der Betrieb aufgesucht und z.B. erst nachmittags die Bildungseinrichtung, unterliegen zwar die Fahrten zwischen Wohnung und Betrieb der Abzugsbeschränkung auf die Entfernungspauschale, nicht hingegen die Fahrten zwischen Betrieb und Bildungseinrichtung und ggf. die Rückfahrt Bildungseinrichtung – Wohnung.

d) Vollzeitstudium und vollzeitige Bildungsmaßnahme

496 Ein **Vollzeitstudium** oder eine **vollzeitige Bildungsmaßnahme** liegt insbesondere vor, wenn der Stpfl. i.R.d. Studiums oder im Rahmen der Bildungsmaßnahme für einen Beruf ausgebildet wird und daneben

- entweder keiner Erwerbstätigkeit nachgeht oder
- während der gesamten Dauer des Studiums oder der Bildungsmaßnahme eine Erwerbstätigkeit mit durchschnittlich bis zu 20 Stunden regelmäßiger wöchentlicher Arbeitszeit oder in Form eines geringfügigen Beschäftigungsverhältnisses i.S.d. § 8 und 8a SGB IV ausübt (BMF v. 24.10.2014, IV C 5 – S 2353/14/10004, BStBl I 2014, 1412 Rdnr. 33).

4. Anwendungsfälle

a) Wege zwischen Wohnung und Betrieb

497 In vielen Fällen (z.B. beim berufsbegleitenden Studium) ist der Ausbildungsbetrieb als erste Tätigkeitsstätte anzusehen. Die Fahrten des Auszubildenden von seiner Wohnung zum Betrieb sind dann „normale" Fahrten zwischen Wohnung und erster Tätigkeitsstätte, für die die Abzugsbeschränkungen der **Entfernungspauschale** gelten und die vom Arbeitgeber nicht steuerfrei ersetzt werden dürfen. Soweit der Auszubildende die Fahrtkosten nach § 9 Abs. 1 Satz 3 Nr. 4 EStG als Werbungskosten absetzen könnte, kommt lediglich eine **Pauschalversteuerung** nach § 40 Abs. 2 Satz 2 EStG mit 15 % in Betracht (→ *Wege zwischen Wohnung und erster Tätigkeitsstätte* Rz. 3167).

b) Fahrten zur Berufsschule

498 Der Besuch der Berufsschule ist zeitlich unbeschränkt als **Auswärtstätigkeit** anzusehen. **Fahrtkosten** können entweder in voller nachgewiesener Höhe oder bei Fahrten mit dem eigenen Pkw mit dem pauschalen km-Satz von 0,30 € Werbungskosten geltend gemacht bzw. vom Arbeitgeber nach § 3 Nr. 16 EStG steuerfrei erstattet werden.

Der Abzug der **Verpflegungsmehraufwendungen** ist zwar auf die ersten drei Monate einer längerfristigen beruflichen Tätigkeit an derselben Tätigkeitsstätte beschränkt. Eine berufliche Tätigkeit an derselben Tätigkeitsstätte liegt jedoch nur vor, wenn der Arbeitnehmer an dieser mindestens an drei Tagen wöchentlich tätig wird. Die **Dreimonatsfrist** beginnt daher nicht, solange die auswärtige Tätigkeitsstätte (hier die Berufsschule) an nicht mehr als zwei Tagen wöchentlich aufgesucht wird (BMF v. 24.10.2014, IV C 5 – S 2353/14/10004, BStBl I 2014, 1412 Rdnr. 55).

Fährt der Auszubildende **morgens erst zum Betrieb und dann von dort zur Berufsschule weiter**, ist nur die zweite Fahrt und ggf. die Rückfahrt zur Wohnung als Auswärtstätigkeit zu berücksichtigen.

Beispiel:
A fährt mit seinem Pkw morgens um 7.00 Uhr zum Betrieb, weil er noch eine Arbeit erledigen will, und dann von dort weiter zur Berufsschule. Nach Schulschluss fährt er direkt nach Hause.

Dienstreisen sind nur die Fahrten zwischen Betrieb und Berufsschule und die Rückfahrt von der Berufsschule zur Wohnung. Diese Fahrten kann der Arbeitgeber nach den Grundsätzen für Auswärtstätigkeiten steuerfrei erstatten, ggf. mit dem pauschalen km-Satz von 0,30 €. Eine zusätzliche steuerfreie Erstattung von Verpflegungsmehraufwendungen wird kaum in Betracht kommen, weil die erforderliche Mindestabwesenheitsdauer von mehr als acht Stunden nicht überschritten werden dürfte.

Ist die **Berufsschule an die erste Tätigkeitsstätte am Betriebssitz des Ausbildungsbetriebs angeschlossen**, sind die Fahrten des Auszubildenden wie Fahrten zwischen Wohnung und erster Tätigkeitsstätte als Werbungskosten zu berücksichtigen, d.h. Ansatz der Entfernungspauschale und kein Abzug von Verpflegungsmehraufwendungen (BFH v. 10.4.2014, III R 35/13, BStBl II 2014, 1011).

c) Betriebliche Aus- und Fortbildungen

aa) Im Betrieb

499 Sucht der Arbeitnehmer den Betrieb (= erste Tätigkeitsstätte) an einigen Tagen nur deshalb auf, weil er ganztägig an einer Aus- oder Fortbildungsmaßnahme teilnimmt, richtet sich die steuerliche Behandlung nach den Grundsätzen für Wege zwischen Wohnung und erster Tätigkeitsstätte, es liegt **keine Auswärtstätigkeit** vor, denn die Abzugsbeschränkung des § 9 Abs. 1 Satz 3 Nr. 4 EStG (Entfernungspauschale) setzt nicht voraus, dass der Arbeitnehmer seine erste Tätigkeitsstätte zum Zwecke eines Arbeitseinsatzes aufsucht (zuletzt BFH v. 10.4.2014, III R 35/13, BStBl II 2014, 1011). Das gilt auch, wenn die erste Tätigkeitsstätte freiwillig zum Zweck der Aus- oder Fortbildung aufgesucht wird (BFH v. 26.2.2003, VI R 30/02, BStBl II 2003, 495 und v. 5.8.2004, VI R 40/03, BStBl II 2004, 1074).

Beispiel:
Lehrling A sucht am Wochenende freiwillig den Betrieb auf, um an einem Computerkurs teilzunehmen.

Es handelt sich um eine „normale" Fahrt zwischen Wohnung und erster Tätigkeitsstätte, für die die Abzugsbeschränkung auf die Entfernungspauschale gilt.

bb) Außerhalb des Betriebs

500 Fahrten zu **überbetrieblichen Aus- und Fortbildungsstätten** sind dagegen Auswärtstätigkeiten, wenn der **Betrieb als erste Tätigkeitsstätte anzusehen** ist. Der Arbeitgeber kann während der ganzen Zeit Fahrten zwischen Wohnung oder Betrieb und Fortbildungsstätte sowie ggf. Übernachtungskosten nach den Grundsätzen für Auswärtstätigkeiten steuerfrei erstatten, Verpflegungsmehraufwendungen dagegen nur in den ersten drei Monaten; insoweit ergibt sich die Beschränkung aus dem Gesetz (§ 9 Abs. 4a Satz 7 EStG).

Beispiel:
Ein Sparkassenschüler (verheiratet) wird für sechs Monate an eine auswärtige Sparkassenschule abgeordnet, die Sparkasse X ist dienst- und arbeitsrechtlich seine erste Tätigkeitsstätte. Er übernachtet dort und wird auch unentgeltlich verpflegt. Er fährt jedes Wochenende nach Hause.

Der Arbeitgeber darf nach den Grundsätzen für Auswärtstätigkeiten steuerfrei erstatten

- **Fahrtkosten** in voller Höhe, bei Benutzung eines Pkw können auch pauschal 0,30 € je km gezahlt werden,
- **Verpflegungskosten** in den ersten drei Monaten je nach Abwesenheitsdauer pauschal bis 24 € je Tag. Die Pauschbeträge sind jedoch ab 2014 um die unentgeltlich gewährten Mahlzeiten zu kürzen, hier bis auf 0 €,
- **Übernachtungskosten** in nachgewiesener Höhe oder pauschal 20 € je Übernachtung, sofern er die Unterkunft nicht unentgeltlich gestellt hat.

Eine **Auswärtstätigkeit** liegt auch vor, wenn der Arbeitnehmer – mit oder ohne Lohnfortzahlung – zwecks Teilnahme an einer Bildungsmaßnahme **beurlaubt** (auch Sonderurlaub) oder **vom Dienst freigestellt** ist oder sich während der **Elternzeit** für den Beruf fortbildet.

d) Abschnittsweise Lehrgänge

501 In der Praxis (besonders bei der Ausbildung im **öffentlichen Dienst**) wechseln sich häufig Ausbildungsabschnitte und praktische Tätigkeiten in einer Behörde oder einem Betrieb ab. Ob und

Auszubildende

keine Sozialversicherungspflicht = ⓈⓋ
Sozialversicherungspflicht = ⓈⓋ

inweiweit die Aufwendungen nach den Grundsätzen für Auswärtstätigkeiten berücksichtigt werden können, hängt davon, welche Dienststelle als erste Tätigkeitsstätte bestimmt wird.

Beispiel 1:
In der Finanzverwaltung werden **Anwärter** mit Begründung ihres Beamtenverhältnisses auf Widerruf ihrem **Einstellungsfinanzamt zugeordnet**. Auf Grund der Zuordnung zu dem Einstellungsfinanzamt begründen sie hier ihre erste Tätigkeitsstätte i.S.d. § 9 Abs. 4 Satz 1 EStG.

Weitere Ausbildungsmaßnahmen, die im Wege der Abordnungen (jeweils unter 48 Monaten) außerhalb des Einstellungsfinanzamts durchgeführt werden, sind über deren gesamte Dauer als beruflich veranlasste **Auswärtstätigkeiten** einzustufen; dies gilt sowohl für den Ausbildungsabschnitt an der Fachhochschule für Verwaltung und Dienstleistung im Lande X als auch dem Bildungszentrum der Steuerverwaltung des Landes X als auch einem anderen Finanzamt (z.B. beim Ausbildungsabschnitt „Bewertung", wenn im Einstellungsfinanzamt keine Bewertungsstelle vorhanden ist). S. zu Abordnungen ausführlich BMF v. 24.10.2014, IV C 5 – S 2353/14/10004, BStBl I 2014, 1412 Rdnr. 20.

Für die Berücksichtigung von **Verpflegungsmehraufwendungen** ist die Dreimonatsfrist zu beachten. Um die Berechnung der Dreimonatsfrist zu vereinfachen, ist ab 2014 eine rein zeitliche Bemessung der Unterbrechungsregelung eingeführt worden. Danach führt eine Unterbrechung der beruflichen Tätigkeit an derselben Tätigkeitsstätte zu einem Neubeginn der Dreimonatsfrist, wenn sie mindestens vier Wochen dauert (§ 9 Abs. 4a Satz 7 EStG). Der Grund der Unterbrechung ist unerheblich; es zählt nur noch die Unterbrechungsdauer (BMF v. 24.10.2014, IV C 5 – S 2353/14/10004, BStBl I 2014, 1412 Rdnr. 53).

Beispiel 2:
A wird für die Zeit vom 1. Januar bis 31. Dezember zu einem auswärtigen Lehrgang an die Fachschule abgeordnet; erste Tätigkeitsstätte ist die Sparkasse X. Nach dem Ausbildungsplan ist in den Monaten August und September eine praktische Tätigkeit in der Sparkasse X abzuleisten.

Der gesamte Lehrgang ist als Auswärtstätigkeit anzusehen; der Arbeitgeber kann daher für den gesamten Zeitraum Fahrtkosten sowie ggf. Übernachtungskosten nach § 3 Nr. 16 EStG steuerfrei erstatten.

Dagegen ist die Erstattung von Verpflegungsmehraufwendungen grundsätzlich auf die ersten drei Monate beschränkt; insoweit ergibt sich die Beschränkung unmittelbar aus dem Gesetz (§ 4 Abs. 5 Satz 1 Nr. 5 Satz 5 EStG). Ab Oktober beginnt jedoch eine neue Dreimonatsfrist, weil der Lehrgang in den Monaten August und September um mindestens vier Wochen unterbrochen wird (§ 9 Abs. 4a Satz 7 EStG).

e) Sonstige Aus- und Fortbildungen

502 Nimmt ein Arbeitnehmer „**aus eigenem Antrieb**", d.h. ohne Veranlassung seines Arbeitgebers, an Fortbildungsveranstaltungen teil, sind die Aufwendungen zwar ebenfalls als **Werbungskosten** abzugsfähig; sie können in sinngemäßer Anwendung der Grundsätze für **Auswärtstätigkeiten** (→ Reisekosten: Erstattungen Rz. 2465) berücksichtigt werden (R 9.2 Abs. 2 LStR).

Ein **steuerfreier Arbeitgeberersatz** ist dagegen nicht möglich, selbst wenn der Arbeitnehmer die Aufwendungen als Werbungskosten absetzen kann (R 19.3 Abs. 3 Satz 1 LStR). Das gilt auch für die Reisekosten (insbesondere Fahrtkosten und Verpflegungsmehraufwendungen), weil die Steuerbefreiung des § 3 Nr. 16 EStG „**echte**" **Dienstreisen** voraussetzt, die hier aber gerade nicht vorliegen.

Beispiel:
Da im Betrieb die Produktion auf Computer umgestellt wird, besucht A bei der Volkshochschule an vier Wochenenden einen Computerkurs.

A kann die Aufwendungen als Werbungskosten absetzen. Neben den Kursgebühren usw. können die Fahrt- und Verpflegungskosten nach den Grundsätzen für Auswärtstätigkeiten geltend gemacht werden.

Ein steuerfreier Arbeitgeberersatz ist dagegen nicht möglich.

Für den **Werbungskostenabzug** ist es unerheblich, ob es sich um kürzere, oft am freien Wochenende durchgeführte Aus- oder Fortbildungsmaßnahmen (sog. **Samstagslehrgänge**, z.B. Teilnahme an einem Sprachkurs oder Seminar) oder aber um **mehrmonatige Lehrgänge** handelt (R 9.2 Abs. 2 Satz 3 LStR). Auch spielt es grundsätzlich keine Rolle, ob daneben noch das Arbeitsverhältnis besteht (z.B. Beurlaubung zum Zwecke eines Studiums) und welchem Zweck die Aus- oder Fortbildungsmaßnahme dient, sofern berufliche Gründe ausschlaggebend sind (z.B. Aufstieg im Beruf, Umschulung, Wiederaufnahme der Berufstätigkeit nach Elternzeit). Gegebenenfalls handelt es sich um sog. **vorab entstandene Werbungskosten** – ausgenommen sind jedoch ab 2004 Aufwendungen für eine **erstmalige Berufsausbildung** oder für ein **Erststudium**, Einzelheiten → Fortbildung Rz. 1302.

f) Lernarbeitsgemeinschaften

aa) Dienstliche Arbeitsgemeinschaften

503 Insbesondere bei Beamtenanwärtern und Referendaren sind Arbeitsgemeinschaften häufig Bestandteil der Ausbildung, an deren Teilnahme sie verpflichtet sind (sog. Pflichtarbeitsgemeinschaften). Die Aufwendungen können in diesen Fällen als Werbungskosten berücksichtigt werden.

Falls die Arbeitsgemeinschaften außerhalb der ersten Tätigkeitsstätte stattfinden, handelt es sich um Auswärtstätigkeiten mit der Folge, dass die tatsächlichen Fahrtkosten oder – bei Pkw-Nutzung – der pauschale km-Satz von 0,30 € (hin und zurück!) sowie bei einer Abwesenheit von mehr als 8 Stunden Verpflegungspauschbeträge berücksichtigt werden können (s. ausführlich → Reisekosten: Erstattungen Rz. 2465).

Finden die Arbeitsgemeinschaften am Ort der ersten Tätigkeitsstätte statt, sind die Fahrten dorthin nur mit der Entfernungspauschale absetzbar. In diesem Fall werden keine Verpflegungspauschbeträge gewährt (BFH v. 12.8.1983, VI R 83/82, BStBl II 1983, 720).

bb) Private Arbeitsgemeinschaften

504 Ein Werbungskostenabzug kann auch für Aufwendungen (insbesondere Fahrtkosten) zu „**privaten Lernarbeitsgemeinschaften**", also im häuslichen Bereich der Auszubildenden, in Betracht kommen. Ob Kosten für die Durchführung von Lerngemeinschaften nahezu ausschließlich beruflich und damit als Werbungskosten zu beurteilen sind oder in nicht untergeordnetem Maße privat mit veranlasst sind, ist eine Frage der Einzelfallwürdigung. **Findet die private Arbeitsgemeinschaft im häuslichen Bereich eines Teilnehmers statt, so entspricht es allgemeiner Lebenserfahrung, dass in diesem außerberuflichen Rahmen regelmäßig auch private Interessen der Teilnehmer von nicht nur untergeordneter Bedeutung verfolgt werden.** Denn nicht nur unter Freunden, Bekannten und Verwandten, sondern auch unter Berufs- und Lehrgangskollegen besteht häufig das Bedürfnis, sich in der Freizeit auch privat auszutauschen. Daher obliegt es dem Stpfl., diesen Erfahrungssatz durch substantiierten und widerspruchsfreien Vortrag und Vorlage detaillierter Aufzeichnungen über den zeitlichen und inhaltlichen Ablauf der von ihm besuchten Arbeitsgemeinschaft zu widerlegen (zuletzt FG Rheinland-Pfalz v. 21.2.2013, 4 K 1810/11, www.stotax-first.de, sowie FG Saarland v. 28.2.2013, 2 K 1305/12, www.stotax-first.de, beide m.w.N.).

Für die Beurteilung kommt es letztlich immer auf die Gesamtumstände des Einzelfalls an. Für die Abgrenzung ist besonders von Bedeutung, zu welchen Zeiten und wie oft die Lerngemeinschaften stattgefunden haben oder ob nur weit entfernt wohnende Kollegen aufgesucht wurden. Auch der Tagungsort (Wohnung, Gaststätte, Schulungseinrichtung) ist bei der Abgrenzung zu berücksichtigen.

Anerkannt wurden zuletzt

– Aufwendungen eines im Außendienst tätigen Diplomingenieurs auf dem Gebiet der Nachrichtentechnik für eine der Fortbildung dienende Lerngemeinschaft (FG Köln v. 16.2.2005, 11 K 1795/01, EFG 2005, 1030);
– Fahrten einer angehenden Gesundheits- und Krankenpflegerin zu einer Lerngemeinschaft mit ihrer Kollegin; die Aufwendungen sind in voller Höhe bzw. mit dem pauschalen km-Satz von 0,30 € abzugsfähig (keine Abzugsbeschränkung auf die Entfernungspauschale), selbst wenn die Kollegin auf dem Klinikgelände (= erste Tätigkeitsstätte) wohnt (BFH v. 10.4.2014, III R 35/13, BStBl II 2014, 1011).

Nicht anerkannt wurden dagegen zuletzt

– Kosten für die Durchführung privater Lernarbeitsgemeinschaften, wenn die Treffen im häuslichen Bereich der Teilnehmer stattfinden und ein Nachweis über den genauen und konkreten Inhalt und Ablauf eines jeden Termins nicht erbracht werden kann (zuletzt FG Düsseldorf v. 25.10.2012, 14 K 1173/11 Kg, EFG 2013, 130; FG Rheinland-Pfalz v. 21.2.2013, 4 K 1810/11, www.stotax-first.de, und FG Saarland v. 28.2.2013, 2 K 1305/12, www.stotax-first.de).

5. Sozialversicherung

a) Auszubildende

505 Zur Berufsausbildung Beschäftigte (Auszubildende) sind in der Kranken-, Pflege-, Renten- und Arbeitslosenversicherung versicherungspflichtig. Der Erwerb beruflicher Kenntnisse, Fertigkeiten oder Erfahrungen im Rahmen betrieblicher **Berufsbildung gilt als Beschäftigungsverhältnis** im sozialversicherungsrechtlichen Sinne. Die Versicherungspflicht tritt selbst dann ein, wenn kein Arbeitsentgelt gezahlt wird. In der Kranken- und Pflegeversicherung werden diese Auszubildenden **versicherungstechnisch allerdings als Praktikanten behandelt**. Sie haben dann – sofern keine Familienversicherung in der gesetzlichen Krankenversicherung (§ 10 SGB V) besteht – selber einen **Beitrag** in Höhe des gesetzlich **vorgeschriebenen Studentenbeitrags** zu zahlen. In der **Renten- und Arbeitslosenversicherung** gelten die Auszubildenden ohne Arbeitsentgelt als Arbeitnehmer, so dass der Arbeitgeber verpflichtet ist, den Auszubildenden anzumelden und die Beiträge an die zuständige Einzugsstelle abzuführen. Als beitragspflichtiges Arbeitsentgelt ist fiktiv 1 % der monatlichen Bezugsgröße (vgl. § 162 SGB VI, § 342 SGB III) anzusetzen, das sind 2016 29,05 € (25,20 € in den neuen Bundesländern).

Die Regelungen zur Versicherungsfreiheit wegen **Geringfügigkeit** (→ *Mini-Jobs* Rz. 2047) sind bei Auszubildenden nicht anwendbar (vgl. § 7 SGB V, § 5 Abs. 2 Satz 2 SGB VI, § 27 Abs. 2 Nr. 1 SGB III, § 20 SGB XI).

Auch → *Studenten* Rz. 2817.

b) Förderung lernbeeinträchtigter und sozial benachteiligter junger Menschen

506 Durch das neue Instrument der Assistierten Ausbildung kann die Agentur für Arbeit förderungsbedürftige junge Menschen und deren Ausbildungsbetriebe während der betrieblichen Berufsausbildung unterstützen. Ziel ist der erfolgreiche Abschluss der Berufsausbildung.

Ein Bildungsanbieter ist der Dienstleister, der Unterstützung bietet, damit Ausbildungsverhältnisse zustande kommen und erfolgreich verlaufen.

Hierzu gehören Bewerbungstrainings und Praktika in der Vorbereitungsphase, Nachhilfe, Beratung, Hilfen zur Lebensbewältigung und Existenzsicherung.

Die Assistierte Ausbildung gliedert sich in die ausbildungsvorbereitende Phase und die ausbildungsbegleitende Phase bis zum erfolgreichen Abschluss.

c) Auszubildende im Handwerk mit gezahlter Vorwegausbildungsvergütung

507 Die Schulgesetze einzelner Länder (z.B. Baden-Württemberg) schreiben in bestimmten Ausbildungsberufen im Handwerk den **Besuch einer einjährigen Berufsfachschule vor dem eigentlichen Ausbildungsbeginn** vor. Mit dem Besuch einer Berufsfachschule liegt, auch wenn ein Vorvertrag eine Übernahme bei erfolgreichem Besuch der Schule garantiert, **kein ordentliches Beschäftigungsverhältnis** bzw. Berufsausbildungsverhältnis i.S.d. Berufsbildungsgesetzes vor. Sozialversicherungspflicht tritt somit nicht ein. Die während des Besuchs der Berufsfachschule gezahlte monatlich gleich bleibende Zuwendung (Taschengeld) stellt deshalb **kein beitragspflichtiges Arbeitsentgelt** i.S. der Sozialversicherung dar.

Darüber hinaus sehen vertragliche Regelungen die Zahlung einer sog. **„Vorwegausbildungsvergütung"** vor. Diese hat zum Ziel, den Schüler zum regelmäßigen Besuch der Schule und zu guten Leistungen zu motivieren; sie ist also dem Grunde nach eine zeitbezogene – da der Schulzeit zuordnabare – Vergütung. Kommt ein ordentliches Berufsausbildungsverhältnis nicht zu Stande, verbleibt die Vorwegausbildungsvergütung beim Arbeitgeber.

Der Anspruch des Auszubildenden auf die Vorwegausbildungsvergütung entsteht erst dann, wenn die **Probezeit erfolgreich abgeschlossen** wurde. Faktisch wird diese Vorwegausbildungsvergütung während eines bestehenden sozialversicherungspflichtigen Beschäftigungsverhältnisses an den Auszubildenden gezahlt. Die anspruchsbegründenden Umstände für die Zahlung der Vorwegausbildungsvergütung sind zweifelsfrei dem Beschäftigungsverhältnis zuzuordnen (Auszahlung). Nach Auffassung der Spitzenverbände der Sozialversicherungsträger (Besprechungsergebnis v. 25./26.4.2006) handelt es sich hier um ein dem Ausbildungsverhältnis zuzuordnendes **einmalig gezahltes Arbeitsentgelt** i.S.d. § 14 i.V.m. § 23a SGB IV.

Der Begriff der **„Berufsbildung"** des § 1 Abs. 1 BBiG erfasst Schüler, die mit dem Abschlusszeugnis einer Realschule oder einem als gleichwertig anerkannten Zeugnis einer Fachoberschule sich innerhalb von zwei Jahren auf den Erwerb der Fachhochschulreife vorbereiten können. Im ersten Jahr erfolgt eine fachpraktische Ausbildung. Diese ist als Bestandteil der Gesamtausbildung zu werten, in der der fachtheoretische Unterricht überwiegt. Versicherungspflicht tritt nicht ein, weil insgesamt von einer schulischen Maßnahme auszugehen ist.

Ausnahmen:

Ausländer in einer Beschäftigung zur beruflichen Aus- und Fortbildung **sind beitragsfrei in der Arbeitslosenversicherung** (§ 27 Abs. 3 Nr. 3 SGB III), **wenn**

– die berufliche Aus- und Fortbildung als Entwicklungshilfe aus Mitteln der öffentlichen Hand oder einer Einrichtung oder Organisation gefördert wird, die sich im Rahmen der Entwicklungshilfe der beruflichen Aus- oder Fortbildung widmet,

– der Arbeitnehmer verpflichtet ist, nach Beendigung der geförderten Aus- oder Fortbildung Deutschland zu verlassen und

– in Deutschland zurückgelegte Beitragszeiten weder nach dem Recht der Europäischen Gemeinschaft noch nach zwischenstaatlichen Abkommen oder dem Recht des Wohnlandes des Ausländers dort einen Anspruch auf Leistungen für den Fall der Arbeitslosigkeit begründen.

d) Beiträge zur Sozialversicherung

508 Die Beiträge zur Kranken-, Pflege-, Renten- und Arbeitslosenversicherung sind grundsätzlich vom Auszubildenden und vom Arbeitgeber je zur Hälfte zu übernehmen.

Der Arbeitgeber trägt den Beitrag allein

– für Beschäftigte, deren monatliches Arbeitsentgelt den Betrag von 325 € (→ *Geringverdienergrenze* Rz. 1389) nicht übersteigt,

– für Personen, die Jugendfreiwilligendienst leisten.

Die mit dem Zweiten Gesetz für moderne Dienstleistungen am Arbeitsmarkt v. 23.12.2002, BStBl I 2003, 3 im Zusammenhang mit der Anhebung der Arbeitsentgeltgrenze für geringfügig Beschäftigte von 325 € auf 400 € ab 1.4.2003 und 450 € ab 1.1.2013 eingeführte Gleitzone für den Niedriglohnbereich **gilt nicht für Personen, die zu ihrer Berufsausbildung beschäftigt sind** (→ *Gleitzone* Rz. 1446).

Wird infolge einmalig gezahlten Arbeitsentgelts die o.g. Grenze überschritten, tragen der Versicherungspflichtige und der Arbeitgeber den Beitrag von dem diese Grenze übersteigenden Teil des Arbeitsentgelts jeweils zur Hälfte; im Übrigen trägt der Arbeitgeber den Beitrag allein. S. hierzu → *Geringverdienergrenze* Rz. 1389.

Bei Auszubildenden in außerbetrieblichen Einrichtungen sind die Beiträge zur Kranken-, Pflege-, Renten- und Arbeitslosenversicherung allein von der Einrichtung zu tragen (Besprechungsergebnis der Spitzenverbände der Sozialversicherungsträger am 10./11.4.2002).

Zu Meldungen (Beginn/Ende der Berufsausbildung, Jahresentgeltmeldungen etc.) s. → *Meldungen für Arbeitnehmer in der Sozialversicherung* Rz. 1989.

Autoinsassen-Unfallversicherung

→ *Unfallversicherung: freiwillige* Rz. 2944

Automobil

→ *Kraftfahrzeug* Rz. 1693, → *Reisekosten* Rz. 2400, → *Wege zwischen Wohnung und erster Tätigkeitsstätte* Rz. 3127

Autotelefon

→ *Firmenwagen zur privaten Nutzung* Rz. 1226, → *Telekommunikation* Rz. 2852

Backwaren: Zuwendungen an Arbeitnehmer

Backwaren: Zuwendungen an Arbeitnehmer
→ Arbeitslohn-ABC Rz. 255

Badekuren
→ Erholung: Arbeitgeberzuwendungen Rz. 1167

Bäder
→ Arbeitslohn-ABC Rz. 255

bahn.bonus
→ Kundenbindungsprogramme Rz. 1745

BahnCard

1. Steuerpflichtiger Arbeitslohn

509 Mit einer BahnCard der Deutschen Bahn AG können zwölf Monate lang ermäßigte Fahrausweise erworben werden. Ersetzt der Arbeitgeber dem Arbeitnehmer die Aufwendungen für den Erwerb einer BahnCard, so ist der Ersatz steuerfrei, wenn die Aufwendungen für den Erwerb einer BahnCard nicht die Ermäßigungen übersteigen, die durch die Nutzung der BahnCard bei Auswärtstätigkeiten erzielt werden. **Die private Nutzungsmöglichkeit der BahnCard (z.B. an Wochenenden) wird unter diesen Voraussetzungen als unerheblich angesehen.**

Überlässt der Arbeitgeber einem Arbeitnehmer unentgeltlich eine **BahnCard für private Zwecke**, liegt bereits **im Zeitpunkt der Hingabe steuerpflichtiger Arbeitslohn** vor (d.h. nicht erst im Zeitpunkt der Nutzung), wenn dem Arbeitnehmer mit der Karte ein uneingeschränktes Nutzungsrecht eingeräumt wird. Bei der Bewertung des geldwerten Vorteils sind übliche Rabatte abzuziehen (vgl. sinngemäß BFH v. 14.11.2012, VI R 56/11, BStBl II 2013, 382 betr. Jobtickets).

Nach der ab 2004 aufgehobenen Steuerbefreiung des § 3 Nr. 34 EStG a.F. liegt Arbeitslohn auch vor, wenn eine BahnCard für die Nutzung zu **Fahrten zwischen Wohnung und erster Tätigkeitsstätte** überlassen wird. Insoweit kann die Lohnsteuer jedoch – soweit der Arbeitnehmer die Fahrtkosten als Werbungskosten absetzen könnte – nach § 40 Abs. 2 Satz 2 EStG mit einem Pauschsteuersatz von 15 % erhoben werden (→ Wege zwischen Wohnung und erster Tätigkeitsstätte Rz. 3167).

Erhalten **Arbeitnehmer von Unternehmen der Bahngruppe eine persönliche Jahresnetzkarte** (BahnCard 100) **uneingeschränkt zur dienstlichen und privaten Nutzung,** so ist der Wert ebenfalls als geldwerter Vorteil zu erfassen. Es kann der Betrag angesetzt werden, der sich ergibt, wenn von dem nach § 8 EStG maßgebenden Wert (96 % des Preises für eine Jahresnetzkarte abzüglich Eigenanteil, → Sachbezüge Rz. 2603) der Betrag abgezogen wird, der für die nachgewiesenen oder glaubhaft gemachten Dienstfahrten unter Berücksichtigung des günstigsten Preises anzusetzen wäre. Aufzeichnungen über die privaten und dienstlichen Fahrten nach dem Muster eines Fahrtenbuchs werden von der Finanzverwaltung mangels objektiver Nachprüfbarkeit nicht anerkannt (FinMin Hessen v. 25.2.2002, S 2334 A – 15 – II B 2a, www.stotax-first.de).

Auf Fahrvergünstigungen, die die **Deutsche Bahn AG Ruhestandsbeamten** des Bundeseisenbahnvermögens gewährt, ist gem. § 12 Abs. 8 des Deutsche Bahn Gründungsgesetzes der **Rabattfreibetrag** nach § 8 Abs. 3 EStG entsprechend anwendbar. Werden Sachbezüge für eine Beschäftigung gewährt und erfüllen sie damit den Lohnbegriff, so findet § 8 Abs. 3 EStG unabhängig davon Anwendung, ob es sich um einen Sachbezug aus einem gegenwärtigen, früheren oder zukünftigen Dienstverhältnis handelt (BFH v. 26.6.2014, VI R 41/13, BStBl II 2015, 39).

Die Anwendung des Rabattfreibetrags ist jedoch nur dann möglich, wenn es sich um Waren oder Dienstleistungen handelt, die vom Arbeitgeber nicht überwiegend für den Bedarf seiner Arbeitnehmer hergestellt, vertrieben oder erbracht werden, d.h. der Rabattfreibetrag gilt nur bei Produkten, die so auch auf dem „freien Markt" erhältlich sind. Bei den Fahrvergünstigungen **„Tagesticket M Fern F"** (=Freifahrten im Fernverkehr für Mitarbeiter bzw. Angehörige) und **„Tagesticket M Fern P"** (=Tickets für den Fernverkehr zu reduzierten Preisen für Mitarbeiter) handelt es sich um Produkte, die in dieser Form nicht im normalen Kundenverkehr der Deutschen Bahn angeboten werden. So muss bei diesen Produkten beispielsweise eine Fahrtstrecke nicht angegeben werden, die Reise kann beliebig oft unterbrochen werden, es gibt keine Zugbindung. Ferner sind keine Zuschläge für die Nutzung des IC/EC bzw. ICE zu leisten. **Der Rabattfreibetrag kann im Zusammenhang mit diesen beiden Produkten nicht gewährt werden.** Der geldwerte Vorteil ist als Versorgungsbezug zu beurteilen.

Zur lohnsteuerlichen Behandlung des Prämienprogramms für Bahnfahrer **„bahn.bonus"** → Kundenbindungsprogramme Rz. 1745.

2. Steuerfreier Reisekostenersatz

Bei der Beschaffung einer **BahnCard 50/BahnCard Business 50** 510 durch den Arbeitgeber, die dem Arbeitnehmer zu dienstlichen und privaten Zwecken zur Verfügung gestellt wird, ist kein geldwerter Vorteil zu besteuern, wenn in einem **Prognosemodell** die voraussichtliche Amortisation glaubhaft gemacht wurde; d.h. die durch die Nutzung der BahnCard auf Auswärtstätigkeiten ersparten Fahrtkosten erreichen oder übersteigen den Wert der BahnCard im Laufe des 12-Monatszeitraums (vgl. OFD Hannover v. 16.11.1992, S 2351 – 132 – StH 211, www.stotax-first.de).

Bei der Beschaffung einer BahnCard 50/BahnCard Business 50 mit prognostizierter Amortisation ist von einem **überwiegend eigenbetrieblichen Interesse des Arbeitgebers auszugehen, so dass in diesen Fällen bereits kein Arbeitslohn vorliegt** und sich somit die Frage der Steuerfreiheit gem. § 3 Nr. 13 oder § 3 Nr. 16 EStG auch nicht mehr stellt. Die Nachversteuerung eines geldwerten Vorteils entfällt auch dann, wenn die erwartete Prognose aus unvorhergesehenen Gründen (z.B. bei langfristiger Krankheit) nicht eingetreten ist.

Wenn der Arbeitnehmer unter Verwendung einer von ihm selbst (ohne Zuschuss des Arbeitgebers) erworbenen **„BahnCard 100"** Fahrkarten der Deutschen Bahn (kostenlos) erwirbt und damit Auswärtstätigkeiten durchführt, kommt eine steuerfreie Erstattung der Kosten für die „BahnCard 100" durch den Arbeitgeber erst in Betracht, wenn die fiktiven Kosten für die dienstlichen Bahnfahrten den Kaufpreis für die „BahnCard 100" übersteigen (vgl. OFD Berlin v. 21.12.2004, 12 – 21 St 157 – S 2334 – 10/03, www.stotax-first.de).

Ob und inwieweit der Arbeitnehmer dann mit der BahnCard noch Privatfahrten (an sich voll steuerpflichtig) oder Fahrten zwischen Wohnung und erster Tätigkeitsstätte durchführt (steuerpflichtig, ggf. pauschal 15 %), ist nicht mehr zu prüfen.

Die Finanzverwaltung hat sich – soweit ersichtlich – bisher nicht dazu geäußert, wie dieser Beschluss in der Praxis umgesetzt werden soll. Schwierigkeiten wird daraus ergeben, dass sich im Zeitpunkt der Hingabe der BahnCard noch nicht absehen lässt, ob und inwieweit sie tatsächlich für Dienstreisen – und ggf. auch für Fahrten zwischen Wohnung und erster Tätigkeitsstätte – genutzt wird.

Unseres Erachtens ist daher im **Zeitpunkt der Hingabe immer von steuerpflichtigem Arbeitslohn** auszugehen. Die Steuerfreiheit tritt erst ein (und zwar rückwirkend!), sobald die fiktiven Kosten für die dienstlichen Bahnfahrten den Kaufpreis für die „BahnCard 100" übersteigen.

> **Beispiel:**
> Firma X hat zahlreiche Zweigstellen im In- und benachbarten Ausland. Um ihre Reisekosten zu minimieren, übergibt sie den häufig auf Dienstreisen befindlichen Mitarbeitern zum 1.1. eines jeden Jahres eine „BahnCard 100" (Kosten rund 4 000 €). Da Arbeitnehmer A fast täglich die auswärtigen Zweigstellen aufsucht, übersteigen bei ihm schon im Monat August die fiktiven Kosten für die dienstlichen Bahnfahrten den Kaufpreis für die „BahnCard 100".
>
> Die Hingabe der BahnCard ist bei A im Januar als „sonstiger Bezug" zu versteuern. Nachdem im August die Voraussetzungen für die Steuerbefreiung als Reisekostenersatz (§ 3 Nr. 16 EStG) erfüllt sind, kann Firma X für den Monat Januar eine **berichtigte Lohnsteuer-Anmeldung** abgeben.

3. Werbungskosten

511 Aufwendungen für den Erwerb der BahnCard 100 sind auch dann grundsätzlich im Kalenderjahr der Zahlung als Werbungskosten absetzbar, soweit die Fahrten erst im Folgejahr durchgeführt werden (FG Baden-Württemberg v. 17.1.2008, 6 K 2192/07, EFG 2008, 1019).

Demgegenüber lehnt das FG Niedersachsen den Abzug einer „vorausgezahlten BahnCard 100" im Jahr der Zahlung ab, auch wenn die Anschaffung in diesem Jahr wirtschaftlich sinnvoll gewesen ist, wenn die Laufzeit erst zum 1.1. des Folgejahres beginnt und die BahnCard 100 somit erst im Folgejahr für Fahrten zwischen Wohnung und erster Tätigkeitsstätte genutzt werden kann; begründet wird dies mit den Besonderheiten der Entfernungspauschale (Urteil v. 21.10.2014, 12 K 79/13, www.stotax-first.de, Revision eingelegt, Az. beim BFH: VI R 10/15). Die Entscheidung des BFH bleibt abzuwarten.

Bei Nutzung für Fahrten zwischen Wohnung und erster Tätigkeitsstätte können die Kosten als Werbungskosten abgesetzt werden, soweit sie den als Entfernungspauschale abziehbaren Betrag übersteigen (§ 9 Abs. 2 Satz 2 EStG; s.a. → *Wege zwischen Wohnung und erster Tätigkeitsstätte* Rz. 3146).

Ballbesuch

512 Der von einem **Arbeitgeber** (z.B. einem Unternehmen der Atelier-, Film-, Funk- und Musikbranche) **angeordnete Besuch des Presseballs** durch seine leitenden Angestellten mit Ehefrauen kann im ganz überwiegend **eigenbetrieblichen Interesse des Arbeitgebers** liegen (Werbung für das Unternehmen). Die vom Arbeitgeber übernommenen Kosten des Ballbesuchs der Arbeitnehmer und deren Ehefrauen sind dann kein Arbeitslohn (FG Hamburg v. 15.1.1987, II 326/84, EFG 1987, 286). Dies gilt auch, wenn ein Arbeitgeber seine Außendienstmitarbeiter nebst Ehefrauen zu einem **Branchenball** entsendet, bei dem das betriebliche Interesse (d.h. Pflege der Absatzbeziehungen) im Vordergrund steht (FG Köln v. 5.11.1998, 3 K 110/97, EFG 1999, 287, bestätigt durch BFH v. 31.5.2001, VI B 18/99, www.stotax-first.de).

Die o.g. Entscheidungen sollten aber **nicht verallgemeinert** werden. Im Regelfall ist davon auszugehen, dass die Kostenübernahme für Bälle **Arbeitslohn** darstellt, weil ein Ballbesuch regelmäßig mehr oder weniger den **gesellschaftlichen außerberuflichen Bereich** des einzelnen Teilnehmers berührt (so auch FG Hamburg v. 28.4.1988, II 301/85, EFG 1988, 471 betr. vom Arbeitgeber zur Kontaktpflege mit Kunden veranstaltete Bälle, an denen die Außendienstmitarbeiter auf Kosten des Arbeitgebers teilgenommen hatten).

Zur Frage, ob Arbeitslohn vorliegt, wenn Außendienstmitarbeiter zu Tagungen mit Kunden, die mit einem Rahmenprogramm verbunden sind (z.B. ein Ball oder ein Galadinner), im geschäftlichen Interesse des Arbeitgebers ihren Ehegatten mitbringen sollen, → *Fortbildung* Rz. 1324.

Barablösung

→ *Berufskleidung* Rz. 643, → *Werkzeuggeld* Rz. 3195

Barlohnumwandlung

1. Allgemeines

513 Das Einkommensteuergesetz sieht bei bestimmten Leistungen des Arbeitgebers an seine Arbeitnehmer eine Steuerbefreiung oder die Möglichkeit der Pauschalversteuerung vor. Will der Arbeitgeber diese Leistungen **nicht zusätzlich zu dem vereinbarten Arbeitslohn zahlen**, stellt sich die Frage, ob er **normalen Arbeitslohn des Arbeitnehmers in steuerfreien oder pauschal besteuerten Arbeitslohn** umwandeln kann (Barlohn- oder Gehaltsumwandlung). Würde eine Barlohnumwandlung im Steuer- und Sozialversicherungsrecht bedingungslos anerkannt werden, würden sich durch die Minderung des normalen Arbeitslohns und die Ausnutzung der Steuerfreiheit bzw. Pauschalversteuerung niedrigere Steuerabzugsbeträge ergeben, wie das nachfolgende Beispiel zeigt:

Beispiel:
Der Arbeitnehmer (ledig, 21 Jahre, Steuerklasse I, Religion rk) in Köln hat einen tarifvertraglichen Lohnanspruch auf 3 000 € im Monat. Die Lohnabrechnung sieht wie folgt aus:

Arbeitslohn	3 000,— €
./. Lohnsteuer	443,75 €
./. Solidaritätszuschlag (5,5 % von 443,75 €)	24,40 €
./. Kirchensteuer (9 % von 443,75 €)	39,93 €
./. Arbeitnehmeranteil zur Krankenversicherung einschließlich kassenindividueller Zusatzbeitrag (½ von 14,6 % + 0,9 % [angenommener Wert])	246,— €
Pflegeversicherung (½ von 2,35 %)	35,25 €
Rentenversicherung (½ von 18,7 %)	280,50 €
Arbeitslosenversicherung (½ von 3,0 %)	45,— €
= Ausgezahlter Betrag	1 885,17 €

Der Arbeitnehmer vereinbart mit dem Arbeitgeber, dass ihm nicht der Tariflohn, sondern nur 2 800 € ausgezahlt werden und der Arbeitgeber ihm im Gegenzug die Aufwendungen für den Kindergarten seiner nicht schulpflichtigen Tochter i.H.v. monatlich 200 € ersetzt. Würde eine Barlohnumwandlung steuer- und sozialversicherungsrechtlich anerkannt werden, ergäbe sich folgende Lohnabrechnung:

Arbeitslohn	2 800,— €
./. Lohnsteuer	391,66 €
./. Solidaritätszuschlag (5,5 % von 391,66 €)	21,54 €
./. Kirchensteuer (9 % von 391,66 €)	35,24 €
./. Arbeitnehmeranteil zur Krankenversicherung einschließlich kassenindividueller Zusatzbeitrag (½ von 14,6 % + 0,9 % [angenommener Wert])	229,60 €
Pflegeversicherung (½ von 2,35 %)	32,90 €
Rentenversicherung (½ von 18,7 %)	261,80 €
Arbeitslosenversicherung (½ von 3,0 %)	42,— €
= Zwischensumme	1 785,26 €
+ nach § 3 Nr. 33 EStG steuerfreier Kindergartenzuschuss	200,— €
= Ausgezahlter Betrag	1 985,26 €

Der Arbeitnehmer hätte also durch niedrigere Steuern und Sozialversicherungsabgaben einen höheren monatlichen Nettobetrag von 100,09 € (1 985,26 € ./. 1 885,17 €). Die **Jahresersparnis** beträgt – ohne Beachtung etwaiger Sonderzahlungen wie z.B. Urlaubs- und Weihnachtsgeld – insgesamt 1 201,08 €.

Auch der Arbeitgeber hätte einen Vorteil: Da sich der Arbeitgeber-Anteil am Gesamtsozialversicherungsbeitrag von monatlich insgesamt 579,75 € auf 541,10 € vermindert, spart der Arbeitgeber monatlich 38,65 €, im Jahr also 463,80 €.

Für die **steuerliche Anerkennung einer Barlohnumwandlung** ist Voraussetzung, dass die Vereinbarungen **vor der Entstehung des Vergütungsanspruchs** zwischen Arbeitnehmer und Arbeitgeber **abgeschlossen** werden. Dies ist i.d.R. vor der Fälligkeit der entsprechenden Lohnzahlungen der Fall (BFH v. 27.4.2001, VI R 2/98, BStBl II 2001, 601). Soweit danach **Sachbezüge** vorliegen, sind die durch den BFH aufgestellten Rechtsgrundsätze (BFH v. 11.11.2010, VI R 21/09, BStBl II 2011, 383; BFH v. 11.11.2010, VI R 27/09, BStBl II 2011, 386; BFH v. 11.11.2010, VI R 41/10, BStBl II 2011, 389) zur **Abgrenzung zwischen Barlohn und Sachlohn** zu beachten (→ *Warengutscheine* Rz. 3119). Das bedeutet, dass der nunmehr vorliegende Sachlohn nicht in einer Barleistung erfüllbar sein darf.

Verzichtet der Arbeitnehmer also **unter Änderung des Anstellungs-/Arbeitsvertrags** auf einen Teil seines Barlohns und gewährt ihm der Arbeitgeber stattdessen Sachlohn (z.B. in Form eines Nutzungsvorteils), ist der verbliebene Barlohn mit dem Nennwert und der Sachlohn mit den Werten des § 8 Abs. 2 und 3 EStG anzusetzen (BFH v. 20.8.1997, VI B 83/97, BStBl II 1997, 667). Zu beachten bleibt, dass der bisherige Bruttobarlohn nicht mehr in der Lohn-/Gehaltsabrechnung aufgeführt werden darf, sondern nur noch der verminderte Bruttobarlohn.

Bei den Vergütungsbestandteilen sind zwei Fälle zu unterscheiden:

– Die Vergütungsbestandteile müssen **zusätzlich** zum ohnehin geschuldeten Arbeitslohn erbracht werden (**nichtzulässige Barlohnumwandlungen**),

Barlohnumwandlung

– die Vergütungsbestandteile brauchen **nicht zusätzlich** zum ohnehin geschuldeten Arbeitslohn erbracht werden (**zugelassene Barlohnumwandlungen**).

Zur lohnsteuerlichen Behandlung sog. Gehaltsoptimierungsmodelle gelten folgende Grundsätze (vgl. OFD Nordrhein-Westfalen v. 9.7.2015, Kurzinfo LSt 05/2015, DStR 2015, 2448):

2. Nichtzulässige Barlohnumwandlung

a) Zusätzlichkeitsvoraussetzung

514 In vielen Fällen hat der Gesetzgeber ausdrücklich die Steuerfreiheit oder die Pauschalierungsmöglichkeit davon abhängig gemacht, dass die Leistungen **zusätzlich zum ohnehin geschuldeten Arbeitslohn** erbracht werden, z.B. bei

– Leistungen des Arbeitgebers zur Unterbringung und Betreuung von nicht schulpflichtigen Kindern der Arbeitnehmer in **Kindergärten** oder vergleichbaren Einrichtungen (§ 3 Nr. 33 EStG),

– Leistungen des Arbeitgebers zur Verbesserung des allgemeinen Gesundheitszustands und der **betrieblichen Gesundheitsförderung** (§ 3 Nr. 34 EStG),

– Leistungen des Arbeitgebers an ein **Dienstleistungsunternehmen zwecks Beratung** oder Vermittlung von Betreuungspersonen sowie für die **kurzfristige Betreuung** – auch im privaten Haushalt – **von Kindern und pflegebedürftigen Angehörigen** bis zu 600 € im Jahr (§ 3 Nr. 34a EStG),

– **Pauschalierung der Einkommensteuer bei Sachzuwendungen an Arbeitnehmer** (§ 37b Abs. 2 EStG),

– Zuschüssen des Arbeitgebers zu den Aufwendungen des Arbeitnehmers für **Fahrten zwischen Wohnung und erster Tätigkeitsstätte**, insbesondere Fahrten mit dem Pkw (§ 40 Abs. 2 Satz 2 EStG),

– Zuschüssen des Arbeitgebers zu den Aufwendungen des Arbeitnehmers für die **Internetnutzung** und bei der unentgeltlichen oder verbilligten **Übereignung von Datenverarbeitungsgeräten** an Arbeitnehmer (§ 40 Abs. 2 Satz 1 Nr. 5 EStG).

Diese Vergütungsbestandteile werden nur dann steuerlich begünstigt, wenn sie tatsächlich **zusätzlich zum ohnehin geschuldeten Arbeitslohn** erbracht werden. Der ohnehin geschuldete Arbeitslohn ist der Arbeitslohn, den der **Arbeitgeber arbeitsrechtlich schuldet** (R 3.33 Abs. 5 Satz 1 LStR).

Durchlaufende Gelder und Auslagenersatz nach § 3 Nr. 50 EStG werden **immer zusätzlich gezahlt**, da sie ihrem Wesen nach keinen Arbeitslohn darstellen. Sie können daher auch **keinen anderen Arbeitslohn ersetzen** (R 3.50 Abs. 1 Satz 4 LStR). Eine Gehaltsumwandlung kommt daher in diesen Fällen nicht in Betracht (→ *Auslagenersatz und durchlaufende Gelder* Rz. 432).

b) Begriff und Kriterium „ohnehin geschuldeter Arbeitslohn"

515 Die Finanzverwaltung sieht die Zusätzlichkeitsvoraussetzung **abweichend von der BFH-Rechtsprechung** (vgl. BFH v.19.9.2012, VI R 54/11, BStBl II 2013, 395 und BFH v. 19.9.2012, VI R 55/11, BStBl II 2013, 398) als erfüllt an, wenn die zweckbestimmte Leistung zu dem Arbeitslohn hinzukommt, den **der Arbeitgeber arbeitsrechtlich schuldet** (→ *Gratifikationen* Rz. 1460, → *Weihnachtsgratifikation* Rz. 3179). **Nur Gehaltsumwandlungen sind danach schädlich**. Sie hat daher einen **Nichtanwendungserlass** herausgegeben (BMF v. 22.5.2013, IV C 5 – S 2388/11/10001 – 02, BStBl I 2013, 728):

„Kommt die zweckbestimmte Leistung zu dem Arbeitslohn hinzu, den der Arbeitgeber schuldet, ist das Tatbestandsmerkmal „zusätzlich zum ohnehin geschuldeten Arbeitslohn" auch dann erfüllt, wenn der Arbeitnehmer arbeitsvertraglich oder auf Grund einer anderen arbeits- oder dienstrechtlichen Rechtsgrundlage einen Anspruch auf die zweckbestimmte Leistung hat."

Kommt die zweckbestimmte Leistung zu dem Arbeitslohn hinzu, den der Arbeitgeber (vor der Gewährung dieser Leistung) schuldet, ist das Tatbestandsmerkmal „zusätzlich zum ohnehin geschuldeten Arbeitslohn" auch dann erfüllt, wenn der Arbeitnehmer arbeitsvertraglich oder auf Grund einer anderen arbeits- oder dienstrechtlichen Rechtsgrundlage einen **Anspruch auf die zweckbestimmte Leistung** hat.

---

keine Sozialversicherungspflicht = ⓢⱽ
Sozialversicherungspflicht = Ⓢⱽ

Eine **zusätzliche Leistung liegt auch vor**, wenn sie **unter Anrechnung auf eine andere freiwillige Sonderzahlung**, z.B. freiwillig geleistetes Weihnachtsgeld, erbracht wird. **Unschädlich** ist es, wenn der Arbeitgeber **verschiedene zweckgebundene Leistungen zur Auswahl** anbietet oder die übrigen Arbeitnehmer **die freiwillige Sonderzahlung** erhalten (R 3.33 Abs. 5 LStR).

> **Beispiel 1:**
> Die Arbeitnehmer erhalten vom Arbeitgeber Fahrtkostenzuschüsse, die nach § 40 Abs. 2 Satz 2 EStG mit 15 % pauschal versteuert werden. Die Fahrtkostenzuschüsse werden auf das **unter Freiwilligkeitsvorbehalt gezahlte Weihnachtsgeld** angerechnet, d.h. Arbeitnehmer mit höheren Fahrtkostenzuschüssen erhalten weniger Weihnachtsgeld als Arbeitnehmer mit niedrigeren Fahrtkostenzuschüssen.
> Da auf das Weihnachtsgeld **kein arbeitsrechtlicher Anspruch** besteht (→ *Weihnachtsgratifikation* Rz. 3179), werden die Fahrtkostenzuschüsse zusätzlich zum ohnehin geschuldeten Arbeitslohn gezahlt und können **pauschal versteuert** werden (→ *Wege zwischen Wohnung und erster Tätigkeitsstätte* Rz. 3167).

> **Beispiel 2:**
> Sachverhalt wie Beispiel 1, aber das Weihnachtsgeld wird auf Grund eines Tarifvertrags gezahlt.
> Da auf das Weihnachtsgeld **ein arbeitsrechtlicher Anspruch** besteht (→ *Weihnachtsgratifikation* Rz. 3179), werden die Fahrtkostenzuschüsse nicht zusätzlich zum ohnehin geschuldeten Arbeitslohn gezahlt und können daher **nicht pauschal versteuert** werden.

> **Beispiel 3:**
> Der Arbeitgeber hat mit dem Arbeitnehmer bisher einen Bruttoarbeitslohn von 3 000 € vereinbart. Seit Mai 2016 erhält der Arbeitnehmer an Stelle einer Barlohnerhöhung einen Kindergartenzuschuss i.H.v. 100 €. Diese Vereinbarung wird als Anhang zum Arbeitsvertrag genommen.
> Der Kindergartenzuschuss ist nach § 3 Nr. 33 EStG **steuerfrei**, weil der Arbeitgeber den Zuschuss **zusätzlich zum ohnehin geschuldeten Arbeitslohn** leistet. Der Arbeitnehmer sollte dem Arbeitgeber für das Lohnkonto einen Nachweis über die Kindergartenbeiträge im Original aushändigen.

Schädlich sind sog. **Rückfallklauseln**, wonach ab dem Wegfall der Voraussetzungen für die Ersatzvergütung diese nicht ersatzlos wegfällt, sondern dem Arbeitnehmer nun wieder automatisch ein Anspruch auf den ursprünglichen Bruttoarbeitslohn zusteht.

> **Beispiel 4:**
> Bis Juli 2016 besucht das Kind des Arbeitnehmers den Kindergarten, für dessen Gebühren der Arbeitnehmer vom Arbeitgeber steuerfreie Zuschüsse nach § 3 Nr. 33 EStG erhält. Ab September 2016 befindet sich das Kind des Arbeitnehmers in der Grundschule. Arbeitgeber und Arbeitnehmer hatten seinerzeit vereinbart, dass mit Eintritt der Schulpflicht des Kinds der vormalige Arbeitslohnanspruch wieder auflebt.
> Mit der arbeitsvertraglichen Vereinbarung hätte der Arbeitnehmer automatisch ab September 2016 einen arbeitsvertraglichen Anspruch auf den vormaligen Arbeitslohn vor der Herabsetzung. Die Vereinbarung ist daher von Anfang an nicht anzuerkennen mit der Folge, dass **kein steuerfreier Kindergartenzuschuss** gezahlt werden kann.

Zudem **schädlich** ist, wenn dem Arbeitnehmer **einseitig ein Kündigungsrecht mit Anspruch auf Rückkehr zum ursprünglichen Bruttoarbeitslohn** eingeräumt wird, d.h. der Arbeitnehmer kann jederzeit nach eigenem Entschluss von seinem Kündigungsrecht Gebrauch machen und zum ursprünglichen Barlohn zurückkehren.

c) Befristete Arbeitsverträge

516 Sofern beim Auslaufen befristeter Arbeitsverträge in **neuen** Arbeitsverträgen entsprechende Regelungen getroffen werden, ist das Tatbestandsmerkmal „zusätzlich zum ohnehin geschuldeten Arbeitslohn" grundsätzlich **erfüllt, sofern keine Rückfallklauseln** vereinbart wurden.

d) Unbefristete Arbeitsverträge

517 Werden unbefristete Arbeitsverträge abgeändert, z.B. durch eine Änderungskündigung, ist das Tatbestandsmerkmal „zusätzlich zum ohnehin geschuldeten Arbeitslohn" im Hinblick auf die Regelung der R 3.33 Abs. 5 Satz 2 LStR **nicht erfüllt**, weil durch die im gegenseitigen Einvernehmen abgeschlossenen Änderungsverträge arbeitsrechtlich geschuldeter Arbeitslohn **lediglich umgewandelt** wird.

Barlohnumwandlung

Beispiel:
Der Arbeitnehmer hat nach seinem Arbeitsvertrag Anspruch auf einen Bruttoarbeitslohn von monatlich 3 000 €. Er vereinbart mit seinem Arbeitgeber im März 2016, ab April 2016 den Bruttoarbeitslohn auf 2 920 € herabzusetzen und einen nach § 3 Nr. 33 EStG steuerfreien Kindergartenzuschuss i.H.v. 80 € monatlich zu zahlen.

Der ab April 2016 gezahlte Kindergartenzuschuss ist **nicht steuerfrei**, weil er **nicht zusätzlich zum ohnehin geschuldeten**, sondern durch Umwandlung von geschuldetem Bruttoarbeitslohn erbracht wird. Der steuerpflichtige Bruttoarbeitslohn beträgt daher auch ab April 2016 unverändert 3 000 € monatlich.

3. Zugelassene Barlohnumwandlung

518 Die Barlohnumwandlung ist **ohne Zusätzlichkeitsvoraussetzung möglich** z.B. bei

- Zahlung von steuerfreiem **Verpflegungsmehraufwand** nach § 3 Nr. 13 oder 16 EStG (→ *Reisekosten: Erstattungen* Rz. 2474),

- Zahlung von **Heimarbeitszuschlägen** nach § 3 Nr. 30 und 50 EStG (→ *Heimarbeit* Rz. 1565),

- Erwerb von **Vermögensbeteiligungen** nach § 3 Nr. 39 EStG, → *Vermögensbeteiligungen* Rz. 3005,

- Überlassung betrieblicher **Datenverarbeitungsgeräte und Telekommunikationsgeräte** sowie deren Zubehör, Vorteilen aus zur privaten Nutzung überlassenen System- und Anwendungsprogrammen, die der Arbeitgeber auch in seinem Betrieb einsetzt und Vorteilen aus den in diesem Zusammenhang erbrachten Dienstleistungen nach § 3 Nr. 45 EStG (→ *Computer* Rz. 782 und → *Telekommunikation* Rz. 2852),

- regelmäßigen pauschalen Barablösungen für (nachgewiesene) **Reinigungskosten** für vom Arbeitgeber gestellte **typische Berufskleidung** nach § 3 Nr. 50 EStG (→ *Berufskleidung* Rz. 649),

- Leistungen des Arbeitgebers zur **betrieblichen Altersvorsorge** nach § 3 Nr. 63 EStG (BMF v. 24.7.2013, IV C 3 – S 2015/11/10002/IV C 5 – S 2333/09/10005, BStBl I 2013, 1022, Rdnr. 292 ff. unter Berücksichtigung der Änderungen durch BMF v. 13.1.2014, IV C 3 – S 2015/11/10002 :018, BStBl I 2014, 97 und BMF v. 13.3.2014, IV C 3 – S 2257-b/13/10009, BStBl I 2014, 554), → *Zukunftssicherung: Betriebliche Altersversorgung* Rz. 3245,

- Zahlung von **Sonntags-, Feiertags- oder Nachtzuschlägen**, Zuschlägen zur Rufbereitschaft nach § 3b EStG (→ *Zuschläge für Sonntags-, Feiertags- oder Nachtarbeit* Rz. 3371),

- **Firmenwagengestellung** nach § 8 Abs. 2 Sätze 2 bis 5 EStG (→ *Firmenwagen zur privaten Nutzung* Rz. 1244),

- **Warengutscheinen** im Rahmen der 44 €-Freigrenze nach § 8 Abs. 2 Satz 11 EStG (→ *Warengutscheine* Rz. 3119),

- Sachbezügen zur Ausnutzung des **Rabattfreibetrags** nach § 8 Abs. 3 EStG (→ *Rabatte* Rz. 2345),

- Barzuschüssen in Form von z.B. **Restaurantschecks** für unentgeltlich oder verbilligt abgegebene Mahlzeiten nach R 8.1 Abs. 7 Nr. 4 LStR (→ *Mahlzeiten* Rz. 1966),

- **Fehlgeldentschädigungen** nach R 19.3 Abs. 1 Nr. 4 LStR (→ *Fehlgeldentschädigung* Rz. 1205),

- **Werbung auf Fahrzeugen des Arbeitnehmers** (steuerpflichtig nach § 22 Nr. 3 EStG als sonstige Einkünfte, aber Jahresfreigrenze i.H.v. 256 €), → *Arbeitslohn-ABC* Rz. 255,

- **Pauschalierung** von unentgeltlich oder verbilligt abgegebenen **arbeitstäglichen Mahlzeiten** nach § 40 Abs. 2 Nr. 1 EStG (→ *Mahlzeiten* Rz. 1971),

- **Pauschalierung** von **Erholungsbeihilfen** nach § 40 Abs. 2 Nr. 3 EStG (→ *Erholung: Arbeitgeberzuwendungen* Rz. 1169),

- **Pauschalierung** nach § 40b EStG für **Beiträge zu Direktversicherungen** und Zuwendungen an Pensionskassen für Versorgungszusagen, die vor dem 1.1.2005 erteilt wurden (R 40b.1 Abs. 5 LStR), → *Zukunftssicherung: Betriebliche Altersversorgung* Rz. 3308.

Durch die **Umwandlung** entstehen je nach neuem Vergütungsbestandteil entweder **steuerfreie** oder **pauschal** zu besteuernde Lohnbestandteile.

Die Annahme einer **Entgeltumwandlung** ist in diesen Fällen auch dann **möglich**, wenn der bisherige ungekürzte Arbeitslohn weiterhin Bemessungsgrundlage für künftige Erhöhungen des Arbeitslohns oder andere Arbeitgeberleistungen (z.B. Weihnachtsgeld) ist, die Gehaltsminderung zeitlich begrenzt ist oder vereinbart wird, dass der Arbeitnehmer oder Arbeitgeber sie einseitig ändern kann. Entscheidend ist lediglich, dass entsprechend der vorgelegten Verträge im Vorhinein **auf künftig fälligen Arbeitslohn** verzichtet wird (vgl. BMF v. 24.7.2013, IV C 3 – S 2015/11/10002/IV C 5 – S 2333/09/10005, BStBl I 2013, 1022, Rdnr. 295 unter Berücksichtigung der Änderungen durch BMF v. 13.1.2014, IV C 3 – S 2015/11/10002 :018, BStBl I 2014, 97 und BMF v. 13.3.2014, IV C 3 – S 2257-b/13/10009, BStBl I 2014, 554).

Dies gilt allerdings nicht für die pauschale Lohnsteuer nach § 40b EStG (§ 40b Abs. 4 Satz 1 i.V.m. § 40 Abs. 3 Satz 2 zweiter Halbsatz EStG), → *Abwälzung der pauschalen Lohnsteuer auf den Arbeitnehmer* Rz. 26.

4. Weitere Einzelfälle

519 Der **BFH** hat in folgenden Fällen eine Umwandlung von Barlohn anerkannt:

- Umwandlung von Barlohn in steuerfreie Vergütungen zur Erstattung von **Reisekosten** (BFH v. 27.4.2001, VI R 2/98, BStBl II 2001, 601). Voraussetzung ist allerdings, dass Arbeitgeber und Arbeitnehmer die Lohnumwandlung **vor der Entstehung** des Vergütungsanspruchs vereinbaren,

- Umwandlung von Barlohn in Sachbezüge (BFH v. 20.8.1997, VI B 83/97, BStBl II 1997, 667). Im Urteilsfall ist den Arbeitnehmern ein **Leasing-Fahrzeug zur privaten Nutzung** überlassen worden, wofür die Arbeitnehmer **unter Änderung ihrer Anstellungsverträge** auf einen Teil ihrer Bezüge verzichteten.

Der **BFH** hat im folgenden Fall eine Umwandlung von Barlohn **nicht anerkannt**:

- Umwandlung eines tarifvertraglich festgelegten **Urlaubsanspruchs** gegen einen beim Arbeitgeber einzulösenden **Warengutschein** (BFH v. 6.3.2008, VI R 6/05, BStBl II 2008, 530).

Zur Frage, **unter welchen Voraussetzungen** lohnsteuerrechtliche Freistellungen oder Möglichkeiten der Pauschalversteuerung nachträglich im Wege der Änderung des Arbeitsvertrags genutzt werden können, vgl. FG Niedersachsen v. 18.2.2015, 9 K 64/13, EFG 2015, 1257. Das FG hat zu dieser Frage Folgendes entschieden:

- Verständigt sich ein Arbeitnehmer mit seinem Arbeitgeber darauf, auf zukünftig entstehende Barlohnbestandteile zu Gunsten des Sachbezugs „Tankkarte" zu verzichten, liegt eine grundsätzlich zulässige Umwandlung von Bar- zu Sachlohn zur Inanspruchnahme der Vorteile aus § 8 Abs. 2 Satz 11 EStG vor.

- Die Pauschalversteuerung von Erholungsbeihilfen gem. § 40 Abs. 2 Satz 1 Nr. 3 EStG fordert nicht nur einen ganz bestimmten Verwendungszweck der insoweit gewährten Leistungen, nämlich die Mittelverwendung für Zwecke der Erholung, sondern auch eine Überprüfung durch den Arbeitgeber, dass seine Arbeitnehmer diese als Erholungsbeihilfen gewährten Leistungen tatsächlich zu diesem Zweck verwenden. Allein die „Bestätigung" des Stpfl. auf einem Vordruck, er habe die Erholungsbeihilfe für einen Jahresurlaub verwendet, reicht nicht aus, um der Arbeitgeberin die Möglichkeit der erforderlichen Überprüfung der zweckentsprechenden Mittelverwendung zu geben.

- „Zusätzlich" zum ohnehin geschuldeten Arbeitslohn i.S.d. § 40 Abs. 2 Satz 1 Nr. 5 EStG werden nur freiwillige Arbeitgeberleistungen erbracht.

- Die nach § 3 Nr. 33 EStG „zusätzlich zum ohnehin geschuldeten Arbeitslohn" erbrachten Leistungen des Arbeitgebers zur Unterbringung und Betreuung von nicht schulpflichtigen Kindern der Arbeitnehmer in Kindergärten oder vergleichbaren Einrichtungen sind nur steuerfrei, wenn der Arbeitgeber sie erbringt, ohne dass die Arbeitnehmer darauf einen Anspruch haben.

5. Sozialversicherung

520 Anders als im Steuerrecht wirkt sich eine Umwandlung des **laufenden Arbeitsentgelts im Sozialversicherungsrecht nicht beitragsmindernd aus**. Vielmehr gehören die vorgenannten Leistungen, die vom laufenden Arbeitsentgelt abgezweigt werden, in voller Höhe zum Arbeitsentgelt.

Pauschal besteuerte Zukunftssicherungsleistungen sind nur dann vom Arbeitsentgelt ausgenommen, wenn es sich um eine zusätzliche Leistung des Arbeitgebers handelt oder aber, wenn die

Barlohnumwandlung

Leistungen aus Einmalzahlungen finanziert werden (→ *Zukunftssicherung: Betriebliche Altersversorgung* Rz. 3234).

Basisabsicherung

→ *Vorsorgeaufwendungen* Rz. 3075

Bauabzugsteuer

521 Mit dem Gesetz zur Eindämmung der illegalen Betätigung im Baugewerbe v. 30.8.2001 (BGBl. I 2001, 2267) wurde zur Sicherung von Steueransprüchen bei Bauleistungen ein Steuerabzug eingeführt (§§ 48 bis 48d EStG). Seit 1.1.2002 haben danach unternehmerisch tätige Auftraggeber von Bauleistungen (Leistungsempfänger) im Inland einen Steuerabzug von 15 % der Gegenleistung für Rechnung des die Bauleistung erbringenden Unternehmens (Leistender) vorzunehmen, wenn nicht eine gültige, vom zuständigen Finanzamt des Leistenden ausgestellte Freistellungsbescheinigung vorliegt oder bestimmte Freigrenzen nicht überschritten werden. Zuständig für den Steuerabzug im Zusammenhang mit Bauleistungen ist das Finanzamt des Leistenden; ist der leistende Unternehmer eine natürliche Person, ist dies das Wohnsitzfinanzamt. Weitere Einzelheiten enthält das Einführungsschreiben (BMF v. 27.12.2002, IV A 5 – S 2272 – 1/02, BStBl I 2002, 1399, geändert durch BMF v. 4.9.2003, IV A 2 – S 2770 – 18/03, BStBl I 2003, 437 und BMF v. 20.9.2004, IV A 5 – S 2272b – 11/04, BStBl I 2004, 862).

Für das **Lohnsteuerverfahren** sind folgende Regelungen von Bedeutung:

– Das bauausführende Unternehmen kann die einbehaltene Bauabzugsteuer auf die nach § 41a Abs. 1 EStG einbehaltene und angemeldete **Lohnsteuer anrechnen**; die Anrechnung wird vom Finanzamt vorgenommen, die Lohnsteueranmeldung enthält deshalb keine entsprechende Eintragungsmöglichkeit.

– Im Zusammenhang mit der Einführung des Steuerabzugs wurde außerdem für Unternehmen des Baugewerbes, die ihren Sitz oder ihre Geschäftsleitung im Ausland haben, jeweils eine zentrale **örtliche Zuständigkeit von Finanzämtern im Bundesgebiet** geschaffen (§ 20a Abs. 1 AO). Diese umfasst auch das **Lohnsteuerabzugsverfahren** sowie die Einkommensbesteuerung der von diesen Unternehmen im Inland beschäftigten Arbeitnehmer mit Wohnsitz im Ausland. Ein im Ausland ansässiges Bauunternehmen kann danach im Inland nur eine lohnsteuerliche Betriebsstätte haben. Daher sind die in der **Umsatzsteuerzuständigkeitsverordnung** genannten Finanzämter für die Besteuerung der inländischen Umsätze des im Inland steuerpflichtigen Einkommens des Leistenden, für die Verwaltung der Lohnsteuer der Arbeitnehmer des Leistenden, für die Anmeldung und Abführung des Steuerabzugs nach § 48 EStG, für die Erteilung oder Ablehnung von Freistellungsbescheinigungen und für die Anrechnung oder Erstattung des Steuerabzugs nach § 48c EStG zuständig. Entsprechendes gilt nach § 20a Abs. 2 AO in Fällen der **Arbeitnehmerüberlassung** durch ausländische Verleiher, sofern die überlassene Person im Baugewerbe eingesetzt ist.

Es ist nicht ernstlich zweifelhaft, dass die in §§ 48 ff. EStG getroffenen Regelungen zum Steuerabzug von Bauleistungen mit dem **Europäischen Gemeinschaftsrecht vereinbar** sind (BFH v. 29.10.2008, I B 160/08, www.stotax-first.de).

Baudarlehen

→ *Zinsersparnisse/Zinszuschüsse* Rz. 3213

Baugenossenschaften

522 Den Arbeitnehmern überlassene **Anteile an Genossenschaften** sind nach § 19a EStG steuerbegünstigt und können mit vermögenswirksamen Leistungen erworben werden. Einzelheiten → *Vermögensbeteiligungen* Rz. 3005 sowie → *Vermögensbildung der Arbeitnehmer* Rz. 3018.

(LSt) (SV)

Zur Besteuerung eines geldwerten Vorteils bei der **Vermietung von Wohnungen** eines ehemals gemeinnützigen Wohnungsunternehmens an Arbeitnehmer verbundener Unternehmen → *Dienstwohnung* Rz. 807.

Baukostenzuschüsse

→ *Darlehen an Arbeitnehmer* Rz. 786, → *Dienstwohnung* Rz. 807

Bausparbeträge

→ *Vermögensbildung der Arbeitnehmer* Rz. 3018

Bausparkassen-Mitarbeiter

Bausparkassenvertreter üben je nach den vertraglichen Gestaltungen im Einzelfall entweder eine gewerbliche Tätigkeit (vgl. BFH v. 28.6.1989, I R 114/85, BStBl II 1989, 965 betr. einen Aktionsleiter) oder eine nichtselbständige Tätigkeit aus; vgl. auch → *Arbeitnehmer* Rz. 173 sowie → *Vertreter* Rz. 3062. 523

Der Verzicht auf die Erhebung der Abschlussgebühr bleibt bei Bausparkassenmitarbeitern i.R.d. § 8 Abs. 3 EStG steuerfrei, vgl. → *Rabatte* Rz. 2345; zu **Provisionszahlungen** von Bausparkassen an Arbeitnehmer von Kreditinstituten → *Provisionen* Rz. 2340; ferner → *Abschlussgebühr: Zahlungsverzicht* Rz. 19.

(LSt) (SV)

Beamte

1. Lohnsteuer

a) Allgemeines

Beamte üben ihre **Haupttätigkeit** grundsätzlich als **Arbeitnehmer** aus, das Gehalt ist steuerpflichtiger Arbeitslohn. Bei der Berechnung der Lohnsteuer ist diese nach der **besonderen Lohnsteuertabelle** zu ermitteln, weil Beamte in keinem Sozialversicherungszweig versichert sind (→ *Lohnsteuertabellen* Rz. 1948). Zur Berechnung der Vorsorgepauschale bei Beamten vgl. → *Vorsorgepauschale* Rz. 3094. 524

Auch **Beamtenanwärter** sind Arbeitnehmer; die Anwärterbezüge stellen steuerpflichtigen Arbeitslohn dar, s. z.B. → *Referendare* Rz. 2406. Zur Abgrenzung gegenüber nicht lohnsteuerpflichtigen Darlehen s. BZSt v. 28.7.2004, St I 4 – S 2471 – 325/04, BStBl I 2004, 612. Die Beamtenanwärter können abhängig vom jeweiligen Ausbildungsablauf ihre Ausbildung im Rahmen von Dienstreisen oder auch als Einsatzwechseltätigkeit ausüben (Reisekosten); auch → *Auszubildende* Rz. 485.

b) „Selbständige" Nebentätigkeiten

Nebentätigkeiten können hingegen selbständig ausgeübt werden. So sind z.B. nebenberuflich ausgeübte **Lehr- oder Prüfungstätigkeiten** als freiberufliche Tätigkeiten i.S.d. § 18 Abs. 1 Nr. 1 EStG anzusehen, vgl. H 19.2 (Nebenberufliche Lehrtätigkeit) LStH. Dies gilt auch für die 525

– Tätigkeit als **Aufsichtsratsmitglied**, es sei denn, die Tätigkeit ist auf Verlangen, Vorschlag oder Veranlassung des Dienstherrn übernommen worden (→ *Aufsichtsratsvergütungen* Rz. 351), oder für

– Vergütungen eines **Gemeindedirektors** für die Tätigkeit als **Mitglied einer Schätzungskommission** (BFH v. 8.2.1972, VI R 7/69, BStBl II 1972, 460).

Vergütungen für selbständige Nebentätigkeiten unterliegen nicht dem Lohnsteuerabzug. Der Empfänger hat sie ggf. in seiner Einkommensteuererklärung anzugeben (→ *Veranlagung von Arbeitnehmern* Rz. 2973). Für Lehr- und Prüfungstätigkeiten kann ggf. die Steuerbefreiung nach § 3 Nr. 26 EStG in Anspruch genommen werden (→ *Aufwandsentschädigungen für bestimmte nebenberufliche Tätigkeiten* Rz. 360).

c) „Unselbständige" Nebentätigkeiten

Streitig ist in der Praxis immer wieder die Abgrenzung der Einkunftsart bei bestimmten **Hilfstätigkeiten**, die mit der hauptberuflichen Tätigkeit unmittelbar zusammenhängen. Der BFH rech- 526

[LSt durchgestrichen] = keine Lohnsteuerpflicht
[LSt] = Lohnsteuerpflicht

Beamte

net solche Tätigkeiten der Haupttätigkeit zu, wenn dem Arbeitnehmer aus seinem **„Hauptdienstverhältnis" Nebenpflichten obliegen**, die zwar im Arbeitsvertrag nicht ausdrücklich vorgesehen sind, deren Erfüllung der **Arbeitgeber aber nach der tatsächlichen Gestaltung des Dienstverhältnisses und nach der Verkehrsanschauung erwarten darf**. Als Nebenpflichten aus dem Dienstverhältnis sind jedoch nur solche Pflichten anzusehen, die in einer **unmittelbaren sachlichen Beziehung** zu der nichtselbständig ausgeübten Tätigkeit stehen, auch wenn der Arbeitgeber die zusätzlichen Leistungen besonders vergütet. Die Ausübung der Nebenpflichten muss der Weisung und Kontrolle des Dienstherrn unterliegen. Liegt ein unmittelbarer Zusammenhang in diesem Sinne zwischen der Haupt- und der Nebentätigkeit des Arbeitnehmers nicht vor, so ist die Nebentätigkeit ohne Rücksicht auf die hauptberufliche Tätigkeit zu beurteilen, vgl. H 19.2 (Allgemeines) LStH und H 19.2 (Nebentätigkeit bei demselben Arbeitgeber) LStH.

Vergütungen für folgende „Nebenpflichten" aus dem Dienstverhältnis werden hiernach der **Haupttätigkeit zugerechnet** und sind somit zusammen mit dem **„normalen" Arbeitslohn dem Lohnsteuerabzug zu unterwerfen**:

- Aufsichtsvergütungen für die **„reine" Aufsichtsführung** bei juristischen Staatsprüfungen (OFD Hannover v. 23.5.1995, S 2332 – 135 – StH 211, www.stotax-first.de),
- Vergütungen für die **Abnahme medizinischer Tests** bei medizinischen Studiengängen (OFD Koblenz v. 12.6.1996, S 2332 A – St 33 1, www.stotax-first.de).

Mit der Zuordnung der Nebentätigkeit zur Haupttätigkeit **entfallen** gleichzeitig die auf bestimmte **nebenberufliche Tätigkeiten beschränkten Steuerbefreiungen** der § 3 Nr. 26, 26a EStG. Einzelheiten → *Aufwandsentschädigungen für bestimmte nebenberufliche Tätigkeiten* Rz. 360.

Ein Beamter kann mit einer Nebentätigkeit aber auch ein **zweites Dienstverhältnis** begründen. Nach Auffassung des FG Niedersachsen ist die Tätigkeit eines **Kommunalbeamten in einer von einer Stadt beherrschten GmbH** jedenfalls dann als gesondertes Dienstverhältnis zu werten, wenn die Gesellschaft auf Grund des geschlossenen Geschäftsführervertrags mit dem Beamten ein eigenes Vertragsverhältnis bekundet und die Aufwandsentschädigung für die Geschäftsführertätigkeit auch von dieser gezahlt wird (Urteil v. 14.3.2005, 3 K 644/04, www.stotax-first.de). Der Arbeitslohn aus der Nebentätigkeit konnte daher von der GmbH nach § 40a EStG **pauschal versteuert** werden.

d) Arbeitslohn

527 Aus **Haushaltsgründen** werden Angehörige des öffentlichen Dienstes zunehmend an den Kosten ihrer Versorgung beteiligt; die lohnsteuerliche Behandlung ist unterschiedlich:

- Die Beteiligung der Polizeibeamten u.a. des Landes Niedersachsen an den **Kosten der Heilfürsorge** i.H.v. 1,3 % des jeweiligen Grundgehalts stellt eine **Minderung des Arbeitslohns** dar, so dass nur die geminderten Bezüge dem Lohnsteuerabzug unterliegen (FinMin Niedersachsen v. 9.2.1999, S 2284 – 259 – 35, www.stotax-first.de).
  Zur steuerlichen Behandlung der **Krankenversicherungszuschüsse für Polizeibeamte** des Landes Baden-Württemberg und für **Feuerwehrbeamte der Kommunen** ab dem 1.1.2011 s. FinMin Baden-Württemberg v. 14.8.2015, 3 – S 233.3/81, StEd 2015, 603. Hiernach sind die Leistungen der Heilfürsorge steuerfrei (§ 3 Nr. 4 Buchst. d EStG). Anstelle der Leistungen aus der Heilfürsorge können Beamte des Polizeivollzugsdienstes, auch wenn sie in Planstellen des Landesamtes für Verfassungsschutz eingewiesen sind, weiterhin einen Zuschuss zu den Beiträgen an eine Krankenversicherung erhalten (§ 79 Abs. 7 LBG). Der auf Grund gesetzlicher Verpflichtung gewährte Zuschuss ist nach § 3 Nr. 62 Satz 1 EStG steuerfrei. Ferner können auch Beamte des Einsatzdienstes der Feuerwehr anstelle der Leistungen aus der Heilfürsorge zu den Aufwendungen in Krankheitsfällen Beihilfe nach den beihilferechtlichen Vorschriften des Landes und einen Zuschuss zu den Beiträgen an eine Krankenversicherung erhalten (§ 79 Abs. 4 LBG). Der auf Grund gesetzlicher Verpflichtung gewährte Zuschuss ist nach § 3 Nr. 62 Satz 1 EStG steuerfrei. Die steuerfreien Zuschüsse zu den Beiträgen an eine Krankenversicherung mindern die als Sonderausgaben abzugsfähigen Beiträge an eine Krankenversicherung (§ 10 Abs. 2 Satz 1 Nr. 1 zweiter Halbsatz EStG).
- Bei Versorgungsempfängern des Bundes verringert sich die **Sonderzahlung nach § 4 BSZG** (Bundessonderzahlungsgesetz) um einen nach § 4a BSZG zu ermittelnden Betrag für Pflegeleistungen. Nur der geminderte Betrag ist als Arbeitslohn zu versteuern; deshalb kann der Kürzungsbetrag nicht als Sonderausgaben nach § 10 Abs. 1 Nr. 3a EStG (Beiträge zu einer Pflegeversicherung) berücksichtigt werden.
- Der von Beamten erhobene (und gleich vom Gehalt einbehaltene) **Kostenanteil für die weitere volle Beihilfe-Erstattung der sog. Wahlleistungen** ist nicht als steuerpflichtiger Arbeitslohn anzusehen (Umwandlung von Barlohn zu Gunsten einer Zusage des Arbeitgebers auf Versorgungsleistungen im Krankheitsfall); nur der geminderte Arbeitslohn unterliegt dem Lohnsteuerabzug. Die Kostenübernahme von Wahlleistungen im Krankheitsfall stellt eine nach § 3 Nr. 11 EStG steuerfreie Beihilfe des Arbeitgebers dar. Ein steuerpflichtiger geldwerter Vorteil entsteht nicht. Die Beamten können die einbehaltenen Beträge nicht als Sonderausgaben geltend machen (FinMin Baden-Württemberg v. 25.2.2004, 3 – S 235.0/21, www.stotax-first.de).
- Die um eine sog. **Kostendämpfungspauschale** gekürzte Beihilfe zu Krankheitsaufwendungen kann nicht als negativer Arbeitslohn i.S.d. § 19 EStG steuerlich geltend gemacht werden.

Das **erhöhte Unfallruhegehalt** nach § 37 BeamtVG wird „auf Grund der Dienstzeit" i.S.v. § 3 Nr. 6 EStG gewährt und ist somit nicht nach dieser Vorschrift steuerbefreit (BFH v. 29.5.2008, VI R 25/07, BStBl II 2009, 150).

e) Steuerfreiheit nach § 3 Nr. 67 EStG

528 Die Steuerbefreiung der **Kindererziehungs- und Pflegezuschläge** nach den §§ 50a bis 50e Beamtenversorgungsgesetz (BeamtVG) und den §§ 70 bis 74 des Soldatenversorgungsgesetzes (SVG) ist nach § 3 Nr. 67 EStG i.d.F. des Zollkodex-Anpassungsgesetzes v. 22.12.2014, BStBl I 2015, 58 **abgeschafft** worden, soweit die Zuschläge für ein nach dem 31.12.2014 eingetretenes Ereignis gewährt werden. Die Zuschläge sind Bestandteil des Ruhegehalts, das grundsätzlich nach § 19 Abs. 1 Satz 1 Nr. 2 EStG zu versteuern ist. Sie sind jedoch auf Grund der Sonderregelung des § 3 Nr. 67 EStG bisher steuerfrei, so dass das Ruhegehalt in einen steuerpflichtigen und einen steuerfreien Anteil aufzuteilen ist.

Für **Altfälle** ist darüber hinaus klargestellt worden, dass die Steuerbefreiung die auf Landesrecht beruhenden Zuschläge für Kindererziehungszeiten umfasst, soweit sie den Zuschlägen nach §§ 50a bis 50e BeamtVG entsprechen (s. ausführlich die Gesetzesbegründung BR-Drucks. 432/14 S. 45). S. zum „alten Recht" Rdnr. 483 des ABC des Lohnbüros 2015 (online einsehbar, s. Benutzerhinweis auf Seite IV).

2. Sozialversicherung

529 Wie im Steuerrecht gehören die Beamten im Sozialversicherungsrecht auch zur **Gruppe der Arbeitnehmer**. Jedoch nehmen sie hier eine Sonderstellung ein.

a) Krankenversicherung

530 Beamte – hierzu zählen Richter, Soldaten auf Zeit, Berufssoldaten der Bundeswehr sowie sonstige Beschäftigte des Bundes, eines Landes, eines Gemeindeverbandes, einer Gemeinde, von öffentlich-rechtlichen Körperschaften, Anstalten, Stiftungen oder Verbänden öffentlich-rechtlicher Körperschaften oder deren Spitzenverbänden – sind in der gesetzlichen **Krankenversicherung versicherungsfrei**, wenn sie nach beamtenrechtlichen Vorschriften oder Grundsätzen bei Krankheit

- Anspruch auf Fortzahlung der Bezüge und
- Anspruch auf Beihilfe oder Heilfürsorge

haben (§ 6 Abs. 1 Nr. 2 SGB V).

Sind diese Voraussetzungen erfüllt, besteht nicht nur in der **Hauptbeschäftigung als Beamter Krankenversicherungsfreiheit**, sondern auch in einer möglichen **Nebenbeschäftigung** außerhalb des Dienstverhältnisses. Damit soll vermieden werden, dass Beamte durch eine gering entlohnte Beschäftigung in der sozialen Krankenversicherung zu einem besonders günstigen Beitrag versichert werden. In derartigen Fällen braucht auch der privatrechtliche Arbeitgeber keine Beiträge zur Krankenversicherung zu entrichten. Für geringfügig beschäftigte Beamte mit einem monatlichen Arbeitsentgelt von **nicht mehr als 450 €** (versicherungsfreie Arbeitnehmer nach § 8 Abs. 1 Nr. 1 SGB IV, → *Mini-Jobs* Rz. 2047) hat der Arbeitgeber grundsätzlich einen pauschalen Krankenversicherungsbeitrag i.H.v. 13 % des Arbeitsentgelts zu entrichten. Dies gilt jedoch nur dann, wenn der Beamte freiwilliges Mitglied einer gesetzlichen Krankenkasse ist. Besteht dagegen keine Versicherung bei einer gesetzlichen Krankenkasse, braucht der Arbeitgeber für den außerhalb der Beamtentätigkeit geringfü-

Beamte

gig beschäftigten Beamten keine pauschalen Krankenversicherungsbeiträge zu entrichten.

Ist der Beamte allerdings vom **Dienst beurlaubt** worden, tritt in einer evtl. ausgeübten **Nebenbeschäftigung** Krankenversicherungspflicht ein. In diesem Falle hätte der Arbeitgeber – vorausgesetzt, der beurlaubte Beamte übt eine geringfügige Beschäftigung i.S.d. § 8 Abs. 1 Nr. 1 SGB IV aus (→ *Mini-Jobs* Rz. 2047) – einen **pauschalen Krankenversicherungsbeitrag** zu zahlen.

Verpflichtet sich der private Arbeitgeber jedoch, dem **beurlaubten Beamten** im Krankheitsfall für die gesamte Zeit der Beurlaubung das vereinbarte Arbeitsentgelt und die den **Beihilfevorschriften** entsprechenden Leistungen zu gewähren, und erklärt der beurlaubende Dienstherr gleichzeitig, die **Rückkehr** des beurlaubten Beamten von dem Zeitpunkt an zu gewährleisten, **von dem an der Arbeitgeber diese Leistungen im Krankheitsfall** nicht mehr erbringt, besteht nach Auffassung der Spitzenverbände der Sozialversicherungsträger (Besprechung v. 8./9.11.1989) auch in der bei einem privaten Arbeitgeber ausgeübten Beschäftigung Krankenversicherungsfreiheit. Das BSG hat durch Urteile v. 29.7.2003, B 12 KR 15/02 R und B 12 KR 27/03 R, www.stotax-first.de) gegenteilig entschieden. Hierbei handelt es sich um Einzelfälle. In den entschiedenen Fällen wurden Berufssoldaten zur Ausübung einer Beschäftigung bei einem privatrechtlich organisierten Flugsicherungsunternehmen unter Wegfall der Dienstbezüge beurlaubt. Bei Krankheit bestand kein Anspruch auf Fortzahlung der Dienstbezüge und auf Beihilfe nach beamtenrechtlichen Grundsätzen. Die Entscheidungsgründe des BSG auf Grund dieser Einzelfälle können sich nach Auffassung der Spitzenverbände der Sozialversicherungsträger (Besprechung v. 26./27.5.2004) nicht auf die bisherige Handhabung auswirken, da diese nicht mit den gerichtlichen Fällen vergleichbar ist.

Eine **Beamtenwitwe, die neben ihrer Witwenpension eine Beschäftigung ausübt**, ist in dieser Beschäftigung auf keinen Fall auf Grund des Beihilfeanspruchs ihres verstorbenen Ehegatten krankenversicherungsfrei (vgl. BSG v. 21.9.1993, 12 RK 39/91, www.stotax-first.de). Krankenversicherungsfreiheit käme nur dann in Betracht, wenn das Einkommen aus dieser Beschäftigung die Jahresarbeitsentgeltgrenze überschreiten würde. Die Witwenpension darf bei der Ermittlung des Jahresarbeitsentgelts jedoch nicht berücksichtigt werden (vgl. BSG v. 23.6.1994, 12 RK 42/92, www.stotax-first.de). Das BVerfG hat mit Beschluss v. 25.2.2004, 1 BvR 1564/94, www.stotax-first.de, die hiergegen gerichtete Verfassungsbeschwerde für unbegründet gehalten und deshalb nicht zur Entscheidung angenommen.

> **Beispiel:**
> Eine Beamtenwitwe (52 Jahre) bezieht eine Pension von 1 050 € monatlich. Am 1.4.2016 nimmt sie eine Beschäftigung als Lohnbuchhalterin auf. Das Arbeitsentgelt beträgt bei einer wöchentlichen Arbeitszeit von 38,5 Stunden 2 500 €.
>
> In der Krankenversicherung besteht Versicherungspflicht. Die Versicherungsfreiheit auf Grund der Witwenpension erstreckt sich nicht auf das neue Beschäftigungsverhältnis. Bei der Ermittlung des Jahresarbeitsentgelts wird die Witwenpension nicht berücksichtigt. Das Arbeitsentgelt übersteigt die Jahresarbeitsentgeltgrenze nicht.

b) Pflegeversicherung

531 In der sozialen Pflegeversicherung gelten **grundsätzlich die gleichen Regelungen wie in der gesetzlichen Krankenversicherung**. Allerdings haben Personen, die nach **beamtenrechtlichen Vorschriften** oder Grundsätzen bei Pflegebedürftigkeit Anspruch auf Beihilfe haben, die Verpflichtung, bei einem **privaten Versicherungsunternehmen** eine anteilige Pflegeversicherung abzuschließen. Dies gilt auch für die hinterbliebenen Versorgungsbezieher (vgl. § 23 Abs. 3 SGB XI).

c) Rentenversicherung

532 Beamte, Richter, Berufs- und Zeitsoldaten sind im Rahmen ihres Dienstverhältnisses rentenversicherungsfrei, da durch die direkte Versorgungszusage des Dienstherrn eine spezielle Alterssicherung besteht (vgl. § 5 Abs. 1 Satz 1 Nr. 1 SGB VI). Dies gilt auch **für Beamte auf Zeit oder auf Probe, Beamte auf Widerruf im Vorbereitungsdienst sowie für Soldaten auf Zeit**. Sonstige Beschäftigte in einem öffentlich-rechtlichen Dienstverhältnis (z.B. Geistliche und Kirchenbeamte) sowie Arbeitnehmer mit einem dem Beamtenrecht vergleichbaren Versorgungsstatus (z.B. Dienstordnungs-Angestellte von Sozialversicherungsträgern oder deren Verbänden) sind nur dann **rentenversicherungsfrei**, wenn ihnen nach beamtenrechtlichen Vorschriften oder Grundsätzen oder entsprechenden kirchenrechtlichen Regelungen **Anwartschaft auf Versorgung** bei verminderter Erwerbsfähigkeit und im Alter auf Hinterbliebenenversorgung **gewährleistet** wird und die Erfüllung der Gewährleistung gesichert ist.

Ehemalige Berufssoldaten, die nach dem Personalstärkegesetz vorzeitig in den Ruhestand versetzt worden sind und eine Versorgung beziehen, sind in der Rentenversicherung versicherungsfrei, wenn sie eine entgeltliche Beschäftigung ausüben (BSG v. 22.2.1996, 12 RK 3/95, www.stotax-first.de).

Im Gegensatz zur Krankenversicherung erstreckt sich die **Versicherungsfreiheit nur auf das Dienstverhältnis** und **nicht auf anderweitige Beschäftigungen bei einem privaten Arbeitgeber** (vgl. BSG v. 10.9.1975, 3/12 RK 6/74, www.stotax-first.de), so dass bei einer Nebenbeschäftigung Rentenversicherungspflicht eintreten kann.

Übt der Beamte eine Nebenbeschäftigung mit einem monatlichen Einkommen von regelmäßig nicht mehr als 450 € (→ *Mini-Jobs* Rz. 2047) aus, besteht in der Rentenversicherung auf Grund der Geringfügigkeit Versicherungspflicht (§ 5 Abs. 2 Satz 1 Nr. 1 SGB VI i.V.m. § 8 Abs. 1 Nr. 1 SGB IV → *Mini-Jobs* Rz. 2047). Die Zusammenrechnung einer nicht geringfügigen Beschäftigung mit geringfügig entlohnten Beschäftigungen ist nur vorgesehen, wenn die nicht geringfügige Beschäftigung Versicherungspflicht begründet. Mithin scheidet z.B. eine Zusammenrechnung einer nach § 6 Abs. 1 Nr. 2 SGB V und § 5 Abs. 1 Nr. 1 SGB VI in der Kranken-, Pflege- und Rentenversicherung versicherungsfreien (nicht geringfügigen) Beamtenbeschäftigung mit geringfügig entlohnten Beschäftigungen aus. Allerdings sind mehrere neben einer versicherungsfreien Beamtenbeschäftigung ausgeübte geringfügig entlohnte Beschäftigungen zusammenzurechnen. Näheres hierzu → *Mini-Jobs* Rz. 2047.

Bei geringfügig Beschäftigten i.S.d. § 8 Abs. 1 Nr. 1 SGB IV – und somit auch bei den o.a. Beamten – hat der Arbeitgeber Rentenversicherungsbeiträge i.H.v. 15 % des der Beschäftigung zu Grunde liegenden Arbeitsentgelts zu entrichten. Für Beamte, die neben ihrer Beamtenbeschäftigung eine geringfügig entlohnte Beschäftigung ausüben, auf die die Gewährleistung einer Versorgungsanwartschaft erstreckt worden ist, ist kein Pauschalbeitrag zu zahlen (→ *Beiträge zur Sozialversicherung* Rz. 548).

d) Arbeitslosenversicherung

533 Beamte, Richter, Soldaten auf Zeit sowie Berufssoldaten der Bundeswehr sind **arbeitslosenversicherungsfrei**. Das Gleiche gilt für sonstige beamtenähnliche Beschäftigte des Bundes, eines Landes, eines Gemeindeverbandes, einer Gemeinde, einer öffentlich-rechtlichen Körperschaft, Anstalt, Stiftung oder eines Verbandes öffentlich-rechtlicher Körperschaften oder deren Spitzenverbänden, wenn sie nach beamtenrechtlichen Vorschriften oder Grundsätzen bei Krankheit Anspruch auf Fortzahlung der Bezüge und auf Beihilfe oder Heilfürsorge haben (vgl. § 27 Abs. 1 Nr. 1 SGB III).

Die Arbeitslosenversicherungsfreiheit ist auf die jeweilige Beschäftigung im öffentlichen Dienst beschränkt. Bei Beamten und beamtenähnlichen Personen, die **außerhalb ihres Dienstverhältnisses** eine anderweitige Beschäftigung ausüben, kommt für die Beschäftigung bei einem privaten Arbeitgeber Arbeitslosenversicherungsfreiheit grundsätzlich nicht in Betracht. Eine Ausnahme gilt für beurlaubte Beamte und beurlaubte beamtenähnliche Personen. Sie sind dann arbeitslosenversicherungsfrei, wenn sich der private Arbeitgeber verpflichtet, dem beurlaubten Beamten im Krankheitsfall für die gesamte Zeit der Beurlaubung das vereinbarte Arbeitsentgelt und die den Beihilfevorschriften ent-

[LSt] = keine Lohnsteuerpflicht
[LSt] = Lohnsteuerpflicht

sprechenden Leistungen zu gewähren, und der beurlaubende Dienstherr erklärt, die Rückkehr des beurlaubten Beamten von dem Zeitpunkt an zu gewährleisten, von dem an der Arbeitgeber diese Leistungen im Krankheitsfall nicht mehr erbringt. Diese Verpflichtung sollte durch eine Bescheinigung des privaten Arbeitgebers und des beurlaubenden Dienstherrn nachgewiesen werden.

Bei Berufssoldaten, die zur Ausübung einer Beschäftigung bei einem privatrechtlich organisierten Flugsicherungsunternehmen unter Wegfall der Dienstbezüge beurlaubt sind, besteht Arbeitslosenversicherungspflicht (vgl. BSG v. 29.7.2003, B 12 KR 15/02 R und B 12 KR 27/03 R, www.stotax-first.de). Nach Auffassung des Gerichts gehörte der Kläger zu dem Personenkreis des § 24 Abs. 1 SGB III. Er war damit nach generellen Merkmalen schutzbedürftig.

Beispiel:
Ein Beamter (monatliches Einkommen aus dem Dienstverhältnis 2 000 €) übt in den Nachmittagsstunden eine Aushilfsbeschäftigung im Supermarkt aus. Die wöchentliche Arbeitszeit beträgt 19 Std. Es wird ein monatliches Entgelt von 1 000 € gezahlt.
In der Kranken- und Pflegeversicherung besteht auf Grund der Zweitbeschäftigung bei einem privaten Arbeitgeber keine Versicherungspflicht. Allerdings hat der Arbeitgeber den Arbeitnehmer zur Renten- und Arbeitslosenversicherung anzumelden. Versicherungsfreiheit auf Grund anderer Tatbestände ist nicht gegeben.

e) Beamtenanwärter

534 Für Zeiten vor der eigentlichen Übernahme in das Beamtenverhältnis tritt Kranken- und Pflegeversicherungsfreiheit nur ein, wenn ein Anspruch auf Fortzahlung der Bezüge nach beamtenrechtlichen Vorschriften oder Grundsätzen besteht (vgl. Besprechungsergebnis der Spitzenverbände der Sozialversicherungsträger v. 24./25.4.1989). Auch in der **Renten- und Arbeitslosenversicherung** besteht vor Übernahme in das Beamtenverhältnis für diese Personen Versicherungspflicht.

Beamtenpension
→ *Pensionäre* Rz. 2227

Beerdigungskosten

535 Übernimmt der Arbeitgeber an Stelle der Erben die Kosten für die Beerdigung eines verstorbenen Arbeitnehmers, so ist der geldwerte Vorteil grundsätzlich **bei den Erben als Arbeitslohn** zu versteuern (§ 19 Abs. 1 Satz 1 Nr. 2 EStG).

Dies gilt nur dann nicht, wenn die Erben zur Tragung der Kosten nicht in der Lage gewesen wären und somit die Voraussetzungen für eine Steuerbefreiung als Unterstützungen i.S.d. § 3 Nr. 11 EStG i.V.m. R 3.11 LStR vorliegen (→ *Unterstützungen* Rz. 2958).

Wendet der Arbeitgeber allerdings aus **geschäftlichen Repräsentationsgründen** höhere Kosten auf als sie die Hinterbliebenen von sich aus zu einer standesgemäßen Beerdigung aufgewendet hätten, ist insoweit nach den Grundsätzen der „aufgedrängten Bereicherung" kein Arbeitslohn anzunehmen (BFH v. 17.1.1956, I 77/55 U, BStBl III 1956, 94).

Aufwendungen für Kränze, Blumen usw. anlässlich der Beerdigung eines Kollegen oder Geschäftsfreundes sind **nicht als Werbungskosten abzugsfähig**, weil sie immer auch privat mitveranlasst sind und eine Aufteilung nicht möglich ist (vgl. FG Saarland v. 12.10.1988, 1 K 150/87, EFG 1989, 102).

Ausgaben eines Stpfl. für die Beerdigung eines nahen Angehörigen sind regelmäßig als **außergewöhnliche Belastung** nach § 33 EStG zu berücksichtigen, sofern die Aufwendungen nicht aus dem Nachlass bestritten werden können oder durch sonstige einem Stpfl. im Zusammenhang mit dem Tod des Angehörigen zugeflossene Geldleistungen gedeckt sind (s. ausführlich H 33.1 - 33.4 „Bestattungskosten" EStH).

Beförderung
→ *Bewirtungskosten* Rz. 724

Befreiung vom Lohnsteuerabzug

536 Auch wenn der Lohnsteuerabzug recht kompliziert ist – der Arbeitgeber ist zur Vornahme verpflichtet (§ 38 Abs. 3 Satz 1 EStG). Er darf sich dieser Verpflichtung nicht entziehen, selbst wenn das Finanzamt die Lohnsteuer ebenso gut im **Veranlagungsverfahren** des Arbeitnehmers erheben könnte. Der Arbeitgeber darf den Lohnsteuerabzug auch nicht mit der Begründung unterlassen, sein Arbeitnehmer würde auf das ganze Jahr gesehen die **Besteuerungsgrenzen nicht überschreiten**, z.B. bei Aushilfskräften (BFH v. 15.11.1974, VI R 167/73, BStBl II 1975, 297). Seit 2000 kann ggf. der bei dem ersten Dienstverhältnis nicht ausgenutzte Tabellenfreibetrag beim zweiten Dienstverhältnis berücksichtigt werden (→ *Übertragung des Grundfreibetrags* Rz. 2899).

Nur in ganz wenigen Einzelfällen lässt die Finanzverwaltung aus Vereinfachungsgründen eine **„direkte Zahlung"** der Lohnsteuer durch den Arbeitnehmer im Rahmen der Veranlagung zur Einkommensteuer zu, so z.B. bei **Beamten**, die auf Verlangen, Vorschlag oder Veranlassung ihres Dienstherrn in den Aufsichtsrat eines Unternehmens entsandt werden (zuletzt LSF Sachsen v. 22.12.2014, S 2248 – 19/8 – 212, www.stotax-first.de).

Behinderte Menschen

1. Arbeitsrecht

537 Für behinderte Menschen mit einem Grad der Behinderung von wenigstens 50 (schwerbehinderte Menschen), ebenso nach Gleichstellung behinderter Menschen mit einem Grad der Behinderung von wenigstens 30, gelten die Regelungen des SGB IX mit vielfältigen besonderen Rechten des Arbeitnehmers (z.B. auf Zusatzurlaub) einerseits und Pflichten des Arbeitgebers andererseits, insbesondere verschärften Kündigungsschutzvorschriften (§§ 85 ff. SGB IX). Auf die Regelungen über das **betriebliche Eingliederungsmanagement** nach § 84 SGB IX ist ebenso wie auf die Antidiskriminierungsbestimmungen des Allgemeinen Gleichbehandlungsgesetzes (**AGG**) zu achten.

2. Lohnsteuer

a) Ausgleichsabgabe

538 Leistungen an Schwerbehinderte aus der „Ausgleichsabgabe" sind nach § 3 Nr. 11 EStG **steuerfrei**. Es handelt sich um Bezüge aus öffentlichen Mitteln, die wegen Hilfsbedürftigkeit gewährt werden.

b) Pauschbeträge für behinderte Menschen

539 Behinderte Menschen haben Anspruch auf nach dem Grad der Behinderung gestaffelte Pauschbeträge (§ 33b EStG; → *Lohnsteuer-Ermäßigungsverfahren* Rz. 1918), die als Lohnsteuerabzugsmerkmal berücksichtigt werden können, allerdings nur vom **Finanzamt** (R 39a.1 Abs. 2 LStR); andernfalls darf der **Arbeitgeber** die Pauschbeträge nicht berücksichtigen.

c) Beschützende Werkstätten

540 Streitig ist häufig, ob die in sog. beschützenden Werkstätten untergebrachten behinderten Menschen **Arbeitnehmer sind** und die gezahlten Vergütungen deshalb dem Lohnsteuerabzug unterliegen. Hierzu hat die **Finanzverwaltung** folgende Regelung getroffen (FinMin Berlin v. 3.8.1990, III B 21 – S 2334 – 12/90, www.stotax-first.de, vgl. ergänzend FG Münster v. 24.11.1993, 8 K 828/91 L, EFG 1994, 658):

In beschützenden Werkstätten tätige behinderte Menschen sind grundsätzlich als **Arbeitnehmer** anzusehen, wenn sie im sog. **Arbeitsbereich tätig** sind. Trotzdem wird nur in den wenigsten Fällen Lohnsteuer einzubehalten sein, weil die Arbeitsentgelte i.d.R. unter den Freigrenzen der Lohnsteuertabelle liegen dürften (→ *Steuertarif* Rz. 2803).

Behinderte Menschen

Bei Tätigkeiten im sog. **Eingangs- und Arbeitstrainingsbereich**, die überwiegend der Rehabilitation und somit **überwiegend therapeutischen und sozialen Zwecken** und weniger der Erzielung eines produktiven Arbeitsergebnisses dienen, kann dagegen ein **Arbeitsverhältnis nicht angenommen** werden. Das gilt insbesondere, wenn lediglich die Anwesenheit des behinderten Menschen belohnt, die Höhe des Entgelts aber durch die Arbeitsleistung nicht beeinflusst wird. In diesen Fällen entfallen aber auch Begünstigungen (z.B. vermögenswirksame Leistungen), die an ein Dienstverhältnis anknüpfen.

Für die lohnsteuerliche Behandlung der **Arbeitsbelohnungen von Patienten in psychiatrischen Krankenhäusern und Entziehungsanstalten** gilt die zu den Behindertenwerkstätten getroffene Regelung sinngemäß (FinMin Bayern v. 26.9.1994, 32 – S 2331 – 49 – 52185, www.stotax-first.de): „Dient die Beschäftigung überwiegend der Rehabilitation und somit überwiegend therapeutischen und sozialen Zwecken und weniger der Erzielung eines produktiven Arbeitsergebnisses, ist kein Arbeitsverhältnis im steuerlichen Sinne anzunehmen. Das gilt besonders, wenn die Höhe des Entgelts durch die Arbeitsleistung nicht beeinflusst wird. Das Vorliegen dieser Voraussetzungen kann nicht generell unterstellt werden. Bei der steuerlichen Einordnung kommt es vielmehr auf den tatsächlichen Ablauf der Beschäftigung und die Gestaltung der Entlohnung im Einzelfall an."

Die von einer Werkstatt für Behinderte (anteilig) getragenen Aufwendungen für **Ferienmaßnahmen**, die die Werkstatt mit den bei ihr beschäftigten behinderten Menschen durchführt, sind dann **kein steuerpflichtiger Arbeitslohn**, wenn es sich bei diesen Ferienmaßnahmen nicht um eine übliche Urlaubsgestaltung, sondern um **Bildungsmaßnahmen** mit sozialpädagogischen Schwerpunkten handelt (FG Münster v. 24.11.1993, 8 K 828/91 L, EFG 1994, 658). Etwas anderes gilt, wenn eine sozialpädagogische Fachkraft als Einzelbetreuerin mit dem betreuten verhaltensgestörten Kind regelmäßig während der Schulferien Ferienreisen unternimmt und sie allein und ohne Weisung Dritter entscheiden kann, ob und wohin sie Reisen als sog. erlebnispädagogische Maßnahme unternimmt (vgl. BFH v. 21.11.1997, VI R 24/97, HFR 1998, 355).

Die den behinderten Menschen von den beschützenden Werkstätten gezahlten **Zuschüsse zu den Fahrtkosten und Mittagessen** sind als Beihilfe i.S.d. § 3 Nr. 11 EStG **steuerfrei**, weil sie aus öffentlichen Mitteln gewährt werden.

d) Förderbetreuungsbereiche

541 Behinderte Menschen, die die in § 136 Abs. 2 SGB IX genannten Aufnahmekriterien für die Förderung und Beschäftigung in einer Werkstatt für behinderte Menschen nicht oder noch nicht erfüllen, werden nach § 136 Abs. 3 SGB IX in Förderbetreuungsbereiche aufgenommen. **Diese sind den Werkstätten für behinderte Menschen organisatorisch angegliedert, aber rechtlich nicht Teil dieser Werkstätten**. Eine räumliche Anbindung erleichtert die Anforderung, behinderte Menschen, die noch nicht die Voraussetzungen für eine Werkstattaufnahme erfüllen, an Maßnahmen der Teilhabe am Arbeitsleben in einer Werkstatt heranzuführen und hierauf vorzubereiten. Es gelten nicht die gesetzlichen Aufgaben der Werkstätten und die an diese gerichteten fachlichen Anforderungen, da im Mittelpunkt die Förderung, Betreuung und Pflege behinderter Menschen steht.

Für die in den Einrichtungen aufgenommenen behinderten Menschen gelten ausdrücklich nicht die Vorschriften für behinderte Menschen in den Werkstätten. Die behinderten Menschen stehen gegenüber den Einrichtungen **nicht in einem arbeitnehmerähnlichen Rechtsverhältnis**, wie dies nach § 138 SGB IX für die in den Werkstätten beschäftigten behinderten Menschen gilt. Sie haben keinen Anspruch auf Arbeitsentgelt, weil eine zu vergütende Arbeitsleistung nicht erbracht wird und unterliegen auch nicht der Sozialversicherungspflicht (OFD Frankfurt v. 7.8.2014, S 7175 A – 13 – St 16, www.stotax-first.de).

e) Unterbringung in Gastfamilien

542 Gastfamilien, die i.R.d. betreuten Wohnens behinderte Menschen aufnehmen, erzielen insoweit **Einkünfte aus freiberuflicher Tätigkeit** (§ 18 Abs. 1 Nr. 1 EStG); ein Lohnsteuerabzug entfällt somit. Nach § 3 Nr. 10 EStG sind die Einnahmen einer Gastfamilie für die Aufnahme eines behinderten oder von einer Behinderung bedrohten Menschen bis zur Höhe der Leistungen nach SGB XII **steuerfrei**. Das gilt unabhängig davon, ob die Geldleistungen vom Sozialleistungsträger oder vom behinderten Menschen selbst an die Gastfamilie gezahlt werden.

Nicht steuerfrei sind jedoch Einnahmen der **Fachfamilie** gem. § 34 SGB VIII für die Pflege, Betreuung, Unterkunft und Verpflegung eines behinderten oder von Behinderung bedrohten Menschen nach § 2 Abs. 1 SGB IX (ausführlich OFD Magdeburg v. 17.7.2013, S 2248 – 13 – St 213, www.stotax-first.de).

3. Sozialversicherung

543 In der Sozialversicherung sind **behinderte Menschen**, die

– in anerkannten Werkstätten für behinderte Menschen oder in nach dem Blindenwarenvertriebsgesetz anerkannten Blindenwerkstätten oder sofern sie für diese Einrichtungen in Heimarbeit tätig sind, oder

– in **Anstalten, Heimen oder gleichartigen Einrichtungen** in gewisser Regelmäßigkeit eine Leistung erbringen, die einem **Fünftel der Leistung** eines voll erwerbsfähigen Beschäftigten in gleichartiger Beschäftigung entspricht, wozu auch Dienstleistungen für den Träger der Einrichtung gehören,

kranken-, pflege- und rentenversicherungspflichtig. Arbeitslosenversicherungspflicht kommt i.d.R. nicht in Betracht, da wegen einer Minderung der Leistungsfähigkeit eine Verfügbarkeit auf dem allgemeinen Arbeitsmarkt nicht gegeben ist (§ 28 Abs. 1 Nr. 2 SGB III). Die Versicherungsfreiheit nach § 28 Abs. 1 Nr. 2 SGB III gilt allerdings nicht für jugendliche Behinderte, die in Einrichtungen für Behinderte, insbesondere in Berufsbildungswerken, an einer berufsfördernden Maßnahme teilnehmen, die ihnen eine Erwerbsfähigkeit auf dem allgemeinen Arbeitsmarkt ermöglichen soll. Dieser Personenkreis ist vielmehr nach § 26 Abs. 1 Nr. 1 SGB III arbeitslosenversicherungspflichtig. Im **Gegensatz zum Steuerrecht** wird bei der **Beitragsberechnung** nicht nur das tatsächlich erzielte Arbeitsentgelt zu Grunde gelegt. Vielmehr sind in den jeweiligen Versicherungszweigen Mindestentgelte zu Grunde zu legen, wenn die tatsächlichen Einnahmen niedriger sind. So sind in der Kranken- und Pflegeversicherung Beiträge mindestens i.H.v. 20 % der monatlichen Bezugsgröße (2016 = 581 € West; 581 € Ost; auf Grund der Rechtsangleichung in der Krankenversicherung gelten in den alten und neuen Bundesländern einheitliche Rechengrößen (→ Beiträge zur Sozialversicherung Rz. 548) und in der Rentenversicherung i.H.v. mindestens 80 % der monatlichen Bezugsgröße (2016 = 2 324 € West; 2 016 € Ost) zu Grunde zu legen. Die Mindestbemessungsgrundlagen gelten auch dann, wenn behinderte Menschen eine Teilzeitbeschäftigung in einer Werkstatt für behinderte Menschen ausüben (Besprechungsergebnis am 28./29.10.2004). Die Beiträge sind von den Trägern der Einrichtungen zu tragen. **Die Regelung zur Gleitzone gilt nicht bei Beschäftigungen, für deren Beitragsberechnung fiktive Arbeitsentgelte zu Grunde gelegt werden** (z.B. bei der Beschäftigung behinderter Menschen, → Gleitzone Rz. 1446).

Beihilfen

1. Lohnsteuer

544 Beihilfen und Unterstützungen des Arbeitgebers zu Gunsten seiner Arbeitnehmer sind zwar grundsätzlich Arbeitslohn, jedoch in vielen Fällen nach § 3 Nr. 11 EStG i.V.m. R 3.11 LStR steuerfrei. Einzelheiten → Unterstützungen Rz. 2958.

In einigen Bundesländern wird der Beihilfeanspruch von Beamtinnen und Beamten auf Wahlleistungen von einem **Kostenbeitrag i.H.v. 13 € monatlich abhängig** gemacht. Das Gleiche gilt für beihilfeberechtigte Angestellte und Arbeiter, die wegen Überschreitens der Jahresarbeitsentgeltgrenze krankenversicherungsfrei sind und sich in der gesetzlichen Krankenversicherung freiwillig oder bei einem privaten Krankenversicherungsunternehmen versichern. Der zu zahlende Betrag wird im Übrigen monatlich **vom Arbeitgeber einbehalten**.

Nach Auffassung der Finanzverwaltung ist der Kostenbeitrag **steuerlich** wie folgt zu behandeln (FinMin Baden-Württemberg v. 25.2.2004, 3 – S 235.0/21, www.stotax-first.de):

- Der Kostenbeitrag ist als Umwandlung von Barlohn zu Gunsten einer Zusage des Arbeitgebers auf Versorgungsleistungen im Krankheitsfall anzusehen. In Höhe des einbehaltenen Kostenbeitrags liegt daher **kein steuerpflichtiger Arbeitslohn** vor.

- Mangels Arbeitslohnqualität des einbehaltenen Kostenbeitrags stellt sich nicht die Frage des Sonderausgabenabzugs.

- Die Kostenübernahme von Wahlleistungen im Krankheitsfall stellt eine steuerfreie Beihilfeleistung des Arbeitgebers dar (§ 3 Nr. 11 EStG). Ein steuerpflichtiger geldwerter Vorteil entsteht nicht.

Streitig war bisher die lohnsteuerliche Behandlung der **Teilkostenversicherung von Dienstordnungsangestellten (sog. DO-Angestellten) gesetzlicher Krankenkassen**. Mit dem Gesetz zur Stärkung des Wettbewerbs in der gesetzlichen Krankenversicherung (GKV-Wettbewerbsstärkungsgesetz – GKV-WSG) v. 26.3.2007 (BGBl. I 2007, 378) wurde durch Art. 45a auch das Einkommensteuergesetz geändert. Danach wurde in § 3 Nr. 11 Satz 4 EStG geregelt, dass Beitragsermäßigungen und Prämienrückzahlungen eines Trägers der gesetzlichen Krankenversicherung für nicht in Anspruch genommene Beihilfeleistungen den Bezügen aus öffentlichen Mitteln wegen Hilfsbedürftigkeit gleichgestellt sind. Beitragsermäßigungen, die die „DO-Angestellten" der gesetzlichen Krankenkassen erhalten, sind somit **ab dem 1.1.2007 steuerfrei** (OFD Hannover v. 2.7.2007, S 2334 – 191 – StO 212, www.stotax-first.de).

Entsprechendes gilt für den Beitragszuschuss zur freiwilligen Krankenversicherung, der den sog. **AT-Angestellten** (einige AOKs beschäftigen neben den sog. DO-Angestellten zumeist in gehobenen Positionen beschäftige sog. AT-Angestellte) vom Arbeitgeber gewährt wird.

Entsprechendes gilt für **Zuschüsse kirchlicher Arbeitgeber** bei freiwilliger Mitgliedschaft ihrer Beamten in der gesetzlichen Kranken- und Pflegeversicherung. § 3 Nr. 62 EStG ist für diese Zuschüsse nicht anwendbar, da keine gesetzliche Verpflichtung des Arbeitgebers zur Zahlung der Zuschüsse besteht.

[LSt]

An nichtbeamtete Versorgungsempfänger geleistete Beihilfezahlungen im Krankheitsfall sind **Versorgungsleistungen** i.S.d. § 19 Abs. 2 EStG mit der Folge, dass lediglich ein Werbungskostenpauschbetrag von 102 € in Ansatz zu bringen ist (BFH v. 6.2.2013, VI R 28/11, BStBl II 2013, 572); ausführlich → *Versorgungsbezüge* Rz. 3051.

2. Sozialversicherung

545 Nach Auffassung der **Spitzenverbände der Sozialversicherungsträger** stellt der Kostenbeitrag für den Beihilfeanspruch im Falle von Wahlleistungen eine Umwandlung von Barlohn zu Gunsten einer Zusage des Arbeitgebers auf Versorgungsleistungen im Krankheitsfalle dar. Für diese Art der Entgeltumwandlung enthält das Recht der Sozialversicherung bislang keinerlei Regelungen. § 14 Abs. 1 Satz 2 i.V.m. § 115 SGB IV findet insoweit keine Anwendung. Abgesehen davon fallen die umgewandelten Arbeitsentgeltteile auch nicht unter § 1 SvEV, denn sie werden nicht zusätzlich zu Löhnen und Gehältern gezahlt. Die Umwandlung von Barlohn zu Gunsten einer Zusage des Arbeitgebers auf Versorgungsleistungen im Krankheitsfall hat beitragsrechtlich keinerlei Auswirkungen. **Die umgewandelten Entgeltbestandteile stellen vielmehr Arbeitsentgelt i.S.d. § 14 Abs. 1 Satz 1 SGB IV dar** (Besprechungsergebnis am 26./27.3.2003).

Kann der Arbeitgeber eine Beihilfe nach billigem Ermessen gem. § 315 BGB gewähren, darf er eine Neubestimmung nur nach einer Änderung der tatsächlichen oder rechtlichen Verhältnisse vornehmen (BAG v. 8.5.2003, 6 AZR 43/02, www.stotax-first.de).

(SV)

Beiträge: Übernahme durch Arbeitgeber

1. Arbeitslohn

Übernimmt der Arbeitgeber Beiträge des Arbeitnehmers zu Vereinen, Berufsverbänden oder Kammern usw., so liegt regelmäßig auch dann steuerpflichtiger Arbeitslohn vor, wenn die Mitgliedschaft zugleich im beruflichen Interesse liegt. Nur wenn die Übernahme der Kosten im **ganz überwiegend eigenbetrieblichen Interesse des Arbeitgebers erfolgt, ist kein Arbeitslohn** anzunehmen. 546

Gewährt der Arbeitgeber seinem Arbeitnehmer **Versicherungsschutz** ist zu prüfen, ob ein Zufluss von Arbeitslohn vorliegt und wenn dies zu bejahen ist, ob der zugeflossene Arbeitslohn steuerfrei ist, denn bei der Gewährung von Versicherungsschutz handelt es sich im weiteren Sinne um Zukunftssicherungsleistungen.

Laut BFH v. 16.4.1999, VI R 60/96, BStBl II 2000, 406 gehören Beiträge des Arbeitgebers **nicht zum gegenwärtig zufließenden Arbeitslohn**, wenn zwar der Arbeitnehmer versichert ist, aber ausschließlich der Arbeitgeber die Rechte aus dem Versicherungsvertrag geltend machen kann. Der Arbeitnehmer hat in diesem Fall selbst keinen unmittelbaren Rechtsanspruch auf die Versicherungsleistung (sog. Rückdeckungsversicherung des Arbeitgebers).

Die Beiträge stellen hingegen Arbeitslohn dar, wenn der versicherte Arbeitnehmer die Rechte aus dem Versicherungsvertrag selbst geltend machen kann.

Soweit es sich bei den Versicherungsbeiträgen um Arbeitslohn handelt, ist zu prüfen, ob eine Steuerbefreiungsvorschrift greift oder die **44 €-Freigrenze** (§ 8 Abs. 2 Satz 11 EStG) Anwendung findet. Für die Anwendung der Freigrenze ist ausschlaggebend, ob Geldleistungen oder Sachbezüge vorliegen. Der BFH hat entschieden, dass es sich bei der Gewährung von (Kranken-)Versicherungsschutz in Höhe der geleisteten Beiträge um Sachlohn handelt, wenn der Arbeitnehmer auf Grund der arbeitsvertraglichen Vereinbarungen von seinem Arbeitgeber ausschließlich Versicherungsschutz und nicht auch eine Geldleistung verlangen kann (BFH v. 14.4.2011, VI R 24/10, BStBl II 2011, 767). Für die Prüfung der 44 €-Freigrenze für Sachbezüge sind die Ausgaben des Arbeitgebers nach Köpfen auf die Anzahl der begünstigten Arbeitnehmer zu verteilen.

Die Freigrenze wird nicht auf Zukunftssicherungsleistungen i.S.d. § 40b EStG angewendet. Ein Sachbezug kann auch in Form von Prämienleistungen vorliegen (Arbeitnehmer bekommt durch Vertrag des Arbeitgebers mit einer Versicherungsgesellschaft vergünstigte Tarife).

Die vom Arbeitgeber gezahlte Versicherungsprämie zu einer **Berufshaftpflichtversicherung** ist Arbeitslohn, wenn kein überwiegend eigenbetriebliches Interesse des Arbeitgebers vorliegt (es werden Risiken versichert, die üblicherweise durch eine individuelle Berufshaftpflichtversicherung abgedeckt werden).

Zu sog. **Directors&Officers-Versicherungen** → *Directors&Officers-Versicherungen* Rz. 850.

Arbeitslohn wurde daher z.B. angenommen, wenn

- ein Unternehmen Beiträge für die **Mitgliedschaft eines angestellten GmbH-Geschäftsführers in einem Golfclub** übernimmt, auch wenn eine solche Mitgliedschaft dem Beruf förderlich ist (BFH v. 21.3.2013, VI R 31/10, BStBl II 2013, 700);

- eine Steuerberatungsgesellschaft die von der **Steuerberaterkammer** erhobenen Beiträge zu Gunsten der bei ihr angestellten **Steuerberater** (FG Düsseldorf v. 3.4.2003, 10 K 3063/00 H (L), EFG 2003, 999) oder **Geschäftsführer** übernimmt (BFH v. 17.1.2008, VI R 26/06, BStBl II 2008, 378): Dem eigenbetrieblichen Interesse der Gesellschaft an der Beschäftigung eines zugelassenen Steuerberater-Geschäftsführers steht das zumindest gleichwertige Interesse des angestellten Geschäftsführers an der Befreiung von seiner Beitragsverbindlichkeit und der Inanspruchnahme von Kammerleistungen gegenüber;

- der Arbeitgeber Beiträge zur **Berufshaftpflichtversicherung eines angestellten Rechtsanwalts** übernimmt, selbst wenn dieser als Außensozius auf dem Briefkopf aufgeführt und die in § 51 Abs. 4 BRAO vorgesehene Mindestversicherungssumme bei Weitem überstiegen ist (zuletzt BFH v. 28.3.2011, VI B 31/11, www.stotax-first.de, m.w.N. sowie FinMin Berlin v. 22.7.2010, III B – S 2332 – 3/2008, StEd 2010, 526).

In der Praxis erfolgt die Absicherung der angestellten Rechtsanwälte über die Mindestdeckungssumme hinaus regelmäßig im Rahmen einer Vermögensschaden-Haftpflichtversicherung der Rechtsanwaltssozie-

Beiträge: Übernahme durch Arbeitgeber

tät. Die Versicherungspflicht nach § 51 BRAO kann auch durch eine vom Arbeitgeber abgeschlossene Gruppenversicherung erfüllt werden, bei der die angestellten Rechtsanwälte als versicherte Personen namentlich genannt werden. Somit wird auch durch eine vom Arbeitgeber abgeschlossene Versicherung für die bei ihm tätigen namentlich genannten Rechtsanwälte deren individuelle Pflicht zum Abschluss einer Berufshaftpflichtversicherung erfüllt. Die Rechtsanwälte haben ein entsprechendes Eigeninteresse an dieser Versicherung, so dass grundsätzlich von Arbeitslohn auszugehen ist, wenn der Arbeitgeber die Versicherungsbeiträge zahlt.

Eine Aufteilung der Versicherungssumme nach Mindestdeckungssumme und überschießender Summe ist nach einem Beschluss der obersten Finanzbehörden somit nicht vorzunehmen (vgl. auch BFH v. 6.5.2009, VI B 4/09, www.stotax-first.de).

Bei einer für die Rechtsanwälte der Kanzlei (ggf. Sozien und angestellte Rechtsanwälte) insgesamt abgeschlossenen Haftpflichtversicherung ist für die Ermittlung des auf den einzelnen angestellten Rechtsanwalt entfallenden Arbeitslohns der Gesamtbetrag der zu leistenden Versicherungsbeiträge nach Köpfen zu verteilen (FinMin Berlin v. 22.7.2010, III B – S 2332 – 3/2008, StEd 2010, 526).

Diese Rechtsprechung ist auf die Übernahme von Beiträgen zur Berufshaftpflichtversicherung **angestellter Steuerberater nicht übertragbar**, da diese nicht selbst versicherungspflichtig sind. Vielmehr umfasst die Berufshaftpflichtversicherung, zu deren Abschluss der den Steuerberater beschäftigende Steuerberater verpflichtet ist, auch die sich aus der Berufstätigkeit seiner Angestellten ergebenden Haftpflichtgefahren (BMF v. 25.8.2009, IV C 5 – S 2332/0, n.v.);

– der Arbeitgeber Beiträge zur **Anwaltskammer** sowie zum **Deutschen Anwaltsverein** einer angestellten **Rechtsanwältin** übernimmt (BFH v. 12.2.2009, VI R 32/08, BStBl II 2009, 462).

Der Arbeitnehmer kann die als Arbeitslohn versteuerten Beträge ggf. als **Werbungskosten** absetzen (R 9.1 Abs. 4 Satz 2 LStR).

[LSt] [SV]

Kein Arbeitslohn wurde hingegen angenommen, wenn

– eine GmbH zu Gunsten ihres Geschäftsführers die Beiträge für die Mitgliedschaft in einem **Industrieclub** übernimmt (BFH v. 20.9.1985, VI R 120/82, BStBl II 1985, 718). Diese Entscheidung muss jedoch als „äußerster Grenzfall" angesehen werden (FG Düsseldorf v. 3.4.2003, 10 K 3063/00 H (L), EFG 2003, 999 m.w.N.);

– eine Firma für ihre Gesellschafter-Geschäftsführer und Vertriebsleiter die Kosten der Mitgliedschaft in einem **Wirtschaftsclub** übernimmt und die Kostenübernahme sich bei objektiver Würdigung aller Umstände nicht als Entlohnung, sondern lediglich als notwendige Begleiterscheinung betriebsfunktionaler Zielsetzung erweist (FG Niedersachsen v. 31.5.2007, 11 K 555/04, www.stotax-first.de). Der Vorteil für die Firma lag u.a. darin, dass sie die Säle des Clubs kostenlos für Präsentationen und Konferenzen nutzen konnte;

– eine Kapitalgesellschaft für ihren Gesellschafter-Geschäftsführer die **Mitgliedsbeiträge für einen „Zigarren-Club"** übernimmt, selbst wenn der Geschäftsführer zugleich Arbeitnehmer der Gesellschaft ist und nur eine Minderheitsbeteiligung hält – allerdings handelt es sich um eine bei den Einkünften aus Kapitalvermögen zu erfassende steuerpflichtige verdeckte Gewinnausschüttung (FG Hamburg v. 21.4.2009, 2 K 8/07, EFG 2009, 1672);

– ein **Krankenhaus** seine angestellten Klinikärzte in der Betriebshaftpflichtversicherung mitversichert, da für diese Ärzte keine Pflicht zum Abschluss einer Berufshaftpflichtversicherung gem. § 30 Satz 1 Nr. 6 HBKG besteht (FG Schleswig-Holstein v. 25.6.2014, 2 K 78/13, EFG 2014, 1620, Revision eingelegt, Az. beim BFH: VI R 47/14);

– eine **Rechtsanwalts-GmbH für ihre eigene Berufshaftpflichtversicherung Beiträge gem. § 59j BRAO erbringt**; sie stellen keinen geldwerten Vorteil für ihre angestellten Anwälte dar; sie werden im ganz überwiegend eigenbetrieblichen Interesse der Rechtsanwalts-GmbH geleistet, da sie ohne Haftpflichtversicherung nicht zur Anwaltschaft zugelassen wird (FG Hamburg v. 4.11.2014, 2 K 95/14, EFG 2015, 393, Revision eingelegt, Az. beim BFH: VI R 74/14).

[LSt] [SV]

Auch wenn Mitgliedsbeiträge und andere Aufwendungen (z.B. für ehrenamtliche Tätigkeiten) eines Arbeitnehmers für „seinen" **Berufsverband** bzw. „seine" **Gewerkschaft** bei ihm als **Werbungskosten** abzugsfähig sind (R 9.3 LStR), führt dies **nicht zur Annahme steuerfreien Arbeitslohns** für etwaige Ersatzleistungen des Arbeitgebers, weil es hierfür keine Steuerbefreiungsvorschrift gibt (R 19.3 Abs. 3 LStR).

Zur Übernahme von Beiträgen für **Sportvereine** → *Sport* Rz. 2740.

2. Berufsverbände

Ob ein Verband ein „**Berufsverband**" ist oder nicht (weil er auch allgemein politische Belange verfolgt), ist in der Praxis häufig zweifelhaft. **547**

Als Berufsverband **anerkannt** worden sind z.B.

– sog. **Marketing-Clubs** (FinMin Bayern v. 13.9.1982, S 2725 – 2/5 – 52 313, www.stotax-first.de, sowie BFH v. 27.4.1990, VI R 35/86, www.stotax-first.de),

– der **Wirtschaftsrat der CDU** (FG Rheinland-Pfalz v. 26.4.1995, 1 K 2662/93, EFG 1995, 799),

– der **Verband deutscher Ingenieure**, VDI (FG Baden-Württemberg v. 22.2.2002, 12 K 119/01, www.stotax-first.de).

Nicht anerkannt wurde hingegen

– der „**Völklinger Kreis**", da die Zielsetzung weit über eine rein berufliche Gleichstellung homosexueller Menschen hinausgeht (FG Saarland v. 14.3.2005, 1 K 30/2, www.stotax-first.de).

Übernimmt der Arbeitgeber **Reisekosten** für von einem Berufsverband veranstaltete Fortbildungsveranstaltungen, können diese ggf. nach den Grundsätzen für Auswärtstätigkeiten steuerfrei ersetzt werden (vgl. R 9.3 Abs. 2 i.V.m. R 9.4 Abs. 2 LStR; → *Reisekosten: Allgemeine Grundsätze* Rz. 2409).

Beiträge zur Sozialversicherung

Inhaltsübersicht:	Rz.
1. Allgemeines	549
a) Beiträge zur Krankenversicherung	549
b) Beiträge in der Pflegeversicherung	550
c) Beiträge zur Rentenversicherung	551
d) Beiträge zur Arbeitslosenversicherung	552
2. Rechtsangleichung in der Krankenversicherung	553
3. Beitragsberechnung	554
a) Grundsätze	554
b) Gleitzone	555
4. Beitragsabrechnungszeitraum	556
a) Grundsätze	556
b) Besonderheiten	557
5. Beitragsbemessungsgrundlage	560
a) Grundsätze	560
b) Beitragsbemessungsgrundlage für unständig Beschäftigte	561
c) Beitragsbemessungsgrundlage für Mehrfachbeschäftigte	562
d) Beitragsbemessungsgrundlage bei Einmalzahlungen	563
e) Beitragsbemessungsgrundlage bei geringfügig Beschäftigten	564
6. Beitragsbemessungsgrenzen (BBG)	565
7. Beitragssätze	566
a) Krankenversicherung	566
b) Beitragssatz der Pflegeversicherung	571
c) Beitragssatz der Rentenversicherung	572
d) Beitragssatz der Arbeitslosenversicherung	573
8. Beitragstragung	574
a) Grundsatz	574
b) Geringverdiener	575
c) Zusatzbeitrag in der Krankenversicherung	576
d) Pflegeversicherung	577
e) Rentner	578
f) Kurzarbeitergeld/Saison-Kurzarbeitergeld	579
g) Haushaltshilfen	580
9. Beitragsabzug	581
10. Abführung der Beiträge	582
a) Beitragsgruppen	582
b) Beitragsnachweis	583
c) Entgeltunterlagen (§ 8 BVV)	584
d) Zahlung der Beiträge	585
11. Berechnungsbeispiele	586

Zum Beitragszuschuss zur Krankenversicherung s. → *Beitragszuschuss zur Krankenversicherung* Rz. 605 **548**

1. Allgemeines

a) Beiträge zur Krankenversicherung

Seit 1.1.2009 gibt es den Gesundheitsfonds. Im Fonds fließen die Geldmittel der gesetzlichen Krankenversicherung zusammen, also **549** die Krankenversicherungsbeiträge und ein Bundeszuschuss. Der Bundeszuschuss dient der pauschalen Abgeltung der Aufwendungen, die die Krankenkassen für versicherungsfremde Leistungen aufbringen. Hierzu gehören z.B. die Haushaltshilfe, das Kinderkrankengeld, die Leistungen für Schwangere und Mütter sowie die beitragsfreie Mitversicherung von Ehepartnern und Kindern. Seit der Einführung des Gesundheitsfonds haben alle gesetzlichen Krankenkassen den identischen Beitragssatz. Dieser wird jeweils von der Bundesregierung bekannt gegeben. Mit dem Gesetz zur Weiterentwicklung der Finanzstruktur und der Qualität in der gesetzlichen Krankenversicherung (GKV-FQWG) wurde der Beitragssatz auf 14,6 % bzw. 14,0 % gesenkt. Eingeführt wurde daneben ein **kassenindividueller prozentualer Zusatzbeitragssatz**. Dieser ist von den Krankenkassen in der Satzung zu regeln und immer dann zu nehmen, wenn die Zuweisungen aus dem Gesundheitsfonds nicht ausreichen.

Der kassenindividuelle Zusatzbeitragssatz ist grundsätzlich von allen Mitgliedern zu erheben. Von der Zahlungsverpflichtung sind keine Personengruppen ausgenommen. Bei Rentnern und Beziehern von Versorgungsbezügen kommt der Zusatzbeitragssatz allerdings immer mit einer zweimonatigen Verzögerung zum Tragen. Bis zum Eintritt der Wirksamkeit gilt der bisher erhobene Zusatzbeitragssatz.

Für bestimmte Personenkreise wird anstelle des kassenindividuellen Zusatzbeitrags der durchschnittliche Zusatzbeitragssatz erhoben. Der durchschnittliche Zusatzbeitragssatz wird jährlich zum 1.11. vom Bundesministerium für Gesundheit bekanntgegeben. Der durchschnittliche Zusatzbeitragssatz gilt insbesondere für Personengruppen, deren Beiträge von Dritten getragen werden, wie z.B. Bezieher von Arbeitslosengeld II. Der durchschnittliche Zusatzbeitragssatz kommt auch dann zur Anwendung, wenn die Krankenkasse keinen kassenindividuellen Zusatzbeitragssatz erhebt.

Der allgemeine Beitragssatz beträgt seit 1.1.2015 14,6 % und der ermäßigte Beitragssatz 14,0 %.

b) Beiträge in der Pflegeversicherung

550 In der gesetzlichen Pflegeversicherung (→ *Pflegeversicherung* Rz. 2236) werden die Leistungen ausschließlich durch **Beiträge der Versicherten und Arbeitgeber** bzw. den arbeitgeberähnlichen Personen aufgebracht. Allerdings werden die Pflegeversicherungsbeiträge nicht je Krankenkasse bzw. Pflegekasse individuell nach dem zu versichernden Personenkreis kalkuliert, sondern nach einem **im Gesetz festgeschriebenen bei allen Pflegekassen einheitlich geltenden Beitragssatz berechnet**.

Zum Ausgleich der mit den Arbeitgeberbeiträgen verbundenen Belastungen der Wirtschaft werden die Beiträge in der Pflegeversicherung nur dann zur Hälfte vom Arbeitgeber getragen, wenn durch die Länder ein gesetzlicher landesweiter Feiertag, der stets auf einen Werktag fällt, aufgehoben wird (→ Rz. 577).

Das **BVerfG** hat mit Urteil v. 3.4.2001 (BGBl. I 2001, 774) die verfassungswidrige Benachteiligung von Eltern auf der Beitragsseite der sozialen Pflegeversicherung festgestellt. Die im Umlageverfahren finanzierte Pflegeversicherung sei für ihre künftige Finanzierung auf die nachwachsende Generation angewiesen. Näheres hierzu → *Pflegeversicherung* Rz. 2236.

c) Beiträge zur Rentenversicherung

551 Die Leistungen der Rentenversicherung (→ *Rentenversicherung* Rz. 2531) werden zum einen durch Beiträge der **Versicherten und Arbeitgeber** und zum anderen durch einen Bundeszuschuss gedeckt.

d) Beiträge zur Arbeitslosenversicherung

552 In der Arbeitslosenversicherung gelten grundsätzlich gleichartige Regelungen wie in der Kranken-, Pflege- und Rentenversicherung. Die Mittel für die Durchführung der Aufgaben der Bundesagentur für Arbeit werden von den Arbeitnehmern und Arbeitgebern durch Beiträge je zur Hälfte getragen, soweit für bestimmte Ausgaben die Mittel nicht durch Umlagen aufgebracht werden (z.B. **Insolvenzgeldversicherung**). Der Beitragssatz wird durch Gesetz festgelegt.

2. Rechtsangleichung in der Krankenversicherung

Durch das Gesetz zur Rechtsangleichung in der gesetzlichen 553 Krankenversicherung v. 22.12.1999 (BGBl. I 1999, 2657) wurde mit Wirkung vom 1.1.2001 die Rechtskreistrennung in der gesetzlichen Krankenversicherung aufgehoben. Damit gelten seit dem 1.1.2001 in der Krankenversicherung im gesamten Bundesgebiet einheitliche Rechengrößen (Bezugsgröße und Beitragsbemessungsgrenze), und zwar die der alten Bundesländer; Entsprechendes gilt für die Pflegeversicherung. In der Renten- und Arbeitslosenversicherung wird hingegen bis heute an der Trennung der Rechengrößen für die alten und neuen Bundesländer festgehalten. Dabei zählt Ost-Berlin in diesen Versicherungszweigen stets zu den neuen Bundesländern.

Zusammenfassend betrachtet ergibt sich dadurch für das Versicherungs-, Beitrags- und Melderecht seit 1.1.2001 folgende Rechtslage:

- **Kranken- und Pflegeversicherung**
  - bundeseinheitliche Beitragsbemessungsgrenze (BBG) und Jahresarbeitsentgeltgrenze;
  - Sachbezugswerte:
    - in den alten Bundesländern einschließlich West-Berlin gelten die West-Werte,
    - in den neuen Bundesländern einschließlich Ost-Berlin gelten die Ost-Werte;
  - für die übrigen Beitragsberechnungsgrundlagen gelten bundeseinheitliche Werte, die aus der Bezugsgröße nach § 18 Abs. 1 SGB IV (Bezugsgröße West) abgeleitet werden.

- **Renten- und Arbeitslosenversicherung**
  - Beitragsbemessungsgrenze (BBG):
    - in den alten Bundesländern einschließlich West-Berlin gilt die West-Grenze,
    - in den neuen Bundesländern einschließlich Ost-Berlin gilt die Ost-Grenze;
  - Sachbezugswerte:
    - in den alten Bundesländern einschließlich West-Berlin gelten die West-Werte,
    - in den neuen Bundesländern einschließlich Ost-Berlin gelten die Ost-Werte.

3. Beitragsberechnung

a) Grundsätze

Sozialversicherungsbeiträge werden prozentual aus dem erarbei- 554 teten Arbeitsentgelt (→ *Arbeitsentgelt* Rz. 216) berechnet. Daher richtet sich die Höhe der Beiträge nach den Beitragssätzen und dem beitragspflichtigen Arbeitsentgelt unter Beachtung der **BBG**. Außerdem ist der beitragspflichtige Zeitraum (**Beitragszeit**) zu beachten. Beträgt dieser nicht einen vollen Kalendermonat, ist die monatliche BBG auf diesen Teillohnzahlungszeitraum umzurechnen (→ *Teillohnzahlungszeitraum* Rz. 2836).

Die Beiträge werden zunächst für den Versichertenanteil berechnet. Der Gesamtbetrag (Versichertenanteil und Arbeitgeberanteil) ergibt sich durch Verdoppelung des zuvor kaufmännisch gerundeten (d.h. die zweite Stelle ist um 1 zu erhöhen, wenn in der dritten Stelle eine der Ziffern 5 bis 9 erscheint) Versichertenanteils. Der einkommensabhängige individuelle Zusatzbeitrag ist vom Arbeitnehmer allein zu tragen. Die Beiträge zur gesetzlichen Krankenversicherung werden paritätisch aufgebracht. Folgende Berechnungsmethode kommt zur Anwendung:

Beispiel:	
monatliches Arbeitsentgelt	2 534,91 €
allgemeiner Beitragssatz (§ 241 SGB V)	14,6 %

Arbeitgeberbeitragsanteil	Arbeitnehmerbeitragsanteil
(2 534,91 € × 7,3 %) = 185,05 €	(2 534,91 € × 7,3%) = 185,05 €

Gesamtbetrag Krankenversicherung (185,05 € + 185,05 €) = 370,10 €

Sind die Beiträge auf Grund gesetzlicher Vorschriften vom Arbeitgeber allein zu tragen, dann kann der volle Beitrag (Arbeitgeber- und Arbeitnehmeranteil) direkt berechnet werden.

Beiträge zur Sozialversicherung

b) Gleitzone

555 Im Zusammenhang mit der Anhebung der Arbeitsentgeltgrenze für geringfügige Beschäftigungen wurde eine sog. Gleitzonenregelung für den Niedriglohnbereich eingeführt. Während geringfügige Beschäftigungen mit einem Arbeitsentgelt bis zu 450 € im Monat versicherungsfrei (Ausnahme: Rentenversicherung) bleiben, sind Beschäftigungen mit einem monatlichen Arbeitsentgelt in der sich anschließenden Gleitzone von 450,01 € bis 850,— € zwar versicherungspflichtig, allerdings hat der Arbeitnehmer nur einen reduzierten – von ca. 4 % bei 450,01 € auf den vollen Arbeitnehmerbeitrag, von ca. 21 % bei 850,— € progressiv ansteigenden – Beitragsanteil am Gesamtsozialversicherungsbeitrag zu zahlen. Der Arbeitgeberbeitrag bleibt unverändert. Die Regelung zur Gleitzone gilt jedoch nicht für Auszubildende. Einzelheiten → *Gleitzone* Rz. 1446.

Durch die Gleitzone soll die sog. Niedriglohnschwelle beseitigt werden, die in Beschäftigungsverhältnissen bei Überschreiten der Geringfügigkeitsgrenze zu einem abrupten Anstieg auf den vollen Sozialversicherungsbeitrag führen würde.

4. Beitragsabrechnungszeitraum

a) Grundsätze

556 Der Zeitraum, für den Sozialversicherungsbeiträge zu berechnen und abzuführen sind, ist gesetzlich nicht genau definiert. Das Gesetz enthält jedoch verschiedene Regelungen, die auf einen **kalendermonatlichen Beitragsabrechnungszeitraum** hindeuten; z.B. durch § 23 SGB IV. Danach sind die Beiträge, die nach dem Arbeitsentgelt zu bemessen sind, spätestens am drittletzten Bankarbeitstag des Monats fällig, der dem Monat folgt, in dem die Beschäftigung ausgeübt worden ist oder als ausgeübt gilt.

Der Arbeitgeber ist grundsätzlich an keinen bestimmten Entgeltabrechnungszeitraum gebunden. Er kann ohne weiteres das Arbeitsentgelt wöchentlich, zweiwöchentlich oder in anderen Abständen abrechnen. Allerdings hat er die **Gesamtsozialversicherungsbeiträge** für einen Kalendermonat abzuführen. Es empfiehlt sich daher, den Entgeltabrechnungszeitraum dem kalendermonatlichen Beitragsabrechnungszeitraum gleichzustellen. Damit erspart sich der Arbeitgeber erhebliche Mehrarbeit. Die Mehrheit der Arbeitgeber hat sich bereits hierauf eingestellt und rechnet das Arbeitsentgelt für ganze Kalendermonate ab.

Bei der Berechnung ist die monatliche BBG dem abweichenden Bemessungszeitraum anzupassen. Hierzu ist die Jahres-BBG durch 360 zu dividieren und mit der Anzahl der auf den Bemessungszeitraum entfallenden Kalendertage zu vervielfachen. Deckt sich der Lohnabrechnungszeitraum nicht mit dem Kalenderjahr, in dem der Anfang des Lohnabrechnungszeitraums liegt (z.B. 15. Dezember bis 14. Januar), so ist der Abrechnungszeitraum, der das Ende des Kalenderjahrs überschreitet, in zwei Abrechnungszeiträume aufzuteilen: Der erste Zeitraum endet mit dem 31. Dezember des Jahres, der zweite Zeitraum beginnt mit dem 1. Januar des folgenden Jahres. Die BBG für den vollen Lohnzahlungszeitraum darf nicht überschritten werden. Eine Aufteilung des Abrechnungszeitraumes gilt auch dann, wenn der Beitragssatz in einem Sozialversicherungszweig geändert wird.

b) Besonderheiten

557 Arbeitsentgelt ist in der Sozialversicherung grundsätzlich **in dem Entgeltabrechnungszeitraum** zu berücksichtigen, in dem es erzielt worden ist. Hieraus folgt, dass bei **rückwirkenden Entgeltzahlungen** (z.B. bei rückwirkenden Lohnerhöhungen oder bei zeitversetzt gezahlten Arbeitsentgelten) **Korrekturen der Beitragsberechnung** vorzunehmen sind. Da solche Korrekturen z.T. mit erheblicher Mehrarbeit verbunden sind, sehen die Spitzenverbände der Sozialversicherungsträger keine Bedenken, **wie nachfolgend beschrieben** zu verfahren:

aa) Zeitversetzte Arbeitsentgeltbestandteile

558 Provisionen, die zwar zeitversetzt, aber monatlich ausgezahlt werden, sind im Entgeltabrechnungszeitraum der Auszahlung zur Beitragsberechnung heranzuziehen. Diese Zuordnung gilt auch für die Anwendung des Zusatzbeitrags in der Krankenversicherung.

Sofern Provisionen in größeren Zeitabständen als monatlich gezahlt werden, können sie nach Auffassung der Spitzenverbände gleichmäßig auf den Zahlungszeitraum (z.B. Quartal) verteilt werden. Bei Provisionen oder Überstundenvergütungen, die erst nach Beendigung des Beschäftigungsverhältnisses zur Auszahlung gelangen, sollte als Kriterium für die zeitliche Zuordnung die Handhabung während des bestehenden Beschäftigungsverhältnisses als maßgeblich angesehen werden. Dies bedeutet, dass die nach Beendigung des Beschäftigungsverhältnisses noch anfallenden Provisionen oder Überstundenvergütungen dem letzten Entgeltabrechnungszeitraum des Beschäftigungsverhältnisses zugeordnet werden können, wenn diese während des bestehenden Beschäftigungsverhältnisses monatlich gezahlt wurden. Wurden sie dagegen in größeren Zeitabständen ausgezahlt, dann sind sie dem entsprechenden letzten Entgeltabrechnungszeitraum zuzuordnen. Voraussetzung hierfür ist jedoch, dass eine **kontinuierliche Abrechnung** der variablen Arbeitsentgeltbestandteile innerhalb des Betriebes gewährleistet ist (Abrechnung z.B. mit einmonatiger oder zweimonatiger Verzögerung). Um dies zu erreichen, muss sich der Arbeitgeber an seine einmal getroffene Entscheidung zur zeitlichen Zuordnung halten. Hiervon kann er nur abweichen, wenn die Einzugsstellen dem zustimmen.

bb) Rückwirkende Erhöhung des Arbeitsentgelts

559 Nachzahlungen auf Grund rückwirkender Lohn- oder Gehaltserhöhungen sind auf die Entgeltabrechnungszeiträume zu verteilen, für die sie bestimmt sind. Aus Vereinfachungsgründen kann für die Nachzahlungen jedoch § 23a SGB IV mit der Maßgabe angewendet werden, dass die anteiligen Jahres-BBG Nachzahlungszeitraums zu Grunde zu legen sind (→ *Einmalzahlungen* Rz. 983); dadurch wird der Charakter der Nachzahlung als laufendes Arbeitsentgelt nicht berührt (vgl. Gemeinsames Rundschreiben der Spitzenverbände der Sozialversicherungsträger v. 18.11.1983, BKK 1984, 46 ff.).

5. Beitragsbemessungsgrundlage

a) Grundsätze

560 Für die Berechnung der Beiträge ist das in dem der Berechnung zu Grunde liegenden Lohnabrechnungszeitraum erzielte beitragspflichtige Arbeitsentgelt (→ *Arbeitsentgelt* Rz. 216) höchstens bis zu den für diesen Lohnzahlungszeitraum geltenden BBG maßgebend. Das beitragspflichtige Arbeitsentgelt i.S. der Sozialversicherung ist i.d.R. **mit dem lohnsteuerrechtlichen Arbeitslohn identisch**. Allerdings können steuerrechtlich zu gewährende **Freibeträge** (z.B. Altersentlastungsbetrag, Versorgungsfreibetrag) bei der Beitragsberechnung **nicht berücksichtigt** werden, d.h. diese Freibeträge wirken sich **nicht** beitragsmindernd aus. Arbeitsentgelt aus einer nicht der Versicherungspflicht unterliegenden bzw. einer versicherungsfreien Beschäftigung kann nicht zur Beitragsberechnung herangezogen werden. Für bestimmte Personengruppen (z.B. beschäftigte Behinderte in geschützten Einrichtungen; → *Behinderte Menschen* Rz. 537) sind **Mindestbemessungsgrundlagen** zu beachten.

Wurden während des Lohnabrechnungszeitraums auch Einmalzahlungen gewährt, gelten Sonderregelungen, denn bei der Beitragsberechnung aus **Sonderzahlungen** werden die monatlichen BBG außer Kraft gesetzt. Für die Beurteilung der Beitragspflicht des einmalig gezahlten Arbeitsentgelts wird dann eine **Vergleichsberechnung** vorgenommen (→ *Einmalzahlungen* Rz. 983). Sind Beiträge nicht für einen vollen Kalendermonat, sondern nur für einen **Teil-Entgeltabrechnungszeitraum** zu berechnen, weil z.B. der Arbeitnehmer im Laufe des Entgeltabrechnungszeitraums in die Beschäftigung eintritt oder ausscheidet oder → *Beitragsfreiheit* Rz. 597 wegen des Bezuges von Krankengeld besteht, sind für diesen Teil-Entgeltabrechnungszeitraum auch Teil-BBG (→ *Teillohnzahlungszeitraum* Rz. 2836) zu berechnen.

Die Beiträge sind unmittelbar aus dem (ggf. auf die für den Abrechnungszeitraum geltende BBG reduzierten) Arbeitsentgelt (tatsächliches Arbeitsentgelt) zu errechnen.

b) Beitragsbemessungsgrundlage für unständig Beschäftigte

561 Für unständig Beschäftigte, deren Beschäftigungsverhältnis jeweils auf **weniger als eine Woche entweder nach der Natur der**

Sache befristet zu sein pflegt oder im Voraus durch Arbeitsvertrag befristet ist, gilt hinsichtlich der Beitragsberechnung eine Sonderregelung. Das innerhalb eines Kalendermonats erzielte Arbeitsentgelt ist ohne Rücksicht darauf, an wie vielen Tagen im Monat eine Beschäftigung ausgeübt wurde, jeweils bis zur monatlichen Beitragsbemessungsgrenze (BBG) der Kranken- und Pflegeversicherung bzw. Rentenversicherung heranzuziehen. **In der Arbeitslosenversicherung besteht Versicherungsfreiheit.** Dies gilt nicht, wenn die Versicherungspflicht als berufsmäßig unständig Beschäftigter im Laufe eines Kalendermonats beginnt oder endet. In derartigen Fällen ist die für den entsprechenden Monatsteil maßgebende BBG zu Grunde zu legen.

Übt ein unständig Beschäftigter innerhalb eines Kalendermonats mehrere Beschäftigungen bei verschiedenen Arbeitgebern aus und übersteigt das Arbeitsentgelt insgesamt die BBG, dann sind die **einzelnen Arbeitsentgelte anteilmäßig zu berücksichtigen.** Da eine eventuell in Betracht kommende anteilige Kürzung erst dann vorgenommen werden kann, wenn das in dem jeweiligen Kalendermonat erzielte Arbeitsentgelt der Höhe nach feststeht, sind die Arbeitsentgelte aus den einzelnen unständigen Beschäftigungen zunächst bis zur monatlichen BBG der Beitragspflicht zu unterwerfen. Im Nachhinein erstattet die Einzugsstelle auf Antrag des unständig Beschäftigten oder eines Arbeitgebers zu Unrecht gezahlte Beiträge.

Beantragt der Versicherte den Ausgleich überzahlter Beiträge, so hat er – nach Monaten getrennte – Verdienstbescheinigungen oder Entgeltabrechnungen sämtlicher Arbeitgeber, bei denen er auch im ausgleichenden Zeitraum beschäftigt war, der Krankenkasse vorzulegen. Die Krankenkasse hat die Kranken-, Pflege- und Rentenversicherungsbeiträge anteilmäßig entsprechend den Arbeitsentgelten zu verteilen und die zu viel gezahlten Beiträge dem zu erstatten, der sie getragen hat.

Beantragt ein Arbeitgeber den Ausgleich überzahlter Beiträge, hat er der Krankenkasse – nach Monaten getrennte – Listen über die an die einzelnen unständig Beschäftigten gezahlten Arbeitsentgelte einzureichen. Die Krankenkasse hat dann von den in der Liste aufgeführten unständig Beschäftigten oder von den anderen Arbeitgebern der unständig Beschäftigten die weiteren für den Ausgleich erforderlichen Daten anzufordern. Sie hat die Kranken-, Pflege- und Rentenversicherungsbeiträge entsprechend den Arbeitsentgelten zu verteilen und die zu viel gezahlten Beiträge sowohl den betroffenen unständig Beschäftigten als auch ihren Arbeitgebern zu erstatten.

Die anteilmäßige Kürzung der Arbeitsentgelte ist jeweils in der Weise vorzunehmen, dass die monatliche BBG mit dem beim einzelnen Arbeitgeber in dem betreffenden Monat erzielten Arbeitsentgelt zu multiplizieren und durch das in diesem Monat erzielte Gesamtentgelt zu dividieren ist; das Ergebnis bildet die Grundlage für die Berechnung der Beiträge für die bei diesem Arbeitgeber in dem betreffenden Monat ausgeübte Beschäftigung:

$$\frac{\text{monatliche BBG} \times \text{Einzelentgelt}}{\text{Gesamtentgelt}} = \text{Beitragsbemessungsgrundlage für das Einzelentgelt}$$

Werden unständige Beschäftigungen ausnahmslos bei einem Arbeitgeber ausgeübt, kann die BBG von vornherein berücksichtigt werden. Der Arbeitgeber hat in derartigen Fällen in den einzelnen Kalendermonaten von dem jeweiligen Arbeitsentgelt aus den unständigen Beschäftigungen so lange Beiträge zu entrichten, bis die jeweilige BBG erreicht ist.

Liegt eine Dauerbeschäftigung oder eine regelmäßig wiederkehrende Beschäftigung vor, besteht grundsätzlich vom Tag der Aufnahme dieser Beschäftigung bis zu deren Ende Versicherungs- und damit Beitragspflicht in allen Zweigen der gesetzlichen Sozialversicherung. Bei einer Dauerbeschäftigung ist für die Berechnung der Beiträge das innerhalb eines Kalendermonats erzielte Arbeitsentgelt ohne Rücksicht darauf, an wie vielen Tagen im Monat die Beschäftigung tatsächlich ausgeübt wurde, jeweils bis zur monatlichen BBG der Kranken-, Pflege-, Renten- und Arbeitslosenversicherung heranzuziehen. Dies gilt nicht, wenn – wie bei der lediglich regelmäßig wiederkehrenden Beschäftigung – die Versicherungspflicht im Laufe eines Kalendermonats beginnt oder endet. In diesem Fall ist die für den entsprechenden Monatsteil maßgebende BBG zu Grunde zu legen. Nach § 7 Abs. 3 Satz 1 SGB IV besteht das versicherungspflichtige Beschäftigungsverhältnis jedoch für Zeiten, in denen das Beschäftigungsverhältnis ohne Anspruch auf Arbeitsentgelt besteht, für einen Monat fort.

Unständig Beschäftigte haben wegen der Befristung ihrer Beschäftigungsverhältnisse keinen Anspruch auf Lohn- oder Gehaltsfortzahlung für mindestens sechs Wochen. Sie haben seit 1.1.2009 auch keinen gesetzlichen Anspruch mehr auf Krankengeld. Deshalb ist für sie der ermäßigte Beitragssatz maßgebend. Für das Krankengeld hält die jeweilige Krankenkasse einen Wahltarif vor. Dies gilt auch bei regelmäßig wiederkehrenden Beschäftigungen. Für Bezieher einer Vollrente wegen Alters oder einer Rente wegen voller Erwerbsminderung gilt ebenfalls für die aus dem Arbeitsentgelt der unständigen Beschäftigung zu bemessenden Beiträge der ermäßigte Beitragssatz, da für diese Personen kein Anspruch auf Krankengeld besteht. Für Dauerbeschäftigte gilt grundsätzlich der allgemeine Beitragssatz nach § 241 SGB V, in der Pflegeversicherung sind die Beiträge i.H.v. 2,35 % zu zahlen; bei Kinderlosigkeit ist ein Beitragszuschlag i.H.v. 0,25 % zu erheben.

c) Beitragsbemessungsgrundlage für Mehrfachbeschäftigte

Zu Einzelheiten → *Mehrfachbeschäftigung* Rz. 1985. **562**

d) Beitragsbemessungsgrundlage bei Einmalzahlungen

Zu Einzelheiten → *Einmalzahlungen* Rz. 983. **563**

e) Beitragsbemessungsgrundlage bei geringfügig Beschäftigten

Für geringfügig Beschäftigte mit einem monatlichen Arbeitsentgelt **564** von nicht mehr als 450 € (→ *Mini-Jobs* Rz. 2047) haben Arbeitgeber vom Arbeitsentgelt aus der geringfügigen Beschäftigung einen pauschalen Beitrag zur Kranken- und Rentenversicherung zu entrichten. Somit sind vom Arbeitsentgelt der geringfügigen Beschäftigung bis zur Höhe von 450 € Pauschalbeiträge zur Krankenversicherung i.H.v. 13 % und Rentenversicherung i.H.v. 15 % zu entrichten. Für die **alten und neuen Bundesländer** gilt eine einheitliche **Arbeitsentgeltgrenze** für geringfügig Beschäftigte von 450 €.

Zur Pflege- und Arbeitslosenversicherung fallen solche Pauschalbeiträge nicht an. Auch für versicherungsfreie kurzfristige Beschäftigungen sind keine Beiträge zu zahlen.

Soweit geringfügig entlohnte Beschäftigungen durch Zusammenrechnung der Versicherungspflicht in Kranken-, Pflege- und Rentenversicherung unterliegen, besteht zu diesen Versicherungszweigen auch Beitragspflicht. Hierfür gelten die üblichen beitragsrechtlichen Regelungen. Überschreiten die Arbeitsentgelte aus den einzelnen Beschäftigungen insgesamt die BBG, sind die Beiträge von den Arbeitgebern anteilmäßig entsprechend der Höhe der Arbeitsentgelte zu zahlen (→ *Mehrfachbeschäftigung* Rz. 1985). Zu den beitragsrechtlichen Auswirkungen → *Mini-Jobs* Rz. 2052.

6. Beitragsbemessungsgrenzen (BBG)

Beiträge sind für jeden Tag der Mitgliedschaft zu zahlen. Die bei- **565** tragspflichtigen Einnahmen werden jedoch nicht unbegrenzt zur Beitragsberechnung herangezogen. Vielmehr werden die **beitragspflichtigen Einnahmen** höchstens bis zur jeweiligen **BBG** des jeweiligen Versicherungszweiges berücksichtigt. Einnahmen, die diese BBG übersteigen, bleiben außer Ansatz, d.h. beitragsfrei. Bei der Berechnung von grundlohnorientierten Leistungen (z.B. Krankengeld, Übergangsgeld, Renten) bleiben diese Beträge oberhalb der BBG auch unberücksichtigt.

> **Beispiel 1:**
> Arbeitnehmer S ist Polier bei einer Bauunternehmung in Essen. Im Monat März 2016 erhält er ein Entgelt von 4 300 €. Im Entgelt ist auch eine Überstundenvergütung enthalten.
>
> Unter Berücksichtigung der BBG ergeben sich für die Beitragsberechnung folgende Ausgangswerte:

Beiträge zur Sozialversicherung

keine Sozialversicherungspflicht = ⊗Ⓢ⃝
Sozialversicherungspflicht = Ⓢ⃝

Arbeitsentgelt im März 2016	4 300,— €	
	BBG	Beiträge werden berechnet aus:
Kranken- und Pflegeversicherung	4 237,50 €	4 237,50 €
Renten- und Arbeitslosenversicherung	6 200,— €	4 300,— €

Der Beitragsberechnung liegt i.d.R. das monatliche Arbeitsentgelt zu Grunde, so dass auch die monatlichen BBG anzusetzen sind. Wird das Arbeitsentgelt dagegen nicht für einen vollen Kalendermonat gezahlt, weil z.B. die Beschäftigung während eines Monats aufgenommen wurde, ist für den beitragspflichtigen Teil des Monats auch die **BBG** entsprechend umzurechnen. Dazu wird die jährliche BBG durch 360 Tage geteilt und mit der Anzahl der beitragspflichtigen Tage vervielfältigt (→ *Teillohnzahlungszeitraum* Rz. 2836).

Beispiel 2:
Der Arbeitnehmer F nimmt als Feinmechaniker eine Beschäftigung in Köln auf. Die Beschäftigung beginnt am 20. April. Für die Zeit vom 20. bis 30.4.2016 erhält er ein Arbeitsentgelt i.H.v. 1 600 €. Krankenversicherungspflicht besteht.

Unter Berücksichtigung der BBG ergeben sich für die Beitragsberechnung folgende Ausgangswerte:

Arbeitsentgelt im April 2016	1 600,— €	
	BBG	Beiträge werden berechnet aus:
Kranken- und Pflegeversicherung 20.4. bis 30.4.	1 553,75 €	1 553,75 €
Renten- und Arbeitslosenversicherung bis 30.4.	2 273,37 €	1 600,— €

In der **Kranken- und Pflegeversicherung** sind die BBG in den Rechtskreisen Ost und West vereinheitlicht.

Im Bereich der Renten- und Arbeitslosenversicherung ist bei Beschäftigungen, die in den neuen Bundesländern einschließlich Ost-Berlin ausgeübt werden, weiterhin die besondere BBG für die neuen Bundesländer zu beachten.

In den einzelnen Zweigen der Sozialversicherung gelten folgende BBG:

Kalenderjahre 2010 bis 2016 in Euro

	Kalenderjahr	West jährlich	West monatlich	Ost jährlich	Ost monatlich
Kranken- und Pflegeversicherung	2010	45 000,—	3 750,—	45 000,—	3 750,—
	2011	44 550,—	3 712,50	44 550,—	3 712,50
	2012	45 900,—	3 825,—	45 900,—	3 825,—
	2013	47 250,—	3 937,50	47 250,—	3 937,50
	2014	48 600,—	4 050,—	48 600,—	4 050,—
	2015	49 500,—	4 125,—	49 500,—	4 125,—
	2016	50 850,—	4 237,50	50 850,—	4 237,50
Renten- und Arbeitslosenversicherung	2010	66 000,—	5 500,—	55 800,—	4 650,—
	2011	66 000,—	5 500,—	57 600,—	4 800,—
	2012	67 200,—	5 600,—	57 600,—	4 800,—
	2013	69 600,—	5 800,—	58 800,—	4 900,—
	2014	71 400,—	5 950,—	60 000,—	5 000,—
	2015	72 600,—	6 050,—	62 400,—	5 200,—
	2016	74 400,—	6 200,—	64 800,—	5 400,—
Knappschaftliche Rentenversicherung	2010	81 600,—	6 800,—	68 400,—	5 700,—
	2011	81 000,—	6 750,—	70 800,—	5 900,—
	2012	82 800,—	6 900,—	70 800,—	5 900,—
	2013	85 200,—	7 100,—	72 600,—	6 050,—
	2014	87 600,—	7 300,—	73 800,—	6 150,—
	2015	89 400,—	7 450,—	76 200,—	6 350,—
	2016	91 800,—	7 650,—	79 800,—	6 650,—

7. Beitragssätze

a) Krankenversicherung

566 Der allgemeine Beitragssatz beträgt 14,6 %, der ermäßigte 14,0 %.

aa) Allgemeiner Beitragssatz

567 Für Arbeitnehmer, die im Falle der Arbeitsunfähigkeit Anspruch auf Fortzahlung des Arbeitsentgelts für mindestens sechs Wochen haben, gilt der allgemeine Beitragssatz (§ 241 SGB V). Der allgemeine Beitragssatz ist auch bei neu eingestellten Arbeitnehmern anzuwenden, wenn in den ersten vier Wochen des Beschäfti-

gungsverhältnisses der Anspruch auf Entgeltfortzahlung ruht (→ *Entgeltfortzahlung* Rz. 1071).

Der allgemeine Beitragssatz gilt u.a. auch für

– krankenversicherungspflichtige Behinderte nach § 5 Abs. 1 Nr. 7 und 8 SGB V, da auch für sie grundsätzlich ein Anspruch auf Fortzahlung der Vergütung für sechs Wochen besteht;

– Bezieher von Arbeitslosengeld, Arbeitslosengeld II oder Unterhaltsgeld (bis 2004), da die genannten Leistungen bei Arbeitsunfähigkeit für sechs Wochen weitergezahlt werden;

– krankenversicherungspflichtige Teilnehmer an berufsfördernden Rehabilitationsmaßnahmen, die Übergangsgeld beziehen;

– Rentner, die neben der Rente noch einen Versorgungsbezug (z.B. Betriebsrente) erhalten → *Versorgungsbezüge* Rz. 3055.

Bei Arbeitnehmern, die von der Arbeitsleistung freigestellt sind und danach nicht unmittelbar aus dem Erwerbsleben ausscheiden ist der allgemeine Beitragssatz zu berücksichtigen und zwar bereits auch in der Freistellungsphase (LSG Berlin-Brandenburg v. 29.9.2014, L 9 KR 389/12). Die Krankenkassen haben diese Vorgehensweise bestätigt. Um den Arbeitgebern ausreichend Zeitraum für die Umstellung zu gewähren, gilt die Regelung spätestens für Zeiträume ab dem 1.10.2015. Bei Arbeitnehmern, die sich schon in der Freistellungsphase befinden, konnten die Krankenversicherungsbeiträge bis dahin weiterhin mit dem ermäßigten Beitragssatz erhoben werden.

bb) Ermäßigter Beitragssatz

568 Ist der Anspruch auf Krankengeld auf Grund gesetzlicher Regelung ausgeschlossen, wird der Beitragssatz entsprechend ermäßigt.

Keinen Anspruch auf Krankengeld haben

– **Personen in Einrichtungen der Jugendhilfe**, die für eine Erwerbstätigkeit befähigt werden sollen,

– **Vorruhestandsgeldbezieher**,

– krankenversicherungspflichtige Teilnehmer an **berufsfördernden Rehabilitationsmaßnahmen** ohne Anspruch auf Übergangsgeld,

– unständig Beschäftigte,

– kurzzeitig Beschäftigte,

– Bezieher einer Rente wegen voller Erwerbsminderung oder einer **Vollrente wegen Alters**.

Somit ist für diese Versicherten der ermäßigte Beitragssatz anzuwenden. Während der Freistellungsphase in der Altersteilzeit ist der zu leistende Krankenversicherungsbeitrag auf der Grundlage des ermäßigten Beitragssatzes zu bemessen (BSG v. 25.8.2004, B 12 KR 22/02 R, www.stotax-first.de). Diese Regelung gilt jedoch nur, wenn der Arbeitnehmer nach der Freistellungsphase tatsächlich aus dem Erwerbsleben ausscheidet.

cc) Zusatzbeitrag

569 Seit 1.1.2015 gibt es den **kassenindividuellen prozentualen Zusatzbeitragssatz**, den jede Krankenkasse für sich in der Satzung regelt. Der Zusatzbeitrag ist Bestandteil des Gesamtsozialversicherungsbeitrages und damit i.R.d. Quellenabzugsverfahrens z.B. vom Arbeitgeber zusammen mit den anderen Beiträgen abzuführen.

dd) Pauschaler Beitragssatz

570 Für geringfügig Beschäftigte mit einem monatlichen Arbeitsentgelt von nicht mehr als 450 € (→ *Mini-Jobs* Rz. 2068) hat der Arbeitgeber grundsätzlich einen pauschalen Krankenversicherungsbeitrag i.H.v. 13 % des Arbeitsentgelts zu entrichten. Die Pauschalbeiträge werden durch den vom Arbeitnehmer zu tragenden zusätzlichen Beitragssatz nicht verändert.

b) Beitragssatz der Pflegeversicherung

571 Der Beitragssatz in der Pflegeversicherung wird durch Gesetz festgelegt. Seit 1.1.2015 **beträgt er 2,35 %** der beitragspflichtigen Einnahmen. Der Beitragssatz für kinderlose Mitglieder ab Vollendung des 23. Lebensjahrs wird um 0,25 % auf 2,6 % erhöht. Kinderlose Mitglieder, die vor dem 1.1.1940 geboren sind, werden von der Zuschlagspflicht ausgenommen. Beihilfeberechtigte Beamte und Versorgungsempfänger ohne Kinder haben, wenn sie in der

sozialen Pflegeversicherung versichert sind, ebenfalls den vollen Beitragszuschlag aufzubringen.

Der erhöhte Beitrag ist nicht zu zahlen, wenn die Elterneigenschaft des Mitglieds der beitragsabführenden Stelle (also dem Arbeitgeber) oder der Pflegekasse nachgewiesen wird oder ihr bereits aus anderem Anlass bekannt ist. Bekannt sein kann die Elterneigenschaft z.B., weil sich dies für den Arbeitgeber aus den Lohnsteuerabzugsmerkmalen des Arbeitnehmers ergibt oder weil bei der Pflegekasse eine Familienversicherung für ein Kind des Mitglieds besteht oder weil in den Versicherungskonten der Rentenversicherungsträger Angaben zur Berücksichtigung von Kindererziehungszeiten oder zum Bezug von Leistungen für Kindererziehung an Mütter enthalten sind. Bereits ein einzelnes Kind löst bei beiden beitragspflichtigen Elternteilen Zuschlagsfreiheit aus. Berücksichtigt werden auch Stief- und Pflegekinder. Eltern, deren Kind nicht mehr lebt, gelten trotzdem nicht als kinderlos, eine Lebendgeburt ist ausreichend, um die Zuschlagspflicht dauerhaft auszuschließen.

S. auch → *Pflegeversicherung* Rz. 2236.

c) Beitragssatz der Rentenversicherung

572 Der Beitragssatz wird durch Rechtsverordnung festgelegt. In den alten und neuen Bundesländern gilt stets der gleiche Beitragssatz.

Kalenderjahr	allgemeine Rentenversicherung	knappschaftliche Rentenversicherung[1]
2010	19,9 %	26,4 %
2011	19,9 %	26,4 %
2012	19,6 %	26,0 %
2013	18,9 %	25,1 %
2014	18,9 %	25,1 %
2015	18,7 %	24,8 %
2016	18,7 %	24,8 %

[1] Bitte beachten Sie, dass die Aufteilung zwischen Arbeitgeber- und Arbeitnehmeranteil nicht der sonstigen Systematik entspricht

Für geringfügig Beschäftigte mit einem monatlichen Arbeitsentgelt von nicht mehr als 450 € (→ *Mini-Jobs* Rz. 2068) hat der Arbeitgeber grundsätzlich einen **pauschalen Rentenversicherungsbeitrag** i.H.v. 15 % des Arbeitsentgelts zu entrichten.

d) Beitragssatz der Arbeitslosenversicherung

573 Der Beitragssatz in der Arbeitslosenversicherung wird durch Gesetz festgelegt. In den alten und neuen Bundesländern gilt stets der gleiche Beitragssatz.

Kalenderjahr	Arbeitslosenversicherung
2010	2,8 %
2011	3,0 %
2012	3,0 %
2013	3,0 %
2014	3,0 %
2015	3,0 %
2016	3,0 %

8. Beitragstragung

a) Grundsatz

574 Die Gesamtsozialversicherungsbeiträge sind vom Arbeitnehmer und Arbeitgeber je zur Hälfte zu tragen.

b) Geringverdiener

575 Der Arbeitgeber hat für im Rahmen betrieblicher Berufsbildung Beschäftigte, deren monatliches Arbeitsentgelt 325 € nicht übersteigt, sowie für Personen, die Jugendfreiwilligendienst leisten, den Gesamtsozialversicherungsbeitrag allein zu tragen (§ 20 Abs. 3 SGB IV). Diese besondere Beitragstragungspflicht des **Arbeitgebers** umfasst auch den auf den zusätzlichen Beitragssatz entfallenden Beitragsanteil. Dies gilt für den Beitragszuschlag zur Pflegeversicherung (→ Rz. 571) entsprechend. Die Geringverdienergrenze beträgt:

Kalenderjahr	West	Ost
seit 1.8.2003	325 €	325 €

Wird durch die Gewährung von **Sonderzuwendungen die Geringverdienergrenze überschritten**, muss der Arbeitgeber die Beiträge von dem Arbeitsentgelt bis zu 325 € allein aufbringen; hinsichtlich des 325 € übersteigenden Teils des Arbeitsentgelts hat der Arbeitnehmer seinen Beitragsteil zu tragen (→ *Geringverdienergrenze* Rz. 1389).

c) Zusatzbeitrag in der Krankenversicherung

576 Den Zusatzbeitrag trägt der **Arbeitnehmer** allein. Gilt nicht bei Geringverdienern.

d) Pflegeversicherung

577 In der Pflegeversicherung gelten grundsätzlich die gleichen Regelungen wie in den anderen Zweigen der Sozialversicherung. Nur für den Fall, dass zum Ausgleich der mit den Arbeitgeberbeiträgen verbundenen Belastungen der Wirtschaft **kein landesweiter gesetzlicher Feiertag**, der stets auf einen Werktag fällt, aufgehoben wird, tragen die Arbeitnehmer den Beitrag von 1 % allein. Diese Sonderregelung gilt lediglich im Bundesland Sachsen.

Mit der Einführung der stationären Pflegeleistungen ab 1.7.1996 und der damit verbundenen Erhöhung des Beitrags sollte ursprünglich ein weiterer Feiertag, der stets auf einen Werktag fällt, abgeschafft werden. Hierzu ist es jedoch nicht gekommen. Die o.a. Regelung besteht somit weiterhin. Arbeitnehmer im Bundesland Sachsen haben weiterhin den Beitrag von 1 % allein zu tragen, hinzu kommt der halbe Anteil aus dem ab 1.1.2015 erhöhten Beitragsanteil von 1,35 %, so dass diese Arbeitnehmer insgesamt einen Beitragsanteil von 1,675 % und die Arbeitgeber einen Beitragsanteil von 0,675 % tragen.

Der Beitragszuschlag für kinderlose Mitglieder i.H.v. 0,25 % ist vom Mitglied allein zu tragen (gilt nicht bei Geringverdienern). Das bedeutet, dass von kinderlosen Mitgliedern ein Beitrag von 1,425 % (in Sachsen von 1,925 %) vom beitragspflichtigen Entgelt zu zahlen ist. Der Arbeitgeberbeitrag beträgt 1,175 % (in Sachsen 0,675 %) → Rz. 571.

e) Rentner

578 Arbeitgeber, die Bezieher einer **Vollrente wegen Alters** oder Bezieher von **Versorgungsbezügen** beschäftigen, haben – um Wettbewerbsvorteile zu verhindern – für diese Arbeitnehmer, obwohl diese rentenversicherungsfrei sind, den Arbeitgeberbeitragsanteil zu zahlen. Diese Arbeitgeber sollen so gestellt werden, als wenn sie jemanden beschäftigen, für den Beiträge an die Rentenversicherung abzuführen wären. (Dies gilt auch bei Beamten bzw. beamtenähnlichen Personen, die bereits vor Erreichen der Altersgrenze in den Ruhestand versetzt werden → *Ruhestandsbeamte* Rz. 2596).

In der Arbeitslosenversicherung besteht eine ähnliche Regelung. Für beschäftigte **Arbeitnehmer, die eine Regelaltersrente beziehen,** hat der Arbeitgeber – obwohl diese Arbeitnehmer arbeitslosenversicherungsfrei sind – dennoch den Arbeitgeberanteil zur Arbeitslosenversicherung zu entrichten.

f) Kurzarbeitergeld/Saison-Kurzarbeitergeld

579 Für den Zeitraum, in dem **Kurzarbeitergeld oder Saison-Kurzarbeitergeld** gezahlt wird, gelten hinsichtlich der Beitragsberechnung und Beitragstragung besondere Regelungen (→ *Kurzarbeitergeld* Rz. 1751; → *Saison-Kurzarbeitergeld* Rz. 2633).

g) Haushaltshilfen

580 Zur **Förderung der versicherungspflichtigen Beschäftigung in Privathaushalten** wurde das **Haushaltsscheckverfahren** eingeführt.

Das Haushaltsscheckverfahren findet für Beschäftigungsverhältnisse in Privathaushalten Anwendung. Seit 1.4.2003 ist das Haushaltsscheckverfahren nur noch für geringfügige Beschäftigungen in Privathaushalten anzuwenden. Es ist obligatorisch, d.h., der Arbeitgeber kann nicht mehr alternativ das allgemeine Beitrags- und Meldeverfahren nutzen. Das Haushaltsscheckverfahren wird – wie das Beitrags- und Meldeverfahren für geringfügig Beschäftigte insgesamt – ausschließlich von der Deutschen Rentenversicherung Knappschaft-Bahn-See durchgeführt (→ *Mini-Jobs* Rz. 2079).

Beiträge zur Sozialversicherung

keine Sozialversicherungspflicht = (SV̄)
Sozialversicherungspflicht = (SV)

Im Zuge der o.a. Neuregelung werden die Arbeitgeber geringfügig Beschäftigter in Privathaushalten gegenüber den Arbeitgebern im gewerblichen Bereich mit besonderen Vergünstigungen ausgestattet. An Stelle der sonst üblichen Beitrags- und Steuerlast für gewerbliche Arbeitgeber von 30 % (Krankenversicherung: 13 %; Rentenversicherung: 15 %; Pauschsteuer: 2 % beläuft sich der Aufwand für Privathaushalte lediglich auf 12 % (Krankenversicherung: 5 %; Rentenversicherung: 5 %; Pauschsteuer: 2 %). Diese Regelungen können nicht bei Beschäftigungen, die mit Wohnungseigentümergemeinschaften geschlossen werden, angewandt werden. Es handelt sich hierbei nicht um einen Privathaushalt in diesem Sinne (vgl. Besprechungsergebnis der Spitzenverbände der Sozialversicherungsträger am 30./31.10.2003).

Die Kosten, die dem Arbeitgeber für die Beschäftigung im Privathaushalt entstehen, werden seit dem 1.1.2003 steuerlich gefördert. S. → *Haushaltsnahe Beschäftigungsverhältnisse und Dienstleistungen: Steuerermäßigung* Rz. 1553.

9. Beitragsabzug

581 Der Arbeitgeber hat einen Anspruch gegen den Arbeitnehmer auf den vom Arbeitnehmer zu tragenden Anteil am Gesamtsozialversicherungsbeitrag. Dieser Anspruch darf nur im Wege des Lohn- oder Gehaltsabzugs realisiert werden. Der zusätzliche Beitrag in der Krankenversicherung gehört zum Gesamtsozialversicherungsbeitrag und kann durch Abzug vom Arbeitsentgelt geltend gemacht werden.

Bei einem **unterbliebenen Beitragsabzug** ist es dem Arbeitgeber gestattet, diesen bei den nächsten drei Lohn- oder Gehaltszahlungen nachzuholen. Danach ist ein Beitragsabzug nur noch dann erlaubt, wenn der Abzug ohne Verschulden des Arbeitgebers unterblieben ist. Das ist z.B. dann der Fall, wenn der Arbeitgeber den Beitragsabzug unterlassen hat, weil er von der Krankenkasse eine unrichtige Auskunft erhalten hat. Eine schuldlose nachträgliche Beitragsentrichtung liegt dagegen nicht schon dann vor, wenn der Arbeitgeber aus Rechtsirrtum den Abzug unterlässt. Hat der Arbeitgeber den rechtzeitigen Beitragsabzug versäumt, dann muss er den auf den Arbeitnehmer entfallenden Beitragsanteil selbst tragen. **Ein Rückgriffsrecht gegenüber dem Arbeitnehmer steht ihm auch nach bürgerlichem Recht grundsätzlich nicht zu.** Das gilt auch dann, wenn das Beschäftigungsverhältnis beendet ist oder Zahlungen nicht mehr anfallen, es sei denn, dass der Arbeitnehmer das Arbeitsverhältnis kündigt oder dem Arbeitgeber Grund zur Kündigung gibt mit dem Ziel, den Beitragsabzug vom Lohn oder Gehalt zu umgehen; in Fällen dieser Art kann u.U. ein Schadensersatzanspruch nach § 826 BGB bestehen (vgl. BAG v. 14.1.1988, 8 AZR 238/85, www.stotax-first.de).

Kommt der Arbeitnehmer **vorsätzlich** oder **grob fahrlässig** seinen **Meldepflichten** (z.B. über mögliche weitere Beschäftigungen) gegenüber dem Arbeitgeber nicht nach und wird dadurch das Versicherungsverhältnis nicht richtig beurteilt, hat der Arbeitgeber immer einen Anspruch auf den vom Arbeitnehmer zu tragenden Beitragsanteil.

Arbeitgeber, die ihrem Arbeitnehmer gegenüber einen höheren Beitragsanteil vom Arbeitsentgelt abziehen als gesetzlich vorgeschrieben oder bei Geringverdienern nicht den vollen Beitrag übernehmen, handeln ordnungswidrig. Sie haben in derartigen Fällen mit einer Geldbuße zu rechnen. Zuständig für dieses Verfahren sind die Einzugsstellen.

10. Abführung der Beiträge

a) Beitragsgruppen

582 Sowohl für das Meldeverfahren als auch für die Berechnung der Beiträge zur Kranken-, Pflege-, Renten- und Arbeitslosenversicherung (Gesamtsozialversicherungsbeitrag) ist eine **eindeutige Kennzeichnung, zu welchen Versicherungszweigen Versicherungs- und Beitragspflicht** besteht, notwendig. Der zusätzliche Beitragssatz zur Krankenversicherung ist gesondert aufzuführen.

b) Beitragsnachweis

583 Nach § 28f Abs. 3 SGB IV hat der Arbeitgeber der Einzugsstelle einen Beitragsnachweis rechtzeitig durch Datenübertragung einzureichen. Der Beitragsnachweis ist zwei Arbeitstage vor Fälligkeit der Beiträge durch Datenübertragung zu übermitteln. Er muss bereits um 0.00 Uhr zur Verfügung stehen. Die Beiträge zur Sozialversicherung sind spätestens am drittletzten Bankarbeitstag des jeweiligen Monats fällig.

Eine Datenübermittlung ist nur mittels zugelassener Programme oder maschinell erstellter Ausfüllhilfen möglich. Für die Datenübertragung sind bei der Nutzung allgemein zugänglicher Netze Verschlüsselungsverfahren anzuwenden. Der Beitragsnachweis-Datensatz gilt für die Vollstreckung als Leistungsbescheid der Einzugsstelle. Er gilt somit auch als Dokument zur Glaubhaftmachung der Forderung der Einzugsstelle in Insolvenzverfahren.

Die Beitragsnachweis-Datensätze finden sowohl für den allgemeinen Beitragsnachweis als auch für den Beitragsnachweis für geringfügig Beschäftigte Verwendung. Die Deutsche Rentenversicherung Knappschaft Bahn-See kann die Beitragsnachweis-Datensätze gem. § 28b Abs. 3 SGB IV um knappschaftliche bzw. seemännische Besonderheiten erweitern.

Im Beitragsnachweis-Datensatz ist jeweils der Rechtskreis anzugeben, für den die Beiträge bestimmt sind. Hat ein Arbeitgeber Beiträge sowohl für Beschäftigte in den alten Bundesländern (einschließlich West-Berlin) als auch für Beschäftigte in den neuen Bundesländern (einschließlich Ost-Berlin) nachzuweisen, so muss er für die Rechtskreise „West" und „Ost" separate Beitragsnachweis-Datensätze erstellen.

Soll der Beitragsnachweis-Datensatz nicht nur für den laufenden Entgeltabrechnungszeitraum, sondern auch für folgende Entgeltabrechnungszeiträume gelten, ist im Beitragsnachweis-Datensatz das Feld „Art des Beitragsnachweises" als Dauer-Beitragsnachweis zu kennzeichnen. Die Beiträge sind im Beitragsnachweis-Datensatz nach Beitragsgruppen getrennt anzugeben, wobei die Pflegeversicherungsbeiträge – soweit sie zum Gesamtsozialversicherungsbeitrag gehören (Beitragsgruppen 0001 und 0002) – unter der Beitragsgruppe „0001" zusammengefasst auszuweisen sind. Auch der seit 1.1.2005 zu entrichtende Beitragszuschlag für Kinderlose ist zusammen mit den übrigen Pflegeversicherungsbeiträgen unter der Beitragsgruppe 0001 mit nachzuweisen.

Der ehemalige Korrektur-Beitragsnachweis ist bereits seit dem 1.1.2014 nicht mehr zugelassen.

Seit 1.1.2015 müssen Korrekturen aus Vormonaten entweder im laufenden Beitragsnachweis vorgenommen werden oder der Beitragsnachweis wird storniert und ein neuer Beitragsnachweis abgegeben.

Arbeitgeber mit mehreren Betriebsstätten können die für dieselbe Einzugsstelle bestimmten Beitragsnachweise mit gleicher Rechtskreiszuordnung in Absprache mit der jeweiligen Einzugsstelle in einem Beitragsnachweis-Datensatz unter einer „führenden" Betriebs- bzw. Beitragskontonummer des Arbeitgebers zusammenfassen, wobei die Einzugsstelle bei der Absprache darüber zu unterrichten ist, für welche Betriebsstätten unter welcher Betriebs- bzw. Beitragskontonummer die Beiträge vom Arbeitgeber zusammengefasst übermittelt werden. Der Beitragsnachweis-Datensatz ist der Datenannahmestelle – abgesehen vom Dauer-Beitragsnachweis – für jeden Entgeltabrechnungszeitraum zu übermitteln, in dem versicherungspflichtig Beschäftigte oder geringfügig entlohnte Beschäftigte gemeldet sind. Folglich ist ein Beitragsnachweis-Datensatz (mit Nullbeträgen) auch für Entgeltabrechnungszeiträume zu erstellen, in denen ausnahmsweise keine Beiträge anfallen. Hierdurch werden Beitragsschätzungen vermieden, die die Einzugsstelle dann vorzunehmen hat, wenn der Arbeitgeber den Beitragsnachweis-Datensatz nicht oder nicht rechtzeitig übermittelt.

c) Entgeltunterlagen (§ 8 BVV)

584 Der Arbeitgeber hat in den Entgeltunterlagen u.a. folgende Angaben über die Beschäftigten aufzunehmen:

- den Familien- und Vornamen und ggf. das betriebliche Ordnungsmerkmal
- das Geburtsdatum
- bei Ausländern aus Staaten außerhalb des Europäischen Wirtschaftsraums die Staatsangehörigkeit und den Aufenthaltstitel
- die Anschrift
- den Beginn und das Ende der Beschäftigung
- den Beginn und das Ende der Altersteilzeitarbeit

- das Wertguthaben aus flexibler Arbeitszeit einschließlich der Änderungen (Zu- und Abgänge), den Abrechnungsmonat der ersten Gutschrift sowie den Abrechnungsmonat für jede Änderung; besondere Aufzeichnungen über beitragspflichtige Arbeitsentgelte sind entbehrlich, soweit das Wertguthaben 250 Stunden Freistellung von der Arbeitsleistung nicht überschreitet; bei auf Dritte übertragenen Wertguthaben sind diese beim Dritten zu kennzeichnen
- die Beschäftigungsart
- die für die Versicherungsfreiheit oder die Befreiung von der Versicherungspflicht maßgebenden Angaben
- das Arbeitsentgelt nach § 14 SGB IV, seine Zusammensetzung und zeitliche Zuordnung, ausgenommen sind Sachbezüge und Belegschaftsrabatte, soweit für sie eine Aufzeichnungspflicht nach dem Einkommensteuergesetz nicht besteht
- das beitragspflichtige Arbeitsentgelt bis zur BBG der Rentenversicherung, seine Zusammensetzung und zeitliche Zuordnung
- den Betrag nach § 3 Abs. 1 Nr. 1 Buchst. b des Altersteilzeitgesetzes
- den Beitragsgruppenschlüssel
- die Einzugsstelle für den Gesamtsozialversicherungsbeitrag
- den vom Beschäftigten zu tragenden Anteil am Gesamtsozialversicherungsbeitrag, nach Beitragsgruppen getrennt
- die für die Erstattung von Meldungen erforderlichen Daten
- bei Entsendung Eigenart und zeitliche Begrenzung der Beschäftigung
- gezahltes Kurzarbeitergeld und die hierauf entfallenden beitragspflichtigen Einnahmen

Welche Unterlagen noch zu den Entgeltunterlagen zu nehmen sind, entnehmen Sie § 8 Abs. 2 BVV.

Einzelheiten hierzu → Lohnkonto Rz. 1824.

d) Zahlung der Beiträge

585 → Fälligkeit der Sozialversicherungsbeiträge Rz. 1196

11. Berechnungsbeispiele

586 Beispiel 1:

Der Maschinenschlosser N (kinderlos) ist in Leipzig (Sachsen) beschäftigt. Im Monat Juni 2016 erhält er ein Entgelt von 3 421,90 €. Es besteht Krankenversicherungspflicht.

Daraus ergibt sich folgende Beitragsberechnung:

	Beitragsbemessungsgrundlage	Arbeitnehmer-Anteil	Arbeitgeber-Anteil	Gesamtbeitrag
Arbeitsentgelt 3 421,90 €		€		
Krankenversicherung Beitragssatz 14,6 %	3 421,90	249,80	249,80	
Kassenindividueller Zusatzbeitragssatz 0,9 % (angenommener Wert)	3 421,90	30,80	–	530,40
Pflegeversicherung Beitragssatz 2,35 % Beitragszuschlag 0,25 %	3 421,90	65,87	23,10	88,97
Rentenversicherung Beitragssatz 18,7 %	3 421,90	319,95	319,95	639,90
Arbeitslosenversicherung Beitragssatz 3,0 %	3 421,90	51,33	51,33	102,66
Gesamtsozialversicherungsbeitrag		717,75	644,18	1 361,93

Beispiel 2:

Ein technischer Angestellter (kinderlos) ist bei einem Maschinenbauunternehmen in München beschäftigt. Das monatliche Einkommen (Februar 2016) beträgt 5 400 €. Der Arbeitnehmer ist auf Grund seines Einkommens nicht krankenversicherungspflichtig und bei einem privaten Krankenversicherungsunternehmen kranken- und pflegeversichert. Die Beiträge werden prozentual ohne Lohnsteuerstufen berechnet.

Daraus ergibt sich folgende Beitragsberechnung:

	Beitragsbemessungsgrundlage	Arbeitnehmer-Anteil	Arbeitgeber-Anteil	Gesamtbeitrag
Arbeitsentgelt 5 400 €		€		
Krankenversicherung Beitragssatz 14,6 %	–	–	Beitragszuschuss[1]) 309,35	–
Pflegeversicherung Beitragssatz 2,35 % Beitragszuschlag 0,25 %	–	–	Beitragszuschuss[2]) 49,79	–
Rentenversicherung Beitragssatz 18,7 %	5 400,—	504,90	504,90	1 009,80
Arbeitslosenversicherung Beitragssatz 3,0 %	5 400,—	81,—	81,—	162,—
Gesamtsozialversicherungsbeitrag		585,90	585,90	1 171,80

1) Beitragszuschuss zur Krankenversicherung
2) Beitragszuschuss zur Pflegeversicherung.

Beitragsbemessungsgrenzen

→ Beiträge zur Sozialversicherung Rz. 548

Beitragserstattung

1. Allgemeines

587 In der Sozialversicherung werden zu Unrecht gezahlte Beiträge zur Kranken-, Pflege-, Renten- und Arbeitslosenversicherung grundsätzlich erstattet. Für die Erstattung der Beiträge ist in erster Linie die Krankenkasse zuständig, an die die Beiträge gezahlt wurden. Dies gilt auch für die Pflege-, Renten- und Arbeitslosenversicherungsbeiträge. Zwischen den Sozialversicherungsträgern wurde diese vereinfachte Vorgehensweise abgesprochen (Gemeinsame Grundsätze für die Verrechnung und Erstattung zu Unrecht gezahlter Beiträge zur Kranken-, Pflege-, Renten- und Arbeitslosenversicherung der Spitzenverbände der Sozialversicherungsträger v. 21.11.2006).

Zu **Unrecht gezahlte Sozialversicherungsbeiträge** werden jedoch nur dann erstattet, wenn für den Arbeitnehmer

- auf Grund dieser Beiträge oder
- für den Zeitraum, für den die Beiträge zu Unrecht entrichtet worden sind,

keine Leistungen (z.B. Krankengeld durch die Krankenkasse) erbracht wurden. Die 2. Alternative „für den Zeitraum" gilt nach BSG v. 25.4.1991, 12/1 RA 65/89, www.stotax-first.de, nicht in der Rentenversicherung. Sofern jedoch während des Bezugs von Leistungen Beitragsfreiheit bestanden hat, sind während dieser Zeit zu Unrecht gezahlte Beiträge zu erstatten.

Beiträge, die im Wege der Störfallbeitragsberechnung von insolvenzgesichertem Wertguthaben durch Treuhänder/Insolvenzverwalter in Unkenntnis einer ggf. niedrigeren SV-Luft (→ Altersteilzeit Rz. 68) zu hoch gezahlt werden, gelten ebenfalls als zu Unrecht entrichtete Beiträge. Vor der Erstattung von Beiträgen zur Kranken- und Pflegeversicherung und/oder Rentenversicherung ist zu prüfen, ob die zu Unrecht gezahlten Beiträge im Zusammenhang mit erbrachten Leistungen an den Arbeitnehmer stehen. Eine Erstattung von Beiträgen scheidet grundsätzlich in allen Fällen aus, in denen in der **irrtümlichen Annahme eines Versicherungsverhältnisses Beiträge gezahlt und Leistungen** gewährt wurden. Hierbei kommt es im Allgemeinen nicht darauf an, ob der einzelne Beitrag sich auf die rechtliche Grundlage der Leistung ausgewirkt hat. Eine Beitragserstattung kommt ferner nicht in Betracht, wenn **versehentlich zu hohe Beiträge** gezahlt und dementsprechend auch höhere Leistungen erbracht worden sind.

Dagegen sind die Teile von Beiträgen (Beiträge in nicht voller Höhe), die z.B. auf Grund von Ablesefehlern in der Beitragstabelle oder Rechenfehlern bei der Ermittlung des Arbeitsentgelts zu Unrecht gezahlt worden sind, zu erstatten, wenn sie die Leistungen

Beitragserstattung

nicht beeinflusst haben, d.h., wenn die Leistungen auch ohne die Beitragsüberzahlung unverändert erbracht worden wären.

Die Verfallklausel in § 26 Abs. 2 SGB IV greift nur für die Beiträge des Versicherungszweigs, indem die Leistung erbracht wurde. Einem Antrag auf Erstattung von Beiträgen zur Kranken- und Pflegeversicherung kann daher für den Bereich der Pflegeversicherung entsprochen werden, wenn für den Zeitraum, für den die Beiträge zu Unrecht gezahlt worden sind, lediglich Leistungen der Krankenversicherung erbracht wurden. Etwas anderes gilt, wenn dem (unzuständigen) Versicherungsträger eines Versicherungszweigs, der zunächst eine Leistung zur medizinischen Rehabilitation oder zur Teilhabe am Arbeitsleben erbracht hat, die Aufwendungen durch den für die Erbringung dieser Leistung zuständigen Rehabilitationsträger eines anderen Versicherungszweigs erstattet worden sind. In diesen Fällen gilt die Leistung als von dem Versicherungsträger erbracht, der die Aufwendungen erstattet hat.

Zu Unrecht gezahlte Arbeitslosenversicherungsbeiträge sind grundsätzlich zu erstatten. Allerdings mindert sich der Erstattungsanspruch um den Betrag der Leistung, die in der irrtümlichen Annahme der Versicherungspflicht gezahlt worden ist (vgl. BSG v. 25.3.2004, B 12 AL 1/03 R, www.stotax-first.de). Sind Leistungen aus anderen Gründen zu Unrecht gezahlt worden, so können diese aufgerechnet werden. Der Bezug von Arbeitslosengeld II steht der Erstattung von Arbeitslosenversicherungsbeiträgen nicht entgegen.

Viele Tarifverträge sehen für den Fall der Beendigung des Beschäftigungsverhältnisses Regelungen über die Rückforderung von Einmalzahlungen (insbesondere des Weihnachtsgeldes) vor. Die Versicherten und die (ehemaligen) Arbeitgeber haben dann nach § 26 Abs. 2 SGB IV grundsätzlich einen Anspruch auf Erstattung der zu Unrecht entrichteten Beiträge. Wurde bereits vor der Rückforderung der Einmalzahlung Krankengeld – unter Berücksichtigung der Einmalzahlung – gezahlt, kommt auf Grund der Leistungsgewährung eine Beitragserstattung in der gesetzlichen Krankenversicherung nicht in Betracht, mit der Folge, dass die Krankengeldberechnung nicht zu korrigieren ist.

Fordert ein Arbeitgeber eine Einmalzahlung vor dem Beginn der Krankengeldzahlung zurück, bleibt der Anspruch auf Beitragserstattung unberührt. Diese Einmalzahlungen werden nicht bei der Ermittlung des Brutto-Hinzurechnungsbetrags berücksichtigt.

Dies bedeutet, dass – ungeachtet der Tatsache, dass der Arbeitgeber einmalig gezahltes Arbeitsentgelt wegen Beendigung des Beschäftigungsverhältnisses zurückfordert – eine Erstattung der auf das einmalig gezahlte Arbeitsentgelt entfallenden Krankenversicherungsbeiträge nicht in Betracht kommt, wenn das einmalig gezahlte Arbeitsentgelt bei der Berechnung des Krankengelds berücksichtigt worden ist (Besprechungsergebnis der Spitzenverbände der Sozialversicherungsträger v. 28./29.3.2001).

2. Erstattungsberechtigter

588 Der Anspruch auf Beitragserstattung steht demjenigen zu, der die Beiträge getragen hat, also dem Arbeitgeber und dem Arbeitnehmer. Hat der Arbeitgeber die Beiträge allein getragen, werden die Gesamtsozialversicherungsbeiträge direkt an den Arbeitgeber gezahlt (→ *Geringverdienergrenze* Rz. 1389).

3. Erstattungsverfahren

589 Der Antrag auf Erstattung von Gesamtsozialversicherungsbeiträgen ist bei der Einzugsstelle einzureichen, die die Beiträge erhalten hat. Die Spitzenverbände der Sozialversicherungsträger haben hierzu einen einheitlichen Erstattungsvordruck entwickelt, der bei den Krankenkassen erhältlich ist. Der Arbeitgeber darf fällige Beiträge in Erwartung einer Beitragserstattung oder Beitragsgutschrift nicht zurückbehalten. Die zu Unrecht gezahlten Gesamtsozialversicherungsbeiträge werden i.d.R. von der Einzugsstelle erstattet. Sie sorgt auch dafür, dass die Meldungen entsprechend berichtigt werden. Zusätzlich hat die Einzugsstelle den Rentenversicherungsträger über die durchgeführte Beitragserstattung zu informieren. Die Benachrichtigung enthält bei mitarbeitenden Familienangehörigen und GmbH-Gesellschaftern die Aussage, dass die Einzugsstelle ihre versicherungsrechtliche Beurteilung mit dem für die Betriebsprüfung zuständigen Rentenversicherungsträger abgestimmt hat und dessen Auffassung teilt. Eine Benachrichtigung der Agenturen für Arbeit über die Erstattung von Beiträgen zur Arbeitslosenversicherung durch die Einzugsstelle ist hingegen nicht erforderlich und soll deshalb grundsätzlich unterbleiben.

Stellt die Einzugsstelle fest, dass die Renten- und Arbeitslosenversicherungsbeiträge z.B. wegen der Inanspruchnahme von Leistungen oder wegen einer zwischenzeitlich eingetretenen Verjährung grundsätzlich nicht erstattet werden können, leitet sie die Anträge an diese zuständigen Sozialversicherungsträger weiter. Die Antragsteller werden hierüber informiert. Der Rentenversicherungsträger und/oder die Bundesagentur für Arbeit entscheiden dann abschließend über die Erstattungsanträge.

4. Verrechnung durch den Arbeitgeber

590 Zu viel gezahlte Beiträge können unter den nachstehenden Voraussetzungen vom Arbeitgeber, von der Einzugsstelle oder vom Rentenversicherungsträger im Rahmen einer Betriebsprüfung verrechnet werden, wenn sichergestellt ist, dass der Arbeitnehmer die verrechneten Beiträge, soweit sie von ihm getragen wurden, zurückerhält.

Der **Arbeitgeber kann Beiträge** in voller Höhe oder Teile von Beiträgen zur Kranken-, Pflege-, Renten- und Arbeitslosenversicherung, die er **zu viel gezahlt hat,** unter Beachtung nachfolgender Voraussetzungen verrechnen, wenn

- bei Verrechnung von Beiträgen in voller Höhe der Beginn des Zeitraums, für den die Beiträge irrtümlich gezahlt wurden, nicht länger als sechs Kalendermonate zurückliegt. Für die Verrechnung hat der Arbeitnehmer eine schriftliche Erklärung darüber abzugeben, dass
    - kein Bescheid über eine Forderung eines Leistungsträgers (Krankenkasse, Pflegekasse, Rentenversicherungsträger, Arbeitsamt) vorliegt und seit Beginn des Erstattungszeitraums Leistungen der Kranken-, Pflege-, Renten- und Arbeitslosenversicherung nicht gewährt wurden und
    - die gezahlten Rentenversicherungsbeiträge dem Rentenversicherungsträger nicht als freiwillige Beiträge verbleiben sollen bzw. der Arbeitnehmer für diese Zeit keine freiwilligen Beiträge nachzahlen will.
- oder bei Verrechnung von Teilen von Beiträgen der Zeitraum, für den Beiträge zu viel gezahlt wurden, nicht länger als 24 Kalendermonate zurückliegt. Beruht die Beitragszahlung darauf, dass Beiträge **irrtümlich** von einem zu hohen Arbeitsentgelt gezahlt worden sind, so ist eine Verrechnung der Beiträge ausgeschlossen, wenn der überhöhte Betrag der Bemessung von Geldleistungen an den Versicherten (z.B. Krankengeldberechnung) zu Grunde gelegt wurde.

Eine Verrechnung zu Unrecht gezahlter Beiträge scheidet aus, soweit für den Erstattungszeitraum oder für Teile des Erstattungszeitraums eine **Prüfung beim Arbeitgeber** stattgefunden hat oder wenn von einem Berechtigten **Zinsen** geltend gemacht werden. In den Fällen, in denen eine Verrechnung ausgeschlossen ist, ist eine Erstattung der Beiträge bei der Einzugsstelle oder dem Versicherungsträger zu beantragen.

Die zu viel gezahlten Beiträge sind mit den Beiträgen für den laufenden Entgeltabrechnungszeitraum zu verrechnen. Erfolgt eine **Verrechnung**, weil der Berechnung der Beiträge irrtümlich ein zu hohes Arbeitsentgelt zu Grunde gelegt wurde, so ist der zu verrechnende Betrag in der Weise zu ermitteln, dass die zunächst unrichtig berechneten Beiträge um den Betrag vermindert werden, der sich bei einer Neuberechnung aus dem maßgeblichen beitragspflichtigen Arbeitsentgelt ergibt. Bei der Verrechnung sind die für die Verrechnungszeitraum jeweils maßgebenden Beitragsfaktoren zu Grunde zu legen. Alle sich aus Anlass der Verrechnung ergebenden Berichtigungen und Stornierungen sind auf den einzelnen Lohn- bzw. Gehaltsunterlagen so zu vermerken, dass sie prüffähig sind. Soweit Beiträge oder Teile von Beiträgen für vorangegangene Kalenderjahre verrechnet werden, sind die Korrekturen im laufenden Beitragsnachweis zu berücksichtigen; Voraussetzung ist allerdings, dass dann die Korrekturen von Rentenversicherungsbeiträgen nur noch in den Beitragsgruppen 0100, 0300 und 0500 nachgewiesen werden (vgl. Gemeinsame Grundsätze für die Verrechnung von Erstattung zu Unrecht gezahlter Beiträge zur Kranken-, Pflege-, Renten- und Arbeitslosenversicherung v. 16.11.2005). Die o.a. Erklärung des Arbeitnehmers ist den Lohn- bzw. Gehaltsunterlagen beizufügen. Bereits erstattete Meldungen nach der DEÜV sind vom Arbeitgeber zu stornieren und ggf. neu zu erstatten.

5. Verrechnung durch die Einzugsstelle

591 Die Einzugsstelle kann unter Beachtung der Verjährungsfrist des § 27 Abs. 2 SGB IV Kranken-, Pflege-, Renten- und/oder Arbeitslosenversicherungsbeiträge verrechnen, wenn

- der Arbeitgeber zur Verrechnung von Beiträgen berechtigt ist und er von dieser Möglichkeit keinen Gebrauch macht,
- sie zu viel Beiträge berechnet hat und diese vom Arbeitgeber gezahlt worden sind,
- zu viel gezahlte Beiträge anlässlich einer Prüfung beim Arbeitgeber festgestellt werden und nicht die Zuständigkeit des Rentenversicherungsträgers besteht.

Verrechnungen durch die Einzugsstelle sind in den Beitragsunterlagen zu vermerken und dem Arbeitgeber zwecks Dokumentation in den Lohn- bzw. Gehaltsunterlagen bekannt zu geben.

Bereits erstattete Meldungen nach der DEÜV sind vom Arbeitgeber zu stornieren und ggf. neu zu erstatten.

6. Verrechnung durch den Rentenversicherungsträger

592 Der Rentenversicherungsträger kann unter Beachtung der Verjährungsfrist Kranken-, Pflege-, Renten- und/oder Arbeitslosenversicherungsbeiträge verrechnen, wenn zu viel gezahlte Beiträge anlässlich einer Prüfung beim Arbeitgeber festgestellt werden, die keine Berichtigung der beitragspflichtigen Einnahmen erfordern (z.B. bei Anwendung falscher Beitragssätze, bei Beitragszahlungen von Entgeltteilen über die Beitragsbemessungsgrenze). Die Verrechnungen durch den Rentenversicherungsträger im Rahmen einer Beitragsprüfung sind im Prüfbescheid vorzunehmen. Bereits erstattete Meldungen nach der DEÜV sind vom Arbeitgeber zu stornieren und ggf. neu zu erstatten.

7. Erstattung

593 Zu Unrecht gezahlte Beiträge, die nicht verrechnet werden, werden auf Antrag erstattet. Die Erstattung kann auch in Form einer Gutschrift (Sollberichtigung) auf dem Beitragskonto erfolgen. Dem Arbeitgeber können auch die Arbeitnehmerbeitragsanteile ausgezahlt werden, wenn sichergestellt ist, dass dem Arbeitnehmer die zu viel gezahlten Beiträge erstattet werden.

Die Erstattung von Rentenversicherungsbeiträgen scheidet aus, wenn der Erstattungsanspruch bereits verjährt ist. Der Erstattungsanspruch verjährt vier Jahren nach Ablauf des Kalenderjahrs, in dem die Beiträge entrichtet worden sind.

Solche zu Unrecht entrichteten Beiträge gelten nach Ablauf der Verjährungsfrist als zu Recht entrichtete Beiträge. Eine Erstattung außerhalb dieses Zeitraums ist somit nicht möglich.

8. Meldeberichtigungen

594 Wird durch die Beitragserstattung das Versicherungsverhältnis oder die Höhe des rentenversicherungspflichtigen Entgelts verändert, sind auch die bisher erstatteten Meldungen nach der Datenerfassungs- und Übermittlungsverordnung (DEÜV) zu stornieren, ggf. sind neue Meldungen mit zutreffenden Angaben zu erstellen. Ist die Einzugsstelle für die Erstattung der zu Unrecht gezahlten Beiträge zuständig, veranlasst und überwacht sie den Eingang der Berichtigungs-/Stornierungsmeldungen durch den Arbeitgeber. Bei einer Verrechnung durch den Arbeitgeber hat dieser eine Stornierung vorzunehmen und ggf. eine neue Meldung zu erstatten.

9. Verzinsung

595 Der Erstattungsanspruch ist nach Ablauf eines Kalendermonats nach Eingang des vollständigen Erstattungsantrags zu verzinsen. Wird kein Erstattungsantrag eingereicht, beginnt die Frist nach der Bekanntgabe der Entscheidung über die Erstattung. Zinsen sind bis zum Ablauf des Kalendermonats vor der Zahlung i.H.v. 4 % zu zahlen. Der Kalendermonat wird dabei mit 30 Tagen angesetzt.

10. Verjährung

596 Der Erstattungsanspruch verjährt in vier Jahren nach Ablauf des Kalenderjahrs, in dem die Beiträge entrichtet wurden. Dies gilt auch dann, wenn zwischenzeitlich eine Betriebsprüfung durch den Rentenversicherungsträger (früher: Einzugsstelle) stattgefunden hat (vgl. BSG v. 29.7.2003, B 12 AL 1/02 R, www.stotax-first.de).

Beitragsfreiheit

597 Beitragsfrei ist ein Mitglied für die Dauer des **Anspruchs auf Krankengeld** oder **Mutterschaftsgeld** oder des Bezugs von **Elterngeld**. Die Beitragsfreiheit erstreckt sich nur auf diese Leistungen (vgl. § 224 SGB V). Gleiches gilt in der sozialen Pflegeversicherung (§ 56 SGB XI) sowie in der Renten- und Arbeitslosenversicherung. Da die Beitragsfreiheit nicht von dem Bezug, sondern von dem Anspruch auf Krankengeld abhängig ist, kommt Beitragsfreiheit auch in Betracht, wenn der Anspruch auf Krankengeld wegen des Bezugs von Versorgungskrankengeld, Verletztengeld oder Übergangsgeld während einer medizinischen Rehabilitationsmaßnahme ruht.

Zuschüsse, die der Arbeitnehmer während des **Sozialleistungsbezugs** erhält, sind nach § 23c SGB IV kein Arbeitsentgelt, soweit die Einnahmen zusammen mit der Sozialleistung das Nettoarbeitsentgelt nach § 47 SGB V (SV-Freibetrag) nicht übersteigen. Darüber hinaus gibt es eine Freigrenze i.H.v. 50 €. Bis zu diesem Betrag bleiben laufend gezahlte arbeitgeberseitige Leistungen, die den SV-Freibetrag übersteigen, beitragsfrei (→ *Arbeitsentgelt* Rz. 227).

Beitragsgruppen

→ *Meldungen für Arbeitnehmer in der Sozialversicherung* Rz. 1989

Beitragsnachweis

→ *Beiträge zur Sozialversicherung* Rz. 548

Beitragsprüfung, Sozialversicherung

→ *Beitragsüberwachung* Rz. 598

Beitragsrückvergütungen

→ *Arbeitslohn-ABC* Rz. 255, → *Beitragserstattung* Rz. 587

Beitragsüberwachung

1. Allgemeines

598 Durch das Gesetz zur Modernisierung und Entbürokratisierung des Steuerverfahrens wurde seit 1.1.2010 die Möglichkeit geschaffen, dass die Steuerprüfung der Finanzverwaltung und die Betriebsprüfung der Rentenversicherungsträger zusammen durchgeführt werden. Hierzu muss der Arbeitgeber beim Betriebsstättenfinanzamt einen formlosen Antrag stellen. Das Betriebsstättenfinanzamt regelt die Einzelheiten dann mit dem Träger der Rentenversicherung.

Die **Rentenversicherungsträger** haben mindestens **alle vier Jahre** die Richtigkeit der vorgenommenen Beurteilungen der Beschäftigungsverhältnisse (Versicherungspflicht/-freiheit), der Beitragsermittlung und -zahlung sowie die Abgabe der Meldungen in den Betrieben zu überwachen. Die Prüfung umfasst auch die Verpflichtung des Arbeitgebers, für jeden Beschäftigten Lohnunterlagen getrennt nach Kalenderjahren zu führen. Dabei werden auch die Lohnunterlagen der Beschäftigten, für die Beiträge nicht gezahlt wurden, geprüft.

Stellen die Träger der Rentenversicherung im Rahmen der Betriebsprüfung Verstöße gegen das Mindestlohngesetz fest, haben sie die Behörden der Zollverwaltung, im Speziellen die Finanzkontrolle Schwarzarbeit darüber zu unterrichten.

Die Betriebsprüfung kann auch in kürzeren Abständen erfolgen, wenn der Arbeitgeber dies verlangt. Die Rentenversicherungsträger führen umgehend eine Prüfung durch, wenn z.B. Hinweise der Arbeitsämter, Behörden der Zollverwaltung, Kriminalpolizei, Staatsanwaltschaft vorliegen und es sich nicht nur um geringfügige Meldeverstöße handelt.

Beitragsüberwachung

keine Sozialversicherungspflicht = (SV̄)
Sozialversicherungspflicht = (SV)

2. Prüfung in den Geschäftsräumen

599 Die Prüfung findet i.d.R. in den Geschäftsräumen des Arbeitgebers bzw. beim Steuerberater statt, wenn dieser im Auftrag des Arbeitgebers die Lohnunterlagen führt, Beitragsnachweise und Meldungen erstellt.

Die Prüfung erfolgt grundsätzlich nach **vorheriger Ankündigung** durch den prüfenden Versicherungsträger. Die Ankündigung soll möglichst einen Monat, sie muss jedoch spätestens **14 Tage vor der Prüfung** erfolgen. Mit Zustimmung des Arbeitgebers kann von der Mindestfrist abgewichen werden. Die Prüfer der Versicherungsträger haben sich auszuweisen. Wenn besondere Gründe es rechtfertigen (z.B. wenn dem Versicherungsträger Anhaltspunkte für eine Beitragshinterziehung vorliegen), kann auch eine unvermutete Prüfung in den Geschäftsräumen des Arbeitgebers stattfinden.

Seit Januar 2013 steht die elektronisch unterstützte Betriebsprüfung der Deutschen Rentenversicherung zur Verfügung. Die Teilnahme am Verfahren ist freiwillig. Durch die Möglichkeit, Auswertungen und Berechnungen schon vor der eigentlichen Prüfung vornehmen zu können, soll die Prüfdauer vor Ort reduziert werden.

Zukünftig stellt die Deutsche Rentenversicherung bei Meldekorrekturen (quasi als Rückweg) den Arbeitgebern maschinell Grunddaten für die Berichtigung der Entgeltmeldungen zur Verfügung.

3. Mitwirkung des Arbeitgebers

600 Der Arbeitgeber hat das Recht, im Vorfeld der Prüfung mit dem prüfenden Versicherungsträger den technischen Ablauf der Prüfung abzustimmen (z.B. Prüfung der Abrechnungsprogramme durch Verarbeitung von **Testaufgaben**). Die Arbeitgeber haben bei der Beitragsüberwachung mitzuwirken.

Diese Mitwirkung erstreckt sich auf die

– kostenlose **Überlassung eines geeigneten Raumes** oder Arbeitsplatzes sowie der erforderlichen Hilfsmittel zur ordnungsgemäßen Durchführung der Prüfung,

– Überlassung aller **erforderlichen Lohnunterlagen**, Beitragsabrechnungen und Beitragsnachweise während der Prüfung (bei Einsatz automatischer Einrichtungen zur Lohn-/Gehaltsabrechnung hat der Arbeitgeber die für die Prüfung der Lohnunterlagen erforderlichen Darstellungsprogramme sowie die Maschinenzeiten und sonstige Hilfsmittel, z.B. Bildschirme, Lesegeräte, bereitzustellen und personelle Unterstützung zu gewähren),

– Vorlage der **Prüfmitteilungen anderer Versicherungsträger** (sofern bei einer Prüfung Bedenken gegen das vom Arbeitgeber durchgeführte Beitragsverfahren ausgesprochen worden sind, eine Prüfmitteilung aber noch nicht vorliegt, hat der Arbeitgeber dieses den Prüfern mitzuteilen),

– Vorlage von Auszügen aus den **Prüfberichten der Finanzbehörden**, sofern diese für die Aufgabenerfüllung der Prüfer, insbesondere für die Beurteilung der Versicherungspflicht, Beitragspflicht und die Beitragshöhe, von Bedeutung sind,

– Vorlage anderer **Unterlagen, die außerhalb der Lohn- und Gehaltsabrechnung** im Bereich des Rechnungswesens geführt werden, soweit es Gründe für die Annahme gibt, dass diese Unterlagen für die Versicherungspflicht, Beitragspflicht und die Beitragshöhe erhebliche Angaben enthalten,

– Verarbeitung von **Testaufgaben** zur Prüfung der ordnungsgemäßen Beitragsberechnung und Beitragszahlung,

– maschinelle **Selektion** prüfrelevanter Fallgruppen, sofern eine Verarbeitung von Testaufgaben nicht erfolgt,

– unverzügliche **Behebung der festgestellten Mängel** und ggf. Mitteilung an den jeweiligen Versicherungsträger.

4. Umfang der Prüfung

601 Die Prüfung der Aufzeichnungen einschließlich der Unterlagen über Versicherungsfreiheit sowie der Beitragsnachweise kann auf **Stichproben** beschränkt werden. Die Prüfung der gemeldeten Arbeitsentgelte kann auf solche Fälle beschränkt werden, **in denen Unstimmigkeiten** bei der Abstimmung der Beiträge nicht aufgeklärt werden konnten. Die Versicherungsträger sind berechtigt, beim Arbeitgeber über den Bereich der Lohn- und Gehaltsabrechnung, jedoch nicht über den Bereich des Rechnungswesens hinaus zu prüfen, soweit es Gründe für die Annahme gibt, dass sich für die Versicherungs- oder Beitragspflicht und die Beitragshöhe erhebliche Unterlagen auch außerhalb der Lohn- und Gehaltsabrechnung befinden. Der Arbeitgeber hat Unterlagen, die der Aufgabenerfüllung der Prüfer dienen, insbesondere zur Klärung, ob ein versicherungs- oder beitragspflichtiges Beschäftigungsverhältnis vorliegt oder nicht, auf Verlangen vorzulegen.

Seit 1.1.2010 führen die Prüfdienste der Rentenversicherungsträger auch die Betriebsprüfung für die Unfallversicherung durch. Prüfgegenstände werden die Zuordnung der Entgelte zu den trägerspezifischen Gefahrtarifstellen sowie die zutreffende Beurteilung des beitragspflichtigen Arbeitsentgelts zur Unfallversicherung sein. Zur Umsetzung des Prüfauftrags wurde das Meldeverfahren bereits zum 1.1.2009 angepasst. Weitere Einzelheiten → *Meldungen für Arbeitnehmer in der Sozialversicherung* Rz. 1989.

Bereits seit 2007 prüfen die Rentenversicherungsträger bei einem Teil der Arbeitgeber die etwaige Abgabepflicht nach dem Künstlersozialversicherungsgesetz. Die Bundesregierung hat zur Stabilisierung der Künstlersozialabgabe das Prüfgeschäft verschärft. Die Rentenversicherungsträger werden zukünftig bei allen Arbeitgebern mit mehr als 19 Beschäftigten die Abgabepflicht nach dem Künstlersozialversicherungsgesetz prüfen. Bei Arbeitgebern mit weniger als 20 Beschäftigten sollen 40 % der Arbeitgeber überprüft werden. Bei den übrigen 60 % wird anlässlich der Prüfung schriftlich über die Künstlersozialabgabe informiert. Der Arbeitgeber muss bestätigen, dass er diese Informationen erhalten hat.

Bei Arbeitgebern mit branchenspezifischen Schwerpunktprüfungen und anlassbezogenen Prüfungen hat die Künstlersozialkasse wieder ein eigenes Prüfrecht.

5. Prüfung durch Testaufgaben

602 Bei der Prüfung von Programmen durch Testaufgaben hat der Arbeitgeber die erforderlichen Arbeiten auszuführen und das Testergebnis den Prüfern zu übergeben. Bei der Prüfung durch Testaufgaben können nur gemeinsame Testaufgaben verwendet werden. Der Arbeitgeber kann eine Änderung der Testaufgaben verlangen, soweit dies durch betriebliche Gegebenheiten begründet ist. Ist der Arbeitgeber mit der Verwendung von Testaufgaben nicht einverstanden oder kommt eine **Prüfung von Programmen** durch Testaufgaben bereits aus programm- oder speichertechnischen Gründen nicht in Betracht, sollen zur Vermeidung von Massenarbeiten durch prüfrelevante Fallgruppen vom Arbeitgeber herausgesucht und ausgedruckt werden.

Prüfrelevante Fallgruppen für Selektionsprüfungen sind:

– **versicherungsfreie Beschäftigte**,

– nach dem Dritten Buch Sozialgesetzbuch oder dem Arbeitsförderungsgesetz **beitragsfreie Beschäftigte**,

– in der Rentenversicherung versicherungsfreie Beschäftigte,

– **kurzzeitig Beschäftigte**, die eine Rente wegen **Erwerbsunfähigkeit** oder ein Altersruhegeld beziehen,

– Beschäftigte, für die in der Rentenversicherung oder zur Bundesagentur für Arbeit nur der Arbeitgeberanteil zu zahlen ist,

– bestimmte Berufsgruppen (z.B. Fahrer, Pförtner, Praktikanten),

– einzelne Lohnarten,

– **Einmalzahlungen**, die dem Vorjahr zugeordnet worden sind.

Zusätzlich zur Selektionsprüfung kann der Prüfer verlangen, dass ihm Fälle, die manuell abgerechnet worden sind oder in denen das beitragspflichtige Arbeitsentgelt manuell vorgegeben worden ist, vorgelegt werden. Die selektierten Daten sind den Lohn- und Gehaltsabrechnungen des laufenden Kalenderjahrs zu entnehmen. Daten vergangener Kalenderjahre dürfen für die **Selektionsprüfung** nur im **Rahmen der programm- und speichertechnischen Möglichkeiten** des eingesetzten Systems verlangt werden. Die Selektionsprüfung ist mit dem Arbeitgeber rechtzeitig vorzubereiten. Kann eine Selektionsprüfung nicht durchgeführt werden, sind den Prüfern die von ihnen gewünschten Lohnunterlagen und Beitragsabrechnungen unverzüglich auszudrucken oder es sind lesbare Reproduktionen herzustellen, soweit den Prüfern die Nutzung der betrieblich installierten Technik nicht zuzumuten ist.

6. Nachforderung von Beiträgen

603 Die Rentenversicherungsträger erlassen im Rahmen der Prüfung die erforderlichen Verwaltungsakte (Nachberechnungsbescheide) einschließlich der Widerspruchsbescheide; sie umfassen auch die Umlagen nach dem Aufwendungsausgleichsgesetz. Die Rentenversicherungsträger sind in den Verfahren vor den Gerichten der Sozialgerichtsbarkeit aktiv legitimiert. Soweit die Rentenversicherungsträger Verwaltungsakte der Einzugsstellen abändern, finden die allgemeinen Verwaltungsverfahrensregelungen Anwendung. Dadurch ist das Vertrauen des Arbeitgebers in die Entscheidungen der Einzugsstellen gewährleistet.

Die Rentenversicherungsträger berechnen Säumniszuschläge bis zum Zeitpunkt der Schlussbesprechung. Ihnen obliegt auch die Prüfung, ob und inwieweit ein Bescheid über Säumniszuschläge zurückzunehmen ist, wenn der Arbeitgeber geltend macht, dass die Säumniszuschläge im Rahmen der Betriebsprüfung zu Unrecht erhoben wurden.

Das Recht auf Geltendmachung einer Beitragsforderung ist nicht schon dadurch verwirkt, dass die vom Arbeitgeber in Anspruch genommene Versicherungsfreiheit bei früheren Betriebsprüfungen nicht beanstandet oder vom Betriebsprüfer sogar ausdrücklich gebilligt worden ist; der **Nachforderung von Sozialversicherungsbeiträgen** steht auch nicht entgegen, dass die Einzugsstelle nicht auf die Möglichkeit einer Befreiung von der Versicherungspflicht hingewiesen hat. Betriebsprüfungen haben den Zweck, die rechtmäßige Beitragsentrichtung zu den einzelnen Zweigen der Sozialversicherung zu sichern; eine über diese Kontrollfunktion hinausgehende Bedeutung kommt der Betriebsprüfung nicht zu (vgl. BSG v. 30.11.1978, 12 RK 6/76, www.stotax-first.de).

Die Verjährung von Beiträgen wird für die Dauer einer Betriebsprüfung beim Arbeitgeber gehemmt, d.h. sie wird für diesen Zeitraum vorübergehend ausgesetzt. Die Hemmung der Verjährung beginnt mit dem Tag des Beginns der Prüfung beim Arbeitgeber. Sie endet mit der Bekanntgabe des Beitragsbescheids, spätestens nach Ablauf von sechs Kalendermonaten nach Abschluss der Prüfung. Die Hemmung tritt auch ein, wenn der Rentenversicherungsträger eine Prüfung angekündigt und auch einen Termin vereinbart hat, der Prüfungstermin aber ohne Verschulden des Rentenversicherungsträgers nicht eingehalten werden kann.

Beitragszuschuss zur Krankenversicherung

604 Allgemein zur Beitragsberechnung → *Beiträge zur Sozialversicherung* Rz. 549

1. Allgemeines

605 In der gesetzlichen Krankenversicherung sind Arbeitnehmer nur dann versichert, wenn ihr regelmäßiges Jahresarbeitsentgelt (JAE) die Jahresarbeitsentgeltgrenze (JAE-Grenze) nicht überschreitet (→ *Jahresarbeitsentgeltgrenze in der gesetzlichen Krankenversicherung* Rz. 1616). Anderenfalls besteht Versicherungsfreiheit in der Krankenversicherung mit der Folge, dass der Arbeitnehmer seinen **Versicherungsschutz** selbst sicherstellen muss. Damit diese Arbeitnehmer nicht schlechter gestellt werden als versicherungspflichtige Arbeitnehmer, bei denen der Arbeitgeber – wie in allen anderen Versicherungszweigen – den halben Beitragsanteil übernehmen muss, erhalten die Arbeitnehmer einen Beitragszuschuss. Die **Gewährung des Beitragszuschusses** nach § 257 SGB V ist an strenge Voraussetzungen gebunden, um eine Gleichbehandlung aller Personenkreise zu erreichen. Für die öffentlich-rechtlichen Arbeitgeber hat das Bundesministerium des Inneren mit Erlass v. 9.10.2000 nachfolgende Anspruchsvoraussetzungen für die tägliche Praxis zusammengefasst:

Angestellte und Arbeiter, deren regelmäßiges JAE die JAE-Grenze übersteigt und die nur deswegen versicherungsfrei sind, oder Beschäftigte, die auf Antrag **von der Versicherungspflicht befreit** sind, erhalten zur Gleichstellung mit den krankenversicherungspflichtigen Arbeitnehmern einen Beitragszuschuss, wenn sie entweder

– freiwillig in der gesetzlichen Krankenversicherung oder

– bei einem privaten Krankenversicherungsunternehmen unter den nachstehend erläuterten Voraussetzungen

versichert sind.

Angestellte und Arbeiter, deren regelmäßiges JAE die JAE-Grenze überschreitet, sind nicht anspruchsberechtigt, wenn sie auch aus einem **anderen Grund** versicherungsfrei sind; in diesem Fall sind sie nicht „nur" wegen des Überschreitens der JAE-Grenze versicherungsfrei (BSG v. 10.3.1994, 12 RK 12/93, www.stotax-first.de).

Seit 1.7.2000 steht ein Zuschuss nach § 257 Abs. 2 SGB V auch den Arbeitnehmern zu, die die Voraussetzungen der Versicherungsfreiheit nach § 6 Abs. 3a SGB V erfüllen. Damit wird sichergestellt, dass sich die Arbeitgeber auch bei über 55-jährigen Arbeitnehmern, die eine dem Grunde nach krankenversicherungspflichtige Beschäftigung ausüben aber keinen Zugang zu gesetzlichen Krankenversicherung mehr haben, an der Beitragsaufbringung beteiligen.

Dies gilt sinngemäß auch für ins Ausland entsandte Beschäftigte für die Dauer der zeitlich begrenzten Beschäftigung im Ausland.

Durch die Neufassung des § 257 Abs. 2 Satz 1 Nr. 2 SGB V wird das Zugangsalter zum Standardtarif vom 65. Lebensjahr auf das 55. Lebensjahr abgesenkt, um unzumutbare Prämienbelastungen derjenigen Personen, die wegen der Versicherungsfreiheit nach § 6 Abs. 3a SGB V keinen Zugang zur gesetzlichen Krankenversicherung mehr haben, zu vermeiden. Die Voraussetzungen im bisherigen Recht, nach der die Vorversicherungszeit von zehn Jahren für den Zugang zum Standardtarif nur mit einem zuschussberechtigten Versicherungsschutz erfüllt werden konnte, wird durch einen substitutiven Versicherungsschutz (den beispielsweise Selbständige haben) ersetzt. Der Standardtarif begrenzt nunmehr für Ehegatten den Beitrag auf insgesamt 150 % des durchschnittlichen Höchstbeitrags der gesetzlichen Krankenversicherung, vorausgesetzt, das jährliche Gesamteinkommen der Ehegatten übersteigt die JAE-Grenze nicht.

2. Freiwillige Mitglieder in der gesetzlichen Krankenversicherung

606 Anspruchsberechtigt sind alle in der gesetzlichen Krankenversicherung (Orts-, Betriebs-, Innungs- oder Ersatzkasse oder bei der See-Krankenkasse oder Knappschaft) **freiwillig versicherten Beschäftigten**. Diese Beschäftigten brauchen lediglich den Nachweis ihrer freiwilligen Versicherung zu erbringen und die Höhe des von ihnen zu zahlenden Beitrags anzugeben.

3. Privatversicherte

607 Diese Beschäftigten erhalten den Zuschuss zu ihrem Krankenversicherungsbeitrag, wenn sie bei einem privaten Krankenversicherungsunternehmen versichert sind und für sich und ihre Angehörigen, die bei Versicherungspflicht des **Beschäftigten nach § 10 SGB V** versichert wären, Vertragsleistungen beanspruchen können, die der Art nach den Leistungen des SGB V entsprechen.

Die Gewährung eines Beitragszuschusses für die private Krankenversicherung ist u.a. davon abhängig, ob das Versicherungsunternehmen

– die Krankenversicherung nach Art der Lebensversicherung betreibt,

– sich verpflichtet, für versicherte Personen, die das 65. Lebensjahr vollendet haben und über zehn Jahre privat versichert sind, einen Standardtarif anzubieten, dessen Vertragsleistungen den Leistungen der gesetzlichen Krankenversicherung bei Krankheit vergleichbar sind und dessen Beitrag den durchschnittlichen Höchstbeitrag der gesetzlichen Krankenversicherung nicht übersteigt,

– sich vertraglich verpflichtet, auf das ordentliche Kündigungsrecht zu verzichten.

Der Zuschuss wird seit 1.1.2009 für eine private Krankenversicherung nur gezahlt, wenn das Versicherungsunternehmen

– diese Krankenversicherung nach Art der Lebensversicherung betreibt,

– einen Basistarif i.S.d. § 12 Abs. 1a des Versicherungsaufsichtsgesetzes anbietet,

Beitragszuschuss zur Krankenversicherung

- soweit es über versicherte Personen im brancheneinheitlichen Standardtarif i.S.v. § 257 Abs. 2a SGB V in der bis zum 31.12.2008 geltenden Fassung verfügt, sich verpflichtet, die in § 257 Abs. 2a SGB V in der bis zum 31.12.2008 geltenden Fassung in Bezug auf den Standardtarif genannten Pflichten einzuhalten,

- sich verpflichtet, den überwiegenden Teil der Überschüsse, die sich aus dem selbst abgeschlossenen Versicherungsgeschäft ergeben, zu Gunsten der Versicherten zu verwenden.

Diese Voraussetzungen sollen sicherstellen, dass der private Versicherungsschutz, für den der Arbeitgeber einen Zuschuss zu zahlen hat, auch hinsichtlich bestimmter struktureller Kriterien mit dem Versicherungsschutz in der gesetzlichen Krankenversicherung vergleichbar ist. Soweit das private Krankenversicherungsunternehmen die Voraussetzungen nicht erfüllt, kann der Versicherte den Versicherungsvertrag mit sofortiger Wirkung **kündigen** (§ 257 Abs. 2c SGB V).

Der Versicherungsnehmer hat dem Arbeitgeber hierzu eine **Bescheinigung des Versicherungsunternehmens** darüber vorzulegen, dass die Aufsichtsbehörde (i.d.R. ist dies die Bundesanstalt für Finanzdienstleistungsaufsicht) dem Versicherungsunternehmen bestätigt hat, dass die o.a. Voraussetzungen erfüllt sind. Die der Bescheinigung zu Grunde liegende Bestätigung kann auch von der Aufsichtsbehörde eines anderen EU-Staats ausgestellt sein, sofern diese zuständig ist (vgl. BT-Drucks. 12/3608, S. 116). Nach Auffassung des Bundesministeriums für Gesundheit haben Arbeitnehmer, die in Deutschland arbeiten und ihren Wohnsitz in einem Nachbarstaat haben (Grenzgänger), auch dann einen Anspruch auf den Arbeitgeberzuschuss zu ihrem Krankenversicherungsbeitrag, wenn sie bei einem privaten **Krankenversicherungsunternehmen mit Sitz im Ausland** versichert sind, welches die o.a. besonderen Voraussetzungen nicht erfüllt. Zweck des Arbeitgeberzuschusses für privat krankenversicherte Arbeitnehmer ist insbesondere die Wettbewerbsneutralität für Arbeitgeber. Dem Arbeitgeber soll kein Vorteil daraus entstehen, dass er für Arbeitnehmer mit einem Einkommen oberhalb der Versicherungspflichtgrenze keine dem Arbeitgeberanteil für Pflichtversicherte vergleichbaren Beitragsbeteiligungen zu leisten hätte.

„Angehörige" im o.a. Sinne sind Personen, die im Fall der Pflichtversicherung in der gesetzlichen Krankenversicherung kostenfrei mitversichert wären (§ 10 SGB V). Zu den Angehörigen gehören daher

- der **Ehegatte** und

- die **Kinder** einschließlich der nach § 10 Abs. 4 SGB V als Kinder geltenden **Stiefkinder, Enkel und Pflegekinder** sowie die mit dem Ziel der Annahme als Kind in die Obhut des Beschäftigten aufgenommenen Kinder.

Besteht der Krankenversicherungsschutz nicht nur bei einem, sondern **bei mehreren Versicherungsunternehmen**, hat der Beschäftigte auch Anspruch auf einen Beitragszuschuss, vorausgesetzt, die Versicherungsunternehmen erfüllen alle die o.a. strukturellen Voraussetzungen.

Da die Leistungen des privaten Krankenversicherungsunternehmens nur **der Art nach denen der gesetzlichen Krankenversicherung** entsprechen müssen, sind die Voraussetzungen für einen Beitragszuschuss auch dann gegeben, wenn die private Krankenversicherung eine Selbstbeteiligung des Versicherten an seinen Aufwendungen in Höhe eines festgesetzten Sockelbetrages vorsieht.

Auch eine **Absicherung des gesamten Leistungskataloges**, wie sie die gesetzliche Krankenversicherung vorsieht, ist nicht erforderlich; vielmehr bleibt es dem zuschussberechtigten Beschäftigten selbst überlassen, welche Leistungen er im Einzelnen absichern will. Es kommt danach insbesondere nicht darauf an, ob etwa Anspruch auf Krankengeld oder auf eine dem Krankengeld entsprechende Leistung für mindestens 78 Wochen besteht. Arbeitnehmer mit einem (tarif-)vertraglichen Anspruch auf Entgeltfortzahlung von 78 Wochen könnten z.B. auf eine Krankengeldversicherung verzichten, ohne den Anspruch auf den Beitragszuschuss zu verlieren. Andererseits sind Beitragsaufwendungen des Beschäftigten für eine private Versicherung, die solche Leistungen vorsieht, zuschussfähig. Dagegen sind zusätzliche Sterbegeldversicherungen nicht zuschussfähig.

4. Bemessung des Zuschusses

a) Freiwillige Mitglieder

Der Beitragszuschuss für einen **in der gesetzlichen Krankenversicherung freiwillig versicherten Beschäftigten** (§ 257 Abs. 1 SGB V) beträgt die Hälfte des Beitrags, der bei Versicherungspflicht des Beschäftigten bei der Krankenkasse zu zahlen wäre, bei der die freiwillige Mitgliedschaft besteht. Der einkommensabhängige Zusatzbeitrag in der Krankenversicherung (→ *Beiträge zur Sozialversicherung* Rz. 548) ist jedoch nicht zuschussfähig. Der Arbeitgeberzuschuss beträgt daher die Hälfte des allgemeinen Beitragssatzes. Auf Grund dieser Regelung besteht kein Raum mehr für eine Bezuschussung von Aufwendungen für eine Zusatzversicherung bei einem privaten Krankenversicherungsunternehmen. Eine Vergleichsberechnung mit dem Höchstbeitrag der „Pflichtkrankenkasse" kommt nicht mehr in Betracht.

608

> **Beispiel:**
> Ein Arbeitnehmer mit einem Einkommen über der JAE-Grenze ist freiwilliges Mitglied einer gesetzlichen Krankenkasse. Bei einem Beitragssatz von 14,6 % hat er einen monatlichen Krankenversicherungsbeitrag i.H.v. 618,68 € zu zahlen. Zusätzlich hat er noch eine private Krankenversicherung (Zweibettzimmer-Zuschlag bei stationärer Behandlung) abgeschlossen. Die monatliche Prämie beträgt 51 €. Von seinem Arbeitgeber kann er einen Zuschuss i.H.v. (4 237,50 € × 7,3 % =) 309,34 € erhalten. Die Prämie der Privatversicherung und den Zusatzbeitrag zur Krankenversicherung hat er allein zu tragen. Dies gilt auch, wenn der Arbeitnehmer bei einer Ersatzkasse versichert wäre.

Besteht die Krankenversicherungsfreiheit wegen Überschreitens der JAE-Grenze nicht auf Grund der Höhe der laufenden Bezüge, sondern ausschließlich durch die **Hinzurechnung von voraussehbaren Einmalzahlungen** (z.B. vertraglich zugesichertes Weihnachtsgeld), sollte der Beitragszuschuss auch in Höhe des für diese Versicherten in Betracht kommenden Höchstbetrags gezahlt werden (→ *Jahresarbeitsentgeltgrenze in der gesetzlichen Krankenversicherung* Rz. 1616). Diese Beschäftigten werden daher als freiwillige Versicherte von dem Träger der gesetzlichen Krankenversicherung ohne Rücksicht auf die Höhe des laufenden Arbeitsentgelts in Beitragsklassen für solche Arbeitnehmer eingestuft, die wegen Überschreitens der JAE-Grenze nicht krankenversicherungspflichtig sind. Es bestehen keine Bedenken, wenn dies auch in den Fällen geschieht, in denen die Krankenkassen bei der Beitragsberechnung nur das niedrigere laufende Arbeitsentgelt berücksichtigen und im Monat der Einmalzahlung eine **Beitragsneuberechnung** – unter Berücksichtigung der noch nicht in Anspruch genommenen Beitragsbemessungsgrenze – vornehmen. Sonst müsste der Arbeitgeber **im Monat der Einmalzahlung** einen höheren Beitragszuschuss gewähren.

Bestehen innerhalb desselben Zeitraums mehrere Beschäftigungsverhältnisse, sind die Arbeitgeber nach dem Verhältnis der Höhe der jeweiligen Arbeitsentgelte zur Zahlung des Beitragszuschusses verpflichtet.

Für Beschäftigte, die Kurzarbeitergeld oder Saison-Kurzarbeitergeld nach dem SGB III beziehen, hat der Arbeitgeber als Beitragszuschuss die Hälfte des Beitrags, der aus dem tatsächlich erzielten Entgelt zu ermitteln ist, zu zahlen. Soweit für Beschäftigte Beiträge vom Kurzarbeitergeld oder Saison-Kurzarbeitergeld zu zahlen sind, hat der Arbeitgeber den Beitrag inkl. des Zusatzbeitrages allein zu tragen.

Durch eine Klarstellung im Gesetz zur Stärkung der Versorgung in der gesetzlichen Krankenversicherung (GKV-Versorgungsstärkungsgesetz) wird bei der Berechnung des Beitragszuschusses für die Zeit des Kurzarbeitergeldbezugs bei einem privat versicherten Arbeitnehmer neben dem allgemeinen oder ermäßigten Beitragssatz auch der durchschnittliche Zusatzbeitragssatz berücksichtigt.

b) Privatversicherte

Der Beitragszuschuss beträgt die Hälfte des für den **„Basistarif" maßgeblichen durchschnittlichen Höchstbeitrags** der gesetzlichen Krankenversicherung, höchstens jedoch die Hälfte des Betrags, den der Arbeitnehmer für seine Krankenversicherung zu zahlen hat.

609

Der Beitragszuschuss für privat krankenversicherte Arbeitnehmer beträgt seit 1.1.2016 309,34 €. Der Beitragszuschuss richtet sich nach dem allgemeinen Beitragssatz i.H.v. 14,6 %, **höchstens** erhält der Arbeitnehmer aber die **Hälfte des Betrags**, den er für seine private Krankenversicherung aufwendet. Für krankenversicherungspflichtige Arbeitnehmer, die Altersteilzeit leisten, ist für Zeiten der Freistellungsphase der ermäßigte Beitragssatz anzuwenden. Dies hat auch Auswirkungen auf den Beitragszuschuss für privat Krankenversicherte. In diesen Fällen ist bei der Berechnung des Beitragszuschusses der ermäßigte Beitragssatz zu Grunde zu legen = 14,0 % : 2 = 7,0 %.

Der Höchstbeitragszuschuss beträgt somit für das Jahr 2016 296,63 € (4 237,50 € × 7,0 %).

Bei der zweiten **Begrenzung in Höhe der Hälfte der tatsächlichen Aufwendungen** hat der Arbeitgeber individuell den Umfang des jeweiligen Versicherungsschutzes zu ermitteln. Dabei hat er Folgendes zu beachten:

– Beiträge zur Privatversicherung für **Familienmitglieder, die nicht „Angehörige"** i.S. der gesetzlichen Krankenversicherung sind, bleiben bei der Ermittlung der Höhe des Beitragszuschusses außer Betracht.

– Das BSG hat mit Urteil v. 20.3.2013, B 12 KR 4/11 R, www.stotax-first.de, entschieden, dass **ein privat krankenversicherter Beschäftigter** keinen Anspruch auf einen Beitragszuschuss für **seine freiwillig in der gesetzlichen Krankenversicherung versicherte Ehefrau** hat. Der Leitsatz der Entscheidung lautet: „Der Anspruch eines privat krankenversicherten Beschäftigten gegen seinen Arbeitgeber auf einen Beitragszuschuss umfasst nicht die Beiträge für seine freiwillig in der gesetzlichen Krankenversicherung versicherte Ehefrau." Die Ausführungen gelten sinngemäß auch für die Pflegeversicherung. Die Spitzenorganisationen der Sozialversicherung haben sich in ihrer Besprechung am 20./21.11.2013 (TOP 9) darauf verständigt, dass das Urteil spätestens seit 1.1.2014 anzuwenden ist. Soweit in der Vergangenheit anders verfahren wurde, erfolgt keine Beanstandung.

– Bei einem privat krankenversicherten Arbeitnehmer sind die Aufwendungen für die ebenfalls **privat krankenversicherte Ehefrau** während des Mutterschutzes und Erziehungsurlaubs auch dann bei der Bemessung des Beitragszuschusses des Arbeitgebers nach § 257 Abs. 2 SGB V zu berücksichtigen, wenn die Ehefrau zuvor wegen Überschreitens der JAE-Grenze krankenversicherungsfrei war und ihr Beschäftigungsverhältnis für die Dauer des Mutterschutzes und Erziehungsurlaubs ohne Entgeltzahlung fortbesteht (BSG v. 29.6.1993, 12 RK 9/92, www.stotax-first.de).

– Beiträge, die von **versicherungspflichtigen Studenten oder Praktikanten** nach §§ 245, 254 SGB V zu zahlen sind, wirtschaftlich jedoch vom zuschussberechtigten Beschäftigten getragen werden, sind bei der Bemessung des Beitragszuschusses zu berücksichtigen, wenn bei unterstellter Versicherungspflicht des Beschäftigten in der gesetzlichen Krankenversicherung der Student oder Praktikant nach § 10 SGB V familienversichert wäre.

– **Nachträgliche Beitragsrückerstattungen sind** bei der Ermittlung der Zuschusshöhe **nicht zu berücksichtigen**. Das bedeutet, dass Rückzahlungen wegen der Nichtinanspruchnahme von Versicherungsleistungen den bisher gezahlten Zuschuss nicht mindern.

– Dagegen ist ein **Beitragsnachlass** eines privaten Versicherungsunternehmens, weil Beiträge im Wege des sog. Sammel-Inkasso erhoben werden, bei der Berechnung des Beitragszuschusses zu berücksichtigen. Der Beitragszuschuss ist somit geringer.

– Wird eine Beitragsermäßigung wegen eines vereinbarten Selbstbehalts gewährt, beträgt der Zuschuss höchstens die Hälfte des tatsächlich gezahlten Beitrags.

5. Verfahren

610 Bei dem Anspruch auf einen Beitragszuschuss nach § 257 SGB V handelt es sich um einen öffentlich-rechtlichen Anspruch. Durch Beschluss des Gemeinsamen Senats der Obersten Gerichtshöfe des Bundes v. 4.6.1974, GmS OGB 2/73 (BSGE 37, 292, 295) ist für Streitigkeiten über den Anspruch auf den Zuschuss des Arbeitgebers der **Rechtsweg zu den Gerichten der Sozialgerichtsbarkeit** gegeben. Nach dem Urteil des BSG (BSG v. 2.6.1982, 12 RK 66/81, www.stotax-first.de) ist der Arbeitgeber verpflichtet, den Arbeitnehmer über die Gewährung eines Beitragszuschusses aufzuklären und die Voraussetzungen für die Zahlung des Zuschusses festzustellen und diesen an den Versicherten auszuzahlen.

Voraussetzung für die Zahlung des Beitragszuschusses ist, dass für den in der gesetzlichen Krankenversicherung freiwillig versicherten Beschäftigten durch eine Bescheinigung seiner Krankenkasse das Bestehen der Versicherung und die Höhe des Krankenversicherungsbeitrags nachgewiesen ist. Bei privat Krankenversicherten ist diesem **Nachweis auch eine Bescheinigung** des Versicherungsunternehmens nach § 257 Abs. 2a Satz 3 SGB V beizufügen.

6. Ende der Zuschusszahlung

Solange die Voraussetzungen des § 257 SGB V gegeben sind, ist 611 der Beitragszuschuss zu zahlen. Bei Privatversicherten hat der Arbeitgeber kein Recht, einen Nachweis über die tatsächliche Beitragszahlung zu fordern.

Der Beitragszuschuss ist in der nachgewiesenen Höhe so lange an den Beschäftigten zu zahlen, wie die in § 257 SGB V bezeichneten Voraussetzungen gegeben sind. Die Zahlung des Zuschusses ist nicht von dem Nachweis abhängig, dass der Beschäftigte seinen monatlichen Beitrag an die Krankenkasse oder an das private Krankenversicherungsunternehmen tatsächlich gezahlt hat. Es genügt der Nachweis, dass der Beschäftigte verpflichtet ist, den bescheinigten monatlichen Beitrag zu entrichten.

Ein Anspruch auf den Zuschuss besteht nur für Zeiten, für die bei Versicherungspflicht des Beschäftigten ein Arbeitgeberanteil zum Krankenversicherungsbeitrag zu zahlen wäre. Der Zuschuss wird daher nur für Zeiten gezahlt, für die dem Beschäftigten Vergütung, Urlaubsvergütung, Lohn, Urlaubslohn oder Krankenbezüge in Höhe der Urlaubsvergütung oder des Urlaubslohnes zustehen. Der **Zuschuss ist somit insbesondere nicht für Zeiten zu zahlen**,

– in denen das Arbeitsverhältnis wegen der Ableistung eines freiwilligen Wehrdienstes oder wegen der Gewährung einer Zeitrente ruht,

– für die die Beschäftigte Mutterschaftsgeld erhält oder in denen sich die/der Beschäftigte in Erziehungsurlaub nach dem Bundeserziehungsgeldgesetz befindet.

Wird während einer **Elternzeit** eine elterngeldunschädliche Teilzeitbeschäftigung ausgeübt und ist die/der Beschäftigte während dieser Beschäftigung von der Krankenversicherungspflicht befreit, kann jedoch für Zeiten, in denen Bezüge zustehen, ein Anspruch auf einen Beitragszuschuss in Betracht kommen.

Bei Beschäftigten, denen **nach § 1 Abs. 2 ArbPlSchG** Entgelt weiterzugewähren ist, ist **wie folgt zu verfahren**:

– In der gesetzlichen Krankenversicherung freiwillig versicherte Beschäftigte erhalten für die Dauer der Wehrübung keinen Zuschuss;

– Beschäftigte, die bei einem privaten Krankenversicherungsunternehmen versichert sind, erhalten während des Zeitraums ein Drittel des Arbeitgeberzuschusses, der zu zahlen wäre, wenn die Beschäftigung nicht durch die Wehrübung unterbrochen wäre.

Beitragszuschüsse, die für Zeiträume gezahlt worden sind, in denen die o.a. bezeichneten Voraussetzungen nicht oder nicht mehr vorgelegen haben, sind dem Arbeitgeber nach Maßgabe der für das Arbeitsverhältnis geltenden gesetzlichen und tarifvertraglichen Vorschriften zu erstatten. Dieser **Erstattungsanspruch des Arbeitgebers** ist nicht den Angelegenheiten der Sozialversicherung zuzuordnen. Er unterliegt somit i.d.R. der sechsmonatigen Ausschlussfrist.

7. Steuerliche Behandlung

Für die steuerliche Behandlung von Zuschüssen des Arbeitgebers 612 zu den Krankenversicherungsbeiträgen gilt Folgendes (R 3.62 LStR):

– **Beitragszuschüsse des Arbeitgebers nach § 257 Abs. 1 SGB V** eines in der gesetzlichen Krankenversicherung freiwillig Versicherten sind nach § 3 Nr. 62 EStG steuerfrei und somit beitragsfrei in der Sozialversicherung. Wird der für einen versicherungspflichtigen Arbeitnehmer maßgebende Krankenver-

Beitragszuschuss zur Krankenversicherung

sicherungsbeitrag satzungsgemäß auf den nächsten vollen Euro-Betrag aufgerundet, so bleibt aus Vereinfachungsgründen ein Arbeitgeberzuschuss bis zur Hälfte des aufgerundeten Krankenversicherungsbeitrags steuerfrei.

- **Beitragszuschüsse des Arbeitgebers nach § 257 Abs. 2 SGB V** eines in der privaten Krankenversicherung Versicherten sind ebenfalls nach § 3 Nr. 62 EStG steuer- und beitragsfrei.
- Die Bescheinigung des Krankenversicherungsträgers bzw. privaten Krankenversicherungsunternehmens ist zu den **Lohnunterlagen** zu nehmen.

Zahlt der Arbeitgeber dagegen einen höheren Zuschuss als den gesetzlich festgeschriebenen, so ist der diesen Teil überschreitende Betrag steuer- und beitragspflichtig.

Der Anspruch auf den Arbeitgeberzuschuss an den bei einem privaten Krankenversicherungsunternehmen versicherten Arbeitnehmer setzt voraus, dass der private Krankenversicherungsschutz Leistungen zum Inhalt hat, die ihrer Art nach auch im SGB V bestehen. Voraussetzung ist nicht, dass der private Krankenversicherungsschutz einen bestimmten Mindestumfang hat, also sich auf alle Leistungen des SGB V erstreckt; soweit der private Krankenversicherungsschutz andere Leistungen umfasst, die der Art nach nicht zu den Leistungen des SGB V gehören, bleibt der darauf entfallende Teil des Beitrags bei der Bemessung des Arbeitgeberzuschusses unberücksichtigt. **Wählt der Arbeitnehmer einen höherwertigen Krankenversicherungsschutz**, der zwar der Art, aber nicht der Höhe nach zu den Leistungen der gesetzlichen Krankenversicherung zählt (z.B. Krankentagegeldversicherung über der Leistungsbemessungsgrenze in der Krankenversicherung), ist der vom Arbeitgeber zu leistende Zuschuss bis zur Hälfte des durchschnittlichen Höchstzuschusses in der gesetzlichen Krankenversicherung **steuerfrei**.

Zuwendungen des Arbeitgebers zu einer betrieblichen Krankenversicherung, die auf Grund einer freiwillig begründeten Rechtspflicht erbracht werden, sind nicht automatisch steuer- und beitragsfrei.

Bei einer betrieblichen Krankenversicherung schließt der Arbeitgeber regelmäßig für seine Arbeitnehmer mit einem Versicherungsunternehmen einen Vertrag ab bzw. übernimmt die Versicherungsbeiträge eines vom Arbeitnehmer abgeschlossenen Vertrages, der den versicherten Arbeitnehmern besondere Leistungen bei Krankheit oder zu Vorsorge zusichert.

Nach Auffassung der Finanzverwaltung handelt es sich um Barlohnzuwendungen.

Die Spitzenorganisationen der Sozialversicherung vertreten daher die Auffassung, dass es sich um einmalig gezahltes Arbeitsentgelt handelt und somit zum beitragspflichtigen Arbeitsentgelt gehört. Dies gilt für ab dem 1.1.2014 gezahlte Zuwendungen.

Zu Einzelheiten s. → *Zukunftssicherung: Gesetzliche Altersversorgung* Rz. 3344.

Beitragszuschuss zur Pflegeversicherung

613 Freiwillig krankenversicherte Arbeitnehmer, die in der Pflegeversicherung kraft Gesetz pflichtversichert sind, und bei einem privaten Krankenversicherungsunternehmen versicherte Arbeitnehmer, die nach den Vorschriften des Pflegeversicherungsgesetzes verpflichtet sind, eine private Pflegeversicherung abzuschließen, erhalten von ihrem Arbeitgeber nach § 61 Abs. 1 Satz 1 SGB XI einen Zuschuss zu ihrem Pflegeversicherungsbeitrag.

Durch die Gewährung von Zuschüssen zu den Beiträgen zur Pflegeversicherung wird erreicht, dass der Grundsatz der hälftigen Aufteilung der Beitragslast zwischen Arbeitnehmern und Arbeitgebern auch dann gilt, wenn der Arbeitnehmer seine Zahlungspflichten selbst zu erfüllen hat, sei es wegen einer freiwilligen Mitgliedschaft in der gesetzlichen Krankenversicherung oder weil ein Pflege-Pflichtversicherungsschutz bei einem privaten Versicherungsunternehmen besteht.

1. Freiwillig krankenversicherte Arbeitnehmer

614 Arbeiter und Angestellte, die freiwillig in der gesetzlichen Krankenversicherung versichert sind, erhalten einen Zuschuss zu ihrem Pflegeversicherungsbeitrag. Als Zuschuss ist der Betrag zu zahlen, der als Arbeitgeberanteil bei Versicherungspflicht zu zahlen wäre. Zum Beitragszuschlag für kinderlose Mitglieder ist kein Zuschuss vom Arbeitgeber zu zahlen (→ *Beiträge zur Sozialversicherung* Rz. 548, → *Pflegeversicherung* Rz. 2236). Arbeitnehmer mit Beschäftigungsort Sachsen, in dem kein Feiertag abgeschafft wurde, erhielten bis zum 30.6.1996 keinen Beitragszuschuss. Seit dem 1.7.1996 erhalten diese Arbeitnehmer in Sachsen auf Grund der Einführung der stationären Pflegeleistungen maximal einen Beitragszuschuss in Höhe der Hälfte des 1 % übersteigenden Prozentsatzes, also 0,525 %.

Für den Fall, dass innerhalb desselben Zeitraums mehrere Beschäftigungsverhältnisse bestehen **(Mehrfachbeschäftigte)**, sind die beteiligten Arbeitgeber anteilig nach dem Verhältnis der Höhe der jeweiligen Arbeitsentgelte zur Zahlung des Beitragszuschusses verpflichtet. Der Beitragszuschuss errechnet sich aus der für die gesetzliche Krankenversicherung geltenden Beitragsbemessungsgrenze und dem gesetzlich festgelegten Beitragssatz i.H.v. 2,35 %.

> **Beispiel:**
> Ein Arbeitnehmer (kinderlos), der freiwilliges Mitglied der gesetzlichen Krankenversicherung ist, erhält ein monatliches Arbeitsentgelt von 4 300 €. Die Beiträge zur Pflegeversicherung werden aus einem Entgelt von 4 237,50 € berechnet. Der Pflegeversicherungsbeitrag beträgt monatlich 99,54 €. Der steuerfreie Beitragszuschuss des Arbeitgebers beträgt (4 237,50 € × 1,175 % =) 49,79 €.

Die Regelung entspricht inhaltlich **weitgehend** dem **Krankenversicherungsrecht** (→ *Beitragszuschuss zur Krankenversicherung* Rz. 604). Formell kommt es hinsichtlich des anspruchsberechtigten Personenkreises zu keinen Abweichungen zwischen Kranken- und Pflegeversicherung. Zu den anspruchsberechtigten Arbeitnehmern zählen auch die Vorstandsmitglieder von Aktiengesellschaften bzw. von großen Versicherungsvereinen auf Gegenseitigkeit. Freiwillig krankenversicherte Arbeitnehmer, die nach beamtenrechtlichen Vorschriften oder Grundsätzen bei Krankheit und Pflege Anspruch auf Beihilfe oder Heilfürsorge haben, erhalten keinen Beitragszuschuss von ihrem Dienstherrn. An die Stelle des Zuschusses tritt in diesen Fällen die Beihilfe oder Heilfürsorge des Dienstherrn zu den Aufwendungen aus Anlass der Pflege.

2. Privat versicherte Arbeitnehmer

615 Arbeiter und Angestellte, die verpflichtet sind, bei einem privaten Krankenversicherungsunternehmen zur Absicherung des Pflegerisikos einen Versicherungsvertrag abzuschließen und aufrechtzuerhalten, erhalten unter bestimmten Voraussetzungen von ihrem Arbeitgeber einen Zuschuss zu ihrem Pflegeversicherungsbeitrag. Als Beitragszuschuss ist der Betrag zu zahlen, der als Arbeitgeberanteil bei Versicherungspflicht in der sozialen Pflegeversicherung zu zahlen wäre. Der Zuschuss ist allerdings **begrenzt** auf die Hälfte des Betrags, den der Beschäftigte für seine private Pflegeversicherung zu zahlen hat.

Der höchstmögliche Beitragszuschuss gilt für die Zeit vom 1. Januar bis 31. Dezember eines Jahres, sofern sich nicht Bemessungsgrundlagen ändern.

> **Beispiel:**
> Ein privat versicherter Arbeitnehmer zahlt bei einem monatlichen Einkommen von 4 300 € bei dem privaten Krankenversicherungsunternehmen für seine Pflegeversicherung eine Prämie von 31 €. Die Hälfte des Pflegebeitrags i.H.v. 15,50 € übersteigt nicht den höchstmöglichen Beitragszuschuss von (4 237,50 € × 1,175% =) 49,79 €. Der steuerfreie Beitragszuschuss des Arbeitgebers beträgt 15,50 €.

Arbeitnehmer, die nach beamtenrechtlichen Vorschriften oder Grundsätzen bei Krankheit und Pflege Anspruch auf Beihilfe oder Heilfürsorge haben und bei einem privaten Krankenversicherungsunternehmen pflegeversichert sind, erhalten keinen Beitragszuschuss von ihrem Dienstherrn. Für diese Personen tritt an die Stelle des Beitragszuschusses die Beihilfe oder Heilfürsorge des Dienstherrn zu den Aufwendungen aus Anlass der Pflege.

Der **Zuschuss** für eine private Pflegeversicherung **wird nur dann gezahlt, wenn** das Versicherungsunternehmen

- die Pflegeversicherung nach Art der Lebensversicherung betreibt,

- sich verpflichtet, den überwiegenden Teil der Überschüsse, die sich aus dem selbst abgeschlossenen Versicherungsgeschäft ergeben, zu Gunsten der Versicherten zu verwenden,
- die Pflegeversicherung nur zusammen mit der Krankenversicherung, nicht zusammen mit anderen Versicherungssparten betreibt.

Der Arbeitnehmer hat dem Arbeitgeber seine **Zuschussberechtigung** durch Vorlage einer Versicherungsbescheinigung **nachzuweisen**. Diese darf nur dann ausgestellt werden, wenn die zuständige Aufsichtsbehörde dem Versicherungsunternehmen bestätigt hat, dass es die Versicherung, die Grundlage des Versicherungsvertrags ist, nach den vorgenannten Voraussetzungen betreibt (§ 61 Abs. 7 SGB XI).

Beköstigung am Arbeitsort

616 Aufwendungen des Arbeitnehmers für die Beköstigung am Arbeitsort sind nach § 12 Nr. 1 EStG steuerlich nicht abzugsfähige **Kosten der Lebensführung**, selbst wenn der Arbeitnehmer **berufsbedingt** arbeitstäglich überdurchschnittlich oder ungewöhnlich lange von seiner Wohnung abwesend ist (vgl. zuletzt BFH v. 11.5.2005, VI R 16/04, BStBl II 2005, 789 m.w.N.). Eventuelle **Ersatzleistungen des Arbeitgebers** oder unentgeltlich gewährte Mahlzeiten im Betrieb sind daher grundsätzlich steuerpflichtiger Arbeitslohn, selbst wenn der Arbeitnehmer verpflichtet ist, an der **Gemeinschaftsverpflegung** teilzunehmen (s. z.B. BFH v. 11.3.2004, VI B 26/03, www.stotax-first.de, betr. Polizeianwärter und FG München v. 3.5.2013, 8 K 4017/09, EFG 2013, 1407 betr. geldwerter Vorteil bei unentgeltlicher Verpflegung von Profifußballern).

[LSt] [SV]

Das gilt nur dann nicht, wenn die unentgeltliche Mahlzeitengewährung in ganz überwiegend **eigenbetrieblichem Interesse des Arbeitgebers** liegt, s. z.B. FG Baden-Württemberg v. 21.3.2013, 3 K 3932/11, EFG 2013, 1353: Wohnt eine angestellte Pflegekraft mit behinderten Menschen in einer Wohngemeinschaft, um diese rund um die Uhr pflegen, betreuen und versorgen zu können, ist für die vom Arbeitgeber der Pflegekraft kostenlos zur Verfügung gestellte Unterkunft und Verpflegung kein Sachbezug anzusetzen, weil die kostenlose Unterkunft und Verpflegung eigenbetrieblichen Interessen des Arbeitgebers dienen.

Einzelheiten hierzu und mögliche **Ausnahmefälle** s. R 8.1 Abs. 7 und 8 LStR und → *Arbeitsessen* Rz. 233, → *Mahlzeiten* Rz. 1958 und → *Mahlzeiten aus besonderem Anlass* Rz. 1974.

Belegschaftsaktien

→ *Vermögensbeteiligungen* Rz. 3005

Belegschaftsrabatte

→ *Rabatte* Rz. 2345

Belegschaftsspenden

1. Arbeitslohn

617 Es kommt häufig vor, dass die **Belegschaft auf Teile ihres Arbeitslohns** zu Gunsten gemeinnütziger Einrichtungen oder auch zu bestimmten **aktuellen Anlässen (z.B. in Katastrophenfällen) verzichtet** (sog. Arbeits- oder Belegschaftsspenden). Die Finanzverwaltung lässt es unter bestimmten Voraussetzungen aus Vereinfachungsgründen zu, dass diese Spenden **an Stelle des sonst üblichen Spendenabzugs** (§ 10b EStG) bei den einzelnen Arbeitnehmern **von vornherein nicht zum steuerpflichtigen Arbeitslohn gerechnet** werden. S. z.B. nachfolgenden Auszug aus BMF v. 22.9.2015, IV C 4 – S 2223/07/0015 :015, BStBl I 2015, 745 betr. steuerliche Maßnahmen zur Förderung der Hilfe für Flüchtlinge:

„Verzichten Arbeitnehmer auf die Auszahlung von Teilen des Arbeitslohns oder auf Teile eines angesammelten Wertguthabens zu Gunsten einer Zahlung des Arbeitgebers auf ein Spendenkonto einer spendenempfangsberechtigten Einrichtung i.S.d. § 10b Abs. 1 Satz 2 EStG, bleiben diese Lohnteile bei der Feststellung des steuerpflichtigen Arbeitslohns außer Ansatz, wenn der Arbeitgeber die Verwendungsauflage erfüllt und dies dokumentiert.

Der außer Ansatz bleibende Arbeitslohn ist im Lohnkonto aufzuzeichnen (§ 4 Abs. 2 Nr. 4 Satz 1 LStDV). Auf die Aufzeichnung kann verzichtet werden, wenn stattdessen der Arbeitnehmer seinen Verzicht schriftlich erklärt hat und diese Erklärung zum Lohnkonto genommen worden ist.

Der außer Ansatz bleibende Arbeitslohn ist nicht in der Lohnsteuerbescheinigung (§ 41b Abs. 1 Satz 2 Nr. 3 EStG) anzugeben.

Die steuerfrei belassenen Lohnteile dürfen im Rahmen der Einkommensteuerveranlagung nicht als Spende berücksichtigt werden."

Diese Regelung gilt für die Maßnahmen, die vom 1.8.2015 bis 31.12.2016 durchgeführt werden.

Steuerpflichtiger Arbeitslohn liegt auch dann nicht vor, wenn der von Schülern im Rahmen von **Schulprojekten**, z.B. bei der Aktion „Dein Tag für Afrika", in Unternehmen oder Privathaushalten erarbeitete Arbeitslohn an gemeinnützige Organisationen gespendet wird. Die Vereine haben sicherzustellen, dass über diese Vergütungen keine Zuwendungsbestätigungen i.S.d. § 50 EStDV ausgestellt werden (z.B. OFD Frankfurt v. 16.10.2012, S 2332 A – 88 – St 211, www.stotax-first.de).

Zum **Verzicht auf Lohn- oder Honorarforderungen** als Spende nach § 10b EStG s. BMF v. 25.11.2014, IV C 4 – S 2223/07/0010 :005, BStBl I 2014, 1584.

2. Sozialversicherung

618 Das **Sozialversicherungsrecht** sieht nach der geltenden Rechtslage für Arbeitslohnspenden ins **Ausland** keine Freistellung von der Beitragspflicht vor, lediglich bei Spenden zu Gunsten von durch **Naturkatastrophen im Inland** Geschädigten handelt es sich nicht um Arbeitsentgelt (§ 1 Abs. 1 Satz 1 Nr. 11 SvEV).

3. Spendenabzug

a) Rückzahlung von Urlaubs- und Weihnachtsgeld

619 Es kommt in der Praxis vor, dass insbesondere Wohlfahrtsorganisationen ihre Arbeitnehmer auf Grund wirtschaftlicher Engpässe auffordern, bereits ausgezahltes **Urlaubs- und Weihnachtsgeld in Form einer Spende zurückzuzahlen.** Verbunden ist der Spendenaufruf mit dem Hinweis, dass andernfalls Arbeitsplätze durch Kündigung wegfallen würden. Die Finanzverwaltung lehnt einen **Spendenabzug** ab, wenn der Arbeitgeber starken Druck auf die Arbeitnehmer zur Rückzahlung von Lohnbestandteilen ausübt, da es sich dann nicht mehr um eine freiwillige Zahlung (Spende) des Arbeitnehmers an den Arbeitgeber handelt (OFD Berlin v. 20.5.2003, St 172 – S 2223 – 5/03, www.stotax-first.de).

Die Rückzahlung ist jedoch als **negative Einnahme** bei den Einkünften aus nichtselbständiger Arbeit zu berücksichtigen; Einzelheiten dazu → *Negative Einnahmen und Werbungskosten* Rz. 2124 sowie → *Rückzahlung von Arbeitslohn* Rz. 2580.

b) Spenden im Kollegenkreis

620 Im Zusammenhang mit der **Hochwasserkatastrophe** im August 2002 ist die Frage gestellt worden, wie bei den einzelnen Arbeitnehmern der steuerliche Spendenabzug ermöglicht werden kann, wenn im **Kollegenkreis Spenden gesammelt** werden und der **Arbeitgeber** das Geld dann auf ein Sonderkonto für die Opfer der Hochwasserkatastrophe der Stadt X einzahlt. Die **Finanzverwaltung** hat folgendes Verfahren zugelassen (OFD Frankfurt v. 9.9.2002, S 2223 A – 165 – St II 25, www.stotax-first.de):

Grundsätzlich genügt bei Spenden zur Linderung der Not in Katastrophenfällen, die auf ein Sonderkonto eingezahlt werden, der Bareinzahlungsbeleg oder die Buchungsbestätigung eines Kreditinstituts als Nachweis (vereinfachter Nachweis, § 50 Abs. 2 Nr. 1 EStDV). Damit die einzelnen Arbeitnehmer ihre Spende steuerlich geltend machen können, erhalten die einzelnen Spender eine **Ablichtung des Einzahlungsbelegs** (vereinfachter Spendennachweis). Daneben erstellt der **Arbeitgeber eine Liste über alle beteiligten Spender** inklusive der jeweils geleisteten Beträge und händigt diese den spendenden Arbeitnehmern aus. Die (Einzel-)Spender können die Zuwendung in der Einkommensteuererklärung durch Vorlage der Ablichtung des Einzahlungsbelegs bzw.

Belegschaftsspenden

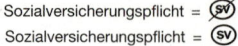

der Buchungsbestätigung auf das begünstigte Sonderkonto zusammen mit der Steuererklärung nachweisen.

Im Einzelfall ist auch möglich, dass der **Arbeitgeber** an Stelle der Liste eine **(Einzel-)Bestätigung** darüber erteilt, wie viel der einzelne Arbeitnehmer zu dem Gesamtbetrag der Überweisung beigetragen hat. Diese ist dann zusammen mit der Ablichtung des Einzahlungsbelegs der Steuererklärung beizufügen.

Belohnungen

1. Arbeitsrecht

621 Bei Belohnungen für den Arbeitnehmer durch den Arbeitgeber außerhalb der typisierten üblichen Sonderzahlungen wie Gratifikationen, Urlaubsgeld, Leistungszulagen, Boni u.Ä. handelt es sich grundsätzlich um **freiwillige Leistungen ohne Rechtsanspruch**, über deren Voraussetzungen und Höhe der Arbeitgeber frei entscheiden kann, soweit er sich nicht durch **Zusagen** gebunden oder sich die Entscheidungsfreiheit durch **Freiwilligkeits- oder Widerrufsvorbehalt** erhalten hat.

Trotz Entscheidungsfreiheit muss der **Gleichbehandlungsgrundsatz** bei der Leistungsgewährung und u.U. die Mitbestimmung des Betriebsrats nach § 87 Abs. 1 Nr. 10 BetrVG beachtet werden.

2. Belohnungen als Arbeitslohn

a) Belohnungen vom Arbeitgeber

622 Belohnungen des Arbeitnehmers gehören grundsätzlich zum steuerpflichtigen Arbeitslohn, wenn sie **mit Rücksicht auf das Dienstverhältnis und nicht im ganz überwiegend eigenbetrieblichen Interesse des Arbeitgebers** gezahlt werden.

Arbeitslohn liegt danach z.B. vor bei

- Prämien des Arbeitgebers im Rahmen eines sog. **Sicherheitswettbewerbs** (BFH v. 11.3.1988, VI R 106/84, BStBl II 1988, 726),
- Prämien für **Verbesserungsvorschläge oder Erfindervergütungen**,
- Belohnungen für **gute Leistungen**,
- Belohnungen für einzelne Arbeitnehmer, die durch persönlichen Einsatz oder besonders umsichtiges Verhalten **eine unmittelbare Gefahr für Leib und Leben anderer Personen abgewendet** oder einen erheblichen **Sachschaden verhindert** haben (FinMin Niedersachsen v. 6.2.1985, S 2332 – 208 – 31 3, DB 1985, 575),
- „Fangprämien" für Ladendiebe, die z.B. ein Kaufhaus seinen Angestellten auslobt.

LSt SV

b) Belohnungen von Dritten

623 Auch **Belohnungen von dritter Seite** gehören zum steuerpflichtigen Arbeitslohn. Dabei muss aber besonders sorgfältig geprüft werden, ob sie tatsächlich **auf dem Dienstverhältnis beruhen**. Dies kann der Fall sein bei

- Belohnungen durch einen **Kunden des Arbeitgebers für besonders gute Arbeitsleistungen** (RFH v. 21.9.1944, RStBl 1944, 731). Dabei ist allerdings die **Steuerfreiheit von Trinkgeldern** nach § 3 Nr. 51 EStG zu beachten (→ Trinkgelder Rz. 2886);
- Belohnungen des Deutschen Sparkassen- und Giroverbandes an Schalterbedienstete der Deutschen Bundespost zwecks **Verhinderung von Scheckbetrügereien** (BMF v. 23.4.1985, IV B 6 – S 2332 – 2/85, www.stotax-first.de);
- **Preisgeldern**, die für besondere Leistungen im Zusammenhang mit der beruflichen Tätigkeit vergeben werden (vgl. FG Schleswig-Holstein v. 15.3.2000, I 210/95, EFG 2000, 787 sowie FG Berlin v. 17.3.2000, 6 K 6422/97, EFG 2000, 936). Einzelheiten zur Abgrenzung → Preise Rz. 2327;
- Auszahlung eines **Nachwuchsförderpreises** (BFH v. 23.4.2009, VI R 39/08, BStBl II 2009, 668).

Kein steuerpflichtiger Arbeitslohn angenommen wurde dagegen bei

- Belohnungen der **Berufsgenossenschaften für besondere Verdienste bei der Verhütung von Unfällen**, die von diesen auf Vorschlag des Arbeitgebers an seine Arbeitnehmer ausgezahlt werden (BFH v. 22.2.1963, VI 165/61 U, BStBl III 1963, 306);
- einem **Preisgeld**, das ein Oberarzt von einer gemeinnützigen Stiftung für eine wissenschaftliche Arbeit erhalten hat, zu der er arbeitsvertraglich nicht verpflichtet war (FG Nürnberg v. 25.2.2014, 1 K 1718/12, EFG 2014, 1187).

Ist der **Arbeitgeber in das Belohnungsverfahren eingeschaltet**, ist eine Lohnzahlung durch Dritte anzunehmen mit der Folge, dass die Belohnungen dem **Lohnsteuer- und Beitragsabzug** zu unterwerfen sind (→ Lohnzahlung durch Dritte Rz. 1949).

LSt SV

3. Werbungskosten

Belohnungen für Mitarbeiter, entweder für gute Leistungen oder 624
zur Motivation, können als Werbungskosten abzugsfähig sein. Dies gilt insbesondere für Arbeitnehmer mit variablen Bezügen, die der Höhe nach vom Erfolg seiner Mitarbeiter oder seines Tätigkeitsbereichs abhängig sind, z.B. bei einem Handelsvertreter. Nicht erforderlich ist, dass der Arbeitnehmer die Bewirtung vorher den Mitarbeitern als Belohnung in Aussicht gestellt hat. Die Bewirtungsaufwendungen unterliegen auch nicht der Abzugsbeschränkung gemäß § 4 Abs. 5 Satz 1 Nr. 2 i.V.m. § 9 Abs. 5 EStG (zuletzt FG Thüringen v. 9.10.2013, 3 K 306/12, EFG 2014, 1290 betr. Aufwendungen eines angestellten Chefarztes für eine Skifreizeit zur Steigerung der Motivation seiner Mitarbeiter).

Belohnungsessen

→ Arbeitsessen Rz. 233

Belohnungsreise

→ Incentive-Reisen Rz. 1590

Benzin: Mitarbeitervergünstigung

Räumt der Arbeitgeber seinen Mitarbeitern die Möglichkeit ein, an 625
der **betriebseigenen Tankstelle verbilligt Leistungen** (Tanken, Wagenwäsche, Einkauf von Motorenöl) **zu beziehen**, so handelt es sich hinsichtlich der Differenz zwischen ortsüblichem Mittelpreis und Abgabepreis um steuer- und beitragspflichtigen Arbeitslohn. Die gewährten Preisvorteile sind weder unter dem Gesichtspunkt des Auslagenersatzes noch des überwiegenden eigenbetrieblichen Interesses steuerfrei (FG Rheinland-Pfalz v. 17.7.1996, 1 K 1978/93, www.stotax-first.de). Auch → Sachbezüge Rz. 2598.

Die verbilligte Abgabe von Benzin an **Arbeitnehmer der Mineralölbranche**, z.B. Raffinerien oder Tankstellen, ist nur steuerpflichtig, soweit der Rabattfreibetrag (→ Rabatte Rz. 2345) nach § 8 Abs. 3 EStG von **1 080 €** überschritten wird. In diesem Fall kann der Rabattfreibetrag angewendet werden, weil das Benzin überwiegend an andere Verbraucher abgegeben wird. Der Rabattfreibetrag findet dagegen keine Anwendung, wenn – **wie in einem „normalen" Betrieb** – das Benzin mengenmäßig nicht überwiegend an fremde Dritte abgegeben wird (vgl. R 8.2 Abs. 1 Nr. 3 Satz 2 LStR). Dies gilt selbst dann, wenn der Betrieb an der Mitbelieferung seiner Arbeitnehmer interessiert ist, um durch einen „Großeinkauf" günstigere Rabatte eingeräumt zu bekommen.

Zu sog. **Benzin- oder Tankgutscheinen** → Warengutscheine Rz. 3119.

LSt SV

Beratung

Die unentgeltliche Beratung eines Arbeitnehmers durch seinen 626
Arbeitgeber (z.B. bei Ärzten, Steuerberatern oder Rechtsanwälten) ist ein steuerpflichtiger geldwerter Vorteil. Zur Bewertung → Rabatte Rz. 2345. Der Arbeitnehmer kann die als Arbeitslohn versteuerten Beträge ggf. als **Werbungskosten** absetzen (R 9.1 Abs. 4 Satz 2 LStR).

Übernimmt der Arbeitgeber für von der ausländischen Muttergesellschaft entsandte Arbeitnehmer, mit denen eine **Nettolohnvereinbarung** besteht und die arbeitsvertraglich zur Mitwirkung an der Erstellung von Steuererklärungen verpflichtet sind, die in Zusammenhang mit der Erstellung der Einkommensteuererklärungen der – antragsveranlagten – Arbeitnehmer entstandenen **Steuerberatungskosten**, liegt **steuerpflichtiger Arbeitslohn** vor. Dem steht nicht entgegen, dass Steuererstattungen an den Arbeitgeber abzutreten sind. Maßgeblich ist, dass der Abschluss der Nettolohnvereinbarung im überwiegenden Interesse der Arbeitnehmer erfolgt (BFH v. 21.1.2010, VI R 2/08, BStBl II 2010, 639 sowie zuletzt FG Hamburg v. 27.1.2011, 2 K 13/10, EFG 2011, 1421).

[LSt] [SV]

Berechnung der Lohnsteuer

Inhaltsübersicht: Rz.
1. Allgemeines — 627
2. Anwendung der Tabellen — 628
3. Lohnzahlungszeitraum — 629
   a) Allgemeines — 629
   b) Teillohnzahlungszeiträume — 630
4. Laufender Arbeitslohn — 631
   a) Allgemeines — 631
   b) Nachzahlungen, Vorauszahlungen — 632
   c) Abschlagszahlungen — 633
5. Sonstige Bezüge — 634
6. Kirchensteuer — 635
7. Solidaritätszuschlag — 636
8. Berechnungsbeispiele — 637

1. Allgemeines

627 Grundlage des Lohnsteuerabzugsverfahrens sind im Allgemeinen die elektronischen Lohnsteuerabzugsmerkmale, die Arbeitgeber und Arbeitnehmer von der Finanzverwaltung mitgeteilt werden (→ *ELStAM* Rz. 1007). **Ausnahmen:**

- Die **Lohnsteuer** wird nach den §§ 40 bis 40b EStG **pauschal** erhoben (Einzelheiten → *Pauschalierung der Lohnsteuer* Rz. 2174). Dies ist zulässig bei
  - nur **kurzfristig beschäftigten Arbeitnehmern**: Pauschsteuersatz 25 % des Arbeitslohns (§ 40a Abs. 1 EStG);
  - **geringfügig Beschäftigten** i.S.d. § 8 Abs. 1 Nr. 1 oder des § 8a SGB IV, für die der Arbeitgeber **pauschale Rentenversicherungsbeiträge** zu entrichten hat: Pauschsteuersatz 2 % des Arbeitslohns (§ 40a Abs. 2 EStG);
  - **geringfügig Beschäftigten** i.S.d. § 8 Abs. 1 Nr. 1 oder § 8a SGB IV, für die der Arbeitgeber **keine pauschalen Rentenversicherungsbeiträge** zu entrichten hat: Pauschsteuersatz 20 % des Arbeitslohns (§ 40a Abs. 2a EStG);
  - **Aushilfskräften in der Land- und Forstwirtschaft**: Pauschsteuersatz 5 % des Arbeitslohns (§ 40a Abs. 3 EStG).
- **Beschränkt steuerpflichtige Arbeitnehmer**: Der Lohnsteuerabzug erfolgt nach einer vom Betriebsstättenfinanzamt auszustellenden Bescheinigung, die auch die Lohnsteuerklasse enthält (§ 39 Abs. 3 EStG); auch → *Steuerpflicht* Rz. 2780.

Solange der Arbeitnehmer dem Arbeitgeber zum Zweck des Abrufs der elektronischen Lohnsteuerabzugsmerkmale (§ 39e Abs. 4 Satz 1 EStG) die ihm zugeteilte Identifikationsnummer sowie den Tag der Geburt schuldhaft nicht mitteilt oder das BZSt die Mitteilung elektronischer Lohnsteuerabzugsmerkmale ablehnt, hat der Arbeitgeber die Lohnsteuer nach der **Steuerklasse VI** zu ermitteln (s. zum Verfahren ausführlich → *ELStAM* Rz. 1007).

2. Anwendung der Tabellen

628 Das BMF hatte letztmals für die Jahre 2002 und 2003 (dazu ausführlich → *Steuertarif* Rz. 2804) auf der Grundlage der Einkommensteuertabellen **amtliche Lohnsteuertabellen** aufgestellt und bekannt gemacht. Für das Jahr 2016 wird auf die u.a. von Stollfuß Medien herausgegebenen maschinellen Abrechnungsprogramme hingewiesen.

Aus den Jahreslohnsteuertabellen werden abgeleitet eine

- **Monatslohnsteuertabelle**,
- **Wochenlohnsteuertabelle** und
- **Tageslohnsteuertabelle**.

Welche Tabelle anzuwenden ist, richtet sich nach dem jeweiligen Lohnzahlungszeitraum (→ Rz. 629). Bei tageweiser Lohnzahlung gilt z.B. die Tageslohnsteuertabelle. Die Jahreslohnsteuertabelle hat Bedeutung für den Lohnsteuer-Jahresausgleich durch den Arbeitgeber sowie für die Berechnung der Lohnsteuer von Sonstigen Bezügen (→ *Lohnsteuer-Jahresausgleich durch den Arbeitgeber* Rz. 1926; → *Sonstige Bezüge* Rz. 2704).

Der Arbeitgeber hat ferner zu entscheiden, ob

- die **Allgemeine Lohnsteuertabelle** für einen Arbeitnehmer, der in allen Sozialversicherungszweigen versichert ist, oder
- die **Besondere Lohnsteuertabelle** für einen Arbeitnehmer, der in keinem Sozialversicherungszweig versichert und privat kranken- und pflegeversichert ist sowie dem Arbeitgeber keine Kranken- und Pflege-Pflichtversicherungsbeiträge mitgeteilt hat,

anzuwenden ist (→ *Lohnsteuertabellen* Rz. 1948).

3. Lohnzahlungszeitraum

a) Allgemeines

629 Der Zeitraum, **für den jeweils der laufende Arbeitslohn gezahlt** wird, ist der Lohnzahlungszeitraum. Normalerweise wird der Lohn **nach Monaten, Wochen oder Tagen** berechnet. Ist wegen einer besonderen Entlohnungsart, z.B. beim Akkordlohn, ein Lohnzahlungszeitraum nicht feststellbar, so tritt an seine Stelle die **Summe der tatsächlichen Arbeitstage oder der tatsächlichen Arbeitswochen** (§ 39b Abs. 5 Satz 4 EStG); auch → *Akkordlohn* Rz. 33.

Solange das **Dienstverhältnis fortbesteht**, sind auch solche in den Lohnzahlungszeitraum fallende Arbeitstage mitzuzählen, für die der Arbeitnehmer **keinen Lohn** bezogen hat (R 39b.5 Abs. 2 LStR).

> **Beispiel:**
> A, der regelmäßig monatlich entlohnt wird, erhält für sechs Tage des Monats April steuerfreies Kurzarbeitergeld.
> Lohnzahlungszeitraum ist trotz der „Fehltage" der Monat, so dass der für die verbleibenden Arbeitstage des Monats April gezahlte Arbeitslohn nach der Monatslohnsteuertabelle zu versteuern ist.

b) Teillohnzahlungszeiträume

630 Für Lohnzahlungszeiträume, für die **keine Lohnsteuertabellen aufgestellt** sind (z.B. für zehn Tage, zwei oder drei Wochen), ergibt sich die Lohnsteuer aus den mit der Zahl der Kalendertage oder Wochen dieser Zeiträume **vervielfachten Beträgen der Lohnsteuertagestabelle oder der Lohnsteuerwochentabelle**. Insbesondere bei **Einstellung oder Kündigung** von Arbeitnehmern können **mehrtägige Lohnzahlungszeiträume** vorkommen; in diesen Fällen ist die **Lohnsteuertagestabelle** anzuwenden. Hierfür ist zunächst der Arbeitslohn festzustellen, der auf die einzelnen Kalendertage entfällt; der Arbeitslohn ist durch die Zahl der Kalendertage zu teilen. Anhand der Tagestabelle wird die Lohnsteuer für den errechneten Tagesarbeitslohn festgestellt. Dieser Lohnsteuerbetrag wird mit der Zahl der errechneten Kalendertage vervielfacht. Die so ermittelte Lohnsteuer ist vom Arbeitslohn einzubehalten.

> **Beispiel:**
> Ein Arbeitgeber zahlt seinen Arbeitnehmern Monatslöhne. Am 24.7.2016 wird ein rentenversicherungspflichtiger Arbeitnehmer mit der Steuerklasse III eingestellt. Er erhält für den Rest des Monats Arbeitslohn i.H.v. 560 €.
> Die Lohnsteuer ist wie folgt zu berechnen:
> Der Arbeitslohn ist für acht Kalendertage gezahlt worden. Der Tageslohn beträgt 560 € : 8 = 70 €. Nach der Tagestabelle entfällt hierauf eine Lohnsteuer von 0,98 €. Von dem Arbeitslohn i.H.v. 560 € sind also 8 × 0,98 € = 7,84 € Lohnsteuer einzubehalten.

4. Laufender Arbeitslohn

a) Allgemeines

631 Der Arbeitgeber hat die Lohnsteuer grundsätzlich bei jeder Zahlung von Arbeitslohn einzubehalten. Er hat dabei die Höhe des laufenden Arbeitslohns und den Lohnzahlungszeitraum festzustellen. Vom **Arbeitslohn sind dann abzuziehen**

aa) der Versorgungsfreibetrag und der Zuschlag zum Versorgungsfreibetrag (§ 19 Abs. 2 EStG); → *Versorgungsfreibeträge* Rz. 3056;

bb) der Altersentlastungsbetrag (§ 24a EStG); → *Altersentlastungsbetrag* Rz. 54 und

Berechnung der Lohnsteuer

keine Sozialversicherungspflicht = (SV̸)
Sozialversicherungspflicht = (SV)

cc) ein als Lohnsteuerabzugsmerkmal berücksichtigter **Freibetrag**, z.B. wegen erhöhter Werbungskosten, oder auch der Pauschbetrag für Behinderte. Einzelheiten → *Lohnsteuer-Ermäßigungsverfahren* Rz. 1905.

Die unter aa) und bb) aufgeführten Freibeträge werden nicht als Lohnsteuerabzugsmerkmal berücksichtigt. Der **Arbeitgeber muss daher selbst prüfen**, ob die Voraussetzungen für den Abzug gegeben sind (§ 39b Abs. 2 Satz 2 EStG).

Wird der Arbeitslohn für einen Lohnzahlungszeitraum gezahlt, für den der **steuerfreie Betrag nicht den Lohnsteuerabzugsmerkmalen entnommen** werden kann, so hat der **Arbeitgeber** für diesen Lohnzahlungszeitraum den steuerfreien Betrag **selbst zu berechnen**. Er hat dabei von dem als Lohnsteuerabzugsmerkmal für den monatlichen Lohnzahlungszeitraum berücksichtigten – also aufgerundeten – steuerfreien Betrag auszugehen (R 39b.5 Abs. 3 LStR). Der Wochenbetrag ist mit 7/30 und der Tagesbetrag mit 1/30 des Monatsbetrags anzusetzen.

b) Nachzahlungen, Vorauszahlungen

632 Der Arbeitgeber hat die Lohnsteuer grundsätzlich bei jeder Lohnzahlung einzubehalten, also auch bei Nachzahlungen oder Vorauszahlungen (→ *Vorschüsse* Rz. 3068), auf die der Arbeitnehmer eigentlich noch keinen Rechtsanspruch hat. Bei **kleineren Vorschüssen**, die mit den nächsten Lohnzahlungen verrechnet werden, wird es aber im Allgemeinen nicht beanstandet, wenn die Lohnsteuer erst bei der Verrechnung des Vorschusses einbehalten und abgeführt wird. Bei **größeren Beträgen** ist der Lohnsteuerabzug hingegen sofort vorzunehmen.

> **Beispiel:**
> A bekommt zusätzlich zu seinem Monatslohn von 5 000 € einen Gehaltsvorschuss von 500 €, der mit der nächsten Lohnzahlung verrechnet werden soll.
>
> Es handelt sich hier um einen kleineren Vorschuss, der lohnsteuerlich im Zeitpunkt der Zahlung außer Betracht bleiben kann. Bei der nächsten Lohnzahlung ist dann aber vom ungekürzten Arbeitslohn Lohnsteuer einzubehalten.

Denkbar ist aber auch, dass der Vorschuss als **Darlehen** gegeben wird, sofern Arbeitgeber und Arbeitnehmer **entsprechende Vereinbarungen** getroffen haben, z.B. über den Zeitpunkt der Rückzahlung. Die Hingabe des Darlehens unterliegt nicht dem Lohnsteuerabzug. Bei einer späteren Verrechnung mit Arbeitslohn ist dann aber der Lohnsteuerabzug vom ungekürzten Arbeitslohn vorzunehmen.

Stellen Nachzahlungen oder Vorauszahlungen **laufenden Arbeitslohn** dar, so ist die Nachzahlung oder Vorauszahlung für die Berechnung der Lohnsteuer den Lohnzahlungszeiträumen zuzurechnen, für die sie geleistet werden. Die Besteuerung kann dabei nach den Regeln für sonstige Bezüge (→ *Sonstige Bezüge* Rz. 2704) erfolgen, sofern der Arbeitnehmer nicht die Besteuerung als laufenden Arbeitslohn verlangt (R 39b.5 Abs. 4 LStR). Einzelheiten → *Nachzahlungen* Rz. 2104; → *Vorauszahlung von Arbeitslohn* Rz. 3067.

c) Abschlagszahlungen

633 Zahlt der Arbeitgeber den Arbeitslohn für den üblichen Lohnzahlungszeitraum nur in **ungefährer Höhe (Abschlagszahlung)** und nimmt er eine genaue Lohnabrechnung für einen längeren Zeitraum vor, so braucht er nach § 39b Abs. 5 EStG die Lohnsteuer erst bei der **Lohnabrechnung** einzubehalten, wenn der Lohnabrechnungszeitraum **fünf Wochen** nicht übersteigt und die Lohnabrechnung innerhalb von **drei Wochen** nach Ablauf des Lohnabrechnungszeitraums erfolgt. Einzelheiten → *Abschlagszahlungen* Rz. 16.

5. Sonstige Bezüge

634 **Sonstige Bezüge** werden anders als laufender Arbeitslohn besteuert:

– Die Lohnsteuer wird in einem **besonderen Verfahren nach der Jahreslohnsteuertabelle berechnet**: Sie ist mit dem Unterschiedsbetrag zu erheben, der sich bei Anwendung der Jahreslohnsteuertabelle auf den maßgebenden Jahresarbeitslohn zuzüglich des sonstigen Bezugs und auf den maßgebenden Jahresarbeitslohn ohne den sonstigen Bezug ergibt. Einzelheiten → *Sonstige Bezüge* Rz. 2704.

– Sie sind in dem **Lohnzahlungszeitraum zu versteuern, in dem sie zufließen**. Es kommt also nicht darauf an, für welchen Zeitraum sie gezahlt werden. Einzelheiten → *Zufluss von Arbeitslohn* Rz. 3231.

> **Beispiel:**
> A erhält den Lohn für den Monat Dezember 2015 zusammen mit dem Weihnachtsgeld von 500 € erst am 10.1.2016 ausgezahlt.
>
> Laufender Arbeitslohn (hier der Dezemberlohn) gilt nach § 38a Abs. 1 Satz 1 EStG in dem Kalenderjahr als bezogen, in dem der Lohnzahlungszeitraum endet (hier also noch im Jahr 2015). Der Arbeitgeber muss diesen Arbeitslohn daher in die Lohnabrechnung für Dezember 2015 einbeziehen und mit der Lohnsteueranmeldung zum 10.1.2016 anmelden.
>
> Die Weihnachtszuwendung stellt dagegen einen sonstigen Bezug dar, der dem Arbeitnehmer erst am 10.1.2016 zugeflossen ist. Diese Zuwendung ist somit erst bei der Lohnabrechnung für den Monat Januar 2016 zu berücksichtigen.

6. Kirchensteuer

635 Bei kirchenangehörigen Arbeitnehmern hat der Arbeitgeber zusätzlich die Kirchensteuer einzubehalten. Diese beträgt länderunterschiedlich entweder **8 %** oder **9 % der Lohnsteuer**. Bei Arbeitnehmern mit Kindern ist **vor Berechnung der Kirchensteuer** der als Lohnsteuerabzugsmerkmal berücksichtigte **Kinderfreibetrag abzuziehen**, selbst wenn der Arbeitnehmer nur Kindergeld erhält. Diese Berechnung braucht der Arbeitgeber aber nicht selbst vorzunehmen: In den u.a. von Stollfuß Medien herausgegebenen Lohnsteuertabellen ist die sich für Arbeitnehmer mit Kindern ergebende Kirchensteuer ausgewiesen. Zu weiteren Einzelheiten → *Kirchensteuer* Rz. 1669.

7. Solidaritätszuschlag

636 Seit 1995 ist zusätzlich zur Lohnsteuer ein Solidaritätszuschlag zu erheben. Er ist ab 1.1.1998 auf **5,5 % der Lohnsteuer** (davor 7,5 %) gesenkt worden. Die u.a. von Stollfuß Medien herausgegebenen Lohnsteuertabellen enthalten auch den Solidaritätszuschlag.

8. Berechnungsbeispiele

637 Berechnungsbeispiele sind unter den jeweiligen Stichworten ausführlich dargestellt, z.B. → *Pauschalierung der Lohnsteuer* Rz. 2174 sowie → *Sonstige Bezüge* Rz. 2704.

An dieser Stelle soll daher nur ein „einfaches Beispiel" einer Lohnabrechnung folgen:

> **Beispiel:**
> Die Lohnabrechnung eines Arbeitnehmers in Niedersachsen mit der Steuerklasse III, kein Kind, 26 Jahre, könnte für den Monat Januar 2016 wie folgt aussehen:
>
> **Ermittlung der Bruttobezüge**
>
> | | |
> |---|---:|
> | Monatslohn | 4 500,— € |
> | steuerpflichtige Zulage | 100,— € |
> | vermögenswirksame Leistungen | 26,— € |
> | Kleidergeld (steuerfrei) | 17,— € |
> | **Brutto-Verdienst** | 4 643,— € |
>
> **Ermittlung der Abzüge**
> **Steuerrechtliche Abzüge**
>
> | | | |
> |---|---:|---:|
> | Steuerpflichtiger Arbeitslohn | 4 626,— € | |
> | Lohnsteuer (StKl III/0) | 573,83 € | |
> | Solidaritätszuschlag (5,5 %) | 31,56 € | |
> | Kirchensteuer (9 %) | 51,64 € | 657,03 € |
>
> **Sozialversicherungsrechtliche Abzüge**
>
> | | | |
> |---|---:|---:|
> | Brutto Kranken-/Pflegeversicherung | 4 237,50 € | |
> | Brutto Renten-/Arbeitslosenversicherung | 6 200,— € | |
> | Krankenversicherung einschließlich kassenindividueller Zusatzbeitrag (½ von 14,6 % + 0,9 % [angenommener Wert]) | 347,48 € | |
> | Pflegeversicherung einschließlich Zuschlag für Kinderlose (½ von 2,35 % + 0,25 %) | 60,38 € | |
> | Rentenversicherung (½ von 18,7 %) | 432,53 € | |
> | Arbeitslosenversicherung (½ von 3,0 %) | 69,39 € | 909,78 € |
> | ergibt **Nettolohn** | | 3 076,19 € |
>
> **Private Abzüge**
>
> | | |
> |---|---:|
> | Vermögenswirksame Leistungen | 40,— € |
> | **Auszahlungsbetrag** | 3 036,19 € |

[LSt durchgestrichen] = keine Lohnsteuerpflicht
[LSt] = Lohnsteuerpflicht

Berechnung der Sozialversicherungsbeiträge

→ *Beiträge zur Sozialversicherung* Rz. 548

Bereitschaftsdienst

1. Steuerfreiheit von Bereitschaftsdienstvergütungen

638 Die v.a. an Ärzte und Pflegepersonal von Krankenhäusern gezahlten **Bereitschaftsdienstvergütungen** (Überstundenvergütungen) können nach § 3b EStG als Zuschläge für Sonntags-, Feiertags- oder Nachtarbeit steuerfrei belassen werden, soweit sie die in § 3b EStG vorgesehenen Prozentsätze, gemessen an der Rufbereitschaftsentschädigung, nicht übersteigen (BFH v. 27.8.2002, VI R 64/96, BStBl II 2002, 883).

Erhält der in einem Krankenhaus angestellte Oberarzt für die sonntags, feiertags oder zu Nachtzeiten erbrachten Rufbereitschaftsdienste von seinem Arbeitgeber **keine Zuschläge**, welche gem. § 3b Abs. 1 EStG allein als steuerfrei behandelt werden könnten, sondern wird ihm für alle Stunden des Bereitschaftsdienstes, **unabhängig vom Zeitpunkt der Leistung, vom Arbeitgeber dieselbe Vergütung** i.H.v. 40 % des Grundlohns gezahlt, scheidet eine Steuerfreiheit der Vergütung, soweit sie auf die in § 3b Abs. 1 Nr. 1 bis 4 i.V.m. Abs. 2 EStG begünstigten Zeiten entfällt, aus (BFH v. 11.11.2010, VI B 72/10, www.stotax-first.de).

Zur steuerlichen Behandlung der Zeitzuschläge für Bereitschaftsdienste sowie der anderen im **Tarifvertrag für Ärztinnen und Ärzte an kommunalen Krankenhäusern** im Bereich der Vereinigung der kommunalen Arbeitgeberverbände (**TV-Ärzte/VKA**) aufgeführten Zuschläge → *Arzt* Rz. 337.

Vergütungen für Bereitschaftsdienst nach den „Richtlinien für Arbeitsverträge in den Einrichtungen des **Deutschen Caritasverbandes**" (AVR) sind nicht nach § 3b EStG steuerfrei (OFD Hannover v. 17.1.1980, S 2343 – 32 – StH 212, www.stotax-first.de).

Für **nebenberufliche Tätigkeiten** können ggf. die Steuerbefreiungen nach § 3 Nr. 26, 26a EStG gewährt werden, bei Rettungssanitätern usw. nach geänderter Verwaltungsauffassung auch hinsichtlich der Bereitschaftsdienste (→ *Aufwandsentschädigungen für bestimmte nebenberufliche Tätigkeiten* Rz. 370, → *Jahresarbeitsentgeltgrenze in der gesetzlichen Krankenversicherung* Rz. 1616).

2. Berücksichtigung zusätzlicher Fahrtkosten

639 Die zusätzlichen Fahrten zur Arbeit während des Bereitschaftsdienstes oder der Rufbereitschaft sind beim Arbeitnehmer seit dem 1.1.2001 nicht mehr als **Werbungskosten** abzugsfähig, → *Wege zwischen Wohnung und erster Tätigkeitsstätte* Rz. 3143. Das bedeutet für den **Arbeitgeber**, dass er die Fahrtkostenzuschüsse für solche „zusätzlichen Fahrten" nicht mehr nach § 40 Abs. 2 Satz 2 EStG mit **15 % pauschal versteuern** kann.

Bergmannsprämien

→ *Arbeitslohn-ABC* Rz. 255

Berichtigung des Lohnsteuerabzugs

→ *Änderung des Lohnsteuerabzugs* Rz. 111

Berufsausbildung

640 Die betriebliche **Berufsausbildung** wird durch das Dritte Buch Sozialgesetzbuch (SGB III) und das Bundesausbildungsförderungsgesetz (BAföG) gefördert; dazu → *Ausbildungsbeihilfen* Rz. 403 und → *Auszubildende* Rz. 485.

Zu beruflichen **Fort- und Weiterbildungsleistungen** des Arbeitgebers → *Auszubildende* Rz. 485 und → *Fortbildung* Rz. 1318.

Berufsgenossenschaften

1. Sozialversicherung

641 Bei **Arbeitsunfällen**, Unfällen auf dem Weg zur Arbeitsstätte und wieder nach Hause (Arbeits- bzw. Wegeunfälle) und bei Berufskrankheiten tritt die **gesetzliche Unfallversicherung** (→ *Unfallversicherung: gesetzliche* Rz. 2954) ein.

Träger der gesetzlichen Unfallversicherungen sind u.a. die Berufsgenossenschaften. Sie sind zuständig für die **Heilbehandlung**, Berufsförderung und andere Leistungen zur Erhaltung, Besserung und Wiederherstellung der Erwerbsfähigkeit sowie zur Erleichterung der Verletzungsfolgen einschließlich wirtschaftlicher Hilfen. Sie gewähren außerdem **Renten** wegen Minderung der Erwerbsfähigkeit und an Hinterbliebene und Sterbegeld. Zu ihren Aufgaben gehören auch die Maßnahmen zur Verhütung von Unfällen, zur ersten Hilfe und zur Früherkennung von Berufskrankheiten.

Die Unfallversicherung wird allein von den Arbeitgebern finanziert und losgelöst von den anderen Versicherungszweigen durchgeführt.

Durch das Gesetz zur Modernisierung der gesetzlichen Unfallversicherung v. 30.10.2008 (BGBl. I 2008, 2130) fusionieren seit 1.1.2009 **Berufsgenossenschaften**, um nachhaltig leistungsfähige Träger zu schaffen. In einem weiteren Schritt werden jetzt die bundesunmittelbaren Unfallversicherungsträger der öffentlichen Hand zu *einem* Träger zusammengefasst.

2. Lohnsteuer

642 Die Berufsgenossenschaften sind **öffentliche Kassen** i.S.d. § 3 Nr. 12 und 13 EStG, vgl. H 3.11 (Öffentliche Kassen) LStH. **Aufwandsentschädigungen und Reisekostenerstattungen** der Mitarbeiter von Berufsgenossenschaften sind daher nach Maßgabe dieser Vorschriften steuerfrei (→ *Aufwandsentschädigungen im öffentlichen Dienst* Rz. 383).

Die **Vorstandsmitglieder** und ihre Stellvertreter üben eine **sonstige selbständige Tätigkeit** i.S.d. § 18 Abs. 1 Nr. 3 EStG aus, sofern der Vorstand kein Verwaltungsorgan ist (BFH v. 3.12.1965, VI 167/63 U, BStBl III 1966, 153). Das Gleiche gilt für die ehrenamtlichen Mitglieder in Organen der Berufsgenossenschaften.

Zur Übernahme der Beiträge an die Berufsgenossenschaft bei einem Gesellschafter-Geschäftsführer durch den Arbeitgeber → *Gesellschafter/Gesellschafter-Geschäftsführer* Rz. 1415.

Berufskleidung

1. Arbeitsrecht

643 Die vielfältigen Facetten der Kleidung und Dienstkleidung im Arbeitsverhältnis einschließlich Unterwäsche- und sonstigen Outfit- und Accessoiresfragen werfen vielfältige Fragen auf von der Tragepflicht bzw. dem Tragerecht über Schadensersatz und über Kosten der verschiedensten Art, über Sanktionen, über die Wirksamkeit von Bekleidungsvorschriften, usw.; dabei können Streitfragen erhebliche Unruhe in das individualrechtliche Verhältnis zwischen Arbeitgeber und Arbeitnehmer und in das kollektivrechtliche Verhältnis zwischen Arbeitgeber-Betriebsrat-Arbeitnehmer tragen (s. z.B. das sog. „Schlüpfer-Urteil" des LAG Köln v. 18.8.2010, 3 TaBV 15/10, www.stotax-first.de). Begrifflich geht es aus arbeitsrechtlicher Sicht um verschiedene Komplexe: Arbeitsschutzkleidung, Dienstkleidung, Berufskleidung, Arbeitskleidung und nicht zuletzt um das äußere Erscheinungsbild des Arbeitnehmers i.R.d. Arbeitsverhältnisses (Kleiderordnung/Image-Kleidung/Dresscode).

In der betrieblichen Praxis treten insbesondere hauptsächlich folgende Streitfragenkomplexe auf:

– Müssen bestimmte Kleidungsstücke getragen werden?
– Dürfen bestimmte Kleidungsstücke getragen werden?
– Darf das Tragen bestimmter Kleidungsstücke untersagt werden?
– Wer trägt die Kosten für bei der Arbeit getragene Kleidung, welche Verteilung ist ggf. zulässig?
– Zählen Umkleidezeiten zur vergütungspflichtigen Arbeitszeit?

Berufskleidung

keine Sozialversicherungspflicht = (SV̄)
Sozialversicherungspflicht = (SV)

Die Lösung der angeführten und weiterer Problemfragen im Einzelfall ergibt sich aus gesetzlichen Vorgaben (z.B. § 618 und § 670 BGB), aus arbeitsvertraglicher Vereinbarung, aus Richtlinien, aus Direktionsrecht, aus Betriebsvereinbarung, aus Tarifvertrag, wobei im Einzelfall noch abzuwägen sein kann zwischen dem Persönlichkeitsrecht des Arbeitnehmers contra Arbeitgeberinteressen.

Speziell zum Umkleiden als – vergütungspflichtige – Arbeitszeit: Zur Arbeit gehört auch das Umkleiden für die Arbeit, wenn der Arbeitgeber das Tragen einer bestimmten Kleidung vorschreibt und das Umkleiden im Betrieb erfolgen muss. Die Fremdnützigkeit des Umkleidens ergibt sich schon aus der Weisung des Arbeitgebers, die ein Anlegen der Arbeitskleidung zu Hause und ein Tragen auf dem Weg zur Arbeitsstätte ausschließt, aber auch daraus, dass bestimmte Arbeitskleidung betrieblichen Belangen des Arbeitgebers dient. Da die Arbeit in diesem Falle mit dem Umkleiden beginnt, zählen **auch die innerbetrieblichen Wege** zur Arbeitszeit, die dadurch veranlasst sind, dass der Arbeitgeber das Umkleiden am Arbeitsplatz ermöglicht, sondern dafür eine vom Arbeitsplatz getrennte Umkleidestelle einrichtet, die der Arbeitnehmer zwingend benutzen muss (BAG v. 19.9.2012, 5 AZR 678/11, www.stotax-first.de). Aber: Nur die unter Ausschöpfung der persönlichen Leistungsfähigkeit des Arbeitnehmers **erforderlichen** Umkleidezeiten einschließlich der innerbetrieblichen Wegezeiten von der Umkleide- bis zur Arbeitsstelle sind vergütungspflichtig, ggf. als Überstunden (BAG v. 19.3.2014, 5 AZR 954/12, www.stotax-first.de). Offen ist im Übrigen, ob und inwieweit individualvertraglich eine Vergütung für Umkleide- und Wegezeiten ausgeschlossen werden könnte. Ohnehin bleibt eine angemessene **Pauschalierung** zu empfehlen.

Zum Fragenbereich s. die ausführliche Darstellung von D. Besgen, Kleidung und Outfit im Arbeitsverhältnis, B+P 2013, 163.

2. Lohnsteuer

644 Stattet der Arbeitgeber den Arbeitnehmer unentgeltlich oder verbilligt mit der im Beruf benötigten Kleidung aus, ist zu unterscheiden:

a) Typische Berufskleidung

645 **Steuerfrei** nach § 3 Nr. 31 erster Halbsatz EStG i.V.m. R 3.31 Abs. 1 LStR und somit auch beitragsfrei ist nur die unentgeltliche oder verbilligte Überlassung **typischer Berufskleidung**. Unerheblich ist dabei, ob die Berufskleidung **leihweise** überlassen wird oder endgültig in das **Eigentum** des Arbeitnehmers übergeht (R 3.31 Abs. 1 Satz 1 LStR). Zuschüsse des Arbeitgebers zu einer betrieblichen **Kleiderkasse**, bei der die Arbeitnehmer kostenlos oder verbilligt typische Arbeitskleidung erhalten, sind ebenfalls steuerfrei.

[LSt] (SV̄)

Zur **typischen Berufskleidung** gehören Kleidungsstücke, die

– als **Arbeitsschutzkleidung** auf die jeweils ausgeübte Berufstätigkeit zugeschnitten sind oder

– nach ihrer z.B. uniformartigen Beschaffenheit **oder dauerhaft angebrachten Kennzeichnung durch Firmenemblem**, das nicht zu klein sein darf und daher in der Öffentlichkeit erkennbar sein muss (s. dazu zuletzt FG Köln v. 28.4.2009, 12 K 839/08, www.stotax-first.de, betr. „normale" Kleidung eines Straßenbahnfahrers), objektiv eine berufliche Funktion erfüllen,

wenn ihre private Nutzung so gut wie ausgeschlossen ist. Normale Schuhe und Unterwäsche sind z.B. keine typische Berufskleidung, ebenso wenig ein Lodenmantel, vgl. H 3.31 (Lodenmantel) LStH. Zur Arbeitsschutzkleidung gehören z.B. Helme, Arbeitswesten, sog. Blaumänner, Kittel und Arbeitsschuhe.

Ein seinem Charakter nach zur bürgerlichen Kleidung gehörendes Kleidungsstück wird allerdings **nicht** schon dadurch zur typischen Berufskleidung, dass es nach der **Dienstanweisung** des Arbeitgebers zur Dienstbekleidung zählt und mit einem **Dienstabzeichen versehen** ist (BFH v. 19.1.1996, VI R 73/94, BStBl II 1996, 202 betr. den Lodenmantel eines Försters). Das o.g. BFH-Urteil soll jedoch von den Finanzämtern nicht über den entschiedenen Einzelfall hinaus allgemein angewendet werden, d.h. im Regelfall ist zivile Kleidung mit einem von Größe und Anbringung her deutlich erkennbaren Firmenlogo als typische Berufskleidung anzuerkennen (FinMin Niedersachsen v. 1.11.1996, S 2354 – 70 – 35, DB 1996, 2414).

Die Finanzverwaltung geht aus **Vereinfachungsgründen von typischer Berufskleidung aus**, wenn der Arbeitnehmer von seinem Arbeitgeber die Berufskleidung **zusätzlich zum ohnehin geschuldeten Arbeitslohn** erhält, wenn nicht das Gegenteil offensichtlich ist (R 3.31 Abs. 1 Satz 2 LStR). Mit diesem Satz sollten Fälle erfasst werden, in denen der Arbeitgeber ein ganz besonderes Interesse an dem Tragen einer besonderen, mit großer Wahrscheinlichkeit kaum privat getragenen Kleidung für bestimmte Arbeitnehmergruppen (z.B. Kraftfahrer) hat und deshalb die Kosten dafür zusätzlich zum ohnehin geschuldeten Arbeitslohn trägt. Er hat jedoch nur in **„Grenzfällen"** Bedeutung, wenn zweifelhaft ist, ob typische Berufskleidung vorliegt oder nicht. Die **Gestellung eindeutiger bürgerlicher Kleidung** zusätzlich zum ohnehin geschuldeten Arbeitslohn ist **auch nach dieser Regelung nicht steuerfrei**.

b) Bürgerliche Kleidung

646 **Steuerpflichtiger Arbeitslohn** ist der Ersatz der Aufwendungen für sog. bürgerliche Kleidung, das sind Kleidungsstücke, **die auch außerhalb des Berufs getragen werden können** – die Möglichkeit reicht schon aus. Ein Werbungskostenabzug und damit auch ein steuerfreier Arbeitgeberersatz kommt selbst dann nicht in Betracht, wenn

– diese Kleidung **tatsächlich ausschließlich im Beruf getragen** und am Arbeitsplatz aufbewahrt wird, selbst wenn der Kauf bei dem Arbeitgeber von diesem erwartet oder verlangt worden ist (zuletzt FG Münster v. 1.7.2015, 9 K 3675/14 E, www.stotax-first.de: Kein Werbungskostenabzug von Aufwendungen einer Schuhverkäuferin für von ihr während der Arbeitszeit getragene und beim Arbeitgeber erworbene Schuhe),

– **berufsbedingt außergewöhnlich hohe Kosten anfallen** (vgl. BFH v. 6.7.1989, IV R 91 - 92/87, BStBl II 1990, 49 betr. außergewöhnlich hohe Aufwendungen für Kleidung und Kosmetika einer Schauspielerin und Fernsehansagerin),

– ein Arbeitgeber **Mitgliedern seiner Geschäftsleitung qualitativ und preislich hochwertige Bekleidungsstücke** zur Verfügung stellt; der Entlohnungscharakter der Zuwendung kann nicht mit einem überwiegend eigenbetrieblichen Interesse widerlegt werden, weil das Tragen der vom Arbeitgeber hergestellten Kleidungsstücke neben Repräsentationszwecken auch der Werbung dienen würde oder der Arbeitnehmer nach der firmeneigenen Kleiderordnung die überlassene Kleidung tragen muss (BFH v. 11.4.2006, VI R 60/02, BStBl II 2006, 691),

– der Arbeitgeber (eine **Bank**) von seinen männlichen Angestellten das **Tragen von Anzügen** während der Arbeitszeit verlangt (FG Saarland v. 28.1.2008, 2 K 1497/07, www.stotax-first.de).

[LSt] (SV)

Ausnahmsweise kann aber auch bürgerliche Kleidung zur typischen Berufskleidung zählen, wenn eine Verwendung dieser Kleidungsstücke zum Zwecke der privaten Lebensführung auf Grund der **berufsspezifischen Eigenschaften so gut wie ausgeschlossen ist**.

> **Beispiel:**
> Schwarze Anzüge bei Geistlichen, Kellnern oder nicht nur aushilfsweise tätigen Leichenbestattern (BFH v. 18.4.1990, III R 5/88, www.stotax-first.de). Gerade bei den letztgenannten Berufsgruppen „liegt es auf der Hand", dass diese Kleidung nicht auch noch privat getragen wird.

Die Überlassung sog. bürgerlicher Kleidung führt aber nicht „automatisch" zur Annahme von steuerpflichtigem Arbeitslohn: Vorteile, die der **Arbeitgeber aus eigenbetrieblichem Interesse gewährt, stellen keinen Arbeitslohn** dar, wenn eine Gesamtwürdigung ergibt, dass der mit der Vorteilsgewährung verfolgte betriebliche Zweck ganz im Vordergrund steht. Ein vorrangiges eigenbetriebliches Interesse an der Überlassung von Kleidungsstücken kann z.B. dann bejaht werden, wenn ein im Lebensmitteleinzelhandel tätiger Arbeitgeber seinem Verkaufspersonal – u.a. aus hygienischen Gründen und zur Verbesserung des Erscheinungsbilds des Unternehmens – **einheitliche bürgerliche Kleidung** (auch ohne Firmenlogo!) zur Verfügung stellt (BFH v. 22.6.2006, VI R 21/05, BStBl II 2006, 915).

c) Einzelfälle aus der Rechtsprechung

647 Zur Abgrenzung typischer Berufskleidung gegenüber steuerlich nicht zu berücksichtigender bürgerlicher Kleidung gibt es um-

fangreiche Rechtsprechung, die gelegentlich widersprüchlich erscheinen mag. Die nachfolgenden Urteile sollten daher nicht verallgemeinert werden, es kommt immer auf die Gesamtumstände des einzelnen Falles an.

Anerkannt als typische Berufskleidung wurden z.B.

- **weiße Kittel, Arztjacken und Hosen bei Ärzten und Masseuren** (BFH v. 16.8.1994, I B 5/94, www.stotax-first.de),
- der **Frack bzw. das Abendkleid bei Orchestermusikern** (FinMin Baden-Württemberg v. 14.5.1992, S 2342/11, www.stotax-first.de),
- die **Uniform von Soldaten, selbst Sportkleidung mit Offiziersbalken** (FG Bremen v. 17.12.1991, II 163/88 K, EFG 1992, 735),
- die mit einem **Posthorn versehene Dienstkleidung der Postbediensteten** (FG Niedersachsen v. 22.6.1990, XIII 260/89, EFG 1991, 18),
- die in **Farbe und Schnitt einheitlich gestaltete Kleidung von Flugbegleitern** (FG Hessen v. 9.3.1992, EFG 1993, 648) oder des Personals von **Friseurbetrieben** (FG Hamburg v. 8.10.1986, I 56/83, EFG 1987, 172) oder in **Lebensmittelfilialen**, auch wenn sie keine ausgesprochene Arbeitsschutzbekleidung darstellt und nicht dauerhaft mit einem Firmenemblem gekennzeichnet ist, aber das Erscheinungsbild des Unternehmens (sog. **corporate identity**) verbessern soll (BFH v. 22.6.2006, VI R 21/05, BStBl II 2006, 915),
- mit **Logo und Namenszeichen versehene Pullover, Hemden, Hosen und Lederkrawatten**, die ein Kfz-Betrieb seinen Service-Mitarbeitern unentgeltlich zur Verfügung gestellt hat, um das Erscheinungsbild des Unternehmens nach innen und außen positiv zu beeinflussen und die außerhalb der Arbeitszeit nicht getragen werden durften (FG Baden-Württemberg v. 25.10.1996, 9 K 89/95, INF 4/1999, S. IV),
- die für **Messezwecke** zur Verfügung gestellten **Blazer mit Firmenemblem**, die der Arbeitnehmer nach Abschluss der Messe wieder zurückgeben muss (FG Baden-Württemberg v. 13.4.2000, 3 K 20/97, EFG 2000, 1113),
- die Schutzkleidung von **Waldarbeitern** (FG Rheinland-Pfalz v. 23.9.2004, 6 K 2813/01, www.stotax-first.de).

Nicht anerkannt als typische Berufskleidung wurde demgegenüber z.B.

- der **Trachtenanzug eines Geschäftsführers in einem bayerischen Lokal**, selbst wenn er nahezu ausschließlich im Beruf getragen wurde (BFH v. 20.11.1979, VI R 143/77, BStBl II 1980, 73),
- **Abendkleider und schwarze Hosen einer Instrumentalsolistin** (BFH v. 18.4.1991, IV R 13/90, BStBl II 1991, 751),
- **weiße Hemden, Socken und Schuhe bei Ärzten und Masseuren** (BFH v. 16.8.1994, I B 5/94, www.stotax-first.de),
- der **Lodenmantel eines Forstbeamten** (BFH v. 19.1.1996, VI R 73/94, BStBl II 1996, 202),
- **schwarze Röcke und weiße Blusen einer Hotel-Empfangssekretärin** (FG Saarland v. 12.10.1988, 1 K 23/88, EFG 1989, 110),
- die **einheitlich grau gestaltete Kleidung von Chauffeuren** (OFD Münster v. 25.3.1987, StLex 4, 19–19a, 1142; die obersten Finanzbehörden haben diese Auffassung im Jahre 1996 nochmals ausdrücklich bestätigt),
- die mit dem **Firmenlogo einer Bank** versehen Seidentücher, Krawatten und Sportkleidung (OFD Münster v. 25.10.1988, S 2334 – 73 – St 12 – 31, DB 1988, 2384),
- **Pilotenjacken und Fellwesten eines Fuhrunternehmers** (BFH v. 15.2.2000, X B 122/99, www.stotax-first.de),
- **schwarze und rote Kostüme, die Verkäuferinnen auf Grund arbeitsvertraglicher Verpflichtung tragen**; auch ein sog. **Schuhgeld** für die Anschaffung schwarzer Schuhe ist lohnsteuerpflichtig (FG Düsseldorf v. 12.12.2000, 17 K 4509/95 H(L), EFG 2001, 362),
- **weiße Kleidung einer Krankenpflege-Helferin**, auch wenn sie diese auf Weisung ihres Arbeitgebers während ihrer Tätigkeit bei einem ambulanten Pflegedienst zu tragen hat (FG Hamburg v. 14.3.2002, VI 247/00, EFG 2002, 963),
- eine **schwarze Hose, ein Paar schwarze Schuhe und zwei Paar Sportschuhe bei einem Soldaten**, die sich weder dem Aussehen noch der Funktion nach von normaler bürgerlicher Kleidung unterscheiden, selbst wenn sie ausschließlich bei der Berufsausübung getragen werden (BFH v. 6.6.2005, VI B 80/04, www.stotax-first.de),
- **Schuhe, Strümpfe und Make-up einer Flugbegleiterin**, wenn die Kleidungsstücke und das Make-up ohne die Dienstuniform weder als Uniformbestandteile erscheinen noch sonst berufsspezifische Eigenschaften aufweisen und deshalb ohne weiteres als private Kleidung bzw. privates Make-up verwendbar sind (FG München v. 15.4.2005, 15 K 4973/04, www.stotax-first.de),
- **Jeanshosen, Latzhosen, Pullover, T-Shirts und Anoraks eines Baumaschinisten**; diese ihrer Art nach bürgerlichen Kleidungsstücken stellen nicht wegen ihrer unvermeidlichen und irreversiblen Verschmutzung durch den Einsatz bei der beruflichen Tätigkeit eine typische Berufskleidung dar (FG Sachsen v. 27.4.2005, 5 K 1031/04, www.stotax-first.de),
- **schwarze Anzüge eines Croupiers in einem Spielcasino** (FG Baden-Württemberg v. 31.1.2006, 4 K 448/01, EFG 2006, 809),
- **Smoking bei einem Piano-Entertainer** (FG München v. 23.2.2006, 14 K 3585/03, EFG 2006, 1018),
- **Jacken, Shirts, Trainingsanzüge, Inliner eines Sportlehrers** (BFH v. 18.6.2007, VI B 28/07, www.stotax-first.de),
- **T-Shirts, Polohemden, Pullover, Jacke, Jeans eines Straßenbahnfahrers** trotz Aufdruck eines Firmenemblems (FG Köln v. 28.4.2009, 12 K 839/08, www.stotax-first.de),
- **weiße Hosen und Socken einer Hauswirtschafterin im Kloster**; allein die Anbringung eines völlig unauffälligen Emblems, das von der Stpfl. selbst angebracht wurde, um den Charakter einer Berufskleidung zu belegen, führt nicht zu Qualifizierung als Berufskleidung. Aufwendungen für die Reinigung von Kleidung sind auch dann grundsätzlich nichtabzugsfähige Kosten der allgemeinen Lebensführung, wenn die Kleidung – ggf. auch auf Weisung des Arbeitgebers – ausschließlich während der Berufsausübung getragen wird. Abzugsfähig sind dagegen Reinigungskosten für das Waschen der typischen Berufskleidung (hier: Kopfbedeckung, T-Shirt, Kittel, Vorbinder) in der eigenen Waschmaschine (FG Rheinland-Pfalz v. 28.9.2010, 2 K 1638/09, www.stotax-first.de),
- **Business-Kleidung** eines Angestellten sowie eines Rechtsanwalts (BFH v. 13.11.2013, VI B 40/13, www.stotax-first.de, sowie FG Hamburg v. 26.3.2014, 6 K 231/12, EFG 2014, 1377),
- **Sportbekleidung bei einem Profifußballspieler** (FG Rheinland-Pfalz v. 18.7.2014, 1 K 1490/12, www.stotax-first.de),
- ausschließlich im Beruf getragene und am Arbeitsplatz aufbewahrte **Schuhe einer Schuhverkäuferin** (FG Münster v. 1.7.2015, 9 K 3675/14 E, www.stotax-first.de).

d) Bundeswehr u.a.

648 Bei Angehörigen der Bundeswehr, der Bundespolizei, der Bereitschaftspolizei der Länder, der Vollzugspolizei und der Berufsfeuerwehr der Länder und Gemeinden und bei Vollzugsbeamten der Kriminalpolizei des Bundes, der Länder und Gemeinden bleiben nach § 3 Nr. 4 EStG steuerfrei

- der Geldwert der ihnen aus Dienstbeständen überlassenen **Dienstkleidung** sowie
- **Einkleidungsbeihilfen und Abnutzungsentschädigungen** für die Dienstkleidung der zum Tragen oder Bereithalten von Dienstkleidung Verpflichteten und für dienstlich notwendige Kleidungsstücke der Vollzugsbeamten der Kriminalpolizei.

Diese Steuerbefreiung gilt für sämtliche Dienstbekleidungsstücke, die die Angehörigen der genannten Berufsgruppen nach den jeweils maßgebenden Dienstbekleidungsvorschriften zu tragen verpflichtet sind.

Als „Angehörige der Vollzugspolizei" sind auch sog. **gemeindliche Vollzugsbedienstete** anzusehen, die die Polizei von bestimmten Aufgaben entlasten sollen.

Zu den Angehörigen der Bundeswehr oder der Bundespolizei gehören **nicht die Zivilbediensteten** (R 3.4 LStR). Nicht unter diese Steuerbefreiung fallen Abnutzungsentschädigungen für im Dienst getragene **Zivilkleidung** (BMF v. 15.4.1981, IV B 6 – S 2337 – 50/80, BB 1981, 832).

3. Barablösung

649 Steuerfrei nach § 3 Nr. 31 zweiter Halbsatz EStG ist ferner die **Barablösung eines nicht nur einzelvertraglichen Anspruchs** auf Gestellung von typischer Berufskleidung, wenn die Barablösung betrieblich veranlasst ist und die entsprechenden Aufwendungen des Arbeitnehmers nicht offensichtlich übersteigt. Die Steuerfreiheit nach § 3 Nr. 31 EStG setzt bei Bargeldablösungen schon nach dem Wortlaut der Norm **tatsächliche Aufwendungen** voraus, die der Arbeitnehmer nachweisen muss (BFH v. 8.6.2015, VI R 37/14, HFR 2015, 1011 betr. Kleidergeldzahlungen einer Spielbank an Saalassistenten).

Die Steuerbefreiung nach § 3 Nr. 31 zweiter Halbsatz EStG beschränkt sich auf die Erstattung der Aufwendungen, die dem Arbeitnehmer durch den beruflichen Einsatz typischer Berufskleidung in den Fällen entstehen, in denen der Arbeitnehmer z.B. nach **Unfallverhütungsvorschriften, Tarifvertrag oder Betriebsvereinbarung** einen Anspruch auf Gestellung von Arbeitskleidung

Berufskleidung

hat, der aus betrieblichen Gründen durch die Barvergütung abgelöst wird. Die **Barablösung** einer Verpflichtung zur Gestellung von typischer Berufskleidung ist z.B. betrieblich begründet, wenn die Beschaffung der Kleidungsstücke durch den Arbeitnehmer für den **Arbeitgeber vorteilhafter** ist (R 3.31 Abs. 2 Satz 2 LStR).

Pauschale Barablösungen sind steuerfrei, soweit sie die regelmäßigen Absetzungen für Abnutzung und die üblichen Instandhaltungs- und Instandsetzungskosten der typischen Berufskleidung abgelten (R 3.31 Abs. 2 Satz 3 LStR). Aufwendungen für die **Reinigung** gehören regelmäßig **nicht** zu den Instandhaltungs- und Instandsetzungskosten der typischen Berufsbekleidung (R 3.31 Abs. 2 Satz 4 LStR).

Als Barablösung einer Verpflichtung zur Gestellung von typischer Berufskleidung **anerkannt** worden sind

- das **Kleidergeld der Kaminkehrergesellen** nach § 8 Nr. 5 des Bundestarifvertrags für das Schornsteinfegerhandwerk sowie
- das sog. **Frackgeld** der Orchestermusiker nach § 13 des Tarifvertrags für die Musiker in Kulturorchestern (FinMin Niedersachsen v. 27.12.1984, S 2332 – 99 – 31 3, www.stotax-first.de).

Abgelehnt wurde die Steuerbefreiung dagegen z.B.

- für **Kleidergeldzahlungen einer Spielbank an einen Saalassistenten**, weil der Stpfl. nicht nachweisen konnte, dass er überhaupt Aufwendungen für (typische) Berufskleidung getätigt hat (BFH v. 8.6.2015, VI R 37/14, HFR 2015, 1011).

4. Vom Arbeitgeber erstattete Reinigungskosten

650 Nach der BFH-Rechtsprechung darf der Arbeitnehmer zwar auch Aufwendungen für die Reinigung von Berufskleidung in der **privaten Waschmaschine als Werbungskosten** absetzen (BFH v. 29.6.1993, VI R 77/91, BStBl II 1993, 837 und v. 29.6.1993, VI R 53/92, BStBl II 1993, 838). Diese Urteile haben jedoch für den **Arbeitgeberersatz keine Bedeutung**, weil es insoweit keine Steuerbefreiungsvorschrift gibt (R 19.3 Abs. 3 LStR). Insbesondere handelt es sich bei diesen Kosten, selbst wenn sie dem Arbeitgeber in Rechnung gestellt werden, nicht um Auslagenersatz oder durchlaufende Gelder i.S.d. § 3 Nr. 50 EStG (→ *Auslagenersatz und durchlaufende Gelder* Rz. 432). Steuerpflichtig ist auch die unentgeltliche Reinigung der vom Arbeitnehmer selbst beschafften Berufskleidung durch den Arbeitgeber.

Steuerfrei ist dagegen ein sog. **Wäschegeld**, wenn damit

- entweder die Reinigungskosten der vom Arbeitgeber gestellten Berufskleidung abgegolten werden (§ 3 Nr. 50 EStG, → *Auslagenersatz und durchlaufende Gelder* Rz. 432)
- oder es sich um die Barablösung eines nicht nur einzelvertraglichen Anspruchs auf **Gestellung** typischer Berufskleidung handelt, wenn die Barablösung betrieblich veranlasst ist und die entsprechenden Aufwendungen des Arbeitnehmers nicht offensichtlich übersteigt (§ 3 Nr. 31 EStG, → Rz. 649).

Vgl. hierzu z.B. FG Niedersachsen v. 2.11.1966, IV L 95-99/66, EFG 1967, 173, wonach ein angemessenes Wäschegeld, das der Inhaber eines Schlachtereigeschäfts den Verkäuferinnen und Schlachtergehilfen für die Beschaffung und Reinigung der Berufskleidung zahlt, als Werkzeuggeld oder als Leistung der betrieblichen Fürsorge steuerfrei ist.

5. Werbungskostenabzug

651 Aufwendungen für Kleidung (inklusive deren Reinigung und Instandsetzung) sind ebenso wie Aufwendungen für Wohnung und Verpflegung grundsätzlich **Kosten der Lebensführung** und mit dem Ansatz des Grundfreibetrags für das steuerliche Existenzminimum abgegolten (BMF v. 6.7.2010, IV C 3 – S 2227/07/10003 :002, BStBl I 2010, 614). Dies gilt sowohl dann, wenn die Bekleidung nahezu ausschließlich während der Berufsausübung getragen wird (z.B. der Trachtenanzug eines Restaurant-Geschäftsführers), als auch dann, wenn die bürgerliche Kleidung durch die berufliche Tätigkeit verschmutzt worden sein sollte, es sei denn, diese Verschmutzung wäre ausnahmsweise von einer gewöhnlichen Verschmutzung nach objektiven Maßstäben

zutreffend und in leicht nachprüfbarer Weise abgrenzbar (zuletzt FG Nürnberg v. 24.10.2014, 7 K 1704/13, EFG 2015, 1162 m.w.N.).

Eine **Ausnahme** von diesem Grundsatz gilt gem. § 9 Abs. 1 Satz 3 Nr. 6 EStG nur dann, wenn es sich um **typische Berufskleidung** handelt. Zwar dient auch die typische Berufskleidung neben ihrer besonderen beruflichen Zweckbestimmung regelmäßig ebenfalls dem allgemeinen menschlichen Bedürfnis, bekleidet zu sein, und damit der allgemeinen Lebensführung. Nach der ausdrücklichen Regelung des § 9 Abs. 1 Satz 3 Nr. 6 EStG tritt der berufliche Bezug jedoch bei typischer Berufskleidung derart in den Vordergrund, dass der Bezug zur allgemeinen Lebensführung hier nach dem ausdrücklichen Willen des Gesetzgebers zu vernachlässigen ist. § 9 Abs. 1 Satz 3 Nr. 6 EStG stellt insofern eine konstitutive Regelung dar, die die typische Berufskleidung in den Werbungskostenbereich verlagert und die Anwendbarkeit des Aufteilungs- und Abzugsverbots des § 12 EStG insoweit als spezialgesetzliche Norm verdrängt (zuletzt FG Nürnberg v. 24.10.2014, 7 K 1704/13, EFG 2015, 1162 m.w.N.).

Als Werbungskosten können nicht nur die tatsächlich nachgewiesenen Reinigungskosten für Berufskleidung in Wäschereien abgezogen werden, sondern auch die Kosten für die **Reinigung in der „privaten Waschmaschine"**. Die Kosten hierfür können nach den Erfahrungswerten der Verbraucherverbände geschätzt werden (zuletzt FG Nürnberg v. 24.10.2014, 7 K 1704/13, EFG 2015, 1162 m.w.N. betr. Berufskleidung eines Wachmannes); die **Erfahrungswerte zum Stand Dezember 2002** sind z.B. in OFD Magdeburg v. 24.11.2003, S 2354 – 16 – St 223, www.stotax-first.de, veröffentlicht worden.

Neuere Zahlen gibt es nicht, die Finanzverwaltung geht immer noch von den alten Zahlen aus und weist zur Begründung darauf hin, dass sich auf Grund des technischen Fortschritts (z.B. Herstellung verbrauchsoptimierter Waschmaschinen und Wäschetrockner) und der gesunkenen durchschnittlichen Anschaffungskosten dieser Geräte die Kosten für die Wäschepflege nicht erheblich geändert haben, auch wenn in den letzten Jahren die Kosten für Strom und Wasser deutlich gestiegen sind. Die **Verbraucherzentrale Hessen** bietet auf ihrer Homepage (http://www.verbraucher.de/Waschmaschinen-8) einen „**Waschkostenrechner**" an, mit dem unter Berücksichtigung der Anschaffungskosten der Waschmaschine sowie der regionalen Strom- und Wasserkosten die Kosten je Waschgang ermittelt werden können.

Möglich ist jedoch auch eine Schätzung in der Form, dass ausgehend von der jährlich anfallenden Menge der zu reinigenden typischen Berufskleidung die dafür insgesamt erforderliche Zahl **zusätzlicher Waschmaschinenläufe** bestimmt und mit den Kosten eines Waschmaschinenlaufs vervielfältigt wird (FG Nürnberg v. 24.10.2014, 7 K 1704/13, EFG 2015, 1162 m.w.N. betr. Berufskleidung eines Wachmannes).

Aufwendungen für die Anschaffung, Reparatur und Pflege von Berufskleidung werden im Allgemeinen ohne weitere Nachprüfung anerkannt, wenn die geltend gemachten Aufwendungen – ggf. zusammen mit anderen Arbeitsmitteln – die sog. **Arbeitsmittelpauschale** von 110 € im Jahr nicht übersteigen (OFD Karlsruhe v. 11.2.2003, S 2270 A – 27 – St 322, www.stotax-first.de). Eine bundeseinheitliche Verwaltungspraxis gibt es nicht, andere Bundesländer lehnen Pauschalen generell ab, z.B. Sachsen (OFD Chemnitz v. 8.9.2003, S 2355 – 10/2 – St 22, NWB 2003 Fach 1, 301). Einen Rechtsanspruch auf die Anwendung der Pauschale gibt es ohnehin nicht (z.B. FG Hamburg v. 22.1.2003, I 72/02, www.stotax-first.de).

Soweit das FG Niedersachsen im Urteil v. 10.12.2008, 7 K 166/08, EFG 2010, 707 den Abzug von Reinigungskosten, soweit sie nicht höher sind als Reinigungskosten für „normale Kleidung", entgegen der o.g. BFH-Rechtsprechung abgelehnt hat, sind die Finanzämter angewiesen, daraus keine Konsequenzen zu ziehen (verbindlich sind allein die im BStBl II veröffentlichten BFH-Urteile!).

Berufskraftfahrer

→ *Reisekosten: Allgemeine Grundsätze* Rz. 2409

[LSt durchgestrichen] = keine Lohnsteuerpflicht
[LSt] = Lohnsteuerpflicht

Berufskrankheiten

1. Arbeitsrecht

652 Eine Arbeitsunfähigkeit des Arbeitnehmers infolge einer Berufskrankheit verpflichtet den Arbeitgeber gesetzlich zur Entgeltfortzahlung im Krankheitsfall bis zur Höchstdauer von sechs Wochen nach den allgemeinen Grundsätzen (→ *Entgeltfortzahlung* Rz. 1071); auf evtl. tarifvertragliche Besonderheiten ist zu achten.

2. Lohnsteuer

653 Leistungen des Arbeitgebers zur Vermeidung von Berufskrankheiten seiner Arbeitgeber stellen **keinen steuerpflichtigen Arbeitslohn** dar, wenn sie im ganz überwiegend eigenbetrieblichen Interesse erbracht werden (vgl. BFH v. 30.5.2001, VI R 177/99, BStBl II 2001, 671 betr. Übernahme von Massagekosten für Bildschirmarbeitnehmer sowie v. 4.7.2007, VI B 78/06, www.stotax-first.de, betr. Übernahme der Kosten für ein Rückentrainingsprogramm für Arbeitnehmer mit Bildschirmtätigkeit). Weitere Beispiele → *Krankheitskosten* Rz. 1729.

Aufwendungen zur Behandlung einer **typischen Berufskrankheit** können in voller Höhe als **Werbungskosten** berücksichtigt werden (→ *Krankheitskosten* Rz. 1740); normalerweise sind Krankheitskosten nur gekürzt um die sog. zumutbare Belastung als außergewöhnliche Belastung nach § 33 EStG abzugsfähig.

Ein **steuerfreier Arbeitgeberersatz** ist in diesen Fällen jedoch **nicht möglich**, weil es hierfür keine Steuerbefreiungsvorschrift gibt (R 19.3 Abs. 3 LStR). Unter bestimmten Voraussetzungen bleiben jedoch sog. **Unterstützungen** steuerfrei (→ *Unterstützungen* Rz. 2958).

Folgende Leistungen des Arbeitgebers unterliegen **nicht dem Lohnsteuerabzug**:

- **Erholungsbeihilfen** (→ *Erholung: Arbeitgeberzuwendungen* Rz. 1167),
- **Urlaubsgelder** an silikosegefährdete Bergarbeiter und
- **Sachzuwendungen** (Milch, Zusatzverpflegung) zur Verhütung von Berufserkrankungen.

[LSt durchgestrichen] [SV]

Weitere Einzelheiten, auch zur **Steuerbefreiung nach § 3 Nr. 34 EStG** für gesundheitsfördernde Maßnahmen des Arbeitgebers, → *Krankheitskosten* Rz. 1729.

Berufsschule

→ *Auszubildende* Rz. 485

Berufssoldat

→ *Bundeswehr* Rz. 763

Berufssportler

1. Abgrenzung der Einkunftsart

654 Schwierig ist in der Praxis die Abgrenzung, ob Berufssportler nach der jeweiligen Vertragsgestaltung **Arbeitnehmer** sind oder **gewerbliche Einkünfte** erzielen. Zuvor ist allerdings zu prüfen, ob überhaupt eine Einkunftserzielungsabsicht anzunehmen ist. Sollen die Zahlungen nur den tatsächlichen Aufwand des Sportlers abdecken, so verwirklichen sie noch nicht den Tatbestand der Einkunftserzielung, sondern bewegen sich im Bereich der **Liebhaberei**. Ebenso rechtfertigen einzelne **Preisgelder** für sich genommen noch nicht die Annahme gewerblicher Tätigkeit (zuletzt BFH v. 9.4.2014, X R 40/11, HFR 2015, 461 betr. Verpflegungsmehraufwendungen eines Kraftsportlers).

Arbeitnehmereigenschaft anerkannt wurde bei

- **Lizenzspielern** der **Bundesligen** beim Fußball, Handball, Eishockey usw. (zuletzt FG Saarland v. 3.12.2014, 2 K 1088/12, www.stotax-first.de, m.w.N.), ebenso bei Fußballspielern der **Amateurligen**, sofern sie vom Verein nicht lediglich Aufwandsersatz erhalten (→ *Amateursportler* Rz. 108),
- **Berufsringern** (Catchern) sowie **Ringrichtern und Turnierleitern** (BFH v. 29.11.1978, I R 159/76, BStBl II 1979, 182),
- einem **Motorradhändler**, der nebenbei für eine Fahrzeugfirma als „Werk-Motocross-Fahrer" tätig ist und auf Grund von „Sportverträgen" bei Deutschen Meisterschaften, Weltmeisterschaften usw. Rennen fährt. Die hierfür gezahlten Vergütungen sind nicht seinen Einkünften aus Gewerbebetrieb zuzurechnen, wenn er während der Rennveranstaltungen in einen „Rennbetrieb" der Fahrzeugfirma eingegliedert ist und kein eigenes wirtschaftliches Risiko trägt. Es handelt sich insoweit um Einkünfte aus nichtselbständiger Arbeit, die dem Lohnsteuerabzug unterliegen (FG Düsseldorf v. 25.9.1990, 1 K 352/85 G, EFG 1991, 192); allerdings würde in einem solchen Fall keine Krankenversicherungspflicht eintreten. Vgl. zu einer **Motorrad-Rennfahrerin** (Werksfahrerin) auch BAG v. 17.6.1999, 5 AZB 23/98, www.stotax-first.de, wonach diese Arbeitnehmerin oder arbeitnehmerähnliche Person sein kann.

[LSt] [SV]

Gewerbliche Einkünfte wurden dagegen angenommen bei

- **Berufsboxern**, deren Vergütung vom Ausgang des Wettkampfs abhängig ist und die deshalb ein höheres unternehmerisches Risiko tragen (BFH v. 22.1.1964, I 398/60 U, BStBl III 1964, 207), ebenso FG Sachsen-Anhalt v. 30.11.2011, 2 K 49/07, www.stotax-first.de, betr. Boxer der 1. Box-Bundesliga,
- **Berufsradrennfahrern** einschließlich der Sechstagefahrer (FinMin Hessen v. 12.9.1958, S 2110 A – 10 – II/24, DB 1958, 1086),
- **Motorsportlern** (BFH v. 15.7.1993, V R 61/89, BStBl II 1993, 810),
- **Gewichthebern** (BFH vom 9.4.2014, X R 40/11, HFR 2015, 461); im zweiten Rechtsgang (Urteil v. 14.7.2015, 3 K 200/14, www.stotax-first.de) hat das FG Mecklenburg-Vorpommern entschieden, dass der Stpfl. mit den vom Sportverein erhaltenen Siegprämien und Zahlungen gewerbliche Einkünfte erzielt; überdies handelte er mit Gewinnerzielungsabsicht und erzielte während der Dauer seiner sportlichen Tätigkeit auch einen Totalgewinn.

Nicht als abhängig beschäftigt (also keine Arbeitnehmer) angesehen wurden von den Sozialgerichten ferner

- ein für einen Verein der Ringerbundesliga tätiger **Ringkampfsportler**, wenn er keinem Weisungs- und Direktionsrecht unterliegt und – im Unterschied zu einem Lizenzfußballspieler – in Bezug auf Zeit, Dauer, Art und Ort der Vorbereitungs-/Trainingszeit frei und nicht in die Organisation des Vereins eingebunden ist, von einem persönlicher Privattrainer auf die einzelnen Kämpfe vorbereitet wird, er frei entscheiden kann, an welchen der ihm vom Verein vorgelegten Wettkampfterminen er teilnimmt und die mit der Ausübung des Ringkampfsports verbundenen Ausgaben im Wesentlichen selbst tragen muss (LSG Saarland v. 12.11.2010, L 7 R 176/092, www.stotax-first.de),
- **Gastringer**, die entsprechend dem Lizenzringerstatut des Deutschen Ringer-Bundes nur bei Wettkämpfen eingesetzt sind und dort Taktik und Ausführung des Ringkampfes im Wesentlichen selbst bestimmen (LSG Bayern v. 17.1.2012, L 5 R 589/10, www.stotax-first.de),
- **Tennisspieler** in einem Tennisverein; auch wenn in den Spielerverträgen eines als gemeinnützig anerkannten Tennisvereins eine Spielverpflichtung für die Vertragspartner enthalten ist, wenn die Spieler selbst Mitglieder im Verein sind, sie sich von der Spielverpflichtung tatsächlich abmelden und selbst gewählte Spiele wahrnehmen können und zudem die an die Spieler erbrachten Geldleistungen (hier: Prämien und Entgelte) darauf abzielen, die Bindung an den Verein zu stärken und Anreize zur Förderung der sportlichen Leistungsbereitschaft zu setzen. Dies gilt erst recht, wenn dem Verein keine Weisungsbefugnis im Hinblick auf Trainingszeiten und den Trainingsablauf zukommt (SG Düsseldorf v. 5.6.2014, S 44 R 967/14 ER, www.stotax-first.de).

Denkbar ist aber auch, dass ein Berufssportler sowohl eine nichtselbständige als auch eine gewerbliche Tätigkeit ausübt (sog. **gemischte Tätigkeit**), so insbesondere durch Werbetätigkeit (→ Rz. 655).

Ein Verein haftet nicht für Lohnsteuer seiner bei ihm angestellten Handballspieler, die auf Entgelte und Reisekosten des Deutschen Handballbunds (DHB) für Einsätze der Spieler in Länder- und Auswahlspielen entfallen. Die Zahlungen des DHB an die Spieler stellen keine Gegenleistung dar, die durch das Dienstverhältnis des Vereins zu den Spielern für das Zurverfügungstellen ihrer individuellen Arbeitskraft veranlasst sind. Begründung: Die Spieler sind gegenüber dem Verein nicht zur Teilnahme an den Maßnahmen des DHB verpflichtet. Die jeweiligen Arbeitsverträge enthalten keine Regelung zu der Teilnahme an Länderspielen und vorbereitenden Trainingslagern. Schließlich spricht auch der Umstand, dass die Teilnahme eines Spielers an Spielen der Nationalmannschaft nicht zwangsläufig im Interesse des Vereins liegt, gegen einen unmittelbaren Veranlassungszusammenhang zwischen dem mit dem Spielervertrag begründeten Arbeitsverhältnis und den Zahlungen des DHB. Zwar kann der Verein durch die Zugehörigkeit eines Spielers zur Nationalmann-

Berufssportler

keine Sozialversicherungspflicht = (SV)
Sozialversicherungspflicht = (SV)

schaft an Prestige gewinnen und unter Umständen bei einem Transfer des Spielers auf Grund dessen gestiegenen Marktwerts einen höheren Transfererlös vereinnahmen. Jedoch kann die Abwesenheit des Spielers bei Spielen für den DHB, das damit verbundene Risiko einer Verletzung des Spielers sowie die bessere Verhandlungsposition eines zur Nationalmannschaft berufenen Spielers bei der Verlängerung des Arbeitsvertrags mit dem Verein auch Nachteile für den Verein bedeuten (FG Münster v. 25.3.2015, 7 K 3010/12 L, EFG 2015, 989, Revision eingelegt, Az. beim BFH: VI R 26/15). Welcher Art die rechtliche Beziehung zwischen den einzelnen Spielern und dem DHB ist, hat das FG ebenso offen lassen wie die Frage, ob es sich bei den Zahlungen des DHB an die Spieler um Einkünfte aus selbständiger Arbeit oder um solche aus nichtselbständiger Arbeit handelt. In beiden Alternativen besteht keine Verpflichtung des Vereins zum Lohnsteuerabzug.

[LSt] (SV)

2. Werbeeinnahmen

a) Verwaltungsauffassung

655 Zur steuerlichen Behandlung von Werbeeinnahmen hat die **Finanzverwaltung** folgende Regelung getroffen (BMF v. 25.8.1995, IV B 6 – S 2331 – 9/95, www.stotax-first.de):

„Einnahmen eines Sportlers aus einer Werbetätigkeit sind als **Arbeitslohn** anzusehen, wenn die Werbemaßnahme durch die nichtselbständige Sporttätigkeit veranlasst wird, also **Ausfluss des Dienstverhältnisses** ist. Dies ist stets dann der Fall, wenn der einzelne Sportler gegenüber einer **Vermarktungsgesellschaft zur Teilnahme an bestimmten Werbemaßnahmen verpflichtet** ist; in solchen Fällen ist der Sportler organisatorisch in die Vermarktungsgesellschaft eingegliedert. Der Sportler schuldet auch insoweit als in einem Dienstverhältnis weisungsgebundene und organisatorisch eingegliederte Person seine Arbeitskraft, ist dabei vom Vermögensrisiko der Erwerbstätigkeit freigestellt und ist deshalb als Arbeitnehmer anzusehen. Dies gilt auch dann, wenn einem herausragenden Sportler aus den Verträgen mit der Vermarktungsgesellschaft und dem Arbeitgeber höhere Einnahmen zufließen als anderen Sportlern.

Die Sportler erzielen mit ihren Werbeeinnahmen auch bei einer **Ausgliederung der Werbetätigkeit** auf eine rechtlich selbständige Vermarktungsgesellschaft Einkünfte aus nichtselbständiger Arbeit, die dem Lohnsteuerabzug zu unterwerfen sind. **Arbeitgeber ist der Verein oder die Spielbetriebs-GmbH;** bei den Zahlungen der Vermarktungsgesellschaft handelt es sich um **Lohnzahlungen durch einen Dritten**, die grundsätzlich vom **Arbeitgeber dem Lohnsteuerabzug zu unterwerfen sind** (R 38.4 LStR).

[LSt] (SV)

Demgegenüber führen Einnahmen aus der Werbetätigkeit eines Sportlers nach der BFH-Rechtsprechung (BFH v. 19.11.1985, VIII R 104/85, BStBl II 1986, 424) regelmäßig zu **Einnahmen aus Gewerbebetrieb**, wenn der Sportler die Werbetätigkeit **selbständig und nachhaltig mit Gewinnerzielungsabsicht ausübt** und sich die Werbetätigkeit als **Beteiligung am allgemeinen wirtschaftlichen Verkehr** darstellt. Dies ist bei **Spitzensportlern** anzunehmen, die **ohne Eingliederung in eine Vermarktungsgesellschaft** oder eine andere Werbeorganisation **nach freier Entscheidung** bestimmte Werbeleistungen erbringen; insofern handeln die Sportler selbständig.

Unter den vorstehenden Voraussetzungen können grundsätzlich auch **herausragende Sportler, die Mannschaftssport** betreiben, mit Werbeleistungen, die **außerhalb der nichtselbständigen Tätigkeit für den Verein vermarktet werden, Einkünfte aus Gewerbebetrieb** erzielen. Dabei kann die für eine selbständige Tätigkeit erforderliche Entscheidungsfreiheit jedoch nur dann angenommen werden, wenn dem **Mannschaftssportler ein eigener persönlicher Werbewert** zukommt."

Einkünfte aus **Gewerbebetrieb** liegen auch vor, wenn die **Fördergesellschaft deutsche Sporthilfe** GmbH Werbeverträge zu Gunsten von Amateursportlern abschließt oder wenn Amateursportler bei einzelnen Wettkampfveranstaltungen sog. **Startgelder** erhalten (OFD Frankfurt v. 25.6.1996, S 0187 A – 6 – St II 20, www.stotax-first.de).

[LSt] (SV)

b) Rechtsprechung

656 Diese Verwaltungsauffassung wird auch von der Rechtsprechung **geteilt** (s. z.B. BGH v. 7.11.2006, 5 StR 165/06, HFR 2007, 597 betr. Lizenzfußballspieler). So hat auch das FG Saarland eine **Berufstischtennisspielerin**, die alle Rechte zur Vermarktung ihres Namens und Bildes gegen einen festen Jahresbetrag einem „Werbepartner" überließ und sich im Gegenzug verpflichtete, sich zu Vermarktungszwecken nach dessen Weisungen in angemessener Form zur Verfügung zu stellen, als **Arbeitnehmerin** des Werbepartners angesehen, auch wenn keine Lohnsteuer und Sozialabgaben abgeführt und keine Urlaubsregelungen getroffen wurden (FG Saarland v. 11.3.1994, 1 K 53/94, EFG 1995, 751).

Werbeeinkünfte eines Berufssportlers, die dieser z.B. durch das Mitwirken in Werbefilmen, bei Fotoreklamen, Pressekonferenzen oder Autogrammstunden erzielt, wurden dagegen als Einkünfte aus **Gewerbebetrieb** angesehen (BFH v. 19.12.2007, I R 19/06, BStBl II 2010, 398), ebenso sog. Start- und Preisgelder sowie Honorare aus Werbe- und Ausrüsterverträgen (FG Münster v. 10.5.2006, 1 K 92/03 E, EFG 2006, 1677).

Ein **Fußball-Nationalspieler**, dem der DFB Anteile an den durch die zentrale Vermarktung der Fußball-Nationalmannschaft erwirtschafteten Werbeeinnahmen überlässt, erzielt insoweit Einkünfte aus **Gewerbebetrieb**, wenn er mit Unternehmerrisiko und Unternehmerinitiative handelt. Die nach dem DFB-Musterarbeitsvertrag für Spieler der Fußball-Bundesliga geltende arbeitsrechtliche Pflicht zur Teilnahme an Spielen der Nationalmannschaft umfasst nicht die Teilnahme an Werbeleistungen (BFH v. 22.2.2012, X R 14/10, BStBl II 2012, 511).

Handelt es sich „nur" um einen **Freizeitsportler**, auch wenn er in seiner Sportart deutscher Meister und sogar Vizeweltmeister geworden ist, sind etwaige Einnahmen aus Werbeauftritten und Sponsorengeldern als **sonstige Einkünfte** i.S.d. § 22 Nr. 3 Satz 1 EStG zu versteuern. Aufwendungen für die Ausübung des Sports, auch wenn der Stpfl. täglich trainieren musste, sind nach § 12 Nr. 1 EStG nicht als Werbungskosten abzugsfähig. Abgezogen werden können lediglich die Kosten für die Anreise zu Sponsorenterminen und Autogrammstunden und der damit verbundene Sachaufwand wie etwa die Ersatzbeschaffung für die auf diesen Terminen zerstörte Ausrüstung (FG Baden-Württemberg v. 9.9.2014, 6 K 4193/12, www.stotax-first.de).

3. Sonstiger Arbeitslohn

a) Allgemeines

Zum Arbeitslohn gehören nicht nur die laufenden Vergütungen, sondern auch **Punkteprämien, Auflaufprämien, Aufstiegs- oder Nichtabstiegsprämien** usw. (vgl. dazu BAG v. 6.12.1995, 5 AZR 237/94, www.stotax-first.de, betr. Gehaltsfortzahlung an Berufsfußballspieler). Einsatzprämien und Punkteprämien, die an einen Fußballspieler unabhängig von der Dauer oder zeitlichen Lage der Spiele an Sonn- oder Feiertagen bzw. zur Nachtzeit gezahlt wurden und einen Leistungsanreiz bezwecken, sind nicht nach § 3b EStG steuerbefreit (FG Düsseldorf v. 4.8.2006, 18 K 2736/04 E, www.stotax-first.de). 657

Arbeitslohn sind ferner Anteile an gezahlten **Ablösesummen** (vgl. FG Köln v. 28.8.1998, 15 K 4889/98, EFG 1998, 1586 und zuletzt BGH v. 7.11.2006, 5 StR 165/06, HFR 2007, 597 betr. Lizenzfußballspieler), selbst wenn sie der aufnehmende Verein zahlt („Handgelder"), bei mehrjährigen Vertragsverhältnissen kommt jedoch die Tarifermäßigung nach § 34 Abs. 1, 2 Nr. 3 EStG zur Anwendung (→ *Arbeitslohn für mehrere Jahre* Rz. 257). Ein **Preisnachlass**, den ein Autohändler einem Fußballbundesligaspieler auf den Erwerb einer bestimmten Marke einräumt, kann ebenfalls als geldwerter Vorteil steuerpflichtiger Arbeitslohn sein (FG München v. 25.8.2005, 1 K 3173/04, EFG 2005, 1865). Arbeitslohn liegt ebenfalls vor, wenn ein Fußballverein einem Lizenzspieler ein Entgelt nicht – wie vorgetäuscht – für den Erwerb von Vermarktungsrechten, sondern für das Zurverfügungstellen der Arbeitskraft durch den Spieler zahlt (BGH v. 7.11.2006, 5 StR 165/06, HFR 2007, 597).

Geldprämien, die von **Sportverbänden** für Einsätze des Sportlers in der **Nationalmannschaft** gezahlt werden, gehören bei Sportlern, die bei einem Verein unter Vertrag stehen, zum lohnsteuerpflichtigen Arbeitslohn. Der **Verein** hat grundsätzlich solche Zuwendungen auch dann dem **Lohnsteuerabzug** zu unterwerfen, wenn die Zuwendungen vom Verband direkt an die Sportler gezahlt werden (ausführlich → *Lohnzahlung durch Dritte* Rz. 1949). Die Vereine sind von der Finanzverwaltung durch das Merkblatt „Hinweise für Arbeitgeber und Arbeitnehmer aus dem Bereich des Profi-Mannschaftssports" hierüber unterrichtet worden (OFD Hannover v. 14.7.2009, S 2366 – 9 – StO 212, www.stotax-first.de).

Nicht als Arbeitslohn, sondern als gewerbliche Einkünfte angesehen wurden dagegen Einnahmen eines Fußballspielers aus einem **Abschiedsspiel**, weil diese nicht mehr mit dem Dienstverhältnis zusammenhängen (FG Köln v. 30.1.2002, 5 K 4500/98, EFG 2003, 80).

Die Einkommen- bzw. Lohnsteuer **beschränkt steuerpflichtiger Berufssportler**, die im Inland keinen Wohnsitz bzw. gewöhnlichen Aufenthalt haben, wird nach § 50a Abs. 4 und 5 EStG pauschal erhoben. Ist der Berufssportler Arbeitnehmer, ist seit 1996 der Lohnsteuerabzug vorzunehmen (→ *Steuerpflicht* Rz. 2790).

Zu weiteren Einzelfragen → *Amateursportler* Rz. 108; → *Preise* Rz. 2327.

b) Mahlzeitengewährung

658 Auch für Spieler und Funktionsteams von Fußballbundesligisten gelten die Grundsätze, die für **Mahlzeiten aus besonderem Anlass** in R 8.1 Abs. 8 LStR und R 19.6 LStR geregelt sind:

Danach sind Mahlzeiten, die zur üblichen Beköstigung der Arbeitnehmer anlässlich oder während einer **Auswärtstätigkeit** (also insbesondere bei Trainingslagern und Auswärtsspielen) abgegeben werden, mit dem **amtlichen Sachbezugswert** nach der SvEV anzusetzen. Eine **übliche Beköstigung liegt nur vor, wenn der Wert der Mahlzeit 60 € nicht übersteigt**. Übersteigt der Wert der Mahlzeit den Betrag von 60 €, ist der geldwerte Vorteil entsprechend § 8 Abs. 2 Satz 1 EStG mit den um übliche Preisnachlässe geminderten üblichen Endpreisen am Abgabeort anzusetzen. Hier ist die **Freigrenze für Sachbezüge i.H.v. 44 € im Kalendermonat** nach § 8 Abs. 2 Satz 11 EStG zu beachten. Es handelt es sich um eine Freigrenze, nicht um einen Freibetrag. Wird die Freigrenze überschritten, ist der gesamte Betrag lohnsteuerpflichtig.

Sofern **keine Auswärtstätigkeit** vorliegt, sind die Grundsätze für sog. **Arbeitsessen** anzuwenden (R 19.6 Abs. 2 Satz 2 LStR). Danach gehören Speisen, die der Arbeitgeber den Arbeitnehmern anlässlich oder während eines außergewöhnlichen Arbeitseinsatzes, z.B. während einer außergewöhnlichen betrieblichen Besprechung oder Sitzung, im ganz überwiegenden betrieblichen Interesse an einer günstigen Gestaltung des Arbeitsablaufs unentgeltlich oder teilentgeltlich überlässt und deren Wert **60 € nicht überschreitet, nicht zum Arbeitslohn**. Bei Überschreitung der Grenze von 60 € hat eine Versteuerung zu erfolgen.

Die Argumentation der Vereine, die Gewährung und Ausgestaltung der Mahlzeiten sei für die Platzierung in der Tabelle und damit auch den finanziellen Erfolg des Vereins mit ursächlich, ändert an dieser Einordnung und steuerlichen Behandlung der Mahlzeiten nichts. Ergänzend ist darauf hinzuweisen, dass nach der BFH-Rechtsprechung (Urteil v. 4.8.1994, VI R 61/92, BStBl II 1995, 59) ein mit einer gewissen **Regelmäßigkeit stattfindendes Arbeitsessen in einer Gaststätte am Sitz des Unternehmens bei den Arbeitnehmern zu einem Zufluss von Arbeitslohn führt**. Dies dürfte bei Mahlzeitengestellung anlässlich von Heimspielen regelmäßig der Fall sein. Eine geschäftlich veranlasste Bewirtung i.S.d. § 4 Abs. 5 Satz 1 Nr. 2 EStG liegt hier nicht vor.

Das **FG München** hat diese Auffassung bestätigt und entschieden, dass mit der Übernahme der Kosten für die – verpflichtend einzunehmende – Verpflegung von Profifußballern anlässlich der Heimspiele und Auswärtsspiele sowie der Trainingslager den Fußballspielern ein steuerpflichtiger geldwerter Vorteil zugewandt wird. An der Einnahme sportmedizinisch abgestimmter Speisen besteht neben dem eigenbetrieblichen Interesse des Arbeitgebers ein – zur Annahme von Arbeitslohn führendes – nicht unerhebliches Interesse der Sportler (FG München v. 3.5.2013, 8 K 4017/09, EFG 2013, 1407).

4. Werbungskosten

659 Sog. **Beratungshonorare** eines (auch ausländischen) Berufsfußballspielers sind nicht als Werbungskosten abzugsfähig, soweit es sich um die private Lebensführung betreffende Beratungen handelt. Privat veranlasste Aufwendungen sind etwa die Beratung bei Kauf- und Leasingverträgen für Kraftfahrzeuge, beim Abschluss privater Versicherungen, bei Bank- und Finanzierungsgeschäften sowie bei Behördengängen (BFH v. 2.9.2010, VI B 42/10, www.stotax-first.de).

Aufwendungen für eine sog. **Sportlerkost** (erhöhter Ernährungsbedarf) können auch nach dem Beschluss des Großen Senats des BFH v. 21.9.2009, GrS 1/06, BStBl II 2010, 672 nicht – auch nicht teilweise – als Werbungskosten berücksichtigt werden (BFH vom 9.4.2014, X R 40/11, HFR 2015, 461 betr. Gewichtheber).

Auch ein Profifußballspieler kann Aufwendungen für **Pay TV, für Sportbekleidung und für einen Personal-Trainer** nicht als Werbungskosten abziehen (FG Rheinland-Pfalz v. 18.7.2014, 1 K 1490/12, www.stotax-first.de, sowie FG Münster v. 24.3.2015, 2 K 3027/12 E, www.stotax-first.de).

Beschäftigungsgesellschaften

1. Allgemeines

In Beschäftigungsgesellschaften (auch Transfergesellschaften) werden Arbeitnehmer eingegliedert, deren Arbeitsplätze im bisherigen Betrieb infolge von Personalanpassungsmaßnahmen auf Grund einer Betriebsänderung auf Dauer weggefallen sind. Diese Arbeitnehmer erhalten unter den Voraussetzungen des § 111 SGB III dann **Transferkurzarbeitergeld** in einer sog. **betriebsorganisatorisch eigenständigen Einheit (beE)**, die meist von einem privaten Transferanbieter – unter Beteiligung des bisherigen Arbeitgebers – eingerichtet wird. Entweder im Interessenausgleich oder im Sozialplan oder ggf. in einer besonderen Vereinbarung zwischen den Betriebsparteien werden die Finanzierungsbedingungen der beE geregelt. Insofern trägt der frühere Arbeitgeber i.d.R. u.a. die **arbeitsrechtlichen Kosten** (Fortzahlung von Arbeitsentgelt an Urlaubstagen [ggf. Feiertagen]), die Sozialversicherungsbeiträge für die Transferkurzarbeitergeld-Bezieher (→ *Kurzarbeitergeld* Rz. 1753), die Verwaltungskosten der beE und die Qualifizierungskosten. **660**

Der Zahlung von **Transferkurzarbeitergeld** kann eine **Förderung der Teilnahme an einer Transfermaßnahme** nach § 110 SGB III vorausgehen. Beide Leistungen lassen sich sinnvoll aufeinander abstimmen und im Sozialplan oder in einer sozialplanähnlichen Regelung vereinbaren. Ziel beider Leistungen ist die unmittelbare Vermittlung von Arbeit in Arbeit (**Job-to-Job**) ohne zwischenzeitliche Arbeitslosigkeit.

2. Voraussetzungen für den Bezug von Transferkurzarbeitergeld

a) Allgemeines

Das **Transferkurzarbeitergeld** wird an Arbeitnehmer zur Vermeidung von Entlassungen und zur Verbesserung ihrer Vermittlungsaussichten bei betrieblichen Restrukturierungen gezahlt, wenn **661**

- und solange sie von einem dauerhaften unvermeidbaren Arbeitsausfall mit Entgeltausfall betroffen sind,
- die betrieblichen Voraussetzungen vorliegen,
- die persönlichen Voraussetzungen erfüllt sind,
- sich die Betriebsparteien im Vorfeld der Entscheidung über die Inanspruchnahme von Transferkurzarbeitergeld, insbesondere im Rahmen ihrer Verhandlungen über einen die Integration der Arbeitnehmer fördernden Interessenausgleich oder Sozialplan nach § 112 BetrVG, von der Agentur für Arbeit beraten lassen haben und
- der dauerhafte Arbeitsausfall der Agentur für Arbeit angezeigt worden ist.

b) Dauerhafter unvermeidbarer Arbeitsausfall mit Entgeltausfall

Ein dauerhafter unvermeidbarer Arbeitsausfall mit Entgeltausfall liegt vor, wenn der Arbeitsausfall auf Grund einer Betriebsänderung (Anwendung des § 111 BetrVG, unabhängig von der Unternehmensgröße und unabhängig davon, ob im jeweiligen Betrieb das BetrVG anzuwenden ist, § 111 Abs. 2 Satz 1 SGB III und § 110 Abs. 1 Satz 3 SGB III) **nicht nur vorübergehend** ist und dadurch **im Betrieb die Beschäftigungsmöglichkeiten** für die Arbeitnehmer entfallen. Der Entgeltausfall kann auch jeweils 100 % des monatlichen Bruttoentgelts betragen (sogenannte Kurzarbeit Null). **662**

c) Betriebliche Voraussetzungen

Die betrieblichen Voraussetzungen sind erfüllt, wenn **663**

- in einem Betrieb **Personalanpassungsmaßnahmen** auf Grund einer Betriebsänderung durchgeführt werden,

Beschäftigungsgesellschaften

keine Sozialversicherungspflicht = ⊗ⓈⓋ
Sozialversicherungspflicht = ⓈⓋ

– die Arbeitnehmer zur Vermeidung von Entlassungen und zur Verbesserung ihrer Eingliederungschancen **in einer beE zusammengefasst** werden,

– die Organisation und Mittelausstattung der beE den angestrebten Integrationserfolg erwarten lassen und

– ein System zur Sicherung der Qualität angewendet wird.

Wird die beE von einem **Dritten** (privater Transferanbieter/Transfergesellschaft) durchgeführt, tritt an die Stelle der Voraussetzung, dass ein Qualitätssicherungssystem angewendet wird, die **Trägerzulassung** nach § 178 SGB III.

d) Persönliche Voraussetzungen

664 Die persönlichen Voraussetzungen liegen vor, wenn der Arbeitnehmer

– von **Arbeitslosigkeit bedroht** ist,

– eine **versicherungspflichtige Beschäftigung fortsetzt** oder im Anschluss an die Beendigung einer Berufsausbildung aufnimmt,

– **nicht vom Kurzarbeitergeldbezug ausschlossen** ist und

– sich vor der Überleitung in die beE (Transfergesellschaft) aus Anlass der Betriebsänderung bei der Agentur für Arbeit arbeitsuchend gemeldet hat und an einer **Profilingmaßnahme teilgenommen** hat; können in berechtigten Ausnahmefällen trotz Mithilfe der Agentur für Arbeit die notwendigen Profilingmaßnahmen nicht rechtzeitig durchgeführt werden, sind diese im unmittelbaren Anschluss an die Überleitung in die beE innerhalb eines Monats nachzuholen.

e) Anzeige des Arbeitsausfalls

665 Die Anzeige über den Arbeitsausfall ist **schriftlich bei der Agentur für Arbeit** zu erstatten, in deren Bezirk der personalabgebende Betrieb seinen Sitz hat. Mit der Anzeige sind die Voraussetzungen glaubhaft zu machen.

f) Dauer der Förderung

666 Die Förderungsdauer beträgt **maximal zwölf Monate**. Eine Verlängerungsmöglichkeit ist nicht vorgesehen.

g) Verpflichtungen des Arbeitgebers der beE (Transfergesellschaft)

667 Während des Bezugs von Transferkurzarbeitergeld hat der Arbeitgeber/die Transfergesellschaft den geförderten Arbeitnehmern **Vermittlungsvorschläge zu unterbreiten**. Stellt der Arbeitgeber oder die Agentur für Arbeit fest, dass Arbeitnehmer Qualifizierungsdefizite aufweisen, soll der Arbeitgeber geeignete Maßnahmen zur **Verbesserung der Eingliederungsaussichten** (Qualifizierungsmaßnahmen) anbieten. Als geeignet gelten insbesondere

1. Maßnahmen der beruflichen Weiterbildung, für die und für deren Träger eine Zulassung nach dem SGB III vorliegt, oder

2. eine zeitlich begrenzte, längstens sechs Monate dauernde Beschäftigung zum Zwecke der Qualifizierung bei einem anderen Arbeitgeber.

h) Anspruchsausschluss

668 Der Anspruch auf Transferkurzarbeitergeld ist ausgeschlossen, wenn die Arbeitnehmer **nur vorübergehend** in einer beE zusammengefasst werden, um anschließend einen anderen Arbeitsplatz in dem gleichen oder einem anderen Betrieb des Unternehmens/Konzerns zu besetzen. Der Anspruch auf Transferkurzarbeitergeld in der beE ist jedoch nicht ausgeschlossen, wenn sich im Laufe der Umstrukturierungsphase in Einzelfällen ein gesicherter Arbeitskräftebedarf im Betrieb auf Dauer ergibt und entgegen der ursprünglichen Planung einzelne im Rahmen eines betrieblichen Anpassungskonzeptes in die beE versetzte Arbeitnehmer wieder in den ehemaligen Betrieb einmünden.

Von der Förderung ausgeschlossen sind auch **Arbeitnehmer des öffentlichen Dienstes** mit Ausnahme der Beschäftigten von Unternehmen, die in selbständiger Rechtsform erwerbswirtschaftlich betrieben werden (z.B. Sparkassen, Verkehrsgesellschaften in öffentlicher Hand).

3. Arbeitsrecht/Arbeitsförderungsrecht

669 Die Arbeitnehmer scheiden aus dem bisherigen Betrieb i.d.R. durch **Aufhebungsvertrag** aus. **Anschließend** werden sie auf Grund eines besonderen Arbeitsvertrages nahtlos **von der Beschäftigungsgesellschaft übernommen (sog. dreiseitiger Vertrag)**. Die Beschäftigungsbedingungen der Arbeitnehmer in der beE werden im Sozialplan oder in einer gesonderten Vereinbarung zwischen den Betriebsparteien geregelt. Sie können auch in einer **tarifvertraglichen Vereinbarung** zwischen der Gewerkschaft und der Beschäftigungsgesellschaft oder in dem individuellen Arbeitsvertrag geregelt werden. Hierzu zählen insbesondere die Dauer des befristeten Beschäftigungsverhältnisses, das Einverständnis des Arbeitnehmers mit der i.d.R. **auf Null verkürzten Arbeitszeit** sowie das Einverständnis zur Aufnahme einer Beschäftigung bei einem anderen Arbeitgeber.

Die Übernahme in eine derartige Gesellschaft schließt die üblicherweise vom früheren Arbeitgeber wegen der Beendigung des Arbeitsverhältnisses (insbesondere Verzicht auf die Kündigungsfrist) zu zahlende Abfindung, Entschädigung oder ähnliche Leistung (→ *Entlassungsabfindungen/Entlassungsentschädigungen* Rz. 1106) nicht aus, schränkt sie ggf. nur insoweit ein, als der frühere Arbeitgeber diese auch in Form von Zuschüssen zum Transferkurzarbeitergeld der Beschäftigungsgesellschaft auf ein Treuhandkonto zur Verfügung stellen kann. Zuschüsse des Arbeitgebers zum Transferkurzarbeitergeld gehören grundsätzlich nicht zum beitragspflichtigen Arbeitsentgelt mit der Folge, dass sie bei der Berechnung der Beiträge zur Sozialversicherung außer Betracht bleiben (→ *Kurzarbeitergeldzuschüsse* Rz. 1761). Sie sind außerdem kraft ausdrücklicher gesetzlicher Regelung (§ 106 Abs. 2 Satz 2 SGB III) auch bei der Berechnung des Istentgelts nicht zu berücksichtigen (vermindern daher die Höhe des Kurzarbeitergeldes nicht), wenn die Beschäftigungsgesellschaft sie unter Anrechnung des Transferkurzarbeitergeldes und aufstockend zu diesem zahlt.

Die **Entlassungsentschädigung** selbst führt bei der Zahlung von Transferkurzarbeitergeld, **anders als beim Arbeitslosengeld** (§ 158 SGB III), nicht zu einem **Ruhen** des Transferkurzarbeitergeldes.

Nach § 111 Abs. 7 Satz 3 Nr. 2 SGB III besteht auch die Möglichkeit der Qualifizierung durch eine **zeitlich begrenzte Beschäftigung bei** einem **anderen Arbeitgeber**. Eine Beschäftigung zum Zwecke der Qualifizierung kann z.B. in der Form des „Lernens bei der Arbeit" gegeben sein. Sie ist auf diese Art der Durchführung von Qualifizierungsmaßnahmen beschränkt und orientiert sich an den praktischen Bedürfnissen. Sollten sich die Erwartungen an die anschließende **Übernahme in eine Beschäftigung** nicht realisieren, ist die Rückkehr in beE für die Restlaufzeit möglich.

4. Lohnsteuer

a) Arbeitgebereigenschaft

670 Werden bei der Entlassung von Arbeitnehmern sog. Beschäftigungsgesellschaften eingeschaltet, ist zu klären, ob

– das **Dienstverhältnis des Arbeitnehmers zum ehemaligen Arbeitgeber aufgelöst** und ein neues Dienstverhältnis zur Beschäftigungsgesellschaft begründet wird

– oder ob sich die Tätigkeit bei der Beschäftigungsgesellschaft **als Fortsetzung des bisherigen Dienstverhältnisses** darstellt:

I.d.R. führt ein solcher Arbeitgeberwechsel zur **Auflösung des Dienstverhältnisses zum alten und zur Neubegründung zum neuen Arbeitgeber**. Dies gilt insbesondere dann, wenn mit dem neuen Arbeitgeber ein Arbeitsvertrag geschlossen wird, mit dem gegenüber dem bisherigen Dienstverhältnis neue Pflichten und Rechte begründet werden. Ein solcher Fall kann vorliegen, wenn der Arbeitnehmer gegenüber der Beschäftigungsgesellschaft neben der Teilnahme an Qualifizierungs- und Fortbildungsmaßnahmen noch echte Arbeitsleistungen z.B. als Leiharbeitnehmer zu erbringen hat. Gegen die Auflösung des alten Dienstverhältnisses spricht nicht, dass das neue Dienstverhältnis noch während des Bestehens des alten Dienstverhältnisses auf Vorschlag des bisherigen Arbeitgebers vereinbart worden ist. Es handelt sich weder um eine Änderungskündigung, da das Dienstverhältnis nicht mit dem bisherigen Arbeitgeber weitergeführt wird, noch um die Fortsetzung eines einheitlichen Dienstverhältnisses (vgl. BFH v. 20.7.2010, IX R 23/09, BStBl II 2011, 218). Der BFH sieht eine Beschäftigungsgesellschaft als neuen Arbeitgeber an, wenn es sich um eine eigenständige juristische Person mit eigenem Gesellschaftszweck handelt, die auch über ihre Gesellschafter nicht mit dem früheren Arbeitgeber unternehmerisch verbunden ist. In diesem Fall liegt auch dann ein neues eigenständiges Arbeitsverhältnis vor, wenn die Beschäftigungsgesellschaft für den früheren Arbeitgeber aus von ihm zur Verfügung gestellten Mitteln Auszahlungen vornimmt. Beim Ausscheiden der Arbeitnehmer aus einer solchen Beschäftigungsgesellschaft gezahlte Abfindungen haben keinen Einfluss mehr auf die steuerliche Behandlung der vom früheren Arbeitgeber gezahlten Entlassungsentschädigung.

In Ausnahmefällen ist es jedoch möglich, dass trotz formalen Wechsels in der Person des Arbeitgebers von einer **Fortsetzung des alten Dienstverhältnisses** ausgegangen werden kann. Dies ist anzunehmen, wenn der Wechsel in die Beschäftigungsgesellschaft lediglich der Abwicklung des bisherigen Beschäftigungsverhältnisses dient, der bisherige Arbeitgeber die gesamten finanziellen Lasten der Weiterbeschäftigung in der Beschäftigungsgesellschaft zu tragen hat und die **Arbeitnehmer gegenüber der Beschäftigungsgesellschaft keine echten Arbeitsleistungen erbringen** müssen. Hierbei übernimmt die Beschäftigungsgesellschaft lediglich die **Funktion einer Zahlstelle des bisherigen Arbeitgebers gegenüber den gekündigten Arbeitnehmern und übt keine eigene wirtschaftliche Tätigkeit aus**.

Zahlungen des Arbeitgebers für den Wechsel zur Beschäftigungsgesellschaft sind nach § 34 EStG (sog. **Fünftelregelung**) **tarifermäßigt zu besteuern**, wenn es sich um Entschädigungen für entgangene oder entgehende Einnahmen i.S.d. § 24 Nr. 1 Buchst. a EStG handelt und eine „Zusammenballung" der Einkünfte vorliegt (→ *Entschädigungen* Rz. 1147).

Beispiel:
Über das Vermögen der Firma A wurde am 2.1.2008 das Insolvenzverfahren eröffnet. Die bei dieser Firma beschäftigten Arbeitnehmer waren (zumindest zum größten Teil) am 1.10.2006 im Rahmen eines Betriebsübergangs nach § 613a BGB von der Firma X-AG zur Firma A gewechselt.

Es wurde vereinbart, dass alle Arbeitnehmer entsprechend der Vorschrift des § 111 SGB III in eine **betriebsorganisatorisch eigenständige Einheit** bei der Personalentwicklungs- und Arbeitsmarktagentur Firma P-GmbH wechseln konnten. Zu diesem Zweck beendeten die Arbeitnehmer in einer „Vereinbarung zum Wechsel in eine Transfergesellschaft der P-GmbH" ihr Arbeitsverhältnis mit der Firma A auf deren Veranlassung zum 31.12.2007 und begründeten für die Zeit vom 1.1. bis 31.12.2008 ein befristetes Arbeitsverhältnis mit der P-GmbH. Dieses befristete Arbeitsverhältnis endete am 31.12.2008, ohne dass eine Kündigung ausgesprochen werden musste. Die Arbeitnehmer konnten ihre Arbeitsverhältnisse mit der P-GmbH auch mit einer Kündigungsfrist von einem Tag vorzeitig kündigen. Während des befristeten Arbeitsverhältnisses mit der P-GmbH wurden Kurzarbeit Null umgesetzt sowie Integrations- und Qualifizierungsmaßnahmen angeboten.

Für das Ausscheiden aus der P-GmbH gab es folgende Vereinbarungen über Zusatzdotierungen:

– Beendete der Arbeitnehmer sein Arbeitsverhältnis mit der P-GmbH durch Eigenkündigung/Abschluss einer Aufhebungsvereinbarung in den Zeiträumen zwischen dem 1.4. und 15.7.2008 oder zwischen dem 1.10. und 3.12.2008 (maßgeblich war jeweils das Datum der Beendigung des Arbeitsverhältnisses mit der P-GmbH), erhielt er von der P-GmbH eine einmalige **Arbeitsplatz-Startprämie** i.H.v. 12 000 € und zusätzlich einen pauschalierten **Nachteilsausgleich** i.H.v. ebenfalls 12 000 € (jeweils brutto).

– Arbeitnehmer, die erst am 31.12.2008 aus der P-GmbH ausschieden (maßgeblich war das Datum der Beendigung des Arbeitsverhältnisses mit der P-GmbH) und zu diesem Zeitpunkt keinen neuen Arbeitsplatz gefunden hatten, erhielten eine **einmalige Überbrückungsbeihilfe** i.H.v. (brutto) 0,8 Bruttomonatsentgelten × Dienstjahre bei Firma A und Firma X-AG, mindestens aber 2 700 € × Dienstjahre.

Die finanzielle Ausstattung zur Durchführung der betriebsorganisatorisch eigenständigen Transfergesellschaft für die (ehemaligen) Arbeitnehmer der Firma A erhielt die P-GmbH von den Firmen A bzw. von X-AG als ehemaligem Arbeitgeber.

Mit dem Wechsel in die P-GmbH wurden steuerrechtlich die **Arbeitsverhältnisse mit der Firma A nicht aufgelöst und neue Arbeitsverhältnisse mit der P-GmbH begründet**. Mit der betriebsorganisatorisch eigenständigen Transfergesellschaft der Firma A-Arbeitnehmer übte die P-GmbH keine eigene wirtschaftliche Tätigkeit aus. Sie übernahm lediglich in **Funktion einer Zahlstelle** die Abwicklung der Beschäftigungsverhältnisse für den bisherigen Arbeitgeber (Lohnfortzahlung und Qualifizierungsmaßnahmen). Die (ehemaligen) Arbeitnehmer der Firma A waren nicht verpflichtet, in der P-GmbH eine Arbeitsleistung zu erbringen (Kurzarbeit Null).

Sowohl die **Arbeitsplatz-Startprämie und der Nachteilsausgleich als auch die Überbrückungsbeihilfe wurden als Ersatz für entgehende Einnahmen** i.S.d. § 24 Nr. 1 Buchst. a EStG wegen der von Firma A veranlassten Auflösung des Dienstverhältnisses gezahlt. Damit handelt es sich bei diesen als „Zusatzdotierungen" bezeichneten Zahlungen – unabhängig von der Bezeichnung, der unterschiedlichen Höhe und dem Auszahlenden – um Einkünfte i.S.d. § 34 Abs. 2 Nr. 2 EStG, die bei zusammengeballtem Zufluss in **einem** Veranlagungszeitraum als außerordentliche Einkünfte nach § 34 Abs. 1 EStG **tarifermäßigt zu besteuern** sind (→ *Entschädigungen* Rz. 1134).

b) Arbeitslohn

Qualifikations- und Trainingsmaßnahmen entsprechend dem SGB III, die der Arbeitgeber oder eine zwischengeschaltete **Beschäftigungsgesellschaft** im Zusammenhang mit **Auflösungsvereinbarungen** erbringt, sind den Arbeitnehmern nicht als steuerpflichtiger Arbeitslohn zuzurechnen, denn die Leistungen liegen im ganz überwiegenden betrieblichen Interesse (R 19.7 Abs. 2 Satz 5 LStR). Grund ist, dass für die ausscheidenden Arbeitnehmer möglichst schnell eine neue Arbeitsstelle gefunden und damit Kosten eingespart werden sollen.

671

Beispiel:
Arbeitgeber A macht Arbeitnehmern ein alternatives Abfindungsangebot, nach dem diese gegen eine prozentuale Kürzung ihrer Entlassungsentschädigung in ein Personal-Dienstleistungsunternehmen (**Beschäftigungsgesellschaft**) wechseln und mit diesem einen neuen Arbeitsvertrag schließen können.

Bei diesem Dienstleistungsunternehmen handelt es sich um eine gemeinsame Tochtergesellschaft des Arbeitgebers und eines Zeitarbeitsunternehmens, das die Mehrheit der Anteile besitzt und das die Beschäftigungsgesellschaft leitet. Das Unternehmen erbringt mit eigenen (Stamm-)Mitarbeitern Dienstleistungen für andere Unternehmen (Arbeitnehmerüberlassung und andere Dienstleistungen) und bietet sich anderen Arbeitgebern als Übernehmerin abzubauender Arbeitnehmer an.

Nachdem das bisherige Dienstverhältnis zu einem bestimmten Zeitpunkt beendet und eine Entlassungsabfindung vereinbart worden ist, schließen die betroffenen Arbeitnehmer mit der Beschäftigungsgesellschaft einen neuen, auf längstens zwölf Monate befristeten Arbeitsvertrag mit einem i.d.R. deutlich geringeren Arbeitslohn als zuvor (z.B. 80 % des letzten Bruttogehalts).

Während der Beschäftigungsdauer sorgt die Beschäftigungsgesellschaft durch Qualifizierungsmaßnahmen für höhere Chancen bei der Vermittlung eines neuen Arbeitsplatzes und der Arbeitnehmer erhält – falls er z.B. nach zwölf Monaten keine neue feste Anstellung gefunden hat – eine sog. Outplacement-Beratung (Hilfe bei der Suche nach einem neuen, adäquaten Arbeitsplatz).

Die Abfindungen können unter den Voraussetzungen der §§ 24 Nr. 1 Buchst. a und 34 Abs. 1 und 2 EStG **ermäßigt besteuert** werden (→ *Entschädigungen* Rz. 1134).

Die **Qualifizierungsmaßnahmen sind nicht als geldwerter Vorteil** zu versteuern (R 19.7 Abs. 2 Satz 5 LStR).

Die **Finanzgerichte** sehen demgegenüber sog. **Outplacement-Beratungen** als geldwerten Vorteil und damit als **steuerpflichtigen Arbeitslohn** an, s. dazu ausführlich → *Outplacement* Rz. 2142.

Die infolge der Beendigung des Beschäftigungsverhältnisses von einer Transfergesellschaft monatlich über den Zeitraum eines Jahres gezahlten Ersatzleistungen zur **Aufstockung des Transferkurzarbeitergeldes** stellen Entschädigungen für entgangene oder entgehende Einnahmen dar, so dass die Fünftelregelung nach § 34 Abs. 1 EStG (→ *Entschädigungen* Rz. 1134) zur Anwendung kommt (FG Düsseldorf v. 25.10.2010, 11 K 2909/09 E, EFG 2011, 976).

5. Sozialversicherung

Nach dem Besprechungsergebnis der Spitzenverbände der Krankenkassen des VDR und der Bundesagentur für Arbeit am 19./20.11.1997 sind die Beschäftigungsgesellschaften als **Arbeitgeber** mit allen sich daraus ergebenden sozialversicherungsrechtlichen Konsequenzen anzusehen.

672

Beschäftigungsgesellschaften

Während des Bezugs von Kurzarbeitergeld bleibt – ungeachtet des „Arbeitgeberwechsels" – nach Auffassung der Besprechungsteilnehmer die Mitgliedschaft in der Kranken- und Pflegeversicherung (§ 192 Abs. 1 Nr. 4 SGB V) bzw. das Versicherungsverhältnis in der Rentenversicherung (§ 1 Satz 1 Nr. 1 SGB VI) erhalten. Die Beitragsberechnung erfolgt nach § 232a Abs. 2 SGB V bzw. § 163 Abs. 6 SGB VI.

Bestechungsgelder

→ *Schmiergelder* Rz. 2652

Betreuungsgeld

1. Allgemeines

673 Nach dem Gesetz zur Einführung eines Betreuungsgeldes (Betreuungsgeldgesetz) v. 5.2.2013, BGBl. I 2013, 254 (Hinweis auf die Neufassung v. 27.1.2015, BGBl. I 2015, 33, dort Abschn. 2 – Betreuungsgeld) erhalten Eltern, die ihre ein- und zweijährigen Kinder, die am 1.8.2012 oder später geboren sind, nicht in einer staatlich geförderten Betreuungseinrichtung betreuen lassen, ein sog. **Betreuungsgeld**, und zwar

– ab dem 1.8.2013 monatlich 100 € und

– ab dem 1.8.2014 monatlich 150 € (§ 4b BEEG).

Das Betreuungsgeld kann ab dem 15. Lebensmonat des Kindes 22 Monate lang bezogen werden.

Es wird nicht vorausgesetzt, dass ein Elternteil auf seine Berufstätigkeit verzichtet. Der gleichzeitige Bezug von Betreuungs- und Elterngeld ist ausgeschlossen. Das Betreuungsgeld wird auf das Arbeitslosengeld II, die Sozialhilfe und den Kinderzuschlag angerechnet.

Das **BVerfG** hat entschieden (Urteil v. 21.7.2015, 1 BvF 2/13, www.stotax-first.de), dass die gesetzlichen Grundlagen für die Zahlung des Betreuungsgeldes mit Art. 72 Abs. 2 des Grundgesetzes unvereinbar und nichtig sind. Zuständig für die Zahlung eines solchen Betreuungsgeldes ist nicht der Bund, sondern die Länder. Diese Entscheidung führt dazu, dass die Zahlung des Betreuungsgeldes eingestellt werden muss. **Allerdings können die derzeitigen Bezieher des Betreuungsgeldes i.R.d. Besitzstandes davon ausgehen, dass die bisherige Zahlung fortgesetzt wird**. Es handelt sich um rund 450 000 Bezieher von Betreuungsgeld.

Einige Bundesländer beabsichtigen, das Betreuungsgeld in eigener Regie zu zahlen, erwarten aber, dass der Bund die bisherigen Finanzmittel den jeweiligen Bundesländern zuweist. Die meisten Bundesländer haben die Vorstellung, dass die frei werdenden Mittel zum Ausbau der Kinderbetreuungseinrichtungen eingesetzt werden. Die weitere Entwicklung bleibt abzuwarten.

2. Erziehungsgeld

674 Das Erziehungsgeld nach dem **Bundeserziehungsgeldgesetz** ist zwar inzwischen weggefallen bzw. durch das Elterngeld ersetzt worden (→ *Elterngeld* Rz. 1061).

Einige Bundesländer (Bayern, Sachsen und Thüringen) zahlen im 2. oder 3. Lebensjahr des Kindes im Anschluss an das Elterngeld unter bestimmten Voraussetzungen parallel zum Betreuungsgeld freiwillig ein **Landeserziehungsgeld**, in Bayern z.B. für das

– 1. Kind: 6 Monate lang bis zu 150 € monatlich,

– 2. Kind: 12 Monate lang bis zu 200 € monatlich,

– ab dem 3. Kind: 12 Monate lang bis zu 300 € monatlich.

3. Lohnsteuer und Sozialversicherung

675 Das **Betreuungsgeld** ist wie das Elterngeld weder steuer- noch sozialversicherungspflichtig. Anders als das Elterngeld wird es aber nicht in den Progressionsvorbehalt nach § 32b EStG einbezogen (ist in der abschließenden Aufzählung des Gesetzes nicht enthalten), da es sich nicht um eine Lohnersatzleistung handelt und auch nicht mit anderen dem Progressionsvorbehalt unterliegenden Lohnersatzleistungen vergleichbar ist. Das Betreuungsgeld verfolgt sozialpolitische Zwecke (OFD Karlsruhe v. 29.8.2014, VAST 03/2014, n.v.).

Das **Landeserziehungsgeld** ist nach § 3 Nr. 67 Buchst. a EStG steuerfrei und unterliegt ebenfalls nicht dem Progressionsvorbehalt (ist in der abschließenden Aufzählung des § 32b EStG nicht enthalten).

Die obersten Finanzbehörden haben beschlossen, dass das o.g. Betreuungsgeld sowohl bei staatlicher als auch privater Betreuung nicht auf die als Sonderausgaben zu berücksichtigenden Kinderbetreuungskosten (→ *Betreuungskosten* Rz. 686) angerechnet wird (FinMin Schleswig-Holstein v. 27.5.2015, VI 303 – S 2263 – 010, www.stotax-first.de).

Entsprechendes gilt für das Landeserziehungsgeld.

Betreuungskosten

auch → *Kinderbetreuungskosten* Rz. 1645

1. Allgemeines

676 Aufwendungen für die Kinderbetreuung sind nach ständiger Rechtsprechung des BVerfG sowie des BFH selbst dann **nicht als „echte" Betriebsausgaben bzw. Werbungskosten** abzugsfähig, wenn die **Kinderbetreuung unerlässliche Voraussetzung für die Ausübung des Berufs ist**, weil die Kinder während der beruflich bedingten Abwesenheit nicht alleine gelassen werden können. Außerdem erfasst der **Betreuungsfreibetrag** in § 32 Abs. 6 Satz 1 EStG (→ *Kindergeld/Kinderfreibeträge* Rz. 1659) auch den **erwerbsbedingten Betreuungsbedarf** (zuletzt BFH v. 14.11.2013, III R 18/13, BStBl II 2014, 383 m.w.N.).

Entsprechendes gilt für die **Betreuung pflegebedürftiger Angehöriger**.

Für Kinderbetreuungskosten ist **ab 2012** lediglich ein Abzug als **Sonderausgaben** nach § 10 Abs. 1 Nr. 5 EStG möglich (Einzelheiten → Rz. 686). Dies gilt nicht für **beschränkt steuerpflichtige Arbeitnehmer**, da § 10 Abs. 1 Nr. 5 EStG nicht als für beschränkt steuerpflichtige Arbeitnehmer anwendbare Vorschrift in § 50 Abs. 1 Satz 4 EStG aufgenommen wurde.

2. Arbeitslohn

677 Entsprechende Ersatzleistungen des Arbeitgebers stellen grundsätzlich steuerpflichtigen **Arbeitslohn** dar (vgl. R 19.3 Abs. 3 Satz 1 LStR).

Ausnahmen gelten nach

– § 3 Nr. 33 EStG für Zuschüsse des Arbeitgebers für die Unterbringung nicht schulpflichtiger Kinder in Kindergärten oder vergleichbaren Einrichtungen, sofern die Voraussetzungen dieser Steuerbefreiung vorliegen (→ *Kindergarten* Rz. 1653)

– oder ab 2015 nach § 3 Nr. 34a EStG für bestimmte Beratungs- und Betreuungsleistungen des Arbeitgebers für die Betreuung von Kindern oder pflegebedürftigen Angehörigen (→ Rz. 681).

3. Kein Arbeitslohn

a) Allgemeines

678 Die o.g. Steuerbefreiungen kommen jedoch erst dann zur Anwendung, wenn überhaupt steuerpflichtiger Arbeitslohn anzunehmen ist.

Nicht als Arbeitslohn anzusehen sind nach der weiter geltenden R 19.3 Abs. 2 Nr. 5 LStR pauschale **Zahlungen des Arbeitgebers an ein Dienstleistungsunternehmen**, das sich verpflichtet, alle Arbeitnehmer des Auftraggebers kostenlos in persönlichen und sozialen Angelegenheiten zu beraten und zu betreuen, beispielsweise durch die Übernahme der Vermittlung von Betreuungspersonen für Familienangehörige.

b) Familienbüros

679 **Ein weiterer Anwendungsfall dieser Regelung ist die Vermittlung von Tagesmüttern oder Babysittern.**

> **Beispiel:**
> Ein großes Unternehmen schließt mit einem „Kinderbüro/Familienservice" einen Vertrag ab, nach dem dieses sich verpflichtet, den interessierten Arbeitnehmern Tagesmütter, Babysitter und andere geeignete

Betreuungspersonen zu vermitteln und deren Zuverlässigkeit zu überwachen. Die Firma vergütet diese Leistung mit einem Pauschalbetrag, der sich zwar an der Größe des Unternehmens orientiert, nicht aber an den Leistungen, die der einzelne Arbeitnehmer tatsächlich in Anspruch nimmt.

Die „reine" Vermittlung von Unterbringungs- und Betreuungsmöglichkeiten der Kinder durch Dritte fällt zwar nicht unter die Steuerbefreiung des § 3 Nr. 33 EStG. Hier liegt aber schon deshalb kein Arbeitslohn vor, weil ein geldwerter Vorteil gar nicht individuell einem einzelnen Arbeitnehmer zugeordnet werden könnte. Die Leistung des „Kinderbüros/Familienservice" dient der Belegschaft als Ganzem (FinMin Bayern v. 29.4.1996, Lohnsteuer-Handausgabe 1998, 135).

Arbeitslohn liegt dagegen grundsätzlich vor, wenn der Arbeitgeber dem Arbeitnehmer Aufwendungen für Tagesmütter usw. ersetzt. Allerdings kann sich ab 2015 eine **Steuerbefreiung nach § 3 Nr. 34a EStG** ergeben (→ Rz. 681).

c) Notbetreuung

680 Es kommt gerade bei alleinstehenden Arbeitnehmern vor, dass ihre Kinder über die üblichen Betreuungseinrichtungen (Kindergarten, Schule) hinaus betreut werden müssen, weil der **Arbeitnehmer aus dringenden betrieblichen Gründen Überstunden machen muss oder sich auf einem Fortbildungslehrgang befindet (sog. Notbetreuung)**. Ob es sich bei der Kostenübernahme durch den Betrieb um steuerpflichtigen Arbeitslohn handelt oder die Leistungen im ganz überwiegend eigenbetrieblichen Interesse des Arbeitgebers erbracht werden und damit nicht der Lohnsteuer unterliegen (vgl. H 19.0 „Allgemeines zum Arbeitslohnbegriff" LStH), ist – soweit ersichtlich – bisher **höchstrichterlich nicht geklärt**. Eine Steuerbefreiung nach § 3 Nr. 33 EStG scheidet selbst bei nicht schulpflichtigen Kindern aus, weil es sich bei der Kostenübernahme für eine Notbetreuung nicht um Leistungen des Arbeitgebers handelt, die dieser vorher als Lohnbestandteil vereinbart und zusätzlich zum ohnehin geschuldeten Arbeitslohn erbringt.

In Ausnahmefällen kann u.E. die Bereitstellung oder Kostenübernahme für eine Notbetreuung im Betrieb, einer Kindertageseinrichtung oder bei einer Tagesmutter **lohnsteuerfrei** sein, soweit sie sich als **notwendig für betriebsfunktionale Zielsetzungen erweist**.

Voraussetzung hierfür ist aber, dass die persönlichen Interessen der Arbeitnehmer an der Betreuung klar hinter den betrieblichen Interessen, z.B. am Zustandekommen eines dringend erforderlichen Arbeitseinsatzes, zurücktreten. Da die Betreuung der Kinder in der Mehrzahl der Fälle maßgeblich auch die persönlichen Interessen der Arbeitnehmerinnen und Arbeitnehmer berührt, liegt ein ganz überwiegendes betriebliches Interesse des Arbeitgebers nur selten vor. **Bei der Kostenübernahme für eine Notbetreuung, die zu Hause bei der Mitarbeiterin oder dem Mitarbeiter erfolgt, wird nach einem Beschluss der obersten Finanzbehörden ein überwiegendes eigenbetriebliches Interesse nicht anerkannt.**

Es besteht in diesen Fällen in der Kostenübernahme für die Kinderbetreuung zwar auch ein betriebliches Interesse; dieses ist aber nicht ganz überwiegend. Gerade die Leistungen der Kinderbetreuung zu Haus berühren in so starkem Maße die persönlichen Interessen der Arbeitnehmer, dass **Arbeitslohn** anzunehmen ist.

Ab 2015 ist in diesen Fällen zu prüfen, ob und inwieweit die **Steuerbefreiung nach § 3 Nr. 34a EStG** in Betracht kommt (→ Rz. 681).

4. Steuerbefreiung nach § 3 Nr. 34a EStG
a) Die Gesetzesänderung

681 Um die Rahmenbedingungen für eine bessere Vereinbarkeit von Beruf und Familie zu verbessern und um z.B. den Beschäftigten, die nach der Elternzeit wieder in den Beruf zurückkehren, den Wiedereinstieg problemloser zu ermöglichen oder die Arbeitnehmer, die pflegebedürftige Angehörige betreuen, zu unterstützen, soll die ab 2015 eingeführte Steuerbefreiung nach § 3 Nr. 34a EStG dem Arbeitgeber die Möglichkeit bieten, seine Arbeitnehmer mit steuerfreien Serviceleistungen zu unterstützen und so die Verein-

Betreuungskosten

barkeit von Beruf und Familie zu erleichtern (s. zur Gesetzesbegründung BR-Drucks. 432/14).

Nach § 3 Nr. 34a EStG bleiben steuerfrei (und damit auch beitragsfrei) **zusätzlich zum ohnehin geschuldeten Arbeitslohn erbrachte Leistungen des Arbeitgebers**

– an ein **Dienstleistungsunternehmen, das den Arbeitnehmer hinsichtlich der Betreuung von Kindern oder pflegebedürftigen Angehörigen berät oder hierfür Betreuungspersonen vermittelt** (§ 3 Nr. 34a Buchst. a EStG) sowie

– zur **kurzfristigen Betreuung von Kindern** i.S.d. § 32 Abs. 1 EStG, die das 14. Lebensjahr noch nicht vollendet haben oder die wegen einer vor Vollendung des 25. Lebensjahres eingetretenen körperlichen, geistigen oder seelischen Behinderung außerstande sind, sich selbst zu unterhalten, oder **pflegebedürftigen Angehörigen** des Arbeitnehmers, wenn die Betreuung aus **zwingenden und beruflich veranlassten Gründen notwendig** ist, auch wenn sie im privaten Haushalt des Arbeitnehmers stattfindet, soweit die Leistungen **600 € im Kalenderjahr nicht übersteigen** (§ 3 Nr. 34a Buchst. b EStG).

b) Leistungen zusätzlich zum ohnehin geschuldeten Arbeitslohn

Durch das Merkmal „zusätzlich zum ohnehin geschuldeten Arbeitslohn" wird sichergestellt, dass die Steuerbefreiung allein für Leistungen beansprucht werden kann, die der Arbeitgeber zusätzlich für den Zweck „bessere Vereinbarkeit von Familie und Beruf" erbringt. Die zweckgebundene Leistung muss vielmehr **zu dem Arbeitslohn hinzukommen, den der Arbeitgeber arbeitsrechtlich schuldet** (s. ausführlich → *Barlohnumwandlung* Rz. 515). **682**

Für Leistungen, die unter Anrechnung auf den vereinbarten Arbeitslohn (**Entgeltumwandlung**) erbracht werden, kann die Steuerfreiheit **nicht** beansprucht werden (BR-Drucks. 432/14).

c) Beratungs- und Vermittlungsleistungen

Die Steuerbefreiung nach § 3 Nr. 34a Buchst. a EStG umfasst **zusätzliche Arbeitgeberleistungen zu Gunsten eines Dienstleistungsunternehmens (also keine direkten Zahlungen an Arbeitnehmer!)**, das den Arbeitnehmer hinsichtlich **683**

– der Betreuung von Kindern oder
– pflegebedürftigen Angehörigen

berät oder hierfür Betreuungspersonal vermittelt.

Beispiel:

Aufgrund des mehrtägigen Streiks der Erzieher in den städtischen Kindergärten wendet sich Arbeitgeber A an ein Dienstleistungsunternehmen, das für eine Mitarbeiterin, die ein 3-jähriges Kind hat, Unterbringungsmöglichkeiten vermittelt (Kosten 1 000 €).

Es handelt sich um einen nach § 3 Nr. 34 Buchst. a EStG steuerfreien Sachbezug; anders als bei der Steuerbefreiung nach § 3 Nr. 34 Buchst. b EStG ist die **Begrenzung auf 600 € hier unbeachtlich**.

Leistungen des Arbeitgebers für die Vermittlung einer Unterbringungs- und Betreuungsmöglichkeiten der Kinder durch Dritte fallen zwar wie bisher nicht unter die Steuerbefreiung des § 3 Nr. 33 EStG, → *Kindergarten* Rz. 1653, R 3.33 Abs. 2 Satz 3 LStR. Nunmehr kommt jedoch eine Steuerbefreiung nach § 3 Nr. 34a Buchst. a EStG in Betracht.

d) Betreuungsleistungen

Neben den Beratungs- und Vermittlungsleistungen kann der **Arbeitgeber auch bestimmte Betreuungskosten, die kurzfristig aus zwingenden beruflich veranlassten Gründen entstehen (sog. Notbetreuung), steuerfrei ersetzen**. Dazu gehören Aufwendungen für eine zusätzliche, außergewöhnliche – also außerhalb der regelmäßig üblicherweise erforderlichen – Betreuung, die z.B. **684**

– durch dienstlich veranlasste Fortbildungsmaßnahmen des Arbeitnehmers,

– einen zwingenden beruflichen Einsatzes zu außergewöhnlichen Dienstzeiten

– oder bei Krankheit eines Kindes bzw. pflegebedürftigen Angehörigen, notwendig werden.

199

Betreuungskosten

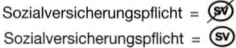

Erstmalig sind damit auch Betreuungskosten in eng umgrenzten Rahmen steuerlich begünstigt, wenn sie im Privathaushalt des Arbeitnehmers anfallen (BR-Drucks. 432/14).

Kinder i.S.d. § 32 Abs. 1 EStG sind unter den dort genannten Voraussetzungen leibliche Kinder, Adoptivkinder und Pflegekinder. Der neue Freibetrag von 600 € kommt nur infrage, wenn das betreute Kind jünger als 14 Jahre ist. Er wird aber auch bei der Betreuung von **behinderten Kindern** unter 25 Jahren und bei **pflegebedürftigen Angehörigen** gewährt.

Der gesetzlich festgelegte Freibetrag für diese zusätzliche außergewöhnliche Betreuung von **600 €** je Kalenderjahr und Arbeitnehmer soll einer gewissen typisierten sachlichen Begrenzung der Steuerbefreiung dienen. Es handelt sich um einen **Freibetrag, d.h. übersteigende Aufwendungen sind steuerpflichtig.**

> **Beispiel:**
> Wie vorstehendes Beispiel. Das Kind der Mitarbeiterin hatte einen Unfall und muss vier Wochen zu Hause betreut werden. Die Mitarbeiterin beschäftigt für diese Zeit – nach Vermittlung durch ein Dienstleistungsunternehmen – eine Tagesmutter, die das Kind während der beruflichen Abwesenheit der Mutter zu Hause betreut. Die Kosten der Tagesmutter (1 000 €) trägt zunächst die Mutter, lässt sich diese aber anschließend vom Arbeitgeber ersetzen. Außerdem zahlt der Arbeitgeber 300 € an ein Dienstleistungsunternehmen für die Vermittlung der Tagesmutter.
>
> Die Erstattung der Kosten (Geldzuwendung) für die Tagesmutter ist bis zur Höhe von 600 € im Jahr nach § 3 Nr. 34a Buchst. b EStG steuerfrei. Der übersteigende Betrag von 400 € ist steuer- und beitragspflichtig.
>
> Die Kosten für die Vermittlung der Tagesmutter (Sachzuwendung) bleiben **daneben** nach § 3 Nr. 34a Buchst. a EStG steuerfrei.

Handelt es sich bei der Leistung um eine Sachzuwendung, die mit dem Marktpreis gem. § 8 Abs. 2 Satz 1 EStG bewertet wird, kann auf den 600 € übersteigenden Betrag die 44 €-Freigrenze nach § 8 Abs. 2 Satz 11 EStG zur Anwendung kommen. Durch die steuerfreie Leistung von maximal 600 € wird die 44 €-Freigrenze nicht verbraucht.

e) Aufzeichnungen im Lohnkonto

685 Die Steuerfreiheit umfasst auch Dienstleistungen, die von Fremdfirmen angeboten und durch den Arbeitgeber beauftragt werden. Die Zweckbestimmung der Leistungen ist entsprechend den vergleichbaren Vorschriften des § 3 Nr. 33 EStG „Steuerfreiheit für Unterbringungskosten von nicht schulpflichtigen Kindern in Kindergärten" oder § 3 Nr. 34 EStG „Steuerfreiheit für Leistungen des Arbeitgebers zur Gesundheitsförderung" durch entsprechende Belege im Lohnkonto nachzuweisen.

5. Kinderbetreuungskosten als Sonderausgaben

686 Ab **2012 kommt für Kinderbetreuungskosten nur noch ein beschränkter Abzug als Sonderausgaben** nach § 10 Abs. 1 Nr. 5 EStG in Betracht. Dabei kommt es nicht mehr darauf an, ob Kinderbetreuungskosten z.B. wegen Berufstätigkeit oder Krankheit der Eltern anfallen (ausführlich BMF v. 14.3.2012, IV C 4 – S 2221/07/0012 :012, BStBl I 2012, 307 und ergänzend OFD Niedersachsen v. 9.8.2012, S 2221b – 1 – St 236, www.stotax-first.de).

Nach § 10 Abs. 1 Nr. 5 EStG als Sonderausgaben abzugsfähig sind

- **zwei Drittel der Aufwendungen, höchstens 4 000 € je Kind,** für Dienstleistungen zur Betreuung eines zum Haushalt des Stpfl. gehörenden Kindes i.S.d. § 32 Abs. 1 EStG (diese Abzugsbeschränkung verstößt nicht gegen das Grundgesetz, zuletzt BFH v. 5.7.2012, III R 80/09, BStBl II 2012, 816 m.w.N., Verfassungsbeschwerde durch BVerfG v. 7.5.2014, 2 BvR 2454/12, StEd 2014, 328 nicht zur Entscheidung angenommen),
- welches das **14. Lebensjahr noch nicht vollendet** hat
- oder wegen **einer vor Vollendung des 25. Lebensjahres eingetretenen körperlichen, geistigen oder seelischen Behinderung außer Stande ist, sich selbst zu unterhalten.**

Der Begriff der **Kinderbetreuung** ist weit zu fassen. Er umfasst nicht nur die behütende und beaufsichtigende Betreuung, sondern auch die pädagogisch sinnvolle Gestaltung der in Kindergärten und ähnlichen Einrichtungen verbrachten Zeit. Der Bildungsauftrag dieser Einrichtungen hindert den vollständigen Abzug der von den Eltern geleisteten Beiträge und Gebühren grundsätzlich nicht (BFH v. 19.4.2012, III R 29/11, BStBl II 2012, 862).

Nicht begünstigt sind dagegen Aufwendungen für Unterricht, die Vermittlung besonderer Fähigkeiten sowie für sportliche und andere Freizeitbetätigungen (§ 10 Abs. 1 Nr. 5 Satz 2 EStG). Nicht begünstigte Aufwendungen für Unterricht oder die Vermittlung besonderer Fähigkeiten liegen nur dann vor, wenn die Dienstleistungen in einem regelmäßig organisatorisch, zeitlich und räumlich verselbständigten Rahmen stattfinden und die vom Leistungserbringer während der Unterrichtszeit ausgeübte Aufsicht über das Kind und damit die behütende Betreuung gegenüber der Vermittlung der besonderen Fähigkeiten als dem Hauptzweck der Dienstleistung in den Hintergrund rückt. Werden den Kindern im Kindergarten – neben der eigentlichen Betreuung durch Erzieher – durch sog. Sprachassistenten spielerisch **Grundkenntnisse in einer Fremdsprache beigebracht,** ist dies noch der nach § 10 Abs. 1 Nr. 5 EStG begünstigten Betreuung zuzurechnen (BFH v. 19.4.2012, III R 29/11, BStBl II 2012, 862). Im Übrigen haben die obersten Finanzbehörden entschieden, auch den **Vorschulbesuch** in die Steuervergünstigung einzubeziehen, denn „Unterricht" beginnt erst mit dem Eintritt in eine Grundschule (FinMin Berlin v. 11.2.2008, III B 24 – S 2288a – 1/2007, www.stotax-first.de).

Ist das zu betreuende Kind nicht nach § 1 Abs. 1 oder 2 EStG unbeschränkt einkommensteuerpflichtig, ist der Betrag von 4 000 € nach § 10 Abs. 1 Nr. 5 Satz 3 EStG zu kürzen, soweit es nach den Verhältnissen im Wohnsitzstaat des Kindes notwendig und angemessen ist (sog. **Ländergruppeneinteilung,** BMF v. 18.11.2013, IV C 4 – S 2285/07/0005 :013, BStBl I 2013, 1462).

Voraussetzung für den Abzug der Aufwendungen ist weiterhin, dass der Stpfl. für die Aufwendungen eine **Rechnung erhalten hat und die Zahlung auf das Konto des Erbringers der Leistung erfolgt ist** (§ 10 Abs. 1 Nr. 5 Satz 4 EStG). Rechnung in diesem Sinne kann auch eine auf gesetzlichen Regelungen beruhende Abtretungserklärung über die gesetzlich bestimmten monatlichen Zahlbeträge aus der Erziehungsgeldbewilligung sein. Bei gesetzlich angeordneter Abtretung kann es unbeachtlich sein, wenn die Zahlung auf das Konto des Betreuungsleistungsträgers durch einen Dritten erfolgt.

Aufwendungen für Dienstleistungen zur Betreuung eines zum Haushalt des Stpfl. gehörenden Kindes nach § 9c Abs. 3 Satz 3 EStG a.F. können auch bei einer im Rahmen eines **geringfügigen Beschäftigungsverhältnisses beschäftigten Betreuungsperson** nur dann steuerrechtlich berücksichtigt werden, wenn die Zahlungen auf ein Konto der Betreuungsperson erfolgt sind (BFH v. 18.12.2014, III R 63/13, BStBl II 2015, 583). Das Urteil gilt sinngemäß für die Nachfolgeregelung des § 10 Abs. 1 Nr. 5 EStG (Abzug von Kinderbetreuungskosten als Sonderausgaben). Nach Satz 4 der Vorschrift ist Voraussetzung für den Abzug, dass der Stpfl. für die Aufwendungen eine Rechnung erhalten hat und die Zahlung auf das Konto des Erbringers der Leistung erfolgt.

Auch das FG Köln hat die Verwaltungsauffassung bestätigt, nach der bar geleistete Kinderbetreuungskosten nicht abziehbar sind (FG Köln v. 10.1.2014, 15 K 2882/13, EFG 2014, 1085). Die Ungleichbehandlung zwischen baren und unbaren Zahlungsvorgängen wird als durch das am Gemeinwohl orientierte Ziel gerechtfertigt angesehen, die Schwarzarbeit im Privathaushalt zu bekämpfen. Dies gilt sowohl für die Kinderbetreuung im Privathaus des Stpfl. (z.B. Au-Pair-Mädchen, angestellte Kinderfrau, Babysitter) als auch bei außerhäuslichen Betreuungsformen (z.B. Tagesmutter, Betreuung bei Großeltern oder anderen Verwandten), selbst wenn die Betreuungsperson auf Barzahlung bestanden hat (BFH v. 8.5.2012, III B 2/11, www.stotax-first.de). Das gilt auch für Zahlungen an ausländische Au-Pair-Mädchen; der Ausschluss von Barzahlungen bewirkt offensichtlich keine dem Unionsrecht widersprechende versteckte Diskriminierung (BFH v. 23.3.2012, III B 126/11, www.stotax-first.de, Verfassungsbeschwerde durch BVerfG v. 6.2.2015, 2 BvR 1162/12, StEd 2015, 131 nicht zur Entscheidung angenommen).

„Aufwendungen" setzen den Einsatz eigener Mittel oder Mittel, die dem Stpfl. von einem Dritten zur Verfügung gestellt worden sind, voraus. Leistungen aus einem bewilligten **Landeserziehungsgeld** stellen auch dann eigene Mittel im vorgenannten Sinne dar, wenn sie auf Grund gesetzlicher Anordnung an den Träger der Kindertagesstätte für die Betreuung des Kindes abgetreten werden müssen (FG Thüringen v. 17.3.2010, 4 K 828/08, EFG 2010, 1407).

Zum Abzug von Kinderbetreuungskosten bei der Beschäftigung sog. **Au-pairs oder naher Angehöriger** s. OFD Koblenz v. 25.5.2009, S 2144d A – St 32 3, www.stotax-first.de. Das FG Baden-Württemberg hat mit Urteil v. 9.5.2012, 4 K 3278/11, EFG 2012, 1439 entschieden, dass die Fahrtkosten, die einer Großmutter im Zusammenhang mit der unentgeltlichen Betreuung ihres Enkelkindes entstanden sind und ihr von den Eltern des Kindes erstattet werden, bei entsprechender Vertragsgestaltung bei den Eltern als Kinderbetreuungskosten abziehbar sind.

Die obersten Finanzbehörden haben entschieden, dass – wenn die Voraussetzungen für den Abzug nur für einen Teil des Jahres erfüllt sind – die **Aufteilung** der Kinderbetreuungskosten aus Vereinfachungsgründen **monatsweise** (also nicht taggenau) vorgenommen werden kann (OFD Koblenz v. 5.2.2008, S 2144d/S 2221b/S 2350 A – St 32 3, www.stotax-first.de).

Bei Eltern, die in einer **eheähnlichen Gemeinschaft** leben, können Kinderbetreuungskosten nur von demjenigen abgezogen werden, der sie getragen hat; wenn von den zusammen lebenden, nicht miteinander verheirateten Eltern nur ein Elternteil den Vertrag mit der Kindertagesstätte abschließt und das Entgelt von seinem Konto zahlt, dann kann dieses weder vollständig noch anteilig dem anderen Elternteil unter dem Gesichtspunkt des abgekürzten Zahlungs- oder Vertragswegs als von ihm getragener Aufwand zugerechnet werden (BFH v. 25.11.2010, III R 79/09, BStBl II 2011, 450).

Es ist gefragt worden, wie die **nachträgliche Zahlung bzw. Erstattung von Kinderbetreuungskosten** steuerlich zu behandeln ist. Hintergrund sind diverse kommunale Satzungen, nach denen sich die Höhe der Elternbeiträge für den Besuch eines Kindes in einer Kindertageseinrichtung grundsätzlich nach dem Einkommen der Eltern im vorangegangenen Kalenderjahr richtet. Abweichend davon ist das tatsächliche Jahreseinkommen zu Grunde zu legen, wenn es voraussichtlich auf Dauer höher oder niedriger ist als das Einkommen des vorangegangenen Jahres. Der Elternbeitrag ist in einem solchen Fall neu festzusetzen. Dabei erfolgt zunächst eine vorläufige Festsetzung, für die das Einkommen des Jahres geschätzt wird. Nach Vorlage der gesamten Einkommensnachweise für das Jahr wird der Beitrag dann zu einem späteren Zeitpunkt endgültig festgesetzt. Die Finanzverwaltung verfährt wie folgt:

> **Beispiel 1:**
> Ehegatten werden gemeinsam zur Einkommensteuer veranlagt. Die in 2009 geborene Tochter besucht bis August 2015 einen Kindergarten und ab September 2015 die Grundschule (Hortgebühren ab September monatlich 70 €). Für die Monate Januar bis August 2015 wurden im Kalenderjahr 2015 Elternbeiträge (Kita-Gebühren) i.H.v. 200 € monatlich gezahlt. Für den Veranlagungszeitraum 2015 machen die Ehegatten Kinderbetreuungskosten i.H.v. (200 € × 8 + 70 € × 4 =) 1 880 € in ihrer Einkommensteuererklärung geltend. Diese werden i.H.v. (2/3 =) 1 254 € als Sonderausgaben berücksichtigt.
> Im Kalenderjahr 2016 fallen Hortgebühren i.H.v. (70 € × 12 =) 840 € an. Des Weiteren erfolgt im März 2016 die endgültige Festsetzung der Kindergartenbeiträge für das Kalenderjahr 2015. Es ergibt sich eine Nachzahlung i.H.v. 80 € × 8 Monate = 640 €.
> Für die Frage der Abzugsfähigkeit kommt es darauf an, ob in dem Zeitraum, für den die Aufwendungen geleistet werden, die Voraussetzungen für eine Abzugsfähigkeit erfüllt sind. Für den Abzug von Sonderausgaben gilt das Zu- und Abflussprinzip des § 11 EStG.
> Es sind somit im Veranlagungszeitraum 2016 Kinderbetreuungskosten i.H.v. (2/3 von (840 € + 640 €) =) 987 € zu berücksichtigen.

> **Beispiel 2:**
> Wie Beispiel 1, es ergibt sich jedoch eine Erstattung i.H.v. 120 € × 8 Monate = 960 €.
> Es sind die im Veranlagungszeitraum 2016 gezahlten mit den in diesem Veranlagungszeitraum erstatteten Kinderbetreuungskosten zu verrechnen. In Höhe des Erstattungsüberhangs ist der Sonderausgabenabzug der Kinderbetreuungskosten für das 2015 zu korrigieren, da eine Verrechnung mit anderen Sonderausgaben nicht möglich ist.

Die obersten Finanzbehörden haben beschlossen, dass das o.g. **Betreuungsgeld** nach § 4a BEEG sowohl bei staatlicher als auch privater Betreuung nicht auf die als Sonderausgaben zu berücksichtigenden Kinderbetreuungskosten angerechnet wird (FinMin Schleswig-Holstein v. 27.5.2015, VI 303 – S 2263 – 010, www.stotax-first.de).

6. Betreuung von Kindern und Jugendlichen (§§ 22 ff. SGB VIII)

Im Rahmen der Kinderbetreuung ist grundlegend zu unterscheiden zwischen verschiedenen Hilfen für die Betreuung von Kindern und Jugendlichen. Je nach Art der Pflege bzw. Betreuung unterscheidet sich auch die steuerliche Behandlung der an die Pflege-/Betreuungspersonen geleisteten Zahlungen. S. dazu ausführlich OFD Magdeburg v. 17.7.2013, S 2248 – 13 – St 213, www.stotax-first.de, sowie OFD Frankfurt v. 14.8.2014, S 2121 A – 14 – St 210, www.stotax-first.de, betr. 687

- Förderung von Kindern in Tageseinrichtungen und Kindertagespflege (§ 22 SGB VIII – § 26 SGB VIII),
- einkommensteuerliche Behandlung der Geldleistungen im Rahmen der Hilfe zur Erziehung (§§ 27 ff. SGB VIII),
- sonstige Sonder- und Einzelfälle (s. auch „ABC des Lohnbüros" 2014 Rdnr. 1546 ff.).

7. Weitere Einzelfragen

Das FG Saarland hat Folgendes entschieden (Urteil v. 9.7.2009, 1 K 1312/04, EFG 2010, 29, Nichtzulassungsbeschwerde vom BFH als unzulässig verworfen, BFH v. 20.4.2010, VI R 44/09, BStBl II 2010, 691): Erhält eine angestellte Erzieherin von ihrem Arbeitgeber im Jahr 2000 und 2001 neben ihrem laufenden Arbeitslohn für die Unterbringung, Verpflegung und Betreuung von drei Kindern 1 350 DM je Kind und Monat, sind die Kostenpauschalen – auch ohne eine durch Nachweise belegte Aufstellung der tatsächlich durch die Pflegekinder verursachten Kosten – als **steuerfreier Auslagenersatz** gem. § 3 Nr. 50 EStG in vollem Umfang steuerfrei zu stellen. Die Pauschale von 1 350 DM pro Kind und Monat entsprach damals in etwa dem tatsächlichen Aufwand der ansonsten keine weiteren Zahlungen (keine Einmalzahlungen, kein Kindergeld) vereinnahmenden Stpfl. 688

Bei einer **sozialpädagogischen Lebensgemeinschaft** sind die Aufwendungen für Gemeinschaftsräume, die sowohl der eigenen Wohnnutzung des Stpfl. und seiner Familie wie auch der (entgeltlichen) Betreuung der in die Familie integrierten fremden Kinder dienen, regelmäßig nach der Zahl der der Haushaltsgemeinschaft zugehörigen Personen aufzuteilen (BFH v. 25.6.2009, IX R 49/08, BStBl II 2010, 122).

8. Sozialversicherung

a) Abgrenzung

Mit dem Gesetz zur Förderung von Kindern unter drei Jahren in Tageseinrichtungen und in der Kindertagespflege (Kinderförderungsgesetz – KiföG) v. 10.12.2008, BGBl. I 2008, 2403 üben **Tagespflegepersonen i.d.R. eine selbständige Tätigkeit** aus. In der Ausbauphase der Betreuungsplätze ist bei einer Betreuung von bis zu fünf Kindern noch keine hauptberuflich selbständige Erwerbsarbeit i.S. des Sozialgesetzbuchs V anzunehmen. Diese Regelung galt zunächst bis zum 31.12.2013. Da der Ausbau der Kindertagesstätten zu diesem Zeitpunkt noch nicht abgeschlossen war, wurde die Frist bis zum 31.12.2015 verlängert. Eine weitere Verlängerung zeichnet sich zz. nicht ab. Da die Situation zum 1.1.2016 für die Tagesmütter unbefriedigend ist, gibt es eine weitere Verlängerung bis zum 31.12.2018.. 689

Im Einzelfall und in Abhängigkeit von der konkreten Ausgestaltung des Verhältnisses zwischen dem bzw. den Personensorgeberechtigten (das sind im Regelfall die Eltern) und der Tagespflegeperson kann jedoch ein **Beschäftigungsverhältnis** bestehen, wenn die für das Vorliegen eines Beschäftigungsverhältnisses von der Rechtsprechung aufgestellten Kriterien erfüllt sind. Hierbei kommt es auf die Gesamtwürdigung der tatsächlichen Umstände des Einzelfalls an.

Die Förderung der Kindertagespflege nach dem SGB VIII wird unabhängig davon erbracht, ob die von einer Tagespflegeperson in ihrem Haushalt oder im Haushalt des Personensorgeberechtigten geleistete Kindertagespflege im Rahmen einer selbständigen Tätigkeit oder eines abhängigen Beschäftigungsverhältnisses erbracht wird. Auch die in einem Beschäftigungsverhältnis zu den Personensorgeberechtigten stehenden Tagespflegepersonen haben grundsätzlich einen Anspruch auf Erstattung der Beiträge zur

Betreuungskosten

Unfall-, Renten-, Kranken- und Pflegeversicherung nach Maßgabe des § 23 Abs. 2 Nr. 3 und 4 SGB VIII. Da hier die Personensorgeberechtigten als Arbeitgeber auftreten und im Innenverhältnis gegenüber der Tagespflegeperson und im Verhältnis zu den Sozialversicherungsträgern zur Leistung bzw. Beitragszahlung verpflichtet sind, kann im Wege eines öffentlich-rechtlichen Vertrags nach §§ 53 ff. SGB X zwischen Jugendamt und Tagespflegeperson bzw. Personensorgeberechtigten die Zahlung der laufenden Geldleistung an die Personensorgeberechtigten (etwa im Wege der Abtretung) vereinbart werden.

Die Geldleistungen nach § 23 Abs. 2 SGB VIII stehen zwar in engem Zusammenhang mit der Arbeitsleistung der Tagespflegeperson. Allerdings wird die Geldleistung im Rahmen der Übernahme der Kindertagespflege im öffentlichen Auftrag des Trägers der Jugendhilfe erbracht. Bei der Leistung handelt es sich um eine Sozialleistung i.S.d. § 11 i.V.m. § 27 Abs. 1 Nr. 3 SGB I, die im Rahmen eines öffentlich-rechtlichen Leistungsverhältnisses beansprucht wird. Dies schließt die Behandlung der Geldleistung als von einem Dritten gezahltes Arbeitsentgelt aus. Sofern die im Rahmen eines abhängigen Beschäftigungsverhältnisses einer Tagespflegeperson gewährten Geldleistungen vom Träger der Jugendhilfe an die Personensorgeberechtigten zur Auszahlung an die Tagespflegepersonen erbracht werden, ist die Leistung nach § 23 Abs. 2 Nr. 2 SGB VIII (Betrag zur Anerkennung der Förderungsleistung) Arbeitsentgelt nach § 14 Abs. 1 SGB V. Dies gilt auch für die nach § 23 Abs. 2 Nr. 1 SGB VIII für die Erstattung tatsächlicher Sachaufwandskosten gewährten Leistungen. Da die Personensorgeberechtigten nach der Intention des Gesetzgebers auch bei der Beschäftigung von Tagespflegepersonen (grundsätzlich) nicht belastet werden sollen, werden die Beitragsleistungen nach § 23 Abs. 2 Nr. 3 und 4 SGB VIII in diesen Fällen zur Finanzierung der von den Personensorgeberechtigten zu tragenden Arbeitgeberbeitragsanteile zur Kranken-, Pflege- und Rentenversicherung sowie zur Umlage zur Unfallversicherung gewährt und sind daher nicht zum Arbeitsentgelt nach § 14 Abs. 1 SGB IV zu zählen (Besprechungsergebnis der Spitzenverbände der Sozialversicherungsträger v. 30.3.2011, www.aok-business.de).

b) Kranken- und Pflegeversicherung

690 Die Kranken- und Pflegeversicherungsbeiträge im Rahmen einer freiwilligen Mitgliedschaft in der gesetzlichen Krankenversicherung berechnen sich im Jahr 2016 nach einer Mindestbemessungsgrundlage von 968,33 €. Weiterhin bleibt die Möglichkeit zur beitragsfreien Familienversicherung beim Ehepartner bis zu einem Gesamteinkommen von derzeit 415 € (im Jahre 2016) im Monat erhalten. Ist der Gewinn aus der Tätigkeit als selbständige Tagespflegeperson aber höher als 415 €, gibt es durch die Einstufung als selbständige Tätigkeit keine Möglichkeit einer beitragsfreien Mitversicherung mehr. Die Tagespflegeperson muss sich freiwillig in einer gesetzlichen Krankenversicherung oder aber privat versichern. Insbesondere die Regelung der Mindestbemessungsgrundlage bei Tagespflegepersonen entlastet Betreuer und Tagesmütter bei ihren Sozialversicherungsbeiträgen.

Hier drei Beispiele von verheirateten Tagespflegepersonen. In allen Fällen sind beide Ehegatten gesetzlich krankenversichert und die Tagespflegeperson hat keine weiteren beitragspflichtigen Einnahmen:

> **1. Fall:**
> Eine Tagesmutter betreut nur ein Kind für 450 € im Monat als selbständige Tätigkeit. Ihr steuerlicher Gewinn wäre, abzüglich der Betriebsausgabenpauschale von 300 € je Kind und Monat, 150 €.
>
> Krankenversicherungsbeiträge werden für sie nicht fällig, da sie unterhalb der Geringfügigkeitsschwelle von 415 € (2016) für die beitragsfreie Familienversicherung liegt. Für Kommune und Tagespflegeperson fällt keine monatliche Mehrbelastung an.
>
> **2. Fall:**
> Die Tagesmutter betreut drei Kindern für je 450 € im Monat. Ihr steuerlicher Gewinn beträgt dann 450 €.
>
> | | |
> |---|---:|
> | Betreuungsgeld (450 € × 3) | 1 350 € |
> | – Betriebsausgabenpauschale (300 € × 3) | 900 € |
> | = steuerlicher Gewinn | 450 € |
>
> Da der steuerliche Gewinn i.H.v. 450,— € den Grenzwert für eine kostenfreie Familienversicherung übersteigt, hat sich die Tagesmutter selbst zu versichern. Krankenversicherungsbeiträge fallen i.H.v. (968,33 € × 14,0 % =) ca. 135,57 € an, so dass sich eine monatliche Mehrbelastung für die Kommune und die Tagespflegeperson von je ca. 68 € ergibt. War die Tagespflegeperson bisher schon freiwillig bei einer gesetzlichen Krankenkasse versichert, hat sie allerdings keine Mehrbelastung, sondern sogar eine Entlastung durch den hälftigen Beitragszuschuss.
>
> **3. Fall:**
> Betreuung von fünf Kindern für je 450 € im Monat. Betreut eine Tagesmutter fünf Kinder für je 450 €, hat sie immerhin einen steuerlichen Gewinn von 750 €.
>
> Die Kosten für ihre Beiträge zur Krankenversicherung betragen auch dann nur ungefähr 136 €. Ohne die neuen Änderungen im Sozialgesetzbuch sowie die Einführung der hälftigen Erstattung hätte die Belastung für eine einzelne Tagespflegeperson um die 260 € monatlich betragen, nun liegt sie bei ca. 68 € für einen vollen Krankenversicherungsschutz.

c) Rentenversicherung

691 Tagespflegepersonen sind dann rentenversicherungspflichtig, wenn sie monatlich über den Grenzwert für Minijobs (→ *Mini-Jobs* Rz. 2047) verdienen und darüber hinaus keinen versicherungspflichtigen Mitarbeiter beschäftigen. Die Beiträge richten sich nach dem Einkommen. Das Jugendamt erstattet die Hälfte der angemessenen Beiträge. Verdienen die Tagespflegepersonen nicht mehr oder beschäftigen sie versicherungspflichtige Mitarbeiter, können sie sich freiwillig gesetzlich in der Rentenversicherung versichern.

d) Arbeitslosenversicherung

692 Tagespflegepersonen sind nicht arbeitslosenversicherungspflichtig. Sie können sich jedoch freiwillig versichern. Vorausgesetzt die Selbständigkeit schließt sich an eine versicherungspflichtige Zeit an. Der Antrag ist innerhalb eines Monats nach Aufnahme der Tätigkeit bei der Agentur für Arbeit zu stellen. Eine Beteiligung an der Beitragslast durch das Jugendamt erfolgt nicht.

Betreuungsreise

→ *Incentive-Reisen* Rz. 1590

Betriebliche Altersversorgung

→ *Zukunftssicherung: Betriebliche Altersversorgung* Rz. 3234

Betriebliche Gesundheitsförderung

→ *Ärztliche Betreuung* Rz. 339, → *Krankheitskosten* Rz. 1722

Betriebliche Weiterbildung

→ *Fortbildung* Rz. 1296

Betriebsarzt

→ *Arzt* Rz. 328

Betriebsausflug

→ *Betriebsveranstaltungen* Rz. 701, → *Werbungskosten* Rz. 3182

Betriebskrankenkassen

→ *Krankenversicherung: gesetzliche* Rz. 1717

Betriebsnummer

→ *Meldungen für Arbeitnehmer in der Sozialversicherung* Rz. 1989

Betriebsprüfung

→ *Beitragsüberwachung* Rz. 598, → *Lohnsteuer-Außenprüfung* Rz. 1855

[LSt] = keine Lohnsteuerpflicht
[LSt] = Lohnsteuerpflicht

Betriebsrat

1. Arbeitsrecht

693 Die Betriebsratsmitglieder üben ihre Betriebsratstätigkeit nach § 37 Abs. 1 BetrVG als unentgeltliches **Ehrenamt** aus, haben jedoch nach § 37 Abs. 2 BetrVG Anspruch auf **Fortzahlung der Arbeitsvergütung** für die Zeit ihrer Freistellung für Betriebsratstätigkeit, nach § 37 Abs. 6 und 7 BetrVG auch unter bestimmten Voraussetzungen für die Teilnahme an Betriebsräteschulungen. Dies gilt auch für Betriebsratsmitglieder in **Teilzeitbeschäftigung**.

Insoweit kann Betriebsratsmitgliedern für Betriebsratstätigkeit außerhalb der Arbeitszeit nach § 37 Abs. 3 BetrVG Freizeitausgleich und u.U. auch **Mehrarbeitsvergütung** zustehen.

Außerdem haben Betriebsräte nach § 40 BetrVG unter bestimmten Voraussetzungen Anspruch auf **Erstattung von Aufwendungen** für sächliche Mittel und Reisekosten, z.B. bei erforderlichen Betriebsräteschulungen.

2. Lohnsteuerrecht

694 Stellt der Arbeitgeber Betriebsratsmitgliedern unentgeltlich **Arbeitsmittel** (v.a. Fachliteratur) zur Verfügung, ist kein Arbeitslohn anzunehmen. Steuerfrei ist die Erstattung von **Reisekosten**, wenn ein Betriebsratsmitglied in dieser Eigenschaft an auswärtigen Schulungsveranstaltungen teilnimmt; es gelten dann die Grundsätze für Auswärtstätigkeiten (→ *Reisekosten: Allgemeine Grundsätze* Rz. 2409).

Im **öffentlichen Dienst** kann die Steuerbefreiung nach § 3 Nr. 12 EStG in Betracht kommen (→ *Aufwandsentschädigungen im öffentlichen Dienst* Rz. 383). Vgl. z.B. für Personalratsmitglieder in der Bundesverwaltung FinMin Baden-Württemberg v. 1.4.1981, S 2337 A – 1/69, www.stotax-first.de. Auch eine **Aufwandsentschädigung**, die eine Stadt an den Personalratsvorsitzenden leistet, damit dieser den mit seiner Funktion verbundenen Aufwand bestreiten kann, kann nach § 3 Nr. 12 Satz 2 EStG **steuerfrei** sein. Ein hinreichender beruflicher Zusammenhang kann vorliegen, wenn mit der Aufwandsentschädigung **beruflich veranlasste Kosten** u.a. für Bewirtung, Geschenke und Fahrten erstattet werden (BFH v. 15.11.2007, VI R 91/04, HFR 2008, 687).

[LSt] [SV]

Aufwandsentschädigungen an von der eigentlichen Arbeit freigestellte Betriebsratsmitglieder sind steuerpflichtiger Arbeitslohn. Das gilt auch für **Zuschläge für Sonntags-, Feiertags- oder Nachtarbeit**. Die Steuerbefreiung des § 3b EStG kann insoweit nicht gewährt werden, weil die Zuschläge nicht für **tatsächlich geleistete** Sonntags-, Feiertags- oder Nachtarbeit gezahlt werden, sondern zum Ausgleich des dem Betriebsratsmitglied durch seine Tätigkeit im Betriebsrat entstehenden Verdienstausfalls (BFH v. 3.5.1974, VI R 211/71, BStBl II 1974, 646). Insoweit besteht auch kein Anspruch gegen den Arbeitgeber auf Erstattung der Steuern und Sozialabgaben (BAG v. 29.7.1980, 6 AZR 231/78, www.stotax-first.de).

[LSt] [SV]

Zur steuerlichen Behandlung der Einkünfte von **Arbeitnehmer-Vertretern** im **Aufsichtsrat** von Unternehmen → *Aufsichtsratsvergütungen* Rz. 351.

3. Werbungskostenabzug

695 Aufwendungen eines Arbeitnehmers im Zusammenhang mit seiner ehrenamtlichen Tätigkeit im Betriebsrat oder in der für ihn zuständigen Gewerkschaft können als Werbungskosten abgezogen werden, soweit sie beruflich veranlasst sind (BFH v. 28.11.1980, VI R 193/77, BStBl II 1981, 368). Abzugsfähig sind bei Betriebs- bzw. Personalratsmitgliedern auch Aufwendungen für **kleinere Werbegeschenke zur Vorbereitung der Wahl in den Betriebs- bzw. Personalrat** (FG Berlin-Brandenburg v. 28.3.2007, 7 K 9184/06 B, EFG 2007, 1323) sowie Kosten u.a. für **Bewirtung und Geschenke** (BFH v. 15.11.2007, VI R 91/04, HFR 2008, 687; das Urteil betrifft zwar steuerfreie Aufwandsentschädigungen, gilt aber für den Werbungskostenabzug sinngemäß).

Betriebsrente

→ *Altersrenten* Rz. 59, → *Pensionäre* Rz. 2227, → *Versorgungsbezüge* Rz. 3044

Betriebssport

→ *Sport* Rz. 2739, → *Werbungskosten* Rz. 3182

Betriebsstätte

696 Der Betrieb des Arbeitgebers stellt in den meisten Fällen auch seine „Betriebsstätte" im steuerlichen Sinne dar; von diesem Begriff hängen verschiedene lohnsteuerrechtliche Folgen ab. Dabei gelten unterschiedliche Betriebsstättenbegriffe:

1. Inländischer Arbeitgeber

697 Jeder Arbeitgeber, der im Inland einen Wohnsitz, seinen gewöhnlichen Aufenthalt, seine Geschäftsleitung, seinen Sitz, eine **Betriebsstätte** oder einen ständigen Vertreter i.S. der §§ 8 bis 13 AO hat („inländischer Arbeitgeber"), ist zur **Einbehaltung der Lohnsteuer verpflichtet** (§ 38 Abs. 1 Nr. 1 EStG). Das kann auch ein **im Ausland ansässiger Arbeitgeber** sein, der **im Inland eine Betriebsstätte oder einen ständigen Vertreter** hat, vgl. H 38.3 (Inländischer Arbeitgeber) LStH; zur Abgrenzung aber auch → *Arbeitgeber* Rz. 166. Maßgebend ist der **Betriebsstättenbegriff nach § 12 AO**:

Betriebsstätte ist danach **jede feste Geschäftseinrichtung oder Anlage**, die der Tätigkeit eines Unternehmens dient (vgl. zuletzt BFH v. 17.9.2003, I R 12/02, BStBl II 2004, 396: Verkaufsstand auf dem Weihnachtsmarkt ist keine Betriebsstätte). Nach dem Katalog des § 12 Satz 2 AO sind als Betriebsstätten insbesondere anzusehen:

- die Stätte der Geschäftsleitung,
- Zweigniederlassungen,
- Geschäftsstellen,
- Fabrikations- oder Werkstätten,
- Warenlager,
- Ein- oder Verkaufsstellen,
- Bergwerke, Steinbrüche oder andere stehende, örtlich fortschreitende oder schwimmende Stätten der Gewinnung von Bodenschätzen,
- Bauausführungen oder Montagen, auch örtlich fortschreitende oder schwimmende, wenn
  - die einzelne Bauausführung oder Montage oder
  - eine von mehreren zeitlich nebeneinander bestehenden Bauausführungen oder Montagen oder
  - mehrere ohne Unterbrechung aufeinander folgende Bauausführungen oder Montagen

  länger als sechs Monate dauern.

Neben diesen in § 12 Satz 2 AO aufgeführten Einrichtungen sind Betriebsstätten auch Landungsbrücken (Anlegestellen von Schifffahrtsgesellschaften), Kontore und sonstige Geschäftseinrichtungen, die dem Unternehmer oder Mitunternehmer oder seinem ständigen Vertreter, z.B. einem Prokuristen, zur Ausübung des Gewerbes dienen (R 38.3 Abs. 2 LStR).

Ständiger Vertreter nach § 13 AO kann hiernach z.B. auch eine Person sein, die eine Filiale besitzt oder die Aufsicht über einen Bautrupp führt. Der im Inland von Fall zu Fall einzelne Montagearbeiten ausführende Monteur ist kein ständiger Vertreter (R 38.3 Abs. 3 LStR).

2. Lohnsteuerlicher Betriebsstättenbegriff

698 Nachdem geklärt ist, wer „inländischer Arbeitgeber" ist, ist zu prüfen, **wo dieser seinen lohnsteuerlichen Pflichten nachzukommen und an welches Finanzamt er die Lohnsteuer abzuführen hat („Betriebsstättenfinanzamt")**. Hierfür gilt nach § 41 Abs. 2 EStG ein eigener, mit § 12 AO nicht deckungsgleicher **weiter gefasster Betriebsstättenbegriff**. Wichtig ist diese Vorschrift besonders für **Unternehmen mit mehreren Betriebsteilen** im Inland (z.B. Zweigwerken und -niederlassungen).

Betriebsstätte

Nach R 41.3 LStR ist **lohnsteuerliche Betriebsstätte** der im Inland gelegene Betrieb oder Betriebsteil des Arbeitgebers, an dem der **Arbeitslohn insgesamt ermittelt wird**, d.h. wo die einzelnen Lohnbestandteile oder bei maschineller Lohnabrechnung die Eingabewerte zu dem für die Durchführung des Lohnsteuerabzugs maßgebenden Arbeitslohn zusammengefasst werden. Es kommt nicht darauf an, wo einzelne Lohnbestandteile ermittelt, die Berechnung der Lohnsteuer vorgenommen wird und die für den Lohnsteuerabzug maßgebenden Unterlagen aufbewahrt werden (OFD Magdeburg v. 11.10.1999, S 2376 – 3 – St 224, www.stotax-first.de).

Bei einem **ausländischen Arbeitgeber** mit Wohnsitz und Geschäftsleitung im Ausland, der im Inland einen ständigen Vertreter (§ 13 AO) hat, aber keine Betriebsstätte unterhält, gilt als Mittelpunkt der geschäftlichen Leitung der Wohnsitz oder der gewöhnliche Aufenthalt des ständigen Vertreters. Ein **selbständiges Dienstleistungsunternehmen**, das für einen Arbeitgeber tätig wird, kann nicht als Betriebsstätte dieses Arbeitgebers angesehen werden. Bei einer **Arbeitnehmerüberlassung** (R 42d.2 LStR) kann nach § 41 Abs. 2 Satz 2 EStG eine abweichende lohnsteuerliche Betriebsstätte in Betracht kommen. Erlangt ein Finanzamt von Umständen Kenntnis, die auf eine Zentralisierung oder Verlegung von lohnsteuerlichen Betriebsstätten in seinem Zuständigkeitsbereich hindeuten, hat es vor einer Äußerung gegenüber dem Arbeitgeber die anderen betroffenen Finanzämter unverzüglich hierüber zu unterrichten und sich mit ihnen abzustimmen.

> **Beispiel 1:**
> Ein Unternehmen hat mehrere Filialen. Der Arbeitslohn wird nur am Stammsitz X ermittelt.
>
> In X ist das Betriebsstättenfinanzamt. Der Arbeitgeber kann also durch die Bestimmung des Orts, an dem der Arbeitslohn ermittelt wird, Einfluss darauf nehmen, welches Finanzamt zuständig sein soll.

> **Beispiel 2:**
> Ein Unternehmen hat mehrere Filialen. Der Arbeitslohn wird in jeder Filiale ermittelt.
>
> Jede Filiale ist Betriebsstätte und muss Lohnsteuer an „ihr" Finanzamt abführen.

> **Beispiel 3:**
> Ein Unternehmen hat mehrere Filialen. Der Arbeitslohn der leitenden Angestellten wird in der Hauptverwaltung ermittelt, der der übrigen Mitarbeiter in den einzelnen Filialen.
>
> Sowohl die Hauptverwaltung als auch die Filialen sind einzelne Betriebsstätten und müssen an ihre jeweiligen Betriebsstättenfinanzämter die Lohnsteuer abführen.

Wird der maßgebende Arbeitslohn nicht in dem Betrieb oder einem Teil des Betriebs des Arbeitgebers (also „außer Haus") oder nicht im Inland ermittelt, so gilt nach § 41 Abs. 2 Satz 2 EStG als Betriebsstätte der **Mittelpunkt der geschäftlichen Leitung** des Arbeitgebers im Inland. Diese Voraussetzung kann erfüllt sein, wenn der Arbeitgeber die Lohnabrechnungen von einem fremden Dritten durchführen lässt. Ein **selbständiges Dienstleistungsunternehmen**, das für einen Arbeitgeber tätig wird, kann also nicht als Betriebsstätte dieses Arbeitgebers angesehen werden (R 41.3 Satz 3 LStR).

> **Beispiel 4:**
> Der Sitz eines Unternehmens befindet sich in X, die Buchführung einschließlich der gesamten Lohnabrechnung obliegt dem Steuerberater in Y.
>
> Die Lohnsteuer ist an das Betriebsstättenfinanzamt in X abzuführen.

Die Voraussetzungen des § 41 Abs. 2 Satz 2 EStG können insbesondere dann vorliegen, wenn in größeren **Konzernen** rechtlich selbständige Personen bzw. Kapitalgesellschaften die Durchführung ihrer Lohnabrechnungen einem Dritten (z.B. der Konzernmutter oder einer anderen Kapitalgesellschaft) übertragen.

Um das Steueraufkommen ihres jeweiligen Bundeslandes zu sichern, prüfen die Finanzämter verstärkt, wo sich lohnsteuerliche Betriebsstätten befinden.

Bei **Wohnungseigentümergemeinschaften**, bei denen der Verwalter sämtliche die Gemeinschaft betreffenden Arbeitgeberpflichten (Einstellung bzw. Entlassung des Personals, Zusammenstellung der für den Lohnsteuerabzug maßgebenden Lohnteile, Abgabe der Lohnsteuer-Anmeldungen und Abführung der Lohnsteuer) erfüllt, befindet sich der Mittelpunkt der geschäftlichen Leitung des Arbeitgebers i.S.d. § 41 Abs. 2 Satz 2 EStG am Sitz des Verwalters. Hat der Verwalter die Rechtsform einer juristischen Person, so ist das für die Verwaltungsfirma zuständige Finanzamt auch Betriebsstättenfinanzamt für die Wohnungseigentümergemeinschaft, selbst wenn das Grundstück im Bezirk eines anderen Finanzamts liegt (OFD Bremen v. 28.7.1997, S 2376 – St 22, www.stotax-first.de).

Bei einer **Arbeitnehmerüberlassung** kann nach § 41 Abs. 2 Satz 2 EStG eine **abweichende lohnsteuerliche Betriebsstätte** in Betracht kommen: Maßgebend ist der **Ort** im Inland, an dem die **Arbeitsleistung ganz oder überwiegend** stattfindet.

Als Betriebsstätte gilt nach § 41 Abs. 2 Satz 3 EStG im Übrigen auch der **inländische Heimathafen deutscher Handelsschiffe**, wenn die Reederei im Inland keine Niederlassung hat.

3. Betriebsstättenbegriff nach Doppelbesteuerungsabkommen (DBA)

Das Vorhandensein einer Betriebsstätte kann bei der Anwendung der sog. **183-Tage-Klausel** verschiedener DBA von Bedeutung sein. Maßgebend ist der sich aus dem jeweiligen DBA ergebende Betriebsstättenbegriff, die Regelungen des § 12 AO und des § 41 Abs. 2 EStG gelten insoweit nicht. Die Unterschiede können erheblich sein, weil nach den meisten DBA z.B. **Baustellen bis zu einer Dauer von zwölf Monaten keine Betriebsstätte begründen** (→ *Doppelbesteuerungsabkommen: Allgemeines* Rz. 855).

699

Betriebsstättenfinanzamt

Betriebsstättenfinanzamt ist das Finanzamt, in dessen Bezirk sich die Betriebsstätte i.S.d. § 41 Abs. 2 EStG des Arbeitgebers befindet (§ 41a Abs. 1 Nr. 1 EStG; → *Betriebsstätte* Rz. 696). Er hat dort die **Lohnsteuer-Anmeldungen** abzugeben und die einbehaltene und übernommene **Lohnsteuer abzuführen** (→ *Abführung der Lohnsteuer* Rz. 5).

700

An das Betriebsstättenfinanzamt muss sich der Arbeitgeber auch wenden, wenn es z.B. um die Einreichung der **Lohnsteuerbescheinigungen**, **Genehmigung der Pauschalierung** nach § 40 EStG oder die Erteilung von **Anrufungsauskünften** geht.

Betriebsveranstaltungen

Inhaltsübersicht:

	Rz.
1. Allgemeines	701
2. Begriff der Betriebsveranstaltung	702
3. Zuwendungen im Rahmen einer Betriebsveranstaltung	703
4. Arbeitnehmer	704
5. Bewertung der Zuwendungen	705
6. 110 €-Freibetrag bei Betriebsveranstaltungen	706
a) Berechnung des Freibetrags	707
b) Offenstehen der Betriebsveranstaltung für alle Arbeitnehmer	708
c) Zahl der Betriebsveranstaltungen	709
7. Lohnsteuer- und Beitragspflicht der Zuwendungen	710
8. Pauschalierung der Lohnsteuer	711
9. Reisekosten	712
10. Verlosungen bei Betriebsveranstaltungen	713

1. Allgemeines

Seit 2015 ist der **Begriff der Betriebsveranstaltung gesetzlich normiert**. Nach § 19 Abs. 1 Satz 1 Nr. 1a EStG gehören Zuwendungen des Arbeitgebers an seinen Arbeitnehmer und dessen Begleitpersonen anlässlich von Veranstaltungen auf betrieblicher Ebene mit gesellschaftlichem Charakter (Betriebsveranstaltung) zum Arbeitslohn des Arbeitnehmers. Zuwendungen in diesem Sinne sind alle Aufwendungen des Arbeitgebers einschließlich Umsatzsteuer unabhängig davon, ob sie einzelnen Arbeitnehmern individuell zurechenbar sind oder ob es sich um einen rechnerischen Anteil an den Kosten der Betriebsveranstaltung handelt, die der Arbeitgeber gegenüber Dritten für den äußeren Rahmen der Betriebsveranstaltung aufwendet. Soweit solche Zuwendungen den Betrag von 110 € je Betriebsveranstaltung und teilnehmenden Arbeitnehmer nicht übersteigen, gehören sie nicht zu den Ein-

701

Betriebsveranstaltungen

⌊LSt⌋ = keine Lohnsteuerpflicht
⌊LSt⌋ = Lohnsteuerpflicht

künften aus nichtselbständiger Arbeit, wenn die Teilnahme an der Betriebsveranstaltung allen Angehörigen des Betriebs oder eines Betriebsteils offensteht. Der Freibetrag von 110 € gilt für bis zu zwei Betriebsveranstaltungen jährlich. Die Zuwendungen sind abweichend von § 8 Abs. 2 EStG mit den anteilig auf den Arbeitnehmer und dessen Begleitpersonen entfallenden Aufwendungen des Arbeitgebers anzusetzen.

Der Gesetzgeber hat damit auf die **neue Rechtsprechung des BFH** reagiert (vgl. BFH v. 16.5.2013, VI R 7/11, BStBl II 2015, 189; BFH v. 16.5.2013, VI R 94/10, BStBl II 2015, 186), diese **außer Kraft gesetzt** und die bisherige Verwaltungsauffassung gesetzlich normiert. Begründung (BR-Drucks. 432/14):

„Die Neuregelung dient der Steuervereinfachung, da der BFH mit seiner neuesten Rechtsprechung zu Betriebsveranstaltungen die seit langer Zeit bestehenden und anerkannten Verwaltungsgrundsätze zum Teil abgelehnt und dies zu einer unklaren und komplizierten Rechtslage geführt hat. Die bisherigen Verwaltungsgrundsätze werden nun gesetzlich festgeschrieben. Die bisherigen Verwaltungsgrundsätze gelten auch insoweit fort als sie die gesetzliche Regelung präzisieren."

Bei der Prüfung, ob die Aufwendungen des Arbeitgebers nicht zum Arbeitslohn des Arbeitnehmers gehören, kann folgendes **Prüfschema** verwendet werden:

```
                    ┌──────────────────┐
                    │ Betriebsver-     │
                    │ anstaltungen     │
                    └────────┬─────────┘
                             │
                             ▼
              ┌──────────────────┐   nein    ┌──────────────────────┐
              │ Liegt eine       ├──────────►│ Steuerpflichtiger    │
              │ Betriebs-        │           │ Arbeitslohn,         │
              │ veranstaltung    │           │ Pauschalierung       │
              │ vor?             │           │ mit 25 % nicht       │
              └────────┬─────────┘           │ möglich              │
                       │ ja                  └──────────────────────┘
                       ▼
              ┌──────────────────┐   nein    ┌──────────────────────┐
              │ Steht die        ├──────────►│ Steuerpflichtiger    │
              │ Teilnahme allen  │           │ Arbeitslohn,         │
              │ Arbeitnehmern    │           │ Pauschalierung       │
              │ offen?           │           │ mit 25 % nicht       │
              └────────┬─────────┘           │ möglich              │
                       │ ja                  └──────────────────────┘
                       ▼
              ┌──────────────────┐    ja     ┌──────────────────────┐
              │ Werden mehr als  ├──────────►│ Dritte Betriebsver-  │
              │ zwei Veranstal-  │           │ staltung in voller   │
              │ tungen im Jahr   │           │ Höhe steuerpflich-   │
              │ durchgeführt?    │           │ tiger Arbeitslohn,   │
              └────────┬─────────┘           │ Pauschalierung mit   │
                       │ nein                │ 25 % möglich         │
                       ▼                     └──────────────────────┘
              ┌──────────────────┐    ja     ┌──────────────────────┐
              │ Ist der Freibetrag├─────────►│ Übersteigender       │
              │ von 110 €        │           │ Betrag ist           │
              │ überschritten?   │           │ steuerpflichtiger    │
              └────────┬─────────┘           │ Arbeitslohn,         │
                       │ nein                │ Pauschalierung mit   │
                       ▼                     │ 25 % möglich         │
              ┌──────────────────┐           └──────────────────────┘
              │ Kein Arbeitslohn │
              └──────────────────┘
```

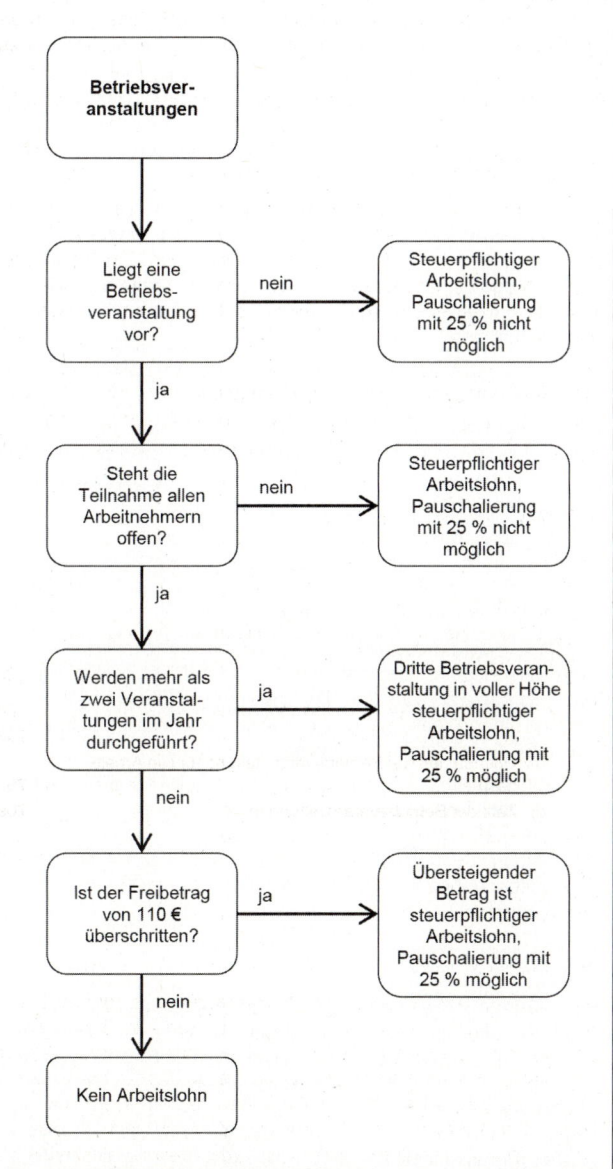

Die auf den **Betriebsinhaber** entfallenden Aufwendungen stellen allgemein betrieblich veranlasste Aufwendungen dar, die unbeschränkt als **Betriebsausgaben** abziehbar sind. Die Abzugsbeschränkung auf 70 % der Aufwendungen nach § 4 Abs. 5 Satz 1 Nr. 2 EStG (→ *Bewirtungskosten* Rz. 724) gilt nicht, vgl. R 4.10 Abs. 7 EStR. Dies gilt unabhängig davon, ob der Freibetrag von 110 € überschritten wird oder nicht.

Bei der Anwendung der gesetzlichen Neuregelung ist nach **folgenden Grundsätzen zu verfahren** (BMF v. 14.10.2015, IV C 5 – S 2332/15/10001/III C 2 – S 7109/15/10001, BStBl I 2015, 832):

2. Begriff der Betriebsveranstaltung

Betriebsveranstaltungen sind Veranstaltungen auf betrieblicher **702** Ebene mit **gesellschaftlichem Charakter**, z.B.

– Betriebsausflüge,

– Weihnachtsfeiern oder

– Jubiläumsfeiern.

Ob die Veranstaltung vom Arbeitgeber, Betriebsrat oder Personalrat durchgeführt wird, ist unerheblich. Auch eine gesetzlich vorgeschriebene Betriebsversammlung **(Personalversammlung)**, zu der Arbeitgeber und Betriebsrat (Personalrat) gemeinsam einladen und an die sich laut Einladung ein **„gemütliches Beisammensein mit Imbiss"** anschließt, kann insgesamt eine Betriebsveranstaltung sein (FG Baden-Württemberg v. 3.2.1983, III 159/80, EFG 1983, 576). Entsprechendes gilt für ein Rahmenprogramm mit kulturellem, sportlichem oder gesellschaftlichem Charakter, welches mit einer **betrieblichen Fortbildungsmaßnahme des Arbeitgebers** (→ *Fortbildung* Rz. 1319) verbunden wird.

Eine Betriebsveranstaltung liegt nur vor, wenn der Teilnehmerkreis sich **überwiegend aus Betriebsangehörigen**, deren Begleitpersonen und ggf. Leiharbeitnehmern oder Arbeitnehmern anderer Unternehmen im Konzernverbund zusammensetzt.

Keine Betriebsveranstaltungen sind danach z.B.

– **Veranstaltungen zur Ehrung eines einzelnen Jubilars** oder die **Verabschiedung eines einzelnen Mitarbeiters** aus dem Betrieb, und zwar auch dann nicht, wenn weitere Mitarbeiter beteiligt sind.

  Bei **runden Arbeitnehmerjubiläen** (beim 40-, 50- oder 60-jährigen Arbeitnehmerjubiläum kann auch hier die Feier bis zu fünf Jahre vorverlegt werden) oder bei der Verabschiedung eines Arbeitnehmers gehören jedoch **übliche Sachleistungen nicht zum Arbeitslohn**, es sei denn, die Aufwendungen betragen einschließlich Umsatzsteuer mehr als **110 €** je teilnehmender Person; auch Geschenke bis zu einem Gesamtwert von 60 € sind in die 110 €-Grenze einzubeziehen (R 19.3 Abs. 2 Nr. 3 LStR).

– **Veranstaltungen anlässlich eines Geburtstags** eines Arbeitnehmers.

  Bei einem Empfang anlässlich eines **runden Arbeitnehmergeburtstags** gehören jedoch **übliche Sachleistungen nicht zum Arbeitslohn**, wenn es sich unter Berücksichtigung aller Umstände des Einzelfalls um **ein Fest des Arbeitgebers** (betriebliche Veranstaltung) handelt. Die anteiligen Aufwendungen des Arbeitgebers, die auf den Arbeitnehmer selbst, seine Familienangehörigen sowie private Gäste des Arbeitnehmers entfallen, gehören jedoch zum steuerpflichtigen Arbeitslohn, wenn die Aufwendungen des Arbeitgebers mehr als 110 € je teilnehmender Person betragen; auch Geschenke bis zu einem Gesamtwert von 60 € sind in die 110 €-Grenze einzubeziehen (R 19.3 Abs. 2 Nr. 4 LStR).

– **Arbeitsessen** (BFH v. 4.8.1994, VI R 61/92, BStBl II 1995, 59; → *Arbeitsessen* Rz. 233).

Erfüllt eine Veranstaltung des Arbeitgebers **nicht den Begriff der Betriebsveranstaltung**, ist nach allgemeinen Grundsätzen **zu prüfen**, ob es sich bei geldwerten Vorteilen, die der Arbeitgeber seinen Arbeitnehmern im Rahmen dieser Veranstaltung gewährt, **um Arbeitslohn nach § 19 EStG handelt**.

3. Zuwendungen im Rahmen einer Betriebsveranstaltung

Zu den Zuwendungen anlässlich einer Betriebsveranstaltung zählen **703** len **alle Aufwendungen des Arbeitgebers einschließlich Umsatzsteuer**, und zwar unabhängig davon, ob sie einzelnen Arbeitnehmern individuell zurechenbar sind oder ob es sich um einen rechnerischen Anteil an den Kosten der Betriebsveranstaltung handelt, die der Arbeitgeber gegenüber Dritten für den äußeren Rahmen der Betriebsveranstaltung aufwendet (§ 19 Abs. 1 Satz 1 Nr. 1a Satz 2 EStG).

Betriebsveranstaltungen

Zuwendungen in diesem Sinne sind insbesondere:
- **Speisen, Getränke, Tabakwaren** und **Süßigkeiten**,
- die **Übernahme von Übernachtungs- und Fahrtkosten**,
- **Musik, künstlerische Darbietungen** sowie **Eintrittskarten** für kulturelle und sportliche Veranstaltungen, wenn sich die Veranstaltung nicht im Besuch der kulturellen oder sportlichen Veranstaltung erschöpft (vgl. BFH v. 21.2.1986, VI R 21/84, BStBl II 1986, 406),
- **Barzuwendungen**, die statt der oben genannten Sachzuwendungen gewährt werden, wenn ihre zweckentsprechende Verwendung sichergestellt ist,
- **Geschenke**; dies gilt auch für die nachträgliche Überreichung der Geschenke an solche Arbeitnehmer, die aus betrieblichen oder persönlichen Gründen nicht an der Betriebsveranstaltung teilnehmen konnten, nicht aber für eine deswegen gewährte Barzuwendung,
- **Zuwendungen an Begleitpersonen** des Arbeitnehmers,
- **Aufwendungen für den äußeren Rahmen**, z.B. für Räume, Beleuchtung oder Eventmanager.

Als **Aufwendungen für den äußeren Rahmen** sind auch die Kosten zu erfassen, die nur zu einer abstrakten Bereicherung des Arbeitnehmers führen, wie z.B.
- Kosten für anwesende Sanitäter,
- für die Erfüllung behördlicher Auflagen,
- Stornokosten oder
- Trinkgelder.

Keine Aufwendungen für den äußeren Rahmen sind die rechnerischen Selbstkosten des Arbeitgebers, wie z.B. die anteiligen Kosten der Lohnbuchhaltung für die Erfassung des geldwerten Vorteils der Betriebsveranstaltung oder die anteilige AfA sowie Kosten für Energie- und Wasserverbrauch bei einer Betriebsveranstaltung in den Räumlichkeiten des Arbeitgebers.

Die gesetzliche Regelung stellt nicht darauf ab, ob es sich um übliche Zuwendungen handelt. Auch unübliche Zuwendungen, wie z.B. Geschenke, deren Wert je Arbeitnehmer 60 € übersteigt (→ *Annehmlichkeiten* Rz. 151), oder Zuwendungen an einzelne Arbeitnehmer aus Anlass – nicht nur bei Gelegenheit – einer Betriebsveranstaltung unterfallen daher § 19 Abs. 1 Satz 1 Nr. 1a EStG.

Bei **gemischt veranlassten Veranstaltungen**, also Veranstaltungen, die sowohl eine Betriebsveranstaltung als auch eine im ganz überwiegend eigenbetrieblichen Interesse des Arbeitgebers durchgeführte Veranstaltung umfassen, sind die Sachzuwendungen grundsätzlich aufzuteilen. Übersteigen die anteiligen Aufwendungen für den Betriebsveranstaltungsteil den Freibetrag von 110 € nicht, so sind die Aufwendungen kein Arbeitslohn (BFH v. 16.11.2005, VI R 118/01, BStBl II 2006, 444 und BFH v. 30.4.2009, VI R 55/07, BStBl II 2009, 726).

> **Beispiel 1:**
> Ein Arbeitgeber aus Hannover veranstaltet eine Reise nach Düsseldorf. Der Ausflug beginnt am Freitag, 5.2.2016 um 15.00 Uhr. Am Abend findet eine Betriebsfeier statt. Nach einer Übernachtung findet am Samstag eine Betriebsbesichtigung beim Hauptkunden des Arbeitgebers statt. Die Veranstaltung endet anschließend gegen 17.30 Uhr. Die Aufwendungen je Arbeitnehmer betragen 115 €.
>
> Der BFH sieht die Reise als gemischt veranlasste Reise an. Denn sie enthält sowohl Elemente einer Betriebsveranstaltung als auch einer hiervon zu trennenden, im ganz überwiegenden eigenbetrieblichen Interesse des Arbeitgebers durchgeführten Betriebsbesichtigung. Daher sind die Aufwendungen nach dem Verhältnis der Zeitanteile aufzuteilen. Da die Aufwendungen des Arbeitgebers für die Betriebsveranstaltung nach Aufteilung unter dem Freibetrag von 110 € liegen, sind diese anteiligen Aufwendungen folglich nicht der Besteuerung zu unterwerfen. Die anteiligen Aufwendungen, die auf den Betriebsbesichtigungsteil entfallen, stellen ebenfalls keinen Arbeitslohn dar, weil die Besichtigung im ganz überwiegenden eigenbetrieblichen Interesse des Arbeitgebers durchgeführt wird (BFH v. 16.11.2005, VI R 118/01, BStBl II 2006, 444).

> **Beispiel 2:**
> Ein Arbeitgeber führt für seine Arbeitnehmer auf einem Dampfschiff eine Betriebsversammlung durch, der sich abends in einem Hotel ein Betriebsfest mit Unterhaltungsprogramm anschließt. Die Teilnahme an der Schifffahrt ist nach den Angaben des Arbeitgebers für alle Arbeitnehmer verpflichtend, während die Teilnahme am Betriebsfest freigestellt ist.

> Der BFH sieht in der gesamten Veranstaltung sowohl Elemente einer typischen Betriebsveranstaltung als auch einer sonstigen betrieblichen Veranstaltung. Der Abend ist durch den geselligen Charakter einer Betriebsfeier bestimmt. Demgegenüber ist die auf dem Schiff durchgeführte Betriebsversammlung auch durch die betriebliche Zielsetzung des Arbeitgebers geprägt. Eine Trennung der Veranstaltung in zwei Veranstaltungsteile ist nicht möglich, weil die Veranstaltung insgesamt einen eher gesellschaftlichen Charakter gehabt hat. Vor allem die Tatsache, dass die sog. Betriebsversammlung auf einem Ausflugsschiff stattfindet, macht den Ausflugscharakter auch dieses Teils der Unternehmung deutlich. Daher sind die Aufwendungen aufzuteilen (BFH v. 30.4.2009, VI R 55/07, BStBl II 2009, 726).

Zur **Abgrenzung** einer Betriebsveranstaltung von einer betrieblichen Veranstaltung zu Werbezwecken s. FG Baden-Württemberg v. 5.5.2015, 6 K 115/13, www.stotax-first.de, Revision eingelegt, Az. beim BFH: VI R 51/15.

4. Arbeitnehmer

Erfasst werden Zuwendungen des Arbeitgebers an
- seine aktiven Arbeitnehmer,
- seine ehemaligen Arbeitnehmer,
- Praktikanten,
- Referendare,
- ähnliche Personen sowie
- Begleitpersonen.

Aus Vereinfachungsgründen beanstandet es die Finanzverwaltung nicht, wenn auch **Leiharbeitnehmer** bei Betriebsveranstaltungen des Entleihers sowie **Arbeitnehmer anderer konzernangehöriger Unternehmen** einbezogen werden.

Die Anwendbarkeit der Regelung auf Leiharbeitnehmer und Arbeitnehmer anderer konzernangehöriger Unternehmen setzt voraus, dass hinsichtlich dieser Personengruppen die weiteren Voraussetzungen (Offenstehen der Betriebsveranstaltung für alle Angehörigen dieser Personengruppe) des § 19 Abs. 1 Satz 1 Nr. 1a EStG erfüllt sind.

5. Bewertung der Zuwendungen

Die Zuwendungen (→ Rz. 703) sind **abweichend von § 8 Abs. 2 EStG** mit den anteilig auf den **Arbeitnehmer und dessen Begleitpersonen** entfallenden **Aufwendungen des Arbeitgebers** anzusetzen (§ 19 Abs. 1 Satz 1 Nr. 1a Satz 5 EStG).

Das bedeutet, dass es allein auf die Aufwendungen des Arbeitgebers ankommt. Der **übliche Endpreis** am Abgabeort (§ 8 Abs. 2 Satz 1 EStG) und die **Freigrenze von 44 €** (→ *Sachbezüge* Rz. 2605) finden **keine Anwendung**.

Aufzuteilen sind die Zuwendungen auf die teilnehmenden Arbeitnehmer und deren Begleitpersonen. Begleitpersonen in diesem Sinne können sowohl **Familienangehörige** (Ehegatte, Lebenspartner, Kinder) sein als auch **fremde Dritte**, die den Arbeitnehmer zur Betriebsveranstaltung begleiten.

Die Aufteilung der Zuwendungen auf die teilnehmenden Arbeitnehmer und deren Begleitpersonen ist auch dann vorzunehmen, wenn sich im Vorfeld der Betriebsveranstaltung mehr Arbeitnehmer angemeldet hatten als letztlich teilgenommen haben und der Arbeitgeber daher die Betriebsveranstaltung im größeren Rahmen geplant hatte.

> **Beispiel:**
> Ein Arbeitgeber eine Betriebsveranstaltung durch. Im Vorfeld wurden die Arbeitnehmer befragt, ob sie an der Betriebsveranstaltung teilnehmen und evtl. Begleitpersonen (z.B. Ehegatte, Verlobter, Lebensgefährte, Freundin, Bekannte) mitbringen. Insgesamt ergab sich eine Teilnehmerzahl von 40 Personen. Die Gesamtkosten betragen
>
> | | |
> |---|---:|
> | – Saalmiete | 150 € |
> | – Kapelle | 2 000 € |
> | – Speisenpauschale (40 × 35 €) | 1 400 € |
> | – Getränkepauschale (40 × 20 €) | 800 € |
> | = Insgesamt | 4 350 € |
>
> Insgesamt nahmen aber nur 30 Personen an der Betriebsveranstaltung teil.
>
> Die Gesamtkosten der Betriebsveranstaltung sind auf die Zahl der Teilnehmer (Arbeitnehmer und dessen Begleitpersonen) zu verteilen. Pro Teilnehmer sind Kosten von 145 € entstanden (4 350 € : 30).

6. 110 €-Freibetrag bei Betriebsveranstaltungen

706 Soweit die Zuwendungen (→ Rz. 703) den Betrag von 110 € je Betriebsveranstaltung und teilnehmenden Arbeitnehmer nicht übersteigen, gehören sie nicht zu den Einkünften aus nichtselbständiger Arbeit, wenn die Teilnahme an der Betriebsveranstaltung allen Angehörigen des Betriebs oder eines Betriebsteils offensteht (§ 19 Abs. 1 Satz 1 Nr. 1a Satz 3 EStG). Dies gilt für bis zu zwei Betriebsveranstaltungen jährlich.

a) Berechnung des Freibetrags

707 Die Höhe der dem einzelnen Arbeitnehmer gewährten Zuwendungen berechnet sich wie folgt:

Alle zu berücksichtigenden **Aufwendungen des Arbeitgebers einschließlich Umsatzsteuer** sind zu gleichen Teilen auf alle bei der Betriebsveranstaltung anwesenden Teilnehmer aufzuteilen (→ Rz. 705). Sodann ist der auf eine Begleitperson entfallende Anteil der Aufwendungen dem jeweiligen Arbeitnehmer zuzurechnen. Für die Begleitperson ist kein zusätzlicher Freibetrag von 110 € anzusetzen.

Beispiel 1:
Die Aufwendungen für eine Betriebsveranstaltung betragen 10 000 €. Der Teilnehmerkreis setzt sich aus 75 Arbeitnehmern zusammen, von denen 25 von je einer Person begleitet werden.

Die Aufwendungen sind auf 100 Personen zu verteilen, sodass auf jede Person ein geldwerter Vorteil von 100 € entfällt. Sodann ist der auf die Begleitperson entfallende geldwerte Vorteil dem jeweiligen Arbeitnehmer zuzurechnen. 50 Arbeitnehmer haben somit einen geldwerten Vorteil von 100 €, der den Freibetrag von 110 € nicht übersteigt und daher nicht steuerpflichtig ist. Bei 25 Arbeitnehmern beträgt der geldwerte Vorteil 200 €; nach Abzug des Freibetrags von 110 € ergibt sich für diese Arbeitnehmer ein steuerpflichtiger geldwerter Vorteil von jeweils 90 €.

Beispiel 2:
Ein Arbeitgeber führt für seine 13 Arbeitnehmer (darunter drei geringfügig Beschäftigte und ein Praktikant) einen Betriebsausflug durch. Die Gesamtkosten für Speisen und Getränke betragen 1 250 € zuzüglich 19 % Umsatzsteuer, also 1 487,50 €.

Der Arbeitgeber hat Nettoaufwendungen von 96,15 € je Arbeitnehmer (1 250 € : 13); diese liegen unter dem Freibetrag von 110 €. Es kommt aber auf die Bruttoaufwendungen je Arbeitnehmer an. Diese betragen 114,42 € (1 487,50 € : 13). Da der Freibetrag von 110 € überschritten ist, sind **die übersteigenden Aufwendungen** (114,42 € - 110 € = 4,42 €) steuerpflichtiger Arbeitslohn. Allerdings ist eine Pauschalbesteuerung möglich (→ Rz. 711).

b) Offenstehen der Betriebsveranstaltung für alle Arbeitnehmer

708 Voraussetzung für die Gewährung des Freibetrags ist, dass die Betriebsveranstaltung **allen Angehörigen des Betriebs oder eines Betriebsteils offensteht**. Veranstaltungen, die nur für einen beschränkten Kreis der Arbeitnehmer von Interesse sind, sind nach § 19 Abs. 1 Satz 1 Nr. 1a Satz 3 EStG begünstigte Betriebsveranstaltungen, wenn sich die Begrenzung des Teilnehmerkreises nicht als eine Bevorzugung bestimmter Arbeitnehmergruppen darstellt.

Als **begünstigte Betriebsveranstaltungen** sind deshalb auch solche Veranstaltungen anzuerkennen, die z.B.

- jeweils nur **für eine Organisationseinheit** des Betriebs, z.B. Abteilung oder Filiale, durchgeführt werden, wenn **alle Arbeitnehmer** dieser Organisationseinheit an der Veranstaltung teilnehmen können,

- nur **für einzelne Abteilungen** eines Unternehmens, die eng zusammenarbeiten, gemeinsam durchgeführt werden; Voraussetzung ist, dass die abteilungsübergreifende Veranstaltung allen Arbeitnehmern der teilnehmenden Abteilungen offen steht (vgl. BFH v. 4.8.1994, VI R 61/92, BStBl II 1995, 59),

- nach der Art des Dargebotenen nur **für einen beschränkten Kreis der Arbeitnehmer** von Interesse sind (z.B. Weihnachtsfeier für Arbeitnehmer mit Kindern, bei der ein Märchen aufgeführt wird; vgl. BFH v. 5.3.1976, VI R 76/73, BStBl II 1976, 392),

- nur **für alle im Ruhestand** befindlichen früheren Arbeitnehmer des Unternehmens veranstaltet werden (**Pensionärstreffen**),

- nur für solche Arbeitnehmer durchgeführt werden, die bereits im Unternehmen ein rundes (10-, 20-, 25-, 30-, 40-, 50-, 60-jähriges) Arbeitnehmerjubiläum gefeiert haben oder i.V.m. der Betriebsveranstaltung feiern (**Jubilarfeiern**); dabei ist es unschädlich, wenn neben den Jubilaren auch ein begrenzter Kreis anderer Arbeitnehmer, wie z.B. die engeren Mitarbeiter und Abteilungsleiter des Jubilars, Betriebsrats-/Personalratsvertreter oder auch die Familienangehörigen des Jubilars eingeladen werden; der Annahme eines 40-, 50- oder 60-jährigen Arbeitnehmerjubiläums steht nicht entgegen, wenn die Jubilarfeier zu einem Zeitpunkt stattfindet, der **höchstens fünf Jahre vor den bezeichneten Jubiläumsdienstzeiten** liegt.

Betriebsveranstaltungen, die **nicht allen Angehörigen** des Betriebs oder eines Betriebsteils **offenstehen**, sind z.B.

- eine nur **Führungskräften eines Unternehmens** vorbehaltene Abendveranstaltung (vgl. BFH v. 15.1.2009, VI R 22/06, BStBl II 2009, 476),

- **Veranstaltungen**, die zum Anlass genommen werden, Arbeitnehmer **für besondere Leistungen zusätzlich zu entlohnen** (vgl. BFH v. 9.3.1990, VI R 48/87, BStBl II 1990, 711), z.B. nur die 50 erfolgreichsten Verkäufer werden eingeladen oder eine Feier wird nur mit Arbeitnehmern durchgeführt, die im abgelaufenen Kalenderjahr einen Verbesserungsvorschlag eingereicht haben.

Beispiel 1:
Der Arbeitgeber veranstaltet eine Abendveranstaltung mit musikalischen und künstlerischen Darbietungen. Zu der Abendveranstaltung werden nur die Führungskräfte des Arbeitgebers eingeladen.

Die Abendveranstaltung ist eine Betriebsveranstaltung i.S.d. § 19 Abs. 1 Satz 1 Nr. 1a EStG, denn es handelt sich um eine Veranstaltung auf betrieblicher Ebene mit gesellschaftlichem Charakter. Daher gehören die Zuwendungen des Arbeitgebers zum Arbeitslohn der Teilnehmer. Die Bewertung der Zuwendungen erfolgt mit den anteilig auf den Arbeitnehmer und dessen Begleitpersonen entfallenden Aufwendungen des Arbeitgebers. Da die Betriebsveranstaltung aber nicht allen Angehörigen des Betriebs oder eines Betriebsteils offensteht, findet der **Freibetrag von 110 € keine Berücksichtigung**. Auch eine Pauschalierung der Lohnsteuer kommt nicht in Betracht (→ Rz. 711).

Beispiel 2:
Der Arbeitgeber feiert das 125-jährige Firmenjubiläum der gesamten Firmengruppe. Zur Feier des Firmenjubiläums finden zwei Veranstaltungen in einem Fußballstadion statt. Zur ersten Veranstaltung sind 684 (lt. Einladungsliste) Gäste aus Wirtschaft und Politik geladen. Es handelt sich um ein sogenanntes „VIP-Event". Für die zweite Veranstaltung wird hingegen die gesamte Belegschaft der Firmengruppe, insgesamt 20 604 Personen, zur Teilnahme aufgefordert. Insgesamt lassen sich 18 589 Mitarbeiter als Teilnehmer registrieren. Mit der Gesamtorganisation wird ein Eventveranstalter beauftragt. Von einer ursprünglich angedachten zusätzlichen Einladung aller Pensionäre der Firmengruppe wird wegen des organisatorischen und logistischen Aufwands Abstand genommen. Die Versammlungsgenehmigung wird, noch ausgehend von einer Einladung der Pensionäre, für 26 809 Personen beantragt. Es stehen Anreisekapazitäten für 23 129 Personen bereit (153 Busse, 9 Sonderzüge und 4 000 Parkplätze). Die tatsächliche Teilnehmerzahl beträgt 16 000.

Die Kosten für die zweite Veranstaltung belaufen sich auf 1 800 000 €. Dabei handelt es sich im Wesentlichen um Kosten für Künstler, Eventveranstalter, Stadionmiete und Catering. Allein auf die Stadionmiete entfallen 120 000 €.

Nach § 19 Abs. 1 Satz 1 Nr. 1a EStG handelt es sich um eine Betriebsveranstaltung. Als Zuwendungen sind alle Aufwendungen des Arbeitgebers einschließlich Umsatzsteuer anzusehen, einschließlich der Kosten für Künstler, Eventveranstalter, Stadionmiete (§ 19 Abs. 1 Satz 1 Nr. 1a Satz 2 EStG).

Die Aufwendungen von 1 800 000 € sind durch die Anzahl der teilnehmenden Arbeitnehmer zu teilen (§ 19 Abs. 1 Satz 1 Nr. 1a Satz 4 EStG). Damit ergibt sich ein Betrag von 112,50 € (1 800 000 € : 16 000 Arbeitnehmer).

Da der Freibetrag von 110 € überschritten ist, ist bei jedem Arbeitnehmer ein Betrag von 2,50 € als Arbeitslohn anzusetzen.

Alternativ kann der Arbeitgeber die Lohnsteuer mit einem Pauschsteuersatz von 25 % erheben (→ Rz. 711):

Arbeitslohn aus Anlass einer Betriebsveranstaltung (2,50 € × 16 000 Arbeitnehmer)	40 000 €
pauschale Lohnsteuer (25 % von 40 000 €)	10 000 €
Solidaritätszuschlag (5,5 % von 10 000 €)	550 €
Kirchensteuer (6 % von 10 000 €)	600 €
Insgesamt	11 150 €

Betriebsveranstaltungen

Veranstaltet ein Arbeitgeber **für seine Filialen jeweils getrennte Betriebsveranstaltungen**, so ist u.E. für die Prüfung, ob der Freibetrag von 110 € überschritten wird, jede Betriebsveranstaltung für sich zu bewerten. Dies gilt auch dann, wenn die Betriebsveranstaltungen der Filialen am selben Tag stattfinden.

Beispiel 3:
Ein Arbeitgeber mit Hauptsitz in Hannover hat Filialen in München und Stuttgart. Auf Grund der Entfernung veranstalten die Filialen eigene Betriebsveranstaltungen, die am selben Tag stattfinden wie die Betriebsveranstaltung in Hannover. Die Aufwendungen für Speisen und Getränke bei den Betriebsveranstaltungen betragen:

- in Hannover 56 000 € (Teilnehmer 500 Personen),
- in München 8 000 € (Teilnehmer 80 Personen),
- in Stuttgart 12 600 € (Teilnehmer 120 Personen).

Könnten die Betriebsveranstaltungen als Einheit angesehen werden, wäre der Freibetrag von 110 € nicht überschritten, denn bei Gesamtkosten von 76 600 € und 700 teilnehmenden Personen ergäbe sich ein Durchschnittsbetrag von 109,43 € je Teilnehmer. Da es sich u.E. aber um verschiedene Betriebsveranstaltungen handelt, ist für jede Veranstaltung der Freibetrag von 110 € gesondert zu prüfen. Das bedeutet, die Aufwendungen je Teilnehmer betragen:

- in Hannover 112 € (56 000 € : 500),
- in München 100 € (8 000 € : 80),
- in Stuttgart 105 € (12 600 € : 120).

Da der Freibetrag von 110 € bei der Betriebsveranstaltung in Hannover überschritten ist, haben die Arbeitnehmer in Hannover jeweils einen Betrag von 2 € als Arbeitslohn zu versteuern. Allerdings ist eine Pauschalbesteuerung möglich (→ Rz. 711). Die Betriebsveranstaltungen in München und Stuttgart sind dagegen in voller Höhe steuerfrei.

c) Zahl der Betriebsveranstaltungen

709 Der Freibetrag gilt für **bis zu zwei Betriebsveranstaltungen jährlich**. Nimmt der Arbeitnehmer an **mehr als zwei Betriebsveranstaltungen** teil, können die beiden Veranstaltungen, für die der Freibetrag gelten soll, **ausgewählt** werden.

Beispiel 1:
Ein Arbeitgeber veranstaltet im Kalenderjahr jeweils einen Betriebsausflug, ein Pensionärstreffen sowie eine Jubilarfeier für alle Arbeitnehmer, die im Laufe des Jahrs ihr 10-, 25- oder 40-jähriges Dienstjubiläum feiern. Ein Arbeitnehmer, der sein 40-jähriges Dienstjubiläum feiert und noch im selben Jahr in den Ruhestand tritt, nimmt sowohl an dem Betriebsausflug als auch an der Jubilarfeier und dem Pensionärstreffen teil.

Es handelt sich um drei Betriebsveranstaltungen; der Arbeitnehmer kann die beiden Veranstaltungen wählen, für die der Freibetrag gelten soll.

Beispiel 2:
Der Arbeitgeber führt im Kalenderjahr folgende fünf Betriebsveranstaltungen durch:

Art der Veranstaltung	Kosten je Teilnehmer
1. Betriebsausflug nach Hamburg	75 €
2. Pensionärstreffen	40 €
3. Schützenfestbesuch in Hannover	60 €
4. Jubiläumsfeier mit allen Jubilaren der Firma	70 €
5. Weihnachtsfeier für alle Arbeitnehmer	80 €

Der Freibetrag gilt für **bis zu zwei Betriebsveranstaltungen jährlich**. Da der Arbeitgeber fünf Betriebsveranstaltungen durchgeführt hat, kann der Arbeitnehmer wählen, bei welchen Veranstaltungen der Freibetrag gelten soll. Sinnvollerweise wird er die beiden Betriebsveranstaltung mit den höchsten Aufwendungen wählen, im Beispielsfall also den Betriebsausflug nach Hamburg und die Weihnachtsfeier. Für die übrigen drei Betriebsveranstaltungen ergibt sich jeweils ein steuerpflichtiger geldwerter Vorteil von 40 €, 60 € und 70 €. Die 44 €-Freigrenze nach § 8 Abs. 2 Satz 11 EStG ist nicht zu berücksichtigen. Allerdings kann der Arbeitgeber den steuerpflichtigen Arbeitslohn mit 25 % pauschal versteuern (→ Rz. 711).

Dient die **Teilnahme eines Arbeitnehmers** an einer Betriebsveranstaltung der **Erfüllung beruflicher Aufgaben**, z.B. wenn der Personalchef oder Betriebsrats-/Personalratsmitglieder die Veranstaltungen mehrerer Abteilungen besuchen, ist der auf diesen Arbeitnehmer entfallende Anteil an den Gesamtaufwendungen **kein Arbeitslohn**.

Beispiel 3:
Ein Arbeitgeber hat fünf Filialen. Er veranstaltet für jede Filiale eine getrennte Betriebsveranstaltung. An den fünf Betriebsveranstaltungen nehmen auf Wunsch des Arbeitgebers auch jeweils der Personalchef und die Betriebsratsmitglieder teil.

Die Teilnahme des Personalchefs und der Betriebsratsmitglieder an den fünf Betriebsveranstaltungen dient der Erfüllung beruflicher Aufgaben; der auf sie entfallende Anteil an den Gesamtaufwendungen ist **kein Arbeitslohn**.

Auf die Dauer der Betriebsveranstaltung kommt es nicht an. Daher gilt der Freibetrag von 110 € auch bei **zwei- oder mehrtägigen Betriebsveranstaltungen** für bis zu zwei Betriebsveranstaltungen jährlich.

7. Lohnsteuer- und Beitragspflicht der Zuwendungen

710 Gehören Zuwendungen aus Anlass von Betriebsveranstaltungen zum Arbeitslohn, weil es sich um die dritte Betriebsveranstaltung handelt oder weil der Freibetrag von 110 € überschritten ist, unterliegen die Vorteile nach den allgemeinen Vorschriften dem Steuerabzug. Ebenso sind Beiträge zur Sozialversicherung zu entrichten. Eine **Pauschalierung** der Lohnsteuer nach § 40 Abs. 2 Satz 1 Nr. 2 EStG **mit 25 %** ist grundsätzlich möglich. Wird von der Lohnsteuerpauschalierung Gebrauch gemacht, gehören diese Zuwendungen nicht zum Arbeitsentgelt i.S. der Sozialversicherung (vgl. § 1 Abs. 1 Satz 1 Nr. 3 SvEV).

Für die Bewertung der lohnsteuerpflichtigen Zuwendungen gilt dabei Folgendes:

- Die Zuwendungen sind abweichend von § 8 Abs. 2 EStG mit den **anteilig auf den Arbeitnehmer** und dessen Begleitpersonen **entfallenden Aufwendungen des Arbeitgebers** anzusetzen; die **Freigrenze von 44 €** (→ Sachbezüge Rz. 2605) findet **keine Anwendung** (§ 19 Abs. 1 Satz 1 Nr. 1a Satz 5 EStG).

- **Barzuwendungen** sind mit dem Wert der Zuwendung anzusetzen.

- **Geschenke** anlässlich von Betriebsveranstaltungen gehören zu den Zuwendungen des Arbeitgebers und sind daher einzubeziehen, und zwar unabhängig davon, ob der Wert der Geschenke die Freigrenze von 60 € für Aufmerksamkeiten (→ Annehmlichkeiten Rz. 151) übersteigt oder nicht.

Beispiel 1:
Anlässlich einer Betriebsveranstaltung erhalten alle teilnehmenden Arbeitnehmer CDs im Werte von 70 €. Die übrigen Aufwendungen betragen je Arbeitnehmer 90 €.

Als Zuwendungen sind alle Aufwendungen des Arbeitgebers einschließlich Umsatzsteuer anzusehen, einschließlich der Kosten für die CDs (§ 19 Abs. 1 Satz 1 Nr. 1a Satz 2 EStG). Da die Zuwendungen je teilnehmenden Arbeitnehmer i.H.v. 160 € (70 € + 90 €) den Freibetrag von 110 € übersteigen, sind 50 € je Arbeitnehmer lohnsteuerpflichtig. Die 50 € können pauschal mit 25 % nach § 40 Abs. 2 Satz 1 Nr. 2 EStG versteuert werden (→ Rz. 711).

Beispiel 2:
Wie Beispiel 1, die Arbeitnehmer erhalten aber nur eine CD im Wert von 20 €.

Als Zuwendungen sind alle Aufwendungen des Arbeitgebers einschließlich Umsatzsteuer anzusehen, einschließlich der Kosten für die CDs (§ 19 Abs. 1 Satz 1 Nr. 1a Satz 2 EStG). Da die Zuwendungen je teilnehmenden Arbeitnehmer i.H.v. 110 € (20 € + 90 €) den Freibetrag von 110 € nicht übersteigen, sind die Zuwendungen in voller Höhe steuerfrei.

8. Pauschalierung der Lohnsteuer

711 Nach § 40 Abs. 2 Satz 1 Nr. 2 EStG kann der Arbeitgeber die Lohnsteuer mit einem **Pauschsteuersatz von 25 %** erheben, soweit er Arbeitslohn **aus Anlass von Betriebsveranstaltungen** zahlt. Hierzu gilt Folgendes:

- Die Pauschalierung der Lohnsteuer ist nicht abhängig von einem Antrag des Arbeitgebers; sie bedarf daher **keiner Zustimmung** des Finanzamts.

- Der Arbeitgeber darf die **Pauschalbesteuerung nachholen**, solange keine Lohnsteuerbescheinigung ausgeschrieben ist, eine Lohnsteuer-Anmeldung noch berichtigt werden kann und noch keine Festsetzungsverjährung eingetreten ist.

- Die Pauschalierung ist sowohl bei **unbeschränkt** als auch bei **beschränkt einkommensteuerpflichtigen Arbeitnehmern** möglich.
- Der **pauschal** besteuerte Arbeitslohn und die **pauschale Lohnsteuer** bleiben bei einer **Einkommensteuer-Veranlagung des Arbeitnehmers außer Ansatz** (§ 40 Abs. 3 EStG).
- **Schuldner der pauschalen Lohnsteuer ist der Arbeitgeber**, er hat die pauschale Lohnsteuer zu übernehmen (§ 40 Abs. 3 EStG). Es ist jedoch möglich, dass die pauschale Lohnsteuer **im Innenverhältnis** vom Arbeitnehmer getragen wird; hierdurch mindert sich jedoch nicht die steuerliche Bemessungsgrundlage (→ *Abwälzung der pauschalen Lohnsteuer auf den Arbeitnehmer* Rz. 25).
- Der **Begriff der Betriebsveranstaltung** ist entsprechend § 19 Abs. 1 Satz 1 Nr. 1a EStG auszulegen (vgl. BFH v. 9.3.1990, VI R 48/87, BStBl II 1990, 711). Eine Pauschalierung kommt von vornherein nicht in Betracht, wenn es sich bei der Veranstaltung nicht um eine Betriebsveranstaltung handelt.
- Neben der pauschalen Lohnsteuer sind auch der **Solidaritätszuschlag** und die **Kirchensteuer** zu entrichten.
- Die **Pauschalierung hängt nicht** davon ab, dass eine **größere Zahl von Arbeitnehmern** betroffen ist. Eine Pauschalierung ist daher auch möglich, wenn z.B. ein Rechtsanwalt mit seinen drei Angestellten einen Betriebsausflug macht.
- Durch die Pauschalierung der Lohnsteuer tritt **Sozialversicherungsfreiheit** ein (§ 1 Abs. 1 Nr. 3 SvEV).
- **R 40.2 Abs. 1 Nr. 2 LStR** ist ab dem Jahr 2015 insoweit **überholt**, als dort eine gesonderte Pauschalierung der Lohnsteuer bei nicht üblichen Zuwendungen vorgesehen ist. Auch **nicht übliche Zuwendungen** gehören zu den maßgebenden **Gesamtkosten einer Betriebsveranstaltung**.
- Zuwendungen aus Anlass von Betriebsveranstaltungen **an Arbeitnehmer von anderen Unternehmen** im Konzernverbund sowie an **Leiharbeitnehmer** durch den Entleiher können wahlweise vom Zuwendenden oder vom Arbeitgeber versteuert werden. § 40 Abs. 2 Satz 1 Nr 2 EStG ist auch insoweit anwendbar. Wendet der Zuwendende die Freibetragsregelung an, hat sich der Zuwendende beim Arbeitgeber zu vergewissern, dass für den Arbeitnehmer die unter → Rz. 709 dargestellten Voraussetzungen erfüllt sind.

Werden den Arbeitnehmern im Rahmen einer Betriebsveranstaltung **Barbeträge** überreicht, deren zweckentsprechende Verwendung **nicht sichergestellt** ist, oder andere Zuwendungen nicht aus Anlass einer Betriebsveranstaltung, sondern lediglich **bei Gelegenheit einer Betriebsveranstaltung** gewährt, so ist eine Erhebung der Lohnsteuer nach § 40 Abs. 2 Satz 1 Nr. 2 EStG insoweit nicht möglich (BFH v. 7.2.1997, VI R 3/96, BStBl II 1997, 365 und BFH v. 7.11.2006, VI R 58/04, BStBl II 2007, 128).

Beispiel 1:
Ein Arbeitgeber überreicht den Mitarbeitern im Rahmen der Weihnachtsfeier ein Geschenkkästchen mit einer Sonderzuwendung von 500 €. Teilzeit- und Aushilfskräfte sowie Beschäftigte, die erst ab dem 1. Juli tätig wurden, erhalten das Geld später ausbezahlt. Frauen, die sich zum Zeitpunkt der Weihnachtsfeier im Mutterschutz oder in der Elternzeit befinden, sind zur Weihnachtsfeier eingeladen und erhalten das Geldgeschenk ebenfalls.

Eine Pauschalierung der Sonderzuwendung nach § 40 Abs. 2 Satz 1 Nr. 2 EStG mit 25 % ist nicht möglich, denn die Sonderzuwendung wird nicht aus Anlass der Betriebsveranstaltung gewährt, sondern nur „bei Gelegenheit" der Betriebsveranstaltung (BFH v. 7.2.1997, VI R 3/96, BStBl II 1997, 365).

Beispiel 2:
Der Arbeitgeber überreicht im Rahmen einer betrieblichen Weihnachtsfeier allen Arbeitnehmern ohne vertragliche Verpflichtung eine ausländische Goldmünze im Wert von 250 € als „Weihnachtsgeld".

Die im Rahmen einer Betriebsveranstaltung an alle Arbeitnehmer überreichte Goldmünzen können nicht nach § 40 Abs. 2 Satz 1 Nr. 2 EStG pauschal versteuert werden (BFH v. 7.11.2006, VI R 58/04, BStBl II 2007, 128).

Eine Erhebung der Lohnsteuer nach § 40 Abs. 2 Satz 1 Nr. 2 EStG ist auch **nicht möglich** für Zuwendungen, die **an Stelle der Teilnahme** an einer Betriebsveranstaltung gewährt werden.

Beispiel 3:
Der Arbeitgeber veranstaltet ein Betriebsfest anlässlich seines 100-jährigen Firmenjubiläums. Mitarbeiter, die an der Feier nicht teilnehmen können, weil sie für Notdienste eingesetzt werden, erhalten vom Arbeitgeber einen „Gutschein über 70 €". Bei Vorlage dieses Gutscheins zusammen mit einem beliebigen Bewirtungsbeleg werden die tatsächlichen Bewirtungsaufwendungen bis zu einem Betrag von 70 € vom Arbeitgeber erstattet.

Eine Pauschalierung der Gutscheine nach § 40 Abs. 2 Satz 1 Nr. 2 EStG mit 25 % ist nicht möglich, denn die Gutscheine werden nicht aus Anlass der Betriebsveranstaltung gewährt, sondern **an Stelle der Betriebsveranstaltung** (FG München v. 24.9.2010, 8 K 2633/08, EFG 2011, 138).

Wenn allerdings feststeht, dass die Zuwendungen aus Anlass einer Betriebsveranstaltung gewährt werden, so besteht die Möglichkeit der Pauschalbesteuerung nach § 40 Abs. 2 Satz 1 Nr. 2 EStG sowohl für **Sach- als auch für Barzuwendungen**. Daher ist eine Pauschalversteuerung auch für Geldgewinne möglich, deren Verlosung während einer betrieblichen Weihnachtsfeier ausschließlich unter den teilnehmenden Mitarbeitern erfolgt, denn die Gewinne werden **aus Anlass einer Betriebsveranstaltung** zugewandt (FG Münster v. 7.10.2003, 13 K 6659/00, EFG 2004, 203).

Beispiel 4:
Der Arbeitgeber führte auf einer Weihnachtsfeier eine Verlosung durch, bei der an Stelle von Sachgeschenken in Briefumschlägen verpackte Geldbeträge verlost wurden. Die Verlosung fand ausschließlich unter den Teilnehmern der Weihnachtsfeier statt, an der jeder Arbeitnehmer teilnehmen konnte. Die **Quote der Nieten** lag über 50 %.

Die Verlosung findet aus Anlass einer Betriebsveranstaltung statt. Die Aufwendungen des Arbeitgebers für die Verlosung gehören zu den Zuwendungen i.S.d. § 19 Abs. 1 Satz 1 Nr. 1a Satz 2 EStG). Soweit der Freibetrag von 110 € überschritten ist, sind die Zuwendungen lohnsteuerpflichtig. Eine **Lohnsteuerpauschalierung** nach § 40 Abs. 2 Satz 1 Nr. 2 EStG **ist möglich** (FG Münster v. 7.10.2003, 13 K 6659/00, EFG 2004, 203).

Beispiel 5:
Der Arbeitgeber führte auf einer Weihnachtsfeier eine Verlosung durch, bei der Reisegutscheine im Wert von 6 000 € bis 26 600 € verlost wurden. Bei der Verlosung gab es **keine Nieten**.

Die Verlosung findet nur bei Gelegenheit, nicht aber aus Anlass einer Betriebsveranstaltung statt. Die Aufwendungen des Arbeitgebers für die Verlosung gehören damit nicht zu den Zuwendungen i.S.d. § 19 Abs. 1 Satz 1 Nr. 1a Satz 2 EStG). Somit sind die Verlosungsgewinne nach den allgemeinen Regeln lohnsteuerpflichtig. Eine **Lohnsteuerpauschalierung** nach § 40 Abs. 2 Satz 1 Nr. 2 EStG ist **nicht möglich** (FG München v. 17.2.2012, 8 K 3916/08, EFG 2013, 2313).

9. Reisekosten

Reisekosten liegen ausnahmsweise vor, wenn die Betriebsveranstaltung außerhalb der ersten Tätigkeitsstätte des Arbeitnehmers stattfindet, die Anreise der Teilnahme an der Veranstaltung dient und die Organisation dem Arbeitnehmer obliegt. Steuerfreie Erstattungen durch den Arbeitgeber sind nach den Grundsätzen des § 3 Nr. 13 oder 16 EStG zulässig.

Beispiel 1:
Der Arbeitgeber veranstaltet einen Betriebsausflug. Mitarbeiter, die an einem anderen Standort tätig sind, reisen für den Betriebsausflug zunächst zur Unternehmenszentrale an.

Die Fahrtkosten – sowie ggf. im Zusammenhang mit der An- und Abreise entstehende Verpflegungspauschalen und Übernachtungskosten – gehören nicht zu den Zuwendungen anlässlich der Betriebsveranstaltung, sondern können als Reisekosten vom Arbeitgeber steuerfrei erstattet werden.

Beispiel 2:
Der Arbeitgeber veranstaltet einen Betriebsausflug. Für die Fahrt vom Unternehmen zum Ausflugsziel organisiert er eine gemeinsame Busfahrt.

Die Kosten hierfür zählen zu den Zuwendungen anlässlich der Betriebsveranstaltung.

Beispiel 3:
Der Betriebsausflug beginnt mit einer ganztägigen Fahrt auf einem Fahrgastschiff. Am nächsten Tag wird die Betriebsveranstaltung am Zielort fortgesetzt.

Betriebsveranstaltungen

keine Sozialversicherungspflicht = (SV)
Sozialversicherungspflicht = (SV)

Sowohl die übernommenen Fahrtkosten als auch die Übernachtungskosten gehören zu den Zuwendungen anlässlich der Betriebsveranstaltung.

10. Verlosungen bei Betriebsveranstaltungen

713 Anlässlich von Betriebsveranstaltungen finden oft Verlosungen statt. Hierzu → *Verlosungsgeschenke/Verlosungsgewinne* Rz. 2999.

Betriebsverlegung

→ *Arbeitslohn-ABC* Rz. 255

Betriebsversammlung

1. Arbeitsrecht

714 Betriebsversammlungen nach dem Betriebsverfassungsgesetz finden **während der Arbeitszeit** und nur **ausnahmsweise außerhalb der Arbeitszeit** statt (§ 40 BetrVG). Die Teilnahmezeit – innerhalb wie außerhalb der Arbeitszeit – ist den Arbeitnehmern wie Arbeitszeit zu **vergüten**. Zu vergüten sind auch zusätzliche **Wegezeiten** und zusätzliche **Fahrtkosten**. Teilnahmeberechtigt mit entsprechenden Ansprüchen sind im Übrigen auch Arbeitnehmer mit ruhenden Arbeitspflichten (z.B. Urlauber und Elternzeitler).

2. Lohnsteuer und Sozialversicherung

715 Betriebsversammlungen sind keine Betriebsveranstaltungen, so dass Zuwendungen des Arbeitgebers grundsätzlich steuerpflichtig sind (→ *Betriebsveranstaltungen* Rz. 701). Dies gilt z.B. für sog. **Wegezeit-Vergütungen**, die dem laufenden Arbeitslohn des Lohnzahlungszeitraums hinzuzurechnen sind (FinMin Baden-Württemberg v. 29.9.1992, S 2351/8, www.stotax-first.de).

Die **Fahrtkostenerstattungen** des Arbeitgebers sind wie folgt zu behandeln:

a) Betriebsversammlung im Betrieb

716 Im Regelfall ist der Betrieb „erste Tätigkeitsstätte" i.S.d. § 9 Abs. 4 EStG. Die Ersatzleistungen sind daher **steuerpflichtiger Arbeitslohn**.

(LSt) (SV)

Benutzt der Arbeitnehmer ein **eigenes Kfz**, kann die Lohnsteuer nach § 40 Abs. 2 Satz 2 EStG mit **15 % pauschal ermittelt** werden, sofern die Fahrtkosten als Werbungskosten abgezogen werden könnten. Das ist nicht der Fall, wenn die Versammlung während der Arbeitszeit stattfindet (zusätzliche Fahrtkosten zur Betriebsversammlung entstehen dann gar nicht erst) oder sogar nach der Arbeit stattfindet und somit eine zusätzliche Fahrt des Arbeitnehmers zum Betrieb erforderlich ist (ein Arbeitnehmer mit Frühschicht muss z.B. nachmittags noch einmal in den Betrieb fahren). Denn zusätzliche Fahrten können nach Einführung der Entfernungspauschale ab 1.1.2001 nicht mehr als Werbungskosten berücksichtigt werden (→ *Wege zwischen Wohnung und erster Tätigkeitsstätte* Rz. 3143). Die Fahrtkostenerstattungen sind damit lohnsteuer- und sozialversicherungspflichtig.

Diese Grundsätze gelten nach der i.R.d. Haushaltsbegleitgesetzes 2004 v. 29.12.2003, BGBl. I 2003, 3076 ab 2004 aufgehobenen Steuerbefreiung nach § 3 Nr. 34 EStG a.F. auch für **Fahrten mit öffentlichen Verkehrsmitteln**.

(LSt) (SV)

b) Betriebsversammlung außerhalb des Betriebs

717 Die Aufwendungen können in diesen Fällen auch bei Benutzung eines Kraftfahrzeugs nach § 3 Nr. 16 EStG in voller Höhe oder mit dem pauschalen km-Satz von 0,30 € steuerfrei erstattet werden, da insoweit die Voraussetzungen einer **Auswärtstätigkeit** erfüllt sind. Wird die Versammlung **während der Arbeitszeit** abgehalten, darf nur die Entfernung von der Arbeitsstätte zum Versammlungsort und zurück berücksichtigt werden. Findet die Versammlung **im Anschluss an die Arbeitszeit** statt, so ist nicht nur eine etwaige Umwegstrecke, sondern die **gesamte Strecke** von der Arbeitsstätte zur Wohnung als Auswärtstätigkeit zu werten.

Beispiel:
A nimmt an einer Betriebsversammlung teil, die nach Feierabend in einem Hotel stattfindet. A muss hierfür einen Umweg von 10 km fahren, die einfache Strecke Wohnung – Arbeitsstätte beträgt 20 km.

Der Arbeitgeber darf für die gesamte Strecke von 30 km (Fahrt vom Betrieb zum Hotel und von dort zur Wohnung) den für Auswärtstätigkeiten geltenden pauschalen km-Satz von 0,30 € steuerfrei ersetzen. Es ist dabei unerheblich, dass A ohnehin 20 km hätte fahren müssen, um von seiner Arbeitsstelle nach Hause zu kommen und diese Fahrtkosten als Aufwendungen für „Wege zwischen Wohnung und erster Tätigkeitsstätte" nicht vom Arbeitgeber steuerfrei ersetzt werden dürfen.

Bewachung

1. Aufwendungen des Arbeitgebers

718 Es kommt vor, dass **Arbeitgeber** für Arbeitnehmer, die auf Grund ihrer beruflichen Position gefährdet sind (v.a. Führungskräfte der Wirtschaft, Bankbedienstete, Minister usw.), Kosten für Sicherheitsmaßnahmen übernehmen. Es kann sich dabei um die Bereitstellung von Personenschutz („Bodyguards") oder den Einbau von Sicherheitseinrichtungen in der Wohnung oder im Fahrzeug des Arbeitnehmers handeln. Übernimmt der Arbeitgeber die Kosten nicht, kann sie u.U. der Arbeitnehmer als Werbungskosten geltend machen.

Für die steuerliche Behandlung sind die einzelnen Sachverhalte zu unterscheiden:

a) Personenschutz

719 Der vom Arbeitgeber zur Verfügung gestellte Personenschutz wird im Allgemeinen **nicht als steuerpflichtiger Arbeitslohn** angesehen werden können, insbesondere wenn diese Leistungen dem Arbeitnehmer „aufgedrängt" werden. Es handelt sich dann um nicht steuerpflichtige Leistungen im ganz überwiegenden eigenbetrieblichen Interesse des Arbeitgebers.

b) Wohnungssicherung

720 Soweit Arbeitnehmer den **Angriffen gewaltbereiter politisch motivierter Personen ausgesetzt sind (Positionsgefährdung)** und der Arbeitgeber deshalb Kosten für Sicherheitsmaßnahmen in der Wohnung der Arbeitnehmer (z.B. Alarm- und Überwachungsanlagen) übernimmt, wird unter bestimmten Voraussetzungen kein steuerpflichtiger Arbeitslohn angenommen. Vgl. im Einzelnen BMF v. 30.6.1997, IV B 6 – S 2334 – 148/97, BStBl I 1997, 696.

Für **nicht aus politischen Gründen gefährdete Arbeitnehmer** gilt die Regelung des o.g. BMF-Schreibens nach Auffassung der obersten Finanzbehörden nicht. Die vom Arbeitgeber übernommenen Kosten für Sicherheitseinrichtungen sind danach stets steuerpflichtiger Arbeitslohn, ein Werbungskostenabzug ist nicht möglich.

Beispiel:
A ist Vorstandsmitglied einer Bank. Auf Grund eines Vorstandsbeschlusses hat die Bank den Einbau verschiedener Sicherheitsmaßnahmen in dem von A und seiner Familie bewohnten Einfamilienhaus bezuschusst. Die Sicherheitsmaßnahmen entsprachen einer Empfehlung der Kriminalpolizei.

Die von der Bank erstatteten Kosten sind steuerpflichtiger Arbeitslohn. Sie sind **kein steuerfreier Auslagenersatz** nach § 3 Nr. 50 EStG, weil die Aufwendungen zugleich das private Interesse des A berühren. Steuerpflichtiger Arbeitslohn ist zwar auch dann nicht anzunehmen, wenn die Leistungen im **eigenbetrieblichen Interesse des Arbeitgebers** erbracht werden. Dies ist aber nicht der Fall, wenn – wie hier – die Sicherheitsmaßnahmen zugleich mit erheblichen Vorteilen für die einzelnen Arbeitnehmer verbunden sind, also nicht der gesamten Belegschaft zugute kommen, und der Arbeitgeber deshalb auch nur einen Teil der Kosten übernimmt (BFH v. 5.4.2006, IX R 109/00, BStBl II 2006, 541).

A kann nach dem o.g. Urteil die Aufwendungen für die Wohnungssicherung auch **nicht** als **Werbungskosten** absetzen.

2. Sicherheitseinrichtungen im Kfz des Arbeitnehmers

721 Trägt der Arbeitgeber **zusätzlich zu den mit dem pauschalen km-Satz von 0,30 €** erstatteten Fahrtkosten die Kosten für Sicherheitseinrichtungen im Kraftfahrzeug eines Arbeitnehmers **(z.B. Winterreifen, ABS, Kopfstützen)**, das dieser zu Auswärts-

☐ = keine Lohnsteuerpflicht
☒ = Lohnsteuerpflicht

Bewirtungskosten

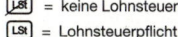

tätigkeiten nutzt (so **besonders bei Außendienstmitarbeitern**), **liegt grundsätzlich steuerpflichtiger Arbeitslohn** vor. Die Erstattungen des Arbeitgebers können weder als steuerfreier Auslagenersatz nach § 3 Nr. 50 EStG noch als Leistungen im ganz überwiegenden Interesse des Arbeitgebers steuerfrei belassen werden, weil die Arbeitnehmer im Regelfall ein **nicht unerhebliches Eigeninteresse** an dem Einbau derartiger Sicherheitseinrichtungen haben. Unerheblich ist deshalb, dass der Arbeitgeber Unfälle seiner Arbeitnehmer vermeiden und so den Krankenstand möglichst niedrig halten will (so zuletzt FG Bremen v. 8.7.2003, 1 K 116/03, www.stotax-first.de). Eine steuerfreie Erstattung kommt nur in Betracht, wenn die tatsächlichen Kfz-Kosten nachgewiesen werden (FG Hamburg v. 13.3.1997, II 164/95, EFG 1997, 856).

Die **Finanzverwaltung** wendet das o.g. Urteil des FG Bremen jedoch nicht an und lässt daher bei der „Firmenwagenbesteuerung" den Wert der zusätzlich überlassenen Winterreifen nebst Felgen außer Betracht (R 8.1 Abs. 9 Nr. 1 Satz 6 LStR).

Zur Bemessung des **Nutzungswerts** sicherheitsgeschützter Fahrzeuge für Privatfahrten usw. → *Firmenwagen zur privaten Nutzung* Rz. 1226.

3. Aufwendungen des Arbeitnehmers

722 Aufwendungen des Arbeitnehmers für Sicherheitsaufwendungen usw. dienen in erster Linie dem **Schutz des eigenen Lebens** und werden, weil die beruflichen und privaten Veranlassungsbeiträge untrennbar ineinandergreifen, nach der Rechtsprechung selbst dann den Kosten der „Lebensführung" i.S.d. § 12 Nr. 1 Satz 2 EStG zugerechnet, wenn sie z.T. **auch beruflich veranlasst** sind (vgl. BMF v. 6.7.2010, IV C 3 – S 2227/07/10003 :002, BStBl I 2010, 614).

Abgelehnt wurde daher der Werbungskostenabzug z.B. für

- die **Pistole** eines Richters (FG Baden-Württemberg v. 26.7.1979, III 419/77, EFG 1979, 546),
- den **Selbstverteidigungskurs** eines leitenden Bankangestellten (FG Hessen v. 28.10.1987, 8 K 81/87, EFG 1988, 230),
- den **Wachhund eines Schulhausmeisters** (BFH v. 10.9.1990, VI R 101/86, www.stotax-first.de),
- Aufwendungen für die **Wohnungssicherung**, selbst wenn der Arbeitgeber die Maßnahmen verlangt hat oder es in der Vergangenheit tatsächlich zu beruflich bedingten Anschlägen auf die Wohnung gekommen ist (vgl. BFH v. 5.4.2006, IX R 109/00, BStBl II 2006, 541 sowie zuletzt FG München v. 7.10.2008, 6 K 3433/07, www.stotax-first.de, betr. einen Soldaten, der in Neapel stationiert war). S. hierzu auch BMF v. 30.6.1997, IV B 6 – S 2334 – 148/97, BStBl I 1997, 696,
- **Lösegeldzahlungen**, selbst wenn die Entführung anlässlich einer Dienstreise erfolgt (vgl. sinngemäß FG Berlin v. 19.6.2000, 8 K 8497/98, EFG 2001, 308).

4. Bewachungsgewerbe

723 Bei Arbeitnehmern im Bewachungsgewerbe stellt der **Wachhund im steuerlichen Sinne ein Arbeitsmittel** dar; ein steuerfreier Arbeitgeberersatz ist nicht möglich, wohl aber der Werbungskostenabzug. Entsprechendes gilt für Polizisten mit Diensthunden (→ *Hundehaltung* Rz. 1585).

Bewerbungskosten

→ *Werbungskosten* Rz. 3182

Bewirtungskosten

Inhaltsübersicht:

	Rz.
1. Allgemeines	725
2. Bewirtung und Bewirtungsaufwendungen	726
a) Bewirtung	726
b) Keine Bewirtung	727
3. Betrieblicher und geschäftlicher Anlass, Bewirtungskosten	728
a) Betrieblicher und geschäftlicher Anlass	728
b) Bewirtungskosten	729
4. Bewirtungen durch den Arbeitgeber	730
a) Bewirtung im ganz überwiegenden betrieblichen Interesse des Arbeitgebers	730
b) Bewirtung auf Auswärtstätigkeiten oder bei Fortbildungsmaßnahmen	731
c) Bewirtung als Gegenleistung (Arbeitslohn)	732
d) Bewirtung aus Anlass von Feierlichkeiten des Arbeitnehmers (Allgemeines)	733
e) Bewirtung aus Anlass von Geburtstagen des Arbeitnehmers	734
5. Bewirtungen durch den Arbeitnehmer	737
a) Allgemeines	737
b) Aufteilung der Kosten	738
c) Bewirtung von Geschäftsfreunden des Arbeitgebers in Gaststätten	742
d) Bewirtung in der Wohnung	743
e) Bewirtung von Mitarbeitern	744
f) Bewirtung von Fachkollegen	746
g) Bewirtung aus Anlass von Feierlichkeiten	747
6. Gesetzliche Beschränkung des Werbungskostenabzugs	748
a) Abzugsbeschränkung	748
b) Keine Abzugsbeschränkung	749
c) Nachweispflichten	750
d) Pauschalierung der Einkommensteuer	751

→ auch *Incentive-Reisen* Rz. 3182

724

1. Allgemeines

Die steuerliche Beurteilung von Bewirtungskosten entweder als **725 Werbungskosten** bzw. – bei Erstattung durch den Arbeitgeber – **Auslagenersatz** oder aber als nicht abzugsfähige **Kosten der Lebensführung** ist in der Praxis immer wieder problematisch, weil sie von verschiedenen Faktoren abhängt (beruflicher oder privater Anlass, bewirteter Personenkreis, Ort der Bewirtung usw.) und sich ferner die BFH-Rechtsprechung zu Gunsten der betroffenen Arbeitnehmer geändert hat (→ Rz. 737). Außerdem sind grundsätzlich die **Abzugsbeschränkung auf 70 % der (angemessenen) Bewirtungskosten** und die **besonderen Aufzeichnungspflichten** zu beachten (§ 4 Abs. 5 Satz 1 Nr. 2 i.V.m. § 9 Abs. 5 EStG).

Ob die **Absenkung der Abzugsbeschränkung** von 80 % auf 70 % ab dem Jahre 2004 in formell **verfassungsmäßiger Weise zustande gekommen** ist, ist zweifelhaft; diese Frage liegt dem BVerfG zur Entscheidung vor (Vorlagebeschluss des FG Baden-Württemberg v. 26.4.2013, 10 K 2983/11, www.stotax-first.de, Az. beim BVerfG: 2 BvL 4/13, **eine Entscheidung des BVerfG ist noch in 2015 zu erwarten**. StEd 2015, 210). Die Finanzverwaltung lässt allerdings nur Einsprüche für die Veranlagungszeiträume bis einschließlich 2010 ruhen (OFD Koblenz v. 3.6.2014, S 0622 A – St 35 1, www.stotax-first.de).

Allerdings fällt **nicht jede Bewirtung unter diese Abzugsbeschränkung**; dies gilt z.B. für Bewirtungskosten, wenn der **Arbeitnehmer**

- **nicht selbst als bewirtende Person auftritt**, weil es sich z.B. um ein „**Fest des Arbeitgebers**" handelt (BFH v. 19.6.2008, VI R 48/07, BStBl II 2008, 870 betr. die Kommandoübergabe eines Brigadegenerals), oder
- aus beruflichem Anlass – dies gilt besonders für Arbeitnehmer mit variablen Bezügen – **Aufwendungen für die Bewirtung von Arbeitskollegen seines Arbeitgebers** trägt (zuletzt BFH v. 26.11.2008, III B 194/07, www.stotax-first.de, m.w.N.).

Von vornherein vom **Abzug als Betriebsausgaben oder Werbungskosten ausgeschlossen** sind dagegen nach § 4 Abs. 5 Satz 1 Nr. 4 EStG **Aufwendungen für Jagd und Fischerei, für Segeljachten oder Motorjachten sowie für ähnliche Zwecke und für die hiermit zusammenhängenden Bewirtungen**, soweit die damit verfolgten Zwecke nicht selbst Gegenstand einer mit Gewinnabsicht ausgeübten Betätigung des Stpfl. sind (§ 4 Abs. 5 Satz 2 EStG).

Nicht abzugsfähig sind hiernach z.B. Aufwendungen eines Unternehmers einschließlich der Bewirtungskosten anlässlich

- einer sog. **Regatta-Begleitfahrt** bei der Kieler Woche mit Geschäftspartnern (BFH v. 2.8.2012, IV R 25/09, BStBl II 2012, 824),
- der **Veranstaltung eines Golfturniers** mit Abendveranstaltung, sofern die Aufwendungen für Zwecke der sportlichen Betätigung, der Unterhaltung von Geschäftsfreunden, der Freizeitgestaltung und Repräsentation getätigt werden; es gibt keinen sachlichen Grund eine Ausnahme vom Abzugsverbot zuzulassen, wenn Anlass einer solchen Golfveranstaltung die

Bewirtungskosten

Gewinnung von Spendengeldern für gemeinnützige Zwecke gewesen ist (FG Hessen v. 22.5.2013, 11 K 1165/12, EFG 2013, 1477, Revision eingelegt, Az. beim BFH: IV R 24/13).

Im Einzelnen gilt Folgendes:

2. Bewirtung und Bewirtungsaufwendungen

a) Bewirtung

726 „Bewirtung" i.S.d. § 4 Abs. 5 Satz 1 Nr. 2 EStG ist jede unentgeltliche Überlassung oder Verschaffung von Speisen, Getränken oder sonstigen Genussmitteln zum sofortigen Verzehr. Es kommt nicht darauf an, ob die Beköstigung der bewirteten Person im Vordergrund steht oder (aus der Sicht des Bewirtenden) „auch" bzw. „in erster Linie" der Werbung oder der Repräsentation dient. Allerdings sind Aufwendungen bei branchenüblichen **Produkt- oder Warenverkostungen oder sog. „Kundschaftstrinken" („Werbebewirtungen") von der Abzugsbeschränkung nicht erfasst.** Dies setzt aber voraus, dass Hersteller oder Vertreiber von Speisen und Getränken durch die Bewirtung für die eigenen Produkte, die auch Gegenstand der Bewirtung sind, werben. Der Abzugsbeschränkung unterfallen nicht nur die Aufwendungen für Speisen und Getränke, sondern ebenso die sachlich damit im Zusammenhang stehenden Aufwendungen für Service, Dekoration, Musik etc. Fallen neben den Bewirtungskosten weitere Aufwendungen an, bei denen ein sachlicher Zusammenhang mit der Bewirtung nicht besteht, sind diese Aufwendungen separat zu beurteilen und unterliegen nicht der Einschränkung des § 4 Abs. 5 Satz 1 Nr. 2 EStG. Bewirtungskosten liegen vor, wenn der Stpfl. die betreffenden Bewirtungsaufwendungen getragen hat; ob der Bewirtete weiß, wer die Kosten tatsächlich trägt, ist nicht von Belang (BFH v. 17.7.2013, X R 37/10, HFR 2014, 227 betr. Beköstigung von Teilnehmern in Gaststätten bei sog. Kaffeefahrten, wenn der Verkäufer die Rechnung des Gastwirts zahlt, die Verkaufsveranstaltung aber nicht selbst veranlasst/organisiert hat).

Die Anwendung des § 4 Abs. 5 Satz 1 Nr. 2 EStG scheidet nicht schon dann aus, wenn die Verköstigung in einen anderen betrieblichen Vorgang eingebunden und diesem gegenüber untergeordnet ist. Bewirtet ein Unternehmen im Rahmen einer **Schulungsveranstaltung** an dieser Veranstaltung teilnehmende Personen, die nicht seine Arbeitnehmer sind (z.B. freie Mitarbeiter), so unterliegt der Bewirtungsaufwand ebenfalls der Abzugsbeschränkung gem. § 4 Abs. 5 Satz 1 Nr. 2 EStG (BFH v. 18.9.2007, I R 75/06, BStBl II 2008, 116).

Aufwendungen anlässlich einer Bewirtung, an der **ausschließlich Arbeitnehmer des Stpfl.** teilnehmen, sind deshalb von der Abzugsbeschränkung nicht betroffen (R 4.10 Abs. 6 Satz 2 EStR).

In Fällen einer **„gemischten Bewirtung"**, an der sowohl Arbeitnehmer des bewirtenden Unternehmens wie auch Nicht-Arbeitnehmer teilnehmen, kann eine Aufteilung in Betracht kommen (R 4.10 Abs. 7 Satz 3 EStR).

Zu den Bewirtungskosten können auch Aufwendungen gehören, die zwangsläufig im Zusammenhang mit der Bewirtung anfallen, wenn sie i.R.d. insgesamt geforderten Preises von untergeordneter Bedeutung sind, wie z.B. **Trinkgelder und Garderobengebühren**. Die Beurteilung der Art der Aufwendungen richtet sich grundsätzlich nach der Hauptleistung. Werden dem bewirtenden Stpfl. die Bewirtungsaufwendungen im Rahmen eines Entgelts ersetzt (z.B. bei einer Seminargebühr oder einem Beförderungsentgelt), unterliegen diese Aufwendungen nicht der in § 4 Abs. 5 Satz 1 Nr. 2 EStG festgelegten Kürzung (vgl. FG Düsseldorf v. 16.1.2001, 6 K 2061/97 K, F, EFG 2001, 731 betr. Bewirtung bei Schulungsveranstaltungen für Mitarbeiter von Kunden). Dies gilt nur, wenn die Bewirtung in den Leistungsaustausch einbezogen ist (R 4.10 Abs. 5 EStR).

b) Keine Bewirtung

727 Die Abzugsbeschränkung umfasst alle Bewirtungen „aus geschäftlichen Anlass"; **die „reine Arbeitnehmerbewirtung", z.B. bei Fortbildungsveranstaltungen, fällt somit nicht darunter** (BFH v. 18.9.2007, I R 75/06, BStBl II 2008, 116).

Keine Bewirtung liegt ferner vor bei (s. zuletzt BFH v. 17.7.2013, X R 37/10, HFR 2014, 227 betr. **Beköstigung von Teilnehmern in Gaststätten bei sog. Kaffeefahrten**)

– Gewährung von **Aufmerksamkeiten in geringem Umfang** (wie Kaffee, Tee, Gebäck) z.B. **anlässlich betrieblicher Besprechungen**, wenn es sich hierbei um eine **übliche Geste der Höflichkeit** handelt; die Höhe der Aufwendungen ist dabei nicht ausschlaggebend (das Darreichen von Wein gehört allerdings unabhängig vom Wert nicht dazu, so FG Münster v. 28.11.2014, 14 K 2477/12 E, U, EFG 2015, 453);

– **Produkt-/Warenverkostungen z.B. im Herstellungsbetrieb, beim Kunden, beim (Zwischen-)Händler, bei Messeveranstaltungen**; hier besteht ein unmittelbarer Zusammenhang mit dem Verkauf der Produkte oder Waren. Voraussetzung für den unbeschränkten Abzug ist, dass nur das zu veräußernde Produkt und ggf. Aufmerksamkeiten (z.B. Brot anlässlich einer Weinprobe) gereicht werden. Diese Aufwendungen können als **Werbeaufwand** unbeschränkt als Betriebsausgaben abgezogen werden. Entsprechendes gilt, wenn ein Dritter mit der Durchführung der Produkt-/Warenverkostung beauftragt war.

Solche Aufwendungen können **unbegrenzt als Betriebsausgaben** oder – sollte sie der Arbeitnehmer tragen – als **Werbungskosten** abgezogen werden, vgl. FG Münster v. 29.9.1995, 9 K 2834/92 K, G, 9 K 2835/92 U, EFG 1996, 1203.

3. Betrieblicher und geschäftlicher Anlass, Bewirtungskosten

a) Betrieblicher und geschäftlicher Anlass

728 Weitere Voraussetzung der Anwendbarkeit des § 4 Abs. 5 Satz 1 Nr. 2 EStG ist die Bewirtung von Personen aus **geschäftlichem Anlass**. „Geschäftlicher Anlass" in diesem Sinne ist ein besonderer Fall der betrieblichen Veranlassung. Erfasst wird die Bewirtung von Personen, zu denen bereits Geschäftsbeziehungen bestehen, sowie von Personen, zu denen Geschäftsbeziehungen angebahnt werden sollen, aber auch von Besuchern des Betriebs, z.B. im Rahmen der Öffentlichkeitsarbeit, und von Besuchern zum Zwecke der Imagepflege, wie z.B. Journalisten, Politiker und sonstige Vertreter des öffentlichen Lebens (vgl. zuletzt BFH v. 7.9.2011, I R 12/11, BStBl II 2012, 194).

Kein „geschäftlicher Anlass" i.S.d. § 4 Abs. 5 Satz 1 Nr. 2 EStG ist lediglich die Bewirtung eigener Arbeitnehmer, äußerstenfalls auch noch die von Angehörigen der eigenen Arbeitnehmer unter besonderen Voraussetzungen. Aufwendungen anlässlich einer Bewirtung, an der **ausschließlich Arbeitnehmer des Stpfl.** teilnehmen, sind deshalb von der Abzugsbeschränkung nicht betroffen.

Nicht unter das Abzugsverbot des § 4 Abs. 5 Satz 1 Nr. 2 EStG fallen zum einen sog. **Kundschaftsessen bzw. -trinken**, bei denen die Hersteller von Lebensmitteln, Speisen oder Getränken für ihre Produkte werben, indem sie Kostproben überreichen, und zum anderen **Aufmerksamkeiten in geringem Umfang**, soweit sie Gesten der allgemein erwarteten Höflichkeit darstellen, wie z.B. die Darreichung von Kaffee, Tee und Kleingebäck anlässlich **geschäftlicher Besprechungen**. Die Bewirtung mit kleineren Gerichten wie belegten Brötchen, kleinen Kartoffel- oder Nudelgerichten, Suppen sowie Kuchen oder Torten geht jedoch bereits über die Gewährung einer Aufmerksamkeit in diesem Sinne hinaus (zuletzt BFH v. 17.7.2013, X R 37/10, HFR 2014, 227 betr. Beköstigung von Teilnehmern in Gaststätten bei sog. Kaffeefahrten).

Ein geschäftlicher Anlass kann auch dann noch gegeben sein, wenn die Bewirtungen von Geschäftsfreunden aus deren beruflichen Gründen (insbesondere weil sie werktags arbeiten müssen) nur am **Wochenende** und unter **Teilnahme der Ehefrauen der Kunden** stattfinden (FG Niedersachsen v. 20.8.1996, II (VIII) 291/91, www.stotax-first.de, betr. Bewirtungskosten eines nichtselbständigen Handelsvertreters, der an Bäcker den Verkauf von Backwaren vermittelt). Ebenso FG Saarland v. 29.6.1999, 1 K 210/97, www.stotax-first.de. Andererseits kann die Teilnahme von Begleitpersonen (Ehefrauen usw.) **Indiz für die Annahme einer gesellschaftlichen und damit steuerlich nicht abzugsfähigen privaten Veranstaltung** sein (vgl. FG Rheinland-Pfalz v. 16.9.2008, 2 K 2606/06, EFG 2009, 9 betr. die Jubiläumsfeier eines Steuerberaters kurz nach Vollendung seines 60. Geburtstags).

b) Bewirtungskosten

729 Für die **Anwendung dieser Abzugsbeschränkung** sind zunächst folgende Kosten auszuscheiden:

- Teile der Bewirtungskosten, die **privat veranlasst** sind;
- Teile der Bewirtungsaufwendungen, die nach allgemeiner Verkehrsauffassung als **unangemessen** anzusehen sind;
- Bewirtungsaufwendungen, deren **Höhe und betriebliche Veranlassung nicht nachgewiesen** sind;
- Bewirtungsaufwendungen, die wegen **Verletzung der besonderen Aufzeichnungspflichten nicht abgezogen** werden können (§ 4 Abs. 7 EStG, R 4.11 EStR);
- Aufwendungen, die nach ihrer Art **keine Bewirtungsaufwendungen** sind (z.B. **Kosten für eine Musikkapelle** anlässlich einer Informations- oder Werbeveranstaltung und andere Nebenkosten), es sei denn, sie sind von untergeordneter Bedeutung (z.B. **Trinkgelder**); solche Aufwendungen sind in vollem Umfang abziehbar, wenn die übrigen Voraussetzungen vorliegen.

Von den verbleibenden Aufwendungen dürfen nur 70 % den Gewinn mindern.

Die **Abzugsbegrenzung** gilt bei der Bewirtung von Personen aus geschäftlichem Anlass auch für den Teil der Aufwendungen, der auf den an der **Bewirtung teilnehmenden Stpfl. oder dessen Arbeitnehmer** entfällt. Aufwendungen für die Bewirtung von Personen aus geschäftlichem Anlass **in der Wohnung des Stpfl.** gehören regelmäßig nicht zu den Betriebsausgaben, sondern zu den Kosten der Lebensführung (§ 12 Nr. 1 EStG). Bei Bewirtungen in einer **betriebseigenen Kantine** wird aus Vereinfachungsgründen zugelassen, dass die Aufwendungen nur aus den **Sachkosten** der verabreichten Speisen und Getränke sowie den **Personalkosten** ermittelt werden; es ist nicht zu beanstanden, wenn – im Wirtschaftsjahr einheitlich – je **Bewirtung ein Betrag von 15 € angesetzt** wird, wenn dieser Ansatz nicht zu einer offenbar unzutreffenden Besteuerung führt. Unter dem Begriff „**betriebseigene Kantine**" sind alle betriebsinternen Einrichtungen zu verstehen, die es den Arbeitnehmern des Unternehmens ermöglichen, Speisen und Getränke einzunehmen, und die für fremde Dritte nicht ohne weiteres zugänglich sind. Auf die Bezeichnung der Einrichtung kommt es nicht an; zu Kantinen können deshalb auch Einrichtungen gehören, die im Betrieb als „Kasino" oder „Restaurant" bezeichnet werden.

Nicht geschäftlich, sondern allgemein betrieblich veranlasst ist ausschließlich die **Bewirtung von Arbeitnehmern** des bewirtenden Unternehmens (R 4.10 Abs. 7 EStR). Diese Aufwendungen sind zu **100 % als Betriebsausgaben abziehbar**.

4. Bewirtungen durch den Arbeitgeber

a) Bewirtung im ganz überwiegenden betrieblichen Interesse des Arbeitgebers

730 Kein steuerpflichtiger Arbeitslohn liegt vor, wenn Mahlzeiten im ganz überwiegenden betrieblichen Interesse des Arbeitgebers an die Arbeitnehmer abgegeben werden. Hierzu gehören nach R 8.1 Abs. 8 Nr. 1 LStR Bewirtungen bei

- der **Teilnahme des Arbeitnehmers an geschäftlichen Bewirtungen**; Einzelheiten → *Mahlzeiten aus besonderem Anlass* Rz. 1974;
- sog. **Arbeitsessen**; Einzelheiten → *Arbeitsessen* Rz. 233;
- **Betriebsveranstaltungen**; Einzelheiten → *Betriebsveranstaltungen* Rz. 701.

b) Bewirtung auf Auswärtstätigkeiten oder bei Fortbildungsmaßnahmen

731 Mahlzeiten, die der Arbeitgeber oder auf dessen Veranlassung ein Dritter zur üblichen Beköstigung der Arbeitnehmer anlässlich oder während einer **Auswärtstätigkeit** oder im Rahmen einer **doppelten Haushaltsführung** an die Arbeitnehmer abgibt, sind grundsätzlich **steuerpflichtiger Arbeitslohn**. Eine Versteuerung unterbleibt jedoch nach § 8 Abs. 2 Satz 11 EStG, wenn beim Arbeitnehmer für ihm entstehende Mehraufwendungen für Verpflegung ein Werbungskostenabzug nach § 9 Abs. 4 EStG in Betracht käme (→ *Reisekosten-Erstattungen* Rz. 2465). Weitere Einzelheiten → *Mahlzeiten aus besonderem Anlass* Rz. 1974.

Kein steuerpflichtiger Arbeitslohn liegt vor, wenn der Arbeitnehmer selbst während einer Auswärtstätigkeit Geschäftsfreunde seines Arbeitgebers bewirtet und sich die Kosten erstatten lässt; insoweit handelt es sich um steuerfreien Auslagenersatz. Der auf den Arbeitnehmer selbst entfallende Anteil ist kein steuerpflichtiger geldwerter Vorteil.

c) Bewirtung als Gegenleistung (Arbeitslohn)

732 Mahlzeiten, die der Arbeitgeber als Gegenleistung für das Zurverfügungstellen der individuellen Arbeitskraft an seine Arbeitnehmer abgibt, sind **steuerpflichtiger Arbeitslohn** und mit ihrem tatsächlichen Preis anzusetzen. Dies gilt z.B. für Mahlzeiten, die im Rahmen unüblicher Betriebsveranstaltungen oder regelmäßiger Geschäftsleitungssitzungen abgegeben werden, s. R 8.1 Abs. 8 Nr. 3 LStR und H 8.1 Abs. 8 (Individuell zu versteuernde Mahlzeiten) LStH. Die Freigrenze des § 8 Abs. 2 Satz 11 EStG von 44 € monatlich ist zu beachten.

Weitere Einzelheiten → *Mahlzeiten aus besonderem Anlass* Rz. 1974.

d) Bewirtung aus Anlass von Feierlichkeiten des Arbeitnehmers (Allgemeines)

733 Die Ausrichtung einer Feier durch den Arbeitgeber für einen Arbeitnehmer aus Anlass eines besonderen Ereignisses in der Person des Arbeitnehmers (z.B. **Jubiläum, Verabschiedung, Amtseinführung, Geburtstag, Beförderung**) ist **kein Arbeitslohn**, wenn die Zuwendungen im **ganz überwiegenden betrieblichen Interesse des Arbeitgebers** liegen (zuletzt BFH v. 15.2.2008, VI B 97/07, www.stotax-first.de, m.w.N.). Entsprechendes gilt für die **Erstattung von Aufwendungen des Arbeitnehmers** durch den Arbeitgeber. Es kommt in diesen Fällen nicht darauf an, dass die Aufwendungen des Arbeitnehmers ohne Erstattung des Arbeitgebers mangels Aufteilungsmöglichkeit ggf. zu den nicht abzugsfähigen Kosten der Lebensführung i.S.d. § 12 Nr. 1 Satz 2 EStG gehören (vgl. BMF v. 6.7.2010, IV C 3 – S 2227/07/10003 :002, BStBl I 2010, 614 Tz. 5 zu Feierlichkeiten aus einem persönlichen Anlass, z.B. Geburtstag). Denn dieses Abzugsverbot gilt nur für den **Werbungskostenabzug** und hat für den steuerfreien **Arbeitgeberersatz** keine Bedeutung (zuletzt BFH v. 18.8.2005, VI R 32/03, BStBl II 2006, 30 m.w.N.).

Für die steuerliche Behandlung ist grundsätzlich zu unterscheiden, ob die Bewirtung

- anlässlich des besonderen Ereignisses lediglich **betriebsfunktionalen Zwecken** dient und daher im **eigenbetrieblichen Interesse** des Arbeitgebers liegt oder
- **Entlohnungscharakter** hat (BFH v. 28.1.2003, VI R 48/99, BStBl II 2003, 724).

Daraus ergibt sich Folgendes:

- Übliche Sachleistungen des Arbeitgebers aus Anlass der **Diensteinführung**, eines **Amts- oder Funktionswechsels**, eines **runden Arbeitnehmerjubiläums** (s. BMF v. 14.10.2015, IV C 5 – S 2332/15/10001/III C 2 – S 7109/15/10001, BStBl I 2015, 832) oder der **Verabschiedung eines Arbeitnehmers** stellen keinen Arbeitslohn dar; betragen die Aufwendungen des Arbeitgebers einschließlich Umsatzsteuer jedoch **mehr als 110 € je teilnehmender Person**, so sind die Aufwendungen dem Arbeitslohn des Arbeitnehmers hinzuzurechnen. Geschenke bis zu einem Gesamtwert von 60 € sind in die 110 €-Grenze einzubeziehen (R 19.3 Abs. 2 Nr. 3 LStR).
- Im Fall der **Beförderung oder Höhergruppierung** eines Arbeitnehmers stellen die Bewirtungskosten des Arbeitgebers ebenfalls in vollem Umfang Arbeitslohn dar, sofern es sich um ein „Fest des Arbeitnehmers" handelt; zur Abgrenzung s. die nachstehenden Grundsätze.
- Übernimmt der Arbeitgeber die **Kosten alljährlicher Brunchveranstaltungen** („Frühstück im Advent") im Privathaus des Vorstandsvorsitzenden und handelt es sich den Umständen nach nicht um ein „Fest des Arbeitgebers", liegt steuerpflichtiger Arbeitslohn vor (FG Hamburg v. 4.9.2003, VI 118/00, EFG 2004, 193).

Nach der ab 1.1.1996 in § 8 Abs. 2 Satz 11 EStG eingeführten **Freigrenze** von **44 € monatlich** für bestimmte Sachbezüge bleibt auch der geldwerte Vorteil durch Bewirtungen des Arbeitgebers –

Bewirtungskosten

soweit es sich überhaupt um steuerpflichtigen Arbeitslohn handelt – in diesem Rahmen steuerfrei.

e) Bewirtung aus Anlass von Geburtstagen des Arbeitnehmers

aa) Allgemeines

734 Lädt ein Arbeitgeber anlässlich eines Geburtstags eines Arbeitnehmers Geschäftsfreunde, Repräsentanten des öffentlichen Lebens, Vertreter von Verbänden und Berufsorganisationen sowie Mitarbeiter zu einem Empfang ein, so ist unter Berücksichtigung aller Umstände des Einzelfalles zu entscheiden, ob es sich um ein **Fest des Arbeitgebers** (betriebliche Veranstaltung, aber keine Betriebsveranstaltung i.S.v. § 19 Abs. 1 Satz 1 Nr. 1a EStG) oder um ein **privates Fest des Arbeitnehmers** handelt (zuletzt BFH v. 11.1.2007, VI R 52/03, BStBl II 2007, 317 und v. 1.2.2007, VI R 25/03, BStBl II 2007, 459 sowie v. 15.2.2008, VI B 97/07, www.stotax-first.de, m.w.N.). Dies gilt sowohl für Veranstaltungen (Empfänge) privater als auch öffentlicher Arbeitgeber.

bb) Fest des Arbeitnehmers

735 Bei einem **privaten Fest des Arbeitnehmers** sind sämtliche vom Arbeitgeber getragenen Aufwendungen dem steuerpflichtigen **Arbeitslohn** dieses Arbeitnehmers zuzurechnen (BFH v. 28.1.2003, VI R 48/99, BStBl II 2003, 474).

cc) Fest des Arbeitgebers

736 Bei einem Fest des Arbeitgebers ist **kein steuerpflichtiger Arbeitslohn** anzunehmen (BFH v. 28.1.2003, VI R 48/99, BStBl II 2003, 724).

Für ein **Fest des Arbeitgebers** (betriebliche Veranstaltung) spricht,

– wenn dieser als Gastgeber auftritt,
– er die Gästeliste nach geschäftsbezogenen Gesichtspunkten bestimmt,
– in seine Geschäftsräume einlädt und
– das Fest den Charakter einer betrieblichen Veranstaltung und nicht einer privaten Feier des Arbeitnehmers hat.

Der **Geburtstag des Arbeitnehmers darf also nicht das tragende Element der Veranstaltung sein**, sondern lediglich „Aufhänger" für die ansonsten im Vordergrund stehende **Repräsentation des Unternehmens**. Unschädlich ist, wenn der Arbeitnehmer einen begrenzten Kreis der teilnehmenden Personen selbst benennen kann (sog. **private Gäste**).

> **Beispiel 1:**
> Eine Genossenschaftsbank hat aus Anlass des 60. Geburtstags des Vorstands einen Empfang veranstaltet (Kosten 6 661 €), an dem 100 Gäste teilnahmen. Der ohne Mitwirkung des „Geburtstagskinds" bestimmte Gästekreis bestand im Wesentlichen aus Geschäftspartnern und Angehörigen des öffentlichen Lebens und der Presse.
> Der BFH hat entschieden, dass zumindest die auf die **Geschäftspartner** entfallenden Kosten nicht als Arbeitslohn anzusehen sind (BFH v. 28.1.2003, VI R 48/99, BStBl II 2003, 724).
> Das FG Niedersachsen hatte im Urteil v. 28.1.1999, XI 264/95, EFG 1999, 552 die auf das **„Geburtstagskind" und seine Familienangehörigen** entfallenden Kosten (333 €) als Arbeitslohn angesehen. Ob diese Beurteilung zutreffend ist, hat der BFH aus verfahrensrechtlichen Gründen offen gelassen. Von der Finanzverwaltung wird diese Frage bejaht, sofern die Aufwendungen des Arbeitgebers mehr als 110 € je teilnehmender Person betragen (R 19.3 Abs. 2 Nr. 4 LStR). Vgl. im Übrigen die Anmerkung zu diesem Urteil von Pust in HFR 2003, 574.

Nach **Auffassung der Finanzverwaltung** soll dies jedoch nur gelten, wenn

– es sich um **runde Geburtstage** des Arbeitnehmers und um übliche Sachleistungen handelt (z.B. Vollendung des 50., 60. oder 65. Lebensjahres) und
– die Aufwendungen des Arbeitgebers einschließlich der Umsatzsteuer **nicht mehr als 110 € je teilnehmender Person** betragen. **Geschenke** bis zu einem Gesamtwert von 60 € sind in die 110 €-Grenze einzubeziehen (R 19.3 Abs. 2 Nr. 4 LStR).

Es bleibt abzuwarten, ob der BFH diese Richtlinienregelung bestätigen wird.

> **Beispiel 2:**
> Die Bruttoaufwendungen bei einem Fest des Arbeitgebers (betriebliche Veranstaltung) für einen Empfang anlässlich des 60. Geburtstags des Arbeitnehmers A betragen 8 000 €. Unter den 80 teilnehmenden Gästen sind neben dem Arbeitnehmer auch seine Ehefrau, seine beiden Kinder und vier weitere private Gäste.
> Da die Aufwendungen je teilnehmender Person 100 € betragen (8 000 € : 80 Gäste = 100 €), sind sie nicht – auch nicht anteilig – dem Arbeitslohn des A hinzuzurechnen.

> **Beispiel 3:**
> Wie Beispiel 2, die Bruttoaufwendungen des Arbeitgebers betragen jedoch 9 600 €.
> Je teilnehmender Person betragen die Bruttoaufwendungen des Arbeitgebers 120 €. Die auf A, seine Ehefrau, seine beiden Kinder und seine vier privaten Gäste entfallenden Aufwendungen i.H.v. 960 € (8 Personen je 120 €) sind dem Arbeitslohn des A hinzuzurechnen. Für die auf die übrigen 72 teilnehmenden Personen entfallenden Aufwendungen ist kein geldwerter Vorteil anzusetzen (R 8.1 Abs. 8 Nr. 1 LStR).
> Die gesamten Aufwendungen unterliegen beim Arbeitgeber der Abzugsbeschränkung für Bewirtungsaufwendungen nach § 4 Abs. 5 Satz 1 Nr. 2 EStG.

Handelt es sich **nicht um eine betriebliche Veranstaltung**, weil der Arbeitgeber nicht in erster Linie Geschäftsfreunde, Repräsentanten des öffentlichen Lebens oder Verbandsvertreter eingeladen hat, und ist die Veranstaltung auf Grund ihrer Ausgestaltung auch **nicht als privates Fest des Arbeitnehmers** anzusehen, kann es sich um eine **Betriebsveranstaltung** i.S.v. § 19 Abs. 1 Satz 1 Nr. 1a EStG handeln (→ *Betriebsveranstaltungen* Rz. 701).

5. Bewirtungen durch den Arbeitnehmer

a) Allgemeines

737 Für die Beurteilung, ob Aufwendungen für Durchführung einer Veranstaltung oder Feier beruflich oder privat veranlasst sind, ist **in erster Linie auf den Anlass der Feier abzustellen**. Indes ist der Anlass einer Feier nur ein erhebliches **Indiz**, nicht aber das allein entscheidende Kriterium für die Beurteilung der beruflichen oder privaten Veranlassung der Bewirtungsaufwendungen. Trotz eines **herausgehobenen persönlichen Ereignisses** kann sich aus den übrigen Umständen des Einzelfalls ergeben, dass die Aufwendungen für die **Feier beruflich veranlasst** sind. Umgekehrt begründet ein Ereignis in der beruflichen Sphäre allein nicht die Annahme, die Aufwendungen für eine Feier seien (nahezu) ausschließlich beruflich veranlasst. Denn auch diese Ereignisse werden häufig im Rahmen eines **privaten Festes unter Einschluss befreundeter Arbeitskollegen** begangen. Ob die Aufwendungen Werbungskosten sind, ist daher anhand **weiterer Kriterien** zu beurteilen. So ist von Bedeutung,

– wer als Gastgeber auftritt,
– wer die Gästeliste bestimmt,
– ob es sich bei den Gästen um Kollegen, Geschäftsfreunde oder Mitarbeiter (des Stpfl. oder des Arbeitgebers), um Angehörige des öffentlichen Lebens, der Presse, um Verbandsvertreter oder um private Bekannte oder Angehörige des Stpfl. handelt,
– an welchem Ort die Veranstaltung stattfindet,
– ob sich die finanziellen Aufwendungen im Rahmen vergleichbarer betrieblicher Veranstaltungen bewegen und
– ob das Fest den Charakter einer privaten Feier aufweist oder ob das nicht der Fall ist (zuletzt BFH v. 8.7.2015, VI R 46/14, www.stotax-first.de, betr. Aufwendungen eines Arbeitnehmers für die Feier des Geburtstags und der Bestellung zum Steuerberater).

b) Aufteilung der Kosten

738 Der **Große Senat des BFH** hat mit Beschluss v. 21.9.2009, GrS 1/06, BStBl II 2010, 672 entschieden, dass § 12 Nr. 1 Satz 2 EStG **kein allgemeines Aufteilungs- und Abzugsverbot** für Aufwendungen normiert, die sowohl durch die Einkunftserzielung als auch privat veranlasste Teile enthalten (sog. **gemischte Aufwendungen**). Nach diesen Grundsätzen ist auch zu klären, ob und in welchem Umfang die von einem Arbeitnehmer für die Durchführung einer Veranstaltung oder Feier getragenen Kosten als Werbungskosten in Abzug gebracht werden können.

Da Personen, die zusammen arbeiten, häufig auch private Kontakte untereinander pflegen, kann für die Zuordnung der Aufwendungen zum beruflichen oder privaten Bereich neben weiteren Abgrenzungskriterien (Anlass der Feier, Bestimmung der Gästeliste, Ort der Veranstaltung) ferner bedeutsam sein, ob

– nur ausgesuchte Arbeitskollegen eingeladen werden

– oder ob die Einladung nach allgemeinen Kriterien ausgesprochen wird.

Werden Arbeitskollegen wegen ihrer Zugehörigkeit zu einer bestimmten betrieblichen Einheit (z.B. **alle Arbeitnehmer einer Abteilung**) oder nach ihrer **Funktion**, die sie innerhalb des Betriebes ausüben (z.B. alle Außendienstmitarbeiter oder Auszubildenden), eingeladen, legt dies den Schluss nahe, dass die Aufwendungen für diese Gäste **(nahezu) ausschließlich beruflich veranlasst** sind, und zwar auch dann, wenn der Stpfl. zu einzelnen dieser nach abstrakten berufsbezogenen Gründen eingeladenen Kollegen freundschaftlichen Kontakt pflegen sollte (BFH v. 8.7.2015, VI R 46/14, www.stotax-first.de, betr. Aufwendungen eines Arbeitnehmers für die Feier des Geburtstags und der Bestellung zum Steuerberater; „der Schluss auf rein berufliche Erwägungen für die Einladung einzelner oder aller Arbeitskollegen wird insbesondere dann in Betracht kommen, wenn und soweit diese nach abstrakten berufsbezogenen Kriterien eingeladen wurden, z.B. wenn der Stpfl. sämtliche Steuerberater des Unternehmens oder der Niederlassung, bei der er tätig ist, eingeladen haben sollte").

Werden demgegenüber **nur einzelne Arbeitskollegen eingeladen**, kann dies nach diesem Urteil auf eine nicht nur **unerhebliche private Mitveranlassung** der Aufwendungen für diese Gäste schließen lassen und ein Abzug deshalb ausscheiden.

Für die Aufteilung der Kosten gilt nach der o.g. neuen BFH-Rechtsprechung somit Folgendes:

aa) Beruflich veranlasste Feiern

739 Ein **voller Abzug als Werbungskosten** ist möglich, wenn die Aufwendungen so gut wie ausschließlich beruflich veranlasst sind. Eine **untergeordnete private Bedeutung** ist im Regelfall anzunehmen, wenn der Zusammenhang mit der privaten Lebensführung **weniger als 10 %** beträgt (so schon BFH v. 10.7.2008, VI R 26/07, www.stotax-first.de).

> **Beispiel:**
> A hält als neuer Ordinarius in den Räumen der Universität seine Antrittsvorlesung. An dem anschließenden Empfang nehmen 270 geladene Gäste teil, von denen 15 dem privaten Umfeld des A zuzurechnen sind. Die Kosten des Empfangs von rund 10 000 € werden von A übernommen.
>
> Die Antrittsvorlesung und der anschließende Empfang sind beruflich veranlasst, so dass die Aufwendungen in vollem Umfang als Werbungskosten abgezogen werden können. Dies gilt auch für den Anteil, der auf die privat eingeladenen Gäste entfällt, da diese weniger als 10 % der Gäste ausmachen (BFH v. 10.7.2008, VI R 26/07, www.stotax-first.de).

bb) Gemischt veranlasste Feiern

740 Sind Aufwendungen für eine Feier gemischt veranlasst, d.h. im o.g. Urteil aus **beruflichem Anlass** (Bestellung zum Steuerberater) und aus **privatem Anlass** (30. Geburtstag), und haben daran sowohl Gäste aus dem privaten als auch dem beruflichen Umfeld teilgenommen, kann der als Werbungskosten abziehbare Betrag anhand der Herkunft der Gäste aus dem beruflichen Umfeld ermittelt werden (= Aufteilung der Aufwendungen nach Köpfen). Soweit nach den Grundsätzen des BFH v. 8.7.2015, VI R 46/14, www.stotax-first.de, nicht nur ausgesuchte Gäste bzw. **Kollegen aus dem beruflichen Umfeld** eingeladen werden, sondern z.B. die ganze Abteilung, sind die auf diese Personen entfallenden Aufwendungen nahezu **ausschließlich beruflich veranlasst** und ein Werbungskostenabzug insoweit möglich.

Die Aufwendungen für die **privat eingeladenen Gäste** (z.B. Familie, Freunde) sind dagegen insgesamt nicht abzugsfähig.

cc) Privat veranlasste Feiern

741 Nach BMF v. 6.7.2010, IV C 3 – S 2227/07/10003 :002, BStBl I 2010, 614, Tz. 5) sind Bewirtungskosten aus einem **rein persönlichen Anlass**, z.B. Geburtstag, als sog. Repräsentationskosten im Allgemeinen insgesamt nicht abzugsfähig, auch nicht soweit es sich bei den Gästen um Mitarbeiter, Kunden usw. handelt. Abgelehnt hat eine solche Aufteilung anhand der „Gästeliste" zuletzt FG Köln v. 11.11.2014, EFG 2015, 635 betr. eine Hochzeitsfeier.

Auch der BFH hat im o.g. Urteil VI R 46/14 entschieden, dass, wenn nur einzelne Arbeitskollegen eingeladen werden, dies auf eine nicht nur unerhebliche private Mitveranlassung der Aufwendungen für diese Gäste schließen lassen und ein **Abzug deshalb ausscheiden** kann.

c) Bewirtung von Geschäftsfreunden des Arbeitgebers in Gaststätten

742 Lädt ein Arbeitnehmer z.B. während einer Auswärtstätigkeit (z.B. Dienstreise oder Messe) **Geschäftsfreunde** (z.B. Kunden, Lieferanten, Handelsvertreter, Pressevertreter, Besucher) in Gaststätten zum Essen ein, so können die Aufwendungen grundsätzlich als Werbungskosten berücksichtigt werden (BFH v. 8.11.1984, IV R 186/82, BStBl II 1985, 286). Dabei ist die **neuere BFH-Rechtsprechung** zu beachten, wonach die berufliche Veranlassung einer Aufwendung grundsätzlich nicht davon abhängt, ob sie sich konkret auf die Höhe des Arbeitslohns auswirkt, weil der Arbeitnehmer umsatz- oder erfolgsabhängige Einnahmen erzielt. Bei der Würdigung, ob Aufwendungen (insbesondere für Bewirtung und Werbegeschenke) beruflich veranlasst sind, kann der Umstand, ob ein Arbeitnehmer **variable, vom Erfolg seiner Arbeit abhängige Entlohnung** erhält, zwar ein gewichtiges **Indiz** darstellen. Denn in einem solchen Fall hat es ein Arbeitnehmer in größerem Umfang selbst in der Hand, die Höhe seiner Bezüge zu beeinflussen. Liegt indessen eine derartige Entlohnung nicht vor, so verlieren Aufwendungen nicht ohne Weiteres ihren beruflichen Charakter; der Erwerbsbezug kann sich auch aus **anderen Umständen** ergeben (BFH v. 24.5.2007, VI R 78/04, BStBl II 2007, 721 betr. Bewirtungskosten und Werbegeschenke eines Außendienstmitarbeiters).

Werden dem Arbeitnehmer die Aufwendungen vom Arbeitgeber erstattet, handelt es sich – auch hinsichtlich des „Eigenanteils" des Arbeitnehmers – um **steuerfreien Auslagenersatz** (§ 3 Nr. 50 EStG). Der Arbeitgeber darf diese Kosten allerdings nur zu 70 % als Betriebsausgaben absetzen.

Lehnt der Arbeitgeber eine Erstattung ab, kann dies allerdings **ein** Indiz dafür sein, dass die Aufwendungen in nicht unerheblichem Umfang privat mitveranlasst sind (vgl. zuletzt BFH v. 27.8.2002, VI R 22/01, BStBl II 2003, 369 m.w.N. betr. nicht ersetzte Reisekosten für eine Auslandsdienstreise).

Anerkannt als Werbungskosten wurden z.B.

– Aufwendungen eines **Vertriebsbeauftragten im kaufmännischen Außendienst** für die Bewirtung von Kunden (BFH v. 16.3.1984, VI R 174/80, BStBl II 1984, 433);

– Aufwendungen eines angestellten **Vertreters einer Elektro-Großhandlung** für Blumen, Zigaretten und Getränke für Kunden seines Arbeitgebers bei geschäftlichen Besprechungen (FG Berlin v. 6.3.1981, III 366/79, EFG 1981, 559).

Nicht anerkannt als Werbungskosten wurden dagegen z.B.

– Aufwendungen eines **Pharmaberaters** für die Bewirtung von Ärzten und deren Mitarbeitern im Zusammenhang mit der Präsentation von Pharmaprodukten (BFH v. 12.4.2007, VI R 77/04, www.stotax-first.de). Im Streitfall war die berufliche Veranlassung der Bewirtungskosten schon deshalb nicht glaubhaft, weil einige der (angeblichen) Bewirtungen an Wochenenden, an Feiertagen und sogar am Geburtstag des Pharmaberaters stattgefunden haben sollen.

d) Bewirtung in der Wohnung

743 Aufwendungen für die Bewirtung von Personen – das können auch Geschäftsfreunde des Arbeitgebers sein – aus geschäftlichem Anlass in der Wohnung des Arbeitnehmers sind dagegen im Allgemeinen **nicht als Werbungskosten abzugsfähig**, weil dann persönliche Beziehungen unterstellt werden (BFH v. 10.6.1966, VI 261/64, BStBl III 1966, 607 sowie R 4.10 Abs. 6 Satz 8 EStR). Die Rechtsprechung hat daher z.B. Aufwendungen einer Englischlehrerin für die vorübergehende Aufnahme einer Englischlehrerin aus England in ihren Haushalt, um ihre Englischkenntnisse zu verbessern, nicht als Werbungskosten anerkannt (BFH v. 8.10.1993, VI R 10/90, BStBl II 1994, 114). Auf Grund dieses Urteils lehnt die Finanzverwaltung auch den Werbungskostenabzug von Aufwendungen für die **Aufnahme von Gastlehrern i.R.d. Schüleraustausches** ab, selbst wenn es sich um einen „Gegenbesuch" handelt (FinMin Bayern v. 27.3.1995, 32 – S 2350 – 28/7 – 4714,

Bewirtungskosten

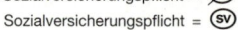

www.stotax-first.de; a.A. FG Baden-Württemberg v. 8.5.2008, 14 K 218/02, EFG 2008, 1370 betr. Aufwendungen eines Schulleiters für die Aufnahme einer Gastlehrerin aus Israel i.R.d. Schüleraustauschs).

Ausnahmen gelten, wenn

- **ausländische Geschäftsfreunde die Unterbringung in einem Hotel ablehnen**, um Einblick in deutsche Familien zu gewinnen (BFH v. 10.6.1966, VI 261/64, BStBl III 1966, 607),
- wegen der **Vielzahl der aus betrieblichem Anlass bewirteten Personen** das private Umfeld völlig in den Hintergrund tritt (BFH v. 1.2.2007, VI R 25/03, BStBl II 2007, 459 betr. Gartenfest des Geschäftsführers anlässlich seines 25-jährigen Dienstjubiläums für die Belegschaft),
- eine **geschäftliche Unterredung geheim gehalten** werden soll oder aus Zeitgründen keine in der Nähe liegende geeignete Gaststätte aufgesucht werden konnte,
- die Besprechung und damit auch die Bewirtung der Geschäftsfreunde in betrieblichen Räumen, z.B. im **häuslichen Arbeitszimmer**, erfolgt.

An den **Nachweis** der nahezu ausschließlichen beruflichen Veranlassung sind jedoch **strenge Anforderungen** zu stellen (zuletzt FG Düsseldorf v. 25.10.2012, 14 K 1173/11 Kg, EFG 2013, 130; FG Rheinland-Pfalz v. 21.2.2013, 4 K 1810/11, www.stotax-first.de, und FG Saarland v. 28.2.2013, 2 K 1305/12, www.stotax-first.de, betr. sog. **Lernarbeitsgemeinschaften im häuslichen Bereich**).

e) Bewirtung von Mitarbeitern

aa) Arbeitnehmer hat „feststehende Bezüge"

744 Aufwendungen von Arbeitnehmern mit feststehenden Bezügen zu Gunsten anderer, ihnen unterstellter Arbeitnehmer desselben Arbeitgebers oder für die Bewirtung anderer Personen konnten nach bisheriger BFH-Rechtsprechung grundsätzlich nicht als Werbungskosten anerkannt werden, auch wenn sie zugleich der **Verbesserung des Betriebsklimas** dienen sollten.

Nach der **neueren BFH-Rechtsprechung** hängt die berufliche Veranlassung einer Aufwendung jedoch grundsätzlich nicht davon ab, ob sie sich konkret auf die Höhe des Arbeitslohns auswirkt. Ob ein Arbeitnehmer **erfolgsabhängige bzw. erfolgsunabhängige Bezüge** hat, ist lediglich noch als Indiz für die berufliche oder private Veranlassung der Aufwendungen zu werten (zuletzt BFH v. 24.5.2007, VI R 78/04, BStBl II 2007, 721 sowie ausführlich FG Thüringen v. 9.10.2013, 3 K 306/12, EFG 2014, 1290 betr. Aufwendungen für die „Mitarbeitermotivationsskifreizeit" als Werbungskosten eines angestellten Chefarztes). Der BFH hat Bewirtungsaufwendungen, die einem **Offizier für einen Empfang aus Anlass der Übergabe der Dienstgeschäfte** (Kommandoübergabe) und der Verabschiedung in den Ruhestand entstehen, in voller Höhe als Werbungskosten anerkannt (vgl. BFH v. 11.1.2007, VI R 52/03, BStBl II 2007, 317 und v. 19.6.2008, VI R 48/07, BStBl II 2008, 870). Der BFH sah es als unerheblich an, dass der Kläger als Soldat keine erfolgsabhängigen Bezüge erhielt und nach der Beendigung der aktiven Dienstzeit nur noch ein Ruhegehalt bezog.

Anerkannt als Werbungskosten wurden im Anschluss an die geänderte BFH-Rechtsprechung z.B. auch Bewirtungsaufwendungen

- eines **Lehrers** für die Aufnahme einer russischen Gastlehrerin sowie Aufwendungen anlässlich einer Weihnachtsaktion (Bewirtung) und im Zusammenhang mit Theateraufführungen (Fahrtkosten, Blumenpräsent) der Schule, wenn der Aufenthalt der Gastlehrerin mit dem konkreten beruflichen Bildungsauftrag des Lehrers in Verbindung gestanden und die Schule mangels eigener finanzieller Mittel von dem Lehrer eine Beherbergung und Verköstigung der Gastlehrerin im Rahmen der Erfüllung seines Bildungsauftrags erwartet hat (BFH v. 18.10.2007, VI R 43/04, HFR 2008, 332);
- eines **Personalrats** u.a. für Kaffee oder sonstige Getränke sowie kleinere Präsente (Geschenke, Blumen etc.) bei örtlichen und überörtlichen Zusammenkünften und Treffen mit anderen Personalräten, Amtsleitern, Beigeordneten, Kollegen u.a. anlässlich von Besprechungen, Jubiläen und Beförderungen (BFH v. 15.11.2007, VI R 91/04, HFR 2008, 687);
- eines **Behördenleiters** für eine Feier mit seinen Mitarbeitern anlässlich des fünfjährigen Bestehens der Behörde im Anschluss an eine Dienstbesprechung und als Ersatz für die üblicherweise stattfindende Weihnachtsfeier (BFH v. 6.3.2008, VI R 68/06, HFR 2008, 928);
- eines **Chefarztes** an einer Universitätsklinik für eine Antrittsvorlesung mit anschließendem Empfang sowie für eine Betriebsfeier mit seinen Mitarbeitern (BFH v. 10.7.2008, VI R 26/07, www.stotax-first.de);
- eines **Schulleiters** für die Aufnahme einer Gastlehrerin aus Israel i.R.d. Schüleraustauschs (FG Baden-Württemberg v. 8.5.2008, 14 K 218/02, EFG 2008, 1370);
- von **leitenden Beamten** (z.B. Minister, Staatssekretäre, Abteilungsleiter), wenn diese sich durch Zuschüsse an betrieblichen Weihnachtsfeiern, Betriebsausflügen usw. beteiligen, nicht dagegen, wenn es sich nicht um „Feiern der Behörde" handelt, sondern um zusätzliche, auf eigene Initiative und Kosten durchgeführte Veranstaltungen (OFD Hannover v. 1.9.2009, S 2350 – 32 – StO 217, StEd 2009, 730). Anerkannt wurden auch Bewirtungskosten anlässlich einer Versetzung, sog. Ausstand (FG München v. 21.7.2009, 6 K 2907/08, www.stotax-first.de);
- eines in den **Ruhestand tretenden Oberarztes** eines Krankenhauses für eine krankenhausinterne Abschiedsfeier mit Mitarbeitern (BFH v. 26.1.2010, VI B 95/09, www.stotax-first.de).

Ein Werbungskostenabzug kommt ferner in Betracht, wenn die Bewirtung ausschließlich beruflich veranlasst ist, z.B. anlässlich einer **Dienstbesprechung oder Fortbildungsveranstaltung** (BFH v. 4.12.1992, VI R 59/92, BStBl II 1993, 350 sowie zuletzt FG Baden-Württemberg v. 18.1.2000, 1 K 255/99, EFG 2000, 312).

Nicht anerkannt als Werbungskosten wurden dagegen z.B.

- Aufwendungen eines **Schulleiters** für Geschenke an Kollegen und Mitarbeiter anlässlich von Jubiläen, Verabschiedungen, Geburtstagen, sowie von Krankheitsbesuchen von Kollegen, Elternvertretern sowie Besuchern der Schule (FG Bremen v. 17.1.2008, 4 K 168/07 (6), EFG 2008, 1281);
- Aufwendungen für die Feierlichkeiten anlässlich der Übergabe einer Festschrift an einen **emeritierten Hochschulprofessor**. Eine quotale Aufteilung in betrieblich und private veranlasste Beträge kommt nicht in Betracht, da insoweit kein vernünftiger Aufteilungsmaßstab erkennbar ist (FG Köln v. 15.12.2011, 10 K 2013/10, EFG 2012, 590).

bb) Arbeitnehmer hat „erfolgsabhängige Bezüge"

Bewirtungskosten eines Arbeitnehmers zu Gunsten anderer, insbesondere ihm **unterstellter Arbeitnehmer** desselben Arbeitgebers, können v.a. dann als **Werbungskosten** abzugsfähig sein, wenn es sich um einen Arbeitnehmer mit **variablen Bezügen handelt, die der Höhe nach vom Erfolg seiner Mitarbeiter oder seines Tätigkeitsbereichs abhängig** sind (z.B. bei einem Handelsvertreter). Die Bewirtungskosten des Arbeitnehmers dienen dann dem Zweck, seine von deren Erfolg abhängigen Bezüge zu steigern, und sind somit beruflich veranlasste Werbungskosten. Die berufliche Veranlassung der Aufwendungen kann sich allerdings auch aus **anderen Umständen** ergeben (zuletzt BFH v. 19.6.2008, VI R 33/07, BStBl II 2009, 11 m.w.N. betr. Aufwendungen eines Bereichsleiters mit teilweise variablen, vom Erfolg der Mitarbeiter abhängigen Bezügen für die Bewirtung seiner Mitarbeiter im Rahmen gesellschaftlicher Veranstaltungen). Die Tatsache allein, dass ein Arbeitnehmer erfolgsabhängige Bezüge erhält, reicht nach diesem Urteil jedoch für die Anerkennung von Aufwendungen für Feierlichkeiten als Werbungskosten nicht aus. Zu prüfen ist auch in diesen Fällen, ob die **sonstigen Umstände der Bewirtungen (wie Anlass der Feier, Ort der Veranstaltung, Teilnehmer, sonstige Begleitumstände) für eine berufliche oder eher private Veranlassung sprechen**. Nicht erforderlich ist dagegen, dass der Arbeitnehmer die Bewirtung vorher den Mitarbeitern als Belohnung in Aussicht gestellt hat.

Anerkannt als Werbungskosten wurden z.B. Aufwendungen

- eines **Geschäftsführers**, der neben einem festen Gehalt eine erfolgsabhängige Tantieme bezog, für sein 25-jähriges Dienstjubiläum (BFH v. 1.2.2007, VI R 25/03, BStBl II 2007, 459),
- eines **Außendienstmitarbeiters** für Bewirtung und Werbegeschenke für Kunden (BFH v. 24.5.2007, VI R 78/04, BStBl II 2007, 721),
- eines **Versicherungskaufmanns** für eine Jahresabschlussfeier mit ihm unterstellten Mitarbeitern (BFH v. 19.6.2008, VI R 7/07, www.stotax-first.de),
- eines **Abteilungsleiters** für eine Weihnachtsfeier mit Mitarbeitern in einem Brauhaus (BFH v. 19.6.2008, VI R 12/07, www.stotax-first.de),
- eines **Bereichsleiters** für die Bewirtung seiner Mitarbeiter bei einer Jahresabschlussfeier (FG Rheinland-Pfalz v. 19.2.2009, 5 K 1666/08, www.stotax-first.de),
- eines **Dipl.-Ing.** für eine Abschiedsfeier anlässlich seines Arbeitgeberwechsels, zu der nahezu ausschließlich Kollegen und Geschäftspartner eingeladen wurden (FG Münster v. 29.5.2015, 4 K 3236/12 E, EFG 2015, 1520).

f) Bewirtung von Fachkollegen

746 Aufwendungen für die Bewirtung von Kollegen sind in der Rechtsprechung bisher im Allgemeinen nicht als Werbungskosten anerkannt worden. Auch hier ist jedoch die **Rechtsprechungsänderung** zu beachten, wonach es immer auf die Gesamtumstände des einzelnen Falls ankommt.

Anerkannt als Werbungskosten wurden z.B. Aufwendungen

- eines **Lehrers** für die Aufnahme einer Gastlehrerin aus Israel i.R.d. Schüleraustauschs (FG Baden-Württemberg v. 8.5.2008, 14 K 218/02, EFG 2008, 1370).

Nicht anerkannt als Werbungskosten wurden dagegen z.B.

- Aufwendungen eines **Schulleiters** für Geschenke an Kollegen und Mitarbeiter anlässlich von Jubiläen, Verabschiedungen, Geburtstagen, sowie von Krankheitsbesuchen von Kollegen, Elternvertretern sowie Besuchern der Schule (FG Bremen v. 17.1.2008, 4 K 168/07 (6), EFG 2008, 1281).

g) Bewirtung aus Anlass von Feierlichkeiten

747 In seiner **neueren Rechtsprechung** erkennt der BFH – entsprechend der Behandlung auf der „Arbeitslohnseite" (→ Rz. 730) – den **Werbungskostenabzug** an, wenn

- der **Arbeitnehmer eine variable, vom Erfolg seiner Arbeit abhängige Entlohnung erhält** und die Veranstaltung nicht den Charakter einer privaten Feier aufweist (BFH v. 19.6.2008, VI R 33/07, BStBl II 2009, 11), dazu → Rz. 744,

- oder es sich um ein **„Fest des Arbeitgebers" handelt** (zuletzt BFH v. 11.1.2007, VI R 52/03, BStBl II 2007, 317 und v. 19.6.2008, VI R 48/07, BStBl II 2008, 870 betr. einen Empfang aus Anlass der Übergabe der Dienstgeschäfte und der Verabschiedung in den Ruhestand sowie v. 1.2.2007, VI R 25/03, BStBl II 2007, 459 zum Dienstjubiläum).

Ein **„Fest des Arbeitgebers"** ist nach diesen Urteilen anzunehmen, wenn

- der Arbeitgeber als Gastgeber auftritt, der die Gästeliste bestimmt,

- es sich bei den Gästen um Geschäftspartner des Arbeitgebers, Angehörige des öffentlichen Lebens sowie der Presse, Verbandsfunktionäre, Kollegen, Mitarbeiter des Arbeitnehmers oder des Arbeitgebers handelt (also nicht um private Bekannte und Freunde des Arbeitnehmers!),

- der Empfang in den Räumen des Arbeitgebers stattfindet

- und das Fest nicht den Charakter einer privaten Feier aufweist.

In der Praxis sind diese Voraussetzungen häufig auch bei **Bewirtungskosten von Behördenleitern aus Anlass der Übergabe der Dienstgeschäfte** erfüllt (OFD Niedersachsen v. 29.11.2011, S 2350 – 32 – St 215, www.stotax-first.de).

> **Beispiel:**
> A, Vorsteher des Finanzamts B, wird in den Ruhestand verabschiedet; gleichzeitig wird der neue Vorsteher eingeführt. Die Feier findet im Sitzungssaal des Finanzamts statt. Die Gästeliste wird im Wesentlichen von der Oberfinanzdirektion bestimmt. Der Eigenanteil des A an den Bewirtungskosten beträgt 1 000 €.
> Es handelt sich auch hier um ein „Fest des Arbeitgebers". A kann somit die von ihm getragenen Bewirtungskosten in voller Höhe als Werbungskosten absetzen (OFD Niedersachsen v. 29.11.2011, S 2350 – 32 – St 215, www.stotax-first.de, i.V.m. BFH v. 19.6.2008, VI R 48/07, BStBl II 2008, 870).

Anerkannt als Werbungskosten wurden z.B. Aufwendungen

- für die **Kommandoübergabe mit Verabschiedung aus dem Dienst eines Brigadegenerals** (BFH v. 19.6.2008, VI R 48/07, BStBl II 2008, 870);

- eines **Geschäftsführers** für sein 25-jähriges Dienstjubiläum (BFH v. 1.2.2007, VI R 25/03, BStBl II 2007, 459);

- eines in den **Ruhestand tretenden Oberarztes** eines Krankenhauses für eine krankenhausinterne Abschiedsfeier mit Mitarbeitern (BFH v. 26.1.2010, VI B 95/09, www.stotax-first.de);

- für eine **Abschiedsfeier eines Bereichsleiters** mit seinen Mitarbeitern nach einem „Rausschmiss", auch wenn die Feier nicht in den Räumen des Arbeitgebers stattfindet, sondern in einem Clubhaus (FG Niedersachsen v. 17.8.2010, 8 K 90/08, B+P 2010, 769);

- eines **Finanzbeamten** für eine Abschiedsfeier mit Kollegen im Finanzamt anlässlich seines Ausscheidens aus dem Beamtenverhältnis, weil er sich selbständig machen wollte (FG Hessen v. 23.4.2013, 3 K 11/10, EFG 2013, 1583);

- eines **Beamten anlässlich des Beginns der Freistellungsphase seiner Altersteilzeit** (FG Schleswig-Holstein v. 8.7.2014, 5 K 154/12, www.stotax-first.de).

Nicht anerkannt als Werbungskosten wurden dagegen z.B. Aufwendungen

- eines leitenden Angestellten mit Personalverantwortung für einen **zweitägigen Wanderausflug** nach Südtirol mit ihm zugeordneten Mitarbeitern und ihren Lebenspartnern aus Anlass seines 65. Geburtstags und seines Eintritts in den Ruhestand (FG München v. 23.10.2007, 13 K 3466/06, www.stotax-first.de);

- des Gesellschafters einer Sozietät anlässlich einer Veranstaltung, mit der sein **Berufsjubiläum in zeitlicher Nähe zu seinem „runden" Geburtstag** gefeiert wird (FG Rheinland-Pfalz v. 16.9.2008, 2 K 2606/06, EFG 2009, 9);

- eines verbeamteten Priesters für eine Feier anlässlich seines **25-jährigen Priesterjubiläums**, da die Feier ausschließlich der kirchlichen Sphäre und nicht der beruflichen Sphäre zuzuordnen ist (BFH v. 24.9.2013, VI R 35/11, www.stotax-first.de);

- des **Gesellschafter-Geschäftsführers** einer GmbH anlässlich seines **60. Geburtstags** (FG Münster v. 12.5.2011, 10 K 1643/10 E, www.stotax-first.de);

- eines Beamten im Zusammenhang mit der Ausrichtung einer ausschließlich von ihm selbst veranlassten und organisierten Feier anlässlich seines **40-jährigen Dienstjubiläums** (FG Niedersachsen v. 3.12.2014, 4 K 28/14, www.stotax-first.de, Revision eingelegt, Az. beim BFH: VI R 24/15);

- für eine **Hochzeit** (FG Köln v. 11.11.2014, 2 K 1706/11, EFG 2015, 635 sowie FG Nürnberg v. 5.12.2014, 7 K 1981/12, EFG 2015, 1188).

6. Gesetzliche Beschränkung des Werbungskostenabzugs

a) Abzugsbeschränkung

748 Nach § 4 Abs. 5 Satz 1 Nr. 2 EStG, der über § 9 Abs. 5 EStG auch für den Werbungskostenabzug von **Arbeitnehmern** gilt, sind Aufwendungen für die Bewirtung von Personen aus geschäftlichem Anlass nur bis zu **70 % der Aufwendungen** abzugsfähig. Voraussetzung für den Werbungskostenabzug ist weiter, dass die Aufwendungen als **angemessen** anzusehen sind und die Höhe der Bewirtungskosten sowie die betriebliche bzw. berufliche Veranlassung **nachgewiesen** wird. Das gilt auch, wenn sie betrieblich veranlasst sind (BFH v. 15.1.2003, XI B 159/02, www.stotax-first.de).

b) Keine Abzugsbeschränkung

749 Die Beschränkungen gelten nicht, wenn ein **Arbeitnehmer Dritte nicht aus „geschäftlichem Anlass" i.S.d. § 4 Abs. 5 Satz 1 Nr. 2 EStG, sondern aus allgemeinen beruflichen Gründen bewirtet** und die Voraussetzungen für den Werbungskostenabzug vorliegen.

Dies ist z.B. der Fall, wenn der Arbeitnehmer

- **nicht selbst als bewirtende Person auftritt, weil es sich z.B. um ein „Fest des Arbeitgebers" handelt** (s. z.B. BFH v. 19.6.2008, VI R 48/07, BStBl II 2008, 870 betr. die Kommandoübergabe eines Brigadegenerals),

- **erfolgsabhängige Bezüge hat und Mitarbeiter bewirtet**, um sie zu Leistungssteigerungen zu motivieren (s. z.B. BFH v. 19.6.2008, VI R 12/07, www.stotax-first.de, sowie v. 19.6.2008, VI R 7/07, www.stotax-first.de, betr. die Weihnachtsfeiern leitender Angestellter mit ihren Mitarbeitern),

- aus beruflichem Anlass **Aufwendungen für die Bewirtung von Arbeitskollegen seines Arbeitgebers** trägt (s. z.B. BFH v. 10.7.2008, VI R 26/07, www.stotax-first.de, betr. die Antrittsvorlesung eines Chefarztes mit anschließendem Empfang).

In diesen Fällen sind die Aufwendungen **in voller Höhe als Werbungskosten abzugsfähig**.

c) Nachweispflichten

750 Zum Nachweis der Höhe und der betrieblichen Veranlassung der Aufwendungen hat der Stpfl. schriftlich die folgenden Angaben zu machen (§ 4 Abs. 5 Satz 1 Nr. 2 EStG):

Bewirtungskosten

„Ort, Tag, Teilnehmer und Anlass der Bewirtung sowie die Höhe der Aufwendungen. Hat die Bewirtung in einer **Gaststätte** stattgefunden, so genügen Angaben zu dem Anlass und den Teilnehmern der Bewirtung; die Rechnung über die Bewirtung ist beizufügen".

Diese formellen Voraussetzungen gelten grundsätzlich auch für **Bewirtungskosten von Arbeitnehmern** (FG Köln v. 2.5.2007, 5 K 703/07, EFG 2007, 1890), allerdings nur, wenn die Abzugsbeschränkung des § 4 Abs. 5 Satz 1 Nr. 2 EStG überhaupt Anwendung findet (zu den Ausnahmefällen → Rz. 748).

Weitere Einzelheiten zu den Nachweispflichten sind in **R 4.10 Abs. 8 und 9 EStR** geregelt:

Der Nachweis der Höhe und der betrieblichen Veranlassung der Aufwendungen durch schriftliche Angaben zu Ort, Tag, Teilnehmer und Anlass der Bewirtung sowie Höhe der Aufwendungen ist **gesetzliches Tatbestandsmerkmal** für den Abzug der Bewirtungsaufwendungen als Betriebsausgaben. Bei Bewirtung in einer **Gaststätte** genügen neben der beizufügenden Rechnung Angaben zu dem Anlass und den Teilnehmern der Bewirtung; auch hierbei handelt es sich um ein gesetzliches Tatbestandsmerkmal für den Abzug der Bewirtungsaufwendungen als Betriebsausgaben. Aus der Rechnung müssen sich **Name und Anschrift der Gaststätte sowie der Tag der Bewirtung** ergeben. Die **Rechnung muss auch den Namen des bewirtenden Stpfl.** enthalten; dies gilt **nicht**, wenn der **Gesamtbetrag der Rechnung 150 € nicht übersteigt** (zuletzt BFH v. 18.4.2012, X R 57/09, BStBl II 2012, 770 m.w.N.). Die schriftlichen Angaben können auf der Rechnung oder **getrennt** gemacht werden. Erfolgen die Angaben getrennt von der Rechnung, müssen das **Schriftstück über die Angaben und die Rechnung grundsätzlich zusammengefügt** werden. Ausnahmsweise genügt es, den Zusammenhang dadurch darzustellen, dass auf der Rechnung und dem Schriftstück über die Angaben **Gegenseitigkeitshinweise** angebracht werden, so dass Rechnung und Schriftstück jederzeit zusammengefügt werden können. Die Rechnung muss den **Anforderungen des § 14 UStG** genügen und **maschinell erstellt und registriert** sein. Die in Anspruch genommenen Leistungen sind nach Art, Umfang, Entgelt und Tag der Bewirtung in der Rechnung gesondert zu bezeichnen; die für den Vorsteuerabzug ausreichende **Angabe „Speisen und Getränke"** und die Angabe der für die Bewirtung in Rechnung gestellten Gesamtsumme sind für den Betriebsausgabenabzug **nicht ausreichend.**

Angaben wie „Geschäftsbesprechung, Akquisitionsbesprechung oder Mandatsbesprechung" sind zu allgemein, um die betriebliche Veranlassung der Betriebsausgaben in hinreichender Weise nachprüfen zu können (FG München v. 31.10.2007, 1 V 3459/07, www.stotax-first.de). Es reicht auch nicht aus, dass die bewirtete Person – wie z.B. der Steuerberater der Firma – in dauernder Geschäftsbeziehung zu dem Stpfl. steht (FG Berlin-Brandenburg v. 11.5.2011, 12 K 12209/10, EFG 2011, 2130).

Zur **Bezeichnung der Teilnehmer** der Bewirtung ist grundsätzlich die **Angabe ihres Namens** erforderlich. Auf die Angabe der Namen kann jedoch verzichtet werden, wenn ihre **Feststellung dem Stpfl. nicht zugemutet** werden kann. Das ist z.B. bei Bewirtungen anlässlich von **Betriebsbesichtigungen** durch eine größere Personenzahl und bei vergleichbaren Anlässen der Fall. In diesen Fällen sind die Zahl der Teilnehmer der Bewirtung sowie eine die Personengruppe kennzeichnende **Sammelbezeichnung** anzugeben. Die Angaben über den Anlass der Bewirtung müssen den **Zusammenhang mit einem geschäftlichen Vorgang** oder einer Geschäftsbeziehung erkennen lassen.

> **Beispiel:**
> A lädt während der Hannover-Messe einen Kunden zum Essen in ein Lokal ein. Der Arbeitnehmer lässt sich die Rechnung von seinem Arbeitgeber erstatten.
>
> Die Erstattung der Kosten ist als Auslagenersatz nach § 3 Nr. 50 EStG steuerfrei (→ *Auslagenersatz und durchlaufende Gelder* Rz. 432). Der Arbeitgeber kann die Kosten i.H.v. 70 % als Betriebsausgaben absetzen, soweit sie nicht unangemessen sind. Dies wäre z.B. der Fall, wenn A den Kunden in ein Striptease-Lokal eingeladen hätte (vgl. z.B. BFH v. 16.2.1990, III R 21/86, BStBl II 1990, 575). Damit der Arbeitgeber die Aufwendungen als Betriebsausgaben absetzen kann, sollte A darauf achten, dass er vom Wirt eine „ordnungsgemäße Rechnung" erhält und er auf dieser die erforderlichen Eintragungen (Anlass und Teilnehmer der Bewirtung) vornimmt.

Die formellen Kriterien müssen bei allen Berufen genau befolgt werden. Auch **Journalisten** können die erforderlichen Angaben zu Teilnehmern und Anlass einer Bewirtung i.d.R. **nicht** unter Berufung auf das Pressegeheimnis **verweigern,** die Angabe „Hintergrund- oder Infogespräch" reicht somit für die steuerliche Anerkennung nicht aus (BFH v. 19.3.1998, IV R 40/95, BStBl II 1998, 610 und v. 1.9.1998, VIII R 46/93, HFR 1999, 453). Entsprechendes gilt für **Rechtsanwälte,** die der Schweigepflicht unterliegen (BFH v. 26.2.2004, IV R 50/01, BStBl II 2004, 502).

Für den Abzug von **Bewirtungskosten** kann die unterbliebene Angabe des Bewirtenden im Rechtsbehelfsverfahren nachgeholt werden (BFH v. 19.3.1998, IV R 40/95, BStBl II 1998, 610 und v. 1.9.1998, VIII R 46/93, HFR 1999, 453).

Bewirtungskosten müssen einzeln und getrennt von den sonstigen Betriebsausgaben aufgezeichnet werden (§ 4 Abs. 7 Satz 1 EStG). Dieser Aufzeichnungspflicht ist nur genügt, wenn die Bewirtungsaufwendungen jeweils von Anfang an, fortlaufend und zeitnah, gesondert von sonstigen Betriebsausgaben schriftlich festgehalten werden, weil nur so die sachlich zutreffende Zuordnung solcher Aufwendungen und die einfache Prüfung ihrer Abziehbarkeit gewährleistet ist (zuletzt BFH v. 13.5.2004, IV R 47/02, HFR 2004, 1179).

Aufwendungen für die Bewirtung von Personen aus geschäftlichem Anlass sind auch dann i.S.v. § 4 Abs. 7 Satz 1 EStG getrennt von den sonstigen Betriebsausgaben aufgezeichnet, wenn in der Buchführung nur **ein Konto** für Bewirtungsaufwendungen vorgesehen ist und auf diesem Konto auch Bewirtungsaufwendungen gebucht werden, die nicht der Abzugsbeschränkung gem. § 4 Abs. 5 Satz 1 Nr. 2 EStG unterliegen. Eine **Fehlbuchung** auf einem Konto, das für die in § 4 Abs. 7 Satz 1 EStG bezeichneten Aufwendungen vorgesehen ist, steht einer getrennten Aufzeichnung dieser Aufwendungen nicht entgegen, wenn sich die Fehlbuchung nach dem Rechtsgedanken des § 129 AO als offenbare Unrichtigkeit erweist (BFH v. 19.8.1999, IV R 20/99, BStBl II 2000, 203).

d) Pauschalierung der Einkommensteuer

751 Nach dem ab 2007 geltenden § 37b EStG können Stpfl. aus Vereinfachungsgründen die Einkommensteuer für **Sachzuwendungen,** und zwar für

– **betrieblich veranlassten Zuwendungen, die zusätzlich zur ohnehin vereinbarten Leistung oder Gegenleistung erbracht werden** (hierzu gehören z.B. Eintrittskarten für den Besuch sportlicher, kultureller oder musikalischer Veranstaltungen oder auch Incentive-Reisen),

– und **Geschenke** i.S.d. § 4 Abs. 5 Satz 1 Nr. 1 EStG,

sowohl an **Nichtarbeitnehmer** des Stpfl. (z.B. Kunden, Geschäftsfreunde, deren Arbeitnehmer) als auch an **eigene Arbeitnehmer** des Stpfl. unter bestimmten Voraussetzungen mit einem **Pauschsteuersatz von 30 %** erheben. Diese Pauschalsteuer gilt die steuerliche Erfassung des geldwerten Vorteils beim Zuwendungsempfänger ab; steuerlicher Arbeitslohn fällt also auf der Empfängerseite nicht an.

Weitere Einzelheiten → *Pauschalierung der Einkommensteuer bei Sachzuwendungen* Rz. 2147.

Bezüge

→ *Laufender Arbeitslohn* Rz. 1771, → *Sonstige Bezüge* Rz. 2704

Bezugsgröße

752 Die Bezugsgröße (§ 18 SGB IV) entspricht dem **Durchschnittsentgelt aller in der gesetzlichen Rentenversicherung** versicherten Arbeitnehmer im vorvergangenen Kalenderjahr.

Für die **neuen Bundesländer** gilt eine abweichende Bezugsgröße. Durch das Gesetz zur Rechtsangleichung in der gesetzlichen Krankenversicherung v. 22.12.1999 (BGBl. I 1999, 2657) wurde mit Wirkung vom 1.1.2001 in der **Kranken- und Pflegeversicherung** die Bezugsgröße in den Rechtskreisen Ost und West vereinheitlicht. In der Renten- und Arbeitslosenversicherung gelten weiterhin die unterschiedlichen Bezugsgrößen (→ *Beiträge zur Sozialversicherung* Rz. 548).

[LSt] = keine Lohnsteuerpflicht
[LSt] = Lohnsteuerpflicht

Kalenderjahr	alte Bundesländer		neue Bundesländer	
	jährlich	monatl.	jährlich	monatl.
2005 KV/PV	28 980 €	2 415 €	28 980 €	2 415 €
2005 RV/ALV	28 980 €	2 415 €	24 360 €	2 030 €
2006 KV/PV	29 400 €	2 450 €	29 400 €	2 450 €
2006 RV/ALV	29 400 €	2 450 €	24 780 €	2 065 €
2007 KV/PV	29 400 €	2 450 €	29 400 €	2 450 €
2007 RV/ALV	29 400 €	2 450 €	25 200 €	2 100 €
2008 KV/PV	29 820 €	2 485 €	29 820 €	2 485 €
2008 RV/ALV	29 820 €	2 485 €	25 200 €	2 100 €
2009 KV/PV	30 240 €	2 520 €	30 240 €	2 520 €
2009 RV/ALV	30 240 €	2 520 €	25 620 €	2 135 €
2010 KV/PV	30 660 €	2 555 €	30 660 €	2 555 €
2010 RV/ALV	30 660 €	2 555 €	26 040 €	2 170 €
2011 KV/PV	30 660 €	2 555 €	30 660 €	2 555 €
2011 RV/ALV	30 660 €	2 555 €	26 880 €	2 240 €
2012 KV/PV	31 500 €	2 625 €	31 500 €	2 625 €
2012 RV/ALV	31 500 €	2 625 €	26 880 €	2 240 €
2013 KV/PV	32 340 €	2 695 €	32 340 €	2 695 €
2013 RV/ALV	32 340 €	2 695 €	27 300 €	2 275 €
2014 KV/PV	33 180 €	2 765 €	33 180 €	2 765 €
2014 RV/ALV	33 180 €	2 765 €	28 140 €	2 345 €
2015 KV/PV	34 020 €	2 835 €	34 020 €	2 835 €
2015 RV/ALV	34 020 €	2 835 €	28 980 €	2 415 €
2016 KV/PV	34 860 €	2 905 €	34 860 €	2 905 €
2016 RV/ALV	34 860 €	2 905 €	30 240 €	2 520 €

Bildschirmarbeit

1. Arbeitgeberersatz

753 Die vom Arbeitgeber auf Grund gesetzlicher Verpflichtung nach § 3 Abs. 2 Nr. 1 und Abs. 3 ArbSchG i.V.m. § 6 BildscharbV sowie der ArbMedVV übernommenen angemessenen Kosten für eine spezielle Sehhilfe stellen keinen Arbeitslohn dar, wenn auf Grund einer Untersuchung der Augen und des Sehvermögens durch eine fachkundige Person i.S. der ArbMedVV die spezielle Sehhilfe notwendig ist, um eine ausreichende Sehfähigkeit in den Entfernungsbereichen des Bildschirmarbeitsplatzes zu gewährleisten (R 19.3 Abs. 2 Nr. 2 LStR).

Die vom Arbeitgeber übernommenen angemessenen Kosten für eine spezielle Sehhilfe des Arbeitnehmers sind nach R 19.3 Abs. 2 Nr. 2 LStR allerdings nur dann nicht als Arbeitslohn anzusehen, wenn auf Grund einer Untersuchung der Augen und des Sehvermögens durch eine **fachkundige Person** i.S.d. § 6 Abs. 1 BildscharbV die spezielle Sehhilfe notwendig ist, um eine ausreichende Sehfähigkeit in den Entfernungsbereichen des Bildschirmarbeitsplatzes zu gewährleisten. Nach Auffassung der Finanzverwaltung kann als „fachkundige Person" nur ein **Augenarzt (oder auch ein Betriebsarzt) angesehen werden, nicht jedoch ein Optiker.** Lässt sich ein Arbeitnehmer vom Optiker eine spezielle Bildschirmarbeitsbrille anfertigen, stellt die Übernahme dieser Kosten durch den Arbeitgeber nur dann keinen Arbeitslohn dar, wenn **vor** der Anfertigung eine spezielle Bildschirmarbeitsbrille vom **Augenarzt verordnet** wurde. Eine nachträglich vorgelegte Verordnung erkennt die Finanzverwaltung regelmäßig nicht an (FinMin Berlin v. 28.9.2009, III B – S 2332 – 10/2008, StEd 2009, 681).

Die Übernahme von **Massagekosten** für Bildschirmarbeitnehmer durch den Arbeitgeber stellt **keinen steuerpflichtigen Arbeitslohn** dar, wenn mit den Massagen einer spezifisch berufsbedingten Beeinträchtigung der Gesundheit des Arbeitnehmers vorgebeugt oder entgegengewirkt werden soll; der Arbeitgeber muss allerdings nachweisen, dass er mit der Verabreichung der Massagen **besonders wichtige betriebsfunktionale Zielsetzungen** (z.B. die Minderung des Krankheitsstandes der Bildschirmarbeitnehmer) verfolgt und die Massagen für die Erreichung dieses Zwecks besonders geeignet waren (BFH v. 30.5.2001, VI R 177/99, BStBl II 2001, 671).

Ab 2008 ist ggf. die **Steuerbefreiung nach § 3 Nr. 34 EStG für gesundheitsfördernde Maßnahmen** des Arbeitgebers zu beachten (**höchstens 500 € jährlich je Arbeitnehmer**), die u.E. auch für ohne ärztliche Verordnung durch einen Optiker angefertigte Bildschirmarbeitsbrillen in Betracht kommt. Weitere Einzelheiten → *Krankheitskosten* Rz. 1735.

2. Werbungskosten

754 Aufwendungen für die Anschaffung einer sog. **Bildschirmarbeitsbrille**, die der Korrektur einer Sehschwäche dient, sind trotz entsprechender augenärztlicher Verordnung auch dann keine Werbungskosten, wenn die Brille nur am Arbeitsplatz getragen wird. Ausnahme: Die Sehbeschwerden können auf die Tätigkeit am Bildschirm zurückgeführt werden oder sind Folge einer typischen Berufskrankheit. Die Bildschirmarbeitsverordnung rechtfertigt keine abweichende Beurteilung (BFH v. 20.7.2005, VI R 50/03, www.stotax-first.de).

Ein Volkshochschulkurs zur Erlernung der „Kunst des Sehens" **(Augentraining)**, mit dem nicht nur die **durch** die berufliche **Bildschirmtätigkeit beeinträchtigte Sehkraft wiederhergestellt**, sondern auch ganz allgemein geistige Fähigkeiten verbessert werden sollen, ist nicht beruflich veranlasst. Derartige Aufwendungen zur Kompensation körperlicher Behinderungen oder Mängel oder auch zur Gesundheitsvorsorge berühren stets auch die allgemeine Lebensführung und sind somit nach § 12 Nr. 1 Satz 2 EStG steuerlich nicht abzugsfähig (FG München v. 26.9.1997, 8 K 642/95, EFG 1998, 183).

Bildungsgutschein

1. Allgemeines

755 Arbeitnehmer können bei beruflicher Weiterbildung nach § 81 SGB III durch Übernahme der **Weiterbildungskosten** gefördert werden, wenn

1. die **Weiterbildung** notwendig ist, um sie bei **Arbeitslosigkeit** beruflich einzugliedern, eine ihnen drohende Arbeitslosigkeit abzuwenden oder weil bei ihnen wegen fehlenden **Berufsabschlusses** die Notwendigkeit der **Weiterbildung** anerkannt ist.

   Die Feststellungen zur **Notwendigkeit einer Weiterbildung** schließen immer auch die arbeitsmarktlichen Bedingungen ein. Das heißt, die Agentur für Arbeit muss abwägen, ob z.B. die Arbeitslosigkeit auch ohne eine Weiterbildung beendet werden kann, ob andere arbeitsmarktpolitische Instrumente erfolgversprechender sind und ob mit dem angestrebten Bildungsziel mit hinreichender Wahrscheinlichkeit eine Eingliederung auf dem Arbeitsmarkt erwartet werden kann.

2. die Agentur für Arbeit sie vor Beginn der Teilnahme beraten hat und

3. die Maßnahme und der Träger der Maßnahme für die Förderung zugelassen sind.

Anerkannt wird die Notwendigkeit der Weiterbildung bei Arbeitnehmern wegen fehlenden Berufsabschlusses, wenn sie

1. über einen Berufsabschluss verfügen, jedoch auf Grund einer mehr als vier Jahre ausgeübten Beschäftigung in an- oder ungelernter Tätigkeit eine dem Berufsabschluss entsprechende Beschäftigung voraussichtlich nicht mehr ausüben können, oder

2. nicht über einen Berufsabschluss verfügen, für den nach bundes- oder landesrechtlichen Vorschriften eine Ausbildungsdauer von mindestens zwei Jahren festgelegt ist. Arbeitnehmer ohne einen solchen Berufsabschluss, die noch nicht drei Jahre beruflich tätig gewesen sind, können nur gefördert werden, wenn eine Berufsausbildung oder eine berufsvorbereitende Bildungsmaßnahme aus in ihrer Person liegenden Gründen nicht möglich oder nicht zumutbar ist.

Zeiten der Arbeitslosigkeit, der Kindererziehung und der Pflege eines Angehörigen der Pflegestufe I bis III stehen Zeiten einer Beschäftigung gleich.

Arbeitnehmer werden durch Übernahme der Weiterbildungskosten zum **nachträglichen Erwerb des Hauptschulabschlusses** oder eines gleichwertigen Schulabschlusses gefördert, wenn

Bildungsgutschein

1. sie die Voraussetzungen für die Förderung der beruflichen Weiterbildung nach den vorstehenden Ausführungen erfüllen und
2. zu erwarten ist, dass sie an der Maßnahme erfolgreich teilnehmen werden.

Die Leistung wird nur erbracht, soweit sie nicht für den gleichen Zweck durch Dritte erbracht wird.

Dem Arbeitnehmer wird das Vorliegen der Voraussetzungen für eine Förderung bescheinigt (**Bildungsgutschein**). Der Bildungsgutschein kann zeitlich befristet sowie regional und auf bestimmte Bildungsziele beschränkt werden. Der vom Arbeitnehmer ausgewählte Träger hat der Agentur für Arbeit den Bildungsgutschein vor Beginn der Maßnahme vorzulegen. Die Agentur für Arbeit kann auf die Ausstellung eines Bildungsgutscheins bei beschäftigten Arbeitnehmern verzichten, wenn der Arbeitgeber und der Arbeitnehmer damit einverstanden sind.

Weitere Auskünfte erhalten Arbeitnehmer und Arbeitgeber bei Bedarf von der Agentur für Arbeit.

2. Lohnsteuer und Sozialversicherung

756 Die von der Agentur für Arbeit übernommenen Weiterbildungskosten sind nach § 3 Nr. 2 EStG **steuerfrei** (und damit auch sozialversicherungsfrei); es handelt sich um „Leistungen nach dem Dritten Buch Sozialgesetzbuch oder dem Arbeitsförderungsgesetz und den entsprechenden Programmen des Bundes und der Länder, soweit sie Arbeitnehmern oder Arbeitsuchenden oder zur Förderung der Ausbildung oder Fortbildung der Empfänger gewährt werden".

Soweit die Kosten nicht von der Agentur für Arbeit übernommen werden, können sie ggf. als **Werbungskosten** abgezogen werden.

Bildungsurlaub

1. Arbeitsrecht

a) Allgemeines

757 Ein **bundesgesetzlicher Anspruch** des Arbeitnehmers auf bezahlten Urlaub zum Zwecke der allgemeinen, beruflichen oder politischen Bildung oder Weiterbildung **besteht nicht**. Bisher sind lediglich **für bestimmte Arbeitnehmergruppen** (z.B. Betriebsratsmitglieder gem. § 37 BetrVG, Betriebsärzte und Fachkräfte für Arbeitssicherheit gem. § 2 Abs. 3 und § 5 Abs. 3 des Arbeitssicherheitsgesetzes sowie Mitglieder der Schwerbehindertenvertretung gem. § 96 Abs. 4 SGB IX) **und in mehreren Bundesländern** gesetzliche Ansprüche auf einen Bildungsurlaub begründet worden. Darüber hinaus enthalten **Tarifverträge** Vorschriften über bezahlten und unbezahlten Bildungsurlaub, die aber insbesondere im Bereich der Privatwirtschaft insgesamt doch nur verhältnismäßig geringe Bedeutung erlangt haben.

b) Besondere landesrechtliche Regelungen

758 Soweit ersichtlich, haben in den Bundesländern **Berlin, Brandenburg, Bremen, Hamburg, Hessen, Mecklenburg-Vorpommern, Niedersachsen, Nordrhein-Westfalen, Rheinland-Pfalz, Saarland, Sachsen-Anhalt und Schleswig-Holstein** Arbeitnehmer auf Grund entsprechender Landesgesetze mit unterschiedlicher Bezeichnung einen Anspruch auf einen **bezahlten Sonderurlaub zur** beruflichen oder politischen (in **Bremen** auch zur allgemeinen) **Weiterbildung. Voraussetzung** für diesen Bildungsurlaub ist, dass der Arbeitnehmer an einer **anerkannten Bildungsveranstaltung** teilnimmt. In den **übrigen Bundesländern** Baden-Württemberg, Bayern, Sachsen und Thüringen besteht **kein Anspruch** auf einen Bildungsurlaub. **Hinweis**: Achten Sie auf aktuelle Entwicklungen in Ihrem jeweiligen Bundesland.

Unter welchen Voraussetzungen Bildungsveranstaltungen als geeignet für die Arbeitnehmerweiterbildung anzuerkennen sind, ist in den einzelnen Bundesländern unterschiedlich geregelt.

Der Arbeitnehmer, der seinen Anspruch auf Bildungsurlaub geltend macht, muss dem Arbeitgeber **Auskunft** geben über den Veranstalter, ob dieser eine anerkannte Einrichtung der Weiterbildung ist, ob die konkrete Veranstaltung anerkannt ist. Er muss den **detaillierten Themen- und Zeitplan** vorlegen und im Streitfall alle Voraussetzungen für den Anspruch auf Bildungsurlaub beweisen (BAG v. 16.8.1990, 8 AZR 654/88, www.stotax-first.de; BAG v. 9.2.1993, 9 AZR 203/90, www.stotax-first.de).

Die **Dauer** des Bildungsurlaubs differiert in den Bundesländern. Für die Dauer des Bildungsurlaubs ist dem Arbeitnehmer das **Arbeitsentgelt fortzuzahlen**; der Arbeitnehmer hat allerdings keinen Anspruch auf Sachkostenbeteiligung.

c) Freiwillige Arbeitgeberleistungen

759 Gewährt der Arbeitgeber bezahlten Bildungsurlaub in den Fällen, in denen **kein gesetzlicher oder sonstiger Anspruch** besteht, so stellt dies eine **freiwillige Sonderleistung** dar. Beteiligt sich der Arbeitgeber an einer beruflichen Weiterbildung des Arbeitnehmers durch Vergütungszahlung und/oder Kostenbeteiligung und bringt die Weiterbildung dem Arbeitnehmer einen beruflichen Vorteil, so kann der Arbeitgeber seine finanzielle Beteiligung mit einer **Ausbildungskostenrückzahlungsvereinbarung** (→ *Fortbildung* Rz. 1296) verbinden, nach der der Arbeitnehmer die Kosten, ratierlich gesenkt, zurückzahlen muss, wenn er das Arbeitsverhältnis vor Ablauf eines bestimmten Zeitpunktes auflöst. Anerkannt sind – bei erheblichen Ausbildungskosten – **Bindungsklauseln** bis zu drei Jahren bei ratierlicher Verminderung des Rückzahlungsbetrages pro Monat des fortbestehenden Arbeitsverhältnisses.

Zur lohnsteuerlichen Behandlung solcher Rückzahlungsvereinbarungen → *Rückzahlung von Arbeitslohn* Rz. 2578.

2. Lohnsteuer und Sozialversicherung

760 Erhält der Arbeitnehmer von seinem Arbeitgeber bezahlten Bildungsurlaub, unterliegt – wie bei „normalem Urlaub" – der **weitergezahlte Arbeitslohn der Lohnsteuer und der Beitragspflicht in der Sozialversicherung**.

Wie vom Arbeitgeber übernommene Kosten für die **Fortbildung des Arbeitnehmers** steuerlich zu behandeln sind, → *Fortbildung* Rz. 1318.

Ersetzt der Arbeitgeber einem Arbeitnehmer die **Kosten** für eine i.R.d. Bildungsurlaubs durchgeführte **Studienreise** oder für einen **Sprachkurs**, so ist diese Ersatzleistung nur dann nach § 3 Nr. 16 EStG steuer- und beitragsfrei, wenn

– die sehr engen Voraussetzungen nach R 12.2 EStR und H 12.2 EStH für die Anerkennung als **Werbungskosten (Auswärtstätigkeit)** erfüllt sind (dazu → *Reisekosten: Allgemeine Grundsätze* Rz. 2446) oder

– die Reise im ganz überwiegenden **eigenbetrieblichen Interesse des Arbeitgebers** durchgeführt wird (vgl. dazu R 19.7 LStR sowie → *Fortbildung* Rz. 1319).

Die **Anerkennung** einer Studienreise oder auch eines Sprachkurses als **Bildungsurlaub** bedeutet noch nicht, dass die Voraussetzungen für den Werbungskostenabzug erfüllt sind (BFH v. 6.3.1995, VI R 76/94, BStBl II 1995, 393 und zuletzt FG Hamburg v. 4.6.2008, 5 K 139/07, www.stotax-first.de).

Billigkeitsmaßnahmen

→ *Forderungsverzicht* Rz. 1290, → *Erlass von Lohnsteuer* Rz. 1175

Binnenschiffer

761 Seeleute und Binnenschiffer haben regelmäßig **keine ortsfeste erste Tätigkeitsstätte** i.S.d. § 9 Abs. 4 Satz 1 EStG und üben somit eine **Auswärtstätigkeit** aus (BMF v. 24.10.2014, IV C 5 – S 2353/14/10004, BStBl I 2014, 1412 Rdnr. 3). Der Arbeitgeber kann daher grundsätzlich Aufwendungen für Fahrten von der Wohnung zu den einzelnen Anlegestellen i.H.d. tatsächlichen Kfz-Kosten (oder für Pkw pauschal 0,30 €/km) sowie Mehraufwendungen für Verpflegung nach den Grundsätzen für Auswärtstätigkeiten steuerfrei erstatten; die Beschränkung auf drei Monate gilt für die Fahrtätigkeit nicht (BMF v. 24.10.2014, IV C 5 – S 2353/14/10004, BStBl I 2014, 1412 Rdnr. 56; s.a. → *Reisekosten: Allgemeine Grundsätze* Rz. 2409 sowie → *Reisekosten: Erstattungen* Rz. 2465).

[LSt] = keine Lohnsteuerpflicht
[LSt] = Lohnsteuerpflicht

Soll der Dienstantritt, die Ein- und Ausschiffung aber typischerweise arbeitstäglich von dem gleichen Anleger (wie z.B. einem Fähranleger, Liegeplatz des Seenotrettungskreuzers, Anleger des Fahrgastschiffes) erfolgen, werden die Fahrten zu diesem Ort (**Sammelpunkt**) ebenso behandelt wie die Fahrten von der Wohnung zu einer ersten Tätigkeitsstätte und unterliegen damit der Abzugsbeschränkung auf die **Entfernungspauschale**. **Auf die Berücksichtigung von Verpflegungspauschalen oder Übernachtungskosten als Werbungskosten oder den steuerfreien Arbeitgeberersatz hat diese Festlegung hingegen keinen Einfluss, da der Arbeitnehmer weiterhin außerhalb einer ersten Tätigkeitsstätte und somit auswärts beruflich tätig wird.** Es wird keine erste Tätigkeitsstätte fingiert, sondern nur die Anwendung der Entfernungspauschale für die Fahrtkosten von der Wohnung zu diesem Ort sowie die Besteuerung eines geldwerten Vorteils bei Firmenwagengestellung durch den Arbeitgeber nach § 8 Abs. 2 Satz 3 und 4 EStG festgelegt und der steuerfreie Arbeitgeberersatz für diese Fahrten nach § 3 Nr. 16 EStG ausgeschlossen (BMF v. 24.10.2014, IV C 5 – S 2353/14/10004, BStBl I 2014, 1412 Rdnr. 39).

Verpflegt der Arbeitgeber die Besatzungsmitglieder an Bord eines Flusskreuzfahrtschiffes unentgeltlich, so ist der den Arbeitnehmern gewährte Vorteil dann **kein Arbeitslohn**, wenn das eigenbetriebliche Interesse des Arbeitgebers an einer **Gemeinschaftsverpflegung** wegen besonderer betrieblicher Abläufe den Vorteil der Arbeitnehmer bei weitem überwiegt (BFH v. 21.1.2010, VI R 51/08, BStBl II 2010, 700).

[LSt] [SV]

Bleibeprämie

→ *Arbeitslohn-ABC* Rz. 255

Blockmodell

→ *Altersteilzeit* Rz. 68

Blockschulunterricht

→ *Auszubildende* Rz. 485

Blu-ray-Player/-Recorder

→ *Fernsehgerät: Zuwendung an Arbeitnehmer* Rz. 1213

Bonus

762 Eine als Bonus bezeichnete Sonderzuwendung des Arbeitgebers an den Arbeitnehmer gehört grundsätzlich zum steuer- und beitragspflichtigen Arbeitslohn, kann jedoch wie Tantiemen als sonstige Bezüge versteuert werden (→ *Sonstige Bezüge* Rz. 2704).

Zahlt der Arbeitgeber einem Arbeitnehmer mehrfach einen jährlichen Bonus, kann darin im Zusammenhang mit Äußerungen und schlüssigem Verhalten des Arbeitgebers die Zusage liegen, auch künftig einen Bonus zu zahlen. Eine solche Zusage scheitert nicht allein daran, dass die Höhe der Zahlungen wechselt, ohne dass für den Arbeitnehmer eine Regelhaftigkeit erkennbar ist. In Betracht kommt eine Zusage dem Grunde nach, da die Höhe der Bonuszahlung typischerweise von unterschiedlichen Voraussetzungen wie dem Betriebsergebnis oder der persönlichen Leistung des Arbeitnehmers abhängt und deshalb schwankt (BAG v. 21.4.2010, 10 AZR 163/09, www.stotax-first.de), auch → *Zielvereinbarungen* Rz. 3210.

[LSt] [SV]

Brillen

→ *Werbungskosten* Rz. 3182

Bücher

→ *Werbungskosten* Rz. 3182

Bundesfreiwilligendienst

→ *Freiwilligendienste* Rz. 1346

Bundeswehr

1. Allgemeines

Bundeswehrangehörige bzw. Zivildienstleistende sind **Arbeitnehmer**. Der **Arbeitslohn** ist jedoch unter den Voraussetzungen des § 3 Nr. 4 oder 5 EStG **steuerfrei**. 763

a) Steuerbefreiung nach § 3 Nr. 4 EStG

Bei den **Angehörigen** der Bundeswehr u.a. sind steuerfrei 764

– der Geldwert der ihnen aus Dienstbeständen überlassenen **Dienstkleidung**,
– **Einkleidungsbeihilfen und Abnutzungsentschädigungen für die Dienstkleidung** der zum Tragen oder Bereithalten von Dienstkleidung Verpflichteten,
– **im Einsatz gewährte Verpflegung oder Verpflegungszuschüsse**. „Im Einsatz" bedeutet Manöver und andere Einsätze außerhalb der Kaserne, die „normale" Kantinenverpflegung fällt nicht darunter (vgl. OFD Münster v. 4.5.1990, S 2334 – 4 – St 12 – 31, DB 1990, 1112),
– der Geldwert der auf Grund gesetzlicher Vorschriften gewährten **Heilfürsorge**.

Zu den Angehörigen der Bundeswehr i.S. dieser Vorschrift gehören **nicht die Zivilbediensteten** (R 3.4 Satz 2 LStR).

Entschädigungen für das Tragen von Zivilkleidung sind grundsätzlich immer steuerpflichtig.

b) Steuerbefreiung nach § 3 Nr. 5 EStG

Seit 1.7.2011 wurde die gesetzliche Dienstpflicht zur Ableistung des Wehrdienstes und damit einhergehend die gesetzliche Pflicht zur Ableistung des Zivildienstes ausgesetzt. **An die Stelle der gesetzlichen Verpflichtung sind der freiwillige Wehrdienst und der Bundesfreiwilligendienst gerückt**. 765

Die Bezüge für den Freiwilligen Grundwehrdienst und den Freiwilligen Zivildienst sind nach dem Amtshilferichtlinie-Umsetzungsgesetz v. 26.6.2013, BStBl I 2013, 802 nunmehr grundsätzlich steuerpflichtig.

Steuerpflichtig sind nunmehr

– der Wehrdienstzuschlag,
– besondere Zuwendungen und
– unentgeltliche Verpflegung und Unterkunft.

Steuerfrei sind nach § 3 Nr. 5 EStG weiterhin

– die Geld- und Sachbezüge, die **Wehrpflichtige** während des Wehrdienstes nach § 4 des Wehrpflichtgesetzes erhalten,
– die Geld- und Sachbezüge, die **Zivildienstleistende** nach § 35 des Zivildienstgesetzes erhalten,
– der nach § 2 Abs. 1 des Wehrsoldgesetzes an **freiwillig Wehrdienst Leistende** gezahlte Wehrsold,
– die an **Reservisten** der Bundeswehr i.S.d. § 1 des Reservistinnen- und Reservistengesetzes nach dem Wehrsoldgesetz gezahlten Bezüge,
– die **Heilfürsorge**, die Soldaten nach § 6 des Wehrsoldgesetzes und Zivildienstleistende nach § 35 des Zivildienstgesetzes erhalten (gilt auch für freiwilligen Wehrdienst),
– das an Personen, die einen in § 32 Abs. 4 Satz 1 Nr. 2 Buchst. d EStG genannten **Freiwilligendienst** leisten, gezahlte **Taschengeld** oder eine vergleichbare Geldleistung. Dies gilt u.a. für: Bundesfreiwilligendienst (BFD), freiwilliges soziales Jahr (FSJ), freiwilliges ökologisches Jahr (FÖJ), entwicklungspolitischer Freiwilligendienst „weltwärts" und Internationaler Jugendfreiwilligendienst (IJFD).

Eine umfangreiche Übersicht über steuerpflichtige und nicht steuerpflichtige Bezüge enthält H 3.5 „Beispiele" LStH.

Für Dienstverhältnisse, die vor dem 1.1.2014 begonnen haben, gilt die bisherige, vollumfängliche Steuerfreiheit weiter (§ 52 Abs. 4 Satz 1 und 2 EStG sowie H 3.5 „Freiwillig Wehrdienst Leistende" LStH).

Zur lohnsteuerlichen Behandlung des **Bundesfreiwilligendienstes** → *Freiwilligendienste* Rz. 1349.

Bundeswehr

keine Sozialversicherungspflicht = (SV̶)
Sozialversicherungspflicht = (SV)

2. Weitere Einzelfragen

766 **Steuerfrei** sind auch

- die **Arbeitslosenbeihilfe und die Arbeitslosenhilfe** nach dem Soldatenversorgungsgesetz (SVG) nach § 3 Nr. 2a EStG,
- **Ausbildungszuschüsse** gem. § 5 Abs. 4 SVG nach § 3 Nr. 11 EStG, vgl. H 3.11 (Steuerfreiheit nach § 3 Nr. 11 EStG) LStH. Dazu gehören aber nicht die an die Sanitätsoffiziers-Anwärter gezahlten Ausbildungsgelder, die vergleichbar sind mit den an Beamtenanwärtern gezahlten Unterhaltszuschüssen,
- **Beköstigungszulagen**, die Arbeitnehmern auf Schiffen und schwimmendem Gerät nach tariflichen Vorschriften gezahlt werden, nach § 3 Nr. 12 Satz 1 EStG (→ *Aufwandsentschädigungen im öffentlichen Dienst* Rz. 383),
- **Verdienstausfallentschädigungen, die Wehrpflichtige bei Wehrübungen** erhalten, wenn sie bei **privaten Arbeitgebern** beschäftigt sind, nach § 3 Nr. 48 EStG; sie unterliegen aber dem Progressionsvorbehalt (§ 32b Abs. 1 Nr. 1 h EStG). Wird einem eine **Wehrübung leistenden Beamten** das Gehalt um den Wehrsold gekürzt, so unterliegt nur das gekürzte Gehalt dem Lohnsteuerabzug (BFH v. 30.10.1964, VI 55/64 U, BStBl III 1965, 68),
- der **Auslandsverwendungszuschlag** (sog. **Krisenzulage**) nach § 3 Nr. 64 EStG, der Soldaten und Polizeibeamten bei Auslandseinsätzen (z.B. in Bosnien-Herzegowina und Kroatien) gewährt wird. Einzelheiten s. z.B. FinMin Mecklenburg-Vorpommern v. 8.1.2009, IV 301 – S 2352 – 4/07, www.stotax-first.de, sowie BFH v. 28.4.2005, VI B 179/04, www.stotax-first.de, und BFH v. 31.5.2005, VI B 93/04, www.stotax-first.de, auch zur Kürzung der Werbungskosten. Zur Frage, ob und inwieweit im Ausland eingesetzte Soldaten usw., die eine **steuerfreie Aufwandsvergütung** nach **§ 9 BRKG** erhalten, **Verpflegungsmehraufwendungen als Werbungskosten** absetzen können, s. OFD Hannover v. 19.3.2008, S 2353 – 137 – StO 217, www.stotax-first.de,
- **Übergangsbeihilfen** an Soldatinnen auf Zeit und Soldaten auf Zeit, wenn das Dienstverhältnis vor dem 1.1.2006 begründet wurde (§ 52 Abs. 4a Satz 2 EStG i.V.m. § 3 Nr. 10 EStG a.F.), vgl. im Einzelnen → *Übergangsgelder/Übergangsbeihilfen* Rz. 2897.

Nach § 11 des Tarifvertrags über sozialverträgliche Begleitmaßnahmen im Zusammenhang mit der Umgestaltung der Bundeswehr (TV UmBw) verzichtet der Arbeitgeber auf die arbeitsvertraglich geschuldete Arbeitsleistung des Arbeitnehmers unter Zahlung eines auf 72 % abgesenkten Entgelts (**Härtefallregelung**). Das **BSG** hat mit Urteil v. 24.9.2008, B 12 KR 22/07 R, www.stotax-first.de, festgestellt, dass das versicherungspflichtige Beschäftigungsverhältnis bei dieser Gestaltung nicht beendet wird mit der Konsequenz, dass eine Sozialversicherungspflicht besteht. Bei einer Inanspruchnahme der o.g. Härtefallregelung ab dem 1.7.2009 sind die Arbeitgeberbeiträge zur Sozialversicherung daher steuerfrei nach § 3 Nr. 62 EStG.

Bis zum o.g. Urteil des BSG wurde hingegen kein Beschäftigungsverhältnis mit Sozialversicherungspflicht angenommen, so dass sich die Arbeitnehmer freiwillig versichern mussten. Dies betrifft die Fälle mit Beginn der Freistellung bei Anwendung der Härtefallregelung vor dem 1.7.2009. Hierfür hat der GKV-Spitzenverband den Betroffenen Bestandsschutz gewährt, d.h. dass die freiwillige Versicherung fortgeführt werden kann. Die Zuschüsse des Arbeitgebers können ebenfalls als steuerfrei nach § 3 Nr. 62 EStG behandelt werden, da sie an die Stelle von Arbeitgeber-(Pflicht-)Beiträgen treten.

Erfolgte in der Vergangenheit eine Besteuerung gezahlter Zuschüsse, kann bei Nachweis der Bruttoarbeitslohn im Rahmen der Einkommensteuerveranlagung um die lohnversteuerten Zuschüsse bereinigt werden. Eine Korrektur der bereits elektronisch an das Finanzamt übermittelten Lohnsteuerbescheinigungen ist nicht zulässig (R 41c.1 Abs. 7 LStR).

Bestandskräftige Steuerfestsetzungen können unter den Voraussetzungen des § 173 Abs. 1 Nr. 2 AO geändert werden: Das Vorliegen der Sozialversicherungspflicht wurde erstmals durch das o.g. Urteil des BSG festgestellt. Insoweit handelt es sich um ein außersteuerliches Rechtsverhältnis, das Tatbestandsmerkmal des § 3 Nr. 62 EStG ist und als solches eine Tatsache i.S.d. § 173 Abs. 1 AO darstellt. Im Regelfall trifft die Stpfl. kein grobes Verschulden am nachträglichen Bekanntwerden des Bestehens der Sozialversicherungspflicht, weil sie i.d.R. selbst erst nachträglich durch die Information der Bundeswehr ab August 2010 hiervon Kenntnis erhalten haben und sie vorher der sozialversicherungsrechtlichen Behandlung durch die Bundeswehr vertrauen durften

(FinMin Schleswig-Holstein v. 1.11.2010, VI 317 – S 2333 – 093, www.stotax-first.de).

Steuerpflichtig sind dagegen

- der an entlassene Soldaten gezahlte **Einarbeitungszuschuss** nach § 7 Abs. 1 SVG (R 19.3 Abs. 1 Satz 2 Nr. 3 LStR),
- **Gefahrenzulagen**, die den Feuerwerkern (Berufssoldaten) gezahlt werden (§ 2 Abs. 2 Nr. 7 LStDV, R 19.3 Abs. 1 Satz 2 Nr. 1 LStR),
- **Übergangsgebührnisse** nach § 11 SVG und **Ausgleichsbezüge** nach § 11a SVG (R 10 Abs. 2 Nr. 1 und 2 LStR 2005), die Übergangsgebührnisse sind keine Versorgungsbezüge (BFH v. 1.8.2007, XI R 55/05, www.stotax-first.de),
- die an länger dienende Soldaten gezahlten **Verpflichtungsprämien**, die aber als sonstiger Bezug ermäßigt zu besteuern sind,
- die nach § 7b BBesG an einen Soldaten gezahlte **Weiterverpflichtungsprämie**, die aber als Arbeitslohn für mehrere Jahre nach § 34 Abs. 1, 2 Nr. 3 EStG tarifmäßigt besteuert werden kann; → *Arbeitslohn für mehrere Jahre* Rz. 257,
- **Zulagen an Bundesbeamte und Soldaten für Dienst zu wechselnden Zeiten** – keine Steuerbefreiung nach § 3b EStG betr. Zuschläge für Sonntags-, Feiertags- oder Nachtarbeit (s. ausführlich → *Wechselschichtzulage* Rz. 3127).

3. Beurlaubte Soldaten

767 Gehen Soldaten nach Dienstschluss oder während ihres Urlaubs noch einer anderen Arbeitnehmertätigkeit nach, können sie steuerpflichtigen Arbeitslohn beziehen. **Beiträge zur Bundesagentur für Arbeit** eines beurlaubten und bei einem privatrechtlichen Arbeitgeber beschäftigten Soldaten sind nicht deshalb als **Werbungskosten** abzugsfähig, weil er kaum jemals in den Genuss von Leistungen aus der Arbeitslosenversicherung kommen wird. Die Beiträge sind ihrem Charakter nach stets Sonderausgaben i.S.d. § 10 Abs. 1 Nr. 2a EStG (BFH v. 21.9.2000, XI B 59/00, www.stotax-first.de).

4. Wehrübungen

768 **Wehrpflichtige**, die ausschließlich nach § 3 Nr. 5 EStG steuerfreien Wehrsold beziehen, konnten im Hinblick auf § 3c EStG keine Werbungskosten geltend machen. Dies gilt jedoch z.B. nicht für **beamtete Reserveoffiziere**, die im Ausland (z.B. in Kroatien) eine Wehrübung ableisten und während dieser Zeit – außer dem weitergezahlten Gehalt – nach § 3 Nr. 64 EStG steuerfreie Auslandsverwendungszuschläge erhalten. In diesen Fällen können Aufwendungen für eine doppelte Haushaltsführung anteilig als Werbungskosten berücksichtigt werden (BFH v. 31.5.2005, VI B 93/04, www.stotax-first.de).

5. Sozialversicherung

a) Berufssoldaten bzw. Soldaten auf Zeit

769 Berufssoldaten und Soldaten auf Zeit haben – wie Beamte – bei Krankheit einen **Anspruch auf Beihilfe** nach beamtenrechtlichen Vorschriften oder Grundsätzen sowie einen Anspruch auf Fortzahlung der Bezüge während einer Arbeitsunfähigkeit. Obwohl es sich hier um abhängig Beschäftigte handelt, besteht auf Grund von Sonderregelungen in der Kranken-, Renten- und Arbeitslosenversicherung **Versicherungsfreiheit** (vgl. § 6 Abs. 1 Nr. 2 SGB V, § 5 Abs. 1 Satz 1 Nr. 1 SGB VI, § 27 Abs. 1 Nr. 1 SGB III, → *Beamte* Rz. 524). In der **Pflegeversicherung** hingegen besteht **Versicherungspflicht**. Berufssoldaten, die freiwilliges Mitglied einer gesetzlichen Krankenkasse oder bei einem privaten Krankenversicherungsunternehmen versichert sind, haben zur Absicherung des Risikos der Pflegebedürftigkeit ihren bisherigen Versicherungsschutz zu erweitern. Die Verpflichtung zum Abschluss eines anteiligen beihilfekonformen Pflege-Versicherungsvertrages bei einem privaten Krankenversicherungsunternehmen besteht für die **Berufssoldaten** auch dann, wenn sie für das Risiko Krankheit keine Versicherung abgeschlossen haben. Dagegen werden **Soldaten auf Zeit**, wenn sie gegen das Risiko Krankheit weder in der gesetzlichen Krankenversicherung noch bei einem privaten Krankenversicherungsunternehmen versichert sind, Pflichtmitglied in der sozialen Pflegeversicherung bei einer gesetzlichen Krankenkasse (§ 21 Satz 1 Nr. 6 SGB XI).

b) Freiwilliger Wehrdienst

770 Seit 1.7.2011 wurde die gesetzliche Dienstpflicht zur Ableistung des Wehrdienstes und damit einhergehend die gesetzliche Pflicht zur Ableistung des Zivildienstes ausgesetzt.

An die Stelle der gesetzlichen Verpflichtung sind der freiwillige Wehrdienst und der Bundesfreiwilligendienst gerückt (zum Bundesfreiwilligendienst s. → *Freiwilligendienste* Rz. 1349 ff.).

Wird durch den freiwilligen Wehrdienst eine Beschäftigung für mehr als einen Kalendermonat unterbrochen, ist vom Arbeitgeber eine Unterbrechungsmeldung mit Abgabegrund 53 zu tätigen. In der Gesamtbetrachtung gelten für den freiwilligen Wehrdienst die Regularien der bisherigen Dienstpflicht.

Eine neben dem freiwilligen Wehrdienst ausgeübte **geringfügig entlohnte Beschäftigung** ist nach § 7 Satz 1 erster Halbsatz SGB V, § 5 Abs. 2 Satz 1 erster Halbsatz SGB VI und § 27 Abs. 2 Satz 1 SGB III in der Kranken-, Pflege- und Arbeitslosenversicherung versicherungsfrei; dabei spielt es keine Rolle, ob die geringfügig entlohnte Beschäftigung beim bisherigen Arbeitgeber oder bei einem anderen Arbeitgeber ausgeübt wird. Mehrere neben dem freiwilligen Wehrdienst ausgeübte geringfügig entlohnte Beschäftigungen sind allerdings zusammenzurechnen (→ *Mini-Jobs* Rz. 2052). Hat in einer weiteren geringfügig entlohnten Beschäftigung wegen einer Hauptbeschäftigung Versicherungspflicht in der Kranken-, Pflege- und Rentenversicherung bestanden, entfällt diese (Ausnahme: Rentenversicherung) bei Antritt des freiwilligen Wehrdienstes und Wegfall der Hauptbeschäftigung, es sei denn, durch die Zusammenrechnung der geringfügig entlohnten Beschäftigungen wird die Arbeitsentgeltgrenze von 450 € überschritten. Im Übrigen hat der Arbeitgeber für den geringfügig entlohnten versicherungsfreien Beschäftigten nach § 172 Abs. 3 SGB VI pauschale Beiträge zur Rentenversicherung und, wenn der geringfügig Beschäftigte in der gesetzlichen Krankenversicherung versichert ist, nach § 249b SGB V pauschale Beiträge zur Krankenversicherung zu zahlen.

Arbeitnehmer, deren Beschäftigungsverhältnis durch den freiwilligen Wehrdienst unterbrochen wird und die während des freiwilligen Wehrdienstes eine auf zwei Monate beziehungsweise 50 Arbeitstage befristete Beschäftigung aufnehmen und mehr als 450 € im Monat verdienen, üben diese Beschäftigung nicht berufsmäßig aus.

[LSt] [SV]

Bürgermeister

1. Lohnsteuer

771 **Hauptamtliche** Bürgermeister einer Gemeinde sind als **Arbeitnehmer** tätig und beziehen nach kommunalen Besoldungsordnungen zur Abgeltung der durch das Amt verursachten persönlichen Aufwendungen **Aufwandsentschädigungen**, die nach § 3 Nr. 12 Satz 2 EStG steuerfrei sind (FG Baden-Württemberg v. 10.3.2015, 6 K 1433/12, EFG 2015, 1249, Revision eingelegt, Az. beim BFH: VI R 23/15, auch zur Frage, inwieweit Reisekosten mit der steuerfreien Aufwandsentschädigungen abgegolten sind).

Ob die **ehrenamtlich** tätigen Vorsitzenden der Gemeindevertretung Arbeitnehmer sind, richtet sich nach den **unterschiedlichen Kommunalverfassungen** der einzelnen Bundesländer:

– In Niedersachsen z.B. erzielen die Bürgermeister „alter Art" (d.h. sie sind Ratsvorsitzende) Einkünfte aus **sonstiger selbständiger Arbeit** i.S.d. § 18 Abs. 1 Nr. 3 EStG (BFH v. 3.12.1987, IV R 41/85, BStBl II 1988, 266).

[kSt] [SV]

– Ist der Bürgermeister hingegen **hauptamtlicher Leiter der Gemeindeverwaltung** („Stadtdirektor"), ist er **Arbeitnehmer**. Dies gilt in Bayern, Thüringen und Sachsen auch für die **ehrenamtlichen Ersten Bürgermeister** (BFH v. 5.2.1971, VI R 82/68, BStBl II 1971, 353 sowie zuletzt FG Nürnberg v. 20.7.1999, I 342/97, EFG 1999, 1007).

[LSt] [SV]

Übernimmt die Gemeinde für ihren Bürgermeister Aufwendungen für **persönliche Feiern**, kann auch insoweit steuerpflichtiger Arbeitslohn vorliegen; ein Werbungskostenabzug ist nicht möglich (→ *Bewirtungskosten* Rz. 724).

[LSt] [SV]

2. Aufwandsentschädigungen und Werbungskostenabzug

Einkommensteuerpflichtig sind grundsätzlich die **Aufwandsentschädigungen**, soweit sie nicht unter die **Steuerbefreiung des § 3 Nr. 12 Satz 2 EStG** fallen. Zur Steuerbefreiung der Aufwandsentschädigungen an kommunale Mandatsträger → *Abgeordnete* Rz. 12. **772**

Streitig ist in der Praxis immer wieder, welche Aufwendungen mit der Zahlung einer steuerfreien Aufwandsentschädigung abgegolten sind bzw. welche daneben als Werbungskosten berücksichtigt werden können. Nach OFD Frankfurt v. 14.8.2015, S 2350 A – 07 – St 212, www.stotax-first.de, gilt für Hessen Folgendes (ähnliche Regelungen bestehen in anderen Bundesländern):

„Die gesetzlichen Regelungen über die Dienstaufwandsentschädigungen **hauptamtlicher kommunaler Wahlbeamten** sind in den einzelnen Bundesländern unterschiedlich.

Die auf Grund des § 19 Abs. 4 und des § 24 des Hessischen Besoldungsgesetzes erlassene Verordnung über die Besoldung, Dienstaufwandsentschädigung und Reisekostenpauschale der hauptamtlichen kommunalen Wahlbeamtinnen und Wahlbeamten auf Zeit sieht nach der Einwohnerzahl gestaffelte Beträge für Bürgermeister, Landräte, hauptamtliche Beigeordnete/Stadträte sowie für den Direktor/die Direktorin des Landeswohlfahrtverbandes und den Verbandsdirektor/die Verbandsdirektorin des Regionalverbandes FrankfurtRheinMain vor, die in vollem Umfang nach § 3 Nr. 12 Satz 2 EStG steuerfrei sind (s. R 3.12 Abs. 4 Sätze 1 und 2 Nr. 1 LStR).

Gemäß § 6 KomBesDAV erhalten hauptamtliche Wahlbeamte grundsätzlich eine monatliche Dienstaufwandsentschädigung, die für Bürgermeister und Landräte nach der Einwohnerzahl gestaffelt ist. Der Direktor/die Direktorin des Landeswohlfahrtverbandes und der Verbandsdirektor/die Verbandsdirektorin des Regionalverbandes FrankfurtRheinMain erhalten einen monatlichen Festbetrag (§ 6 Abs. 3 KomBesDAV), die Entschädigung der hauptamtlichen Beigeordneten beträgt zwischen 40 bis 60 % der Dienstaufwandsentschädigung nach § 6 Abs. 1 bis 3 (§ 6 Abs. 4 KomBesDAV).

Der BFH hat in mehreren Urteilen entschieden, es sei den jeweils unterschiedlichen landesgesetzlichen Regelungen zu entnehmen, wofür einem hauptamtlichen kommunalen Wahlbeamten eine steuerfreie Aufwandsentschädigung gezahlt werde. Soweit die Aufwandsentschädigung nach Landesrecht nur einen bestimmten Aufwand des Wahlbeamten abdecke, könne der Beamte daneben sonstige Werbungskosten ohne Anrechnung der steuerfreien Aufwandsentschädigungen abziehen (s.a. R 3.12 Abs. 4 Satz 1 LStR). Nach einem die hessische Regelung betreffenden Urteil des BFH v. 9.6.1989, VI R 154/86, BStB II 1990, 121 und der zugrundeliegenden Entscheidung des FG Hessen v. 27.5.1986, 13 K 520b/84, EFG 1987, 68 sind in Hessen **durch die steuerfreie Dienstaufwandsentschädigung im Wesentlichen nur die infolge vielfältiger dienstlicher Verpflichtungen des betroffenen Personenkreises anfallenden, indes „schwer nachweisbaren, aber nach der Lebenserfahrung entstehenden Mehrkosten"** abgegolten.

Andere beruflich veranlasste Aufwendungen können daneben als Werbungskosten abgezogen werden. Hiernach sind insbesondere

– Aufwendungen für Fahrten zwischen Wohnung und Tätigkeitsstätte,
– vom Dienstherrn nicht erstattete Reisekosten,
– Wahlkampfkosten bei Wahlen und Wiederwahlen und
– Kosten für ein häusliches Arbeitszimmer, soweit die gesetzlichen Voraussetzungen erfüllt sind (vgl. BMF v. 2.3.2011, IV C 6 – S 2145/07/10002, BStBl I 2011, 195)

neben der steuerfreien Dienstaufwandsentschädigung als Werbungskosten steuermindernd zu berücksichtigen, wenn und soweit ihre berufliche Veranlassung im Einzelfall nachgewiesen oder glaubhaft gemacht wird.

Zu den vorerwähnten **Wahlkampfkosten** wird noch auf Folgendes hingewiesen:

Derartige Aufwendungen stellen bei hauptamtlichen kommunalen Wahlbeamten grundsätzlich Werbungskosten im Rahmen der Einkünfte aus nichtselbständiger Arbeit dar (BFH v. 8.3.1974, VI R 198/71, BStBl II 1974, 407).

Es muss sich bei dem mit der Wahl angestrebten Amt um eine hauptberufliche Tätigkeit im Sinne einer Vollbeschäftigung handeln. Ob die Wahl direkt oder durch ein Gremium, z.B. durch eine Gemeindevertretung/Stadtverordnetenversammlung, erfolgt, ist unerheblich. Unter diesen Voraussetzungen hängt die Anerkennung der Aufwendungen als Werbungskosten nicht davon ab, dass der Kandidat tatsächlich gewählt wird (erfolglose Werbungskosten).

Die Aufwendungen können im Einzelnen jedoch nur dann als Werbungskosten anerkannt werden, wenn sie **nicht als Repräsentationsaufwendungen** den nach § 12 Nr. 1 EStG nicht abziehbaren Kosten der Lebensführung zuzurechnen sind. Hierzu gehören insbesondere **Bewirtungskosten**, die allenfalls nur mittelbar mit dem angestrebten Wahlamt in Zusammenhang stehen. Bewirtungskosten gehören deshalb grundsätzlich nicht zu den als Werbungskosten abziehbaren Wahlkampfkosten (s. hierzu

Bürgermeister

keine Sozialversicherungspflicht = (SV)
Sozialversicherungspflicht = (SV)

auch BFH v. 23.1.1991, X R 6/84, BStBl II 1991, 396). Dies schließt nicht aus, dass in besonders gelagerten Einzelfällen besondere Umstände eine Trennung der Bewirtungskosten von den Aufwendungen für die Lebensführung und damit den Werbungskostenabzug zu rechtfertigen vermögen. Derartige Einzelfälle sind allerdings einer generalisierenden Regelung nicht zugänglich.

Zu den nicht abzugsfähigen Aufwendungen gehören insbesondere auch die Kosten für die **Bewirtung von Gästen aus Anlass der Wahl/Wiederwahl**. Dass eine Veranstaltung dieser Art durchgeführt wird, gehört zu den typischen gesellschaftlichen Repräsentationspflichten, die die berufliche Position des Wahlbeamten mit sich bringt und die durch den Beruf nur mittelbar veranlasst sind (s. hierzu auch BFH v. 8.3.1990, IV R 108/88, www.stotax-first.de, und FG Hessen v. 21.1.1997, 2 K 2317/96, EFG 1997, 792).

Übernimmt der Dienstherr (z.B. Gemeinde oder Landkreis) die Aufwendungen für eine solche Feier, so ist **Arbeitslohn** nur dann anzunehmen, wenn die Aufwendungen einschließlich der Umsatzsteuer die Freigrenze i.H.v. 110 € je teilnehmender Person überschreiten, vgl. R 19.3 Abs. 2 Nr. 3 LStR.

Das **FG Baden-Württemberg** hat mit Urteil v. 10.3.2015, 6 K 1433/12, EFG 2015, 1249, Revision eingelegt, Az. beim BFH: VI R 23/15, entschieden, dass, auch wenn die in §§ 10 Abs. 1, 11 Abs. 1 Landeskommunalbesoldungsverordnung des Landes Baden-Württemberg (LKomBesVO) normierte Dienstaufwandsentschädigung nicht durch die Reisekostenerstattung abgegoltene Reisekosten umfasst, Reisekostenvergütungen aus öffentlichen Kassen nicht den Tatbestand des § 3 Nr. 12 Satz 2 EStG erfüllen, so dass das Abzugsverbot des § 3c Satz 1 EStG keine Anwendung findet und die nicht abgegoltenen Reisekosten bzw. Mehrverpflegungsaufwendungen als Werbungskosten abzugsfähig sind.

3. Sozialversicherung

773 Das BSG hat in ständiger Rechtsprechung (zuletzt Urteil v. 27.1.2010, B 12 KR 3/09 R, www.stotax-first.de, m.w.N.) entschieden, dass durch die Tätigkeit eines ehrenamtlichen Bürgermeisters lediglich in den Fällen **kein Beschäftigungsverhältnis** zur Gemeinde begründet wird, in denen **ausschließlich Repräsentationsaufgaben im Zusammenhang mit dem Wahlamt wahrgenommen** werden.

Üben die ehrenamtlichen Bürgermeister dagegen dem allgemeinen Erwerbsleben zugängliche **Verwaltungsfunktionen** aus, sind sie regelmäßig **Beschäftigte** und unterliegen damit nach § 5 Abs. 1 Nr. 1 SGB V, § 20 Abs. 1 Satz 2 Nr. 1 i.V.m. Satz 1 SGB XI und § 1 Satz 1 Nr. 1 SGB VI grundsätzlich der Versicherungspflicht in der Kranken-, Pflege- und Rentenversicherung.

Die Spitzenverbände der Sozialversicherungsträger haben klargestellt (Besprechungsergebnis v. 16./17.11.1999), dass in den Bundesländern, in denen Bürgermeister nicht nur Repräsentations-, sondern auch **Verwaltungsaufgaben** wahrnehmen, nicht nur der **Erste Bürgermeister**, sondern auch seine **Stellvertreter in einem sozialversicherungsrechtlich relevanten Beschäftigungsverhältnis** stehen. Da die Zweiten und Dritten Bürgermeister für eine eventuelle Vertretung des Ersten Bürgermeisters auf Abruf bereit stehen und damit ständig dienstbereit sein müssen und zudem eine – unabhängig von ihrer tatsächlichen Vertretung – laufende monatliche Aufwandsentschädigung erhalten, ist von einem **Dauerarbeitsverhältnis** bzw. einer sich regelmäßig wiederholenden Beschäftigung i.S. der BSG-Rechtsprechung (vgl. BSG v. 11.5.1993, 12 RK 23/91, www.stotax-first.de, und BSG v. 23.5.1995, 12 RK 60/93, www.stotax-first.de) auszugehen, so dass die Annahme einer kurzfristigen Beschäftigung i.S.d. § 8 Abs. 1 Nr. 2 SGB IV ausgeschlossen ist.

Bei der Beschäftigung der Zweiten und Dritten Bürgermeister handelt es sich, sofern der steuerpflichtige Teil der ihnen gewährten Aufwandsentschädigung regelmäßig 450 € (→ *Mini-Jobs* Rz. 2047) nicht übersteigt, um eine geringfügig entlohnte Beschäftigung i.S.d. § 8 Abs. 1 Nr. 1 SGB IV mit der Folge, dass in der Kranken- und Pflegeversicherung Versicherungsfreiheit nach § 7 Satz 1 Halbsatz 1 SGB V bzw. § 5 Abs. 2 Satz 1 Halbsatz 1 SGB VI besteht. Übt der Zweite bzw. Dritte Bürgermeister eine versicherungspflichtige Hauptbeschäftigung aus, kommt für den Bereich der Kranken-, Pflege- und Rentenversicherung eine Zusammenrechnung der Hauptbeschäftigung mit der geringfügig entlohnten Beschäftigung nicht mehr in Betracht. Die geringfügige Beschäftigung bleibt grundsätzlich versicherungsfrei. Es sind Pauschalbeiträge zur Kranken- und Rentenversicherung zu zahlen (→ *Mini-Jobs* Rz. 2047).

In der Arbeitslosenversicherung besteht für ehrenamtliche Bürgermeister allerdings Versicherungsfreiheit nach § 27 Abs. 3 Nr. 4 SGB III.

Das BSG hat seine bisher vertretene Auffassung zur versicherungsrechtlichen Beurteilung von ehrenamtlich tätigen Bürgermeistern durch Urteil v. 25.1.2006, B 12 KR 12/05 R, www.stotax-first.de, erneut bestätigt. Bisher hat das BSG allerdings in der Vergangenheit (z.B. im Urteil v. 21.1.1969 und auch z.T. in den Folgeurteilen) darauf abgestellt, dass die Verwaltungsaufgaben prägend für das gesamte Bild der Tätigkeit sein müssen, um von einem sozialversicherungsrechtlichen Beschäftigungsverhältnis ausgehen zu können. In seiner Entscheidung vom 25.1.2006 rückt das BSG von dieser Betrachtungsweise ab. Danach ist es für die Annahme eines versicherungsrechtlichen Beschäftigungsverhältnisses schon ausreichend, wenn der ehrenamtliche Bürgermeister als Leiter der Verwaltung fungiert. Eine quantitative und qualitative Bewertung der Verwaltungsaufgaben ist nicht erforderlich. In der Entscheidung des BSG v. 25.1.2006 wird damit klargestellt, dass der Bereich der weisungsgebundenen Wahrnehmung von Verwaltungsaufgaben die Tätigkeit eines ehrenamtlichen Bürgermeisters prägt, sofern er nach der Ausgestaltung des Ehrenamts in der maßgebenden Kommunalverfassung dazu verpflichtet ist; auf ein quantitatives oder qualitatives Überwiegen der Verwaltungsaufgaben kommt es also nicht an. In dem entschiedenen Fall hat das BSG Verwaltungsaufgaben bejaht, weil dem ehrenamtlichen Bürgermeister nach der kommunalrechtlichen Ausgestaltung als Leiter der Gemeindeverwaltung jedenfalls die Überwachung der sachgemäßen Erledigung von Aufgaben oblag, unabhängig davon, dass deren konkrete Durchführung beim Verwaltungsverband lag.

Auf Grund dieser Rechtsprechung vertreten die Spitzenverbände der Sozialversicherungsträger die Auffassung (Besprechungsergebnis v. 11.7.2007), dass die Urteilsgrundsätze bei der versicherungsrechtlichen Beurteilung von ehrenamtlich tätigen Bürgermeistern spätestens vom 1.9.2007 an anzuwenden sind. Soweit in der Vergangenheit anders verfahren worden ist, behält es dabei für vor diesem Zeitpunkt begründete Amtsverhältnisse sein Bewenden. Dieser Vertrauensschutz endet mit Ablauf der laufenden Amtszeit; dies gilt auch bei einer Wiederwahl.

Bürgschaft

→ *Arbeitslohn-ABC* Rz. 255, → *Werbungskosten* Rz. 3182

Busfahrer

1. Einkunftsart

774 Ein Busfahrer, der einen Bus im Auftrag des Busunternehmers bei vorgegebenen Fahrten für ein Tages- bzw. Stundenhonorar steuert, übt regelmäßig eine **abhängige Beschäftigung bzw. Arbeitnehmertätigkeit** aus (zuletzt LSG Bayern v. 11.2.2014, L 5 R 1072/12, www.stotax-first.de, sowie LSG Niedersachsen-Bremen v. 22.10.2014, L 2 R 5/14, www.stotax-first.de).

Allein die Möglichkeit, einen Ersatzfahrer zu benennen, mit dem das Reiseunternehmen (anstatt mit dem zunächst Herangezogenen) unmittelbar in eine dienstrechtliche Beziehung tritt, reicht nicht aus, um von einer arbeitnehmeruntypischen Vertragsgestaltung auszugehen. Durch die nur bedarfsweise Heranziehung zu den Diensten auf Grund einer Vereinbarung im konkreten Einzelfall erlangt ein Busfahrer keine unternehmerische Selbständigkeit. Die Heranziehung auf Abruf unterstreicht vielmehr die abhängige Stellung des Fahrers. Dass ohne das vertraglich bindende Angebot und den Einsatz der eigenen Arbeitskraft keine Aussicht auf Entgelt besteht, ist kein Merkmal selbständiger Tätigkeit, sondern gilt auch für jeden Arbeiter (SG Dresden v. 8.8.2012, S 18 KR 412/09, www.stotax-first.de).

[LSt] (SV)

Reisebusfahrer, die während der Reise oder in den Fahrtpausen auf eigene Rechnung eingekaufte **Getränke an Fahrgäste verkaufen** und die Erlöse selbst vereinnahmen, üben insoweit keine nichtselbständige Tätigkeit aus (die Einnahmen sind als gewerbliche Einkünfte anzusehen). Dies gilt auch dann, wenn der Busunternehmer den Fahrern den Verkauf der Getränke ausdrücklich gestattet und den Bus zu diesem Zweck mit einem Kühlschrank ausgestattet hat (OFD Koblenz v. 20.10.1987, S 7104/S 7100/S 2331 – St 51 2/St 33 2).

2. Reisekosten

775 Bus- oder LKW-Fahrer haben regelmäßig **keine ortsfeste erste Tätigkeitsstätte** i.S.d. § 9 Abs. 4 Satz 1 EStG und üben somit eine **Auswärtstätigkeit** aus. Der Arbeitgeber kann daher grundsätzlich Aufwendungen für Fahrten von der Wohnung zu den einzelnen Übernahmestellen des Fahrzeugs i.H.d. tatsächlichen Kfz-Kosten (oder für Pkw pauschal 0,30 €/km) sowie Mehraufwendungen für Verpflegung nach den Grundsätzen für Auswärtstätigkeiten steuerfrei erstatten; die Beschränkung auf drei Monate gilt für die Fahrtätigkeit nicht (BMF v. 24.10.2014, IV C 5 – S 2353/14/10004, BStBl I 2014, 1412 Rdnr. 56 sowie → *Reisekosten: Allgemeine Grundsätze* Rz. 2409 und → *Reisekosten: Erstattungen* Rz. 2465).

Lediglich wenn dauerhaft und typischerweise arbeitstäglich ein vom Arbeitgeber festgelegter Ort aufgesucht werden soll, werden die Fahrten von der Wohnung zu diesem Ort (**Sammelpunkt**) gleichbehandelt mit den Fahrten von der Wohnung zu einer ersten Tätigkeitsstätte und unterliegen der Abzugsbeschränkung auf die **Entfernungspauschale** (§ 9 Abs. 1 Satz 3 Nr. 4a Satz 8 EStG). **Auf die Berücksichtigung von Verpflegungspauschalen oder Übernachtungskosten als Werbungskosten oder den steuerfreien Arbeitgeberersatz hat diese Festlegung hingegen keinen Einfluss, da der Arbeitnehmer weiterhin außerhalb einer ersten Tätigkeitsstätte und somit auswärts beruflich tätig wird.** Es wird keine erste Tätigkeitsstätte fingiert, sondern nur die Anwendung der Entfernungspauschale für die Fahrtkosten von der Wohnung zu diesem Ort sowie die Besteuerung eines geldwerten Vorteils bei Firmenwagengestellung durch den Arbeitgeber nach § 8 Abs. 2 Satz 3 und 4 EStG festgelegt und der steuerfreie Arbeitgeberersatz für diese Fahrten nach § 3 Nr. 16 EStG ausgeschlossen (BMF v. 24.10.2014, IV C 5 – S 2353/14/10004, BStBl I 2014, 1412 Rdnr. 39).

Bußgelder

1. Arbeitslohn

776 Übernimmt der Arbeitgeber Bußgelder, Geldstrafen, Ordnungs- und Verwarnungsgelder, Vertragsstrafen usw. zu Gunsten seiner Arbeitnehmer, liegt grundsätzlich als sonstiger Bezug zu versteuernder Arbeitslohn vor (BFH v. 7.12.2005, I R 34/05, HFR 2006, 766 betr. die Rückzahlung von Ausbildungskosten wegen vorzeitiger Kündigung des Dienstverhältnisses). Dies gilt selbst dann, wenn das **Delikt betrieblich oder beruflich veranlasst** war oder es auch nur im Interesse (aber nicht im ganz überwiegenden Interesse) des Arbeitgebers liegt, dass z.B. durch die Zahlung die Einstellung eines Strafverfahrens gegen den Arbeitnehmer erreicht wird (zuletzt BFH v. 22.7.2008, VI R 47/06, BStBl II 2009, 151 betr. Zahlung einer Geldbuße und einer Geldauflage zu Gunsten eines Arbeitnehmers, die gegen diesen wegen Verstößen gegen das Lebensmittelrecht verhängt worden waren). Die vom Arbeitgeber erstatteten Kosten sind auch **kein steuerfreier Auslagenersatz**, weil der Arbeitgeber mit dem Ersatz keine eigene Verpflichtung erfüllt.

Übernimmt der eine Spedition betreibende Arbeitgeber die Bußgelder, die gegen bei ihm angestellte Fahrer wegen **Verstößen gegen die Lenk- und Ruhezeiten** verhängt worden sind, handelt es sich um Arbeitslohn. Vorteile haben keinen Arbeitslohncharakter, wenn sie sich bei objektiver Würdigung aller Umstände nicht als Entlohnung, sondern lediglich als notwendige Begleiterscheinung betriebsfunktionaler Zielsetzung erweisen. Das ist der Fall, wenn sie aus ganz überwiegend eigenbetrieblichem Interesse des Arbeitgebers gewährt werden. Ein rechtswidriges Tun ist keine beachtliche Grundlage einer solchen betriebsfunktionalen Zielsetzung (BFH v. 14.11.2013, VI R 36/12, BStBl II 2014, 278). Damit hält der BFH nicht mehr an seiner im Urteil v. 7.7.2004, VI R 29/00, BStBl II 2005, 367 vertretenen Auffassung fest, wonach die Übernahme von Verwarnungsgeldern, die dem Arbeitnehmer eines Paketzustelldienstes ersetzt werden, kein Arbeitslohn sind, wenn ohne den Verstoß gegen ordnungsrechtliche Bestimmungen letztlich ein reibungsloser Betriebsablauf nicht gewährleistet werden kann (vgl. dazu OFD Frankfurt v. 28.7.2015, S 2332 A – 094 – St 222, StEd 2015, 588).

Hat der Arbeitgeber Bußgelder usw. gezahlt, die von seinem Arbeitnehmer verursacht worden sind (z.B. wegen Geschwindigkeitsüberschreitung), oder behält er Vertragsstrafen, die in Tarifverträgen oder Betriebsvereinbarungen festgelegt sein können, vereinbarungsgemäß vom Lohn ein, so unterliegt trotzdem der **volle Arbeitslohn dem Lohnsteuerabzug** – es handelt sich nicht um eine auch steuerlich anzuerkennende sog. Gehaltskürzung (→ *Einbehaltene Lohnteile* Rz. 978).

2. Kein Arbeitslohn

Arbeitslohn liegt hingegen nicht vor, wenn die Übernahme der **777** Bußgelder usw. **im ganz überwiegend eigenbetrieblichen Interesse des Arbeitgebers** liegt. Der BFH hat dies bei der Übernahme von **Verwarnungsgeldern** wegen Verletzung des Halteverbots, die gegen die angestellten Fahrer eines Paketzustelldienstes verhängt worden sind, bejaht (BFH v. 7.7.2004, VI R 29/00, BStBl II 2005, 367). Ebenso LSG Rheinland-Pfalz für vom Arbeitgeber (Speditionsunternehmen) für seine Arbeitnehmer (Fahrer) wegen Verstoßes gegen güterverkehrsrechtliche Bestimmungen übernommene Verwarnungsgelder (LSG Rheinland-Pfalz v. 20.1.2010, L 6 R 381/08, www.stotax-first.de).

U.E. gelten diese Grundsätze auch für die Übernahme von **Strafverteidigungskosten**, wenn diese nicht sehr hoch sind und es sich eher um ein leichtfertiges Vergehen der Arbeitnehmer handelt.

3. Werbungskosten

Bußgelder, Geldstrafen, Ordnungs- und Verwarnungsgelder sind **778** grundsätzlich **nicht als Werbungskosten** abzugsfähig, selbst wenn die Ursachen im Beruf liegen sollten, z.B. bei einer Geschwindigkeitsüberschreitung, um noch pünktlich zur Arbeit zu kommen (§ 4 Abs. 5 Satz 1 Nr. 8, § 9 Abs. 5 und § 12 Nr. 4 EStG; s. dazu ausführlich R 4.13 sowie R 12.3 EStR und die dazugehörigen Hinweise im Einkommensteuer-Handbuch sowie BFH v. 22.7.2008, VI R 47/06, BStBl II 2009, 151). Ausnahme: Die von einem ausländischen Gericht verhängte Strafe verletzt wesentliche Grundsätze der deutschen Rechtsordnung (BFH v. 31.7.1991, VIII R 89/86, BStBl II 1992, 85).

Als **Werbungskosten** abzugsfähig sind hingegen sog. **Vertragsstrafen** (zuletzt BFH v. 22.6.2006, VI R 5/03, BStBl II 2007, 4 betr. die Rückzahlung von Ausbildungskosten wegen vorzeitiger Kündigung des Dienstverhältnisses). Das Abzugsverbot des § 12 Nr. 4 EStG gilt ferner nicht für vom Gericht verhängte **Geldauflagen zur Schadenswiedergutmachung** (BFH v. 15.1.2009, VI R 37/06, BStBl II 2010, 111 betr. Abzugsfähigkeit von Ausgleichszahlungen an das geschädigte Tatopfer).

Zum Abzug von **Prozess- und Strafverteidigungskosten** → *Werbungskosten* Rz. 3194.

4. Sozialversicherung

Die Spitzenverbände der Sozialversicherungsträger haben sich **779** bisher für den Bereich der Sozialversicherung der im Steuerrecht praktizierten Verfahrensweise angeschlossen, d.h., dass vom Arbeitgeber übernommene **Verwarnungsgelder wegen Verletzung des Halteverbots nicht zum Arbeitsentgelt** i.S. der Sozialversicherung gehören, wenn der Arbeitgeber sie im ganz überwiegend eigenbetrieblichen Interesse übernimmt. Dabei müssen das eigenbetriebliche Interesse des Arbeitgebers sowie die ausdrückliche Billigung des Fehlverhaltens des Arbeitnehmers konkret schriftlich niedergelegt und in den Lohnunterlagen dokumentiert sein. Im Übrigen wird ein eigenbetriebliches Interesse nur angenommen, wenn die Verletzung des Halteverbots mit Firmenfahrzeugen begangen wird (Besprechungsergebnis v. 25./26.4.2006). Nach diesem Besprechungsergebnis soll spätestens seit 1.8.2006 verfahren werden; soweit bis dahin in der Praxis anders verfahren worden ist, behält es dabei sein Bewenden.

Durch BFH v. 14.11.2013, VI R 36/12, BStBl II 2014, 278 ist deutlich geworden, dass der BFH an seiner bisherigen Auffassung, wonach die Übernahme der Verwarnungsgelder wegen Verletzung des Halteverbots im ganz überwiegenden eigenbetrieblichen Interesse des Arbeitgebers liegt, nicht weiter festhält. Die Spitzen-

Bußgelder

organisationen der Sozialversicherung haben sich in der Besprechung über Fragen des gemeinsamen Beitragseinzugs am 9.4.2014 darauf verständigt, dies auch für die Sozialversicherung umzusetzen.

Für Entgeltabrechnungszeiträume bis zum 30.4.2014 wird die bislang praktizierte Beurteilung der Arbeitsentgelteigenschaft nicht beanstandet.

Bußgelder, Geldstrafen, Ordnungsgelder, Verwarnungsgelder

→ *Werbungskosten* Rz. 3182

Camcorder

→ *Werbungskosten* Rz. 3182

Choreograph

→ *Künstler (und verwandte Berufe)* Rz. 1748

Chorleiter/Chormitglieder

1. Lohnsteuer

780 **Chorleiter** sind regelmäßig als **Arbeitnehmer** tätig; bei nebenberuflicher Tätigkeit z.B. für die Kirche oder einen gemeinnützigen Verein können die Entschädigungen bis 2 400 € im Jahr nach § 3 Nr. 26 EStG steuerfrei sein (OFD Hannover v. 2.1.2002, S 2331 – 95 – StH 212, www.stotax-first.de, sowie → *Aufwandsentschädigungen für bestimmte nebenberufliche Tätigkeiten* Rz. 360).

Chorleiter bei Hörfunk und Fernsehen sind regelmäßig selbständig tätig, soweit sie als Gast mitwirken oder Träger des Chores oder Arbeitgeber der Mitglieder des Chores sind (BMF v. 5.10.1990, IV B 6 – S 2332 – 73/90, BStBl I 1990, 638).

Die **Opernchormitgliedern** unentgeltlich gestellte **Arbeitskleidung** (Frack, Abendkleid) oder das stattdessen gezahlte Frackgeld ist nach § 3 Nr. 31 EStG steuerfrei (→ *Arbeitslohn-ABC* Rz. 255).

2. Sozialversicherung

781 Nach übereinstimmender Auffassung wird die Tätigkeit der **Organisten** bei Gottesdiensten oder anderen Veranstaltungen grundsätzlich im Rahmen eines abhängigen Beschäftigungsverhältnisses zur Kirchengemeinde ausgeübt. Demgegenüber wird bei der sozialversicherungsrechtlichen Beurteilung von **Chorleiterdiensten** ganz überwiegend von einer selbständigen Tätigkeit ausgegangen.

In vielen Kirchengemeinden ist der Organist zugleich auch **Leiter des Kirchenchores**. Bei einer Mischtätigkeit der vorliegenden Art richtet sich die versicherungsrechtliche Beurteilung nach der vom zeitlichen Umfang her überwiegenden Tätigkeit, die sich aus dem Gesamterscheinungsbild ergibt. Dies bedeutet, dass von einer abhängigen und damit in der Kranken-, Pflege-, Renten- und Arbeitslosenversicherung versicherungspflichtigen Beschäftigung auszugehen ist, wenn die Tätigkeit als Organist überwiegt. Liegt das Schwergewicht vom zeitlichen Umfang her auf der Chorleitertätigkeit, ist von einer selbständigen Tätigkeit auszugehen, die ggf. Versicherungspflicht in der Rentenversicherung nach § 2 Satz 1 Nr. 5 bzw. 9 SGB VI begründet, es sei denn, die Tätigkeit ist geringfügig i.S.d. § 8 SGB IV. Nach Auffassung der Spitzenverbände der Sozialversicherungsträger (Besprechungsergebnis v. 23./24.4.2007) ist spätestens vom 1.7.2007 an hiernach zu verfahren. Soweit vor dem 1.7.2007 anders verfahren worden ist, behält es dabei sein Bewenden.

Clearingstelle Deutsche Rentenversicherung Bund

→ *Statusfeststellungsverfahren* Rz. 2745

Computer

1. Arbeitgeberersatz

a) Steuerbefreiung nach § 3 Nr. 45 EStG

782 Nach § 3 Nr. 45 EStG sind in folgenden vier Fällen die geldwerten Vorteile aus der privaten Nutzung durch den Arbeitnehmer steuerfrei:
- betriebliche Datenverarbeitungsgeräte und Zubehör,
- betriebliche Telekommunikationsgeräte und Zubehör,
- System- und Anwendungsprogramme, die der Arbeitgeber auch im Betrieb einsetzt,
- erbrachte Dienstleistungen zu den ersten drei Punkten.

Für die Steuerfreiheit der geldwerten Vorteile ist nicht Voraussetzung, dass sie zusätzlich zum ohnehin geschuldeten Arbeitslohn erbracht werden. Eine **Gehaltsumwandlung** ist daher möglich, wenn Arbeitgeber und Arbeitnehmer im gegenseitigen Einvernehmen Barlohn durch einen steuerfreien Sachbezug i.S.d. § 3 Nr. 45 EStG durch eine Änderung des Arbeitsvertrages ersetzen (→ *Barlohnumwandlung* Rz. 513).

Durch den im § 3 Nr. 45 EStG verwendeten Begriff „**Datenverarbeitungsgeräte**" sind nicht nur die geldwerten Vorteile aus der Überlassung von **betrieblichen PC** steuerfrei, zu denen auch Mobilcomputer (Notebook, Netbook) zählen, sondern auch neuere Geräte wie **Smartphones oder Tablets**.

H 3.45 „Anwendungsbereich" LStH enthält eine beispielhafte (nicht abschließende) Aufzählung begünstigter und nicht begünstigter Leistungen:

- **Betriebliche Datenverarbeitungsgeräte und Telekommunikationsgeräte**

  Begünstigt sind u. a. Personalcomputer, Laptop, Handy, Smartphone, Tablet, Autotelefon.

  Regelmäßig **nicht begünstigt** sind Smart TV, Konsole, MP3-Player, Spielautomat, E-Book-Reader, Gebrauchsgegenstand mit eingebautem Mikrochip, Digitalkamera oder digitaler Videocamcorder, weil es sich nicht um betriebliche Geräte des Arbeitgebers handelt. Nicht begünstigt ist auch ein vorinstalliertes Navigationsgerät im Pkw.

- **System- und Anwendungsprogramme**

  Begünstigt sind u.a. Betriebssystem, Browser, Virenscanner, Softwareprogramm (z.B. Home-Use-Programme, Volumenlizenzvereinbarung).

  Regelmäßig **nicht begünstigt** sind mangels Einsatz im Betrieb des Arbeitgebers u.a. Computerspiele.

- **Zubehör**

  Begünstigt sind u.a. Monitor, Drucker, Beamer, Scanner, Modem, Netzwerkswitch, Router, Hub, Bridge, ISDN-Karte, Sim-Karte, UMTS-Karte, LTE-Karte, Ladegeräte und Transportbehältnisse.

- **Dienstleistung**

  Begünstigt ist insbesondere die Installation oder Inbetriebnahme der begünstigten Geräte und Programme i.S.d. § 3 Nr. 45 EStG durch einen IT-Service des Arbeitgebers. Letztendlich sind es Leistungen, die im engen Zusammenhang mit den in § 3 Nr. 45 EStG genannten Geräten, Zubehörteilen und Programmen stehen und sich nicht nur auf allgemeine, nicht komponentenspezifische Aspekte beziehen. Insofern können sich die Dienstleistungen auch auf das Zubehör oder die Nebenkosten beziehen.

Es kommt nicht darauf an, ob die Vorteile zusätzlich zum ohnehin geschuldeten Arbeitslohn oder auf Grund einer Vereinbarung mit dem Arbeitgeber über die Herabsetzung von Arbeitslohn erbracht werden. Unschädlich ist es, wenn der Arbeitnehmer die Datenverarbeitungsgeräte und das Zubehör in seiner **Privatwohnung** nutzt.

In ihrer **Antwort auf eine Kleine Anfrage im Bundestag** (BT-Drucks. 17/9811 v. 23.5.2012, 8 ff.) hat die Bundesregierung ergänzend auf Folgendes hingewiesen:

- Es muss sich nach wie vor um ein betriebliches Gerät des Arbeitgebers handeln, so dass z.B. die Überlassung von **Smart TVs, Konsolen, iPods, MP 3-Player, Spielautomaten** etc.
- sofern diese nach Sinn und Zweck der Vorschrift begrifflich

überhaupt ein Datenverarbeitungsgerät sind – i.d.R. **nicht steuerfrei** sind. Zubehörteile werden auch von der Regelung erfasst.

- Mit der Änderung des § 3 Nr. 45 EStG sollen geldwerte Vorteile aus **Dienstleistungen steuerfrei** gestellt werden, die im Zusammenhang mit der privaten Nutzung von betrieblichen Datenverarbeitungsgeräten und Telekommunikationsgeräten sowie deren Zubehör und im Zusammenhang mit zur privaten Nutzung überlassenen System- und Anwendungsprogrammen, die der Arbeitgeber auch in seinem Betrieb einsetzt, erbracht werden. Eine Dienstleistung im Sinne dieser Vorschrift ist insbesondere die **Installation oder Inbetriebnahme durch einen IT-Service des Arbeitgebers**, die technische Unterstützung, Reparaturleistungen oder andere Serviceleistungen. Entscheidend ist, dass die erbrachten Dienstleistungen im konkreten Zusammenhang mit den übrigen Zuwendungen stehen.

- Die Frage, ob nach der Neuregelung des § 3 Nr. 45 EStG nun auch im Pkw vorinstallierte **Navigationsgeräte** steuerfrei gestellt werden, so dass die dafür angefallenen Kosten im Rahmen der **1 %-Regelung** nicht berücksichtigt werden müssen, ist zu verneinen. Bemessungsgrundlage für die Bewertung der Nutzung eines betrieblichen Kraftfahrzeugs zu privaten Fahrten nach der 1 %-Regelung ist der inländische Bruttolistenpreis einschließlich des darin enthaltenen Aufpreises für ein werkseitig eingebautes Satellitennavigationsgerät. Nach BFH v. 16.2.2005, VI R 37/04, BStBl II 2005, 563 ist ein werkseitig in das betriebliche Kraftfahrzeug fest eingebautes Satellitennavigationsgerät kein eigenständiges Wirtschaftsgut, dessen Nutzbarkeit getrennt von der Möglichkeit zum privaten Gebrauch des Kraftfahrzeug bewertet – und damit gesondert nach § 3 Nr. 45 EStG steuerfrei gestellt – werden könnte.

- Die Steuerbefreiung setzt ein aktives Dienstverhältnis i.S.v. § 1 Abs. 2 LStDV zwischen Arbeitgeber und Arbeitnehmer voraus. **Die Steuerbefreiung findet somit auf ausgeschiedene Mitarbeiter keine Anwendung.**

Voraussetzung für die Steuerfreiheit nach § 3 Nr. 45 EStG ist, dass es sich um „betriebliche Datenverarbeitungsgeräte" handelt. **Sie dürfen dem Arbeitnehmer also lediglich leihweise überlassen werden und nicht in sein Eigentum übergehen.** Der Arbeitgeber selbst muss dagegen nicht Eigentümer sein, er kann die Geräte auch gemietet oder geleast haben. Wird das Datenverarbeitungsgerät und das Zubehör dem Arbeitnehmer übereignet, entsteht hieraus ein lohnsteuerpflichtiger geldwerter Vorteil. Ggf. hat der Arbeitgeber die Möglichkeit der Pauschalbesteuerung mit 25 % nach § 40 Abs. 2 Nr. 5 EStG.

Voraussetzung für die Steuerfreiheit der zur privaten Nutzung überlassenen **System- und Anwendungsprogramme** (z.B. Betriebssystem, Virenscanner, Browser) ist, dass der **Arbeitgeber diese auch im Betrieb einsetzt. Computerspiele können daher i.d.R. nicht steuerfrei überlassen werden.** Nach der Regelung sind insbesondere geldwerte Vorteile des Arbeitnehmers aus der privaten Nutzung unentgeltlich oder verbilligt überlassener System- und Anwendungsprogramme im Rahmen sog. **Home Use Programme (HUP) steuerfrei**, bei denen der Arbeitgeber mit dem Softwareanbieter eine sog. Volumenlizenzvereinbarung für Software abschließt, die auch für Arbeitnehmer eine private Nutzung der Software auf dem privaten Personalcomputer ermöglicht.

Beispiel 1:
Arbeitgeber B setzt in der Firma MS-Office 2010 ein. Er hat mit dem Softwareanbieter ein HUP vereinbart. Danach können die Arbeitnehmer eine Lizenz von MS-Office 2010 über ihren Arbeitgeber erhalten und diese auf ihren privaten Computern zum privaten Gebrauch installieren. Die Nutzung durch den Arbeitnehmer für eigene gewerbliche Zwecke ist ausgeschlossen.

Die Softwareüberlassung fiel bisher nicht unter die Steuerbefreiung nach § 3 Nr. 45 EStG. Es entstand ein geldwerter Vorteil. Die Kosten für die Software waren auf eine fiktive Nutzungsdauer von drei Jahren zu verteilen und flossen mtl. zu. Ggf. war die Freigrenze von 44 € nach § 8 Abs. 2 Satz 11 EStG anzuwenden.

Die Softwareüberlassung i.R.d. HUP ist nach der Gesetzesänderung ab 2000 in vollem Umfang steuerfrei nach § 3 Nr. 45 EStG.

Die Steuerfreiheit gilt nur für die **Überlassung** zur Nutzung durch den Arbeitgeber oder auf Grund des Dienstverhältnisses durch einen Dritten. **Übereignet** der Arbeitgeber seinem Arbeitnehmer unentgeltlich oder verbilligt Datenerfassungsgeräte, Zubehör und Internetzugang, findet die Steuerbefreiung nach § 3 Nr. 45 EStG keine Anwendung. Die Übereignung stellt einen geldwerten Vorteil dar, der i.H.d. ortsüblichen Preises (Verkehrswert) abzgl. üblicher Preisnachlässe und ggf. einer Zuzahlung des Arbeitnehmers steuerpflichtiger Arbeitslohn darstellt. **Dies gilt auch dann, wenn es sich um gebrauchte Geräte handelt, die der Arbeitgeber bereits auf 0 € abgeschrieben hat.**

Die Steuerbefreiung kommt auch **nicht für geschenkte Computer** (eine Schenkung liegt auch vor, wenn das sog. wirtschaftliche Eigentum übertragen wird) sowie für den verbilligten Erwerb eines Computers in Betracht. Insoweit ist jedoch die **Freigrenze des § 8 Abs. 2 Satz 11 EStG von monatlich 44 € zu beachten.** Außerdem kann der Arbeitgeber in diesen Fällen die Lohnsteuer nach § 40 Abs. 2 Nr. 5 EStG pauschal erheben (→ Rz. 783).

Beispiel 2:
Vor dem Kauf der PCs bzw. Notebooks durch den Arbeitgeber wird der Arbeitslohn in Höhe des Kaufpreises zu Gunsten eines Sachbezugs umgewandelt, wobei die Gehaltsumwandlung auch in monatlichen Teilbeträgen erfolgen kann. Nach der schriftlichen Vereinbarung überlässt der Arbeitgeber dem Arbeitnehmer den PC bzw. das Notebook für die Dauer von drei Jahren zur privaten Nutzung. Nach Ablauf der drei Jahre bzw. zum Zeitpunkt der vorherigen Beendigung des Arbeitsverhältnisses geht der PC bzw. das Notebook in das Eigentum des Arbeitnehmers über.

Die Privatnutzung betrieblicher Personalcomputer ist grundsätzlich nach § 3 Nr. 45 EStG steuerfrei. Begünstigt sind jedoch nur die Vorteile aus der Überlassung zur Nutzung, **nicht dagegen der Eigentumserwerb**. Unerheblich ist dann, dass die Vorteile auf Grund einer Vereinbarung mit dem Arbeitgeber über die Herabsetzung von Arbeitslohn erbracht wurden (vgl. R 3.45 LStR).

Die Arbeitnehmer haben im vorliegenden Fall aber bereits von Anfang an bei Überlassung der PCs bzw. Notebooks **wirtschaftliches Eigentum erworben** mit der Folge, dass steuerrechtlich von einer Veräußerung durch den Arbeitgeber an die Arbeitnehmer auszugehen ist, so dass die Anwendung des § 3 Nr. 45 EStG ausgeschlossen ist.

Eine vom zivilrechtlichen Eigentum abweichende Zuordnung von Wirtschaftsgütern im Steuerrecht kommt grundsätzlich nur in Betracht, wenn ein anderer als der rechtliche Eigentümer die tatsächliche Herrschaft ausübt und den nach bürgerlichem Recht Berechtigten (durch vertragliche Vereinbarung oder aus anderen Gründen) für die gewöhnliche Nutzungsdauer wirtschaftlich von der Einwirkung ausschließen kann (§ 39 Abs. 2 Nr. 1 AO), so dass der Herausgabeanspruch des zivilrechtlichen Eigentümers keine wirtschaftliche Bedeutung mehr hat. Dies ist unter Würdigung der gesamten Umstände im Einzelfall anhand der gewählten Vertragsgestaltung und der tatsächlichen Durchführung zu entscheiden. Hierzu können auch die durch den BFH aufgestellten Grundsätze zum Leasing herangezogen werden.

Im Regelfall ist derjenige, der lediglich als Mieter eines Wirtschaftsguts zur Nutzung berechtigt ist, nicht wirtschaftlicher Eigentümer. In der vorliegenden Konstellation deckt sich aber die fest vereinbarte Überlassungsdauer von drei Jahren mit der betriebsgewöhnlichen Nutzungsdauer eines PC oder Notebooks. Entsprechend der Vereinbarung geht das zivilrechtliche Eigentum nach den drei Jahren bzw. bei vorherigem Ausscheiden des Arbeitnehmers aus dem Unternehmen auf den Arbeitnehmer über. Bei Eigentumsübergang ist auch kein weiterer Kaufpreis zu entrichten.

Die Vereinbarung zwischen dem Arbeitgeber und den Arbeitnehmern war unter Berücksichtigung dieser Umstände von Anfang an auf den vermögensmäßigen Erwerb der PCs bzw. Notebooks durch den Arbeitnehmer ausgerichtet. Der Arbeitgeber war als bürgerlich-rechtlicher Eigentümer wirtschaftlich betrachtet während der betriebsgewöhnlichen Nutzungsdauer von drei Jahren auf Grund der getroffenen Vereinbarung von der Einwirkung auf die PCs bzw. Notebooks ausgeschlossen. Auf Grund dieses Ausschlusses und des anschließenden Eigentumsübergangs kam den Herausgabeansprüchen des Arbeitgebers keine wirtschaftliche Bedeutung mehr zu.

Die auf **Arbeitnehmer** beschränkte Steuerfreiheit für die Vorteile aus der privaten Nutzung von betrieblichen Personalcomputern und Telekommunikationsgeräten nach § 3 Nr. 45 EStG verletzt nicht den Gleichheitssatz (BFH v. 21.6.2006, XI R 50/05, BStBl II 2006, 715 und v. 14.3.2007, XI R 1/06, www.stotax-first.de).

Die private Nutzungsmöglichkeit eines sog. **Tablet-PC**, der kommunalen Mandatsträgern (oder anderen ehrenamtlich tätigen Personen) von der Gebietskörperschaft zur Verfügung gestellt wird, ist nach **Erweiterung des § 3 Nr. 45 EStG** durch das Zollkodex-Anpassungsgesetz v. 22.12.2014, BStBl I 2015, 58 ab 2015 steuerfrei, sofern sie im Rahmen ihrer Tätigkeit eine steuerfreie Aufwandsentschädigung i.S.d. § 3 Nr. 12 EStG erhalten.

Computer

keine Sozialversicherungspflicht = ⓈⓋ
Sozialversicherungspflicht = ⓈⓋ

b) Lohnsteuerpauschalierung nach § 40 Abs. 2 Satz 1 Nr. 5 EStG

783 Es gibt Arbeitgeber, die ihre Arbeitnehmer an das neue Medium Internet heranführen wollen, es aber aus außersteuerlichen Gründen vorziehen, Computer usw. nicht zu verleihen, sondern zu verschenken. Der Vorteil aus der verbilligten oder unentgeltlichen **Übereignung von Datenverarbeitungsgeräten ist steuerpflichtig**. Nach § 40 Abs. 2 Satz 1 Nr. 5 EStG kann der Arbeitgeber die Lohnsteuer für den steuerpflichtigen Vorteil aus der **Übereignung von Datenverarbeitungsgeräten** mit abgeltender Wirkung **pauschal mit 25 %** des Vorteilswerts erheben und übernehmen. Die Pauschbesteuerung hat im Übrigen zur Folge, dass für den Vorteil nach § 1 Abs. 1 Satz 1 Nr. 3 SvEV **keine Sozialversicherungsbeiträge** anfallen.

Die Pauschalbesteuerung mit 25 % ist nur zulässig, wenn die **Arbeitgeberleistungen zusätzlich zum ohnehin geschuldeten Arbeitslohn erbracht** werden. Die Pauschalierungsvorschrift findet unter dieser Voraussetzung auch auf **technisches Zubehör oder Software für einen PC des Arbeitnehmers** Anwendung. Dabei ist es unerheblich, ob es sich hierbei um eine Erstausstattung, Ergänzung, Aktualisierung oder den Austausch bereits vorhandener Bestandteile handelt bzw. ob ausschließlich technisches Zubehör und Software übereignet werden. Telekommunikationsgeräte, die nicht Zubehör eines PC sind oder nicht für die Internetnutzung verwendet werden können, sind von der Pauschalierung ausgeschlossen (R 40.2 Abs. 5 LStR).

§ 40 Abs. 2 Nr. 5 EStG umfasst als weitere Fallgruppe **Zuschussleistungen des Arbeitgebers zu den Aufwendungen der privaten Internetnutzung des Arbeitnehmers**. Hat der Arbeitnehmer einen Internetzugang, dürfen Barzuschüsse des Arbeitgebers, die er zusätzlich zum ohnehin geschuldeten Arbeitslohn für die Internetnutzung des Arbeitnehmers erbringt, ebenfalls mit 25 % pauschal besteuert werden. Die Möglichkeit der Lohnsteuer-Pauschalierung besteht für die Zuschussleistungen zu den laufenden Kosten, also z.B. die Grundgebühr sowie die laufenden Gebühren für die Internetnutzung, ebenso für die Zuschussleistung zu den Kosten für die Einrichtung eines Anschlusses, Modems oder internetfähigen PC (R 40.2 Abs. 5 LStR).

Zur **Vereinfachung der Nachweisführung** bezüglich der beim Arbeitnehmer entstandenen Aufwendungen für die laufende Internetnutzung ist eine **Kleinbetragsgrenze von 50 € pro Monat** festgelegt (R 40.2 Abs. 5 Satz 7 LStR). Danach sind Zuschussleistungen des Arbeitgebers bis zu diesem Betrag mit 25 % pauschalierungsfähig, wenn der Arbeitnehmer dem Arbeitgeber erklärt, dass er einen Internetzugang besitzt und ihm für die laufende Internetnutzung Aufwendungen i.H.v. mindestens 50 € pro Monat entstehen. Der Arbeitgeber hat diese schriftliche Eigenerklärung des Arbeitnehmers als Beleg zum Lohnkonto aufzubewahren.

> **Beispiel:**
> Ein Arbeitgeber bezahlt einem leitenden Angestellten einen Zuschuss von mtl. 50 € für den häuslichen Internetanschluss. Die mtl. Gesamtgebühren (Verbindungsentgelte und Grundpreis) liegen bei rd. 100 €. Eine entsprechende Erklärung des Arbeitnehmers liegt vor. Eine Nachweisführung erfolgt nicht, da der Internetanschluss nicht zu beruflichen Zwecken eingesetzt wird.
>
> Der Barzuschuss stellt lohnsteuerpflichtigen Arbeitslohn dar. Der Arbeitgeber kann die Lohnsteuer bis zum Betrag von 50 € pro Monat mit dem Pauschsteuersatz von 25 % übernehmen. Sozialabgaben fallen insoweit nicht an.

Die Lohnsteuer-Pauschalierung **höherer Zuschüsse** zu Aufwendungen zur Internetnutzung des Arbeitnehmers ist nur dann zulässig, wenn der Arbeitnehmer für einen repräsentativen Zeitraum von drei Monaten anhand der Rechnungsbelege Aufzeichnungen führt. Die Ausführungen zum steuerfreien Auslagenersatz beim häuslichen Telefonanschluss des Arbeitnehmers gelten sinngemäß (→ *Telekommunikation* Rz. 2860).

Nutzt der Arbeitnehmer seinen Internetzugang auch für berufliche Zwecke, kann der Arbeitgeber **sowohl steuerfreien Auslagenersatz** (vgl. → *Telekommunikation* Rz. 2860) **als auch pauschalbesteuerte Internetzuschusszahlungen gewähren**. Beide Steuervergünstigungen können nebeneinander angewandt werden. Bezahlt der Arbeitgeber steuerfreien Auslagenersatz i.H.v. 20 € mtl., indem er von der o.g. Kleinbetragsregelung Gebrauch macht, erhöhen sich die erforderlichen Internetkosten, für die der Arbeitnehmer eine schriftliche Bestätigung dem Arbeitgeber vorzulegen hat, auf den Mindestbetrag von 70 € pro Monat, um gleichzeitig die Pauschalbesteuerung im Rahmen der Freigrenze für Sachbezüge anwenden zu können.

2. Werbungskostenabzug

784 Aufwendungen für die Computer- und Internetnutzung können – ungeachtet der sog. „90 %-Grenze" – in Höhe des nachgewiesenen oder glaubhaft gemachten beruflichen Nutzungsanteils als Werbungskosten anerkannt werden. Diese Grundsätze gelten für die Aufwendungen eines privat angeschafften Computers einschließlich der Peripheriegeräte und sonstiger mit der Nutzung in Zusammenhang stehender Aufwendungen einschließlich der Aufwendungen für die Internetnutzung (FinMin Nordrhein-Westfalen v. 14.2.2002, S 2354 – 1 – V B 3, www.stotax-first.de; BFH v. 19.2.2004, VI R 135/01, BStBl II 2004, 958). Wie der **Nachweis bzw. die Glaubhaftmachung** erfolgen sollen, lassen Finanzverwaltung und BFH leider offen, u.E. dürften Anschreibungen über die zeitliche berufliche und private Nutzung ausreichen.

Kann der Stpfl. eine nicht unwesentliche berufliche Nutzung des Computers nachweisen oder zumindest glaubhaft machen, sollen die Finanzämter nach dem o.g. BFH-Urteil aus Vereinfachungsgründen von einer **hälftigen privaten bzw. beruflichen Nutzung** ausgehen (so zuletzt auch FG Saarland v. 25.6.2012, 2 K 1363/11, www.stotax-first.de).

Arbeitnehmer, die eine berufliche Nutzung von **mindestens 90 %** nachweisen oder glaubhaft machen, können somit wie bisher die gesamten Kosten (also 100 %!) als Werbungskosten absetzen (R 9.1 Abs. 2 Satz 3 Nr. 1 LStR).

Aufwendungen über 410 € (mit 19 % Umsatzsteuer 487,90 €) sind auf die gewöhnliche Nutzungsdauer zu verteilen, können also nur über die **Absetzungen für Abnutzung** nach § 7 Abs. 1 EStG steuerlich abgezogen werden (R 9.12 Satz 2 LStR). Für den Ansatz der Nutzungsdauer ist von der **amtlichen AfA-Tabelle** für allgemein verwendbare Anlagegüter auszugehen (BMF v. 15.12.2000, IV D 2 – S 1551 – 188/00, BStBl I 2000, 1532). Danach ist bei Personalcomputern und Peripheriegeräten (Drucker, Scanner, Bildschirme u.Ä.) von einer **dreijährigen Nutzungsdauer** auszugehen; dies gilt auch für **Notebooks** (BFH v. 5.7.2012, VI R 99/10, HFR 2012, 1157). Zur Berechnung der AfA für **Software** und sog. **Updates** s. FG Niedersachsen v. 16.1.2003, 10 K 82/99, EFG 2003, 601. Das Erscheinen eines **Updates** rechtfertigt keine Sofortabschreibung der Software (FG Münster v. 18.2.2005, 11 K 5218/03 E, U, EFG 2005, 854).

> **Beispiel:**
> Arbeitnehmer A nutzt seinen am 2.1.2016 angeschafften PC (Kosten nebst Zubehör 2 100 €), der im häuslichen Arbeitszimmer steht, zu 50 % beruflich. Er kann den Umfang der beruflichen Nutzung durch Anschreibungen glaubhaft machen.
>
> A kann den beruflichen Anteil der Anschaffungskosten (50 % von 2 100 € = 1 050 €) als Werbungskosten geltend machen. Die Aufwendungen können allerdings nur über die jährlichen Absetzungen für Abnutzung berücksichtigt werden. Seit 2001 ist nach der amtlichen AfA-Tabelle für Computer nur noch eine Nutzungsdauer von drei Jahren anzusetzen. A kann also in den Jahren 2016 bis 2018 je 350 € absetzen.

Die **Peripheriegeräte** einer PC-Anlage (Monitor, Drucker, Scanner etc.) sind neben dem eigentlichen Computer **gesondert auf drei Jahre abzuschreiben**; ein sofortiger Abzug als sog. geringwertige Wirtschaftsgüter i.S.d. § 6 Abs. 2 EStG kommt nicht in Betracht, weil diese Gegenstände nicht selbständig nutzbar sind (vgl. zuletzt BFH v. 15.7.2010, III R 70/08, www.stotax-first.de: Ersatz des Druckers kein sofort abzugsfähiger Erhaltungsaufwand, sowie OFD Magdeburg v. 16.4.2002, S 2354 – 5 – St 222, www.stotax-first.de).

Für **Systemprogramme**, die nicht selbständig nutzungsfähig sind (z.B. die Systemsoftware für das Betriebssystem), gilt die **Vereinfachungsregelung in R 5.5 Abs. 1 Sätze 2 und 3 EStR**, wonach Computerprogramme, deren Anschaffungskosten nicht mehr als 410 € (ohne Umsatzsteuer) betragen, als selbständig nutzbare Wirtschaftsgüter angesehen werden und daher ggf. im Jahr der Anschaffung sofort „abgeschrieben" werden können (§ 9 Abs. 1 Satz 3 Nr. 7 Satz 2 EStG).

Aufwendungen für einen Computer können auch während Zeiten einer Nichtbeschäftigung (z.B. **Arbeitslosigkeit**) beruflich veranlasst sein; für die Höhe des Werbungskostenabzugs kommt es auf den Umfang der beruflichen Nutzung an, z.B. für Bewerbungsschreiben (FG Düsseldorf v. 14.10.2004, 10 K 4057/04 E, EFG 2005, 779).

Aufwendungen für einen **Sprachcomputer** (Deutsch/Englisch) mit der Ausstattung einer französischen Sprachkarte sind selbst bei einem Arbeitnehmer, der aus beruflichen Gründen Französischkenntnisse benötigt, nur dann den Werbungskosten zuzurechnen, wenn die berufliche Veranlassung bei weitem überwiegt und die Lebensführung ganz in den Hintergrund tritt (FG Hamburg v. 25.2.2004, V 300/00, www.stotax-first.de; anerkannt wurden jedoch die Aufwendungen für die französische **Sprachkarte**).

Nicht abzugsfähig sind auch Aufwendungen für **Computerzeitschriften** (z.B. Computerbild, Chip und PC Professionell), die zu einem beachtlichen Teil Artikel enthalten, die auch für private Computernutzer von Interesse sind, etwa in Bezug auf Computerspiele oder E-Bay-Verkäufe (zuletzt FG Münster v. 21.7.2014, 5 K 2767/13 E, www.stotax-first.de).

Aufwendungen für die Anschaffung einer sog. **Bildschirm-Arbeitsbrille**, die der Korrektur einer Sehschwäche dient, sind trotz entsprechender augenärztlicher Verordnung auch dann keine Werbungskosten, wenn die Brille nur am Arbeitsplatz getragen wird. Ausnahme: Die Sehbeschwerden können auf die Tätigkeit am Bildschirm zurückgeführt werden oder sind Folge einer typischen Berufskrankheit. Die Bildschirmarbeitsverordnung rechtfertigt keine abweichende Beurteilung (BFH v. 20.7.2005, VI R 50/03, www.stotax-first.de).

Aufwendungen eines Lagerarbeiters für einen **Computerkurs** sind in voller Höhe als Werbungskosten abzugsfähig, wenn nach der Bescheinigung des Arbeitgebers die PC-Schulung (im Urteilsfall Office-Paket) zwingend erforderlich war, da die an seinem Arbeitsplatz benötigten Grundkenntnisse nicht vorhanden waren und der Arbeitnehmer privat über keinen PC verfügte (FG Rheinland-Pfalz v. 24.10.2005, 5 K 1944/03, www.stotax-first.de).

Zur Frage, ob **Arbeitslohn** vorliegt, wenn der Arbeitgeber derartige Kosten ersetzt, → Bildschirmarbeit Rz. 753.

3. Umsatzsteuer

785 Die private Nutzung von betrieblichen Datenverarbeitungs- und Telekommunikationsgeräten durch Arbeitnehmer ist i.d.R. **nicht umsatzsteuerpflichtig**.

Die bei der Einkommensteuer geltende Steuerbefreiung (§ 3 Nr. 45 EStG) zieht zwar keine Steuerbefreiung im Bereich der Umsatzsteuer nach sich, allerdings liegen bei kostenloser Nutzung regelmäßig nicht steuerbare Leistungen i.S.v. Abschn. 1.8 Abs. 4 UStAE vor, die überwiegend durch das betriebliche Interesse des Arbeitgebers veranlasst sind (OFD Hannover v. 11.6.2001, S 7109 – 4 – StO 355, www.stotax-first.de).

Croupier

→ Spielbank: Mitarbeiter Rz. 2737

Dachdeckerhandwerk: Lohnausgleich

→ Lohnausgleichskasse Rz. 1779

Darlehen an Arbeitnehmer

1. Arbeitsrecht

786 Ein Darlehen an Arbeitnehmer liegt begrifflich vor, wenn der Arbeitgeber dem Arbeitnehmer einen Geldbetrag zur Verfügung stellt, **der typischerweise auch sonst als Kredit aufgenommen wird**. Kennzeichnend für ein Arbeitgeber-Darlehen ist, dass die Zahlung völlig **unabhängig von der Entlohnung** des Arbeitnehmers erfolgt. **Von einem Arbeitgeber-Darlehen sind Vorschüsse und Abschlagszahlungen abzugrenzen**. Abschlagszahlungen sind Zahlungen des Arbeitgebers auf bereits erdienten, aber noch nicht abgerechneten Arbeitslohn des Arbeitnehmers. Vorschüsse sind Zahlungen des Arbeitgebers auf zukünftig zu verdienenden Arbeitslohn. Abzugrenzen ist weiterhin die Kreditierung des Bezugs von Waren vom Arbeitgeber und der Verkauf von Waren zum Selbstkostenpreis mit Anrechnung auf die Lohnzahlung (§ 107 Abs. 2 GewO).

Die Vereinbarung eines Arbeitgeber-Darlehens wird im Regelfall schriftlich erfolgen und Vereinbarungen über die **Tilgung, Laufzeit, Verzinsung** und ggf. **Sicherung der Rückzahlung** enthalten. Im Einzelnen gelten hier insbesondere die Bestimmungen der **AGB-Kontrolle** (BAG v. 23.1.2007, 9 AZR 482/06, www.stotax-first.de).

Üblicherweise wird die **ratenweise Rückerstattung** des Darlehensbetrags durch Verrechnung mit dem Lohn vereinbart. Bei der Vereinbarung der monatlichen Rückzahlungsrate sind die Pfändungsgrenzen zu berücksichtigen (→ Lohnpfändung Rz. 1834). Dies bedeutet, dass bei Vorliegen von Vorpfändungen eine Rückzahlung eines danach gewährten Darlehens durch monatliche **Verrechnung** mit dem Anspruch auf Arbeitsentgelt erst nach Befriedigung der Vorpfändung möglich wird. Daher sollte der Weg der **Abtretung** (→ Abtretung des Arbeitslohns Rz. 22) gewählt werden (→ Lohnpfändung Rz. 1828).

Gerade die oftmals **langfristige Rückzahlungsvereinbarung** führt dann zu Problemen, wenn bei **Beendigung des Arbeitsverhältnisses** das Darlehen noch teilweise valutiert ist. Haben die Parteien für den Fall der vorzeitigen Beendigung des Arbeitsverhältnisses vereinbart, dass die **Rückzahlung** des Darlehens in Höhe des noch offen stehenden Restbetrags mit der Beendigung fällig wird, so ist im Zeitpunkt des Auslaufens der Kündigungsfrist der gesamte dann noch offen stehende Restbetrag in einer Summe fällig und an den Arbeitgeber zurückzuzahlen. Eine solche der **AGB-Kontrolle** unterliegende Klausel ist aber dann wegen unangemessener Benachteiligung des Arbeitnehmers unwirksam, wenn sie den Arbeitgeber zur Kündigung des Darlehensvertrages in allen Fällen berechtigt, in denen das Arbeitsverhältnis vor vollständiger Rückzahlung des Darlehens beendet wird (BAG v. 12.12.2013, 8 AZR 829/12, www.stotax-first.de). Ebenso stellt eine Rückzahlungsvereinbarung ausschließlich für den Fall der Eigenkündigung des Arbeitnehmers eine (verbotene) **Kündigungserschwernis** dar und ist demnach unwirksam.

Zulässig ist im Übrigen auch die Vereinbarung, dass ein besonders günstiger Darlehenszinssatz bei Beendigung des Arbeitsverhältnisses auf den üblichen **Zinssatz angehoben** wird (BAG v. 23.2.1999, 9 AZR 737/97, www.stotax-first.de).

Fehlt eine derartige **Rückzahlungsvereinbarung**, so ist eine Kündigung des Darlehens bei Beendigung des Arbeitsverhältnisses wegen Wegfalls der Geschäftsgrundlage i.d.R. nicht begründet, dürfte allerdings dann zu bejahen sein, wenn der Arbeitnehmer einen Grund zur fristlosen Kündigung gesetzt hat. Bei **betriebsbedingten und krankheitsbedingten Kündigungen** des Arbeitgebers, also bei unverschuldetem Ausscheiden des Arbeitnehmers, erscheint ein (vorzeitiges) Rückzahlungsverlangen eines Arbeitgeberdarlehens hingegen bedenklich.

Der Rückzahlungsanspruch des Arbeitgebers kann einer **Ausschlussfrist/Verfallklausel** unterliegen; ob dies der Fall ist, hängt von der Formulierung und Auslegung der Vereinbarung ab (BAG v. 21.1.2010, 6 AZR 556/07, www.stotax-first.de).

Die sich aus dem Arbeitgeberdarlehen ergebenden Zins- und Rückzahlungsansprüche fallen nicht unter die von den Vertragsparteien in einem Aufhebungsvertrag vereinbarte **Ausgleichsklausel**, dass „mit diesem Vertrag ... sämtliche aus dem bestehenden Arbeitsverhältnis und seiner Beendigung abzuleitenden wechselseitigen Ansprüche ..., seien sie bekannt oder nicht bekannt, gleich aus welchem Rechtsgrund, geregelt und abgegolten" sind (BAG v. 19.1.2011, 10 AZR 873/08, www.stotax-first.de).

2. Lohnsteuer

a) Darlehensgewährung

787 Ein Arbeitgeberdarlehen liegt vor, wenn durch den Arbeitgeber oder auf Grund des Dienstverhältnisses durch einen Dritten dem Arbeitnehmer Geld überlassen wird und diese Geldüberlassung auf einem Darlehensvertrag beruht.

Gehaltsvorschüsse im öffentlichen Dienst, die nach den Vorschussrichtlinien des Bundes oder der entsprechenden Richtlinien der Länder gewährt werden, sind Arbeitgeberdarlehen. Keine Arbeitgeberdarlehen sind dagegen insbesondere Reisekostenvorschüsse, vorschüssig gezahlter Auslagenersatz, Lohnabschläge

Darlehen an Arbeitnehmer

und Lohnvorschüsse, wenn es sich hierbei um eine abweichende Vereinbarung über die Bedingungen der Zahlung des Arbeitslohns handelt (BMF v. 19.5.2015, IV C 5 – S 2334/07/0009, BStBl I 2015, 484).

Bei der Gewährung eines Arbeitgeber-Darlehens liegt **kein Zufluss von Arbeitslohn** vor. Ebenso ist die Rückzahlung des Darlehens lohnsteuerlich unbeachtlich. Zur Abgrenzung Arbeitslohn/Darlehen bei Auszubildenden → *Auszubildende* Rz. 490.

Erlässt der Arbeitgeber dem Arbeitnehmer die Rückzahlung des Darlehens, so stellt dies für den Arbeitnehmer einen **geldwerten Vorteil** dar (zuletzt BFH v. 19.2.2004, VI B 146/02, www.stotax-first.de). Der Arbeitslohn fließt dem Arbeitnehmer in dem Zeitpunkt zu, in dem der Arbeitgeber zu erkennen gibt, dass er auf die Rückzahlung des Darlehens verzichtet (BFH v. 27.3.1992, VI R 145/89, BStBl II 1992, 837). Inwieweit aus unterbliebenen Beitreibungsmaßnahmen auf einen endgültigen Verzicht des Arbeitgebers auf die Rückzahlung des Darlehens geschlossen werden kann, bedarf allerdings der Würdigung aller Umstände des Einzelfalls. Ergeben diese, dass der Arbeitgeber endgültig davon abgesehen hat, seinen Anspruch geltend zu machen und durchzusetzen, obgleich ihm das möglich wäre, ist die erlassene Darlehensforderung als Arbeitslohn anzusehen (BFH v. 25.1.1985, VI R 173/80, BStBl II 1985, 437).

Nur dann, wenn der Arbeitgeber eine nach wie vor aufrechterhaltene Darlehensforderung nicht realisieren kann, weil der Arbeitnehmer zahlungsunfähig geworden ist, und der Arbeitgeber deshalb auf Beitreibungsmaßnahmen verzichtet, liegt kein Arbeitslohn vor.

b) Darlehensverzinsung und geldwerter Vorteil

788 Gewährt der Arbeitgeber dem Arbeitnehmer **ein Darlehen zu günstigeren als den marktüblichen Konditionen**, so sind die Zinsvorteile des Arbeitnehmers grundsätzlich steuer- und beitragspflichtig. Der zur Anwendung des Lohnsteuerabzugsverfahrens verpflichtete Arbeitgeber hat die Lohnsteuer nach Maßgabe von § 38 Abs. 1 i.V.m. Abs. 4 Satz 3 EStG einzubehalten und abzuführen, sofern er sie nicht nach § 40 Abs. 1 EStG pauschal erhebt oder die Einkommensteuer nicht nach § 37b EStG pauschal erhoben wird.

Für die Ermittlung des geldwerten Vorteils aus der Überlassung eines zinslosen oder zinsverbilligten Arbeitgeberdarlehens ist zwischen einer Bewertung nach § 8 Abs. 2 EStG (z.B. der Arbeitnehmer eines Einzelhändlers erhält ein zinsverbilligtes Arbeitgeberdarlehen) und einer Bewertung nach § 8 Abs. 3 EStG (z.B. der Bankangestellte erhält von seinem Arbeitgeber ein zinsverbilligtes Arbeitgeberdarlehen mit Ansatz des Rabattfreibetrags) zu unterscheiden. Zinsvorteile sind als Sachbezüge zu versteuern, wenn die **Summe der noch nicht getilgten Darlehen** am Ende des Lohnzahlungszeitraums **2 600 €** übersteigt (BMF v. 19.5.2015, IV C 5 – S 2334/07/0009, BStBl I 2015, 484). Zur Bewertung der Zinsvorteile nach § 8 Abs. 2 EStG → *Zinsersparnisse/Zinszuschüsse* Rz. 3213 und nach § 8 Abs. 3 EStG → *Rabatte* Rz. 2373.

Datenverarbeitungsgeräte

→ *Computer* Rz. 782, → *Telekommunikation* Rz. 2852

Deputate

→ *Sachbezüge* Rz. 2598

Deutscher Akademischer Austauschdienst

→ *Arbeitslohn-ABC* Rz. 255

Deutsches Rotes Kreuz

1. Arbeitnehmereigenschaft

a) Ehrenamtliche Helfer

789 Die an ehrenamtliche Helfer des Deutschen Roten Kreuzes und anderer Hilfsorganisationen gezahlten Entschädigungen können als steuerpflichtiger **Arbeitslohn** anzusehen sein, wenn sie die durch die ehrenamtliche Tätigkeit veranlassten Aufwendungen der einzelnen Helfer regelmäßig nicht nur unwesentlich übersteigen (BFH v. 4.8.1994, VI R 94/93, BStBl II 1994, 944 betr. Sanitätshelfer des DRK); Einnahmen **bis 256 €** im Jahr werden daher im Allgemeinen steuerlich nicht erfasst (→ *Arbeitnehmer* Rz. 175).

Die seit 1957 bestehenden **Werbungskosten-Pauschbetragsregelungen** für ehrenamtliche Mitarbeiter des Luftschutzsanitätsdienstes des DRK sind ab 1.1.1998 aufgehoben worden (FinMin Niedersachsen v. 7.1.1998, S 2531 – 5 – 35, www.stotax-first.de).

b) Rot-Kreuz-Schwestern

790 Die angestellten Rot-Kreuz-Schwestern sind **steuerlich als Arbeitnehmer** anzusehen. Es ist für die steuerliche Beurteilung unerheblich, dass **arbeitsrechtlich ein Arbeitsverhältnis abzulehnen ist**, weil sich das Rechtsverhältnis zwischen einer Schwesternschaft vom Roten Kreuz und ihren Mitgliedern mangels Abschlusses eines besonderen Arbeitsvertrags in den vereinsrechtlichen Pflichten erschöpft und daher nicht den arbeitsrechtlichen Bestimmungen unterliegt (BFH v. 25.11.1993, VI R 115/92, BStBl II 1994, 424).

Schwestern vom Deutschen Roten Kreuz gehören auch zu den **Beschäftigten** i.S. der Rentenversicherung (vgl. § 1 Satz 1 Nr. 1 SGB VI).

2. Nebentätigkeit von DRK-Beschäftigten

791 Werden **hauptberuflich** beim DRK usw. beschäftigte Personen **nebenbei als Sanitätshelfer** usw. eingesetzt, so nimmt die Finanzverwaltung regelmäßig ein **einheitliches Beschäftigungsverhältnis** an. Folge: Die Vergütungen für die Nebentätigkeit sind der Haupttätigkeit zuzurechnen und somit zusammen mit dem „normalen" Arbeitslohn dem Lohnsteuerabzug zu unterwerfen (FinMin Nordrhein-Westfalen v. 26.4.1990, S 2355 – 3 – V B 3, DB 1990, 966). Der BFH hat im o.g. Urteil v. 4.8.1994, VI R 94/93, BStBl II 1994, 944 diese Verwaltungsregelung nicht grundsätzlich beanstandet. Er hat vom FG lediglich – und zwar für jeden einzelnen Arbeitnehmer – Aufklärung darüber verlangt,

– ob zwischen den hauptberuflich geschuldeten und den ehrenamtlich erbrachten Leistungen **ein untrennbarer innerer Zusammenhang** bestanden hat
– oder ob die jeweiligen Tätigkeiten ausnahmsweise deshalb **voneinander getrennt** werden können, weil sie ihrer **Art nach unterschiedlich** gewesen sind:

Die Vergütungen für die Nebentätigkeit als **Sanitätshelfer** sind dann entweder von vornherein **nicht steuerpflichtig**, weil nur Kostenersatz geleistet wird, oder sie fallen zumindest unter die **Steuerbefreiungen** der § 3 Nr. 26, 26a EStG (→ Rz. 793).

3. Lohnsteuerpauschalierung

792 Die Lohnsteuer kann unter den Voraussetzungen des § 40a EStG auch **pauschal erhoben** werden (→ *Pauschalierung der Lohnsteuer bei Aushilfskräften* Rz. 2190). Diese Möglichkeit wird jedoch bei den zuvor genannten Helfern, die neben ihrer ehrenamtlichen Tätigkeit auch hauptberuflich beim DRK usw. tätig sind und bei denen die Nebentätigkeit untrennbar mit der Haupttätigkeit zusammenhängt, regelmäßig ausscheiden (OFD Frankfurt v. 30.5.1996, S 2337 A – 46 – St II 30, DB 1996, 1547).

4. Steuerbefreiungen

a) § 3 Nr. 26 EStG

793 Liegt nach den o.g. Grundsätzen **überhaupt eine steuerpflichtige Tätigkeit** vor, so ist zu prüfen, inwieweit Steuerbefreiungen in Betracht kommen. Von Bedeutung ist dabei v.a. § 3 Nr. 26 EStG

(→ *Aufwandsentschädigungen für bestimmte nebenberufliche Tätigkeiten* Rz. 360).

Steuerfrei sind danach Einnahmen bis 2 400 € im Jahr für

– nebenberufliche Tätigkeiten als **Übungsleiter, Ausbilder, Erzieher, Betreuer oder für eine vergleichbare nebenberufliche Tätigkeit**:

Hierunter fallen beim DRK besonders Ausbilder, die **Erste-Hilfe-Kurse** geben, **nicht** dagegen Tätigkeiten im **Vorstand** oder **„reine Helfertätigkeiten"** z.B. als Kassierer, Spendensammler, Kartenverkäufer, weil insoweit keine pädagogisch ausgerichteten Tätigkeiten ausgeübt werden (R 3.26 Abs. 1 Satz 1 und 2 LStR).

– die nebenberufliche **Pflege alter, kranker oder behinderter Menschen**:

Die Vorschrift umfasst insoweit nicht nur die **Dauerpflege**, sondern auch **Hilfsdienste** bei der häuslichen Betreuung durch ambulante Pflegedienste und bei **Sofortmaßnahmen gegenüber Schwerkranken** und Verunglückten, z.B. durch **Rettungssanitäter und Ersthelfer** (R 3.26 Abs. 1 Satz 2 LStR) einschließlich der Bereitschaftsdienste z.B. bei Großveranstaltungen (→ *Aufwandsentschädigungen für bestimmte nebenberufliche Tätigkeiten* Rz. 360).

Die Steuerbefreiungen der § 3 Nr. 26, 26a EStG können jedoch nicht gewährt werden, wenn die Nebentätigkeit der **Haupttätigkeit zuzurechnen** ist.

b) § 3 Nr. 26a EStG

794 Nach dem ab 2007 eingeführten § 3 Nr. 26a EStG gibt es einen **allgemeinen Steuerfreibetrag** von bis zu **720 €** (Betrag ab 2013) im Jahr für alle nebenberuflichen Tätigkeiten in gemeinnützigen Vereinen usw., wenn für die Einnahmen aus der Tätigkeit nicht die Steuerbefreiungen nach § 3 Nr. 12 EStG oder § 3 Nr. 26 EStG gewährt werden. Weitere Einzelheiten → *Aufwandsentschädigungen für bestimmte nebenberufliche Tätigkeiten* Rz. 360.

Diese Steuerbefreiung kommt auch für ehrenamtliche Tätigkeiten beim DRK in Betracht, die nicht unter die o.g. Steuerbefreiung des § 3 Nr. 26 EStG fallen (so z.B. Tätigkeiten im Vorstand oder „reine Helfertätigkeiten" wie z.B. Kassierer, Spendensammler, Kartenverkäufer).

c) § 3 Nr. 16 EStG

795 Die Kassen des DRK sind im Regelfall (Ausnahme: Bayern) **keine öffentlichen Kassen**, so dass die Steuerbefreiung des § 3 Nr. 12 Satz 2 EStG nicht in Betracht kommt (→ *Aufwandsentschädigungen im öffentlichen Dienst* Rz. 383).

Die Finanzverwaltung hatte zugelassen, dass Entschädigungen **bis 10 € für einen mehr als achtstündigen Einsatz** ehrenamtlicher Helfer z.B. im Unfallrettungsdienst oder Krankentransport **als Reisekostenersatz** nach § 3 Nr. 16 EStG steuerfrei bleiben (OFD Frankfurt v. 30.5.1996, S 2337 A – 46 – St II 30, DB 1996, 1547). Diese Regelung ist **ab 1.1.1999 ersatzlos aufgehoben** worden, weil die Helfer i.d.R. nur Aufwandsersatz erhalten und deshalb **insgesamt kein steuerpflichtiger Arbeitslohn vorliegt** (FinMin Nordrhein-Westfalen v. 16.11.1998, S 2355 – 3 – V B 3, DB 1999, 121).

Wird bei einer auswärtigen Tätigkeit die **Mindestabwesenheitsdauer von mehr als acht Stunden nicht überschritten**, ist eine steuerfreie Erstattung von Verpflegungsmehraufwendungen grundsätzlich nicht mehr zulässig. Die Finanzverwaltung hat es abgelehnt, für ehrenamtliche Tätigkeiten eine Sonderregelung zu treffen und auch für kürzere Abwesenheiten eine steuerfreie Verpflegungspauschale zu gewähren (BMF v. 13.3.1996, IV B 3 – S 2257 – 10/96, DB 1996, 960). Bei **nebenberuflichen Tätigkeiten** sind dagegen die o.g. Steuerbefreiungen nach § 3 Nr. 26, 26a EStG zu beachten, so dass in diesen Fällen ggf. auch die „Tagegelder" im Rahmen der Höchstbeträge von 2 400 € bzw. 720 € (Beträge ab 2013) im Jahr steuerfrei belassen werden können; es kommt hier nicht darauf an, wofür der Stpfl. „Einnahmen" erhält.

Soweit ein städtischer Feuerwehrmann auch verpflichtet ist, Bereitschaftsdienste als **Fahrer eines Noteinsatzfahrzeugs** eines nicht städtischen Krankenhauses zu leisten, übt er eine Auswärtstätigkeit aus, da das Krankenhaus keine betriebliche Einrichtung seines Arbeitgebers ist. Der Feuerwehrmann befindet sich vielmehr dort ebenso wie während der Rettungseinsätze jeweils auf Auswärtstätigkeit (so zum alten Recht schon BFH v. 19.1.2012, VI R 23/11, BStBl II 2012, 472).

Auch ein **Rettungsassistent**, der seine Tätigkeit in verschiedenen Rettungswachen ausübt und sich daneben i.R.v. Einsätzen in Notarzt- bzw. Rettungswagen aufhält, wird im Regelfall nur *eine* vom Arbeitgeber zugeordnete „erste Tätigkeitsstätte" i.S.d. § 9 Abs. 4 Satz 1 EStG haben. Die Rettungseinsätze selbst und die Aufenthalte an den anderen Rettungswachen stellen eine Auswärtstätigkeit dar (so zum alten Recht schon BFH v. 19.1.2012, VI R 36/11, BStBl II 2012, 503); s. dazu → *Reisekosten: Allgemeine Grundsätze* Rz. 2413.

Deutsch-Französisches Jugendwerk

→ *Arbeitslohn-ABC* Rz. 255

Diakonissen

1. Lohnsteuer

Diakonissen stehen zu ihrem Mutterhaus **nicht in einem Arbeitsverhältnis**. Es handelt sich vielmehr um ein familienähnliches Verhältnis eigener Art, das auf dem aus religiösen Gründen geleisteten Gelübde der Diakonisse gegründet und vom lebenslangen Verzicht auf nennenswerte materielle Vorteile geprägt ist (BFH v. 30.7.1965, VI 205/64 U, BStBl III 1965, 525). **796**

[LSt] [SV]

Eine **Diakonie-Schwester** ist dagegen regelmäßig **Arbeitnehmer** des Diakonievereins (Schwesternschaft) und bezieht Arbeitslohn. Ihre Tätigkeit stellt sich nicht lediglich als ein uneigennütziger Akt tätiger Nächstenliebe dar, sondern ist hauptsächlich Berufsausübung (FG Baden-Württemberg v. 4.2.1975, IV 1/74, EFG 1975, 210); auch → *Ordensangehörige* Rz. 2137.

[LSt] [SV]

2. Sozialversicherung

Satzungsmäßige Mitglieder geistlicher Genossenschaften, Diakonissen und ähnliche Personen sind krankenversicherungsfrei, wenn sie sich aus überwiegend religiösen oder sittlichen Beweggründen mit Krankenpflege, Unterricht oder anderen gemeinnützigen Tätigkeiten beschäftigen und nicht mehr als freien Unterhalt oder ein geringes Arbeitsentgelt beziehen, das nur zur Beschaffung der unmittelbaren Lebensbedürfnisse an Wohnung, Verpflegung, Kleidung und dergleichen ausreicht. Die Krankenversicherungsfreiheit hat zugleich Versicherungsfreiheit in der Arbeitslosenversicherung zur Folge. In der Rentenversicherung besteht Versicherungsfreiheit, wenn nach den Regeln der Gemeinschaft bei verminderter Erwerbsfähigkeit und im Alter eine Versorgung eigener Art gewährleistet ist. Die Krankenversicherungsfreiheit bewirkt, dass in dieser Beschäftigung auch keine Versicherungspflicht in der Pflegeversicherung besteht. **797**

Nach Ansicht der Spitzenverbände der Sozialversicherungsträger (Besprechung am 26./27.6.2002) liegt ein geringes Arbeitsentgelt vor, wenn 1/20 der monatlichen Bezugsgröße nicht überschritten wird; im Kalenderjahr 2016 beläuft sich dieser Betrag auf 145,25 € (→ *Bezugsgröße* Rz. 752). Dagegen sind jedoch solche Personen den Arbeitnehmern zuzurechnen, die am Markt wie ein Arbeitnehmer auftreten und auf der Grundlage eines Arbeitsvertrages ihre Arbeitskraft zum Zwecke des wirtschaftlichen Erwerbs zur Verfügung stellen. Mitglieder geistlicher Genossenschaften, die im Rahmen eines Gestellungsvertrages tätig werden, zählen hinsichtlich des die Dienste in Anspruch nehmenden Arbeitgebers als Arbeitnehmer, nicht jedoch in Bezug auf die geistliche Genossenschaft.

[SV]

Diäten

→ *Abgeordnete* Rz. 9

Diebstahl

1. Arbeitsrecht

798 Der Diebstahl kann für den Arbeitgeber in verschiedener Hinsicht bedeutsam werden. So kann der Arbeitgeber z.B. konfrontiert sein mit Diebstählen, die ein Arbeitnehmer **zu seinen Lasten** begeht, **oder** mit Verlusten, die ein **Arbeitnehmer** infolge eines Diebstahls **erleidet**.

Soweit der Arbeitgeber vom Arbeitnehmer bestohlen wird, hat dieser einen Anspruch auf Herausgabe der gestohlenen Sache aus ungerechtfertigter Bereicherung oder auch einen Anspruch auf Schadensersatz aus unerlaubter Handlung, wenn die Sache nicht mehr herausgegeben werden kann.

Hinsichtlich der vom Arbeitnehmer in den Betrieb des Arbeitgebers eingebrachten Sachen hat der Arbeitgeber eine **Schutzpflicht**, soweit die Sachen berechtigterweise in den Betrieb eingebracht sind und der Arbeitnehmer diese während der Arbeit nicht selber sicher aufbewahren kann. Der Arbeitgeber ist also verpflichtet, die berechtigterweise auf das Betriebsgelände mitgebrachten Sachen des Arbeitnehmers durch zumutbare Maßnahmen vor Beschädigungen durch Dritte zu schützen. Wie weit diese Pflicht geht, ist im Einzelfall nach Treu und Glauben unter Berücksichtigung der betrieblichen und örtlichen Verhältnisse zu bestimmen. Der Arbeitgeber haftet bei schuldhafter Pflichtverletzung auf Schadensersatz (BAG v. 25.5.2000, 8 AZR 518/99, www.stotax-first.de).

Dies gilt z.B. für Straßenkleidung, Fahrkarten, Armbanduhren, Börsen mit angemessenem Geldbetrag etc. Der **Arbeitgeber** hat für eine **geeignete Aufbewahrungsmöglichkeit zu sorgen** (BAG v. 1.7.1965, 5 AZR 264/64, www.stotax-first.de), z.B. durch Zurverfügungstellung abschließbarer Schränke o.Ä. Kommt der Arbeitgeber dieser Nebenpflicht schuldhaft nicht nach, haftet er dem Arbeitnehmer auf **Schadensersatz**, wenn solche Gegenstände z.B. gestohlen werden. Der Schadensersatz umfasst allerdings nicht solche entwendeten Gegenstände des Arbeitnehmers, die nicht notwendigerweise oder üblicherweise von dem Arbeitnehmer in den Betrieb mitgebracht werden, z.B. größere Geldbeträge, Fotoapparate, Schmuckstücke; insoweit besteht keine Obhutspflicht des Arbeitgebers. Entscheidend sind die Umstände des Einzelfalles.

Zu der Frage, ob der Arbeitgeber ausreichenden und geeigneten **Parkraum** zur Verfügung zu stellen hat für den Fall, dass der Arbeitnehmer mit dem **Pkw** zur Arbeit kommt, kommt es wiederum auf die Umstände des Einzelfalles an. Das BAG bejaht diese Pflicht des Arbeitgebers, wenn dies technisch nach den örtlichen Gegebenheiten möglich, nach der Lage der Sache unter Berücksichtigung der Belange sowohl der Arbeitnehmer wie des Arbeitgebers erforderlich und es dem Arbeitgeber zumutbar ist; eine Bewachungspflicht besteht aber grundsätzlich nicht (vgl. BAG v. 25.6.1975, 5 AZR 260/74, www.stotax-first.de). Die Schaffung von sicheren Unterstellmöglichkeiten für **Fahrräder** dürfte meist zumutbar sein, da hierfür verhältnismäßig geringe Aufwendungen erforderlich sind.

2. Lohnsteuer

a) Einnahmen durch Diebstähle als Arbeitslohn

799 Vermögensvorteile, die ein Arbeitnehmer durch Diebstahl (oder auch Veruntreuung) zu Lasten seines Arbeitgebers erlangt, gehören bei ihm schon deshalb **nicht zum Arbeitslohn**, weil der **Zufluss nicht mit Wissen und Wollen des Arbeitgebers** erfolgt (vgl. zuletzt BFH v. 3.11.2012, VI R 38/11, BStBl II 2013, 929: veruntreute Beträge kein Arbeitslohn, und v. 18.4.2013, VI R 23/12, BStBl II 2013, 920 betr. unerlaubte Nutzung eines Firmenwagens für Privatfahrten), s. dazu auch BMF v. 7.11.2013, IV C 5 – S 2378/0 – 07, BStBl I 2013, 1474. Das Gleiche gilt, wenn Lohngelder beim Arbeitgeber gestohlen werden. Der Verkauf von gestohlenen Gegenständen ist aber ggf. nach § 15 EStG (Einkünfte aus **Gewerbebetrieb**) einkommensteuerpflichtig (FG Münster v. 23.5.2001, 8 K 7105/98 E, G, EFG 2001, 1291 betr. den Verkauf von durch Untreue erlangten Fleischwölfen des Arbeitgebers).

Arbeitslohn kann jedoch anzunehmen sein, wenn der **Arbeitgeber** auf einen **Regressanspruch verzichtet** oder die **Diebstähle duldet** (BGH v. 9.12.1987, 3 StR 104/87, HFR 1989, 217; BFH v. 27.3.1992, VI R 145/89, BStBl II 1992, 837).

b) Ersatz von Diebstahlsverlusten durch den Arbeitgeber

aa) Ersatz von Arbeitsmitteln

800 Ersetzt der Arbeitgeber seinem Arbeitnehmer den Verlust von Arbeitsmitteln (z.B. eines Laptops), liegt immer **steuerpflichtiger Arbeitslohn** vor. Dies gilt auch, wenn der Diebstahl **am Arbeitsplatz** geschehen ist, denn es gibt keine allgemeine Steuerbefreiungsvorschrift für den Ersatz von Werbungskosten (R 19.3 Abs. 3 LStR). Der Arbeitnehmer kann jedoch den Wertverlust, soweit die Anschaffungskosten noch nicht „abgeschrieben" sind, als **Werbungskosten** geltend machen.

bb) Ersatz von Privatkleidung

801 Steuerpflichtig sind auch Ersatzleistungen des Arbeitgebers für den Verlust von Privatkleidung des Arbeitnehmers am Arbeitsplatz; ein Werbungskostenabzug ist in diesem Fall jedoch nicht zulässig (FG Köln v. 8.6.1990, 4 K 23/85, EFG 1991, 193).

cc) Verluste während einer Auswärtstätigkeit

802 Ersetzt der Arbeitgeber dagegen einem Arbeitnehmer Diebstahlsverluste von Gegenständen, die der Arbeitnehmer auf einer Auswärtstätigkeit verwenden musste, so sind die Ersatzleistungen dem Grunde nach dann auch nach § 3 Nr. 16 EStG **steuerfreier Reisekostenersatz** zu beurteilen, wenn sich der Schaden als **Konkretisierung einer reisespezifischen Gefährdung** (z.B. Diebstahls-, Transport- oder Unfallschaden) erweist und **nicht nur gelegentlich** der Reise eingetreten ist (BFH v. 30.11.1993, VI R 21/92, BStBl II 1994, 256).

> **Beispiel:**
> Arbeitgeber A ersetzt seinen Arbeitnehmern auf Dienstreisen durch Diebstahl abhanden gekommene Gegenstände und Kleiderschäden im Rahmen einer Zeitwerttabelle, die mit dem Betriebsrat vereinbart worden ist. Das Finanzamt hat die Ersatzleistungen als Arbeitslohn versteuert.
> Der BFH hat hierzu entschieden (Urteil v. 30.11.1993, VI R 21/92, BStBl II 1994, 256), dass es sich bei den Ersatzleistungen um steuerfreien Reisekostenersatz i.S.d. § 3 Nr. 16 EStG handeln kann. Das bedeutet aber nicht, dass der Arbeitgeber seinen Arbeitnehmern nun jeden gelegentlich einer Dienstreise eingetretenen Schaden steuerfrei ersetzen dürfte. Erforderlich ist, dass sich der geltend gemachte Schaden als Konkretisierung einer typischen Gefahr des Reisens (z.B. Diebstahls-, Transport- oder Unfallschaden) erweist. Denn nur dann ist ein ausreichend enger Zusammenhang zwischen der beruflichen Tätigkeit und dem eingetretenen Schaden anzunehmen.

Der BFH **verlangt vom Arbeitgeber** zur Verhinderung von Missbräuchen **detaillierte Nachweise**, dass ein reisespezifischer Schaden entstanden ist. Die bloße Behauptung des Arbeitnehmers, er habe auf seiner Dienstreise einen Schaden erlitten, reicht nicht aus. So muss er z.B. im Falle des Diebstahls eine **polizeiliche Anzeige** vorlegen. Bei sonstigen Verlusten muss er nachweisen, dass mögliche **Ersatzansprüche** gegenüber den in Betracht kommenden Ersatzpflichtigen (z.B. das Hotel) geltend gemacht worden sind. Wenn der Arbeitnehmer die Gegenstände lediglich verloren oder z.B. im Hotel liegen gelassen hat, kommt ein steuerfreier Arbeitgeberersatz nicht in Betracht.

Wenn der Arbeitgeber nicht bereit ist, die erforderlichen Nachweise über das Vorliegen der o.g. Voraussetzungen zu erbringen bzw. sich vom Arbeitnehmer vorlegen zu lassen, kann er seine **Ersatzleistungen der Lohnsteuer unterwerfen und den Arbeitnehmer auf den Werbungskostenabzug verweisen** oder aber dem Arbeitnehmer an Stelle eigener Ersatzleistungen die **Prämien** für eine auf Dienstreisen beschränkte **Reisegepäckversicherung steuerfrei erstatten**.

Steuerfrei erstattet werden kann dem Arbeitnehmer auch der **Verlust seines Pkw durch Diebstahl** (BFH v. 25.5.1992, VI R 171/88, BStBl II 1993, 44) oder der **Verlust von Privatgepäck** während einer Dienstreise, sofern der Arbeitnehmer die nach den Umständen des Einzelfalles zumutbaren Sicherheitsvorkehrungen zum Schutz seines Reisegepäcks getroffen hat (BFH v. 30.6.1995, VI R 26/95, BStBl II 1995, 744). Was „zumutbar" ist, kann nur im jeweiligen Einzelfall beurteilt werden. Hier wird man aber wohl

⌊LSt⌋ = keine Lohnsteuerpflicht
⌊LSt⌋ = Lohnsteuerpflicht

Dienstwohnung

verlangen können, dass ein Pkw auf einem bewachten Parkplatz abgestellt und Pässe sowie Flugtickets im Hotelsafe aufbewahrt werden.

⌊LSt⌋ ⓢⓥ

Steuerfrei ist aber nur der Ersatz für den Verlust von Gegenständen, die der Arbeitnehmer auf der Dienstreise verwenden musste, z.B. Kleidung. **Nicht dazu gehören private Wertsachen wie Schmuck, Geld** usw. (vgl. FG München v. 7.7.1999, 1 K 3088/98, EFG 1999, 1216 betr. Schmuck einer Schauspielerin, auch wenn die Produktionsfirma sie aufgefordert hatte, ihren eigenen Schmuck für Dreharbeiten mitzubringen).

dd) Verluste bei mitgereisten Personen

803 Der BFH hat im Urteil v. 30.6.1995, VI R 26/95, BStBl II 1995, 744 den **Werbungskostenabzug** für gestohlene Kleidungsstücke, die der auf eine Dienstreise mitgenommenen Ehefrau gehörten, **abgelehnt**, weil selbst deren Mitnahme – selbst wenn die Ehefrau den Arbeitnehmer bei seiner beruflichen Tätigkeit unterstützt haben sollte – der **privaten Sphäre** zuzurechnen ist. Ein steuerfreier Arbeitgeberersatz kommt daher auch insoweit nicht in Betracht.

⌊LSt⌋ ⓢⓥ

Etwas anderes gilt nur, wenn die Tätigkeit des Ehegatten für den **Arbeitgeber so wichtig** ist, dass er ihn dafür auch **bezahlt**. Dies könnte z.B. der Fall sein, wenn die mitgereiste **Ehefrau** im Ausland einen **Dolmetscher ersetzt**.

⌊LSt⌋ ⓢⓥ

ee) Höhe der steuerfreien Erstattung

804 Steuerfrei ist nach den o.g. Urteilen die Ersatzleistung nur in der Höhe, in der die Anschaffungs- oder Herstellungskosten des Gegenstands im Falle ihrer Verteilung auf die übliche Gesamtnutzungsdauer auf die **Zeit nach dem Eintritt des Schadens** entfallen würden (sog. **fiktiver Buchwert**). Es dürfen also weder die ursprünglichen Anschaffungskosten noch der Zeitwert oder gar die Wiederbeschaffungskosten berücksichtigt werden.

> **Beispiel:**
> A ist auf einer Dienstreise am 31.12.2016 ein Ledermantel gestohlen worden. Dieser ist am 2.1.2013 für 1 000 € angeschafft worden; die Nutzungsdauer soll fünf Jahre betragen.
> Bei einer gleichmäßigen Verteilung der Anschaffungskosten auf die Nutzungsdauer beträgt der fiktive Buchwert des Mantels am 31.12.2016 noch 200 € (1 000 € abzüglich vier Jahre je 200 €). Nur dieser Betrag darf vom Arbeitgeber als Reisenebenkosten steuerfrei ersetzt werden. Vgl. sinngemäß FG Thüringen v. 4.11.1999, II 276/98, EFG 2000, 211 betr. Zerstörung eines privaten Kleidungsstücks während der beruflichen Tätigkeit.

c) Dienstreise-Gepäckversicherung

805 Schließt ein Arbeitgeber für seine Arbeitnehmer eine Reisegepäckversicherung ab, aus der den **Arbeitnehmern ein eigener Anspruch gegenüber dem Versicherer zusteht**, so führt die Zahlung der Prämien durch den Arbeitgeber grundsätzlich zu **Arbeitslohn**. Dieser ist nur dann nach § 3 Nr. 16 EStG steuerfrei, wenn sich der Versicherungsschutz auf **Dienstreisen beschränkt**.

Bezieht sich der Versicherungsschutz dagegen auf **sämtliche Reisen** des Arbeitnehmers, so ist eine **Aufteilung** der gesamten Prämie in einen beruflichen (steuerfreien) und einen privaten (steuerpflichtigen) Anteil zulässig, wenn der **Versicherer eine Auskunft über die Kalkulation seiner Prämie erteilt**, die eine **Aufteilung ohne weiteres ermöglicht** (sinngemäß auch → Rechtsschutzversicherung Rz. 2405). Eine Aufteilung, die auf Grund der Auskunft des Versicherers möglich wäre, hat zu unterbleiben mit der Folge, dass dann die gesamte Prämie als steuerpflichtiger Arbeitslohn anzusehen ist, wenn der **Arbeitnehmer nur sporadisch oder gar keine Dienstreisen durchführt** (BFH v. 19.2.1993, VI R 42/92, BStBl II 1993, 519).

3. Werbungskosten

806 → *Werbungskosten* Rz. 3194 Stichwort „Diebstahl".

Dienstaufsichtsbeschwerde

→ *Rechtsbehelfe* Rz. 2390

Dienstgang

→ *Reisekosten: Allgemeine Grundsätze* Rz. 2409

Dienstjubiläum

→ *Bewirtungskosten* Rz. 724, → *Jubiläumsgeschenke* Rz. 1640

Dienstkleidung

→ *Berufskleidung* Rz. 643

Dienstleistungen/ Mitarbeitervergünstigung

→ *Arbeitslohn-ABC* Rz. 255

Dienstreisen

→ *Reisekosten: Allgemeine Grundsätze* Rz. 2409

Dienstverhältnis

→ *Arbeitgeber* Rz. 164, → *Arbeitnehmer* Rz. 173, → *Arbeitsvertrag* Rz. 275

Dienstvertrag

→ *Arbeitnehmer* Rz. 173, → *Arbeitnehmerüberlassung* Rz. 191

Dienstwagen zur privaten Nutzung

→ *Firmenwagen zur privaten Nutzung* Rz. 1226

Dienstwohnung

Inhaltsübersicht:	Rz.
1. Allgemeines	807
2. Ansatz der Sachbezugswerte	808
a) Allgemeines	808
b) Begriff der Unterkunft	809
c) Höhe der Sachbezugswerte	810
3. Ansatz des üblichen Endpreises	811
4. Überlassung von Wohnungen des Arbeitgebers	812
a) Vergleichsmieten	813
b) Mietspiegel	814
c) Besondere Bewertungen	815
d) Index für Wohnungsmieten	816
e) Aufwendige Wohnungen	817
f) Einfamilienhäuser, Zweifamilienhäuser	818
g) Dienstwohnungen der Arbeitnehmer im öffentlichen Dienst	819
h) Beschränkung bei öffentlich geförderten Wohnungen	820
5. Gesetzliche Mietpreisbeschränkungen	821
6. Besondere Mietwertermittlung	822
7. Angemietete Wohnungen	823
8. Mietwert von Dienstwohnungen und Werkswohnungen im Ausland	824
9. Nebenleistungen	825
a) Heizung	826
b) Wasser	827
c) Beleuchtung	828
d) Schönheitsreparaturen	829
10. Abschläge vom Mietwert	830
11. Wohnungen der ehemals gemeinnützigen Wohnungsunternehmen	831
12. Turnus der Mietwertfestsetzungen	832
13. Modernisierungsmaßnahmen	833
14. Instandhaltungskosten	834
15. Anwendung der Freigrenze von 44 €	835
16. Anwendung des Rabattfreibetrags	836
17. Wohnrecht	837
18. Wohnungsbauförderung des Arbeitgebers mit Gegenleistung	838

Dienstwohnung

a) Zinsersparnisse und Aufwendungszuschüsse aus Wohnungsfürsorgemitteln ... 838
b) Rückzahlung von Darlehen ... 839
19. Sonstige Arbeitgeberaufwendungen ... 840
a) Verlorene Zuschüsse des Arbeitgebers für ein Eigenheim ... 841
b) Zinsgünstige Darlehen ... 842
c) Erstattung von Zinsen ... 843
d) Verkauf von Bauland ... 844
e) Verlorene Zuschüsse des Arbeitgebers zur Miete ... 845
f) Zuschüsse des Arbeitgebers als Mietvorauszahlung ... 846
g) Zuschüsse des Arbeitgebers mit Rückzahlungsverpflichtung ... 847
h) Rückzahlung von Darlehen ... 848

1. Allgemeines

807 Innerhalb des großen Rahmens der „Sozialleistungen" des Arbeitgebers nimmt der Wohnungsbereich einen breiten Raum ein. Zum Teil werden **Mietnachlässe** oder **sonstige Verbilligungen** bereits in den Arbeitsverträgen oder Betriebsvereinbarungen festgelegt.

Die unentgeltliche oder verbilligte Überlassung von Wohnräumen durch den Arbeitgeber ist **steuer- und beitragspflichtiger Arbeitslohn**. Dabei ist unerheblich, ob die Wohnung z.B. als Werks- oder Dienstwohnung im Eigentum des Arbeitgebers oder dem Arbeitgeber auf Grund eines Belegungsrechts zur Verfügung steht oder von ihm angemietet worden ist (R 8.1 Abs. 6 Satz 7 LStR).

Ein geldwerter Vorteil in Form der verbilligten Wohnungsüberlassung ist auch dann i.R.d. Arbeitsverhältnisses zugeflossen, wenn die Wohnung des Arbeitgebers **von dessen 100 %iger Tochtergesellschaft verwaltet** und in deren Namen an den Arbeitnehmer vermietet wird. Ein geldwerter Vorteil liegt auch vor, wenn die **Verbilligung der Miete unbeabsichtigt** erfolgt (BFH v. 7.11.2006, VI R 70/02, HFR 2007, 109).

Die **Bewertung der unentgeltlichen oder verbilligten Überlassung** von Wohnraum erfolgt mit dem um übliche Preisnachlässe geminderten üblichen Endpreis am Abgabeort (§ 8 Abs. 2 Satz 1 EStG), soweit nicht nach § 8 Abs. 2 Satz 6 EStG die Sachbezugswerte nach der SvEV anzusetzen sind. Darüber hinaus ist auch eine Anwendung des Rabattfreibetrags von 1 080 € möglich, wenn der Arbeitgeber Wohnungen überwiegend an fremde Dritte vermietet, wie dies z.B. bei Wohnungsgenossenschaften der Fall ist.

2. Ansatz der Sachbezugswerte

a) Allgemeines

808 Die **für die Sozialversicherung festgesetzten Sachbezugswerte gelten** nach § 8 Abs. 2 Satz 6 EStG **auch für den Steuerabzug vom Arbeitslohn**. Die Werte betreffen Kost, Wohnung, Heizung und Beleuchtung. Die darin festgesetzten Werte sind grundsätzlich bei allen Arbeitnehmern im steuerlichen Sinne anzuwenden (§ 8 Abs. 2 Satz 7 EStG), d.h. auch bei Arbeitnehmern, die nicht in der gesetzlichen Rentenversicherung versichert sind.

Die Sachbezugswerte gelten auch dann, wenn in einem **Tarifvertrag** (Tarifordnung), einer Betriebsvereinbarung oder in dem Arbeitsvertrag für die Sachbezüge höhere oder niedrigere Werte festgesetzt sind. Sie gelten ferner, wenn an Stelle der vorgesehenen Sachbezüge die im Tarifvertrag oder in dem Arbeitsvertrag festgesetzten Werte nur gelegentlich oder vorübergehend (z.B. bei tageweiser auswärtiger Beschäftigung, bei Krankheit oder Urlaub) bar ausgezahlt werden.

Die Sachbezugswerte sind zwingend auch der Höhe nach anzusetzen (BFH v. 7.1.2004, VI B 108/02, www.stotax-first.de), dies gilt auch, wenn die gezahlte Miete ortsüblich ist und unter dem Wert der SvEV liegt (BFH v. 23.8.2007, VI R 74/04, BStBl II 2007, 948). Das Urteil des BFH v. 19.8.2004, VI R 33/97, BStBl II 2004, 1076, nach dem Sachbezugswerte für eine Wohnung mit außergewöhnlicher Ausstattung nicht anzusetzen sind, hat keine Bedeutung mehr, weil für die Überlassung einer Wohnung keine Sachbezugswerte mehr festgesetzt werden (§ 2 Abs. 4 SvEV).

b) Begriff der Unterkunft

809 Ein Sachbezugswert für die Überlassung von Wohnraum wird nur angesetzt, wenn der Arbeitgeber dem Arbeitnehmer **keine Wohnung**, sondern lediglich eine **Unterkunft** überlässt. Nach den Lohnsteuer-Richtlinien ist eine **Unterkunft** dann anzunehmen, wenn es sich nicht um eine Wohnung handelt (R 8.1 Abs. 5 LStR). Der Begriff der Wohnung ist in R 8.1 Abs. 6 LStR wie folgt definiert:

„Eine **Wohnung** ist eine in sich geschlossene Einheit von Räumen, in denen ein selbständiger Haushalt geführt werden kann. Wesentlich ist, dass eine Wasserversorgung und -entsorgung, zumindest eine einer Küche vergleichbare Kochgelegenheit sowie eine Toilette vorhanden sind. Danach stellt z.B. ein Einzimmerappartement mit Küchenzeile und WC als Nebenraum eine Wohnung dar, dagegen ist ein Wohnraum bei Mitbenutzung von Bad, Toilette und Küche eine Unterkunft."

Liegt nach dieser Definition keine Wohnung vor, so ist eine Unterkunft anzunehmen; der Vorteil ist dann mit dem Sachbezugswert anzusetzen, soweit nicht zulässigerweise § 8 Abs. 3 EStG angewandt wird oder die Ausnahmeregelung nach § 2 Abs. 3 Satz 3 SvEV zur Anwendung kommt. Dabei ist der amtliche Sachbezugswert auch dann maßgebend, wenn der Arbeitgeber die dem Arbeitnehmer überlassene Unterkunft gemietet und ggf. mit Einrichtungsgegenständen ausgestattet hat.

> **Beispiel:**
> Ein Arbeitgeber mietet in einem Studentenwohnheim ein 13 qm großes Appartement mit Gemeinschaftsteeküche für monatlich 100 € und überlässt es einem Arbeitnehmer unentgeltlich.
>
> Bei dem Appartement handelt es sich nicht um eine Wohnung, weil es keine eigene Kochgelegenheit besitzt (BFH v. 2.4.1997, X R 141/94, BStBl II 1997, 611). Der Arbeitnehmer hat daher diesen Vorteil nach den Werten der SvEV zu versteuern, und zwar unabhängig von der vom Arbeitgeber gezahlten Miete.

Keine Unterkunft liegt hingegen vor, wenn der Arbeitnehmer in einem **Erholungsheim** des Arbeitgebers oder auf Kosten des Arbeitgebers zur Erholung in einem anderen Beherbergungsbetrieb untergebracht oder verpflegt wird. In diesen Fällen ist die Leistung mit dem entsprechenden **Pensionspreis** eines vergleichbaren Beherbergungsbetriebs am selben Ort zu bewerten; dabei können jedoch Preisabschläge in Betracht kommen, wenn der Arbeitnehmer z.B. nach der Hausordnung Bedingungen unterworfen wird, die für Hotels und Pensionen allgemein nicht gelten (BFH v. 18.3.1960, VI 345/57 U, BStBl III 1960, 237).

Typisches Merkmal einer **Gemeinschaftsunterkunft** ist, dass der Unterbringung Wohnheimcharakter zukommt. Gemeinschaftsunterkünfte stellen beispielsweise Lehrlingswohnheime, Schwesternwohnheime und Kasernen dar, die durch gemeinschaftlich zu nutzende Wasch- bzw. Duschräume, WC-Anlagen und ggf. Gemeinschaftsküchen bzw. Kantinen gekennzeichnet sind (R 8.1 Abs. 5 Satz 3 LStR).

c) Höhe der Sachbezugswerte

810 Der Wert der einem Arbeitnehmer zur Verfügung gestellten Unterkunft beträgt nach § 2 Abs. 3 Satz 1 SvEV **für 2015 und 2016 monatlich 223 €**. Dabei wurde als Maßstab für die Bewertung der für ein beheiztes Zimmer zu zahlende Preis herangezogen. Der Wert für die Unterkunft **schließt daher Kosten für Heizung und auch Beleuchtung ein**. Wird die Unterkunft **unbeheizt** zur Verfügung gestellt, führt dies zu keiner Kürzung des Sachbezugswerts.

Für **in den neuen Bundesländern** einschließlich Berlin (Ost) belegene Unterkünfte gilt **der gleiche Wert**, denn Abschläge wurden nur bis zum Kalenderjahr 2007 berücksichtigt.

Diese Werte reduzieren sich

- bei Aufnahme im Haushalt des Arbeitgebers oder Unterbringung in einer Gemeinschaftsunterkunft (§ 2 Abs. 3 Satz 2 Nr. 1 SvEV) um **15 %**,
- für Jugendliche bis zur Vollendung des 18. Lebensjahrs und Auszubildende (§ 2 Abs. 3 Satz 2 Nr. 2 SvEV) um **15 %**,
- bei der Belegung (§ 2 Abs. 3 Satz 2 Nr. 3 SvEV)
  - mit zwei Beschäftigten um **40 %**
  - mit drei Beschäftigten um **50 %**
  - mit mehr als drei Beschäftigten um **60 %**.

Erfüllt ein Arbeitnehmer mehrere dieser Voraussetzungen, sind die Prozentsätze zu addieren.

> **Beispiel:**
> Ein Arbeitgeber mit Betriebsstätten in Hannover und Dresden unterhält dort jeweils ein Lehrlingswohnheim für seine Auszubildenden. Zwei Auszubildende teilen sich ein Zimmer.

Die kostenlose Unterkunft ist mit dem Sachbezugswert nach der SvEV zu bewerten. Dieser beträgt in Hannover und auch in Dresden 223 €. Es kommen folgende Abschläge in Betracht:
- 15 % wegen Gemeinschaftsunterkunft,
- 15 % wegen Ausbildung,
- 40 % wegen Belegung mit zwei Auszubildenden.

Der Abschlag beträgt insgesamt 70 %. Der monatliche Sachbezugswert beträgt daher für die Auszubildenden

- in Hannover (30 % von 223 €)   66,90 €,
- in Dresden (30 % von 223 €)   66,90 €.

Wird eine Unterkunft **keinen ganzen Monat überlassen**, so ist für jeden Tag der Überlassung ein Dreißigstel des Monatswerts zu Grunde zu legen. Die Berechnungen der anteiligen Sachbezugswerte sind **jeweils auf zwei Dezimalstellen** durchzuführen. Dabei ist die letzte Dezimalstelle kaufmännisch zu runden.

Eine **Tabelle mit den Einzelwerten** für alle Möglichkeiten der Unterbringung ist im Anhang abgedruckt, vgl. → *Anhang, B. Sozialversicherung* Rz. 3399.

Soweit es **nach Lage des einzelnen Falles unbillig** ist, den Sachbezugswert anzusetzen, kann die Unterkunft **mit dem ortsüblichen Mietwert** bewertet werden (§ 2 Abs. 3 Satz 3 SvEV). Damit soll bei Unterkünften – wie bei Wohnungen – den in Einzelfällen sehr unterschiedlichen Ausstattungsqualitäten Rechnung getragen werden können. Bei wesentlichen Abweichungen vom Durchschnittsstandard einer Unterkunft soll statt des Sachbezugswerts der – niedrigere – ortsübliche Mietpreis angesetzt werden.

3. Ansatz des üblichen Endpreises

811 Wird dem Arbeitnehmer vom Arbeitgeber **eine Wohnung** unentgeltlich oder verbilligt überlassen, so ist für die Bewertung des Vorteils der um übliche Preisnachlässe geminderte übliche Endpreis am Abgabeort maßgebend.

Unter dem üblichen Endpreis ist nach R 8.1 Abs. 6 Satz 5 LStR der **Mietzins** zu verstehen, der unter Berücksichtigung der örtlichen Verhältnisse und unter Beachtung gesetzlicher Mietpreisbestimmungen für eine nach Baujahr, Lage, Art, Größe, Ausstattung und Beschaffenheit vergleichbare Wohnung üblich ist **(Vergleichsmiete)**.

> **Beispiel:**
> Wie vorheriges Beispiel, da aber das Lehrlingswohnheim in Hannover voll belegt ist, mietet der Arbeitgeber für einen Auszubildenden ein Einzimmerappartement mit Küche und Bad für 250 € an.
>
> Da dem Auszubildenden eine Wohnung zur Verfügung gestellt wird und keine Unterkunft, ist der Sachbezugswert nicht anzusetzen. Der geldwerte Vorteil bemisst sich vielmehr nach der ortsüblichen Miete für das Einzimmerappartement. Der geldwerte Vorteil beträgt daher 250 €.

Macht der Arbeitnehmer geltend, dass die ihm überlassene Wohnung sein Wohnbedürfnis übersteigt, rechtfertigt dies grundsätzlich nicht, einen geringeren Mietwert anzusetzen, vgl. H 8.1 (5–6) (Persönliche Bedürfnisse des Arbeitnehmers) LStH. Eine Ausnahme gilt nur, wenn sichergestellt ist, dass der Arbeitnehmer ihm überlassene Räume nicht nutzt. Eine Nutzung ist auch darin zu sehen, dass der Arbeitnehmer die „überzähligen" Wohnräume als Abstellräume nutzt.

In die Berechnung des Mietwerts sind allerdings solche Räume **nicht einzubeziehen**, die dem Arbeitnehmer vom Arbeitgeber **im ganz überwiegend betrieblichen Interesse** als Büro bzw. Dienstzimmer **zugewiesen werden**. Für die Herausnahme aus der Bemessungsgrundlage müssen jedoch neben der ausdrücklichen – schriftlichen – Zuweisung dieses Raums als Büro bzw. Dienstzimmer **weitere Indizien vorliegen**, die die Anerkennung eines ganz überwiegend betrieblichen Arbeitgeberinteresses rechtfertigen. Sie müssen die tatsächliche Abgrenzung zu den Wohnräumen erkennen lassen. Als solche Merkmale kommen z.B. die (Teil-)Möblierung des Büros durch den Arbeitgeber, die Erfassung der anteiligen Energiekosten über gesonderte Zähler oder die räumliche Trennung durch eine separate Eingangstür in Betracht.

Die Nichtmöblierung durch den Arbeitgeber führt andererseits nicht in jedem Fall zur Einbeziehung des Raums in die Mietwertberechnung. Maßgebend sind letztlich die Gesamtumstände des Einzelfalls.

4. Überlassung von Wohnungen des Arbeitgebers

812 Überlässt der Arbeitgeber seinen Arbeitnehmern eigene Wohnungen, so ist die Ermittlung des ortsüblichen Endpreises nicht immer einfach. Folgende Bewertungsmethoden können dabei angewendet werden:

a) Vergleichsmieten

813 In den Fällen, in denen der Arbeitgeber Wohnungen nicht nur an Arbeitnehmer, sondern auch **in nicht unerheblichem Umfang an fremde Dritte vermietet**, sind die von den fremden Dritten geforderten Mieten als Vergleichsmieten anzusehen. Dies gilt selbst dann, wenn der Arbeitgeber die Wohnungen zu einer niedrigeren als der ortsüblichen Miete vermietet (R 8.1 Abs. 6 Satz 6 LStR). Von einem nicht unerheblichen Umfang an Fremdvermietungen ist auszugehen, wenn etwa 20 bis 30 % der Wohnungen fremdvermietet werden. Es kann jedoch **nicht typisierend davon ausgegangen** werden, dass bei einem **unter 10 % liegenden Anteil** an fremdvermieteten Wohnungen ein Veranlassungszusammenhang zum Arbeitsverhältnis besteht, d.h. Arbeitslohn vorliegt (BFH v. 11.5.2011, VI R 65/09, BStBl II 2011, 946).

b) Mietspiegel

814 Vermietet der Arbeitgeber seine Wohnungen **nicht oder nur in geringem Umfang an Dritte**, so kann i.d.R. die ortsübliche Miete anhand der örtlichen Mietspiegel ermittelt werden.

Ist für die betreffende Gemeinde ein Mietspiegel nicht aufgestellt worden, so kann die ortsübliche Miete anhand eines Mietspiegels einer vergleichbaren Gemeinde ermittelt werden (§ 558a Abs. 4 BGB). Etwaige örtlich bedingte Abweichungen können in Form von Zu- oder Abschlägen berücksichtigt werden. Vergleichbare Gemeinde ist dabei allerdings nicht immer gleichzusetzen mit Nachbargemeinde.

Bei Anwendung eines Mietspiegels ist im Allgemeinen **vom niedrigsten Wert** des anzuwendenden Preisrahmens auszugehen. Denn überlässt der Arbeitgeber seinem Arbeitnehmer eine Wohnung zu einem Mietpreis, der innerhalb der Mietpreisspanne des Mietspiegels der Gemeinde liegt, scheidet regelmäßig die Annahme eines geldwerten Vorteils durch verbilligte Wohnraumüberlassung aus (BFH v. 17.8.2005, IX R 10/05, BStBl II 2006, 71).

Nebenleistungen sind in den Mietspiegeln regelmäßig nicht berücksichtigt. Bei der Ermittlung der ortsüblichen Miete müssen diese dann ggf. gesondert ermittelt werden.

c) Besondere Bewertungen

815 **Steht** ein örtlicher oder vergleichbarer **Mietspiegel nicht zur Verfügung**, so kann die Vergleichsmiete **anhand einer Mietdatenbank** (§ 558e BGB) oder entsprechender Mieten für drei vergleichbare Wohnungen Dritter ermittelt werden. Es darf sich dabei jedoch nicht um ungewöhnliche Mietverträge handeln (z.B. mit Verwandten).

Darüber hinaus besteht auch die Möglichkeit, ein **Gutachten eines öffentlich bestellten oder vereidigten Sachverständigen** für Mietfragen einzuholen.

d) Index für Wohnungsmieten

816 Sind örtliche **Mietspiegel nicht vorhanden** und kann auch **nicht** auf den **Mietspiegel einer vergleichbaren Nachbargemeinde** zurückgegriffen werden, bietet der Index Wohnungsmieten im Preisindex für die Lebenshaltung aller privaten Haushalte einen Anhaltspunkt für die Feststellung der ortsüblichen Miete, insbesondere zur Anpassung der Mieten. Ein Mietvergleich anhand der Indexentwicklung führt jedoch nur dann zu zutreffenden Ergebnis, wenn als Ausgangsmiete die ortsübliche Miete i.S. des § 8 Abs. 2 Satz 1 EStG zu Grunde gelegt wird.

Neben dem nachstehenden Bundesindex werden auch Indizes von den Bundesländern herausgegeben. Der Bundesindex weicht zwar von den einzelnen Landesindizes ab, gibt jedoch zumindest einen Überblick über die Tendenz der Preisentwicklung.

Die folgende Übersicht zeigt die Entwicklung der Wohnungsmieten (Nettokaltmieten) im Preisindex für Verbraucherpreise auf der

Dienstwohnung

Basis 2010 = 100 (Statistisches Bundesamt, Statistisches Jahrbuch 2015, 402):

Entwicklung der Wohnungsmieten

Jahr	Nettokaltmieten
2010	100,0
2011	101,3
2012	102,5
2013	103,8
2014	105,4

Um die jährliche Mietsteigerung in Prozenten zu erhalten, ist die Indexentwicklung nach Punkten nach folgender Formel umzurechnen:

$$\frac{\text{Neuer Indexstand} \times 100}{\text{Alter Indexstand}} \div 100 = \pm \%$$

Beispiel:

Der Arbeitgeber hat Wohnungen an Arbeitnehmer überlassen. Die vom Finanzamt bisher akzeptierte Miete galt vom 1.1.2012 bis zum 31.12.2014 (Turnus von drei Jahren). Bei der Mietanpassung zum 1.1.2015 ist dem Jahresdurchschnittsindex 2011 (gilt ab 1.1.2012) der Jahresdurchschnittsindex 2014 (gilt ab 1.1.2015) gegenüberzustellen.

Indexstand 2011: 101,3
Indexstand 2014: 105,4

$$\frac{105,4 \times 100}{101,3} \div 100 = 4,0 \%$$

Die Mieten sind zum 1.1.2015 um 4,0 % zu erhöhen.

e) Aufwendige Wohnungen

817 Bei aufwendigen Wohnungen, die weder nach Art, Lage und Ausstattung den sonst errichteten Wohnungen entsprechen noch in Mietspiegeln ihren Niederschlag gefunden haben und für die sich darüber hinaus eine Marktmiete nicht oder nur unverhältnismäßig schwer feststellen lässt, kann die ortsübliche Miete als **Kostenmiete** in Anlehnung an die Zweite Berechnungsverordnung ermittelt werden (BFH v. 11.10.1977, VIII R 20/75, BStBl II 1977, 860).

f) Einfamilienhäuser, Zweifamilienhäuser

818 Bei der Überlassung von Ein- und Zweifamilienhäusern an Arbeitnehmer gelten die oben dargestellten Grundsätze entsprechend. Bei Anwendung der örtlichen Mietspiegel wird es jedoch regelmäßig erforderlich sein, zu den dort aufgeführten Mietpreisen **angemessene Zuschläge** zu machen, weil in diesen Mietspiegeln im Allgemeinen Ein- und Zweifamilienhäuser nicht berücksichtigt sind.

Bei aufwendig gestalteten oder ausgestatteten Ein- und Zweifamilienhäusern, für die regelmäßig kein ortsüblicher Mietwert feststellbar ist, kann ggf. auf den **überörtlichen Markt** abgestellt werden. Außerdem besteht die Möglichkeit, ein Gutachten eines öffentlich bestellten oder vereidigten Sachverständigen in Mietfragen einzuholen.

g) Dienstwohnungen der Arbeitnehmer im öffentlichen Dienst

819 Dienstwohnungen des öffentlichen Dienstes sind solche Wohnungen oder auch einzelne Wohnräume, die Inhabern bestimmter Dienstposten aus dienstlichen Gründen zugewiesen werden.

Bei der Prüfung, inwieweit Inhabern von Dienstwohnungen eine Verbilligung eingeräumt worden ist, hat das Finanzamt – abgesehen von den Fällen, in denen von den Werten der SvEV auszugehen ist – nach der Rechtsprechung des BFH den steuerlich maßgebenden Mietwert unabhängig von den für Besoldungszwecke festgesetzten Beträgen, z.B. nach der Dienstwohnungsverordnung eines Landes, selbst zu ermitteln (BFH v. 15.12.1978, VI R 36/77, BStBl II 1979, 629).

Zur Dienstwohnung gehörende **Empfangs- und Diensträume** können bei der Mietermittlung außer Betracht bleiben, wenn es sich um in sich geschlossene Räume handelt und ihre ausschließlich oder fast ausschließlich dienstliche Benutzung nachgewiesen oder glaubhaft gemacht wird (RFH v. 19.7.1932, VI A 2190/30, RStBl 1933, 20).

h) Beschränkung bei öffentlich geförderten Wohnungen

820 Nach § 3 Nr. 59 EStG sind **Mietvorteile steuerfrei**, die im Rahmen eines Dienstverhältnisses gewährt werden und die auf der Förderung nach dem Zweiten Wohnungsbaugesetz, dem Wohnungsbaugesetz für das Saarland, dem Wohnraumförderungsgesetz oder einem Landesgesetz zur Wohnraumförderung beruhen. Mietvorteile, die sich aus dem Einsatz von Wohnungsfürsorgemitteln aus öffentlichen Haushalten ergeben, sind ebenfalls steuerfrei.

Beispiel 1:

Der Arbeitgeber hat für seine Arbeitnehmer Mietwohnungen mit 80 qm errichtet. Hierfür hat er öffentliche Mittel in Anspruch genommen. Um die öffentlichen Mittel zu erhalten, musste sich der Arbeitgeber verpflichten, eine Miete von höchstens 6 € pro qm zu verlangen. Er hat die Wohnungen für 480 € an seine Arbeitnehmer vermietet, die ortsübliche Miete beträgt hingegen 640 € (8 € je qm).

Normalerweise wäre die Differenz zwischen ortsüblicher Miete und verlangter Miete (160 €) als geldwerter Vorteil des Arbeitnehmers zu versteuern. In diesem Fall ist der Vorteil allerdings nach § 3 Nr. 59 EStG steuerfrei.

Bei einer Wohnung, die **ohne Inanspruchnahme von Mitteln aus öffentlichen Haushalten** errichtet worden ist, sind Mietvorteile im Rahmen eines Dienstverhältnisses steuerfrei, wenn die Wohnung im **Zeitpunkt ihres Bezugs** durch den Arbeitnehmer für eine Förderung mit Mitteln aus öffentlichen Haushalten in Betracht gekommen wäre. Hier sind v.a. die Wohnungsgröße und der Baustandard zu nennen. Bei Einhaltung dieser Förderbedingungen spielt es keine Rolle, ob das Unternehmen die Wohnungen ohne Inanspruchnahme von Fördermitteln nach den Wohnungsbaugesetzen mit Eigenmitteln oder „normalen" Bankkrediten errichtet. Die Finanzverwaltung stellt deshalb auf den Zeitpunkt des Bezugs der Wohnung ab, weil ansonsten eine erst Jahre nach Errichtung des Gebäudes aufgelegte Fördermaßnahme – die zufälligerweise auf das Objekt „passt" – zur Steuerfreiheit der gewährten Mietvorteile führen könnte. Ältere Bauten, die seinerzeit – bei Errichtung – die Voraussetzungen der damaligen Förderbestimmungen erfüllten, sind auch in die Vergünstigung einzubeziehen. Allerdings ist § 3 Nr. 59 EStG nur auf Wohnungen anwendbar, die im Geltungszeitraum der genannten Wohnungsbaugesetze errichtet worden sind, d.h. auf Baujahrgänge ab 1957 (R 3.59 Satz 5 LStR). Eine Prüfung, ob der Arbeitnehmer nach seinen Einkommensverhältnissen als Mieter einer geförderten Wohnung in Betracht kommt, ist nicht anzustellen. **Der Höhe nach** ist die Steuerbefreiung auf die Mietvorteile begrenzt, die sich aus der Förderung nach den genannten Wohnungsbaugesetzen ergeben würden. § 3 Nr. 59 EStG ist deshalb nicht anwendbar auf Wohnungen, für die der Förderzeitraum nach den genannten Wohnungsbaugesetzen bereits abgelaufen ist. Wenn der Förderzeitraum im Zeitpunkt des Bezugs der Wohnung durch den Arbeitnehmer noch nicht abgelaufen ist, ist ein Mietvorteil bis zur Höhe des Teilbetrags steuerfrei, auf den der Arbeitgeber gegenüber der Vergleichsmiete verzichten müsste, wenn die Errichtung der Wohnung nach den Wohnungsbaugesetzen gefördert worden wäre. Der steuerfreie Teilbetrag verringert sich in dem Maße, in dem der Arbeitgeber nach den Förderregelungen eine höhere Miete verlangen könnte. Mit Ablauf der Mietbindungsfrist läuft auch die Steuerbefreiung aus. Soweit später zulässige Mieterhöhungen z.B. nach Ablauf des Förderzeitraums im Hinblick auf das Dienstverhältnis unterblieben sind, sind sie in den steuerpflichtigen Mietvorteil einzubeziehen (R 3.59 Sätze 6 bis 12 LStR). Der BFH hat zwar entschieden, dass die Steuerbefreiung nach § 3 Nr. 59 EStG auf Fälle beschränkt ist, in denen die Vorteile auf der Förderung nach dem Zweiten Wohnungsbaugesetz beruhen (BFH v. 16.2.2005, VI R 58/03, BStBl II 2005, 750). Die Finanzverwaltung wendet das Urteil zwar an, hält aber an ihrer Auslegung in R 3.59 Sätze 2 bis 4 LStR fest (BMF v. 10.10.2005, IV C 5 – S 2334 – 75/05, BStBl I 2005, 959).

Beispiel 2:

Der Arbeitgeber hat für seine Arbeitnehmer Mietwohnungen mit 80 qm errichtet. Hierfür hat er keine öffentlichen Mittel in Anspruch genommen, obwohl er nach den Förderrichtlinien öffentliche Mittel bekommen hätte. Der Arbeitgeber verlangt von seinen Arbeitnehmern eine Miete von 6 € pro qm. Dies ist die Miete, die er bei Inanspruchnahme der öffentlichen Förderung höchstens hätte verlangen können. Die ortsübliche Miete beträgt 8 € je qm.

Dienstwohnung

[LSt] = keine Lohnsteuerpflicht
[LSt] = Lohnsteuerpflicht

Die Differenz zur ortsüblichen Miete ist nach R 3.59 Satz 7 LStR nicht als Arbeitslohn zu versteuern.

Wenn der Förderzeitraum abgelaufen ist, gelten die allgemeinen mietrechtlichen Regelungen. Unter Beachtung der gesetzlichen Mietpreisbeschränkungen ist eine Anhebung bis zur Vergleichsmiete möglich. Unterlässt der Arbeitgeber eine Anhebung im Hinblick auf das Dienstverhältnis, so entsteht auch hier ein geldwerter Vorteil für den Arbeitnehmer. Auch bei einer Neuvermietung an Arbeitnehmer nach Ablauf des Förderzeitraums findet § 3 Nr. 59 EStG keine Anwendung.

5. Gesetzliche Mietpreisbeschränkungen

821 Nach R 8.1 Abs. 6 Satz 8 LStR sind **gesetzliche Mietpreisbeschränkungen** bei der Bewertung des geldwerten Vorteils **zu beachten**. Dies gilt jedoch nur, soweit die maßgebliche Ausgangsmiete den ortsüblichen Mietwert oder die gesetzlich zulässige Höchstmiete nicht unterschritten hat. Gesetzliche Mietpreisbeschränkungen ergeben sich insbesondere aus § 558 BGB.

6. Besondere Mietwertermittlung

822 Lässt sich im Einzelfall der Mietwert **nicht** oder nur unter außergewöhnlichen Schwierigkeiten **ermitteln**, so ist ein Betrag von 3,92 € je qm monatlich anzusetzen. Bei einfacher Ausstattung (ohne Sammelheizung oder ohne Bad oder Dusche) ermäßigt sich der Wert auf 3,20 € je qm monatlich.

Eine außergewöhnlich schwierige Mietwertermittlung ist insbesondere **im landwirtschaftlichen Bereich** denkbar, wenn die Wohnungen in Gebäude des landwirtschaftlichen Betriebsvermögens integriert und nicht frei vermietbar sind.

7. Angemietete Wohnungen

823 Überlässt der Arbeitgeber seinen Arbeitnehmern Wohnungen unentgeltlich oder verbilligt, die er von einem fremden Dritten angemietet hat, so ist für die Berechnung eines etwaigen geldwerten Vorteils regelmäßig von der vom Arbeitgeber gezahlten Miete auszugehen (BFH v. 3.3.1972, VI R 242/68, BStBl II 1972, 490; BFH v. 3.10.1974, VI R 79/72, BStBl II 1975, 81; BFH v. 23.5.1975, VI R 54/73, BStBl II 1975, 715). Eine etwaige Differenz zwischen erhobener und vom Arbeitgeber gezahlter Miete gehört zum steuerpflichtigen Arbeitslohn. Die Anwendung der Freigrenze von 44 € nach § 8 Abs. 2 Satz 11 EStG kommt in Betracht.

Die vorstehenden Grundsätze gelten nicht, wenn die vom Arbeitgeber tatsächlich an einen Dritten gezahlte Miete nicht der ortsüblichen Miete entspricht, sondern erkennbar überhöht ist.

Liegen die Voraussetzungen für die Anwendung der Sachbezugswerte vor, so sind diese Werte auch dann anzusetzen, wenn der Arbeitgeber die Unterkünfte zu einem höheren Mietzins angemietet hat.

8. Mietwert von Dienstwohnungen und Werkswohnungen im Ausland

824 Die unentgeltliche oder verbilligte Überlassung von Dienstwohnungen oder Werkswohnungen im Ausland kann dann zu Härten führen, wenn, bedingt durch die dortigen Verhältnisse, ein weit überhöhter Mietpreis gefordert wird. In diesen Fällen ist als steuerlicher Mietwert der überlassenen Wohnungen **höchstens 18 % des Arbeitslohns** ohne Kaufkraftausgleich **zzgl. 10 % des Mehrbetrags** anzusetzen (R 8.1 Abs. 6 Satz 10 LStR).

Beispiel:
Ein Arbeitnehmer arbeitet für seinen Arbeitgeber im Ausland. Der monatliche Arbeitslohn beträgt ohne Kaufkraftausgleich 2 500 €. Darüber hinaus hat der Arbeitgeber eine Wohnung angemietet, die er seinem Arbeitnehmer kostenlos zur Verfügung stellt. Er zahlt hierfür die ortsübliche Miete von 1 000 €.

Mietwert der Wohnung	1 000 €
maximal aber 18 % von 2 500 €	450 €
zzgl. 10 % des darüber hinausgehenden Betrags von 550 € (1 000 € ./. 450 €)	55 €
Als Mietwert sind anzusetzen	505 €

9. Nebenleistungen

825 Die Mietverträge enthalten im Allgemeinen neben der Grundmiete (Kaltmiete) Vereinbarungen über die Kosten für Heizung, Wasser und Schönheitsreparaturen.

Vereinbarungen über die **Kosten von Strom und Gas** enthalten die Mietverträge i.d.R. nicht. Diese Kosten werden vom Mieter auf Grund von Zähleruhren unmittelbar mit den Energieversorgungsunternehmen abgerechnet.

Trägt der Arbeitgeber die Kosten für Energie, **Wasser** und **sonstige Nebenkosten**, liegt hierin regelmäßig **ein geldwerter Vorteil**, soweit die tatsächlich erhobene Miete zusammen mit den tatsächlich abgerechneten Nebenkosten die ortsübliche Miete (Kaltmiete plus umlagefähige Nebenkosten) unterschreitet (BFH v. 11.5.2011, VI R 65/09, BStBl II 2011, 946).

a) Heizung

826 Kann der übliche Endpreis am Abgabeort bei der Gewährung unentgeltlicher oder verbilligter Heizung als Sachbezug nicht individuell ermittelt werden (z.B. anhand einer Heizkosten(ab-)rechnung für die Wohnung), so können – soweit die Länder keine eigenen Werte festgesetzt haben – als ortsüblicher Endpreis **die Werte angesetzt werden**, die vom BMF jährlich als **Entgelt bei Anschluss der Heizung an dienstliche Versorgungsleitungen** nach §§ 26 Abs. 3 Satz 2 Dienstwohnungsverordnung für Dienstwohnungen festgesetzt werden, die an eine zentrale Heizungsanlage oder entsprechende Fernversorgung angeschlossen sind, die auch der Beheizung von Diensträumen dient. Die maßgebenden Werte können bei Bedarf vom Betriebsstättenfinanzamt erfragt werden.

[LSt] [SV]

b) Wasser

827 Soweit ausnahmsweise der Arbeitgeber auch die Kosten für entnommenes Kaltwasser trägt, ist der Betrag als Vorteil anzusetzen, den der Arbeitnehmer selbst hätte aufwenden müssen. Dabei kann von einem durchschnittlichen Wasserverbrauch **von monatlich vier Kubikmeter pro Person** ausgegangen werden, falls die tatsächlichen Aufwendungen nicht zu ermitteln sind.

c) Beleuchtung

828 Für den Sachbezug Beleuchtung ist der **übliche Endpreis am Abgabeort** maßgeblich (§ 2 Abs. 4 Satz 5 SvEV). Zur Beleuchtung gehört auch der notwendige Haushaltsstrom für den Betrieb des Radios, Fernsehers, der Küchengeräte, der Warmwasserbereitung usw.

[LSt] [SV]

d) Schönheitsreparaturen

829 Die Übernahme von Aufwendungen für Schönheitsreparaturen durch den Arbeitgeber in Arbeitnehmern zur Verfügung gestellten Wohnungen ist steuerlich wie folgt zu behandeln:

(a) Der Arbeitgeber trägt die Kosten für Schönheitsreparaturen in gemieteten oder eigenen, bereits vorher bewohnten Wohnungen, **bevor sie erstmals an Arbeitnehmer (unter)vermietet werden**.

Die vom Arbeitgeber getragenen Kosten der Schönheitsreparaturen sind steuerpflichtiger Arbeitslohn. Es ist durchaus üblich, dass der Vermieter eine Wohnung ohne Renovierung vermietet, so dass der neue Mieter die Kosten hierfür selbst aufbringen muss. Hat der neue Mieter diese Kosten wirtschaftlich nicht selbst zu tragen, weil sie von seinem Arbeitgeber übernommen werden, so rechnen die Kosten zum steuerpflichtigen Arbeitslohn.

[LSt] [SV]

Bei dem **erstmaligen Bezug einer Neubauwohnung** liegt in der Tapezierung und dem Anstrich der Wohnung durch den Vermieter (Arbeitgeber) kein geldwerter Vorteil.

[LSt] [SV]

(b) Der Arbeitgeber trägt die Kosten für Schönheitsreparaturen in frei werdenden gemieteten oder eigenen Wohnungen, wenn infolge **einer Versetzung des Arbeitnehmers oder aus anderen Gründen ein (Unter)Mieterwechsel stattfindet**.

Dienstwohnung

keine Sozialversicherungspflicht = (SV̸)
Sozialversicherungspflicht = (SV)

War der ausziehende Arbeitnehmer (Vormieter) zur Renovierung der Wohnung nicht verpflichtet, weil nach dem Mietvertrag die Kosten der Schönheitsreparaturen vom Arbeitgeber zu tragen sind oder der Vermieter seiner mietvertraglichen Verpflichtung zur turnusmäßigen Durchführung von Schönheitsreparaturen nachgekommen ist, liegt in der Übernahme der Schönheitsreparaturen für den nachfolgenden Mieter (Arbeitnehmer) steuerpflichtiger Arbeitslohn, vgl. die Ausführungen zu (a).

[LSt] [SV]

Ist der ausziehende Arbeitnehmer (Vormieter) seiner mietvertraglichen Verpflichtung zur Durchführung turnusmäßiger Schönheitsreparaturen nicht nachgekommen oder übernimmt der Arbeitgeber die Kosten für die Schönheitsreparaturen, so liegt darin steuerpflichtiger Arbeitslohn **für den ausziehenden Arbeitnehmer** (Vormieter).

[LSt] [SV]

Ein geldwerter Vorteil **für den einziehenden Arbeitnehmer** (Nachmieter) entfällt, da in der Ablösung der Verpflichtung des Vormieters durch den Arbeitgeber keine Vorteilsgewährung des Arbeitgebers an den Nachmieter liegt.

[L̸St] [S̸V]

Ein Mieter ist i.d.R. bei Auszug aus der Wohnung zur Durchführung von Schönheitsreparaturen nicht verpflichtet, wenn er die Wohnung während der Mietzeit turnusmäßig renoviert hat. Die Bestimmung eines vom Vermieter verwandten Formularmietvertrags über Wohnraum, nach der der Mieter verpflichtet ist, die Mieträume bei Beendigung der Mietzeit renoviert zurückzugeben, und zwar unabhängig davon, in welchem zurückliegenden Zeitpunkt die letzte (z.B. turnusmäßig durchgeführte) Schönheitsreparatur stattgefunden hat, ist unwirksam (BGH v. 14.5.2003, VIII ZR 308/02, www.stotax-first.de). Eine Formularklausel in einem Mietvertrag, die den Mieter bei Beendigung des Mietverhältnisses zur Zahlung eines allein vom Zeitablauf abhängigen Anteils an den Kosten für noch nicht fällige Schönheitsreparaturen nach festgelegten Prozentsätzen auch dann verpflichtet, wenn ein diesem Kostenanteil entsprechender Renovierungsbedarf auf Grund des tatsächlichen Erscheinungsbilds der Wohnung noch nicht gegeben ist (Abgeltungsklausel mit starrer Abgeltungsquote), ist unwirksam (BGH v. 18.10.2006, VIII ZR 52/06, www.stotax-first.de).

Der Mieter hat dem Vermieter beim Auszug aus der Wohnung statt der Durchführung der **turnusmäßig fälligen Schönheitsreparaturen** einen Ausgleich in Geld zu zahlen, wenn der Vermieter die Schönheitsreparaturen durch Umbau- oder Reparaturarbeiten nach dem Auszug aus der Wohnung alsbald wieder zerstören würde (BGH v. 30.4.1984, VIII ARZ 1/84, www.stotax-first.de). Verzichtet der Vermieter (Arbeitgeber) auf den Ausgleich durch den Mieter (Arbeitnehmer), so liegt darin für den Arbeitnehmer ein steuerpflichtiger geldwerter Vorteil.

[LSt] [SV]

(c) Der Arbeitgeber trägt die **Kosten der Schönheitsreparaturen** in Wohnungen, die **der Arbeitnehmer selbst angemietet** hat, beim erstmaligen Bezug der Wohnung.

Die vom Arbeitgeber übernommenen Kosten der Wohnungsreparaturen sind grundsätzlich steuerpflichtiger Arbeitslohn. Es gelten die Ausführungen zu (a).

[LSt] [SV]

(d) Der Arbeitgeber trägt die Kosten der **laufenden Schönheitsreparaturen** in den Arbeitnehmern zur Verfügung gestellten Wohnungen.

Trägt der Arbeitgeber die Kosten für Schönheitsreparaturen in einer dem Arbeitnehmer überlassenen Wohnung, ohne dies bei der Mietfestsetzung zu berücksichtigen, so liegt darin für den Arbeitnehmer ein steuerpflichtiger geldwerter Vorteil (BFH v. 17.8.1973, VI R 8/70, BStBl II 1974, 8). Dabei ist es gleichgültig, ob die Übernahme der Kosten für Schönheitsreparaturen durch den Arbeitgeber freiwillig erfolgt oder auf vertraglicher Vereinbarung bzw. – wie bei Dienstwohnungen im öffentlichen Dienst – auf gesetzlicher Verpflichtung beruht.

[LSt] [SV]

In diesen Fällen ist als monatlicher ortsüblicher Mietwert der Mietzins maßgebend, der für vergleichbare Wohnungen zu zahlen ist, bei denen im monatlichen Mietzins bereits die Übernahme der Kosten für Schönheitsreparaturen durch den Vermieter berücksichtigt ist. Wird in Ermangelung derartiger Vergleichsmieten als ortsüblicher Mietwert ein Mietspiegelwert zu Grunde gelegt, so ist dieser Mietspiegelwert um einen entsprechenden Zuschlag zu erhöhen. Im Zeitpunkt der Durchführung der Schönheitsreparaturen bleiben die tatsächlichen Kosten dann unberücksichtigt.

Der Zuschlag für die Übernahme der Kosten für Schönheitsreparaturen ist grundsätzlich auf der Basis der tatsächlichen Aufwendungen für Schönheitsreparaturen festzulegen. Ist dies nicht möglich, kann der Zuschlag in Anlehnung an den Wert nach § 28 Abs. 4 II. BV vorgenommen werden. Danach sind ab 2002 einheitlich 8,50 € je qm Wohnfläche anzusetzen. Dieser Betrag verändert sich am 1.1.2005 und am 1. Januar eines jeden darauf folgenden dritten Jahres um den Prozentsatz, um den sich der vom Statistischen Bundesamt festgestellte Verbraucherpreisindex für Deutschland für den der Veränderung vorausgehenden Monat Oktober gegenüber dem Verbraucherpreisindex für Deutschland für den der letzten Veränderung vorausgehenden Monat Oktober erhöht oder verringert hat (§ 28 Abs. 5a i.V.m. § 26 Abs. 4 II. BV). Es ergeben sich danach folgende Zuschlagswerte:

Zeitraum	Zuschlag je qm Wohnfläche und Jahr
1.1.2002 – 31.12.2004	8,50 €
1.1.2005 – 31.12.2007	8,88 €
1.1.2008 – 31.12.2010	9,39 €
1.1.2011 – 31.12.2013	9,74 €
1.1.2014 – 31.12.2016	10,29 €

Nach § 28 Abs. 4 II. BV umfassen Schönheitsreparaturen nur das Tapezieren, Anstreichen oder Kalken der Wände und Decken, das Streichen der Fußböden, Heizkörper einschließlich Heizrohre, der Innentüren sowie der Fenster und Außentüren von innen.

Einheitliche Sätze für Schönheitsreparaturen bei aufwendigen Wohnungen bzw. aufwendigen Einfamilienhäusern lassen sich nicht festsetzen. Hier ist der zutreffende Wert nach den örtlichen Gegebenheiten zu schätzen oder der tatsächlich aufgewandte Betrag anzusetzen.

Bei Einfamilienhäusern, insbesondere bei aufwendigen Einfamilienhäusern, übernimmt der Arbeitgeber vielfach die **Kosten für die Gartenpflege**. Diese Kosten sind mit dem üblichen Endpreis des Abgabeorts nach § 8 Abs. 2 Satz 1 EStG bzw. mit den tatsächlich anfallenden Kosten zu erfassen.

10. Abschläge vom Mietwert

Ungewöhnlich starke **Beeinträchtigungen des Wohnwerts** durch Lärm oder Luftverschmutzung können Abschläge vom ortsüblichen Mietwert rechtfertigen.

Bei Hauswarten oder Hausmeistern kann der Mietwert zu mindern sein, wenn den Hausbewohnern der Zugang zu der Hauswart- oder Hausmeisterwohnung gewährt werden muss und Werkzeug und Material in der Wohnung bzw. den Nebenräumen gelagert wird (BFH v. 3.10.1974, VI R 79/72, BStBl II 1975, 81). Bei Schulhausmeistern erkennt die Finanzverwaltung z.B. im Regelfall eine Minderung des Mietwerts um 20 % an. Das FG Schleswig-Holstein hat bei einem Einfamilienhaus, in dem sich auch eine ländliche Polizeistation befand, einen Abschlag von 30 % von der ortsüblichen Vergleichsmiete wegen der Beeinträchtigung des Wohnwerts durch den Dienstbetrieb anerkannt (Urteil v. 10.7.2001, V 294/99, www.stotax-first.de). Bei **Pfarrdienstwohnungen** erkennt die Finanzverwaltung bei dienstlicher Beeinträchtigung bzw. Mitbenutzung des privaten Wohnbereichs – je nach Beeinträchtigung bzw. Mitbenutzung – einen pauschalen Abschlag von **10 bis 20 %** sowie für zusätzliche Beeinträchtigungen (z.B. anerkannte Baumängel, Proben eines Posaunenchors) **bis zu 10 %**, in besonders gravierenden Fällen bis zu 15 %, an (OFD Frankfurt v. 16.1.2015, S 2334 A – 49 – St 211, www.stotax-first.de).

Vorweg ist jedoch zu prüfen, ob sich die oben genannten Ermäßigungsgründe nicht bereits bei der Wertfindung (Bemessungsgrundlage) ausgewirkt haben (BFH v. 13.12.1974, III R 82/73, BStBl II 1975, 191).

[LSt] = keine Lohnsteuerpflicht
[LSt] = Lohnsteuerpflicht

Dienstwohnung

11. Wohnungen der ehemals gemeinnützigen Wohnungsunternehmen

831 Mit der Aufhebung des Wohnungsgemeinnützigkeitsgesetzes (WGG) zum 1.1.1990 entfiel für die ehemals gemeinnützigen Wohnungsunternehmen auch die Bindung an die gemeinnützigkeitsrechtlich zulässige angemessene Miete.

Seit 1996 ist der geldwerte Vorteil aus einer verbilligten Wohnungsvermietung im Vergleich zur ortsüblichen Miete festzustellen und zu versteuern. Statt der ortsüblichen Miete kann auch die Miete zu Grunde gelegt werden, die ausgehend von der am 31.12.1989 maßgebenden wohnungsgemeinnützigkeitsrechtlichen Kostenmiete unter Berücksichtigung der in der Zwischenzeit mietpreisrechtlich zulässigen Mieterhöhungen im Jahr 2016 höchstens verlangt werden kann.

12. Turnus der Mietwertfestsetzungen

832 Der **ortsübliche Mietwert ändert sich laufend**, so dass auch der Arbeitgeber regelmäßig vor der Frage steht, wann und wie oft er den zu versteuernden Betrag oder die von seinen Arbeitnehmern zu erhebende Miete anpassen muss. Bei Ansatz der ortsüblichen Miete muss jedoch bedacht werden, dass der Arbeitgeber nur dann eine Anpassung des Mietwerts vornehmen muss, wenn er auf Grund der mietpreisrechtlichen Bestimmungen berechtigt wäre eine Mieterhöhung vorzunehmen (vgl. R 8.1 Abs. 6 LStR). Außer Betracht bleiben muss, dass bei den Werkswohnungen dem Betriebsrat ein Mitbestimmungsrecht zusteht.

Im Allgemeinen ist es nicht zu beanstanden, wenn die Mietwerte **im Turnus von drei Jahren überprüft** und, soweit erforderlich, angepasst werden. Lediglich außergewöhnliche Umstände (z.B. wesentliche Änderung des Mietpreisniveaus oder bauliche Veränderungen) sollten die Bindung beiderseits ausschließen.

13. Modernisierungsmaßnahmen

833 Hat der Vermieter bauliche Maßnahmen durchgeführt, die den Gebrauchswert der Wohnung nachhaltig erhöhen, die allgemeinen Wohnverhältnisse auf die Dauer verbessern oder nachhaltige Einsparungen von Energie oder Wasser bewirken (Modernisierung), oder hat er andere bauliche Maßnahmen auf Grund von Umständen durchgeführt, die er nicht zu vertreten hat, so kann er die jährliche Miete um 11 % der für die Wohnung aufgewendeten Kosten erhöhen (§ 559 Abs. 1 BGB).

Bei der Ermittlung der Mieterhöhung ist Folgendes zu berücksichtigen (§ 559a BGB):

- Kosten, die vom Mieter oder für diesen von einem Dritten übernommen oder die mit Zuschüssen aus öffentlichen Haushalten gedeckt werden, gehören nicht zu den aufgewendeten Kosten i.S.d. § 559 BGB.
- Werden die Kosten für die baulichen Maßnahmen ganz oder teilweise durch zinsverbilligte oder zinslose Darlehen aus öffentlichen Haushalten gedeckt, so verringert sich der Erhöhungsbetrag nach § 559 BGB um den Jahresbetrag der Zinsermäßigung. Dieser wird errechnet aus dem Unterschied zwischen dem ermäßigten Zinssatz und dem marktüblichen Zinssatz für den Ursprungsbetrag des Darlehens. Maßgebend ist der marktübliche Zinssatz für erstrangige Hypotheken zum Zeitpunkt der Beendigung der Maßnahmen. Werden Zuschüsse oder Darlehen zur Deckung von laufenden Aufwendungen gewährt, so verringert sich der Erhöhungsbetrag um den Jahresbetrag des Zuschusses oder Darlehens.
- Ein Mieterdarlehen, eine Mietvorauszahlung oder eine von einem Dritten für den Mieter erbrachte Leistung für die baulichen Maßnahmen stehen einem Darlehen aus öffentlichen Haushalten gleich. Mittel der Finanzierungsinstitute des Bundes oder eines Landes gelten als Mittel aus öffentlichen Haushalten.

Die o.g. Grundsätze sind auch für die Ermittlung des ortsüblichen Mietwerts i.S.d. § 8 Abs. 2 Satz 1 EStG anzuwenden.

14. Instandhaltungskosten

834 Übernehmen Arbeitgeber die Instandhaltungskosten an den Häusern, die sich im Eigentum von Arbeitnehmern befinden – z.B. bei Vorstandsmitgliedern und anderen leitenden Angestellten –, so ist dieser **geldwerte Vorteil** mit den effektiven Kosten steuerlich zu erfassen. Dabei kann es sich sowohl um Großreparaturen (Dachreparaturen, Außenanstrich usw.) als auch um kleine Instandsetzungsarbeiten (z.B. Installationsarbeiten an Heizung, sanitären Einrichtungen usw.) handeln.

[LSt] [SV]

15. Anwendung der Freigrenze von 44 €

835 Die Freigrenze von 44 € nach § 8 Abs. 2 Satz 11 EStG gilt nur für Sachbezüge, die mit dem um übliche Preisnachlässe geminderten üblichen Endpreis am Abgabeort bewertet werden (§ 8 Abs. 2 Satz 1 EStG). Für Sachbezüge, die mit dem amtlichen **Sachbezugswert** nach der SvEV bewertet werden (§ 8 Abs. 2 Satz 6 EStG) oder für die **Durchschnittswerte** festgelegt worden sind (§ 8 Abs. 2 Satz 10 EStG), ist die Freigrenze **nicht anwendbar**.

Wird die Freigrenze von 44 € auch nur **geringfügig** überschritten, ist der **gesamte geldwerte Vorteil** steuer- und beitragspflichtig. Allerdings ist die Freigrenze von 44 € auch dann anwendbar, wenn der Arbeitgeber die Wohnung anmietet und damit der geldwerte Vorteil feststeht.

Wegen weiterer Einzelheiten zur 44 €-Freigrenze und Beispiele vgl. → *Sachbezüge* Rz. 2605.

16. Anwendung des Rabattfreibetrags

836 Die Anwendung des Rabattfreibetrags von 1 080 € ist auch bei der unentgeltlichen oder verbilligten Wohnungsüberlassung möglich (BFH v. 4.11.1994, VI R 81/93, BStBl II 1995, 338). Voraussetzung ist allerdings, dass der Arbeitgeber Wohnungen **überwiegend an fremde Dritte** vermietet. Dabei muss die Vermietung von Wohnungen nicht unbedingt der Geschäftszweck des Arbeitgebers sein, wie dies bei Wohnungsvermietungsgesellschaften der Fall ist. Auch bei anderen Arbeitgebern – sofern sie nicht überwiegend an Arbeitnehmer vermieten – ist der Rabattfreibetrag von 1 080 € anwendbar (BFH v. 7.2.1997, VI R 17/94, BStBl II 1997, 363; BFH v. 11.5.2011, VI R 65/09, BStBl II 2011, 946).

Unterscheiden sich **Hausmeisterwohnungen** durch ihre Merkmale in einem solchen Maße von anderen Wohnungen, dass sie nur als Hausmeisterwohnungen genutzt werden können, kommt der Rabattfreibetrag nur zur Anwendung, wenn Hausmeisterwohnungen überwiegend an fremde Dritte vermietet werden (BFH v. 16.2.2005, VI R 46/03, BStBl II 2005, 529).

Die Anwendung des Rabattfreibetrags bedeutet, dass der geldwerte Vorteil nicht mehr nach dem um übliche Preisnachlässe geminderten Endpreis am Abgabeort bemessen wird. Nach § 8 Abs. 3 EStG ist der konkrete Angebotspreis des Arbeitgebers maßgebend, allerdings noch gemindert um 4 %.

Beispiel 1:
Eine Wohnungsvermietungsgesellschaft vermietet einem Arbeitnehmer eine Drei-Zimmer-Wohnung mit 68,75 qm. Hierfür zahlt er eine ermäßigte Miete von 7 € pro qm. Vergleichbare Wohnungen werden an fremde Dritte zu einem Quadratmeterpreis von 8 € vermietet.

Bei einer Wohnungsvermietungsgesellschaft ist davon auszugehen, dass sie überwiegend an fremde Dritte vermietet, daher ist der geldwerte Vorteil nach § 8 Abs. 3 EStG zu ermitteln:

Endpreis des Arbeitgebers (68,75 qm × 8 €)	550,— €
./. 4 % Abschlag	22,— €
= Endpreis i.S.d. § 8 Abs. 3 EStG	528,— €
./. Miete des Arbeitnehmers (68,75 qm × 7 €)	481,25 €
= geldwerter Vorteil im Monat	46,75 €
./. Rabattfreibetrag je Monat (1 080 € : 12)	90,— €
= zu versteuern	0,— €

Der Arbeitnehmer hat für die Überlassung der Wohnung keinen geldwerten Vorteil zu versteuern.

Die **Anwendung des Rabattfreibetrags** muss nicht immer vorteilhaft für den Arbeitnehmer sein, sie kann sich **auch** zu seinem **Nachteil** auswirken. Daher kann der Arbeitnehmer in der Einkommensteuerveranlagung **zwischen den Bewertungsmethoden** nach § 8 Abs. 2 EStG und § 8 Abs. 3 EStG **wählen**; der Arbeitgeber ist hingegen im Lohnsteuerabzugsverfahren nicht verpflichtet, die Günstigerprüfung vorzunehmen (BMF v. 16.5.2013, IV C 5 – S 2334/07/0011, BStBl I 2013, 729).

Beispiel 2:
Eine Spedition hat ein Wohngebäude errichtet, das sechs Mietwohnungen enthält. Drei Wohnungen werden an fremde Dritte zu einem Quadratmeterpreis von 6,50 € vermietet. In den übrigen drei Wohnungen

Dienstwohnung

wohnen Mitarbeiter der Spedition zu einem Quadratmeterpreis von 5 €. Der übliche Mietwert für derartige Wohnungen beträgt 5,40 €. Alle Wohnungen haben eine Größe von 100 qm.

Da die Wohnungen **nicht überwiegend** an fremde Dritte vermietet werden, ist der geldwerte Vorteil nach § 8 Abs. 2 EStG zu ermitteln. Der Rabattfreibetrag ist nicht anzuwenden.

Übliche Miete der Wohnung (100 qm × 5,40 €)	540 €
./. Miete des Arbeitnehmers (100 qm × 5 €)	500 €
= geldwerter Vorteil im Monat	40 €

Unter der Voraussetzung, dass der Arbeitnehmer keine weiteren geldwerten Vorteile erhält, hat der Arbeitnehmer für die Überlassung der Wohnung nichts zu versteuern, denn der Vorteil überschreitet nicht die Freigrenze von 44 €.

Beispiel 3:
Wie Beispiel 2, ein Mitarbeiter zieht aus und die Wohnung wird an einen fremden Dritten vermietet.

Da die Wohnungen **überwiegend** an fremde Dritte vermietet werden, ist der geldwerte Vorteil grundsätzlich nach § 8 Abs. 3 EStG zu ermitteln.

Endpreis des Arbeitgebers (100 qm × 6,50 €)	650 €
./. 4 % Abschlag	26 €
= Endpreis i.S.d. § 8 Abs. 3 EStG	624 €
./. Miete des Arbeitnehmers (100 qm × 5 €)	500 €
= geldwerter Vorteil im Monat	124 €
./. Rabattfreibetrag je Monat (1 080 € : 12)	90 €
= zu versteuern	34 €

Der Arbeitnehmer hat 34 € im Monat für die Überlassung der Wohnung zu versteuern. Soweit die Freigrenze von 44 € nicht anderweitig „verbraucht" wurde, ist die Bewertung nach § 8 Abs. 2 EStG für den Arbeitnehmer vorteilhafter. Er kann daher in der Einkommensteuerveranlagung die Bewertung nach § 8 Abs. 2 EStG wählen (BMF v. 16.5.2013, IV C 5 – S 2334/07/0011, BStBl I 2013, 729). Obwohl der Arbeitgeber nicht verpflichtet ist, die Günstigerprüfung im Lohnsteuerabzugsverfahren vorzunehmen, kann auch er die günstigere Bewertungsmethode anwenden.

17. Wohnrecht

837 Räumt der Arbeitgeber dem Arbeitnehmer im Hinblick auf das Dienstverhältnis ein befristetes oder lebenslängliches Wohnrecht an einer Wohnung ein, so fließt dem Arbeitnehmer der geldwerte Vorteil nicht im Zeitpunkt der Bestellung des Wohnrechts in Höhe des kapitalisierten Werts, sondern fortlaufend in Höhe des jeweiligen Nutzungswerts der Wohnung zu (BFH v. 19.8.2004, VI R 33/97, BStBl II 2004, 1076). Einzelheiten → *Grundstücke: verbilligte Überlassung* Rz. 1488.

18. Wohnungsbauförderung des Arbeitgebers mit Gegenleistung

a) Zinsersparnisse und Aufwendungszuschüsse aus Wohnungsfürsorgemitteln

838 Für die lohnsteuerliche Behandlung von Zinsvorteilen und Aufwendungszuschüssen aus Wohnungsfürsorgemitteln gilt Folgendes (FinMin Bayern v. 16.2.2001, 34 – S 2332 – 107/129 – 7111, www.stotax-first.de):

Werden Aufwendungszuschüsse oder Darlehen aus Wohnungsfürsorgemitteln für **Angehörige des öffentlichen Dienstes** nach §§ 87a oder 87b II. WoBauG **nur gegen Einräumung eines Besetzungsrechts und eines Verzichts auf einen Teil der Miete bei Fremdvermietung gewährt**, so ist davon auszugehen, dass diese Gegenleistung die Vorteile aus der Förderung ausgleicht. Der **Vorteil ist mit 0 €** anzusetzen; Aufwendungszuschüsse und Zinsvorteile sind deshalb nicht als Arbeitslohn zu erfassen.

Diese Grundsätze sind für **Arbeitnehmer in der Privatwirtschaft entsprechend anzuwenden**, wenn vergleichbare Fälle auftreten.

b) Rückzahlung von Darlehen

839 Wird ein unverzinsliches oder niedrig verzinsliches Wohnungsbaudarlehen vorzeitig abgelöst, gewährt der Arbeitgeber im Hinblick auf die vorzeitige Tilgung einen Teilerlass in Höhe des Abzinsungsbetrags und bleibt das im Zusammenhang mit der Darlehensgewährung vereinbarte **Wohnungsbesetzungsrecht** des Arbeitgebers für mindestens **drei Jahre** bestehen, so ist der Schuldnachlass nach einer Entscheidung der obersten Finanzbehörden des Bundes und der Länder mit **0 €** zu bewerten.

19. Sonstige Arbeitgeberaufwendungen

840 Soweit Arbeitgeber sonstige Aufwendungen für die Wohnungsbeschaffung ihrer Arbeitnehmer leisten, ohne dass ein Besetzungsrecht oder ein Verzicht auf einen Teil der Miete bei Fremdvermietung vereinbart wird, ist nach folgenden Grundsätzen zu verfahren (FinMin Niedersachsen v. 28.2.1966, S 2228 – 80 – 314, DStZ/E 1966, 140):

a) Verlorene Zuschüsse des Arbeitgebers für ein Eigenheim

841 Wenn der Arbeitgeber dem Arbeitnehmer ohne jede Auflage einen **verlorenen Zuschuss** zum **Bau oder Erwerb eines Eigenheims** bzw. einer Eigentumswohnung gewährt, so ist dieser Zuschuss steuer- und beitragspflichtiger Arbeitslohn. Der Zuschuss ist im Jahr des Zuflusses zu versteuern.

b) Zinsgünstige Darlehen

842 Gewährt der Arbeitgeber dem Arbeitnehmer ein **zinsloses oder ein zinsgünstiges Darlehen**, so ist der Zinsvorteil steuerpflichtiger Arbeitslohn, wenn der vereinbarte Zinssatz unter dem üblichen Endpreis am Abgabeort liegt (→ *Zinsersparnisse/Zinszuschüsse* Rz. 3215).

c) Erstattung von Zinsen

843 Erstattet der Arbeitgeber dem Arbeitnehmer die **Zinsen für einen Kredit**, den der Arbeitnehmer zum Bau eines Eigenheims bzw. einer Eigentumswohnung von einem Dritten, z.B. einer Bank oder Lebensversicherung, aufgenommen hat, so ist steuerpflichtiger Arbeitslohn anzunehmen (→ *Zinsersparnisse/Zinszuschüsse* Rz. 3214).

d) Verkauf von Bauland

844 Veräußert der Arbeitgeber dem Arbeitnehmer **Bauland** zu einem Kaufpreis, der unter dem um übliche Preisnachlässe geminderten üblichen Endpreis am Abgabeort liegt, so stellt der Unterschiedsbetrag steuerpflichtigen Arbeitslohn dar (→ *Grundstücke: verbilligte Überlassung* Rz. 1481).

e) Verlorene Zuschüsse des Arbeitgebers zur Miete

845 Wenn der Arbeitgeber dem Arbeitnehmer ohne jede Auflage einen **verlorenen Zuschuss zur Miete** gewährt, so ist dieser Zuschuss steuer- und beitragspflichtiger Arbeitslohn. Der Zuschuss ist im Jahr des Zuflusses zu versteuern.

f) Zuschüsse des Arbeitgebers als Mietvorauszahlung

846 Gewährt der Arbeitgeber dem Arbeitnehmer einen Zuschuss zur Miete einer Wohnung mit der Auflage, dass der Arbeitnehmer den Zuschuss an den Vermieter **als Mietvorauszahlung** weiterleiten muss, und muss der Arbeitnehmer den Zuschuss **in Höhe der Mietminderung** an den Arbeitgeber **zurückzahlen**, so hat der Zuschuss den Charakter eines Darlehens. Steuer- und beitragspflichtiger Arbeitslohn liegt mithin nicht vor.

Ist der Zuschuss (das Darlehen) nicht verzinst oder liegt der vereinbarte Zinssatz unter dem üblichen Endpreis am Abgabeort, so ist der Zinsvorteil steuerpflichtiger Arbeitslohn (→ *Zinsersparnisse/Zinszuschüsse* Rz. 3215).

g) Zuschüsse des Arbeitgebers mit Rückzahlungsverpflichtung

847 Gewährt der Arbeitgeber dem Arbeitnehmer einen **Zuschuss zur Miete** einer Wohnung mit der Auflage, dass der Arbeitnehmer den Zuschuss **bei vorzeitigem Ausscheiden aus dem Dienstverhältnis** ganz oder teilweise an den Arbeitgeber **zurückzahlen muss**, so ist der Zuschuss steuer- und beitragspflichtig.

Muss der Arbeitnehmer den Zuschuss im Falle des Ausscheidens ganz oder teilweise zurückzahlen, so liegt eine Arbeitslohnrückzahlung vor, die im Zahlungszeitpunkt den steuerpflichtigen Arbeitslohn mindert (→ *Rückzahlung von Arbeitslohn* Rz. 2578).

h) Rückzahlung von Darlehen

848 Löst der Arbeitnehmer ein unverzinsliches oder niedrig verzinsliches Wohnungsbaudarlehen **vorzeitig** ab und gewährt der Arbeitgeber im Hinblick auf die vorzeitige Tilgung einen **Teilerlass** in Höhe des Abzinsungsbetrags, so liegt in Höhe des Teilerlasses grundsätzlich steuer- und beitragspflichtiger Arbeitslohn vor.

LSt SV

Dienstzimmer

→ *Arbeitslohn-ABC* Rz. 255

Diplomaten und Konsularbeamte

849 Nach dem **Wiener Übereinkommen** v. 18.4.1961 über diplomatische Beziehungen und v. 24.4.1963 über konsularische Beziehungen ist u.a. ein Diplomat einer ausländischen Mission und ein Konsularbeamter einer ausländischen Vertretung von Einkommensteuern befreit (Art. 34 WÜD, Art. 49 und 71 WÜK). Die Befreiung gilt nicht für Steuern von privaten Einkünften aus Quellen des Empfangsstaats. Gleiches gilt für Mitglieder/Bedienstete des Verwaltungs- und technischen Personals sowie die zum Haushalt eines ausländischen Diplomaten oder Konsularbeamten sowie eines Mitglieds/Bediensteten gehörenden **Familienangehörigen**, sofern diese weder die Staatsangehörigkeit des Empfangsstaats besitzen noch dort ständig ansässig sind. Unter vorgenannten Voraussetzungen sind auch die Dienstbezüge des **Hauspersonals** oder die Bezüge privater Hausangestellter von Mitgliedern einer ausländischen Mission steuerfrei. Darüber hinaus können für andere Mitglieder des Personals einer Mission und Hausangestellte nach besonderen Regelungen Steuerbefreiungen bestehen (vgl. im Einzelnen H 3.29 EStH).

Danach werden ausländische Personen mit diplomatischem oder konsularischem Status im Empfangsstaat nur in einem der beschränkten Steuerpflicht ähnlichen Umfang besteuert. Ggf. können in einem Doppelbesteuerungsabkommen abweichende Regelungen getroffen worden sein (→ *Doppelbesteuerungsabkommen bei Einkünften aus nichtselbständiger Arbeit* Rz. 867).

Im Übrigen sind die Gehälter und Bezüge ausländischer Diplomaten und Berufskonsuln sowie Angehöriger der Botschaft bzw. des Konsulats in dem in § 3 Nr. 29 EStG bezeichneten Umfang steuerfrei.

Ausländische Botschaftsangehörige sind ausnahmsweise unbeschränkt steuerpflichtig, wenn sie in Deutschland ständig ansässig sind (FG Köln v. 24.1.2001, 12 K 7040/98, EFG 2001, 552).

Deutsche Personen mit diplomatischem oder konsularischem Status **im Ausland** unterliegen in Deutschland der erweiterten unbeschränkten Steuerpflicht nach § 1 Abs. 2 EStG (→ *Steuerpflicht* Rz. 2766).

Hat ein inländischer Arbeitgeber eine Person mit diplomatischem oder konsularischem Status in Deutschland im Rahmen einer dienstrechtlich zulässigen Nebentätigkeit beschäftigt, so unterliegt der Arbeitslohn nach den Regelungen für beschränkt steuerpflichtige Arbeitnehmer dem Lohnsteuerabzug.

Eine Zusammenveranlagung (**Splitting/Steuerklasse III**) eines unbeschränkt steuerpflichtigen Arbeitnehmers **mit einem ausländischen Ehepartner** mit konsularischem oder diplomatischem Status ist nur unter den Voraussetzungen der §§ 1 Abs. 1, 1a EStG möglich (→ *Steuerpflicht* Rz. 2771).

Zur Besteuerung sog. **Ortskräfte** s. BFH v. 13.11.1996, I R 119/95, HFR 1997, 826 und FinMin Niedersachsen v. 26.1.1995, S 1310 – 7 – 33, www.stotax-first.de. Zur lohnsteuerlichen Behandlung der bei der Botschaft und den Generalkonsulaten der Republik Türkei beschäftigten Ortskräfte s. FinMin Brandenburg v. 22.8.2014, 36 – S 2330 – 2014/001, www.stotax-first.de.

Directors&Officers-Versicherungen

1. Allgemeines

Die sog. D&O-Versicherung bzw. **Vermögensschaden-Haftpflichtversicherung** schützt Organmitglieder wie GmbH-Geschäftsführer, AG-, Stiftungs- und Vereinsvorstände, Aufsichtsräte und Beiräte sowie leitende Angestellte und Prokuristen vor den finanziellen Folgen der persönlichen Haftung gegenüber dem eigenen Unternehmen und gegen Ansprüche Dritter. Versichert sind sowohl Pflichtverletzungen gegenüber der eigenen Gesellschaft (Innenhaftung) als auch Dritten gegenüber (Außenhaftung). Versicherungsnehmer ist die Gesellschaft, die auch die Prämien an den Versicherer leistet. Versicherte Personen sind die Führungsorgane der Gesellschaft. Diese sind im Schadensfall in der Eigenschaft als Organ der Gesellschaft auch anspruchsberechtigt. **850**

Der Versicherungsschutz liegt damit grundsätzlich im Interesse des Arbeitnehmers. Deshalb stellen die Beiträge zu einer solchen Versicherung **grundsätzlich Arbeitslohn** dar.

2. Lohnsteuer

a) Kein Arbeitslohn

Beiträge des Arbeitgebers zu einer D&O-Versicherung werden jedoch **nicht als Arbeitslohn** angesehen, wenn der Arbeitgeber die Leistungen **in ganz überwiegendem betrieblichem Interesse** erbringt. Dies ist nach bundeseinheitlichen Erlassen (vgl. z.B. FinMin Niedersachsen v. 25.1.2002, S 2332 – 161 – 35, www.stotax-first.de) der Fall, wenn **851**

- es sich bei der D&O-Versicherung um eine Vermögensschaden-Haftpflichtversicherung handelt, die in erster Linie der Absicherung des Unternehmens oder des Unternehmenswertes gegen Schadensersatzforderungen Dritter gegenüber dem Unternehmen dient, die ihren Grund in dem Tätigwerden oder Untätigbleiben der für das Unternehmen verantwortlich Handelnden und entscheidenden Organe und Leitungsverantwortlichen haben,

- die Verträge besondere Klauseln zur Firmenhaftung oder sog. Company Reimbursement enthalten, die im Ergebnis wirtschaftlich dazu führen, dass der Versicherungsanspruch aus der Versicherung dem Unternehmen als Versicherungsnehmer zusteht. Hiervon ist z.B. auszugehen, wenn

  - der Arbeitgeber oder eine Tochtergesellschaft als Versicherungsnehmer den Arbeitnehmer als versicherte Person in rechtlich zulässiger Weise auf Grund einer vertraglichen oder gesetzlichen Freistellungsverpflichtung durch Erfüllung des Haftpflichtanspruchs freistellt (Freistellung) und ihm hierdurch ein Zahlungsanspruch gegenüber dem Versicherer zusteht oder

  - der Versicherer den Gläubiger befriedigt und seinerseits auf einen Regress bei dem zur Freistellung verpflichteten Arbeitgeber oder einer Tochtergesellschaft verzichtet,

- des Weiteren die D&O-Versicherungen dadurch gekennzeichnet sind, dass

  - regelmäßig das Management als Ganzes versichert ist und Versicherungsschutz für einzelne Personen nicht in Betracht kommt,

  - Basis der Prämienkalkulation nicht individuelle Merkmale der versicherten Organmitglieder sind, sondern Betriebsdaten des Unternehmens und dabei die Versicherungssummen deutlich höher sind als typischerweise Privatvermögen.

In Fällen, in denen der Arbeitnehmer durch gesetzliche Regelungen (z.B. § 84 Sächsisches Beamtengesetz, § 14 Bundesangestelltentarifvertrag) grundsätzlich in einem dem vertraglichen Versicherungsschutz entsprechenden Maß von der Haftung befreit ist, liegt der Abschluss der D&O-Versicherung im überwiegend eigenbetrieblichen Interesse des Arbeitgebers. Die Zahlung der Versicherungsprämie durch den Arbeitgeber führt in diesen Fällen nicht zu steuerpflichtigem Arbeitslohn beim Arbeitnehmer.

Das **FG München** hat die Verwaltungsauffassung für **Geschäftsführer** und **leitende Angestellte** von GmbHs bestätigt, neigt aber offensichtlich im Gegensatz zur Finanzverwaltung dazu, bei **Vorständen von Aktiengesellschaften** Arbeitslohn anzunehmen,

Directors&Officers-Versicherungen

weil sie nicht weisungsgebunden sind (Urteil v. 5.8.2002, 7 K 5726/00, EFG 2002, 1524). Die weitere Rechtsprechung bleibt abzuwarten.

Aufwendungen des Arbeitgebers für **Industrie-Strafrechtsschutzversicherungen** werden wegen ihrer Vergleichbarkeit mit D&O-Versicherungen ebenfalls nicht als Arbeitslohn angesehen, weil diese Leistungen im überwiegend eigenbetrieblichen Interesse des Unternehmens liegen.

b) Arbeitslohn

852 Ein **überwiegend eigenbetriebliches Interesse ist hingegen zu verneinen**, wenn Risiken versichert werden, die üblicherweise durch eine individuelle Berufshaftpflichtversicherung abgedeckt werden. In diesem Fall liegt weiterhin **steuerpflichtiger Arbeitslohn** vor.

Zur Ermittlung der Arbeitslohnhöhe ist die Versicherungsprämie zunächst den versicherten Risiken zuzuordnen und danach auf die versicherten Personen aufzuteilen; § 8 Abs. 2 Satz 11 EStG (sog. 44 €-Freigrenze) ist anzuwenden. Soweit das Vorliegen von Arbeitslohn bejaht wird, sind die als geldwerter Vorteil erfassten Versicherungsprämien bei den Versicherten als Werbungskosten abzugsfähig.

Bei Versicherten, die nicht Arbeitnehmer sind (insbesondere **Aufsichtsratsmitglieder**), gelten die o.g. Grundsätze sinngemäß.

§ 93 Abs. 2 Satz 3 AktG enthält für Neuverträge ab 5.8.2009 folgende Regelung:

„Schließt die Gesellschaft eine Versicherung zur Absicherung eines Vorstandsmitglieds gegen Risiken aus dessen beruflicher Tätigkeit für die Gesellschaft ab, ist ein **Selbstbehalt** von mindestens 10 % des Schadens bis mindestens zur Höhe des Eineinhalbfachen der festen jährlichen Vergütung des Vorstandsmitglieds vorzusehen."

Versichert sich ein Vorstandsmitglied gegen diesen „**Pflichtselbstbehalt**", kann er die Beiträge – wie Beiträge zu einer Berufshaftpflichtversicherung – als Werbungskosten absetzen.

Werden die **Versicherungsprämien vom Arbeitgeber getragen**, ist u.E. beim Vorstandsmitglied zwar steuerpflichtiger Arbeitslohn anzunehmen, er kann jedoch in gleicher Höhe Werbungskosten geltend machen (diese Frage wird zz. auf Bundesebene erörtert, die Entscheidung der obersten Finanzbehörden bleibt abzuwarten).

Direktversicherung

→ Zukunftssicherung: Betriebliche Altersversorgung Rz. 3234

Direktzusage

→ Zukunftssicherung: Betriebliche Altersversorgung Rz. 3234

Doktoranden

853 Doktoranden sind **Arbeitnehmer**, wenn die Promotion Gegenstand eines Dienstverhältnisses ist (BFH v. 9.10.1992, VI R 176/88, BStBl II 1993, 115) oder wenn eine selbständige Forschungstätigkeit als fremdbestimmte Dienstleistung erbracht wird und der Forschende seine Arbeitskraft ausschließlich in den Dienst des Unternehmens stellt. Das Fehlen eines eigenen Unternehmerrisikos, die Unterordnung des Forschenden unter die wirtschaftlichen Interessen des Unternehmens sowie eine Bezahlung, die dem Entgelt eines in Vollzeit beschäftigten Mitarbeiters entspricht, sind deutliche Indizien für das Bestehen eines (versicherungspflichtigen) Beschäftigungsverhältnisses (LSG Berlin-Brandenburg v. 8.11.2006, L 9 KR 161/02, www.stotax-first.de).

Hiervon abzugrenzen ist jedoch ein sog. **Stipendienvertrag**, der kein arbeitsvertragstypisches Weisungsrecht der Hochschule gegenüber dem Doktoranden begründet und die typischen Kriterien einer Arbeitsvertragsvereinbarung nicht erfüllt (LAG Köln v. 23.7.2009, 7 Sa 108/09, www.stotax-first.de).

Es ist regelmäßig davon auszugehen, dass dem Promotionsstudium und der Promotion durch die Hochschule selber der Abschluss eines Studiums vorangeht. Aufwendungen für ein **Promotionsstudium und die Promotion stellen Betriebsausgaben oder Werbungskosten** dar, sofern ein berufsbezogener Veranlassungszusammenhang zu bejahen ist (BFH v. 4.11.2003, VI R 96/01, BStBl II 2004, 891). Dies gilt auch, wenn das Promotionsstudium bzw. die Promotion im Einzelfall ohne vorhergehenden berufsqualifizierenden Studienabschluss durchgeführt wird. Eine Promotion stellt keinen berufsqualifizierenden Abschluss eines Studienganges dar (BMF v. 22.9.2010, IV C 4 – S 2227/07/10002:002, BStBl I 2010, 721 Rdnr. 26).

Ein Abzug als (ggf. vorab entstandene) **Werbungskosten** ist jedoch zugelassen worden, wenn das Promotionsstudium Gegenstand eines sog. **Ausbildungsdienstverhältnisses** ist (→ Fortbildung Rz. 1309).

In diesen Fällen kann auch der Arbeitgeber Reisekosten nach § 3 Nr. 16 EStG steuerfrei ersetzen.

Aufwendungen eines Stpfl. für ein Promotionsstudium in Polen sind dagegen **nicht als Werbungskosten abzugsfähig**, wenn bei der Promotion eine Honorarzahlung und nicht die eigene wissenschaftliche Arbeit im Vordergrund steht (BFH v. 8.6.2004, VI B 158/03, www.stotax-first.de).

Vergütungen für die ins **Ausland** entsandten Doktoranden sind **nicht** nach dem Auslandstätigkeitserlass steuerfrei, weil sie aus öffentlichen Kassen (Universitäten) gezahlt werden (BMF v. 17.6.1991, IV B 6 – S 2293 – 5/91 II, www.stotax-first.de); auch → Auslandstätigkeitserlass Rz. 464.

Zur **Steuerfreiheit eines Promotionsstipendiums** nach § 3 Nr. 44 EStG s. zuletzt FG Münster v. 16.5.2013, 2 K 3208/11 E, EFG 2014, 19.

Dokumentationspflicht

→ Mindestlohn Rz. 2028, → Mini-Jobs Rz. 2047

Doppelbesteuerung

854 **Ausländische Einkünfte** unterliegen zumeist der Besteuerung im Wohnsitzstaat nach den Regeln der unbeschränkten Steuerpflicht und im Quellen-/Tätigkeitsstaat nach den Regeln der beschränkten Steuerpflicht (→ Steuerpflicht Rz. 2765). Zur Vermeidung der Doppelbesteuerung kommen folgende Methoden in Betracht:

- **Anrechnung/Abzug ausländischer Steuern** nach § 34c EStG (→ Anrechnung/Abzug ausländischer Steuern Rz. 154),
- **Freistellung** ausländischer Einkünfte; bei dieser Methode werden die Einkünfte nicht mit in die Bemessungsgrundlage für die Berechnung der Einkommen- bzw. Lohnsteuer einbezogen, sie werden aber grundsätzlich bei der Bemessung des Steuersatzes (→ Progressionsvorbehalt Rz. 2331) berücksichtigt.

Grundlage für die Anrechnung/den Abzug ausländischer Steuern oder die Freistellung ausländischer Einkünfte (ggf. unter Progressionsvorbehalt) in Deutschland sind

- Vorschriften des Einkommensteuergesetzes (insbesondere §§ 34c, 50 Abs. 4 EStG), auf denen z.B. der **Auslandstätigkeitserlass** (→ Auslandstätigkeitserlass Rz. 464) und der Besteuerungsverzicht bei der Verwertung von Einkünften im Inland nach R 39.4 Abs. 3 LStR beruht und
- zwischenstaatliche Vereinbarungen, insbesondere **Doppelbesteuerungsabkommen** (→ Doppelbesteuerungsabkommen: Allgemeines Rz. 856).

Doppelbesteuerungsabkommen: Allgemeines

auch → Anrechnung/Abzug ausländischer Steuern Rz. 154

1. Bedeutung für das Lohnsteuerabzugsverfahren

855 Doppelbesteuerungsabkommen sind zwischenstaatliche Vereinbarungen zur Vermeidung der Doppelbesteuerung oder ggf. der Keinmalbesteuerung. Sie sind erst dann anzuwenden, wenn beide Staaten sie durch Zustimmungsgesetze umgesetzt und sich ge-

Doppelbesteuerungsabkommen: Allgemeines

genseitig darüber informiert haben. Dem Abkommen beigefügte Dokumente (z.B. Protokolle) sind deren Bestandteil.

Der **Arbeitgeber** muss ein **Doppelbesteuerungsabkommen im Lohnsteuerabzugsverfahren beachten**, wenn

– er einen **Arbeitnehmer aus einem ausländischen Staat in Deutschland beschäftigt** oder

– er einen inländischen **Arbeitnehmer in einen ausländischen Staat** entsendet (→ *Auslandsbeamte* Rz. 455, → *Ausländischer Arbeitslohn* Rz. 445) und

– die Bundesrepublik Deutschland mit dem jeweiligen ausländischen Staat ein **Doppelbesteuerungsabkommen** abgeschlossen hat, das Abkommen für den Besteuerungszeitraum anzuwenden ist und in Kraft getreten ist (→ *Doppelbesteuerungsabkommen bei Einkünften aus nichtselbständiger Arbeit* Rz. 866).

Die meisten von Deutschland abgeschlossenen Abkommen orientieren sich am OECD-Musterabkommen. Im Einzelfall ist das jeweilige Abkommen zu beachten. Besteht kein **Doppelbesteuerungsabkommen** s. → *Ausländischer Arbeitslohn* Rz. 445.

2. Geltende Doppelbesteuerungsabkommen

856 Eine Übersicht über den Stand der Doppelbesteuerungsabkommen mit Fundstellen u.a. über das Inkrafttreten und der Doppelbesteuerungsverhandlungen wird jährlich vom BMF im Bundessteuerblatt Teil I bekannt gemacht.

Nach dem **Stand vom 1.1.2015** (BMF v. 19.1.2015, IV B 2 – S 1301/07/10017 – 06, BStBl I 2015, 128) gelten Doppelbesteuerungsabkommen mit folgenden Staaten:

Ägypten	Italien	Rumänien
Albanien	Jamaika	Russische
Algerien	Japan	Föderation
Argentinien	Kanada	Sambia
Armenien[1]	Kasachstan	Schweden
Aserbaidschan	Kenia	Schweiz
Australien	Kirgisistan	Serbien[2]
Bangladesch	Korea, Republik	Simbabwe
Belarus	Kosovo[2]	Singapur
(Weißrussland)	Kroatien	Slowakei[3]
Belgien	Kuwait	Slowenien
Bolivien	Lettland	Spanien
Bosnien und	Liberia	Sri Lanka
Herzegowina[2]	Liechtenstein	Südafrika
Bulgarien	Litauen	Syrien
China (ohne	Luxemburg	Tadschikistan
Hongkong	Malaysia	Thailand
und Macau)	Malta	Trinidad und Tobago
Costa Rica	Marokko	Tschechien[3]
Côte d'Ivoire	Mauritius	Tunesien
Dänemark	Mazedonien	Türkei
Ecuador	Mexiko	Turkmenistan[1]
Estland	Moldau, Republik[1]	Ukraine
Finnland	Mongolei	Ungarn
Frankreich	Montenegro[2]	Uruguay
Georgien	Namibia	Usbekistan
Ghana	Neuseeland	Venezuela
Griechenland	Niederlande	Vereinigte Arabische
Indien	Norwegen	Emirate
Indonesien	Österreich	Vereinigtes
Iran, Islamische	Pakistan	Königreich
Republik	Philippinen	Vereinigte Staaten
Irland	Polen	Vietnam
Island	Portugal	Zypern
Israel		

1) Doppelbesteuerungsabkommen mit UdSSR gilt fort.
2) Doppelbesteuerungsabkommen mit SFR Jugoslawien gilt fort.
3) Doppelbesteuerungsabkommen mit Tschechoslowakei gilt fort.

Hongkong und Macau sind besondere Teile der VR China (Hongkong Special Administrative Region bzw. Macau Special Administrative Region), ohne dass dort das allgemeine Steuerrecht der VR China gilt. Das mit der VR China abgeschlossene DBA ist im Verhältnis zu Hongkong und Macau **nicht anwendbar**.

Auf Grund des besonderen völkerrechtlichen Status von **Taiwan** wurde im Dezember 2011 ein Abkommen zur Vermeidung der Doppelbesteuerung nur von den Leitern des Deutschen Instituts in Taipeh und der Taipeh Vertretung in der Bundesrepublik Deutschland unterzeichnet, das am 7.11.2012 in Kraft getreten ist und ab 1.1.2013 anzuwenden ist (Gesetz v. 2.10.2012, BStBl I 2013, 20).

Soweit die Doppelbesteuerungsabkommen Rechtsvorschriften in DM-Beträgen enthalten, sind diese Beträge mit dem Kurs 1 € = 1,95583 DM punktgenau in Euro umzurechnen (BMF v. 16.3.2001, IV B 3 – S 1300 – 14/01, BStBl I 2001, 204).

3. Gliederung der Doppelbesteuerungsabkommen

Will der Arbeitgeber anhand eines Doppelbesteuerungsabkommens prüfen, ob Einkünfte der deutschen Besteuerung unterliegen, so erleichtern ihm folgende Hinweise über die Gliederung der Abkommen die Orientierung (s. auch das OECD-Musterabkommen zur Vermeidung der Doppelbesteuerung auf dem Gebiet der Steuern vom Einkommen und vom Vermögen, an dem sich die meisten von Deutschland abgeschlossenen Abkommen orientieren; zum OECD-Musterabkommen nach dem Stand vom Januar 2003 s. BMF v. 18.2.2004, IV B 6 – S 1315 – 8/04, BStBl I 2004, 287): **857**

– Geltungsbereich, Art. 1 und 2 OECD-MA,

– Begriffsbestimmungen (z.B. Ansässigkeit, Betriebsstätte), Art. 3 bis 5 OECD-MA,

– Besteuerungsrechte Art. 6 bis 21 OECD-MA,

– Vermeidung der Doppelbesteuerung durch den Ansässigkeitsstaat (sog. Methodenartikel), Art. 23 A (Befreiungs-Freistellungsmethode) und Art. 23 B (Anrechnungsmethode) OECD-MA (s.a. → *Doppelbesteuerung* Rz. 854);

– Diskriminierungsverbot, Verständigungsverfahren, Informationsaustausch, Amtshilfe, Behandlung von Diplomaten und Konsularbeamten, Ausdehnung des räumlichen Geltungsbereichs, In-/Außer-Kraft-Treten, Art. 24 bis 30 OECD-MA.

Einzelne Bestimmungen können in zusätzlichen Vereinbarungen (z.B. Schlussprotokoll) modifiziert oder erläutert sein.

4. Besteuerungsregeln der Doppelbesteuerungsabkommen

Bei der Prüfung des deutschen Besteuerungsrechts sollte der Arbeitgeber Folgendes beachten: Doppelbesteuerungsabkommen können das **deutsche (innerstaatliche) Besteuerungsrecht nur einschränken**, nicht erweitern. **858**

Die Regelungen über die Zuweisung des Besteuerungsrechts (vgl. Art. 6 bis 21 OECD-MA) lassen grundsätzlich noch keine Rückschlüsse auf die Besteuerung im Ansässigkeitsstaat und die dortige Vermeidung der Doppelbesteuerung zu. Dies ergibt sich erst im Zusammenhang mit dem sog. Methodenartikel (→ Rz. 857). Hat der Quellen- bzw. Tätigkeitsstaat ein Besteuerungsrecht, so stellt der Ansässigkeitsstaat die Einkünfte danach entweder frei (grundsätzlich unter Anwendung des Progressionsvorbehalts) oder er erfasst sie unter Anrechnung der ausländischen Steuer (→ *Anrechnung/Abzug ausländischer Steuern* Rz. 154). Steht einem Staat das Besteuerungsrecht nicht zu, so hat er grundsätzlich nicht zu prüfen, ob der andere Staat sein Besteuerungsrecht auch ausübt. Der Verzicht eines Vertragsstaats auf das Besteuerungsrecht gilt – soweit sich aus dem Abkommen nichts anderes ergibt – zwingend und ausnahmslos (Verbot der virtuellen Doppelbesteuerung; s. BFH v. 20.10.1982, I R 104/79, BStBl II 1983, 402). Allerdings wird **bei unbeschränkt steuerpflichtigen Arbeitnehmern** die **Freistellung** von Arbeitslohn nach einem Doppelbesteuerungsabkommen **im Rahmen einer Veranlagung nur nach Maßgabe des § 50d Abs. 8 EStG gewährt** (→ *Doppelbesteuerungsabkommen bei Einkünften aus nichtselbständiger Arbeit* Rz. 898). Der BFH hält dieses sog. **Treaty override für verfassungswidrig** und hat die Rechtsfrage dem **BVerfG zur Entscheidung** vorgelegt (BFH v. 10.1.2012, I R 66/09, HFR 2012, 745, Az. beim BVerfG: 2 BvL 1/12, BFH v. 20.8.2014, I R 86/13, BStBl II 2015, 18, Az. beim BVerfG: 2 BvL 21/14).

Doppelbesteuerungsabkommen können unterschiedliche Regelungen enthalten, um zu verhindern, dass die Abkommensanwendung zur **Nichtbesteuerung von Einkünften** bzw. zur **ungerechtfertigten Inanspruchnahme von Abkommensvorteilen**

Doppelbesteuerungsabkommen: Allgemeines

führt. Je nach Ausgestaltung dieser Bestimmungen unterscheidet man hauptsächlich zwischen

- Rückfall- bzw. **Subject-to-tax-Klauseln** (Besteuerungsvorbehalten),
- **Remittance-base-Klauseln** (Überweisungsklauseln) und
- **Switch-over-Klauseln** (Umschaltklauseln).

Diese Klauseln sind vorrangig vor den nationalen Vorschriften (u.a. § 50d Abs. 8 und 9 EStG) anzuwenden. Zur **Anwendung dieser Klauseln** nach den Doppelbesteuerungsabkommen, insbesondere unter Berücksichtigung BFH v. 17.10.2007, I R 96/06, BStBl II 2008, 953, vgl. BMF v. 20.6.2013, IV B 2 – S 1300/09/10006, BStBl I 2013, 980.

5. Auslegung

859 Bei der Auslegung von Doppelbesteuerungsabkommen ist folgende **Reihenfolge** maßgebend:

- Wortlaut und Definition des Abkommens einschließlich der diesem beigefügten Dokumente (Protokolle, Briefwechsel usw.),
- Sinn und Vorschriftenzusammenhang innerhalb des Abkommens,
- Begriffsbestimmung des innerstaatlichen Rechts (BFH v. 10.7.1996, I R 83/95, BStBl II 1997, 341).

6. Abkommensberechtigung/Ansässigkeit

860 Die Anwendung des Doppelbesteuerungsabkommens („**Abkommensberechtigung**") setzt voraus, dass der Stpfl., also z.B. der Arbeitnehmer, **in einem Vertragsstaat ansässig** ist. Ist der Arbeitnehmer in keinem Vertragsstaat ansässig, kommt eine Anwendung des Doppelbesteuerungsabkommens mit dem Tätigkeitsstaat nicht in Betracht. Es verstößt **nicht gegen EU-Recht**, wenn eine Vorschrift des Doppelbesteuerungsabkommens zwischen Tätigkeitsstaat und einem anderen EU-Mitgliedstaat nicht auf Staatsangehörige eines nicht am Abkommen beteiligten Mitgliedstaats erstreckt wird (EuGH v. 5.7.2005, C-376/03, HFR 2005, 1035).

> **Beispiel:**
> Ein Belgier mit Wohnsitz in Brüssel ist für einen deutschen Arbeitgeber in Belgien und Frankreich tätig.
> Das Besteuerungsrecht des gesamten Arbeitslohns bestimmt sich nach dem DBA-Belgien. Das DBA-Frankreich findet keine Anwendung, weil der Arbeitnehmer weder in Frankreich noch in Deutschland ansässig ist.

Der Begriff der Ansässigkeit ist auf den Anwendungsbereich der Doppelbesteuerungsabkommen und die dortige Verteilung der Besteuerungsrechte beschränkt und hat **keine Auswirkungen auf die persönliche Steuerpflicht** (→ Steuerpflicht Rz. 2765). Die Frage, ob ein Stpfl. einen Wohnsitz oder seinen gewöhnlichen Aufenthalt i.S. der Steuerpflicht in Deutschland hat, ist allein nach innerstaatlichem Recht zu bestimmen (§§ 8,9 AO); vgl. → Steuerpflicht: unbeschränkte Rz. 2794. Allerdings sind **unbeschränkt Stpfl.** i.S.d. § 1 Abs. 1 EStG auch i.S.d. jeweiligen Doppelbesteuerungsabkommens in Deutschland **ansässig**. Steuerpflicht auf Antrag nach § 1 Abs. 3 EStG begründet keine Ansässigkeit (vgl. BMF v. 25.1.2000, IV B 3 – S 1301 Schz – 1/00, www.stotax-first.de). Ist der Stpfl. in beiden Staaten ansässig, so bestimmen die Doppelbesteuerungsabkommen grundsätzlich einen Staat als Ansässigkeitsstaat i.S.d. Abkommens. Einige Abkommen, z.B. das DBA-Japan, enthalten keine entsprechenden Regelungen. Das Besteuerungsrecht beider Staaten bleibt dann bestehen. Bei einer Abwesenheit von mehr als 365 Tagen besteht allerdings keine Doppelansässigkeit i.S.d. Art. 4 Abs. 2 DBA Japan mehr (BMF v. 9.7.2002, IV B 4 – S 1304 JAPAN – 6/02, www.stotax-first.de). Regelmäßig gilt: Der Stpfl. gilt in dem Staat als ansässig, in dem er eine ständige Wohnstätte hat (zur Auslegung s. BFH v. 16.12.1998, I R 40/97, BStBl II 1999, 207). Besteht in beiden Staaten eine Wohnstätte, ist Ansässigkeitsstaat der Staat, zu dem die engeren persönlichen und wirtschaftlichen Beziehungen bestehen (Mittelpunkt der Lebensinteressen). Kann der Lebensmittelpunkt nicht bestimmt werden, entscheidet grundsätzlich der gewöhnliche Aufenthalt (BFH v. 23.10.1985, I R 274/82, BStBl II 1986, 133; FG Berlin v. 18.6.2002, 5 K 5386/00, www.stotax-first.de), hilfsweise die Staatsangehörigkeit, oder es erfolgt

eine Einigung der Staaten. Das Besteuerungsrecht an ausländischen Einkünften hängt davon ab, ob Deutschland Quellenstaat oder Ansässigkeitsstaat ist. Gilt die Bundesrepublik bei Doppelansässigkeit nicht als Ansässigkeitsstaat, so hat sie regelmäßig – wie bei beschränkt Stpfl. (→ Steuerpflicht Rz. 2765) – kein Besteuerungsrecht für die Einkünfte, die dem Ansässigkeitsstaat zugewiesen werden. Zur Frage, ob diese Einkünfte dem Progressionsvorbehalt nach § 32b EStG unterliegen, s. → Progressionsvorbehalt Rz. 2331.

Die Ansässigkeit i.S. der Doppelbesteuerungsabkommen ist grundsätzlich unabhängig von der Staatsangehörigkeit. **Ausnahme:** Staatsangehörige der USA, die in Deutschland ansässig sind, sind sowohl in Deutschland als auch in den USA unbeschränkt steuerpflichtig (Protokoll Abschn. 1 zu Art. 1 und Art. 23 Abs. 3 DBA-USA).

7. Deutschland ist Ansässigkeitsstaat

861 Ist Deutschland Ansässigkeitsstaat und hat der Quellenstaat nach den Artikeln über die Zuweisung der Besteuerungsrechte **kein** Besteuerungsrecht für Quellen aus seinem Land, so sind die (nach deutschem Steuerrecht ermittelten) ausländischen Einkünfte i.S.d. Einkommensteuergesetzes bei der deutschen Besteuerung zu erfassen. Anrechnung/Abzug ausländischer Steuern scheidet dann aus.

Darf auch der Quellenstaat die Einkünfte besteuern, so ist im Methodenartikel des Doppelbesteuerungsabkommens nachzulesen, ob die Doppelbesteuerung in Deutschland durch die **Anrechnungsmethode** (→ Anrechnung/Abzug ausländischer Steuern Rz. 154) oder die **Freistellungsmethode** (→ Doppelbesteuerung Rz. 854) vermieden wird.

8. Deutschland ist Quellenstaat

862 Hat Deutschland kein Besteuerungsrecht, bleiben die Einkünfte grundsätzlich unberücksichtigt, wenn der Stpfl. in Deutschland keinen Wohnsitz/gewöhnlichen Aufenthalt hat (Ausnahme: Progressionsvorbehalt bei unbeschränkter Steuerpflicht auf Antrag und Wechsel der Steuerpflicht; → Progressionsvorbehalt Rz. 2331).

Hat Deutschland das Besteuerungsrecht, vermeidet der Ansässigkeitsstaat die Doppelbesteuerung entweder durch Anrechnungs- oder Freistellungsmethode.

9. Freistellungsverfahren

863 Zur Auswirkung eines fehlenden Besteuerungsrechts für Einkünfte aus nichtselbständiger Arbeit s. → Doppelbesteuerungsabkommen bei Einkünften aus nichtselbständiger Arbeit Rz. 866.

Bestehen Geschäftsbeziehungen auch zu **selbständig** tätigen beschränkt Stpfl. (insbesondere zu Künstlern oder Sportlern), kann der Arbeitgeber auch zum Steuerabzug nach § 50a EStG verpflichtet sein (→ Steuerpflicht Rz. 2765). Zur Möglichkeit der Aussetzung der Vollziehung der Steueranmeldung und Erstattung vgl. BFH v. 13.8.1997, I B 30/97, BStBl II 1997, 700. Sofern Einkünfte, die dem (Quellen-)Steuerabzug nach § 50a EStG oder vom Kapitalertrag unterliegen, nach einem Doppelbesteuerungsabkommen nicht oder niedriger besteuert werden dürfen als nach deutschem Recht, ist der Steuerabzug gem. § 50d EStG grundsätzlich ohne Rücksicht auf das Abkommen vorzunehmen (vgl. hierzu auch BFH v. 21.5.1997, I R 79/96, BStBl II 1998, 113). Der Schuldner der Vergütungen darf also nicht von sich aus vom Steuerabzug absehen. Der Gläubiger der Vergütungen (Steuerschuldner) hat einen Anspruch auf Erstattung der überhöht einbehaltenen und abgeführten Steuer **(Erstattungsverfahren)**. Der Anspruch ist **nach amtlichem Vordruck** beim BZSt, An der Küppe 1, 53225 Bonn, geltend zu machen. Darin hat der Steuerschuldner durch eine Bestätigung der für ihn zuständigen ausländischen Steuerbehörde nachzuweisen, dass er dort ansässig ist (**Ansässigkeitsbescheinigung**, § 50d Abs. 4 EStG). Der Erstattungsantrag muss grundsätzlich innerhalb von vier Jahren nach Zufluss der Vergütungen/Erträge gestellt werden. Der Vergütungsschuldner darf vom Steuerabzug ganz oder teilweise absehen, wenn das BZSt auf Antrag bescheinigt hat, dass die Voraussetzungen hierfür vorliegen (Freistellungsbescheinigung nach § 50d Abs. 2 EStG). Die Freistellungsbescheinigung kann nicht rückwirkend beantragt werden. Das Freistellungsverfahren ist auch anzuwenden, wenn das BZSt den Schuldner auf Antrag hierzu allgemein ermächtigt hat (Kontrollmeldeverfahren, § 50d Abs. 5 EStG, s. hierzu BMF v. 18.12.2002, IV B 4 – S 2293 – 54/02, BStBl I 2002, 1386). Im Kontrollmeldeverfahren gilt die Zustimmung des Gläubigers und des Schuldners zur Weiterleitung des Antrags an den Wohnsitzstaat des Gläubigers als erteilt. Die **Freistellungsbescheinigung** oder die Ermächtigung zum Kontrollmeldeverfahren sind als **Beleg** aufzubewahren. Das BZSt gibt Merkblätter zur Entlastung von deutscher Abzugsteuer nach § 50a EStG (vgl. BMF v. 7.5.2002, IV B 4 – S 2293 – 26/02, BStBl I 2002, 521) und Kapitalertragsteuer (vgl. BMF v. 1.3.1994, IV C 5 – S 1300 – 49/94, BStBl I 1994, 203) heraus. Informationen hierzu sind auch im Internet unter www.bzst.de abrufbar.

10. Verständigungsvereinbarungen

864 Die Vertragsstaaten können sich nach den Doppelbesteuerungsabkommen in **Zweifelsfällen** verständigen. Nachdem der BFH wiederholt entschieden hat, dass Verständigungsvereinbarungen die Gerichte nicht binden (BFH v. 2.9.2009, I R 111/08, BStBl II 2010, 387 betr. Verständigungsvereinbarung mit der Schweiz und BFH v. 2.9.2009, I R 90/08, BStBl II 2010, 394 betr. Verständigungsvereinbarung mit Belgien), ist in § 2 Abs. 2 AO eine Ermächtigung eingeführt worden, dass das BMF mit Zustimmung des Bundesrats zur Sicherung der Gleichmäßigkeit der Besteuerung und zur Vermeidung einer Doppelbesteuerung oder doppelten Nichtbesteuerung Rechtsverordnungen zur Umsetzung von Konsultationsvereinbarungen erlassen kann. Folgende Konsultationsvereinbarungsverordnungen sind erlassen worden:

- Deutsch-Amerikanische Konsultationsvereinbarungsverordnung v. 20.12.2010, BStBl I 2011, 102,
- Deutsch-Belgische Konsultationsvereinbarungsverordnung v. 20.12.2010, BStBl I 2011, 103,
- Deutsch-Französische Konsultationsvereinbarungsverordnung v. 20.12.2010, BStBl I 2011, 104,
- Deutsch-Niederländische Konsultationsvereinbarungsverordnung v. 20.12.2010, BStBl I 2011, 142,
- Deutsch-Österreichische Konsultationsvereinbarungsverordnung v. 20.12.2010, BStBl I 2011, 144,
- Deutsch-Schweizerische Konsultationsvereinbarungsverordnung v. 20.12.2010, BStBl I 2011, 146,
- Deutsch-Luxemburgische Konsultationsvereinbarungsverordnung v. 9.7.2012, BStBl I 2012, 693,
- Deutsch-Britische Konsultationsvereinbarungsverordnung v. 9.7.2012, BStBl I 2012, 862.

Der BFH hat aber entschieden, dass § 2 Abs. 2 AO als Ermächtigungsnorm **nicht den Bestimmtheitsanforderungen genügt**, die nach Art. 80 Abs. 1 GG an eine Verordnungsermächtigung zu stellen sind, und deshalb die **Gerichte nicht bindet** (BFH v. 10.6.2015, I R 79/13, HFR 2015, 1008).

Der Stpfl. kann bei abkommenswidriger Besteuerung Einspruch einlegen oder die Einleitung eines Verständigungsverfahrens beantragen (s. im Einzelnen Merkblatt des BMF v. 1.7.1997, IV C 5 – S 1300 – 189/96, BStBl I 1997, 717).

11. Sonderregelungen

865 Einige Doppelbesteuerungsabkommen enthalten Sonderregelungen für Arbeitnehmer und Rentner. Zu diesen Sonderregelungen gehören

- **Grenzgängerregelung** mit **Frankreich** und der **Schweiz**. Einzelheiten → *Grenzgänger* Rz. 1462.
- **Grenzpendlerregelung** mit **Luxemburg**. Einzelheiten → *Grenzpendler* Rz. 1480.
- **Sonderregelung** mit **Belgien** (Minderung der deutschen Einkommensteuer um 8 %). Einzelheiten → *Grenzgänger* Rz. 1463.
- **Sonderregelung** zur steuerlichen Behandlung von **Alterseinkünften** im **deutsch-türkischen Verhältnis**. Einzelheiten → *Rentner* Rz. 2538.
- **Sonderregelung** mit **Frankreich** für **Rentner**. Ab 2016 werden **Rentenzahlungen** aus der deutschen gesetzlichen Sozialversicherung an in Frankreich ansässige Bezieher zukünftig ausschließlich in Frankreich besteuert. Entsprechendes gilt für den umgekehrten Fall (**Gesetz zu dem Zusatzabkommen v.**

31.3.2015 zum DBA Frankreich v. 20.11.2015, BGBl. II 2015, 1332).

Doppelbesteuerungsabkommen bei Einkünften aus nichtselbständiger Arbeit

Inhaltsübersicht: Rz.
1. Vorbemerkung 866
2. Zuweisung der Besteuerungsrechte 867
   a) Tätigkeitsortprinzip 867
   b) Definition der Einkünfte aus nichtselbständiger Arbeit 868
3. „183 Tage-Regel" 875
   a) Grundsatz 875
   b) Besonderheiten 876
   c) Ermittlung der 183 Tage 877
   d) Zahlung durch einen im Tätigkeitsstaat ansässigen Arbeitgeber 883
   e) Zahlung des Arbeitslohns zu Lasten einer Betriebsstätte des Arbeitgebers im Tätigkeitsstaat 888
4. Höhe des freizustellenden bzw. zu besteuernden Arbeitslohns 889
   a) Grundsatz 889
   b) Direkte Zuordnung 890
   c) Aufteilung des verbleibenden Arbeitslohns 891
   d) Besonderheiten bei der Aufteilung bestimmter Lohnbestandteile 895
5. Besonderheiten 896
   a) Berufskraftfahrer 896
   b) Personal auf Schiffen und Flugzeugen 897
6. Anwendung von Doppelbesteuerungsabkommen im Lohnsteuerabzugsverfahren/ Veranlagungsverfahren 898
7. Auskunftsaustausch mit anderen Staaten über Arbeitslöhne 899
8. Sozialversicherungspflicht 900

1. Vorbemerkung

866 Die Verwaltungsregelung zur steuerlichen Behandlung des Arbeitslohns nach den Doppelbesteuerungsabkommen ist grundlegend überarbeitet und an die aktuellen Entwicklungen in der OECD, der Rechtsprechung und die zwischenzeitlich eingetretenen Rechtsänderungen angepasst worden (BMF v. 12.11.2014, IV B 2 – S 1300/08/10027, BStBl I 2014, 1467).

2. Zuweisung der Besteuerungsrechte

a) Tätigkeitsortprinzip

867 Nach den Doppelbesteuerungsabkommen hat **i.d.R.** der Staat, in dem die nichtselbständige Arbeit **ausgeübt** wird (**Tätigkeitsstaat**), ggf. neben dem Ansässigkeitsstaat das **Besteuerungsrecht für Vergütungen aus nichtselbständiger Arbeit** (vgl. Art. 15 OECD-MA). Deutschland als **Ansässigkeitsstaat** stellt die Einkünfte regelmäßig **frei**, behält sich aber vor, die Einkünfte bei der **Bemessung des Steuersatzes** zu berücksichtigen (vgl. Art. 23 A OECD-MA, → *Progressionsvorbehalt* Rz. 2331). Ausnahmen sind z.B.: Vereinbarung von Rückfallklauseln (→ *Doppelbesteuerungsabkommen: Allgemeines* Rz. 855) und gewerbsmäßige Arbeitnehmerüberlassung. Im Fall der Freistellung erfolgt keine Anrechnung der ausländischen Steuer auf den ausländischen Arbeitslohn. Für die Frage, ob Einkünfte aus nichtselbständiger Arbeit in Deutschland der Besteuerung unterliegen, ist stets zu prüfen, ob Deutschland Tätigkeitsstaat oder/und Ansässigkeitsstaat ist (→ *Doppelbesteuerungsabkommen: Allgemeines* Rz. 855). In Deutschland erfolgt die **Freistellung** im Veranlagungsverfahren **unter den Voraussetzungen des § 50d Abs. 8 EStG** (→ Rz. 898). Der Ort der Verwertung der Tätigkeit hat grundsätzlich keine Bedeutung für die Zuweisung der Besteuerungsrechte nach den Doppelbesteuerungsabkommen. Beim seltenen Verwertungstatbestand (→ *Steuerpflicht* Rz. 2778) hat das Besteuerungsrecht einer im Ausland verwerteten, aber im Ansässigkeitsstaat ausgeübten Tätigkeit regelmäßig der Ansässigkeitsstaat.

> **Beispiel:**
> A mit Wohnsitz ausschließlich in den Niederlanden wird für seinen deutschen Arbeitgeber B in den Niederlanden tätig, um B Marktanalysen in Deutschland nutzbar zu machen.

Doppelbesteuerungsabkommen bei Einkünften aus nichtselbständiger Arbeit

keine Sozialversicherungspflicht = (SV̶)
Sozialversicherungspflicht = (SV)

> A unterliegt zwar mit den entsprechenden Einkünften der beschränkten Steuerpflicht, weil die Tätigkeit in Deutschland verwertet wird (§ 49 Abs. 1 Nr. 4 EStG, → *Steuerpflicht* Rz. 2774), das Besteuerungsrecht haben aber nach Art. 10 DBA-Niederlande ausschließlich die Niederlande, weil sie Tätigkeits- und Ansässigkeitsstaat sind. Deutschland hat kein Besteuerungsrecht.

Der **Ort der Arbeitsausübung** befindet sich grundsätzlich dort, wo sich der Arbeitnehmer zur Ausführung seiner Tätigkeit persönlich aufhält (körperliche Anwesenheit). Das gilt grundsätzlich auch für Organe von Kapitalgesellschaften wie **GmbH-Geschäftsführer** oder **Vorstände** von Aktiengesellschaften, s. *Gesellschafter/Gesellschafter-Geschäftsführer* Rz. 1401 (BFH v. 5.10.1994, I R 67/93, BStBl II 1995, 95). Die Sondervorschrift über Aufsichtsrats- und Verwaltungsratsvergütungen (Art. 16 OECD-MA) ist auf den Arbeitslohn von Organen einer Kapitalgesellschaft nicht anwendbar. Da Doppelbesteuerungsabkommen Besteuerungsrechte nicht schaffen, sondern nur einschränken können, sind die Regelungen über beschränkt steuerpflichtige Einkünfte entsprechend erweitert worden (→ *Steuerpflicht* Rz. 2774). Besteht die Arbeitsleistung in einem Sich-zur-Verfügung-Halten (Bereitschaftsdienst), ohne dass es zur Ausübung einer Tätigkeit kommt, ist Ort der Arbeitsausübung dort, wo sich der Arbeitnehmer aufhält (BFH v. 9.9.1970, I R 19/69, BStBl II 1970, 867). Der Ort der Arbeitsausübung von **Berufskraftfahrern** ist dort, wo sie sich mit ihrem Fahrzeug befinden. Für die Frage der (Lohn-)Steuerpflicht für Lohnbestandteile, die Vergütung für einen in der Vergangenheit oder der Zukunft liegenden Zeitraum sind, ist zu prüfen, welcher Staat bei Erbringung der Tätigkeit das Besteuerungsrecht hatte. Steht das Besteuerungsrecht mehreren Staaten zu, ist der Arbeitslohn aufzuteilen (→ Rz. 891).

Ausnahmen vom Tätigkeitsprinzip bzw. Besonderheiten gelten:

- Bei kurzfristigen Tätigkeiten ohne Arbeitgeber(-betriebsstätte) im Tätigkeitsstaat (sog. **183 Tage-Regel**, → Rz. 875),

- nach den **Grenzgängerregelungen** nach den Doppelbesteuerungsabkommen mit Frankreich, Österreich und der Schweiz, s. → *Grenzgänger* Rz. 1462,

- für **Künstler, Sportler** (Art. 17 OECD-MA, Merkblatt BZSt v. 9.10.2002, St II 4 – S 1300 – 18/02, BStBl I 2002, 904, → *Steuerpflicht* Rz. 2774); der Ansässigkeitsstaat hat häufig neben dem Tätigkeitsstaat ein Besteuerungsrecht und rechnet die ausländische Steuer an,

- für **Flug- und Schiffspersonal** (Art. 15 Nr. 3 OECD-MA; s.a. BFH v. 11.2.1997, I R 36/96, BStBl II 1997, 432; BFH v. 22.10.2003, I R 53/02, HFR 2004, 305); die Sonderregelungen für den Schiff- und Luftverkehr (Besteuerungsrecht hat grundsätzlich der Staat, in dem sich die tatsächliche Geschäftsleitung des Unternehmens befindet; Ausnahme: DBA-Liberia bzw. DBA-Trinidad und Tobago) finden auf den **Straßenfernverkehr** keine Anwendung; diese Ungleichbehandlung ist weder verfassungs- noch europarechtswidrig (BFH v. 22.1.2002, I B 79/01, www.stotax-first.de; BFH v. 16.5.2002, I B 80/01, www.stotax-first.de),

- für **Hochschullehrer, Lehrer, Studenten, Schüler, Lehrlinge und sonstige Auszubildende** (Art. 20 OECD-MA, → *Ausländische Lehrkräfte* Rz. 438, → *Ausländische Studenten* Rz. 446),

- nach einigen Abkommen für **Geschäftsführer** (z.B. Art. 16 DBA Japan, Schweden, Österreich, Dänemark, Belgien, Art. 15 Abs. 4 DBA Schweiz i.V.m. der Verständigungsvereinbarung); zum Besteuerungsrecht von Einkünften leitender Angestellter einer in der Schweiz ansässigen Kapitalgesellschaft s.a. BMF v. 7.7.1997, IV C 6 – S 1301 Schz – 37/97, BStBl I 1997, 723; die Tätigkeit eines in Deutschland ansässigen leitenden Angestellten für eine schweizerische Kapitalgesellschaft, die unter Art. 15 Abs. 4 DBA-Schweiz fällt, wird auch dann i.S.d. Art. 24 Abs. 1 Nr. 1 Buchst. d DBA-Schweiz „in der Schweiz ausgeübt", wenn sie tatsächlich überwiegend außerhalb der Schweiz verrichtet wird (BFH v. 25.10.2006, I R 81/04, HFR 2007, 558); ist er jedoch zugleich Grenzgänger i.S.d. Art. 15a DBA-Schweiz, so unterliegt sein gesamter Arbeitslohn der deutschen Besteuerung (BFH v. 25.10.2006, I R 18/04, www.stotax-first.de),

- nach einigen **Abkommen** (z.B. mit Frankreich, Dänemark, Rumänien) für **Leiharbeitnehmer**; beide Vertragsstaaten haben regelmäßig das Besteuerungsrecht, die Doppelbesteuerung wird durch Steueranrechnung/-Abzug der ausländischen Steuer im Ansässigkeitsstaat vermieden (zur Vermeidung einer durch die Erhebung einer Abzugsteuer in beiden Vertragsstaaten eintretenden zeitweiligen Doppelbelastung lässt die Verwaltung aus Billigkeitsgründen hinsichtlich der ausländischen Steuer die Beantragung eines Freibetrags zu, vgl. im Einzelnen BayLfSt v. 28.5.2013, S 2360.1.1 – 3/4 St32, StEd 2013, 364); das Besteuerungsrecht des Tätigkeitsstaats für Leiharbeitnehmer betrifft auch leitende Arbeitnehmer (FG Baden-Württemberg v. 16.8.1996, 3 K 42/92, EFG 1997, 82); s.a. → *Anrechnung/Abzug ausländischer Steuern* Rz. 154,

- für **Ruhegehälter** (Art. 18 OECD-MA),

- für **Arbeitslohn aus öffentlichen Kassen** (Art. 19 OECD-MA), insoweit gilt das Kassenstaatsprinzip, es sei denn, der Arbeitnehmer besitzt die Staatsangehörigkeit des Tätigkeitsstaats oder ist nicht ausschließlich deshalb in diesem Staat ansässig geworden, um die Dienste zu leisten – sog. Ortskräfte (Art. 19 OECD-MA); eine verbindliche Auslegungsregel der Kassenstaatsklauseln enthält § 50d Abs. 7 EStG; danach soll die Kassenstaatsklausel auch dann greifen, wenn der Arbeitslohn ganz oder im Wesentlichen aus öffentlichen Mitteln aufgebracht wird; regelt der Artikel über Bezüge aus öffentlichen Kassen nicht, welcher Vertragsstaat im Falle der Staatsangehörigkeit des Tätigkeitsstaats das Besteuerungsrecht hat, ist auf den Grundartikel über nichtselbständige Arbeit (Art. 15 OECD-MA) zurückzugreifen; ein deutscher Arbeitnehmer, der in Frankreich für einen deutschen öffentlich-rechtlichen Rundfunksender als Redaktionsassistent tätig ist, ist „in der Verwaltung" i.S.d. Art. 14 Abs. 1 Satz 1 DBA-Frankreich tätig (BFH v. 7.4.2004, I B 196/03, www.stotax-first.de); das Kassenstaatsprinzip ist nicht anzuwenden auf Beamte, die an juristische Personen des Zivilrechts ausgeliehen worden sind (BFH v. 17.12.1997, I R 60-61/97, BStBl II 1999, 13, sowie FinMin Hessen v. 31.8.1999, S 2102 A – 28 – II B 2a, www.stotax-first.de); nach Auffassung des EuGH (Urteil v. 12.5.1998, C-336/96, HFR 1998, 691) verstoßen die unterschiedliche Besteuerung der Grenzgänger nach dem DBA-Frankreich (je nachdem, ob ein öffentliches oder privates Beschäftigungsverhältnis vorliegt, oder – für öffentlich Bedienstete – welche Staatsangehörigkeit sie haben oder – für Lehrer – welche Dauer die Tätigkeit hat) sowie das Anrechnungsverfahren nach Art. 20 Abs. 2 Buchst. a Doppelbuchst. cc des Abkommens nicht gegen EU-Recht,

- Personen mit diplomatischem oder konsularischem Status (Art. 28 OECD-MA), s.a. → *Diplomaten und Konsularbeamte* Rz. 849.

b) Definition der Einkünfte aus nichtselbständiger Arbeit

aa) Allgemeines

Ergibt sich aus den einzelnen Doppelbesteuerungsabkommen nicht, **was unter Einkünften aus nichtselbständiger Arbeit zu verstehen ist**, ist dies nach deutschem Steuerrecht zu entscheiden (BFH v. 10.7.1996, I R 83/95, BStBl II 1997, 341). Das Besteuerungsrecht für nachträgliche Vergütungen hat der Staat, der auch das Besteuerungsrecht für den entsprechenden laufenden Arbeitslohn hatte (OFD Hannover v. 25.1.2005, S 1301 – 353 – StO 112a, www.stotax-first.de). **868**

bb) Abfindungen

Abfindungen sind regelmäßig Einkünfte aus Arbeit, denn das deutsche Steuerrecht sieht die Abfindung als Ausfluss der beendeten Tätigkeit an. Das Besteuerungsrecht für Abfindungen, die kein zusätzliches Entgelt für die frühere Tätigkeit im Ausland sind und die nicht für eine konkrete Leistung gezahlt werden, hat nicht der Tätigkeits-, sondern der Ansässigkeitsstaat (BFH v. 10.7.1996, I R 83/95, BStBl II 1997, 341). Maßgeblich ist der Zeitpunkt der Auszahlung. Abfindungen zur Ablösung eines Pensionsanspruchs sind laufender Arbeitslohn, für den der Tätigkeitsstaat das Besteuerungsrecht hat (vgl. auch FG Hessen v. 12.5.1998, 13 K 4864/96, EFG 1998, 1273). Hat die Abfindung **Versorgungscharakter**, weil laufende Pensionszahlungen kapitalisiert abgefunden werden, ist regelmäßig nach den Artikeln über Ruhegehäl- **869**

ter (vgl. Art. 18 OECD-MA) zu entscheiden, welchem Staat das Besteuerungsrecht zusteht. Das ist regelmäßig der Wohnsitzstaat.

Auf Grund von **Verständigungsvereinbarungen** kann dem (ehemaligen) **Tätigkeitsstaat das Besteuerungsrecht für Abfindungen** zustehen. Solche Verständigungsvereinbarungen sind mit

- **Belgien** (Belgische Konsultationsvereinbarungsverordnung v. 20.12.2010, BStBl I 2011, 103),
- **Großbritannien** (Deutsch-Britische Konsultationsvereinbarungsverordnung v. 9.7.2012, BStBl I 2012, 862),
- **Luxemburg** (Deutsch-Luxemburgische Konsultationsvereinbarungsverordnung v. 9.7.2012, BStBl I 2012, 693),
- den **Niederlanden** (Deutsch-Niederländische Konsultationsvereinbarungsverordnung v. 20.12.2010, BStBl I 2011, 142),
- **Österreich** (Deutsch-Österreichische Konsultationsvereinbarungsverordnung v. 20.12.2010, BStBl I 2011, 144) und
- der **Schweiz** (Deutsch-Schweizerische Konsultationsvereinbarungsverordnung v. 20.12.2010, BStBl I 2011, 146)

geschlossen worden. Zu Einzelheiten vgl. BMF v. 12.11.2014, IV B 2 – S 1300/08/10027, BStBl I 2014, 1467, Rdnr. 178 ff.

Der BFH hat entschieden, dass § 2 Abs. 2 AO als Ermächtigungsnorm **nicht den Bestimmtheitsanforderungen genügt**, die nach Art. 80 Abs. 1 GG an eine Verordnungsermächtigung zu stellen sind, und deshalb die **Gerichte nicht bindet**. Daher darf eine Abfindungszahlung, die eine zuvor in Deutschland wohnende Person nach ihrem Wegzug in die Schweiz von ihrem bisherigen Arbeitgeber aus Anlass der Auflösung des Dienstverhältnisses erhält, trotz des § 24 Abs. 2 der Deutsch-Schweizerischen Konsultationsvereinbarungsverordnung v. 20.12.2010, BStBl I 2011, 146 nicht in Deutschland besteuert werden (BFH v. 10.6.2015, I R 79/13, HFR 2015, 1008).

cc) Konkurrenz- oder Wettbewerbsverbot

870 **Konkurrenz- oder Wettbewerbsverbote** sind zeitraumbezogen und in die Zukunft gerichtet. Entsprechende Vergütungen fallen unter Art. 15 OECD-MA und sind danach in dem Staat zu besteuern, in dem sich der Arbeitnehmer während der Dauer des Verbots aufhält. Ggf. ist die Vergütung aufzuteilen (BMF v. 12.11.2014, IV B 2 – S 1300/08/10027, BStBl I 2014, 1467, Rdnr. 268).

dd) Tantiemen

871 **Tantiemen** und andere jahresbezogene Erfolgsvergütungen sind unabhängig vom Zuflusszeitpunkt nachträglich gewährte Erfolgsvergütungen und deshalb nach den Verhältnissen des Zeitraums zuzuordnen, für den sie gewährt werden (BMF v. 12.11.2014, IV B 2 – S 1300/08/10027, BStBl I 2014, 1467, Rdnr. 175).

ee) Aktienoptionen

872 Nicht vollständig geklärt sind die Fragen im Zusammenhang mit der Besteuerung von **Aktienoptionen**. Bezüglich des Zeitpunkts der Besteuerung und der Aufteilung des Besteuerungsrechtes existieren aus internationaler Sicht unterschiedliche Rechtsauffassungen. Eingetretene Doppelbesteuerungen können i.d.R. nur im Rahmen eines zwischenstaatlichen **Verständigungsverfahrens** beseitigt werden.

Zum Zuflusszeitpunkt und zur Höhe des geldwerten Vorteils nach nationalem Recht → *Aktienoption* Rz. 36.

Zur Aufteilung des Besteuerungsrechts nach Abkommensrecht bei Aktienoptionen und weiteren Aktienvergütungsmodellen vgl. BMF v. 12.11.2014, IV B 2 – S 1300/08/10027, BStBl I 2014, 1467, Rdnr. 200 ff.

ff) Altersteilzeit im Blockmodell

873 Bei **Altersteilzeit** nach dem Blockmodell stellen Arbeitslohn und Aufstockungsbetrag Vergütungen i.S.d. Art. 15 OECD-MA dar. Während der Freistellungsphase handelt es sich einheitlich um nachträglich gezahlten Arbeitslohn, der entsprechend dem Arbeitslohn während der Arbeitsphase aufzuteilen ist (BMF v. 12.11.2014, IV B 2 – S 1300/08/10027, BStBl I 2014, 1467, Rdnr. 272).

gg) Arbeitszeitkonto

874 Auf Zahlungen aus **Zeitwertkonten** (→ *Arbeitszeitmodelle* Rz. 279) an den Arbeitnehmer ist Art. 15 OECD-MA anzuwenden. Das Besteuerungsrecht des Ansässigkeitsstaats wird danach nur insoweit durchbrochen, als der Arbeitnehmer im anderen Vertragsstaat tätig wird und hierfür Vergütungen bezieht. Ausgehend von dem engen Veranlassungszusammenhang zwischen Auslandstätigkeit und Vergütungsbezug, hat der Tätigkeitsstaat das Besteuerungsrecht für Auszahlungen aus dem Zeitwertkonto nur insofern, als ihnen eine dort erbrachte Arbeitsleistung zu Grunde liegt (Erdienungsprinzip).

Zu Einzelheiten vgl. BMF v. 12.11.2014, IV B 2 – S 1300/08/10027, BStBl I 2014, 1467, Rdnr. 223 ff.

3. „183 Tage-Regel"

a) Grundsatz

875 Für eine im Ausland ausgeübte Tätigkeit steht abweichend vom Tätigkeitsstaatsprinzip grundsätzlich dem **Ansässigkeitsstaat** das **Besteuerungsrecht** zu, wenn

- der Arbeitnehmer sich insgesamt **nicht länger als 183 Tage** innerhalb eines im jeweiligen Doppelbesteuerungsabkommen näher beschriebenen Zeitraums im Tätigkeitsstaat aufgehalten oder die Tätigkeit dort ausgeübt hat **und**
- der **Arbeitgeber**, der die Vergütungen wirtschaftlich trägt oder hätte tragen müssen, **nicht im Tätigkeitsstaat ansässig** ist **und**
- der **Arbeitslohn nicht** von einer **Betriebsstätte oder festen Einrichtung, die der Arbeitgeber im Tätigkeitsstaat** hat, getragen wurde oder zu tragen gewesen wäre.

Nach einiger Doppelbesteuerungsabkommen ist weitere Voraussetzung, dass der Arbeitgeber im selben Staat wie der Arbeitnehmer ansässig ist, z.B. Art. 15 Abs. 2 Buchst. b DBA-Norwegen.

Nur wenn alle drei Voraussetzungen vorliegen, steht dem Ansässigkeitsstaat des Arbeitnehmers das Besteuerungsrecht für Vergütungen, die für eine unselbständige Tätigkeit im Ausland gezahlt werden, zu. Ansonsten sind die Einkünfte vorbehaltlich § 50d Abs. 8 EStG grundsätzlich unter Anwendung des Progressionsvorbehalts freizustellen (→ *Progressionsvorbehalt* Rz. 2331). Zu den nachfolgenden Ausführungen zur 183 Tage-Regel s. im Einzelnen BMF v. 12.11.2014, IV B 2 – S 1300/08/10027, BStBl I 2014, 1467, Rdnr. 52 ff.

b) Besonderheiten

876 Sonderregelungen für **Künstler, Sportler, Flug- und Schiffspersonal, Hochschullehrer, Lehrer, Studenten, Schüler, Lehrlinge und sonstige Auszubildende, Grenzgänger** und **Leiharbeitnehmer** sind zu beachten (im Einzelnen → Rz. 867).

c) Ermittlung der 183 Tage

aa) Aufenthalts-/Ausübungstage

877 Die in den Doppelbesteuerungsabkommen genannte 183 Tage-Frist bezieht sich häufig auf den **Aufenthalt** im Tätigkeitsstaat. Nach einigen Doppelbesteuerungsabkommen ist jedoch die Dauer der **Ausübung** der nichtselbständigen Arbeit im Tätigkeitsstaat maßgebend.

Die genannte 183 Tage-Frist kann sich entweder auf das **Steuerjahr** oder auf das **Kalenderjahr** oder auch auf einen **Zeitraum von zwölf Monaten** beziehen.

bb) Aufenthalt im Tätigkeitsstaat

878 Wird in einem Doppelbesteuerungsabkommen zur Ermittlung der Aufenthalts-/Ausübungstage auf den **Aufenthalt** im Tätigkeitsstaat abgestellt, so ist hierbei nicht die Dauer der beruflichen Tätigkeit maßgebend, sondern **allein die körperliche Anwesenheit** im Tätigkeitsstaat. Es kommt darauf an, ob der Arbeitnehmer an mehr als 183 Tagen im Tätigkeitsstaat anwesend war. Dabei ist auch eine nur kurzfristige Anwesenheit an einem Tag als voller Aufenthaltstag im Tätigkeitsstaat zu berücksichtigen. Es muss sich nicht um einen zusammenhängenden Aufenthalt im Tätigkeitsstaat handeln; mehrere Aufenthalte im selben Tätigkeitsstaat sind zusammenzurechnen.

Als volle Tage des Aufenthalts im Tätigkeitsstaat werden u.a. mitgezählt:

- Der **Ankunfts- und Abreisetag**,
- alle Tage der Anwesenheit im Tätigkeitsstaat **unmittelbar vor, während und unmittelbar nach der Tätigkeit**, z.B. Samstage, Sonntage, öffentliche Feiertage,

- Tage der Anwesenheit im Tätigkeitsstaat während **Arbeitsunterbrechungen**, z.B. bei Streik, Aussperrung, Ausbleiben von Lieferungen oder bei Krankheit, es sei denn, die Krankheit steht der Abreise des Arbeitnehmers entgegen und er hätte ohne sie die Voraussetzungen für die Steuerbefreiung im Tätigkeitsstaat erfüllt,

- **Urlaubstage**, die unmittelbar oder in einem engen zeitlichen Zusammenhang vor, während und nach der Tätigkeit **im Tätigkeitsstaat** verbracht werden; dabei sind im Tätigkeitsstaat verbrachte Urlaubstage auch dann „mitzuzählen", wenn der Arbeitnehmer nach Beendigung der befristeten Arbeit im Ausland den Tätigkeitsstaat (für vier Tage) verlässt, um seine Familie abzuholen, und anschließend im Tätigkeitsstaat seinen Urlaub verbringt (BFH v. 23.2.2005, I R 13/04, HFR 2005, 1062).

Tage, die **ausschließlich außerhalb des Tätigkeitsstaats** verbracht werden, unabhängig davon, ob aus beruflichen oder privaten Gründen, werden nicht mitgezählt. Auch zählen **Tage des Transits** in einem Durchreisestaat nicht als Aufenthaltstage für diesen Staat. Kehrt der Arbeitnehmer täglich zu seinem Wohnsitz im Ansässigkeitsstaat zurück, so ist er täglich im Tätigkeitsstaat anwesend (BFH v. 10.7.1996, I R 4/96, BStBl II 1997, 15). Zur Ermittlung der Aufenthaltstage nach dem DBA-Frankreich vgl. Deutsch-Französische Konsultationsvereinbarungsverordnung v. 20.12.2010, BStBl I 2011, 104.

Beispiel 1:
A ist für seinen deutschen Arbeitgeber mehrere Monate lang jeweils von Montag bis Freitag in den Niederlanden tätig. Seine Wochenenden verbringt er bei seiner Familie in Deutschland. Dazu fährt er an jedem Freitag nach Arbeitsende nach Deutschland. Er verlässt Deutschland jeweils am Montagmorgen, um in den Niederlanden seiner Berufstätigkeit nachzugehen.
Die Tage von Montag bis Freitag sind jeweils als volle Anwesenheitstage in den Niederlanden zu berücksichtigen, weil sich A dort zumindest zeitweise aufgehalten hat. Dagegen können die Samstage und Sonntage mangels Aufenthalt in den Niederlanden nicht als Anwesenheitstage i.S. der 183 Tage-Klausel berücksichtigt werden.

Beispiel 2:
Wie Beispiel 1. Jedoch fährt A an jedem Samstagmorgen von den Niederlanden nach Deutschland und an jedem Sonntagabend zurück in die Niederlande.
In diesem Fall sind auch die Samstage und Sonntage als volle Anwesenheitstage in den Niederlanden i.S.d. 183 Tage-Klausel zu berücksichtigen, weil sich A an diesen Tagen zumindest zeitweise dort aufgehalten hat.

Beispiel 3:
B ist für seinen deutschen Arbeitgeber vom 1.1. bis 15.6.2016 in Schweden tätig. Im Anschluss hieran hielt er sich zu Urlaubszwecken bis einschließlich 24.6.2016 in Deutschland auf. Vom 25.6. bis 24.7.2016 verbringt er seinen weiteren Urlaub in Schweden.
Das Besteuerungsrecht für den Arbeitslohn hat Schweden, weil sich B länger als 183 Tage im Kalenderjahr in Schweden aufgehalten hat (Art. 15 DBA-Schweden), denn die Urlaubstage, die B im Anschluss an seine Tätigkeit in Schweden verbringt, stehen in einem engen zeitlichen Zusammenhang mit dieser Tätigkeit und werden daher für die Aufenthaltsdauer berücksichtigt.

Beispiel 4:
C fährt für seinen deutschen Arbeitgeber an einem Montag mit dem Pkw von Hamburg nach Mailand, um dort eine Montagetätigkeit auszuüben. Er unterbricht seine Fahrt in Österreich, wo er übernachtet. Am folgenden Tag fährt C weiter nach Mailand. Am Freitag fährt C von Mailand über Österreich nach Hamburg zurück.
C durchquert Österreich lediglich für Zwecke des Transits. Zur Berechnung der Aufenthaltstage in Österreich werden daher die Tage, die C auf seiner Fahrt von und nach Mailand in Österreich verbringt, nicht gezählt; damit sind für Italien vier Tage zu zählen, für Österreich ist kein Tag zu berücksichtigen.

cc) Dauer der Ausübung

879 Wird in einem Doppelbesteuerungsabkommen zur Ermittlung der Aufenthalts-/Ausübungszeit auf die **Dauer der Ausübung** der unselbständigen Arbeit im Tätigkeitsstaat abgestellt, so ist hierbei jeder Tag zu berücksichtigen, an dem sich der Arbeitnehmer, sei es auch nur für kurze Zeit, in dem anderen Vertragsstaat zur Arbeitsausübung tatsächlich aufgehalten hat.

Tage der Anwesenheit im Tätigkeitsstaat, an denen eine Ausübung der beruflichen Tätigkeit ausnahmsweise nicht möglich ist, werden mitgezählt, z.B. bei Streik, Aussperrung, Ausbleiben von Lieferungen oder bei Krankheit, es sei denn, die Krankheit steht der Abreise des Arbeitnehmers entgegen und er hätte ohne sie die Voraussetzungen für die Steuerbefreiung im Tätigkeitsstaat erfüllt. Alle arbeitsfreien Tage der Anwesenheit im Tätigkeitsstaat vor, während und nach der Tätigkeit, z.B. Samstage, Sonntage, öffentliche Feiertage, Urlaubstage, sind nicht zu berücksichtigen.

Beispiel 1:
A ist für seinen deutschen Arbeitgeber mehrere Monate lang jeweils von Montag bis Freitag in Dänemark tätig. Seine Wochenenden verbringt er bei seiner Familie in Deutschland. Dazu fährt er an jedem Samstagmorgen von Dänemark nach Deutschland und an jedem Sonntagabend zurück nach Dänemark.
Die Tage von Montag bis Freitag sind jeweils als volle Tage in Dänemark zu berücksichtigen, weil A an diesen Tagen dort seine berufliche Tätigkeit ausgeübt hat. Dagegen können die Samstage und Sonntage mangels Ausübung der Tätigkeit in Dänemark nicht als Tage i.S. der 183 Tage-Klausel berücksichtigt werden.

Im **Verhältnis zu Belgien** gilt die Besonderheit, dass für die Berechnung der 183 Tage-Frist Tage der Arbeitsausübung und **übliche Arbeitsunterbrechungen** auch dann **mitgezählt** werden, wenn sie nicht im Tätigkeitsstaat verbracht werden, z.B. Tage wie Samstage, Sonntage, Krankheits- und Urlaubstage, soweit sie auf den Zeitraum der Auslandstätigkeit entfallen (Art. 15 Abs. 2 Nr. 1 DBA-Belgien). Dies gilt aber nicht für den Anreise- und Abreisetag, wenn an diesen Tagen nicht gearbeitet wird. Insofern handelt es sich nicht um Arbeitsunterbrechungen.

Beispiel 2:
B ist für seinen deutschen Arbeitgeber zwei Wochen in Belgien tätig. Hierzu reist B am Sonntag nach Brüssel und nimmt dort am Montag seine Tätigkeit auf. Am folgenden arbeitsfreien Wochenende fährt B am Samstag nach Deutschland und kehrt am Montagmorgen zurück nach Brüssel. Nach Beendigung seiner Tätigkeit am darauf folgenden Freitag kehrt B am Samstag nach Deutschland zurück.
Der Anreisetag sowie der Abreisetag werden nicht als Tage in Belgien berücksichtigt, weil B an diesen Tagen dort seine berufliche Tätigkeit nicht ausgeübt hat und eine Arbeitsunterbrechung nicht gegeben ist. Die Tage von Montag bis Freitag sind jeweils als Tage in Belgien zu berücksichtigen, weil B an diesen Tagen dort seine berufliche Tätigkeit ausgeübt hat. Das dazwischen liegende Wochenende wird unabhängig vom Aufenthaltsort für Belgien berücksichtigt, weil eine übliche Arbeitsunterbrechung vorliegt.

Eine dem DBA-Belgien ähnliche Regelung ist in den Abkommen mit der Elfenbeinküste, Marokko und Tunesien vereinbart. Diese Abkommen beziehen sich zwar auf die Dauer des Aufenthalts, jedoch werden auch hier gewöhnliche Arbeitsunterbrechungen bei der Berechnung der 183 Tage-Frist berücksichtigt.

dd) 12-Monats-Zeitraum

880 Wird in einem Doppelbesteuerungsabkommen entsprechend dem aktuellen OECD-Standard auf einen „Zeitraum von zwölf Monaten" abgestellt, so sind hierbei alle denkbaren 12-Monats-Zeiträume in Betracht zu ziehen, auch wenn sie sich z.T. überschneiden. Wenn sich der Arbeitnehmer in einem beliebigen 12-Monats-Zeitraum an mehr als 183 Tagen in dem anderen Vertragsstaat aufhält, steht diesem für die Einkünfte, die auf diese Tage entfallen, das Besteuerungsrecht zu. Mit jedem Aufenthaltstag des Arbeitnehmers in dem anderen Vertragsstaat ergeben sich somit neue zu beachtende 12-Monats-Zeiträume.

Zu den Staaten, mit denen ein 12-Monats-Zeitraum vereinbart worden ist (Stand: 1.1.2014), s. BMF v. 12.11.2014, IV B 2 – S 1300/08/10027, BStBl I 2014, 1467, Rdnr. 76.

Beispiel 1:
A ist für seinen deutschen Arbeitgeber vom 1.4.2015 bis 20.4.2015, zwischen dem 1.8.2015 und dem 31.3.2016 für 90 Tage sowie vom 25.4.2016 bis zum 31.7.2016 für 97 Tage in Norwegen tätig.
Für die Vergütungen, die innerhalb des Zeitraums 1.8.2015 bis 31.7.2016 auf Tage entfallen, an denen sich A in Norwegen aufhält, hat Norwegen das Besteuerungsrecht, weil sich A innerhalb eines 12-Monats-Zeitraums dort an insgesamt mehr als 183 Tagen (insgesamt 187 Tage) auf-

gehalten hat. Das Besteuerungsrecht für die Einkünfte, die auf den Zeitraum 1.4. bis 20.4.2015 entfallen, steht dagegen Deutschland zu, weil sich A in allen auf diesen Zeitraum bezogenen denkbaren 12-Monats-Zeiträumen an nicht mehr als 183 Tagen in Norwegen aufgehalten hat.

> **Beispiel 2:**
>
> B ist für seinen deutschen Arbeitgeber zwischen dem 1.1.2015 und dem 28.2.2015 sowie vom 1.5.2015 bis zum 30.4.2016 für jeweils monatlich 20 Tage in Norwegen tätig.
>
> Das Besteuerungsrecht für die Vergütungen, die innerhalb des Zeitraums 1.5.2015 bis 30.4.2016 auf Tage entfallen, an denen sich B in Norwegen aufhält, hat Norwegen, weil sich B innerhalb eines 12-Monats-Zeitraums dort an insgesamt mehr als 183 Tagen (insgesamt = 240 Tage) aufgehalten hat. Gleiches gilt für den Zeitraum 1.1.2015 bis 28.2.2015, weil sich B auch innerhalb des 12-Monats-Zeitraums vom 1.1.2015 bis zum 31.12.2015 an insgesamt mehr als 183 Tagen (insgesamt = 200 Tage) in Norwegen aufgehalten hat.

ee) Steuerjahr/Kalenderjahr

881 Wird in einem Doppelbesteuerungsabkommen zur Ermittlung der Aufenthalts-/Ausübungstage an Stelle eines 12-Monats-Zeitraums auf das Steuerjahr oder Kalenderjahr abgestellt, so sind die Aufenthalts-/Ausübungstage **für jedes Steuer- oder Kalenderjahr** gesondert zu ermitteln. Weicht das Steuerjahr des anderen Vertragsstaats vom Steuerjahr Deutschlands (= Kalenderjahr) ab, ist jeweils das Steuerjahr des Vertragsstaats maßgebend, in dem die Tätigkeit ausgeübt wird.

Folgende Vertragsstaaten haben z.B. ein vom Kalenderjahr **abweichendes Steuerjahr**:

Südafrika, Namibia:	1.3. bis 28./29.2.
Iran:	21.3. bis 20.3.
Indien, Neuseeland, Sri Lanka:	1.4. bis 31.3.
Großbritannien[1]:	6.4. bis 5.4.
Australien, Bangladesch, Pakistan:	1.7. bis 30.6.

1) In Bezug auf Großbritannien ist zu beachten, dass ab dem 1.1.2011 nicht mehr auf das Steuerjahr abgestellt wird, sondern auf einen Zeitraum von 12 Monaten

> **Beispiel 1:**
>
> A ist vom 1.10.2015 bis 31.5.2016 für seinen deutschen Arbeitgeber in Schweden tätig.
>
> Die Aufenthaltstage sind für jedes Kalenderjahr getrennt zu ermitteln. A hält sich weder im Kalenderjahr 2015 noch im Kalenderjahr 2016 länger als 183 Tage in Schweden auf.

> **Beispiel 2:**
>
> B ist für seinen deutschen Arbeitgeber vom 1.1. bis 31.7.2016 in Indien (Steuerjahr 1.4. bis 31.3.) tätig.
>
> Die Aufenthaltstage sind für jedes Steuerjahr getrennt zu ermitteln. Maßgeblich ist das Steuerjahr des Tätigkeitsstaats. Da das Steuerjahr 2015/2016 in Indien am 31.3.2016 endet, hält sich B weder im Steuerjahr 2015/2016 (90 Tage) noch im Steuerjahr 2016/2017 (122 Tage) länger als 183 Tage in Indien auf.

ff) Besonderheiten

882 Bei Umstellung eines Doppelbesteuerungsabkommens vom Steuerjahr auf einen 12-Monats-Zeitraum ist – soweit im Doppelbesteuerungsabkommen nichts anderes vereinbart ist – ab Anwendbarkeit des neuen Doppelbesteuerungsabkommens auch dann ein 12-Monats-Zeitraum zu betrachten, wenn dessen Beginn in den Anwendungszeitraum des alten Doppelbesteuerungsabkommens hineinreicht.

> **Beispiel 1:**
>
> Ein deutscher Arbeitgeber entsendet einen in Deutschland ansässigen Mitarbeiter A vom 15.11.2010 bis 31.5.2011 (insgesamt 198 Tage) nach Großbritannien.
>
> Das neue Doppelbesteuerungsabkommen mit Großbritannien ist ab dem 1.1.2011 anzuwenden und enthält als maßgeblichen Bezugszeitraum einen 12-Monats-Zeitraum, der während des bestehenden Steuerjahrs (6.4. bis 5.4.) beginnt bzw. endet. Für 2010 bedeutet das, dass zur Ermittlung der Aufenthaltstage auf das britische Steuerjahr (6.4.2010 bis 5.4.2011) abzustellen ist. In diesem Zeitraum hielt sich A an 142 Tagen und somit nicht länger als 183 Tage in Großbritannien auf. In 2010 verbleibt somit das Besteuerungsrecht für die in 2010 erhaltenen Einkünfte des A in Deutschland. Für 2011 ist allerdings zu prüfen, ob sich A insgesamt länger als 183 Tage innerhalb eines 12-Monats-Zeitraum, der in 2010 beginnt und im Steuerjahr 2011 endet, in Großbritannien aufgehalten hat. A hat sich 198 Tage in Großbritannien aufgehalten. In 2011 erhält somit Großbritannien das Besteuerungsrecht für die vom 1.1.2011 bis 31.5.2011 vereinnahmten Einkünfte des A.

Seit der Aktualisierung des OECD-Musterabkommens ist bei der Ermittlung der Aufenthalts-/Ausübungstage ein Wechsel der Ansässigkeit innerhalb der vorgenannten Bezugszeiträume zu beachten. Tage, an denen der Stpfl. im Tätigkeitsstaat ansässig ist, sind bei der Berechnung der 183 Tage nicht zu berücksichtigen.

> **Beispiel 2:**
>
> Vom 1.1.2015 bis 31.12.2015 ist A in Polen ansässig. Am 1.1.2016 wird A von einem in Deutschland ansässigen Arbeitgeber eingestellt und ab diesem Zeitpunkt in Deutschland ansässig. A wird vom 15. bis 31.3.2016 von seinem deutschen Arbeitgeber nach Polen entsandt.
>
> In diesem Fall hält sich A zwischen dem 1.4.2015 und dem 31.3.2016 insgesamt 292 Tage in Polen auf. Da er aber zwischen dem 1.4.2015 und dem 31.12.2015 in Polen ansässig war, kann dieser Zeitraum für die Berechnung der 183 Tage nicht berücksichtigt werden. A hat sich somit zwischen dem 1.4.2015 und 31.3.2016 nur 17 Tage (15.3.2016 bis 31.3.2016) in Polen aufgehalten, ohne zugleich dort ansässig zu sein.

> **Beispiel 3:**
>
> Vom 15. bis 31.10.2015 hält sich A, der in Polen ansässig ist, in Deutschland auf, um dort die Erweiterung der Geschäftstätigkeit seines Arbeitgebers, der in Polen ansässig ist, vorzubereiten. Am 1.5.2016 zieht A nach Deutschland, wo er ansässig wird und für eine in Deutschland neu gegründete Tochtergesellschaft seines bisherigen Arbeitgebers arbeitet.
>
> In diesem Fall hält sich A zwischen dem 15.10.2015 und dem 14.10.2016 insgesamt 184 Tage in Deutschland auf. Da er aber zwischen dem 1.5.2016 und dem 14.10.2016 in Deutschland ansässig war, wird dieser letztere Zeitraum bei der Berechnung nicht berücksichtigt. A hat sich somit zwischen dem 15.10.2015 und dem 14.10.2016 nur 16 Tage (15.10.2015 bis 31.10.2015) in Deutschland aufgehalten, ohne zugleich dort ansässig zu sein.

> **Beispiel 4:**
>
> Vom 1.1.2016 bis 30.4.2016 ist A in Deutschland und vom 1.5.2016 bis 31.12.2016 in den USA ansässig.
>
> Bis zum 30.4.2016 ist A bei einem deutschen Arbeitgeber beschäftigt. Vom 1.3. bis 6.3.2016 ist A für seinen deutschen Arbeitgeber in den USA tätig. Der deutsche Arbeitgeber hat in den USA keine Betriebsstätte.
>
> Deutschland hat für den Zeitraum bis zum 30.4.2016 das Besteuerungsrecht, weil Deutschland der Ansässigkeitsstaat war, sich A nicht mehr als 183 Tage in den USA aufgehalten hat (der Zeitraum 1.5.2016 bis 31.12.2016 wird insoweit nicht mitgerechnet, weil A in diesem Zeitraum in den USA ansässig war), und der Arbeitslohn nicht von einem Arbeitgeber oder einer Betriebsstätte in den USA getragen wurde.

d) Zahlung durch einen im Tätigkeitsstaat ansässigen Arbeitgeber

aa) Allgemeines

Erfolgt die Zahlung durch einen oder für einen im Tätigkeitsstaat **883** ansässigen Arbeitgeber, sind die Voraussetzungen für die Besteuerung im Ansässigkeitsstaat nach Art. 15 Abs. 2 Buchst. b OECD-MA nicht erfüllt.

Die im Ausland ausgeübte unselbständige Tätigkeit eines Arbeitnehmers kann für seinen zivilrechtlichen Arbeitgeber (→ Rz. 884), für seinen wirtschaftlichen Arbeitgeber im Rahmen einer Arbeitnehmerentsendung zwischen verbundenen Unternehmen (→ Rz. 885) oder aber für einen fremden dritten Arbeitgeber (→ Rz. 886 f.) erfolgen.

Ist eine Personengesellschaft Arbeitgeberin bestimmt sich deren Ansässigkeit für Zwecke des Art. 15 Abs. 2 Buchst. b OECD-MA grundsätzlich nach dem Ort der Geschäftsleitung. Entsprechendes gilt für eine Personengesellschaft, die im anderen Staat wie eine Kapitalgesellschaft besteuert wird.

Eine **Betriebsstätte** kommt **zivilrechtlich nicht als Arbeitgeberin** in Betracht (BFH v. 29.1.1986, I R 109/85, BStBl II 1986, 442 und BFH v. 29.1.1986, I R 296/82, BStBl II 1986, 513).

> **Beispiel:**
>
> A ist Arbeitnehmer des britischen Unternehmens B. Er wohnt seit Jahren in Deutschland und ist bei einer deutschen Betriebsstätte des B in Hamburg beschäftigt. Im Jahr 2016 befindet er sich an fünf Arbeitstagen bei Kundenbesuchen in der Schweiz und an fünf Arbeitstagen bei Kundenbesuchen in Norwegen.

Doppelbesteuerungsabkommen bei Einkünften aus nichtselbständiger Arbeit

keine Sozialversicherungspflicht = Ⓢ̶Ⓥ̶
Sozialversicherungspflicht = Ⓢ︎Ⓥ︎

Aufenthalt in der Schweiz: Maßgeblich ist das DBA-Schweiz, weil A in Deutschland ansässig ist (Art. 1, 4 Abs. 1 DBA-Schweiz) und die „Quelle" der Einkünfte aus nichtselbständiger Arbeit in dem Staat liegt, in dem die Tätigkeit ausgeübt wird. Nach Art. 15 Abs. 2 DBA-Schweiz hat Deutschland das Besteuerungsrecht, weil neben der Erfüllung der weiteren Voraussetzungen dieser Vorschrift A von einem Arbeitgeber entlohnt wird, der nicht in der Schweiz ansässig ist.

Aufenthalt in Norwegen: Maßgeblich ist das DBA-Norwegen. Deutschland hat kein Besteuerungsrecht für die Tätigkeit in Norwegen. Zwar hält sich A nicht länger als 183 Tage in Norwegen auf. Das Besteuerungsrecht steht Deutschland nach Art. 15 Abs. 2 Buchst. b DBA-Norwegen aber nur dann zu, wenn der Arbeitgeber in dem Staat ansässig ist, in dem auch der Arbeitnehmer ansässig ist. Arbeitgeber ist hier das britische Unternehmen B; die inländische Betriebsstätte kann nicht Arbeitgeber i.S.d. Doppelbesteuerungsabkommens sein.

bb) Auslandstätigkeit für den zivilrechtlichen Arbeitgeber

884 Sofern der im Inland ansässige Arbeitnehmer für seinen **zivilrechtlichen Arbeitgeber** (z.B. im Rahmen einer Lieferung- oder Werk-/Dienstleistung) bei einem nicht verbundenen Unternehmen im Ausland tätig wird, ist regelmäßig davon auszugehen, dass der zivilrechtliche Arbeitgeber auch der Arbeitgeber i.S.d. Doppelbesteuerungsabkommens ist. Sofern in diesem Fall auch keine Betriebsstätte des Arbeitgebers vorliegt, die die Vergütungen wirtschaftlich trägt, fällt das Besteuerungsrecht erst dann an den Tätigkeitsstaat, wenn die 183 Tage-Frist überschritten ist.

Entsprechendes gilt für einen im Ausland ansässigen Arbeitnehmer, der für seinen zivilrechtlichen Arbeitgeber im Inland tätig ist.

Beispiel:
Das ausschließlich in Spanien ansässige Unternehmen S ist spezialisiert auf die Installation von Computeranlagen. Das in Deutschland ansässige, nicht mit S verbundene Unternehmen D hat kürzlich eine neue Computeranlage angeschafft und schließt für die Durchführung der Installation dieser Anlage einen Werkleistungsvertrag mit S ab. X, ein in Spanien ansässiger Angestellter von S, wird für vier Monate an den Firmensitz von D im Inland gesandt, um die vereinbarte Installation durchzuführen. S berechnet D für die Installationsleistungen (einschließlich Reisekosten des X, Gewinnaufschlag etc.) einen pauschalen Betrag. Der Arbeitslohn des X ist dabei lediglich ein nicht gesondert ausgewiesener Preisbestandteil im Rahmen der Preiskalkulation des S.

X wird im Rahmen einer Werkleistungsverpflichtung und nicht im Rahmen einer Arbeitnehmerentsendung des S bei D tätig. Vorausgesetzt, X hält sich nicht mehr als 183 Tage während des betreffenden 12-Monats-Zeitraums in Deutschland auf und S hat in Deutschland keine Betriebsstätte, der die Gehaltszahlungen an X zuzurechnen sind, weist Art. 14 Abs. 2 DBA-Spanien das Besteuerungsrecht für die Vergütungen aus unselbständiger Arbeit Spanien zu.

X ist in Deutschland nach nationalem Recht beschränkt steuerpflichtig, weil die Tätigkeit in Deutschland ausgeübt wurde (§ 49 Abs. 1 Nr. 4 Buchs. a EStG). Da Deutschland für den entsprechenden Arbeitslohn nach Art. 14 Abs. 2 DBA-Spanien kein Besteuerungsrecht hat, ergibt sich für X insoweit keine Einkommensteuer. Der Lohnsteuerabzug für die in Deutschland ausgeübte Tätigkeit kann bereits deshalb unterbleiben, weil in Deutschland kein inländischer Arbeitgeber vorliegt und darüber hinaus auch auf der Abkommensebene Deutschland kein Besteuerungsrecht zusteht. S ist kein in § 38 Abs. 1 Satz 1 Nr. 1 und 2 EStG genannter inländischer abzugspflichtiger Arbeitgeber. Eine Abzugsverpflichtung ergibt sich für Deutschland auch nicht nach § 38 Abs. 1 Satz 2 EStG, weil X im Rahmen einer Werkleistungsverpflichtung tätig wird. Für den Fall, dass S und D verbundene Unternehmen sind, ergibt sich keine abweichende Lösung.

cc) Arbeitnehmerentsendung zwischen verbundenen Unternehmen

885 • **Wirtschaftlicher Arbeitgeber**

Arbeitgeber i.S.d. Doppelbesteuerungsabkommens kann nicht nur der zivilrechtliche Arbeitgeber, sondern auch eine andere natürliche oder juristische Person sein, die die Vergütung für die ihr geleistete nichtselbständige Tätigkeit wirtschaftlich trägt (BFH v. 23.2.2005, I R 46/03, BStBl II 2005, 547). Entsprechendes gilt für Personengesellschaften. Wird die unselbständige Tätigkeit eines im Inland ansässigen Arbeitnehmers bei einem im Ausland ansässigen verbundenen Unternehmen (Art. 9 OECD-MA) ausgeübt, ist zu prüfen, welches dieser Unternehmen als Arbeitgeber i.S.d. Doppelbesteuerungsabkommens anzusehen ist. Hierbei ist auf den **wirtschaftlichen Gehalt** und die **tatsächliche Durchführung** der zu Grunde liegenden Vereinbarungen abzustellen.

Entsprechendes gilt, wenn ein im Ausland ansässiger Arbeitnehmer bei einem im Inland ansässigen verbundenen Unternehmen (Art. 9 OECD-MA) tätig ist.

In den Fällen der Arbeitnehmerentsendung ist der wirtschaftliche Arbeitgeber i.S.d. Abkommensrechts auch der zum Lohnsteuerabzug verpflichtete inländische Arbeitgeber i.S.d. § 38 Abs. 1 Satz 2 EStG (BMF v. 27.1.2004, IV C 5 – S 2000 – 2/04, BStBl I 2004, 173, Tz. III.1).

Die „Verwaltungsgrundsätze-Arbeitnehmerentsendung" (BMF v. 9.11.2001, IV B 4 – S 1341 – 20/01, BStBl I 2001, 796) sind bei der Abgrenzung zu beachten. Einzeln abgrenzbare Leistungen sind gesondert zu betrachten.

Wird der Arbeitnehmer im Rahmen einer Arbeitnehmerentsendung zur **Erfüllung einer Lieferungs- oder Werkleistungsverpflichtung** des entsendenden Unternehmens bei einem verbundenen Unternehmen tätig und ist sein Arbeitslohn Preisbestandteil der Lieferung oder Werkleistung, ist der zivilrechtliche Arbeitgeber (= entsendendes Unternehmen) auch Arbeitgeber i.S.d. Doppelbesteuerungsabkommens. Dagegen wird das aufnehmende verbundene Unternehmen Arbeitgeber im abkommensrechtlichen Sinne (**wirtschaftlicher Arbeitgeber**), wenn

- der **Arbeitnehmer** in das aufnehmende Unternehmen **eingebunden** ist und
- das aufnehmende Unternehmen den **Arbeitslohn** (infolge seines eigenen betrieblichen Interesses an der Entsendung des Arbeitnehmers) **wirtschaftlich trägt** oder nach dem Fremdvergleichsgrundsatz hätte tragen müssen. Hierbei ist es unerheblich, ob die Vergütungen unmittelbar dem betreffenden Arbeitnehmer ausgezahlt werden oder ein anderes Unternehmen mit diesen Arbeitsvergütungen in Vorlage tritt. Eine „willkürliche" Weiterbelastung des Arbeitslohns führt nicht zur Begründung der Arbeitgebereigenschaft, ebenso wie eine unterbliebene Weiterbelastung die Arbeitgebereigenschaft beim aufnehmenden Unternehmen nicht verhindern kann.

Für die Entscheidung, ob der Arbeitnehmer in das aufnehmende Unternehmen eingebunden ist, ist das **Gesamtbild der Verhältnisse** maßgebend. Hierbei ist insbesondere zu berücksichtigen, ob

- das aufnehmende Unternehmen die **Verantwortung oder das Risiko** für die durch die Tätigkeit des Arbeitnehmers erzielten Ergebnisse trägt und
- der Arbeitnehmer den **Weisungen** des aufnehmenden Unternehmens **unterworfen** ist.

Darüber hinaus kann für die **Entscheidung** u.a. zu **berücksichtigen** sein, wer über **Art und Umfang der täglichen Arbeit**, die **Höhe der Bezüge**, die Teilnahme an einem etwaigen Erfolgsbonus- und Aktienerwerbsplan des Konzerns oder die Urlaubsgewährung entscheidet, wer die **Arbeitsmittel stellt**, das **Risiko für eine Lohnzahlung** im Nichtleistungsfall trägt, das Recht der Entscheidung über **Kündigung oder Entlassung** hat oder für die Sozialversicherungsbelange des Arbeitnehmers verantwortlich ist, in wessen Räumlichkeiten die Arbeit erbracht wird, welchen Zeitraum das Tätigwerden im aufnehmenden Unternehmen umfasst, wem gegenüber Abfindungs- und Pensionsansprüche erwachsen und mit wem der Arbeitnehmer **Meinungsverschiedenheiten aus dem Arbeitsvertrag** auszutragen hat.

Ein **aufnehmendes Unternehmen wird regelmäßig als wirtschaftlicher Arbeitgeber anzusehen** sein, wenn es nach den „Verwaltungsgrundsätzen-Arbeitnehmerentsendung" (BMF v. 9.11.2001, IV B 4 – S 1341 – 20/01, BStBl I 2001, 796) die **Lohnaufwendungen getragen** hat oder nach dem Fremdvergleich hätte tragen müssen.

Nach diesen Grundsätzen wird z.B. bei Entsendung eines Arbeitnehmers von einer Muttergesellschaft zu ihrer Tochtergesellschaft das aufnehmende Unternehmen nicht zum wirtschaftlichen Arbeitgeber, wenn der Arbeitnehmer nicht in dessen Hierarchie eingebunden ist. In diesem Fall wird der Arbeitnehmer ausschließlich als Vertreter der Muttergesellschaft tätig, während im Verhältnis zur Tochtergesellschaft die für ein Arbeitsverhältnis kennzeichnende Abhängigkeit fehlt. Hier bleibt selbst dann, wenn die Tochtergesellschaft der Muttergesellschaft den Arbeitslohn ersetzt, letztere Arbeitgeberin im abkommensrechtlichen Sinne (BFH v. 23.2.2005, I R 46/03, BStBl II 2005, 547).

Zu einem **Wechsel der Arbeitgeberstellung** bedarf es weder einer förmlichen Änderung des Dienstvertrags zwischen dem Arbeitnehmer und dem entsendenden Unternehmen, noch ist der Abschluss eines zusätzlichen Arbeitsvertrags zwischen dem Arbeitnehmer und dem aufnehmenden Unternehmen oder eine im Vorhinein getroffene Verrechnungspreisabrede zwischen den betroffenen verbundenen Unternehmen erforderlich (BFH v. 23.2.2005, I R 46/03, BStBl II 2005, 547).

Auf den **Sonderfall eines Arbeitnehmers,** der im Interesse seines inländischen Arbeitgebers die Funktion als Verwaltungsratsmitglied oder -beirat bei einem ausländischen verbundenen Unternehmen wahrnimmt, wird hingewiesen (BFH v. 23.2.2005, I R 46/03, BStBl II 2005, 547).

In den **Fällen der internationalen Arbeitnehmerentsendung** ist das **in Deutschland ansässige aufnehmende Unternehmen,** das den Arbeitslohn für die ihm geleistete Arbeit wirtschaftlich trägt, **zum Steuerabzug verpflichtet** (§ 38 Abs. 1 Satz 2 EStG). Der wirtschaftliche Arbeitgeberbegriff ist damit auch für Zwecke des Lohnsteuerabzugs zu beachten. Nicht erforderlich ist hierfür, dass das deutsche Unternehmen den Arbeitslohn im eigenen Namen und für eigene Rechnung, z.B. auf Grund eigener arbeitsrechtlicher Verpflichtung, auszahlt. Die Lohnsteuerabzugsverpflichtung des inländischen Unternehmens entsteht bereits im Zeitpunkt der Auszahlung des Arbeitslohns an den Arbeitnehmer, sofern es auf Grund einer Vereinbarung mit dem ausländischen, entsendenden Unternehmen mit einer Weiterbelastung rechnen kann (R 38.3 Abs. 5 LStR).

Sämtliche Gehaltsbestandteile für im Inland ausgeübte Tätigkeiten – auch die von anderen konzernverbundenen Unternehmen gezahlten Bonuszahlungen oder gewährten Aktienoptionen – unterliegen grundsätzlich dem **inländischen Lohnsteuerabzug** (§ 38 Abs. 1 Satz 3 EStG).

> **Beispiel 1:**
>
> Das ausschließlich in Spanien ansässige Unternehmen S ist die Muttergesellschaft einer Firmengruppe. Zu dieser Gruppe gehört auch D, ein im Inland ansässiges Unternehmen, das Produkte der Gruppe verkauft. S hat eine neue weltweite Marktstrategie für die Produkte der Gruppe entwickelt. Um sicherzustellen, dass diese Strategie von D richtig verstanden und umgesetzt wird, wird X, ein in Spanien ansässiger Angestellter von S, der an der Entwicklung der Marktstrategie mitgearbeitet hat, für vier Monate an den Firmensitz von D gesandt. Das Gehalt von X wird ausschließlich von S getragen.
>
> D ist nicht als wirtschaftlicher Arbeitgeber des X anzusehen, denn S trägt allein die Gehaltsaufwendungen des X. Zudem übt X seine Tätigkeit in dem alleinigen Interesse von S aus. Eine Integration in die organisatorischen Strukturen des D erfolgt nicht. Das Besteuerungsrecht für die Vergütungen des X wird Spanien zugewiesen (Art. 14 Abs. 2 DBA-Spanien). Deutschland stellt die Vergütungen steuerfrei.
>
> X ist in Deutschland nach nationalem Recht bereits deshalb beschränkt steuerpflichtig, weil die Tätigkeit in Deutschland ausgeübt wird (§ 49 Abs. 1 Nr. 4 Buchst. a EStG). Da Deutschland für den entsprechenden Arbeitslohn kein Besteuerungsrecht hat, ergibt sich für X insoweit keine Einkommensteuer.
>
> S und D sind keine inländischen Arbeitgeber i.S.d. § 38 Abs. 1 EStG des X und daher auch nicht zum Lohnsteuerabzug verpflichtet.

> **Beispiel 2:**
>
> Ein internationaler Hotelkonzern betreibt durch eine Anzahl von Tochtergesellschaften weltweit Hotels. S, eine in Spanien ansässige Tochtergesellschaft, betreibt in Spanien ein Hotel. D, eine weitere Tochtergesellschaft der Gruppe, betreibt ein Hotel in Deutschland. D benötigt für fünf Monate einen Arbeitnehmer mit spanischen Sprachkenntnissen. Aus diesem Grund wird X, ein in Spanien ansässiger Angestellter der S, zu D entsandt, um während dieser Zeit an der Rezeption im Inland tätig zu sein. X bleibt während dieser Zeit bei S angestellt und wird auch weiterhin von S bezahlt. D übernimmt die Reisekosten von X und bezahlt an S eine Gebühr, die auf dem Gehalt, den Sozialabgaben und weiteren Vergütungen des X für diese Zeit basiert.
>
> Für den Zeitraum der Tätigkeit des X im Inland ist D als wirtschaftlicher Arbeitgeber des X anzusehen. Die Entsendung des X zwischen den international verbundenen Unternehmen erfolgt im Interesse des aufnehmenden Unternehmens D. X ist in dem genannten Zeitraum in den Geschäftsbetrieb des D eingebunden. Zudem trägt D wirtschaftlich die Arbeitsvergütungen. Die Tatbestandsvoraussetzung des Art. 14 Abs. 2 Buchst. b DBA-Spanien sind damit nicht gegeben. Obwohl X weniger als 183 Tage in Deutschland tätig ist, wird Deutschland gem. Art. 14 Abs. 1 DBA-Spanien das Besteuerungsrecht für die Vergütungen des X für den genannten Zeitraum zugewiesen.
>
> X ist in Deutschland nach nationalem Recht bereits deshalb beschränkt steuerpflichtig, weil die Tätigkeit in Deutschland ausgeübt wird (§ 49 Abs. 1 Nr. 4 Buchst. a EStG).
>
> D ist inländischer Arbeitgeber i.S.d. § 38 Abs. 1 Satz 2 EStG. D zahlt den Arbeitslohn zwar nicht an X aus, trägt ihn aber wirtschaftlich und ist daher zum Lohnsteuerabzug verpflichtet (R 38.3 Abs. 5 LStR). Der Lohnsteuerabzug für X ist durchzuführen.

- **Vereinfachungsregelung**

Bei einer Arbeitnehmerentsendung zwischen international verbundenen Unternehmen von **nicht mehr als drei Monaten** (auch jahresübergreifend für sachlich zusammenhängende Tätigkeiten) spricht eine widerlegbare Anscheinsvermutung dafür, dass das aufnehmende Unternehmen mangels Einbindung des Arbeitnehmers **nicht als wirtschaftlicher Arbeitgeber** anzusehen ist. Die Anscheinsvermutung kann im Einzelfall unter Beachtung der Kriterien zum wirtschaftlichen Arbeitgeber entkräftet werden. Die „Verwaltungsgrundsätze-Arbeitnehmerentsendung" (BMF v. 9.11.2001, IV B 4 – S 1341 – 20/01, BStBl I 2001, 796) sind zu beachten.

- **Entsendendes und aufnehmendes Unternehmen sind Arbeitgeber**

Ist ein Arbeitnehmer abwechselnd sowohl für seinen inländischen zivilrechtlichen Arbeitgeber als auch für ein weiteres im Ausland ansässiges verbundenes Unternehmen tätig (z.B. ein Arbeitnehmer einer deutschen Muttergesellschaft wird abgrenzbar in Spanien und/oder in Deutschland sowohl im Interesse der spanischen aufnehmenden Gesellschaft als auch im Interesse der entsendenden deutschen Gesellschaft tätig), können abkommensrechtlich **beide Unternehmen „Arbeitgeber" des betreffenden Arbeitnehmers** sein. Voraussetzung ist, dass nach den vorgenannten Grundsätzen beide Unternehmen für die jeweils anteiligen Vergütungen als Arbeitgeber i.S.d. Doppelbesteuerungsabkommens anzusehen sind. Dies kann z.B. der Fall sein, wenn sowohl das entsendende als auch das aufnehmende Unternehmen ein Interesse an der Entsendung haben, weil der Arbeitnehmer Planungs-, Koordinierungs- oder Kontrollfunktionen für das entsendende Unternehmen ausübt (BMF v. 9.11.2001, IV B 4 – S 1341 – 20/01, BStBl I 2001, 796, Rdnr. 3.1.1). Die Tätigkeiten für das entsendende und für das aufnehmende Unternehmen sind mit ihrer (zeit-)anteiligen Vergütung jeweils getrennt zu beurteilen. Zunächst spricht eine widerlegbare Vermutung dafür, dass der entsandte Arbeitnehmer mit seiner Tätigkeit beim aufnehmenden Unternehmen in dessen Interesse tätig wird. Anhand von nachvollziehbaren Aufzeichnungen und Beschreibungen über die einzelnen abgrenzbaren Tätigkeiten kann aber dargelegt werden, dass im beschriebenen Umfang die Tätigkeit im Interesse des entsendenden Unternehmens erfolgt und insoweit diesem zuzuordnen ist.

Erhält der Arbeitnehmer seine Vergütungen aus unselbständiger Tätigkeit **in vollem Umfang von seinem zivilrechtlichen Arbeitgeber** und trägt das im Ausland ansässige verbundene Unternehmen wirtschaftlich die an den Arbeitnehmer gezahlten (zeit-)anteiligen Vergütungen für die in diesem Unternehmen ausgeübte Tätigkeit, indem die (zeit-)anteiligen Vergütungen zwischen den verbundenen Unternehmen verrechnet werden, ist zu prüfen, ob der Betrag dieser (zeit-)anteiligen Vergütungen **höher** ist, als sie ein **anderer Arbeitnehmer unter gleichen oder ähnlichen Bedingungen** für diese Tätigkeit in diesem anderen Staat **erhalten hätte.** Der übersteigende Betrag stellt keine Erstattung von Arbeitslohn dar, sondern ist Ausfluss des Verhältnisses der beiden verbundenen Unternehmen zueinander. Der übersteigende Betrag gehört nicht zum Arbeitslohn für die Auslandstätigkeit. Das Besteuerungsrecht steht insoweit dem Ansässigkeitsstaat des Arbeitnehmers zu.

Doppelbesteuerungsabkommen bei Einkünften aus nichtselbständiger Arbeit

keine Sozialversicherungspflicht = Ⓢⱽ̸
Sozialversicherungspflicht = Ⓢⱽ

Beispiel 3:

Ein in Deutschland ansässiger Arbeitnehmer wird vom 15.8.2016 bis 31.12.2016 (80 Arbeitstage) an eine chinesische Tochtergesellschaft entsandt. Der Arbeitslohn i.H.v. 110 000 € wird weiterhin vom deutschen Unternehmen ausbezahlt. Davon werden (nach Fremdvergleichsgrundsätzen zutreffend) jedoch 80 000 € an die chinesische Tochtergesellschaft weiterbelastet, weil der Arbeitnehmer nicht nur im Interesse der aufnehmenden Tochtergesellschaft, sondern auch im Interesse der entsendenden Muttergesellschaft (z.B. Aufsichtsfunktion zur Umsetzung eines von der Muttergesellschaft vorgegebenen Konzepts) entsendet wird. Der Arbeitnehmer hält sich während des gesamten Zeitraums (80 Arbeitstage) stets im Interesse beider Arbeitgeber an 20 Arbeitstagen in Deutschland und an 60 Arbeitstagen in China auf. Folglich nimmt er zu jeder Zeit in beiden Staaten jeweils Aufgaben sowohl von der deutschen Muttergesellschaft als auch von der chinesischen Tochtergesellschaft wahr.

Nach Art. 15 Abs. 1 DBA-China können Vergütungen nur im Ansässigkeitsstaat besteuert werden, es sei denn die Tätigkeit wird im anderen Vertragsstaat ausgeübt. Wird die Arbeit dort ausgeübt, so können die dafür bezogenen Vergütungen im anderen Staat besteuert werden. Soweit die Voraussetzungen des Art. 15 Abs. 2 DBA-China erfüllt sind, bleibt es jedoch beim ausschließlichen Besteuerungsrecht des Ansässigkeitsstaats.

Behandlung der nicht weiterbelasteten Lohnbestandteile:

Da der Arbeitnehmer auch im Interesse des entsendenden Unternehmens (deutsche Muttergesellschaft) in China tätig wird, entfallen die nicht an die chinesische Tochtergesellschaft weiterbelasteten Lohnbestandteile i.H.v. 30 000 € nach Art. 15 Abs. 1 DBA-China auf die in China ausgeübte Tätigkeit. Insoweit liegen die Voraussetzung des Art. 15 Abs. 2 DBA-China vor. Der Arbeitnehmer hat sich 2016 nicht länger als 183 Tage im Tätigkeitsstaat aufgehalten und die Vergütung wurde in dieser Höhe (zutreffend) nicht von einem im Tätigkeitsstaat ansässigen Arbeitgeber oder einer dort gelegenen Betriebsstätte bezahlt. Das ausschließliche Besteuerungsrecht an diesem Vergütungsbestandteil verbleibt deshalb im Ansässigkeitsstaat Deutschland. Das deutsche Unternehmen kann die entsprechenden Lohnkosten als Betriebsausgaben geltend machen.

Behandlung der weiterbelasteten Lohnbestandteile:

Der übrige Lohnanteil (80 000 €) ist anhand der auf diesen Zeitraum entfallenden tatsächlichen Arbeitstage (80) auf die in Deutschland und die in China ausgeübte Tätigkeit aufzuteilen. Der Arbeitslohn entfällt i.H.v. 80 000 € x 20/80 = 20 000 € auf die im Inland ausgeübte Tätigkeit. Das Besteuerungsrecht steht nach Art. 15 Abs. 1 Satz 1 1. Halbsatz DBA-China ausschließlich dem Ansässigkeitsstaat Deutschland zu.

Für den auf die Tätigkeit in China entfallenden Arbeitslohn i.H.v. 80 000 € x 60/80 = 60 000 € hat hingegen China nach Art. 15 Abs. 1 Satz 2 DBA-China das Besteuerungsrecht. Insbesondere sind auf Grund der nach Fremdvergleichsgrundsätzen zutreffenden Weiterbelastung der Lohnkosten an die chinesische Tochtergesellschaft in dieser Höhe die Voraussetzungen des Art. 15 Abs. 2 DBA-China nicht erfüllt. Der Arbeitslohn ist folglich i.H.v. 60 000 € unter Beachtung der nationalen Rückfallklauseln des § 50d Abs. 8 und 9 EStG und des Progressionsvorbehalts von der deutschen Besteuerung auszunehmen (Art. 24 Abs. 2 Buchst. a DBA-China).

Beispiel 4:

Sachverhalt wie Beispiel 3, jedoch entfallen die nicht an die Tochtergesellschaft weiterbelasteten Lohnbestandteile i.H.v. 30 000 € lediglich auf die 20 in Deutschland verbrachten Arbeitstage. Gleichwohl führt der Arbeitnehmer während seines Aufenthalts in Deutschland auch Aufgaben im Interesse der chinesischen Tochtergesellschaft aus.

Behandlung der nicht weiterbelasteten Lohnbestandteile:

Die nicht an die chinesische Tochtergesellschaft weiterbelasteten Lohnbestandteile i.H.v. 30 000 € entfallen auf eine ausschließlich in Deutschland ausgeübte Tätigkeit. Damit steht dem Ansässigkeitsstaat Deutschland nach Art. 15 Abs. 1 Satz 1 1. Halbsatz DBA-China das ausschließliche Besteuerungsrecht zu.

Behandlung der weiterbelasteten Lohnbestandteile:

Die Behandlung der an die chinesische Tochtergesellschaft nach Fremdvergleichsgrundsätzen zutreffend weiterbelasteten Lohnbestandteile entspricht der Lösung im Beispiel 1.

- **Geschäftsführer, Vorstände und Prokuristen**

  Wenn lediglich das im Ausland ansässige verbundene Unternehmen den formellen Anstellungsvertrag mit der natürlichen Person schließt und diese im Rahmen eines **Managementvertrags** an das inländische verbundene Unternehmen überlässt und die natürliche Person **in das deutsche Handelsregister einträgt**, ist das **deutsche aufnehmende Unternehmen dann als wirtschaftlicher Arbeitgeber anzusehen**, wenn die Person in das deutsche aufnehmende Unternehmen eingegliedert ist. Die auf diese Tätigkeit entfallenden Vergütungen sind nach den Fremdvergleichsgrundsätzen dem aufnehmenden Unternehmen (als wirtschaftlichem Arbeitgeber) zuzurechnen. Dies gilt allerdings nicht, wenn die leitende Person zur Erfüllung einer Dienstleistungsverpflichtung des entsendenden Unternehmens bei einem verbundenen Unternehmen tätig wird und sein Arbeitslohn Preisbestandteil der Dienstleistung ist. In diesem Fall wäre zu prüfen, ob durch die Tätigkeit dieser Person eine Betriebsstätte begründet wird (BMF v. 9.11.2001, IV B 4 – S 1341 – 20/01, BStBl I 2001, 796, Tz. 2.1).

  Gleiches gilt in Fällen, in denen für die Tätigkeit als leitende Person beim inländischen verbundenen Unternehmen **keine gesonderte Vergütung vereinbart** wird oder die Tätigkeit für das deutsche Unternehmen ausdrücklich **unentgeltlich** erfolgen soll, weil der auf die leitende Tätigkeit entfallende Lohnanteil bereits in dem insgesamt im Ausland geschuldeten Arbeitslohn enthalten ist. Das Besteuerungsrecht für den Arbeitslohn, der dem deutschen verbundenen Unternehmen zuzurechnen ist, steht nach den allgemeinen Grundsätzen des Art. 15 OECD-MA Deutschland zu. Soweit die natürliche Person im Ausland ansässig ist, gilt dies nur insoweit, als die Tätigkeit in Deutschland ausgeübt wird.

  Sondervorschriften in einzelnen Doppelbesteuerungsabkommen zu Geschäftsführern, Vorständen oder anderen leitenden Angestellten wie z.B. Art. 16 DBA-Österreich und Art. 15 Abs. 4 DBA-Schweiz sind jedoch stets **vorrangig anzuwenden**. In diesen Sonderfällen ist der Ort, an dem die Tätigkeit für das inländische Unternehmen ausgeübt wird, für die Zuteilung des Besteuerungsrechts der Einkünfte aus unselbständiger Arbeit unbeachtlich. Die Sondervorschriften gelten jedoch nur, wenn die Gesellschaft nicht im gleichen Staat ansässig ist wie die leitende Person.

- **Gestaltungsmissbrauch i.S.d. § 42 AO**

  Dient eine Arbeitnehmerentsendung ausschließlich oder fast ausschließlich dazu, die **deutsche Besteuerung zu vermeiden**, ist im Einzelfall zu prüfen, ob ein Missbrauch rechtlicher Gestaltungsmöglichkeiten nach § 42 AO vorliegt.

  Beispiel 5:

  Ein in der Schweiz ansässiger Gesellschafter-Geschäftsführer einer inländischen Kapitalgesellschaft unterlag in der Vergangenheit der inländischen Besteuerung nach Art. 15 Abs. 4 DBA-Schweiz. Die Grenzgängereigenschaft war bei ihm nicht gegeben. Er legt diese Beteiligung in eine Schweizer AG ein, an der er ebenfalls als Gesellschafter-Geschäftsführer wesentlich beteiligt ist. Dieser Ertrag ist nach Art. 13 Abs. 3 i.V.m. Abs. 4 DBA-Schweiz in Deutschland steuerfrei. Sein inländischer Anstellungsvertrag wird aufgelöst, er wird ab der Umstrukturierung als Arbeitnehmer der neuen Muttergesellschaft im Rahmen eines Managementverleihvertrags für die deutsche Tochtergesellschaft tätig.

  Dient die gewählte Gestaltung nur dazu, die Anwendung des Art. 15 Abs. 4 DBA-Schweiz zu vermeiden, ist die Gestaltung nach § 42 AO nicht anzuerkennen.

- **Arbeitgeber im Rahmen einer Poolvereinbarung**

  Schließen sich verbundene Unternehmen zu einem **Pool** zusammen, handelt es sich steuerlich um eine Innengesellschaft (BMF v. 30.12.1999, IV B 4 – S 1341 – 14/99, BStBl I 1999, 1122). Das gegebene **zivilrechtliche Arbeitsverhältnis** bleibt in diesen Fällen **unverändert bestehen**. Maßgeblich für die Anwendung des Doppelbesteuerungsabkommens ist dieses Arbeitsverhältnis.

  Beispiel 6:

  Fünf europäische Landesgesellschaften eines international tätigen Maschinenbau-Konzerns schließen sich zusammen, um eine Einsatzgruppe von Technikern zu bilden, die je nach Bedarf in Notfällen für die Landesgesellschaften in den einzelnen Ländern tätig werden sollen. Jede Landesgesellschaft stellt hierfür drei Techniker; die Kosten der Gruppe werden nach einem Umsatzschlüssel auf die Gesellschaften verteilt.

Arbeitgeber i.S.d. Doppelbesteuerungsabkommens ist der jeweilige zivilrechtliche Arbeitgeber (die jeweilige Landesgesellschaft) des Technikers.

dd) Gewerbliche Arbeitnehmerüberlassung

886 Gewerbliche Arbeitnehmerüberlassung liegt bei Unternehmen vor, die als Verleiher Dritten (Entleiher) Arbeitnehmer (Leiharbeitnehmer) **gewerbsmäßig zur Arbeitsleistung** überlassen.

Bei einer **grenzüberschreitenden Arbeitnehmerüberlassung** nimmt der Entleiher grundsätzlich die wesentlichen Arbeitgeberfunktionen wahr. Die entliehenen Arbeitnehmer sind i.d.R. in den Betrieb des Entleihers eingebunden. Dementsprechend ist mit **Aufnahme der Tätigkeit** des Leiharbeitnehmers beim **Entleiher** dieser **als Arbeitgeber** i.S.d. Doppelbesteuerungsabkommens anzusehen.

Bei einer doppel- oder mehrstöckigen gewerblichen Arbeitnehmerüberlassung ist i.d.R. der letzte Entleiher in der Kette als wirtschaftlicher Arbeitgeber nach dem Doppelbesteuerungsabkommen anzusehen.

In Einzelfällen, z.B. bei nur **kurzfristiger Überlassung** (BFH v. 4.9.2002, I R 21/01, BStBl II 2003, 306), können auch wesentliche Arbeitgeberfunktionen beim Verleiher verbleiben. In diesen Fällen ist zu prüfen, ob nach dem Gesamtbild der Verhältnisse der Verleiher oder der Entleiher überwiegend **die wesentlichen Arbeitgeberfunktionen wahrnimmt** und damit als Arbeitgeber i.S.d. Doppelbesteuerungsabkommens anzusehen ist. Bei dieser Prüfung sind insbesondere folgende Kriterien zu beachten (BMF v. 12.11.2014, IV B 2 – S 1300/08/10027, BStBl I 2014, 1467, Rdnr. 127):

- Wer trägt die Verantwortung oder das Risiko für die durch die Tätigkeit des Arbeitnehmers erzielten Ergebnisse? Hat der Entleiher im Falle von Beanstandungen das Recht, den Arbeitnehmer an den Verleiher zurückzuweisen?
- Wer hat das Recht, dem Arbeitnehmer Weisungen zu erteilen?
- Unter wessen Kontrolle und Verantwortung steht die Einrichtung, in der der Arbeitnehmer seine Tätigkeit ausübt?
- Wer stellt dem Arbeitnehmer im Wesentlichen die Werkzeuge und das Material zur Verfügung?
- Wer bestimmt die Zahl und die Qualifikation der Arbeitnehmer?
- Wer trägt das Lohnkostenrisiko im Falle der Nichtbeschäftigung?

Die vorstehenden Grundsätze zum grenzüberschreitenden Arbeitnehmerverleih sind auch in den Fällen anzuwenden, in denen ein im Inland ansässiger Arbeitnehmer bei einem ausländischen gewerbsmäßigen Arbeitnehmerverleiher beschäftigt ist und dieser den Arbeitnehmer an ein Unternehmen im Ausland verleiht.

Einige Doppelbesteuerungsabkommen enthalten zur Vermeidung von Missbrauch in Fällen von **grenzüberschreitenden Leiharbeitsverhältnissen besondere Regelungen**, nach denen die Anwendung der 183-Tage-Klausel in diesen Fällen ausgeschlossen wird (zu diesen Staaten [Stand: 1.1.2014] s. BMF v. 12.11.2014, IV B 2 – S 1300/08/10027, BStBl I 2014, 1467, Rdnr. 138). In diesen Fällen haben beide Vertragsstaaten das Besteuerungsrecht. Die Doppelbesteuerung wird i.d.R. **durch Steueranrechnung** vermieden. Zu Besonderheiten s. BMF v. 12.11.2014, IV B 2 – S 1300/08/10027, BStBl I 2014, 1467, Rdnr. 140 ff.

ee) Gelegentliche Arbeitnehmerüberlassung zwischen fremden Dritten

887 Sofern **gelegentlich** ein Arbeitnehmer **bei einem fremden Dritten eingesetzt** wird, kann entweder eine Arbeitnehmerüberlassung oder eine Tätigkeit zur Erfüllung einer Lieferungs- oder Werkleistungsverpflichtung vorliegen.

Eine gelegentliche Arbeitnehmerüberlassung liegt grundsätzlich dann vor, wenn der zivilrechtliche Arbeitgeber, dessen **Unternehmenszweck nicht die Arbeitnehmerüberlassung** ist, mit einem nicht verbundenen Unternehmen vereinbart, den Arbeitnehmer für eine befristete Zeit bei letztgenanntem Unternehmen tätig werden zu lassen, und das aufnehmende Unternehmen entweder eine arbeitsrechtliche Vereinbarung (Arbeitsverhältnis) mit dem Arbeitnehmer schließt oder als wirtschaftlicher Arbeitgeber anzusehen ist.

Bezogen auf die vom Entleiher gezahlten Vergütungen ist in diesen Fällen regelmäßig der **Entleiher als Arbeitgeber** i.S.d. Doppelbesteuerungsabkommens anzusehen.

> **Beispiel:**
> S, ein in Spanien ansässiges Unternehmen, und D, ein in Deutschland ansässiges Unternehmen, sind ausschließlich mit der Ausübung technischer Dienstleistungen befasst. Sie sind keine verbundenen Unternehmen i.S.d. Art. 9 OECD-MA. D benötigt für eine Übergangszeit die Leistungen eines Spezialisten, um eine Bauleistung fertig zu stellen, und wendet sich deswegen an S. Beide Unternehmen vereinbaren, dass X, ein in Spanien ansässiger Angestellter von S, für die Dauer von vier Monaten für D unter der direkten Aufsicht von dessen erstem Ingenieur arbeiten soll. X bleibt während dieser Zeit formal weiterhin bei S angestellt. D zahlt S einen Betrag, der dem Gehalt, Sozialversicherungsabgaben, Reisekosten und andere Vergütungen des Technikers für diesen Zeitraum entspricht. Zusätzlich wird ein Aufschlag von 5 % gezahlt. Es wurde vereinbart, dass S von allen Schadenersatzansprüchen, die in dieser Zeit auf Grund der Tätigkeit von X entstehen sollten, befreit ist.
>
> Es liegt eine gelegentliche Arbeitnehmerüberlassung zwischen fremden Unternehmen vor. D ist während des genannten Zeitraums als wirtschaftlicher Arbeitgeber des X anzusehen. Die Tatbestandsvoraussetzung des Art. 14 Abs. 2 Buchst. b DBA-Spanien sind damit nicht erfüllt. Gemäß Art. 14 Abs. 1 DBA-Spanien hat somit Deutschland das Besteuerungsrecht für die Vergütungen des X für den genannten Zeitraum. Der Aufschlag i.H.v. 5 % stellt keinen Arbeitslohn des X dar.
>
> X ist in Deutschland nach nationalem Recht beschränkt steuerpflichtig, weil die Tätigkeit in Deutschland ausgeübt wird (§ 49 Abs. 1 Nr. 4 Buchst. a EStG).
>
> D ist inländischer Arbeitgeber i.S.d. § 38 Abs. 1 Satz 2 EStG und daher zum Lohnsteuerabzug verpflichtet.

e) Zahlung des Arbeitslohns zu Lasten einer Betriebsstätte des Arbeitgebers im Tätigkeitsstaat

888 Erfolgt die Zahlung zu Lasten einer Betriebsstätte des Arbeitgebers im Tätigkeitsstaat, sind die Voraussetzungen für die alleinige Besteuerung im Ansässigkeitsstaat nach Art. 15 Abs. 2 Buchst. c OECD-MA nicht erfüllt.

Maßgebend für den Begriff der „Betriebsstätte" ist die **Definition in dem jeweiligen Abkommen** (vgl. Art. 5 OECD-MA). Nach vielen Doppelbesteuerungsabkommen ist z.B. eine Bau- oder Montagestelle erst ab einem Zeitraum von mehr als zwölf Monaten eine Betriebsstätte (abweichend von § 12 AO, wonach bei einer Dauer von mehr als sechs Monaten eine Betriebsstätte vorliegt).

Der Arbeitslohn wird zu Lasten einer Betriebsstätte gezahlt, wenn die Zahlungen **wirtschaftlich der Betriebsstätte zuzuordnen** sind. Nicht entscheidend ist, wer die Vergütungen auszahlt oder in seiner Teilbuchführung abrechnet. Es kommt nicht darauf an, dass die Vergütungen zunächst von der Betriebsstätte ausgezahlt und später vom Stammhaus erstattet werden. Ebenso ist es nicht entscheidend, wenn eine zunächst vom Stammhaus ausgezahlte Vergütung später in der Form einer Kostenumlage auf die ausländische Betriebsstätte abgewälzt wird. Entscheidend ist allein, ob und ggf. in welchem Umfang die ausgeübte Tätigkeit des Arbeitnehmers nach dem jeweiligen Doppelbesteuerungsabkommen (s. Art. 7 OECD-MA) der Betriebsstätte zuzuordnen ist und die Vergütung deshalb wirtschaftlich zu Lasten der Betriebsstätte geht (BFH v. 24.2.1988, I R 143/84, BStBl II 1988, 819).

Eine selbständige Tochtergesellschaft (z.B. GmbH) ist grundsätzlich nicht Betriebsstätte der Muttergesellschaft, kann aber ggf. eine Vertreterbetriebsstätte begründen oder selbst Arbeitgeber sein.

Vgl. im Übrigen die „Grundsätze der Verwaltung für die Prüfung der Aufteilung der Einkünfte bei Betriebsstätten international tätiger Unternehmen – Betriebsstätten-Verwaltungsgrundsätze –", (BMF v. 24.12.1999, IV B 4 – S 1300 – 111/99, BStBl I 1999, 1076, zuletzt geändert durch BMF v. 25.8.2009, IV B 5 – S 1341/07/10004, BStBl I 2009, 888) sowie die „Verwaltungsgrundsätze-Arbeitnehmerentsendung" (BMF v. 9.11.2001, IV B 4 – S 1341 – 20/01, BStBl I 2001, 796).

> **Beispiel 1:**
> Der in Deutschland ansässige A ist vom 1.1.2016 bis 31.3.2016 bei einer Betriebsstätte seines deutschen Arbeitgebers in Frankreich (nicht innerhalb der Grenzzone nach Art. 13 Abs. 5 DBA-Frankreich) tätig. Der Lohnaufwand ist der Betriebsstätte als Betriebsausgabe zuzuordnen.

Doppelbesteuerungsabkommen bei Einkünften aus nichtselbständiger Arbeit

keine Sozialversicherungspflicht = ⓢⓥ
Sozialversicherungspflicht = Ⓢⓥ

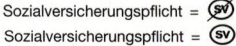

Das Besteuerungsrecht für den Arbeitslohn steht Frankreich zu. A ist zwar nicht mehr als 183 Tage in Frankreich tätig, weil der Arbeitslohn aber zu Lasten einer französischen Betriebsstätte des Arbeitgebers geht, bleibt das Besteuerungsrecht Deutschland nicht erhalten (Art. 13 Abs. 4 DBA-Frankreich). Frankreich kann als Tätigkeitsstaat den Arbeitslohn besteuern (Art. 13 Abs. 1 DBA-Frankreich). Deutschland stellt die Einkünfte unter Beachtung des § 50d Abs. 8 bzw. 9 EStG und des Progressionsvorbehalts frei (Art. 20 Abs. 1 Buchst. a DBA-Frankreich).

Beispiel 2:

Der in Frankreich ansässige B ist bei einer deutschen Betriebsstätte seines französischen Arbeitgebers (nicht innerhalb der Grenzzone nach Art. 13 Abs. 5 DBA-Frankreich) vom 1.1.2016 bis 31.3.2016 in Deutschland tätig. Der Lohnaufwand ist der Betriebsstätte als Betriebsausgabe zuzuordnen.

Das Besteuerungsrecht für den Arbeitslohn hat Deutschland. B ist zwar nicht mehr als 183 Tage in Deutschland tätig, der Arbeitslohn geht aber zu Lasten einer deutschen Betriebsstätte. Deutschland kann daher als Tätigkeitsstaat den Arbeitslohn besteuern (Art. 13 Abs. 1 DBA-Frankreich i.V.m. §§ 1 Abs. 4 und 49 Abs. 1 Nr. 4 Buchst. a EStG). A ist inländischer Arbeitgeber i.S.d. § 38 Abs. 1 Satz 1 Nr. 1 EStG, weil er im Inland über eine Betriebsstätte verfügt, und deshalb zum Lohnsteuerabzug verpflichtet ist.

4. Höhe des freizustellenden bzw. zu besteuernden Arbeitslohns

a) Grundsatz

889 Nach Art. 15 Abs. 1 OECD-MA können die **Vergütungen aus unselbständiger Arbeit ausschließlich im Ansässigkeitsstaat** des Arbeitnehmers besteuert werden, es sei denn, die Tätigkeit wird im anderen Staat ausgeübt. Wird die unselbständige Arbeit **im anderen Staat ausgeübt**, steht auch diesem Staat das Besteuerungsrecht für Vergütungen zu, die für die dort ausgeübte Tätigkeit gezahlt werden. Nach Art. 15 Abs. 2 OECD-MA ist zu prüfen, ob trotz der Auslandtätigkeit dem Ansässigkeitsstaat des Arbeitnehmers das ausschließliche Besteuerungsrecht an den Vergütungen aus unselbständiger Arbeit verbleibt. Im Rahmen dieser Prüfung wird u.a. eine Berechnung der nach dem jeweils anzuwendenden Doppelbesteuerungsabkommen maßgeblichen Aufenthalts- oder Ausübungstage im Ausland anhand der 183 Tage-Klausel vorgenommen.

Die Ermittlung des steuerpflichtigen/steuerfreien Arbeitslohns erfolgt sodann in einem weiteren gesonderten Schritt.

Der Arbeitnehmer hat den Nachweis über die Ausübung der Tätigkeit in dem anderen Staat und deren Zeitdauer durch Vorlage geeigneter Aufzeichnungen (z.B. Stundenprotokolle, Terminkalender, Reisekostenabrechnungen) zu führen (§ 90 Abs. 2 AO).

Ist der Arbeitslohn in Deutschland nach einem Doppelbesteuerungsabkommen freizustellen, ist zunächst zu prüfen, inwieweit die Vergütungen **unmittelbar der Auslandstätigkeit** oder **unmittelbar der Inlandstätigkeit** zugeordnet werden können. Soweit eine derartige Zuordnung nicht möglich ist, ist der verbleibende, **nicht unmittelbar zuzuordnende Arbeitslohn aufzuteilen**. Die Aufteilung hat bereits der Arbeitgeber im Lohnsteuerabzugsverfahren unter Beachtung der R 39b.10 LStR vorzunehmen. Darüber hinaus hat er den steuerfrei belassenen Arbeitslohn in der Lohnsteuerbescheinigung anzugeben. Das Lohnsteuerabzugsverfahren ist zwar ein Vorauszahlungsverfahren, dessen Besonderheiten und Regelungen nicht in das Veranlagungsverfahren hineinwirken (BFH v. 13.11.2011, VI R 61/09, BStBl II 2011, 479), jedoch ist zu berücksichtigen, dass der Arbeitgeber auch nach Erstellung der Lohnsteuerbescheinigung für die zutreffende Anmeldung und Abführung der Lohnsteuer haftet und verpflichtet ist, etwaige Änderungen nach § 41c Abs. 4 EStG anzuzeigen. Das Finanzamt ist nicht gehindert, im Einkommensteuerveranlagungsverfahren die vorgenommene Aufteilung zu überprüfen; es ist nicht an eine fehlerhaft erteilte Freistellungsbescheinigung gebunden (BFH v. 13.3.1985, I R 86/80, BStBl II 1985, 500).

b) Direkte Zuordnung

890 Gehaltsbestandteile, die unmittelbar auf Grund einer **konkreten inländischen oder ausländischen Arbeitsleistung** gewährt werden, sind vorab **direkt zuzuordnen**. Dies können z.B. Reisekosten, Überstundenvergütungen, Zuschläge für Sonntags-, Feiertags- oder Nachtarbeit, Auslandszulagen, Gestellung einer Wohnung im Tätigkeitsstaat, Kosten für Orientierungsreise, Sprachunterricht, interkulturelle Schulungen, Aufwendungen für Visa oder medizinische Untersuchungen für die Auslandstätigkeit und sonstige Auslagen oder Unterstützungsleistungen für die mitumziehende Familie sein. Daran schließt sich die Würdigung an, ob überhaupt steuerpflichtiger Arbeitslohn vorliegt oder ob nicht Leistungen im ganz überwiegend betrieblichen Interesse bzw. steuerfreie Aufwandserstattungen vorliegen. Der Gesamtarbeitslohn abzüglich der direkt zugeordneten Gehaltsbestandteile ist der verbleibende Arbeitslohn.

c) Aufteilung des verbleibenden Arbeitslohns

891 Der nicht direkt zuordnenbare, verbleibende Arbeitslohn ist aufzuteilen. Zum verbleibenden Arbeitslohn gehören z.B. neben den laufenden Vergütungen auch Zusatzvergütungen, die auf die nichtselbständige Arbeit des Arbeitnehmers innerhalb des gesamten Berechnungszeitraums entfallen (z.B. Weihnachts- und Urlaubsgeld). Hat sich das vereinbarte Gehalt während des Kalenderjahrs verändert, so ist dieser Veränderung Rechnung zu tragen.

Grundlage für die Berechnung des steuerfreien Arbeitslohns ist die Zahl der tatsächlichen Arbeitstage innerhalb eines Kalenderjahrs. Den tatsächlichen Arbeitstagen ist das für die entsprechende Zeit bezogene und nicht direkt zugeordnete Arbeitsentgelt gegenüberzustellen.

aa) Definition der tatsächlichen Arbeitstage

892 Die tatsächlichen Arbeitstage sind alle Tage innerhalb eines Kalenderjahrs, an denen der Arbeitnehmer seine Tätigkeit tatsächlich ausübt und für die er Arbeitslohn bezieht. Krankheitstage mit oder ohne Lohnfortzahlung, Urlaubstage und Tage des ganztägigen Arbeitszeitausgleichs sind folglich keine Arbeitstage. Dagegen können auch Wochenend- oder Feiertage grundsätzlich als tatsächliche Arbeitstage zu zählen sein, wenn der Arbeitnehmer an diesen Tagen seine Tätigkeit tatsächlich ausübt und diese durch den Arbeitgeber vergütet wird. Eine solche Vergütung liegt auch vor, wenn dem Arbeitnehmer ein entsprechender Arbeitszeitausgleich gewährt wird. Es kommt weder auf die Zahl der Kalendertage (365) noch auf die Anzahl der vertraglich vereinbarten Arbeitstage an.

Beispiel 1:

Ein Arbeitnehmer ist grundsätzlich an 250 Werktagen zur Arbeit verpflichtet und verfügt über einen Anspruch von 30 Urlaubstagen (= vereinbarte Arbeitstage: 220). Die tatsächlichen Tage verändern sich wie folgt:

Vereinbarte Arbeitstage	220
Arbeitnehmer überträgt 10 Urlaubstage vom Vorjahr	- 10
Arbeitnehmer überträgt 20 Urlaubstage ins Folgejahr	+ 20
Arbeitnehmer ist 30 Tage krank mit Lohnfortzahlung	- 30
Arbeitnehmer ist 30 Tage krank ohne Lohnfortzahlung	- 30
Tatsächliche Arbeitstage gesamt	170

Beispiel 2:

C ist laut Arbeitsvertrag von montags bis freitags verpflichtet zu arbeiten. Er macht eine Auslandsdienstreise von Freitag bis Montag, wobei C auch am Samstag und Sonntag für seinen Arbeitgeber tätig ist. Von seinem Arbeitgeber erhält C für Samstag eine Überstundenvergütung und für Sonntag einen ganztägigen Freizeitausgleich, den er bereits am Dienstag in Anspruch nimmt.

Außer Dienstag sind alle Tage als Arbeitstage zu zählen, weil C an diesen Tagen tatsächlich und entgeltlich gearbeitet hat. An dem Dienstag wurde jedoch tatsächlich keine Tätigkeit ausgeübt.

bb) Durchführung der Aufteilung

893 Das aufzuteilende Arbeitsentgelt ist in Bezug zu den tatsächlichen Arbeitstagen zu setzen. Daraus ergibt sich ein Arbeitsentgelt pro tatsächlichen Arbeitstag. Das aufzuteilende Arbeitsentgelt pro tatsächlichen Arbeitstag ist mit den tatsächlichen Arbeitstagen zu multiplizieren, an denen der Arbeitnehmer seine Tätigkeit im anderen Staat ausgeübt hat.

Beispiel 1:

A ist vom 1.1.2016 bis 31.7.2016 für seinen deutschen Arbeitgeber in Österreich tätig. Die vereinbarten Arbeitstage des A belaufen sich auf 220 Tage. Tatsächlich hat A jedoch in Österreich an 145 Tagen und in Deutschland an 95 Tagen gearbeitet (240 Tage). Der aufzuteilende Arbeitslohn beträgt 120 000 €.

Unter Berücksichtigung der Rückfallklauseln stellt Deutschland Einkünfte i.H.v. 145/240 x 120 000 € = 72 500 € unter Progressionsvorbehalt steuerfrei und unterwirft 95/240 x 120 000 € = 47 500 € der deutschen Besteuerung.

Beispiel 2:
A ist vom 1.1.2016 bis 31.7.2016 für seinen deutschen Arbeitgeber in Japan tätig. Seinen Familienwohnsitz in Deutschland behält er bei. Er erhält in 2016 einen Arbeitslohn einschließlich Weihnachtsgeld und Urlaubsgeld i.H.v. 80 000 €. Für die Tätigkeit in Japan erhält er zusätzlich eine Zulage i.H.v. 30 000 €. A ist in 2016 vertraglich an 200 Tagen zur Arbeit verpflichtet, übt seine Tätigkeit jedoch tatsächlich an 220 Tagen (davon 140 in Japan) aus.

Deutschland hat für den Arbeitslohn, der auf die Tätigkeit in Japan entfällt, kein Besteuerungsrecht, weil sich A länger als 183 Tage (210 Tage) in 2016 in Japan aufgehalten hat (Art. 15, 23 Abs. 1 Buchst. a DBA-Japan). Der steuerfreie Arbeitslohn berechnet sich wie folgt:

Die Zulage i.H.v. 30 000 € ist der Auslandstätigkeit unmittelbar zuzuordnen und deshalb im Inland steuerfrei. Der übrige Arbeitslohn i.H.v. 80 000 € ist nach den tatsächlichen Arbeitstagen aufzuteilen. Die tatsächlichen Arbeitstage in 2016 sollen hier 220 Tage betragen. Den tatsächlichen Arbeitstagen in 2016 ist das aufzuteilende Arbeitsentgelt i.H.v. 80 000 € gegenüberzustellen. Es ergibt sich ein aufzuteilendes Arbeitsentgelt pro tatsächlichem Arbeitstag i.H.v. 363,64 €. Dieses Entgelt ist mit den tatsächlichen Arbeitstagen zu multiplizieren, die auf die Tätigkeit in Japan entfallen, hier 140 Tage. Von den 80 000 € Arbeitslohn sind daher 140 x 363,64 € = 50 910 € im Inland steuerfrei. Der insgesamt steuerfreie Arbeitslohn i.H.v. 80 910 € (30 000 € + 50 910 €) ist nach Abzug von Werbungskosten, die in unmittelbarem wirtschaftlichen Zusammenhang mit der Tätigkeit in Japan angefallen sind, freizustellen und nur im Wege des Progressionsvorbehalts zu berücksichtigen (sofern § 50d Abs. 8 oder 9 EStG nicht anzuwenden ist). Der übrige Arbeitslohn i.H.v. 29 090 € ist im Inland steuerpflichtig.

Dabei ist zu beachten, dass Vergütungen grundsätzlich dem Zeitraum zugeordnet werden müssen, in dem sie erdient bzw. für den sie gezahlt wurden. Aus Vereinfachungsgründen kann bei der Übertragung von Urlaubstagen in ein anderes Kalenderjahr von diesem Grundsatz abgewichen werden. Die Vereinfachungsregelung greift jedoch nicht bei der finanziellen Abgeltung von Urlaubsansprüchen.

Beispiel 3:
Der ausschließlich in Deutschland ansässige D übt seine Tätigkeit für einen deutschen Arbeitgeber im Rahmen einer Werkleistungsverpflichtung in 2015 an 30 Tagen bei Kunden in Deutschland und an 200 Tagen bei Kunden in der Schweiz aus. In 2016 wird er ausschließlich in der Schweiz tätig. Er erhält im Februar 2016 eine allgemeine Prämienzahlung für 2015.

Die Prämienzahlung ist nach den Verhältnissen des Erdienungszeitraums (2015) aufzuteilen und lediglich zu 200/230 unter Progressionsvorbehalt von der deutschen Besteuerung auszunehmen.

Beispiel 4:
B ist in 2015 und 2016 für seinen deutschen Arbeitgeber sowohl im Inland als auch in Schweden tätig. Seinen Familienwohnsitz in Deutschland behält er bei. In beiden Jahren hält sich B länger als 183 Tage in Schweden auf. Die vereinbarten Arbeitstage des B belaufen sich in den Kalenderjahren 2015 und 2016 auf jeweils 220 Tage zuzüglich der vertraglichen Urlaubstage von je 30 Tagen. Der Urlaub von 2015 und 2016 wird vollständig in 2016 genommen. Die tatsächlichen Arbeitstage in 2015 betragen in Schweden 230 Tage, auf das Inland entfallen 20 Arbeitstage. In 2016 entfallen 150 tatsächliche Arbeitstage auf Schweden und 40 tatsächliche Arbeitstage auf das Inland. Der aufzuteilende Arbeitslohn beträgt 50 000 € in 2015 und 60 000 € in 2016.

Deutschland hat für den Arbeitslohn, der auf die Tätigkeit in Schweden entfällt, kein Besteuerungsrecht, weil sich B länger als 183 Tage in 2015 und 2016 in Schweden aufgehalten hat (Art. 15, 23 Abs. 1 Buchst. a DBA-Schweden). Der steuerfreie Arbeitslohn berechnet sich wie folgt:

Jahr 2015:
Die tatsächlichen Arbeitstage (250) setzen sich aus den vertraglich vereinbarten Arbeitstagen (220) und aus den in 2015 nicht genommenen Urlaubstagen (30) zusammen. Die so ermittelten 250 tatsächlichen Arbeitstage sind dem aufzuteilenden Arbeitsentgelt von 50 000 € gegenüberzustellen. Das aufzuteilende Arbeitsentgelt pro Arbeitstag beträgt 200 €. Dieser Betrag ist mit den Arbeitstagen zu multiplizieren, an denen sich B tatsächlich in Schweden aufgehalten hat. Von den 50 000 € Jahresarbeitslohn sind in 2015 daher 46 000 € (230 Tage x 200 €) im Inland unter Beachtung des § 50d Abs. 8 und 9 EStG steuerfrei und nach Abzug von Werbungskosten, die im Zusammenhang mit der in Schweden ausgeübten Tätigkeit angefallen sind, beim Progressionsvorbehalt zu berücksichtigen. Der übrige Arbeitslohn i.H.v. 4 000 € ist im Inland steuerpflichtig.

Jahr 2016:
Wegen des aus dem Kalenderjahr 2015 übertragenen Urlaubs sind nur 190 tatsächliche Arbeitstage angefallen. Aus Vereinfachungsgründen kann die wirtschaftliche Zuordnung des auf den Urlaub des Jahrs 2015 entfallenden Arbeitslohns verzichtet werden. Bei einem Jahresarbeitslohn von 60 000 € im Kalenderjahr 2016 ergibt sich ein Arbeitslohn pro Kalendertag von 315,79 € (60 000 €/190). Im Kalenderjahr 2016 sind danach insgesamt 47 369 € (375,79 € x 150 tatsächliche Arbeitstage) im Inland unter Beachtung des § 50d Abs. 8 und 9 EStG steuerfrei und beim Progressionsvorbehalt zu berücksichtigen. Der verbleibende Betrag i.H.v. 12 631 € ist im Inland steuerpflichtig.

Beispiel 5:
Sachverhalt wie Beispiel 4. Der in 2015 in das Jahr 2016 übertragene Urlaub wird jedoch nicht beansprucht, sondern vom Arbeitgeber im Juli 2016 mit einer Einmalzahlung i.H.v. 10 000 € abgegolten. Der Arbeitnehmer übte seine Tätigkeit an 150 Arbeitstagen in Schweden und an 70 Arbeitstagen in Deutschland aus.

Jahr 2015:
Lösung wie in Beispiel 4

Jahr 2016:
B hat im Jahr 2016 tatsächlich an 220 Arbeitstagen seine Tätigkeit ausgeübt. Der Urlaub, der mit der Einmalzahlung abgegolten wurde, ist wirtschaftlich dem Jahr 2015 zuzuordnen. Folglich sind für diese Einmalzahlung die Verhältnisse von 2015 entscheidend. In 2016 ergibt sich deshalb folgender steuerfrei zu stellender Arbeitslohn:

60 000 € x 150/220 =	40 909 €
+ 10 000 € x 230/250 =	9 200 €
insgesamt	50 109 €

Der übrige Arbeitslohn i.H.v. 19 891 € (70 000 € - 50 109 €) ist der deutschen Besteuerung zu unterwerfen.

Hält sich der Arbeitnehmer an einem Arbeitstag nicht ausschließlich im anderen Staat auf (z.B. an Reisetagen), so ist das Arbeitsentgelt für diesen Arbeitstag zeitanteilig aufzuteilen. Dies muss ggf. im Schätzungswege erfolgen. Hierbei ist die für diesen Tag tatsächliche Arbeitszeit zu Grunde zu legen.

Darüber hinaus ist bei der Aufteilung zu berücksichtigen, dass tatsächliche Arbeitszeiten, die in Transitländern verbracht werden, dem Ansässigkeitsstaat zuzuordnen sind.

cc) Aufteilung im Lohnsteuerabzugsverfahren

Zahlt der Arbeitgeber seinem Arbeitnehmer Arbeitslohn, der nach einem Doppelbesteuerungsabkommen teilweise steuerfrei und teilweise steuerpflichtig ist, so hat der Arbeitgeber für den nach § 38 Abs. 3 EStG vorzunehmenden Lohnsteuerabzug zunächst den im **Lohnzahlungszeitraum direkt zuordenbaren Arbeitslohn** zu ermitteln und entsprechend als **steuerfrei oder steuerpflichtig zu behandeln**. Den verbleibenden und nicht direkt zuordenbaren Arbeitslohn hat der Arbeitgeber in einen steuerfreien und steuerpflichtigen Teil aufzuteilen.

Als unmittelbar auf Grund einer konkreten inländischen oder ausländischen Arbeitsleistung **direkt zuordenbarer Arbeitslohn** kommen z.B. Reisekosten, Überstundenvergütungen, Zuschläge für Sonntags-, Feiertags- oder Nachtarbeit, Auslandszulagen, die Gestellung einer Wohnung im Tätigkeitsstaat, Unterstützungsleistungen für die mitumziehende Familie in Betracht.

Der Gesamtarbeitslohn abzüglich der direkt zugeordneten Gehaltsbestandteile ist der verbleibende Arbeitslohn. Zum verbleibenden Arbeitslohn gehören z.B. neben den laufenden Vergütungen auch Zusatzvergütungen, die auf die nichtselbständige Arbeit des Arbeitnehmers innerhalb des gesamten nach dem Doppelbesteuerungsabkommen zu berücksichtigenden Zeitraums entfallen (z.B. sonstige Bezüge wie Weihnachts- und Urlaubsgeld).

Die Regelung, dass der steuerfreie Arbeitslohnteil **nach den tatsächlichen Arbeitstagen** innerhalb eines Kalenderjahres zu ermitteln ist (BMF v. 12.11.2014, IV B 2 – S 1300/08/10027, BStBl I 2014, 1467, Rdnr. 162) **gilt auch für das Lohnsteuerabzugsverfahren**. Daher hat der Arbeitgeber für die Lohnsteuererhebung den steuerfreien Anteil von nicht direkt zuordenbarem Arbeitslohn nach den tatsächlichen Arbeitstagen des Arbeitnehmers im Kalenderjahr zu berechnen.

Da im Zeitpunkt der Lohnsteuererhebung der Arbeitgeber die tatsächlichen Arbeitstage i.d.R. nicht abschließend ermitteln kann, soll in Kürze ein BMF-Schreiben ergehen, nach dem es **aus Vereinfachungsgründen** nicht beanstandet wird, wenn der Arbeit-

Doppelbesteuerungsabkommen bei Einkünften aus nichtselbständiger Arbeit

geber im jeweiligen Lohnzahlungszeitraum anstatt der tatsächlichen Arbeitstage im Kalenderjahr die jeweils **voraussichtlichen tatsächlichen Arbeitstage** im Kalenderjahr ansetzt (Prognose).

Sobald das BMF-Schreiben vorliegt, unterrichten wir Sie unverzüglich durch unseren Online-Aktualisierungsdienst (s. Benutzerhinweise auf S. IV).

d) Besonderheiten bei der Aufteilung bestimmter Lohnbestandteile

895 Unabhängig vom Zuflusszeitpunkt ist eine **zeitraumbezogene Erfolgsvergütung** nach den Verhältnissen des Zeitraums zuzuordnen, für den sie gewährt wird (BFH v. 27.1.1972, I R 37/70, BStBl II 1972, 459) und ggf. unter Beachtung des § 50d Abs. 8 bzw. 9 EStG und des Progressionsvorbehalts von der inländischen Besteuerung freizustellen. Dagegen ist eine **projektbezogene Erfolgsvergütung** vorab direkt zuzuordnen.

Urlaubsentgelt (laufende Vergütung), **Urlaubs- und Weihnachtsgeld** (Vergütungen die auf den gesamten Berechnungszeitraum entfallen) sind in die Aufteilung einzubeziehen. Dies gilt auch für Bezüge, die für den Verzicht auf den Urlaub gezahlt werden (Urlaubsabgeltung für nicht genommenen Urlaub). Dabei ist der Teil der Urlaubsentgelte im Inland freizustellen, der auf die im Ausland ausgeübte Tätigkeit entfällt.

Eine **einmalige Zahlung** (z.B. Jubiläumszahlung), die eine **Nachzahlung für eine frühere aktive Tätigkeit** darstellt und anteilig auf die Auslands- und Inlandstätigkeit entfällt, ist nach den **vorgenannten Grundsätzen aufzuteilen**. Für die Zuweisung des Besteuerungsrechts kommt es nicht darauf an, zu welchem Zeitpunkt und wo die Vergütung gezahlt wird, sondern allein darauf, dass sie dem Arbeitnehmer für eine Auslandstätigkeit gezahlt wird (BFH v. 5.2.1992, I R 158/90, BStBl II 1992, 660). Eine Nachzahlung für eine frühere aktive Tätigkeit liegt nicht vor, wenn die einmalige Zahlung ganz oder teilweise der Versorgung dient (BFH v. 5.2.1992, I R 158/90, BStBl II 1992, 660; BFH v. 12.10.1978, I R 69/75, BStBl II 1979, 64).

5. Besonderheiten

a) Berufskraftfahrer

896 **Berufskraftfahrer** halten sich während der Arbeitsausübung **in oder bei ihrem Fahrzeug** auf (BFH v. 31.3.2004, I R 88/03 BStBl II 2004, 936). Das Fahrzeug ist daher ihr **Ort der Arbeitsausübung**. Der Ort der Arbeitsausübung des Berufskraftfahrers bestimmt sich nach dem jeweiligen Aufenthalts- oder Fortbewegungsort des Fahrzeugs. Zu den Berufskraftfahrern zählen auch Auslieferungsfahrer, nicht aber Reisevertreter. Fahrten zwischen der Wohnung und dem Standort des Fahrzeugs gehören nicht zur beruflichen Tätigkeit des Berufskraftfahrers i.S. der Doppelbesteuerungsabkommen.

Wenn der **Berufskraftfahrer und der Arbeitgeber im Inland ansässig** sind und der Arbeitslohn **nicht von einer ausländischen Betriebsstätte getragen** wird, gilt Folgendes (BMF v. 12.11.2014, IV B 2 – S 1300/08/10027, BStBl I 2014, 1467, Rdnr. 280):

Soweit die Vergütungen aus nichtselbständiger Arbeit auf Tätigkeiten des Berufskraftfahrers in Deutschland entfallen, ist der Anwendungsbereich der Doppelbesteuerungsabkommen nicht betroffen. Diese Vergütungen unterliegen der **inländischen unbeschränkten Einkommensteuerpflicht**.

Soweit der Berufskraftfahrer seine Tätigkeit in einem anderen Staat ausübt, ist **anhand der 183 Tage-Klausel** zu prüfen, welchem der beiden Vertragsstaaten das **Besteuerungsrecht** für die auf das Ausland entfallenden Einkünfte **zusteht**.

Die Berechnung der 183 Tage-Frist ist dabei für **jeden Vertragsstaat gesondert** durchzuführen. Die von einem Berufskraftfahrer ausgeübte Fahrtätigkeit führt dazu, dass auch **Anwesenheitstage der Durchreise** in einem Staat bei der Ermittlung der 183 Tage-Frist als **volle Tage der Anwesenheit** in diesem Staat zu berücksichtigen sind. Durchquert der Fahrer an einem Tag mehrere Staaten, so zählt dieser Tag für Zwecke der Ermittlung der 183 Tage-Frist in jedem dieser Staaten als voller Anwesenheitstag.

> **Beispiel 1:**
> Der in München wohnhafte Berufskraftfahrer A nimmt seine Fahrt morgens in München auf, und fährt über Österreich nach Italien. Von dort kehrt er am selben Tage über die Schweiz nach München zurück.
>
> Bei Berufskraftfahrern sind auch Tage der Durchreise als volle Anwesenheitstage im jeweiligen Staat zu berücksichtigen. Für die Ermittlung der 183 Tage-Frist ist damit für Österreich, Italien und die Schweiz jeweils ein Tag zu zählen.

Wenn der **Berufskraftfahrer im Inland ansässig** ist und der **Arbeitgeber im Ausland ansässig** ist oder der Arbeitslohn **von einer ausländischen Betriebsstätte getragen** wird, gilt Folgendes (BMF v. 12.11.2014, IV B 2 – S 1300/08/10027, BStBl I 2014, 1467, Rdnr. 285):

In den Fällen, in denen der Berufskraftfahrer in Deutschland, sein Arbeitgeber aber in dem anderen Vertragsstaat ansässig ist, steht Deutschland das Besteuerungsrecht für die Vergütungen des Berufskraftfahrers aus unselbständiger Arbeit zu, soweit die Vergütungen auf **Tätigkeiten des Berufskraftfahrers im Inland** entfallen.

Soweit der Berufskraftfahrer seine Tätigkeit in dem Staat ausübt, in dem der Arbeitgeber ansässig ist, ist die Anwendung des Art. 15 Abs. 2 OECD-MA ausgeschlossen, weil die Voraussetzungen des Art. 15 Abs. 2 Buchst. b OECD-MA nicht vorliegen. Mit jedem Tätigwerden des Berufskraftfahrers im Ansässigkeitsstaat des Arbeitgebers steht diesem als Tätigkeitsstaat das Besteuerungsrecht insoweit zu (Art. 15 Abs. 1 OECD-MA).

Übt der Berufskraftfahrer seine Tätigkeit in einem Drittstaat aus, d.h. weder in Deutschland noch in dem Staat, in dem der Arbeitgeber ansässig ist, steht das Besteuerungsrecht für die auf den Drittstaat entfallenden Arbeitsvergütungen im Verhältnis zum Ansässigkeitsstaat des Arbeitgebers Deutschland als Ansässigkeitsstaat des Berufskraftfahrers zu. Besteht mit dem jeweiligen Drittstaat ein Doppelbesteuerungsabkommen, ist im Verhältnis zu diesem Staat nach diesem Doppelbesteuerungsabkommen zu prüfen, welchem Staat das Besteuerungsrecht zusteht. Soweit die Tätigkeit im jeweiligen Drittstaat an nicht mehr als 183 Tagen ausgeübt wird, verbleibt das Besteuerungsrecht i.d.R. bei Deutschland.

Diese Ausführungen gelten entsprechend für die Fälle, in denen der Arbeitgeber in Deutschland oder in einem Drittstaat ansässig ist, die Arbeitsvergütungen aber von einer Betriebsstätte im Tätigkeitsstaat getragen werden.

Besonderheiten ergeben sich im Übrigen aus der Verständigungsvereinbarung mit Luxemburg, vgl. BMF v. 19.9.2011, IV B 3 – S 1301-LUX/07/10002, BStBl I 2011, 849.

> **Beispiel 2:**
> A, ansässig im Inland, ist für seinen in Österreich ansässigen Arbeitgeber als Berufskraftfahrer tätig. Im Jahr 2016 war A das ganze Jahr über im Inland tätig. Lediglich zwei Arbeitstage hat A in Österreich und zwei Arbeitstage in Italien verbracht. A ist kein Grenzgänger i.S.v. Art. 15 Abs. 6 DBA-Österreich.
>
> Deutschland hat als Ansässigkeitsstaat des A das Besteuerungsrecht für die Arbeitsvergütungen, die auf die Arbeitstage entfallen, an denen A seine Tätigkeit in Deutschland ausgeübt hat (Art. 15 Abs. 1 DBA-Österreich). Zudem hat Deutschland das Besteuerungsrecht für die Arbeitsvergütungen, die auf die in Italien verbrachten Arbeitstage entfallen, weil sich A nicht mehr als 183 Tage in Italien aufgehalten hat (Art. 15 Abs. 2 DBA-Italien). Dagegen wird Österreich das Besteuerungsrecht für die Arbeitsvergütungen zugewiesen, die auf die Tage entfallen, an denen A in Österreich seine Tätigkeit ausgeübt hat (Art. 15 Abs. 1 Satz 2, Abs. 2 Buchst. b DBA-Österreich). Insoweit stellt Deutschland die Einkünfte unter Beachtung des § 50d Abs. 8 bzw. 9 EStG und des Progressionsvorbehalts frei (Art. 23 Abs. 1 Buchst. a DBA-Österreich).

b) Personal auf Schiffen und Flugzeugen

897 Für Vergütungen des **Bordpersonals von Seeschiffen und Luftfahrzeugen im internationalen Verkehr** und des **Bordpersonals von Schiffen im Binnenverkehr** enthalten die Abkommen entsprechend Art. 15 Abs. 3 OECD-MA i.d.R. gesonderte Bestimmungen. Das **Besteuerungsrecht** für diese Vergütungen wird grundsätzlich **dem Vertragsstaat** zugewiesen, in dem sich der **Ort der tatsächlichen Geschäftsleitung des Unternehmens** befindet, das das Seeschiff oder Luftfahrzeug betreibt. Einzelheiten s. BMF v. 12.11.2014, IV B 2 – S 1300/08/10027, BStBl I 2014, 1467, Rdnr. 291 ff.

Abweichend hiervon regeln die **DBA-Liberia** sowie **DBA-Trinidad und Tobago** die Zuweisung des Besteuerungsrechts der Vergütungen aus unselbständiger Arbeit des Bordpersonals von Schiffen und Flugzeugen nicht besonders. Es sind damit **die allgemeinen Regelungen** des Art. 15 Abs. 1 und 2 DBA-Liberia oder des Art. 15 Abs. 1 und 2 DBA-Trinidad und Tobago anzuwenden. Soweit sich ein Schiff, das unter liberianischer Flagge oder unter der Flagge von Trinidad und Tobago fährt, im Hoheitsgebiet von Liberia oder Trinidad und Tobago oder auf hoher See aufhält, ist Liberia oder Trinidad und Tobago als Tätigkeitsstaat des Personals an Bord des Schiffs anzusehen. Das Besteuerungsrecht für diese Einkünfte steht damit grundsätzlich Liberia oder Trinidad und Tobago zu. Liberia macht von seinem Besteuerungsrecht allerdings keinen Gebrauch (BMF v. 12.11.2014, IV B 2 – S 1300/08/10027, BStBl I 2014, 1467, Rdnr. 300).

6. Anwendung von Doppelbesteuerungsabkommen im Lohnsteuerabzugsverfahren/ Veranlagungsverfahren

898 Ist nach einem Doppelbesteuerungsabkommen die **Steuerbefreiung** von einem **Antrag** abhängig, so darf der Lohnsteuerabzug nur dann unterbleiben, wenn eine **Bescheinigung des Betriebsstättenfinanzamts** vorliegt, dass der Arbeitslohn nicht der deutschen Lohnsteuer unterliegt (BFH v. 10.5.1989, I R 50/85, BStBl II 1989, 755). Zu Einzelheiten → *Freistellungsbescheinigung* Rz. 1344. Es besteht daher für eine Klage auf Feststellung der nicht bestehenden Verpflichtung zum Lohnsteuerabzug kein Rechtsschutzbedürfnis (BFH v. 12.6.1997, I R 72/96, BStBl II 1997, 660). Die Nachweispflicht des § 50d Abs. 8 EStG betrifft nicht das Lohnsteuerabzugsverfahren (R 39b.10 Satz 6 LStR).

Sind bei einem unbeschränkt steuerpflichtigen Arbeitnehmer vom Arbeitslohn, der nach einem Doppelbesteuerungsabkommen steuerbefreit ist, Steuerabzugsbeträge einbehalten worden, kann der Arbeitnehmer den Verzicht auf die Besteuerung im Rahmen der Einkommensteuerveranlagung beantragen; zur Nachholung des Antrags auf Veranlagung bei rückwirkendem Inkrafttreten eines Doppelbesteuerungsabkommens s. BFH v. 13.11.2002, I R 74/01, BStBl II 2003, 477 (→ *Veranlagung von Arbeitnehmern* Rz. 2976). Der beschränkt steuerpflichtige Arbeitnehmer kann die Erstattung im Veranlagungsverfahren nach § 50 Abs. 2 EStG oder außerhalb des Veranlagungsverfahrens beim zuständigen Finanzamt beantragen.

Der **Verzicht auf den Lohnsteuerabzug schließt weder die Erfassung des Arbeitslohns noch die Berücksichtigung des Progressionsvorbehalts bei einer Veranlagung des Arbeitnehmers** aus (→ *Progressionsvorbehalt* Rz. 2331; R 39b.10 Satz 5 LStR).

Die Freistellung von Einkünften aus nichtselbständiger Arbeit eines unbeschränkt steuerpflichtigen Arbeitnehmers nach einem Doppelbesteuerungsabkommen wird nach § 50d Abs. 8 EStG **ab 2004** bei der **Veranlagung** nur gewährt, soweit der Arbeitnehmer nachweist, dass der Staat, dem das Besteuerungsrecht zusteht, auf sein Besteuerungsrecht verzichtet oder dass die in diesem Staat auf diese Einkünfte festgesetzten Steuern entrichtet wurden. Wird ein solcher Nachweis erst nachträglich erbracht, ist der Steuerbescheid, in dem die Einkünfte berücksichtigt wurden, nach § 50d Abs. 8 Satz 2 EStG zu ändern. Aus Vereinfachungsgründen gewährt die Finanzverwaltung die Freistellung von der deutschen Steuer auch ohne das Erbringen von Nachweisen, wenn der maßgebende Arbeitslohn im Veranlagungszeitraum insgesamt nicht mehr als 10 000 € beträgt (s. zur Anwendung des § 50d Abs. 8 EStG im Einzelnen das Merkblatt des BMF v. 21.7.2005, IV B 1 – S 2411 – 2/05, BStBl I 2005, 821).

Der nach einem Doppelbesteuerungsabkommen steuerfreie Arbeitslohn gehört nicht in die Bemessungsgrundlage zur Kürzung des Vorwegabzugs bei Vorsorgeaufwendungen (→ *Sonderausgaben* Rz. 2686).

7. Auskunftsaustausch mit anderen Staaten über Arbeitslöhne

899 Die Finanzbehörden erteilen anderen EU-Staaten und Staaten, mit denen – insbesondere in Doppelbesteuerungsabkommen – ein entsprechender Austausch vereinbart ist, Auskünfte über Sachverhalte, die im Ausland zu einer Besteuerung oder Steuererhöhung führen können. Im Einzelnen s. hierzu BMF v. 16.11.2006, IV B 1 – S 1320 – 66/06, BStBl I 2006, 698; BMF v. 25.5.2012, IV B 6 – S 1320/07/10004, BStBl I 2012, 599 und BMF v. 10.11.2015, IV B 6 – S 1301/11/10002, www.stotax-first.de.

8. Sozialversicherungspflicht

900 Die Beitragspflicht von Arbeitsentgelt wird nicht dadurch beseitigt, dass auf Grund eines Doppelbesteuerungsabkommens von diesem Arbeitsentgelt keine Lohnsteuer gezahlt wird. Das gilt auch für die Bezüge, die zusätzlich zu Löhnen und Gehältern gezahlt werden.

→ *Auslandstätigkeit* Rz. 462; → *Ausstrahlung* Rz. 480

Doppelte Haushaltsführung: Allgemeines

Inhaltsübersicht:

	Rz.
1. Allgemeines	901
a) Vorbemerkung	901
b) Begriff „doppelte Haushaltsführung"	902
2. Abgrenzung gegenüber Auswärtstätigkeiten und Wegen zwischen Wohnung und erster Tätigkeitsstätte	903
a) Abgrenzung	903
b) Wahlrecht für Fahrten zwischen Wohnung und erster Tätigkeitsstätte	904
3. Notwendigkeit der Aufwendungen	908
4. Berufliche Veranlassung	909
a) Begründung der doppelten Haushaltsführung	909
b) Beibehaltung der doppelten Haushaltsführung	910
c) Anerkennung nach Eheschließung	911
d) Beendigung durch Trennung der Ehegatten	912
e) Wegverlegung der Hauptwohnung	913
f) Nichteheliche Lebensgemeinschaften, Lebenspartner, Lebensgefährten	918
g) Doppelte Haushaltsführung mit Ehegatten	919
5. Zweitwohnung	920
a) Abgrenzung zu nicht abziehbaren Lebenshaltungskosten	920
b) Unterkunftskosten als allgemeine Werbungskosten	921
c) Anforderungen an die Zweitwohnung	922
6. Ort der ersten Tätigkeitsstätte	923
7. Begünstigter Personenkreis	924
8. Eigener Hausstand	925
a) Allgemeines	925
b) Nutzung aus eigenem Recht	926
c) Eingliederung in den Haushalt der Eltern	927
d) Beschaffenheit der Wohnung	928
9. Finanzielle Beteiligung	929
10. Lebensmittelpunkt	930
a) Allgemeines	930
b) Verheiratete Arbeitnehmer	931
c) Alleinstehende Arbeitnehmer	932
d) Beurteilung nach Zahl der Familienheimfahrten	933
e) Beurteilung nach Größe und Ausstattung der Wohnungen	934
f) Besonderheiten bei ausländischen Arbeitnehmern	935
11. Nachweise	936
12. Lohnsteuerabzug	937
13. Umsatzsteuer	938

1. Allgemeines

a) Vorbemerkung

901 Unter diesem Stichwort wird zur besseren Übersicht nur dargelegt, unter welchen Voraussetzungen eine doppelte Haushaltsführung steuerlich anerkannt werden kann.

Welche Aufwendungen der Arbeitnehmer bei einer beruflich veranlassten doppelten Haushaltsführung als Werbungskosten abziehen bzw. der Arbeitgeber seinen Arbeitnehmern steuerfrei erstatten darf, ist unter → *Doppelte Haushaltsführung: Erstattungsbeträge* Rz. 939 dargestellt. Übersichten und Tabellen hierzu finden sich im Anhang (→ *Anhang, A. Lohnsteuer* Rz. 3390).

Wie die **Mahlzeitengestellung** bei Auswärtstätigkeiten und doppelter Haushaltsführung steuerlich zu behandeln ist, ist unter → *Mahlzeiten aus besonderem Anlass* Rz. 1976 dargestellt.

Mit dem Gesetz zur Änderung und Vereinfachung der Unternehmensbesteuerung und des steuerlichen Reisekostenrechts v. 20.2.2013 (BGBl. I 2013, 285, BStBl I 2013, 188) ist das steuerliche **Reisekostenrecht ab 2014 geändert** worden, s. ausführlich „ABC des Lohnbüros" 2014 Rdnr. 2251 ff.

Grundlegende Änderungen betreffen aber auch die doppelte Haushaltsführung, und zwar insbesondere bei

– der **Anerkennung eines eigenen Hausstands** (→ Rz. 929),

– und der **Berücksichtigung von Unterkunftskosten** (→ *Doppelte Haushaltsführung: Erstattungsbeträge* Rz. 959).

Ausführliche Erläuterungen zur Reform des Reisekostenrechts ab 2014 und den Änderungen bei der doppelten Haushaltsführung im **Arbeitnehmerbereich** enthält das **ergänzte Einführungsschreiben des BMF v. 24.10.2014, IV C 5 – S 2353/14/10004, BStBl I 2014, 1412**, dessen Inhalt nachstehend berücksichtigt worden ist.

Doppelte Haushaltsführung: Allgemeines

keine Sozialversicherungspflicht = ⓢⓥ
Sozialversicherungspflicht = Ⓢⓥ

Zu den Auswirkungen des neuen Reisekostenrechts bei der **Gewinnermittlung** ist auf BMF v. 23.12.2014, IV C 6 – S 2145/10/10005 :001, BStBl I 2015, 26 hinzuweisen.

b) Begriff „doppelte Haushaltsführung"

902 Zu den **Werbungskosten** gehören nach § 9 Abs. 1 Satz 3 Nr. 5 EStG notwendige Mehraufwendungen, die einem Arbeitnehmer wegen einer **beruflich veranlassten doppelten Haushaltsführung** entstehen. Eine doppelte Haushaltsführung liegt nur vor, wenn der Arbeitnehmer außerhalb des Ortes seiner ersten Tätigkeitsstätte einen eigenen Hausstand unterhält und auch am Ort der ersten Tätigkeitsstätte wohnt (R 9.11 Abs. 1 LStR). Das Vorliegen eines eigenen Hausstands setzt das Innehaben einer Wohnung sowie eine finanzielle Beteiligung an den Kosten der Lebensführung voraus. Die Anzahl der Übernachtungen ist unerheblich.

Die Aufwendungen können ggf. vom **Arbeitgeber** nach § 3 Nr. 13 oder 16 EStG in dem Umfang **steuerfrei ersetzt** werden, in dem der Arbeitnehmer entsprechende Aufwendungen als Werbungskosten absetzen könnte (R 9.11 Abs. 10 Satz 2 LStR).

Die doppelte Haushaltsführung ist **von anderen Auswärtstätigkeiten (Dienstreise, Fahrtätigkeit, Einsatzwechseltätigkeit) abzugrenzen**. Einzelheiten → *Reisekosten: Allgemeine Grundsätze* Rz. 2409.

Eine Übersicht der steuerfreien Erstattungsmöglichkeiten enthält → *Anhang, A. Lohnsteuer* Rz. 3390.

Die mit dem Jahressteuergesetz 1996 eingeführte zeitliche Beschränkung der doppelten Haushaltsführung auf höchstens zwei Jahre ist durch das StÄndG 2003 ab 1.1.2003 aufgehoben worden. Damit ist die Anerkennung der doppelten Haushaltsführung **nunmehr zeitlich unbefristet möglich**. Jedoch ist insbesondere bei ledigen Arbeitnehmern bei einer doppelten Haushaltsführung über einen längeren Zeitraum genau zu prüfen, ob sich der Lebensmittelpunkt nicht an den Beschäftigungsort verlagert hat (z.B. BFH v. 21.4.2010, VI R 26/09, BStBl II 2012, 618).

2. Abgrenzung gegenüber Auswärtstätigkeiten und Wegen zwischen Wohnung und erster Tätigkeitsstätte

a) Abgrenzung

903 Da die doppelte Haushaltsführung steuerlich **gegenüber Auswärtstätigkeiten ungünstiger ist**, sollte im jeweiligen Einzelfall zunächst geprüft werden, ob nicht eine steuerfreie Erstattung bzw. Werbungskostenabzug der Mehraufwendungen nach den Grundsätzen für Auswärtstätigkeiten möglich ist. Denn der **Arbeitgeber kann**

- dem Arbeitnehmer bei **Auswärtstätigkeiten alle Zwischenheimfahrten**, auch mehrere Heimfahrten in der Woche, entweder **in nachgewiesener Höhe** oder mit **pauschalen km-Sätzen (für Pkw 0,30 €/km)** steuerfrei ersetzen.
- Bei der **doppelten Haushaltsführung** gilt dies nur
  - für **eine** Familienheimfahrt wöchentlich
  - und auch nur – Ausnahme bei Behinderten – in Höhe der niedrigeren **Entfernungspauschale** von 0,30 € je Entfernungskilometer (km-Satz also nur **0,15 €**).

Eine **Auswärtstätigkeit** liegt nicht nur vor, wenn der Arbeitnehmer täglich auswärts tätig ist. Sie ist auch bei solchen Arbeitnehmern anzunehmen, die eine längere **vorübergehende Auswärtstätigkeit** ausüben, solange die neue Tätigkeitsstätte nicht zur „ersten Tätigkeitsstätte" i.S.d. § 9 Abs. 4 EStG wird.

> **Beispiel 1:**
> A (verheiratet) wird auf Wunsch seines Arbeitgebers für ein halbes Jahr an eine auswärtige Filiale „**abgeordnet**", danach soll er an den Firmensitz (dieser ist erste Tätigkeitsstätte i.S.d. § 9 Abs. 4 EStG) zurückkommen.
>
> Bei einer Abordnung bis zu 48 Monaten gelten für den gesamten Zeitraum die steuerlichen Regeln für Auswärtstätigkeiten (BMF v. 24.10.2014, IV C 5 – S 2353/14/10004, BStBl I 2014, 1412 Rdnr. 20). Der Arbeitgeber darf danach A alle Heimfahrten mit den tatsächlichen Kosten oder den pauschalen Kilometersätzen (für Pkw 0,30 €/km) steuerfrei ersetzen. Hinzu kommt die Erstattung von Verpflegungsmehraufwendungen (nur in den ersten drei Monaten) und der Kosten für die Unterkunft am Beitsort.

> **Beispiel 2:**
> Sachverhalt wie oben, A ist jedoch ohne zeitliche Befristung an die auswärtige Filiale „**versetzt**" worden (neue erste Tätigkeitsstätte, s. BMF v. 24.10.2014, IV C 5 – S 2353/14/10004 BStBl I 2014, 1412 Rdnr. 20).
>
> Es gelten vom ersten Tag an die engeren Regeln der doppelten Haushaltsführung, d.h. der Arbeitgeber darf von Anfang an nur **eine** Familienheimfahrt wöchentlich i.H.d. Entfernungspauschale steuerfrei ersetzen. Hinzu kommt die Erstattung von Verpflegungsmehraufwendungen (längstens für drei Monate) und der Kosten für die Unterkunft am Arbeitsort.

b) Wahlrecht für Fahrten zwischen Wohnung und erster Tätigkeitsstätte

904 Es kommt häufig vor, dass Arbeitnehmer mit doppelter Haushaltsführung **mehrmals wöchentlich nach Hause fahren**. Der Werbungskostenabzug der Mehraufwendungen für eine doppelte Haushaltsführung kann dann wegen des eingeschränkten Abzugs von Familienheimfahrten (nur **eine** Heimfahrt wöchentlich, außerdem Beschränkung auf die **Entfernungspauschale**) insgesamt **für den Arbeitnehmer** steuerlich **ungünstiger** sein als der Werbungskostenabzug **aller Heimfahrten** als Fahrten zwischen Wohnung und erster Tätigkeitsstätte.

In diesen Fällen hat der Arbeitnehmer nach R 9.11 Abs. 5 Satz 2 LStR und der BFH-Rechtsprechung (vgl. zuletzt Urteil v. 11.5.2005, VI R 34/04, BStBl II 2005, 793 m.w.N.) ein **Wahlrecht** zwischen dem Abzug seiner Aufwendungen nach den Regeln entweder der „**doppelten Haushaltsführung**" oder denen für „**Wege zwischen Wohnung und erster Tätigkeitsstätte**". Dieses Wahlrecht muss der Arbeitnehmer jedoch erst in seiner Einkommensteuerveranlagung ausüben, für den **Arbeitgeberersatz hat es keine Bedeutung** (R 9.11 Abs. 10 Satz 6 LStR).

aa) Werbungskostenabzug

905 Beim Werbungskostenabzug kann der **Arbeitnehmer also wählen**, ob er

- Mehraufwendungen wegen **doppelter Haushaltsführung** (das sind Aufwendungen für die Unterkunft am Ort der ersten Tätigkeitsstätte, für **eine** Familienheimfahrt wöchentlich und Verpflegungsmehraufwendungen für längstens drei Monate) oder aber
- sämtliche Fahrtkosten nach den Regeln für **Wege zwischen Wohnung und erster Tätigkeitsstätte** (Entfernungspauschale) als Werbungskosten absetzen will. Ein Abzug der Kosten für Unterkunft und der Pauschalen für Verpflegung ist dann ausgeschlossen.

Welche Alternative günstiger ist, muss der Arbeitnehmer genau berechnen, eine Kombination ist nicht zulässig.

> **Beispiel:**
> A ist als Soldat der Bundeswehr im Schichtdienst der Flugsicherung tätig. Er wohnt mit seiner Familie in X, seine Dienststelle (erste Tätigkeitsstätte) liegt 75 km entfernt in Y. Er war dienstlich gehalten, in Y ein Zimmer zu nehmen und sich dort u.a. an Tagen mit Rufbereitschaft aufzuhalten. Tatsächlich hat A seine Unterkunft im Jahr nur an 84 Tagen genutzt, die restliche Zeit ist er nach Hause gefahren. Für das Zimmer sind A 700 € Mietkosten vom Gehalt einbehalten worden.
>
> Wenn A seine (fast) täglichen Fahrten als Aufwendungen für „Wege zwischen Wohnung und erster Tätigkeitsstätte" geltend machen will, kann daneben nicht die Miete für die Unterkunft am Arbeitsort steuerfrei belassen werden (vgl. BFH v. 2.10.1992, VI R 11/91, BStBl II 1993, 113).
>
> Hätte der Arbeitgeber ihm die Unterkunft unentgeltlich zur Verfügung gestellt und – ausgehend von einer doppelten Haushaltsführung – nicht als Sachbezug versteuert, wären die als Werbungskosten abziehbaren Fahrtkosten um diesen Sachbezug zu kürzen (R 9.11 Abs. 5 Satz 4 LStR).

bb) Arbeitgeberersatz

906 Für den **Arbeitgeberersatz** hat dieses Wahlrecht des Arbeitnehmers **keine Bedeutung**, da es der Arbeitgeber nach R 9.11 Abs. 10 Satz 6 LStR nicht zu beachten hat:

Der Arbeitgeber kann daher zunächst **immer steuerfreie Erstattungen nach den Grundsätzen der doppelten Haushaltsführung zahlen**. Bei der Einkommensteuerveranlagung kann sich der Arbeitnehmer dann anders entscheiden; die zunächst steuerfrei belassenen Verpflegungspauschalen und Kosten der Unterkunft mindern dann aber die als Werbungskosten abzugsfähigen Fahrtkosten (R 9.11 Abs. 5 Satz 4 LStR).

cc) Ausübung des Wahlrechts

907 Das Wahlrecht zwischen dem Abzug nach § 9 Abs. 1 Satz 3 Nr. 5 und Abs. 2 EStG kann bei **derselben doppelten Haushaltsführung** für jedes Kalenderjahr nur **einmal ausgeübt** werden (R 9.11 Abs. 5 Satz 3 LStR). Der Stpfl. darf daher im Regelfall nicht innerhalb des Veranlagungszeitraums vom Abzug nach § 9 Abs. 1 Satz 3 Nr. 5 EStG zum Abzug nach § 9 Abs. 1 Satz 3 Nr. 4 EStG und umgekehrt übergehen. Zieht der Arbeitnehmer während des Kalenderjahrs von einer Mietwohnung in eine eigene Wohnung um, ist dagegen auf Grund der geänderten Umstände ein Wechsel möglich (BFH v. 27.7.2000, X R 91/97, BStBl II 2000, 692).

3. Notwendigkeit der Aufwendungen

908 Zu den notwendigen Mehraufwendungen, die nach § 9 Abs. 1 Satz 3 Nr. 5 EStG als Werbungskosten zu berücksichtigen sind, zählen insbesondere (s. dazu ausführlich → *Doppelte Haushaltsführung: Erstattungsbeträge* Rz. 939)

– Aufwendungen für die sog. erste und letzte Fahrt,
– Aufwendungen für wöchentliche Familienheimfahrten,
– Verpflegungsmehraufwendungen innerhalb der sog. Dreimonatsfrist,
– Kosten der Unterkunft am Ort der ersten Tätigkeitsstätte bis zu einem nachgewiesenen Betrag von 1 000 € im Monat; im Ausland ohne die 1 000 €-Höchstgrenze, jedoch wie bisher begrenzt auf den durchschnittlichen Mietzins einer 60 qm-Wohnung,
– sonstige notwendige Mehraufwendungen, z.B. die notwendigen und angemessenen Anschaffungskosten für die erforderliche Wohnungseinrichtung.

4. Berufliche Veranlassung

a) Begründung der doppelten Haushaltsführung

909 Das Beziehen einer Zweitwohnung oder -unterkunft muss aus **beruflichen Gründen** erforderlich sein. Eine doppelte Haushaltsführung ist sowohl bei Verheirateten als auch bei Ledigen steuerlich berücksichtigungsfähig, wenn sie beruflich veranlasst ist (§ 9 Abs. 1 Satz 3 Nr. 5 Satz 1 EStG).

Eine **berufliche Veranlassung** liegt beispielsweise dann vor, wenn der Arbeitnehmer eine Zweitwohnung am neuen Beschäftigungsort aus folgenden Gründen bezieht:

– Versetzung oder Abordnung,
– Arbeitgeberwechsel,
– erstmalige Begründung eines Dienstverhältnisses außerhalb des bisherigen Wohnorts und seiner Umgebung (R 9.11 Abs. 2 Satz 1 LStR).

Die Errichtung des Zweithaushalts am Ort der ersten Tätigkeitsstätte ist **beruflich veranlasst**, wenn er der Erwerbung, Sicherung oder Erhaltung der Einnahmen i.S.d. § 9 Abs. 1 Satz 1 EStG dient. Das ist der Fall, wenn der Arbeitnehmer den Zweithaushalt begründet, um von dort aus seinen Arbeitsplatz aufsuchen zu können. Dann ist es insoweit auch unerheblich, ob der Arbeitnehmer diesen zweiten Haushalt allein führt oder gemeinsam mit Freunden oder Arbeitskollegen (**Wohngemeinschaft**). Es ist dann auch unerheblich, aus welchen Gründen sich der Stpfl. für diese Wohnform entscheidet. Die Wohnform kann reine Zweckgemeinschaft sein oder auch auf persönlichen und freundschaftlichen Beziehungen zwischen den Mitbewohnern gründen, ohne dass die Wohnung am Ort der ersten Tätigkeitsstätte schon dadurch ihre Qualifikation als aus beruflichen Gründen unterhaltene Zweitwohnung verliert, einerlei, ob zwischen den Mitbewohnern solche Beziehungen schon bestehen oder sich solche erst entwickeln. Denn insoweit ist zu beachten, dass die Lebensführung des Stpfl. am Ort der ersten Tätigkeitsstätte grundsätzlich unerheblich ist. **Erst wenn sich der Mittelpunkt seiner Lebensinteressen an den Ort der ersten Tätigkeitsstätte verlagert und die Wohnung dort zum Ort der eigentlichen Haushaltsführung wird, entfällt deren berufliche Veranlassung als Wohnung am Ort der ersten Tätigkeitsstätte** (BFH v. 28.3.2012, VI R 25/11, BStBl II 2012, 831 betr. gemeinsame Wohnung am Ort der ersten Tätigkeitsstätte mit einer **Lebensgefährtin**).

Unerheblich ist auch, dass das Wohnen am Ort der ersten Tätigkeitsstätte stets auch von privaten Motiven mitbestimmt ist. Denn schon die Grundentscheidung, statt täglich zu pendeln eine Wohnung am Ort der ersten Tätigkeitsstätte einzurichten, gründet auch auf privaten Überlegungen. Entsprechendes gilt für die (Aus-)Wahl der Wohnung am Ort der ersten Tätigkeitsstätte, die nach den individuellen Vorlieben des Arbeitnehmers ganz unterschiedliche Zuschnitte und Ausstattungen aufweisen kann. Das Einkommensteuerrecht zieht hier die Grenze zu den privaten Aufwendungen, indem es Fahrtkosten nur begrenzt zum Abzug zulässt (§ 9 Abs. 1 Satz 3 Nr. 5 Satz 4 EStG) und Unterkunftskosten am Ort der ersten Tätigkeitsstätte nicht nach den Vorlieben des Arbeitnehmers, sondern nur im Umfang notwendiger Mehraufwendungen berücksichtigt (BFH v. 28.3.2012, VI R 25/11, BStBl II 2012, 831 m.w.N.).

Eine aus beruflichem Anlass begründete doppelte Haushaltsführung liegt daher auch dann vor, wenn ein Arbeitnehmer seinen Haupthausstand aus privaten Gründen vom **Ort der ersten Tätigkeitsstätte wegverlegt** und er darauf in einer Wohnung am Ort der ersten Tätigkeitsstätte einen Zweithaushalt begründet, um von dort seiner Beschäftigung weiter nachgehen zu können. In den Fällen, in denen bereits zum Zeitpunkt der Wegverlegung des Lebensmittelpunktes vom Ort der ersten Tätigkeitsstätte ein Rückumzug an den Ort der ersten Tätigkeitsstätte geplant ist oder feststeht, handelt es sich hingegen nicht um eine doppelte Haushaltsführung i.S.d. § 9 Abs. 1 Satz 3 Nr. 5 EStG (R 9.11 Abs. 2 Satz 6 LStR sowie BFH v. 5.3.2009, VI R 58/06, BStBl II 2009, 1012 und v. 5.3.2009, VI R 23/07, BStBl II 2009, 1016 betr. die sog. **Wegverlegungsfälle**), dazu ausführlich → Rz. 913.

Der BFH hat entschieden, dass eine doppelte Haushaltsführung beim Stpfl. durch Wegverlegung des Haupthausstands in die Wohnung seiner vorübergehend in einem Entwicklungsland tätigen Ehefrau nicht begründet wird, wenn sich der Stpfl. lediglich 18 Tage dort aufgehalten und sich nicht von seinem sozialen Umfeld am Heimatort gelöst hat (BFH v. 7.5.2015, VI R 71/14, HFR 2015, 921). Hinzu kam, dass die Abordnung der Ehefrau ins Ausland nur befristet gewesen ist. Denn die **vorübergehende Entsendung eines verheirateten Arbeitnehmers in ein Entwicklungsland** kann nach allgemeiner Lebenserfahrung gegen eine (sofortige) Wegverlegung des gemeinsamen Lebensmittelpunkts der Eheleute nach dort sprechen. Ferner hatten die Eheleute ihr (im Vergleich zur Wohnung im Ausland flächenmäßig größeres) Wohneigentum am Heimatort weiterhin – wenn auch nur zeitweise – gemeinsam genutzt und auch der komplette Hausstand war dort verblieben.

Bei Zuzug aus dem Ausland kann das Beziehen einer Zweitwohnung auch dann beruflich veranlasst sein, wenn der Arbeitnehmer **politisches Asyl beantragt** oder erhält (R 9.11 Abs. 2 Satz 4 LStR).

Unschädlich für die berufliche Veranlassung einer doppelten Haushaltsführung ist es, dass der Stpfl. bereits vor Begründung der doppelten Haushaltsführung in der Wohnung am Ort der ersten Tätigkeitsstätte gewohnt hat (zuletzt FG München v. 18.8.2010, 10 K 3707/09, www.stotax-first.de, m.w.N.; ferner OFD Berlin v. 4.4.2000, St 174 – S 2353 – 2/00, www.stotax-first.de, betr. sog. **Vorwegumzüge** der Bundesbediensteten von Bonn nach Berlin).

b) Beibehaltung der doppelten Haushaltsführung

910 Eine einmal aus beruflichem Anlass begründete doppelte Haushaltsführung muss nicht zwangsläufig auf Dauer anerkannt werden. Voraussetzung für die Anerkennung bleibt stets das Vorliegen von **zwei Haushalten**. Wird ein Haushalt z.B. wegen **Trennung der Ehegatten** aufgegeben, ist diese Voraussetzung nicht mehr erfüllt mit der Folge, dass die doppelte Haushaltsführung entfällt (ausführlich → Rz. 912).

> **Beispiel 1:**
>
> A ist im Zuge der Aufbauhilfe in die neuen Bundesländer versetzt worden. Er hat dort eine neue Lebenspartnerin gefunden und lebt seitdem von seiner Ehefrau getrennt. Eine Rückkehr ist nicht mehr vorgesehen.
>
> Die doppelte Haushaltsführung ist zwar aus beruflichen Gründen entstanden, wird aber jetzt aus privaten Gründen beibehalten. Eine doppelte Haushaltsführung kann deshalb steuerlich nicht mehr anerkannt werden.

Dasselbe gilt, wenn eine ursprünglich beruflich veranlasste doppelte Haushaltsführung in eine privat veranlasste übergeht.

Doppelte Haushaltsführung: Allgemeines

Beispiel 2:
Fußballspieler A ist vom FC X für zwei Jahre engagiert worden. Er wohnt am Arbeitsort X (= erste Tätigkeitsstätte) in einem größeren Einfamilienhaus, seine bisherige Wohnung in Y hat er beibehalten und auch regelmäßig aufgesucht. Im Jahre 2009 hat er in X geheiratet und lebt mit Frau und Kind in X; er hat sich dort auch mit Hauptwohnung angemeldet. Seine alte Wohnung in Y sucht er nur noch zu Besuchszwecken auf.

A hat mit der Heirat und der Geburt des gemeinsamen Kindes eine eigene Familie gegründet, so dass es für die Bestimmung des Lebensmittelpunkts nun darauf ankommt, wo sich diese Familie aufhält. Bei dieser Beurteilung kann auch auf das **Melderecht abgestellt** werden. Dass A sich in X mit Hauptwohnung angemeldet hat, ist Indiz dafür, dass sich dort auch der Lebensmittelpunkt befindet. Mit der Verlegung des Lebensmittelpunkts an den Ort der ersten Tätigkeitsstätte endet aber die beruflich veranlasste doppelte Haushaltsführung (FG München v. 30.3.2007, 8 K 5168/04, EFG 2007, 1322).

c) Anerkennung nach Eheschließung

911 Schwierigkeiten ergaben sich immer wieder, wenn eine doppelte Haushaltsführung erst durch **Eheschließung** entsteht. Der **BFH** hatte früher eine beruflich veranlasste doppelte Haushaltsführung v.a. dann **anerkannt**,

- wenn beiderseits berufstätige Ehegatten bereits vor ihrer Heirat an verschiedenen Orten berufstätig waren, an ihren jeweiligen Orten der ersten Tätigkeitsstätte wohnten und nach der Eheschließung eine der beiden Wohnungen zur Familienwohnung machten (vgl. zuletzt BFH v. 5.3.2009, VI R 58/06, BStBl II 2009, 1012 und v. 5.3.2009, VI R 23/07, BStBl II 2009, 1016 m.w.N.).

Nach der **geänderten Rechtsprechung** ist eine beruflich veranlasste doppelte Haushaltsführung nunmehr auch anzuerkennen, wenn

- ein Arbeitnehmer heiratet und neben seiner fortbestehenden Wohnung am Ort der ersten Tätigkeitsstätte mit seinem Ehegatten einen Hausstand an einem anderen Ort gründet (BFH v. 5.3.2009, VI R 58/06, BStBl II 2009, 1012 und v. 5.3.2009, VI R 23/07, BStBl II 2009, 1016; → Rz. 913).

d) Beendigung durch Trennung der Ehegatten

912 Haben Eheleute eine beruflich veranlasste doppelte Haushaltsführung, wird zwar grundsätzlich nicht geprüft, ob auch die weitere Beibehaltung noch beruflich veranlasst ist. Zu prüfen ist allerdings, ob überhaupt noch eine doppelte Haushaltsführung vorliegt. Dies ist nicht der Fall, wenn nach Trennung oder Scheidung der Eheleute die Wohnung am Ort der ersten Tätigkeitsstätte nur noch die **einzige Wohnung** des Arbeitnehmers ist (zuletzt FG Köln v. 14.7.2011, 6 K 4781/07, EFG 2012, 403). Es liegt dann kein beruflicher veranlasster Mehraufwand i.S.d. § 9 Abs. 1 Satz 3 Nr. 5a EStG mehr vor (R 9.7 Abs. 1 Satz 2 LStR), die Kosten sind mit dem Ansatz des Grundfreibetrags abgegolten (zuletzt BFH v. 28.8.2014, V R 22/14, www.stotax-first.de).

Eine doppelte Haushaltsführung ist aber auch dann **nicht mehr anzuerkennen**, wenn

- ein Arbeitnehmer **am Ort der ersten Tätigkeitsstätte mit seiner Lebensgefährtin** und aus dieser Verbindung hervorgegangenen gemeinsamen Kindern auf Dauer **zusammenzieht**. Trotz Weiterführung des ursprünglichen Familienhaushalts (durch Unterstützungszahlungen und gelegentliche Besuche), der aber nicht mehr den Mittelpunkt der Lebensinteressen des Arbeitnehmers darstellt, wird die doppelte Haushaltsführung mit der Gründung des zweiten Hausstands beendet (BFH v. 25.3.1993, VI R 148/88, www.stotax-first.de);

- eine einmal aus **beruflichen Gründen begründete doppelte Haushaltsführung durch dauernde Trennung der Ehegatten beendet** wird. Die weitere Anerkennung einer doppelten Haushaltsführung scheitert schon daran, dass der Ehegatte, der die Familienwohnung verlassen hat, diese – selbst wenn er sie häufiger zu Besuchszwecken aufsucht – anschließend **nicht mehr aus eigenem Recht**, z.B. Eigentum, eigener Mietvertrag, **nutzt** (FG Niedersachsen v. 14.3.1997, IX 431/90, www.stotax-first.de);

- die Begründung einer doppelten Haushaltsführung am Ort der ersten Tätigkeitsstätte **mit dem Beginn des dauernden Getrenntlebens der Eheleute zusammenfällt**. Es erfolgt dann eine Aufsplitterung des bisherigen Familienhaushalts in **zwei Einzelhaushalte**, nicht aber die Begründung eines zusätzlichen Haushalts neben dem weiter bestehenden Familienhaushalt. Auch die Voraussetzungen der neuen BFH-Rechtsprechung zur Anerkennung einer doppelten Haushaltsführung bei Ledigen liegen nicht vor, weil in der früheren Familienwohnung **nicht mehr der Mittelpunkt der Lebensinteressen** gesehen werden kann (FG Münster v. 6.11.1996, 13 K 5644/95 E, EFG 1997, 162). **Endet jedoch das dauernde Getrenntleben durch Versöhnung** der Eheleute und bestimmen sie die frühere Familienwohnung erneut zum gemeinsamen Familienhausstand, wird nach dem o.g. Urteil zu diesem Zeitpunkt eine **beruflich veranlasste doppelte Haushaltsführung** des am Ort der ersten Tätigkeitsstätte wohnenden Ehegatten entsprechend den Rechtsprechungsgrundsätzen bei Heirat beiderseits berufstätiger Stpfl. begründet (so auch FG Saarland v. 15.7.1997, 1 K 265/96, EFG 1997, 1306).

Der berufliche Veranlassungszusammenhang einer doppelten Haushaltsführung wird dagegen **nicht allein dadurch beendet**, dass ein Stpfl. (z.B. nach einer Ehescheidung) seinen Familienhausstand innerhalb desselben Orts verlegt und seinen Haupthausstand in die Wohnung seiner Lebensgefährtin am Ort seines Lebensmittelpunkts verlegt. Der Umzug am bisherigen Wohnort kann auch nicht einer ggf. steuerschädlichen Verlegung eines Haupthausstands weg vom Ort der ersten Tätigkeitsstätte gleichgestellt werden. Auch ist unerheblich, ob der Stpfl. anlässlich der Trennung von seiner Ehefrau an den Ort der ersten Tätigkeitsstätte hätte ziehen können (BFH v. 4.4.2006, VI R 11/02, BStBl II 2006, 714).

e) Wegverlegung der Hauptwohnung

913 Der **BFH** erkennt eine beruflich veranlasste doppelte Haushaltsführung in der am Ort der ersten Tätigkeitsstätte beibehaltenen (Zweit-)Wohnung auch dann an, wenn der Haupthausstand aus privaten Gründen (z.B. wegen der Geburt eines Kindes) außerhalb des Orts der ersten Tätigkeitsstätte begründet wird (zuletzt BFH v. 8.10.2014, VI R 7/13, BStBl II 2015, 336 m.w.N.). Die berufliche Veranlassung des Haushalts in der Wohnung am Ort der ersten Tätigkeitsstätte und damit der doppelten Haushaltsführung wird darin gesehen, dass der Arbeitnehmer den **Zweithaushalt in der Wohnung am Ort der ersten Tätigkeitsstätte nur begründet, um von dort seiner bisherigen Beschäftigung weiter nachgehen zu können**.

Zu den Folgerungen, die sich aus der geänderten Rechtsprechung ergeben, haben die **obersten Finanzbehörden** Folgendes entschieden (BMF v. 10.12.2009, IV C 5 – S 2352/0, BStBl I 2009, 1599 sowie R 9.11 Abs. 2 Sätze 5 und 6, Abs. 7 Satz 3 und Abs. 9 LStR; die Worte „Beschäftigungsort" müssen ab 2014 durch „Ort der ersten Tätigkeitsstätte" ersetzt werden):

aa) Begründung einer beruflich veranlassten doppelten Haushaltsführung

914 Bei Wegverlegung des Lebensmittelpunkts vom Beschäftigungsort und zusätzlicher Nutzung der bisherigen oder einer neuen Wohnung am Beschäftigungsort liegt nur dann eine beruflich veranlasste doppelte Haushaltsführung vor, wenn die Wegverlegung des Lebensmittelpunkts voraussichtlich auf Dauer erfolgt. **Eine beruflich veranlasste doppelte Haushaltsführung liegt somit insbesondere dann nicht vor, wenn der Lebensmittelpunkt nur für die Sommermonate an den Ort einer Ferienwohnung verlegt wird.**

Beispiel:
A wohnt und arbeitet in Hamburg. Daneben hat er ein Ferienhaus an der Ostsee, wo er mit seiner Familie jeweils während der Sommermonate lebt. Während der Woche bleibt A in Hamburg wohnen, um schneller und pünktlicher zur Arbeit zu kommen. An den Wochenenden fährt er zu seiner Familie an die Ostsee.

Auch wenn der Haupthausstand während der Sommermonate in das Ferienhaus verlegt wird und A seine Wohnung in Hamburg nur beibehält, um von dort aus jeden Tag zur Arbeit zu fahren, ist die Begründung des doppelten Haushalts nicht beruflich veranlasst. Mehraufwendungen wegen doppelter Haushaltsführung können daher weder als Werbungskosten abgesetzt noch vom Arbeitgeber nach § 3 Nr. 16 EStG steuerfrei ersetzt werden.

bb) Kosten für den Umzug in die Wohnung außerhalb des Beschäftigungsorts

915 Entsteht durch die Wegverlegung des Lebensmittelpunkts vom Beschäftigungsort und die Nutzung einer weiteren (der bisherigen) Wohnung am Beschäftigungsort eine beruflich veranlasste doppelte Haushaltsführung, stellen die Kosten für den Umzug in die Wohnung außerhalb des Beschäftigungsorts **keine Werbungskosten** dar. Der Umzug ist privat veranlasst, so dass die damit zusammenhängenden Aufwendungen zu den nicht abzugsfähigen Lebenshaltungskosten gehören.

Doppelte Haushaltsführung: Allgemeines

Beispiel:
B wohnt und arbeitet in Hamburg. Da er zum 1.1.2016 in Ruhestand geht, kauft er am 1.7.2015 ein Ferienhaus an der Ostsee, in das die Familie am 1.10.2015 einzieht. Da B noch bis 31.12.2015 arbeiten muss, behält er solange seine Wohnung in Hamburg bei. Erst am 1.1.2016 löst er seine Wohnung in Hamburg auf und zieht in das Ferienhaus.

Die Beibehaltung der Wohnung in Hamburg (nunmehr „Zweitwohnung") ist beruflich veranlasst, so dass grundsätzlich eine doppelte Haushaltsführung anerkannt werden kann. Die Kosten des Umzugs am 1.10.2015 können jedoch steuerlich nicht berücksichtigt werden. Nach Auffassung der Finanzverwaltung sollen diese Fälle steuerlich nicht durch „Vorschaltung einer doppelten Haushaltsführung", bei der Umzugskosten grundsätzlich steuerlich zu berücksichtigen wären (R 9.11 Abs. 5 Satz 1 Nr. 1 LStR), gegenüber dem „Normalfall" bessergestellt werden, in dem der Umzug erst nach Beendigung der Berufstätigkeit erfolgt.

Zu berücksichtigen sind m.E. jedoch die „restlichen Umzugskosten" für den Umzug am 1.1.2016.

cc) Kosten für den Umzug in eine andere Wohnung am Beschäftigungsort

916 Wird nach Wegverlegung des Lebensmittelpunkts vom Beschäftigungsort eine andere als die bisherige Wohnung am Beschäftigungsort ausschließlich aus beruflichen Gründen als Zweitwohnung genutzt, sind die Aufwendungen für den Umzug in diese Zweitwohnung als **Werbungskosten** abzugsfähig.

Beispiel:
Wie Beispiel vorher; B kündigt seine Wohnung schon zum 1.10.2015 und zieht für die Übergangszeit von drei Monaten in eine kleine Einzimmerwohnung.

Die Kosten für den Umzug innerhalb Hamburgs können als Werbungskosten berücksichtigt werden.

dd) Verpflegungsmehraufwendungen

917 Entsteht durch die Wegverlegung des Lebensmittelpunkts vom Beschäftigungsort und die Nutzung einer weiteren (der bisherigen) Wohnung am Beschäftigungsort eine beruflich veranlasste doppelte Haushaltsführung, können auch für die ersten drei Monate nach Begründung der doppelten Haushaltsführung **keine Verpflegungsmehraufwendungen** berücksichtigt werden.

Ebenso wie Zeiten einer Auswärtstätigkeit auf den Dreimonatszeitraum angerechnet werden (§ 9 Abs. 4a Satz 13 EStG), soll dies nach Verwaltungsauffassung auch für den Zeitraum gelten, in dem der Arbeitnehmer vor Begründung der doppelten Haushaltsführung durch Wegverlegung des Lebensmittelpunkts am Beschäftigungsort gewohnt hat.

Hinweis:

Letztere Auffassung ist durch die neue BFH-Rechtsprechung überholt: Der BFH hat entschieden, dass erst mit dem Zeitpunkt der Umwidmung die Dreimonatsfrist für die Abzugsfähigkeit von Verpflegungsmehraufwendungen beginnt (BFH v. 8.10.2014, VI R 7/13, BStBl II 2015, 336).

f) Nichteheliche Lebensgemeinschaften, Lebenspartner, Lebensgefährten

918 Bei der Beurteilung, ob eine doppelte Haushaltsführung i.S.d. § 9 Abs. 1 Satz 3 Nr. 5 EStG vorliegt, **ist nicht zwischen Ehegatten und anderen Personen zu unterscheiden**. Vielmehr ist anhand einer Gesamtwürdigung aller Umstände des Einzelfalls festzustellen, ob die außerhalb des Beschäftigungsortes belegene Wohnung des Arbeitnehmers als **Mittelpunkt seiner Lebensinteressen anzusehen ist und deshalb seinen Hausstand darstellt**. Das gilt auch dann, wenn beiderseits berufstätige Ehegatten/Lebenspartner/Lebensgefährten während der Woche (und damit den weitaus überwiegenden Teil des Jahres) am Beschäftigungsort zusammenleben. Denn dieser Umstand allein rechtfertigt es nicht, dort den Lebensmittelpunkt des Stpfl. und seiner (Haupt)Bezugsperson zu verorten (BFH v. 8.10.2014, VI R 16/14, BStBl II 2015, 511 und zuletzt v. 9.2.2015, VI B 80/14, www.stotax-first.de).

In der Regel verlagert sich indes der Mittelpunkt der Lebensinteressen eines Arbeitnehmers an den Beschäftigungsort, wenn er dort mit seinem Ehegatten/Lebenspartner/Lebensgefährten in eine familiengerechte Wohnung einzieht, auch wenn die frühere Wohnung beibehalten und zeitweise noch genutzt wird (BFH v. 8.10.2014, VI R 16/14, BStBl II 2015, 511 und zuletzt v. 9.2.2015, VI B 80/14, www.stotax-first.de). Bei einem nicht verheirateten Arbeitnehmer, der zwar noch eine Wohnung in seinem Heimatort unterhält, **in der Zweitwohnung am Ort der ersten Tätigkeitsstätte aber mit einem Lebenspartner und ggf. einem gemeinsamen Kind lebt**, wird daher eine doppelte Haushaltsführung regelmäßig nicht anzuerkennen sein. Es ist dann davon auszugehen, dass der **Mittelpunkt der Lebensinteressen an den Ort der ersten Tätigkeitsstätte verlegt** worden ist (vgl. dazu FG Baden-Württemberg v. 15.7.1997, 6 K 96/94, EFG 1998, 186 sowie BFH v. 26.11.1997, IX B 47/97, www.stotax-first.de, und v. 20.1.2003, VI B 113/02, www.stotax-first.de).

g) Doppelte Haushaltsführung mit Ehegatten

919 Die Finanzverwaltung erkennt eine doppelte Haushaltsführung auch dann an, wenn der Arbeitnehmer seinen **nicht berufstätigen Ehegatten an den auswärtigen Ort der ersten Tätigkeitsstätte mitnimmt**, selbst wenn die Familienwohnung in dieser Zeit leer steht und nur gelegentlich aufgesucht wird, sog. ruhender Ersthaushalt (R 9.11 Abs. 2 Satz 3 sowie Abs. 3 Satz 3 LStR). In der Rechtsprechung wird diese Frage unterschiedlich beurteilt (vgl. dazu zuletzt FG Thüringen v. 28.1.1998, I 76/98, EFG 1998, 1254 sowie FG Brandenburg v. 23.4.1998, 4 K 491/97 E, www.stotax-first.de). Urteile von Finanzgerichten sind für die Finanzämter jedoch nicht verbindlich, so dass erwartet werden kann, dass diese nach der Anweisung in R 9.11 Abs. 3 Satz 3 LStR verfahren.

Allerdings werden nach Auffassung der Finanzverwaltung in diesen Fällen die **Unterkunftskosten nur insoweit steuerlich berücksichtigt, als sie auf die Unterbringung des Arbeitnehmers selbst entfallen** (vgl. dazu sinngemäß → Reisekosten: Erstattungen Rz. 2502).

Auch bei **beiderseits berufstätigen Ehegatten**, die während der Woche (und damit den weitaus überwiegenden Teil des Jahres) am Beschäftigungsort zusammenleben, kann grundsätzlich eine doppelte Haushaltsführung anerkannt werden, solange die außerhalb des Beschäftigungsortes belegene Wohnung des Arbeitnehmers als Mittelpunkt seiner Lebensinteressen anzusehen ist und deshalb seinen (Haupt)Hausstand darstellt. Denn der Haupthausstand beiderseits berufstätiger Eheleute befindet sich nicht grundsätzlich dort, wo sie sich gemeinsam überwiegend aufhalten. Dies gilt insbesondere dann, wenn sich die Ehegatten nur wenige Tage im Jahr gemeinsam in den jeweiligen Wohnungen aufhalten (zuletzt BFH v. 7.5.2015, VI R 71/14, HFR 2015, 921 m.w.N.).

In der Regel verlagert sich indes der Mittelpunkt der Lebensinteressen eines Arbeitnehmers an den Beschäftigungsort, wenn er dort mit seinem Ehegatten in eine familiengerechte Wohnung einzieht, auch wenn die frühere Wohnung beibehalten und zeitweise noch genutzt wird (zuletzt BFH v. 8.10.2014, BStBl II 2015, 511). Ggf. kann für **jeden Ehegatten** eine doppelte Haushaltsführung in einer gemeinsamen Wohnung am Ort der ersten Tätigkeitsstätte anerkannt werden, wenn sie an ihrem Heimatort eine weitere Wohnung unterhalten, die ihren Lebensmittelpunkt darstellt (zuletzt FG Hamburg v. 6.11.2007, 8 K 44/07, EFG 2008, 442 m.w.N.); ferner → Rz. 911.

Eine doppelte Haushaltsführung liegt jedoch nicht vor, wenn jeder der Ehegatten einen eigenen Haushalt unterhält und jeder den anderen nur in dessen Haushalt besucht (FG Saarland v. 5.5.2011, 1 K 1112/07, EFG 2011, 2063, Nichtzulassungsbeschwerde durch BFH v. 7.9.2012, IX B 125/11, www.stotax-first.de, als unbegründet zurückgewiesen).

Die außerhalb des Beschäftigungsorts des Arbeitnehmers belegene Wohnung stellt dann nicht seinen Hausstand dar, wenn sich eine am Beschäftigungsort unbefristet angemietete, familiengerechte Wohnung nach Nachzug des Ehegatten, der am gleichen Beschäftigungsort arbeitet, als Lebensmittelpunkt darstellt und die Ehegatten mit dem alleinigen Wohnsitz am Beschäftigungsort angemeldet sind (FG München v. 8.5.2014, 15 K 2474/12, www.stotax-first.de).

5. Zweitwohnung

a) Abgrenzung zu nicht abziehbaren Lebenshaltungskosten

920 Nach dem Gesetz ist

– zwischen dem Wohnen in einer **Zweitwohnung am Ort der ersten Tätigkeitsstätte**

Doppelte Haushaltsführung: Allgemeines

keine Sozialversicherungspflicht = (SV)
Sozialversicherungspflicht = (SV)

– und dem Unterhalten eines eigenen **Hausstands außerhalb dieses Orts ("Lebensmittelpunktwohnung")** zu unterscheiden.

Nur die Kosten der **(Zweit)Wohnung** am Ort der ersten Tätigkeitsstätte sind als **Werbungskosten** abziehbar; die Aufwendungen der (ggf. wegverlegten) **Hauptwohnung** (Lebensmittelpunktwohnung) gehören dagegen zu den **nicht abziehbaren Lebenshaltungskosten** i.S.d. § 12 Nr. 1 EStG (zuletzt BFH v. 13.7.2011, VI R 2/11, BStBl II 2012, 104: durch beruflich veranlassten Umzug anfallende doppelte Miete kann jedoch als Werbungskosten abgezogen werden). Der Wechsel von einer Ein-Zimmer-Wohnung zu einer Zwei-Zimmer-Wohnung am Ort der ersten Tätigkeitsstätte im Rahmen einer doppelten Haushaltsführung ist grundsätzlich nicht steuerschädlich (FG Berlin-Brandenburg v. 22.6.2011, 9 K 9079/08, EFG 2012, 35).

Aufwendungen eines Arbeitnehmers für eine von ihm während seiner beruflich veranlassten Aufenthalte am Beschäftigungsort genutzte (Zweit-)Wohnung sind nicht (mehr) als notwendige Mehraufwendungen für eine aus beruflichem Anlass begründete doppelte Haushaltsführung zu qualifizieren und dementsprechend auch **nicht (mehr) als Werbungskosten zu berücksichtigen, wenn die Wohnung nicht nur zeitweise von dem Arbeitnehmer selbst, sondern zugleich auch von einer weiteren Person (mit-)genutzt** wird, an die er die Wohnung in Erfüllung einer – tatsächlich oder vermeintlich – bestehenden Unterhaltsverpflichtung ganzjährig überlassen hat (FG Münster v. 15.11.2013, 14 K 1196/10, EFG 2014, 257).

Nach **Beendigung einer doppelten Haushaltsführung** (z.B. durch **Zuzug des Ehegatten**) sind die Kosten der Wohnung am Arbeitsort der steuerlich unbeachtlichen Vermögenssphäre zuzuordnen, auch wenn sie zuvor aus beruflichen Gründen erworben wurde (zuletzt BFH v. 18.9.2006, VI B 142/05, www.stotax-first.de). Entsprechendes gilt, wenn die doppelte Haushaltsführung durch dauernde **Trennung oder Scheidung der Ehegatten** beendet und damit die bisherige Zweitwohnung des Arbeitnehmers am Arbeitsort zu seiner "Erstwohnung" (d.h. zum neuen Lebensmittelpunkt) wird (zuletzt FG Köln v. 14.7.2011, 6 K 4781/07, EFG 2012, 403). Die Kosten sind dann – wie Wohnungskosten allgemein – mit dem Grundfreibetrag abgegolten und als nicht abzugsfähige **Kosten der Lebensführung** (§ 12 Nr. 1 Satz 1 EStG) anzusehen (zuletzt BFH v. 28.8.2014, V R 22/14, www.stotax-first.de, m.w.N. sowie ausführlich zu vorübergehend entsandten Arbeitnehmern OFD Nordrhein-Westfalen, Kurzinformation Nr. 47/2014 v. 8.12.2014, StEd 2015, 9).

b) Unterkunftskosten als allgemeine Werbungskosten

921 Unabhängig hiervon können nach der **BFH-Rechtsprechung** – wenn eine doppelte Haushaltsführung nicht anerkannt werden kann, weil der Stpfl. am Heimatort über keinen eigenen Hausstand i.S.d. § 9 Abs. 1 Satz 3 Nr. 5 Satz 2 EStG verfügt ("Lebensmittelpunktwohnung") – **Kosten der Unterkunft an einem auswärtigen Arbeits- oder Studienort ggf. als allgemeine Werbungskosten nach § 9 Abs. 1 Satz 1 EStG berücksichtigt werden, sofern es sich um beruflich bedingte notwendige Mehraufwendungen handelt**. Dies kann z.B. der Fall sein, wenn sich ein Stpfl. fortbildet und der Ort der Bildungsmaßnahme (Studienort) nicht der Lebensmittelpunkt des Stpfl. ist, so dass die Unterkunft dort zur Wohnung am Ort des Lebensmittelpunkts hinzukommt. Ob die außerhalb des Studienorts belegene Wohnung als Mittelpunkt seiner Lebensinteressen anzusehen ist, ist anhand einer Gesamtwürdigung aller Umstände des Einzelfalls festzustellen. Ein Student kann, wie ein Arbeitnehmer im Rahmen einer Auswärtstätigkeit, seinen Lebensmittelpunkt auch dann weiterhin an seinem Heimatort haben, wenn er dort über keinen eigenen Hausstand i.S.d. § 9 Abs. 1 Satz 3 Nr. 5 Satz 2 EStG verfügt (BFH v. 16.10.2013, XI R 40/12, www.stotax-first.de, betr. Unterkunftskosten im Rahmen eines Studiums). Kosten für die Erstwohnung, die jeder Stpfl. zu tragen hat, sind bereits im Grundfreibetrag steuerlich berücksichtigt und daher nicht abzugsfähig (BFH v. 28.8.2014, V R 22/14, www.stotax-first.de).

c) Anforderungen an die Zweitwohnung

922 Als **Zweitwohnung am Ort der ersten Tätigkeitsstätte** kommt jede dem Arbeitnehmer entgeltlich oder unentgeltlich zur Verfügung stehende Unterkunft in Betracht (BFH v. 11.5.2005, VI R 7/02, BStBl II 2005, 782). Dazu gehört nicht nur eine **Mietwohnung oder Eigentumswohnung**, sondern jede auch noch so **einfache Unterkunft** wie z.B. ein möbliertes Zimmer, ein Hotelzimmer, eine Gemeinschaftsunterkunft sowie bei Soldaten die Unterkunft in der Kaserne (vgl. zuletzt BFH v. 3.2.2011, VI R 9/10, www.stotax-first.de). Es ist unerheblich, wie oft der Arbeitnehmer tatsächlich in der Zweitwohnung übernachtet, vgl. R 9.11 Abs. 1 Satz 1 LStR und BFH v. 2.10.1992, VI R 11/91, BStBl II 1993, 113).

> **Beispiel 1:**
> A ist als Soldat der Bundeswehr im Schichtdienst der Flugsicherung tätig. Er wohnt mit seiner Familie in X, seine Dienststelle liegt 75 km entfernt in Y (erste Tätigkeitsstätte). Er war dienstlich gehalten, in Y ein Zimmer zu nehmen und sich dort u.a. an Tagen mit Rufbereitschaft aufzuhalten. Tatsächlich hat A seine Unterkunft im Jahr nur an 84 Tagen genutzt, die restliche Zeit ist er nach Hause gefahren. Für das Zimmer sind A 700 € Mietkosten vom Gehalt einbehalten worden.
>
> A führt in Y einen doppelten Haushalt, weil er dort ein Zimmer gemietet hat, das ihm jederzeit zur Verfügung stand. Wie oft A das Zimmer tatsächlich genutzt hat, spielt keine Rolle. Es kommt auch nicht darauf an, wie die am Arbeitsort unterhaltene (Zweit-)Wohnung nach Art, Größe und Einrichtung beschaffen ist, selbst in einer Kaserne kann ein doppelter Haushalt geführt werden (BFH v. 2.10.1992, VI R 11/91, BStBl II 1993, 113).

Voraussetzung für die Annahme einer "**Wohnung**" – und damit die Anerkennung einer doppelten Haushaltsführung – ist aber, dass die Wohnung dem **Arbeitnehmer ständig zur Verfügung steht**, wobei es nicht erforderlich ist, dass der Arbeitnehmer die Mehrzahl der Wochentage in dieser Wohnung anwesend ist und dort übernachtet (BFH v. 2.5.2002, VI B 158/99, www.stotax-first.de). Eine doppelte Haushaltsführung ist nach der **Rechtsprechung** nicht anzuerkennen, wenn der Arbeitgeber für einen Arbeitnehmer am Ort der ersten Tätigkeitsstätte bei Bedarf **immer wieder ein Hotelzimmer anmietet** (FG Münster v. 21.11.1997, 11 K 3585/96 E, EFG 1998, 444) oder dieser nur **gelegentlich** (z.B. nach Überstunden) **am Arbeitsort übernachtet** (BFH v. 5.8.2004, VI R 40/03, BStBl II 2004, 1074). Die **Finanzverwaltung** ist demgegenüber großzügiger und berücksichtigt auch in solchen Fällen die Mehraufwendungen nach den Grundsätzen der doppelten Haushaltsführung (R 9.11 Abs. 1 Satz 1 LStR), im Regelfall wird es sich aber um Auswärtstätigkeiten handeln.

> **Beispiel 2:**
> A ist in der Montageabteilung eines Industrieunternehmens tätig; er wohnt mit seiner Familie in Berlin. In mehr oder weniger großen zeitlichen Abständen wird er regelmäßig immer wieder am Sitz des Arbeitgebers in München tätig (insgesamt etwa 50 Tage im Jahr; der Firmensitz ist "erste Tätigkeitsstätte" i.S.d. § 9 Abs. 4a EStG). Hier projektiert er seine Arbeiten, die er im Anschluss daran jeweils unterschiedlich lange an den verschiedenen Einsatzorten auszuführen hat. In München übernachtet er immer in demselben Hotel, das sein Arbeitgeber für ihn jeweils bei Bedarf anmietet und die Kosten erstattet.
>
> A übt keine Auswärtstätigkeit aus, da der Firmensitz seine erste Tätigkeitsstätte darstellt.
>
> Das kurzfristig angemietete Hotelzimmer in München ist nach dem o.g. Urteil des **FG Münster keine "Wohnung"**, weil es für A nicht durchgängig gemietet, sondern immer nur von Fall zu Fall angemietet wird. Dieser Fall ist vergleichbar mit dem Fall, in dem ein ständig wechselndes Hotelzimmer genutzt wird. In beiden Fällen ist mangels einer "Wohnung" am Ort der ersten Tätigkeitsstätte **keine doppelte Haushaltsführung** anzuerkennen. Das hat zur Folge, dass die Fahrten zwischen Berlin und München "**Wege zwischen Wohnung und erster Tätigkeitsstätte**" darstellen, die vom Arbeitgeber nicht steuerfrei ersetzt, sondern allenfalls nach § 40 Abs. 2 Satz 2 EStG mit 15 % pauschal versteuert werden können. Außerdem können für die Zeit in München **keine Mehraufwendungen für Verpflegung** berücksichtigt werden.
>
> Die **Finanzverwaltung** erkennt aber gleichwohl eine **doppelte Haushaltsführung** an mit der Folge, dass die Kosten der Fahrten nach München und zurück vom Arbeitgeber nach § 3 Nr. 16 EStG in voller Höhe steuerfrei erstattet werden können, weil es sich immer um die erste bzw. letzte Fahrt handelt (vgl. R 9.11 Abs. 6 Satz 1 Nr. 1 LStR sowie → *Doppelte Haushaltsführung: Erstattungsbeträge* Rz. 946). Ferner können für die Zeit in München Mehraufwendungen für Verpflegung berücksichtigt werden.

Aufwendungen eines Arbeitnehmers für eine Zweitwohnung an einem auswärtigen Ort der ersten Tätigkeitsstätte sind auch dann wegen doppelter Haushaltsführung als Werbungskosten abziehbar, wenn der Arbeitnehmer **zugleich am Ort seines Hausstands beschäftigt** ist (BFH v. 24.5.2007, VI R 47/03, BStBl II 2007, 609 betr. den wissenschaftlichen Mitarbeiter eines Bundestagsabgeordneten, der sowohl in Berlin als auch in Bonn beruflich tätig ist und an beiden Arbeitsorten eine Wohnung unterhält).

Eine doppelte Haushaltsführung ist in einem während der Arbeitswoche auf dem **Firmengelände abgestellten Wohnmobil** jedoch zumindest dann nicht anzuerkennen, wenn das Fahrzeug nicht am auswärtigen Standort verbleibt, sondern auch zu Wochenendheimfahrten bzw. weiteren Dienst- oder Privatfahrten verwendet wird (FG Rheinland-Pfalz v. 23.7.2008, 2 K 1238/08, www.stotax-first.de).

6. Ort der ersten Tätigkeitsstätte

923 Nach § 9 Abs. 1 Satz 3 Nr. 5 Satz 2 EStG liegt eine doppelte Haushaltsführung an sich nur vor, wenn der Arbeitnehmer außerhalb des Ortes seiner ersten Tätigkeitsstätte einen eigenen Hausstand unterhält und auch **am Ort der ersten Tätigkeitsstätte wohnt**. Zum Begriff „erste Tätigkeitsstätte" → *Reisekosten: Allgemeine Grundsätze* Rz. 2413.

Nach der **BFH-Rechtsprechung** reicht es für die Anerkennung einer doppelten Haushaltsführung dagegen aus, wenn der **Arbeitnehmer nicht unmittelbar am Ort der ersten Tätigkeitsstätte wohnt, sondern in der näheren Umgebung, sofern er von dort aus ungeachtet von Gemeinde- oder Landesgrenzen seine Arbeitsstätte täglich aufsuchen kann.** Die Entscheidung darüber, ob eine solche Wohnung so gelegen ist, dass der Arbeitnehmer in zumutbarer Weise täglich von dort seine Arbeitsstätte aufsuchen kann, hängt insbesondere von den individuellen Verkehrsverbindungen zwischen der Wohnung und der Arbeitsstätte ab; dabei ist naturgemäß die Entfernung zwischen Wohnung und Arbeitsstätte ein wesentliches, allerdings nicht allein entscheidungserhebliches Merkmal. **Der BFH hat daher eine doppelte Haushaltsführung anerkannt, obwohl die Wohnung 141 km von der Arbeitsstätte entfernt war. Der Arbeitnehmer benötigte für diese Strecke mit dem ICE jedoch lediglich eine Stunde**; ein solcher Zeitaufwand sei für Fahrten zwischen Wohnung und Arbeitsstätte angesichts steigender Mobilitätsanforderungen nicht unüblich (BFH v. 19.4.2012, VI R 59/11, BStBl II 2012, 833). Entsprechendes dürfte gelten, wenn die Zweitwohnung in der Nähe einer Autobahn liegt, so dass die Arbeitsstätte ähnlich schnell erreicht werden kann.

Kann der Arbeitsplatz nicht in zumutbarer Weise von dem Familienwohnsitz aus arbeitstäglich erreicht werden, ist eine im Rahmen der doppelten Haushaltsführung beruflich begründete Wohnung auch dann noch als im Einzugsbereich des Beschäftigungsorts belegen anzusehen, wenn der Arbeitsplatz trotz der Entfernung von **83 km** in unter einer Stunde Fahrzeit erreicht werden kann und wenn der Zweitwohnort zudem einen weiteren für den Beruf gewichtigen Standortvorteil bietet. Dabei kommt dem Umstand, dass der Ort der Zweitwohnung auch zur Familienwohnung günstig liegt und so den familiären Kontakt unter der Woche erleichtert, kein die vorrangig berufliche Veranlassung überlagerndes Gewicht mehr zu (BFH v. 26.6.2014, VI R 59/13, HFR 2015, 24).

Zu den Anforderungen an das **Auseinanderfallen von Ort des eigenen Hausstandes und Beschäftigungsort auch bei Belegenheit von Familienwohnung und Zweitwohnung in einer großflächigen Gemeinde** s. FG Hamburg v. 26.2.2014, 1 K 234/12, EFG 2014, 1185: Das Gericht hat entschieden, dass der innerhalb einer Großgemeinde gelegene Ort des eigenen Hausstandes und der Beschäftigungsort bei einer Entfernung von 25 km und einer Fahrzeit von 41 Minuten mit dem Pkw bzw. einer Wegezeit von unter einer Stunde bei Nutzung öffentlicher Verkehrsmittel nicht auseinanderfallen und damit keine doppelte Haushaltsführung anzuerkennen ist, da dies unter großstädtischen Bedingungen auch für den täglichen Arbeitsweg üblich und ohne weiteres zumutbar ist. Insbesondere in Großstädten, in denen die Wohnstätten der Beschäftigten immer weiter in die Randbereiche und über die politische Grenze einer Gemeinde hinaus ("Speckgürtel") verdrängt werden, seien Fahrzeiten von etwa einer Stunde üblich und ohne weiteres zumutbar (FG Hamburg v. 17.12.2014, 2 K 113/14, EFG 2015, 808, Nichtzulassungsbeschwerde eingelegt, Az. beim BFH: VI B 22/15).

Nach BMF v. 24.10.2014, IV C 5 – S 2353/14/10004, BStBl I 2014, 1412 Rdnr. 101 kann aus **Vereinfachungsgründen** von einer Zweitunterkunft oder -wohnung am Ort der ersten Tätigkeitsstätte dann noch ausgegangen werden, wenn der **Weg von der Zweitunterkunft oder -wohnung zur ersten Tätigkeitsstätte weniger als die Hälfte der Entfernung der kürzesten Straßenverbindung zwischen der Hauptwohnung (Mittelpunkt der Lebensinteressen) und der ersten Tätigkeitsstätte beträgt.** Diese Vereinfachungsregelung soll auch in den o.g. Fällen Anwendung finden, in denen sich der eigene Hausstand und die Zweitwohnung innerhalb desselben Ortes (derselben Stadt oder Gemeinde) befinden.

> **Beispiel 1:**
> Der Arbeitnehmer A hat seinen eigenen Hausstand in B und in C seine neue erste Tätigkeitsstätte. Die Entfernung von B (Mittelpunkt der Lebensinteressen) nach C beträgt 250 Kilometer. Der Arbeitnehmer findet in Z eine günstige Zweitwohnung. Die Entfernung von dieser Zweitwohnung in Z nach C (erste Tätigkeitsstätte) beträgt 70 Kilometer.
>
> Auch wenn die Zweitwohnung in Z 70 Kilometer von C entfernt liegt, gilt sie noch als Wohnung am Ort der ersten Tätigkeitsstätte, da sie weniger als die Hälfte der Entfernung von der Hauptwohnung in B zur neuen ersten Tätigkeitsstätte in C entfernt liegt (1/2 von 250 Kilometer = 125 Kilometer).

> **Beispiel 2:**
> Wie Beispiel 1. Die Entfernung von der Zweitwohnung in Z nach C (erste Tätigkeitsstätte) beträgt 150 Kilometer.
>
> In diesem Fall kann nicht mehr ohne Weiteres von einer Zweitwohnung am Ort der ersten Tätigkeitsstätte ausgegangen werden. Die steuerliche Anerkennung richtet sich in diesem Fall nach den o.g. von der Rechtsprechung aufgestellten Grundsätzen (vgl. BFH v. 19.4.2012, VI R 59/11, BStBl II 2012, 833).

7. Begünstigter Personenkreis

Eine doppelte Haushaltsführung liegt nur vor, wenn der Arbeitnehmer außerhalb des Ortes seiner ersten Tätigkeitsstätte einen eigenen Hausstand unterhält und auch am Ort der ersten Tätigkeitsstätte wohnt. **924**

Eine doppelte Haushaltsführung wird zunächst bei **verheirateten Arbeitnehmern** steuerlich anerkannt, die auswärts arbeiten und am Ort der ersten Tätigkeitsstätte wohnen.

Aber auch ein **nicht verheirateter Stpfl.** kann nach der BFH-Rechtsprechung einen eigenen Hausstand außerhalb des Orts der ersten Tätigkeitsstätte unterhalten, wenn er z.B. in der **Wohnung am Heimatort seinen Lebensmittelpunkt beibehält** und sich – abgesehen von der Berufstätigkeit am Ort der ersten Tätigkeitsstätte und Urlaubsfahrten – ständig dort aufhält (zuletzt BFH v. 9.2.2015, VI B 80/14, www.stotax-first.de, m.w.N). Nicht erforderlich ist, dass in dieser Wohnung während der berufsbedingten Abwesenheit des Arbeitnehmers hauswirtschaftliches Leben herrscht, z.B. wenn der Arbeitnehmer seinen nicht berufstätigen Ehegatten an den auswärtigen Beschäftigungsort mitnimmt oder der Arbeitnehmer nicht verheiratet ist (R 9.11 Abs. 3 Satz 3 LStR).

Folgende Voraussetzungen müssen für die Anerkennung eines „eigenen Hausstands" aber noch erfüllt sein (R 9.11 Abs. 3 LStR):

– Ein eigener Hausstand setzt eine eingerichtete, den Lebensbedürfnissen entsprechende **Wohnung des Arbeitnehmers** voraus (→ Rz. 925 ff.).

– An den laufenden Kosten der Haushaltsführung muss sich der **Arbeitnehmer finanziell beteiligen** (→ Rz. 929 ff.).

– Die Wohnung muss außerdem der auf Dauer angelegte **Mittelpunkt der Lebensinteressen** des Arbeitnehmers sein. **Mit zunehmender Dauer der auswärtigen Tätigkeit besteht besonderer Anlass zu prüfen, ob im Laufe der Zeit der Lebensmittelpunkt an den Arbeitsort verlegt** worden ist und somit die doppelte Haushaltsführung endet (zuletzt BFH v. 8.10.2014, VI R 16/14, BStBl II 2015, 511 und v. 9.2.2015, VI B 80/14, www.stotax-first.de).

8. Eigener Hausstand

a) Allgemeines

Mit dem „**Hausstand**" i.S.d. § 9 Abs. 1 Satz 3 Nr. 5 Satz 2 EStG ist **925** der **Ersthaushalt (Hauptwohnung) umschrieben**, an dem sich der Arbeitnehmer – abgesehen von den Zeiten der Arbeitstätigkeit und ggf. Urlaubsfahrten – regelmäßig aufhält, den er fortwährend nutzt und von dem aus er sein Privatleben führt, also seinen **Le-**

Doppelte Haushaltsführung: Allgemeines

bensmittelpunkt hat. Das Vorhalten einer Wohnung außerhalb des Beschäftigungsortes für gelegentliche Besuche oder für Ferienaufenthalte ist dagegen nicht als Unterhalten eines Hausstandes zu werten. Denn eine doppelte Haushaltsführung ist nicht gegeben, wenn am Beschäftigungsort zugleich der Lebensmittelpunkt liegt (zuletzt BFH v. 7.5.2015, VI R 71/14, HFR 2015, 921 m.w.N.).

Praktische Probleme bei der Feststellung, ob der auswärts tätige Arbeitnehmer am Heimatort einen „eigenen Hausstand" unterhält, gibt es v.a. bei **ausländischen Saisonarbeitnehmern**, die nur für wenige Monate im Inland tätig sind (z.B. als **Erntehelfer**). Die Finanzverwaltung gestattet es diesen Arbeitnehmern, die Voraussetzung „eigener Hausstand" durch eine von der Heimatbehörde ausgestellte Bestätigung nachzuweisen. Weitere Einzelheiten s. FinMin Baden-Württemberg v. 24.4.2004, 3 – S 235.2/34, www.stotax-first.de.

b) Nutzung aus eigenem Recht

926 Nach dem ab 2014 geänderten § 9 Abs. 1 Satz 3 Nr. 5 Satz 3 EStG erfordert das Vorliegen eines eigenen Hausstands außerhalb des Ortes der ersten Tätigkeitsstätte – neben der finanziellen Beteiligung an den Kosten der Lebensführung (laufende Kosten der Haushaltsführung) – das **Innehaben einer Wohnung aus eigenem Recht oder als Mieter.**

Ein „**eigener**" Hausstand" i.S.d. § 9 Abs. 1 Satz 3 Nr. 5 EStG kann eine Mietwohnung, eine Eigentumswohnung, aber auch ein Zimmer in einer Wohngemeinschaft oder die Wohnung der Lebensgefährtin sein, mit der der Arbeitnehmer ein gemeinsames Kind hat (zuletzt BFH v. 18.11.2008, VI B 37/08, www.stotax-first.de). Bei einem **nicht verheirateten Arbeitnehmer** sieht der BFH einen Hausstand dann als eigenen i.S. der Vorschrift an, wenn er ihn aus **eigenem Recht** (z.B. als Eigentümer, Mieter oder Untermieter) oder „**abgeleitetem**" Recht (z.B. als Lebenspartner oder Mitbewohner) nutzt. Sofern der Arbeitnehmer nicht alleiniger Eigentümer oder Mieter des Hausstands ist, muss anhand der Umstände des Falls untersucht werden, ob der Hausstand jedenfalls auch ihm als eigener zugerechnet werden kann. Wesentlich ist, dass das **Verbleiben des Stpfl. in der Wohnung gesichert** ist. Nutzt der Arbeitnehmer die Wohnung nicht allein, muss er sie aber zumindest gleichberechtigt mitbenutzen können (zuletzt BFH v. 2.2.2010, VI B 117/09, www.stotax-first.de, m.w.N.). Sofern die betreffende Wohnung nicht im Eigentum des Nutzenden steht, erfordert das Innehaben eines eigenen Hausstands im Rahmen doppelter Haushaltsführung eine **geschützte Rechtsposition** auf Grund einer gültigen Nutzungsvereinbarung, die bei einer Nachlassimmobilie mit der Erbengemeinschaft getroffen sein muss (BFH v. 21.12.2006, VI B 84/06, www.stotax-first.de).

Ein „**abgeleitetes**" Nutzungsrecht ist z.B. gegeben, wenn jemand **ohne Mietvertrag eine Wohnung mitbewohnt**. In Betracht kommen besonders **Wohngemeinschaften** oder Personen, die in die **Wohnung ihres Lebensgefährten** einziehen. Voraussetzung ist in jedem Fall aber, dass der Arbeitnehmer eine geschützte Rechtsposition innehat, die sein Verbleiben in der Wohnung sichert. Dies kann schon der Fall sein, wenn der Lebenspartner zwar formal allein eine Wohnung angemietet hat, sich der Arbeitnehmer aber mit **Duldung seines Partners dauerhaft dort aufhält** und sich finanziell in solchem Umfang an der Haushaltsführung beteiligt, dass daraus auf eine gemeinsame Haushaltsführung geschlossen werden kann. Die gleichen Maßstäbe gelten, wenn ein Arbeitnehmer im eigenen Haus eine Wohnung bewohnt, an der zu Gunsten der **Eltern ein Nießbrauch bestellt** worden ist. Ein Vorbehaltsnießbrauch an der vom Arbeitnehmer genutzten Wohnung schließt daher einen eigenen Hausstand des Arbeitnehmers nicht aus, wenn gesichert ist, dass er die Wohnung nicht nur vorübergehend nutzen kann. Für die Frage, ob der Arbeitnehmer den Hausstand aus eigenem oder abgeleitetem Recht nutzt, spielt es im Übrigen keine Rolle, ob die zu Grunde liegenden **Vereinbarungen dem unter Fremden Üblichen entsprechen** (BFH v. 4.11.2003, VI R 170/99, BStBl II 2004, 16 m.w.N.).

c) Eingliederung in den Haushalt der Eltern

927 Nach der **BFH-Rechtsprechung** wird ein eigener Hausstand nicht unterhalten, wenn der nicht verheiratete Arbeitnehmer als nicht die Haushaltsführung wesentlich bestimmender bzw. mitbestimmender Teil in einen **Hausstand eingegliedert ist, wie es regelmäßig** bei jungen Arbeitnehmern der Fall ist, die nach Beendigung der Ausbildung weiterhin – wenn auch gegen Kostenbeteiligung – im elterlichen Haushalt ihr Zimmer bewohnen. Die elterliche Wohnung kann in einem dieser häufigen Fälle zwar, auch wenn das Kind am Ort der ersten Tätigkeitsstätte eine Unterkunft bezogen hat, wie bisher der **Mittelpunkt seiner Lebensinteressen sein**, sie ist aber nicht ein von dem Kind unterhaltener **eigener Hausstand** (zuletzt BFH v. 28.8.2014, V R 22/14, www.stotax-first.de, betr. Anerkennung einer doppelten Haushaltsführung bei gemeinsamem Haushalt von Eltern und erwachsenen Kindern).

Ab 2014 ist der Begriff des „eigenen Hausstands" gesetzlich definiert (§ 9 Abs. 1 Satz 3 Nr. 5 Satz 3 EStG). Das Vorliegen eines eigenen Hausstands außerhalb des Ortes der ersten Tätigkeitsstätte erfordert künftig neben dem Innehaben einer Wohnung aus eigenem Recht oder als Mieter eine **angemessene finanzielle Beteiligung an den Kosten der Lebensführung**. Für das Vorliegen eines eigenen Hausstands am Lebensmittelpunkt genügt es somit nicht (mehr), wenn der Arbeitnehmer etwa im Haushalt seiner Eltern lediglich ein oder mehrere Zimmer bewohnt oder wenn dem Arbeitnehmer eine Wohnung im Haus der Eltern unentgeltlich zur Nutzung überlassen wird (→ Rz. 929ff.).

d) Beschaffenheit der Wohnung

928 Die dem Arbeitnehmer zur ausschließlichen Nutzung überlassenen Räumlichkeiten müssen nach der **BFH-Rechtsprechung nicht den bewertungsrechtlichen Anforderungen an eine Wohnung gerecht werden**, d.h. es muss sich nicht um eine abgeschlossene Wohnung handeln. Danach können die durch das Leben am Ort der ersten Tätigkeitsstätte zusätzlich entstehenden notwendigen Aufwendungen grundsätzlich auch dann zu Werbungskosten führen, wenn die Wohnverhältnisse des Stpfl. am Ort seines Lebensmittelpunktes vergleichsweise einfach oder beengt sein sollten.

Auch steht es der Anerkennung eines eigenen Hausstands nicht entgegen, wenn die dem Arbeitnehmer überlassene Wohnung über **keine eigene Küche (oder Kochstelle), kein eigenes Bad oder keine eigene Toilette** verfügt, dem Arbeitnehmer also lediglich eine Mitbenutzung dieser Räume gestattet ist. Deshalb kann ein eigener Hausstand auch dann unterhalten werden, wenn der Erst- oder Haupthausstand im Rahmen einer Wohngemeinschaft (mit den Eltern) geführt wird (zuletzt BFH v. 6.1.2013, VI R 46/12, BStBl II 2013, 627 betr. doppelte Haushaltsführung in einem gemeinsamen Haushalt von Eltern und erwachsenen, wirtschaftlich eigenständigen Kindern).

9. Finanzielle Beteiligung

929 Das Vorliegen eines eigenen Hausstandes setzt neben dem Innehaben einer Wohnung aus eigenem Recht als Eigentümer oder Mieter bzw. aus gemeinsamen oder abgeleitetem Recht als Ehegatte, Lebenspartner oder Lebensgefährte sowie Mitbewohner gem. § 9 Abs. 1 Satz 3 Nr. 5 Satz 3 EStG auch eine **finanzielle Beteiligung an den Kosten der Lebensführung (laufende Kosten der Haushaltsführung)** voraus (R 9.11 Abs. 3 LStR). Es genügt nicht, wenn der Arbeitnehmer z.B. im Haushalt der Eltern lediglich ein oder mehrere Zimmer unentgeltlich bewohnt oder wenn dem Arbeitnehmer eine Wohnung im Haus der Eltern unentgeltlich zur Nutzung überlassen wird.

Die finanzielle Beteiligung an den Kosten der Haushaltsführung ist darzulegen und kann auch bei volljährigen Kindern, die bei ihren Eltern oder einem Elternteil wohnen, nicht generell unterstellt werden. Die anders lautende BFH-Rechtsprechung (zuletzt BFH v. 14.11.2013, VI R 10/13, HFR 2014, 398 m.w.N. betr. Anerkennung einer doppelten Haushaltsführung bei gemeinsamem Haushalt von Eltern und erwachsenen, wirtschaftlich eigenständigen Kindern) ist **ab 2014 überholt**.

Eine finanzielle Beteiligung an den Kosten der Haushaltsführung mit **Bagatellbeträgen** ist nicht ausreichend. Betragen die **Barleistungen des Arbeitnehmers mehr als 10 %** der monatlich regelmäßig anfallenden laufenden Kosten der Haushaltsführung (z.B. Miete, Mietnebenkosten, Kosten für Lebensmittel und andere Dinge des täglichen Bedarfs), ist von einer finanziellen Beteiligung oberhalb der Bagatellgrenze auszugehen.

Liegen die Barleistungen darunter, kann der Arbeitnehmer eine hinreichende finanzielle Beteiligung auch auf andere Art und Weise darlegen. Bei Ehegatten oder Lebenspartnern mit den **Steuerklassen III, IV oder V kann eine finanzielle Beteiligung an den Kosten der Haushaltsführung ohne entsprechenden Nachweis unterstellt** werden (BMF v. 24.10.2014, IV C 5 – S 2353/14/10004, BStBl I 2014, 1412 Rdnr. 100 und 109), s. auch → Rz. 936.

10. Lebensmittelpunkt

a) Allgemeines

930 Weitere Voraussetzung für die Anerkennung einer doppelten Haushaltsführung ist, dass sich in der **Wohnung am Heimatort der Mittelpunkt der Lebensinteressen (Lebensmittelpunkt) befindet**. Das Unterhalten dieses Hausstands erfordert, dass sich der Arbeitnehmer dort – im Wesentlichen nur unterbrochen durch Zeiten der Arbeitstätigkeit und ggf. Urlaubsfahrten – aufhält. Das Vorhalten einer Wohnung außerhalb des Orts der ersten Tätigkeitsstätte für gelegentliche Besuche oder für Ferienaufenthalte ist nicht als Unterhalten eines Hausstands zu werten (vgl. zuletzt BFH v. 7.5.2015, VI R 71/14, HFR 2015, 921 m.w.N., betr. doppelte Haushaltsführung bei beiderseits berufstätigen Eheleuten).

Ob die außerhalb des Beschäftigungsortes belegene Wohnung des Arbeitnehmers als **Mittelpunkt seiner Lebensinteressen** anzusehen ist und deshalb seinen (Haupt)Hausstand darstellt, ist anhand einer Gesamtwürdigung aller Umstände des Einzelfalls festzustellen. Dementsprechend erfordert die Entscheidung über den Lebensmittelpunkt nach ständiger BFH-Rechtsprechung eine tatrichterliche Würdigung aller Umstände des Einzelfalls, die sich aus einer Zusammenschau mehrerer Einzeltatsachen ergibt. Indizien können sein,

– wie oft und wie lange sich der Arbeitnehmer in der einen und der anderen Wohnung aufhält,
– wie beide Wohnungen ausgestattet und wie groß sie sind (s. auch → Rz. 934),
– die Dauer des Aufenthaltes am Beschäftigungsort,
– die Entfernung beider Wohnungen,
– die Zahl der Heimfahrten (s. auch → Rz. 933),
– zu welchem Wohnort die engeren persönlichen Beziehungen (z.B. Art und Intensität der sozialen Kontakte, Vereinszugehörigkeiten und andere Aktivitäten) bestehen.

Dies gilt insbesondere auch bei beiderseits berufstätigen (kinderlosen) Eheleuten, die jeweils am Beschäftigungsort aus beruflichen Gründen eine familiengerechte Wohnung unterhalten (zuletzt BFH v. 7.5.2015, VI R 71/14, HFR 2015, 921 m.w.N.).

b) Verheiratete Arbeitnehmer

931 **Bei einem verheirateten Arbeitnehmer liegt der Mittelpunkt der Lebensinteressen grundsätzlich an dem Ort, an dem sein Ehepartner und – wenn auch nicht notwendigerweise – auch seine minderjährigen Kinder wohnen**. Gelegentliche Besuche des Ehepartners am Beschäftigungsort des Arbeitnehmers sowie das Zusammenleben berufstätiger Ehegatten an dem Beschäftigungsort während der Woche führen dabei für sich genommen noch nicht zu einer Verlagerung des Lebensmittelpunktes. **Dagegen verlagert sich in der Regel der Mittelpunkt der Lebensinteressen an den Beschäftigungsort, wenn der Arbeitnehmer dort mit seinem Ehepartner in eine familiengerechte Wohnung einzieht, auch wenn die frühere Familienwohnung beibehalten und zeitweise noch genutzt wird** (BFH v. 8.10.2014, VI R 16/14, BStBl II 2015, 511).

Halten sich nicht alle Familienmitglieder am selben Wohnort auf, ist darauf abzustellen, wo sich der überwiegende Teil der Familie aufhält (FG München v. 3.8.2007, 6 K 733/06, www.stotax-first.de).

Ein Stpfl. hat auch dann nur einen **einzigen Mittelpunkt der Lebensinteressen**, wenn er mehrere Wohnungen innehat. Wohnen beide Ehegatten während der Woche zusammen in einer Wohnung und nutzen eine Ferienwohnung gemeinsam am Wochenende sowie im Urlaub, ist im Allgemeinen davon auszugehen, dass ihr Mittelpunkt der Lebensinteressen in der Wohnung ist, von der beide regelmäßig ihre Arbeitsstätte aufsuchen, also **nicht in der Ferienwohnung** (BFH v. 4.5.2011, VI B 152/10, www.stotax-first.de).

Eine doppelte Haushaltsführung kann grundsätzlich auch dann anerkannt werden, wenn beide Eheleute am Ort der ersten Tätigkeitsstätte wohnen und in der **Wohnung am Heimatort während der Woche somit kein hauswirtschaftliches Leben herrscht** (vgl. zuletzt FG Brandenburg v. 7.2.2001, 6 K 1771/00, EFG 2001, 812 sowie R 9.11 Abs. 3 Satz 3 LStR). Für die Beurteilung, ob der Heimatort Lebensmittelpunkt geblieben ist oder in den Jahren der auswärtigen Beschäftigung nur zu Besuchszwecken aufgesucht wird, ist die **Größe und Ausstattung der Wohnungen** ein wesentliches Indiz (zuletzt BFH v. 7.5.2015, VI R 71/14, HFR 2015, 921 betr. doppelte Haushaltsführung bei beiderseits berufstätigen Eheleuten).

Die **vorübergehende Entsendung eines verheirateten Arbeitnehmers in ein Entwicklungsland** kann nach allgemeiner Lebenserfahrung gegen eine (sofortige) Wegverlegung des gemeinsamen Lebensmittelpunkts der Eheleute nach dort sprechen (BFH v. 7.5.2015, VI R 71/14, HFR 2015, 921).

c) Alleinstehende Arbeitnehmer

Alleinstehende Arbeitnehmer können ebenfalls einen doppelten 932 Haushalt führen, sofern sie ihren Lebensmittelpunkt (s.o.) nicht an den Beschäftigungsort verlegt haben (z.B. BFH v. 16.1.2013, VI R 46/12, BStBl II 2013, 627, m.w.N.).

Insbesondere bei nicht verheirateten Arbeitnehmern spricht – **je länger die Beschäftigung dauert** – vieles dafür, dass sich der **Mittelpunkt der Lebensinteressen am Ort der ersten Tätigkeitsstätte befindet** und die weitere zur Verfügung stehende Wohnung lediglich für Besuchs- bzw. Ferienzwecke vorgehalten wird; in solchen Fällen ist eine besondere Prüfung, ob der Lebensmittelpunkt gewechselt hat und damit die doppelte Haushaltsführung beendet ist, erforderlich (zuletzt BFH v. 21.4.2010, VI R 26/09, BStBl II 2012, 618).

Umgekehrt deutet eine **kurzfristige auswärtige Beschäftigung** darauf hin, dass der **Lebensmittelpunkt am ursprünglichen Wohnort beibehalten** wird (vgl. zuletzt BFH v. 9.8.2007, VI R 10/06, BStBl II 2007, 820 m.w.N.).

Dient die Wohnung am Beschäftigungsort dem Stpfl. lediglich als **Schlafstätte**, ist regelmäßig davon auszugehen, dass der Mittelpunkt der Lebensführung noch am Heimatort zu verorten ist und dort der Haupthausstand geführt wird. Eine reine „Schlafstätte" am Beschäftigungsort liegt nicht vor, wenn ein Alleinstehender dort in einer 69 qm großen Wohnung, am Wohnort aber nur in einer 50 qm großen Wohnung lebt, und wenn keine weiteren Beweisanzeichen vorliegen, die auf den Lebensmittelpunkt am Wohnort hindeuten (FG München v. 26.9.2013, 5 K 2141/12, www.stotax-first.de).

Der Lebensmittelpunkt eines in **fester Partnerschaft** lebenden Arbeitnehmers befindet sich regelmäßig in der gemeinsamen Wohnung. (z.B. FG Hamburg v. 16.10.2001, VI 148/01, www.stotax-first.de). Der Zuzug des Lebenspartners in den doppelten Haushalt am Beschäftigungsort ist ein regelmäßiges Indiz für die Verlagerung des Lebensmittelpunkts an den Beschäftigungsort.

Denkbar ist auch, dass der Stpfl. im selben Veranlagungszeitraum **zwei zeitlich nacheinander liegende Lebensmittelpunkte** haben kann; denn der Mittelpunkt der Lebensführung eines Stpfl. kann zeitlich begrenzt sein (BFH v. 1.2.2007, VI B 118/04, BStBl II 2007, 538).

Nicht anzuerkennen ist hiernach z.B. der Lebensmittelpunkt in der Wohnung am Heimatort, wenn

– der Arbeitnehmer in der (Zweit-)Wohnung am Arbeitsort in einer festen Partnerschaft mit seiner **Lebensgefährtin** lebt (zuletzt FG München v. 25.7.2012, 9 K 1929/10, EFG 2012, 2200 m.w.N.),
– die Wohnung am Ort der ersten Tätigkeitsstätte die Wohnung am Heimatort in **Größe und Ausstattung** übertrifft (zuletzt FG Hamburg v. 7.11.2007, 5 K 253/05, www.stotax-first.de),
– eine Stpfl., die am Ort der ersten Tätigkeitsstätte wohnt, **lediglich 20 Wochenenden im Jahr in der Wohnung ihres Lebensgefährten verbringt** (FG München v. 20.9.2007, 9 V 1692/07, www.stotax-first.de),
– sich der Arbeitnehmer dort nur **sporadisch aufhält und dort auch nicht gemeldet** war (FG Köln v. 6.6.2007, 10 K 1188/07, EFG 2008, 112),
– die **Entfernung zwischen dem anderen Ort und dem Beschäftigungsort eher gering ist** (im Streitfall: unter 60 km) und der Stpfl. den

Doppelte Haushaltsführung: Allgemeines

eigenen Hausstand am anderen Ort gleichwohl nur etwa vierzehntägig aufsucht (FG Hamburg v. 20.4.2015, 5 K 3/12, EFG 2015, 1353).

d) Beurteilung nach Zahl der Familienheimfahrten

933 Die Anzahl der Familienheimfahrten ist besonders bei nicht verheirateten Arbeitnehmern ein **gewichtiges Indiz** für die Beantwortung der Frage, wo sich im Einzelfall der Mittelpunkt der Lebensinteressen befindet (vgl. zuletzt BFH v. 5.3.2009, VI R 23/07, BStBl II 2009, 1016 m.w.N.).

Die **Finanzverwaltung** fordert daher für die Anerkennung einer doppelten Haushaltsführung eine bestimmte **Anzahl von Familienheimfahrten**, sie geht nach R 9.11 Abs. 3 Satz 4 i.V.m. R 9.10 Abs. 1 Sätze 4 bis 8 LStR aus Vereinfachungsgründen davon aus, dass sich der **Lebensmittelpunkt in der Wohnung am Heimatort** befindet (und somit eine doppelte Haushaltsführung anerkannt werden kann), wenn diese Wohnung vom Arbeitnehmer aufgesucht wird

– bei einem **verheirateten Arbeitnehmer mindestens sechsmal im Kalenderjahr** und

– bei einem **nicht verheirateten Arbeitnehmer mindestens zweimal monatlich** (im Kalenderjahr also 24-mal). Diese Auffassung hat das FG München bestätigt (Urteil v. 7.3.2007, 5 K 4412/05, www.stotax-first.de).

Nachweise der Fahrten können beispielsweise anhand von Tankbelegen, Kontoauszügen, Nachweis der gefahrenen km, Fahrkarten usw. erfolgen.

Nach der neueren BFH-Rechtsprechung (Urteil v. 26.11.2003, VI R 152/99, BStBl II 2004, 233) zu Fahrten zwischen Wohnung und erster Tätigkeitsstätte, die hier sinngemäß gelten dürfte, handelt es sich bei der von der Finanzverwaltung geforderten Mindestzahl von Heimfahrten um **keine starre Regelung**. Der BFH befürwortet eher eine **Gesamtwürdigung**, welche die Besonderheiten des Einzelfalls berücksichtigt, d.h. neben der Häufigkeit der Reisen die Entfernung zwischen der Wohnung im Ausland und der Wohnung im Inland sowie die Kosten der Fahrten (s. dazu zuletzt FG München v. 30.12.2005, 1 K 4382/04, www.stotax-first.de: 14 Heimfahrten eines ledigen Soldaten reichen aus, weil auch auf die Dauer der Aufenthalte am Heimatort abzustellen ist).

Aus Praktikabilitätsgründen hält die **Finanzverwaltung** aber an der Regelung der R 9.10 Abs. 1 Satz 5 LStR (mindestens sechs Heimfahrten im Kalenderjahr) fest und hat in die Richtlinien lediglich die Worte „ohne nähere Prüfung" eingefügt.

Eine **geringe Entfernung zwischen Arbeitsort und dem anderen Ort** (im Streitfall: unter 60 km) schließt die Annahme einer doppelten Haushaltsführung nicht unbedingt aus, wenn berufliche Gründe (hier: Rufbereitschaft einer OP-Schwester) kurze Anfahrtswege erforderlich machen. Allerdings kann in einem solchen Fall der Umstand, dass der Stpfl. den eigenen Hausstand am anderen Ort nur etwa 14-tägig aufsucht, gegen die Annahmen eines anderweitigen Erst- und Haupthaushalts sprechen. Die Regelung in **R 9.10 Abs. 1 Satz 8 LStR**, nach der in den Fällen, in denen ein nicht verheirateter Arbeitnehmer eine Wohnung außerhalb des Beschäftigungsorts mindestens zweimal monatlich aufsucht, davon auszugehen ist, dass sich dort der Mittelpunkt seiner Lebensinteressen befindet, findet in solchen Fällen **keine Anwendung** (FG Hamburg v. 20.4.2015, 5 K 3/12, EFG 2015, 1353).

e) Beurteilung nach Größe und Ausstattung der Wohnungen

934 Hierbei können beispielsweise folgende Punkte zum Vergleich herangezogen werden:

– Wohnflächen in qm,

– Anzahl sowie Nutzung der einzelnen Zimmer (Küche, Bad, Schlafzimmer, ggf. Vorlage entsprechender Skizzen),

– Anzahl der Bewohner beider Wohnungen, ggf. Verhältnis zwischen Stpfl. und Mitbewohner/n (z.B. Verwandtschaft, Lebensgefährte/in o.ä.),

– Ausstattung (hierbei insbesondere zu beachten: das Alter und die Wertigkeit der Möbel, Elektrogeräte, etc.),

– Telefon-/Internetanschlüsse.

f) Besonderheiten bei ausländischen Arbeitnehmern

935 Liegt zwischen der Wohnung, die den Lebensmittelpunkt darstellt, und der Zweitwohnung eine **größere Entfernung** (insbesondere bei einer Wohnung im Ausland), ist die Erstere nur dann als **Lebensmittelpunkt** anzusehen, wenn

– in der Wohnung auch bei **Abwesenheit** des Arbeitnehmers **hauswirtschaftliches Leben** herrscht, an dem sich der Arbeitnehmer sowohl durch persönliche Mitwirkung als auch finanziell maßgeblich beteiligt, und

– der Arbeitnehmer **wenigstens eine Heimfahrt im Kalenderjahr** durchführt. Bei Arbeitnehmern mit einer Wohnung in **weit entfernt liegenden Ländern**, z.B. Australien, Indien, Japan, Korea, Philippinen, muss innerhalb von zwei Jahren mindestens eine Heimfahrt unternommen werden (vgl. R 9.11 Abs. 3 Satz 6 LStR).

> **Beispiel 1:**
> A, türkischer Staatsbürger, verheiratet, ist für drei Jahre nach Deutschland gekommen, um hier zu arbeiten; seine Familie ist in der Türkei geblieben. Er führt hier einen doppelten Haushalt.
> Die doppelte Haushaltsführung kann steuerlich nur anerkannt werden, wenn A mindestens einmal im Kalenderjahr eine Familienheimfahrt unternimmt.

> **Beispiel 2:**
> A, koreanischer Staatsbürger, verheiratet, ist für drei Jahre nach Deutschland gekommen, um hier zu arbeiten; seine Familie ist in Korea geblieben. Er führt hier einen doppelten Haushalt.
> Die doppelte Haushaltsführung kann steuerlich nur anerkannt werden, wenn A mindestens **eine** Familienheimfahrt unternimmt.

Es ist zweifelhaft, ob die **Rechtsprechung** dieser Verwaltungsauffassung folgt (s. die nachfolgenden Hinweise).

Problematisch ist in der Praxis immer wieder die Anerkennung einer doppelten Haushaltsführung bei **ausländischen Arbeitnehmern**. Allgemein lässt sich feststellen, dass die **Rechtsprechung eher großzügig** ist:

– Der **BFH** hat es im Urteil v. 8.11.1996, VI R 43/94, HFR 1997, 567 ausdrücklich offengelassen, ob er der Verwaltungsauffassung folgen könnte, wonach nur bei mindestens **sechs Heimfahrten** im Jahr die Wohnung im Ausland als **Lebensmittelpunkt** anerkannt werden kann. Die **einmal jährlich** durchgeführten Heimfahrten eines **jordanischen Arbeitnehmers** konnten sich deshalb nicht als „Fahrten zwischen Wohnung und Arbeitsstätte" berücksichtigt werden, weil sie nur „**gelegentlich**" i.S.d. § 9 Abs. 1 Satz 3 Nr. 4 Satz 6 EStG anfallen.

– Demgegenüber hat der BFH den Lebensmittelpunkt eines **slowakischen Arbeitnehmers** im Ausland – und damit die doppelte Haushaltsführung – anerkannt, obwohl dieser nur **drei Heimfahrten** im Jahr unternommen hatte, denn der Arbeitnehmer hatte wegen der Befristung seiner Aufenthaltserlaubnis und damit auch seines Arbeitsvertrags seinen Lebensmittelpunkt tatsächlich nicht in die Bundesrepublik verlegt. Der BFH sieht in diesem Urteil zwar die Anzahl der Heimfahrten als gewichtiges Indiz für die Beantwortung der Frage an, wo sich der Lebensmittelpunkt befindet. Ausnahmsweise können jedoch wenige Heimfahrten ausreichend sein (BFH v. 10.2.2000, VI R 60/98, HFR 2000, 565).

Die Finanzverwaltung wendet das Urteil bisher nicht über den entschiedenen Einzelfall hinaus an (und hat es deshalb auch nicht im Bundessteuerblatt veröffentlicht), weil seine Anwendung den Finanzämtern in der Praxis erhebliche Probleme bereiten würde. So kann neben der kaum nachprüfbaren Nachweisführung über die Wohnungsbeschaffenheit im Ausland auch stets der Einwand bezüglich fehlender Heimfahrten gebracht werden, diese habe man wegen der großen Entfernung zur Heimatwohnung oder mangels entsprechender Leistungsfähigkeit (geringer Verdienst) nicht vornehmen können.

– Das **FG Thüringen** hat **16 Heimfahrten** eines **österreichischen Arbeitnehmers** gerade noch als ausreichend angesehen, weil dieser sich zusätzlich pro Jahr zwölf Wochen im eigenen Hausstand aufgehalten hat (Urteil v. 28.1.1998, I 76/98, EFG 1998, 1254).

Eine doppelte Haushaltsführung ist auch dann nicht anzuerkennen, wenn ein ausländischer Arbeitnehmer, der nur vorübergehend im Inland tätig ist (z.B. wegen einer auf fünf Jahre befristeten Aufenthaltserlaubnis nach der sog. **Greencard-Regelung**), im Heimatland einen eigenen Hausstand beibehält, er aber mit seiner Familie am inländischen Ort der ersten Tätigkeitsstätte wohnt (FG München v. 7.10.2004, 5 K 4477/02, www.stotax-first.de, sowie BFH v. 24.6.2005, VI B 25/05, www.stotax-first.de).

11. Nachweise

936 Der Arbeitgeber darf Mehraufwendungen für doppelte Haushaltsführung in dem Umfang steuerfrei ersetzen, in dem sie der Arbeitnehmer als Werbungskosten geltend machen könnte. **Für den Nachweis der Voraussetzungen beim Arbeitgeberersatz gilt Folgendes:**

- Bei **Arbeitnehmern in den Steuerklassen III, IV oder V** kann der Arbeitgeber ohne Weiteres unterstellen, dass sie einen eigenen Hausstand haben, an dem sie sich auch finanziell beteiligen und somit bei auswärtiger Unterbringung einen „echten" doppelten Haushalt führen (BMF v. 24.10.2014, IV C 5 – S 2353/14/10004, BStBl I 2014, 1412 Rdnr. 100).

- Bei **anderen Arbeitnehmern** (also v.a. bei Ledigen) darf der Arbeitgeber einen eigenen Hausstand nur dann anerkennen, wenn sie **schriftlich erklären**, dass sie neben einer Zweitwohnung oder -unterkunft am Beschäftigungsort außerhalb des Beschäftigungsorts einen eigenen Hausstand unterhalten, an dem sie sich auch finanziell beteiligen (BMF v. 24.10.2014, IV C 5 – S 2353/14/10004, BStBl I 2014, 1412 Rdnr. 108). Die Erklärung ist zum Lohnkonto zu nehmen (R 9.11 Abs. 10 Sätze 4 und 5 LStR).

Beim **Werbungskostenabzug** im Rahmen der Einkommensteuerveranlagung hat der Arbeitnehmer das Vorliegen einer doppelten Haushaltsführung und **die finanzielle Beteiligung an der Haushaltsführung am Ort des eigenen Hausstands darzulegen.** Kosten der Zweitwohnung oder -unterkunft sind für die Berücksichtigung als Werbungskosten grundsätzlich im Einzelnen nachzuweisen; sie können geschätzt werden, wenn sie dem Grunde nach zweifelsfrei entstanden sind (BMF v. 24.10.2014, IV C 5 – S 2353/14/10004, BStBl I 2014, 1412 Rdnr. 109 sowie BFH vom 12.9.2001, VI R 72/97, BStBl II 2001, 775).

12. Lohnsteuerabzug

937 Für den Lohnsteuerabzug der Beträge, die nicht steuerfrei belassen werden können, gelten dieselben Grundsätze wie für die steuerpflichtigen Teile von Reisekostenvergütungen (→ *Reisekosten: Allgemeine Grundsätze* Rz. 2459).

13. Umsatzsteuer

938 Der Arbeitgeber kann für Auswärtstätigkeiten seiner Arbeitnehmer einen Vorsteuerabzug nur in eingeschränktem Umfang in Anspruch nehmen (→ *Vorsteuerabzug* Rz. 3112).

Doppelte Haushaltsführung: Erstattungsbeträge

Inhaltsübersicht:	Rz.
1. Allgemeines	939
2. Schnellübersicht	940
a) Fahrtkosten	941
b) Verpflegungsmehraufwendungen	942
c) Unterkunftskosten	943
d) Kosten der Einrichtung der Wohnung am Ort der ersten Tätigkeitsstätte	944
e) Umzugskosten	945
3. Fahrtkosten	946
a) Fahrten zwischen Wohnung und Zweitwohnung	946
b) Fahrten zwischen Zweitwohnung und erster Tätigkeitsstätte	949
c) Telefonkosten an Stelle Familienheimfahrt	950
d) „Umgekehrte" Familienheimfahrten	951
4. Verpflegungsmehraufwendungen	952
a) Gesetzliche Pauschbeträge	952
b) Dreimonatsfrist	953
c) Unterbrechung der Dreimonatsfrist bei Wechsel der Zweitwohnung	954
d) Kürzungsregelung	955
e) Andere Erstattungsmöglichkeiten	956
f) Konkurrenzregelung und Pauschalierung	957
g) Bescheinigungspflicht „M"	958
5. Unterkunftskosten	959
a) Im Inland	959
b) Im Ausland	961
c) Erstattung durch den Arbeitgeber	962
d) Werbungskostenabzug	963
e) Pauschbeträge	964
f) Wahlrecht zwischen Pauschale und Einzelnachweis	967
g) Glaubhaftmachung der Übernachtung	968
h) Einrichtung	969
i) Keine Aufteilung der Erstattungen (Saldierung)	970
6. Unterkunftskosten für die Wochenenden	971
7. Umzugskosten	972

1. Allgemeines

939 Unter diesem Stichwort wird zur besseren Übersicht nur dargelegt, welche Aufwendungen der Arbeitnehmer bei einer beruflich veranlassten doppelten Haushaltsführung als Werbungskosten abziehen bzw. der Arbeitgeber seinen Arbeitnehmern steuerfrei erstatten darf. Übersichten und Tabellen hierzu finden sich im → *Anhang, A. Lohnsteuer* Rz. 3390.

Die allgemeinen Voraussetzungen für die Anerkennung einer doppelten Haushaltsführung sind unter → *Doppelte Haushaltsführung: Allgemeines* Rz. 901 erläutert.

Wie die **Mahlzeitengestellung** bei Auswärtstätigkeiten und doppelter Haushaltsführung steuerlich zu behandeln ist, ist unter → *Mahlzeiten aus besonderem Anlass* Rz. 1976 dargestellt.

Zu den Änderungen durch die **Reisekostenreform 2014** (einschließlich Gesetzesbegründung), die auch für die doppelte Haushaltsführung von Bedeutung sind, s. ausführlich „ABC des Lohnbüros" 2014 Rdnr. 2251 ff.

Ausführliche Erläuterungen zur Reform des Reisekostenrechts im **Arbeitnehmerbereich** ab 2014 enthält das ergänzte **Einführungsschreiben des 24.10.2014, IV C 5 – S 2353/14/10004, BStBl I 2014, 1412**, dessen Inhalt nachstehend im Wesentlichen wiedergegeben wird (s. zu den Auswirkungen bei der **Gewinnermittlung** BMF v. 23.12.2014, IV C 6 – S 2145/10/10005 :001, BStBl I 2015, 26).

Bei den nachfolgenden Ausführungen wird insbesondere dargestellt, in welcher Höhe Arbeitgeberleistungen im Rahmen der doppelten Haushaltsführung **steuer- und somit beitragsfrei** erstattet werden können bzw. ein entsprechender Werbungskostenabzug möglich ist.

Erstattungen des Arbeitgebers, die nach den unter diesem Stichwort behandelten Regelungen **nicht steuerfrei** bleiben können, gehören grundsätzlich **zum laufenden Arbeitslohn** und müssen zusammen mit diesem nach den Lohnsteuerabzugsmerkmalen versteuert werden. Es gelten hierfür dieselben Grundsätze wie für steuerpflichtige Reisekostenvergütungen (→ *Reisekosten: Allgemeine Grundsätze* Rz. 2459). Sofern diese Erstattungen des Arbeitgebers lohnsteuerpflichtig sind, besteht auch Beitragspflicht in der Sozialversicherung.

[LSt] [SV]

2. Schnellübersicht

940 Als Mehraufwendungen für eine doppelte Haushaltsführung kann der Arbeitgeber steuerfrei erstatten (Schnellübersicht):

a) Fahrtkosten

- **941** Volle Erstattung der Kosten der „**ersten und letzten Fahrt**", auch für Pkw (ggf. pauschal 0,30 €/km);

- in der Zwischenzeit nur **eine** Familienheimfahrt wöchentlich; bei Pkw-Benutzung aber Abzugsbeschränkung auf die **Entfernungspauschale von 0,30 € je Entfernungskilometer.**

b) Verpflegungsmehraufwendungen

- **942** Die **ersten drei Monate maximal 24 € täglich, für Tage mit Familienheimfahrten je 12 €**;

- ab viertem Monat keine Erstattung mehr wegen „doppelter Haushaltsführung", allenfalls noch wegen einer Auswärtstätigkeit;

- für doppelte Haushaltsführungen im **Ausland** gelten besondere Auslandstagegelder.

c) Unterkunftskosten

- **943** Entweder in der **nachgewiesenen Höhe, höchstens 1 000 € monatlich,** oder

Doppelte Haushaltsführung: Erstattungsbeträge

- **pauschal**
  - die ersten drei Monate je Übernachtung **20 €**,
  - die folgenden Monate **5 €** je Übernachtung.
- Für doppelte Haushaltsführungen im **Ausland** entweder
  - Abzug der tatsächlichen Kosten, soweit sie die ortsübliche Miete für eine nach Lage und Ausstattung durchschnittliche Wohnung am Ort der ersten Tätigkeitsstätte mit einer Wohnfläche bis zu 60 qm nicht überschreiten (ohne 1 000 €-Höchstgrenze!)
  - oder die pauschalen Auslandsübernachtungsgelder.

d) Kosten der Einrichtung der Wohnung am Ort der ersten Tätigkeitsstätte

944 Erstattung der notwendigen und angemessenen Kosten.

e) Umzugskosten

945 Erstattung der nachgewiesenen Kosten, keine Pauschalen für sonstige Umzugsauslagen.

3. Fahrtkosten

a) Fahrten zwischen Wohnung und Zweitwohnung

aa) „Erste und letzte Fahrt"

946 Der Arbeitgeber darf zunächst in vollem Umfang die **tatsächlichen Aufwendungen für die Fahrten anlässlich der Wohnungswechsel** zu Beginn und am Ende der doppelten Haushaltsführung steuerfrei ersetzen („**erste und letzte Fahrt**"). Die Aufwendungen können wie bei **Auswärtstätigkeiten** entweder mit den tatsächlichen nachgewiesenen Kosten oder den **pauschalen km-Sätzen** (für Pkw 0,30 €/km, für andere motorbetriebene Fahrzeuge 0,20 €) berücksichtigt werden (BMF v. 24.10.2014, IV C 5 – S 2353/14/10004, BStBl I 2014, 1412 Rdnr. 36).

bb) „Familienheimfahrten"

947 Ferner darf der Arbeitgeber die Aufwendungen für jeweils **eine tatsächlich durchgeführte Heimfahrt wöchentlich** steuerfrei ersetzen. Dabei ist wie bei Fahrten zwischen Wohnung und erster Tätigkeitsstätte

- grundsätzlich die **Beschränkung auf die Entfernungspauschale** von zz. **0,30 €** je Entfernungskilometer (je km also 0,15 €) zu beachten, allerdings **ohne Begrenzung auf höchstens 4 500 € im Jahr** (§ 9 Abs. 1 Satz 3 Nr. 5 Satz 6 EStG),
- dagegen bei **Behinderten** eine volle Erstattung der Kosten möglich, ggf. mit den o.g. pauschalen km-Sätzen. Vgl. R 9.11 Abs. 6 Satz 1 Nr. 2 LStR sowie → *Wege zwischen Wohnung und erster Tätigkeitsstätte* Rz. 3133.

Zu berücksichtigen ist die **Entfernung zwischen dem Ort des eigenen Hausstandes und dem Ort der ersten Tätigkeitsstätte** (§ 9 Abs. 1 Satz 3 Nr. 5 Satz 6 EStG). Das ist günstig, wenn die Zweitwohnung näher liegt, jedoch ungünstig, wenn diese noch hinter dem Arbeitsort liegt. Unschädlich ist es, wenn die Fahrt an einer näher zum Arbeitsplatz gelegenen Wohnung des Arbeitnehmers unterbrochen wird. Die Höhe der Werbungskosten bemisst sich in diesem Fall ausschließlich danach, wie weit die erste Tätigkeitsstätte von der Lebensmittelpunktwohnung des Arbeitnehmers entfernt liegt (vgl. zuletzt BFH v. 16.9.2009, VI B 12/09, www.stotax-first.de).

Für die Berücksichtigung der **Entfernungspauschale** gelten im Wesentlichen dieselben Grundsätze wie für „Wege zwischen Wohnung und erster Tätigkeitsstätte". Die Entfernungspauschale gilt unabhängig davon, ob die Familienheimfahrten zu Fuß, mit dem Fahrrad, dem eigenen Pkw oder öffentlichen Verkehrsmitteln durchgeführt werden und ob dem Stpfl. überhaupt Kosten für diese Wege entstanden sind. Zwar setzt die Regelung nach ihrem Wortlaut Aufwendungen des Arbeitnehmers für die Wege vom Ort der ersten Tätigkeitsstätte zum Ort des eigenen Hausstands und zurück (Familienheimfahrten) voraus, doch wird das Entstehen der Aufwendungen mit der Formulierung „Zur Abgeltung der Aufwendungen" aus Vereinfachungsgründen gesetzlich unterstellt. Deshalb ist die Entfernungspauschale für Familienheimfahrten beispielsweise auch dann zu gewähren, wenn der Arbeitnehmer (kostenfrei) von Verwandten abgeholt wird oder als Mitfahrer einer Fahrgemeinschaft oder als Mitarbeiter eines Verkehrsunternehmens, der dessen Beförderungsmittel unentgeltlich nutzen darf, **keine Aufwendungen hat**. Allerdings sind nach § 3 Nr. 16 EStG steuerfrei geleistete Reisekostenvergütungen, aber auch nach § 8 Abs. 3 EStG steuerfreie Sachbezüge (etwa Freifahrten, wenn die Beförderungsleistung zur Lieferungs- und Leistungspalette des Arbeitgebers zählt), mindernd auf die Entfernungspauschale anzurechnen (BFH v. 18.4.2013, VI R 29/12, BStBl II 2013, 735).

Die Entfernungspauschale kann jedoch **nicht für Flugstrecken** angesetzt werden; abzugsfähig sind nur die niedrigeren tatsächlichen Flugkosten (BFH v. 26.3.2009, VI R 42/07, BStBl II 2009, 724).

Auf die (volle) Anwendung der Entfernungspauschale hat der Arbeitnehmer einen **Rechtsanspruch**, selbst wenn die tatsächlichen Kosten geringer sein sollten oder überhaupt keine Kosten anfallen (BFH v. 18.4.2013, VI R 29/12, BStBl II 2013, 735 sowie BMF v. 9.9.2015, IV C 5 – S 2353/11/10003, BStBl I 2015, 734 betr. Dienstreise-Kaskoversicherung des Arbeitgebers für Kraftfahrzeuge des Arbeitnehmers und steuerfreier Fahrtkostenersatz). Gleichwohl ist es zulässig, wenn das Finanzamt im Einzelfall – besonders bei weiten Entfernungen – geeignete **Nachweise über die Anzahl der tatsächlich durchgeführten Familienheimfahrten verlangt** (vgl. FG München v. 19.2.2008, 9 K 1524/05, www.stotax-first.de, betr. angeblich 50 Familienheimfahrten mit einem Pkw bei einer einfachen Entfernung von jeweils mehr als 500 km).

Kosten für **mehr als eine wöchentliche Familienheimfahrt** können auch bei „**Blockdienstschichten**" mit anschließender wochenendähnlicher Freizeit **nicht anerkannt** werden (FG Rheinland-Pfalz v. 25.3.1991, 7 K 1610/89, EFG 1991, 664).

Eine „Familienheimfahrt" wird **nicht dadurch zur Auswärtstätigkeit**, dass der Arbeitnehmer auf dem Weg nach Hause oder zur Arbeitsstätte noch einige berufliche Arbeiten erledigt (Abholen von Post, Auslieferung von Waren, Wahrnehmung von Terminen), solange noch das Aufsuchen der Arbeitsstätte bzw. der Familienwohnung im Vordergrund steht; vgl. zuletzt BFH v. 19.5.2015, VIII R 12/13, www.stotax-first.de, sowie sinngemäß H 9.10 (Dienstliche Verrichtungen auf der Fahrt) LStH. Eine steuerfreie Erstattung der vollen Kfz-Kosten oder des pauschalen km-Satzes von 0,30 € ist in diesen Fällen somit nicht möglich, ausgenommen etwaige **Umwegstrecken**.

cc) Kfz-Gestellung durch den Arbeitgeber

948 Überlässt der Arbeitgeber seinem Arbeitnehmer unentgeltlich ein **Firmenfahrzeug** für Familienheimfahrten (→ *Firmenwagen zur privaten Nutzung* Rz. 1226), so wird dieser geldwerte Vorteil zwar nicht versteuert (§ 8 Abs. 2 Satz 5 EStG), es **entfällt aber sowohl ein weitergehender steuerfreier Arbeitgeberersatz von Fahrtkosten sowie ein entsprechender Werbungskostenabzug beim Arbeitnehmer** (§ 9 Abs. 1 Satz 3 Nr. 5 Satz 8 EStG, R 9.11 Abs. 6 Nr. 2 Satz 2 LStR sowie BFH v. 28.2.2013, VI R 33/11, BStBl II 2013, 629).

Hierbei handelt es sich um eine vom Gesetzgeber gewollte **Vereinfachung des Lohnsteuerverfahrens** für den Arbeitgeber. Der allgemeine Gleichheitssatz gebietet es daher nicht, entgegen dem Wortlaut des § 4 Abs. 5 Satz 1 Nr. 6 EStG den Vorteil aus der Nutzung eines betrieblichen Pkw für Familienheimfahrten im Rahmen einer doppelten Haushaltsführung eines selbständig Tätigen außer Ansatz zu lassen (BFH v. 19.6.2013, VIII R 24/09, BStBl II 2013, 812).

b) Fahrten zwischen Zweitwohnung und erster Tätigkeitsstätte

949 Vergütungen des Arbeitgebers für Fahrten zwischen der Zweitwohnung am Arbeitsort und der ersten Tätigkeitsstätte fallen **nicht** unter die „**doppelte Haushaltsführung**" und können schon deshalb nicht nach § 3 Nr. 16 EStG steuerfrei belassen werden. Da es sich um normale „**Wege zwischen Wohnung und erster Tätigkeitsstätte**" i.S.d. § 9 Abs. 1 Satz 3 Nr. 4 EStG handelt, sind die Erstattungen des Arbeitgebers **steuerpflichtig**. Der Arbeitgeber kann seine Erstattungen jedoch ggf. mit 15 % pauschal versteuern (§ 40 Abs. 2 Satz 2 EStG).

Doppelte Haushaltsführung: Erstattungsbeträge

Beispiel:
A ist an eine Filiale in Berlin versetzt worden (neue erste Tätigkeitsstätte) und führt dort einen doppelten Haushalt. Die Arbeitsstätte ist von seiner Zweitwohnung 30 km entfernt, er fährt wegen ungünstiger Arbeitszeiten täglich mit seinem Pkw.

Diese Fahrtkosten können nicht als „Mehraufwendungen wegen doppelter Haushaltsführung" steuerfrei ersetzt werden. Sie sind dem steuerpflichtigen Arbeitslohn zuzurechnen und können allenfalls bis zur Höhe von 0,30 € je Entfernungskilometer mit 15 % pauschal versteuert werden (§ 40 Abs. 2 Satz 2 EStG).

c) Telefonkosten an Stelle Familienheimfahrt

950 An Stelle der Aufwendungen für eine wöchentliche Heimfahrt an den Ort des eigenen Hausstands können die Gebühren (einschließlich anteiliger Grundgebühren) für wöchentliche Familien-Ferngespräche bis zu einer **Dauer von 15 Minuten** steuerfrei erstattet werden (BFH v. 18.3.1988, VI R 90/84, BStBl II 1988, 988 und v. 8.11.1996, VI R 48/96, HFR 1997, 567 sowie R 9.11 Abs. 5 Satz 1 Nr. 1 LStR).

Voraussetzung für die Anwendung dieser Regelung ist aber, dass für den Arbeitnehmer überhaupt die **faktische Möglichkeit** der telefonischen Kontaktaufnahme mit seiner Familie gegeben ist (BFH v. 29.6.1993, VI R 44/89, www.stotax-first.de). Bei einem Arbeitnehmer, dessen Familie im Ausland lebt und keinen eigenen Telefonanschluss hat, müssen daher die Telefongespräche durch entsprechende persönliche Aufzeichnungen glaubhaft gemacht werden.

Ein begrenzter Abzug von Telefonkosten ist aber auch als **allgemeine Werbungskosten** nach § 9 Abs. 1 Satz 1 EStG möglich, selbst wenn eine doppelte Haushaltsführung steuerlich nicht anerkannt werden kann, z.B. bei **Seeleuten**. Der BFH sieht es als gerechtfertigt an, auch Aufwendungen für Telefonate privaten Inhalts, die nach einer **mindestens einwöchigen Auswärtstätigkeit entstehen, als beruflich veranlassten Mehraufwand der Erwerbssphäre zuzuordnen**. In einem solchen Fall werden die privaten Gründe der Kontaktaufnahme etwa mit Angehörigen oder Freunden typisierend betrachtet durch die beruflich/betrieblich veranlasste Auswärtstätigkeit überlagert. Denn bei einer Abwesenheitsdauer von mindestens einer Woche sind die notwendigen privaten Dinge – ebenso wie beispielsweise bei einer doppelten Haushaltsführung aus beruflichem/betrieblichem Anlass – aus der Ferne nur durch über den normalen Lebensbedarf hinausgehende Mehraufwendungen für Telekommunikation zu regeln. Dieser Mehraufwand ist damit ganz überwiegend durch den beruflichen Veranlassungszusammenhang geprägt und mithin nur in ganz untergeordnetem Umfang von Momenten der privaten Lebensführung beeinflusst (BFH v. 5.7.2012, VI R 50/10, BStBl II 2013, 282 betr. Kosten für Telefongespräche eines Soldaten der Marine während des Einsatzes auf einem Schiff).

d) „Umgekehrte" Familienheimfahrten

951 Es kommt häufig vor, dass ein Arbeitnehmer aus beruflichen Gründen (z.B. bei Bereitschaftsdienst am Wochenende) oder wegen der weiten Entfernung nicht jedes Wochenende nach Hause fahren kann. Wird der Arbeitnehmer in diesen Fällen von seinem Ehegatten oder minderjährigen Kindern besucht, so treten **deren Fahrtkosten an die Stelle der Kosten für eine Familienheimfahrt des Arbeitnehmers** (sog. umgekehrte Familienheimfahrten). Auch diese Kosten können vom Arbeitgeber nach den Grundsätzen für Familienheimfahrten (d.h. ebenfalls Beschränkung auf die Entfernungspauschale) steuerfrei erstattet werden, allerdings nur bis zu der Höhe, in der auch dem Arbeitnehmer Kosten für die Familienheimfahrt entstanden wären (BFH v. 28.1.1983, VI R 136/79, BStBl II 1983, 313). Die Kosten für **Unterkunft und Verpflegung** der Ehefrau (und ggf. der minderjährigen Kinder) am Arbeitsort des Ehemanns können daher **nicht** vom Arbeitgeber steuerfrei erstattet werden.

Voraussetzung für die Anerkennung „umgekehrter" Familienheimfahrten ist aber, dass der Arbeitnehmer im konkreten Besuchszeitpunkt aus **beruflichen Gründen an einer Familienheimfahrt gehindert** ist (z.B. wegen Bereitschaftsdienst oder der freiwilligen Teilnahme an einer Fortbildungsveranstaltung am Arbeitsort). Das ist z.B. **nicht der Fall**, wenn der Arbeitnehmer

- für die Familienheimfahrten – besonders bei einer Tätigkeit im Ausland – keinen Urlaub nehmen (FG Sachsen v. 19.8.2002, 1 K 1322/00, www.stotax-first.de) oder

- wegen der weiten Entfernung zwischen Ort der ersten Tätigkeitsstätte und Familienwohnsitz keine wöchentlichen Familienheimfahrten durchführen wollte (BFH v. 2.2.2011, VI R 15/10, BStBl II 2011, 456).

Abzugsfähig nach den o.g. Grundsätzen sind auch **Treffen auf „halber Strecke"**, die bei besonders weiten Entfernungen sinnvoll sind (FG Rheinland-Pfalz v. 2.7.1979, V 330/78, EFG 1980, 68).

4. Verpflegungsmehraufwendungen

a) Gesetzliche Pauschbeträge

952 Die Erstattung von Verpflegungsmehraufwendungen entspricht den Regelungen für Auswärtstätigkeiten.

Nach § 9 Abs. 4a EStG erhält der Arbeitnehmer zur Abgeltung der ihm tatsächlich entstandenen, beruflich veranlassten Mehraufwendungen eine Verpflegungspauschale i.H.v.

- **24 € je Kalendertag mit 24-stündiger Abwesenheit von der Lebensmittelpunktwohnung,**

- jeweils **12 €** für den **An- und Abreisetag** (ohne Prüfung einer Mindestabwesenheit) von der Lebensmittelpunktwohnung (gilt auch für **Tage mit Familienheimfahrten, z.B. freitags und sonntags**), wenn der Arbeitnehmer an diesem, einem anschließenden oder vorhergehenden Tag außerhalb seiner Lebensmittelpunktwohnung übernachtet,

- **0 €** für Tage, an denen sich der Arbeitnehmer **ganz zu Hause aufgehalten** hat (insbesondere Samstage, Sonntage, Feiertage, Urlaub).

Bei einer doppelten Haushaltsführung im **Ausland** sind die Auslandstagegelder anzusetzen (→ Anhang, A. Lohnsteuer Rz. 3391).

Für die Berechnung der Abwesenheitsdauer für den Ansatz des jeweiligen Pauschbetrags ist grundsätzlich auf die **Dauer der Abwesenheit von der „Lebensmittelpunktwohnung"** abzustellen, das ist die Wohnung am **Heimatort. Diese Frage hat aber nur noch für den Ansatz des Pauschbetrags von 24 € Bedeutung.**

Beispiel:
A wohnt mit seiner Familie in Hannover. Er hat eine neue Arbeitsstelle in Berlin (Entfernung 300 km) angetreten und fliegt jedes Wochenende nach Hause. Da er nur bis Freitagmittag arbeitet, ist er schon um 13.00 Uhr zu Hause. Montagmorgen fliegt er zurück nach Berlin, Abfahrt von zu Hause 6.00 Uhr.

Es liegt von Anfang an eine doppelte Haushaltsführung vor, keine Dienstreise. Der Arbeitgeber kann somit Mehraufwendungen wegen doppelter Haushaltsführung steuerfrei erstatten. Dies gilt für die Erstattung von Verpflegungskosten aber nur für die ersten drei Monate. Dabei sind wie bei Dienstreisen die gestaffelten gesetzlichen Pauschbeträge zu beachten.

Der Arbeitgeber kann also steuerfrei erstatten

- für Dienstag bis Donnerstag den vollen Pauschbetrag von 24 € (sog. Zwischentage mit einer Abwesenheit von der Wohnung in Hannover von 24 Stunden), und

- für die Tage mit Familienheimfahrten (Freitag und Montag, sog. An- und Abreisetage) unabhängig von der Dauer der Abwesenheit von der Wohnung in Hannover je einen Pauschbetrag von 12 €.

Für Samstag und Sonntag ist keine Erstattung möglich.

Ein **Einzelnachweis** höherer tatsächlicher Kosten ist nicht möglich. Das gilt auch, wenn nach Ablauf der Dreimonatsfrist die Pauschbeträge nicht mehr angesetzt werden können.

Seit der Neuregelung des Verpflegungsmehraufwands ab 1996 hat der Gesetzgeber dem Stpfl. bei Erfüllung des Tatbestands der doppelten Haushaltsführung einen **Rechtsanspruch** auf Gewährung der gesetzlichen Pauschbeträge eingeräumt. Anders als früher ist deshalb **nicht** mehr danach zu fragen, ob der Ansatz der Pauschalen zu einer **offensichtlich unzutreffenden Besteuerung** führen würde (zuletzt BFH v. 24.3.2011, VI R 11/10, BStBl II 2011, 829 und v. 24.3.2011, VI R 48/10, www.stotax-first.de, betr. Gemeinschaftsverpflegung von Soldaten).

Neu ist jedoch ab 2014, dass die **Pauschbeträge zu kürzen** sind, wenn dem Arbeitnehmer anlässlich oder während einer Tätigkeit außerhalb seiner ersten Tätigkeitsstätte vom Arbeitgeber oder auf

Doppelte Haushaltsführung: Erstattungsbeträge

dessen Veranlassung von einem Dritten eine Mahlzeit zur Verfügung gestellt wird (→ Rz. 955).

b) Dreimonatsfrist

953 Ebenso wie bei Auswärtstätigkeiten dürfen auch bei der doppelten Haushaltsführung Verpflegungsmehraufwendungen nur in den **ersten drei Monaten steuerfrei ersetzt** werden; diese **gesetzliche Begrenzung ist verfassungsgemäß** (zuletzt BFH v. 8.10.2014, VI R 7/13, BStBl II 2015, 336 und BVerfG v. 7.7.2015, 2 BvR 2251/13, StEd 2015, 469 sowie ab 2014 § 9 Abs. 4a Satz 6 EStG).

Für die Berechnung der Drei-Monats-Frist gelten im Wesentlichen die Regeln für Auswärtstätigkeiten. **Um die Berechnung der Drei-Monats-Frist zu vereinfachen, wurde eine reine zeitliche Bemessung der Unterbrechungsregelung eingeführt:**

Nach § 9 Abs. 4a Satz 7 EStG führt eine **Unterbrechung der beruflichen Tätigkeit an ein und derselben Tätigkeitsstätte für einen Zeitraum von vier Wochen zu einem Neubeginn des Drei-Monats-Zeitraums.** Zukünftig ist es somit unerheblich, aus welchem Grund (z.B. Krankheit, Urlaub, Tätigkeit an einer anderen Tätigkeitsstätte) die Tätigkeit unterbrochen wird.

Geht der doppelten Haushaltsführung eine **Auswärtstätigkeit** an diesen Ort der ersten Tätigkeitsstätte unmittelbar **voraus**, so ist deren Dauer auf die **Dreimonatsfrist anzurechnen** (§ 9 Abs. 4a Satz 13 EStG, R 9.11 Abs. 7 Satz 2 LStR).

> **Beispiel 1:**
> A aus Schwerin wird von seinem Arbeitgeber in Schwerin am 1.10. zunächst für zwei Wochen aushilfsweise in der Filiale in Rostock eingesetzt. Nach den zwei Wochen wird A auf Dauer an die Filiale in Rostock versetzt.
>
> Die Dreimonatsfrist beginnt am 1.10. zunächst innerhalb einer Auswärtstätigkeit. Nach Ablauf von zwei Wochen können Verpflegungspauschalen nur noch steuerfrei gezahlt werden, wenn eine beruflich veranlasste doppelte Haushaltsführung vorliegt, da die Filiale in Rostock zur ersten Tätigkeitsstätte wird. Im Fall der doppelten Haushaltsführung werden die zwei Wochen Auswärtstätigkeit vor der Versetzung mitgerechnet, sodass Verpflegungspauschalen höchstens bis 31.12. steuerfrei gezahlt werden können.

> **Beispiel 2:**
> Der Arbeitnehmer A wird vom Stammsitz seines Arbeitgebers, wo er mit seiner Familie wohnt, an einen 250 Kilometer entfernten Tochterbetrieb im Inland ohne zeitliche Begrenzung umgesetzt. A behält seinen Familienwohnsitz bei und übernachtet während der Woche in einem Hotel in der Nähe des Tochterbetriebs. Das Hotel stellt dem Arbeitgeber pro Übernachtung 50 € zuzüglich 10 € für ein Frühstück in Rechnung, welche der Arbeitnehmer zunächst verauslagt und dann von seinem Arbeitgeber erstattet erhält.
>
> Es liegt eine doppelte Haushaltsführung vor, da der Tochterbetrieb mit der zeitlich unbegrenzten Zuordnung zur ersten Tätigkeitsstätte des Arbeitnehmers wird. Für die ersten drei Monate der doppelten Haushaltsführung gelten die Regelungen zur Gestellung von Mahlzeiten bei Auswärtstätigkeit entsprechend. Nach Ablauf der Dreimonatsfrist sind dann die Regeln der Gestellung von Mahlzeiten am Ort der ersten Tätigkeitsstätte anzuwenden.
>
> In den ersten drei Monaten der doppelten Haushaltsführung unterbleibt folglich die Erfassung des arbeitstäglichen Frühstücks mit dem amtlichen Sachbezugswert als Arbeitslohn bei gleichzeitiger Kürzung der täglichen Verpflegungspauschalen um jeweils 4,80 €.
>
> Nach Ablauf der ersten drei Monate ist für das Frühstück ein geldwerter Vorteil in Höhe des Sachbezugswertes (1,67 €) anzusetzen (R 8.1 Abs. 7 Nr. 1 LStR).

S. zur **Mahlzeitengestellung** bei Auswärtstätigkeiten und doppelter Haushaltsführung ausführlich → *Mahlzeiten aus besonderem Anlass* Rz. 1976.

Verlegt der Arbeitnehmer seinen Lebensmittelpunkt aus privaten Gründen vom Ort der ersten Tätigkeitsstätte weg und begründet in seiner bisherigen Wohnung oder einer anderen Unterkunft am Ort der ersten Tätigkeitsstätte einen Zweithaushalt, um dort seiner Beschäftigung weiter nachgehen zu können (sog. **Wegverlegungsfälle**, s. dazu ausführlich → *Doppelte Haushaltsführung: Allgemeines* Rz. 913), sind Verpflegungsmehraufwendungen auch dann zu berücksichtigen, wenn und soweit der Arbeitnehmer am Beschäftigungsort zuvor bereits drei Monate gewohnt hat. In diesem Fall fehlt es an einer gesetzlichen Ausschlussregelung. Die doppelte Haushaltsführung wird erst mit Umwidmung der bisherigen Wohnung des Stpfl. in einen Zweithaushalt begründet, erst zu diesem Zeitpunkt beginnt die Dreimonatsfrist für die Abzugsfähigkeit von Verpflegungsmehraufwendungen (BFH v. 8.10.2014, VI R 7/13, BStBl II 2015, 336).

Wechselt der Arbeitnehmer am auswärtigen Beschäftigungsort den Arbeitgeber, beginnt keine neue Dreimonatsfrist für den Abzug von Verpflegungspauschbeträgen. Auch darf der neue Arbeitgeber nicht für drei Monate die Verpflegungspauschbeträge steuerfrei erstatten.

c) Unterbrechung der Dreimonatsfrist bei Wechsel der Zweitwohnung

Eine **neue doppelte Haushaltsführung** und damit eine **neue** **954** **Dreimonatsfrist** beginnt nach der **BFH-Rechtsprechung** nicht nur dann, wenn der Arbeitnehmer nach Rückkehr an seinen Tätigkeitsort eine neue Wohnung bezieht, sondern z.B. auch, wenn er seine alte Unterkunft wieder anmietet oder seine zuvor selbst genutzte Eigentumswohnung wieder bezieht (BFH v. 8.7.2010, VI R 15/09, BStBl II 2011, 47 betr. einen Professor, der nach einer Gastprofessur in einer anderen Stadt nach Ablauf von zehn Monaten am Ort der ersten Tätigkeitsstätte seine zuvor genutzte Eigentumswohnung wieder bezogen hat).

> **Beispiel:**
> A wohnt in Münster. Seit einem Jahr arbeitet er in Düsseldorf (erste Tätigkeitsstätte) und unterhält dort eine Zweitwohnung. Für die Dauer von sechs Wochen wird er in einem Filialbetrieb in Frankfurt tätig. Seine Wohnung in Düsseldorf hat er wegen der nur vorübergehenden Tätigkeit in Frankfurt beibehalten.
>
> Mit der Rückkehr nach Düsseldorf beginnt eine neue Dreimonatsfrist, da die „Mindestunterbrechungsfrist" von vier Wochen erfüllt ist.

Eine **neue Dreimonatsfrist** kann nach einem Beschluss der obersten Finanzbehörden ferner bei Arbeitnehmern beginnen, die in regelmäßigen Abständen immer wieder dieselbe Tätigkeitsstätte aufsuchen (z.B. **Saisonarbeitskräfte**).

d) Kürzungsregelung

Die Pauschbeträge für Verpflegungsmehraufwendungen werden **955** **ab 2014 gekürzt,** wenn der Arbeitnehmer während einer doppelten Haushaltsführung **unentgeltliche oder verbilligte Mahlzeiten** vom Arbeitgeber oder auf dessen Veranlassung von einem Dritten erhält (BMF v. 24.10.2014, IV C 5 – S 2353/14/10004, BStBl I 2014, 1412 Rdnr. 89).

Die Kürzung beträgt im Wege gesetzlicher Typisierung

– für ein **Frühstück 20 %**

– und für ein **Mittag- und Abendessen jeweils 40 %** des Betrags der Verpflegungspauschalen für eine 24-stündige Abwesenheit.

Dabei darf der Kürzungsbetrag die ermittelte Verpflegungspauschale nicht übersteigen (§ 9 Abs. 4a Satz 8 EStG). Bei beruflich veranlassten Auswärtstätigkeiten im **Inland** entspricht dies einer Kürzung

– für ein **Frühstück um 4,80 €** sowie

– für ein **Mittag- und/oder Abendessen um jeweils 9,60 €.**

Diese Kürzungsregelung gilt auch dann, wenn Reisekostenvergütungen wegen dieser Mahlzeiten einbehalten bzw. gekürzt oder vom Arbeitgeber pauschal besteuert werden (§ 9 Abs. 4a Satz 9 EStG). Sie entfällt, soweit der Arbeitnehmer für die Verpflegung ein Entgelt zu zahlen hat (§ 9 Abs. 4a Satz 10 EStG).

Ausführliche Erläuterungen und Beispiele zur Kürzungsregelung → *Reisekosten: Erstattungen* Rz. 2491.

e) Andere Erstattungsmöglichkeiten

Nach Ablauf der Dreimonatsfrist können keine Verpflegungsmehr- **956** aufwendungen **wegen doppelter Haushaltsführung** mehr steuerfrei ersetzt werden. Der steuerfreie Ersatz **wegen einer Auswärtstätigkeit** wird dadurch aber nicht berührt.

> **Beispiel:**
> A ist an eine auswärtige Filiale versetzt worden und führt dort einen doppelten Haushalt. Am Donnerstag macht er regelmäßig Lieferantenbesuche, Abwesenheit von der Wohnung und vom Filialbetrieb am Tag jeweils 10 Stunden.

Eine Erstattung von Verpflegungsmehraufwendungen **wegen doppelter Haushaltsführung** kommt nach drei Monaten nicht mehr in Betracht. Für die „**Dienstreise-Tage**" kann der Arbeitgeber jedoch Verpflegungsmehraufwendungen mit dem jeweiligen Pauschbetrag steuerfrei erstatten (hier 12 € wegen mehr als 8-stündiger Abwesenheit vom Filialbetrieb und der Zweitwohnung).

f) Konkurrenzregelung und Pauschalierung

957 Soweit für denselben Kalendertag Verpflegungsmehraufwendungen wegen einer Auswärtstätigkeit oder wegen einer doppelten Haushaltsführung anzuerkennen sind, ist jeweils der **höchste Pauschbetrag** anzusetzen (§ 9 Abs. 4a Satz 12 EStG, R 9.6. Abs. 2 LStR).

> **Beispiel 1:**
> Sachverhalt wie im Beispiel vorher.
>
> In den ersten drei Monaten kann der Arbeitgeber zunächst einen Pauschbetrag von 24 € **wegen der doppelten Haushaltsführung** steuerfrei erstatten.
>
> Für die **Dienstreisen** am Donnerstag könnten zwar ebenfalls Verpflegungsmehraufwendungen steuerfrei ersetzt werden, und zwar hier 12 €. Erstattet werden darf aber nur der jeweils höchste Betrag, hier also 24 €. Eine Zusammenrechnung aller für den jeweiligen Kalendertag in Betracht kommenden Pauschbeträge ist nicht zulässig.

> **Beispiel 2:**
> Ein Arbeitnehmer aus Stuttgart führt beruflich veranlasst einen doppelten Haushalt. Er verlässt Stuttgart regelmäßig sonntags gegen 21.00 Uhr und kehrt freitags gegen 19.00 Uhr zurück.
>
> Von Dienstag bis Donnerstag macht er eine Dienstreise nach Basel. Er fährt in Ulm am Dienstag um 8.00 Uhr los und trifft am Donnerstag um 11.00 Uhr wieder an seiner ersten Tätigkeitsstätte ein.
>
> Es muss verglichen werden, welcher in Betracht kommende Pauschbetrag am höchsten ist:
>
> | | So. | Mo. | Di. | Mi. | Do. | Fr. | Sa. |
> |---|---|---|---|---|---|---|---|
> | Dopp. Haushaltsführung | 12 | 24 | (24) | (24) | (24) | 12 | – |
> | Dienstreise | – | – | 41 | 62 | 41 | – | – |
>
> Der Arbeitnehmer erhält am Sonntag, Montag und Freitag die nach den Grundsätzen der doppelten Haushaltsführung zu gewährenden Verpflegungspauschalen. Für Dienstag, Mittwoch und Donnerstag kann er die höheren **Auslandstagegelder** für die Dienstreise in die Schweiz erhalten. Für Samstag kann der Arbeitgeber keine steuerfreien Beträge erstatten, da sich der Arbeitnehmer in seiner Heimatwohnung aufgehalten hat.

Auch wenn auf Grund der Konkurrenzklausel bei einem Zusammentreffen von doppelter Haushaltsführung und Auswärtstätigkeiten (Dienstreisen, Einsatzwechsel- oder Fahrtätigkeit) für Letztere keine Verpflegungspauschalen gewährt werden können, weil die Sätze der doppelten Haushaltsführung höher sind, können ggf. höhere Vergütungen des Arbeitgebers für Verpflegungsmehraufwendungen trotzdem in den Grenzen des § 40 Abs. 2 Satz 1 Nr. 4 EStG mit 25 % pauschal versteuert werden (R 40.2 Abs. 4 Satz 6 LStR). Einzelheiten → *Reisekosten: Erstattungen* Rz. 2518.

g) Bescheinigungspflicht „M"

958 Hat der Arbeitgeber oder auf dessen Veranlassung ein Dritter dem Arbeitnehmer während seiner beruflichen Tätigkeit außerhalb seiner Wohnung und seiner ersten Tätigkeitsstätte oder im Rahmen einer **doppelten Haushaltsführung** eine mit dem amtlichen Sachbezugswert zu bewertende Mahlzeit zur Verfügung gestellt, muss im **Lohnkonto der Großbuchstabe „M" aufgezeichnet und in der elektronischen Lohnsteuerbescheinigung bescheinigt** werden (§ 41b Abs. 1 Satz 2 Nr. 8 EStG). Zur Erläuterung der mit dem Großbuchstaben „M" bescheinigten Mahlzeitengestellungen sind neben den Reisekostenabrechnungen regelmäßig keine weiteren detaillierten Arbeitgeberbescheinigungen auszustellen (BMF v. 24.10.2014, IV C 5 – S 2353/14/10004, BStBl I 2014, 1412 Rdnr. 90 ff.).

Diese Aufzeichnungs- und Bescheinigungspflicht gilt unabhängig von der Anzahl der Mahlzeitengestellungen an den Arbeitnehmer im Kalenderjahr. Es kommt nicht darauf an, ob eine Besteuerung der Mahlzeiten ausgeschlossen ist (§ 8 Abs. 2 Satz 9 EStG) oder die Mahlzeit pauschal nach § 40 Abs. 2 Satz 1 Nr. 1a EStG oder individuell besteuert wurde.

Im Fall der Gewährung von Mahlzeiten, die keinen Arbeitslohn darstellen oder deren Preis 60 € übersteigt und die daher nicht mit dem amtlichen Sachbezugswert zu bewerten sind, besteht **keine Pflicht, im Lohnkonto den Großbuchstaben „M" aufzuzeichnen und zu bescheinigen**.

Sofern das Betriebsstättenfinanzamt für die nach § 3 Nr. 13 oder Nr. 16 EStG steuerfrei gezahlten Vergütungen nach § 4 Abs. 3 LStDV eine andere Aufzeichnung als im Lohnkonto zugelassen hat, ist für eine **Übergangszeit (bis max. 2017) eine Bescheinigung des Großbuchstabens „M" nicht zwingend erforderlich** (BMF v. 30.7.2015, IV C 5 – S 2378/15/10001, BStBl I 2015, 614).

5. Unterkunftskosten

a) Im Inland

aa) Allgemeines

959 Zur gesetzlichen Neuregelung → *Reisekosten: Allgemeine Grundsätze* Rz. 2410.

Bei einer doppelten Haushaltsführung im **Inland** kann der Arbeitgeber die Unterkunftskosten am Ort der ersten Tätigkeitsstätte steuerfrei erstatten

– entweder in Höhe der **nachgewiesenen tatsächlichen Unterkunftskosten, höchstens jedoch bis zu einer Obergrenze von 1 000 € im Monat** (§ 9 Abs. 1 Satz 3 Nr. 5 Satz 4 EStG); die Kosten der Lebensmittelpunktwohnung am Heimatort können dagegen nicht berücksichtigt werden, sie sind mit dem Grundfreibetrag abgegolten (zuletzt BFH v. 28.8.2014, V R 22/14, www.stotax-first.de, m.w.N.),

– oder mit **Pauschbeträgen**.

Die Prüfung der Notwendigkeit und Angemessenheit entfällt; die gegenteilige BFH-Rechtsprechung (z.B. Urteil v. 9.8.2007, VI R 10/06, BStBl II 2007, 820: Unterkunftskosten am Ort der ersten Tätigkeitsstätte sind notwendig, wenn sie den Durchschnittsmietzins einer 60 qm-Wohnung am Ort der ersten Tätigkeitsstätte nicht überschreiten) ist – anders als bei doppelten Haushaltsführungen im **Ausland** – überholt. Durch die Einführung einer betragsmäßigen Höchstgrenze entfallen die bis 2013 noch erforderliche Ermittlung der ortsüblichen Vergleichsmiete mit dem Durchschnittsmietzins und das Abstellen auf eine höchstens 60 qm große Wohnung. Ist die Zweitwohnung größer als 60 qm, aber günstiger als 1 000 € pro Monat, können ab 2014 also höhere Beträge berücksichtigt werden. **Auch auf die Zahl der Wohnungsbenutzer (Angehörige) kommt es nicht mehr an** (bisher Kürzung, wenn der Arbeitnehmer z.B. seine Ehefrau mitgenommen hat).

> **Beispiel:**
> Arbeitnehmer A hat in Münster eine Wohnung und seine Beschäftigung. Am Wochenende fährt er zu seiner Freundin nach Köln, wo sich inzwischen sein Lebensmittelpunkt befindet. Beide sind Mieter der dortigen Wohnung und beteiligen sich gemeinsam an den Kosten der gemeinsamen Wohnung. Die Zweitwohnung in Münster ist 80 qm groß. Der Aufwand incl. der Nebenkosten beträgt 800 €.
>
> A kann ab 2014 den vollen Aufwand für seine Zweitwohnung geltend machen. Bis 2013 werden auf Grund der Grenze von 60 qm nur drei Viertel der Aufwendungen, d.h. nur 600 € berücksichtigt.

Steht die Zweitwohnung oder -unterkunft im **Eigentum des Arbeitnehmers**, sind die tatsächlichen Aufwendungen (z.B. AfA, Schuldzinsen, Reparaturkosten, Nebenkosten) bis zum Höchstbetrag von 1 000 € monatlich zu berücksichtigen. Insoweit gelten die Grundsätze des BFH-Urteils v. 3.12.1982, VI R 228/80, BStBl II 1983, 467 weiter, wonach nur die **notwendigen Kosten** steuerlich berücksichtigt werden können. Zur Abgrenzung von den nicht abziehbaren Ausgaben für die allgemeine Lebensführung dürfen daher insbesondere die AfA auf **Einrichtungsgegenstände** einer Eigentumswohnung am Beschäftigungsort nur insoweit vom Abzug zugelassen werden, als solche Gegenstände ihrer Art nach zum Leben in einer Wohnung notwendig und die hierfür aufgewandten Kosten nicht als überhöht anzusehen sind.

Bei einer eigenen Eigentumswohnung am Beschäftigungsort, die die Voraussetzungen für den **Sonderausgabenabzug nach § 10f EStG** (Steuerbegünstigung für zu eigenen Wohnzwecken genutzte Baudenkmale und Gebäude in Sanierungsgebieten und städtebaulichen Entwicklungsbereichen) erfüllt, ist eine Kumulation von Sonderausgabenabzug und Werbungskostenabzug wegen doppelter Haushaltsführung nicht zulässig. Die Förderung gem. § 10f

Doppelte Haushaltsführung: Erstattungsbeträge

EStG steht einem Arbeitnehmer nur dann zu, wenn er sich auf den Abzug der Fahrtkosten gem. § 9 Abs. 1 Satz 3 Nr. 4 EStG beschränkt und im Übrigen die die Wohnung betreffenden notwendigen, durch die doppelte Haushaltsführung entstandenen Mehraufwendungen gem. § 9 Abs. 1 Satz 3 Nr. 5 EStG nicht ansetzt (FG Köln v. 6.2.2014, 10 K 2733/10, EFG 2014, 1086).

Ein **häusliches Arbeitszimmer** in der Zweitwohnung am Ort der ersten Tätigkeitsstätte ist bei der Ermittlung der anzuerkennenden Unterkunftskosten nicht einzubeziehen; der Abzug der hierauf entfallenden Aufwendungen richtet sich nach § 4 Abs. 5 Satz 1 Nr. 6b EStG (vgl. BFH v. 9.8.2007, VI R 23/05, BStBl II 2009, 722 sowie → *Arbeitszimmer* Rz. 313).

Sind in den Unterkunftskosten auch die **Kosten für ein Frühstück** enthalten, so sind sie wie bei Auswärtstätigkeiten (Dienstreisen usw.) um den Frühstücksanteil zu kürzen, s. dazu ausführlich → *Reisekosten: Erstattungen* Rz. 2499.

Wegen eines Umzugs geleistete **doppelte Mietzahlungen** können beruflich veranlasst und deshalb in voller Höhe als Werbungskosten abziehbar sein. Die Vorschriften über den Abzug notwendiger Mehraufwendungen wegen einer aus beruflichem Anlass begründeten doppelten Haushaltsführung stehen dem allgemeinen Werbungskostenabzug umzugsbedingt geleisteter Mietzahlungen nicht entgegen. Diese Mietaufwendungen können jedoch nur zeitanteilig, und zwar für die neue Familienwohnung bis zum Umzugstag und für die bisherige Wohnung ab dem Umzugstag, längstens bis zum Ablauf der Kündigungsfrist des bisherigen Mietverhältnisses, als Werbungskosten abgezogen werden. Der Abzug von Mietaufwendungen als Umzugskosten richtet sich allein nach dem allgemeinen Werbungskostenbegriff und nicht nach den Regelungen des Bundesumzugskostengesetzes (BFH v. 13.7.2011, VI R 2/11, BStBl II 2012, 104).

Der Abzug der Aufwendungen für die Zweitwohnung ist ausgeschlossen, wenn die **Aufwendungen** auf Grund eines Dauerschuldverhältnisses (z.B. Mietvertrag) **von einem Dritten getragen** werden, vgl. H 9.11 (5-10) Stichwort „Drittaufwand" LStH.

Es ist im Übrigen **nicht rechtsmissbräuchlich**, wenn eine Ehefrau am Zweitwohnsitz ihres Manns eine Wohnung erwirbt und diese zu fremdüblichen Bedingungen an ihren Mann vermietet. Sie kann daher Werbungskostenüberschüsse aus der Vermietung der Wohnung geltend machen (BFH v. 11.3.2003, IX R 55/01, BStBl II 2003, 627).

bb) Höchstbetrag

960 Der **Höchstbetrag umfasst sämtliche entstehenden Aufwendungen** wie Miete, Betriebskosten, Kosten der laufenden Reinigung und Pflege der Zweitwohnung oder -unterkunft, AfA für notwendige Einrichtungsgegenstände (ohne Arbeitsmittel), Zweitwohnungssteuer, Rundfunkbeitrag, Miet- oder Pachtgebühren für Kfz-Stellplätze, Aufwendungen für Sondernutzung (wie Garten), die vom Arbeitnehmer selbst getragen werden. Wird die Zweitwohnung oder -unterkunft möbliert angemietet, sind die Aufwendungen bis zum Höchstbetrag berücksichtigungsfähig.

Aufwendungen für einen separat angemieteten **Garagenstellplatz** sind in den Höchstbetrag einzubeziehen und können nicht als „sonstige" notwendige Mehraufwendungen zusätzlich berücksichtigt werden. Das BFH-Urteil v. 13.11.2012, VI R 50/11, BStBl II 2013, 286 ist überholt (BMF v. 24.10.2014, IV C 5 – S 2353/14/10004, BStBl I 2014, 1412 Rdnr. 104).

> **Beispiel 1:**
> Der Arbeitnehmer wendet im Rahmen einer beruflich veranlassten doppelten Haushaltsführung für die Zweitwohnung am Ort der ersten Tätigkeitsstätte eine Nettokaltmiete von 800 € zzgl. Nebenkosten im Monat auf. Die Nebenkosten betragen 210 € monatlich, die Kosten für den Pkw-Stellplatz monatlich 100 €.
>
> Die Aufwendungen für die Zweitwohnung am Ort der ersten Tätigkeitsstätte von monatlich 1 110 € können i.H.v. monatlich 1 000 € als Werbungskosten abgezogen bzw. vom Arbeitgeber steuerfrei ersetzt werden.
>
> Die Stellplatzkosten können nicht gesondert berücksichtigt werden.

Maklerkosten, die für die Anmietung einer Zweitwohnung oder -unterkunft entstehen, sind als Umzugskosten zusätzlich als Werbungskosten abziehbar (R 9.9 Abs. 2 Satz 1 LStR) oder vom Arbeitgeber steuerfrei erstattbar. Sie sind nicht in die 1 000 €-Grenze mit einzubeziehen.

Bei der Anwendung des Höchstbetrags ist grundsätzlich **§ 11 EStG zu beachten**; das gilt insbesondere auch hinsichtlich der Berücksichtigung von Abschlagszahlungen für Nebenkosten und für die Nebenkostenendabrechnung.

Soweit der monatliche Höchstbetrag von 1 000 € nicht ausgeschöpft wird, ist eine **Übertragung des nicht ausgeschöpften Volumens in andere Monate des Bestehens der doppelten Haushaltsführung im selben Kalenderjahr möglich**. Erhält der Arbeitnehmer Erstattungen z.B. für Nebenkosten, mindern diese Erstattungen im Zeitpunkt des Zuflusses die Unterkunftskosten der doppelten Haushaltsführung.

Der **Höchstbetrag** nach § 9 Abs. 1 Satz 3 Nr. 5 Satz 4 EStG i.H.v. 1 000 € ist ein **Monatsbetrag**, der nicht auf einen Kalendertag umzurechnen ist und grundsätzlich für jede doppelte Haushaltsführung des Arbeitnehmers gesondert gilt.

Beziehen **mehrere berufstätige Arbeitnehmer** (z.B. beiderseits berufstätige Ehegatten, Lebenspartner, Mitglieder einer Wohngemeinschaft) am gemeinsamen Ort der ersten Tätigkeitsstätte eine gemeinsame Zweitwohnung, handelt es sich jeweils um eine doppelte Haushaltsführung, so dass jeder Arbeitnehmer den Höchstbetrag für die tatsächlich von ihm getragenen Aufwendungen jeweils für sich beanspruchen kann.

> **Beispiel 2:**
> Beiderseits berufstätige Ehegatten bewohnen an ihrem Ort der ersten Tätigkeitsstätte in M gemeinsam eine möblierte Unterkunft. Ihren Hausstand sowie ihren Lebensmittelpunkt haben die Eheleute nachweislich im eigenen Einfamilienhaus in B. Die Aufwendungen für die Nutzung der Unterkunft am Ort der ersten Tätigkeitsstätte betragen inklusive sämtlicher Nebenkosten und Abschreibungen für notwendige Einrichtungsgegenstände 1 100 € im Monat. Diese werden auf Grund gemeinsamer Verpflichtung von beiden Ehegatten zu gleichen Anteilen gezahlt.
>
> Die tatsächlichen Aufwendungen für die Nutzung der Unterkunft können bei jedem Ehegatten jeweils in Höhe von 550 € angesetzt werden.

> **Beispiel 3:**
> Die Aufwendungen für die Nutzung der Unterkunft (Miete, inkl. sämtlicher berücksichtigungsfähiger Nebenkosten und evtl. Abschreibungen für notwendige Einrichtungsgegenstände) betragen bis zum 30.6.2014 monatlich 990 €. Ab 1.7.2014 wird die Miete um 30 € erhöht, so dass ab diesem Zeitpunkt die monatlichen Aufwendungen für die Nutzung der Unterkunft 1 020 € betragen.
>
> In den Monaten Januar bis Juni können die Aufwendungen für die Nutzung der Unterkunft in voller Höhe vom Arbeitgeber steuerfrei erstattet bzw. vom Arbeitnehmer als Werbungskosten geltend gemacht werden.
>
> Ab Juli ist grundsätzlich die Beschränkung auf den Höchstbetrag von 1 000 € zu beachten. Die den Höchstbetrag übersteigenden Aufwendungen von monatlich 20 € können allerdings mit dem noch nicht aufgebrauchten Höchstbetragsvolumen der Monate Januar – Juni (6 × 10 € = 60 €) verrechnet und insoweit steuerfrei erstattet oder als Werbungskosten geltend gemacht werden.

b) Im Ausland

961 Bei doppelter Haushaltsführung im Ausland gelten die bisherigen Grundsätze unverändert weiter:

Danach sind die Aufwendungen in tatsächlicher Höhe notwendig, soweit sie die **ortsübliche Miete** für eine nach Lage und Ausstattung durchschnittliche Wohnung am Ort der ersten Tätigkeitsstätte mit einer **Wohnfläche bis zu 60 qm nicht überschreiten** (R 9.11 Abs. 8 LStR und zuletzt BFH v. 26.7.2012, VI R 10/12, BStBl II 2013, 208 m.w.N.). Im Rahmen einer doppelten Haushaltsführung als Werbungskosten zu berücksichtigende Mehraufwendungen für Miete orientieren sich am sog. „Durchschnittsmietzins" in der Weise, dass der Ermittlung der im fraglichen Zeitraum gültige offizielle Mietspiegel für das **gesamte Gebiet der Stadt oder der Gemeinde (Beschäftigungsort)** zu Grunde zu legen ist (also keine Kürzung der Kosten nur auf die evtl. höhere ortsübliche Miete in einem bestimmten Stadtteil!), in der sich die betreffende Wohnung befindet (FG Köln v. 6.11.2014, 13 K 1665/12, EFG 2015, 544).

c) Erstattung durch den Arbeitgeber

962 Für den **steuerfreien Arbeitgeberersatz** kann der Arbeitgeber bei Arbeitnehmern mit den **Steuerklassen III, IV oder V** ohne Weiteres unterstellen, dass sie einen eigenen Hausstand haben, an dem sie sich auch finanziell beteiligen.

Bei **anderen Arbeitnehmern** darf der Arbeitgeber einen eigenen Hausstand nur dann anerkennen, wenn sie schriftlich erklären, dass sie neben einer Zweitwohnung oder -unterkunft am Beschäftigungsort außerhalb des Beschäftigungsorts einen eigenen Hausstand unterhalten, an dem sie sich auch finanziell beteiligen (BMF v. 24.10.2014, IV C 5 – S 2353/14/10004, BStBl I 2014, 1412 Rdnr. 108).

S. ausführlich → *Doppelte Haushaltsführung: Allgemeines* Rz. 936.

d) Werbungskostenabzug

963 Voraussetzung für den Werbungskostenabzug ist zunächst, dass der Arbeitnehmer überhaupt „**Aufwendungen**" hat, also mit Unterkunftskosten belastet ist, diese z.B. nicht von einem Dritten getragen werden (FG Berlin-Brandenburg v. 4.12.2009, 9 K 9161/07, EFG 2010, 470 betr. in Afghanistan eingesetzte Bundeswehrsoldaten).

Beim Werbungskostenabzug im Rahmen der Einkommensteuerveranlagung hat der **Arbeitnehmer das Vorliegen einer doppelten Haushaltsführung und die finanzielle Beteiligung an der Haushaltsführung am Ort des eigenen Hausstands darzulegen.**

Kosten der Zweitwohnung oder -unterkunft sind für die Berücksichtigung als Werbungskosten grundsätzlich **im Einzelnen nachzuweisen**. Sind jedoch unstreitig Unterkunftskosten entstanden und kann lediglich der Nachweis nicht erbracht werden, sind die als Werbungskosten abzugsfähigen **Unterkunftskosten zu schätzen**. Hierbei sind weder die für den Arbeitgeberersatz bestimmten Übernachtungspauschalen noch tarifvertragliche Bestimmungen über die Höhe von Auslösungsbeträgen maßgeblich (BFH v. 12.9.2001, VI R 72/97, BStBl II 2001, 775).

Soweit der Arbeitgeber keine oder nur die geringen Unterkunftskosten steuerfrei ersetzt hat, kann der Arbeitnehmer **nur nachgewiesene höhere Unterkunftskosten als Werbungskosten absetzen** (R 9.11 Abs. 10 Satz 1 LStR), denn anders als beim Arbeitgeberersatz von Unterkunftskosten und auch beim Werbungskostenabzug von Verpflegungsmehraufwendungen gibt es für den **Werbungskostenabzug von Unterkunftskosten keine Pauschalen** (s. dazu auch BFH v. 12.9.2001, VI R 72/97, BStBl II 2001, 775) – ab 2008 selbst **nicht mehr bei doppelter Haushaltsführung im Ausland**. Die geänderte Regelung der R 9.11 Abs. 10 Satz 7 Nr. 3 LStR betrifft nur noch den steuerfreien Arbeitgeberersatz.

Sind jedoch unstreitig Unterkunftskosten entstanden und kann lediglich der Nachweis nicht erbracht werden, sind die als Werbungskosten abzugsfähigen **Unterkunftskosten zu schätzen**. Hierbei sind weder die für den Arbeitgeberersatz bestimmten Übernachtungspauschalen noch tarifvertragliche Bestimmungen über die Höhe von Auslösungsbeträgen maßgeblich (BFH v. 12.9.2001, VI R 72/97, BStBl II 2001, 775).

e) Pauschbeträge

964 Die Kosten der Zweitwohnung oder -unterkunft am Ort der ersten Tätigkeitsstätte im Inland können weiterhin vom Arbeitgeber pauschal steuerfrei erstattet werden (R 9.11 Abs. 10 Satz 7 Nr. 3 LStR). Hiernach darf der Arbeitgeber die Aufwendungen für die Zweitwohnung **wie folgt pauschal steuerfrei erstatten**:

aa) Im Inland

965 – **die ersten drei Monate mit einem Pauschbetrag von 20 € je Übernachtung** und

– für die **Folgezeit mit einem Pauschbetrag von 5 €** je Übernachtung (R 9.11 Abs. 10 Satz 7 Nr. 3 Satz 1 LStR).

bb) Im Ausland

966 – die ersten **drei Monate** (zur Berechnung der Dreimonatsfrist → Rz. 953) mit den **Auslandspauschalen**, die vom BMF in einer **Länderübersicht** gemacht werden. Trotz Kritik des BFH an der Rechtmäßigkeit der Auslandspauschalen (BFH v. 23.3.2011, X R 44/09, BStBl II 2011, 884) hat die Finanzverwaltung aus Vereinfachungsgründen und im Interesse der Gleichbehandlung mit Arbeitnehmern im öffentlichen Dienst (bei diesen sind die Auslandspauschalen nach dem BRKG nach § 3 Nr. 13 EStG steuerfrei) weiterhin derartige Pauschalen festgesetzt (→ *Anhang, A. Lohnsteuer* Rz. 3391),

– und für die Folgezeit mit **40 % dieses Pauschbetrags** (R 9.11 Abs. 10 Satz 7 Nr. 3 Satz 2 LStR).

> **Beispiel 1:**
> A ist ab 1.1.2016 für voraussichtlich drei Jahre nach London versetzt worden (neue erste Tätigkeitsstätte) und führt dort einen doppelten Haushalt.
> Es liegt vom ersten Tag an eine doppelte Haushaltsführung vor.
> Der Arbeitgeber kann steuerfrei ersetzen
> – entweder die nachgewiesenen **Unterkunftskosten** oder pauschal die ersten drei Monate 152 € (Pauschbetrag bei Dienstreisen) und die restlichen Monate 40 % von 152 € = 60,80 € sowie
> – die Kosten für **Familienheimfahrten**.
> **Verpflegungskosten** können bereits nach den ersten drei Monaten nicht mehr steuerfrei erstattet werden.

Voraussetzung für die pauschale Erstattung ist aber, dass die Übernachtung nicht in einer vom Arbeitgeber unentgeltlich oder verbilligt überlassenen Unterkunft stattfindet, z.B. bei Werkswohnungen (vgl. R 9.11 Abs. 10 Satz 7 Nr. 3 Satz 1 LStR). Die Übernachtungspauschalen können auch dann angesetzt werden, wenn **tatsächlich geringere Unterkunftskosten entstanden** sind (→ *Reisekosten: Erstattungen* Rz. 2505).

> **Beispiel 2:**
> A (verheiratet) wird an eine auswärtige Filiale versetzt (neue erste Tätigkeitsstätte). Da er bei Bekannten übernachtet, macht er keine tatsächlichen Unterkunftskosten geltend.
> Es liegt eine doppelte Haushaltsführung vor.
> Der Arbeitgeber kann steuerfrei erstatten die Unterkunftskosten
> – in den ersten drei Monaten pauschal mit 20 € je Übernachtung und
> – in der Folgezeit pauschal mit 5 € je Übernachtung (R 9.11 Abs. 10 Satz 7 Nr. 3 LStR).

f) Wahlrecht zwischen Pauschale und Einzelnachweis

967 Wie bei Auswärtstätigkeiten ist ein Wechsel zwischen dem Einzelnachweis der Aufwendungen und dem Ansatz der Pauschbeträge bei derselben doppelten Haushaltsführung zulässig (R 9.11 Abs. 10 Satz 7 Nr. 3 LStR).

> **Beispiel:**
> Ein Bauarbeiter (verheiratet) ist vom 1.1.2015 bis voraussichtlich 31.12.2016 auf einer auswärtigen Baustelle tätig und übernachtet am Arbeitsort. Den ersten Monat hat er im Hotel übernachtet, die restlichen Monate in seinem Wohnmobil.
> Der Arbeitgeber darf für den Monat Januar die höheren nachgewiesenen Hotelkosten und ab 1.2.2015 die Übernachtungspauschalen steuerfrei ersetzen.

g) Glaubhaftmachung der Übernachtung

968 Arbeitnehmer, die nach eigenen Angaben an der Einsatzstelle übernachten, müssen **nähere Angaben** über die gewählte Unterkunft machen, wenn diese in einer **Entfernung von der (Familien-)Wohnung** des Arbeitnehmers liegt, die üblicherweise von Arbeitnehmern **täglich mit dem Kfz** zurückgelegt wird. Das Finanzamt wird dabei in Zweifelsfällen die Angaben des Arbeitnehmers in der Einkommensteuer-Erklärung hinzuziehen. Bei widersprüchlichen Erklärungen des Arbeitnehmers ist der glaubhaft gemachte Sachverhalt zu Grunde zu legen.

> **Beispiel 1:**
> Arbeitnehmer A war in einer Entfernung von 100 km von seiner Wohnung und dem Betrieb seines Arbeitgebers tätig. Dem Arbeitgeber hat er erklärt, er wohne am Einsatzort. In seiner Einkommensteuer-Erklärung hat er dagegen tägliche Fahrten zwischen Wohnung und Arbeitsstätte als Werbungskosten geltend gemacht. Neben der Erklärung liegen dem Arbeitgeber für die Dauer des Einsatzes Mietquittungen vor. Im Rahmen der Einkommensteuer-Veranlagung hat A dagegen keine Nachweise vorlegen können.
> Der gegenüber dem Arbeitgeber erklärte Sachverhalt ist glaubhafter und damit für die Besteuerung maßgebend. Wird dieser Sachverhalt durch eine Lohnsteuer-Außenprüfung aufgedeckt, wird das Finanzamt den Einkommensteuerbescheid des Arbeitnehmers berichtigen (§ 173 Abs. 1 Nr. 1 AO).

Doppelte Haushaltsführung: Erstattungsbeträge

Beispiel 2:
Sachverhalt wie oben, A hat jedoch dem Finanzamt durch Fahrtenbuch, Tankquittungen, Inspektionsrechnungen usw. die Fahrten glaubhaft gemacht. Dem Arbeitgeber liegt dagegen lediglich die Erklärung des Arbeitnehmers vor.

Der dem Finanzamt dargelegte Sachverhalt ist glaubhaft. Die vom Arbeitgeber gezahlte Auslösung ist zu versteuern, soweit sie nicht bereits bei der Ermittlung der Werbungskosten gegengerechnet wurde. Eine Haftung des Arbeitgebers kommt jedoch im Hinblick auf die Erklärung des Arbeitnehmers nicht in Betracht.

Der steuerlichen Beurteilung können allerdings nur **Erklärungen und Nachweise der Arbeitnehmer** zu Grunde gelegt werden. **Kein Entscheidungskriterium** ist dagegen die Höhe der vom Arbeitgeber nach **Tarifvertrag** gezahlten Auslösung (z.B. **Fernauslösung**), weil die Zahlung derartiger Beträge sich regelmäßig nicht nach der tatsächlichen Rückkehr, sondern nach der Zumutbarkeit der täglichen Rückkehr in die eigene Wohnung richtet. Für die Frage der Zumutbarkeit ist häufig der Zeitaufwand bei Benutzung öffentlicher Verkehrsmittel auch dann maßgebend, wenn die Arbeitnehmer tatsächlich den eigenen Pkw benutzen.

Beispiel 3:
Nach dem Tarifvertrag hat der Arbeitnehmer Anspruch auf (Fern-)Auslösung, wenn der Zeitaufwand für den Weg vom Wohnort zum Einsatzort bei Benutzung öffentlicher Verkehrsmittel mehr als 1,5 Stunden beträgt. A benötigt mit dem Pkw eine Stunde für die Fahrt, bei Benutzung öffentlicher Verkehrsmittel würde er zwei Stunden benötigen. A hat Anspruch auf Fernauslösung, auch wenn er tatsächlich mit dem Pkw fährt und für die Fahrt von seiner Wohnung zum Einsatzort nur eine Stunde benötigt.

Fährt der Arbeitnehmer zwischenzeitlich an seinen Wohnort zurück (z.B. Wochenendheimfahrten), so können die Pauschbeträge für diesen Zeitraum nicht steuerfrei gezahlt werden, s. aber → Rz. 971. Wird dem Arbeitnehmer die Unterkunft am Ort der ersten Tätigkeitsstätte vom Arbeitgeber unentgeltlich oder verbilligt zur Verfügung gestellt, kommt eine steuerfreie Zahlung der Pauschbeträge nicht in Betracht.

h) Einrichtung

969 Notwendige Mehraufwendungen aus Anlass einer doppelten Haushaltsführung sind auch Aufwendungen zur Anschaffung der **notwendigen Einrichtungsgegenstände** für die Wohnung am Ort der ersten Tätigkeitsstätte, sofern die Aufwendungen **angemessen** sind (zuletzt BFH v. 13.11.2012, VI R 50/11, BStBl II 2013, 286 und FG Niedersachsen v. 21.10.2014, 12 K 79/13, www.stotax-first.de, Revision eingelegt, Az. beim BFH: VI R 10/15). Bei Wohnungen im Inland ist jedoch auch insoweit der **Höchstbetrag von 1 000 €** zu beachten (BMF v. 24.10.2014, IV C 5 – S 2353/14/10004, BStBl I 2014, 1412 Rdnr. 104).

Dazu gehören alle **Hausrats- und Einrichtungsgegenstände**, die zur Führung eines geordneten Haushalts erforderlich sind, also z.B. für Bett, Schränke, Sitzmobiliar, Tisch, Küchen- und Badezimmereinrichtung, Geschirr, Bettzeug, Staubsauger, ferner Gardinen und Fenstervorhänge.

Nicht als „notwendig" anerkannt wurden z.B.

- Fernseher (Anschaffung und Anschluss), Fernsehgebühren und Fernseh-Programmzeitschriften, weil „Fernsehen" der persönlichen Lebensführung dient (zuletzt FG Berlin-Brandenburg v. 22.6.2011, 9 K 9079/08, EFG 2012, 35),
- Kosten für einen Kabelanschluss, wenn dafür ein vom Mietvertrag unabhängiger Vertrag mit einem Dritten abgeschlossen wurde (FG München v. 19.2.2008, 9 K 1524/05, www.stotax-first.de),
- Stereoanlage mit teuren Lautsprecherboxen und eines Bildes (FG Baden-Württemberg v. 5.12.1997, 6 K 414/97, www.stotax-first.de),
- eine teure „multifunktional" nutzbare Anbauwand (FG Rheinland-Pfalz v. 19.2.1998, 4 K 2213/96, www.stotax-first.de),
- eine im Jahr 1999 angeschaffte Einbauküche im Wert von (umgerechnet) rund 13 000 €, anerkannt wurden lediglich rund 3 000 €, die eine Küchenzeile mit den erforderlichen Geräten gekostet hätte, Abschreibungsdauer zehn Jahre (FG Sachsen v. 18.9.2008, 2 K 863/08, EFG 2010, 131),
- die Ausstattung einer von einer Einzelperson am Beschäftigungsort bewohnten (Zweit-)Wohnung mit mehr als vier – und recht teuren – Stühlen (FG Köln v. 6.11.2014, 13 K 1665/12, EFG 2015, 544).

Anerkannt wurden demgegenüber z.B.

- Kosten der Wohnungseinrichtung, z.B. Bett, Stühle, Schränke, Lampen, Bettwäsche, Staubsauger usw. (FG Berlin-Brandenburg v. 22.6.2011, 9 K 9079/08, www.stotax-first.de),
- Radio und Kleinmöbel (FG Saarland v. 29.8.2001, 1 K 120/00, www.stotax-first.de),
- eine Waschmaschine mit Verteilung der Kosten auf zehn Jahre (FG München v. 19.2.2008, 9 K 1524/05, www.stotax-first.de),
- Aufwendungen für eine Einbauküche (auch wenn es sich um „Einzelteile" handelt, die zu einer Sachgesamtheit zusammengesetzt werden) und einen Kühlschrank, verteilt auf eine Nutzungsdauer von 10 Jahren (FG Niedersachsen v. 21.10.2014, 12 K 79/13, www.stotax-first.de, Revision eingelegt, Az. beim BFH: VI R 10/15). Das FG Schleswig-Holstein (Urteil v. 28.1.2015, 2 K 101/13, EFG 2015, 717, Revision eingelegt, Az. beim BFH: IX R 14/15) sieht demgegenüber eine Einbauküche nicht als einheitliches zusammengesetztes Wirtschaftsgut an. Die Einbaumöbel (inklusive der Arbeitsfläche), die Spüle, der Herd und weitere Elektrogeräte (z.B. Kühlschrank und Dunstabzugshaube) sind jeweils getrennt voneinander steuerrechtlich zu beurteilen und abzuschreiben. Dies gilt unabhängig davon, ob es sich um eine serienmäßig hergestellte Einbauküche oder eine individuell gefertigte Einbauküche handelt.

Aufwendungen **über 410 €** (mit 19 % Umsatzsteuer 487,90 €) für ein einzelnes Wirtschaftsgut müssen auf die **Nutzungsdauer verteilt** werden (§ 7 Abs. 1 EStG), die regelmäßig mit 13 Jahren angenommen werden kann.

i) Keine Aufteilung der Erstattungen (Saldierung)

970 Auslösungen werden vom Arbeitgeber häufig **kalendertäglich** (nicht arbeitstäglich) gewährt. Das gilt insbesondere, wenn dem Arbeitnehmer die tägliche Rückkehr in die eigene Wohnung nach **tarifvertraglichen Regelungen** nicht zugemutet werden kann. Die Auslösungen werden in voller Höhe auch zu den **Wochenenden gezahlt**, und zwar auch, wenn der Arbeitnehmer in seine Wohnung zurückkehrt und nicht an der Einsatzstelle übernachtet. Eine Ausnahme gilt nur, wenn die Aufwendungen für eine Heimfahrt besonders vergütet werden.

Bei den Zahlungen des Arbeitgebers wird – anders als im Steuerrecht – im Allgemeinen **keine strenge Trennung zwischen Verpflegungsmehraufwand und Unterkunftskosten** vorgenommen. Vielmehr werden die jeweiligen Auslösungsbeträge regelmäßig für Verpflegung und Unterkunft (und zwar täglich) gezahlt. Steuerlich werden ohne Nachweis Verpflegungskosten kalendertäglich, Unterkunftskosten dagegen je Übernachtung berücksichtigt, so dass sich insoweit **Differenzen** ergeben können.

Steuerlich ist es zulässig, die **Vergütungen für Verpflegungsmehraufwendungen, Fahrtkosten und Übernachtungen zusammenzurechnen**; in diesem Fall ist die Summe der Vergütungen steuerfrei, soweit sie die Summe der steuerfreien Einzelvergütungen nicht übersteigt. Hierbei können mehrere doppelte Haushaltsführungen des Arbeitnehmers zusammengefasst abgerechnet werden (R 3.16 Sätze 2 und 3 LStR sowie R 9.11 Abs. 10 Nr. 4 LStR).

Beispiel:
A (verheiratet) ist von montags bis freitags in einer auswärtigen Filiale tätig und übernachtet auch am Arbeitsort (doppelte Haushaltsführung). Der Arbeitgeber zahlt ein „Trennungsgeld" von 35 € täglich. Steuerlich stehen dem Arbeitnehmer Tage- und Übernachtungsgelder von je 24 € bzw. 20 € zu.

Bei fünf Arbeitstagen kann der Arbeitgeber fünf Tagegelder je 24 € (= 120 €) und vier Übernachtungsgelder je 20 € (= 80 €), insgesamt also 200 €, steuerfrei lassen. Die tatsächlich gezahlten Trennungsgelder (5 × 35 € = 175 €) übersteigen diesen Betrag nicht und können daher steuerfrei bleiben.

6. Unterkunftskosten für die Wochenenden

971 Erstreckt sich die Tätigkeit des Arbeitnehmers über einen längeren Zeitraum und kehrt der Arbeitnehmer an den Wochenenden in seine Wohnung zurück, so können steuerlich

- **Tagegelder** nur für **tatsächliche Anwesenheitstage** am Arbeitsort und
- **Übernachtungsgelder**

grundsätzlich nur für **tatsächliche Übernachtungen** angesetzt werden.

Etwas anderes gilt, wenn der Arbeitnehmer die **Unterkunft auch an den Wochenenden beibehalten** hat und ihm insoweit tatsächlich Unterkunftskosten entstanden sind. Einen ggf. verbleibenden Restbetrag der Auslösung kann der Arbeitgeber nur insoweit steuerfrei erstatten, als dem Arbeitnehmer entsprechende

🗒 = keine Lohnsteuerpflicht
🗒 = Lohnsteuerpflicht

Aufwendungen für Familienheimfahrten entstanden sind, die als Werbungskosten abzugsfähig wären.

> **Beispiel:**
> A (verheiratet) ist seit mehreren Jahren bei der Firma X tätig, die zu seiner ersten Tätigkeitsstätte geworden ist. Er hat am Arbeitsort in einer Pension ein Zimmer gemietet und führt dort einen doppelten Haushalt. Wegen der großen Entfernung zur Wohnung stehen ihm kalendertäglich (nicht arbeitstäglich) Auslösungen i.H.v. (angenommen) 45 € zu. Tatsächlich aber kehrt A an den Wochenenden (freitags 16.00 Uhr bis montags 8.00 Uhr) zur Familie zurück. Die Entfernung beträgt 300 km. Kosten für die Beibehaltung des Zimmers am Ort der ersten Tätigkeitsstätte sind nicht entstanden.
>
> **Tarifvertraglich** zustehende Auslösung wöchentlich:
>
> | | |
> |---|---:|
> | 7 Tage je 45 € (angenommen) | 315 € |
> | Steuerfreie Arbeitgebererstattung: | |
> | 3 Tage je 24 € (Dienstag bis Donnerstag) | 72 € |
> | 2 Tage je 12 € (Freitag, Montag) | 24 € |
> | 4 Übernachtungen je 20 € | 80 € |
> | 1 Familienheimfahrt: 300 km je 0,30 € | 90 € |
> | Summe | 266 € |
> | Steuerpflichtige Auslösung: | 49 € |

7. Umzugskosten

972 Umzugskosten z.B. anlässlich des Bezugs der Wohnung am Ort der ersten Tätigkeitsstätte sowie der Aufgabe der Wohnung nach Beendigung der doppelten Haushaltsführung können in vollem Umfang steuerfrei erstattet werden, wenn der Umzug beruflich veranlasst ist (R 9.11 Abs. 9 Satz 1 LStR); ausgenommen steuerlich nicht berücksichtigungsfähige Kosten der Lebensführung i.S.d. § 12 Nr. 1 EStG. Einschränkungen sind in den sog. Wegverlegungsfällen zu beachten (ausführlich → *Doppelte Haushaltsführung: Allgemeines* Rz. 913 sowie → *Umzugskosten* Rz. 2903).

Anders als bei der „normalen" Erstattung von Umzugskosten dürfen jedoch nach **Verwaltungsauffassung die Pauschvergütungen für sonstige Umzugsauslagen** nach § 10 BUKG sowie nach § 10 AUV (Auslandsumzüge) **nicht angesetzt** werden, weil die Pauschalierung nicht für Umzüge im Rahmen einer doppelten Haushaltsführung gilt (R 9.11 Abs. 9 Satz 2 und 3 LStR sowie zuletzt FG Thüringen v. 29.6.2015, 2 K 698/14, EFG 2015, 1352). In diesen Fällen müssen die sonstigen **Umzugsauslagen nachgewiesen** werden.

🗒 🗒

D&O-Versicherung

→ *Directors&Officers-Versicherungen* Rz. 850

Dreizehntes Monatsgehalt

→ *Arbeitslohn-ABC* Rz. 255

Duale Studiengänge

→ *Auszubildende* Rz. 485

Durchlaufende Gelder

→ *Auslagenersatz und durchlaufende Gelder* Rz. 432

Durchschnittlicher Zusatzbeitrag

→ *Beiträge zur Sozialversicherung* Rz. 548

DVD-Player/-Recorder

→ *Fernsehgerät: Zuwendung an Arbeitnehmer* Rz. 1213

Eheähnliche Lebensgemeinschaft

→ *Angehörige* Rz. 119, → *Nichteheliche Lebensgemeinschaft* Rz. 2132

Ehegatte des Arbeitnehmers

Werden von einem Arbeitgeber auf Grund des Arbeitsverhältnisses Vorteile nicht nur dem Arbeitnehmer selbst, sondern auch einer ihm nahe stehenden Person (z.B. der Ehefrau oder Lebensgefährtin) zugewendet, so liegt gleichwohl **Arbeitslohn** des Arbeitnehmers vor, sofern das **Arbeitsverhältnis kausal** für die Zuwendungen ist (zuletzt FG Schleswig-Holstein v. 4.9.2013, 2 K 23/12, EFG 2013, 2011 betr. geldwerter Vorteil durch Teilnahme eines Reedereiangestellten und seiner Lebensgefährtin an einer **Schiffskreuzfahrt**, insbesondere zur Höhe des geldwerten Vorteils und der Gewährung des Rabattfreibetrags). **973**

> **Beispiel:**
> Die Ehefrau eines Arbeitnehmers darf in der Firma, in der ihr Ehemann tätig ist, verbilligt einkaufen.
>
> Die Preisvorteile sind als Arbeitslohn zu versteuern, sofern der Rabattfreibetrag überschritten wird.

S. hierzu zuletzt sinngemäß BFH v. 21.10.2014, VIII R 22/11, HFR 2015, 569 zur Annahme einer sog. **verdeckten Gewinnausschüttung** (vGA): Eine vGA kann danach auch ohne tatsächlichen Zufluss beim Gesellschafter verwirklicht werden, wenn durch das Gesellschaftsverhältnis veranlasst der **Vorteil dem Gesellschafter mittelbar in der Weise zugewendet wird, dass eine ihm nahestehende Person aus der Vermögensverlagerung Nutzen zieht**. Das „Nahestehen" in diesem Sinne kann familienrechtlicher, gesellschaftsrechtlicher, schuldrechtlicher oder auch rein tatsächlicher Art sein. Liegen diese Voraussetzungen vor, ist die Zuwendung zu Lasten der Gesellschaft so zu beurteilen, als hätte der Gesellschafter den Vorteil erhalten und diesen an die nahestehende Person weitergegeben. Eine solche Zuwendung eines Vermögensvorteils an eine nahestehende Person ist auch unabhängig davon als vGA zu beurteilen, ob auch der Gesellschafter selbst ein vermögenswertes Interesse an dieser Zuwendung hat. Gewährt die Kapitalgesellschaft einer dem Gesellschafter nahestehenden Person einen Vorteil, so spricht der **Beweis des ersten Anscheins dafür, dass der Vorteil mittelbar dem Gesellschafter zugewandt wird**. Allerdings gilt dies uneingeschränkt nur für den Fall, dass andere Ursachen für die Zuwendung als das „Nahestehen" des Empfängers zu einem Gesellschafter auszuschließen sind. Der Beweis des ersten Anscheins für eine Veranlassung durch das Gesellschaftsverhältnis kann somit durch die Feststellung erschüttert werden, die **Zuwendung des Vorteils habe ihre Ursache ausschließlich in einer vom Gesellschaftsverhältnis zum nahestehenden Gesellschafter unabhängigen Beziehung der Kapitalgesellschaft zum Empfänger der Zuwendung.**

Eine Zurechnung beim Arbeitnehmer scheidet auch dann aus, wenn die Vorteile dem Ehegatten „ohne Wissen und Wollen" des Arbeitnehmer-Ehegatten zugewendet werden (vgl. FG Düsseldorf v. 27.8.1998, 15 K 3517/95 H (L), EFG 1999, 117 betr. die verbilligte Vermietung eines Ferienhauses).

Für die Teilnahme von Ehegatten und anderen Familienangehörigen an **Betriebsfeiern, Konzert-, Theater- oder Musicalbesuchen** gilt grundsätzlich Folgendes (BFH v. 16.5.2013, VI R 7/11, BStBl II 2015, 189):

– In Fällen, in denen sich die Vorteile für den Arbeitnehmer auf eine Beköstigung in angemessenem Umfang, eine musikalische Unterhaltung und ein Animationsprogramm für Kinder beschränken, **steht durch die Einladung auch der Familienangehörigen aus der Sicht des Arbeitnehmers nicht dessen Entlohnung für geleistete Dienste, sondern das Interesse des Arbeitgebers an der Förderung des Betriebsklimas im Vordergrund**. Letztlich ist die Teilnahme der Familienangehörigen an derartigen Feiern in besonderem Maße geeignet, das Betriebsklima und die Arbeitsfreude der Arbeitnehmer zu fördern. Solche Feiern stärken die Verbundenheit zwischen Arbeitnehmer, Arbeitgeber und den Kollegen; sie können überdies das Verständnis der Familienangehörigen für betriebliche Arbeitsabläufe – etwa Arbeitseinsätze des Arbeitnehmers zu außergewöhnlichen Zeiten – fördern und erhöhen die Bereitschaft der Arbeitnehmer, an der Betriebsveranstaltung überhaupt teilzunehmen. Dagegen tritt der Vorteil, der dem Arbeitnehmer durch die Einladung auch seiner Familie zugewandt wird, deutlich zurück. **Eine Bewirtung, eine musikalische Umrahmung und ggf. ein Unterhal-**

Ehegatte des Arbeitnehmers

tungsprogramm für die Kinder sind bei derartigen Betriebsfeiern auf gesellschaftlicher Grundlage üblich und werden daher weder vom Arbeitgeber noch von den Arbeitnehmern als besondere Entlohnung für geleistete Dienste beurteilt.

- Eine **andere Beurteilung** kann bei Betriebsfeiern angezeigt sein, die ihrer Art nach den Schluss zulassen, dass über die Familienangehörigen dem Arbeitnehmer ein Vorteil zugewendet werden soll. **Dies kommt insbesondere bei Veranstaltungen in Betracht, die bereits für sich selbst einen marktgängigen Wert besitzen und die vom Arbeitgeber nicht selbst durchgeführt werden könnten**, so etwa, wenn die Belegschaft zusammen mit Familienangehörigen gemeinschaftlich ein Musical besucht oder Konzerte weltberühmter Künstler anlässlich von Betriebsfeiern gegeben werden.

Dieses zu „**Betriebsveranstaltungen**" ergangene BFH-Urteil ist durch die ab dem Veranlagungszeitraum 2015 geltende neue gesetzliche Regelung zur Besteuerung von Betriebsveranstaltungen (§ 19 Abs. 1 Satz 1 Nr. 1a EStG) überholt, s. ausführlich → *Betriebsveranstaltungen* Rz. 701.

Weitere Beispiele sind **Zuwendungen** an den Ehegatten des Arbeitnehmers im Rahmen von **Incentive-Reisen** (→ *Incentive-Reisen* Rz. 1591) oder die Überlassung von **Theaterkarten** (→ *Eintrittskarten* Rz. 999).

Werden Ehegatten bei **demselben Arbeitgeber** tätig, so ist steuerlich grundsätzlich ein **eigenes Dienstverhältnis** jedes Ehegatten gegenüber dem Arbeitgeber anzunehmen. Wird für die Tätigkeit beider Ehegatten eine **einheitliche Vergütung** gewährt, so ist diese für die Berechnung der Lohnsteuer erforderlichenfalls im Wege der Schätzung auf die Ehegatten aufzuteilen (→ *Angehörige* Rz. 119).

Zum Ersatz von **Diebstahlsverlusten** von Gegenständen, die dem auf einer Dienstreise des Arbeitnehmers mitgereisten Ehegatten gehören, → *Diebstahl* Rz. 798.

Kein Arbeitslohn ist dagegen anzunehmen, wenn z.B. die Mitnahme der Ehefrau auf einer Dienst- oder Geschäftsreise im ganz überwiegenden **eigenbetrieblichen Interesse des Arbeitgebers** liegt (s. z.B. BFH v. 9.3.2010, VIII R 32/07, HFR 2010, 819 betr. Teilnahme der Ehefrau bei einem internationalen Treffen auf höchster Ebene wie z.B. der Tagung des Weltwirtschaftsforums in Davos, weil dies protokollarischen Erfordernissen entspricht).

Ehegattenarbeitsverhältnis

→ *Angehörige* Rz. 119

Ehrenamtsinhaber

1. Arbeitsrecht

974 Kennzeichnend für ehrenamtliche Tätigkeiten ist, dass sie zumeist unentgeltlich außerhalb eines Arbeitsverhältnisses, gelegentlich mit Entschädigung für zeitlichen und sachlichen Aufwand geleistet werden. Insoweit hat das BAG auch grundsätzlich geklärt, dass durch eine echte ehrenamtliche Tätigkeit **kein Arbeitsverhältnis** begründet wird (BAG v. 29.8.2012, 10 AZR 499/11, www.stotax-first.de, betr. ehrenamtliche Telefonseelsorge). Insoweit finden arbeitsrechtliche Bestimmungen, insbesondere Arbeitnehmerschutzvorschriften, keine Anwendung, es sei denn, die ehrenamtliche Tätigkeit wird im Rahmen eines Arbeitsverhältnisses ausgeübt oder sie wird rechtsmissbräuchlich nur zum Schein verwendet, um ein Arbeitsverhältnis zu verdecken.

Zu arbeitsrechtlichen Fragen des Ehrenamts Hinweis auf die ausführliche arbeitsrechtliche Darstellung von N. Besgen, Arbeitsverhältnis und Ehrenamt, B+P 2010, 595.

2. Lohnsteuer

a) Allgemeine Grundsätze

975 Unter ehrenamtlicher Tätigkeit versteht man im Allgemeinen nebenberuflich und unentgeltlich ausgeübte Tätigkeiten im öffentlichen Bereich, z.B. als Ratsherr im Stadtrat oder Mitglied der Freiwilligen Feuerwehr.

Das schließt nicht aus, dass die **Auslagen in Form von Aufwandsentschädigungen** ersetzt und ggf. daneben angemessene Entschädigungen für **Zeitversäumnis und Verdienstausfall** gezahlt werden (BFH v. 4.5.1994, XI R 86/92, BStBl II 1994, 773). Diese Einnahmen aus speziellen Entschädigungen für Zeitversäumnis und Verdienstausfall sind allerdings grundsätzlich steuer- und beitragspflichtig (zuletzt BFH v. 6.2013, III B 156/12, www.stotax-first.de, betr. Einkünfte eines Gemeinderatsmitglieds und stellvertretenden ehrenamtlichen Bürgermeisters in NRW). Der BFH hat auch eine **Gewinnerzielungsabsicht bestätigt**. Für die Frage, ob eine steuerrechtlich erhebliche Überschusserzielungsabsicht vorliegt oder nicht, kann es keinen Unterschied machen, ob der Beschäftigung primär zum eigenen Vergnügen oder aber aus altruistischen, karitativen Erwägungen nachgegangen wird. Der BFH hat der Auffassung der Klägerin widersprochen, wonach eine subjektive **Gewinnerzielungsabsicht** erst bei einem angemessenen Stundenlohn angenommen werden könne; denn diese Sichtweise könne Grauzonen für steuerfreie Nebeneinnahmen eröffnen, weil ehrenamtliche Nebentätigkeiten dann unter Umständen im wirtschaftlichen Nettoergebnis besser bezahlt würden als eine des Gelderwerbs wegen verrichtete Arbeit.

In den meisten Fällen bleibt jedoch ein erheblicher Teil der Entschädigungen nach § 3 Nr. 12 EStG oder auch § 3 Nr. 26, 26a, 26b EStG **steuer- und beitragsfrei** (→ *Aufwandsentschädigungen im öffentlichen Dienst* Rz. 383; → *Aufwandsentschädigungen für bestimmte nebenberufliche Tätigkeiten* Rz. 360). Dies gilt jedoch **nicht für die ehrenamtlichen Mitglieder von Veranstaltungsgemeinschaften (VG) im Lokalen Hörfunk in Nordrhein-Westfallen**. Die VG ist ein nichtwirtschaftlicher, eingetragener Verein, der aber nicht gemeinnützig (§ 52 AO) tätig ist. Die Mitglieder sind überwiegend Privatpersonen, die als Vertreter von gesellschaftlich relevanten Gruppen benannt werden. Sie erhalten für ihre Tätigkeit eine von VG zu VG unterschiedlich gestaltete Aufwandsentschädigung. Die Steuerbefreiungen nach § 3 Nr. 26, 26a EStG können nicht gewährt werden, weil keine Tätigkeit für einen begünstigten Auftraggeber ausgeübt wird – die VG'en sind zwar eingetragene Vereine, **nicht aber gemeinnützig tätig**. Bei den VG'en des privaten Lokalfunks in NRW handelt es sich auch **nicht um eine öffentliche Kasse**, sodass eine Steuerbefreiung für Aufwandsentschädigungen aus öffentlichen Kassen (§ 3 Nr. 12 EStG) nicht einschlägig ist. Gleichwohl können von den als Einnahmen anzusetzenden Aufwandsentschädigungen die im Zusammenhang mit der Tätigkeit entstandenen Aufwendungen steuermindernd abgezogen werden, wenn diese im jeweiligen Einzelfall gegenüber dem zuständigen Wohnsitzfinanzamt nachgewiesen bzw. glaubhaft gemacht werden (entsprechende Verwaltungsregelungen ergehen in Kürze).

Wenn tatsächlich nur Auslagenersatz (Reisekosten, Telefon, Verpflegungsmehraufwendungen) geleistet wird, kann es auch schon an der „**Einkunftserzielungsabsicht**" fehlen, so dass von vornherein kein Arbeitslohn anzunehmen ist, so insbesondere bei **Einnahmen unter 256 €** im Jahr (→ *Arbeitnehmer* Rz. 175).

Zur steuerlichen Beurteilung von **Jubiläumszuwendungen**, die ehrenamtlich Tätige in den Freiwilligen Feuerwehren, den Rettungsdiensten und den Einheiten des Katastrophenschutzes im Freistaat Sachsen erhalten, → *Jubiläumsgeschenke* Rz. 1641. Diese Grundsätze gelten auch, wenn in anderen Bundesländern ähnliche Jubiläumszuwendungen gezahlt werden.

Die Einschränkungen beim Abzug von **Verpflegungsmehraufwendungen** ab 1996 (z.B. die Mindestabwesenheitsdauer von mehr als acht Stunden) gelten auch für ehrenamtlich Tätige, z.B. Helfer der Wohlfahrtsorganisationen. Die Finanzverwaltung hat es abgelehnt, für ehrenamtliche Tätigkeiten Ausnahmen zuzulassen (BMF v. 13.3.1996, IV B 3 – S 2257 – 10/96, DB 1996, 960). Das schließt aber nicht aus, dass – bei nebenberuflichen Tätigkeiten – erstattete Verpflegungskosten im Rahmen der Steuerfreibeträge nach § 3 Nr. 26, 26a EStG steuerfrei bleiben.

Aufwendungen im Zusammenhang mit einer **ohne Einkunftserzielungsabsicht** ausgeübten unentgeltlichen ehrenamtlichen Tätigkeit können steuerlich **weder als Betriebsausgaben noch als**

Werbungskosten abgezogen bzw. als Verlust mit anderen Einkünften ausgeglichen werden (vgl. zuletzt FG Hamburg v. 19.7.2012, 3 K 33/11, www.stotax-first.de, betr. die unentgeltliche Lehrtätigkeit von **Honorarprofessoren** sowie FG Hamburg v. 13.2.2013, 5 K 50/11, www.stotax-first.de, betr. die seelsorgerische Tätigkeit eines **Pfarrers im Ruhestand**). Entscheidend ist, dass die den Anlass für die Aufwendungen bietende fortgesetzte Tätigkeit in der Zeit des Ruhestands **keine Einkunftsquelle mehr darstellt**, da die Bezüge ohne Rücksicht auf die fortgesetzte Tätigkeit, d.h. auch ohne die fortgesetzte Tätigkeit geleistet werden. Es fehlt der für den Werbungskostenabzug maßgebliche wirtschaftliche Zusammenhang der Aufwendungen mit einer der Einkünfteerzielung dienenden Tätigkeit, die eine Einkunftsquelle darstellt.

Auch kann kein Freibetrag gem. § 3 Nr. 26, 26a EStG (→ *Aufwandsentschädigungen für bestimmte nebenberufliche Tätigkeiten* Rz. 360) gewährt werden (vgl. zuletzt BFH v. 25.4.2012, VIII B 202/11, www.stotax-first.de). Dies gilt auch für Aufwendungen für ein **häusliches Arbeitszimmer**, selbst wenn dort der Tätigkeitsmittelpunkt liegen sollte (vgl. BFH v. 19.7.2005, VI B 175/04, www.stotax-first.de).

Ausnahme: Die ehrenamtliche Tätigkeit (z.B. als Betriebsratsvorsitzender) hängt unmittelbar mit einer von dort ausgeübten hauptamtlichen Tätigkeit zusammen; die Aufwendungen können dann beim **Hauptberuf berücksichtigt** werden (vgl. BFH v. 23.5.2006, VI R 21/03, BStBl II 2006, 600 betr. einen Telearbeitsplatz).

b) Abgrenzung der Einkunftsart

976 Liegt überhaupt eine steuerlich zu erfassende Tätigkeit vor, ist zu prüfen, ob eine Tätigkeit als **Arbeitnehmer** ausgeübt wird oder Einkünfte aus anderen Einkunftsarten vorliegen (insbesondere „**sonstige Einkünfte**" i.S.d. § 22 Nr. 3 EStG). Eine Arbeitnehmertätigkeit liegt vor, wenn ein besonderes Arbeitsverhältnis begründet wird, so z.B. bei den ehrenamtlichen Bürgermeistern (→ *Bürgermeister* Rz. 771) in Bayern, Thüringen und Sachsen oder bestimmten in ein Ehrenbeamtenverhältnis berufenen Funktionsträgern der Freiwilligen Feuerwehr (→ *Feuerwehr* Rz. 1215).

Bei nur **gelegentlich** ausgeübten Tätigkeiten richtet sich die Abgrenzung zwischen selbständiger und nichtselbständiger Tätigkeit nach den für **Aushilfstätigkeiten** aufgestellten Grundsätzen (→ *Aushilfskraft/Aushilfstätigkeit* Rz. 410).

> **Beispiel:**
> Das Deutsche Rote Kreuz setzt bei Fußballspielen, Theateraufführungen usw. neben einigen hauptberuflichen Kräften eine Vielzahl ehrenamtlicher Helfer – sog. **Sanitätshelfer** – ein. Diese erhalten geringfügige Einsatzgelder.
> Der BFH hat die Sanitätshelfer als **Arbeitnehmer** angesehen (BFH v. 4.8.1994, VI R 94/93, BStBl II 1994, 944). Begründung:
> Die Eigenschaft als Arbeitnehmer ist nicht bereits deswegen abzulehnen, weil sich der Stpfl. zu jedem Einsatz bereit erklären muss, also keine festen Arbeitszeiten hat, und zur Teilnahme nicht generell verpflichtet ist. Auch das Fehlen von Ansprüchen auf Urlaub, Lohnfortzahlung, Überstundenvergütung und sonstige Sozialleistungen steht der Annahme eines Aushilfsarbeitsverhältnisses nicht in jedem Fall entgegen. Entscheidend ist, dass die ehrenamtlich Tätigen genauso in die Organisation eingebunden und weisungsabhängig sind wie die normal bezahlten Arbeitnehmer. Außerdem ist zu berücksichtigen, dass die von den Sanitätshelfern geschuldeten Dienste verhältnismäßig leicht erlernbar sind und keine umfangreiche Vorbildung erfordern.

In folgenden Fällen wurde z.B. bei ehrenamtlichen Tätigkeiten **Arbeitnehmer-Eigenschaft angenommen**:

– Vorstandsmitglieder einer **Genossenschaft** (BFH v. 2.10.1968, VI R 25/68, BStBl II 1969, 185). Zur Frage, ob Vergütungen an einen ehrenamtlich als Vorstandsmitglied einer **landwirtschaftlichen Genossenschaft** tätigen Landwirt als Einkünfte aus Land- und Forstwirtschaft oder als solche aus nichtselbständiger Arbeit anzusehen sind, gilt nach Auffassung der Finanzverwaltung Folgendes (FinMin Niedersachsen v. 20.12.1994, S 2230 – 716 – StH 211, www.stotax-first.de):

> Entscheidendes Kriterium für die Frage, ob das Vorstandsmitglied selbständig oder nichtselbständig tätig ist, ist der Umfang, in dem es im Rahmen seiner Tätigkeit Aufgaben der Geschäftsführung wahrnehmen muss und auch tatsächlich wahrnimmt. Aus der Überschrift des § 24 GenG geht hervor, dass der Vorstand die Vertretung und die Geschäftsführung der Genossenschaft wahrzunehmen hat. Hierbei wird nicht unterschieden, ob das Vorstandsmitglied haupt- oder ehrenamtlich tätig wird. Die Gesetzeslage spricht deshalb insoweit regelmäßig für eine **nichtselbständige Tätigkeit** ehrenamtlicher Vorstandsmitglieder einer Genossenschaft.
> Eine andere Beurteilung kann jedoch dann gelten, wenn in der Satzung der Genossenschaft bestimmt ist, dass ein Geschäftsführer hauptamtlich die laufenden Verwaltungsgeschäfte führt und die Genossenschaft gerichtlich und außergerichtlich vertritt. In diesem Fall würde sich die Tätigkeit der Vorstandsmitglieder im Wesentlichen auf **Repräsentation** und Kontaktpflege beschränken und könnte ggf. als **selbständige Tätigkeit** angesehen werden, die zu Einkünften aus Land- und Forstwirtschaft führen kann;

– geschäftsführender Vorstand einer **Familienstiftung** (BFH v. 31.1.1975, VI R 230/71, BStBl II 1975, 358);

– Die an Verbandsvorsteher und **Vorstandsmitglieder eines Wasser- und Bodenverbandes** gewährten Entschädigungen und Sitzungsgelder unterliegen grundsätzlich, ebenso wie die Aufwandsentschädigungen und Sitzungsgelder, die ehrenamtlich tätigen Personen kommunaler Vertretungen gewährt werden, als Einnahmen aus sonstiger selbständiger Arbeit i.S.d. § 18 Abs. 1 Nr. 3 EStG der Einkommensteuer.

Obliegen jedoch nach der Satzung des jeweiligen Wasser- und Bodenverbands dem Verbandsvorsteher die laufenden Verwaltungsgeschäfte (kein hauptamtlicher Geschäftsführer vorhanden, der nach der Satzung die laufenden Verwaltungsgeschäfte führt), so ist der Verbandsvorsteher nicht nur Willensorgan, sondern auch **Verwaltungsorgan** und repräsentiert daher die Verwaltungsspitze. Er ist in einem solchen Fall **Arbeitnehmer** und bezieht Einkünfte aus nichtselbständiger Arbeit (§ 19 EStG), die dem Lohnsteuerabzug unterliegen (s. auch FinMin Niedersachsen v. 28.8.1991, S 2353 – 4 – 35 1, www.stotax-first.de).

Nach § 3 Nr. 12 Satz 2 EStG sind die Aufwandsentschädigungen und Sitzungsgelder insoweit steuerfrei, soweit sie Aufwendungen abgelten, die einkommensteuerrechtlich als Betriebsausgaben berücksichtigungsfähig wären. Eine steuerfreie Aufwandsentschädigung liegt daher nicht vor, soweit die Entschädigung für Verdienstausfall oder Zeitverlust gewährt wird.

Aus Vereinfachungsgründen sind gem. R 3.12 Abs. 3 Satz 2 LStR 1/3 der gewährten Entschädigungen und Sitzungsgelder, mindestens ein Monatsbetrag von 200 € steuerfrei. Die Aufwandsentschädigungen für mehrere Tätigkeiten bei einer Körperschaft sind für die Anwendung der Mindest- und Höchstbeträge zusammenzurechnen.

[LSt] [SV]

Keine Arbeitnehmer sind dagegen z.B.

– **kommunale Mandatsträger**, die Einkünfte aus sonstiger selbständiger Tätigkeit i.S.d. § 18 Abs. 1 Nr. 3 EStG erzielen (→ *Abgeordnete* Rz. 9);

– **ehrenamtliche Betreuer** nach § 1835a BGB, bei denen Einkünfte aus sonstiger selbständiger Arbeit i.S.d. § 18 Abs. 1 Nr. 3 EStG anzunehmen sind (OFD Niedersachsen v. 28.1.2015, S 2337 – 121 – St 213, www.stotax-first.de, auch zur Gewährung der Steuerbefreiungen nach § 3 Nr. 12 Satz 1 EStG bzw. § 3 Nr. 26a, 26b EStG);

– die sog. **Erhebungsbeauftragten** für Befragungen i.R.d. Zensus 2011 (zuletzt OFD Frankfurt v. 21.3.2012, S 2337 A – 67 – St 213, www.stotax-first.de);

– **ehrenamtliche Richter**, weil sie nicht in die Gerichtsorganisation eingegliedert sind, sondern nur von Fall zu Fall zu den Sitzungen herangezogen werden und regelmäßig keine „Einkunftserzielungsabsicht" vorliegt (FG Berlin v. 6.12.1979, IV 460/78, EFG 1980, 280);

– **ehrenamtliche Mitglieder von Berufsverbänden und Berufskammern**, z.B. der Präsident der Handwerkskammer: Die Aufwandsentschädigungen gehören hier zu den Einkünften aus der Haupttätigkeit des ehrenamtlich Tätigen, also z.B. zu den Einkünften aus Gewerbebetrieb (BFH v. 15.6.2004, VIII R 72/03, HFR 2005, 123 sowie FinMin Nordrhein-Westfalen v. 3.4.2007, S 2337 – 67 – V B 3, www.stotax-first.de);

– der **Präsident des Vorstands eines Vereins**, wenn er im Einzelfall Unternehmensinitiative entfaltet und ein Unternehmerrisiko trägt (BFH v. 14.5.2008, XI R 70/07, BStBl II 2008, 912).

[LSt] [SV]

3. Sozialversicherung

Ehrenamtliche Tätigkeiten begründen **i.d.R. keine Sozialversi- 977 cherungspflicht** (→ *Aufwandsentschädigungen für bestimmte nebenberufliche Tätigkeiten* Rz. 360). Im Einzelfall ist zu prüfen, ob die Voraussetzungen für eine abhängige Beschäftigung i.S.d. § 7 Abs. 1 SGB IV vorliegen. Die wesentlichen Abgrenzungskriterien hat das BSG bei der versicherungsrechtlichen Beurteilung ehrenamtlicher Bürgermeister (→ *Bürgermeister* Rz. 771) entwickelt (vgl. BSG v. 25.1.2006, B 12 KR 12/05 R, www.stotax-first.de). Danach ist von einem abhängigen Beschäftigungsverhältnis auszugehen, wenn dem allgemeinen Erwerbsleben zugängliche Verwaltungsaufgaben wahrgenommen werden und eine den tatsächlichen

Ehrenamtsinhaber

Aufwand übersteigende pauschale Aufwandsentschädigung gezahlt wird (zuletzt LSG Schleswig-Holstein v. 25.6.2015, L 5 KR 125/13, www.stotax-first.de, zur Versicherungspflicht eines ehrenamtlich tätigen Kreishandwerksmeisters).

Auf Grund einer intensiven Beteiligung können bei einer vermehrten unbezahlten dienstlichen Freistellung erhebliche Nachteile bei der späteren **Rentenhöhe** entstehen; denn je niedriger das monatliche beitragspflichtige Entgelt ist, um so geringer sind die daraus erwachsenen Rentenansprüche. Arbeitnehmer können daher als **Nachteilsausgleich** bei ihrem Arbeitgeber die **Aufstockung ihres monatlichen Arbeitsentgelts** um den Unterschiedsbetrag zwischen dem tatsächlich erzielten Arbeitsentgelt und dem Arbeitsentgelt, das ohne die ehrenamtliche Tätigkeit erzielt worden wäre, beantragen. Die Aufstockung ist höchstens bis zur **Beitragsbemessungsgrenze der Rentenversicherung** möglich. Voraussetzung hierfür ist, dass ehrenamtliche Tätigkeiten ausgeübt werden bei einer Körperschaft, Anstalt oder Stiftung des öffentlichen Rechts, deren Verbände einschließlich der Spitzenverbände oder ihrer Arbeitsgemeinschaften, Parteien und Gewerkschaften und den Körperschaften, Personenvereinigungen und Vermögensmassen, die wegen des ausschließlichen und unmittelbaren Dienstes für gemeinnützige, mildtätige oder kirchliche Zwecke von der Körperschaftsteuer befreit sind (§ 163 Abs. 3 SGB VI).

Personen, die nur **auf Grund einer ehrenamtlichen Beschäftigung versicherungspflichtig** werden und für das Kalenderjahr vor Aufnahme dieser Beschäftigung **freiwillige Beiträge zur Rentenversicherung** gezahlt haben, sind rentenversicherungspflichtig. Dies gilt jedoch nur, wenn es sich um eine Körperschaft des öffentlichen Rechts handelt. Hierunter fallen z.B. ehrenamtliche Beschäftigungen von **Bürgermeistern** in Bayern (vgl. BSG v. 23.9.1980, 12 RK 41/79, www.stotax-first.de) und in Rheinland-Pfalz (vgl. BSG v. 13.6.1984, 11 RA 34/83, www.stotax-first.de).

Die betroffenen Personen können auf **Antrag** ein gegenüber ihrem tatsächlich erzielten Arbeitsentgelt höheres Arbeitsentgelt bis zur Beitragsbemessungsgrenze in der Rentenversicherung versichern lassen, wobei der Antrag beim Arbeitgeber zu stellen ist und nur für laufende und künftige Entgeltabrechnungszeiträume gilt. Der Zweck dieser Regelung liegt darin, freiwillig Versicherte, die bisher Höchstbeiträge zur Rentenversicherung zahlen konnten und durch die **Übernahme einer versicherungspflichtigen ehrenamtlichen Beschäftigung** ein niedrigeres Arbeitsentgelt erzielen, nicht schlechter zu stellen, als sie ohne die Übernahme des Ehrenamts stehen würden; auf die tatsächliche Zahlung von freiwilligen Höchstbeiträgen kommt es nicht an. Im Übrigen ist eine Aufstockung von Pflichtbeiträgen auch dann noch möglich, wenn die versicherungsrechtlichen Voraussetzungen erst nach Aufnahme der versicherungspflichtigen ehrenamtlichen Beschäftigung, jedoch bis zum Eingang des Antrags beim Arbeitgeber, erfüllt werden, z.B. durch Nachzahlung von freiwilligen Rentenversicherungsbeiträgen. Die Beiträge für den Unterschiedsbetrag sind vom Ehrenamtsinhaber selbst zu tragen.

Nach § 27 Abs. 3 Nr. 4 SGB III sind Personen in einer Beschäftigung als ehrenamtlicher Bürgermeister oder ehrenamtlicher Beigeordneter arbeitslosenversicherungsfrei. Ein auf Grund eines kommunalen Wahlamts ehrenamtlich beschäftigter stellvertretender Landrat in Bayern gehört nach der Rechtsprechung des BSG (vgl. BSG v. 27.1.2010, 12 KR 3/09, www.stotax-first.de) zu dem Personenkreis „ehrenamtlicher Beigeordneter", der in der Arbeitslosenversicherung versicherungsfrei ist.

Ehrenamtliche Beigeordnete einer Gemeinde stehen in einem abhängigen Beschäftigungsverhältnis, wenn sie eine über die eigentlichen Repräsentationsaufgaben hinaus dem allgemeinen Erwerbsleben zugängliche Verwaltungsaufgabe mit eigenem Geschäftsbereich wahrnehmen und hierfür eine ihre Aufwendungen übersteigende pauschale Aufwandsentschädigung erhalten (vgl. BSG v. 22.2.1996, 12 RK 6/96, www.stotax-first.de).

Personen in einer Beschäftigung als ehrenamtlicher Bürgermeister (→ *Bürgermeister* Rz. 771) oder ehrenamtlicher Beigeordneter sind arbeitslosenversicherungsfrei (§ 27 Abs. 3 Nr. 4 SGB III).

Ehrensold

→ *Abgeordnete* Rz. 9

Eigenbetriebliches Interesse

→ *Arbeitsessen* Rz. 233, → *Arbeitslohn* Rz. 244

Eigenheimrentengesetz

→ *Riester-Förderung* Rz. 2549

Eigenleistungen

→ *Werbungskosten* Rz. 3182

Einbehaltene Lohnteile

Wenn der **Arbeitgeber** gegenüber einem Arbeitnehmer **mit Gegenforderungen**, z.B. Darlehens- oder Schadensersatzforderungen oder vom Arbeitnehmer verwirkte Bußgelder, **aufrechnet**, ist der **ungekürzte Arbeitslohn** der Besteuerung und der Beitragsberechnung zu Grunde zu legen. Das Gleiche gilt, wenn ein Arbeitnehmer Teile seines Arbeitslohns an Dritte abgetreten hat und die Zahlung deshalb unmittelbar an den Abtretungsempfänger erfolgt (→ *Abtretung des Arbeitslohns* Rz. 22). Auch eine **Pfändung** hat lohnsteuerlich und beitragsrechtlich keine Auswirkungen; dem Abzug wird der ungekürzte Arbeitslohn zu Grunde gelegt.

978

Bei einem **echten Lohnverzicht** ist dagegen nur der gekürzte Betrag zu versteuern und dem Beitragsabzug zu unterwerfen (→ *Gehaltsverzicht* Rz. 1364).

Ist ein **Lohnanspruch** tarifvertraglich oder wegen einer nur teilweisen Erbringung der Arbeitsleistung, z.B. als „Strafgeld" wegen willkürlichen Feierns oder bei Teilnahme an einer Wehrübung, ganz oder teilweise **verwirkt**, ist nur der tatsächlich ausgezahlte Betrag zu versteuern (BFH v. 25.4.1968, VI R 2/66, BStBl II 1968, 545). Das gilt auch, wenn einem eine **Wehrübung** leistenden Beamten das Gehalt um den Wehrsold gekürzt wird (BFH v. 30.10.1964, VI 55/64 U, BStBl III 1964, 68) oder er auf Grund eines Dienstvergehens für eine bestimmte Zeit verminderte Bezüge erhält (**Gehaltskürzung**).

Zu **Gehaltsabzügen** insbesondere bei Beamten (z.B. Beteiligung an den Kosten der Heilfürsorge) → *Beamte* Rz. 527.

Einbehaltung der Lohnsteuer

→ *Abführung der Lohnsteuer* Rz. 5, → *Anmeldung der Lohnsteuer* Rz. 139

Ein-Euro-Jobs

1. Allgemeines

Die gesetzliche Grundlage für Ein-Euro-Jobs bildet § 2 i.V.m. § 16 Abs. 3 SGB II: Arbeitslose sollen ihre Arbeitskraft für gemeinnützige Tätigkeiten einsetzen. Hierfür richten die Kommunen je nach Bedarf Arbeitsgelegenheiten ein oder lassen die Tätigkeiten nach Absprache auch bei anderen gemeinnützigen Trägern zu. In der Regel werden kommunale Beschäftigungsgesellschaften und gemeinnützige Organisationen als Anbieter der Arbeitsgelegenheiten auftreten. Die Stellen werden regelmäßig bei der Arbeitsgemeinschaft aus den Kommunen und der Arbeitsagentur beantragt. Die Fördergelder erhält der Anbieter der Arbeitsgelegenheit, welcher damit den Arbeitslosengeld II-Beziehern die Mehraufwandsentschädigung für den „Ein-Euro-Job" auszahlt. Die wöchentliche Arbeitszeit soll bis zu 30 Stunden betragen.

979

Die **Mehraufwandsentschädigung beträgt 1 - 2 € pro Stunde** und wird neben dem Arbeitslosengeld II gezahlt. Eine Anrechnung auf das Arbeitslosengeld II erfolgt nicht. Die Betroffenen müssen lediglich die durch den „Ein-Euro-Job" entstandenen Aufwendungen selbst tragen (z.B. Fahrtkosten).

[LSt] = keine Lohnsteuerpflicht
[LSt] = Lohnsteuerpflicht

2. Arbeitsrecht

980 Das Rechtsverhältnis zwischen einer erwerbsfähigen Hilfebedürftigen und der Leistungserbringerin auf der Basis von § 16 Abs. 3 Satz 2 SGB II (sog. Ein-Euro-Job) ist **kein Arbeitsverhältnis**, sondern öffentlich-rechtlicher Natur (BAG v. 20.2.2008, 5 AZR 290/07, www.stotax-first.de). Die Hilfebedürftige hat deshalb keinen Anspruch auf die zwingenden gesetzlichen Ansprüche aus einem Arbeitsverhältnis wie z.B. auf angemessene Vergütung, Urlaub usw. (BAG v. 26.9.2007, 5 AZR 857/06, www.stotax-first.de). Für Rechtsstreitigkeiten sind die **Sozialgerichte** zuständig (BAG v. 8.11.2006, 5 AZB 36/06, www.stotax-first.de).

Bei der Einstellung hat der **Betriebsrat** nach § 99 Abs. 1 Satz 1 BetrVG **mitzubestimmen**, wenn der Arbeitgeber in seinem Betrieb erwerbsfähige Hilfebedürftige i.S.d. § 16 Abs. 3 Satz 2 SGB II – sog. Ein-Euro-Jobber – beschäftigen will (BAG v. 2.10.2007, 1 ABR 60/06, www.stotax-first.de). Im Öffentlichen Dienst hat der **Personalrat** entsprechend mitzubestimmen (BVerwG v. 21.3.2007, 6 P 4/06, www.stotax-first.de).

3. Lohnsteuer

981 Die Mehraufwandsentschädigung ist wie das Arbeitslosengeld II gem. § 3 Nr. 2b EStG (Leistungen zur Sicherung des Lebensunterhalts und zur Eingliederung in Arbeit nach dem Zweiten Buch Sozialgesetzbuch) **steuerfrei**. Das hat aber zugleich zur Folge, dass hinsichtlich dieser Tätigkeit auch keine Werbungskosten (z.B. Fahrtkosten) abgesetzt werden können (§ 3c EStG).

Beide Leistungen unterliegen **nicht dem Progressionsvorbehalt**, da sie in der abschließenden Aufzählung des § 32b EStG nicht enthalten sind (FinMin Saarland v. 11.1.2005, B/2 – 4 – 10/2005 – S 2342, www.stotax-first.de).

4. Sozialversicherung

982 Arbeitsgelegenheiten mit Mehraufwandsentschädigung (sog. Ein-Euro-Jobs) begründen ein von Rechtssätzen des öffentlichen Rechts geprägtes Rechtsverhältnis und kein Arbeitsverhältnis. Sie begründen ferner kein entgeltliches Beschäftigungsverhältnis im sozialversicherungsrechtlichen Sinne, weil es vordergründig an einem Austausch von Arbeit und Entgelt mangelt. Arbeitsgelegenheiten mit Mehraufwandsentschädigung gehören zu den Leistungen, die ein erwerbsfähiger Hilfebedürftiger nach den Regelungen des SGB II zur Eingliederung in Arbeit erhalten kann.

Vereinbaren Grundsicherungsträger und Hilfebedürftiger eine Arbeitsgelegenheit mit Mehraufwandsentschädigung, so besteht die Eingliederungshilfe nicht in der Verschaffung einer auf einem privatrechtlichen Arbeitsvertrag beruhenden Beschäftigungsmöglichkeit, sondern in der öffentlich-rechtlichen Bereitstellung einer Arbeitsgelegenheit.

Ein sozialversicherungsrechtlich relevantes entgeltliches Beschäftigungsverhältnis entsteht auch dann nicht, wenn bei der Verschaffung der Arbeitsgelegenheit die gesetzlichen Zulässigkeitsschranken nicht eingehalten werden. Eine Missachtung der gesetzlichen Grenzen, insbesondere das Fehlen des Merkmals der Zusätzlichkeit der Arbeit, führt zwar dazu, dass die Arbeitsgelegenheit ohne Rechtsgrund durchgeführt und dem Leistungsbezieher ein Erstattungsanspruch für rechtsgrundlos erbrachte Arbeit verschafft wird, der der Höhe nach auf den Ersatz des Wertes gerichtet ist, der hätte aufgewendet werden müssen, um diese Arbeitsleistung zu erhalten (vgl. BSG v. 13.4.2011, B 14 AS 98/10 R, www.stotax-first.de). Ein privatrechtliches Vertragsverhältnis zwischen den Parteien wird dadurch allerdings nicht begründet, und zwar weder zum Träger der Grundsicherung noch zur Einsatzstelle. In diesen Fällen wird auch nicht von einem faktischen oder fehlerhaften Arbeitsverhältnis ausgegangen – dem sozialversicherungsrechtlich Bedeutung beizumessen wäre –, da i.d.R. jegliche rechtsgeschäftliche Übereinkunft fehlt (vgl. Besprechungsergebnis der Spitzenverbände der Sozialversicherungsträger am 23./24.11.2011).

[LSt] [SV]

Eingliederungszuschuss

→ *Arbeitslosenversicherung* Rz. 261

Einmalzahlungen

Einmalprämien

→ *Arbeitslohn-ABC* Rz. 255

Einmalzahlungen

Inhaltsübersicht:	Rz.
1. Allgemeines	983
2. Zuflussprinzip	984
a) Grundsätzliches	984
b) Berücksichtigung des Zuflussprinzips bei der versicherungsrechtlichen Beurteilung	985
c) Definition von einmalig gezahltem Arbeitsentgelt	986
3. Begriff	987
4. Zeitliche Zuordnung	988
5. Märzklausel	989
a) Allgemeines	989
b) Netto-Sonderzuwendungen	990
6. Vergleichsberechnung	991
a) Allgemeines	991
b) Anteilige Jahres-Beitragsbemessungsgrenze	992
c) Bisheriges beitragspflichtiges Arbeitsentgelt	993
d) Beitragsbemessungsgrenze für die Einmalzahlung	994
e) Änderungen im Versicherungsverhältnis oder in den Berechnungsfaktoren	995
f) Korrekturen des laufenden Arbeitsentgelts	996

1. Allgemeines

983 Einmalige Einnahmen, die Arbeitnehmern zusätzlich zum laufenden Arbeitsentgelt gewährt werden, sind Arbeitsentgelt im steuer- und beitragsrechtlichen Sinn. Für die Beitragsberechnung in der Sozialversicherung bestehen Sonderregelungen, die nachfolgend beschrieben sind. **Zur lohnsteuerrechtlichen Behandlung** s.
→ *Sonstige Bezüge* Rz. 2704.

2. Zuflussprinzip

a) Grundsätzliches

984 Das Sozialversicherungsrecht ist vom **Entstehungsprinzip** geprägt. Das bedeutet, dass Beiträge dann fällig werden, wenn der Anspruch des Arbeitnehmers auf das Arbeitsentgelt entstanden ist. Dies ergibt sich unmittelbar aus § 22 Abs. 1 SGB IV und galt bis zum 31.12.2002 sowohl für das laufende als auch für das einmalig gezahlte Arbeitsentgelt.

Danach entstehen die Beitragsansprüche der Sozialversicherungsträger bei einmalig gezahltem Arbeitsentgelt, sobald dieses ausgezahlt ist. Damit wird für **einmalig gezahltes Arbeitsentgelt** das **Zuflussprinzip** festgeschrieben. Maßgebend für die Beitragspflicht von einmalig gezahltem Arbeitsentgelt ist demnach, ob und wann die Einmalzahlung zugeflossen ist. Beiträge können nicht mehr geltend gemacht werden, wenn das einmalig gezahlte Arbeitsentgelt tatsächlich nicht gezahlt worden ist.

Allerdings führt nicht jede **Nichtzahlung von einmalig gezahltem Arbeitsentgelt** zu einem Verlust des Beitragsanspruchs. Nach wie vor ist im Kontext des Entstehungsprinzips auch der Beitragsanspruch für einmalig gezahltes Arbeitsentgelt nach den arbeitsvertraglichen Grundlagen zu beurteilen. Wurde für das Beschäftigungsverhältnis ein geringeres als nach einem Tarifvertrag oder einer Betriebsvereinbarung zustehendes Arbeitsentgelt vereinbart, dann ist – ungeachtet der arbeitsrechtlichen Zulässigkeit einer solchen Vereinbarung – dieses geringere einmalig gezahlte Arbeitsentgelt maßgebend. Hat der Arbeitnehmer auf das einmalig gezahlte Arbeitsentgelt schriftlich verzichtet, dann können für die Einmalzahlung keine Beiträge erhoben werden. In allen anderen Fällen der Nichterfüllung eines arbeitsrechtlich zustehenden Anspruchs auf einmalig gezahltes Arbeitsentgelt ist ein Beitragsanspruch gegeben.

b) Berücksichtigung des Zuflussprinzips bei der versicherungsrechtlichen Beurteilung

985 Obwohl das Zuflussprinzip für einmalig gezahltes Arbeitsentgelt auf einer Vorschrift basiert, die beitragsrechtliche Grundsätze regelt, ist es nach den gesetzgeberischen Intentionen auch bei der versicherungsrechtlichen Beurteilung zu berücksichtigen. Demnach findet das **Zuflussprinzip auch Anwendung**

Einmalzahlungen

- bei der Ermittlung des regelmäßigen Jahresarbeitsentgelts in der Krankenversicherung nach § 6 Abs. 1 Nr. 1 i.V.m. Abs. 6 oder Abs. 7 SGB V,
- bei der Prüfung, ob das regelmäßige Arbeitsentgelt die Geringfügigkeitsgrenze von 450 € des § 8 Abs. 1 Satz 1 SGB IV überschreitet oder
- bei der Prüfung, ob das regelmäßige Arbeitsentgelt die Gleitzonengrenze von 850 € des § 20 Abs. 2 SGB IV überschreitet.

Einmalzahlungen, deren Gewährung mit hinreichender Sicherheit mindestens einmal jährlich zu erwarten ist (z.B. auf Grund eines für allgemein verbindlich erklärten Tarifvertrages oder auf Grund von Gewohnheitsrecht wegen betrieblicher Übung), sind bei Ermittlung des Arbeitsentgelts zu berücksichtigen (vgl. BSG v. 28.2.1984, 12 RK 21/83, www.stotax-first.de). Hat der Arbeitnehmer auf die Zahlung des einmalig gezahlten Arbeitsentgelts (schriftlich) verzichtet, kann es – ungeachtet der arbeitsrechtlichen Zulässigkeit einer solchen Vereinbarung – bei der Ermittlung des regelmäßigen (Jahres-)Arbeitsentgelts nicht berücksichtigt werden. Es verbleibt jedoch bei der zu Beginn der Beschäftigung oder zu Beginn eines Kalenderjahrs getroffenen Beurteilung, wenn die Einmalzahlung zunächst in die versicherungsrechtliche Betrachtung einbezogen wurde, sie aber tatsächlich nicht ausgezahlt worden ist. Gegebenenfalls ist ab dem Zeitpunkt, an dem feststeht, dass die Einmalzahlung nicht zur Auszahlung gelangt, eine neue Beurteilung des Versicherungsverhältnisses notwendig.

c) Definition von einmalig gezahltem Arbeitsentgelt

986 Mit Artikel 2 Nr. 7a des Zweiten Gesetzes für moderne Dienstleistungen am Arbeitsmarkt, BGBl. I 2002, 4621 wurde der Begriff des einmalig gezahlten Arbeitsentgelts konkretisiert. Danach gelten Zuwendungen **nicht als einmalig gezahltes Arbeitsentgelt, wenn** sie

- üblicherweise zur Abgeltung bestimmter Aufwendungen des Beschäftigten, die auch im Zusammenhang mit der Beschäftigung stehen,
- als Waren oder Dienstleistungen, die vom Arbeitgeber nicht überwiegend für den Bedarf seiner Beschäftigten hergestellt, vertrieben oder erbracht werden und monatlich in Anspruch genommen werden können,
- als sonstige Sachbezüge, die monatlich gewährt werden oder
- als vermögenswirksame Leistungen

vom Arbeitgeber erbracht werden.

Mit dieser Regelung wird erreicht, dass bestimmte Leistungen des Arbeitgebers unter Beibehaltung der bisherigen praktischen Handhabung durch die Sozialversicherungsträger nicht auf Grund der Rechtsprechung des BSG zur Zuordnung von Kontoführungsvergünstigungen und verbilligten Flugreisen des Arbeitgebers (BSG v. 7.2.2002, B 12 KR 12/01 R, www.stotax-first.de) als einmalig gezahltes Arbeitsentgelt mit entsprechender Beitragsbelastung – auch bei Pauschalversteuerung –, sondern weiterhin als laufendes Arbeitsentgelt und – bei Pauschalversteuerung – mit entsprechender Beitragsfreiheit beitragsrechtlich behandelt werden. Damit wird auch unnötiger verwaltungsmäßiger Mehraufwand auf Arbeitgeberseite vermieden. Insbesondere kostenfreie Kontoführung, erstattete Kontoführungsgebühren, Familien- und Kinderzuschläge sowie verbilligte Flugreisen (§ 23a Abs. 1 Satz 2 Nr. 1 SGB IV) bleiben weiterhin im Rahmen der Regelungen der Arbeitsentgeltverordnung und damit des Steuerrechts beitragsfrei. Ebenso zählen Belegschaftsrabatte zum laufenden Arbeitsentgelt (§ 23a Abs. 1 Satz 2 Nr. 2 SGB IV). Bei den in § 23a Abs. 1 Satz 2 Nr. 3 SGB IV aufgeführten sonstigen Sachbezügen handelt es sich um die in § 3 SvEV genannten geldwerten Vorteile.

3. Begriff

987 Einmalige Zahlungen sind alle im Rahmen eines Arbeitsverhältnisses gezahlten Bezüge, die in **größeren Zeitabständen** als monatlich gezahlt werden und kein laufendes Arbeitsentgelt darstellen. Hierzu gehören z.B. **Weihnachts- und Urlaubsgelder sowie Urlaubsabgeltungen,** zusätzliche Monatsentgelte, **Tantiemen, Gratifikationen und ähnliche Leistungen,** soweit sie **Arbeitsentgelt in der Sozialversicherung** darstellen. Steuerfreie Einmalzahlungen sind durch die Transmissionswirkung der SvEV beitragsfrei. Wird dagegen eine Einmalzahlung – ungeachtet der arbeitsrechtlichen Zulässigkeit – in jedem Kalendermonat zu einem Zwölftel ausgezahlt, verliert sie ihren Charakter als einmalig gezahltes Arbeitsentgelt i.S.d. § 23a SGB IV und ist konsequenterweise als laufendes Arbeitsentgelt zu qualifizieren. Zu den sich hieraus ergebenden Auswirkungen s. → Arbeitsentgelt Rz. 216 (vgl. Besprechungsergebnis der Spitzenverbände der Sozialversicherungsträger v. 26./27.5.2004).

Dagegen sind **laufende Zulagen, Zuschläge, Zuschüsse** wie z.B. Mehrarbeitsvergütungen, Erschwerniszuschläge und vermögenswirksame Leistungen auch dann laufendes Arbeitsentgelt, wenn sie nicht monatlich, sondern in größeren Abständen gezahlt werden.

Im Fall einer Nachzahlung für zurückliegende Zeiträume wird laufendes Arbeitsentgelt nicht zu einer Einmalzahlung. Dies gilt prinzipiell auch dann, wenn z.B. durch einen Tarifvertrag rückwirkend ein höherer Entgeltanspruch begründet wird oder laufende Zulagen, Zuschläge usw. in größeren Abständen abgerechnet werden. In diesen Fällen sind die vorgehenden Entgeltabrechnungen zu korrigieren. Es wird aber akzeptiert, wenn der Arbeitgeber bei einer rückwirkenden Entgelterhöhung die Nachzahlung wie eine Einmalzahlung behandelt. Dann wird für die Ermittlung der anteiligen Jahres-Beitragsbemessungsgrenzen (Jahres-BBG) nur der Nachzahlungszeitraum berücksichtigt.

Zur Vermeidung von Beitragsausfällen werden bei der Beitragsberechnung aus Einmalzahlungen die **monatlichen Beitragsbemessungsgrenzen (BBG) außer Kraft gesetzt.** Die **monatlichen BBG** betragen ab 1.1.2016 in der **Kranken- und Pflegeversicherung** 4 237,50 € (→ Beiträge zur Sozialversicherung Rz. 553). In der **Renten- und Arbeitslosenversicherung** bleibt es bei unterschiedlichen BBG für die alten und neuen Bundesländer; diese betragen ab 1.1.2016 6 200 € (alte Bundesländer) und 5 400 € (neue Bundesländer). Für die Beurteilung der Beitragspflicht des einmalig gezahlten Arbeitsentgelts wird eine Vergleichsberechnung vorgenommen. Hierzu wird für die Zeit vom Beginn des Kalenderjahrs bis zum Ablauf des Monats, in dem die einmalige Zuwendung gezahlt wird, in den jeweiligen Versicherungszweigen eine anteilige Jahres-BBG ermittelt und dem für den gleichen Zeitraum gezahlten beitragspflichtigen Arbeitsentgelt gegenübergestellt. Die einmalige Zuwendung unterliegt nur in Höhe des sich bei der **Gegenüberstellung ergebenden Differenzbetrags der Beitragspflicht.** Die o.a. Vergleichsberechnung erübrigt sich in den Fällen, in denen das einmalig gezahlte Arbeitsentgelt zusammen mit dem laufenden Arbeitsentgelt die für den Entgeltabrechnungszeitraum maßgebenden BBG nicht übersteigt.

4. Zeitliche Zuordnung

Für die Ermittlung der anteiligen Jahres-BBG ist die Zuordnung der einmaligen Zuwendung zu einem bestimmten Entgeltabrechnungszeitraum von Bedeutung. 988

Einmalig gezahltes Arbeitsentgelt ist dem Monat zuzuordnen, in dem es gezahlt wird. Maßgeblich für die Zuordnung ist ausschließlich die tatsächliche Zahlung.

> **Beispiel 1:**
> Wird eine Einmalzahlung, die bereits im November fällig war, erst im Dezember gezahlt, ist sie dem Dezember zuzuordnen. Bei einer Auszahlung vor dem Fälligkeitstag gilt dies umgekehrt.

Sondervergütungen, die dem Arbeitnehmer auf Grund einer Betriebsvereinbarung bei ungekündigtem Arbeitsverhältnis und positivem Geschäftsergebnis jährlich gewährt und einem betriebsinternen Konto gutgeschrieben und verzinst werden, über die der Arbeitnehmer aber nicht verfügen kann und die erst nach Jahren ausgezahlt werden, sind nicht schon im Zeitpunkt ihrer Gutschrift, sondern erst im Zeitpunkt der tatsächlichen Auszahlung als einmalig gezahltes Arbeitsentgelt für die Berechnung der Sozialversicherungsbeiträge heranzuziehen (BSG v. 14.5.2002, B 12 KR 15/01 R, www.stotax-first.de).

Es bestehen jedoch keine Bedenken, wenn aus Vereinfachungsgründen das einmalig gezahlte Arbeitsentgelt beitragsrechtlich dem vorhergehenden Monat zugerechnet wird, wenn die Lohnabrechnung im Zeitpunkt der Auszahlung der einmaligen Zuwendung noch nicht abgerechnet ist (vgl. Gemeinsames Rundschreiben der Spitzenverbände der Sozialversicherungsträger v. 18.11.1983, Punkt III Nr. 2 Buchst. a, BKK 1984, 46 ff.).

[LSt] = keine Lohnsteuerpflicht
[LSt] = Lohnsteuerpflicht

Einmalzahlungen

Beispiel 2:
Das Arbeitsentgelt für Juni wird am 15. Juli abgerechnet. Das Urlaubsgeld wird am 7. Juli ausgezahlt.
Der Arbeitgeber hat die Möglichkeit, das Urlaubsgeld dem Beitragsmonat Juni zuzurechnen.
Übersteigt das Urlaubsgeld im Juni zusammen mit dem laufenden Arbeitsentgelt die BBG in der Krankenversicherung, muss die anteilige Jahres-BBG für die Zeit vom 1. Januar bis 30. Juni ermittelt und ihr das für den gleichen Zeitraum gezahlte beitragspflichtige Arbeitsentgelt gegenübergestellt werden. Ohne o.a. Vereinfachungsregel wären für die Zeit vom 1. Januar bis 31. Juli die anteiligen BBG zu ermitteln. Mit der Zahlung des Urlaubsgeldes am 7. Juli stehen jedoch weder das exakte beitragspflichtige Arbeitsentgelt Juli noch die endgültigen beitragspflichtigen Tage fest. Die Beitragsberechnung müsste dann nachträglich korrigiert werden.

Einmalig gezahltes Arbeitsentgelt, das nach **Beendigung des Beschäftigungsverhältnisses** gezahlt wird (z.B. Urlaubsabgeltung), ist dem letzten Entgeltabrechnungszeitraum des laufenden Kalenderjahrs zuzuordnen, auch wenn dieser nicht mit Arbeitsentgelt belegt ist.

Beispiel 3:
Der Arbeitnehmer kündigt das versicherungspflichtige Beschäftigungsverhältnis zum 30. April. Am 11. Mai wird noch eine Urlaubsabgeltung gezahlt.
Obwohl das Beschäftigungsverhältnis am 11. Mai nicht mehr bestand, wird die Einmalzahlung trotzdem bei der Beitragsberechnung berücksichtigt. Sie wird dem Monat April, dem letzten Entgeltabrechnungszeitraum zugeordnet.

Wird die Einmalzahlung während einer Zeit ausgezahlt, in der das Beschäftigungsverhältnis ruht, gilt die o.a. Regelung entsprechend. Die einmalige Zahlung ist dem letzten Entgeltabrechnungszeitraum im laufenden Kalenderjahr vor dem Ruhen des Beschäftigungsverhältnisses zuzurechnen.

Beispiel 4:
Ein Arbeitnehmer tritt seinen freiwilligen Wehrdienst am 1. April an. Von diesem Zeitpunkt an ruht das Beschäftigungsverhältnis. Sein Arbeitgeber zahlt im Dezember ein anteiliges Weihnachtsgeld.
Die Weihnachtszuwendung ist dem letzten Entgeltabrechnungszeitraum im laufenden Kalendermonat zuzuordnen, also dem Monat März.

Eine Einmalzahlung, die während der Elternzeit gezahlt wird, ist dem Monat der Zahlung zuzuordnen. Dies gilt auch dann, wenn in diesem Monat kein beitragspflichtiger Tag vorhanden ist.

5. Märzklausel
a) Allgemeines

989 Sonderzuwendungen, die in der Zeit vom 1. Januar bis 31. März eines Jahrs gezahlt werden, sind dem letzten Entgeltabrechnungszeitraum des vergangenen Kalenderjahrs zuzuordnen, wenn

- die monatliche BBG **durch die Einmalzahlung überschritten wird**,
- beim gleichen Arbeitgeber ein **versicherungspflichtiges Beschäftigungsverhältnis** bereits bestanden hat,
- die anteilige **Jahres-BBG** für das laufende Kalenderjahr überschritten wird.

Mit der Märzklausel soll verhindert werden, dass durch eine Auszahlung der Einmalzuwendungen zum Jahresbeginn die gesetzlich vorgesehene Sonderregelung bei der **Beitragsberechnung umgangen werden** kann.

Beispiel 1:
Ein seit Jahren bei einem Bochumer Unternehmen krankenversicherungspflichtig beschäftigter Arbeitnehmer erzielt ein monatliches Arbeitsentgelt von 3 400 €. Im März 2016 wird eine Gratifikation von 2 700 € gezahlt.
Ab 1.1.2016 beträgt die monatliche BBG in der Kranken- und Pflegeversicherung (KV/PV) 4 237,50 €, in der Renten- und Arbeitslosenversicherung (RV/AV) 6 200 €.

	KV/PV	RV/AV
anteilige Jahres-BBG bis März	12 712,50 €	18 600,— €
beitragspflichtiges Arbeitsentgelt bis März	10 200,— €	10 200,— €
Differenz	2 512,50 €	8 400,— €
Gratifikation	2 700,— €	2 700,— €

Die Gratifikation überschreitet zusammen mit dem laufenden Arbeitsentgelt die anteilige Jahres-BBG der Kranken- und Pflegeversicherung, nicht aber die der Renten- und Arbeitslosenversicherung. Da es sich hier um einen krankenversicherungspflichtigen Arbeitnehmer handelt, ist die Einmalzahlung dem letzten Entgeltabrechnungszeitraum des Vorjahrs zuzurechnen. Obwohl die BBG in der Renten- und Arbeitslosenversicherung im laufenden Kalenderjahr nicht überschritten wird, ist das einmalig gezahlte Arbeitsentgelt auch in Bezug auf die Berechnung der Beiträge zur Renten- und Arbeitslosenversicherung dem Vorjahr zuzurechnen. Damit soll vermieden werden, dass das einmalig gezahlte Arbeitsentgelt für die Berechnung der Kranken- und Pflegeversicherungsbeiträge einerseits und für die Berechnung der Renten- und Arbeitslosenversicherungsbeiträge andererseits unterschiedlichen Kalenderjahren zugerechnet wird.

Wäre der Arbeitnehmer in Beispiel 1 nicht krankenversicherungspflichtig, ist die Einmalzahlung dem Entgeltabrechnungszeitraum der Auszahlung (März) zuzuordnen, da die anteilige Jahres-BBG der Renten- und Arbeitslosenversicherung nicht überschritten wird.

Die Märzklausel gilt aber auch dann, wenn die tatsächliche Zahlung der Einmalzahlung zwar nicht im ersten Quartal erfolgt, jedoch noch in die Märzabrechnung einbezogen wurde.

Beispiel 2:
Ein Arbeitnehmer aus Dortmund erhält ein laufendes monatliches Arbeitsentgelt von 3 300 €. Am 8.4.2016 wird eine Tantieme i.H.v. 3 000 € ausgezahlt. Der Monat März wird erst am 13.4.2016 abgerechnet.
Das Entgelt ist dem Monat März zuzuordnen.

	KV/PV	RV/AV
SV-Tage vom 1.1. bis 31.3. =	90	90
anteilige Jahres-BBG		
KV/PV 50 850 € : 360 × 90 =	12 712,50 €	
RV/AV 74 400 € : 360 × 90 =		18 600,— €
beitragspflichtiges Arbeitsentgelt von Januar bis März = 3 × 3 300 €	9 900,— €	9 900,— €
BBG für Einmalzahlung	2 812,50 €	8 700,— €
Einmalzahlung	3 000,— €	3 000,— €

Die Sonderzuwendung ist dem letzten Entgeltabrechnungszeitraum des Jahres 2015 zuzuordnen, da die anteilige Jahres-BBG überschritten wird.

Die Zuordnung zum Vorjahr ist auch dann vorzunehmen, wenn die Einmalzahlung im laufenden Jahr nicht vollständig dem Beitragsabzug unterworfen werden kann und die BBG des Vorjahrs auch bereits voll ausgeschöpft sind. Dies gilt auch dann, wenn bei einer angenommenen Zuordnung zum laufenden Jahr Sozialversicherungsbeiträge angefallen wären und durch die gesetzlich vorgesehene Zuordnung zum Vorjahr (wegen einer vollständigen Ausschöpfung der BBG) keine Beiträge zu zahlen sind. **Ein Günstigkeitsvergleich gilt hier also nicht**.

Voraussetzung für die Zuordnung zum letzten Entgeltabrechnungszeitraum des Vorjahrs ist, dass beim gleichen Arbeitgeber zu dieser Zeit ein versicherungspflichtiges Beschäftigungsverhältnis bestanden hat. Dabei spielt es keine Rolle, wann das Beschäftigungsverhältnis im letzten Jahr bestanden hat. War der Arbeitnehmer im letzten Jahr beim gleichen Arbeitgeber **nur geringfügig beschäftigt** und somit **versicherungsfrei**, ist die Einmalzahlung dem neuen Jahr zuzuordnen. Unerheblich ist auch, ob der Arbeitnehmer zwischenzeitlich bei einem **anderen Arbeitgeber** beschäftigt war.

Beispiel 3:
Ein Arbeitnehmer beendet zum 30.4.2015 sein Arbeitsverhältnis beim Arbeitgeber A. In der Zeit vom 1.5. bis 31.12.2015 ist er beim Arbeitgeber B beschäftigt. Zum 1.1.2016 kommt es erneut zu einer Beschäftigung beim Arbeitgeber A. Der Arbeitnehmer erhält eine Einmalzahlung im März 2016 von seinem Arbeitgeber. Die Einmalzahlung sowie das im Jahr 2016 erzielte Arbeitsentgelt übersteigen die anteilige Jahres-BBG des laufenden Jahrs.

Somit ist die Märzklausel anzuwenden und die Einmalzahlung dem Monat April 2015, dem letzten Entgeltabrechnungszeitraum des Vorjahrs zuzuordnen. Dabei spielt es keine Rolle, dass der Arbeitnehmer in der Zeit vom 1.5.2015 bis 31.12.2015 bei einem anderen Arbeitgeber beschäftigt war.

Einmalzahlungen

Sofern bis zum Ablauf des Entgeltabrechnungszeitraums, in dem das einmalig gezahlte Arbeitsentgelt gezahlt wird, kein laufendes Arbeitsentgelt erzielt worden ist und Beitragsfreiheit (z.B. auf Grund von Krankengeld) nach § 224 SGB V bestanden hat, sind die anteiligen Jahres-BBG mit 0 € anzusetzen. Ein ggf. in der Zeit **vom 1. Januar bis zum 31. März gezahltes Arbeitsentgelt** übersteigt demzufolge die anteiligen Jahres-BBG und muss dem letzten Entgeltabrechnungszeitraum des Vorjahrs zugerechnet werden. Wird das einmalig gezahlte Arbeitsentgelt in derartigen Fällen erst nach dem 31. März ausgezahlt, dann entfällt die Beitragspflicht für das einmalig gezahlte Arbeitsentgelt.

Das einmalig gezahlte Arbeitsentgelt, das in der Zeit vom 1. Januar bis zum 31. März gezahlt wird, ist dem Vorjahr zuzurechnen, wenn es bei **krankenversicherungspflichtigen Arbeitnehmern** nur die **anteilige Jahres-BBG der Krankenversicherung** übersteigt, nicht aber die BBG der Renten- und Arbeitslosenversicherung erreicht wird. Dies gilt auch dann, wenn der Arbeitnehmer bereits im Vorjahr ausgeschieden ist und die anteilige Jahres-BBG damit 0 € beträgt.

Bei **krankenversicherungsfreien Arbeitnehmern** kommt es nur auf die **BBG in der Rentenversicherung** an, d.h. eine Zuordnung zum Vorjahr kommt nur in Betracht, wenn das Arbeitsentgelt die anteilige Jahres-BBG in der Rentenversicherung erreicht.

Beispiel 4:

Ein Arbeitnehmer aus Dortmund erhält im Monat März 2016 eine Einmalzahlung in Höhe eines Monatsverdienstes von 3 300 €. Bei der Beitragsberechnung ist zu überprüfen, ob das laufende Arbeitsentgelt zusammen mit der Einmalzahlung die anteilige Jahres-BBG übersteigt.

Vergleichsberechnung	KV/PV	RV/AV
anteilige Jahres-BBG (1.1. bis 31.3.)	12 712,50 €	18 600,— €
Arbeitsentgelt vom 1.1. bis 31.3.	9 900,— €	9 900,— €
Einmalzahlung	3 000,— €	3 000,— €
Gesamt	12 900,— €	12 900,— €

Da die Einmalzahlung die BBG in der Kranken- und Pflegeversicherung überschreitet, ist die Einmalzahlung auch hinsichtlich der Renten- und Arbeitslosenversicherungsbeiträge dem Vorjahr zuzuordnen.

Ist bei einem beendeten Arbeitsverhältnis das einmalig gezahlte Arbeitsentgelt, **das nach dem 31. März gezahlt wird**, einem Lohnabrechnungszeitraum in der Zeit vom 1. Januar bis zum 31. März zuzuordnen und wird die anteilige Jahres-BBG überschritten, findet § 23a SGB IV keine Anwendung. Dies bedeutet, dass in solchen Fällen eine Zurechnung zum letzten Entgeltabrechnungszeitraum des Vorjahrs nicht in Betracht kommt, sondern das einmalig gezahlte Arbeitsentgelt dem letzten Entgeltabrechnungszeitraum des laufenden Kalenderjahrs zuzuordnen ist.

Beispiel 5:

Das Beschäftigungsverhältnis eines Arbeitnehmers endet durch Kündigung am 25. März.

Eine Einmalzahlung wird ihm am 5. Juni ausgezahlt.

Da die Einmalzahlung erst nach dem Ende des Beschäftigungsverhältnisses gezahlt wurde, ist das einmalig gezahlte Arbeitsentgelt dem letzten Entgeltabrechnungszeitraum des laufenden Kalenderjahrs zuzuordnen. Der letzte Entgeltabrechnungszeitraum war in der Zeit vom 1. bis 25. März. Eine Zuordnung zum letzten Entgeltabrechnungszeitraum des Vorjahrs scheidet auch dann aus, wenn durch die Einmalzahlung die BBG im laufenden Kalenderjahr überschritten werden.

Hat bei Zahlungen nach dem 31. März das Beschäftigungsverhältnis bereits im Vorjahr geendet, dann können von dem einmalig gezahlten Arbeitsentgelt keine Sozialversicherungsbeiträge erhoben werden. Das Gleiche gilt, wenn das Beschäftigungsverhältnis zwar im Kalenderjahr der Auszahlung des einmalig gezahlten Arbeitsentgelts geendet hat, in diesem Kalenderjahr aber kein laufendes Arbeitsentgelt erzielt worden ist und Beitragsfreiheit nach § 224 SGB V (z.B. wegen Krankengeldbezugs) bestanden hat.

b) Netto-Sonderzuwendungen

990 Nach § 14 Abs. 2 SGB V gelten bei vereinbartem Nettoarbeitsentgelt als Arbeitsentgelt die Einnahmen des Beschäftigten einschließlich der darauf entfallenden Steuern und der seinem gesetzlichen Anteil entsprechenden Beiträge zur Sozialversicherung. Zur beitragsrechtlichen Behandlung von Netto-Sonderzuwendungen haben die Spitzenverbände der Sozialversicherungsträger in der Besprechung über Fragen des gemeinsamen Beitragseinzugs am 5./6.3.1985 (DOK 1985, 694) Stellung genommen. Die in dem Besprechungsergebnis zitierten Regelungen der Lohnsteuer-Richtlinien sind zwar zwischenzeitlich geändert worden (jetzt R 39b.9 LStR); jedoch gelten die Grundprinzipien der Hochrechnung vom Netto- auf den Bruttobetrag auch weiterhin. Allerdings sind im Gegensatz zum seinerzeitigen Recht zwischenzeitlich auch für die Berechnung der Lohnsteuer die Gesamtsozialversicherungsbeiträge im sog. Abtastverfahren nicht nur einmal, sondern so lange hinzuzurechnen, bis der ermittelte Bruttobetrag abzüglich der darauf entfallenden gesetzlichen Abzüge den gewährten Nettobetrag ergibt.

Wird eine Netto-Sonderzuwendung im ersten Quartal eines Kalenderjahrs gezahlt und überschreitet diese durch die Hochrechnung des Nettobetrags die anteilige Jahres-BBG des laufenden Kalenderjahrs, ist nach Auffassung der Spitzenverbände der Sozialversicherungsträger die Sonderzuwendung auf Grund der März-Klausel dem Vorjahr zuzuordnen ist. Anschließend ist das Bruttoarbeitsentgelt mit den für das Kalenderjahr der Zuordnung der Sonderzuwendung geltenden Beitragsberechnungsfaktoren neu zu berechnen, da der ermittelte Bruttobetrag abzüglich der darauf entfallenden gesetzlichen Abzüge zwingend wieder den gewährten Nettobetrag ergeben muss. Dabei verbleibt es bei der Zuordnung zum Vorjahr selbst dann, wenn die Neuberechnung einen niedrigeren Bruttobetrag als bei einer Zuordnung zum Kalenderjahr der Auszahlung der Sonderzuwendung ergeben sollte; ein Günstigkeitsvergleich scheidet nach Auffassung der Besprechungsteilnehmer aus (vgl. Besprechungsergebnis der Spitzenverbände der Sozialversicherungsträger am 27.6.2001).

6. Vergleichsberechnung

a) Allgemeines

991 Für die Beurteilung, in welcher Höhe die Einmalzahlung der Beitragspflicht unterliegt, ist eine **Vergleichsberechnung** vorzunehmen. Dazu ist die bis zum Ende des Zuordnungsmonats maßgebende anteilige **Jahres-BBG des einzelnen Versicherungszweiges** mit dem bisherigen beitragspflichtigen Arbeitsentgelt zu vergleichen.

Übersteigt das einmalig gezahlte Arbeitsentgelt die Differenz aus der Vergleichsberechnung (jeweils anteilige Jahres-BBG abzüglich des beitragspflichtigen Arbeitsentgelts – ohne Einmalzahlung –) nicht, so unterliegt es in voller Höhe der Beitragspflicht. Werden hingegen die ermittelten Differenzbeträge überschritten, so unterliegt das einmalig gezahlte **Arbeitsentgelt nur in Höhe der Differenzbeträge der Beitragspflicht**.

b) Anteilige Jahres-Beitragsbemessungsgrenze

992 Für die Ermittlung der anteiligen Jahres-BBG sind alle im Laufe eines Kalenderjahrs beitragspflichtigen Zeiten des Beschäftigungsverhältnisses bei dem Arbeitgeber, der das einmalig gezahlte Arbeitsentgelt auszahlt, zu addieren. Wurden im laufenden Kalenderjahr Beschäftigungszeiten **bei einem anderen Arbeitgeber** zurückgelegt, bleiben diese außer Ansatz. Dagegen sind **frühere Beschäftigungsverhältnisse** bei demselben Arbeitgeber im laufenden Kalenderjahr zu berücksichtigen. Dies gilt auch dann, wenn der Arbeitnehmer zwischenzeitlich bei einem anderen Arbeitgeber beschäftigt war.

Beitragsfreie Zeiten bleiben bei der Ermittlung der anteiligen Jahres-BBG außer Betracht, da während dieser Zeit ein Arbeitsentgelt nicht erzielt wurde und folglich auch keine Beiträge entrichtet worden sind. **Zeiten des unbezahlten Urlaubs** und des **unentschuldigten Fernbleibens** von der Arbeit **gelten nicht als beitragsfreie Zeiten** und sind daher bei der Ermittlung der anteiligen Jahres-BBG zu berücksichtigen, solange die Mitgliedschaft in der Krankenversicherung erhalten bleibt.

Daher sollten bei der Feststellung der anteiligen Jahres-BBG zuerst die beitragspflichtigen Sozialversicherungstage festgestellt werden. Dabei sind volle Kalendermonate mit 30 Tagen und angebrochene Kalendermonate mit den tatsächlichen Kalendertagen anzusetzen.

Um Differenzen durch Rundungen zu vermeiden, ist bei der **Berechnung der anteiligen Jahres-BBG** die Jahres-BBG zunächst mit der Anzahl der in Betracht kommenden SV-Tage zu multiplizieren. Dieser Wert ist dann ohne Rundung durch 360 zu dividieren

☒ = keine Lohnsteuerpflicht
☒ = Lohnsteuerpflicht

Einmalzahlungen

(Gemeinsames Rundschreiben der Spitzenverbände der Sozialversicherungsträger zum Haushaltsbegleitgesetz v. 18.11.1983, BKK 1984, 46 ff.).

Beispiele:
Der Arbeitnehmer S ist seit dem 1.3.2016 bei der Spedition K beschäftigt. Auf Grund eines Verkehrsunfalls war er arbeitsunfähig und hat vom 18.5. bis 2.6.2016 Krankengeld bezogen. Das monatliche Arbeitsentgelt beträgt 3 800 €. Im November wird ein Weihnachtsgeld i.H.v. 3 800 € gezahlt, was nicht vorausehbar war. Krankenversicherungspflicht besteht.

Daraus ergibt sich folgende Berechnung:

		KV/PV	RV/AV
Feststellung der anteiligen BBG			
1.3. bis 17.5.2016	= 77 Kalendertage		
3.6. bis 30.11.2016	= 178 Kalendertage		
zusammen	= 255 Kalendertage		
KV/PV	50 850 € : 360 × 255	36 018,75 €	
RV/AV	74 400 € : 360 × 255		52 670,— €
bisheriges beitragspflichtiges Arbeitsentgelt			
1.3. bis 30.4.2016	= 7 600,— €		
1.5. bis 17.5.2016	= 2 153,33 €		
3.6. bis 30.6.2016	= 3 546,67 €		
1.7. bis 30.11.2016	= 19 000,— €	32 300,— €	32 300,— €
noch nicht mit Beiträgen belegte Jahres-BBG		3 718,75 €	20 370,— €
Einmalzahlung		3 800,— €	3 800,— €

Von der Einmalzahlung sind in der Kranken- und Pflegeversicherung 3 718,75 € und in der Renten- und Arbeitslosenversicherung 3 800 € beitragspflichtig.

Hat während der Dauer der Beschäftigung zu einzelnen Versicherungszweigen **keine Versicherungspflicht** bestanden, dann sind die einzelnen Versicherungszweige bei der Ermittlung der anteiligen Jahres-BBG **getrennt zu beurteilen**. Tritt beispielsweise zu einer bestehenden Kranken-, Pflege- und Rentenversicherungspflicht im Laufe eines Kalenderjahrs Versicherungspflicht in der Arbeitslosenversicherung hinzu, so ist für die Berechnung der Beiträge der Arbeitslosenversicherung die anteilige Jahres-BBG vom Beginn der Arbeitslosenversicherungspflicht an bis einschließlich des Monats der Zuordnung des einmalig gezahlten Arbeitsentgeltes zu ermitteln. Bei der Ermittlung der anteiligen Jahres-BBG für die Kranken-, Pflege- und Rentenversicherung ist dagegen der Jahresanfang maßgebend.

c) Bisheriges beitragspflichtiges Arbeitsentgelt

993 Den anteiligen Jahres-BBG ist das bisher **beitragspflichtige Arbeitsentgelt** für den Zeitraum, für den auch die anteiligen Jahres-BBG ermittelt worden sind, **gegenüberzustellen**. Das einmalig gezahlte Arbeitsentgelt darf dabei nicht berücksichtigt werden. Das bisher beitragspflichtige Arbeitsentgelt wird nur insoweit berücksichtigt, als es auch der Beitragspflicht unterlegen hat. Dies bedeutet, dass die wegen Überschreitens der BBG nicht beitragspflichtigen Teile des Arbeitsentgelts bei der Berechnung außer Ansatz bleiben.

Der durch die **kostenlose oder verbilligte Überlassung von Waren** oder Dienstleistungen erwachsende **geldwerte Vorteil** stellt ebenfalls einmalig gezahltes Arbeitsentgelt dar, da dieser Vorteil nicht für die Arbeit in einem einzelnen Entgeltabrechnungszeitraum gewährt wird. Die Einmalzahlung ist dem Entgeltabrechnungszeitraum zuzuordnen, in dem die **Ware** oder die **Dienstleistung dem Arbeitnehmer zufließt**. Sofern dies im 1. Quartal eines Jahrs erfolgt, ist die **Märzklausel** zu beachten und anzuwenden.

Im Falle einer **Pauschalbesteuerung** ist aus den insgesamt gezahlten geldwerten Vorteilen ein Durchschnittsbetrag zu errechnen und generell dem letzten Entgeltabrechnungszeitraum in diesem Kalenderjahr zuzuordnen; also dem Dezember. Nur wenn das Beschäftigungsverhältnis bereits vorher geendet hat oder ruht, erfolgt eine Zuordnung zu einem früheren Entgeltabrechnungszeitraum. Die **Märzklausel** findet in diesen Fällen keine Anwendung (Besprechungsergebnis der Spitzenverbände der Sozialversicherungsträger v. 28./29.3.1990).

Werden im Laufe eines Jahrs mehrere Einmalzahlungen gezahlt, werden diese wie laufendes Arbeitsentgelt behandelt, mit der Folge, dass die **Entgeltteile, die wegen Überschreitens der anteiligen Jahres-**BBG (aus der vorhergehenden Vergleichsberechnung) beitragsmäßig nicht erfasst worden sind, auch hier unberücksichtigt bleiben.

Beispiel:
Der Sachverhalt des vorangegangenen Beispiels wird fortgeführt:
Der Arbeitnehmer S erhält im Dezember 2016 noch eine Gewinnbeteiligung i.H.v. 3 100 € ausgezahlt.

Daraus ergibt sich folgende Berechnung:

		KV/PV	RV/AV
Feststellung der anteiligen BBG			
1.3. bis 17.5.2016	= 77 Kalendertage		
3.6. bis 31.12.2016	= 208 Kalendertage		
zusammen	= 285 Kalendertage		
KV/PV	50 850 € : 360 × 285	40 256,25 €	
RV/AV	74 400 € : 360 × 285		58 900,— €
bisheriges beitragspflichtiges Arbeitsentgelt			
1.3. bis 30.4.2016	= 7 600,— €		
1.5. bis 17.5.2016	= 2 153,33 €		
3.6. bis 30.6.2016	= 3 546,67 €		
1.7. bis 31.12.2016	= 22 800,— €	36 100,— €	36 100,— €
+ Einmalzahlung im November		3 718,75 €	3 800,— €
Gesamt		39 818,75 €	39 900,— €
noch nicht mit Beiträgen belegte Jahres-BBG		437,50 €	19 000,— €
Einmalzahlung		3 100,— €	3 100,— €

Von der Einmalzahlung sind in der Kranken- und Pflegeversicherung 437,50 € und in der Renten- und Arbeitslosenversicherung 3 100 € beitragspflichtig.

d) Beitragsbemessungsgrenze für die Einmalzahlung

994 Der sich aus dem Vergleich der jeweiligen anteiligen Jahres-BBG mit dem bisherigen beitragspflichtigen Arbeitsentgelt ergebende Differenzbetrag gilt als BBG für die Einmalzahlung.

Stellt sich bei der Vergleichsberechnung heraus, dass der Differenzbetrag zwischen der anteiligen Jahres-BBG und dem bisherigen beitragspflichtigen Arbeitsentgelt kleiner ist als die Sonderzuwendung, so ist diese nur **in Höhe des Differenzbetrags** beitragspflichtig.

e) Änderungen im Versicherungsverhältnis oder in den Berechnungsfaktoren

995 Da das einmalig gezahlte Arbeitsentgelt einem bestimmten Entgeltabrechnungszeitraum zugeordnet wird, sind für die Beitragsberechnung die Beitragsfaktoren (Beitragssatz und BBG) des Zuordnungsmonats maßgebend. Dies gilt auch dann, wenn im Rahmen der Märzklausel die Einmalzahlung dem letzten Entgeltabrechnungszeitraum des Vorjahrs zuzuordnen ist. Treten im Zeitraum zwischen der Zuordnung und der Auszahlung des einmalig gezahlten Arbeitsentgelts Änderungen im Versicherungsverhältnis ein, sind diese bei der Berechnung der Beiträge aus der Einmalzahlung zu berücksichtigen.

Beispiel 1:
Ein Arbeitnehmer erhält im Juni ein Urlaubsgeld und hat im April das 65. Lebensjahr vollendet. Im Zuordnungsmonat ist er damit beitragsfrei in der Arbeitslosenversicherung. Vom Urlaubsgeld sind daher nur Beiträge zur Kranken-, Pflege- und Rentenversicherung abzuführen. Allerdings hat der Arbeitgeber aus der Einmalzahlung seinen Beitragsanteil zur Arbeitslosenversicherung zu tragen.

Beispiel 2:
Arbeitnehmer W ist seit Jahren bei der Firma Z in Bochum beschäftigt. Krankenversicherungspflicht hat im Jahr 2015 wegen Überschreitens der Jahresarbeitsentgeltgrenze nicht bestanden. Ab 1.1.2016 besteht wieder Krankenversicherungspflicht. Im Februar 2016 erhält er eine einmalige Zuwendung von 2 300 €.

Einmalzahlungen

keine Sozialversicherungspflicht = ⓢⱽ
Sozialversicherungspflicht = Ⓢⱽ

Daraus ergibt sich folgende Berechnung:
Das Entgelt ist grundsätzlich dem Monat Februar 2016 zuzuordnen.

		KV/PV	RV/AV
SV-Tage vom 1.1. bis 28.2.2016 = **anteilige Jahres-BBG**		60	60
KV/PV	50 850 : 360 × 60 =	8 475,— €	
RV/AV	74 400 : 360 × 60 =		12 400,— €
beitragspflichtiges Arbeitsentgelt von Januar bis Februar	= 2 × 3 800 €	7 600,— €	7 600,— €
BBG für Einmalzahlung		875,— €	4 800,— €
Einmalzahlung		2 300,— €	2 300,— €

Da die BBG in der Krankenversicherung überschritten wird, ist die Sonderzuwendung dem letzten Entgeltabrechnungszeitraum des Vorjahrs zuzuordnen.

In der Kranken- und Pflegeversicherung bestand im Jahr 2015 jedoch keine Versicherungspflicht, so dass aus der Einmalzahlung keine Kranken- und Pflegeversicherungsbeiträge zu entrichten sind.

	KV/PV	RV/AV
Feststellung der anteiligen BBG 1.1. bis 31.12.2015		
KV/PV	49 500,— €	0 €
RV/AV	72 600,— €	72 600,— €
bisheriges beitragspflichtiges Arbeitsentgelt 1.1. bis 31.12.2015 = 12 × 3 800,— €		45 600,— €
noch nicht mit Beiträgen belegte Jahres-Beitragsbemessungsgrenzen		27 000,— €
Einmalzahlung (2 300 €)		2 300,— €

Von der Einmalzahlung sind in der Renten- und Arbeitslosenversicherung 2 300 € beitragspflichtig.

f) Korrekturen des laufenden Arbeitsentgelts

996 Wird das laufende Arbeitsentgelt nachträglich berichtigt, können sich die Korrekturen auf die Beitragsberechnung aus Einmalzahlungen auswirken. Aus diesem Grund sind die Vergleichsberechnungen neu durchzuführen.

Einsatzgelder

→ *Deutsches Rotes Kreuz* Rz. 789

Einsatzwechseltätigkeit

997 Arbeitnehmern mit Einsatzwechseltätigkeit kann der Arbeitgeber unter bestimmten Voraussetzungen Übernachtungskosten, Fahrtkosten und Verpflegungsmehraufwendungen nach den Grundsätzen für **Auswärtstätigkeiten** steuerfrei erstatten.

Einzelheiten

- zum Begriff „Einsatzwechseltätigkeit" → *Reisekosten: Allgemeine Grundsätze* Rz. 2409 sowie
- zur Höhe der erstattungsfähigen Aufwendungen → *Reisekosten: Erstattungen* Rz. 2465.

Einspruch

→ *Rechtsbehelfe* Rz. 2390

Einstrahlung

998 Ein Arbeitnehmer unterliegt bei einer Beschäftigung im Inland im Wege der Einstrahlung nach § 5 SGB IV nicht den Vorschriften über die deutsche Sozialversicherung,

- wenn es sich um eine Entsendung
- im Rahmen eines im Ausland bestehenden Beschäftigungsverhältnisses handelt und
- die Dauer der Beschäftigung im Voraus zeitlich begrenzt ist.

Ist eine dieser Voraussetzungen nicht erfüllt, liegt keine Einstrahlung i.S.v. § 5 SGB IV vor.

Eine Entsendung i.S. der Einstrahlung liegt vor, wenn sich ein Beschäftigter auf Weisung seines ausländischen Arbeitgebers vom Ausland in das Inland begibt, um hier eine Beschäftigung für diesen Arbeitgeber auszuüben. Die Einstrahlung ist somit das Gegenstück zur Ausstrahlung (→ *Ausstrahlung* Rz. 480). Auch hinsichtlich des Begriffs „Beschäftigungsverhältnis" bestehen keine Unterschiede zur Ausstrahlung. Es gelten deshalb die Regelungen wie bei der Ausstrahlung.

Zur Klärung der Frage, unter welchen Voraussetzungen die Beschäftigung nach Deutschland entsandter ausländischer Arbeitnehmer, die bei einem in Deutschland tätigen Tochterunternehmen eines ausländischen Konzerns arbeiten, als sozialversicherungsfrei anzusehen ist, ist auf die vom BSG entwickelten Grundsätze zurückzugreifen. Maßgeblich ist danach, **wo das Beschäftigungsverhältnis seinen Schwerpunkt hat**. Regelmäßig liegt der Schwerpunkt bei dem Betrieb, bei dem über die Arbeitsleistung hinaus wesentliche Elemente des Beschäftigungsverhältnisses erfüllt werden. Dabei ist einerseits die Eingliederung des Beschäftigten in den Betrieb und andererseits die Zahlung des Arbeitsentgelts durch den Betrieb entscheidend. Die Eingliederung in einen Betrieb bedeutet, dass die Arbeit für diesen Betrieb erbracht und die Arbeitsleistung diesem Betrieb wirtschaftlich zugerechnet wird. Sie kennzeichnet damit, welcher wirtschaftlichen Einheit gegenüber die wesentliche Leistung des Arbeitsvertrags erbracht wird.

Für ein Tochterunternehmen eines im Ausland ansässigen Konzerns wird auf die rechtliche Verselbständigung des Tochterunternehmens abgestellt. Ist ein Betrieb im Inland gegenüber den entsendenden ausländischen Unternehmen nicht nur wirtschaftlich, sondern auch rechtlich in der Weise verselbständigt, dass der Betrieb im Inland als juristische Person besteht, so ist bei der Arbeit im inländischen Betrieb regelmäßig eine Eingliederung in diesem Betrieb anzunehmen. Dies gilt bei konzerngebundenen Betrieben auch, wenn der Arbeitnehmer im Rahmen eines Arbeitsvertrags mit dem übergeordneten ausländischen Unternehmen bei dem inländischen Betrieb arbeitet.

Neben der Eingliederung in den Betrieb ist es für die Bestimmung des Schwerpunkts des Beschäftigungsverhältnisses in den Entsendungsfällen von maßgeblicher Bedeutung, **welcher Betrieb das Arbeitsentgelt zahlt**, denn die Zahlung des Entgelts ist eine wesentliche Arbeitgeberpflicht und in § 2 Abs. 2 Nr. 1 SGB IV als wesentliches Merkmal der Versicherungspflicht genannt. Dabei kommt es nicht entscheidend darauf an, von welchem Konto das Arbeitsentgelt gezahlt wird, sondern wem der Geldfluss wirtschaftlich zuzurechnen ist. Wer das Arbeitsentgelt zahlt, lässt sich z.B. dadurch feststellen, welcher Betrieb die Entgeltzahlung steuerrechtlich geltend macht. Insoweit ist i.d.R. die Annahme gerechtfertigt, dass der Betrieb, der die Kosten der Arbeitsleistung als Aufwendungen geltend macht, die durch den Betrieb veranlasst sind, auch der Träger des Beschäftigungsverhältnisses ist. Nach LSG Hessen v. 15.2.2007, L 8 KR 122/06, www.stotax-first.de, liegt ein gewichtiges Indiz für das Vorliegen eines einstrahlenden Beschäftigungsverhältnisses i.S.v. § 5 Abs. 1 SGB IV vor, wenn das im Ausland ansässige Mutterunternehmen den nach Deutschland entsandten Arbeitnehmern das Arbeitsentgelt ganz oder überwiegend weiterhin im Ausland auszahlt.

Dies gilt auch bei **kurzfristigen konzerninternen** Entsendungen. Wer das Arbeitsentgelt bei der Gewinnermittlung als Betriebsausgabe steuerlich geltend macht, tritt bei der Beurteilung kurzfristiger Entsendungen allerdings in den Hintergrund. Die steuerliche Geltendmachung des Arbeitsentgelts als Betriebsausgabe durch die aufnehmende Konzerngesellschaft ist daher unschädlich, wenn

- der Einsatz des dort vorübergehend eingesetzten Arbeitnehmers einer in einem anderen Staat ansässigen Konzerngesellschaft von kurzfristiger Dauer ist; von kurzfristiger Dauer ist ein Einsatz, der zwei Monate nicht überschreitet,
- der Arbeitnehmer keinen anderen Arbeitnehmer ablöst, der zuvor vorübergehend dort eingesetzt war und
- sich der Arbeitsentgeltanspruch des Arbeitnehmers, ausschließlich gegen den entsendenden Arbeitgeber richtet.

Bei dem erneuten kurzfristigen Einsatz des Arbeitnehmers in demselben Staat bei demselben Unternehmen handelt es sich nur dann um eine Entsendung i.S. der Ausstrahlung, wenn seit dem Ende der vorherigen vorübergehenden Beschäftigung dort mindestens zwei Monate vergangen sind.

Die vorstehenden Grundsätze gelten spätestens für ab 1.5.2011 beginnende Entsendungen. Soweit in der Vergangenheit anders verfahren wurde, wird dies nicht beanstandet (Besprechungsergebnis der Spitzenverbände der Sozialversicherungsträger v. 30.3.2011).

> **Beispiel:**
> Die Arbeitnehmer X und Y werden von einem Unternehmen in Indien zeitlich befristet in die Bundesrepublik Deutschland entsandt. Der Arbeitnehmer X ist weiter für das indische Unternehmen beschäftigt und erhält sein Arbeitsentgelt von ihm. Ein Teil des Arbeitsentgelts wird von dem Unternehmen, bei dem der Arbeitseinsatz erfolgt, für Rechnung des indischen Unternehmens ausgezahlt.
>
> Der Arbeitnehmer Y wird von der Filiale in Deutschland beschäftigt und erhält sein Arbeitsentgelt in vollem Umfang von ihr. Das Arbeitsentgelt für den Arbeitnehmer Y wird von der Filiale steuerlich als Betriebsausgabe geltend gemacht.
>
> Beim Arbeitnehmer X handelt es sich bei der „Lohnzahlung" durch das Unternehmen in Deutschland nur um einen finanztechnischen Vorgang. Deshalb kann selbst dann, wenn das gezahlte Teilarbeitsentgelt in der Lohnbuchhaltung wie für eigene Beschäftigte ausgewiesen wird, daraus nicht auf ein Arbeitsverhältnis zum Unternehmen in Deutschland geschlossen werden. Beim Arbeitnehmer Y liegt der Schwerpunkt des Beschäftigungsverhältnisses bei der Filiale in Deutschland, so dass keine sozialversicherungsrechtliche Entsendung i.S. der Einstrahlung vorliegt. Er unterliegt daher dem deutschen Sozialversicherungsrecht.

Am 22.5.2012 trat die Verordnung (EU) Nr. 465/2012 zur Änderung der Verordnung (EG) Nr. 883/2004 und der Verordnung (EG) Nr. 987/2009 in Kraft. Teilweise geändert wurden die Bestimmungen des anzuwendenden Rechts. Es gibt u.a. folgende Neuerungen:

Für **Flugbesatzungen** gelten die sozialversicherungsrechtlichen Vorschriften der Heimatbasis; also des Ortes, an dem sie ihre Arbeit aufgenommen und beendet haben. Nach den Übergangsregeln der Änderungsverordnung müssen die Flugbesatzungen zunächst bei dem **zuständigen Träger ihres Wohnortes** die Anwendung des neuen Rechts beantragen, wenn sie dieses als günstiger empfinden. Wird ein solcher Antrag gestellt, gilt die Änderung ab dem ersten Tag des auf den Antrag folgenden Monats. Ansonsten gilt das neue Recht spätestens mit **Ablauf von zehn Jahren** seit Inkrafttreten der Änderungsverordnung, also vom 28.6.2022 an. Die besonderen Regelungen für Flug- und Kabinenpersonal gelten seit dem 2.2.2013 auch für die EWR-Staaten Island, Liechtenstein und Norwegen. Im Zusammenhang mit der Schweiz sind die Regelungen ab 1.1.2015 anwendbar. Auch hier gilt eine Übergangsregelung von maximal zehn Jahren bis 1.2.2023 bzw. 31.12.2024.

Personen, die gewöhnlich in **zwei oder mehr Mitgliedstaaten** eine Beschäftigung ausüben, unterliegen den Rechtsvorschriften des **Wohnmitgliedstaats**, wenn sie dort einen **wesentlichen Teil ihrer Tätigkeiten** ausüben, hierfür genügt ein Anteil von 25 % der Arbeitszeit bzw. des Arbeitsentgelts. Wenn sie im Wohnmitgliedstaat keinen wesentlichen Teil ihrer Tätigkeit ausüben gelten die Rechtsvorschriften des Mitgliedstaats, in dem das Unternehmen oder Arbeitgeber seinen Sitz oder Wohnsitz hat, sofern sie bei **einem Unternehmen bzw. einem Arbeitgeber** beschäftigt sind. Ist der Arbeitnehmer bei **zwei oder mehreren Unternehmen oder Arbeitgebern** beschäftigt, die ihren Sitz oder Wohnsitz in nur einem Mitgliedstaat haben, gelten die Rechtsvorschriften des Mitgliedstaats, in dem die Unternehmen oder die Arbeitgeber ihren Sitz haben. Arbeitet der Arbeitnehmer bei verschiedenen Unternehmen aus unterschiedlichen Mitgliedstaaten, von denen einer der Wohnstaat des Arbeitnehmers ist, gelten die Regelungen des Mitgliedstaats, in dem das Unternehmen oder der Arbeitgeber außerhalb des Wohnmitgliedstaats seinen Sitz hat, wenn dort der wesentliche Teil der Tätigkeit ausgeübt wird. Ist der Arbeitnehmer bei zwei oder mehreren Unternehmen beschäftigt, von denen mindestens zwei ihren Sitz oder Wohnsitz in verschiedenen Mitgliedstaaten außerhalb des Wohnmitgliedstaats haben, werden die Rechtsvorschriften des Wohnmitgliedstaats angewandt. Hier gelten auch die o.a. Übergangsregelungen (vgl. Eureport social 8/2012, 7).

Gleiches gilt seit dem 2.2.2013 für die EWR-Staaten Island, Liechtenstein, Norwegen und ab dem 1.1.2015 auch im Zusammenhang mit der Schweiz. Die o.a. Übergangsregelungen bis 1.2.2023 bis 31.12.2024 gelten entsprechend.

Ein-Tages-Aushilfe

→ *Aushilfskraft/Aushilfstätigkeit* Rz. 410

Eintrittskarten

1. Steuerfreier Arbeitslohn

Die Überlassung von Eintrittskarten für kulturelle und sportliche Veranstaltungen **im Rahmen einer Betriebsveranstaltung** ist steuer- und beitragsfrei, wenn sich die Betriebsveranstaltung nicht im Besuch einer kulturellen oder sportlichen Veranstaltung erschöpft (BMF v. 14.10.2015, IV C 5 – S 2332/15/10001/III C 2 – S 7109/15/10001, BStBl I 2015, 832). Voraussetzung ist jedoch, dass es sich um eine „Betriebsveranstaltung" handelt (→ *Betriebsveranstaltungen* Rz. 703). In anderen Fällen bleibt die **gelegentliche Überlassung** einer Eintrittskarte unter den Voraussetzungen für **Aufmerksamkeiten** steuerfrei, sofern ihr Wert **60 €** nicht übersteigt (→ *Annehmlichkeiten* Rz. 151). **999**

Arbeitslohn liegt ebenfalls nicht vor, wenn ein Arbeitnehmer **dienstlich eine Veranstaltung besuchen muss**, z.B. Rote-Kreuz-Mitarbeiter oder Polizisten bei Sportveranstaltungen oder Theateraufführungen oder der Stadionbesuch eines Oberbürgermeisters, um dort eine Rede zu halten (sog. **amtsimmanente Vorteile**). Ob und inwieweit dies auch für die **Überlassung von Dauerkarten** an Politiker und ehrenamtlich Tätige (z.B. Ratsherren) gilt, kann nur unter Berücksichtigung aller Umstände des Einzelfalls entschieden werden.

2. Steuerpflichtiger Arbeitslohn

Steuerpflichtiger Arbeitslohn liegt hingegen vor, wenn es sich um eine **regelmäßige Zuwendung** von Theater- oder sonstigen Eintrittskarten an einen einzelnen Arbeitnehmer handelt, insbesondere um die Überlassung von **Abonnements**, oder der Arbeitgeber **Barzuwendungen** leistet (FinMin Bremen v. 30.12.1982, S 2334 – 2100, DStR 1983, 267; BFH v. 21.2.1986, VI R 21/84, BStBl II 1986, 406; BMF v. 22.8.2005, IV B 2 – S 2144 – 41/05, BStBl I 2005, 845; BMF v. 30.3.2006, IV B 2 – S 2144 – 26/06/IV B 2 – S 2144 – 41/05 BStBl I 2006, 307; BMF v. 11.7.2006, IV B 2 – S 2144 – 53/06, BStBl I 2006, 447 betr. Aufwendungen für sog. **VIP-Logen** in Sportstätten und bei ähnlichen Sachverhalten); in diesen Fällen sind auch Sozialversicherungsbeiträge zu entrichten. **1000**

Wegen der Überlassung von Eintrittskarten zu Sportstudios u.Ä. → *Sport* Rz. 2740.

3. Besonderheiten bei Theaterunternehmen u.a.

Die Abgabe von Eintrittskarten für Theater oder Konzerte durch **Theaterunternehmen oder Rundfunksender an die eigenen Arbeitnehmer** stellt selbst dann **Arbeitslohn** dar, wenn die Abgabe der Karten in einem gewissen eigenbetrieblichen Interesse liegt. Die Zuwendungen sind jedenfalls nicht überwiegend eigenbetrieblich veranlasst, denn die Teilnahme an Konzert- und Theaterveranstaltungen findet regelmäßig im **gesellschaftlichen, außerberuflichen Bereich** eines Arbeitnehmers statt (FG Hamburg v. 30.5.1991, II 103/88, EFG 1992, 129). Der geldwerte Vorteil ist jedoch steuerfrei, soweit er den **Rabattfreibetrag von 1 080 €** im Jahr nicht überschreitet. **1001**

Nicht als Arbeitslohn zu erfassen ist dagegen die Überlassung von Theaterkarten, soweit **Dienstplätze für die Theaterleitung** (z.B. Intendant, Verwaltungsdirektor) bereitgestellt werden oder der Besuch von Veranstaltungen durch das **Theaterpersonal dienstlich erwünscht ist**, z.B. bei nicht ausverkauftem Haus. Ebenso ist **eine Freikarte je Inszenierung** für **ein Mitglied des**

Eintrittskarten

ständigen künstlerischen Personals kein Arbeitslohn (OFD München v. 1.9.2001, ohne Az., www.stotax-first.de).

Dies gilt aber nur für die Theatermitarbeiter selbst, die Überlassung von Karten für die **Angehörigen** einschließlich des Ehegatten ist immer ein steuerpflichtiger **geldwerter Vorteil** (OFD München v. 1.9.2001, ohne Az., www.stotax-first.de).

Die Bewertung der Vorteile aus der Überlassung von Theaterkarten richtet sich nach den allgemeinen Grundsätzen der Bewertung von Sachbezügen, im Einzelnen → *Sachbezüge* Rz. 2598.

4. Pauschalierung der Einkommensteuer

1002 Nach dem ab 2007 geltenden § 37b EStG können Stpfl. aus Vereinfachungsgründen die Einkommensteuer für **Sachzuwendungen**, und zwar für

– **betrieblich veranlasste Zuwendungen, die zusätzlich zur ohnehin vereinbarten Leistung oder Gegenleistung erbracht werden** (hierzu gehören z.B. Eintrittskarten für den Besuch sportlicher, kultureller oder musikalischer Veranstaltungen oder auch Incentive-Reisen),

– und **Geschenke** i.S.d. § 4 Abs. 5 Satz 1 Nr. 1 EStG,

sowohl an **Nichtarbeitnehmer** des Stpfl. (z.B. Kunden, Geschäftsfreunde, deren Arbeitnehmer) als auch an **eigene Arbeitnehmer** des Stpfl. unter bestimmten Voraussetzungen mit einem **Pauschsteuersatz von 30 %** erheben. Diese Pauschalsteuer gilt die steuerliche Erfassung des geldwerten Vorteils beim Zuwendungsempfänger ab; steuerlicher Arbeitslohn fällt also auf der Empfängerseite nicht an.

Weitere Einzelheiten → *Pauschalierung der Einkommensteuer bei Sachzuwendungen* Rz. 2147.

Einzelnachweis

→ *Lohnsteuer-Ermäßigungsverfahren* Rz. 1905

Einzug des Gesamtsozialversicherungsbeitrags/Einzugsstelle

1. Allgemeines

1003 Der Gesamtsozialversicherungsbeitrag inkl. des einkommensabhängigen Zusatzbeitrags ist nach § 28h Abs. 1 Satz 1 SGB IV an die Krankenkasse zu zahlen, d.h., die Krankenkasse übernimmt insoweit die Funktion der Einzugsstelle für den **Gesamtsozialversicherungsbeitrag**.

Die **Einzugsstelle** ist verpflichtet, Beitragsansprüche, die nicht rechtzeitig erfüllt werden, geltend zu machen, d.h. „einzuziehen", und zwar gegen jeden Beitragsschuldner.

2. Zuständigkeit

1004 Zuständige Einzugsstelle für den Gesamtsozialversicherungsbeitrag ist nach § 28i Abs. 1 Satz 1 SGB IV die **Krankenkasse** (→ *Krankenversicherung: gesetzliche* Rz. 1717), bei der die Krankenversicherung des Arbeitnehmers bzw. der arbeitnehmerähnlichen Person durchgeführt wird. Dabei ist unerheblich, ob die Krankenversicherung auf einer Pflichtversicherung oder auf einer freiwilligen Versicherung beruht. Dies bedeutet, dass die **Renten- und Arbeitslosenversicherungsbeiträge** für freiwillig Krankenversicherte an die Krankenkasse zu entrichten sind, bei der die freiwillige Krankenversicherung besteht. Das gilt auch für freiwillige Mitglieder von Ersatzkassen. Ebenso sind die Renten- und Arbeitslosenversicherungsbeiträge für krankenversicherungsfreie oder nicht krankenversicherungspflichtige Arbeitnehmer, die in der landwirtschaftlichen Krankenversicherung versicherungspflichtig sind (z.B. als landwirtschaftliche Unternehmer), von der zuständigen landwirtschaftlichen Krankenkasse einzuziehen. Da auch für Angehörige in der Krankenversicherung eine eigenständige Versicherung durchgeführt wird, sind die Beiträge für Praktikanten und zur Berufsausbildung Beschäftigte ohne Arbeitsentgelt, die in der Renten- und Arbeitslosenversicherung als Arbeitnehmer der Versicherungspflicht unterliegen, von der Krankenkasse einzuziehen, die die Familienversicherung durchführt.

Für deutsche Seeleute, die auf einem Seeschiff beschäftigt sind, das nicht berechtigt ist, die Bundesflagge zu führen, und bei denen die Voraussetzungen des § 2 Abs. 3 SGB IV erfüllt sind, ist die Deutsche Rentenversicherung Knappschaft-Bahn-See zuständige Einzugsstelle.

Zuständige Einzugsstelle für geringfügig Beschäftigte (auch für geringfügig Beschäftigte im Privathaushalt) ist seit 1.4.2003 allein die Deutsche Rentenversicherung Knappschaft-Bahn-See als Träger der Rentenversicherung. Sie nimmt die vom Arbeitgeber zu zahlenden Pauschalbeiträge für geringfügig entlohnte Beschäftigte entgegen und zieht auch die Rentenversicherungsbeiträge für geringfügig entlohnte Beschäftigte ein, die auf die Rentenversicherungsfreiheit verzichtet haben. Mithin sind auch sämtliche Meldungen für geringfügig entlohnte Beschäftigte gegenüber der Deutschen Rentenversicherung Knappschaft-Bahn-See als Träger der Rentenversicherung zu erstatten. Entsprechendes gilt für die Meldungen für kurzfristig Beschäftigte. Näheres hierzu und insbesondere für die Übergangsfälle → *Mini-Jobs* Rz. 2047.

Sofern in der geringfügig entlohnten Beschäftigung auf Grund der Zusammenrechnung mit einer nicht geringfügigen versicherungspflichtigen Beschäftigung Versicherungspflicht besteht, sind Meldungen und Beiträge aus der versicherungspflichtigen Beschäftigung an die Krankenkasse zu entrichten, bei der der geringfügig Beschäftigte krankenversichert ist oder – bei privat Krankenversicherten – zuletzt krankenversichert war.

3. Aufgaben

1005 Die Einzugsstelle entscheidet nicht nur über die Versicherungs- und Beitragspflicht in der Krankenversicherung, sondern zugleich über die **Versicherungs- und Beitragspflicht in der Pflege-, Renten- und Arbeitslosenversicherung**.

Die Entscheidung der Einzugsstelle über die Versicherungs- und Beitragspflicht ist ein Verwaltungsakt. Rechtsbehelfe und Rechtsmittel gegen Entscheidungen der Einzugsstellen richten sich gegen diese, nicht aber gegen den Träger der Rentenversicherung oder die Bundesagentur für Arbeit (vgl. BSG v. 23.9.2003, B 12 RA 3/02 R, www.stotax-first.de). Gleichwohl sind die Träger der Rentenversicherung oder die Bundesagentur für Arbeit nicht vom Verfahren vor den Gerichten der Sozialgerichtsbarkeit ausgeschlossen; deren Beiladung richtet sich nach § 75 SGG. Ein Rentenversicherungsträger ist nur im Rahmen einer Betriebsprüfung nach § 28p SGB IV (→ *Beitragsüberwachung* Rz. 598) befugt, einen Verwaltungsakt über Versicherungspflicht und Beitragshöhe in der Sozialversicherung zu erlassen.

In der Arbeitslosenversicherung gelten Sonderregelungen (→ *Arbeitslosenversicherung* Rz. 261, → *Statusfeststellungsverfahren* Rz. 2745).

Elektrizitätswerke

→ *Strom: verbilligter Bezug* Rz. 2816

Elektrofahrrad

→ *Fahrrad* Rz. 1187

Elektronische Lohnsteuerabzugsmerkmale

→ *ELStAM* Rz. 1007

Elektronische Lohnsteuerkarte

→ *ELStAM* Rz. 1007

ELENA

1006 Als im Jahr 2012 das ELENA-Verfahren (Elektronischer Entgeltnachweis) eingestellt wurde, wurde unter Leitung des BMAS das Projekt „OMS" ins Leben gerufen. Im Rahmen einer Machbarkeitsstudie soll geprüft werden, wie die bestehenden Meldeverfahren verbessert und Wirtschaftlichkeitsreserven erschlossen werden können. Im 1. Schritt wurden im Rahmen einer Ist-Analyse 39 bestehende Meldeverfahren detailliert beschrieben. Anschließend wurde der finanzielle Aufwand festgestellt. Das Meldeverfahren für sozialversicherungspflichtig Beschäftigte ist das größte Meldeverfahren der sozialen Sicherung mit jährlich 86 Mio. Meldungen.

Von den beteiligten Arbeitgebervertretern, Software-Erstellern und Interessenvertretern der Verwaltung wurden Optimierungsansätze eingereicht. Die 30 am höchsten priorisierten Ideen wurden bewertet, der Projektabschluss war für den 31.12.2013 geplant. Das Verfahren wurde verlängert bis zum 31.12.2014. Die zusätzliche Zeit wurde genutzt, um weitere Optimierungsvorschläge zu erarbeiten, wobei besonders das maschinelle Zahlstellenverfahren und das Meldeverfahren zur Unfallversicherung im Fokus standen. Darüber hinaus wurden Kosteneinsparungen betrachtet und geprüft, wie man zukünftig Datensatzbeschreibungen vereinheitlichen kann. Die Ergebnisse wurden von Datenschützern bewertet und von der Arbeitsgruppe Kosten geprüft. I.R.d. 5. Gesetzes zur Änderung des SGB IV und anderer Gesetze wurden einige der Optimierungsvorschläge bereits umgesetzt.

Projekt BEA

BEA bedeutet „**B**escheinigungen **E**lektronisch **A**nnehmen".

Arbeits- und Nebeneinkommensbescheinigungen für die Bundesagentur für Arbeit können seit 1.1.2014 auf elektronischem Weg vom Arbeitgeber übermittelt werden. Konkret handelt es sich um die Arbeitsbescheinigung nach § 312 SGB III (z.B. für den Antrag auf Arbeitslosengeld), die Arbeitsbescheinigung nach § 312a SGB III (für Zwecke des über- und zwischenstaatlichen Rechts) und die Nebeneinkommensbescheinigung nach § 313 SGB III (z.B. bei Bezug von Arbeitslosengeld). Der Arbeitgeber kann wählen, ob er die Bescheinigung elektronisch übermittelt oder in Papierform erstellt. Bei der elektronischen Übermittlung muss der Arbeitgeber das übliche Meldeverfahren nutzen. Der Arbeitnehmer kann der elektronischen Übermittlung jedoch widersprechen. Der Arbeitgeber muss ihn schriftlich auf diese Möglichkeit hinweisen. Die Papierform ist weiterhin zugelassen.

Projekt RV-BEA

RV-BEA bedeutet „Bescheinigungen der Deutschen Rentenversicherung elektronisch annehmen".

Seit 1.1.2016 fordert der Rentenversicherungsträger Bescheinigungen beim Arbeitgeber für die Zwecke der Rentenversicherung, z.B. zur Berechnung einer Erwerbsminderungs- oder Hinterbliebenenrente, an. Dies erfolgt durch gesicherte und verschlüsselte Datenübertragung. Der Arbeitgeber hat diese Bescheinigungen dann ebenfalls durch gesicherte und verschlüsselte Datenübertragung aus systemgeprüften Programmen oder mittels maschinell erstellter Ausfüllhilfe zu erstatten.

ELStAM

Inhaltsübersicht: **Rz.**
1. Allgemeines — 1007
2. Bildung und Inhalt der ELStAM — 1008
   a) ELStAM-Verfahren ab 2013 — 1008
   b) Lohnsteuerabzugsmerkmale — 1009
   c) Bildung und Änderung der (elektronischen) Lohnsteuerabzugsmerkmale — 1010
   d) Zuständigkeit — 1011
   e) Steuerklassenbildung bei Ehegatten/Lebenspartnern — 1012
   f) Berücksichtigung von Kindern — 1019
3. Durchführung des Lohnsteuerabzugs — 1021
   a) Elektronisches Verfahren — 1021
   b) Arbeitgeberpflichten — 1023
   c) Arbeitgeberwechsel — 1029
   d) Weiteres Dienstverhältnis — 1030
   e) Pflichten des Arbeitnehmers — 1032
   f) Rechte des Arbeitnehmers — 1034
   g) Im Inland nicht meldepflichtige Arbeitnehmer — 1040
   h) Durchführung des Lohnsteuerabzugs ohne ELStAM — 1041
   i) ELStAM bei verschiedenen Lohnarten — 1046
   j) Schutzvorschriften für die (elektronischen) Lohnsteuerabzugsmerkmale — 1047
4. Verfahrensrecht — 1048
5. Härtefallregelung — 1049
   a) Allgemeines — 1049
   b) Antragstellung — 1050
   c) Verfahren/Bescheinigung der Lohnsteuerabzugsmerkmale — 1051
   d) Pflichten des Arbeitgebers — 1052
6. Betrieblicher Lohnsteuer-Jahresausgleich (§ 42b EStG) — 1053
7. Lohnsteuer-Ermäßigungsverfahren ab 2013 — 1054
   a) Gültigkeit der Lohnsteuerabzugsmerkmale — 1054
   b) Start- und Endtermin für das Lohnsteuer-Ermäßigungsverfahren — 1055
   c) Aufteilung Hinzurechnungsbetrag/Freibetrag — 1056
8. Sonstiges — 1057
   a) Aufzeichnung im Lohnkonto — 1057
   b) Lohnsteuerbescheinigung — 1058
   c) Korrektur des Lohnsteuerabzugs — 1059
   d) Bereitstellung von Steuererklärungen und Vordrucken — 1060

1. Allgemeines

Im Verfahren der **E**lektronischen **L**ohn**St**euer**A**bzugs**M**erkmale **1007** (ELStAM) ist **allein die Finanzverwaltung** für die Bildung der Lohnsteuerabzugsmerkmale und deren Bereitstellung für den Abruf durch den Arbeitgeber zuständig. Die steuerlichen Rechte und Pflichten der Arbeitgeber und Arbeitnehmer werden beibehalten. Es ist nicht vorgesehen und auch nicht erforderlich, dass der **Arbeitnehmer** sich **vor Aufnahme einer Beschäftigung** bzw. Beginn eines Dienstverhältnisses **beim Finanzamt anmeldet** oder einen Antrag zur Bildung der ELStAM stellt.

Der Arbeitgeber ist verpflichtet, den Arbeitnehmer bei Aufnahme des Dienstverhältnisses bei der Finanzverwaltung anzumelden und zugleich die ELStAM anzufordern. Diese Verpflichtung besteht auch, wenn das Finanzamt einen **Härtefallantrag auf Nichtteilnahme am ELStAM-Verfahren abgelehnt** hat. Hat das Finanzamt hingegen dem Antrag des Arbeitgebers auf Anwendung der Härtefallregelung zugestimmt, ist er von der Verpflichtung zur Anwendung des ELStAM-Verfahrens befreit. Die Anforderung von ELStAM ist nur für im Betrieb beschäftigte Arbeitnehmer zulässig.

Nach dem Abruf sind die ELStAM in das Lohnkonto des Arbeitnehmers zu übernehmen und entsprechend deren Gültigkeit für die Dauer des Dienstverhältnisses für den Lohnsteuerabzug anzuwenden. **Etwaige Änderungen** stellt die Finanzverwaltung dem Arbeitgeber **monatlich zum Abruf** bereit. Der Arbeitgeber soll dem Arbeitnehmer die Anwendung des ELStAM-Verfahrens zeitnah mitteilen. Wird das Dienstverhältnis beendet, hat der Arbeitgeber das Beschäftigungsende (Datum) der Finanzverwaltung unverzüglich auf elektronischem Weg nach amtlich vorgeschriebenem Datensatz mitzuteilen.

Einzelheiten für die dauerhafte Anwendung des ELStAM-Verfahrens sind im **Einführungsschreiben zum ELStAM-Verfahren** geregelt (BMF v. 7.8.2013, IV C 5 – S 2363/13/10003, BStBl I 2013, 951).

2. Bildung und Inhalt der ELStAM

a) ELStAM-Verfahren ab 2013

Der Arbeitgeber hat die ELStAM der Arbeitnehmer **seit dem** **1008** **1.1.2013 anzuwenden** (BMF v. 19.12.2012, IV C 5 – S 2363/07/0002–03, BStBl I 2012, 1258). Das **Kalenderjahr 2013** ist **als Einführungszeitraum** (§ 52b Abs. 5 Satz 2 EStG) **bestimmt** worden.

Soweit ein Arbeitgeber für die Durchführung des Lohnsteuerabzugs Lohnsteuerabzugsmerkmale benötigt, werden sie auf Veranlassung des Arbeitnehmers gebildet (§ 39 Abs. 1 Satz 1 EStG). Die Bildung der ELStAM erfolgt grundsätzlich automatisiert durch die Finanzverwaltung (BZSt, § 39e Abs. 1 Satz 1 EStG). Soweit das Finanzamt auf Antrag des Arbeitnehmers Lohnsteuerabzugsmerkmale nach § 39 Abs. 1 und 2 EStG bildet (z.B. Freibeträge nach § 39a EStG oder Steuerklassen nach antragsgebundenem Steuerklassenwechsel), teilt es diese dem BZSt zum Zweck der Bereitstellung für den automatisierten Abruf durch den Arbeitgeber mit.

ELStAM

b) Lohnsteuerabzugsmerkmale

1009 Lohnsteuerabzugsmerkmale sind (§ 39 Abs. 4 EStG):
- die **Steuerklasse** (§ 38b Abs. 1 EStG) und der **Faktor** (§ 39f EStG),
- die **Zahl der Kinderfreibeträge** bei den Steuerklassen I bis IV (§ 38b Abs. 2 EStG),
- der **Freibetrag** und der **Hinzurechnungsbetrag** (§ 39a EStG),
- die für den **Kirchensteuerabzug** erforderlichen Merkmale (§ 39e Abs. 3 Satz 1 EStG),
- die **Höhe der Beiträge für eine private Krankenversicherung** und für eine private Pflege-Pflichtversicherung (§ 39b Abs. 2 Satz 5 Nr. 3 Buchst. d EStG) für die Dauer von zwölf Monaten, wenn der Arbeitnehmer dies beantragt, und
- die **Mitteilung**, dass der von einem Arbeitgeber gezahlte Arbeitslohn nach einem Abkommen zur Vermeidung der Doppelbesteuerung **von der Lohnsteuer freizustellen** ist, wenn der Arbeitnehmer oder der Arbeitgeber dies beantragt.

Für die beiden letztgenannten Lohnsteuerabzugsmerkmale wird ein automatisiertes Verfahren **erst ab einem späteren Zeitpunkt zur Verfügung stehen** (§ 52 Abs. 36 EStG).

Für das **Verfahren der zweijährigen Gültigkeit von Freibeträgen** im Lohnsteuer-Ermäßigungsverfahren ist als **Starttermin** (§ 52 Abs. 37 EStG) der 1.10.2015 festgelegt worden. Ab diesem Zeitpunkt können die Arbeitnehmer den Antrag auf Bildung eines Freibetrags nach § 39a EStG für einen Zeitraum von längstens zwei Kalenderjahren mit Wirkung **ab dem 1.1.2016** bei ihrem Wohnsitzfinanzamt stellen (BMF v. 21.5.2015, IV C 5 – S 2365/15/10001, BStBl I 2015, 488).

Auf Antrag des Arbeitnehmers können auch **ungünstigere Lohnsteuerabzugsmerkmale** (eine ungünstigere Steuerklasse, eine geringere Anzahl von Kindern, kein Pauschbetrag für behinderte Menschen) gebildet werden (§ 38b Abs. 3 EStG).

c) Bildung und Änderung der (elektronischen) Lohnsteuerabzugsmerkmale

1010 Für die (erstmalige) **Bildung der (elektronischen) Lohnsteuerabzugsmerkmale** stehen **zwei Möglichkeiten** zur Verfügung:
- Im Regelfall erfolgt die erstmalige Bildung der ELStAM zu Beginn eines Dienstverhältnisses **auf Grund der Anmeldung des Arbeitnehmers durch seinen Arbeitgeber** bei der Finanzverwaltung mit dem Ziel, die ELStAM des Arbeitnehmers abzurufen (§ 39e Abs. 4 Satz 2 EStG).
- Soweit Lohnsteuerabzugsmerkmale nicht automatisiert gebildet werden oder davon abweichend zu bilden sind (z.B. Freibeträge nach § 39a EStG oder Steuerklassen nach antragsgebundenem Steuerklassenwechsel), erfolgt die Bildung der Lohnsteuerabzugsmerkmale **auf Antrag des Arbeitnehmers durch das Finanzamt** (§ 39 Abs. 1 und 2 EStG).

Lohnsteuerabzugsmerkmale werden sowohl **für ein erstes als auch für jedes weitere Dienstverhältnis** gebildet (§ 39 Abs. 1 Satz 1 EStG). Auf Antrag des Arbeitnehmers teilt ihm das Finanzamt – auch im Hinblick auf ein zukünftiges Dienstverhältnis – seine (elektronischen) Lohnsteuerabzugsmerkmale mit (§ 39e Abs. 6 Satz 4 EStG).

Grundlage für die Bildung der Lohnsteuerabzugsmerkmale sind die von den **Meldebehörden mitgeteilten melderechtlichen Daten** (§ 39e Abs. 2 Satz 1 und 2 EStG), wobei die Finanzverwaltung grundsätzlich an diese melderechtlichen Daten gebunden ist (§ 39 Abs. 1 Satz 3 EStG). Änderungen der melderechtlichen Daten sind von den Meldebehörden dem BZSt tagesaktuell mitzuteilen und in dessen Datenbank für die elektronischen Lohnsteuerabzugsmerkmale (ELStAM-Datenbank) zu speichern. Dies ermöglicht der Finanzverwaltung, z.B. künftig die Steuerklassen bei Änderung des Familienstands automatisch zu bilden und zu ändern. Auslöser hierfür sind jeweils die Mitteilungen der Meldebehörden. Bei der automatischen Änderung kann es eventuell zu zeitlichen Verzögerungen kommen, die das Finanzamt nicht beeinflussen kann.

In **begründeten Ausnahmefällen** hat das Finanzamt **rechtliche Prüfungen zu melderechtlichen Merkmalen vorzunehmen** und bei abweichenden Feststellungen selbst eine Entscheidung über die zutreffende Besteuerung zu treffen. Trifft das Finanzamt in diesen Einzelfällen eine von den gespeicherten melderechtlichen Daten **abweichende Entscheidung** für die Besteuerung, werden die Lohnsteuerabzugsmerkmale nicht auf Basis der ELStAM-Datenbank gebildet. Das Finanzamt stellt in diesen Fällen eine **jahresbezogene Bescheinigung für den Lohnsteuerabzug** aus, anhand derer der Arbeitgeber den Lohnsteuerabzug durchzuführen hat (§ 39 Abs. 1 Satz 2 EStG). Der **Abruf der ELStAM** wird zugleich für den Gültigkeitszeitraum der Bescheinigung allgemein **gesperrt**; → Rz. 1021. Für Änderungen im Melderegister bleiben weiterhin allein die Meldebehörden zuständig.

d) Zuständigkeit

1011 Die Zuständigkeit für die Bildung der Lohnsteuerabzugsmerkmale für nach § 1 Abs. 1 EStG unbeschränkt einkommensteuerpflichtige Arbeitnehmer richtet sich nach den Vorschriften der Abgabenordnung. Zuständiges Finanzamt ist i.d.R. das **Wohnsitzfinanzamt**. Abweichend hiervon kann dies nach Zuständigkeitsverordnungen der Länder auch das für die Veranlagung zur Einkommensteuer zuständige Finanzamt sein (z.B. durch Zentralisierungsmaßnahmen in Großstädten).

e) Steuerklassenbildung bei Ehegatten/Lebenspartnern

1012 **Ändert sich der Familienstand** eines Arbeitnehmers, z.B. durch Eheschließung, Tod des Ehegatten oder Scheidung, übermitteln die nach Landesrecht für das Meldewesen zuständigen Behörden (Meldebehörden) die **melderechtlichen Änderungen des Familienstands automatisch an die Finanzverwaltung**.

aa) Eheschließung

1013 Heiraten Arbeitnehmer, teilen die zuständigen Meldebehörden der Finanzverwaltung den Familienstand „verheiratet", das Datum der Eheschließung und die Identifikationsnummer des Ehegatten mit. Dadurch werden beide Ehegatten **programmgesteuert in die Steuerklasse IV** eingereiht, wenn sie unbeschränkt einkommensteuerpflichtig sind und nicht dauernd getrennt leben (§ 39e Abs. 3 Satz 3 Nr. 2 EStG). Die Steuerklasse IV wird mit Wirkung vom Tag der Eheschließung an vergeben. Nach dem derzeitigen Stand der Programmierung wird bei Eheschließungen **ohne Ausnahme automatisiert die Steuerklasse IV** gebildet (§ 52 Abs. 39 EStG). Für eine spätere programmtechnische Ausbaustufe des neuen Verfahrens ist auch die Möglichkeit der automatisierten Zuteilung der Steuerklasse III bei Heirat vorgesehen (§ 39e Abs. 3 Satz 3 Nr. 1 EStG).

Soll die **automatisch gebildete Steuerklassenkombination** aus Sicht des Arbeitnehmers **nicht zur Anwendung** kommen, kann eine abweichende Steuerklassenkombination **beim zuständigen Finanzamt beantragt** werden (§ 39 Abs. 6 Satz 3 EStG). Diese Änderungen werden – abweichend von den übrigen Fällen des Steuerklassenwechsels – ab dem Zeitpunkt der Eheschließung wirksam. Ein solcher Antrag **gilt nicht als Änderung der Steuerklassen** i.S.d. § 39 Abs. 6 Satz 3 EStG. Das Recht, einmal jährlich die Steuerklasse zu wechseln, bleibt davon unberührt (§ 39 Abs. 6 Satz 4 EStG). Ebenso gilt eine Änderung der Steuerklassen bei Wiederaufnahme der ehelichen Gemeinschaft nicht als Steuerklassenwechsel. Gleiches gilt, wenn die automatisch gebildete Steuerklasse nicht erst zum Tag der Eheschließung, sondern bereits ab dem 1. des Heiratsmonats vergeben werden soll (§ 39 Abs. 6 Satz 2 EStG).

Ehegatten, die beide in einem Dienstverhältnis stehen, können darüber hinaus wie bisher einmalig im Laufe des Kalenderjahrs beim Finanzamt eine Änderung der Steuerklassen beantragen (**Steuerklassenwechsel**). Für eine Berücksichtigung der Änderung im laufenden Kalenderjahr ist der Antrag spätestens bis zum 30. November zu stellen (§ 39 Abs. 6 Satz 6 EStG). Die beantragten Steuerklassen werden mit Wirkung vom Beginn des Kalendermonats, der auf die Antragstellung folgt, gewährt (§ 39 Abs. 6 Satz 5 EStG).

bb) Scheidung

1014 Wird die **Ehe durch Scheidung aufgelöst**, übermittelt die Meldebehörde den geänderten melderechtlichen Familienstand sowie das Datum der Scheidung der Ehe an die Finanzverwaltung. Zu Beginn des darauf folgenden Kalenderjahrs wird für diese Arbeitnehmer **automatisiert die Steuerklasse I gebildet**. Davon unberührt bleibt die Anzeigepflicht des Arbeitnehmers bei Beginn eines dauernden Getrenntlebens. Zur Änderung der Steuerklassen im Scheidungsjahr vgl. R 39.2 Abs. 1 und Abs. 2 LStR.

Der Arbeitnehmer hat die Möglichkeit eines zusätzlichen Steuerklassenwechsels nach R 39.2 Abs. 2 Satz 3 LStR. Entsprechendes gilt bei der Aufhebung einer Ehe.

cc) Tod

1015 **Verstirbt ein Ehegatte**, wird die Steuerklasse des überlebenden Ehegatten ab dem ersten des auf den Todestag folgenden Monats **automatisch in Steuerklasse III geändert**. Etwas anderes gilt nur, sofern die Voraussetzungen für die Anwendung dieser Steuerklasse im Zeitpunkt des Todes nicht vorgelegen haben. Ab **Beginn des zweiten Kalenderjahrs** nach dem Tod des Ehegatten wird **programmgesteuert die Steuerklasse I gebildet**.

dd) Auslandssachverhalte

1016 Gibt ein Ehegatte den **inländischen Wohnsitz** bzw. gewöhnlichen Aufenthalt **auf**, wird der Abruf der ELStAM des **ins Ausland verzogenen Ehegatten gesperrt**. In der Folge erhält der im Inland verbleibende Ehegatte **ab dem Beginn des Folgejahrs automatisiert die Steuerklasse I** zugeteilt. Erfüllt der im Inland verbleibende unbeschränkt einkommensteuerpflichtige Ehegatte die Voraussetzungen des § 1a Abs. 1 Nr. 2 EStG, kann dieser **auf Antrag in die Steuerklasse III** eingereiht werden (vgl. → Rz. 1040). Zu den Pflichten des Arbeitnehmers beim Wechsel der Steuerpflicht vgl. → Rz. 1033.

Die **erneute Begründung eines inländischen Wohnsitzes** bzw. gewöhnlichen Aufenthalts nach einem Auslandsaufenthalt führt bei Ehegatten ab Beginn dieses Monats **automatisch zur Einreihung in die Steuerklasse IV**.

ee) Dauerndes Getrenntleben

1017 Leben **Ehegatten dauernd getrennt**, haben sie dies dem zuständigen Wohnsitzfinanzamt (→ Rz. 1011) unverzüglich anzuzeigen. Dadurch wird – ungeachtet eines etwaigen Steuerklassenwechsels im Trennungsjahr – ab Beginn des darauf folgenden Jahrs **automatisch die Steuerklasse I gebildet**.

ff) Lebenspartnerschaften

1018 Die **Regelungen zu Ehegatten und Ehen** sind auch **auf Lebenspartner und Lebenspartnerschaften anzuwenden** (§ 2 Abs. 8 EStG). Damit sind die gesetzlichen Rechte und Pflichten von Ehegatten für den Lohnsteuerabzug auch für Lebenspartner einer Lebenspartnerschaft einschlägig. Dies gilt insbesondere bei Begründung und Auflösung einer Lebenspartnerschaft, im Todesfall eines Lebenspartners, bei Verlegung des inländischen Wohnsitzes bzw. gewöhnlichen Aufenthalts in das Ausland sowie bei dauerndem Getrenntleben.

Bislang war die **programmgesteuerte Bildung** der für Ehegatten möglichen Steuerklassenkombinationen **für Lebenspartner technisch nicht möglich**, sodass insoweit eine **Teilnahme am ELStAM-Verfahren für eine Übergangszeit ausgeschlossen** war. Die Berücksichtigung der für Ehegatten möglichen Steuerklassenkombinationen beim Lohnsteuerabzug durch den Arbeitgeber setzte in diesen Fällen **einen Antrag beim zuständigen Wohnsitzfinanzamt** (→ Rz. 1011) voraus. Nach Prüfung stellte das Wohnsitzfinanzamt nach § 39 Abs. 1 Satz 2 EStG eine **Bescheinigung für den Lohnsteuerabzug** aus, die der Arbeitnehmer seinem Arbeitgeber für die Durchführung des Lohnsteuerabzugs vorzulegen hatte. Der **Arbeitgeberabruf für die ELStAM** wurde entsprechend **gesperrt**.

Ab dem 1.11.2015 übermitteln die Meldebehörden Informationen an das BZSt, die für die Bildung der ELStAM bei Lebenspartnern benötigt werden (z.B. Identifikationsnummer des Lebenspartners).

Für die **vor dem 1.11.2015 begründeten Lebenspartnerschaften** werden diese Informationen kurzfristig von den Meldebehörden an das BZSt übermittelt. Die Ermittlung und Verarbeitung der Daten kann sich **bis Ende März 2016** hinziehen.

Ebenfalls ab dem 1.11.2015 werden die Daten zu den Lebenspartnerschaften, soweit vollständig vorhanden, **für das Verfahren ELStAM genutzt**. Mit Hilfe dieser Daten wird automatisiert die zutreffende Steuerklassenkombination IV/IV für Lebenspartner in einer Lebenspartnerschaft gebildet und dem Arbeitgeber für den Lohnsteuerabzug bereitgestellt (BZSt v. 20.10.2015, www.bzst.de).

Hinweis:

Soll der Arbeitgeber **keinen Hinweis auf die Lebenspartnerschaft** erhalten, z.B. weil ein Lebenspartner dies nicht wünscht, besteht die Möglichkeit, eine ungünstigere Steuerklasse zu beantragen (→ Rz. 1039). Dies ist auch schon möglich, bevor eine Lebenspartnerschaft eingegangen wird. Dadurch wird die automatisierte Bildung der Steuerklasse IV/IV und die Übermittlung an die Arbeitgeber unterdrückt.

So ist sichergestellt, dass durch diesen Antrag dem Arbeitgeber keine ELStAM mit der Steuerklasse III, IV oder V zum Abruf bereitgestellt werden, aus denen dieser ggf. Rückschlüsse auf den Familienstand ziehen kann.

f) Berücksichtigung von Kindern

aa) Lohnsteuerabzugsmerkmal

1019 **Kinderfreibetragszähler** werden als Lohnsteuerabzugsmerkmal **ab Beginn des Jahrs der Geburt** des Kindes bis zum Ablauf des Jahrs, in dem die Voraussetzungen für die Berücksichtigung des Kinds nach § 32 Abs. 1, 2, 4 und 5 EStG entfallen, berücksichtigt (Jahresprinzip).

Bei **minderjährigen Kindern** i.S.d. § 32 Abs. 1 Nr. 1 EStG werden in den Steuerklassen I bis IV die Kinderfreibetragszähler bei beiden Elternteilen entsprechend der Regelungen in § 38b Abs. 2 EStG automatisch berücksichtigt, sofern Eltern und Kind in derselben Gemeinde wohnen.

Minderjährige Kinder, die **nicht in der Wohnung des Arbeitnehmers gemeldet** sind, wurden bisher nur dann im Lohnsteuerabzugsverfahren berücksichtigt, wenn für dieses Kind eine **steuerliche Lebensbescheinigung** vorgelegt wurde. Diese **Nachweisverpflichtung ist bereits ab dem Kalenderjahr 2011 entfallen**. Die Bildung der Kinderfreibetragszähler setzt in diesen Fällen einen einmaligen Antrag voraus. Dabei ist der Nachweis beim Finanzamt durch Vorlage einer **Geburtsurkunde des Kinds** zu führen.

Kommt ein Elternteil seinen Unterhaltsverpflichtungen im Wesentlichen nicht nach oder ist er mangels Leistungsfähigkeit nicht unterhaltspflichtig (sog. Mangelunterhaltsfälle), ist eine **Übertragung des Kinderfreibetrags** auf den anderen Elternteil im Lohnsteuerabzugsverfahren nur noch dann möglich, wenn der Antragsteller **keinen Unterhaltsvorschuss erhalten hat**. Ein Antrag auf Übertragung kann auch im Rahmen einer Veranlagung zur Einkommensteuer gestellt werden.

bb) Mehrjährige Berücksichtigung in den Antragsfällen nach § 38b Abs. 2 Satz 2 EStG

1020 Auch in den Antragsfällen nach § 38b Abs. 2 Satz 2 EStG ist die **mehrjährige Berücksichtigung von Kindern** im Lohnsteuerabzugsverfahren möglich, wenn nach den tatsächlichen Verhältnissen zu erwarten ist, dass die Voraussetzungen bestehen bleiben (§ 38b Abs. 2 Satz 3 EStG). Eine mehrjährige Berücksichtigung kommt z.B. in den folgenden Fällen in Betracht:

– **Pflegekinder** in den Fällen des § 32 Abs. 1 Nr. 2 EStG,
– **Kinder unter 18 Jahren**, wenn der Wohnsitz/gewöhnliche Aufenthalt des anderen Elternteils nicht ermittelbar oder der Vater des Kinds amtlich nicht feststellbar ist,
– **Kinder nach Vollendung des 18. Lebensjahrs**, die die Voraussetzungen des § 32 Abs. 4 EStG erfüllen; bei Kindern, die sich in Berufsausbildung i.S.d. § 32 Abs. 4 Nr. 2 Buchst. a EStG befinden, kann sich die mehrjährige Berücksichtigung bei einem Ausbildungsdienstverhältnis, z.B. aus dem Ausbildungsvertrag, ergeben; bei einem Erststudium kann für die mehrjährige Berücksichtigung grundsätzlich die Regelstudienzeit i.S.d. §§ 11, 19 HRG zu Grunde gelegt werden.

Der Antrag nach § 38b Abs. 2 Satz 2 EStG kann nur nach amtlich vorgeschriebenem Vordruck gestellt werden (§ 38b Abs. 2 Satz 5 EStG).

3. Durchführung des Lohnsteuerabzugs

a) Elektronisches Verfahren

aa) Regelverfahren

1021 Seit dem 1.1.2013 ist der Lohnsteuerabzug grundsätzlich nach den ELStAM durchzuführen (Regelverfahren). Dazu stellt die Fi-

ELStAM

nanzverwaltung **dem Arbeitgeber die Lohnsteuerabzugsmerkmale unentgeltlich zum elektronischen Abruf bereit** (§ 39e Abs. 3 Satz 1 EStG). Die Finanzverwaltung bildet für Arbeitnehmer als Grundlage für den Lohnsteuerabzug die Steuerklasse, die Zahl der Kinderfreibetragszähler für die Steuerklassen I bis IV sowie die Merkmale für den Kirchensteuerabzug automatisch als ELStAM. Auf Antrag des Arbeitnehmers werden auch Freibeträge und Hinzurechnungsbeträge nach § 39a EStG oder ein Faktor nach § 39f EStG berücksichtigt.

bb) Verfahren bei unzutreffenden ELStAM

1022 Stellt die Finanzverwaltung dem Arbeitgeber **unzutreffende ELStAM** bereit, kann der Arbeitnehmer deren **Berichtigung beim Finanzamt beantragen** (§ 39 Abs. 1 Satz 2 und Abs. 2 EStG, vgl. → Rz. 1010 und → Rz. 1011). In Betracht kommen neben unzutreffenden melderechtlichen Merkmalen insbesondere ELStAM, die aus technischen Gründen nicht zeitnah berichtigt werden können.

Um bei unzutreffenden ELStAM den zutreffenden Lohnsteuerabzug vornehmen zu können, stellt **das Finanzamt** im laufenden Verfahren auf Antrag des Arbeitnehmers eine **Bescheinigung für den Lohnsteuerabzug** (§ 39 Abs. 1 Satz 2 EStG) für die Dauer eines Kalenderjahrs aus und **sperrt** i.d.R. gleichzeitig **den Arbeitgeberabruf** (Vollsperrung). Durch diese Sperrung erhält der Arbeitgeber für den Arbeitnehmer keine sog. Änderungslisten mehr. Legt der Arbeitnehmer dem Arbeitgeber die Bescheinigung für den Lohnsteuerabzug vor, sind die **darauf eingetragenen Lohnsteuerabzugsmerkmale maßgebend**. Folglich hat sie der Arbeitgeber in das Lohnkonto des Arbeitnehmers zu übernehmen, dem Lohnsteuerabzug zu Grunde zu legen und die Regelung in § 39e Abs. 6 Satz 8 EStG (Lohnsteuerabzug nach Steuerklasse VI) nicht anzuwenden.

Hebt das Finanzamt die Sperre nach einer Korrektur der (fehlerhaften) Daten auf, werden dem Arbeitgeber die **zutreffenden ELStAM in einer sog. Änderungsliste zum Abruf bereitgestellt**. Mit dem erneuten Abruf der ELStAM durch den Arbeitgeber **verliert die Bescheinigung für den Lohnsteuerabzug ihre Gültigkeit**; sie ist nicht an das Finanzamt zurückzugeben. Der Arbeitgeber darf sie nach Ablauf des Kalenderjahrs vernichten.

Ist eine Korrektur unzutreffender ELStAM durch das Finanzamt **für zurückliegende Lohnzahlungszeiträume erforderlich**, stellt das Finanzamt auf Antrag des Arbeitnehmers eine **befristete Bescheinigung für den Lohnsteuerabzug** aus (§ 39 Abs. 1 Satz 2 EStG). Dies gilt insbesondere für Änderungen von ELStAM im Einspruchsverfahren oder bei verzögert übermittelten bzw. weiterverarbeiteten Daten der Meldebehörden. In der befristeten Bescheinigung werden die anzuwendenden Lohnsteuerabzugsmerkmale für im Kalenderjahr **zurückliegende Monate ausgewiesen** (befristet bis zum Monatsende vor Bereitstellung der zutreffenden ELStAM). Weil diese Lohnsteuerabzugsmerkmale **nur für die Vergangenheit anzuwenden** sind, wird der **Arbeitgeberabruf für die ELStAM nicht gesperrt**.

b) Arbeitgeberpflichten

aa) Anmeldung durch den Arbeitgeber bzw. Dritten

1023 Zum Abruf der ELStAM hat sich **der Arbeitgeber** bei der Finanzverwaltung über das ElsterOnline-Portal **zu registrieren** und seine **Wirtschafts-Identifikationsnummer anzugeben** (§ 39e Abs. 4 Satz 3 EStG).

Beauftragt der Arbeitgeber einen Dritten mit der Durchführung des Lohnsteuerabzugs, hat sich der Dritte für den Datenabruf zu registrieren und zusätzlich seine Wirtschafts-Identifikationsnummer mitzuteilen (§ 39e Abs. 4 Satz 6 EStG). In diesem Fall ist der Arbeitgeber nicht zur Registrierung im ElsterOnline-Portal verpflichtet.

Da die **Wirtschafts-Identifikationsnummer noch nicht zur Verfügung steht**, erfolgt die erforderliche Anmeldung mit der **Steuernummer der lohnsteuerlichen Betriebsstätte** oder des Teilbetriebs, in dem der für die Durchführung des Lohnsteuerabzugs maßgebende Arbeitslohn des Arbeitnehmers ermittelt wird (§ 39e Abs. 9 EStG).

Der Arbeitgeber bzw. ein in seinem Auftrag tätiger Dritter hat das **für die Authentifizierung erforderliche elektronische Zertifikat** einmalig im ElsterOnline-Portal (www.elsteronline.de) zu beantragen. Ohne Authentifizierung sind eine Anmeldung der Arbeitnehmer und ein Abruf von ELStAM nicht möglich. Die Finanzverwaltung empfiehlt die Verwendung der Zertifikatsart **„Nicht-persönliches Zertifikat (Organisationszertifikat)"**. Diese wird unternehmensbezogen ausgestellt und bietet die Möglichkeit, mehrere Zertifikate zu beantragen. **Verfügt der Arbeitgeber** bzw. der in seinem Auftrag tätige Dritte **bereits über ein entsprechendes Zertifikat** (z.B. zur Übermittlung der Lohnsteuerbescheinigung), ist ein **erneuter Antrag** zum Erwerb eines elektronischen Zertifikats grundsätzlich **nicht erforderlich**. Abrufberechtigt sind zudem nur Personen bzw. Unternehmen, die der Finanzverwaltung als Arbeitgeber oder berechtigter Dritter bekannt sind. Zu den Schutzvorschriften für die ELStAM vgl. → Rz. 1047.

Ist ein Dritter mit der Datenübermittlung beauftragt, ist eine **zusammengefasste Übermittlung** von Daten zur Anmeldung und Abmeldung sowie für den Abruf der ELStAM von Arbeitnehmern mehrerer Arbeitgeber **zulässig**.

bb) Mitteilung der Steuernummer an den Arbeitnehmer

1024 Möchte der **Arbeitnehmer eine Negativ- oder Positivliste** (→ Rz. 1034) beim Finanzamt **einrichten**, hat der Arbeitgeber dem Arbeitnehmer die Steuernummer der Betriebsstätte oder des Teilbetriebs, in dem der für die Durchführung des Lohnsteuerabzugs maßgebende Arbeitslohn ermittelt wird, mitzuteilen (§ 39e Abs. 6 Satz 6 Nr. 1 Satz 2 und Abs. 9 EStG). Der Arbeitnehmer hat für die Verwendung dieser Steuernummer die Schutzvorschriften für die ELStAM entsprechend zu beachten (§ 39e Abs. 6 Satz 6 Nr. 1 Satz 3 EStG, → Rz. 1047).

cc) Abruf der ELStAM

1025 Die **Teilnahme am ELStAM-Verfahren setzt voraus**, dass der Arbeitgeber den Arbeitnehmer bei der Finanzverwaltung per Datenfernübertragung einmalig anmeldet und dadurch dessen ELStAM anfordert. Dies muss **zum Start des Verfahrens für sämtliche Beschäftigte** und **im laufenden Verfahren nur für neu eingestellte Arbeitnehmer** erfolgen. Mit der Anmeldebestätigung werden dem Arbeitgeber die ELStAM des Arbeitnehmers zur Verfügung gestellt. Die erstmals gebildeten ELStAM sind nach dem Starttermin für die dann jeweils nächstfolgende Lohnabrechnung abzurufen, in das Lohnkonto zu übernehmen und nach der zeitlichen Gültigkeitsangabe anzuwenden (§ 52b Abs. 5 Satz 3 und 7 EStG, § 39e Abs. 4 Satz 2 EStG).

Für die Anforderung von ELStAM hat der Arbeitgeber **folgende Daten des Arbeitnehmers mitzuteilen** (§ 39e Abs. 4 Satz 3 EStG):

– Identifikationsnummer,
– Tag der Geburt,
– Tag des Beginns des Dienstverhältnisses,
– ob es sich um ein erstes oder weiteres Dienstverhältnis handelt,
– etwaige Angaben, ob und in welcher Höhe ein nach § 39a Abs. 1 Satz 1 Nr. 7 EStG festgestellter Freibetrag abgerufen werden soll.

Macht der Arbeitgeber **zum Dienstverhältnis keine Angaben**, wird programmgesteuert ein weiteres Beschäftigungsverhältnis unterstellt (**Steuerklasse VI**).

In der Anmeldung des Arbeitnehmers hat der Arbeitgeber zudem den Zeitpunkt anzugeben, ab dem er die für den Lohnsteuerabzug erforderlichen ELStAM anzuwenden hat (**„Referenzdatum Arbeitgeber"**; sog. refDatumAG). Dies wird regelmäßig der Beginn des Dienstverhältnisses sein. Für einen davor liegenden Zeitraum ist die Anforderung von ELStAM nicht zulässig. Folglich legt dieses Datum den Zeitpunkt fest, ab dem ELStAM gebildet (und im Anschluss daran zum Abruf bereitgestellt) werden sollen. Nach der erfolgreichen Anmeldung des Arbeitnehmers werden die ELStAM für einen vor dem in der Anmeldung genannten Referenzdatum liegenden Zeitraum dem Arbeitgeber nicht übermittelt.

Das Referenzdatum Arbeitgeber darf nicht liegen:

– vor dem Start des ELStAM-Verfahrens (1.1.2013),
– vor dem Beginn des Dienstverhältnisses,
– nach dem Tag der elektronischen Anmeldung des Arbeitnehmers,

– vor dem 1. Januar des laufenden Jahrs, wenn der Arbeitnehmer nach Ablauf des Monats Februar des laufenden Jahrs elektronisch angemeldet wird,

– vor dem Vorjahresbeginn, wenn der Arbeitnehmer vor dem 1. März des laufenden Jahrs elektronisch angemeldet wird.

Für Anmeldungen, die vor dem 1.1.2013 bei der Finanzverwaltung eingegangen sind, war als Referenzdatum Arbeitgeber stets der 1.1.2013 anzugeben.

dd) Laufendes Abrufverfahren

1026 Der Arbeitgeber ist verpflichtet, die **ELStAM monatlich abzufragen und abzurufen** (§ 39e Abs. 5 Satz 3 EStG). Da sich die Lohnsteuerabzugsmerkmale der Arbeitnehmer in einer Vielzahl von Fällen nicht in jedem Monat ändern, hat die Finanzverwaltung einen Mitteilungsservice eingerichtet. Zur Nutzung dieses Mitteilungsverfahrens kann der **Arbeitgeber im ElsterOnline-Portal beantragen**, per E-Mail **Informationen über die Bereitstellung von Änderungen** zu erhalten. Erfährt der Arbeitgeber durch diesen E-Mail-Mitteilungsservice, dass sich **für einen Lohnzahlungszeitraum keine Änderungen** bei den ELStAM seiner Arbeitnehmer ergeben haben, ist er **für diesen Zeitraum von der Verpflichtung zum Abruf befreit**. Wird ihm dagegen mitgeteilt, dass neue bzw. geänderte ELStAM zum Abruf bereitstehen, bleibt er zum Abruf verpflichtet.

Legt der Arbeitnehmer eine Bescheinigung des Finanzamts zur Korrektur des Lohnsteuerabzugs zurückliegender Lohnzahlungszeiträume vor (→ Rz. 1022), ist eine Änderung des Lohnsteuerabzugs nach Maßgabe des § 41c Abs. 1 Satz 1 Nr. 1 EStG möglich.

ee) Gültigkeit der ELStAM, Beendigung des Dienstverhältnisses

1027 Nach § 39e Abs. 5 Satz 1 EStG sind die abgerufenen ELStAM nach der zeitlichen Gültigkeitsangabe vom Arbeitgeber für die **Durchführung des Lohnsteuerabzugs** des Arbeitnehmers anzuwenden, bis

– ihm die Finanzverwaltung geänderte ELStAM zum Abruf bereitstellt oder

– der Arbeitgeber der Finanzverwaltung die Beendigung des Dienstverhältnisses mitteilt.

Der Arbeitgeber hat der Finanzverwaltung die **Beendigung des Dienstverhältnisses unverzüglich mitzuteilen** (§ 39e Abs. 4 Satz 5 EStG). Hierzu übermittelt der Arbeitgeber oder der von ihm beauftragte Dritte die Daten des abzumeldenden Arbeitnehmers (Identifikationsnummer, Geburtsdatum, Datum der Beendigung des Dienstverhältnisses und refDatumAG) auf elektronischem Weg nach amtlich vorgeschriebenem Datensatz. Vgl. im Übrigen → Rz. 1029.

Nach dem **Tod eines Arbeitnehmers** wird ein Abruf der ELStAM **automatisch allgemein gesperrt**. Versucht der Arbeitgeber, ELStAM abzurufen, erhält er lediglich die Rückmeldung, dass ein Abruf nicht möglich ist; ein Rückschluss auf den Grund (Tod des Arbeitnehmers) ist nicht möglich.

Bei **Lohnzahlungen an Erben oder Hinterbliebene** des verstorbenen Arbeitnehmers sind diese durch den Arbeitgeber **als Arbeitnehmer anzumelden**, damit die Finanzverwaltung ELStAM bilden und zum Abruf bereitstellen kann.

ff) Lohnzahlungen nach Beendigung des Dienstverhältnisses

1028 Zahlt der Arbeitgeber **nach Beendigung des Dienstverhältnisses laufenden Arbeitslohn** (R 39b.2 Abs. 1 LStR), sind der Besteuerung **die ELStAM zum Ende des Lohnzahlungszeitraums** zu Grunde zu legen, für den die Nachzahlung erfolgt. Eine erneute Anmeldung des Arbeitnehmers bei der Finanzverwaltung ist insoweit nicht erforderlich.

Handelt es sich dagegen um sonstige Bezüge (R 39b.2 Abs. 2 LStR), sind für die Besteuerung **die ELStAM zum Ende des Lohnzahlungszeitraums des Zuflusses des sonstigen Bezugs** maßgebend. Der Arbeitgeber muss daher den Arbeitnehmer **erneut bei der Finanzverwaltung anmelden**. Unterlässt der Arbeitgeber in diesem Fall die Anmeldung, obwohl ihm die hierzu erforderlichen Angaben des Arbeitnehmers vorliegen und der Anmeldung keine technischen Hinderungsgründe nach § 39c Abs. 1 Satz 2 EStG entgegenstehen, ist der **Steuerabzug nach der Steuerklasse VI** vorzunehmen.

c) Arbeitgeberwechsel

1029 In Fällen des Arbeitgeberwechsels ist der (bisherige) **erste Arbeitgeber verpflichtet**, die **Beendigung des Dienstverhältnisses** der Finanzverwaltung unverzüglich **anzuzeigen** und den Arbeitnehmer bei der Finanzverwaltung zeitnah elektronisch abzumelden (§ 39e Abs. 4 Satz 5 EStG, vgl. → Rz. 1027). Der **neue erste Arbeitgeber hat sich bei der Finanzverwaltung als erster Arbeitgeber (Hauptarbeitgeber) anzumelden** und die ELStAM des Arbeitnehmers abzurufen (vgl. → Rz. 1025).

Bei der Abmeldung ist zu berücksichtigen, dass die aktuellen ELStAM des Arbeitnehmers dem Arbeitgeber ab dem ersten bis zum fünften Werktag des Folgemonats zum Abruf bereitgestellt werden. Erfolgt die Abmeldung des Arbeitnehmers vor dem fünften Werktag des Folgemonats, kann der Arbeitgeber die aktuellen ELStAM des Arbeitnehmers für den Monat der Beendigung des Dienstverhältnisses ggf. nicht abrufen.

Erfolgt nach einem Arbeitgeberwechsel die **Anmeldung des Arbeitnehmers** durch den neuen (aktuellen) Hauptarbeitgeber, **bevor** der vorherige Hauptarbeitgeber **die Abmeldung vorgenommen** hat, gilt Folgendes:

– Der aktuelle Hauptarbeitgeber erhält die für das erste Dienstverhältnis gültigen ELStAM rückwirkend ab dem Beginn des Dienstverhältnisses. Der bisherige Hauptarbeitgeber erhält mit Gültigkeit ab diesem Tag die ELStAM für Steuerklasse VI.

– Erfolgt die Anmeldung des Arbeitnehmers zu einem Zeitpunkt, der mehr als sechs Wochen nach Beginn des Dienstverhältnisses liegt, erhält der aktuelle Hauptarbeitgeber die für das erste Dienstverhältnis gültigen ELStAM ab dem Tag der Anmeldung. Der bisherige Hauptarbeitgeber erhält mit Gültigkeit ab diesem Tag die ELStAM für Steuerklasse VI.

Beispiel 1:
(Anmeldung innerhalb der Sechs-Wochen-Frist)
Arbeitnehmer A ist mit Steuerklasse III bei Arbeitgeber ALT beschäftigt. A wechselt zum 20.6.2016 zum Arbeitgeber NEU. Während Arbeitgeber NEU das Beschäftigungsverhältnis am 10.7.2016 als Hauptarbeitgeber mit Beschäftigungsbeginn 20.6.2016 anmeldet, unterbleibt eine Abmeldung durch den bisherigen Arbeitgeber ALT.

Arbeitgeber NEU:
NEU erhält in der Anmeldebestätigungsliste zur Anmeldung vom 10.7.2016 die ELStAM rückwirkend auf den Tag des Beginns der Beschäftigung (Gültigkeit ab 20.6.2016) mit der Steuerklasse III.

Arbeitgeber ALT:
ALT erhält mit dem nächsten Abruf (Anfang August 2016) ELStAM mit der Steuerklasse VI mit Gültigkeit ab Beginn der Beschäftigung bei Arbeitgeber NEU (20.6.2016). In der Zeit ab dem 20.6.2016 gezahlter Restlohn ist nach Steuerklasse VI zu besteuern.

Hinweis: Hat Arbeitgeber ALT den Arbeitnehmer bis Ende des Monats Juli 2016 abgemeldet, werden ihm für A keine ELStAM mehr zum Abruf bereitgestellt.

Beispiel 2:
(Anmeldung außerhalb der Sechs-Wochen-Frist):
Arbeitnehmer B ist mit Steuerklasse III beim Arbeitgeber ALT beschäftigt. B wechselt zum 20.6.2016 zum Arbeitgeber NEU. NEU meldet das Beschäftigungsverhältnis am 20.8.2016 als Hauptarbeitgeber mit Beschäftigungsbeginn 20.6.2016 an, eine Abmeldung durch den bisherigen Arbeitgeber ALT unterbleibt.

Arbeitgeber NEU:
NEU erhält für B erstmalig ELStAM mit der Steuerklasse III mit Gültigkeit ab dem Tag der Anmeldung (20.8.2016). Zuvor gezahlter Lohn ist mit Steuerklasse VI zu besteuern.

Arbeitgeber ALT:
ALT erhält mit dem nächsten Abruf (Anfang September 2016) ELStAM mit der Steuerklasse VI mit Gültigkeit ab dem 20.8.2016.

Hinweis: Hat Arbeitgeber ALT den Arbeitnehmer bis Ende des Monats August 2016 abgemeldet, werden ihm für B keine ELStAM mehr zum Abruf bereitgestellt.

d) Weiteres Dienstverhältnis

aa) Beginn eines weiteren Dienstverhältnisses

1030 Beginnt der **Arbeitnehmer ein neues Dienstverhältnis** und bezieht er **nebeneinander von mehreren Arbeitgebern Arbeitslohn**, hat er zu **entscheiden, welches das erste und welches das weitere Dienstverhältnis** ist. Soll der Arbeitslohn des neuen

ELStAM

Dienstverhältnisses nach der Steuerklasse VI besteuert werden, hat der Arbeitnehmer dem Arbeitgeber neben der Identifikationsnummer und dem Tag der Geburt mitzuteilen, dass es sich um ein weiteres Dienstverhältnis handelt (vgl. → Rz. 1032). Zur Berücksichtigung eines nach § 39a Abs. 1 Satz 1 Nr. 7 EStG festgestellten Freibetrags vgl. → Rz. 1056. Soll der Arbeitslohn des neuen Dienstverhältnisses nach den Merkmalen des ersten Dienstverhältnisses besteuert werden, hat der Arbeitnehmer dem Arbeitgeber mitzuteilen, dass es sich um das erste Dienstverhältnis handelt.

Nachdem der Arbeitgeber des neuen Dienstverhältnisses den Arbeitnehmer bei der Finanzverwaltung angemeldet hat, **bildet die Finanzverwaltung die zutreffenden Steuerklassen automatisch** und stellt sie dem jeweiligen Arbeitgeber zum Abruf bereit. Dem Arbeitgeber des weiteren Dienstverhältnisses werden als ELStAM die Steuerklasse VI und ggf. die rechtliche Zugehörigkeit zu einer steuererhebenden Religionsgemeinschaft sowie ein Freibetrag nach § 39a Abs. 1 Satz 1 Nr. 7 EStG zum Abruf bereitgestellt. Wird das neue Dienstverhältnis **als erstes Dienstverhältnis angemeldet**, stellt die Finanzverwaltung dem Arbeitgeber die ELStAM für ein erstes Dienstverhältnis und dem anderen Arbeitgeber die Steuerklasse VI zum Abruf bereit.

Die für das neue Dienstverhältnis gültigen ELStAM werden grundsätzlich rückwirkend ab dem Beginn des Dienstverhältnisses (vgl. → Rz. 1029) gebildet.

bb) Wechsel des ersten Dienstverhältnisses

1031 Bezieht der Arbeitnehmer **nebeneinander von mehreren Arbeitgebern Arbeitslohn**, kann er auch während des Kalenderjahrs **einen neuen ersten Arbeitgeber bestimmen**. Hierfür ist dem neuen Hauptarbeitgeber mitzuteilen, dass es sich nun um das erste Dienstverhältnis handelt. Dem weiteren Arbeitgeber ist mitzuteilen, dass es sich nun um das weitere Dienstverhältnis handelt und ggf. ob und in welcher Höhe ein nach § 39a Abs. 1 Satz 1 Nr. 7 EStG festgestellter Freibetrag (→ Rz. 1056) abgerufen werden soll. Ein solcher Wechsel darf frühestens mit Wirkung vom Beginn des Kalendermonats an erfolgen, in dem der Arbeitnehmer das erste Dienstverhältnis neu bestimmt.

e) Pflichten des Arbeitnehmers
aa) Gegenüber dem Arbeitgeber

1032 Zum Zweck des Abrufs der ELStAM hat der **Arbeitnehmer jedem Arbeitgeber bei Eintritt in das Dienstverhältnis** Folgendes **mitzuteilen** (§ 39e Abs. 4 Satz 1 EStG):

- die Identifikationsnummer sowie den Tag der Geburt,
- ob es sich um das erste oder ein weiteres Dienstverhältnis handelt (→ Rz. 1030),
- ggf. ob und in welcher Höhe ein nach § 39a Abs. 1 Satz 1 Nr. 7 EStG festgestellter Freibetrag abgerufen werden soll (vgl. → Rz. 1056).

Soll in einem zweiten oder weiteren Dienstverhältnis ein Freibetrag nach § 39a Abs. 1 Satz 1 Nr. 1 bis 6 EStG abgerufen werden, vgl. → Rz. 1055.

bb) Gegenüber der Finanzverwaltung

1033 Die **Steuerklasse und die Zahl der Kinderfreibeträge** für minderjährige Kinder werden im neuen Verfahren i.d.R. **automatisch geändert**. Auslöser hierfür sind Mitteilungen der Meldebehörden über den geänderten Familienstand bzw. die Geburt oder den Tod eines Kinds. In diesen Fällen ist der Arbeitnehmer **nicht zu einer Mitteilung an das Finanzamt verpflichtet** (§ 39 Abs. 5 Satz 3 EStG i.V.m. § 39e Abs. 2 Satz 2 EStG).

Ändern sich die persönlichen Verhältnisse des Arbeitnehmers und treten die Voraussetzungen zur Einreihung in eine für ihn ungünstigere Steuerklasse oder für eine geringere Zahl der Kinderfreibeträge ein, ist er in den Fällen, in denen die Änderungen **nicht durch geänderte Meldedaten automatisch angestoßen** werden, verpflichtet, dies **dem Finanzamt mitzuteilen** und die Steuerklasse sowie die Zahl der Kinderfreibeträge umgehend ändern zu lassen (§ 39 Abs. 5 Satz 1 EStG). Dies gilt insbesondere **bei dauernder Trennung der Ehegatten** bzw. Lebenspartner oder wenn die **Voraussetzungen für die Berücksichtigung des Entlastungsbetrags für Alleinerziehende** und somit für die Anwendung der Steuerklasse II (→ *Entlastungsbetrag für Alleinerziehende* Rz. 1112) **entfallen**.

Ferner besteht eine **Mitteilungspflicht des Arbeitnehmers** gegenüber dem Finanzamt, wenn ihm bekannt wird, dass **die ELStAM zu seinen Gunsten** von den nach § 39 EStG zu bildenden Lohnsteuerabzugsmerkmalen **abweichen** (§ 39e Abs. 6 Satz 5 EStG), z.B. wenn der Arbeitgeber abgerufene ELStAM irrtümlich nicht dem zutreffenden Arbeitnehmer zugeordnet hat.

Wird ein **unbeschränkt einkommensteuerpflichtiger Arbeitnehmer beschränkt einkommensteuerpflichtig**, z.B. weil er ins grenznahe Ausland verzieht und seinen Arbeitsplatz im Inland beibehält, hat er dies seinem Wohnsitzfinanzamt (→ Rz. 1011) ebenfalls unverzüglich mitzuteilen (§ 39 Abs. 7 Satz 1 EStG). Als Folge hat das Finanzamt die Lohnsteuerabzugsmerkmale vom Zeitpunkt des Eintritts der beschränkten Einkommensteuerpflicht an zu ändern (**Sperrung des Abrufs der ELStAM**). Auf Antrag wird das Betriebsstättenfinanzamt des Arbeitgebers für den Arbeitnehmer eine Bescheinigung für den Lohnsteuerabzug ausstellen (→ Rz. 1040) und ihn ggf. in die **Steuerklasse I einreihen**.

Zu den Folgerungen auf Grund fehlender oder unzutreffender Angaben → Rz. 1041.

f) Rechte des Arbeitnehmers
aa) Abrufsperren und Abrufberechtigungen

1034 Im neuen Verfahren kann der Arbeitnehmer einen oder mehrere zum Abruf von ELStAM berechtigte(n) Arbeitgeber benennen (Abrufberechtigung, „**Positivliste**") oder bestimmte Arbeitgeber von der Abrufberechtigung ausschließen (Abrufsperre, „**Negativliste**"; § 39e Abs. 6 Satz 6 Nr. 1 EStG). Zudem gibt es die Möglichkeit, sämtliche Arbeitgeber vom Abruf auszuschließen („**Vollsperrung**"; § 39e Abs. 6 Satz 6 Nr. 2 EStG). Eine Abrufberechtigung oder eine Sperrung ist dem Finanzamt mitzuteilen. Eine Verpflichtung zur Erteilung einer Abrufberechtigung der ELStAM oder deren Sperrung besteht nicht.

Abrufberechtigungen und Abrufsperren gelten lediglich **mit Wirkung für die Zukunft**, eine rückwirkende Berücksichtigung ist nicht möglich. Sie gelten, bis der Arbeitnehmer erklärt, die Abrufberechtigung zu erteilen oder die Sperrung aufzuheben.

Die Erteilung einer Abrufberechtigung oder Sperrung eines Arbeitgebers zum Abruf der ELStAM setzt die **Angabe der Steuernummer der Betriebsstätte** oder des Teilbetriebs **des Arbeitgebers**, in dem der für die Durchführung des Lohnsteuerabzugs maßgebende Arbeitslohn ermittelt wird, voraus. Zu den sich hieraus ergebenden Arbeitgeberpflichten → Rz. 1024. Für die Verwendung der Steuernummer des Arbeitgebers gelten die Regelungen zu den Schutzvorschriften für die ELStAM entsprechend (→ Rz. 1047).

bb) Positivliste

1035 Hat der Arbeitnehmer bei seinem Wohnsitzfinanzamt (→ Rz. 1011) eine Positivliste eingereicht, werden darin **nicht genannte Arbeitgeber für den Abruf von ELStAM** des Antragstellers **gesperrt**. Wird im Falle eines Arbeitgeberwechsels der neue Arbeitgeber nicht in eine bereits vorhandene Positivliste aufgenommen, ist ein Abruf der ELStAM durch den neuen Arbeitgeber nicht möglich. Bei fehlender Abrufberechtigung ist der Arbeitgeber zur Anwendung der Steuerklasse VI verpflichtet (§ 39e Abs. 6 Satz 8 EStG). Die Aufnahme von Arbeitgebern in die Positivliste setzt kein bestehendes Arbeitsverhältnis voraus.

cc) Negativliste

1036 Hat der Arbeitnehmer bei seinem Wohnsitzfinanzamt (→ Rz. 1011) eine Negativliste eingereicht, können die darin **genannten Arbeitgeber die ELStAM des Antragstellers nicht abrufen**. Kommt es gleichwohl zu einem Arbeitsverhältnis und einer Lohnzahlung eines dieser Arbeitgeber, hat er auf Grund der fehlenden Abrufberechtigung die Steuerklasse VI anzuwenden (§ 39e Abs. 6 Satz 8 EStG).

dd) Vollsperrung

1037 Hat der Arbeitnehmer bei seinem Wohnsitzfinanzamt (→ Rz. 1011) beantragt, die Bildung oder Bereitstellung der ELStAM allgemein sperren zu lassen, **ist ein Abruf nicht möglich**. Auf Grund der fehlenden Abrufberechtigung hat der Arbeitgeber die Steuerklasse VI anzuwenden (§ 39e Abs. 6 Satz 8 EStG). Die Sperrung bleibt

ee) Auskunft über die eigenen ELStAM

1038 Der Arbeitnehmer kann beim zuständigen **Wohnsitzfinanzamt** (→ Rz. 1011) auf Antrag Auskunft über die für ihn gebildeten ELStAM sowie über die durch den Arbeitgeber in den letzten 24 Monaten erfolgten Abrufe der ELStAM erhalten (§ 39e Abs. 6 Satz 4 EStG).

Dem Arbeitnehmer ist es darüber hinaus möglich, seine ELStAM über das **ElsterOnline-Portal** (www.elsteronline.de/eportal) einzusehen. Dazu ist eine kostenfreie Registrierung unter Verwendung der Identifikationsnummer im ElsterOnline-Portal notwendig.

ff) Ungünstigere Lohnsteuerabzugsmerkmale

1039 Nach § 38b Abs. 3 EStG haben unbeschränkt einkommensteuerpflichtige Arbeitnehmer die Möglichkeit, beim Wohnsitzfinanzamt (→ Rz. 1011) die **Berücksichtigung ungünstigerer Lohnsteuerabzugsmerkmale** zu beantragen (eine ungünstigere Steuerklasse, eine geringere Anzahl von Kindern; ebenso ist die Rücknahme eines Antrags auf Berücksichtigung des Pauschbetrags für behinderte Menschen möglich). Von ungünstigeren Besteuerungsmerkmalen ist stets auszugehen, wenn die vom Arbeitnehmer gewählten Lohnsteuerabzugsmerkmale zu einem höheren Lohnsteuerabzug (inkl. Solidaritätszuschlag und ggf. Kirchensteuer) führen oder wenn statt der Steuerklasse IV die Steuerklasse I gewählt wird.

Ein solcher Antrag ist z.B. bei Arbeitnehmern denkbar, die dem Arbeitgeber ihren **aktuellen Familienstand nicht mitteilen** möchten. Um zu vermeiden, dass dem Arbeitgeber z.B. nach einer Eheschließung bzw. Begründung einer Lebenspartnerschaft die nunmehr für verheiratete bzw. verpartnerte Arbeitnehmer in Betracht kommende Steuerklasse III, IV oder V mitgeteilt wird, kann der Arbeitnehmer beantragen, stattdessen die Steuerklasse I beizubehalten.

Um das **Ziel der Nichtoffenbarung** von geänderten Besteuerungsmerkmalen zu erreichen, kann ein solcher Antrag bereits **vor dem maßgebenden Ereignis** beim Wohnsitzfinanzamt (→ Rz. 1011) gestellt werden.

g) Im Inland nicht meldepflichtige Arbeitnehmer

1040 Für **im Inland nicht meldepflichtige Personen**, also für

- erweitert unbeschränkt einkommensteuerpflichtige Arbeitnehmer (§ 1 Abs. 2 EStG),
- auf Antrag wie unbeschränkt einkommensteuerpflichtig zu behandelnde Arbeitnehmer (§ 1 Abs. 3 EStG),
- beschränkt einkommensteuerpflichtige Arbeitnehmer (§ 1 Abs. 4 EStG)

wird die **steuerliche Identifikationsnummer nicht auf Grund von Mitteilungen der Meldebehörden zugeteilt**. Die Teilnahme dieser Arbeitnehmer am neuen Verfahren ist in einer späteren programmtechnischen Ausbaustufe vorgesehen. Dies gilt auch dann, wenn für diesen Arbeitnehmerkreis auf Anforderung des Finanzamts oder aus anderen Gründen (z.B. früherer Wohnsitz im Inland) steuerliche Identifikationsnummern vorliegen.

In diesen Fällen hat das Betriebsstättenfinanzamt des Arbeitgebers derzeit noch **auf Antrag Papierbescheinigungen für den Lohnsteuerabzug** auszustellen. Legt ein Arbeitnehmer eine dieser Bescheinigungen für den Lohnsteuerabzug vor, **entfällt die Verpflichtung** und Berechtigung des Arbeitgebers **zum Abruf der ELStAM** nach § 39e Abs. 4 Satz 2 und Abs. 5 Satz 3 EStG.

Der Antrag nach § 39 Abs. 3 Satz 1 EStG ist bis zum 31.12. des Kalenderjahrs zu stellen, für das die Bescheinigung für den Lohnsteuerabzug gilt (R 39.3 LStR). Er ist grundsätzlich **vom Arbeitnehmer zu stellen**. Die Bescheinigung der Steuerklasse I kann **auch der Arbeitgeber beantragen** (§ 39 Abs. 3 Satz 3 EStG), wenn er den **Antrag im Namen des Arbeitnehmers** stellt. Weitere Lohnsteuerabzugsmerkmale, etwa die Zahl der Kinderfreibeträge oder ein Freibetrag nach § 39a EStG, können nur auf Antrag des Arbeitnehmers gebildet werden (§ 39 Abs. 3 Satz 1 EStG).

Der Arbeitgeber hat die in der jahresbezogenen Bescheinigung für den Lohnsteuerabzug ausgewiesenen Lohnsteuerabzugsmerkmale in das Lohnkonto des Arbeitnehmers zu übernehmen, diese Bescheinigung **als Beleg zum Lohnkonto** zu nehmen und während des Dienstverhältnisses, längstens bis zum Ablauf des jeweiligen Kalenderjahrs, aufzubewahren (§ 39 Abs. 3 Satz 4 EStG). Bei **Beendigung des Arbeitsverhältnisses** vor Ablauf des Kalenderjahrs hat er dem Arbeitnehmer diese Bescheinigung für den Lohnsteuerabzug **auszuhändigen**.

Ist die Ausstellung einer solchen Bescheinigung **nicht beantragt** oder legt der Arbeitnehmer sie nicht innerhalb von sechs Wochen nach Beginn des Dienstverhältnisses vor, hat der Arbeitgeber die Lohnsteuer nach der **Steuerklasse VI** zu ermitteln (§ 39c Abs. 2 Satz 2 EStG).

In den Lohnsteuerbescheinigungen dieser Arbeitnehmer ist an Stelle der Identifikationsnummer das lohnsteuerliche Ordnungsmerkmal (§ 41b Abs. 2 Satz 1 und 2 EStG, sog. eTIN = **e**lektronische **T**ransfer-**I**dentifikations-**N**ummer) auszuweisen.

Hinsichtlich der Schutzvorschriften für die Lohnsteuerabzugsmerkmale gelten die Regelungen zu den ELStAM unter → Rz. 1047 entsprechend.

h) Durchführung des Lohnsteuerabzugs ohne ELStAM

aa) Fehlende Lohnsteuerabzugsmerkmale

1041 Bei **fehlenden Lohnsteuerabzugsmerkmalen** hat der Arbeitgeber die Lohnsteuererhebung **nach der Steuerklasse VI** durchzuführen. Der Arbeitnehmer wird damit so besteuert, als ob er Arbeitslohn aus einem zweiten Arbeitsverhältnis bezieht. So wird erreicht, dass vom Arbeitslohn des Arbeitnehmers nicht zu wenig Lohnsteuer einbehalten wird. Die Ermittlung der Lohnsteuer nach der Steuerklasse VI hat große Auswirkungen auf die Höhe der Lohnsteuer, wie die nachfolgenden Beispiele zeigen.

> **Beispiel 1:**
> Ein Arbeitnehmer teilt seinem Arbeitgeber schuldhaft seine Identifikationsnummer nicht mit. Für den Arbeitnehmer wäre als Lohnsteuerabzugsmerkmal die Steuerklasse I zu bilden. Der Arbeitslohn beträgt monatlich 2 500 €.
>
> Der Arbeitgeber hat die Lohnsteuer nach der Steuerklasse VI zu erheben.
>
> Die Lohnsteuer beträgt monatlich 622,16 € zzgl. 34,21 € Solidaritätszuschlag. Bei Steuerklasse I/0 hätte die Lohnsteuer nur 316,41 € (zzgl. 17,40 € Solidaritätszuschlag) betragen.
>
> Differenz monatlich: 305,75 € (zzgl. 16,81 € Solidaritätszuschlag).

> **Beispiel 2:**
> Wie Beispiel 1, für den Arbeitnehmer wäre als Lohnsteuerabzugsmerkmal die Steuerklasse III zu bilden.
>
> Der Arbeitgeber hat die Lohnsteuer nach der Steuerklasse VI zu erheben.
>
> Die Lohnsteuer beträgt monatlich 622,16 € zzgl. 34,21 € Solidaritätszuschlag. Bei Steuerklasse III hätte die Lohnsteuer 99,50 € (zzgl. 0,— € Solidaritätszuschlag) betragen.
>
> Differenz monatlich: 522,66 € (zzgl. 34,21 € Solidaritätszuschlag).

bb) Schuldhaftes Verhalten des Arbeitnehmers

1042 Die Ermittlung der Lohnsteuer nach der Steuerklasse VI setzt **ein schuldhaftes Verhalten des Arbeitnehmers** voraus. Ein solches schuldhaftes Verhalten ist insbesondere dann anzunehmen, wenn der Arbeitnehmer

- bei Beginn des Dienstverhältnisses seinem Arbeitgeber die zum Abruf der ELStAM erforderliche steuerliche Identifikationsnummer und das Geburtsdatum schuldhaft nicht mitteilt (§ 39e Abs. 4 Satz 1 EStG),
- eine Übermittlung der ELStAM an den Arbeitgeber gesperrt hat (§ 39e Abs. 6 Satz 6 Nr. 1 EStG) oder
- beim Wohnsitzfinanzamt (vgl. → Rz. 1011) die Bildung oder Bereitstellung der ELStAM allgemein sperren lassen hat (§ 39e Abs. 6 Satz 6 Nr. 2 EStG).

cc) Kein Verschulden des Arbeitnehmers

1043 **Abweichend hiervon** hat der Arbeitgeber in den folgenden Fällen für die Lohnsteuerberechnung – längstens für die Dauer von drei Kalendermonaten – die **voraussichtlichen Lohnsteuerabzugsmerkmale** i.S.d. § 38b EStG **zu Grunde zu legen** (§ 39c Abs. 1 Satz 2 EStG), wenn

- ein Abruf der ELStAM wegen **technischer Störungen nicht möglich** ist oder
- der Arbeitnehmer die **fehlende Mitteilung** über die ihm zuzuteilende Identifikationsnummer **nicht zu vertreten** hat.

ELStAM

Als Störungen in diesem Sinne kommen technische Schwierigkeiten bei Anforderung und Abruf, Bereitstellung oder Übermittlung der ELStAM in Betracht oder eine verzögerte Ausstellung der Bescheinigung für den Lohnsteuerabzug durch das Finanzamt.

§ 39c Abs. 1 Satz 2 EStG findet **auch in Fällen Anwendung**, in denen **ohne Änderung der persönlichen Verhältnisse** des Arbeitnehmers und **ohne dessen Zutun** dem Arbeitgeber **unzutreffende ELStAM bereitgestellt** werden, die zu einem unzutreffenden Lohnsteuerabzug führen. In diesem Zusammenhang sind insbesondere folgende Fallkonstellationen zu benennen:

- auf Grund einer unvollständigen Datenlieferung der Gemeinden entfällt die Ehegattenverknüpfung und die Finanzverwaltung teilt dem Arbeitgeber eine fehlerhafte Steuerklasse mit (z.B. Wegfall der Steuerklasse III),
- durch einen Fehler eines weiteren Arbeitgebers des Arbeitnehmers (Anmeldung als Hauptarbeitgeber) wird dem Arbeitgeber des ersten Dienstverhältnisses zu Unrecht die Steuerklasse VI mitgeteilt.

Die Zeitspanne bis zur Bereitstellung und Anwendung der geänderten und zutreffenden Lohnsteuerabzugsmerkmale (Bereitstellung als ELStAM oder im Wege einer Bescheinigung für den Lohnsteuerabzug) kann mitunter mehrere Monate beanspruchen. Um dies zu vermeiden, ist die Regelung des § 39c Abs. 1 Satz 2 EStG **weit und praxisorientiert auszulegen**, auch wenn in den Fällen der Bereitstellung unzutreffender ELStAM keine „technische Störung" im engeren Sinne dieser Vorschrift vorliegt (OFD Frankfurt v. 17.9.2015, S 2363 A – 34 – St 212, StEd 2015, 686).

Auf Grund dieser Ausnahmeregelungen kann der Arbeitgeber den Lohnsteuerabzug **für die Dauer von längstens drei Monaten** nach den **ihm bekannten persönlichen Besteuerungsmerkmalen** des Arbeitnehmers durchführen (Steuerklasse, Kinderzähler und Religionszugehörigkeit). Erhält der Arbeitgeber die (elektronischen) Lohnsteuerabzugsmerkmale vor Ablauf der drei Monate, hat er in den Fällen des § 39c Abs. 1 Satz 2 EStG die Lohnsteuerermittlungen für die vorangegangenen Kalendermonate zu überprüfen und erforderlichenfalls zu ändern (§ 39c Abs. 1 Satz 4 EStG).

Hat der Arbeitnehmer **nach Ablauf der drei Monate** die Identifikationsnummer sowie den Tag seiner Geburt **nicht mitgeteilt** und ersatzweise die Bescheinigung für den Lohnsteuerabzug nicht vorgelegt, so ist **rückwirkend** die Besteuerung nach der **Steuerklasse VI** durchzuführen und sind die Lohnsteuerermittlungen für die ersten drei Monate zu korrigieren. Erhält der Arbeitgeber in diesen Fällen die ELStAM oder ersatzweise die Bescheinigung für den Lohnsteuerabzug erst nach Ablauf der Drei-Monats-Frist, ist eine Änderung des Lohnsteuerabzugs nur nach Maßgabe des § 41c Abs. 1 Satz 1 Nr. 1 EStG möglich.

dd) Unbeschränkt einkommensteuerpflichtige Arbeitnehmer ohne steuerliche Identifikationsnummer

1044 Ist einem nach § 1 Abs. 1 EStG unbeschränkt einkommensteuerpflichtigen Arbeitnehmer (noch) **keine Identifikationsnummer** (§§ 139a, 139b AO) zugeteilt worden, können ELStAM weder automatisiert gebildet noch vom Arbeitgeber abgerufen werden. In diesen Fällen ersetzt eine dem Arbeitgeber vorzulegende **Bescheinigung für den Lohnsteuerabzug** mit den anzuwendenden Lohnsteuerabzugsmerkmalen die ELStAM. Der Arbeitnehmer hat eine solche Bescheinigung für den Lohnsteuerabzug beim Wohnsitzfinanzamt (vgl. → Rz. 1011) zu beantragen und dem Arbeitgeber vorzulegen (§ 39e Abs. 8 Satz 1 und 4 EStG). Der Antrag ist bis zum 31.12. des Kalenderjahrs zu stellen, für das die Bescheinigung für den Lohnsteuerabzug gilt (R 39.3 LStR).

Das Wohnsitzfinanzamt (→ Rz. 1011) hat diese **Bescheinigung für die Dauer eines Kalenderjahrs auszustellen**. Legt der Arbeitnehmer eine entsprechende Bescheinigung für den Lohnsteuerabzug vor, entfällt die Verpflichtung und Berechtigung des Arbeitgebers zum Abruf der ELStAM (§ 39e Abs. 8 Satz 2 EStG).

Der Arbeitgeber hat diese jahresbezogene **Bescheinigung für den Lohnsteuerabzug als Beleg zum Lohnkonto** zu nehmen und während des Dienstverhältnisses, längstens bis zum Ablauf des jeweiligen Kalenderjahrs, aufzubewahren. Bei Beendigung des Arbeitsverhältnisses vor Ablauf des Kalenderjahrs hat er dem Arbeitnehmer diese Bescheinigung auszuhändigen.

Hat der Arbeitnehmer die **Ausstellung einer solchen Bescheinigung** für den Lohnsteuerabzug **nicht beantragt** oder legt er sie nicht innerhalb von sechs Wochen nach Beginn des Dienstverhältnisses vor, hat der Arbeitgeber die Lohnsteuer nach der **Steuerklasse VI** zu ermitteln.

Erhält der Arbeitnehmer seine **Identifikationsnummer zugeteilt**, hat er sie dem **Arbeitgeber mitzuteilen** (§ 39e Abs. 4 Satz 1 EStG). Mit dieser Angabe und dem (bereits vorliegenden) Geburtsdatum ist der **Arbeitgeber berechtigt, die ELStAM des Arbeitnehmers abzurufen**. Die vorliegende Bescheinigung für den Lohnsteuerabzug hindert den Arbeitgeber nicht, im laufenden Kalenderjahr zum elektronischen Verfahren zu wechseln, um so die ELStAM des Arbeitnehmers abrufen zu können. Die Bescheinigung für den Lohnsteuerabzug ist weder an das ausstellende Finanzamt noch an den Arbeitnehmer herauszugeben.

Hinsichtlich der Schutzvorschriften für die Lohnsteuerabzugsmerkmale gelten die Regelungen unter → Rz. 1047 entsprechend.

ee) Arbeitgeber-Haftung

1045 Soweit der Arbeitgeber bei schuldhaftem Fehlen der Lohnsteuerabzugsmerkmale die Lohnsteuer nach der Steuerklasse VI ermitteln muss, hat er **keinen Ermessensspielraum**. Kommt er dieser gesetzlichen Verpflichtung nicht nach, so haftet er für die nicht ordnungsgemäß einbehaltene Lohnsteuer. Das Finanzamt kann daher den Arbeitgeber auch für die nach der Steuerklasse VI berechnete Lohnsteuer in Haftung nehmen.

Hierzu gilt im Einzelnen Folgendes:

- Hat der Arbeitnehmer die Identifikationsnummer sowie den Tag der Geburt schuldhaft nicht vorgelegt und der Arbeitgeber trotzdem die Lohnsteuer **nicht nach der Steuerklasse VI** ermittelt, so kann er wegen des vollen Betrags, der sich aus § 39c Abs. 1 EStG ergibt, haftbar gemacht werden.
- Wurde die Identifikationsnummer sowie der Tag der Geburt **für ein abgelaufenes Kalenderjahr** schuldhaft nicht mitgeteilt, so kann der Arbeitgeber ebenfalls **wegen des vollen Betrags**, der sich aus § 39c Abs. 1 EStG ergibt, haftbar gemacht werden (vgl. BFH v. 12.1.2001, VI R 102/98, BStBl II 2003, 151).
- Hat der Arbeitnehmer für einen Zeitraum des **laufenden Kalenderjahrs** die Identifikationsnummer sowie den Tag der Geburt schuldhaft nicht mitgeteilt, liegen die elektronischen Lohnsteuerabzugsmerkmale **im Zeitpunkt einer Lohnsteuer-Außenprüfung** dem Arbeitgeber jedoch **bereits vor**, so kann der Arbeitgeber nur insoweit haftbar gemacht werden, als sich bei Anwendung der zutreffenden Steuerklasse höhere Steuerabzugsbeträge ergeben hätten.

i) ELStAM bei verschiedenen Lohnarten

1046 Auch wenn der Arbeitgeber **verschiedenartige Bezüge** zahlt, sind diese auf Grund des **Grundsatzes eines einheitlichen Dienstverhältnisses** zu einem Arbeitgeber zusammenzurechnen. In den folgenden Fällen handelt es sich um ein **einheitliches Dienstverhältnis**, so dass die Lohnsteuer für die Bezüge einheitlich und **nach denselben ELStAM zu erheben** ist. Der Abruf von ELStAM **für ein zweites Dienstverhältnis** des Arbeitnehmers durch denselben Arbeitgeber **ist nicht möglich**.

> **Beispiele für die Zahlung verschiedenartiger Bezüge:**
> - Ein Arbeitnehmer erhält vom Arbeitgeber neben einer Betriebsrente noch Arbeitslohn für ein aktives Dienstverhältnis; die Lohnsteuer wird nicht pauschal erhoben.
> - Ein Arbeitnehmer erhält vom Arbeitgeber Hinterbliebenenbezüge und eigene Versorgungsbezüge oder Arbeitslohn für ein aktives Dienstverhältnis.
> - Ein Arbeitnehmer ist in Elternzeit und arbeitet gleichwohl beim selben Arbeitgeber weiter.

Der Arbeitgeber kann solche Bezüge **wie Bezüge aus unterschiedlichen Dienstverhältnissen** behandeln und die abgerufenen **ELStAM nur für einen der gezahlten Bezüge** zu Grunde legen. Für den **anderen Bezug ist die Steuerklasse VI** ohne weiteren Abruf von ELStAM zu Grunde zu legen. Wird für einen Versorgungsbezug die Lohnsteuer nach der Steuerklasse VI erhoben, ist § 39b Abs. 2 Satz 5 Nr. 1 EStG zu berücksichtigen, wonach kein Zuschlag zum Versorgungsfreibetrag anzusetzen ist. Die Lohnsteuerbescheinigung ist jeweils für den getrennt abgerechneten Bezug auszustellen und an die Finanzverwaltung zu übermitteln. Diese **Nichtbeanstandungsregelung** gilt für die Lohnsteuererhebung auf den laufenden Arbeitslohn für Lohnabrechnungszeiträume, die **vor dem 1.1.2017 enden**, und für die Lohnsteuererhebung auf sonstige Bezüge, die **vor dem 1.1.2017 zufließen** (BMF v. 19.10.2015, IV C 5 – S 2363/13/10003, BStBl I 2015, 831).

Hinweis:

Der Lohnsteuerabzug soll in den Fällen, in denen Arbeitgeber verschiedenartige Bezüge als Arbeitslohn zahlt, gesetzlich **ab 1.1.2017** geregelt werden (vgl. den auf der Internetseite des BMF veröffentlichten Referentenentwurf des BMF zum Gesetz zur Modernisierung des Besteuerungsverfahrens; neuer § 39e Abs. 5a EStG).

Zahlt der Arbeitgeber verschiedenartige Bezüge als Arbeitslohn, so soll er mit Zustimmung des Arbeitnehmers die Lohnsteuer für den zweiten und weiteren Bezug ohne Abruf weiterer ELStAM nach der Steuerklasse VI einbehalten können. Voraussetzung soll allerdings sein, dass der Arbeitgeber

- bei Beendigung des Dienstverhältnisses oder am Ende des Kalenderjahrs die verschiedenartigen Bezüge für den Abschluss nach § 41b EStG zusammenfasst und die Jahreslohnsteuer nach den für den letzten Lohnzahlungszeitraum des ersten Bezugs im Kalenderjahr mitgeteilten Lohnsteuerabzugsmerkmalen erhebt; dabei soll bisher zu viel erhobene Lohnsteuer erstattet und zu wenig erhobene Lohnsteuer nachträglich einbehalten werden,
- die für den Kirchensteuerabzug abgerufenen Lohnsteuerabzugsmerkmale für die weiteren verschiedenartigen Bezüge als Lohnsteuerabzugsmerkmale übernimmt,
- die verschiedenartigen Bezüge in der elektronischen Lohnsteuerbescheinigung (§ 41b EStG) zusammengefasst übermittelt.

j) Schutzvorschriften für die (elektronischen) Lohnsteuerabzugsmerkmale

1047 Nur die Personen, denen **der Arbeitnehmer die Berechtigung erteilt** hat (Arbeitgeber oder beauftragte Dritte), sind befugt, ELStAM abzurufen und zu verwenden (§ 39e Abs. 4 Satz 2 und 6 EStG). ELStAM sind nur für den Lohnsteuerabzug bestimmt (§ 39e Abs. 4 Satz 7 und Abs. 5 Satz 1 EStG). Folglich dürfen grundsätzlich **weder der Arbeitgeber noch der mit der Durchführung des Lohnsteuerabzugs beauftragte Dritte** abgerufene ELStAM bzw. Lohnsteuerabzugsmerkmale **offenbaren**. Dies gilt nicht, soweit eine Weitergabe von (elektronischen) Lohnsteuerabzugsmerkmalen gesetzlich zugelassen ist oder der Arbeitnehmer einer anderen Verwendung zustimmt (§ 39 Abs. 8 Satz 2 EStG).

Vorsätzliche oder leichtfertige Zuwiderhandlungen stellen eine Ordnungswidrigkeit dar und können mit einer **Geldbuße bis zu 10 000 €** geahndet werden (§ 39 Abs. 9 i.V.m. § 39e Abs. 4 Satz 7 EStG).

4. Verfahrensrecht

1048 Sowohl die erstmalige Bildung der (elektronischen) Lohnsteuerabzugsmerkmale als auch deren spätere Änderungen sind – wie die Eintragungen auf der Lohnsteuerkarte im bisherigen Verfahren – eine **gesonderte Feststellung von Besteuerungsgrundlagen** i.S.v. § 179 Abs. 1 AO, die unter dem Vorbehalt der Nachprüfung steht (§ 39 Abs. 1 Satz 4 EStG). Eine solche Feststellung ist ein **anfechtbarer Verwaltungsakt**, dessen Vollziehung nach § 361 AO ausgesetzt werden kann. Da die Bildung der ELStAM unter dem Vorbehalt der Nachprüfung steht, hat der Arbeitnehmer daneben auch die Möglichkeit, eine **Änderung nach § 164 Abs. 2 Satz 2 AO** zu beantragen.

Um als Verwaltungsakt erkennbar und anfechtbar zu sein, müssen die Bildung der (elektronischen) **Lohnsteuerabzugsmerkmale und deren Änderungen** dem Arbeitnehmer **bekannt gegeben** werden (§ 39 Abs. 1 Satz 5 EStG). Nach § 119 Abs. 2 AO kann dies schriftlich, elektronisch, mündlich oder in anderer Weise erfolgen. Üblicherweise hat der Arbeitgeber die ELStAM als Grundlage für die Lohnsteuerermittlung in der Lohn- und Gehaltsabrechnung auszuweisen (§ 39e Abs. 5 Satz 2 und Abs. 6 EStG). In diesen Fällen werden sie **mit Aushändigung der Lohnabrechnung an den Arbeitnehmer bekannt gegeben** (§ 39e Abs. 6 Satz 3 EStG).

Wird die Lohnabrechnung elektronisch bereitgestellt, ist das Bereitstellungsdatum maßgebend (§ 39e Abs. 6 Satz 3 EStG).

Diesen Formen der Bekanntgabe ist **keine Rechtsbehelfsbelehrung** beizufügen (§ 39e Abs. 6 Satz 2 EStG). Dies führt dazu, dass ein **Einspruch** gegen die gebildeten ELStAM **innerhalb eines Jahrs** ab Bekanntgabe des Verwaltungsaktes **eingelegt** werden kann (§ 356 Abs. 2 AO).

Erteilt **das Finanzamt** auf Antrag des Arbeitnehmers einen Bescheid über die Berücksichtigung von Lohnsteuerabzugsmerkmalen (§ 39 Abs. 1 Satz 8 EStG), ist diesem **eine Rechtsbehelfsbelehrung beizufügen**. Das Finanzamt ist zudem zur schriftlichen Erteilung eines Bescheids mit einer Belehrung über den zulässigen Rechtsbehelf verpflichtet, wenn dem Antrag des Arbeitnehmers auf Bildung oder Änderung der Lohnsteuerabzugsmerkmale (regelmäßig im Rahmen eines Antrags auf Lohnsteuer-Ermäßigung) nicht oder nicht in vollem Umfang entsprochen wird (§ 39 Abs. 1 Satz 8 EStG).

5. Härtefallregelung

a) Allgemeines

Sind **Arbeitgeber nicht in der Lage** und ist es ihnen nicht zumutbar, die **ELStAM der Arbeitnehmer elektronisch abzurufen**, wird ein **Ersatzverfahren** angeboten (§ 39e Abs. 7 EStG). Auf **Antrag des Arbeitgebers** kann das Betriebsstättenfinanzamt zur Vermeidung unbilliger Härten die **Nichtteilnahme am neuen Abrufverfahren** (ELStAM-Verfahren) **zulassen** (§ 39e Abs. 7 Satz 1 EStG). Die Teilnahme am Härtefallverfahren ist **kalenderjährlich** unter Darlegung der Gründe **neu zu beantragen** (§ 39e Abs. 7 Satz 4 EStG), ggf. rückwirkend bis zum Beginn des Kalenderjahrs der Antragstellung. **1049**

Eine unbillige Härte liegt insbesondere bei einem Arbeitgeber vor, für den die **technischen Möglichkeiten der Kommunikation** über das Internet **wirtschaftlich oder persönlich unzumutbar** ist (§ 150 Abs. 8 AO ist entsprechend anzuwenden).

Dem **Antrag ist stets stattzugeben**, wenn der Arbeitgeber **ohne maschinelle Lohnabrechnung** ausschließlich Arbeitnehmer **im Rahmen einer geringfügigen Beschäftigung in seinem Privathaushalt** i.S.d. § 8a SGB IV bzw. § 276a SGB VI beschäftigt und wenn er die Lohnsteuer vom Arbeitslohn/-entgelt nicht pauschal erhebt (§ 39e Abs. 7 Satz 2 EStG).

Auch nach einer Genehmigung zur Nichtteilnahme an diesem Verfahren kann der Arbeitgeber jederzeit ohne gesonderte Mitteilung zum elektronischen Abrufverfahren wechseln.

b) Antragstellung

Der Antrag ist nach amtlich vorgeschriebenem Vordruck zu stellen und **muss folgende Angaben beinhalten**: **1050**

- Steuernummer der lohnsteuerlichen Betriebsstätte,
- Verzeichnis der beschäftigten Arbeitnehmer,
- Identifikationsnummer und Geburtsdatum der einzelnen Beschäftigten,
- Angaben darüber, ob es sich um ein erstes (Hauptarbeitgeber) oder weiteres Dienstverhältnis (Steuerklasse VI) handelt und
- bei einem weiteren Dienstverhältnis ggf. den nach § 39a Abs. 1 Satz 1 Nr. 7 EStG zu berücksichtigenden Betrag.

c) Verfahren/Bescheinigung der Lohnsteuerabzugsmerkmale

Gibt das Betriebsstättenfinanzamt dem Antrag statt, wird dem Arbeitgeber eine **arbeitgeberbezogene Bescheinigung zur Durchführung des Lohnsteuerabzugs** erteilt, welche die für das jeweilige Kalenderjahr gültigen Lohnsteuerabzugsmerkmale der einzelnen Arbeitnehmer enthält. Im Fall der Änderung von Lohnsteuerabzugsmerkmalen wird dem Arbeitgeber **automatisch eine geänderte Bescheinigung für den Lohnsteuerabzug** übersandt. Diese Bescheinigungen sind nur für den beantragenden Arbeitgeber bestimmt und dürfen von einem weiteren Arbeitgeber nicht als Grundlage für den Lohnsteuerabzug herangezogen werden. **1051**

d) Pflichten des Arbeitgebers

Für die Lohnsteuererhebung gelten in diesen Fällen die Regelungen des Abrufverfahrens für die ELStAM entsprechend. Insbe- **1052**

ELStAM

sondere haben auch die wegen der Inanspruchnahme der Härtefallregelung nicht am elektronischen Verfahren teilnehmenden Arbeitgeber die **Lohnsteuerabzugsmerkmale der Arbeitnehmer in deren Lohnabrechnung auszuweisen**. Auch hier gelten die Lohnsteuerabzugsmerkmale gegenüber dem Arbeitnehmer als bekannt gegeben, sobald der Arbeitgeber dem Arbeitnehmer die Lohnabrechnung mit den ausgewiesenen Lohnsteuerabzugsmerkmalen aushändigt. Im Übrigen sind für die in der Bescheinigung ausgewiesenen Lohnsteuerabzugsmerkmale die Schutzvorschriften für die ELStAM entsprechend zu beachten (vgl. → Rz. 1047).

Der Arbeitgeber hat die **Bescheinigung für den Lohnsteuerabzug** sowie evtl. Änderungsmitteilungen **als Beleg zum Lohnkonto zu nehmen** und sie während der Beschäftigung, längstens bis zum Ablauf des maßgebenden Kalenderjahrs, aufzubewahren. Zur Erteilung der Lohnsteuerbescheinigung (§ 41b EStG) hat der Arbeitgeber die **Besondere Lohnsteuerbescheinigung** zu verwenden.

Beginnt ein Arbeitnehmer im laufenden Kalenderjahr ein Dienstverhältnis, ist der Arbeitgeber zur Mitteilung an das Betriebsstättenfinanzamt verpflichtet (vgl. → Rz. 1007). Für die Ausstellung und Entgegennahme der Bescheinigung zur Durchführung des Lohnsteuerabzugs gelten die Ausführungen unter → Rz. 1050 entsprechend.

Bei **Ausscheiden eines Arbeitnehmers** aus dem Dienstverhältnis ist dem **Betriebsstättenfinanzamt unverzüglich das Datum der Beendigung schriftlich anzuzeigen** (§ 39e Abs. 7 Satz 8 EStG).

6. Betrieblicher Lohnsteuer-Jahresausgleich (§ 42b EStG)

1053 Nach einem Arbeitgeberwechsel im laufenden Kalenderjahr sind dem neuen Arbeitgeber – anders als im bisherigen Verfahren – regelmäßig **nur die ELStAM des aktuellen Dienstverhältnisses bekannt**. Deshalb hat der Arbeitgeber als weitere Voraussetzung für die Durchführung eines Lohnsteuer-Jahresausgleichs zu beachten, dass der Arbeitnehmer **durchgängig das gesamte Kalenderjahr bei ihm beschäftigt** war. I.R.d. Lohnsteuer-Jahresausgleichs ist die Jahreslohnsteuer nach der Steuerklasse zu ermitteln, die **für den letzten Lohnzahlungszeitraum** des Ausgleichsjahrs **als ELStAM abgerufen** oder in einer Bescheinigung für den Lohnsteuerabzug ausgewiesen worden ist.

7. Lohnsteuer-Ermäßigungsverfahren ab 2013

a) Gültigkeit der Lohnsteuerabzugsmerkmale

1054 Im Gegensatz zu den nach § 38b EStG zu bildenden Lohnsteuerabzugsmerkmalen wird im neuen Verfahren für die nach § 39a EStG zu bildenden persönlichen Freibeträge zunächst die **jahresbezogene Betrachtungsweise fortgesetzt**. Folglich ist die **Geltungsdauer des Freibetrags**, der beim Lohnsteuerabzug insgesamt zu berücksichtigen und abzuziehen ist, sowie eines Hinzurechnungsbetrags derzeit **auf zwei Jahre begrenzt** (§ 39a Abs. 1 Satz 2 EStG). Wie bisher sind hiervon die Pauschbeträge für behinderte Menschen und Hinterbliebene ausgenommen.

Für das **Verfahren der zweijährigen Gültigkeit von Freibeträgen** im Lohnsteuer-Ermäßigungsverfahren ist als **Starttermin** (§ 52 Abs. 37 EStG) der 1.10.2015 festgelegt worden. Ab diesem Zeitpunkt können die Arbeitnehmer den Antrag auf Bildung eines Freibetrags nach § 39a EStG für einen Zeitraum von längstens zwei Kalenderjahren mit Wirkung **ab dem 1.1.2016** bei ihrem Wohnsitzfinanzamt stellen (BMF v. 21.5.2015, IV C 5 – S 2365/15/10001, BStBl I 2015, 488).

b) Start- und Endtermin für das Lohnsteuer-Ermäßigungsverfahren

1055 Der an den früheren Versand der Lohnsteuerkarten durch die Gemeinden (frühestens ab dem 20. September) gebundene Starttermin für das Lohnsteuer-Ermäßigungsverfahren besteht nicht mehr. Nach § 39a Abs. 2 Satz 2 EStG beginnt die **Frist für die Antragstellung** im neuen Verfahren am **1. Oktober** eines jeden Jahrs. Sie **endet** weiterhin **am 30. November** des Kalenderjahrs, in dem der Freibetrag gilt. Werden Anträge auf Lohnsteuer-Ermäßigung entgegen der gesetzlichen Vorgabe bereits vor dem 1. Oktober des Vorjahrs gestellt, wird das Finanzamt diese Anträge nicht aus formalen Gründen ablehnen. Diese Anträge werden mit Start des Lohnsteuer-Ermäßigungsverfahrens bearbeitet werden.

Soll ein **Freibetrag** nach § 39a Abs. 1 Satz 1 Nr. 1 bis 6 EStG **auf mehrere Dienstverhältnisse aufgeteilt** werden, ist ein **Antrag beim Finanzamt erforderlich**. In diesen Fällen ordnet das Finanzamt die Freibeträge den einzelnen Dienstverhältnissen für den Abruf als ELStAM zu. Der Arbeitnehmer hat dem Arbeitgeber weder Angaben zur Anwendung des Freibetrags noch dessen Höhe mitzuteilen.

c) Aufteilung Hinzurechnungsbetrag/Freibetrag

1056 Im neuen Verfahren kann der **Arbeitnehmer entscheiden, ob bzw. in welcher Höhe der Arbeitgeber** einen nach § 39a Abs. 1 Satz 1 Nr. 7 EStG beantragten und vom Finanzamt ermittelten **Freibetrag abrufen** soll. Allein für eine solche Verteilung auf die einzelnen Dienstverhältnisse ist ein **Antrag beim Finanzamt nicht erforderlich**. Diese Wahlmöglichkeit ist für zweite und weitere Dienstverhältnisse insbesondere für Fälle eines Arbeitgeberwechsels, nach Beendigung eines Dienstverhältnisses sowie bei in größeren Zeiträumen schwankenden Arbeitslöhnen gedacht.

Der Arbeitgeber hat den vom Arbeitnehmer genannten Betrag im Rahmen einer üblichen Anmeldung des Arbeitnehmers bzw. Anfrage von ELStAM an die Finanzverwaltung zu übermitteln. Nach Prüfung des übermittelten Betrags stellt die Finanzverwaltung dem Arbeitgeber den **tatsächlich zu berücksichtigenden Freibetrag als ELStAM zum Abruf bereit**. Nur dieser Freibetrag ist für den Arbeitgeber maßgebend und für den Lohnsteuerabzug anzuwenden sowie in der üblichen Lohn- und Gehaltsabrechnung des Arbeitnehmers als ELStAM auszuweisen.

8. Sonstiges

a) Aufzeichnung im Lohnkonto

1057 Der Arbeitgeber hat die im elektronischen Verfahren abgerufenen ELStAM **in das Lohnkonto zu übernehmen** (§ 41 Abs. 1 Satz 2 EStG). Gleiches gilt für die im Rahmen der Härtefallregelung (vgl. → Rz. 1051) in der vom Finanzamt ausgestellten Bescheinigung ausgewiesenen (Lohnsteuerabzugs-)Merkmale und für die in der nach § 39e Abs. 8 EStG ausgestellten Bescheinigungen für den Lohnsteuerabzug ausgewiesenen (Lohnsteuerabzugs-)Merkmale.

b) Lohnsteuerbescheinigung

1058 Im elektronischen Verfahren ist der **Finanzverwaltung** der für die **Zerlegung der Lohnsteuer erforderliche amtliche Gemeindeschlüssel bekannt**. Aus diesem Grunde entfällt insoweit die Übermittlungsverpflichtung des Arbeitgebers in der elektronischen Lohnsteuerbescheinigung.

c) Korrektur des Lohnsteuerabzugs

1059 Nach § 41c Abs. 1 Satz 1 Nr. 1 EStG ist der Arbeitgeber berechtigt, bei der jeweils nächsten Lohnzahlung **bisher erhobene Lohnsteuer zu erstatten** bzw. **noch nicht erhobene Lohnsteuer nachträglich einzubehalten**. Das gilt im neuen Verfahren auch dann, wenn ihm ELStAM zum Abruf zur Verfügung gestellt werden oder ihm der Arbeitnehmer eine Bescheinigung für den Lohnsteuerabzug mit Eintragungen vorlegt, die auf einen Zeitpunkt vor Abruf der Lohnsteuerabzugsmerkmale oder vor Vorlage der Bescheinigung für den Lohnsteuerabzug zurückwirken.

d) Bereitstellung von Steuererklärungen und Vordrucken

1060 Die im neuen Verfahren der ELStAM erforderlichen bundeseinheitlich abgestimmten Erklärungen und Vordrucke werden von den Finanzbehörden des Bundes und der Länder zur Verfügung gestellt. Die seitens des BMF bereitgestellten Erklärungen und Vordrucke stehen im Internet in einer Formulardatenbank unter der Internetadresse https://www.formulare-bfinv.de in der Rubrik Formularcenter/Formularkatalog/Steuerformulare/Lohnsteuer als ausfüllbare Formulare bereit.

Elterngeld

1. Allgemeines

1061 Nach dem **Bundeselterngeld- und Elternzeitgesetz – BEEG** (Neufassung v. 27.1.2015, BGBl. I 2015, 33) tritt ab 1.1.2007 an die Stelle des bisherigen Erziehungsgelds für Kinder, die ab dem 1.1.2007 geboren werden (diese Stichtagsregelung ist verfassungsgemäß: BVerfG v. 20.4.2011, 1 BvR 1811/08, 1 BvR 1897/08, www.stotax-first.de), das sog. **Elterngeld**. Die Regelungen zur **Elternzeit** bleiben im Wesentlichen erhalten, ausführlich → *Elternzeit* Rz. 1065 ff.

Für **Kinder, die vor dem 1.1.2007 geboren** wurden, gilt das bisherige **Bundeserziehungsgeldgesetz** weiter (s. dazu „ABC des Lohnbüros 2006" Rdnr. 1029, 1030).

Für Geburten ab dem 1.7.2015 gelten verbesserte Regelungen, die wichtigsten Regelungen im Überblick (ausführliche Informationen zum Elterngeld sind auf den Internetseiten des Bundesministeriums für Familie, Senioren, Frauen und Jugend enthalten):

– Das **Elterngeld Plus** wurde als neue, eigenständige Gestaltungskomponente des bisherigen Elterngeldes eingeführt. Jeder Partner kann zukünftig statt *eines* Elterngeldmonats (Elterngeld i.S.d. § 4 Abs. 2 Satz 2 BEEG) *zwei* Elterngeld Plus-Monate in Anspruch nehmen. Damit können v.a. Eltern, die nach der Geburt des Kindes in Teilzeit arbeiten, länger vom Elterngeld profitieren. So können Paare bis zu 14 Monate gleichzeitig Elterngeld beziehen und bis zu 30 Wochenstunden arbeiten. Der frühere Wiedereinstieg während der Elternzeit in Teilzeit lohnt sich mehr als bisher und ein gleitender beruflicher Wiedereinstieg, der es ermöglicht, auf dem aktuellen Stand der Anforderungen des Arbeitsplatzes zu bleiben, trägt dazu bei, Einkommensverluste im Lebenslauf zu mindern. Auch Väter, die vielfach eine Teilzeittätigkeit mit der Fürsorge für ihr neugeborenes Kind in Einklang bringen möchten, werden darin unterstützt, diese Pläne umzusetzen. Beide Partner können sich auf diese Weise gegenseitig entlasten und neue zeitliche Spielräume gewinnen, um Erwerbstätigkeit und Zuwendung für das Kind zu kombinieren. Die bisherigen Möglichkeiten des Elterngeldbezugs bleiben bis auf die Verlängerungsoption, die durch die Einführung des Elterngeld Plus ersetzt wird, erhalten und können mit den neuen Gestaltungskomponenten kombiniert werden. Für Personen mit geringem Teilzeiteinkommen gilt wie zuvor der Geringverdienerzuschlag. Auch Eltern, die vor der Geburt nicht erwerbstätig waren, können das Elterngeld Plus für das Mindestelterngeld nutzen und werden dann in halber Höhe des Mindestbetrags für die doppelte Anzahl von Monaten unterstützt. Alleinerziehende können das Elterngeld Plus im gleichen Maße allein nutzen wie Paare und infolgedessen zusammen mit den Partnermonaten bis zu 28 Elterngeld Plus-Monate in Anspruch nehmen.

– Ein **Partnerschaftsbonus** ergänzt das Elterngeld Plus. Er besteht aus vier zusätzlichen Elterngeld Plus-Monaten je Elternteil und kann während oder im Anschluss an den Elterngeldbezug eines Elternteils bezogen werden.

Elternpaare, die sich gemeinsam um das Kind kümmern und beide zwischen 25 und 30 Stunden erwerbstätig sind, werden hierdurch länger unterstützt.

Dadurch wird es Eltern erleichtert, in einer frühen Phase der Elternschaft in die partnerschaftliche Arbeitsteilung hineinzufinden. Alleinerziehende haben einen eigenen Anspruch auf einen entsprechenden Bonus, wenn sie in dem festgelegten Umfang erwerbstätig sind.

Alleinerziehende können das neue Elterngeld Plus im gleichen Maße nutzen wie Elternpaare. Dabei stehen die „Partnermonate" nicht nur Müttern und Vätern zu, die ein alleiniges Sorgerecht haben, sondern auch alleinerziehenden Elternteilen mit gemeinsamem Sorgerecht.

– Für die Ansprüche von **Mehrlingseltern** (Zwillingsgeburten) wurde das Gesetz klarer gefasst, der zufolge bei Mehrlingsgeburten nur *ein* Anspruch auf Elterngeld besteht und für die weiteren Mehrlinge der Mehrlingszuschlag i.H.v. 300 € gezahlt wird.

– **Anspruch auf Elterngeld** hat, wer einen Wohnsitz oder seinen gewöhnlichen Aufenthalt in Deutschland hat, mit seinem Kind in einem Haushalt lebt, dieses Kind selbst betreut und erzieht und keine oder keine volle Erwerbstätigkeit (d.h. weniger als 30 Wochenstunden) ausübt (§ 1 BEEG). Ein Anspruch entfällt jedoch, wenn die berechtigte(n) Person(en) im letzten abgeschlossenen Veranlagungszeitraum ein zu versteuerndes Einkommen nach § 2 Abs. 5, 5a, 5b EStG i.H.v. mehr als 250 000 € (500 000 €) erzielt hat (haben), d.h. die sog. **Reichensteuer** zahlen müssen (Anhebung des Spitzensteuersatzes von 42 % auf 45 %), dazu → *Steuertarif* Rz. 2803.

– **Elterngeld kann in der Zeit vom Tag der Geburt bis zur Vollendung des 14. Lebensmonats des Kindes bezogen werden.** Gezahlt wird zwölf Monate lang und zwei weitere Monate, wenn auch der Partner das Kind mindestens zwei Monate betreut.

– Nach § 2 Abs. 1 BEEG beträgt das **Elterngeld 65 bis 67 % des in den zwölf Kalendermonaten vor dem Monat der Geburt des Kindes durchschnittlich erzielten monatlichen Einkommens aus Erwerbstätigkeit.**

– Für **Geringverdiener** gibt es ein erhöhtes Elterngeld: Ist das zu Grunde liegende Nettoeinkommen geringer als 1 000 € monatlich, wächst der Einkommensersatz bis zu 100 %. Je 20 € geringeres Einkommen erhöht sich die Ersatzrate um jeweils 1 % (§ 2 Abs. 2 BEEG).

– **Der Höhe nach ist das Elterngeld pro Kind auf mindestens 300 € und einen Höchstbetrag von 1 800 € begrenzt.** Eine Zahlung erfolgt für volle Monate, in denen die berechtigte Person kein Einkommen aus Erwerbstätigkeit bezieht.

– Das **Mindestelterngeld** i.H.v. 300 € wird während der Kernzeit von zwölf Monaten nicht als Einkommen auf andere Sozialleistungen oder Wohngeld angerechnet.

– **Alleinerziehende**, die vor der Geburt des Kindes erwerbstätig waren, erhalten das Elterngeld 14 Monate, da sie Vater- und Muttermonate erfüllen.

– Bei der Geburt eines weiteren Kindes innerhalb von 24 Monaten wird zusätzlich zum Elterngeld ein **Geschwisterbonus** gezahlt. Er errechnet sich aus der Hälfte der Differenz der höchstmöglichen Elterngelder für beide Kinder.

– Das Elterngeld kann bei gleichem Gesamtbudget auch auf den **doppelten Zeitraum (auf bis zu 28 Monate) gestreckt** werden, dann werden die halben Monatsbeträge gezahlt.

Zur Ermittlung des maßgeblichen **Einkommens bei nichtselbständiger Arbeit** wird der laufende Arbeitslohn (ohne sonstige Bezüge) pauschal um Steuern (Lohnsteuer zuzüglich Annexsteuern) sowie Pflichtbeiträge zur Sozialversicherung und um den Arbeitnehmer-Pauschbetrag gekürzt.

Zur Berücksichtigung von **Provisionen** s. BSG v. 26.3.2014, B 10 EG 7/13 R, B 10 EG 12/13 R und B 10 EG 14/13 R, www.stotax-first.de.

2. Steuerliche Behandlung

a) Allgemeines

Das Elterngeld ist nach § 3 Nr. 67 Buchst. a EStG **steuerfrei**. Es **1062** wird jedoch – auch wenn nur der Sockelbetrag von 300 € monatlich gezahlt wird – in den sog. **Progressionsvorbehalt** einbezogen (§ 32b Abs. 1 Nr. 1 Buchst. j EStG), da durch die Zahlung dieser steuerfreien Sozialleistung die wirtschaftliche Leistungsfähigkeit der berechtigten Personen erhöht wird (BFH v. 21.9.2009, VI B 31/09, BStBl II 2011, 382, Verfassungsbeschwerde nicht zur Entscheidung angenommen, BVerfG v. 20.10.2010, 2 BvR 2604/09, StEd 2010, 723).

I.R.d. Progressionsvorbehalts ist vom **Elterngeld der Arbeitnehmer-Pauschbetrag nicht abzuziehen**, wenn bei der Ermittlung der Einkünfte aus nichtselbständiger Arbeit den Pauschbetrag übersteigende Werbungskosten abgezogen wurden (BFH v. 25.9.2014, III R 61/12, BStBl II 2015, 182, Verfassungsbeschwerde eingelegt, Az. beim BVerfG: 2 BvR 3057/14, StEd 2015, 242).

Das Elterngeld ist nach Auffassung der Finanzverwaltung grundsätzlich als **Bezug des Kindes** i.S. des § 33a Abs. 1 Satz 4 EStG (Abzug von Unterhaltsleistungen an bedürftige Personen als außergewöhnliche Belastung) anzusetzen, da es i.d.R. Lohnersatz

Elterngeld

darstellt und deswegen auch unter den Progressionsvorbehalt fällt. Auszunehmen hiervon ist aber der **Mindestbetrag (Sockelbetrag)** i.H.v. 300 € bzw. 150 € monatlich (bei Mehrlingsgeburten entsprechend vervielfacht), da dieser auch gezahlt wird, wenn vorher keine Einkünfte erzielt wurden (vgl. OFD Frankfurt v. 22.2.2012, S 2282 A – 22 – St 223, www.stotax-first.de).

b) Steuerklassenwahl bei Arbeitnehmerehegatten

1063 Bei Arbeitnehmerehegatten ist die Wahl der Steuerklassen ausschlaggebend für die Berechnung des Elterngeldes. Da nach der Geburt des Kindes häufig die Mutter ihre Erwerbstätigkeit vorübergehend einstellt, die wegen geringeren Arbeitslohns in die **Steuerklasse V** eingruppiert ist, wird in der Praxis häufig die Frage gestellt, ob und wann eine Änderung der Steuerklassen in die Steuerklassen IV/IV möglich ist, ggf. auch rückwirkend. Dies hätte zur Folge, dass die Ehefrau durch eine günstigere Steuerklasse **höhere Nettoeinnahmen** im für die Bemessungsgrundlage heranzuziehenden Zwölf-Monats-Zeitraum erzielen könnte und sich das Elterngeld in Anlehnung an den höheren Nettolohn entsprechend erhöhen würde.

Die **OFD Rheinland** weist in ihrer Verfügung v. 3.11.2006, S 2361 – 0005 – St 215, DB 2006, 2492 darauf hin, dass eine **rückwirkende Änderung der Steuerklassen nicht in Betracht kommt**, da die gesetzlichen Regelungen zu den Steuerklassenänderungen nicht geändert worden sind: § 39 Abs. 5 Satz 3 EStG regelt, dass Arbeitnehmerehegatten im Laufe des Kalenderjahrs einmal, spätestens bis 30.11. des laufenden Jahres beantragen können, die als Lohnabzugsmerkmal berücksichtigten Steuerklassen in andere in Betracht kommende Steuerklassen zu ändern. Die Änderung ist mit Wirkung vom Beginn des auf die Antragstellung folgenden Kalendermonats an vorzunehmen (§ 39 Abs. 6 Satz 5 EStG).

Voraussetzung für die Anerkennung einer günstigeren Steuerklasse mit höherem Nettoeinkommen ist aber, dass die entsprechende Steuerklasse in der Mehrzahl der zwölf Monate vor der Geburt gewählt worden ist – also in mindestens sieben von zwölf Monaten (§ 2c Abs. 3 BEEG).

Ein Steuerklassenwechsel sollte daher immer sehr frühzeitig beantragt werden (die Höhe der Einkommensteuer ändert sich durch den Steuerklassenwechsel, vorübergehende Nachteile werden bei der Einkommensteuerveranlagung ausgeglichen).

3. Sozialversicherung

1064 Zu den sozialversicherungsrechtlichen Auswirkungen → *Elternzeit* Rz. 1070.

Elternzeit

1. Arbeitsrechtliche allgemeine Grundsätze

a) Einleitung

1065 Seit 2007 ist das **Bundeselterngeld- und Elternzeitgesetz (BEEG)** in Kraft. Es tritt für die ab dem 1.1.2007 geborenen Kinder an die Stelle des bisherigen Bundeserziehungsgeldgesetzes. Für Kinder, die vor dem 1.1.2007 geboren wurden, gilt das bisherige Bundeserziehungsgeldgesetz weiter (s. dazu „ABC des Lohnbüros 2006" Rdnr. 103 ff.). Zum Elterngeld → *Elterngeld* Rz. 1061 ff. Ein immer noch **aktueller Überblick** findet sich bei Jüngst, Elternzeit, Elternteilzeit und sonstige Fragen zum BEEG – Aktuelle Rechtsprechung, B+P 2009, 453.

Mit dem am 24.1.2009 in Kraft getretenen **Ersten Änderungsgesetz** (BGBl. I 2009, 61) ist die Möglichkeit der Elternzeit und Elternteilzeit auf eine Inanspruchnahme durch Großeltern ausgedehnt worden, sog. **Großelternzeit**, wenn bestimmte Voraussetzungen erfüllt sind (§ 15 Abs. 1a BEEG n.F.). Das Gesetz zur Vereinfachung des Elterngeldbezugs v. 10.9.2012 (BGBl. I 2012, 1878), das mit Wirkung ab 18.9.2012 in Kraft getreten ist, hat die Möglichkeiten zur **vorzeitigen Beendigung der Elternzeit** erleichtert und die Möglichkeit zur **Verlängerung der Elternzeit** mit der **Neufassung des § 16 Abs. 3 BEEG** klarer gefasst.

b) Neuregelungen für ab 1.7.2015 geborene Kinder

1066 Aktuell ist die ab 1.1.2015 geltende Neufassung des BEEG durch das **Gesetz zur Einführung des Elterngeld Plus mit Partner**schaftsbonus und einer flexibleren Elternzeit im Bundeselterngeld- und Elternzeitgesetz für die ab 1.7.2015 geborenen Kinder (§ 22 Abs. 1 BEEG) zu beachten (Bekanntmachung vom 27.1.2015, BGBl. I 2015, 33). Neben Änderungen beim Elterngeld mit dem neuen **Elterngeld Plus** (→ *Elterngeld* Rz. 1061) ist auch die Elternzeit mit Neufassung der Vorschriften der §§ 16 und 18 BEEG deutlich flexibler gestaltet worden.

Die Neuregelungen seien vorab wie folgt **zusammengefasst**:

- Wie bisher kann jeder Elternteil bis zu **36 Monate** eine unbezahlte Auszeit (Elternzeit) vom Job nehmen.
- Beide Elternteile können ihre Elternzeit in **je drei** statt wie bisher zwei **Abschnitte** aufteilen; beim dritten Abschnitt kann der Arbeitgeber der Inanspruchnahme jedoch innerhalb von acht Wochen nach Zugang des Antrages **widersprechen**, wenn der Abschnitt nach dem dritten Geburtstag liegen soll und der Inanspruchnahme dringende betriebliche Gründe entgegenstehen, § 16 Abs. 1 BEEG. Eine Verteilung auf mehr als drei Abschnitte ist nur mit Zustimmung des Arbeitgebers möglich.
- Eltern können künftig 24 Monate statt bisher zwölf **zwischen dem 3. und dem 8. Geburtstag** des Kindes nehmen, § 15 Abs. 2 BEEG. Nunmehr bedarf die Inanspruchnahme der Elternzeit zwischen dem dritten und achten Geburtstag des Kindes nicht mehr der Zustimmung des Arbeitgebers.
- Die Elternzeit nach dem 3. Geburtstag des Kindes muss nach der Neuregelung **13 Wochen vorher angemeldet** werden, § 16 Abs. 1 BEEG; Elternzeit vor dem 3. Geburtstag nach wie vor nur sieben Wochen vorher.
- Der Elternzeitberechtigte muss sich bei der Anmeldung von Elternzeit in den ersten drei Lebensjahren **für zwei Jahre festlegen**, § 16 Abs. 1 BEEG. Eine Festlegung für den Zeitraum zwischen dem dritten und dem neunten Geburtstag ist hingegen nicht nötig.
- Der Arbeitgeber hat dem Elternzeitberechtigten die Elternzeit zu bescheinigen und bei einem Arbeitgeberwechsel ist auf Verlangen des neuen Arbeitgebers eine **Elternzeitbescheinigung** des bisherigen Arbeitgebers vorzulegen, wenn der Berechtigte Elternzeit in Anspruch nimmt, § 16 Abs. 1 BEEG.
- Großeltern können nunmehr zusätzlich auch dann Elternzeit nehmen, wenn ihr Kind vor dem 18. Lebensjahr ein Kind bekommt und sich im ersten Ausbildungsjahr befindet, § 15 Abs. 1a BEEG.

c) Einzelne Regelungen

1067 Arbeitnehmerinnen und Arbeitnehmer haben **Anspruch auf Elternzeit**, wenn sie (u.a.)

- mit einem Kind, für das ihnen die Personensorge zusteht,
- einem Kind des Ehepartners,
- einem Kind, das sie mit dem Ziel der Adoption aufnehmen,
- einem Kind, für das sie ohne Personensorgerecht in einem Härtefall Elterngeld erhalten,
- als Nichtsorgeberechtigte mit ihrem leiblichen Kind

in einem Haushalt leben und dieses Kind selbst betreuen und erziehen (§ 15 Abs. 1 BEEG).

Der Anspruch der **Großeltern** auf Elternzeit richtet sich nach § 15 Abs. 1a BEEG.

Bei der Elternzeit sind folgende **Einzelheiten** von Bedeutung:

- Jeder Elternteil kann Elternzeit erhalten. Zulässig ist auch die Inanspruchnahme eines Teils der Elternzeit bei dem ersten Arbeitgeber und eines weiteren Teils nach **Wechsel zu einem neuen Arbeitgeber**; dort genießt der Elternzeitler wieder besonderen Kündigungsschutz (vgl. BAG v. 11.3.1999, 2 AZR 19/98, www.stotax-first.de).
- Der Anspruch auf Elternzeit wird ausgeübt durch ein entsprechendes **schriftliches Verlangen des Arbeitnehmers** an den Arbeitgeber oder an zuständige Mitarbeiter spätestens mit einer **Regelfrist** von **sieben Wochen** vor dem Zeitpunkt der Inanspruchnahme; die Elternzeit nach dem 3. Geburtstag des Kindes muss **dreizehn Wochen** vorher angemeldet werden, einer Zustimmung oder Genehmigung des Arbeitgebers bedarf es nicht. Lediglich bei einem dritten Elternzeitabschnitt kann der Arbeitgeber der Inanspruchnahme innerhalb von acht Wochen nach Zugang des Antrages **widersprechen**, wenn der

Abschnitt nach dem dritten Geburtstag liegen soll und der Inanspruchnahme dringende betriebliche Gründe entgegenstehen, § 16 Abs. 1 BEEG.

- Für die Elternzeit folgt schon aus § 17 Abs. 1 Satz 1 BEEG, dass trotz ruhendem Arbeitsverhältnis **Urlaubsansprüche entstehen**. Danach kann der Arbeitgeber den Erholungsurlaub für jeden vollen Kalendermonat der Elternzeit um ein Zwölftel kürzen. Nur ein entstandener Urlaubsanspruch kann gekürzt werden (BAG v. 17.5.2011, 9 AZR 197/10, www.stotax-first.de). Dies gilt **nicht, wenn** der Arbeitnehmer während der Elternzeit **Teilzeitarbeit** leistet. Voraussetzung für die Kürzung ist, dass der Anspruch auf Erholungsurlaub noch besteht. Daran fehlt es, wenn das **Arbeitsverhältnis beendet** ist und der Arbeitnehmer Anspruch auf Urlaubsabgeltung hat (BAG v. 19.5.2015, 9 AZR 725/13, www.stotax-first.de). Voraussetzung für die Kürzung ist weiterhin, dass der Arbeitgeber eine eindeutige **Kürzungserklärung** gegenüber dem Arbeitnehmer abgibt (BAG v. 19.5.2015, 9 AZR 725/13, www.stotax-first.de).

- Hat der Arbeitnehmer seinen **Erholungsurlaub** vor Beginn der Elternzeit nicht vollständig erhalten, so hat der Arbeitgeber den Resturlaub nach der Elternzeit im laufenden oder im nächsten Urlaubsjahr zu gewähren. Der vor einer ersten Elternzeit entstandene Anspruch auf Erholungsurlaub wird nach § 17 Abs. 2 BEEG auch auf die Zeit nach einer weiteren Elternzeit übertragen, die sich unmittelbar an die frühere Elternzeit anschließt (BAG v. 20.5.2008, 9 AZR 219/07, www.stotax-first.de). Die entgegenstehende bisherige Rechtsprechung hat das BAG aufgegeben. Endet das Arbeitsverhältnis, so hat der Arbeitgeber den noch nicht gewährten Erholungsurlaub abzugelten, § 17 Abs. 3 BEEG.

- Der Arbeitgeber darf das **Arbeitsverhältnis** während der Elternzeit **nicht kündigen**. Dies gilt auch ab dem Zeitpunkt, von dem an Elternzeit verlangt worden ist, höchstens jedoch sechs Wochen vor Beginn der Elternzeit. Dieses Kündigungsverbot gilt aber nicht bei einem Arbeitsverhältnis während der Elternzeit bei einem „anderen" Arbeitgeber (BAG v. 2.2.2006, 2 AZR 596/04, www.stotax-first.de).

- Während der Elternzeit kann jeder Elternteil in **Teilzeitarbeit** weiterarbeiten, § 15 Abs. 4 BEEG. Die früher geltende Höchst-Stundenzahl von 19 Stunden/Woche ist auf (höchstens) **30 Stunden/Woche im Durchschnitt** des Monats erhöht.

- Während der Elternzeit bleibt die **Mitgliedschaft in der gesetzlichen Kranken- und Pflegeversicherung** von versicherungspflichtigen Arbeitnehmern beitragsfrei bestehen.

- Elternzeit kann auf Antrag des Arbeitnehmers nach § 16 Abs. 3 Satz 1 BEEG **vorzeitig beendet** oder i.R.d. Gesamtanspruchs verlängert werden, wenn der **Arbeitgeber zustimmt**. Bei Geburt eines weiteren Kindes gilt nach § 16 Abs. 3 Satz 2 BEEG: Der Arbeitgeber kann eine erklärte vorzeitige Beendigung der Elternzeit wegen der **Geburt eines weiteren Kindes** nur innerhalb von vier Wochen schriftlich aus dringenden betrieblichen Gründen ablehnen; bei nicht form- oder fristgerechter Ablehnung oder fehlenden dringenden betrieblichen Gründen tritt vier Wochen nach Zugang der Erklärung die Beendigung der Elternzeit ein (BAG v. 21.4.2009, 9 AZR 391/08, www.stotax-first.de).

d) Zum Anspruch auf Elternteilzeit

Zum Anspruch der Elternzeitberechtigten auf Elternteilzeit nach § 15 Abs. 5 bis 7 BEEG sind folgende **Grundsätze** von praktischer Bedeutung:

- In Betrieben mit mehr als 15 Arbeitnehmern hat jeder Elternteil, dessen Arbeitsverhältnis bereits länger als sechs Monate besteht, einen einklagbaren Rechtsanspruch auf Verringerung der Arbeitszeit (Anspruch auf **Elternteilzeit**) für mindestens zwei Monate und einem Umfang zwischen 15 und 30 Wochenstunden, und zwar **zweimalig** während der Gesamtdauer der Elternzeit. Dabei sind jedoch getroffene einvernehmliche Elternteilzeitregelungen nicht auf den Anspruch auf zweimalige Verringerung der Arbeitszeit anzurechnen, es sei denn Arbeitgeber und Arbeitnehmer einigten sich auf eine Anrechnung (BAG v. 19.2.2013, 9 AZR 461/11, www.stotax-first.de).

- Voraussetzung ist, dass die **Ankündigungsfrist** für die Beanspruchung der Elternzeit für den Zeitraum bis zum vollendeten dritten Lebensjahr des Kindes von sieben Wochen bzw. für den Zeitraum zwischen dem dritten Geburtstag und dem vollendeten achten Lebensjahr von dreizehn Wochen eingehalten ist (schriftliche Mitteilung an der Arbeitgeber erforderlich). Voraussetzung ist weiterhin, dass keine **dringenden betrieblichen Gründe** entgegenstehen. Lehnt der Arbeitgeber die beanspruchte Verringerung ab, muss er dies innerhalb von vier Wochen mit schriftlicher Begründung tun. Die entgegenstehenden betrieblichen Gründe müssen zwingende Hindernisse für die beantragte Verkürzung der Arbeitszeit sein (BAG v. 15.12.2009, 9 AZR 72/09, www.stotax-first.de). Gegen die Ablehnung kann sich der Arbeitnehmer vor den Gerichten für Arbeitssachen mit einer Klage wehren. Voraussetzung für den Erfolg des Elternteilzeitantrags bleibt aber das Vorhandensein eines entsprechenden **Beschäftigungsbedarfs**.

- Der Anspruch auf Elternteilzeit besteht auch für Arbeitnehmer, die bereits in Teilzeit beschäftigt sind (BAG v. 13.11.2012, 9 AZR 259/11, www.stotax-first.de). Ebenso kann der Arbeitnehmer für die Teilzeitbeschäftigung während der Elternzeit die Verringerung der vertraglich geschuldeten Arbeitszeit bei seinem Arbeitgeber auch dann verlangen, wenn er sich bereits in Elternzeit mit **völliger Freistellung von der Arbeitszeit** befindet und zunächst keine Verringerung der Arbeitszeit beantragt worden war (BAG v. 19.4.2005, 9 AZR 233/04, www.stotax-first.de). Der Arbeitgeber kann dem Anspruch auf Verringerung der Arbeitszeit nur **dringende betriebliche Gründe** entgegensetzen; das gilt auch für die vom Arbeitnehmer verlangte Verteilung der Arbeitszeit (BAG v. 9.5.2006, 9 AZR 278/05, www.stotax-first.de). Ein solcher dringender betrieblicher Grund ist z.B. das Fehlen eines zusätzlichen Beschäftigungsbedarfs (BAG v. 15.4.2008, 9 AZR 380/07, www.stotax-first.de).

e) Erwerbstätigkeit während der Elternzeit

Während der Elternzeit ist eine Erwerbstätigkeit zulässig, wenn die wöchentliche Arbeitszeit 30 Stunden im Durchschnitt des Monats nicht übersteigt. Die Teilbeschäftigung kann der Elternzeitberechtigte **auch bei einem anderen Arbeitgeber** oder als Selbständiger ausüben, allerdings ist zuvor die Zustimmung des bisherigen Arbeitgebers einzuholen. Eine Ablehnung der Zustimmung kann der Arbeitgeber nur mit entgegenstehenden betrieblichen Interessen innerhalb einer Frist von vier Wochen schriftlich verweigern (§ 15 Abs. 4 BEEG); erklärt sich der Arbeitgeber nicht form- oder nicht fristgerecht, entfällt das Zustimmungserfordernis mit Ablauf der Vier-Wochen-Frist (vgl. BAG v. 26.6.1997, 8 AZR 506/95, www.stotax-first.de). In dem Arbeitsverhältnis mit dem „anderen" Arbeitgeber gilt der Sonderkündigungsschutz nach § 18 BEEG nicht (BAG v. 2.2.2006, 2 AZR 596/04, www.stotax-first.de).

Bei Erwerbstätigkeit während der Elternzeit findet u.U. nach § 2 BEEG eine **Anrechnung auf das Elterngeld** statt.

2. Lohnsteuer und Sozialversicherung

In der gesetzlichen Krankenversicherung besteht die Pflichtmitgliedschaft fort, solange Elterngeld bezogen oder Elternzeit in Anspruch genommen wird. Auch die Mitgliedschaft freiwillig Versicherter besteht während des Bezugs von Elterngeld oder während der Elternzeit fort. Wird das Elterngeld bei halbem Betrag auf die doppelte Anzahl von Monaten gedehnt, bleibt die Mitgliedschaft während des gesamten verlängerten Auszahlungszeitraums erhalten. Aus dem Elterngeld sind keine Beiträge zu leisten. Die Beitragsfreiheit gilt jedoch nur für das Elterngeld selbst, nicht für mögliche andere Einnahmen. **Pflichtmitglieder**, die außer dem Elterngeld keine weiteren beitragspflichtigen Einnahmen beziehen, sind dementsprechend für die Dauer der Elternzeit beitragsfrei versichert. **Freiwillige Mitglieder** müssen grundsätzlich weiterhin Beiträge zahlen, ggf. den Mindestbeitrag. **Privat Krankenversicherte bleiben für die Dauer der Mutterschutzfristen sowie der Elternzeit weiterhin privat krankenversichert**; sie können nicht in die beitragsfreie Familienversicherung des Ehegatten aufgenommen werden. Angestellte, die privat versichert sind, müssen ihre Versicherungsprämien weiter selbst tragen, und zwar auch den bisher von der Arbeitgeberseite übernommenen Anteil. Bei Aufnahme einer Teilzeittätigkeit wird eine Versiche-

Elternzeit

rungspflicht in der gesetzlichen Krankenversicherung begründet, wenn das Entgelt über 450 € monatlich und unterhalb der für die Person maßgeblichen Versicherungspflichtgrenze liegt. In bestimmten Fällen ist hiervon eine Befreiung möglich.

Die Teilzeitbeschäftigung wird **steuerrechtlich und sozialversicherungsrechtlich** wie eine normale Beschäftigung behandelt. Das bedeutet, die Bezüge unterliegen der Lohnsteuerpflicht. Bei Aushilfstätigkeiten ist ggf. eine Pauschalierung der Lohnsteuer möglich (→ *Pauschalierung der Lohnsteuer* Rz. 2174). In der Sozialversicherung ist u.a. festzustellen, ob auf Grund dieser Teilzeitbeschäftigung Versicherungspflicht in der Kranken-, Pflege-, Renten- und Arbeitslosenversicherung eintritt. Hierbei sind insbesondere die Regelungen zur möglichen Versicherungsfreiheit von geringfügigen Beschäftigungen zu beachten (→ *Mini-Jobs* Rz. 2047). Bei einem versicherungspflichtigen Beschäftigungsverhältnis sind vom erzielten Arbeitsentgelt Beiträge zu entrichten.

Zum **Werbungskostenabzug** während der Elternzeit → *Werbungskosten* Rz. 3183.

Entfernungspauschale

→ *Reisekosten: Allgemeine Grundsätze* Rz. 2409, → *Wege zwischen Wohnung und erster Tätigkeitsstätte* Rz. 3133

Entgelt

→ *Arbeitsentgelt* Rz. 216, → *Arbeitslohn* Rz. 244

Entgeltersatzleistungen

→ *Arbeitslosenversicherung* Rz. 261

Entgeltfortzahlung

Inhaltsübersicht:

	Rz.
1. Allgemeines	1071
2. Lohnsteuer und Sozialversicherung	1072
3. Anspruchsvoraussetzungen für die Entgeltfortzahlung	1073
a) Personenkreis	1073
b) Wartezeit vier Wochen	1074
c) Arbeitsunfähigkeit infolge Krankheit	1075
d) Selbst verschuldete Krankheit	1076
e) Arbeitsunfähigkeit infolge Sterilisation oder Schwangerschaftsabbruch	1077
f) Arbeitsunfähigkeit infolge Organspende	1078
g) Arbeitsunfähigkeit als Ursache der Arbeitsverhinderung	1079
h) Arztbesuch/Behandlung	1080
i) Beaufsichtigung und Betreuung eines erkrankten Kindes	1081
4. Dauer des Anspruchs auf Entgeltfortzahlung	1082
a) Grundsatz	1082
b) Sechs-Wochen-Frist	1083
c) Wiederholte Arbeitsunfähigkeit	1084
d) Arbeitgeberwechsel	1085
e) Sechs-Monats-Frist	1086
f) Zwölf-Monats-Frist	1087
g) Hinzutritt einer Krankheit während eines Anspruchs auf Entgeltfortzahlung	1088
5. Höhe des fortzuzahlenden Arbeitsentgelts	1089
a) Grundsätzliches	1089
b) Berechnungsfaktoren	1090
c) Berechnung der Entgeltfortzahlungshöhe	1092
d) Abweichung durch Tarifvertrag	1093
6. Anzeige- und Nachweispflichten des Arbeitnehmers	1094
a) Allgemeines	1094
b) Arbeitsunfähigkeit im Inland	1095
c) Beweiskraft der Arbeitsunfähigkeitsbescheinigung	1096
d) Überprüfung der Arbeitsunfähigkeit	1097
e) Arbeitsunfähigkeit im Ausland	1098
f) Arbeitsfähigkeitsbescheinigung	1099
7. Ende der Entgeltfortzahlung/Anlasskündigung	1100
8. Teilnahme an medizinischen Rehabilitationsmaßnahmen (Kuren)	1101
9. Forderungsübergang bei Dritthaftung	1102
10. Leistungsverweigerungsrecht des Arbeitgebers	1103
11. Ausgleich der Arbeitgeberaufwendungen	1104

1. Allgemeines

Die Regelungen zur Entgeltfortzahlung sind zum 1.6.1994 vereinheitlicht worden. Von diesem Zeitpunkt an bestehen sowohl in den alten als auch in den neuen Bundesländern die gleichen Anspruchsvoraussetzungen für die **Entgeltfortzahlung im Krankheitsfall** an **Arbeiter, Angestellte und Auszubildende**. Die bisher bestehenden Ungleichbehandlungen und Beschränkungen, insbesondere für geringfügig Beschäftigte, sind dadurch beseitigt. Das Entgeltfortzahlungsgesetz wirkt sich nur auf privatrechtliche Arbeitsverhältnisse aus. Für Beamte oder ähnliche Personen gelten diese Regelungen nicht. Hierfür bestehen Sonderregelungen. **1071**

Voraussetzung für die Entgeltfortzahlung ist nur noch, dass der Beschäftigungsort im Bundesgebiet liegt. Auf den Wohn- oder Aufenthaltsort des Arbeitnehmers kommt es nicht an. Somit besteht auch im Rahmen der Ausstrahlung ein Anspruch auf Entgeltfortzahlung (→ *Ausstrahlung* Rz. 480).

Zur **Entgeltfortzahlung an Feiertagen** → *Feiertagslohn* Rz. 1206.

2. Lohnsteuer und Sozialversicherung

Zahlt der Arbeitgeber auf Grund des Entgeltfortzahlungsgesetzes den Arbeitslohn im Krankheitsfall weiter, ergeben sich lohnsteuerlich und beitragsrechtlich keine Besonderheiten. Der Arbeitgeber hat den Arbeitslohn **nach den allgemeinen Vorschriften** zu versteuern und dem Beitragsabzug zu unterwerfen. Entscheidend ist dabei der tatsächlich ausgezahlte Arbeitslohn. Zahlt der Arbeitgeber den Lohn nur teilweise weiter, ist der teilweise gezahlte Lohn Bemessungsgrundlage für die Lohnsteuer und die Beitragsberechnung; verweigert der Arbeitgeber die Entgeltfortzahlung (z.B. nach § 7 EFZG), ist **mangels** Zuflusses auch nichts zu versteuern bzw. auch kein Sozialversicherungsbeitrag abzuführen. **1072**

3. Anspruchsvoraussetzungen für die Entgeltfortzahlung

a) Personenkreis

Arbeitnehmer (Arbeiter, Angestellte, Auszubildende), die arbeitsunfähig erkranken, haben ihrem Arbeitgeber gegenüber einen Anspruch auf Entgeltfortzahlung für die Dauer von bis zu **sechs Wochen**. Dabei ist es für den Anspruch auf Entgeltfortzahlung bedeutungslos, ob das Arbeitsverhältnis Versicherungspflicht in der Kranken- oder Rentenversicherung auslöst; das bedeutet, dass auch für geringfügig oder kurzfristig Beschäftigte ein Anspruch auf Entgeltfortzahlung im Krankheitsfall besteht. **1073**

Auch befristet Beschäftigte haben grundsätzlich einen Anspruch auf Fortzahlung des Arbeitsentgelts. Allerdings endet dieser Anspruch mit dem Tag der Beendigung des Arbeitsverhältnisses.

> **Beispiel:**
> Eine Aushilfsverkäuferin übt in der Zeit vom 1. Juni bis 31. Juli eine sozialversicherungsfreie Beschäftigung aus. Vom 21. Juli an ist sie arbeitsunfähig krank. Die Arbeitsunfähigkeit dauert bis zum 13. August.
>
> Die Arbeitnehmerin hat gegenüber dem Arbeitgeber einen Anspruch auf Entgeltfortzahlung. Da das Beschäftigungsverhältnis jedoch im Voraus bis zum 31. Juli befristet ist, endet der Entgeltfortzahlungsanspruch bereits zum 31. Juli, obwohl die Arbeitsunfähigkeit bis zum 13. August andauert und der Anspruch grundsätzlich noch nicht erschöpft ist.

Besteht bei **befristeten Arbeitsverhältnissen** zwischen Arbeitgeber und Arbeitnehmer Einigkeit darüber, dass das Arbeitsverhältnis eigentlich auf Dauer angelegt ist, besteht bei einer möglichen Erkrankung während der Befristung ein Anspruch auf Entgeltfortzahlung nicht nur bis zum Ende der Befristung, sondern auch darüber hinaus. Nach Auffassung des BAG v. 11.12.1985, 5 AZR 135/85, www.stotax-first.de, wird diese Befristung als Umgehung des Anspruchs auf Entgeltfortzahlung angesehen.

b) Wartezeit vier Wochen

Erkrankt ein neu eingestellter Arbeitnehmer vor Aufnahme des Arbeitsverhältnisses oder in den ersten vier Wochen des Arbeitsverhältnisses, so entsteht **kein Anspruch auf Entgeltfortzahlung**; der Arbeitnehmer hat insoweit Anspruch auf **Krankengeld** gegenüber der Krankenversicherung. Dauert eine Arbeitsunfähigkeit über die vierwöchige Wartezeit hinaus an, so beginnt mit deren Ablauf (ohne Rückwirkung) der Anspruch auf Entgeltfortzahlung **1074** gegen den Arbeitgeber. Der Anspruchszeitraum von sechs Wochen wird insoweit nicht gekürzt.

Nach bisherigem Recht bestand ein Anspruch auf Krankengeld von dem Tag an, der auf den Tag der ärztlichen Feststellung der Arbeitsunfähigkeit folgt. Ein Arbeitnehmer, der innerhalb der Wartezeit von vier Wochen arbeitsunfähig erkrankt, hätte dann in aller Regel erst einen Krankengeldanspruch mit dem Folgetag.

Durch eine Neuregelung im Gesetz zur Stärkung der Versorgung in der gesetzlichen Krankenversicherung (GKV-VSG) besteht der Anspruch auf Krankengeld von dem Tag der ärztlichen Feststellung der Arbeitsunfähigkeit an.

Diese Regel gilt auch für den vorgenannten Personenkreis.

Durch Tarifvertrag kann auf diese Wartezeit verzichtet werden. Der neu eingestellte Arbeitnehmer hätte dann bei Arbeitsunfähigkeit sofort einen Anspruch auf Entgeltfortzahlung. Bei allgemeinen Regelungen im Tarifvertrag (z.B. Entgeltfortzahlung für sechs Wochen) kann jedoch nicht davon ausgegangen werden, dass auf die Wartezeit verzichtet wird (BAG v. 12.12.2001, 5 AZR 248/00, www.stotax-first.de).

Bei einem nahtlosen Wechsel von einem Ausbildungsverhältnis (nach bestandener Abschlussprüfung) in ein Arbeitsverhältnis beim selben Arbeitgeber ist die Wartezeitregelung nicht anzuwenden (vgl. BAG v. 20.8.2003, 5 AZR 436/02, www.stotax-first.de).

Wenn ein Arbeitnehmer kurz nach Beginn des Arbeitsverhältnisses erkrankt und vom Arbeitgeber aus Anlass der Arbeitsunfähigkeit zu einem noch innerhalb der Wartefrist liegenden Termin gekündigt wird, besteht dennoch ein sechswöchiger Anspruch auf Entgeltfortzahlung bei Arbeitsunfähigkeit für die Zeit nach Ablauf der vierwöchigen Wartefrist (BAG v. 26.5.1999, 5 AZR 338/98, www.stotax-first.de).

Bei der Berechnung der Krankenversicherungsbeiträge ist der allgemeine Beitragssatz (für Versicherte mit einem Entgeltfortzahlungsanspruch für mindestens sechs Wochen) auch während der vierwöchigen Wartezeit anzuwenden (→ *Beiträge zur Sozialversicherung* Rz. 548).

c) Arbeitsunfähigkeit infolge Krankheit

1075 Voraussetzung für den Entgeltfortzahlungsanspruch ist, dass der Arbeitnehmer durch Krankheit bzw. infolge einer nicht rechtswidrigen Sterilisation oder infolge eines nicht rechtswidrigen **Abbruchs der Schwangerschaft** durch einen Arzt, durch eine Blutspende zur Separation von Blutstammzellen oder anderen Blutbestandteilen oder durch **Organspende** (§ 3a EFZG) arbeitsunfähig wird. Trifft den Arbeitnehmer ein Verschulden oder ist die Arbeitsunfähigkeit nicht die maßgebende Ursache an der Arbeitsverhinderung, besteht kein Anspruch auf Entgeltfortzahlung.

Krankheit in diesem Sinne liegt vor, wenn der regelwidrige körperliche, geistige oder seelische Zustand ärztliche Behandlung erfordert mit dem Ziel, die Arbeitsfähigkeit zu erhalten oder wiederherzustellen bzw. die künftige Erwerbsfähigkeit günstig zu beeinflussen oder Schmerzen oder Beschwerden zu verhindern, zu beheben oder zu lindern. Tritt auf Grund der Krankheit **Arbeitsunfähigkeit** ein, d.h. der Arbeitnehmer ist nicht mehr in der Lage, seine zuletzt ausgeübte Tätigkeit auszuüben bzw. nur auf Gefahr der Verschlimmerung seines Krankheitszustands, ist der Entgeltfortzahlungsanspruch gegeben.

Die Krankheitsursache ist für den Anspruch grundsätzlich unerheblich. Somit besteht auch dann ein Anspruch auf Entgeltfortzahlung, wenn die Arbeitsunfähigkeit auf einen **Arbeits-, Sport- oder Verkehrsunfall** oder eine Wehrdienstbeschädigung zurückzuführen ist. Hat der Arbeitnehmer jedoch die Arbeitsunfähigkeit selbst verschuldet, besteht kein Anspruch auf Entgeltfortzahlung.

d) Selbst verschuldete Krankheit

1076 Bei einer selbst verschuldeten Krankheit besteht kein Entgeltfortzahlungsanspruch. Ein Verschulden liegt nach ständiger Rechtsprechung dann vor, wenn der Arbeitnehmer seine **Sorgfaltspflicht** verletzt, die ein verständiger Mensch normalerweise im eigenen Interesse anwendet, d.h. die zur Arbeitsunfähigkeit führende Krankheit ist durch **unverständiges, leichtfertiges oder gegen die guten Sitten im Rechtssinne verstoßendes Verhalten** eingetreten.

Ein Verschulden des Arbeitnehmers kann nicht nur beim Entstehen einer Krankheit vorliegen, sondern auch dann, wenn der Arbeitnehmer den Wiedereintritt der Arbeitsfähigkeit verzögert oder verhindert (BAG v. 11.11.1965, 2 AZR 69/65, www.stotax-first.de; BAG v. 21.1.1976, 5 AZR 593/74, www.stotax-first.de).

Für die betriebliche Praxis sind nachstehend wichtige Fallgruppen zur weiteren Orientierung aufgeführt:

Alkoholabhängigkeit

Ein Arbeitnehmer hat sich nach längerer Alkoholabhängigkeit einer stationären Entwöhnungskur unterzogen. Danach war er lange Zeit abstinent, bis er aus unerheblichen Gründen wieder rückfällig und dadurch arbeitsunfähig wurde.

Alkoholismus stellt i.d.R. Krankheit i.S. der Entgeltfortzahlung dar, denn nach der Lebenserfahrung kann nicht davon ausgegangen werden, dass der Arbeitnehmer zum einen die Abhängigkeit bewusst verschuldet hat und zum anderen durch eigene Willenskraft davon loskommt. Allerdings könnte ein Verschulden des Arbeitnehmers dann gegeben sein, wenn er nach einer Entwöhnungsbehandlung lange Zeit abstinent war und dann wieder rückfällig wurde (BAG v. 11.11.1987, 5 AZR 497/86, www.stotax-first.de).

Wird ein Arbeitnehmer infolge seiner Alkoholabhängigkeit arbeitsunfähig krank, kann nach dem derzeitigen Stand der medizinischen Erkenntnisse nicht von einem schuldhaften Verhalten i.S.d. § 3 EFZG ausgegangen werden; auch im Falle eines **Rückfalls nach einer erfolgreich durchgeführten Therapie** wird die Multikausalität der Alkoholabhängigkeit sich häufig in den Ursachen eines Rückfalls widerspiegeln und deshalb ein schuldhaftes Verhalten im entgeltfortzahlungsrechtlichen Sinn nicht festzustellen sein. Da es jedoch keine gesicherten wissenschaftlichen Erkenntnisse gibt, die in diesem Fall ein Verschulden i.S.d. § 3 Abs. 1 EFZG generell ausschließen, kann nur ein fachmedizinisches Gutachten genaueren Aufschluss über die willentliche Herbeiführung des Rückfalls geben (BAG v. 18.3.2015, 10 AZR 99/14, www.stotax-first.de).

Alkoholmissbrauch

Nach einem übermäßigen Alkoholgenuss tritt ein Arbeitnehmer am Morgen seine Arbeit an. Im alkoholisierten Zustand stürzt er eine Treppe herab und verletzt sich dabei. Die Ursache für die Verletzung ist im Wesentlichen auf den Alkoholmissbrauch zurückzuführen. Der Arbeitgeber braucht daher während der Arbeitsunfähigkeit das Entgelt nicht weiterzuzahlen, da auf Grund des gelegentlichen Alkoholismus i.d.R. von einem Selbstverschulden auszugehen ist (BAG v. 11.3.1987, 5 AZR 739/85, www.stotax-first.de).

Fehlverhalten während der Arbeitsunfähigkeit

Während einer unverschuldeten Arbeitsunfähigkeit (Leistenbruch) folgt der Arbeitnehmer in leichtfertiger Weise den Anweisungen des Arztes (nicht schwer heben) nicht und verzögert durch sein gröblich gesundheitsgefährdendes Verhalten den Heilungsprozess. Die Arbeitsunfähigkeit wird hierdurch unnötig verlängert. Der Arbeitgeber ist von der Entgeltfortzahlung befreit, wenn nachweisbar durch das Fehlverhalten des Patienten eine Verlängerung der Arbeitsunfähigkeit eingetreten ist (BAG v. 13.11.1979, 6 AZR 934/77, www.stotax-first.de).

Nebenbeschäftigung

Aus finanziellen Gründen übt ein Arbeitnehmer neben seiner Hauptbeschäftigung als Schlosser noch eine Nebenbeschäftigung bei einem Sicherheitsdienst aus. Nach der normal üblichen Arbeitszeit von 38,5 Stunden übernimmt er für den Sicherheitsdienst viermal wöchentlich die nächtliche Bewachung einer Produktionsstätte; die wöchentliche Arbeitszeit beträgt hier zusätzlich 32 Stunden. Durch Übermüdung verunglückt der Arbeitnehmer auf dem Heimweg von der Nebenbeschäftigung. Während der Arbeitsunfähigkeit braucht der Arbeitgeber das Entgelt nicht fortzuzahlen. Der Umfang der Nebenbeschäftigung übersteigt im Wesentlichen die Kräfte des Arbeitnehmers, so dass durch das Fehlverhalten die Arbeitsunfähigkeit selbst verschuldet ist (BAG v. 21.4.1982, 5 AZR 1019/79, www.stotax-first.de).

Schlägerei

Bei einer Schlägerei wird ein Maschinenschlosser erheblich verletzt. Er ist zwei Wochen arbeitsunfähig. Ein Anspruch auf Entgeltfortzahlung ist nur dann gegeben, wenn der Arbeitnehmer ohne Verschulden in die Schlägerei geraten ist. Dagegen ist der Entgeltfortzahlungsanspruch ausgeschlossen, wenn sich der Arbeitnehmer ohne erkennbaren Grund an einer Schlägerei beteiligt hat. Bei dieser differenzierten Betrachtungsweise hat allerdings der Arbeitnehmer zu beweisen, dass er unverschuldet an der Schlägerei beteiligt war. Denn der Arbeitgeber kann sich nach der Lebenserfahrung auf den Beweis des ersten Anscheins berufen und die Entgeltfortzahlung verweigern (BAG v. 7.12.1972, 5 AZR 350/72, www.stotax-first.de).

Selbsttötungsversuch

Ein Arbeitnehmer unternimmt einen Selbsttötungsversuch. Dabei verletzt er sich erheblich und ist für mehrere Wochen auf Grund dieser körperlichen Verletzungen arbeitsunfähig krank.

Nach Auffassung des BAG stellt der Selbsttötungsversuch keine selbst verschuldete Krankheit dar, da bei Selbstmordhandlungen die freie Willensbildung eines Menschen ausgeschlossen bzw. erheblich gemindert ist. Somit ist der Arbeitgeber zur Entgeltfortzahlung verpflichtet (BAG v. 28.2.1979, 5 AZR 611/77, www.stotax-first.de).

Entgeltfortzahlung

Sportunfall

Beim Fußballspielen in einem Verein (Kreisklasse) zieht sich ein Arbeitnehmer eine Sprunggelenksverletzung zu. Auf Grund dessen besteht für vier Wochen Arbeitsunfähigkeit. Die auf dem Sportunfall basierende Arbeitsunfähigkeit löst einen Anspruch auf Entgeltfortzahlung aus, da ein schuldhaftes Verhalten des Arbeitnehmers nicht erkennbar war. Dagegen wäre der Entgeltfortzahlungsanspruch ausgeschlossen, wenn der Arbeitnehmer

- sich die Verletzung bei der Teilnahme an einer so genannten gefährlichen Sportart zugezogen hat,
- sich in einer seine Kräfte und Fähigkeiten deutlich übersteigenden Weise sportlich betätigt und dadurch gesundheitliche Schäden erleidet,
- in besonders grober Weise und leichtsinnig gegen anerkannte Regeln der Sportart verstoßen hat (vgl. BAG v. 7.10.1981, 5 AZR 338/79, www.stotax-first.de).

Verkehrsunfälle

Ein Arbeitnehmer missachtet beim Autofahren das Vorfahrtsrecht eines anderen Verkehrsteilnehmers. Bei dem Zusammenstoß verletzt sich der Arbeitnehmer und ist längere Zeit arbeitsunfähig. In der Regel ist von einer unverschuldeten Krankheit auszugehen mit der Folge, dass ein Anspruch auf Entgeltfortzahlung besteht. Ist der Verkehrsunfall dagegen durch besonders leichtfertige Fahrweise entstanden oder war der Fahrer durch Alkoholkonsum fahruntüchtig, ist die Arbeitsunfähigkeit selbst verschuldet (BAG v. 23.11.1971, 1 AZR 388/70, www.stotax-first.de). Ein Selbstverschulden ist i.d.R. dann anzunehmen, wenn der Verkehrsunfall

- durch überhöhte Geschwindigkeit ohne ausreichende Sicht,
- durch verkehrswidriges Überholen,
- nach Tabletteneinnahmen

eingetreten ist. Ist der Verkehrsunfall auf Nichtanlegung des Sicherheitsgurtes zurückzuführen, besteht wegen Selbstverschuldens ebenfalls kein Entgeltfortzahlungsanspruch.

Verletzung der Unfallverhütungsvorschriften

Ein Bauarbeiter wird trotz mehrfacher Ermahnung, den Schutzhelm zu tragen, durch herabfallenden Bauschutt erheblich verletzt. Arbeitsunfähigkeit besteht für mehrere Wochen. Die durch einen Arbeitsunfall ausgelöste Arbeitsunfähigkeit ist im Entgeltfortzahlungsrecht als selbst verschuldet anzusehen, da der Arbeitnehmer trotz einschlägiger Unfallverhütungsvorschriften und mehrfacher Ermahnung die Verletzung durch leichtfertiges Verhalten, nämlich dem Nichttragen eines Schutzhelmes, herbeigeführt hat. Der Arbeitgeber ist daher nicht zur Entgeltfortzahlung verpflichtet (vgl. LAG Hessen v. 6.9.1965, 1 Sa 237/65, www.stotax-first.de).

e) Arbeitsunfähigkeit infolge Sterilisation oder Schwangerschaftsabbruch

1077 Ein Anspruch auf Entgeltfortzahlung besteht auch dann, wenn die Arbeitsunfähigkeit infolge einer nicht rechtswidrigen Sterilisation oder eines nicht rechtswidrigen Schwangerschaftsabbruchs eintritt. Dasselbe gilt für einen **Abbruch der Schwangerschaft**, wenn die Schwangerschaft innerhalb von **zwölf Wochen nach der Empfängnis** durch einen Arzt abgebrochen wird, die schwangere Frau den Abbruch verlangt und dem Arzt durch eine Bescheinigung nachgewiesen wird, dass sie sich mindestens drei Tage vor dem Eingriff von einer anerkannten Beratungsstelle hat beraten lassen (vgl. § 3 Abs. 2 EFZG). Bei einem nicht rechtswidrigen Schwangerschaftsabbruch oder einer nicht **rechtswidrigen Sterilisation** ist die Arbeitsunfähigkeit unverschuldet. Bei dieser Regelung wird die Entscheidung des BVerfG (BVerfG v. 28.5.1993, 2 BvF 2/90, 2 BvF 4/90, 2 BvF 5/92, www.stotax-first.de) berücksichtigt. Der Anspruch auf Entgeltfortzahlung besteht dabei nicht nur für die Zeit, in der eine Verhinderung an der Arbeitsleistung durch die mit der Sterilisation oder dem Schwangerschaftsabbruch im Zusammenhang stehenden ärztlichen Maßnahmen vorliegt, sondern auch für die Zeit, in der wegen der Nachwirkungen des Eingriffs nicht gearbeitet werden kann (vgl. Gemeinsames Rundschreiben der Spitzenverbände der Krankenversicherungsträger v. 28.10.1985).

f) Arbeitsunfähigkeit infolge Organspende

1078 Bei der Neufassung des Transplantationsgesetzes v. 21.7.2012 (BGBl. I 2012, 1601) ist mit Wirkung ab 1.9.2012 das Entgeltfortzahlungsgesetz durch Einfügung von § 3a Abs. 1 EFZG wie folgt erweitert worden: Danach hat auch der Arbeitnehmer Anspruch auf Entgeltfortzahlung durch den Arbeitgeber für die Zeit der Arbeitsunfähigkeit bis zur Dauer von sechs Wochen, der durch Arbeitsunfähigkeit infolge der Spende von Organen oder Geweben, die nach den §§ 8 und 8a des Transplantationsgesetzes erfolgt oder durch eine Blutspende zur Separation von Blutstammzellen oder anderen Blutbestandteilen, an seiner Arbeitsleistung verhindert ist. Die Vorschrift des § 3a Abs. 2 EFZG regelt **Erstattungsansprüche des Arbeitgebers**.

g) Arbeitsunfähigkeit als Ursache der Arbeitsverhinderung

1079 Der Anspruch auf Entgeltfortzahlung bei Arbeitsunfähigkeit besteht nur dann, wenn die Arbeitsunfähigkeit alleinige Ursache der Arbeitsverhinderung ist. Bestände bei einer Arbeitsfähigkeit aus anderen Gründen kein Entgeltfortzahlungsanspruch, ist auch während einer Arbeitsunfähigkeit kein Arbeitsentgeltanspruch gegeben. Ein Anspruch auf Entgeltfortzahlung ist insbesondere dann nicht gegeben, wenn bei Arbeitsfähigkeit das Arbeitsentgelt aus nachfolgenden Gründen nicht gezahlt worden wäre:

Arbeitserlaubnis, fehlende

Ob das Fehlen einer Arbeitserlaubnis eine der Entgeltfortzahlung im Krankheitsfall entgegenstehende weitere Ursache für die ausbleibende Arbeitsleistung darstellt, ist nach den gesamten Umständen des Einzelfalls anhand des hypothetischen Kausalverlaufs zu prüfen. Ergibt diese Prüfung, dass die Arbeitserlaubnis sofort antragsgemäß erteilt worden wäre, so ist das Fehlen der Arbeitserlaubnis für den Arbeitsausfall nicht mitursächlich: Es besteht Anspruch auf Entgeltfortzahlung (BAG v. 26.6.1996, 5 AZR 872/94, www.stotax-first.de).

Arbeitszeitverlagerungen

Während der Stilllegung des Betriebs infolge Vor- oder Nacharbeitszeiten und vollem Entgeltausgleich entfällt die Entgeltzahlungspflicht des Arbeitgebers, weil an diesen Tagen von vornherein nicht gearbeitet worden wäre. Arbeitsunfähige Arbeitnehmer können für die Zeit der Stilllegung also keine Entgeltfortzahlung bei Arbeitsunfähigkeit beanspruchen (BAG v. 8.3.1989, 5 AZR 116/88, www.stotax-first.de). Daraus ergibt sich, dass bei Arbeitsunfähigkeit während des Zeitraums, indem im Betrieb Vor- oder Nacharbeit geleistet wird, die Entgeltfortzahlung so zu bemessen ist, als habe der erkrankte Arbeitnehmer daran teilgenommen. Die Sechs-Wochen-Frist nach § 3 EFZG wird durch die Arbeitszeitverlagerungen nicht verlängert.

Beschäftigungsverbote nach dem Infektionsschutzgesetz

Sofern Ausscheidern, Ausscheidungsverdächtigen oder Ansteckungsverdächtigen die Berufsausübung untersagt wurde, ohne dass Arbeitsunfähigkeit besteht, kann das Entgeltfortzahlungsgesetz nicht angewendet werden. Der Arbeitgeber hat jedoch das Arbeitsentgelt nach § 616 Abs. 1 Satz 1 BGB während der Dauer des Tätigkeitsverbots fortzuzahlen, wenn die Verhinderung nur auf einen verhältnismäßig geringen Zeitraum beschränkt bleibt und eine Abbedingung durch Tarifvertrag nicht vorliegt. Ein infolge Beschäftigungsverbots (§ 42 IFSG) nach § 56 IFSG zustehender Anspruch auf Entschädigung für Verdienstausfall, der nach Abs. 4 dieser Vorschrift dem Arbeitgeber zu ersetzen wäre, liegt vor, wenn der Arbeitnehmer für den fraglichen Tag einen gesetzlichen oder vertraglichen Anspruch auf Fortzahlung des Arbeitsentgelts nicht hat (BAG v. 26.4.1978, 5 AZR 7/77, www.stotax-first.de).

Betriebsruhe

Ist die Arbeitspflicht bereits auf Grund einer vereinbarten Betriebsruhe ausgefallen, besteht kein Entgeltfortzahlungsanspruch (vgl. BAG v. 28.1.2004, 5 AZR 58/03, www.stotax-first.de).

Bummelei

Arbeitnehmer, die ständig unentschuldigt der Arbeit fernbleiben, haben bei Eintritt der Arbeitsunfähigkeit grundsätzlich keinen Anspruch auf Entgeltfortzahlung. Nur wenn der Arbeitnehmer glaubhaft macht, dass er ohne Eintritt der Arbeitsunfähigkeit arbeitswillig gewesen wäre, bestünde ein Anspruch auf Entgeltfortzahlung (vgl. BAG v. 20.3.1985, 5 AZR 229/83, www.stotax-first.de).

Elternzeit

Während der Elternzeit ruht das Arbeitsverhältnis, soweit der Arbeitnehmer keine Teilzeitbeschäftigung ausübt. Der Arbeitgeber ist für die Zeit des Ruhens nicht zur Zahlung des Arbeitsentgelts verpflichtet, so dass der Arbeitnehmer bei Arbeitsunfähigkeit keine Entgeltfortzahlung verlangen kann (BAG v. 22.6.1988, 5 AZR 526/87, www.stotax-first.de). Die Elternzeit muss allerdings nicht im unmittelbaren Anschluss an die Schutzfrist des Mutterschutzgesetzes angetreten werden. Die Arbeitnehmerin kann erklären, dass sie mit der Elternzeit erst nach Beendigung einer während der Schutzfrist eingetretenen Arbeitsunfähigkeit beginnen will. In diesem Fall ist die Arbeitsunfähigkeit ursächlich für den Verdienstausfall, so dass Anspruch auf Entgeltfortzahlung nach Ablauf der Schutzfrist für höchstens sechs Wochen der Arbeitsunfähigkeit besteht (BAG v. 17.10.1990, 5 AZR 10/90, www.stotax-first.de). Übt der Arbeitnehmer während der Elternzeit eine zulässige Teilzeitbeschäftigung aus, ist im Krankheitsfall ein Anspruch nach § 3 EFZG insoweit gegeben.

Gesetzliche Feiertage

Ist ein Arbeitnehmer an einem gesetzlichen Feiertag arbeitsunfähig, für den arbeitsfähigen Arbeitnehmern Feiertagsbezahlung nach § 2 EFZG zusteht, ist für diesen Tag Entgeltfortzahlung i.S.d. § 3 EFZG zu leisten. Der gesetzliche Feiertag ist also auf die Sechs-Wochen-Frist anzurechnen. Nach § 4 Abs. 2 EFZG bemisst sich die Höhe des nach § 3 EFZG fort zuzahlenden

[LSt] = keine Lohnsteuerpflicht
[LSt] = Lohnsteuerpflicht

Entgeltfortzahlung

Arbeitsentgelts allerdings nach der Feiertagsbezahlung i.S.d. § 2 EFZG; sie beträgt also 100 %. Nach § 2 Abs. 3 EFZG haben Arbeitnehmer, die am letzten Arbeitstag vor oder am ersten Arbeitstag nach Feiertagen unentschuldigt der Arbeit fernbleiben, keinen Anspruch auf Bezahlung für diese Feiertage und somit keinen Anspruch auf Entgeltfortzahlung bei Arbeitsunfähigkeit.

Kurzarbeitergeld

Erkrankt ein Arbeitnehmer während eines Zeitraums, in dem Kurzarbeit geleistet wird, besteht kein Anspruch auf Entgeltfortzahlung.

Saison-Kurzarbeitergeld

Wie bei der Kurzarbeit besteht während eines Arbeitsausfalls wegen schlechten Wetters kein Entgeltfortzahlungsanspruch bei Arbeitsunfähigkeit. Endet der Anspruch auf Überbrückungsgeld nach der 150. Arbeitsstunde, hat der Arbeitnehmer gegenüber der Krankenkasse Anspruch auf Krankengeld. Entsprechendes gilt auch für die Zeit des Lohnausgleichs im Baugewerbe vom 24. bis 26. Dezember und vom 31. Dezember bis 1. Januar; für diese Zeit besteht kein Entgeltfortzahlungsanspruch.

Streik/Aussperrung

Erkrankt der Arbeitnehmer während eines Streiks oder einer Aussperrung, bei der es zur vollständigen Stilllegung des Betriebs kommt, besteht kein Anspruch auf Entgeltfortzahlung, da nicht die Arbeitsunfähigkeit, sondern der Arbeitskampf Ursache für die fehlende Arbeitsleistung ist. Dies gilt selbst dann, wenn die Arbeitsunfähigkeit vor Beginn des Arbeitskampfes eintritt (vgl. BAG v. 8.3.1973, 5 AZR 491/72, www.stotax-first.de). Abweichend hiervon wäre allerdings ein Entgeltfortzahlungsanspruch gegeben, wenn der Arbeitskampf nicht zur völligen Stilllegung des Betriebs führt und sich der arbeitsunfähig gewordene Arbeitnehmer bis dahin nicht am Streik beteiligt hat.

Unbezahlter Urlaub

Wenn auf Grund einer gegenseitigen Vereinbarung zwischen Arbeitgeber und Arbeitnehmer die Arbeitspflicht und andererseits die Entgeltfortzahlungspflicht aus einem Arbeitsverhältnis ruhen (Hauptpflicht), ist bei einer Arbeitsunfähigkeit kein Anspruch auf Entgeltfortzahlung für diese Zeit gegeben (vgl. BAG v. 25.5.1983, 5 AZR 236/80, www.stotax-first.de). Bestand zwischen den Vereinbarungspartnern allerdings Einigkeit darüber, dass der unbezahlte Urlaub ausschließlich Erholungszwecken dienen soll, ist jedoch ein Entgeltfortzahlungsanspruch gegeben (vgl. BAG v. 16.7.1980, 5 AZR 339/78, www.stotax-first.de).

h) Arztbesuch/Behandlung

1080 Der Arztbesuch während der Arbeitszeit zwecks Behandlung und Diagnostik beinhaltet grundsätzlich keinen Entgeltfortzahlungsanspruch. Dieser wäre nur dann gegeben, wenn die zu behandelnde Krankheit auch zur Arbeitsunfähigkeit führt. Ein Anspruch auf Entgeltfortzahlung könnte allerdings auch dann gegeben sein, wenn eine ärztliche Behandlung nicht **außerhalb der Arbeitszeit** möglich ist (vgl. BAG v. 7.3.1990, 5 AZR 189/89, www.stotax-first.de). Diese Ansprüche stützen sich i.d.R. auf § 616 BGB oder tarifvertragliche Regelungen.

Bei **Gleitzeit** muss der Arbeitnehmer einen Arzt- oder Behandlungstermin nach Möglichkeit außerhalb der Kernarbeitszeit legen (vgl. BAG v. 16.12.1993, 6 AZR 236/93, www.stotax-first.de).

i) Beaufsichtigung und Betreuung eines erkrankten Kindes

1081 Muss ein Arbeitnehmer sein krankes Kind, das das **12. Lebensjahr** noch nicht vollendet hat, beaufsichtigen, betreuen oder pflegen, ist ein Anspruch auf Entgeltfortzahlung nach bürgerlichem Recht (§ 616 BGB) gegeben, sofern keine andere im Haushalt lebende Person die Betreuung übernehmen kann, es sei denn, der Anspruch wurde tarifvertraglich abbedungen (vgl. BAG v. 20.6.1979, 5 AZR 479/77, www.stotax-first.de).

Wird dieser Anspruch durch tarifvertragliche Regelungen eingeschränkt, zahlt die Krankenkasse Krankengeld bis zu zehn Tagen je Kind, bei allein Erziehenden 20 Tage im Jahr. Der Höchstanspruch ist auf 25 Tage (50 Tage bei allein Erziehenden) im Jahr beschränkt.

4. Dauer des Anspruchs auf Entgeltfortzahlung

a) Grundsatz

1082 Der Anspruch auf Entgeltfortzahlung während einer Arbeitsunfähigkeit infolge einer unverschuldeten Krankheit ist auf längstens sechs Wochen begrenzt, und zwar vom Beginn der Arbeitsunfähigkeit an. Dies gilt auch dann, wenn während der Arbeitsunfähigkeit eine neue Krankheit hinzutritt, die für sich selbst gesehen ebenfalls zur Arbeitsunfähigkeit führt (vgl. BAG v. 12.9.1967, 1 AZR 367/66, www.stotax-first.de). Dies gilt jedoch nicht, wenn die erneute Arbeitsunfähigkeit nach Beendigung der ersten Arbeitsunfähigkeit auf Grund einer anderen Krankheit eintritt. Ein Entgeltfortzahlungsanspruch ist vielmehr auch dann gegeben, wenn nach dem Ende der ersten Arbeitsunfähigkeit die Beschäftigung noch nicht wieder aufgenommen wurde, z.B. wenn erneute Arbeitsunfähigkeit nach dem **Schichtende** des Arbeitnehmers eingetreten ist (vgl. BAG v. 11.10.1966, 2 AZR 464/65, www.stotax-first.de).

> **Beispiel:**
> Ein Arbeitnehmer ist wegen eines grippalen Infekts bis zum 8. März arbeitsunfähig krank. Am kommenden Arbeitstag beabsichtigt der Arbeitnehmer, seine Arbeit wieder aufzunehmen. Auf dem Weg zur Arbeit verunglückt er mit seinem Fahrrad und verletzt sich dabei erheblich.
>
> Nach der BAG-Rechtsprechung ist ein erneuter Anspruch auf Entgeltfortzahlung gegeben, da es sich um zwei verschiedene Krankheiten handelt. Dabei ist es unerheblich, dass unmittelbar vorher Arbeitsunfähigkeit (auf Grund einer anderen Krankheit) bestand. Da diese nach ärztlichem Zeugnis definitiv am 8. März beendet war, besteht für die neue Arbeitsunfähigkeit ein erneuter Anspruch auf Entgeltfortzahlung für mindestens sechs Wochen, und zwar auch dann, wenn der Arbeitnehmer die Arbeit zwischenzeitlich noch nicht aufgenommen hat (vgl. BAG v. 2.12.1981, 5 AZR 89/80, www.stotax-first.de).

b) Sechs-Wochen-Frist

1083 Der Entgeltfortzahlungsanspruch besteht für jede Arbeitsunfähigkeit kraft Gesetzes für mindestens sechs Wochen. Bei der Berechnung der Sechs-Wochen-Frist wird der Tag des Beginns der Arbeitsunfähigkeit nicht mitgerechnet (§§ 187 ff. BGB; BAG v. 4.5.1971, 1 AZR 305/70, www.stotax-first.de). Das bedeutet, dass die Frist für die Entgeltfortzahlung daher grundsätzlich mit dem Tag nach dem Eintritt der Arbeitsunfähigkeit beginnt.

Tritt die Arbeitsunfähigkeit an einem Arbeitstag **vor Beginn der Arbeitsaufnahme** ein, wird der erste Tag der Arbeitsunfähigkeit in die Frist eingerechnet. Der Entgeltfortzahlungsanspruch endet in diesen Fällen mit Ablauf des 42. Kalendertags der Arbeitsunfähigkeit.

> **Beispiel 1:**
> Ein Arbeitnehmer erkrankt am Morgen des 17. September an einem fieberhaften Infekt. An diesem Tag kann er seiner Arbeitspflicht nicht nachkommen.
>
> Da die Arbeitsunfähigkeit vor Beginn der Arbeitsleistung am 17. September eingetreten ist, wird dieser Tag bei der Anspruchsdauer vollständig berücksichtigt. Der Entgeltfortzahlungsanspruch endet somit am 28. Oktober.

Beginnt dagegen die **Arbeitsunfähigkeit im Laufe eines Arbeitstages**, steht dem Arbeitnehmer für den restlichen Tag und für die kommenden sechs Wochen ein Anspruch auf Fortzahlung des Arbeitsentgelts zu. Der Erkrankte erhält also auch noch für den restlichen Teil des gleichen Tages Entgelt (z.B. am 7. Juli). Das bedeutet, dass der Tag bei der Berechnung der Sechs-Wochen-Frist nicht mit angerechnet wird.

> **Beispiel 2:**
> Der Arbeitnehmer verunglückt am 13. Mai auf dem Weg zur Arbeit. Arbeitsunfähigkeit besteht für mehrere Wochen. Da die Arbeitsunfähigkeit vor Beginn der Arbeitsaufnahme eingetreten ist, wird dieser Tag bei der Ermittlung der Sechs-Wochen-Frist mitberücksichtigt. Der Entgeltfortzahlungsanspruch beginnt am 13. Mai und endet am 23. Juni.

> **Beispiel 3:**
> Der Angestellte B muss am 4. Juni wegen eines Angina-Pectoris-Anfalls seine Arbeit im Betrieb beenden und wird mit einem Rettungswagen ins Krankenhaus eingeliefert. Die Arbeitsunfähigkeit dauert mehrere Wochen. Bei der Ermittlung der Sechs-Wochen-Frist wird der 4. Juni nicht mitgerechnet (§ 187 BGB). Der Anspruch auf Entgeltfortzahlung besteht für die Zeit vom 5. Juni bis 16. Juli. Für den 4. Juni hat der Arbeitnehmer ebenfalls für den Teil des restlichen Tages einen Anspruch auf Entgeltfortzahlung.

Erkrankt ein Arbeitnehmer während einer Zeit, in der das Arbeitsverhältnis ruht, beginnt die Sechs-Wochen-Frist erst vom Beginn der vorgesehenen Wiederaufnahme; denn während der Ruhenszeit besteht kein Entgeltfortzahlungsanspruch.

Entgeltfortzahlung

Beispiel 4:
Während der einmonatigen Wehrübung erkrankt ein Arbeitnehmer an einem Magengeschwür. Die Wehrübung endet am 31. Mai. Die Arbeit soll der Arbeitnehmer am 1. Juni wieder aufnehmen, wozu es wegen der noch andauernden Arbeitsunfähigkeit nicht kommt. Der Entgeltfortzahlungsanspruch beginnt mit dem geplanten Tag der Arbeitsaufnahme, dem 1. Juni, und endet folglich am 12. Juli.

Tritt die Arbeitsunfähigkeit an einem arbeitsfreien Tag (z.B. Samstag oder Sonntag) ein und wird dem Arbeitnehmer ein gleich bleibendes monatliches Arbeitsentgelt gezahlt, so wird der Tag des Eintritts der Arbeitsunfähigkeit in die Sechs-Wochen-Frist einbezogen. Wird der Arbeitnehmer jedoch nach Stunden oder Akkord bezahlt, wird der Tag des Beginns nicht mitgerechnet, sondern erst vom folgenden Tag an.

Beispiel 5:
Am Sonntag, dem 22. März erkrankt der Arbeitnehmer C an einer Hepatitis. Die Arbeitsunfähigkeit dauert voraussichtlich mehrere Wochen. Der Arbeitnehmer erhält ein monatlich gleich bleibendes Arbeitsentgelt. Bei der Ermittlung der Sechs-Wochen-Frist wird der Sonntag mitgerechnet, da auch bei Arbeitsfähigkeit der arbeitsfreie Tag bezahlt worden wäre. Die Entgeltfortzahlung endet somit am 2. Mai.

Zahlt der Arbeitgeber auch ohne **ärztliche Arbeitsunfähigkeitsbescheinigung** das Arbeitsentgelt während der Arbeitsunfähigkeit weiter, sind diese Tage grundsätzlich nicht auf die Sechs-Wochen-Frist anzurechnen.

Sofern glaubhaft dargelegt wird, dass die Arbeitsunfähigkeit durchgehend bestand (BSG v. 9.9.1981, 3 RK 51/80, www.stotax-first.de), ist die nicht ärztlich bescheinigte Arbeitsunfähigkeit auf den Sechs-Wochen-Zeitraum anzurechnen.

Kehrt der Arbeitnehmer nach vorangegangener Arbeitsunfähigkeit in der **Elternzeit** nach Beendigung der Elternzeit arbeitsunfähig in das wieder aktivierte Arbeitsverhältnis zurück, wird die Zeit des Ruhens in der Elternzeit nicht auf den Sechs-Wochen-Zeitraum angerechnet (BAG v. 29.9.2004, 5 AZR 558/03, www.stotax-first.de). Eine krankheitsbedingte Arbeitsunfähigkeit ist für das Arbeitsverhältnis unerheblich, solange es mit den beiderseitigen Hauptpflichten ruht. Der Sechs-Wochen-Zeitraum beginnt deshalb nicht mit der Erkrankung, sondern erst mit der tatsächlichen Verhinderung des Arbeitnehmers an der Arbeitsleistung infolge der Krankheit. Dies ist der Zeitpunkt der Wiederaktivierung des Arbeitsverhältnisses. **Anders** wäre die Rechtslage allerdings dann zu beurteilen, wenn der Arbeitnehmer in der Elternzeit **Teilzeittätigkeit** erbracht und für die krankheitsbedingte Ausfallzeit Entgeltfortzahlung erhalten hat.

c) Wiederholte Arbeitsunfähigkeit

1084 Der sechswöchige Entgeltfortzahlungsanspruch ist immer dann gegeben, wenn die neue Arbeitsunfähigkeit auf einer Krankheit beruht, die medizinisch unabhängig von der vorhergehenden Krankheit ist und nach Ablauf der vorhergehenden Krankheit eintritt. Ist also die vorhergehende Krankheit vollständig ausgeheilt und tritt danach eine neue Krankheit auf – auch wenn es sich um die gleiche Krankheitsart (z.B. grippaler Infekt) handelt oder dasselbe Organ betroffen ist –, besteht ein neuer sechswöchiger Entgeltfortzahlungsanspruch (BAG v. 18.5.1957, 2 AZR 600/56, www.stotax-first.de).

Die vorhergehende Arbeitsunfähigkeit endet i.d.R. mit dem Ende der betriebsüblichen Arbeitszeit (z.B. 16.00 Uhr). Tritt danach die Arbeitsunfähigkeit auf Grund einer anderen Krankheit ein, ist auch dann ein Anspruch auf weitere sechs Wochen Entgeltfortzahlung gegeben, wenn der Arbeitnehmer zwischenzeitlich die Arbeit nicht wieder aufgenommen hat (BAG v. 11.10.1966, 2 AZR 464/65, www.stotax-first.de).

Beispiel 1:
Wegen eines grippalen Infekts war der Arbeitnehmer bis Mittwoch, dem 8. April arbeitsunfähig. Die betriebsübliche Arbeitszeit beginnt um 5.00 Uhr und endet um 13.00 Uhr. Am Nachmittag (18.00 Uhr) des 8. April verletzt er sich beim Tennisspielen. Da die vorhergehende Arbeitsunfähigkeit vollständig ausgeheilt war, gilt diese als beendet mit der Folge, dass auf Grund der neuen Arbeitsunfähigkeit ein erneuter Entgeltfortzahlungsanspruch besteht (BAG v. 2.12.1981, 5 AZR 89/80, www.stotax-first.de).

Ein neuer Entgeltfortzahlungsanspruch besteht jedoch dann nicht, wenn es sich um eine wiederholte Arbeitsunfähigkeit wegen derselben Krankheit innerhalb eines Zeitraums von zwölf Monaten handelt, es sei denn, der Arbeitnehmer war vor der **erneuten Arbeitsunfähigkeit** wegen derselben Krankheit **mindestens sechs Monate nicht wegen dieser Krankheit arbeitsunfähig**.

Dieselbe Krankheit liegt vor, wenn zeitlich auseinander liegende Arbeitsunfähigkeitszeiten auf das gleiche Grundleiden zurückzuführen sind, also die erneute Erkrankung nur eine Fortsetzung der bisherigen Arbeitsunfähigkeit darstellt (BAG v. 14.11.1984, 5 AZR 394/82, www.stotax-first.de).

In der praktischen Umsetzung kann der Arbeitgeber i.d.R. nicht feststellen, ob es sich bei der Erkrankung um eine auf den Entgeltfortzahlungsanspruch anrechenbare Folgeerkrankung handelt, denn die ihm vorzulegende Arbeitsunfähigkeitsbescheinigung beinhaltet keine **Diagnosedaten**. Allerdings teilen die Krankenkassen auf Anfrage mit, ob zwischen den beiden Krankheiten ein medizinisch begründeter Zusammenhang besteht. Vielfach gehen die Krankenkassen dazu über, dem Arbeitgeber diese wichtige Information auch ohne besondere Aufforderung zu übermitteln. Dabei wird die Krankenkasse bei Zweifelsfällen den behandelnden Arzt in den Entscheidungsprozess einbeziehen.

Ob es sich im Einzelnen um eine **Fortsetzungserkrankung** handelt, hat der Arbeitgeber zu beweisen. Hierfür reicht allerdings der erste Anschein (Anscheinsbeweis) für das Vorliegen einer Wiederholungserkrankung aus (BAG v. 4.12.1985, 5 AZR 656/84, www.stotax-first.de).

Beispiel 2:
Der Arbeitnehmer ist vom 6. Oktober bis 15. Oktober wegen eines grippalen Infekts arbeitsunfähig. Am 20. November bricht er sich den Arm. Die Arbeitsunfähigkeit dauert bis zum 5. Januar des folgenden Jahres. Vom 5. März bis 12. März besteht wegen eines erneuten grippalen Infekts erneut Arbeitsunfähigkeit. Auf Grund des Armbruchs muss sich der Arbeitnehmer nochmals in ärztliche Behandlung begeben. In der Zeit vom 2. August bis 10. August bescheinigt der Arzt Arbeitsunfähigkeit.

Ein Zusammenhang zwischen den grippalen Infekten wird nicht gegeben sein. Vielmehr ist davon auszugehen, dass die Erkrankung vom 6. Oktober bis 15. Oktober vollständig ausgeheilt ist. Hinsichtlich der Arbeitsunfähigkeiten auf Grund des Armbruchs vom 20. November bis 5. Januar und vom 2. August bis 10. August besteht ein medizinisch begründeter Zusammenhang. Es handelt sich um eine Fortsetzungserkrankung. Allerdings sind zwischen dem Ende (5. Januar) der ersten Arbeitsunfähigkeit und dem Beginn der Fortsetzungserkrankung (2. August) mehr als sechs Monate vergangen, so dass bei dieser Fortsetzungserkrankung wieder ein erneuter Anspruch auf Entgeltfortzahlung besteht.

Hinsichtlich der **Darlegungs- und Beweislast** für das Vorliegen einer Fortsetzungserkrankung gilt im Übrigen im Hinblick auf die Komplikationen nach geänderter Rechtsprechung (BAG v. 13.7.2005, 5 AZR 389/04, www.stotax-first.de):

Der Arbeitnehmer genügt seiner Darlegungs- und Beweislast für den Entgeltfortzahlungsanspruch durch Vorlage einer ärztlichen Arbeitsunfähigkeitsbescheinigung. Diese Arbeitsunfähigkeitsbescheinigung ist jedoch nicht ausreichend, wenn der Arbeitnehmer in mehreren Zeiträumen länger als sechs Wochen arbeitsunfähig ist, weil die Bescheinigung keine Angabe zum Bestehen einer Fortsetzungserkrankung enthält. Daraus ergibt sich folgende Verteilung der Darlegungs- und Beweislast:

- **Erste Stufe**: Der Arbeitnehmer muss zunächst mit der Vorlage der ärztlichen Arbeitsunfähigkeitsbescheinigung darlegen, dass keine Fortsetzungserkrankung vorliegt.
- **Zweite Stufe**: Bestreitet der Arbeitgeber das Vorliegen einer neuen Krankheit und macht er damit eine Fortsetzungserkrankung geltend, so obliegt dem Arbeitnehmer nunmehr die Darlegung der Tatsachen, die den Schluss erlauben, es habe keine Fortsetzungserkrankung vorgelegen. Dabei hat der Arbeitnehmer den Arzt von seiner Schweigepflicht zu entbinden.
- **Dritte Stufe**: Erst bei Nicht-Beweislichkeit einer Fortsetzungserkrankung wirkt sich die Beweislast zu Lasten des Arbeitgebers aus: Der Arbeitgeber wird so behandelt, als ob keine Fortsetzungserkrankung vorliegt.

d) Arbeitgeberwechsel

Die Begrenzung des Entgeltfortzahlungsanspruchs durch die Sechs- bzw. durch die Zwölf-Monats-Frist kommt nur in Betracht, **1085** wenn die wiederholte Arbeitsunfähigkeit wegen derselben Krankheit während eines ununterbrochenen Arbeitsverhältnisses bei demselben Arbeitgeber eintritt.

Wechselt der Arbeitnehmer zwischen zwei Arbeitsunfähigkeitszeiten wegen derselben Krankheit den Arbeitgeber, besteht unabhängig von der Sechs-Monats-Frist bzw. Zwölf-Monats-Frist ein neuer Entgeltfortzahlungsanspruch von sechs Wochen. Erkrankungen und Entgeltfortzahlungen in einem früheren Arbeitsverhältnis spielen dabei keine Rolle (BAG v. 13.1.1972, 5 AZR 314/71, www.stotax-first.de). Dies gilt auch dann, wenn ein neues Arbeitsverhältnis bei demselben Arbeitgeber aufgenommen wird (BAG v. 15.9.1961, 1 AZR 157/60, www.stotax-first.de).

Besteht zwischen zwei aufeinander folgenden Arbeitsverhältnissen beim selben Arbeitgeber ein sachlicher Zusammenhang (z.B. der Arbeitnehmer wurde wegen vorübergehenden Arbeitsmangels gekündigt und kurze Zeit später wieder zu gleichen Bedingungen weiterbeschäftigt), ist ausnahmsweise von einem einheitlichen Arbeitsverhältnis auszugehen; das bedeutet, dass die Zeiten auf Grund derselben Erkrankungen auf den Entgeltfortzahlungsanspruch angerechnet werden (BAG v. 2.3.1983, 5 AZR 194/80, www.stotax-first.de).

Tritt ein anderer Arbeitgeber im Rahmen eines **Betriebsübergangs** nach § 613a BGB in die Rechte und Pflichten eines Betriebs ein, werden die Arbeitsunfähigkeitszeiten wegen derselben Krankheit, die vor dem rechtsgeschäftlichen Übergang liegen, auf die Dauer der Entgeltfortzahlung angerechnet.

e) Sechs-Monats-Frist

1086 Ob ein erneuter Anspruch auf Entgeltfortzahlung für sechs Wochen besteht, richtet sich bei einer erneuten Arbeitsunfähigkeit wegen derselben Krankheit danach, ob zwischen Beginn der erneuten Arbeitsunfähigkeit und dem Ende der vorhergehenden mindestens sechs Monate liegen.

Bestanden in diesem Zeitraum anderweitige Arbeitsunfähigkeitszeiten wegen anderer Erkrankungen, bleiben diese unberücksichtigt, d.h. dass dadurch eine Unterbrechung des Sechs-Monats-Zeitraums nicht eintritt.

Beispiel 1:

Ein Arbeitnehmer ist in den letzten Monaten häufiger krank. Folgende Arbeitsunfähigkeitszeiten liegen vor:

Arbeitsunfähigkeit wegen eines Magengeschwürs	1. Juni bis 29. Juli
Arbeitsunfähigkeit wegen grippalen Infekts	5. August bis 17. August
Arbeitsunfähigkeit wegen eines Magengeschwürs	7. November bis 9. Dezember

Bei der Arbeitsunfähigkeit vom 7. November bis 9. Dezember handelt es sich um eine Fortsetzungserkrankung im Verhältnis zur Arbeitsunfähigkeit vom 1. Juni bis 29. Juli. Ein erneuter Anspruch auf Entgeltfortzahlung besteht, wenn in der rückwärts verlaufenden Frist vom 7. Mai bis 6. November – dabei wird (BAG v. 30.8.1973, 5 AZR 202/73, www.stotax-first.de) der erste Tag der erneuten Arbeitsunfähigkeit wegen derselben Krankheit als Ereignistag angesehen und nicht mit in die Frist einbezogen – wegen dieser Erkrankung keine Arbeitsunfähigkeit bestand. Da die vorhergehende Erkrankung noch keine sechs Monate zurückliegt, besteht kein erneuter Anspruch auf Entgeltfortzahlung.

Beispiel 2:

Ein Arbeitnehmer ist in den letzten Monaten häufiger krank. Folgende Arbeitsunfähigkeitszeiten liegen vor:

Arbeitsunfähigkeit wegen eines Magengeschwürs	1. April bis 29. April
Arbeitsunfähigkeit wegen grippalen Infekts	5. August bis 17. August
Arbeitsunfähigkeit wegen eines Magengeschwürs	7. November bis 9. Dezember

Bei der Arbeitsunfähigkeit vom 7. November bis 9. Dezember handelt es sich um eine Fortsetzungserkrankung im Verhältnis zur Arbeitsunfähigkeit vom 1. April bis 29. April. Ein erneuter Anspruch auf Entgeltfortzahlung besteht, wenn in der rückwärts verlaufenden Frist vom 7. Mai bis 6. November wegen dieser Erkrankung keine Arbeitsunfähigkeit bestand. Da zwischen dem Ende der vorhergehenden Arbeitsunfähigkeit und dem Beginn der erneuten Arbeitsunfähigkeit ein Zeitraum von mehr als sechs Monaten liegt, besteht ein erneuter Anspruch auf Entgeltfortzahlung. Dabei ist es unerheblich, dass in der Zeit vom 5. August bis 17. August der Sechs-Monats-Zeitraum durch eine andere Arbeitsunfähigkeit unterbrochen wurde (BAG v. 6.10.1976, 5 AZR 500/75, www.stotax-first.de).

f) Zwölf-Monats-Frist

1087 Arbeitnehmer, die mehrfach auf Grund derselben Krankheit arbeitsunfähig sind, haben auch dann einen Entgeltfortzahlungsanspruch, wenn zwischen dem Ende der vorhergehenden Arbeitsunfähigkeit und dem Beginn der erneuten Arbeitsunfähigkeit nicht mindestens ein Zeitraum von sechs Monaten liegt. Voraussetzung hierfür ist, dass seit Beginn der letzten Arbeitsunfähigkeit wegen dieser Krankheit mindestens zwölf Monate vergangen sind.

Die Zwölf-Monats-Frist wird **vom Beginn der ersten Arbeitsunfähigkeit an**, die einen neuen sechswöchigen Anspruch auf Entgeltfortzahlung auslöst, berechnet.

Beispiel 1:

Ein Arbeitnehmer ist wegen einer Herzrhythmusstörung erstmalig am 10.6.2015 und aktuell ab 6.7.2016 erkrankt. Wegen derselben Krankheit bestand Arbeitsunfähigkeit

vom 10.6.2015	bis	12.7.2015
vom 4.10.2015	bis	19.10.2015
vom 1.3.2016	bis	18.3.2016
vom 6.7.2016	bis	30.7.2016

(Die Arbeitsunfähigkeit ist jeweils vor Arbeitsbeginn eingetreten.)

Für dieselbe Krankheit besteht ein Entgeltfortzahlungsanspruch nur für sechs Wochen innerhalb eines Jahres. Auf Grund der Herzrhythmusstörungen ist der Arbeitnehmer erstmalig vom 10.6.2015 bis 12.7.2015 (33 Tage) arbeitsunfähig krank. Für diesen Zeitraum besteht somit ein Anspruch auf Entgeltfortzahlung. Die erneute Arbeitsunfähigkeit begründet ebenfalls einen Entgeltfortzahlungsanspruch, da der gesamte Anspruch auf Grund der vorhergehenden Arbeitsunfähigkeit nicht erschöpft ist. Allerdings endet die Entgeltfortzahlung wegen Ausschöpfung des Entgeltfortzahlungsanspruchs am 12.10.2015 (neun Tage). Ein vollständiger Sechs-Wochen-Entgeltfortzahlungsanspruch ist nicht gegeben, da zwischen dem Ende der vorhergehenden (12.7.2015) und dem Beginn der erneuten Arbeitsunfähigkeit (4.10.2015) nicht mindestens sechs Monate vergangen sind. Für die Arbeitsunfähigkeit vom 1.3.2016 bis 18.3.2016 ist das Arbeitsentgelt ebenfalls nicht fortzuzahlen. Der Sechs-Wochen-Anspruch ist erschöpft und zwischen den Arbeitsunfähigkeitszeiten liegen keine sechs Monate. Vom 6.7.2016 an hat der Arbeitgeber allerdings wegen derselben Krankheit das Entgelt fortzuzahlen. Zwar liegen zwischen den jeweiligen Arbeitsunfähigkeitszeiten keine sechs Monate, aber seit Beginn der ersten Arbeitsunfähigkeit wegen Herzrhythmusstörungen (10.6.2015) ist ein Zeitraum von zwölf Monaten (Rahmenfrist 10.6.2015 bis 9.6.2016) vergangen. Die erneute Arbeitsunfähigkeit ist nach Ablauf der Rahmenfrist eingetreten mit der Folge, dass ein Anspruch auf Entgeltfortzahlung vom 6.7.2016 an besteht.

Hat der Arbeitnehmer zu Beginn der erneuten Arbeitsunfähigkeit keinen Entgeltfortzahlungsanspruch mehr, weil bereits für sechs Wochen das Entgelt weitergezahlt wurde, lebt dieser Anspruch dann nicht auf, wenn während dieser Arbeitsunfähigkeit die Zwölf-Monats-Frist endet. Ein solcher Anspruch ist vielmehr nur dann gegeben, wenn der Beginn der Arbeitsunfähigkeit in eine neue Zwölf-Monats-Frist fällt (BAG v. 14.3.2007, 5 AZR 514/06, www.stotax-first.de).

Der nächste Zwölf-Monats-Zeitraum wird vom Beginn der erneuten Arbeitsunfähigkeit wegen derselben Erkrankung neu berechnet, wenn ein neuer sechswöchiger Entgeltfortzahlungsanspruch besteht.

Beispiel 2:

Ein Arbeitnehmer ist wegen einer Nierenerkrankung erstmalig am 10.6.2015 und aktuell am 2.5.2016 arbeitsunfähig erkrankt. Wegen derselben Krankheit bestand Arbeitsunfähigkeit

vom 10.6.2015	bis	31.7.2015
vom 4.10.2015	bis	19.10.2015
vom 2.5.2016	bis	29.5.2016

Die Arbeitsunfähigkeit ist jeweils vor Beginn der Arbeitsaufnahme eingetreten.

Für dieselbe Erkrankung besteht ein Entgeltfortzahlungsanspruch nur für sechs Wochen innerhalb eines Jahres. Auf Grund der Nierenerkrankung ist der Arbeitnehmer erstmalig vom 10.6.2015 bis 31.7.2015 arbeitsunfähig krank. Für diesen Zeitraum besteht ein vollständiger sechswöchiger Entgeltfortzahlungsanspruch. Für die erneute Arbeitsunfähigkeit vom 4.10.2015 bis 19.10.2015 besteht kein Entgeltfortzahlungsanspruch, da zwischen den beiden Arbeitsunfähigkeiten nicht mindestens sechs Monate vergangen sind. Vom 2.5.2016 an besteht jedoch ein Entgeltfortzahlungsanspruch. Zwar beginnt die erneute Arbeitsunfähigkeit noch innerhalb der Zwölf-Monats-Frist – gerechnet vom Beginn der erstmaligen Arbeitsunfähigkeit (Rahmenfrist vom 10.6.2015 bis 9.6.2016) –, jedoch sind zwischen dem Ende der letzten Arbeitsunfähigkeit (19.10.2015) und dem Beginn der erneuten Arbeitsunfähigkeit (2.5.2016) mehr als sechs Monate vergangen.

Entgeltfortzahlung

Besteht im Falle der erneuten Arbeitsunfähigkeit wegen derselben Erkrankung ein neuer sechswöchiger Anspruch auf Entgeltfortzahlung, setzt der Beginn dieser Arbeitsunfähigkeit stets eine neue Zwölf-Monats-Frist in Gang.

Beispiel 3:

Ein Arbeitnehmer ist wegen Diabetes erstmalig am 10.6.2015 und aktuell ab 02.02.2016 arbeitsunfähig erkrankt. Wegen derselben Krankheit bestand Arbeitsunfähigkeit

vom	10.6.2015	bis	20.6.2015	= 11 Kalendertage
vom	3.11.2015	bis	30.11.2015	= 28 Kalendertage
vom	2.2.2016	bis	13.2.2016	= 12 Kalendertage

Die Arbeitsunfähigkeit ist jeweils vor Beginn der Arbeitsaufnahme eingetreten.

Für dieselbe Erkrankung besteht ein Entgeltfortzahlungsanspruch nur für sechs Wochen innerhalb eines Jahres. Somit hat der Arbeitnehmer für die Arbeitsunfähigkeitszeiten vom 10.6. bis 20.6.2015 und vom 3.11. bis 30.11.2015 das Entgelt fortzuzahlen. Für die Arbeitsunfähigkeitszeit vom 2.2.2016 an besteht ein Anspruch nur bis zum 4.2.2016, da dann der Sechs-Wochen-Anspruch erschöpft ist. Zwischen den jeweiligen Arbeitsunfähigkeitszeiten sind auch keine sechs Monate und vom Beginn der ersten Arbeitsunfähigkeit am 10.6.2015 keine zwölf Monate bis zum Beginn der erneuten Arbeitsunfähigkeit vergangen. Somit besteht wegen der Folgeerkrankung kein neuer Entgeltfortzahlungsanspruch.

Beispiel 4:

Ein Arbeitnehmer ist wegen Diabetes erstmalig am 20.6.2015 und aktuell ab 6.5.2016 arbeitsunfähig erkrankt. Wegen derselben Krankheit bestand Arbeitsunfähigkeit

vom	20.6.2015	bis	30.7.2015	= 41 Kalendertage
vom	25.3.2016	bis	15.4.2016	= 22 Kalendertage
vom	6.5.2016	bis	29.5.2016	= 24 Kalendertage

Die Arbeitsunfähigkeit ist jeweils vor Beginn der Arbeitsaufnahme eingetreten. Zwischenzeitlich war der Arbeitnehmer wegen eines LWS/HWS-Syndroms vom 2.9. bis 19.9.2015 arbeitsunfähig.

Für die Zeit vom 20.6. bis 30.7.2015 (Diabetes) und vom 2.9. bis 19.9.2015 (HWS/LWS-Syndrom) bestand jeweils ein vollständiger Entgeltfortzahlungsanspruch zu. Für die Arbeitsunfähigkeit vom 25.3. bis 15.4.2016 besteht ebenfalls ein vollständiger Entgeltfortzahlungsanspruch, da zwischen dem Ende der vorhergehenden Arbeitsunfähigkeit und dem Beginn der erneuten Arbeitsunfähigkeit ein Zeitraum von mehr als sechs Monaten liegt. Fraglich ist nur, ob für die Arbeitsunfähigkeit vom 6.5. bis 29.5.2016 ein Entgeltfortzahlungsanspruch besteht. Schließlich ist der Arbeitnehmer seit der ersten Erkrankung am 20.6.2015 mehrfach wegen Diabetes arbeitsunfähig gewesen und zwischen der Erkrankung vom 25.3. bis 15.4.2016 und der erneuten Arbeitsunfähigkeit vom 6.5.2016 sind nicht mehr als sechs Monate vergangen.

Dennoch ist für diese Arbeitsunfähigkeit ein (Teil-)Anspruch auf Entgeltfortzahlung gegeben, weil nach Ablauf der Sechs-Monats-Frist zwischen den Arbeitsunfähigkeitszeiten vom 20.6. bis 30.7.2015 und vom 25.3. bis 15.4.2016 eine erneute Zwölf-Monats-Frist beginnt (25.3.2016 bis 24.3.2017). Innerhalb der neu gebildeten Zwölf-Monats-Frist besteht wieder ein vollständiger sechswöchiger Entgeltfortzahlungsanspruch, wobei die Arbeitsunfähigkeitszeiten vor dem 25.3.2016 **nicht berücksichtigt werden** (BAG v. 6.10.1976, 5 AZR 500/75, www.stotax-first.de). Das bedeutet hier, dass der Arbeitnehmer bis zum 25.5.2016 Entgeltfortzahlung erhält.

g) Hinzutritt einer Krankheit während eines Anspruchs auf Entgeltfortzahlung

1088 Nach der BAG-Rechtsprechung (BAG v. 14.9.1983, 5 AZR 70/81, www.stotax-first.de; BAG v. 2.12.1981, 5 AZR 89/80, www.stotax-first.de) verlängert sich die Anspruchsdauer nicht, wenn eine neue Krankheit hinzutritt, die für sich allein ebenfalls Arbeitsunfähigkeit verursacht. Dies gilt selbst dann, wenn die **hinzugetretene Krankheit** ab einem bestimmten Zeitpunkt alleinige Ursache der Arbeitsunfähigkeit ist.

Der Anspruch auf Entgeltfortzahlung endet während der ununterbrochenen Arbeitsunfähigkeit spätestens mit Ablauf der sechswöchigen Entgeltfortzahlung.

Beispiel 1:

Ein Arbeitnehmer ist wegen Diabetes erstmalig vom 10. Juni an arbeitsunfähig krank. Während der Arbeitsunfähigkeit erkrankt er an einem HWS/LWS-Syndrom. Diese Erkrankung verursacht für sich gesehen ebenfalls Arbeitsunfähigkeit. Die Arbeitsunfähigkeit endet am 16. August. (Die Arbeitsunfähigkeit ist jeweils vor Beginn der Arbeitsaufnahme eingetreten.)

Durch den Hinzutritt der Krankheit „HWS/LWS-Syndrom" verlängert sich der Entgeltfortzahlungsanspruch nicht. Der Arbeitgeber hat das Entgelt bis zum 21. Juli weiterzuzahlen.

Beispiel 2:

Ein Arbeitnehmer ist wie folgt arbeitsunfähig:

10. Juni–29. Juni	Diabetes	20 Kalendertage
19. September–16. Oktober	Diabetes und HWS-Syndrom	28 Kalendertage
21. November–19. Dezember	Diabetes	29 Kalendertage

(Die Arbeitsunfähigkeit ist jeweils vor Beginn der Arbeitsaufnahme eingetreten.)

Für die Arbeitsunfähigkeit wegen Diabetes vom 10. Juni bis 29. Juni besteht ein Entgeltfortzahlungsanspruch. Bei der Arbeitsunfähigkeit wegen der Diabetes und des HWS-Syndroms vom 19. September bis 16. Oktober ist die Vorerkrankungszeit anzurechnen, da auch vom 19. September an Arbeitsunfähigkeit wegen Diabetes besteht. Die Entgeltfortzahlung endet daher am 10. Oktober. Auf Grund der Arbeitsunfähigkeit vom 21. November bis 19. Dezember ist wegen der Vorerkrankungszeiten kein Entgeltfortzahlungsanspruch gegeben. Außerdem ist zwischen den einzelnen Arbeitsunfähigkeitszeiten kein Zeitraum von sechs Monaten vergangen.

Beispiel 3:

Ein Arbeitnehmer ist wie folgt arbeitsunfähig:

10. Juni–29. Juni	Diabetes	20 Kalendertage
19. September–30. Oktober	HWS-Syndrom	42 Kalendertage
25. Oktober–19. Dezember	Diabetes	29 Kalendertage

(Die Arbeitsunfähigkeit ist jeweils vor Beginn der Arbeitsaufnahme eingetreten.)

Für die Arbeitsunfähigkeit wegen Diabetes vom 10. Juni bis 29. Juni besteht ein Entgeltfortzahlungsanspruch. Für die Arbeitsunfähigkeit wegen des HWS-Syndroms besteht ebenfalls ein Anspruch auf Entgeltfortzahlung. Dabei spielt es keine Rolle, dass vom 25. Oktober an auch Arbeitsunfähigkeit wegen Diabetes besteht. Eine Anrechnung der Vorerkrankungszeit wegen Diabetes scheidet aus, da die Diabetes nicht alleinige Ursache der Arbeitsunfähigkeit ist. Der Arbeitgeber hat also bis zum 30. Oktober das Entgelt fortzuzahlen. Vom 31. Oktober an besteht kein Entgeltfortzahlungsanspruch mehr. Wenn die hinzugetretene Arbeitsunfähigkeit alleinige Ursache ist, sind mögliche Vorerkrankungszeiten zu berücksichtigen. Auch wenn durch diese Erkrankung der gesamte Anspruch noch nicht ausgeschöpft ist, ist das Entgelt nicht weiterzuzahlen, da der Arbeitgeber seit dem 19. September ununterbrochen für die bestehende Arbeitsunfähigkeit das Entgelt fortgezahlt hat.

War der Arbeitnehmer wegen der hinzugetretenen Erkrankung bereits vorher arbeitsunfähig, kommt eine **Anrechnung auf die Bezugsdauer** nicht in Betracht, solange die Arbeitsunfähigkeit auf Grund der ersten Erkrankung nicht beendet ist. Ist wegen der ersten Erkrankung keine Arbeitsunfähigkeit mehr gegeben, ist festzustellen, ob auf Grund der hinzugetretenen Krankheit – die nunmehr alleine Arbeitsunfähigkeit verursacht – unter Berücksichtigung von Vorerkrankungen noch ein Anspruch auf Entgeltfortzahlung besteht (BAG v. 27.7.1977, 5 AZR 318/76, www.stotax-first.de).

Beispiel 4:

Ein Arbeitnehmer ist wegen Diabetes erstmalig vom 10. Juni an arbeitsunfähig. Während der Arbeitsunfähigkeit erkrankt er am 19. Juni an einem HWS/LWS-Syndrom. Diese Erkrankung verursacht für sich gesehen ebenfalls Arbeitsunfähigkeit. Die Diabetes-Erkrankung endet am 29. Juni. Vom 30. Juni an besteht Arbeitsunfähigkeit nur noch wegen des HWS/LWS-Syndroms.

(Die Arbeitsunfähigkeit ist jeweils vor Beginn der Arbeitsaufnahme eingetreten.)

In dem fortlaufenden Arbeitsunfähigkeits-Fall besteht vom 30. Juni an nur noch wegen des HWS/LWS-Syndroms Arbeitsunfähigkeit. Durch den Hinzutritt dieser Krankheit verlängert sich der Entgeltfortzahlungsanspruch nicht. Das Arbeitsentgelt ist während der Arbeitsunfähigkeit bis zum 21. Juli weiterzuzahlen.

Beispiel 5:

Ein Arbeitnehmer ist wegen Diabetes erstmalig vom 10. Juni an arbeitsunfähig. Die Arbeitsunfähigkeit dauert bis 29. Juni. Am 19. Juli erkrankt der Arbeitnehmer an einem HWS/LWS-Syndrom. Während dieser Arbeitsunfähigkeit tritt am 30. Juli auch Arbeitsunfähigkeit wegen Diabetes ein. Die Arbeitsunfähigkeit auf Grund des HWS/LWS-Syndroms endet am 6. August. Insgesamt dauert die Arbeitsunfähigkeit bis zum 30. November.

(Die Arbeitsunfähigkeit ist jeweils vor Beginn der Arbeitsaufnahme eingetreten.)

Für die Arbeitsunfähigkeit vom 10. Juni bis 29. Juni besteht ein Entgeltfortzahlungsanspruch. Dies gilt auch für die Arbeitsunfähigkeit auf Grund der HWS-Erkrankung. Da diese Arbeitsunfähigkeit am 6. August endet, ist vom 7. August an die Diabetes nur noch alleinige Ursache der Arbeitsunfähigkeit. Da auf Grund derselben Krankheit bereits Arbeitsunfähigkeit bestand, sind evtl. Vorerkrankungszeiten zu berücksichtigen. Auf den Entgeltfortzahlungsanspruch ist vom 7. August an auch die Arbeitsunfähigkeitszeit vom 10. Juni bis 29. Juni (20 Kalendertage) anzurechnen. Die Entgeltfortzahlung endet daher am 28. August. Dies gilt selbst dann, wenn vom Beginn der fortlaufenden Arbeitsunfähigkeit (19. Juli) an noch keine sechs Wochen abgelaufen sind.

Beispiel 6:

Ein Arbeitnehmer ist wegen einer Schnittverletzung erstmalig vom 10. Juni an arbeitsunfähig krank. Während der Arbeitsunfähigkeit erkrankt er an einem HWS/LWS-Syndrom. Diese Erkrankung verursacht für sich allein gesehen ebenfalls Arbeitsunfähigkeit. Die Arbeitsunfähigkeit auf Grund der Schnittverletzung endet am 17. Juli. Der Arbeitnehmer ist ab 25. Juli arbeitsfähig. Später ist er wieder auf Grund des HWS/LWS-Syndrom arbeitsunfähig krank.

(Die Arbeitsunfähigkeit ist jeweils vor Beginn der Arbeitsaufnahme eingetreten).

Arbeitsunfähigkeit wegen Schnittverletzung	10. Juni bis 17. Juli
Arbeitsunfähigkeit wegen HWS/LWS-Syndrom ab	29. Juni bis 24. Juli
Ende der Arbeitsunfähigkeit am	24. Juli
Arbeitsunfähigkeit HWS/LWS-Syndrom	19. September bis 18. Oktober

Für die Arbeitsunfähigkeit vom 10. Juni bis 24. Juli ist das Arbeitsentgelt bis zum 21. Juli weiterzuzahlen. Für die Fortsetzungserkrankung vom 19. September bis 18. Oktober besteht ein Anspruch auf Entgeltfortzahlung. Allerdings sind bestehende Vorerkrankungszeiten zu berücksichtigen. Dabei werden nur Zeiten angerechnet, die alleinige Arbeitsunfähigkeitsursache waren, d.h. hier ist die Arbeitsunfähigkeitszeit vom 18. Juli bis 24. Juli (= sieben Kalendertage) zu berücksichtigen. Somit besteht für diese Arbeitsunfähigkeit ebenfalls ein vollständiger Entgeltfortzahlungsanspruch (BAG v. 2.2.1994, 5 AZR 345/93, www.stotax-first.de).

5. Höhe des fortzuzahlenden Arbeitsentgelts

a) Grundsätzliches

1089 Bei der Entgeltfortzahlung gilt das Lohnausfallprinzip, d.h. der Arbeitnehmer soll während der Arbeitsunfähigkeit das Arbeitsentgelt erhalten, das er erzielt hätte, wenn er nicht arbeitsunfähig geworden wäre.

Aus diesem Grunde wirken sich alle **Änderungen im Arbeitsverhältnis, z.B. Höhe des Arbeitsentgelts (Erhöhung des Entgelts durch Tarifvertrag)** oder der regelmäßigen wöchentlichen Arbeitszeit (z.B. Verkürzungen der Arbeitszeit) auch dann auf die Höhe der Entgeltfortzahlung aus, wenn die Änderungen erst während der Arbeitsunfähigkeit eintreten. Arbeitsunfähige Auszubildende, die während der Arbeitsunfähigkeit aus einem Ausbildungsverhältnis ausscheiden und vom Arbeitgeber in ein Arbeitsverhältnis übernommen werden, erhalten dann das höhere Arbeitsentgelt (BAG v. 15.2.1978, 5 AZR 739/76, www.stotax-first.de).

Richtet sich die Höhe des Arbeitsentgelts nach einer Mindestlohnregelung, die keine Bestimmungen zur Entgeltfortzahlung (und zum Urlaubsentgelt) enthält, so richtet sich gem. dem Lohnausfallprinzip die Höhe der Entgeltfortzahlung (und des Urlaubsentgelts) nach dieser Mindestlohnregelung; ein Rückgriff des Arbeitgebers auf eine vertraglich vereinbarte niedrigere Vergütung ist in diesen Fällen deshalb unzulässig (BAG v. 13.5.2015, 10 AZR 191/14, www.stotax-first.de).

b) Berechnungsfaktoren

aa) Arbeitszeit

1090 Das Entgelt ist für die regelmäßige Arbeitszeit weiterzuzahlen, die infolge der Arbeitsunfähigkeit ausfällt. Bei gleich bleibenden Monatsentgelten kann der auf den Kalendertag entfallende Teil des Arbeitsentgelts mit der Anzahl der Arbeitsunfähigkeitstage multipliziert werden. Als Ausgangszeitraum sollte im Allgemeinen der letzte abgerechnete Entgeltabrechnungszeitraum (ein Monat, mindestens vier Wochen) zu Grunde gelegt werden. Führt diese Berechnung zu keinem vertretbaren Ergebnis, so kann von den letzten drei abgerechneten Entgeltabrechnungszeiträumen (drei Monate oder 12 bzw. 13 Wochen) ausgegangen werden (BAG v. 22.10.1980, 5 AZR 438/78, www.stotax-first.de).

Wird die regelmäßige Arbeitszeit durch **Kurzarbeit** oder witterungsbedingten Arbeitsausfall verkürzt, wird für die Höhe des fortzuzahlenden Entgelts die verkürzte Arbeitszeit als maßgebende regelmäßige Arbeitszeit zu Grunde gelegt, wenn gleichzeitig das Arbeitsentgelt bei Arbeitsfähigkeit gemindert werden würde. Fällt ein gesetzlicher Feiertag in die Zeit der Arbeitsunfähigkeit, hat der Arbeitnehmer einen Anspruch auf das ungekürzte Arbeitsentgelt als Entgeltfortzahlung.

Die individuelle Arbeitszeit eines Arbeitnehmers kann jedoch von der tariflichen, betriebsüblichen oder einzelvertraglich vereinbarten Arbeitszeit abweichen. Dies ist u.a. bei den sog. Freischichten-Modellen der Fall. Trotz tariflicher oder betrieblich vereinbarter Arbeitszeitverkürzung wird weiterhin z.B. 40 Stunden in der Woche gearbeitet; zum Ausgleich für das Überschreiten der (verkürzten) wöchentlichen Arbeitszeit werden freie Schichten oder freie Tage gewährt. Sofern tarifvertraglich nichts Abweichendes bestimmt ist, ist maßgebende regelmäßige Arbeitszeit für die Berechnung des fortzuzahlenden Arbeitsentgelts in diesen Fällen nicht die verkürzte Arbeitszeit, sondern diejenige, die der Arbeitnehmer bei Arbeitsfähigkeit hätte leisten müssen (BAG v. 2.12.1987, 5 AZR 602/86, www.stotax-first.de). Ist auf Grund der besonderen Gestaltung des Arbeitsverhältnisses ein Mindestsoll an Arbeitsstunden nicht festgelegt und die Arbeitszeit nicht gleichbleibend, so ist das weiterzuzahlende Arbeitsentgelt prinzipiell nach vergangenheitsbezogenen Werten zu berechnen. Dabei ist grundsätzlich von dem letzten abgerechneten Entgeltabrechnungszeitraum (ein Monat, mindestens vier Wochen) auszugehen. Führt diese Berechnung zu keinem vertretbaren Ergebnis, so ist zunächst die Arbeitszeit eines gleichartigen Arbeitnehmers zu Grunde zu legen. Erst danach sind die letzten drei abgerechneten Entgeltabrechnungszeiträume (drei Monate oder 12 bzw. 13 Wochen) maßgebend. Das so ermittelte Arbeitsentgelt ist durch die Zahl der auf den Ausgangszeitraum entfallenden Arbeitstage zu dividieren. Das Ergebnis wird mit der Zahl der infolge Arbeitsunfähigkeit ausgefallenen Arbeitstage modifiziert (BAG v. 22.10.1980, 5 AZR 438/78, www.stotax-first.de).

bb) Arbeitsentgelt

1091 Im Rahmen der Entgeltfortzahlung ist das Bruttoarbeitsentgelt des Arbeitnehmers weiterzuzahlen. Von diesem Bruttobetrag hat der Arbeitnehmer während der Arbeitsunfähigkeit Lohnsteuer und Sozialversicherungsbeiträge zu zahlen. Diese sind vom Arbeitgeber zu berechnen und abzuführen. Bei Nettolohnvereinbarungen hat der Arbeitgeber die Lohnsteuer und Sozialversicherungsbeiträge des Arbeitnehmers zu übernehmen.

Zum Arbeitsentgelt gehören neben dem Barlohn auch Sachbezüge (freie Unterkunft und Verpflegung). Wenn sie während der Arbeitsunfähigkeit nicht in Anspruch genommen werden können, sind sie in bar abzugeben.

Erbringt der Arbeitnehmer neben seiner normalen Arbeitsleistung regelmäßig zusätzlich vergütete Tätigkeiten, z.B. Fahrleistungen, muss der Arbeitgeber auch diese Zeit nach § 3 Abs. 1 EFZG bei Arbeitsunfähigkeit vergüten; dieser Anspruch kann auch durch tarifvertragliche Bestimmung wegen der Unabdingbarkeit des Entgeltfortzahlungsanspruchs nach § 12 EFZG nicht ausgeschlossen werden (BAG v. 16.1.2002, 5 AZR 303/00, www.stotax-first.de).

Bei der Bemessung der Entgeltfortzahlung werden Überstundenvergütungen nicht mehr berücksichtigt. Dabei bleiben sowohl die Grundvergütung für die Überstunden als auch die Überstundenzuschläge außer Betracht. Erbringt ein Arbeitnehmer über einen Zeitraum von mehreren Monaten (hier zwölf Monate) regelmäßig Arbeitsleistungen von zwölf Stunden pro Tag bzw. 60 Stunden in der Woche, obwohl die tarifliche Wochenarbeitszeit nur 39 Stunden beträgt, so handelt es sich bei der tatsächlich angefallenen Arbeitszeit um die für ihn maßgebende regelmäßige Arbeitszeit i.S.d. § 4 Abs. 1 EFZG. Eine Kürzung der Entgeltfortzahlung im Krankheitsfall nach § 4 Abs. 1a EFZG kommt nicht in Betracht (vgl. BAG v. 21.11.2001, 5 AZR 296/00, www.stotax-first.de, B+P 2002, 323). Ständig vom Arbeitnehmer erbrachte und vom Arbeitgeber erwartete und entgegengenommene **Überarbeit** ist damit keine Mehrarbeit und bei der Entgeltfortzahlung zu berücksichtigen (BAG v. 26.6.2002, 5 AZR 153/01, www.stotax-first.de; BAG v. 26.6.2002, 5 AZR 499/00, www.stotax-first.de; BAG v. 26.6.2002, 5 AZR

Entgeltfortzahlung

511/00, www.stotax-first.de; BAG v. 9.7.2003, 5 AZR 610/01, www.stotax-first.de).

Bei der Berechnung der Entgeltfortzahlungshöhe sind Einmalzahlungen nicht zu berücksichtigen. Wird eine Einmalzahlung jedoch während der Entgeltfortzahlung ausgezahlt, gehört dieser Betrag zwar inhaltlich nicht zur Entgeltfortzahlung, ist jedoch auf jeden Fall steuer- und beitragspflichtig (→ *Einmalzahlungen* Rz. 983).

Sonntags-, Feiertags- oder Nachtarbeitszuschläge sind im Rahmen der Entgeltfortzahlung weiterzuzahlen, wenn diese bei Arbeitsfähigkeit angefallen bzw. gezahlt worden wären (BAG v. 14.1.2009, 5 AZR 89/08, www.stotax-first.de). Die Steuerfreiheit der Zuschläge für Sonntags-, Feiertags- oder Nachtarbeit gilt jedoch nicht für das bei Arbeitsunfähigkeit fortgezahlte Arbeitsentgelt, da die Steuerfreiheit nur bei tatsächlicher Arbeitsleistung eintritt. Aus diesem Grund sind von den Zuschlägen für Sonntags-, Feiertags- oder Nachtarbeit auch Beiträge und Steuern zu entrichten.

Der Arbeitnehmer hat daher bei Arbeitsunfähigkeit ein niedrigeres Nettoentgelt als bei Arbeitsfähigkeit (BAG v. 31.5.1978, 5 AZR 116/77, www.stotax-first.de).

Erhält der Arbeitnehmer einen **Akkord- oder Stücklohn**, ist ihm im Rahmen der Arbeitsunfähigkeit das Arbeitsentgelt fortzuzahlen, das infolge Arbeitsunfähigkeit ausfällt. Arbeitet in einer aus zwei Personen bestehenden Akkordgruppe ein Arbeitskollege weiter, ist dessen Vergütung für die Höhe der Entgeltfortzahlung des erkrankten Arbeitnehmers maßgebend. Beruft sich ein Arbeitnehmer auf einen zurückliegenden Referenzzeitraum, hat er die Tatsachen darzulegen, die es rechtfertigen können, auf den höheren Verdienst in der Vergangenheit abzustellen (BAG v. 26.2.2003, 5 AZR 162/02, www.stotax-first.de). Ist das ausgefallene Arbeitsentgelt nicht feststellbar, ist zuerst das Entgelt eines gleichartig Beschäftigten zu Grunde zu legen. Ist dies nicht möglich, ist eine vergangenheitsbezogene Berechnung vorzunehmen.

Provisionen (Abschluss-, Umsatzprovisionen) stellen Arbeitsentgelt im sozialversicherungsrechtlichen Sinne dar und sind somit während einer Arbeitsunfähigkeit weiterzuzahlen. Grundsätzlich steht dem Arbeitnehmer die Provision für Geschäftsabschlüsse zu, die sein Krankheitsvertreter für ihn abschließt.

Bei rückwirkenden Veränderungen des Lohns oder Akkordlohns (z.B. durch Tarifvertrag, Betriebsvereinbarung) ist der Entgeltfortzahlungsbetrag ebenso zu erhöhen und nachzuzahlen. Dies gilt selbst dann, wenn der Anspruch auf erhöhten Lohn erst begründet wurde, nachdem die Arbeitsunfähigkeit beendet war (BAG v. 21.11.1967, 1 AZR 450/66, www.stotax-first.de).

Nach dem EFZG sind Entgeltbestandteile, die echten Auslagenersatz zur Abgeltung eines tatsächlichen Mehraufwands darstellen, nicht fortzuzahlen (vgl. § 4 Abs. 1 Satz 2 EFZG). Werden die Auslösungen dagegen pauschal gezahlt, unabhängig davon, ob die Aufwendungen auch tatsächlich entstehen, sind sie im Fall der Arbeitsunfähigkeit auch fortzuzahlen.

Die **Gebrauchsüberlassung eines Dienstwagens** zur privaten Nutzung ist zusätzliche Gegenleistung für die geschuldete Arbeitsleistung. Sie ist steuer- und abgabenpflichtiger Teil des geschuldeten Arbeitsentgelts und damit Teil der Arbeitsvergütung. Damit ist sie regelmäßig nur so lange geschuldet, wie der Arbeitgeber überhaupt Arbeitsentgelt schuldet. Das ist für Zeiten der Arbeitsunfähigkeit, für die keine Entgeltfortzahlungspflicht mehr nach § 3 Abs. 1 EFZG besteht, **nicht der Fall** (BAG v. 14.12.2010, 9 AZR 631/09, www.stotax-first.de). **Schmutzzulagen, Spesen, Reise- und Fahrkosten, Zehrgelder**, Ersatz für die Benutzung eigenen Werkzeuges, wenn sie im Einzelfall abgegolten werden, finden bei der Entgeltfortzahlungsberechnung keine Berücksichtigung.

c) Berechnung der Entgeltfortzahlungshöhe

1092 Bei Arbeitnehmern, die einen festen Stunden-, Tages-, Wochen- oder Monatslohn erhalten, wird das fortzuzahlende Arbeitsentgelt wie folgt ermittelt: Der mutmaßliche Stundenlohn wird mit der arbeitstäglichen (regelmäßigen) Stundenzahl und der Zahl der durch Krankheit ausgefallenen Arbeitstage (einschließlich der gesetzlichen Feiertage) vervielfältigt.

Wird das Entgelt nach Wochen oder Monaten berechnet, ist i.d.R. keine besondere Berechnung notwendig; das vereinbarte Wochen- oder Monatsentgelt ist einfach fortzuzahlen. Eine Umrechnung auf den Arbeitstag ist dann notwendig, wenn die Entgeltfortzahlung in eine Entgeltfortzahlungsperiode hineinreicht und der Arbeitnehmer die Arbeit nicht wieder aufnimmt. Dabei ist das auf den Kalendertag entfallende Arbeitsentgelt mit der Anzahl der Arbeitsunfähigkeitstage zu multiplizieren (BAG v. 28.2.1975, 5 AZR 213/74, www.stotax-first.de).

> **Beispiel 1:**
> Ein Arbeitnehmer ist im Juni 14 Arbeitstage wegen Diabetes arbeitsunfähig. Die wöchentliche Arbeitszeit beträgt 38,5 Stunden (5-Tage-Woche) bei einem Stundenlohn von 11,20 €.
> Für die Zeit der Arbeitsunfähigkeit ist dem Arbeitnehmer ein Entgelt von
> 11,20 € × 7,7 Stunden je Arbeitstag (7 Std. 42 Min.) × 14 Tage = 1 207,36 €
> weiterzuzahlen.

Bei **Akkordarbeitern** ist zu ermitteln, welchen Leistungslohn sie bei Arbeitsfähigkeit erzielt hätten (§ 4 Abs. 1 Satz 3 EFZG). Ist eine Prognose nicht möglich und führt das Entgelt eines **gleichartig Beschäftigten** zu keinem vertretbaren Ergebnis, ist auf den **letzten Entgeltabrechnungszeitraum** zurückzugreifen. Führt diese Berechnung ebenfalls zu keinem vertretbaren Ergebnis, ist auf die letzten drei abgerechneten Entgeltabrechnungszeiträume zurückzugreifen.

> **Beispiel 2:**
> Eine Akkordarbeiterin hat im Bereich der industriellen Fertigung Elektroplatinen zu bestücken und zu verlöten. Vom 1. April bis 14. April ist sie arbeitsunfähig krank. Vor Beginn der Arbeitsunfähigkeit hat sie einschließlich der anderen Mitarbeiterinnen einen Akkordlohn von 9,50 € erzielt. Die verbleibenden arbeitsfähigen Mitarbeiterinnen der Fertigungseinheit erzielen wegen einer Produktänderung in der Zeit einen Akkordlohn von 9,10 €.
> Berechnung:
> Vom 1. April an hätte die Arbeitnehmerin einen Akkordlohn von 9,10 €/Std. erzielt. Daraus berechnet sich die Höhe der Entgeltfortzahlung wie folgt:
> 9,10 € × 80 Stunden (Arbeitsunfähigkeit)   728 €

Bei Arbeitnehmern im Gruppenakkord ist vornehmlich der Vergleich mit den Gruppenmitgliedern sachgerecht (BAG v. 22.10.1980, 5 AZR 438/78, www.stotax-first.de).

d) Abweichung durch Tarifvertrag

1093 Die Berechnungsmethode sowie die Bemessungsgrundlage des Entgeltfortzahlungsanspruchs kann abweichend von den gesetzlichen Regelungen im Tarifvertrag vertraglich geregelt werden.

Dabei können die Tarifvereinbarungen – bezogen auf die o.a. Felder – günstiger oder ungünstiger sein als die gesetzliche Regelung. Andere Regelungen der Entgeltfortzahlung sind dagegen weiterhin unabdingbar.

Soll durch Tarifvertrag eine von § 4 Abs. 1 EFZG abweichende Bemessungsgrundlage für das fortzuzahlende Arbeitsentgelt festgelegt werden, bedarf dies einer klaren Regelung. Sind die Regelungen in einem Tarifvertrag nicht präzise, verbleibt es insoweit beim gesetzlich geregelten Entgeltausfallprinzip (BAG v. 20.1.2010, 5 AZR 53/09, www.stotax-first.de).

Die Dauer des Entgeltfortzahlungsanspruchs kann auch durch Tarifverträge nicht gekürzt werden.

6. Anzeige- und Nachweispflichten des Arbeitnehmers

a) Allgemeines

1094 Nach § 5 Abs. 1 EFZG sind alle Arbeitnehmer verpflichtet, dem Arbeitgeber die Arbeitsunfähigkeit und deren voraussichtliche Dauer unverzüglich mitzuteilen **(Benachrichtigungspflicht). Bei länger als drei Kalendertage** andauernden Arbeitsunfähigkeiten hat der Arbeitnehmer spätestens am darauf folgenden Arbeitstag eine ärztliche Bescheinigung über das Bestehen und die voraussichtliche Dauer der Arbeitsunfähigkeit vorzulegen **(Nachweispflicht)**.

Der Arbeitgeber ist berechtigt, die Vorlage einer ärztlichen Bescheinigung auch noch früher zu verlangen, sofern keine einzel- oder tarifvertraglichen Regelungen dagegenstehen. **Zulässig** ist insoweit eine Regelung im Arbeitsvertrag, dass eine Arbeitsunfähigkeitsbescheinigung bereits **für den ersten Tag** krankheitsbedingter Arbeitsunfähigkeit erbracht werden muss (BAG v. 1.10.1997, 5 AZR 499/96, www.stotax-first.de). Nach neuerer Rechtsprechung kann der Arbeitgeber die Vorlage einer Arbeitsunfähigkeitsbescheinigung ab ersten Tag fordern, ohne jegliche Begründung und ohne bisherige Verdachtsmomente (BAG v. 26.2.2003, 5 AZR 112/02, www.stotax-first.de). Ein **anderweitiger Beweis** der Arbeitsunfähigkeit durch den Arbeitnehmer bleibt aber zulässig. Zum **Leistungsverweigerungsrecht** des Arbeitgebers bei fehlendem Arbeitsunfähigkeitsnachweis s. → Rz. 1103.

b) Arbeitsunfähigkeit im Inland

1095 Der Arbeitnehmer ist verpflichtet, die Arbeitsunfähigkeit und ihre voraussichtliche Dauer dem Arbeitgeber unverzüglich, d.h. „ohne schuldhaftes Zögern" (§ 121 Abs. 1 Satz 1 BGB) mitzuteilen. Die **Meldung** ist nicht an eine Form gebunden und kann somit mündlich, schriftlich, telefonisch erfolgen. Dabei besteht auch die Möglichkeit, dass ein Dritter (z.B. Ehepartner) den Arbeitgeber hierüber informiert. Die Mitteilungspflicht gilt nicht nur bei Beginn der Arbeitsunfähigkeit, sondern auch bei einer fortdauernden Erkrankung über das voraussichtliche Ende hinaus. Bei der Anzeige der Arbeitsunfähigkeit ist der Arbeitnehmer nicht verpflichtet, den Arbeitgeber über die Art seiner Erkrankung zu unterrichten.

Vor Ablauf des dritten Tages nach Beginn der Arbeitsunfähigkeit hat der Arbeitnehmer dem Arbeitgeber eine ärztliche Bescheinigung über die Arbeitsunfähigkeit sowie deren voraussichtlicher Dauer vorzulegen. Ist dieser Tag ein arbeitsfreier Samstag, Sonn- oder Feiertag, verlängert sich die Frist auf den nächsten Werktag.

Beispiele:
Nach Beendigung des Arbeitstags (Donnerstag) wird der Arbeitnehmer arbeitsunfähig krank. Der Arzt bescheinigt am gleichen Tag für eine Woche Arbeitsunfähigkeit. Die Arbeitsunfähigkeitsbescheinigung hat der Arbeitnehmer dem Arbeitgeber spätestens drei Tage nach Beginn der Arbeitsunfähigkeit nachzuweisen. Die Frist beginnt am Freitag und endet am Sonntag. Spätestens am Montag muss die Bescheinigung beim Arbeitgeber sein.

Beginn der Arbeitsunfähigkeit am	Letzter Tag der Frist (Fristende) am:
Sonntag	Mittwoch
Montag	Donnerstag
Dienstag	Freitag
Mittwoch	Montag
Donnerstag	Montag
Freitag	Montag
Samstag	Dienstag
Dienstag in der „Karwoche"	Dienstag nach Ostern

Die Bescheinigung des behandelnden Arztes muss den Namen des Arbeitnehmers, die voraussichtliche Dauer der Arbeitsunfähigkeit und – sofern der Arbeitnehmer Mitglied einer gesetzlichen Krankenkasse ist – den Vermerk enthalten, dass der Krankenkasse unverzüglich eine gleiche Bescheinigung über den Befund und die voraussichtliche Dauer der Arbeitsunfähigkeit übersandt wird.

Bei jeder Verlängerung hat der Arbeitnehmer eine neue ärztliche Bescheinigung (Folgebescheinigung) mit der nun voraussichtlichen Dauer der Arbeitsunfähigkeit vorzulegen.

Auch nach Ablauf der Entgeltfortzahlung von sechs Wochen muss der Arbeitnehmer weiter ärztliche Arbeitsunfähigkeitsbescheinigungen vorlegen (LAG Sachsen-Anhalt v. 24.4.1996, 3 Sa 449/95, www.stotax-first.de).

Die Arbeitsunfähigkeitsbescheinigung hat seit 1.1.2016 neue Funktionen. So wird die Bescheinigung auch nach Ablauf der sechswöchigen Entgeltfortzahlung weiter ausgestellt. Der Krankengeldauszahlschein, der bisher für die Zahlung von Krankengeld erforderlich war, entfällt. Der Arbeitgeber erhält wie gewohnt einen Durchschlag.

Bei **medizinischen Maßnahmen zur Vorsorge oder Rehabilitation** hat der Arbeitnehmer dem Arbeitgeber den Zeitpunkt des Antritts der Maßnahme, die voraussichtliche Dauer und eine evtl. Verlängerung der Maßnahme unverzüglich mitzuteilen. Hierzu sind ihm die Bewilligungsunterlagen des Versicherungsträgers vorzulegen.

c) Beweiskraft der Arbeitsunfähigkeitsbescheinigung

1096 Für den Entgeltfortzahlungsanspruch reicht die vom Arbeitnehmer einzureichende ärztliche Bescheinigung i.d.R. aus.

Hat der Arbeitgeber **Zweifel an der Arbeitsunfähigkeit**, muss er beweisen, dass seine Zweifel begründet sind. Dabei muss er die Einzelumstände darlegen und beweisen, dass ernsthafte Zweifel an der Erkrankung bestehen. Eine pauschale Aussage reicht dazu nicht aus (BAG v. 11.8.1976, 5 AZR 422/75, www.stotax-first.de). Begründete Zweifel an einer vom Arbeitnehmer vorgelegten Arbeitsunfähigkeitsbescheinigung könnte der Arbeitgeber dann einwenden, wenn der Arbeitnehmer die Arbeitsunfähigkeit vor Eintritt der Arbeitsunfähigkeit angekündigt hat und der Aufforderung einer Begutachtung durch den Medizinischen Dienst der Krankenversicherung nicht nachkommt oder wenn die ärztliche Bescheinigung ohne vorausgegangene ärztliche Untersuchung z.B. bei einer Telefondiagnose des Arztes ausgestellt wird (LAG Düsseldorf v. 16.12.1980, 24 Sa 1230/80, www.stotax-first.de). S. auch grundlegend zur Bindungswirkung einer **ausländischen Arbeitsunfähigkeitsbescheinigung** der Fall „Paletta" (BAG v. 19.2.1997, 5 AZR 747/93, www.stotax-first.de).

d) Überprüfung der Arbeitsunfähigkeit

1097 Die Krankenkasse ist verpflichtet, eine Begutachtung der Arbeitsunfähigkeit durch den Medizinischen Dienst der Krankenversicherung einzuleiten, wenn dies zur Sicherung des Behandlungserfolges, insbesondere zur Einleitung von Maßnahmen zur Wiederherstellung der Arbeitsfähigkeit, angezeigt ist. Diese Verpflichtung gilt auch dann, wenn der Arbeitgeber dies unter Darlegung von Zweifeln an der Arbeitsunfähigkeit verlangt. Von einer Einschaltung des **Medizinischen Dienstes der Krankenversicherung** kann die Krankenkasse absehen, wenn sich die Antwort aus den bei der Krankenkasse vorliegenden ärztlichen Unterlagen ergibt.

Die Krankenkasse teilt dem Arbeitgeber das Ergebnis der Begutachtung über die Arbeitsunfähigkeit mit, wenn dieses mit der Bescheinigung des behandelnden Arztes im Ergebnis nicht übereinstimmt.

Kommt der Arbeitnehmer der Aufforderung zur Begutachtung durch den Medizinischen Dienst der Krankenversicherung nicht nach, hat die Krankenkasse dies dem Arbeitgeber mitzuteilen. Der Arbeitgeber hat dann die Möglichkeit, wegen begründeter Zweifel an der ärztlichen Arbeitsunfähigkeitsbescheinigung die Entgeltfortzahlung zu verweigern.

e) Arbeitsunfähigkeit im Ausland

1098 Arbeitnehmer, die im Ausland erkranken, haben auch einen Entgeltfortzahlungsanspruch und gleichzeitig die Verpflichtung, die Arbeitsunfähigkeit, die voraussichtliche Dauer und die Adresse am Aufenthaltsort unverzüglich (z.B. Luftpost, Telegramm, Telefon) mitzuteilen. Es gelten also dem Grunde nach, **die gleichen Pflichten wie bei einer Arbeitsunfähigkeit im Inland**. Dies gilt entsprechend für eine Verlängerung der bestehenden Arbeitsunfähigkeit. Außerdem sind Arbeitnehmer verpflichtet, ihre Krankenkasse über die Arbeitsunfähigkeit zu unterrichten.

Versäumt es ein Arbeitnehmer bei der Mitteilung einer Arbeitsunfähigkeit, die Adresse des Aufenthaltsortes mitzuteilen, entfällt der Anspruch auf Entgeltfortzahlung nicht. Zwar ist der Arbeitnehmer nach dem Entgeltfortzahlungsgesetz dazu verpflichtet, jedoch kann der Arbeitgeber bei einem Versäumnis die Entgeltfortzahlung nicht vollständig verweigern, sondern nur so lange verzögern, bis der Arbeitnehmer seiner Verpflichtung nachgekommen ist; bei telefonischer Mitteilung aus dem Ausland muss der Arbeitgeber nach der Urlaubsanschrift selbst fragen (BAG v. 19.2.1997, 5 AZR 83/96, www.stotax-first.de).

Hält sich der Arbeitnehmer bei Beginn der Arbeitsunfähigkeit in einem Land auf, mit dem ein Sozialversicherungsabkommen besteht (z.B. EU, Türkei), reicht es aus, wenn der Arbeitnehmer die zwischenstaatlichen Regelungen beachtet. Das bedeutet, der Arbeitnehmer schaltet den ausländischen Sozialversicherungsträger ein, der dann die deutsche Krankenkasse unterrichtet. Der Arbeitgeber erhält dann von der Krankenkasse eine schriftliche Mitteilung über die dort nachgewiesene Arbeitsunfähigkeit. Besteht dagegen kein Sozialversicherungsabkommen, hat der Arbeitnehmer dem Arbeitgeber unverzüglich eine Bescheinigung über den Eintritt der Arbeitsunfähigkeit und deren voraussichtliche Dauer zu übermit-

Entgeltfortzahlung

teln. Die Bescheinigung muss jedoch erkennen lassen, dass der ausländische Arzt zwischen einer bloßen Erkrankung und einer mit Arbeitsunfähigkeit verbundenen Krankheit unterschieden hat. Im deutschen Arbeits- und Sozialrecht haben diese Begriffe eine besondere Bedeutung. Aus diesem Grund muss die Bescheinigung erkennen lassen, dass dem Arzt diese Unterscheidung bekannt ist und die Bescheinigung in dieser Kenntnis ausgestellt wurde.

Im Übrigen gilt für ein **Auslandsattest aus dem Bereich der Europäischen Union** nach einer neueren Entscheidung des EuGH im Paletta-Fall (EuGH v. 2.5.1996, C-206/94, www.stotax-first.de), dass dessen Beweiswert gegenüber einem Inlandsattest gesteigert ist: Bei berechtigten Zweifeln des Arbeitgebers an der Arbeitsunfähigkeit verlagert sich die Beweislast für die Arbeitsunfähigkeit nicht auf den Arbeitnehmer; vielmehr muss der **Arbeitgeber den Nachweis** einer tatsächlich nicht gegebenen Arbeitsunfähigkeit erbringen.

f) Arbeitsfähigkeitsbescheinigung

1099 In der betrieblichen Praxis tritt nicht selten die Fallgestaltung auf, dass der Arbeitnehmer zu seinen Gunsten dem Arbeitgeber eine **Arbeitsfähigkeitsbescheinigung** vorlegt, die der Arbeitgeber bezweifelt. Dies ist beispielsweise und insbesondere dann der Fall, wenn sich der Arbeitgeber in Annahmeverzug i.S.v. § 615 BGB befindet und trotz Nichtleistung der Arbeit durch den Arbeitnehmer an sich die Arbeitsvergütung zahlen muss, jedoch wegen Arbeitsunfähigkeit des Arbeitnehmers über den Entgeltfortzahlungszeitraum von sechs Wochen hinaus von der Zahlungspflicht befreit wäre. Bei derartigen Fallgestaltungen beruft sich nicht selten der Arbeitnehmer darauf, er sei gar nicht (mehr) arbeitsunfähig, sondern arbeitsfähig gemäß ärztlicher Bescheinigung, so dass es im Hinblick auf die Zahlungspflicht des Arbeitgebers zu einem **Streit über Arbeitsfähigkeit oder Arbeitsunfähigkeit** kommt. Insoweit wendet das BAG (BAG v. 11.10.2006, 5 AZR 755/05, www.stotax-first.de) auf die ärztliche Arbeitsfähigkeitsbescheinigung die Grundsätze zur ärztlichen Arbeitsunfähigkeitsbescheinigung an:

- **Erste Stufe**: Der Arbeitnehmer kann mit der Vorlage der ärztlichen Arbeitsfähigkeitsbescheinigung zunächst seine Arbeitsfähigkeit nachweisen.
- **Zweite Stufe**: Der Arbeitgeber muss daraufhin begründete Zweifel an der Richtigkeit der ärztlichen Arbeitsfähigkeitsbescheinigung aufzeigen, um den Beweiswert der Bescheinigung zu erschüttern.
- **Dritte Stufe**: Gelingt ihm dies, muss der Arbeitnehmer die Erschütterung des Beweiswertes widerlegen. Er ist insoweit auskunftspflichtig und wird den Arzt von der ärztlichen Schweigepflicht entbinden müssen, so dass der Arbeitgeber eine genauere ärztliche Auskunft erlangen kann.
- **Vierte Stufe**: Bei Nicht-Erweislichkeit der Arbeitsunfähigkeit nach ärztlicher Auskunftserteilung wird allerdings von der Beweislast des Arbeitgebers und damit von der bescheinigten Arbeitsfähigkeit des Arbeitnehmers auszugehen sein.

7. Ende der Entgeltfortzahlung/Anlasskündigung

1100 Endet ein Arbeitsverhältnis nach Beginn der Arbeitsunfähigkeit, endet grundsätzlich auch die Entgeltfortzahlung. Wird dagegen das Arbeitsverhältnis aus Anlass der Arbeitsunfähigkeit wirksam gekündigt, bleibt der Anspruch auf Entgeltfortzahlung bestehen. Das Gleiche gilt, wenn der Arbeitnehmer das Arbeitsverhältnis aus einem vom Arbeitgeber zu vertretenden Grunde kündigt, der den Arbeitnehmer zur Kündigung aus wichtigem Grund ohne Einhaltung einer Kündigungsfrist berechtigt. Endet das Arbeitsverhältnis durch Zeitablauf (befristete Beschäftigung) nach Beginn der Arbeitsunfähigkeit, endet der Anspruch auf Entgeltfortzahlung mit dem Ende des Arbeitsverhältnisses (vgl. § 8 EFZG), → Rz. 1074.

Eine **Kündigung aus Anlass der Arbeitsunfähigkeit** liegt dann vor, wenn die Arbeitsunfähigkeit den entscheidenden Anstoß für die Kündigung gegeben hat, d.h. die Arbeitsunfähigkeit muss innerhalb der Ursachenkette ein entscheidend mitbestimmender Faktor für den Kündigungsausspruch sein (BAG v. 22.12.1971, 1 AZR 180/71, www.stotax-first.de). Die **Darlegungs- und Beweislast** dafür trifft im Streitfall den **Arbeitnehmer**. Fallen jedoch Kündigung und Beginn der Arbeitsunfähigkeit oder deren Verlängerung zeitlich zusammen, so spricht der Beweis des ersten Anscheins – widerlegbar – dafür, dass die Arbeitsunfähigkeit oder deren Fortdauer Anlass der Kündigung war (BAG v. 20.8.1980, 5 AZR 218/78, www.stotax-first.de). Wird das Arbeitsverhältnis vor Beginn der Arbeitsunfähigkeit gekündigt, liegt keine Anlasskündigung vor. Erhebt der Arbeitnehmer zulässig Kündigungsschutzklage, so ist für die soziale Rechtfertigung der Kündigung der Arbeitgeber beweispflichtig.

8. Teilnahme an medizinischen Rehabilitationsmaßnahmen (Kuren)

1101 Die Vorschriften über den Anspruch auf Entgeltfortzahlung (§ 3 EFZG), die Höhe des fortzuzahlenden Arbeitsentgelts (§ 4 EFZG), den Forderungsübergang (§ 6 EFZG), das Leistungsverweigerungsrecht des Arbeitgebers (§ 7 EFZG) sowie die Beendigung des Arbeitsverhältnisses (§ 8 EFZG) gelten entsprechend für die Arbeitsverhinderung infolge einer Maßnahme der medizinischen Vorsorge oder Rehabilitation, die ein Träger der gesetzlichen Renten-, Kranken- oder Unfallversicherung, die Kriegsopferversorgung oder ein sonstiger Sozialleistungsträger bewilligt hat und die in einer entsprechenden Einrichtung stationär durchgeführt wird (§ 9 Abs. 1 Satz 1 EFZG).

Das **LAG Niedersachsen** hat mit Urteil v. 27.3.2015, 10 Sa 1005/14, www.stotax-first.de, Revision eingelegt, Az. beim BAG: 10 AZR 298/15, entschieden, dass bei einer reinen Erholungskur, die lediglich der Vorbeugung gegen **allgemeine Verschleißerscheinungen** oder der Verbesserung des Allgemeinbefindens dient, kein Anspruch auf Entgeltfortzahlung gegeben ist. Wegen der grundsätzlichen Bedeutung wird die Entscheidung durch das BAG geprüft.

Durch diese Vorschrift wird ein Anspruch auf Entgeltfortzahlung auch bei solchen Kuren eingeräumt, während deren Dauer zwar keine Arbeitsunfähigkeit im krankenversicherungsrechtlichen Sinne vorliegt, die jedoch medizinisch notwendig sind (vgl. BAG v. 29.11.1973, 5 AZR 205/73, www.stotax-first.de).

Ist der Arbeitnehmer nicht Mitglied einer gesetzlichen Krankenkasse oder nicht in der gesetzlichen Rentenversicherung versichert, besteht der Entgeltfortzahlungsanspruch nur dann, wenn die Maßnahme der medizinischen Vorsorge oder Rehabilitation ärztlich verordnet worden ist und stationär in einer Einrichtung der medizinischen Vorsorge oder Rehabilitation oder einer vergleichbaren Einrichtung durchgeführt wird (§ 9 Abs. 1 Satz 2 EFZG).

Der Anspruch auf Entgeltfortzahlung besteht wie bei der Arbeitsunfähigkeit wegen Krankheit **mindestens sechs Wochen**. Dabei sind mögliche Vorerkrankungen bei der Anspruchsdauer mit zu berücksichtigen. Der Arbeitnehmer ist verpflichtet, dem Arbeitgeber den Zeitpunkt des Antritts der Maßnahme, die voraussichtliche Dauer und die Verlängerung der Maßnahme unverzüglich mitzuteilen. Hierzu hat er eine Bescheinigung über die Bewilligung der Maßnahme durch einen Sozialleistungsträger bzw. eine ärztliche Bescheinigung über die Erforderlichkeit der Maßnahme vorzulegen.

Erfolgt die Bewilligung einer Maßnahme der medizinischen Vorsorge und Rehabilitation wegen desselben Grundleidens, das vor oder nach der Arbeitsverhinderung wegen der Kur zu einer krankheitsbedingten Arbeitsunfähigkeit geführt hat, besteht ein Entgeltfortzahlungsanspruch innerhalb der Fristen des § 3 Absatz 1 EFZG nur für insgesamt sechs Wochen. Es gelten insoweit die für eine **Fortsetzungserkrankung** anwendbaren Grundsätze (BAG v. 10.9.2014, 10 AZR 651/12, www.stotax-first.de).

Schließt an eine Rehabilitationsmaßnahme eine ärztlich verordnete „Schonzeit" an, in der der Arbeitnehmer nicht arbeitsunfähig ist, besteht für diesen Zeitraum kein Entgeltfortzahlungsanspruch. Hier tritt i.d.R. der Leistungsträger mit Krankengeld oder Übergangsgeld ein.

9. Forderungsübergang bei Dritthaftung

1102 Ist der Arbeitnehmer von einem Dritten geschädigt worden und besteht dadurch Arbeitsunfähigkeit (z.B. durch einen Verkehrsunfall), hat er dennoch einen Anspruch auf Entgeltfortzahlung gegenüber seinem Arbeitgeber. Kann der Arbeitnehmer vom Schädiger Schadensersatz wegen Verdienstausfall beanspruchen, der ihm durch die Arbeitsunfähigkeit entstanden ist, so geht dieser Anspruch auf den Arbeitgeber über, soweit dieser das Entgelt fortgezahlt hat (einschließlich anteiliges Urlaubsentgelt, BGH v. 13.8.2013, VI ZR 389/12, www.stotax-first.de). Der Anspruch des

Arbeitgebers erstreckt sich auch auf die darauf entfallenden vom Arbeitgeber zu tragenden Beiträge zur Bundesanstalt für Arbeit, Arbeitgeberanteile an Beiträgen zur Sozialversicherung sowie zu Einrichtungen der zusätzlichen Alters- und Hinterbliebenenversorgung. Zur Geltendmachung seiner Ansprüche hat der Arbeitnehmer dem Arbeitgeber unverzüglich die erforderlichen Angaben zu machen.

Vereinbarungen zwischen dem Schädiger und dem geschädigten Arbeitnehmer in der Zeit zwischen dem Eintritt des schädigenden Ereignisses und dem Zeitpunkt des Forderungsübergangs können diesen beeinträchtigen. Verhindert der Arbeitnehmer schuldhaft den Forderungsübergang ganz oder teilweise, so ist der Arbeitgeber insoweit berechtigt, die Entgeltfortzahlung zu verweigern. Erhält der Arbeitgeber erst zu einem späteren Zeitpunkt von entsprechenden Vereinbarungen Kenntnis, so hat er gegen den Arbeitnehmer einen Anspruch aus ungerechtfertigter Bereicherung wegen des zu viel gezahlten Arbeitsentgelts.

Die **Höhe** der Forderung des Arbeitgebers gegen den Schädiger richtet sich im Übrigen nach der Höhe der an den Arbeitnehmer geleisteten Entgeltfortzahlung.

10. Leistungsverweigerungsrecht des Arbeitgebers

1103 Der Arbeitgeber ist nach § 7 EFZG berechtigt, die Entgeltfortzahlung zu verweigern, solange der Arbeitnehmer die ärztliche Bescheinigung nicht vorlegt oder bei einer Arbeitsunfähigkeit im Ausland der notwendigen Anzeigepflicht nicht nachkommt oder wenn der Arbeitnehmer den Übergang eines Schadensersatzanspruchs gegen einen Dritten auf den Arbeitgeber verhindert. Die Leistungsverweigerung ist bei der Nichtvorlage der Arbeitsunfähigkeitsbescheinigung grundsätzlich nicht endgültig, d.h., kommt der Arbeitnehmer seiner Verpflichtung nach, ist die Entgeltfortzahlung nachzuholen (BAG v. 23.1.1985, 5 AZR 592/82, www.stotax-first.de). Dagegen ist die Leistungsverweigerung endgültig, wenn der Übergang eines Schadensersatzanspruchs auf den Arbeitgeber verhindert wurde. Diese Leistungsverweigerung besteht nicht nur für die aktuelle Arbeitsunfähigkeit, sondern auch bei Folgeerkrankungen, die Folge derselben Schädigung sind und in denen der Arbeitgeber wegen der Verhinderung des Forderungsübergangs keinen Ersatz erhalten kann.

Ein Leistungsverweigerungsrecht besteht für den Arbeitgeber auch, solange der Arbeitnehmer seinen **Sozialversicherungsausweis** nicht nach § 100 SGB V hinterlegt (BAG v. 14.6.1995, 5 AZR 143/94, www.stotax-first.de).

11. Ausgleich der Arbeitgeberaufwendungen

1104 → *Lohnausgleichskasse* Rz. 1779; → *Lohnfortzahlung: Erstattungsverfahren für Arbeitgeber* Rz. 1785

Entgeltmeldung

→ *Meldungen für Arbeitnehmer in der Sozialversicherung* Rz. 1989

Entgeltsicherung für ältere Arbeitnehmer

1105 Vom **1.1.2012** an finden die Regelungen zur Entgeltsicherung nur noch Anwendung, wenn der **Anspruch** auf Entgeltsicherung vor diesem Tag **entstanden** ist. Bei erneuter Antragstellung können die Leistungen längstens bis zum 31.12.2013 bezogen werden (§ 417 Abs. 7 SGB III).

Mit der **Entgeltsicherung für ältere Arbeitnehmer** (§ 417 SGB III) wurde **Arbeitslosen und von Arbeitslosigkeit bedrohten älteren Arbeitnehmern**, die das **50. Lebensjahr** vollendet haben, ein weiterer Anreiz zur Arbeitsaufnahme geboten. Da die Aufnahme einer neuen versicherungspflichtigen Beschäftigung mit finanziellen Einbußen im Vergleich zum Arbeitsentgelt aus der früheren Tätigkeit verbunden sein kann, wurde die Nettoentgeltdifferenz durch die zeitlich begrenzte Aufstockung des Arbeitsentgelts teilweise ausgeglichen. Zudem wurde die geringere Alterssicherung durch eine Aufstockung der Beiträge zur gesetzlichen Rentenversicherung abgemildert.

Zu weiteren Einzelheiten s. ABC des Lohnbüros 2014 Rz. 1029 ff.

Entgeltunterlagen

→ *Lohnkonto* Rz. 1801

Entlassungsabfindungen

→ *Abfindungen* Rz. 1

Entlassungsabfindungen/ Entlassungsentschädigungen

Inhaltsübersicht: | **Rz.**
1. Arbeitsrecht | 1106
2. Lohnsteuer | 1107
3. Sozialversicherung | 1108
4. Auswirkungen auf das Arbeitslosengeld | 1109
   a) Grundsatz | 1109
   b) Einzelheiten der Regelungen | 1110

1. Arbeitsrecht

1106 Dem Arbeitnehmer steht bei Beendigung des Arbeitsverhältnisses nicht automatisch ein Anspruch auf Zahlung einer Entlassungsabfindung oder -entschädigung zu. Ein solcher Abfindungsanspruch ergibt sich dem Grund und der Höhe nach vielmehr **nur auf besonderer Grundlage**, nämlich bei einem gerichtlichen Auflösungsurteil, bei einem gerichtlichen oder außergerichtlichen Vergleich mit Abfindungsregelung, bei sonstiger entsprechender Vereinbarung, z.B. in einem Aufhebungsvertrag, bei einer tariflichen Abfindungsregelung oder bei einem Sozialplan oder sonstiger Grundlage in einer Betriebsvereinbarung, evtl. auch aus dem Gleichbehandlungsgrundsatz (ausführliche Darstellung B+P 1996, 401 und B+P 1997, 115, Darstellung in Leitsätzen B+P 2010, 303).

Gesetzlich geregelte Abfindungen gibt es im öffentlichen Dienst. Sie werden dort i.d.R. Übergangsgelder oder Übergangsbeihilfen genannt (→ *Übergangsgelder/Übergangsbeihilfen* Rz. 2895).

Mit der Vorschrift des **§ 1a KSchG** hat der Gesetzgeber mit Wirkung ab 1.1.2004 eine **gesetzliche Abfindungsregelung** in das Kündigungsschutzgesetz eingefügt mit dem Ziel, hierdurch für betriebsbedingte Kündigungen mehr Rechtssicherheit und Abwicklungsklarheit zu schaffen. Die Regelung ist wie folgt konstruiert:

– Der Arbeitgeber muss eine Kündigung aus **betriebsbedingten** Gründen nach § 1 Abs. 2 Satz 1 KSchG aussprechen. Bei einer verhaltensbedingten oder personenbedingten Kündigung greift die neue gesetzliche Abfindungsregelung nicht ein.

– Der Arbeitgeber muss in der Kündigungserklärung darauf **hinweisen**, dass die Kündigung wegen dringender **betrieblicher** Erfordernisse nach § 1 Abs. 2 Satz 1 KSchG ausgesprochen wird.

– Der Arbeitgeber muss weiterhin in der Kündigungserklärung darauf **hinweisen**, dass der Arbeitnehmer bei Verstreichenlassen der Klagefrist die **Abfindung** beanspruchen kann.

– Die **Höhe** der Abfindung beträgt 0,5 Monatsverdienste für jedes Jahr des Bestehens des Arbeitsverhältnisses; ein Zeitraum von mehr als sechs Monaten ist auf ein volles Jahr **aufzurunden**.

– Ein höheres oder niedrigeres Abfindungsangebot des Arbeitgebers löst den gesetzlichen Abfindungsanspruch nicht aus, kann und wird aber zu einem vertraglichen Anspruch des Arbeitnehmers führen: Ein höheres oder niedrigeres Abfindungsangebot im Kündigungsschreiben steht der Auslegung als **eigenständiges**, von den Voraussetzungen des § 1a KSchG unabhängiges **Abfindungsangebot** nicht entgegen, denn die Regelung des § 1a KSchG setzt keinen generell unabdingbaren Mindestanspruch bei Ausspruch betriebsbedingter Kündigungen fest. Will ein Arbeitgeber dem Arbeitnehmer mit Ausspruch der Kündigung ein Angebot auf Abschluss eines Beendigungsvertrags unterbreiten, ohne jedoch die gesetzliche Abfindung nach § 1a KSchG anbieten zu wollen, so ist er aus Gründen der Rechtssicherheit, Rechtsklarheit und Beweissicherung gehalten, dies in der schriftlichen Kündigungserklärung eindeutig und unmissverständlich zu formulieren, insbesondere welche Abfindung er unter welchen Voraussetzungen

Entlassungsabfindungen/Entlassungsentschädigungen

anbietet (BAG v. 10.7.2008, 2 AZR 209/07, www.stotax-first.de).

- Der **Monatsverdienst** ist nach § 10 Abs. 3 KSchG zu berechnen (Grundsatz: 1/12 des Jahresbruttoverdienstes).

Sind diese Voraussetzungen erfüllt, aber auch nur dann, hat der Arbeitnehmer Anspruch auf diese gesetzlich strukturierte Abfindung.

Der Arbeitgeber hat es also in der Hand, durch seine Erklärung den Abfindungsanspruch zunächst auszulösen. Sodann kann der Arbeitnehmer durch Nichterheben der Kündigungsschutzklage den Anspruch sichern oder aber mit einer Klage das Ziel verfolgen, den Arbeitsplatz zu behalten oder auch eine höhere Abfindung zu erstreiten. **Klagt der Arbeitnehmer**, kann er bei Unterliegen nicht etwa mehr auf den gesetzlichen Abfindungsanspruch als Auffangposition zurückgreifen: Der Abfindungsanspruch nach § 1a Abs. 1 KSchG entsteht nach dem Wortlaut der Norm nicht, wenn der Arbeitnehmer die Kündigung klageweise angreift; dies gilt auch für eine nach Ablauf der dreiwöchigen Klagefrist eingereichte (Kündigungsschutz-)Klage und einen Antrag des Arbeitnehmers auf nachträgliche Klagezulassung nach § 5 KSchG; auch durch eine **Rücknahme** des Antrags auf nachträgliche Klagezulassung und/oder die Rücknahme der Kündigungsschutzklage können die Voraussetzungen des § 1a Abs. 1 KSchG nicht mehr – nachträglich – erfüllt werden (BAG v. 13.12.2007, 2 AZR 971/06, www.stotax-first.de; BAG v. 20.8.2009, 2 AZR 267/08, www.stotax-first.de).

Gesetzlich geregelt sind zudem Fälle der Auflösung des Arbeitsverhältnisses gegen Zahlung einer Abfindung durch gerichtliches **Auflösungsurteil** gem. §§ 9, 10 KSchG. Der **Höchstbetrag** dieser gesetzlichen Abfindung beträgt zwölf Monatsverdienste, er kann auf 15 Monatsverdienste erhöht werden, wenn der Arbeitnehmer das 50. Lebensjahr vollendet und das Arbeitsverhältnis mindestens 15 Jahre bestanden hat; er kann auf 18 Monatsverdienste erhöht werden, wenn der Arbeitnehmer das 55. Lebensjahr vollendet hat und das Arbeitsverhältnis mindestens 20 Jahre bestand.

Abfindungen werden in der gerichtlichen Praxis häufig zur Vermeidung einer streitigen Entscheidung in einem **gerichtlichen Vergleich** vereinbart. Ein solcher gerichtlich protokollierter Vergleich stellt – im Gegensatz zu einem außergerichtlichen Vergleich oder einer sonstigen Abfindungsvereinbarung – eine Urkunde dar, mit der die Zwangsvollstreckung betrieben werden kann. Die gesetzlichen Höchstgrenzen für die gerichtlich festgesetzte Abfindung gelten für die vergleichsweise vereinbarte Abfindung nicht.

Abfindungen werden in der Praxis ebenfalls häufig zur Vermeidung einer gerichtlichen Auseinandersetzung in einem **Aufhebungsvertrag** vereinbart. Die gesetzlichen Abfindungsvoraussetzungen und die Höchstgrenzen gelten insoweit nicht. Die Zustimmung des Arbeitnehmers zur Beendigung des Arbeitsverhältnisses steht grundsätzlich im Gegenseitigkeitsverhältnis zu der Verpflichtung des Arbeitgebers zur Zahlung einer nicht, kann der Arbeitnehmer grundsätzlich gem. § 323 Abs. 1 BGB vom Aufhebungsvertrag **zurücktreten**. Der Rücktritt eines Arbeitnehmers von einem mit dem Arbeitgeber geschlossenen Aufhebungsvertrag wegen Nichtzahlung der vereinbarten Abfindung ist ausgeschlossen, wenn das Insolvenzgericht dem Arbeitgeber nach dem Eröffnungsantrag derartige Zahlungen gem. § 21 InsO untersagt hat (BAG v. 10.11.2011, 6 AZR 357/10, www.stotax-first.de).

Vereinbaren Arbeitgeber und Arbeitnehmer eine Nettoabfindung, so liegt darin die Übernahme einer etwaigen Steuerschuld durch den Arbeitgeber, auch wenn der jeweilige Steuerfreibetrag überschritten ist (BAG v. 27.7.2010, 3 AZR 615/08, www.stotax-first.de). Umgekehrt bedeutet die Vereinbarung einer **Bruttoabfindung**, dass eine etwaige Steuerlast vom Arbeitnehmer zu tragen ist.

Bei Vereinbarung einer **Abfindung „brutto = netto"**, wie in der Praxis häufig anzutreffen, muss bei sich nachfolgend ergebender teilweiser Steuerpflicht im Einzelfall durch Auslegung ermittelt werden, wem bei dieser Formulierung die **Steuerlast** auferlegt werden sollte; der Arbeitgeber muss nicht in jedem Fall den Abfindungsbetrag netto auszahlen (LAG Bremen v. 22.1.1988, 4 Sa 94/87, www.stotax-first.de; LAG Hessen v. 7.12.1988, 10 Sa 1059/88, www.stotax-first.de).

Zwecks Vermeidung späterer Streitigkeiten sollte man sich von vornherein über die Höhe des **Steuerfreibetrags** vergewissern und eindeutig festlegen, wer die Steuern vom überschießenden Betrag zu tragen hat.

Für **Teilzeitkräfte** gilt grundsätzlich ein **anteiliger Abfindungsanspruch**: Bietet der Arbeitgeber Arbeitnehmern das freiwillige Ausscheiden aus dem Arbeitsverhältnis gegen Abfindungszahlung an, stellt es keine unzulässige Benachteiligung dar, wenn er Teilzeitbeschäftigten nur eine Abfindung nach dem Grundsatz „pro rata temporis" (**§ 4 Abs. 1 Satz 2 TzBfG**) zusagt (BAG v. 13.2.2007, 9 AZR 729/05, www.stotax-first.de).

Zur **Vererblichkeit** einer Abfindung bei Tod des Arbeitnehmers vor Beendigung des Arbeitsverhältnisses gilt:

Der Abfindungsanspruch nach § 1a KSchG entsteht erst mit Ablauf der Kündigungsfrist der zu Grunde liegenden betriebsbedingten Kündigung. Endet das Arbeitsverhältnis vorher durch Tod des Arbeitnehmers, ist der Anspruch deshalb **nicht vererblich** (BAG v. 10.5.2007, 2 AZR 45/06, www.stotax-first.de).

Eine zwischen Arbeitgeber und Arbeitnehmer **vereinbarte Abfindung** entsteht regelmäßig nur und ist damit nur **vererblich**, wenn der Arbeitnehmer das vertraglich vereinbarte Ende des Arbeitsverhältnisses erlebt, es sei denn, die Auslegung der Vereinbarung nach den Umständen ergebe etwas anderes (BAG v. 15.7.2004, 2 AZR 630/03, www.stotax-first.de; BAG v. 22.5.2003, 2 AZR 250/02, www.stotax-first.de; BAG v. 16.5.2000, 9 AZR 277/99, www.stotax-first.de).

Eine **Sozialplanabfindung** ist nur dann **vererblich**, wenn der Anspruch zum Zeitpunkt des Todes des Arbeitnehmers bereits entstanden war. Haben die Betriebsparteien den Zeitpunkt der Entstehung des Abfindungsanspruchs nicht ausdrücklich geregelt, ist er durch Auslegung des Sozialplans zu ermitteln. Dabei ist im Fall einer Betriebsstilllegung insbesondere zu berücksichtigen, dass dem Arbeitnehmer regelmäßig keine wirtschaftlichen Nachteile entstehen, wenn er vor der betriebsbedingten Beendigung des Arbeitsverhältnisses stirbt (BAG v. 27.6.2006, 1 AZR 322/05, www.stotax-first.de).

Sieht ein **Sozialplan** vor, dass Arbeitnehmer erst ab dem 40. Lebensjahr die volle Abfindung erhalten, vom 30. bis zum 39. Lebensjahr dagegen nur 90 % und bis zum 29. Lebensjahr nur 80 %, stellt dies i.d.R. keine **Altersdiskriminierung jüngerer Arbeitnehmer** wegen unzulässiger Benachteiligung wegen ihres Lebensalters dar (BAG v. 12.4.2011, 1 AZR 764/09, www.stotax-first.de). Ebenso wenig liegt eine Altersdiskriminierung vor, wenn ein Sozialplan vorsieht, dass die Arbeitnehmer zusätzlich zu der sich nach der Dauer der Betriebszugehörigkeit und dem Arbeitsverdienst errechnenden Grundabfindung mit dem Erreichen des 45. und des 50. Lebensjahres der Höhe nach gestaffelte Alterszuschläge erhalten, werden hierdurch jüngere Arbeitnehmer i.d.R. nicht unzulässig wegen ihres Lebensalters benachteiligt (BAG v. 12.4.2011, 1 AZR 743/09, www.stotax-first.de). Umgekehrt liegt aber auch weder eine unmittelbare noch eine mittelbare **Altersdiskriminierung älterer Arbeitnehmer oder Behindertendiskriminierung** vor, wenn sich die Höhe der Sozialplanabfindung für **rentennahe Arbeitnehmer** nach der Bezugsmöglichkeit einer vorgezogenen Altersrente wegen Arbeitslosigkeit richtet und schwerbehinderte Arbeitnehmer die gleiche Sozialplanabfindung erhalten wie nicht behinderte Arbeitnehmer (BAG v. 23.3.2010, 1 AZR 832/08, www.stotax-first.de; BAG v. 26.3.2013, 1 AZR 813/11, www.stotax-first.de; BAG v. 23.4.2013, 1 AZR 916/11, www.stotax-first.de).

Die Abfindung unterliegt nicht dem besonderen **Pfändungsschutz** für Arbeitsvergütungen gem. §§ 850 ff. ZPO. Einen gewissen Pfändungsschutz vermag der Arbeitnehmer nur auf einen gesonderten Antrag gem. § 850i ZPO zu erreichen. Ohne einen solchen Antrag ist die Abfindung bei Pfändung eines betreibenden Gläubigers in vollem Umfang von der Pfändung umfasst.

2. Lohnsteuer

Entlassungsabfindungen oder -entschädigungen gehören grundsätzlich zum steuerpflichtigen Arbeitslohn, denn nach § 19 Abs. 1 EStG zählen zu den Einkünften aus nichtselbständiger Arbeit Gehälter, Löhne und andere Bezüge, die für eine Beschäftigung im öffentlichen oder privaten Dienst gewährt werden. Hierzu gehören auch Entschädigungen, die

- als Ersatz für entgangene oder entgehende Einnahmen oder
- für die Aufgabe oder Nichtausübung einer Tätigkeit

gewährt werden (§ 24 Nr. 1 EStG); → *Entschädigungen* Rz. 1134.

Entlassungsabfindungen/Entlassungsentschädigungen

Aus sozialen Gründen wurden Entlassungsabfindungen oder -entschädigungen an Arbeitnehmer in der Vergangenheit allerdings nicht in voller Höhe der Besteuerung unterworfen. Unter bestimmten Bedingungen waren die Entlassungsabfindungen oder -entschädigungen in voller Höhe oder zumindest teilweise steuerfrei.

Nach Auslaufen der Übergangsregelung sind **Entlassungsabfindungen oder -entschädigungen ab dem Kalenderjahr 2008 in voller Höhe steuerpflichtig**. Dies gilt auch, wenn geringfügig Beschäftigte eine Abfindung für die Auflösung des Dienstverhältnisses erhalten (→ *Pauschalierung der Lohnsteuer bei geringfügig Beschäftigten* Rz. 2218).

Allerdings ist eine ermäßigte Besteuerung nach der **„Fünftelregelung"** möglich (→ *Entschädigungen* Rz. 1134).

In einer Vielzahl von Fällen kommt es vor, dass das tatsächliche Ausscheiden des Arbeitnehmers und die Zahlung der Entlassungsabfindung oder -entschädigung zeitlich auseinander fallen. Wird die Abfindung, z.B. auf Wunsch des Arbeitnehmers, erst **im Folgejahr des Ausscheidens aus dem Betrieb gezahlt**, so fließt die Abfindung dem Arbeitnehmer auch **erst im Folgejahr zu**; für die Anwendung der „Fünftelregelung" ist dies unschädlich (BMF v. 1.11.2013, IV C 4 – S 2290/13/10002, BStBl I 2013, 1326, Rdnr. 8). Arbeitgeber und Arbeitnehmer können den Zeitpunkt des Zuflusses einer Abfindung oder eines Teilbetrags einer solchen beim Arbeitnehmer **in der Weise steuerwirksam gestalten**, dass sie deren **ursprünglich vorgesehene Fälligkeit** vor ihrem Eintritt **auf einen späteren Zeitpunkt verschieben** (BFH v. 11.11.2009, IX R 1/09, BStBl II 2010, 746).

> **Beispiel:**
> Ein Arbeitnehmer erhält von seinem Arbeitgeber anlässlich der Beendigung des Dienstverhältnisses eine Abfindung von 75 000 €, die nach dem Sozialplan mit Beendigung des Dienstverhältnisses am 30.9.2015 fällig wird. Auf Anraten seines Steuerberaters beantragt der Arbeitnehmer im September 2015 die Auszahlung auf den 4.1.2016 zu verschieben. Der Arbeitgeber ist damit einverstanden und zahlt die Abfindung erst am 4.1.2016 aus.
>
> Die Abfindung fließt dem Arbeitnehmer erst am 4.1.2016 zu, weil Arbeitnehmer und Arbeitgeber die ursprünglich vorgesehene Fälligkeit vor ihrem Eintritt steuerwirksam auf einen späteren Zeitpunkt verschieben können (BFH v. 11.11.2009, IX R 1/09, BStBl II 2010, 746).

3. Sozialversicherung

1108 Entlassungsabfindungen werden sozialversicherungsrechtlich als **einmalige Einnahmen**, die zusätzlich zu Löhnen oder Gehältern gewährt werden, behandelt. Diese Einmalzahlungen werden grundsätzlich als beitragspflichtiges Arbeitsentgelt behandelt, soweit sie lohnsteuerpflichtig sind (→ *Einmalzahlungen* Rz. 983).

Abfindungen, die wegen Beendigung des Beschäftigungsverhältnisses als Entschädigung für den Wegfall **künftiger Verdienstmöglichkeiten** durch den Verlust des Arbeitsplatzes (z.B. nach §§ 9 und 10 KSchG) gezahlt werden, sind kein Arbeitsentgelt i.S. der Sozialversicherung und daher nicht beitragspflichtig in der Kranken-, Pflege-, Renten- und Arbeitslosenversicherung (BSG v. 21.2.1990, 12 RK 20/88, www.stotax-first.de).

Zahlungen zur **Abgeltung vertraglicher Ansprüche**, die der Arbeitnehmer bis zum Zeitpunkt der Beendigung der Beschäftigung erworben hat (z.B. Nachzahlungen von während der Beschäftigung erzieltem Arbeitsentgelt sowie Urlaubsabgeltungen), sind dagegen als Arbeitsentgelt dem beendeten Beschäftigungsverhältnis zuzuordnen (Gemeinsame Verlautbarungen der Spitzenverbände der Sozialversicherungsträger v. 2.7.1990).

Wird anlässlich eines arbeitsgerichtlichen Vergleichs die fristlose Kündigung in eine fristgerechte Kündigung umgewandelt und verzichtet der Arbeitnehmer für die Zeit bis zur fristgerechten Beendigung des Arbeitsverhältnisses auf Arbeitsentgelt und wird stattdessen „für den Verlust des Arbeitsplatzes" eine „Abfindung" vereinbart, die der Höhe nach in etwa dem bis zum Beendigungszeitpunkt an und für sich noch zustehenden Nettoarbeitsentgelt entspricht, so stellt die „Abfindung" eine **verdeckte Arbeitsentgeltzahlung** für die restliche Dauer des Arbeitsverhältnisses dar und unterliegt deshalb der Beitragspflicht (BSG v. 25.10.1990, 12 RK 40/89, www.stotax-first.de).

4. Auswirkungen auf das Arbeitslosengeld

a) Grundsatz

1109 Die Zahlung von Abfindungen kann sich auf den Anspruch auf Arbeitslosengeld (auch Teilarbeitslosengeld) auswirken. Die Anrechnung von Abfindungen richtet sich nach § 158 SGB III (die Vorschrift entspricht der bisherigen Regelung des § 143a SGB III, sie wurde durch das Gesetz zur Verbesserung der Eingliederungschancen am Arbeitsmarkt nur redaktionell und zur sprachlichen Gleichbehandlung von Frauen und Männern angepasst). Die Vorschrift regelt das Ruhen des Anspruchs auf Arbeitslosengeld bis zum Ablauf der ordentlichen Kündigungsfrist.

b) Einzelheiten der Regelungen

aa) Ruhen des Arbeitslosengeldes bis zum Ablauf der Kündigungsfrist

1110 Ist das Arbeitsverhältnis **ohne Einhaltung** der für den Arbeitgeber maßgebenden **ordentlichen Kündigungsfrist** beendet worden, so bestimmt § 158 Abs. 1 SGB III, dass der Anspruch des Arbeitnehmers auf Arbeitslosengeld (bzw. Teilarbeitslosengeld) vom Ende des Arbeitsverhältnisses bis zu dem Tag ruht, an dem es bei Einhaltung der ordentlichen Kündigungsfrist geendet hätte. Der Anspruch ruht daher **nicht**, wenn das Arbeitsverhältnis mit einer Frist beendet wurde, die der ordentlichen Kündigungsfrist des Arbeitgebers entspricht. Insoweit kommt es auf die in dem betreffenden Arbeitsverhältnis für den **Arbeitgeber geltende Kündigungsfrist** an, wie sie sich aus gesetzlichen Kündigungsvorschriften oder aus Tarifvertrag oder aus dem Einzelarbeitsvertrag ergibt. Zur Kündigungsfrist gehört auch die Beachtung des Endtermins (z.B. Monatsende oder Ende des Vierteljahres). Der Anspruch ruht außerdem nicht, wenn das Arbeitsverhältnis von vornherein **befristet** war und durch Ablauf der Frist endet oder wenn der Arbeitgeber das Arbeitsverhältnis **aus wichtigem Grund** ohne Einhaltung einer Kündigungsfrist kündigen konnte.

Wird ein Arbeitsverhältnis beendet, bei dem eine ordentliche Kündigung durch den Arbeitgeber zeitlich **unbegrenzt** ausgeschlossen ist, gilt für das Ruhen des Anspruchs generell eine (fiktive) Kündigungsfrist von 18 Monaten (§ 158 Abs. 1 Satz 3 Nr. 1 SGB III). Kann einem unkündbaren Arbeitnehmer **nur bei Zahlung einer Abfindung** ordentlich gekündigt werden, gilt für das Ruhen des Anspruchs generell eine (fiktive) Kündigungsfrist von einem Jahr (§ 158 Abs. 1 Satz 4 SGB III).

Wird ein Arbeitsverhältnis beendet, bei dem eine ordentliche Kündigung durch den Arbeitgeber zeitlich **begrenzt** ausgeschlossen ist, gilt für das Ruhen des Anspruchs diejenige Kündigungsfrist, die der Arbeitgeber ohne den besonderen Kündigungsschutz (z.B. nach § 15 KSchG, § 9 MuSchG, § 85 SGB IX) einzuhalten hätte (§ 158 Abs. 1 Satz 3 Nr. 2 SGB III).

> **Beispiel:**
> Der Arbeitgeber kündigt das Arbeitsverhältnis eines schwer behinderten Menschen ohne Zustimmung des Integrationsamts am 15. August unter Beachtung der tarifvertraglichen ordentlichen Kündigungsfrist von sechs Wochen zum 30. September.
>
> Obwohl die Kündigung bis zur Erteilung der Zustimmung durch das Integrationsamt zeitlich ausgeschlossen ist, ruht der Anspruch des Arbeitnehmers **nicht**, da der Arbeitgeber die Kündigungsfrist eingehalten hat, die für ihn – ohne zeitlich begrenzten Ausschluss der Kündigung – in Betracht käme.

Hinweis:

Durch das Ruhen des Anspruchs wird der Beginn der Zahlung von Arbeitslosengeld hinausgeschoben. **Die Anspruchsdauer wird hierdurch nicht gekürzt.** Sofern jedoch neben dem Ruhen des Anspruchs auf Arbeitslosengeld gem. § 158 SGB III auch der Eintritt einer Sperrzeit festgestellt wird, vermindert sich die Dauer des Anspruchs auf Arbeitslosengeld wegen der Sperrzeit. Solange der Anspruch auf Arbeitslosengeld ruht, besteht **kein Kranken- oder Pflegeversicherungsschutz**. Die Ruhenszeit kann allerdings vom Rentenversicherungsträger als beitragsfreie (Anrechnungs-)Zeit berücksichtigt werden. Die Agentur für Arbeit meldet dem Ren-

Entlassungsabfindungen/Entlassungsentschädigungen

tenversicherungsträger den Ruhenszeitraum, wenn der Arbeitslose während dieser Zeit sein Vermittlungsgesuch im Abstand von höchstens drei Monaten erneuert hat und den Vermittlungsbemühungen der Agentur für Arbeit auch zur Verfügung gestanden hat.

bb) Konsequenz nach § 158 Abs. 2 SGB III: Teilanrechnung der Abfindung

1111 Nach § 158 Abs. 2 SGB III ruht der Anspruch auf Arbeitslosengeld nicht unbedingt für den gesamten Ruhenszeitraum. Nach dieser Vorschrift wird nämlich unwiderlegbar vermutet – i.S. einer praktikablen Handhabung mit pauschalierten Sätzen –, dass die Abfindung bei vorzeitiger Beendigung des Arbeitsverhältnisses auch einen Anteil enthält, der nicht als Arbeitsentgeltanspruch, sondern als Entschädigung für den Verlust des sozialen Besitzstandes anzusehen ist. Dieser Anteil mit dem Charakter einer echten Abfindung zur Abgeltung des sozialen Verlustes durch die Beendigung des Arbeitsverhältnisses wird **zunächst pauschal auf 40 %** der Abfindung festgesetzt. Dieser Anteil erhöht sich – wiederum pauschal – bei Arbeitnehmern mit einer **Betriebszugehörigkeit von mehr als fünf Jahren** und bei Arbeitnehmern nach Vollendung des 40. Lebensjahrs um bestimmte Prozentsätze. Der Anteil der Abfindung, **der berücksichtigt wird**, beträgt somit **mindestens 25 %** und **höchstens 60 %** des Bruttobetrages.

Der **Anteil der Abfindung**, der nach der gesetzlichen Regelung als Anspruch auf Arbeitsentgelt behandelt wird und daher **zu berücksichtigen ist**, ergibt sich aus der **nachfolgenden Tabelle mit Beispielen**:

Betriebs- oder Unternehmenszugehörigkeit	Lebensalter am Ende des Arbeitsverhältnisses					
	unter 40 Jahre	ab 40 Jahre	ab 45 Jahre	ab 50 Jahre	ab 55 Jahre	ab 60 Jahre
	%	%	%	%	%	%
weniger als 5 Jahre	60	55	50	45	40	35
5 und mehr Jahre	55	50	45	40	35	30
10 und mehr Jahre	50	45	40	35	30	25
15 und mehr Jahre	45	40	35	30	25	25
20 und mehr Jahre	40	35	30	25	25	25
25 und mehr Jahre	35	30	25	25	25	25
30 und mehr Jahre		25	25	25	25	25
35 und mehr Jahre			25	25	25	25

Aus der Tabelle ergibt sich der **anzurechnende Anteil der Abfindung**, der für die Dauer des Ruhens des Arbeitsverhältnisses maßgeblich ist, soweit sich nicht **aus der ordentlichen Kündigungsfrist** im konkreten Einzelfall ein **günstigerer** Zeitraum ergibt.

Für die Höhe der Abfindung ist der **Bruttobetrag** maßgebend. Einbezogen werden auch die erst **später fälligen** Leistungen. Übernimmt der Arbeitgeber zusätzlich zur Abfindung die hierauf entfallende Lohnsteuer, ist der Gesamtbetrag der Leistung um diesen Betrag zu erhöhen. Beiträge, die der Arbeitgeber für seinen Arbeitnehmer, dessen Arbeitsverhältnis frühestens mit Vollendung des 55. Lebensjahrs beendet wird, unmittelbar für dessen Rentenversicherung aufwendet, um Rentenminderungen durch eine vorzeitige Inanspruchnahme einer Altersrente ganz oder teilweise auszugleichen (§ 187a Abs. 1 SGB VI), werden **nicht** als Abfindung berücksichtigt.

Hinweis:

Der Ruhenszeitraum beginnt am Kalendertag nach dem letzten Tag des Arbeitsverhältnisses. Der Anspruch auf Arbeitslosengeld ruht **längstens** für die Dauer **eines Jahres**.

> **Beispiel 1:**
>
> Das Arbeitsverhältnis eines 58-jährigen Arbeitnehmers mit einer Betriebszugehörigkeit von 15 Jahren wird wegen einer vermeintlichen schweren Verfehlung am 31. Mai fristlos gekündigt. Das Brutto-Monatsgehalt des Arbeitnehmers betrug 3 000 €.
>
> Die reguläre Kündigungsfrist hätte bei dieser Sachlage sechs Monate zum Monatsende betragen (§ 622 Abs. 2 Nr. 6 BGB), hätte also zu einer Beendigung des Arbeitsverhältnisses zum 30. November geführt.
>
> Die Arbeitsvertragsparteien einigen sich nach einer Auseinandersetzung über die Kündigungsgründe durch einen Aufhebungsvertrag einvernehmlich auf eine Beendigung des Arbeitsverhältnisses am 31. Mai gegen eine Brutto-Abfindung i.H.v. 12 000 €.
>
> Bei dieser Sachlage ergibt sich aus der Tabelle eine anrechenbare Abfindung mit 25 % von 12 000 €, d.h. ein Betrag von 3 000 €. Das kalendertägliche Arbeitsentgelt des Arbeitnehmers beträgt demgegenüber (3 000 € : 30 =) 100 €.
>
> Teilt man nun die anrechenbare Abfindung von 3 000 € durch das kalendertägliche Entgelt von 100 €, so ergibt sich ein Ruhenszeitraum nach § 158 SGB III von 30 Kalendertagen. Der Arbeitnehmer hat nach Ablauf des Ruhenszeitraums Anspruch auf Arbeitslosengeld.

> **Beispiel 2:**
>
> Ist im vorstehenden Beispielsfall der Arbeitnehmer erst vier Jahre beschäftigt und erst 35 Jahre alt und beträgt die Abfindung gemäß Aufhebungsvertrag 24 000 €, so ergibt sich folgende Berechnung:
>
> Der anrechenbare Anteil der Abfindung beträgt gemäß Tabelle 60 %, d.h. 14 400 €. Aus dem kalendertäglichen Entgelt von 100 € ergibt sich insoweit ein Ruhenszeitraum von 144 Kalendertagen (14 400 € : 100 €).
>
> Da dieser Ruhenszeitraum aber über die für den Arbeitgeber maßgebliche ordentliche Kündigungsfrist zum 30. Juni hinausginge (die Kündigungsfrist beträgt nach § 622 Abs. 2 Nr. 1 BGB einen Monat zum Ende eines Kalendermonats), endet der Ruhenszeitraum nach § 158 SGB III bereits mit dem 30. Juni. Anspruch auf Arbeitslosengeld besteht folglich ab 1. Juli.

Entlastungsbetrag für Alleinerziehende

Inhaltsübersicht: Rz.
1. Allgemeines   1112
2. Allgemeine Voraussetzungen   1113
   a) Alleinstehende   1113
   b) Kein Splittingverfahren   1114
   c) Ausnahme für Verwitwete   1115
   d) Haushaltszugehörigkeit eines Kindes   1116
3. Keine Haushaltsgemeinschaft   1119
   a) Grundsatz   1119
   b) Begriff „Haushaltsgemeinschaft"   1120
   c) Vorübergehende An- und Abwesenheiten   1121
4. Vermutungsregelung   1122
   a) Grundsatz   1122
   b) Widerlegbarkeit   1123
   c) Keine Widerlegbarkeit bei eheähnlichen Gemeinschaften   1124
5. Anerkannte Haushaltsgemeinschaften   1125
   a) „Kindergeldberechtigte" Kinder   1125
   b) Wehrdienstleistende Kinder u.Ä.   1126
6. Zwölftelung   1127
7. Lohnsteuerverfahren   1128
   a) Allgemeines   1128
   b) Verpflichtung zur Änderung der Steuerklasse II   1129
   c) Freibetrag als elektronisches Lohnsteuerabzugsmerkmal   1130
   d) Kein Lohnsteuer-Jahresausgleich des Arbeitgebers   1132
8. Verfassungsrechtliche Bedenken   1133

1. Allgemeines

1112 **Alleinerziehenden steht aus verfassungsrechtlichen Gründen weder das Ehegatten-Splitting noch ein Familien-Splitting zu.** Auch der nach Wegfall der Voraussetzungen des Verwitwetensplittings i.S.d. § 32a Abs. 6 Satz 1 Nr. 1 EStG erfolgende Ausschluss verwitweter Alleinerziehender aus dem Anwendungsbereich des Splittingverfahrens verstößt weder gegen den Gleichheitsgrundsatz noch gegen den Schutz von Ehe und Familie (zuletzt FG Niedersachsen v. 14.10.2014, 4 K 81/14, EFG 2015, 130, Revision eingelegt, Az beim BFH: III R 36/14, sowie BFH v. 27.5.2013, III B 2/13, www.stotax-first.de).

Als Ausgleich für den **Wegfall des Haushaltsfreibetrags ab 2004**, der im Lohnsteuerverfahren der **Steuerklasse II** entsprach (→ *Haushaltsfreibetrag* Rz. 1545), können „**echte**" Alleinerziehende nach § 24b EStG **einen sog. Entlastungsbetrag für Alleinerziehende von 1 908 € (Betrag ab 2015)** im Kalenderjahr von der Summe der Einkünfte abziehen.

Nach der Neuregelung durch das Gesetz zur Anhebung des Grundfreibetrags, des Kinderfreibetrags, des Kindergeldes und des Kinderzuschlags v. 16.7.2015, BStBl I 2015, 566 steigt ab 2015 der Entlastungsbetrag für das **zweite und jedes weitere zu berücksichtigende Kind zusätzlich um 240 € jährlich** (sog. **Erhöhungsbetrag**, § 24b Abs. 2 Satz 2 EStG).

Voraussetzung für die Berücksichtigung ist die Identifizierung des Kindes (grundsätzlich durch die an dieses Kind vergebene **Identifikationsnummer** i.S.d. § 139b AO).

Entlastungsbetrag für Alleinerziehende

Ziel des Entlastungsbetrags für Alleinerziehende ist es, die höheren Kosten für die eigene Lebens- bzw. Haushaltsführung der sog. echten Alleinerziehenden abzugelten (s. ausführlich BT-Drucks. 15/3338).

2. Allgemeine Voraussetzungen

a) Alleinstehende

1113 Den Entlastungsbetrag für Alleinerziehende erhalten nur Alleinstehende. Als solche gelten nach § 24b Abs. 1 EStG Personen, die

- **nicht** die Voraussetzungen für die Anwendung des **Splittingverfahrens** (→ Rz. 1114) erfüllen oder **verwitwet** sind (→ Rz. 1115)

- und **keine Haushaltsgemeinschaft mit einer anderen volljährigen Person** bilden, ausgenommen unter bestimmten Voraussetzungen eigene volljährige Kinder und pflegebedürftige Personen (→ Rz. 1125).

Vgl. zu der Neuregelung ausführlich BMF v. 29.10.2004, IV C 4 – S 2281 – 515/04, BStBl I 2004, 1042. Ob die Beschränkung auf Alleinstehende **verfassungsgemäß** ist, wird bezweifelt (→ Rz. 1133).

b) Kein Splittingverfahren

1114 Der Entlastungsbetrag wird nur gewährt, wenn die Voraussetzungen für eine Ehegattenveranlagung nach § 26 Abs. 1 EStG nicht erfüllt sind. Denn bei Verheirateten kommt im Regelfall eine **Zusammenveranlagung** mit der Anwendung des günstigen **Splittingtarifs** (= Steuerklasse III) in Betracht – der Entlastungsbetrag für Alleinerziehende soll dann nicht zusätzlich gewährt werden.

Die Voraussetzungen für das **Splittingverfahren** erfüllen insbesondere Ehegatten,

- die beide unbeschränkt einkommensteuerpflichtig i.S.d. § 1 Abs. 1 oder 2 oder des § 1a EStG sind,
- nicht dauernd getrennt leben und
- bei denen die Voraussetzungen zu Beginn des Veranlagungszeitraums vorgelegen haben oder im Laufe des Jahres eingetreten sind.

> **Beispiel:**
> Die allein erziehende A heiratet am 1.7.2016. Ihre Steuerklasse wird mit Wirkung vom 1.7.2016 von Steuerklasse II/1 in III/1 geändert.
> Mit der Heirat erfüllt A für das ganze Jahr 2016 die Voraussetzungen für das Splittingverfahren. Der Entlastungsbetrag kann deshalb auch nicht für die Zeit bis zur Heirat gewährt werden, selbst wenn A in diesem Zeitraum die übrigen Voraussetzungen des § 24b EStG erfüllt haben sollte.
> Im Hinblick auf die Sonderregelung für Verwitwete (→ Rz. 1115), nach der diese den Entlastungsbetrag neben dem Splittingtarif erhalten, erscheint dies nicht unbedenklich. Auch der BFH hat bereits verfassungsrechtliche Bedenken geäußert (BFH v. 19.10.2006, III R 4/05, BStBl II 2007, 637).

c) Ausnahme für Verwitwete

1115 Nach § 24b EStG wird der Entlastungsbetrag für Alleinerziehende auch verwitweten Alleinerziehenden gewährt, selbst wenn diese im **Todesjahr** noch die Voraussetzungen für die Anwendung des **Splittingverfahrens** erfüllen (§ 32a Abs. 5 und 6 Nr. 1 EStG). Der Entlastungsbetrag wird zeitanteilig **erstmals für den Monat des Tods des Ehegatten** gewährt (§ 24b Abs. 3 EStG).

> **Beispiel:**
> Familie C hat zwei minderjährige Kinder, am 15.7.2016 verstirbt Herr C.
> Frau C erhält bereits ab dem Monat Juli 2016 den Entlastungsbetrag für Alleinerziehende von 2 148 € (Grundentlastungsbetrag 1 908 € + Erhöhungsbetrag 240 €), dies sind monatlich 179 € (auch für den Monat Juli wird der **volle Monatsbetrag gewährt!**).
> Da einem verwitweten Arbeitnehmer sowohl für das Jahr des Todes des Ehegatten als auch für das Folgejahr (hier 2016: sog. **Witwensplitting**) noch der Splittingtarif bzw. die Steuerklasse III zusteht, kann der Entlastungsbetrag für Alleinerziehende über einen **Freibetrag** als Lohnsteuerabzugsmerkmal berücksichtigt werden (→ Rz. 1131).
> Erst für das Jahr 2017 erhält Frau C die **Steuerklasse II**; der Grundentlastungsbetrag für Alleinerziehende von 1 908 € wird dann „automatisch" beim Lohnsteuerabzug berücksichtigt (= Steuerklasse II). Den Erhöhungsbetrag kann Frau C nur im Freibetragsverfahren geltend machen (→ Rz. 1130).

d) Haushaltszugehörigkeit eines Kindes

aa) Kinder

1116 Zum Haushalt des Alleinstehenden muss **mindestens ein Kind** gehören, für das ihm

- ein **Freibetrag nach** § 32 Abs. 6 EStG (Kinderfreibetrag und/oder Freibetrag für den Betreuungs- und Erziehungs- oder Ausbildungsbedarf)

- oder **Kindergeld**

zusteht (§ 24b Abs. 1 Satz 1 EStG).

Nach § 24b EStG ist keine Voraussetzung, dass das Kind das 18. Lebensjahr noch nicht vollendet hat. Hierdurch soll erreicht werden, dass insbesondere auch diejenigen Alleinerziehenden den Entlastungsbetrag in Anspruch nehmen können, die **über 18 Jahre alte noch in Berufsausbildung befindliche Kinder** haben. Der Gesetzgeber geht davon aus, dass „allein erziehenden" Stpfl. auch bei einer Haushaltsgemeinschaft mit bereits volljährigen Kindern, für die ihnen ein Freibetrag nach § 32 Abs. 6 EStG oder Kindergeld zusteht, **höhere Lebensführungskosten entstehen**, da sich diese Kinder i.d.R. tatsächlich nicht wie ein Lebenspartner oder Wohngemeinschaftsangehöriger an der Haushaltsführung beteiligen und hierzu auch finanziell nicht im nennenswerten Umfang in der Lage sind.

> **Beispiel 1:**
> Frau D, geschieden, hat einen 20-jährigen auswärts studierenden Sohn, der in ihrer Wohnung mit Nebenwohnung gemeldet ist.
> Nach § 24b EStG erhält Frau D den Entlastungsbetrag für Alleinerziehende. Soweit dieser nicht im Lohnsteuerverfahren als Lohnsteuerabzugsmerkmal berücksichtigt wurde, sollte Frau D eine Veranlagung zur Einkommensteuer beantragen (→ *Veranlagung von Arbeitnehmern* Rz. 2973).

Kinder, die zur Inanspruchnahme des Entlastungsbetrags berechtigen, sind

- im ersten Grad mit dem Stpfl. verwandte Kinder (also **leibliche Kinder oder Adoptivkinder**),
- **Pflegekinder** sowie
- **Stief- oder Enkelkinder**. Für diese werden zwar nicht die steuerlichen Freibeträge für Kinder gewährt, aber ggf. **Kindergeld** (§ 63 Abs. 1 Satz 1 Nr. 2 und 3 EStG).

Danach ist es z.B. möglich, dass **Großeltern** – sofern sie alleinstehend sind – den Entlastungsbetrag für ihr Enkelkind erhalten.

> **Beispiel 2:**
> Frau E lebt mit ihrem Enkelkind zusammen in ihrer Wohnung, es ist (nur) in ihrer Wohnung gemeldet. Die Eltern leben im Ausland.
> Da Frau E Anspruch auf Kindergeld hat (§ 63 Abs. 1 Satz 1 Nr. 3 i.V.m. § 64 Abs. 2 Satz 1 EStG), kann sie auch den Entlastungsbetrag für Alleinerziehende bzw. die Steuerklasse II in Anspruch nehmen.
> Zu dem Fall, dass das Kind auch in der Wohnung der Eltern gemeldet wäre, → Rz. 1118.

Der Entlastungsbetrag wird – wie der bisherige Haushaltsfreibetrag – nicht „pro Kind" gewährt; er vervielfältigt sich also nicht, wenn der Alleinstehende mehrere Kinder hat.

bb) Meldung in der Wohnung des Alleinstehenden

1117 Die Zugehörigkeit zum Haushalt wird unterstellt, wenn das Kind in der Wohnung des Alleinstehenden **gemeldet** ist (§ 24b Abs. 1 Satz 2 EStG). Bei Meldung des Alleinstehenden und seines Kindes mit Haupt- oder Nebenwohnsitz unter einer gemeinsamen Adresse wird gesetzlich **fingiert**, dass das **Kind zum Haushalt gehört** (räumliches Zusammenleben bei gemeinsamer Versorgung). Wo sich das Kind tatsächlich aufhält, ist auch dann nicht zu prüfen, wenn die Meldung nachweislich falsch ist (BFH v. 5.2.2015, III R 9/13, HFR 2015, 756).

Nach § 24b EStG ist **nicht** Voraussetzung, dass das Kind in der Wohnung des Alleinstehenden „**mit Hauptwohnsitz**" gemeldet ist – eine Meldung mit **Nebenwohnsitz** reicht aus (FG Berlin-Brandenburg v. 13.8.2008, 7 K 7038/06 B, EFG 2008, 1959). Dies hat v.a. für **auswärts studierende Kinder** Bedeutung, die sich – weil viele Kommunen dies verlangen – am Studienort mit Hauptwohnsitz anmelden müssen.

Entlastungsbetrag für Alleinerziehende

cc) Meldung bei mehreren Steuerpflichtigen

1118 Ist das Kind mit Haupt- und Nebenwohnsitz bei mehreren Stpfl. gemeldet, z.B. sowohl in der Wohnung der Mutter als auch in der Wohnung des von dieser getrennt lebenden Vaters, soll der Entlastungsbetrag nur einmal gewährt werden. Nach § 24b Abs. 1 Satz 3 EStG steht der Entlastungsbetrag demjenigen Alleinerziehenden zu, der die **Voraussetzungen auf Auszahlung des Kindergelds nach** § 64 Abs. 2 Satz 1 EStG

- **erfüllt**, weil er das Kind tatsächlich in seinen Haushalt aufgenommen hat,
- oder **erfüllen würde** in Fällen, in denen nur ein Anspruch auf einen Freibetrag nach § 32 Abs. 6 EStG besteht (§ 24b Abs. 1 Satz 3 EStG).

Dies sind Fälle, in denen der Alleinstehende mit seinem Kind **außerhalb der Europäischen Union und des Europäischen Wirtschaftsraumes lebt**, nach § 1 Abs. 3 EStG als unbeschränkt einkommensteuerpflichtig behandelt wird und deshalb einen Anspruch auf einen Freibetrag für Kinder hat, aber keinen Anspruch auf Kindergeld (§ 63 Abs. 1 Satz 3 EStG).

> **Beispiel:**
> Frau F, verwitwet, lebt mit ihrer 25 Jahre alten, geschiedenen und noch studierenden Tochter und deren Kind (Enkelkind) zusammen in ihrem Einfamilienhaus, wo Letztere mit Nebenwohnsitz gemeldet sind. Mit Hauptwohnsitz sind Tochter und Enkelkind noch in der früheren Familienwohnung des Vaters des Kindes gemeldet. Das Kindergeld wird der Tochter gezahlt, eine abweichende Vereinbarung nach § 64 Abs. 2 Satz 5 EStG ist nicht getroffen worden.
>
> Da das Enkelkind mit Haupt- und Nebenwohnsitz bei mehreren Stpfl. gemeldet ist, erhält Frau F nach § 24b Abs. 1 Satz 3 EStG den Entlastungsbetrag und damit die Steuerklasse II, weil sie das Enkelkind in ihren Haushalt aufgenommen hat.
>
> Für die Gewährung des Entlastungsbetrags unerheblich ist, dass Frau F mit ihrer Tochter in einer Haushaltgemeinschaft lebt, solange sie für ihre Tochter die steuerlichen Freibeträge für Kinder oder Kindergeld erhält.

Auch wenn mehrere Stpfl. die Voraussetzungen für den Abzug des Entlastungsbetrags für Alleinerziehende erfüllen, kann wegen desselben Kindes für denselben Monat nur *einer* der Berechtigten den Entlastungsbetrag abziehen. Ist **ein Kind annähernd gleichwertig in die beiden Haushalte seiner allein stehenden Eltern aufgenommen**, können die Eltern – unabhängig davon, an welchen Berechtigten das Kindergeld ausgezahlt wird – untereinander bestimmen, wem der Entlastungsbetrag zustehen soll, es sei denn, einer der Berechtigten hat bei seiner Veranlagung oder im Lohnsteuerabzugsverfahren (durch Inanspruchnahme der Steuerklasse II) bei seinem Arbeitgeber den Entlastungsbetrag bereits in Anspruch genommen. Treffen die Eltern keine Bestimmung über die Zuordnung des Entlastungsbetrags, steht er demjenigen zu, an den das Kindergeld ausgezahlt wird (BFH v. 28.4.2010, III R 79/08, BStBl II 2011, 30).

Abweichend von diesen Grundsätzen hat das FG Berlin-Brandenburg den Entlastungsbetrag einem allein stehenden Vater gewährt, weil die **Mutter** – obwohl sie das Kindergeld erhielt – **wiederverheiratet** war (FG Berlin-Brandenburg v. 13.8.2008, 7 K 7038/06 B, EFG 2008, 1959; zustimmend BFH v. 28.4.2010, III R 79/08, BStBl II 2011, 30). Begründung: Die Konkurrenzregelung des § 24 Abs. 1 Satz 3 EStG findet nur Anwendung, wenn **beide Elternteile allein stehend** sind.

3. Keine Haushaltsgemeinschaft

a) Grundsatz

1119 Nach § 24b Abs. 2 EStG ist der Stpfl. nicht allein stehend, d.h. es steht ihm kein Entlastungsbetrag für Alleinerziehende zu, wenn er eine **Haushaltsgemeinschaft** mit einer anderen volljährigen Person bildet (das kann der Kindesvater, aber auch eine andere Person sein, z.B. die Eltern), es sei denn, für diese steht ihnen ein Freibetrag nach § 32 Abs. 6 EStG oder Kindergeld zu. Das **Zusammenleben mit weiteren volljährigen Kindern ist also unerheblich,** solange sie steuerlich noch als Kind berücksichtigt werden (dazu → Rz. 1125).

b) Begriff „Haushaltsgemeinschaft"

1120 Eine Haushaltsgemeinschaft liegt vor, wenn der Alleinerziehende **gemeinsam mit anderen Personen wirtschaftet** (§ 24b Abs. 2

Satz 2 EStG). Ein gemeinsames Wirtschaften kann sowohl darin bestehen, dass die andere volljährige Person zu den Kosten des gemeinsamen Haushalts beiträgt, als auch in einer Entlastung durch tatsächliche Hilfe und Zusammenarbeit (zuletzt BFH v. 28.6.2012, III R 26/10, BStBl II 2012, 815 m.w.N. betr. Haushaltsgemeinschaft von Vater und volljährigem Sohn, der nicht zu den Kosten der Haushaltsführung beiträgt). Denn in derartigen Fällen entstehen dem Alleinerziehenden üblicherweise keine erhöhten Lebenshaltungskosten, die mit dem Entlastungsbetrag steuerlich typisierend berücksichtigt werden sollen. Es kommt allein auf die **gemeinsame Wirtschaftsführung in der Wohngemeinschaft und nicht auf die Dauer des Zusammenlebens an.** Damit ist eine Abgrenzung zwischen Wohngemeinschaften und nichtehelichen Lebensgemeinschaften regelmäßig nicht erforderlich.

Als **Haushaltsgemeinschaften** kommen insbesondere in Betracht:

- **Nichteheliche, aber eheähnliche (Lebens-)Gemeinschaften,**
- **eingetragene Lebenspartnerschaften** oder
- **„Wohngemeinschaften"** mit einem Lebenspartner in nichteheähnlicher Gemeinschaft, mit Studierenden, Großeltern, Geschwistern des Stpfl. oder weiteren volljährigen Kindern des Stpfl., für die ihm weder Kindergeld noch ein Freibetrag nach § 32 Abs. 6 EStG zusteht. Es verstößt nicht gegen Art. 6 Abs. 1 GG, dass der Entlastungsbetrag nicht gewährt wird, wenn der Stpfl. mit **erwachsenen Kindern**, für die er weder Kindergeld noch die steuerlichen Freibeträge für Kinder erhält, in einer Haushaltsgemeinschaft lebt und die gesetzliche Vermutung des gemeinsamen Wirtschaftens nicht widerlegt wird (zuletzt BFH v. 28.6.2012, III R 26/10, BStBl II 2012, 815 m.w.N. betr. Haushaltsgemeinschaft von Vater und volljährigem Sohn, der nicht zu den Kosten der Haushaltsführung beiträgt).

Mit sonstigen volljährigen Personen besteht **keine Haushaltsgemeinschaft,** wenn sie sich **tatsächlich und finanziell nicht an der Haushaltsführung beteiligen**. Im BMF-Schreiben v. 29.10.2004, IV C 4 – S 2281 – 515/04, BStBl I 2004, 1042 werden folgende Fälle genannt:

- **Fehlende tatsächliche Beteiligung**

    Handelt es sich bei der mit im Haushalt lebenden anderen Person um eine **pflegebedürftige Person**, kann diese sich typischerweise – je nach Grad der Pflegebedürftigkeit – tatsächlich nicht an der Haushaltsführung beteiligen. Auch in solchen Fällen soll nach dem Willen des Gesetzgebers das Zusammenleben etwa mit den pflegebedürftigen Eltern nicht dazu führen, dem Alleinerziehenden den Entlastungsbetrag zu versagen (s. BT-Drucks. 15/3339).

    Nach BMF v. 29.10.2004, IV C 4 – S 2281 – 515/04, BStBl I 2004, 1042 fehlt die Fähigkeit, sich **tatsächlich** an der Haushaltsführung zu beteiligen, bei Personen, bei denen mindestens ein Schweregrad der Pflegebedürftigkeit i.S.d. § 14 SGB XI (**Pflegestufe I, II oder III**) besteht oder die **blind** sind. Sofern die pflegebedürftige Person nicht **finanziell** an der Haushaltsführung beteiligt, erhält der Alleinerziehende somit den Entlastungsbetrag.

    Der Nachweis des gesundheitlichen Merkmals „blind" richtet sich nach § 65 EStDV.

    Der Nachweis über den Schweregrad der Pflegebedürftigkeit i.S.d. § 14 SGB XI ist durch Vorlage des Leistungsbescheides des Sozialhilfeträgers bzw. des privaten Pflegeversicherungsunternehmens zu führen.

    Bei rückwirkender Feststellung des Merkmals „blind" oder der Pflegebedürftigkeit sind ggf. bestandskräftige Steuerfestsetzungen auch hinsichtlich des Entlastungsbetrags nach § 24b EStG zu ändern.

- **Fehlende finanzielle Beteiligung**

    Die Fähigkeit, sich finanziell an der Haushaltsführung zu beteiligen, fehlt bei Personen, die **kein oder nur geringes Vermögen** i.S.d. § 33a Abs. 1 Satz 3 EStG besitzen und deren **Einkünfte und Bezüge** i.S.d. § 32 Abs. 4 Satz 2 bis 4 EStG a.F. den Betrag von **8 004 € im Kalenderjahr nicht übersteigen.**

An einer Haushaltsgemeinschaft mit einer in derselben Wohnung lebenden volljährigen Person fehlt es grundsätzlich nur dann, wenn

- diese einen vollständig getrennten Haushalt führt
- oder wenn – z.B. beim Zusammenleben mit einkommenslosen pflegebedürftigen Angehörigen – jedwede Unterstützungsleistungen durch den Dritten ausgeschlossen erscheinen (BFH v. 28.6.2012, III R 26/10, BStBl II 2012, 815 m.w.N. betr. Haushaltsgemeinschaft von Vater und volljährigem Sohn, der nicht zu den Kosten der Haushaltsführung beiträgt).

c) Vorübergehende An- und Abwesenheiten

1121 Eine bestehende Haushaltsgemeinschaft wird nicht durch **kurzfristige, vorübergehende Abwesenheitszeiten** (z.B. Krankenhausaufenthalt, Reise ins Ausland, Auslandsaufenthalt eines Montagearbeiters) der anderen Personen von der gemeinsamen Wohnung beendet. Es muss der Wille, nicht oder nicht mehr in der Haushaltsgemeinschaft leben zu wollen, eindeutig nach außen treten (z.B. bei Auszug aus der Wohnung, Unterhaltung einer zweiten Wohnung aus privaten Gründen, eigene Wirtschaftsführung mit Untermietvertrag oder Begründung eines Au-pair-Verhältnisses als Arbeitsverhältnis).

Eine Haushaltsgemeinschaft kann auch vorliegen, wenn sich die andere Person nicht nur **kurzfristig**, z.B. zu Besuchszwecken oder aus Krankheitsgründen, **in der Wohnung des Stpfl. aufhält** bzw. aufzuhalten beabsichtigt.

Dagegen spricht eine **nicht nur vorübergehende Abwesenheit von der Wohnung** gegen das Vorliegen einer Haushaltsgemeinschaft. Nicht nur vorübergehend abwesend von der Wohnung sind z.B. Personen, die als vermisst gemeldet sind oder sich im Strafvollzug befinden.

4. Vermutungsregelung

a) Grundsatz

1122 Da das Bestehen einer Haushaltsgemeinschaft von den Finanzämtern und Gemeinden (bei Übermittlung der Meldedaten nach § 39e EStG) kaum festgestellt werden kann (nach dem Willen des Gesetzgebers soll es **keine „Schlafzimmerpolizei"** geben), enthält das Gesetz eine Vermutungsregelung (§ 24b Abs. 2 Satz 2 EStG):

Sobald eine andere volljährige Person **mit Haupt- oder Nebenwohnsitz in der Wohnung des Stpfl. gemeldet** ist, wird **vermutet,** dass sie mit dem Stpfl. gemeinsam wirtschaftet und damit eine **Haushaltsgemeinschaft** vorliegt. Die Vermutung knüpft an den objektiven Sachverhalt des Wohnens in einer gemeinsamen Wohnung an, der sich in der **Meldung ausdrückt.** Die Meldung ist aber nur ein **Indiz** – nicht Voraussetzung – für die Annahme gemeinsamen Wohnens. Somit kann eine Haushaltsgemeinschaft auch dann vorliegen, wenn eine Person – ohne unter der Anschrift des Alleinerziehenden gemeldet zu sein – mit diesem zusammen in einer gemeinsamen Wohnung lebt.

Beispiel:
Frau G, geschieden, lebt mit ihrer zehnjährigen Tochter im Elternhaus (Einfamilienhaus mit Einliegerwohnung). Beide sind bei der Gemeinde unter derselben Adresse gemeldet.

Das Finanzamt bzw. die Gemeinde werden nach § 24b Abs. 2 Satz 2 EStG zunächst vermuten, dass eine „Haushaltsgemeinschaft" besteht und Frau G den Entlastungsbetrag für Alleinerziehende nicht gewähren.

b) Widerlegbarkeit

1123 Die obige **Vermutungsregelung** ist aber grundsätzlich widerlegbar (§ 24b Abs. 2 Satz 3 EStG). Ob und wann die Vermutung als widerlegt angesehen werden kann, ist nach den gesamten Umständen des Einzelfalls zu entscheiden. In der Regel wird eine Glaubhaftmachung oder **zweifelsfreie Versicherung ausreichen.**

Beispiel:
Sachverhalt wie im vorhergehenden Beispiel. Frau G kann jedoch durch Vorlage eines Mietvertrags nachweisen bzw. glaubhaft machen, dass sie in der Einliegerwohnung wohnt und dort einen eigenen Haushalt führt.

Die Vermutung des Bestehens einer Haushaltsgemeinschaft ist widerlegt, Frau G erhält den Entlastungsbetrag.

Ob und wann die Vermutung des § 24b Abs. 2 Satz 2 EStG als widerlegt anzusehen ist, ist eine Einzelfallentscheidung. Nach der Gesetzesbegründung (BT-Drucks. 15/3339, 12) besteht die Haushaltsgemeinschaft trotz kurzer Abwesenheit fort. Der Wille, nicht oder nicht mehr in der Haushaltsgemeinschaft leben zu wollen, muss eindeutig nach außen treten. Dies ist nach der Gesetzesbegründung insbesondere der Fall bei Auszug, Unterhaltung einer zweiten Wohnung aus privaten Gründen, eigene Wirtschaftsführung mit Untermietvertrag oder Begründung eines Au-pair-Verhältnisses als Arbeitsverhältnis. An die Widerlegung einer Haushaltsgemeinschaft von langjährig zusammenwohnenden Angehörigen (z.B. Vater und Söhne) sind strengere Anforderungen zu stellen als z.B. an die Widerlegung einer Haushaltsgemeinschaft mit wechselnden familienfremden Untermietern (BFH v. 28.6.2012, III R 26/10, BStBl II 2012, 815 m.w.N. betr. Haushaltsgemeinschaft von Vater und volljährigem Sohn, der nicht zu den Kosten der Haushaltsführung beiträgt).

c) Keine Widerlegbarkeit bei eheähnlichen Gemeinschaften

1124 Die obige **Vermutungsregelung ist dagegen nicht widerlegbar,** wenn der Stpfl. und die andere Person in einer eheähnlichen oder lebenspartnerschaftsähnlichen Gemeinschaft leben (§ 24b Abs. 2 Satz 3 EStG).

Auf diese Weise soll eine Schlechterstellung von Eheleuten vermieden und damit der Rechtsprechung des BVerfG zum Haushaltsfreibetrag Rechnung getragen werden (vgl. BVerfG v. 10.11.1998, 2 BvR 1057/91, 2 BvR 1226/91, 2 BvR 980/91, BStBl II 1999, 182).

Ob eine **eheähnliche Gemeinschaft** vorliegt, richtet sich nach den **sozialhilferechtlichen Kriterien** (s. ausführlich BMF v. 29.10.2004, IV C 4 – S 2281 – 515/04, BStBl I 2004, 1042).

5. Anerkannte Haushaltsgemeinschaften

a) „Kindergeldberechtigte" Kinder

1125 Das Zusammenleben mit Kindern ist für die Gewährung des Entlastungsbetrags ohne Bedeutung, solange der Alleinstehende für das Kind Anspruch auf einen Freibetrag nach § 32 Abs. 6 EStG (Kinderfreibetrag oder Freibetrag für den Betreuungs- und Erziehungs- oder Ausbildungsbedarf) oder **Kindergeld** hat (§ 24b Abs. 2 Satz 1 EStG).

Beispiel:
Frau H, allein stehend, hat zwei Kinder im Alter von 15 und 21 Jahren, die bei ihr gemeldet sind und auch bei ihr wohnen. Der 21-jährige Sohn befindet sich noch in einer Berufsausbildung, die zum 30.11. beendet wird.

Frau H erhält für die Monate **Januar bis November** den Entlastungsbetrag für Alleinerziehende, da zu ihrem Haushalt mindestens ein Kind gehört, für das ihr ein Freibetrag nach § 32 Abs. 6 EStG oder Kindergeld zusteht.

Ab **Dezember** hat Frau H grundsätzlich keinen Anspruch auf den Entlastungsbetrag für Alleinerziehende mehr, da sie ab diesem Zeitpunkt „mit einer anderen volljährigen Person" i.S.d. § 24b Abs. 2 Satz 1 EStG eine **Haushaltsgemeinschaft** bildet. Sie ist verpflichtet, unverzüglich ihre Lohnsteuerabzugsmerkmale ändern zu lassen (§ 39 Abs. 5 EStG).

Nur wenn Frau H nachweisen oder glaubhaft machen kann, dass eine **Haushaltsgemeinschaft,** die ein gemeinsames Wirtschaften beinhaltet, **tatsächlich nicht besteht** (weil der Sohn beispielsweise bei seiner Freundin lebt), wird der Entlastungsbetrag weiter gewährt.

b) Wehrdienstleistende Kinder u.Ä.

1126 Darüber hinaus sind Stpfl. – ohne weitere Prüfung des Vorliegens einer Haushaltsgemeinschaft – aber auch dann als allein stehend anzusehen, wenn es sich bei der anderen Person im Haushalt um ein Kind handelt, das zwar grundsätzlich als leibliches Kind, Adoptiv-, Pflege-, Stief- oder Enkelkind bei dem Stpfl. zu berücksichtigen wäre, für das dem Stpfl. aber weder ein Freibetrag nach § 32 Abs. 6 EStG noch Kindergeld zusteht, weil es

- den **gesetzlichen Grundwehr- oder Zivildienst** leistet,
- sich freiwillig für die Dauer von nicht mehr als **drei Jahren zum Wehrdienst verpflichtet** hat
- oder eine Tätigkeit als **Entwicklungshelfer** ausübt.

6. Zwölftelung

1127 Anders als beim bisherigen Haushaltsfreibetrag, bei dem es sich immer um einen Jahresbetrag handelte (der volle Haushaltsfrei-

Entlastungsbetrag für Alleinerziehende

keine Sozialversicherungspflicht = ⓢⓥ̸
Sozialversicherungspflicht = ⓢⓥ

betrag wurde z.B. auch gewährt, wenn das Kind erst am Jahresende geboren wurde), wird der **Entlastungsbetrag für Alleinerziehende monatsweise gewährt**, d.h. er ermäßigt sich für jeden vollen Kalendermonat, in dem die Voraussetzungen nicht vorgelegen haben, um ein Zwölftel (§ 24b Abs. 3 EStG).

Ändern sich die Verhältnisse, ist der Arbeitnehmer verpflichtet, die unzutreffende **Steuerklasse II ändern** zu lassen (§ 39 Abs. 4 Satz 1 EStG).

> **Beispiel 1:**
> Frau A, ledig, bekommt am 1.7.2016 ein Kind, der Vater lebt im Ausland.
> Frau A hat Anspruch auf den Entlastungsbetrag für Alleinerziehende, für das Jahr 2016 aber nur für sechs Monate. Der Entlastungsbetrag beträgt 954 € (1 908 € : 12 = 159 € monatlich × 6 Monate). Frau A sollte unverzüglich nach der Geburt des Kindes beim Finanzamt ihre Lohnsteuerabzugsmerkmale in Steuerklasse II ändern lassen.

> **Beispiel 2:**
> Wie Beispiel 1, der Vater zieht jedoch am 1.10.2016 in die Wohnung von Frau A ein und meldet sich dort auch an.
> Die Voraussetzungen für die Gewährung des neuen Entlastungsbetrags für Alleinerziehende entfallen ab 1.10.2016. Frau A muss ihre Lohnsteuerabzugsmerkmale vom Finanzamt wieder in Steuerklasse I ändern lassen (§ 39 Abs. 5 EStG).

7. Lohnsteuerverfahren

a) Allgemeines

1128 Im Lohnsteuerverfahren wird der **Entlastungsbetrag für Alleinerziehende von 1 908 €** durch elektronische Lohnsteuerabzugsmerkmale (**Steuerklasse II**) berücksichtigt (§ 38b Satz 2 Nr. 2 EStG, s.a. → *Steuerklassen* Rz. 2751).

Nicht berücksichtigt ist in der Steuerklasse II dagegen der **Erhöhungsbetrag von 240 €** für das zweite und jedes weitere Kind nach § 24b Abs. 2 Satz 2 EStG. Dieser kann nur im **Freibetragsverfahren** bzw. späteren Veranlagungsverfahren geltend gemacht werden (→ Rz. 1130).

Auch für **Verwitwete** kann, solange sie noch die Steuerklasse III erhalten, der Entlastungsbetrag nur als **Freibetrag** in den elektronischen Lohnsteuerabzugsmerkmalen berücksichtigt (→ Rz. 1131).

b) Verpflichtung zur Änderung der Steuerklasse II

1129 Der Entlastungsbetrag für Alleinerziehende ist – anders als der frühere Haushaltsfreibetrag – kein „Jahresbetrag", sondern monatsweise zu gewähren (→ Rz. 1127). Der Arbeitnehmer ist daher verpflichtet, seine in Lohnsteuerabzugsmerkmale berücksichtigte Steuerklasse II umgehend ändern zu lassen, wenn die Voraussetzungen für die Berücksichtigung des Entlastungsbetrags nach § 24b EStG im Laufe des Kalenderjahrs entfallen (§ 39 Abs. 5 EStG).

Eine **Änderung der Steuerklasse** kann z.B. erforderlich werden, wenn

- der Arbeitnehmer **heiratet**,
- ein **Lebenspartner in seine Wohnung einzieht** und eine Haushaltsgemeinschaft begründet wird oder
- das **Kind die Wohnung verlässt**, weil es zu dem anderen Elternteil zieht.

Kommt der Arbeitnehmer seiner Verpflichtung, seine elektronischen Lohnsteuerabzugsmerkmale ändern zu lassen, nicht nach, muss er mit einer **Lohnsteuernachforderung** (§ 39 Abs. 4 Satz 4 EStG) oder, wenn die Änderung der Verhältnisse erst im Veranlagungsverfahren bekannt wird, mit einer **Einkommensteuernachforderung** rechnen.

c) Freibetrag als elektronisches Lohnsteuerabzugsmerkmal

aa) Erhöhungsbeträge

1130 Der **(Grund-)Entlastungsbetrag von 1 908 €** wird weiterhin im Rahmen der **Steuerklasse II** berücksichtigt, auch wenn beim Arbeitnehmer mehrere berücksichtigungsfähige Kinder vorhanden sind. Grund: Die Zahl der zum Haushalt gehörenden Kinder kann nicht aus der in den ELStAM gespeicherten Zahl der Kinderfreibeträge (§ 39 Abs. 4 Nr. 2 EStG) abgeleitet werden.

Die Arbeitnehmer, denen für weitere Kinder ein **Erhöhungsbetrag von 240 €**, 480 € usw. zusteht, können die **Bildung eines Freibetrags beantragen** (§ 39a Abs. 1 Satz 1 Nr. 4a EStG). Auch wenn Stpfl. bereits für 2015 einen entsprechenden Antrag gestellt haben, ist für das **Ermäßigungsverfahren 2016** ein erneuter Antrag auf Lohnsteuerermäßigung erforderlich. Der entsprechende Freibetrag von 240 € und mehr (abhängig von der Zahl der weiteren im Haushalt des Stpfl. lebenden Kinder) kann ab dem Lohnsteuerermäßigungsverfahren 2016 für einen **Zeitraum von bis zu zwei Jahren berücksichtigt** werden (§ 39a Abs. 1 Satz 3 EStG).

Die **Mindestgrenze von 600 €** gem. § 39a Abs. 2 Satz 4 EStG findet bei der Bildung eines Erhöhungsbetrags nach § 24b Abs. 2 Satz 2 **keine Anwendung** (s. auch OFD Frankfurt v. 19.8.2015, S 2365 A – 32 – St 212, StEd 2015, 621).

bb) Verwitwete

1131 § 39a Abs. 1 Nr. 8 EStG ermöglicht die Berücksichtigung eines Freibetrags als elektronisches Lohnsteuerabzugsmerkmal für den Entlastungsbetrag für Alleinerziehende bei **Verwitweten** im Todesjahr des Ehegatten und im Folgejahr. Der Entlastungsbetrag für Alleinerziehende wird im Lohnsteuerverfahren zwar grundsätzlich mit der **Steuerklasse II** berücksichtigt. Für Verwitwete ist jedoch im Kalenderjahr des Tods des Ehegatten und für das folgende Kalenderjahr noch das Splittingverfahren möglich und damit insbesondere die **Steuerklasse III**. Für diese Fälle kann der Entlastungsbetrag für Alleinerziehende bei verwitweten Arbeitnehmern somit nicht über das Steuerklassensystem (= Steuerklasse II) berücksichtigt werden. Es kommt für sie zur Berücksichtigung des Entlastungsbetrags für Alleinerziehende im Lauf des Kalenderjahrs nur das **Freibetragsverfahren** in Betracht (§ 39a Abs. 1 Nr. 8 EStG). Der Antrag auf Berücksichtigung eines Freibetrags muss für das Kalenderjahr 2016 spätestens bis zum 30.11.2016 beim **Finanzamt** gestellt werden (§ 39a Abs. 2 Satz 2 EStG).

Der Entlastungsbetrag für Alleinerziehende wird insoweit jedoch nur als Lohnsteuerabzugsmerkmal berücksichtigt, wenn die **Antragsgrenze von 600 € überschritten** wird (§ 39a Abs. 2 Satz 4 EStG); dazu → *Lohnsteuer-Ermäßigungsverfahren* Rz. 1909.

d) Kein Lohnsteuer-Jahresausgleich des Arbeitgebers

1132 Der Arbeitgeber hat bei der Durchführung des Lohnsteuer-Jahresausgleichs die Jahreslohnsteuer nach Maßgabe der elektronischen Lohnsteuerabzugsmerkmale zu ermitteln (§ 42b Abs. 2 Satz 4 EStG). Diese Ermittlung ergibt insbesondere in Fällen des Lohnsteuerklassenwechsels eine unzutreffende Lohnsteuer, weshalb für Arbeitnehmer, die nur für einen Teil des Kalenderjahrs nach den Steuerklassen III oder IV zu besteuern sind, kein Lohnsteuer-Jahresausgleich durchzuführen ist.

Dieser Personenkreis ist erweitert worden auf Arbeitnehmer mit Steuerklasse II, wenn diese nicht ganzjährig anzuwenden ist (Zwölftelungsregelung in § 24b EStG). Hierdurch wird eine zu niedrige Lohnsteuererhebung vermieden, wenn die Steuerklasse II zwar am Ende des Jahres eingetragen ist, jedoch nicht ganzjährig anzuwenden ist.

8. Verfassungsrechtliche Bedenken

1133 Der Entlastungsbetrag ähnelt zumindest dem gleichzeitig (ab 2004) weggefallenen Haushaltsfreibetrag. Um den Vorgaben des **BVerfG** (BVerfG v. 10.11.1998, 2 BvR 1057/91, 2 BvR 1226/91, 2 BvR 980/91, BStBl II 1999, 182) zum Haushaltsfreibetrag Rechnung zu tragen, hat der Gesetzgeber jedoch „**die Begründung ausgewechselt**": der Entlastungsbetrag soll nicht mehr die kindbedingten **erhöhten Wohnungskosten** abgelten, die auch bei „intakten Familien" anfallen, sondern die **erhöhten Lebenshaltungskosten der „echten" Alleinerziehenden**. Außerdem soll durch die Beschränkung des Entlastungsbetrags für Alleinerziehende auf „echte" Alleinerziehende eine **Besserstellung nichtehelicher Lebensgemeinschaften gegenüber „intakten Familien" vermieden** werden.

Gleichwohl dürfte die Neuregelung **verfassungsrechtlich problematisch** sein. Denn auch andere Bevölkerungsgruppen, insbesondere allein stehende ältere und behinderte Menschen, haben häufig auf Grund ihrer Lebenssituation regelmäßig höhere Kosten für ihre eigene Lebensführung (insbesondere wenn sie nicht mehr selber einkaufen können) und können keine Synergieeffekte nutzen (aus ähnlichen Erwägungen gab es früher einen sog. Altersfreibetrag von 720 DM).

Der **BFH** hatte allerdings entschieden, dass der Ausschluss des Entlastungsbetrags für Stpfl., die eine **Haushaltsgemeinschaft mit einer anderen volljährigen Person** bilden, keinen verfassungsrechtlichen Bedenken begegnet (BFH v. 25.10.2007, III R 104/06, www.stotax-first.de). Die dagegen eingelegte Verfassungsbeschwerde hat das **BVerfG** nicht zur Entscheidung angenommen (BVerfG v. 25.9.2009, 2 BvR 266/08; s. dazu zuletzt auch BFH v. 28.6.2012, III R 26/10, BStBl II 2012, 815 betr. Haushaltsgemeinschaft von Vater und volljährigem Sohn, der nicht zu den Kosten der Haushaltsführung beiträgt).

Nicht verfassungswidrig ist dagegen der Ausschluss von Personen, die die Voraussetzungen für eine **Ehegattenbesteuerung** erfüllen (BFH v. 19.10.2006, III R 4/05, BStBl II 2007, 637, Verfassungsbeschwerde nicht zur Entscheidung angenommen, BVerfG v. 22.5.2009, 2 BvR 310/07, BStBl II 2009, 884 und BVerfG v. 22.5.2009, 2 BvR 2240/04, HFR 2009, 1029). Die Beschwerde wurde vom EGMR als unzulässig abgewiesen (Beschluss v. 28.3.2013, 45624/09, n.v.).

Der BFH äußert im o.g. Urteil jedoch **Zweifel, ob § 24b EStG insoweit der Verfassung entspricht**, als Personen, welche die Voraussetzungen für die Anwendung des Splittingverfahrens erfüllen (§ 26 Abs. 1 EStG), stets vom Entlastungsbetrag ausgeschlossen sind (§ 24b Abs. 2 EStG), denn auch solche Personen können sich in einer Situation befinden, in der das **Kind wegen besonderer Umstände nur von einem Ehegatten betreut und erzogen** werden kann. Dies kann zutreffen, wenn eine Haushaltsgemeinschaft mit dem Ehegatten **in einem Teil des Jahres fehlt** (z.B. bei dauernder Trennung der Eheleute zu Beginn des Jahres oder bei Heirat und Begründung einer Haushaltsgemeinschaft des betreuenden Elternteils mit einem Dritten gegen Ende des Jahres), die miteinander verheirateten Eltern zwar i.S.d. § 26 Abs. 1 Satz 1 EStG nicht dauernd getrennt leben, **tatsächlich aber allein stehen**, z.B. wegen Unterbringung eines Ehegatten in einem Krankenhaus oder einer Haftanstalt, wegen doppelter Haushaltsführung aus beruflichem Anlass oder Auslandsaufenthalts des anderen Elternteils bei unbeschränkter Steuerpflicht oder in Fällen der Pflegebedürftigkeit, Erkrankung oder schweren Behinderung eines Ehegatten. Die Möglichkeit einer Veranlagung nach dem Splittingtarif, die zudem nicht in jedem Fall vorteilhaft ist, dürfte insoweit nicht als Kompensation des Entlastungsbetrags in Betracht kommen. Nach den o.g. Zweifeln des BFH am generellen Ausschluss von Personen, die den Splittingtarif erhalten, von der Gewährung des Entlastungsbetrags ist damit zu rechnen, dass in den vom BFH aufgezeigten Sonderfällen bei den Finanzämtern und -gerichten demnächst Anträge auf Gewährung des Entlastungsbetrags gestellt werden.

Mit Urteil v. 20.7.2011, 1 K 2232/06, EFG 2012, 326 hat das **FG Berlin-Brandenburg** entschieden, dass an der Regelung des § 24b EStG auch unter Berücksichtigung der o.g. Erwägungen des BFH wegen der weitreichenden Typisierungsbefugnis des Gesetzgebers keine verfassungsrechtlichen Zweifel bestünden. Allerdings gelangte das FG im Wege der einfachgesetzlichen Auslegung zu dem Ergebnis, dass der **Entlastungsbetrag für Alleinerziehende gemäß § 24b Abs. 3 EStG zeitanteilig zu gewähren sei, wenn die Voraussetzungen für die Anwendung des Splitting-Tarifs erst im Laufe eines Kalenderjahrs durch Heirat eintreten. Eine rückwirkende Versagung des Entlastungsbetrages für das gesamte Jahr komme nicht in Betracht.**

Das Urteil wurde rechtskräftig, da die zugelassene Revision vom Finanzamt nicht eingelegt worden ist. Gleichwohl entspricht es nicht der Verwaltungsauffassung (vgl. BMF v. 29.10.2004, IV C 4 – S 2281 – 515/04, BStBl I 2004, 1042) und wird als **Einzelfallentscheidung von der Finanzverwaltung nicht über den entschiedenen Einzelfall hinaus angewandt**.

Der einzige Fall, in dem trotz Anwendung des Splitting-Verfahrens das Erfordernis des „Alleinstehens" zeitanteilig vorliegt, ist gegeben, wenn ein Ehegatte während des Veranlagungszeitraums verstirbt.

Entlohnung

→ *Berechnung der Lohnsteuer* Rz. 627, → *Arbeitslohn* Rz. 244

Entlohnung für mehrjährige Tätigkeit

→ *Arbeitslohn für mehrere Jahre* Rz. 257

Entschädigungen

Inhaltsübersicht:	Rz.
1. Allgemeines	1134
2. Nicht „steuerbare" Entschädigungen	1135
3. Steuerfreie Entschädigungen	1136
4. Abgrenzung der Einkunftsart	1137
5. Tarifermäßigte Entschädigungen	1138
6. Abgrenzung der verschiedenen Arbeitgeberleistungen	1139
a) Allgemeines	1139
b) „Unschädliche" Zahlungen aus Fürsorgeerwägungen	1140
c) Weitere „unschädliche" Arbeitgeberleistungen (Rabatte usw.)	1141
d) „Unschädliche" lebenslängliche Versorgungszusagen	1142
e) „Unschädliche" vorzeitige Zahlung von Betriebsrenten u.Ä.	1143
f) „Schädliche" zusätzliche Entschädigungsleistungen des Arbeitgebers	1144
7. Zusammenballung von Einnahmen („1. Prüfung")	1147
a) Grundsatz	1147
b) Ausnahmen	1148
c) Unschädliche steuerfreie und pauschal versteuerte Einkünfte	1149
8. Prüfung der wegfallenden Einnahmen („2. Prüfung")	1150
a) Grundsatz	1150
b) Entschädigung ist höher	1151
c) Entschädigung ist nicht höher	1152
9. Vergleich der beiden Entschädigungsarten	1153
10. Entschädigung für entgangene oder entgehende Einnahmen (§ 24 Nr. 1 Buchst. a EStG)	1154
11. Entschädigung für die Aufgabe oder Nichtausübung einer Tätigkeit (§ 24 Nr. 1 Buchst. b EStG)	1155
12. Billigkeitsregelungen	1156
a) Planwidriger Zufluss in mehreren Jahren	1156
b) Rückzahlung von Abfindungen	1157
13. Übernahme von Rentenversicherungsbeiträgen durch den Arbeitgeber	1158
14. Verfahren	1159
a) Lohnsteuerabzug	1159
b) Pflichtveranlagung	1160
15. Aufzeichnungspflichten	1161

1. Allgemeines

Nach § 24 Nr. 1 EStG gehören auch Entschädigungen zu den Einkünften i.S.d. § 2 Abs. 1 EStG. Es handelt sich dabei um Leistungen, die dem Stpfl. oder seinem Rechtsnachfolger **1134**

– als **Ersatz für entgangenen oder entgehenden Arbeitslohn** (§ 24 Nr. 1 Buchst. a EStG) oder

– für die **Aufgabe oder Nichtausübung einer Tätigkeit** (§ 24 Nr. 1 Buchst. b EStG) oder

– als **Ausgleichszahlungen an Handelsvertreter** nach § 89b HGB (§ 24 Nr. 1 Buchst. c EStG)

gewährt werden.

Diese Entschädigungen unterliegen jedoch unter bestimmten Voraussetzungen bei der Einkommensteuerveranlagung einem **ermäßigten Steuersatz** (sog. **Fünftelregelung** des § 34 Abs. 1 und 2 Nr. 2 EStG). Handelt es sich um eine Zahlung des Arbeitgebers an den Arbeitnehmer, so ist die Steuerermäßigung grundsätzlich schon beim **Lohnsteuerabzug anzuwenden** (§ 39b Abs. 3 Satz 9 EStG); → *Sonstige Bezüge* Rz. 2714.

Vor Anwendung dieser Vorschrift ist jedoch zu prüfen, ob eine Entschädigung **überhaupt der Einkommensteuer unterliegt**, ob und inwieweit mit der Entschädigung im Zusammenhang stehende Betriebsausgaben bzw. Werbungskosten abzuziehen sind (s. dazu BFH v. 26.8.2004, IV R 5/03, BStBl II 2005, 215) und ob ggf. eine Steuerbefreiung eingreift.

Zu prüfen ist weiter, ob und inwieweit eine **Abfindung dem Stpfl. überhaupt „zugeflossen"** ist. Dies ist nicht der Fall, wenn der Arbeitgeber einen Teilbetrag der ausbedungenen Abfindung im Rahmen eines Einmalbetrags in eine **Versorgungszusage umwandelt**, die den Arbeitnehmer lediglich berechtigt, von seinem

Entschädigungen

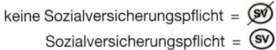

Arbeitgeber nach Eintritt des Versorgungsfalls eine höhere Pension zu verlangen. Wird mithin von einer Abfindung ein Teilbetrag in eine Versorgungszusage umgewandelt, so ist dieser Betrag mangels Zuflusses nicht als Entschädigung (§ 24 Nr. 1a EStG) nach § 34 Abs. 2 Nr. 2 EStG begünstigt zu besteuern (BFH v. 22.12.2010, IX B 131/10, www.stotax-first.de).

Liegen bei einer Abfindung die Voraussetzungen für die Tarifbegünstigung als „Entschädigung" i.S.d. § 34 Abs. 2 Nr. 2 EStG nicht vor, kann gleichwohl die Tarifbegünstigung anwendbar sein, wenn es sich bei der Abfindung um eine „**Vergütung für eine mehrjährige Tätigkeit**" handelt (§ 34 Abs. 2 Nr. 4 EStG); auch hierfür gilt ab 1999 die „**Fünftelregelung**" (→ *Arbeitslohn für mehrere Jahre* Rz. 257). Die Unterscheidung hat somit ab 1999 an Bedeutung verloren.

> **Beispiel:**
> A, Gesellschafter-Geschäftsführer, hat seine Anteile am 24.11.1993 verkauft. Im Vorfeld der Veräußerung nahm er ein Angebot der GmbH an, die Pensionsverpflichtung gegen eine Abfindung von 400 000 € abzulösen; die Abfindung wurde am 9.12.1993 ausbezahlt.
>
> Die Abfindung ist zwar **keine Entschädigung** i.S.d. § 24 Nr. 1 Buchst. a EStG. Die Erwartung, dass die Ablösung des Pensionsanspruchs im Rahmen einer Anteilsveräußerung notwendig werden könnte, genügt nicht, um eine relevante Zwangslage zu begründen.
>
> Die Abfindung stellt jedoch eine **Vergütung für eine mehrjährige Tätigkeit** i.S.d. § 34 Abs. 2 Nr. 4 EStG dar, so dass die Tarifermäßigung aus diesem Grund gewährt werden kann (BFH v. 3.12.2003, XI R 30/02, www.stotax-first.de).

Steuerpflichtig sind auch **von dritter Seite geleistete Entschädigungen**, mit denen einem Arbeitnehmer der **Verdienstausfall ersetzt** wird, z.B. Versicherungsentschädigungen (vgl. zuletzt FG Baden-Württemberg v. 18.3.2010, 13 K 143/06, EFG 2010, 1109). Derartige Zahlungen können jedoch nur im Rahmen einer **Einkommensteuerveranlagung** als Arbeitslohn erfasst werden. Ein Lohnsteuerabzug entfällt, weil der Dritte insoweit nicht Arbeitgeber ist. Dazu ausführlich → *Unfallversicherung: freiwillige* Rz. 2944. Ausgangsgröße für die Anwendung der sog. Fünftelregelung sind die gesamten außerordentlichen Einkünfte ohne anteilige Kürzung auf Grund des **Altersentlastungsbetrags** (BFH v. 15.12.2005, IV R 68/04, HFR 2006, 473) und ohne Kürzung um den Betrag beschränkt abziehbarer **Sonderausgaben**, der sich bei der Berechnung der Einkommensteuer für das verbleibende zu versteuernde Einkommen nicht ausgewirkt hat (BFH v. 2.9.2008, X R 15/06, www.stotax-first.de).

Die **sozialversicherungsrechtliche Beurteilung** der Entschädigungen folgt grundsätzlich der folgenden Regelung:

Einmalige Einnahmen, laufende Zulagen, Zuschläge, Zuschüsse sowie ähnliche Einnahmen, die zusätzlich zu Löhnen oder Gehältern gewährt werden, sind beitragspflichtiges Arbeitsentgelt, soweit sie lohnsteuerpflichtig sind. **Dieser Grundsatz gilt bei Abfindungszahlungen nicht** (→ *Entlassungsabfindungen/Entlassungsentschädigungen* Rz. 1108).

2. Nicht „steuerbare" Entschädigungen

1135 Zum Arbeitslohn gehören nur Entschädigungen, die mit **Rücksicht auf das Dienstverhältnis gezahlt werden**. Dazu gehört z.B. auch eine Schadensersatzzahlung, die der Abgeltung des Schadens dient, den der Stpfl. dadurch erlitten hat, dass er sich in einer geschlossenen Abfindungsvereinbarung mit einer geringeren Schadensersatzleistung für Erwerbsausfall begnügt hat, als er bei zutreffender Beratung über deren steuerliche Behandlung geltend gemacht hätte und hätte durchsetzen können. Dass die Hauptzahlung nur mittelbar zum Ersatz der Schäden bestimmt ist, die durch die unfallbedingte Minderung der Erwerbsfähigkeit erlitten wird, steht der Beurteilung als Entschädigung i.S.d. § 24 Nr. 1 Buchst. a EStG nicht entgegen (FG Niedersachsen v. 14.3.2012, 4 K 79/10, EFG 2012, 1666).

Ein unmittelbarer Zusammenhang mit dem Dienstverhältnis besteht dagegen z.B. **nicht** bei

- **Schadensersatzleistungen, zu denen der Arbeitgeber gesetzlich verpflichtet** ist, z.B. wegen Rufschädigung des Arbeitnehmers oder schuldhafter Verletzung arbeitsvertraglicher Fürsorgepflichten, vgl. H 19.3 (Beispiele) LStH sowie BFH v. 29.10.1963, VI 290/62 U, BStBl III 1964, 12 und BFH v. 20.9.1996, VI R 57/95, BStBl II 1997, 144.

- **Entschädigungen, die private Verluste oder Krankheitskosten** ersetzen sollen (BFH v. 22.4.1982, III R 135/79, BStBl II 1982, 496 betr. Zahlungen aus einer vom Arbeitgeber abgeschlossenen Autoinsassen-Unfallversicherung).

- Abfindungen, die **nicht unter die sieben Einkunftsarten des Einkommensteuergesetzes fallen**: Nicht steuerbar ist z.B. eine **Schadensersatzrente** nach § 844 Abs. 2 BGB, da sie lediglich den durch ein schädigendes Ereignis entfallenden, nicht steuerbaren Unterhaltsanspruch ausgleicht und keinen Ersatz für entgangene oder entgehende einkommensteuerpflichtige Einnahmen gewährt (BFH v. 26.11.2008, X R 31/07, BStBl II 2009, 651 sowie BMF v. 15.7.2009, IV C 3 – S 2255/08/10012, BStBl I 2009, 836).

- **Streik- und Aussperrungsunterstützungen** (BFH v. 24.10.1990, X R 161/88, BStBl II 1991, 337).

Zur Frage, ob an sich steuerpflichtige Entschädigungen als nach **§ 15 des Allgemeinen Gleichbehandlungsgesetzes (AGG) steuerfreie Entschädigungen** deklariert werden können, vertritt die Bundesregierung folgende Auffassung (BT-Drucks. 16/3710 v. 1.12.2006, 14 sowie B+P 2007, 84):

„Weder das Allgemeine Gleichbehandlungsgesetz (AGG) noch das Einkommensteuergesetz (EStG) enthält eine Regelung zur Steuerbefreiung für Entschädigungen und Schadensersatz nach § 15 AGG. Die steuerrechtliche Beurteilung von Entschädigungen und Schadensersatz richtet sich mithin nach den allgemeinen Grundsätzen sowie nach den konkreten Umständen des Einzelfalls:

- Wird ein Arbeitnehmer unter Verstoß gegen das Benachteiligungsverbot des AGG entlassen und ist der Arbeitgeber nach § 15 Abs. 1 AGG verpflichtet, den hierdurch entstandenen – **materiellen – Schaden zu ersetzen**, liegt regelmäßig steuerpflichtiger **Arbeitslohn** nach § 19 Abs. 1 i.V.m. § 24 Nr. 1 Buchst. a EStG vor. In diesen Fällen handelt es sich um Ersatz für entgehende Einnahmen.

- Handelt es sich hingegen um eine Entschädigung nach § 15 Abs. 2 AGG, die ein Beschäftigter wegen **Verletzung des Benachteiligungsverbotes** durch den Arbeitgeber für **immaterielle** Schäden verlangen kann, liegt regelmäßig **kein steuerpflichtiger Arbeitslohn** vor. Derartige Entschädigungen werden nicht für eine Beschäftigung i.S.d. § 19 Abs. 1 EStG gewährt. Sie sind – wie andere Schadensersatzleistungen auch, zu denen ein Arbeitgeber gesetzlich verpflichtet ist – keine Einnahme aus dem Dienstverhältnis. **Missbräuchliche Umwidmungen von Abfindungen in Entschädigungen wegen Diskriminierung sind steuerrechtlich nicht anzuerkennen**.

Die Finanzverwaltung wird derartige Sachverhalte daher zukünftig besonders prüfen. Mit erheblichen Fallzahlen und sog. Trittbrettfahrern ist jedoch schon deshalb nicht zu rechnen, weil die notwendige Mitwirkung des Arbeitgebers mit dem freiwilligen Eingeständnis einer schuldhaften Verfehlung verbunden ist."

Die vorgenannten „steuerfreien" Entschädigungen fallen auch nicht unter die übrigen Einkunftsarten des Einkommensteuergesetzes, bleiben also von vornherein außer Betracht.

Werden Zahlungen im Zusammenhang mit der Beendigung des Dienstverhältnisses, die in einem Vergleich als **Abfindung und als Schmerzensgeld wegen Rufschädigung** bezeichnet werden, für künftig entgehende Einnahmen zugesagt, sind diese grundsätzlich einheitlich zu beurteilen (BFH v. 16.11.2005, XI R 32/04, www.stotax-first.de).

Im Zusammenhang mit **Unfällen** können folgende Entschädigungen in Betracht kommen:

1. **Entschädigung bei Körperverletzung,**
   a) Ersatz der Kosten der Heilung;
   b) Ersatz des Vermögensnachteils, den der Verletzte dadurch erleidet, dass infolge der Verletzung seine Erwerbsfähigkeit zeitweise oder dauernd aufgehoben oder vermindert ist (**Verdienstausfall**);
   c) Ersatz des Vermögensnachteils, den der Verletzte dadurch erleidet, dass infolge der Verletzung eine dauernde Vermehrung seiner Bedürfnisse eingetreten ist. Hierzu gehören notwendige Mehraufwendungen für Kuren, Erneuerung künstlicher Gliedmaßen usw.;

2. **Entschädigung bei Tötung,**
   a) Entschädigung für die Kosten der Beerdigung;
   b) Entschädigung in bestimmten Fällen an dritte Personen, die infolge des Tods des Verletzten ein Recht auf Unterhalt gegen diesen verloren haben;

3. **Schmerzensgeld**.

Hinsichtlich der **steuerlichen Behandlung** dieser Entschädigungen gilt Folgendes (OFD Stuttgart v. Juni 1997, www.stotax-first.de, sowie zuletzt BFH v. 21.1.2004, XI R 40/02, BStBl II 2004, 716 m.w.N.):

Bei den Entschädigungen nach Ziff. 1 Buchst. a und c, Ziff. 2 Buchst. a und Ziff. 3 handelt es sich um **echte Schadensersatzleistungen**, die unter keine der im § 2 Abs. 1 EStG genannten Einkunftsarten fallen. Die Leistungen sind auch dann **nicht steuerbar**, wenn sie in Form wiederkehrender Bezüge (Mehrbedarfsrente oder Schmerzensgeldrente) gewährt werden. Nicht steuerbar ist auch eine **Schadensersatzrente** nach § 844 Abs. 2 BGB, da sie lediglich ein durch ein schädigendes Ereignis entfallenden, nicht steuerbaren Unterhaltsanspruch ausgleicht und keinen Ersatz für entgangene oder entgehende einkommensteuerpflichtige Einnahmen gewährt (BFH v. 26.11.2008, X R 31/07, BStBl II 2009, 651; BMF v. 15.7.2009, IV C 3 – S 2255/08/10012, BStBl I 2009, 836).

Die Entschädigungen, die als **Ersatz für entgangene oder entgehende Einnahmen (Ziff. 1 Buchst. b)** gezahlt werden (insbesondere für den **Verdienstausfall**), unterliegen gem. § 24 Nr. 1 Buchst. a EStG der **Einkommensteuer** und sind der Einkunftsart zuzurechnen, zu der sie wirtschaftlich gehören (vgl. FG Schleswig-Holstein v. 12.5.2004, 1 K 180/00, www.stotax-first.de: Entschädigung einer Haftpflichtversicherung zum Ausgleich eines Erwerbsschadens ist auch dann steuerpflichtig, wenn die Zahlung auf einem Unfall beruht, der sich auf einer Privatfahrt ereignet hat). Dies gilt auch, wenn nicht eine laufende Entschädigung, sondern eine Kapitalabfindung gezahlt wird (vgl. RFH v. 10.2.1939, RStBl 1939, 907). Die Tatsache, dass die Entschädigung im Einzelfall auf Grund der Netto-Einkünfte (also nach Abzug der darauf entfallenden Steuern) errechnet worden ist, ist steuerlich ohne Bedeutung. Ebenso FG Baden-Württemberg v. 18.3.2010, 13 K 143/06, EFG 2010, 1109 betr. Schadensersatzzahlungen eines Versicherers an eine Beamtin, deren Dienstverhältnis auf Grund einer Erkrankung, die auf einen Verkehrsunfall zurückzuführen ist, aufgelöst wurde; die Schadensersatzleistungen sind nach §§ 24 Nr. 1 Buchst. a, 34 Abs. 1, 2 Nr. 2 EStG tarifermäßigt zu versteuern. Wird eine Entschädigung auf Grund eines **Vergleichs** gezahlt und enthält der Vergleich nichts über die Abgeltung der einzelnen Schäden, so ist unter Berücksichtigung der Wahrscheinlichkeit, mit der die einzelnen Ansprüche im Prozessweg durchgesetzt werden könnten, zu schätzen, in welcher Höhe die einzelnen Ansprüche in der Vergleichssumme enthalten sind (BFH v. 29.10.1959, IV 235/58 U, BStBl III 1960, 87).

Ein **Lohnsteuerabzug** ist auch hinsichtlich des Ersatzes von Verdienstausfall nicht vorzunehmen, weil die Haftpflichtversicherung nicht Arbeitgeber ist.

Nicht steuerbar sind jedoch Entschädigungen, die keiner bestimmten Einkunftsart zugeordnet werden können, im Einzelfall mag die Abgrenzung schwierig sein:

> **Beispiel 1:**
> A, 17 Jahre alt, wurde als Fahrerin während ihres Fahrschulunterrichts Opfer eines schweren Verkehrsunfalls. Zur Zeit des Unfalls stand sie **weder in einem Ausbildungsverhältnis noch in einem Arbeitsverhältnis**. Sie beabsichtigte vielmehr, die Fachhochschulreife zu erwerben. Die Versicherung zahlte ihr als Entschädigung u.a. eine Verdienstausfallentschädigung i.H.v. 145 000 €.
>
> Die Verdienstausfallentschädigung ist nicht steuerbar, weil sie keiner bestimmten Einkunftsart zugeordnet werden kann. Es reicht nicht aus, dass die Beziehung zu irgendeiner Einkunftsart lediglich möglich erscheint.

> **Beispiel 2:**
> B, **Auszubildender zum Krankenpfleger**, ist nach einem unverschuldeten Unfall schwerbehindert und bezieht eine Rente wegen Erwerbsunfähigkeit. Die Versicherung des Unfallgegners hat eine Verdienstausfallentschädigung von rund 100 000 € gezahlt. Die weiteren Schäden in Gestalt von Mehraufwendungen in der Haushaltsführung und der immaterielle Schaden wurden gesondert erstattet.
>
> Die Verdienstausfallentschädigung ist steuerpflichtig, nicht dagegen die Entschädigungen für Mehraufwendungen in der Haushaltsführung und immaterieller Schäden (vgl. FG Nürnberg v. 2.7.2009, 7 K 328/2008, www.stotax-first.de, m.w.N.).

3. Steuerfreie Entschädigungen

1136 Andere Entschädigungen wären zwar an sich steuerpflichtig, das Einkommensteuergesetz enthält jedoch aus **sozialen Gründen** Steuerbefreiungen, z.B. für

- **Übergangsbeihilfen** an Soldatinnen auf Zeit und Soldaten auf Zeit, wenn das Dienstverhältnis vor dem 1.1.2006 begründet wurde (§ 52 Abs. 4a Satz 2 EStG i.V.m. § 3 Nr. 10 EStG a.F.), im Einzelnen → *Übergangsgelder/Übergangsbeihilfen* Rz. 2897.
- **Verdienstausfallentschädigungen nach dem Infektionsschutzgesetz** (§ 3 Nr. 25 EStG). Diese Leistungen unterliegen jedoch nach § 32b EStG dem Progressionsvorbehalt und sind daher ggf. im Rahmen einer Einkommensteuerveranlagung zu erfassen (→ *Progressionsvorbehalt* Rz. 2331).

4. Abgrenzung der Einkunftsart

Nicht jede Entschädigung, die ein **Arbeitnehmer** erhält, gehört zu **1137** seinen Einkünften aus nichtselbständiger Arbeit. Bei Entschädigungen i.S.d. § 24 Nr. 1 Buchst. a EStG als „**Ersatz für entgangene oder entgehende Einnahmen**" ist diese Frage recht einfach zu beantworten, weil die Entschädigung zumeist an die Stelle der bisher erzielten Einnahmen tritt. Die Einkunftsart folgt damit der bisherigen steuerlichen Beurteilung. Steuerpflichtig sind allerdings auch Entschädigungen für „entgehende Einnahmen".

> **Beispiel 1:**
> A, Auszubildender zum Krankenpfleger, ist nach einem unverschuldeten Unfall schwerbehindert und bezieht eine Rente wegen Erwerbsunfähigkeit. Die Versicherung des Unfallgegners hat eine **Verdienstausfallentschädigung** von rund 100 000 € gezahlt.
>
> Die Entschädigung ist steuerpflichtig. Sie wird für „entgehende" steuerpflichtige Einnahmen aus der angestrebten Tätigkeit als Krankenpfleger gezahlt (FG Nürnberg v. 2.7.2009, 7 K 328/2008, www.stotax-first.de).

Problematisch ist diese Beurteilung aber bei den Entschädigungen i.S.d. § 24 Nr. 1 Buchst. b EStG für die „**Aufgabe oder Nichtausübung einer Tätigkeit**". Hier kommt es darauf an, zu welchen Einkünften die Tätigkeit geführt hätte, auf deren Ausübung der Stpfl. verzichtet hat. Ist insoweit eine eindeutige Zuordnung zu einer der Einkunftsarten des § 2 Abs. 1 Nr. 1 bis 6 EStG nicht möglich, weil die Entschädigung für die Nichtausübung **mehrerer unterschiedlich zu qualifizierender Tätigkeiten** gezahlt wird, ist die Entschädigung den **sonstigen Einkünften** i.S.d. § 22 Nr. 3 EStG zuzurechnen (BFH v. 12.6.1996, XI R 43/94, BStBl II 1996, 516). Lohnsteuer ist dann nicht einzubehalten.

> **Beispiel 2:**
> A war Gesellschafter-Geschäftsführer einer GmbH. Das Anstellungsverhältnis wurde auf Veranlassung der GmbH einvernehmlich aufgehoben. Als Ausgleich für den Verlust des Arbeitsplatzes erhielt A eine vertragliche Abfindung von 450 000 DM (umgerechnet ca. 230 081 €). Zugleich verpflichtete er sich gegenüber der GmbH in einem weiteren Vertrag gegen Zahlung eines als **Karenzentschädigung** bezeichneten Betrags von 225 000 DM (umgerechnet ca. 115 040 €), für die Dauer von fünf Jahren nach Beendigung des Arbeitsverhältnisses nicht für ein Unternehmen tätig zu sein, das mit der GmbH in Wettbewerb steht. A war hiermit „jede selbständige direkte oder indirekte oder unselbständige Tätigkeit für ein solches Konkurrenzunternehmen untersagt".
>
> Der BFH hat die Entschädigung den sonstigen Einkünften i.S.d. § 22 Nr. 3 EStG zugeordnet, weil A sich zu einem „umfassenden Konkurrenzverzicht im weitesten Sinne" verpflichtet hat (BFH v. 12.6.1996, XI R 43/94, BStBl II 1996, 516).
>
> Begründung: Anders als bei einem sog. eingeschränkten Wettbewerbsverbot, das nur die Ausübung einer ganz bestimmten Tätigkeit untersagt, kann hier nicht festgestellt werden, ob A auf die Ausübung einer nichtselbständigen Tätigkeit oder auf die Ausübung einer gewerblichen Tätigkeit verzichtet hat. Da eine eindeutige Zuordnung somit nicht möglich ist, ist die Entschädigung der subsidiär eingreifenden Einkunftsart des § 22 Nr. 3 EStG zuzuordnen. Trotz Zuordnung zu dieser Einkunftsart kann aber die Tarifermäßigung nach § 34 Abs. 1 und 2 EStG gewährt werden. Lohnsteuer hat die GmbH jedoch nicht einzubehalten.

> **Beispiel 3:**
> Auf Grund rückwirkender Besoldungsanpassungen besteht die Möglichkeit, dass Landesbedienstete Nachzahlungen für zurückliegende Zeiträume von bis zu zehn Jahren sowie (teilweise) Prozesszinsen erhalten. Dies führt im Jahr des Zuflusses zu einer erhöhten Steuerlast. Die Stpfl. sehen darin eine unbillige sachliche Härte und beantragen eine abweichende Steuerfestsetzung nach § 163 AO bzw. einen Erlass nach § 227 AO für den entsprechenden Veranlagungszeitraum.
>
> Die Finanzverwaltung verfährt in solchen Fällen wie folgt:
>
> Der **Nachzahlungsbetrag** wird im Jahr des Zuflusses (§ 11 EStG) der Besteuerung unterworfen. Da sich der Nachzahlungsbetrag auf mehrere Kalenderjahre bezieht und es sich um außerordentliche Einkünfte handelt, ist § 34 Abs. 1 i.V.m. Abs. 2 Nr. 4 EStG anzuwenden. Dadurch wird

Entschädigungen

die Steuerprogression abgemildert. Eine abweichende Steuerfestsetzung nach § 163 AO bzw. ein Erlass nach § 227 AO kommt für die Besoldungsnachzahlung nicht in Betracht. Der Gesetzgeber nimmt bei der Typisierung nach § 34 EStG in Kauf, dass ggf. durch die Besteuerung der Nachzahlung in einem Veranlagungszeitraum eine gewisse Höherbelastung als bei einer laufenden Besteuerung erfolgt. Eine völlige Gleichstellung in der Steuerhöhe ist unter verwaltungsökonomischer Betrachtung nicht sinnvoll und rechtlich nicht erforderlich. Typisierungen sind zulässige Mittel der Verwaltungsvereinfachung.

Die gezahlten Prozesszinsen gehören zu den Einkünften aus Kapitalvermögen. Diese sind nach § 34 EStG nicht begünstigt. Sie gelten grundsätzlich nicht als „außerordentlich", da sie i.d.R. nach der Disposition des Stpfl. zu einem bestimmten Zeitpunkt anfallen.

Bei **Prozesszinsen für eine lange Verfahrensdauer liegt der Fall anders.** Der Stpfl. hatte für diese nachträglich gewährten Einnahmen aus Kapitalvermögen keine Gestaltungsmöglichkeiten. Außerdem ist eine sehr enge Verknüpfung mit der eigentlichen Besoldungsnachzahlung vorhanden. Aus diesem Grund bestehen **keine Bedenken, im Einzelfall die Steuer aus Billigkeitsgründen herabzusetzen.** Als Maßstab kann der Betrag gelten, der sich aus einer fiktiven Anwendung von § 34 EStG ergeben würde.

Eine Steuerfreistellung kommt nicht in Betracht, auch wenn bei jährlichem Zufluss die Sparerfreibeträge nach § 20 Abs. 4 EStG ggf. zur Steuerfreistellung geführt hätten.

5. Tarifermäßigte Entschädigungen

1138 Die Anwendung der Tarifermäßigung des § 34 Abs. 1 und 2 Nr. 2 EStG setzt voraus, dass eine „**Entschädigung**" i.S.d. § 24 Nr. 1 EStG gezahlt wird.

Eine tarifbegünstigte „**Entschädigung**" liegt nur vor, wenn

- die bisherige Grundlage für den Erfüllungsanspruch weggefallen ist und der Arbeitnehmer/Stpfl. einen **finanziellen Schaden erlitten** hat,

- der an die Stelle der bisherigen Einnahmen getretene Ersatzanspruch auf einer **neuen Rechts- oder Billigkeitsgrundlage beruht und** die somit auf einem **anderen Rechtsgrund** beruhende Zahlung unmittelbar dazu bestimmt ist, diesen **Schaden auszugleichen** (zuletzt BFH v. 14.4.2015, IX R 29/14, HFR 2015, 938 m.w.N.). Ein solcher Rechtsgrund wird regelmäßig Bestandteil der Auflösungsvereinbarung sein; er kann aber auch bereits bei Abschluss des Dienstvertrags oder im Verlauf des Dienstverhältnisses für den Fall des vorzeitigen Ausscheidens vereinbart werden.

Keine „Entschädigung" ist dagegen eine Leistung in Erfüllung eines bereits vor dem Ausscheiden begründeten Anspruchs des Arbeitnehmers, auch wenn dieser Anspruch in einer der geänderten Situation angepassten Weise erfüllt wird (zuletzt BFH v. 24.10.2007, XI R 33/06, HFR 2008, 449 und BFH v. 29.5.2008, IX R 55/05, HFR 2009, 18 m.w.N.). Eine **Entschädigung** i.S.d. § 24 Nr. 1 Buchst. a EStG kann jedoch auch dann vorliegen, wenn bereits bei Beginn des Dienstverhältnisses ein Ersatzanspruch für den Fall der betriebsbedingten Kündigung oder Nichtverlängerung des Dienstverhältnisses vereinbart wurde (zuletzt BFH v. 10.7.2008, IX R 84/07, www.stotax-first.de, m.w.N.). Der Entschädigungsanspruch darf – auch wenn er bereits früher vereinbart worden ist – erst als Folge einer vorzeitigen Beendigung des Dienstverhältnisses entstehen. Dies gilt jedoch nicht, wenn eine Entschädigung dafür geleistet wird, dass das Dienstverhältnis vertragsgemäß ausläuft und nicht verlängert wird (BFH v. 10.7.2008, IX R 84/07, www.stotax-first.de); a.A. FG Münster v. 30.6.2015, 13 K 3126/13 E, F, EFG 2015, 1706, Revision eingelegt, Az. beim BFH: IX R 33/15: Hat das frühere Bundesaufsichtsamt für das Kreditwesen eine Bank durch einen später als rechtswidrig befundenen Bescheid aufgefordert, den Stpfl. wegen vermeintlich mangelnder fachlicher Eignung als Vorstandsmitglied abzuberufen, so kann eine später von der Bundesanstalt für Finanzdienstleistungsaufsicht (BaFin) als Schadensersatz für den rechtswidrigen Verwaltungsakt der Rechtsvorgängerin (wegen der darauf folgenden außerordentlichen Kündigung durch die Bank und des Nichtabschlusses eines neuen Vertrags) nach Amtshaftungsgrundsätzen geleistete Zahlung an den Stpfl. als Entschädigung gem. § 24 Nr. 1 Buchst. a EStG i.V.m. § 19 Abs. 1 EStG steuerbar sein.

Eine Entschädigung, die aus Anlass einer Entlassung aus dem Dienstverhältnis vereinbart wird (**Entlassungsentschädigung**), setzt den Verlust von Einnahmen voraus, mit denen der Arbeitnehmer rechnen konnte. **Keine tarifbegünstigte Entschädigung** kann daher anerkannt werden bei **Zahlungen des Arbeitgebers, die bereits erdiente Ansprüche abgelten**, wie z.B.

- rückständiger Arbeitslohn,
- anteiliges Urlaubsgeld, Urlaubsabgeltung,
- Weihnachtsgeld,
- Jubiläumsgeld (BFH v. 14.5.2003, XI R 23/02, BStBl II 2004, 451),
- Gratifikationen,
- Tantiemen (BFH v. 24.10.2007, XI R 33/06, HFR 2008, 449),
- bei rückwirkender Beendigung des Dienstverhältnisses bis zum steuerlich anzuerkennenden Zeitpunkt der Auflösung noch zustehende Gehaltsansprüche (BMF v. 1.11.2013, IV C 4 – S 2290/13/10002, BStBl I 2013, 1326 Rdnr. 3).

Das gilt auch für freiwillige Leistungen des Arbeitgebers, wenn sie in gleicher Weise den verbleibenden Arbeitnehmern tatsächlich zugewendet werden.

Für die Frage, ab wann vertragliche Ansprüche nicht mehr auf der alten Rechtsgrundlage entstehen können, ist von dem Zeitpunkt auszugehen, zu dem Arbeitgeber und Arbeitnehmer das **Dienstverhältnis wirksam beendet** haben (zuletzt BFH v. 29.5.2008, IX R 55/05, HFR 2009, 18 m.w.N.). Werden in einer Abfindungsvereinbarung neben Entschädigungen für künftig entgehende Einnahmen auch Zahlungen einbezogen, die bis zur Beendigung des Dienstverhältnisses zustanden, so sind diese, selbst wenn sie noch nicht fällig sein sollten, als nicht tarifermäßigte Einnahmen von den Entschädigungen zu trennen. Unter Auflösung des Dienstverhältnisses ist die nach **bürgerlichem (Arbeits-)Recht wirksame Auflösung** zu verstehen; die Beteiligten haben es dabei – bis an die Grenze des Gestaltungsmissbrauchs – in der Hand, durch vertragliche Vereinbarung zu bestimmen, in welchem Umfang Entschädigungen gem. § 24 Nr. 1 EStG an die Stelle von normalen Lohnansprüchen treten (zuletzt BFH v. 19.10.2005, XI R 24/04, HFR 2006, 578 und BFH v. 13.12.2005, XI R 55/04, HFR 2006, 987 m.w.N.).

Vereinbaren Vertragsparteien im Zuge einer **vorzeitigen Beendigung eines Dienstverhältnisses** eine „Abfindung", „Entschädigung" o.Ä., so ist festzustellen, inwieweit durch diese vergleichsweise Regelung tatsächlich zivilrechtlich bereits entstandene Erfüllungsansprüche oder Ersatz für entgangene oder entgehende Einnahmen geleistet werden sollte. Bis zur zivilrechtlich gültigen Vertragsbeendigung entstandene Ansprüche sind **Erfüllungsansprüche** (§ 611 BGB), die darüber hinaus geleisteten Zahlungen können **Entschädigungen** i.S.d. § 24 EStG sein. Vgl. hierzu auch BFH v. 20.3.1987, VI R 61/84, www.stotax-first.de, und BFH v. 6.11.2002, XI R 2/02, www.stotax-first.de, wonach für den Fall der Kündigung eines Anstellungsverhältnisses zum Jahresende und Vereinbarung einer Pauschalabfindung, mit der auch ein Tantiemeanspruch für das Jahr der Kündigung abgegolten werden soll, der auf die Tantieme entfallende Teil nicht ermäßigt zu besteuern ist. Der auf die Tantieme entfallende Anteil der Pauschalabfindung ist danach **im Wege der Schätzung** zu ermitteln.

Werden in einer Vereinbarung zwischen Arbeitgeber und Arbeitnehmer im Zusammenhang mit der Beendigung eines Arbeitsverhältnisses mehrere in sachlicher und/oder zeitlicher Hinsicht unterschiedliche Entschädigungsleistungen zugesagt, sind diese grundsätzlich einheitlich zu beurteilen (**Grundsatz der Einheitlichkeit der Entschädigung**). Dementsprechend gehören zur Entschädigung für entgehende Einnahmen (§ 24 Nr. 1 Buchst. a EStG) sämtliche Leistungen, zu denen sich der (frühere) Arbeitgeber im Aufhebungsvertrag verpflichtet hat, soweit sie nicht Erfüllung des bisherigen Arbeitsvertrages sind (zuletzt FG Hessen v. 10.6.2015, 3 K 1960/13, www.stotax-first.de, betr. eine sog. **Sprinterprämie**).

Sämtliche Leistungen müssen zum Zwecke der Tarifvergünstigung auch grundsätzlich **in einem Veranlagungszeitraum zufließen**. Wird eine Entschädigung in zwei oder mehreren Veranlagungszeiträumen ausgezahlt, scheidet grundsätzlich in sämtlichen Veranlagungszeiträumen eine Steuerermäßigung nach § 34 EStG aus (→ Rz. 1147).

Dies gilt jedoch nicht ausnahmslos, eine Ausnahme von diesem Grundsatz hält der BFH besonders in solchen Fällen für geboten, in denen neben einer Hauptentschädigungsleistung aus Gründen der **sozialen Fürsorge** für eine gewisse Übergangszeit in späteren Veranlagungszeiträumen ergänzende **Entschädigungszusatz-**

leistungen gewährt werden (→ Rz. 1140) oder in einem anderen Veranlagungszeitraum nur eine **minimale Teilleistung** gewährt wird (→ Rz. 1148).

Der Anwendung der Tarifermäßigung steht es nicht entgegen, wenn der Arbeitnehmer beim selben Arbeitgeber unmittelbar nach Auflösung des Arbeitsverhältnisses eine neue, jedoch **völlig andere Arbeitnehmertätigkeit aufnimmt** (vgl. BFH v. 10.4.2003, XI R 4/02, BStBl II 2003, 748 betr. eine sich an die beendete Geschäftsführertätigkeit anschließende Beratungstätigkeit).

Progressionsvorbehalt nach § 32b EStG und Tarifermäßigung des § 34 Abs. 1 EStG sind mit der Folge nebeneinander anwendbar (sog. integrierte Steuerberechnung), dass sich ein negativer Progressionsvorbehalt im Rahmen der Ermittlung des Steuerbetrags nach § 34 Abs. 1 Satz 3 EStG wegen des niedrigeren Steuersatzes notwendig steuermindernd auswirkt (BFH v. 11.12.2012, IX R 23/11, BStBl II 2013, 370).

Bei Vereinbarungen mit dem Arbeitgeber über Aufhebungsverträge usw. sollte aber nicht nur darauf geachtet werden, dass die Abfindung die Voraussetzungen für die tarifermäßigte Besteuerung erfüllt. Gegebenenfalls lassen sich auch durch die **Wahl des Auszahlungszeitpunkts erhebliche Steuern einsparen**, insbesondere wenn der Arbeitnehmer nach Auflösung seines Dienstverhältnisses keine weiteren Einkünfte mehr bezieht.

6. Abgrenzung der verschiedenen Arbeitgeberleistungen

a) Allgemeines

1139 Besonders im Zusammenhang mit der **vorzeitigen Entlassung** von Arbeitnehmern aus dem Dienstverhältnis ist von Bedeutung, dass **nicht** alle Zahlungen des Arbeitgebers als **Entschädigung für die Entlassung** anzusehen sind. Sie stellen zwar steuerpflichtigen Arbeitslohn dar, können jedoch nicht tarifermäßigt versteuert werden. Vorteilhaft ist jedoch, dass sie die Anwendung der Tarifermäßigung auf die eigentliche Entschädigung (das ist insbesondere die Barabfindung) unberührt lassen.

Eine Entschädigung wird im Übrigen nur dann als Entlassungsentschädigung angesehen werden können, wenn sie in einem **sachlichen Zusammenhang mit dem Ausscheiden steht** (R 9 Abs. 1 Satz 2 LStR a.F.).

Arbeitgeber und Arbeitnehmer können den Zeitpunkt des Zuflusses einer Abfindung oder eines Teilbetrags einer solchen beim Arbeitnehmer in der Weise steuerwirksam gestalten, dass sie deren ursprünglich vorgesehene **Fälligkeit vor ihrem Eintritt auf einen späteren Zeitpunkt verschieben**. Grundsätzlich können Gläubiger und Schuldner einer Geldforderung im Rahmen der zivilrechtlichen Gestaltung des Erfüllungszeitpunkts auch die steuerrechtliche Zuordnung der Erfüllung zu einem Veranlagungszeitraum gestalten. Ist es den Beteiligten etwa möglich, von vornherein die Zahlung einer Abfindung für die Auflösung eines Dienstverhältnisses auf einen anderen Zeitpunkt als den der Auflösung des Dienstverhältnisses zu terminieren, der für sie steuerlich günstiger scheint, so kann es ihnen auch nicht verwehrt sein, die vorherige Vereinbarung – jedenfalls vor der ursprünglich vereinbarten Fälligkeit – im Einvernehmen und beiderseitigem Interesse wieder zu ändern. Rechtsmissbrauch (§ 42 AO) kommt in derartigen Fällen regelmäßig nicht in Betracht (BFH v. 11.11.2009, IX R 1/09, BStBl II 2010, 746).

> **Beispiel:**
> A wird zur Vermeidung einer betriebsbedingten Kündigung ein Aufhebungsvertrag angeboten. Danach erhält A eine Abfindung von 100 000 €, die im Zeitpunkt des Ausscheidens zusammen mit der letzten Lohnzahlung im Dezember 2015 fällig werden soll. Nach Rücksprache mit seinem Steuerberater bittet A seinen Arbeitgeber im November 2015, die Abfindung erst im Januar 2016 auszuzahlen, weil er nach seiner Entlassung wesentlich geringere Einkünfte hat und somit nicht mehr so viel Einkommensteuer zahlen muss.
>
> Die Verschiebung der Auszahlung ist steuerlich anzuerkennen, so dass die Abfindung erst im Jahre 2016 zu versteuern ist (vgl. BMF v. 1.11.2013, IV C 4 – S 2290/13/10002, BStBl I 2013, 1326 Rdnr. 8 Satz 6).

Wegen ihrer unterschiedlichen steuerlichen Auswirkung sind besonders bei **Entlassungsentschädigungen** gegeneinander abzugrenzen:

- **Normal zu besteuernder Arbeitslohn** nach § 19 EStG, ggf. i.V.m. § 24 Nr. 2 EStG,
- **tarifermäßigte Entschädigungen** nach § 24 Nr. 1 i.V.m. § 34 Abs. 1 und 2 EStG sowie
- **Vergütungen für eine mehrjährige Tätigkeit** i.S.d. § 34 Abs. 2 Nr. 4 EStG.

Für die beiden Letztgenannten gilt jedoch die „**Fünftelregelung**", so dass eine Unterscheidung insoweit nicht erforderlich ist.

b) „Unschädliche" Zahlungen aus Fürsorgeerwägungen

Außerordentliche Einkünfte i.S.d. § 34 Abs. 1 und 2 EStG werden in ständiger Rechtsprechung grundsätzlich nur bejaht, wenn die zu begünstigenden Einkünfte in einem Veranlagungszeitraum zu erfassen sind und durch die Zusammenballung von Einkünften erhöhte steuerliche Belastungen entstehen. Keine Zusammenballung in diesem Sinne liegt typischerweise vor, wenn eine Entschädigung in zwei oder mehreren Veranlagungszeiträumen gezahlt wird, auch wenn die Zahlungen jeweils mit anderen laufenden Einkünften zusammentreffen und sich ein Progressionsnachteil ergibt (zuletzt BFH v. 13.10.2015, IX R 46/14, www.stotax-first.de, betr. Geringfügigkeit einer Teilauszahlung). **1140**

Eine **Ausnahme** von diesem Grundsatz hält der BFH in solchen Fällen für geboten, in denen – neben der Hauptentschädigungsleistung – in späteren Veranlagungszeiträumen aus Gründen der **sozialen Fürsorge** für eine gewisse Übergangszeit Entschädigungs**zusatz**leistungen gewährt werden. Das sind beispielsweise solche Leistungen, die der (frühere) Arbeitgeber dem Stpfl. zur Erleichterung des Arbeitsplatz- oder Berufswechsels oder als Anpassung an eine dauerhafte Berufsaufgabe und Arbeitslosigkeit erbringt. Sie setzen keine Bedürftigkeit des entlassenen Arbeitnehmers voraus. Soziale Fürsorge ist allgemein i.S. der **Fürsorge des Arbeitgebers für seinen früheren Arbeitnehmer** zu verstehen. Ob der Arbeitgeber zu der Fürsorge arbeitsrechtlich verpflichtet ist, ist unerheblich (zuletzt BFH v. 14.4.2015, IX R 29/14, HFR 2015, 938 m.w.N.).

Derartige ergänzende Zusatzleistungen, die Teil der einheitlichen Entschädigung sind, sind **unschädlich für die Beurteilung der Hauptleistung** als einer zusammengeballten Entschädigung, auf die die **Tarifermäßigung** angewendet werden kann. Die in späteren Jahren gezahlten **Zusatzleistungen sind dagegen regulär zu besteuern**; eine einheitliche Entschädigung ist nur einmal ermäßigt zu besteuern (zuletzt BFH v. 8.4.2014, IX R 28/13, HFR 2014, 994 m.w.N.).

Die zusätzlichen Entschädigungsleistungen dürfen aber betragsmäßig nur einen **ergänzenden Zusatz zur Hauptleistung bilden**, diese also bei weitem nicht erreichen oder nur so **geringfügig sein**, dass eine Versagung der Begünstigung gem. § 34 EStG gegen den Grundsatz der Verhältnismäßigkeit verstoßen würde (zuletzt BFH v. 11.5.2010, IX R 39/09, HFR 2010, 1169 m.w.N.). Die Finanzverwaltung erkennt unschädliche Zusatzleistungen an, wenn sie **weniger als 50 % der Hauptleistung** betragen. Die Vergleichsrechnung ist hier durch Einnahmenvergleich vorzunehmen (BMF v. 1.11.2013, IV C 4 – S 2290/13/10002, BStBl I 2013, 1326 Rdnr. 14).

Als **unschädliche Zusatzleistungen des Arbeitgebers anerkannt** worden sind z.B.

- die Übernahme der Kosten für eine **Outplacement-Beratung** (→ Outplacement Rz. 2141), sofern der Arbeitnehmer die Beratung tatsächlich in Anspruch genommen und das Geld nicht für nicht sozial motivierte Zwecke ausgegeben hat (BFH v. 14.8.2001, XI R 22/00, BStBl II 2002, 180),
- befristete **Zuschüsse zum Arbeitslosengeld** (BFH v. 24.1.2002, XI R 43/99, BStBl II 2004, 442). Das gilt auch, wenn nach der Betriebsvereinbarung die Höhe der Gesamtentschädigung auf 18 Bruttomonatseinkommen beschränkt ist und deshalb einzelne Arbeitnehmer trotz Arbeitslosigkeit nicht in den Genuss der Zusatzleistungen kommen (BFH v. 14.4.2005, XI R 11/04, www.stotax-first.de),
- Zahlungen aus einem **Härtefonds** (BFH v. 6.3.2002, XI R 16/01, BStBl II 2004, 446),
- nachträgliche Zahlung von **Jubiläumsgeld** (BFH v. 14.5.2003, XI R 23/02, BStBl II 2004, 451),
- die befristete **Überlassung eines Firmenwagens**, damit dem entlassenen Arbeitnehmer für eine Übergangsfrist die Vorteile erhalten blei-

Entschädigungen

keine Sozialversicherungspflicht = (SV̶)
Sozialversicherungspflicht = (SV)

ben, die mit der bisherigen Tätigkeit verbunden waren (BFH v. 3.7.2002, XI R 80/00, BStBl II 2004, 447 und BFH v. 29.1.2003, XI R 1/02, www.stotax-first.de),

– Zahlungen zur Verwendung für die **Altersversorgung** (BFH v. 15.10.2003, XI R 17/02, BStBl II 2004, 264 und BFH v. 21.1.2004, XI R 22/03, www.stotax-first.de).

> **Beispiel 1:**
> A ist auf Veranlassung des Arbeitgebers im Jahre 2015 aus der Firma ausgeschieden und hat nach dem Sozialplan eine Abfindung i.H.v. 120 000 € erhalten, die tarifermäßigt besteuert worden ist. Von März bis Juli 2016 erhielt A auf Grund einer Regelung im Sozialplan eine Ausgleichszahlung wegen andauernder Arbeitslosigkeit und Auslaufen des Arbeitslosengelds in Höhe der zuletzt bezogenen Leistungen des Arbeitsamts von monatlich 1 000 €.
>
> Die Ausgleichszahlungen hängen nicht mehr mit der Entlassung des A im Jahre 2015 zusammen, sondern werden unter dem Gesichtspunkt der **andauernden Fürsorgepflicht** des Arbeitgebers gezahlt. Sie sind zwar lohnsteuerpflichtiger Arbeitslohn, führen aber nicht dazu, dass die Tarifermäßigung für die im Jahre 2015 gezahlte Abfindung rückwirkend versagt werden müsste mit der Begründung, die Entschädigung für die Entlassung würde nun nicht mehr zusammengeballt in einem Veranlagungszeitraum gezahlt.
>
> Die im Jahre 2016 gezahlten Ausgleichszahlungen können allerdings nicht mehr tarifermäßigt versteuert werden (vgl. BFH v. 6.3.2002, XI R 16/01, BStBl II 2004, 446).

> **Beispiel 2:**
> Auflösung des Dienstverhältnisses im Jahr 2015. Der Arbeitgeber zahlt im Jahr 2015 insgesamt 150 000 € Entschädigung und gewährt von Juli 2015 bis Juni 2016 zur Überbrückung der Arbeitslosigkeit einen Zuschuss zum Arbeitslosengeld von monatlich 2 500 €. Im Jahr 2016 fließen keine weiteren Einkünfte zu.
>
> **Jahr 2015**
> Einnahmen i.S.d. § 19 EStG   50 000 €
> Entschädigung   150 000 €
> monatlicher Zuschuss (6 × 2 500 €)   15 000 €
> Entschädigung insgesamt (Hauptleistung)   165 000 €
> **Jahr 2016**
> monatlicher Zuschuss (6 × 2 500 €)   15 000 €
>
> Die im Jahr 2016 erhaltenen Zahlungen sind zusätzliche Entschädigungsleistungen, die aus sozialer Fürsorge für eine gewisse Übergangszeit gewährt wurden. Sie betragen 15 000 € = 9,09 % von 165 000 € (Entschädigungshauptleistung) und sind damit unschädlich für die Beurteilung der Hauptleistung als einer zusammengeballten Entschädigung. Die im Jahr 2015 erhaltenen Entschädigungsleistungen sind daher nach § 34 EStG ermäßigt zu besteuern.
>
> Die im Jahr 2016 erhaltenen Zusatzleistungen fallen nicht unter die Tarifbegünstigung des § 34 EStG.
>
> Wegen des vorzunehmenden Vergleichs der Einnahmen bleibt der Arbeitnehmer-Pauschbetrag außer Betracht.

Sachbezüge, die in ihrer Bündelung zu einer umfassenden Versorgung führen (Kosten für Wohnung einschließlich Heizung, Beleuchtung und Wasser; Gartenpflege; Telefon; Stellung eines Pkw mit Fahrer, auch für private Zwecke), sind jedoch keine für die begünstigte Besteuerung der Hauptentschädigung unschädliche Entschädigungszusatzleistung (BFH v. 21.1.2004, XI R 23/03, www.stotax-first.de, und BFH v. 23.2.2005, XI R 3/04, HFR 2005, 755 betr. ein „**Versorgungs-Paket**").

c) Weitere „unschädliche" Arbeitgeberleistungen (Rabatte usw.)

1141 Eine Entschädigung liegt auch dann nicht vor, wenn der Arbeitgeber freiwillige Leistungen nicht nur an die ausgeschiedenen Arbeitnehmer erbringt, sondern in gleicher Weise

– den **verbleibenden Arbeitnehmern** oder

– auch in anderen Fällen, insbesondere bei **altersbedingtem Ausscheiden**.

Hierzu gehören insbesondere die Fortführung von

– **verbilligten Mietverhältnissen**. Ist die weitere Nutzung einer Wohnung Bestandteil der Entschädigungsvereinbarung, so ist die Mietverbilligung nur dann für die Zusammenballung von Einkünften schädlich, wenn sie mietrechtlich frei vereinbar und dem Grunde nach geldwerter Vorteil aus dem früheren Dienstverhältnis ist und nicht auf die Lebenszeit des oder der Berechtigten abgeschlossen ist (BMF v. 1.11.2013, IV C 4 – S 2290/13/10002, BStBl I 2013, 1326 Rdnr. 15),

– **zinsverbilligten Arbeitgeberdarlehen** (vgl. dazu auch FG Hessen v. 8.10.1998, 13 K 5779/97, EFG 1999, 118),

– **Deputatlieferungen** („lebenslanger Haustrunk") sowie

– die **Weitergewährung von Rabatten** und **Sondertarifen** (BMF v. 1.11.2013, IV C 4 – S 2290/13/10002, BStBl I 2013, 1326 Rdnr. 13).

d) „Unschädliche" lebenslängliche Versorgungszusagen

1142 Lebenslänglich zugesagte **Geld- oder Sachleistungen** sind Einkünfte i.S.d. § 24 Nr. 2 EStG und damit ebenfalls für die Anwendung der **Tarifermäßigung** auf die im Übrigen gezahlte Entlassungsentschädigung (insbesondere also für den Einmalbetrag) **unschädlich** (BMF v. 1.11.2013, IV C 4 – S 2290/13/10002, BStBl I 2013, 1326 Rdnr. 13). Dies gilt z.B., wenn dem Arbeitnehmer im Rahmen der Ausscheidensvereinbarung erstmals **lebenslang laufende**

– **Versorgungsleistungen**, auch eine Erhöhung der Pension (BFH v. 6.3.2002, XI R 51/00, BStBl II 2002, 516); dies gilt **nicht für Vorruhestandsgelder** auf Grund eines Manteltarifvertrags (BFH v. 16.6.2004, XI R 55/03, BStBl II 2004, 1055), oder

– **Sachleistungen**, z.B. ein verbilligtes oder unentgeltliches **Wohnrecht**,

eingeräumt werden.

> **Beispiel:**
> Im Zusammenhang mit seiner Entlassung im Jahre 2016 wurden B erstmals lebenslang laufende Versorgungsbezüge (z.B. Zukunftssicherungsleistungen) sowie ein unentgeltliches Wohnrecht an einer Firmenwohnung eingeräumt. Daneben hatte B im Jahre 2015 eine Abfindung i.H.v. 100 000 € erhalten, die tarifermäßigt besteuert wurde.
>
> Diese lebenslänglich gewährten Leistungen sind zwar grundsätzlich steuerpflichtig, sind aber für die Anwendung der Tarifermäßigung auf die im Jahre 2015 gezahlte Abfindung ohne Bedeutung.

e) „Unschädliche" vorzeitige Zahlung von Betriebsrenten u.Ä.

1143 Unschädlich für die Anwendung der Tarifermäßigung auf den Einmalbetrag ist bei Betriebsrenten nach BMF v. 1.11.2013, IV C 4 – S 2290/13/10002, BStBl I 2013, 1326 ebenfalls, wenn

– bei Beginn der Rente aus der gesetzlichen Rentenversicherung die lebenslängliche **Betriebsrente ungekürzt gezahlt** wird (Rdnr. 5);

– neben der Entlassungsentschädigung eine **vorgezogene lebenslängliche Betriebsrente bereits vor Beginn der Rente aus der gesetzlichen Rentenversicherung gezahlt** wird. Dabei ist es unerheblich, ob die vorgezogene Betriebsrente gekürzt, ungekürzt oder erhöht geleistet wird. Die Renten sind nach § 24 Nr. 2 EStG steuerpflichtig (Rdnr. 6);

– ein noch **verfallbarer Anspruch auf lebenslängliche Betriebsrente** im Zusammenhang mit der Auflösung eines Dienstverhältnisses in einen **unverfallbaren Anspruch umgewandelt** wird (Rdnr. 7).

> **Beispiel:**
> C scheidet auf Grund eines Sozialplans mit 55 Jahren aus der Firma aus. Er erhält als Abfindung einen Einmalbetrag von 100 000 €. Außerdem verpflichtet sich der Arbeitgeber, die ab dem 65. Lebensjahr zugesagte Werksrente von monatlich 1 200 € ungekürzt zu zahlen, obwohl wegen des vorzeitigen Ausscheidens lediglich ein Betrag von 1 000 € monatlich zu zahlen wäre.
>
> Die Zahlung der ungekürzten Werksrente hat keine Auswirkung auf die Gewährung der Tarifermäßigung für den Einmalbetrag.

Nicht angesprochen in dem BMF-Schreiben ist der Fall, dass eine **Betriebsrente** bis zum Beginn der Sozialversicherungsrente **erhöht ausbezahlt** und danach in üblicher Höhe gewährt wird. Der Erhöhungsbetrag ist eine zweite, **zeitlich befristete Versorgungszusage**, die – da sie nicht auf Lebenszeit gewährt wird – als **Teil der Entschädigung** anzusehen ist. Da die Entschädigung dann aber nicht mehr zusammengeballt in **einem** Veranlagungszeitraum zufließt, folgt daraus, dass auch die **Tarifermäßigung für den Einmalbetrag abzulehnen** ist. Eine solche Fallgestaltung sollte daher möglichst vermieden werden.

f) „Schädliche" zusätzliche Entschädigungsleistungen des Arbeitgebers

aa) Grundsatz

1144 Sehen Entlassungsvereinbarungen zusätzliche Leistungen des früheren Arbeitgebers vor, die sich nicht schon aus dem ursprünglichen Arbeitsvertrag ergeben, z.B. die **zeitlich befristete unentgeltliche oder teilentgeltliche Nutzung des Dienstwagens, des Firmentelefons oder anderer betrieblicher Einrichtungen (Nutzung von Fax-Geräten oder ganzer Büros, Übernahme der Kosten für Büropersonal), ohne dass der ausgeschiedene Mitarbeiter noch zu einer Dienstleistung verpflichtet wäre, so kann es sich um eine einheitliche **Entschädigung** im Zusammenhang mit der vorzeitigen Entlassung handeln.

Handelt es sich um eine solche Entschädigung, ist dies für die **Anwendung des § 34 EStG schädlich**, wenn die steuerpflichtige Gesamtentschädigung (Einmalbetrag zuzüglich zusätzlicher Entschädigungsleistungen) nicht in **einem** Kalenderjahr zufließt (BMF v. 1.11.2013, IV C 4 – S 2290/13/10002, BStBl I 2013, 1326 Rdnr. 13 und zuletzt BFH v. 22.2.2007, VI B 121/06, www.stotax-first.de: Keine Tarifbegünstigung für Sachbezug – hier: geldwerter Vorteil aus der Übereignung eines Dienstwagens zum Buchwert – und Barabfindung im Vorjahr). **Ausnahme:** Es handelt sich um Zusatzleistungen aus sozialer Fürsorge (→ Rz. 1140).

Sachbezüge, die in ihrer Bündelung zu einer umfassenden Versorgung führen (Kosten für Wohnung einschließlich Heizung, Beleuchtung und Wasser; Gartenpflege; Telefon; Stellung eines Pkw mit Fahrer, auch für private Zwecke), sind jedoch keine für die begünstigte Besteuerung der Hauptentschädigung unschädliche Entschädigungszusatzleistung (BFH v. 21.1.2004, XI R 23/03, www.stotax-first.de, und BFH v. 23.2.2005, XI R 3/04, HFR 2005, 755 betr. ein „**Versorgungs-Paket**").

Beispiel:

A war Geschäftsführer einer GmbH, neben seinem Jahresgehalt stellte ihm die Gesellschaft einen Dienstwagen mit Fahrer und ein Anwesen zur Verfügung; die Kosten – auch für das Hauspersonal – übernahm die Gesellschaft. 1995 wurde das Dienstverhältnis gegen Zahlung einer Abfindung von umgerechnet 750 000 € vorzeitig beendet, die Sachbezugsrechte (Wert umgerechnet rund 208 000 €) wurden bis Ende 1996 weiter gewährt.

Die Tarifermäßigung des § 34 EStG kann nach Auffassung des BFH (Urteil v. 21.1.2004, XI R 23/03, www.stotax-first.de) nicht gewährt werden, da die Entschädigung (hierzu gehören auch die Sachbezüge!) nicht in **einem** Kalenderjahr zugeflossen ist. Bei derartig hohen Sachbezügen könnten auch keine „unschädlichen" Arbeitgeberleistungen aus Fürsorgeerwägungen angenommen werden.

Die Tarifbegünstigung kommt für die Entlassungsentschädigung hinsichtlich der einmaligen Abfindungszahlung auch dann nicht in Betracht, wenn neben der einmaligen Abfindungszahlung über **mehrere Jahre erhebliche Übergangsgelder** fließen und es sich bei der einmaligen Abfindungszahlung nebst Übergangsgeld um **eine einheitliche Entschädigung** handelt, die auf einer gemeinsamen Rechtsgrundlage basiert. Dies gilt selbst dann, wenn die Übergangsgelder auf Grund eines **tarifvertraglichen Anspruchs** geleistet werden (BFH v. 29.5.2008, IX R 55/05, HFR 2009, 18). Entsprechendes gilt für die Zahlung einer sog. **Umorientierungshilfe** neben der Abfindung anlässlich der Aufhebung des Arbeitsverhältnisses (BFH v. 28.6.2006, XI R 58/05, BStBl II 2006, 835).

bb) Weitere Nutzung der verbilligten Wohnung

1145 Ist die weitere Nutzung einer Wohnung Bestandteil der Entschädigungsvereinbarung, so ist die Mietverbilligung nur dann Teil der Entschädigung und somit für die Zusammenballung von Einkünften schädlich, wenn sie **mietrechtlich frei vereinbar** und dem Grunde nach geldwerter Vorteil aus dem früheren Dienstverhältnis und nicht auf die Lebenszeit des oder der Berechtigten abgeschlossen ist (BMF v. 1.11.2013, IV C 4 – S 2290/13/10002, BStBl I 2013, 1326 Rdnr. 13).

Unschädlich ist es also, wenn

- der Arbeitgeber die **Miete** für die Dienstwohnung aus mietrechtlichen Gründen **ohnehin nicht anheben könnte** (die Mietverbilligung erfolgt dann nicht wegen der vorzeitigen Entlassung aus dem Dienstverhältnis) oder
- die verbilligte **Wohnung „lebenslänglich" überlassen** wird, weil lebenslängliche Bar- und Sachleistungen gesondert zu behandeln sind und generell nicht der Entschädigung für die vorzeitige Entlassung aus dem Dienstverhältnis zugerechnet werden (BMF v. 1.11.2013, IV C 4 – S 2290/13/10002, BStBl I 2013, 1326 Rdnr. 13).

cc) Gesamtversorgung

1146 In der Praxis sehen Abfindungsvereinbarungen häufig eine sog. Gesamtversorgung vor, die sich aus mehreren Komponenten zusammensetzt, z.B. Rente aus der gesetzlichen Sozialversicherung, Arbeitslosengeld und ggf. Leistungen aus der betrieblichen Altersversorgung. Fällt einer dieser Bestandteile ganz oder z.T. aus,

muss der **Arbeitgeber seinen ausgeschiedenen Mitarbeitern oft nachträglich einen entsprechenden Ausgleich gewähren**. Werden solche Ausgleichszahlungen erst im Folgejahr gezahlt, kommt für die **gesamte Abfindung der ermäßigte Steuersatz grundsätzlich nicht mehr in Betracht**. Es liegt nach Auffassung der Finanzverwaltung **kein Ausnahmefall** vor, der eine Zahlung in mehreren Jahren rechtfertigen könnte (vgl. z.B. OFD Cottbus v. 29.9.1997, S 2340 – 10 – St 117, FR 1997, 965 betr. Abfindungszahlungen der Deutschen Bahn AG an ihre Arbeitnehmer nach der „Übertariflichen Abfindungsregelung" v. 26.4.1994 bei Abschluss eines Aufhebungsvertrags).

Auch das FG Düsseldorf hat die Tarifermäßigung abgelehnt, wenn sich ein Arbeitgeber im Zusammenhang mit einer vorzeitigen Beendigung eines Arbeitsverhältnisses zum **Ausgleich des niedrigeren Arbeitslosengelds zu laufenden Zahlungen verpflichtet** und zugleich eine weitere Abfindung in Form einer Einmalzahlung gewährt (FG Düsseldorf v. 17.2.1998, 1 K 1055/95 E, EFG 1998, 880). Geht ein Arbeitnehmer in den **Vorruhestand** und erhält er auf Grund von Vereinbarungen im Aufhebungsvertrag eine Einmalzahlung und auf Grund einer betrieblichen Versorgungszusage für den Fall des Vorruhestands in späteren Jahren bis zum Eintritt des Rentenalters von seinem Arbeitgeber Vorruhestandszahlungen, so handelt es sich insgesamt um eine **einheitliche Entschädigung**, für die mangels Zusammenballung kein Anspruch auf begünstigte Besteuerung besteht (FG Hamburg v. 30.5.2008, 3 K 84/08, EFG 2009, 123, Änderungsmöglichkeit der Steuerfestsetzung nach § 173 Abs. 1 Nr. 1 AO im Urteilsfall jedoch abgelehnt, BFH v. 13.4.2010, IX R 10/09, www.stotax-first.de).

Um dieses allgemein als Härte empfundene Ergebnis zu vermeiden, ist nach BMF v. 1.11.2013, IV C 4 – S 2290/13/10002, BStBl I 2013, 1326 Rdnr. 13 ff. **Folgendes zu beachten**:

- Es muss zunächst geprüft werden, welche Leistungen noch zu der **Entlassungsentschädigung** gehören. Soweit die Leistungen des Arbeitgebers auf **Fürsorgeerwägungen beruhen**, stehen diese der Anwendung der Tarifermäßigung auf den Einmalbetrag von vornherein nicht entgegen (→ Rz. 1140).
- Das Gleiche gilt für **lebenslängliche Versorgungsleistungen**, z.B. die auf Lebenszeit weiter unentgeltlich überlassene Dienstwohnung (→ Rz. 1142).

In vielen Fällen wird danach die Tarifermäßigung gewährt werden können.

7. Zusammenballung von Einnahmen („1. Prüfung")

a) Grundsatz

1147 Wenn nach den vorstehenden Grundsätzen geklärt ist, ob überhaupt eine **„Entschädigung" vorliegt und welche einzelnen Arbeitgeberleistungen Teil dieser (einheitlichen) Entschädigung sind**, muss weiter geprüft werden, ob eine **„Zusammenballung von Einnahmen"** vorliegt („1. Prüfung"), denn die tarifermäßigte Besteuerung („Fünftelregelung") nach § 34 EStG soll steuerliche Härten mildern, die sich bei einer Entschädigung, die sich bei normalem Ablauf auf mehrere Jahre verteilt hätte, bei Zahlung in **einem** Veranlagungszeitraum auf Grund der Steuerprogression (→ *Steuertarif* Rz. 2803) ergeben **können**. Ob im Einzelfall **tatsächlich** eine höhere Steuerbelastung eintritt, ist unerheblich (vgl. zuletzt BFH v. 14.4.2015, IX R 29/14, HFR 2015, 938 sowie BMF v. 1.11.2013, IV C 4 – S 2290/13/10002, BStBl I 2013, 1326 Rdnr. 8 ff.).

Die Anwendung des § 34 EStG setzt daher voraus, dass die Entschädigungsleistungen **zusammengeballt** – dies gilt nur für die zu begünstigenden Leistungen – **in einem Veranlagungszeitraum gezahlt** werden (zuletzt BFH v. 13.10.2015, IX R 46/14 m.w.N.). Keine Zusammenballung in diesem Sinne liegt typischerweise vor, wenn eine Entschädigung in zwei oder mehreren Veranlagungszeiträumen gezahlt wird, auch wenn die Zahlungen jeweils mit anderen laufenden Einkünften zusammentreffen und sich ein Progressionsnachteil ergibt. Dies gilt auch, wenn die Ratenzahlung durch die **Insolvenz der Arbeitgeberin** verursacht ist (BFH v. 14.4.2015, IX R 29/14, HFR 2015, 938). Verteilen sich die Gesamtabfindung des Arbeitgebers für zu erwartende Rentenkürzungen wegen vorzeitiger Inanspruchnahme der Altersrente sowie Zahlungen nach einem Sozialplan in zwei gleichen Raten auf zwei Veranlagungszeiträume, fehlt es an einem zusammengeballten

Entschädigungen

Zufluss als Voraussetzung für eine ermäßigte Besteuerung nach § 34 Abs. 1 EStG (FG Thüringen v. 7.12.2011, 1 K 578/10, EFG 2012, 1068). Entsprechendes gilt für eine über zwei Jahre in monatlichen Raten gezahlte **Karenzentschädigung** (FG Sachsen-Anhalt v. 22.10.2014, 2 K 272/12, www.stotax-first.de).

Innerhalb des Jahres kann die Entschädigung allerdings **in mehreren Teilbeträgen** ausgezahlt werden (FG Münster v. 29.1.1997, 4 K 608/94 E, EFG 1998, 200).

Eine **Billigkeitsmaßnahme** kommt bei ratenweiser Auszahlung einer Entschädigung ebenfalls nicht in Betracht (zuletzt BFH v. 21.6.2006, XI R 29/05, www.stotax-first.de, m.w.N.).

> **Beispiel:**
> Ein Unternehmen hat zur sofortigen Beendigung des Dienstverhältnisses mit Arbeitnehmern, die noch nicht das für eine Frühpensionierung erforderliche Alter von 58 Jahren erreicht haben, einen sog. **Übergangsurlaub** mit anschließender Beendigung des Arbeitsverhältnisses auf den Zeitpunkt des 58. Lebensjahrs vereinbart. Bei Beginn des Übergangsurlaubs (1994) ist eine erste Zahlung als **"Umorientierungshilfe"**, bei Aufhebung des Arbeitsverhältnisses (1997) eine zweite Zahlung als **"Abfindung"** geleistet worden.
>
> Es fehlt hier an der nach § 34 EStG erforderlichen Zusammenballung der Einkünfte, so dass die Tarifermäßigung zu versagen ist (BFH v. 28.6.2006, XI R 58/05, BStBl II 2006, 835). Die zwei Zahlungen beruhen auf einem einheitlichen Lebenssachverhalt und sind als **einheitliche Abfindungsleistung** für die Aufhebung des Arbeitsverhältnisses zu beurteilen. Eine getrennte, ermäßigte Besteuerung der "Umorientierungshilfe" nach § 34 Abs. 1, 2 Nr. 4 EStG, Vergütungen für mehrjährige Tätigkeiten (bisher § 34 Abs. 3 EStG), und der "Abfindung" nach § 34 Abs. 1, 2 Nr. 2 EStG (Entschädigungen) scheidet deshalb aus.

Hat das Finanzamt zunächst die Tarifermäßigung nach § 34 EStG gewährt, ohne die Voraussetzungen, insbesondere die „Zusammenballung" weiter zu prüfen (also ob der Arbeitgeber in späteren Jahren noch weitere Leistungen erbracht hat), ist oft streitig, ob der **Einkommensteuerbescheid nach § 173 Abs. 1 Nr. 1 AO wegen nachträglich bekannt gewordener Tatsachen oder Beweismittel geändert** werden kann. Diese Frage lässt sich nicht allgemein beantworten, es kommt also immer auf die Gesamtstände des Einzelfalls an. Allein die Tatsache, dass das Finanzamt bei der Einkommensteuerveranlagung nicht die einer Entschädigung zu Grunde liegenden Vereinbarungen, Sozialpläne, Betriebsvereinbarungen o.Ä. angefordert hat, steht einer Änderung nicht entgegen (zuletzt BFH v. 28.6.2006, XI R 58/05, BStBl II 2006, 835 m.w.N.).

Abgelehnt hat der BFH z.B. eine Änderung, wenn

- für das Finanzamt unschwer erkennbar war, dass die Auflösung des Dienstverhältnisses des geschäftsführenden GmbH-Gesellschafters mit dem Verkauf der GmbH-Anteile durch ihn zumindest zusammenhängen kann, so dass Zweifel am Vorliegen eines unfreiwilligen Arbeitsplatzverlustes nahe lagen und **weitere Ermittlungen grundsätzlich geboten** waren (BFH v. 3.7.2002, XI R 17/01, www.stotax-first.de).

Anerkannt hat der BFH z.B. eine Änderung, wenn

- die Steuererklärung keinen Hinweis auf weitere Zahlungen des Arbeitgebers wegen des Arbeitsplatzverlustes in späteren Veranlagungszeiträumen enthielt, die Angaben plausibel und vollständig erschienen und das **Finanzamt somit nicht gehalten war, von sich aus weitere Ermittlungen anzustellen** (zuletzt BFH v. 28.6.2006, XI R 58/05, BStBl II 2006, 835).

Die Tarifermäßigung des § 34 Abs. 2 Nr. 4 EStG (Vergütungen für mehrjährige Tätigkeiten) gilt grundsätzlich für alle Einkunftsarten und ist damit auch auf **Nachzahlungen von Ruhegehaltsbezügen und Renten** i.S.d. § 22 Nr. 1 EStG anwendbar, soweit eine Zusammenballung von Einkünften eintritt, die bei Rentenzahlungen nicht dem typischen Ablauf entspricht (R 34.4 Abs. 1 EStR). Bei Rentennachzahlungen, die z.B. auf Grund eines Rechtsstreits für mehrere zurückliegende Jahre erfolgen, sind nach Verwaltungsauffassung (entsprechende Erlasse ergehen in Kürze) auch die **Erhöhungsbeiträge** für die monatlichen Rentenbezüge des laufenden Kalenderjahrs, in dem die Auszahlung erfolgt, in die Bemessungsgrundlage für die **Tarifermäßigung** nach § 34 EStG einzubeziehen. Die Annahme außerordentlicher Einkünfte in diesem Sinne setzt voraus, dass die Vergütung für mehrjährige Tätigkeiten eine Progressionswirkung typischerweise erwarten lässt. Davon ist jedenfalls auszugehen, wenn die Vergütung für eine mehrjährige Tätigkeit auf Grund einer vorausgehenden rechtlichen Auseinandersetzung zusammengeballt zufließt (BFH v. 14.12.2006, IV R 57/05, BStBl II 2007, 180).

b) Ausnahmen

Wird eine anlässlich der Beendigung eines Arbeitsverhältnisses einheitlich zu bewirkende Entschädigung (die sich aus mehreren Teilen zusammensetzt) nicht in einer Summe, sondern verteilt in **zwei Veranlagungszeiträumen** gezahlt, kommt die Anwendung des § 34 EStG für die gesamte Entschädigung selbst dann nicht in Betracht, wenn sich ein Progressionsnachteil ergibt (zuletzt BFH v. 11.5.2010, IX R 39/09, HFR 2010, 1169 m.w.N). Auf die Gründe, die zu einer **Ratenzahlung** geführt haben, kommt es nicht an. Dies gilt auch, wenn neben einer tarifvertraglichen Abfindung eine zusätzliche Abfindung auf Grund einer **individuellen Abrede** (FG Köln v. 14.7.2010, 10 K 4061/09, EFG 2010, 1983) oder von einer **Transfergesellschaft**, die u.a. vom ehemaligen Arbeitgeber finanziert wird, gezahlt wird. Von einer einheitlichen, ggf. in unterschiedlichen Veranlagungszeiträumen ausgezahlten Entschädigung ist auszugehen, wenn die Beendigung des Arbeitsverhältnisses ein zwei Teilleistungen begründendes Schadensereignis darstellt. Dies gilt auch, wenn eine Teilentschädigung dafür geleistet wird, dass der Arbeitnehmer besondere Modalitäten der Beendigung seines Arbeitsverhältnisses akzeptiert (BFH v. 8.4.2014, IX R 28/13, HFR 2014, 994).

Erhält ein Arbeitnehmer nach Beendigung des Arbeitsverhältnisses auf Grund eines zwischen Insolvenzverwalter und Betriebsrat geschlossenen, nicht § 123 InsO entsprechenden **Sozialplans** in mehreren Veranlagungszeiträumen von dritter Seite sozial motivierte Zahlungen zur Aufstockung des Arbeitslosengelds und abschließend eine im Zeitpunkt der Zusage in wesentlichem Umfang ungewisse **ergänzende Abfindung**, liegt eine – mangels Zusammenballung nicht ermäßigt zu besteuernde – einheitliche Entschädigungsleistung vor. Die ergänzende Abfindung ist nicht deshalb als – ausnahmsweise ermäßigt zu besteuernde – Hauptleistung anzusehen, weil sie am Ende höher ausfällt als die übrigen Zahlungen (BFH v. 11.5.2010, IX R 39/09, HFR 2010, 1169).

Ausnahmen können allenfalls im Wege der **Billigkeit** berücksichtigt werden, wobei es sich aber um **„persönliche Billigkeitsgründe"** handeln müsste; der ermäßigte Steuersatz ist grundsätzlich nicht wegen sachlicher Unbilligkeit anzuwenden (zuletzt BFH v. 28.1.2008, IX B 243/07, www.stotax-first.de, m.w.N.). Die Erhebung der sich aus dem Gesetz ergebenden Einkommensteuer auf eine in drei unterschiedlichen Jahren geleistete Entschädigung begründet für den Empfänger jedenfalls dann **keine unbillige Härte**, wenn der Versicherer des Schädigers den Empfänger von dieser Steuer freigestellt hat und dieser deshalb nicht belastet ist (BFH v. 13.11.2006, XI B 31/06, www.stotax-first.de).

Die Rechtsprechung hat von dem Grundsatz, dass die Entschädigung zusammengeballt in **einem** Kalenderjahr zufließen muss, **Ausnahmen** zugelassen, wenn es sich handelt

- um unschädliche Zusatzleistungen aus **Fürsorgeerwägungen** (→ Rz. 1140),

- um besonders gelagerte **Ausnahmefälle**, z.B. weil die Zahlung der Entschädigung von vornherein in einer Summe vorgesehen war und nur wegen ihrer ungewöhnlichen Höhe und der besonderen Verhältnisse des Zahlungspflichtigen auf zwei Jahre verteilt wurde oder wenn der Entschädigungsempfänger – bar aller Existenzmittel – dringend auf den baldigen Bezug einer Vorauszahlung angewiesen war (BMF v. 1.11.2013, IV C 4 – S 2290/13/10002, BStBl I 2013, 1326 Rdnr. 8 und zuletzt BFH v. 6.9.2000, XI R 19/00, HFR 2001, 445),

- nicht um eine einheitliche Entschädigung, die einzelnen Zahlungen vielmehr **eigenständig zu beurteilen** sind (zuletzt FG Hessen v. 10.6.2015, 3 K 1960/13, www.stotax-first.de, betr. eine zusätzlich gezahlte sog. **Sprinterprämie**, m.w.N.),

- um eine **minimale Teilleistung**, die zu einer in einem anderen Veranlagungszeitraum zufließenden in einem Betrag ausgezahlten Hauptentschädigungsleistung hinzukommt (BFH v. 25.8.2009, IX R 11/09, BStBl II 2011, 27 betr. eine vom Arbeitgeber abredewidrig in dem der Hauptleistung vorangehenden Veranlagungszeitraum ausgezahlte Teilleistung von 1 000 € = **1,3 % der Hauptleistung** und zuletzt BFH v. 13.10.2015, IX R 46/14, www.stotax-first.de).

Eine Zahlung ist zumindest dann als geringfügig anzusehen, wenn sie **5 % der Gesamtabfindung** nicht überschreitet (BFH v. 26.1.2011, IX R 20/10, BStBl II 2012, 659; BMF v. 1.11.2013, IV C 4 – S 2290/13/10002, BStBl I 2013, 1326 Rdnr. 8). Eine

Teilleistung von 10,2 % hat der BFH als nicht mehr geringfügig angesehen (BFH v. 8.4.2014, IX R 28/13, HFR 2014, 994).

Eine starre Prozentgrenze (im Verhältnis der Teilleistungen zueinander oder zur Gesamtabfindung) gibt es jedoch nicht; eine Nebenleistung kann unter Berücksichtigung der konkreten individuellen Steuerbelastung als geringfügig anzusehen sein, wenn sie niedriger ist als die tarifliche Steuerbegünstigung der Hauptleistung (BFH 13.10.2015 IX R 46/14, www.stotax-first.de).

Beispiel 1:
Ein durch Unfall Querschnittsgelähmter erhält von der Versicherung Entschädigungen für Verdienstausfall auf Grund mehrerer Vergleiche: Der Vergleich v. 16.1.1995 regelt den Verdienstausfall bis zum 31.12.1994, der Vergleich v. 18.11.1995 den Verdienstausfall bis zum 31.12.1997 und der Vergleich v. 24.9.1998 den Verdienstausfall ab 1.1.1998.

Der BFH hat die Tarifermäßigung anerkannt, weil die Zahlungen auf mehreren gesonderten und unterschiedliche Zeiträume betreffenden Vereinbarungen beruhen (BFH v. 21.1.2004, XI R 40/02, BStBl II 2004, 716).

Wenn jedoch von **vornherein Ratenzahlungen über zwei Jahre vereinbart** werden, kommt die Tarifermäßigung auf keinen Fall in Betracht (FG Münster v. 16.12.1996, 4 K 5433/94 L, EFG 1998, 201). Das gilt auch, wenn eine einheitlich zu beurteilende Entschädigung sich aus mehreren Teilen (in sachlicher oder auch in zeitlicher Hinsicht) zusammensetzt (BFH v. 21.3.1996, XI R 51/95, BStBl II 1996, 416).

Beispiel 2:
A hat in einem Vergleich vor dem Arbeitsgericht mit seinem Arbeitgeber eine Abfindung von 300 000 € vereinbart, die in vier Raten zu folgenden Terminen ausgezahlt werden soll: Jeweils 75 000 € am 1.3.2014, 1.9.2014, 1.3.2015 und 1.9.2015. A beantragt für den im Jahre 2014 gezahlten Teilbetrag die Tarifermäßigung nach § 34 EStG.

Der BFH hat dies abgelehnt, weil die Abfindung von vornherein in vier Raten festgesetzt war (BFH v. 28.7.1993, XI R 74/92, www.stotax-first.de).

c) Unschädliche steuerfreie und pauschal versteuerte Einkünfte

1149 **Steuerfreie Einkünfte** sind bei der Beurteilung des Zuflusses in **einem** Veranlagungszeitraum **nicht zu berücksichtigen** (zuletzt BFH v. 28.6.2006, XI R 58/05, BStBl II 2006, 835 m.w.N.), denn steuerfreie Einkünfte sind keine steuerbaren Entschädigungen i.S.d. § 24 Nr. 1 EStG. Dementsprechend können steuerbefreite Einkünfte auch nicht bei der Beurteilung, ob die Entschädigung zusammengeballt in **einem** Veranlagungszeitraum zugeflossen ist, berücksichtigt werden. Hierbei ist allein auf die steuerbaren, nicht steuerbefreiten Entschädigungszahlungen abzustellen.

Das Gleiche gilt für **pauschal besteuerte Arbeitgeberleistungen** (BMF v. 1.11.2013, IV C 4 – S 2290/13/10002, BStBl I 2013, 1326 Rdnr. 8). Diese Regelung ermöglicht z.B. die **Fortführung von Zukunftssicherungsleistungen** auch bei einem entlassenen Arbeitnehmer ohne schädliche Auswirkung auf die Gewährung der Tarifermäßigung für die Kapitalabfindung.

8. Prüfung der wegfallenden Einnahmen („2. Prüfung")

a) Grundsatz

1150 Nach ständiger BFH-Rechtsprechung (zuletzt BFH v. 8.4.2014, IX R 33/13, HFR 2014, 796 m.w.N.), der die Finanzverwaltung folgt (BMF v. 1.11.2013, IV C 4 – S 2290/13/10002, BStBl I 2013, 1326 Rdnr. 9 ff.), ist eine **Zusammenballung anzunehmen**, wenn der Stpfl. infolge der Beendigung des Arbeitsverhältnisses in dem jeweiligen Veranlagungszeitraum einschließlich der Entschädigung insgesamt mehr erhält, als er bei ungestörter Fortsetzung des Arbeitsverhältnisses, also bei normalem Ablauf der Dinge erhalten hätte. Die dafür notwendige, hypothetische und prognostische Betrachtung orientiert sich grundsätzlich an den Verhältnissen des Vorjahres, das dem Veranlagungszeitraum, in dem die Entschädigung zufließt, am nächsten liegt. Sie gilt für den Normalfall, in dem die Verhältnisse des Vorjahres – z.B. im Zuge einer normalen Gehaltsentwicklung – auch diejenigen des Folgejahres mit großer Wahrscheinlichkeit abbilden.

Sie gilt aber dann nicht, wenn die Einnahmesituation des Vorjahres durch außergewöhnliche Ereignisse geprägt ist und sich daraus keine Vorhersagen für den (unterstellten) normalen Verlauf bei Fortsetzung des Arbeitsverhältnisses ableiten lassen. So beanstandet es der BFH insbesondere bei **variablen Gehaltskomponenten** nicht, wenn im Wege einer Prognoseentscheidung (auch) auf die **Vorjahre zurückgegriffen** wird (zuletzt BFH v. 8.4.2014, IX R 33/13, HFR 2014, 796 m.w.N.).

Im Rahmen der **Vergleichsberechnung** sind zwei Größen einander gegenüberzustellen:

– die **„Ist-Größe"**, also das, was der Stpfl. in dem betreffenden Veranlagungszeitraum (Streitjahr) einschließlich der Entschädigung insgesamt erhält (dazu zählen auch eventuelle Einsatzprämien, BFH v. 26.1.2006, XI B 54/05, www.stotax-first.de),

– und die **„Soll-Größe"**, nämlich die Einkünfte, die der Stpfl. bei ungestörter Fortsetzung seines Arbeitsverhältnisses (bei normalem Ablauf der Dinge) erhalten hätte.

Übersteigt die anlässlich der Beendigung eines Dienstverhältnisses gezahlte Entschädigung die bis zum Ende des Veranlagungszeitraums entgehenden Einnahmen nicht, ist das Merkmal der Zusammenballung von Einkünften nur erfüllt, wenn der Stpfl. weitere Einnahmen bezieht, die er bei Fortsetzung des Dienstverhältnisses nicht bezogen hätte. **Im Rahmen der Vergleichsberechnung zur Ermittlung der Ist-Größe ist nicht die Art der Tätigkeit des Stpfl. nach der Beendigung des Arbeitsverhältnisses oder die Art der vereinnahmten Einkünfte im Streitjahr maßgebend, sondern die potenziell progressionssteigernde Wirkung der tatsächlich bezogenen Einkünfte** (BMF v. 1.11.2013, IV C 4 – S 2290/13/10002, BStBl I 2013, 1326 Rdnr. 10 ff. sowie BFH v. 8.4.2014, IX R 33/13, HFR 2014, 796 m.w.N. betr. außerordentliche Einkünfte beim Wechsel von unselbständiger zu selbständiger Tätigkeit). **Das FG Münster lehnt diese Rechtsprechung und Verwaltungsauffassung ab** (Urteil v. 16.3.2015, 14 K 2005/13 E, EFG 2015, 983). Begründung: Erzielt ein Stpfl., der auf Grund einer Entschädigungsvereinbarung seine Arbeitskraft seinem bisherigen Arbeitgeber gegenüber nicht mehr zur Verfügung zu stellen hat, in dieser freien Zeit andere Einkünfte – sei es durch Aufnahme einer neuen nichtselbständigen oder selbständigen Tätigkeit –, so können diese neuen Einkünfte zusammen mit der Entschädigung zu einem zu versteuernden Einkommen führen, das über dem zu versteuernden Einkommen im vorausgegangenen Veranlagungszeitraum liegt. Ursächlich für dieses höhere zu versteuernde Einkommen und die dadurch eintretende höhere Progression ist aber nicht die nichtperiodengerechte Auszahlung der Entschädigung durch seinen früheren Arbeitgeber, sondern der neue selbständige Entschluss, weitere steuerpflichtige Einnahmen zu erwirtschaften. Die Anwendung der Tarifermäßigung auf die Abfindung ist daher nicht gerechtfertigt.

Für die Beurteilung einer Entschädigung als außerordentlich i.S.d. § 34 Abs. 2 EStG ist ohne Bedeutung, ob die Entschädigung entgehende Einnahmen mehrerer Jahre abdecken soll. Entscheidend ist vielmehr, ob es unter Einschluss der Entschädigung infolge der Beendigung des Arbeitsverhältnisses in dem jeweiligen Veranlagungszeitraum insgesamt zu einer über die normalen Verhältnisse hinausgehenden Zusammenballung von Einkünften kommt (BFH v. 24.10.2007, XI R 33/06, HFR 2008, 449 betr. **bereits erdiente Tantiemen**).

Bei der Prüfung, ob eine Abfindung zu einer Zusammenballung von Einkünften geführt hat, sind die real verwirklichten Einkünfte mit den fiktiven Einkünften zu vergleichen, die der Stpfl. in dem Streitjahr erzielt hätte, wenn das Arbeitsverhältnis nicht beendet worden wäre. Ist der Stpfl. im Streitjahr dauerhaft erkrankt und hätte er deshalb voraussichtlich nur geringe Einkünfte erzielt, dürfen die real verwirklichten Einkünfte einschließlich der Abfindung bei der Prüfung der Zusammenballung nicht mit den Einkünften verglichen werden, die der Stpfl. in früheren Veranlagungszeiträumen erzielt hat (FG Niedersachsen v. 12.11.2013, 13 K 199/13, EFG 2014, 283).

Dem Progressionsvorbehalt unterliegende **steuerfreie Lohnersatzleistungen** (z.B. Arbeitslosengeld) sowie **pauschal besteuerte Arbeitgeberleistungen** sind nach Auffassung der Finanzverwaltung in diese „2. Prüfung" einzubeziehen (s. Beispiele in BMF v. 1.11.2013, IV C 4 – S 2290/13/10002, BStBl I 2013, 1326 Rdnr. 11). Auch nach Auffassung des FG Sachsen ist das nach § 3 Nr. 2 EStG

Entschädigungen

steuerfreie **Arbeitslosengeld** – anders als das ebenfalls nach § 3 Nr. 2 EStG steuerfreie **Überbrückungsgeld** – bei der Bestimmung des Betrages zu berücksichtigen, den der Stpfl. in dem betreffenden Veranlagungszeitraum insgesamt erhält, sog. „Ist-Größe" (FG Sachsen v. 24.4.2013, 1 K 1836/09, EFG 2013, 1922). Nach Auffassung des FG Niedersachsen ist dagegen die Vergleichsberechnung ohne steuerfreie Lohnersatzleistungen durchzuführen (Urteil v. 20.3.2014, 1 K 130/13, EFG 2014, 1589).

Nicht zu berücksichtigen ist die im Rahmen der Auflösung des Arbeitsverhältnisses erteilte Zusage über die Leistung eines **Einmalbeitrags zur betrieblichen Altersvorsorge**, die eine Erhöhung der monatlich auszuzahlenden Pension zur Folge hatte; deren Zufluss erfolgt erst im Rahmen der monatlichen Pensionszahlungen (FG Niedersachsen v. 5.8.2010, 4 K 41/08, www.stotax-first.de).

b) Entschädigung ist höher

1151 Am einfachsten ist der Fall, wenn die **Entschädigung höher ist als die bis zum Jahresende wegfallenden Einnahmen**, die der Arbeitnehmer bei ungestörter Fortsetzung des Arbeitsverhältnisses bezogen hätte. Das Merkmal der **Zusammenballung ist dann stets erfüllt** (so auch FG Hamburg v. 6.12.2001, VI 312/99, EFG 2002, 536). Eine Prüfung, wie hoch die anderweitig erzielten Einnahmen sind, ist dann nicht erforderlich (BMF v. 1.11.2013, IV C 4 – S 2290/13/10002, BStBl I 2013, 1326 Rdnr. 9).

> **Beispiel:**
> F wird am 1. Juli aus dem Betrieb entlassen, er hatte einen Monatslohn von 10 000 €. Er erhält mit dem Ausscheiden eine Abfindung von 100 000 €.
> Die Abfindung kann tarifermäßigt besteuert werden. Auf die Höhe der übrigen Einkünfte kommt es nicht an, weil allein schon die Abfindung höher ist als die wegfallenden Einnahmen aus dem Arbeitsverhältnis (60 000 €).

c) Entschädigung ist nicht höher

1152 Komplizierter wird es, wenn die Entschädigung niedriger ist als die bis zum Jahresende wegfallenden Einnahmen. Hat der Arbeitnehmer nach seinem Ausscheiden aus dem Arbeitsverhältnis keine weiteren oder niedrigere Einnahmen, ist nach der BFH-Rechtsprechung die Tarifermäßigung regelmäßig zu versagen (BFH v. 8.4.2014, IX R 33/13, HFR 2014, 796).

> **Beispiel 1:**
> Sachverhalt wie Beispiel vorher, die Abfindung beträgt aber nur 50 000 €.
> Die Abfindung kann nicht tarifermäßigt besteuert werden, weil die Abfindung nicht höher ist als der bis zum Jahresende wegfallende Arbeitslohn von 60 000 €.

> **Beispiel 2:**
> Das Arbeitsverhältnis der Frau A ist durch Kündigung des Arbeitgebers zum 31.3.2009 beendet worden. Gemäß Vereinbarung mit dem ehemaligen Arbeitgeber v. 27.1.2009 erhielt sie für den Zeitraum 1.1. bis 31.3.2009 noch ein laufendes Gehalt i.H.v. brutto 9 264 €. Nach der Vereinbarung erhielt Frau A „für den Verlust des Arbeitsplatzes" eine einmalige Abfindung i.H.v. 27 000 € brutto (Gesamtarbeitslohn mithin 36 264 €). Mit Erfüllung dieser Verpflichtungen sind laut dieser Vereinbarung alle gegenseitigen Ansprüche aus dem Arbeitsverhältnis abgegolten. Für den Zeitraum vom 1.4. bis zum 31.12.2009 bezog Frau A Arbeitslosengeld i.H.v. 10 451 €.
> Das FG Nürnberg hat die Tarifermäßigung abgelehnt, weil sich im Vergleich zum Vorjahr die Gesamteinkünfte durch die Abfindung nicht erhöht haben und sich somit auch keine Zusammenballung der Einkünfte ergibt (Urteil v. 15.5.2013, 3 K 947/12, www.stotax-first.de).

Diese Fälle erfordern eine **komplizierte Vergleichsberechnung der Einkünfte vor und nach dem Ausscheiden** aus dem Betrieb. Bei der Berechnung der Einkünfte, die der Arbeitnehmer bei Fortbestand des Vertragsverhältnisses im Veranlagungszeitraum bezogen hätte, ist grundsätzlich auf die **Einkünfte des Vorjahrs** abzustellen (zuletzt FG Sachsen v. 24.4.2013, 1 K 1836/09, EFG 2013, 1922). Diese Berechnung führt aber dann nicht zu mit dem Gesetzeszweck in Einklang stehenden Ergebnissen, wenn in dem Jahr, in dem die Entschädigung ausgezahlt wird, gegenüber dem Vorjahr hinsichtlich der Lohnansprüche veränderte Verhältnisse vorliegen (BFH v. 8.4.2014, IX R 33/13, HFR 2014, 796). Was der Stpfl. bei normalem Ablauf der Dinge erhalten würde, kann nur auf Grund einer hypothetischen und prognostischen Beurteilung ermittelt werden; dabei ist nicht auf die Verhältnisse des Vorjahres abzustellen, wenn die Einnahmesituation durch außergewöhnliche Ereignisse geprägt ist und sich daraus keine Vorhersagen für den (unterstellten) normalen Verlauf bei Fortsetzung des Arbeitsverhältnisses ableiten lassen (BFH v. 27.1.2010, IX R 31/09, BStBl II 2011, 28 betr. einen Fall, in dem im Vorjahr ungewöhnlich hohe Provisionen vereinnahmt wurden); in diesen Fällen ist auf den **Durchschnitt der letzten zwei oder drei Jahre** abzustellen.

Die erforderliche Vergleichsberechnung ist grundsätzlich anhand der jeweiligen **Einkünfte laut Steuerbescheid/Steuererklärung** vorzunehmen. Bei Einkünften i.S.d. § 19 EStG (**Arbeitslohn**) beanstandet es die Finanzverwaltung jedoch nicht, wenn die erforderliche Vergleichsberechnung stattdessen anhand der betreffenden **Einnahmen aus nichtselbständiger Arbeit** durchgeführt wird.

9. Vergleich der beiden Entschädigungsarten

1153 Der Entschädigungsbegriff nach § 24 Nr. 1 Buchst. b EStG ist **weitergehend** als der nach § 24 Nr. 1 Buchst. a EStG. Der wichtigste Unterschied besteht in Folgendem (vgl. zuletzt BFH v. 23.1.2001, XI R 7/00, BStBl II 2001, 541 m.w.N.):

Entschädigung nach § 24 Nr. 1 Buchst. a EStG	Entschädigung nach § 24 Nr. 1 Buchst. b EStG
Voraussetzung ist Ersatz für unmittelbar entgangene oder entgehende konkrete Einnahmen.	Alle Entschädigungen, die als Gegenleistung für den Verzicht auf eine künftige mögliche Einkunftserzielung gezahlt werden.
	Ist von der bisherigen Tätigkeit losgelöst. Kann auch für zukünftiges Verhalten (z.B. für eine Wettbewerbsenthaltung) gezahlt werden.
Nur Fälle, in denen der Arbeitnehmer auf Druck des Arbeitgebers das Arbeitsverhältnis aufgelöst hat; er darf also nicht aus eigenem Antrieb handeln.	Setzt demgegenüber i.d.R. die freiwillige Mitwirkung desjenigen, der auf mögliche Einnahmen verzichtet, voraus. Das Dienstverhältnis muss insbesondere **nicht** auf Druck des Arbeitgebers beendet worden sein.
Voraussetzung ist stets **eine neue Rechts- oder Billigkeitsgrundlage**.	**Rechtsgrund** für die Zahlung kann sich schon aus dem **ursprünglichen Arbeitsvertrag** ergeben.

10. Entschädigung für entgangene oder entgehende Einnahmen (§ 24 Nr. 1 Buchst. a EStG)

1154 Nach H 24.1 EStH gelten hier folgende Grundsätze:

Die Entschädigung i.S.d. § 24 Nr. 1 Buchst. a EStG muss als **Ersatz für unmittelbar entgangene oder entgehende konkrete Einnahmen** gezahlt werden. Weitere Voraussetzung ist, dass der Ausfall der Einnahmen entweder von dritter Seite veranlasst wurde oder, wenn er vom Stpfl. selbst oder mit dessen Zustimmung herbeigeführt worden ist, dieser **unter rechtlichem, wirtschaftlichem oder tatsächlichem Druck stand**. Eine Steuerermäßigung soll danach nur gerechtfertigt sein, wenn der Stpfl. sich dem zusammengeballten Zufluss der Einnahmen nicht hat entziehen können (zuletzt BFH v. 29.2.2012, IX R 20/10, BStBl II 2012, 659 m.w.N.).

Der Wunsch, das eigene berufliche Fortkommen zu begünstigen, begründet noch keinen rechtlichen, wirtschaftlichen oder tatsächlichen Druck, zumindest solange man eine sichere Stellung innehat (BFH v. 25.8.2005, XI B 40/04, www.stotax-first.de, und zuletzt Urteil v. 25.8.2009, IX R 3/09, BStBl II 2010, 1030, beide m.w.N.). Diese Voraussetzung ist dagegen erfüllt, wenn ein Arbeitnehmer bei drohender Kündigung des Arbeitsverhältnisses durch den Arbeitgeber der Aufhebung des Arbeitsvertrags gegen Zahlung einer Abfindung zustimmt (zuletzt BFH v. 19.10.2005, XI R 24/04, HFR 2006, 578 betr. durch **Vergleich** weggefallene Lohnansprüche).

Der **Arbeitnehmer darf das „Schaden stiftende Ereignis", also z.B. die Aufgabe einer vertraglich gesicherten Position, nicht aus eigenem Antrieb herbeigeführt** haben. Der Begriff des „Entgehens" schließt freiwilliges Mitwirken oder gar die Verwirklichung eines eigenen Strebens aus (zuletzt BFH v. 24.6.2009, IV R

Entschädigungen

94/06, HFR 2009, 1089 m.w.N.). Das schädigende Ereignis ist allerdings nicht schon dann vom Arbeitnehmer selbst herbeigeführt, wenn er von seinem Recht, Kündigungsschutzklage zu erheben, Gebrauch macht; im Regelfall kann davon ausgegangen werden, dass bei Zahlung einer Abfindung der Arbeitgeber die Auflösung veranlasst hat (zuletzt BFH v. 19.10.2005, XI R 24/04, HFR 2006, 578).

Die an die Stelle der Einnahmen tretende Ersatzleistung nach § 24 Nr. 1 Buchst. a EStG muss aber auf einer **neuen Rechts- oder Billigkeitsgrundlage beruhen**. Die neue (andere) Rechtsgrundlage fehlt daher bei einer bereits ursprünglich – möglicherweise auch nur wahlweise – vereinbarten Leistung. Eine Entschädigung kann allerdings auch dann vorliegen, wenn bereits bei Beginn des Dienstverhältnisses im **Anstellungsvertrag** ein Ersatzanspruch für den Fall der betriebsbedingten Kündigung oder Nichtverlängerung des Dienstverhältnisses vereinbart wurde (zuletzt BFH v. 12.1.2006, XI B 93/05, www.stotax-first.de, sowie BFH v. 24.6.2009, IV R 94/06, HFR 2009, 1089 m.w.N.).

Die Entschädigung darf sich aber nicht als die bloße – ggf. in der **Zahlungsmodalität geänderte – Erfüllung einer Leistung i.R.d. bisherigen Rechtsverhältnisses** darstellen (zuletzt BFH v. 19.10.2005, XI R 24/04, HFR 2006, 578 sowie BFH v. 16.11.2005, XI R 32/04, www.stotax-first.de, betr. Entlassungsentschädigungen). Der Tatbestand des § 24 Nr. 1 Buchst. a EStG ist nur bei **Beendigung des bestehenden Rechtsverhältnisses** erfüllt (zuletzt BFH v. 13.12.2005, XI R 8/05, HFR 2006, 560 betr. Fortsetzung des Arbeitsverhältnisses trotz formalen Arbeitgeberwechsels; BFH v. 30.10.2008, VI R 53/05, BStBl II 2009, 162). Dies gilt nicht nur für Fälle der Abgeltung künftig wegfallender Nebenverpflichtungen des Arbeitgebers, sondern auch, wenn die Arbeitsleistung des Arbeitnehmers auf Veranlassung des Arbeitgebers – quantitativ oder qualitativ – eingeschränkt wird (vgl. zuletzt BFH v. 23.1.2001, XI R 7/00, BStBl II 2001, 541 betr. eine Abfindung an angestellten Versicherungsvertreter für die Verkleinerung seines Bezirks). Eine an die Geschäftsführertätigkeit anschließende Beratungstätigkeit kann jedoch im Einzelfall nicht als Fortsetzung des ursprünglichen Arbeitsverhältnisses angesehen werden (BFH v. 10.4.2003, XI R 4/02, BStBl II 2003, 748).

Entschädigungen i.S.d. § 24 Nr. 1 Buchst. a EStG werden durch § 24 Nr. 1 EStG auch dann derjenigen Einkunftsart zugewiesen, zu der die weggefallenen Einnahmen gehört hätten, wenn sie von einem Dritten gezahlt werden (BFH v. 8.11.2007, IV R 30/06, www.stotax-first.de, betr. Ausgleichsgeld nach § 8 FELEG).

Nach der BFH-Rechtsprechung (BFH v. 25.8.2009, IX R 3/09, BStBl II 2010, 1030 betr. eine Teilabfindung wegen Arbeitszeitreduzierung) **verlangt das Gesetz in § 24 Nr. 1 Buchst. a EStG nicht, dass zu Grunde liegende Rechtsverhältnis (z.B. das Arbeitsverhältnis) müsse gänzlich beendet werden**. Das Gesetz setzt lediglich voraus, dass Einnahmen wegfallen und dass dafür Ersatz geleistet wird. Dies ist z.B. der Fall, wenn die Parteien des Arbeitsvertrags eine Verminderung der Arbeitszeit vereinbaren, die Vollzeitbeschäftigung des Arbeitnehmers also in eine Teilzeitbeschäftigung überführen und der Arbeitnehmer dafür abgefunden wird. Mit dieser neuen Entscheidung sind BFH-Urteile, die die Gewährung der Tarifermäßigung von der Beendigung des Dienstverhältnisses abhängig gemacht haben, überholt!

Als begünstigte Entschädigung anerkannt hat der BFH z.B.:

- **Abfindungen wegen Auflösung eines Dienstverhältnisses**, wenn der Arbeitgeber die Beendigung veranlasst hat (BFH v. 22.1.1988, VI R 135/84, BStBl II 1988, 525);
- **Ablösung eines Wohnrechts im Zusammenhang mit der Kündigung eines Dienstverhältnisses** (BFH v. 25.8.1993, XI R 7/93, BStBl II 1994, 185);
- **Kapitalisierung eines fortbestehenden Anspruchs auf laufende Versorgungsleistungen** beim Auslaufen eines befristeten Arbeitsvertrags auf Verlangen des Arbeitgebers (BFH v. 16.4.1980, VI R 86/77, BStBl II 1980, 393);
- **Entschädigungen, die ein Beamter von seinem Dienstherrn wegen pflichtwidrig unterlassener Beförderung erhält** (BFH v. 9.9.2008, IX B 135/08, www.stotax-first.de, m.w.N);
- **vertraglich nicht vereinbarte Abfindung einer Pensionsverpflichtung** nach § 8 Abs. 2 BetrAVG (BFH v. 25.8.1993, XI R 8/93, BStBl II 1994, 167);
- Abfindung für eine vom Arbeitgeber geforderte Auflösung des Arbeitsverhältnisses, weil der Arbeitnehmer ein **Regierungsamt übernimmt** (BFH v. 6.3.2002, XI R 51/00, BStBl II 2002, 516);
- Abfindung an einen Gesellschafter-Geschäftsführer für die **Aufgabe von Pensionsansprüchen**, die aus einer Zwangslage erfolgt, z.B. Liquidation der Gesellschaft oder Veräußerung der GmbH-Anteile (zuletzt BFH v. 27.7.2004, IX R 64/01, HFR 2005, 128 sowie v. 24.11.2004, XI B 89/04, www.stotax-first.de, m.w.N.);
- Zahlung einer Abfindung im Zeitpunkt der Entlassung und einer **Jubiläumszuwendung** in einem späteren Veranlagungszeitraum, die der Arbeitnehmer auch bei Fortsetzung des Arbeitsverhältnisses erhalten hätte (BFH v. 14.5.2003, XI R 23/02, BStBl II 2004, 451);
- werden einem Arbeitnehmer in einer Vereinbarung über die vom Arbeitgeber veranlasste Auflösung des Arbeitsverhältnisses eine Abfindung und **monatliche Übergangsgelder** zugesagt und nimmt er in einer späteren Vereinbarung das Angebot des Arbeitgebers an, ihm insgesamt einen **Einmalbetrag** zu zahlen, so steht das ihm insoweit eingeräumte Wahlrecht auf Kapitalisierung einer begünstigten Besteuerung des Einmalbetrags nach § 34 Abs. 1 und 2 EStG nicht entgegen (BFH v. 14.5.2003, XI R 12/00, BStBl II 2004, 449);
- Entschädigung, die der Alleingesellschafter-Geschäftsführer einer GmbH im Zusammenhang mit der Veräußerung seiner GmbH-Anteile für die **Aufgabe der Geschäftsführertätigkeit** erhält (BFH v. 13.8.2003, XI R 18/02, BStBl II 2004, 106);
- Entschädigung bei **eigener Kündigung des Arbeitnehmers**, um einer drohenden Kündigung durch den Arbeitgeber bei Rationalisierungsmaßnahmen mit Sozialplänen vorzubeugen (FG Münster v. 4.3.2004, 8 K 2801/01 E, EFG 2004, 1352);
- (einmalige) **Abfindung von Versorgungsansprüchen**, wenn sie durch eine ernst zu nehmende wirtschaftliche Gefährdung der Ansprüche veranlasst ist; eine ernst zu nehmende wirtschaftliche Gefährdung der Ansprüche in diesem Sinne liegt nicht bereits deshalb vor, weil die Schuldnerin der Versorgungsansprüche im Zeitpunkt des Abschlusses der Vereinbarung über den Verzicht gegen Abfindungszahlung bilanziell überschuldet gewesen ist (BFH v. 14.12.2004, XI R 12/04, HFR 2005, 974);
- **Schadensersatz**, der einem Stpfl. infolge einer schuldhaft verweigerten Wiedereinstellung zufließt (BFH v. 6.7.2005, XI R 46/04, BStBl II 2006, 55, und zuletzt v. 9.9.2008, IX B 135/08, www.stotax-first.de);
- **Entschädigungszahlung** des neuen Arbeitgebers für Ausfall der zugesagten bedingten Entschädigung des alten Arbeitgebers (BFH v. 25.8.2005, XI B 40/04, www.stotax-first.de);
- Abfindung, die ein GmbH-Geschäftsführer erhält, weil sein **Anstellungsvertrag zur Vermeidung einer Kündigung aufgelöst** wird, und zwar auch dann, wenn die GmbH Gesellschafter-Geschäftsführerin einer Mitunternehmerschaft und der Geschäftsführer deren minderheitsbeteiligter Mitunternehmer ist (BFH v. 24.6.2009, IV R 94/06, HFR 2009, 1089);
- **(Teil-)Abfindung wegen Arbeitszeitreduzierung**; die völlige Aufgabe der Tätigkeit ist nicht Voraussetzung für die Anwendung der Tarifermäßigung (BFH v. 25.8.2009, IX R 3/09, BStBl II 2010, 1030);
- Abfindung im Zusammenhang mit einer **Änderungskündigung** und wohl auch einem **Betriebsübergang** i.S.d. § 613a BGB (s. die Hinweise bei BFH v. 25.8.2009, IX R 3/09, BStBl II 2010, 1030);
- **Abfindung einer Erfindervergütung** trotz gütlicher Einigung (BFH v. 29.2.2012, IX R 28/11, BStBl II 2012, 569).

Nicht als begünstigte Entschädigung anerkannt hat der BFH z.B.:

- **Abfindung**, die bei Abschluss oder während des Arbeitsverhältnisses **für den Verlust späterer Pensionsansprüche infolge Kündigung** vereinbart wird (BFH v. 10.4.2003, XI R 4/02, BStBl II 2003, 748 m.w.N.);
- **Pensionsabfindung**, wenn der Verzicht vor der Anteilsübertragung ausgesprochen wird und keine Anhaltspunkte bestehen, dass der Stpfl. im Hinblick auf diese Veräußerung unter Druck gestanden hat. Auch die Erwartung, dass die Ablösung des Pensionsanspruchs im Rahmen einer Anteilsveräußerung notwendig werden könnte, genügt nicht, um eine relevante Zwangslage zu begründen. Entsprechendes gilt, wenn es im Zusammenhang mit der Ablösung der Pensionsverpflichtung nicht zu einer Veräußerung der Anteile kommt (BFH v. 3.12.2003, XI R 30/02, www.stotax-first.de);
- **Pensionsabfindung**, wenn der **Arbeitnehmer von sich aus** nach Eheschließung zur Herstellung der ehelichen Lebensgemeinschaft das **Dienstverhältnis gekündigt** (BFH v. 21.6.1990, X R 46/86, BStBl II 1990, 1020) oder eine **Abfindung herbeigeführt** hat (BFH v. 9.7.1992, XI R 5/91, BStBl II 1993, 27);
- **Vereinbarung einer Einmalzahlung an Stelle laufender Pensionszahlungen auf Grund eines von vornherein vereinbarten Wahlrechts** (zuletzt BFH v. 10.4.2003, XI R 4/02, BStBl II 2003, 748 m.w.N.);
- eine Abfindung liegt nicht vor, wenn maßgeblicher Grund der Leistung die **Begründung eines neuen Dienstverhältnisses** ist und sie vom neuen Arbeitgeber gezahlt wird (BFH v. 16.12.1992, XI R 33/91, BStBl II 1993, 447);
- die **Nachzahlung einer Altersrente** aus der Bundesversicherungsanstalt für Angestellte ist keine Entschädigung, weil keine Einnahmen

Entschädigungen

keine Sozialversicherungspflicht = Ⓢⱽ̸
Sozialversicherungspflicht = Ⓢⱽ

- „entgangen", sondern lediglich verspätet erzielt worden sind (BFH v. 31.7.1970, VI R 177/68, BStBl II 1970, 784);
- Einmalzahlung zur **Abfindung einer Witwenpension**, wenn die Stpfl. den Abfindungsvertrag ohne erheblichen Druck seitens des Abfindenden geschlossen hat (BFH v. 14.12.2004, XI R 12/04, HFR 2005, 974);
- **Abfindung** nach Kündigung wegen eigenen **Fehlverhaltens** (FG Rheinland-Pfalz v. 4.6.2003, 1 K 1690/01, www.stotax-first.de, bestätigt durch BFH v. 10.11.2004, XI R 14/04, HFR 2005, 826 betr. private Telefonate am Arbeitsplatz);
- **Übergangszahlungen**, die als Teil der Entschädigung für den Verlust des Arbeitsplatzes gezahlt werden (BFH v. 29.5.2008, IX R 55/05, HFR 2009, 18 m.w.N.);
- **Abfindung**, die dafür geleistet wird, dass das **Dienstverhältnis nicht verlängert** und kein neuer Vertrag abgeschlossen wird (BFH v. 10.7.2008, IX R 84/07, www.stotax-first.de).

Hinweis:

Im Einzelfall muss geprüft werden, ob die Tarifermäßigung des § 34 EStG dennoch in Betracht kommt, weil **Vergütungen für mehrjährige Tätigkeiten** i.S.d. § 34 Abs. 2 Nr. 4 EStG vorliegen (→ *Arbeitslohn für mehrere Jahre* Rz. 257).

11. Entschädigung für die Aufgabe oder Nichtausübung einer Tätigkeit (§ 24 Nr. 1 Buchst. b EStG)

1155 Der (weiter gehende) Entschädigungsbegriff nach § 24 Nr. 1 Buchst. b EStG erfasst nicht nur den Ausgleich finanzieller Einbußen anlässlich **der Beendigung eines Rechtsverhältnisses, sondern auch Entschädigungen für die Aufgabe oder Nichtausübung einer Tätigkeit** und damit Gegenleistungen für den Verzicht auf eine mögliche Einkunftserzielung. Die Vorschrift verlangt nur die **Aufgabe oder Nichtausübung einer Tätigkeit, nicht des Berufs**. Da ein Rechtsverhältnis zwischen Entschädigendem und Entschädigtem in diesen Fällen noch nicht bestanden haben muss, ist die Beendigung der Rechtsbeziehungen nicht Voraussetzung für die Annahme einer Entschädigung i.S.d. § 24 Nr. 1 Buchst. b EStG.

Allerdings ist nicht jede Entschädigung, die anlässlich einer **(Änderungs-)Kündigung** gezahlt wird, eine Entschädigung i.S.d. § 24 Nr. 1 Buchst. b EStG. Wird ein Vertragsverhältnis beendet, so wird im Allgemeinen die Entschädigung für die entgangenen oder entgehenden Einnahmen i.S.d. § 24 Nr. 1 Buchst. a EStG, nicht aber für die Aufgabe oder Nichtausübung einer Tätigkeit gezahlt (vgl. zuletzt BFH v. 23.1.2001, XI R 7/00, BStBl II 2001, 541 m.w.N.).

Der **Entschädigungsbegriff** nach § 24 Nr. 1 Buchst. b EStG umfasst auch Abfindungen, Entschädigungen usw., die entweder schon von **vornherein im Arbeitsvertrag vereinbart** sind oder sich auch aus **Tarifverträgen ergeben** können (BFH v. 16.3.1993, XI R 10/92, BStBl II 1993, 497). Das Dienstverhältnis muss insbesondere **nicht auf Druck des Arbeitgebers** beendet worden sein.

Beispiel:

A ist als Flugbegleiterin bei einer Fluggesellschaft angestellt. Mit Vollendung des 32. Lebensjahrs scheidet sie aus dem Dienstverhältnis aus und erhält hierfür die ihr nach dem Manteltarif-Vertrag für das Bordpersonal zustehende Entschädigung i.H.v. 2,5 Grundgehältern.

Die Steuerermäßigung nach § 24 Nr. 1 Buchst. a EStG kommt in diesem Fall nicht in Betracht, weil kein schadensauslösendes Ereignis vorliegt, das unmittelbar zum Wegfall der Einnahmen geführt hätte. Die Abfindung ist jedoch nach § 24 Nr. 1 Buchst. b EStG begünstigt, weil sie dem Ausgleich des finanziellen Schadens dient, der A durch den Wegfall ihrer Einnahmen als Flugbegleiterin entsteht (BFH v. 8.8.1986, VI R 28/84, BStBl II 1987, 106).

Als begünstigte Entschädigung anerkannt hat der BFH z.B.:

- die einem angestellten Verkaufsberater im Arbeitsvertrag für eine Wettbewerbsenthaltung zugesagte **Karenzentschädigung** (BFH v. 13.2.1987, VI R 230/83, BStBl II 1987, 386);
- Entschädigung für ein **Wettbewerbsverbot** (BFH v. 16.3.1993, XI R 10/92, BStBl II 1993, 497; BFH v. 12.6.1996, XI R 43/94, BStBl II 1996, 516);
- Entschädigungen für die aus Rationalisierungsgründen erforderliche **Umsetzung von Arbeitnehmern innerhalb des Betriebs** auf einen geringer entlohnten Arbeitsplatz, mit Gehaltseinbußen ausgeglichen werden sollen (zuletzt BFH v. 25.8.2009, IX R 3/09, BStBl II 2010, 1030 m.w.N.);
- Abfindung, die ein angestellter Versicherungsvertreter von seinem Arbeitgeber für die **Verkleinerung seines Bezirks** erhält (BFH v. 23.1.2001, XI R 7/00, BStBl II 2001, 541).

Nicht als begünstigte Entschädigung anerkannt hat der BFH z.B.:

- Vereinbarungen für **Einmalzahlungen an Stelle laufender Pensionszahlungen**, nachdem der Arbeitgeber aus Rationalisierungsgründen einen Vorstandsposten einsparen musste. Die Tätigkeit wurde also nicht „mit Wollen und Zustimmung" des Arbeitnehmers aufgegeben (BFH v. 30.1.1991, XI R 21/88, www.stotax-first.de);
- Abfindung, die ein leitender Angestellter für die **Aufgabe eines gewinnabhängigen Tantiemeanspruchs** erhält; es handelt sich auch nicht um die Aufgabe einer Gewinnbeteiligung i.S.d. § 24 Nr. 1 Buchst. b EStG (BFH v. 10.10.2001, XI R 50/99, BStBl II 2002, 347).

Hinweis:

Im Einzelfall muss geprüft werden, ob die Tarifermäßigung des § 34 EStG dennoch in Betracht kommt, weil **Vergütungen für mehrjährige Tätigkeit** i.S.d. § 34 Abs. 2 Nr. 4 EStG vorliegen (→ *Arbeitslohn für mehrere Jahre* Rz. 257).

12. Billigkeitsregelungen

a) Planwidriger Zufluss in mehreren Jahren

1156 Um die Anwendung der Tarifermäßigung nicht zu gefährden, achten Arbeitgeber und Arbeitnehmer im Allgemeinen darauf, dass Entlassungsabfindungen regelmäßig in **einer Summe** und in **einem Kalenderjahr** gezahlt werden. Trotzdem kommt es in der Praxis immer wieder vor, dass in einem **späteren Jahr** noch **Nachzahlungen** geleistet werden müssen, weil der **Arbeitgeber** z.B.

- **sich verrechnet** hat

- oder nach einem **Rechtsstreit eine weitere Zahlung leisten muss**.

Damit die **Tarifermäßigung für die Hauptentschädigung bestehen bleibt**, sieht BMF v. 1.11.2013, IV C 4 – S 2290/13/10002, BStBl I 2013, 1326 Rdnr. 16 ff. und den dort genannten Voraussetzungen **Billigkeitsregelungen** vor:

Der Arbeitnehmer kann beantragen, den Nachzahlungsbetrag in den **Veranlagungszeitraum rückzubeziehen**, in dem die Hauptentschädigung zugeflossen ist, und zusammen mit dieser tarifermäßigt zu besteuern (vgl. BFH v. 14.4.2015, IX R 29/14, HFR 2015, 938). Die Veranlagung für dieses Jahr ist ggf. nach § 175 Abs. 1 Satz 1 Nr. 2 AO zu ändern.

Beispiel:

A ist Ende 2015 entlassen worden und hat eine Abfindung von 100 000 € erhalten, die ermäßigt („Fünftelregelung") versteuert worden ist. Die Veranlagung ist bestandskräftig. Nach einem gerichtlichen Vergleich hat der Arbeitgeber im Februar 2016 eine Nachzahlung von 20 000 € geleistet.

Nach dem BMF-Schreiben kann A beantragen, den Nachzahlungsbetrag („Korrekturbetrag") auf das Jahr 2015 rückzubeziehen und zusammen mit der Hauptentschädigung ermäßigt („Fünftelregelung") zu versteuern.

Stellt er diesen Antrag nicht, wird nicht nur der **Nachzahlungsbetrag** im Jahr 2016 „normal" versteuert, sondern auch nachträglich die im Jahr 2015 gezahlte **Hauptentschädigung**, denn die Voraussetzungen für die Anwendung der Tarifermäßigung (Zusammenballung, d.h. Zufluss der Entschädigung in **einem** Veranlagungszeitraum) sind rückwirkend entfallen. Die Veranlagung 2015 ist ggf. nach § 175 Abs. 1 Satz 1 Nr. 2 AO zu berichtigen.

b) Rückzahlung von Abfindungen

1157 Hat der Stpfl. in einem nachfolgenden Veranlagungszeitraum einen Teil der Entschädigung zurückzuzahlen, so ist die Rückzahlung als Korrektur auch dann **im Jahr des Abflusses zu berücksichtigen**, wenn die Abfindung im Zuflussjahr begünstigt besteuert worden ist. Eine Lohnrückzahlung ist regelmäßig kein rückwirkendes Ereignis i.S.d. § 175 Abs. 1 Satz 1 Nr. 2 AO, das zur Änderung des Einkommensteuerbescheides des Zuflussjahres berechtigt (BFH v. 4.5.2006, VI R 67/03, BStBl II 2006, 914 sowie BMF v. 1.11.2013, IV C 4 – S 2290/13/10002, BStBl I 2013, 1326 Rdnr. 17).

13. Übernahme von Rentenversicherungsbeiträgen durch den Arbeitgeber

1158 Im Rahmen der **Altersteilzeitregelungen** ist § 3 Nr. 28 EStG ab 1997 dahingehend erweitert worden, dass die Hälfte der vom Arbeitgeber freiwillig übernommenen Rentenversicherungsbeiträge i.S.d. § 187a SGB VI, durch die **Rentenminderungen bei vorzeitiger Inanspruchnahme der Altersrente gemildert oder vermieden** werden sollen, **steuerfrei** bleibt. Die Steuerfreistellung ist auf die Hälfte der insgesamt geleisteten zusätzlichen Rentenversicherungsbeiträge begrenzt, da auch Pflichtbeiträge des Arbeitgebers zur gesetzlichen Rentenversicherung nur in Höhe des halben Gesamtbeitrags steuerfrei sind.

Soweit diese Steuerbefreiung schon ausgeschöpft ist, z.B. durch einen Einmalbetrag, sind die vom Arbeitgeber zusätzlich geleisteten Rentenversicherungsbeiträge nach § 187a SGB VI einschließlich darauf entfallender, ggf. vom Arbeitgeber getragener Steuerabzugsbeträge als **Teil der Entschädigung** i.S.d. § 24 Nr. 1 EStG, die im Zusammenhang mit der Auflösung eines Dienstverhältnisses geleistet wird, zu behandeln.

Rentenversicherungsbeiträge werden jedoch **vom Arbeitgeber aus Liquiditätsgründen** häufig nicht in einer Summe – und auch nicht im selben Jahr wie die Hauptentschädigung (Einmalbetrag) – sondern in **Raten über mehrere Jahre gezahlt**. Für die Anwendung der Tarifermäßigung auf den Einmalbetrag wären solche in späteren Jahren geleisteten Zahlungen einer einheitlichen Entschädigung an sich schädlich. Um Härten zu vermeiden, lässt die Finanzverwaltung auch hier aus **Billigkeitsgründen die ermäßigte Besteuerung des Einmalbetrags** zu (BMF v. 1.11.2013, IV C 4 – S 2290/13/10002, BStBl I 2013, 1326 Rdnr. 21).

14. Verfahren

a) Lohnsteuerabzug

1159 Der **Arbeitgeber** hat die ermäßigte Besteuerung als **sonstiger Bezug** („Fünftelregelung") grundsätzlich schon im **Lohnsteuerabzugsverfahren** vorzunehmen, und zwar nach dem Gesetzeswortlaut des § 39b Abs. 3 Satz 9 EStG unabhängig davon, ob dies der **Arbeitnehmer beantragt** oder nicht. Dies kann im Einzelfall, insbesondere bei niedrigen Beträgen, zu einer **höheren Lohnsteuer** führen als die Besteuerung als nicht begünstigter sonstiger Bezug. Da die Lohnsteuer nach dem Wortlaut des Gesetzes **zu ermäßigen** ist, darf nach Auffassung der obersten Finanzbehörden in diesen Fällen die Fünftelregelung nicht angewendet werden. Der **Arbeitgeber** hat daher eine **Vergleichsrechnung** durchzuführen (Günstigerprüfung) und die Fünftelregelung nur anzuwenden, wenn sie zu einer **niedrigeren Lohnsteuer** führt als die Besteuerung als nicht begünstigter sonstiger Bezug (BMF v. 1.11.2013, IV C 4 – S 2290/13/10002, BStBl I 2013, 1326 Rdnr. 12 Satz 6). Vgl. zur Berechnung die Beispiele unter → *Sonstige Bezüge* Rz. 2714.

Im Lohnsteuerabzugsverfahren kann der Arbeitgeber eine Vereinfachungsregelung anwenden (BMF v. 1.11.2013, IV C 4 – S 2290/13/10002, BStBl I 2013, 1326 Rdnr. 11 Sätze 12 und 13): Der Arbeitgeber darf die erforderliche Vergleichsberechnung ausschließlich nach der Höhe der Einnahmen aus nichtselbständiger Tätigkeit, die im Jahr der Zahlung der Abfindung und dem Vorjahr zugeflossen sind, durchführen. Dabei sind auch solche Lohnbezüge zu berücksichtigen, die der Arbeitnehmer auf Grund seiner Erklärung nach Beendigung des bestehenden Dienstverhältnisses bei einem neuen Arbeitgeber erzielt.

Der **Arbeitnehmer ist in diesem Fall zur Abgabe einer Einkommensteuer-Erklärung verpflichtet** (Pflichtveranlagung nach § 46 Abs. 2 Nr. 5 EStG). Außerdem dürfen in die vereinfachte Vergleichsberechnung auf der Grundlage der Lohnbezüge auch pauschalbesteuerte Arbeitgeberleistungen sowie dem Progressionsvorbehalt unterliegende Lohnersatzleistungen einbezogen werden. Diese in die Vergleichsberechnung zusätzlich einzubeziehenden Einnahmen sind in beiden Vergleichszeiträumen zu berücksichtigen, wenn sie in beiden Kalenderjahren bezogen wurden. Es ist nicht zulässig, nur die Einnahmen in die Vergleichsberechnung einzubeziehen, die im Jahr der Beendigung des Dienstverhältnisses zugeflossen sind. Dies gilt insbesondere für pauschal besteuerten Arbeitslohn, der in beiden Kalenderjahren angefallen ist. Allerdings kann sich dies beispielsweise in den Fällen zu Gunsten des Arbeitnehmers auswirken, in denen der Arbeitgeber Beiträge zu Direktversicherungen im Jahr der Beendigung des Dienstverhältnisses im Rahmen der Vervielfältigungsregelung des § 40b Abs. 2 Satz 3 EStG pauschal versteuert hat.

> **Beispiel:**
> Das Dienstverhältnis eines 40-jährigen Arbeitnehmers wird zum 31.3.2016 aufgelöst. Die Entschädigung beträgt 18 000 €. Der Arbeitslohn des Arbeitnehmers hat bis zum 31.3.2016 mtl. 2 500 € (insgesamt 7 500 €) betragen. Nach Beendigung des Dienstverhältnisses ist der Arbeitnehmer voraussichtlich arbeitslos. Das Arbeitslosengeld beträgt nach seinen Angaben gegenüber dem Arbeitgeber ab dem 1.4.2016 mtl. 1 000 €. Im Kj. 2015 hatte der Arbeitnehmer einen Jahresbruttolohn i.H.v. 30 000 €.
>
> Die Entschädigung (18 000 €) übersteigt nicht die bis zum Jahresende 2016 entgehenden Einnahmen i.H.v. 22 500 € (9 Monate x 2 500 €). Auf Grund der Vereinfachungsregelung kann der Arbeitgeber allerdings eine Vergleichsrechnung mit dem Bruttolohn des Vorjahres vornehmen. Einzubeziehen sind dabei auch die steuerfreien Lohnersatzleistungen. Danach hat der Arbeitnehmer im Kalenderjahr 2016 Einnahmen i.H.v. 34 500 € (7 500 € Arbeitslohn, 18 000 € Abfindung, 9 000 € Arbeitslosengeld). Da diese Einnahmen den Vorjahresbruttolohn von 30 000 € übersteigen, hat der Arbeitgeber i.R.d. Lohnsteuerabzugs für die Abfindung die Fünftelregelung anzuwenden.

Kann der Arbeitgeber die erforderlichen Feststellungen für die Vergleichsberechnung nicht treffen, muss er im Lohnsteuerabzugsverfahren die Besteuerung ohne Tarifermäßigung durchführen, also zunächst die volle Lohnsteuer einbehalten. Die ermäßigte Besteuerung kann dann ggf. erst im **Veranlagungsverfahren** (z.B. Antragsveranlagung nach § 46 Abs. 2 Nr. 8 EStG) durchgeführt werden.

Die ermäßigte Besteuerung ist im Lohnsteuerabzugsverfahren **nicht anzuwenden**, wenn sie zu einer **höheren Steuer führt** als die Besteuerung als nicht begünstigter sonstiger Bezug (BMF v. 1.11.2013, IV C 4 – S 2290/13/10002, BStBl I 2013, 1326 Rdnr. 12 Satz 6).

b) Pflichtveranlagung

1160 Hat der Arbeitgeber die Lohnsteuer nach den vorstehenden Regeln tarifermäßigt berechnet, muss der Arbeitnehmer nach Ablauf des Jahres zur Einkommensteuer veranlagt werden (sog. Pflichtveranlagung nach § 46 Abs. 2 Nr. 5 EStG). Hierdurch soll sichergestellt werden, dass ggf. eine unzutreffende Anwendung der Steuerermäßigung im Lohnsteuerverfahren korrigiert werden kann (vgl. BFH v. 23.3.2005, VI B 62/04, www.stotax-first.de). Hintergrund ist, dass der Arbeitgeber – um die Zusammenballung prüfen zu können – die übrigen Einkünfte des Arbeitnehmers kennen müsste, dies aber oft nicht kann.

15. Aufzeichnungspflichten

1161 Der Arbeitgeber hat

– im **Lohnkonto** des Arbeitnehmers die Entschädigungen i.S.d. § 34 Abs. 1 und Abs. 2 Nr. 2 EStG und die davon nach § 39b Abs. 3 Satz 9 EStG einbehaltene Lohnsteuer aufzuzeichnen (§ 4 Abs. 2 Nr. 6 LStDV) und

– in der Lohnsteuerbescheinigung (Zeilen 10 bis 14) sowohl die ermäßigt besteuerten Entschädigungen als auch die darauf einbehaltenen Steuerabzugsbeträge gesondert zu bescheinigen (R 41b Abs. 3 Nr. 2 i.V.m. Abs. 4 Nr. 2 LStR). Entschädigungen, die im Lohnsteuerabzugsverfahren nicht ermäßigt besteuert wurden, soll der Arbeitgeber auf der Lohnsteuerbescheinigung in Zeile 19 eintragen; eine Verpflichtung hierzu besteht nicht (R 41b Abs. 7 LStR). Allerdings kann der Arbeitgeber durch die entsprechende Eintragung eine zeitaufwendige Beantwortung von Rückfragen durch die Finanzämter vermeiden.

Entsendung

→ *Ausstrahlung* Rz. 480, → *Einstrahlung* Rz. 998

Entwicklungshelfer

1. Lohnsteuer

1162 Entwicklungshelfer sind zwar Arbeitnehmer (BAG v. 27.4.1977, 5 AZR 129/76, www.stotax-first.de), die Einnahmen sind jedoch nach § 3 Nr. 61 EStG **steuerfrei**.

Zahlungen der Gesellschaft für technische Zusammenarbeit GmbH (GTZ) – heute **Deutsche Gesellschaft für Internationale Zusammenarbeit GmbH (GIZ)** – können **Arbeitslohn** aus dem mit einem ausländischen Arbeitgeber bestehenden Arbeitsverhältnis darstellen, ohne dass eine arbeitsrechtliche Beziehung zur GTZ begründet worden ist. Der Auslandstätigkeitserlass (BMF v. 31.10.1983, IV B 6 – S 2293 – 50/83, BStBl I 1983, 470) bezieht sich nur auf Arbeitnehmer eines inländischen Arbeitgebers (FG Berlin-Brandenburg v. 16.12.2014, 4 K 4264/11, EFG 2015, 928).

2. Sozialversicherung

1163 Eine Tätigkeit im **Entwicklungsdienst der GTZ (heute GIZ)** auf der Basis eines Gutachter- und Beratervertrages kann eine sozialversicherungspflichtige Tätigkeit darstellen (LSG Hessen v. 17.12.2009, L 8 KR 130/07, www.stotax-first.de).

Entwicklungshelfer i.S.d. Entwicklungshelfergesetzes, die Entwicklungsdienst oder Vorbereitungsdienst leisten, sind **auf Antrag in der gesetzlichen Rentenversicherung versicherungspflichtig**, wenn die entsendende Stelle (mit Sitz im Inland) dies beim Rentenversicherungsträger beantragt (§ 4 Abs. 1 SGB VI). Wenn die Rentenversicherungspflicht beantragt wird, sind Beiträge zur Rentenversicherung vom Arbeitsentgelt im Rahmen der Entwicklungshelfertätigkeit oder, wenn dies günstiger ist, der Betrag, der sich ergibt, wenn die Beitragsbemessungsgrenze mit dem Verhältnis vervielfältigt wird, in dem die Summe der Arbeitsentgelte oder Arbeitseinkommen für die letzten drei vor Aufnahme der versicherungspflichtigen Entwicklungshelfertätigkeit voll mit Pflichtbeiträgen belegten Kalendermonate zur Summe der Beträge der Beitragsbemessungsgrenzen für diesen Zeitraum steht; der Verhältniswert beträgt mindestens 0,6667 (§ 166 Abs. 1 Nr. 4 SGB VI). Dies entspricht einer Mindestbeitragsbemessungsgrundlage im Jahr 2016 von 4 133,54 € (West) und 3 600,18 € (Ost). Die Rentenversicherungsbeiträge sind von den Antrag stellenden Träger zu tragen und bezahlen (§§ 170 Abs. 1 Nr. 4 und 174 Abs. 2 SGB VI).

Equal Pay

→ *Arbeitnehmerüberlassung* Rz. 191

Erbbaurecht

→ *Grundstücke: verbilligte Überlassung* Rz. 1481

Erbe

→ *Rechtsnachfolger* Rz. 2404

Erbschaft

→ *Werbungskosten* Rz. 3188

Erfindervergütungen

1. Allgemeines

1164 Eine Erfindertätigkeit ist der steuerlich unbeachtlichen **„Liebhaberei"** (→ *Arbeitnehmer* Rz. 175) zuzurechnen, wenn neben einer längeren Verlustphase weitere Umstände (keine nennenswerte Einnahmeerzielung, keine Anmeldung von Patenten, kein Abschluss von Lizenzverträgen, keine wissenschaftlichen Veröffentlichungen) dafür sprechen, dass der Erfinder aus seiner Tätigkeit keinen „Totalgewinn" wird erzielen können (BFH v. 20.4.2000, XI S 5/99, www.stotax-first.de; BFH v. 3.6.2005, XI S 7/04 (PKH), www.stotax-first.de). Steuerlich nicht zu erfassen ist auch eine Erfindertätigkeit, die sich als **Zufallserfindung** im privaten Vermögensbereich darstellt (vgl. zuletzt BFH v. 18.6.1998, IV R 29/97, BStBl II 1998, 567); diese zu Einnahmen aus selbständiger Arbeit (§ 18 EStG) ergangene Rechtsprechung ist jedoch **auf Erfindungen von Arbeitnehmern nicht übertragbar** (FG München v. 21.5.2015, 10 K 2195/12, EFG 2015, 1527).

Erfindervergütungen gehören nur dann zum **Arbeitslohn**, wenn es sich um eine **Diensterfindung** i.S.d. § 4 Abs. 2 des Gesetzes über Arbeitnehmererfindungen (ArbNErfG) handelt. Das ArbNErfG unterscheidet zwischen (gebundenen) Diensterfindungen (§ 4 Abs. 2) und (freien) sonstigen Erfindungen (§ 4 Abs. 3). Erfindervergütungen können auch steuerpflichtige Einnahmen aus einem früheren Dienstverhältnis sein, dabei ist unerheblich, ob es sich bei der Erfindung um eine Zufallserfindung handelt und wieviel der ehemalige Arbeitnehmer zur weiteren Verwertungsreife beigetragen hat. Ebenso kommt es nicht darauf an, ob die Parteien das ArbNErfG direkt anwenden wollten und die Rechte und Pflichten aus diesem Gesetz erfüllt haben (FG München v. 21.5.2015, 10 K 2195/12, EFG 2015, 1527).

Eine aktuelle **arbeitsrechtliche Darstellung** zu Arbeitnehmererfindungen und Verbesserungsvorschlägen findet sich bei Besgen, B+P 2006, 523.

2. Diensterfindungen

1165 Zu den Diensterfindungen gehören solche, die aus den dem Arbeitnehmer **im Betrieb obliegenden Tätigkeiten** entstanden sind, und solche, die maßgeblich auf den **Erfahrungen oder Arbeiten des Betriebs** beruhen. Nur eine Diensterfindung kann der Arbeitgeber nach §§ 6 ff. ArbNErfG in Anspruch nehmen. Die hierfür gezahlten Vergütungen sind **Arbeitslohn**. Ob eine während eines Arbeitsverhältnisses gemachte Erfindung während der Entwicklungsphase dem Bereich der nichtselbständigen oder der selbständigen Tätigkeit zuzurechnen ist, richtet sich nach den Umständen des Einzelfalls (vgl. BFH v. 26.5.1994, IV B 33/93, www.stotax-first.de).

Eine Erfindervergütung für eine sog. Diensterfindung (§ 9 ArbNErfG) ist grundsätzlich steuerpflichtiger Arbeitslohn und unterfällt ggf. der **beschränkten Steuerpflicht** gem. § 49 Abs. 1 Nr. 4 Buchst. a EStG. Dies gilt auch dann, wenn das Arbeitsverhältnis im Augenblick der Zahlung nicht mehr besteht und der **Arbeitnehmer ins Ausland verzogen** ist. Da eine Vergütung gem. § 9 ArbNErfG regelmäßig nicht als konkrete Gegenleistung für eine Arbeitsleistung anzusehen ist, handelt es sich nicht um ein zusätzliches Entgelt „für" eine (frühere) Tätigkeit i.S.d. Art. 15 Abs. 1 OECD-MustAbk, so dass eine Besteuerung nur im Ansässigkeitsstaat des (früheren) Arbeitnehmers erfolgt (BFH v. 21.10.2009, I R 70/08, BStBl II 2012, 493). Zur Anwendung dieser Rechtsprechung s. OFD Frankfurt v. 19.7.2013, S 1301 A – US.29 – 56, www.stotax-first.de.

Auch die **Erben** eines Arbeitnehmers, die dessen Diensterfindung verwerten, erzielen Einkünfte aus nichtselbständiger Arbeit (BFH v. 29.1.1970, IV R 78/66, BStBl II 1970, 319).

Gibt der Arbeitnehmer mit seinem Interesse an einer Weiterführung der ursprünglichen Vereinbarung auf Arbeitnehmererfindervergütung im Konflikt mit seinem Arbeitgeber nach und nimmt dessen **Abfindungsangebot** an, so entspricht es dem Zweck des von der Rechtsprechung entwickelten Merkmals der Zwangssituation, nicht schon wegen dieser gütlichen Einigung in konfligierender Interessenlage einen tatsächlichen Druck in Frage zu stellen. Die Abfindung erfüllt daher die Voraussetzungen für eine **tarifermäßigte Besteuerung** nach § 34 Abs. 1 i.V.m. § 24 Nr. 1 Buchst. a EStG (→ *Entschädigungen* Rz. 1134), denn die Abfindung tritt an die Stelle der künftigen Ansprüche aus der Vereinbarung auf Arbeitnehmererfindervergütung, die sich mit der Erfüllung der Abfindungsvereinbarung erledigen (BFH v. 29.2.2012, IX R 28/11, BStBl II 2012, 569).

Die Vergütung, die ein Arbeitnehmer von seinem Arbeitgeber für eine Diensterfindung erhält, ist dagegen nicht nach § 34 Abs. 2 Nr. 4 EStG ermäßigt zu besteuern, wenn die Dauer der Tätigkeit kein wertbestimmender Faktor für die Höhe der Vergütung war (FG Münster v. 27.4.2013, 12 K 1625/12 E, EFG 2013, 1222).

[LSt] = keine Lohnsteuerpflicht
[LSt] = Lohnsteuerpflicht

3. Freie Erfindungen

1166 Bei freien Erfindungen hat der Arbeitnehmer hingegen lediglich die Pflicht, die **Erfindung dem Arbeitgeber anzubieten**, bevor er sie während der Dauer des Arbeitsverhältnisses anderweitig verwertet (§ 19 ArbnErfG). Erwirbt der Arbeitgeber das ihm angebotene Nutzungsrecht an der freien (oder nach § 8 ArbnErfG frei gewordenen) Erfindung, so erzielt der Arbeitnehmer insoweit (nebenberuflich) Einkünfte aus **selbständiger Tätigkeit** i.S.d. § 18 Abs. 1 Nr. 1 EStG, für die es keine spezielle Steuervergünstigung gibt.

[LSt]

Erfolgsbeteiligungen: Zuwendung an Arbeitnehmer

→ *Aktien: Zuwendung an Arbeitnehmer* Rz. 53, → *Belohnungen* Rz. 621, → *Bonus* Rz. 762, → *Erfindervergütungen* Rz. 1164, → *Gewinnbeteiligung* Rz. 1444, → *Gratifikationen* Rz. 1460, → *Incentive-Reisen* Rz. 1590, → *Prämien* Rz. 2326, → *Preise* Rz. 2327, → *Tantiemen* Rz. 2834, → *Verbesserungsvorschläge* Rz. 2978, → *Vermögensbildung der Arbeitnehmer* Rz. 3018

Erfrischungen

→ *Arbeitslohn-ABC* Rz. 255

Erholung: Arbeitgeberzuwendungen

Inhaltsübersicht: Rz.
1. Erholungsbeihilfen 1167
   a) Steuerfreier Arbeitslohn 1167
   b) Steuerpflichtiger Arbeitslohn 1168
   c) Pauschalbesteuerung 1169
2. Kurkosten 1170
   a) Aufwendungen als steuerfreier Arbeitslohn 1170
   b) Aufwendungen als steuerpflichtiger Arbeitslohn 1172
3. Vorsorgeuntersuchungen 1173

1. Erholungsbeihilfen

a) Steuerfreier Arbeitslohn

1167 Vom Arbeitgeber gezahlte Erholungsbeihilfen sind als **Unterstützungen** (→ *Unterstützungen* Rz. 2958) regelmäßig **bis zu 600 € im Jahr steuerfrei**, soweit die Voraussetzungen der R 3.11 Abs. 2 LStR gegeben sind. Die **Steuerfreiheit** kann danach u.U. in Betracht kommen, **wenn**

– nach ärztlicher Bescheinigung erholungsbedürftige **Arbeitnehmer ohne die Unterstützung durch den Arbeitgeber keine Erholungsreise durchführen könnten** (BFH v. 27.1.1961, VI 249/60 U, BStBl III 1961, 167) oder

– Erholungsbeihilfen im Zusammenhang mit **typischen Berufskrankheiten** zur Abwehr drohender oder zur Beseitigung eingetretener Gesundheitsschäden gegeben werden (z.B. in der Eisen- und Stahlindustrie sowie im Bergbau) und die Erholung sowohl nach ihrer zeitlichen Dauer als auch nach der Wahl des Ortes laut ärztlicher Bescheinigung (Werksarzt, Knappschaftsarzt, Arzt der Berufsgenossenschaft) ein geeignetes Mittel zur Bekämpfung der Berufskrankheit ist (BFH v. 14.1.1954, IV 303/53 U, BStBl III 1954, 86 und 111). In Zweifelsfällen ist ein Zusammenhang zwischen Beruf und Erkrankung durch ein Sachverständigengutachten darzulegen (BFH v. 11.7.2013, VI R 37/12, BStBl II 2013, 815).

Beispiel:
A war in einem Asbestwerk tätig und durch Einwirkung von Asbeststaub der Asbestose ausgesetzt. Er wurde vom Arbeitgeber im Einvernehmen mit dem Betriebsrat zu einer zehntägigen Erholung in eine waldreiche Gegend geschickt. Die Kosten wurden im Wesentlichen vom Arbeitgeber getragen.

Der BFH sah die Arbeitgeberleistungen als steuerfreie Unterstützungen an, weil sie der Abwehr drohender Gesundheitsschäden auf Grund einer typischen Berufskrankheit dienten (BFH v. 14.1.1954, IV 303/53 U, BStBl III 1954, 86), vgl. auch H 3.11 (Erholungsbeihilfen und andere Beihilfen) LStH.

Steuerfreier Arbeitslohn kann dagegen nach § 3 Nr. 1 a EStG auch dann vorliegen, wenn der Arbeitgeber der **Betriebskrankenkasse nur pauschal Zuschüsse gewährt** und diese die Beihilfen an die Arbeitnehmer ohne **Einflussnahme des Arbeitgebers** in eigener Zuständigkeit gewährt (BFH v. 13.8.1975, VI R 144/72, BStBl II 1975, 749).

Eine steuerfreie Erholungsbeihilfe setzt aber stets voraus, dass es sich um eine **freiwillige Leistung des Arbeitgebers** handelt. Ein **tarifvertraglich gezahltes Urlaubsgeld** kann daher auch in den vorbezeichneten Fällen nicht als steuerfreie Erholungsbeihilfen gewährt werden.

Zu der ab 2008 eingeführten **Steuerbefreiung** des § 3 Nr. 34 EStG für zusätzlich zum ohnehin geschuldeten Arbeitslohn erbrachte **Leistungen des Arbeitgebers zur betrieblichen Gesundheitsförderung** → *Krankheitskosten* Rz. 1735.

[LSt] [SV]

b) Steuerpflichtiger Arbeitslohn

1168 Soweit nicht ausnahmsweise steuerfreie Unterstützungen anzuerkennen sind, sind die **Erholungsbeihilfen** des Arbeitgebers an seine Arbeitnehmer grundsätzlich steuerpflichtiger Arbeitslohn, vgl. H 3.11 (Erholungsbeihilfen und andere Beihilfen) LStH. Werden die Erholungsbeihilfen nicht als Barzuwendungen gewährt, sondern wird ein Arbeitnehmer in einem **Erholungsheim** (auch Hotel, Pension oder Ferienwohnung) des Arbeitgebers oder auf Kosten des Arbeitgebers zur Erholung in einem anderen Beherbergungsbetrieb untergebracht oder verpflegt, so ist der **geldwerte Vorteil mit dem entsprechenden Pensionspreis** eines vergleichbaren Beherbergungsbetriebs am selben Ort zu bewerten. Dabei können jedoch **Preisabschläge** in Betracht kommen, wenn der Arbeitnehmer z.B. nach der Hausordnung Bedingungen unterworfen wird, die für Hotels und Pensionen allgemein nicht gelten (BFH v. 18.3.1960, VI 345/57 U, BStBl III 1960, 237).

Steuerpflichtiger Arbeitslohn kann auch vorliegen, wenn die Leistungen von einem **Dritten** gewährt werden und eine ausreichende Beziehung zwischen dem Dritten und dem Arbeitgeber es rechtfertigt, die Zahlung des Dritten als Arbeitslohn zu behandeln, vgl. H 3.11 (Beihilfen von einem Dritten) LStH.

Das Gleiche gilt für Leistungen einer **Betriebskrankenkasse oder Unterstützungskasse**, die nach Anweisung des Arbeitgebers gewährt werden (BFH v. 4.2.1954, IV 178/53 U, BStBl III 1954, 111).

Steuerpflichtig sind grundsätzlich auch die vom Arbeitgeber getragenen Kosten für die Erholung von **Kindern der Arbeitnehmer** (vgl. z.B. FinMin Schleswig-Holstein v. 5.7.1989, VI 360b – S 2371 – 4, www.stotax-first.de, betr. Zuwendungen im Rahmen der Kinderfürsorge der Post).

[LSt] [SV]

c) Pauschalbesteuerung

1169 Eine **Tarifermäßigung** nach § 34 Abs. 1, 2 EStG als Arbeitslohn für mehrere Jahre kommt nicht in Betracht (BFH v. 14.3.1958, VI 104/57 U, BStBl III 1958, 257).

Nach § 40 Abs. 2 Satz 1 Nr. 3 EStG kann der Arbeitgeber jedoch die Lohnsteuer für Erholungsbeihilfen ohne besonderen Antrag mit einem festen **Pauschsteuersatz von 25 %** erheben, wenn diese zusammen mit Erholungsbeihilfen, die in demselben Kalenderjahr früher gewährt worden sind,

– **156 € für den Arbeitnehmer**,
– **104 € für dessen Ehegatten/Lebenspartner** und
– **52 € für jedes Kind**

nicht übersteigen. Zu berücksichtigen sind bei diesen **Pauschalierungsgrenzen** lediglich Erholungsbeihilfen. Es ist z.B. nicht zulässig, Erholungsbeihilfen und tarifliches Urlaubsgeld zusammenzurechnen (FG Köln v. 4.6.1996, 7 K 4967/93, EFG 1997, 110).

Bei der Feststellung, ob die im Kalenderjahr gewährten Erholungsbeihilfen zusammen mit früher gewährten Erholungsbeihilfen die o.g. Beträge übersteigen, ist von der Höhe der **Zuwendungen im Einzelfall** auszugehen. Die Jahreshöchstbeträge für den Arbeitnehmer, seinen Ehegatten und seine Kinder sind jeweils gesondert zu betrachten. Die Erholungsbeihilfen müssen für die Erholung dieser Personen bestimmt sein und verwendet werden (R 40.2 Abs. 3 Satz 3 LStR). Davon kann in der Regel ausgegangen

Erholung: Arbeitgeberzuwendungen

werden, wenn die Erholungsbeihilfe im zeitlichen Zusammenhang mit einem Urlaub des Arbeitnehmers gewährt wird (R 40.2 Abs. 3 Satz 4 LStR).

Wird die Erholungsbeihilfe an den Arbeitnehmer ausgezahlt, muss der **Arbeitgeber sicherstellen**, dass die Beihilfe zu **Erholungszwecken (z.B. Kur, Urlaub) verwendet** wird (§ 40 Abs. 2 Satz 1 Nr. 3 EStG). Dazu reicht es i.d.R. aus, wenn die Beihilfe in **zeitlichem Zusammenhang** mit der Erholungsmaßnahme gewährt wird. Eine jährliche Bestätigung eines Arbeitnehmers über die Verwendung monatlich vom Arbeitgeber ausgezahlter Erholungsbeihilfen erfüllt dagegen nicht die gesetzlichen Voraussetzungen für eine Pauschalversteuerung; **der Arbeitnehmer hat zumindest monatlich gegenüber seinem Arbeitgeber zu belegen, zu welchem Zweck er den erhaltenen Betrag im Einzelnen verwendet hat** (BFH v. 19.9.2012, VI R 55/11, BStBl II 2013, 398 und zuletzt FG Niedersachsen v. 18.2.2015, 9 K 64/13, EFG 2015, 1257).

Bei einem Urlaub ist es **gleichgültig, ob der Urlaub zu Hause verbracht oder eine Urlaubsreise unternommen wird**. Ein **zeitlicher Zusammenhang** zwischen der Zahlung der Beihilfe und der Erholungsmaßnahme des Arbeitnehmers ist in **Anlehnung an die bei Jubiläumszuwendungen** in R 23 Abs. 2 LStR 1996 getroffene Regelung im Allgemeinen dann anzunehmen, wenn die **Erholungsmaßnahme**

- innerhalb von **drei Monaten** vor oder nach der Auszahlung der Beihilfe **beendet bzw. begonnen**
- oder aber innerhalb dieses Zeitraums eine **Anzahlung** auf eine bereits fest vereinbarte Erholungsmaßnahme (z.B. Buchung eines Erholungsurlaubs) **nachgewiesen** wird.

In den Fällen, in denen dieser zeitliche Zusammenhang gewahrt ist, kann von einer **schriftlichen Bestätigung des Arbeitnehmers** über die zweckgebundene Verwendung der Erholungsbeihilfe **abgesehen** werden. Die hiervon abweichenden Grundsätze in BFH v. 19.9.2012, VI R 55/11, BStBl II 2013, 398 werden von der Finanzverwaltung nicht angewendet.

In den Fällen, in denen der **zeitliche Zusammenhang nicht gegeben** ist, bedarf es zumindest einer **schriftlichen Erklärung des Arbeitnehmers über die zweckentsprechende Verwendung der Erholungsbeihilfe**. Im Hinblick darauf, dass der Urlaub für die Pauschalierung unschädlich ebenso zu Hause verbracht werden kann, ist auch hier die Aufbewahrung von Belegen durch den Arbeitnehmer nicht erforderlich (OFD Magdeburg v. 29.4.2010, S 2371 – 4 – St 225, www.stotax-first.de).

Werden die Erholungsbeihilfen i.R.d. § 40 Abs. 2 Satz 1 Nr. 3 EStG **pauschal versteuert**, gehören sie nicht zum Arbeitsentgelt im sozialversicherungsrechtlichen Sinne, sie sind also **beitragsfrei** (§ 1 Abs. 1 Satz 1 Nr. 3 SvEV).

Übersteigen die Erholungsbeihilfen im Einzelfall den maßgebenden **Jahreshöchstbetrag**, kommt auch eine Pauschbesteuerung bis zum Jahreshöchstbetrag nicht in Betracht. Der Gesamtbetrag ist dann als **sonstiger Bezug** zu versteuern (R 40.2 Abs. 3 Satz 4 LStR). Dabei kann, wenn die Voraussetzungen des § 40 Abs. 1 Satz 1 Nr. 1 EStG vorliegen („größere Zahl von Fällen"), auch ein individueller Pauschsteuersatz zu Grunde gelegt werden; Einzelheiten → *Pauschalierung der Lohnsteuer* Rz. 2174.

In diesen Fällen besteht auch bei einer **Pauschalbesteuerung Beitragspflicht** in der Kranken-, Pflege-, Renten- und Arbeitslosenversicherung. Pauschal besteuerte „sonstige Bezüge" sind in der Sozialversicherung nur dann beitragsfrei, wenn es sich nicht um Einmalzahlungen handelt (§ 1 Abs. 1 Satz 1 Nr. 2 SvEV). Bei den Erholungsbeihilfen handelt es sich allerdings um einmalig gezahltes Arbeitsentgelt. Somit sind die Arbeitgeberleistungen, die den o.a. Jahreshöchstbetrag für eine Pauschalbesteuerung i.S.d. § 40 Abs. 2 Satz 1 Nr. 3 EStG überschreiten, beitragspflichtig.

Ist im Tarifvertrag oder Arbeitsvertrag geregelt, dass die Durchführung der Pauschalbesteuerung auf geringere Werte als die steuerlichen Höchstgrenzen beschränkt ist, dann können die pauschal besteuerbaren Bezüge auch nur in Höhe dieser tarif- oder arbeitsvertraglichen Grenzwerte beitragsfrei belassen werden. Insoweit ist zu berücksichtigen, dass bei Beiträgen, die die tariflichen oder arbeitsvertraglichen Grenzwerte überschreiten,

das Regelbesteuerungsverfahren durchzuführen ist und deshalb Beitragspflicht besteht.

Der Sachverhalt, dass für die Nichthinzurechnung zum Arbeitsentgelt die Möglichkeit der Pauschalversteuerung ausreicht, ist für die in § 40 Abs. 2 EStG genannten Einnahmen von Bedeutung. Nach § 1 Abs. 1 Satz 2 SvEV sind diese Bezüge dann dem Arbeitsentgelt zuzurechnen und damit beitragspflichtig, wenn der Arbeitgeber nicht von der Pauschalbesteuerung Gebrauch macht und tatsächlich das Regelbesteuerungsverfahren (§§ 39b oder 39c EStG) durchführt (vgl. Besprechungsergebnis der Spitzenverbände der Sozialversicherungsträger am 29.12.1998, Sozialversicherungsbeitrag-Handausgabe 2005 VL 17 IV/15).

Die **pauschale Lohnsteuer** von 25 % ist nach § 40 Abs. 3 Satz 1 EStG zwar grundsätzlich vom Arbeitgeber zu übernehmen, kann aber im Innenverhältnis auf den **Arbeitnehmer abgewälzt** werden, hierdurch mindert sich seit 1.4.1999 jedoch nicht die steuerliche Bemessungsgrundlage. Einzelheiten → *Abwälzung der pauschalen Lohnsteuer auf den Arbeitnehmer* Rz. 25.

2. Kurkosten

a) Aufwendungen als steuerfreier Arbeitslohn

aa) Steuerbefreiung nach § 3 Nr. 34 EStG

Zu der ab 2008 eingeführten **Steuerbefreiung des** § 3 Nr. 34 EStG für zusätzlich zum ohnehin geschuldeten Arbeitslohn erbrachte Leistungen des Arbeitgebers zur betrieblichen Gesundheitsförderung → *Krankheitskosten* Rz. 1735. **1170**

bb) Steuerbefreiung nach § 3 Nr. 11 EStG

Aufwendungen des Arbeitgebers für **Heil- und Vorsorgekuren** der Arbeitnehmer sind unter den Voraussetzungen der R 3.11 Abs. 2 LStR (→ *Unterstützungen* Rz. 2958) steuer- und beitragsfrei. Die Kur **(= Maßnahme der Medizinischen Vorsorge oder Rehabilitation)** muss jedoch durch einen **Amtsarzt**, den Medizinischen Dienst, einen Knappschaftsarzt oder durch einen vom staatlichen Gewerbearzt besonders ermächtigten Werksarzt verordnet und unter **ärztlicher Aufsicht und Anleitung durchgeführt** worden sein (vgl. R 33.4 EStR). **1171**

Bei **Vorsorgekuren** ist es erforderlich, dass aus der Bescheinigung die **Gefahr einer Erkrankung**, die durch die Kur abgewendet werden soll, ersichtlich ist. Das BFH-Urteil v. 24.1.1975, VI R 242/71, BStBl II 1975, 340 zur Steuer- und Beitragsfreiheit sog. – vom Werksarzt verordneter – **Kreislauftrainingskuren** ist nicht allgemein, sondern nur bei gleich gelagerten Sachverhalten anzuwenden. Nach BFH v. 31.10.1986, VI R 73/83, BStBl II 1987, 142 gehören die vom Arbeitgeber getragenen Kosten für **Kuren bei älteren Arbeitnehmern (z.B. alle über 55-Jährigen)** i.d.R. zu deren steuerpflichtigem Arbeitslohn.

Die Steuer- und Beitragsfreiheit gilt nur für die **unmittelbaren Kurkosten**, die für den Arbeitnehmer dem Grunde nach eine außergewöhnliche Belastung gem. § 33 EStG darstellen. Unterstützungen oder als „**Kurtaschengelder**" bezeichnete Beträge des Arbeitgebers, die der **Anschaffung von Kleidungsstücken** dienen, gehören an sich nicht dazu. Die **Finanzverwaltung** sieht aber aus **Vereinfachungsgründen** von einer Beanstandung der steuerfrei gezahlten Kurtaschengelder ab, weil mit diesen Ausgaben erfahrungsgemäß auch Nebenausgaben bestritten werden.

b) Aufwendungen als steuerpflichtiger Arbeitslohn

Übernimmt der Arbeitgeber die Kosten der Heilbehandlung (Kurkosten) seiner Arbeitnehmer, so liegt darin grundsätzlich die Zuwendung von **Arbeitslohn**. Dies gilt auch dann, wenn die **Versicherung** die Übernahme oder **Erstattung der Kosten abgelehnt** hat (zuletzt BFH v. 11.3.2010, VI R 7/08, BStBl II 2010, 763 betr. die Regenerierungskur eines Fluglotsen). Eine Aufteilung in steuerfreien (soweit die Leistungen im eigenbetrieblichen Interesse des Arbeitgebers liegen) bzw. steuerpflichtigen Arbeitslohn kommt nach diesem Urteil im Regelfall nicht in Betracht. **1172**

Arbeitslohn liegt auch vor, wenn der Arbeitgeber z.B. **allen älteren Arbeitnehmern eine Kur „verordnet"** hat.

[LSt] = keine Lohnsteuerpflicht
[LSt] = Lohnsteuerpflicht

Erlass von Lohnsteuer

Beispiel:
Ein Unternehmen erstattet nach internen Firmenrichtlinien allen über 50 Jahre alten Arbeitnehmern die Kosten einer Kur. Die Arbeitnehmer „sollen" sich der Kur unterziehen, „müssen" es aber nicht. Das Gehalt wird weitergezahlt, die Kur wird nicht auf den Urlaub angerechnet.
Der BFH hat die übernommenen Kurkosten als Arbeitslohn angesehen (BFH v. 31.10.1986, VI R 73/83, BStBl II 1987, 142), weil die Kur allen Arbeitnehmern ungeachtet ihrer Stellung und Bedeutung für den Betrieb undifferenziert nach Vollendung des 50. Lebensjahres bewilligt wird. Da die Arbeitnehmer sich nicht der Kur unterziehen mussten, um berufliche Nachteile zu vermeiden, hatten sie regelmäßig auch ein starkes Eigeninteresse an der Kur. Die Firma mag zwar ein Interesse daran gehabt haben, durch die Kuren den Krankenstand der älteren Arbeitnehmer möglichst gering zu halten. Im Verhältnis zu dem Eigeninteresse der Arbeitnehmer an ihrer Gesunderhaltung kann dieses Interesse jedoch nicht als „ganz überwiegend eigenbetrieblich" angesehen werden.

[LSt] [SV]

3. Vorsorgeuntersuchungen

1173 Zuschüsse des Arbeitgebers zu den Aufwendungen des Arbeitnehmers für Vorsorgeuntersuchungen (z.B. in **Diagnostikzentren**) können – sofern die Möglichkeit der Kostenbeteiligung **allen Belegschaftsmitgliedern** eingeräumt wird – unter den Voraussetzungen der R 3.11 Abs. 2 LStR (→ Unterstützungen Rz. 2958) **steuerfrei** gewährt werden.

Außerdem stellen die Aufwendungen des Arbeitgebers **keinen Arbeitslohn** dar, wenn die Vorsorgeuntersuchungen im ganz überwiegend **eigenbetrieblichen Interesse des Arbeitgebers** durchgeführt werden (zuletzt BFH v. 11.3.2010, VI R 7/08, BStBl II 2010, 763 betr. die Regenerierungskur eines Fluglotsen), vgl. auch H 19.3 (Allgemeines zum Arbeitslohnbegriff) LStH. Ein überwiegend eigenbetriebliches Interesse ist bei Vorsorgeuntersuchungen nur anzunehmen, wenn **folgende Voraussetzungen** erfüllt sind:

- Der **Personenkreis**, der untersucht werden soll, der Untersuchungsturnus und das Untersuchungsprogramm müssen vom **Arbeitgeber bestimmt** werden.

- Es muss in einem gewissen Umfang sichergestellt sein, dass die Arbeitnehmer sich bei einer durch die Untersuchung evtl. **festgestellten Krankheit einer Behandlung unterziehen**. Dazu genügt es, dass ein Werksarzt des Arbeitgebers die Untersuchungsergebnisse kennt und so die Arbeitnehmer bei einer nötigen Behandlung beraten kann (BFH v. 17.9.1982, VI R 75/79, BStBl II 1983, 39). Unerheblich ist, ob der Arbeitgeber sich über die Untersuchungsergebnisse unterrichten lässt.

- Der **Arbeitgeber muss an einem objektiven und vereinheitlichten Bild über den Gesundheitszustand z.B. seiner Führungskräfte interessiert sein**. Dabei kommt es nicht darauf an, dass die Untersuchungen in derselben Klinik durchgeführt werden. Es muss jedoch gewährleistet sein, dass sämtliche Untersuchungen von Ärzten vorgenommen werden, die dazu auf die erforderlichen Apparaturen zurückgreifen können.

Der BFH hat es im o.g. Urteil v. 11.3.2010 abgelehnt, die Aufwendungen der Arbeitgeberin für die Regenerierungskur des Fluglotsen in Anknüpfung an BFH v. 18.8.2005, VI R 32/03, BStBl II 2006, 30 als gemischt veranlasst und damit nur teilweise (die Vorinstanz wollte eine hälftige Aufteilung) als Arbeitslohn anzusehen. Eine Aufteilung von Sachzuwendungen an Arbeitnehmer in Arbeitslohn und Zuwendungen im betrieblichen Eigeninteresse scheide aus, wenn die jeweiligen Veranlassungsbeiträge so ineinandergreifen, dass eine Trennung nicht möglich und daher von einer einheitlich zu beurteilenden Zuwendung auszugehen ist. Davon sei im Streitfall auszugehen: Die vom Kläger durchgeführte Regenerierungskur könne wie jede andere Kur nur einheitlich beurteilt werden. Sie könne nicht in betriebsfunktionale Bestandteile und Elemente mit Vorteilscharakter unterschieden werden.

Nach FG Düsseldorf v. 30.9.2009, 15 K 2727/08 L, EFG 2010, 137 wendet ein Arbeitgeber seinen Arbeitnehmern **keinen Arbeitslohn** zu, wenn er ihnen die kostenlose Teilnahme an ärztlichen Vorsorgeuntersuchungen („**Gesundheits-Check**" bzw. „**Manageruntersuchung**") anbietet. Es seien die ärztlichen Maßnahmen in überwiegend eigenbetrieblichem Interesse erfolgt (ausschließlich für – schwer zu ersetzende – Führungskräfte; Festlegung von Inhalt und Turnus der Untersuchungen; Kosten wären durch die Krankenversicherungen der Arbeitnehmer getragen worden).

Aufwendungen des Arbeitgebers für Vorsorgeuntersuchungen der Arbeitnehmer sind ebenfalls kein Arbeitslohn, wenn die **Arbeitnehmer krankenversichert** sind und selbst nichts für die Untersuchungen hätten aufwenden müssen. Es fehlt dann an einer objektiv bereichernden Vorteilszuwendung (zuletzt FG Düsseldorf v. 30.9.2009, 15 K 2727/08 L, EFG 2010, 137 m.w.N.).

Zu der ab 2008 eingeführten **Steuerbefreiung** des § 3 Nr. 34 EStG für zusätzlich zum ohnehin geschuldeten Arbeitslohn erbrachte **Leistungen des Arbeitgebers zur betrieblichen Gesundheitsförderung** → Krankheitskosten Rz. 1735.

[LSt] [SV]

Erholungsbeihilfen

→ Unterstützungen Rz. 2958, → Erholung: Arbeitgeberzuwendungen Rz. 1162

Erkrankung von Arbeitnehmern

Der nach dem Entgeltfortzahlungsgesetz (→ Entgeltfortzahlung Rz. 1071) für die Dauer von **sechs Wochen weitergezahlte Arbeitslohn** unterliegt der „normalen" Besteuerung. **1174**

[LSt] [SV]

Das **Krankengeld** (und sonstige Leistungen aus der Krankenversicherung) ist zwar nach § 3 Nr. 1 EStG steuerfrei, unterliegt jedoch nach § 32b Abs. 1 Nr. 1 Buchst. b EStG dem Progressionsvorbehalt (→ Progressionsvorbehalt Rz. 2331).

[LSt] [SV]

Zahlt ein Arbeitgeber nach Beendigung der gesetzlichen Entgeltfortzahlung **Krankengeldzuschüsse** (→ Krankengeldzuschüsse Rz. 1705) in Höhe der Differenz zwischen dem Krankengeld der Krankenkasse und dem letzten Nettoverdienst, so gehören diese zwar zum Arbeitslohn (§ 2 Abs. 2 Nr. 5 LStDV), sind aber in der Sozialversicherung beitragsfrei (→ Beitragsfreiheit Rz. 597). Entsprechendes gilt für das sog. Kinder-Krankengeld (→ Krankengeld bei Erkrankung eines Kindes Rz. 1699).

[LSt] [SV]

Übernimmt ein Arbeitgeber Krankheitskosten seiner Arbeitnehmer, liegt grundsätzlich Arbeitslohn vor, der jedoch nach den für Unterstützungen geltenden Regeln i.R.d. § 3 Nr. 11 EStG i.V.m. R 3.11 Abs. 2 LStR oder § 3 Nr. 34 EStG steuerfrei belassen werden kann (→ Krankheitskosten Rz. 1735, → Unterstützungen Rz. 2958). Weitere Einzelheiten → Erholung: Arbeitgeberzuwendungen Rz. 1167 sowie → Krankheitskosten Rz. 1729.

[LSt] [SV]

Erlass einer Forderung

→ Forderungsverzicht Rz. 1290

Erlass von Lohnsteuer

1. Voraussetzungen

a) Allgemeines

Nach **§ 163 AO** können Steuern niedriger festgesetzt werden, wenn die **Erhebung der Steuer nach Lage des einzelnen Falls unbillig wäre**. Unter denselben Voraussetzungen können Ansprüche aus dem Steuerschuldverhältnis ganz oder teilweise erlassen werden (**§ 227 AO**). Der Zweck der §§ 163, 227 AO liegt darin, sachlichen und persönlichen Besonderheiten des Einzelfalles, die der Gesetzgeber in der Besteuerungsnorm nicht berücksichtigt hat, durch eine nicht den Steuerbescheid selbst ändernde Korrektur des Steuerbetrages insoweit Rechnung zu tragen, als sie die steuerliche Belastung als unbillig erscheinen lassen (zuletzt BVerfG v. 11.5.2015, 1 BvR 741/14, HFR 2015, 882 m.w.N.). **1175**

Darüber hinaus können **Steuern gestundet** werden, wenn die Einziehung bei Fälligkeit eine erhebliche Härte für den Schuldner bedeuten würde und der Anspruch durch die Stundung nicht gefährdet erscheint (§ 222 AO); zum Lohnsteuerverfahren → Stundung Rz. 2829.

Erlass von Lohnsteuer

„Unbillig" ist, was dem Rechtsempfinden nicht genügt, d.h. mit ihm unvereinbar ist (BFH v. 19.1.1965, VII 22/62 S, BStBl III 1965, 206). Die Unbilligkeit kann sich aus den persönlichen Verhältnissen des Steuerschuldners oder auch aus sachlichen Gründen ergeben.

Ausführliche Erläuterungen zu den Erlassvoraussetzungen s. OFD Karlsruhe v. 1.4.2002, S 0457, www.stotax-first.de.

b) Persönliche Unbilligkeit

1176 Persönliche Billigkeitsgründe sind gegeben, wenn die Steuererhebung die **wirtschaftliche oder persönliche Existenz des Stpfl. vernichten oder ernstlich gefährden** würde. Bei einem Erlassantrag nicht getrennt lebender Eheleute ist die persönliche Erlassbedürftigkeit für die Ehegatten unter Einbeziehung ihrer gemeinsamen Einkommens- und Vermögenslage zu würdigen (vgl. zuletzt BFH v. 26.10.2011, VII R 50/10, www.stotax-first.de, m.w.N.). Die wirtschaftliche Existenz ist gefährdet, wenn ohne Billigkeitsmaßnahmen der notwendige Lebensunterhalt des Stpfl. und der mit ihm in Haushaltsgemeinschaft lebenden Personen vorübergehend oder dauernd nicht mehr bestritten werden kann (**Erlassbedürftigkeit**); diese ist nicht gegeben, wenn der Stpfl. trotz Aufforderung durch das Finanzamt seine wirtschaftlichen Verhältnisse nicht umfassend darlegt, obwohl ihm dies möglich und zumutbar gewesen war (FG München v. 28.1.2015, 3 K 2267/12, EFG 2015, 882).

Weitere Voraussetzung ist, dass der Stpfl. auch erlasswürdig ist. **Erlasswürdigkeit** liegt nur vor, wenn der Stpfl. seine mangelnde Leistungsfähigkeit nicht selbst herbeigeführt oder durch sein Verhalten nicht in eindeutiger Weise gegen die Interessen der Allgemeinheit verstoßen hat. Ein Verstoß gegen die Interessen der Allgemeinheit liegt vor, wenn der Stpfl. seine Steuerschulden über mehrere Jahre anwachsen lässt, sich um eine Tilgung der Rückstände nicht bemüht und seinen Steuererklärungspflichten nicht nachkommt (zuletzt FG Berlin-Brandenburg v. 10.5.2011, 5 K 5403/07, www.stotax-first.de).

Erlasswürdigkeit ist z.B. nicht gegeben, wenn

- ein Steuerberater dauernd bewusst pflichtwidrig verspätet Lohnsteuer anmeldet und abführt – die Säumniszuschläge können deshalb nicht erlassen werden (FG Hamburg v. 30.12.1999, II 351/99, EFG 2000, 475);
- empfangene Schmiergeldzahlungen nicht erklärt und versteuert wurden; auch keine abweichende Steuerfestsetzung aus persönlichen Billigkeitsgründen für die Rückzahlung von Schmiergeldern, die nach dem Abflussprinzip des § 11 Abs. 2 EStG erst im Jahr der Rückzahlung steuermindernd berücksichtigt werden können (BFH v. 9.12.2009, IX B 132/09, www.stotax-first.de; Verfassungsbeschwerde durch BVerfG v. 10.5.2011, 2 BvR 259/10, nicht zur Entscheidung angenommen).

Erlasswürdigkeit ist aber i.d.R. **gegeben**, wenn der Stpfl. wegen Unerfahrenheit oder durch das Verhalten Dritter in die Notlage geraten ist (s. z.B. FG Niedersachsen v. 24.8.1994, IX 580/89, www.stotax-first.de, betr. einen Stpfl., der unbewusst einen unzuverlässigen Berater mit der Wahrnehmung seiner steuerlichen Interessen betraut hat).

c) Sachliche Unbilligkeit

1177 Sachliche Unbilligkeit liegt vor, wenn nach dem erklärten oder mutmaßlichen Willen des Gesetzgebers angenommen werden kann, dass er die im Billigkeitswege zu entscheidende Frage – hätte er sie geregelt – i.S.d. beabsichtigten Billigkeitsmaßnahme entschieden hätte oder wenn angenommen werden kann, dass die **Einziehung der Steuer den Wertungen des Gesetzgebers widerspricht**. Dies wiederum kann seinen Grund entweder in Gerechtigkeitsgesichtspunkten oder in einem Widerspruch zu dem der gesetzlichen Regelung zu Grunde liegenden Zweck haben. **§ 227 AO** ermächtigt allerdings **nicht zur Korrektur des Gesetzes**. Der Erlass ist daher nur zulässig, wenn die Einziehung der Steuer zwar dem Gesetz entspricht, aber infolge eines Gesetzesüberhangs den Wertungen des Gesetzgebers derart zuwiderläuft, dass sie unbillig erscheint (zuletzt BVerfG v. 11.5.2015, 1 BvR 741/14, HFR 2015, 882 m.w.N.).

Hiernach können z.B. Härten, die sich aus der Anwendung des sog. **Zu- und Abflussprinzips** ergeben (z.B. eine auf Grund der Steuerprogression erhöhte steuerliche Belastung bei der Nachzahlung von Arbeitslohn), nicht im Erlasswege ausgeräumt werden (zuletzt BFH v. 7.11.2006, VI R 2/05, BStBl II 2007, 315 sowie FG Baden-Württemberg v. 30.4.2009, 7 K 737/09, www.stotax-first.de, betr. die Rückzahlung von Arbeitslohn, beide m.w.N.).

Die „Erlasswürdigkeit" spielt insoweit zwar keine Rolle (BFH v. 25.4.2002, V B 73/01, BStBl II 2004, 343). Ein Steuererlass aus sachlichen Billigkeitsgründen kommt jedoch **nicht** in Betracht, wenn

- es der **Stpfl. versäumt hat, rechtzeitig Einspruch einzulegen oder über die Rechtmäßigkeit einer Steuerfestsetzung bereits rechtskräftig entschieden worden und die Steuerfestsetzung somit bestandskräftig** ist. Ein Erlass dient nicht dazu, die Folgen schuldhafter Versäumnis von Rechtsbehelfsmöglichkeiten auszugleichen; dies gilt auch, wenn eine bestandskräftig festgesetzte Steuer im Widerspruch zu einer später entwickelten Rechtsprechung steht (zuletzt BFH v. 21.1.2015, X R 40/12, HFR 2015, 433 betr. den Abzug von Schulgeld als Sonderausgaben);
- ein Steuerberater **regelmäßig verspätet Lohnsteuer anmeldet** und der Zahlungseingang unter Verwirklichung des mit der Ausnutzung der Schonfrist bewusst eingegangenen Risikos erst am Tag nach Ablauf der Schonfrist erfolgt (FG Hamburg v. 30.12.1999, II 351/99, EFG 2000, 475);
- sich der Arbeitnehmer damit einverstanden erklärt hat, dass der geldwerte Vorteil für die private Nutzung eines vom Arbeitgeber zur Nutzung überlassenen Pkw nach der **1 %-Regelung** versteuert wird; er kann nicht den Erlass von Einkommensteuer mit der Begründung verlangen, er habe die laufenden Kosten für den Unterhalt des Fahrzeugs selbst tragen müssen (FG Saarland v. 12.6.2001, 2 K 234/97, www.stotax-first.de).

Dagegen kann ein **Erlass in Betracht** kommen bei

- einer **offensichtlich und eindeutig unrichtigen Steuerfestsetzung**, wenn es dem Stpfl. nicht möglich oder zumutbar war, sich gegen die Fehlerhaftigkeit rechtzeitig zu wehren (zuletzt BFH v. 11.5.2011, VIII B 156/10, www.stotax-first.de, m.w.N.) oder bei Einwendungen, die sich im konkreten Steuerrechtsverhältnis aus den **Grundsätzen von Treu und Glauben** ergeben (zuletzt BFH v. 17.4.2013, X R 6/11, HFR 2013, 972, Erlass jedoch für eine auf einem Kirchensteuer-Erstattungsüberhang beruhenden Steuernachzahlung abgelehnt). Doch hat der Grundsatz der Rechtssicherheit Vorrang vor dem Grundsatz der materiellen Richtigkeit des Steuerbescheids, wenn die Unrichtigkeit des Bescheids letztlich auf das nachlässige Verhalten des Stpfl. zurückzuführen ist (BFH v. 17.6.2004, IV R 9/02, HFR 2004, 1172);
- einer **Verschärfung der Rechtsprechung**, sofern die Verwaltung den Vertrauensschutz nicht durch allgemeine Billigkeitsregelungen oder Übergangsregelungen berücksichtigt hat (BFH v. 26.9.2007, V B 8/06, BStBl II 2008, 405);
- Annahme eines steuerlich unbeachtlichen sog. **Liebhaberei-Betriebs** mit der Folge, dass auch ein Betriebsausgabenabzug der **Gehaltszahlungen an die Ehefrau** abgelehnt wird; die Besteuerung der Gehaltszahlungen würde dann den Wertungen des Gesetzgebers zuwiderlaufen, weil sie die finanzielle Leistungsfähigkeit der ehelichen Erwerbsgemeinschaft nicht erhöht haben (BFH v. 17.11.2004, X R 62/01, BStBl II 2005, 336);
- einem **Fehlverhalten einer Behörde**, wenn dieses ohne hinzutretendes Verschulden des Stpfl. zur Entstehung oder Erhöhung einer Steuer geführt hat (BFH v. 24.8.2011, I R 87/10, HFR 2012, 252 sowie v. 23.4.2012, I B 100/11, www.stotax-first.de, m.w.N.).

2. Anträge des Arbeitgebers

1178 Der Arbeitgeber erhebt die Lohnsteuer nur **treuhänderisch** für den Arbeitnehmer; diese Lohnsteuer kann ihm deshalb **nicht erlassen** werden.

Eine **Ausnahme** kommt allenfalls in Betracht, wenn es gilt, einen ohne Verschulden in Not geratenen **Unternehmer vor dem Zusammenbruch zu retten** und Arbeitsplätze zu erhalten (FG Hamburg v. 21.8.1985, II 146/83, EFG 1986, 203).

Schuldet der **Arbeitgeber hingegen selbst Lohnsteuer**, also

- bei der **Pauschalierung der Lohnsteuer** (→ *Pauschalierung der Lohnsteuer* Rz. 2174) oder
- wenn er als **Haftungsschuldner** in Anspruch genommen wird (→ *Haftung für Lohnsteuer: Allgemeine Grundsätze* Rz. 1493),

und liegen die o.g. Erlassvoraussetzungen vor, dann kann auch er bei seinem Betriebsstättenfinanzamt einen Antrag auf Erlass von Lohnsteuer stellen.

3. Anträge des Arbeitnehmers

1179 Im **Lohnsteuerabzugsverfahren** kann grundsätzlich kein Erlass ausgesprochen werden, sondern frühestens nach Abgabe der Lohnsteuer-Anmeldung und damit der Festsetzung der angemeldeten Lohnsteuer. Der Arbeitnehmer kann aber bei seinem Wohnsitzfinanzamt im Rahmen der **Veranlagung zur Einkommensteuer** bei Vorliegen sachlicher oder persönlicher Billigkeitsgründe einen Steuererlass beantragen.

Kein Erlassgrund sind die häufig von Pfarrern und Anhängern der Friedensbewegung geltend gemachten **Gewissensgründe** gegen die Erhebung einer Steuer, soweit Steuermitteln für militärische Zwecke verwendet werden (BVerfG v. 6.6.2012, 1 BvR 503/09, www.stotax-first.de).

Wie zu verfahren ist, wenn ein Stpfl. i.R.d. sog. **Verbraucherinsolvenzverfahrens** beim Finanzamt einen Antrag auf Erlass von Steuerschulden stellt, ist in BMF v. 11.1.2002, IV A 4 – S 0550 – 1/02, BStBl I 2002, 132 ausführlich dargelegt.

Ermäßigungsverfahren

→ *Lohnsteuer-Ermäßigungsverfahren* Rz. 1905

Ersatzdienstleistende

→ *Zivildienst* Rz. 3228

Ersatzkassen

→ *Krankenversicherung: gesetzliche* Rz. 1717

Erschwerniszuschläge

→ *Arbeitslohn-ABC* Rz. 255, → *Zulagen* Rz. 3355

Erstattungsverfahren bei Lohnfortzahlung

→ *Lohnfortzahlung: Erstattungsverfahren für Arbeitgeber* Rz. 1785

Erstattung von Lohnsteuer

1180 Es kommt häufig vor, dass der Arbeitgeber zu viel Lohnsteuer einbehalten hat, weil er z.B. eine Steuerbefreiungsvorschrift übersehen hat. Für diesen Fall gibt es **folgende Korrekturmöglichkeiten:**

1. Änderung des Lohnsteuerabzugs nach § 41c EStG

1181 Im „Normalfall" wird der **Arbeitgeber** den Fehler noch im laufenden Kalenderjahr bei der **nächstfolgenden Lohnzahlung korrigieren** (§ 41c Abs. 1 Satz 1 EStG). Eine Verpflichtung des Arbeitgebers hierzu besteht im Allgemeinen nicht. Die Änderung ist sogar **ausgeschlossen**, wenn der Arbeitnehmer im Laufe des Jahres aus dem **Dienstverhältnis ausgeschieden** ist und der Arbeitgeber bereits die Lohnsteuerbescheinigung ausgeschrieben hat (§ 41c Abs. 3 Satz 1 EStG). Einzelheiten hierzu → *Änderung des Lohnsteuerabzugs* Rz. 111.

2. Lohnsteuer-Jahresausgleich durch den Arbeitgeber

1182 Fehler beim laufenden Lohnsteuerabzug können auch noch i.R.d. Lohnsteuer-Jahresausgleichs nach § 42b EStG korrigiert werden (→ *Lohnsteuer-Jahresausgleich durch den Arbeitgeber* Rz. 1926). Aber auch diese Regelung kommt z.B. dann nicht in Betracht, wenn der Arbeitnehmer am Jahresende **nicht mehr in einem Dienstverhältnis** zum Arbeitgeber gestanden hat. Bei **Arbeitgebern mit weniger als zehn Arbeitnehmern** zum Jahresende ist der Arbeitgeber ohnehin nicht zur Durchführung des Lohnsteuer-Jahresausgleichs verpflichtet (§ 42b Abs. 1 EStG).

3. Einkommensteuerveranlagung auf Antrag

1183 Nach Ablauf des Kalenderjahrs kann der **Arbeitnehmer** nach § 46 Abs. 2 Nr. 8 EStG – wenn er nicht bereits „von Amts wegen" zur Einkommensteuer veranlagt wird (sog. Pflichtveranlagung) – von sich aus eine Einkommensteuerveranlagung zur Anrechnung der Lohnsteuer auf die Einkommensteuer beantragen (sog. **Antragsveranlagung**), bei der der überhöhte Lohnsteuerabzug korrigiert wird. Die **zweijährige Antragsfrist** (§ 46 Abs. 2 Nr. 8 Satz 2 EStG a.F.) ist i.R.d. Jahressteuergesetzes 2008 **gestrichen** worden. Einzelheiten → *Veranlagung von Arbeitnehmern* Rz. 2973.

> **Beispiel:**
> Der Arbeitgeber hat übersehen, am 1.7.2016 gezahlten Arbeitslohn für mehrere Jahre tarifermäßigt zu versteuern. Am 1.10.2016 ist der Arbeitnehmer aus dem Dienstverhältnis ausgeschieden.
>
> Der Arbeitnehmer muss diesen Fehler spätestens im Rahmen einer Antragsveranlagung zur Einkommensteuer für das Jahr 2016 korrigieren lassen.

4. Erstattung nach § 37 Abs. 2 AO

1184 Will der **Arbeitnehmer** im vorstehenden Beispiel mit der Erstattung überzahlter Lohnsteuer nicht bis zum Ende des Jahres oder gar bis zur Einkommensteuerveranlagung warten, kann er bereits im **laufenden Kalenderjahr beim Finanzamt einen Erstattungsantrag** nach § 37 Abs. 2 AO stellen. Ein solcher Antrag muss innerhalb der Verjährungsfrist von vier Jahren gestellt werden.

Diese recht lange Frist hat aber kaum praktische Bedeutung, weil die sog. **Antragsveranlagung** dieser Erstattungsmöglichkeit als „lex specialis" **im Range vorgeht**. Hat es der Arbeitnehmer versäumt, seine Erstattungsansprüche nach Ablauf des Jahres im Rahmen einer Antragsveranlagung geltend zu machen, so kann er später keine Erstattung nach § 37 Abs. 2 AO begehren (BFH v. 20.5.1983, VI R 111/81, BStBl II 1983, 584). Das Gleiche gilt, wenn der Arbeitnehmer einen **Einkommensteuerbescheid** erhalten hat und dieser bestandskräftig geworden ist. Eine weitergehende Erstattung kann dann später nicht mehr nach § 37 Abs. 2 AO verlangt werden (BFH v. 12.10.1995, I R 39/95, BStBl II 1996, 87).

Von Bedeutung ist diese Möglichkeit daher eher bei **beschränkt Stpfl.**, die keine Veranlagung zur Einkommensteuer nach § 46 EStG beantragen können.

5. Erstattung aus Billigkeitsgründen

1185 Grundsätzlich kann der Arbeitnehmer bei seinem Wohnsitzfinanzamt auch eine Erstattung der Lohnsteuer aus sachlichen oder persönlichen Billigkeitsgründen beantragen (§ 227 AO). Diese Voraussetzungen für einen Steuererlass dürften aber nur in Ausnahmefällen gegeben sein (→ Rz. 1175).

6. Erstattung von Lohnsteuer an den Arbeitgeber

1186 In folgenden Fällen hat eine Erstattung der Lohnsteuer an den Arbeitgeber zu erfolgen:

– Der Arbeitgeber hat bei einer **Pauschalierung** der Lohnsteuer zu **hohe Beträge an das Finanzamt abgeführt**. In diesem Fall ist er **selbst Steuerschuldner** und somit unmittelbar erstattungsberechtigt (BFH v. 3.11.1972, VI R 270/69, BStBl II 1973, 128; BFH v. 12.12.1975, VI B 124/75, BStBl II 1976, 543); → *Pauschalierung der Lohnsteuer* Rz. 2174.

– Der Arbeitgeber hat nach einem **Haftungsbescheid** zwar zunächst Lohnsteuer an das Finanzamt nachgezahlt, den **Bescheid jedoch erfolgreich angefochten** (BFH v. 15.2.1963, VI 3/62 U, BStBl III 1963, 226).

– Der Arbeitgeber hat **Lohnsteuer versehentlich doppelt gezahlt**.

– Der Arbeitgeber hat die Rechtmäßigkeit der Lohnsteuererhebung bestritten und zunächst unter **Vorbehalt gezahlt** (RFH v. 28.10.1937, RStBl 1937, 1182).

– Der Arbeitgeber hat Lohnsteuer für einen bereits **ausgeschiedenen Arbeitnehmer** abgeführt, **ohne dass dem Steuerabzug Arbeitslohn gegenüberstand** (RFH v. 6.2.1941, RStBl 1941, 164; BFH v. 24.11.1961, VI 88/61 U, BStBl III 1962, 93; FG Düsseldorf v. 25.11.1960, EFG 1961, 366).

– Der Arbeitgeber hat bei einer **Nettolohnzahlung zu viel Lohnsteuer entrichtet**, in der Steuerkarte aber die zutreffende Steuer bescheinigt (BFH v. 17.9.1974, VI R 227/71, n.v.).

– Der Arbeitgeber hat für eine Entlassungsentschädigung, die dann **tatsächlich nicht zur Auszahlung gekommen** ist, Lohnsteuer usw. an das Finanzamt abgeführt (BFH v. 15.11.1999, VII B 155/99, www.stotax-first.de).

– Der **Arbeitgeber berichtigt seine Lohnsteueranmeldung**, weil er für einen an der Firma beteiligten Kommanditisten zu Unrecht Lohnsteuer abgeführt hat (FG Hamburg v. 4.7.2012, 1 K 12/10, www.stotax-first.de).

Auch → *Erlass von Lohnsteuer* Rz. 1175.

Erstattung von Sozialversicherungsbeiträgen

→ *Beitragserstattung* Rz. 587

Erste Tätigkeitsstätte

→ *Reisekosten: Allgemeine Grundsätze* Rz. 2409, → *Wege zwischen Wohnung und erster Tätigkeitsstätte* Rz. 3133

Erstmalige Berufsausbildung

→ *Fortbildung* Rz. 1296

Erststudium

→ *Fortbildung* Rz. 1296

Erzieher

→ *Praktikanten* Rz. 2313, → *Arbeitnehmer-ABC* Rz. 188

Erziehungsbeihilfen

→ *Arbeitslohn-ABC* Rz. 255

Erziehungsgeld

→ *Betreuungsgeld* Rz. 673

Erziehungsurlaub

→ *Elternzeit* Rz. 1065

Fachstudienreisen

→ *Reiseveranstalter: Arbeitnehmerreisen* Rz. 2523, → *Reisekosten: Allgemeine Grundsätze* Rz. 2400

Fahrergestellung

→ *Firmenwagen zur privaten Nutzung* Rz. 1226

Fahrerlaubnis

→ *Führerschein* Rz. 1355

Fahrgemeinschaften

→ *Wege zwischen Wohnung und erster Tätigkeitsstätte* Rz. 3133

Fahrpreisermäßigungen

→ *Freiflüge* Rz. 1333, → *Rabatte* Rz. 2345

Fahrrad

1. Vorgesehene Gesetzesänderung

1187 Der Bundesrat hat einen Gesetzentwurf zur steuerlichen Förderung der Elektromobilität beim Deutschen Bundestag eingebracht (BR-Drucks. 114/15 - Beschluss). Durch den Gesetzentwurf soll – begrenzt auf die Jahre 2015 bis 2019 (neuer § 52 Abs. 4 EStG) – Elektromobilität gefördert werden, und zwar durch

- **eine Steuerbefreiung für das von Arbeitgebern gewährte kostenfreie oder verbilligte Aufladen privater Elektrofahrzeuge (neuer § 3 Nr. 46 EStG),**
- eine Sonderabschreibung für Elektrofahrzeuge und Ladevorrichtungen im betrieblichen Bereich (neuer § 7e EStG).

Darüber hinaus bittet der Bundesrat in einer Entschließung die Bundesregierung, im weiteren Gesetzgebungsverfahren zu prüfen, wie der rechtliche Rahmen für eine deutlich stärkere Nutzung von Zweirädern mit Elektrounterstützung und mit Elektroantrieb auch in der betrieblichen Mobilität verbessert werden kann.

Über den Abschluss des Gesetzgebungsverfahrens und eventuelle Abweichungen unterrichten wir Sie unverzüglich durch unseren Online-Aktualisierungsdienst (s. Benutzerhinweise auf S. IV).

2. Geltende Regelungen

Überlässt der Arbeitgeber oder auf Grund des Dienstverhältnisses **1188** ein Dritter dem Arbeitnehmer ein Fahrrad zur privaten Nutzung, so ist der darin liegende **Sachbezug** steuer- und beitragspflichtig. Die Finanzverwaltung hat für die **Bewertung** dieser Sachbezüge ab dem Kalenderjahr 2012 **Durchschnittswerte** festgesetzt (gleich lautende Ländererlasse v. 23.11.2012, BStBl I 2012, 1224):

Nach § 8 Abs. 2 Satz 10 EStG wird als monatlicher Durchschnittswert der privaten Nutzung (einschließlich Privatfahrten, Fahrten zwischen Wohnung und regelmäßiger Arbeitsstätte (bzw. ab 2014 erster Tätigkeitsstätte) und Heimfahrten im Rahmen einer doppelten Haushaltsführung) **1 %** der auf volle 100 € abgerundeten **unverbindlichen Preisempfehlung des Herstellers**, Importeurs oder Großhändlers im Zeitpunkt der Inbetriebnahme des Fahrrads einschließlich der Umsatzsteuer festgesetzt. Die Freigrenze für Sachbezüge nach § 8 Abs. 2 Satz 11 EStG ist nicht anzuwenden (→ *Sachbezüge* Rz. 2605).

Gehört die Nutzungsüberlassung von Fahrrädern zur Angebotspalette des Arbeitgebers an fremde Dritte (z.B. Fahrradverleihfirmen), ist der geldwerte Vorteil nach § 8 Abs. 3 EStG zu ermitteln, wenn die Lohnsteuer nicht nach § 40 EStG pauschal erhoben wird. Bei Personalrabatten ist der Rabattfreibetrag i.H.v. 1 080 € zu berücksichtigen (→ *Rabatte* Rz. 2347).

Die vorstehenden Regelungen gelten **auch für Elektrofahrräder**, wenn diese verkehrsrechtlich als Fahrrad einzuordnen (u.a. keine Kennzeichen- und Versicherungspflicht) sind.

Ist ein **Elektrofahrrad** verkehrsrechtlich als **Kraftfahrzeug** einzuordnen (z.B. gelten Elektrofahrräder, deren Motor auch Geschwindigkeiten über 25 km/h unterstützt, als Kraftfahrzeuge), ist für die Bewertung des geldwerten Vorteils § 8 Abs. 2 Sätze 2 bis 5 i.V.m. § 6 Abs. 1 Nr. 4 Satz 2 EStG anzuwenden (→ *Firmenwagen zur privaten Nutzung* Rz. 1226).

Ersatzleistungen des Arbeitgebers an Arbeitnehmer für **Aufwendungen bei Wegen zwischen Wohnung und erster Tätigkeitsstätte** gehören grundsätzlich zum steuerpflichtigen Arbeitslohn (R 19.3 Abs. 3 Satz 2 Nr. 2 LStR). Der Arbeitgeber kann „Fahrradgelder" jedoch nach § 40 Abs. 2 Satz 2 EStG mit 15 % pauschal versteuern, soweit der Arbeitnehmer die Aufwendungen als Werbungskosten abziehen könnte. Einzelheiten hierzu → *Wege zwischen Wohnung und erster Tätigkeitsstätte* Rz. 3167.

Die Steuerbefreiung nach § 3 Nr. 30 EStG für Werkzeuggeld findet keine Anwendung, weil das Fahrrad **kein Werkzeug** i.S. dieser Vorschrift ist (vgl. R 3.30 LStR sowie BFH v. 21.8.1995, VI R 30/95, BStBl II 1995, 906); → *Werkzeuggeld* Rz. 3195.

Benutzt der Arbeitnehmer sein Fahrrad für **Auswärtstätigkeiten**, z.B. für Botendienste innerhalb eines Stadtgebiets, kann ihm der Arbeitgeber nach § 3 Nr. 16 EStG als Reisekosten die tatsächlichen Aufwendungen steuerfrei ersetzen.

Fahrräder sind ebenso wie Kraftfahrzeuge selbst bei beruflicher Mitbenutzung steuerrechtlich regelmäßig **kein Arbeitsmittel** i.S.d. § 9 Abs. 1 Satz 3 Nr. 6 EStG – ein sofortiger Werbungskostenabzug ist daher nicht möglich (BFH v. 14.11.2005, X B 106/05, www.stotax-first.de).

Fahrtätigkeit

→ *Reisekosten: Allgemeine Grundsätze* Rz. 2409

Fahrtenbuch

→ *Firmenwagen zur privaten Nutzung* Rz. 1226

Fahrten zwischen Wohnung und Arbeitsstätte

→ *Wege zwischen Wohnung und erster Tätigkeitsstätte* Rz. 3133 **1189**

LSt = keine Lohnsteuerpflicht
LSt = Lohnsteuerpflicht

Fahrtkosten

→ *Reisekosten: Allgemeine Grundsätze* Rz. 2409, → *Reisekosten: Erstattungen* Rz. 2465, → *Wege zwischen Wohnung und erster Tätigkeitsstätte* Rz. 3127

Fahrtkostenerstattungen/ Fahrtkostenzuschüsse

1. Allgemeines

1190 Erhalten Arbeitnehmer von ihrem Arbeitgeber die Möglichkeit, Beförderungsmittel kostenlos oder verbilligt zu benutzen, so kommt es auf den **Zweck der Fahrt** an, ob eine **Fahrtkostenerstattung** bzw. ein **Fahrtkostenzuschuss** als Vorteil zum Arbeitslohn gehört oder nicht.

Folgende Fallgestaltungen sind zu unterscheiden:

2. Privat veranlasste Fahrten

a) Fahrten zwischen Wohnung und erster Tätigkeitsstätte

1191 Stellt der Arbeitgeber dem Arbeitnehmer für Fahrten zwischen Wohnung und erster Tätigkeitsstätte ein Beförderungsmittel zur Verfügung oder werden dem Arbeitnehmer die Aufwendungen für ein Beförderungsmittel erstattet (z.B. Pkw, Motorrad oder Taxi), so ist der Vorteil steuer- und beitragspflichtig.

LSt SV

Der Arbeitgeber kann den Vorteil i.R.d. § 40 Abs. 2 Satz 2 EStG pauschal mit 15 % versteuern. Insoweit ist der Vorteil beitragsfrei (→ *Wege zwischen Wohnung und erster Tätigkeitsstätte* Rz. 3167).

LSt SV

b) Familienheimfahrten

1192 Stellt der Arbeitgeber dem Arbeitnehmer für Familienheimfahrten ein Beförderungsmittel, z.B. einen Firmenwagen, zur Verfügung, so ist kein steuerpflichtiger Arbeitslohn anzunehmen, wenn

– beim Arbeitnehmer eine steuerlich anzuerkennende doppelte Haushaltsführung vorliegt und

– der Arbeitnehmer lediglich **eine** wöchentliche Heimfahrt durchführt.

LSt SV

In allen anderen Fällen führt die Freifahrtberechtigung zu steuerpflichtigem Arbeitslohn.

c) Privatfahrten ohne Bezug zum Dienstverhältnis

1193 Stellt der Arbeitgeber dem Arbeitnehmer für Privatfahrten ein Beförderungsmittel, z.B. einen Firmenwagen, oder einen Fahrschein für ein Verkehrsmittel, z.B. eine Bahnfahrkarte, zur Verfügung, so ist grundsätzlich steuer- und beitragspflichtiger Arbeitslohn anzunehmen.

LSt SV

d) Besonderheiten

1194 Handelt es sich beim Arbeitgeber um ein Mietwagenunternehmen, das seinen Arbeitnehmern Firmenwagen kostenlos zur Verfügung stellt, oder werden die Fahrscheine von Verkehrsbetrieben an **eigene Arbeitnehmer** kostenlos abgegeben, ist auf den Vorteil der **Rabattfreibetrag von 1 080 €** anzuwenden (FinMin Schleswig-Holstein v. 17.5.1994, VI 340b – S 2334 – 139, DB 1994, 1162). Der Vorteil bleibt in diesen Fällen steuer- und beitragsfrei, wenn der Betrag von 1 080 € im Kalenderjahr nicht überschritten wird. Maßgebend ist der um **4 % geminderte Endpreis** des Arbeitgebers. Dies gilt **auch für Pensionäre**, die vom früheren Arbeitgeber eine Freifahrtberechtigung erhalten. Einzelheiten → *Rabatte* Rz. 2345.

Werden auch **Angehörigen des Arbeitnehmers** Freifahrtberechtigungen gewährt, so ist dieser Vorteil dem Arbeitnehmer zuzurechnen. Der Angehörige selbst hat keinen „eigenen" Rabattfreibetrag.

Fälligkeit der Sozialversicherungsbeiträge

Beispiel:
Ein Arbeitnehmer ist bei einem Nahverkehrsbetrieb beschäftigt. Der Arbeitnehmer erhält für sich, für seinen Ehegatten sowie für seine beiden minderjährigen Kinder kostenlos Jahreskarten. Der Wert der Jahreskarte beträgt für Erwachsene 600 € und für Kinder 325 €.
Der Wert der kostenlosen Jahreskarten für die Ehefrau und die Kinder ist dem Arbeitnehmer zuzurechnen. Der zu versteuernde geldwerte Vorteil ermittelt sich wie folgt:

	Jahreskarte des Arbeitnehmers	600 €
+	Jahreskarte des Ehegatten	600 €
+	Jahreskarten der Kinder (2 × 325 €)	650 €
	insgesamt	1 850 €
./.	4 % von 1 850 €	74 €
	Geldwerter Vorteil	1 776 €
./.	Rabattfreibetrag	1 080 €
=	zu versteuern	696 €

Der Arbeitnehmer hat 696 € als geldwerten Vorteil zu versteuern.

3. Dienstlich veranlasste Fahrten

1195 Stellt der Arbeitgeber dem Arbeitnehmer für eine Auswärtstätigkeit ein Beförderungsmittel, z.B. einen Firmenwagen, oder einen Fahrschein für ein Verkehrsmittel, z.B. eine Bahnfahrkarte, zur Verfügung, so ist kein steuerpflichtiger Arbeitslohn anzunehmen (→ *Reisekosten: Erstattungen* Rz. 2465).

LSt SV

Faktisches Arbeitsverhältnis

→ *Arbeitsvertrag* Rz. 275

Faktorverfahren

→ *Steuerklassen* Rz. 2751

Fälligkeit der Sozialversicherungsbeiträge

1. Allgemeines

1196 Für die Fälligkeit der Sozialversicherungsbeiträge gelten nach § 23 Abs. 1 Satz 1 SGB IV die Regelungen der Satzung der Einzugsstelle. Die Einzugsstellen können den Fälligkeitstermin im Rahmen der ihnen zugestandenen Satzungsautonomie regeln. Allerdings haben sie dabei den nach § 23 Abs. 1 Satz 2 SGB IV spätesten Fälligkeitstermin (drittletzten Bankarbeitstag des Monats) für den Gesamtsozialversicherungsbeitrag zu berücksichtigen.

Die Fälligkeitsregelung kennt innerhalb eines Kalendermonats **einen Fälligkeitstag**. Danach sind die Beiträge, die nach dem Arbeitsentgelt bemessen werden,

– in voraussichtlicher Höhe der Beitragsschuld spätestens am drittletzten Bankarbeitstag des Monats fällig, in dem die Beschäftigung, mit der das Arbeitsentgelt erzielt wird, ausgeübt worden ist oder als ausgeübt gilt,

– ein verbleibender Restbetrag wird zum drittletzten Bankarbeitstag des Folgemonats fällig.

Darüber hinaus besteht die Möglichkeit, an Stelle der voraussichtlichen Höhe der Beitragsschuld den Gesamtsozialversicherungsbeitrag in Höhe des Vormonatssolls zu zahlen, wenn Änderungen der Beitragsabrechnung regelmäßig durch Mitarbeiterwechsel oder variable Entgeltbestandteile dies erfordern.

Der Zahlungszeitpunkt für die Gesamtsozialversicherungsbeiträge wird dem Grunde nach zeitlich mit der Erbringung der ihm zu Grunde liegenden Arbeitsleistung und der Entstehung des Anspruchs verbunden und somit nicht von der – vielfach nachträglich stattfindenden – Abrechnung der Arbeitsentgelte abhängig gemacht.

2. Voraussichtliche Höhe

1197 Die Fälligkeitsregelung stellt zunächst auf die voraussichtliche Höhe der Beitragsschuld aus der erbrachten Arbeitsleistung des Beschäftigten ab. Bei Zahlung gleich bleibender Arbeitsentgelte wird die Höhe der Beitragsschuld mit nachhaltiger Sicherheit bestimmt werden können, so dass es in diesen Fällen im Allgemeinen

Fälligkeit der Sozialversicherungsbeiträge

der Ermittlung einer vorläufigen Beitragsschuld nicht bedarf und die voraussichtliche Beitragsschuld gleichzeitig die endgültige Beitragsschuld darstellt.

Kann tatsächlich nur eine voraussichtliche Höhe der Beitragsschuld ermittelt werden, gelten für deren Bestimmung folgende Grundsätze:

- Der Terminus „voraussichtliche Höhe der Beitragsschuld" stellt einen unbestimmten Rechtsbegriff dar. Es handelt sich hierbei nicht um einen bloßen Abschlag, dessen Betrag in das Belieben des Arbeitgebers gestellt ist.
- Die voraussichtliche Höhe der Beitragsschuld ist so zu bemessen, dass der Restbeitrag, der erst im Folgemonat fällig wird, so gering wie möglich bleibt. Dies wird dadurch erreicht, dass das Beitragssoll des letzten Entgeltabrechnungszeitraums unter Berücksichtigung der eingetretenen Änderungen in der Zahl der Beschäftigten, der Arbeitstage bzw. Arbeitsstunden sowie der einschlägigen Entgeltermittlungsgrundlagen und Beitragssätze aktualisiert wird. Eine eventuelle Überzahlung wird mit der nächsten Fälligkeit ausgeglichen.
- Andere – im Ergebnis vergleichbare – Berechnungen sind zulässig, solange der gesetzlichen Intention Rechnung getragen wird, dass die voraussichtliche Höhe der Beitragsschuld keinen bloßen Abschlag darstellt, sondern tatsächlich der endgültigen Beitragsschuld nahezu entspricht.
- Durchschnittsberechnungen sind dagegen grundsätzlich nicht als geeignetes Mittel anzusehen, um die voraussichtliche Höhe der Beitragsschuld zu ermitteln. Insoweit gilt es letztlich zu beachten, dass die voraussichtliche Höhe der Beitragsschuld keine Gesamtsumme aller Beiträge darstellt, sondern dem Grunde nach für jeden einzelnen Arbeitnehmer zu ermitteln ist und somit auch von Einzugsstelle zu Einzugsstelle separat festgestellt werden muss.
- Die Parameter, nach denen die voraussichtliche Höhe der Beitragsschuld ermittelt wurde, sind zu dokumentieren.

Die angewendeten Verfahrensversionen zur Ermittlung der voraussichtlichen Höhe der Beitragsschuld müssen nur einmalig nachgewiesen werden. Je Anwendung muss zur Beitragsabrechnung allerdings nachprüfbar dokumentiert werden, welche Verfahrensversion angewendet wurde und welche Parameter zugeführt wurden.

a) Berücksichtigung variabler Entgeltbestandteile

1198 Bei der Ermittlung der voraussichtlichen Höhe der Beitragsschuld sind grundsätzlich auch variable Arbeitsentgeltbestandteile zu berücksichtigen. Sofern variable Arbeitsentgeltbestandteile zeitversetzt gezahlt werden und dem Arbeitgeber eine Berücksichtigung dieser Arbeitsentgeltteile bei der Beitragsberechnung für den Entgeltabrechnungszeitraum, in dem sie erzielt wurden, nicht möglich ist, können diese zur Beitragsberechnung dem Arbeitsentgelt des nächsten oder übernächsten Entgeltabrechnungszeitraums hinzugerechnet werden (→ *Beiträge zur Sozialversicherung* Rz. 548).

b) Einmalig gezahltes Arbeitsentgelt

1199 Beitragsansprüche der Versicherungsträger entstehen, sobald ihre im Gesetz oder auf Grund eines Gesetzes bestimmten Voraussetzungen vorliegen. Bei einmalig gezahltem Arbeitsentgelt entstehen die Beitragsansprüche, sobald dieses ausgezahlt worden ist. Unter dem Gesichtspunkt der Beitragsfälligkeit in Höhe der voraussichtlichen Beitragsschuld kann die Fälligkeit der Beiträge aus einmalig gezahltem Arbeitsentgelt nicht allein am bloßen Vorgang der Auszahlung festgemacht werden. Vielmehr hat der Arbeitgeber bei der Ermittlung der voraussichtlichen Beitragsschuld für den Beitragsmonat festzustellen, ob die Einmalzahlung mit hinreichender Sicherheit in diesem Beitragsmonat ausgezahlt wird. Dieser Tatbestand wird dem Arbeitgeber zu dem Zeitpunkt, an dem er die voraussichtliche Höhe der Beitragsschuld festzustellen hat, in aller Regel bekannt sein. Deshalb werden die Beiträge aus einmalig gezahltem Arbeitsentgelt im Rahmen der Regelungen über die Höhe der voraussichtlichen Beitragsschuld in dem Monat fällig, in dem das einmalig gezahlte Arbeitsentgelt ausgezahlt werden soll. Dies gilt auch dann, wenn die Einmalzahlung zwar noch in dem laufenden Monat, aber erst nach dem für diesen Monat geltenden Fälligkeitstermin ausgezahlt wird.

3. Beitragssoll

a) Grundsätzliches

1200 Die Fälligkeitsregelung stellt auf die voraussichtliche Beitragsschuld aus der erbrachten Arbeitsleistung des Beschäftigten ab. Der Zahlungszeitpunkt des Gesamtsozialversicherungsbeitrags wird damit dem Grunde nach zeitlich mit der Erbringung der ihm zu Grunde liegenden Arbeitsleistung und der Entstehung des Anspruchs verbunden. Allerdings bezieht sich die so ausgestaltete Beitragspflicht nur auf die voraussichtliche Beitragsschuld für den laufenden Monat. Folglich gilt als Beitragssoll des jeweiligen Abrechnungsmonats

- die voraussichtliche Höhe der Beitragsschuld des jeweiligen Monats, in dem die Beschäftigung, mit der das Arbeitsentgelt erzielt wird, ausgeübt worden ist oder als ausgeübt gilt, sowie
- ein verbleibender Restbeitrag des Vormonats oder der Ausgleich einer eventuellen Überzahlung aus dem Vormonat.

Der Restbeitrag wird nicht rückwirkend dem Vormonat (Ursprungsmonat der Arbeitsleistung) zugeordnet.

b) Vereinfachungsregelung

1201 Der Arbeitgeber kann abweichend von der Regelung zur Bestimmung der voraussichtlichen Höhe der Beitragsschuld den Gesamtsozialversicherungsbeitrag in Höhe des Vormonatssolls der Echtabrechnung zahlen, wenn Änderungen der Beitragsberechnung regelmäßig durch Mitarbeiterwechsel oder Zahlung variabler Entgeltbestandteile dies erfordern. Der Ausgleich zwischen den nach dem Vormonatssoll gezahlten Beiträgen auf Basis der Echtabrechnung und der tatsächlichen Beitragsschuld findet mit der Entgeltabrechnung im Folgemonat statt, d.h., ein verbleibender Restbetrag ist in diesen Fällen ebenfalls spätestens zum drittletzten Bankarbeitstag des Folgemonats fällig.

Hierbei handelt es sich um eine Alternativmöglichkeit. Auch wenn die Voraussetzungen für die Vereinfachungsregelung vorliegen sollten, kann der Arbeitgeber die bisherige Verfahrensweise zur Ermittlung einer möglichst genauen Bestimmung der voraussichtlichen Höhe der Beitragsschuld weiterhin praktizieren. Ein Wechsel zwischen den Verfahrensweisen zur Bestimmung des Gesamtsozialversicherungsbeitrags ist nach jedem Abrechnungsmonat möglich. Für den Wechsel zur Verwendung der Beitragshöhe des Vormonats ist Voraussetzung, dass die o.a. Bedingungen erfüllt werden. Der Wechsel zwischen den Verfahrensweisen ist nachprüfbar zu dokumentieren.

Die Vereinfachungsregelung findet auf einmalig gezahltes Arbeitsentgelt keine Anwendung. Beiträge, die im Vormonat auf Einmalzahlungen entfallen sind, werden für die Ermittlung der Beitragsschuld des laufenden Monats in entsprechender Höhe von der Beitragsschuld des Vormonats abgezogen. Damit wird der Intention der Vereinfachungsregelung Rechnung getragen, Beiträge aus laufendem Arbeitsentgelt auf Vormonatsbasis entsprechend der Echtabrechnung zu zahlen, ohne dass dabei die Beiträge aus Einmalzahlungen aus dem Vormonat das Beitragssoll zu Lasten des Arbeitgebers erhöhen. Ist in dem Monat, für den die Beiträge nach der Echtabrechnung des Vormonats gezahlt werden sollen, wiederum eine Einmalzahlung zu berücksichtigen, sind die darauf entfallenden Beiträge allerdings dem auf das laufende Arbeitsentgelt des Vormonats (Echtabrechnung) entfallenden Beitragssoll hinzuzurechnen; insoweit können die Beiträge aus Einmalzahlungen nicht unberücksichtigt bleiben.

Die Vereinfachungsregelung kann durch den Arbeitgeber angewendet werden, wenn eine der nachfolgend genannten Bedingungen erfüllt ist.

- **Mitarbeiterwechsel**

Ein Mitarbeiterwechsel liegt vor, wenn eine sozialversicherungspflichtige Beschäftigung aufgenommen oder aufgegeben wird. Dies gilt unabhängig davon, ob in einem oder mehreren Zweigen der Sozialversicherung Versicherungspflicht besteht oder bestand. Von einem Mitarbeiterwechsel ist ebenfalls auszugehen, sofern der Arbeitnehmer zwischen rechtlich eigenständigen Unternehmen innerhalb eines Konzerns wechselt. Ist der Arbeitgeber eine natürliche Person mit verschiedenen Betrieben bzw. Betriebsstätten und wechselt ein Arbeitnehmer zwischen diesen verschiedenen Betrieben bzw. Betriebsstätten, findet ein Mitarbeiterwechsel nicht statt. Hierbei handelt es sich lediglich um einen Arbeitsplatzwechsel. Ein Mitarbeiterwechsel, liegt ebenfalls nicht vor, wenn der Arbeitgeber als Entleiher Leiharbeitnehmer nach dem Arbeitnehmerüberlassungsgesetz (AÜG) gewerbsmäßig zur Arbeitsleistung überlassen bekommt. Als Mitarbeiterwechsel gilt sowohl die Einstellung bzw. der Austritt eines sozialversicherungspflichtigen Beschäftigten als auch mehrerer sozialversicherungspflichtiger Beschäftigter. Im Übrigen gelten diese Aussagen auch für geringfügig Beschäftigte.

- **Variable Arbeitsentgeltbestandteile**

Zu den variablen Arbeitsentgeltbestandteilen gehören insbesondere Vergütungen für Mehrarbeit sowie Zuschläge, Zulagen und ähnliche Einnahmen, die zusätzlich zu Löhnen und Gehältern gewährt werden und deren exakte Höhe grundsätzlich erst nach Abschluss der Entgeltabrechnung ermittelt werden kann.

- **Definition des Begriffs „regelmäßig"**

Von einer Regelmäßigkeit ist immer dann auszugehen, wenn in jeder der letzten zwei abgerechneten Entgeltabrechnungen vor der aktuellen Entgeltabrechnung und bei der aktuellen Entgeltabrechnung, ab der die Vereinfachungsregelung frühestens angewendet werden kann, entweder ein Mitarbeiterwechsel oder die Zahlung eines variablen Arbeitsentgelts zu berücksichtigen war bzw. ist. Werden diese Voraussetzungen erfüllt, wird das Vorliegen der Regelmäßigkeit auf Grund einer vorausschauenden Betrachtung auch für die folgenden Entgeltabrechnungen vorerst unterstellt. Von einer Regelmäßigkeit ist erst dann nicht mehr auszugehen, wenn in jedem der letzten drei abgerechneten Entgeltabrechnungszeiträume vor der aktuellen Entgeltabrechnung ein Mitarbeiterwechsel oder die Zahlung von variablen Arbeitsentgeltbestandteilen bei der Entgeltabrechnung nicht mehr zu berücksichtigen war. Damit wird verhindert, dass der Arbeitgeber die Berechnungsweise zur Bestimmung des Gesamtsozialversicherungsbeitrags ggf. von Abrechnung zu Abrechnung umstellen muss, wenn beispielsweise nur in einem Monat kein Mitarbeiterwechsel stattfand bzw. keine variablen Arbeitsentgeltbestandteile gezahlt wurden. Vor einer erneuten Anwendung der Vereinfachungsregelung muss dann wiederum in jeder der letzten zwei abgerechneten und der aktuellen Entgeltabrechnung entweder ein Mitarbeiterwechsel oder die Zahlung eines variablen Arbeitsentgelts zu berücksichtigen sein.

Macht der Arbeitgeber von der Anwendung der Vereinfachungsregelung und damit der Zahlung des Gesamtsozialversicherungsbeitrags auf Basis der Echtabrechnung des Vormonats Gebrauch, gilt dies gegenüber allen Einzugsstellen, an die Beiträge zu zahlen sind. Eine Unterscheidung hinsichtlich der Berechnung der Höhe des Gesamtsozialversicherungsbeitrags für einzelne Einzugsstellen danach, ob für deren Versicherte variable Arbeitsentgeltbestandteile gezahlt werden bzw. nicht gezahlt werden, entfällt. Gleiches gilt für den Tatbestand des Mitarbeiterwechsels. Wird vom Arbeitgeber die Vereinfachungsregelung angewandt, ist einmalig gezahltes Arbeitsentgelt dennoch in dem Monat zu berücksichtigen, in dem es tatsächlich gezahlt wurde.

4. Drittletzter Bankarbeitstag

1202 Der Gesamtsozialversicherungsbeitrag ist spätestens am drittletzten Bankarbeitstag des Monats der Arbeitsleistung fällig. Dieser Fälligkeitstermin trägt praktischen Erwägungen Rechnung. Insoweit soll sichergestellt werden, dass den Sozialversicherungsträgern – insbesondere den Trägern der Rentenversicherung – für die Zahlung ihrer Leistungen in entsprechendem Umfang Mittel bereitstehen. Deshalb ist es erforderlich, für die Zahlung durch Arbeitgeber, Buchung und Weiterleitung durch die Krankenkassen sowie für die Wertstellung zur Rentenversicherung und zur Bundesagentur für Arbeit jeweils entsprechende Bearbeitungstage einzukalkulieren. Daraus ergibt sich, dass rechtlich auf den drittletzten Bankarbeitstag für die Zahlung durch die Arbeitgeber abgestellt wird. Die Beitragsforderung ist eine sogenannte Bringschuld (§ 270 Abs. 1 BGB). Der Beitragsschuldner trägt das Risiko des Zahlungsweges. Erfüllungsort ist der Sitz der Einzugsstelle.

Deshalb gelten für die tatsächliche Bestimmung des drittletzten Bankarbeitstags auch die Verhältnisse am Sitz der jeweiligen Einzugsstelle (Hauptverwaltung). Dies gilt auch in den Fällen, in denen einer der drei letzten Bankarbeitstage auf einen nicht bundeseinheitlichen Feiertag fällt. Bei der Feststellung der drei letzten Bankarbeitstage ist zu berücksichtigen, dass sowohl der 24. als auch der 31. Dezember eines Jahres nicht als banküblichen Arbeitstage gelten. Somit ergeben sich im Jahr 2016 folgende Fälligkeitstage:

Monat	Jan.	Feb.	März	April	Mai	Juni	Juli	Aug.	Sept.	Okt.	Nov.	Dez.
Fälligkeitstag drittletzter Bankarbeitstag	27.	25.	29.	27.	27.	28.	27.	29.	28.	27. 26.*	28.	28.

* = 31.10. Reformationstag in einigen Bundesländern

5. Beitragsnachweis

Der Beitragsnachweis richtet sich künftig nach der Beitragsschuld, die sich aus § 23 Abs. 1 Satz 2 SGB IV ergibt. Der Beitragsnachweis hat die Funktion, die voraussichtliche Höhe der Beitragsschuld anzuzeigen. In den Folgemonaten besteht das Beitragssoll aus der voraussichtlichen Höhe der Beitragsschuld des aktuellen Monats und einem eventuell verbleibenden Restbeitrag des Vormonats oder dem Ausgleich einer eventuellen Überzahlung aus dem Vormonat. Wegen des Restbeitrags nach Ermittlung der endgültigen Beitragsschuld wird ein **Korrektur-Beitragsnachweis** für den Vormonat, aus dem der Restbeitrag dem Grunde nach herrührt, **nicht erstellt**. Dies entspricht der Intention des Gesetzgebers (vgl. Gesetzesbegründung in der BT-Drucks. 15/5574). Danach soll die neue Beitragsfälligkeit die Anzahl der Abrechnungstermine für den Gesamtsozialversicherungsbeitrag bei den Arbeitgebern und den Einzugsstellen auf zwölf im Jahr begrenzen. Beiträge, die mit der voraussichtlichen Beitragsschuld zum Monatsende nicht abgerechnet werden können, sind in den Beitragsnachweis des Folgemonats aufzunehmen. **1203**

Dies gilt entsprechend auch bei Anwendung der Vereinfachungsregelung (→ Rz. 1201). Allerdings hat der Arbeitgeber **nicht die voraussichtliche Höhe** der Beitragsschuld anzuzeigen, sondern das **Beitragssoll aus dem laufenden Arbeitsentgelt** der Echtabrechnung des Vormonats unter Berücksichtigung ggf. gewährter Einmalzahlungen sowie eines eventuell verbleibenden Restbetrags des Vormonats oder des Ausgleichs einer eventuellen Überzahlung aus dem Vormonat.

Nach § 28f Abs. 3 Satz 1 SGB IV hat der Arbeitgeber der Einzugsstelle den Beitragsnachweis spätestens zwei Arbeitstage vor Fälligkeit (bereits um 0.00 Uhr) durch Datenübertragung zu übermitteln. Die Einreichungsfrist orientiert sich am Fälligkeitstag. Damit muss der Beitragsnachweis spätestens zu Beginn des fünftletzten Bankarbeitstages der Einzugsstelle vorliegen. Für die Fristenberechnung gilt § 26 Abs. 1 SGB X. Für das Kalenderjahr 2016 sind demnach folgende Termine für die späteste Einreichung des Beitragsnachweises zu berücksichtigen:

Monat	Jan.	Feb.	März	April	Mai	Juni	Juli	Aug.	Sept.	Okt.	Nov.	Dez.
Einreichungstage für BN – 2 Arbeitstage vor Fälligkeit	25.	23.	23.	25.	25. 24.*	24.	25.	25.	26.	25. 24.*	24.	23.

* = 26.5. Fronleichnam und 31.10. Reformationstag in einigen Bundesländern

6. Beitragsberechnung – Beitragsabrechnung in Sonderfällen

Die Fälligkeit des Restbeitrags wirkt sich nicht auf die Grundlagen der Beitragsberechnung aus. Insoweit bleiben Änderungen der Beitragsfaktoren für den Folgemonat, in dem der Restbeitrag fällig wird, unberücksichtigt. Für die Beitragsberechnung gelten die Beitragsfaktoren des Abrechnungszeitraums, unabhängig von der Zuordnung im Beitragsnachweis. Auch solche Sachverhalte stellen keinen Grund für die Erstellung eines Korrektur-Beitragsnachweises dar. **1204**

Wird an eine Einzugsstelle nur der Gesamtsozialversicherungsbeitrag für einen Arbeitnehmer gezahlt und scheidet dieser Arbeitnehmer aus dem Beschäftigungsverhältnis aus, ist in Fällen, in denen das endgültige Beitragssoll nicht abgerechnet werden konnte, für den Monat nach dem Ausscheiden aus dem Beschäftigungsverhältnis ein Beitragsnachweis mit der Differenz (Restschuld/ggf. Guthaben) dieser Einzugsstelle zuzuleiten (sog.

Fälligkeit der Sozialversicherungsbeiträge

„nachgehender Beitragsnachweis"). Gleiches gilt, wenn ein Arbeitnehmer die Krankenkasse wechselt und für diese Einzugsstelle nach dem vollzogenen Krankenkassenwechsel keine Beiträge mehr abzuführen wären.

Fälligkeit und Entstehung der Lohnsteuer

→ Anmeldung der Lohnsteuer Rz. 139

Familienangehörige

→ Angehörige Rz. 119

Familienbüros

→ Betreuungskosten Rz. 676

Familienheimfahrten

→ Doppelte Haushaltsführung: Allgemeines Rz. 901, → Doppelte Haushaltsführung: Erstattungsbeträge Rz. 939, → Wege zwischen Wohnung und erster Tätigkeitsstätte Rz. 3133

Familienpflegezeit

→ Pflegezeiten Rz. 2273

Familienstiftung

→ Vorstandsmitglieder Rz. 3106

Familien- und Jugendbetreuer

→ Arbeitnehmer-ABC Rz. 188

Familienzuschläge

→ Arbeitslohn-ABC Rz. 255

Fehlen der ELStAM

→ ELStAM Rz. 1007

Fehlen der Lohnsteuerkarte

→ ELStAM Rz. 1007

Fehlgeldentschädigung

1205 Ersetzt der Arbeitgeber einem Arbeitnehmer **Kassenfehlbeträge**, so handelt es sich grundsätzlich um steuer- und beitragspflichtigen Arbeitslohn (BFH v. 11.7.1969, VI 68/65, BStBl II 1970, 69). Der Arbeitnehmer kann den versteuerten Betrag jedoch als **Werbungskosten** absetzen.

Dies gilt grundsätzlich auch für **pauschale Fehlgeldentschädigungen** (Mankogeld, Zählgeld). Nach R 19.3 Abs. 1 Nr. 4 LStR bleiben sie jedoch bei **Arbeitnehmern im „Kassen- und Zähldienst" bis zu 16 € im Monat steuer- und somit auch beitragsfrei**. Wird ein höherer Betrag gezahlt, ist nur der übersteigende Betrag steuerpflichtig. Wenn jedoch der vom Arbeitgeber übernommene höhere Anteil das ihn in einem evtl. Mankoprozess treffende Prozessrisiko angemessen abbildet, ist auch dieser Teil steuerfrei (FG Münster v. 25.2.2000, 11 K 5202/98 L, EFG 2000, 556).

> **Beispiel:**
> Auf Grund eines Vorstandsbeschlusses sind auftretende, 16 € übersteigende Kassenfehlbeträge zu 75 % von der Bank und zu 25 % vom jeweiligen Kassierer zu tragen.

> Da die Kassierer durch die Übernahme des höheren Mankoanteils durch die Bank nicht bereichert sind (zivilrechtlich hätte die Bank ohnehin etwa diesen Anteil tragen müssen), liegt nach dem o.g. Urteil des FG Münster kein steuerpflichtiger Arbeitslohn vor.

Der Begriff „Kassen- und Zähldienst" wird dabei vom Finanzamt nicht eng ausgelegt und umfasst auch Personen, die nur in geringem Umfang im Kassen- und Zähldienst tätig sind. Zum **Kassen- und Zähldienst gehören**:

– insbesondere **Kassierer in Warenhäusern oder Supermärkten** (OFD Düsseldorf v. 27.3.1962, S 2176 A – St 12, DB 1962, 522), aber – nach geänderter Verwaltungsauffassung – auch **Helferinnen in Arztpraxen, die Entgelte für sog. IGEL-Leistungen einzubehalten haben**,

– nicht dagegen **Kassierer in Filmtheatern, Zugschaffner oder Auslieferungsfahrer**, die auch Rechnungen kassieren dürfen.

Fehlzeiten

→ Arbeitsunterbrechungen durch Arbeitnehmer Rz. 270

Feiertagsarbeit

→ Zuschläge für Sonntags-, Feiertags- oder Nachtarbeit Rz. 3366

Feiertagslohn

1. Arbeitsrecht

1206 Die Vergütung für durch gesetzliche Feiertage **ausfallende Arbeitsleistung** ist in § 2 EFZG, die Feiertagsbezahlung für **Heimarbeiter** in § 11 EFZG geregelt.

Die Bestimmung der **gesetzlichen Feiertage** fällt in die Kulturhoheit der Bundesländer, die durch entsprechende **Feiertagsgesetze** die jeweiligen Feiertage festgelegt haben. Es kommt auf den jeweiligen **Beschäftigungsort** an (BAG v. 17.8.2011, 10 AZR 347/10, www.stotax-first.de).

Der Bund hat den 3. Oktober als **Tag der Deutschen Einheit** durch Gesetz zum bundesweiten Feiertag bestimmt.

Es bleibt zu beachten, dass weder der 24. Dezember **(Heiligabend)** noch der 31. Dezember **(Silvester)** Feiertage sind, sondern feiertagsrechtlich normale Werktage darstellen.

Die Frage, wie die an gesetzlichen Feiertagen geleistete Arbeit zu vergüten ist, ist in § 2 EFZG nicht geregelt; sie beantwortet sich nach den einzelvertraglichen Abreden der Arbeitsvertragsparteien oder nach kollektivrechtlichen Regelungen. Ein gesetzlicher Anspruch auf Zuschlagszahlung besteht nicht. Pfingstsonntag und Ostersonntag sind keine Wochenfeiertage; für Arbeit an diesen Tagen fällt daher der tarifliche Feiertagszuschlag nicht an (BAG v. 13.4.2005, 5 AZR 475/04, www.stotax-first.de; BAG v. 17.3.2010, 5 AZR 317/09, www.stotax-first.de). Nach § 2 Abs. 1 EFZG hat der Arbeitgeber den Arbeitnehmern für die Arbeitszeit, die infolge eines gesetzlichen Feiertags ausfällt, den Arbeitsverdienst zu zahlen, den sie ohne den Arbeitsausfall erhalten hätten. Die Vorschrift regelt also die Vergütung der Arbeitnehmer für ausfallende Arbeitszeit, nicht für die an gesetzlichen Feiertagen geleistete Arbeit. Voraussetzung für den Anspruch auf Feiertagsentgelt ist aber nicht nur, dass an dem betreffenden Feiertag nicht gearbeitet wird, sondern dass die Feiertagsruhe die **alleinige Ursache des Arbeitsausfalles** ist. Beruht demgegenüber der Arbeitsausfall auf **anderen Gründen**, so besteht umgekehrt auch kein Anspruch auf Feiertagsentgelt. Eine **dienstplanmäßige Freistellung** des Arbeitnehmers am Feiertag schließt den Anspruch auf Entgeltfortzahlung für diesen Feiertag aus, wenn sich die Arbeitsbefreiung aus einem Schema ergibt, das von der Feiertagsruhe an bestimmten Tagen unabhängig ist (BAG v. 8.12.2010, 5 AZR 667/09, www.stotax-first.de). Unzulässig wäre es aber, wenn der Arbeitgeber von einem bestehenden Dienstplanschema abweicht und z.B. einen Dienstplan spezifisch wegen des bevorstehenden Feiertages ausdünnt.

Beim **Zusammentreffen von Arbeitsausfall durch einen Feiertag** einerseits **und** durch **Arbeitsunfähigkeit** andererseits ist von dem Grundsatz auszugehen, dass ein Anspruch auf Feiertagsentgelt nach § 2 EFZG nur dann besteht, wenn die Feiertagsruhe die alleinige Ursache für den Arbeitsausfall darstellt. Bei Arbeitsausfall – auch – wegen Arbeitsunfähigkeit besteht Anspruch auf Entgeltfortzahlung im Krankheitsfall nach § 3 EFZG. Der Feiertag in der Arbeitsunfähigkeit wird im Übrigen auf den Höchstzeitraum für die Entgeltfortzahlung angerechnet wie ein normaler Tag der Arbeitsunfähigkeit (BAG v. 19.4.1989, 5 AZR 248/88, www.stotax-first.de).

Zur **Höhe** der Entgeltfortzahlung im Krankheitsfall für den Feiertag besagt nun die Vorschrift des § 4 Abs. 2 EFZG, dass sie sich nach § 2 EFZG (nicht nach § 4 EFZG) bemisst. Da es sich, wie dargestellt, bei dem „Feiertagsentgelt" um Entgeltfortzahlung im Krankheitsfall nach § 3 EFZG handelt, folgt hieraus, dass diese Arbeitgeberleistung an der Erstattung nach dem AAG im Umlageverfahren teilnehmen muss (→ *Lohnfortzahlung: Erstattungsverfahren für Arbeitgeber* Rz. 1785).

Die **Höhe** des Anspruchs auf Feiertagsvergütung richtet sich nach dem **Lohnausfallprinzip:**

Der Arbeitnehmer ist so zu vergüten, als wenn er an dem Feiertag gearbeitet hätte. Er soll also wegen des Feiertages weder besser noch schlechter gestellt werden als bei Arbeit; insoweit sind ggf. auch ausfallende Überstunden bzw. regelmäßig erbrachte zusätzliche Arbeitsleistungen (BAG v. 16.1.2002, 5 AZR 303/00, www.stotax-first.de) zu vergüten. Eine zu Ungunsten des Arbeitnehmers abweichende **tarifliche Bestimmung** des Ursachenzusammenhangs zwischen Feiertag und Arbeitsausfall verstößt gegen § 12 EFZG und ist unwirksam (BAG v. 15.5.2013, 5 AZR 139/12, www.stotax-first.de). Zur Anwendung des Lohnausfallprinzips beim **Mindestlohn** s. BAG v. 13.5.2015, 10 AZR 495/14, www.stotax-first.de, BAG v. 13.5.2015, 10 AZR 191/14, www.stotax-first.de, und → *Mindestlohn* Rz. 2031.

Fällt bei **flexibler Arbeitszeit**, wonach im wöchentlichen Wechsel jeweils von Montag bis Freitag und von Montag bis Donnerstag gearbeitet wird, ein hiernach arbeitsfreier Freitag auf einen gesetzlichen Feiertag, so löst dies keinen Anspruch auf Zahlung von Feiertagsvergütung aus (BAG v. 24.1.2001, 4 AZR 538/99, www.stotax-first.de). Der Arbeitnehmer, der an einem Wochenfeiertag nach einem bestimmten Schema eine Freischicht hätte und deshalb nicht arbeiten müsste, wenn es sich nicht um einen Wochenfeiertag handelt, hat insoweit weder einen Anspruch auf eine Freischicht an einem anderen Tag noch auf Vergütung für den Wochenfeiertag (BAG v. 13.6.2007, 5 AZR 849/06, www.stotax-first.de).

Gibt es bei **Abrufarbeit** für den Arbeitsausfall keine objektiven Gründe außer dem, dass an einem Wochenfeiertag nicht gearbeitet werden darf, ist auf Grund der Darlegung des Klägers davon auszugehen, dass die Arbeit wegen des Feiertags ausgefallen ist; in diesem Falle besteht ein Anspruch auf Feiertagsvergütung für den Abrufarbeitnehmer (BAG v. 24.10.2001, 5 AZR 245/00, www.stotax-first.de).

Bei flexibler Arbeitszeit mit einem **Arbeitszeitkonto** ist der Arbeitgeber verpflichtet, im Falle des Arbeitsausfalls aus Anlass von gesetzlichen Feiertagen die Anzahl von Stunden gutzuschreiben, die der Arbeitnehmer schichtplanmäßig an den Feiertagen ohne den Ausfall gearbeitet hätte (BAG v. 14.8.2002, 5 AZR 417/01, www.stotax-first.de).

Hinsichtlich der weiteren Einzelheiten der Anwendung des Lohnausfallprinzips → *Entgeltfortzahlung* Rz. 1071.

2. Lohnsteuer und Sozialversicherung

1207 Der Feiertagslohn ist **steuerpflichtig**. Dies gilt auch, wenn bei der Berechnung des Feiertagslohns Zuschläge für Sonntags-, Feiertags- oder Nachtarbeit berücksichtigt werden, weil die Steuerbefreiung des § 3b EStG nur für tatsächlich geleistete Arbeit zu diesen Zeiten gewährt wird (→ *Zuschläge für Sonntags-Feiertags- oder Nachtarbeit* Rz. 3378).

Sozialversicherungsrechtlich stellt die Feiertagsvergütung normales Arbeitsentgelt dar und ist demzufolge beitragspflichtig. Steuerfreie Feiertagszuschläge sind vom 1.7.2006 an nur noch eingeschränkt beitragsfrei in der Sozialversicherung (→ *Zuschläge für Sonntags-, Feiertags- oder Nachtarbeit* Rz. 3388).

Feiertagslohn und Kurzarbeit

1. Arbeitsrecht

Wenn der gesetzliche Feiertag in einen Zeitabschnitt fällt, in dem die Arbeit zugleich infolge von Kurzarbeit ausfällt, so ist – ohne gesetzliche Regelung – offen, welches die entscheidende Ursache für den Arbeitsausfall ist. Demzufolge regelt § 2 Abs. 2 EFZG, dass die Arbeitszeit, die an einem gesetzlichen Feiertag infolge von Kurzarbeit ausfällt und für die an anderen Tagen als an gesetzlichen Feiertagen Kurzarbeitergeld geleistet wird, als infolge eines gesetzlichen Feiertags ausgefallen gilt. Damit steht fest, dass dem Arbeitnehmer für einen solchen Tag kein Anspruch auf Kurzarbeitergeld zusteht. Schuldner der Ausgleichszahlung ist daher nicht die Bundesagentur für Arbeit, sondern der Arbeitgeber. Zu der Frage, in welcher Höhe in derartigen Fällen die Ausgleichszahlung zu leisten ist, hat das BAG entschieden, dass der Arbeitgeber Feiertagsvergütung nur in Höhe des Kurzarbeitergelds schuldet, das der Arbeitnehmer ohne den Feiertag bezogen hätte (BAG v. 5.7.1979, 3 AZR 173/78, www.stotax-first.de). 1208

2. Berechnung des Feiertagslohns

Maßgebend für die Höhe des Kurzarbeitergelds ist der pauschalierte Nettoentgeltausfall, der infolge eines auf wirtschaftlichen Ursachen beruhenden Arbeitsausfalls (§ 106 Abs. 1 SGB III) eintritt (→ *Kurzarbeitergeld* Rz. 1751). Grundlage für die Berechnung des Kurzarbeitergelds ist daher allein der Entgeltausfall im Kalendermonat, d.h., die Höhe des Kurzarbeitergelds ist unter Berücksichtigung des während der Kurzarbeit noch erzielten Bruttoarbeitsentgelts zu ermitteln. Zweifelsfrei stellt der Feiertagslohn Arbeitsentgelt dar, das im Rahmen der Bemessung des Kurzarbeitergelds zu berücksichtigen ist (zum Charakter des Feiertagslohns → Rz. 1212). Die Höhe der arbeitsrechtlichen Leistung (Feiertagslohn) hängt von der Höhe der Entgeltersatzleistung (Kurzarbeitergeld) ab. Diese kann jedoch nicht ohne Hinzurechnung des Feiertagslohns ermittelt werden. Hierbei kann **wie folgt vorgegangen** werden: 1209

Zunächst ist in einer Summe ein **Leistungsanspruch für alle Ausfallstunden** des Monats zu errechnen und **danach** der **Anteil** – entsprechend der Ausfallstunden – zu ermitteln, der auf den **Feiertagslohn** entfällt. Der so ermittelte Feiertagslohn ist in einem weiteren Schritt in die Berechnung der Höhe des Kurzarbeitergelds einzubeziehen.

Der **Berechnungsweg** wird anhand des nachfolgenden Beispiels verdeutlicht:

a) Ermittlung des Feiertagslohns

Zur Ermittlung des Feiertagslohns muss zunächst der gesamte Anspruch auf Kurzarbeitergeld einschließlich der entsprechenden Stunden mit Feiertagslohn berechnet werden. Die rechnerischen Leistungssätze beziehen sich auf die für das Kalenderjahr 2015 geltende Tabelle. 1210

Beispiel:

In einem Kurzarbeitergeld-Anspruchszeitraum fallen **45 Arbeitsstunden** wegen der **Kurzarbeit** aus. Davon entfallen **7,5 Stunden** auf einen gesetzlichen Feiertag.

Stundenlohn 17,90 €, Zahl der Sollarbeitsstunden = 150 Stunden
Sollentgelt = 2 685 €, zunächst angenommenes Istentgelt
(150–45 Stunden = 105 Stunden × 17,90 € =) 1 879,50 €
Rechnerischer Leistungssatz von **Sollentgelt** von
2 685 € (Steuerklasse III, 1 Kind = Leistungssatz 1) 1 318,36 €
Rechnerischer Leistungssatz für das **Istentgelt** von
1 879,50 € 988,38 €
Differenz (Feiertagslohn und Kurzarbeitergeld) 329,98 €
329,98 € : 45 Stunden = 7,33 € × 7,5 Stunden = **Feiertagsvergütung** 54,98 €

Der Arbeitnehmer hätte daher, wenn der Feiertag nicht auf einen Kurzbeitstag fallen würde, für diesen Ausfalltag – unter Berücksichtigung der anderen Ausfallstunden – **54,98 € Kurzarbeitergeld** erhalten. Der Feiertagslohn beträgt somit **54,98 €**.

Feiertagslohn und Kurzarbeit

keine Sozialversicherungspflicht = (SV durchgestrichen)
Sozialversicherungspflicht = (SV)

b) Berechnung des Kurzarbeitergelds unter Einbeziehung des Feiertagslohns

1211 Bei dem Feiertagslohn während der Kurzarbeit handelt es sich um **beitragspflichtiges Arbeitsentgelt** (→ Rz. 1212). Der Feiertagslohn ist daher in das **Istentgelt** (Istentgelt ist das in dem Anspruchszeitraum tatsächlich erzielte Bruttoarbeitsentgelt des Arbeitnehmers zuzüglich aller ihm zustehenden Entgeltanteile) einzubeziehen und bei der Berechnung des **Sollentgelts** (Sollentgelt ist das Bruttoarbeitsentgelt, das der Arbeitnehmer ohne die Kurzarbeit im jeweiligen Kalendermonat ohne Mehrarbeit erzielt hätte) zu berücksichtigen. Bei der Berechnung des Kurzarbeitergelds unter Einbeziehung von Feiertagslohn, der auf den Betrag des Kurzarbeitergelds reduziert wurde, hat die **Bundesagentur für Arbeit zwei Methoden zugelassen**:

1. Die Berechnung des Kurzarbeitergelds erfolgt bei **unverändertem Istentgelt** (Istentgelt enthält den auf den Kurzarbeitergeld-Betrag gekürzten Feiertagslohn). Das **Sollentgelt** ist entsprechend der Kürzung des Arbeitsentgelts durch die Entgeltzahlung an Feiertagen zu **vermindern**.

2. Die Berechnung des Kurzarbeitergelds erfolgt bei **unverändertem Sollentgelt**. Das **Istentgelt** ist zu ermitteln, indem es um den **ungekürzten** Feiertagslohn **erhöht** wird.

Beispiel:
Bei Weiterführung des o.g. Beispiels ergibt sich folgende Berechnung:

1. Methode
Die ermittelte Feiertagsvergütung ist als Arbeitsentgelt in das Istentgelt einzustellen und im Sollentgelt entsprechend zu berücksichtigen.

Das Sollentgelt ist daher nicht mit 150 Sollarbeitsstunden zu multiplizieren, sondern mit 142,5 Stunden = 2 550,75 €
+ 54,98 €

Sollentgelt daher	2 605,73 €
Istentgelt 1 879,50 € + 54,98 € Feiertagslohn =	1 934,48 €
Rechnerischer Leistungssatz aus dem **Sollentgelt**	1 287,63 €
Rechnerischer Leistungssatz aus dem **Istentgelt**	1 015,12 €
Kurzarbeitergeld	**272,51 €**

2. Methode
Bei unverändertem **Sollentgelt** ist bei der Ermittlung des **Istentgelts** der Betrag der Feiertagsvergütung auf den Betrag zu erhöhen, der bei Arbeitsleistung angefallen wäre:

Sollentgelt	2 685,— €
Istentgelt	1 879,50 €
Feiertagslohn	134,25 €
(Stundenlohn 17,90 € × 7,5 Stunden) =	
Istentgelt	2 013,75 €
Rechnerischer Leistungssatz aus dem **Sollentgelt**	1 318,36 €
Rechnerischer Leistungssatz aus dem **Istentgelt**	1 050,54 €
Kurzarbeitergeld	**267,82 €**

Auf Grund der Steuerprogression können sich zwischen den vorstehenden Berechnungsmethoden geringe Differenzen in der Höhe der Leistungen ergeben. Die Bundesagentur für Arbeit akzeptiert jedoch auch das nach der 1. Methode ermittelte höhere Ergebnis.

3. Steuer- und Beitragslast des Feiertagslohns während der Kurzarbeit

1212 Mit der Frage der Steuer- und Beitragslast des Feiertagslohns während der Kurzarbeit hat sich das BAG auseinandergesetzt (BAG v. 8.5.1984, 3 AZR 194/82, www.stotax-first.de). Ob der Feiertagslohn in den genannten Fällen mit steuerlichen Abgaben belastet werden darf, **richtet sich nach dem Steuerrecht**. Die **steuerliche Behandlung** hat keine Auswirkungen auf die Höhe der arbeitsrechtlichen Lohnzahlungspflicht. Der Arbeitgeber schuldet dem Arbeitnehmer einen Bruttolohn. Die Steuerpflicht besteht gegenüber dem Fiskus. Mithin erfüllt der Arbeitgeber seine Pflicht zur Zahlung der Vergütung gegenüber dem Arbeitnehmer teilweise dadurch, dass er kraft gesetzlicher Verpflichtung die vom Arbeitnehmer zu entrichtenden Beträge für Steuern einbehält und an das Finanzamt abführt. Es ist also nicht der Arbeitgeber, sondern der Steuergesetzgeber, der den Lohnanspruch des Arbeitnehmers unterschiedlich belastet, je nachdem, ob steuerfreies Kurzarbeitergeld oder Feiertagslohn gezahlt wird. Die auf den Feiertagslohn anfallende Lohnsteuer kann daher vom Arbeitgeber **nicht ausgeglichen** werden und ist **vom Arbeitnehmer zu tragen**.

Anders verhält es sich mit den **Beiträgen zur Sozialversicherung**. Gemäß § 192 Abs. 1 Nr. 4 SGB V bleibt während des Bezugs von Kurzarbeitergeld die Mitgliedschaft Versicherungspflichtiger in der gesetzlichen Krankenversicherung erhalten. Gleiches gilt für die Versicherungspflicht in der sozialen Pflegeversicherung (§ 20 Abs. 1 Nr. 1 SGB XI). Während des Bezugs von Kurzarbeitergeld besteht auch das rentenversicherungspflichtige Beschäftigungsverhältnis fort (§ 1 Abs. 1 Nr. 1 SGB VI). Dementsprechend besteht **Beitragspflicht**. Die Beiträge für die Ausfallzeiten werden **allein vom Arbeitgeber getragen** (§ 249 Abs. 2 Nr. 3 SGB V, § 168 Abs. 1 Nr. 1a SGB VI, § 58 Abs. 1 SGB XI). Der Bezieher von Kurzarbeitergeld ist demnach von der Beitragspflicht befreit. Was für den Bezug des Kurzarbeitergelds gilt, muss **auch für** den Bezug von **Feiertagslohn** gelten, der an die Stelle des Kurzarbeitergelds tritt. Da der Arbeitnehmer infolge der Feiertagsruhe an einem gesetzlichen Feiertag nicht schlechter gestellt werden darf, als wenn er Kurzarbeitergeld erhalten hätte, er aber das Kurzarbeitergeld ohne Belastung mit Beiträgen für gesetzliche Sozialabgaben erhält, genügt der Feiertagslohn den Anforderungen des Entgeltfortzahlungsgesetzes nur, wenn er ohne entsprechende Abzüge ausgezahlt wird. Der Arbeitgeber hat daher die Beiträge zur Renten-, Kranken- und Pflegeversicherung und auch zur Arbeitslosenversicherung aus dem Feiertagslohn allein zu tragen. Zwar fehlt für die Arbeitslosenversicherung eine beitragsrechtliche Regelung für Ausfallzeiten. Andererseits muss auch hier der Grundsatz gelten, dass Sozialabgaben den ohnehin gekürzten Betrag des Feiertagslohns nicht zusätzlich mindern dürfen.

Ferienbetreuer

→ *Helfer von Wohlfahrtsverbänden* Rz. 1566

Ferienhäuser

→ *Arbeitslohn-ABC* Rz. 255

Fernsehgerät: Zuwendung an Arbeitnehmer

1. Überlassung eines Fernsehgeräts

1213 Überlässt der Arbeitgeber oder auf Grund des Dienstverhältnisses ein Dritter dem Arbeitnehmer ein Fernsehgerät unentgeltlich zur privaten Nutzung, so ist der darin liegende **Sachbezug** steuer- und beitragspflichtig. Dies gilt auch für ein unentgeltlich zur privaten Nutzung überlassenes Radiogerät oder für einen Videorecorder und ähnliche Geräte. Die Steuerbefreiung nach § 3 Nr. 45 EStG (→ *Computer* Rz. 782) kommt bei Fernsehgeräten nicht in Betracht, selbst wenn es sich um ein Smart TV handelt, vgl. H 3.45 (Anwendungsbereich) LStH.

(LSt) (SV)

Die Finanzverwaltung hat für die **Bewertung** dieser Sachbezüge **Durchschnittswerte** festgesetzt (FinMin Baden-Württemberg v. 15.10.2001, 3 – S 233.4/132, www.stotax-first.de). Dieser beträgt monatlich **1 % des** auf volle 100 € abgerundeten **Kaufpreises** des jeweiligen Gerätes. Kaufpreis ist in diesem Sinne die im Zeitpunkt der Inbetriebnahme des genutzten Geräts unverbindliche Preisempfehlung (Listenpreis) einschließlich Umsatzsteuer.

Beispiel:
Der Arbeitgeber überlässt einem Arbeitnehmer ein Fernsehgerät und einen Blu-ray-Recorder zur privaten Nutzung. Das Fernsehgerät hat einen Listenpreis von 1 398 €, der Listenpreis des Blu-ray-Recorders beträgt 498 €.

Der Arbeitnehmer hat monatlich zu versteuern

– für das Fernsehgerät 1 % von 1 300 €	13 €
– für den Blu-ray-Recorder 1 % von 400 €	4 €
insgesamt	17 €

[LSt] = keine Lohnsteuerpflicht
[LSt] = Lohnsteuerpflicht

Feuerwehr

Die vorstehende Regelung dürfte auch gelten, wenn die Geräte **verbilligt** an die Arbeitnehmer überlassen werden, obwohl dies der Verwaltungsregelung nicht eindeutig zu entnehmen ist. Die **Freigrenze** nach § 8 Abs. 2 Satz 11 EStG von 44 € ist **nicht anzuwenden**, weil es sich hierbei um Durchschnittswerte handelt, für die sie nicht gilt, vgl. dazu → *Sachbezüge* Rz. 2605.

2. Übereignung eines Fernsehgeräts

1214 Übereignet der Arbeitgeber oder auf Grund des Dienstverhältnisses ein Dritter dem Arbeitnehmer ein Fernsehgerät unentgeltlich oder verbilligt, so ist der darin liegende **Vorteil** steuer- und beitragspflichtig.

[LSt] [SV]

Ist der **Rabattfreibetrag** von 1 080 € anzuwenden, weil der Vorteil vom **eigenen Arbeitgeber** gewährt wird, bleibt er steuer- und beitragsfrei, wenn der Betrag von 1 080 € im Kalenderjahr nicht überschritten wird. Maßgebend ist der um 4 % geminderte Endpreis des Arbeitgebers (→ *Rabatte* Rz. 2353).

Ist der Rabattfreibetrag von 1 080 € **nicht** anzuwenden, weil der Vorteil von einem Dritten gewährt wird, bleibt er nach § 8 Abs. 2 Satz 11 EStG steuer- und beitragsfrei, wenn die **Freigrenze von 44 €** im Kalendermonat nicht überschritten wird. Maßgebend ist der um übliche Preisnachlässe geminderte übliche Endpreis am Abgabeort (→ *Sachbezüge* Rz. 2603).

Eine Pauschalierung der Lohnsteuer nach § 40 Abs. 2 Satz 1 Nr. 5 EStG (→ *Computer* Rz. 783) kommt bei Fernsehgeräten nicht in Betracht, selbst wenn es sich um ein Smart TV handelt, vgl. H 3.45 (Anwendungsbereich) LStH.

Fernsprechgebühren

→ *Telekommunikation* Rz. 2852

Fernwärme: verbilligter Bezug

→ *Strom: verbilligter Bezug* Rz. 2816

Feuerwehr

1. Arbeitsrecht

1215 Der Arbeitnehmer ist wegen der Teilnahme an Einsätzen, Übungen und Lehrgängen der Freiwilligen Feuerwehr von der **Arbeitspflicht befreit**; ihm ist insoweit vom Arbeitgeber das **Arbeitsentgelt** einschließlich aller Nebenleistungen und Zulagen **fortzuzahlen**, das ohne die ehrenamtliche Tätigkeit üblicherweise erzielt worden wäre; ggf. hat der Arbeitgeber einen Erstattungsanspruch gegen die Gemeinde.

2. Lohnsteuer

a) Arbeitnehmer

1216 Mitglieder der **Berufsfeuerwehren** in Städten sind regelmäßig **Arbeitnehmer**. Die Feuerwache wird i.d.R. „erste Tätigkeitsstätte" i.S.d. § 9 Abs. 4 EStG sein, so dass die Einsätze Auswärtstätigkeiten sind.

Auf Grund der nicht einheitlichen Rechtsgrundlagen für die **freiwilligen Feuerwehren** in den einzelnen Bundesländern haben es die obersten Finanzbehörden abgelehnt, die Einkunftsart der Mitglieder bundesweit einheitlich zu bestimmen.

Als **Arbeitnehmer** angesehen werden insbesondere die sog. **Funktionsträger** wie z.B.

– in Niedersachsen und Nordrhein-Westfalen die Kreisbrandmeister und ihre Stellvertreter, die in ein Ehrenbeamtenverhältnis berufen werden (OFD Magdeburg v. 29.4.2010, S 2337 – 108 – St 225, www.stotax-first.de),

– in Bayern die ehrenamtlichen Feuerwehrkommandanten und Kreisbrandinspektoren ebenso wie die sog. Brandwachen und Sicherheitswachen (FinMin Bayern v. 7.12.2007, 34 – S 2337 – 013 – 43 732/07, www.stotax-first.de),

– in Sachsen die Gemeindewehrleiter oder Ausbilder (LSF Sachsen v. 22.9.2011, S 2337 – 65/3 – 212, www.stotax-first.de),

– in Hessen die ehrenamtlichen Funktionsträger der freiwilligen Feuerwehren (OFD Frankfurt v. 26.6.2015, S 2337 A – 23 – St 211, StEd 2015, 542, www.stotax-first.de).

Nicht als Arbeitnehmer angesehen werden dagegen z.B.

– in Schleswig-Holstein die Mitglieder der Orts-, Gemeinde-, Amts-, Kreis- und Stadtwehrführungen der freiwilligen Feuerwehr sowie deren Stellvertretungen; die Aufwandsentschädigungen werden den Einkünften aus sonstiger selbständiger Arbeit i.S.d. § 18 Abs. 1 Nr. 3 EStG zugerechnet (FinMin Schleswig-Holstein v. 26.11.2012, S 2337 – 096, www.stotax-first.de).

Bei den „**einfachen**" **Mitgliedern** kommt u.E. aber auch eine Steuerpflicht nach § 22 Nr. 3 EStG (sonstige Einkünfte) in Betracht, sofern die nach Abzug der Steuerbefreiungen (s.u.) verbleibenden Einkünfte mindestens 256 € betragen.

Die **Geringfügigkeit der Entschädigungen** steht nach der BFH-Rechtsprechung (vgl. z.B. BFH v. 28.2.1975, VI R 28/73, BStBl II 1976, 134 betr. ehrenamtliche Helfer von Wohlfahrtsverbänden) der Annahme eines Arbeitsverhältnisses nicht entgegen.

b) Arbeitslohn

1217 Die **Aufwandsentschädigungen** der o.g. als Arbeitnehmer anzusehenden ehrenamtlichen **Funktionsträger** der Freiwilligen Feuerwehren sind den Einkünften aus nichtselbständiger Arbeit zuzurechnen (§ 19 EStG). Die **Kommune** nimmt als Arbeitgeber den Lohnsteuerabzug nach den individuellen elektronischen Lohnsteuerabzugsmerkmalen (ELStAM) der Funktionsträger vor, ggf. mit der Lohnsteuerklasse VI. Alternativ kann die Kommune unter Verzicht auf den Abruf der ELStAM die Lohnsteuer für das Arbeitsentgelt aus einem geringfügigen Beschäftigungsverhältnis i.S.d. § 8 Abs. 1 Nr. 1 SGB IV mit einem einheitlichen Pauschsteuersatz (§ 40a Abs. 2 und 2a EStG) erheben (OFD Frankfurt v. 26.6.2015, S 2337 A – 23 – St 211, StEd 2015, 542, www.stotax-first.de).

Den ehrenamtlich Tätigen wird für die Dauer ihrer Einsätze (s.a. → *Verletztengeld* Rz. 2997) während der Arbeitszeit vom **Arbeitgeber regelmäßig der Arbeitslohn weitergezahlt**, dabei ergeben sich lohnsteuerlich und sozialversicherungsrechtlich keine Besonderheiten. Wird der Verdienstausfall von einem **Dritten, z.B. der Gemeinde, ersetzt**, liegt steuerpflichtiger Arbeitslohn vor. Ein Lohnsteuerabzug durch die Gemeinde kommt nicht in Betracht, weil die Gemeinde nicht Arbeitgeber des ehrenamtlich Tätigen ist (R 38.4 LStR).

Allerdings ist der Arbeitgeber zum Lohnsteuerabzug verpflichtet, wenn er weiß oder erkennen kann, dass derartige Vergütungen erbracht werden (§ 38 Abs. 1 Satz 3 EStG). Damit der Arbeitgeber seine Lohnsteuerabzugsverpflichtung auch erfüllen kann, ist **der Arbeitnehmer gesetzlich verpflichtet**, seinem Arbeitgeber die **von einem Dritten gewährten Bezüge** am Ende des jeweiligen Lohnzahlungszeitraums **anzugeben** (§ 38 Abs. 4 Satz 3 EStG). Einzelheiten → *Lohnzahlung durch Dritte* Rz. 1949.

Ausgleichszahlungen an Feuerwehrbeamtinnen und Feuerwehrbeamte wegen Überschreitung der wöchentlichen Höchstarbeitszeit von 48 Stunden gehören zum steuerpflichtigen Arbeitslohn. Sie stellen keinen nicht steuerbaren Schadensersatz dar (FG Münster v. 31.3.2014, 1 K 2795/13 E, EFG 2014, 1579). Eine tarifermäßigte Besteuerung der Ausgleichszahlung (§ 34 Abs. 1 i.V.m. Abs. 2 Nr. 4 EStG) kommt in Betracht, wenn die Ausgleichszahlungen für eine Tätigkeit geleistet werden, die sich über mindestens zwei Veranlagungszeiträume erstreckt und einen Zeitraum von mehr als zwölf Monaten umfasst.

[LSt] [SV]

c) Kein Arbeitslohn

1218 Arbeitslohn liegt nicht vor, wenn im Wesentlichen **nur Aufwandsersatz** geleistet wird, vgl. H 19.3 (Allgemeines zum Arbeitslohnbegriff) LStH sowie → *Arbeitnehmer* Rz. 175.

Die obersten Finanzbehörden haben entschieden, dass die Übernahme der Aufwendungen für den **Führerschein C1/C** bei Feuerwehrleuten nicht zu einem lohnsteuerpflichtigen geldwerten Vorteil führt, da sie im ganz überwiegenden eigenbetrieblichen Interesse des Arbeitgebers liegt (FinMin Bayern v. 16.6.2004, 34 – S 2337 – 158 – 25617/04, www.stotax-first.de).

Feuerwehr

Arbeitslohn liegt auch dann nicht vor, wenn Mitarbeiter von Rettungsdiensten verpflichtet sind, ein **Einsatzfahrzeug** während des Bereitschaftsdienstes auch bei Privatfahrten mit sich zu führen und diese Regelung allein dem Zweck dient, öffentliche Aufgaben bestmöglich zu erledigen (FG Niedersachsen v. 24.8.2007, 1 K 11553/04, EFG 2007, 1938).

Zur steuerlichen Beurteilung von **Jubiläumszuwendungen**, die ehrenamtlich Tätige in den Freiwilligen Feuerwehren, den Rettungsdiensten und den Einheiten des Katastrophenschutzes im Freistaat Sachsen erhalten, → *Jubiläumsgeschenke* Rz. 1641. Diese Grundsätze gelten auch, wenn in anderen Bundesländern ähnliche Jubiläumszuwendungen gezahlt werden.

Zur steuerlichen Behandlung der **Krankenversicherungszuschüsse** für Polizeibeamte des Landes Baden-Württemberg und für Feuerwehrbeamte der Kommunen s. FinMin Baden-Württemberg v. 14.8.2015, 3 – S233.3/81, StEd 2015, 603.

d) Steuerbefreiungen

1219 Ehrenamtlichen **Funktionsträgern** der Freiwilligen Feuerwehren wird in vielen Bundesländern zur Abgeltung der Aufwendungen, die mit dem Amt verbunden sind, eine sog. **Dienstaufwandsentschädigung** gewährt. Mit dieser Dienstaufwandsentschädigung sind die üblichen Aufwendungen abgegolten, die mit der Wahrnehmung des Amtes verbunden sind. Hierzu zählen insbesondere Aufwendungen für die gelegentliche Inanspruchnahme privater Räume und Einrichtungsgegenstände, die Nutzung privater Arbeitsmittel zu dienstlichen Zwecken. Darüber hinausgehende nachgewiesene Aufwendungen sowie notwendige bare Auslagen werden auf Antrag in tatsächlich entstandener Höhe erstattet. Hierunter können u.a. Telekommunikationskosten fallen, die über das übliche Maß hinausgehen. Außerdem erhalten bestimmte Funktionsträger eine pauschale Reisekostenaufwandsentschädigung für Dienstreisen innerhalb des Kreisgebietes, wobei bei diesen Reisen anfallende Übernachtungskosten zusätzlich erstattet werden. Zur steuerlichen Behandlung s. ausführlich OFD Frankfurt v. 26.6.2015, S 2337 A – 23 – St 211, StEd 2015, 542, www.stotax-first.de.

Die **Aufwandsentschädigungen** sind zunächst nach den Regeln des § 3 Nr. 12 Satz 2 EStG teilweise steuerfrei, **mindestens bis zur Höhe von 200 € monatlich** (→ *Aufwandsentschädigungen im öffentlichen Dienst* Rz. 383). Allerdings kommt bei den meisten Funktionsträgern noch die **Steuerbefreiung des** § 3 Nr. 26 EStG zur Anwendung, soweit sie eine **begünstigte Tätigkeit** ausüben, ggf. auch die ab 2007 eingeführten § 3 Nr. 26a EStG (→ *Aufwandsentschädigungen für bestimmte nebenberufliche Tätigkeiten* Rz. 360).

Einige Bundesländer haben für die in Betracht kommenden Tätigkeiten aus Vereinfachungsgründen **pauschale Aufteilungsschlüssel** festgelegt, in Hessen werden z.B. bei den Kreisbrandinspektoren 80 % pauschal als steuerfreie Einnahmen i.S.d. § 3 Nr. 26 EStG anerkannt (OFD Frankfurt v. 26.6.2015, S 2337 A – 23 – St 211, StEd 2015, 542, www.stotax-first.de). In anderen Bundesländern, z.B. Sachsen, wird dagegen eine pauschale Aufteilung abgelehnt (FinMin Sachsen v. 22.6.1994, S 2337 – 2/11 – 33064, FR 1994, 584 und v. 14.11.1994, 32 – S 2337 – 2/17 – 62865, FR 1995, 241).

> **Beispiel:**
> Eine ehrenamtliche Kreisbrandinspektorin in Hessen erhält ganzjährig eine Entschädigung von monatlich 440 €. Die Kreisbrandinspektorin hat keine weitere begünstigte Nebentätigkeit. Nach der o.g. Verwaltungsregelung entfallen 80 % auf nach § 3 Nr. 26 EStG begünstigte Ausbildungs- und Betreuungstätigkeiten.
> Der insgesamt steuerfreie Betrag errechnet sich wie folgt:
>
> | | | |
> |---|---|---:|
> | Monatliche Vergütung | | 440 € |
> | Steuerfrei nach § 3 Nr. 26 EStG | 80 % von 440 €, max. 200 € | 200 € |
> | Zwischensumme | | 240 € |
> | Steuerfrei nach § 3 Nr. 12 Satz 2 EStG | mind. 200 € | 200 € |
> | Steuerpflichtiger Teil | | 40 € |

Eine Rangfolge zwischen den beiden Steuerbefreiungen (§ 3 Nr. 12 und § 3 Nr. 26 EStG) besteht nicht; die beiden Befreiungsvorschriften sind in der für den Stpfl. günstigsten Reihenfolge an-

zuwenden. Dabei ist bei der Anwendung der Steuerbefreiung, die an zweiter Stelle gewährt wird, nur der nach Gewährung der ersten Steuerbefreiung verbleibende steuerpflichtige Teil der Dienstaufwandsentschädigung zu Grunde zu legen (R 3.26 Abs. 7 LStR).

Daneben bleiben die gezahlten Reisekostenpauschalen gem. § 3 Nr. 13 EStG steuerfrei.

3. Sozialversicherung

1220 **Berufsfeuerwehrleute** im Beamtenverhältnis sind nicht sozialversicherungspflichtig. Für Beamte gelten sozialversicherungsrechtliche Sonderregelungen (→ *Beamte* Rz. 529).

Im Vollzug der Aufgaben der Kommunen und Landkreise in **Bayern** sind diese verpflichtet, Feuerwehren aufzustellen. Nach dem bayerischen Feuerwehrgesetz sind die Feuerwehren Einrichtungen der Kommunen bzw. Landkreise. Die Feuerwehren setzen sich i.d.R. aus den Mitgliedern der Feuerwehrvereine zusammen. Die Mitgliedschaft bei den Feuerwehrvereinen wird durch freiwilligen Beitritt begründet. Bestimmte Mitglieder dieser Vereine nehmen Leitungsfunktionen wahr; diese Führungskräfte (z.B. Feuerwehrkommandanten, Kreisbrandräte, Stadtbrandräte, Stadtbrandmeister und Stadtbrandinspektoren sowie Kreisbrandmeister und Kreisbrandinspektoren) erhalten für ihre ehrenamtliche Tätigkeit durch Verordnungen festgesetzte **Aufwandsentschädigungen**, die teilweise der Steuerpflicht als Einkommen aus nichtselbständiger Tätigkeit unterliegen.

Die sozialversicherungsrechtliche Beurteilung der Feuerwehrführungskräfte richtet sich nach den von der Rechtsprechung zum **Begriff des Beschäftigungsverhältnisses** entwickelten Kriterien. Eine Prüfung anhand dieser Kriterien hat bei den **Bayerischen Feuerwehrvereinen** ergeben, dass die Führungskräfte in einem **abhängigen Beschäftigungsverhältnis** stehen. Die Weisungsgebundenheit der Feuerwehrführungskräfte gegenüber den Kommunen bzw. Landkreisen kommt bereits darin zum Ausdruck, dass diesen die Einrichtung, der Unterhalt sowie der Betrieb des Feuerwehrwesens obliegen. Die den Feuerwehrführungskräften gewährte Aufwandsentschädigung stellt insoweit Arbeitsentgelt i.S. der Sozialversicherung dar, als sie der Lohnsteuerpflicht unterliegt.

Soweit in **anderen Bundesländern** hinsichtlich des Feuerwehrwesens vergleichbare Regelungen bestehen, gilt Entsprechendes (vgl. Besprechungsergebnis der Spitzenverbände der Sozialversicherungsträger v. 16./17.11.1999, www.aok-business.de).

Filmkamera (und -material)

→ *Werbungskosten* Rz. 3182

Filmschauspieler

→ *Künstler (und verwandte Berufe)* Rz. 1748

Finanzierungskosten des Kraftfahrzeugs

→ *Lohnsteuer-Ermäßigungsverfahren* Rz. 1905, → *Reisekosten: Erstattungen* Rz. 2465, → *Wege zwischen Wohnung und erster Tätigkeitsstätte* Rz. 3133

Finderlohn

→ *Arbeitslohn-ABC* Rz. 255

Firmenjubiläum

→ *Jubiläumsfeier* Rz. 1637, → *Jubiläumsgeschenke* Rz. 1640, → *Betriebsveranstaltungen* Rz. 697

Firmenkreditkarte

1. Firmenkreditkarte

1221 Hierfür gilt Folgendes (BMF v. 29.9.1998, IV C 5 – S 2334 – 1/98, www.stotax-first.de):

⌊LSt⌋ = keine Lohnsteuerpflicht
⌊LSt⌋ = Lohnsteuerpflicht

a) Einsatz auf Auswärtstätigkeiten

1222 Bei der steuerlichen Beurteilung der Nutzung von Kreditkarten, die auf Auswärtstätigkeiten eingesetzt und über das **Bankkonto des Arbeitnehmers abgerechnet** werden, ist wie folgt zu unterscheiden:

– **Erstattet der Arbeitgeber** dem Arbeitnehmer die für die Kreditkarte anfallende **Kartengebühr**, erhält der Arbeitnehmer eine **Barzuwendung**, die nur steuerfrei bleiben kann, soweit sie den Ersatz von nach § 3 Nr. 16 EStG steuerfreien Reisekosten betrifft. Nach Erlassen der obersten Finanzbehörden sind die **Kreditkartenabrechnungen**, aus denen sich der Einsatz der Kreditkarten auf Dienstreisen ergibt, zum **Lohnkonto zu nehmen**. Es reicht allerdings aus, wenn die Abrechnungen als **Belege zur Reisekostenabrechnung aufbewahrt** werden und die Möglichkeit zur Nachprüfung der Reisekostenvergütungen durch Hinweise im Lohnkonto sichergestellt wird.

– Wird die **Vergabe von Kreditkarten** an Arbeitnehmer zwischen dem Arbeitgeber und dem Kreditkartenunternehmen **vereinbart**, z.B. in einem Rahmenvertrag, und wird die Kreditkarte an den **einzelnen Arbeitnehmer** mit Zustimmung und für Rechnung des Arbeitgebers **ausgehändigt**, erhält der Arbeitnehmer einen **Sachbezug** in Form der unentgeltlichen Überlassung einer Kreditkarte.

Ist in diesem Fall die Kreditkarte als Firmenkreditkarte, z.B. als Corporate-Card, gekennzeichnet, mit dem Namen des Arbeitgebers versehen und wird sie an Arbeitnehmer mit einer **umfangreichen Reisetätigkeit** ausgegeben, bei denen die Kreditkarte nur in ganz geringem Umfang privat eingesetzt wird, bestehen keine Bedenken, die Überlassung insgesamt als eine Leistung des Arbeitgebers zu betrachten, die er **in ganz überwiegendem betrieblichem Interesse** erbringt und die deshalb **nicht zum Arbeitslohn gehört**.

Kann nach den Verhältnissen des Einzelfalls **nicht** davon ausgegangen werden, dass die **private Mitbenutzung** der überlassenen Firmenkreditkarte **von untergeordneter Bedeutung** ist, so ist der Anteil des Vorteils nach § 3 Nr. 16 EStG **steuerfrei**, der dem **Volumenanteil der Reisekostenumsätze** am Gesamtumsatz der Kreditkarte entspricht. Der übrige Anteil des Vorteils ist als **Arbeitslohn** nur zu erfassen, wenn er – ggf. zusammen mit anderen nach § 8 Abs. 2 Satz 1 EStG zu bewertenden Sachbezügen – die **Freigrenze** nach § 8 Abs. 2 Satz 11 EStG von **monatlich 44 € übersteigt**.

b) Reisekostenabrechnung

1223 Die Erstattung von Reisekosten ist nach § 3 Nr. 16 EStG steuerfrei, soweit keine höheren Beträge erstattet werden, als nach § 9 EStG als **Werbungskosten abzuziehen wären**. Der Arbeitnehmer hat seinem **Arbeitgeber Unterlagen vorzulegen**, aus denen die Voraussetzungen für die Steuerfreiheit der Erstattung ersichtlich sind. Soweit tatsächlich entstandene Aufwendungen erstattet werden, z.B. **Fahrtkosten und Übernachtungskosten**, müssen sich aus den Unterlagen auch die tatsächlichen Kosten ergeben. **Verpflegungsmehraufwendungen** können nur bis zur Höhe der von der Abwesenheitsdauer abhängenden Verpflegungspauschbeträge steuerfrei ersetzt werden. Insoweit ist in den Unterlagen auch die Abwesenheitsdauer anzugeben.

Formvorschriften für die Abrechnung bzw. für die Aufzeichnung gibt es nicht. Deshalb sind auch Reisekostenabrechnungen steuerlich anzuerkennen, in denen **mehrere** innerhalb eines bestimmten Zeitraums durchgeführte **Dienstreisen abgerechnet** werden.

⌊LSt⌋ ⌊SV⌋

c) Privatnutzung

1224 Wird eine vom Arbeitgeber unentgeltlich überlassene Firmenkreditkarte hingegen **überwiegend privat genutzt** und übernimmt der Arbeitgeber trotzdem die Gebühren, liegt beim Arbeitnehmer insoweit steuerpflichtiger Arbeitslohn vor. Dieser bleibt jedoch nach § 8 Abs. 2 Satz 11 EStG **steuerfrei**, wenn der geldwerte Vorteil – zusammen mit anderen Vorteilen – **44 € monatlich** nicht übersteigt.

⌊LSt⌋ ⌊SV⌋

2. Kreditkarte des Arbeitnehmers

1225 Für die steuerliche Behandlung der vom Arbeitgeber übernommenen Gebühren für eine Kreditkarte des Arbeitnehmers, die nicht privat genutzt werden darf, gilt nach Auffassung der **Finanzverwaltung** Folgendes (FinMin Brandenburg v. 19.12.1996, 36 – S 2334 – 30/96, DB 1997, 73):

– Die Übernahme der Kreditkartengebühr durch den Arbeitgeber ist in voller Höhe nach § 3 Nr. 16 EStG steuerfrei, wenn gewährleistet ist, dass die Kreditkarte ausschließlich zur Abrechnung von **Reisekosten** und **Auslagenersatz** eingesetzt wird. Hierfür ist es erforderlich, dass der **Arbeitgeber** auf den monatlich vorgelegten Kreditkartenabrechnungen sämtliche der dort ausgewiesenen Transaktionen im Rahmen der **Reisekostenabrechnung kontrolliert** und die **Kreditkartenabrechnung zum Lohnkonto nimmt**.

– Werden mit der Kreditkarte **andere Umsätze** als Reisekosten oder Auslagenersatz ausgeführt, so kann nur der Anteil der übernommenen Kreditkartengebühr nach § 3 Nr. 16 EStG steuerfrei bleiben, der dem Volumenanteil der abgebuchten Beträge für Reisekosten und Auslagenersatz an den gesamten Abbuchungen entspricht.

– Sind **steuerpflichtige Anteile zu erfassen**, so sind ggf. auch Sachbezüge zu erfassen. Sie entstehen dadurch, dass auf Grund eines zwischen dem Arbeitgeber und der Kreditkartenorganisation abgeschlossenen Rahmenabkommens die Kreditkartengebühr zu entrichten ist, die unter den üblichen Endpreisen i.S. des § 8 Abs. 2 EStG liegt. Insoweit käme ggf. die **Freigrenze von monatlich 44 €** (§ 8 Abs. 2 Satz 11 EStG) in Betracht.

Nach Auffassung des **FG München** ist die von der Finanzverwaltung verlangte konkrete Kontrolle anhand der Reisekostenabrechnung dann entbehrlich, wenn die Arbeitnehmer neben den Kreditkarten, deren Gebühren vom Arbeitgeber ersetzt werden, über eine **(weitere) Kreditkarte** verfügen, die sie für ihre privaten Zwecke verwenden (FG München v. 17.1.2002, 7 K 1790/00, EFG 2002, 617).

Firmenwagen zur privaten Nutzung

Inhaltsübersicht:

		Rz.
1.	Grundsätze	1227
2.	1 %-Regelung	1228
	a) Allgemeines	1228
	b) Listenpreis	1229
	c) Privatfahrten	1230
	d) Fahrten zwischen Wohnung und erster Tätigkeitsstätte	1231
	e) Familienheimfahrten	1239
	f) Überlassung mehrerer Kraftfahrzeuge	1240
	g) Monatsbeträge	1241
	h) Begrenzung des pauschalen Nutzungswerts	1242
	i) Anscheinsbeweis/Nutzungsverbot	1243
	j) Nutzungsentgelt	1244
	k) Nutzung eines Firmenfahrzeugs durch mehrere Arbeitnehmer	1245
	l) Gesellschafter-Geschäftsführer	1246
3.	Individueller Nutzungswert	1247
	a) Allgemeines	1247
	b) Fahrtenbuch	1248
	c) Aufzeichnungserleichterungen	1249
	d) Gesamtkosten	1250
	e) Unfallkosten	1251
	f) Familienheimfahrten	1252
	g) Überlassung mehrerer Kraftfahrzeuge	1253
	h) Besonderheiten bei sicherheitsgefährdeten Personen	1254
	i) Nutzungsentgelt	1256
4.	Wechsel zwischen 1 %-Regelung und individueller Nutzungswertermittlung	1257
5.	Leasing von Firmenwagen	1258
6.	Sonderregelung für Elektro- und Hybridelektrofahrzeuge	1259
	a) Allgemeines	1260
	b) 1 %-Regelung	1262
	c) Individueller Nutzungswert	1264
	d) Anwendungszeitraum	1265
	e) Vorgesehene Gesetzesänderungen	1266
7.	Nutzung betrieblicher Kraftfahrzeuge zu Testzwecken	1267
8.	Pauschalbesteuerung	1268
9.	Sammelbeförderung	1269
10.	Fahrergestellung	1270
	a) Allgemeines	1270
	b) Bewertung	1271

Firmenwagen zur privaten Nutzung

keine Sozialversicherungspflicht = (SV̸)
Sozialversicherungspflicht = (SV)

	c) Vereinfachungsregelung	1272
	d) Wahl des Bewertungsverfahrens	1278
	e) Leerfahrten	1279
	f) Werbungskostenabzug und Pauschalierung	1280
11.	Berücksichtigung des Rabattfreibetrags	1281
12.	Haftung des Arbeitgebers	1282
13.	Umsatzsteuer	1283
14.	Sozialversicherung	1284
	a) Privatnutzung durch den beschäftigten Ehegatten	1285
	b) Umwandlung von Arbeitsentgelt bei Überlassung von Firmenfahrzeugen	1286

1226 → auch *Unfallkosten* Rz. 2933

1. Grundsätze

1227 Überlässt der Arbeitgeber oder auf Grund des Dienstverhältnisses ein Dritter dem Arbeitnehmer ein Kraftfahrzeug unentgeltlich zu Privatfahrten, so ist der Nutzungsvorteil dem Arbeitslohn zuzurechnen. Soweit die Nutzung des Firmenwagens lohnsteuerlich einen geldwerten Vorteil darstellt, handelt es sich auch **sozialversicherungsrechtlich um beitragspflichtiges Entgelt** (§ 1 SvEV). Auch **Ausgleichszahlungen**, die ein Arbeitgeber an seinen Arbeitnehmer **für die rechtswidrige Entziehung eines Dienstwagens**, der auch für private Zwecke genutzt werden darf, zahlt, sind Arbeitslohn. Die Ausgleichszahlungen treten an die Stelle der dem Arbeitnehmer arbeitsvertraglich eingeräumten Privatnutzungsbefugnis und sind steuerlich nicht anders zu behandeln als der ursprünglich vereinbarte (Sach-)Lohnbestandteil (FG Köln v. 11.11.2009, 7 K 3651/08, EFG 2010, 482).

(LSt) (SV)

Zur **privaten Nutzung** eines Kraftfahrzeugs gehören alle Fahrten, die einem privaten Zweck dienen, z.B. Fahrten zur Erholung, Fahrten zu Verwandten, Freunden, kulturellen oder sportlichen Veranstaltungen, Einkaufsfahrten, Fahrten zu Gaststättenbesuchen und Mittagsheimfahrten, oder Fahrten, die der Erzielung von Einkünften aus einem anderen Dienstverhältnis oder anderer Einkünfte (als solche aus nichtselbständiger Arbeit) dienen (vgl. BFH v. 3.12.1987, IV R 41/85, BStBl II 1988, 266 betr. Dienstwagenbenutzung eines Oberbürgermeisters für Abgeordnetentätigkeit). **Nicht zu den privaten Fahrten** gehören Fahrten zwischen Wohnung und erster Tätigkeitsstätte einschließlich der Fahrten, die der Arbeitnehmer aus beruflichen Gründen mehrmals am Tag durchführen muss, Fahrten zu einem bestimmten Sammelpunkt oder zu einem weiträumigen Tätigkeitsgebiet (§ 9 Abs. 1 Satz 3 Nr. 4a Satz 3 EStG) und Familienheimfahrten im Rahmen einer doppelten Haushaltsführung. Für diese Fahrten hat der Arbeitnehmer ggf. einen gesonderten geldwerten Vorteil zu versteuern.

Für die Bewertung der privaten Nutzung eines Firmenwagens sind in § 8 Abs. 2 EStG **zwei Berechnungsmethoden** zugelassen worden, nämlich die 1 %-Regelung als vom Gesetzgeber gedachter Regelfall und die Ermittlung eines individuellen Nutzungswerts als Ausnahmeregelung, wenn Arbeitgeber und Arbeitnehmer der Auffassung sind, dass die 1 %-Regelung für sie zu ungünstig ist (sog. Escape-Klausel oder Fahrtenbuchmethode). Die 1 %-Regelung ist verfassungsrechtlich nicht zu beanstanden (BFH v. 24.2.2000, III R 59/98, BStBl II 2000, 273; BFH v. 13.11.2012, VI R 51/11, BStBl II 2013, 385; BVerfG v. 29.10.2002, 2 BvR 434/01, HFR 2003, 178).

Für die Frage, ob die Bewertung nach § 8 Abs. 2 Satz 2 bis 5 EStG zu erfolgen hat, ist entscheidend, **wem das Fahrzeug zuzurechnen** ist:

– Ist das **Fahrzeug dem Arbeitgeber zuzurechnen**, hat die Bewertung des Vorteils zwingend nach der 1 %-Regelung bzw. nach der Fahrtenbuchmethode zu erfolgen und kann nicht durch die Zahlung eines Nutzungsentgelts vermieden werden, selbst wenn dieses als angemessen anzusehen ist (BFH v. 18.12.2014, VI R 75/13, BStBl II 2015, 670).

Das Fahrzeug ist dem Arbeitgeber auch dann zuzurechnen, wenn der **Arbeitnehmer** das Kraftfahrzeug **auf Veranlassung des Arbeitgebers least**, dieser sämtliche Kosten des Kraftfahrzeugs trägt und im Innenverhältnis zum Arbeitnehmer allein über die Nutzung des Kraftfahrzeugs bestimmt (BFH v. 6.11.2001, VI R 62/96, BStBl II 2002, 370).

– Ist das **Fahrzeug dem Arbeitnehmer zuzurechnen**, erfolgt die Bewertung eines etwaigen geldwerten Vorteils nach den allgemeinen Grundsätzen, wie sie für die Erfassung von Rabatten gelten (vgl. BFH v. 26.7.2012, VI R 27/11, BStBl II 2013, 402 und BFH v. 26.7.2012, VI R 30/09, BStBl II 2013, 400). Dies ist der Fall, wenn der Arbeitnehmer **Eigentümer des Fahrzeugs** ist. Das Fahrzeug ist aber auch dann dem Arbeitnehmer zuzurechnen, wenn er über dieses Fahrzeug **wie ein wirtschaftlicher Eigentümer** oder als Leasingnehmer verfügen kann. Dabei ist es grundsätzlich unerheblich, ob der Voreigentümer oder der Leasinggeber ein fremder Dritter oder der Arbeitgeber ist. Dem Arbeitnehmer ist das Fahrzeug dann zuzurechnen, wenn ihm der Arbeitgeber das Fahrzeug auf Grund einer **vom Arbeitsvertrag unabhängigen Sonderrechtsbeziehung**, etwa einem Leasingvertrag, überlässt. Entsprechendes gilt, wenn der Arbeitgeber selbst Leasingnehmer ist und das Fahrzeug seinem Arbeitnehmer auf der Grundlage eines Unterleasingverhältnisses übergibt. Eine solche vom **Arbeitsvertrag unabhängige Sonderrechtsbeziehung**, auf die die Fahrzeugübertragung gründet, kann auch dann vorliegen, wenn die Beteiligten diese nicht schriftlich vereinbart haben. Entscheidend ist, dass nach den **tatsächlichen Umständen** der Arbeitnehmer im Innenverhältnis gegenüber seinem Arbeitgeber **die wesentlichen Rechte und Pflichten eines Leasingnehmers** hat, er also ein in Raten zu zahlendes Entgelt zu entrichten hat und ihn allein die Gefahr und Haftung für Instandhaltung, Sachmängel, Untergang und Beschädigung der Sache treffen (BFH v. 18.12.2014, VI R 75/13, BStBl II 2015, 670).

Hat der Arbeitnehmer arbeitsrechtlich einen Anspruch auf einen auch privat zu nutzenden Dienstwagen und stellt er stattdessen seinem Arbeitgeber **sein eigenes Fahrzeug gegen Entgelt** (Vollkostenerstattung) zur Nutzung als Dienstwagen zur Verfügung, so wendet der Arbeitgeber **Barlohn und keinen Nutzungsvorteil** i.S.d. § 8 Abs. 2 Satz 2 EStG zu (BFH v. 6.11.2001, VI R 54/00, BStBl II 2002, 164). Die 1 %-Regelung ist daher nicht anwendbar.

Auch bei einem **Campingfahrzeug** kann es sich um ein Kraftfahrzeug i.S.v. § 8 Abs. 2 EStG handeln (BFH v. 6.11.2001, VI R 62/96, BStBl II 2002, 370). Gleiches gilt für **Kombinationskraftwagen und Geländewagen**, auch wenn sie über ein zulässiges Gesamtgewicht von mehr als 2,8t verfügen (BFH v. 13.2.2003, X R 23/01, BStBl II 2003, 472), und für einen **variablen Kleinbus**, bei dem alle Sitze bis auf den Fahrersitz zu dem Zweck ausgebaut worden sind, Baumaterial für den Arbeitgeber zu befördern (FG Berlin-Brandenburg v. 13.11.2007, 11 K 2182/04, EFG 2008, 681).

Die 1 %-Regelung ist **nicht anzuwenden**, wenn dem Arbeitnehmer ein Kraftfahrzeug zur privaten Nutzung überlassen wird, das kraftfahrzeugsteuerrechtlich eine **Zugmaschine oder ein Lastkraftwagen** ist (vgl. BMF v. 18.11.2009, IV C 6 – S 2177/07/10004, BStBl I 2009, 1326, Rdnr. 1).

Diese Regelung bewirkt aber nicht, dass kein geldwerter Vorteil entsteht, sondern lediglich, dass die Nutzungsvorteile nicht nach § 8 Abs. 2 Satz 2 EStG, sondern **nach allgemeinen Regeln zu bewerten** sind. Das bedeutet: Grundsätzlich ist der Betrag zu ermitteln, der dem Arbeitnehmer für die Haltung und den Betrieb eines eigenen Kraftwagens gleichen Typs an Aufwendungen entstanden wäre (BFH v. 21.6.1963, VI 306/61 U, BStBl III 1963, 387).

Aus Vereinfachungsgründen können jedoch die zu erfassenden Nutzungsvorteile in **sinngemäßer Anwendung** der Regeln des § 8 Abs. 2 Sätze 2 bis 5 EStG ermittelt werden. Hierbei ist allerdings **kein höherer Listenpreis als 80 000 €** zu Grunde zu legen (FinMin Saarland v. 29.1.2003, B/2 – 4 – 11/03 – S 2334, www.stotax-first.de).

2. 1 %-Regelung

a) Allgemeines

Die private Nutzung eines Kraftfahrzeugs ist für jeden Kalendermonat mit **1 % des inländischen Listenpreises** im Zeitpunkt der Erstzulassung zuzüglich der Kosten für Sonderausstattungen einschließlich der Umsatzsteuer anzusetzen (§ 8 Abs. 2 Satz 2 i.V.m. § 6 Abs. 1 Nr. 4 Satz 2 EStG; BFH v. 6.3.2003, XI R 12/02, BStBl II 2003, 704). Kann das Kraftfahrzeug auch **für Fahrten zwischen Wohnung und erster Tätigkeitsstätte** sowie zu Fahrten zu einem bestimmten Sammelpunkt oder zu einem weiträumigen Tätigkeitsgebiet (§ 9 Abs. 1 Satz 3 Nr. 4a Satz 3 EStG) genutzt werden, **erhöht sich der Wert** für jeden Kalendermonat um 0,03 % des **1228**

Listenpreises für jeden Kilometer der Entfernung zwischen Wohnung und erster Tätigkeitsstätte sowie der Fahrten zu einem bestimmten Sammelpunkt oder zu einem weiträumigen Tätigkeitsgebiet (§ 8 Abs. 2 Satz 3 EStG, R 8.1 Abs. 9 Nr. 1 Satz 2 LStR). Dies gilt auch bei einem **als Taxi genutzten Kraftfahrzeug** (FG Niedersachsen v. 30.9.2002, 2 K 707/00, www.stotax-first.de).

Kann das Kraftfahrzeug auch **im Rahmen einer anderen Einkunftsart genutzt** werden, ist diese Nutzungsmöglichkeit bei Arbeitnehmern mit der **1 %-Regelung abgegolten** (R 8.1 Abs. 9 Nr. 1 Satz 8 LStR). Die gegenteilige Rechtsprechung des BFH (BFH v. 26.4.2006, X R 35/05, BStBl II 2007, 445) hat **für Arbeitnehmer keine Bedeutung**. Ein anteiliger **Betriebsausgaben-/Werbungskostenabzug** bei der anderen Einkunftsart ist **nicht zulässig** (BFH v. 16.7.2015, III R 33/14, www.stotax-first.de).

b) Listenpreis

1229 Der **Ansatz des inländischen Listenpreises** statt eines tatsächlich niedrigeren Kaufpreises ist **verfassungsgemäß** (BFH v. 13.11.2012, VI R 51/11, BStBl II 2013, 385).

Listenpreis ist die **auf volle 100 € abgerundete unverbindliche Preisempfehlung des Herstellers** für das genutzte Kraftfahrzeug **im Zeitpunkt seiner Erstzulassung** zuzüglich der Kosten für **werksseitig** im Zeitpunkt der Erstzulassung **eingebaute Sonderausstattungen** (z.B. Klimaanlage, Radio, Navigationssystem, Diebstahlsicherungssysteme, Flüssiggasanlage usw.) und der Umsatzsteuer (R 8.1 Abs. 9 Nr. 1 Satz 6 LStR sowie BFH v. 16.2.2005, VI R 37/04, BStBl II 2005, 563 betr. werkseitig eingebautes Satellitennavigationsgerät und BFH v. 13.10.2010, VI R 12/09, BStBl II 2011, 361 betr. nachträglich eingebaute Flüssiggasanlage). Nachträglich eingebaute Sonderausstattungen sind mit der 1 %-Regelung abgegolten (BFH v. 13.10.2010, VI R 12/09, BStBl II 2011, 361).

Der Wert eines **Autotelefons** einschließlich Freispracheinrichtung sowie der Wert eines **weiteren Satzes Reifen** einschließlich Felgen (z.B. ein zusätzlicher Satz Winterreifen) bleiben außer Ansatz (R 8.1 Abs. 9 Nr. 1 Satz 6 LStR). Privatgespräche sind auf Grund der Steuerbefreiung des § 3 Nr. 45 EStG nicht als Sachbezug zu versteuern.

Die obersten Finanzbehörden haben es abgelehnt, Aufwendungen für **Diebstahlsicherungssysteme** mit der Begründung aus dem Listenpreis herauszurechnen, die Aufwendungen würden im ganz überwiegenden betrieblichen Interesse des Arbeitgebers getätigt. Dies würde dem Vereinfachungszweck und dem Wortlaut des § 6 Abs. 1 Nr. 4 Satz 2 EStG widersprechen (FinMin Thüringen v. 3.2.2003, S 2334 A – 5/03 – 204.1, www.stotax-first.de).

Außer Ansatz, weil nicht zum Listenpreis gehörend, bleiben

– die Überführungskosten,
– die Kosten für die Zulassungsbescheinigung und
– die Zulassungskosten (z.B. Nummernschilder).

Dies gilt aber nicht für Preisnachlässe, die dem Arbeitgeber beim Kauf des Fahrzeugs gewährt werden.

Beispiel 1:
Ein Arbeitnehmer erhält von seinem Arbeitgeber ein Fahrzeug kostenlos zur Nutzung überlassen. Der Arbeitgeber hat das Fahrzeug für netto 21 000 € erworben. Die unverbindliche Preisempfehlung des Herstellers beträgt netto 23 000 €, hinzu kommt die vom Händler kostenlos mitgelieferte Sonderausstattung von netto 1 500 €, sowie Überführungskosten von 450 € und Anmeldekosten (Zulassungsbescheinigung, Nummernschilder usw.) von 150 €.
Der inländische Listenpreis des Fahrzeugs ermittelt sich wie folgt:

unverbindliche Preisempfehlung netto	23 000 €
+ Sonderausstattung	1 500 €
Summe	24 500 €
+ 19 % Umsatzsteuer	4 655 €
Insgesamt	29 155 €
Listenpreis abgerundet	29 100 €

Die Überführungs- und Anmeldekosten sowie der vom Arbeitgeber ausgehandelte Rabatt bleiben unberücksichtigt.

Bei einem Kraftwagen, der **aus Sicherheitsgründen gepanzert** ist, kann **der Listenpreis des leistungsschwächeren Fahrzeugs** zu Grunde gelegt werden, das dem Arbeitnehmer zur Verfügung gestellt würde, wenn seine Sicherheit nicht gefährdet wäre (R 8.1 Abs. 9 Nr. 1 Satz 7 LStR). Sicherheitsausrüstungen in diesem Sinne sind ausschließlich Vorkehrungen zum Personenschutz (z.B. Panzerglas). Bei lediglich der Verkehrssicherheit dienenden Einbauten (z.B. Schneeketten, Kopfstützen im Fond, Feuerlöscher, ABS, Airbag) ist eine Minderung der Bemessungsgrundlage nicht zulässig, vgl. hierzu auch FG Hamburg v. 13.3.1997, II 164/95, EFG 1997, 856 betr. Übernahme der Kosten für Zubehör im Pkw des Arbeitnehmers durch den Arbeitgeber als steuerpflichtiger Arbeitslohn.

Der Listenpreis ist auch **für reimportierte Fahrzeuge** anzusetzen (BMF v. 28.5.1996, IV B 6 – S 2334 – 173/96, BStBl I 1996, 654, Tz. I.1). Soweit das reimportierte Fahrzeug mit zusätzlichen Sonderausstattungen versehen ist, die sich im inländischen Listenpreis nicht niedergeschlagen haben, ist der Wert der Sonderausstattung zusätzlich zu berücksichtigen. Soweit das reimportierte Fahrzeug geringerwertig ausgestattet ist, lässt sich der Wert der „Minderausstattung" durch einen Vergleich mit einem adäquaten inländischen Fahrzeug angemessen berücksichtigen.

Beispiel 2:
Dem Arbeitnehmer wird vom Arbeitgeber ein reimportiertes Kraftfahrzeug überlassen, für das der Arbeitgeber 18 000 € gezahlt hat. Das Fahrzeug hat im Vergleich zu einem inländischen Modell keine Leuchtweitenregulierung. Dafür beträgt die Motorisierung statt 66 kW 74 kW und es ist statt mit einem Notrad mit einem vollwertigen Reserverad ausgestattet. Das vergleichbare inländische Fahrzeug hat einen Listenpreis von 22 000 €.
Die Mehr- und Minderausstattung des Fahrzeugs gleicht sich in etwa aus. Daher ist als Listenpreis von einem Wert von 22 000 € auszugehen.

Der Listenpreis ist auch dann anzusetzen, wenn der Arbeitgeber das Kraftfahrzeug **gebraucht erworben** oder **geleast** hat (BFH v. 1.3.2001, IV R 27/00, BStBl II 2001, 403).

Zur **Sonderregelung für Elektro- und Hybridelektrofahrzeuge** bei der Ermittlung des Listenpreises → Rz. 1259.

c) Privatfahrten

Bei der 1 %-Regelung hat der Arbeitgeber grundsätzlich die private Nutzung mit **monatlich 1 % des inländischen Listenpreises des Kraftfahrzeugs** zu bewerten (§ 8 Abs. 2 Satz 2 i.V.m. § 6 Abs. 1 Nr. 4 Satz 2 EStG). 1230

Kürzungen dieses Werts, z.B.

– unter Hinweis auf **Beschriftungen des Firmenwagens**,
– auf einen **Zweitwagen** des Arbeitnehmers,
– auf **Übernahme der Treibstoffkosten** durch den Arbeitnehmer oder
– auf die **Unterbringung** des Kraftfahrzeugs in einer dem Arbeitnehmer gehörenden bzw. von ihm **gemieteten Garage**,

sind nicht zulässig (R 8.1 Abs. 9 Nr. 1 Satz 5 LStR). Dies gilt auch, wenn die Privatnutzung vom Arbeitgeber eingeschränkt worden ist, z.B. Nutzung des Fahrzeugs nur in einem Bundesland oder Verbot der Nutzung für Urlaubsfahrten.

Daraus folgt nach Auffassung des BFH jedoch nicht, dass der Arbeitnehmer, der seinen Dienstwagen in der eigenen Garage unterstellt und für die **Überlassung der Garage vom Arbeitgeber ein Nutzungsentgelt** enthält, deshalb zusätzlichen Arbeitslohn bezieht (BFH v. 7.6.2002, VI R 145/99, BStBl II 2002, 829; BFH v. 7.6.2002, VI R 53/01, BStBl II 2002, 878); die Garagengelder sind jedoch ggf. als Einkünfte aus Vermietung und Verpachtung zu erfassen (→ *Garage* Rz. 1357).

Die 1 %-Regelung gilt auch dann, wenn ein Firmenwagen nur **geringfügig privat genutzt** wird, weil der Arbeitnehmer (oder seine Familienangehörigen) noch einen Zweitwagen hat. Die bloße Behauptung, der Firmenwagen werde nicht für Privatfahrten genutzt oder Privatfahrten würden ausschließlich mit anderen Fahrzeugen durchgeführt, reicht nicht aus, von der 1 %-Regelung abzusehen. Denn die **Überlassung eines Firmenwagens** an einen Arbeitnehmer für dessen Privatnutzung führt **unabhängig davon, ob und in welchem Umfang** der Arbeitnehmer den Firmenwagen **tatsächlich privat nutzt**, zu einem **lohnsteuerlichen Vorteil** (BFH v. 21.3.2013, VI R 31/10, BStBl II 2013, 700).

Die 1 %-Regelung gilt aber nicht, wenn **Autoverkäufer Vorführwagen nach Dienstschluss** sowie zum Wochenende mit nach Hause nehmen, um ggf. während dieser Zeit noch Probefahrten

Firmenwagen zur privaten Nutzung

durchzuführen. Denn allein die Gestattung der Nutzung eines betrieblichen Fahrzeugs für Fahrten zwischen Wohnung und erster Tätigkeitsstätte begründet noch keine Überlassung zur privaten Nutzung (BFH v. 6.10.2011, VI R 56/10, BStBl II 2012, 362).

Mit der 1 %-Regelung sind auch die Kosten **für private Urlaubsreisen** abgegolten. Dies gilt nicht für **besondere Kosten**, die durch die private Nutzung des Kraftfahrzeugs entstehen (z.B. Autofähre, Reisezug, Parkgebühren), weil es sich nicht um typische Kraftfahrzeugkosten handelt. Diese Aufwendungen sind zusätzlich zur 1 %-Regelung zu erfassen. Auch vom Arbeitgeber übernommene **Straßenbenutzungsgebühren** (Vignetten, Mautgebühren) für mit dem Firmenwagen unternommene Privatfahrten sowie für einen auf den Arbeitnehmer ausgestellten **Kfz-Schutzbrief** sind nicht von der 1 %-Regelung erfasst, sondern zusätzlich als geldwerter Vorteil zu berücksichtigen (BFH v. 14.9.2005, VI R 37/03, BStBl II 2006, 72).

Wird ein Fahrzeug für **mittägliche Zwischenheimfahrten** vom Arbeitsplatz zur Wohnung und zurück verwendet, ist dies eine **private Nutzung**, die nach der 1 %-Regelung zu versteuern ist. Derartige Mittagsheimfahrten gehören zum Bereich der privaten Lebensführung und stellen daher keine Fahrten zwischen Wohnung und erster Tätigkeitsstätte dar (FG Baden-Württemberg v. 27.10.2011, 1 K 3014/09, EFG 2012, 604).

d) Fahrten zwischen Wohnung und erster Tätigkeitsstätte

aa) Bewertung des geldwerten Vorteils

1231 Kann ein Kraftfahrzeug, das der Arbeitgeber oder auf Grund des Dienstverhältnisses ein Dritter dem Arbeitnehmer unentgeltlich überlassen hat, von dem Arbeitnehmer auch **für Fahrten zwischen Wohnung und erster Tätigkeitsstätte** genutzt werden, ist grundsätzlich diese Nutzungsmöglichkeit unabhängig von der Nutzung des Fahrzeugs zu Privatfahrten zusätzlich mit **monatlich 0,03 %** des inländischen Listenpreises des Kraftfahrzeugs **für jeden Kilometer der Entfernung** zwischen Wohnung und erster Tätigkeitsstätte zu bewerten und dem Arbeitslohn zuzurechnen, soweit nicht entsprechende Aufwendungen des Arbeitnehmers wegen einer Auswärtstätigkeit in voller Höhe als Werbungskosten zu berücksichtigen wären (R 8.1 Abs. 9 Nr. 1 Satz 2 LStR sowie BFH v. 6.11.2001, VI R 62/96, BStBl II 2002, 370 und BFH v. 7.6.2002, VI R 53/01, BStBl II 2002, 878). Zum Begriff der „ersten Tätigkeitsstätte" → *Reisekosten: Allgemeine Grundsätze* Rz. 2413.

Der anzusetzende Zuschlag für die Nutzung eines Firmenwagens für Fahrten zwischen Wohnung und erster Tätigkeitsstätte ist der Höhe nach nicht auf die im Gegenzug als Werbungskosten zu berücksichtigenden Aufwendungen begrenzt (FG Köln v. 28.1.2015, 12 K 178/12, EFG 2015, 1532, Nichtzulassungsbeschwerde eingelegt, Az. beim BFH: VI B 28/15).

Bei Anwendung der 0,03 %-Regelung ist der Monatswert auch dann anzusetzen, wenn das Kraftfahrzeug dem Arbeitnehmer im Kalendermonat nur zeitweise zur Verfügung steht. Der Monatswert wird deshalb auch dann nicht auf Tage umgerechnet, wenn die Nutzung im Laufe des Monats beginnt oder endet. Ein durch Urlaub oder Krankheit bedingter Nutzungsausfall ist im Nutzungswert pauschal berücksichtigt.

Statt der 0,03 %-Regelung kann aber auch **eine Einzelbewertung** der Fahrten mit 0,002 % des Listenpreises vorgenommen werden (zuletzt BFH v. 22.9.2010, VI R 57/09, BStBl II 2011, 359 sowie BMF v. 1.4.2011, IV C 5 – S 2334/08/10010, BStBl I 2011, 301). Das bedeutet:

- Im **Lohnsteuerabzugsverfahren** ist der Arbeitgeber **nicht zur Einzelbewertung** der tatsächlichen Fahrten zwischen Wohnung und erster Tätigkeitsstätte **verpflichtet**. Dem Arbeitgeber bleibt es unbenommen, im Lohnsteuerabzugsverfahren nur die kalendermonatliche Ermittlung des Zuschlags mit 0,03 % des Listenpreises für jeden Kilometer der Entfernung zwischen Wohnung und erster Tätigkeitsstätte vorzunehmen, z.B. die Gestellung des betrieblichen Kraftfahrzeugs an die Anwendung der 0,03 %-Regelung zu binden.
- Der **Arbeitgeber** muss in Abstimmung mit dem Arbeitnehmer die Anwendung der BFH-Rechtsprechung oder die Anwendung der 0,03 %-Regelung **für jedes Kalenderjahr einheitlich** für alle diesem überlassenen betrieblichen Kraftfahrzeuge festlegen. Die Methode darf während des Kalenderjahrs nicht gewechselt werden. Bei der Veranlagung zur Einkommensteuer ist der Arbeitnehmer nicht an die für die Erhebung der Lohnsteuer gewählte Methode gebunden und kann die Methode einheitlich für alle ihm überlassenen betrieblichen Kraftfahrzeuge für das gesamte Kalenderjahr wechseln.
- Bei Anwendung der BFH-Rechtsprechung im Lohnsteuerabzugsverfahren hat der **Arbeitnehmer** gegenüber dem Arbeitgeber **kalendermonatlich fahrzeugbezogen schriftlich zu erklären**, an welchen Tagen (mit Datumsangabe) er das betriebliche Kraftfahrzeug **tatsächlich für Fahrten** zwischen Wohnung und erster Tätigkeitsstätte **genutzt** hat; **die bloße Angabe der Anzahl der Tage reicht nicht aus**. Es sind keine Angaben erforderlich, wie der Arbeitnehmer an den anderen Arbeitstagen zur ersten Tätigkeitsstätte gelangt ist. Arbeitstage, an denen der Arbeitnehmer das betriebliche Kraftfahrzeug für Fahrten zwischen Wohnung und erster Tätigkeitsstätte mehrmals benutzt, sind für Zwecke der Einzelbewertung nur einmal zu erfassen. Diese **Erklärungen des Arbeitnehmers** hat der Arbeitgeber **als Belege zum Lohnkonto** aufzubewahren. Es ist **aus Vereinfachungsgründen** nicht zu beanstanden, wenn für den Lohnsteuerabzug jeweils die **Erklärung des Vormonats** zu Grunde gelegt wird.
- Der Arbeitgeber hat **auf Grund der Erklärungen** des Arbeitnehmers den **Lohnsteuerabzug durchzuführen**, sofern der Arbeitnehmer nicht erkennbar unrichtige Angaben macht. Ermittlungspflichten des Arbeitgebers ergeben sich hierdurch nicht.
- Wird im Lohnsteuerabzugsverfahren eine Einzelbewertung der tatsächlichen Fahrten zwischen Wohnung und erster Tätigkeitsstätte vorgenommen, so hat der Arbeitgeber für alle dem Arbeitnehmer überlassenen betrieblichen Kraftfahrzeuge eine jahresbezogene **Begrenzung auf insgesamt 180 Fahrten** vorzunehmen. Eine monatliche Begrenzung auf 15 Fahrten ist ausgeschlossen.

> **Beispiel 1:**
> Arbeitnehmer A kann ein vom Arbeitgeber B überlassenes betriebliches Kraftfahrzeug (Mittelklasse) auch für Fahrten zwischen Wohnung und erster Tätigkeitsstätte nutzen. B liegen datumsgenaue Erklärungen des A über Fahrten zwischen Wohnung und erster Tätigkeitsstätte für die Monate Januar bis Juni an jeweils 14 Tagen, für die Monate Juli bis November an jeweils 19 Tagen vor. Für den Monat Dezember liegt B eine datumsgenaue Erklärung des A über Fahrten zwischen Wohnung und erster Tätigkeitsstätte an vier Tagen vor.
>
> In den Monaten Januar bis Juni hat B für Zwecke der Einzelbewertung jeweils 14 Tage zu Grunde zulegen, in den Monaten Juli bis November jeweils 19 Tage. Wegen der jahresbezogenen Begrenzung auf 180 Fahrten ist für Zwecke der Einzelbewertung im Dezember **nur ein Tag** anzusetzen (Anzahl der Fahrten von Januar bis November = 179). Damit ergeben sich für die Einzelbewertung der tatsächlichen Fahrten des A zwischen Wohnung und erster Tätigkeitsstätte je Kalendermonat folgende Prozentsätze:
>
> – Januar bis Juni: 0,028 % (14 Fahrten × 0,002 %)
> – Juli bis November: 0,038 % (19 Fahrten × 0,002 %)
> – Dezember: 0,002 % (1 Fahrt × 0,002 %)

> **Beispiel 2:**
> Sachverhalt wie Beispiel 1. Ab Dezember steht dem A ein anderes betriebliches Kraftfahrzeug (Oberklasse) zur Nutzung zur Verfügung.
>
> Für die Einzelbewertung der tatsächlichen Fahrten des A zwischen Wohnung und erster Tätigkeitsstätte ergeben sich entsprechend der zeitlichen Reihenfolge der tatsächlichen Fahrten zwischen Wohnung und erster Tätigkeitsstätte je Kalendermonat folgende Prozentsätze:
>
> – Januar bis Juni: 0,028 % (14 Fahrten × 0,002 %) vom Listenpreis der Mittelklasse
> – Juli bis November: 0,038 % (19 Fahrten × 0,002 %) vom Listenpreis der Mittelklasse
> – Dezember: 0,002 % (1 Fahrt × 0,002 %) vom Listenpreis der Oberklasse

- Im Falle der Einzelbewertung der tatsächlichen Fahrten zwischen Wohnung und erster Tätigkeitsstätte ist die **Lohnsteuerpauschalierung** nach § 40 Abs. 2 Satz 2 EStG anhand der **vom Arbeitnehmer erklärten Anzahl der Tage** vorzunehmen.
- Die **Zuschlagsregelung** des § 8 Abs. 2 Satz 3 EStG (0,03 %-Regelung oder Einzelbewertung) ist **neben der 1 %-Regelung selbständig anzuwenden**, wenn das Kraftfahrzeug ausschließlich für Fahrten zwischen Wohnung und erster Tätigkeitsstätte überlassen wird. Die bestehenden Verwaltungsregelungen zum Nutzungsverbot des betrieblichen Kraftfahrzeugs für private Zwecke sind zu beachten (BMF v. 28.5.1996, IV B 6 – S 2334 – 173/96, BStBl I 1996, 654).

Nach dieser Regelung kann der **Arbeitnehmer** gegenüber dem Arbeitgeber auch kalendermonatlich schriftlich erklären, dass er das betriebliche Kraftfahrzeug **an keinem Tag im Monat** für Fahrten zwischen Wohnung und erster Tätigkeitsstätte genutzt hat; in diesem Fall muss im Lohnsteuerabzugsverfahren **kein Zu-**

schlag für Fahrten zwischen Wohnung und erster Tätigkeitsstätte versteuert werden.

Diese Grundsätze sind aber **im betrieblichen Bereich**, d.h. für die Überlassung von Fahrzeugen an den Unternehmer, **nicht anzuwenden** (OFD Niedersachsen v. 11.7.2011, S 2227 – 98 – St 221/St 222, StEd 2011, 558).

bb) Werbungskosten

Der Arbeitnehmer muss bei einer unentgeltlichen oder verbilligten Nutzung des Firmenwagens für Fahrten zwischen Wohnung und erster Tätigkeitsstätte den geldwerten Vorteil zwar einerseits als Arbeitslohn versteuern, andererseits kann er jedoch seine Aufwendungen **als Werbungskosten** geltend machen, und zwar regelmäßig **i.H.v. 0,30 € für jeden vollen Kilometer der Entfernung zwischen Wohnung und erster Tätigkeitsstätte** (§ 9 Abs. 1 Satz 3 Nr. 4 EStG). **Eine Saldierung** des vom Arbeitgeber zu versteuernden geldwerten Vorteils mit dem beim Arbeitnehmer möglichen Werbungskostenabzug **ist nicht zulässig**, weil der Arbeitgeber grundsätzlich keine Werbungskosten des Arbeitnehmers steuerfrei ersetzen darf, sofern es nicht in einer Steuerbefreiungsvorschrift ausdrücklich zugelassen ist (R 19.3 Abs. 3 LStR).

Behinderte Menschen i.S.v. § 9 Abs. 2 Satz 3 EStG (Grad der Behinderung mindestens 70 oder Grad der Behinderung mindestens 50 und erhebliche Beeinträchtigung der Bewegungsfähigkeit im Straßenverkehr) **können entweder die tatsächlichen Kosten** für Fahrten zwischen Wohnung und erster Tätigkeitsstätte als Werbungskosten abziehen oder – ohne Einzelnachweis – 0,30 € je Kilometer (0,60 € je Entfernungskilometer). Im Falle der unentgeltlichen Kraftfahrzeugnutzung sind dies grundsätzlich die versteuerten geldwerten Vorteile für Fahrten zwischen Wohnung und erster Tätigkeitsstätte (R 9.1 Abs. 4 Satz 2 LStR).

Auswirkungen ergeben sich bei ihnen durch die Versteuerung des geldwerten Vorteils einerseits und den Werbungskostenabzug andererseits nur in Bezug auf den Arbeitnehmer-Pauschbetrag von 1 000 € und auch nur insoweit, als dieser Pauschbetrag nicht bereits durch andere Aufwendungen überschritten wird.

> **Beispiel 1:**
> Ein Arbeitnehmer (behinderter Mensch i.S.v. § 9 Abs. 2 Satz 3 EStG) kann einen Firmenwagen für Fahrten zwischen Wohnung und erster Tätigkeitsstätte kostenlos nutzen. Der Listenpreis beträgt 40 000 €, die Entfernung Wohnung – erste Tätigkeitsstätte 40 km. Weitere Werbungskosten sind dem Arbeitnehmer nicht entstanden. Der Arbeitslohn des Arbeitnehmers beträgt 50 000 € im Kalenderjahr.
>
> Der Arbeitnehmer hat einen geldwerten Vorteil für die Fahrten zwischen Wohnung und erster Tätigkeitsstätte von jährlich 5 760 € (0,03 % von 40 000 € × 40 km × 12 Monate) zu versteuern.
>
> Im Einkommensteuerbescheid werden die Einkünfte aus nichtselbständiger Arbeit wie folgt ermittelt:
>
> | | |
> |---|---:|
> | Arbeitslohn | 50 000 € |
> | + geldwerter Vorteil „Firmenwagen" | 5 760 € |
> | = Summe | 55 760 € |
> | ./. Werbungskosten | 5 760 € |
> | = Einkünfte | 50 000 € |
>
> Ohne die Nutzung des Firmenwagens hätte der Arbeitnehmer Einkünfte von 49 000 € (50 000 € ./. 1 000 € Arbeitnehmer-Pauschbetrag).

Der Ansatz des geldwerten Vorteils mit dem Pauschalbetrag i.H.v. 0,03 % des Listenpreises für jeden Kilometer der einfachen Entfernung zwischen Wohnung und erster Tätigkeitsstätte kann allerdings **bei preiswerten Kraftfahrzeugen** dazu führen, dass der Arbeitnehmer **weniger versteuern muss** als den Betrag, den er bei seiner Veranlagung zur Einkommensteuer als Werbungskosten abziehen kann.

> **Beispiel 2:**
> Wie Beispiel 1, der Listenpreis des Firmenwagens beträgt jedoch 12 500 €.
>
> Der Arbeitnehmer hat einen geldwerten Vorteil für die Fahrten zwischen Wohnung und erster Tätigkeitsstätte von jährlich 1 800 € (0,03 % von 12 500 € × 40 km × 12 Monate) zu versteuern.
>
> Im Einkommensteuerbescheid werden die Einkünfte aus nichtselbständiger Arbeit wie folgt ermittelt (der Arbeitnehmer verzichtet allerdings auf den Nachweis der tatsächlichen Kosten und beantragt den Abzug des pauschalen Kilometersatzes von 0,60 € je Entfernungskilometer; → *Wege zwischen Wohnung und erster Tätigkeitsstätte* Rz. 3156):

Arbeitslohn	50 000 €
+ geldwerter Vorteil „Firmenwagen"	1 800 €
= Summe	51 800 €
./. Werbungskosten (180 Tage × 40 km × 0,60 €)	4 320 €
= Einkünfte	47 480 €

cc) Maßgebende Entfernung

Dem pauschalen Nutzungswert ist **die einfache Entfernung zwischen Wohnung und erster Tätigkeitsstätte** zu Grunde zu legen; diese ist auf den **nächsten vollen Kilometerbetrag abzurunden**. Maßgebend ist immer die **kürzeste benutzbare Straßenverbindung**. Dies gilt auch dann, wenn der Arbeitnehmer tatsächlich eine **längere, aber verkehrsgünstigere Strecke benutzt** und hierfür im Rahmen der Einkommensteuererklärung die Entfernungspauschale beantragt (FG Köln v. 22.5.2003, 10 K 7604/98, EFG 2003, 1229). Der pauschale Nutzungswert ist auch **nicht zu erhöhen**, wenn der Arbeitnehmer das Kraftfahrzeug an einem Arbeitstag **mehrmals zwischen Wohnung und erster Tätigkeitsstätte** benutzt (Arbeitgeber-Merkblatt 1996, BStBl I 1995, 719, Tz. 30).

dd) Park and Ride

Setzt der Arbeitnehmer ein ihm überlassenes Kraftfahrzeug bei den Fahrten zwischen Wohnung und erster Tätigkeitsstätte oder bei Familienheimfahrten **nur für eine Teilstrecke** ein, so ist der Ermittlung des Zuschlags grundsätzlich die gesamte Entfernung zu Grunde zu legen. Wenn allerdings

– das Kraftfahrzeug vom Arbeitgeber nur **für eine Teilstrecke zur Verfügung gestellt** worden ist und der Arbeitgeber die **Einhaltung seines Nutzungsverbots überwacht** (BMF v. 28.5.1996, IV B 6 – S 2334 – 173/96, BStBl I 1996, 654, Tz. I.6) oder

– für die restliche Teilstrecke ein **Nachweis über die Benutzung eines anderen Verkehrsmittels** erbracht wird, z.B. eine auf den Arbeitnehmer ausgestellte Jahres-Bahnfahrkarte vorgelegt wird (BFH v. 4.4.2008, VI R 68/05, BStBl II 2008, 890),

ist der **Zuschlag auf der Grundlage der Teilstrecke** zu ermitteln, die mit dem betrieblichen Kraftfahrzeug tatsächlich zurückgelegt wurde (BMF v. 1.4.2011, IV C 5 – S 2334/08/10010, BStBl I 2011, 301).

> **Beispiel:**
> Ein Arbeitgeber, dessen Hauptbetrieb sich 20 km entfernt von Hannover befindet, gestattet seinen Arbeitnehmern, die in Hannover wohnen, für die Fahrt zwischen Wohnung und erster Tätigkeitsstätte die Firmenwagen zu benutzen. Der Wagen darf aber nur bis zur Zweigniederlassung, die sich in unmittelbarer Nähe einer U-Bahn-Haltestelle befindet, benutzt werden. Die Fahrzeuge sind dort abzustellen und der Fahrzeugschlüssel ist beim Pförtner abzugeben. Die Entfernung Hauptbetrieb – Zweigniederlassung beträgt 15 km.
>
> Die Arbeitnehmer haben den geldwerten Vorteil auf der Grundlage einer Entfernung von 15 km zu versteuern, und zwar unabhängig davon, wie groß die Entfernung Hauptbetrieb – Wohnung tatsächlich ist.

ee) Auswärtstätigkeit

Fahrten zwischen Wohnung und erster Tätigkeitsstätte liegen nicht vor bei Arbeitnehmern, die **eine Auswärtstätigkeit** (§ 9 Abs. 4a Satz 2 EStG) ausüben. Dies gilt ohne zeitliche Begrenzung. Daher ist auch dann, wenn die Tätigkeit an derselben Tätigkeitsstätte **über drei Monate hinaus** ausgeübt wird, **kein geldwerter Vorteil** für die Fahrten zwischen Wohnung und Tätigkeitsstätte **zu erfassen** (vgl. BFH v. 11.5.2005, VI R 70/03, BStBl II 2005, 785).

ff) Dienstliche Nutzung

Wird ein Kraftfahrzeug **ausschließlich** zu solchen Fahrten zwischen Wohnung und erster Tätigkeitsstätte überlassen, durch **die eine dienstliche Nutzung des Kraftfahrzeugs** an der Wohnung begonnen oder beendet werden kann, so sind diese Fahrten nicht zu erfassen (BMF v. 28.5.1996, IV B 6 – S 2334 – 173/96, BStBl I 1996, 654, Tz. I.4).

> **Beispiel 1:**
> Ein Arbeitnehmer, der in Frankfurt wohnt, erhält von seinem Arbeitgeber (Sitz in Wiesbaden) ein Firmenfahrzeug zur Verfügung gestellt, weil er am nächsten Morgen eine Dienstreise nach München antreten muss. Die Dienstreise dauert zwei Tage und endet abends an der Wohnung des

Firmenwagen zur privaten Nutzung

keine Sozialversicherungspflicht = ⊘SV
Sozialversicherungspflicht = SV

Arbeitnehmers. Am nächsten Morgen fährt er mit dem Firmenfahrzeug zu seiner ersten Tätigkeitsstätte.

Obwohl der Arbeitnehmer mit dem Firmenfahrzeug zwei Fahrten zwischen Wohnung und erster Tätigkeitsstätte durchführt, ist hierfür kein Nutzungswert anzusetzen, da durch diese Fahrten eine dienstliche Nutzung begonnen und beendet wurde.

Gleiches gilt auch für **eine Rufbereitschaft**, wenn **ausschließlich für diesen Zweck** vom Arbeitgeber Fahrzeuge zur Verfügung gestellt werden (BFH v. 25.5.2000, VI R 195/98, BStBl II 2000, 690).

Beispiel 2:
Ein mit Reparaturarbeiten betrauter Arbeitnehmer ist an insgesamt sechs Wochen im Jahr zu einer Rufbereitschaft in seiner Wohnung verpflichtet. Für diese Zeit wird ihm ein mit Werkzeug und Material ausgestattetes Einsatzfahrzeug überlassen.

Die Möglichkeit der Fahrzeugnutzung für Fahrten zwischen Wohnung und erster Tätigkeitsstätte führt für den Arbeitnehmer nicht zu Arbeitslohn, sondern liegt im ganz überwiegenden eigenbetrieblichen Interesse des Arbeitgebers (BFH v. 25.5.2000, VI R 195/98, BStBl II 2000, 690).

Bei **ständiger Nutzung eines Sonderfahrzeugs** für Fahrten zwischen Wohnung und erster Tätigkeitsstätte ist gleichwohl ein geldwerter Vorteil zu versteuern (FG Baden-Württemberg v. 10.2.1998, 7 K 224/96, EFG 1998, 811).

Beispiel 3:
Der Arbeitnehmer ist als feuerwehrtechnischer Sachverständiger und Sachgebietsleiter im Zivil-, Katastrophen- und Brandschutz beim Landratsamt tätig. Gleichzeitig ist er Kreisbrandmeister. Ihm muss auf Grund seiner beruflichen Tätigkeit ständig ein nach DIN 14507 ausgestatteter Einsatzleitwagen zur Verfügung stehen. Dieses Fahrzeug, ein feuerrot lackierter BMW 320, wird vom Arbeitnehmer auch für seine Fahrten zwischen Wohnung und erster Tätigkeitsstätte benutzt.

Für die Fahrten zwischen Wohnung und erster Tätigkeitsstätte ist ein geldwerter Vorteil anzusetzen (FG Baden-Württemberg v. 10.2.1998, 7 K 224/96, EFG 1998, 811).

gg) Mehrere Wohnungen

1237 Fährt ein Arbeitnehmer **abwechselnd zu verschiedenen Wohnungen**, ist ein pauschaler Monatswert (0,03 %) unter Zugrundelegung der Entfernung zur näher gelegenen Wohnung anzusetzen. Für jede Fahrt von und zu der weiter entfernt liegenden Wohnung ist zusätzlich ein pauschaler Nutzungswert von 0,002 % des inländischen Listenpreises des Kraftfahrzeugs für jeden Kilometer der Entfernung zwischen Wohnung und erster Tätigkeitsstätte dem Arbeitslohn zuzurechnen, soweit sie die Entfernung zur näher gelegenen Wohnung übersteigt (Arbeitgeber-Merkblatt 1996, BStBl I 1995, 719, Tz. 31).

Beispiel:
Ein Arbeitnehmer arbeitet in Frankfurt und hat dort **aus privaten Gründen** eine Zweitwohnung (Entfernung von der ersten Tätigkeitsstätte 10 km). Seine Hauptwohnung hat er in Heidelberg (Entfernung von der ersten Tätigkeitsstätte 70 km). Im Januar 2016 fährt er an 15 Arbeitstagen mit seinem Firmenwagen (Listenpreis 20 000 €) von seiner Wohnung in Frankfurt zur Arbeit. An sechs Arbeitstagen fährt er zu seiner Wohnung in Heidelberg und von dort wieder zur Arbeit.

Es ergibt sich für die Benutzung des Firmenwagens zu Fahrten zwischen Wohnung und erster Tätigkeitsstätte folgender geldwerter Vorteil:

Nähere Wohnung
0,03 % von 20 000 € = 6 € × 10 km 60 €
Weiter entfernte Wohnung
0,002 % von 20 000 € = 0,40 € × 60 km × 6 Arbeitstage 144 €
geldwerter Vorteil insgesamt 204 €

Die Kilometer für die weiter entfernt liegende Wohnung sind nur insoweit anzusetzen, als sie die Entfernung zur näher gelegenen Wohnung übersteigen (70 km abzüglich 10 km ergibt 60 km).

hh) Fahrten zu einem bestimmten Sammelpunkt oder zu einem weiträumigen Tätigkeitsgebiet

1238 Kann ein Kraftfahrzeug, das der Arbeitgeber oder auf Grund des Dienstverhältnisses ein Dritter dem Arbeitnehmer unentgeltlich überlassen hat, vom Arbeitnehmer **für Fahrten** zu einem bestimmten Sammelpunkt oder zu einem weiträumigen Tätigkeitsgebiet (§ 9 Abs. 1 Satz 3 Nr. 4a Satz 3 EStG) genutzt werden, so ist diese Nutzungsmöglichkeit unabhängig von der Nutzung des Fahrzeugs zu Privatfahrten zusätzlich mit **monatlich 0,03 %** des inländischen Listenpreises des Kraftfahrzeugs **für jeden Kilometer der Entfernung zwischen Wohnung und dem Sammelpunkt bzw. dem** weiträumigen Tätigkeitsgebiet zu bewerten und dem Arbeitslohn zuzurechnen.

Fahrten zu einem Sammelpunkt oder zu einem weiträumigen Tätigkeitsgebiet werden also so behandelt wie Fahrten zwischen Wohnung und erster Tätigkeitsstätte. Insoweit gelten die Ausführungen unter → Rz. 1231 bis → Rz. 1237 entsprechend.

e) Familienheimfahrten

Überlässt der Arbeitgeber oder auf Grund des Dienstverhältnisses **1239** ein Dritter dem Arbeitnehmer ein Kraftfahrzeug unentgeltlich **zu wöchentlichen Familienheimfahrten** im Rahmen einer beruflich veranlassten doppelten Haushaltsführung, so ist insoweit der Nutzungswert nach § 8 Abs. 2 Satz 5 EStG **steuerlich nicht zu erfassen**. Dementsprechend können diese wöchentlichen Familienheimfahrten vom Arbeitnehmer auch nicht als Werbungskosten geltend gemacht werden (R 9.11 Abs. 6 Nr. 2 Satz 2 LStR; BFH v. 28.2.2013, VI R 33/11, BStBl II 2013, 629).

Beispiel 1:
Ein Arbeitnehmer arbeitet in Frankfurt und hat dort **aus beruflichen Gründen** eine Zweitwohnung (Entfernung von der ersten Tätigkeitsstätte 10 km). Seine Hauptwohnung hat er in Heidelberg (Entfernung von der ersten Tätigkeitsstätte 70 km). Im Januar 2016 fährt er an 15 Arbeitstagen mit seinem Firmenwagen (Listenpreis 20 000 €) von seiner Wohnung in Frankfurt zur Arbeit. Einmal wöchentlich (viermal im Monat) fährt er zu seiner Wohnung in Heidelberg und von dort wieder zur Arbeit. Es ergibt sich für die Benutzung des Firmenwagens folgender geldwerter Vorteil:

Privatfahrten
1 % von 20 000 € 200 €
Zweitwohnung (Fahrten Wohnung – erste Tätigkeitsstätte)
0,03 % von 20 000 € = 6 € × 10 km 60 €
Hauptwohnung (Familienheimfahrten)
Für eine wöchentliche Familienheimfahrt ist nach § 8 Abs. 2 Satz 5 EStG kein geldwerter Vorteil anzusetzen 0 €
geldwerter Vorteil insgesamt 260 €

Wird das Kraftfahrzeug **zu mehr als einer Familienheimfahrt wöchentlich** zu Familienheimfahrten genutzt, so ist für jede Familienheimfahrt ein pauschaler Nutzungswert i.H.v. 0,002 % des inländischen Listenpreises des Kraftfahrzeugs für jeden Kilometer der Entfernung zwischen dem Beschäftigungsort und dem Ort des eigenen Hausstands anzusetzen und dem Arbeitslohn zuzurechnen (Arbeitgeber-Merkblatt 1996, BStBl I 1995, 719, Tz. 37). Mit dem pauschalen Kilometersatz von 0,002 % des Listenpreises ist also die Hin- und Rückfahrt abgegolten.

Beispiel 2:
Wie Beispiel 1, der Arbeitnehmer fährt jedoch zweimal wöchentlich (achtmal im Monat) zu seiner Familienwohnung. Es ergibt sich für die Benutzung des Firmenwagens folgender geldwerter Vorteil:

Privatfahrten
1 % von 20 000 € 200 €
Zweitwohnung (Fahrten Wohnung – erste Tätigkeitsstätte)
0,03 % von 20 000 € = 6 € × 10 km 60 €
Hauptwohnung (Familienheimfahrten)
Für eine wöchentliche Familienheimfahrt ist nach § 8 Abs. 2 Satz 5 EStG kein geldwerter Vorteil anzusetzen, für die restlichen vier Familienfahrten beträgt der geldwerte Vorteil 0,002 % von 20 000 € =
0,40 € × 70 km × 4 Familienheimfahrten 112 €
geldwerter Vorteil insgesamt 372 €

f) Überlassung mehrerer Kraftfahrzeuge

Der in der Praxis stark kritisierte Wegfall der „Junggesellenregelung" (Ansatz nur eines Nutzungswerts in bestimmten Fällen trotz Nutzungsmöglichkeit mehrerer Fahrzeuge) im betrieblichen Bereich (BMF v. 18.11.2009, IV C 6 – S 2177/07/10004, BStBl I 2009, 1326, Rdnr. 12, unter Berücksichtigung der Änderungen durch BMF v. 15.11.2012, IV C 6 – S 2177/10/10002, BStBl I 2012, 1099), vgl. hierzu auch BFH v. 9.3.2010, VIII R 24/08, BStBl II 2010, 903, hat für **Arbeitnehmer keine Auswirkungen**. Lediglich dann, wenn dem Arbeitnehmer **auf Grund einer arbeitsvertraglichen Regelung zwei Kraftfahrzeuge** zur privaten Nutzung überlassen werden, sind die nachfolgenden Regelungen zu beachten: **1240**

Stehen einem Arbeitnehmer **gleichzeitig mehrere Kraftfahrzeuge** zur Verfügung, so ist **für jedes Fahrzeug** die private Nutzung mit monatlich **1 % des Listenpreises** anzusetzen (BFH v. 13.6.2013, VI R 17/12, BStBl II 2014, 340). Aus Billigkeitsgründen beanstandet es die Finanzverwaltung nicht, wenn dem privaten Nutzungswert nur der Listenpreis des überwiegend genutzten Kraftfahrzeugs zu Grunde gelegt wird, wenn die Nutzung der Fahrzeuge durch andere zur Privatsphäre des Arbeitnehmers gehörende Personen so gut wie ausgeschlossen ist (BMF v. 28.5.1996, IV B 6 – S 2334 – 173/96, BStBl I 1996, 654, Tz. I.2). Dem Nutzungswert für Fahrten zwischen Wohnung und erster Tätigkeitsstätte ist stets der Listenpreis des überwiegend für diese Fahrten benutzten Kraftfahrzeugs zu Grunde zu legen (BMF v. 28.5.1996, IV B 6 – S 2334 – 173/96, BStBl I 1996, 654, Tz. I.2).

Beispiel:
Ein Arbeitgeber stellt seinen Führungskräften nicht nur einen Dienstwagen zur privaten Nutzung zur Verfügung, sondern sie erhalten ein weiteres Kraftfahrzeug für den Ehepartner oder Lebensgefährten. Der Listenpreis des ersten Fahrzeugs beträgt 30 000 €, der des zweiten Fahrzeugs 15 000 €. Der Arbeitnehmer nutzt für Fahrten zwischen Wohnung und erster Tätigkeitsstätte überwiegend den teureren Wagen (Entfernung 20 km).

Der Arbeitnehmer hat monatlich zu versteuern:

– 1 % von 30 000 €	300 €
– 1 % von 15 000 €	150 €
– 0,03 % von 30 000 € × 20 km	180 €
Insgesamt	630 €

g) Monatsbeträge

1241 Der Monatswert ist auch dann anzusetzen, wenn das Kraftfahrzeug dem Arbeitnehmer im Kalendermonat **nur zeitweise** zur privaten Nutzung zur Verfügung steht (FG Baden-Württemberg v. 24.2.2015, 6 K 2540/14, EFG 2015, 896). Werden einem Arbeitnehmer während eines Kalendermonats **abwechselnd unterschiedliche Fahrzeuge** zur privaten Nutzung überlassen, so ist das Fahrzeug der pauschalen Nutzungswertbesteuerung zu Grunde zu legen, das der Arbeitnehmer **überwiegend nutzt**. Dies gilt auch bei einem Fahrzeugwechsel im Laufe eines Kalendermonats (Arbeitgeber-Merkblatt 1996, BStBl I 1995, 719, Tz. 21).

Die Monatsbeträge brauchen allerdings **nicht angesetzt** zu werden (BMF v. 28.5.1996, IV B 6 – S 2334 – 173/96, BStBl I 1996, 654, Tz. I.3):

– Für **volle Kalendermonate**, in denen dem Arbeitnehmer **kein betriebliches Kraftfahrzeug** zur Verfügung steht oder

– wenn dem Arbeitnehmer das Kraftfahrzeug aus besonderem Anlass oder zu einem besonderen Zweck **nur gelegentlich** (von Fall zu Fall) **für nicht mehr als fünf Kalendertage im Kalendermonat** überlassen wird. In diesem Fall ist die Nutzung zu Privatfahrten und zu Fahrten zwischen Wohnung und erster Tätigkeitsstätte je Fahrtkilometer mit 0,001 % des inländischen Listenpreises des Kraftfahrzeugs zu bewerten (Einzelbewertung). Zum Nachweis der Fahrstrecke müssen die Kilometerstände festgehalten werden.

Beispiel:
Die Tochter des Arbeitnehmers heiratet. Für die Fahrt zum Standesamt darf der Arbeitnehmer das Fahrzeug seines Chefs unentgeltlich nutzen. Insgesamt ist der Arbeitnehmer 40 km gefahren. Der Listenpreis des überlassenen Fahrzeugs beträgt 100 000 €.

Der Arbeitnehmer hat für das ihm nur gelegentlich überlassene Fahrzeug 40 € zu versteuern (100 000 € × 0,001 % × 40 km). Die 44 €-Freigrenze findet keine Anwendung, weil der Vorteil nach § 8 Abs. 2 Satz 2 bis 5 EStG bewertet wird (→ *Sachbezüge* Rz. 2605).

h) Begrenzung des pauschalen Nutzungswerts

1242 Der pauschale Nutzungswert kann die dem Arbeitgeber für das Fahrzeug insgesamt entstandenen Kosten **übersteigen**. Wird dies im Einzelfall nachgewiesen, so ist der Nutzungswert **höchstens mit dem Betrag der Gesamtkosten** des Kraftfahrzeugs anzusetzen, wenn nicht auf Grund des Nachweises der Fahrten durch ein Fahrtenbuch ein geringerer Wertansatz in Betracht kommt (BMF v. 28.5.1996, IV B 6 – S 2334 – 173/96, BStBl I 1996, 654, Tz. I.8).

Soweit sich **Kostenerstattungen von dritter Seite** auf die Höhe der Gesamtkosten auswirken, ist von folgenden Grundsätzen auszugehen (vgl. OFD München v. 25.5.2005, S 2145 – 20 St 41/42, www.stotax-first.de):

– **Unmittelbarer Kostenersatz durch Dritte**

  Sind in den Gesamtaufwendungen für das Fahrzeug Kosten enthalten, die der Arbeitgeber von dritter Seite ersetzt bekommt, führt dies zu einer entsprechenden Saldierung bzw. **Minderung** der Gesamtkosten, wenn ein **unmittelbarer** wirtschaftlicher Zusammenhang zwischen den Kosten und der Erstattungsleistung besteht (z.B. Erstattungen der Vollkaskoversicherung).

  Die Minderung der Gesamtkosten ist auch dann vorzunehmen, wenn die Versicherungserstattung wegen des Zuflussprinzips erst im Folgejahr vereinnahmt wird.

– **Kostenüberwälzung auf Dritte**

  Die tatsächlich entstandenen Aufwendungen für ein Fahrzeug sind dagegen **nicht zu kürzen**, wenn der Arbeitgeber fahrzeugbezogene Einnahmen erzielt, die mit den Gesamtkosten lediglich in einem **mittelbaren wirtschaftlichen Zusammenhang** stehen (z.B. Kunden des Arbeitgebers in Rechnung gestellte Fahrtkosten).

Beispiel:
Dem Arbeitnehmer ist ein Gebrauchtwagen zur privaten Nutzung zur Verfügung gestellt worden. Ausweislich der Buchführungsunterlagen des Arbeitgebers betragen die Gesamtkosten des Fahrzeugs im Kalenderjahr 3 500 € (einschließlich Umsatzsteuer). Darin enthalten sind Reparaturaufwendungen zur Beseitigung eines selbst verschuldeten Schadens von 1 150 €, die – nach Abzug der Selbstbeteiligung – von der Versicherung i.H.v. 1 000 € erstattet werden. Der Arbeitnehmer hat kein Fahrtenbuch geführt. Der Listenpreis des Gebrauchtwagens betrug im Zeitpunkt der Erstzulassung 25 000 €. Die Entfernung Wohnung – erste Tätigkeitsstätte beträgt 15 km.

Da der Arbeitnehmer kein Fahrtenbuch geführt hat, ist der geldwerte Vorteil für die private Pkw-Nutzung pauschal zu ermitteln:

– 1 % von 25 000 € × 12 Monate	3 000 €
– 0,03 % von 25 000 € × 15 km × 12 Monate	1 350 €
Insgesamt	4 350 €

Da die Gesamtkosten des Fahrzeugs lediglich 2 500 € (3 500 € ./. 1 000 € Versicherungsleistung) betragen, hat der Arbeitnehmer auch nur 2 500 € als geldwerten Vorteil zu versteuern.

Auf Anwendung der Kostendeckelung hat der Arbeitnehmer **einen Rechtsanspruch** (BFH v. 14.3.2007, XI R 59/04, www.stotax-first.de).

i) Anscheinsbeweis/Nutzungsverbot

1243 Die Anwendung der 1 %-Regelung setzt voraus, dass der Arbeitgeber seinem Arbeitnehmer **tatsächlich einen Dienstwagen zur privaten Nutzung überlassen** hat. Denn § 8 Abs. 2 Satz 2 EStG begründet ebenso wenig wie § 6 Abs. 1 Nr. 4 Satz 2 EStG originär einen steuerbaren Tatbestand, sondern bewertet lediglich der Höhe nach einen Vorteil, der dem Grunde nach feststehen muss. Dementsprechend bezeichnet die ständige Rechtsprechung des BFH die 1 %-Regelung auch als eine grundsätzlich zwingende, stark typisierende und pauschalierende Bewertungsregelung, die nicht zur Anwendung kommt, wenn eine Privatnutzung ausscheidet (BFH v. 21.4.2010, VI R 46/08, BStBl II 2010, 848).

Wird ein Dienstwagen aber **dem Arbeitnehmer für dessen Privatnutzung vom Arbeitgeber überlassen**, führt dies unabhängig davon, **ob und in welchem Umfang** der Arbeitnehmer das Fahrzeug tatsächlich nutzt, **zu einem lohnsteuerlichen Vorteil**. Denn für die Besteuerung des Nutzungsvorteils nach § 8 Abs. 2 Satz 2 EStG ist es unerheblich, ob der Arbeitnehmer den Beweis des ersten Anscheins, dass dienstliche Fahrzeuge, die zu privaten Zwecken zur Verfügung stehen, auch tatsächlich privat genutzt werden, durch die substantiierte Darlegung eines atypischen Sachverhalts zu entkräften vermag (BFH v. 21.3.2013, VI R 31/10, BStBl II 2013, 700).

Damit hat der BFH seine Rechtsprechung geändert. Bisher wurde in derartigen Fällen die tatsächliche private Nutzung des Fahrzeugs vermutet. Der Stpfl. konnte die Vermutung unter engen Voraussetzungen widerlegen. **Diese Möglichkeit ist nun entfallen.**

Die **unbefugte Privatnutzung** des betrieblichen Kraftfahrzeugs hat dagegen **keinen Lohncharakter**. Denn ein Vorteil, den der Arbeitnehmer **gegen den Willen des Arbeitgebers** erlangt, wird

Firmenwagen zur privaten Nutzung

nicht „für" eine Beschäftigung im öffentlichen oder privaten Dienst gewährt und **zählt damit nicht zum Arbeitslohn** nach § 19 Abs. 1 Satz 1 Nr. 1 i.V.m. § 8 Abs. 1 EStG. Und wenn § 8 Abs. 2 Satz 3 EStG voraussetzt, dass der Dienstwagen „auch" genutzt werden „kann", erfasst der Tatbestand damit offenbar nicht schon die tatsächliche, sondern **erst die befugte Nutzung**. Denn tatsächlich könnte das Kraftfahrzeug stets „auch" für Fahrten zwischen Wohnung und erster Tätigkeitsstätte genutzt werden (BFH v. 21.4.2010, VI R 46/08, BStBl II 2010, 848).

Das bedeutet, dass die **1 %-Regelung nicht zur Anwendung kommt**, wenn der Arbeitgeber dem Arbeitnehmer die **private Nutzung des Kraftfahrzeugs untersagt**; weiterer Überwachungsmaßnahmen bedarf es daher nicht. Nutzt der Arbeitnehmer das Kraftfahrzeug verbotswidrig, erfährt der Arbeitgeber hiervon und verzichtet auf den ihm zustehenden Schadensersatz, stellt erst der Verzicht auf Schadensersatz einen geldwerten Vorteil dar (→ *Schadensersatz* Rz. 2649).

Nachdem der BFH seine Rechtsprechung nunmehr bekräftigt hat (BFH v. 21.3.2013, VI R 46/11, BStBl II 2013, 1044, BFH v. 21.3.2013, VI R 42/12, BStBl II 2013, 918, BFH v. 18.4.2013, VI R 23/12, BStBl II 2013, 920), wird sie jetzt **von der Finanzverwaltung allgemein angewendet**.

Das bedeutet: Steht nicht fest, dass der Arbeitgeber dem Arbeitnehmer einen Dienstwagen zur privaten Nutzung überlassen hat, kann auch der **Beweis des ersten Anscheins diese fehlende Feststellung nicht ersetzen**.

Dies gilt auch bei

- angestellten Gesellschafter-Geschäftsführern einer GmbH (BFH v. 21.3.2013, VI R 46/11, BStBl II 2013, 1044),
- angestellten Geschäftsführern einer GmbH (BFH v. 21.3.2013, VI R 42/12, BStBl II 2013, 918) und
- angestellten Geschäftsführern eines Familienunternehmens (BFH v. 18.4.2013, VI R 23/12, BStBl II 2013, 920).

Auch in solchen Fällen lässt sich **kein allgemeiner Erfahrungssatz** des Inhalts feststellen, dass ein Privatnutzungsverbot **nur zum Schein ausgesprochen ist** oder der (Allein-)Geschäftsführer ein Privatnutzungsverbot generell missachtet.

Diese Grundsätze gelten auch bei einem **Alleingesellschafter-Geschäftsführer einer GmbH**. Bei einem **formalen Verbot** einer privaten Nutzung durch die Gesellschafterversammlung kann nicht ohne Weiteres eine **Privatnutzung angenommen** werden, nur weil die Einhaltung dieses Beschlusses nicht überwacht werden kann (BFH v. 8.8.2013, VI R 71/12, www.stotax-first.de, BFH v. 14.11.2013, VI R 25/13, HFR 2013, 406).

Über die Frage, ob und welches betriebliche Fahrzeug dem Arbeitnehmer auch zur privaten Nutzung überlassen ist, entscheidet das Finanzgericht unter Berücksichtigung **sämtlicher Umstände des Einzelfalls** nach seiner freien, aus dem Gesamtergebnis des Verfahrens gewonnenen Überzeugung (BFH v. 6.2.2014, VI R 39/13, BStBl II 2014, 641).

Entschieden hat der BFH zwischenzeitlich auch, dass **allein die Gestattung der Nutzung** eines betrieblichen Fahrzeugs für **Fahrten zwischen Wohnung und erster Tätigkeitsstätte** noch **keine Überlassung zur privaten Nutzung begründet** (BFH v. 6.10.2011, VI R 56/10, BStBl II 2012, 362). Das bedeutet, dass in diesen Fällen zwar ein geldwerter Vorteil für die Fahrten zwischen Wohnung und erster Tätigkeitsstätte zu versteuern ist, nicht aber für Privatfahrten.

Ein Nutzungsverbot sollte durch **entsprechende Unterlagen nachgewiesen werden**, die zum Lohnkonto genommen werden sollten. Wird das Verbot allgemein oder aus besonderem Anlass oder zu besonderem Zweck von Fall zu Fall ausgesetzt, so sind die durchgeführten Fahrten als gelegentliche Fahrten mit 0,001 % des Listenpreises zu versteuern (BMF v. 28.5.1996, IV B 6 – S 2334 – 173/96, BStBl I 1996, 654, Tz. I.5).

Bei einem **Fahrzeug**, das auf Grund seiner objektiven Beschaffenheit und Einrichtung typischerweise so gut wie ausschließlich **nur zur Beförderung von Gütern bestimmt** ist, ist die **1 %-Regelung nicht anwendbar**. Ob ein Arbeitnehmer ein solches Fahrzeug auch für private Zwecke eingesetzt hat, bedarf der Feststellung im Einzelnen. Die Feststellungslast obliegt dem Finanzamt. Dieses kann sich nicht auf den Anscheinsbeweis berufen (BFH v. 18.12.2008, VI R 34/07, BStBl II 2009, 381).

Beispiel:
Dem Arbeitnehmer wird ein Opel Combo für Fahrten zwischen Wohnung und erster Tätigkeitsstätte überlassen. Bei dem Fahrzeug handelt es sich um einen zweisitzigen Kastenwagen, dessen fensterloser Aufbau mit Materialschränken und -fächern sowie Werkzeug ausgestattet und mit einer auffälligen Beschriftung versehen ist.

Für Fahrten zwischen Wohnung und erster Tätigkeitsstätte ist ein geldwerter Vorteil anzusetzen, nicht aber für sonstige Privatfahrten (BFH v. 18.12.2008, VI R 34/07, BStBl II 2009, 381).

j) Nutzungsentgelt

Zahlt der Arbeitnehmer an den Arbeitgeber oder auf dessen Weisung an einen Dritten zur Erfüllung einer Verpflichtung des Arbeitgebers (abgekürzter Zahlungsweg) für die außerdienstliche Nutzung (Nutzung zu privaten Fahrten, zu Fahrten zwischen Wohnung und erster Tätigkeitsstätte und zu Heimfahrten im Rahmen einer doppelten Haushaltsführung) eines betrieblichen Kraftfahrzeugs ein Nutzungsentgelt, mindert dies den Nutzungswert (R 8.1 Abs. 9 Nr. 4 Satz 1 LStR). Nutzungsentgelt in diesem Sinne ist:

- ein arbeitsvertraglich oder auf Grund einer anderen arbeits- oder dienstrechtlichen Rechtsgrundlage vereinbarter nutzungsunabhängiger pauschaler Betrag (z.B. **Monatspauschale**),
- ein arbeitsvertraglich oder auf Grund einer anderen arbeits- oder dienstrechtlichen Rechtsgrundlage vereinbarter an den gefahrenen Kilometern ausgerichteter Betrag (z.B. **Kilometerpauschale**) oder
- die arbeitsvertraglich oder auf Grund einer anderen arbeits- oder dienstrechtlichen Rechtsgrundlage vom Arbeitnehmer übernommenen **Leasingraten**.

Die vollständige oder teilweise Übernahme **einzelner Kraftfahrzeugkosten** (z.B. Treibstoffkosten, Versicherungsbeiträge, Wagenwäsche) durch den Arbeitnehmer **ist kein an der tatsächlichen Nutzung bemessenes Nutzungsentgelt** (vgl. R 8.1 Abs. 9 Nr. 1 Satz 5 LStR, BFH v. 18.10.2007, VI R 96/04, BStBl II 2008, 198). Dies gilt auch für einzelne Kraftfahrzeugkosten, die zunächst vom Arbeitgeber verauslagt und anschließend dem Arbeitnehmer weiterbelastet werden oder, wenn der Arbeitnehmer zunächst pauschale Abschlagszahlungen leistet, die zu einem späteren Zeitpunkt nach den tatsächlich entstandenen Kraftfahrzeugkosten abgerechnet werden. Ein den Nutzungswert minderndes Nutzungsentgelt muss daher arbeitsvertraglich oder auf Grund einer anderen arbeits- oder dienstrechtlichen Rechtsgrundlage für die Gestellung des betrieblichen Kraftfahrzeugs vereinbart worden sein und darf nicht die Weiterbelastung einzelner Kraftfahrzeugkosten zum Gegenstand haben. Wie der Arbeitgeber das pauschale Nutzungsentgelt kalkuliert, ist dagegen unerheblich.

In Höhe des Nutzungsentgelts ist der Arbeitnehmer nicht bereichert und die gesetzlichen Voraussetzungen des § 8 Abs. 1 EStG i.V.m. § 19 Abs. 1 EStG sind nicht erfüllt. **Übersteigt das Nutzungsentgelt den Nutzungswert**, führt der übersteigende Betrag **weder zu negativem Arbeitslohn noch zu Werbungskosten** (BMF v. 19.4.2013, IV C 5 – S 2334/11/10004, BStBl I 2013, 513, FG Sachsen v. 5.2.2014, 4 K 2256/09, www.stotax-first.de, Revision eingelegt, Az. beim BFH: VI R 49/14).

Eine **andere Auffassung** vertritt hingegen das FG Baden-Württemberg und hat entschieden, dass die vom Arbeitnehmer selbst getragenen Kosten im Zusammenhang mit der Kfz-Überlassung den **Werbungskostenbegriff erfüllen**. Die den geldwerten Vorteil übersteigenden Zuzahlungen stellen keine Aufwendungen für die Lebensführung nach § 12 Nr. 1 Satz 2 EStG dar (FG Baden-Württemberg v. 25.2.2014, 5 K 284/12, EFG 2014, 896, Revision eingelegt, Az. beim BFH: VI R 24/14). Die Entscheidung des BFH bleibt abzuwarten.

Beispiel 1:
Der Arbeitgeber hat seinem Arbeitnehmer ein betriebliches Kraftfahrzeug auch zur Privatnutzung überlassen und den geldwerten Vorteil aus der Kraftfahrzeuggestellung nach der 1 %-Regelung bewertet. In der Nutzungsüberlassungsvereinbarung ist geregelt, dass der Arbeitnehmer ein Nutzungsentgelt i.H.v. 0,20 € je privat gefahrenen Kilometer zu zahlen hat.

Es handelt sich um ein pauschales Nutzungsentgelt. Der pauschale Nutzungswert ist um dieses Nutzungsentgelt zu kürzen.

[LSt] = keine Lohnsteuerpflicht
[LSt] = Lohnsteuerpflicht

Firmenwagen zur privaten Nutzung

Beispiel 2:
Wie Beispiel 1. Der Arbeitnehmer kann das Kraftfahrzeug mittels einer Tankkarte des Arbeitgebers betanken. In der Nutzungsüberlassungsvereinbarung ist geregelt, dass der Arbeitnehmer ein Entgelt in Höhe der privat veranlassten Treibstoffkosten zu zahlen hat. Der Arbeitgeber hat den Betrag für den vom Arbeitnehmer anlässlich privater Fahrten verbrauchten Treibstoff ermittelt und vom Gehalt des Folgemonats einbehalten.

Die nachträgliche Kostenübernahme durch den Arbeitnehmer ist kein Nutzungsentgelt. Aus den übernommenen Treibstoffkosten wird nicht dadurch ein Nutzungsentgelt, dass der Arbeitnehmer zunächst auf Kosten des Arbeitgebers tanken kann und erst anschließend die Treibstoffkosten ersetzen muss.

Beispiel 3:
Wie Beispiel 1. In der Nutzungsüberlassungsvereinbarung ist geregelt, dass der Arbeitnehmer ein Entgelt zu zahlen hat, das sich aus einer Monatspauschale in Höhe von 200 € und privat veranlassten Treibstoffkosten zusammensetzt.

Es handelt sich nur in Höhe der Monatspauschale um ein Nutzungsentgelt.

Beispiel 4:
Der Arbeitgeber hat seinem Arbeitnehmer ein betriebliches Kraftfahrzeug auch zur Privatnutzung überlassen und den geldwerten Vorteil aus der Kraftfahrzeuggestellung nach der Fahrtenbuchmethode bewertet. In der Nutzungsüberlassungsvereinbarung ist geregelt, dass der Arbeitnehmer ein Nutzungsentgelt i.H.v. 0,20 € je privat gefahrenen Kilometer zu zahlen hat.

Es handelt sich um ein Nutzungsentgelt. Der individuelle Nutzungswert ist um dieses Nutzungsentgelt zu kürzen.

Beispiel 5:
Wie Beispiel 4. Der Arbeitnehmer kann das Kraftfahrzeug mittels einer Tankkarte des Arbeitgebers betanken. In der Nutzungsüberlassungsvereinbarung ist geregelt, dass der Arbeitnehmer ein Entgelt in Höhe der privat veranlassten Treibstoffkosten zu zahlen hat. Der Arbeitgeber hat den Betrag für den vom Arbeitnehmer anlässlich privater Fahrten verbrauchten Treibstoff ermittelt und vom Gehalt des Folgemonats einbehalten.

Die vom Arbeitnehmer selbst getragenen Treibstoffkosten fließen nicht in die Gesamtkosten des Kraftfahrzeugs ein. Anhand der (niedrigeren) Gesamtkosten ist der individuelle Nutzungswert zu ermitteln. Es handelt sich aber nicht um ein Nutzungsentgelt.

Beispiel 6:
Wie Beispiel 5. In der Nutzungsüberlassungsvereinbarung ist geregelt, dass der Arbeitnehmer zudem ein Nutzungsentgelt i.H.v. 0,10 € je privat gefahrenen Kilometer zu zahlen hat.

Die vom Arbeitnehmer selbst getragenen Treibstoffkosten fließen nicht in die Gesamtkosten des Kraftfahrzeugs ein. Anhand der (niedrigeren) Gesamtkosten ist der individuelle Nutzungswert zu ermitteln. Das zusätzlich gezahlte Nutzungsentgelt mindert den individuellen Nutzungswert.

Allerdings hat das FG Düsseldorf die Auffassung vertreten, dass **auch bei der 1 %-Regelung** die von **Arbeitnehmer getragenen Benzinkosten** insgesamt **als Werbungskosten abziehbar** sind (FG Düsseldorf v. 4.12.2014, 12 K 1073/14 E, EFG 2015, 466, Revision eingelegt, Az. beim BFH: VI R 2/15).

Beispiel 7:
Der Arbeitgeber hat seinem Arbeitnehmer ein betriebliches Kraftfahrzeug auch zur Privatnutzung überlassen und den geldwerten Vorteil aus der Kraftfahrzeuggestellung nach der 1 %-Regelung bewertet. In der Nutzungsüberlassungsvereinbarung ist geregelt, dass der Arbeitnehmer die Benzinkosten selbst zu tragen hat. Der Arbeitgeber hat den geldwerten Vorteil nach der 1 %-Regelung mit 6 276 € ermittelt. Die vom Arbeitnehmer getragenen Benzinkosten belaufen sich auf 5 599 €.

Die von Arbeitnehmer getragenen Benzinkosten sind kein Nutzungsentgelt, die den geldwerten Vorteil von 6 276 € mindern. Allerdings kann der Arbeitnehmer diese Aufwendungen **in voller Höhe als Werbungskosten** geltend machen (FG Düsseldorf v. 4.12.2014, 12 K 1073/14 E, EFG 2015, 466, Revision eingelegt, Az. beim BFH: VI R 2/15).

Zuzahlungen des Arbeitnehmers zu den Anschaffungskosten des Kraftfahrzeugs sind nach Auffassung des BFH auch dann **als Werbungskosten zu berücksichtigen**, wenn der Nutzungsvorteil nach der 1 %-Regelung besteuert wird (BFH v. 18.10.2007, VI R 59/06, BStBl II 2009, 200). Der BFH sieht in den Zuzahlungen Anschaffungskosten für ein Nutzungsrecht, das auf der Grundlage der voraussichtlichen Gesamtdauer des Nutzungsrechts „abzuschreiben" ist. Zwar haben die obersten Finanzbehörden entschieden, das Urteil nicht über den entschiedenen Einzelfall hinaus anzuwenden (sog. **Nichtanwendungserlass**). Allerdings lässt es die Finanzverwaltung zu, dass Zuzahlungen des Arbeitnehmers zu den Anschaffungskosten nicht nur im Zahlungsjahr, sondern **auch in den darauf folgenden Kalenderjahren auf den geldwerten Vorteil angerechnet** werden (R 8.1 Abs. 9 Nr. 4 Satz 3 LStR).

Beispiel 8:
Der Arbeitgeber überlässt dem Arbeitnehmer im Kalenderjahr 2016 ein Kraftfahrzeug (Listenpreis 25 000 €) zur beruflichen und privaten Nutzung. Zu den Anschaffungskosten leistet der Arbeitnehmer einen Zuschuss i.H.v. 5 000 € (Entfernung Wohnung – erste Tätigkeitsstätte 6 km).

Ermittlung des geldwerten Vorteils im Kalenderjahr 2016:

– Privatfahrten (1 % von 25 000 € = 250 € × 12 Monate)	3 000 €
– Fahrten Wohnung – erste Tätigkeitsstätte (0,03 % von 25 000 € = 7,50 € × 6 km = 45 € × 12 Monate)	540 €
Wert des Sachbezugs	3 540 €
darauf anzurechnende Zuzahlung des Arbeitnehmers	5 000 €
geldwerter Vorteil	0 €
im Kalenderjahr 2017 auf den geldwerten Vorteil anzurechnen	1 460 €

Beispiel 9:
Sachverhalt wie Beispiel 8, allerdings wird dem Arbeitnehmer ab Januar 2017 ein anderes Kraftfahrzeug überlassen.

Der verbleibende Betrag von 1 460 € kann nicht auf den geldwerten Vorteil des neuen Kraftfahrzeugs angerechnet werden.

Bei Zuzahlungen des Arbeitnehmers zu Leasingsonderzahlungen ist entsprechend zu verfahren (H 8.1 (9-10) (Zuzahlungen des Arbeitnehmers) LStH).

Da der **BFH aber seine Rechtsauffassung bestätigt** hat (BFH v. 18.12.2014, VI R 75/13, BStBl II 2015, 670), bleibt abzuwarten, ob sich die Finanzverwaltung nunmehr der Auffassung des BFH anschließen wird.

Zuschussrückzahlungen des Arbeitgebers an den Arbeitnehmer sind Arbeitslohn, soweit die Zuschüsse den privaten Nutzungswert gemindert haben (R 8.1 Abs. 9 Nr. 4 Satz 5 LStR).

Soweit Arbeitgeber und Arbeitnehmer für die Überlassung eines Firmenwagens **eine Gehaltsminderung** vereinbaren, ist **nur der tatsächlich ausgezahlte Barlohn** zuzüglich des geldwerten Vorteils für den Firmenwagen dem Lohnsteuerabzug zu unterwerfen, wenn der Arbeitnehmer **unter Änderung des Anstellungsvertrags** auf einen Teil seines Barlohns verzichtet und ihm der Arbeitgeber stattdessen einen Firmenwagen zur Privatnutzung zur Verfügung stellt (BFH v. 20.8.1997, VI B 83/97, BStBl II 1997, 667). In Höhe des Gehaltsverzichts ist kein Werbungskostenabzug möglich (OFD Münster v. 2.4.2008, S 2334 – 25 – St 22 – 31, StEd 2008, 283).

Beispiel 10:
Ein Arbeitnehmer in Köln (Steuerklasse III, rk, keine Kinder, 30 Jahre) mit einem Bruttoarbeitslohn von 36 000 € im Jahr (3 000 € im Monat) erhält von seinem Arbeitgeber einen Firmenwagen überlassen, Listenpreis 25 000 €, Entfernung Wohnung – erste Tätigkeitsstätte 10 km. Arbeitnehmer und Arbeitgeber vereinbaren zum Ausgleich für die Überlassung des Fahrzeugs eine monatliche Gehaltsminderung von 400 €; der Anstellungsvertrag wird entsprechend geändert.

a) **Privatfahrten**

1 % von 25 000 €	250 €

b) **Fahrten zwischen Wohnung und erster Tätigkeitsstätte**

0,03 % von 25 000 € = 7,50 € × 10 km	75 €
insgesamt	325 €

Lohnsteuerlich ist nur der geminderte Barlohn zuzüglich des geldwerten Vorteils aus der Überlassung des Firmenwagens zu versteuern (BFH v. 20.8.1997, VI B 83/97, BStBl II 1997, 667). **Sozialversicherungsrechtlich** darf dagegen die vereinbarte Gehaltsminderung lediglich auf den geldwerten Vorteil angerechnet werden (→ Rz. 1286). Das sozialversicherungsrechtliche Arbeitsentgelt beträgt daher unverändert 3 000 €.

Firmenwagen zur privaten Nutzung

keine Sozialversicherungspflicht = ⓢⓥ
Sozialversicherungspflicht = Ⓢⓥ

Es ergibt sich für Februar 2016 folgende Lohnabrechnung:

Bruttogehalt	3 000,— €	
./. Gehaltsverzicht	400,— €	2 600,— €
+ Firmenwagen		325,— €
= lohnsteuerpflichtiges Brutto		2 925,— €
./. Lohnsteuer		185,83 €
./. Solidaritätszuschlag (5,5 %)		4,76 €
./. Kirchensteuer (9 %)		16,72 €
./. Sozialversicherung aus 3 000 €		614,25 €
= Nettobetrag		2 103,44 €
./. Sachbezug Firmenwagen		325,— €
= Auszahlungsbetrag		1 778,44 €

k) Nutzung eines Firmenfahrzeugs durch mehrere Arbeitnehmer

1245 Wird ein betriebliches Fahrzeug **mehreren Arbeitnehmern** zur privaten Nutzung zur Verfügung gestellt, so ist der nach der sog. 1 %-Regelung zu ermittelnde Wert der unentgeltlichen Nutzung eines Firmenwagens für private Zwecke **auf die Nutzungsberechtigten aufzuteilen** (BFH v. 15.5.2002, VI R 132/00, BStBl II 2003, 311).

Dies gilt auch für **Fahrten zwischen Wohnung und erster Tätigkeitsstätte**. Auch hier ist bei jedem Arbeitnehmer der geldwerte Vorteil mit 0,03 % des Listenpreises je Entfernungskilometer zu ermitteln und dieser Wert durch die Zahl der Nutzungsberechtigten zu teilen. Dem einzelnen Nutzungsberechtigten bleibt es unbenommen, zur Einzelbewertung seiner tatsächlichen Fahrten zwischen Wohnung und erster Tätigkeitsstätte überzugehen; vgl. H 8.1 (9–10) (Nutzung durch mehrere Arbeitnehmer) LStH.

> **Beispiel 1:**
> Ein Arbeitnehmer überlässt den Arbeitnehmern A und B ein Fahrzeug zur privaten Nutzung. Der Listenpreis des Fahrzeugs beträgt 30 000 €. Die Entfernung zwischen Wohnung und erster Tätigkeitsstätte beträgt bei Arbeitnehmer A 20 km, bei Arbeitnehmer B 34 km.
>
> Der monatliche geldwerte Vorteil aus der Fahrzeugüberlassung ermittelt sich wie folgt:
>
> a) **Arbeitnehmer A:**
> - 1 % von 30 000 €   300 €
> - 0,03 % von 30 000 € × 20 km   180 €
> Summe   480 €
> geteilt durch zwei Nutzungsberechtigte   240 €
>
> b) **Arbeitnehmer B:**
> - 1 % von 30 000 €   300 €
> - 0,03 % von 30 000 € × 34 km   306 €
> Summe   606 €
> geteilt durch zwei Nutzungsberechtigte   303 €

Diese Regelung gilt auch, wenn der Arbeitgeber einen **Fahrzeugpool** einrichtet und die Zahl der Nutzungsberechtigten die in dem Fahrzeugpool zur Verfügung stehenden Kraftfahrzeuge übersteigt (BFH v. 15.5.2002, VI R 132/00, BStBl II 2003, 311). In diesen Fällen ist bei pauschaler Nutzungswertermittlung für Privatfahrten der geldwerte Vorteil mit 1 % der Listenpreise aller Kraftfahrzeuge zu ermitteln und die Summe entsprechend der Zahl der Nutzungsberechtigten aufzuteilen. Für Fahrten zwischen Wohnung und erster Tätigkeitsstätte ist der geldwerte Vorteil mit 0,03 % der Listenpreise aller Kraftfahrzeuge zu ermitteln und die Summe durch die Zahl der Nutzungsberechtigten zu teilen. Dieser Wert ist beim einzelnen Arbeitnehmer mit der Zahl seiner Entfernungskilometer zu multiplizieren. Dem einzelnen Nutzungsberechtigten bleibt es unbenommen, zur Einzelbewertung seiner tatsächlichen Fahrten zwischen Wohnung und erster Tätigkeitsstätte überzugehen; vgl. H 8.1 (9–10) (Fahrzeugpool) LStH.

> **Beispiel 2:**
> Ein Arbeitgeber richtet einen Fahrzeugpool mit zwei Kraftfahrzeugen ein. Die Listenpreise der Fahrzeuge betragen:
> - Fahrzeug 1: 20 000 €,
> - Fahrzeug 2: 27 100 €.
>
> Auf den Fahrzeugpool können drei Arbeitnehmer zugreifen. Die Entfernung zwischen Wohnung und erster Tätigkeitsstätte beträgt bei den Arbeitnehmern:
> - Arbeitnehmer A: 10 km,
> - Arbeitnehmer B: 17 km,
> - Arbeitnehmer C: 40 km.

> Zunächst ist für Privatfahrten der geldwerte Vorteil mit 1 % der Listenpreise aller Kraftfahrzeuge zu ermitteln und die Summe entsprechend der Zahl der Nutzungsberechtigten aufzuteilen:
>
> - Fahrzeug 1:   1 % von 20 000 €   200 €
> - Fahrzeug 2:   1 % von 27 100 €   271 €
> Insgesamt   471 €
> geteilt durch 3 Nutzungsberechtigte   157 €
>
> Anschließend ist der geldwerte Vorteil für Fahrten zwischen Wohnung und erster Tätigkeitsstätte mit 0,03 % der Listenpreise aller Kraftfahrzeuge zu ermitteln und die Summe durch die Zahl der Nutzungsberechtigten zu teilen:
>
> - Fahrzeug 1:   0,03 % von 20 000 €   6,— €
> - Fahrzeug 2:   0,03 % von 27 100 €   8,13 €
> Insgesamt   14,13 €
> geteilt durch 3 Nutzungsberechtigte   4,71 €
>
> Der monatliche geldwerte Vorteil aus der Fahrzeugüberlassung ermittelt sich wie folgt:
>
> a) **Arbeitnehmer A:**
> - Privatfahrten   157,— €
> - Fahrten zwischen Wohnung und erster Tätigkeitsstätte
>   4,71 € × 10 km   47,10 €
> Insgesamt   204,10 €
>
> b) **Arbeitnehmer B:**
> - Privatfahrten   157,— €
> - Fahrten zwischen Wohnung und erster Tätigkeitsstätte 4,71 € × 17 km   80,07 €
> Insgesamt   237,07 €
>
> c) **Arbeitnehmer C:**
> - Privatfahrten   157,— €
> - Fahrten zwischen Wohnung und erster Tätigkeitsstätte 4,71 € × 40 km   188,40 €
> Insgesamt   345,40 €
>
> Arbeitnehmer A hat monatlich 204,10 € für die Fahrzeugüberlassung zu versteuern, Arbeitnehmer B monatlich 237,07 € und Arbeitnehmer C monatlich 345,40 €.

Dies gilt auch für den Bereich der Sozialversicherung (Besprechung am 26./27.3.2003, BB 2003, 1736).

l) Gesellschafter-Geschäftsführer

1246 Bei Gesellschafter-Geschäftsführern stellt sich die Frage, ob eine **Privatnutzung des betrieblichen Kraftfahrzeugs als Arbeitslohn oder als verdeckte Gewinnausschüttung** zu qualifizieren ist.

Hierbei ist nach der Rechtsprechung des BFH zu unterscheiden, ob die Privatnutzung ausdrücklich gestattet oder vertraglich untersagt ist.

- **Privatnutzung ist ausdrücklich gestattet**

  Ist die private Nutzung eines betrieblichen Kraftfahrzeugs durch den Gesellschafter-Geschäftsführer im Anstellungsvertrag mit der GmbH **ausdrücklich gestattet**, kommt der Ansatz einer verdeckten Gewinnausschüttung in Höhe der Vorteilsgewährung nicht in Betracht. In einem solchen Fall liegt **immer Arbeitslohn** und keine verdeckte Gewinnausschüttung vor (BFH v. 23.4.2009, VI R 81/06, BStBl II 2012, 262).

- **Privatnutzung ist untersagt**

  Ist die private Nutzung eines betrieblichen Kraftfahrzeugs durch den Gesellschafter-Geschäftsführer im Anstellungsvertrag mit der GmbH **untersagt**, und wird das Kraftfahrzeug dennoch privat genutzt, liegt **immer eine verdeckte Gewinnausschüttung** vor, denn die unbefugte Privatnutzung eines betrieblichen Kraftfahrzeugs hat keinen Lohncharakter (BFH v. 21.3.2013, VI R 46/11, BStBl II 2013, 1044).

Zum Vorliegen und zur Bewertung einer verdeckten Gewinnausschüttung vgl. BMF v. 3.4.2012, IV C 2 – S 2742/08/10001, BStBl I 2012, 478.

3. Individueller Nutzungswert

a) Allgemeines

1247 **Abweichend von der 1 %-Regelung** kann die private Nutzung eines Firmenwagens auch mit dem auf die private Nutzung und die Nutzung zu Fahrten zwischen Wohnung und erster Tätigkeitsstätte sowie zu Fahrten zu einem bestimmten Sammelpunkt oder zu einem weiträumigen Tätigkeitsgebiet (§ 9 Abs. 1 Satz 3 Nr. 4a Satz 3

EStG) entfallenden Teil der gesamten Kraftfahrzeugaufwendungen angesetzt werden, wenn die durch das Kraftfahrzeug insgesamt entstehenden Aufwendungen **(Gesamtkosten)** durch Belege und das Verhältnis der privaten Fahrten und der Fahrten zwischen Wohnung und erster Tätigkeitsstätte sowie der Fahrten zu einem bestimmten Sammelpunkt oder zu einem weiträumigen Tätigkeitsgebiet (§ 9 Abs. 1 Satz 3 Nr. 4a Satz 3 EStG) zu den übrigen Fahrten durch ein ordnungsgemäßes **Fahrtenbuch** nachgewiesen werden (§ 8 Abs. 2 Satz 4 EStG).

Die Ermittlung eines individuellen Kilometersatzes anhand der tatsächlich nachgewiesenen Kosten und laufenden Aufzeichnungen in einem Fahrtenbuch ist **auch bei geleasten Fahrzeugen zulässig. Leasingsonderzahlungen** sind bei der Berechnung der Gesamtkosten eines Fahrzeugs zur Ermittlung des geldwerten Vorteils beim Arbeitnehmer nach der Fahrtenbuchmethode jedenfalls dann **periodengerecht anzusetzen**, wenn der Arbeitgeber die Kosten des ihm überlassenen Fahrzeugs in seiner Gewinnermittlung dementsprechend erfassen muss. Denn die Grundsätze der Gewinnermittlung gelten durch den Verweis in § 8 Abs. 2 Satz 2 EStG auf § 6 Abs. 1 Nr. 4 EStG auch bei der Bewertung der privaten Kraftfahrzeugnutzung im Rahmen der Arbeitnehmerbesteuerung. Dies schließt aber nicht aus, bei nur geringfügigen Beträgen auf den Ansatz eines Rechnungsabgrenzungsposten zu verzichten, wie z.B. bei Steuern und Versicherungen für einen nur aus wenigen Fahrzeugen bestehenden Fuhrpark (BFH v. 3.9.2015, VI R 27/14, www.stotax-first.de).

b) Fahrtenbuch

1248 Bei dieser Berechnungsmethode müssen die dienstlich und privat gefahrenen Kilometer sowie die für Fahrten zwischen Wohnung und erster Tätigkeitsstätte bzw. zu einem bestimmten Sammelpunkt oder zu einem weiträumigen Tätigkeitsgebiet (§ 9 Abs. 1 Satz 3 Nr. 4a Satz 3 EStG) zurückgelegten Kilometer **im Einzelnen nachgewiesen werden**. Hierzu ist laufend **ein ordnungsgemäßes Fahrtenbuch** zu führen. Nach R 8.1 Abs. 9 Nr. 2 LStR sind für dienstliche Fahrten grundsätzlich die folgenden Angaben erforderlich:

- **Datum und Kilometerstand zu Beginn und am Ende jeder einzelnen Auswärtstätigkeit;**
- **Reiseziel und bei Umwegen auch die Reiseroute;**
- **Reisezweck** und **aufgesuchte Geschäftspartner.**

Für Privatfahrten genügt die Angabe der jeweils gefahrenen Kilometer. Für Fahrten zwischen Wohnung und erster Tätigkeitsstätte genügt ein entsprechender Vermerk im Fahrtenbuch mit Angabe der jeweils gefahrenen Kilometer.

Der BFH hat in mehreren Urteilen die restriktive Auffassung der Finanzverwaltung bestätigt und folgende Grundsätze aufgestellt:

- Ein ordnungsgemäßes Fahrtenbuch muss **zeitnah und in geschlossener Form** geführt werden und die zu erfassenden Fahrten einschließlich des an ihrem Ende erreichten Gesamtkilometerstands vollständig und in ihrem fortlaufenden Zusammenhang wiedergeben (BFH v. 9.11.2005, VI R 27/05, BStBl II 2006, 408); dies gilt auch für Streitjahre, die zeitlich vor Ergehen des Urteils geendet haben (FG Köln v. 28.3.2012, 15 K 4080/09, EFG 2012, 1758).
- Die erforderlichen Angaben müssen sich dem **Fahrtenbuch selbst entnehmen** lassen. Ein Verweis auf ergänzende Unterlagen ist nur zulässig, wenn der geschlossene Charakter der Fahrtenbuchaufzeichnungen dadurch nicht beeinträchtigt wird (BFH v. 16.3.2006, VI R 87/04, BStBl II 2006, 625).
- Mehrere **Teilabschnitte** einer einheitlichen beruflichen Reise können miteinander **zu einer zusammenfassenden Eintragung verbunden** werden, wenn die einzelnen aufgesuchten Kunden oder Geschäftspartner im Fahrtenbuch in der zeitlichen Reihenfolge aufgeführt werden (BFH v. 16.3.2006, VI R 87/04, BStBl II 2006, 625).
- Der **Übergang von der beruflichen Nutzung zur privaten Nutzung** des Fahrzeugs ist im Fahrtenbuch durch Angabe des bei Abschluss der beruflichen Fahrt erreichten Gesamtkilometerstands zu dokumentieren (BFH v. 16.3.2006, VI R 87/04, BStBl II 2006, 625).
- Ein ordnungsgemäßes Fahrtenbuch muss grundsätzlich zu den beruflichen Reisen Angaben **zum Datum, zum Reiseziel, zum aufgesuchten Kunden oder Geschäftspartner** bzw. zum Gegenstand der dienstlichen Verrichtung und zu dem bei Abschluss der Fahrt erreichten **Gesamtkilometerstand** des Fahrzeugs enthalten (BFH v. 16.3.2006, VI R 87/04, BStBl II 2006, 625).
- Kann der Arbeitnehmer den ihm überlassenen Dienstwagen auch privat nutzen und wird über die Nutzung des Dienstwagens ein ordnungsgemäßes Fahrtenbuch nicht geführt, so ist der zu versteuernde geldwerte Vorteil nach der 1 %-Regelung zu bewerten. Eine **Schätzung des Privatanteils** anhand anderer Aufzeichnungen **kommt nicht in Betracht** (BFH v. 16.11.2005, VI R 64/04, BStBl II 2006, 410).
- Eine mit Hilfe eines **Computerprogramms** erzeugte Datei genügt den Anforderungen an ein ordnungsgemäßes Fahrtenbuch nur dann, wenn nachträgliche Veränderungen an den zu einem früheren Zeitpunkt eingegebenen Daten nach der Funktionsweise des verwendeten Programms technisch ausgeschlossen sind oder in ihrer Reichweite in der Datei selbst dokumentiert und offen gelegt werden (BFH v. 16.11.2005, VI R 64/04, BStBl II 2006, 410).

Kleinere Mängel eines Fahrtenbuchs führen allerdings nicht zwingend zur Anwendung der 1 %-Regelung, wenn die Angaben insgesamt plausibel sind (BFH v. 10.4.2008, VI R 38/06, BStBl II 2008, 768, FG Düsseldorf v. 7.11.2008, 12 K 4479/07 E, EFG 2009, 324). Sind die Fehleintragungen allerdings systematischer Natur und geben Anlass zu erheblichen Zweifeln an der Richtigkeit der übrigen Eintragungen, ist das Fahrtenbuch trotz nur weniger nachweisbarer Fehleintragungen nicht ordnungsgemäß (FG München v. 14.5.2009, 15 K 2945/07, EFG 2009, 1449). Die Eintragung der **Insel „Sylt" als Reiseziel** ist jedenfalls **nicht ausreichend** (FG Schleswig-Holstein v. 25.10.2006, 1 K 170/05, EFG 2007, 20). Ein Fahrtenbuch ist ebenfalls nicht ordnungsgemäß, wenn es **wesentliche Umwegfahrten nicht enthält** sowie Namens- und Ortsangaben **keine zweifelsfreien Feststellungen** zulassen (BFH v. 21.3.2013, VI R 31/10, BStBl II 2013, 700) oder wenn sich bei einer Entfernung von höchstens 232 km zu demselben Ziel Abweichungen (nach oben) um bis zu 56 km aus dem Fahrtenbuch ergeben (BFH v. 14.3.2012, VIII B 120/11, www.stotax-first.de).

Die Fahrtenbuchmethode ist nur dann zu Grunde zu legen, wenn der Arbeitnehmer das Fahrtenbuch **für den gesamten Veranlagungszeitraum** führt, in dem er das Fahrzeug nutzt; ein **unterjähriger Wechsel** von der 1 %-Regelung zur Fahrtenbuchmethode für dasselbe Fahrzeug ist **nicht zulässig** (BFH v. 20.3.2014, VI R 35/12, BStBl II 2014, 643). Die Führung des Fahrtenbuchs kann daher **nicht auf einen repräsentativen Zeitraum beschränkt** werden.

An Stelle des Fahrtenbuchs kann **ein Fahrtenschreiber** eingesetzt werden, wenn sich daraus dieselben Erkenntnisse gewinnen lassen. Bei Ausdrucken von **elektronischen Aufzeichnungsgeräten** müssen nachträgliche Veränderungen der aufgezeichneten Angaben technisch ausgeschlossen, zumindest aber dokumentiert sein (BMF v. 28.5.1996, IV B 6 – S 2334 – 173/96, BStBl I 1996, 654, Tz. II.1; BFH v. 16.11.2005, VI R 64/04, BStBl II 2006, 410). Ein **elektronisch geführtes Fahrtenbuch ist nicht ordnungsgemäß**, wenn an den automatisch aufgezeichneten Fahrdaten nachträglich Änderungen in Bezug auf Art, Ziel und Zweck der Fahrt vorgenommen werden können und diese Änderungen nicht dokumentiert werden (FG Münster v. 4.2.2010, 5 K 5046/07 E, EFG 2010, 947). Unerheblich ist hierbei, ob der Arbeitnehmer tatsächlich Veränderungen am eingegebenen Datenbestand vorgenommen hat (FG Baden-Württemberg v. 14.10.2014, 11 K 736/11 + 11 K 737/11, EFG 2015, 458).

Das Fahrtenbuch muss **im Original vorgelegt** werden. Die Vorlage eines Fahrtenbuchs in Form einer erst vor Abgabe der Steuererklärung gefertigten Reinschrift mit anschließender Vernichtung der Grundaufzeichnungen ist nicht ausreichend (BFH v. 14.12.2006, IV R 62/04, www.stotax-first.de). Dies gilt auch für ein Fahrtenbuch, das aus einem **handschriftlich zeitnah und geschlossen geführten Buch** und einer **ergänzenden**, in einer **Excel-Datei** geführten Liste mit erläuternden Angaben besteht (BFH v. 1.3.2012, VI R 33/10, BStBl II 2012, 505) oder aus einer **Kombination aus handschriftlich geführtem Fahrtenbuch und Kopien** eines vom Arbeitgeber elektronisch geführten Terminkalenders (BFH v. 13.11.2012, VI R 3/12, www.stotax-first.de). Auch müssen Aufzeichnungen in einem handschriftlich geführten Fahrtenbuch lesbar sein (BFH v. 14.3.2012, VIII B 120/11, www.stotax-first.de). Ein Fahrtenbuch ist ebenfalls nicht ordnungsgemäß, wenn die Fahrten **mittels Diktiergerät unterwegs auf Kassetten aufgenommen** werden, die dann regelmäßig in Excel-Tabellen übertragen werden (FG Köln v. 18.6.2015, 10 K 33/15, EFG 2015, 1598).

Im Übrigen ist der **Chi-Quadrat-Test** als mathematisch empirische Methode geeignet, die Ordnungsmäßigkeit eines Fahrtenbuchs zu überprüfen (FG Münster v. 7.12.2005, 1 K 6384/03 E, EFG 2006, 652).

Stollfuß Medien veröffentlicht ein umfassendes Programm zur Reisekosten-Abrechnung (Formulare, Software, Ratgeber).

c) Aufzeichnungserleichterungen

1249 Ein Fahrtenbuch soll die Zuordnung von Fahrten zur betrieblichen und beruflichen Sphäre ermöglichen. Bei Dienstreisen, Einsatzwechseltätigkeit und Fahrtätigkeit müssen die über die Kilometer hinausgehenden Angaben hinsichtlich Reiseziel, Reiseroute, Reisezweck und aufgesuchte Geschäftspartner die berufliche Veranlassung plausibel erscheinen lassen und ggf. eine stichprobenartige Nachprüfung ermöglichen. Auf **einzelne dieser zusätzlichen Angaben kann verzichtet werden**, soweit wegen der besonderen Umstände im Einzelfall die erforderliche Aussagekraft und Überprüfungsmöglichkeit nicht beeinträchtigt wird. Daher sind für bestimmte Berufsgruppen von der Finanzverwaltung **Aufzeichnungserleichterungen** zugelassen worden (BMF v. 28.5.1996, IV B 6 – S 2334 – 173/96, BStBl I 1996, 654, Tz. II 2; BMF v. 18.11.2009, IV C 6 – S 2177/07/10004, BStBl I 2009, 1326, Rdnr. 24 bis 28; BMF v. 9.5.2000, IV C 2 – S 2177-10/00, www.stotax-first.de; OFD München v. 2.1.2001, S 0251 – 2 St 312, www.stotax-first.de):

- **Kundendienstmonteure, Handelsvertreter, Kurierdienstfahrer, Automatenlieferanten und ähnliche Berufsgruppen**

  Bei diesen Berufsgruppen mit täglich wechselnden Auswärtstätigkeiten reicht es aus, wenn sie angeben, welche Kunden sie an welchem Ort aufsuchen. Angaben über die Reiseroute und zu den Entfernungen zwischen den Stationen einer Auswärtstätigkeit sind nur bei größerer Differenz zwischen direkter Entfernung und tatsächlicher Fahrtstrecke erforderlich.

- **Taxifahrer, Fahrlehrer**

  Soweit Taxifahrer Fahrten im sog. Pflichtfahrgebiet ausführen, genügt die tägliche Angabe des Kilometerstands zu Beginn und am Ende der Gesamtheit dieser Fahrten. Wurde eine Fahrt durchgeführt, die über dieses Gebiet hinausgeht, kann auf die genaue Angabe von Reiseziel und Reiseroute nicht verzichtet werden.

  Für Fahrlehrer ist es ausreichend, wenn sie in Bezug auf Reisezweck, Reiseziel und aufgesuchtem Geschäftspartner „Lehrfahrt" oder „Fahrschulfahrt" angeben. Dabei ist es mit dem neben dem Fahrtenbuch gemäß Fahrlehrergesetz zu führenden Tagesnachweis ausreichend, bei aufeinander folgenden Fahrstunden nur den Kilometerstand zu Beginn und am Ende sowie bei zusammenhängenden Fahrschulfahrten lediglich den Kilometerstand zu Beginn und am Ende der Gesamtlehrfahrzeiten aufzuzeichnen.

- **Sicherheitsgefährdete Personen**

  Bei sicherheitsgefährdeten Personen, deren Fahrtroute häufig von sicherheitsmäßigen Gesichtspunkten bestimmt wird, kann auf die Angabe der Reiseroute auch bei größeren Differenzen zwischen der direkten Entfernung und der tatsächlichen Fahrtstrecke verzichtet werden.

- **Steuerberater, Anwälte, Ärzte und ähnliche Berufsgruppen**

  Bei diesen Berufsgruppen reicht neben der Angabe des Datums, des Kilometerstands und des Zielorts grundsätzlich die Angabe „Mandantenbesuch" bzw. „Patientenbesuch" als Reisezweck aus, wenn Name und Adresse des aufgesuchten Mandanten bzw. Patienten vom Berufsgeheimnisträger in einem vom Fahrtenbuch getrennt zu führenden Verzeichnis festgehalten werden. Gegen eine solche Verfahrensweise bestehen keine Bedenken, wenn sichergestellt ist, dass die Zusammenführung von Fahrtenbuch und Mandanten-/Patientenverzeichnis leicht und einwandfrei möglich ist und keinen erheblichen Aufwand verursacht. Die Vorlage des Verzeichnisses soll nur verlangt werden, wenn tatsächliche Anhaltspunkte vorliegen, die Zweifel an der Richtigkeit oder Vollständigkeit der Eintragungen im Fahrtenbuch begründen und die Zweifel nicht anders auszuräumen sind.

d) Gesamtkosten

Die insgesamt durch das Kraftfahrzeug entstehenden Aufwendungen i.S.d. § 8 Abs. 2 Satz 4 EStG (Gesamtkosten) sind als Summe der Nettoaufwendungen zuzüglich Umsatzsteuer und Absetzungen für Abnutzung zu ermitteln; dabei bleiben vom Arbeitnehmer selbst getragene Aufwendungen außer Ansatz (R 8.1 Abs. 9 Nr. 2 Satz 8 LStR). **1250**

Im **Gegensatz zur Verwaltungsauffassung** hat der BFH entschieden, dass vom Arbeitnehmer getragene Aufwendungen (z.B. Treibstoffkosten, Wagenwäsche) zu den Gesamtkosten des Kraftfahrzeugs gehören. Diese können bei der Fahrtenbuchmethode allerdings als Werbungskosten berücksichtigt werden (BFH v. 18.10.2007, VI R 57/06, BStBl II 2009, 199). Die obersten Finanzbehörden haben entschieden, das Urteil nicht über den entschiedenen Einzelfall hinaus anzuwenden (sog. **Nichtanwendungserlass**). In Höhe der selbst getragenen Aufwendungen ist der Arbeitnehmer nicht bereichert; sie fließen daher nicht in die Gesamtkosten ein und erhöhen nicht den individuell zu ermittelnden geldwerten Vorteil (BMF v. 6.2.2009, IV C 5 – S 2334/08/10003, BStBl I 2009, 412). Das FG Münster hat jedoch die **Verwaltungsauffassung abgelehnt** und sich der BFH-Rechtsprechung angeschlossen (FG Münster v. 28.3.2012, 11 K 2817/11 E, EFG 2012, 1245).

Zu den Gesamtkosten gehören nur solche Kosten, die dazu bestimmt sind, **unmittelbar dem Halten und dem Betrieb des Kraftfahrzeugs zu dienen** und im Zusammenhang mit seiner Nutzung typischerweise entstehen. **Absetzungen für Abnutzung** sind stets **in die Gesamtkosten einzubeziehen**; ihnen sind die tatsächlichen Anschaffungs- oder Herstellungskosten einschließlich der Umsatzsteuer zu Grunde zu legen (R 8.1 Abs. 9 Nr. 2 Sätze 9 und 10 LStR). Die voraussichtliche **Nutzungsdauer** des Kraftfahrzeugs richtet sich **nicht nach der AfA-Tabelle**, sondern beträgt bei Neuwagen acht Jahre, bei Gebrauchtwagen entsprechend weniger (BFH v. 29.3.2005, IX B 174/03, BStBl II 2006, 368).

Zu den Gesamtkosten gehören z.B. (H 8.1 (9-10) (Gesamtkosten) LStH):

- Betriebsstoffkosten,
- Wartungs- und Reparaturkosten,
- Kraftfahrzeugsteuer,
- Aufwendungen für Halterhaftpflicht- und Fahrzeugversicherungen,
- Leasing- und Leasingsonderzahlungen (an Stelle der Absetzungen für Abnutzung).

Nicht zu den Gesamtkosten gehören z.B. (R 8.1 Abs. 9 Nr. 2 Satz 11 LStR sowie H 8.1 (9-10) (Gesamtkosten) LStH):

- Beiträge für einen auf den Namen des Arbeitnehmers ausgestellten Schutzbrief (BFH v. 14.9.2005, VI R 37/03, BStBl II 2006, 72),
- Straßen- oder Tunnelbenutzungsgebühren (Vignetten, Mautgebühren),
- Unfallkosten (BFH v. 24.5.2007, VI R 73/05, BStBl II 2007, 766),
- Kosten der Garage (BFH v. 7.6.2002, VI R 145/99, BStBl II 2002, 829),
- Parkgebühren und Anwohnerparkberechtigungen,
- Aufwendungen für Insassen- und Unfallversicherungen,
- Verwarnungs-, Ordnungs- und Bußgelder.

Die **Schätzung bestimmter Kostenbestandteile** (z.B. Schätzung der Treibstoffkosten anhand eines geschätzten Durchschnittsverbrauchs und unter Berücksichtigung eines geschätzten Durchschnittspreises für Treibstoff) ist **nicht zulässig**. Die Rechtsprechung des BFH, wonach der Arbeitnehmer bei der Ermittlung der auf Dienstreisen entfallenden Kraftfahrzeugkosten **einen Teilnachweis** der ihm tatsächlich entstandenen Aufwendungen erbringen und weitere dem Grunde nach feststehende Aufwendungen schätzen lassen kann (BFH v. 7.4.1992, VI R 113/88, BStBl II 1992, 854), ist auf Grund der eindeutigen gesetzlichen Regelung in § 8 Abs. 2 Satz 4 EStG nicht anwendbar. Zur Frage, wie sich **Kos-**

tenerstattungen von dritter Seite auf die Höhe der Gesamtkosten auswirken, → Rz. 1242.

Der Ansatz eines Durchschnittswerts ist nicht zulässig. Es ist auch nicht zulässig, die individuelle Nutzungswertermittlung auf Privatfahrten zu beschränken, wenn das Fahrzeug auch für Fahrten zwischen Wohnung und erster Tätigkeitsstätte genutzt wird (Arbeitgeber-Merkblatt 1996, BStBl I 1995, 719, Tz. 22).

Beispiel:

Ein Arbeitgeber erwirbt im Januar 2016 einen Pkw, dessen Listenpreis 32 000 € inklusive Umsatzsteuer beträgt. Der Arbeitgeber erhält beim Kauf des Fahrzeugs einen Rabatt von brutto 3 440 €. Die betriebsgewöhnliche Nutzungsdauer des Pkw beträgt nach der AfA-Tabelle sechs Jahre. Die als Betriebsausgabe gebuchte Abschreibung errechnet sich wie folgt:

Listenpreis (inklusive Umsatzsteuer)	32 000 €
./. Rabatt (inklusive Umsatzsteuer)	3 440 €
= Anschaffungskosten (inklusive Umsatzsteuer)	28 560 €
./. Umsatzsteuer (19/119 von 28 560 €)	4 560 €
= Anschaffungskosten netto	24 000 €
Jährliche Abschreibung bei 6 Jahren Nutzungsdauer (1/6 = 16,67 % von 24 000 €)	4 000 €

Die übrigen Kosten betragen (ohne Umsatzsteuer):

– Treibstoffkosten	2 500 €
– Reparaturen, Wartung	600 €
– Kraftfahrzeugsteuer	250 €
– Versicherungen (Haftpflicht / Vollkasko)	1 191 €
Kosten insgesamt	4 541 €

Nach dem vom Arbeitnehmer geführten Fahrtenbuch ergeben sich für 2016 folgende gefahrenen Kilometer:

Kilometer insgesamt:	30 000 km
Fahrten zwischen Wohnung und erster Tätigkeitsstätte bei einer einfachen Entfernung von 20 km und 225 Arbeitstagen (20 km × 2 × 225)	9 000 km
Privatfahrten	5 000 km

Es ergibt sich folgende Berechnung des individuellen Kilometersatzes:

Abschreibung 1/8 von 28 560 €		3 570 €
Treibstoffkosten ohne Umsatzsteuer	2 500 €	
+ 19 % Umsatzsteuer	475 €	2 975 €
Reparaturen, Wartung ohne Umsatzsteuer	600 €	
+ 19 % Umsatzsteuer	114 €	714 €
Kraftfahrzeugsteuer		250 €
Versicherungen		1 191 €
Gesamtkosten		8 700 €

Bei einer Jahresfahrleistung von 30 000 km ergibt sich ein Kilometersatz von 0,29 € (8 700 € : 30 000). Der Arbeitnehmer hat damit für 2016 folgende geldwerte Vorteile zu versteuern:

Privatfahrten: 5 000 km × 0,29 €	1 450 €
Fahrten zwischen Wohnung und erster Tätigkeitsstätte: 9 000 km × 0,29 €	2 610 €
steuerpflichtiger geldwerter Vorteil für 2016 insgesamt	4 060 €

Da die Gesamtkosten des Fahrzeugs erst am Jahresende feststehen, die private Nutzung eines Firmenwagens aber monatlich lohnversteuert werden muss (der geldwerte Vorteil ist laufender Arbeitslohn, vgl. R 39b.2 Abs. 1 Nr. 5 LStR), ist im laufenden Kalenderjahr nach Auffassung der Finanzverwaltung wie folgt zu verfahren (Arbeitgeber-Merkblatt 1996, BStBl I 1995, 719, Tz. 24):

„Aus Vereinfachungsgründen kann der Monatswert vorläufig mit **einem Zwölftel des Vorjahresbetrags** angesetzt werden. Es bestehen auch Bedenken, wenn die Privatfahrten je Fahrtkilometer **vorläufig mit 0,001 % des inländischen Listenpreises** für das Kraftfahrzeug angesetzt werden. Nach Ablauf des Kalenderjahrs oder nach Beendigung des Dienstverhältnisses ist der tatsächlich zu versteuernde Nutzungswert zu ermitteln und eine etwaige Lohnsteuerdifferenz nach Maßgabe des § 41c EStG auszugleichen."

Im Übrigen haben Arbeitnehmer arbeitsrechtlich **einen Anspruch auf Auskunft über die Gesamtkosten** des Fahrzeugs gegenüber dem Arbeitgeber, wenn sie den geldwerten Vorteil nach der Fahrtenbuchmethode ermitteln wollen (BAG v. 19.4.2005, 9 AZR 188/04, HFR 2006, 87).

Zur **Sonderregelung für Elektro- und Hybridelektrofahrzeuge** bei der Ermittlung der Gesamtkosten → Rz. 1259.

e) Unfallkosten

Unfallkosten sind wie folgt zu behandeln:

– Aufwendungen zur Beseitigung des Unfallschadens **am eigenen Fahrzeug** gehören **nicht zu den Gesamtkosten** des Fahrzeugs, und zwar unabhängig davon, ob der Unfall auf einer Privatfahrt, einer Fahrt zwischen Wohnung und erster Tätigkeitsstätte, einer Fahrt zu einem bestimmten Sammelpunkt oder zu einem weiträumigen Tätigkeitsgebiet (§ 9 Abs. 1 Satz 3 Nr. 4a Satz 3 EStG), einer Familienheimfahrt oder einer Dienstfahrt verursacht wurde (R 8.1 Abs. 9 Nr. 2 Satz 11 LStR).

– Aufwendungen zur Beseitigung der Unfallschäden **an fremden Fahrzeugen** gehören ebenfalls **nicht zu den Gesamtkosten** des Fahrzeugs. Sie bleiben als Schadensersatz bei der Gesamtkostenermittlung unberücksichtigt.

Zu Einzelheiten → *Unfallkosten* Rz. 2937.

f) Familienheimfahrten

Wöchentliche Familienheimfahrten im Rahmen einer beruflich veranlassten doppelten Haushaltsführung sind nach § 8 Abs. 2 Satz 5 EStG **steuerlich nicht zu erfassen**. Dementsprechend ist auch bei der individuellen Nutzungswertermittlung für diese Fahrten kein Nutzungswert zu versteuern; ein Werbungskostenabzug scheidet auch hier aus (R 9.11 Abs. 6 Nr. 2 Satz 2 LStR; BFH v. 28.2.2013, VI R 33/11, BStBl II 2013, 629).

Familienheimfahrten, die mehr als einmal wöchentlich durchgeführt werden, sind mit dem individuellen Kilometersatz als geldwerter Vorteil zu versteuern.

g) Überlassung mehrerer Kraftfahrzeuge

Werden dem Arbeitnehmer **abwechselnd unterschiedliche Kraftfahrzeuge** zur privaten Nutzung überlassen, so müssen nicht für jedes Kraftfahrzeug die insgesamt entstehenden Aufwendungen und das Verhältnis der privaten zu den übrigen Fahrten nachgewiesen werden. Führt der Arbeitnehmer nur für einzelne Kraftfahrzeuge ein ordnungsgemäßes Fahrtenbuch, so kann er für diese den privaten Nutzungswert individuell ermitteln, während der Nutzungswert für die anderen mit monatlich 1 % des Listenpreises anzusetzen ist (BFH v. 3.8.2000, III R 2/00, BStBl II 2001, 332).

h) Besonderheiten bei sicherheitsgefährdeten Personen

aa) Erfassung von Umwegstrecken bei Fahrten zwischen Wohnung und erster Tätigkeitsstätte

Bei der individuellen Nutzungswertermittlung sind die auf die Fahrten zwischen Wohnung und erster Tätigkeitsstätte entfallenden tatsächlichen Kraftfahrzeugaufwendungen zu ermitteln. Nach Auffassung der Finanzverwaltung können **bei sicherheitsgefährdeten Personen** die Fahrstrecken **auf der Grundlage der kürzesten benutzbaren Straßenverbindung** ermittelt werden, wenn sicherheitsbedingte Umwegstrecken erforderlich sind. Dies setzt jedoch voraus, dass der Arbeitnehmer konkret gefährdet ist und durch die zuständigen Sicherheitsbehörden der Gefährdungsstufe 1, 2 oder 3 zugeordnet ist (BMF v. 30.6.1997, IV B 6 – S 2334 – 148/97, BStBl I 1997, 696). Der Ansatz der kürzesten benutzbaren Straßenverbindung steht unter dem Vorbehalt, dass bei der Ermittlung der Werbungskosten für Fahrten zwischen Wohnung und erster Tätigkeitsstätte ebenfalls nur die kürzeste benutzbare Straßenverbindung zu Grunde gelegt wird (FinMin Niedersachsen v. 2.12.1996, S 2334 – 57 – 35, www.stotax-first.de).

bb) Ermittlung der Gesamtkosten bei sicherheitsgeschützten Fahrzeugen

Wird der geldwerte Vorteil für die Überlassung eines **aus Sicherheitsgründen gepanzerten Firmenwagens** nach dem individuellen Nutzungswert ermittelt, so können dabei die Absetzungen für Abnutzung nach dem **Anschaffungspreis des leistungsschwächeren Fahrzeugs** zu Grunde gelegt werden, das dem Arbeitnehmer zur Verfügung gestellt würde, wenn seine Sicherheit nicht gefährdet wäre. Im Hinblick auf die durch die Panzerung verursachten höheren laufenden Betriebskosten können der Nutzungswertermittlung **70 % der tatsächlich festgestellten laufenden Kosten** (ohne AfA) zu Grunde gelegt werden (BMF v. 28.5.1996, IV B 6 – S 2334 – 173/96, BStBl I 1996, 654, Tz. II.3).

Firmenwagen zur privaten Nutzung

keine Sozialversicherungspflicht = Ⓢⱽ
Sozialversicherungspflicht = Ⓢⱽ

Beispiel 1:
Dem Arbeitnehmer wird aus Sicherheitsgründen ein gepanzertes Fahrzeug zur Verfügung gestellt. Der Anschaffungspreis des Fahrzeugs beträgt 180 000 €. Vergleichbaren Arbeitnehmern, deren Sicherheit nicht gefährdet ist, wird regelmäßig ein Fahrzeug zum Anschaffungspreis von 80 000 € zur Verfügung gestellt. Der Arbeitnehmer fährt mit dem Fahrzeug 10 000 km privat (von insgesamt 40 000 km). Aus der Buchführung ergeben sich Gesamtkosten (ohne Abschreibung, aber inklusive Umsatzsteuer) von 12 500 €.

Für die Berechnung der AfA ist von Anschaffungskosten i.H.v. 80 000 € auszugehen. Die Nutzungsdauer beträgt acht Jahre, so dass die anzusetzende Abschreibung 10 000 € (12,5 % von 80 000 €) beträgt. Die Gesamtkosten sind mit 8 750 € (70 % von 12 500 €) anzusetzen.

Der geldwerte Vorteil berechnet sich für den Arbeitnehmer wie folgt:

– Abschreibung	10 000 €
– Gesamtkosten (ohne Abschreibung)	8 750 €
Gesamtkosten des Fahrzeugs	18 750 €

Auf die Privatfahrten entfallen 25 % (10 000 km : 40 000 km), so dass 4 687,50 € (25 % von 18 750 €) im Kalenderjahr als geldwerter Vorteil zu versteuern sind.

Wird das gepanzerte Fahrzeug geleast, so kann nach einer Entscheidung der obersten Finanzbehörden bei der Ermittlung der Gesamtkosten die entsprechende Leasingrate des leistungsschwächeren Fahrzeugs zu Grunde gelegt werden, das dem Arbeitnehmer zur Verfügung gestellt würde, wenn seine Sicherheit nicht gefährdet wäre.

Beispiel 2:
Sachverhalt wie Beispiel 1, allerdings wird das gepanzerte Fahrzeug nicht gekauft, sondern geleast. Die Leasingrate beträgt monatlich 4 300 €. Bei einem vergleichbaren Serienfahrzeug würde die Leasingrate nur 350 € monatlich betragen.

Wird ein Fahrzeug geleast, so fallen keine Anschaffungskosten (und keine AfA) an. Stattdessen fließen die Leasingraten in die Gesamtkosten ein. Bei einem gepanzerten Fahrzeug ist aber nicht die tatsächliche Leasingrate i.H.v. monatlich 4 300 €, sondern die eines vergleichbaren Serienfahrzeugs i.H.v. monatlich 350 € einzubeziehen. Die übrigen Gesamtkosten sind mit 8 750 € (70 % von 12 500 €) anzusetzen.

Der geldwerte Vorteil berechnet sich für den Arbeitnehmer wie folgt:

– Leasingrate (12 × 350 €)	4 200 €
– Gesamtkosten (ohne Leasingrate) (70 % von 12 500 €)	8 750 €
Gesamtkosten des Fahrzeugs	12 950 €

Auf die Privatfahrten entfallen 25 % (10 000 km : 40 000 km), so dass 3 237,50 € (25 % von 12 950 €) im Kalenderjahr als geldwerter Vorteil zu versteuern sind.

i) Nutzungsentgelt

1256 Soweit der Arbeitnehmer für die Nutzung des Firmenwagens ein Nutzungsentgelt zahlt, mindert dies im Zahlungsjahr den privaten Nutzungswert (R 8.1 Abs. 9 Nr. 4 Satz 1 LStR). Zur **Auslegung des pauschalen Nutzungsentgelts** vgl. BMF v. 19.4.2013, IV C 5 – S 2334/11/10004, BStBl I 2013, 513. Einzelheiten hierzu → Rz. 1244.

Zuzahlungen zu den Anschaffungskosten des Fahrzeugs mindern den geldwerten Vorteil nur dann, wenn die für die AfA-Ermittlung maßgebenden Anschaffungskosten nicht um die Zuschüsse gemindert worden sind.

Auch hier gilt nach neuer Verwaltungsauffassung: Zahlungen, die höher sind als der geldwerte Vorteil, können in den Folgejahren auf den geldwerten Vorteil angerechnet werden. Einzelheiten hierzu und zur abweichenden Rechtsprechung des BFH → Rz. 1244.

Zuschussrückzahlungen des Arbeitgebers an den Arbeitnehmer sind Arbeitslohn, soweit die Zuschüsse den privaten Nutzungswert gemindert haben (R 8.1 Abs. 9 Nr. 4 Satz 4 LStR).

4. Wechsel zwischen 1 %-Regelung und individueller Nutzungswertermittlung

1257 Der Arbeitgeber muss in Abstimmung mit dem Arbeitnehmer im Vorhinein für jedes Kalenderjahr festlegen, ob die individuelle Nutzungswertermittlung an die Stelle der 1 %-Regelung treten soll. Das Verfahren darf bei **demselben Kraftfahrzeug** während des Kalenderjahrs **nicht gewechselt werden** (R 8.1 Abs. 9 Nr. 3 LStR). **Ein Wechsel der Berechnungsmethode ist also möglich, wenn der Arbeitnehmer im Laufe des Kalenderjahrs den Firmenwagen wechselt.**

Bei der **Veranlagung zur Einkommensteuer** ist der Arbeitnehmer **nicht** an das für die Erhebung der Lohnsteuer gewählte Verfahren **gebunden**. Aber auch in der Einkommensteuerveranlagung ist ein **unterjähriger Wechsel** von der 1 %-Regelung zur Fahrtenbuchmethode für dasselbe Fahrzeug **nicht zulässig** (BFH v. 20.3.2014, VI R 35/12, BStBl II 2014, 643 sowie R 8.1 Abs. 9 Nr. 3 Satz 4 zweiter Halbsatz LStR).

Stellt sich im Laufe des Kalenderjahrs heraus, dass z.B. die individuelle Nutzungswertermittlung **ungünstiger ist** als die 1 %-Regelung, so darf zwar der Arbeitgeber die Berechnungsmethode nicht wechseln, **in der Einkommensteuerveranlagung** kann der Arbeitnehmer aber gleichwohl **die günstigere Berechnungsmethode** beantragen. Das Wahlrecht kann noch bis zur Unanfechtbarkeit des Einkommensteuerbescheids ausgeübt werden (FG Rheinland-Pfalz v. 30.5.2008, 5 K 2268/06, EFG 2009, 457).

Zuzahlungen des Arbeitnehmers zu den vom Arbeitgeber getragenen Leasingraten, die der Arbeitgeber bei Anwendung der 1 %-Regelung im laufenden Jahr mindernd angesetzt hat, sind im Rahmen der Einkommensteuererklärung bei der Versteuerung nach der Fahrtenbuchmethode nicht (nochmals) mindernd zu berücksichtigen (FG Düsseldorf v. 23.3.2015, 15 K 296/15 E, www.stotax-first.de, Revision eingelegt, Az. beim BFH: VI R 50/15).

5. Leasing von Firmenwagen

1258 Stellt der Arbeitgeber dem Arbeitnehmer einen Firmenwagen für Privatfahrten zur Verfügung, den er **geleast** hat, so gelten die unter → Rz. 1228 und → Rz. 1247 dargestellten Berechnungsmethoden für die Ermittlung des Nutzungswerts entsprechend (R 8.1 Abs. 9 Nr. 1 Satz 6 LStR; FG Schleswig-Holstein v. 3.11.1999, V 88/89, EFG 2000, 165).

Voraussetzung ist allerdings, dass ein Leasingvertrag vorliegt, der dem **Arbeitgeber zuzurechnen** ist. Ein solcher Leasingvertrag liegt z.B. auch dann vor, wenn der Arbeitnehmer in einer **Zusatzvereinbarung nur das Wertminderungsrisiko** trägt, ohne dass ihm über eine Kaufoption oder einen Mehrwertausgleich eine Wertsteigerungschance eingeräumt wird. **Zahlt der Arbeitnehmer einen Teil der Leasing-Rate**, so kann diese Zahlung **als pauschale Nutzungsvergütung** auf den Nutzungswert **angerechnet** werden. Im Übrigen ergeben sich bei geleasten Fahrzeugen keine Besonderheiten.

Wenn allerdings **Zusatzvereinbarungen** zwischen Arbeitgeber und Arbeitnehmer getroffen werden, nach denen dem Arbeitnehmer **neben dem Wertminderungsrisiko auch eine Wertsteigerungschance** eingeräumt wird, gilt nach Auffassung der Finanzverwaltung Folgendes (OFD Berlin v. 12.7.1999, St 423 – S 2334 – 4/96, www.stotax-first.de):

„Wenn der Arbeitnehmer das Wertminderungsrisiko trägt und nur ihm über eine Kaufoption auch die Chance eingeräumt wird, eine Wertsteigerung zu realisieren, ist **kein Leasingvertrag**, sondern ein Ratenkaufvertrag anzunehmen und das Fahrzeug **dem Arbeitnehmer zuzurechnen**. Das Gleiche gilt, wenn der Arbeitnehmer einen Minderwert auszugleichen hat, aber andererseits auch einen Mehrwert vergütet erhält.

Da der Arbeitnehmer als Käufer des Fahrzeugs anzusehen ist, liegt keine Kraftfahrzeuggestellung vom Arbeitgeber an den Arbeitnehmer vor. Die „Leasing-Raten" des Arbeitgebers stellen vielmehr einen Arbeitgeberzuschuss zum Kaufpreis dar. Sie sind deshalb dem Arbeitnehmer als Arbeitslohn zuzurechnen. Soweit allerdings der Arbeitgeber diese „Leasing-Raten" im Rahmen der Reisekostenabrechnung auf steuerfreien Fahrtkostenersatz anrechnet, sind sie nach § 3 Nr. 16 EStG steuerfrei."

Leasing-Gesellschaften bieten sog. **Zwei-Vertrags-Modelle** an, mit denen die „Dienstwagenbesteuerung" umgangen werden soll.

Nach Auffassung der Finanzverwaltung kann **die Aufteilung eines Leasing-Verhältnisses für dasselbe Fahrzeug** in einen Vertrag mit dem Arbeitgeber hinsichtlich der betrieblichen Nutzung und in einen Vertrag mit dem Arbeitnehmer hinsichtlich der privaten Nutzung **steuerlich nicht anerkannt** werden. Bei wirtschaftlicher Betrachtungsweise ist das Modell so zu beurteilen, dass der Arbeitgeber das Fahrzeug least und seinem Arbeitnehmer zur beruflichen und privaten Nutzung sowie für Fahrten zwischen Wohnung und erster Tätigkeitsstätte überlässt. Der dem Arbeitnehmer zufließende Nutzungsvorteil ist deshalb entweder nach der 1 %-Regelung oder nach der individuellen Nutzungswertermittlung zu erfassen. Dabei sind die vom Arbeitnehmer an den Leasing-Geber gezahlten Leasing-Raten als pauschale Nutzungsvergütungen anzusehen und auf den ermittelten Nutzungswert anzurechnen. Wird der Nutzungsvorteil nach der individuellen Nutzungswertermittlung berechnet, sind die Leasing-Raten des Arbeitnehmers auch bei der Ermittlung der Gesamtkosten des Fahrzeugs zu berücksichtigen (OFD Berlin v. 12.7.1999, St 423 – S 2334 – 4/96, www.stotax-first.de).

6. Sonderregelung für Elektro- und Hybridelektrofahrzeuge

1259 Der Listenpreis von **Elektro- und extern aufladbaren Hybridelektrofahrzeugen** ist derzeit höher als der Listenpreis von Kraftfahrzeugen, die ausschließlich mit einem Verbrennungsmotor angetrieben werden. Die Nutzung von Elektro- und extern aufladbaren Hybridelektrofahrzeugen wird aber als eine wesentliche Maßnahme zur Reduktion des CO_2-Ausstoßes angesehen. Um die Verbreitung solcher Kraftfahrzeuge durch den Ansatz des höheren Listenpreises nicht zu behindern, gibt es für diese Kraftfahrzeuge Sonderregelungen bei der Ermittlung des Listenpreises oder der Gesamtkosten bei der Fahrtenbuchmethode (§ 6 Abs. 1 Nr. 4 Satz 2 und 3 EStG). Im Einzelnen gilt hierzu Folgendes (BMF v. 5.6.2014, IV C 6 – S 2177/13/10002, BStBl I 2014, 835):

a) Allgemeines

aa) Elektrofahrzeug

1260 **Elektrofahrzeug** i.S.d. Sonderregelung ist ein Kraftfahrzeug, das ausschließlich durch einen Elektromotor angetrieben wird, der ganz oder überwiegend aus mechanischen oder elektrochemischen Energiespeichern (z.B. Schwungrad mit Generator oder Batterie) oder aus emissionsfrei betriebenen Energiewandlern (z.B. wasserstoffbetriebene Brennstoffzelle) gespeist wird.

Nach dem **Verzeichnis des Kraftfahrtbundesamtes** zur Systematisierung von Kraftfahrzeugen und ihren Anhängern (Stand: Juni 2012) weisen danach folgende Codierungen im Feld 10 der Zulassungsbescheinigung ein Elektrofahrzeug in diesem Sinne aus:

– 0004 und
– 0015.

bb) Hybridelektrofahrzeug

1261 **Hybridelektrofahrzeug** (vgl. Richtlinie 2007/46/EG des Europäischen Parlaments und des Rates v. 5.9.2007 (Amtsblatt EU Nr. L 263/1) ist ein Hybridfahrzeug, das zum Zwecke des mechanischen Antriebs aus folgenden Quellen im Fahrzeug gespeicherte Energie/Leistung bezieht:

– einem Betriebskraftstoff,
– einer Speichereinrichtung für elektrische Energie/Leistung (z.B. Batterie, Kondensator, Schwungrad mit Generator).

Hybridelektrofahrzeuge i.S.d. Sonderregelung müssen zudem extern aufladbar sein.

Nach dem **Verzeichnis des Kraftfahrtbundesamtes** zur Systematisierung von Kraftfahrzeugen und ihren Anhängern (Stand: Juni 2012) weisen danach folgende Codierungen im Feld 10 der Zulassungsbescheinigung ein Hybridelektrofahrzeug in diesem Sinne aus:

– 0016 bis 0019 und
– 0025 bis 0031.

b) 1 %-Regelung

aa) Ermittlung des maßgebenden Listenpreises

1262 Wird der geldwerte Vorteil nach der 1 %-Regelung ermittelt (→ Rz. 1228), so ist der **Listenpreis** für Elektro- und Hybridelektrofahrzeuge wegen der darin enthaltenen Kosten für das Batteriesystem **pauschal zu mindern**; der pauschale Abschlag ist der Höhe nach begrenzt (§ 6 Abs. 1 Nr. 4 Satz 2 EStG). Der Minderungs- und der Höchstbetrag richten sich nach dem Anschaffungsjahr des Kraftfahrzeugs und können aus nachfolgender Tabelle entnommen werden. Werden Elektro- und Hybridelektrofahrzeuge **gebraucht** erworben, richtet sich der Minderungsbetrag nach dem Jahr der Erstzulassung des Kraftfahrzeugs. Der Kilowattstunden-Wert kann dem Feld 22 der Zulassungsbescheinigung entnommen werden.

Anschaffungsjahr des Kraftfahrzeugs	Listenpreisminderung je Kilowattstunde (kWh) der Batteriekapazität	Höchstbetrag
2013 und früher	500 €	10 000 €
2014	450 €	9 500 €
2015	400 €	9 000 €
2016	350 €	8 500 €
2017	300 €	8 000 €
2018	250 €	7 500 €
2019	200 €	7 000 €
2020	150 €	6 500 €
2021	100 €	6 000 €
2022	50 €	5 500 €

Die **Abrundung des Listenpreises** auf volle 100 € ist nach **Abzug des Abschlags** vorzunehmen.

> **Beispiel 1:**
> Der Arbeitgeber hat in 2016 ein Elektrofahrzeug mit einer Batteriekapazität von 16,3 kWh erworben und dem Arbeitnehmer zur Privatnutzung überlassen. Der Bruttolistenpreis beträgt 45 360 €.
>
> Der Bruttolistenpreis von 45 360 € ist um 5 705 € (16,3 kWh × 350 €) zu mindern (45 360 € - 5 705 € = 39 655 €) und anschließend auf volle 100 € abzurunden. Der geldwerte Vorteil nach der 1 %-Regelung beträgt 396 € im Monat (1 % von 39 600 €).

> **Beispiel 2:**
> Der Arbeitgeber hat in 2016 ein Elektrofahrzeug mit einer Batteriekapazität von 26 kWh erworben und dem Arbeitnehmer zur Privatnutzung überlassen. Der Bruttolistenpreis beträgt 89 150 €.
>
> Der Bruttolistenpreis von 89 150 € ist um 8 500 € (26 kWh × 350 € = 9 100 €, begrenzt auf 8 500 € Höchstbetrag) zu mindern (89 150 € - 8 500 € = 80 650 €) und anschließend auf volle 100 € abzurunden. Der geldwerte Vorteil nach der 1 %-Regelung beträgt 806 € im Monat (1 % von 80 600 €).

Eine Minderung der Bemessungsgrundlage ist nur dann vorzunehmen, wenn der Listenpreis die Kosten des Batteriesystems beinhaltet. Wird das Batteriesystem des Elektro- oder Hybridelektrofahrzeugs **nicht zusammen mit dem Kraftfahrzeug angeschafft**, sondern ist für dessen Überlassung ein **zusätzliches Entgelt**, z.B. in Form von Leasingraten, zu entrichten, kommt eine **Minderung der Bemessungsgrundlage nicht in Betracht** (die für die Überlassung der Batterie zusätzlich zu entrichtenden Entgelte sind beim Arbeitgeber grundsätzlich als Betriebsausgaben abziehbar).

> **Beispiel 3:**
> Der Arbeitgeber hat in 2016 ein Elektrofahrzeug mit einer Batteriekapazität von 16 kWh erworben und dem Arbeitnehmer zur Privatnutzung überlassen. Der Bruttolistenpreis beträgt 25 640 €. Für die Batterie hat der Arbeitgeber monatlich zusätzlich eine Mietrate von 79 € zu zahlen.
>
> Der Bruttolistenpreis (25 640 €) ist nicht zu mindern und wird – auf volle 100 € abgerundet – für die Ermittlung des geldwerten Vorteils zu Grunde gelegt. Der geldwerte Vorteil nach der 1 %-Regelung beträgt 256 € im Monat (1 % von 25 600 €).

Aus Vereinfachungsgründen ist es auch zulässig, die Nutzungsentnahme ausgehend vom Listenpreis für das Kraftfahrzeug mit Batteriesystem zu berechnen, wenn das gleiche Kraftfahrzeug am Markt jeweils mit oder ohne Batteriesystem angeschafft werden kann.

> **Beispiel 4:**
> Wie Beispiel 3, das Elektrofahrzeug könnte der Arbeitgeber auch zusammen mit dem Batteriesystem erwerben. Der Bruttolistenpreis betrüge 30 640 €.
>
> Der geldwerte Vorteil könnte auch wie folgt ermittelt werden:
>
> Der Bruttolistenpreis von 30 640 € ist um 5 600 € (16 kWh × 350 € = 5 600 €) zu mindern (30 640 € - 5 600 € = 25 040 €) und anschließend auf volle 100 € abzurunden. Der geldwerte Vorteil nach der 1 %-Regelung beträgt 250 € im Monat (1 % von 25 000 €).

Firmenwagen zur privaten Nutzung

bb) Kostendeckelung

1263 Der geldwerte Vorteil kann auf die dem Arbeitgeber insgesamt tatsächlich entstandenen Gesamtkosten begrenzt werden (→ Rz. 1242).

Zu den Gesamtkosten des Kraftfahrzeugs gehören auch die Absetzungen für Abnutzung. Für den **Vergleich des pauschal ermittelten geldwerten Vorteils mit den Gesamtkosten** ist die Bemessungsgrundlage für die Absetzungen für Abnutzung um den **Abschlag für das Batteriesystem zu mindern**.

Enthalten die Anschaffungskosten für das Elektro- oder Hybridelektrofahrzeug keinen Anteil für das Batteriesystem und ist für die Überlassung der Batterie ein zusätzliches Entgelt (z.B. Miete oder Leasingrate) zu entrichten, sind die für das genutzte Kraftfahrzeug insgesamt tatsächlich entstandenen Gesamtkosten um dieses **zusätzlich entrichtete Entgelt zu mindern**. In diesem Fall sind auch weitere Kosten für das Batteriesystem, wie z.B. Reparaturkosten, Wartungspauschalen oder Beiträge für spezielle Batterieversicherungen abzuziehen, wenn sie vom Arbeitgeber zusätzlich zu tragen sind.

c) Individueller Nutzungswert

1264 Wird der geldwerte Vorteil nach der Fahrtenbuchmethode bewertet (→ Rz. 1247) und enthalten die Anschaffungskosten für das Elektro- oder Hybridelektrofahrzeug einen Anteil für das Batteriesystem, ist die Bemessungsgrundlage für die Absetzungen für Abnutzung um die in pauschaler Höhe festgelegten Beträge zu mindern.

> **Beispiel 1:**
> Der Arbeitnehmer hat im Januar 2016 ein Elektrofahrzeug mit einer Batteriekapazität von 16 kWh erworben und dem Arbeitnehmer zur Privatnutzung überlassen. Der Bruttolistenpreis beträgt 43 250 €; die tatsächlichen Anschaffungskosten einschließlich Umsatzsteuer 36 576 €. Die berufliche Nutzung des Arbeitnehmers beträgt gemäß ordnungsgemäßem Fahrtenbuch 83 %.
> Für die Ermittlung der Gesamtkosten sind die Anschaffungskosten des Arbeitgebers um den pauschal ermittelten Minderungsbetrag i.H.v. 5 600 € (16 kWh × 350 €) zu mindern. Danach sind bei den Gesamtkosten Absetzungen für Abnutzung i.H.v. 3 872 € (36 576 € − 5 600 € = 30 976 € verteilt auf 8 Jahre, vgl. → Rz. 1250) anzusetzen. Daneben sind Aufwendungen für Versicherung (1 000 €) und Strom (890 €) angefallen. Die Summe der geminderten Gesamtaufwendungen beträgt 5 762 €. Der geldwerte Vorteil nach der Fahrtenbuchmethode beträgt 979,54 € (17 %).

Wird die Batterie gemietet oder geleast, sind die Gesamtkosten um dieses zusätzlich entrichtete Entgelt zu mindern.

> **Beispiel 2:**
> Der Arbeitnehmer hat im Januar 2016 ein Elektrofahrzeug mit einer Batteriekapazität von 16 kWh erworben und dem Arbeitnehmer zur Privatnutzung überlassen. Der Bruttolistenpreis beträgt 32 000 €; die tatsächlichen Anschaffungskosten einschließlich Umsatzsteuer 30 464 €. Für die Batterie hat der Arbeitgeber monatlich zusätzlich eine Mietrate von 79 € zu zahlen. Die berufliche Nutzung des Arbeitnehmers beträgt gemäß ordnungsgemäßem Fahrtenbuch 83 %.
> Für die Ermittlung der Gesamtkosten sind Absetzungen für Abnutzung i.H.v. 3 808 € (30 464 € verteilt auf 8 Jahre, vgl. → Rz. 1250) und weitere Aufwendungen für Versicherung (1 000 €) und Strom (890 €) anzusetzen. Die auf die Batteriemiete entfallenden Aufwendungen sind nicht zu berücksichtigen. Die Summe der geminderten Gesamtaufwendungen beträgt 5 698 €. Der geldwerte Vorteil nach der Fahrtenbuchmethode beträgt 968,66 € (17 %).

Miet- bzw. Leasinggebühren für Elektro- und Hybridelektrofahrzeuge, die die **Kosten des Batteriesystems beinhalten**, sind **aufzuteilen**. Die anteilig auf das Batteriesystem entfallenden Miet-bzw. Leasinggebühren mindern die Gesamtkosten. Die Finanzverwaltung hat keine Bedenken, wenn als Aufteilungsmaßstab hierfür das Verhältnis zwischen dem Listenpreis (einschließlich der Kosten für das Batteriesystem) und dem um den Abschlag für das Batteriesystem geminderten Listenpreis angesetzt wird.

> **Beispiel 3:**
> Der Arbeitgeber hat im Januar 2016 ein Elektrofahrzeug mit einer Batteriekapazität von 16 kWh geleast und dem Arbeitnehmer zur Privatnutzung überlassen. Der Bruttolistenpreis beträgt 43 000 €; die monatliche Leasingrate 399 €. Die berufliche Nutzung des Arbeitnehmers beträgt gemäß ordnungsgemäßem Fahrtenbuch 83 %.
> Für die Ermittlung der Gesamtkosten sind die Leasingraten unter Anwendung des Verhältnisses zwischen Listenpreis (43 000 €) und dem um den pauschalen Abschlag geminderten Listenpreis (43 000 € − 5 600 € [16 kWh × 350 €] = 37 400 €) aufzuteilen:
>
> $$\frac{(43\,000\,€ - 37\,400\,€) \times 100}{43\,000\,€} = 13{,}1\,\%$$
>
> Die Leasingraten von 4 788 € (399 € × 12 Monate) sind um 627,23 € (13,1 % von 4 788 €) zu mindern. Danach sind bei den Gesamtkosten Leasingaufwendungen i.H.v. 4 160,77 € anzusetzen. Daneben sind Aufwendungen für Versicherung (1 000 €) und Strom (890 €) angefallen. Die Summe der geminderten Gesamtaufwendungen beträgt 6 050,77 €. Der geldwerte Vorteil nach der Fahrtenbuchmethode beträgt 1 028,63 € (17 %).

d) Anwendungszeitraum

1265 Die Minderung der Bemessungsgrundlage für die Ermittlung des geldwerten Vorteils für die Nutzung eines Elektro- oder eines Hybridelektrofahrzeugs ist für Elektrofahrzeuge und Hybridelektrofahrzeuge anzuwenden, die **vor dem 1.1.2023** angeschafft, geleast oder zur Nutzung überlassen werden (§ 52 Abs. 12 EStG).

e) Vorgesehene Gesetzesänderungen

1266 Der Bundesrat hat einen **Gesetzentwurf zur steuerlichen Förderung der Elektromobilität** beim Deutschen Bundestag eingebracht (BR-Drucks. 114/15 – Beschluss v. 26.8.2015). Durch den Gesetzentwurf soll Elektromobilität über die bisherigen Maßnahmen hinaus steuerlich gefördert werden, und zwar durch

- eine **Steuerbefreiung** für das von Arbeitgebern gewährte **kostenfreie oder verbilligte Aufladen** privater Elektroautos (neuer § 3 Nr. 46 EStG) **für die Jahre 2015 bis 2019**,

- eine **Sonderabschreibung** für Elektrofahrzeuge und Ladevorrichtungen im betrieblichen Bereich **bis 2019**.

Darüber hinaus bittet der Bundesrat in einer Entschließung die Bundesregierung, im weiteren Gesetzgebungsverfahren zu prüfen, wie der rechtliche Rahmen für eine deutlich stärkere Nutzung von **Zweirädern mit Elektrounterstützung** und mit Elektroantrieb auch in der **betrieblichen Mobilität verbessert** werden kann. Ob der Bundestag dem folgen wird, bleibt abzuwarten.

Über den Abschluss des Gesetzgebungsverfahrens und eventuelle Abweichungen unterrichten wir Sie unverzüglich durch unseren Online-Aktualisierungsdienst (s. Benutzerhinweise auf S. IV).

7. Nutzung betrieblicher Kraftfahrzeuge zu Testzwecken

1267 Bei den Automobilherstellern ist es üblich, **Fahrzeuge einer neuen Modellreihe** im Zusammenhang mit deren Markteinführung **im Rahmen einer besonderen Testphase** eigenen Mitarbeitern zur Verfügung zu stellen. Ein wesentliches Ziel dieser Testphase ist es, dem ansonsten fertigen Produkt erforderlichenfalls den „letzten Schliff" im Hinblick auf die Erwartungen der zukünftigen Kunden an Qualität, Reife und Detailsorgfalt zu verleihen, indem Fahrverhalten und sonstige Eigenschaften des neuen Modells „aus Kundensicht" bewertet werden. Mit den Testfahrzeugen wird dabei innerhalb kurzer Zeit eine möglichst hohe Fahrstrecke zurückgelegt. Die Fahrten finden **ausschließlich außerhalb der Arbeitszeit** im Privatbereich statt.

Es sind dabei **drei Fallgestaltungen zu unterscheiden**:

1. Erprobungsfahrten auf Grund eines konkreten Auftrags

    a) Erprobungsfahrten mit Erprobungsträgern (betrifft Erprobungsträger zu Beginn der Entwicklung einer neuen Baureihe, die äußerlich eine komplette Tarnung und im Fahrzeuginnenraum Abdeckungen erhalten, sowie – z.T. an Stelle des Rücksitzes oder im Beifahrerraum – mit Messeinrichtungen versehen sind),

    b) Erprobungsfahrten mit modifizierten Fahrzeugen (ähnlich wie die unter a) beschriebenen Fälle, z.B. wenn eine laufende Baureihe im Rahmen einer sog. Modellpflege innen und außen optisch verändert wird),

2. Erprobungsfahrten, die auf Grund eines Angebots des Unternehmens an die Mitarbeiter durchgeführt werden (Testfahrten mit sehr seriennahen, serienreifen oder bereits serienproduzierten Testfahrzeugen).

Zur steuerlichen Behandlung von Privatfahrten mit betrieblichen Kraftfahrzeugen zu Testzwecken gilt Folgendes (OFD Berlin v. 6.8.2004, St 156 – S 2332 – 4/03, www.stotax-first.de):

Testfahrten in den Fallgruppen 1a) und 1b) sind **nach Nutzungstagen** unter Berücksichtigung des **gewichteten durchschnittlichen Bruttolistenpreises** zu bewerten. Wegen des eigenbetrieblichen Interesses an den Testfahrten in diesen beiden Fallgruppen ist ein Bewertungsabschlag anzuerkennen. Dieser Bewertungsabschlag wird in gleicher Höhe veranschlagt wie die Zuschläge für Sonderausstattung der Fahrzeuge, die grundsätzlich in den Bruttolistenpreis einfließen müssten, deren Ermittlung aber einen erheblichen Verwaltungsaufwand mit sich brächte. Somit heben sich der Bewertungsabschlag wegen eigenbetrieblichen Interesses und der Bewertungszuschlag für Sonderausstattung gegenseitig auf und bleiben daher beide unberücksichtigt. Der so ermittelte geldwerte Vorteil kann nach § 40 Abs. 1 Satz 1 Nr. 1 EStG pauschal besteuert werden. Für **Fahrten zwischen Wohnung und erster Tätigkeitsstätte** ist **kein zusätzlicher geldwerter Vorteil** zu erfassen.

Testfahrten in der Fallgruppe 2 sind **nach Nutzungstagen** unter Berücksichtigung des **Bruttolistenpreises einschließlich der Kosten für Sonderausstattung** zu bewerten. Für Fahrten mit Fahrzeugen der Fallgruppe 2 ist eine individuelle Besteuerung nach den allgemeinen Regeln zur Bewertung von Privatfahrten mit betrieblichen Kraftfahrzeugen vorzunehmen. Für **Fahrten zwischen Wohnung und erster Tätigkeitsstätte** ist kein **zusätzlicher geldwerter Vorteil** zu erfassen.

8. Pauschalbesteuerung

1268 Der **steuerpflichtige Wert der Überlassung eines Kraftfahrzeugs für Fahrten zwischen Wohnung und erster Tätigkeitsstätte** kann bei behinderten Arbeitnehmern i.S.d. § 9 Abs. 2 Satz 3 EStG in vollem Umfang und bei allen anderen Arbeitnehmern bis zu einem Teilbetrag von 0,30 € **für jeden vollen** Kilometer der Entfernung zwischen Wohnung und erster Tätigkeitsstätte für jeden Arbeitstag, an dem das Kraftfahrzeug zu Fahrten zwischen Wohnung und erster Tätigkeitsstätte benutzt wird, **nach § 40 Abs. 2 Satz 2 EStG mit 15 % pauschal der Lohnsteuer unterworfen werden**. Allerdings verliert der Arbeitnehmer durch die Pauschalierung mit 15 % die Möglichkeit des Werbungskostenabzugs (§ 40 Abs. 2 Satz 3 EStG). Aus Vereinfachungsgründen kann der Arbeitgeber unterstellen, dass das Kraftfahrzeug an **15 Arbeitstagen monatlich** (180 Tage jährlich) zu Fahrten zwischen Wohnung und erster Tätigkeitsstätte benutzt wird (BMF v. 31.10.2013, IV C 5 – S 2351/09/10002: 002, BStBl I 2013, 1376, Tz. 5). Dies gilt nicht, wenn der der Arbeitnehmer die Einzelbewertung für Fahrten zwischen Wohnung und erster Tätigkeitsstätte wählt (→ Rz. 1231); **in diesem Fall ist die Lohnsteuerpauschalierung anhand der erklärten Anzahl der Tage vorzunehmen.** Soweit der Nutzungsvorteil pauschal nach § 40 Abs. 2 Satz 2 EStG versteuert wird, ist er **in der Sozialversicherung** nicht dem beitragspflichtigen Entgelt zuzurechnen (§ 1 Abs. 1 Satz 1 Nr. 3 SvEV). Einzelheiten zur Pauschalbesteuerung → *Wege zwischen Wohnung und erster Tätigkeitsstätte* Rz. 3167.

Beispiel 1:
Ein Arbeitnehmer nutzt einen Firmenwagen (Listenpreis im Zeitpunkt der Erstzulassung 25 000 €) für Fahrten zwischen Wohnung und erster Tätigkeitsstätte (Entfernung 25 km). Ab 1.1.2016 ergibt sich folgender monatlich zu versteuernder geldwerter Vorteil:

0,03 % von 25 000 € × 25 km =	187,50 €
Der Arbeitgeber kann die Lohnsteuer mit 15 % pauschalieren, soweit der Arbeitnehmer die Bezüge als Werbungskosten geltend machen könnte.	
Dabei kann der Arbeitgeber von 15 Arbeitstagen monatlich ausgehen:	
0,30 € × 25 km × 15 Arbeitstage =	112,50 €
zur Versteuerung als laufender Arbeitslohn verbleiben	75,— €

Eine Pauschalversteuerung ist allerdings nur in der Höhe möglich, in der sich ein geldwerter Vorteil für die Nutzung des Firmenwagens zu Fahrten zwischen Wohnung und erster Tätigkeitsstätte ergibt (OFD Erfurt v. 29.2.1996, S 2334 A – 01 – St 331, www.stotax-first.de).

Beispiel 2:
Wie Beispiel 1, aber der Listenpreis beträgt 10 000 € und die Entfernung 80 km. Es ergibt sich folgender monatlich zu versteuernder geldwerter Vorteil:

0,03 % von 10 000 € × 80 km =	240,— €
Der Arbeitgeber kann die Lohnsteuer mit 15 % pauschalieren, soweit der Arbeitnehmer Werbungskosten geltend machen könnte.	
Dabei kann der Arbeitgeber von 15 Arbeitstagen monatlich ausgehen:	
0,30 € × 80 km × 15 Arbeitstage =	360,— €

Der geldwerte Vorteil kann **in voller Höhe** pauschal versteuert werden.

Für den 240 € übersteigenden Betrag ist eine Pauschalierung oder Anrechnung auf den pauschalen Nutzungswert nach der 1 %-Regelung nicht zulässig. Der Arbeitnehmer kann jedoch den übersteigenden Betrag als Werbungskosten geltend machen (R 40.2 Abs. 6 Satz 2 LStR).

9. Sammelbeförderung

1269 Die **unentgeltliche oder verbilligte Beförderung eines Arbeitnehmers** zwischen Wohnung und erster Tätigkeitsstätte mit einem vom Arbeitgeber oder in dessen Auftrag von einem Dritten eingesetzten Omnibus, Kleinbus oder für mehrere Personen zur Verfügung gestellten Pkw **ist steuerfrei**, wenn diese Beförderung jeweils **für den betrieblichen Einsatz des Arbeitnehmers notwendig** ist (§ 3 Nr. 32 EStG, R 3.32 LStR). Zu der Frage, wann eine steuerfreie Sammelbeförderung vorliegt, → *Wege zwischen Wohnung und erster Tätigkeitsstätte* Rz. 3160.

Wird dem Geschäftsführer einer GmbH ein Kraftfahrzeug vom Arbeitgeber zur privaten Nutzung überlassen, mit der Auflage, **andere Arbeitnehmer** zwischen Wohnung und erster Tätigkeitsstätte **mitzunehmen**, liegt **keine steuerfreie Sammelbeförderung** i.S.d. § 3 Nr. 32 EStG vor (BFH v. 29.1.2009, VI R 56/07, BStBl II 2010, 1067).

10. Fahrergestellung

a) Allgemeines

1270 Wird dem Arbeitnehmer für die private Nutzung des Firmenwagens vom Arbeitgeber ein Fahrer zur Verfügung gestellt, so handelt es sich insoweit um die **Gewährung eines steuerpflichtigen geldwerten Vorteils**, der zusätzlich zu erfassen ist.

b) Bewertung

1271 Maßstab zur Bewertung des geldwerten Vorteils aus der arbeitgeberseitigen Gestellung eines Fahrers ist grundsätzlich **der Preis für eine von einem fremden Dritten bezogene vergleichbare Dienstleistung**, d.h. der übliche Endpreis i.S.d. § 8 Abs. 2 Satz 1 EStG (BFH v. 15.5.2013, VI R 44/11, BStBl II 2014, 589).

Die Finanzverwaltung hat keine Bedenken, **insgesamt einheitlich** für das Kalenderjahr

– für Privatfahrten,

– für Fahrten zwischen Wohnung und erster Tätigkeitsstätte oder Fahrten nach § 9 Abs. 1 Satz 3 Nr. 4a Satz 3 EStG sowie

– für Familienheimfahrten

als üblichen Endpreis am Abgabeort den **Anteil an den tatsächlichen Lohn- und Lohnnebenkosten** des Fahrers (d.h. insbesondere: Bruttoarbeitslohn, Arbeitgeberbeiträge zur Sozialversicherung, Verpflegungszuschüsse sowie Kosten beruflicher Fort- und Weiterbildung für den Fahrer) anzusetzen, welcher der **Einsatzdauer des Fahrers im Verhältnis zu dessen Gesamtarbeitszeit** entspricht.

Zur Einsatzdauer des Fahrers gehören auch die Stand- und Wartezeiten des Fahrers, nicht aber die bei der Überlassung eines Kraftfahrzeugs mit Fahrer durch die An- und Abfahrten des Fahrers durchgeführten Leerfahrten und die anfallenden Rüstzeiten; diese sind den dienstlichen Fahrten zuzurechnen (BMF v. 15.7.2014, IV C 5 – S 2334/13/10003, BStBl I 2014, 1109).

c) Vereinfachungsregelung

1272 Aus Vereinfachungsgründen beanstandet es die Finanzverwaltung nicht, wenn der geldwerte Vorteil aus einer Fahrergestellung **abweichend vom üblichen Endpreis** wie folgt ermittelt wird (R 8.1 Abs. 10 LStR sowie BMF v. 15.7.2014, IV C 5 – S 2334/13/10003, BStBl I 2014, 1109):

aa) Fahrten zwischen Wohnung und erster Tätigkeitsstätte

1273 Stellt der Arbeitgeber dem Arbeitnehmer für Fahrten zwischen Wohnung und erster Tätigkeitsstätte oder Fahrten nach § 9 Abs. 1 Satz 3 Nr. 4a Satz 3 EStG ein Kraftfahrzeug mit Fahrer zur Verfügung, ist der **für diese Fahrten ermittelte Nutzungswert** des Kraftfahrzeugs **um 50 % zu erhöhen.**

Dies gilt auch dann, wenn der Arbeitgeber seinem Arbeitnehmer einen büromäßig eingerichteten Dienstwagen für Fahrten zwi-

Firmenwagen zur privaten Nutzung

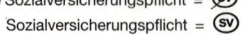

schen Wohnung und erster Tätigkeitsstätte mit Fahrer zur Verfügung stellt und der Arbeitnehmer die Fahrtzeit zur Erledigung beruflicher Arbeiten nutzt (BFH v. 27.9.1996, VI R 84/95, BStBl II 1997, 147).

bb) Privatfahrten

1274 Stellt der Arbeitgeber dem Arbeitnehmer für andere Privatfahrten ein Kraftfahrzeug mit Fahrer zur Verfügung, ist der entsprechende private Nutzungswert des Kraftfahrzeugs wie folgt zu erhöhen:

- **um 50 %**, wenn der Fahrer **überwiegend in Anspruch** genommen wird,
- **um 40 %**, wenn der Arbeitnehmer das Kraftfahrzeug **häufig selbst steuert**,
- **um 25 %**, wenn der Arbeitnehmer das Kraftfahrzeug **weit überwiegend selbst steuert**.

cc) Familienheimfahrten

1275 Für die zweite und jede weitere Familienheimfahrt im Rahmen einer beruflich veranlassten doppelten Haushaltsführung erhöht sich der auf die einzelne Familienheimfahrt entfallende Nutzungswert nur dann um 50 %, wenn für diese Fahrt ein Fahrer in Anspruch genommen worden ist.

dd) Begrenzung des pauschalen Nutzungswerts

1276 Bei Begrenzung des pauschalen Nutzungswertes auf die Gesamtkosten (→ Rz. 1242), ist der anzusetzende Nutzungswert um **50 % zu erhöhen**, wenn das Kraftfahrzeug **mit Fahrer zur Verfügung gestellt** worden ist.

ee) Sicherheitsgeschützte Fahrzeuge

1277 Wenn einem Arbeitnehmer **aus Sicherheitsgründen ein sondergeschütztes (gepanzertes) Kraftfahrzeug**, das zum Selbststeuern nicht geeignet ist, mit Fahrer zur Verfügung gestellt wird, ist von der steuerlichen Erfassung der Fahrergestellung abzusehen. Es ist dabei unerheblich, in welcher Gefährdungsstufe der Arbeitnehmer eingeordnet ist

d) Wahl des Bewertungsverfahrens

1278 **Der Arbeitgeber** kann im Lohnsteuerabzugsverfahren den geldwerten Vorteil für die Fahrergestellung entweder mit dem üblichen Endpreis oder nach der Vereinfachungsregelung ansetzen. Diese Wahl kann er **im Kalenderjahr** für Privatfahrten, für Fahrten zwischen Wohnung und erster Tätigkeitsstätte oder Fahrten nach § 9 Abs. 1 Satz 3 Nr. 4a Satz 3 EStG sowie für Familienheimfahrten **insgesamt nur einheitlich ausüben**. Erfolgt die Bewertung mit dem üblichen Endpreis, hat der Arbeitgeber die Grundlagen für die Berechnung des geldwerten Vorteils aus der Fahrergestellung zu dokumentieren, als Belege zum Lohnkonto aufzubewahren und dem Arbeitnehmer auf Verlangen formlos mitzuteilen.

Der Arbeitnehmer kann den geldwerten Vorteil aus der Fahrergestellung im Rahmen seiner Einkommensteuerveranlagung – **abweichend vom Ansatz des Arbeitgebers** – mit dem üblichen Endpreis oder nach der Vereinfachungsregelung ansetzen und gegenüber **dem Finanzamt nachweisen**. Diese Wahl kann er **im Kalenderjahr** für Privatfahrten, für Fahrten zwischen Wohnung und erster Tätigkeitsstätte oder Fahrten nach § 9 Abs. 1 Satz 3 Nr. 4a Satz 3 EStG sowie für Familienheimfahrten **insgesamt nur einheitlich ausüben**.

Eine abweichende Bewertung setzt voraus, dass der im Lohnsteuerabzugsverfahren angesetzte Vorteil sowie die **Grundlagen für die Berechnung** des geldwerten Vorteils, z.B. durch eine formlose Mitteilung des Arbeitgebers, **nachgewiesen** werden (BMF v. 15.7.2014, IV C 5 – S 2334/13/10003, BStBl I 2014, 1109).

e) Leerfahrten

1279 Bei der Feststellung der privat und der dienstlich zurückgelegten Fahrtstrecken sind sog. **Leerfahrten**, die bei der Überlassung eines Kraftfahrzeugs mit Fahrer durch die An- und Abfahrten des Fahrers auftreten können, den dienstlichen Fahrten zuzurechnen (BMF v. 15.7.2014, IV C 5 – S 2334/13/10003, BStBl I 2014, 1109).

> **Beispiel:**
> Einem Arbeitnehmer wird ein Firmenwagen mit Fahrer zur Verfügung gestellt. Der Arbeitnehmer arbeitet in Hannover und wohnt 40 km von Hannover entfernt. Der Fahrer, der in Hannover wohnt, fährt morgens zu seinem Chef, um ihn abzuholen. Abends fährt er seinen Chef nach Hause und anschließend wieder zurück nach Hannover. Insgesamt fährt er also täglich 160 km (4 × 40 km).
> Der Arbeitnehmer hat lediglich 80 km (2 × 40 km) als geldwerten Vorteil zu versteuern, allerdings mit einem Zuschlag für die Fahrergestellung. Die Leerfahrten seines Fahrers sind dienstlich veranlasste Fahrten.

f) Werbungskostenabzug und Pauschalierung

1280 Der Wert für die Fahrergestellung kann nicht neben der Entfernungspauschale nach § 9 Abs. 1 Satz 3 Nr. 4 EStG als Werbungskosten berücksichtigt werden. Damit entfällt für den Fahrerzuschlag auch die Pauschalierungsmöglichkeit mit 15 %.

11. Berücksichtigung des Rabattfreibetrags

1281 Auch bei der Bewertung des geldwerten Vorteils aus der Privatnutzung eines Firmenwagens können die **besonderen Bewertungsvorschriften des** § 8 Abs. 3 EStG (konkreter Endpreis des Arbeitgebers abzüglich 4 %, Rabattfreibetrag von 1 080 €) zur Anwendung kommen (BFH v. 4.11.1994, VI R 81/93, BStBl II 1995, 338), sofern der Arbeitgeber die Kraftfahrzeuge nicht überwiegend an seine Arbeitnehmer, sondern **überwiegend fremden Dritten** zur Nutzung überlässt (→ Rabatte Rz. 2352). Diese Voraussetzung dürfte im Regelfall **nur bei Autoverleih- oder Leasingfirmen** gegeben sein.

In diesen Fällen kommt neben der Bewertung nach § 8 Abs. 3 EStG auch eine Bewertung nach § 8 Abs. 2 Satz 2 bis 5 EStG in Betracht. Diese Bewertungsregelung geht als Spezialvorschrift der Bewertungsregelung nach § 8 Abs. 2 Satz 1 EStG vor. Insoweit gilt auch hier die Verwaltungsregelung, die **sowohl dem Arbeitnehmer als auch dem Arbeitgeber eine Wahlmöglichkeit** zwischen den Bewertungsvorschriften des § 8 Abs. 2 und Abs. 3 EStG **einräumt** (BMF v. 16.5.2013, IV C 5 – S 2334/07/0011, BStBl I 2013, 729). Einzelheiten hierzu → Rabatte Rz. 2348.

Bei der Bewertung nach § 8 Abs. 3 EStG ist der um 4 % geminderte Endpreis des Arbeitgebers anzusetzen. Von dem so ermittelten geldwerten Vorteil ist der Rabattfreibetrag von 1 080 € abzuziehen.

> **Beispiel 1:**
> Ein Arbeitnehmer ist bei einer Autoverleihfirma, die ihre Fahrzeuge langfristig vermietet, angestellt. Er erhält von seinem Arbeitgeber einen Firmenwagen kostenlos zur privaten Nutzung zur Verfügung gestellt. Die Kunden müssen für einen Pkw gleicher Art monatlich 1 000 € bezahlen. Der Listenpreis des Pkw beträgt 40 000 €, die Entfernung zwischen Wohnung und erster Tätigkeitsstätte 30 km.
> Bei Anwendung der besonderen Bewertungsvorschriften nach § 8 Abs. 3 EStG (Arbeitgeber vermietet Fahrzeuge **überwiegend an fremde Dritte**) würde sich folgender geldwerter Vorteil ergeben:
>
> | | |
> |---|---:|
> | Endpreis des Arbeitgebers | 1 000 € |
> | ./. 4 % Abschlag | 40 € |
> | = Endpreis des Arbeitgebers | 960 € |
> | ./. Rabattfreibetrag (1/12 von 1 080 €) | 90 € |
> | = monatlicher geldwerter Vorteil | 870 € |
>
> Bei Anwendung der 1 %-Regelung würde sich folgender geldwerter Vorteil ergeben:
>
> | | |
> |---|---:|
> | 1 % von 40 000 € | 400 € |
> | 0,03 % von 40 000 € = 12 € × 30 km | 360 € |
> | Insgesamt | 760 € |
>
> Der Arbeitnehmer wird die Anwendung der 1 %-Regelung wählen, weil er so 110 € weniger als geldwerten Vorteil zu versteuern hat, als bei Anwendung der besonderen Bewertungsvorschriften nach § 8 Abs. 3 EStG.

Die Bewertung nach § 8 Abs. 3 EStG kann jedoch nicht durch einen Antrag auf Pauschalierung nach § 40 Abs. 1 Satz 1 Nr. 1 EStG „umgangen" werden. Eine solche Pauschalbesteuerung ist nur bei sonstigen Bezügen möglich; der geldwerte Vorteil aus der Privatnutzung eines Firmenwagens zählt aber zum laufenden Arbeitslohn (R 39b.2 Abs. 1 Nr. 5 LStR). Lediglich für den auf die Fahrten zwischen Wohnung und erster Tätigkeitsstätte entfallenden geldwerten Vorteil kommt eine – zumindest teilweise – Pauschalbesteuerung nach § 40 Abs. 2 Satz 2 EStG in Betracht.

Wird bei der **Überlassung eines Kraftwagens** der auf die Fahrten zwischen Wohnung und erster Tätigkeitsstätte entfallende Nutzungsvorteil nach § 40 Abs. 2 Satz 2 EStG **pauschal versteuert**, so ist der für die individuelle Besteuerung maßgebende Wert der

[LSt] = keine Lohnsteuerpflicht
[LSt] = Lohnsteuerpflicht

Kraftwagenüberlassung insgesamt nach § 8 Abs. 3 EStG zu ermitteln und um den pauschal versteuerten Betrag zu kürzen.

Beispiel 2:
Wie Beispiel 1, der Endpreis i.S.d. § 8 Abs. 3 EStG beträgt nur 750 €, sodass der Arbeitnehmer die Bewertung nach § 8 Abs. 3 EStG wählt. Darüber hinaus werden die Fahrten zwischen Wohnung und erster Tätigkeitsstätte soweit wie möglich vom Arbeitgeber pauschal versteuert.

Der geldwerte Vorteil nach § 8 Abs. 3 EStG beträgt (bei der Pauschalversteuerung setzt der Arbeitgeber 15 Arbeitstage an, vgl. BMF v. 31.10.2013, IV C 5 – S 2351/09/10002: 002, BStBl I 2013, 1376, Tz. 5):

Endpreis des Arbeitgebers (1 000 €)	750 €
./. 4 % Abschlag	30 €
= Endpreis des Arbeitgebers	720 €
./. Rabattfreibetrag (1/12 von 1 080 €)	90 €
= geldwerter Vorteil	630 €
./. pauschal versteuerte Fahrten zwischen Wohnung und erster Tätigkeitsstätte (15 Tage × 30 km × 0,30 €)	135 €
= monatlich der Lohnsteuer zu unterwerfen	495 €

12. Haftung des Arbeitgebers

1282 Soweit der Arbeitgeber dem Arbeitnehmer einen Firmenwagen zur privaten Nutzung überlässt, muss er die Höhe des geldwerten Vorteils ermitteln und der Lohnversteuerung unterwerfen. **Unterlässt der Arbeitgeber die Versteuerung des geldwerten Vorteils, so haftet er nach § 42d EStG für die zu wenig einbehaltene Lohnsteuer** sowie für den zu wenig einbehaltenen Solidaritätszuschlag und für die Kirchensteuer.

Nach der neueren Rechtsprechung des BFH hat die **unbefugte Privatnutzung** des betrieblichen Kraftfahrzeugs **keinen Lohncharakter**. Denn ein Vorteil, den der Arbeitnehmer **gegen den Willen des Arbeitgebers** erlangt, wird nicht „für" eine Beschäftigung im öffentlichen oder privaten Dienst gewährt und **zählt damit nicht zum Arbeitslohn** nach § 19 Abs. 1 Satz 1 Nr. 1 i.V.m. § 8 Abs. 1 EStG (BFH v. 21.4.2010, VI R 46/08, BStBl II 2010, 848). Hat der Arbeitgeber also die **Privatnutzung des Kraftfahrzeugs untersagt**, so bedarf es grundsätzlich **keiner weiteren Überwachungsmaßnahmen**. Die Finanzverwaltung wendet das Urteil zwar an (→ Rz. 1243), trotzdem sollte der Arbeitgeber weiterhin zur **Vermeidung eines Haftungsrisikos** die Einhaltung des Verbots überwachen.

Eine solche Überwachung ist z.B. möglich durch

– **Führung eines Fahrtenbuchs** durch den Arbeitnehmer,
– **Überprüfung des Fahrtenbuchs** durch den Arbeitgeber,
– **Abstellen des Kraftfahrzeugs** bei Urlaub, Krankheit und ggf. nach Dienstschluss **auf dem Garagenhof des Arbeitgebers**.

13. Umsatzsteuer

1283 Einzelheiten zu den umsatzsteuerlichen Regelungen → *Sachbezüge* Rz. 2617.

14. Sozialversicherung

1284 Soweit die Nutzung des Firmenwagens lohnsteuerrechtlich einen geldwerten Vorteil darstellt, handelt es sich auch sozialversicherungsrechtlich um beitragspflichtiges Entgelt.

a) Privatnutzung durch den beschäftigten Ehegatten

1285 In Fällen der Privatnutzung eines Firmenfahrzeugs durch den beschäftigten Ehegatten des Betriebsinhabers, in denen der Betrieb lediglich über ein Firmenfahrzeug verfügt, wird vielfach eingewendet, das Fahrzeug werde dem angestellten Ehegatten nicht i.R.d. Beschäftigungsverhältnisses, sondern als Ausfluss der ehelichen Unterhaltspflicht (§§ 1360, 1360a BGB) überlassen. Das Fahrzeug ist dabei steuerrechtlich dem Betriebsinhaber zugewiesen, d.h. als Privatentnahme deklariert und der Einkommensteuer unterworfen; der Betriebsinhaber selbst ist nicht sozialversicherungspflichtig.

In Fällen der Privatnutzung eines Firmenfahrzeugs durch den beschäftigten Ehegatten des Betriebsinhabers ist für die Ermittlung des geldwerten Vorteils nach folgenden Grundsätzen zu verfahren:

1. Wird die Pkw-Nutzung steuerlich beim Arbeitgeber-Ehegatten bzw. Gesellschafter als
   – Privatentnahmen
   – verdeckte Gewinnausschüttung oder
   – Gehalt

   berücksichtigt, ist die Pkw-Nutzung unabhängig von der Gesellschaftsform und der Art der ausgeübten Beschäftigung des Arbeitnehmer-Ehegatten Ausfluss der ehelichen Gemeinschaft und damit kein Arbeitsentgelt i.S.v. § 14 SGB IV.

2. Erfolgt eine steuerliche Berücksichtigung beim Arbeitgeber-Ehegatten bzw. Gesellschafter nicht und benötigt der Arbeitnehmer-Ehegatte zur Ausübung seiner Beschäftigung typischerweise ein Kraftfahrzeug und darf dieses auch privat genutzt werden, ist die Berechtigung zur privaten Nutzung grundsätzlich Ausfluss des Arbeitsverhältnisses und damit Arbeitsentgelt i.S.v. § 14 SGB IV; dabei ist auf ein abstraktes Berufsbild abzustellen. Von diesem Grundsatz kann abgewichen werden, wenn der Arbeitnehmer-Ehegatte vor Eintritt in die Beschäftigung das Kraftfahrzeug bereits privat nutzte.

3. Den Ehegatten stehen folgende Personen gleich:
   – Verwandte bis zum zweiten Grade
     (Kinder, Enkelkinder, Eltern, Großeltern und Geschwister),
   – Verschwägerte bis zum zweiten Grade
     (Schwiegertöchter, -söhne, -eltern, -enkel, Stiefkinder und -enkel, Ehegatten von Geschwistern und Geschwister von Ehegatten) und
   – Pflegekinder des Versicherten oder seines Ehegatten.

Eine häusliche Gemeinschaft mit dem Arbeitgeber-Ehegatten bzw. Gesellschafter ist nicht erforderlich (vgl. Besprechungsergebnis der Spitzenverbände der Sozialversicherungsträger v. 30./31.10.2003).

b) Umwandlung von Arbeitsentgelt bei Überlassung von Firmenfahrzeugen

1286 In der Praxis treten Fälle auf, in denen Arbeitgeber ihren außertariflichen Mitarbeitern die Möglichkeit anbieten, einen (geleasten) Pkw zur dienstlichen und privaten Nutzung aus dem Arbeitsentgelt zu unterhalten. Nach Wahl eines Pkw durch den Arbeitnehmer schließt der Arbeitgeber mit einer Leasinggesellschaft einen Leasingvertrag (Finanz-Leasingrate einschließlich Full-Service) ab. Anschließend trifft der Arbeitgeber mit dem Arbeitnehmer eine Vereinbarung über eine Umwandlung des Arbeitsentgelts und über die Fahrzeugnutzung. Dabei setzt sich der umzuwandelnde Betrag aus der Full-Service-Leasingrate und der Rate für sonstige laufende Kosten (Benzin, Versicherungen, Steuer usw.) zusammen; die Addition beider Werte ergibt den Gesamtumwandlungsbetrag (= Nutzungsentgelt). Gleichzeitig wird der vom Arbeitnehmer zu versteuernde geldwerte Vorteil für die private Nutzung des Pkw durch Anwendung der 1 %-Regelung und für Fahrten zwischen Wohnung und erster Tätigkeitsstätte ermittelt.

Beispiel:

Bruttoarbeitsentgelt	5 000,— €
Nutzungsentgelt	682,82 €
geldwerter Vorteil	450,— €

Nach Auffassung der Spitzenverbände der Sozialversicherungsträger handelt es sich bei dem vom Arbeitnehmer zu zahlenden Nutzungsentgelt um einen Betrag, der im Nettobereich der Entgeltabrechnung berücksichtigt werden muss. Dies bedeutet, dass das Nutzungsentgelt entsprechend den steuerrechtlichen Regelungen (R 8.1 Abs. 9 Nr. 4 Satz 1 LStR) lediglich den geldwerten Vorteil aus der privaten Nutzung des überlassenen Firmenfahrzeugs sowie für die Fahrten zwischen Wohnung und erster Tätigkeitsstätte mindert. Da das Nutzungsentgelt im vorstehenden Beispiel den geldwerten Vorteil übersteigt, ist dieser mit 0 € anzusetzen. Eine Minderung anderer Arbeitsentgeltbestandteile um den überschießenden Betrag des Nutzungsentgelts, hier i.H.v. (682,82 € ./. 450 € =) 232,82 €, ist nicht zulässig.

Flexizeitkonto

→ *Arbeitszeitmodelle* Rz. 279

Flüchtlinge

→ *Asylbewerber, Flüchtlinge* Rz. 340

Folgerenten

→ *Altersrenten* Rz. 59

Forderungsübergang

1. Allgemeines

1287 Die Forderung des Arbeitnehmers auf Arbeitsentgelt gegen den Arbeitgeber kann in bestimmten Fällen, abgesehen von der rechtsgeschäftlichen Abtretung (→ *Abtretung des Arbeitslohns* Rz. 22) und von der Pfändung des Lohnes (→ *Lohnpfändung* Rz. 1828), kraft Gesetzes auf einen Dritten übergehen. Die Folge eines solchen gesetzlichen Forderungsübergangs ist, dass der Dritte nunmehr Gläubiger der Entgeltforderung gegen den Arbeitgeber ist; der Arbeitgeber muss an den Dritten leisten.

Beachtet der Arbeitgeber einen ihm bekannt gegebenen Forderungsübergang nicht, zahlt er also die Forderung an den Arbeitnehmer aus, so bleibt er dem Dritten als Gläubiger der übergegangenen Forderung zahlungspflichtig; der Arbeitgeber läuft also **Gefahr, doppelt zahlen** zu müssen.

Die Fälle des **gesetzlichen Forderungsübergangs** sind nach § 412 BGB grundsätzlich nach den **Abtretungsregelungen**, §§ 399 bis 404 und §§ 406 bis 410 BGB, abzuwickeln.

Für das Arbeitsverhältnis sind insbesondere von Bedeutung die **Fallgestaltungen** des gesetzlichen Forderungsübergangs bei Übergang auf die **Krankenversicherung** bei Entgeltfortzahlung und auf die **Agentur für Arbeit** bezüglich Arbeitslosengeld (§ 115 SGB X).

Bei Forderungsübergang auf einen Sozialleistungsträger gilt im Übrigen die auch nach Forderungsübergang ansonsten grundsätzlich zu beachtende **Pfändbarkeitsgrenze nicht** (→ *Lohnpfändung* Rz. 1828).

Zum Forderungsübergang gegenüber einer Bedarfsgemeinschaft bei Grundsicherungsleistungen nach dem SGB II s. BAG v. 21.3.2012, 5 AZR 61/11, www.stotax-first.de.

2. Lohnsteuer und Sozialversicherung

a) Allgemeines

1288 Zahlt der **Arbeitgeber Arbeitslohn** nicht an den Arbeitnehmer aus, sondern auf Grund einer Abtretung, Pfändung usw. unmittelbar an einen **Dritten**, hat dies keinen Einfluss auf die Besteuerung und Beitragsberechnung beim Arbeitnehmer. Als Arbeitslohn (Barlohn) ist auch die – zur Abkürzung des Zahlungswegs – erfolgte Zahlung des Arbeitgebers an einen Gläubiger des Arbeitnehmers anzusehen, durch die eine Forderung des Gläubigers gegen den Arbeitnehmer getilgt wird (zuletzt BFH v. 12.4.2007, VI R 6/02, BStBl II 2007, 581 betr. Ablösung einer Pensionsverpflichtung). Dies gilt auch für den **gesetzlichen Übergang einer Arbeitslohnforderung auf Sozialleistungsträger** (z.B. auf die Agentur für Arbeit nach § 115 Abs. 1 SGB X). Der übergegangene Betrag ist dem Arbeitnehmer in dem Zeitpunkt zugeflossen, in dem er beim Zessionar (z.B. der Agentur für Arbeit) eingeht (zuletzt BFH v. 15.11.2007, VI R 66/03, BStBl II 2008, 375 m.w.N. betr. Zahlung von Arbeitslosengeld).

[LSt] [SV]

b) Insolvenzverfahren

1289 Im Rahmen von Insolvenzverfahren leisten Insolvenzverwalter als Ausschüttung von Masseverbindlichkeiten gemäß § 55 Abs. 1 Nr. 2 InsO auch Zahlungen an freigestellte Arbeitnehmer für die Zeit bis zum Ablauf der Kündigungsfrist, die bislang für diesen Zeitraum lediglich Arbeitslosengeld erhalten haben. Das bezogene Arbeitslosengeld ist vom Insolvenzverwalter der Bundesagentur für Arbeit unmittelbar zu erstatten (sogenannter Forderungsübergang nach § 115 SGB X).

Es wurde die Frage aufgeworfen, wie die Zahlungen des Insolvenzverwalters an die Bundesagentur für Arbeit auf Grund des gesetzlichen Forderungsübergangs nach § 115 SGB X steuerlich zu beurteilen sind.

Die obersten Finanzbehörden haben entschieden, dass entsprechend der Regelung in R 3.2 Abs. 1 Satz 2 LStR die Zahlungen des Insolvenzverwalters an die Bundesagentur für Arbeit nach § 3 Nr. 2 EStG **steuerfrei** bleiben, soweit sie auf Grund des gesetzlichen Forderungsübergangs nach § 115 SGB X geleistet werden und über das Vermögen des (früheren) Arbeitgebers das Insolvenzverfahren eröffnet worden ist. Die Regelungen zum **Progressionsvorbehalt** sind zu beachten (FinMin Berlin v. 30.9.2011, III B – S 2342 – 11/2007, Lohnsteuer-Handausgabe 2015, 473).

Steuerpflichtiger Arbeitslohn liegt somit nur in Höhe der Differenz zwischen dem (erfüllten) Arbeitslohnanspruch und den an die Bundesagentur für Arbeit geleisteten Rückzahlungen des vom Arbeitnehmer bezogenen Arbeitslosengeldes vor.

Die vorstehenden Ausführungen gelten analog für die nachstehend aufgeführten Sozialleistungen, sofern es ebenfalls zu einem gesetzlichen Forderungsübergang nach § 115 SGB X kommt:

– von der **Berufsgenossenschaft** gezahlte Verletztengeldansprüche (steuerfrei nach § 3 Nr. 1 Buchst. a EStG; Progressionsvorbehalt nach § 32b Abs. 1 Nr. 1 Buchst. b EStG),

– von der **gesetzlichen Krankenversicherung** als Krankengeld geleistete Entgeltfortzahlung im Krankheitsfall innerhalb der Sechs-Wochen-Frist (steuerfrei nach § 3 Nr. 1 Buchst. a EStG; Progressionsvorbehalt nach § 32b Abs. 1 Nr. 1 Buchst. b EStG),

– von der **Deutschen Rentenversicherung** gezahltes Übergangsgeld (steuerfrei nach § 3 Nr. 1 Buchst. c EStG; Progressionsvorbehalt nach § 32b Abs. 1 Nr. 1 Buchst. b EStG),

– von der **Agentur für Arbeit** (JobCenter) gezahlte Leistungen zur Sicherung des Lebensunterhalts nach dem SGB II (steuerfrei nach § 3 Nr. 2d EStG; kein Progressionsvorbehalt).

Forderungsverzicht

1290 Im (rechtswirksamen) Verzicht des Arbeitgebers auf eine (nicht völlig wertlose) Forderung gegenüber dem Arbeitnehmer ist steuerpflichtiger Arbeitslohn zu sehen, wenn der Verzicht durch das **Dienstverhältnis veranlasst** ist. Dies ist z.B. der Fall, wenn der Arbeitgeber

– den **gestundeten Kaufpreis** für entgeltlich überlassenes Arbeitsgerät **erlässt**,

– auf eine **Schadensersatzforderung** gegenüber dem Arbeitnehmer **verzichtet**, weil dieser im Zustand der absoluten Fahruntüchtigkeit einen Firmenwagen beschädigt hat (zuletzt BFH v. 24.5.2007, VI R 73/05, BStBl II 2007, 766 m.w.N. sowie R 8.1 Abs. 9 Nr. 2 Satz 13 LStR),

– oder nach Inanspruchnahme als **Haftender für Lohnsteuer** darauf verzichtet, seine Arbeitnehmer in Regress zu nehmen (zuletzt BFH v. 5.3.2007, VI B 41/06, www.stotax-first.de, m.w.N., sowie → *Haftung für Lohnsteuer: Allgemeine Grundsätze* Rz. 1507).

Der Arbeitslohn **fließt dem Arbeitnehmer erst in dem Zeitpunkt zu**, in dem der Arbeitgeber endgültig zu erkennen gibt, dass er keinen Rückgriff nehmen wird, d.h. im Zeitpunkt des – ggf. konkludenten – **Abschlusses des Erlassvertrags**. Die Tatsache allein, dass der Arbeitgeber damit rechnen muss, dass einzelne Arbeitnehmer seine Forderung abredewidrig nicht entrichten werden, und er es unterlässt, zunächst mit Gegenforderungen (insbesondere Lohnforderungen) ganz oder teilweise aufzurechnen oder andere Beitreibungsmaßnahmen zu ergreifen, führt noch nicht zum Zufluss von Arbeitslohn. Allerdings kann hierin nach den Gesamtumständen des Einzelfalls schon ein endgültiger Forderungsverzicht liegen und somit Arbeitslohn anzunehmen sein (BFH v. 25.1.1985, VI R 173/80, BStBl II 1985, 437).

[LSt] [SV]

Formulararbeitsvertrag

→ *Arbeitsvertrag* Rz. 275

⊘ = keine Lohnsteuerpflicht
LSt = Lohnsteuerpflicht

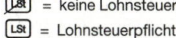

Forstbedienstete

1. Privatforstbedienstete

1291 Entschädigungen an Privatforstbedienstete werden seit 1990 wie folgt behandelt (FinMin Baden-Württemberg v. 11.5.1990, S 2337 A – 5/67, www.stotax-first.de):

- Der **Dienstkleidungszuschuss** ist als Barablösung i.S.d. § 3 Nr. 31 EStG steuerfrei.

  ⊘ (SV)

- Beim **Futtergeld**, der **Jagdaufwandsentschädigung**, dem **Schussgeld** und der **Pauschalentschädigung für das Dienstzimmer** handelt es sich um Werbungskostenersatz und somit um steuerpflichtigen Arbeitslohn (R 19.3 Abs. 3 Satz 1 LStR).

  LSt (SV)

2. Forstbedienstete im öffentlichen Dienst

a) Aufwandsentschädigungen

1292 Bei den im öffentlichen Dienst tätigen Forstbediensteten muss im jeweiligen Einzelfall geprüft werden, ob die gezahlten Entschädigungen als **Aufwandsentschädigungen** aus öffentlichen Kassen nach § 3 Nr. 12 Satz 1 oder 2 EStG steuerfrei belassen werden können (→ *Aufwandsentschädigungen im öffentlichen Dienst* Rz. 383).

Die Regelungen können je nach Bundesland unterschiedlich sein: Die sog. **Dienstzimmerentschädigung** bleibt z.B. in Niedersachsen nach § 3 Nr. 12 **Satz 2** EStG i.V.m. R 3.12 Abs. 3 LStR steuerfrei (OFD Düsseldorf v. 15.9.1997, S 2337 A – St 122, www.stotax-first.de). Andere Bundesländer, z.B. Sachsen-Anhalt, haben vergleichbare Entschädigungen als Aufwandsentschädigung festgesetzt und als solche im Haushaltsplan ausgewiesen, so dass die Voraussetzungen für die Steuerbefreiung nach § 3 Nr. 12 **Satz 1** EStG vorliegen (FinMin Sachsen-Anhalt v. 30.5.1997, 42 – S 2253 – 43, www.stotax-first.de).

Nach § 3 Nr. 12 Satz 2 EStG i.V.m. R 3.12 Abs. 3 LStR steuerfrei sind in Baden-Württemberg auch die an **kommunale Forstbedienstete gezahlten Aufwandsentschädigungen** (FinMin Baden-Württemberg v. 8.4.2009, 3 – S 233.7/64, www.stotax-first.de). Ebenso in Sachsen die sog. **Jagdaufwandsentschädigungen**. Dies sind pauschale Teilkostenerstattungen für private Jagdarbeitsmittel, Erlegungs- und Transportgelder sowie Zahlungen für die Haltung und Führung von Jagdhunden als auch für auf Jagden verletzte Jagdhunde. Die Finanzverwaltung geht davon aus, dass den Forstbediensteten im Durchschnitt der Jahre abziehbare Aufwendungen mindestens in Höhe der Aufwandsentschädigungen entstehen. Auf eine Prüfung der tatsächlich entstandenen Aufwendungen im Einzelfall wird daher grundsätzlich verzichtet (R 3.12 Abs. 2 Satz 1 - 6 LStR).

LSt (SV)

b) Entfernungsentschädigungen

1293 Nach dem Tarifvertrag zur Regelung der Arbeitsbedingungen von Beschäftigten in forstwirtschaftlichen Verwaltungen, Einrichtungen und Betrieben der Länder (TV-Forst) erhalten die im Forst Tätigen, wenn sie ihr privates Kraftfahrzeug nutzen, für die Fahrtstrecke von der Wohnung zur ersten Arbeitsstelle und von der letzten Arbeitsstelle zurück zur Wohnung eine Entfernungsentschädigung. Hierfür gilt Folgendes:

- Wenn das Forstamt „erste Tätigkeitsstätte" i.S.d. § 9 Abs. 4 EStG ist, sind die Fahrten in den Wald nach den Grundsätzen für **Auswärtstätigkeiten** zu beurteilen (ausführlich → *Reisekosten: Allgemeine Grundsätze* Rz. 2409).

- Forstarbeiter können auch ausschließlich in einem sog. **weiträumigen Tätigkeitsgebiet** tätig werden. Ein weiträumiges Tätigkeitsgebiet liegt in Abgrenzung zur ersten Tätigkeitsstätte vor, wenn die vertraglich vereinbarte Arbeitsleistung auf einer festgelegten Fläche und nicht innerhalb einer ortsfesten betrieblichen Einrichtungen des Arbeitgebers, eines verbundenen Unternehmens (§ 15 AktG) oder bei einem vom Arbeitgeber bestimmten Dritten ausgeübt werden soll (BMF v. 24.10.2014, IV C 5 – S 2353/14/10004, BStBl I 2014, 1412 Rdnr. 41).

Nach diesem BMF-Schreiben gilt Folgendes:

- Soll der Arbeitnehmer auf Grund der Weisungen des Arbeitgebers seine berufliche Tätigkeit typischerweise arbeitstäglich in einem weiträumigen Tätigkeitsgebiet ausüben, findet für die **Fahrten von der Wohnung zu diesem Tätigkeitsgebiet ebenfalls die Entfernungspauschale** Anwendung.

- Wird das weiträumige Tätigkeitsgebiet immer von verschiedenen Zugängen aus betreten oder befahren, ist die **Entfernungspauschale** aus Vereinfachungsgründen bei diesen Fahrten nur für die **kürzeste Entfernung von der Wohnung zum nächstgelegenen Zugang anzuwenden**.

- Für alle **Fahrten innerhalb des weiträumigen Tätigkeitsgebietes** sowie für die zusätzlichen Kilometer bei den Fahrten von der Wohnung zu einem weiter entfernten Zugang können weiterhin die tatsächlichen Aufwendungen oder der sich am Bundesreisekostengesetz orientierende maßgebliche pauschale Kilometersatz angesetzt werden.

> **Beispiel:**
> Ein in A wohnender Forstarbeiter fährt an 150 Tagen von seiner Wohnung zu dem 15 km entfernten, nächstgelegenen Zugang des von ihm täglich zu betreuenden Waldgebietes (weiträumiges Tätigkeitsgebiet). An 70 Tagen fährt A von seiner Wohnung über einen weiter entfernt gelegenen Zugang (20 km) in das Waldgebiet.
>
> Die Fahrten von der Wohnung zu dem weiträumigen Tätigkeitsgebiet werden behandelt wie die Fahrten von der Wohnung zu einer ersten Tätigkeitsstätte. A kann somit für diese Fahrten lediglich die Entfernungspauschale in Höhe von 0,30 € je Entfernungskilometer (= 15 km x 0,30 €) als Werbungskosten ansetzen. Die Fahrten innerhalb des Waldgebietes können mit den tatsächlichen Kosten oder aus Vereinfachungsgründen mit dem pauschalen Kilometersatz in Höhe von 0,30 € je tatsächlich gefahrenem Kilometer berücksichtigt werden.
>
> Bei den Fahrten zu dem weiter entfernt gelegenen Zugang werden ebenfalls nur 15 Kilometer mit der Entfernungspauschale (15 km x 0,30 €) berücksichtigt. Die zusätzlichen fünf Kilometer morgens hin und die fünf Kilometer abends zurück, werden ebenso wie die Fahrten innerhalb des weiträumigen Tätigkeitsgebietes mit den tatsächlichen Kosten oder aus Vereinfachungsgründen mit dem pauschalen Kilometersatz in Höhe von 0,30 € je gefahrenem Kilometer berücksichtigt.
>
> Somit sind für 220 Tage jeweils 15 km mit der Entfernungspauschale und die restlichen tatsächlich gefahrenen Kilometer mit den tatsächlichen Kosten oder aus Vereinfachungsgründen dem pauschalen Kilometersatz in Höhe von 0,30 € anzusetzen.

Auf die Berücksichtigung von **Verpflegungspauschalen oder Übernachtungskosten** als Werbungskosten sowie den steuerfreien Arbeitgeberersatz hat diese Festlegung keinen Einfluss, da der Arbeitnehmer weiterhin außerhalb einer ersten Tätigkeitsstätte – also **auswärts – beruflich tätig wird**.

Soll der Arbeitnehmer in mehreren ortsfesten Einrichtungen seines Arbeitgebers, eines verbundenen Unternehmens oder eines Dritten, die innerhalb eines bestimmten Bezirks gelegen sind, beruflich tätig werden, wird er nicht in einem weiträumigen Tätigkeitsgebiet, sondern an verschiedenen, ggf. sogar **ständig wechselnden Tätigkeitsstätten** tätig.

c) Transportentschädigungen

1294 Nach § 33a Manteltarifvertrag (MTV) werden **Waldarbeitern** seit 1.4.1994 für den Transport von betriebseigenem Gerät und Material im eigenen Kfz oder mittels betriebseigenem oder waldarbeitereigenem Kfz-Anhänger und für das Umsetzen eines Waldarbeiterschutzwagens pauschale **Transportentschädigungen** gezahlt.

Diese werden steuerlich wie folgt behandelt (OFD Berlin v. 29.1.2004, S 2332, www.stotax-first.de):

- Die pauschale Transportentschädigung nach § 33a Abs. 1 MTV für jeden Tag der Mitnahme von betriebseigenem Material bei der **Fahrt von der Wohnung zur Arbeitsstätte gehört zum steuerpflichtigen Arbeitslohn**.

  LSt (SV)

- Die Transportentschädigungen nach § 33a Abs. 2 und 3 MTV für die Mitnahme von betriebseigenem Gerät und Material in einem betriebseigenen Kfz-Anhänger bzw. einem waldarbeitereigenen Kfz-Anhänger und für das Umsetzen eines Waldarbeiterschutzwagens werden neben der kilometerbezogenen Fahrzeugentschädigung nach § 33 MTV für die Benutzung eines eigenen Kfz gezahlt. Die pauschalen Entschädigungen

Forstbedienstete

sind **steuerfrei**, soweit sie zusammen mit der Fahrentschädigung den für **Dienstreisen** geltenden pauschalen km-Satz von 0,30 € nicht übersteigen.

d) Sachbezüge durch Wildbretverkauf

1295 Ein als Sachbezug zu versteuernder geldwerter Vorteil kann bei Forstbediensteten entstehen, wenn die um 4 % geminderten Endpreise, zu denen das Wildbret fremden Erwerbern verkauft wird, die von den Bediensteten tatsächlich gezahlten Entgelte übersteigen. Die sich danach ergebenden Vorteile sind jedoch insoweit steuerfrei, als sie aus dem Dienstverhältnis insgesamt 1 080 € im Kalenderjahr nicht überschreiten (**Rabattfreibetrag** nach § 8 Abs. 3 EStG). Darüber hinausgehende geldwerte Vorteile sind beim Steuerabzug vom Arbeitslohn zu berücksichtigen.

Forstwirtschaft

→ Land- und Forstwirtschaft Rz. 1763

Fortbildung

Inhaltsübersicht:

	Rz.
1. Arbeitsrecht	1296
2. Lohnsteuer – allgemeine Grundsätze	1297
a) Abgrenzung Aus- und Fortbildung	1297
b) Zuordnung zu Werbungskosten	1298
c) Zuordnung zu Sonderausgaben	1299
d) Zuordnung zu Kosten der Lebensführung	1300
3. Vorab entstandene Werbungskosten	1301
4. Bildungsmaßnahmen	1302
a) Allgemeines	1302
b) Gesetzesänderungen ab 2004	1303
c) Verfahren beim BVerfG	1304
5. Erstausbildung	1305
a) Begriff	1305
b) Rechtsprechung	1306
6. Erststudium	1307
a) Begriff	1307
b) Rechtsprechung	1308
7. Ausbildungsdienstverhältnis	1309
a) Begriff	1309
b) Rechtsprechung	1310
8. Umschulung, Zweitstudium	1311
9. Ausbildungskosten	1312
a) Allgemeines	1312
b) Nicht abzugsfähige Kosten	1313
10. Weiterbildung in einem nicht ausgeübten Beruf	1314
11. Kosten der Lebensführung	1315
12. Liebhaberei	1316
13. Förderung aus öffentlichen Mitteln	1317
14. Förderung durch private Arbeitgeber	1318
a) Steuerpflichtige Beihilfen	1318
b) Steuerfreie Leistungen im eigenbetrieblichen Interesse	1319
c) Übernahme von Studiengebühren durch den Arbeitgeber	1320
d) Weitere Einzelfragen	1321
e) Darlehen	1322
f) Studienreisen, Ausbildungsfreizeiten	1323
15. Fortbildungsveranstaltungen mit privatem Rahmenprogramm	1324
a) Allgemeines	1324
b) Teilnahme des Arbeitnehmer-Ehegatten	1325

1. Arbeitsrecht

1296 Bei beruflicher Fortbildung oder Umschulung kommt es häufiger zur **Vereinbarung von Rückzahlungsklauseln,** nach denen der fortgebildete oder umgeschulte Arbeitnehmer die Ausbildungskosten ganz oder teilweise zurückzahlen muss, wenn er vor einem vereinbarten Termin aus dem Arbeitsverhältnis ausscheidet. Mit derartigen Klauseln will und darf der Arbeitgeber sicherstellen, dass sich die von ihm aufgewendeten Ausbildungskosten amortisieren. Eine solche **Vereinbarung** über die Rückzahlung von Ausbildungskosten ist **Voraussetzung** für einen etwaigen Rückzahlungsanspruch.

Rückzahlungsklauseln in Fortbildungsvereinbarungen sind i.d.R. vom Arbeitgeber vorformuliert, so dass sie als allgemeine Geschäftsbedingungen einer strengen AGB-Kontrolle nach §§ 305 ff. BGB, insbesondere einer **Inhaltskontrolle** nach § 307 BGB unterliegen. Die Rückzahlungsklauseln müssen deshalb, um wirksam zu sein, nicht nur einer **Transparenzkontrolle** standhalten, also klar und eindeutig formuliert sein, sondern auch eine materielle **Angemessenheitskontrolle** bestehen (BAG v. 15.9.2009, 3 AZR 173/08, www.stotax-first.de). So genügt eine Klausel über die Erstattung von Ausbildungskosten dem Transparenzgebot in § 307 Abs. 1 BGB nur dann, wenn die entstehenden Kosten dem Grunde und der Höhe nach i.R.d. Möglichen und Zumutbaren angegeben sind (BAG v. 21.8.2012, 3 AZR 698/10, www.stotax-first.de). Eine Klausel in Allgemeinen Geschäftsbedingungen, die die Rückzahlung von Fortbildungskosten in jedem Fall einer vom Arbeitnehmer ausgesprochenen **Kündigung** vorsieht, ohne solche Kündigungen des Arbeitnehmers auszunehmen, die aus Gründen erfolgen, die der Sphäre des Arbeitgebers zuzurechnen sind, benachteiligt den Arbeitnehmer unangemessen und ist nach § 307 Abs. 1 BGB unwirksam (BAG v. 18.3.2014, 9 AZR 545/12, www.stotax-first.de).

Die Folge einer nach AGB-Kontrolle unangemessen Regelung besteht in der **Unwirksamkeit der Rückzahlungsklausel**. Nach den allgemeinen Grundsätzen im Recht der Allgemeinen Geschäftsbedingungen ist i.d.R. **keine geltungserhaltende Reduktion** der Klausel vorzunehmen. Die unangemessene Klausel ist also nicht auf einen noch angemessenen Inhalt zu reduzieren.

Häufige Streitigkeiten zu Rückzahlungsklauseln entstehen zu der Frage, ob die vereinbarte Dauer der Bindung des fortgebildeten Arbeitnehmers an das Arbeitsverhältnis angemessen ist. Nach Ansicht des BAG müssen die Vorteile der Ausbildung und die Dauer der Bindung in einem angemessenen Verhältnis zueinander stehen (BAG v. 15.9.2009, 3 AZR 173/08, www.stotax-first.de). Im Ansatzpunkt ist davon auszugehen, dass eine längere Fortbildung auch eine umfangreichere Qualifikation und vertiefte Kenntnisse vermittelt, so dass eine **längere Fortbildung** auch eine **längere Bindungsdauer** rechtfertigt (BAG v. 16.3.1994, 5 AZR 339/92, www.stotax-first.de). Die derzeitige Rechtsprechung (zuletzt z.B. BAG v. 19.1.2011, 3 AZR 621/08, www.stotax-first) hält i.d.R. folgende Bindungsdauern i.S.v. **Richtwerten bzw. Regelwerten** für angemessen:

– Lehrgangsdauer bis zu einem Monat: Bindungsdauer bis zu sechs Monaten (BAG v. 5.12.2002, 6 AZR 539/01, www.stotax-first.de),

– Lehrgangsdauer bis zu zwei Monaten: Bindungsdauer bis zu zwölf Monaten (BAG v. 15.12.1993, 5 AZR 279/93, www.stotax-first.de),

– Lehrgangsdauer zwischen drei und vier Monaten: Bindungsdauer bis zu 24 Monaten (BAG v. 6.9.1995, 5 AZR 241/94, www.stotax-first.de),

– Lehrgangsdauer zwischen sechs und zwölf Monaten: Bindungsdauer bis zu drei Jahren (BAG v. 5.6.2007, 9 AZR 604/06, www.stotax-first.de),

– Lehrgangsdauer bei 24 und mehr Monaten: Bindungsdauer bis zu fünf Jahren (BAG v. 14.1.2009, 3 AZR 900/07, www.stotax-first.de).

Entscheidend ist, dass die Vorteile der Ausbildung und die Dauer der Bindung des Arbeitnehmers an das Unternehmen durch die Rückzahlungsklausel in einem angemessenen Verhältnis zueinander stehen. Will oder kann z.B. der Arbeitgeber die durch die Fortbildung erlangte **weitere Qualifikation des Arbeitnehmers nicht nutzen**, kann der Bleibedruck, den die Dauer der Rückzahlungsverpflichtung auf den Arbeitnehmer ausübt, nicht gegen ein Interesse des Arbeitgebers an einer möglichst weitgehenden Nutzung der erworbenen Qualifikation des Arbeitnehmers abgewogen werden; eine Bindungsdauer von drei Jahren ist dann regelmäßig unangemessen lang (BAG v. 18.3.2014, 9 AZR 545/12, www.stotax-first.de).

2. Lohnsteuer – allgemeine Grundsätze

a) Abgrenzung Aus- und Fortbildung

1297 **Fortbildung** betrifft die Weiterbildung in einem ausgeübten Beruf, um den sich ändernden und wachsenden Anforderungen zu ent-

Fortbildung

sprechen und sich der laufenden Entwicklung zu stellen. Soweit hierdurch besondere Aufwendungen entstehen, haben diese regelmäßig Werbungskostencharakter und können vom Arbeitnehmer im Rahmen seiner Veranlagung geltend gemacht werden. Ersetzt der Arbeitgeber Aufwendungen, die der beruflichen Fort- oder Weiterbildung des Arbeitnehmers dienen, gehören diese nicht zum steuerpflichtigen Arbeitslohn, wenn die Bildungsmaßnahme im ganz überwiegenden betrieblichen Interesse des Arbeitgebers durchgeführt wird. Erfolgt die Fort- oder Weiterbildung nicht im ganz überwiegenden betrieblichen Interesse des Arbeitgebers, gehört der geldwerte Vorteil der vom Arbeitgeber aufgewendeten Fort- oder Weiterbildungskosten als Werbungskostenersatz zum steuerpflichtigen Arbeitslohn (vgl. R 19.3 Abs. 3 LStR). Eine steuerfreie Erstattung ist nur im Rahmen der gesetzlichen Vorgaben möglich (z.B. Reisekosten nach § 3 Nr. 13 und Nr. 16 EStG).

Davon zu unterscheiden sind Aufwendungen eines Stpfl. für seine **erstmalige Berufsausbildung** und für ein **Erststudium**. Diese Aufwendungen sind Kosten der Lebensführung und nur als **Sonderausgaben** im Rahmen von § 10 Abs. 1 Nr. 7 EStG abziehbar (→ Rz. 1312). Das gilt auch für ein berufsbegleitendes Erststudium (R 9.2 LStR).

Kosten der **Allgemeinbildung und der Persönlichkeitsentfaltung** sind ebenfalls der allgemeinen Lebensführung zuzurechnen, aber **weder als Fort- noch als Ausbildungskosten abzugsfähig** (→ Rz. 1315).

Werbungskosten liegen dagegen vor, wenn die erstmalige Berufsausbildung oder das Erststudium Gegenstand eines Dienstverhältnisses ist (**Ausbildungsdienstverhältnis**). Unabhängig davon, ob ein Dienstverhältnis besteht, sind die Aufwendungen für die **Fortbildung in dem bereits erlernten Beruf** (z.B. Besuch eines Meisterkurses) und für **Umschulungsmaßnahmen**, die einen Berufswechsel vorbereiten, als Werbungskosten abziehbar. Das gilt auch für Aufwendungen für ein weiteres Studium, wenn dieses in einem hinreichend konkreten, objektiv feststellbaren Zusammenhang mit späteren steuerpflichtigen Einnahmen aus der angestrebten beruflichen Tätigkeit steht (R 9.2 LStR).

Fortbildungskosten können vom Arbeitnehmer als **Werbungskosten** abgesetzt und unter den allgemeinen Voraussetzungen vom **Arbeitgeber steuerfrei erstattet** werden, z.B. Reisekosten bei Auswärtstätigkeiten nach § 3 Nr. 16 EStG. Darüber hinaus ist ein steuerfreier Werbungskostenersatz nicht möglich (R 19.3 Abs. 3 Satz 1 LStR). Weiterer Vorteil: Werbungskosten, denen keine entsprechenden Einnahmen gegenüberstehen, können ggf. im Wege des Verlustabzugs auf das Vorjahr zurückgetragen oder auf die Folgejahre vorgetragen werden (**Verlustabzug** nach § 10d EStG); dies ist bei Aufwendungen für eine erstmalige Berufsausbildung und für ein Erststudium künftig nicht mehr möglich.

> **Beispiel:**
> Nach dem **Berufskraftfahrer-Qualifikations-Gesetz** und der Berufskraftfahrer-Qualifikationsverordnung sind alle gewerblichen Arbeitnehmer, die als Fahrer im Personenverkehr tätig sind, ab September 2008 gesetzlich verpflichtet, als Berufsneueinsteiger neben dem Erwerb des Führerscheins der Klassen C, CE auch eine **Grundqualifikation zu durchlaufen**. Fahrzeuglenker, die bereits im Besitz des Führerscheins sind, haben zwar eine Bestandsgarantie, müssen aber alle fünf Jahre eine berufliche Weiterbildung leisten. Bei den **Weiterbildungskosten handelt es sich um Werbungskosten i.S.d.** § 9 Abs. 1 EStG.
> Die **Grundqualifikation** kann durch die erfolgreiche Ablegung einer theoretischen und praktischen Prüfung bei einer Industrie- und Handelskammer erworben werden oder durch den Abschluss einer Berufsausbildung in den Ausbildungsberufen „Berufskraftfahrer/Berufskraftfahrerin" oder „Fachkraft im Fahrbetrieb" oder einem staatlich anerkannten Ausbildungsberuf, in dem vergleichbare Fertigkeiten und Kenntnisse zur Durchführung von Fahrten mit Kraftfahrzeugen auf öffentlichen Straßen vermittelt werden. Die Grundqualifikationen dienen der Verbesserung der Sicherheit im Straßenverkehr und den allgemeinen beruflichen Fähigkeiten des Fahrers durch die Vermittlung besonderer tätigkeitsbezogener Fertigkeiten und Kenntnisse. Die Qualifikation ist in eine Grundqualifikation und eine beschleunigte Grundqualifikation unterteilt. Beim Erwerb der beschleunigten Grundqualifikation ist die Teilnahme an einem Vorbereitungskurs vorgeschrieben. In diesem Fall ist der vorherige Erwerb der jeweiligen Fahrerlaubnis nicht erforderlich.
> Aufwendungen für die erstmalige Berufsausbildung stellen nach § 9 Abs. 6 EStG keine Werbungskosten dar, es sei denn, die Bildungsmaßnahme findet im Rahmen eines Dienstverhältnisses statt. Der **Erwerb der Grundqualifikation und der Erwerb des Lkw-Führerscheins** fallen ab 2008 unter Tz. 4 ff. BMF v. 22.9.2010, IV C 4 – S 2227/07/10002 :002, BStBl I 2010, 721 und sind damit **Ausbildungskosten**, wenn sie dem Nachweis einer Sachkunde dienen, die Voraussetzung zur Aufnahme einer fest umrissenen beruflichen Betätigung ist.
> Bei den Aufwendungen im Zusammenhang mit der sich alle fünf Jahre anschließenden Weiterbildung handelt es sich dagegen regelmäßig um **Werbungskosten bzw. Betriebsausgaben** (OFD Koblenz v. 3.9.2008, S 2221/S 2227 A – St 32 3, www.stotax-first.de).

b) Zuordnung zu Werbungskosten

Hierzu gehören 1298

- **Fortbildungskosten**, z.B. Meisterkurse, Umschulung, Zweitstudium (→ Rz. 1311),

- **vorab entstandene Werbungskosten**, wenn die Aufwendungen einen hinreichend konkreten Veranlassungszusammenhang zur späteren Berufstätigkeit aufweisen (aber nicht erstmalige Berufsausbildung oder Erststudium, das zugleich eine Erstausbildung vermittelt!), → Rz. 1301,

- Werbungskosten im Rahmen eines **Ausbildungsdienstverhältnisses** (→ Rz. 1309).

Voraussetzung ist allerdings, dass im steuerlichen Sinne überhaupt „Aufwendungen" entstanden sind.

> **Beispiel:**
> Mitarbeiter eines Automobilwerks machen vielfach Aufwendungen für ein betriebliches Fort- und Weiterbildungsprogramm als Werbungskosten geltend. Nach den zum Nachweis vorgelegten Arbeitgeberbescheinigungen ist ihnen für diese Fortbildungsmaßnahme ein Tag aus ihrem **Freischicht- oder Gleitzeitkonto gekürzt** worden. Dies bedeutet einen Aufwand von 200 €.
> Ein Werbungskostenabzug ist nicht möglich, weil den Arbeitnehmern keine Aufwendungen im steuerlichen Sinne erwachsen; auch ersparte Ausgaben sind keine Aufwendungen (vgl. BFH v. 27.8.1993, VI R 7/92, BStBl II 1994, 235). Ebenso OFD Düsseldorf v. 23.5.2005, Kurzinformation Einkommensteuer Nr. 25/2005 v. 23.5.2005, B+P 2005, 616: kein Werbungskostenabzug, wenn Arbeitnehmer einer Steuerberatungsgesellschaft einen sog. Bonusanspruch in Freizeit umwandeln, um sich in der zusätzlichen Freizeit auf das Steuerberaterexamen vorzubereiten (so auch FG München v. 11.2.2009, 8 K 808/07, EFG 2009, 1012).

Aus denselben Gründen kann auch der **Verzicht auf Urlaub** zwecks Teilnahme an einer Fortbildungsveranstaltung nicht als Werbungskosten abgezogen werden, selbst wenn der Arbeitnehmer anderenfalls einen Kostenbeitrag hätte entrichten müssen (FG Brandenburg v. 11.4.2001, 2 K 1991/99, EFG 2001, 886).

Fortbildungskosten (oder zumindest vorab entstandene Werbungskosten) sind z.B. Aufwendungen für

- den Besuch von **Fortbildungsveranstaltungen** und **Lehrgängen zur beruflichen Weiterbildung**, auch im Zusammenhang mit einer **Meisterprüfung** (s. zum Abzug von **Bildungsaufwendungen** z.B. BFH v. 21.4.2010, VI R 66/04, BStBl II 2010, 685 betr. den Fortbildungskurs eines Arztes zur Erlangung der Zusatzbezeichnung „Sportmedizin");

- den Besuch von **Fachkongressen** (zuletzt BFH v. 9.3.2010, VIII R 32/07, HFR 2010, 819 betr. Teilnahme eines Unternehmers am Weltwirtschaftsforum in Davos);

- **Sprachkurse**, die auf die besonderen beruflichen oder betrieblichen Interessen des Stpfl. zugeschnitten sind (zuletzt BFH v. 9.1.2013, VI B 133/12, www.stotax-first.de, betr. Teilnahme einer Exportsachbearbeiterin an einem Sprachkurs in spanischer Sprache in Südamerika – im Hinblick auf den touristischen Wert des Aufenthalts am Kursort aber nur hälftiger Abzug der Reisekosten möglich!). Ein Werbungskostenabzug ist auch möglich, wenn die Sprachkurse in einem Mitgliedstaat der EU stattgefunden haben (BMF v. 26.9.2003, IV A 5 – S 2227 – 1/03, BStBl I 2003, 447). Weitere Einzelheiten → *Reisekosten: Allgemeine Grundsätze* Rz. 2450.
Ein Abzug kommt dagegen nicht in Betracht, wenn der Stpfl. offensichtlich nicht an den Kursen teilgenommen hat (BFH v. 15.3.2007, VI R 61/04, www.stotax-first.de);

- den Besuch von **Fachschulen** (vgl. z.B. BFH v. 16.8.1979, VI R 14/77, BStBl II 1979, 675 betr. Aufwendungen für den Besuch eines zweijährigen Lehrgangs an der Wirtschaftsfachschule der Akademie für praktische Betriebswirtschaft in Köln mit dem Ziel des Abschlusses als „staatlich geprüfter Betriebswirt");

- ein **Zweitstudium** oder **Aufbaustudium** (zuletzt BFH v. 26.6.2003, VI R 114/00, www.stotax-first.de);

- die **Promotion** (→ *Doktoranden* Rz. 853);

Fortbildung

- die Teilnahme an Kursen zum „Neuro-Linguistischen Programmieren", **NLP-Kurse** (BFH v. 28.8.2008, VI R 44/04, BStBl II 2009, 106) und an **Supervisionskursen** zur Förderung und Verbesserung der beruflichen Kommunikation durch leitende Angestellte (BFH v. 28.8.2008, VI R 35/05, BStBl II 2009, 108).

c) Zuordnung zu Sonderausgaben

1299 Aufwendungen für die **eigene Berufsausbildung** können – auch bei auswärtiger Unterbringung – nur bis höchstens 6 000 € (bis 2011: 4 000 €) im Kalenderjahr als Sonderausgaben nach § 10 Abs. 1 Nr. 7 EStG abgesetzt werden; hierzu gehören grundsätzlich auch Aufwendungen für eine Erstausbildung.

Kosten der Weiterbildung in einem nicht ausgeübten Beruf sind überhaupt nicht mehr abzugsfähig.

Einzelheiten → Rz. 1312.

Ein steuerfreier Arbeitgeberersatz ist nicht möglich.

d) Zuordnung zu Kosten der Lebensführung

1300 Hierzu gehören

- Kosten der Weiterbildung in einem nicht ausgeübten Beruf, soweit nicht ausnahmsweise ein Abzug als vorab entstandene Werbungskosten in Betracht kommt,
- Lebenshaltungskosten i.S.d. § 12 Nr. 1 EStG,
- Aufwendungen, die auf Dauer zu Verlusten führen („Liebhaberei").

Diese Aufwendungen können **steuerlich überhaupt nicht berücksichtigt** werden (→ Rz. 1315).

3. Vorab entstandene Werbungskosten

1301 So genannte vorab entstandene Werbungskosten sind anzuerkennen, wenn Aufwendungen in einem hinreichend konkreten, objektiv feststellbaren Zusammenhang mit künftigen steuerbaren Einnahmen aus der angestrebten beruflichen Tätigkeit stehen. „Klassischer Fall" sind **Bewerbungskosten**, nach neuerer Rechtsprechung können aber auch Aufwendungen für die **Aus- oder Weiterbildung sowie Umschulungskosten** darunter fallen (zuletzt BFH v. 15.5.2013, IX R 5/11, BStBl II 2014, 143 und v. 11.7.2013, VI R 37/12, BStBl II 2013, 815).

Lässt sich das angestrebte Berufsziel – wie wohl häufig – nicht sicher feststellen, kann das Finanzamt den Stpfl. vorläufig veranlagen (BFH v. 19.6.1997, IV R 4/97, BStBl II 1998, 239 betr. ein Zweitstudium). Nicht erforderlich ist, dass der Arbeitnehmer, der an einer Bildungsmaßnahme teilnimmt, schon eine **konkrete neue Stelle** bei einem bestimmten Arbeitgeber in Aussicht hat (BFH v. 18.4.1996, VI R 5/95, BStBl II 1996, 482). Aber auch ein Arbeitnehmer, der nicht an einer konkreten Bildungsmaßnahme teilnimmt, sondern sich nur allgemein durch die **Lektüre von Fachliteratur** in seinem erlernten Beruf auf dem Laufenden hält, kann die Aufwendungen für Fachliteratur und sonstige Arbeitsmittel als vorweggenommene Werbungskosten absetzen, sofern er tatsächlich dem inländischen Arbeitsmarkt zur Verfügung steht (BFH v. 13.6.1996, VI R 89/95, www.stotax-first.de). Die berufliche Veranlassung geeigneter und planvoller Fortbildungsmaßnahmen hängt nicht von der Länge des Zeitraums bis zur Wiederaufnahme der Tätigkeit ab (BFH v. 13.5.2004, IV R 47/02, HFR 2004, 1179).

Die Abgrenzung ist in der Praxis immer wieder streitig:

Anerkannt als vorab entstandene Werbungskosten wurden z.B. Aufwendungen

- für das **häusliche Arbeitszimmer oder für Fachliteratur** einer Stpfl., die sich in **Elternzeit** befindet, sofern die Aufwendungen beruflich veranlasst sind (BFH v. 2.12.2005, VI R 63/03, BStBl II 2006, 329). Sie müssen in einem hinreichend konkreten und objektiv feststellbaren Zusammenhang mit erwarteten steuerbaren Einnahmen stehen. Für die Annahme vorab entstandener Werbungskosten reicht allerdings nicht die bloße Behauptung, dass bestimmte Aufwendungen aus beruflichem Anlass entstanden seien. Anders als bei Umschulungs- oder Qualifizierungsmaßnahmen, bei denen sich regelmäßig bereits aus den Umständen der berufliche Zusammenhang plausibel ergibt, ist in Fällen wie dem vorliegenden erforderlich, dass der Stpfl. die von ihm durchgeführten Tätigkeiten **im Einzelnen konkretisiert**, damit ein beruflicher Zusammenhang beurteilt werden kann. Darüber hinaus ist zu prüfen, ob und inwieweit die Aufwendungen für das häusliche Arbeitszimmer für die Wiederaufnahme der beruflichen Tätigkeit **erforderlich** sind (zuletzt BFH v. 19.8.2004, VI R 103/01, www.stotax-first.de, m.w.N.),
- für eine **Nachqualifikation** (BFH v. 4.11.2003, VI R 1/03, www.stotax-first.de, betr. Aufwendungen einer Gemeindediakonin für eine Nachqualifikation zur staatlich anerkannten Sozialpädagogin während der Elternzeit).

Nicht anerkannt als vorab entstandene Werbungskosten wurden dagegen z.B. Aufwendungen

- eines **Arbeitslosen für ein häusliches Arbeitszimmer** (ausführlich → Arbeitszimmer Rz. 317),
- einer nach der **Elternzeit** beurlaubten Lehrerin für Deutsch und Geschichte für ihre berufliche Fortbildung, wenn sie auch zur Erweiterung der Allgemeinbildung getätigt werden (BFH v. 13.5.2004, IV R 47/02, HFR 2004, 1179).

Zur Berücksichtigung vorab entstandener Betriebsausgaben/Werbungskosten im Wege des **Verlustvortrags nach § 10d EStG** s. → Sonderausgaben Rz. 2703.

4. Bildungsmaßnahmen

a) Allgemeines

1302 Auch Aufwendungen für Bildungsmaßnahmen können nach der BFH-Rechtsprechung (zuletzt Vorlagebeschlüsse v. 17.7.2014, VI R 2/12 und VI R 8/12, HFR 2014, 1049 und 1064, Az. beim BVerfG: 2 BvL 23/14 und 2 BvL 24/14) grundsätzlich vorab entstandene Werbungskosten sein, sofern sie in einem hinreichend konkreten, objektiv feststellbaren Zusammenhang mit künftigen steuerbaren Einnahmen aus der angestrebten beruflichen Tätigkeit stehen.

Allein die Möglichkeit, dass diese Berufstätigkeit später auch im **Ausland ausgeübt** werden könnte, begründet noch keinen unmittelbaren wirtschaftlichen Zusammenhang i.S.d. § 3c Abs. 1 1. Halbsatz EStG (die Aufwendungen wären dann steuerlich nicht abzugsfähig) zwischen den Berufsausbildungskosten und später tatsächlich erzielten steuerfreien Auslandseinkünften (BFH v. 28.7.2011, VI R 5/10, BStBl II 2012, 553).

b) Gesetzesänderungen ab 2004

1303 Die o.g. großzügige Rechtsprechung ist durch mehrere **Gesetzesänderungen weitgehend überholt** (s. ausführlich ABC des Lohnbüros 2015 Rdnr. 1210 ff, online einsehbar, s. Benutzerhinweis auf S. IV). Nach erneuter Änderung des § 9 Abs. 6 EStG – bei gleichzeitiger Aufhebung des § 12 Nr. 5 EStG – durch das Zollkodex-Anpassungsgesetz v. 22.12.2014, BStBl I 2015, 58 gilt ab 2015 Folgendes:

„Aufwendungen des Stpfl. für seine Berufsausbildung oder für sein Studium sind nur dann Werbungskosten, wenn der Stpfl. zuvor bereits eine Erstausbildung (Berufsausbildung oder Studium) abgeschlossen hat oder wenn die Berufsausbildung oder das Studium im Rahmen eines Dienstverhältnisses stattfindet. Eine Berufsausbildung als Erstausbildung nach Satz 1 liegt vor, wenn eine geordnete Ausbildung mit einer Mindestdauer von 12 Monaten bei vollzeitiger Ausbildung und mit einer Abschlussprüfung durchgeführt wird. Eine geordnete Ausbildung liegt vor, wenn sie auf der Grundlage von Rechts- oder Verwaltungsvorschriften oder internen Vorschriften eines Bildungsträgers durchgeführt wird. Ist eine Abschlussprüfung nach dem Ausbildungsplan nicht vorgesehen, gilt die Ausbildung mit der tatsächlichen planmäßigen Beendigung als abgeschlossen. Eine Berufsausbildung als Erstausbildung hat auch abgeschlossen, wer die Abschlussprüfung einer durch Rechts- oder Verwaltungsvorschriften geregelten Berufsausbildung mit einer Mindestdauer von 12 Monaten bestanden hat, ohne dass er zuvor die entsprechende Berufsausbildung durchlaufen hat."

Mit dieser **ab 2015 geltenden Gesetzesänderung** soll die neuere BFH-Rechtsprechung (z.B. BFH v. 28.2.2013, VI R 6/12, HFR 2013, 682 betr. Ausbildung einer Flugbegleiterin zur Verkehrsflugzeugführerin) „ausgehebelt" werden, nach der eine erstmalige Berufsausbildung weder ein Berufsausbildungsverhältnis nach dem Berufsbildungsgesetz noch eine bestimmte Ausbildungsdauer oder eine formale Abschlussprüfung voraussetzt (gegen BMF v. 22.9.2010, IV C 4 – S 2227/07/10002 :002, BStBl I 2010, 721). Studenten, die – so die Gesetzesbegründung (BR-Drucks. 432/14 S. 46 ff.) – vor Beginn ihres Studiums „Ausbildungen" als Taxifahrer oder Skilehrer absolviert haben, könnten andernfalls ihre Studienkosten in voller Höhe (statt des auf höchstens 6 000 € beschränkten Sonderausgabenabzugs) als vorab entstandene Betriebsausgaben/Werbungskosten absetzen, weil es sich bei ihrem Erststudium nicht mehr um eine „Erstausbildung" handelt.

c) Verfahren beim BVerfG

1304 Der VI. Senat des BFH hat dem BVerfG die Frage vorgelegt, ob es mit dem Grundgesetz vereinbar ist, dass nach § 9 Abs. 6 EStG Aufwendungen des Stpfl. für seine erstmalige Berufsausbildung oder für ein Erststudium, das zugleich eine Erstausbildung vermittelt, keine Werbungskosten sind, wenn diese Berufsausbildung oder dieses Erststudium nicht im Rahmen eines Dienstverhältnisses stattfindet (Vorlagebeschlüsse v. 17.7.2014, VI R 2/12 und VI R 8/12, HFR 2014, 1049 und 1064, Az. beim BVerfG: 2 BvL 23/14 und 2 BvL 24/14). Nach Auffassung des BFH seien Aufwendungen für die Ausbildung zu einem Beruf als notwendige Voraussetzung für eine nachfolgende Berufstätigkeit beruflich veranlasst und demgemäß auch als Werbungskosten einkommensteuerrechtlich zu berücksichtigen. Denn sie dienten der Erzielung einkommensteuerpflichtiger Einkünfte. **Der Ausschluss des Werbungskostenabzugs verstoße gegen das aus Art. 3 Abs. 1 GG abgeleitete verfassungsrechtliche Gebot der Besteuerung nach der finanziellen Leistungsfähigkeit und sei auch nicht mit Vereinfachung und Typisierung zu rechtfertigen.** Berufsausbildungskosten stellten schließlich auch keine beliebige Einkommensverwendung dar, sondern gehörten zum zwangsläufigen und pflichtbestimmten Aufwand, der nach ständiger Rechtsprechung des BVerfG nicht zur beliebigen Disposition des Gesetzgebers stehe. Diese Aufwendungen seien deshalb, so der BFH, jedenfalls unter dem Aspekt der Existenzsicherung einkommensteuerrechtlich zu berücksichtigen. Dem werde nicht entsprochen, wenn für solche Aufwendungen lediglich ein Sonderausgabenabzug i.H.v. (ab 2012) 6 000 € in Betracht komme. Denn der Sonderausgabenabzug bleibe bei Auszubildenden und Studenten nach seiner Grundkonzeption wirkungslos, weil gerade sie typischerweise in den Zeiträumen, in denen ihnen Berufsausbildungskosten entstünden, noch keine eigenen Einkünfte erzielten. Der Sonderausgabenabzug gehe daher ins Leere. Denn er berechtige im Gegensatz zum Werbungskostenabzug auch nicht zu Verlustfeststellungen, die mit späteren Einkünften verrechnet werden könnten. **Dagegen folgte der BFH nicht den Revisionsvorbringen, dass die rückwirkende Anwendung des Abzugsverbots auf das Jahr 2004 verfassungswidrig sei.** Denn insoweit sei die Rückwirkung nach Maßgabe der Rechtsprechung des BVerfG ausnahmsweise zulässig.

Die Entscheidung des BVerfG bleibt abzuwarten. Zur Vermeidung von Einsprüchen ergehen Steuerfestsetzungen insoweit vorläufig (BMF v. 5.11.2015, IV A 3 – S 0338/07/10010, BStBl I 2015, 786).

Zur Berücksichtigung von Bildungsaufwendungen als vorab entstandene Betriebsausgaben/Werbungskosten im Wege des **Verlustvortrags nach § 10d EStG** s. → *Sonderausgaben* Rz. 2703.

5. Erstausbildung

a) Begriff

1305 Mit Wirkung ab 2015 ist in **§ 9 Abs. 6 EStG** geregelt worden, dass eine Berufsausbildung als Erstausbildung nur vorliegt, wenn eine auf der Grundlage von Rechts- oder Verwaltungsvorschriften geordnete Ausbildung mit einer vorgesehenen Dauer von mindestens 12 Monaten (bei vollzeitiger Ausbildung) und mit einer Abschlussprüfung durchgeführt wird. Sofern eine Abschlussprüfung nach dem Ausbildungsplan nicht vorgesehen ist, gilt die Ausbildung mit der tatsächlichen Beendigung als abgeschlossen (s. zur Gesetzesbegründung BR-Drucks. 432/14 S. 46 ff.).

Durch die Mindestdauer von 12 Monaten soll erreicht werden, dass die Aufwendungen für ein Erststudium im Anschluss an eine kurzzeitige Ausbildung (z.B. als Skilehrer oder Taxifahrer) nicht als Werbungskosten geltend gemacht werden können.

Im Einzelnen bestehen **folgende Mindestanforderungen an eine Berufsausbildung als Erstausbildung:**

- Sie muss – sofern in Vollzeit durchgeführt (durchschnittlich mindestens 20 Stunden wöchentlich) – auf eine Mindestdauer von 12 Monaten angelegt sein.

- Sie muss die Vermittlung der erforderlichen beruflichen Handlungsfähigkeit zum Ziel und zum Gegenstand haben. Neben staatlich anerkannten oder staatlich geregelten Ausbildungen kommen auch solche Berufsausbildungen in Betracht, die nach Richtlinien von Berufs- oder Wirtschaftsverbänden oder internen Vorschriften der Bildungsträger geordnet sind, u.a. in Bezug auf

  - Vermittlung beruflicher Fertigkeiten, Kenntnisse und Fähigkeiten,
  - feststehende Lehrpläne,
  - sachliche und zeitliche Gliederung der Ausbildung (Beginn/Schluss),
  - Prüfungsanforderungen.

- Eine erstmalige Berufsausbildung setzt grundsätzlich eine formale Abschlussprüfung voraus; sie kann aber ausnahmsweise auch durch planmäßige Beendigung abgeschlossen werden, wenn nach dem Ausbildungsplan eine Abschlussprüfung nicht vorgesehen ist. Eine abgebrochene Berufsausbildung ist damit keine abgeschlossene Berufsausbildung.

Keine erste Berufsausbildung im Sinne dieser Regelung sind z.B.

- ein Kurs zur Berufsorientierung oder -vorbereitung,
- Kurse zur Erlangung der Fahrerlaubnis für Nutzfahrzeuge oder der Berechtigung zum Fahren von Flurförderfahrzeugen (Gabelstapler),
- ein Betriebspraktikum,
- eine Maßnahme zur Vermittlung einfachster Berufstätigkeiten (Anlerntätigkeiten, kurzfristige Einweisungen),
- der Abschluss mehrerer unabhängiger Kurse, auch dann, wenn die Kurse inhaltlich aufeinander aufbauen.

S. zu Einzelfragen auch BMF v. 22.9.2010, IV C 4 – S 2227/07/10002 :002, BStBl I 2010, 721, das – soweit es nicht im Widerspruch zur Neuregelung in § 9 Abs. 6 EStG steht – im Kern weiter gilt. Da der Begriff „Erstausbildung" auch beim **Familienleistungsausgleich** eine Rolle spielt (§ 32 Abs. 4 EStG), dürfte – vorbehaltlich etwaiger Abweichungen, die sich aus den unterschiedlichen Zielsetzungen ergeben können – bei der Auslegung auch die zum Kinderfreibetrag/Kindergeld ergangene Rechtsprechung herangezogen werden können (vgl. sinngemäß BFH v. 23.6.2015, III R 37/14, www.stotax-first.de, zum Begriff „Ausbildungsdienstverhältnis").

Der **Besuch eines Berufskollegs** zum Erwerb der Fachhochschulreife gilt als Besuch einer allgemein bildenden Schule. Dies gilt auch, wenn ein solcher Abschluss, z.B. das Abitur, nach Abschluss einer Berufsausbildung nachgeholt wird (BMF v. 22.9.2010, IV C 4 – S 2227/07/10002 :002, BStBl I 2010, 721).

Aufwendungen für den **Besuch allgemeinbildender Schulen** (hierzu gehören auch Fachoberschulen) sind dagegen selbst dann nicht als vorab entstandene Werbungskosten abzugsfähig, wenn der Schulbesuch nach einer vorangegangenen Berufsausbildung und -ausübung stattfindet und dazu dient, anschließend auf demselben Fachgebiet ein Hochschulstudium aufzunehmen (BFH v. 22.6.2006, VI R 5/04, BStBl II 2006, 717).

b) Rechtsprechung

1306 Für die Frage, ob bereits der erste (objektiv) berufsqualifizierende Abschluss in einem öffentlich-rechtlich geordneten Ausbildungsgang zum Verbrauch der Erstausbildung führt oder ob bei einer mehraktigen Ausbildung auch ein nachfolgender Abschluss in einem öffentlich-rechtlich geordneten Ausbildungsgang Teil der Erstausbildung sein kann, ist darauf abzustellen, ob sich der erste Abschluss als integrativer Bestandteil eines einheitlichen Ausbildungsgangs darstellt. **Mehraktige Ausbildungsmaßnahmen sind dann als Teil einer einheitlichen Erstausbildung zu qualifizieren, wenn sie zeitlich und inhaltlich so aufeinander abgestimmt sind, dass die Ausbildung nach Erreichen des ersten Abschlusses fortgesetzt werden soll und das angestrebte Berufsziel erst über den weiterführenden Abschluss erreicht werden kann** (zuletzt BFH v. 23.6.2015, III R 37/14, www.stotax-first.de, betr. erstmalige Berufsausbildung und Ausbildungsdienstverhältnis eines Feldwebels).

Eine **abgeschlossene Erstausbildung** angenommen hat der BFH z.B. bei

- einem nach Abschluss seiner Schulausbildung in das Dienstverhältnis eines Soldaten auf Zeit berufenen und zum Feldwebelanwärter zugelassenen Kind **mit Bestehen der Feldwebelprüfung**. Ob das Kind darüber hinaus das Dienstverhältnis eines Berufssoldaten anstrebt, ist insoweit ohne Bedeutung (BFH v. 23.6.2015, III R 37/14, www.stotax-first.de).

Fortbildung

Eine **nicht abgeschlossene Erstausbildung** angenommen hat der BFH dagegen z.B. bei

- einem Kind, das im Rahmen eines **dualen Studiums** nach erfolgreichem Abschluss seines studienintegrierten Ausbildungsgangs sein parallel zur Ausbildung betriebenes **Bachelorstudium** fortsetzt; das Bachelorstudium ist als Teil einer einheitlichen Erstausbildung zu werten (BFH v. 3.7.2014, III R 52/13, BStBl II 2015, 152);
- einem Kind, das sich in beruflicher Ausbildung zum Elektroniker für Betriebstechnik befand, jedoch **Weiterbildungsmaßnahmen mit dem Fernziel der Erlangung des Abschlusses eines Elektrotechnikers** oder Elektroingenieurs anstrebte (BFH v. 15.4.2015, V R 27/14, HFR 2015, 1040);
- einem Kind, das nach dem erfolgreichen Abschluss einer in das Grundstudium an einer Hochschule integrierten Berufsausbildung, die für den seit Beginn des Studiums angestrebten Abschluss zum „Bachelor" notwendig ist, sein parallel zur Ausbildung betriebenes Bachelorstudium planmäßig und nahtlos fortsetzt; das **Studium bis zum „Bachelor" ist noch Teil der Erstausbildung** des Kindes (BFH v. 16.6.2015, XI R 1/14, HFR 2015, 946).

6. Erststudium

a) Begriff

1307 M.E. gelten hierfür die Ausführungen in BMF v. 22.9.2010, IV C 4 – S 2227/07/10002 :002, BStBl I 2010, 721 weiter. Da der Begriff „Erststudium" auch beim **Familienleistungsausgleich** eine Rolle spielt (§ 32 Abs. 4 EStG), dürfte – vorbehaltlich etwaiger Abweichungen, die sich aus den unterschiedlichen Zielsetzungen ergeben können – bei der Auslegung auch die zum Kinderfreibetrag/Kindergeld ergangene Rechtsprechung herangezogen werden können (vgl. sinngemäß BFH v. 23.6.2015, III R 37/14, www.stotax-first.de, zum Begriff „Ausbildungsdienstverhältnis").

Ein **Studium als Erstausbildung** i.S.d. § 9 Nr. 6 EStG liegt dann vor, wenn es sich um ein Studium an einer Hochschule i.S.d. § 1 Hochschulrahmengesetz handelt. Nach dieser Vorschrift sind Hochschulen die Universitäten, die Pädagogischen Hochschulen, die Kunsthochschulen, die Fachhochschulen und die sonstigen Einrichtungen des Bildungswesens, die nach Landesrecht staatliche Hochschulen sind. Gleichgestellt sind private und kirchliche Bildungseinrichtungen sowie die Hochschulen des Bundes, die nach Landesrecht als Hochschule anerkannt werden (§ 70 HRG). Studien können auch als Fernstudien durchgeführt werden (§ 13 HRG). Auf die Frage, welche schulischen Abschlüsse oder sonstigen Leistungen den Zugang zum Studium eröffnet haben, kommt es nicht an.

Ein Studium stellt dann ein **erstmaliges Studium** i.S.d. § 9 Nr. 6 EStG dar, wenn es sich um eine **Erstausbildung** handelt. Es darf ihm kein anderes durch einen berufsqualifizierenden Abschluss beendetes Studium oder keine andere abgeschlossene nichtakademische Berufsausbildung vorangegangen sein. Dies gilt auch in den Fällen, in denen während eines Studiums eine Berufsausbildung erst abgeschlossen wird, unabhängig davon, ob die beiden Ausbildungen sich inhaltlich ergänzen. In diesen Fällen ist eine Berücksichtigung der Aufwendungen für das Studium als Werbungskosten/Betriebsausgaben erst – unabhängig vom Zahlungszeitpunkt – ab dem Zeitpunkt des Abschlusses der Berufsausbildung möglich. Davon ausgenommen ist ein Studium, das im Rahmen eines Dienstverhältnisses stattfindet. Ein Studium wird auf Grund der entsprechenden Prüfungsordnung durch einen inländischen Hochschule oder eine Hochschulprüfung oder eine staatliche oder kirchliche Prüfung abgeschlossen (§§ 15, 16 HRG).

Ein **Masterstudium** i.S.d. § 19 HRG (auch der „MBA" stellt i.d.R. ein weiteres Studium dar (BMF v. 22.9.2010, IV C 4 – S 2227/07/10002:002, BStBl I 2010, 721 Rdnr. 24). Es ist jedoch Teil einer einheitlichen Erstausbildung, wenn es zeitlich und inhaltlich auf den vorangegangenen Bachelorstudiengang abgestimmt ist und das Berufsziel erst darüber erreicht werden kann (BFH v. 3.9.2015, VI R 9/15, www.stotax-first.de, betr. ein sog. konsekutives Masterstudium).

Entsprechendes gilt für ein nach einem erlangten Studienabschluss begonnenes **Promotionsstudium** (BMF v. 22.9.2010, IV C 4 – S 2227/07/10002 :002, BStBl I 2010, 721 Rdnr. 26).

b) Rechtsprechung

1308 Der Begriff des Erststudiums stellt nur einen Unterfall des Oberbegriffes der erstmaligen Berufsausbildung dar (BFH v. 16.6.2015, XI R 1/14, HFR 2015, 946 m.w.N.). Bei einem Erststudium im Anschluss an eine abgeschlossene Berufsausbildung können daher die Aufwendungen als (ggf. vorab entstandene) Werbungskosten anerkannt werden.

Einen **Werbungskostenabzug zugelassen** hat der BFH daher z.B. bei dem

- Lehramtsstudium einer Buchhändlerin (BFH v. 18.6.2009, VI R 14/07, BStBl II 2010, 816);
- Studium zum Dipl. Betriebswirt/Hotelmanagement eines Kochs (BFH v. 18.6.2009, VI R 49/07, www.stotax-first.de);
- Studium Tourismusmanagement einer Hotelfachfrau (BFH v. 18.6.2009, VI R 49/07, www.stotax-first.de).

7. Ausbildungsdienstverhältnis

a) Begriff

1309 Eine erstmalige Berufsausbildung oder ein Studium findet im Rahmen eines **Dienstverhältnisses** statt, wenn die Ausbildungsmaßnahme Gegenstand des Dienstverhältnisses ist (vgl. R 9.2 LStR und H 9.2 „Ausbildungsdienstverhältnis" LStH sowie die dort angeführten BFH-Rechtsprechung). Zu den Ausbildungsdienstverhältnissen zählen z.B. die Berufsausbildungsverhältnisse gem. § 1 Abs. 3, §§ 4 bis 52 BBiG.

Dementsprechend liegt **kein Ausbildungsdienstverhältnis** vor, wenn die Berufsausbildung oder das Studium nicht Gegenstand des Dienstverhältnisses ist, auch wenn die Berufsbildungsmaßnahme oder das Studium seitens des Arbeitgebers durch Hingabe von Mitteln, z.B. eines Stipendiums, gefördert wird.

Zur Frage, ob ein Ausbildungsdienstverhältnis vorliegt, wird in Tz. 1 BMF v. 13.4.2012, IV C 4 – S 2227/07/10002 :002, BStBl I 2012, 531 zur lohnsteuerlichen Behandlung der Übernahme von Studiengebühren für ein berufsbegleitendes Studium durch den Arbeitgeber Folgendes ausgeführt:

„Ein berufsbegleitendes Studium findet **im Rahmen eines Ausbildungsdienstverhältnisses** statt, wenn die Ausbildungsmaßnahme Gegenstand des Dienstverhältnisses ist (vgl. R 9.2 LStR und H 9.2 „Ausbildungsdienstverhältnis" LStH sowie die dort angeführte Rechtsprechung des BFH). Voraussetzung ist, dass die Teilnahme an dem berufsbegleitenden Studium zu den Pflichten des Arbeitnehmers aus dem Dienstverhältnis gehört.

Ein berufsbegleitendes Studium findet insbesondere **nicht im Rahmen eines Ausbildungsdienstverhältnisses** statt, wenn

- das Studium nicht Gegenstand des Dienstverhältnisses ist, auch wenn das Studium seitens des Arbeitgebers durch Hingabe von Mitteln, z.B. eines Stipendiums, gefördert wird oder
- Teilzeitbeschäftigte ohne arbeitsvertragliche Verpflichtung ein berufsbegleitendes Studium absolvieren und das Teilzeitarbeitsverhältnis lediglich das Studium ermöglicht."

b) Rechtsprechung

1310 Ein Ausbildungsdienstverhältnis setzt nach der BFH-Rechtsprechung zum Lohnsteuerrecht nicht nur ein Dienstverhältnis besonderer Art voraus, das durch den Ausbildungszweck geprägt ist. **Hinzukommen muss, dass die Ausbildungsmaßnahme selbst Gegenstand und Ziel des Dienstverhältnisses ist, die Ausbildung mithin verpflichtender Gegenstand des Arbeitsvertrages ist und die vom Arbeitnehmer geschuldete Leistung, für die der Arbeitgeber bezahlt, in der Teilnahme an der Berufsausbildungsmaßnahme besteht.** In Abgrenzung hierzu reicht somit ein normales Dienst- oder Arbeitsverhältnis, das schwerpunktmäßig durch die Erbringung einer Arbeitsleistung nach Weisung des Dienstberechtigten und gegen die Zahlung von Entgelt charakterisiert wird, nicht aus. Selbst wenn das Dienstverhältnis neben der Arbeitsleistung auch berufliche Fortbildungen und Qualifizierungen des Arbeitnehmers zum Gegenstand hat, diese aber nicht den wesentlichen Inhalt des Vertrages ausmachen, wird das Dienstverhältnis nicht zu einem Ausbildungsdienstverhältnis (BFH v. 23.6.2015, III R 37/14, www.stotax-first.de, m.w.N.).

Der Begriff des Ausbildungsdienstverhältnisses im Lohnsteuerrecht entspricht – vorbehaltlich etwaiger Abweichungen, die sich aus den unterschiedlichen Zielsetzungen ergeben können (die Rechtsprechung zu den Werbungskosten nimmt die folgerichtige Umsetzung des objektiven Nettoprinzips in den Blick, der Familienleistungsausgleich hingegen die des subjektiven Nettoprinzips) – **dem Begriff des Ausbildungsdienstverhältnisses in § 32 Abs. 4 Satz 3 EStG** (BFH v. 23.6.2015, III R 37/14, www.stotax-first.de, m.w.N.). Für die Auslegung des Begriffs „Ausbildungsdienstverhältnis" i.S.d. § 9 Abs. 6 Satz 1 EStG kann daher grundsätzlich auch die Rechtsprechung zum **Familienleistungsausgleich** (Kinderfreibetrag, Kindergeld) herangezogen werden.

Ein **Ausbildungsdienstverhältnis anerkannt** wurde z.B. bei

- Ausbildung von **Beamtenanwärtern** (z.B. BFH v. 4.5.1990, VI R 144/85, BStBl II 1990, 856);
- Aufwendungen eines für ein **Promotionsstudium** beurlaubten Geistlichen (BFH v. 7.8.1987, VI R 60/84, BStBl II 1987, 780);
- Aufwendungen eines **Soldaten auf Zeit** für ein Erst- und Zweitstudium (BFH v. 22.7.2003, VI R 15/03, www.stotax-first.de);
- Studienbeihilfen für **Absolventen dualer Studiengänge** im öffentlichen Dienst, z.B. bei der Bundesagentur für Arbeit (BZSt v. 28.7.2004, St I 4 – S 2471 – 325/04, BStBl I 2004, 612);
- der **Ausbildung zur Gesundheits- und Krankenpflegerin**; es handelt es sich um eine duale Ausbildung, d.h. eine Kombination von normalem Lehrvertrag und Schule oder Studium (BFH v. 10.4.2014, III R 35/13, HFR 2014, 801);
- einem dualen **Studium zum Diplom-Informatiker** (FG Sachsen v. 11.9.2013, 8 K 23/10, www.stotax-first.de);
- einem Studenten, der nach bestandener Prüfung zum Elektrotechniker einen praxisintegrierten **Studiengang „Mechatronik/Automatisierungstechnik"** an der Fachhochschule aufgenommen hat und für dieses Studium von seinem früheren Ausbildungsbetrieb finanzielle Unterstützung und Arbeitsfreistellung während der Theoriephasen an der Hochschule erhielt (FG Münster v. 22.8.2013, 3 K 711/13 Kg, EFG 2013, 2023);
- einem Studenten, der für 2,5 Jahre eine **Ausbildung zum Werkzeugmechaniker** absolviert und parallel an der Fachhochschule studiert, anschließend weitere zwei Jahre gearbeitet und mit Unterstützung des Unternehmens das Bachelor-Studium erfolgreich abgeschlossen hat (FG Münster v. 14.3.2013, 3 K 2620/12 Kg, EFG 2013, 1055);
- einem **Bachelor-Studenten** an der Berufsakademie, der in einem Ausbildungsdienstverhältnis (hier: in Form eines befristeten Arbeitsvertrags) zu einem Unternehmen steht (FG Münster v. 22.8.2014, 4 K 1914/14 Kg, EFG 2014, 1964).

Ein **Ausbildungsdienstverhältnis verneint** wurde dagegen z.B. bei

- der Ausbildung zum **Verkehrsflugzeugführer**; ein bloßer Schulungs- und Darlehensvertrag mit einer Fluggesellschaft, die den Stpfl. – sofern ein Personalbedarf ausgewiesen und einem Arbeitsverhältnis keine anderen rechtlichen Gründe entgegenstehen – nach erfolgreicher Schulung einzustellen beabsichtigt, begründet kein Dienstverhältnis (zuletzt FG Köln v. 31.7.2014, 6 K 2104/12, EFG 2014, 2129, Revision eingelegt, Az. beim BFH: VI R 59/14, m.w.N.);
- der Tätigkeit als **wissenschaftlicher Mitarbeiter** neben einem Promotionsvorhaben (FG Münster v. 12.9.2014, 4 K 2950/13 Kg, EFG 2014, 2051);
- einer **Zeitsoldatin**, die nach abgeschlossener Berufsausbildung eine bundeswehrinterne Ausbildung zur Nachschubunteroffizierin absolviert (FG Münster v. 24.7.2015, 4 K 3069/14 Kg, EFG 2015, 1722, Revision eingelegt, Az. beim BFH: III R 20/15);
- einem **Zeitsoldaten** mit abgeschlossener Berufsausbildung, der Lehrgänge für den Sanitätsdienst absolviert (BFH v. 16.9.2015, III R 6/15, www.stotax-first.de);
- einem als Zeitsoldat tätigen **Feldwebel**; die nach dem Erwerb der Laufbahnbefähigung in der Bundeswehr üblichen Verwendungslehrgänge im Rahmen der Tätigkeit als Zeitsoldat machen das Dienstverhältnis nicht zu einem Ausbildungsdienstverhältnis (BFH v. 23.6.2015, III R 37/14, www.stotax-first.de).

Ein Ausbildungsdienstverhältnis kann übrigens auch schon vorliegen, wenn noch **keine steuerpflichtigen Einnahmen** fließen, z.B. bei

- **Rechtspraktikanten**, denen bereits im ersten Teil der Ausbildung der Werbungskostenabzug zusteht, obwohl noch kein steuerpflichtiger Unterhaltszuschuss gezahlt wird (BFH v. 24.9.1985, IX R 96/82, BStBl II 1986, 184);
- Teilnahme an einem sog. **Berufsgrundbildungsjahr** (BGJ), das der Vorbereitung auf die Steueranwärterausbildung in Bremen dienen sollte (BFH v. 19.4.1996, VI R 15/93, www.stotax-first.de).

8. Umschulung, Zweitstudium

1311 Auch zu Umschulungskosten hat der BFH seine Rechtsprechung geändert und erkennt nunmehr Aufwendungen für eine Umschulungsmaßnahme, die die Grundlage dafür bildet, von einer Berufs- oder Erwerbsart zu einer anderen überzuwechseln, als vorab entstandene Werbungskosten an (BFH v. 4.12.2002, VI R 120/01, BStBl II 2003, 403). Voraussetzung ist auch hier lediglich, dass die Aufwendungen in einem hinreichend konkreten, objektiv feststellbaren Zusammenhang mit späteren Einnahmen stehen. Dieser Veranlassungszusammenhang kann bei jedweder berufsbezogenen Bildungsmaßnahme erfüllt sein; er wird häufig bei einer Umschulungsmaßnahme gegeben sein, denn in einem solchen Fall werden die Voraussetzungen dafür geschaffen, dass der Stpfl. das hierdurch erworbene Berufswissen am Arbeitsmarkt einsetzen kann, um künftig Einnahmen zu erzielen. Die o.g. gesetzlichen Einschränkungen finden auf diese Fälle keine Anwendung.

Die berufliche Veranlassung einer Umschulungs- oder Qualifizierungsmaßnahme hängt regelmäßig nicht von der Länge bis zur Aufnahme der angestrebten Tätigkeit ab. Kommt es entgegen der Erwartung des Stpfl. nicht zur Erzielung von Erwerbseinnahmen, ist von vergeblich vorab entstandenen Werbungskosten auszugehen (BFH v. 22.6.2006, VI R 71/04, www.stotax-first.de).

Anerkannt als vorab entstandene Werbungskosten wurden daher z.B. Umschulungskosten

- einer arbeitslosen **Industriekauffrau** für eine Fahrlehrerausbildung (BFH v. 4.12.2002, VI R 120/01, BStBl II 2003, 403);
- einer arbeitslosen **Verkäuferin** für die Umschulung zur Arzthelferin (BFH v. 17.12.2002, VI R 42/00, www.stotax-first.de);
- eines **katholischen Priesters** für ein Pädagogikstudium (BFH v. 9.12.2003, VI R 8/03, www.stotax-first.de);
- eines **Biologielaboranten** für eine Umschulung zum Steuerfachgehilfen (BFH v. 19.12.2003, VI R 2/02, www.stotax-first.de);
- einer **Versicherungskauffrau** zur „ärztlich geprüften Gesundheitsberaterin" (BFH v. 22.6.2006, VI R 71/04, www.stotax-first.de).

9. Ausbildungskosten

a) Allgemeines

Ausbildungskosten können vom Stpfl. nur **bis höchstens 6 000 €** **1312** (bis 2011: 4 000 €) – dies gilt auch bei auswärtiger Unterbringung – im Kalenderjahr als **Sonderausgaben** abgesetzt werden; dieser Höchstbetrag gilt bei der Zusammenveranlagung von Ehegatten für jeden Ehegatten gesondert. Bei der Ermittlung der abzugsfähigen Kosten sind die Abzugsbeschränkungen für Mehraufwendungen für Verpflegung, das häusliche Arbeitszimmer, Fahrten zwischen Wohnung und erster Tätigkeits- bzw. Ausbildungsstätte und doppelter Haushaltsführung entsprechend anzuwenden (§ 10 Abs. 1 Nr. 7 EStG).

Die Kostenübernahme durch den Arbeitgeber, z.B. im Hinblick auf ein künftiges Dienstverhältnis, ist grundsätzlich steuerpflichtiger **Arbeitslohn** (zu **Ausnahmen** → Auszubildende Rz. 488), der Arbeitnehmer kann seine Aufwendungen dann jedoch als Werbungskosten absetzen.

Ausbildungskosten sind v.a. Aufwendungen für **Schulausbildung, die erstmalige Berufsausbildung und für ein Erststudium**, das zugleich eine Erstausbildung vermittelt. Die BFH-Rechtsprechung, nach der in diesen Fällen unter bestimmten Voraussetzungen ein Abzug als vorab entstandene Werbungskosten in Betracht kam, ist seit 2004 durch die o.g. **Gesetzesänderungen** weitgehend überholt.

b) Nicht abzugsfähige Kosten

Der Sonderausgabenabzug von Ausbildungskosten setzt voraus, **1313** dass vom Stpfl. eine nachhaltige berufsmäßige Ausübung der erlernten Fähigkeiten zur Erzielung von Einkünften angestrebt wird. **Keine Ausbildungskosten** liegen daher vor, wenn die Ausbildung nicht darauf gerichtet oder dafür geeignet ist, später einen – wenn auch ausgefallenen – Beruf auszuüben, so insbesondere **Hobbytätigkeiten** (zuletzt BFH v. 10.1.2012, VI B 92/11 und VI B 93/11, www.stotax-first.de, m.w.N., betr. Aufwendungen für die Jägerprüfung) oder wenn die Aufwendungen in erster Linie der **Allgemeinbildung** dienen (zuletzt FG Nürnberg v. 23.4.2015, 6 K 1542/14, www.stotax-first.de, m.w.N., betr. Aufwendungen für einen Deutschkurs).

Folgende Aufwendungen können daher z.B. steuerlich überhaupt nicht berücksichtigt werden (auch → Rz. 1315):

- **Fotokurs** eines Apothekers (BFH v. 17.11.1978, VI R 139/76, BStBl II 1979, 180);
- Ausbildung, die den **bildungspolitischen Zielvorstellungen des Gesetzgebers** zuwiderläuft (BFH v. 18.12.1987, VI R 149/81, BStBl II 1988, 494 betr. Ausbildung zum „Gouverneur des Zeitalters der Erleuchtung");

Fortbildung

keine Sozialversicherungspflicht = ⓢⱽ
Sozialversicherungspflicht = Ⓢⱽ

- Aufwendungen eines Fliesenlegermeisters für Lehrgänge zur Ausbildung zum **Ski-Übungsleiter** des Deutschen Skiverbands, wenn in einem **Sportverein bzw. -verband** gelegentlich Aufgaben **gegen Aufwandsentschädigung** übernommen werden sollen. Eine Berufsausbildung i.S.v. § 10 Abs. 1 Nr. 7 EStG erfordert, dass eine nachhaltige berufsmäßige Ausübung der erlernten Fähigkeiten zur Erzielung von Einkünften angestrebt wird (BFH v. 22.9.1995, VI R 13/93, BStBl II 1996, 8);
- Aufwendungen für Erwerb oder Erhaltung der **Privatpilotenlizenz**, auch wenn die beim Fliegen gewonnenen Erfahrungen für die Berufsausübung oder (spätere) Berufsausbildung nützlich sind. Die Kosten für den Erwerb der Privatpilotenlizenz können allerdings Werbungskosten sein, wenn sie Teil der durchgehenden Ausbildung (Ausbildungs- bzw. Dienstverhältnis) und in diesem Rahmen notwendige Voraussetzung für den Erwerb der Verkehrspilotenlizenz gewesen sind (BFH v. 15.5.2013, IX R 5/11, BStBl II 2014, 143);
- sog. **Hobbypromotionen** oder wenn die Führung des Doktortitels durch **persönliche Beweggründe** zumindest mitbeeinflusst wurde (zuletzt BFH v. 8.6.2004, VI B 158/03, www.stotax-first.de, m.w.N.);
- Aufwendungen für ein sog. **Seniorenstudium** (BFH v. 10.2.2005, VI B 33/04, www.stotax-first.de, und v. 7.10.2008, VI B 92/07, www.stotax-first.de);
- Aufwendungen für den **Deutschkurs eines Ausländers**, da sie – auch bei beruflicher Mitveranlassung – v.a. der sozialen Integration dienen (zuletzt FG Nürnberg v. 23.4.2015, 6 K 1542/14, www.stotax-first.de, m.w.N.);
- Aufwendungen für die **Jägerprüfung** (BFH v. 10.1.2012, VI B 92/11 und VI B 93/11, www.stotax-first.de).

10. Weiterbildung in einem nicht ausgeübten Beruf

1314 Der **Gesetzgeber** hat ab 2004 die „Weiterbildung in einem nicht ausgeübten Beruf" aus der Regelung des § 10 Abs. 1 Nr. 7 EStG herausgenommen, derartige Kosten sind somit steuerlich nicht mehr abzugsfähig.

Bei einem engen Zusammenhang mit der Wiederaufnahme der Berufstätigkeit können derartige Kosten jedoch als **vorab entstandene Werbungskosten** – ohne Beachtung der o.g. Höchstbeträge – berücksichtigt werden (→ Rz. 1301).

11. Kosten der Lebensführung

1315 Kosten der **Allgemeinbildung und der Persönlichkeitsentfaltung** sind der allgemeinen Lebensführung zuzurechnen und somit weder als Fort- noch als Ausbildungskosten abzugsfähig. Dies gilt auch nach der geänderten BFH-Rechtsprechung, weil in diesen Fällen die beruflichen und privaten Veranlassungsbeiträge untrennbar ineinandergreifen (BMF v. 6.7.2010, IV C 3 – S 2227/07/10003 :002, BStBl I 2010, 614).

Nicht abzugsfähig sind danach z.B.:

- Aufwendungen eines in Deutschland lebenden Ausländers für das **Erlernen der deutschen Sprache**, selbst wenn ausreichende Deutschkenntnisse für einen angestrebten Arbeits- oder Ausbildungsplatz förderlich sind (zuletzt FG Nürnberg v. 23.4.2015, 6 K 1542/14, www.stotax-first.de, m.w.N., BMF v. 6.7.2010 IV C 3 – S 2227/07/10003 :002, BStBl I 2010, 614 Tz. 19 m.w.N. sowie FinMin Schleswig-Holstein v. 27.5.2010, VI 314 – S 2284 – 176, www.stotax-first.de: auch kein Abzug als außergewöhnliche Belastung; dies gilt auch für Aufwendungen für Integrationskurse, sofern die Teilnahme freiwillig erfolgt);
- Erwerb des **Führerscheins der Klasse B** (ausführlich → *Werbungskosten* Rz. 3194 Stichwort „Führerschein").
  Ein Sonderausgabenabzug als Ausbildungskosten kommt ebenfalls nicht in Betracht, weil Führerscheinkosten regelmäßig nicht im Hinblick auf eine konkrete Berufsausbildung anfallen (BFH v. 5.8.1977, VI R 246/74, BStBl II 1977, 834);
- Aufwendungen für Erwerb und Erhaltung einer **Privatpilotenlizenz** (BFH v. 15.5.2013, IX R 5/11, BStBl II 2014, 143);
- Aufwendungen einer 55-jährigen medizinisch-technischen Assistentin für ein **Studium der Kunstgeschichte** (BFH v. 26.1.2005, VI R 71/03, BStBl II 2005, 349);
- Aufwendungen für ein sog. **Seniorenstudium** (BFH v. 10.2.2005, VI B 33/04, www.stotax-first.de, und v. 7.10.2008, VI B 92/07, www.stotax-first.de);
- Aufwendungen eines Management Consultant für einen **Coaching-Kurs** während des Urlaubs, weil der konkrete berufliche Anlass nicht nachgewiesen werden konnte (FG Hamburg v. 7.3.2008, 5 K 30/07, www.stotax-first.de; hierzu auch FG Münster v. 27.11.2009, 4 K 1802/08 E, www.stotax-first.de);

- Teilnahme an **psychologischen Seminaren**, selbst wenn der Arbeitgeber bezahlten Bildungsurlaub gewährt hat (BFH v. 6.3.1995, VI R 76/94, BStBl II 1995, 393); s. zur steuerlichen Behandlung von Aufwendungen für Psychoanalyse, Selbsterfahrungsgruppen und ähnliche Veranstaltungen auch OFD Frankfurt v. 10.7.1996, S 2227 A – 15 – St II 20, www.stotax-first.de, sowie ausführlich zuletzt FG Nürnberg v. 25.7.2012, 3 K 376/11, www.stotax-first.de, betr. Besuch der Kurse „Explorations in Human Development" der Ridhwan Teachers, bei denen es sich um Programme zur Selbstverwirklichung handelt – Werbungskosten abgelehnt.
  Kosten für die Teilnahme an psychologischen Seminaren sind dagegen **Werbungskosten**, wenn im Wesentlichen ein auf den konkreten Beruf zugeschnittenes psychologisches Wissen vermittelt wird und der Teilnehmerkreis entsprechend homogen zusammengesetzt ist (zuletzt BFH v. 18.5.2006, VI B 145/05, www.stotax-first.de, m.w.N.);
- Aufwendungen für Kurse in **NLP (Neuro-Linguistisches Programmieren)-Kurse**, deren Schwerpunkte im Bereich der zielorientierten Kommunikation liegen (zuletzt FG München v. 28.7.2005, 15 K 4588/03, EFG 2006, 38).
  Anerkannt nur bei eindeutiger beruflicher Veranlassung, so zuletzt bei einer Redaktionsleiterin, die ihre Kommunikationsfähigkeit im Berufsleben verbessern wollte (BFH v. 28.8.2008, VI R 44/04, BStBl II 2009, 106);
- Aufwendungen für den Besuch berufsbegleitender **Supervisionsseminare (Seminare zur Persönlichkeitsentfaltung)**.
  Anerkannt nur bei eindeutiger beruflicher Veranlassung, so zuletzt bei einem Revisor und Teamleiter, der seine **Kommunikationsfähigkeit im Berufsleben verbessern** wollte (BFH v. 28.8.2008, VI R 35/05, BStBl II 2009, 108);
- Aufwendungen eines **Bankbetriebswirts** für die Fortbildung in „Psycho- und Pathophysiognomik", wenn die private Wissensvermittlung vorrangig ist (FG Rheinland-Pfalz v. 3.6.2013, 5 K 1261/12, www.stotax-first.de);
- Kosten für einen **Shaolin-Kurs auf Mallorca bei einer Zahnärztin/Heilpraktikerin**; dies gilt auch, wenn die Zahnärztekammer diesen Kurs als Fortbildung anerkennt (FG Köln v. 14.11.2013, 10 K 1356/13, EFG 2014, 519).

12. Liebhaberei

Aufwendungen für eine Tätigkeit, die auf Dauer „keine Gewinne abwirft", können steuerlich nicht berücksichtigt werden. 1316

> **Beispiel 1:**
> A, promovierter und habilitierter Dipl.-Ingenieur, jetzt Pensionär, ist unentgeltlich als Honorarprofessor tätig.
> A kann seine Aufwendungen mangels Einkünfteerzielung und Einkunftserzielungsabsicht weder als Betriebsausgaben noch als Werbungskosten absetzen (vgl. zuletzt FG Hamburg v. 19.7.2012, 3 K 33/11, www.stotax-first.de).
> Entsprechendes gilt für Pastoren im Ruhestand, die weiterhin unentgeltlich seelsorgerisch tätig sind (zuletzt FG Hamburg v. 13.2.2013, 5 K 50/11, www.stotax-first.de).

Ggf. können die Aufwendungen aber als **Werbungskosten im Hauptberuf** anerkannt werden (zuletzt BFH v. 16.3.2006, IV B 157/04, www.stotax-first.de, m.w.N., betr. Verluste aus selbständiger künstlerischer Tätigkeit bei positiven Einkünften aus Lehraufträgen).

> **Beispiel 2:**
> Beispiel wie vorher, A ist jedoch noch „aktiv" in seinem Beruf tätig. Er hat die Lehrtätigkeit nur deshalb übernommen und die „Verluste" in Kauf genommen, weil sie gleichzeitig seiner Fortbildung im „Hauptberuf" dient.
> Das FG Saarland hat in einem ähnlichen Fall die Aufwendungen für die nebenberufliche Lehrtätigkeit als Werbungskosten im Hauptberuf (Fortbildungskosten) anerkannt, weil sich die praktische Tätigkeit als Arbeitnehmer und die auf dem gleichen Sektor liegende nebenberufliche Lehrtätigkeit „gegenseitig befruchten" (FG Saarland v. 30.9.1988, 2 K 162/87, EFG 1989, 17).

13. Förderung aus öffentlichen Mitteln

Beihilfen aus öffentlichen Mitteln oder aus Mitteln einer öffentlichen Stiftung, die zu dem Zweck bewilligt werden, die Erziehung oder Ausbildung, die Wissenschaft oder Kunst unmittelbar zu fördern, sind **steuerfrei** (§ 3 Nr. 11 EStG). **Entsprechendes gilt für die Stipendien, die aus öffentlichen Mitteln** oder von den in § 3 Nr. 44 EStG bezeichneten Einrichtungen zur Förderung der Forschung oder zur Förderung der wissenschaftlichen oder 1317 künstlerischen Aus- oder Fortbildung gewährt werden. Voraussetzung für eine Steuerbefreiung nach § 3 Nr. 11 EStG oder § 3 Nr. 44 EStG ist, dass der Empfänger mit der Beihilfe/den Bezügen nicht zu einer bestimmten wissenschaftlichen oder künstlerischen Gegenleistung oder zu einer bestimmten Arbeitnehmertätigkeit verpflichtet wird. Darüber hinaus liegt eine Steuerfreiheit von Stipendien i.S.d. § 3 Nr. 44 EStG nur vor, wenn die Stipendien einen für die Erfüllung der Forschungsaufgabe oder für die Bestreitung des Lebensunterhalts und die Deckung des Ausbildungsbedarfs erforderlichen Betrag nicht übersteigen und nach den von dem Geber erlassenen Richtlinien vergeben werden. Empfänger einer steuerfreien Beihilfe können nur die Personen sein, denen sie im Hinblick auf den Zweck der Leistung bewilligt worden ist (BFH v. 19.6.1997, IV R 26/96, BStBl II 1997, 652). Zur Anwendung der Steuerfreiheit nach § 3 Nr. 44 EStG für ein Stipendium einer gemeinnützigen EU/EWR-Institution wird auf H 3.44 (Stipendien) zweiter Spiegelstrich EStH hingewiesen. S. im Übrigen H 3.11 LStH sowie → *Stipendien* Rz. 2811.

Studienbeihilfen aus öffentlichen Mitteln sind auch dann nach § 3 Nr. 11 EStG steuerfrei, wenn der Empfänger verpflichtet ist, **nach Abschluss der Ausbildung in ein Dienstverhältnis zum Zuwendenden zu treten** (BFH v. 15.6.1973, VI R 295/69, BStBl II 1973, 734 und v. 29.6.1973, VI R 56/72, BStBl II 1973, 848).

Steuerfreie Leistungen i.S.d. § 3 Nr. 2 EStG, z.B. **Fahrtkostenerstattungen der Agentur für Arbeit**, sind nach § 3c EStG von den entsprechenden Aufwendungen abzuziehen, nicht jedoch das sog. **Unterhaltsgeld** (bis 2004) nach den §§ 153, 77 SGB III (BFH v. 13.10.2003, VI R 71/02, BStBl II 2004, 890).

Fördermittel, die ein von seinem Arbeitgeber für berufliche Fortbildungsmaßnahmen freigestellter Arbeitnehmer nach dem **Programm zur Förderung von umweltgerechter Landwirtschaft, Erhaltung der Kulturlandschaft, Kulturschutz und Landschaftspflege in Thüringen (KULAP)** erhalten hat, sind nicht nach § 3 Nr. 2 EStG steuerfrei, da die Förderung aus Landesmitteln und aus dem Europäischen Ausrichtungs- und Garantiefonds stammt. Auch eine Steuerbefreiung nach § 3 Nr. 11 EStG kommt nicht in Betracht, da keine Berufsausbildung, sondern eine Fortbildung im bereits erlernten und im Anschluss an die Fortbildungsmaßnahme weiterhin ausgeübten Beruf erfolgt. Der Arbeitnehmer bezieht die Zahlungen als Gegenleistungen dafür, dass er an den Fortbildungsveranstaltungen teilnimmt. Die Zahlungen sind daher steuerbar und unterliegen, da sie insbesondere nicht im Rahmen eines (Ersatz-)Arbeitsverhältnisses gezahlt werden, als **sonstige Einkünfte** nach § 22 Nr. 3 EStG der Besteuerung (BFH v. 13.2.2008, IX R 63/06, www.stotax-first.de).

Studienbeihilfen, die erst **nach Abschluss der Aus- oder Fortbildungsmaßnahme** gewährt werden, sind dagegen **steuerpflichtig** (BFH v. 17.9.1976, VI R 229/74, BStBl II 1977, 68). Weitere Einzelheiten → *Stipendien* Rz. 2811.

Die **Rückzahlung eines Darlehens**, mit dem eine Aus- oder Fortbildung finanziert wurde, ist weder als Werbungskosten noch als außergewöhnliche Belastung abzugsfähig, weil die Aufwendungen allenfalls im Jahr der Verausgabung steuerlich hätten berücksichtigt werden können (FG München v. 25.9.2007, 1 K 2892/05, EFG 2008, 455 betr. die Rückzahlung von auf Darlehensbasis gewährtem Unterhaltsgeld an die Agentur für Arbeit sowie BFH v. 7.2.2008, VI R 41/05, HFR 2008, 805 betr. die Rückzahlung von **BAföG-Darlehen**).

14. Förderung durch private Arbeitgeber

a) Steuerpflichtige Beihilfen

1318 Die oben dargestellten Grundsätze gelten nicht bei der Aus- oder Fortbildung durch private Arbeitgeber. Beihilfen usw., die private Arbeitgeber förderungswürdigen Arbeitnehmern gewähren (z.B. zur Fortbildung eines Chemiearbeiters zum Chemotechniker), gehören grundsätzlich zum **steuer- und beitragspflichtigen Arbeitslohn**. Das gilt auch, wenn der Arbeitnehmer die Aufwendungen als Werbungskosten geltend machen könnte, da „reiner Werbungskostenersatz" durch den Arbeitgeber – sofern nicht ausnahmsweise eine Steuerbefreiungsvorschrift erfüllt ist – nicht steuerfrei ist (R 19.3 Abs. 3 Satz 1 LStR). Beihilfen dieser Art sind daher im Zeitpunkt des Zuflusses zu versteuern.

Beispiel:
A besucht in seiner Freizeit einen Meisterkurs. Sein Arbeitgeber erstattet ihm als Anerkennung für seine langjährige Tätigkeit im Betrieb die Kosten, obwohl sich A nach erfolgreichem Abschluss selbständig machen will.

Die Kostenübernahme durch den Arbeitgeber stellt steuerpflichtigen Arbeitslohn dar. Im Hinblick auf das angekündigte Ausscheiden des A aus dem Betrieb besteht kein ganz überwiegendes betriebliches Interesse daran, dass A die Meisterschule besucht. A kann die Fortbildungskosten jedoch als Werbungskosten absetzen.

Muss ein Arbeitnehmer vom Arbeitgeber getragene **Aus- oder Fortbildungskosten zurückzahlen**, weil er das mit diesem bestehende Beschäftigungsverhältnis vor Ablauf einer bestimmten Frist gekündigt hat, kann er die Kosten als **Werbungskosten** absetzen; dies gilt auch für Zahlungen an einen **ausländischen Arbeitgeber**, um anschließend höhere Einkünfte bei einem inländischen Arbeitgeber erzielen zu können – das **Abzugsverbot des** § 3c Abs. 1 EStG ist nicht anzuwenden (BFH v. 7.12.2005, I R 34/05, HFR 2006, 766).

b) Steuerfreie Leistungen im eigenbetrieblichen Interesse

Aufwendungen des Arbeitgebers zur beruflichen Fortbildung des Arbeitnehmers führen jedoch dann nicht zu Arbeitslohn, wenn die Bildungsmaßnahmen im **ganz überwiegenden betrieblichen Interesse des Arbeitgebers durchgeführt werden, weil sie die Einsatzfähigkeit des Arbeitnehmers im Betrieb des Arbeitgebers erhöhen sollen**. Dabei ist es gleichgültig, ob die Bildungsmaßnahmen am Arbeitsplatz, in zentralen betrieblichen Einrichtungen oder in außerbetrieblichen Einrichtungen durchgeführt werden, ob die Maßnahmen als Aus- oder Fortbildung im steuerlichen Sinne anzusehen sind und ob sie auf Initiative des Arbeitgebers erfolgen (vgl. FG München v. 17.1.2002, 7 K 1790/00, EFG 2002, 617). Dies gilt auch für **Bildungsmaßnahmen fremder Unternehmer, die für Rechnung des Arbeitgebers erbracht** werden, d.h. wenn das fremde Unternehmen dem Arbeitgeber die Leistung in Rechnung stellt. Ist der **Arbeitnehmer Rechnungsempfänger**, ist dies für ein ganz überwiegend betriebliches Interesse des Arbeitgebers unschädlich, wenn der Arbeitgeber die Übernahme bzw. den Ersatz der Aufwendungen allgemein oder für die besondere Bildungsmaßnahme **vor Vertragsabschluss** schriftlich zugesagt hat; um in diesen Fällen einen Werbungskostenabzug für die vom Arbeitnehmer wirtschaftlich nicht getragenen Aufwendungen auszuschließen, hat der **Arbeitgeber auf der ihm vom Arbeitnehmer zur Kostenübernahme vorgelegten Originalrechnung die Höhe der Kostenübernahme anzugeben und eine Kopie dieser Rechnung zum Lohnkonto zu nehmen** (vgl. R 19.7 Abs. 1 LStR sowie sinngemäß BMF v. 13.4.2012, IV C 5 – S 2332/07/0001, BStBl I 2012, 531 zur lohnsteuerlichen Behandlung der Übernahme von Studiengebühren für ein berufsbegleitendes Studium durch den Arbeitgeber).

Für die Beantwortung der Frage, ob die **Leistungen im ganz überwiegenden Interesse des Arbeitgebers erbracht werden, kommen folgende Kriterien** in Betracht:

– Die aus der Fortbildung erworbenen Kenntnisse und Fähigkeiten müssen im Betrieb des Arbeitgebers gegenwärtig oder für künftig geplante Änderungen bei der technischen Ausstattung, den Arbeitsabläufen und dergleichen verwertbar sein. Der Erwerb von beruflichen methodischen, technischen und praktischen Kenntnissen liegt aber nicht im ganz überwiegenden betrieblichen Interesse, wenn sie im eigenen Betrieb nicht eingesetzt werden können.

– Der Arbeitnehmer konnte auf Grund einer zeitlich vor dem Abschluss des Fortbildungsvertrags mit der Bildungseinrichtung getroffenen Vereinbarung zur (vollen bzw. teilweisen) Kostenübernahme mit dem Arbeitgeber damit rechnen, dass der Arbeitgeber ihm die Kosten ganz oder teilweise ersetzen wird, weil der Arbeitgeber die Übernahme bzw. den Ersatz der Aufwendungen allgemein oder für die besondere Bildungsmaßnahme vor Vertragsabschluss schriftlich zugesagt hat. Dabei ist unschädlich, wenn der Arbeitnehmer Rechnungsempfänger ist.

– Die Vereinbarung zur (vollen bzw. teilweisen) Kostenübernahme ist aus Nachweisgründen in schriftlicher Form abzufassen und als Beleg zum Lohnkonto zu nehmen.

1319

Fortbildung

Steuerpflichtiger Arbeitslohn liegt aber dann vor, wenn die Bildungsmaßnahme bei Zusage bereits abgeschlossen ist.

Für die Annahme eines ganz überwiegenden betrieblichen Interesses des Arbeitgebers ist nicht – wie aus R 74 Abs. 2 Satz 1 und 2 LStR 2001 vielfach geschlossen wurde – Voraussetzung, dass der Arbeitgeber die Teilnahme an der Bildungsmaßnahme zumindest teilweise auf die **Arbeitszeit anrechnet**. Rechnet er die Teilnahme an der Bildungsmaßnahme zumindest teilweise auf die Arbeitszeit an, ist die Prüfung weiterer Voraussetzungen eines ganz überwiegenden betrieblichen Interesses des Arbeitgebers entbehrlich, es sei denn, es liegen konkrete Anhaltspunkte für den **Belohnungscharakter** der Maßnahme vor (R 19.7 Abs. 2 Satz 1 und 2 LStR).

Die Anrechnung auf die Arbeitszeit ist aber nur **ein** Kriterium für die Anerkennung des betrieblichen Interesses; die Bildungsveranstaltung kann daher vom Arbeitnehmer ohne Anrechnung auf die Arbeitszeit am **Wochenende** besucht werden.

> **Beispiel:**
> A besucht auf dringenden Wunsch seines Arbeitgebers in seiner Freizeit (Urlaub und arbeitsfreie Samstage) einen Meisterkurs. Sein Arbeitgeber trägt die Kosten, weil er in seinem Betrieb unbedingt einen weiteren Meister braucht. Der Besuch des Meisterkurses wird nicht als Arbeitszeit gewertet, weil der Arbeitgeber ohnehin schon zu wenig Personal hat.
>
> Der Besuch des Lehrgangs erfolgt im ganz überwiegenden betrieblichen Interesse des Arbeitgebers, die Kostenübernahme stellt daher keinen Arbeitslohn dar. Unerheblich ist, dass keine Anrechnung auf die Arbeitszeit erfolgt.

Wenn Fortbildungsmaßnahmen im ganz überwiegenden betrieblichen Interesse des Arbeitgebers durchgeführt werden, stehen die Aufwendungen des Arbeitgebers für die Fortbildungsmaßnahme den Aufwendungen gleich, die durch die berufliche Tätigkeit des Arbeitnehmers veranlasst sind. Die Aufwendungen können in sinngemäßer Anwendung der R 9.4 - 9.8 und 9.11 LStR steuerfrei nach den für eine **Auswärtstätigkeit** geltenden Grundsätzen vom Arbeitgeber ersetzt werden.

c) Übernahme von Studiengebühren durch den Arbeitgeber

1320 Zur lohnsteuerlichen Behandlung der Übernahme von Studiengebühren für ein **berufsbegleitendes Studium** durch den Arbeitgeber oder den neuen Arbeitgeber bei einem **Arbeitgeberwechsel** s. ausführlich BMF v. 13.4.2012, IV C 5 – S 2332/07/0001, BStBl I 2012, 531 sowie → *Auszubildende* Rz. 489.

Für Fälle, in denen **kein Ausbildungsdienstverhältnis** gem. R 9.2 Abs. 1 Satz 3 LStR begründet wird, findet Tz. 1 des o.g. BMF-Schreibens **keine Anwendung**. Ein Ausbildungsdienstverhältnis ist dadurch gekennzeichnet, dass die erstmalige Berufsausbildung oder das Erststudium Gegenstand des Dienstverhältnisses ist (R 9.2 Abs. 1 Satz 3 LStR). Dies ist beispielsweise nicht gegeben, wenn Teilzeitbeschäftigte eines Kreditinstituts an der Frankfurt School of Finance & Management (bisher: Bankakademie/Hochschule für Bankwirtschaft) ein berufsintegriertes Studium mit staatlich anerkanntem Abschluss absolvieren; es besteht hier keine arbeitsvertragliche Verpflichtung zum Studium, vielmehr ermöglicht das Teilzeitarbeitsverhältnis das Studium. Die vom arbeitgebenden Kreditinstitut voll oder teilweise übernommenen Studiengebühren und Kostenbeiträge stellen **steuerpflichtigen Arbeitslohn** dar (OFD Frankfurt v. 4.10.2010, S 2332 A – 63 – St 211, www.stotax-first.de).

Von den Studenten können die als Arbeitslohn besteuerten Studiengebühren und Kostenbeiträge ggf. i.R.d. § 10 Abs. 1 Nr. 7 EStG als **Sonderausgaben** geltend gemacht werden.

d) Weitere Einzelfragen

1321 Auch **sprachliche Bildungsmaßnahmen** sind unter den genannten Voraussetzungen dem ganz überwiegenden betrieblichen Interesse zuzuordnen, wenn der Arbeitgeber die Sprachkenntnisse in dem für den Arbeitnehmer vorgesehenen Aufgabengebiet verlangt (R 19.7 Abs. 2 LStR). Dabei genügt die Vermittlung von Grundkenntnissen einer Fremdsprache, wenn diese für die berufliche Tätigkeit ausreichen (BFH v. 24.2.2011, VI R 12/10, BStBl II 2011, 796). Den Werbungskostenabzug eines in Deutschland lebenden Ausländers zur **Erlernung der deutschen Sprache** hat aber der BFH unter Hinweis auf nicht abziehbare Kosten der Lebensführung abgelehnt (zuletzt FG Nürnberg v. 23.4.2015, 6 K 1542/14, www.stotax-first.de, m.w.N.; s. auch BMF v. 6.7.2010, IV C 3 – S 2227/07/10003 :002, BStBl I 2010, 614). Sollte der Arbeitgeber in einem solchen Falle die Aufwendungen ersetzen, führt dies zu steuerpflichtigem Arbeitslohn.

Nach BFH-Rechtsprechung (BFH v. 13.6.2002, VI R 168/00, BStBl II 2003, 765) wird nicht mehr an der Vermutung festgehalten, dass eine im **Ausland stattfindende Veranstaltung** grundsätzlich für eine private Veranlassung spricht. Aufwendungen des Arbeitgebers zur beruflichen Fortbildung des Arbeitnehmers im EU/EWR-Ausland und in der Schweiz können nach den allgemeinen Grundsätzen im ganz überwiegenden betrieblichen Interesse des Arbeitgebers liegen (vgl. BMF v. 26.9.2003, IV A 5 – S 2227 – 1/03, BStBl I 2003, 447). Zu prüfen ist in diesen Fällen aber besonders bei Auslandssprachkursen, ob und inwieweit der Besuch des Sprachkurses auf privaten Erwägungen des Arbeitnehmers beruht; so ist z.B. die Teilnahme an einem Sprachkurs in spanischer Sprache in Südamerika außergewöhnlich und indiziert bereits, dass der Stpfl. die Reisekosten auch aus privaten Erwägungen auf sich genommen hat (BFH v. 9.1.2013, VI B 133/12, www.stotax-first.de, betr. Teilnahme einer Exportsachbearbeiterin an einem Sprachkurs in spanischer Sprache in Südamerika).

Die Grundsätze sind im Übrigen nicht nur auf Sprachkurse, sondern auf Fortbildungsveranstaltungen allgemein (z.B. bei Studien- und Kongressreisen) anzuwenden.

Von einem ganz überwiegenden betrieblichen Interesse geht die Finanzverwaltung auch bei SGB III entsprechenden **Qualifikations- und Trainingsmaßnahmen** aus, die der Arbeitgeber oder eine zwischengeschaltete **Beschäftigungsgesellschaft** im Zusammenhang mit **Auflösungsvereinbarungen** erbringt (R 19.7 Abs. 2 Satz 3 LStR). Das betriebliche Interesse des (früheren) Arbeitgebers liegt darin, für die ausscheidenden Arbeitnehmer möglichst schnell eine neue Arbeitsstelle zu finden und damit u.a. Kosten einzusparen. Ob an dieser Auffassung festgehalten werden kann, ist zweifelhaft geworden (→ *Outplacement* Rz. 2142).

Der Ersatz von **Reisekosten** (Fahrtkosten, Mehraufwendungen für Verpflegung, Übernachtung) im Zusammenhang mit Fortbildungsveranstaltungen ist – auch wenn die Fortbildungsveranstaltung im ganz überwiegenden betrieblichen Interesse des Arbeitgebers liegt und somit kein steuerpflichtiger Arbeitslohn anzunehmen ist – nur im Rahmen der „Dienstreise-Regeln" steuerfrei (R 19.7 Abs. 3 LStR). Es ist also auch in diesen Fällen nicht zulässig, Mehraufwendungen für Verpflegung über die steuerlichen Pauschalen hinaus steuerfrei zu erstatten.

Bildet sich der Arbeitnehmer **nicht im ganz überwiegenden betrieblichen Interesse des Arbeitgebers** fort, so gehört der nach § 8 Abs. 2 EStG zu ermittelnde ortsübliche Wert der **vom Arbeitgeber erbrachten Fort- oder Weiterbildungsleistung zum Arbeitslohn**. Der Arbeitnehmer kann dann den Wert in Höhe des versteuerten Arbeitslohns i.R.d. § 9 Abs. 1 Satz 1 EStG als **Werbungskosten** oder i.R.d. § 10 Abs. 1 Nr. 7 EStG als **Sonderausgaben** geltend machen (R 19.7 Abs. 2 Satz 4 und 5 LStR).

e) Darlehen

1322 Bei einer Förderung der Aus- oder Fortbildung durch Darlehen ist die bürgerlich-rechtliche Vertragsgestaltung maßgebend. Danach kann ein **Darlehen angenommen** werden, wenn bei der Hingabe ernsthaft mit der **Rückzahlung gerechnet wird und marktübliche Vereinbarungen über Verzinsung, Kündigung und Rückzahlung** getroffen werden. Unter diesen Voraussetzungen können auch monatlich gewährte **Studienbeihilfen** ein Darlehen i.S.d. § 607 BGB darstellen. In derartigen Fällen führen weder Hingabe noch Rückzahlung der Mittel zu lohnsteuerlichen Folgerungen (vgl. BMF v. 13.4.2012, IV C 5 – S 2332/07/0001, BStBl I 2012, 531 Tz. 2.3 zur lohnsteuerlichen Behandlung der Übernahme von Studiengebühren für ein berufsbegleitendes Studium durch den Arbeitgeber).

Ist das Arbeitgeberdarlehen nach den getroffenen Vereinbarungen nur dann tatsächlich zurückzuzahlen, wenn der Arbeitnehmer aus Gründen, die in seiner Person liegen, vor Ablauf des vertraglich festgelegten Zeitraums (i.d.R. zwei bis fünf Jahre) aus dem Arbeitsverhältnis ausscheidet oder ist der marktübliche Zinssatz unterschritten, ist zu prüfen, ob im Zeitpunkt der Einräumung des Arbeitgeberdarlehens die **Voraussetzungen des** R 19.7 LStR vorliegen. Wird dies bejaht, ist der Verzicht auf die Darlehensrückzahlung oder der Zinsvorteil eine (steuerfreie) Leistung des Arbeitgebers im ganz überwiegenden betrieblichen Interesse.

Liegen die Voraussetzungen der R 19.7 LStR **nicht vor, stellt der (Teil-)Erlass des Darlehens einen Vorteil mit Arbeitslohncharakter für den Arbeitnehmer dar.** Gleiches gilt für einen Zinsvorteil nach Maßgabe des BMF-Schreibens v. 19.5.2015, IV C 5 – S 2334/07/0009, BStBl I 2015, 484, www.stotax-first.de. Der Arbeitslohn fließt dem Arbeitnehmer bei einem Darlehens(teil-)erlass in dem Zeitpunkt zu, in dem der Arbeitgeber zu erkennen gibt, dass er auf die (Teil-)Rückzahlung des Darlehens verzichtet (BFH v. 27.3.1992, VI R 145/89, BStBl II 1992, 837). Vgl. auch hierzu sinngemäß BMF v. 13.4.2012, IV C 5 – S 2332/07/0001, BStBl I 2012, 531 Tz. 2.3 zur lohnsteuerlichen Behandlung der Übernahme von Studiengebühren für ein berufsbegleitendes Studium durch den Arbeitgeber.

f) Studienreisen, Ausbildungsfreizeiten

1323 Aufwendungen eines Arbeitnehmers für Studienreisen sind entweder der **allgemeinen Lebensführung** zuzurechnen oder erfüllen den Begriff der **Auswärtstätigkeit**, so dass dann insoweit auch ein steuerfreier Arbeitgeberersatz möglich ist. Bei sog. gemischt veranlassten Reisen kommt auch eine Aufteilung in Betracht. Weitere Einzelheiten → *Reisekosten: Allgemeine Grundsätze* Rz. 2409.

Im Rahmen der **betrieblichen Gesamtausbildung** werden Auszubildende gelegentlich zu **Ausbildungsfreizeiten** abgeordnet, ohne dass ein berufsbezogener Charakter der Tätigkeiten während der Freizeit im herkömmlichen Sinne gegeben ist. Insoweit ist jedoch den Besonderheiten des Ausbildungsverhältnisses Rechnung zu tragen, das neben der beruflichen auch eine **gewisse Persönlichkeitsbildung** anstrebt. **Der Betrieb hat ein Interesse,** seine Auszubildenden und möglichen späteren Mitarbeiter **auch unter nicht streng betriebsbezogenen Gesichtspunkten kennen zu lernen**. Der Auszubildende kann sich der Teilnahme an derartigen Freizeiten kaum entziehen. Freizeiten für Auszubildende können daher **steuerfrei** durchgeführt bzw. etwaige Kosten vom Arbeitgeber steuerfrei ersetzt werden, wenn für ein geregeltes volles Programm gesorgt ist und die Jugendlichen sich nicht weitgehend selbst überlassen sind.

Dies gilt entsprechend, wenn z.B. eine Auslandsexkursion nach der Studienordnung obligatorischer Teil des Studiums ist (zuletzt BFH v. 26.11.2002, VI R 62/02, HFR 2003, 456).

15. Fortbildungsveranstaltungen mit privatem Rahmenprogramm

a) Allgemeines

1324 Aufwendungen des Arbeitgebers für **Fort-, Ausbildungs- und Studienveranstaltungen** sowie sonstige Arbeits- und Informationstagungen im ganz überwiegenden betrieblichen Interesse stellen nach den o.g. Grundsätzen **keinen steuerpflichtigen Arbeitslohn** dar (→ Rz. 1319).

Trägt der Arbeitgeber im Rahmen solcher Tagungen auch die Aufwendungen für ein Rahmenprogramm mit kulturellem, sportlichem oder gesellschaftlichem Charakter (z.B. **Besuch der Oper, abendliches Galadiner**), so beeinträchtigt dies nach der BFH-Rechtsprechung (vgl. BFH v. 9.8.1996, VI R 88/93, BStBl II 1997, 97) die betriebliche Veranlassung der Tagung im Übrigen dann nicht, wenn die Kosten des Rahmenprogramms klar von den übrigen Kosten der Tagung abgrenzbar sind. In diesem Fall stellen lediglich die Kosten für das **Rahmenprogramm steuerpflichtigen Arbeitslohn** dar, während die Kosten der **eigentlichen Tagung** einschließlich der Aufwendungen für die An- und Abreise im Rahmen der steuerlich zulässigen Beträge **nicht zum steuerpflichtigen Arbeitslohn** gehören.

Sofern im Übrigen die Voraussetzungen des § 19 Abs. 1 Satz 1 Nr. 1a EStG vorliegen, ist ein solches Rahmenprogramm als **Betriebsveranstaltung** zu werten, insbesondere bei Teilnahmemöglichkeit aller Arbeitnehmer oder Angehörigen der Organisationseinheit des Betriebs, sofern keine Bevorzugung der Organisationseinheit vorliegt (BFH v. 4.8.1994, VI R 61/92, BStBl II 1995, 59). Arbeitslohn liegt dann nicht vor, soweit der auf den einzelnen Arbeitnehmer entfallende **Wert 110 €** (brutto) nicht übersteigt (§ 19 Abs. 1 Satz 1 Nr. 1a Satz 3 EStG); → *Betriebsveranstaltungen* Rz. 701.

Der BFH hat mit Urteil v. 18.8.2005, VI R 32/03, BStBl II 2006, 30 auch entschieden, dass bei **Mitarbeitertagungen im Ausland** nach Möglichkeit eine Aufteilung der Aufwendungen in solche im eigenbetrieblichen Interesse und solche in Form von Arbeitslohn vorzunehmen ist.

Zur steuerlichen Behandlung von Studien- und Kongressreisen → *Reisekosten: Allgemeine Grundsätze* Rz. 2446.

b) Teilnahme des Arbeitnehmer-Ehegatten

1325 Arbeitslohn liegt auch vor, wenn ein Arbeitgeber am Rande einer Fortbildungsveranstaltung, Tagung oder Messe für die **Ehefrauen der Mitarbeiter ein Rahmenprogramm** veranstaltet, wenn nicht das überwiegende eigenbetriebliche Interesse der Teilnahme der Ehefrauen nachgewiesen werden kann. Das überwiegende eigenbetriebliche Interesse kann nicht schon dann angenommen werden, wenn der Arbeitgeber die Teilnahme der Ehefrauen erwartet, weil er sich dadurch ein besseres Geschäftsklima und bessere Verkaufserfolge erhofft. Es gelten die gleichen Grundsätze wie für die Teilnahme des Arbeitnehmer-Ehegatten an **Incentive-Reisen** (→ *Incentive-Reisen* Rz. 1591).

Fortsetzungserkrankung

→ *Entgeltfortzahlung* Rz. 1071

Frackgelder

→ *Arbeitslohn-ABC* Rz. 255

Franchisenehmer/Franchiseverträge

1. Allgemeines

1326 Franchiseverträge sind aus den USA stammende **Absatzmittlungsverhältnisse** zwischen zwei rechtlich selbständigen Unternehmen. Es handelt sich dabei um Dauerschuldverhältnisse, die **nicht gesetzlich fixiert** sind.

Franchisenehmer erhalten vom Franchisegeber das Recht, bestimmte Handelswaren oder Handelsmarken, Warenzeichen, Geschäftsformen, Vertriebsmethoden und Erfahrungswissen (Knowhow) zu vertreiben Ferner ist damit auch die betriebliche Betreuung und Beratung durch den Franchisegeber verbunden. Im Gegenzug erhält der Franchisegeber vom Franchisenehmer eine Vergütung, die regelmäßig am Gewinn orientiert ist und eine einmalige sog. Eintrittsgebühr, die aus einem nicht unbeträchtlichen Kapitalbetrag bestehen kann. Der Franchisenehmer verpflichtet sich i.d.R., ausschließlich Waren oder Dienstleistungen des Franchisegebers zu verkaufen und zwar im eigenen Namen und auf eigene Rechnung, dabei aber mit einer vom Franchisegeber vorgegebenen einheitlichen Aufmachung und Ausstattung unter Verwendung der vom Franchisegeber gewünschten Markenbezeichnung.

Eine pauschalierende und typisierende Darstellung für Franchise-Unternehmen ist nicht möglich. Bei der Franchise-Wirtschaft handelt es sich um einen heterogenen Wirtschaftszweig, der nicht nur Franchise-Systeme unterschiedlicher Größe und Ausgestaltung, sondern auch eine hohe Branchenvielfalt aufweist. Insofern gibt es auch kein allgemeines Leitbild eines Franchisenehmers. Vielmehr ist auf die Besonderheiten eines jeden einzelnen Franchise-Systems abzustellen. Die Branchenvielfalt ist auch Ursache dafür, dass die gesetzlichen Regelungen zur Scheinselbständigkeit für einige Franchise-Systeme kaum, für andere weniger und für andere Systeme wieder von erheblicher Bedeutung sind. **Demzufolge ist eine sichere Beurteilung nur anhand des konkreten Franchise-Vertrages und unter Berücksichtigung der tatsächlichen Verhältnisse möglich.**

2. Arbeitnehmereigenschaft

1327 **Ob ein Franchisenehmer Arbeitnehmer oder eine arbeitnehmerähnliche Person ist, hängt von den konkreten Umständen des Einzelfalles ab** (vgl. BGH v. 16.10.2002, VIII ZB 27/02,

Franchisenehmer/Franchiseverträge

www.stotax-first.de, sowie OLG Düsseldorf v. 18.11.2008, I 10 W 131/08, 10 W 131/08, www.stotax-first.de):

- Die Frage der **Arbeitnehmereigenschaft** des Franchisenehmers ist danach zu beurteilen, ob die Tätigkeit weisungsgebunden ausgeübt wird oder ob der Franchisenehmer seine Chancen auf dem Markt selbständig und im Wesentlichen weisungsfrei suchen kann.

  Ist ein Franchisenehmer nach den tatsächlichen Umständen nicht in der Lage, seine vertraglichen Leistungspflichten alleine zu erfüllen, sondern auf Hilfskräfte angewiesen, und zugleich vertraglich berechtigt, seine Leistungen durch Dritte erbringen zu lassen, ist im Rahmen der erforderlichen Gesamtschau regelmäßig davon auszugehen, dass **kein Arbeitsverhältnis** vorliegt. Das gilt selbst dann, wenn er im Hinblick auf die tatsächliche Durchführung seiner Tätigkeit einer Vielzahl engmaschiger Vorgaben des Franchisegebers unterliegt (LAG Düsseldorf v. 27.8.2010, 10 Sa 90/10, www.stotax-first.de).

- Im Hinblick auf BGH v. 4.11.1998, VIII ZB 12/98, www.stotax-first.de, wird ein Franchisenehmer zumindest als **arbeitnehmerähnliche Person** anzusehen sein, wenn ihm ein räumlich abgegrenztes Verkaufsgebiet zugewiesen wird, in dem er mit vom Franchisegeber gemieteten Gütern Produkte vertreibt, die er von diesem Unternehmen bezieht (Abgrenzungskatalog der Spitzenverbände der Sozialversicherungsträger v. 5.7.2005, Stichwort „Franchisenehmer", m.w.N., www.aok-business.de, sowie → Selbständigkeit Rz. 2667).

Selbst wenn eine Versicherungspflicht als Arbeitnehmer nach dem Kriterienkatalog zu verneinen ist, bleibt die **gesonderte Prüfung der Versicherungspflicht in der Rentenversicherung** als „arbeitnehmerähnlicher Selbständiger" nach § 2 Nr. 9 SGB VI. Wegen weiterer Einzelheiten → Selbständigkeit Rz. 2670.

Nach der aktuellen Rechtsprechung des BSG (BSG v. 4.11.2009, B 12 R 3/08 R, www.stotax-first.de) sind Franchisenehmer – obwohl „selbständig" tätig – in der gesetzlichen Rentenversicherung nach § 2 Satz 1 Nr. 9 SGB VI versicherungspflichtig, wenn sie nur für einen **einzigen Auftraggeber**, den Franchisegeber, tätig sind. Dies ist i.d.R. dann gegeben, wenn der Franchisenehmer auf Grund eines „Partner- und Systemvertrags" vom Franchisegeber gelieferte Waren im eigenen Namen in einem ebenfalls vom Franchisegeber zur Verfügung gestellten Ladenlokal verkauft. Im Rahmen eines solchen Vertriebs- oder Franchisesystems ist der Franchisegeber der einzige Auftraggeber. Der Franchisenehmer ist folglich vom Franchisegeber wirtschaftlich abhängig, was als Versicherungspflicht der Selbständigen vorausgesetzt wird.

Die Versicherungspflicht würde allerdings dann entfallen, wenn der Franchisenehmer selbst wiederum zumindest einen versicherungspflichtigen Arbeitnehmer beschäftigt.

Frauenbeauftragte

1328 Frauenbeauftragte, die ihre Tätigkeit insbesondere in kleineren Gemeinden ehrenamtlich ausüben, sind **selbständig** tätig, weil sie nicht an Weisungen gebunden sind. Die Einkünfte sind grundsätzlich nach § 18 Abs. 1 Nr. 3 EStG steuerpflichtig.

Dies gilt auch, wenn zur ehrenamtlichen Frauenbeauftragten **Bedienstete der Gemeinde** berufen werden, die – **ähnlich wie Personalratsmitglieder** – teilweise von ihrer hauptberuflichen Tätigkeit freigestellt werden. Denn die Wahrnehmung des Amtes der ehrenamtlichen Frauenbeauftragten erfolgt nicht i.R.d. bestehenden Dienstverhältnisses zur Gemeinde. Die Tätigkeit stellt weder die Erfüllung einer Nebenpflicht aus dem Beamten-/Angestelltenverhältnis dar noch hängt sie unmittelbar mit der Haupttätigkeit als Gemeindebedienstete zusammen. Eine Zurechnung der Aufwandsentschädigung zum Arbeitslohn kommt daher nicht in Betracht, ein Lohnsteuerabzug ist somit nicht vorzunehmen (OFD Kiel v. 25.5.1998, S 2331 A – St 155, www.stotax-first.de).

Die **Aufwandsentschädigungen** bleiben nach § 3 Nr. 12 Satz 2 EStG i.V.m. R 3.12 Abs. 3 Satz 3 Nr. 2 LStR pauschal bis zur Höhe von 200 € monatlich steuerfrei (→ Aufwandsentschädigungen im öffentlichen Dienst Rz. 383).

Freibeträge

1. Lohnsteuer

1329 Bei der Lohnsteuer gibt es eine Reihe von Freibeträgen, die verfahrensmäßig **unterschiedlich berücksichtigt** werden:

- Die sog. **„Tabellen-Freibeträge"** sind in die Lohnsteuertabellen eingearbeitet und werden daher ohne besonderen Antrag des Arbeitnehmers schon beim laufenden Lohnsteuerabzug berücksichtigt; → Lohnsteuertabellen Rz. 1948. Hierzu gehören z.B. der Arbeitnehmer-Pauschbetrag von 1 000 €, der Entlastungsbetrag für Alleinerziehende von 1 908 € (nicht dagegen der Erhöhungsbetrag von 240 € für das zweite und jedes weitere Kind – diese können nur im Lohnsteuer-Ermäßigungsverfahren berücksichtigt werden!) sowie die Vorsorgepauschale.

- Der Altersentlastungsbetrag und der Versorgungsfreibetrag sowie der Zuschlag zum Versorgungsfreibetrag werden zwar nicht als Lohnsteuerabzugsmerkmal berücksichtigt, sind aber trotzdem **vom Arbeitgeber vor Anwendung der Lohnsteuertabelle abzuziehen**; → Altersentlastungsbetrag Rz. 54; → Versorgungsfreibeträge Rz. 3056.

- Freibeträge, die der **Arbeitnehmer von sich aus beim Finanzamt beantragen** muss, z.B. wegen erhöhter Werbungskosten, Sonderausgaben oder außergewöhnlicher Belastungen. Diese werden im Lohnsteuer-Ermäßigungsverfahren als Lohnsteuerabzugsmerkmal berücksichtigt und sind dann vom Arbeitgeber ebenfalls vor Anwendung der Lohnsteuertabelle abzuziehen; → Lohnsteuer-Ermäßigungsverfahren Rz. 1905. Zum sog. Hinzurechnungsbetrag bei Arbeitnehmern mit mehr als einem Dienstverhältnis → Übertragung des Grundfreibetrags Rz. 2899.

Die Berücksichtigung eines Freibetrags als Lohnsteuerabzugsmerkmal kann dazu führen, dass beim **Lohnsteuerabzug eine zu hohe Vorsorgepauschale** berücksichtigt wird, die bei einer späteren Einkommensteuerveranlagung gemindert wird und so zu **Nachzahlungen** führen kann. Einzelheiten hierzu → Vorsorgepauschale Rz. 3094.

2. Sozialversicherung

1330 Freibeträge, die beim Lohnsteuerabzug Berücksichtigung finden, vermindern bei der Berechnung der Beiträge zur Sozialversicherung **nicht die Beitragsbemessungsgrundlage. Es handelt sich hierbei um beitragspflichtiges Arbeitsentgelt.**

Freie Kost

→ Mahlzeiten Rz. 1958

Freie Mitarbeiter

1331 Die steuer- und versicherungsrechtliche Beurteilung von **„freien Mitarbeitern"** führt in der täglichen Praxis vielfach zu Problemen. Die Vertragspartner gehen i.d.R. davon aus, dass durch die Bezeichnung „freie Mitarbeiter" ein Abhängigkeitsverhältnis, wie es bei Arbeitnehmern üblich ist, nicht vorliegt (vgl. z.B. zu für ein Marktforschungsunternehmen tätigen **Telefoninterviewern** die Entscheidungen des BFH v. 18.6.2015, VI R 77/12, BStBl II 2015, 903 zur steuerlichen Arbeitnehmereigenschaft sowie LSG Nordrhein-Westfalen v. 3.7.2015, L 8 R 672/14 B ER, www.stotax-first.de, zur Sozialversicherungspflicht). Steuern und Sozialversicherungsbeiträge werden in diesen Fällen dann nicht einbehalten und abgeführt. Vorsorglich weisen die Vertragspartner im Vertrag darauf hin, dass der freie Mitarbeiter die Steuern selbst entrichten und sich persönlich um seinen Versicherungsschutz kümmern muss.

Derartige **privatrechtliche Verträge entfalten jedoch im öffentlich-rechtlichen Sinne keine Rechtswirkung. Im sozialversicherungsrechtlichen Sinne** sind derartige **privatrechtliche Vereinbarungen** nichtig, wenn sie zum Nachteil des Sozialleistungsberechtigten von Vorschriften des Sozialgesetzbuchs abweichen (vgl. § 32 SGB I). Daher ist es empfehlenswert, im Vorfeld der vertraglichen Verhandlungen **das zuständige Betriebsstättenfinanzamt** z.B. im Wege der **Anrufungsauskunft** nach § 42e EStG (→ Auskünfte und Zusagen des Finanzamts Rz. 413) sowie die

☒ = keine Lohnsteuerpflicht
☒ = Lohnsteuerpflicht

Freiflüge

Krankenkasse als Einzugsstelle für die Sozialversicherungsbeiträge bzw. Deutsche Rentenversicherung Bund im Rahmen eines **Anfrageverfahrens** nach § 7a SGB IV (→ *Statusfeststellungsverfahren* Rz. 2745) einzuschalten. Diese entscheiden dann verbindlich über die Lohnsteuerpflicht bzw. die Versicherungspflicht in der Sozialversicherung.

Die Bezeichnung „freier Mitarbeiter" sagt noch nichts über die sozialversicherungsrechtliche Beurteilung aus und stellt für sich kein Kriterium für die Annahme einer selbständigen Tätigkeit dar. Die Beurteilung ist im Wege der Gesamtbetrachtung vorzunehmen, → *Selbständigkeit* Rz. 2667.

Die Rechtsprechung hat bereits **mehrfach zu unterschiedlichen Berufen entschieden**, ob eine **unselbständige Beschäftigung oder** eine **freie Mitarbeit** vorliegt. Weitere Einzelheiten können den Stichworten zu den jeweiligen Berufsgruppen sowie dem „Arbeitnehmer-ABC" (→ *Arbeitnehmer-ABC* Rz. 188) entnommen werden.

Freifahrten

1332 Die geldwerten Vorteile aus Freifahrten (sowohl für Privatfahrten als auch für Fahrten zwischen Wohnung und erster Tätigkeitsstätte) uniformierter **Polizeivollzugsbeamter** in Nahverkehrszügen der Deutschen Bahn AG sind nicht als steuerpflichtiger Arbeitslohn zu behandeln (FinMin Saarland v. 26.5.2004, B/2 – 4-56/04 – S 2351, DStZ 2004, 582).

Zu diesen Polizeivollzugsbeamten gehören auch die Beamten der **Bundespolizei**. Dies gilt ferner für die unentgeltliche Benutzung anderer öffentlicher Verkehrsmittel, wenn der Verkehrsträger und der jeweilige Dienstherr eine entsprechende Vereinbarung getroffen haben.

Gleichwohl ist nach dem o.g. Erlass ein geldwerter Vorteil auf die **Entfernungspauschale** nicht anzurechnen, wenn die öffentlichen Verkehrsmittel zu Fahrten zwischen Wohnung und erster Tätigkeitsstätte benutzt werden. Denn die Freifahrten werden nicht vom Arbeitgeber erbracht, sondern beruhen auf einer eigenen Rechtsbeziehung des Arbeitnehmers zum Verkehrsträger. Der Arbeitnehmer kann daher die Entfernungspauschale – allerdings unter Beachtung des Höchstbetrags von 4 500 € – als Werbungskosten geltend machen (→ *Wege zwischen Wohnung und erster Tätigkeitsstätte* Rz. 3147).

Freiflüge

1. Allgemeines

1333 Erhalten Arbeitnehmer von ihrem Arbeitgeber Flüge kostenlos zur Verfügung gestellt, so ist der Wert des Flugs steuer- und beitragspflichtig.

☒ ☒

Handelt es sich bei dem Arbeitgeber weder um eine Luftverkehrsgesellschaft noch um einen Arbeitgeber, der mit Flügen handelt, so ist für den Flug der um übliche Preisnachlässe geminderte übliche Endpreis am Abgabeort anzusetzen (§ 8 Abs. 2 EStG). Der Rabattfreibetrag von 1 080 € findet keine Anwendung. Aus Vereinfachungsgründen kann der um 4 % geminderte konkrete Preis angesetzt werden, zu dem der Arbeitgeber das Flugticket erworben hat (R 8.1 Abs. 2 Satz 3 LStR). Wird dem Arbeitnehmer der Flug verbilligt überlassen, so ist der vom Arbeitgeber gezahlte Preis auf den geldwerten Vorteil anzurechnen.

Beispiel 1:
Ein Arbeitgeber schenkt einem Arbeitnehmer ein Flugticket für eine Wochenendreise nach Paris. Das Ticket hat er im Reisebüro für 199 € erworben.
Der geldwerte Vorteil des Arbeitnehmers ermittelt sich wie folgt:

Kaufpreis des Arbeitgebers	199,— €
∕. 4 % Abschlag	7,96 €
= „üblicher" Endpreis	191,04 €

Der Arbeitnehmer hat 191,04 € als geldwerten Vorteil zu versteuern.

Beispiel 2:
Wie Beispiel 1, für das Ticket hat der Arbeitnehmer 100 € zu zahlen.
Der Arbeitnehmer hat 91,04 € als geldwerten Vorteil zu versteuern, weil das Entgelt des Arbeitnehmers vom Endpreis abzuziehen ist.

2. Freiflüge von Luftfahrtunternehmen

1334 Wenn dagegen **Luftfahrtunternehmen** ihren Arbeitnehmern, den Arbeitnehmern von Konzernunternehmen oder Arbeitnehmern von Reisebüros unentgeltlich oder verbilligt Flüge gewähren, **so gilt Folgendes** (gleich lautende Erlasse der obersten Finanzbehörden der Länder v. 10.9.2015, BStBl I 2015, 735):

a) Anwendung des Rabattfreibetrags

1335 Gewähren Luftfahrtunternehmen ihren Arbeitnehmern unentgeltlich oder verbilligt Flüge, die **unter gleichen Beförderungsbedingungen** auch betriebsfremden Fluggästen angeboten werden, so kann der Wert der Flüge nach § 8 Abs. 2 oder Abs. 3 EStG ermittelt werden. Das bedeutet, dass der Endpreis des Arbeitgebers abzüglich eines Abschlags von 4 % und des Rabattfreibetrags von 1 080 € maßgebend ist.

Beispiel:
Eine Fluggesellschaft bietet ihren Arbeitnehmern in Hannover an, für 50 € nach Los Angeles (und zurück) zu fliegen. Nach einer Zeitungsanzeige der Fluggesellschaft am gleichen Tage kostet ein entsprechender Flug für Betriebsfremde 499 €. Ein Arbeitnehmer nimmt zusammen mit seiner Ehefrau und zwei Kindern das Angebot wahr.
Der geldwerte Vorteil ermittelt sich bei dem Arbeitnehmer nach § 8 Abs. 3 EStG wie folgt:

Preis des Arbeitgebers (4 × 499 €)	1 996,— €
∕. 4 % Abschlag	79,84 €
= Endpreis i.S. des § 8 Abs. 3 EStG	1 916,16 €
∕. Preis des Arbeitnehmers (4 × 50 €)	200,— €
verbleiben	1 716,16 €
∕. Rabattfreibetrag	1 080,— €
= zu versteuernder geldwerter Vorteil	636,16 €

b) Keine Anwendung des Rabattfreibetrags

1336 Die Mitarbeiterflüge sind nach § 8 Abs. 2 EStG mit dem um übliche Preisnachlässe geminderten üblichen Endpreis am Abgabeort zu bewerten, wenn

– **Beschränkungen im Reservierungsstatus** bestehen und das Luftfahrtunternehmen Flüge mit entsprechenden Beschränkungen betriebsfremden Fluggästen nicht anbietet, sog. „Standby-Flüge" (FG Hessen v. 2.8.1996, 13 K 539/95, EFG 1997, 229 sowie FG Düsseldorf v. 28.6.2000, 14 K 447/00 E, www.stotax-first.de) oder

– die Lohnsteuer **pauschal** erhoben wird.

Wenn Luftfahrtunternehmen Arbeitnehmern **anderer Arbeitgeber** unentgeltlich oder verbilligt Flüge gewähren, so sind diese Flüge ebenfalls nach § 8 Abs. 2 EStG zu bewerten, wenn die Gewährung der unentgeltlichen oder verbilligten Flüge durch das Luftfahrtunternehmen als **Arbeitslohn** anzusehen ist. Ob Arbeitslohn vorliegt, ist nach den Regelungen der Finanzverwaltung zur Rabattgewährung von dritter Seite zu beurteilen (→ *Rabatte* Rz. 2359).

c) Definition des Begriffs Luftfahrtunternehmen

1337 **Luftfahrtunternehmen** i.S. der Verwaltungsregelung sind Unternehmen, denen die Betriebsgenehmigung zur Beförderung von Fluggästen im gewerblichen Luftverkehr nach der Verordnung (EWG) Nr. 2407/92 des Rates v. 23.7.1992 (Amtsblatt EG Nr. L 240/1) oder nach entsprechenden Vorschriften anderer Staaten erteilt worden ist.

d) Durchschnittswerte

1338 In den Fällen, in denen Luftfahrtunternehmen unentgeltliche oder verbilligte Flüge gewähren, deren geldwerter Vorteil nach § 8 Abs. 2 EStG zu ermitteln ist, können die Flüge mit **Durchschnittswerten** angesetzt werden. **Für die Jahre 2016 bis 2018 sind von der Finanzverwaltung folgende Durchschnittswerte festgesetzt worden** (gleich lautende Erlasse der obersten Finanzbehörden der Länder v. 10.9.2015, BStBl I 2015, 735):

– **Keine Beschränkungen im Reservierungsstatus**

Freiflüge

Bestehen keine Beschränkungen im Reservierungsstatus, so ist der Wert des Flugs nach folgender Formel zu ermitteln:

bei einem Flug von	Euro je Flugkilometer (FKM)
1 – 4 000 km	0,04
4 001 – 12 000 km	0,04 ./. $\dfrac{0,01 \times (FKM ./. 4\,000)}{8\,000}$
mehr als 12 000 km	0,03

Jeder Flug ist dabei gesondert zu bewerten. Die Zahl der Flugkilometer ist mit dem Wert anzusetzen, der der im Flugschein angegebenen Streckenführung entspricht. Nimmt der Arbeitgeber einen nicht vollständig ausgeflogenen Flugschein zurück, so ist die tatsächlich ausgeflogene Strecke zu Grunde zu legen. Bei der Berechnung des Flugkilometerwerts sind die Euro-Beträge nur bis zur fünften Dezimalstelle anzusetzen.

Die nach dem IATA-Tarif zulässigen Kinderermäßigungen sind entsprechend anzuwenden.

Der nach den Durchschnittswerten ermittelte Wert des Flugs ist **um 15 % zu erhöhen.**

> **Beispiel 1:**
> Ein Arbeitnehmer erhält einen Freiflug Frankfurt – Palma de Mallorca und zurück. Beschränkungen im Reservierungsstatus sind nicht gegeben. Die Flugstrecke beträgt insgesamt 2 507 km.
> Der Flugkilometerwert für diesen Flug beträgt 0,04 €/FKM. Der Wert des Flugs beträgt 0,04 €/FKM × 2 507 km = 100,28 €. Dieser Betrag ist um 15 % zu erhöhen (= 15,04 €), so dass der Wert des Flugs insgesamt 115,32 € beträgt.

– **Beschränkung im Reservierungsstatus mit SA-Vermerk**

Bei Beschränkungen im Reservierungsstatus mit dem Vermerk „space available – SA –" auf dem Flugschein beträgt der Wert je Flugkilometer **60 %** des nach der o.g. Formel ermittelten Werts.

> **Beispiel 2:**
> Wie Beispiel 1, der Flugschein trägt den Vermerk „SA".
> Der Flugkilometerwert für diesen Flug beträgt 60 % von 0,04 €/FKM = 0,024 €/FKM. Der Wert des Flugs beträgt somit 0,024 €/FKM × 2 507 km = 60,17 €. Dieser Betrag ist um 15 % zu erhöhen (= 9,03 €), so dass der Wert des Flugs insgesamt 69,20 € beträgt.

– **Beschränkung im Reservierungsstatus ohne SA-Vermerk**

Bei Beschränkungen im Reservierungsstatus ohne Vermerk „space available – SA –" auf dem Flugschein beträgt der Wert je Flugkilometer **80 %** des nach der o.g. Formel ermittelten Werts.

> **Beispiel 3:**
> Ein Arbeitnehmer erhält einen Freiflug Frankfurt – Chicago und zurück. Die Flugstrecke beträgt insgesamt 14 000 km. Der Flugschein trägt keinen Vermerk „SA", dennoch bestehen Beschränkungen im Reservierungsstatus.
> Der Flugkilometerwert für diesen Flug beträgt 0,03 €/FKM. Wegen der Beschränkung im Reservierungsstatus ohne SA-Vermerk sind 80 % dieses Werts anzusetzen, mithin also 0,024 €/FKM. Der Wert des Flugs beträgt somit 0,024 €/FKM × 14 000 km = 336 €. Dieser Betrag ist um 15 % zu erhöhen (= 50,40 €), so dass der Wert des Flugs insgesamt 386,40 € beträgt.

e) Flugsicherheitsgebühr

1339 Da der nach Durchschnittswerten ermittelte Wert des Flugs **um 15 % zu erhöhen ist, sind mit diesem Zuschlag alle zusätzlichen Kosten und Gebühren** (Flugsicherheitsgebühr, Kerosinzuschlag usw.) **abgegolten**.

f) Anwendung der Durchschnittswerte bei anderen Unternehmen

1340 Ist der Arbeitgeber **kein Luftfahrtunternehmen**, können Flüge, die der Arbeitnehmer von seinem Arbeitgeber erhält, gleichwohl mit den o.g. Durchschnittswerten bewertet werden, wenn

– der Arbeitgeber diesen Flug von einem Luftfahrtunternehmen erhalten hat und

– dieser Flug den o.g. Beschränkungen im Reservierungsstatus unterliegt.

> **Beispiel 1:**
> Ein Reisebüro kauft von einem Luftfahrtunternehmen Flüge, die auf dem Flugschein den Vermerk „SA" enthalten. Die Flüge stellt das Reisebüro seinen Mitarbeitern unentgeltlich zur Verfügung.
> Der geldwerte Vorteil der Flüge kann mit den o.g. Durchschnittswerten ermittelt werden.

> **Beispiel 2:**
> Ein Unternehmen, das kein Luftfahrtunternehmen ist, unterhält eigene Flugzeuge, die für Auswärtstätigkeiten der Arbeitnehmer genutzt werden. Den Mitarbeitern ist es gestattet, ihre Ehegatten kostenlos mitzunehmen.
> Die Arbeitnehmer führen Auswärtstätigkeiten aus, so dass kein geldwerter Vorteil durch den kostenlosen Flug entstehen kann. Allerdings ist die kostenlose Mitnahme der Ehegatten ein geldwerter Vorteil, der als Arbeitslohn zu besteuern ist. Für die Bewertung dieser Vorteile können nicht die o.g. Durchschnittswerte berücksichtigt werden, weil das Unternehmen kein Luftfahrtunternehmen ist, es die Flüge nicht von einem Luftfahrtunternehmen erhalten hat und die Flüge keinen Beschränkungen im Reservierungsstatus unterliegen. Die Flüge sind daher mit dem üblichen Endpreis am Abgabeort nach § 8 Abs. 2 EStG zu ermitteln. Dieser Wert kann aus den Preisen der kleineren Charterfluggesellschaften abgeleitet werden.

g) Zuzahlungen der Arbeitnehmer

1341 Von den ermittelten Durchschnittswerten sind die vom Arbeitnehmer jeweils gezahlten Entgelte abzuziehen. Der Rabattfreibetrag nach § 8 Abs. 3 EStG ist dabei nicht zu berücksichtigen.

> **Beispiel:**
> Ein Arbeitnehmer erhält einen Freiflug Frankfurt – Palma de Mallorca und zurück. Beschränkungen im Reservierungsstatus sind nicht gegeben. Die Flugstrecke beträgt insgesamt 2 507 km. Der Arbeitnehmer hat für den Flug Frankfurt – Palma de Mallorca und zurück 50 € zu zahlen.
> Der Wert des Flugs beträgt 115,32 €, vgl. Beispiel 1 unter → Rz. 1338. Hiervon ist die Zuzahlung des Arbeitnehmers abzuziehen, so dass der Arbeitnehmer 65,32 € als geldwerten Vorteil zu versteuern hat. Der Rabattfreibetrag nach § 8 Abs. 3 EStG i.H.v. 1 080 € ist in keinem Fall zu berücksichtigen.

h) Kundenbindungsprogramme

1342 Einzelheiten → *Kundenbindungsprogramme* Rz. 1745.

3. Sozialversicherung

1343 → *Arbeitsentgelt* Rz. 216.

Freikarten

→ *Eintrittskarten* Rz. 999.

Freimilch

→ *Arbeitslohn-ABC* Rz. 255.

Freistellungsbescheinigung

1344 In folgenden Fällen mit „Auslandsberührung" darf der Arbeitgeber nur vom Steuerabzug absehen, wenn ihm eine Freistellungsbescheinigung vorliegt:

– Befreiung von der Lohnsteuer nach dem **Auslandstätigkeitserlass** (→ *Auslandstätigkeitserlass* Rz. 464),

– Freistellung nach einem **Doppelbesteuerungsabkommen** (→ *Doppelbesteuerungsabkommen bei Einkünften aus nichtselbständiger Arbeit* Rz. 898), wenn der in dem Doppelbesteuerungsabkommen ausgesprochene Steuerverzicht der Bundesrepublik als antragsabhängige Steuerbefreiung ausgestaltet ist (BFH v. 10.5.1989, I R 50/85, BStBl II 1989, 755).

Die Freistellungsbescheinigung ist vom Arbeitnehmer oder in dessen Auftrag vom Arbeitgeber beim Betriebsstättenfinanzamt (→ *Betriebsstättenfinanzamt* Rz. 700) auf **amtlichem Vordruck** zu beantragen (vgl. § 39b Abs. 6 EStG sowie BMF v. 31.10.1983, IV B 6 – S 2293 – 50/83, BStBl I 1983, 470, Abschn. VI – Auslandstätigkeitserlass –). Auch ausländische Arbeitgeber, die zum

[LSt] = keine Lohnsteuerpflicht
[LSt] = Lohnsteuerpflicht

Freiwilligendienste

Lohnsteuerabzug verpflichtet sind, können eine Freistellungsbescheinigung beantragen. Für beschränkt steuerpflichtige und unbeschränkt steuerpflichtige Arbeitnehmer gibt es jeweils unterschiedliche Vordrucke. Das Finanzamt muss in der Freistellungsbescheinigung die Geltungsdauer angeben. Die Geltung wird auf höchstens drei Jahre begrenzt (R 39b.10 LStR). Nach Ablauf der Geltungsdauer muss ggf. eine neue Bescheinigung beantragt werden. Enthält das Doppelbesteuerungsabkommen eine Rückfallklausel (→ *Doppelbesteuerungsabkommen: Allgemeines* Rz. 858), so hat das Finanzamt einen Hinweis aufzunehmen, dass die Freistellung unter dem Vorbehalt steht, dass der andere Staat besteuert (OFD Magdeburg v. 5.10.2005, S 1301 – 82 – St 221, www.stotax-first.de). Die im Lohnsteuerabzugsverfahren erteilte Freistellungsbescheinigung entfaltet keine Bindungswirkung für das Veranlagungsverfahren des Arbeitnehmers (BFH v. 13.3.1985, I R 86/80, BStBl II 1985, 500). Die Freistellung schließt daher weder eine Besteuerung im Veranlagungsverfahren z.B. nach § 50d Abs. 8 EStG noch eine Berücksichtigung beim Progressionsvorbehalt aus (im Einzelnen → *Doppelbesteuerungsabkommen bei Einkünften aus nichtselbständiger Arbeit* Rz. 898, R 39b.10 LStR).

Eine Freistellungsbescheinigung kann der Arbeitgeber auch dann beantragen, wenn das zulässige Absehen vom Lohnsteuerabzug nicht von einer solchen abhängig ist (§ 39b Abs. 6 EStG, R 39b.10 LStR). Der Arbeitgeber sollte im Zweifel vom **Antragsrecht zur Vermeidung des Haftungsrisikos** Gebrauch machen. Außerdem kann so ggf. auch eine zu hohe Besteuerung bei unrichtiger Anwendung des Doppelbesteuerungsabkommens vermieden werden. Bescheinigungen können **rückwirkend** nur erteilt werden, solange der Arbeitgeber den Lohnsteuerabzug ändern darf (§ 41c EStG).

Zur Freistellung bei anderen Einkünften → *Doppelbesteuerungsabkommen: Allgemeines* Rz. 863.

Die Bescheinigung ist vom Arbeitgeber als **Beleg zum Lohnkonto** aufzubewahren (§§ 39b Abs. 6 EStG).

Hinweis:

Zukünftig ist vorgesehen, die **Freistellungsbescheinigung dem Arbeitgeber elektronisch mitzuteilen**. Nach § 39 Abs. 4 Nr. 5 EStG ist die Mitteilung, dass der von einem Arbeitgeber gezahlte Arbeitslohn nach einem Doppelbesteuerungsabkommen von der Lohnsteuer freizustellen ist, wenn der Arbeitnehmer oder der Arbeitgeber dies beantragt, ein Lohnsteuerabzugsmerkmal.

Zurzeit kann die Finanzverwaltung eine solche **Abrufmöglichkeit noch nicht anbieten**. Der Zeitpunkt für den **erstmaligen automatisierten Abruf** der Freistellungsbescheinigung ist durch ein im Bundessteuerblatt zu veröffentlichendes BMF-Schreiben mitzuteilen (§ 52 Abs. 36 EStG). Bis dahin wird das derzeitige **Bescheinigungsverfahren in Papierform beibehalten**.

Freitrunk

→ *Arbeitslohn-ABC* Rz. 255

Freiwillige Krankenversicherung

1345 Scheidet z.B. ein Arbeitnehmer wegen Überschreitens der **Jahresarbeitsentgeltgrenze** aus der Krankenversicherungspflicht aus oder der Anspruch auf Familienversicherung erlischt, wird die Versicherung als freiwillige Versicherung bei der Krankenkasse weitergeführt. Die Mitgliedschaft endet nur, wenn der Arbeitnehmer oder der ehemals Familienversicherte innerhalb von zwei Wochen nach Hinweis der Krankenkasse über die Austrittsmöglichkeit seinen Austritt erklärt und eine anderweitige Absicherung gegen Krankheit nachweist. Der Verzicht auf die Vorversicherungszeit und der Nachweis auf anderweitige Absicherung resultieren aus dem Gesetz zur Beseitigung sozialer Überforderung bei Beitragsschulden in der Krankenversicherung v. 15.7.2013, BGBl. I 2013, 2423 (→ *Krankenkassenwahlrecht* Rz. 1707).

Beispiel:

Ein versicherungspflichtiger Arbeitnehmer scheidet am 31.12.2015 wegen Überschreitens der Jahresarbeitsentgeltgrenze aus der Krankenversicherungspflicht aus. Hierüber wird er von der Krankenkasse am 7.1.2016 des folgenden Jahres informiert. Wenn er bis zum 21.1.2016 nicht seinen Austritt erklärt, bleibt er bei seiner bisherigen Krankenkasse freiwillig versichert.

Personen können seit 1.1.2011 der gesetzlichen Krankenversicherung freiwillig beitreten, wenn sie erstmals eine Beschäftigung im Inland aufnehmen und nach § 6 Abs. 1 Nr. 1 SGB V krankenversicherungsfrei (das Jahreseinkommen liegt über der Jahresarbeitsentgeltgrenze) sind. Beschäftigungen vor oder während der beruflichen Ausbildung bleiben unberücksichtigt. Die freiwillige Versicherung können auch Arbeitnehmer beantragen, deren Mitgliedschaft durch eine Beschäftigung im Ausland endete, wenn sie innerhalb von zwei Monaten nach Rückkehr in das Inland wieder eine Beschäftigung aufnehmen. Die Versicherung ist innerhalb von drei Monaten nach der Rückkehr zu beantragen.

Freiwilligendienste

1. Jugendfreiwilligendienste

a) Allgemeines

Jugendfreiwilligendienste fördern die Bildungsfähigkeit der Jugendlichen und gehören zu den besonderen Formen des bürgerschaftlichen Engagements. Jugendfreiwilligendienste i.S.d. Jugendfreiwilligendienstegesetzes v. 16.5.2008 (BGBl. I 2008, 842) sind das **freiwillige soziale Jahr** und das **freiwillige ökologische Jahr**. Hierzu gehört auch der **Internationale Jugendfreiwilligendienst** (BMFSFJ, Richtlinie v. 20.12.2010, geändert am 17.4.2014, GMBl 2014, 536, veröffentlicht auch auf den Internetseiten des BMFSFJ). 1346

Der Jugendfreiwilligendienst kann **nach Erfüllung der Vollzeitschulpflicht bis zur Vollendung des 27. Lebensjahrs** geleistet werden. Die Mindestdauer beträgt sechs Monate, die Höchstdauer 24 Monate. Den Teilnehmern dürfen nur Unterkunft, Verpflegung, Arbeitskleidung und ein angemessenes Taschengeld (bis 6 % der Beitragsbemessungsgrenze in der gesetzlichen Rentenversicherung 2016 = 372 € West/324 € Ost monatlich) gewährt werden. Werden Unterkunft, Verpflegung und Arbeitskleidung nicht gestellt, dürfen jeweils Geldersatzleistungen gewährt werden.

b) Lohnsteuer

Die Teilnehmer an einem Jugendfreiwilligendienst sind **Arbeitnehmer**. Das ihnen gewährte **Taschengeld** oder eine vergleichbare Geldleistung ist nach § 3 Nr. 5 EStG **steuerfrei**. Sachbezüge (Verpflegung, Unterkunft) sind aber weiterhin **als Arbeitslohn zu versteuern**. Da Teilnehmer an einem Jugendfreiwilligendienst **nicht als Auszubildende** i.S.d. § 2 Abs. 3 Nr. 2 SvEV gelten, ist bei volljährigen Teilnehmern der ungekürzte Sachbezugswert anzusetzen. 1347

Für die Gestellung der **Arbeitskleidung** kommt ggf. die Steuerbefreiung nach § 3 Nr. 31 EStG in Betracht (→ *Berufskleidung* Rz. 643).

Für ein Kind, das einen Jugendfreiwilligendienst leistet, kann unter den Voraussetzungen des § 32 Abs. 4 Satz 1 Nr. 2 Buchst. d EStG **Kindergeld** oder die steuerlichen Freibeträge für Kinder gewährt werden. Da es sich aber nicht um eine Berufsausbildung handelt, steht den Eltern kein Freibetrag nach § 33a Abs. 2 EStG für den Sonderbedarf auswärts untergebrachter Kinder zu (vgl. BFH v. 24.6.2004, III R 3/03, BStBl II 2006, 294 betr. freiwilliges soziales Jahr).

c) Sozialversicherung

Die Teilnehmer an einem Jugendfreiwilligendienst werden rechtlich annähernd so behandelt wie Beschäftigte, d.h., sie sind während ihrer freiwilligen Dienstzeit sozial abgesichert. Sie sind in der gesetzlichen Renten-, Unfall-, Kranken-, Pflege- und Arbeitslosenversicherung versichert. Für Teilnehmer an einem Jugendfreiwilligendienst kommt **weder die Versicherungsfreiheit** bei geringfügiger Beschäftigung (Gemeinsames Rundschreiben der Spitzenverbände der Sozialversicherungsträger v. 25.2.2003) 1348

Freiwilligendienste

keine Sozialversicherungspflicht = (SV̷)
Sozialversicherungspflicht = (SV)

noch die Anwendung der **Gleitzone in Betracht** (Besprechungsergebnis der Spitzenverbände der Sozialversicherungsträger v. 2.6.2003). Die abzuführenden Beiträge werden vom Träger gezahlt. Die Beiträge zur Unfallversicherung zahlt die Einsatzstelle oder der Träger. Wird im Rahmen der Durchführung eines Jugendfreiwilligendienstes im Inland (freiwilliges soziales Jahr oder freiwilliges ökologisches Jahr) zwischen dem Maßnahmeträger, der Einsatzstelle und dem Teilnehmer eine Vereinbarung i.S.d. § 11 Abs. 2 JFDG geschlossen, nach der die Einsatzstelle Schuldnerin der vertraglichen Rechte und Pflichten aus der Freiwilligendienstvereinbarung wird, und entspricht diese Vereinbarung inhaltlich der Mustervereinbarung, kann in sozialversicherungsrechtlicher Hinsicht von einer Arbeitgebereigenschaft der Einsatzstelle ausgegangen werden. In diesen Fällen liegt die wirtschaftliche und organisatorische Dispositionsbefugnis über die Arbeitsleistung des Teilnehmers bei der Einsatzstelle, ausgehend von der Annahme, dass die tatsächlichen Verhältnisse der vertraglichen Ausgestaltung entsprechen. Die Gesamtverantwortung des Maßnahmeträgers konzentriert sich damit im Wesentlichen auf die federführende Konzeption, die Koordination, die Beratung und die pädagogische Begleitung; sie steht der Arbeitgebereigenschaft der Einsatzstelle nicht entgegen.

Ungeachtet der hier anzunehmenden Arbeitgebereigenschaft der Einsatzstelle kann der Maßnahmeträger in Bezug auf die sozialversicherungsrechtlich relevanten Arbeitgeberpflichten im Namen und auf Rechnung der Einsatzstelle tätig werden. In diesen Fällen gilt, dass im Melde- und Beitragsverfahren die Betriebsnummer des Maßnahmeträgers als Absender (Abrechnungsstelle) und die Betriebsnummer der Einsatzstelle als Arbeitgeber (Verursacher) anzugeben ist; die Meldedaten zur Unfallversicherung sind unter Angabe der Betriebsnummer des Unfallversicherungsträgers der Einsatzstelle und der Unfallversicherungsmitgliedsnummer der Einsatzstelle zu erfassen.

Die Beiträge zur Kranken-, Pflege- und Rentenversicherung werden nach der Summe des Taschengelds und dem ungekürzten Sachbezugswert bemessen. Dies gilt auch für die Beiträge zur Arbeitslosenversicherung, wenn sich der Jugendfreiwilligendienst nicht unmittelbar an eine versicherungspflichtige Beschäftigung anschließt. Ansonsten sind die Beiträge zur Arbeitslosenversicherung nach § 344 Abs. 2 SGB III in Höhe der monatlichen Bezugsgröße (2016 = 2 905 € West/2 520 € Ost) zu berechnen, wenn unmittelbar vorher ein Versicherungspflichtverhältnis bestanden hat.

2. Bundesfreiwilligendienst

a) Allgemeines

1349 Ziel des **Bundesfreiwilligendienstes** ist es, möglichst vielen Menschen einen Einsatz für die Allgemeinheit zu ermöglichen. Mit dieser Regelung ist auch auf die Aussetzung des Zivildienstes durch die Aussetzung der Wehrpflicht reagiert worden. Gesetzliche Grundlage ist das Bundesfreiwilligendienstgesetz v. 28.4.2011 (BGBl. I 2011, 687), zuletzt geändert durch Art. 15 Abs. 5 des Gesetzes v. 20.10.2015 (BGBl. I 2015, 1722).

Eckpunkte des Bundesfreiwilligendienstgesetzes sind:

- Der Bundesfreiwilligendienst steht **Männern und Frauen jeden Alters** nach Erfüllung der Vollzeitschulpflicht **offen**,
- wie in den Jugendfreiwilligendiensten dauert der Einsatz im Bundesfreiwilligendienst i.d.R. **zwölf Monate**, mindestens sechs und höchstens 24 Monate,
- der Bundesfreiwilligendienst ist grundsätzlich **vergleichbar einer Vollzeitbeschäftigung** zu leisten; sofern die Freiwilligen älter als 27 Jahre sind, ist auch Teilzeit von mindestens 20 Wochenstunden möglich,
- wie der Zivildienst ist auch der Bundesfreiwilligendienst **arbeitsmarktneutral**; er darf nicht zu einer Verdrängung oder einem Ersatz regulärer Arbeitskräfte führen, sondern **allein unterstützende Tätigkeiten** beinhalten,
- der Bundesfreiwilligendienst kann auf den bisher **von Zivildienstleistenden besetzten Plätzen** und in den entsprechenden Bereichen geleistet werden; die möglichen Einsatzbereiche sind um die Einsatzbereiche Sport, Integration, Kultur, Bildung und Zivil- und Katastrophenschutz erweitert,
- die Freiwilligen werden **gesetzlich sozialversichert**,
- das **Taschengeld** und weitere Leistungen werden frei vereinbart,
- der Bundesfreiwilligendienst wird durch **Seminare begleitet**, in denen soziale, ökologische, kulturelle und interkulturelle Kompetenzen vermittelt werden und das Verantwortungsbewusstsein für das Gemeinwohl gestärkt wird.

b) Lohnsteuer

1350 Die Teilnehmer am Bundesfreiwilligendienst sind **Arbeitnehmer**. Das ihnen gewährte **Taschengeld** oder eine vergleichbare Geldleistung ist nach § 3 Nr. 5 Buchst. f EStG **steuerfrei**. Sachbezüge (Verpflegung, Unterkunft) sind aber **als Arbeitslohn zu versteuern**.

Für die Gestellung der **Arbeitskleidung** kommt ggf. die Steuerbefreiung nach § 3 Nr. 31 EStG in Betracht (→ *Berufskleidung* Rz. 643).

Die Arbeitgeber haben sämtliche Arbeitgeberpflichten zu beachten, z.B. Abruf der Lohnsteuerabzugsmerkmale, Abgabe einer Lohnsteuer-Anmeldung, Erteilen einer Lohnsteuerbescheinigung (BayLfSt v. 24.10.2011, S 2331.1.1 – 1/9 St32, StEd 2011, 746).

Für ein Kind, das den Bundesfreiwilligendienst leistet, kann unter den Voraussetzungen des § 32 Abs. 4 Satz 1 Nr. 2 Buchst. d EStG **Kindergeld** oder die steuerlichen Freibeträge für Kinder gewährt werden.

c) Sozialversicherung

1351 Die Teilnehmer werden im Rahmen eines abhängigen Beschäftigungsverhältnisses eingesetzt. Sofern sie Anspruch auf Arbeitsentgelt, ggf. ausschließlich auf Sachbezüge in Form von Verpflegung und/oder Unterkunft haben, wovon im Regelfall auszugehen ist, führt dies zur **Versicherungspflicht** in der Kranken-, Pflege-, Renten- und Arbeitslosenversicherung. Versicherungsfreiheit auf Grund von Geringfügigkeit tritt **nicht** ein. Ein evtl. Zusatzbeitrag wäre vom Teilnehmer nicht zu zahlen.

(SV)

3. Incoming-Freiwilligendienst

a) Allgemeines

1352 I.R.d. Projekts „**Internationale Freiwilligendienste für unterschiedliche Lebensphasen**" (IFL) soll Menschen aller Altersgruppen ermöglicht werden, sich **freiwillig im weltweiten Ausland gemeinnützig zu engagieren**. Teilnehmende können hier für einen begrenzten Zeitraum (3 bis 24 Monate) in sozialen, ökologischen, politischen oder kulturellen Einrichtungen mitarbeiten, dabei ihre eigenen Kompetenzen und Kenntnisse einbringen und neue Erfahrungen sammeln. Das Projekt IFL findet i.R.d. Bundesmodellprogramms „Generationsübergreifende Freiwilligendienste" des Bundesministeriums für Familie, Senioren, Frauen und Jugend statt und hat in dieser Hinsicht das Ziel, Freiwilligendienste auch für ältere Teilnehmende zu öffnen, neue Formen des Engagements zu erproben sowie den Dialog zwischen den Generationen anzuregen und zu fördern.

Ein wichtiges Element des Modellvorhabens ist die Förderung eines partnerschaftlichen Austauschs zwischen Deutschland und anderen Ländern durch internationale Freiwilligendienste unter besonderer Berücksichtigung des **Einsatzes ausländischer Freiwilliger in Deutschland** durch sog. Incoming-Angebote im Rahmen von Incoming-Freiwilligendiensten.

Die Freiwilligendienstleistenden erbringen Arbeitsleistungen, die Gegenstand von **Vereinbarungen der jeweiligen Einsatzstellen** sind. Der Arbeitsumfang kann dabei dem einer Volltagsbeschäftigung entsprechen. Die Dienstleistenden erhalten i.d.R. monatlich 150 bis 250 € „Taschengeld" sowie freie Unterkunft und Verpflegung. Unter Ansatz der amtlichen Sachbezugswerte für freie Unterkunft und Verpflegung (→ *Anhang, B. Sozialversicherung* Rz. 3399) fließen somit im Jahr 2016 Einnahmen i.H.v. bis zu 700 € monatlich zu.

b) Lohnsteuer

1353 Die Teilnehmer an Incoming-Freiwilligendiensten sind **Arbeitnehmer**. Die ihnen gewährten Bezüge sind als Arbeitslohn zu versteuern, und zwar unabhängig davon, ob sie ihnen als Barlohn (Taschengeld) oder als Sachbezug (Verpflegung, Unterkunft) gewährt werden.

Für die Gestellung der **Arbeitskleidung** kommt ggf. die Steuerbefreiung nach § 3 Nr. 31 EStG in Betracht (s. → *Berufskleidung* Rz. 643).

c) Sozialversicherung

1354 **Die Teilnehmer** an Incoming-Freiwilligendiensten **unterliegen** wie gegen Arbeitsentgelt beschäftigte Arbeitnehmer **der Versicherungspflicht in den einzelnen Zweigen der Sozialversicherung**. Der in der Sozialversicherung verwendete Begriff der Beschäftigung in § 7 Abs. 1 SGB IV ist seit jeher weit auszulegen und erfasst nicht nur diejenigen, die in einem „klassischen" Arbeits- oder Ausbildungsverhältnis stehen. Es ist anerkannt, dass die im Rahmen der Jugendfreiwilligendienste (Freiwilliges Soziales Jahr und Freiwilliges Ökologisches Jahr) und des Bundesfreiwilligendienstes geleisteten Tätigkeiten einer Beschäftigung gleichstehen.

Nach diesen Maßstäben sind auch die **Incoming-Freiwilligendienste als Beschäftigung zu werten.** Soweit argumentiert wird, es liege kein Beschäftigungsverhältnis vor, weil vordergründig das Erlernen und das Erleben der Sprache und der Kultur des Gastlandes im Fokus stehen, kann dem nicht gefolgt werden. Die in Rede stehenden generationsübergreifenden Freiwilligendienste unterscheiden sich hinsichtlich der Merkmale, die für das Bestehen eines abhängigen Beschäftigungsverhältnisses von Bedeutung sind, kaum von den Jugendfreiwilligendiensten oder dem Bundesfreiwilligendienst. Eine unterschiedliche versicherungsrechtliche Beurteilung wäre sachlich nicht zu rechtfertigen. Das für den Eintritt der Versicherungspflicht zusätzliche Erfordernis der Entgeltlichkeit wird durch die Gewährung von Verpflegung, Unterkunft und/oder Taschengeld erfüllt (Besprechungsergebnis der Spitzenverbände der Sozialversicherungsträger am 23./24.11.2011).

Friseurkosten

→ *Werbungskosten* Rz. 3182

Frühstück: Zuwendungen an Arbeitnehmer

→ *Arbeitslohn-ABC* Rz. 255

Führerschein

1. Arbeitslohn

1355 Führerscheinkosten, die der Arbeitgeber trägt, sind beim Arbeitnehmer regelmäßig Arbeitslohn, selbst wenn der Beruf den Erwerb des Führerscheins erforderlich macht. Der BFH unterstellt v.a. beim Erwerb der **Fahrerlaubnis B (bisher Klasse 3)** grundsätzlich ein **Eigeninteresse des Arbeitnehmers** (vgl. BFH v. 20.2.1969, IV R 119/66, BStBl II 1969, 433).

[LSt] [SV]

Abweichend hiervon sind bei **Polizeianwärtern** vom Dienstherrn getragene Führerscheinkosten nicht als geldwerter Vorteil anzusehen, weil die Fahrschulung und Führerscheinprüfung i.R.d. Gesamtausbildungsprogramms für den Polizeivollzugsdienst erfolgt (BFH v. 26.6.2003, VI R 112/98, BStBl II 2003, 886).

Arbeitslohn liegt nicht vor, wenn – wie es häufig bei Übernahme der Führerscheinkosten für den Erwerb des Führerscheins der **Klasse C (bisher Klasse 2)** der Fall sein wird – die Übernahme im ganz überwiegend **eigenbetrieblichen Interesse des Arbeitgebers** liegt, weil der Arbeitnehmer z.B. einen Lkw führen soll (so zuletzt BSG v. 26.5.2004, B 12 KR 5/04 R, HFR 2005, 176 betr. einen **Kraftfahrer** bei einem Recycling-Unternehmen, m.w.N. auch auf BFH-Rechtsprechung). Entsprechendes gilt für die Übernahme von Führerscheinkosten

- der **Klasse C 1/C bei Feuerwehrleuten** durch die Gemeinde (FinMin Bayern v. 16.6.2004, S 2337 - 158 - 25617/04, www.stotax-first.de) sowie
- der **Klasse B im Zuge der Berufsausbildung zum Straßenanwärter** durch die zuständige Straßenbauverwaltung – der Erwerb dieses Führerscheins ist zwingende Voraussetzung für den späteren Erwerb der Fahrerlaubnis C und E (FinMin Bremen v. 6.12.2005, S 2332 - 2260 - 11 - 3, www.stotax-first.de).

Zur einkommensteuerrechtlichen Behandlung der **Übernahme der Aufwendungen zum Erwerb eines Führerscheins im Bereich des Handwerks** nahm das Bayerische Staatsministerium der Finanzen wie folgt Stellung (BayLfSt v. 26.6.2009, S 2332.1.1 - 3/3 St32/St33, StEd 2009, 540):

Mit dem Führerschein der „alten" Klasse III dürfen Züge mit maximal drei Achsen (Zugfahrzeug max. 7,5 t zulässige Gesamtmasse) gefahren werden. Beim Umtausch eines Führerscheins der Klasse III werden die Klassen B, BE, C1, C1E, M, L und S erteilt.

Seit der Einführung des EU-Führerscheins dürfen Inhaber der Fahrerlaubnisklasse B nur noch Fahrzeuge mit einer zulässigen Gesamtmasse von **nicht mehr als 3,5** t führen. In Handwerksbetrieben werden oft Transportkapazitäten benötigt, bei denen Fahrzeuge dieses Gewicht überschreiten. **Daher übernehmen Handwerksbetriebe häufig die Kosten für den Erwerb der Führerscheinklasse C1/C1E.**

Nach der ständigen BFH-Rechtsprechung ist der Erwerb eines Führerscheins, der zum Führen eines Pkw berechtigt, den Kosten der allgemeinen Lebensführung zuzurechnen und nicht den beruflichen Aufwendungen, selbst wenn der unmittelbare Anlass für den Führerscheinerwerb berufliche Gründe waren. Daher hatte das Gericht weder den Werbungskostenabzug noch den steuerfreien Ersatz durch den Arbeitgeber beim Erwerb eines Führerscheins der Klasse III zugelassen. Im Einkommensteuerhandbuch (H 12.1) wurde diese Rechtsprechung etwas missverständlich zitiert, indem bei „Klasse III" angefügt wurde: „nunmehr C1E". Dies ist zwar insoweit richtig, als die frühere Fahrerlaubnis auch diese Stufe umfasst. Für die Führung eines Pkw genügt jedoch die Klasse B.

Die Kosten für den Erwerb einer Fahrerlaubnis für eine Fahrzeugklasse, die im privaten Alltagsleben nicht üblich ist, können hingegen **steuerfrei ersetzt werden. Es kommen hier allerdings nur die Kosten für den Erwerb der Fahrerlaubnis in Klasse C zum Ansatz, wenn der Arbeitnehmer bereits eine Fahrerlaubnis in Klasse B besessen hat**, oder – wenn zugleich auch die Fahrerlaubnis der Klasse B erworben wurde – die nachweislich für Klasse C entstandenen Mehrkosten.

Die Aufwendungen des Arbeitgebers für seine Arbeitnehmer stellen für ihn **Betriebsausgaben** dar (§ 4 Abs. 4 EStG).

Betriebsausgaben bei den Einkünften aus Land- und Forstwirtschaft können auch vorliegen, wenn ein Landwirt für seinen Sohn die Kosten für den Erwerb einer Fahrerlaubnis der Klasse T übernimmt. Dem steht nicht entgegen, dass die erworbene Berechtigung zum Führen landwirtschaftlicher Zugmaschinen auch die Berechtigung zum Führen von Kleinkrafträdern beinhaltet bzw. der den Führerschein erwerbende Sohn des Landwirts als Familienangehöriger unentgeltlich mithilft und nicht auf Grund eines steuerrechtlich anzuerkennenden Arbeitsverhältnisses tätig wird (FG Niedersachsen v. 6.6.2012, 4 K 249/11, EFG 2012, 1532).

[LSt] [SV]

2. Werbungskosten

Zum **Werbungskostenabzug** von Führerscheinkosten → *Werbungskosten* Rz. 3194. **1356**

Nach dem **Berufskraftfahrer-Qualifikations-Gesetz und der Berufskraftfahrer-Qualifikationsverordnung** sind alle gewerblichen Arbeitnehmer, die als Fahrer im Personenverkehr tätig sind, ab September 2008 gesetzlich verpflichtet, als Berufsneueinsteiger neben dem Erwerb des Führerscheins der Klassen C, CE auch eine Grundqualifikation zu durchlaufen. Fahrzeuglenker, die bereits im Besitz des Führerscheins sind, haben zwar eine Bestandsgarantie, müssen aber alle fünf Jahre eine berufliche Weiterbildung leisten. Zur Frage, ob es sich dabei um (steuerlich voll abzugsfähige) Fortbildungskosten oder nur begrenzt abzugsfähige Ausbildungskosten handelt, → *Fortbildung* Rz. 1297.

Fundgelder

→ *Arbeitslohn-ABC* Rz. 255

Fünftelregelung

→ *Arbeitslohn für mehrere Jahre* Rz. 257, → *Entschädigungen* Rz. 1134, → *Sonstige Bezüge* Rz. 2704

Fußballspieler

→ *Amateursportler* Rz. 108, → *Berufssportler* Rz. 654

Futtergeld

→ *Forstbedienstete* Rz. 1291, → *Hundehaltung* Rz. 1585

Garage

1. Arbeitgeberleistungen

1357 Die Kosten für die Garage am Wohnort gehören zu den **Gesamtkosten** des Fahrzeugs, vgl. H 9.5 (Einzelnachweis) LStH. Zu unterscheiden sind folgende Sachverhalte:

a) Arbeitnehmereigenes Fahrzeug

1358 Wird ein arbeitnehmereigenes Fahrzeug für **Auswärtstätigkeiten (z.B. für Dienstreisen)** genutzt, ist bei Einzelnachweis der Fahrtkosten der dem Dienstreiseanteil an der Gesamtfahrstrecke entsprechende Anteil der Garagenkosten bei Erstattung durch den Arbeitgeber als Reisekosten nach § 3 Nr. 16 EStG steuerfrei (OFD Frankfurt v. 18.3.2003, S 2334 A – 18 – St II 30, www.stotax-first.de; s.a. → *Reisekosten: Allgemeine Grundsätze* Rz. 2409).

In allen **übrigen Fällen** (z.B. Erstattung von Parkplatzkosten am Wohnsitz des Arbeitnehmers durch den Arbeitgeber, arbeitnehmereigenes Fahrzeug wird nicht für Auswärtstätigkeiten benutzt) gehören die Zuschüsse des Arbeitgebers zum steuerpflichtigen Arbeitslohn (OFD Frankfurt v. 18.3.2003, S 2334 A – 18 – St II 30, www.stotax-first.de).

Dagegen ist die unentgeltliche Überlassung von Parkplätzen durch den Arbeitgeber steuer- und beitragsfrei, → *Parkplätze: Überlassung* Rz. 2146.

b) Firmeneigene Fahrzeuge

1359 Ersetzt der Arbeitgeber insbesondere Außendienstmitarbeitern die Kosten für eine Garage, damit dort der **Firmenwagen untergestellt** und ggf. auch **Werkzeug oder Ware gelagert** werden kann, stellen diese sog. **Garagengelder** regelmäßig **keinen Arbeitslohn** dar, der dem Lohnsteuerabzug unterliegt. Steuerlich sind die Garagengelder wie folgt zu behandeln (BFH v. 7.6.2002, VI R 145/99, BStBl II 2002, 829, v. 7.6.2002, VI R 53/01, BStBl II 2002, 878 und v. 7.6.2002, VI R 1/00, www.stotax-first.de):

– Zahlungen des Arbeitgebers für die mietweise Überlassung der eigenen Garage des Arbeitnehmers gehören beim Arbeitnehmer zu den Einkünften aus **Vermietung und Verpachtung** (§ 21 Abs. 1 EStG) und stellen schon deshalb keine Arbeitslohnzahlungen dar. Entsprechendes gilt, wenn der Arbeitnehmer eine von ihm gemietete Garage an den Arbeitgeber untervermietet.

– Wird dagegen kein Mietverhältnis zwischen Arbeitgeber und Arbeitnehmer über die Überlassung der Garage begründet, sondern lässt sich der Arbeitnehmer vom Arbeitgeber lediglich die Kosten der von ihm angemieteten Garage erstatten, liegt **steuerfreier Auslagenersatz** i.S.d. § 3 Nr. 50 EStG vor.

Wird in diesen Fällen die private Nutzung des Dienstwagens nach der **1 %-Regelung** erfasst, ist kein geldwerter Vorteil für die Überlassung der Garage an den Arbeitnehmer anzusetzen. Wenn dem Arbeitnehmer angemietete Garage Kosten entstehen oder verbleiben, mindern diese andererseits nicht den als geldwerter Vorteil nach § 8 Abs. 2 Satz 2 bis 5 EStG maßgebenden Wert (OFD Frankfurt v. 18.3.2003, S 2334 A – 18 – St II 30, www.stotax-first.de).

2. Werbungskostenabzug

a) Wege zwischen Wohnung und erster Tätigkeitsstätte

1360 Aufwendungen für die **häusliche Garage**, in der der Arbeitnehmer den firmeneigenen Pkw unterstellt, der ihm für Fahrten zwischen Wohnung und erster Tätigkeitsstätte und für Privatfahrten vom Arbeitgeber zur Verfügung gestellt wird, sind nicht als Werbungskosten abzugsfähig (FG Hessen v. 2.12.1987, 1 K 1/84, EFG 1988, 170).

Aufwendungen für eine Garage oder einen Parkplatz für das Abstellen des Fahrzeugs **während der Arbeitszeit** sind ebenfalls nicht abzugsfähig bzw. mit der Entfernungspauschale für Wege zwischen Wohnung und erster Tätigkeitsstätte abgegolten, vgl. H 9.10 (Parkgebühren) LStH. Das gilt auch, wenn der **Arbeitgeber keinen Parkplatz zur Verfügung stellt** und das Fahrzeug trotzdem in Firmennähe abgestellt werden soll (BFH v. 12.1.1994, IV B 13/93, www.stotax-first.de, und zuletzt FG München v. 28.5.2008, 10 K 2680/07, www.stotax-first.de).

b) Auswärtstätigkeiten, Behinderte

1361 Aufwendungen für die **Garage am Wohnort** können insoweit als Werbungskosten abgezogen werden, als mit dem Fahrzeug Auswärtstätigkeiten (z.B. Dienstreisen) usw. durchgeführt werden (s.a. OFD Frankfurt v. 18.3.2003, S 2334 A – 18 – St II 30, www.stotax-first.de); Entsprechendes gilt bei Behinderten i.S.d. § 9 Abs. 2 Satz 3 EStG für Fahrten zwischen Wohnung und erster Tätigkeitsstätte.

Die Kosten gehören zu den Gesamtkosten des Fahrzeugs, vgl. H 9.5 (Einzelnachweis) LStH. Zu berücksichtigen sind die **anteiligen Mietkosten** oder bei eigenen Garagen z.B. die anteiligen **Absetzungen für Abnutzung, Grundsteuer** usw., bei einem Einfamilienhaus mit Garage ist die Aufteilung nach dem Verhältnis der Nutzflächen vorzunehmen (OFD Köln v. 27.1.1981, S 2351 – 2 – St 121, DB 1981, 399).

Wird der **pauschale km-Satz von 0,30 €** in Anspruch genommen, sind damit auch die Aufwendungen für die häusliche Garage abgegolten. Daneben zu berücksichtigen sind aber ggf. **Unfallkosten,** z.B. beim Einfahren in die Garage nach Beendigung einer Dienstreise (vgl. BFH v. 10.3.1978, VI R 239/74, BStBl II 1978, 381).

Mietet der Arbeitnehmer eine Garage für seinen Dienstwagen, den er auch privat benutzt, kann er die Mietaufwendungen nicht als Werbungskosten abziehen, wenn der Anteil der Privatnutzung nach der **1 %-Regelung** ermittelt wird (FG München v. 8.11.2000, 1 K 3091/98, EFG 2001, 424).

Garagen- oder Parkplatzkosten können jedoch als **Reisenebenkosten** abgesetzt werden, wenn anlässlich einer Reisetätigkeit (Dienstreise usw.) eine Garage oder ein Parkplatz z.B. im Hotel oder einem Parkhaus gemietet wird (R 9.8 Abs. 1 Nr. 3 LStR).

Aufwendungen für einen separat angemieteten Pkw-Stellplatz können im Rahmen einer **doppelten Haushaltsführung** als Werbungskosten zu berücksichtigen sein (vgl. BFH v. 13.11.2012, VI R 50/11, BStBl II 2013, 286). Sie gehören jedoch zu den Kosten der Unterkunft, die ab 2014 nur bis zu einem Höchstbetrag von 1 000 € monatlich berücksichtigt werden können. Eine zusätzliche Berücksichtigung als „sonstige" notwendige Mehraufwendungen wird von der Finanzverwaltung abgelehnt; das o.g. BFH-Urteil ist insoweit überholt (BMF. v. 24.10.2014, IV C 5 – S 2353/14/10004, BStBl I 2014, 1412 Rdnr. 104).

3. Sozialversicherung

1362 Die Spitzenverbände der Sozialversicherungsträger empfehlen, die steuerrechtliche Behandlung auf den Arbeitsentgeltbegriff in der Sozialversicherung zu übertragen (Besprechung am 26./27.3.2003, BB 2003, 1736).

Gastarbeiter

→ *Ausländische Arbeitnehmer* Rz. 437

Gastlehrkräfte

→ *Ausländische Lehrkräfte* Rz. 438

Gas: verbilligter Bezug

→ *Strom: verbilligter Bezug* Rz. 2816

Gebührenanteile

→ *Arbeitslohn-ABC* Rz. 255, → *Gerichtsvollzieher* Rz. 1379

Geburtstag

→ *Bewirtungskosten* Rz. 724

Geburts- und Heiratsbeihilfen

→ *Arbeitslohn-ABC* Rz. 255

Gefahrenzuschläge

→ *Arbeitslohn-ABC* Rz. 255

Gefälligkeiten

1363 Ein Dienstverhältnis wird steuerlich nicht begründet, wenn eine Tätigkeit wegen ihrer Geringfügigkeit oder Eigenart üblicherweise **nicht auf arbeitsvertraglicher Grundlage** erbracht wird. Es handelt sich hierbei meistens um Tätigkeiten im Rahmen der **Familienhilfe oder Nachbarschaftshilfe** (zur Abgrenzung auch FG Baden-Württemberg v. 9.5.2012, 4 K 3278/11, EFG 2012, 1439 betr. Abzug von Kinderbetreuungskosten bei unentgeltlicher Kinderbetreuung durch die Mutter sowie – zur Sozialversicherung – BSG v. 19.2.1987, 12 RK 45/85, www.stotax-first.de, betr. Abgrenzung zwischen versicherungspflichtiger Beschäftigung und familienhafter Mithilfe bei der Pflege von Angehörigen).

> **Beispiel:**
> A hilft einem Bekannten beim Umzug und stellt hierfür auch seinen Lkw zur Verfügung. Als Entgelt für zwei Tage und sechs Umzugstouren wurden 100 € vereinbart (das sind schätzungsweise 1/3 des sonst üblichen Fuhrentgelts).
>
> Es handelt sich hier um eine bloße Gefälligkeit, nicht um ein steuerlich relevantes Arbeitsverhältnis (FG Hamburg v. 7.9.1999, I 1154/97, EFG 2000, 13).

Die Zahlungen können daher nicht als Betriebsausgaben oder Werbungskosten abgesetzt werden, sind aber andererseits beim Empfänger nicht zu versteuern. Weitere Einzelheiten zur Abgrenzung von steuerlich anzuerkennenden Arbeitsverträgen mit nahen Angehörigen gegenüber bloßen Gefälligkeiten → *Angehörige* Rz. 119.

Gehalt

→ *Arbeitslohn* Rz. 244

Gehaltskürzung

→ *Einbehaltene Lohnteile* Rz. 978

Gehaltsumwandlung

→ *Barlohnumwandlung* Rz. 513

Gehaltsverzicht

1364 → auch *Arbeitsentgelt* Rz. 216

1. Lohnsteuer

1365 Vereinbaren Arbeitgeber und Arbeitnehmer einen freiwilligen Gehaltsverzicht der Arbeitnehmer, z.B. zur wirtschaftlichen Gesundung des Unternehmens **(Sanierungsbeitrag)**, wird die Lohnsteuer nur von den **geminderten Bezügen** erhoben (zuletzt BFH v. 3.2.2011, VI R 4/10, BStBl II 2014, 493: Kein Zufluss von Arbeitslohn bei Gehaltsverzicht eines Gesellschafter-Geschäftsführer ohne wirtschaftlichen Ausgleich). Der Sanierungsbeitrag kann deshalb nicht als Werbungskosten abgesetzt werden. Ein späterer Verzicht des Arbeitnehmers auf seine Gehaltsforderung hat steuerlich keine Bedeutung (BFH v. 2.9.1994, VI R 35/94, www.stotax-first.de).

Gleiches gilt nach der BFH-Rechtsprechung, wenn ein zunächst arbeitsvertraglich eingeräumter **Anspruch auf Urlaubs- und Weihnachtsgeld mindestens konkludent aufgehoben** wurde. Das ist der Fall, wenn diese Sonderzuwendungen dem Arbeitnehmer über mehrere Jahre hinweg unverändert weder ausbezahlt noch in der GmbH als Aufwand erfasst worden sind. Hierin liegt dann ein konkludenter Verzicht auf die Sonderzuwendung. Dieser Beurteilung und Würdigung entspricht auch die arbeitsgerichtliche Rechtsprechung. Denn danach kann die widerspruchslose Fortsetzung der Tätigkeit durch den Arbeitnehmer nach einem Änderungsangebot des Arbeitgebers gem. §§ 133, 157 BGB als Annahme der Vertragsänderung gesehen werden, wenn diese sich – wie im Urteilsfall durch die mehrjährige Nichtauszahlung der Sonderzuwendungen – unmittelbar im Arbeitsverhältnis auswirkt. Dann ist die widerspruchslose Weiterarbeit als Einverständnis mit der angebotenen Vertragsänderung anzusehen; setzt der Arbeitnehmer seine Tätigkeit dennoch widerspruchslos fort, darf der Arbeitgeber dies als Einverständnis des Arbeitnehmers mit der Vertragsänderung verstehen (BFH v. 15.5.2013, VI R 24/12, BStBl II 2014, 495).

Für die steuerliche Anerkennung eines Gehaltsverzichts kommt es **nicht** darauf an, ob er etwa wegen Verstoßes gegen das Tarifvertragsgesetz oder die Pfarrbesoldungsordnung **arbeitsrechtlich als wirksam** anzusehen ist. Voraussetzung ist allerdings, dass der Gehaltsverzicht **ohne Verwendungsauflage** erfolgt, d.h. nicht mit einer Bedingung über die frei werdenden Mittel verknüpft wird (zuletzt FG Hamburg v. 27.2.2003, V 272/98, EFG 2003, 1000 m.w.N. betr. Tantiemeverzicht als Lohnverwendung bei Zahlung des Arbeitgebers in eine Rückdeckungsversicherung). Verzicht auf Lohn und Verfügung über die Verwendung schließen sich gegenseitig aus (zuletzt BFH v. 23.9.1998, XI R 18/98, BStBl II 1999, 98 m.w.N.).

> **Beispiel 1:**
> Die Priester der Diözese X verzichten im Einvernehmen mit ihrem Arbeitgeber, dem Bistum, auf einen Teil ihres Gehaltes, um damit zur Schaffung neuer Arbeitsplätze innerhalb ihrer Diözese beizutragen. Eine verbindliche Lohnverwendungsabrede ist nicht getroffen worden.
>
> Der BFH hat in diesem Fall den Gehaltsverzicht anerkannt (BFH v. 30.7.1993, VI R 87/92, BStBl II 1993, 884).

> **Beispiel 2:**
> Eine Schwesternschaft hat in ihrer Mitgliederversammlung beschlossen, das Gehalt der Schwestern um einen „Vorabzug von 1 % für satzungsgemäße Aufgaben" zu kürzen.
>
> Der BFH hat die Gehaltskürzung anerkannt, weil in dem Zusatz „für satzungsgemäße Aufgaben" noch keine konkrete Verwendungsauflage gesehen werden kann (BFH v. 25.11.1993, VI R 115/92, BStBl II 1994, 424).

> **Beispiel 3:**
> Arbeitnehmer A vereinbart mit seinem Arbeitgeber, dass dieser von seinem Bruttogehalt monatlich 100 € einbehält und an eine bestimmte gemeinnützige Einrichtung überweist.
>
> In diesem Fall hat der Arbeitnehmer selbst bestimmt, wie der Betrag verwendet werden soll. Es liegt daher kein steuerlich anzuerkennender Gehaltsverzicht vor. Der Arbeitgeber hat den Lohnsteuerabzug vom ungekürzten Arbeitslohn vorzunehmen.

> **Beispiel 4:**
> Nach der umstrittenen Kündigung eines Arbeitsverhältnisses, die vom Arbeitnehmer vor dem Arbeitsgericht angefochten wurde, verpflichtete sich der Arbeitgeber im Rahmen eines arbeitsgerichtlichen Vergleichs, an eine gemeinnützige Stiftung eine Spende zu zahlen. Die Spende ist vom Arbeitgeber direkt an die Stiftung gezahlt worden, der Arbeitgeber hat die Spendenbescheinigung erhalten und sie steuerlich geltend gemacht.
>
> Die Spende kann dem Arbeitnehmer nicht als Lohn zugerechnet werden, da er nicht über den Lohn verfügt hat. In dem arbeitsgerichtlichen Vergleich kann auch keine Lohnverwendungsabrede gesehen werden; es handelt sich um einen auch steuerlich wirksamen „echten Lohnverzicht" (BFH v. 23.9.1998, XI R 18/98, BStBl II 1999, 98).

Gehaltsverzicht

Arbeitslohn liegt dagegen vor, wenn der Verzicht auf **privaten Gründen** beruht. Vom Gehaltsverzicht zu unterscheiden ist die → *Barlohnumwandlung* Rz. 513.

Soweit Arbeitnehmer auf Teile ihres Arbeitslohns zu Gunsten der von **Naturkatastrophen usw.** Betroffenen verzichten, ist unter bestimmten Voraussetzungen in Höhe des Verzichts auf Arbeitslohn **kein steuerrelevanter Zufluss von Arbeitslohn** anzunehmen, s zuletzt BMF v. 22.9.2015, IV C 4 – S 2223/07/0015 :015, BStBl I 2015, 745 betr. steuerliche Maßnahmen zur Förderung der Hilfe für Flüchtlinge.

Zur steuerlichen Behandlung von Gehaltsrückzahlungen auf Druck des Arbeitgebers auch → *Belegschaftsspenden* Rz. 619.

2. Sozialversicherung

1366 Bei Spenden zu Gunsten von durch Naturkatastrophen im **Inland** Geschädigten handelt es sich nicht um Arbeitsentgelt (§ 1 Abs. 1 Satz 1 Nr. 11 SvEV), → *Arbeitsentgelt* Rz. 225.

Dagegen sieht das Sozialversicherungsrecht nach der geltenden Rechtslage für Arbeitslohnspenden ins **Ausland** keine Freistellung von der Beitragspflicht vor (so ausdrücklich z.B. BMF v. 17.6.2014, IV C 4 – S 2223/07/0015 :011, BStBl I 2014, 889 betr. steuerliche Maßnahmen zur Unterstützung der Opfer des Hochwassers auf dem Balkan (Bosnien-Herzegowina, Kroatien und Serbien).

Gehaltsvorschüsse

→ *Abschlagszahlungen* Rz. 16, → *Vorauszahlung von Arbeitslohn* Rz. 3067, → *Vorschüsse* Rz. 3068

Geistliche

→ *Kirchenbedienstete* Rz. 1665

Geldbußen

→ *Bußgelder* Rz. 776, → *Einbehaltene Lohnteile* Rz. 978

Geldfaktor

→ *Akkordlohn* Rz. 33

Geldwerter Vorteil

1367 Fließt dem Arbeitnehmer Arbeitslohn **in Form von Sachbezügen** zu, so sind diese ebenso wie Barlohnzahlungen entweder dem laufenden Arbeitslohn oder den sonstigen Bezügen zuzuordnen. Hierfür wird im Lohnsteuerrecht und im Sozialversicherungsrecht der Ausdruck „geldwerter Vorteil" verwendet.

Als geldwerter Vorteil wird der Betrag angesehen, den der Arbeitnehmer ausgeben würde, wenn er den Sachbezug zum „normalen" Preis erwerben müsste. Für die Besteuerung unentgeltlicher Sachbezüge ist dabei deren Geldwert maßgebend. Erhält der Arbeitnehmer die Sachbezüge nicht unentgeltlich, so ist der Unterschiedsbetrag zwischen dem Geldwert des Sachbezugs und dem tatsächlichen Entgelt zu versteuern bzw. dem Beitragsabzug zu unterwerfen.

Für die Ermittlung des geldwerten Vorteils gibt es verschiedene Ermittlungsmethoden (R 8.1 LStR):

- **Einzelbewertung**

  Bei der **Einzelbewertung** wird der geldwerte Vorteil mit dem um übliche Preisnachlässe geminderten üblichen Endpreis am Abgabeort im Zeitpunkt der Abgabe angesetzt. Zu Einzelheiten dieser Bewertungsmethode → *Sachbezüge* Rz. 2601.

- **Ansatz von Sachbezugswerten**

  Amtliche **Sachbezugswerte** werden durch die **SvEV** oder durch Erlasse der obersten Landesfinanzbehörden nach § 8 Abs. 2 Satz 10 EStG festgesetzt. Zu Einzelheiten dieser Bewertungsmethode → *Sachbezüge* Rz. 2601.

- **Besondere Bewertungsvorschriften**

  Besondere Bewertungsvorschriften gelten für

- den Bezug von **Waren oder Dienstleistungen**, die vom Arbeitgeber nicht überwiegend für den Bedarf seiner Arbeitnehmer hergestellt, vertrieben oder erbracht werden, soweit diese Sachbezüge nicht nach § 40 EStG pauschal versteuert werden (§ 8 Abs. 3 EStG). Zu Einzelheiten dieser Bewertungsmethode → *Rabatte* Rz. 2345,

- die Bewertung der unentgeltlichen oder verbilligten Nutzung von **Firmenwagen** (§ 8 Abs. 2 Satz 2 EStG). Zu Einzelheiten dieser Bewertungsmethode → *Firmenwagen zur privaten Nutzung* Rz. 1226.

Unter bestimmten Voraussetzungen sind geringfügige geldwerte Vorteile auch steuerfrei (→ *Annehmlichkeiten* Rz. 150).

Gelegenheitsarbeiter

→ *Arbeitnehmer-ABC* Rz. 188, → *Aushilfskraft/Aushilfstätigkeit* Rz. 410

Gelegenheitsgeschenke

1368 Zuwendungen des Arbeitgebers, die aus einem besonderen persönlichen, einmaligen oder selten wiederkehrenden Anlass mit dem Ziel gewährt werden, dem Arbeitnehmer eine Aufmerksamkeit zu erweisen oder ihn zu ehren, und die nach Art und Höhe nicht außergewöhnlich und übermäßig sind (Gelegenheitsgeschenke), sind grundsätzlich steuer- und sozialversicherungspflichtig. Zur Wertermittlung → *Sachbezüge* Rz. 2598.

Gelegenheitsgeschenke vom Arbeitgeber können aber für den Arbeitnehmer steuer- und sozialversicherungsfrei sein, wenn

- es sich um **Aufmerksamkeiten** handelt, → *Annehmlichkeiten* Rz. 151 oder

- der Arbeitgeber das Gelegenheitsgeschenk **pauschal versteuern** kann, wie z.B. Geschenke aus Anlass einer Betriebsveranstaltung, → *Betriebsveranstaltungen* Rz. 701.

Hinsichtlich der steuerlichen Behandlung von Geschenken, die der Arbeitnehmer von dritter Seite erhält, und zum Betriebsausgaben- bzw. Werbungskostenabzug von Geschenken → *Geschenke* Rz. 1397.

Gemeindebedienstete

1. Arbeitnehmereigenschaft

1369 Die bei den Gemeinden angestellten Bediensteten bzw. Beamten sind Arbeitnehmer; dies gilt auch für die sog. Gemeindeschreiber bzw. Ratsschreiber (BFH v. 8.3.1957, VI 121/55 U, BStBl III 1957, 175). „**Helfer in Gemeindesachen**" sind dagegen keine Arbeitnehmer (BFH v. 2.2.1968, VI 127/65, BStBl II 1968, 430).

Arbeitnehmer sind z.B. auch die sog. **Ortsvorsteher** in Hessen, sofern ihnen neben ihrer Tätigkeit in der kommunalen Volksvertretung (insoweit liegen Einkünfte aus selbständiger Tätigkeit gem. § 18 Abs. 1 Nr. 3 EStG vor) von der Gemeinde die **Leitung einer Verwaltungsaußenstelle** übertragen wird (OFD Frankfurt v. 17.7.2013, S 2337 A – 35 – St 211, StEd 2013, 568, auch zur Gewährung der Steuerbefreiung nach § 3 Nr. 12 Satz 2 EStG); vergleichbare Regelungen gibt es auch in den anderen Bundesländern. Es handelt sich insoweit auch um eine sozialversicherungspflichtige Beschäftigung (LSG Hessen v. 17.12.2007, L 1 KR 92/06, www.stotax-first.de).

Zur Arbeitnehmereigenschaft der ehrenamtlichen Funktionsträger der **Freiwilligen Feuerwehren** s. → *Feuerwehr* Rz. 1215.

Zur steuerlichen Behandlung der Leistungen, die den Bediensteten von Kommunalverwaltungen für ihre Tätigkeit als **Schriftführer** in kommunalparlamentarischen Gremien gewährt werden, s. → *Abgeordnete* Rz. 14.

2. Selbständige Nebentätigkeiten

1370 Ein Gemeindebediensteter kann **nebenberuflich** selbständig tätig sein, wenn die Tätigkeit **nicht zu seinen eigentlichen Dienstobliegenheiten gehört**. Die Vergütungen eines Gemeindedirektors

[LSt] = keine Lohnsteuerpflicht
[LSt] = Lohnsteuerpflicht

Gemischte Tätigkeit

für seine Tätigkeit als Mitglied der Schätzungskommission der Oldenburgischen Landesbrandkasse gehören daher **nicht zum Arbeitslohn** (BFH v. 8.2.1972, VI R 7/69, BStBl II 1972, 460). Vgl. auch H 19.2 (Nebentätigkeit bei demselben Arbeitgeber) LStH sowie → *Aufsichtsratsvergütungen* Rz. 351. Dies gilt auch für die Tätigkeit als **kommunaler Mandatsträger**, z.B. als **Ratsherr** (→ *Abgeordnete* Rz. 9).

3. Unselbständige Nebentätigkeiten

1371 Vergütungen für eine **Nebentätigkeit**, die der **Arbeitgeber** – auch wenn dies im Arbeitsvertrag nicht ausdrücklich vorgesehen ist – nach der tatsächlichen Gestaltung des Dienstverhältnisses und nach der Verkehrsanschauung **erwarten darf**, auch wenn er die zusätzlichen Leistungen besonders vergüten muss, vgl. H 19.2 (Nebentätigkeit bei demselben Arbeitgeber) LStH, sind der **Haupttätigkeit zuzurechnen** und somit zusammen mit dem „normalen Gehalt" dem Lohnsteuerabzug zu unterwerfen.

> **Beispiel:**
> In einer Gemeinde werden die Amtlichen Gemeindemitteilungsblätter von Mitarbeitern der Gemeinde zugestellt, die dafür eine besondere Entschädigung erhalten. Die Entschädigung ist ihrem Arbeitslohn zuzurechnen und dem Lohnsteuerabzug zu unterwerfen.
>
> Dasselbe gilt für sog. Erfrischungsgelder, die ehrenamtliche Wahlhelfer – sofern sie Gemeindebedienstete sind – erhalten (→ *Wahlhelfer* Rz. 3118).

Kommunalbedienstete, die z.B. als **Geschäftsführer für Gutachterausschüsse** tätig werden, nehmen diese Aufgaben ebenfalls im Rahmen ihres Hauptamtes wahr und sind daher auch insoweit Arbeitnehmer. Werden für die zusätzliche Tätigkeit besondere Vergütungen gezahlt, unterliegen diese dem Lohnsteuerabzug (FinMin Nordrhein-Westfalen v. 5.8.1987, S 2337 – 25 – V B 3, www.stotax-first.de).

[LSt] [SV]

Denkbar ist aber auch, dass hinsichtlich der Nebentätigkeit ein **„zweites Arbeitsverhältnis"** begründet wird. So ist z.B. die Tätigkeit eines Kommunalbeamten in einer von einer Stadt beherrschten GmbH jedenfalls dann als gesondertes Dienstverhältnis zu werten, wenn die Gesellschaft auf Grund des geschlossenen Geschäftsführervertrags mit dem Beamten ein eigenes Vertragsverhältnis mit diesem bekundet und die Aufwandsentschädigung für die Geschäftsführertätigkeit auch von dieser bezahlt wird (FG Niedersachsen v. 14.3.2005, 3 K 644/04, www.stotax-first.de).

4. Aufwandsentschädigungen

1372 Aufwandsentschädigungen, die aus der Gemeindekasse an **ehrenamtlich tätige Bürger**, z.B. Mitglieder der Freiwilligen Feuerwehr oder kommunale Mandatsträger (Ratsherren usw.), gezahlt werden, sind nach § 3 Nr. 12 Satz 2 EStG mindestens bis 200 € monatlich steuerfrei (→ *Abgeordnete* Rz. 9; → *Aufwandsentschädigungen im öffentlichen Dienst* Rz. 383; → *Ehrenamtsinhaber* Rz. 974; → *Feuerwehr* Rz. 1215).

Sie können unter bestimmten Voraussetzungen aber auch unter die Steuerbefreiungen der § 3 Nr. 26, 26a, 26b EStG fallen (→ *Aufwandsentschädigungen für bestimmte nebenberufliche Tätigkeiten* Rz. 360).

Gemischte Tätigkeit

1. Lohnsteuer

1373 Eine sog. gemischte Tätigkeit liegt vor, wenn ein Stpfl. gleichzeitig selbständig und nichtselbständig tätig wird, so z.B.

- **Chef- oder Betriebsärzte**, die nebenbei eine eigene Praxis betreiben (R 18.1 Abs. 1 EStR), s.a. → *Arzt* Rz. 328,
- ein als Arbeitnehmer im Symphonieorchester einer Rundfunkanstalt tätiger **Orchestermusiker**, der gelegentlich für seinen Arbeitgeber als Solist tätig wird (BFH v. 25.11.1971, IV R 126/70, BStBl II 1972, 212),
- ein **Jurist**, der als angestellter Assessor Einkünfte aus nichtselbständiger Arbeit erzielt und gleichzeitig eine freiberufliche Tätigkeit als Rechtsanwalt ausübt (BFH v. 10.6.2008, VIII R 76/05, BStBl II 2008, 937),
- die sog. **Ortsvorsteher in Hessen**, die eine Verwaltungsaußenstelle leiten (→ *Gemeindebedienstete* Rz. 1369).

Steuerlich sind in diesen Fällen **beide Tätigkeiten getrennt** zu beurteilen; die **Ausgaben** sind – ggf. durch Schätzung – **den jeweiligen Einkunftsarten zuzuordnen** (ausführlich BFH v. 10.6.2008, VIII R 76/05, BStBl II 2008, 937 betr. Aufteilung der Aufwendungen und Ansatz des Arbeitnehmer-Pauschbetrags).

Der Lohnsteuerabzug ist nur vom Arbeitslohn vorzunehmen. Die Einnahmen aus der selbständig ausgeübten Tätigkeit müssen in der Einkommensteuererklärung angegeben werden.

2. Sozialversicherung

a) Kranken- und Pflegeversicherung

1374 In der gesetzlichen Krankenversicherung werden Personen, die hauptberuflich selbständig erwerbstätig sind, von **der Krankenversicherungspflicht** als Arbeitnehmer nach § 5 Abs. 1 Nr. 1 SGB V **ausgeschlossen** (§ 5 Abs. 5 SGB V). Dadurch wird vermieden, dass ein hauptberuflich selbständiger Erwerbstätiger durch Aufnahme einer versicherungspflichtigen Nebenbeschäftigung versicherungspflichtig wird und damit den umfassenden Schutz der gesetzlichen Krankenversicherung erhält. Hauptberuflich ist eine selbständige Erwerbstätigkeit dann, wenn sie von der wirtschaftlichen Bedeutung und dem zeitlichen Aufwand her die übrigen Erwerbstätigkeiten zusammen deutlich übersteigt und den Mittelpunkt der Erwerbstätigkeit darstellt. Das Ergebnis gilt dann auch für die gesetzliche Pflegeversicherung.

Die Spitzenverbände der Sozialversicherungsträger haben zur Abgrenzung folgende Kriterien festgelegt:

Hauptberuflich ist eine selbständige Erwerbstätigkeit dann, wenn sie von der wirtschaftlichen Bedeutung und dem zeitlichen Aufwand her die übrigen Erwerbstätigkeiten zusammen deutlich übersteigt und den Mittelpunkt der Erwerbstätigkeit darstellt; in diese Beurteilung sind selbständige Tätigkeiten als land- oder forstwirtschaftlicher Unternehmer oder als Künstler oder Publizist mit einzubeziehen. Dem Kriterium „Mittelpunkt der Erwerbstätigkeit" kommt allerdings keine eigenständige Bedeutung zu (vgl. BSG v. 29.9.1997, 10 RK 2/97, www.stotax-first.de); es stellt insbesondere kein eigenständiges Tatbestandsmerkmal dar, sondern dient lediglich der Verdeutlichung des Begriffs „hauptberuflich".

aa) Beschäftigung von Mitarbeitern und wirtschaftliche Bedeutung

1375 Das Gesetz zur Stärkung der Versorgung in der gesetzlichen Krankenversicherung (GKV-VS) trat zum 23.7.2105 in Kraft (BGBl. I 2015, 1211). Zeitgleich wurde das Gemeinsame Rundschreiben: „Grundsätzliche Hinweise zum Begriff der hauptberuflich selbständigen Erwerbstätigkeit" veröffentlicht.

Die bereits aus der Vergangenheit bekannte Regelung wurde wieder eingeführt: „Bei Personen, die im Zusammenhang mit ihrer selbständigen Erwerbstätigkeit **regelmäßig mindestens einen Arbeitnehmer** mehr als geringfügig beschäftigen, wird vermutet, dass sie **hauptberuflich selbständig erwerbstätig** sind; als Arbeitnehmer gelten für Gesellschafter auch die Arbeitnehmer der Gesellschaft."

Werden mehrere Minijobber beschäftigt, ist deren Arbeitsentgelt zu addieren. Wird die Grenze von 450 € überschritten, greift diese gesetzliche Vermutung.

Erscheint jedoch die Annahme der Arbeitgeberstellung als nicht gerechtfertigt, kann auf eine Einzelfallprüfung bestanden werden.

Hauptberuflich ist diese Erwerbstätigkeit nur dann, soweit diese von der wirtschaftlichen Bedeutung und dem zeitlichen Umfang her die übrigen Erwerbstätigkeiten zusammen deutlich übersteigt.

Es gibt Konstellationen, die zu klaren Ergebnissen der **nicht hauptberuflichen Selbständigkeit** führen:

- Der Selbständige ist als Arbeitnehmer in Vollzeit tätig.
- Der Selbständige ist als Arbeitnehmer mit mehr als 20 Wochenstunden tätig. Das Entgelt übersteigt die Hälfte der monatlichen Bezugsgröße (2016 = 1 452,50 €).

Umgekehrt gibt es Konstellationen, die zu klaren Ergebnissen der **hauptberuflichen Selbständigkeit** führen:

- Der Selbständige arbeitet mehr als 30 Wochenstunden und das Einkommen ist Haupteinnahmequelle.

Gemischte Tätigkeit

- Der Selbständige arbeitet mehr als 20 Wochenstunden, aber weniger als 30 Wochenstunden und das Einkommen beträgt als Haupteinnahmequelle mehr als die Hälfte der monatlichen Bezugsgröße (2016 = 1 452,50 €).

b) Rentenversicherung

1376 Die in § 2 SGB VI aufgeführten selbständig Tätigen sind rentenversicherungspflichtig, wenn sie mit ihrer selbständigen Tätigkeit regelmäßig keinen versicherungspflichtigen Arbeitnehmer beschäftigen und auf Dauer und im Wesentlichen nur für einen Auftraggeber tätig sind. Die Versicherungspflicht auf Grund der selbständigen Tätigkeit ist nicht deshalb ausgeschlossen, wenn neben der selbständigen Tätigkeit auch eine abhängige Beschäftigung ausgeübt wird. Beide Versicherungen können nebeneinander bestehen (vgl. BSG v. 2.3.2010, B 12 R 10/09 R, www.stotax-first.de).

Genossenschaften

→ *Gesellschafter/Gesellschafter-Geschäftsführer* Rz. 1401

Genussmittel: Zuwendungen an Arbeitnehmer

1. Genussmittel zum Verzehr im Betrieb

1377 Genussmittel (z.B. Tabakwaren, Kaffee, Tee, Süßwaren), die der Arbeitgeber an Arbeitnehmer zum **Verzehr im Betrieb** unentgeltlich oder teilentgeltlich überlässt, gehören als sog. **Aufmerksamkeiten** (→ *Annehmlichkeiten* Rz. 151) nicht zum Arbeitslohn (R 19.6 Abs. 2 Satz 1 LStR). Dies gilt auch für **Getränke aus einem im Betrieb aufgestellten Getränkeautomaten**, sofern die Getränke nicht im Zusammenhang mit Mahlzeiten in der Kantine ausgegeben werden (→ *Arbeitslohn-ABC* Rz. 255).

Das Gleiche gilt für Genussmittel **bis zu einem Wert von 60 €**, die der Arbeitgeber seinen Arbeitnehmern oder dessen Angehörigen aus Anlass eines **besonderen persönlichen Ereignisses** zuwendet (R 19.6 Abs. 1 Satz 2 LStR).

> **Beispiel:**
> Die Hingabe von 1,0 bis 1,5 kg beschädigter Süßwaren im 14-Tage-Turnus an Arbeitnehmer einer Süßwarenfabrik gilt noch als steuerfreie Aufmerksamkeit (FG Hamburg v. 18.11.1974, II 130/73, EFG 1975, 117).

Der Begriff „Genussmittel" ist eng auszulegen, die Abgabe von **Nahrungsmitteln oder Mahlzeiten im Betrieb** fällt grundsätzlich **nicht** darunter. Einzelheiten hierzu → *Bewirtungskosten* Rz. 724 und → *Mahlzeiten* Rz. 1958.

2. Genussmittel zum häuslichen Verzehr

1378 **Steuerpflichtig** ist dagegen die Überlassung von Getränken und Genussmitteln zum **häuslichen Verzehr, sog Haustrunk** (→ *Arbeitslohn-ABC* Rz. 255). Bei Getränken und Genussmitteln, die vom Arbeitgeber hergestellt oder vertrieben werden, kann jedoch der **Rabattfreibetrag** nach § 8 Abs. 3 EStG von **1 080 €** abgezogen werden. Zur Überlassung von Speisen an Arbeitnehmer während eines außergewöhnlichen Arbeitseinsatzes, z.B. bei Überstunden, → *Bewirtungskosten* Rz. 724.

Genussrechte

→ *Aktien: Zuwendung an Arbeitnehmer* Rz. 53, → *Arbeitslohn-ABC* Rz. 255

Gerichtsvollzieher

1. Allgemeines

1379 Die Gerichtsvollzieher sind **Arbeitnehmer** und beziehen daher grundsätzlich steuerpflichtigen **Arbeitslohn**, dazu gehören z.B. auch die sog. Anspornvergütungen.

Steuerfrei nach § 3 Nr. 12 Satz 1 EStG sind dagegen die den Gerichtsvollziehern gezahlten **Aufwandsentschädigungen** bzw. die ihnen als Aufwandsentschädigung verbleibenden **Gebührenanteile**. **Abgegolten** sind hiermit auch die Aufwendungen für die Ausstattung des Geschäftszimmers mit **Büroeinrichtungsgegenständen, Computern** usw. (FG Brandenburg v. 25.10.2005, 3 K 2474/02, EFG 2006, 1506 m.w.N.).

Neben der steuerfreien Aufwandsentschädigung können jedoch als Werbungskosten berücksichtigt werden:

- Aufwendungen für die Beschäftigung einer **Bürokraft** (z.B. Arbeitslohn, Arbeitgeberanteil an den Sozialversicherungsbeiträgen), weil die steuerfreie Aufwandsentschädigung nur zur Abgeltung der **Bürokosten** bestimmt ist, sowie
- Aufwendungen für **Fahrten zwischen Wohnung und Gericht** nach den Grundsätzen für „Fahrten zwischen Wohnung und erster Tätigkeitsstätte", d.h. Ansatz der Entfernungspauschale (FG Brandenburg v. 25.10.2005, 3 K 2474/02, EFG 2006, 1506).

Unabhängig von der Entschädigungsregelung in § 5 GVEntschVO können die Gerichtsvollzieher dem Finanzamt gegenüber auch ihre **tatsächlichen Aufwendungen für die Unterhaltung des Büros** im Einzelnen nachweisen. Ein Abzug als Werbungskosten kommt jedoch nur insoweit in Betracht, als diese Aufwendungen die vom Arbeitgeber steuerfrei zu zahlende Aufwandsentschädigung übersteigen.

Ungeachtet der steuerfreien Aufwandsentschädigung können **Personalkosten** für die Beschäftigung von Bürokräften sowie **nicht mit der Einrichtung und der Unterhaltung des Büros zusammenhängende Aufwendungen** (z.B. Fachliteratur, Berufshaftpflichtversicherung, Verbandsbeiträge, Kontoführungsgebühren, Reisekosten) als Werbungskosten berücksichtigt werden. Für die Anerkennung eines Arbeitsverhältnisses mit dem Ehegatten gelten die allgemeinen steuerlichen Grundsätze (→ *Angehörige* Rz. 125). S. ausführlich zuletzt FinMin Baden-Württemberg v. 10.2.2011, 3 – S 233.7/36, StEd 2011, 265.

Aufwendungen für ein **häusliches Arbeitszimmer** sind nur dann in voller Höhe als Werbungskosten zu berücksichtigen, wenn es den „**Tätigkeitsmittelpunkt**" darstellt (→ *Arbeitszimmer* Rz. 313). Nach Auffassung der **Finanzverwaltung** ist dies bei einem Gerichtsvollzieher nicht der Regelfall; die **Finanzgerichte** (FG Schleswig-Holstein v. 26.8.2002, 3 V 130/02, EFG 2002, 1441 und FG Nürnberg v. 26.10.2006, VI 205/2005, www.stotax-first.de) vertreten jedoch eine gegenteilige Auffassung. Ansonsten ist ein Abzug bis höchstens 1 250 € im Jahr möglich, sofern der Arbeitgeber keinen angemessenen Arbeitsplatz zur Verfügung gestellt hat.

Hat ein Gerichtsvollzieher **zu viel Gebühren einbehalten**, wirkt sich die Rückerstattung der Gebührenanteile an die Landesjustizkasse erst bei der Einkommensteuer im Jahr der Rückzahlung aus (FG Berlin-Brandenburg v. 23.5.2007, 7 K 3411/04 B, www.stotax-first.de).

2. Neue Entschädigungsregelungen

a) Allgemeines

1380 In einigen Bundesländern sind die Entschädigungsregelungen für Gerichtsvollzieher reformiert worden (z.B. in Baden-Württemberg, Hessen, Nordrhein-Westfalen, Saarland).

So wird z.B. in **Hessen** seit 2013 der Aufwand für die Errichtung und Unterhaltung des Büros nicht mehr ersetzt. Die Gebührenanteile sowie die Dokumentenpauschale werden nicht mehr als Aufwandsentschädigung gezahlt. Den Gerichtsvollziehern wird zusätzlich zu den Dienstbezügen eine Vergütung gewährt, die in vollem Umfang dem Lohnsteuerabzug unterworfen wird. Die Vergütung setzt sich aus einem Anteil an den vereinnahmten Gebühren und der Dokumentenpauschale zusammen. Aus der Vergütung sind die Kosten für die Einrichtung und den Betrieb des von den Gerichtsvollziehern zu führenden Büros zu bestreiten. Im Übrigen verbleibt die Vergütung den Gerichtsvollziehern als Leistungsanreiz für ihre Gerichtsvollziehertätigkeit. Hilfskräften, die mit der Wahrnehmung einzelner Gerichtsvollziehergeschäfte beauftragt sind, werden die notwendigen Aufwendungen auf Nachweis erstattet.

Der Gebührenanteil wird für jedes Kalenderjahr durch eine Verordnung des Hessischen Ministers der Justiz im Einvernehmen mit dem Hessischen Minister des Innern und für Sport gesondert festgesetzt. Er beträgt für 2013 und 2014 jeweils vorläufig 63 %.

Mit der Vergütung sind gem. § 52 Abs. 2 Satz 1 HBesG auch die besonderen, für die Gerichtsvollziehertätigkeit typischen Aufwendungen abgegolten. Typische Aufwendungen sind insbesondere die Aufwendungen bei Nachtdienst.

Steuerlich gilt Folgendes (entsprechende Verwaltungsregelungen ergehen in Kürze):

b) Steuerfreie Einnahmen

aa) Ersatz barer Auslagen

1381 Neben den Dokumentenpauschalen werden gem. § 9 Gerichtsvollzieherkostengesetz – GvKostG – i.V.m. Abschn. 7 der Anlage zu § 9 GvKostG von den Gerichtsvollziehern u.a.

- Entgelte für Postdienstleistungen (wie z.B. Entgelte für Zustellungen mit Postzustellungsurkunde),
- Kosten, die durch eine öffentliche Bekanntmachung entstehen,
- Entschädigungen an Zeugen, Sachverständige, Dolmetscher und Übersetzer,
- Entschädigungen der zum Öffnen von Türen oder Behältnissen zugezogenen Personen,
- andere Beträge, die auf Grund von Vollstreckungs- und Verwertungsmaßnahmen an Dritte zu zahlen sind,

erhoben.

Diese Beträge sind als **Auslagenersatz nach § 3 Nr. 50 EStG steuerfrei**; ein Werbungskostenabzug ist insoweit ausgeschlossen (§ 3c Abs. 1 EStG).

bb) Wegegelder und Reisekostenzuschüsse

1382 Zum Ausgleich von Aufwendungen für Wege, die der Gerichtsvollzieher zur Vornahme von Amtshandlungen zurücklegen muss, wird für jeden Auftrag ein Wegegeld erhoben. Dieses ist i.R.d. **§§ 3 Nrn. 13, 16 EStG steuerfrei**.

Die Gerichtsvollzieher können auf Antrag einen Reisekostenzuschuss aus der Landeskasse erhalten, wenn die vereinnahmten Wegegelder die tatsächlichen Aufwendungen nicht decken sollten (§ 9 Gerichtsvollzieherordnung – GVO -). Dieser Zuschuss ist **nach § 3 Nr. 13 EStG steuerfrei**.

Ein Werbungskostenabzug ist, soweit die Zahlungen steuerfrei erfolgten, nach § 3c Abs. 1 EStG ausgeschlossen.

c) Aufwendungen

aa) Kosten zur Errichtung und Unterhaltung eines Büros

1383 Nach dem Wegfall der steuerfreien Aufwandsentschädigung sind keine Besonderheiten mehr zu beachten. Die Aufwendungen für das beruflich genutzte Büro (Arbeitszimmer) sind nach den allgemeinen Grundsätzen als Werbungskosten berücksichtigungsfähig.

bb) Dokumentenpauschalen (früher: Schreibauslagen)

1384 Nach dem Wegfall der steuerfreien Aufwandsentschädigung sind keine Besonderheiten mehr zu beachten. Aufwendungen für Schreib-/Büromaterial und dergleichen sind nach den allgemeinen Grundsätzen als Werbungskosten berücksichtigungsfähig.

cc) Bürokraft

1385 Personalkosten für die Beschäftigung von Bürokräften wie z.B. Arbeitslohn oder Arbeitgeberanteil an den Sozialversicherungsbeiträgen sind nach den allgemeinen Grundsätzen als Werbungskosten berücksichtigungsfähig. Für die Anerkennung eines Arbeitsverhältnisses mit dem Ehegatten gelten die allgemeinen steuerlichen Grundsätze, vgl. R 4.8 Abs. 1 EStR und H 4.8 „Arbeitsverhältnis zwischen Ehegatten" EStH.

dd) Aufwendungen für Fahrten zwischen Wohnung und Gericht

1386 Aufwendungen für Fahrten zwischen Wohnung und Gericht sind nach den Grundsätzen für „Fahrten zwischen Wohnung und erster Tätigkeitsstätte" im Rahmen der **Entfernungspauschale** als Werbungskosten berücksichtigungsfähig. Die erste Tätigkeitsstätte befindet sich in dem Gericht, dem der Gerichtsvollzieher zugewiesen ist (§§ 10 - 13 GVO).

ee) Sonstige Kosten

1387 Die dienstlich veranlassten Aufwendungen der Gerichtsvollzieher sind nach § 3c Abs. 1 EStG nur insoweit als Werbungskosten anzuerkennen, als sie vom Dienstherrn nicht steuerfrei ersetzt worden sind. Dabei sind die ihnen überlassenen steuerfreien Auslagen bzw. die steuerfreien Aufwandsentschädigungen von den jeweiligen Aufwendungen abzuziehen.

Neben der steuerfreien Aufwandsentschädigung können damit z.B. Berufshaftpflichtversicherung, Verbandsbeiträge, Kontoführungsgebühren als Werbungskosten berücksichtigt werden.

ff) Rückerstattung von Gebührenanteilen an die Landesjustizkasse

1388 Die vereinnahmten Gebühren abzüglich der Gerichtsvollziehervergütung sind vom Gerichtsvollzieher abzuführen. Hat ein Gerichtsvollzieher zu viel Gebühren erhalten, wirkt sich die Rückerstattung der Gebührenanteile an die Landesjustizkasse erst bei der Einkommensteuer im Jahr der Rückzahlung aus (FG Berlin-Brandenburg v. 23.5.2007, 7 K 3411/04 B, www.stotax-first.de).

Geringfügig Beschäftigte

→ *Aufbewahrungspflichten* Rz. 344, → *Mini-Jobs* Rz. 2047

Geringverdienergrenze

1. Arbeitsrecht

1389 Unter Geringverdiener versteht man einerseits geringfügig Beschäftigte, auf die diesbezügliche Darstellung wird verwiesen (→ *Mini-Jobs* Rz. 2047). Andererseits kann auch eine Person mit geringem, d.h. prekärem Arbeitsverdienst gemeint sein.

2. Lohnsteuer

1390 Für Geringverdiener gelten die allgemeinen lohnsteuerlichen Regelungen. Auf Grund des Freibetrags für das sog. Existenzminimum (Grundfreibetrag) fällt in vielen Fällen keine Lohnsteuer an. Bis zu welcher Höhe Arbeitslohn „steuerfrei" bleibt, → *Steuertarif* Rz. 2803.

3. Sozialversicherung

1391 Die Geringverdienergrenze gilt (einheitlich für die alten und neuen Bundesländer) allerdings nur für Beschäftigte im Rahmen betrieblicher Berufsausbildung (Auszubildende oder Praktikanten), die ein Arbeitsentgelt erzielen, das monatlich 325 € nicht übersteigt (§ 20 Abs. 3 SGB IV). Für Versicherte, die ein freiwilliges soziales Jahr oder ein freiwilliges ökologisches Jahr i.S. des Jugendfreiwilligendienstgesetzes oder einen Bundesfreiwilligendienst nach dem Bundesfreiwilligendienstgesetz leisten (→ *Freiwilligendienste* Rz. 1346), gilt dies unabhängig von der Höhe des Arbeitsentgelts.

Ob die Grenze von 325 € überschritten wird, ist in jedem Monat erneut festzustellen. Wird infolge einmaliger Zuwendungen die Geringverdienergrenze überschritten, ist der Betrag aus dem diese Grenze übersteigenden Teil des Arbeitsentgelts jeweils zur Hälfte vom Arbeitgeber und Arbeitnehmer zu tragen. Die Beitragslast hinsichtlich des Arbeitsentgelts bis zur Geringverdienergrenze trifft allein den Arbeitgeber. Diese besondere Beitragstragungspflicht des Arbeitgebers umfasst auch den auf den zusätzlichen Beitragssatz entfallenden Beitragsanteil zur Krankenversicherung. Dies gilt entsprechend für den Beitragszuschlag zur Pflegeversicherung (→ *Beiträge zur Sozialversicherung* Rz. 548).

Beispiel:
Ein Auszubildender in Augsburg erhält eine monatliche Ausbildungsvergütung i.H.v. 310 €. Im Juli zahlt ihm der Arbeitgeber ein Urlaubsgeld von 155 €. Die Beiträge sind vom Arbeitgeber grundsätzlich allein zu tragen. Im Monat Juli ergibt sich folgende Berechnung:

Geringverdienergrenze

keine Sozialversicherungspflicht = ⓢⱽ̷
Sozialversicherungspflicht = ⓢⱽ

		AG-Anteil	AN-Anteil
monatliches Entgelt	310 €	100 %	ⱷ
Einmalzahlung	155 €		
bis Geringverdienergrenze von 325 € verbleiben	15 €	100 %	ⱷ
Einmalzahlung über die Geringverdienergrenze hinaus	140 €	50 %	50 %

Hat während eines Teils des Monats oder des gesamten Monats, dem die Sonderzuwendung zuzurechnen ist, Beitragsfreiheit (z.B. wegen des Bezugs von Krankengeld) vorgelegen, dann kann die Sonderzuwendung für die Beurteilung der Beitragslastverteilung nicht isoliert betrachtet werden. In diesen Fällen ist für das ausgefallene laufende Arbeitsentgelt ein fiktives Arbeitsentgelt anzusetzen. Sofern das tatsächliche Arbeitsentgelt (einschließlich Sonderzuwendung) zusammen mit dem fiktiven Arbeitsentgelt die Geringverdienergrenze übersteigt, braucht der Arbeitnehmer lediglich von dem 325 € übersteigenden Betrag seinen Beitragsanteil zu tragen. Bis zum Betrag von 325 € muss der Arbeitgeber die Beiträge allein aufbringen.

Geschäftsführer

1. Arbeitsrecht

1392 Einzelheiten zum **Gesellschafter/Geschäftsführer** → *Gesellschafter/Gesellschafter-Geschäftsführer* Rz. 1401.

Der Begriff des GmbH-Geschäftsführers ist arbeitsrechtlich relevant bei der Frage nach der **Arbeitnehmereigenschaft** im Zusammenhang mit zwingenden Arbeitnehmerschutzbestimmungen (→ *Arbeitnehmer* Rz. 173):

Der GmbH-Geschäftsführer ist **Organ und Vertreter** der GmbH als juristische Person. In dieser **organrechtlichen Eigenschaft** ist er arbeitsrechtlich nicht Arbeitnehmer, vgl. § 5 Abs. 1 Satz 3 ArbGG und § 14 Abs. 1 KSchG. Dies gilt auch dann, wenn die vorgesehene Bestellung zum Geschäftsführer unterbleibt (vgl. BAG v. 25.6.1997, 5 AZB 41/96, www.stotax-first.de) oder mangels Kompetenzen in Wirklichkeit ein Arbeitsverhältnis bestehen sollte (BAG v. 6.5.1999, 5 AZB 22/98, www.stotax-first.de). Mit der wirksamen **Amtsniederlegung** endet allerdings die Fiktion des § 5 Abs. 1 Satz 3 ArbGG und das Arbeitsgericht ist für Streitigkeiten zuständig (BAG v. 3.12.2014, 10 AZB 98/14, www.stotax-first.de).

Auf den Geschäftsführer einer GmbH, dessen Bestellung und Anstellung infolge einer Befristung abläuft und der sich erneut um das Amt des Geschäftsführers bewirbt, sind aber die Vorschriften des Allgemeinen Gleichbehandlungsgesetzes (**Altersdiskriminierung**) entsprechend anwendbar (BGH v. 23.4.2012, II ZR 163/10, www.stotax-first.de).

Hinsichtlich des **Mutterschutzes** für eine **Geschäftsführerin mit Dienstvertrag** war bisher nicht zweifelhaft, dass diesem Personenkreis der Sonderkündigungsschutz nach dem Mutterschutzgesetz nicht zur Seite stand. Dies dürfte sich jedoch aus europarechtlicher Sicht für Geschäftsführerinnen, die ihre Tätigkeit nach der Weisung oder unter Aufsicht eines anderen Organs der Gesellschaft ausüben, anders darstellen (EuGH v. 11.11.2010, C-232/09, Danosa, www.stotax-first.de).

Zur europarechtlichen **Arbeitnehmereigenschaft** eines Geschäftsführers im Zusammenhang von **Massenentlassungen** s. EuGH v. 9.7.2015, C-229/14, www.stotax-first.de.

Andererseits kann sich die Frage stellen, ob es sich bei dem Anstellungsvertrag um einen – freien – **Dienstvertrag oder** um einen **Arbeitsvertrag** mit Arbeitnehmer-Status des Geschäftsführers handelt. Hierzu meint das **BAG** (BAG v. 26.5.1999, 5 AZR 664/98, www.stotax-first.de): Durch den Anstellungsvertrag wird zwar materiell-rechtlich regelmäßig ein freies Dienstverhältnis begründet, im Einzelfall kann es sich aber auch um ein Arbeitsverhältnis handeln, wenn nach der konkreten Vertragsgestaltung und der praktischen Durchführung im Einzelfall eine **Weisungsabhängigkeit** gegenüber der Gesellschaft besteht. Besteht insoweit ein hoher Grad der für den Arbeitnehmerstatus maßgeblichen persönlichen Abhängigkeit des Geschäftsführers, sind die Beziehungen als arbeitsvertragliche Beziehungen zu kennzeichnen. Insoweit ist von einem **Regel-Ausnahme-Verhältnis** auszugehen, d.h., der Geschäftsführer hat darzulegen und ggf. nachzuweisen, dass nach den Umständen des Einzelfalls von einer derartigen Weisungsabhängigkeit auszugehen ist, dass sie zur Annahme eines Arbeitsverhältnisses führt. Im Übrigen können die Parteien bei gegebener Weisungsabhängigkeit auch statt eines Dienstvertrages durchaus **von vornherein** ihren Rechtsbeziehungen einen **Arbeitsvertrag** zu Grunde legen (BAG v. 17.9.2014, 10 AZB 43/14, www.stotax-first.de).

Bei einem **beherrschenden Gesellschafter-Geschäftsführer** ist allerdings stets ein – freies – Dienstverhältnis anzunehmen (BAG v. 17.9.2014, 10 AZB 43/14, www.stotax-first.de).

Ein Geschäftsführer-Arbeitsverhältnis unterliegt den arbeitsrechtlichen **Schutzbestimmungen** mit einer Ausnahme (BAG v. 25.10.2007, 6 AZR 1045/06, www.stotax-first.de): Kündigt die Gesellschaft den Anstellungsvertrag (Arbeitsvertrag), so findet auf eine derartige Kündigung gem. § 14 Abs. 1 Nr. 1 KSchG das **Kündigungsschutzgesetz keine Anwendung**! Die ordentliche Kündigung eines GmbH-Geschäftsführers bedarf daher nicht der sozialen Rechtfertigung und nicht der vorherigen Anhörung des Betriebsrats (BAG v. 25.10.2007, 6 AZR 1045/06, www.stotax-first.de), es sei denn, die Schutzbestimmungen des Kündigungsschutzgesetzes sind insgesamt oder mit Modifikationen durch **vertragliche Vereinbarung** zum Gegenstand des Geschäftsführer-Anstellungsvertrags gemacht worden (BGH v. 10.5.2010, II ZR 70/09, www.stotax-first.de).

In den nicht seltenen Fällen, in denen ein Arbeitnehmer aus einem Arbeitsverhältnis zum Geschäftsführer „aufgestiegen" ist, stellt sich nach (unfreiwilliger) Beendigung des Dienstvertrags die Frage nach dem **Wiederaufleben des vorherigen Arbeitsvertrags**. Insoweit geht das BAG nunmehr in ständiger Rechtsprechung (z.B. zuletzt BAG v. 5.6.2008, 2 AZR 754/06, www.stotax-first.de; BAG v. 3.2.2009, 5 AZB 100/08, www.stotax-first.de) von folgendem **Grundsatz** aus: In dem Abschluss eines Geschäftsführer-Dienstvertrags durch einen angestellten Mitarbeiter liegt im Zweifel die konkludente Aufhebung des bisherigen Arbeitsverhältnisses. Nach dem Willen der vertragsschließenden Parteien soll regelmäßig neben dem Dienstverhältnis nicht noch ein Arbeitsverhältnis ruhend fortbestehen. Dem Arbeitnehmer muss im Regelfall klar sein, dass er, wenn nicht anderes vereinbart wird, mit dem Abschluss eines Geschäftsführer-Dienstvertrags seinen Status als Arbeitnehmer aufgibt. Die vertraglichen Beziehungen werden auf eine neue Grundlage gestellt, die bisherige Grundlage verliert ihre Bedeutung. Eine andere Auslegung kommt nur in Ausnahmefällen in Betracht, für die zumindest deutliche Anhaltspunkte vorliegen müssen. Insoweit endet auch ein „Einarbeitungsarbeitsverhältnis" mit der Bestellung zum Geschäftsführer (LAG Mecklenburg-Vorpommern v. 27.11.2013, 3 Sa 116/13, www.stotax-first.de).

Soweit eingewendet worden ist, die **Auflösung** des bis dahin bestehenden Arbeitsverhältnisses durch den Geschäftsführerdienstvertrag sei wegen fehlender **Schriftform** nach § 623 BGB unwirksam, so dass der Arbeitsvertrag fortbestehe, lehnt das BAG (seit BAG v. 19.7.2007, 6 AZR 774/06, www.stotax-first.de) dies ab: Mit dem schriftlichen Geschäftsführerdienstvertrag ist das Schriftformerfordernis des § 623 BGB gewahrt. Etwas anderes gilt allerdings, wenn der **Geschäftsführer-Dienstvertrag** nicht schriftlich, sondern nur **mündlich** abgeschlossen worden ist; dann besteht der ursprüngliche Arbeitsvertrag fort (BAG v. 15.3.2011, 10 AZB 32/10, www.stotax-first.de). Etwas anderes gilt auch, wenn der (neue) Geschäftsführerdienstvertrag mit einer anderen Gesellschaft abgeschlossen wird (BAG v. 24.10.2013, 2 AZR 1078/12, www.stotax-first.de).

Zur **persönlichen Haftung** des GmbH-Geschäftsführers gilt: Die Haftung für Verbindlichkeiten der Gesellschaft ist nach § 13 Abs. 2 GmbHG auf das Gesellschaftsvermögen beschränkt. Den Geschäftsführer trifft nur in den Fällen eine Eigenhaftung, in denen ein besonderer Haftungsgrund vorliegt (BAG v. 12.4.2011, 9 AZR 229/10, www.stotax-first.de). Spiegelt z.B. der Geschäftsführer einer GmbH-Arbeitgeberin vor, die tariflich vorgeschriebene **Insolvenzsicherung** aus einem Altersteilzeitarbeitsverhältnis sei erfolgt, kann dies wegen Betrugs seine persönliche **Schadensersatzpflicht** begründen. Der Geschäftsführer haftet dann persönlich für den Schaden, den der Arbeitnehmer durch die (teilweise) Nichterfüllung seines erarbeiteten und nicht gesicherten Wertguthabens in der Insolvenz entsteht (BAG v. 13.2.2007, 9 AZR 207/06, www.stotax-first.de). Für eine so genannte **Sachwalterhaftung** von Organmitgliedern genügt aber das eigenwirtschaftliche Interesse am Erhalt einer Geschäftsführerposition nicht (BAG v. 20.3.2014, 8 AZR 45/13, www.stotax-first.de).

[Lst] = keine Lohnsteuerpflicht
[LSt] = Lohnsteuerpflicht

2. Lohnsteuer

a) Geschäftsführer von Kapitalgesellschaften

1393 Der **Geschäftsführer** als gesetzlicher Vertreter einer Kapitalgesellschaft, der als Organ in den Organismus der Gesellschaft eingegliedert ist, kann je nach den Gesamtumständen des Einzelfalls **Arbeitnehmer oder auch selbständig tätig sein**; die Organstellung des GmbH-Geschäftsführers steht dem nach geänderter BFH-Rechtsprechung nicht entgegen (zuletzt FG Hamburg v. 4.3.2014, 3 K 175/13, www.stotax-first.de, m.w.N.).

Gegen die Beurteilung als selbständig sprechen allerdings ein Urlaubsanspruch, der Anspruch auf sonstige Sozialleistungen oder die Fortzahlung der Bezüge im Krankheitsfall, insbesondere bei festen Bezügen. Letzteres gilt auch für den Geschäftsführer einer Steuerberatungsgesellschaft (BFH v. 7.5.1997, V R 28/96, HFR 1998, 121 und zuletzt v. 4.12.2000, V B 15/00, www.stotax-first.de, m.w.N.) sowie für den Fall, dass der Geschäftsführer der Ehemann der Alleingesellschafterin einer GmbH ist (BFH v. 17.6.1998, V B 2/98, www.stotax-first.de). Weist der von den Gesellschaftern abgeschlossene Beratervertrag mit dem alleinigen GmbH-Geschäftsführer alle typischen Wesensmerkmale eines Vertrags über eine freie Mitarbeit auf (insbesondere keine Weisungsgebundenheit), so ist dessen Tätigkeit als selbständig anzusehen (FG Berlin v. 6.3.2006, 9 K 2574/03, EFG 2006, 1425).

[LSt] [SV]

> **Beispiel:**
> A, Hauptgeschäftsführer eines Verbands, ist nach seiner Pensionierung zum Geschäftsführer einer GmbH bestellt worden mit dem Ziel, seine Kenntnisse und Verbindungen in den Dienst der GmbH zu stellen. Ein schriftlicher Anstellungsvertrag existiert nicht, A erhält eine monatliche pauschale Aufwandsentschädigung von rund 700 €. Diese Aufwandsentschädigung wurde von der GmbH nicht der Lohnsteuer unterworfen, weil sie A als „freien Mitarbeiter" ansah. Das Finanzamt hat nach einer Lohnsteuer-Außenprüfung von der GmbH Lohnsteuer nachgefordert.
>
> Das FG Rheinland-Pfalz hat dem Finanzamt Recht gegeben (FG Rheinland-Pfalz v. 1.6.1994, 1 K 1422/93, EFG 1995, 29). Begründung: Geschäftsführer juristischer Personen des privaten Rechts sind Arbeitnehmer. Ihre Eingliederung in den geschäftlichen Organismus des Unternehmens ergibt sich für diese Personen gerade daraus, dass es sich um eines der „Organe" der juristischen Person handelt. Der ihnen bei Erledigung ihrer Obliegenheiten naturgemäß eingeräumte weit reichende Gestaltungsspielraum ändert hieran nichts. Als Geschäftsführer ist A gehalten, den Beschlüssen und Weisungen der Gesellschafterversammlung und auch des Aufsichtsrats Folge zu leisten.

Zweifelhaft ist, ob der bestellte Geschäftsführer einer GmbH, der mit dieser keinen Dienst- oder Anstellungsvertrag geschlossen hat, aber in erster Linie den **Weisungen einer anderen GmbH** untersteht, Arbeitnehmer der erstgenannten GmbH ist (s. dazu FG Sachsen-Anhalt v. 14.10.2002, 1 K 159/98, EFG 2003, 355).

Aufwendungen im Zusammenhang mit dem Anfrageverfahren nach § 7a SGB IV (sog. **Statusfeststellungsverfahren**) sind durch das Arbeitsverhältnis veranlasst und deshalb als **Werbungskosten** bei den Einkünften aus nichtselbständiger Arbeit zu berücksichtigen (BFH v. 6.5.2010, VI R 25/09, BStBl II 2010, 851 betr. Feststellung der Sozialversicherungspflicht eines GmbH-Geschäftsführers).

b) Geschäftsführer von Personengesellschaften

1394 Der **hauptberufliche Geschäftsführer** einer Personengesellschaft (Offene Handelsgesellschaft – OHG, Kommanditgesellschaft – KG, Gesellschaft bürgerlichen Rechts – GbR), der am Unternehmen nicht beteiligt ist, ist regelmäßig **Arbeitnehmer**.

[LSt] [SV]

Ist er auch am **Unternehmen beteiligt**, ist er **Mitunternehmer** und erzielt **Einkünfte aus Gewerbebetrieb** i.S.d. § 15 Abs. 1 Nr. 2 EStG.

c) Geschäftsführer von Vereinen

1395 Der Geschäftsführer eines Vereins kann **selbständig** tätig sein, wenn er wie ein **freier Mitarbeiter tätig** ist. Dies ist bei dem Geschäftsführer eines Lohnsteuerhilfevereins u.a. deshalb anerkannt worden, weil er zur Abgeltung seiner Aufwendungen einschließlich der Aufwendungen für evtl. beschäftigte Hilfskräfte eine nach den Bruttobeitragseinnahmen des Vereins bemessene Vergütung erhielt (BFH v. 18.5.1988, X R 57/81, www.stotax-first.de).

[Lst] [SV]

3. Sozialversicherung

Bei Geschäftsführern, die nicht am Stammkapital der GmbH beteiligt sind (sog. **Fremdgeschäftsführer**), liegt nach der Rechtsprechung des BSG grundsätzlich ein abhängiges und damit sozialversicherungspflichtiges Beschäftigungsverhältnis vor (vgl. BSG v. 22.8.1973, 12 RK 24/72, www.stotax-first.de; BSG v. 24.6.1982, 12 RK 45/80, www.stotax-first.de). In seinem Urteil v. 22.8.1973, 12 RK 24/72, www.stotax-first.de, hat sich das BSG ausführlich mit der versicherungsrechtlichen Beurteilung von Fremdgeschäftsführern auseinandergesetzt und ein abhängiges Beschäftigungsverhältnis festgestellt. Insbesondere hat es dargelegt, dass allein aus der weisungsfreien Ausführung einer fremdbestimmten Arbeit nicht auf eine selbständige Tätigkeit geschlossen werden kann, da der Fremdgeschäftsführer ansonsten in einer nicht von ihm selbst gegebenen Ordnung des Betriebs eingegliedert ist und auch nur i.R.d. Gesellschaftsvertrags und der Gesellschafterbeschlüsse handeln darf, so dass er – selbst bei Belassung großer Freiheiten – der Überwachung durch die Gesellschafter unterliegt (vgl. § 46 Nr. 6 GmbHG). Dies gilt auch dann, wenn die Gesellschafter von ihrer Überwachungsbefugnis regelmäßig keinen Gebrauch machen. Die Weisungsgebundenheit des Fremdgeschäftsführers verfeinert sich dabei – wie bei Diensten höherer Art üblich – zur funktionsgerecht dienenden Teilhabe am Arbeitsprozess (vgl. auch BSG v. 29.3.1962, 3 RK 74/57, www.stotax-first.de; BSG v. 29.8.1963, 3 RK 86/59, www.stotax-first.de; BSG v. 18.12.2001, B 12 KR 10/01 R, www.stotax-first.de). Dem steht nicht entgegen, dass Fremdgeschäftsführer – gegenüber den sonstigen Arbeitnehmern – Funktionen eines Arbeitgebers wahrnehmen, denn auch wer selbst Arbeitgeberfunktionen ausübt, kann seinerseits – als leitender Angestellter – bei einem Dritten persönlich abhängig beschäftigt sein (vgl. BSG v. 13.12.1960, 3 RK 2/56, www.stotax-first.de); im Übrigen fehlt ihm das die selbständige Tätigkeit kennzeichnende Unternehmerrisiko. In seinem Urteil zu einem Gesellschafter-Geschäftsführer v. 24.6.1982, 12 RK 45/80, www.stotax-first.de, hat das BSG in seiner Entscheidungsbegründung hinsichtlich der versicherungsrechtlichen Beurteilung von Fremdgeschäftsführern noch einmal bestätigt, dass diese grundsätzlich abhängig beschäftigt sind (→ Rz. 1415). 1396

Geschäftsjubiläum

→ *Jubiläumsgeschenke* Rz. 1640

Geschäftswagen zur privaten Nutzung

→ *Firmenwagen zur privaten Nutzung* Rz. 1226

Geschenke

1. Arbeitslohn

Auch der von einem Dritten zugewendete geldwerte Vorteil kann als **Arbeitslohn steuerpflichtig** sein, selbst wenn es sich dabei um ein Geschenk handelt (vgl. z.B. BMF v. 22.8.2005, IV B 2 – S 2144 – 41/05, BStBl I 2005, 845; BMF v. 30.3.2006, IV B 2 – S 2144 – 26/06/IV B 2 – S 2144 – 41/05 BStBl I 2006, 307; BMF v. 11.7.2006, IV B 2 – S 2144 – 53/06, BStBl I 2006, 447 betr. Aufwendungen für sog. **VIP-Logen** in Sportstätten und bei ähnlichen Sachverhalten; aus Vereinfachungsgründen kann danach der Arbeitgeber die Lohnsteuer mit einem **Pauschsteuersatz von 30 %** erheben). Voraussetzung ist lediglich, dass ein Veranlassungszusammenhang zwischen dem Dienstverhältnis und der Zuwendung besteht. Es kommt dagegen nach der ausdrücklichen Regelung in § 19 Abs. 1 Satz 2 EStG nicht darauf an, ob auf die Zuwendung ein **Rechtsanspruch** besteht. 1397

Arbeitslohn können auch solche Geschenke sein, die der Schenker nach § 4 Abs. 5 Satz 1 Nr. 1 EStG selbst **nicht als Betriebsausgaben** absetzen darf (sog. nicht abziehbare Betriebsausgaben); eine korrespondierende Behandlung des Geschenks ist nicht geboten (BFH v. 5.7.1996, VI R 10/96, BStBl II 1996, 545 betr. eine

Geschenke

Japanreise, zu der ein angestellter Geschäftsführer von einem Geschäftspartner seines Arbeitgebers eingeladen worden war).

Wenn der Arbeitnehmer für den Arbeitgeber **Werbegeschenke für die Kunden** des Arbeitgebers kauft und ihm dieser die Aufwendungen dafür ersetzt, handelt es sich um **Auslagenersatz**, der weder steuer- noch beitragspflichtig ist (→ *Auslagenersatz und durchlaufende Gelder* Rz. 432).

2. Betriebsausgabenabzug

1398 Der Arbeitgeber kann die Aufwendungen für Geschenke ab 2004 nur als Betriebsausgaben abziehen, wenn diese je Empfänger **nicht mehr als 35 € im Kalenderjahr** betragen (§ 4 Abs. 5 Satz 1 Nr. 1 EStG). Dies gilt auch, wenn die Werbegeschenke vom **Arbeitnehmer eingekauft** werden und der Arbeitgeber die Auslagen ersetzt. Wird die Freigrenze von 35 € im Kalenderjahr überschritten, sind die Aufwendungen insgesamt nicht als Betriebsausgaben abziehbar.

Bei der Freigrenze von 35 € sind auch Geschenke zu berücksichtigen, die mit Rücksicht auf die Geschäftsbeziehung an Personen gegeben werden, die dem Geschäftsfreund persönlich nahestehen. Wird der **Ehepartner des Geschäftsfreundes beschenkt**, wird der Geschäftsfreund mittelbar zum Empfänger des Geschenks, denn der Ehegatte wurde nur mit Rücksicht auf die geschäftliche Beziehung zum Geschäftsfreund beschenkt; jedes beschenkte Ehepaar wird wie *ein* Empfänger behandelt (FG München v. 16.2.2009, 13 K 4291/06, www.stotax-first.de). S.a. → *Ehegatte des Arbeitnehmers* Rz. 973.

Weitere Einzelheiten s. R 4.10 (2) Abs. 2 bis 4 EStR.

3. Werbungskostenabzug

1399 Ersetzt der Arbeitgeber dem Arbeitnehmer **nicht** die Kosten für Geschenke an Kunden usw., kann sie der Arbeitnehmer ggf. als Werbungskosten abziehen, sofern die **Hingabe der Geschenke beruflich veranlasst** ist. Aber auch hier ist die Freigrenze von **35 €** je Empfänger und Kalenderjahr zu beachten (§ 9 Abs. 5 EStG).

Für die Anerkennung einer beruflichen Veranlassung gelten dieselben Grundsätze wie für Bewirtungskosten (→ *Bewirtungskosten* Rz. 724). Ein Werbungskostenabzug wird somit v.a. bei Arbeitnehmern mit „**erfolgsabhängigen Bezügen**" in Betracht kommen; allerdings kann sich die berufliche Veranlassung der Aufwendungen auch aus **anderen Umständen** ergeben (BFH v. 24.5.2007, VI R 78/04, BStBl II 2007, 721 betr. Aufwendungen für Bewirtung und **Werbegeschenke eines Außendienstmitarbeiters für Kunden**).

Als **Werbungskosten anerkannt** wurden z.B. Aufwendungen

- eines Beamten für kleinere Werbegeschenke („Streuware") im Vorfeld einer **Personalratswahl** (FG Berlin-Brandenburg v. 28.3.2007, 7 K 9184/06 B, EFG 2007, 1323);
- für Bewirtung und Geschenke eines **Personalrats** (BFH v. 15.11.2007, VI R 91/04, HFR 2008, 687; das Urteil betrifft zwar steuerfreie Aufwandsentschädigungen, gilt aber für den Werbungskostenabzug sinngemäß);
- eines **Arbeitnehmers mit variabler Entlohnung** für Bewirtung und Werbegeschenke (BFH v. 24.5.2007, VI R 78/04, BStBl II 2007, 721).

Nicht anerkannt wurden dagegen z.B. Aufwendungen

- eines **Schulleiters** für Geschenke an Kollegen und Mitarbeiter anlässlich von Jubiläen, Verabschiedungen, Geburtstagen, sowie von Krankheitsbesuchen von Kollegen, Elternvertretern sowie Besuchern der Schule (FG Bremen v. 17.1.2008, 4 K 168/07 (6), EFG 2008, 1281);
- eines **Priesters** für Geschenke an Mitarbeiter der Kirchengemeinde (BFH v. 5.11.2008, VI B 73/08, www.stotax-first.de);
- eines **Bankmitarbeiters** für Eintrittskarten zum Besuch der Semperoper an Bankkunden (FG Köln v. 21.1.2008, 12 K 5376/04, www.stotax-first.de);
- eines **Unternehmensberaters** für die Überlassung von Eintrittskarten und Dauerkarten an Geschäftspartner, die den Wert von 35 € übersteigen (FG Hamburg v. 23.6.2015, 2 V 74/15, www.stotax-first.de).

4. Pauschalierung der Einkommensteuer

1400 Nach dem ab 2007 geltenden § 37b EStG können Stpfl. aus Vereinfachungsgründen die Einkommensteuer für **Sachzuwendungen**, und zwar für

- **betrieblich veranlassten Zuwendungen, die zusätzlich zur ohnehin vereinbarten Leistung oder Gegenleistung erbracht werden** (hierzu gehören z.B. Eintrittskarten für den Besuch sportlicher, kultureller oder musikalischer Veranstaltungen oder auch Incentive-Reisen),
- und **Geschenke** i.S.d. § 4 Abs. 5 Satz 1 Nr. 1 EStG,

sowohl an **Nichtarbeitnehmer** des Stpfl. (z.B. Kunden, Geschäftsfreunde, deren Arbeitnehmer) als auch an **eigene Arbeitnehmer** des Stpfl. unter bestimmten Voraussetzungen mit einem **Pauschsteuersatz von 30 %** erheben. Diese Pauschalsteuer gilt die steuerliche Erfassung des geldwerten Vorteils beim Zuwendungsempfänger ab; steuerlicher Arbeitslohn fällt also auf der Empfängerseite nicht an.

Weitere Einzelheiten → *Pauschalierung der Einkommensteuer bei Sachzuwendungen* Rz. 2147.

Gesellschaft bürgerlichen Rechts

→ *Gesellschafter/Gesellschafter-Geschäftsführer* Rz. 1401

Gesellschafter/Gesellschafter-Geschäftsführer

Inhaltsübersicht:	Rz.
1. Allgemeines	1401
2. Gesellschaft bürgerlichen Rechts (BGB-Gesellschaft)	1402
a) Rechtliche Grundlagen	1402
b) Lohnsteuer	1403
c) Sozialversicherung	1404
3. Offene Handelsgesellschaft (OHG)	1405
a) Rechtliche Grundlagen	1405
b) Lohnsteuer	1406
c) Sozialversicherung	1407
4. Kommanditgesellschaft (KG)	1408
a) Rechtliche Grundlagen	1408
b) Kommanditisten	1409
c) Komplementäre	1411
5. Gesellschaft mit beschränkter Haftung (GmbH)	1412
a) Rechtliche Grundlagen	1412
b) Gesellschafter	1413
c) Gesellschafter-Geschäftsführer	1415
d) Einzelfragen zum Gesellschafter-Geschäftsführer	1418
6. Genossenschaften	1429
a) Rechtliche Grundlagen	1429
b) Lohnsteuer	1430
c) Sozialversicherung	1432
7. Englische Limited	1433
a) Rechtliche Grundlagen	1433
b) Lohnsteuer	1434
c) Sozialversicherung	1435
8. Ausländische Kapitalgesellschaft	1436
a) Irische Kapitalgesellschaft	1437
b) Europäische Gesellschaft (SE)	1438

1. Allgemeines

1401 **Gesellschafter** einer Personen- oder Kapitalgesellschaft sind in ihrer **Gesellschaftereigenschaft** arbeitsrechtlich **nicht Arbeitnehmer**, wenn sie für die Gesellschaft tätig sind. Die **Arbeitnehmereigenschaft liegt** jedoch **vor**, wenn die Tätigkeit – was grundsätzlich zulässig ist – im Rahmen eines **abgeschlossenen Arbeitsvertrags** geleistet wird. Ein diesbezüglicher **Scheinarbeitsvertrag** ist natürlich unwirksam und unbeachtlich (vgl. BAG v. 9.1.1990, 3 AZR 617/88, www.stotax-first.de). Der **Mehrheitsgesellschafter** einer GmbH kann im Übrigen auch dann kein Arbeitnehmer der Gesellschaft sein, wenn er nicht Geschäftsführer ist (BAG v. 6.5.1998, 5 AZR 612/97, www.stotax-first.de).

Gesellschafter, die in dem Unternehmen **wie Arbeitnehmer** gegen Bezahlung fremdbestimmte Arbeit verrichten, nehmen eine Doppelstellung ein. Dies gilt auch für **Organmitglieder** (z.B. Geschäftsführer einer Gesellschaft mit beschränkter Haftung oder Mitglieder des Vorstands einer Aktiengesellschaft), wenn sie nicht am Unternehmen beteiligt sind. Dies ist bei der lohnsteuerlichen und sozialversicherungsrechtlichen Beurteilung zu beachten. Insbesondere ist hierfür festzustellen, ob nach den tatsächlichen Verhältnissen der Gesellschafter in einem abhängigen Beschäftigungsverhältnis gegen Entgelt zur Gesellschaft steht. Da „**Mitun-**

[LSt durchgestrichen] = keine Lohnsteuerpflicht
[LSt] = Lohnsteuerpflicht

Gesellschafter/Gesellschafter-Geschäftsführer

ternehmer" aber steuerlich – auch hinsichtlich besonderer Tätigkeitsvergütungen für die Gesellschaft – **Einkünfte aus Gewerbebetrieb** erzielen (§ 15 Abs. 1 Nr. 2 EStG), können bei dem nachfolgenden Personenkreis Lohnsteuer- und Sozialversicherungsrecht „auseinander laufen".

2. Gesellschaft bürgerlichen Rechts (BGB-Gesellschaft)

a) Rechtliche Grundlagen

1402 In einer BGB-Gesellschaft (§ 705 BGB) haben alle Gesellschafter in gleicher Weise Rechte und Pflichten. Die Geschäftsführung steht allen Gesellschaftern gemeinsam zu. Durch persönliche Mitarbeit und **persönliche Haftung** wird die BGB-Gesellschaft geprägt. Die Gesellschafter haften grundsätzlich als Gesamtschuldner und mit ihrem Privatvermögen.

b) Lohnsteuer

1403 Die Gewinnanteile der Gesellschafter gehören in vollem Umfang zu den **Einkünften aus Gewerbebetrieb** und unterliegen somit nicht dem Lohnsteuerabzug. Dies gilt nach § 15 Abs. 1 Nr. 2 EStG auch für **zusätzliche Vergütungen**, die der Gesellschafter von der Gesellschaft für seine **Tätigkeit im Dienst der Gesellschaft** bezogen hat, selbst wenn er mit der Gesellschaft ein Arbeitsverhältnis abgeschlossen hat (z.B. als Geschäftsführer); Arbeitslohn wird somit in **gewerbliche Einkünfte** „umqualifiziert" (vgl. BFH v. 24.1.1980, IV R 156 - 157/78, BStBl II 1980, 271 betr. frühere Arbeitnehmer einer KG, die nach Erwerb eines Kommanditanteils Mitunternehmer wurden, mit der Folge, dass sie keinen dem Lohnsteuerabzug unterliegenden Arbeitslohn mehr erhielten).

c) Sozialversicherung

1404 Auf Grund des besonderen Unternehmerrisikos stehen die Gesellschafter im sozialversicherungsrechtlichen Sinne **nicht in einem Beschäftigungsverhältnis zur Gesellschaft**, selbst wenn sie im Betrieb mitarbeiten.

[LSt durchgestrichen] [SV durchgestrichen]

3. Offene Handelsgesellschaft (OHG)

a) Rechtliche Grundlagen

1405 Wie bei der BGB-Gesellschaft wird die OHG von allen Gesellschaftern gemeinschaftlich geführt (§ 105 HGB). Auch die Geschäftsführung ist Sache der Gesellschafter. Nach den Regelungen des HGB (§ 123 HGB) haften die Gesellschafter nicht nur mit ihrem Gesellschaftsvermögen, sondern **auch mit ihrem Privatvermögen**. Ihre Tätigkeit für die OHG ist von einem hohen Unternehmerrisiko geprägt.

b) Lohnsteuer

1406 Wie bei der BGB-Gesellschaft gehören die Gewinnanteile und Tätigkeitsvergütungen zu den **Einkünften aus Gewerbebetrieb** (§ 15 Abs. 1 Nr. 2 EStG) und unterliegen somit nicht dem Lohnsteuerabzug.

c) Sozialversicherung

1407 Eine Beschäftigung im sozialversicherungsrechtlichen Sinne liegt nicht vor.

[LSt durchgestrichen] [SV durchgestrichen]

4. Kommanditgesellschaft (KG)

a) Rechtliche Grundlagen

1408 Bei einer Kommanditgesellschaft (§ 161 HGB) ist bei einem Teil der Gesellschafter die Haftung auf die Gesellschaftsanteile beschränkt **(Kommanditisten)**. Bei den anderen Gesellschaftern besteht hinsichtlich der Haftung keine Einschränkung. Sie haften nicht nur mit ihren Gesellschaftsanteilen, sondern auch mit ihrem Privatvermögen **(Komplementäre)**.

b) Kommanditisten

aa) Lohnsteuer

1409 Wie bei der BGB-Gesellschaft und der OHG gehören die Gewinnanteile und Tätigkeitsvergütungen zu den **Einkünften aus Gewerbebetrieb** (§ 15 Abs. 1 Nr. 2 EStG) und unterliegen somit nicht dem Lohnsteuerabzug. Dies gilt auch für einen Kommanditisten, der gleichzeitig Gesellschafter-Geschäftsführer der Komplementär-GmbH ist (vgl. OFD Frankfurt v. 6.3.2007, S 2241 A – 98 – St 213, DB 2007, 1612 zur steuerlichen Behandlung einer Entlassungsentschädigung).

Die **Arbeitgeberanteile zur Sozialversicherung** eines Kommanditisten, der sozialversicherungsrechtlich als Arbeitnehmer der KG angesehen wird, gehören ebenfalls zu den Einkünften aus Gewerbebetrieb (BFH v. 8.4.1992, XI R 37/88, BStBl II 1992, 812).

Nur in **Ausnahmefällen** kann die Tätigkeit eines Gesellschafters für die Gesellschaft nicht durch das Gesellschaftsverhältnis veranlasst sein, so dass dann dem Lohnsteuerabzug unterliegender Arbeitslohn anzunehmen ist (vgl. BFH v. 24.1.1980, IV R 156-157/78, BStBl II 1980, 271 betr. den Fall, dass das Zusammentreffen von Mitunternehmerschaft und Arbeitsverhältnis, z.B. nach einem Erbfall, nur **vorübergehend** ist und alsbald nach dem Erbfall beendet wird).

[LSt] [SV]

bb) Sozialversicherung

1410 Kommanditisten einer KG, die im Betrieb mitarbeiten oder auch die Funktion des Geschäftsführers innehaben, sind durch ihre Gesellschaftsbeteiligung **nicht ohne weiteres von der Versicherungspflicht ausgeschlossen**.

Ein **Beschäftigungsverhältnis** im sozialversicherungsrechtlichen Sinne kann auch dann vorliegen, wenn der Arbeitnehmer zugleich Mitunternehmer (Kommanditist) der Gesellschaft ist. Dies gilt insbesondere dann, wenn zu Handlungen, die über das hinausgehen, was der gewöhnliche Betrieb des Handelsgewerbes mit sich bringt, ein Beschluss sämtlicher Gesellschafter erforderlich ist. Kann der Kommanditist zudem nach den ihm im Gesellschaftsvertrag eingeräumten besonderen Befugnissen bzw. einem ihm in Höhe seiner Kapitaleinlage eingeräumten Mitspracherecht keinen maßgeblichen Einfluss in der KG ausüben und somit die Gestaltung seines Arbeitsverhältnisses nicht wesentlich mitbestimmen, liegt ein abhängiges Beschäftigungsverhältnis im sozialversicherungsrechtlichen Sinne vor. Der Versicherungspflicht der in einem Beschäftigungsverhältnis stehenden Kommanditisten steht auch nicht entgegen, dass ihr Arbeitsentgelt auf Grund des Einkommensteuergesetzes nicht dem Lohnsteuerverfahren, sondern der Einkommensteuerpflicht unterliegt. Zu den Voraussetzungen einer abhängigen Beschäftigung eines Kommanditisten durch seine KG s. zuletzt LSG Berlin-Brandenburg v. 12.6.2015, L 1 KR 291/13, www.stotax-first.de, Revision eingelegt, Az. beim BSG: B 12 KR 75/15 B.

[SV]

Dagegen stehen Kommanditisten, die nicht im Rahmen eines Anstellungsvertrags beschäftigt werden, sondern ihre Tätigkeit in der KG **auf Grund gesellschaftsrechtlicher Abmachungen als** persönlichen Beitrag zur Erreichung des Gesellschaftszweckes leisten, grundsätzlich auch dann **nicht** in einem versicherungsrechtlich relevanten **Beschäftigungsverhältnis** zur KG, wenn im Gesellschaftsvertrag eine Vergütungsregelung – für die persönliche Tätigkeit – getroffen ist. Sie sind – ebenso wie der Komplementär – **keine Arbeitnehmer**, sondern ausschließlich Gesellschafter, d.h. selbständige Mitunternehmer.

Ein Kommanditist, der unmittelbar und ausschließlich auf Grund des Gesellschaftsvertrags zur Mitarbeit in der KG verpflichtet ist und kein dem Umfang seiner Dienstleistung entsprechendes Arbeitsentgelt erhält, sondern dessen Vergütung sich als vorweggenommene Gewinnbeteiligung darstellt, steht ebenfalls in einem versicherungsrechtlichen Beschäftigungsverhältnis (BSG v. 27.7.1972, 2 RU 122/70, www.stotax-first.de).

[SV durchgestrichen]

c) Komplementäre

1411 Die Rechtsstellung der Komplementäre entspricht der der Gesellschafter einer OHG. Sie sind daher weder lohnsteuerlich noch sozialversicherungsrechtlich als Arbeitnehmer anzusehen.

[LSt durchgestrichen] [SV durchgestrichen]

5. Gesellschaft mit beschränkter Haftung (GmbH)

a) Rechtliche Grundlagen

1412 Bei der Gesellschaft mit beschränkter Haftung handelt es sich um eine **Personenvereinigung mit eigener Rechtspersönlichkeit**. Die GmbH ist eine juristische Person, bei der die einzelnen Gesellschafter – hierbei kann es sich um natürliche und juristische Personen handeln – mit ihrer Einlage am Stammkapital beteiligt sind. Die Gesellschafter haften nicht mit ihrem Privatvermögen, sondern ausschließlich mit ihrer Einlage. Das **Stammkapital** einer neu gegründeten GmbH muss **mindestens 25 000 €** betragen. Die GmbH muss mindestens einen Geschäftsführer haben.

Mit dem Gesetz zur Modernisierung des GmbH-Rechts und zur Bekämpfung von Missbräuchen (BGBl. I 2008, 2026) werden Unternehmensgründungen erleichtert. Ein häufiger Wettbewerbsnachteil der GmbH wird gegenüber ausländischen Rechtsformen wie der englischen Limited gesehen, weil in vielen Mitgliedstaaten der Europäischen Union geringere Anforderungen an die Gründungsformalien und die Aufbringung des Mindeststammkapitals gestellt werden.

Das neue GmbH-Recht kennt zwei Varianten der GmbH. Neben die bewährte GmbH mit einem Mindeststammkapital von 25 000 € tritt die haftungsbeschränkte Unternehmergesellschaft. Sie bietet eine Einstiegsvariante der GmbH und ist für Existenzgründer interessant, die zu Beginn ihrer Tätigkeit wenig Stammkapital haben und benötigen – wie z.B. im Dienstleistungsbereich. Bei der haftungsbeschränkten Unternehmergesellschaft handelt es sich nicht um eine neue Rechtsform, sondern um eine GmbH, die ohne bestimmtes Mindeststammkapital gegründet werden kann. Diese GmbH darf ihre Gewinne aber nicht voll ausschütten. Sie soll auf diese Weise das Mindeststammkapital der normalen GmbH nach und nach ansparen.

Die Gesellschafter können jetzt individuell über die jeweilige Höhe ihrer Stammeinlagen bestimmen und sie dadurch besser nach ihren Bedürfnissen und finanziellen Möglichkeiten ausrichten. Jeder Geschäftsanteil muss nun nur noch auf einen Betrag von mindestens einem Euro lauten. Bei Neugründungen bzw. Kapitalerhöhungen kann von vornherein eine flexible Stückelung gewählt werden, vorhandene Geschäftsanteile können leichter gestückelt werden. Die Flexibilisierung setzt sich bei den Geschäftsanteilen fort. Geschäftsanteile können leichter aufgeteilt, zusammengelegt und einzeln oder zu mehreren an einen Dritten übertragen werden.

b) Gesellschafter

aa) Lohnsteuer

1413 Die Einnahmen des Gesellschafters einer Kapitalgesellschaft, die er **auf Grund seiner Gesellschafterstellung** erhält, gehören regelmäßig zu den **Einkünften aus Kapitalvermögen** (§ 20 Abs. 1 Nr. 1 EStG) und unterliegen somit nicht dem Lohnsteuerabzug.

Der Gesellschafter kann darüber hinaus für die Gesellschaft eine Tätigkeit ausüben, die z.B. zu den Einkünften **aus selbständiger Tätigkeit** oder auch aus **nichtselbständiger Tätigkeit** führt. Letzteres gilt besonders für die Tätigkeit als Gesellschafter-Geschäftsführer (→ Rz. 1415). Eine Tätigkeit als **Arbeitnehmer** setzt jedoch voraus, dass der **Geschäftsführer** der GmbH dem Gesellschafter gegenüber **weisungsbefugt** ist. Dies ist bei dem Gesellschafter einer GmbH, dem **mehr als 50 % der Stimmen zustehen, nicht der Fall**; über seine Gesellschafterstellung hat er dann einen so großen Einfluss auf die Führung der Gesellschaft, dass er nicht dem Weisungsrecht des Geschäftsführers unterliegt (zuletzt BFH v. 20.10.2010, VIII R 34/08, www.stotax-first.de, sowie FG Hamburg v. 4.3.2014, 3 K 175/13, www.stotax-first.de, m.w.N.).

Bezieht ein nicht beherrschender Gesellschafter, der aber zugleich leitender Angestellter der GmbH ist, neben einem hohen Festgehalt, Sonderzahlungen und einer Gewinntantieme zusätzlich Zuschläge für Sonntags-, Feiertags-, Mehr- oder Nachtarbeit, so können diese in Anlehnung an die ständige BFH-Rechtsprechung zur Qualifizierung derartiger Zuschläge an Gesellschafter-Geschäftsführer auf Grund einer Gesamtwürdigung als **verdeckte Gewinnausschüttungen** bei seinen Einkünften aus Kapitalvermögen und nicht als steuerfreie Einnahmen bei den Einkünften aus nichtselbständiger Arbeit zu erfassen sein (zuletzt BFH v. 27.3.2012, VIII R 27/09, HFR 2012, 743 m.w.N.).

Gesellschafter einer **Kapitalgesellschaft** müssen nicht notwendigerweise als **Arbeitnehmer** tätig werden. Sie können auf Grund der bestehenden Vertragsfreiheit auch Einkünfte aus einer **anderen Einkunftsart** erzielen (BFH v. 22.1.1964, VI 306/62 U, BStBl III 1964, 158; BFH v. 29.11.1967, I 96/64, BStBl II 1968, 234). Andererseits ist ein Dienstverhältnis auch bei einer Einmanngesellschaft möglich (BFH v. 26.6.1970, VI R 193/67, BStBl II 1970, 824).

bb) Sozialversicherung

1414 Die Kranken-, Pflege-, Renten- und Arbeitslosenversicherungspflicht wird nicht dadurch ausgeschlossen, dass eine in einer Gesellschaft mit beschränkter Haftung (GmbH) beschäftigte Person zugleich Mitunternehmer der GmbH ist. Mitarbeitende Gesellschafter einer GmbH können daher durchaus in einem abhängigen Beschäftigungsverhältnis stehen. Nach der ständigen Rechtsprechung des BSG liegt bei mitarbeitenden Gesellschaftern – und das gilt auch für Gesellschafter-Geschäftsführer – ein abhängiges Beschäftigungsverhältnis zur GmbH vor, wenn die Gesellschafter

– funktionsgerecht dienend am Arbeitsprozess teilhaben,

– für ihre Beschäftigung ein entsprechendes Arbeitsentgelt erhalten und

– keinen maßgeblichen Einfluss auf die Geschicke der Gesellschaft kraft eines eigenen Anteils am Stammkapital geltend machen können.

Die familiäre Verbundenheit oder Rücksichtnahme ist bei Gesellschafter-Geschäftsführern, mitarbeitenden Gesellschaftern und Geschäftsführern einer Familien-GmbH grundsätzlich nicht mehr geeignet, die Rechtsmacht, wie sie sich nach dem Gesellschaftsrecht ergibt, gänzlich zu negieren und daher ein abhängiges Beschäftigungsverhältnis zur Familien-GmbH auszuschließen.

(→ Anhang, B. Sozialversicherung Rz. 3400).

c) Gesellschafter-Geschäftsführer

aa) Allgemeines

1415 Ein Gesellschafter-Geschäftsführer einer Kapitalgesellschaft ist nicht allein auf Grund seiner Organstellung Arbeitnehmer. Es ist anhand der allgemeinen Merkmale zu entscheiden, ob die Geschäftsführungsleistung selbständig oder nichtselbständig erbracht wird (H 19.0 „Gesellschafter-Geschäftsführer" LStH).

Bei **Gesellschaftern einer GmbH, die gleichzeitig die Geschäftsführung übernehmen**, ist aus steuer- und sozialversicherungsrechtlicher Sicht festzustellen, ob es sich um einen Arbeitnehmer in einem abhängigen Beschäftigungsverhältnis handelt. Eine **Arbeitnehmertätigkeit im steuerlichen Sinne** liegt vor, wenn die GmbH als Arbeitgeberin hinsichtlich der Zeit, der Dauer, des Inhalts und des Orts der Arbeitsausführung ein Weisungsrecht ausüben kann und der Gesellschafter in die betriebliche Organisation eingegliedert ist. Das Bestehen von Ansprüchen auf Urlaub und Lohnfortzahlung spricht eher für als gegen eine nichtselbständige Tätigkeit. Dem Umstand, dass im Anstellungsvertrag des Gesellschafter-Geschäftsführers keine Regelung über Arbeitszeit und Arbeitsort getroffen sowie eine gewinnabhängige Tantieme vereinbart wurde, muss bei der Abwägung zwischen Arbeitnehmereigenschaft oder Selbständigkeit kein besonderes Gewicht zukommen. Das Verhältnis zwischen GmbH und Geschäftsführer wird von einem besonderen Vertrauen der Gesellschafter getragen, denen es entscheidend auf das Ergebnis des Arbeitseinsatzes des Geschäftsführers ankommt und nicht – jedenfalls nicht vorrangig – darauf, dass der Geschäftsführer eine bestimmte Anzahl von Stunden für die Gesellschaft tätig ist. Allein die Vereinbarung einer erfolgsbezogenen Entlohnung bedeutet noch nicht die Übernahme eines Unternehmerrisikos, solange sich dies lediglich als Arbeitnehmerrisiko besonderer Art darstellt. In der Frage, ob eine Person Einkünfte als Arbeitnehmer oder als Selbständiger erzielt, besteht **keine Bindung zwischen Arbeitsrecht und Sozialversicherungsrecht einerseits und Steuerrecht andererseits** (zuletzt BFH v. 23.4.2009, VI R 81/06, BStBl II 2012, 262 m.w.N.).

Für die Frage, ob ein Gesellschafter-Geschäftsführer als Arbeitnehmer i.S.v. § 1 Abs. 2 1 und 2 LStDV zu beurteilen ist, ist grundsätzlich nicht entscheidend, in welchem Verhältnis er an der Kapitalgesellschaft beteiligt ist. GmbH-Gesellschafter sind regelmäßig **Selbständige**, wenn sie zugleich Geschäftsführer der Ge-

Gesellschafter/Gesellschafter-Geschäftsführer

sellschaft sind und **mindestens 50 % des Stammkapitals** innehaben. Auch wenn diese Einordnung auf sozialrechtlichen Überlegungen beruht, die für die steuerrechtliche Einstufung einer Tätigkeit als selbständig oder nichtselbständig keine Bindungswirkung besitzen, kann die Beteiligungsquote im Rahmen der steuerlichen Beurteilung zumindest als Indiz herangezogen werden (zuletzt BFH v. 20.10.2010, VIII R 34/08, www.stotax-first.de, sowie FG Hamburg v. 4.3.2014, 3 K 175/13, www.stotax-first.de, m.w.N.).

Zur **versicherungsrechtlichen Beurteilung** s.a. die Übersicht im Anhang (→ *Anhang, B. Sozialversicherung* Rz. 3400). Ein Gesellschafter-Geschäftsführer ist auch vor dem Hintergrund seiner Sperrminorität bei Entscheidungen über sein Anstellungsverhältnis und bei ausnahmslos praktiziertem Konsensprinzip der Gesellschafter in Bezug auf gesellschaftsrechtliche und geschäftsleitende Maßnahmen kein Arbeitnehmer (BVerfG v. 10.10.1997, 2 BvR 1411/97, www.stotax-first.de).

Geschäftsführervergütungen an einen **atypisch still an einer GmbH beteiligten Gesellschafter**, der zugleich die Geschäfte der GmbH führt, sind Sondervergütungen i.S.v. § 15 Abs. 1 Nr. 2 zweiter Halbsatz EStG und unterliegen somit nicht dem Lohnsteuerabzug (zuletzt BFH v. 12.9.2005, VIII B 54/05, www.stotax-first.de, m.w.N., betr. Tätigkeitsvergütungen eines Vorstandsmitglieds als Sondervergütungen im Rahmen einer atypisch stillen Beteiligung).

Zur Frage, ob der beherrschende Gesellschafter-Geschäftsführer eine bestimmte Tätigkeit als **freier Mitarbeiter** erbringen kann, s. ausführlich BFH v. 17.12.2003, I R 25/03, www.stotax-first.de.

bb) Lohnsteuer

1416 Der sog. Gesellschafter-Geschäftsführer kann sowohl

- **steuerpflichtigen Arbeitslohn als Geschäftsführer**, der dem Lohnsteuerabzug unterliegt, als auch
- **Gewinnanteile als Gesellschafter**, die zu den Einkünften aus Kapitalvermögen gehören,

erzielen.

Bei Vertretern juristischer Personen ist zu unterscheiden zwischen der **Organstellung** und dem ihr zu Grunde liegenden **Anstellungsverhältnis**. Auch bei der Beurteilung der Tätigkeit des GmbH-Geschäftsführers ist vornehmlich auf die Umstände des Einzelfalls und nicht auf dessen organschaftliche Stellung abzustellen. **GmbH-Gesellschafter sind regelmäßig Selbständige, wenn sie zugleich Geschäftsführer der Gesellschaft sind und mindestens 50 % des Stammkapitals innehaben** (zuletzt BFH v. 20.10.2010, VIII R 34/08, www.stotax-first.de, sowie FG Hamburg v. 4.3.2014, 3 K 175/13, www.stotax-first.de, m.w.N.).

cc) Sozialversicherung

1417 Zur versicherungsrechtlichen Beurteilung von Gesellschafter-Geschäftsführern → *Anhang, B. Sozialversicherung* Rz. 3400.

I.R.d. Meldeverfahrens (→ *Meldungen für Arbeitnehmer in der Sozialversicherung* Rz. 1989) haben die Arbeitgeber der Einzugsstelle (bzw. bei geringfügig Beschäftigten der Mini-Job-Zentrale der Deutschen Rentenversicherung KnappschaftBahn-See) mitzuteilen, ob es sich um eine Tätigkeit als geschäftsführender Gesellschafter einer GmbH handelt. Die Deutsche Rentenversicherung Bund führt dann ein Statusfeststellungsverfahren (→ *Statusfeststellungsverfahren* Rz. 2745) durch.

Zur versicherungsrechtlichen Beurteilung von Geschäftsführern, die nicht am Stammkapital der GmbH beteiligt sind (sog. Fremdgeschäftsführer), → *Geschäftsführer* Rz. 1392.

d) Einzelfragen zum Gesellschafter-Geschäftsführer
aa) Verdeckte Gewinnausschüttung

1418 Nach ständiger BFH-Rechtsprechung ist eine verdeckte Gewinnausschüttung an den Gesellschafter-Geschäftsführer (§ 8 Abs. 3 Satz 2 KStG; § 20 Abs. 1 Nr. 1 Satz 2 EStG) u.a. anzunehmen, wenn die Kapitalgesellschaft ihm außerhalb einer auf gesellschaftsrechtlichen Vorschriften beruhenden Gewinnverteilung einen Vermögensvorteil zuwendet, den ein ordentlicher und gewissenhafter Geschäftsleiter einem Nichtgesellschafter unter sonst gleichen Bedingungen nicht zugewendet hätte und der bei der Kapitalgesellschaft zu einer Vermögensminderung oder einer verhinderten Vermögensmehrung geführt hat. Zudem muss der Vermögensvorteil sich bei der Kapitalgesellschaft auf den Unter- schiedsbetrag nach § 4 Abs. 1 Satz 1 EStG (= Gewinn) ausgewirkt haben und geeignet sein, dem Gesellschafter-Geschäftsführer zuzufließen. Der einer nahe stehenden Person des Gesellschafters (z.B. Ehegatte) zugewendete Vorteil ist stets dem Gesellschafter als verdeckte Gewinnausschüttung zuzurechnen (R 36 Abs. 1 KStR; BMF v. 20.5.1999, IV C 6 – S 2252 – 8/99, BStBl I 1999, 514), sofern die nahe stehende Person nicht zugleich ebenfalls Gesellschafter ist. **Im Verhältnis zwischen Gesellschaft und beherrschendem Gesellschafter ist eine Veranlassung durch das Gesellschaftsverhältnis i.d.R. auch gegeben, wenn keine von vornherein klaren und eindeutigen Abmachungen über die Entgeltlichkeit und die Höhe der Vergütungen an den Gesellschafter bestehen (R 36 Abs. 2 KStR).**

Eine verdeckte Gewinnausschüttung liegt z.B. vor, wenn ein Gesellschafter-Geschäftsführer einen **Betriebs-Pkw** ohne entsprechende Gestattung der Gesellschaft für private Zwecke nutzt; denn die unbefugte Privatnutzung eines betrieblichen PKW hat keinen Lohncharakter (BFH v. 21.3.2013, VI R 46/11, BStBl II 2013, 1044 m.w.N.). Eine verdeckte Gewinnausschüttung hat zur Folge, dass bei dem Unternehmen insoweit der Betriebsausgabenabzug ausscheidet, andererseits aber beim **Empfänger kein Arbeitslohn**, sondern Einkünfte aus Kapitalvermögen (§ 20 Abs. 1 Nr. 1 Satz 2 EStG) vorliegen.

Verdeckte Gewinnausschüttungen können sich sowohl hinsichtlich der **Angemessenheit** des laufenden Arbeitslohns als auch der gewährten sonstigen Bezüge ergeben. Wie die Angemessenheitsprüfung der Gesamtbezüge eines Gesellschafter-Geschäftsführers vorzunehmen ist, hat die **Finanzverwaltung bundeseinheitlich geregelt** (BMF v. 14.10.2002, IV A 2 – S 2742 – 62/02, BStBl I 2002, 972 mit ausführlichen Rechtsprechungsnachweisen); außerdem gibt es eine umfangreiche Rechtsprechung (zuletzt BFH v. 4.6.2003, I R 24/02, BStBl II 2004, 136; OFD Düsseldorf v. 17.6.2004, S 2742 A – St 13, www.stotax-first.de, m.w.N., betr. Vereinbarung einer Gewinntantieme mit dem Gesellschafter-Geschäftsführer).

Zur Annahme verdeckter Gewinnausschüttungen bei Reduzierung von Darlehenszinsen und unregelmäßigen Gehaltszahlungen s. FG Hamburg v. 22.3.2011, 6 V 169/10, www.stotax-first.de.

Ergänzend ist auf folgende **BFH-Urteile** hinzuweisen:

- **Zuschläge für Dienste an Sonn- und Feiertagen** sind nicht als nach § 3b EStG steuerfreier Arbeitslohn anzusehen, sondern als nach § 20 Abs. 1 Nr. 1 Satz 2 EStG steuerpflichtige verdeckte Gewinnausschüttungen, wenn die Leistung der Zuschläge offensichtlich gesellschaftsrechtlich veranlasst war (zuletzt BFH v. 27.3.2012, VIII R 27/09, HFR 2012, 743 m.w.N.). S. hierzu ausführlich OFD Düsseldorf v. 7.7.2005, S 2343 A – St 22, www.stotax-first.de, und zuletzt FG Münster v. 14.4.2015, 1 K 3431/13 E, www.stotax-first.de.

- Es gibt **keine allgemein gültige Untergrenze der Bandbreite der angemessenen Gesamtvergütung** eines Gesellschafter-Geschäftsführers einer GmbH; der angemessene Betrag ist vielmehr im Einzelfall durch Schätzung zu ermitteln. Ein ordentlicher und gewissenhafter Geschäftsleiter würde im Regelfall eine Erfolgsvergütung in Form einer Gewinn- und nicht in Form einer Umsatztantieme gewähren (BFH v. 11.8.2004, I R 40/03, HFR 2005, 255).

bb) Nachversteuerung

1419 Sind Zuwendungen an den Gesellschafter-Geschäftsführer nachzuversteuern und **übernimmt der Arbeitgeber nachträglich die Lohnsteuer**, so ist darin stets eine verdeckte Gewinnausschüttung zu sehen. Bei der Höhe der verdeckten Gewinnausschüttung ist jedoch zu beachten, dass die übernommene Lohnsteuer als verdeckte Gewinnausschüttung keinen zusätzlichen Arbeitslohn darstellt. Eine **Netto-Einzelberechnung** kommt somit **nicht** in Betracht.

Beispiel:

Nachzuversteuernder Betrag (z.B. Pkw-Nutzung)	3 864,— €
Lohnsteuer lt. Brutto-Einzelberechnung	1 932,— €
Kirchensteuer (9 %)	173,88 €
Vom Arbeitgeber nachzuerheben (verdeckte Gewinnausschüttung)	2 105,88 €

Die verdeckte Gewinnausschüttung führt beim **Gesellschafter zu Einnahmen aus Kapitalvermögen** (§ 20 Abs. 1 Nr. 1 Satz 2 EStG), die bei seiner Einkommensteuer-Veranlagung zu erfassen sind. Kapitalertragsteuer ist grundsätzlich nicht zu erheben.

Gesellschafter/Gesellschafter-Geschäftsführer

Werden dagegen Gesellschafter-Geschäftsführerbezüge zu Recht mit in eine Lohnsteuer-Pauschalierung einbezogen (weil es sich um Arbeitslohn handelt), so führt die auf die Bezüge entfallende pauschale Lohnsteuer nicht zu einer verdeckten Gewinnausschüttung, da die pauschale Lohnsteuer eine Steuer des Arbeitgebers ist.

cc) Besondere Lohnsteuertabelle, Vorsorgepauschale

1420 Ist der Gesellschafter-Geschäftsführer wegen seines beherrschenden Einflusses auf die GmbH nicht sozialversicherungspflichtig, ist für ihn bei Anwendung von Lohnsteuertabellen die Lohnsteuer nach der **besonderen Lohnsteuertabelle** zu ermitteln (→ *Lohnsteuertabellen* Rz. 1948). Zur Berechnung der Vorsorgepauschale bei Gesellschafter-Geschäftsführern → *Vorsorgepauschale* Rz. 3094.

dd) Besteuerung von Tantiemen und anderen Zuwendungen

1421 **Tantiemen**, die in Form von **Einmalzahlungen** und nicht fortlaufend geleistet werden, gehören zu den **sonstigen Bezügen** (→ *Sonstige Bezüge* Rz. 2704) und sind damit grundsätzlich im **Zeitpunkt des Zuflusses** zu versteuern (→ *Zufluss von Arbeitslohn* Rz. 3231). Besonderheiten gelten jedoch bei Leistungsbeziehungen zwischen einer Kapitalgesellschaft und ihrem **beherrschenden Gesellschafter**. Eine beherrschende Stellung eines GmbH-Gesellschafters liegt im Regelfall vor, wenn der Gesellschafter die Mehrheit der Stimmrechte besitzt und deshalb bei Gesellschafterversammlungen entscheidenden Einfluss ausüben kann. Im Allgemeinen ist das erst der Fall, wenn der Gesellschafter, der durch Leistungen der Kapitalgesellschaft Vorteile erhält, **mehr als 50 % der Stimmrechte hat**. Hält ein Gesellschafter nicht mehr als 50 % der Gesellschaftsanteile, kann er nach ständiger Rechtsprechung einem beherrschenden Gesellschafter gleichgestellt werden, wenn er mit anderen **gleichgerichtete materielle, d.h. finanzielle Interessen verfolgenden Gesellschaftern zusammenwirkt**, um eine in Gesellschafterinteressen entsprechende Willensbildung der Kapitalgesellschaft herbeizuführen; allein der Umstand, dass die Gesellschafter Eheleute sind, kann eine entsprechende Vermutung aber nicht begründen (zuletzt BFH v. 15.5.2013, VI R 24/12, BStBl II 2014, 495 m.w.N.).

In diesen Fällen nimmt die Rechtsprechung den Zufluss beim Gesellschafter bereits in dem Zeitpunkt an, in dem der **Anspruch** des Gesellschafters gegenüber der von ihm beherrschten Gesellschaft **fällig** ist, denn ein beherrschender Gesellschafter hat es regelmäßig in der Hand, sich geschuldete Beträge auszahlen zu lassen, wenn der Anspruch eindeutig, unbestritten und fällig ist (zuletzt BFH v. 2.6.2014, III B 153/13, www.stotax-first.de). Fällig wird der Anspruch auf Tantiemen erst mit **Feststellung des Jahresabschlusses**, sofern nicht zivilrechtlich wirksam und fremdüblich eine andere Fälligkeit vertraglich vereinbart ist. Allerdings werden von dieser nur Gehaltsbeträge und sonstige Vergütungen erfasst, die die Kapitalgesellschaft den sie beherrschenden Gesellschaftern schuldet und die sich bei der Ermittlung ihres Einkommens ausgewirkt haben. Wird die arbeitsvertragliche Zusage von **Weihnachts- und Urlaubsgeld** vor dem Zeitpunkt der Entstehung dieser Sonderzuwendungen einvernehmlich aufgehoben, kann dem Arbeitnehmer weder Arbeitslohn über die Grundsätze des Zuflusses von Einnahmen bei einem beherrschenden Gesellschafter zufließen noch kann der Arbeitnehmer insoweit eine zuflussbegründende verdeckte Einlage bewirken (BFH v. 15.5.2013, VI R 24/12, BStBl II 2014, 495). S. hierzu auch BMF v. 12.5.2014, IV C 2 – S 2743/12/10001, BStBl I 2014, 860.

ee) Beiträge zur Berufsgenossenschaft grundsätzlich kein steuerfreier Arbeitslohn

1422 Ausgaben des Arbeitgebers für die Zukunftssicherung des Arbeitnehmers sind **nach § 3 Nr. 62 EStG steuerfrei**, soweit der Arbeitgeber dazu nach sozialversicherungsrechtlichen oder anderen gesetzlichen Vorschriften verpflichtet ist. Ohne eine derartige Verpflichtung sind die vom Arbeitgeber übernommenen Beiträge steuerpflichtig. Zu den Zukunftssicherungsleistungen gehören grundsätzlich auch Beiträge zur Berufsgenossenschaft als Trägerin der **gesetzlichen Unfallversicherung** (s. auch → *Unfallversicherung: gesetzliche* Rz. 2955).

Die steuerliche Behandlung der vom Arbeitgeber übernommenen Beiträge hängt entscheidend von der **Versicherungspflicht** des Arbeitnehmers ab (dazu zuletzt FG Saarland v. 29.4.2004, 2 K 291/00, EFG 2004, 1035):

1. Allgemein gilt, dass Personen i.S.v. § 6 Abs. 1 Nr. 2 SGB VII (früher § 545 Abs. 1 RVO), zu denen auch beherrschende Gesellschafter-Geschäftsführer einer Kapitalgesellschaft gehören, im Bereich der gewerblichen Berufsgenossenschaften weder als Arbeitnehmer gesetzlich noch kraft Satzung (§ 3 Abs. 1 SGB VII) pflichtversichert sein können. Diesem Personenkreis steht nur das Recht zum Abschluss einer **freiwilligen Versicherung** bei der zuständigen gewerblichen Berufsgenossenschaft zu.

2. Ist im Fall der freiwilligen Versicherung die Beitragsübernahme im Arbeitsvertrag geregelt, so liegt **steuerpflichtiger Arbeitslohn** vor; ist die Beitragsübernahme arbeitsvertraglich nicht geregelt, so liegt insoweit eine **verdeckte Gewinnausschüttung** vor. Die Beiträge können in beiden Fällen als **Werbungskosten** aus nichtselbständiger Arbeit berücksichtigt werden.

Es ist die Frage gestellt worden, ob und ggf. in welchem Umfang für die vom Arbeitgeber freiwillig geleisteten Beiträge an **Berufsgenossenschaften** für nicht gesetzlich unfallversicherte Gesellschafter-Geschäftsführer die **Steuerbefreiung** nach § 3 Nr. 16 EStG für Auswärtstätigkeiten (Reisenebenkosten) in Betracht kommt (→ *Reisekosten: Erstattungen* Rz. 2514). Denn die Berufsgenossenschaften sichern nicht nur Berufskrankheiten ab, sondern auch Arbeits- und Wegeunfälle. Nach Auffassung der obersten Finanzbehörden gelten für die Aufteilung die allgemeinen Grundsätze zur steuerlichen Behandlung der Beiträge für eine freiwillige Unfallversicherung (→ *Unfallversicherung: freiwillige* Rz. 2946) und zur gesetzlichen Unfallversicherung (→ *Unfallversicherung: gesetzliche* Rz. 2955).

ff) Zukunftssicherungsleistungen

1423 Bei der Frage, ob im Rahmen der Anwendung des § 3 Nr. 62 EStG die Ausgaben des Arbeitgebers für die Zukunftssicherung des Arbeitnehmers auf einer gesetzlichen Verpflichtung beruhen, ist der **Entscheidung des zuständigen Sozialversicherungsträgers zu folgen**, wenn sie nicht offensichtlich unzutreffend ist (zuletzt BFH v. 21.1.2010, VI R 52/08, BStBl II 2010, 703 m.w.N.).

Für die Steuerfreiheit von Arbeitgeberzuschüssen zu einer Lebensversicherung des Arbeitnehmers ist dessen **gegenwärtiger Versicherungsstatus** maßgeblich. Die Zuschüsse sind nicht nach § 3 Nr. 62 Satz 2 EStG steuerfrei, wenn der Arbeitnehmer als nunmehr beherrschender Gesellschafter-Geschäftsführer kraft Gesetzes rentenversicherungsfrei geworden ist, auch wenn er sich ursprünglich auf eigenen Antrag von der Rentenversicherungspflicht hatte befreien lassen (BFH v. 10.10.2002, VI R 95/99, BStBl II 2002, 886).

Vgl. hierzu auch → *Zukunftssicherung: Gesetzliche Altersversorgung* Rz. 3344.

gg) Verbilligte Überlassung von GmbH-Anteilen

1424 **Arbeitslohn** kann auch vorliegen, wenn einem Gesellschafter-Geschäftsführer – ggf. auch von dritter Seite – Gesellschaftsanteile verbilligt überlassen werden, nachdem dieser seine Fähigkeiten als Geschäftsführer und Sanierer der Unternehmensgruppe unter Beweis gestellt hat (zuletzt BFH v. 17.6.2005, VI B 176/04, www.stotax-first.de, m.w.N.). Dasselbe gilt, wenn die Muttergesellschaft dem Gesellschafter-Geschäftsführer einer Tochtergesellschaft verbilligt Anteile an deren Stammkapital überlässt (BFH v. 17.1.2005, VI B 30/04, www.stotax-first.de).

hh) Zufluss von Bezügen bei einer GmbH mit Liquiditätsschwierigkeiten

1425 Im Rahmen von Lohnsteuer-Außenprüfungen wird häufig festgestellt, dass der beherrschende GmbH-Geschäftsführer in Notsituationen der Firma auf eine **Auszahlung des im Anstellungsvertrag vereinbarten Gehalts verzichtet**.

Grundsätzlich gilt Folgendes:

Bei beherrschenden Gesellschaftern einer Kapitalgesellschaft wird angenommen, dass sie über eine von der Gesellschaft geschuldete Vergütung bereits im Zeitpunkt der Fälligkeit verfügen können und ihnen damit entsprechende Einnahmen zugeflossen sind. Von dieser Zuflussfiktion werden nur Gehaltsbeträge und sonstige Vergütungen erfasst, die die Kapitalgesellschaft den sie

Gesellschafter/Gesellschafter-Geschäftsführer

beherrschenden Gesellschaftern schuldet und die sich bei der Ermittlung ihres Einkommens ausgewirkt haben.

Eine beherrschende Stellung eines GmbH-Gesellschafters liegt im Regelfall vor, wenn der Gesellschafter die Mehrheit der Stimmrechte besitzt und deshalb bei Gesellschafterversammlungen entscheidenden Einfluss ausüben kann. Im Allgemeinen ist das erst der Fall, wenn der Gesellschafter, der durch Leistungen der Kapitalgesellschaft Vorteile erhält, mehr als 50 % der Stimmrechte hat. Hält ein Gesellschafter nicht mehr als 50 % der Gesellschaftsanteile, kann er einem beherrschenden Gesellschafter gleichgestellt werden, wenn er mit anderen gleichgerichtete materielle, d.h. finanzielle Interessen verfolgenden Gesellschaftern zusammenwirkt, um eine ihren Gesellschafterinteressen entsprechende Willensbildung der Kapitalgesellschaft herbeizuführen (BFH v. 3.2.2011, VI R 4/10, BStBl II 2014, 493).

Wie die einzelnen Fallkonstellationen steuerlich zu behandeln sind, soll nachfolgend dargestellt werden:

Beispiel 1:
a) Die Gehälter werden gerechnet und im Lohnkonto erfasst. Der Geschäftsführer verzichtet auf die Auszahlung. Ihm wird zugesagt, dass seine Gehälter nachgezahlt werden, sobald die Gesellschaft entsprechende Mittel zur Verfügung hat. Die Gehälter werden als **Verbindlichkeiten gegenüber dem Gesellschafter gebucht**.
b) Die Gehälter werden gerechnet und im Lohnkonto erfasst. Der Geschäftsführer verzichtet auf die Auszahlung. Ihm wird zugesagt, dass seine Gehälter nachgezahlt werden, sobald die Gesellschaft entsprechende Mittel zur Verfügung hat. Die Gehälter wurden in der **Finanzbuchhaltung nicht erfasst**.

Lösung:
Beherrschenden Gesellschaftern einer Kapitalgesellschaft fließen i.S.d. § 11 EStG Beträge, die die Gesellschaft ihnen schuldet, grundsätzlich mit deren **Fälligkeit** zu (BFH v. 14.6.1985, VI R 127/81, BStBl II 1986, 62; BFH v. 5.10.2004, VIII R 9/03, HFR 2005, 327).

Ist eine GmbH jedoch angesichts der aufgelaufenen Verluste und der daraus abgeleiteten Prognosen nicht mehr in der Lage, die mit ihrem Gesellschafter-Geschäftsführer i.R.d. ursprünglichen Anstellungsvertrags getroffenen Vergütungsvereinbarungen zu erfüllen, entspricht es nicht nur wirtschaftlicher Vernunft, vielmehr auch der besonderen Treuepflicht, der dieser als Geschäftsführer unterliegt, diese Vergütungsvereinbarungen in angemessener Weise an die wirtschaftlichen Gegebenheiten anzupassen (BGH v. 15.6.1992, II ZR 88/91, www.stotax-first.de). Dies kann in Gestalt einer lediglich geminderten Vergütung, aber auch eines – vorübergehenden – **Gehaltsverzichts** geschehen; der Gehaltsverzicht sollte jedoch endgültig erfolgen (BFH v. 27.3.2001, I R 27/99, BStBl II 2002, 111). Bei einer Besserung der wirtschaftlichen Verhältnisse kann dann eine angemessene Anpassung für die Zukunft klar und eindeutig vereinbart werden.

Die Beteiligung eines Geschäftsführers an der Firma ist für die Beurteilung unbeachtlich. Die Herabsetzung der ursprünglich vereinbarten Bezüge erfordert stets eine Änderung des Anstellungsvertrags, für die regelmäßig die Gesellschafterversammlung zuständig ist (vgl. § 397 BGB; BFH v. 11.2.1997, I R 43/96, HFR 1998, 39 und BGH v. 25.3.1991, II ZR 169/90, www.stotax-first.de).

Verzichtet der beherrschende Gesellschafter-Geschäftsführer nicht rechtzeitig auf sein Gehalt (oder Teile des Gehalts), kann damit der **Zufluss mit der Folge der Lohnversteuerung nicht verhindert** werden. Ein entstandener Anspruch, auf den der Geschäftsführer verzichtet, ist bei ihm als Einkünfte aus nichtselbständiger Arbeit zu versteuern und der Verzicht selbst stellt eine bei dem Gesellschafter-Geschäftsführer nicht berücksichtigungsfähige gesellschaftsrechtliche Einlage in die GmbH dar. Der Verzicht kann sich mit steuerlicher Wirkung – ohne einen Zufluss auszulösen – nur auf die Zukunft beziehen.

Ein Gehaltsverzicht mit der Folge, dass der Arbeitslohn nicht zufließt, liegt somit nur vor, wenn der Anstellungsvertrag mit Wirkung für die Zukunft geändert wird.

Beispiel 2:
Der Gesellschafter-Geschäftsführer verzichtet auf die Auszahlung des Gehalts mit der Maßgabe, dass dieses nachzuzahlen ist, wenn die Gesellschaft die entsprechenden Mittel wieder zur Verfügung stehen. Die Gehälter wurden ab diesem Zeitpunkt weder gerechnet noch in der Finanzbuchhaltung erfasst. Der Geschäftsführer versetzt die Gesellschaft mit Privateinlagen in die Lage, die Gehälter der anderen Mitarbeiter zu zahlen.

Lösung:
Verzichtet ein Gesellschafter auf eine Forderung gegen seine GmbH (vgl. § 397 BGB) unter der auflösenden Bedingung (§ 158 Abs. 1 BGB), dass im Besserungsfall die Forderung rückwirkend wieder aufleben soll (§ 159 BGB), so führt die Erfüllung der Forderung nach Bedingungseintritt nicht ohne weiteres zu einer verdeckten Gewinnausschüttung (BFH v. 18.12.2002, I R 27/02, HFR 2003, 698).

Der BFH hat in diesem Fall den unter dem Vorbehalt der Besserung der wirtschaftlichen Lage der Gesellschaft ausgesprochenen Gehaltsverzicht des Alleingesellschafters einer GmbH als **verdeckte Gewinnausschüttung** angesehen, weil die Besserungsvereinbarung zwischen der GmbH und ihrem Geschäftsführer nicht ernsthaft vereinbart wurde und Zweifel daran bestanden, dass bei Wiederaufnahme der Zahlungen der Besserungsfall tatsächlich eingetreten war.

Zum Zufluss des Arbeitslohns s. oben. Hinsichtlich der im Besserungsfall evtl. geleisteten Zahlungen ist zu prüfen, ob eine verdeckte Gewinnausschüttung vorliegt.

Beispiel 3:
a) Nach Antrag auf Eröffnung des Insolvenzverfahrens bis zu dessen Eröffnung werden die Gehälter des Geschäftsführers weiter berechnet, aber nicht ausgezahlt und als **Verbindlichkeiten erfasst**.
b) Wie oben, die Gehälter werden jedoch **nicht als Verbindlichkeiten erfasst**.

Lösung:
Die Annahme, dass beherrschenden Gesellschaftern einer Kapitalgesellschaft Beträge, die die Gesellschaft ihnen schuldet, i.S.d. § 11 EStG mit deren Fälligkeit zufließen (s.o.), kann ausnahmsweise dann unterbleiben, wenn die **Gesellschaft zahlungsunfähig** ist (BFH v. 14.6.1985, VI R 127/81, BStBl II 1986, 62; BFH v. 30.10.2001, VIII R 15/01, BStBl II 2002, 138; BFH v. 5.10.2004, VIII R 9/03, HFR 2005, 327). Der BFH definiert die Zahlungsunfähigkeit als das auf dem Mangel an Zahlungsmitteln beruhende dauernde Unvermögen des Schuldners, seine sofort zu erfüllenden Geldschulden noch im Wesentlichen zu berichtigen (vgl. z.B. BFH v. 22.5.1973, VIII R 97/70, BStBl II 1973, 815; BFH v. 22.7.1997, VIII R 57/95, BStBl II 1997, 755). Im Insolvenzverfahren sind hierbei die Tatbestandsmerkmale „dauerndes Unvermögen" und „im Wesentlichen" nicht mehr maßgeblich (§ 17 InsO). Die Zahlungsunfähigkeit wird man allerdings vor dem „Zusammenbruch" des Schuldners im Regelfall verneinen können, solange ein Antrag auf Eröffnung des Insolvenzverfahrens (§ 13 InsO) über das Vermögen des Schuldners noch nicht gestellt wurde.

Zahlungen, die nach dem Antrag auf Eröffnung des Insolvenzverfahrens an den beherrschenden Gesellschafter geleistet werden, können **Arbeitslohn oder verdeckte Gewinnausschüttung** sein.

Hinweis:
Der **BFH** hat ein Urteil des FG Thüringen bestätigt, nach dem einem beherrschenden Gesellschafter-Geschäftsführer zustehende, aber noch nicht ausgezahlte Gehaltsteile (hier Weihnachtsgeld) nicht zugeflossen sind, wenn er auf die Auszahlung von vornherein und rechtlich wirksam verzichtet; dem Gesellschafter-Geschäftsführer fließen insoweit keine Einnahmen aus nichtselbständiger Arbeit zu, als er dadurch eine tatsächliche Vermögenseinbuße erleidet (BFH v. 3.2.2011, VI R 4/10, BStBl II 2014, 493).

ii) Übertragung von Rückdeckungsversicherungen

Rückdeckungsversicherungen, die Pensionszusagen einer Kapitalgesellschaft gegenüber ihren Arbeitnehmern (regelmäßig Gesellschafter-Geschäftsführer) absichern, werden regelmäßig zu Gunsten des pensionsberechtigten Arbeitnehmers verpfändet oder mit aufschiebender Bedingung an ihn abgetreten. Hierin liegt noch **kein Zufluss von Arbeitslohn**, weil der Arbeitnehmer gegenwärtig noch keine unmittelbaren Ansprüche aus der Versicherung erwirbt (R 40b.1 Abs. 3 Satz 2 Nr. 3 LStR).

Im Zuge der **Insolvenz der Kapitalgesellschaft** werden solche Rückdeckungsversicherungen vielfach auf die **pensionsberechtigten Arbeitnehmer übertragen**. Im Zeitpunkt der Übertragung fließt dem Arbeitnehmer ein **lohnsteuerpflichtiger geldwerter Vorteil** zu, der regelmäßig dem geschäftsplanmäßigen Deckungskapital der Versicherung entspricht (R 40b.1 Abs. 3 Satz 3 LStR; BFH v. 22.4.2009, VI B 95/08, www.stotax-first.de).

In der Praxis ist die Besteuerung dieser Lohnzuflüsse nicht immer gewährleistet, weil der Arbeitgeber keinen Lohnsteuerabzug vornimmt und die für die Besteuerung der Arbeitnehmer zuständigen Stellen von diesem Sachverhalt keine Kenntnis erlangen. Zur Sicherstellung der Besteuerung sollen die Finanzämter **Kontrollmitteilungen** fertigen (ausführlich OFD Rheinland v. 21.7.2006, S 2332 – 1001 – St 2, www.stotax-first.de).

jj) Firmenwagen

Ist die private Nutzung eines betrieblichen Pkw durch den Gesellschafter-Geschäftsführer im **Anstellungsvertrag mit der GmbH**

Gesellschafter/Gesellschafter-Geschäftsführer

ausdrücklich gestattet, kommt der Ansatz einer verdeckten Gewinnausschüttung in Höhe der Vorteilsgewährung nicht in Betracht. In einem solchen Fall liegt immer **Sachlohn** und keine verdeckte Gewinnausschüttung vor.

Dagegen ist eine **vertragswidrige private Nutzung eines betrieblichen Fahrzeugs** durch einen Gesellschafter-Geschäftsführer als verdeckte Gewinnausschüttung zu qualifizieren (BFH v. 21.3.2013, VI R 46/11, BStBl II 2013, 1044). Einzelheiten → *Firmenwagen zur privaten Nutzung* Rz. 1246.

kk) Geringfügige Beschäftigung

1428 Das **FG Baden-Württemberg** hat mit Urteil vom 21.7.2015, 11 K 3633/13, www.stotax-first.de, entschieden, dass einem Gesellschafter-Geschäftsführer die Lohnsteuerpauschalierung nach § 40a Abs. 2a EStG mit 20 % nicht zusteht, da die Lohnsteuerpauschalierung nur für das Arbeitsentgelt aus einer geringfügigen Beschäftigung i.S.d. § 8 Abs. 1 Nr. 1 SGB IV oder des § 8 a SGB IV in Betracht kommt. Das setzt jedoch voraus, dass die Tätigkeit die Merkmale einer **sozialversicherungsrechtlichen Beschäftigung** i.S.d. § 7 SGB IV erfüllt, was im Urteilsfall (50 % der Beteiligung) und in den meisten Praxisfällen nicht der Fall ist.

6. Genossenschaften

a) Rechtliche Grundlagen

1429 Die Genossenschaft ist eine dem Verein nachgebildete Körperschaft. Sie erhält ihre Geschäftsfähigkeit durch die **Eintragung im Genossenschaftsregister** des Amtsgerichts. In dieses Genossenschaftsregister werden auch sämtliche Mitglieder der Genossenschaft, genannt Genossen, eingetragen. Organe der Genossenschaft sind die **Vertreterversammlung**, der **Aufsichtsrat** und der **Vorstand**.

b) Lohnsteuer

aa) Mitglieder einer landwirtschaftlichen Produktionsgenossenschaft

1430 Seit dem 1.1.1991 sind die **Tätigkeitsvergütungen und sonstigen Zahlungen der landwirtschaftlichen und gärtnerischen Produktionsgenossenschaften** der ehemaligen DDR an ihre Mitglieder **steuerlich und sozialversicherungsrechtlich wie folgt zu behandeln** (BMF v. 8.3.1991, IV B 6 – S 2331 – 4/91, www.stotax-first.de):

Tätigkeitsvergütungen

Die Tätigkeit der Genossenschaftsmitglieder für die Genossenschaft wird regelmäßig im Rahmen eines **Dienstverhältnisses** ausgeübt. Dementsprechend gehören die Tätigkeitsvergütungen (einschl. Sachbezüge) zu den **Einkünften aus nichtselbständiger Arbeit**, die dem **Lohnsteuerabzug** und somit der **Sozialversicherungspflicht** unterliegen. Die Genossenschaften bzw. die sie vertretenden Personen haben dafür zu sorgen, dass die Lohnsteuer für die Mitglieder ebenso wie für andere Arbeitnehmer von den Tätigkeitsvergütungen einbehalten und an das zuständige Finanzamt abgeführt wird.

[LSt] [SV]

Landpacht

Zahlungen der Genossenschaft an ihre Mitglieder auf Grund von Pachtverhältnissen über land- und forstwirtschaftliche Flächen gehören zu den **Einkünften aus Vermietung und Verpachtung** nach § 21 EStG.

Gewinnausschüttungen

Soweit die Genossenschaft an ihre Mitglieder Zahlungen leistet, die weder Tätigkeitsvergütungen noch Pachtzahlungen sind, kann es sich um **Einkünfte aus Kapitalvermögen** handeln.

[LSt] [SV]

bb) Vorstandsmitglieder von Genossenschaften

1431 Genossen, die als Vorstandsmitglieder eine **Organstellung** einnehmen, stehen i.d.R. in einem **abhängigen Beschäftigungsverhältnis** zur Genossenschaft; dies gilt insbesondere dann, wenn der Vorstand die **laufenden Verwaltungsgeschäfte im Rahmen der Satzungsregelungen** führt und dabei seine **ganze Arbeitskraft einsetzt**. Ein Unternehmerrisiko besteht bei einer derartigen Einbindung i.d.R. **nicht**.

Tätigkeitsvergütungen und Aufwandsentschädigungen dieser Vorstandsmitglieder sind daher steuer- und beitragspflichtiger Arbeitslohn (BFH v. 2.10.1968, VI R 25/68, BStBl II 1969, 185).

[LSt] [SV]

Ein **abhängiges Beschäftigungsverhältnis ist** i.d.R. dann **nicht anzunehmen**, wenn der Vorstand **ausschließlich die Funktion des gesetzlichen Vertreters** wahrnimmt und **eine Eingliederung in den Betrieb** der Genossenschaft **nicht vorliegt**.

c) Sozialversicherung

1432 Werden Genossenschaftsmitglieder von der Genossenschaft beschäftigt, besteht ein abhängiges Beschäftigungsverhältnis zur Genossenschaft, das Versicherungspflicht zur Kranken-, Pflege-, Renten- und Arbeitslosenversicherung auslöst. Dies gilt grundsätzlich auch für den **Vorstand einer Genossenschaft**. Voraussetzung hierfür ist jedoch, dass die **volle Arbeitskraft ohne jedes eigene Unternehmerrisiko** der Genossenschaft zur Verfügung gestellt wird. Der Vorstand ist i.d.R. an die Bestimmungen der Satzung, der Geschäftsordnung und der Dienstanweisung der Organe gebunden. Nur wenn es sich um eine **reine Organtätigkeit** handelt, tritt keine Versicherungspflicht in der Sozialversicherung ein. Eine solche Organtätigkeit liegt dann vor, wenn der Vorstand lediglich die Funktion wahrnimmt, ohne dabei in den eigentlichen Betrieb der Genossenschaft eingegliedert zu sein.

7. Englische Limited

a) Rechtliche Grundlagen

1433 Nach der Rechtsprechung des EUGH zur Frage der Anerkennung ausländischer juristischer Personen mit tatsächlichem Verwaltungssitz in einem anderen Mitgliedstaat (vgl. Urteil v. 5.11.2002, C-208/00, www.stotax-first.de) sind die anderen Mitgliedstaaten verpflichtet, die Rechtsfähigkeit und die Parteifähigkeit dieser Gesellschaften anzuerkennen. Der BGH hat daraufhin mit Urteil v. 13.3.2003 entschieden, dass **ausländische juristische Personen** auch dann im Inland anzuerkennen sind, wenn sie ihren **effektiven Verwaltungssitz in Deutschland** haben (BGH v. 13.3.2003, VII ZR 370/98, www.stotax-first.de). Es können somit die Vorteile der garantierten europäischen Niederlassungsfreiheit genutzt und Kapitalgesellschaften unter Nutzung des Gesellschaftsrechts eines anderen europäischen Mitgliedstaats (z.B. Großbritannien) errichtet werden, z.B. durch die Gründung einer englischen „Private Company limited by shares" (nachfolgend: englische Limited). Während die Gründung einer GmbH in Deutschland neben hohen Gründungskosten und der erforderlichen notariellen Beurkundung eine Stammeinlage von mindestens 25 000 € voraussetzt, wobei die Hälfte (also 12 500 €) auf ein Bankkonto der GmbH eingezahlt oder als Sacheinlange geleistet werden muss, kann in Großbritannien eine Limited schon mit einem Mindestkapitaleinsatz von ca. 1,50 € gegründet werden, und zwar i.d.R. innerhalb von zwei Wochen bzw. in Einzelfällen sogar schon binnen 24 Stunden. Die **englische Limited ist genau wie die GmbH eine juristische Person**, die erst durch ihre Organe handlungsfähig wird. Sie hat **drei Organe** – die **Direktoren (directors)**, den **Schriftführer (company secretary)** und die Gesamtheit der **Gesellschafter (members)**. Sie muss mindestens einen Direktor haben, der mit dem Geschäftsführer einer GmbH vergleichbar ist. Die Direktoren haben im Rahmen der Gesellschaftssatzung und der Gesetze die Geschäfte der Gesellschaft zu leiten und vertreten sie gemeinsam (abdingbar durch Satzungsrecht). Soweit von der Satzung nicht abweichend geregelt, kann der Direktor gleichzeitig Gesellschafter sein, muss es aber nicht. Wie bei der GmbH (Fremdgeschäftsführer) ist die **Geschäftsführung also durch Fremdorganschaft möglich**. Ein weiteres obligatorisches Organ der englischen Limited ist der „company secretary". Eine Entsprechung im deutschen Gesellschaftsrecht gibt es für ihn nicht. Er kann in etwa mit einem Schriftführer oder Geschäftsstellenleiter verglichen werden. Die ihm zugewiesenen Aufgaben sind verwaltender und formeller Natur. Auch ein Direktor kann die Funktion des Schriftführers übernehmen, sofern er nicht der einzige Direktor ist, d.h., wenn die Gesellschaft nur einen Direktor hat, kann er nicht gleichzeitig Schriftführer sein. Die Gesellschafter können durch Abstimmung in der Gesellschafterversammlung Einfluss auf die Geschicke der Gesellschaft nehmen. Die meisten Beschlüsse der Gesellschafterversammlung werden im Wege einer „ordinary resolution", d.h.

mit einfacher Mehrheit gefasst. Dies gilt beispielsweise auch für die Abwahl eines Direktors. Die Art der Abstimmung, d.h., ob sie nach Köpfen oder Anteilen erfolgt, richtet sich nach der Satzung der Gesellschaft; im Zweifel ist gesetzlich eine Abstimmung nach Köpfen vorgesehen. In letzter Zeit ist in der Bundesrepublik Deutschland das Interesse an der englischen Limited als einer Alternative zur deutschen GmbH stark gestiegen.

b) Lohnsteuer

1434 Jeder inländische Arbeitgeber ist zur Einbehaltung der Lohnsteuer vom Arbeitslohn verpflichtet. **Inländischer Arbeitgeber** ist nach § 38 Abs. 1 Satz 1 Nr. 1 EStG auch eine im Ausland ansässige Gesellschaft, die im Inland ihre Geschäftsleitung, eine Betriebsstätte oder einen ständigen Vertreter hat. Maßgebend für die Auslegung der vorstehenden Begriffe sind die §§ 10 bis 13 AO (→ *Arbeitgeber* Rz. 166). Ohne Bedeutung sind in diesem Zusammenhang die Bestimmungen des DBA-Großbritannien.

Überlässt eine englische Limited, die nach den vorstehenden Kriterien nicht als inländische Arbeitgeberin anzusehen ist, gewerbsmäßig Arbeitnehmer zur Arbeitsausübung im Inland, besteht eine Lohnsteuer-Einbehaltungspflicht nach § 38 Abs. 1 Nr. 2 EStG (**ausländische Verleiher**).

Zur **Arbeitgebereigenschaft** einer englischen Limited vgl. auch FG Hessen v. 20.10.1997, 4 K 1420/93, EFG 1998, 518.

Zum **Arbeitnehmerstatus** eines Directors einer Limited s. LAG Berlin-Brandenburg v. 20.4.2010, 12 Sa 2744/09, www.stotax-first.de (hier verneint). Lediglich durch die Abberufung eines Directors einer Limited wird auch nachträglich kein Arbeitsverhältnis begründet, selbst wenn noch Tätigkeiten für die Gesellschaft erbracht werden.

c) Sozialversicherung

1435 Die **deutsche GmbH und die englische Limited weisen bei einem Vergleich zwar gewisse Unterschiede, aber doch so weitgehende Übereinstimmungen** auf, dass mitarbeitende Gesellschafter einer englischen Limited sozialversicherungsrechtlich grundsätzlich **analog den Gesellschafter-Geschäftsführern, mitarbeitenden Gesellschaftern und Fremdgeschäftsführern einer GmbH** (→ Rz. 1401) zu beurteilen sind (Besprechungsergebnis v. 17./18.3.2005). Dabei sind Schriftführer und Direktoren, die nicht gleichzeitig Gesellschafter der englischen Limited sind, entsprechend den Fremdgeschäftsführern einer GmbH abhängig Beschäftigte der Gesellschaft. Sie unterliegen damit grundsätzlich den deutschen Rechtsvorschriften über die Versicherungspflicht in der Kranken-, Pflege-, Renten- und Arbeitslosenversicherung.

Soweit es bei einer kapitalmäßigen Beteiligung an der Limited darum geht, ob ein abhängiges Beschäftigungsverhältnis auf Grund maßgeblichen Einflusses auf die Geschicke der Gesellschaft von vornherein ausgeschlossen ist, ist beachtlich, dass Beschlüsse in der englischen Limited regelmäßig mit einfacher Mehrheit gefasst werden. Die Abstimmung ist sowohl nach Köpfen als auch nach Anteilen möglich. Sofern die Satzung keine Regelung enthält, ist gesetzlich eine Abstimmung nach Köpfen vorgesehen. Auch bei mitarbeitenden Gesellschaftern einer englischen Limited ist grundsätzlich die Durchführung eines **Statusfeststellungsverfahrens** (→ *Statusfeststellungsverfahren* Rz. 2745) nach § 7a Abs. 1 Satz 1 SGB IV möglich. Voraussetzung ist jedoch, dass ein Beschäftigungsverhältnis nicht von vornherein ausgeschlossen ist und objektive Zweifel über den Status bestehen.

In einigen Branchen – z.B. in der Filmbranche – werden Verträge mit so genannten Limited mit Geschäftssitz in Deutschland geschlossen. **Eine Ein-Personen-Limited** schließt nicht von vornherein das Vorliegen eines abhängigen Beschäftigungsverhältnisses aus. Vielmehr ist im Einzelfall zu prüfen, ob die Merkmale einer abhängigen Beschäftigung mit entsprechender Weisungsgebundenheit oder die Merkmale einer selbständigen Tätigkeit mit entsprechend eigenem Unternehmerrisiko vorliegen. Die Gründung einer Ein-Personen-GmbH bzw. einer Ein-Personen-Limited bei typischen Beschäftigungsverhältnissen kann nicht zur Umgehung eines sozialversicherungspflichtigen Beschäftigungsverhältnisses führen (Besprechungsergebnis v. 28./29.10.2004). Ein Arbeitnehmer kann – anders als ein Arbeitgeber – nie eine juristische Person sein, so dass die Gründung einer Ein-Personen-Limited sozialversicherungsrechtlich ins Leere geht.

8. Ausländische Kapitalgesellschaft

1436 Nach § 1 Satz 4 SGB VI und § 27 Abs. 1 Nr. 5 SGB III sind Mitglieder des Vorstands einer Aktiengesellschaft in einer Beschäftigung in dem Unternehmen, dessen Vorstand sie angehören, nicht renten- und arbeitslosenversicherungspflichtig, wobei Konzernunternehmen i.S.d. § 18 AktG als ein Unternehmen gelten. Über den gesetzlichen Wortlaut hinaus sind nach der Rechtsprechung des BSG auch Vorstandsmitglieder großer Versicherungsvereine auf Gegenseitigkeit von der Renten- und Arbeitslosenversicherung ausgeschlossen, weil diese durch eine Reihe von Vorschriften des Versicherungsaufsichtsgesetzes den Vorstandsmitgliedern von Aktiengesellschaften rechtlich gleichgestellt sind. Eine Ausweitung der Freistellungsregelung auf Organmitglieder anderer inländischer juristischer Personen hat die Rechtsprechung des BSG jedoch stets ausgeschlossen (Vorstandsmitglieder einer Genossenschaft, Vorstandsmitglieder einer öffentlich-rechtlichen Anstalt und Vorstandsmitglieder eines Vereins).

a) Irische Kapitalgesellschaft

1437 Zur versicherungsrechtlichen Beurteilung eines Mitglieds des Board of Directors (BoD) einer irischen Kapitalgesellschaft in Form einer private limited company in seiner Beschäftigung für die Gesellschaft in Deutschland hat das BSG entschieden, dass in Deutschland beschäftigte Mitglieder des Board of Directors einer private limited company irischen Rechts auch unter Berücksichtigung des Rechts der Europäischen Gemeinschaft nicht wie Mitglieder des Vorstands einer deutschen Aktiengesellschaft von der Versicherungspflicht in der gesetzlichen Renten- und Arbeitslosenversicherung ausgenommen sind (BSG v. 27.2.2008, B 12 KR 23/06 R, www.stotax-first.de).

Das BSG hat dabei folgende Grundsätze zusammengefasst:

– Die Ausnahmebestimmungen der §§ 1 Satz 4 SGB VI und 27 Abs. 1 Nr. 5 SGB III sind auf beschäftigte Organmitglieder ausländischer Kapitalgesellschaften weder unmittelbar noch entsprechend anwendbar. Zu den Mitgliedern des Vorstands einer Aktiengesellschaft i.S. dieser Regelungen gehören nur solche einer bestehenden Aktiengesellschaft deutschen Rechts.

– Das der Niederlassungsfreiheit nach Art. 43, 48 EG-Vertrag immanente Diskriminierungsverbot gebietet nach der Rechtsprechung des EuGH, dass die Beschäftigten mitgliedstaatlicher Kapitalgesellschaften in Bezug auf die Versicherungspflicht oder auch Versicherungsfreiheit grundsätzlich gleich behandelt werden müssen.

– Für eine tatbestandliche Gleichstellung bedarf es einer gesetzlichen Äquivalenzregel aus einschlägigem, unmittelbar zu beachtendem – ggf. internationalem – Recht, einschließlich dem Gemeinschaftsrecht; eine Tatbestandsgleichstellung bereits im Wege richterlicher Rechtsfortbildung ist nicht gestattet.

– Für die Standardisierung der Verhältnisse im Gesellschaftsrecht hat der europäische Gesetzgeber u.a. mit der Verordnung (EG) Nr. 2157/2001 des Rates vom 8.10.2001 über das Statut der Europäischen Gesellschaft allein nach der Rechtsform von Kapitalgesellschaften unterschieden und ausländische Kapitalgesellschaften mit der deutschen Aktiengesellschaft einerseits und mit der deutschen GmbH andererseits gleichgesetzt. An die darin zum Ausdruck kommenden rechtlichen Differenzierungen darf auch für den außergesellschaftlichen Bereich des Sozialrechts angeknüpft werden. Welche Kapitalgesellschaften in den Mitgliedstaaten der europäische Gesetzgeber als Parallelformen der deutschen Aktiengesellschaft betrachtet, ergibt sich aus Anhang I zu Art. 2 Abs. 1 der Verordnung (EG) Nr 2157/2001 des Rates vom 8.10.2001 über das Statut der Europäischen Gesellschaft, welche Gesellschaftsformen als der deutschen GmbH vergleichbar behandelt werden, aus Anhang II zu Art. 2 Abs. 2 der Verordnung (EG) Nr. 2157/2001.

– Im Anwendungsbereich der Niederlassungsfreiheit sind nur Organmitglieder solcher mitgliedstaatlicher Kapitalgesellschaften in der deutschen gesetzlichen Rentenversicherung nicht versicherungspflichtig bzw. in der Arbeitslosenversicherung versicherungsfrei, die einer Aktiengesellschaft deutschen Rechts vergleichbar sind.

Dem Urteil des BSG v. 27.2.2008 ist über den entschiedenen Einzelfall hinaus grundsätzliche Bedeutung beizumessen und den aufgestellten Grundsätzen für Kapitalgesellschaftsformen der EU-Mitgliedstaaten hinsichtlich ihrer Vergleichbarkeit mit einer Aktiengesellschaft nach deutschem Recht bzw. ihrer Vergleichbarkeit mit einer GmbH nach deutschem Recht zu folgen. Beschäftigte Organmitglieder dieser Gesellschaftsformen werden daher – unabhängig von der Bezeichnung ihrer jeweiligen Organfunktion – statusrechtlich dem Vorstand einer deutschen Aktien-

Gesellschafter/Gesellschafter-Geschäftsführer

gesellschaft bzw. der Geschäftsführung einer deutschen GmbH gleichgestellt. Welche Kapitalgesellschaften in den einzelnen Mitgliedstaaten der Europäischen Union als Parallelformen der deutschen Aktiengesellschaft betrachtet und welche Gesellschaftsformen als der deutschen GmbH vergleichbar behandelt werden, können dem Besprechungsergebnis der Spitzenverbände der Sozialversicherungsträger v. 30./31.3.2009 (www.aok-business.de) entnommen werden.

b) Europäische Gesellschaft (SE)

1438 Mit der Verordnung (EG) Nr. 2157/2001 des Rates v. 8.10.2001 über das Statut der Europäischen Gesellschaft (SE) (ABl.EG 2001 Nr. L 294, 1; im Folgenden: Verordnung) hat der europäische Gesetzgeber eine neue, neben den bisherigen Gesellschaftsformen mitgliedstaatlich nationalen Rechts stehende, europäische Gesellschaftsform geschaffen. Die Umsetzung in nationales Recht erfolgte mit dem Gesetz zur Ausführung der Verordnung (EG) Nr. 2157/2001 des Rates v. 8.10.2001 über das Statut der Europäischen Gesellschaft (SE) (SE-Ausführungsgesetz – SEAG) v. 22.12.2004 (BGBl. I 2004, 3675).

Bei der SE handelt es sich um eine Gesellschaft, deren Mindestkapital i.H.v. 120 000 € in Aktien zerlegt ist und vom Verordnungsgeber daher die **Rechtsform einer europäischen Aktiengesellschaft (Societas Europaea)** erhielt. Damit entspricht die SE von ihrem Gesellschaftstyp einer **Aktiengesellschaft nach deutschem Recht (AGdR)** insoweit, als sie zu den eher „großen" und wirtschaftlich starken Gesellschaften zu zählen ist.

Dies wirft die Frage auf, wie beschäftigte Organmitglieder einer SE, die deutschem Sozialversicherungsrecht unterliegen. Bei der versicherungsrechtlichen Beurteilung ist ein Rückgriff auf die vom BSG in seinem Urteil v. 27.2.2008, B 12 KR 23/06 R, www.stotax-first.de, entwickelten Grundsätze ist nur insoweit erforderlich, als es für eine tatbestandliche Gleichstellung auch im Hinblick auf beschäftigte Organmitglieder einer SE einer gesetzlichen Äquivalenzregel aus einschlägigem, unmittelbar zu beachtendem Recht bedarf. Ob und inwieweit eine tatbestandliche Gleichstellung beschäftigter Organmitglieder einer SE gegeben ist, ist folglich direkt anhand der Bestimmungen der Verordnung i.V.m. dem SEAG zu prüfen.

Art. 10 der Verordnung bestimmt zwar, dass eine SE in jedem Mitgliedstaat wie eine Aktiengesellschaft, die nach dem Recht des Sitzstaates der SE gegründet wurde, zu behandeln ist, dies gilt jedoch nur vorbehaltlich der Bestimmungen der Verordnung. Nach der Regelungssystematik der Verordnung unterliegt eine SE vorrangig den Bestimmungen der Verordnung, sodann – sofern die Verordnung dies ausdrücklich zulässt – den Bestimmungen der Satzung der SE; in den nicht oder nur teilweise durch die Verordnung geregelten Bereichen bzw. Aspekten der nationalen SE-Gesetze, ferner den jeweiligen Rechtsvorschriften, die für Aktiengesellschaften im Sitzstaat der SE Anwendung finden und schließlich den Bestimmungen ihrer Satzung unter den gleichen Voraussetzungen wie Aktiengesellschaften im jeweiligen Sitzstaat der SE. Im Hinblick auf die Anwendbarkeit von § 1 Satz 4 SGB VI und § 27 Abs. 1 Nr. 5 SGB III wäre somit eine SE schlechthin wie eine AGdR zu behandeln, wenn die Regelungen der Verordnung mit dem AktG im Wesentlichen übereinstimmten. Dies ist jedoch nicht der Fall, weil nach der Verordnung **unterschiedliche verwaltungsstrukturelle** Ausgestaltungen einer SE zulässig sind, der sog. **monistische und der dualistische Aufbau**.

Den **monistischen Aufbau** kennt das AktG jedoch nicht, sondern allein den dualistischen Aufbau mit je einem **separaten Leitungs- und einem Aufsichtsorgan**. Da es sich somit um einen nur teilweise durch die Verordnung geregelten Bereich bzw. Aspekt handelt, unterliegt die SE hier den nationalen SE-Gesetzen, die im Einklang stehen müssen mit den maßgeblichen Richtlinien für Aktiengesellschaften; für Deutschland also der maßgebenden Richtlinie für die Aktiengesellschaft, dem AktG. Den Einklang der für eine SE zulässigen unterschiedlichen verwaltungsstrukturellen Ausgestaltungen mit dem AktG stellt § 20 SEAG dadurch her, dass **beim monistischen System anstelle der den Vorstand und den Aufsichtsrat betreffenden Vorschriften der §§ 76 bis 116 AktG die besondere Regelungen des SEAG** gelten. Organe der SE sind danach beim monistischen Aufbau der Verwaltungsrat (§§ 22 ff. SEAG) und die geschäftsführenden Direktoren (§§ 40 ff. SEAG). Keines dieser Organe entspricht von seiner Funktion und seinen Kompetenzen her allerdings dem Vorstand einer AGdR. Die geschäftsführenden Direktoren führen die Geschäfte der Gesellschaft und vertreten diese nach außen. Sie können jederzeit durch Beschluss des Verwaltungsrats abberufen werden, es sei denn, in der Satzung ist etwas anderes bestimmt. Der Verwaltungsrat leitet demgegenüber die Gesellschaft, bestimmt die Grundlinien der Tätigkeit und überwacht deren Einhaltung. Damit trägt der Verwaltungsrat – anders als der Aufsichtsrat der AGdR – nicht nur die Überwachungsverantwortung, sondern hat ein Letztentscheidungsrecht und übernimmt die Letztverantwortung für die Unternehmenspolitik. Mitglieder des Verwaltungsrats können von der Hauptversammlung mit einer Mehrheit von mindestens drei Viertel der abgegebenen Stimmen vor Ablauf der Amtszeit abberufen werden, sofern nicht die Satzung eine andere Mehrheit und weitere Erfordernisse vorsieht; dies gilt selbst dann, wenn die Verwaltungsratsmitglieder von der Hauptversammlung ohne Bindung an einen Wahlvorschlag gewählt worden sind. Demgegenüber führt der Vorstand einer AGdR die Geschäfte der Gesellschaft ausdrücklich in eigener Verantwortung, leitet die Gesellschaft und kann nur aus wichtigem Grund abberufen werden. Seine Rechtsstellung ist mithin deutlich stärker als die der geschäftsführenden Direktoren einer SE.

Die Verwaltungsratsmitglieder der **monistischen SE** sind den **Mitgliedern des Vorstands einer AGdR zwar hinsichtlich der Leitungsfunktion vergleichbar**, nicht aber in Bezug auf die Geschäftsführung. Das SEAG geht davon aus, dass diese Aufgabe von den geschäftsführenden Direktoren (analog dem Vorstand der AGdR) wahrgenommen wird. Gleichzeitig übernimmt der Verwaltungsrat mit seiner **Überwachungsfunktion** Aufgaben, für die in der AGdR der Aufsichtsrat zuständig ist.

Zwar räumt § 40 Abs. 1 Satz 2 SEAG die Möglichkeit ein, Mitglieder des Verwaltungsrats zu geschäftsführenden Direktoren zu bestellen. Dies bedeutet aber nicht, dass geschäftsführende Direktoren des Verwaltungsrats rechtlich die Funktionen beider Organe in sich vereinen. Nach § 40 Abs. 2 Satz 2 SEAG können die gesetzlich dem Verwaltungsrat zugewiesenen Aufgaben nicht auf die geschäftsführenden Direktoren übertragen werden. Schließlich ist die Rechtsstellung von Verwaltungsratsmitgliedern auch auf Grund der möglichen Abberufungsgründe von Verwaltungsratsmitgliedern nicht derjenigen von Mitgliedern des Vorstands einer AGdR vergleichbar.

Beschäftigte Organmitglieder einer monistisch strukturierten SE, die dem deutschen Sozialversicherungsrecht unterliegen, sind wegen der strukturellen Besonderheiten **nicht den Vorstandsmitgliedern einer AGdR vergleichbar** und daher in einer ausgeübten Beschäftigung nicht nach § 1 Satz 4 SGB VI von der Rentenversicherungspflicht ausgenommen und nicht nach § 27 Abs. 1 Nr. 5 SGB III in der Arbeitslosenversicherung versicherungsfrei sind (Besprechungsergebnis der Sozialversicherungsträger v. 13./14.10.2009).

Für Mitglieder des Leitungsorgans einer **dualistisch strukturierten SE** beinhalten die maßgeblichen gemeinschaftsrechtlichen und innerstaatlichen Vorschriften eine gesetzliche Äquivalenzregel, die eine **tatbestandliche Gleichstellung mit den Mitgliedern des Vorstands einer AGdR rechtfertigt**. Beschäftigte **Mitglieder des Leitungsorgans einer dualistisch strukturierten SE**, die dem deutschen Sozialversicherungsrecht unterliegen, sind daher in der **ausgeübten Beschäftigung** sowie in konzernzugehörigen Beschäftigungen nach § 1 Satz 4 SGB VI von der Rentenversicherungspflicht ausgenommen und nach § 27 Abs. 1 Nr. 5 SGB III in der Arbeitslosenversicherung **versicherungsfrei**.

Gesonderte Meldung

→ *Meldungen für Arbeitnehmer in der Sozialversicherung* Rz. 1989

Gesundheits-Check

→ *Erholung: Arbeitgeberzuwendungen* Rz. 1167

Gesundheitsfonds

→ auch *Krankenversicherung: gesetzliche* Rz. 1717

1. Allgemeines

1440 In der **gesetzlichen Krankenversicherung** wurde zum 1.1.2009 der Gesundheitsfonds eingeführt. Alle zahlen denselben prozentualen Krankenkassenbeitrag. Das Geld wird – zusammen mit dem wachsenden Zuschuss des Bundes – in dem Gesundheitsfonds gebündelt. Durch das GKV-FQWG wurde zum 1.1.2015 der Krankenversicherungsbeitragssatz gesenkt und der Zusatzbeitrag ist jetzt ein prozentualer einkommensabhängiger Zusatzbeitragssatz.

2. Einheitlicher Beitragssatz

1441 Der allgemeine Beitragssatz wird gesetzlich festgeschrieben und beträgt seit **1.1.2015 14,6 %**. Der Arbeitgeberbeitrag wird durch diese Regelung auf der Höhe von 7,3 % bleiben. Für Versicherte, die keinen Anspruch auf Krankengeld haben, beträgt der **ermäßigte Beitragssatz seit 1.1.2015 14,0 %** (→ *Beiträge zur Sozialversicherung* Rz. 566).

3. Zusatzbeitrag

1442 Nicht durch die Einnahmeentwicklung gedeckte Ausgabensteigerungen werden über einkommensabhängige prozentuale Zusatzbeiträge der GKV-Mitglieder finanziert. Die Zusatzbeiträge werden von den Mitgliedern an die Krankenkassen gezahlt. Die Zusatzbeiträge stärken die Finanzautonomie und damit den Wettbewerb zwischen den Krankenkassen. Eine Krankenkasse hat einen Zusatzbeitrag zu erheben, soweit ihr Finanzbedarf durch die Zuweisungen aus dem Gesundheitsfonds nicht gedeckt ist. Auf dieser Grundlage entscheidet jede Krankenkasse i.R.d. Wirtschaftlichkeitsgebots selbst, in welcher Höhe sie von ihren Mitgliedern Zusatzbeiträge erhebt.

Gesundheitsförderung, betriebliche

→ *Krankheitskosten* Rz. 1729

Getränke

→ *Werbungskosten* Rz. 3182, → *Arbeitslohn-ABC* Rz. 255

Gewährleistungsbeträge

1443 Die Gesellschaft für Arbeits- und Wirtschaftsförderung des Freistaats Thüringen mbH (GFAW) zahlt an **ausgeschiedene Arbeitnehmer von Treuhandunternehmen**, die sich zur Teilnahme an **Beschäftigungsprogrammen** verpflichtet haben, bzw. an deren neue **Arbeitgeber** sog. Gewährleistungsbeträge.

Diese werden in folgender Höhe ausgezahlt:

– Als Differenzbeträge zwischen dem niedrigeren Arbeitslohn aus dem neuen Dienstverhältnis und 80 % eines besonders ermittelten Referenzeinkommens,

– als Differenzbeträge zwischen den Lohnersatzleistungen und 80 % des Referenzeinkommens,

– als Gewährleistungsbeträge i.H.v. 80 % des Referenzeinkommens.

Bei diesen Zahlungen handelt es sich um **steuerpflichtigen Arbeitslohn**, der dem Lohnsteuerabzug durch die GFAW und/oder den neuen Arbeitgeber unterliegt.

Beim **Lohnsteuerabzug** durch die GFAW und/oder den neuen Arbeitgeber liegen **folgende Fallgestaltungen** vor:

(1) Der Arbeitnehmer ist bei der **GFAW selbst beschäftigt oder in Kurzarbeit**:

Die GFAW nimmt den Lohnsteuerabzug für den Differenzbetrag unter Berücksichtigung der individuellen Steuerklasse des Arbeitnehmers laut dessen **Lohnsteuerabzugsmerkmalen** vor.

(2) Der Arbeitnehmer bezieht Lohnersatzleistungen des **Arbeitsamtes**:

Die GFAW hat mit dem Landesarbeitsamt den Verzicht auf einen Abruf der elektronischen Lohnsteuerabzugsmerkmale durch das Arbeitsamt vereinbart. Der Lohnsteuerabzug erfolgt wie unter Nr. 1.

(3) Der Arbeitnehmer steht in einem Dienstverhältnis zu einem **neuen Arbeitgeber**:

Da in diesen Fällen der Arbeitnehmer sowohl in einem Dienstverhältnis zu dem neuen Arbeitgeber als auch zur GFAW – soweit diese einen Differenzbetrag zahlt – steht, strebt die GFAW die **Einbeziehung des neuen Arbeitgebers in die Lohnzahlung** an, damit eine Versteuerung mit der individuellen Steuerklasse erfolgen kann. Sofern dies nicht möglich ist, versteuert die GFAW den Differenzbetrag mit der Steuerklasse VI.

(4) Der Arbeitnehmer bezieht **keine anderen Einkünfte** und Leistungen:

Der Lohnsteuerabzug für den Gewährleistungsbetrag erfolgt durch die GFAW unter Berücksichtigung der individuellen Steuerklasse des Arbeitnehmers laut dessen Lohnsteuerabzugsmerkmalen.

Die Anwendung eines **ermäßigten Steuersatzes** nach § 34 Abs. 1 EStG i.V.m. § 24 Abs. 1 EStG auf die Gewährleistungsbeträge ist **nicht möglich**, da eine für die Anwendung des ermäßigten Steuersatzes erforderliche Zusammenballung von Einkünften regelmäßig nicht vorliegt (FinMin Thüringen v. 27.12.1995, S 2340 B – GFAW/95 – 204.1, www.stotax-first.de).

[LSt] [SV]

Gewerkschaft

→ *Werbungskosten* Rz. 3182, → *Arbeitslohn-ABC* Rz. 255

Gewinnausschüttung

→ *Geschäftsführer* Rz. 1392, → *Gesellschafter/Gesellschafter-Geschäftsführer* Rz. 1401

Gewinnbeteiligung

1444 Einmalige gewinn- oder umsatzabhängige Vergütungen an Arbeitnehmer, z.B. Gratifikationen und Tantiemen, sind als sonstige Bezüge (→ *Sonstige Bezüge* Rz. 2704) zu versteuernder **Arbeitslohn**, sofern sie mit Rücksicht auf das Dienstverhältnis gezahlt werden. In der Sozialversicherung besteht Beitragspflicht; die Gewinnbeteiligung wird als Einmalzahlung (→ *Einmalzahlungen* Rz. 983) angesehen.

Gewinnanteile sind in dem **Zeitpunkt zu versteuern**, in dem sie dem Arbeitnehmer zugeflossen sind, d.h. dass er **wirtschaftlich über sie verfügen kann**. Zugeflossen sind sie daher nicht schon dann, wenn der Arbeitgeber dem Arbeitnehmer den Gewinnanteil auf dessen Beteiligungskonto gutschreibt und verzinst, die Guthaben jedoch noch „ohne Wahlmöglichkeit des Arbeitnehmers" für einen bestimmten Zeitraum **im Betrieb stehen bleiben** müssen (BFH v. 14.5.1982, VI R 124/77, BStBl II 1982, 469).

[LSt] [SV]

Gewinnanteile stellen dagegen – auch wenn „formal" ein Arbeitsvertrag abgeschlossen worden ist – keinen Arbeitslohn dar, sondern Einkünfte aus Gewerbebetrieb (§ 15 EStG), wenn der „Arbeitnehmer" als **Mitunternehmer** anzusehen ist.

S. auch → *Geschäftsführer* Rz. 1392, → Rz. 1401; → *Gratifikationen* Rz. 1460; → *Tantiemen* Rz. 2834 und → *Vermögensbeteiligungen* Rz. 3005.

Gewöhnlicher Aufenthalt

→ *Steuerpflicht: unbeschränkte* Rz. 2794

GKV-Monatsmeldung

→ *Meldungen für Arbeitnehmer in der Sozialversicherung* Rz. 1989

GKV-Wettbewerbsstärkungsgesetz

→ *Krankenversicherung: gesetzliche* Rz. 1717

Gleisbauarbeiter

1445 Ein Arbeiter, der von einem mitgeführten Werkstattwagen eines Gleisbaubahnzugs aus Gleisbahnarbeiten verrichtet, übt eine Auswärtstätigkeit aus. Der Gleisbauzug stellt keine ortsfeste erste Tätigkeitsstätte i.S.d. § 9 Abs. 4 EStG dar (vgl. BFH v. 28.3.2012, VI R 48/11, BStBl II 2012, 926 betr. Lkw-Fahrer sowie BMF v. 24.10.2014, IV C 5 – S 2353/14/10004, BStBl I 2014, 1412 Rdnr. 3).

Gleitzeit

→ *Arbeitszeitmodelle* Rz. 279

Gleitzone

Inhaltsübersicht:	**Rz.**
1. Allgemeines	1446
2. Beitragsrechtliche Grundsätze	1447
a) Arbeitsentgelt	1447
b) Mehrfachbeschäftigung	1448
3. Beitragsberechnung und Beitragstragung in der Gleitzone	1449
a) Grundsätze	1449
b) Beitragspflichtige Einnahmen	1450
c) Beitragsberechnung	1451
d) Mehrere Beschäftigungen	1452
e) Beschäftigungen mit Arbeitsentgelten außerhalb der Gleitzone	1453
f) Ausnahmen	1454
g) Nettolohnvereinbarung	1455
h) Verzicht auf die Reduzierung des Arbeitnehmerbeitrags	1456
4. Umlagen nach dem Aufwendungsausgleichsgesetz	1457
5. Melderecht	1458
6. Lohnsteuer	1459

1. Allgemeines

1446 Beschäftigungen mit einem monatlichen Arbeitsentgelt in der sog. **Gleitzone** sind zwar versicherungspflichtig, allerdings hat der **Arbeitnehmer** nur einen reduzierten **Beitragsanteil** am Gesamtsozialversicherungsbeitrag zu zahlen. Der Arbeitgeberbeitrag bleibt unverändert. Die Regelung zur Gleitzone gilt **nicht für Auszubildende** (→ Rz. 1454).

Seit 1.1.2013 liegt ein Beschäftigungsverhältnis in der Gleitzone, wenn die Beschäftigung nach dem 31.12.2012 aufgenommen wurde und das daraus erzielte Arbeitsentgelt 450,01 € bis 850 € im Monat beträgt. Bei einer Beschäftigung, die vor dem 1.1.2013 aufgenommen wurde und das Entgelt zwischen 800,01 € und 850,— € lag, gab es eine Bestandschutzregel, dass die Gleitzonenregelung nicht zum Tragen kam. Wurde in diesen Fällen eine Erklärung zur Anwendung der Gleitzonenregelung bis zum 31.12.2014 abgegeben, gilt bei fortbestehender Beschäftigung diese Erklärung über den 31.12.2014 hinaus.

Bei den nachfolgenden Beispielen wird ein durchschnittlicher Gesamtsozialversicherungsbeitragssatz (2016 = 14,6 % in der Krankenversicherung, durchschnittlicher Zusatzbeitragssatz 1,1 %, 18,7 % in der Rentenversicherung, 3,0 % in der Arbeitslosenversicherung und 2,35 % in der Pflegeversicherung) i.H.v. 39,75 % zu Grunde gelegt. Daraus errechnet sich der Faktor F wie folgt:

30 % : 39,75 % = 0,7547

2. Beitragsrechtliche Grundsätze

a) Arbeitsentgelt

1447 Die besonderen beitragsrechtlichen Regelungen zur **Gleitzone finden Anwendung**, wenn das monatliche Arbeitsentgelt aus der **Beschäftigung bzw. bei Bestehen mehrerer Beschäftigungsverhältnisse** die hieraus **insgesamt erzielten Arbeitsentgelte in der Gleitzone** liegen (von 450,01 € bis 850 €). Gleitzonenfälle liegen demnach **nicht vor, wenn** lediglich **Teilarbeitsentgelte** (z.B. wegen Ablaufs der Entgeltfortzahlung bei Arbeitsunfähigkeit oder bei Beginn bzw. Ende der Beschäftigung im Laufe eines Kalendermonats) innerhalb der Gleitzone liegen. Ansonsten gelten die allgemeinen Regelungen zur Beitragsberechnung (→ *Beiträge zur Sozialversicherung* Rz. 548).

Bei der Prüfung der Frage, ob das Arbeitsentgelt in der Gleitzone liegt, ist vom **regelmäßigen Arbeitsentgelt** auszugehen.

Dabei ist grundsätzlich auf das Arbeitsentgelt abzustellen, auf das der Arbeitnehmer einen Rechtsanspruch hat (z.B. auf Grund eines Tarifvertrags, einer Betriebsvereinbarung oder einer Einzelabsprache); selbst wenn der Arbeitgeber das Arbeitsentgelt nicht oder erst später zahlt. Wird allerdings ein höheres als vereinbartes Arbeitsentgelt gezahlt, kommt es nicht darauf an, ob ein wirksamer (arbeitsrechtlicher) Anspruch auf das gezahlte Arbeitsentgelt besteht; insoweit löst der Zufluss die Arbeitsentgelteigenschaft und mithin den Beitragsanspruch aus.

Ob die für die Gleitzone maßgebenden Entgeltgrenzen regelmäßig im Monat oder nur gelegentlich unter- oder überschritten werden, ist bei Beginn der Beschäftigung und erneut bei jeder dauerhaften Veränderung in den Verhältnissen (z.B. Erhöhung oder Reduzierung des Arbeitsentgelts) im Wege einer vorausschauenden Betrachtung zu beurteilen. Die hiernach erforderliche Prognose erfordert keine, alle Eventualitäten berücksichtigende genaue Vorhersage, sondern lediglich eine ungefähre Einschätzung, welches Arbeitsentgelt – ggf. nach der bisherigen Übung – mit hinreichender Sicherheit zu erwarten ist. Im Prognosezeitpunkt muss davon auszugehen sein, dass sich das Arbeitsentgelt bei normalem Ablauf der Dinge nicht relevant verändert. Grundlage der Prognose können dabei lediglich Umstände sein, von denen in diesem Zeitpunkt anzunehmen ist, dass sie das Arbeitsentgelt bestimmen werden. Solche Umstände können die versicherungs- und beitragsrechtliche Beurteilung dann nicht in die Vergangenheit hinein verändern. Stimmt die „richtige" Prognose mit dem späteren Verlauf nicht überein, so kann das jedoch Anlass für eine neue Prüfung und – wiederum vorausschauende – Betrachtung sein. Als Zeitraum, für den die vorausschauende Betrachtung bei Beschäftigten zu erstrecken ist, wird der Zeitraum eines Jahrs (nicht Kalenderjahr) angesehen.

Ein arbeitsrechtlich zulässiger Verzicht auf künftig entstehende Arbeitsentgeltansprüche mindert das zu berücksichtigende Arbeitsentgelt.

Entgeltumwandlungen zur Finanzierung von Aufwendungen für die betriebliche Altersversorgung bis zur Höhe von 4 % der jährlichen Beitragsbemessungsgrenze in der allgemeinen Rentenversicherung i.S.v. § 1 Abs. 1 Satz 1 Nr. 9 SvEV und § 115 SGB IV mindern ebenfalls das zu berücksichtigende Arbeitsentgelt (→ *Einmalzahlungen* Rz. 983; → *Arbeitsentgelt* Rz. 216; → *Jahresarbeitsentgeltgrenze in der gesetzlichen Krankenversicherung* Rz. 1616; → *Aufwandsentschädigungen für bestimmte nebenberufliche Tätigkeiten* Rz. 360).

Einmalige Einnahmen, deren Gewährung mit hinreichender Sicherheit (z.B. auf Grund eines für allgemeinverbindlich erklärten Tarifvertrags oder auf Grund Gewohnheitsrechts wegen betrieblicher Übung) mindestens einmal jährlich zu erwarten ist, sind bei der Ermittlung des Arbeitsentgelts zu berücksichtigen. So bleiben z.B. Jubiläumszuwendungen bei der Ermittlung des regelmäßigen Arbeitsentgelts unberücksichtigt, da es sich nicht um jährlich wiederkehrende Zuwendungen handelt. Hat der Arbeitnehmer auf die Zahlung einer einmaligen Einnahme schriftlich verzichtet, kann die einmalige Einnahme – ungeachtet der arbeitsrechtlichen Zulässigkeit eines solchen Verzichts – vom Zeitpunkt des Verzichts an bei der Ermittlung des regelmäßigen Arbeitsentgelts nicht berücksichtigt werden. Im Übrigen sind einmalige Einnahmen bei der Ermittlung des Arbeitsentgelts nur insoweit zu berücksichtigen, als sie aus der zu beurteilenden Beschäftigung resultieren. Soweit einmalige Einnahmen aus ruhenden Beschäftigungsverhältnissen (z.B. freiwilligem Wehrdienst oder Elternzeit) gezahlt werden, bleiben sie außer Betracht.

Bei schwankender Höhe des Arbeitsentgelts und in den Fällen, in denen im Rahmen eines Dauerarbeitsverhältnisses saisonbedingt unterschiedliche Arbeitsentgelte erzielt werden, ist der regelmäßige Betrag durch Schätzung zu ermitteln. Dabei ist bei einem seit einem Jahr oder länger beschäftigten Arbeitnehmer von dem im Vorjahr erzielten Arbeitsentgelt auszugehen; bei neu eingestellten Arbeitnehmern kann von der Vergütung eines vergleichbaren Arbeitnehmers ausgegangen werden. Diese Feststellung bleibt für die Vergangenheit auch dann maßgebend, wenn sie infolge nicht sicher voraussehbarer Umstände mit den tatsächlichen Arbeitsentgelten aus der Beschäftigung nicht übereinstimmt.

Steuerfreie Aufwandsentschädigungen und die in § 3 Nr. 26 EStG genannten steuerfreien Einnahmen gehören nicht zum Arbeitsentgelt in der Sozialversicherung. Hierunter fallen z.B. die Einnahmen aus nebenberuflichen Tätigkeiten als Übungsleiter, Ausbilder, Erzieher, Betreuer oder vergleichbaren nebenberuflichen Tätigkeiten, aus nebenberuflichen künstlerischen Tätigkeiten oder für die Pflege alter, kranker oder behinderter Menschen bis zur Höhe von insgesamt 2 400 € im Kalenderjahr. Der steuerliche Freibetrag ist für die Ermittlung des Arbeitsentgelts in der Sozialversicherung in gleicher Weise zu berücksichtigen wie im Steuerrecht, d.h. der steuerfreie Jahresbetrag von 2 400 € kann pro rata (z.B. monatlich mit 200 €) angesetzt oder en bloc (z.B. jeweils zum Jahresbeginn bzw. zu Beginn der Beschäftigung) ausgeschöpft werden. Sofern eine Beschäftigung im Laufe eines Kalenderjahrs beendet wird und der Steuerfreibetrag noch nicht verbraucht ist, wird durch eine (rückwirkende) volle Ausschöpfung des Steuerfreibetrags die versicherungs- und beitragsrechtliche Beurteilung der Beschäftigung nicht geändert. Entsprechendes gilt auch für die Steuerbefreiung nach § 3 Nr. 26a EStG (→ Aufwandsentschädigungen für bestimmte nebenberufliche Tätigkeiten Rz. 371).

b) Mehrfachbeschäftigung

1448 Werden **mehrere Beschäftigungen** ausgeübt, sind für die Prüfung des Anwendungsbereichs der Gleitzonenregelung nur die Arbeitsentgelte zusammenzurechnen, die aus versicherungspflichtigen Beschäftigungen erzielt werden (z.B. keine Berücksichtigung einer versicherungsfreien Beschäftigung als Beamter). Arbeitsentgelte aus geringfügig entlohnten Beschäftigungen, die nur in der gesetzlichen Rentenversicherung versicherungspflichtig sind, sowie aus kurzfristigen Beschäftigungen werden nicht berücksichtigt.

Bei der Ermittlung des regelmäßigen Arbeitsentgelts sind Arbeitsentgelte aus geringfügig entlohnten Beschäftigungen anzurechnen, wenn diese auf Grund der Zusammenrechnung nach § 8 Abs. 2 Satz 1 SGB IV mit anderen geringfügig entlohnten Beschäftigungen oder einer versicherungspflichtigen Hauptbeschäftigung für den Arbeitnehmer zur Versicherungspflicht führen.

> **Beispiel 1:**
> Beschäftigung A: mtl. Arbeitsentgelt i.H.v. 350 €
> Beschäftigung B: mtl. Arbeitsentgelt i.H.v. 250 €
>
> Die monatlichen Arbeitsentgelte der beiden geringfügigen Beschäftigungen liegen zwar jeweils unterhalb der Gleitzone, da jedoch die Summe der monatlichen Arbeitsentgelte der auf Grund der Zusammenrechnung versicherungspflichtigen Beschäftigungen i.H.v. 600 € in der Gleitzone liegt, finden die besonderen Regelungen zur Gleitzone Anwendung.

Bei der **Zusammenrechnung der Arbeitsentgelte** aus mehreren Beschäftigungen ist jedoch zu beachten, dass eine geringfügige Beschäftigung, die neben einer nicht geringfügigen versicherungspflichtigen (Haupt-)Beschäftigung ausgeübt wird, nach § 8 Abs. 2 Satz 1 SGB IV (→ Mini-Jobs Rz. 2047) versicherungsfrei sein könnte.

> **Beispiel 2:**
> Beschäftigung A: mtl. Arbeitsentgelt i.H.v. 750 €
> Beschäftigung B: mtl. Arbeitsentgelt i.H.v. 220 €
>
> Da es sich bei der Beschäftigung B um eine in der Kranken-, Pflege- und Rentenversicherung versicherungsfreie „erste" geringfügige Nebenbeschäftigung handelt, erfolgt keine Zusammenrechnung der Arbeitsentgelte aus beiden Beschäftigungen. Die Beschäftigung B ist auch arbeitslosenversicherungsfrei, da in der Arbeitslosenversicherung Zusammenrechnungen mit Hauptbeschäftigungen ausgeschlossen sind. Das monatliche Arbeitsentgelt aus der Beschäftigung A liegt demnach weiterhin in der Gleitzone. Die besonderen Regelungen zur Gleitzone finden daher auf die Beschäftigung A Anwendung.

> **Beispiel 3:**
> Beschäftigung A: mtl. Arbeitsentgelt i.H.v. 750 €
> Beschäftigung B: mtl. Arbeitsentgelt i.H.v. 220 € (ab 1.8.2016)
> Beschäftigung C: mtl. Arbeitsentgelt i.H.v. 300 € (ab 1.9.2016)
>
> Da es sich bei der Beschäftigung B um eine versicherungsfreie „erste" geringfügige Nebenbeschäftigung handelt, erfolgt in der Kranken-, Pflege- und Rentenversicherung keine Zusammenrechnung der Arbeitsentgelte aus den Beschäftigungen A und B. In der Arbeitslosenversicherung sind Zusammenrechnungen mit Hauptbeschäftigungen generell ausgeschlossen. Das monatliche Arbeitsentgelt aus der Beschäftigung A liegt demnach zunächst weiterhin in der Gleitzone. Die besonderen Regelungen zur Gleitzone finden daher vorerst auf die Beschäftigung A Anwendung. Mit Aufnahme der Beschäftigung C hat jedoch eine Zusammenrechnung der Arbeitsentgelte aus der Beschäftigung A und C in der Kranken-, Pflege- und Rentenversicherung zu erfolgen. Da die Summe der Arbeitsentgelte die obere Gleitzonengrenze übersteigt, finden ab 1.9.2016 für die Kranken-, Pflege- und Rentenversicherung die besonderen Regelungen zur Gleitzone keine Anwendung mehr. Etwas anderes gilt jedoch für die Arbeitslosenversicherung, in der auch keine Zusammenrechnung der Nebenbeschäftigungen untereinander erfolgt ist. Hier handelt es sich bei der Beschäftigung A auch über den 31.8.2016 hinaus um einen Gleitzonenfall.

3. Beitragsberechnung und Beitragstragung in der Gleitzone

a) Grundsätze

1449 Bei der Beitragsberechnung und Beitragstragung bei Beschäftigungen mit einem regelmäßigen monatlichen Arbeitsentgelt innerhalb der Gleitzone haben die **Arbeitgeber** weiterhin ihren **„vollen" Beitragsanteil** zu den einzelnen Versicherungszweigen zu tragen. Die Arbeitnehmer tragen jedoch nur einen **reduzierten Beitragsanteil**.

Der geringere Arbeitnehmeranteil ergibt sich durch die der Beitragsberechnung zu Grunde zu legende reduzierte beitragspflichtige Einnahme (Beitragsbemessungsgrundlage) und die besondere Regelung über die Beitragstragung.

b) Beitragspflichtige Einnahmen

1450 Bei Arbeitnehmern, die gegen ein regelmäßiges monatliches Arbeitsentgelt innerhalb der Gleitzone beschäftigt sind, wird in der Kranken-, Pflege-, Renten- und Arbeitslosenversicherung für die Berechnung des Beitrags als beitragspflichtige Einnahme das nach folgender Formel berechnete Arbeitsentgelt zu Grunde gelegt:

$$F \times 450 + ([850/(850-450)] - [450/(850-450)] \times F) \times (AE-450)$$

es bedeutet:

AE = laufendes monatliches Arbeitsentgelt des Beschäftigungsverhältnisses

F = Faktor, der sich ergibt, wenn der Wert 30 % durch den Gesamtsozialversicherungsbeitragssatz des Kalenderjahrs, in dem der Anspruch auf das Arbeitsentgelt entstanden ist, geteilt wird.

Der **Gesamtsozialversicherungsbeitragssatz** und der **Faktor F** sind vom BMAS bis zum 31. Dezember eines Jahrs für das folgende Kalenderjahr **im Bundesanzeiger bekannt zu geben**.

Der **Faktor F** beträgt im Jahr 2016, wenn man der Berechnung u.a. einen Rentenversicherungsbeitragssatz i.H.v. 18,7 % und den durchschnittlichen Zusatzbeitragssatz von 1,1 % zu Grunde legt, (30 % : 39,85 % =) **0,7547**. Die o.a. **Rechenformel** kann **für das Jahr 2016** wie folgt gekürzt werden:

beitragspflichtige Einnahme = 1,2759625 × AE – 234,568125

Die Gleitzonenformel ist immer anzuwenden, unabhängig davon, ob der Arbeitnehmer in allen Zweigen der Sozialversicherung versicherungspflichtig ist.

In den Fällen, in denen nur ein **Teilarbeitsentgelt** gezahlt wird (z.B. wegen Ablaufs der Entgeltfortzahlung bei Arbeitsunfähigkeit oder bei Beginn bzw. Ende der Beschäftigung im Laufe eines Kalendermonats), ist – ausgehend von der monatlichen beitragspflichtigen Einnahme – die anteilige beitragspflichtige Einnahme zu berechnen. Hierfür ist zunächst ausgehend vom anteiligen Arbeitsentgelt das monatliche Arbeitsentgelt zu berechnen, welches in diesen Fällen der monatlichen beitragspflichtigen Einnahme entspricht. Dabei ist unerheblich, ob das anteilige Arbeitsentgelt unterhalb der Gleitzone liegt. Für die Anwendung der besonderen Regelungen zur Gleitzone ist allein auf das monatliche Arbeitsentgelt abzustellen. Auf der Grundlage des monatlichen Arbeitsentgelts ist die beitragspflichtige Einnahme nach Maßgabe der Gleitzonenformel zu ermitteln. Anschließend ist diese beitragspflichtige Einnahme entsprechend der Anzahl der Kalendertage, für die eine versicherungspflichtige Beschäftigung besteht, zu reduzieren.

Gleitzone

Beispiel 1:
Mtl. Arbeitsentgelt = 600 €
Beendigung der Beschäftigung am 12.11.2016
mtl. beitragspflichtige Einnahme =
1,2759625 × 600,— € ./. 234,568125 € = 531,01 €
anteilige beitragspflichtige Einnahme
vom 1.11. bis 12.11.2016 = 531,01 € × 12 : 30 = 212,40 €

Sofern in einem Entgeltabrechnungszeitraum wegen Arbeitsunfähigkeit kein laufendes Arbeitsentgelt und damit keine SV-Tage vorhanden sind und der Arbeitnehmer eine Einmalzahlung (z.B. Urlaubsgeld) erhält, richtet sich die Anwendung der Gleitzonenregelung bei der Beitragsberechnung aus der Einmalzahlung danach, ob das Beschäftigungsverhältnis auf Grund der Höhe des (ausgefallenen) Arbeitsentgelts in der Gleitzone liegt. Ist dies der Fall und übersteigt das ausgefallene laufende Arbeitsentgelt zusammen mit der Einmalzahlung die obere Gleitzonengrenze von 850 € nicht, dann sind die besonderen Gleitzonenregelungen auf die Einmalzahlung anzuwenden. Sofern der Betrag der Einmalzahlung dabei die untere Gleitzonengrenze von 450,01 € unterschreitet, ist die Einmalzahlung für die Ermittlung der beitragspflichtigen Einnahme mit dem Faktor F zu multiplizieren.

Übersteigt hingegen das ausgefallene laufende Arbeitsentgelt zusammen mit der Einmalzahlung die obere Gleitzonengrenze von 850 €, ist für die Berechnung der Beiträge aus der Einmalzahlung nicht die Gleitzonenregelung anzuwenden. Die Beitragsberechnung erfolgt in diesen Fällen nach den allgemeinen Regelungen. In der Besprechung der Spitzenorganisationen der Sozialversicherung zu Fragen des gemeinsamen Beitragseinzugs am 20./21.11.2013 wurde festgelegt, dass dem Beispiel 20 im gemeinsamen Rundschreiben zur Gleitzone v. 19.12.2012 keine Bedeutung mehr beizumessen ist.

Dies gilt auch für Einmalzahlungen, die dem letzten Entgeltabrechnungszeitraum des laufenden Kalenderjahrs zuzuordnen sind. Allerdings sind bei Beschäftigungen in der Gleitzone hierbei zur Beitragsberechnung die Gleitzonenformel auf die Summe des Arbeitsentgelts des letzten Entgeltabrechnungszeitraums und der Einmalzahlung anzuwenden.

Bei einem unbezahlten Urlaub gilt eine Beschäftigung als fortbestehend, solange das Beschäftigungsverhältnis ohne Anspruch auf Arbeitsentgelt fortdauert, jedoch nicht länger als einen Monat. Die Regelung über den Fortbestand des Beschäftigungsverhältnisses hat mittelbar auch Auswirkungen auf die Berechnung der Beiträge zur Kranken-, Pflege-, Renten- und Arbeitslosenversicherung, denn die Zeiten der Arbeitsunterbrechung ohne Anspruch auf Arbeitsentgelt sind keine beitragsfreien, sondern dem Grunde nach beitragspflichtige Zeiten. Dies bedeutet, dass für Zeiträume von Arbeitsunterbrechungen wegen unbezahlten Urlaubs bis zu einem Monat SV-Tage anzusetzen sind.

Nach Auffassung der Spitzenverbände der Sozialversicherungsträger (Besprechungsergebnis v. 23./24.4.2007) ist in Gleitzonenfällen eine Hochrechnung zur Ermittlung der anteiligen beitragspflichtigen Einnahme nicht erforderlich, wenn keine Kürzung der SV-Tage vorgenommen wird. Hieraus folgt, dass bei einem unbezahlten Urlaub von nicht länger als einem Monat das tatsächlich erzielte (Rest-)Arbeitsentgelt als monatliches Arbeitsentgelt anzusehen ist.

c) Beitragsberechnung

1451 Grundlage für den vom Arbeitgeber zu zahlenden Gesamtsozialversicherungsbeitrag aus einer Beschäftigung mit einem Arbeitsentgelt innerhalb der Gleitzone bildet eine reduzierte beitragspflichtige Einnahme, die nach der Gleitzonenformel errechnet wird.

Die Höhe des vom Arbeitgeber und Arbeitnehmer zu tragenden Beitragsanteils ergibt sich aus den besonderen Regelungen zur Beitragstragung bei Beschäftigungen innerhalb der Gleitzone.

Der Beitrag wird durch die Anwendung des halben Beitragssatzes auf die beitragspflichtige Einnahme und anschließender Verdoppelung des gerundeten Ergebnisses ermittelt.

Für die Berechnung der Beiträge zur Krankenversicherung ist wegen der Besonderheiten der Beitragstragung im Allgemeinen (hiernach trägt der Arbeitgeber die Hälfte der Beiträge auf das der Beschäftigung zu Grunde liegende tatsächliche Arbeitsentgelt bemessen nach dem allgemeinen oder ermäßigten Beitragssatz; im Übrigen tragen die Arbeitnehmer die Beiträge) § 2 Abs. 2 Satz 1 BVV dahingehend anzuwenden, dass der für den Arbeitnehmer insgesamt zu zahlende Krankenversicherungsbeitrag durch Addition der getrennt berechneten gerundeten (fiktiven) Anteile des Arbeitgebers und des Arbeitnehmers auf die beitragspflichtige Einnahme ermittelt wird. Optional kann der Krankenversicherungsbeitrag durch Anwendung des halben allgemeinen bzw. halben ermäßigten Beitragssatzes auf die beitragspflichtige Einnahme bei anschließender Verdoppelung des gerundeten Ergebnisses berechnet werden.

Der vom Arbeitnehmer in der Pflegeversicherung allein zu tragende Beitragszuschlag bei Kinderlosigkeit i.H.v. 0,25 % (→ *Beiträge zur Sozialversicherung* Rz. 548; → *Pflegeversicherung* Rz. 2236) ist durch Anwendung des Beitragszuschlags auf die reduzierte beitragspflichtige Einnahme zu berechnen und dem nach den besonderen beitragsrechtlichen Regelungen für die Gleitzone ermittelten Arbeitnehmerbeitragsanteil hinzuzurechnen.

Der Arbeitgeberbeitragsanteil zur Pflege-, Renten- und Arbeitslosenversicherung wird durch Anwendung des halben Beitragssatzes zur Pflegeversicherung, des halben Beitragssatzes zur Rentenversicherung und des halben Beitragssatzes zur Arbeitslosenversicherung auf das der Beschäftigung zu Grunde liegende Arbeitsentgelt ermittelt. Dabei ist der Arbeitgeberbeitragsanteil für jeden Versicherungszweig eigenständig und nicht in Summe aller halben Beitragssätze zu berechnen. Der Arbeitgeberbeitragsanteil zur Krankenversicherung wird durch Anwendung der Hälfte des allgemeinen bzw. ermäßigten Beitragssatzes der Krankenversicherung auf das der Beschäftigung zu Grunde liegende Arbeitsentgelt ermittelt.

Demnach berechnet sich der vom Arbeitnehmer zu tragende Beitragsanteil aus der Differenz des aus der reduzierten beitragspflichtigen Einnahme berechneten vollen Beitrags zu dem jeweiligen Versicherungszweig und des vom Arbeitgeber zu tragenden regulären Beitragsanteils (Besprechungsergebnis der Spitzenverbände der Sozialversicherungsträger v. 13./14.10.2009).

Soweit in den Fällen, in denen nur für wenige Sozialversicherungstage ein Teilarbeitsentgelt und ggf. eine Einmalzahlung gezahlt wird, der Arbeitgeberbeitragsanteil höher ist als der auf der Basis der (reduzierten) beitragspflichtigen Einnahme ergebende Gesamtsozialversicherungsbeitrag, ist lediglich der Arbeitgeberbeitrag zu zahlen. Ein Arbeitnehmerbeitragsanteil fällt nicht an. Allerdings ist vom Arbeitnehmer der Zusatzbeitrag zur Krankenversicherung und ggf. bei Kinderlosigkeit der Beitragszuschlag in der Pflegeversicherung zu entrichten.

Beispiel:
Mtl. Arbeitsentgelt = 560 € (kinderloser Arbeitnehmer)
(Beitragssatz zur KV 14,6 %, kassenindividueller Zusatzbeitragssatz (angenommener Wert) 0,9 %, zur PV 2,35 %, zur RV 18,7%, zur AV 3,0 %)

beitragspflichtige Einnahme (1,2759625 × 560,— €
– 234,568125 € =) 479,97 €
Krankenversicherung
maßgeblicher Gesamtbeitrag
(479,97 € × 7,3 % =) 35,04 €
(479,97 € × 7,3 % =) 35,04 €
(479,97 € × 0,9 % =) 4,32 € 74,41 €
Davon Arbeitgeberbeitragsanteil
560,— € × 7,3 % 40,88 €
Davon Arbeitnehmerbeitragsanteil
74,41 € – 40,88 € 33,53 €
Pflegeversicherung
maßgeblicher Gesamtbeitrag
(479,97 € × 1,175 % =) 5,65 €
(479,97 € × 1,425 % =) 6,84 € 12,49 €
Davon Arbeitgeberbeitragsanteil
(560,— € × 1,175 % =) 5,64 €
Davon Arbeitnehmerbeitragsanteil
12,49 € – 5,64 € 6,84 €
Rentenversicherung
Versicherungsbeitrag (479,97 € × 9,35 % × 2 =) 89,76 €
abzüglich Arbeitgeberbeitragsanteil
(560,— € × 9,35 % =) 52,36 €
Arbeitnehmerbeitragsanteil 37,40 €
Arbeitslosenversicherung
Versicherungsbeitrag (479,97 € × 1,5 % × 2 =) 14,40 €
abzüglich Arbeitgeberbeitragsanteil
(560,— € × 1,5 % =) 8,40 €
Arbeitnehmerbeitragsanteil 6,— €

Besteht nach besonderen Regelungen **in einzelnen Zweigen** der Sozialversicherung **Versicherungsfreiheit** (z.B. in der Krankenversicherung von Arbeitnehmern, die nach Vollendung des 55. Lebensjahrs eine dem Grunde nach versicherungspflichtige Beschäftigung aufnehmen) **oder** liegt eine **Befreiung von der Versicherungspflicht** vor (z.B. in der Rentenversicherung wegen Mitgliedschaft in einer berufsständischen Versorgungseinrichtung), sind **zu den betreffenden Versicherungszweigen keine Beiträge** zu zahlen.

Insbesondere bei geringfügigen Nebenbeschäftigungen können die besonderen Vorschriften über die **Zusammenrechnung** mit der Hauptbeschäftigung in einzelnen Zweigen der Sozialversicherung **zu verschiedenen versicherungs- und beitragsrechtlichen Beurteilungen der Haupt- und Nebenbeschäftigungen** führen. Soweit hiernach die Nebenbeschäftigung in einzelnen Versicherungszweigen versicherungsfrei bleibt, sind demnach zu den betreffenden Versicherungszweigen auch keine individuellen Beiträge aus der Nebenbeschäftigung zu zahlen.

Der für **Beschäftigte** zu zahlende Arbeitgeberanteil zur Rentenversicherung (§ 172 Abs. 1 SGB VI), **die** als Bezieher einer Altersvollrente bzw. Versorgung oder wegen Vollendung des 65. Lebensjahrs oder wegen einer Beitragserstattung aus eigener Versicherung **rentenversicherungsfrei sind** (§ 5 Abs. 4 SGB VI), ist hingegen **auch in den Gleitzonenfällen zu zahlen.** Für Beschäftigte, die auf Grund der **Mitgliedschaft in einer berufsständischen Versorgungseinrichtung rentenversicherungsfrei** sind, ist zu beachten, dass der **Arbeitgeberbeitragsanteil** nach § 172 Abs. 2 SGB VI zur **Versorgungseinrichtung zu zahlen** ist.

Für **knappschaftlich rentenversicherte Arbeitnehmer** wirkt sich die Gleitzonenregelung in gleicher Weise aus, wie bei einem in der Rentenversicherung der Arbeiter und Angestellten versicherten Arbeitnehmer. Allerdings ist der vom Arbeitgeber zu tragende Beitragsanteil auf Basis des besonderen Beitragssatzes zur knappschaftlichen Rentenversicherung zu ermitteln. Für die Berechnung der Beitragsanteile ist zunächst der Arbeitnehmerbeitragsanteil zu berechnen, der vom Arbeitnehmer zu tragen wäre, wenn er in der Rentenversicherung der Arbeiter und Angestellten versichert wäre. Der Arbeitgeberbeitragsanteil ergibt sich aus der Differenz des Gesamtbeitrags auf der Basis der reduzierten beitragspflichtigen Einnahme und des Beitragssatzes zur knappschaftlichen Rentenversicherung abzüglich des Arbeitnehmerbeitragsanteils.

d) Mehrere Beschäftigungen

1452 Werden mehrere (ggf. durch Zusammenrechnung) versicherungspflichtige Beschäftigungen ausgeübt, deren Arbeitsentgelte jedoch **in der Summe innerhalb der Gleitzone** liegen, können die für die Berechnung der Arbeitnehmerbeitragsanteile zu Grunde zu legenden reduzierten beitragspflichtigen Einnahmen für die einzelnen Beschäftigungen nicht nach der allgemeinen Gleitzonenformel ermittelt werden.

Sofern die Mehrfachbeschäftigung in der Gleitzone für volle Kalendermonate besteht, ist die jeweilige beitragspflichtige Einnahme auf der Grundlage des von den Krankenkassen mitgeteilten Gesamtarbeitsentgelts (für den vollen Monat = 30 Sozialversicherungstage) wie folgt zu ermitteln:

Beispiel:

Beschäftigung A: mtl. Arbeitsentgelt	350 €
Beschäftigung B: mtl. Arbeitsentgelt	370 €
Gesamtarbeitsentgelt	720 € (→ Gleitzonenfall)

(Gesamtsozialversicherungsbeitragssatz 39,55 %)

beitragspflichtige Einnahme A

$$\frac{(1{,}2759625 \times 720{,}-€ \;\diagup\; 234{,}568125 € \times 350{,}-€)}{720{,}-€} = 332{,}56 €$$

beitragspflichtige Einnahme B

$$\frac{(1{,}2759625 \times 720{,}-€ \;\diagup\; 234{,}568125 € \times 370{,}-€)}{720{,}-€} = 351{,}56 €$$

Beispielhafte Beitragsberechnung zur Krankenversicherung (Beitragssatz 14,6 %) mit einem kassenindividuellen Zusatzbeitragssatz von 0,9 % (angenommener Wert)

Versicherungsbeitrag A (332,56 € × 7,3 % × 2=)	48,56 €
Versicherungsbeitrag B (351,56 € × 7,3 % × 2=)	51,32 €
Arbeitgeberbeitragsanteil A (350,— € × 7,3 % =)	25,55 €
Arbeitnehmerbeitragsanteil A (48,56 € ./. 25,55 € =)	23,01 €
Zusätzlicher Arbeitnehmerbeitrag (332,56 € × 0,9 %)	2,99 €
Arbeitgeberbeitragsanteil B (370,— € × 7,3 % =)	27,01 €
Arbeitnehmerbeitragsanteil B (51,32 € ./. 27,01 € =)	24,31 €
Zusätzlicher Arbeitnehmerbeitrag (351,56 € × 0,9 %)	3,16 €

Beginnt oder endet die Mehrfachbeschäftigung in der Gleitzone im Laufe eines Kalendermonats, ist die jeweilige beitragspflichtige Einnahme ausgehend von einer monatlichen beitragspflichtigen Einnahme zu ermitteln. Hierzu ist das für den Teil des Kalendermonats (Teilmonat) gezahlte Gesamtarbeitsentgelt zunächst auf den vollen Kalendermonat hochzurechnen. Die aus dem (in den vollen Kalendermonat hochgerechneten) Gesamtarbeitsentgelt nach der Gleitzonenformel ermittelte beitragspflichtige Einnahme ist anschließend entsprechend der Anzahl der beitragspflichtigen Sozialversicherungstage (SV-Tage) zu reduzieren. Die anteilige beitragspflichtige Einnahme für den jeweiligen Arbeitgeber ergibt sich dann aus dem Verhältnis der jeweiligen Arbeitsentgelte zum Gesamtarbeitsentgelt.

Tritt zu einer bestehenden versicherungspflichtigen Beschäftigung im Laufe des Kalendermonats eine weitere versicherungspflichtige Beschäftigung hinzu und wird dadurch eine Mehrfachbeschäftigung in der Gleitzone begründet, ist zur Ermittlung der jeweiligen beitragspflichtigen Einnahme das vorstehend beschriebene Verfahren mit der Maßgabe anzuwenden, dass aus Gründen der Verfahrensvereinfachung für den Monat des Hinzutritts der weiteren versicherungspflichtigen Beschäftigung insgesamt, also für den vollen Kalendermonat, von einer Mehrfachbeschäftigung in der Gleitzone auszugehen ist. Insofern entfällt die Hochrechnung des Gesamtarbeitsentgelts auf den vollen Kalendermonat. Entsprechendes gilt bei Wegfall einer Beschäftigung, wenn dadurch die Voraussetzungen der Mehrfachbeschäftigung in der Gleitzone im Laufe des Kalendermonats entfallen.

Tritt zu einer im Laufe des Kalendermonats aufgenommenen versicherungspflichtigen Beschäftigung im weiteren Verlauf des Kalendermonats eine weitere versicherungspflichtige Beschäftigung hinzu und wird dadurch eine Mehrfachbeschäftigung in der Gleitzone begründet, ist zu Ermittlung der jeweiligen beitragspflichtigen Einnahme das im vorherigen Absatz beschriebene Verfahren mit der Maßgabe anzuwenden, dass nicht für den vollen Kalendermonat, sondern von dem Zeitpunkt der Aufnahme der (ersten) versicherungspflichtigen Beschäftigung an von einer Mehrfachbeschäftigung in der Gleitzone auszugehen ist. Unter Berücksichtigung dieser Verfahrensvereinfachung ist das für die unterschiedlichen Teile des Kalendermonats gezahlte Gesamtarbeitsentgelt auf den vollen Kalendermonat hochzurechnen. Die aus dem (auf den vollen Kalendermonat hochgerechneten) Gesamtarbeitsentgelt nach der Gleitzonenformel ermittelte beitragspflichtige Einnahme ist anschließend entsprechend der Anzahl der beitragspflichtigen SV-Tage zu reduzieren. Die anteilige beitragspflichtige Einnahme für den jeweiligen Arbeitgeber ergibt sich dann aus dem Verhältnis der jeweiligen Arbeitsentgelte zum Gesamtarbeitsentgelt.

e) Beschäftigungen mit Arbeitsentgelten außerhalb der Gleitzone

1453 Bei Beschäftigungen mit Arbeitsentgelten außerhalb der Gleitzone (**z.B. schwankendes Arbeitsentgelt, Einmalzahlungen**), in denen zwar das regelmäßige monatliche Arbeitsentgelt innerhalb der Gleitzone liegt, das tatsächliche monatliche Arbeitsentgelt jedoch die Gleitzonengrenzen über- oder unterschreitet, werden die Beiträge wie folgt berechnet:

In den Monaten, in denen das Arbeitsentgelt die **untere Gleitzonengrenze von 450,01 € unterschreitet**, ist für die Berechnung der beitragspflichtigen Einnahme das tatsächliche Arbeitsentgelt mit dem Faktor F zu multiplizieren.

In den Monaten des **Überschreitens der oberen Gleitzonengrenze von 850 €** hat die Beitragsberechnung nach den allgemeinen Regelungen zu erfolgen. Das heißt, der Beitragsberechnung ist das tatsächliche Arbeitsentgelt als beitragspflichtige Einnahme zu Grunde zu legen und der Beitrag vom Arbeitgeber und Arbeitnehmer je zur Hälfte zu tragen.

Gleitzone

Sofern auf Grund von Arbeitsunfähigkeit kein laufendes Arbeitsentgelt bezogen wird und der Arbeitnehmer eine Einmalzahlung (z.B. Urlaubsgeld) erhält, richtet sich die Anwendung der Gleitzonenregelung bei der Beitragsberechnung aus der Einmalzahlung danach, ob die Beschäftigung auf Grund der Höhe des ausgefallenen Arbeitsentgelts in der Gleitzone liegt. Ist dies der Fall und übersteigt das ausgefallene laufende Arbeitsentgelt zusammen mit der Einmalzahlung die obere Gleitzonengrenze von 850 € nicht, sind die Gleitzonenregelungen auf die Einmalzahlung anzuwenden. Sofern der Betrag der Einmalzahlung dabei die untere Gleitzonengrenze von 450,01 € unterschreitet, ist die Einmalzahlung für die Ermittlung der reduzierten beitragspflichtigen Einnahme mit dem Faktor F zu multiplizieren.

Dies gilt auch für Einmalzahlungen, die nach § 23a Abs. 2 SGB IV dem letzten Entgeltabrechnungszeitraum des laufenden Kalenderjahrs zuzuordnen sind. Allerdings ist bei Beschäftigungen in der Gleitzone hierbei zur Beitragsberechnung die Gleitzonenformel auf die Summe des Arbeitsentgelts des letzten Entgeltabrechnungszeitraums und der Einmalzahlung anzuwenden.

Soweit die für die Zeit des Bezugs von Sozialleistungen laufend gezahlten arbeitgeberseitigen Leistungen den SV-Freibetrag nach § 23c SGB IV überschreiten, ist auf die beitragspflichtigen arbeitgeberseitigen Leistungen ebenfalls die Gleitzonenregelung anzuwenden, wenn die Beschäftigung unter Berücksichtigung des ausgefallenen Arbeitsentgelts in der Gleitzone liegt.

f) Ausnahmen

1454 Die besonderen Regelungen zur Gleitzone gelten ausdrücklich **nicht für Personen, die zu ihrer Berufsausbildung** (z.B. Auszubildende, Praktikanten, Teilnehmer an dualen Studiengängen) beschäftigt sind. Dies gilt entsprechend auch für Teilnehmer am freiwilligen sozialen oder freiwilligen ökologischen Jahr und am Bundesfreiwilligendienst sowie für Umschüler, die den zu ihrer Berufsausbildung Beschäftigten gleichgestellt sind, wenn die Umschulung für einen anerkannten Ausbildungsberuf erfolgt und nach den Vorschriften des Berufsbildungsgesetzes durchgeführt wird. Die Gleitzonenregelungen finden bei Beschäftigungen **keine Anwendung, für** deren Beitragsberechnung **fiktive Arbeitsentgelte** zu Grunde gelegt werden (z.B. bei der Beschäftigung behinderter Menschen in anerkannten Werkstätten für behinderte Menschen).

In den Fällen der Altersteilzeit oder bei sonstigen Vereinbarungen über flexible Arbeitszeiten, in denen das Arbeitsentgelt vor der Reduzierung nicht in der Gleitzone lag, sondern lediglich das reduzierte Arbeitsentgelt in die Gleitzone fällt, finden die besonderen Regelungen zur **Gleitzone ebenfalls keine Anwendung**. Dies gilt auch für Arbeitsentgelte aus Wiedereingliederungsmaßnahmen nach einer Arbeitsunfähigkeit. Maßgebend sind in diesen Fällen die tatsächlich erzielten Arbeitsentgelte. Für **Vorruhestandsgeldbezieher** finden die Gleitzonenregelungen ebenfalls **keine Anwendung**, wenn nicht das Arbeitsentgelt vor dem Vorruhestand, sondern lediglich das Vorruhestandsgeld in die Gleitzone fällt.

Die besonderen Regelungen zur **Gleitzone gelten auch nicht** für versicherungspflichtige Arbeitnehmer, deren monatliches Arbeitsentgelt regelmäßig mehr als 850 € beträgt und nur wegen konjunktureller oder saisonaler Kurzarbeit so weit gemindert ist, dass das tatsächlich erzielte Arbeitsentgelt (Istentgelt) die obere Gleitzonengrenze von 850 € unterschreitet. Voraussetzung ist, dass das aus der Beschäftigung erzielte Arbeitsentgelt die Grenze von 850 € regelmäßig nicht überschreitet. Bei Arbeitsausfällen wegen Kurzarbeit oder schlechten Wetters und der daraus folgenden Entgeltminderung ist dies nicht gegeben, weil die Entgeltminderung nur vorübergehend ist und regelmäßig ein über 850 € liegendes Arbeitsentgelt erzielt wird. **Wenn** aber für die Beschäftigung die Gleitzonenregelung bereits gilt, weil das **Arbeitsentgelt** (z.B. bei einer regelmäßigen Arbeitszeit von 20 Std. wöchentlich) **ohne** Arbeitsausfälle durch **Kurzarbeit innerhalb der Gleitzone** liegt, ist weiterhin die Gleitzonenregelung anzuwenden. Die Beitragsberechnung erfolgt demnach aus der reduzierten beitragspflichtigen Einnahme auf der Basis des tatsächlich erzielten (Kurz-)Arbeitsentgelts.

g) Nettolohnvereinbarung

1455 Ist für eine Beschäftigung ein Nettoarbeitsentgelt vereinbart, ist bei dem **für die Prüfung**, ob es sich um eine Beschäftigung in der Gleitzone handelt, zu Grunde zu legenden Bruttoarbeitsentgelt nicht der reduzierte Arbeitnehmerbeitrag, sondern **der reguläre Arbeitnehmerbeitrag** zu berücksichtigen.

h) Verzicht auf die Reduzierung des Arbeitnehmerbeitrags

1456 In der Rentenversicherung richtet sich die Höhe der Rentenansprüche nach dem beitragspflichtigen Arbeitsentgelt. Auf Grund der Reduzierung des beitragspflichtigen Arbeitsentgelts und daraus folgend des Arbeitnehmerbeitragsanteils bei Beschäftigungen in der Gleitzone werden der späteren Rentenberechnung für diese Zeit auch nur die reduzierten Arbeitsentgelte zu Grunde gelegt. D.h., auf Grund des reduzierten Arbeitnehmerbeitrags erwirbt der Beschäftigte reduzierte Rentenanwartschaften.

Versicherungspflichtige Arbeitnehmer, die Beschäftigungen in der Gleitzone ausüben, haben in der Rentenversicherung die Möglichkeit, auf die Reduzierung des beitragspflichtigen Arbeitsentgelts zu verzichten und den vollen Arbeitnehmerbeitrag zu zahlen. **Durch den Verzicht auf** die Anwendung der besonderen Regelungen zur **Gleitzone können** die damit verbundenen **rentenmindernden Auswirkungen** in der gesetzlichen Rentenversicherung **vermieden werden**.

Hierzu muss der Arbeitnehmer gegenüber dem Arbeitgeber **schriftlich erklären**, dass der Beitragsberechnung als beitragspflichtige Einnahme das tatsächliche Arbeitsentgelt zu Grunde gelegt werden soll. Die Erklärung kann jedoch **nur für die Zukunft** und bei **mehreren Beschäftigungen nur einheitlich** abgegeben werden. Geht die Verzichtserklärung innerhalb von zwei Wochen nach Aufnahme der Beschäftigung beim Arbeitgeber ein, wirkt sie auf den Beginn der Beschäftigung zurück, falls der Arbeitnehmer dies wünscht. Die Erklärung bleibt **für die Dauer der Beschäftigungen bindend** (§ 163 Abs. 10 Satz 7 SGB VI) und ist zu den Lohnunterlagen zu nehmen.

Die Möglichkeit, auf die Anwendung der Gleitzonenregelung zu verzichten, ist in der Kranken-, Pflege- und Arbeitslosenversicherung nicht vorgesehen.

4. Umlagen nach dem Aufwendungsausgleichsgesetz

1457 Die Umlagen U1 und U2 nach dem Aufwendungsausgleichsgesetz sind in einem Prozentsatz nach dem Arbeitsentgelt zu berechnen, nach welchem die Beiträge zur gesetzlichen Rentenversicherung bemessen werden oder bei Versicherungspflicht zu bemessen wären (Beitragsbemessungsgrundlage). Bei Arbeitnehmern mit einem Arbeitsentgelt in der Gleitzone gilt als umlagepflichtiges Arbeitsentgelt die nach § 163 Abs. 10 SGB IV ermittelte reduzierte beitragspflichtige Einnahme, es sei denn, auf die Reduzierung wurde verzichtet.

Umlagebeträge sind nur vom laufenden Arbeitsentgelt zu berechnen. Einmalig gezahltes Arbeitsentgelt ist bei der Berechnung der Umlage nicht zu berücksichtigen. Die Umlagen sind von der Beitragsbemessungsgrundlage zu erheben, von der die Beiträge zur gesetzlichen Rentenversicherung berechnet wurden, allerdings ohne Berücksichtigung von einmalig gezahltem Arbeitsentgelt. Dies bedeutet, dass in den Fällen, in denen das regelmäßige monatliche Arbeitsentgelt nur durch die Berücksichtigung von einmalig gezahltem Arbeitsentgelt die Grenze von 850 € überschreitet und damit kein Gleitzonenfall vorliegt, auch in Bezug auf die Umlagen nach dem Aufwendungsausgleichsgesetz nicht von einem Gleitzonenfall auszugehen ist. Die Umlagen sind allerdings nur aus dem laufenden Arbeitsentgelt zur berechnen.

Andererseits sind bei Arbeitnehmern mit einem regelmäßigen Arbeitsentgelt in der Gleitzone in den Monaten, in denen die Grenze von 850 € nur durch einmalig gezahltes Arbeitsentgelt überschritten wird, die Umlagen – ebenso wie die Beiträge zur gesetzlichen Rentenversicherung – aus dem tatsächlichen Arbeitsentgelt zu berechnen, wobei allerdings auch hier das einmalig gezahlte Arbeitsentgelt für die Berechnung der Umlagen nicht herangezogen wird, sondern die Umlagen nur aus dem laufenden Arbeitsentgelt berechnet werden.

5. Melderecht

1458 Die Krankenkassen sind verpflichtet, den Arbeitgebern in den Fällen, in denen Arbeitsentgelte aus mehreren versicherungspflichtigen Beschäftigungen in der Summe innerhalb der Gleitzone liegen, das Gesamtarbeitsentgelt mitzuteilen. Die jeweiligen Arbeitgeber sind dadurch in der Lage, den auf ihre Beschäftigung entfallenden Anteil der beitragspflichtigen Einnahme festzustellen und hiervon Gesamtsozialversicherungsbeiträge und Umlagen zu berechnen.

Wegen Besonderheiten im Meldeverfahren s. → *Meldungen für Arbeitnehmer in der Sozialversicherung* Rz. 1989.

6. Lohnsteuer

1459 Im Bereich des Lohnsteuerrechts gibt es keine Gleitzone. Daher muss der Arbeitgeber die Besteuerung des Arbeitslohns immer nach den Lohnsteuerabzugsmerkmalen des Arbeitnehmers vornehmen (→ *Berechnung der Lohnsteuer* Rz. 627). Zur Frage, ab welchem Betrag Lohnsteuer einzubehalten ist, → *Steuertarif* Rz. 2810.

Eine Pauschalierung der Lohnsteuer ist nur möglich, wenn es sich um

- ein geringfügiges Beschäftigungsverhältnis i.S.v. § 40a Abs. 2, 2a EStG (→ *Pauschalierung der Lohnsteuer bei geringfügig Beschäftigten* Rz. 2215),
- ein kurzfristiges Beschäftigungsverhältnis i.S.v. § 40a Abs. 1 EStG (→ *Pauschalierung der Lohnsteuer bei Aushilfskräften* Rz. 2190)
- oder eine Aushilfstätigkeit in der Land- und Forstwirtschaft handelt (→ *Pauschalierung der Lohnsteuer bei Aushilfskräften* Rz. 2190).

Gnadenbezüge

→ *Arbeitslohn-ABC* Rz. 255

Gratifikationen

1. Arbeitsrecht

1460 Gratifikationen sind Zahlungen des Arbeitgebers, die dieser neben dem Arbeitsentgelt als Anerkennung für erbrachte Arbeitsleistung, Anreiz für zukünftige Arbeitsleistung oder weiteren Zwecken gewährt. Auf die Zahlung derartiger Leistungen besteht **kein allgemeiner Rechtsanspruch**. Die Terminologie für die Leistung ist uneinheitlich und häufig ungenau im Hinblick auf feststehende Rechtsbegriffe: Gebräuchlich sind die **Bezeichnungen** Gratifikation, Weihnachtsgeld, 13. Gehalt, Urlaubsgeld, Einmalzahlung, Sonderzahlung, -zuwendung, -vergütung oder Jubiläumsgeld. Die Ansprüche sind i.d.R. im Pfändungsfall bevorzugt.

Insbesondere ist der Arbeitgeber nicht auf Grund der allgemeinen Fürsorgepflicht zur Zahlung solcher Leistungen verpflichtet. **Der Anspruch des Arbeitnehmers kann sich ergeben aus dem Arbeitsvertrag**, einer **betrieblichen Übung**, einer Gesamtzusage, dem **Gleichbehandlungsgrundsatz**, einem **anwendbaren Tarifvertrag** oder auf Grund **freiwilliger Betriebsvereinbarung**, die nur wirksam ist, soweit nicht eine tarifliche Regelung üblich ist (vgl. § 77 Abs. 3 BetrVG). Ein individualrechtlicher Gratifikationsanspruch hat nach dem Günstigkeitsprinzip grundsätzlich Vorrang gegenüber den Regelungen einer Betriebsvereinbarung, es sei denn, es ist ein gegenteiliger Vorbehalt vereinbart (BAG v. 5.8.2009, 10 AZR 483/08, www.stotax-first.de).

Ein Anspruch des Arbeitnehmers kann sich auch aus einer mindestens **dreimaligen Zahlung** des Arbeitgebers (**betriebliche Übung**) ergeben, es sei denn, der Arbeitgeber habe einen **Vorbehalt** (Freiwilligkeits- oder Widerrufsvorbehalt) getätigt (z.B. zuletzt BAG v. 8.12.2010, 10 AZR 671/09, www.stotax-first.de). Auch die dreimalige vorbehaltlose Zahlung einer höheren Zuwendung als kollektivrechtlich oder individualrechtlich geschuldet führt zu einem Anspruch auf die höhere Leistung (BAG v. 1.4.2009, 10 AZR 393/08, www.stotax-first.de). Bei jährlichen Leistungen in unterschiedlicher Höhe kann dem Grunde nach ein Anspruch auf eine Gratifikation entstanden sein, über dessen Höhe der Arbeitgeber nach billigem Ermessen gem. § 315 BGB zu entscheiden hat (BAG v. 13.5.2015, 10 AZR 266/14, www.stotax-first.de; BAG v. 17.4.2013, 10 AZR 251/12, www.stotax-first.de).

Ein klar und verständlich formulierter **Freiwilligkeitsvorbehalt** ist in jedem Fall **zu empfehlen**; er führt dazu, dass der Arbeitgeber bis zum Auszahlungszeitpunkt frei entscheiden kann, ob und in welcher Höhe er eine Gratifikation zahlt, wobei allerdings der Gleichbehandlungsgrundsatz zu beachten ist (z.B. zuletzt BAG v. 8.12.2010, 10 AZR 671/09, www.stotax-first.de).

Nimmt **andererseits** der Arbeitnehmer mit Anspruch auf Gratifikation nach betrieblicher Übung mehrjährig **nachträgliche Freiwilligkeitsvorbehalte** des Arbeitgebers vorbehaltlos hin, so ändert sich der Gratifikationsanspruch entsprechend (BAG v. 26.3.1997, 10 AZR 612/96, www.stotax-first.de) durch **gegenläufige betriebliche Übung**; dies gilt aber nicht bei vertraglichem Gratifikationsanspruch (BAG v. 24.11.2004, 10 AZR 202/04, www.stotax-first.de). Dabei muss der Arbeitgeber allerdings klar und unmissverständlich deutlich machen, dass die betriebliche Übung einer vorbehaltlosen Zahlung zukünftig unter Freiwilligkeitsvorbehalt gestellt werden soll (BAG v. 4.5.1999, 10 AZR 290/98, www.stotax-first.de). Nach **neuerer Rechtsprechung** des BAG (BAG v. 18.3.2009, 10 AZR 281/08, www.stotax-first.de; BAG v. 25.11.2009, 10 AZR 779/08, www.stotax-first.de) ist allerdings unter dem Gesichtspunkt der **AGB-Kontrolle** eine entsprechende vorherige Vereinbarung der Parteien und ein klarer und transparenter Hinweis erforderlich, so dass im Ergebnis eine gegenläufige betriebliche Übung nicht mehr wirksam praktizierbar erscheint.

Im Übrigen ist bei formularmäßigen Gratifikationsvereinbarungen auf die Vorschriften der AGB-Kontrolle (§§ 305 ff. BGB) zu achten, insbesondere auf das Transparenzgebot (BAG v. 24.10.2007, 10 AZR 825/06, www.stotax-first.de). Ein Freiwilligkeitsvorbehalt bleibt grundsätzlich auch unter dem Gesichtspunkt der AGB-Kontrolle wirksam (BAG v. 30.7.2008, 10 AZR 606/07, www.stotax-first.de; BAG v. 18.3.2009, 10 AZR 289/08, www.stotax-first.de). Zu beachten ist aber, dass eine ausdrückliche Zusage der Weihnachtsgeldzahlung nicht in derselben oder einer anderen Vertragsklausel an einen Freiwilligkeitsvorbehalt gebunden werden darf; eine derartig widersprüchliche Vereinbarung hält der AGB-Kontrolle nicht stand (BAG v. 10.12.2008, 10 AZR 1/08, www.stotax-first.de; BAG v. 20.1.2010, 10 AZR 914/08, www.stotax-first.de). Wird z.B. die Zahlung einer Gratifikation im Arbeitsvertrag als „freiwillige Leistung" bezeichnet, so genügt dieser Hinweis für sich genommen nicht, um einen Anspruch auf die Leistung auszuschließen (BAG v. 17.4.2013, 10 AZR 281/12, www.stotax-first.de; BAG v. 20.2.2013, 10 AZR 177/12, www.stotax-first.de). Behält sich der Arbeitgeber ein einseitiges Leistungsbestimmungsrecht zur Entscheidung über die Höhe einer jährlichen Zuwendung vor, hält dies der AGB-Kontrolle nach § 305 ff. BGB regelmäßig stand, insbesondere wenn es sich um eine Gratifikation handelt, die nach dem Arbeitsvertrag keinen Entgeltcharakter hat; in derartigen Fällen findet § 315 BGB Anwendung: Die jährlich vom Arbeitgeber zu treffende Leistungsbestimmung muss billigem Ermessen entsprechen (BAG v. 16.1.2013, 10 AZR 26/12, www.stotax-first.de).

Auch eine Verknüpfung von Freiwilligkeitsvorbehalt und Widerrufsvorbehalt in einem Arbeitsvertrag ist wegen **Intransparenz** unwirksam; denn für den Arbeitnehmer ist nicht hinreichend deutlich, dass trotz mehrfacher, ohne weitere Vorbehalte erfolgender Sonderzahlungen ein Rechtsbindungswille des Arbeitgebers für die Zukunft ausgeschlossen bleiben soll (z.B. zuletzt BAG v. 8.12.2010, 10 AZR 671/09, www.stotax-first.de).

Dient eine Sonderzuwendung nicht der Vergütung geleisteter Arbeit und knüpft sie nur an den Bestand des Arbeitsverhältnisses an, stellt es i.S. der **AGB-Kontrolle** keine unangemessene Benachteiligung gem. § 307 BGB dar, wenn der **ungekündigte Bestand des Arbeitsverhältnisses zum Auszahlungstag** als Anspruchsvoraussetzung bestimmt wird (BAG v. 18.1.2012, 10 AZR 667/10, www.stotax-first.de). Umgekehrt kann eine Sonderzahlung, die auch **Gegenleistung für** im gesamten Kalenderjahr **laufend erbrachte Arbeit** darstellt, in Allgemeinen Geschäftsbedingungen regelmäßig nicht vom Bestand des Arbeitsverhältnisses am **Stichtag** 31. Dezember des betreffenden Jahres abhängig gemacht werden (BAG v. 13.11.2013, 10 AZR 848/12, www.stotax-first.de). Vielmehr kann eine Sonderzahlung, die (auch) Vergütung für bereits erbrachte Arbeitsleistung darstellt, nicht vom un-

Gratifikationen

gekündigten Bestand des Arbeitsverhältnisses zu einem Zeitpunkt innerhalb oder außerhalb des Jahres abhängig gemacht werden, in dem die Arbeitsleistung erbracht wurde. Bei unterjährigem Ausscheiden aus dem Arbeitsverhältnis ergibt sich zum Fälligkeitszeitpunkt ein zeitanteiliger Anspruch auf die Sonderzahlung (BAG v. 13.5.2015, 10 AZR 266/14, www.stotax-first.de).

Aktuelle arbeitsrechtliche Darstellungen des Gratifikationsrechts finden sich bei N. Besgen, Sonderzahlungen im Arbeitsrecht, B+P 2011, 667; D. Besgen, Aktuelle Fragen zu Gratifikation/Sonderzahlung/Weihnachtsgeld, B+P 2007, 665 und Jüngst, Sonderzuwendungen – Aktuelle BAG-Rechtsprechung, B+P 2010, 19.

2. Lohnsteuer und Sozialversicherung

1461 Gratifikationen sind als **sonstige Bezüge** (→ *Sonstige Bezüge* Rz. 2704) zu versteuern, wenn sie zwar neben dem laufenden Arbeitslohn, aber nicht fortlaufend gezahlt werden (R 39b.2 Abs. 2 Nr. 3 LStR). Sie sind beitragspflichtig i.S. der Sozialversicherung, → *Einmalzahlungen* Rz. 983.

Auch → *Vermögensbeteiligungen* Rz. 3005.

Grenzgänger

1. Begriff des Grenzgängers

1462 Der Begriff des Grenzgängers stammt aus der Sprachregelung der Doppelbesteuerungsabkommen. Grenzgänger sind Arbeitnehmer, die i.d.R. **im Grenzbereich** des einen Staates **arbeiten** und täglich zu ihrem **Wohnsitz im Grenzbereich des anderen Staates zurückkehren**. Das OECD-MA sieht für Grenzgänger keine spezielle Regelung vor. Für diese Arbeitnehmer gelten **Besonderheiten** nach den DBA mit Frankreich (Art. 13 Abs. 5 – i.d.R. Besteuerung im Wohnsitzstaat), Österreich (Art. 15 Abs. 6 – i.d.R. Besteuerung im Wohnsitzstaat) und der Schweiz (Art. 15a – begrenzte Besteuerung im Tätigkeitsstaat und Wohnsitzbesteuerung mit Anrechnungssystem). Die Grenzgängerregelung im Verhältnis zu Belgien ist zum 1.1.2004 weggefallen (BMF v. 12.11.2014, IV B 2 – S 1300/08/10027, BStBl I 2014, 1467, Rdnr. 17). Gelegentliche Übernachtungen am Tätigkeitsort und Unterbrechungen der Grenzüberschreitung durch Urlaub oder Krankheit sind unbeachtlich (→ Rz. 1464). Durch den lediglich arbeitsbedingten Aufenthalt im Tätigkeitsstaat begründet der Arbeitnehmer dort weder Wohnsitz noch gewöhnlichen Aufenthalt i.S. einer unbeschränkten Einkommensteuerpflicht noch Ansässigkeit i.S. der Doppelbesteuerungsabkommen (BFH v. 25.1.1989, I R 205/82, BStBl II 1990, 687).

2. Grenzgängerregelungen

1463 Die von Deutschland abgeschlossenen Doppelbesteuerungsabkommen mit Grenzgängerregelungen und die dort vereinbarten Grenzzonen ergeben sich aus folgender Übersicht:

Staat	Artikel des Doppelbesteuerungsabkommens	Grenzzone in Kilometer
Frankreich	13 Abs. 5	20 für in Deutschland wohnhafte Arbeitnehmer 30 für in Frankreich wohnhafte Arbeitnehmer
Österreich	15 Abs. 6	30
Schweiz	15a	Sonderregelung

Mit den **übrigen Nachbarstaaten Deutschlands** (Belgien, Dänemark, Luxemburg, Niederlande, Polen und Tschechien) bestehen **keine Grenzgängerregelungen**.

Die **Grenzgängerregelung mit Belgien** ist 2004 **aufgehoben** worden. Da Belgien die nach dem Doppelbesteuerungsabkommen freigestellten Einkünfte i.S.v. Art. 15 und 19 DBA-Belgien **bei in Belgien ansässigen Arbeitnehmern** bei der Festsetzung belgischer Gemeindesteuern berücksichtigen kann, wird bei den betroffenen Arbeitnehmern zum Ausgleich **die deutsche Einkommensteuer bzw. Lohnsteuer (einschließlich Solidaritätszuschlag) um 8 % gemindert**. Ob der Arbeitgeber die Minderung um 8 % berücksichtigen darf, ergibt sich aus der Bescheinigung für beschränkt steuerpflichtige Arbeitnehmer (→ *Steuerpflicht* Rz. 2780) bzw. für erweitert unbeschränkt steuerpflichtige Arbeitnehmer (→ *Steuerpflicht* Rz. 2792). In diese Bescheinigung trägt das Finanzamt einen entsprechenden Hinweis ein (nicht aber bei Geschäftsführern und Vorständen i.S.d. Art. 16 Abs. 2 DBA Belgien).

Bei der Grenzzone kommt es auf die kürzeste Luftlinienentfernung zwischen Grenze und Wohnung an (BFH v. 24.7.1996, I R 74/95, BStBl II 1997, 132). Die Finanzverwaltung hat zur **Grenzgängerregelung mit Frankreich** eine **Übersicht** der zum **Grenzgebiet** i.S.v. Art. 13 DBA-Frankreich **zählenden Städte und Gemeinden** herausgegeben (BMF v. 11.6.1996, IV C 5 – S 1301 Fra – 16/96, BStBl I 1996, 645).

Nach den **Grenzgängerregelungen** hat abweichend vom Grundsatz (→ *Doppelbesteuerungsabkommen bei Einkünften aus nichtselbständiger Arbeit* Rz. 866) der **Wohnsitzstaat** das ausschließliche Besteuerungsrecht (Sonderregelungen zur Grenzgängerregelung Schweiz s. → Rz. 1469). Die Grenzgängerregelungen gehen der „183-Tage-Regelung" vor. Die Sonderregelung des Art. 14 DBA-Frankreich für Bezüge aus öffentlichen Kassen geht der Grenzgängerregelung vor (BFH v. 5.9.2001, I R 88/00, HFR 2002, 613).

Die Grenzgängerregelungen sind in Zusatzprotokollen zu den Doppelbesteuerungsabkommen oder Verständigungsvereinbarungen der Vertragsstaaten näher erläutert. Dies gilt insbesondere für Fälle der gelegentlichen Unterbrechung der täglichen Grenzüberschreitung oder des kurzfristigen Verlassens der Grenzzonen; s.a. → Rz. 1464.

Ob die Grenzgängereigenschaft erfüllt ist, ist nach den Verhältnissen bei Erbringung der Arbeitsleistung, nicht bei Zufluss des Arbeitslohns, zu entscheiden (FG Saarland v. 26.3.1997, 1 V 54/97, EFG 1997, 856). So handelt es sich z.B. bei dem **Arbeitslohn in der Freistellungphase einer Altersteilzeit** im Blockmodell einheitlich um nachträglich gezahlten Arbeitslohn, für den die **Grenzgängerregelung anzuwenden** ist, und zwar unabhängig davon, dass ein Grenzgänger während der Freistellungsphase nicht mehr regelmäßig über die Grenze pendelt (BMF v. 12.11.2014, IV B 2 – S 1300/08/10027, BStBl I 2014, 1467, Rdnr. 274).

Dagegen richtet sich die Steuerpflicht nach dem Zeitpunkt des Zuflusses. Daher ist das Weihnachtsgeld eines Grenzgängers in die Schweiz bei Umzug nach Frankreich im Laufe des Jahrs in Deutschland nicht steuerpflichtig (FG Baden-Württemberg v. 25.10.2001, 14 K 21/97, EFG 2002, 125).

Die Besteuerung von Grenzgängern mit den übrigen Nachbarstaaten, mit denen keine Grenzgängerregelung vereinbart worden ist, oder von Grenzgängern, die die Voraussetzungen der Grenzgängerregelung nicht erfüllen, richtet sich nach den allgemeinen Regeln (→ *Doppelbesteuerungsabkommen bei Einkünften aus nichtselbständiger Arbeit* Rz. 867).

3. Ausnahmen von der täglichen Rückkehr zum Wohnort und zum Aufenthalt in den Grenzzonen

1464 Die Grenzgängereigenschaft erfordert grundsätzlich **tägliche Rückkehr** zum Wohnort. **Gelegentliche Übernachtungen** am Arbeitsort und Unterbrechungen der Grenzüberschreitungen durch **Urlaub** und **Krankheit** sind unschädlich.

Nach **Verständigungsverfahren mit Frankreich** (BMF v. 3.4.2006, IV B 6 – S 1301 FRA – 26/06, BStBl I 2006, 304) **und Österreich** (BMF v. 30.1.1987, IV C 5 – S 1301 Öst – 1/87, BStBl I 1987, 191) geht die **Grenzgängereigenschaft nicht verloren**, sofern

- der Arbeitnehmer während des ganzen Kalenderjahrs in der Grenzzone beschäftigt ist und in dieser Zeit höchstens an **45 Arbeitstagen**
  – nicht zum Wohnsitz zurückkehrt oder
  – außerhalb der Grenzzone für den Arbeitgeber tätig ist
  oder

- falls der Arbeitnehmer nicht während des ganzen Kalenderjahrs in der Grenzzone beschäftigt ist, die Tage der Nichtrückkehr oder der Tätigkeit außerhalb der Grenzzone **20 % der gesamten Arbeitstage** i.R.d. Arbeitsverhältnisses, höchstens 45 Tage, nicht übersteigen.

Es handelt sich um eine zulässige Auslegung des Gesetzes (BFH v. 21.8.1996, I R 80/95, BStBl II 1997, 134; BFH v. 11.11.2009, I R 84/08, BStBl II 2010, 390).

Wird die „45-Tage-Grenze" überschritten, so steht das Besteuerungsrecht für die Arbeitseinkünfte regelmäßig dem Tätigkeitsstaat zu. Tritt jedoch ein Wechsel in der Grenzgängereigenschaft ein, so ist das Arbeitsentgelt aufzuteilen (BFH v. 18.7.1973, I R 52/69, BStBl II 1973, 757).

Zur **Anwendung der Grenzgängerregelung mit Frankreich** ist Folgendes vereinbart worden (BMF v. 3.4.2006, IV B 6 – S 1301 FRA – 26/06, BStBl I 2006, 304):

– **Tätigkeiten in der Grenzzone des Ansässigkeitsstaats** des Arbeitnehmers gelten als innerhalb der Grenzzone ausgeübt,

– als Arbeitstage gelten die **vertraglich vereinbarten Arbeitstage** (Kalendertage abzüglich der Tage, an denen der Arbeitnehmer laut Arbeitsvertrag nicht zu arbeiten verpflichtet ist, wie z.B. Urlaubstage, Wochenendtage, gesetzliche Feiertage) sowie alle weiteren Tage, an denen der Arbeitnehmer seine Tätigkeit ausübt; daneben gelten auch Krankheitstage nicht als Tage der Nichtrückkehr,

– ein **Nichtrückkehrtag** ist nicht schon deshalb anzunehmen, weil sich die Arbeitszeit des Arbeitnehmers bedingt durch die Anfangszeiten oder durch die Dauer der Arbeitszeit **über mehr als einen Kalendertag erstreckt** (z.B. bei Schichtarbeitern oder Personal mit Nachtdiensten),

– bei **mehrtägiger Auswärtstätigkeit** gelten die Tage der Hinreise sowie der Rückreise stets zu den Nichtrückkehrtagen,

– für die Zwecke dieser Vereinbarung bezeichnet der Begriff „Arbeitgeber" den wirtschaftlichen Arbeitgeber.

Hierzu folgende **Beispiele** (aus BMF v. 3.4.2006, IV B 6 – S 1301 FRA – 26/06, BStBl I 2006, 304):

Ausgangssachverhalt:
Ein Grenzgänger hat seinen Wohnsitz in Straßburg (französisches Grenzgebiet). Sein gewöhnlicher Arbeitsort befindet sich in Kehl (deutsches Grenzgebiet).

Beispiel 1:
Der Arbeitnehmer verlässt seinen Wohnsitz am Montagmorgen und begibt sich an seinen gewöhnlichen Arbeitsort im Grenzgebiet. Er verlässt dann dienstlich das Grenzgebiet. Am Abend kehrt er an seinen Arbeitsort im Grenzgebiet und anschließend an seinen Wohnsitz zurück.
Der Grenzgänger verrichtet auch im Grenzgebiet dienstliche Tätigkeiten. Er ist damit nicht den ganzen Arbeitstag außerhalb des Grenzgebiets beschäftigt. Es ist kein Tag zu zählen, der als Nichtrückkehrtag gilt.

Beispiel 2:
Der Grenzgänger verlässt seinen Wohnsitz am Montagmorgen und begibt sich an seinen gewöhnlichen Arbeitsort im Grenzgebiet. Er verlässt dann dienstlich das Grenzgebiet. Am Abend kehrt er direkt an seinen Wohnsitz zurück.
Lösung wie Beispiel 1.

Beispiel 3:
Der Arbeitnehmer verlässt seinen Wohnsitz am Montagmorgen und begibt sich direkt an seinen Arbeitsort außerhalb des Grenzgebiets. Nach seinem Arbeitstag kehrt er am Abend direkt an seinen Wohnsitz zurück.
Der Arbeitnehmer ist den ganzen Arbeitstag außerhalb der Grenzzone beschäftigt. Es ist damit ein Tag zu zählen, der als Nichtrückkehrtag gilt.

Beispiel 4:
Der Arbeitnehmer übt seine Tätigkeit nachts zwischen 20.00 Uhr und 4.00 Uhr morgens aus. Er verlässt seinen Wohnsitz am Montagabend, begibt sich an seinen gewöhnlichen Arbeitsort im Grenzgebiet und verlässt dann dienstlich das Grenzgebiet. Am Dienstagmorgen kehrt er an seinen Arbeitsort im Grenzgebiet und anschließend an seinen Wohnsitz zurück.
Da der Grenzgänger im Grenzgebiet dienstliche Tätigkeiten verrichtet, ist er keinen ganzen Arbeitstag außerhalb des Grenzgebiets beschäftigt. Es ist damit kein Tag zu zählen, der als Nichtrückkehrtag gilt. Unbeachtlich ist das Erstrecken der Arbeitszeit auf zwei Kalendertage.

Beispiel 5:
Der Arbeitnehmer übt seine Tätigkeit nachts zwischen 20.00 Uhr und 4.00 Uhr morgens aus. Er verlässt seinen Wohnsitz am Montagabend und begibt sich direkt an einen Arbeitsort außerhalb des Grenzgebiets. Am Dienstagmorgen kehrt er direkt an seinen Wohnsitz zurück.
Der Arbeitnehmer ist den ganzen Arbeitstag außerhalb der Grenzzone beschäftigt. Es ist damit ein Tag zu zählen, der als Nichtrückkehrtag gilt. Das Erstrecken der Arbeitszeit auf zwei Kalendertage führt zu keiner Erhöhung der zu zählenden Tage.

Beispiel 6:
Der Arbeitnehmer verlässt seinen Wohnsitz am Montagmorgen und begibt sich an seinen gewöhnlichen Arbeitsort im Grenzgebiet. Er verlässt dann dienstlich für mehrere Tage das Grenzgebiet. Am Donnerstagabend kehrt er an seinen Wohnsitz zurück.
Bei mehrtägiger Auswärtstätigkeit sind sämtliche Reisetage, sofern es sich bei diesen um Arbeitstage handelt, als Tage zu zählen, die als Nichtrückkehrtage gelten (hier: vier Tage). Unbeachtlich ist, dass der Arbeitnehmer vor Antritt seiner mehrtägigen Auswärtstätigkeit in der Grenzzone dienstliche Tätigkeiten verrichtet hat.

Beispiel 7:
Der Arbeitnehmer verlässt seinen Wohnsitz am Donnerstagmorgen, begibt sich an seinen gewöhnlichen Arbeitsort und verlässt dann dienstlich für mehrere Tage das Grenzgebiet. Am folgenden Dienstag kehrt er an seinen Wohnsitz zurück. Der Sonnabend und der Sonntag stellen gemäß Arbeitsvertrag keine Arbeitstage für den Arbeitnehmer dar. Jedoch muss der Arbeitnehmer während seiner Auswärtstätigkeit auf Anordnung seines Arbeitgebers an dem Sonnabend arbeiten.
Bei mehrtägiger Auswärtstätigkeit sind sämtliche Reisetage, sofern es sich bei diesen um Arbeitstage handelt, als Tage zu zählen, die als Nichtrückkehrtage gelten. Da der Arbeitnehmer auch an dem Sonnabend arbeiten muss, wird auch dieser Tag als Nichtrückkehrtag gewertet. In diesem Fall sind damit fünf Tage zu zählen, die als Nichtrückkehrtage gelten.

In Ergänzung hierzu hat der BFH zur **Ermittlung der Nichtrückkehrtage** Folgendes entschieden (BFH v. 11.11.2009, I R 84/08, BStBl II 2010, 390, v. 17.3.2010, I R 69/08, www.stotax-first.de und v. 9.10.2014, I R 34/13, HFR 2015, 541):

– **Eintägige Auswärtstätigkeiten** außerhalb der Grenzzone führen zu **Nichtrückkehrtagen**, wenn der Arbeitnehmer an diesen Tagen nicht zugleich innerhalb der Grenzzone gearbeitet hat; bloße Transferreisen innerhalb der Grenzzone sind insoweit unbeachtlich. Dies gilt in gleicher Weise für Rückreisetage bei mehrtägigen Auswärtstätigkeiten außerhalb der Grenzzone.

– **Hinreisetage** bei mehrtägigen Auswärtstätigkeiten außerhalb der Grenzzone zählen **nur dann zu den Nichtrückkehrtagen**, wenn der Arbeitnehmer nicht vor der Abreise zwischen seinem Wohnsitz und dem Arbeitsort in der Grenzzone gependelt ist.

– Entfällt eine **mehrtägige Auswärtstätigkeit** außerhalb der Grenzzone auf **Wochenenden oder Feiertage**, so liegen **keine Nichtrückkehrtage** vor, wenn die Arbeit an diesen Tagen weder vertraglich vereinbart ist noch vom Arbeitnehmer tatsächlich ausgeübt wird; die Reisetätigkeit ist insoweit nicht als Arbeitstätigkeit anzusehen.

– **Krankheitstage** während einer mehrtägigen Auswärtstätigkeit führen **nicht zu Nichtrückkehrtagen**. Ein **Nichtrückkehrtag** liegt dagegen vor, wenn der Arbeitnehmer während der Auswärtstätigkeit **infolge höherer Gewalt** (hier: „Taifunwarnung") daran **gehindert ist**, seine vertraglich vereinbarte Arbeitsleistung zu erbringen.

– Auch Auswärtstätigkeiten außerhalb der Grenzzone führen auch insoweit zu Nichtrückkehrtagen, als sie im Ansässigkeitsstaat durchgeführt werden (BFH v. 17.3.2010, I R 69/08, www.stotax-first.de).

– Der Anwendung der Grenzgänger-Regelung in Art. 13 Abs. 5 DBA-Frankreich steht es nicht entgegen, wenn der Stpfl. zeitweilig an **seinem Wohnort innerhalb der Grenzzone** im Ansässigkeitsstaat **arbeitet**; schädliche Nichtrückkehrtage begründet das nicht (BFH v. 9.10.2014, I R 34/13, HFR 2015, 541).

Nach einer Verständigungsvereinbarung mit Österreich ist bei einem als Grenzgänger tätigen **Berufskraftfahrer**, der in Ausübung seiner Berufstätigkeit im Zuge einer Tagestour ein- oder mehrmals die 30-km-Zone verlässt, eine Tätigkeit außerhalb der Grenzzone

Grenzgänger

keine Sozialversicherungspflicht = (SV̸)
Sozialversicherungspflicht = (SV)

nur anzunehmen, wenn sich der Fahrer **mehr als die Hälfte der täglichen Arbeitszeit außerhalb der Grenzzone** aufhält. Arbeitstage mit überwiegendem Aufenthalt außerhalb der Grenzzone sind in die „45-Tage-Prüfung" einzubeziehen (FinMin Baden-Württemberg v. 29.8.1994, S 1304 Österreich / 2, www.stotax-first.de).

Die Grenzgänger tragen die Beweislast für die Grenzgängereigenschaft (vgl. BFH v. 27.9.1999, I B 49/98, www.stotax-first.de).

4. Arbeitgeberpflichten bei französischen Grenzgängern

1465 Das Zusatzabkommen vom 31.3.2015 zum DBA zwischen der Bundesrepublik Deutschland und Frankreich v. 21.7.1959 sieht **einen Fiskalausgleich** in Bezug auf die Grenzgängerregelung des deutsch-französischen Doppelbesteuerungsabkommen vor (Grenzgängerfiskalausgleich).

Zur Durchführung des Grenzgängerfiskalausgleichs haben Arbeitgeber, die französische Grenzgänger beschäftigen, bestimmte Aufzeichnungs- und Bescheinigungspflichten (**Gesetz zu dem Zusatzabkommen v. 31.3.2015 zum DBA Frankreich** v. 20.11.2015, BGBl. II 2015, 1332).

a) Aufzeichnung im Lohnkonto

1466 Nach Art. 2 Abs. 7 des Gesetzes hat der Arbeitgeber eine **Aufstellung über die Tätigkeitsorte** des Grenzgängers im Bescheinigungszeitraum als Beleg zum Lohnkonto (→ *Lohnkonto* Rz. 1801) zu nehmen.

Auf Verlangen hat der Arbeitgeber dem Arbeitnehmer hierüber **eine Bescheinigung zu erteilen**. Bei **Wegfall der Grenzgängereigenschaft** ist der Arbeitgeber verpflichtet, bei der jeweils nachfolgenden Lohnzahlung noch nicht erhobene Lohnsteuer nachträglich einzubehalten; § 41c EStG gilt entsprechend (→ *Änderung des Lohnsteuerabzugs* Rz. 111).

b) Bescheinigung des Großbuchstabens „FR"

1467 Nach Art. 2 Abs. 6 des Gesetzes hat der Arbeitgeber **auf der elektronischen Lohnsteuerbescheinigung** zusätzlich durch Eintragung der Großbuchstaben „FR" zu bescheinigen, dass es sich um einen Grenzgänger handelt (→ *Lohnsteuerbescheinigung* Rz. 1863). Durch Eintragung

- der Ziffer 1 für Baden-Württemberg,
- der Ziffer 2 für Rheinland-Pfalz oder
- der Ziffer 3 für das Saarland

ist außerdem das Land anzugeben, in dem der **Grenzgänger im Bescheinigungszeitraum zuletzt tätig** war.

5. Absehen vom Lohnsteuerabzug

1468 In Deutschland darf der Arbeitgeber nur dann vom Lohnsteuerabzug absehen, wenn ihm eine Freistellungsbescheinigung des Betriebsstättenfinanzamts vorliegt, die vom Arbeitnehmer oder in dessen Auftrag vom Arbeitgeber beantragt werden kann (vgl. im Einzelnen → *Freistellungsbescheinigung* Rz. 1344).

6. Sonderregelung mit der Schweiz

a) Rechtsgrundlagen

1469 Die Regelungen für Grenzgänger i.S.v. Art. 15a des DBA-Schweiz i.d.F. des Protokolls v. 21.12.1992 ergeben sich aus Art. 3 des Zustimmungsgesetzes v. 30.9.1994, BStBl I 1994, 927, unter Berücksichtigung des Verhandlungsprotokolls zum Änderungsprotokoll v. 18.12.1991, BStBl I 1991, 929 sowie aus BMF v. 19.9.1994, IV C 6 – S 1301 Schz – 60/94, BStBl I 1994, 683 betr. Neuregelung der ab 1994 geltenden Grenzgängerbesteuerung, ergänzt durch BMF v. 7.7.1997, IV C 6 – S 1301 Schz – 37/97, BStBl I 1997, 723 und BMF v. 18.12.2014, IV B 2 – S 1301-CHE/07/10015-02, BStBl I 2015, 22 betr. Verständigungsvereinbarung zu Art. 15a DBA-Schweiz v. 28.11.2014.

b) Steuerabzug im Tätigkeitsstaat

1470 Hiernach darf die Lohnsteuer (einschließlich Solidaritätszuschlag) für einen Grenzgänger, der in der Schweiz ansässig und für einen **deutschen Arbeitgeber** tätig ist, grundsätzlich nur bis zu **4,5 % des steuerpflichtigen Arbeitslohns** erhoben werden, wenn die Ansässigkeit des Arbeitnehmers durch eine **amtliche Bescheinigung** der zuständigen Schweizer Finanzbehörde nachgewiesen wird (BMF v. 19.9.1994, IV C 6 – S 1301 Schz – 60/94, BStBl I 1994, 683, Rdnr. 04, 24 und 25). Ein Muster des Vordrucks ist diesem Schreiben als Anlage 1 beigefügt. Eine **Freistellungsbescheinigung** des Betriebsstättenfinanzamts ist nicht erforderlich. Die **Ansässigkeitsbescheinigung** gilt grundsätzlich für ein Jahr, sie ist bei Arbeitgeberwechsel neu zu beantragen. Bei fehlender Ansässigkeitsbescheinigung ist die Steuer nach innerstaatlichen Vorschriften zu erheben.

Beispiel 1:
Der Arbeitslohn eines schweizerischen Grenzgängers setzt sich für den Lohnzahlungszeitraum Januar 2016 wie folgt zusammen:

– Grundlohn	3 500 €
– Mehrarbeitsvergütung	500 €
– Steuerfreie Nachtarbeitszuschläge	300 €
– Vermögenswirksame Leistungen	40 €
– Urlaubsentschädigung	500 €
= insgesamt	4 840 €

Die Lohnsteuer für den Monat Januar berechnet sich mit 4,5 % von 4 540 € = 204,30 €, denn steuerfreier Arbeitslohn bleibt außer Ansatz.

Die Regelung, dass für schweizerische Grenzgänger die Lohnsteuer höchstens 4,5 % des steuerpflichtigen Arbeitslohns betragen darf, gilt auch für die Fälle der pauschalen Lohnsteuer. Der nach dem EStG maßgebliche Pauschsteuersatz wird durch die zwischenstaatliche Vereinbarung ebenfalls erfasst und entsprechend ermäßigt. Dies gilt unabhängig davon, ob eine pauschale Lohnsteuer – wie bei Aushilfs- oder Teilzeitkräften für den gesamten Arbeitslohn oder wie bei Fahrtkostenzuschüssen neben dem übrigen Arbeitslohn – in Frage kommt.

Beträgt die „normale Lohnsteuer" weniger als 4,5 % des steuerpflichtigen Arbeitslohns im Lohnzahlungszeitraum, so ist nur die geringere Steuer zu erheben. Der Arbeitgeber hat daher eine **Vergleichsberechnung** durchzuführen. Dies gilt nicht, wenn der Arbeitgeber die Lohnsteuer nach der Steuerklasse VI vornehmen muss.

Beispiel 2:
Eine in Basel wohnhafte Teilzeitkraft ist in Lörrach beschäftigt. Der monatliche Bruttoarbeitslohn im April 2016 beträgt 1 200 € zuzüglich einem monatlichen Fahrtkostenzuschuss von 100 €, für die die Voraussetzungen der Lohnsteuerpauschalierung nach § 40 Abs. 2 Satz 2 EStG erfüllt sind. Dem Arbeitgeber liegt sowohl eine Ansässigkeitsbescheinigung als auch eine Papierbescheinigung für den Lohnsteuerabzug vor, aus der sich für die Arbeitnehmerin die Steuerklasse I sowie ein monatlicher Freibetrag i.H.v. 100 € ergibt.

Der Arbeitgeber hat folgende **Vergleichsberechnung** durchzuführen:

- **Ermäßigte Abzugsteuer:**
  1 300 € (1 200 € + 100 €) × 4,5 %
  (Maßgebliche Berechnungsgrundlage ist der gesamte steuerpflichtige Arbeitslohn einschließlich pauschalbesteuerungsfähiger Bezüge ohne Kürzung um Freibeträge) .... 58,50 €
- **Lohnsteuer nach allgemeinen Grundsätzen:**
  Lohnsteuer bei Steuerklasse I bei einem Arbeitslohn i.H.v. 1 100 €
  (1 200 € - 100 € Freibetrag) .... 14,33 €
  Pauschale Lohnsteuer für den Fahrtkostenzuschuss
  (100 € × 15 %) .... 15,— €   29,33 €

Die Lohnsteuerberechnung nach allgemeinen Grundsätzen führt zu einer geringeren Steuer als die höchstens zulässige Abzugsteuer von 4,5 %. Der Arbeitgeber hat deshalb nur 29,33 € an Steuern für die schweizerische Teilzeitkraft einzubehalten.

c) Regelmäßige Rückkehr

1471 Gegenüber anderen Grenzgängerregelungen gibt es **keine Grenzzonen**. Bei der Voraussetzung der „regelmäßigen Rückkehr" bleibt eine Nichtrückkehr aus beruflichen Gründen von höchstens 60 Arbeitstagen unbeachtlich („60-Tage-Grenze"). Ein-

Grenzgänger

zelheiten zur **60-Tage-Grenze** enthält BMF v. 19.9.1994, IV C 6 – S 1301 Schz – 60/94, BStBl I 1994, 683, Rdnr. 10 bis 17, ergänzt durch BMF v. 7.7.1997, IV C 6 – S 1301 Schz – 37/97, BStBl I 1997, 723 und BMF v. 18.12.2014, IV B 2 – S 1301-CHE/07/10015-02, BStBl I 2015, 22.

Zur **Ermittlung der Nichtrückkehrtage** im Rahmen der Grenzgängerregelung mit der Schweiz gilt Folgendes:

- Bei **geringfügigen Arbeitsverhältnissen** liegt noch regelmäßige Rückkehr vor, wenn sich der Arbeitnehmer auf Grund der Arbeitsverträge mindestens an einem Tag pro Woche oder an fünf Tagen pro Monat vom Wohnort an den Arbeitsort und zurück begibt (BMF v. 19.9.1994, IV C 6 – S 1301 Schz – 60/94, BStBl I 1994, 683, Rdnr. 10).

  Beispiel 1:

  Eine Arbeitnehmerin, die einmal pro Woche (auf Grund eines oder mehrerer Arbeitsverhältnisse) im anderen Vertragsstaat ihrer Arbeit nachgeht, ist Grenzgängerin.

  Ein Arbeitnehmer, der im Monat nur an drei Tagen seiner Arbeit im anderen Staat nachgeht, ist kein Grenzgänger.

- Als Nichtrückkehrtage kommen **nur Arbeitstage**, die im persönlichen Arbeitsvertrag des Arbeitnehmers **vereinbart** sind, in Betracht. Samstage, Sonn- und Feiertage können daher nur in Ausnahmefällen zu den maßgeblichen Arbeitstagen zählen. Dies kommt z.B. in Betracht, wenn der Arbeitgeber die Arbeit an diesen Tagen ausdrücklich anordnet und hieran anknüpfend i.d.R. entweder einen Freizeitausgleich oder zusätzliche Bezahlung dafür gewährt. Trägt der Arbeitgeber die Reisekosten, so werden bei mehrtägigen Auswärtstätigkeiten alle Wochenend- und Feiertage als Nichtrückkehrtage angesehen (BMF v. 19.9.1994, IV C 6 – S 1301 Schz – 60/94, BStBl I 1994, 683, Rdnr. 11, ergänzt durch BMF v. 7.7.1997, IV C 6 – S 1301 Schz – 37/97, BStBl I 1997, 723).

- Ein Nichtrückkehrtag ist nicht schon deshalb anzunehmen, weil sich die **Arbeitszeit** des Einzelnen an seinem Arbeitsort entweder bedingt durch die Anfangszeiten oder durch die Dauer der Arbeitszeit **über mehr als einen Kalendertag** erstreckt. So sind Schichtarbeiter, Personal mit Nachtdiensten und Krankenhauspersonal mit Bereitschaftsdienst nicht schon auf Grund ihrer spezifischen Arbeitszeiten von der Grenzgängerregelung ausgeschlossen. Bei den im Verhandlungsprotokoll aufgelisteten Berufsgruppen handelt es sich jedoch um keine abschließende Aufzählung. Als Arbeitsausübung sind daher allgemein alle Zeiten anzusehen, für die auf Grund des Arbeitsverhältnisses eine Verpflichtung des Arbeitnehmers zur Anwesenheit am Arbeitsort besteht. Kurzfristige Arbeitszeitunterbrechungen von weniger als vier Stunden beenden den Arbeitstag nicht (BMF v. 19.9.1994, IV C 6 – S 1301 Schz – 60/94, BStBl I 1994, 683, Rdnr. 12, ergänzt durch BMF v. 7.7.1997, IV C 6 – S 1301 Schz – 37/97, BStBl I 1997, 723).

- Findet ein **Arbeitgeberwechsel** innerhalb eines Kalenderjahrs im Tätigkeitsstaat statt, so ist **seit 2015** die Grenzgängereigenschaft **insgesamt für alle Arbeitsverhältnisse** des Arbeitnehmers in diesem Kalenderjahr im Tätigkeitsstaat einheitlich zu beurteilen (einheitliche arbeitnehmerbezogene Betrachtungsweise). Zur Überprüfung, ob die jeweils maßgebliche Grenze der Nichtrückkehrtage in dem zu beurteilenden Kalenderjahr überschritten wurde, sind die **Nichtrückkehrtage** aus den jeweiligen Arbeitsverhältnissen daher **zusammenzurechnen**. Davon unberührt bleibt eine Kürzung der 60-Tage-Grenze bei Zeiten der Nichtbeschäftigung oder der Beschäftigung im Ansässigkeitsstaat oder in einem Drittstaat (BMF v. 18.12.2014, IV B 2 – S 1301-CHE/07/10015-02, BStBl I 2015, 22).

  Beispiel 2:

  Ein Arbeitnehmer, wohnhaft in Deutschland, arbeitet in der Schweiz vom 1.1. bis 30.6.2016 für Arbeitgeber A, vom 1.7. bis 31.12.2016 für Arbeitgeber B.

  Variante a:

  Während der Tätigkeit für A hat er 25, während der Tätigkeit für B 20 Nichtrückkehrtage.

  Wegen des Unterschreitens der 60-Tage-Grenze bei insgesamt 45 Nichtrückkehrtagen ist der Arbeitnehmer das gesamte Kalenderjahr über als Grenzgänger zu betrachten.

  Variante b:

  Während der Tätigkeit für A hat er 25, während der Tätigkeit für B 50 Nichtrückkehrtage.

  Wegen der Überschreitung der 60-Tage-Grenze bei insgesamt 75 Nichtrückkehrtagen ist der Arbeitnehmer das gesamte Kalenderjahr über nicht als Grenzgänger zu betrachten.

  Variante c:

  Während der Tätigkeit für A hat er 25, während der Tätigkeit für B 35 Nichtrückkehrtage.

  Weil die 60-Tage-Grenze insgesamt nicht überschritten wird, ist der Arbeitnehmer das gesamte Kalenderjahr über als Grenzgänger zu betrachten.

  Variante d:

  Gleicher Sachverhalt wie unter Variante b, jedoch liegt der Arbeitsort des Arbeitgebers B in Deutschland.

  Bezogen auf den Zeitraum vom 1.1. bis 30.6.2016 erfolgt eine Kürzung der 60-Tage-Grenze um 6/12. Wegen Unterschreitens der 30-Tage-Grenze bei 25 Tagen ist der Angestellte als Grenzgänger anzusehen.

  Bezogen auf den Zeitraum vom 1.7. bis 31.12.2016 stellt sich die Frage nach der Grenzgängereigenschaft nicht, da sich der Ansässigkeitsort und der Arbeitsort im selben Staat befinden.

- Ein Arbeitnehmer mit Wohnsitz in Deutschland und Arbeitsort in der Schweiz unterliegt nur dann **nicht als Grenzgänger der deutschen Besteuerung**, wenn er **mehr als 60 Mal im Jahr** nach getaner Arbeit aus beruflichen Gründen nicht an seinen Wohnort zurückkehrt. Dabei kommt es nicht darauf an, ob das Ende der Arbeitszeit oder der Zeitpunkt der Ankunft am Wohnort auf den Tag des Arbeitsantritts oder auf einen nachfolgenden Tag fällt (BFH v. 15.9.2004, I R 67/03, BStBl II 2010, 155).

- Das **Erfordernis einer Rufbereitschaft** ist ein beruflicher Grund für den Verbleib eines Arbeitnehmers in der Nähe seines Arbeitsorts (BFH v. 15.9.2004, I R 67/03, BStBl II 2010, 155).

- Ein in Deutschland wohnhafter Arbeitnehmer trägt die **Beweislast** dafür, dass er **mehr als 60 Mal** im Jahr nach dem Arbeitsende **aus beruflichen Gründen in der Schweiz geblieben** ist (BFH v. 15.9.2004, I R 67/03, BStBl II 2010, 155).

- Bei **mehrtägigem Dienst** ist nicht jeder einzelne Arbeitstag als Nichtrückkehrtag zu zählen, sondern nur die mehrtägige Arbeitseinheit als ein Nichtrückkehrtag (BFH v. 27.8.2008, I R 10/07, BStBl II 2009, 94). Dies gilt auch bei Bereitschaftsdiensten (BFH v. 27.8.2009, I R 64/07, BStBl II 2009, 97; BFH v. 13.11.2013, I R 23/12, BStBl II 2014, 508).

- Begibt sich ein Arbeitnehmer an seinem Arbeitsort in der Schweiz nach getaner Arbeit wegen eines Nachtdienstes/Pikettdienstes zur Ruhe und schläft er dort bis zum Arbeitsbeginn am nächsten Tag, verwirklicht er einen Nichtrückkehrtag (FG Baden-Württemberg v. 18.9.2014, 3 K 1831/14, www.stotax-first.de).

- **Tage einer Auswärtstätigkeit mit Übernachtungen** im Ansässigkeitsstaat zählen zu den **Nichtrückkehrtagen** (BFH v. 11.11.2009, I R 15/09, BStBl II 2010, 602; BFH v. 17.11.2010, I R 76/09, HFR 2011, 528).

- **Eintägige Auswärtstätigkeiten in Drittstaaten** führen **nicht zu Nichtrückkehrtagen** (BFH v. 11.11.2009, I R 15/09, BStBl II 2010, 602; BFH v. 17.11.2010, I R 76/09, HFR 2011, 528).

- Der Tag, an dem der Arbeitnehmer von einer **mehrtägigen Auswärtstätigkeit in Drittstaaten** an seinen Wohnsitz zurückkehrt, zählt **nicht als Nichtrückkehrtag**. Ein Nichtrückkehrtag liegt dagegen vor, wenn der Arbeitnehmer an diesem Tag mit der Rückreise beginnt, aber erst am Folgetag zu seinen Wohnsitz zurückkehrt (BFH v. 11.11.2009, I R 15/09, BStBl II 2010, 602; BFH v. 17.11.2010, I R 76/09, HFR 2011, 528).

- Ein Tag, an dem der Arbeitnehmer auf Grund einer nichtselbständigen Tätigkeit **für einen nicht in der Schweiz ansässi-**

Grenzgänger

gen **Arbeitgeber** nicht an seinen Wohnsitz zurückkehrt, ist **kein Nichtrückkehrtag** (BFH v. 17.11.2010, I R 76/09, HFR 2011, 528).

– Tage, an denen der Arbeitnehmer auf Grund einer **anderweitigen selbständigen Tätigkeit** nicht an seinen Wohnsitz zurückkehrt, führen **nicht zu Nichtrückkehrtagen** (BFH v. 11.11.2009, I R 15/09, BStBl II 2010, 602).

– Entfällt eine **mehrtägige Auswärtstätigkeit** des Arbeitnehmers **auf Wochenenden oder Feiertage**, so liegen **keine Nichtrückkehrtage** vor, wenn die Arbeit an diesen Tagen nicht ausdrücklich vereinbart ist und der Arbeitgeber für die an diesen Tagen geleistete Arbeit weder einen anderweitigen Freizeitausgleich noch ein zusätzliches Entgelt gewährt, sondern lediglich die Reisekosten übernimmt. Dies gilt auch für leitende Angestellte, die ihre Tätigkeit zeitlich eigenverantwortlich wahrnehmen und während einer Auswärtstätigkeit freiwillig am Wochenende arbeiten (BFH v. 11.11.2009, I R 15/09, BStBl II 2010, 602).

– Die aus beruflichen Gründen **in Untersuchungshaft** verbrachten Nächte in einem Drittstaat sind **als Nichtrückkehrtage** zu werten (BFH v. 11.11.2009, I R 50/08, www.stotax-first.de).

Stellt der Arbeitgeber am Ende des Jahrs oder des Arbeitsverhältnisses fest, dass die Grenzgängereigenschaft wegen der Nichtrückkehrtage entfällt, hat er dies der für die Abzugsteuer zuständigen Steuerbehörde **unaufgefordert auf amtlichem Vordruck zu bescheinigen.** Die Finanzverwaltung hat ein Muster dieses Vordrucks bekanntgegeben (BMF v. 19.9.1994, IV C 6 – S 1301 Schz – 60/94, BStBl I 1994, 683, Anlage 3). Wenn der Grenzgänger voraussichtlich die 60-Tage-Grenze überschreiten wird, darf der Tätigkeitsstaat vorläufig Lohnsteuer nach seinem Recht erheben. Der Ansässigkeitsstaat hat dem durch Aufschub der Besteuerung oder Herabsetzung der Vorauszahlung Rechnung zu tragen (BMF v. 19.9.1994, IV C 6 – S 1301 Schz – 60/94, BStBl I 1994, 683, Rdnr. 19).

d) Bemessungsgrundlage

1472 Die Bemessungsgrundlage für die Abzugsteuer bestimmt sich nach jeweiligem nationalen Steuerrecht. Die Qualifikation durch den Tätigkeitsstaat bindet den Ansässigkeitsstaat für Zwecke der Steueranrechnung.

e) Vermeidung der Doppelbesteuerung

1473 Ist Deutschland Ansässigkeitsstaat, so wird die Doppelbesteuerung **bei der Veranlagung** durch **Anrechnung** vermieden (→ *Anrechnung/Abzug ausländischer Steuern* Rz. 158), wenn die einbehaltene Abzugsteuer durch eine gesonderte Steuerbescheinigung oder einen Steuerausweis auf dem Lohnausweis nachgewiesen wird. Ist mehr als 4,5 % Quellensteuer einbehalten worden, so können nur 4,5 % angerechnet werden, weil die höhere Steuer „abkommenswidrig" ist. In diesem Fall muss der Arbeitnehmer die Erstattung der Differenz in der Schweiz beantragen (BMF v. 19.9.1994, IV C 6 – S 1301 Schz – 60/94, BStBl I 1994, 683, Rdnr. 22 und 33).

Bei in der Schweiz beschäftigten Grenzgängern sind die **Härteausgleichsregelungen** nach § 46 Abs. 3 und 5 EStG im Veranlagungsverfahren aus Gleichbehandlungsgründen analog anzuwenden, auch wenn die Grenzgänger mangels Vornahme eines Lohnsteuerabzugs nicht nach § 46 EStG, sondern nach der Grundnorm des § 25 Abs. 1 EStG zu veranlagen sind (BFH v. 27.11.2014, I R 69/13, BStBl II 2015, 793).

f) Korrektur des Lohnsteuerabzugs durch den Arbeitgeber

1474 Erkennt der Arbeitgeber, dass die Voraussetzungen der Grenzgängereigenschaft nicht mehr erfüllt sind, so muss er bei der jeweils folgenden Lohnzahlung die für vorausgegangene Lohnzahlungszeiträume des Kalenderjahrs noch nicht erhobene Lohnsteuer nachträglich einbehalten. **Abweichend von** § 41c Abs. 3 EStG bleibt die Verpflichtung zur Lohnsteuer-Nacherhebung über den Zeitpunkt der Ausschreibung der Lohnsteuerbescheinigung bestehen. Umgekehrt darf der Arbeitgeber nur bis zur Ausstellung der Lohnsteuerbescheinigung zu viel einbehaltene Lohnsteuer korrigieren. Nach diesem Zeitpunkt kann der schweizerische Grenzgänger zu viel einbehaltene Lohnsteuer nur noch durch einen **Erstattungsanspruch nach § 37 AO** beim Betriebsstättenfinanzamt oder im **Veranlagungsverfahren**, sofern er ausnahmsweise als unbeschränkt Stpfl. auf Antrag veranlagt wird, geltend machen (vgl. BMF v. 19.9.1994, IV C 6 – S 1301 Schz – 60/94, BStBl I 1994, 683, Rdnr. 32, das die unbeschränkte Steuerpflicht auf Antrag ab 1996 noch nicht berücksichtigt).

g) Bescheinigungspflichten

1475 Ein deutscher Arbeitgeber hat einem schweizerischen Grenzgänger bei Beendigung des Dienstverhältnisses, spätestens am Ende des Kalenderjahrs, auf Antrag – auch für pauschal besteuerten Arbeitslohn! – **eine besondere Lohnsteuerbescheinigung auf amtlichem Vordruck** auszustellen; pauschal besteuerter Arbeitslohn kann in einer angefügten Erklärung bescheinigt werden. Zusätzlich sind steuerfreie Zuschläge für Sonntags-, Feiertags- oder Nachtarbeit zu bescheinigen (BMF v. 19.9.1994, IV C 6 – S 1301 Schz – 60/94, BStBl I 1994, 683, Rdnr. 34 und 35).

Die Ausstellung falscher Bescheinigungen kann den Tatbestand des Abgabenbetrugs erfüllen. Die zuständigen Behörden können Auskünfte austauschen, die zur Feststellung der Grenzgängerbesteuerung notwendig sind (BMF v. 19.9.1994, IV C 6 – S 1301 Schz – 60/94, BStBl I 1994, 683, Rdnr. 36 und 37).

h) Sonderregelungen

1476 Zu Sonderregelungen bei Drittstaateneinkünften, leitenden Angestellten, Schweizer Grenzgängern mit ständigem Wohnsitz/gewöhnlichem Aufenthalt in Deutschland, „Abwanderern" in die Schweiz, Künstlern, Musikern und Artisten, Bordpersonal, öffentlich Bediensteten, Ruhegehaltsempfängern und Tätigkeitsvergütungen an Gesellschafter von Personengesellschaften vgl. BMF v. 19.9.1994, IV C 6 – S 1301 Schz – 60/94, BStBl I 1994, 683, Rdnr. 38 ff. i.V.m. BMF v. 7.7.1997, IV C 6 – S 1301 Schz – 37/97, BStBl I 1997, 723, zu „Abwanderern"; s.a. BFH v. 19.11.2003, I R 64/02, HFR 2004, 509. Danach ist die Regelung in BMF v. 19.9.1994, IV C 6 – S 1301 Schz – 60/94, BStBl I 1994, 683, Rdnr. 41 nur als Billigkeitsregelung zu verstehen, nicht im Steuerfestsetzungsverfahren zu berücksichtigen ist. Zur Besteuerung von Arbeitseinkünften der in Deutschland wohnenden leitenden Angestellten einer Kapitalgesellschaft in der Schweiz → *Doppelbesteuerungsabkommen bei Einkünften aus nichtselbständiger Arbeit* Rz. 867.

i) Besteuerung der schweizerischen betrieblichen Altersvorsorge bei Grenzgängern

1477 Das System der betrieblichen Altersvorsorge über Pensionskassen, die ein privater Arbeitgeber für seine Arbeitnehmer errichtet, stellt neben der staatlichen eidgenössischen Alters-, Hinterbliebenen- und Invalidenversicherung (sog. 1. Säule) die sog. 2. Säule der schweizerischen Altersvorsorge dar. Bei der steuerlichen Beurteilung der Leistungen aus schweizerischen Pensionskassen privater Arbeitgeber ist zwischen der nach der schweizerischen Altersvorsorge gesetzlich vorgeschriebenen Mindestabsicherung (sog. **Obligatorium**) und den darüber hinausgehenden freiwilligen Leistungen des Arbeitgebers (sog. **Überobligatorium**) zu unterscheiden.

Eine **Kapitalabfindung**, die einem ehemaligen Grenzgänger von seinem privaten Arbeitgeber **zur Abfindung seines obligatorischen und überobligatorischen Rentenanspruchs** gegen die Pensionskasse geleistet wird, ist nur **insoweit als „andere Leistung"** aus einer gesetzlichen Rentenversicherung i.S.d. § 22 Nr. 1 Satz 3 Buchst. a Doppelbuchst. aa EStG mit dem danach vorgesehenen Besteuerungsanteil (bei Rentenbeginn in 2016: 72 %) zu besteuern, als die **Kapitalleistungen aus dem Obligatorium** erfolgen. Die darüber hinausgehenden **Kapitalleistungen aus dem Überobligatorium** der Pensionskasse sind auf Grund des privatrechtlichen Vorsorgeverhältnisses für die inländische Besteuerung eigenständig zu beurteilen. Sie sind als Kapitalleistung aus einer Rentenversicherung mit Kapitalwahlrecht bei einer mehr als zwölfjährigen Zugehörigkeit und Beitragsleistung des Grenzgängers an die Pensionskasse **steuerfrei** (BFH v. 26.11.2014, VIII R 38/10, HFR 2015, 737).

Entsprechend der Unterscheidung zwischen Kapitalleistungen aus dem Obligatorium und dem Überobligatorium ist ein **sog.**

Vorbezug aus der Pensionskasse eines privatrechtlichen Arbeitgebers an einen (erwerbstätigen) Grenzgänger (Einmalzahlung der Pensionskasse zur Förderung des Erwerbs von Wohnraum) **teilweise als steuerpflichtige „andere Leistung"** nach § 22 Nr. 1 Satz 3 Buchst. a Doppelbuchst. aa EStG (Zahlung aus dem Obligatorium) und **teilweise** nach § 20 Abs. 1 Nr. 6 Satz 2 EStG (Zahlung aus dem Überobligatorium) als **steuerfreie Auszahlung** aus einer Rentenversicherung mit Kapitalwahlrecht einzuordnen (BFH v. 26.11.2014, VIII R 39/10, HFR 2015, 743).

Eine wegen des endgültigen Verlassens der Schweiz gezahlte **Austrittsleistung** einer dem Bereich der überobligatorischen betrieblichen Altersvorsorge zuzurechnenden Stiftung für Mitarbeiter-Gewinnbeteiligung (sog. Anlagenstiftung eines privaten schweizerischen Arbeitgebers) ist als eine **steuerfreie Kapitalleistung aus einer fondsgebundenen Lebensversicherung** zu qualifizieren, wenn der Grenzgänger der Anlagenstiftung im Zeitpunkt der Auszahlung **mehr als zwölf Jahre angehört** hatte und **vor dem 1.1.2005 beigetreten** war (BFH v. 26.11.2014, VIII R 31/10, HFR 2015, 733).

Nicht im Inland steuerbar sind dagegen Austrittsleistungen, die einem Grenzgänger von einer schweizerischen Anlagestiftung auf Grund des **Wechsels zu einem neuen schweizerischen Arbeitgeber** gewährt werden und auf Grund einer gesetzlichen Verpflichtung unmittelbar auf ein sog. Freizügigkeitskonto des Grenzgängers als Eintrittsleistung gezahlt werden (BFH v. 2.12.2014, VIII R 40/11, HFR 2015, 748).

Für Kapitalleistungen aus den **Pensionskassen öffentlich-rechtlicher schweizerischer Arbeitgeber** an deutsche Grenzgänger **gelten diese Grundsätze dagegen nicht**. Eine Austrittsleistung aus einer solchen Pensionskasse ist als einheitliche „andere Leistung" gem. § 22 Nr. 1 Satz 3 Buchst. a Doppelbuchst. aa EStG zu beurteilen, weil sie auf einem einheitlichen öffentlich-rechtlichen gesetzlichen Schuldverhältnis zwischen einer öffentlich-rechtlich organisierten Vorsorgeeinrichtung und dem versicherten Arbeitnehmer beruht (BFH v. 23.10.2013, X R 33/10, BStBl II 2014, 103).

Zur Anwendung des § 3 Nr. 62 EStG bei Beiträgen des Arbeitgebers zu einer schweizerischen Pensionskasse → *Zukunftssicherung: Gesetzliche Altersversorgung* Rz. 3345.

7. Sozialversicherung

1478 Ein Grenzgänger i.S.d. Definition der VO (EG) Nr. 883/2004 ist eine Person, die in einem Mitgliedstaat eine Beschäftigung oder selbständige Erwerbstätigkeit ausübt und in einem anderen Mitgliedstaat wohnt, in den sie i.d.R., mindestens jedoch wöchentlich zurückkehrt. Die Versicherungspflicht in der Sozialversicherung richtet sich danach, wo die Beschäftigung ausgeübt wird. Hinsichtlich der Leistungsgewährung (insbesondere in der Pflegeversicherung) gelten Sonderregelungen. Für Arbeitnehmer, die bei mehreren Unternehmen, die ihren Sitz in verschiedenen europäischen Staaten haben, wurde die Rechtszuordnung mit der Verordnung EU 465/2012 geändert (→ *Einstrahlung* Rz. 998).

Der EuGH hat entschieden, dass es nicht gegen die Art. 6 und 48 Abs. 2 EG-Vertrag verstößt, wenn ein Mitgliedstaat Personen, die in seinem Gebiet arbeiten, jedoch in einem anderen Mitgliedstaat wohnen, zu Beiträgen zu einem System der sozialen Sicherheit zur Deckung des Risikos der Pflegebedürftigkeit heranzieht, dass es jedoch gegen die Art. 19 Abs. 1, Art. 25 Abs. 1 und Art. 28 Abs. 1 der EWG-VO Nr. 1408/71 verstößt, den Anspruch auf eine Leistung wie das Pflegegeld davon abhängig zu machen, dass der Versicherte in dem Staat wohnt, in dem er der Versicherung angeschlossen ist (EuGH v. 5.3.1998, C 160/96, www.stotax-first.de).

Durch das oben genannte Urteil des EuGH wird klargestellt, dass Grenzgänger, die bei einer gesetzlichen Krankenkasse in Deutschland versichert sind, aber in einem anderen EWR-Staat wohnen, grundsätzlich der Versicherungspflicht in der sozialen Pflegeversicherung unterliegen. Eine Befreiung von der Versicherungs- und Beitragspflicht zur sozialen Pflegeversicherung allein wegen des ausländischen Wohnorts kommt nicht in Betracht. Ebenso wenig kann Anträgen auf Erstattung der gezahlten Beiträge zur Pflegeversicherung entsprochen werden (vgl. Besprechungsergebnis der Spitzenverbände der Sozialversicherungsträger am 17./18.11.1998, www.aok-business.de).

Das Bundesministerium für Gesundheit hat klargestellt, dass Arbeitnehmer, die in Deutschland arbeiten und ihren Wohnsitz in einem Nachbarstaat haben, auch dann einen Anspruch auf den Arbeitgeberzuschuss zu ihrem Krankenversicherungsbeitrag haben, wenn das private Krankenversicherungsunternehmen bei dem sie versichert sind, die besonderen Voraussetzungen des § 257 Abs. 2a SGB V **nicht erfüllt**.

Es soll sichergestellt werden, dass der private Versicherungsschutz, für den der Arbeitgeber einen Zuschuss zu zahlen hat, auch hinsichtlich bestimmter struktureller Kriterien mit dem Versicherungsschutz in der gesetzlichen Krankenversicherung vergleichbar ist. Nicht beabsichtigt ist, dass Arbeitgebern im grenznahen Bereich ein Vorteil dadurch entsteht, dass sie Arbeitnehmer beschäftigen, die ihren Wohnsitz im Nachbarstaat haben und dort bei einem privaten Krankenversicherungsunternehmen versichert sind, das die Voraussetzungen des § 257 Abs. 2a SGB V nicht erfüllt. Wenn in solchen Fällen keine Zuschüsse zu zahlen wären, hätte der Arbeitgeber ein Interesse daran, Grenzgänger bevorzugt gegenüber solchen Arbeitnehmern einzustellen, die berechtigt sind, den Zuschuss zu erhalten.

Diese besondere Situation rechtfertigt die dargelegte am Schutzzweck orientierte Auslegung des § 257 SGB V, zumal es sich bei den zuschussberechtigten Grenzgängern um einen relativ kleinen Personenkreis handeln dürfte (vgl. Rundschreiben der Deutschen Verbindungsstelle Nr. 54 v. 12.7.1995, Allgemein Nr. 16/1995).

Grenzpendler

1. Allgemeines

Mit dem Begriff Grenzpendler werden Personen bezeichnet, die **1479** ihre **Einkünfte fast ausschließlich in Deutschland** erzielen, aber **im Ausland wohnen**, die also beschränkt steuerpflichtig sind (→ *Steuerpflicht* Rz. 2765). Der Begriff beruht darauf, dass es sich hierbei vielfach um Personen handelt, die täglich zur Arbeit in die Bundesrepublik einpendeln, und der Begriff Grenzgänger bereits „besetzt" ist (→ *Grenzgänger* Rz. 1462). Dieser Begriff umschreibt den begünstigten Personenkreis aber nur unvollkommen, denn er umfasst auch Personen, deren Einkunftserzielung unabhängig von einem Aufenthalt in Deutschland ist (z.B. Vermieter, Aktionäre). Im Unterschied zu Grenzgängern gibt es **bei Grenzpendlern keine besonderen Regelungen** in den Doppelbesteuerungsabkommen. Grenzpendler werden unter den Voraussetzungen des § 1 Abs. 3 EStG auf Antrag als unbeschränkt steuerpflichtig behandelt. Grenzpendler, die Staatsangehörige eines EU-/EWR-Mitgliedstaats sind und ihre Einkünfte fast ausschließlich im Inland erzielen, werden durch §§ 1, 1a EStG Inländern bezüglich der Besteuerung gleichgestellt (→ *Steuerpflicht* Rz. 2771).

2. Sonderregelung mit Luxemburg

Deutschland hat mit **Luxemburg** eine **Sonderregelung** zur steu- **1480** erlichen Behandlung des **Arbeitslohns von Arbeitnehmern, die im Grenzgebiet ihre Tätigkeit ausüben (Grenzpendler)**, vereinbart. Danach gilt Folgendes (BMF v. 14.6.2011, IV B 3 – S 1301 – LUX/10/10003, BStBl I 2011, 576):

Die **Aufteilung des Arbeitslohns** zwischen Ansässigkeits- und Tätigkeitsstaat erfolgt auf der Grundlage der **vertraglich vereinbarten Arbeitstage**:

- Die **vertraglich vereinbarten Arbeitstage** sind die Kalendertage pro Jahr abzüglich der Tage, an denen der Arbeitnehmer laut Arbeitsvertrag nicht verpflichtet ist zu arbeiten (z.B. Urlaubstage, Wochenendtage, gesetzliche Feiertage),

- den vereinbarten Arbeitstagen ist das für die entsprechende Zeit **vereinbarte und nicht direkt zugeordnete Arbeitsentgelt** gegenüberzustellen; hierzu gehören neben den laufenden Vergütungen (z.B. Lohn, Gehalt, sonstige Vorteile) auch Zusatzvergütungen, die auf die unselbständige Arbeit des Arbeitnehmers innerhalb des gesamten Berechnungszeitraums entfallen (z.B. Weihnachtsgeld, Urlaubsgeld); hat sich das vereinbarte Gehalt während des Kalenderjahrs verändert, so ist dieser Veränderung Rechnung zu tragen,

- das aufzuteilende Arbeitsentgelt ist in Bezug zu den vereinbarten Arbeitstagen zu setzen; daraus ergibt sich ein **vereinbartes Arbeitsentgelt pro vereinbartem Arbeitstag**,

Grenzpendler

keine Sozialversicherungspflicht = (SV)
Sozialversicherungspflicht = (SV)

- das aufzuteilende Arbeitsentgelt pro vereinbartem Arbeitstag ist mit **den vereinbarten Arbeitstagen zu multiplizieren**, an denen sich der Arbeitnehmer tatsächlich im Tätigkeitsstaat aufgehalten hat; sollte sich der Arbeitnehmer auch an Tagen im Tätigkeitsstaat aufgehalten haben, die nicht zu den vereinbarten Arbeitstagen zählen (z.B. Verlängerung eines Aufenthalts aus privaten Gründen), fallen diese Tage aus der Berechnung des im Ansässigkeitsstaat steuerfrei zu stellenden Arbeitslohns heraus,

- **abgeleistete Überstunden** sind gesondert zu berücksichtigen, soweit der Arbeitgeber für sie tatsächlich einen Ausgleich leistet; darüber hinaus ist bei der Aufteilung zu berücksichtigen, dass vereinbarte Arbeitszeiten, die in Drittstaaten verbracht werden, dem Ansässigkeitsstaat zuzuordnen sind,

- eine **einmalige Zahlung** (z.B. Jubiläumszahlung), die eine Nachzahlung für eine nicht mehr als zehn Jahre zurückliegende aktive Tätigkeit darstellt und anteilig auf die Tätigkeit im Ansässigkeits- und Tätigkeitsstaat entfällt, ist nach den vorgenannten Grundsätzen aufzuteilen; für die Zuweisung des Besteuerungsrechts kommt es nicht darauf an, zu welchem Zeitpunkt und wo die Vergütung bezahlt wird, sondern allein darauf, dass sie dem Arbeitnehmer für eine Arbeitsleistung im Tätigkeitsstaat gezahlt wird; eine Nachzahlung für eine frühere aktive Tätigkeit liegt nicht vor, wenn die einmalige Zahlung ganz oder teilweise der Versorgung dient, z.B. ein Ruhegehalt oder einen Rentenanspruch ersetzt,

- **Urlaubsentgelte** sind in die Aufteilung einzubeziehen; dies gilt sowohl für Urlaubsgeld als auch für Bezüge, die für den Verzicht auf den Urlaub gezahlt werden (Urlaubsabgeltung für nicht genommenen Urlaub); der auf Urlaub entfallende Teil des Arbeitslohns ist dabei im Ansässigkeitsstaat freizustellen, soweit er der im Tätigkeitsstaat ausgeübten Arbeitsleistung entspricht; weichen die tatsächlichen Arbeitstage von den vereinbarten Arbeitstagen ab, weil der Arbeitnehmer in dem zu beurteilenden Kalenderjahr entweder Urlaub nicht oder aus einem anderen Kalenderjahr genommen hat, sind die vereinbarten Arbeitstage für die Aufteilung des Arbeitslohns entsprechend zu erhöhen oder zu mindern; hiervon kann aus Vereinfachungsgründen abgesehen werden, wenn die Anzahl der übertragenen Urlaubstage nicht mehr als zehn beträgt; für Arbeitslohn, der auf Urlaub oder Urlaubsabgeltung eines vorangegangenen Kalenderjahrs entfällt, ist das Aufteilungsverhältnis dieses vorangegangenen Kalenderjahrs maßgeblich,

- übt der Arbeitnehmer seine Tätigkeit an Tagen aus, die gemäß dem Arbeitsvertrag den vereinbarten Tagen nicht zuzuordnen sind, und erhält er für diese Tätigkeit kein gesondert berechnetes übliches Entgelt, sondern einen **Freizeitausgleich**, sind diese Tage bei den vereinbarten Arbeitstagen zu berücksichtigen,

- wird Arbeitslohn, Krankengeld oder Mutterschaftsgeld für die **Zeit einer Erkrankung oder einer Mutterschaft** gezahlt, zählen diese Zeiten zu den vereinbarten Arbeitstagen; diese Zeiten sind dem Tätigkeitsstaat zuzurechnen und der Arbeitslohn, das Krankengeld und das Mutterschaftsgeld für die Zeit der Erkrankung oder Mutterschaft sind im Ansässigkeitsstaat steuerfrei zu stellen; Krankheitstage ohne Lohnfortzahlung mindern dagegen die vereinbarten Arbeitstage.

Soweit der Arbeitnehmer seine Tätigkeit im Ansässigkeitsstaat oder in Drittstaaten erbracht hat, ist der darauf entfallende Teil des Arbeitslohns abweichend hiervon von der Besteuerung im **Ansässigkeitsstaat freizustellen**, wenn der Arbeitnehmer im Ansässigkeitsstaat oder in Drittstaaten während **weniger als 20 Arbeitstagen im Kalenderjahr** für solche Zwecke anwesend ist und dieser Teil des Arbeitslohns durch den Tätigkeitsstaat tatsächlich besteuert wird.

Großelternzeit

→ *Elternzeit* Rz. 1065

Grundstücke: verbilligte Überlassung

1. Veräußerung

a) Arbeitslohn

Überträgt ein Arbeitgeber einem Arbeitnehmer **verbilligt oder sogar unentgeltlich ein Grundstück** (unbebautes Grundstück, Einfamilienhaus, Eigentumswohnung o.Ä.), so ergibt sich für den Arbeitnehmer ein **steuerpflichtiger geldwerter Vorteil**, sofern das Grundstücksgeschäft **mit Rücksicht auf das Dienstverhältnis** abgeschlossen worden ist (BFH v. 10.6.1983, VI R 15/80, BStBl II 1983, 642 und zuletzt BFH v. 27.8.1997, X R 138 139/04, HFR 1998, 358). Dies gilt selbst dann, wenn der Arbeitgeber Grundstücke außerhalb des normalen Geschäftsverkehrs auch Arbeitnehmern einer (Minderheits-)Beteiligungsgesellschaft verbilligt zum Kauf anbietet (FG Münster v. 5.2.1997, 1 K 156/96 E, EFG 1997, 1511). 1481

Ein geldwerter Vorteil kann beim Arbeitnehmer auch durch die **Übernahme von Grunderwerbsteuer**, Gebühren, Notariatskosten usw. durch den Arbeitgeber entstehen.

Steuerpflichtiger Arbeitslohn liegt auch vor, wenn

- das Grundstück zur Hälfte in das **Eigentum der Ehefrau** des Arbeitnehmers übergeht (FG Düsseldorf v. 1.7.1977, V 9/73 E, EFG 1978, 23; FG Düsseldorf v. 23.6.1978, V 64/73 E, EFG 1979, 121). Arbeitslohn wird nur dann nicht anzunehmen sein, wenn der Arbeitnehmer-Ehegatte an der verbilligten Grundstücksübertragung überhaupt nicht beteiligt war (vgl. FG Düsseldorf v. 27.8.1998, 15 K 3517/95 H (L), EFG 1999, 117).

- **Veräußerer** des Grundstücks nicht der Arbeitgeber, sondern ein mit diesem **verbundenes Unternehmen** ist (BFH v. 7.2.1986, VI R 178/82, www.stotax-first.de).

- der Arbeitgeber die Grundstücke außerhalb des normalen Geschäftsverkehrs auch **Arbeitnehmern einer (Minderheits-)Beteiligungsgesellschaft verbilligt zum Kauf anbietet** (FG Münster v. 5.2.1997, 1 K 156/96 E, EFG 1997, 1511).

- ein Arbeitnehmer von einer **Tochtergesellschaft** seines Arbeitgebers ein Grundstück mit Rücksicht auf das Arbeitsverhältnis zu einem Preis unter dem Verkehrswert erwirbt (FG Hessen v. 29.9.1997, 4 K 1986/93, EFG 1998, 463).

Der geldwerte Vorteil **fließt dem Arbeitnehmer zu**, wenn er die wirtschaftliche Verfügungsmacht über das Grundstück erlangt. Das ist bei einer Wohnung der Fall, sobald **Besitz, Gefahr, Nutzen und Lasten** auf den Erwerber übergegangen sind. Für einen solchen Übergang können die Übernahme der Wohnung, die Übergabe der gesamten Schlüssel und die Zahlung von Wohngeld sprechen (BFH v. 10.11.1989, VI R 155/85, www.stotax-first.de). § 41 AO kann aber einen früheren Zufluss bewirken, wenn die Vertragsbeteiligten das wirtschaftliche Ergebnis des (zunächst nicht notariell beurkundeten) Kaufvertrags früher eintreten und dann auf Dauer bestehen lassen (FG Hessen v. 29.9.1997, 4 K 1986/93, EFG 1998, 463).

(LSt) (SV)

b) Bewertung

Zur Bewertung des Vorteils ist von dem **um übliche Preisnachlässe geminderten üblichen Endpreis am Abgabeort** auszugehen (§ 8 Abs. 2 EStG), der jeweils im Ergebnis dem Betrag entspricht, der für Grundstücke gleicher Lage und Art am Ort gezahlt wird **(Verkehrswert)**. Im Rahmen der Ermittlung des Verkehrswerts des Grund und Bodens und des Gebäudes ist **Denkmalschutz** wertmindernd zu berücksichtigen, ebenso (allerdings nur geringfügig) ein **Vorkaufsrecht**. Nicht wertmindernd sind dagegen ein **Wiederkaufsrecht** für den Fall, dass das Grundstück alsbald zu einem näher definierten „überhöhten" Preis weiterverkauft wird, und eine **beschränkt persönliche Dienstbarkeit** des Inhalts, dass auf dem – in einer denkmalgeschützten Wohnsiedlung liegenden – Grundstück keine störende gewerbliche oder berufliche Tätigkeit ausgeübt und das Grundstück nicht zu mehr als der Hälfte beruflich oder gewerblich genutzt werden darf (FG Hessen v. 29.9.1997, 4 K 1986/93, EFG 1998, 463). 1482

Handelt es sich bei dem Grundstück um eine Ware i.S.d. § 8 Abs. 3 EStG, die der Arbeitgeber nicht überwiegend für den Bedarf seiner Arbeitnehmer vertreibt (Letzteres z.B. bei Wohnungsgesellschaften oder Bauunternehmen), so ist der Sachbezug nach § 8 Abs. 3 EStG zu bewerten und zu behandeln. Der **Rabattfreibetrag von**

1 080 € und ein **Preisabschlag von 4 %** sind bei der Ermittlung des steuerpflichtigen geldwerten Vorteils abzuziehen.

c) Kein Arbeitslohn

1483 Kein Arbeitslohn liegt vor, wenn

- der Arbeitgeber einem Arbeitnehmer zwar verbilligt ein Grundstück überlässt, hierzu jedoch **gesetzlich verpflichtet** ist und somit praktisch nur als „Erfüllungsgehilfe" des Staates tätig wird (BFH v. 25.5.1992, VI R 18/90, BStBl II 1993, 45 betr. ein Bergbauunternehmen, das einem Arbeitnehmer ein mit Mitteln der Kohleabgabe gefördertes Hausgrundstück zu einem unter dem ortsüblichen Verkehrswert liegenden Kaufpreis überlassen hat).

- der Arbeitgeber von insgesamt 17 Baugrundstücken 16 an Betriebsangehörige, jedoch das 17. Grundstück zu **gleichen Bedingungen an einen Werksfremden** verkauft hat und der Verkehrswert der Grundstücke nicht wesentlich höher als der Verkaufspreis ist (FG Düsseldorf v. 5.2.1991, 8 K 135/86 E, EFG 1991, 615).

- der Kaufpreis allein deshalb unterhalb des Verkehrswertes festgesetzt worden ist, weil der Arbeitnehmer in dem vom Arbeitgeber bisher gemieteten Einfamilienhaus **werterhöhende Maßnahmen** durchgeführt hat (BFH v. 27.8.1997, X R 138 - 139/94, HFR 1998, 353).

2. Optionsrecht

1484 Räumt ein Arbeitgeber einem Arbeitnehmer ein – ggf. befristetes – Ankaufsrecht (Optionsrecht) an einem Grundstück zu einem festen Kaufpreis oder zu von der Marktsituation unabhängigen Bedingungen (z.B. Buchwert) ein, so ist ein etwa sich daraus ergebender Unterschiedsbetrag zum Verkehrswert als Ausfluss des Dienstverhältnisses anzusehen. Solange der Arbeitnehmer das **Optionsrecht jedoch nicht ausübt, ist kein Arbeitslohn** gegeben.

Für die Frage eines geldwerten Vorteils bei **einem ausgeübten Optionsrecht** des Arbeitnehmers ist daher nicht der Wert des Grundstücks bei der Einräumung, sondern sein **Wert bei der Ausübung des Optionsrechts** maßgebend (vgl. sinngemäß BFH v. 24.1.2001, I R 100/98, BStBl II 2001, 509; BFH v. 24.1.2001, I R 119/98, BStBl II 2001, 512 betr. Aktienoptionen).

> **Beispiel:**
> Ein Arbeitgeber errichtet auf einem 2002 zum Preis von 150 000 € erworbenen unbebauten Grundstück ein Einfamilienhaus. Die Baukosten betragen im Zeitpunkt der Bezugsfertigkeit 2004 600 000 €. Das Haus wird einem Arbeitnehmer zur Verfügung gestellt. Dabei wird dem Arbeitnehmer vertraglich das Recht eingeräumt, das Haus frühestens nach Ablauf von acht Jahren zu erwerben. Der Kaufpreis soll dem Buchwert im Zeitpunkt des endgültigen Erwerbs entsprechen. Für die Überlassung hat der Arbeitnehmer bis zu diesem endgültigen Erwerb eine „Kaufpreisrate" von 20 000 € jährlich zu entrichten, die auf den Kaufpreis angerechnet werden soll.
>
> Zum 1.1.2012 wird das Grundstück auf den Arbeitnehmer übertragen. Der Buchwert beträgt 510 000 €; der Arbeitnehmer zahlt 510 000 € ./. (8 × 20 000 € =) 160 000 € = 350 000 €.
>
> Der Arbeitgeber vertritt die Auffassung, dass das wirtschaftliche Eigentum an dem Grundstück dem Arbeitnehmer im Zeitpunkt des Einzugs 2004 übertragen worden sei. Die Geltendmachung der Absetzungen für Abnutzung durch den Arbeitgeber bedeute für den Arbeitnehmer eine entsprechende Wertminderung. Bei den Zahlungen des Arbeitnehmers handele es sich um echte Kaufpreisvorauszahlungen.
>
> Die Auffassung des Arbeitgebers ist nicht zutreffend. Maßgebend für die Beurteilung, ob dem Arbeitnehmer ein **geldwerter Vorteil** zugeflossen ist, ist der **Verkehrswert im Zeitpunkt der bürgerlich-rechtlichen Eigentumsübertragung in 2012**. Der Verkehrswert soll für Grund und Boden 1 Mio. € betragen. Der Arbeitnehmer muss 1 Mio. € ./. 350 000 € = 650 000 € versteuern. Die jährlichen Zahlungen stellen **Mietzahlungen** für die Überlassung des Hauses dar, deren **Angemessenheit** (ortsübliche Miete bzw. Kostenmiete, vgl. BFH v. 28.10.1977, VI R 83/75, www.stotax-first.de) ebenfalls überprüft werden muss. Eine Anrechnung auf den geldwerten Vorteil ist nicht möglich.

3. Rückkaufsrecht

1485 Wird ein Wiederkaufsrecht (Rückkaufsrecht) derart vereinbart, dass der das Grundstück veräußernde Arbeitgeber das Grundstück innerhalb einer bestimmten Frist zum **Veräußerungspreis wiederkaufen** kann, wenn der **erwerbende Arbeitnehmer gewisse Bedingungen nicht erfüllt**, so bleibt diese Vereinbarung nach geltendem Recht steuerlich so lange ohne Wirkung, als der Veräußerer das Recht nicht ausübt. Es ist deshalb nicht gerechtfertigt, deswegen etwa den Verkehrswert niedriger anzusetzen.

Wenn der Arbeitgeber sein Wiederkaufsrecht **(Rückkaufsrecht) ausübt** und der Arbeitnehmer vom Arbeitgeber für das noch voll werthaltige Grundstück nur den von ihm tatsächlich bezahlten Betrag, **nicht aber auch den Wert des von ihm versteuerten Preisnachlasses zurückerhält**, ist dieses steuerlich ebenso zu behandeln wie die Rückzahlung von Arbeitslohn (→ *Rückzahlung von Arbeitslohn* Rz. 2578). In Höhe des als Arbeitslohn besteuerten geldwerten Vorteils (Differenz zwischen dem Erwerbspreis und dem Verkehrswert) entstehen im Kalenderjahr der Rückübereignung des Grundstücks beim Arbeitnehmer sog. **negative Einnahmen**. Diese können wie **Werbungskosten** vom steuerpflichtigen Arbeitslohn abgezogen werden, allerdings ohne Anrechnung auf den Arbeitnehmer-Pauschbetrag. Es erfolgt lediglich eine Minderung des Arbeitslohns. Wirken sich die negativen Einnahmen hierbei nicht oder nicht in vollem Umfang aus, so ist zunächst der Verlustabzug nach § 10d EStG vorzunehmen. Erst dann kommen ggf. Billigkeitsmaßnahmen nach § 227 AO in Betracht (→ *Erlass von Lohnsteuer* Rz. 1175).

4. Vorkaufsrecht

1486 Bei der Ausübung eines Vorkaufsrechts erwirbt der Arbeitnehmer hinsichtlich der Verkaufsbedingung keine Vorteile gegenüber einem Dritten. Die Einräumung eines Vorkaufsrechts ist **lohnsteuerlich und somit auch beitragsrechtlich ohne Bedeutung**.

5. Erbbaurecht

1487 Bestellt der Arbeitgeber seinem Arbeitnehmer mit Rücksicht auf das Dienstverhältnis ein Erbbaurecht zu einem **unangemessen niedrigen Erbbauzins**, so sind die Vorteile, die sich aus dem unentgeltlichen Teil der Erbbaurechtsbestellung ergeben, diesem – anders als bei Einräumung eines Wohnrechts oder Nießbrauchs – bereits **im Jahr der Bestellung des Erbbaurechts zugeflossen**. Dem Lohnsteuerabzug ist die nach der Laufzeit des Erbbaurechts zu berechnende **kapitalisierte Erbbauzinsersparnis** zu unterwerfen (BFH v. 10.6.1983, VI R 15/80, BStBl II 1983, 642; BFH v. 26.5.1993, VI R 118/92, BStBl II 1993, 686).

Veräußert der Arbeitgeber ein mit einem Erbbaurecht belastetes Grundstück an den Arbeitnehmer, liegt **Arbeitslohn** vor, wenn das Grundstück **unter dem Verkehrswert veräußert** wird. Der Verkehrswert ist unter Berücksichtigung der vertraglichen Vereinbarungen sowie sonstiger den Wert beeinflussender Umstände zu ermitteln (vgl. dazu die Wertermittlungsverordnung v. 6.12.1988, BGBl. I 1988, 2209). Dabei kann das Erbbaurecht auch dann zu einer Wertminderung des Grundstücks führen, wenn es zu Gunsten des erwerbenden Arbeitnehmers bestellt ist.

6. Wohnrecht/Nießbrauch

1488 Nach der Rechtsprechung des BFH gelten für das **Wohnrecht** folgende Grundsätze (BFH v. 19.8.2004, VI R 33/97, BStBl II 2004, 1076):

- Überlässt der Arbeitgeber dem Arbeitnehmer **lebenslänglich die unentgeltliche Nutzung** eines Einfamilienhauses im Hinblick auf das zwischen ihnen bestehende **Dienstverhältnis**, so fließt dem Arbeitnehmer auf Grund dieses obligatorischen Wohnrechts **monatlich ein geldwerter Vorteil in Höhe der ersparten ortsüblichen Miete zu**.

- Vereinbaren Arbeitgeber und Arbeitnehmer die **Übertragung des betroffenen Grundstücks** an den Arbeitnehmer zu einem wegen des **Wohnrechts geminderten Kaufpreis**, so fließt hiermit der zu diesem Zeitpunkt bestehende Kapitalwert des obligatorischen Wohnrechts dem Arbeitnehmer als geldwerter Vorteil zu.

- Erfolgt eine solche Vereinbarung im Zusammenhang mit einer vom Arbeitgeber ausgesprochenen Kündigung des Dienstverhältnisses, so kann in diesem Zufluss eine tarifermäßigte **Abfindung** vorliegen (→ *Entschädigungen* Rz. 1134). Voraussetzung ist aber, dass das Arbeitsverhältnis aufgelöst wird (BFH v. 25.8.1993, XI R 7/93, BStBl II 1994, 185).

Räumt der Arbeitgeber dem Arbeitnehmer im Hinblick auf das Dienstverhältnis unentgeltlich den **Nießbrauch an einer Woh-**

Grundstücke: verbilligte Überlassung

nung ein, so fließt dem Arbeitnehmer der **geldwerte Vorteil** nicht im Zeitpunkt der Bestellung des Nießbrauchs in Höhe des kapitalisierten Wertes, **sondern fortlaufend in Höhe des jeweiligen Nutzungswertes der Wohnung** zu (BFH v. 19.8.2004, VI R 33/97, BStBl II 2004, 1076). Der BFH bestätigt in dem letztgenannten Urteil nochmals seine Rechtsprechung, nach der bei Bestellung eines **Erbbaurechts** der geldwerte Vorteil in Höhe des kapitalisierten Wertes bereits im Zeitpunkt der Bestellung des Rechts zufließt. Der Unterschied liegt – so der BFH – darin, dass der Erbbauberechtigte grundsätzlich das Erbbaurecht durch Beleihung oder Veräußerung realisieren kann. Das ist bei einem obligatorischen Wohnrecht oder Nießbrauch nicht der Fall.

7. Lohnsteuer und Sozialversicherung

1489 Die Lohnsteuer auf den ermittelten geldwerten Vorteil ist grundsätzlich nach den Vorschriften des § 39b Abs. 3 EStG für **sonstige Bezüge** (→ *Sonstige Bezüge* Rz. 2704) zu berechnen. Sozialversicherungsrechtlich wird der geldwerte Vorteil als Einmalzahlung (→ *Einmalzahlungen* Rz. 983) berücksichtigt.

Dabei ist zu beachten, dass es sich um Vergütungen für eine mehrjährige Tätigkeit handeln kann, die **tarifermäßigt (sog. Fünftelregelung)** zu besteuern sind (BFH v. 10.6.1983, VI R 15/80, BStBl II 1983, 642), → *Arbeitslohn für mehrere Jahre* Rz. 257.

8. Besonderheiten

1490 Hat der Arbeitnehmer seine **Eigentumswohnung mit Verlust verkaufen** müssen, nachdem er – entgegen ursprünglicher Erklärung seines Arbeitgebers – versetzt worden war, und hat er hierfür vom **Arbeitgeber eine Entschädigung** erhalten, so gehört diese zum steuerpflichtigen Arbeitslohn. Denn es besteht ein unmittelbarer Zusammenhang zwischen der Schadensersatzleistung und dem Dienstverhältnis (FG Hessen v. 19.2.1981, I 108/79, EFG 1981, 629; OFD Hannover v. 15.5.1992, S 2353 – 224 – StH 212, www.stotax-first.de).

[LSt] [SV]

Der Arbeitnehmer kann im vorstehenden Fall den **Wertverlust** im Übrigen **nicht als Werbungskosten** absetzen, weil derartige Verluste zu den nicht abzugsfähigen Lebenshaltungskosten i.S.d. § 12 EStG gehören. Das gilt auch für **Maklerkosten** und eine **Vorfälligkeitsentschädigung** im Zusammenhang mit dem Verkauf des bisher selbstgenutzten Einfamilienhauses (BFH v. 24.5.2000, VI R 28/97, BStBl II 2000, 474; BFH v. 24.5.2000, VI R 147/99, BStBl II 2000, 476). Auch **vergebliche Kosten** für ein **geplantes Arbeitszimmer** sind nach diesen Urteilen nicht abzugsfähig.

Abzugsfähig sind dagegen versetzungsbedingte Aufwendungen in der privaten Vermögenssphäre bei einer **fehlgeschlagenen Veräußerung**, wenn der Arbeitgeber eine Versetzung angekündigt, dann aber wieder rückgängig gemacht hat (BFH v. 24.5.2000, VI R 17/96, BStBl II 2000, 584; BFH v. 23.3.2001, VI R 139/00, www.stotax-first.de).

Hinsichtlich des **versteuerten geldwerten Vorteils** aus einer verbilligten Grundstücksüberlassung liegen „**Anschaffungskosten**" vor, so dass der Arbeitnehmer auch insoweit ggf. Absetzungen für Abnutzung (z.B. für ein häusliches Arbeitszimmer) in Anspruch nehmen kann (FG Münster v. 1.3.1994, 1 K 2709/93 E, EFG 1994, 703; vom BFH im Urteil v. 27.8.1997, X R 138 - 139/94, HFR 1998, 358, offen gelassen).

[LSt] [SV]

Gründungszuschuss

1. Allgemeines

1491 Arbeitnehmer, die eine **selbständige, hauptberufliche Tätigkeit** aufnehmen und dadurch die **Arbeitslosigkeit beenden**, können zur Sicherung des Lebensunterhalts und zur sozialen Sicherung in der Zeit nach der Existenzgründung einen **Gründungszuschuss nach § 93 SGB III erhalten**. Diese Leistung der **Bundesagentur für Arbeit ist eine Ermessensleistung**.

Der Gründungszuschuss kann gezahlt werden, wenn der Existenzgründer

– bis zur Aufnahme der selbständigen Tätigkeit einen **Anspruch auf Arbeitslosengeld** von mindestens 150 Tagen hat,

– der Agentur für Arbeit die Tragfähigkeit der Existenzgründung nachweist und

– seine Kenntnisse und Fähigkeiten zur Ausübung der selbständigen Tätigkeit darlegt.

Der Gründungszuschuss wird für die Dauer von **sechs Monaten** in Höhe des zuletzt bezogenen Arbeitslosengeldes gezahlt, zuzüglich monatlich 300 €.

Für **weitere neun Monate** können 300 € pro Monat gezahlt werden, wenn die geförderte Person ihre Geschäftstätigkeit anhand geeigneter Unterlagen dargelegt.

Zum Nachweis der Tragfähigkeit der Existenzgründung ist der Agentur für Arbeit eine **Stellungnahme** einer **fachkundigen Stelle** vorzulegen. Fachkundige Stellen sind insbesondere die Industrie- und Handelskammern, Handwerkskammern, berufsständische Kammern, Fachverbände und Kreditinstitute.

Die Dauer des Anspruchs auf Arbeitslosengeld mindert sich (in den ersten sechs Monaten der Förderung) um die Anzahl von Tagen, für die ein Gründungszuschuss gezahlt wurde (§ 148 Abs. 1 Nr. 8 SGB III).

Geförderte Personen haben ab dem Monat, in dem sie das Lebensjahr für den Anspruch auf Regelaltersrente i.S. des Sechsten Sozialgesetzbuches (SGB VI) vollenden, keinen Anspruch auf einen Gründungszuschuss. Eine erneute Förderung ist nicht möglich, wenn seit dem Ende einer Förderung der Aufnahme einer selbständigen Tätigkeit noch nicht 24 Monate vergangen sind.

2. Lohnsteuer und Sozialversicherung

Der Gründungszuschuss ist nach § 3 Nr. 2 Buchst. a EStG steuer- und damit auch beitragsfrei und unterliegt auch nicht dem Progressionsvorbehalt (ist in der abschließenden Aufzählung des § 32b EStG nicht aufgeführt). **1492**

[LSt] [SV]

Gruppenunfallversicherung

→ *Unfallversicherung: freiwillige* Rz. 2944

Gutschein

→ *Warengutscheine* Rz. 3119

Gutschrift von Arbeitslohn

→ *Arbeitslohn-ABC* Rz. 255

Habilitation

→ *Werbungskosten* Rz. 3182

Haftung für Lohnsteuer: Allgemeine Grundsätze

Inhaltsübersicht:	Rz.
1. Allgemeines	1494
2. Gesetzliche Haftungstatbestände	1495
a) Nicht korrekt einbehaltene und abgeführte Lohnsteuer	1496
b) Im Lohnsteuer-Jahresausgleich zu Unrecht erstattete Lohnsteuer (§ 42d Abs. 1 Nr. 2 EStG)	1497
c) Lohnsteuerverkürzung auf Grund fehlerhafter Angaben des Arbeitgebers	1498
3. Gesetzliche Haftungsausschlüsse	1499
4. Arbeitgeber und Arbeitnehmer als Gesamtschuldner	1500
a) Allgemeines	1500
b) Ermessensausübung	1501
5. Ausschluss der Arbeitgeberhaftung wegen Unbilligkeit (Entschließungsermessen)	1502
6. Haftung des Arbeitgebers (Auswahlermessen)	1503
a) Ermessensfehlerfreie Arbeitgeberhaftung	1503
b) Ermessensfehlerhafte Arbeitgeberhaftung	1504
7. Haftung dritter Personen	1505
8. Einwendungen gegen die Haftung	1506
9. Rückgriff gegen den Arbeitnehmer	1507
a) Verzicht als geldwerter Vorteil	1507

b) Unfreiwilliger Verzicht kein geldwerter Vorteil 1508

1493 Wegen der besseren Übersichtlichkeit werden die Ausführungen zum Thema „Haftung für Lohnsteuer" jeweils unter den folgenden Stichworten dargestellt:

- **Haftung für Lohnsteuer: Allgemeine Grundsätze** (Haftungsvorschriften, Ermessensausübung bei Inanspruchnahme des Arbeitgebers usw.),
- **Haftung für Lohnsteuer: Berechnung der Nachforderung** und
- **Haftung für Lohnsteuer: Verfahrensvorschriften**.

Zur Beitragshaftung in der Sozialversicherung → *Haftung für Sozialversicherungsbeiträge* Rz. 1542.

1. Allgemeines

1494 Grundsätzlich **schuldet der Arbeitnehmer** die Lohnsteuer (§ 38 Abs. 2 EStG), auch wenn der eigentliche Lohnsteuerabzug dem Arbeitgeber obliegt; dies gilt auch für sog. **Nettolohnvereinbarungen**. Der **Arbeitgeber haftet** aber für die korrekte Einbehaltung und Abführung der Lohnsteuer (§ 42d EStG). Dies gilt auch bei → *Lohnzahlung durch Dritte* Rz. 1949 (z.B. Trinkgelder im Gaststätten- und Frisiergewerbe), soweit der Arbeitgeber zur Einbehaltung der Lohnsteuer verpflichtet ist (R 42d.1 Abs. 1 LStR).

Der Arbeitgeber kann für zu Unrecht nicht einbehaltene und abgeführte Lohnsteuer auch in Anspruch genommen werden, wenn die Einkommensteuer für den gleichen Zeitraum **beim Arbeitnehmer verjährt** ist (vgl. BFH v. 6.3.2008, VI R 5/05, BStBl II 2008, 597).

Die Haftung des Arbeitgebers setzt nicht voraus, dass das Finanzamt zunächst **vergeblich versucht hat, den Arbeitnehmer als eigentlichen Steuerschuldner in Anspruch zu nehmen**. Sie ist auch grundsätzlich **nicht von einem Verschulden** des Arbeitgebers abhängig. Der Arbeitgeber haftet auch dann, wenn er wegen entschuldbaren Rechtsirrtums zu wenig Lohnsteuer einbehalten hat. Ein **geringfügiges Verschulden oder ein schuldloses Verhalten** ist aber bei der Frage zu würdigen, ob eine Inanspruchnahme des Arbeitgebers **ermessensgerecht** ist (zuletzt BFH v. 22.2.2007, VI B 29/06, www.stotax-first.de). Einschränkungen ergeben sich insbesondere

- bei fehlerhaften **Auskünften oder Zusagen des Finanzamts**,
- wenn die Ansprüche gegenüber dem Arbeitgeber als Haftendem **verjährt** sind oder
- wenn die Inanspruchnahme des Arbeitgebers **ermessenswidrig** wäre. Vgl. dazu R 42d.1 Abs. 4 LStR sowie H 42d.1 (Allgemeines zur Arbeitgeberhaftung) und (Ermessensausübung) LStH.

Die Haftung erstreckt sich auch auf die sog. **Annexsteuern** (Kirchensteuer, Solidaritätszuschlag) sowie auf zu Unrecht gezahlte Arbeitnehmer-Sparzulagen und Bergmannsprämien.

Eine Sonderregelung sieht das Gesetz aber für die **pauschale Lohnsteuer** vor: Diese ist nicht nur grundsätzlich vom **Arbeitgeber zu übernehmen, er ist sogar unmittelbar Steuerschuldner** (vgl. § 40 Abs. 3, § 40a Abs. 5 und § 40b Abs. 4 EStG).

Der Arbeitgeber kann auch auf Grund von Erkenntnissen bei einer **Lohnsteuer-Nachschau** durch Lohnsteuer-Nachforderungsbescheid oder Lohnsteuer-Haftungsbescheid in Anspruch genommen werden. Soll der Arbeitgeber in Haftung genommen oder bei ihm Lohnsteuer nachgefordert werden, ist ihm rechtliches Gehör zu gewähren (BMF v. 16.10.2014, IV C 5 – S 2386/09/10002 :001, BStBl I 2014, 1408 Rdnr. 17).

Es wird kritisiert, dass der **Staat dem Arbeitgeber mit dem Lohnsteuerabzug und der Haftung zu weitgehende Pflichten auferlegt habe**, die v.a. die Lohnkosten unnötig in die Höhe trieben. Nach der bisherigen Rechtsprechung des BVerfG ist dies aber **nicht verfassungswidrig** (vgl. z.B. BVerfG v. 17.2.1977, 1 BvR 33/76, www.stotax-first.de, betr. Verpflichtung des Arbeitgebers zur Einbehaltung der Kirchenlohnsteuer).

Zahlungen auf Grund einer Haftung wegen Beihilfe zur Steuerhinterziehung Dritter nach **§ 71 AO** können bei einem GmbH-Gesellschafter-Geschäftsführer als **Werbungskosten** abgezogen werden (BFH v. 9.12.2003, VI R 35/96, BStBl II 2004, 641). Entsprechendes gilt für Zahlungen eines Gesellschafter-Geschäftsführers einer GmbH auf Grund einer Haftungsinanspruchnahme nach **§ 69 AO** (OFD Düsseldorf v. 29.10.1992, S 2350 A – St 114, www.stotax-first.de).

2. Gesetzliche Haftungstatbestände

Das Gesetz (§ 42d Abs. 1 EStG) sieht für die Arbeitgeberhaftung **1495** **drei Haftungstatbestände** vor:

a) Nicht korrekt einbehaltene und abgeführte Lohnsteuer

Der Arbeitgeber haftet für die Lohnsteuer, die er einzubehalten und **1496** abzuführen hat (§ 42d Abs. 1 Nr. 1 EStG):

Der Arbeitgeber haftet nach dieser Vorschrift, wenn er nicht alle steuerpflichtigen Leistungen **vorschriftsmäßig dem Lohnsteuerabzug unterwirft**, die Lohnsteuer nicht richtig berechnet (z.B. Ansatz eines falschen Pauschsteuersatzes) oder nicht rechtzeitig einbehält, anmeldet und abführt. Er hat den Lohnsteuerabzug zutreffend vorgenommen, wenn er die Lohnsteuer **entsprechend den Lohnsteuerabzugsmerkmalen des Arbeitnehmers** berechnet und die für das maßgebende Jahr **gültige Lohnsteuertabelle** zu Grunde gelegt hat, vgl. H 42d.1 (Allgemeines zur Arbeitgeberhaftung) LStH. Ob die Lohnsteuerabzugsmerkmale (Steuerklasse, Freibeträge) zutreffend sind, hat der Arbeitgeber hiernach nicht zu prüfen. Sind die Lohnsteuerabzugsmerkmale falsch und hat es der Arbeitnehmer unterlassen, die Eintragungen ändern zu lassen, kann die zu wenig einbehaltene Lohnsteuer nur vom Arbeitnehmer nachgefordert werden.

> **Beispiel:**
> Die elektronischen Lohnsteuerabzugsmerkmale eines Arbeitnehmers berücksichtigen noch die Steuerklasse III, obwohl dieser bereits seit Jahren von seiner Ehefrau dauernd getrennt lebt.
>
> In diesem Fall hätte der Arbeitnehmer seine Lohnsteuerabzugsmerkmale in Steuerklasse I oder ggf. II (wenn ein Kind zu seinem Haushalt gehört) ändern lassen müssen (vgl. § 39 Abs. 5 EStG). Der Arbeitgeber kann jedoch auf die Richtigkeit der elektronischen Lohnsteuerabzugsmerkmale vertrauen und die Lohnsteuer nach der Steuerklasse III einbehalten. Er kann hierfür nicht haftbar gemacht werden.
>
> Entsprechendes gilt, wenn die Lohnsteuerabzugsmerkmale des Arbeitnehmers einen zu hohen Freibetrag enthalten.

Führt der Arbeitgeber trotz Nichtabruf der ELStAM bzw. Nichtvorlage der Lohnsteuerkarte/Bescheinigung für den Lohnsteuerabzug 2011/2012/2013 oder der Bescheinigung nach § 39 Abs. 3 EStG (§ 39d Abs. 1 Satz 3 EStG a.F.) den Lohnsteuerabzug nicht nach der Steuerklasse VI, sondern nach der Steuerklasse I bis V durch oder hat er überhaupt keinen Lohnsteuerabzug vorgenommen, kann der Arbeitgeber auch **nach Ablauf des Kalenderjahrs** grundsätzlich nach Steuerklasse VI (§ 42d Abs. 1 Nr. 1 EStG) in Haftung genommen werden (zuletzt BFH v. 18.9.2012, VI B 9/12, www.stotax-first.de sowie H 42d.1 „Allgemeines zur Arbeitgeberhaftung" LStH).

Der Arbeitgeber hat auch dann den Lohnsteuerabzug nicht ordnungsgemäß durchgeführt und kann demgemäß als Haftungsschuldner in Anspruch genommen werden, wenn im Fall einer Sachlohnzuwendung der geschuldete **Barlohn zur Deckung des Lohnsteuereinbehalts nicht ausreicht** und er es unterlässt, dies dem Betriebsstättenfinanzamt nach § 38 Abs. 4 Satz 2 EStG anzuzeigen (BFH v. 9.10.2002, VI R 112/99, BStBl II 2002, 884).

Der Arbeitgeber haftet darüber hinaus für die Lohnsteuer, die in den Fällen des § 38 Abs. 3a EStG der **Dritte** zu übernehmen hat.

b) Im Lohnsteuer-Jahresausgleich zu Unrecht erstattete Lohnsteuer (§ 42d Abs. 1 Nr. 2 EStG)

Der Arbeitgeber haftet für die Lohnsteuer, die er beim Lohnsteuer-Jahresausgleich zu Unrecht erstattet hat (§ 42d Abs. 1 Nr. 2 **1497** EStG):

Gemeint ist der **Lohnsteuer-Jahresausgleich des Arbeitgebers** nach § 42b EStG. Es handelt sich hier nur um einen Unterfall der vorhergehenden Regelung, dass der Arbeitgeber den Lohnsteuerabzug nicht richtig vorgenommen hat. Eine vorschriftswidrige Lohnsteuererstattung beim Lohnsteuer-Jahresausgleich entspricht praktisch einer nicht vorschriftsmäßigen Kürzung des Arbeitslohns i.S. der obigen Fallgruppe a (BFH v. 24.1.1975, VI R 121/72, BStBl II 1975, 420).

Haftung für Lohnsteuer: Allgemeine Grundsätze

c) Lohnsteuerverkürzung auf Grund fehlerhafter Angaben des Arbeitgebers

1498 Der Arbeitgeber haftet für die Einkommensteuer (Lohnsteuer), die auf Grund fehlerhafter Angaben im **Lohnkonto** oder in der **Lohnsteuerbescheinigung** verkürzt wird (§ 42d Abs. 1 Nr. 3 EStG):

In der Praxis sind dies v.a. die Fälle, in denen auf Grund fehlerhafter Angaben des Arbeitgebers in der Lohnsteuerbescheinigung bei der **Einkommensteuerveranlagung des Arbeitnehmers** die Steuer zu niedrig festgesetzt oder zu viel Lohnsteuer erstattet worden ist. Die Haftung des Arbeitgebers reicht aber nur soweit, als durch seine fehlerhaften Angaben tatsächlich Lohnsteuer verkürzt worden ist; bei einer fehlerhaft ausgestellten Lohnsteuer-Bescheinigung beschränkt sich die Haftung des Arbeitgebers auf die Lohnsteuer, die sich bei der Einkommensteuer-Veranlagung des Arbeitnehmers ausgewirkt hat (BFH v. 22. 7.1993, VI R 116/90 BStBl II 1993, 775 sowie H 42d.1 (Allgemeines zur Arbeitgeberhaftung) LStH. „Fehlerhafte" Angaben in diesem Sinne sind nicht nur falsche, sondern auch **fehlende** Angaben (BFH v. 12.7.1968, VI R 320/66, BStBl II 1968, 697). Dieser Fallgruppe kommt in der Praxis erhebliche Bedeutung zu, weil **Arbeitgeber immer wieder vergessen, in der Lohnsteuerbescheinigung die in § 41b EStG geforderten Eintragungen über steuerfreie Lohnersatzleistungen, Fahrtkostenzuschüsse usw. vorzunehmen** (ausführlich → *Lohnsteuerbescheinigung* Rz. 1863). Ob es sich dabei um ein Versehen handelt, ist unerheblich.

> **Beispiel 1:**
> Der Arbeitgeber zahlt seinen Arbeitnehmern pauschal versteuerte **Zuschüsse zu den Aufwendungen für Wege zwischen Wohnung und erster Tätigkeitsstätte**. Er hat vergessen, diese in der Lohnsteuerbescheinigung anzugeben (Zeile 18). Bei der Einkommensteuerveranlagung der Arbeitnehmer werden die Aufwendungen trotz der pauschal versteuerten Arbeitgeberzuschüsse als Werbungskosten abgezogen.
> Der Arbeitgeber haftet für die zu viel erstattete Einkommensteuer, weil er seiner gesetzlichen Verpflichtung (§ 41b Abs. 1 Nr. 7 EStG), diese steuerfreien Arbeitgeberleistungen in der Lohnsteuerbescheinigung einzutragen, nicht nachgekommen ist.

> **Beispiel 2:**
> Der Arbeitgeber hat **Kurzarbeitergeld** gezahlt, diese Leistungen aber nicht in der Lohnsteuerbescheinigung angegeben (Zeile 15). Bei der Einkommensteuerveranlagung konnten diese Leistungen daher nicht dem Progressionsvorbehalt unterworfen werden.
> Der Arbeitgeber haftet für die zu niedrig festgesetzte Einkommensteuer, weil er seiner Eintragungspflicht (§ 41b Abs. 1 Nr. 5 EStG) dieser Leistungen in der Lohnsteuerbescheinigung nicht nachgekommen ist.

Ferner kommt eine Haftung des Arbeitgebers nach dieser Vorschrift in Betracht, wenn z.B. die für die Lohnbuchhaltung zuständige **Mitarbeiterin** Gehaltsabrechnungen manipuliert und dadurch zu wenig Lohnsteuer usw. an das Finanzamt abgeführt hat (BFH v. 21.4.2010, VI R 29/08, BStBl II 2010, 833).

3. Gesetzliche Haftungsausschlüsse

1499 Der Arbeitgeber haftet nicht, soweit

- in den Fällen, in denen der Barlohn des Arbeitnehmers zur Deckung der Lohnsteuer nicht ausreichte, der Fehlbetrag vom Arbeitnehmer nicht zur Verfügung gestellt wurde, auch nicht vom Arbeitgeber durch Zurückbehaltung von anderen Bezügen aufgebracht werden konnte und der Arbeitgeber dies dem **Betriebsstätten-Finanzamt angezeigt** hat (§ 38 Abs. 4 EStG).
  Die Anzeige des Arbeitgebers nach § 38 Abs. 4 Satz 2 EStG ersetzt dann die Erfüllung der Einbehaltungspflichten. Bei unterlassener Anzeige hat der Arbeitgeber die Lohnsteuer mit den Haftungsfolgen nach § 42d Abs. 1 Nr. 1 EStG nicht ordnungsgemäß einbehalten (BFH v. 9.10.2002, VI R 112/99, BStBl II 2002, 884);
- ein Arbeitnehmer seiner Verpflichtung die **ELStAM** wegen einer Abweichung zu seinen Gunsten von den Verhältnissen zu Beginn des Kalenderjahrs oder in den Fällen, in denen die Steuerklasse II bescheinigt war, die Voraussetzungen für die Berücksichtigung des Entlastungsbetrags für Alleinerziehende nach § 24b EStG im Laufe des Kalenderjahrs entfallen, **ändern zu lassen, nicht nachgekommen** und nunmehr Lohnsteuer nach § 39 Abs. 5 EStG von ihm nachzufordern ist;
- ein Arbeitnehmer in den Fällen des § 39 Abs. 7 EStG (**Wechsel von der unbeschränkten zur beschränkten Einkommensteuerpflicht**) dem Finanzamt den Wegfall der unbeschränkten Einkommensteuerpflicht nicht angezeigt hat und nunmehr Lohnsteuer von ihm nachzufordern ist;

- er eine Anzeige in den Fällen des § 41c Abs. 4 EStG erstattet hat, z.B. weil er von seiner Berechtigung, Lohnsteuer nachträglich einzubehalten, keinen Gebrauch gemacht hat;
- der nachzufordernde Betrag insgesamt 10 € nicht übersteigt (§ 42d Abs. 5 EStG);
- er dem Finanzamt Fälle i.S.d. § 38 Abs. 4 Satz 3 EStG anzeigt, wenn der Arbeitnehmer die von einem Dritten gewährten Bezüge nicht oder erkennbar unrichtig mitgeteilt hat.

4. Arbeitgeber und Arbeitnehmer als Gesamtschuldner

a) Allgemeines

1500 Sofern überhaupt ein Haftungstatbestand erfüllt und die Haftung des Arbeitgebers nicht ausgeschlossen ist oder der Arbeitgeber in Fällen der Pauschalierung der Lohnsteuer selbst Steuerschuldner ist, sind Arbeitgeber und Arbeitnehmer **Gesamtschuldner** (§ 42d Abs. 3 Satz 1 EStG): Jeder schuldet die gesamte Leistung, auch wenn sie nur **einmal** erhoben wird; die Leistung des einen befreit auch den anderen Schuldner (§ 44 Abs. 1 Satz 2 AO). Das Betriebsstättenfinanzamt kann die Steuerschuld oder Haftungsschuld nach **pflichtgemäßem Ermessen** gegenüber jedem Gesamtschuldner geltend machen (§ 42d Abs. 3 Satz 2 EStG). Dabei gilt Folgendes:

aa) Die Inanspruchnahme des Arbeitnehmers als Steuerschuldner ist grundsätzlich jederzeit möglich.

Schuldner der Lohnsteuer ist nach § 38 Abs. 2 Satz 1 EStG grundsätzlich der Arbeitnehmer. Die Lohnsteuer ist im Abzugsverfahren bei jeder Lohnzahlung vom Arbeitgeber für Rechnung des Arbeitnehmers einzubehalten (§ 38 Abs. 3 Satz 1 EStG). Ein Steuerbescheid (**Nachforderungsbescheid**) gegen den Arbeitnehmer zur Festsetzung von Lohnsteuer kann nur erlassen werden (§ 42d Abs. 3 Satz 4 EStG), wenn

- der Arbeitgeber die Lohnsteuer nicht vorschriftsmäßig einbehalten hat
- oder der Arbeitnehmer wusste, dass der Arbeitgeber die einbehaltene Lohnsteuer nicht vorschriftsmäßig angemeldet und dies dem Finanzamt nicht unverzüglich mitgeteilt hat.

Der Arbeitnehmer kann weder verlangen, dass der Arbeitgeber im Haftungswege vorrangig in Anspruch genommen wird, noch eine gegen ihn gerichtete Nachforderung ablehnen, wenn eine haftungsweise Inanspruchnahme des Arbeitgebers z.B. aus Vertrauensschutzgründen ausscheidet (BFH v. 27.3.1991, VI R 126/87, BStBl II 1991, 720). Die Inanspruchnahme des Arbeitnehmers für nicht einbehaltene und abgeführte Lohnsteuer durch **Einkommensteueränderungsbescheide ist auch keine Ermessensentscheidung** des Finanzamts (zuletzt BFH v. 27.5.2008, VIII B 127/07, www.stotax-first.de, m.w.N.).

> **Beispiel:**
> Eine Brauerei hatte den Haustrunk ihrer Angestellten nicht versteuert. Bei der Lohnsteuer-Außenprüfung im Jahre 1976 war dies erstmals aufgegriffen worden, die früheren Prüfungen hatten dies nicht beanstandet. Das Finanzamt hat die auf den nicht versteuerten geldwerten Vorteil entfallenden Steuerbeträge unmittelbar beim Arbeitnehmer nachgefordert. Dieser wandte sich gegen seine Inanspruchnahme mit der Begründung, dass die Versteuerung im Hinblick auf die Nichtbeanstandung des Haustrunks bei den vorhergehenden Prüfungen gegen Treu und Glauben verstoße.
> Der BFH hat diese Ansicht zurückgewiesen: Eine Lohnsteuer-Außenprüfung richtet sich nur gegen den Arbeitgeber. Es ist richtig, dass hier die Inanspruchnahme des Arbeitgebers gegen den Grundsatz von Treu und Glauben verstoßen könnte, weil bei den vorhergehenden Prüfungen eine andere Auffassung vertreten worden war. Diese Einwendungen betreffen jedoch nicht das Rechtsverhältnis des Finanzamts zum Arbeitnehmer und stehen seiner Inanspruchnahme somit nicht entgegen (BFH v. 27.3.1991, VI R 126/87, BStBl II 1991, 720).

bb) Die Inanspruchnahme des Arbeitgebers hängt dagegen von der Ermessensausübung ab. Ein bei der Ermessensausübung generell zu berücksichtigender Vorrang in der Heranziehung des Arbeitnehmers ist § 42d Abs. 3 EStG nicht zu entnehmen (BFH v. 10.10.2006, VII B 30/06, www.stotax-first.de).

Der **Arbeitgeber** kann auch dann in Anspruch genommen werden, wenn der **Arbeitnehmer zur Einkommensteuer veranlagt** wird (§ 42d Abs. 3 Satz 3 EStG). Dies kann der Fall sein, wenn die Einkommensteuer gegenüber dem Arbeitnehmer zwar zutreffend festgesetzt, aber **nicht vollstreckbar oder bereits bestandskräftig festgesetzt oder verjährt** ist (BFH v. 6.3.2008, VI R 5/05, BStBl II 2008, 597).

Die Beschränkung der Arbeitnehmerhaftung im **Lohnsteuerabzugsverfahren** nach § 42d Abs. 3 Satz 4 EStG steht der **Inanspruchnahme des Arbeitnehmers im Veranlagungsverfahren** nicht entgegen (BFH v. 13.1.2011, VI R 61/09, BStBl II 2011, 479). I.R.d. **Lohnsteuerabzugsverfahrens** kann das Wohnsitzfinanzamt die vom Arbeitgeber auf Grund einer (unrichtigen) Anrufungsauskunft nicht einbehaltene und abgeführte Lohnsteuer vom Arbeitnehmer nicht nach § 42d Abs. 3 Satz 4 Nr. 1 EStG nachfordern (BFH v. 17.10.2013, VI R 44/12, BStBl II 2014, 892).

b) Ermessensausübung

1501 Das Finanzamt muss die Wahl, an welchen Gesamtschuldner es sich halten will, nach pflichtgemäßem Ermessen unter Beachtung der durch **Recht und Billigkeit gezogenen Grenzen** unter verständiger Abwägung der Interessen aller Beteiligten treffen. Die Grundsätze von Recht und Billigkeit verlangen keine vorrangige Inanspruchnahme des Arbeitnehmers als des Steuerschuldners, vgl. H 42d.1 (Ermessensausübung) LStH. Ob das Finanzamt von seinem Ermessen den richtigen Gebrauch gemacht hat, ist eine Rechtsfrage, die von den Steuergerichten zu prüfen ist (BFH v. 9.8.2002, VI R 41/96, BStBl II 2003, 160).

Die Ermessensprüfung erfolgt in einem **zweistufigen Verfahren**:

– sog. **Entschließungsermessen**:

Kann der Arbeitgeber überhaupt in Haftung genommen werden oder ist dies **wegen Unbilligkeit** von vornherein **ausgeschlossen**? In den unter → Rz. 1502 dargestellten Fällen scheidet die Arbeitgeberhaftung hiernach aus.

– sog. **Auswahlermessen**:

Hat die Prüfung des Entschließungsermessens ergeben, dass der **Arbeitgeber überhaupt als Haftender** in Anspruch genommen werden kann, muss das Finanzamt weiter prüfen, ob nicht zunächst der **Arbeitnehmer als Steuerschuldner vorrangig** in Anspruch genommen werden soll.

Im Haftungsbescheid oder spätestens im finanzgerichtlichen Verfahren muss das **Finanzamt seine Ermessenserwägungen darlegen**, weshalb es den Arbeitgeber als Haftungsschuldner und nicht den Arbeitnehmer als Steuerschuldner in Anspruch nimmt (zuletzt BFH v. 15.5.2013, VI R 28/12, BStBl II 2013, 737: Werden erstmals während des Revisionsverfahrens Ermessenserwägungen angestellt, können diese im Revisionsverfahren nicht mehr berücksichtigt werden). Nach Auffassung des FG Niedersachsen muss das Finanzamt seine Ermessensentscheidung ausreichend begründen, ein floskelhafter Hinweis in Textbausteinen auf die vereinfachte Steuererhebung reicht nicht aus (Urteil v. 20.8.2009, 11 K 121/08, EFG 2009, 1805).

5. Ausschluss der Arbeitgeberhaftung wegen Unbilligkeit (Entschließungsermessen)

1502 Eine Haftung des Arbeitgebers besteht grundsätzlich **unabhängig von einem Verschulden des Arbeitgebers**; der Grad des Verschuldens kann jedoch im Rahmen der **Ermessensausübung** Bedeutung erlangen. Die Haftungsinanspruchnahme des Arbeitgebers kann sogar von vornherein ausgeschlossen sein, wenn sich der Arbeitgeber in einem Rechtsirrtum befunden hat, dessen Ursache in der Sphäre der Finanzverwaltung lag. Dabei hat der BFH stets darauf verwiesen, dass gerade in schwierigen Fällen, wenn dem Arbeitgeber bei Anwendung der gebotenen Sorgfalt Zweifel über die Rechtslage kommen müssen, der Verzicht auf eine Anrufungsauskunft (§ 42e EStG) vorwerfbar sein kann (zuletzt BFH v. 19.5.2009, VI B 8/08, www.stotax-first.de, m.w.N.).

Eine Haftung des Arbeitgebers kann insbesondere dann **unbillig** und damit ermessensfehlerhaft sein, wenn er Lohnsteuer infolge eines **entschuldbaren Rechtsirrtums** nicht zutreffend einbehalten hat (zuletzt FG Saarland v. 3.12.2014, 2 K 1088/12, www.stotax-first.de, Nichtzulassungsbeschwerde durch BFH v. 31.8.2015, VI B 9/15, nicht dokumentiert, als unbegründet zurückgewiesen: Ausschluss der Arbeitgeberhaftung für Lohnsteuer bei entschuldbarem Rechtsirrtum auf Grund einer im Rahmen einer Vorprüfung ausdrücklich als zutreffend bestätigten Handhabung).

Die Rechtsprechung hat hiernach die **Arbeitgeberhaftung abgelehnt**, wenn – vgl. auch H 42d.1 (Ermessensausübung) LStH –

– der Arbeitgeber eine bestimmte Methode der Steuerberechnung angewendet und das Finanzamt hiervon Kenntnis erlangt und nicht beanstandet hat (BFH v. 20.7.1962, VI 167/61 U, BStBl III 1963, 23);

– sich der Arbeitgeber in einem entschuldbaren Rechtsirrtum befunden hat, dessen Ursache in der Sphäre der Finanzverwaltung lag, weil ihm z.B. das Finanzamt eine unklare oder falsche Auskunft gegeben hat (BFH v. 24.11.1961, VI 183/59 S, BStBl III 1962, 37), die Lohnsteuer-Richtlinien unklar sind oder er den Angaben in einem Manteltarifvertrag über die Steuerfreiheit vertraut hat (zuletzt BFH v. 18.8.2005, VI R 32/03, BStBl II 2006, 30). Das Gleiche gilt, wenn **der Arbeitgeber durch Prüfung und Erörterung einer Rechtsfrage durch das Finanzamt in einer unrichtigen Rechtsauslegung bestärkt wurde**. Das kann z.B. dann der Fall sein, wenn er auf die fehlerhaften Feststellungen des Lohnsteueraußendienstes vertraut, die in einem Prüfungsvorbericht getroffen werden und die der Lohnsteuer-Außenprüfer im endgültigen Prüfungsbericht ohne ausdrücklichen Hinweis weglässt (FG Saarland v. 3.12.2014, 2 K 1088/12, www.stotax-first.de, Nichtzulassungsbeschwerde durch BFH v. 31.8.2015, VI B 9/15, nicht dokumentiert, als unbegründet zurückgewiesen, betr. Grenzgängerbesteuerung eines Fußballspielers).

Ein entschuldbarer Rechtsirrtum des Arbeitgebers liegt dagegen regelmäßig nicht vor, wenn dieser die Möglichkeit der Anrufungsauskunft (§ 42e EStG) hat, davon jedoch keinen Gebrauch macht (BFH v. 29.5.2008, VI R 11/07, BStBl II 2008, 933);

> **Beispiel 1:**
>
> Eine Brauerei hatte den Haustrunk ihrer Angestellten nicht versteuert. Bei der Lohnsteuer-Außenprüfung im Jahre 1976 war dies erstmals aufgegriffen worden, die früheren Prüfungen hatten dies nicht beanstandet.
>
> Eine Haftung der Brauerei hat der BFH abgelehnt (BFH v. 27.3.1991, VI R 126/87, BStBl II 1991, 720). Begründung: Wenn die vom Arbeitgeber angewandte lohnsteuerrechtliche Handhabung in einem Prüfungsbericht einer vorangegangenen Lohnsteuer-Außenprüfung gebilligt worden war oder wenn dem Finanzamt durch einen solchen Prüfungsbericht bekannt geworden war, dass der Arbeitgeber die Sachbezüge seiner Arbeitnehmer für die Steuerberechnung falsch behandelt, es aber unterlassen hat, den Arbeitgeber auf diesen Fehler hinzuweisen, dann verstößt die Inanspruchnahme des Arbeitgebers gegen Treu und Glauben.
>
> Diese Voraussetzungen liegen jedoch **nicht** vor, wenn ein bestimmter Sachverhalt, den der Prüfer nicht unbedingt erkennen musste, bei der **Lohnsteuer-Außenprüfung nicht geprüft** und deshalb nicht beanstandet worden ist. Der Arbeitgeber darf dann nicht ohne weiteres davon ausgehen, dass der von ihm vorgenommene Lohnsteuerabzug einwandfrei ist. Es ist selbstverständlich, dass das Nichtaufgreifen eines Sachverhalts bzw. einer bestimmten Rechtsfrage im Rahmen einer Vorbetriebsprüfung im Allgemeinen keinen Vertrauenstatbestand für die Folgebetriebsprüfung schafft (BFH v. 24.4.1997, I B 121/96, www.stotax-first.de).

> **Beispiel 2:**
>
> Eine Baufirma hat ihren Montagearbeitern zu hohe Auslösungen steuerfrei gezahlt. Sie wendet sich gegen die Inanspruchnahme im Haftungswege nach einer Lohnsteuer-Außenprüfung, weil die steuerliche Behandlung der Auslösungen bei früheren Lohnsteuer-Außenprüfungen nicht beanstandet worden war.
>
> Der BFH hat dieses „pauschale" Vorbringen abgelehnt, weil die Firma nicht nachweisen konnte, dass der Sachverhalt „Auslösungen" tatsächlich geprüft worden war. Den Hinweis darauf, dass der Prüfer die unzutreffende Steuerfreistellung der Auslösungen schon aus der Buchhaltung hätte erkennen müssen, ließ der BFH nicht gelten (BFH v. 24.1.1992, VI R 177/88, BStBl II 1992, 696).

– der Arbeitgeber oder der lohnsteuerliche Arbeitgeberpflichten wahrnehmende Dritte beim Lohnsteuerabzug entsprechend einer Lohnsteueranrufungsauskunft gem. § 42e EStG verfährt oder den Lohnsteuerabzug nach den Vorgaben der zuständigen Finanzbehörden vornimmt (das können die LStR, BMF-Schreiben oder OFD-Verfügungen sein, vgl. zuletzt BFH v. 13.6.2013, VI R 17/12, BStBl II 2014, 340 und v. 20.3.2014, VI R 43/13, BStBl II 2014, 592). Das Gleiche gilt, wenn sich der Arbeitgeber an die Rechtsprechung des BFH hält (FG Berlin v. 22.10.1976, III 321/76, EFG 1977, 103). Ein Vertrauensschutz besteht allerdings nicht, wenn dem Arbeitgeber bekannt war, dass das für ihn zuständige Betriebsstättenfinanzamt eine andere Auffassung vertritt;

> **Beispiel 3:**
>
> Eine Kurklinik in Hessen hat ihren Arbeitnehmern Dienstwohnungen zur Verfügung gestellt. Die Arbeitnehmer zahlen nur den „besol-

Haftung für Lohnsteuer: Allgemeine Grundsätze

dungsrechtlichen Mietwert". Entsprechend einer Verfügung der OFD Bremen hat die Klinik diesen Mietwert auch bei der Lohnsteuer angesetzt.

Dienstwohnungen sind grundsätzlich mit der ortsüblichen Vergleichsmiete anzusetzen (→ *Dienstwohnung* Rz. 807). Da die Klinik aber nach einer Verfügung der OFD Bremen verfahren ist, scheidet eine Haftung aus. Unerheblich ist, dass es sich um eine für den Arbeitgeber unzuständige OFD handelt (BFH v. 25.10.1985, VI R 130/82, BStBl II 1986, 98). Der Arbeitgeber kann sich daher in Haftungsfällen auch auf Verwaltungsäußerungen aus anderen Bundesländern berufen.

– **der Arbeitgeber den individuellen Lohnsteuerabzug ohne Berücksichtigung von Gesetzesänderungen durchgeführt hat,** soweit es ihm in der kurzen Zeit zwischen der Verkündung des Gesetzes und den folgenden Lohnabrechnungen bei Anwendung eines strengen Maßstabs nicht zumutbar war, die Gesetzesänderungen zu berücksichtigen.

In diesen Fällen können die zu wenig einbehaltenen Steuern somit nur vom **Arbeitnehmer nachgefordert** werden.

6. Haftung des Arbeitgebers (Auswahlermessen)

a) Ermessensfehlerfreie Arbeitgeberhaftung

1503 Kann der Arbeitgeber nach Prüfung des „Entschließungsermessens" überhaupt in Anspruch genommen werden, so ist seine Heranziehung als Haftungsschuldner in aller Regel **ermessensfehlerfrei,** wenn – vgl. auch H 42d.1 (Ermessensausübung) LStH –

– **die Einbehaltung der Lohnsteuer in einem rechtlich einfach und eindeutig vorliegenden Fall nur deshalb unterblieben ist, weil der Arbeitgeber sich über seine Verpflichtungen nicht hinreichend unterrichtet hat** (BFH v. 5.2.1971, VI R 82/68, BStBl II 1971, 353);

> **Beispiel:**
> Rechtsanwalt A hat im Jahre 2002 für einen Stundenlohn von 15 € eine Putzhilfe beschäftigt und die Lohnsteuer nach § 40a Abs. 2 EStG pauschal mit 20 % erhoben.
>
> Die Inanspruchnahme des A als Haftungsschuldner ist vom FG Saarland als ermessensgerecht angesehen worden, weil sich A offenbar bewusst und vorsätzlich über die Beschränkungen des § 40a Abs. 2 EStG (der Stundenlohn durfte für das Jahr 2002 höchstens 12 € betragen) hinweggesetzt hat (FG Saarland v. 23.3.1993, 2 K 257/89, EFG 1993, 465).

– **der Arbeitgeber in schwierigen Fällen,** in denen ihm bei Anwendung der gebotenen Sorgfalt Zweifel über die Rechtslage kommen müssen, von der Möglichkeit der Anrufungsauskunft (§ 42e EStG) keinen Gebrauch macht; ein auf dieser Unterlassung beruhender Rechtsirrtum ist grundsätzlich nicht entschuldbar und steht der Inanspruchnahme des Arbeitgebers im Wege der Haftung nicht entgegen (zuletzt BFH v. 29.5.2008, VI R 11/07, BStBl II 2008, 933 betr. Telefoninterviewer);

– **sie der Vereinfachung dient,** weil gleiche oder ähnliche Berechnungsfehler bei einer größeren Zahl von Arbeitnehmern (das sind regelmäßig mehr als 40) gemacht worden sind (zuletzt FG Niedersachsen v. 20.8.2009, 11 K 121/08, EFG 2009, 1805: Bei acht Personen kann regelmäßig nicht von einer „Vielzahl von Personen" gesprochen werden). Ob dies auch gilt, wenn die Mehrzahl der betroffenen Arbeitnehmer nicht mehr im Dienst des Arbeitgebers steht, hat der BFH leider offen gelassen;

– **das Finanzamt** auf Grund einer fehlerhaften Unterlassung des Arbeitgebers, z.B. bei Verletzung seiner **Aufzeichnungspflichten, aus tatsächlichen Gründen nicht in der Lage ist,** die Arbeitnehmer als Schuldner der Lohnsteuer heranzuziehen (BFH v. 7.12.1984, VI R 164/79, BStBl II 1985, 164);

– **die individuelle Ermittlung der Lohnsteuer schwierig und der Arbeitgeber bereit ist, die Lohnsteuerschulden seiner Arbeitnehmer endgültig zu tragen** (BFH v. 7.12.1984, VI R 72/82, BStBl II 1985, 170) und keinen Antrag auf Pauschalierung stellt. In diesen und vergleichbaren Fällen kann die nachzufordernde Lohnsteuer unter Anwendung eines **durchschnittlichen** Bruttosteuersatzes – ggf. im Schätzungswege – ermittelt werden (vgl. BFH v. 29.10.1993, VI R 26/92, BStBl II 1994, 197). Zahlt der Arbeitgeber als Haftungsschuldner die nachgeforderte Lohnsteuer ohne dafür bei den Arbeitnehmern Regress zu nehmen, fließt den Arbeitnehmern im Zeitpunkt der Zahlung ein Vorteil zu, der dem Lohnsteuerabzug unterliegt;

– im Falle einer **Nettolohnvereinbarung** der Arbeitgeber die Lohnsteuer im Innenverhältnis selbst tragen muss (BFH v. 12.12.1975, VI B 124/75, BStBl II 1976, 543) oder wenn der Arbeitnehmer nicht weiß, dass der Arbeitgeber die Lohnsteuer nicht **angemeldet** hat (BFH v. 8.11.1985, VI R 238/80, BStBl II 1986, 186);

– **der Arbeitgeber die einbehaltene Lohnsteuer nicht an das Finanzamt abgeführt** (FG Hamburg v. 16.10.1985, II 151/83, EFG 1986, 364) oder vorsätzlich keine Lohnsteuer einbehalten und damit **Steuerhinterziehung** begangen hat (BFH v. 12.1.1988, VII R 74/84, www.stotax-first.de);

– **der Arbeitnehmer in das Ausland verzogen ist und der Nachforderungsbescheid daher u.U. nicht vollstreckt werden kann** (BFH v. 20.7.1988, I R 61/85, BStBl II 1989, 99; BFH v. 8.11.2000, I B 59/00, www.stotax-first.de);

– **der Arbeitgeber vorsätzlich eine Steuerstraftat begangen hat.** Dies gilt auch, wenn sich mehrere Haftungsschuldner einer Steuerhinterziehung schuldig gemacht haben und deshalb bei der Ausübung des Auswahlermessens grundsätzlich gleichrangig nebeneinander stehen. Der jeweils betroffene Haftungsschuldner kann in diesem Fall nicht beanspruchen, dass das Finanzamt bei der Ermessensausübung in einer Weise differenziert, dass andere Haftungsschuldner abgabenrechtlich in Anspruch genommen werden, er selbst hingegen nicht (BFH v. 12.2.2009, VI R 40/07, BStBl II 2009, 478);

– **die Einkommensteuer-Festsetzung des Arbeitnehmers bestandskräftig und verfahrensrechtlich nicht mehr änderbar ist,** bezüglich der Einkommensteuer-Festsetzung bereits Festsetzungsverjährung eingetreten ist oder der Arbeitnehmer für das Kalenderjahr keine Einkommensteuer schuldet (BFH v. 6.3.2008, VI R 5/05, BStBl II 2008, 597).

b) Ermessensfehlerhafte Arbeitgeberhaftung

Eine Haftung des Arbeitgebers ist dagegen als ermessensfehlerhaft **abgelehnt** worden, wenn – vgl. auch H 42d.1 (Ermessensausübung) LStH – **1504**

– **die Lohnsteuer ebenso schnell und einfach vom Arbeitnehmer nacherhoben werden könnte,** weil dieser z.B. ohnehin zur **Einkommensteuer** zu **veranlagen** ist; dies gilt nicht, wenn es sich um eine Vielzahl von Arbeitnehmern handelt (BFH v. 29.5.2008, VI R 11/07, BStBl II 2008, 933);

– **der Arbeitnehmer inzwischen aus dem Betrieb ausgeschieden ist,** weil dann der Arbeitgeber die im Haftungsverfahren entrichtete Lohnsteuer von künftigen Lohnzahlungen nicht mehr einbehalten kann (vgl. zuletzt BFH v. 18.8.2005, VI R 32/03, BStBl II 2006, 30 m.w.N.). Der **Arbeitgeber** kann aber dann in Anspruch genommen werden, wenn in diesen Fällen der **Versuch des Finanzamts, die Lohnsteuer beim Arbeitnehmer nachzufordern,** erfolglos verlaufen ist und § 173 Abs. 2 AO (Bestandsschutz nach einer Außenprüfung) dem Erlass eines Haftungsbescheids nicht entgegensteht (BFH v. 17.2.1995, VI R 52/94, BStBl II 1995, 555). Kann die Steuer beim Arbeitnehmer deshalb nicht nachgefordert werden, weil seine **Einkommensteuerveranlagung bestandskräftig** ist und die für eine Änderung des Steuerbescheids nach § 173 Abs. 1 Nr. 1 AO (neue Tatsachen) erforderlichen Voraussetzungen nicht vorliegen, ist ein Haftungsbescheid gegen den Arbeitgeber in aller Regel ermessensfehlerhaft;

– **es zweifelhaft ist, ob überhaupt ein Dienstverhältnis vorliegt** und der mutmaßliche Arbeitnehmer bekannt ist (zuletzt FG Sachsen-Anhalt v. 14.10.2002, 1 K 159/98, EFG 2003, 355 betr. Haftung einer GmbH wegen Lohnsteuer für ihren Geschäftsführer bei zweifelhaftem Arbeitsverhältnis);

– **es sich nur um einige wenige, einzeln bekannte Arbeitnehmer handelt** (BFH v. 20.9.1985, VI R 45/82, www.stotax-first.de);

– **der Arbeitgeber zu wenig Lohnsteuer einbehalten hat, weil der Arbeitnehmer ihm gegenüber unvollständige oder unrichtige Angaben gemacht hat.** Das gilt grundsätzlich auch für Arbeitslohn von dritter Seite, z.B. **Trinkgelder** im Gaststätten- oder **Frisiergewerbe,** die bis 2001 steuerpflichtig waren (BFH v. 24.10.1997, VI R 23/94, BStBl II 1999, 323);

– **der Arbeitnehmer, für den zu wenig Lohnsteuer einbehalten wurde, im Betrieb selbst für den Lohnsteuerabzug verantwortlich war,** z.B. als Geschäftsführer (FG Münster v. 28.10.1975, VIII 1477/72 L, EFG 1976, 309);

– **der Lohn erst zufließt, nachdem die Arbeitnehmer aus den Diensten des Arbeitgebers ausgeschieden sind,** und wenn deshalb die Berechnung der Lohnsteuer für den Arbeitgeber wegen des **Fehlens von Lohnsteuerabzugsmerkmalen** der Arbeitnehmer einen **Verwaltungsaufwand** verursachen würde, der deutlich höher wäre als es die Versendung einer Kontrollmitteilung durch die Finanzverwaltung wäre (BFH v. 19.7.1995, VI B 28/95 www.stotax-first.de);

– **Schwarzarbeiter beschäftigt werden** und die Arbeitnehmer namentlich bekannt sind; dies gilt auch, wenn Arbeitgeber und Schwarzarbeiter einvernehmlich zusammenwirken (FG Niedersachsen v. 18.1.2001, 11 K 270/99, EFG 2003, 371).

7. Haftung dritter Personen

Neben dem **Arbeitgeber** als Haftendem und dem **Arbeitnehmer** als Steuerschuldner können auch **dritte Personen als Gesamtschuldner** haften, vgl. ausführlich R 42d.1 Abs. 2 LStR sowie H 42d.1 (Haftung anderer Personen) LStH: **1505**

Hierbei handelt es sich insbesondere um **gesetzliche Vertreter natürlicher und juristischer Personen,** z.B. Vereinsvorstän-

Haftung für Lohnsteuer: Allgemeine Grundsätze

de, Vermögensverwalter, Insolvenzverwalter, Geschäftsführer einer GmbH, Rechtsnachfolger. Voraussetzung ist allerdings, anders als bei der Arbeitgeberhaftung, dass sie ihre steuerlichen Pflichten **vorsätzlich oder grob fahrlässig verletzt** haben (§ 69 AO); s.a. BFH v. 22.2.2005, VII B 213/04, www.stotax-first.de: Haftung des sog. Steuerstraftäters.

Nach § 69 Abs. 1 AO haftet der GmbH-Geschäftsführer, soweit Ansprüche aus dem Steuerschuldverhältnis infolge vorsätzlicher oder grob fahrlässiger Verletzung der ihm auferlegten Pflichten nicht oder nicht rechtzeitig festgesetzt oder erfüllt werden. Die Haftungsvorschrift umfasst demnach als selbständige Möglichkeiten der Tatbestandsverwirklichung die Nichtfestsetzung, die nicht rechtzeitige Festsetzung, die Nichterfüllung und die nicht rechtzeitige Erfüllung der Steueransprüche. Nach mittlerweile ständiger BFH-Rechtsprechung können finanzielle Schwierigkeiten der Gesellschaften den für die Abführung von Lohnsteuer verantwortlichen Geschäftsführer nicht ohne weiteres entlasten. Der Geschäftsführer darf vielmehr, wenn infolge eines Liquiditätsengpasses die ihm zur Verfügung stehenden Mittel zur Zahlung der vollen vereinbarten Löhne (einschließlich Lohnsteueranteil) nicht ausreichen, die Löhne nur gekürzt als Vorschuss oder Teilbetrag auszahlen, so dass er aus den dann übrig bleibenden Mitteln die entsprechende Lohnsteuer an das Finanzamt abführen kann. Wenn der Geschäftsführer dieser Verpflichtung nicht nachgekommen ist und darauf vertraut hat, er werde die Steuerrückstände später nach Behebung der Liquiditätsschwierigkeiten – etwa auf Grund neuer Kredite oder der Einziehung von Außenständen – ausgleichen können, ist er damit bewusst das Haftungsrisiko eingegangen und die Nichtrealisierung dieser Erwartungen liegt in seiner Risikosphäre (zuletzt FG Berlin-Brandenburg v. 3.9.2015, 9 K 9271/10, www.stotax-first.de, Revision zugelassen).

Der **Geschäftsführer einer GmbH** kann als Haftungsschuldner für die von der GmbH nicht abgeführte Lohnsteuer auch insoweit in Anspruch genommen werden, als die Steuer auf seinen eigenen Arbeitslohn entfällt (BFH v. 15.4.1987, VII R 160/83, BStBl II 1988, 167). Durch privatrechtliche Vereinbarungen im Gesellschaftsvertrag kann die Haftung der Gesellschafter einer Gesellschaft bürgerlichen Rechts nicht auf das Gesellschaftsvermögen beschränkt werden (BFH v. 27.3.1990, VII R 26/89, BStBl II 1990, 939). Auch bei Zahlungen, die ein **Gesellschafter-Geschäftsführer** auf die von der GmbH geschuldeten Löhne aus seinem eigenen Vermögen ohne unmittelbare Berührung der Vermögenssphäre der Gesellschaft und ohne dieser gegenüber dazu verpflichtet zu sein selbst erbringt, hat er dafür zu sorgen, dass die Lohnsteuer einbehalten und an das Finanzamt abgeführt wird (BFH v. 22.11.2005, VII R 21/05, BStBl II 2006, 397). Nimmt das Finanzamt sowohl den Arbeitgeber nach § 42d EStG als auch den früheren Gesellschafter-Geschäftsführer u.a. wegen Lohnsteuer-Hinterziehung nach § 71 AO in Haftung, so hat es insoweit eine Ermessensentscheidung nach § 191 Abs. 1 i.V.m. § 5 AO zu treffen und die Ausübung dieses Ermessens regelmäßig zu begründen (BFH v. 9.8.2002, VI R 41/96, BStBl II 2003, 160).

Der Geschäftsführer einer GmbH ist verpflichtet, für Löhne, die im Anmeldungszeitraum gezahlt worden sind, die Lohnsteuer zum Fälligkeitstermin zu entrichten. Das durch die unterbliebene Entrichtung eingegangene Haftungsrisiko entfällt nicht, wenn ein Geschäftsführer irrtümlich annimmt, die Entrichtungsschuld durch vermeintliche Vorsteuer-Guthaben oder private Mittel bzw. solche eines Kreditinstituts begleichen zu können (zuletzt BFH v. 25.11.2004, VI B 289/00, www.stotax-first.de, m.w.N.). Entsprechendes gilt für die Haftung des **Vorstandsmitglieds einer AG**, über die das Insolvenzverfahren eröffnet wurde (BFH v. 6.7.2005, VII B 296/04, www.stotax-first.de).

Allein der Antrag auf **Eröffnung des Insolvenzverfahrens** befreit den GmbH-Geschäftsführer nicht von der Haftung wegen Nichtabführung der einbehaltenen Lohnsteuer (BFH v. 23.9.2008, VII R 27/07, BStBl II 2009, 129).

Eine unzutreffende, jedoch bestandskräftig gewordene Lohnsteueranmeldung muss sich der als Haftungsschuldner in Anspruch genommene Geschäftsführer einer GmbH dann nicht nach § 166 AO 1977 entgegenhalten lassen, wenn er nicht während der gesamten Dauer der Rechtsbehelfsfrist Vertretungsmacht und damit das Recht gehabt hat, namens der GmbH zu handeln (BFH v. 24.8.2004, VII R 50/03, BStBl II 2005, 127).

Ferner haftet auch der **Übernehmer eines Betriebs im Ganzen** für die seit Beginn des letzten, vor der Übereignung liegenden Kalenderjahrs entstandene Lohnsteuer, wenn sie bis zum Ablauf von einem Jahr nach Anmeldung des Betriebs durch den Erwerber festgesetzt oder angemeldet worden ist (§ 75 AO).

Die Rechtsprechung zur Sorgfaltspflicht eines GmbH-Geschäftsführers im Zusammenhang mit der Abführung von Lohnsteuer kann nicht auf den **Prokuristen einer GmbH** übertragen werden, ohne die Umstände des Einzelfalls zu berücksichtigen (FG Hessen v. 10.10.2005, 3 V 3913/04, www.stotax-first.de).

Die Haftung des **Entleihers** (ggf. auch des **Verleihers**) im Rahmen der **Arbeitnehmerüberlassung** ist in den § 42d Abs. 6 bis 8 EStG besonders geregelt, es handelt sich dabei nicht um eine „Arbeitgeber-Haftung". Einzelheiten → *Arbeitnehmerüberlassung* Rz. 191.

Zur **Haftung beim Lohnsteuerabzug durch einen Dritten** s. → *Lohnsteuerabzug durch Dritte* Rz. 1853.

8. Einwendungen gegen die Haftung

Der **Arbeitgeber** kann im Einspruchsverfahren im Wesentlichen nur geltend machen, dass

- **kein Arbeitsverhältnis begründet** worden sei,
- er den **Lohnsteuerabzug zutreffend** vorgenommen bzw. bei steuerfreien Leistungen unterlassen habe,
- seine Inanspruchnahme **ermessenswidrig** sei oder
- der Arbeitnehmer **Zahlungen** auf die der Haftung zu Grunde gelegten Steuerschulden **erbracht** hat, indem er die streitigen Lohnbestandteile in seiner Einkommensteuererklärung versteuert hat (BFH v. 24.1.1992, VI R 177/88, BStBl II 1992, 696).

1506

In der **Person des Arbeitnehmers liegende Ermäßigungsgründe** (z.B. über den Abzug von Werbungskosten, Sonderausgaben, außergewöhnlichen Belastungen usw., die der Arbeitnehmer im Rahmen einer Einkommensteuerveranlagung hätte geltend machen können) **kann der Arbeitgeber jedoch nicht vorbringen**, maßgeblich sind insoweit vielmehr die elektronischen Lohnsteuerabzugsmerkmale (vgl. BFH v. 26.7.1974, VI R 24/69, BStBl II 1974, 756).

Eine **Ausnahme** gilt, wenn sich Arbeitgeber und Arbeitnehmer über **die Zugehörigkeit von Bezügen zum Arbeitslohn** und damit auch über **die Notwendigkeit der Eintragung** der mit diesen Bezügen zusammenhängenden **Werbungskosten irrten und irren konnten** (BFH v. 5.11.1971, VI R 207/68, BStBl II 1972, 137; im Einzelnen → *Haftung für Lohnsteuer: Berechnung der Nachforderung* Rz. 1509).

Erhält der **Arbeitnehmer** selbst einen Nachforderungsbescheid, so kann er – wie bei einer Einkommensteuerveranlagung – alle **Ermäßigungsgründe vorbringen**, selbst wenn die zweijährige Frist für die sog. Antragsveranlagung abgelaufen ist. Er kann auch einwenden, seine Einkünfte lägen unter dem steuerfrei bleibenden Grundfreibetrag; **ausgeschlossen** ist lediglich eine nachträgliche **Steuererstattung** (BFH v. 26.1.1973, VI R 136/69, BStBl II 1973, 423; BFH v. 15.11.1974, VI R 167/73, BStBl II 1975, 297).

9. Rückgriff gegen den Arbeitnehmer

a) Verzicht als geldwerter Vorteil

Hat der **Arbeitgeber** im Haftungswege für den Arbeitnehmer als eigentlichen Steuerschuldner **Lohnsteuer nachgezahlt**, so hat er – mit Ausnahme bei Nettolohnvereinbarungen – **zivilrechtlich gegen den Arbeitnehmer einen Rückgriffsanspruch** (BAG v. 9.12.1976, 3 AZR 371/75, BStBl II 1977, 581). **Verzichtet der Arbeitgeber auf diesen Rückgriffsanspruch**, so wird dadurch dem Arbeitnehmer im Zeitpunkt des Regressverzichts ein **geldwerter Vorteil** zugewendet, der als sonstiger Bezug zu versteuern ist, vgl. H 19.3 (Beispiele) LStH sowie zuletzt BFH v. 13.9.2007, VI R 54/03, BStBl II 2008, 58. Dies gilt auch für **Nettolohnvereinbarungen**. Will der Arbeitgeber auch diese Lohnsteuer übernehmen, so ist der geldwerte Vorteil nach den Grundsätzen der Nettobesteuerung zu ermitteln. Er kann aber stattdessen auch die Festsetzung eines besonderen **Pauschsteuersatzes** beantragen und dann die pauschale Lohnsteuer übernehmen.

Hat sich der **Arbeitgeber** auf Grund einer **Vereinbarung** mit dem Arbeitnehmer eines **Rückgriffrechts begeben** oder ist ihm auf Grund eines **tarifvertraglichen Ausschlusses** (z.B. nach sechs

1507

Haftung für Lohnsteuer: Allgemeine Grundsätze

Monaten) ein **Rückgriff auf den Arbeitnehmer nicht möglich**, so stellt die Übernahme der Steuerabzugsbeträge einen als **Nettozuwendung** an den Arbeitnehmer zu versteuernden geldwerten Vorteil dar.

b) Unfreiwilliger Verzicht kein geldwerter Vorteil

1508 Trägt der Arbeitgeber dagegen die **nachentrichteten Steuerbeträge wider Willen**, weil ihm ein Rückgriff auf den Arbeitnehmer nicht mehr möglich oder aber erfolglos geblieben ist (z.B. weil der Arbeitnehmer inzwischen **entlassen wurde oder zahlungsunfähig** ist), so kann der Arbeitgeber nur mit der **Bruttosteuer** in Anspruch genommen werden, denn in der Übernahme der nachentrichteten Steuerbeträge liegt in derartigen Fällen keine beabsichtigte Zuwendung des Arbeitgebers an den Arbeitnehmer.

Haftung für Lohnsteuer: Berechnung der Nachforderung

Inhaltsübersicht:	Rz.
1. Nachforderung beim Arbeitgeber	1510
2. Berechnungsmethoden	1511
a) Brutto-Einzelberechnung	1512
b) Netto-Einzelberechnung, Nettolohnvereinbarung	1515
c) Individuelle Steuerberechnung oder Schätzung	1516
3. Anwendung von Pauschsteuersätzen	1518
a) Antrag auf Pauschalierung	1518
b) Rücknahme des Antrags	1519
c) Durchführung der Pauschalierung	1520
d) Ermittlung des Pauschsteuersatzes	1521
4. Weitere Einzelfragen	1522
a) Nettolohnvereinbarungen	1522
b) Schwarzlohnvereinbarungen	1523
c) Lohnzahlungen durch Dritte	1524
5. Nachforderung vom Arbeitnehmer	1525
a) Allgemeines	1525
b) Nachforderungsbescheid	1526
c) Änderung der Veranlagung zur Einkommensteuer	1527

1509 Zu den Themen „Haftung für Lohnsteuer" auch

– → *Haftung für Lohnsteuer: Allgemeine Grundsätze* Rz. 1493,
– → *Haftung für Lohnsteuer: Verfahrensvorschriften* Rz. 1528.

1. Nachforderung beim Arbeitgeber

1510 Bei Nachforderungen für das **abgelaufene Kalenderjahr** ist, wenn der Arbeitnehmer während des ganzen Jahres bei demselben Arbeitgeber beschäftigt gewesen ist, die für das ganze Jahr maßgebende Jahreslohnsteuertabelle anzuwenden. Die Lohnsteuer kann nur insoweit nachgefordert werden, als sich unter Berücksichtigung der elektronischen Lohnsteuerabzugsmerkmale und der Vorschriften über den Lohnsteuer-Jahresausgleich, soweit er vom Arbeitgeber durchzuführen ist, ein Mehrbetrag ergibt. Die ggf. im Rahmen einer vom Finanzamt durchgeführten Antragsveranlagung geltend gemachten Antragsgründe und ihre Auswirkungen braucht der Arbeitgeber nicht zu berücksichtigen. Auch auf **Ermäßigungsgründe**, die der Arbeitnehmer überhaupt nicht geltend gemacht hat oder wegen Fristablaufs nicht mehr geltend machen kann, **kann der Arbeitgeber sich im Haftungsverfahren nicht berufen** (BFH v. 5.11.1971, VI R 207/68, BStBl II 1972, 137).

Lediglich wenn Arbeitgeber und Arbeitnehmer über die **Zugehörigkeit von Bezügen zum Arbeitslohn und damit auch über die Notwendigkeit der Eintragung der mit diesen Bezügen zusammenhängenden Werbungskosten irrten**, können insoweit Werbungskosten nachträglich berücksichtigt werden (BFH v. 5.11.1971, VI R 207/68, BStBl II 1972, 137). Gleiches gilt, wenn der Arbeitgeber die Lohnsteuer zunächst nach § 40a EStG pauschal erhoben hat, die Pauschalierung dann aber im Rahmen einer Lohnsteuer-Außenprüfung abgelehnt wird, weil die Voraussetzungen hierfür nicht gegeben sind. Beim Erlass des Haftungsbescheids hat dann das Finanzamt zu prüfen, ob und in welcher Höhe Werbungskosten der Arbeitnehmer zu berücksichtigen sind, die bisher nicht geltend gemacht worden sind (FG Baden-Württemberg v. 14.5.1997, 2 K 338/94, EFG 1997, 1193).

Beispiel:
Eine Baufirma hat ihren Monteuren pauschale Zehrgelder von 4 € steuerfrei gezahlt, weil sie täglich länger als sechs Stunden unterwegs sind. Ob die Mindestabwesenheitsdauer von acht Stunden erfüllt war, wurde nicht geprüft. Bei ihrer Einkommensteuerveranlagung haben die Arbeitnehmer im Hinblick auf die steuerfrei gezahlten Zehrgelder keine Mehraufwendungen für Verpflegung als Werbungskosten angesetzt – auch nicht für die Tage, an denen tatsächlich die Mindestabwesenheitsdauer von acht Stunden erfüllt war.

Nach einer Lohnsteuer-Außenprüfung wurden die Zehrgelder vom Finanzamt versteuert, weil die Firma nicht nachweisen konnte, dass für alle Tage die Mindestabwesenheitsdauer von acht Stunden erfüllt war. Soweit dies im Haftungsverfahren noch nachgewiesen werden kann, ist die Haftungssumme entsprechend zu verringern. Es erscheint verständlich, dass der Arbeitgeber die häufigen Änderungen beim Abzug von Verpflegungsmehraufwendungen nicht ganz „durchblickt" hat.

Das gilt z.B. auch, wenn der Arbeitgeber für die Benutzung des arbeitnehmereigenen Pkw anlässlich von **Dienstreisen eine Pauschale** steuerfrei zahlt und die Aufwendungen des Arbeitnehmers nicht i.R.d. Veranlagungsverfahrens berücksichtigt worden sind. Der **Irrtum des Arbeitgebers darf aber nicht auf einer groben und für ihn offensichtlichen Verletzung steuerlicher Pflichten beruhen**. Ein solcher Irrtum ist deshalb z.B. nicht anzuerkennen, wenn der Arbeitgeber (z.B. bei einer früheren Lohnsteuer-Außenprüfung) auf die Lohnsteuerpflicht bestimmter Zuwendungen hingewiesen wurde (BFH v. 10.2.1961, VI 89/60 U, BStBl III 1961, 139).

Ausnahmsweise kann aber von einer **Inanspruchnahme des Arbeitgebers abgesehen** werden, wenn es sich um einen oder wenige langfristig beschäftigte und gering entlohnte Arbeitnehmer, für die keine elektronischen Lohnsteuerabzugsmerkmale vorgelegen haben, handelt und damit gerechnet werden kann, dass ihre Einkünfte keinen materiellen Steueranspruch ausgelöst haben, d.h. **unter dem steuerlichen Grundfreibetrag liegen**. Voraussetzung ist, dass die Namen der Arbeitnehmer und ihre Anschriften bekannt sind und sich das Verhalten des Arbeitgebers nicht als grob fahrlässig darstellt (BFH v. 15.11.1974, VI R 167/73, BStBl II 1975, 297).

2. Berechnungsmethoden

Steht die Höhe der nachzuversteuernden Zuwendungen im Einzelnen fest und ist geklärt, dass die Steuerabzugsbeträge vom **Arbeitgeber nachgefordert** werden, so ergeben sich **folgende Berechnungsmöglichkeiten**: 1511

– **Brutto-Einzelberechnung** (Haftungsbescheid),
– **Netto-Einzelberechnung** (Haftungsbescheid),
– **Schätzung der Lohnsteuer** nach § 162 AO (Haftungsbescheid,
– Anwendung von **Pauschsteuersätzen** (Nachforderungsbescheid).

a) Brutto-Einzelberechnung

aa) Weiterbelastung an den Arbeitnehmer

Die Brutto-Einzelberechnung kommt in Betracht, wenn Steuerabzugsbeträge von Arbeitnehmern nachzufordern sind, der **Arbeitgeber aber nicht beabsichtigt, die nachgeforderten Steuerabzugsbeträge zu übernehmen**. Der Nachforderungsbetrag ergibt sich unter Anwendung der maßgeblichen Lohnsteuertabelle aus dem Unterschied zwischen der Lohnsteuer, die auf den bisher versteuerten Arbeitslohn, und der Lohnsteuer, die auf den bei der Lohnsteuer-Außenprüfung festgestellten Arbeitslohn entfällt. Die nachzufordernde Lohnsteuer ist also **grundsätzlich individuell zu ermitteln**. Der individuellen Ermittlung der Steuerabzugsbeträge steht nicht entgegen, dass es sich um eine Vielzahl von Fällen handelt oder sie mit einem großen Arbeitsaufwand verbunden ist (BFH v. 17.3.1994, VI R 120/92, BStBl II 1994, 536; BFH v. 19.7.1995, VI B 28/95, www.stotax-first.de). Der Arbeitgeber hat im Rahmen seiner Mitwirkungspflichten dem Finanzamt angemessene und zumutbare Hilfestellung bei der Berechnung der Steuerabzugsbeträge zu leisten (BFH v. 1.7.1994, VI R 101/93, www.stotax-first.de). 1512

Haftung für Lohnsteuer: Berechnung der Nachforderung

Beispiel:

Ein rentenversicherungspflichtiger Arbeitnehmer in München, Steuerklasse III/1, nicht kirchensteuerpflichtig, bewohnt eine Werkswohnung. Nach R 8.1 Abs. 5 LStR war ihm im Kalenderjahr 2013 ein geldwerter Vorteil von (80 € × 12 Monate =) 960 € zuzurechnen. Der bisher versteuerte Arbeitslohn betrug 35 000 €.

Die Nachforderung ist wie folgt zu berechnen:

		Lohnsteuer	Solidaritätszuschlag (5,5 %)
Arbeitslohn	35 000,— €	2 556,— €	0 €
+ Vorteil	960,— €		
insgesamt	35 960,— €	2 758,— €	0 €
Nachforderung		202,— €	0 €

Das Finanzamt wird spätestens bei der nächsten Lohnsteuer-Außenprüfung prüfen, ob der Arbeitgeber tatsächlich den Nachzahlungsbetrag von 202 € vom Arbeitnehmer zurückgefordert hat. Ein **Verzicht des Arbeitgebers auf die Weiterbelastung stellt für den Arbeitnehmer einen geldwerten Vorteil** und damit einen Zufluss von steuerpflichtigem Arbeitslohn dar, der im Zeitpunkt des Verzichts als sonstiger Bezug zu versteuern ist (→ Haftung für Lohnsteuer: Allgemeine Grundsätze Rz. 1493). Übernimmt der Arbeitgeber auch die hierauf entfallenden Steuern, so ist eine Nettobesteuerung des sonstigen Bezugs durchzuführen (→ Nettolöhne Rz. 2126).

bb) Keine Weiterbelastung an den Arbeitnehmer

1513 Auch wenn der Arbeitgeber die Steuerbeträge nach der Lohnsteueraußenprüfung nicht an den Arbeitnehmer weiterbelasten kann, muss für den bisher unversteuerten Arbeitslohn im Zuflussjahr die Bruttosteuer ermittelt werden. Ob in der unterbliebenen Weiterbelastung ein zusätzlicher steuerpflichtiger Vorteil zu sehen ist, hängt von den Gründen ab.

Entscheidend ist, ob der Arbeitgeber objektiv seinen Ausgleichsanspruch gegen den Arbeitnehmer nicht mehr geltend machen kann (z.B. der Arbeitnehmer ist unbekannt verzogen oder zahlungsunfähig), ob er erfolglos war oder ob er lediglich aus subjektiven Gründen (z.B. Regressverzicht gegenüber dem Arbeitnehmer oder zu hoher Verwaltungsaufwand) auf die Geltendmachung seines Anspruchs verzichtet (vgl. hierzu BFH v. 29.10.1993, VI R 26/92, BStBl II 1994, 197). **Kann der Arbeitgeber seinen Ausgleichsanspruch aus objektiven Gründen nicht geltend machen, hat er die nachgeforderten Steuerbeträge auf Grund seiner Haftung an das Finanzamt zu entrichten. Darin kann kein zusätzlicher Arbeitslohn gesehen werden.**

Verzichtet der Arbeitgeber auf Grund einer **Vereinbarung mit dem Arbeitnehmer** auf sein Rückgriffsrecht im Jahr der Steuernachzahlung, so stellt die Übernahme der Steuerabzugsbeträge im Jahr der Zahlung zu diesem Zeitpunkt einen weiteren geldwerten Vorteil dar. Sieht ein durch Lohnsteuer-Haftungsbescheid in Anspruch genommener Arbeitgeber freiwillig davon ab, bei dem Arbeitnehmer Regress zu nehmen, erfordert die Annahme von Arbeitslohn nicht das Zustandekommen eines Erlassvertrages i.S.v. § 397 BGB (BFH v. 5.3.2007, VI B 41/06, www.stotax-first.de). Wenn die Übernahme der Nachforderungsbeträge durch den Arbeitgeber im Zeitpunkt der Lohnsteueraußenprüfung bereits bekannt ist, kann der Vorteil aus der Steuerübernahme in dem auf Grund der Lohnsteueraußenprüfung ergehenden Haftungsbescheid versteuert werden (R 39b.9 Abs. 2 LStR). Wird bei einer nachfolgenden Lohnsteueraußenprüfung festgestellt, dass die Weiterbelastung an den Arbeitnehmer unterblieben oder aus rechtlichen Gründen nicht möglich war (z.B. 6 Monate nach Bekanntgabe des Haftungsbescheides bzw. bei Verjährung der Ansprüche des Arbeitgebers nach Ablauf von drei Jahren), ist darin eine Zuwendung eines Vorteils an den Arbeitnehmer zu sehen, die als Nettoarbeitslohn zu versteuern ist

cc) Übernahmeerklärung des Arbeitgebers

1514 Ist der Arbeitgeber bereit, die Steuerabzugsbeträge, die auf den bisher nicht versteuerten Arbeitslohn entfallen, zu übernehmen, sind in entsprechender Anwendung von BFH v. 29.10.1993, VI R 26/92, BStBl II 1994, 197 nur die **Bruttosteuern** zu ermitteln, die auf die einzelnen Kalenderjahre des Prüfungszeitraums im Einzelfall auf den Nachforderungsgrund entfallen. Die Summe der sich so ergebenden Steuern ist dann als sonstiger Bezug im Zeitpunkt ihrer Zahlung durch den Arbeitgeber netto zu versteuern.

Die Nettoversteuerung eines **sonstigen Bezugs** erfolgt in entsprechender Anwendung des R 39b.9 Abs. 2 LStR. Übernimmt der Arbeitgeber auch die auf den sonstigen Bezug entfallende Kirchensteuer, den Solidaritätszuschlag und ggf. die Arbeitnehmeranteile am Gesamtsozialversicherungsbeitrag, so sind für die Berechnung der Nachforderung dem sonstigen Bezug diese weiteren Lohnabzugsbeträge hinzuzurechnen (R 39b.9 Abs. 2 Satz 2 Nr. 2 LStR).

b) Netto-Einzelberechnung, Nettolohnvereinbarung

1515 Wird eine Nettolohnvereinbarung (vgl. BFH v. 28.2.1992, VI R 146/87, BStBl II 1992, 733) anerkannt, vom Arbeitgeber das Vorliegen einer Nettozuwendung eingeräumt oder ist der **Arbeitgeber aus Vereinfachungsgründen mit der sofortigen Inanspruchnahme als Haftungsschuldner mit der individuellen Nettosteuerberechnung einverstanden, ist die Lohnsteuer für das Jahr** des Zuflusses des nachzuversteuernden Arbeitslohns im Wege der **Nettolohnversteuerung** nach R 39b.9 LStR zu berechnen, vgl. dazu ausführlich OFD Düsseldorf v. 29.1.2005, S 2367 A – St 22, www.stotax-first.de, sowie → Nettolöhne Rz. 2126.

Haben sich die Parteien eines Vertrages über **freie Mitarbeit** über die Rechtsnatur des zwischen ihnen bestehenden Verhältnisses geirrt und lag **tatsächlich ein Arbeitsverhältnis** vor, sind als Bruttolohn die zugeflossenen Geld- und Sachzuwendungen anzusehen. Eine Hinaufrechnung auf einen Bruttolohn um die nicht abgeführte Lohnsteuer ist nicht zulässig BFH v. 23.4.1997, VI R 12/96, www.stotax-first.de). Bei einer fehlgeschlagenen Pauschalversteuerung kann keine Nettolohnvereinbarung unterstellt werden (BFH v. 13.10.1989, VI R 36/85, BStBl II 1990, 30).

Sind bei **illegalen Beschäftigungsverhältnissen** Steuern und Beiträge zur Sozialversicherung und zur Arbeitsförderung nicht gezahlt worden, gilt für den Bereich der Sozialversicherung ein Nettoarbeitsentgelt als vereinbart (§ 14 Abs. 2 Satz 2 SGB IV), nicht jedoch für den steuerlichen Bereich (vgl. BFH v. 21.2.1992, VI R 41/88, BStBl II 1992, 443).

Die Nettoversteuerung eines sonstigen Bezugs erfolgt in entsprechender Anwendung von R 39b.9 Abs. 2 LStR. Übernimmt der Arbeitgeber auch die auf den sonstigen Bezug entfallende Lohnkirchensteuer und den Solidaritätszuschlag, so sind für die Berechnung der Nachforderung dem sonstigen Bezug diese weiteren Lohnabzugsbeträge hinzuzurechnen (R 39b.9 Abs. 2 Satz 2 Nr. 2 LStR).

Bei Übernahme der Arbeitnehmeranteile zur Sozialversicherung tritt Lohnzufluss erst bei tatsächlicher Leistung ein.

c) Individuelle Steuerberechnung oder Schätzung

aa) Individuelle Steuerberechnung

1516 Sind die **nachzuversteuernden Beträge der Höhe nach für jeden Arbeitnehmer eindeutig feststellbar** und ist die Berechnung der individuellen Steuer **möglich** (z.B. Nachversteuerung von geldwerten Vorteilen bei der Überlassung von Werkswohnungen oder bei der privaten Pkw-Nutzung), so ist bei einem Fehlen des Antrags des Arbeitgebers auf Pauschalierung eine **Brutto-Einzelberechnung** oder bei einem **Verzicht auf Regress gegenüber den Arbeitnehmern** eine **Netto-Einzelberechnung** für jeden einzelnen Arbeitnehmer unumgänglich. Eine Ermittlung der Lohnsteuer in Anlehnung an die für eine Pauschalierung nach § 40 Abs. 1 EStG geltenden Grundsätze ist nicht zulässig (vgl. BFH v. 17.3.1994, VI R 120/92, BStBl II 1994, 536). In derartigen Fällen hat der Arbeitgeber im Rahmen seiner Mitwirkungspflicht dem Lohnsteuerprüfer alle für eine derartige Berechnung erforderlichen Merkmale (Bruttoarbeitslohn, Freibeträge, Steuerklasse usw.) vorzulegen und insbesondere so aufzubereiten, dass die Brutto-Einzelberechnung, ggf. die Netto-Einzelberechnung, möglichst einfach und mit dem geringsten Zeitaufwand durchgeführt werden kann. Dazu sind zweckmäßigerweise in einer Liste alle Arbeitnehmer mit dem sich nach § 39b Abs. 3 Satz 2 EStG ergebenden Jahresarbeitslohn auszuweisen (also ggf. nach Abzug von Versorgungsfreibetrag, Zuschlag zum Versorgungsfreibetrag, Altersentlastungsbetrag usw.).

bb) Schätzung der Lohnsteuer nach § 162 AO

1517 Ist dagegen die **Feststellung der Höhe** der nachzuversteuernden Beträge oder ihre **individuelle Zuordnung auf die einzelnen Arbeitnehmer nicht möglich**, so ist die nachzuerhebende Lohnsteuer in Anlehnung an § 40 Abs. 1 EStG regelmäßig mit einem

Haftung für Lohnsteuer: Berechnung der Nachforderung

Bruttosteuersatz zu schätzen. Ob die endgültige Übernahme der Steuerabzugsbeträge im Kalenderjahr der Zahlung zu einem weiteren geldwerten Vorteil, der mit dem Nettosteuersatz zu versteuern ist, führt, kann nur im Einzelfall entschieden werden. Entscheidend ist, ob der Arbeitgeber objektiv seinen Ausgleichsanspruch gegen den Arbeitnehmer nicht mehr geltend machen kann (z.B. Arbeitnehmer ist unbekannt verzogen), ob er erfolglos war oder ob er lediglich aus subjektiven Gründen (z.B. zu hoher Verwaltungsaufwand) auf die Geltendmachung seines Anspruchs verzichtet. Vgl. hierzu BFH v. 29.10.1993, VI R 26/92, BStBl II 1994, 197. Eine Schätzung mit einem Nettosteuersatz ist allenfalls bei Vorliegen einer Nettolohnvereinbarung zulässig.

Die Steuerbeträge sind durch **Haftungsbescheid** und nicht durch Steuerbescheid zu erheben, da es sich nicht um eine Pauschalierung der Lohnsteuer nach § 40 EStG handelt und der Arbeitgeber demnach nicht Steuerschuldner ist.

Auch wenn der Arbeitgeber in einer Vielzahl von Fällen, in denen er keine Aufzeichnungen gemacht hat, nach § 42d EStG für die von den Arbeitnehmern geschuldete Lohnsteuer haftet, so ist die Höhe der Haftungsschuld im Jahr des ursprünglichen Lohnzuflusses selbst dann mit dem (niedrigeren) Bruttosteuersatz zu berechnen, wenn feststeht, dass der Arbeitgeber nach der Zahlung wegen des Fehlens von Aufzeichnungen bei seinen Arbeitnehmern keinen Regress wird nehmen können (BFH v. 29.10.1993, VI R 26/92, BStBl II 1994, 197). Da er den Umstand, die Steuer nicht an die Arbeitnehmer weiterbelasten zu können, zu vertreten hat, stellt deren Tragung durch ihn im **Zeitpunkt der Steuernachzahlung** einen geldwerten Vorteil dar. Wenn feststeht, dass keine Weiterbelastung an die Arbeitnehmer erfolgt, kann der Vorteil aus der Steuerübernahme in dem auf Grund der Lohnsteueraußenprüfung ergehenden Bescheid unter Anwendung eines Nettosteuersatzes festgesetzt werden.

3. Anwendung von Pauschsteuersätzen

a) Antrag auf Pauschalierung

1518 Die Berechnung der Steuernachforderung ist insbesondere dann, wenn **mehrere Arbeitnehmer** betroffen sind, mit einem **erheblichen Arbeitsaufwand** verbunden. Ist daher vom Arbeitgeber in einer **größeren Zahl von Fällen** (R 40.1 Abs. 1 LStR) Lohnsteuer nachzuerheben, weil der Arbeitgeber die Lohnsteuer nicht vorschriftsmäßig einbehalten hat, kann diese mit einem unter Berücksichtigung der allgemeinen Vorschriften über die Lohnbesteuerung zu ermittelnden **Pauschsteuersatz** erhoben werden (§ 40 Abs. 1 Satz 1 Nr. 2 EStG), wenn nicht ein fester Pauschsteuersatz in Betracht kommt (§ 40 Abs. 2, § 40a und § 40b EStG). Voraussetzung für die Anwendung eines Pauschsteuersatzes nach § 40 Abs. 1 Satz 1 Nr. 2 EStG ist, dass der **Arbeitgeber einen entsprechenden Antrag stellt und damit der Nachforderung pauschaler Lohnsteuer zustimmt** (BFH v. 20.11.2008, VI R 4/06, BStBl II 2009, 374). Derjenige, der für den Arbeitgeber im Rahmen der Lohnsteuer-Außenprüfung auftritt, ist i.d.R. nach den Grundsätzen der Anscheinsvollmacht dazu befugt, einen Antrag auf Lohnsteuer-Pauschalierung zu stellen (BFH v. 10.10.2002, VI R 13/01, BStBl II 2003, 156). Die Antragstellung ist aktenkundig zu machen. Pauschalierte Lohnsteuer darf nur für solche Einkünfte aus nichtselbständiger Arbeit erhoben werden, die dem Lohnsteuerabzug unterliegen, wenn der Arbeitgeber keinen Pauschalierungsantrag gestellt hätte (BFH v. 10.5.2006, IX R 82/98, BStBl II 2006, 669).

Hat das Finanzamt im Anschluss an eine Lohnsteuer-Außenprüfung nachzuforderunde Lohnsteuer in einer größeren Zahl von Fällen nach § 40 Abs. 1 Nr. 2 EStG durch einen Lohnsteuer -Pauschalierungsbescheid geltend gemacht, ist dieser Bescheid nicht deshalb nichtig, weil der Arbeitgeber keinen Pauschalierungsantrag gestellt hat (BFH v. 7.2.2002, VI R 80/00, BStBl II 2002, 438). Deshalb ist ein bestandskräftig gewordener Pauschalierungsbescheid auch dann als verbindlich anzuerkennen, wenn er vom Finanzamt **ohne Antrag des Arbeitgebers erlassen** wurde.

Da die in § 40 Abs. 3 EStG vorgeschriebene Übernahme der pauschalen Lohnsteuer durch den Arbeitgeber einen geldwerten Vorteil darstellt, handelt es sich bei dem Pauschsteuersatz regelmäßig um einen **Nettosteuersatz**.

b) Rücknahme des Antrags

1519 Der Arbeitgeber ist an diesen **Antrag gebunden**, sobald der Pauschalierungsbescheid wirksam geworden ist, d.h. bekannt gegeben worden ist, vgl. H 40.1 (Bindung des Arbeitgebers an den Pauschalierungsbescheid) LStH. War sich der Arbeitgeber über Bedeutung und Rechtsfolgen des Antrags auf Pauschalierung der Steuern nicht im Klaren und sind im Einspruchsverfahren seine Einwendungen gegen den Pauschalierungsbescheid als Rücknahme oder Anfechtung des Pauschalierungsantrags zu verstehen, so ist es i.d.R. ermessensfehlerhaft, wenn das Finanzamt den Pauschalierungsbescheid aufrechterhält, obwohl es den Steueranspruch durch Erlass eines Haftungsbescheides gegenüber dem Arbeitgeber realisieren kann (BFH v. 5.3.1993, VI R 79/91, BStBl II 1993, 692).

Zum Begriff „**größere Zahl von Fällen**" i.S.d. § 40 Abs. 1 Satz 1 EStG → *Pauschalierung der Lohnsteuer* Rz. 2177.

c) Durchführung der Pauschalierung

1520 Die Anwendung eines Pauschsteuersatzes nach § 40 Abs. 1 Nr. 2 EStG soll lediglich der **Arbeits- und Verwaltungsvereinfachung** dienen. Sie darf nicht zu einer ungerechtfertigten Begünstigung führen. Bei einer Lohnsteueraußenprüfung spielt die Anwendung des § 40 Abs. 1 Nr. 2 EStG wegen der Arbeitsvereinfachung eine große Rolle. Gleichwohl darf ein Pauschsteuersatz nur dann angewendet werden, wenn die Tatbestandsvoraussetzungen des § 40 Abs. 1 Nr. 2 EStG dies erlauben. **Grobe oder nicht motivierte Schätzungen sind grundsätzlich nicht zulässig.**

Die Berechnung der Steuernachforderung darf nur dann nach einem Pauschsteuersatz vorgenommen werden, wenn der **Arbeitgeber bereit ist, die Lohnsteuer in vollem Umfang zu übernehmen**. Der Arbeitgeber wird nämlich in den Fällen der Pauschalierung zum Schuldner der pauschalen Lohnsteuer (§ 40 Abs. 3 EStG). Der pauschal besteuerte Arbeitslohn und die pauschale Lohnsteuer bleiben, im Gegensatz zu dem im Haftungsverfahren festgestellten unversteuerten oder zu gering besteuerten Arbeitslohn und der hier nachzuerhebenden Steuer, bei einer **Einkommensteuerveranlagung außer Betracht**.

Hat der Arbeitgeber zunächst eine **Anrufungsauskunft** eingeholt und ist er danach verfahren, ist das Betriebsstätten-Finanzamt daran gebunden. Eine Nacherhebung der Lohnsteuer ist auch dann nicht zulässig, wenn der Arbeitgeber nach einer Lohnsteueraußenprüfung einer Pauschalierung nach § 40 Abs. 1 Satz 1 Nr. 2 EStG zugestimmt hat (BFH v. 16.11.2005, VI R 23/02, BStBl II 2006, 210).

d) Ermittlung des Pauschsteuersatzes

1521 Wegen der Ermittlung eines Pauschsteuersatzes nach § 40 Abs. 1 Satz 1 Nr. 2 EStG wird auf das **Beispiel** zu H 40.1 (Berechnung des durchschnittlichen Steuersatzes) LStH und Pauschalierung der Lohnsteuer (→ *Pauschalierung der Lohnsteuer* Rz. 2174) hingewiesen.

Der **geldwerte Vorteil aus der Steuerübernahme des Arbeitgebers** ist nicht nach den Verhältnissen im Zeitpunkt des Steuernachforderungsbescheids zu versteuern. Vielmehr muss der für die pauschal versteuerten Löhne nach den Verhältnissen der jeweiligen Zuflussjahre errechnete Brutto-Pauschsteuersatz jeweils auf den Netto-Pauschsteuersatz der Jahre hochgerechnet werden, in denen der pauschal versteuerte Arbeitslohn dem Arbeitnehmer zugeflossen ist (BFH v. 26.8.1988, VI R 50/87, BStBl II 1989, 304).

Der Arbeitgeber wird Schuldner der pauschalen Lohnsteuer, die nach Auffassung des BFH (BFH v. 6.5.1994, VI R 47/93, BStBl II 1994, 715) im Zeitpunkt des Zuflusses beim Arbeitnehmer entsteht, also nicht erst mit Ergehen des Pauschalierungsbescheids. Dieser frühere Zeitpunkt hat für den Arbeitgeber Bedeutung für die Berechnung der Verjährungsfrist (→ *Verjährung* Rz. 2983).

4. Weitere Einzelfragen

a) Nettolohnvereinbarungen

1522 Die Verpflichtung zur Einbehaltung der Lohnsteuer besteht auch bei einer sog. Nettolohnvereinbarung (→ *Nettolöhne* Rz. 2126), bei der der Arbeitgeber alle Steuern (Lohnsteuer, Kirchensteuer, Solidaritätszuschlag) sowie den Arbeitnehmeranteil zur Sozialversicherung übernimmt. Hat der **Arbeitgeber** die Lohnsteuer nicht richtig einbehalten und abgeführt, **haftet er vorrangig**. Der **Arbeitnehmer** kann nur in Anspruch genommen werden, wenn **er weiß, dass der Arbeitgeber die Lohnsteuer nicht vorschriftsmäßig angemeldet hat und er diesen Sachverhalt dem Finanzamt nicht unverzüglich mitteilt** (§ 42d Abs. 3 Satz 4 Nr. 2 EStG; vgl. BFH v. 13.12.2007, VI R 57/04, BStBl II 2008, 434 m.w.N.).

Kommt es zur Haftung des Arbeitgebers, so sind zur Feststellung des steuerpflichtigen Arbeitslohns dem Nettolohn die Abzugsbeträge hinzuzurechnen, die der Arbeitgeber hätte anmelden und abführen müssen, also Lohnsteuer, Lohnkirchensteuer, Solidaritätszuschlag und Sozialversicherungsbeiträge (FG Münster v. 26.10.1983, II 101/83 E, EFG 1984, 193). Der Nachforderungsbetrag ist durch **Netto-Einzelberechnung** zu ermitteln.

b) Schwarzlohnvereinbarungen

1523 „Schwarzarbeiter" können je nach den Umständen des Einzelfalles **selbständig oder nichtselbständig** sein (BFH v. 21.3.1975, VI R 60/73, BStBl II 1975, 513).

Eine Schwarzlohnvereinbarung, bei der Arbeitgeber und Arbeitnehmer einvernehmlich zur Hinterziehung der Lohnsteuer und der Sozialversicherungsbeiträge zusammenwirken, ist keine Nettolohnvereinbarung. Die Nachversteuerung erfolgt auf der Basis des **Nettosteuersatzes** (BFH v. 21.2.1992, VI R 41/88, BStBl II 1992, 443), weil ein Rückgriff auf den Arbeitnehmer in diesen Fällen regelmäßig nicht vorgesehen ist. Für den Bereich der **Sozialversicherung** gilt dagegen ein **Nettoarbeitsentgelt** als vereinbart (§ 14 Abs. 2 Satz 2 SGB IV).

Eine **Schätzung der Lohnsteuer** nach § 162 AO kommt auch bei „Schwarzlohnzahlungen" in Betracht, bei denen die Höhe und die Empfänger der Lohnzahlungen nicht mehr ermittelt werden können. Die Schätzung der nicht dem Lohnsteuer-Abzug unterworfenen Arbeitslöhne kann z.B. nach einem Prozentsatz der festgestellten Nettoumsätze (Beispiel Reinigungsgewerbe) erfolgen. Zwischenzeitlich wird auch strafrechtlich eine Schätzung der Lohnsteuer in den Fällen der sog. Schwarzlohnabrede vom BGH anerkannt (BGH v. 8.2.2011, 1 StR 651/10, www.stotax-first.de). Nach Ansicht des BGH bedarf es im Falle der Verurteilung des Arbeitgebers wegen Hinterziehung von Lohnsteuer weder Feststellungen zu den individuellen Besteuerungsmerkmalen der einzelnen Arbeitnehmer noch ist die Höhe der von den Arbeitnehmern hinterzogenen Einkommensteuer im Urteil zu quantifizieren. Die Höhe der durch die Arbeitnehmer verkürzten Einkommensteuer ist bei der Verurteilung des Arbeitgebers weder für den Schuldspruch, noch für den Strafausspruch relevant.

c) Lohnzahlungen durch Dritte

1524 Die Abführungspflicht und damit auch die Haftung des Arbeitgebers besteht auch bei Lohnzahlungen durch Dritte, z.B. bei Rabatten, sowie in den Fällen des § 38a Abs. 3a EStG, in denen der Dritte die Lohnsteuer zu übernehmen hat (R 42d.1 Abs. 1 Satz 3 LStR), dazu ausführlich → *Lohnsteuerabzug durch Dritte* Rz. 1848 sowie → *Lohnzahlung durch Dritte* Rz. 1949.

5. Nachforderung vom Arbeitnehmer

a) Allgemeines

1525 **Kommt eine Haftung des Arbeitgebers nicht in Betracht**, weil der Arbeitnehmer als Alleinschuldner, vgl. H 41c.3 (Einzelfälle) LStH, oder als Gesamtschuldner in Anspruch zu nehmen ist (§ 42d Abs. 3 EStG), so ist die vom Arbeitgeber nicht einbehaltene Lohnsteuer vom **Arbeitnehmer anzufordern**. Für die Nachforderung ist im Allgemeinen das Wohnsitzfinanzamt des Arbeitnehmers zuständig. Soll zu wenig erhobene Lohnsteuer in den Fällen der R 41c.3 Abs. 2 LStR bereits im Laufe des Kalenderjahrs nachgefordert werden, dann ist das Betriebsstättenfinanzamt für die Nachforderung zuständig.

Für die Nachforderung vom Arbeitnehmer ergeben sich folgende Möglichkeiten:

– Nachforderung durch **Nachforderungsbescheid**,
– Nachforderung durch Änderung der **Veranlagung zur Einkommensteuer**.

b) Nachforderungsbescheid

1526 Eine Nachforderung durch Nachforderungsbescheid kommt in den Fällen in Betracht, in denen von Einkünften aus nichtselbständiger Arbeit der Steuerabzug vom Arbeitslohn vorschriftswidrig nicht vorgenommen worden ist und die Voraussetzungen des § 46 EStG nicht vorliegen (→ *Veranlagung von Arbeitnehmern* Rz. 2973).

Der Arbeitnehmer kann im Nachforderungsverfahren bisher nicht geltend gemachte **Ermäßigungsgründe nachschieben**. Eine **Erstattung** kann jedoch **nicht verlangt** werden (BFH v. 26.1.1973, VI R 136/69, BStBl II 1973, 423).

Der errechnete Betrag ist vom Arbeitnehmer nachzufordern.

c) Änderung der Veranlagung zur Einkommensteuer

1527 Ist der Steuerabzug vom Arbeitslohn nicht oder nicht in der zutreffenden Höhe vorgenommen worden, so ist die Steuernachforderung i.d.R. im Rahmen der **Veranlagung** des Arbeitnehmers zu realisieren, wenn die Voraussetzungen des § 46 EStG für eine Veranlagung zur Einkommensteuer vorliegen. Eine **bestandskräftige Veranlagung** kann aber nur unter **bestimmten engen verfahrensrechtlichen Voraussetzungen** geändert werden, insbesondere wenn bei einer Lohnsteuer-Außenprüfung nachträglich **neue Tatsachen oder Beweismittel bekannt werden**, die zu einer höheren Steuer führen (§ 173 Abs. 1 Nr. 1 AO). Liegen diese Voraussetzungen nicht vor und kann die Lohnsteuer somit beim Arbeitnehmer nicht nachgefordert werden, kann die Lohnsteuer noch vom Arbeitgeber nachgefordert werden (BFH v. 6.3.2008, VI R 5/05, BStBl II 2008, 597).

Haftung für Lohnsteuer: Verfahrensvorschriften

Inhaltsübersicht:

	Rz.
1. Allgemeines	1529
2. Haftung	1530
a) Allgemeines	1530
b) Haftungsbescheid	1531
c) Folgen	1532
3. Steuerschuld	1533
a) Allgemeines	1533
b) Nachforderung vom Arbeitnehmer	1534
c) Nachforderung vom Arbeitgeber	1535
d) Steuerbescheid	1536
4. Änderung wegen neuer Tatsachen und neuer Beweismittel, Änderungssperre (§ 173 AO)	1537
a) Haftungsbescheide	1537
b) Nachforderungsbescheide	1538
c) Änderungssperre	1539
5. Vorbehalt der Nachprüfung	1540
a) Allgemeines	1540
b) Aufhebung, Wirkung der Aufhebung	1541

1528 Zu den Themen „Haftung für Lohnsteuer" auch

– → *Haftung für Lohnsteuer: Allgemeine Grundsätze* Rz. 1493,
– → *Haftung für Lohnsteuer: Berechnung der Nachforderung* Rz. 1509

1. Allgemeines

1529 Das Finanzamt kann die Lohnsteuer **vom Arbeitgeber** nacherheben

– durch **Haftungsbescheid**, soweit der Arbeitgeber als Haftender in Anspruch genommen werden soll, oder
– durch **Nachforderungsbescheid**, soweit **pauschale Lohnsteuer** nacherhoben wird, die der **Arbeitgeber** übernimmt; der Arbeitgeber ist insoweit **selbst Steuerschuldner**.

und vom **Arbeitnehmer**

– durch **Nachforderungsbescheid** oder
– Korrektur der **Einkommensteuerveranlagung**.

Haftung für Lohnsteuer: Verfahrensvorschriften

keine Sozialversicherungspflicht = Ⓢⱽ
Sozialversicherungspflicht = Ⓢⱽ

2. Haftung

a) Allgemeines

1530 Wer kraft Gesetzes für eine Steuer haftet (Haftungsschuldner), kann durch **Haftungsbescheid** in Anspruch genommen werden. Der Haftungsbescheid ist vom Betriebsstättenfinanzamt schriftlich zu erteilen (§ 191 Abs. 1 AO). Die Inanspruchnahme des Arbeitgebers als Haftenden für die nachzufordernde Lohnsteuer liegt im **Ermessen** des Finanzamts (§ 5 AO). Dabei ist unter Abwägung der Interessen des Arbeitgebers, des Arbeitnehmers und des Finanzamts sowie der Umstände des Einzelfalls zu entscheiden (→ *Haftung für Lohnsteuer: Allgemeine Grundsätze* Rz. 1493).

Ein **Haftungsbescheid kann nicht mehr ergehen**,

- soweit die Steuer gegen den **Steuerschuldner nicht festgesetzt** worden ist und wegen Ablaufs der Festsetzungsfrist nicht mehr festgesetzt werden kann oder
- soweit gegen den Steuerschuldner **festgesetzte Steuer verjährt** oder die Steuer erlassen worden ist.

Dies gilt **nicht**, wenn die Haftung darauf beruht, dass der Haftungsschuldner **Steuerhinterziehung** oder Steuerhehlerei begangen hat (§ 191 Abs. 5 AO).

Von einem **Haftungsbescheid** und einem Leistungsgebot kann jedoch **abgesehen** werden,

- soweit **der Arbeitgeber die einzubehaltende Lohnsteuer angemeldet** hat (§ 42d Abs. 4 Nr. 1 EStG)
- oder nach Abschluss einer **Lohnsteuer-Außenprüfung seine Zahlungsverpflichtung schriftlich anerkennt** (§ 42d Abs. 4 Nr. 2 EStG). Eine solche Anerkenntniserklärung ist im Vordruck „Erklärung des Arbeitgebers" enthalten; sie steht einer Lohnsteuer-Anmeldung gleich (§ 167 Abs. 1 Satz 3 AO).

Für die durch Haftungsbescheid oder Nachforderungsbescheid angeforderten Steuerbeträge hat das Finanzamt eine **Zahlungsfrist von einem Monat** zu gewähren (R 42d.1 Abs. 7 LStR).

Die **Festsetzungsfrist** für einen Lohnsteuer-Haftungsbescheid endet nicht vor Ablauf der Festsetzungsfrist für die Lohnsteuer (§ 191 Abs. 3 Satz 4 1. Halbsatz AO). Der Beginn der Festsetzungsfrist für die Lohnsteuer richtet sich nach § 170 Abs. 2 Satz 1 Nr. 1 AO. Für den Beginn der die Lohnsteuer betreffenden Festsetzungsfrist ist die **Lohnsteuer-Anmeldung** (Steueranmeldung) und nicht die Einkommensteuererklärung der betroffenen Arbeitnehmer maßgebend (BFH v. 7.2.2008, VI R 83/04, BStBl II 2009, 703; BFH v. 6.3.2008, VI R 5/05, BStBl II 2008, 597).

Wird vor Ablauf der Festsetzungsfrist eine Lohnsteuer-Außenprüfung mit einer wirksam bleibenden Prüfungsanordnung begonnen, tritt nach § 171 Abs. 4 AO **Ablaufhemmung** ein (BFH v. 17.6.1998, IX R 65/95, BStBl II 1999, 4). Durch die Lohnsteuer-Außenprüfung tritt eine Ablaufhemmung aber **nur gegenüber dem Arbeitgeber** ein. Beim **Arbeitnehmer** selbst wird die Festsetzungsfrist bezüglich der Einkommensteuer- und Lohnsteueransprüche dagegen nicht gehemmt (BFH v. 15.12.1989, VI R 151/86, BStBl II 1990, 526; BFH v. 9.3.1990, VI R 87/89, BStBl II 1990, 608). Für die Prüfung des Eintritts der Verjährung bezüglich der Lohnsteuer ist auf die mit dem jeweiligen Lohnzufluss entstandene Lohnsteuer (§ 38 Abs. 2 Satz 2 EStG) und nicht auf die erst mit Ablauf des Veranlagungszeitraums entstehende Einkommensteuer (§ 36 Abs. 1 EStG) abzustellen (BFH v. 6.3.2008, VI R 5/05, BStBl II 2008, 597). Nach Auffassung des BFH muss hier wegen der jeweils abweichenden Entstehungs- und Verjährungszeitpunkte **zwischen Einkommensteuer- und Lohnsteuerschuld unterschieden** werden. Auch wenn der Einkommensteueranspruch gegenüber dem Arbeitnehmer verjährt und damit erloschen (§ 47 AO) ist, kann deshalb gegen den Arbeitgeber hinsichtlich der Lohnsteuer noch ein Haftungsbescheid ergehen, soweit für die betroffenen Lohnsteuer-Anmeldungen – z.B. wegen Ablaufhemmung – noch keine Festsetzungsverjährung eingetreten ist. Dies gilt auch für die ggf. auf Antrag oder mit Zustimmung des Arbeitgebers mittels Nachforderungsbescheid festzusetzenden Pauschalsteuern nach den §§ 40 - 40b EStG (BFH v. 28.11.1990, VI R 115/87, BStBl II 1991, 488; BFH v. 6.5.1994, VI R 47/93, BStBl II 1994, 715). H 42d.1 (Ermessensausübung) 5. Spiegelstrich LStH ist mithin überholt.

> **Beispiel:**
> Bei einer im Kalenderjahr 2015 begonnenen und im Kalenderjahr 2016 abgeschlossenen Lohnsteuer-Außenprüfung wird festgestellt, dass der Arbeitgeber einem Angestellten im Dezember 2010 einen geldwerten Vorteil zugewandt hat, von dem aus Unkenntnis keine Steuerabzugsbeträge einbehalten worden sind. Der Arbeitnehmer wird zur Einkommensteuer veranlagt (§ 46 Abs. 2 EStG). Er hat seine Steuererklärung für 2010 beim Finanzamt in 2011 eingereicht.
>
> Die Festsetzungsfrist der Lohnsteuer-Anmeldung beginnt für den Monat 12/2010 mit Ablauf des 31.12.2011. Somit würde die Festsetzungsfrist mit Ablauf des 31.12.2015 enden. Der Beginn der Lohnsteuer-Außenprüfung löst jedoch eine Ablaufhemmung aus, so dass die Festsetzungsfrist für die Lohnsteuer bis zur Unanfechtbarkeit des Haftungsbescheides nicht abläuft (§ 171 Abs. 4 AO). **Ein Haftungsbescheid kann somit noch ergehen.**
>
> Bei der Prüfung des Eintritts der Verjährung beim Arbeitnehmer ist auf die mit Ablauf des Veranlagungszeitraums 2010 entstehende Einkommensteuer abzustellen. Die Festsetzungsfrist beginnt durch die Abgabe der Steuererklärung in 2011 erst mit Ablauf des Kalenderjahrs 2011 (§ 170 Abs. 2 Satz 1 Nr. 1 AO). Die vierjährige Festsetzungsfrist endet mit Ablauf des Kalenderjahrs 2015, so dass **im Kalenderjahr 2016 eine Nachforderung beim Arbeitnehmer durch Änderung des Einkommensteuer-Bescheids grundsätzlich nicht mehr in Betracht kommt.**
>
> Durch die **Ablaufhemmung** des § 171 Abs. 15 AO endet die Festsetzungsfrist jedoch nicht vor Ablauf der Festsetzungsfrist beim Arbeitgeber. **Dadurch kann der Arbeitnehmer ebenfalls für die nicht einbehaltenen Beträge in Anspruch genommen werden.**

Bei der Inanspruchnahme des Arbeitgebers ist auch künftig zuerst zu prüfen, ob ein gesetzlicher Haftungsausschluss (§ 42d Abs. 2 EStG) vorliegt. Die Inanspruchnahme des Arbeitgebers kann auch nach dem Grundsatz von „Treu und Glauben" (Entschließungsermessen) ausgeschlossen sein (z.B. H 42d.1 „Ermessensausübung" 8. bis 10. Spiegelstrich LStH). Kommt eine Inanspruchnahme des Arbeitgebers dem Grunde nach in Betracht, so ist i.R.d. Auswahlermessens zu prüfen, ob der Arbeitgeber im Rahmen seiner gesamtschuldnerischen Haftung an Stelle des Arbeitnehmers in Anspruch genommen werden kann. Die Inanspruchnahme des Arbeitgebers ist in den hier angesprochenen Fällen regelmäßig ermessensgerecht, wenn die Steuer beim Arbeitnehmer nicht mehr realisiert werden kann, weil der Einkommensteueranspruch bereits verjährt ist. § 173 Abs. 2 AO darf im Übrigen dem Erlass eines Haftungsbescheids nicht entgegenstehen.

Das Finanzamt ist zum Erlass eines ergänzenden Haftungsbescheids berechtigt, wenn die Erhöhung der dem ersten Haftungsbescheid zu Grunde liegenden Lohnsteuerschuld auf neuen im Rahmen einer Außenprüfung festgestellten Tatsachen beruht. Dass die Lohnsteuerschuld und damit der Haftungsanspruch im Zeitpunkt des Erlasses des ersten Haftungsbescheids bereits materiell-rechtlich entstanden waren, steht einer weiteren Haftungsinanspruchnahme nicht entgegen. Der im BFH-Urteil v. 25.5.2004, VII R 29/02, BStBl II 2005, 3 aufgestellte Rechtssatz, wonach einem weiteren – ergänzenden – Haftungsbescheid ein erster Haftungsbescheid entgegensteht, in dem der Haftungsbetrag zu niedrig festgesetzt worden ist, obwohl die Steuerschuld, für die gehaftet werden soll, tatsächlich mit einem höheren Betrag entstanden ist, ist vor dem Hintergrund der konkret entschiedenen Sachverhaltskonstellation zu verstehen. Ihm kann jedoch keine allgemein gültige Aussage dahingehend zukommen, dass in einem solchen Fall stets eine spätere weitere Haftungsinanspruchnahme ausgeschlossen sein soll (BFH v. 15.2.2011, VII R 66/10, BStBl II 2011, 534).

b) Haftungsbescheid

1531 Kann der **Arbeitgeber für die nachzufordernde Lohnsteuer in Anspruch genommen** werden und hat er seine Zahlungsverpflichtung nach Abschluss der Außenprüfung nicht bereits schriftlich anerkannt, so erlässt das Betriebsstättenfinanzamt einen **Haftungsbescheid**, in dem die für das Entschließungs- und Auswahlermessen maßgebenden Gründe anzugeben sind (R 42d.1 Abs. 5 LStR). Der Haftungsbescheid ist ein (sonstiger) Verwaltungsakt i.S.d. § 118 AO und hat damit gem. §§ 119 ff. AO bestimmte Anforderungen an Form und Inhalt zu erfüllen (formelle Voraussetzungen). Danach muss ein Haftungsbescheid

- inhaltlich **hinreichend bestimmt**,
- **begründet** und
- **unterschrieben** sein.

Außerdem muss er das **Leistungsgebot und eine Rechtsbehelfsbelehrung** enthalten.

Die **inhaltliche Bestimmtheit** erfordert die Angabe der Haftungsschuld sowie die namentliche Bezeichnung des Haftungsschuldners und des Anspruchsberechtigten (das ist i.d.R. das Finanzamt). Fehlt eine dieser Angaben, ist der Haftungsbescheid mangels inhaltlicher Bestimmtheit **nichtig**. Vgl. dazu zuletzt FG Thüringen v. 5.6.1997, III 174/96, EFG 1997, 1417.

Bei der Bezeichnung der Haftungsschuld ergibt sich oft die Frage, ob eine **Aufgliederung des Haftungsbetrags nach Lohnsteuer-Anmeldungszeiträumen oder Kalenderjahren** im Einzelnen erforderlich ist. Das entscheidet sich jeweils nach den Umständen des Einzelfalls. Sind z.B. dem Geschäftsführer einer GmbH als dem zur Einbehaltung und Abführung der Lohnsteuer Verpflichteten die Verhältnisse bekannt, die im Haftungsbescheid angesprochen werden, bedarf es keiner Aufgliederung des Haftungsbetrags auf die einzelnen Lohnsteuer-Anmeldungszeiträume (FG Rheinland-Pfalz v. 24.5.1996, 4 K 3145/94, EFG 1997, 2 m.w.N.).

Zur **Begründung** sind die **tatsächlichen und rechtlichen Grundlagen** der Haftungsschuld grundsätzlich anzugeben. Außerdem muss das Finanzamt seine **Ermessenserwägungen darlegen**, weshalb es den Arbeitgeber als Haftungsschuldner und nicht den Arbeitnehmer als Steuerschuldner in Anspruch nimmt (BFH v. 11.3.2004, VII R 52/02, BStBl II 2004, 579 m.w.N.). Nach Auffassung des FG Niedersachsen muss das Finanzamt seine Ermessensentscheidung ausreichend begründen, ein floskelhafter Hinweis in Textbausteinen auf die vereinfachte Steuererhebung reicht nicht aus (FG Niedersachsen v. 20.8.2009, 11 K 121/08, EFG 2009, 1805). Bei der Inanspruchnahme eines Steuerhinterziehers als Haftungsschuldner bedarf es hingegen regelmäßig keiner Begründung der Ermessensentscheidung (BFH v. 12.1.1988, VII R 74/84, www.stotax-first.de).

Der Haftungsbescheid ergeht regelmäßig als **Sammelhaftungsbescheid**, in dem verschiedene, voneinander unabhängige Haftungsfälle, die zu verschiedenen Zeiten und auf Grund unterschiedlicher Tatumstände entstanden sind, zusammengefasst werden (BFH v. 4.7.1986, VI R 182/80, BStBl II 1986, 921). Grundsätzlich ist der Haftungsbetrag auf die **einzelnen Arbeitnehmer aufzugliedern**. Dies wird allerdings dann **nicht für erforderlich gehalten**, wenn

- es **objektiv unmöglich** ist: Ein solcher Fall kann z.B. gegeben sein, wenn dem Finanzamt die **Namen der einzelnen Arbeitnehmer nicht bekannt** sind, weil bei dem Arbeitgeber entsprechende Aufzeichnungen fehlen und der Arbeitgeber das Finanzamt auch nicht auf andere Weise von den Namen der Arbeitnehmer in Kenntnis gesetzt hat (BFH v. 8.11.1985, VI R 237/80, BStBl II 1985, 274),

- es nach den Grundsätzen von Recht und Billigkeit für das **Finanzamt nicht zumutbar** ist, weil sich z.B. nach einer Lohnsteuer-Außenprüfung bei **vielen Arbeitnehmern** meist **kleine Nachforderungsbeträge** auf Grund von im Wesentlichen gleich liegenden Sachverhalten ergeben haben (BFH v. 8.11.1985, VI R 237/80, BStBl II 1985, 274),

- der Arbeitgeber bei seinem Arbeitnehmer von vornherein **keinen Regress nehmen will**: Dies kann bei einer Nettolohnvereinbarung der Fall sein oder wenn der Arbeitgeber sich später zur Übernahme der Lohnsteuer bereit erklärt (BFH v. 8.11.1985, VI R 237/80, BStBl II 1985, 274),

- die Voraussetzungen des § 162 AO für eine **Schätzung** der Lohnsteuer vorliegen oder der Arbeitgeber der Berechnung der Haftungsschuld mit einem **durchschnittlichen Steuersatz** zugestimmt hat, vgl. H 42d.1 (Haftungsverfahren) LStH.

Ficht der Haftungsschuldner einen solchen Sammelhaftungsbescheid nur hinsichtlich ganz bestimmter Haftungsfälle an, so hat dies zur Folge, dass der die übrigen Haftungsansprüche betreffende Teil des Sammelhaftungsbescheides bestandskräftig wird (BFH v. 4.7.1986, VI R 182/80, BStBl II 1986, 921).

Nach § 219 Satz 2 AO kann die Inanspruchnahme des Arbeitgebers auf Zahlung der Lohnsteuer erfolgen, **ohne** dass sich das Finanzamt **vorher an den Arbeitnehmer als Steuerschuldner wenden muss**. Deshalb ist mit dem Lohnsteuer-Haftungsbescheid regelmäßig auch die **Zahlungsaufforderung** verbunden. Beim Erlass von Haftungsbescheiden sind die Vorschriften über die **Festsetzungsverjährung** (§§ 169 bis 171 AO) entsprechend anzuwenden (§ 191 Abs. 3 AO, → *Verjährung* Rz. 2983).

Wird im Anschluss an eine Außenprüfung **pauschale Lohnsteuer fälschlicherweise durch einen Haftungsbescheid geltend gemacht**, kann mit der Aufhebung des Haftungsbescheides die Unanfechtbarkeit i.S.d. § 171 Abs. 4 Satz 1 AO und damit das Ende der Ablaufhemmung für die Fristsetzung eintreten (BFH v. 6.5.1994, VI R 47/93, BStBl II 1994, 715). Der Eintritt der Festsetzungsverjährung kann nur vermieden werden, wenn der inkorrekte Haftungsbescheid erst dann aufgehoben wird, nachdem zuvor der formell korrekte Nachforderungsbescheid erlassen worden ist.

Der Arbeitgeber kann gegen den Haftungsbescheid **Einspruch** einlegen. Dies gilt auch für den **Arbeitnehmer**, soweit er persönlich für die nachgeforderte Lohnsteuer in Anspruch genommen werden kann (zuletzt FG Niedersachsen v. 28.8.2009, EFG 2009, 1805 m.w.N.). Wird der Haftungsbescheid dem Arbeitnehmer – wie üblich – nicht bekannt gegeben, kann er ihn bis zum Ablauf der **Verjährungsfrist**, mindestens aber bis zum Ablauf der **Jahresfrist** des § 356 Abs. 2 AO **anfechten**; die übliche Monatsfrist gilt also nicht (FG Münster v. 26.2.1997, 8 K 5883/94 L, EFG 1997, 783). In einem allein vom Arbeitnehmer veranlassten Einspruchsverfahren ist der Arbeitgeber nach § 360 AO hinzuzuziehen, vgl. H 42d.1 (Rechtsbehelf gegen den Haftungsbescheid) LStH.

Wird ein Haftungsbescheid aufgehoben und Lohnsteuer an den Arbeitgeber zurückerstattet, erfolgt **keine Verzinsung des Erstattungsbetrags**, da die §§ 33a und 236 AO von ihrem Wortlaut her nur Steuerfestsetzungen oder Steuervergütungsbescheide erfassen. Nicht aufgeführt sind Haftungsbescheide, so dass eine Verzinsung in letzterem Fall nicht in Betracht kommt (zuletzt FG Niedersachsen v. 10.3.2011, 11 K 103/10, EFG 2011, 1587 m.w.N.).

c) Folgen

Durch einen gem. § 42d EStG gegen den Arbeitgeber als Haftungsschuldner ergehenden Haftungsbescheid (eine Anerkenntniserklärung) werden die betroffenen **Lohnsteuer-Anmeldungen geändert**. Ein für den bereits geprüften Zeitraum **neu aufgedeckter anderer lohnsteuerpflichtiger Sachverhalt** kann nach Aufhebung des Vorbehalts der Nachprüfung wegen der **Änderungssperre** i.S.d. § 173 Abs. 2 AO grundsätzlich **nicht mehr zu einer erneuten Inanspruchnahme des Arbeitgebers führen**. Wird ein Sachverhalt nochmals aufgegriffen, der bereits einem Haftungsbescheid zu Grunde lag, so kann im Übrigen eine erneute Inanspruchnahme des Arbeitgebers nur erfolgen, wenn die Voraussetzungen für die Rücknahme des Haftungsbescheids nach § 130 AO gegeben sind und der Vorbehalt der Nachprüfung für die betroffenen Zeiträume noch besteht.

3. Steuerschuld

a) Allgemeines

Steuerschuldner (§ 43 AO) ist, wer nach den Steuergesetzen eine Steuer zu entrichten oder für dessen Rechnung ein Steuerabzug zu erfolgen hat.

b) Nachforderung vom Arbeitnehmer

Schuldner der Lohnsteuer ist nach § 38 Abs. 2 Satz 1 EStG grundsätzlich der **Arbeitnehmer**. Die Lohnsteuer ist im Abzugsverfahren bei jeder Lohnzahlung vom Arbeitgeber für Rechnung des Arbeitnehmers einzubehalten (§ 38 Abs. 3 Satz 1 EStG).

Ein **Steuerbescheid (Nachforderungsbescheid) gegen den Arbeitnehmer** zur Festsetzung von Lohnsteuer kann nur erlassen werden (§ 42d Abs. 3 Satz 4 EStG), wenn

- der **Arbeitgeber die Lohnsteuer nicht vorschriftsmäßig einbehalten hat** oder

- der **Arbeitnehmer wusste**, dass der Arbeitgeber die einbehaltene Lohnsteuer nicht vorschriftsmäßig angemeldet und dies dem Finanzamt nicht unverzüglich mitgeteilt hat.

Bei **Nettolöhnen** wirkt die Auszahlung des vereinbarten Nettolohns aus der Sicht des Arbeitnehmers so, als ob der Arbeitgeber den Bruttoarbeitslohn vorschriftsmäßig gekürzt hätte (BFH v. 18.4.1969, VI R 312/67, BStBl II 1969, 525; BFH v. 8.11.1985, VI R 238/80, BStBl II 1986, 186). Voraussetzung ist aber, dass der Arbeitnehmer dem Arbeitgeber vor Durchführung des Lohnsteuer-

Haftung für Lohnsteuer: Verfahrensvorschriften

abzugs die elektronischen Lohnsteuerabzugsmerkmale des Arbeitnehmers vorlagen (vgl. BFH v. 28.2.1992, VI R 146/87, BStBl II 1992, 733).

c) Nachforderung vom Arbeitgeber

1535 Ist in einer **größeren Zahl von Fällen** Lohnsteuer nachzuerheben, weil der Arbeitgeber die Lohnsteuer nicht vorschriftsmäßig einbehalten hat, kann das Betriebsstättenfinanzamt auf Antrag des Arbeitgebers die **Pauschalbesteuerung** nach § 40 Abs. 1 Satz 1 Nr. 2 EStG zulassen (vgl. dazu zuletzt BFH v. 7.2.2002, VI R 80/00, BStBl II 2002, 438 sowie HFR 2002, 523 mit Anmerkung), wonach ein nach § 40 Abs. 1 Satz 1 Nr. 2 EStG ergangener Lohnsteuer-Pauschalierungsbescheid nicht deshalb nichtig ist, weil der Arbeitgeber keinen Pauschalierungsantrag gestellt hat). Demgegenüber kann der Arbeitgeber Zuwendungen an Arbeitnehmer in Fällen des § 40 Abs. 2 EStG ohne besondere Genehmigung pauschal besteuern. Dies gilt auch für die Bezüge von Teilzeitbeschäftigten (§ 40a EStG) und für bestimmte Zukunftssicherungsleistungen (§ 40b EStG).

Der Arbeitgeber hat **in diesen Fällen kraft Gesetzes die pauschale Lohnsteuer zu übernehmen und ist Steuerschuldner** der pauschalen Lohnsteuer (§ 40 Abs. 3 Sätze 1 und 2, § 40a Abs. 5 und § 40b Abs. 4 EStG). Lohnsteuer-Festsetzungen (Lohnsteuer-Nachforderungen) können daher nur gegen den Arbeitgeber als Steuerschuldner und nur mittels **Steuerbescheid** (Nachforderungsbescheid) erfolgen (zuletzt BFH v. 30.4.2009, VI R 55/07, BStBl II 2009, 726). Nach § 42d Abs. 4 Satz 2 EStG ist auch eine **Anerkenntniserklärung** möglich. Die Anerkenntniserklärung steht einer Lohnsteuer-Anmeldung gleich (§ 167 Abs. 1 Satz 3 AO).

Führt die Lohnsteuer-Außenprüfung zu einer **Nachforderung von pauschaler Lohnsteuer** und hat der Arbeitgeber seine Zahlungsverpflichtung nach Abschluss der Lohnsteuer-Außenprüfung nicht bereits schriftlich anerkannt, so erteilt das Betriebsstättenfinanzamt einen **Nachforderungsbescheid**.

Ist auf Grund einer Lohnsteuer-Außenprüfung für einen bestimmten Zeitraum ein Nachforderungsbescheid ergangen, dem ein bestimmter Sachverhalt zu Grunde lag, und wird bei einer **nachfolgenden Lohnsteuer-Außenprüfung für den gleichen Zeitraum ein weiterer lohnsteuerpflichtiger Sachverhalt aufgedeckt**, so kann nach Aufhebung des Vorbehalts der Nachprüfung für die betroffenen Lohnsteuer-Anmeldungen im Hinblick auf die **Änderungssperre** des § 173 Abs. 2 AO grundsätzlich kein zusätzlicher Nachforderungsbescheid erlassen werden.

Wenn ein Arbeitgeber die **Lohnsteuer trotz gesetzlicher Verpflichtung nicht anmeldet** und abführt, kann das Finanzamt sie durch **Schätzungsbescheid** festsetzen, auch wenn gleichzeitig die Voraussetzungen für den Erlass eines Haftungsbescheids nach § 42d Abs. 1 Nr. 1 EStG erfüllt sein können (BFH v. 7.7.2004, VI R 168/01, www.stotax-first.de).

d) Steuerbescheid

1536 Für den Steuerschuldner wird die Steuer durch **Steuerbescheid** festgesetzt (§ 155 Abs. 1 AO), soweit in den Steuergesetzen nichts anderes vorgeschrieben ist. Der Steuerbescheid ist vom Finanzamt schriftlich zu erteilen. Ergeht ein Steuerbescheid **(Nachforderungsbescheid)** auf Grund einer Lohnsteuer-Außenprüfung, so kann zur Begründung ggf. auf die Ausführungen im Prüfungsbericht verwiesen werden (BFH v. 28.11.1990, VI R 115/87, BStBl II 1991, 488).

4. Änderung wegen neuer Tatsachen und neuer Beweismittel, Änderungssperre (§ 173 AO)

a) Haftungsbescheide

1537 Der Arbeitgeber haftet grundsätzlich auch dann, wenn die Einkommensteuerfestsetzung des Arbeitnehmers bestandskräftig und verfahrensrechtlich nicht mehr änderbar ist und bezüglich der Einkommensteuerfestsetzung bereits Festsetzungsverjährung eingetreten ist oder der Arbeitnehmer für das Kalenderjahr keine Einkommensteuer schuldet (BFH v. 6.3.2008, VI R 5/05, BStBl II 2008, 597).

b) Nachforderungsbescheide

1538 Wird im Rahmen einer Lohnsteuer-Außenprüfung die nachzuerhebende Lohnsteuer auf Antrag oder mit Zustimmung des Arbeitgebers **pauschal erhoben** (§§ 40 bis 40b EStG), so wird der **Arbeitgeber Schuldner der Lohnsteuer**. Die pauschale Lohnsteuer entsteht nach Auffassung des BFH (BFH v. 6.5.1994, VI R 47/93, BStBl II 1994, 715) im **Zeitpunkt des Zuflusses des Arbeitslohns beim Arbeitnehmer**. Die Pauschalsteuer ist deshalb im Nachforderungsbescheid als Steuerschuld des jeweiligen Jahres auszuweisen, in dem der Arbeitslohn zugeflossen ist.

Für die Nacherhebung **pauschaler Lohnsteuer** durch **Nachforderungsbescheid (Steuerbescheid)** gelten im Wesentlichen dieselben Grundsätze wie für Haftungsbescheide, die **Zahlungsfrist** beträgt auch hier **einen Monat** (R 42d.1 Abs. 7 LStR). Der Nachforderungsbescheid lässt die **Lohnsteuer-Anmeldungen unberührt**; er bezieht sich auf bestimmte steuerpflichtige Sachverhalte (R 42d.1 Abs. 6 Satz 2 LStR).

Wird der **Arbeitgeber zugleich als Haftungsschuldner** in Anspruch genommen, so ist die **Steuerschuld von der Haftungsschuld zu trennen**. Dies kann im Entscheidungssatz des zusammengefassten Steuer- und Haftungsbescheids, in der Begründung dieses Bescheids oder in dem dem Arbeitgeber bereits bekannten oder beigefügten Bericht einer Lohnsteuer-Außenprüfung, auf den zur Begründung Bezug genommen ist, geschehen (BFH v. 1.8.1985, VI R 28/79, BStBl II 1985, 664). Steuerschuld und Haftungsschuld können **äußerlich in einer Verfügung verbunden** werden (BFH v. 16.11.1984, VI R 176/82, BStBl II 1985, 266). Wegen weiterer Einzelfragen s. R 42d.1 Abs. 6 LStR sowie H 42d.1 (Zusammengefasster Steuer- und Haftungsbescheid) LStH.

c) Änderungssperre

1539 Wurde nach einer ergebnislosen Lohnsteuer-Außenprüfung der Vorbehalt der Nachprüfung aufgehoben, steht nach Auffassung des BFH einer Änderung der betroffenen Lohnsteuer-Anmeldungen wegen nachträglich bekannt gewordener **neuer Tatsachen** nach § 173 Abs. 1 AO durch Erlass eines **Haftungs- oder Nachforderungsbescheids gegen den Arbeitgeber die Änderungssperre des § 173 Abs. 2 AO entgegen**, es sei denn, es liegt eine Steuerhinterziehung oder eine leichtfertige Steuerverkürzung vor.

Gleiches gilt, wenn nach einer Lohnsteuer-Außenprüfung bereits **Haftungs- oder Nachforderungsbescheide ergangen sind** und später für die gleichen Anmeldungszeiträume neue Tatsachen i.S.d. § 173 Abs. 1 AO bekannt werden, vgl. H 42d.1 (Haftungsverfahren) LStH.

Hebt das Finanzamt im Anschluss an eine Lohnsteuer-Außenprüfung den **Vorbehalt der Nachprüfung** für die Lohnsteuer-Anmeldungen des Prüfungszeitraums **ohne jede Einschränkung oder Bedingung auf**, so kann es auf Grund der Änderungssperre des § 173 Abs. 2 AO den Arbeitgeber für Lohnsteuer, die im Prüfungszeitraum entstanden ist, selbst dann nicht mehr als Haftungsschuldner in Anspruch nehmen, wenn im Prüfungsbericht auf die Möglichkeit einer späteren Inanspruchnahme für den Fall hingewiesen wurde, dass die **Lohnsteuer nicht von den Arbeitnehmern gezahlt** wird (BFH v. 17.2.1995, VI R 52/94, BStBl II 1995, 555).

Damit bei beabsichtigter vorrangiger Inanspruchnahme der Arbeitnehmer der spätere Rückgriff auf den Arbeitgeber nicht an der Änderungssperre scheitert, erlassen die Finanzämter gegenüber dem Arbeitgeber

– einen Haftungsbescheid (mit Leistungsgebot) über die unstreitig bei ihm anzufordernden Lohnsteuerbeträge und

– einen weiteren – zunächst nicht mit einem Leistungsgebot versehenen – Haftungsbescheid über diejenigen Beträge, die vorerst bei den Arbeitnehmern angefordert werden.

In dem weiteren Haftungsbescheid wird der Arbeitgeber darauf hingewiesen, dass er die festgesetzte Haftungsforderung vorerst nicht zu begleichen hat, weil insoweit vorrangig die Arbeitnehmer in Anspruch genommen werden. Dieser Hinweis ist als abweichende Fälligkeitsbestimmung i.S.d. § 220 Abs. 2 Satz 1 AO anzusehen, so dass die Haftungsforderung nicht bereits mit Bekanntgabe des Haftungsbescheids fällig wird. Die Finanzämter sollen darauf achten, dass bei Aufhebung des Vorbehalts der Nachprüfung für die Lohnsteueranmeldungen des Prüfungszeitraums beide Haftungsbescheide bekannt gegeben worden sind.

Die Aufhebung des Vorbehalts der Nachprüfung soll daher mit dem zuletzt ergehenden Haftungs- und Nachforderungsbescheid erfolgen. Außerdem soll der Eintritt der Zahlungsverjährung durch geeignete Maßnahmen überwacht werden (FinMin Sachsen v. 19.5.1998, 31 – S 0337 – 3/23–28697, www.stotax-first.de).

Soweit die bestandskräftigen Mehrergebnisse in vollem Umfang durch den Arbeitnehmer gezahlt werden, wird der an den Arbeitgeber gerichtete Haftungsbescheid zurückgenommen.

Auf Sachverhalte, die sich auf **andere Steuerarten** auswirken (z.B. Arbeitsverhältnisse zwischen Ehegatten, Bezüge von Gesellschafter-Geschäftsführern), findet die o.g. Rechtsprechung des BFH zur Änderungssperre keine Anwendung.

Die Änderungssperre betrifft nur die Lohnsteuer-Anmeldungen des geprüften Zeitraums, für die der Vorbehalt der Nachprüfung aufgehoben wurde. Sie wirkt nur gegenüber dem Arbeitgeber und **schließt damit eine unmittelbare Inanspruchnahme des Arbeitnehmers als Steuerschuldner nicht aus.**

5. Vorbehalt der Nachprüfung

a) Allgemeines

1540 Eine **Lohnsteuer-Anmeldung** (§ 41a Abs. 1 Nr. 1 EStG) steht nach § 168 Satz 1 AO kraft Gesetzes einer Steuerfestsetzung unter dem Vorbehalt der Nachprüfung gleich. Damit wird eine weitgehende Beseitigung der materiellen Bestandskraft zu Gunsten wie zu Ungunsten des Arbeitgebers bewirkt. Trotzdem ist gegen die Lohnsteuer-Anmeldung als Rechtsbehelf der **Einspruch** gegeben (§ 347 Abs. 1 Nr. 1 AO).

b) Aufhebung, Wirkung der Aufhebung

1541 Solange der **Vorbehalt wirksam** ist, kann die **Steuerfestsetzung** durch das Finanzamt **jederzeit aufgehoben oder geändert** werden (§ 164 Abs. 2 Satz 1 AO).

Der **Vorbehalt selbst kann jederzeit aufgehoben** werden (§ 164 Abs. 3 Satz 1 AO). Er soll nach Auffassung des BFH (BFH v. 30.4.1987, V R 29/79, BStBl II 1987, 486) immer dann aufgehoben werden, wenn der Steuerfall durch eine **Außenprüfung abschließend geprüft** worden ist (§ 164 Abs. 1 Satz 1 und Abs. 3 Satz 3 AO). Kann eine Lohnsteuer-Außenprüfung z.B. **wegen fehlender Unterlagen** für bestimmte Zeiträume ausnahmsweise nicht abschließend durchgeführt werden, so ist für diese Zeiträume der Vorbehalt der Nachprüfung nicht aufzuheben. Ergeben sich nach einer abschließenden Lohnsteuer-Außenprüfung keine Änderungen gegenüber den bisherigen Steuerfestsetzungen, ist der Vorbehalt der Nachprüfung vom Betriebsstättenfinanzamt stets aufzuheben. Wird der **Vorbehalt der Nachprüfung nicht aufgehoben, so wird er mit Ablauf der Festsetzungsfrist wirkungslos** (§ 164 Abs. 4 AO).

Werden bei einer **späteren Lohnsteuer-Außenprüfung lohnsteuerlich noch nicht erfasste Sachverhalte aufgedeckt**, so kann das nach Aufhebung des Vorbehalts wegen der **Änderungssperre** des § 173 Abs. 2 AO beim Arbeitgeber grundsätzlich nicht mehr zu einer Nachforderung von Lohnsteuer führen.

Haftung für Sozialversicherungsbeiträge

1. Allgemeines

1542 Der Arbeitgeber ist verpflichtet, den **Gesamtsozialversicherungsbeitrag** spätestens **bis zum Fälligkeitstag** bei der Einzugsstelle einzuzahlen. Der Gesamtsozialversicherungsbeitrag umfasst dabei den **Arbeitnehmeranteil** und **den vom Arbeitgeber zu tragenden Beitragsanteil**. Werden die Beiträge vom Arbeitgeber nicht bezahlt, haftet er für die gesamten Beitragsansprüche (Arbeitnehmer- und Arbeitgeberanteil) einschließlich der darauf entfallenden **Säumniszuschläge und Stundungszinsen** (§ 28e Abs. 4 SGB IV). Damit der Arbeitgeber den Gesamtsozialversicherungsbeitrag nicht allein tragen muss, räumt der Gesetzgeber dem Arbeitgeber gegen den Beschäftigten einen Anspruch auf den vom Arbeitnehmer zu tragenden Teil des Gesamtsozialversicherungsbeitrags ein (§ 28g Satz 1 SGB IV). Dieser Anspruch kann nur durch **Abzug vom Arbeitsentgelt** geltend gemacht werden. Ein unterbliebener Abzug darf nur bei den **drei nächsten Lohn- oder Gehaltszahlungen** nachgeholt werden. Hat also der Arbeitgeber seit mehreren Monaten die Beiträge nicht einbehalten, haftet er insoweit auch für die Arbeitnehmerbeiträge, die nicht mehr durch einen nachträglichen Lohn- oder Gehaltsabzug zu realisieren sind. Ein Rückgriffsrecht gegenüber dem Arbeitnehmer steht ihm auch **nach bürgerlichem Recht grundsätzlich nicht** zu. Das gilt auch dann, wenn das Beschäftigungsverhältnis beendet ist oder Zahlungen nicht mehr anfallen. Nur wenn den Arbeitgeber kein Verschulden trifft, ist ein weiterer Abzug von Gesamtsozialversicherungsbeiträgen möglich.

> **Beispiel:**
> Der Arbeitgeber unterlässt den Beitragsabzug, weil er vom Versicherungsträger eine unrichtige Auskunft erhalten hat. Ihn trifft insoweit kein Verschulden, d.h. sein Rückgriffsrecht ist nicht auf die nächsten drei Lohnzahlungszeiträume beschränkt. Dies gilt jedoch nicht, wenn der Arbeitgeber den Beitragsabzug lediglich aus Rechtsirrtum unterlassen hat.

Eine Besonderheit liegt vor, wenn der Beschäftigte seinen **Auskunftspflichten** gegenüber dem Arbeitgeber vorsätzlich oder grob fahrlässig nicht nachkommt. Dies ist z.B. dann der Fall, wenn ein geringfügig beschäftigter Arbeitnehmer seinem Arbeitgeber **die weitere geringfügige Beschäftigung verschweigt**, obwohl diese durch die Zusammenrechnung der Arbeitszeiten und der Arbeitsentgelte versicherungspflichtig werden würde. Für den durch die Nichtabführung der Beiträge entstandenen Schaden haftet der Arbeitnehmer in Höhe der Arbeitnehmeranteile. Hier gilt nicht die einschränkende Abzugsmöglichkeit in den drei nächsten Entgeltabrechnungszeiträumen.

2. Generalunternehmerhaftung in der Bauwirtschaft

1543 Ein **Unternehmer des Baugewerbes**, der einen anderen Unternehmer mit der Erbringung von Bauleistungen beauftragt, haftet für die Erfüllung der Zahlungspflicht dieses Unternehmers oder eines von diesem Unternehmer beauftragten Verleihers wie ein selbstschuldnerischer Bürge (vgl. § 28e SGB IV). Dies gilt auch für vom Nachunternehmer gegenüber ausländischen Sozialversicherungsträgern abzuführende Beiträge. Die Haftung entfällt, wenn der Unternehmer nachweist, dass er davon ausgehen konnte, dass der Nachunternehmer oder ein von ihm beauftragter Verleiher seine Zahlungspflicht erfüllt. Laut der Begründung des Gesetzes zur Erleichterung der Bekämpfung von illegaler Beschäftigung und Schwarzarbeit v. 23.7.2002 (BT-Drucks. 14/8221) hat der Generalunternehmer hierfür nachzuweisen, dass er bei der Auswahl der Nachunternehmer die Sorgfaltspflicht eines ordentlichen Kaufmanns angewandt hat. Dazu gehört beispielsweise die Prüfung des Angebots des Nachunternehmers darauf, ob bei den Lohnkosten Sozialversicherungsbeiträge zutreffend einkalkuliert sind. Einfluss auf den Umfang der Prüfung könne auch haben, ob der Nachunternehmer eine Freistellungsbescheinigung der Finanzbehörde über die Erfüllung seiner Steuerpflicht nach dem Gesetz zur Eindämmung der illegalen Beschäftigung im Baugewerbe oder Bescheinigungen der Einzugsstellen für den Gesamtsozialversicherungsbeitrag über die Erfüllung seiner Zahlungspflichten vorlege. Diese gesetzliche Neuregelung gilt ab einem geschätzten Gesamtbauwert aller für ein Bauwerk in Auftrag gegebenen Bauleistungen von 275 000 €.

Der Unternehmer, der im Auftrag eines anderen Unternehmers Bauleistungen erbringt, ist verpflichtet, auf Verlangen der Einzugsstelle Firma und Anschrift dieses Unternehmens mitzuteilen. Kann der Auskunftsanspruch nicht durchgesetzt werden, hat der Unternehmer, der einen Gesamtauftrag für die Erbringung von Bauleistungen für ein Bauwerk erhält, der Einzugsstelle auf Verlangen Firma und Anschrift aller Unternehmer, die von ihm mit der Erbringung von Bauleistungen beauftragt wurden, zu benennen.

Die Haftung des Unternehmers erstreckt sich auf das von dem Nachunternehmer beauftragte nächste Unternehmen, wenn die Beauftragung des unmittelbaren Nachunternehmers bei verständiger Würdigung der Gesamtumstände als ein Rechtsgeschäft anzusehen ist, dessen Ziel v.a. die Auflösung der Haftung ist. Maßgeblich für die Würdigung ist die Verkehrsanschauung im Baubereich. Ein Rechtsgeschäft, das als Umgehungstatbestand anzusehen ist, ist i.d.R. anzunehmen,

- wenn der unmittelbare Nachunternehmer weder selbst eigene Bauleistungen noch planerische oder kaufmännische Leistungen erbringt oder

Haftung für Sozialversicherungsbeiträge

keine Sozialversicherungspflicht = ⓢⓥ̷
Sozialversicherungspflicht = ⓢⓥ

- wenn der unmittelbare Nachunternehmer weder technisches noch planerisches oder kaufmännisches Fachpersonal in nennenswertem Umfang beschäftigt oder
- wenn der unmittelbare Nachunternehmer in einem gesellschaftsrechtlichen Abhängigkeitsverhältnis zum Hauptunternehmer steht.

Als Nachweis des Haftungsausschlusses des § 28e Abs. 3d SGB IV dienen Unbedenklichkeitsbescheinigungen der Einzugsstellen. Die Unbedenklichkeitsbescheinigungen sollen zeitnah zur Verfügung gestellt werden. Sie haben künftig eine Gültigkeitsdauer bis zum Ablauf von drei Kalendermonaten nach dem Zeitpunkt der Ausstellung durch die Einzugsstellen. Werden sie nicht erneuert, erlischt ihre Gültigkeit für Arbeitsentgelte, die für Zeiten nach Ablauf der Gültigkeitsdauer erzielt wurden. Die Unbedenklichkeitsbescheinigungen sollen neben dem Zeitraum ihrer Gültigkeit die Anzahl der Arbeitnehmer des Nachunternehmers enthalten, die bei der jeweiligen Krankenkasse versichert sind. Die Anzahl der in den Bescheinigungen genannten Personen muss ausreichen, um die Arbeiten durchführen zu können.

Ab einem geschätzten Gesamtwert aller für das entsprechende Bauwerk in Auftrag gegebenen Bauleistungen von 275 000 € (§ 28e Abs. 3d SGB IV) greift die Haftung des § 28e Abs. 3a SGB IV. Nicht entscheidend ist das einzelne Auftragsvolumen, es kommt auf die Summe aller Bauleistungen des Hauptunternehmers und aller Nachunternehmer an. Für die Schätzung gilt § 3 Vergabeverordnung (VgV). Nach § 3 Abs. 10 VgV ist der maßgebliche Zeitpunkt für die Schätzung des Auftragswerts der Tag der Absendung der Bekanntmachung der beabsichtigten Auftragsvergabe oder die sonstige Einleitung des Vergabeverfahrens. Da § 28e Abs. 3a SGB IV nicht nur bei öffentlichen, sondern bei jeglichen Bauvorhaben gilt, ist § 3 Abs. 10 VgV dahingehend zu verstehen, dass es auf den geschätzten Auftragswert der Gesamtleistung im Zeitpunkt der Beauftragung des Nachunternehmers ankommt. Allerdings muss insbesondere auch § 3 Abs. 2 VgV beachtet werden, wonach der Wert eines beabsichtigten Auftrags nicht in der Absicht geschätzt oder aufgeteilt werden darf, ihn der Anwendung dieser Bestimmung zu entziehen.

Im Hinblick auf die Gefahren einer Haftung nach § 28e Abs. 3a SGB IV erscheint es deswegen ratsam, die Auftragssumme der Gesamtleistung – sofern diese nicht schon feststeht – bei der Entscheidung über die vertragliche Gestaltung der Nachunternehmerverträge und der Frage einer Absicherung genau zu prüfen. Diese Einschränkung gilt nicht für die Haftung des Hauptunternehmers bezüglich des Beitrags zur gesetzlichen Unfallversicherung, da § 150 Abs. 3 SGB IV nur auf § 28e Abs. 3a SGB IV verweist (Besprechung der Spitzenverbände der Sozialversicherungsträger mit Vertretern der Bauwirtschaft am 13.1.2003).

Eine Entlastung des Generalunternehmers ist allein über die Präqualifikation des Auftragnehmers möglich (§ 28e Abs. 3f SGB IV). Präqualifikation ist die vorgelagerte, auftragsunabhängige Prüfung der Eignungsnachweise entsprechend der Anforderungen nach der VOB. Damit kann jedes an öffentlichen Aufträgen interessierte Unternehmen künftig seine Eignung gegenüber den öffentlichen Auftraggebern zu erheblich reduzierten Kosten nachweisen.

Bis auf Weiteres werden noch sog. Unbedenklichkeitsbescheinigungen der Einzugsstellen als zweite Entlastungsmöglichkeit zugelassen, bis die Präqualifikation die in der Breite erforderliche Anwendung findet. Weitere Entlastungsmöglichkeiten sollen jedoch im Interesse der Rechtssicherheit und zur Bekämpfung von Schwarzarbeit sofort ausgeschlossen sein. Zu weiteren Einzelheiten auch → *Summenbescheid* Rz. 2832.

3. Zahlungsunfähigkeit

1544 Zahlungsunfähigkeit, Betriebseinstellung, Insolvenz o.Ä. eines Arbeitgebers führen nicht zu einem Erlöschen des Anspruchs auf Beitragszahlung; die **Verpflichtung (Haftung) für die Zahlung der Sozialversicherungsbeiträge besteht fort**.

Hinsichtlich der **unterlassenen Abführung der Arbeitnehmeranteile** an den Sozialversicherungsbeiträgen ist auf die Vorschrift des **§ 266a StGB** hinzuweisen. Da die abzuführenden Gesamtsozialversicherungsbeiträge im Regelfall nur zur Hälfte aus dem Vermögen des Betriebes (Arbeitgebers) aufzubringen sind (Arbeitgeberanteile), der andere Teil aber einbehaltenes Arbeitsentgelt des Beschäftigten darstellt (Arbeitnehmeranteile), der von dem verantwortlichen Arbeitgeber nur **treuhänderisch bis zur Abführung** an die Einzugsstelle verwaltet wird, stellt § 266a StGB die **Nichtabführung dieser Arbeitnehmeranteile unter Strafe**. Der Tatbestand wird von den Staatsanwaltschaften „von Amts wegen" verfolgt.

Für die Verwirklichung des Straftatbestandes (§ 266a StGB) genügt, dass die Arbeitnehmeranteile am Fälligkeitstag der berechtigten Einzugsstelle vorenthalten wurden. Nach der Rechtsprechung des BSG (Urteil v. 30.8.1994, 12 RK 59/92, www.stotax-first.de) werden Sozialversicherungsbeiträge **unabhängig von der tatsächlichen Auszahlung** des ihnen zu Grunde liegenden (geschuldeten und fälligen) Arbeitsentgelts am **Zahltag fällig**. Der BGH (Urteil v. 16.5.2000, VI ZR 90/99, www.stotax-first.de) hat bestätigt, dass Arbeitnehmer-Beiträge zur Sozialversicherung auch dann i.S.d. § 266a Abs. 1 StGB vorenthalten sind, wenn für den betreffenden Zeitraum kein Lohn an die Arbeitnehmer ausgezahlt worden ist.

§ 266a StGB betraf bisher nicht nur das Vorenthalten von Arbeitnehmeranteilen zur Sozialversicherung, sondern auch die Nichtanmeldung und das Nichtabführen von Arbeitgeberanteilen stellt einen Straftatbestand i.S.d. § 266a StGB dar. Die Nichtabführung der Arbeitgeberanteile kann in gleicher Weise geahndet werden wie die Nichtabführung der Arbeitnehmeranteile.

Haftungsschulden

→ *Werbungskosten* Rz. 3182

Handelsvertreter

→ *Vertreter* Rz. 3062

Handy

→ *Computer* Rz. 782, → *Telekommunikation* Rz. 2852

Hausbrand

→ *Arbeitslohn-ABC* Rz. 255

Haushaltsfreibetrag

1. Allgemeines

1545 Der **Haushaltsfreibetrag**, der die kindbedingte Verteuerung des Haushalts bei Alleinerziehenden ausgleichen sollte und im Lohnsteuerverfahren der Steuerklasse II entsprach, ist im Haushaltsbegleitgesetz 2004 v. 29.12.2003, BGBl. I 2003, 3076 im Zusammenhang mit dem teilweisen Vorziehen der dritten Stufe der Steuerreform auf das Jahr 2004 bereits **ab 1.1.2004 – und damit vorzeitig – gestrichen** worden. Er sollte für das Jahr 2004 1 188 € betragen und erst ab dem Jahr 2005 ganz wegfallen. Mit der Streichung ist der Gesetzgeber einer Forderung des **BVerfG** nachgekommen (BVerfG v. 10.11.1998, 2 BvR 1057/91, 2 BvR 1226/91, 2 BvR 980/91, BStBl II 1999, 182).

Die Frage, ob der Gesetzgeber den Haushaltsfreibetrag überhaupt streichen durfte (er wird von vielen Alleinerziehenden als „Ausgleich" für den verheirateten zusammenlebenden Eltern gewährten Splittingtarif empfunden), wird möglicherweise nochmals dem **BVerfG vorgelegt** werden; mehrere Verfassungsbeschwerden sind lediglich aus verfahrensrechtlichen Gründen nicht angenommen worden (zuletzt BVerfG v. 24.7.2009, 2 BvR 2261/06, StEd 2009, 546).

Zusammen veranlagte Ehegatten haben jedenfalls keinen Anspruch auf den (früheren) Haushaltsfreibetrag (BFH v. 5.10.2004, VIII R 38/03, HFR 2005, 242, Verfassungsbeschwerde vom BVerfG als unzulässig verworfen, BVerfG v. 22.5.2009, 2 BvR 2240/04, ebenso vom EGMR, Beschluss v. 7.2.2013, 43576/09, NWB 11/2013, 738).

2. Entlastungsbetrag für Alleinerziehende (§ 24b EStG)

1546 Der Gesetzgeber hat jedoch anerkannt, dass „echte Alleinerziehende" gegenüber anderen Erziehenden höhere Lebenshaltungskosten haben und deshalb in § 24b EStG einen neuen Freibetrag eingeführt. Dieser Freibetrag soll zwar „auf Dauer gewährt werden", ist allerdings an engere Voraussetzungen geknüpft (z.B. keine Berücksichtigung bei nichtehelichen Lebensgemeinschaften).

Weitere Einzelheiten → *Entlastungsbetrag für Alleinerziehende* Rz. 1112.

Haushaltshilfe/Hausgehilfe

1. Hausgehilfe

1547 Ein in den **Haushalt aufgenommener** oder dort **voll beschäftigter** sog. Hausgehilfe ist **Arbeitnehmer**.

Dies gilt auch bei nur **stundenweiser Beschäftigung**, wenn ein **Arbeitsvertrag** abgeschlossen worden ist, in dem Arbeitszeiten sowie -umfang im Wesentlichen vorgegeben sind (vgl. FG Baden-Württemberg v. 31.8.1978, VI 259/75, EFG 1979, 238 betr. Reinigung von Schulen auf Grund eines mit einer Gemeinde abgeschlossenen Werkvertrags).

Eine **Haushaltshilfe aus einem osteuropäischen EU-Mitgliedstaat**, die über einen Gewerbeschein der Gewerbebehörde ihres Wohnorts verfügt, einen Betreuungsvertrag mit einer hilfsbedürftigen Person bzw. deren Angehörigen schließt, für drei Monate im Haushalt der hilfsbedürftigen Person lebt, während dieser Zeit unentgeltlich Kost und Logis erhält, sämtliche Hausarbeiten übernimmt und Hilfe bei Arztbesuchen leistet, ist als Arbeitnehmer anzusehen (FinMin Schleswig-Holstein v. 23.4.2008, S 7104 – VI 326, www.stotax-first.de).

2. Haushaltshilfe

1548 Bei nur **stundenweise beschäftigten Haushaltshilfen** hält es der BFH dagegen eher für möglich, dass eine **selbständige (gewerbliche) Tätigkeit** vorliegt, weil die Beziehungen zwischen dem Stpfl. und der Haushaltshilfe wesentlich **freier** gestaltet werden können (BFH v. 19.1.1979, VI R 28/77, BStBl II 1979, 326). Dies gilt besonders für Beschäftigungen in **Privathaushalten**, wenn eine Haushaltshilfe – ohne an eine bestimmte Arbeitszeit gebunden zu sein und ohne nähere Anweisungen zu erhalten – in ganz unregelmäßigen Zeitabständen den allgemein gehaltenen Auftrag: „sauber zu machen" erfüllt (FG Berlin v. 20.10.1970, III 66/69, www.stotax-first.de).

Wer auf Grund eines gegenseitigen Vertrags für einen anderen (im Urteilsfall der Nachbar) auf dessen Lebenszeit – wenn auch begrenzt auf eine Höchstdauer, die dessen mittlere statistische Lebenserwartung deutlich übersteigt – hauswirtschaftliche und pflegerische Leistungen erbringt, ohne dabei weisungsgebunden zu sein, und als Gegenleistung ein Hausgrundstück übertragen erhält, erzielt **Einkünfte aus Gewerbebetrieb** (BFH v. 20.3.2013, X R 15/11, HFR 2013, 1101).

Beispiel:
A hilft ihrer Nachbarin B in deren Haus gegen einen Stundenlohn von 10 € beim Saubermachen. Welche Arbeiten zu welchem Zeitpunkt zu leisten sind, ist A überlassen. Wird keine Arbeit geleistet, weil z.B. A krank ist, wird kein Lohn gezahlt.

Ein Arbeitsverhältnis wird in diesem Fall nicht begründet. Das gilt auch für andere Personen, die für Frau B gelegentlich mehr aus Gefälligkeit tätig werden; z.B. ein Schüler, der gelegentlich im Garten Laub harkt, oder ein Rentner, der im Haus kleinere Reparaturen ausführt und Schnee fegt (FG Berlin v. 20.10.1970, III 66/69, www.stotax-first.de).

Eine entsprechende Auffassung hat auch das FG Thüringen vertreten, weil die Haushaltshilfe selbständig – d.h. ohne Vorgaben – tätig wurde, nur nach den **tatsächlich geleisteten Arbeitsstunden entlohnt** wurde und keine Sozialleistungen vereinbart waren (FG Thüringen v. 27.8.1998, II 227/97, EFG 1999, 235).

3. Verträge mit nahen Angehörigen

1549 Ein **Arbeitsvertrag** über die Tätigkeit als Haushaltshilfe kann auch zwischen **nahen Angehörigen** abgeschlossen werden (BFH v. 6.10.1961, VI 244/61 U, BStBl III 1961, 549 betr. die auswärts wohnende Mutter als Hausgehilfin der berufstätigen Tochter). Etwas anderes gilt dagegen, wenn Mutter und Tochter in einem **gemeinsamen Haus** leben, weil dann die Haushaltsführung üblicherweise auf familienrechtlicher Grundlage unentgeltlich erfolgt (vgl. FG Saarland v. 31.5.1989, 1 K 296/88, EFG 1989, 453). Nicht anzuerkennen sind auch **Arbeitsverträge mit dem Ehegatten** über die Haushaltsführung; Einzelheiten → *Angehörige* Rz. 126.

4. Hauswirtschaftliche Beschäftigungsverhältnisse

1550 Das sog. **Dienstmädchenprivileg** (Sonderausgabenabzug bis zu 18 000 DM im Kalenderjahr) ist ab 1.1.2002 ersatzlos **gestrichen** worden.

Ab 2003 ist eine Steuervergünstigung für Aufwendungen für **haushaltsnahe Beschäftigungsverhältnisse** und für die Inanspruchnahme **haushaltsnaher Dienstleistungen** eingeführt worden (§ 35a EStG), → *Haushaltsnahe Beschäftigungsverhältnisse und Dienstleistungen: Steuerermäßigung* Rz. 1553.

5. Gewährung einer Haushaltshilfe im Krankheitsfall

1551 Versicherte, die z.B. wegen Krankenhausbehandlung den Haushalt nicht weiterführen können, haben Anspruch auf die Gewährung einer Haushaltshilfe als **Sachleistung aus der gesetzlichen Krankenkasse**. Kann eine Haushaltshilfe von der Krankenkasse nicht gestellt werden, ist der Versicherte berechtigt, sich eine Ersatzkraft selbst zu beschaffen. Die Übernahme der Führung des Haushalts durch eine im Haushalt lebende Person, die hierfür unbezahlten Urlaub nimmt, wird so behandelt, als ob der Versicherte selbst eine Ersatzkraft beschafft hätte. Die Krankenkasse erstattet in diesem Fall das ausgefallene Nettoarbeitsentgelt bis zur Höhe des Betrags, den der Leistungsträger für eine selbst beschaffte, nicht verwandte Ersatzkraft aufzuwenden gehabt hätte (§ 38 Abs. 4 SGB V). Häufig nimmt in diesen Fällen der nicht erkrankte **Ehepartner Urlaub**, um die Haushaltsführung zu übernehmen. Für die Finanzämter wird dieser Sachverhalt daran erkennbar, dass in der Lohnsteuerbescheinigung des Ehepartners, der den Haushalt weiterführt, vom Arbeitgeber der Großbuchstabe „U" eingetragen wird, wenn der Anspruch auf Arbeitslohn für mindestens fünf aufeinander folgende Arbeitstage weggefallen ist.

Die **Erstattung des Verdienstausfalls** nach § 38 Abs. 4 SGB V ist zwar eine dem Krankengeld vergleichbare steuerfreie Lohnersatzleistung, unterliegt aber **nicht dem Progressionsvorbehalt** (BFH v. 17.6.2005, VI R 109/00, BStBl II 2006, 17).

6. Besteuerung von Pflegekräften aus den EU-Beitrittsländern

1552 Für Arbeitnehmer aus den EU-Beitrittsländern sind die bisherigen arbeitsrechtlichen Beschränkungen für die Aufnahme einer Tätigkeit im Inland seit dem 1.5.2011 weggefallen.

Haushaltsnahe Beschäftigungsverhältnisse und Dienstleistungen: Steuerermäßigung

1. Allgemeines

1553 Die zuletzt ab 2008 deutlich verbesserte Steuerermäßigung nach § 35a EStG wird gewährt für (nur Arbeitskosten!)

– haushaltsnahe **Beschäftigungsverhältnisse** (§ 35a Abs. 1 und Abs. 2 Satz 1 EStG),

– für die Inanspruchnahme **haushaltsnaher Dienstleistungen** (§ 35a Abs. 2 Satz 1 EStG),

Haushaltsnahe Beschäftigungsverhältnisse und Dienstleistungen: Steuerermäßigung

keine Sozialversicherungspflicht = (SV)
Sozialversicherungspflicht = (SV)

- für die Inanspruchnahme von **Pflege- und Betreuungsleistungen** (§ 35a Abs. 2 Satz 2 EStG),

- für Aufwendungen, die einem Stpfl. wegen der **Unterbringung in einem Heim oder zur dauernden Pflege** erwachsen, soweit darin Kosten für Dienstleistungen enthalten sind, die mit denen einer Hilfe im Haushalt vergleichbar sind (§ 35a Abs. 2 Satz 2 EStG, der an die Stelle des bisherigen § 33a Abs. 3 EStG a.F. tritt),

- für die Inanspruchnahme von **Handwerkerleistungen für Renovierungs-, Erhaltungs- und Modernisierungsmaßnahmen** mit Ausnahme der nach dem CO^2-Gebäudesanierungsprogramm der KfW Förderbank geförderten Maßnahmen (§ 35a Abs. 3 EStG).

Die Steuerermäßigung kann nur in Anspruch genommen werden, wenn das Beschäftigungsverhältnis, die Dienstleistung oder die Handwerkerleistung in einem in der **Europäischen Union** oder dem Europäischen Wirtschaftsraum liegenden Haushalt des Stpfl. oder bei Pflege- und Betreuungsleistungen in einem Haushalt der gepflegten oder betreuten Person ausgeübt oder erbracht wird und das Heim oder der Ort der dauernden Pflege in der Europäischen Union oder dem Europäischen Wirtschaftsraum liegt (§ 35a Abs. 4 EStG).

Voraussetzung für die Steuerermäßigung bei haushaltsnahen Dienstleistungen und Handwerkerleistungen ist, dass der Stpfl. für die Aufwendungen eine **Rechnung erhalten** hat und die Zahlung auf das **Konto des Erbringers** der haushaltsnahen Dienstleistung, der Handwerkerleistung oder der Pflege- oder Betreuungsleistung erfolgt ist (§ 35a Abs. 5 Satz 3 EStG). **Barzahlungen sind nicht begünstigt** (zuletzt BFH v. 30.7.2013, VI B 31/13, www.stotax-first.de, m.w.N.).

Diese Regelung bezieht sich dagegen **nicht auf haushaltsnahe Beschäftigungsverhältnisse** (§ 35a Abs. 1 und 2 erste Alternative EStG). Eine Barzahlung des jeweiligen Arbeitslohns im Rahmen solcher Beschäftigungsverhältnisse führt daher nicht zur Versagung der Steuerermäßigung (vgl. BT-Drucks. 18/115 v. 29.11.2013). Im Übrigen dient die dem Arbeitgeber von der Minijobzentrale am Jahresende erteilte Bescheinigung nach § 28h Abs. 4 SGB IV als Nachweis. Bei geringfügigen Beschäftigungsverhältnissen gehören die Abgaben für das in den Monaten Juli bis Dezember erzielte Arbeitsentgelt, die erst am 15. Januar des Folgejahres fällig werden, noch zu den begünstigten Aufwendungen des Vorjahres (BMF v. 10.1.2014, IV C 4 – S 2296 – b/07/003 :004, BStBl I 2014, 75, Rdnr. 36 - 38 und 44).

Begünstigt sind nur die Aufwendungen des Stpfl., die nicht zu den Betriebsausgaben oder Werbungskosten gehören (ob sie als solche tatsächlich abgezogen wurden, ist unerheblich!) und soweit sie nicht als Sonderausgaben oder außergewöhnliche Belastung nach §§ 33, 33a EStG berücksichtigt worden sind (§ 35a Abs. 5 Satz 1 EStG).

Da diese Förderung für das Lohnbüro keine Bedeutung hat, soll auf die Darstellung der einzelnen Voraussetzungen verzichtet werden. Die obersten Finanzbehörden haben zur Anwendung des § 35a EStG ein **Anwendungsschreiben** herausgegeben (zuletzt BMF v. 10.1.2014, IV C 4 – S 2296 –b/07/0003 :004, BStBl I 2014, 75). Dies ist allerdings durch **neue BFH-Rechtsprechung** in etlichen Punkten überholt (s. z.B. BFH v. 6.11.2014, VI R 1/13, BStBl II 2015, 481 betr. Dichtigkeitsprüfung als begünstigte Handwerkerleistung sowie zuletzt BFH v. 3.9.2015, VI R 13/15, www.stotax-first.de, betr. Versorgung und Betreuung eines Haustieres als haushaltsnahe Dienstleistung). Nach BMF v. 10.11.2015, IV C 4 – S 2296 – b/07/0003 :007, BStBl I 2015, 876, soll daher schon jetzt für **Schornsteinfegerleistungen** in allen noch offenen Steuerfällen die Steuerermäßigung des § 35a EStG gewährt werden. Das gilt sowohl für Aufwendungen für Mess- oder Überprüfarbeiten einschließlich der Feuerstättenschau, als auch für Aufwendungen für Reinigungs- und Kehrarbeiten sowie sonstige Handwerkerleistungen.

2. Höhe der Förderung

1554 Die Höhe der Förderung ist abhängig von der jeweiligen Tätigkeit; der Abzugsbetrag beträgt im Jahr

- **20 % der Aufwendungen, höchstens 510 € jährlich, bei geringfügiger Beschäftigung** in einem Privathaushalt i.S.d. § 8a SGB IV (§ 35a Abs. 1 EStG),

- **20 % der Aufwendungen, höchstens 4 000 € jährlich bei anderen haushaltsnahen Beschäftigungsverhältnissen** (die keine geringfügige Beschäftigung im vorstehenden Sinne darstellen) und **haushaltsnahen Dienstleistungen** sowie für die Inanspruchnahme von **Pflege- und Betreuungsleistungen**,

- **20 % der Aufwendungen, höchstens 1 200 € bei Inanspruchnahme der o.g. Handwerkerleistungen**.

Aus Vereinfachungsgründen ist die frühere Regelung, dass die Aufwendungen für jeden Kalendermonat, in dem die Voraussetzungen für den Abzug dem Grunde nach nicht vorgelegen haben, um ein Zwölftel zu vermindern sind, entfallen.

3. Lohnsteuerermäßigung

1555 Die als Abzug von der Steuerschuld konzipierte Steuervergünstigung wirkt sich grundsätzlich erst bei der Veranlagung zur Einkommensteuer aus, allenfalls schon bei der Festsetzung von Einkommensteuer-Vorauszahlungen. Damit Arbeitnehmer den Steuervorteil bereits beim Lohnsteuerabzug erhalten, kann nach § 39a Abs. 1 Nr. 5 Buchst. c EStG ein entsprechender **Freibetrag als Lohnsteuerabzugsmerkmal berücksichtigt** werden. Da der „Steuerabzugsbetrag" selbst nicht abgezogen werden kann, wird er durch **Vervierfachung in einen Freibetrag umgerechnet**. Wurde ein Freibetrag berücksichtigt, ist nach Ablauf des Jahrs eine **Veranlagung zur Einkommensteuer** durchzuführen (§ 46 Abs. 2 Nr. 4 EStG).

> **Beispiel:**
> A, Prokurist, beschäftigt für Gartenpflege, Fußwegreinigung und Schneeräumung ein Unternehmen, das dafür monatlich 100 € erhält (im Jahr also 1 200 €).
>
> A kann hierfür im Rahmen seiner Einkommensteuererklärung eine Steuerermäßigung von 20 % von 1 200 € = 240 € geltend machen (der Höchstbetrag von 4 000 € wird nicht überschritten), die bereits als Lohnsteuerabzugsmerkmal berücksichtigt werden kann. Als Freibetrag wird das Vierfache der Steuerermäßigung berücksichtigt, hier also 960 € (4 × 240 €).

Haushaltsscheckverfahren

→ Mini-Jobs Rz. 2047

Häusliche Krankenpflege

1. Hauspflegerinnen

1556 Beauftragt eine **Gemeinde** als Trägerin der örtlichen Sozialhilfe nur von Fall zu Fall Pflegekräfte (Hauspflegerinnen) mit der Pflege kranker und hilfloser Personen, so üben die Pflegekräfte i.d.R. eine **selbständige Tätigkeit** aus. Die ihnen von der Gemeinde gezahlten Gelder unterliegen dann nicht dem Lohnsteuerabzug (FG Düsseldorf v. 26.6.1968, IX 148/66 L, EFG 1968, 540).

2. Ambulante Pflegedienste

1557 Ambulante Pflegedienste, die im Bereich der häuslichen Pflege tätig werden, erzielen regelmäßig Einkünfte aus **Gewerbebetrieb** oder aus **freiberuflicher Tätigkeit** (vgl. zur Abgrenzung ausführlich OFD Frankfurt v. 11.2.1998, S 2246 A – 23 – St II 21, www.stotax-first.de). Die **fest angestellten Mitarbeiter** sind regelmäßig **Arbeitnehmer**. S. im Übrigen die Hinweise im „Arbeitnehmer-ABC" Stichwort „Pflegekräfte" (→ Arbeitnehmer-ABC Rz. 188).

Der Arbeitgeber kann ihnen – sofern die allgemeinen Voraussetzungen vorliegen (→ Reisekosten: Allgemeine Grundsätze Rz. 2409) – **Fahrtkosten und Mehraufwendungen für Verpflegung steuerfrei erstatten**. Das Einsatzgebiet ist **nicht als weiträumiges Tätigkeitsgebiet i.S.d. § 9 Abs. 1 Satz 3 Nr. 4a Satz 3 EStG** anzusehen, selbst wenn es sich auf den Bereich einer Großstadt beschränkt (OFD Magdeburg v. 1.7.1996, S 2353 – 31 – St 225, DB 1996, 1702 sowie BMF v. 24.10.2014, IV C 5 – S 2353/14/10004, BStBl I 2014, 1412 Rdnr. 41).

3. Arbeitsverhältnis zwischen Pflegebedürftigem und Pflegeperson

1558 Beschäftigt der Pflegebedürftige selbst eine Pflegeperson, kann ein **Arbeitsverhältnis** begründet werden. Es gelten hierfür die allgemeinen Voraussetzungen und im Wesentlichen die gleichen Grundsätze wie für die Beschäftigung einer **Hausgehilfin** (→ *Arbeitnehmer* Rz. 173; → *Haushaltshilfe/Hausgehilfe* Rz. 1547; → *Pflegeversicherung* Rz. 2258).

Hat der Stpfl. einen pflegebedürftigen Angehörigen in seinen Haushalt aufgenommen, um ihn dort zu pflegen und zu versorgen, und erhält er dafür aus dem Vermögen des Pflegebedürftigen Geldbeträge, so vollziehen sich diese Leistungen und die empfangenen Zahlungen im Regelfall im **Rahmen der familiären Lebensgemeinschaft**. Sie erfüllen grundsätzlich nicht die Voraussetzungen des Erzielens von Einkünften i.S.d. § 2 EStG, d.h. dass auch **kein Arbeitnehmerverhältnis** begründet wird (zuletzt BFH v. 16.1.2003, IX B 172/02, BStBl II 2003, 301 m.w.N. sowie – zur Sozialversicherung – BSG v. 19.2.1987, 12 RK 45/85, www.stotax-first.de, betr. Abgrenzung zwischen versicherungspflichtiger Beschäftigung und familienhafter Mithilfe bei der Pflege von Angehörigen).

4. Steuerfreiheit nach § 3 Nr. 36 EStG

a) Allgemeines

1559 Nach § 3 Nr. 36 EStG sind Einnahmen für Leistungen zur Grundpflege oder hauswirtschaftlichen Versorgung bis zur Höhe des Pflegegelds nach § 37 SGB XI steuerfrei, wenn diese Leistungen von **Angehörigen** des Pflegebedürftigen oder von anderen Personen, die damit eine sittliche Pflicht i.S.d. § 33 Abs. 2 EStG gegenüber dem Pflegebedürftigen erfüllen, erbracht werden (z.B. Pflege durch ein uneheliches Kind). Einnahmen, die für die Pflege einer mit dem Pflegenden langjährig befreundeten, aber **nicht verwandten Person** bezogen werden, unterliegen der Einkommensteuer und sind nicht nach § 3 Nr. 36 EStG steuerfrei (FG Hessen v. 20.9.2000, 5 K 1668/00, EFG 2001, 125).

b) Zahlungen Pflegebedürftiger an selbst gewählte Pflegepersonen bei Erstattung durch Krankenkasse/Pflegekasse bzw. Sozialleistungsträger

1560 Nach OFD Frankfurt v. 12.7.2013, S 2342 A – 75 – St 213, www.stotax-first.de, StEd 2013, 555 gilt Folgendes:

Nach § 3 Nr. 36 EStG sind Einnahmen für Leistungen zur Grundpflege oder hauswirtschaftlichen Versorgung bis zur Höhe des Pflegegeldes nach § 37 Sozialgesetzbuch (SGB) XI steuerfrei, wenn diese Leistungen von Angehörigen des Pflegebedürftigen oder von anderen Personen, die damit eine sittliche Pflicht i.S.d. § 33 Abs. 2 EStG gegenüber dem Pflegebedürftigen erfüllen, erbracht werden.

Weitergeleitete Erstattungen der Sozialversicherungsträger sind jedoch nur steuerfrei, soweit diese das Pflegegeld der Stufe III nach § 37 SGB XI nicht übersteigen. Nicht erfasst von der Steuerbefreiung sind vom Pflegebedürftigen selbst zusätzlich gewährte Vergütungen. Dies gilt auch, wenn die „Gesamtvergütung" unterhalb der Höhe des Pflegegelds nach § 37 SGB XI bleibt.

Wegen des persönlichen Anwendungsbereichs von § 3 Nr. 36 EStG ist die Steuerfreiheit für Pflegepersonen, die keine Angehörige sind, nur zu gewähren, wenn sie eine sittliche Pflicht i.S.d. § 33 Abs. 2 EStG gegenüber dem Pflegebedürftigen erfüllen. Eine solche sittliche Pflicht kann regelmäßig angenommen werden, wenn die Pflegeperson nur für einen Pflegebedürftigen tätig wird.

Außer auf Leistungen an Pflegebedürftige i.S.d. SGB XI ist § 3 Nr. 36 EStG auch auf vergleichbare Fälle von weitergeleiteten Erstattungen für die Grundpflege und hauswirtschaftliche Versorgung von Hilfsbedürftigen anzuwenden.

Solche vergleichbaren Fälle liegen vor bei

– Erstattungen von Krankenversicherungen nach § 37 SGB V für häusliche Pflege durch Privatpersonen, für selbst beschaffte Haushaltshilfen nach § 38 Abs. 4 SGB und sog. Verhinderungspflege nach § 39 SGB V sowie für entsprechende Leistungen nach dem Bundesversorgungsgesetz (BVG) und Gesetzen, die das BVG für entsprechend anwendbar erklären,

– Leistungen nach dem Recht der gesetzlichen Unfallversicherung,
– Leistungen aus öffentlichen Kassen auf Grund gesetzlich geregelter Unfallversorgung oder Unfallfürsorge,
– Leistungen der Beihilfe nach den Beihilfevorschriften des Bundes und der Länder und Leistungen der freien Heilfürsorge (oder unentgeltliche truppenärztliche Versorgung), wenn der Betreffende trotz Pflegebedürftigkeit (vorübergehend) noch im aktiven Dienst ist (bzw. im Einzelfall sein sollte),
– Leistungen im Sozialhilferecht (SGB XII),
– entsprechende Leistungen aus dem Ausland oder von einer zwischenstaatlichen oder überstaatlichen Einrichtung.

Hinsichtlich der **Verhinderungspflege** ist Folgendes zu beachten:

Das **Sozialrecht** unterscheidet zwischen der eigentlichen Pflegeperson, für die sich die Anspruchsgrundlage auf Pflegegeld aus § 37 SGB XI ergibt, und der Person, die im Falle der Verhinderung der eigentlichen Pflegeperson die Pflege vertretungsweise übernimmt. Für diese sogen. Verhinderungspflege ergibt sich die Anspruchsgrundlage aus § 39 SGB XI.

Steuerlich wird jedoch nicht zwischen der eigentlichen Pflege und der Verhinderungspflege unterschieden. § 3 Nr. 36 EStG enthält eigenständige Tatbestandsmerkmale für die Gewährung der Steuerfreiheit, die von den Regelungen des SGB XI unabhängig sind. Soweit bei der Verhinderungspflege die Voraussetzungen des § 3 Nr. 36 EStG erfüllt sind, kommt hierfür die Steuerbefreiung dem Grunde nach in Betracht, lediglich von der Höhe her erfolgt auch bei der Verhinderungspflege die Begrenzung auf die Beträge des § 37 SGB XI.

Soweit bei der Verhinderungspflege die Tatbestandsmerkmale des § 3 Nr. 36 EStG nicht erfüllt sind oder höhere Beträge gezahlt werden als die in § 37 SGB XI genannten, besteht Steuerpflicht.

Häusliches Arbeitszimmer

→ *Arbeitszimmer* Rz. 313

Hauspflegerin

→ *Haushaltshilfe/Hausgehilfe* Rz. 1547, → *Häusliche Krankenpflege* Rz. 1556

Haustrunk

→ *Arbeitslohn-ABC* Rz. 255, → *Rabatte* Rz. 2351, → *Sachbezüge* Rz. 2598

Heimarbeit

1. Arbeitsrecht

Die Heimarbeit nach den Vorschriften des Heimarbeitsgesetzes hat heute nur noch Randbedeutung. Daher nur folgende Hinweise: **1561**

Bestehen **Zweifel an der rechtlichen Einordnung** – selbständige Unternehmer oder Heimarbeiter –, kommt es nicht allein auf die Vereinbarung, sondern in erster Linie auf die tatsächliche und **praktische Durchführung** der Beziehungen an. Ergibt sich aus dieser praktischen Durchführung eine wirtschaftliche Abhängigkeit vom Unternehmer, so gilt der besondere Schutz des Heimarbeitsgesetzes (vgl. BAG v. 3.4.1990, 3 AZR 258/88, www.stotax-first.de).

Nicht zu den Heimarbeitern zählen die sog. **Außenarbeitnehmer**, die zwar aus verschiedenen Gründen keinen Arbeitsplatz in einem Betrieb haben, sondern in eigener Wohnung oder Werkstatt arbeiten, wenn sie persönlich abhängig und weisungsgebunden in einem Arbeitsverhältnis stehen.

Heimarbeiter haben einen gewissen **Entgeltschutz** durch bindende Festsetzungen und Überwachung der Entgelte und Vertragsbedingungen, §§ 19 ff. HAG.

Heimarbeiter haben als arbeitnehmerähnliche Personen Anspruch auf **Urlaub** und Urlaubsentgelt nach § 12 BUrlG, Anspruch auf **Feiertagsentgelt** nach § 11 EFZG und Anspruch auf **Entgeltfortzahlung** im Krankheitsfall in Form von Zuschlägen zum Arbeitsentgelt nach § 10 EFZG.

Heimarbeit

keine Sozialversicherungspflicht = ⊘SV
Sozialversicherungspflicht = SV

Bei der **Kündigung** des Heimarbeitsverhältnisses sind nach § 29 HAG Kündigungsfristen zu beachten. Das Kündigungsschutzgesetz findet demgegenüber keine Anwendung, wohl aber die **besonderen Kündigungsschutzbestimmungen** für Mutterschutz, Elternzeit und Schwerbehinderte.

Keine Anwendung findet auch die Schutzvorschrift des § 613a BGB auf Heimarbeiter bei einem **Betriebsübergang** (BAG v. 24.3.1998, 9 AZR 218/97, www.stotax-first.de).

Zu weiteren Einzelheiten auch → *Home-Office/Mobile-Office/Telearbeit* Rz. 1571.

2. Lohnsteuer

1562 Die Finanzverwaltung sieht i.d.R.

- **Hausgewerbetreibende und Zwischenmeister als selbständig**
- und nur die **Heimarbeiter als Arbeitnehmer** an (R 15.1 Abs. 2 Satz 1 EStR).

Die Abgrenzung ist jedoch schwierig, weil auch bei Heimarbeitern viele Merkmale vorliegen, die für Selbständigkeit sprechen (keine feste Arbeitszeit, Arbeit in eigenen Räumen, Möglichkeit der Mitarbeit von Angehörigen u.Ä.).

> **Beispiel 1:**
> A war früher bei einem Sozialversicherungsträger angestellt. Sie hat nach ihrem Ausscheiden mit ihrem früheren Arbeitgeber einen Werkvertrag abgeschlossen, wonach sie wöchentlich in Heimarbeit nach ihr ausgehändigten Rentenakten bis zu 25 Kontenspiegel aufzustellen hatte.
> Der BFH hat A trotz Vereinbarung eines Werkvertrags – die arbeits- und sozialversicherungsrechtliche Beurteilung hielt der BFH für unerheblich – als Arbeitnehmer angesehen, weil sie die Arbeit persönlich ausführen musste („Delegieren" an andere Personen war nicht zulässig) und sie kein Unternehmerrisiko trug: Alle Kosten wurden ihr vom Sozialversicherungsträger ersetzt; sie hatte keine Möglichkeit, durch einen größeren Arbeitseinsatz ihre Einkünfte zu erhöhen (BFH v. 13.2.1980, I R 17/78, BStBl II 1980, 303).

> **Beispiel 2:**
> Ein Heimschneider, der nur seine Ehefrau und seine zwei Töchter beschäftigt, ist – unabhängig von der Höhe seines Umsatzes und von der Größe seines Betriebsvermögens – als Arbeitnehmer anzusehen, wenn er ausschließlich für einen einzigen Auftraggeber tätig ist, von diesem die vorbereiteten Zuschnitte und das wesentliche Material erhält und wenn sich seine Vergütung nicht nach dem Stückpreis berechnet, sondern er nach einem Arbeitslohntarif für Heimarbeiter entlohnt wird, wobei ihm Lohnsteuer und Sozialversicherungsbeiträge einbehalten werden und er darüber hinaus den ihm zustehenden Urlaub erhält, Lohnausgleich im Krankheitsfall und arbeitsrechtlichen Kündigungsschutz genießt. Bei einer derartigen Sachlage ist es unerheblich, dass der Heimschneider seine Arbeitsstätte, seine Arbeitszeit und seine Arbeitsmenge selbst bestimmt und er die Arbeitsgeräte selbst stellt und insoweit das Risiko und die Verantwortung trägt (FG Nürnberg v. 7.4.1972, III 154/70, EFG 1972, 503).

Arbeitnehmer sind ferner die nach § 1 Abs. 2a HAG den **Heimarbeitern gleichgestellten Personen**, die i.d.R. allein oder mit ihren Familienangehörigen in eigener Wohnung oder selbst gewählter Betriebsstätte eine sich in regelmäßigen Arbeitsvorgängen wiederholende Arbeit im Auftrag eines anderen gegen Entgelt ausüben, ohne dass ihre Tätigkeit als gewerblich anzusehen oder dass der Auftraggeber ein Gewerbetreibender oder Zwischenmeister ist (R 15.1 Abs. 2 Satz 3 EStR).

Für die **Unterscheidung von Hausgewerbetreibenden und Heimarbeitern** ist von dem Gesamtbild des einzelnen Falles auszugehen:

Heimarbeiter – und somit Arbeitnehmer – ist nicht, wer fremde Hilfskräfte beschäftigt oder die Gefahr des Unternehmens, insbesondere auch wegen wertvoller Betriebsmittel, trägt. Auch eine größere Anzahl von Auftraggebern und ein größeres Betriebsvermögen können die Eigenschaft als Hausgewerbetreibender begründen. Die Tatsache der Zahlung von Sozialversicherungsbeiträgen durch den Auftraggeber ist für die Frage, ob ein Gewerbebetrieb vorliegt, ohne Bedeutung (R 15.1 Abs. 2 Satz 6 ff. EStR).

Ob „**Telearbeiter**" selbständig oder nichtselbständig tätig sind, muss nach den Gesamtumständen des Einzelfalls entschieden werden (→ *Home-Office/Mobile-Office/Telearbeit* Rz. 1573).

Zur Gewährung **steuerfreier Arbeitgeberleistungen** → *Home-Office/Mobile-Office/Telearbeit* Rz. 1574.

3. Sozialversicherung

a) Heimarbeiter

Heimarbeiter gelten als **Beschäftigte** (vgl. § 12 Abs. 2 SGB IV). Heimarbeiter sind in der Kranken-, Pflege-, Renten- und Arbeitslosenversicherung versicherungspflichtig. 1563

Heimarbeiter besitzen im Rahmen der **Entgeltfortzahlung** im Krankheitsfall gegen ihren Auftraggeber einen Anspruch auf Zahlung eines Zuschlags zum Arbeitsentgelt. Bedingt durch den Wegfall des erhöhten Beitragssatzes gilt für den Personenkreis der in Heimarbeit Beschäftigten ab dem 1.1.2009 bei der Berechnung der Krankenversicherungsbeiträge aus dem Arbeitsentgelt der allgemeine Beitragssatz nach § 241 Abs. 1 SGB V (→ *Beiträge zur Sozialversicherung* Rz. 566).

SV

Für den Fall, dass der Arbeitgeber bzw. Auftraggeber den Gesamtsozialversicherungsbeitrag bis zum Fälligkeitstag nicht zahlt, können **Heimarbeiter und Hausgewerbetreibende den Beitrag** selbst zahlen, wobei bei Hausgewerbetreibenden als Gesamtsozialversicherungsbeitrag nur der Beitrag zur Rentenversicherung in Betracht kommt. Soweit Heimarbeiter und Hausgewerbetreibende von der Möglichkeit der Selbsteinzahlung Gebrauch machen, entfällt die Verpflichtung des Arbeitgebers bzw. Auftraggebers zur Zahlung des Gesamtsozialversicherungsbeitrags, nicht jedoch die Aufzeichnungspflicht in den Lohnunterlagen.

Hausgewerbetreibende, die den Gesamtsozialversicherungsbeitrag selbst zahlen, haben auch die Meldungen abzugeben. Das Gleiche gilt für Heimarbeiter. Die Einzugsstellen sind verpflichtet, bei der Abgabe der Meldungen mitzuwirken.

Heimarbeiter und Hausgewerbetreibende, die den Gesamtsozialversicherungsbeitrag zahlen, haben gegen ihren Arbeitgeber bzw. Auftraggeber einen Anspruch auf den vom Arbeitgeber zu tragenden Teil des Gesamtsozialversicherungsbeitrags.

b) Hausgewerbetreibende

Hausgewerbetreibende (vgl. § 12 Abs. 1 SGB IV) sind nach § 2 Nr. 6 SGB VI rentenversicherungspflichtig. In der Kranken-, Pflege- und Arbeitslosenversicherung besteht keine Versicherungspflicht. 1564

4. Heimarbeiterzuschläge

Lohnzuschläge, die den Heimarbeitern zur Abgeltung der mit der Heimarbeit verbundenen Aufwendungen (z.B. Miete, Heizen und Beleuchten der Arbeitsräume, Bereitstellen der Arbeitsgeräte, Zutaten) neben dem Grundlohn gezahlt werden, sind insgesamt aus Vereinfachungsgründen nach § 3 Nr. 30 und 50 EStG **steuerfrei, soweit sie 10 % des Grundlohns nicht übersteigen** (R 9.13 Abs. 2 Satz 1 LStR). Die oberste Finanzbehörde eines Landes kann mit Zustimmung des Bundesministeriums der Finanzen den Prozentsatz für bestimmte Gruppen von Heimarbeitern an die tatsächlichen Verhältnisse anpassen (R 9.13 Abs. 2 Satz 2 LStR). 1565

Im Rahmen dieser Regelung kann auch der pauschale Zuschlag i.H.v. 1,5 % des monatlichen Arbeitsentgelts zum Ausgleich der **Transportkosten** der Heimarbeiter steuerfrei gezahlt werden; eine zusätzliche steuerfreie Erstattung ist also nicht zulässig (BMF v. 6.2.1990, IV B 6 – S 2354 – 27/89 II, www.stotax-first.de).

In Heimarbeit Beschäftigte haben nach dem Entgeltfortzahlungsgesetz zur Absicherung des Krankheitsrisikos gegen ihren Auftraggeber einen Anspruch auf Zahlung eines Zuschlags zum Arbeitsentgelt. Der Zuschlag beträgt für Heimarbeiter und Hausgewerbetreibende ohne fremde Hilfskräfte 3,4 % und für Hausgewerbetreibende mit nicht mehr als zwei fremden Hilfskräften 6,4 %. Nach § 1 Abs. 1 Nr. 5 SvEV ist der Zuschlag nach § 10 EFZG nicht dem Arbeitsentgelt i.S. der Sozialversicherung zuzurechnen, also beitragsfrei. Der Zuschlag unterliegt jedoch der Lohnsteuer.

LSt ⊘SV

Das sog. **Feiertagsgeld** nach § 11 EFZG unterliegt dagegen sowohl der Lohnsteuer als auch der Sozialversicherung.

LSt SV

Heirats- und Geburtsbeihilfen

→ *Arbeitslohn-ABC* Rz. 255

Heizung

→ *Dienstwohnung* Rz. 807

Helfer von Wohlfahrtsverbänden

1566 Ehrenamtliche Helfer von Wohlfahrtsverbänden können grundsätzlich **Arbeitnehmer** mit der Folge sein, dass die Vergütungen dem Lohnsteuerabzug unterliegen. Voraussetzung ist jedoch, dass nicht nur „Aufwandsersatz" geleistet wird. Einzelheiten → *Arbeitnehmer* Rz. 173.

Auch sog. **Ferienbetreuer** können hiernach Arbeitnehmer sein. Die ihnen am Ferienort gewährte **freie Unterkunft und Verpflegung** ist jedoch **kein Arbeitslohn**, wenn eine ihrer wesentlichen Aufgaben in der Überwachung der Teilnehmer während des Essens und Schlafens besteht und diese Tätigkeit während der gesamten Dauer des Aufenthalts ausgeübt werden muss (BFH v. 28.2.1975, VI R 28/73, BStBl II 1976, 134; vgl. auch FG Baden-Württemberg v. 21.3.2013, 3 K 3932/11, EFG 2013, 1353: Kein Ansatz eines Sachbezugs für Unterkunft und Verpflegung bei einem Behindertenbetreuer, der im Heim essen und übernachten muss, da er sich um die behinderten Menschen jederzeit, auch nachts, kümmern und gemeinsam mit diesen Personen die Mahlzeiten einnehmen muss).

Dem Lohnsteuerabzug unterliegen dann lediglich die **Barentschädigungen**, die die Helfer bekommen. Diese sind unter den Voraussetzungen der § 3 Nr. 26 EStG bis 2 400 € bzw. § 3 Nr. 26a EStG bis zu 720 € (Beträge ab 2013) im Jahr steuerfrei (→ *Aufwandsentschädigungen für bestimmte nebenberufliche Tätigkeiten* Rz. 360).

[LSt] [SV]

Hinterbliebenenbezüge

→ *Rechtsnachfolger* Rz. 2404

Hinterlegung des SV-Ausweises

→ *Meldungen für Arbeitnehmer in der Sozialversicherung* Rz. 1989

Hinzurechnungsbetrag

→ *Übertragung des Grundfreibetrags* Rz. 2899

Hinzuverdienstgrenzen

1567 Neben der Rente aus der gesetzlichen Rentenversicherung darf – jedenfalls in einem bestimmten Umfang – Geld hinzuverdient werden. Der Rentenanspruch geht dadurch grundsätzlich nicht verloren.

Rentenempfänger, die die Regelaltersgrenze erreicht haben, dürfen unbeschränkt hinzuverdienen. Bis zum Erreichen der Regelaltersrente sind allerdings bestimmte Hinzuverdienstgrenzen zu beachten.

Ganz anders verhält es sich bei den **Renten wegen Tods** (Erziehungsrente, Witwen- und Witwerrente, Waisenrente). Bei ihnen wird i.d.R. oberhalb des Freibetrags liegendes Einkommen anteilig angerechnet, so dass hierdurch die Rente gemindert werden kann.

Vorzeitige Altersrentner, die eine Rente in voller Höhe erhalten, unterliegen der **einheitlichen Mindest-Hinzuverdienstgrenze i.H.v. 450 €.** Sofern der Hinzuverdienst diese Grenze überschreitet, kann die Rente in Form einer Zwei-Drittel-Rente, einer Ein-Halb-Rente oder einer Ein-Drittel-Rente gewährt werden.

Bei einer **Erwerbsminderungsrente** ist zu unterscheiden, ob die Rente wegen voller oder teilweiser Erwerbsminderung gewährt wird:

– Eine Rente wegen voller Erwerbsminderung wird je nach Hinzuverdienst in voller Höhe, in Drei-Viertel-Höhe, in Höhe der Hälfte oder in Höhe einer Ein-Viertel-Rente gezahlt. Auch hier gilt die Hinzuverdienstgrenze von 450 €.

– Bei einer Teilrente wegen Erwerbsminderung gibt es Rentenzahlungen in Höhe von einem Viertel, in Höhe der Hälfte oder in Höhe von drei Vierteln.

Die jeweilige Hinzuverdienstgrenze darf je Kalenderjahr in zwei Monaten bis zum doppelten Monatswert überschritten werden, ohne dass es zu einer Rentenminderung kommt.

Wie viel im Einzelfall hinzuverdient werden darf, ohne dass der Rentenanspruch verloren geht oder der Höhe nach eingeschränkt wird, hängt von der Rentenart ab. Wegen der gravierenden Auswirkungen ist es empfehlenswert, immer den **Rentenversicherungsträger im Vorfeld zu befragen**. Dieser trifft die Entscheidung, ob eine Berufstätigkeit bzw. eigenes Einkommen „rentenschädlich" ist.

Weitere Informationen finden Sie im Internet unter www.deutsche-rentenversicherung.de/Hinzuverdienst.

Hochschullehrer

1. Arbeitnehmer, Arbeitslohn

Hochschullehrer sind **Arbeitnehmer** und beziehen insoweit **Ar- 1568 beitslohn**. Dies gilt auch für die sog. **Emeritenbezüge** entpflichteter Hochschulprofessoren. Hierbei handelt es sich um Versorgungsbezüge i.S.d. § 19 Abs. 1 Nr. 2 EStG, selbst wenn sie weiterhin Vorlesungen halten (BFH v. 5.11.1993, VI R 24/93, BStBl II 1994, 238).

Bezüge aus einer **freiwillig eingegangenen Lehrtätigkeit des emeritierten Hochschullehrers** sind Arbeitslohn, da er wieder in den Hochschulbetrieb eingegliedert ist und Dienstaufgaben wahrnimmt (OFD Frankfurt v. 3.6.1996, S 2331 A – 17 – St II 30, www.stotax-first.de).

Die unentgeltliche Inanspruchnahme **von Einrichtungen der Hochschule** für außerhalb des Dienstverhältnisses liegende Tätigkeiten ist ein **geldwerter Vorteil** (BFH v. 13.11.1969, IV R 1/68, BStBl II 1970, 117).

Pensionierte Professoren können Forschungsaufwendungen nicht als Werbungskosten geltend machen, wenn außer den Versorgungsbezügen keine Einnahmen erzielt werden (FG Hamburg v. 19.7.2012, 3 K 33/11, www.stotax-first.de).

2. Prüfungsvergütungen

Prüfungsvergütungen sind wie folgt zu behandeln (BFH v. **1569** 29.1.1987, IV R 189/85, BStBl II 1987, 783):

– Die Abnahme von staatlichen Prüfungen, mit denen ein Studium abgeschlossen wird, gehört zu den dienstlichen Obliegenheiten der Hochschullehrer aus dem Hauptamt (sog. **Hochschulprüfungen**). Die hierfür gezahlten Vergütungen sind deshalb Arbeitslohn. Die Steuerbefreiung des § 3 Nr. 26 EStG kann nicht gewährt werden, weil die Einnahmen nicht aus einer nebenberuflichen Tätigkeit bezogen werden (OFD Hannover v. 23.5.1995, S 2332 – 135 – StH 211, www.stotax-first.de).

[LSt] [SV]

– Nicht dazu gehört hingegen die Teilnahme an sog. **Staatsprüfungen**, z.B. die Erste oder Zweite Staatsprüfung. Die Mitwirkung eines Hochschullehrers an Staatsprüfungen kann ungeachtet der dienstrechtlichen Verpflichtung zur Übernahme dieser Prüfungstätigkeit nicht als Bestandteil seiner Haupttätigkeit angesehen werden. Die Prüfungsvergütungen sind daher als Einkünfte aus selbständiger Arbeit zu behandeln (BFH v. 29.1.1987, IV R 189/85, BStBl II 1987, 783; OFD Hannover v. 23.5.1995, S 2332 – 135 – StH 211, www.stotax-first.de).

Vergütungen für eine **Prüfungstätigkeit der emeritierten Hochschullehrer** sind Einkünfte aus selbständiger Arbeit, denn ein emeritierter Hochschullehrer ist nicht verpflichtet, Prüfungen abzunehmen, selbst wenn er sich zu einer weiteren Lehrtätigkeit verpflichtet hat und in dem betreffenden Lehrfach eine Prüfung erforderlich ist.

[LSt] [SV]

3. Aufsichtsvergütungen

Vergütungen für die „reine" Aufsichtsführung bei schriftlichen Prü- **1570** fungsarbeiten sind der Haupttätigkeit zuzurechnen und damit bei den Hochschulbediensteten steuerpflichtiger Arbeitslohn (→ *Aufsichtsvergütungen* Rz. 359; OFD Hannover v. 23.5.1995, S 2332 – 135 – StH 211, www.stotax-first.de).

[LSt] [SV]

Hochschulstudium

→ *Arbeitslohn-ABC* Rz. 255, → *Auszubildende* Rz. 485, → *Studenten* Rz. 2817

Hochzeitsfeier

→ *Werbungskosten* Rz. 3182

Home-Office/Mobile-Office/Telearbeit

1. Allgemeines

1571 Infolge des Ausbaus der elektronischen Kommunikationsmöglichkeiten gewinnt die Telearbeit, auch als Home-Office-Tätigkeit bezeichnet, inzwischen stärkere Bedeutung. Es ist davon auszugehen, dass bei einem Anteil von angeblich etwa 7,7 % im Jahre 2012 auch künftig immer mehr Arbeitsplätze aus der räumlichen Einheit eines Betriebes ausgelagert und z.B. teilweise in den häuslichen Bereich überführt werden. Besondere rechtliche Regelungen existieren derzeit für diese besondere Form der Arbeitsleistung nicht, so dass bei rechtlichen Beurteilungen von den allgemein gültigen Grundsätzen auszugehen ist.

S. ausführlich D. Besgen, Heimarbeit und Telearbeit (Home Office/Mobile Office), B+P 2014, 379.

Zur zukünftigen Entwicklung s. Günther/Böglmüller, Arbeitsrecht 4.0 – Arbeitsrechtliche Herausforderungen in der vierten industriellen Revolution, NZA 2015, 1025; Däubler/Klebe, Crowdwork: Die neue Form der Arbeit – Arbeitgeber auf der Flucht, NZA 2015, 1032; Lingemann/Otte, Arbeitsrechtliche Folgen der „economy on demand", NZA 2015, 1042.

2. Begriffe

1572 Begrifflich werden unter Home-Office-Tätigkeit oder Telearbeit solche Tätigkeiten verstanden, die dezentral an einem aus der direkten betrieblichen Organisation ausgelagerten Arbeitsplatz unter Einsatz informationstechnischer Endgeräte (z.B. „PC") in selbst gewählten oder zur Verfügung gestellten Räumlichkeiten verrichtet werden; dabei besteht über elektronische Kommunikationsnetze eine Verbindung zum Auftraggeber.

Die häufigste Form der Telearbeit ist derzeit wohl die zeitweise auftragsgemäße Arbeit an **häuslicher EDV** mit häufiger oder weniger häufig aufgesuchtem betrieblichen Arbeitsplatz, der über Telekommunikation mit der Datenverarbeitungsanlage des Auftraggebers verbunden ist oder bei der durch Austausch von Datenträgern die Arbeitsleistung zur Verfügung gestellt wird. Nach einer Entscheidung des BAG kann der Telearbeitnehmer Anspruch auf **Nutzungsentschädigung** für die Nutzung der eigenen Räume haben (BAG v. 14.10.2003, 9 AZR 657/02, www.stotax-first.de).

Telearbeit kann auch als **„mobile Telearbeit"** z.B. durch Außendienstmitarbeiter ohne festen Arbeitsplatz geleistet werden. Dabei besteht lediglich die Möglichkeit, Daten über Kommunikationsnetze bei einer zentralen Stelle des Auftraggebers abzurufen oder dorthin zu übermitteln.

Als Vorgabe für die wesentlichen Grundzüge einer einzelvertraglichen Vereinbarung über Telearbeit sollte man sich an der **Rahmenvereinbarung** über Telearbeit der europäischen Sozialpartner v. 16.7.2002 orientieren (abgedruckt in NZA 2002, 1268).

3. Vertragsformen

1573 Telearbeit ist im Wesentlichen in den folgenden Formen anzutreffen:
- Im Rahmen eines abhängigen Beschäftigungsverhältnisses,
- als Heimarbeit,
- als freie Mitarbeit oder
- im Rahmen eines Dienst- bzw. Werkvertrages (Subunternehmervertrag).

Bei der rechtlichen Einordnung eines „Telearbeiters" wird neben der vertraglichen Gestaltung wesentlich **die tatsächliche Ausgestaltung des Vertragsverhältnisses** zu bewerten sein. Eine **Arbeitnehmereigenschaft** wird immer dann anzunehmen sein, wenn der Beschäftigte in seiner Arbeitsleistung „persönlich und wirtschaftlich" abhängig ist, er sich also insgesamt in die betrieblichen Arbeitsabläufe eingliedern muss, Weisungen für sein Tätigwerden entgegenzunehmen und zu befolgen hat, seine Arbeits-, Urlaubs- und Freizeit festgelegt und kontrolliert wird, er also wesentlich wie andere Arbeitnehmer behandelt wird.

Nach einer Entscheidung des LAG Düsseldorf (Urteil v. 10.9.2014, 12 Sa 505/14, www.stotax-first.de) kann der Arbeitgeber eine Home-Office-Vereinbarung über **alternierende Telearbeit**, wonach der Arbeitnehmer einen Teil seiner Arbeit als „Telearbeit" von zuhause aus verrichten kann, nicht ohne weiteres kündigen, sondern muss die Grenzen billigen Ermessens beachten. Ein voraussetzungsloses Kündigungsrecht des Arbeitgebers benachteiligt den Arbeitnehmer unangemessen und ist daher unwirksam.

Telearbeit in **freier Mitarbeit** setzt im Wesentlichen die persönliche Selbständigkeit voraus. Dies kann dann angenommen werden, wenn ggf. für mehrere Auftraggeber ohne Abhängigkeiten und Beschränkungen frei ausgehandelten Vertragsbeziehungen auf eigenes betriebliches Risiko gearbeitet wird. Dabei ist nicht die vertragliche Gestaltung der Rechtsbeziehungen entscheidend, sondern vielmehr ihre tatsächliche Ausgestaltung. Freie Mitarbeit bewegt sich häufig nahe der Grenze zur Scheinselbständigkeit bzw. in der Grauzone zwischen Unternehmertätigkeit und Arbeitsverhältnis (→ *Arbeitnehmer* Rz. 173).

Dies gilt auch für die Telearbeit im Rahmen eines **Dienst- oder Werkvertrages/Subunternehmervertrages**. Bei diesen Vertragsgestaltungen wird auch wesentlich zu prüfen sein, ob eine selbständig, unabhängig erbrachte Leistung vorliegt oder über die besondere Vertragsgestaltung möglicherweise der Arbeitnehmerstatus verdeckt werden soll (→ *Selbständigkeit* Rz. 2667).

4. Lohnsteuer

1574 In der Praxis ist am häufigsten der Fall anzutreffen, dass Arbeitnehmer ihre Arbeit teilweise beim Arbeitgeber (in der Firma) und teilweise bei sich zu Hause (Telearbeit) verrichten.

Für die Arbeit am häuslichen Arbeitsplatz stellt der Arbeitgeber dem Arbeitnehmer die erforderlichen technischen Arbeitsmittel (PC, Drucker, Faxgerät, spezielles EDV-Mobiliar etc.) zur Verfügung und sorgt ggf. für den Anschluss der Geräte an das Datennetz des Unternehmens.

Der Umfang der vom Arbeitnehmer zu Hause bzw. im Unternehmen zu leistenden Arbeit kann variieren. Unterschiede ergeben sich auch, in welchem Umfang dem Arbeitnehmer im Unternehmen ein eigener Arbeitsplatz zur Verfügung gestellt wird.

Zur steuerlichen Behandlung der bei der Schaffung von Telearbeitsplätzen anfallenden Aufwendungen gilt Folgendes (s.a. B+P 2006, 758):

a) Computer, Telekommunikationsgeräte, Internet

1575 Die Überlassung betrieblicher Geräte, die im **Eigentum des Arbeitgebers** stehen, bleibt auch insoweit lohnsteuerfrei, als die Geräte vom Arbeitnehmer privat genutzt werden (§ 3 Nr. 45 EStG). Dies gilt auch für den Ersatz der privaten Telefonkosten usw. für diese Geräte.

Die Steuerfreiheit gilt nur für die Überlassung zur Nutzung durch den Arbeitgeber oder auf Grund des Dienstverhältnisses durch einen Dritten. Sie kommt daher für **geschenkte Computer** (eine Schenkung liegt auch vor, wenn das sog. wirtschaftliche Eigentum übertragen wird) sowie für den verbilligten Erwerb eines Computers **nicht in Betracht**. Insoweit ist jedoch die Freigrenze des § 8 Abs. 2 Satz 11 EStG von monatlich 44 € zu beachten. Außerdem kann der Arbeitgeber in diesen Fällen die Lohnsteuer mit 25 % pauschal erheben (§ 40 Abs. 2 Satz 1 Nr. 5 EStG).

Weitere Einzelheiten, auch zu **arbeitnehmereigenen Geräten**, → *Computer* Rz. 782 sowie → *Telekommunikation* Rz. 2852.

Sozialversicherungsfrei sind derartige Vorteile allerdings nur, wenn sie **zusätzlich zu Löhnen und Gehältern** gewährt werden, die „Gehaltsumwandlung" ist nicht begünstigt (§ 1 Abs. 1 Satz 1 Nr. 1 SvEV).

b) Sonstige Arbeitsmittel

1576 Bleiben die übrigen vom Arbeitgeber gestellten Arbeitsmittel (z.B. Schreibtisch und -stuhl, Bücherschränke, Kopiergerät etc.) im **Eigentum des Arbeitgebers** und dürfen sie ausschließlich für Zwecke der Telearbeit verwendet, also nicht privat genutzt werden, erwächst dem Arbeitnehmer aus der Gestellung kein steuerpflichtiger geldwerter Vorteil (R 19.3 Abs. 2 Nr. 1 LStR).

Eine gelegentliche private Nutzung wird zu vernachlässigen sein. Zumindest entsteht dann kein geldwerter Vorteil, wenn sich der Arbeitgeber die anfallenden **Kosten einer privaten Nutzung ersetzen** lässt.

> **Beispiel:**
> A hat einen Telearbeitsplatz. Der Arbeitgeber hat ihm auch ein modernes Kopiergerät zur Verfügung gestellt.
>
> Kopiergeräte fallen nicht unter die in § 3 Nr. 45 EStG genannten Telekommunikationseinrichtungen, so dass eine private Mitbenutzung grundsätzlich steuerpflichtig wäre. Zu beachten ist hier allerdings die 44 €-Freigrenze nach § 8 Abs. 2 Satz 11 EStG, sodass im Regelfall keine Steuerpflicht entsteht. Diese könnte im Übrigen dadurch vermieden werden, dass sich der Arbeitgeber die tatsächlichen Kopierkosten für private Kopien erstatten lässt, z.B. 10 Cent je Kopie. Denn dann entsteht von vornherein kein geldwerter Vorteil.

Wird dagegen der **Arbeitnehmer Eigentümer**, kann ihm der Arbeitgeber die Kosten nicht steuerfrei ersetzen. Die Voraussetzungen für die Zahlung steuerfreien Auslagenersatzes nach § 3 Nr. 50 EStG liegen nicht vor, weil der Arbeitnehmer an den Gegenständen regelmäßig ein nicht unerhebliches Eigeninteresse hat (→ *Auslagenersatz und durchlaufende Gelder* Rz. 433).

c) Ersatz von Betriebskosten für die Arbeitsmittel (Auslagenersatz)

1577 Werden dem Arbeitnehmer die Betriebskosten (Stromkosten) für den Betrieb der Arbeitsmittel (PC, Drucker, Fax) ersetzt, liegt steuerfreier Auslagenersatz nach § 3 Nr. 50 EStG vor.

Pauschaler Auslagenersatz führt dabei regelmäßig zu steuerpflichtigem Arbeitslohn. Die Höhe des Ersatzes richtet sich i.d.R. nach der durchschnittlichen Betriebszeit und dem bekannten Stromverbrauch der Geräte. Im Interesse einer vereinfachten Abwicklung kann auf vorgenannter Grundlage in Einzelfällen vom zuständigen Betriebsstättenfinanzamt ein pauschaler Erstattungsbetrag festgelegt werden (R 3.50 Abs. 2 LStR).

d) Arbeitszimmer

aa) Allgemeines

1578 Zunächst ist zu prüfen, ob ein steuerlich anzuerkennendes Arbeitszimmer vorliegt, d.h. dass eine private Nutzung allenfalls von untergeordneter Bedeutung ist (s. dazu → *Arbeitszimmer* Rz. 315).

Zur Frage, ob und inwieweit der Arbeitnehmer Aufwendungen für sog. **Tele-Arbeitszimmer** sowie für häusliche Arbeitszimmer, wenn ihm beim Arbeitgeber lediglich ein sog. **Poolarbeitsplatz** zur Verfügung steht, abziehen kann, s. → *Arbeitszimmer* Rz. 315.

Das häusliche Arbeitszimmer kann **keine erste Tätigkeitsstätte** i.S.d. § 9 Abs. 4 EStG sein (BMF v. 24.10.2014, IV C 5 – S 2353/14/10004, BStBl I 2014, 1412 Rdnr. 3), Fahrten zu den Kunden gelten als **Auswärtstätigkeit**. Durch wöchentliche Fahrten zum Betriebssitz wird auch der Betrieb nicht zur ersten Tätigkeitsstätte i.S.d. § 9 Abs. 4 EStG. Daher sind sowohl die Fahrten zu den Kunden als auch die Fahrten zum Betrieb mit dem pauschalen km-Satz von 0,30 €/km (für Pkw) oder den tatsächlichen Kosten als Werbungskosten absetzbar. Falls die Abwesenheit von der Wohnung mehr als acht Stunden dauert, kann ein Verpflegungsmehraufwand von 12 € pro Tag geltend gemacht werden.

Für den Abzug der Arbeitszimmerkosten sind folgende Fallgestaltungen zu unterscheiden:

bb) Telearbeit ausschließlich zu Hause

1579 Übt der Arbeitnehmer die Telearbeit ausschließlich zu Hause aus, stellt das Arbeitszimmer den **Mittelpunkt der gesamten beruflichen Betätigung** dar. **Die Kosten sind in voller Höhe als Werbungskosten absetzbar.**

Ein steuerfreier Arbeitgeberersatz ist nicht möglich, weil es hierfür keine Steuerbefreiungsvorschrift gibt (R 19 Abs. 3 Satz 1 LStR).

cc) Alternierende Telearbeit

a) Drei Tage Home-Office

1580 Bei einem Stpfl., der eine in **qualitativer Hinsicht gleichwertige Arbeitsleistung** wöchentlich an drei Tagen an einem häuslichen Telearbeitsplatz und an zwei Tagen im Betrieb seines Arbeitgebers zu erbringen hat, liegt der Mittelpunkt der gesamten beruflichen Betätigung im häuslichen Arbeitszimmer. Der Stpfl. kann seine Arbeitszimmerkosten daher **in voller Höhe** absetzen. Dies gilt selbst dann, wenn ihm ein „anderer Arbeitsplatz" in der Firma zur Verfügung steht, an dem er jederzeit arbeiten könnte.

Daraus ergibt sich im Umkehrschluss: Sind die Arbeiten im **Betrieb qualitativ höherwertig**, kann das Arbeitszimmer nicht der Mittelpunkt sein. Dann kommt ein Abzug allenfalls **bis 1 250 €** in Betracht, wenn dem Stpfl. an den drei Heimarbeitstagen „kein anderer Arbeitsplatz" im Betrieb zur Verfügung steht (zuletzt BFH v. 26.2.2014, VI R 40/12, BStBl II 2014, 568 m.w.N.).

b) Zwei Tage Home-Office

Im vorgenannten Urteil hat der BFH den vollen Werbungskostenabzug abgelehnt, weil der Stpfl. noch einen Arbeitsplatz in der Dienststelle hatte, an denen er 3 Tage in der Woche zu arbeiten hatte – lediglich 2 Tage durfte er im häuslichen Arbeitszimmer verbringen. Der BFH hatte zudem auch den begrenzten Abzug von **1 250 € abgelehnt**, weil dem Stpfl. am Dienstsitz „ein anderer Arbeitsplatz" zur Verfügung stand, den er auch an den häuslichen Arbeitstagen ohne Einschränkungen weiterhin nutzen konnte (der Arbeitsplatz wurde während seiner Abwesenheit also nicht an Kollegen vergeben!).

D.h. im Umkehrschluss: Falls die Nutzung des Arbeitsplatzes im Betrieb an den häuslichen Arbeitstagen ausgeschlossen ist (z.B. weil er von einem anderen Mitarbeiter genutzt wird), kann der „andere Arbeitsplatz" nicht in dem konkret erforderlichen Umfang und in der konkret erforderlichen Art und Weise tatsächlich genutzt werden. Die Kosten für das häusliche Arbeitszimmer sind dann **bis 1 250 €** im Jahr als Werbungskosten absetzbar.

dd) Keine Sonderregelung für Alleinerziehende

1581 Die o.g. dargestellten Grundsätze gelten auch für Alleinerziehende. Das FG Rheinland-Pfalz hat „Ausnahmeregelungen" für alleinerziehende Mütter abgelehnt und darauf hingewiesen, dass der Gesetzgeber speziell für Alleinerziehende eine Steuervergünstigung geschaffen habe (Entlastungsbetrag für Alleinerziehende nach § 24b EStG, s. → *Entlastungsbetrag für Alleinerziehende* Rz. 1112). Diese Förderung sei ausreichend, so dass keine verfassungsrechtlichen Bedenken gegen die Abzugsbeschränkung für das häusliche Arbeitszimmer ersichtlich seien (FG Rheinland-Pfalz v. 11.8.2015, 3 K 1544/13, www.stotax-first.de).

e) Ersatz von Kosten des Arbeitszimmers

1582 Erhält der Arbeitnehmer Kosten für sein Arbeitszimmer ersetzt, z.B. für Heizung und Beleuchtung, so ist die Erstattung als steuerpflichtiger Arbeitslohn (Ersatz von Werbungskosten, vgl. R 19 Abs. 3 Satz 1 LStR) zu behandeln. Zahlt der Arbeitgeber einem Angestellten einen **pauschalen Bürokostenzuschuss**, weil dieser ein häusliches Arbeitszimmer benötigt, handelt es sich ebenfalls um steuerpflichtigen Arbeitslohn. Auch wenn der Arbeitgeber dadurch Ausgaben für eigene Betriebsstätten erspart, erfolgen derartige Zahlungen nicht im überwiegenden eigenbetrieblichen Interesse des Arbeitgebers; es handelt sich auch nicht um steuerfreien Auslagenersatz i.S.d. § 3 Nr. 50 EStG (BFH v. 8.3.2006, IX R 76/01, HFR 2006, 1081).

Arbeitsrechtlich gilt: Nutzt ein Arbeitnehmer zur Erfüllung seiner Arbeitspflicht in seinem Eigentum stehende Räumlichkeiten im Interesse des Arbeitgebers, kann er gegen diesen einen **Aufwendungsersatzanspruch** entsprechend § 670 BGB haben (BAG v. 14.10.2003, 9 AZR 657/02, www.stotax-first.de). Das setzt ein Vermögensopfer im Interesse des Arbeitgebers voraus. Hierzu ist es nicht erforderlich, dass sich das Vermögen des Beauftragten rechnerisch mindert. Schon der Verzicht auf die Möglichkeit der eigenen Nutzung der Räumlichkeiten kann ein Vermögensopfer darstellen. Die **Höhe dieses Ersatzanspruchs** richtet sich allgemein nach dem örtlichen Mietwert. In der ortsüblichen Miete sind aber regelmäßig kalkulatorisch der Gewinn des Vermieters sowie pauschale Erhaltungsaufwendungen enthalten. Diese Positionen sind in Abzug zu bringen. § 670 BGB begründet keinen Anspruch

Home-Office/Mobile-Office/Telearbeit

auf Gewinn, sondern auf Ausgleich des Vermögensopfers. Auch Erhaltungsaufwendungen sind nicht Bestandteil des Vermögensopfers. Sie entstehen auch ohne die Nutzung im Interesse des Arbeitgebers.

5. Sozialversicherung

1583 Bei der sozialversicherungsrechtlichen Beurteilung von Tele-Arbeitnehmern ist auf deren Beschäftigungsort abzustellen. Dies ist regelmäßig der Wohnort des Tele-Arbeitnehmers.

Liegt der Wohnort im Ausland, so gilt das Sozialversicherungsrecht des Staats, in dem sich die Arbeitsstätte befindet. Dies gilt auch umgekehrt. Beschäftigt ein ausländischer Arbeitgeber Tele-Arbeitnehmer mit Wohnsitz in der BRD, ist das deutsche Sozialversicherungsrecht anzuwenden (Besprechungsergebnis der Spitzenverbände der Sozialversicherungsträger v. 22./23.11.2000).

Honorarärzte

→ *Arzt* Rz. 328

Hörapparat

→ *Werbungskosten* Rz. 3182

Humanitäre Hilfsfonds für ehemalige Zwangsarbeiter

1584 Etliche Firmen errichten „Humanitäre Hilfsfonds" oder zahlen in den von der Bundesregierung gegründeten Fonds ein, aus denen Zahlungen an **ehemalige Zwangsarbeiter** fließen sollen, die während des Zweiten Weltkriegs in deutschen Fabriken arbeiten mussten.

Die Firmen können die Zahlungen als **Betriebsausgaben** abziehen, weil sie betrieblich veranlasst sind. Bei den Zahlungsempfängern handelt es sich um **nicht steuerbare Einnahmen**, weil sie nicht unter die sieben Einkunftsarten des § 2 Abs. 1 EStG fallen. Insbesondere stellen die Auszahlungen **keinen nachträglichen Arbeitslohn** dar, da die frühere Zwangsbeschäftigung kein „Dienstverhältnis" im steuerrechtlichen Sinne (§ 1 Abs. 2 LStDV) begründete (FinMin Bayern v. 5.8.1999, 32 – S 2223 – 386/3 – 34 860, www.stotax-first.de).

Hundehaltung

1. Arbeitslohn

1585 Die von Arbeitgebern im **Bewachungsgewerbe** an die Arbeitnehmer für die Wartung und Pflege einschließlich Futtermittelbeschaffung der Wachhunde gezahlten Beträge stellen grundsätzlich steuerpflichtigen Arbeitslohn dar (Werbungskostenersatz). Die Steuerfreiheit als **Werkzeuggeld** (→ *Werkzeuggeld* Rz. 3195) kommt nicht in Betracht, da ein Wachhund **kein Werkzeug** i.S.d. § 3 Nr. 30 EStG ist (vgl. hierzu R 3.30 Satz 2 LStR). **Steuerfreier Auslagenersatz** i.S.d. § 3 Nr. 50 EStG (→ *Auslagenersatz und durchlaufende Gelder* Rz. 432) liegt ebenfalls nicht vor, da bei einem **eigenen Wachhund** des Wachmanns ein eigenes Interesse an den Aufwendungen vorliegt.

Die Steuerfreiheit der Arbeitgeberleistungen als Auslagenersatz nach § 3 Nr. 50 EStG kommt nur dann in Betracht, wenn der **Wachhund Eigentum der Wachgesellschaft** ist und über die Futter- und Wartungskosten einzeln abgerechnet wird (vgl. sinngemäß FinMin Thüringen v. 22.9.1997, S 2354 A – 18/97 – 204.1, www.stotax-first.de, betr. Polizeihunde). Ausnahmsweise kann pauschaler Auslagenersatz steuerfrei bleiben, wenn er regelmäßig wiederkehrt und der Arbeitnehmer die entstandenen Aufwendungen für einen repräsentativen Zeitraum von drei Monaten im Einzelnen nachweist (R 3.50 Abs. 2 Satz 2 LStR).

2. Werbungskosten

Im Regelfall wird ein Werbungskostenabzug nach § 12 Nr. 1 EStG ausscheiden, weil die Hundehaltung zumeist privat mitveranlasst und eine Trennung der beruflichen und privaten Veranlassungsbeiträge nicht möglich ist (vgl. BMF v. 6.7.2010, IV C 3 – S 2227/07/10003 :002, BStBl I 2010, 614 Tz. 19). **1586**

Bei bestimmten Berufen kann der Hund jedoch als **Arbeitsmittel** i.S.d. § 9 Abs. 1 Satz 3 Nr. 6 EStG angesehen und somit steuerlich berücksichtigt werden (z.B. FinMin Thüringen v. 22.9.1997, S 2354 A – 18/97 – 204.1, www.stotax-first.de, sowie BFH v. 30.6.2010, VI R 45/09, BStBl II 2011, 45 betr. Aufwendungen für einen Polizeidiensthund). Nach diesem Erlass bestehen keine Bedenken, wenn die betroffenen Hundeführer die laufenden Aufwendungen (wie Futter- oder Pflegekosten des Hundes) für einen repräsentativen Zeitraum von drei Monaten im Einzelnen nach den allgemeinen Werbungskostengrundsätzen nachweisen. Dieses Ergebnis kann bei gleichbleibenden Verhältnissen auch für die Folgezeit zu Grunde gelegt werden. Andere Aufwendungen sind im Einzelnen zu belegen oder glaubhaft zu machen. Sie können als Werbungskosten nur dann Berücksichtigung finden, wenn sie sich nach objektiven Merkmalen klar und eindeutig von den steuerlich nicht abzugsfähigen Kosten der privaten Lebensführung trennen lassen. Dies ist bei normalen Verschleißerscheinungen an Kleidung, Wohnung und Privat-Pkw regelmäßig nicht möglich.

Anerkannt als Werbungskosten wurden z.B. Aufwendungen

– eines **Revierförsters** für einen Jagdhund, der als Arbeitsmittel anzusehen ist (BFH v. 29.1.1960, VI 9/59 U, BStBl III 1960, 163),
– eines blinden Arbeitnehmers für seinen **Blindenhund**, wenn der blinde Arbeitnehmer in Begleitung seines Blindenhundes arbeitstäglich den Weg zwischen seiner Wohnung und seiner Arbeitsstätte zu Fuß zurücklegt. Der beruflich veranlasste Teil der Aufwendungen lässt sich von dem nicht beruflich veranlassten Teil leicht und einwandfrei trennen. Als objektiver Maßstab hierfür dient der zeitliche Anteil eines Arbeitstags, den der blinde Arbeitnehmer einen Blindenhund aus beruflichen Gründen beansprucht hat, das ist die Zeit vom Verlassen der Wohnung auf dem Weg zur Arbeitsstätte bis zur Rückkehr in die Wohnung. Die Aufwendungen sind jedoch nur dann (teilweise) als Werbungskosten berücksichtigungsfähig, wenn der Blinde nach § 9 Abs. 2 Satz 3 EStG die tatsächlichen Wegekosten geltend macht, andernfalls sind sie mit dem Ansatz der Entfernungspauschale abgegolten (vgl. FG München v. 16.11.1984, V 8/83 E, www.stotax-first.de),
– eines **Diensthundeführers bei der Polizei** für den ihm anvertrauten Diensthund (BFH v. 30.6.2010, VI R 45/09, BStBl II 2011, 45).

Nicht anerkannt als Werbungskosten oder Betriebsausgaben wurden dagegen z.B. Aufwendungen

– eines **Schulhausmeisters** für einen privateigenen Dienstwachhund (BFH v. 10.9.1990, VI R 101/86, www.stotax-first.de),
– einer **Landärztin** für einen Schutzhund (BFH v. 29.3.1979, IV R 103/75, BStBl II 179, 512 sowie BMF v. 6.7.2010, IV C 3 – S 2227/07/10003 :002 2010/0522213, BStBl I 2010, 614 Rdnr. 19).

Hypotax

Vom Arbeitslohn eines (nach Deutschland oder ins Ausland) entsandten Arbeitnehmers wird regelmäßig eine **fiktive Steuer einbehalten (Hypotax)**, die sich trotz der Auslandstätigkeit nach dem Steuersystem des Heimatlandes bemisst; d.h. diese entspricht der hypothetischen Einkommensteuer, die der Arbeitnehmer bei einer Steuerpflicht des Arbeitslohns in seinem Heimatland zu entrichten hätte. **1587**

Für die steuerliche Behandlung gilt Folgendes (BMF v. 12.11.2014, IV B 2 – S 1300/08/10027, BStBl I 2014, 1467, Rdnr. 233 ff):

Schließt der Arbeitgeber mit dem Arbeitnehmer eine Vereinbarung über den Ausgleich oder Tragung von Steuern des Auslandsaufenthalts, wird bei der Berechnung des Arbeitslohns für Arbeitnehmer im internationalen Einsatz in vielen Fällen eine sog. **fiktive bzw. hypothetische Steuer (auch Hypotax) ausgewiesen**. Hierbei handelt es sich um eine fiktive Berechnungsgröße, die den auszuzahlenden Arbeitslohn i.d.R. tatsächlich mindert. Im Gegenzug verpflichtet sich der Arbeitgeber regelmäßig, die im Ansässigkeitsstaat oder im Tätigkeitsstaat anfallende Einkommensteuer des Arbeitnehmers zu bezahlen, soweit sie dem Arbeitsverhältnis zuzurechnen ist (sog. **Nettolohnvereinbarung**). Die Höhe bzw. die Berechnung der Hypotax ist abhängig von der zwischen Arbeitgeber und Arbeitnehmer getroffenen Vereinbarung. Insbesondere in den Fällen der Entsendung von Führungskräften nach Deutschland ist dies regelmäßig eine Nettolohnvereinbarung, wobei die Übernahme der Einkommensteuer im Lohnsteuerabzugsverfahren bereits durch Hochrechnung des Nettolohns auf den Bruttolohn berücksichtigt wird.

Soweit vom Arbeitgeber eine Hypotax berücksichtigt wird, fließt kein Arbeitslohn zu. Sie ist – da die entsprechenden Beträge nicht tatsächlich zufließen – auch nicht der Besteuerung zuzuführen. Maßgebend sind die tatsächlich anfallenden und vom Arbeitgeber gezahlten Steuern.

Die vom Arbeitgeber tatsächlich gezahlte Einkommensteuer ist in voller Höhe jeweils dem Staat (Ansässigkeits- oder Tätigkeitsstaat) als Arbeitslohn zuzuordnen, in dem sie anfällt. Übernimmt der Arbeitgeber darüber hinaus auch Steuern, die mit anderen Einkunftsquellen in Zusammenhang stehen, ist der hierauf entfallende Betrag abkommensrechtlich nach den allgemeinen Grundsätzen in einen auf die Tätigkeit im Ansässigkeitsstaat und in einen auf die Tätigkeit im Tätigkeitsstaat entfallenden Anteil aufzuteilen.

Arbeitgeber-Bescheinigungen über den Einbehalt einer Hypotax stellen keinen Besteuerungsnachweis i.S.d. § 50d Abs. 8 EStG dar, da es sich bei der Hypotax nicht um eine tatsächlich entrichtete Steuer handelt.

In einem ersten Schritt ist zu prüfen, ob ein inländischer Arbeitgeber (§ 38 Abs. 1 EStG), der zum Lohnsteuerabzug verpflichtet ist, vorhanden ist. Im zweiten Schritt ist zu prüfen, ob eine Netto- oder Bruttolohnvereinbarung besteht. Grundsätzlich ist bei Hypotax-Gestaltungen von einer Nettolohnvereinbarung auszugehen. In diesen Fällen ist der Nettolohn (= Auszahlungsbetrag) auf einen Bruttolohn „hochzurechnen".

Sollte kein inländischer Arbeitgeber vorhanden sein und die Zahlung an den Arbeitnehmer in Form einer Nettolohnvereinbarung erfolgen, ist im Rahmen der Einkommensteuerveranlagung, abweichend vom Lohnsteuerabzugsverfahren, nur der Nettolohn zu versteuern (Zuflussprinzip des § 11 EStG). Erst wenn die angefallenen Steuerbeträge später vom ausländischen Arbeitgeber ersetzt werden, ist dieser Betrag erneut der Besteuerung im Rahmen der Einkommensteuerveranlagung zu unterwerfen.

Da die tatsächliche Steuerbelastung in diesen Fällen regelmäßig nicht identisch mit der vom Arbeitgeber einbehaltenen Hypotax ist, hat dies nachfolgend dargestellte Auswirkungen auf die steuerliche Behandlung im Inland:

Beispiel 1:

Ein im DBA-Ausland ansässiger Arbeitnehmer wird von seinem ausländischen Arbeitgeber nach Deutschland entsandt. Der Arbeitnehmer

a) wird für eine im Inland ansässige Betriebsstätte des ausländischen Arbeitgebers tätig,

b) übernimmt die Funktion eines ständigen Vertreters i.S.d. § 13 AO.

Der Arbeitgeber hat ihm für den Entsendungszeitraum unter Berücksichtigung einer fiktiven ausländischen Steuer von 10 000 € einen Nettoarbeitslohn von 45 000 € zugesagt. Das Besteuerungsrecht für den Arbeitslohn in diesem Zeitraum steht Deutschland zu.

Der Nettoarbeitslohn i.H.v. 45 000 € ist in beiden Fällen unter Berücksichtigung der tatsächlichen inländischen Steuerbelastung im Jahr der Zahlung auf einen Bruttoarbeitslohn hochzurechnen.

Beispiel 2:

Wie Beispiel 1, jedoch existiert kein zum Lohnsteuerabzug verpflichteter inländischer Arbeitgeber i.S.d. § 38 Abs. 1 EStG.

Der Nettoarbeitslohn i.H.v. 45 000 € ist im Rahmen der Einkommensteuerveranlagung des Arbeitnehmers in Deutschland anzusetzen. Die sich ergebende deutsche Einkommensteuer, die vom ausländischen Arbeitgeber gezahlt wird, ist im Jahr der Zahlung durch den Arbeitgeber beim Arbeitnehmer als geldwerter Vorteil zu erfassen (BFH v. 6.12.1991, VI R 122/89, BStBl II 1992, 441).

Beispiel 3:

Ein im Inland ansässiger Arbeitnehmer wird von seinem inländischen Arbeitgeber zu einer ausländischen Tochtergesellschaft abgeordnet, die auch die Lohnkosten wirtschaftlich trägt. Der Arbeitnehmer behält seinen inländischen Wohnsitz bei. Der Bruttolohn des Arbeitnehmers beträgt monatlich 3 000 €. Der monatliche Nettoarbeitslohn (ohne Berücksichtigung der Sozialversicherungsabzüge) vor Entsendung beträgt 2 421 €. Der Arbeitnehmer soll weiterhin den gleichen Nettobetrag erhalten. Im Ausland sind monatlich 250 € Steuern für den Arbeitslohnbezug des Arbeitnehmers fällig.

Die Lohnabrechnung sieht wie folgt aus:

Bruttoarbeitslohn	3 000 €
abzüglich ausländische Steuern	250 €
abzüglich Hypotax	329 €
Nettoauszahlungsbetrag	2 421 €

Für Zwecke des Progressionsvorbehalts nach § 32b EStG ist der im Ausland erzielte Arbeitslohn wie folgt zu ermitteln:

Nettoauszahlungsbetrag	2 421 €
zuzüglich tatsächliche ausländische Steuern	250 €
Bruttoarbeitslohn	2 671 €

Der Betrag von monatlich 2 671 € ist für Zwecke des Progressionsvorbehalts bei der Ermittlung der deutschen Einkommensteuer anzusetzen. Der Arbeitgeber wird für den Zeitraum der Entsendung um monatlich 329 € entlastet. Die Hypotax ist völlig unbeachtlich.

Beispiel 4:

Wie Beispiel 3, jedoch beträgt die monatliche Steuerbelastung 800 €.

Bruttoarbeitslohn	3 000 €
abzüglich ausländische Steuern	800 €
abzüglich Hypotax	579 €
zuzüglich Steuerzuschuss (in Höhe der ausländischen Steuer)	800 €
Nettoauszahlungsbetrag	2 421 €

Für Zwecke des Progressionsvorbehalts nach § 32b EStG ist der im Ausland erzielte Arbeitslohn wie folgt zu ermitteln:

Nettoauszahlungsbetrag	2 421 €
zuzüglich tatsächliche ausländische Steuern	800 €
Bruttoarbeitslohn	3 221 €

Von dem vorstehend dargestellten System zu unterscheiden sind Treuhandmodelle, bei denen die Arbeitnehmer freiwillig Beiträge in ein gemeinsames Treuhandvermögen leisten, ohne dass der Arbeitgeber eine Zuschuss- oder Insolvenzpflicht hat und aus diesem Treuhandvermögen die ausländischen Steuer beglichen werden. In diesen Fällen gelten die in das gemeinsame Treuhandvermögen (sog. Steuertopf) von den Arbeitnehmern eingebrachten Beträge, die aus dem geschuldeten Arbeitslohn finanziert werden, als sog. Einkommensverwendung. Denn der Arbeitnehmer hat mit der Einbringung der Beträge Rechtsansprüche gegenüber einem fremden Dritten (Treuhandvermögen) erworben. Damit führen die eingebrachten Beträge nicht zu einer Minderung des Bruttoarbeitslohnes. Die Aufteilung des ungekürzten Bruttoarbeitslohnes in einen steuerpflichtigen und steuerfreien Teil erfolgt nach allgemeinen Grundsätzen. Im Gegenzug bewirkt die Finanzierung der anfallenden Steuer im Ausland oder in Deutschland aus dem Treuhandvermögen keinen Zufluss von Arbeitslohn.

Ich-AG

1. Allgemeines

Arbeitslose, die sich selbständig machen wollen, erhalten zur Förderung der Aufnahme einer selbständigen Tätigkeit den sog. **Gründungszuschuss**. Dieser fasst die bisherigen Einzelmaßnahmen, d.h. Überbrückungsgeld und Existenzgründungszuschuss (Ich-AG), zusammen.

Die Förderung von Existenzgründungen aus der Arbeitslosigkeit wurde neu gestaltet. Die sog. „**Ich-AG**" (Existenzgründungszuschuss, § 421l SGB III) und das Überbrückungsgeld (§ 57 SGB III) wurden zum 1.8.2006 durch den **Gründungszuschuss ersetzt** (→ *Gründungszuschuss* Rz. 1491).

2. Lohnsteuer

Soweit Arbeitnehmer durch die Aufnahme einer selbständigen Tätigkeit die Arbeitslosigkeit beenden und einen Existenzgründungszuschuss nach § 421l SGB III erhalten, sind sie **keine Arbeitnehmer** mehr, sondern steuerlich Gewerbetreibende (kein Lohnsteuerabzug!).

Der **Zuschuss nach § 421l SGB III ist steuerfrei** (§ 3 Nr. 2 EStG) und unterliegt auch nicht dem Progressionsvorbehalt nach § 32b EStG.

Illegale Arbeitnehmerüberlassung

→ *Arbeitnehmerüberlassung* Rz. 191

Impfungen

→ *Werbungskosten* Rz. 3182

Incentive-Essen

→ *Arbeitsessen* Rz. 233

Incentive-Reisen

1. „Belohnungsreisen"

1590 Veranstaltet der Arbeitgeber sog. Incentive-Reisen, um bestimmte Arbeitnehmer für besondere Leistungen zu belohnen und zu weiteren Leistungssteigerungen zu motivieren, so erhalten die Arbeitnehmer damit einen **steuerpflichtigen geldwerten Vorteil**, wenn auf den Reisen ein **Besichtigungsprogramm** angeboten wird, das einschlägigen Touristikreisen entspricht und der Erfahrungsaustausch zwischen den Arbeitnehmern demgegenüber zurücktritt, vgl. H 19.7 (Incentive-Reisen) LStH; BMF v. 14.10.1996, IV B 2 – S 2143 – 23/96, BStBl I 1996, 1192; BFH v. 5.9.2006, VI R 65/03, BStBl II 2007, 312; BFH v. 11.1.2007, VI R 69/02, www.stotax-first.de; BFH v. 24.8.2010, VI B 14/10, www.stotax-first.de.

Die vorstehenden Grundsätze gelten auch dann, wenn die Aufwendungen für die Incentive-Reise beim Arbeitgeber einem Betriebsausgabenabzugsverbot (z.B. § 4 Abs. 5 Satz 1 Nr. 4 EStG) unterliegen.

Steuerpflichtig ist nicht nur der geldwerte Vorteil der Reise selbst, sondern auch ein dem Arbeitnehmer gezahltes **Taschengeld** sowie die für **Begleitpersonen** übernommenen Kosten (FG Niedersachsen v. 24.9.2008, 4 K 12244/05, www.stotax-first.de).

Nur in Ausnahmefällen ist der Zufluss von **Arbeitslohn zu verneinen**, so z.B. wenn die **Nichtteilnahme mit Sanktionen verbunden wäre** und dies nachgewiesen werden kann (BFH v. 18.2.1994, VI R 53/93, www.stotax-first.de). An diesen Nachweis werden jedoch strenge Anforderungen gestellt, um der Gefahr unkontrollierter Gefälligkeitsbescheinigungen durch den Arbeitgeber zu begegnen (BFH v. 30.4.1993, VI R 94/90, BStBl II 1993, 674; BFH v. 7.2.1997, VI R 34/96, HFR 1997, 483). Entsprechendes gilt, wenn der Stpfl. nicht der eigentlichen Zielgruppe der Incentive-Reise, sondern eher der **Veranstalterseite zuzurechnen** und ein Ansatz steuerpflichtiger Einnahmen durch ein überwiegendes eigenbetriebliches Interesse des Zuwendenden ausgeschlossen ist. Dies setzt allerdings voraus, dass die verpflichtend übernommenen **Betreuungsaufgaben und Organisationsaufgaben** so umfangreich sind, dass sie den mit der Reiseteilnahme verbundenen Erlebniswert in den Hintergrund treten lassen (→ Rz. 1591).

Beispiel 1:
A ist leitender Angestellter einer großen Firma. Im Frühjahr wird er von seiner Firma zu einer vier Tage dauernden „Konferenzreise" auf einem Ostseeschiff eingeladen. Während dieser Reise sollten wichtige unternehmerische Entscheidungen für die Firma getroffen werden. Der Chef hat daher die Teilnahme aller leitenden Angestellten angeordnet und bei unentschuldigter Abwesenheit damit gedroht, den Betreffenden vom leitenden Angestellten zum einfachen Mitarbeiter herabzustufen.

Entgegen der Vorinstanz hat es der BFH abgelehnt, die Reiseaufwendungen wegen der Teilnahmepflicht der leitenden Mitarbeiter als im überwiegend eigenbetrieblichen Interesse des Arbeitgebers zu bewerten und damit Arbeitslohn zu verneinen. Begründung:

Trotz des betrieblich veranlassten Erfahrungsaustauschs und der damit verbundenen Festlegung der weiteren Geschäftsstrategie sind keine betriebsfunktionalen Gründe dafür ersichtlich, dass die dienstlichen Besprechungen auf einer Kreuzfahrt stattfinden mussten. Die Kreuzfahrt war auch dadurch veranlasst, den teilnehmenden Mitarbeitern **ein besonderes Erlebnis** zu verschaffen. Abgesehen davon, dass einer Schiffsreise der vorliegenden Art schon ein Erlebniswert für sich innewohnt, wird die Reise durch die Besichtigungen der Städte Helsinki und Stockholm verstärkt einer privaten Urlaubsreise vergleichbar. Diesen Umständen kommt ein **derartiges Eigengewicht** zu, dass die daraus den Arbeitnehmern erwachsenden Vorteile gegenüber dem eigenbetrieblichen Interesse des Arbeitgebers an der Durchführung der Konferenzreise nicht derart in den Hintergrund treten, dass die Vorteilsgewährung als im ganz überwiegend eigenbetrieblichen Interesse des Arbeitgebers liegend gewertet werden könnte. An diesem Ergebnis vermag auch die **Teilnahmepflicht** der Arbeitnehmer nichts zu ändern (BFH v. 7.2.1997, VI R 34/96, HFR 1997, 483).

Arbeitslohn ist nach diesem Urteil jedoch zu verneinen, wenn in dem auf die einzelnen Arbeitnehmer entfallenden Reisepreis auch **abgrenzbare Positionen**, wie z.B. Miete für zu beruflichen Zwecken genutzte **Konferenzräume**, enthalten sind.

Ein steuerpflichtiger Sachbezug liegt auch vor, wenn die Reise nicht vom Arbeitgeber selbst, sondern von einem **Dritten**, z.B. von einem Lieferanten, durchgeführt wird (z.B. Verkaufswettbewerb eines Automobilwerkes für Verkäufer der selbständigen Werksvertretungen). Insofern handelt es sich um **Arbeitslohn Dritter**. Eine Verpflichtung zur Einbehaltung der Lohnsteuer durch den Arbeitgeber ist in diesen Fällen jedoch nicht gegeben, weil derartige Zuwendungen nicht „üblich" sind (R 38.4 Abs. 2 LStR). Die Versteuerung als Arbeitslohn ist ggf. durch eine Einkommensteuerveranlagung des Arbeitnehmers nach § 46 EStG vorzunehmen (Mitteilung 2/1984 der OFD Düsseldorf, Köln und Münster, DB 1985, 628). Vgl. auch → *Lohnzahlung durch Dritte* Rz. 1949.

Beispiel 2:
A, Geschäftsführer einer KG, nahm an einer Japan-Reise teil, die die Firma X finanziert hat. Die Reise diente dazu, die Geschäftsbeziehungen zu festigen und die Teilnehmer davon zu überzeugen, dass die in Japan gefertigten Produkte die Qualität von Inlandsprodukten erreichen.

Der BFH hat den geldwerten Vorteil der Reise als Arbeitslohn von dritter Seite angesehen, denn A wurde in seiner Eigenschaft als Geschäftsführer der KG zu der Reise eingeladen (BFH v. 5.7.1996, VI R 10/96, BStBl II 1996, 545). Der geldwerte Vorteil ist ihm daher auch mit Rücksicht auf das Dienstverhältnis zugeflossen. Es kommt nicht darauf an, ob A den Vorteil auch subjektiv als „Frucht seiner Dienstleistung für den Arbeitgeber" betrachtet. Der objektive Zusammenhang ist ausreichend.

Arbeitslohn von dritter Seite ist auch anzunehmen, wenn der Geschäftsführer einer GmbH auf Kosten einer Gesellschaft, mit der wesentliche Geschäftsbeziehungen bestehen, **Messen in den USA in touristisch besonders attraktiven Großstädten** jeweils mit einem umfangreichen Beiprogramm besucht (FG Rheinland-Pfalz v. 13.5.1998, 1 K 2058/97, www.stotax-first.de).

2. „Betreuungsreisen"

1591 Veranstaltet der Arbeitgeber als Werbemaßnahme für seine Kunden sog. **Händler-Incentive-Reisen** und muss ein Arbeitnehmer (z.B. der Geschäftsführer) zur Betreuung der Kunden oder als Reiseleiter mitfahren, ist wie folgt zu unterscheiden (zuletzt BFH v. 24.8.2010, VI B 14/10, www.stotax-first.de, betr. Teilnahme des Geschäftsführers einer GmbH, die für ihre Bezirks- und Verkaufsstellenleiter eine achttägige Incentive-Reise nach China durchführte, an der Reise):

a) Kein Arbeitslohn

1592 Kein Arbeitslohn ist anzunehmen, wenn **ein ganz überwiegend eigenbetriebliches Interesse** des Arbeitgebers an der Teilnahme des Arbeitnehmers an der Reise nachgewiesen werden kann. Dies setzt jedoch substantiierte Feststellungen zu den dienstlichen Tätigkeiten der mitreisenden Arbeitnehmer, zum zeitlichen Umfang dieser Tätigkeiten und zur Auswahl der mitreisenden Arbeitnehmer voraus. Für diesen Nachweis gelten erhöhte Anforderungen, wenn die Reise auch **touristische Aspekte** aufweist (zuletzt BFH v. 5.9.2006, VI R 65/03, BStBl II 2007, 312; BFH v. 11.1.2007, VI R 69/02, www.stotax-first.de; BFH v. 2.7.2008, VI B 21/08, www.stotax-first.de, m.w.N.).

Beispiel:
Firma A hat anlässlich der Kieler Woche ein Segelschiff (Dreimaster) gechartert, um mit Kunden und Geschäftsfreunden sog. Regattabegleitfahrten durchzuführen. Die Mitarbeiter waren dienstlich zu der Teilnahme an den Veranstaltungen verpflichtet; sie waren die zuständigen Kundenbetreuer der eingeladenen Gäste und sollten während der Fahrt fachliche Gespräche mit den Kunden bzw. Geschäftsfreunden führen. Allen Teil-

nehmern wurden Jacken mit dem Logo der Firma A zur Verfügung gestellt, wobei die Mitarbeiter der Firma A angehalten waren, diese Jacken während der Veranstaltung zu tragen.

Der BFH hat keinen Arbeitslohn angenommen, weil die Mitreise der Arbeitnehmer im ganz überwiegenden eigenbetrieblichen Interesse lag (BFH v. 16.10.2013, VI R 78/12, BStBl II 2015, 495).

Ein Arbeitnehmer hat den geldwerten Vorteil einer ihm zugewendeten Reise auch dann nicht zu versteuern, wenn der Vorteil notwendige Begleiterscheinung betriebsfunktionaler Zielsetzung ist, weil der **Arbeitnehmer verpflichtend Betreuungs- und Organisationsaufgaben übernehmen** musste, die so umfangreich sind, dass sie den mit der Reiseteilnahme verbundenen Erlebniswert in den Hintergrund treten lassen (BFH v. 5.9.2006, VI R 65/03, BStBl II 2007, 312; BFH v. 11.1.2007, VI R 69/02, www.stotax-first.de; BFH v. 2.7.2008, VI B 21/08, www.stotax-first.de, m.w.N.).

b) Arbeitslohn

1593 Steuerpflichtiger Arbeitslohn liegt nach den o.g. Urteilen dagegen vor, wenn die Reise für den **Arbeitnehmer trotz seiner Betreuungsfunktionen Vorteilscharakter** hat. Für den Vorteilscharakter spricht u.a., wenn die Arbeitnehmer von ihren **(Ehe-)Partnern begleitet** werden oder wenn sie an touristischen Elementen der Reise wie die eigentliche Zielgruppe teilnehmen können. Der geldwerte Vorteil ist mit dem **üblichen Reisepreis zu bewerten**. Ein Abschlag darf auch im Hinblick auf die vom Arbeitnehmer tatsächlich erbrachten Betreuungsleistungen nicht vorgenommen werden (BFH v. 4.8.1994, VI R 24/94, BStBl II 1994, 954).

Arbeitslohn liegt regelmäßig auch immer dann vor, wenn der Arbeitnehmer von seinem **Ehegatten begleitet** wird. Denn die Mitnahme des Ehegatten ist ein **Indiz** dafür, dass auch der Arbeitnehmer selbst wegen der Annehmlichkeiten und des Erlebniswerts ein erhebliches Eigeninteresse an der Reise hat (BFH v. 5.9.2006, VI R 65/03, BStBl II 2007, 312; BFH v. 11.1.2007, VI R 69/02, www.stotax-first.de, m.w.N.).

Nach dem Gesamtbild der Verhältnisse kann aber auch trotz Mitnahme des Ehegatten das **eigenbetriebliche Interesse des Arbeitgebers** anzuerkennen sein, so dass beim Arbeitnehmer weder hinsichtlich seiner Teilnahme noch der des Ehegatten Arbeitslohn vorliegt (BFH v. 31.5.2001, VI B 18/99, www.stotax-first.de). Im Regelfall werden aber zumindest die auf den mitgenommenen Ehegatten (oder andere Angehörige) entfallenden Kosten als Arbeitslohn anzusehen sein.

Es kommt häufig vor, dass eine **Bank selbst Reisen veranstaltet**, die von Bankmitarbeitern begleitet werden. Wie die an die Reisebegleiter erstatteten Reisekosten steuerlich zu behandeln sind, → *Reiseveranstalter: Arbeitnehmer* Rz. 2530. Dem **Vorstand einer Bank wird Arbeitslohn zugewendet**, wenn er in Begleitung seiner Ehefrau ohne eigenen Kostenbeitrag an für Kunden der Bank veranstalteten Auslands-Gruppenreisen teilnehmen darf. Dem steht nicht bereits deshalb ein eigenbetriebliches Interesse des Arbeitgebers entgegen, weil der **Vorstand gelegentlich Reiseleiterfunktionen wahrgenommen** hat. Arbeitslohn wird dem Vorstand auch zugewendet, soweit seine **Ehefrau** ohne Zahlung des üblichen Entgelts an den Reisen teilnimmt.

c) Gemischte Veranlassung

1594 Sofern ein ganz überwiegendes eigenbetriebliches Interesse des Arbeitgebers nicht feststellbar ist, ist zu untersuchen, ob bei Würdigung aller Umstände des Einzelfalls nicht zumindest von einer **gemischten Veranlassung** der Reisen bei den Arbeitnehmern auszugehen ist, denen **Betreuungsaufgaben zugewiesen** sind. In diesem Fall ist ggf. eine **Aufteilung der Sachzuwendungen in Arbeitslohn und Zuwendungen im ganz überwiegenden betrieblichen Interesse vorzunehmen** (BFH v. 5.9.2006, VI R 65/03, BStBl II 2007, 312; BFH v. 11.1.2007, VI R 69/02, www.stotax-first.de; BFH v. 24.8.2010, VI B 14/10, www.stotax-first.de, m.w.N.).

Beispiel:
Eine Bank verkaufte auch Urlaubsreisen an ihre Kunden. Der Reiseveranstalter stellte der Bank je Reise einen Freiplatz zur Verfügung, der auf Anordnung des Vorstands jeweils von einem Angestellten der Bank in Anspruch genommen wurde. Ehepartner der Angestellten fuhren nicht mit. Der Angestellte hatte u.a. die Aufgabe, die Kunden während der Reise zu betreuen. Die eigentliche Reiseleitung oblag örtlichen Reiseleitern.

Der BFH hat die Reise nicht als Dienstreise anerkannt, weil die Teilnahme der Angestellten an der Reise nicht im ganz überwiegend eigenbetrieblichen Interesse der Bank lag. Der geldwerte Vorteil war daher in Höhe des üblichen Reisepreises ohne Abschlag um die Betreuungsleistungen als Arbeitslohn zu versteuern. Begründung:

Die Angestellten wären gar nicht in der Lage gewesen, qualifizierte Aufgaben eines ausgebildeten Reiseleiters wahrzunehmen. Bei den vollständig vorher geplanten Reisen und der ständigen Anwesenheit hauptberuflicher Reiseleiter wäre dies auch nicht erforderlich gewesen (BFH v. 4.8.1994, VI R 24/94, BStBl II 1994, 954).

3. Höhe des geldwerten Vorteils

1595 Liegt ein steuerpflichtiger geldwerter Vorteil vor, kann die Lohnsteuer unter den Voraussetzungen des § 40 Abs. 1 EStG pauschal erhoben werden. Der Wert einer dem Arbeitnehmer durch den Arbeitgeber zugewandten Reise kann grundsätzlich anhand der Kosten geschätzt werden, die der **Arbeitgeber für die Reise aufgewendet** hat. Sofern sich ein Beteiligter auf eine abweichende Wertbestimmung beruft, muss er konkret darlegen, dass eine Schätzung des üblichen Endpreises am Abgabeort nach den aufgewandten Kosten dem objektiven Wert der Reise nicht entspricht (BFH v. 18.8.2005, VI R 32/03, BStBl II 2006, 30).

Nicht eindeutig geklärt ist jedoch die Bewertung des Sachbezugs, wenn der Arbeitnehmer für seinen Arbeitgeber während der Incentive-Reise gewisse **Dienstleistungen erbringt**:

Der X. Senat des BFH hat im Urteil v. 6.10.2004, X R 36/03, HFR 2005, 401 offen gelassen, ob er dem VI. Senat allgemein darin folgen könnte, dass bei der Ermittlung des Werts einer als Sachbezug zu beurteilenden Reise ein **Abschlag vom üblichen Endpreis auch dann generell nicht in Betracht kommt, wenn die an der Reise teilnehmenden Mitarbeiter dem Zuwendenden während der Reise die Erbringung einzelner Dienstleistungen schulden**, ohne dass jedoch die gesamte Reise als im ganz überwiegenden eigenbetrieblichen Interesse des Zuwendenden anzusehen ist (so BFH v. 4.8.1994, VI R 24/94, BStBl II 1994, 954).

Die weitere Rechtsprechung bleibt abzuwarten.

Gemäß R 4.7 Abs. 3 EStR bzw. R 8.1 Abs. 8 Nr. 1 Satz 2 LStR ist zwar der **Vorteil aus einer geschäftlich veranlassten Bewirtung** i.S.d. § 4 Abs. 5 Satz 1 Nr. 2 EStG aus Vereinfachungsgründen beim bewirteten Stpfl. nicht als Betriebseinnahme bzw. Arbeitslohn zu erfassen. Nach Auffassung der obersten Finanzbehörden führt jedoch der **kostenlose Verpflegungsanteil im Rahmen einer Incentive-Reise beim Empfänger zu Arbeitslohn bzw. Betriebseinnahmen**, da eine Incentive-Reise ein Pauschalpaket mit ausschließlich touristischem (privatem) Charakter ist. **Der Anteil für die Bewirtung ist daher nicht herauszurechnen.**

Vom **Betriebsausgabenabzug ausgeschlossen** werden sowohl die Zuwendung von Vorteilen i.S.d. § 4 Abs. 5 Satz 1 Nr. 10 Satz 1 EStG als auch die damit zusammenhängenden Aufwendungen. In Tz. 8 BMF v. 10.10.2002, IV A 6 – S 2145 – 35/02, BStBl I 2002, 1031 werden beispielhaft damit zusammenhängende Aufwendungen angeführt.

Nehmen Arbeitnehmer auf Veranlassung ihres Arbeitgebers an einer für Geschäftspartner durchgeführten, dem Grunde nach aber **strafbewehrten Incentive-Reise** teil, vertritt die Finanzverwaltung die Auffassung,

– dass auch die für die eigenen Arbeitnehmer anfallenden Reisekosten als „damit zusammenhängende Aufwendungen" zu werten sind und ebenfalls dem **Abzugsverbot** des § 4 Abs. 5 Satz 1 Nr. 10 Satz 1 EStG unterliegen,

– dass dieses **Abzugsverbot aber nicht für die Lohnsteuerübernahme greift**, wenn die Reiseteilnahme der Arbeitnehmer als lohnsteuerpflichtiger geldwerter Vorteil zu werten ist (FinMin Schleswig-Holstein v. 29.7.2010, VI 304 – S 2145 – 100/01, www.stotax-first.de).

4. Werbungskostenabzug

1596 Nach ständiger BFH-Rechtsprechung (zuletzt BFH v. 6.10.2004, X R 36/03, HFR 2005, 401 m.w.N.) sind auf Incentive-Reisen, die touristischen Charakter aufweisen, die für sog. **Informationsreisen** geltenden Grundsätze anzuwenden, → *Reisekosten: Allgemeine Grundsätze* Rz. 2446.

Incentive-Reisen

keine Sozialversicherungspflicht = (SV̸)
Sozialversicherungspflicht = (SV)

Voll abzugsfähige Werbungskosten liegen nur vor, wenn die **Reisen ausschließlich oder zumindest weitaus überwiegend im beruflichen Interesse unternommen** werden, wenn also die Verfolgung privater Interessen, wie z.B. Erholung, Bildung und Erweiterung des allgemeinen Gesichtskreises, nach dem Anlass der Reise, dem vorgesehenen Programm und der tatsächlichen Durchführung nahezu ausgeschlossen sind. Andernfalls sind die gesamten Reisekosten nicht abziehbar, soweit sich nicht ein durch den Beruf veranlasster Teil nach objektiven Maßstäben sicher und leicht abgrenzen lässt. Diese Grundsätze gelten nach der Rechtsprechung insbesondere auch für solche Reiseteilnehmer, die im **Auftrag ihres Arbeitgebers die Reise vorbereiten**, auf eigene Kosten an ihr teilnehmen und während der Reise neben hauptamtlichen örtlichen Reiseleitern gewisse **organisatorische Funktionen ausüben**. Reiseleitungstätigkeit durch den Arbeitnehmer wird nur dann als ein die private Mitveranlassung zurückdrängendes Indiz angesehen, wenn die Reisetage für ihn wie normale Arbeitstage mit beruflicher Reiseorganisation ausgefüllt sind. Diese Voraussetzungen werden nicht als erfüllt angesehen, wenn der Arbeitnehmer nur unwesentliche organisatorische Aufgaben, wie z.B. Verteilung der Hotelzimmer und Ankündigung des weiteren Reiseverlaufs, wahrzunehmen hat. Dies gilt auch für Reisen, die von vertriebsorientierten Unternehmen veranstaltet werden und der Umsatzförderung dienen sollen (sog. Incentive-Reisen). Nimmt ein leitender Mitarbeiter eines vertriebsorientierten Unternehmens an einer Reise teil, die für die anderen Reiseteilnehmer Belohnungscharakter hat, so sind die Kosten der Reise für den leitenden Mitarbeiter als Arbeitslohn anzusehen, wenn sie vom Arbeitgeber getragen werden, bzw. nicht als Werbungskosten abzugsfähig, wenn er sie selbst trägt, wenn die private Mitveranlassung nach den o.g. Grundsätzen als nicht ganz untergeordnet zu bewerten ist (vgl. zuletzt BFH v. 8.2.2001, VI B 292/99, www.stotax-first.de, m.w.N.).

Bei sog. **gemischt veranlassten Reisen** kommt nach geänderter BFH-Rechtsprechung ggf. ein **anteiliger Werbungskostenabzug** in Betracht, ausführlich → *Reisekosten: Allgemeine Grundsätze* Rz. 2446.

5. Pauschalierung der Einkommensteuer

1597 Nach dem ab 2007 geltenden § 37b EStG können Stpfl. aus Vereinfachungsgründen die Einkommensteuer für **Sachzuwendungen**, und zwar für

– **betrieblich veranlasste Zuwendungen, die zusätzlich zur ohnehin vereinbarten Leistung oder Gegenleistung erbracht werden** (hierzu gehören z.B. Eintrittskarten für den Besuch sportlicher, kultureller oder musikalischer Veranstaltungen oder auch Incentive-Reisen),

– und **Geschenke** i.S.d. § 4 Abs. 5 Satz 1 Nr. 1 EStG,

sowohl an **Nichtarbeitnehmer** des Stpfl. (z.B. Kunden, Geschäftsfreunde, deren Arbeitnehmer) als auch an **eigene Arbeitnehmer** des Stpfl. unter bestimmten Voraussetzungen mit einem **Pauschsteuersatz von 30 %** erheben. Diese Pauschalsteuer gilt die steuerliche Erfassung des geldwerten Vorteils beim Zuwendungsempfänger ab; steuerlicher Arbeitslohn fällt also auf der Empfängerseite nicht an.

Nach Auffassung der obersten Finanzbehörden ist der Vorteil aus einer **Bewirtung, die im Rahmen von Incentive-Reisen** gewährt wird, in vollem Umfang als Arbeitslohn/Betriebseinnahme zu erfassen und bei Übernahme der Besteuerung nach § 37b EStG voll in die Bemessungsgrundlage einzubeziehen (FinMin Berlin v. 15.5.2009, III B – S 2334 – 20/2008, www.stotax-first.de).

Weitere Einzelheiten → *Pauschalierung der Einkommensteuer bei Sachzuwendungen* Rz. 2147.

Infektionsschutz

1. Arbeitsrecht

1598 Nach § 31 IFSG besteht bei bestimmten Krankheiten des Arbeitnehmers oder auch entsprechendem Krankheitsverdacht bei bestimmten Betrieben insbesondere im Lebensmittelbereich ein **Tätigkeitsverbot**.

Fällt der Tatbestand des Tätigkeitsverbots mit **krankheitsbedingter Arbeitsunfähigkeit** des Arbeitnehmers zusammen, so tritt der Entschädigungsanspruch nach dem Infektionsschutzgesetz als subsidiärer Anspruch zurück; daraus folgt, dass der Arbeitnehmer einen **Entgeltfortzahlungsanspruch** nach dem Entgeltfortzahlungsgesetz besitzt und damit der Arbeitgeber keinen Erstattungsanspruch gegen die zuständige Behörde.

Geht dagegen das Beschäftigungsverbot mit der Erkrankung einher, ohne dass Arbeitsunfähigkeit besteht (z.B. bei Krankheitsverdacht oder einer nicht zur Arbeitsunfähigkeit führenden ansteckenden Krankheit), so ist ein Anspruch des Arbeitnehmers nach § 616 BGB wegen **unverschuldeter Leistungsverhinderung** anzunehmen, so dass auch insoweit der Arbeitgeber keinen Erstattungsanspruch gegen die zuständige Behörde besitzt.

Hat der Arbeitnehmer demgegenüber keinen der angeführten Entgeltfortzahlungsansprüche (mehr), so hat er gegen den Arbeitgeber Anspruch auf eine **Entschädigung** wegen des Tätigkeitsverbots nach § 56 IFSG, der Arbeitgeber dagegen einen entsprechenden **Erstattungsanspruch** gegen die zuständige Behörde.

2. Lohnsteuer und Sozialversicherung

1599 Die Entgeltfortzahlung im Krankheitsfall und die Vergütung für unverschuldete Leistungsverhinderung stellen Arbeitslohn dar.

Bei der Entschädigung wegen des Tätigkeitsverbots handelt es sich um eine Entschädigung für **Verdienstausfall**, die zwar nach § 3 Nr. 25 EStG steuer- und beitragsfrei ist, aber nach § 32b Abs. 1 Buchst. e EStG bei der Einkommensteuerveranlagung dem **Progressionsvorbehalt** unterliegt (→ *Progressionsvorbehalt* Rz. 2331). Der Arbeitgeber muss daher die Entschädigungen gesondert im **Lohnkonto eintragen** (§ 41 Abs. 1 Satz 5 EStG) und in der **Lohnsteuerbescheinigung** angeben (§ 41b Abs. 1 Satz 2 Nr. 5 EStG; vgl. auch → *Lohnkonto* Rz. 1801 sowie → *Lohnsteuerbescheinigung* Rz. 1863). Hat der Arbeitnehmer im Laufe des Jahres Entschädigungen für Verdienstausfall nach dem Infektionsschutzgesetz erhalten, darf der Arbeitgeber **keinen Lohnsteuer-Jahresausgleich** durchführen (§ 42b Abs. 1 Satz 4 Nr. 4 EStG).

(LSt̸) (SV̸)

Zahlt der Arbeitgeber jedoch freiwillig oder auf Grund einer arbeitsrechtlichen Vereinbarung über den Anspruch nach § 56 IFSG **hinausgehende Beträge**, sind die **Mehrbeträge steuer- und damit auch beitragspflichtig**.

(LSt) (SV)

Innungskrankenkassen

→ *Krankenversicherung: gesetzliche* Rz. 1717

Insolvenz des Arbeitgebers

→ auch *Meldungen für Arbeitnehmer in der Sozialversicherung* Rz. 1989

1. Arbeitsrecht

a) Grundsätze

1601 Nach der Insolvenzordnung gilt, dass die allgemeinen arbeitsrechtlichen Vorschriften unabhängig vom Insolvenzantrag und von der Eröffnung des Insolvenzverfahrens fortgelten, soweit nicht in der Insolvenzordnung anderweitige Ausnahmeregelungen enthalten sind.

Der **Bestand des Arbeitsverhältnisses** wird durch die Eröffnung des Insolvenzverfahrens nur insoweit berührt, als Arbeitsvertragspartner des Arbeitnehmers und Schuldner der Leistungsansprüche nunmehr der Insolvenzverwalter, u.U. auch schon der vorläufige Insolvenzverwalter wird.

Zu einer immer noch **aktuellen** ausführlichen **Darstellung** arbeitsrechtlicher Probleme bei Insolvenz s. Jüngst, Insolvenz des Arbeitgebers: Arbeitsrechtliche Grundsätze als Stichwort-ABC, B+P 2011, 233.

b) Arbeitnehmerforderungen

1602 Forderungen der Arbeitnehmer auf rückständige Arbeitsvergütung sind einfache Insolvenzforderungen nach § 38 InsO. Vergütungsansprüche für die Zeit nach Eröffnung des Insolvenzverfahrens

[LSt̸] = keine Lohnsteuerpflicht
[LSt] = Lohnsteuerpflicht

Insolvenz des Arbeitgebers

sind demgegenüber Masseverbindlichkeiten nach § 55 Abs. 2 InsO. Bei einem regelmäßigen Arbeitsentgelt entstehen die Entgeltansprüche mit den **Zeitabschnitten**, nach denen die Vergütung zu bemessen ist: Fallen z.B. bei geleisteter **Mehrarbeit** die Zeitabschnitte in die Zeit nach Insolvenzeröffnung, handelt es sich um Masseverbindlichkeiten (BAG v. 21.2.2013, 6 AZR 406/11, www.stotax-first.de).

Für diese Schlechterstellung der Arbeitnehmer enthält die Insolvenzordnung andererseits einen Ausgleich: Das **Insolvenzgeld** (→ Insolvenzgeld Rz. 1609) ist für die letzten drei Monate vor Eröffnung des Insolvenzverfahrens zu zahlen. Zum Zweiten sind **Sozialplanansprüche** der Arbeitnehmer anders als bisher Masse-Forderungen, wenn der Sozialplan nach Eröffnung des Insolvenzverfahrens abgeschlossen worden ist (§ 123 InsO) oder zwar vor Eröffnung, aber durch einen mit Verfügungsbefugnis nach § 55 Abs. 2 InsO betrauten vorläufigen Insolvenzverwalter (BAG v. 31.7.2002, 10 AZR 275/01, www.stotax-first.de).

Demgegenüber ist ein **Nachteilsausgleichsanspruch** nach § 113 BetrVG aus der Zeit vor Insolvenzeröffnung einfache Insolvenzforderung, und zwar auch dann, wenn die Kündigung des Arbeitsverhältnisses in Absprache und mit Zustimmung des vorläufigen Insolvenzverwalters erfolgte (BAG v. 4.12.2002, 10 AZR 16/02, www.stotax-first.de).

c) Kündigung in der Insolvenz

1603 Unabhängig vom Insolvenzverfahren bleibt dem Arbeitnehmer zustehender allgemeiner oder besonderer **Kündigungsschutz** erhalten.

Auch bei einer schlechten wirtschaftlichen Lage mit drohender Insolvenz steht dem Arbeitgeber bzw. auch dem Insolvenzverwalter bei betrieblichen Gründen nur das Recht zur ordentlichen Kündigung mit einer Frist von bis zu drei Monaten, nicht aber das Recht zur fristlosen Kündigung zu (BAG v. 24.1.2013, 2 AZR 453/11, www.stotax-first.de). Hinsichtlich der **Kündigungsfristen** gilt nach § 113 Satz 2 InsO eine Höchstfrist von drei Monaten zum Monatsende, wenn nicht eine kürzere Kündigungsfrist eingreift; die Höchstkündigungsfrist unterliegt keiner Billigkeitskontrolle im Einzelfall (BAG v. 27.2.2014, 6 AZR 301/12, www.stotax-first.de). Diese Höchstkündigungsfrist gilt gegenüber längeren gesetzlichen, tarifvertraglichen (BAG v. 16.6.1999, 4 AZR 191/98, www.stotax-first.de) oder vereinbarten (BAG v. 3.12.1998, 2 AZR 425/98, www.stotax-first.de) Kündigungsfristen, und zwar auch im Falle von Unkündbarkeitsvorschriften (BAG v. 19.1.2000, 4 AZR 70/99, www.stotax-first.de) und im Falle eines nicht kündbaren befristeten Arbeitsvertrags (BAG v. 6.7.2000, 2 AZR 695/99, www.stotax-first.de). Diese Verkürzung der Kündigungsfrist gilt nicht für den vorläufigen Insolvenzverwalter (BAG v. 20.1.2005, 2 AZR 134/04, www.stotax-first.de).

2. Lohnsteuer

1604 Die Verpflichtung zur Einbehaltung von Lohnsteuer geht nach § 34 AO auf den Insolvenzverwalter über. Das Finanzamt muss rückständige Forderungen beim Insolvenzverwalter anmelden. Weitere Einzelheiten s. OFD Hannover v. 27.1.2003, S 0550 – 2744 – StH 462, www.stotax-first.de, und zum Verbraucherinsolvenzverfahren → Insolvenz des Arbeitnehmers (Verbraucherinsolvenz) Rz. 1606.

Wenn der Insolvenzverwalter das Unternehmen freigegeben hat und der bisherige Unternehmer den Betrieb fortführt, d.h. auch Arbeitsverträge abschließt und Löhne zahlt, ist Letzterer zur Abgabe von Lohnsteuer-Anmeldungen verpflichtet (FG Niedersachsen v. 8.3.2007, 11 K 565/06, EFG 2007, 1272).

Zur **Haftung des Geschäftsführers** in Insolvenzfällen s. zuletzt BFH v. 11.8.2005, VII B 244/04, BStBl II 2006, 201; BFH v. 27.2.2007, VII R 67/05, BStBl II 2009, 348; BFH v. 23.4.2007, VII B 92/06, BStBl II 2009, 622 m.w.N.

Wird über das **Vermögen eines Arbeitgebers das Insolvenzverfahren eröffnet**, bleiben die Dienstverhältnisse, die der Arbeitgeber abgeschlossen hat, mit Wirkung für die Insolvenzmasse bestehen. Der Insolvenzverwalter muss also die Arbeitnehmer zunächst weiter beschäftigen und ihre Löhne und Gehälter aus der Masse zahlen. Hat der Arbeitgeber den Anspruch des Arbeitnehmers auf Arbeitsentgelt nicht vollständig erfüllt und ist daher im Zeitpunkt der Insolvenzeröffnung Arbeitslohn rückständig geblieben, erhält der **Arbeitnehmer von der Bundesagentur für Arbeit für diesen Zeitraum Arbeitslosengeld**. Der Anspruch des Arbeitnehmers gegen den Arbeitgeber geht bis zur Höhe der erbrachten Sozialleistungen (netto) gem. § 115 Abs. 1 SGB X auf die Bundesagentur für Arbeit über. Im eröffneten Insolvenzverfahren tritt an Stelle des Arbeitgebers der Insolvenzverwalter. Leistet der Insolvenzverwalter auf Grund des übergegangenen Anspruchs nach § 115 SGB X nunmehr **(Rück-)Zahlungen an die Bundesagentur für Arbeit**, führen diese Zahlungen nicht zu steuerpflichtigem Arbeitslohn beim betroffenen Arbeitnehmer. Dem Arbeitnehmer fließen insoweit nur Leistungen zu, welche von der Steuerbefreiungsregelung des § 3 Nr. 2 EStG erfasst werden (vgl. auch R 3.2 Abs. 1 LStR). Die Regelungen zum Progressionsvorbehalt sind zu beachten.

[LSt̸] [SV̸]

Steuerpflichtiger Arbeitslohn liegt somit nur in Höhe der Differenz zwischen dem (erfüllten) Arbeitslohnanspruch und den an die Bundesagentur für Arbeit geleisteten Rückzahlungen des vom Arbeitnehmer bezogenen Arbeitslosengelds vor (FinMin Berlin v. 30.9.2011, III B – S 2342 – 11/2007, Lohnsteuer-Handausgabe 2015, 473).

[LSt] [SV]

Beispiel 1:
Das Insolvenzverfahren des Arbeitgebers wurde im Kalenderjahr 2015 eröffnet. Der Arbeitnehmer erhält in 2015 von der Agentur für Arbeit Arbeitslosengeld i.H.v. 5 000 €. Im Jahr 2016 kann aus der Masse für den Arbeitslohnanspruch des Arbeitnehmers ein Betrag i.H.v. 8 000 € geleistet werden. Davon werden 5 000 € an die Agentur für Arbeit und 3 000 € an den Arbeitnehmer (Differenz) ausgezahlt.

Arbeitslosengeld in 2015	5 000 €	steuerfrei (§ 3 Nr. 2 EStG)
		– Progressionsvorbehalt (§ 32b Abs. 1 Satz 1 Nr. 1a EStG)
Zahlung für Arbeitslohnanspruch in 2016 aus Masse	8 000 €	
– davon an die Bundesagentur für Arbeit (§ 115 SGB X)	5 000 €	steuerfrei (3 Nr. 2 EStG, R 3.2 Abs. 1 Satz 2 LStR)
		– kein Progressionsvorbehalt (auch kein negativer Progressionsvorbehalt)
– davon an den Arbeitnehmer (Differenz)	3 000 €	steuerpflichtiger Arbeitslohn, ggf. Tarifermäßigung nach § 34 EStG (sog. Fünftelregelung)

[LSt] [SV]

Die vorstehenden Ausführungen gelten nach dem o.g. Erlass analog auch für die nachstehend aufgeführten **Sozialleistungen**, sofern es ebenfalls zu einem gesetzlichen Forderungsübergang nach § 115 SGB X kommt:

– von der Berufsgenossenschaft gezahlte **Verletztengeldansprüche** (steuerfrei nach § 3 Nr. 1a EStG; Progressionsvorbehalt nach § 32b Abs. 1 Nr. 1b EStG),

– von der gesetzlichen Krankenversicherung als Krankengeld geleistete **Entgeltfortzahlung** im Krankheitsfall innerhalb der Sechs-Wochen-Frist (steuerfrei nach § 3 Nr. 1c EStG; Progressionsvorbehalt nach § 32b Abs. 1 Nr. 1b EStG),

– von der Deutschen Rentenversicherung gezahltes **Übergangsgeld** (steuerfrei nach § 3 Nr. 1c EStG, Progressionsvorbehalt nach § 32b Abs. 1 Nr. 1b EStG),

– von der Agentur für Arbeit (Jobcenter) gezahlte Leistungen zur Sicherung des Lebensunterhalts nach dem SGB II (steuerfrei nach § 3 Nr. 2b EStG; kein Progressionsvorbehalt).

[LSt̸] [SV̸]

Abzugrenzen sind jedoch die Fälle, die in R 3.2 Abs. 1 Satz 3 LStR (vgl. auch BFH v. 15.11.2007, VI R 66/03, BStBl II 2008, 375) geregelt werden. Diese beziehen sich nicht auf Arbeitgeber in der Insolvenz, sondern vielmehr auf **Fälle, in denen der Arbeitnehmer aus anderen Gründen entlassen wurde und zunächst Arbeitslosengeld erhalten hat, welches er später (beispielsweise auf Grund einer gerichtlich erstrittenen längeren Beschäftigungsdauer und der damit einhergehenden Arbeitslohnnachzahlung) wieder zurückzahlen muss**. In diesen Fällen führt die Rückzahlung des bereits erhaltenen und dem Progressionsvorbe-

Insolvenz des Arbeitgebers

halt unterlegenen Arbeitslosengeldes zur Anwendung eines negativen Progressionsvorbehaltes.

> **Beispiel 2:**
> Der Arbeitnehmer wird ohne Vorliegen eines Insolvenzverfahrens des Arbeitgebers im Kalenderjahr 2015 entlassen. Der Arbeitnehmer erhält in 2015 von der Agentur für Arbeit Arbeitslosengeld i.H.v. 5 000 €. Er erstreitet sich gerichtlich eine längere Beschäftigungsdauer, so dass er im Kalenderjahr 2016 eine Arbeitslohnnachzahlung i.H.v. 15 000 € erhält. Daraufhin muss der Arbeitnehmer die erhaltenen 5 000 € in 2016 nach § 157 Abs. 3 SGB III an die Bundesagentur für Arbeit zurückzahlen.
>
> | | | |
> |---|---|---|
> | Arbeitslosengeld in 2015 | 5 000 € | – steuerfrei (§ 3 Nr. 2 EStG) |
> | | | – Progressionsvorbehalt (§ 32b Abs. 1 Satz 1 Nr. 1a EStG |
> | Arbeitslohnnachzahlung in 2016 | 15 000 € | – steuerpflichtiger Arbeitslohn |
> | | | – ggf. Tarifermäßigung nach § 34 EStG (sog. Fünftelregelung |
> | Rückzahlung des Arbeitnehmers an die Bundesagentur für Arbeit (§ 157 Abs. 3 SGB III) | 5 000 € | negativer Progressionsvorbehalt (R 3.2 Abs. 1 Satz 3 LStR) |

3. Sozialversicherung

1605 Wegen Besonderheiten im Meldeverfahren → *Meldungen für Arbeitnehmer in der Sozialversicherung* Rz. 1989.

Insolvenz des Arbeitnehmers (Verbraucherinsolvenz)

1. Arbeitsrecht

1606 In der betrieblichen Praxis ist vermehrt die Verbraucherinsolvenz eines Arbeitnehmers zu beachten. Die Möglichkeit einer solchen Verbraucherinsolvenz besteht für Arbeitnehmer oder andere natürliche Personen mit nur geringfügiger selbständiger Tätigkeit (§ 304 InsO).

Die Verbraucherinsolvenz bei Zahlungsunfähigkeit des Arbeitnehmers wird nach Antrag vom Insolvenzgericht nach gescheiterter vorheriger Schuldenbereinigung mit dem vereinfachten Insolvenzverfahren nach §§ 311 ff. InsO eröffnet. Insoweit kann das Verfahren auf Antrag des Arbeitnehmers in eine **Restschuldbefreiung** nach §§ 286 ff. InsO nach einer **sechsjährigen Treuhand- bzw. Wohlverhaltensphase** führen. Während der Wohlverhaltensphase hat der Arbeitgeber nach einer **Abtretungserklärung**, die der Arbeitnehmer seinem Antrag auf Restschuldbefreiung beifügt, den **pfändbaren Anteil des Arbeitnehmereinkommens** an den vom Insolvenzgericht bestimmten Treuhänder abzuführen (→ *Lohnpfändung* Rz. 1828). Bei irrtümlicher Auszahlung an den Arbeitnehmer wird der Arbeitgeber aber nach § 82 Satz 1 InsO dennoch von seiner Schuld befreit, wenn er die Eröffnung des Insolvenzverfahrens zur Zeit der Leistung an den Arbeitnehmer nicht kannte (BAG v. 29.1.2014, 6 AZR 642/12, www.stotax-first.de). Der Treuhänder kehrt dann die abgeführten Beträge nach einem bestimmten Schlüssel an die Gläubiger des Arbeitnehmers aus mit der Folge, dass nach bestandener Wohlverhaltensphase der Arbeitnehmer von seinen restlichen Schulden gegenüber sämtlichen Gläubigern befreit wird.

Der Arbeitnehmer, über dessen Vermögen ein (Verbraucher-)Insolvenzverfahren eröffnet ist, behält die Verfügungsbefugnis über den Bestand seines Arbeitsverhältnisses. Er ist deshalb berechtigt, auch ohne Zustimmung des Insolvenzverwalters oder Treuhänders einen **Vergleich im Kündigungsschutzprozess** zu schließen. Dies gilt auch, wenn in diesem Vergleich die Beendigung des Arbeitsverhältnisses gegen Zahlung einer **Abfindung** vereinbart wird. Dieser Abfindungsanspruch unterfällt mit seinem Entstehen als Neuerwerb dem **Insolvenzbeschlag** nach § 35 Abs. 1 InsO. Die Verwaltungs- und Verfügungsbefugnis über diesen Anspruch steht gem. dem Insolvenzverwalter zu. Etwas anderes gilt nur, soweit auf Antrag des Schuldners die Pfändbarkeit der Abfindung nach § 850i ZPO gerichtlich beschränkt wird (BAG v. 12.8.2014, 10 AZB 8/14, www.stotax-first.de).

Durch die Eröffnung des Verbraucherinsolvenzverfahrens werden beim Arbeitsgericht anhängige vermögensrechtliche **Prozesse**, soweit sie die Insolvenzmasse betreffen, unterbrochen gem. § 240 ZPO. Nicht **unterbrochen** werden z.B. nichtvermögensrechtliche Streitigkeiten und Kündigungsschutzprozesse (BAG v. 5.11.2009, 2 AZR 609/08, www.stotax-first.de). Auch vermögensrechtliche Prozesse werden nicht unterbrochen, wenn die Insolvenzmasse nicht betroffen ist; ggf. ist bei mehreren Streitgegenständen eine Teilunterbrechung statthaft (BAG v. 18.10.2006, 2 AZR 563/05, www.stotax-first.de).

Eine **aktuelle Darstellung** zu Fragen der Arbeitnehmerinsolvenz findet sich bei D. Besgen, Verbraucherinsolvenz des Arbeitnehmers, B+P 2013, 379.

2. Lohnsteuer

1607 Zahlt der Arbeitgeber während der Verbraucherinsolvenz den Arbeitslohn weiter, ergeben sich lohnsteuerlich keine Besonderheiten. Der Arbeitgeber hat den Arbeitslohn **nach den allgemeinen Vorschriften** zu versteuern.

Das Recht zur Wahl der Steuerklasse geht auch im Insolvenzverfahren nicht auf den Insolvenzverwalter über, sondern verbleibt beim Insolvenzschuldner (BFH v. 27.7.2011, VI R 9/11, HFR 2012, 69).

Zur Behandlung von Ansprüchen aus dem Steuerschuldverhältnis im Insolvenzverfahren (auch der Verbraucherinsolvenz) s. BMF v. 17.12.1998, IV A 4 – S 0550 – 28/98, BStBl I 1998, 1500 und BMF v. 11.1.2002, IV A 4 – S 0550 – 1/02, BStBl I 2002, 132.

3. Sozialversicherung

1608 Die Abtretung des pfändbaren Anteils an dem vom Insolvenzgericht bestellten Treuhänder führt im Sozialversicherungsrecht nicht zu einer Verringerung der Beitragsbemessungsgrundlage. Die Sozialversicherungsbeiträge sind weiterhin vom sozialversicherungspflichtigen Bruttoeinkommen zu berechnen.

Insolvenzgeld

1. Allgemeines

1609 Arbeitnehmer und ihnen gleichgestellte Personen, die in Insolvenzfällen mit bestehenden Ansprüchen auf Arbeitsentgelt ausfallen, werden durch die Insolvenzgeld-Regelung geschützt. Die gesetzlichen Regelungen über das Insolvenzgeld beinhalten die Vorschriften der §§ 165 bis 172, 175 SGB III.

Der Anspruch auf Insolvenzgeld setzt ein **Insolvenzereignis** i.S.d. § 165 Abs. 1 SGB III voraus, das die Zahlungsunfähigkeit des Arbeitgebers dokumentiert. Ein solches liegt vor, wenn über das Vermögen des Arbeitgebers das Insolvenzverfahren eröffnet worden ist, der Antrag auf Eröffnung des Insolvenzverfahrens mangels Masse abgewiesen wurde oder die Betriebstätigkeit des Arbeitgebers im Inland vollständig beendet wurde, wenn ein Antrag auf Eröffnung des Insolvenzverfahrens nicht gestellt worden ist und ein Insolvenzverfahren auch nicht in Betracht kommt.

Der Insolvenzgeldanspruch umfasst das rückständige Arbeitsentgelt, soweit es den letzten dem Insolvenzereignis vorausgehenden drei Monaten des Arbeitsverhältnisses (sog. **Insolvenzgeld-Zeitraum**) zuzuordnen ist. Hat ein Arbeitnehmer in Unkenntnis eines Insolvenzereignisses weitergearbeitet oder die Arbeit aufgenommen, besteht der Anspruch für die dem Tag der Kenntnisnahme vorausgehenden drei Monate des Arbeitsverhältnisses. Zu den **Ansprüchen auf Arbeitsentgelt**, die den Anspruch auf Insolvenzgeld begründen, gehören alle Ansprüche auf Bezüge aus dem Arbeitsverhältnis, die der Arbeitnehmer als Gegenwert für die von ihm geleistete Arbeit oder als Ersatz der ihm bei Erbringung der Arbeitsleistung entstandenen (ggf. pauschal vergüteten) Auslagen zu beanspruchen hat (z.B. laufendes Entgelt, Entgeltfortzahlung im Krankheitsfall, Urlaubsentgelte, ggf. Jahressonderleistungen, Reisekosten usw.). Zu den Ansprüchen auf Ersatz von Auslagen zählen Aufwendungen des Arbeitnehmers, wenn sie in **direktem** Zusammenhang mit der Erfüllung von Verpflichtungen aus dem Arbeitsverhältnis stehen. Ein solcher Zusammenhang ist z.B. für Reparaturkosten eines Firmenwagens zu bejahen, wenn der Einsatz des Firmenwagens für die Tätigkeit zwingend notwendig war und die Verauslagung der Reparaturkosten erfolgte, um die Aufrechterhaltung der betrieblichen Tätigkeit zu sichern (vgl. BSG v. 8.9.2010, B 11 AL 34/09 R, www.stotax-first.de). Ein Anspruch besteht hingegen nicht für Ansprüche auf Arbeitsentgelt, die der

Insolvenzgeld

Arbeitnehmer wegen der Beendigung des Arbeitsverhältnisses (z.B. Schadensersatzansprüche des Arbeitnehmers nach § 628 Abs. 2 BGB wegen vorzeitiger Beendigung des Arbeitsverhältnisses) oder für die Zeit **nach** der Beendigung des Arbeitsverhältnisses (z.B. Ansprüche auf Urlaubsabgeltung oder Schadensersatz wegen entgangenen Ersatzurlaubs, vgl. BSG v. 6.5.2009, B 11 AL 12/08 R, www.stotax-first.de) hat. Das Insolvenzgeld wird in Höhe des für den Insolvenzgeld-Zeitraum geschuldeten **Netto**arbeitsentgelts erbracht. Dieses entspricht dem um die gesetzlichen Abzüge (Sozialversicherungsbeiträge, Steuern, Solidaritätszuschlag, Winterbeschäftigungsumlage) verminderten Bruttoarbeitsentgelt.

Das Bruttoarbeitsentgelt, das die Berechnungsgrundlage für den Anspruch auf Insolvenzgeld bildet, **ist** auf die Höhe der **monatlichen Beitragsbemessungsgrenze (BBG)** nach § 341 Abs. 4 SGB III begrenzt (→ *Beiträge zur Sozialversicherung* Rz. 548). Die monatliche Begrenzung gilt auch, wenn in einem Monat neben dem laufenden Arbeitsentgelt einmalig zu zahlendes Arbeitsentgelt zu berücksichtigen ist. § 23a Abs. 3 und 4 SGB IV findet daher hier keine Anwendung. Unter den Begriff „Brutto"-Arbeitsentgelt i.S. des Insolvenzgelds (vgl. § 167 Abs. 1 SGB III) fallen sowohl steuer- und beitragspflichtige als auch steuer- und beitragsfreie Entgeltbestandteile. Eine Rangfolge ist gesetzlich nicht geregelt, so dass der Arbeitnehmer bestimmen kann, welche Leistungen vorrangig zu berücksichtigen sind (**Günstigkeitsprinzip**). Die in der gesetzlichen Höhe steuer- und beitragsfreien Beitragszuschüsse des Arbeitgebers zur freiwilligen oder privaten Kranken-, Renten- oder Pflegeversicherung des Arbeitnehmers (§ 257 SGB V, § 172 Abs. 2 SGB VI, § 61 SGB XI) bleiben bei der Ermittlung des Bruttoarbeitsentgelts unberücksichtigt; sie werden zusätzlich zum Arbeitsentgelt gewährt und von der Leistungsbemessungsgrenze (in Höhe der monatlichen BBGe) nicht berührt.

Beispiel:
West, Steuerklasse I/0/Kirche nein:
Insolvenzeröffnung: 1.8.2016

Tatsächlicher mtl. Bruttolohnanspruch:	6 200,— €
davon steuer- und beitragsfrei:	400,— €
Ermittlung des Insolvenzgeldanspruchs für den Monat Mai 2016 unter Beachtung der Leistungsbemessungsgrenze (2016 West 6 200 €):	
Steuerpflichtiger Bruttolohn	5 800,— €
Steuer- und beitragsfreie Reisekosten	+ 400,— €
Zwischensumme	6 200,— €
Steuerabzug (aus 5 800 €)	1 496,33 €
Sozialversicherungsbeiträge (aus 5 800 €) (Renten-/Arbeitslosenversicherung)	− 629,30 €
Zuschuss zur privaten Kranken-/Pflegeversicherung	+ 364,43 €
Insolvenzgeldanspruch insgesamt	4 438,80 €

Damit dem Arbeitnehmer keine versicherungsrechtlichen Nachteile entstehen, zahlt die Agentur für Arbeit im Falle der Insolvenz des Arbeitgebers auch den **Gesamtsozialversicherungsbeitrag**, der auf Arbeitsentgelte für den Insolvenzgeld-Zeitraum entfällt.

Sofern ein Insolvenzereignis noch nicht vorliegt, kann die Agentur für Arbeit einen **Vorschuss** auf das Insolvenzgeld erbringen. Voraussetzung hierfür ist, dass die Eröffnung des Insolvenzverfahrens bereits beantragt wurde, das Arbeitsverhältnis beendet ist und die sonstigen gesetzlichen Voraussetzungen mit hinreichender Wahrscheinlichkeit erfüllt werden. Ist der Anspruch des Arbeitnehmers auf Arbeitsentgelt für den Insolvenzgeld-Zeitraum auf einen **Dritten** übertragen oder zu Gunsten eines Dritten gepfändet oder verpfändet worden, so steht diesem auch das Insolvenzgeld zu. Das Insolvenzgeld ist innerhalb einer **Ausschlussfrist** von zwei Monaten nach dem Insolvenzereignis bei der Agentur für Arbeit zu beantragen. Bei schuldloser Versäumung der Ausschlussfrist wird eine Nachfrist von zwei Monaten ab Wegfall des Hindernisses eingeräumt.

Die Ansprüche auf Arbeitsentgelt, die den Anspruch auf Insolvenzgeld begründen, gehen nach § 169 SGB III mit der Antragstellung auf die Agentur für Arbeit über **(Forderungsübergang)**. Die Agentur für Arbeit macht diese Ansprüche im Insolvenzverfahren beim Insolvenzverwalter oder nach Abschluss des Verfahrens gegebenenfalls unmittelbar gegen den bisherigen Arbeitgeber geltend.

Grundsätzlich haben nur diejenigen Arbeitnehmer Anspruch auf Insolvenzgeld, die bereits vor der Bestellung des vorläufigen Insolvenzverwalters bei ihrem (nunmehr insolventen) Arbeitgeber beschäftigt waren. Ausnahmsweise können auch solche Arbeitnehmer Insolvenzgeld beanspruchen, deren Arbeitsverhältnis erst durch den vorläufigen Insolvenzverwalter begründet wird, wenn es sich um Arbeitnehmer mit sog. Schlüsselfunktionen handelt, die nach der Beantragung des Insolvenzverfahrens eingestellt werden, weil die Einstellung zwingend notwendig war, um die Betriebsschließung zu verhindern (z.B. Einstellung eines Maschinenführers mit Spezialausbildung, beispielsweise Baugeräteführer, der zur Aufrechterhaltung der Produktion bzw. der Betriebstätigkeit unentbehrlich ist, weil die bisherige Fachkraft im Vorfeld der Insolvenz aus dem Betrieb ausgeschieden ist). Erfolgt die Neueinstellung dagegen zur Bewältigung von Kapazitätsengpässen bzw. zur Ausweitung der Produktion, kommt ein Anspruch auf Insolvenzgeld für diese Arbeitnehmer nicht in Betracht.

Hat der Arbeitnehmer seinem Arbeitgeber den fälligen Lohn über einen **längeren Zeitraum** hinweg gestundet und zahlt der Arbeitgeber im Vorfeld der Insolvenzeröffnung diesen Lohn aus, obwohl er z.B. bereits überschuldet ist und daher ein sog. Insolvenzgrund vorliegt, wird die Lohnnachzahlung oftmals durch den Insolvenzverwalter mit dem Ziel angefochten, dass der Arbeitnehmer die Lohnnachzahlung an die Insolvenzmasse wieder zurückzahlt. In diesem Zusammenhang ist zu beachten, dass **regelmäßige** Lohn- und Gehaltszahlungen als Bargeschäft i.S.v. § 142 InsO grundsätzlich nicht wirksam angefochten werden können.

Entsprechendes gilt für Zahlungen, die – bei taggenauer Betrachtung – innerhalb von drei Monaten nach Erbringung der Arbeitsleistung erfolgen (BAG v. 6.10.2011, 6 AZR 262/10, www.stotax-first.de). Diese Rechtsprechung des BAG ist von grundsätzlicher Bedeutung, da der Gemeinsame Senat der obersten Gerichtshöfe des Bundes (GmS-OGB) festgelegt hat, dass für Klagen des Insolvenzverwalters gegen einen Arbeitnehmer des Schuldners auf Rückgewähr einer vom Schuldner geleisteten Vergütung der Rechtsweg zur Arbeitsgerichtsbarkeit gegeben ist (Beschluss v. 27.9.2010, GmS-OGB 1/09, www.stotax-first.de).

Hat der Arbeitnehmer seinem Arbeitgeber hingegen den fälligen Lohn über einen längeren Zeitraum hin gestundet und ihm damit einen Kredit gegeben, so ist eine Anfechtung der Lohnnachzahlung möglich, wenn der Insolvenzverwalter nachweist, dass der Arbeitnehmer die Zahlungsunfähigkeit beim Erhalt der Nachzahlung kannte oder ihm Umstände bekannt waren, die zwingend auf die Zahlungsunfähigkeit schließen ließen (zu den Anforderungen an die Kenntnis von der Zahlungsunfähigkeit vgl. BGH v. 19.2.2009, IX ZR 62/08, www.stotax-first.de). Liegen ausnahmsweise die Voraussetzungen für eine Anfechtung vor und zahlt der Arbeitnehmer den entsprechenden Betrag zurück, weil eine Lohnnachzahlung wirksam angefochten wurde, so leben die entsprechenden Lohnansprüche und damit auch der Anspruch auf Insolvenzgeld wieder auf.

Sofern die Ausschlussfrist (§ 324 Abs. 3 SGB III) für die Beantragung des Insolvenzgeldes bereits verstrichen ist, wird i.d.R. eine Nachfrist von zwei Monaten einzuräumen sein, da der Arbeitnehmer nicht schuldhaft handelt, wenn er mit der Geltendmachung seiner Ansprüche zuwartet, bis ein Anfechtungsrechtsstreit über nachgezahltes Arbeitsentgelt nach § 130 InsO rechtskräftig entschieden worden ist.

In der Praxis vereinbaren die Tarifvertragsparteien oftmals im Rahmen von sog. Sanierungsverhandlungen, dass der Arbeitnehmer zur Rettung des Unternehmens für einen bestimmten Zeitraum auf einen Teil seiner Lohnforderung verzichten soll. Eine (tarifliche) Lohnverzichtsvereinbarung (z.B. Restrukturierungstarifvertrag) kann bei drohender Insolvenz des Arbeitgebers mit der Wirkung gekündigt werden, dass die bis dahin durch den Verzicht aufgelaufenen Lohnbestandteile für die Berechnung des Insolvenzgelds wieder aufleben. Die Gewährung von Insolvenzgeld hängt allerdings davon ab, ob diese Lohnbestandteile im Insolvenzgeld-Zeitraum erarbeitet wurden und deshalb Arbeitsentgelt „für" die der Insolvenz vorausgehenden drei Monate des Arbeitsverhältnisses darstellen (vgl. BSG v. 4.3.2009, B 11 AL 8/08 R, www.stotax-first.de).

Insolvenzgeld

2. Lohnsteuer

a) Allgemeines

1610 Das Insolvenzgeld gehört – ebenso wie die von der Agentur für Arbeit gezahlten Beiträge zur Sozialversicherung des Arbeitnehmers – zu den **Leistungen nach dem Dritten Buch Sozialgesetzbuch und ist damit steuerfrei** (§ 3 Nr. 2 EStG, R 3.2 Abs. 2 LStR). Das tatsächlich gezahlte Insolvenzgeld unterliegt jedoch im Rahmen der Einkommensteuerveranlagung dem sog. **Progressionsvorbehalt** des § 32b Abs. 1 Nr. 1a EStG (→ *Progressionsvorbehalt* Rz. 2331).

Der Anspruch des Arbeitnehmers gegen seinen Arbeitgeber auf Zahlung des Arbeitslohns geht auf die **Bundesagentur für Arbeit über** (§ 169 SGB III). Etwaige spätere Lohnzahlungen des Insolvenzverwalters oder des ehemaligen Arbeitgebers an die Bundesagentur für Arbeit sind ebenfalls nach § 3 Nr. 2 Buchst. b EStG **steuerfrei**. Dies gilt auch für evtl. vom Insolvenzverwalter **nachträglich entrichtete Sozialversicherungsbeiträge** nach § 175 Abs. 2 SGB III (R 3.2 Abs. 2 LStR). Weitere Einzelheiten → *Insolvenz des Arbeitgebers* Rz. 1604.

Nach Auffassung der obersten Finanzbehörden ist das i.R.d. Progressionsvorbehalts zu berücksichtigende **Insolvenzgeld nicht um die Bestandteile zu kürzen, die außerhalb der Insolvenz steuerfrei wären**. Da es sich bei dem Insolvenzgeld um eine einheitliche Sozialleistung handelt, unterliegt es als Ganzes dem Progressionsvorbehalt nach § 32b Abs. 1 Nr. 1a EStG. Aus welchen Bestandteilen des Arbeitsentgelts das Insolvenzgeld berechnet wird, ist für die einkommensteuerrechtliche Behandlung ohne Bedeutung. Diese Rechtsauffassung wird auch vom **FG Niedersachsen** geteilt. Es hat mit Urteil v. 17.5.2005, 16 K 20150/03, EFG 2005, 1670 entschieden, dass das in die Berechnung des Progressionsvorbehalts einzubeziehende Insolvenzgeld nicht um die Beträge zu kürzen ist, die außerhalb der Insolvenz als Zuschläge für Sonntags-, Feiertags- oder Nachtarbeit hypothetisch nach § 3b EStG steuerfrei wären.

Der **Werbungskostenabzug** ist während des Zeitraums, in dem der Arbeitnehmer statt steuerpflichtigem Arbeitslohn steuerfreies Insolvenzgeld erhält, nicht ausgeschlossen, da zwischen den Aufwendungen und dem Insolvenzgeld kein unmittelbarer wirtschaftlicher Zusammenhang i.S.d. § 3c EStG besteht (BFH v. 23.11.2000, VI R 93/98, BStBl II 2001, 199 betr. Fahrten zur Arbeitsstätte).

Zur Insolvenz des Arbeitnehmers (sog. **Verbraucherinsolvenz**) → *Insolvenz des Arbeitnehmers (Verbraucherinsolvenz)* Rz. 1606.

b) Vorfinanzierung

1611 Nach § 170 Abs. 4 SGB III kann ein Arbeitnehmer vor seinem Antrag auf Insolvenz und vor Eröffnung des Insolvenzverfahrens bzw. Abweisung des Antrags mangels Masse seinen **Anspruch auf Arbeitsentgelt mit Zustimmung der Bundesagentur für Arbeit an ein Kreditinstitut abtreten** (Vorfinanzierung). Der BFH hat entschieden (Urteil v. 1.3.2012, VI R 4/11, BStBl II 2012, 596), dass soweit Insolvenzgeld vorfinanziert wird, das nach § 188 Abs. 1 SGB III einem Dritten zusteht, die Gegenleistung für die Übertragung des Arbeitsentgeltanspruchs als **Insolvenzgeld i.S.d. § 32b Abs. 1 Nr. 1a EStG** anzusehen ist. Der Arbeitnehmer hat daher bereits in dem Zeitpunkt der Erlangung der Verfügungsmacht über die Auszahlungsbeträge Insolvenzgeld bezogen. **Bei der Feststellung des Zuflusszeitraums kommt es nicht auf den Zeitpunkt der Bewilligung durch die Arbeitsagentur an, sondern auf den tatsächlichen Zufluss beim Arbeitnehmer** (OFD Magdeburg v. 18.4.2013, S 2295 – 50 – St 223, www.stotax-first.de).

Aus diesem Grund ist für diese Leistung eine **Bescheinigung** durch den Träger der Sozialleistung – in diesem Fall die **Bundesagentur für Arbeit** – zu erstellen (§ 32b Abs. 3 EStG), die durch den Arbeitnehmer bei einer Veranlagung zur Einkommensteuer vorzulegen ist. Seit 2005 übermittelt die **Bundesagentur für Arbeit** die entsprechenden Daten der Finanzverwaltung durch **Datenfernübertragung** jeweils bis zum 28. Februar des Folgejahrs (§ 32b Abs. 4 i.V.m. § 52 Abs. 43a EStG).

Beispiel:

Herr A war als Arbeitnehmer beschäftigt. Seine Arbeitgeberin befand sich im Jahr 2015 in wirtschaftlichen Schwierigkeiten. Deshalb übernahm ein Kreditinstitut in einem mit der Arbeitgeberin geschlossenen Vertrag die Vorfinanzierung der Arbeitslöhne. Wie vereinbart erwarb das Kreditinstitut dazu durch gesonderte Forderungskaufverträge u.a. die Arbeitslohnforderungen des Herrn A gegen Auszahlung eines Betrages in Höhe des jeweiligen Nettolohns für die Monate Oktober und November des Jahres 2015. Diese Beträge wurden im Jahr 2015 vom Kreditinstitut an Herrn A überwiesen. Die Arbeitgeberin verpflichtete sich gegenüber dem Kreditinstitut, die Eröffnung des Insolvenzverfahrens bis zum 1.1.2016 sicherzustellen.

Nachdem das Insolvenzverfahren eröffnet wurde, bewilligte die Agentur für Arbeit Herrn A im Februar 2016 Insolvenzgeld für die Monate Oktober bis Dezember 2015 i.H.v. insgesamt 4 337,01 €. Wegen des entgeltlichen Erwerbs der Arbeitslohnforderungen des Herrn A überwies die Agentur für Arbeit im Februar 2016 für die Monate Oktober und November 2015 2 912,10 € an das Kreditinstitut. Der Teilbetrag für den Monat Dezember 2015 i.H.v. 1 424,91 € wurde Herrn A im Februar 2016 überwiesen. Ihm wurde eine Bescheinigung über den Bezug des Insolvenzgeldes für den Insolvenzgeldzeitraum vom 1.10. bis 31.12.2015 zur Vorlage beim Finanzamt ausgestellt.

Auf Grund der Vorfinanzierung durch das Kreditinstitut hat Herr A bereits in 2015 Insolvenzgeld i.H.v. 2 912,10 € erhalten, das zwar steuerfrei, aber dem Progressionsvorbehalt zu unterwerfen ist. Der auf den Monat Dezember 2015 entfallende Teil des Insolvenzgeldes ist Herrn A erst im Februar 2016 durch die Agentur für Arbeit überwiesen worden. Folglich ist dieser Betrag in 2016 nach § 32b Abs. 1 Nr. 1 Buchst. a EStG dem Progressionsvorbehalt zu unterwerfen (BFH v. 1.3.2012, VI R 4/11, BStBl II 2012, 596).

Nach bisheriger Auffassung der Finanzverwaltung wäre der Gesamtbetrag von 4 337,01 € erst in 2016 steuerlich zu erfassen.

3. Sozialversicherung

a) Allgemeines

1612 Die Finanzierung für das Insolvenzgeld erfolgt durch eine Umlage der Betriebe. Den Einzugsstellen obliegt es ab dem 1.1.2009, die Umlagebeträge einzuziehen.

b) Bemessungsgrundlagen

aa) Grundsätzliches

1613 Für die Umlage ist nach § 358 Abs. 2 SGB III **Bemessungsgrundlage das Arbeitsentgelt**, nach dem die Beiträge zur **gesetzlichen Rentenversicherung** der im Betrieb **beschäftigten Arbeitnehmer** und Auszubildenden bemessen werden oder bei Versicherungspflicht in der gesetzlichen Rentenversicherung zu bemessen wären.

Die **Koppelung an die Bemessungsgrundlage für die Rentenversicherungsbeiträge** bedeutet, dass für die Berechnung der Umlage nur solche Bezüge herangezogen werden können, die laufendes oder einmalig gezahltes Arbeitsentgelt i.S. der Sozialversicherung darstellen. Vergütungen, die nicht zum **Arbeitsentgelt i.S. der Sozialversicherung** gehören, bleiben mithin bei der Bemessung der Umlage außer Ansatz.

Folgende Besonderheiten sind zu berücksichtigen:

- Bei **rentenversicherungsfreien oder von der Rentenversicherungspflicht befreiten Arbeitnehmern** (z.B. auf Grund der Mitgliedschaft in einem berufsständischen Versorgungswerk oder nicht deutsche Besatzungsmitglieder deutscher Seeschiffe) ist das Arbeitsentgelt maßgebend, nach dem die Rentenversicherungsbeiträge im Falle des Bestehens von Rentenversicherungspflicht zu berechnen wären.

- Das Arbeitsentgelt der rentenversicherungspflichtigen **mitarbeitenden Familienangehörigen von landwirtschaftlichen Unternehmen** und die **Vergütung von Heimarbeitern** werden für die Berechnung der Umlage herangezogen, jedoch nicht das Vorruhestandsgeld und die Vergütung der Hausgewerbetreibenden.

- Im Übrigen unterliegt auch das nach dem **Entgeltfortzahlungsgesetz (EFZG)** sowie das auf Grund arbeitsvertraglicher oder tarifvertraglicher Regelungen an arbeitsunfähige Arbeitnehmer fortgezahlte Arbeitsentgelt der Umlagepflicht.

- Von der Umlagepflicht wird auch das Arbeitsentgelt von beschäftigten
  – Erwerbsunfähigkeitsrentnern,

Insolvenzgeld

- Erwerbsminderungsrentnern
- Altersrentnern und
- Personen während der Elternzeit

erfasst.

- Die **Bezüge für Beamte, Richter, Soldaten auf Zeit und Berufssoldaten** werden bei der Berechnung der Umlage **nicht** berücksichtigt, sofern die Entgelte aus der zur Rentenversicherungsfreiheit führenden Beschäftigung erzielt werden. Dagegen ist beispielsweise das Arbeitsentgelt, das ein Beamter in einer Nebentätigkeit in der Privatwirtschaft erhält, umlagepflichtig.

- Bei **Mehrfachbeschäftigten** ist § 22 Abs. 2 SGB IV bezüglich der anteiligen Berücksichtigung mehrerer beitragspflichtiger Einnahmen entsprechend anzuwenden unabhängig davon, ob für alle Arbeitgeber Umlagepflicht besteht.

- Für rentenversicherungsfreie **geringfügig entlohnte Beschäftigungen** und **kurzfristige Beschäftigungen** ist für die Berechnung der Insolvenzgeldumlage das Arbeitsentgelt maßgebend, nach dem die Rentenversicherungsbeiträge im Falle des Bestehens von Rentenversicherungspflicht zu bemessen wären. Maßgebend ist somit das tatsächliche Arbeitsentgelt, also bei schwankendem Arbeitsentgelt im Rahmen einer geringfügig entlohnten Beschäftigung auch der die 450-Euro-Grenze überschreitende Betrag. Dies gilt auch für geringfügig entlohnte Beschäftigte, die zwecks Erwerbs vollwertiger Leistungsansprüche in der Rentenversicherung auf die Rentenversicherungsfreiheit verzichtet haben und den vom Arbeitgeber zu zahlenden Pauschalbeitrag durch einen Eigenanteil bis zum regulären Rentenversicherungsbeitrag aufstocken. Die Mindestbeitragsbemessungsgrundlage findet in diesen Fällen keine Anwendung.

  Für Beschäftigte von **Wohnungseigentümergemeinschaften** ist nach einer Entscheidung des BSG (Urteil v. 23.10.2014, B 11 AL 6/14 R, www.stotax-first.de) keine Insolvenzgeldumlage zu entrichten.

- Für Arbeitnehmer, die eine versicherungspflichtige Beschäftigung mit einem Arbeitsentgelt innerhalb der Gleitzone (→ *Gleitzone* Rz. 1446) ausüben, gelten besondere Regelungen für die Ermittlung der Beitragsbemessungsgrundlage. In der Rentenversicherung ist bei Beschäftigungen in der Gleitzone der errechnete Betrag Beitragsbemessungsgrundlage. Dieser Betrag ist zugleich als umlagepflichtiges Arbeitsentgelt zu berücksichtigen. Hat der Arbeitnehmer auf die Anwendung der Gleitzone verzichtet, wird die Umlage nach dem tatsächlichen Arbeitsentgelt bemessen.

- Eine von der Bemessungsgrundlage für die Rentenversicherungsbeiträge **abweichende Regelung gilt für Bezieher von Kurzarbeitergeld, Saisonkurzarbeitergeld und Transferkurzarbeitergeld**. Während die Rentenversicherungsbeiträge für diese Personen aus dem tatsächlich erzielten Arbeitsentgelt zuzüglich 80 % des Unterschiedsbetrags zwischen dem Sollentgelt und dem Ist-Entgelt berechnet werden, ist der Berechnung der Umlage nur das tatsächlich erzielte Arbeitsentgelt bis zur BBG in der gesetzlichen Rentenversicherung zu Grunde zu legen. Das fiktive Arbeitsentgelt wird für die Umlageberechnung nicht herangezogen.

- Für die **Berechnung der Beiträge zur Rentenversicherung wird Mehrarbeitsvergütung oder einmalig gezahltes Arbeitsentgelt während des Bezugs von Kurzarbeitergeld** nur insoweit berücksichtigt, als die anteilige Jahresbeitragsbemessungsgrenze noch nicht durch laufendes und fiktives Arbeitsentgelt ausgeschöpft ist. Da das fiktive Arbeitsentgelt für die Berechnung der Umlage unberücksichtigt bleibt, wird die Mehrarbeitsvergütung oder das einmalig gezahlte Arbeitsentgelt ggf. in stärkerem Maße in die Berechnung der Umlage einbezogen.

- **Lohnsteuerfrei gezahlte Zuschläge für Sonntags-, Feiertags- oder Nachtarbeit** sind in der gesetzlichen Unfallversicherung nach § 1 Abs. 2 SvEV stets dem Arbeitsentgelt zuzurechnen. Da im neuen Umlageverfahren als Bemessungsgrundlage das rentenversicherungspflichtige Arbeitsentgelt gilt, sind vom 1.1.2009 an die Bestimmungen des § 1 Abs. 1 Satz 1 Nr. 1 SvEV zur **Ermittlung des beitragspflichtigen Anteils dieser Zuschläge zu beachten**. Danach sind steuerfreie Zuschläge für Sonntags-, Feiertags- oder Nachtarbeit dem Arbeitsentgelt nur hinzuzurechnen, soweit sie auf einem Grundlohn von mehr als 25 € je Stunde beruhen. Ergibt sich danach beitragspflichtiges Arbeitsentgelt zur Rentenversicherung, ist dieses auch bei der Umlageberechnung zu berücksichtigen. Dies gilt nicht für seemännische Beschäftigungsverhältnisse (§ 1 Abs. 2 SvEV). Hier sind in allen Zweigen der Sozialversicherung und somit auch für die Insolvenzgeldumlage die Zuschläge für Sonntags-, Feiertags- oder Nachtarbeit in voller Höhe umlagepflichtig.

- Das für die Berechnung des Insolvenzgelds zu berücksichtigende Arbeitsentgelt ist auf die **BBG der allgemeinen Rentenversicherung begrenzt**. Die Umlage wird deshalb von einem Arbeitsentgelt bis zu den in der allgemeinen Rentenversicherung geltenden BBG in der jeweils gültigen Höhe berechnet. Das gilt auch für Beschäftigte, für die Beiträge zur knappschaftlichen Rentenversicherung zu zahlen sind.

- **Einmalig gezahltes Arbeitsentgelt** wird, anders als bei der Berechnung der Umlagen nach dem AAG (U1 und U2), zur Bemessung der Insolvenzgeldumlage herangezogen.

- Bei **Einmalzahlungen im ersten Quartal eines Kalenderjahrs** ist ggf. die **März-Klausel** anzuwenden. Die Zuordnung des einmalig gezahlten Arbeitsentgelts zum letzten Entgeltabrechnungszeitraum des Vorjahrs richtet sich auch bei der Bemessung der Insolvenzgeldumlage nach den für die März-Klausel geltenden allgemeinen Grundsätzen. Unterliegt der Arbeitnehmer, nach dessen Arbeitsentgelt die Insolvenzgeldumlage bemessen werden soll, im ersten Quartal des Kalenderjahrs der Krankenversicherungspflicht und überschreitet das laufende Arbeitsentgelt zusammen mit der Einmalzahlung die anteilige Jahresbeitragsbemessungsgrenze der Krankenversicherung, wird die Einmalzahlung in allen Versicherungszweigen und auch für die Bemessung der Insolvenzgeldumlage dem letzten Entgeltabrechnungszeitraum des Vorjahrs zugeordnet. Wird eine Einmalzahlung in einem Entgeltabrechnungszeitraum ausgezahlt, in dem keine Krankenversicherungspflicht besteht, und liegt dieser Entgeltabrechnungszeitraum im ersten Quartal eines Kalenderjahrs, ist für die Zuordnung zum Vorjahr entscheidend, ob die anteilige Jahresbeitragsbemessungsgrenze in der Rentenversicherung überschritten wird. Liegt auch keine Rentenversicherungspflicht (z.B. bei Zugehörigkeit des Arbeitnehmers zu einer berufsständischen Versorgungseinrichtung) vor, ist im Hinblick auf die Anbindung der Bemessung der Insolvenzgeldumlage an das rentenversicherungspflichtige Arbeitsentgelt bei Anwendung der März-Klausel zu prüfen, ob das sozialversicherungsrechtlich relevante Arbeitsentgelt aus der Beschäftigung die anteilige Jahresbeitragsbemessungsgrenze der allgemeinen Rentenversicherung (hilfsweise die anteilige Jahresbeitragsbemessungsgrenze der Arbeitslosenversicherung) überschreitet.

- Die Umlagebeträge sind im **Beitragsnachweisdatensatz** unter dem Beitragsgruppenschlüssel 0050 anzugeben.

- **Für den Einzug und die Weiterleitung der Umlage** gelten die Regelungen zum Gesamtsozialversicherungsbeitrag, soweit das SGB III nichts anderes bestimmt. Der Arbeitgeber hat zur Prüfung der Vollständigkeit der Umlageabrechnung das umlagepflichtige Arbeitsentgelt und die Umlage zu erfassen und zur Verfügung zu stellen.

- Zuständig für den **Einzug der Umlage** und deren Weiterleitung sind die **Einzugsstellen** für den Gesamtsozialversicherungsbeitrag. Eine Ausnahme hiervon gilt für alle geringfügig Beschäftigten. Für diesen Personenkreis ist die Deutsche Rentenversicherung Knappschaft-Bahn-See/Minijobzentrale als Träger der Rentenversicherung Einzugsstelle.

- Für ausländische Saisonkräfte entfällt die Pflicht zur Abführung der Insolvenzgeldumlage, wenn dem Arbeitgeber eine Bescheinigung E101 vorgelegt wird. In diesen Fällen unterliegen die Arbeitnehmer den versicherungsrechtlichen Vorschriften ihres Heimatlandes. Alle anderen ausländischen Saisonkräfte werden versicherungsrechtlich nach deutschem Recht beurteilt. Für diese Arbeitnehmer ist eine Insolvenzgeldumlage zu zahlen.

Insolvenzgeld

- Für entsandte Arbeitnehmer aus dem Ausland ist keine Insolvenzgeldumlage zu entrichten, da diese weiterhin der Regelungen ihres Heimatlandes unterliegen.
- Die Arbeitsentgelte der Mitarbeiter von Abgeordneten sind dann nicht bei der Bemessung der Insolvenzgeldumlage zu berücksichtigen, wenn die jeweilige Körperschaft die Gehaltszahlung gesetzlich absichert und das Arbeitsentgelt direkt an den Mitarbeiter auszahlt (Besprechungsergebnis der Spitzenverbände der Sozialversicherungsträger v. 13./14.4.2010).
- Die Arbeitsentgelte der behinderten Menschen in Werkstätten für behinderte Menschen, die nicht i.S.d. § 7 SGB IV beschäftigt sind, sind in die Bemessung der Insolvenzgeldumlage nicht einzubeziehen (Besprechungsergebnis der Spitzenverbände der Sozialversicherungsträger v. 13./14.4.2010).

Sofern in den beiden zuletzt genannten Fällen für Zeiten ab dem 1.1.2009 Insolvenzgeldumlagen gezahlt worden sind, können diese in entsprechender Anwendung der gemeinsamen Grundsätze für die Verrechnung und Erstattung zu Unrecht gezahlter Beiträge zur Kranken-, Pflege-, Renten- und Arbeitslosenversicherung auf Antrag bei der jeweiligen Einzugsstelle erstattet werden.

c) Umlagesatz

1614 Der Umlagesatz ist gesetzlich festgelegt (§ 360 SGB III), er beträgt 0,12 %. Das BMAS kann den Umlagesatz durch Rechtsverordnung unter den in § 361 SGB III beschriebenen Voraussetzungen abweichend festlegen.

d) Ansprüche der Einzugsstelle

1615 Die Einzugsstellen (Krankenkassen) haben Anspruch auf Zahlung geschuldeter Pflichtbeiträge zur Kranken-, Pflege-, Renten- und Arbeitsförderung für die letzten drei Monate des Arbeitsverhältnisses vor dem Insolvenzereignis (Insolvenzgeld-Zeitraum → Rz. 1609). Die Einzugsstelle hat der Agentur für Arbeit diese Beiträge nachzuweisen und dafür zu sorgen, dass das beitragspflichtige Bruttoarbeitsentgelt einschließlich des Arbeitsentgeltes, für das Beiträge i.R.d. Insolvenzgeldes gezahlt werden, dem zuständigen Rentenversicherungsträger zur Speicherung im Versichertenkonto gemeldet wird.

So durch die Agentur für Arbeit gezahlte Pflichtbeiträge bleiben als Beitragsansprüche gegen den Arbeitgeber bestehen. Die Einzugsstelle hat weiterhin diese Beiträge einzuziehen. Soweit Zahlungen geleistet werden, hat die Einzugsstelle der Agentur für Arbeit die – nachträglich – gezahlten Beiträge zu erstatten.

Insolvenzgeldumlage

→ *Insolvenzgeld* Rz. 1609

Insolvenzsicherung

→ *Zukunftssicherung: Gesetzliche Altersversorgung* Rz. 3344

Instrumentengeld

→ *Musiker* Rz. 2082

Integrationshelfer

→ *Arbeitnehmer-ABC* Rz. 188

Internationaler Jugendfreiwilligendienst

→ *Freiwilligendienste* Rz. 1346

Internetkosten

→ *Computer* Rz. 782, → *Telekommunikation* Rz. 2852

Invalidenversicherung

→ *Rentenversicherung* Rz. 2531

Jagdaufwandsentschädigung

→ *Forstbedienstete* Rz. 1291

Jahresarbeitsentgeltgrenze in der gesetzlichen Krankenversicherung

1. Jahresarbeitsentgeltgrenze

Nach § 6 Abs. 1 Nr. 1 SGB V sind Arbeitnehmer, deren regelmäßiges Jahresarbeitsentgelt (JAE) die Jahresarbeitsentgeltgrenze (JAE-Grenze) übersteigt, in der Krankenversicherung versicherungsfrei. Die JAE-Grenze beträgt bundeseinheitlich 2016 für alle Arbeitnehmer 56 250 €. **1616**

Durch das Beitragssatzsicherungsgesetz v. 23.12.2002 (BGBl. I 2002, 4637) ist die JAE-Grenze mit Wirkung vom 1.1.2003 formal von der Beitragsbemessungsgrenze der Rentenversicherung abgekoppelt worden. Seitdem ist in § 6 Abs. 6 SGB V die allgemeine JAE-Grenze festgeschrieben. In § 6 Abs. 7 SGB V wird eine besondere JAE-Grenze normiert (2016 beträgt diese 50 850 €). Die besondere JAE-Grenze gilt für Arbeitnehmer, die am 31.12.2002 wegen Überschreitens der an diesem Tag geltenden JAE-Grenze versicherungsfrei und bei einem privaten Krankenversicherungsunternehmen in einer substitutiven Krankenversicherung versichert waren. An der Fortgeltung dieser Differenzierung und an der Fortschreibung der für das jeweilige Kalenderjahr maßgebenden JAE-Grenze ändert sich nichts.

Sowohl die allgemeine JAE-Grenze als auch die besondere JAE-Grenze werden jährlich der Lohn- und Gehaltsentwicklung angepasst. Die JAE-Grenze ändert sich zum 1. Januar eines jeden Jahres in dem Verhältnis, wie sich die Löhne und Gehälter der Arbeitnehmer im vergangenen Jahr zum vorvergangenen Jahr verändert haben.

Übersicht

Höhe der JAE-Grenzen nach § 6 Abs. 6 und 7 SGB V (seit 2007)

Jahr	„allgemeine" JAE-Grenze (§ 6 Abs. 6 SGB V)	„besondere" JAE-Grenze (§ 6 Abs. 7 SGB V)
2007	47 700 €	42 750 €
2008	48 150 €	43 200 €
2009	48 600 €	44 100 €
2010	49 950 €	45 000 €
2011	49 500 €	44 550 €
2012	50 850 €	45 900 €
2013	52 200 €	47 250 €
2014	53 550 €	48 600 €
2015	54 900 €	49 500 €
2016	56 250 €	50 850 €

2. Ermittlung der Jahresarbeitsentgeltgrenze

Maßgebend für die Beurteilung der Versicherungsfreiheit von Arbeitnehmern ist nach wie vor das regelmäßige JAE. Hierzu gehören neben dem laufend gezahlten Arbeitsentgelt aus der Beschäftigung des Arbeitnehmers, dessen Versicherungspflicht oder Versicherungsfreiheit festzustellen ist, auch einmalig gezahlte Bezüge, die mit an Sicherheit grenzender Wahrscheinlichkeit mindestens einmal jährlich gezahlt werden. Ferner sind Vergütungen für vertraglich vorgesehenen Bereitschaftsdienst in die Berechnung des regelmäßigen JAE mit einzubeziehen. Vergütungen für Überstunden gehören dagegen zu den unregelmäßigen Arbeitsentgeltbestandteilen und sind daher bei der Berechnung des regelmäßigen JAE außer Betracht zu lassen; etwas anderes gilt lediglich für feste Pauschbeträge, die als Abgeltung für Überstunden regelmäßig zum laufenden Arbeitsentgelt gezahlt werden. **1617**

Beispiel 1:
Ein Arbeitnehmer nimmt zum 3.1.2016 beim Arbeitgeber A erstmalig eine Beschäftigung auf. Bisher war er bei der Firma B beschäftigt und krankenversicherungspflichtig. Er erhält jetzt ein festes monatliches Gehalt von 4 520 €. Außerdem ist ein Weihnachtsgeld i.H.v. 50 % eines Monatsgehalts tariflich zugesichert.

Das JAE beträgt demnach (4 520 € × 12 Monate + 2 260 € – tariflich zugesichertes Weihnachtsgeld – =) 56 500 € und überschreitet somit die JAE-Grenze von 56 250 € für 2016. Es besteht somit Krankenversicherungsfreiheit.

Zuschläge, die mit Rücksicht auf den Familienstand gezahlt werden, bleiben bei der Berechnung des regelmäßigen JAE – wie schon bisher – nach ausdrücklicher Bestimmung in § 6 Abs. 1 Nr. 1 SGB V außer Betracht.

Zum regelmäßigen JAE gehören neben dem regelmäßig gewährten laufenden Arbeitsentgelt auch Sonderzuwendungen, die mit an Sicherheit grenzender Wahrscheinlichkeit mindestens einmal jährlich gezahlt werden. Vergütungen für Bereitschaftsdienst, die vertraglich vorgesehen sind und nach den Erfordernissen des Betriebs regelmäßig geleistet werden, sind bei der Ermittlung des regelmäßigen JAE zu berücksichtigen; soweit die Vergütung für den Bereitschaftsdienst in den einzelnen Monaten schwankt, muss der anzurechnende Betrag geschätzt werden (vgl. BSG v. 9.12.1981, 12 RK 19/81, www.stotax-first.de). Dagegen gehören Vergütungen für Überstunden nicht zum regelmäßigen JAE und sind daher nicht zu berücksichtigen. Werden dagegen feste Pauschbeträge zur Abgeltung der Überstunden regelmäßig zum laufenden Arbeitsentgelt gezahlt, sind diese Vergütungen bei der Berechnung mit heranzuziehen. Zuschläge, die mit Rücksicht auf den Familienstand gewährt werden, bleiben unberücksichtigt (§ 6 Abs. 1 Nr. 1 SGB V). Das regelmäßige JAE wird ermittelt, indem das Monatsentgelt mit zwölf multipliziert wird. Bei Stundenlöhnen wird der Stundenlohn in einen Monatsbetrag umgerechnet (Stundenlohn × individuelle wöchentliche Arbeitszeit ohne Überstunden × 13 : 3 Monate) und dann mit zwölf multipliziert. Hinzugerechnet werden die sonstigen anrechnungsfähigen Bezüge.

Beispiel 2:
Ein langjährig beschäftigter Arbeitnehmer aus Köln, der bislang stets der Krankenversicherungspflicht unterlag, erhält ein festes monatliches Gehalt von 4 000 €. Außerdem ist ein Weihnachtsgeld i.H.v. 50 % eines Monatsgehalts tariflich zugesichert. Das JAE beträgt demnach (4 000 € × 12 Monate + 2 000 € [tariflich zugesichertes Weihnachtsgeld] =) 50 000 € und überschreitet somit **nicht** die JAE-Grenze von 56 250 € für 2016.
Es besteht somit auch im Kalenderjahr 2016 Krankenversicherungspflicht.

Bei schwankenden Einnahmen (z.B. von Vertretern, die auf Provisionsbasis beschäftigt werden, Akkordarbeitern) muss das regelmäßige JAE durch Schätzung ermittelt werden. Eine Korrektur bei unzutreffenden Schätzungen ist dann nur für die Zukunft möglich. Bei Aufnahme einer Beschäftigung ist das regelmäßige JAE zu ermitteln. Bei der Berechnung des regelmäßigen JAE ist von den Verhältnissen bei Beginn der Beschäftigung auszugehen. Erhöhungen des Arbeitsentgelts dürfen erst dann berücksichtigt werden, wenn der Anspruch auf die höhere Vergütung besteht. Dies gilt selbst dann, wenn die Erhöhung bereits zu Beginn der Beschäftigung feststeht.

3. Arbeitgeberwechsel

1618 Wechselt ein bisher krankenversicherungspflichtiger Arbeitnehmer das Beschäftigungsverhältnis und liegt das Arbeitsentgelt oberhalb der JAE-Grenze, tritt vom Beginn der Beschäftigung bei dem neuen Arbeitgeber Krankenversicherungsfreiheit ein.

Beispiel:
Ein Arbeitnehmer war vom 1.2.2001 bis 31.1.2016 bei einer Aachener Firma beschäftigt. Da sein regelmäßiges JAE die jeweils geltende Grenze überschritt, war er in dieser Beschäftigung krankenversicherungsfrei. Er ist freiwilliges Mitglied der gesetzlichen Krankenversicherung. Zum 1.4.2016 nimmt er eine Beschäftigung bei einer Düsseldorfer Firma auf. Sein monatliches Arbeitsentgelt beträgt hier 4 400 €; außerdem erhält er lt. Arbeitsvertrag ein Weihnachtsgeld in Höhe eines Monatsgehalts. Obwohl der Arbeitnehmer erst im Laufe des Jahres 2016 seine Beschäftigung bei der Düsseldorfer Firma angenommen hat, wird bei der Ermittlung des regelmäßigen JAE sein monatliches Arbeitsentgelt mit zwölf multipliziert. Das regelmäßige JAE beträgt demnach
(4 400 € × 12 Monate + 4 400 €
[zugesichertes Weihnachtsgeld] =) 57 200 €
und überschreitet somit die JAE-Grenze von 56 250 € für 2016. Es besteht somit **Krankenversicherungsfreiheit**.

4. Mehrere Beschäftigungen

1619 Übt ein Arbeitnehmer mehrere Beschäftigungen aus, dann ist für die Beurteilung der Krankenversicherungspflicht das Arbeitsentgelt aus allen Beschäftigungen zusammenzurechnen. Ein Überschreiten der JAE-Grenze kann auch durch Zusammenrechnung einer nicht geringfügigen versicherungspflichtigen (Haupt-)Beschäftigung mit einer bei einem anderen Arbeitgeber ausgeübten zweiten oder weiteren für sich gesehen geringfügig entlohnten und damit versicherungspflichtigen Beschäftigung eintreten. Arbeitnehmer, die neben einer nicht geringfügigen versicherungspflichtigen Beschäftigung und einer geringfügig entlohnten Beschäftigung eine weitere geringfügig entlohnte Beschäftigung aufnehmen und deren regelmäßiges JAE dadurch die JAE-Grenze überschreitet, werden auch in der weiteren geringfügig entlohnten Beschäftigung zunächst krankenversicherungspflichtig. Die Krankenversicherungspflicht endet in beiden Beschäftigungen mit dem Ablauf des Kalenderjahrs, in dem die JAE-Grenze überschritten wird, sofern die Arbeitsentgelte aus beiden Beschäftigungen auch die vom Beginn des nächsten Kalenderjahrs an geltende JAE-Grenze überschreiten.

5. Überschreiten der JAE-Grenze

1620 Wird die JAE-Grenze erst im Laufe eines Jahres überschritten, endet die Krankenversicherungspflicht mit Ablauf des Kalenderjahrs, in dem sie überschritten wird. Dies gilt aber nur dann, wenn das regelmäßige JAE auch die JAE-Grenze des nächsten Jahrs übersteigt. Wird bei rückwirkender Erhöhung des Arbeitsentgelts die JAE-Grenze überschritten, endet die Versicherungspflicht mit Ablauf des Kalenderjahrs, in dem der Anspruch auf das erhöhte Entgelt entstanden ist.

Übt ein Arbeitnehmer hingegen im unmittelbaren Anschluss an eine während des Studiums ausgeübte Beschäftigung, für die Versicherungsfreiheit nach § 6 Abs. 1 Nr. 3 SGB V („Werkstudentenprivileg") bestand, beim selben Arbeitgeber eine Beschäftigung mit einem regelmäßigen JAE oberhalb der JAE-Grenze aus, kommt die Regelung des § 6 Abs. 4 SGB V nicht zur Anwendung. Grund hierfür ist, dass auf Grund der Beschäftigung (während des Studiums) keine Versicherungspflicht als Arbeitnehmer besteht, die bis zum Kalenderjahresende fortzuführen wäre. In diesen Fällen besteht Versicherungsfreiheit in der Krankenversicherung nach § 6 Abs. 1 Nr. 1 SGB V mit Beginn der Beschäftigung, aus der heraus das regelmäßige JAE oberhalb der JAE-Grenze erzielt wird (vgl. Besprechungsergebnis der Spitzenverbände der Sozialversicherungsträger am 8./9.5.2012).

Die Mitgliedschaft endet bei Arbeitnehmern, die wegen **Überschreitens der JAE-Grenze** aus der Krankenversicherungspflicht ausscheiden, nur dann zum Ende eines Kalenderjahrs, wenn der Arbeitnehmer innerhalb von zwei Wochen nach Hinweis der Krankenkasse über die Austrittsmöglichkeit seinen Austritt erklärt; andernfalls wird die bisherige Pflichtmitgliedschaft als freiwillige Mitgliedschaft fortgesetzt, es sei denn, die geforderte Vorversicherungszeit für eine freiwillige Versicherung ist nicht erfüllt (→ *Freiwillige Krankenversicherung* Rz. 1345). Unabhängig von dieser Regelung hat der Arbeitgeber den Arbeitnehmer zum Jahresende umzumelden, d.h. der Arbeitnehmer muss zur Kranken-, Pflege-, Renten- und Arbeitslosenversicherung abgemeldet und zur Renten- und Arbeitslosenversicherung angemeldet werden.

6. Unterschreiten der JAE-Grenze

1621 Wird die JAE-Grenze im Laufe eines Kalenderjahrs nicht nur vorübergehend unterschritten (z.B. bei Herabsetzung der Arbeitszeit und daraus folgend einer Reduzierung des Arbeitsentgelts), endet die Versicherungsfreiheit unmittelbar und nicht erst zum Ende des Kalenderjahrs. An dieser bislang eintretenden Rechtsfolge hat sich nichts geändert.

Mit dem „Tarifvertrag zur Beschäftigungssicherung und zum Beschäftigungsaufbau (TVBesch)" haben die Tarifparteien der Metall- und Elektroindustrie Maßnahmen getroffen, um den Personalstamm zu halten. Ziel ist es, Entlassungen in wirtschaftlich problematischen Zeiten zu vermeiden. Wenn auf Grund dessen eine Verringerung der wöchentlichen Arbeitszeit erfolgt und dies wiederum zur Absenkung des Arbeitsentgelts führt, tritt Krankenversicherungspflicht ein, wenn die JAE-Grenze nicht mehr überschritten wird. Ein fiktives Arbeitsentgelt (z.B. bei Bezug von

Jahresarbeitsentgeltgrenze in der gesetzlichen Krankenversicherung

Krankengeld oder Kurzarbeitergeld) ist hier bei der Ermittlung des JAE nicht anzusetzen. Eine Befreiung von der Krankenversicherungspflicht ist ebenfalls nicht möglich. § 8 SGB V sieht vor, dass eine Befreiung nur dann möglich ist, wenn durch Erhöhung der JAE-Grenze Versicherungspflicht eintritt.

Ist das Unterschreiten der JAE-Grenze allein auf die Anhebung der JAE-Grenze zurückzuführen, tritt Krankenversicherungspflicht ein. In diesem Fall haben betroffene Arbeitnehmer allerdings die Möglichkeit der Befreiung von der Versicherungspflicht (§ 8 Abs. 1 Nr. 1 SGB V).

Sofern der Arbeitnehmer in der gesetzlichen Krankenversicherung freiwillig versichert ist, endet mit dem Eintritt der Krankenversicherungspflicht auch die freiwillige Versicherung in der gesetzlichen Krankenversicherung.

Im Rahmen von Betriebsprüfungen wird gelegentlich festgestellt, dass ein Arbeitnehmer zu Unrecht als freiwilliges Mitglied in der gesetzlichen Krankenversicherung geführt wird, weil die JAE-Grenze nicht (mehr) überschritten wird. Die Spitzenorganisationen der Sozialversicherung haben sich darauf verständigt, dass Fälle dieser Art aus verwaltungspraktischen Erwägungen nicht rückwirkend, sondern zukunftsorientiert zu berichtigen sind. Die Krankenversicherungspflicht beginnt mit dem Monat, der dem Datum des Prüfbescheids folgt. Im Prüfbescheid wird der Arbeitgeber darauf hingewiesen, dass er von diesem Zeitpunkt an das Krankenversicherungsverhältnis mit den entsprechenden Änderungen in der Entgeltabrechnung (Beitragsgruppenschlüssel KV) umzustellen hat.

7. Befreiung von der Krankenversicherungspflicht

1622 Arbeitnehmer können sich auf Antrag von der Krankenversicherungspflicht befreien lassen, wenn sie wegen Erhöhung der JAE-Grenze krankenversicherungspflichtig werden. Die seit 1.1.2003 geltende Fassung des § 8 Abs. 1 Nr. 1 SGB V macht das Recht der Befreiung von der Krankenversicherungspflicht davon abhängig, dass der Arbeitnehmer wegen Änderung der JAE-Grenze nach § 6 Abs. 6 Satz 2 oder Abs. 7 SGB V krankenversicherungspflichtig wird.

Für Arbeitnehmer, die bei einem privaten Krankenversicherungsunternehmen in einer substitutiven Krankenversicherung versichert sind, gilt – ungeachtet des geänderten Wortlauts des § 8 Abs. 1 Nr. 1 SGB V – im Ergebnis das bisherige Recht weiter. Sofern diese Arbeitnehmer „wegen Änderung der JAE-Grenze nach § 6 Abs. 7" krankenversicherungspflichtig werden, können sie sich von der eintretenden Krankenversicherungspflicht befreien lassen.

Die Frist für die Befreiung von der Krankenversicherungspflicht beträgt nach § 8 Abs. 2 SGB V unverändert drei Monate nach Beginn der Krankenversicherungspflicht. Der Antrag auf Befreiung von der Krankenversicherungspflicht muss also spätestens bis zum 31. März gestellt werden. Fällt der 31. März auf einen Sonntag, einen am Erklärungsort staatlich anerkannten allgemeinen Feiertag oder einen Sonnabend, so gilt dafür nach § 26 Abs. 3 SGB X der nächste Werktag.

Der Antrag auf Befreiung von der Krankenversicherungspflicht nach § 8 Abs. 1 Nr. 1 SGB V kann im Übrigen an eine der Krankenkassen gerichtet werden, die im Falle des Bestehens von Krankenversicherungspflicht nach § 173 Abs. 2 SGB V wählbar wäre. Wird der Antrag auf Befreiung von der Krankenversicherungspflicht erst nach Beginn der Mitgliedschaft gestellt, spricht die Krankenkasse die Befreiung aus, bei der im Zeitpunkt der Antragstellung die Mitgliedschaft besteht.

Die Befreiung von der Krankenversicherungspflicht wirkt nur dann vom Beginn der Versicherungspflicht an, wenn seit ihrem Beginn noch keine Leistungen gewährt worden sind. Hat der Befreiungsberechtigte bereits Leistungen in Anspruch genommen, dann wirkt die Befreiung vom Beginn des Kalendermonats an, der auf die Antragstellung folgt.

Die Befreiung von der Krankenversicherungspflicht nach § 8 Abs. 1 Nr. 1 SGB V kann nicht widerrufen werden; sie gilt nicht nur für das gegenwärtige, sondern auch für alle künftigen Beschäftigungsverhältnisse. Im Übrigen gelten die bislang auf Grund des § 8 Abs. 1 Nr. 1 SGB V oder seiner Vorgängervorschriften ausgesprochenen Befreiungen weiter.

Wird eine Beschäftigung beendet, für die bislang auf Grund einer ausgesprochenen Befreiung von der Krankenversicherungspflicht nach § 8 Abs. 1 Nr. 1 SGB V keine Krankenversicherungspflicht bestand, und aktuell Arbeitslosengeld bezogen, tritt in der GKV Krankenversicherungspflicht ein. Der grundsätzlich Versicherungspflicht begründende Tatbestand einer Beschäftigung als Angestellter endete damit vollständig und an seine Stelle trat der Versicherungspflichttatbestand des § 5 Abs. 1 Nr. 2 SGB V wegen Bezugs von Arbeitslosengeld. Der Befreiungsbescheid hat auf Grund dieser Veränderung keine Wirkung mehr. Auch bei Aufnahme einer neuen Beschäftigung (nach der Arbeitslosigkeit) entfaltet die seinerzeit beantragte und auch ausgesprochene Befreiung von der Versicherungspflicht nach § 8 Abs. 1 Nr. 1 SGB V keine Wirkung (BSG v. 25.5.2011, B 12 R 13/09 R, www.stotax-first.de).

Die Spitzenverbände der Sozialversicherungsträger haben hierzu wie folgt Stellung genommen (vgl. Besprechungsergebnis der Spitzenverbände der Sozialversicherungsträger am 23./24.11.2011):

Die Befreiung von der Krankenversicherungspflicht nach § 8 SGB V **wirkt tatbestandsbezogen** auf das jeweilige Versicherungspflichtverhältnis, das zur Befreiung geführt hat. Befreiungsentscheidungen sind danach nur auf das jeweilige Versicherungspflichtverhältnis, aus dessen Anlass sie ausgesprochen werden, bezogen. **Über die Regelung des § 6 Abs. 3 SGB V wirkt die Befreiung auch auf andere Versicherungspflichttatbestände**, so dass die von der Versicherungspflicht befreiten Personen für die Dauer der Befreiung auch dann nicht versicherungspflichtig werden, wenn sie eine der in § 5 Abs. 1 Nr. 1 oder Nr. 5 bis 13 SGB V genannten Voraussetzungen erfüllen. Die Befreiung von der Krankenversicherungspflicht nach § 8 Abs. 1 Nr. 1 SGB V entfaltet **keine Regelungswirkung** für eine im Anschluss an das Ende der Beschäftigung eintretende Versicherungspflicht **wegen eines anderen Tatbestandes** (z.B. auf Grund des Bezugs von Arbeitslosengeld nach § 5 Abs. 1 Nr. 2 SGB V). Das Vorliegen eines anderen Versicherungspflichttatbestandes führt vielmehr dazu, dass sich zu diesem Zeitpunkt die Befreiung und der sie feststellende Verwaltungsakt i.S.d. § 39 Abs. 2 SGB X auf andere Weise erledigen. Auf Grund dieser Erledigung zieht die erneute Aufnahme einer Beschäftigung unter den Voraussetzungen des § 5 Abs. 1 Nr. 1 SGB V Versicherungspflicht nach sich, ohne dass ein Fortwirken oder Wiederaufleben der ursprüngliche Befreiung anzunehmen wäre.

Im Hinblick auf den Charakter der Befreiung als Statusentscheidung zwischen gesetzlicher und privater Krankenversicherung ist ein Fortwirken der Befreiung über das einzelne (zur Befreiung führende) Beschäftigungsverhältnis jedoch dann anzunehmen, wenn im unmittelbaren Anschluss hieran oder auch nach einer kurzfristigen (sozialversicherungsrechtlich irrelevanten) Unterbrechung eine neue Beschäftigung aufgenommen wird, die grundsätzlich nach § 5 Abs. 1 Nr. 1 SGB V versicherungspflichtig wäre. Dies gilt auch für weitere (noch folgende) Beschäftigungen. **Als kurzfristige Unterbrechungen** im vorstehenden Sinne werden **Zeiträume von bis zu einem Monat angesehen,** in denen kein anderer Versicherungspflichttatbestand vorliegt.

Nach diesen Grundsätzen ist spätestens seit 1.1.2012 zu verfahren. Sofern hiervon abweichend verfahren wurde, wird dies für die Vergangenheit nicht beanstandet. Auch die in der ursprünglichen Annahme, die Befreiung nach § 8 Abs. 1 Nr. 1 SGB V wirke (undifferenziert) auf jedes weitere dem Grunde nach zur Versicherungspflicht führende Beschäftigungsverhältnis, ausgeschlossene Krankenversicherungspflicht bleibt für die Dauer des über den 31.12.2011 hinaus bestehenden Beschäftigungsverhältnisses ausgeschlossen; insoweit wird für die Dauer dieser Beschäftigung eine Art Bestandsschutz eingeräumt. Auf Antrag Betroffener ist die Versicherungspflicht allerdings entsprechend der wahren Rechtslage festzustellen, ggf. auch für Zeiten vor dem 1.1.2012. In verfahrensrechtlicher Hinsicht bedarf es hierzu keiner ausdrücklicher Aufhebung oder eines Widerrufs des Befreiungsbescheides nicht.

Jahresarbeitszeitmodelle

→ *Arbeitszeitmodelle* Rz. 279

Jahresmeldung

→ *Meldungen für Arbeitnehmer in der Sozialversicherung* Rz. 1989

Jahresnetzkarte

→ *BahnCard* Rz. 509, → *Job-Ticket* Rz. 1623

Jahreswagen

→ *Rabatte* Rz. 2345

Jobsharing

→ *Arbeitszeitmodelle* Rz. 279

Job-Ticket

Inhaltsübersicht:

		Rz.
1.	Allgemeines	1623
2.	Steuerbefreiungen	1624
3.	Entstehen eines geldwerten Vorteils	1625
	a) Kein geldwerter Vorteil	1625
	b) Geldwerter Vorteil	1626
4.	Anwendung der 44 €-Freigrenze	1627
	a) Allgemeines	1627
	b) Zeitpunkt des Zuflusses	1628
5.	Rabattfreibetrag	1629
6.	Pauschalierung der Lohnsteuer	1630
7.	Werbungskostenabzug	1631
8.	Anrechnung auf Entfernungspauschale	1632
9.	Lohnkonto	1633
10.	Lohnsteuerbescheinigung	1634
11.	Rückerstattung von Fahrtkosten	1635
12.	Sonderfälle	1636

1. Allgemeines

1623 Viele Arbeitnehmer erhalten von ihrem Arbeitgeber unentgeltlich oder verbilligt **Fahrtkostenzuschüsse** oder **Sachbezüge** für ihren mit öffentlichen Verkehrsmitteln zurückgelegten Weg von der Wohnung zur ersten Tätigkeitsstätte, oft in Form der Bereitstellung preisermäßigter sog. **Job-Tickets**. Dabei kann es sich um die Überlassung von Job-Tickets für das ganze Jahr im Voraus oder nur für den folgenden Monat handeln.

Nachdem ab 2004 die **Steuerfreiheit nach § 3 Nr. 34 EStG a.F.** (Leistungen des Arbeitgebers zu den Aufwendungen des Arbeitnehmers für Fahrten zwischen Wohnung und Arbeitsstätte mit öffentlichen Verkehrsmitteln im Linienverkehr) **weggefallen** ist, sind derartige Vorteile zwar grundsätzlich steuerpflichtig, können jedoch nach § 40 Abs. 2 Satz 2 EStG **mit 15 % pauschal versteuert** werden. Unter bestimmten Voraussetzungen sind sie sogar weiterhin **steuerfrei** (→ Rz. 1624).

Günstig für Arbeitgeber und Arbeitnehmer sind aber nicht nur die Steuerbefreiungen und/oder die Lohnsteuerpauschalierung; hinzu kommt, dass die steuerfreien oder pauschal versteuerten Arbeitgeberleistungen **nicht der Sozialversicherungspflicht** unterliegen (§ 1 Abs. 1 SvEV).

Die steuerliche Behandlung der Überlassung von Job-Tickets ist im Einzelfall wegen der unterschiedlichen Fallgestaltungen recht kompliziert. Fraglich ist häufig, ob und wann ein geldwerter Vorteil entsteht und ob ggf. Steuerbefreiungen in Betracht kommen.

2. Steuerbefreiungen

1624 Nach Wegfall der Steuerbefreiung des § 3 Nr. 34 EStG a.F. (ab 2004) kommen für **Sachbezüge** des Arbeitgebers (also **nicht für Fahrtkostenzuschüsse!**) lediglich zwei Steuerbefreiungen in Betracht:

– **44 €-Freigrenze nach** § 8 Abs. 2 Satz 11 EStG

  Überlässt der Arbeitgeber seinen Arbeitnehmern Job-Tickets für Fahrten zwischen Wohnung und erster Tätigkeitsstätte mit öffentlichen Verkehrsmitteln unentgeltlich oder verbilligt, handelt es sich um **Sachbezüge**, so dass die Anwendung von § 8 Abs. 2 Satz 11 EStG in Betracht kommt (BFH v. 14.11.2012, VI R 56/11, BStBl II 2013, 382). Danach bleiben Sachbezüge außer Ansatz, wenn die sich nach Anrechnung der vom Arbeitnehmer gezahlten Entgelte ergebenden Vorteile insgesamt **44 € im Kalendermonat nicht übersteigen** (monatliche Freigrenze). Wird diese Freigrenze überschritten, ist der gesamte Sachbezug steuerpflichtig. Bei der Freigrenze sind auch **andere Sachbezüge zu berücksichtigen**, → *Sachbezüge* Rz. 2605.

– **Rabattfreibetrag** nach § 8 Abs. 3 EStG

  Der Rabattfreibetrag für sog. **Belegschaftsrabatte** kommt zur Anwendung, wenn z.B. der **Arbeitgeber selbst Verkehrsträger** ist und seinen Mitarbeitern Job-Tickets überlässt, die diese zur Nutzung der öffentlichen Verkehrsmittel des Arbeitgebers berechtigen (zuletzt BFH v. 26.6.2014, VI R 41/13, BStBl II 2015, 39 betr. Fahrvergünstigung der Deutschen Bahn AG für Ruhestandsbeamte). Der Vorteil aus der unentgeltlichen oder verbilligten Nutzung der öffentlichen Verkehrsmittel bleibt dann i.R.d. sog. Rabattfreibetrags (**1 080 € im Jahr**) steuerfrei.

Vor der evtl. Anwendung dieser Steuerbefreiungen ist jedoch zu prüfen, ob dem Arbeitnehmer mit der Hingabe des Job-Tickets tatsächlich **Arbeitslohn zufließt**, d.h. ob überhaupt ein geldwerter Vorteil entsteht:

3. Entstehen eines geldwerten Vorteils

a) Kein geldwerter Vorteil

1625 Hat der **Arbeitgeber einen Rahmenvertrag mit einem Verkehrsbetrieb abgeschlossen**, wonach die Arbeitnehmer verbilligte Jahresnetzkarten (Jobtickets) unmittelbar vom Verkehrsbetrieb erwerben können, stellt der **übliche Preisnachlass des Verkehrsbetriebes an den Arbeitnehmer keinen Drittlohn** dar (BFH v. 14.11.2012, VI R 56/11, BStBl II 2013, 382). Ein Sachbezug liegt jedoch vor, soweit der Arbeitnehmer das Jobticket darüber hinaus verbilligt erhält (H 8.1 Abs. 1 – 4 „Job-Ticket" LStH und zuletzt BayLfSt v. 12.8.2015, S 2334.2.1 – 98/5 St 32, www.stotax-first.de, StEd 2015, 573).

Übliche Mengenrabatte führen nicht zu einem geldwerten Vorteil. Um einen üblichen Mengenrabatt handelt es sich, wenn das Verkehrsunternehmen den **Mengenrabatt auch anderen Kunden gewährt**, die eine identische Anzahl an Job-Tickets abnehmen. Auf die vom Hamburger HVV vertriebene ProfiCard bezogen bedeutet dies, dass die vom HVV eingeräumte Verbilligung als „üblicher Preisnachlass" i.S.d. § 8 Abs. 2 Satz 1 EStG nicht zu einer steuerpflichtigen Einnahme führt, hingegen die vom Arbeitgeber geleisteten Zuschüsse im Ergebnis einen geldwerten Vorteil darstellen (FinMin Hamburg v. 25.10.2013, 52 – S 2334 – 024/12, www.stotax-first.de).

Ein geldwerter Vorteil ist daher nicht anzunehmen bei Überlassung eines Job-Tickets für Fahrten zwischen Wohnung und erster Tätigkeitsstätte mit öffentlichen Verkehrsmitteln

– entweder zu dem **mit dem Verkehrsträger vereinbarten Preis eines Job-Tickets**

– oder sogar zu einem **höheren Preis**.

Die Tarifermäßigung des Verkehrsträgers für das Job-Ticket gegenüber dem üblichen Endpreis ist kein geldwerter Vorteil (BMF v. 27.1.2004, IV C 5 – S 2000 – 2/04, BStBl I 2004, 173).

> **Beispiel:**
> Der Arbeitgeber erwirbt auf Grund einer besonderen Vereinbarung mit dem Verkehrsträger im Rahmen eines Job-Ticket-Modells für alle seine 354 Mitarbeiter um 50 % ermäßigte Monatskarten. Da aber nicht alle Arbeitnehmer die Karten abnehmen (viele wollen weiterhin mit dem Auto fahren), werden die Monatskarten mit geringen Aufschlägen an die interessierten Bahnfahrer weitergegeben. Arbeitnehmer A z.B. zahlt somit anstatt „normal" 50 € für seine Monatskarte nur 30 €, die Firma hat diese Karte für 25 € erworben.
>
> Ein lohnsteuerpflichtiger **geldwerter Vorteil entsteht nicht**, da A mehr zahlt als der Arbeitgeber an das Verkehrsunternehmen. Dass A im Ergebnis ein stark ermäßigtes Job-Ticket erhält, ist unbeachtlich.
>
> A kann darüber hinaus die **„volle" Entfernungspauschale** als Werbungskosten geltend machen, da er keine auf die Entfernungspauschale anzurechnenden steuerfreien oder pauschal versteuerten Arbeitgeberleistungen erhält.

Grundsätzlich muss der Arbeitgeber den **Verwaltungsaufwand** für das Job-Ticket-Angebot selbst tragen. Sofern er diesen jedoch

Job-Ticket

auf den Verkehrsträger abwälzt und dafür ein gewisses **Service-Entgelt** bezahlen muss, führt die Zahlung dieses Service-Entgelts beim Arbeitnehmer nicht zu einem geldwerten Vorteil. Wenn der Arbeitnehmer die Zahlung des Service-Entgelts übernimmt, vermindert sich der geldwerte Vorteil um die Höhe des Service-Entgelts.

b) Geldwerter Vorteil

1626 Ein (grundsätzlich) steuerpflichtiger Sachbezug liegt jedoch vor, soweit der Arbeitnehmer das Job-Ticket **verbilligt oder unentgeltlich vom Arbeitgeber erhält**. Der geldwerte Vorteil besteht aber nicht bereits in der Differenz zwischen dem üblichen Endpreis (Verkaufspreis) einer mit den von den Arbeitnehmern bezogenen Karten vergleichbaren Jahreskarte am Abgabeort und den diesbezüglichen Aufwendungen der Arbeitnehmer. Hiervon sind vielmehr noch die **üblichen Preisnachlässe**, die der Verkehrsbetrieb im Rahmen eines Jobticketprogramms den Arbeitnehmern gewährt, und damit in der Regel der über Zuzahlungen des Arbeitgebers an den Verkehrsbetrieb hinausgehende Nachlass auf den üblichen Endpreis **vorteilsmindernd zu berücksichtigen** (BFH v. 14.11.2012, VI R 56/11, BStBl II 2013, 382).

Ob der Arbeitnehmer tatsächlich die öffentlichen Verkehrsmittel nutzt oder aber z.B. mit dem Auto zur Arbeit fährt, ist unerheblich. Für die Annahme eines geldwerten Vorteils reicht allein die **Möglichkeit der Nutzung** aus (OFD Hannover v. 15.2.2006, S 2334 – 97 – StO 212, www.stotax-first.de). Bei der Berechnung des geldwerten Vorteils ist der **Bewertungsabschlag** nach R 8.1 Abs. 2 Satz 3 LStR von 4 % zu berücksichtigen, ferner ist die **Zuzahlung des Arbeitnehmers abzuziehen**. S. nachstehendes Beispiel aus H 8.1 (1–4) (Job-Ticket) LStH:

Beispiel:	
Üblicher Preis für eine Monatskarte	100,— €
vom Verkehrsträger dem Arbeitgeber eingeräumte Job-Ticket-Ermäßigung 10 %	10,— €
vom Arbeitgeber entrichteter Preis	90,— €
davon 96 % (R 8.1 Abs. 2 Satz 3 LStR)	86,40 €
abzüglich Zuzahlung des Arbeitnehmers	45,— €
Vorteil	41,40 €

Wenn der Arbeitnehmer bei einem **Verkehrsträger** beschäftigt ist, so ist der Sachbezug mit dem Preis anzusetzen, den ein dritter Arbeitgeber (Nichtverkehrsträger) an den Verkehrsträger (z.B. für ein Job-Ticket) zu entrichten hätte (§ 9 Abs. 2 Satz 5 EStG sowie BMF v. 27.1.2004, IV C 5 – S 2000 – 2/04, BStBl I 2004, 173 Abschn. II Nr. 1).

Ob aber tatsächlich Lohnsteuer zu erheben ist, hängt davon ab, ob die sog. 44 €-Freigrenze nach § 8 Abs. 2 Satz 11 EStG Anwendung findet (→ Rz. 1627).

4. Anwendung der 44 €-Freigrenze
a) Allgemeines

1627 Die 44 €-Freigrenze ist nur anzuwenden, wenn

- es sich bei der verbilligten Abgabe von Job-Tickets an Arbeitnehmer um **Sachbezüge** handelt, die nach § 8 Abs. 2 Satz 1 EStG (um übliche Preisnachlässe geminderter üblicher Endpreis am Abgabeort) zu bewerten sind. Ein Sachbezug i.S.d. § 8 Abs. 2 Satz 1 EStG liegt grundsätzlich nur vor, wenn der Arbeitgeber das Job-Ticket vom Verkehrsunternehmen oder dessen Vertriebspartnern erwirbt und verbilligt an seinen Arbeitnehmer abgibt (FinMin Hamburg v. 25.10.2013, 52 – S 2334 – 024/12, www.stotax-first.de),

- und die sich nach Anrechnung der vom Arbeitnehmer gezahlten Entgelte ergebenden Vorteile insgesamt **44 € im Kalendermonat nicht übersteigen (monatliche Freigrenze)**. Für die Feststellung, ob die Freigrenze überschritten wird, sind alle in einem Kalendermonat zufließenden und nach § 8 Abs. 2 Satz 1 EStG zu bewertenden Vorteile zusammenzurechnen. Die nach § 8 Abs. 2 Satz 1 EStG zu bewertenden Vorteile, die nach §§ 37b und 40 EStG pauschal lohnversteuert werden, bleiben außer Ansatz (vgl. R 8.1 Abs. 3 Satz 1 und 2 LStR und zuletzt BayLfSt v. 12.8.2015, S 2334.2.1 – 98/5 St 32, www.stotax-first.de, StEd 2015, 573).

Bei der **monatlichen Überlassung** eines Job-Tickets ist diese Voraussetzung im Allgemeinen erfüllt.

> **Beispiel 1:**
> Der Arbeitgeber schließt für 20 seiner Arbeitnehmer über einen Vertriebspartner des Verkehrsunternehmens ein Großkundenabonnement ab. Nach den Tarifbestimmungen ist der Arbeitgeber verpflichtet, zusätzlich zum ohnehin geschuldeten Arbeitslohn eine Beteiligung am tariflichen Fahrgeld von monatlich 10,23 € je Arbeitnehmer zu leisten. Der verbleibende Betrag wird vom Nettoarbeitslohn der Arbeitnehmer einbehalten, der Gesamtbetrag an den Vertriebspartner abgeführt.
> Unter der Voraussetzung, dass die Arbeitnehmer keine weiteren Sachbezüge erhalten, die insgesamt die 44 €-Freigrenze überschreiten, bleibt der geldwerte Vorteil von 10,23 € aus der verbilligten Abgabe des Job-Tickets nach § 8 Abs. 2 Satz 11 EStG steuerfrei.

> **Beispiel 2:**
> Der Arbeitgeber erwirbt für einen Arbeitnehmer eine Monatskarte und behält einen gegenüber dem Kaufpreis verminderten Betrag vom Nettoarbeitslohn ein.
> Auch in diesem Fall bleibt der geldwerte Vorteil aus der verbilligten Überlassung der Monatskarte steuerfrei, wenn er – ggf. mit anderen begünstigten Sachbezügen – nicht mehr als 44 € beträgt.

Nach neuer BFH-Rechtsprechung stellt auch ein **zweckgebundener Zuschuss des Arbeitgebers** zu einem vom Arbeitnehmer selbst abgeschlossenen Abonnement, einer Monatskarte etc. einen **Sachbezug** dar (FinMin Hamburg v. 25.10.2013, 52 – S 2334 – 024/12, www.stotax-first.de).

> **Beispiel 3:**
> Ein Arbeitnehmer hat mit einem Verkehrsunternehmen ein Monatskarten-Abonnement abgeschlossen. Der Arbeitgeber zahlt ihm hierfür einen monatlichen Zuschuss.
> Bei diesem handelt es sich um einen Sachbezug, auf den die 44 €-Freigrenze anwendbar ist.

Die 44 €-Freigrenze gilt jedoch – zumindest nach Verwaltungsauffassung – nur bei der **monatlichen** Überlassung einer Monatsmarke oder einer **monatlichen** Fahrberechtigung für ein Job-Ticket, das für einen längeren Zeitraum gilt (R 8.1 Abs. 3 Satz 5 LStR). Die Regelung umfasst ausschließlich Fälle, in denen tatsächlich Tickets (sog. **Monatsmarken**) monatlich ausgehändigt werden bzw. ein Ticket, welches an sich für einen längeren Zeitraum gilt, **jeden Monat durch den Verkehrsverbund „aktiviert/freigeschaltet"** wird.

Entsprechendes gilt, wenn nach den Tarifbestimmungen des Verkehrsträgers die Dauer des Job-Tickets einen Monat beträgt und sich jeweils um einen weiteren Monat verlängert, solange der Fahrgast nicht widerspricht (FinMin Hamburg v. 25.10.2013, 52 – S 2334 – 024/12, www.stotax-first.de).

b) Zeitpunkt des Zuflusses

1628 Auch wenn keine anderen Sachbezüge vorliegen, scheidet die Anwendung der Freigrenze aus, wenn der geldwerte Vorteil für den Sachbezug „Job-Ticket" allein 44 € im Monat überschreitet – dann ist also der gesamte Sachbezug Job-Ticket steuerpflichtig. Dies ist insbesondere dann der Fall, wenn das Job-Ticket für einen längeren Zeitraum gilt (z.B. **Jahresticket**), weil dann der geldwerte Vorteil **insgesamt im Zeitpunkt der Überlassung des Job-Tickets** zufließt (also nicht verteilt auf die einzelnen Monate), sofern dem Arbeitnehmer mit der Aushändigung des Job-Tickets ein uneingeschränktes Nutzungsrecht eingeräumt wurde (vgl. BMF v. 27.1.2004, IV C 5 – S 2000 – 2/04, BStBl I 2004, 173 Abschn. II Nr. 1 sowie H 8.1 (1–4) (Job-Ticket) LStH. Für den Zufluss des in dem Bezugsrecht verkörperten geldwerten Vorteils ist unerheblich, ob das Jobticket(-Abonnement) von Arbeitnehmern oder Verkehrsbetrieben gekündigt werden kann (BFH v. 14.11.2012, VI R 56/11, BStBl II 2013, 382). Es wird jedoch von der Finanzverwaltung nicht beanstandet, wenn als **Zuflusszeitpunkt des geldwerten Vorteils der erste Tag der Gültigkeit des Job-Tickets angenommen** wird.

> **Beispiel 1:**
> A erhält **im Dezember 2016 im Voraus für das ganze Jahr 2017** (Gültigkeitszeitraum 1.1 bis 31.12.2017) ein Job-Ticket in Form eines Bogens mit zwölf Monatsmarken. Der geldwerte Vorteil (= Preisermäßigung gegenüber dem „Normalpreis") soll 300 € (= monatlich 25 €) betragen.

Auch wenn der Arbeitnehmer das Job-Ticket tatsächlich nur monatlich mit der jeweils gültigen Monatsmarke nutzen kann, ist dem Arbeitnehmer der geldwerte Vorteil in voller Höhe im Zeitpunkt der Aushändigung des Monatskarten-Bogens, d.h. **im Dezember 2016, zugeflossen**. Die Finanzverwaltung beanstandet es jedoch nicht, wenn als Zuflusszeitpunkt des geldwerten Vorteils der erste Tag der Gültigkeit des Job-Tickets angenommen wird, hier also der 1.1.2017.

Da in diesem Monat die „44 €-Freigrenze" überschritten ist, hat der Arbeitgeber für den Monat Januar den gesamten Betrag von 300 € zu versteuern.

Um die monatliche 44 €-Freigrenze nutzen zu können, müsste der Arbeitgeber die **Monatsmarken monatlich aushändigen**. Da der geldwerte Vorteil von 25 € in diesem Fall nicht die 44 €-Freigrenze überschreiten würde, fiele keine Lohnsteuer an.

Besonders für die Versteuerung des geldwerten Vorteils – insbesondere für die Anwendung des Freibetrages des § 8 Abs. 2 Satz 11 EStG – ist somit entscheidend, wann der Sachbezug „Job-Ticket" zufließt. Nach Auffassung der Finanzverwaltung gilt Folgendes (BayLfSt v. 12.8.2015, S 2334.2.1 – 98/5 St 32, www.stotax-first.de, StEd 2015, 573):

Gemäß R 8.1 Abs. 3 Satz 5 LStR ist die 44 €-Freigrenze des § 8 Abs. 2 Satz 11 EStG bei der monatlichen Überlassung einer Monatsmarke oder einer monatlichen Fahrberechtigung für ein Job-Ticket anwendbar, auch wenn das Job-Ticket für einen längeren Zeitraum gilt. Hiervon sind z.B. umfasst

– Fälle, in denen tatsächlich monatliche Tickets („Monatsmarken") monatlich ausgehändigt werden, oder

– Tickets, welche an sich für einen längeren Zeitraum gelten, aber jeden Monat „aktiviert/freigeschaltet" werden.

Sehen die Tarif- und Nutzungsbestimmungen für ein Job-Ticket vor, dass die jeweilige monatliche Fahrberechtigung durch die **rechtzeitige monatliche Zahlung erworben** wird, fließt der geldwerte Vorteil aus dem Sachbezug „Job-Ticket" monatlich – und nicht bei Kauf/Teilnahmeerklärung für den gesamten Gültigkeitszeitraum – zu.

> **Beispiel 2:**
> Arbeitnehmer A erhält von seinem Arbeitgeber am 1.1.2016 unentgeltlich eine Fahrkarte für die Nutzung öffentlicher Verkehrsmittel für die Strecke zwischen Wohnung und erster Tätigkeitsstätte („Job-Ticket"). Die Karte hat den Aufdruck „gültig bis 31.12.2017". Nach den Tarifbestimmungen des Verkehrsanbieters wird während der Gültigkeitsdauer 1.1.2016 - 31.12.2017 **die monatliche Fahrberechtigung durch die rechtzeitige monatliche Zahlung erworben**. Nach der zutreffenden Berechnung des Arbeitgebers beträgt der geldwerte Vorteil aus dem Sachbezug „Job-Ticket" monatlich 42 €. Weitere Sachbezüge liegen nicht vor.
>
> Die 44 €-Freigrenze für Sachbezüge (§ 8 Abs. 2 Satz 11 EStG) ist anwendbar. Da es sich um die monatliche Fahrberechtigung eines Job-Tickets handelt, das für einen längeren Zeitraum gilt (R 8.1 Abs. 3 Satz 5 LStR), fließt der geldwerte Vorteil aus dem Sachbezug monatlich zu. Da der geldwerte Vorteil von monatlich 42 € die 44 €-Freigrenze nicht übersteigt, ist er nicht zu versteuern.

5. Rabattfreibetrag

1629 Bei **Arbeitnehmern eines Verkehrsträgers** kann der Vorteil aus der Nutzung der öffentlichen Verkehrsmittel i.R.d. § 8 Abs. 3 EStG (Rabattfreibetrag) steuerfrei bleiben (zuletzt BFH v. 26.6.2014, VI R 41/13, BStBl II 2015, 39 betr. Fahrvergünstigung der Deutschen Bahn AG für Ruhestandsbeamte). Auch wenn die Voraussetzungen des § 8 Abs. 3 EStG vorliegen, kann der geldwerte Vorteil aus dem Job-Ticket wahlweise nach § 8 Abs. 2 Satz 1 EStG ohne Bewertungsabschlag und ohne Rabattfreibetrag bewertet werden. Dieses Wahlrecht ist sowohl im Lohnsteuerabzugsverfahren als auch im Veranlagungsverfahren anwendbar (zuletzt BayLfSt v. 12.8.2015, S 2334.2.1 – 98/5 St 32, www.stotax-first.de, StEd 2015, 573).

Ein geldwerter Vorteil entsteht auch, wenn die Mitarbeiter eines Verkehrsbetriebs einen **Dienstausweis** erhalten, der ihnen zum einen das Betreten des Werksgeländes erlaubt, zugleich aber auch die unentgeltliche Nutzung aller Verkehrsmittel des Verkehrsträgers. Ob der einzelne Mitarbeiter dann tatsächlich die öffentlichen Verkehrsmittel seines Arbeitgebers nutzt oder aber z.B. mit dem Auto zur Arbeit fährt, ist unerheblich. Für die Annahme eines geldwerten Vorteils reicht allein die Möglichkeit der Nutzung der Freifahrtberechtigung für die Wege zwischen Wohnung und Arbeitsstätte aus (OFD Berlin v. 11.3.2002, St 176 – S 2334 – 12/01, www.stotax-first.de).

6. Pauschalierung der Lohnsteuer

Soweit die o.g. Steuerbefreiungen nicht zum Tragen kommen, ist **1630** auf die Steuervergünstigung des § 40 Abs. 2 Satz 2 EStG hinzuweisen, die nicht nur eine relativ niedrige Pauschalversteuerung ermöglicht, sondern zugleich eine Befreiung der Arbeitgeberleistungen von der Sozialversicherungspflicht (§ 1 Abs. 1 Satz 1 Nr. 3 SvEV).

Der Arbeitgeber kann nach dieser Vorschrift die Lohnsteuer mit einem **Pauschsteuersatz von 15 %** (zuzüglich Solidaritätszuschlag und Kirchensteuer) pauschal erheben

– für **zusätzlich zum ohnehin geschuldeten Arbeitslohn geleistete Fahrtkostenzuschüsse** (eine Barlohnumwandlung ist also nicht zulässig!) für Fahrten zwischen Wohnung und erster Tätigkeitsstätte

– und etwaige geldwerte Vorteile **(Sachbezüge) bei Job-Tickets** sowie etwaige den Rabattfreibetrag (§ 8 Abs. 3 EStG) übersteigende geldwerte Vorteile (BMF v. 27.1.2004, IV C 5 – S 2000 – 2/04, BStBl I 2004, 173 Abschn. II Nr. 1).

Die Pauschalierung ist **auf den Betrag beschränkt**, den der Arbeitnehmer als **Werbungskosten** geltend machen könnte, wenn die Bezüge nicht pauschal besteuert würden (§ 40 Abs. 2 Satz 2 EStG).

Die Pauschalbesteuerung von Zuschüssen kommt nur in Betracht, wenn der Arbeitnehmer die **Aufwendungen** für die Fahrten zwischen Wohnung und erster Tätigkeitsstätte mit öffentlichen Verkehrsmitteln **nachweist**. Er sollte deshalb dem Lohnbüro die entsprechenden Fahrausweise vorlegen. Das Entsprechende gilt für die unentgeltliche Überlassung von Job-Tickets. Auch hier ist eine Ablichtung als Beleg zum Lohnkonto aufzubewahren (vgl. sinngemäß R 21b Abs. 3 LStR 2004 betr. den weggefallenen § 3 Nr. 34 EStG a.F.).

Weitere Einzelheiten → *Wege zwischen Wohnung und erster Tätigkeitsstätte* Rz. 3167.

7. Werbungskostenabzug

Für Wege zwischen Wohnung und erster Tätigkeitsstätte kann der **1631** Arbeitnehmer die sog. **verkehrsmittelunabhängige Entfernungspauschale** als Werbungskosten absetzen.

Übersteigen die Aufwendungen für die Benutzung **öffentlicher Verkehrsmittel** die anzusetzende Entfernungspauschale, kann der Differenzbetrag zusätzlich zur Entfernungspauschale abgesetzt werden (§ 9 Abs. 2 Satz 2 EStG). Aufwendungen für ein **Job-Ticket können ab 2001 jedoch nicht als „allgemeine Werbungskosten" neben der Pauschale** geltend gemacht werden. Das gilt auch, wenn der Erwerb eines Job-Tickets über den Arbeitgeber Voraussetzung für die Nutzung des Firmenparkplatzes ist (FinMin Nordrhein-Westfalen v. 21.12.2000, S 2000 – 9 – V B 3, DB 2001, 232).

Streitig kann die Frage sein, in welchem Zeitpunkt die Aufwendungen für ein Job-Ticket als Werbungskosten berücksichtigt werden können, wenn das Ticket erst im **Folgejahr** für Fahrten zwischen Wohnung und erster Tätigkeitsstätte genutzt werden kann. U.E. gelten hierfür die Grundsätze für eine BahnCard entsprechend (→ *BahnCard* Rz. 511).

8. Anrechnung auf Entfernungspauschale

Um eine „Doppelvergünstigung" (Abzug der Entfernungspau- **1632** schale als Werbungskosten und Erhalt eines steuerfreien oder pauschal versteuerten Job-Tickets vom Arbeitgeber) zu vermeiden, sind

– **steuerfreie Sachbezüge** für ein Job-Ticket nach § 8 Abs. 2 Satz 11 EStG (44 €-Freigrenze) oder nach § 8 Abs. 3 EStG (Rabattfreibetrag bei Arbeitnehmern von Verkehrsträgern)

– und etwaige **pauschal besteuerte Arbeitgeberleistungen**

auf die **Entfernungspauschale anzurechnen** (BMF v. 31.10.2013, IV C 5 – S 2351/09/10002 :002, BStBl I 2013, 1376 Tz. 1.9), auch → *Wege zwischen Wohnung und erster Tätigkeitsstätte* Rz. 3157.

Job-Ticket

Die Anrechnung erfolgt auf die **"gesamte Entfernungspauschale"**, auch wenn nur **Teilstrecken** mit öffentlichen Verkehrsmitteln zurückgelegt oder **öffentliche Verkehrsmittel nur tageweise benutzt** werden oder ein Freifahrtjahresticket tatsächlich nur an den Arbeitstagen für Fahrten zur Arbeit genutzt wird (FG Berlin-Brandenburg v. 19.6.2013, 14 K 14140/10, EFG 2013, 1576).

Beispiel:
A fährt an 70 Arbeitstagen mit dem eigenen Pkw und an 150 Arbeitstagen mit öffentlichen Verkehrsmitteln zur 30 km entfernten Arbeitsstätte. Von seiner Firma erhält er jeden Monat ein unentgeltliches Job-Ticket. Der nach § 8 Abs. 2 Satz 1 EStG ermittelte Wert dieser Sachzuwendung beläuft sich auf monatlich 42 €.

Die Entfernungspauschale ist wie folgt zu kürzen:

Entfernungspauschale: 220 Tage × 30 km × 0,30 €	1 980 €
./. steuerfreier geldwerter Vorteil	504 €
Werbungskosten	1 476 €

Zuzahlungen des Arbeitnehmers zum Job-Ticket sind nach allgemeinen Grundsätzen von dem Sachbezugswert abzuziehen; der so verminderte Wert ist auf die Entfernungspauschale anzurechnen.

Eine **Anrechnung auf die Entfernungspauschale entfällt** dagegen ganz, wenn der Arbeitnehmer von seiner Freifahrtberechtigung (überhaupt) keinen Gebrauch gemacht macht und die Fahrten zur Arbeitsstätte z.B. mit dem eigenen Pkw oder Fahrrad unternimmt (zuletzt FG Berlin-Brandenburg v. 19.6.2013, 14 K 14140/10, EFG 2013, 1576).

9. Lohnkonto

1633 Der Arbeitgeber hat sowohl die Höhe der steuerfreien Bezüge sowie der pauschal besteuerten Arbeitgeberleistungen bei jeder Lohnabrechnung im Lohnkonto aufzuzeichnen (§ 4 Abs. 2 Nr. 4 und 8 LStDV; auch → *Lohnkonto* Rz. 1801).

10. Lohnsteuerbescheinigung

1634 Um die Anrechnung auf die Entfernungspauschale sicherzustellen, hat der Arbeitgeber die Höhe der steuerfreien Bezüge sowie der pauschal besteuerten Arbeitgeberleistungen in der Lohnsteuerbescheinigung anzugeben (§ 41b Abs. 1 Nr. 6 und 7 EStG).

11. Rückerstattung von Fahrtkosten

1635 In den Fällen, in denen Arbeitnehmer für die Wege zwischen Wohnung und erster Tätigkeitsstätte öffentliche Verkehrsmittel benutzen, kommt es gelegentlich zur Rückgabe von Fahrausweisen und zur **(teilweisen) Rückerstattung von bereits gezahlten Fahrpreisen an die Arbeitnehmer**. Dies ist insbesondere gegeben, wenn der Arbeitnehmer vor Ablauf der Geltungsdauer eines bereits vollständig bezahlten Fahrausweises den Fahrausweis zurückgibt, weil er aus dem Dienstverhältnis ausscheidet, die Arbeitsstätte wechselt oder umzieht. Entsprechendes kann eintreten, falls der Verkehrsträger wechselt (Gründung neuer Verkehrsverbünde) oder sich die Beförderungsstrukturen ändern (Umstieg vom Nah- auf den Fernverkehr).

Erfolgt die Rückerstattung nicht in dem Kalenderjahr, in dem der Arbeitnehmer seinen Werbungskostenabzug geltend machen kann (Jahr der Übergabe), so unterliegt der **Rückerstattungsbetrag dem Lohnsteuerabzug**. Dies gilt auch dann, wenn die nunmehr zurückerstatteten Fahrtkosten durch die Entfernungspauschale abgegolten waren (vgl. OFD Koblenz v. 8.12.2004, S 2351 A, www.stotax-first.de). Das **FG Rheinland-Pfalz** hat die Verwaltungsauffassung bestätigt (FG Rheinland-Pfalz v. 28.11.2008, 4 K 2271/05, B+P 2009, 411).

Soweit bei einem ab 2004 ausgegebenen Job-Ticket der Arbeitgeber-Anteil am Job-Ticket lohnversteuert worden ist (vgl. BMF v. 27.1.2004, IV C 5 – S 2000 – 2/04, BStBl I 2004, 173 unter II.1), führt die vorzeitige Rückgabe des als Jahreskarte ausgegebenen Job-Tickets zu **negativem Arbeitslohn**. Ist der geldwerte Vorteil jedoch gem. § 8 Abs. 2 oder 3 EStG steuerfrei geblieben, bleibt der Rückfluss ohne steuerliche Auswirkung.

Beispiel:
Der Arbeitnehmer erhält von seinem Arbeitgeber ein als Jahreskarte ausgegebenes Job-Ticket für den Zeitraum August 2015 bis Juli 2016 (üblicher Preis für eine Jahresfahrkarte 1 350 €). Die kürzeste Straßenverbindung zwischen Wohnung und Arbeitsstätte des Arbeitnehmers beträgt 55 km. Das Ticket wird in 2015 sowohl durch Zahlungen des Arbeitnehmers (600 €) als auch des Arbeitgebers (vom Verkehrsträger eingeräumte Job-Ticketermäßigung = 8 %) finanziert. Der Arbeitnehmer gibt das Job-Ticket zum 1.4.2016 vorzeitig zurück und erhält vom Arbeitgeber einen Teil seiner Zahlung (200 €) zurückerstattet. Die Erstattung erfolgt im Kalenderjahr 2016.

Der Rückerstattungsbetrag unterliegt in 2016 dem Lohnsteuerabzug.

üblicher Preis für eine Jahresfahrkarte	1 350,— €
./. vom Verkehrsträger dem Arbeitgeber eingeräumte Job-Ticketermäßigung 8 %	108,— €
vom Arbeitgeber entrichteter Preis	1 242,— €
davon 96 % (R 8.1 Abs. 2 Satz 3 LStR)	1 192,32 €
./. Zuzahlung des Arbeitnehmers	600,— €
geldwerter Vorteil	592,32 €

Der Arbeitgeber überlässt das Job-Ticket dem Arbeitnehmer nicht zu dem mit dem Verkehrsträger vereinbarten Preis. Daher liegt bei Überlassung des Job-Tickets in 2015 ein geldwerter Vorteil i.H.v. 592,32 € vor. Die Tarifermäßigung des Verkehrsträgers für das Job-Ticket gegenüber dem üblichen Endpreis ist kein geldwerter Vorteil.

Der Arbeitnehmer kann für seine Aufwendungen im Kalenderjahr 2015 für die Wege zwischen Wohnung und Arbeitsstätte die Entfernungspauschale als Werbungskosten geltend machen (230 Tage × 55 km × 0,30 € = 3 795 €). Die tatsächlichen Kosten des Arbeitnehmers für das Job-Ticket übersteigen nicht den als Entfernungspauschale abziehbaren Betrag. Daher kann der Arbeitnehmer in 2015 3 795 € als Werbungskosten für die Aufwendungen zwischen Wohnung und erster Tätigkeitsstätte geltend machen.

Die teilweise Rückerstattung der Zuzahlung des Arbeitnehmers durch den Arbeitgeber erfolgt nicht im Jahr 2015, in dem der Arbeitnehmer seinen Werbungskostenabzug geltend machen kann. Daher ist in 2016 ein Betrag i.H.v. 200 € dem Lohnsteuerabzug zu unterwerfen. Die Tatsache, dass die Werbungskosten des Arbeitnehmers in 2015 mit der Entfernungspauschale und nicht mit den tatsächlichen Kosten angesetzt worden sind, ist hierbei ohne Bedeutung.

Der Arbeitgeber-Anteil wurde in 2015 i.H.v. 592,32 € dem Lohnsteuerabzug unterworfen. Daher führt die vorzeitige Rückgabe des als Jahreskarte ausgegebenen Job-Tickets zu negativem Arbeitslohn i.H.v 197 € (= 592,32 × 4/12).

12. Sonderfälle

1636 Zur unentgeltlichen Nutzung öffentlicher Verkehrsmittel durch uniformierte Polizeivollzugsbeamte usw. → *Freifahrten* Rz. 1332.

Journalist

→ *Arbeitnehmer-ABC* Rz. 188

Jubiläumsfeier

auch → *Betriebsveranstaltungen* Rz. 701

1637 Trägt der Arbeitgeber die Kosten einer Jubiläumsfeier, müssen für die steuerliche Beurteilung **folgende Fälle unterschieden** werden:

1. Jubiläumsfeier als Betriebsveranstaltung

1638 **Betriebsveranstaltungen** sind Veranstaltungen auf betrieblicher Ebene mit gesellschaftlichem Charakter, z.B. Betriebsausflüge, Weihnachtsfeiern, **Jubiläumsfeiern**. Ob die Veranstaltung vom Arbeitgeber, Betriebsrat oder Personalrat durchgeführt wird, ist unerheblich. Eine Betriebsveranstaltung liegt nur vor, wenn der Teilnehmerkreis sich überwiegend aus Betriebsangehörigen, deren Begleitpersonen und gegebenenfalls Leiharbeitnehmern oder Arbeitnehmern anderer Unternehmen im Konzernverbund zusammensetzt. Für die steuerliche Behandlung gelten die ab 2015 geänderten Grundsätze für Betriebsveranstaltungen, d.h. dass ein **Freibetrag von 110 €** zu berücksichtigen ist (s. ausführlich BMF v. 14.10.2015, IV C 5 – S 2332/15/10001/III C 2 – S 7109/15/10001, BStBl I 2015, 832 sowie → *Betriebsveranstaltungen* Rz. 701).

Eine Jubiläumsfeier ist auch dann als **Betriebsveranstaltung** anzusehen, wenn sie nur für solche Arbeitnehmer durchgeführt wird, die bereits im Unternehmen ein **rundes (10-, 20-, 25-, 30-, 40-, 50-, 60-jähriges) Arbeitnehmerjubiläum** gefeiert haben oder i.V.m. der Betriebsveranstaltung feiern. Dabei ist es unschädlich, wenn neben den Jubilaren auch ein begrenzter Kreis anderer Arbeitnehmer, wie z.B. die engeren Mitarbeiter des Jubilars, eingeladen wird. Der Annahme eines 40-, 50- oder 60-jährigen Arbeitnehmerjubiläums steht nicht entgegen, wenn die Jubilarfeier zu einem Zeitpunkt stattfindet, der **höchstens fünf Jahre** vor den bezeichneten Jubiläumsdienstzeiten liegt (BMF v. 14.10.2015, IV C 5 – S 2332/15/10001/III C 2 – S 7109/15/10001, BStBl I 2015, 832).

Beispiel:
Ein Großbetrieb lädt alle Arbeitnehmer, die ein 25-jähriges Dienstjubiläum feiern, und ihre unmittelbaren Kollegen in ein teures Lokal ein. Teilgenommen haben 20 Personen, die Gesamtrechnung hat 5 000 € betragen. Auf jeden Teilnehmer entfallen somit 250 €.

Es handelt sich um eine Betriebsveranstaltung; dabei spielt es keine Rolle, dass es sich hier um ein teures Lokal handelt. Da der Freibetrag von 110 € zu berücksichtigen ist, verbleibt ein steuerpflichtiger Betrag von 140 €.

2. Jubiläumsfeier ohne Betriebsveranstaltungscharakter

1639 Die Ehrung eines **einzelnen Jubilars** oder eines einzelnen Arbeitnehmers z.B. bei dessen Ausscheiden aus dem Betrieb, auch unter Beteiligung weiterer Arbeitnehmer, ist **keine Betriebsveranstaltung** (BMF v. 14.10.2015, IV C 5 – S 2332/15/10001/III C 2 – S 7109/15/10001, BStBl I 2015, 832).

Die Finanzverwaltung sieht aber trotzdem bei **runden Arbeitnehmerjubiläen Sachzuwendungen bis 110 €** einschließlich Umsatzsteuer je teilnehmender Person aus solchen Anlässen, soweit sie üblich sind, als **steuerfreie Leistungen** im ganz überwiegenden betrieblichen Interesse des Arbeitgebers an (R 19.3 Abs. 2 Nr. 3 LStR sowie BMF v. 14.10.2015, IV C 5 – S 2332/15/10001/III C 2 – S 7109/15/10001, BStBl I 2015, 832).

Beispiel:
Sachverhalt wie im Beispiel vorher, geehrt wird aber nur das 25-jährige Dienstjubiläum des Verkaufsleiters. Eingeladen werden daher nur zehn Personen, die Gaststättenrechnung hat 2 500 € betragen.

Es handelt sich um keine Betriebsveranstaltung, weil nur ein einzelner Arbeitnehmer geehrt wird. Außerdem ist die Üblichkeitsgrenze von 110 € überschritten, so dass auch nicht von steuerfreien Leistungen im ganz überwiegenden betrieblichen Interesse des Arbeitgebers ausgegangen werden kann.
Folge: Die gesamten Zuwendungen des Arbeitgebers von insgesamt 3 000 € stellen grundsätzlich steuerpflichtigen Arbeitslohn dar.

Nicht eindeutig geklärt ist bisher die Frage, ob dem „feiernden Jubilar" auch die Kosten für solche Teilnehmer an der Feier als Arbeitslohn zugerechnet werden können, die er gar **nicht eingeladen hat**. Hier kann es sich um den Firmenchef selbst oder auch um Mitglieder des Betriebsrats handeln, die in „offizieller Funktion" an der Feier teilnehmen. Der BFH neigt wohl dazu, nach den Grundsätzen der „aufgedrängten Bereicherung" (dazu → *Arbeitslohn* Rz. 244) insoweit keinen Arbeitslohn anzunehmen (BFH v. 16.9.1986, VI B 93/86, BStBl II 1987, 37). Eine endgültige Entscheidung steht jedoch aus.

Jubiläumsgeschenke

1. Arbeitslohn

1640 Eine **Steuerbefreiung für Jubiläumsgeschenke gibt es seit 1999 nicht mehr**, sie gehören deshalb grundsätzlich zum steuerpflichtigen Arbeitslohn und damit auch zum beitragspflichtigen Arbeitsentgelt i.S. der Sozialversicherung (vgl. Gemeinsames Rundschreiben der Spitzenverbände der Sozialversicherungsträger v. 31.3.1999).

Für den Lohnsteuerabzug wird das steuerpflichtige Jubiläumsgeschenk als **sonstiger Bezug** behandelt (R 39b.2 Abs. 2 Nr. 4 LStR sowie → *Sonstige Bezüge* Rz. 2704). Im Allgemeinen wird es sich um eine Entlohnung für eine **mehrjährige Tätigkeit** handeln, so dass die Tarifermäßigung nach § 34 Abs. 1, 2 EStG („Fünftelregelung") in Betracht kommt (→ *Arbeitslohn für mehrere Jahre* Rz. 257). Voraussetzung ist jedoch wie z.B. bei Entlassungsentschädigungen eine **Zusammenballung von Einnahmen**, also von Jubiläumszuwendungen und „normalem" Arbeitslohn (→ *Entschädigungen* Rz. 1147). Kein tarifbegünstigter Arbeitslohn für eine mehrjährige Tätigkeit liegt im Übrigen vor, wenn Zuwendungen z.B. anlässlich eines Geschäftsjubiläums allen Arbeitnehmern ohne Rücksicht auf die Dauer ihrer Betriebszugehörigkeit gewährt werden.

Die „**Zusammenballung**" kann der Arbeitgeber im Lohnsteuerabzugsverfahren unterstellen, wenn die Jubiläumszuwendung an einen Arbeitnehmer gezahlt wird, der voraussichtlich bis Ende des Kalenderjahrs nicht aus dem Dienstverhältnis ausscheidet (BMF v. 10.1.2000, IV C 5 – S 2330 – 2/00, BStBl I 2000, 138). Werden Jubiläumsgeschenke in einer größeren Zahl von Fällen gewährt, kommt ggf. eine **Pauschalierung der Lohnsteuer** nach § 40 Abs. 1 Satz 1 Nr. 1 EStG in Betracht (→ *Pauschalierung der Lohnsteuer* Rz. 2175).

Gewährt der Arbeitgeber auf Grund einer betrieblichen Vereinbarung seinen Arbeitnehmern **Jubiläumszuwendungen** in der Weise, dass die Arbeitnehmer zunächst ein Wirtschaftsgut erwerben, das im Preis etwa der Jubiläumszuwendung entspricht, in Besitz nehmen, der Arbeitgeber dieses Wirtschaftsgut bilanziert und mit dem Arbeitnehmer eine **Nutzungsvereinbarung abschließt** und ihm monatlich einen Betrag mit 1/12 überweist, welcher der vereinbarten Jubiläumszuwendung entspricht, ist nicht von einer Sachzuwendung auszugehen, auf die die sog. 44 €-Freigrenze nach § 8 Abs. 2 Satz 11 EStG anzuwenden wäre, sondern von einem **Geldbetrag**, der im Wege der Überweisung zugeflossen ist. Eine Nutzungsvereinbarung lässt eine Geldzuwendung nicht zur Sachzuwendung werden (FG Thüringen v. 17.9.2009, 2 K 180/07, EFG 2010, 59).

2. Kein Arbeitslohn

1641 Geschenke bis zu einem Wert von 60 € bleiben als „**Aufmerksamkeit**" steuerfrei (R 19.6 Abs. 1 LStR); ebenso **übliche Sachleistungen** anlässlich einer Jubiläumsfeier (R 19.3 Abs. 2 Nr. 3 LStR, auch → *Betriebsveranstaltungen* Rz. 701, → *Bewirtungskosten* Rz. 724 und → *Jubiläumsfeier* Rz. 1637). Erhält der Jubilar ein Geschenk anlässlich einer Jubiläumsfeier, wird der Aufwand des Arbeitgebers bis zu einem Gesamtwert von 60 € in die Prüfung der **Üblichkeitsgrenze** (110 € je teilnehmender Person) einbezogen (R 19.3 Abs. 2 Nr. 3 LStR).

In **Sachsen** erhalten **Angehörige der Freiwilligen Feuerwehr, Mitarbeiter der Hilfsorganisationen im Rettungsdienst und Helfer im Katastrophenschutz** aus Anlass eines 10-, 25- oder 40-jährigen aktiven ehrenamtlichen Dienstes eine **Jubiläumszuwendung** i.H.v. 100, 200 oder 300 €. Damit soll die besondere Anerkennung für die zum Wohle der Allgemeinheit geleisteten aktiven Dienste im Ehrenamt zum Ausdruck gebracht werden.

Diese Jubiläumszuwendungen sind bei zu Ehrenden, die ihre ehrenamtliche Tätigkeit **ohne Aufwandsentschädigung** leisten, bereits dem Grunde **nach nicht einkommensteuerpflichtig, da es an der Überschusserzielungsabsicht fehlt**.

Bei zu Ehrenden, die für ihre ehrenamtliche Tätigkeit **Aufwandsentschädigungen erhalten** (z.B. Gemeindewehrleiter oder Ausbilder), stellen sie keinen (mit) zu versteuernden Arbeitslohn dar, sondern sind ebenfalls dem Grunde nach **nicht einkommensteuerpflichtig**. Wie bei den zu Ehrenden, die für ihre ehrenamtliche Tätigkeit keine Aufwandsentschädigung erhalten, wird lediglich der langjährige aktive ehrenamtliche und selbstlose Dienst in der Feuerwehr, im Rettungsdienst oder im Katastrophenschutz als solcher ausgezeichnet (FinMin Sachsen v. 22.9.2011, S 2337 – 65/3 – 212, www.stotax-first.de).

Diese Grundsätze gelten auch, wenn in anderen Bundesländern ähnliche Jubiläumszuwendungen gezahlt werden.

Jugendfreiwilligendienste

→ *Freiwilligendienste* Rz. 1346

Jugendweihe

→ *Arbeitslohn-ABC* Rz. 255

Kaffee: Zuwendung an Arbeitnehmer

→ *Genussmittel: Zuwendungen an Arbeitnehmer* Rz. 1377

Kaminfeger/Kaminkehrer

1642 Kaminkehrer üben eine **Auswärtstätigkeit** aus. Auch Aufwendungen für Fahrten zwischen Wohnung und Einsatzgebiet können i.H.d. nachgewiesenen tatsächlichen Kosten (oder pauschal 0,30 €/km für Pkw) als Werbungskosten geltend gemacht oder vom Arbeitgeber nach § 3 Nr. 16 EStG steuerfrei ersetzt werden.

Die gesetzliche Einschränkung des neuen § 9 Abs. 1 Satz 3 Nr. 4a Satz 3 EStG, wonach Fahrten von der Wohnung zu einem sog. **weiträumigen Tätigkeitsgebiet** nur in Höhe der **Entfernungspauschale** (und ohne steuerfreie Ersatzmöglichkeit durch den Arbeitgeber) berücksichtigt werden können, **gilt für Schornsteinfeger nicht** (BMF v. 24.10.2014, IV C 5 – S 2353/14/10004, BStBl I 2014, 1412 Rdnr. 41).

Die **Überlassung typischer Berufskleidung an Kaminfeger** ist nach § 3 Nr. 31 EStG und R 3.31 LStR steuerfrei. Dies gilt unter den in § 3 Nr. 31 EStG genannten Voraussetzungen auch für die **Barablösung** einer Verpflichtung zur Gestellung typischer Berufskleidung. Steuerfrei ist auch das tarifliche **Kleidergeld der Kaminkehrergesellen** (→ *Berufskleidung* Rz. 643).

Schornsteinfegergesellen/-meister erhalten nach § 5 Nr. 3 des Bundestarifvertrags für das Schornsteinfegerhandwerk ein wöchentliches **Waschgeld** i.H.v. 30 €, wenn der Arbeitgeber keine Waschgelegenheit stellt. Das Waschgeld gehört zum steuerpflichtigen Arbeitslohn. Nach Auffassung der Finanzverwaltung kann das Waschgeld nicht als steuerfreier Auslagenersatz anerkannt werden (BMF v. 26.2.1991, IV B 6 – S 2332 – 15/91, Lohnsteuer-Handausgabe 2015, 377; FG Rheinland-Pfalz v. 1.12.1993, 1 K 1519/93, EFG 1994, 656).

Da es sich bei dem Waschgeld um eine Barleistung handelt, kann das Waschgeld auch nicht als Arbeitgeberleistung zur Verbesserung der Arbeitsbedingungen oder als Aufmerksamkeit (R 19.6 LStR) steuerfrei bleiben.

Kantinen

→ *Sachbezüge* Rz. 2598

Karenzentschädigung

→ *Wettbewerbsverbot* Rz. 3196

Kaskoversicherung

1. Versicherung des Arbeitgebers

1643 Hat der **Arbeitgeber** eine **Dienstreise-Kaskoversicherung** für die seinen Arbeitnehmern gehörenden Kraftfahrzeuge abgeschlossen, so führt die Prämienzahlung des Arbeitgebers bei den Arbeitnehmern **nicht zum Lohnzufluss** (BFH v. 27.6.1991, VI R 3/87, BStBl II 1992, 365 sowie BMF v. 9.9.2015, IV C 5 – S 2353/11/10003, BStBl I 2015, 734). Der Abschluss der Versicherung liegt im **eigenbetrieblichen Interesse des Arbeitgebers**, weil nach dem Arbeitsrecht der Arbeitgeber grundsätzlich zum Ersatz des Schadens verpflichtet ist, den der Arbeitnehmer durch Unfall auf einer Dienstfahrt mit dem eigenen Pkw erlitten hat. Durch die Dienstreise-Kaskoversicherung deckt der Arbeitgeber im Ergebnis also nur sein eigenes Haftungsrisiko ab.

Der Arbeitgeber kann dem Arbeitnehmer **darüber hinaus den vollen für Auswärtstätigkeiten geltenden pauschalen km-Satz von 0,30 € steuerfrei erstatten**. Das o.g. BFH-Urteil, nach dem in diesen Fällen – sofern der Arbeitnehmer keine eigene Fahrzeug-Vollversicherung abgeschlossen hat – dem Arbeitnehmer nur ein geminderter km-Pauschsatz erstattet werden darf, ist durch die Änderung des § 9 Abs. 1 Satz 3 Nr. 4a Satz 2 EStG überholt. Hiernach besteht ab 2014 ein gesetzlicher Anspruch auf den Ansatz der vollen pauschalen Kilometersätze, eine Kürzung findet auch in Fällen sog. unzutreffender Besteuerung nicht mehr statt (BMF v. 9.9.2015, IV C 5 – S 2353/11/10003, BStBl I 2015, 734).

2. Versicherung des Arbeitnehmers

Hat der **Arbeitnehmer** eine **private Fahrzeug-Vollversicherung** 1644 abgeschlossen und werden ihm vom Arbeitgeber für Auswärtstätigkeiten mit dem eigenen Pkw neben dem pauschalen km-Satz von 0,30 € auch die anteiligen **Prämien für die Versicherung erstattet**, so stellt diese Erstattung **steuerpflichtigen Arbeitslohn** dar. Es handelt sich bei den Prämien um laufende Kfz-Kosten, die mit dem pauschalen km-Satz abgegolten werden sollen (zuletzt FG Düsseldorf v. 11.4.2005, 15 K 4678/02 E (2), EFG 2005, 1460 m.w.N.). Der Arbeitgeber darf die Prämien daher nicht noch einmal im Wege der Einzelerstattung steuerfrei zuwenden (BFH v. 21.6.1991, VI R 178/88, BStBl II 1991, 814; BFH v. 30.6.2000, VI B 18/00, www.stotax-first.de).

Erstattet der Arbeitgeber dem Arbeitnehmer **die gesamten Kosten der Fahrzeug-Vollversicherung**, so sind die erstatteten Prämien auch insoweit steuerpflichtiger Arbeitslohn, als sie auf **Privatfahrten und Wege zwischen Wohnung und erster Tätigkeitsstätte** entfallen (BFH v. 8.11.1991, VI R 191/87, BStBl II 1992, 204).

Zur Berücksichtigung von Werbungskosten bei **Unfällen**, die von einer Kaskoversicherung ganz oder teilweise erstattet werden, → *Unfallkosten* Rz. 2933.

Kassenindividueller Zusatzbeitrag

→ *Beiträge zur Sozialversicherung* Rz. 548

Kassenverlustentschädigungen

→ *Fehlgeldentschädigung* Rz. 1205

Katastrophenschutzhelfer

Helfer im Katastrophenschutz können Arbeitnehmer sein, wenn 1645 eine abhängige Beschäftigung mit Gewinnerzielungsabsicht ausgeübt wird (BMF v. 16.7.1973, S 2371 – 6/73, DB 1973, 1427). Dies ist bei sog. **Deichläufern** nicht der Fall (FG Brandenburg v. 17.5.2001, 6 K 331/00, EFG 2001, 1280).

Die von der **Gemeinde** gezahlten Entschädigungen bleiben als Aufwandsentschädigungen (→ *Aufwandsentschädigungen im öffentlichen Dienst* Rz. 383) nach § 3 Nr. 12 Satz 2 EStG teilweise steuerfrei; ggf. kommen auch die Steuerbefreiungen nach § 3 Nr. 26, 26a EStG in Betracht (→ *Aufwandsentschädigungen für bestimmte nebenberufliche Tätigkeiten* Rz. 360).

Beim **Ersatz des Verdienstausfalls** durch die Gemeinde liegt eine **Lohnzahlung durch Dritte** vor. Da die Gemeinde in diesen Fällen nicht als Arbeitgeber angesehen werden kann und auch der Arbeitgeber im Hauptberuf nicht zur Einbehaltung und Abführung der Lohnsteuer verpflichtet ist, weil die Voraussetzungen des § 38 Abs. 1 Satz 2 EStG nicht vorliegen, können diese Zahlungen nur im Rahmen einer Einkommensteuerveranlagung erfasst werden.

Kaufkraftausgleich

1. Allgemeines

a) Arbeitnehmer im öffentlichen Dienst und Gleichgestellte

Bei Arbeitnehmern im öffentlichen Dienst ist Arbeitslohn aus einer 1646 inländischen öffentlichen Kasse für eine Tätigkeit im Ausland (Auslandsdienstbezüge) insoweit **steuerfrei**, als er den Arbeitslohn übersteigt, der dem Arbeitnehmer bei einer gleichwertigen

[LSt] = keine Lohnsteuerpflicht
[LSt] = Lohnsteuerpflicht

Kaufkraftausgleich

Tätigkeit am Ort der zahlenden inländischen öffentlichen Kasse zustehen würde (§ 3 Nr. 64 Satz 1 EStG). Dasselbe gilt, wenn das Dienstverhältnis zwar nicht zu einer inländischen juristischen Person besteht, der Arbeitslohn aber entsprechend den Vorschriften des öffentlichen Dienstes ermittelt, aus einer öffentlichen Kasse gezahlt und ganz oder im Wesentlichen aus öffentlichen Mitteln aufgebracht wird. Zur Besteuerung der Ausgleichszulage der Lektoren des DAAD → *Arbeitslohn-ABC* Rz. 256 „Deutscher Akademischer Austauschdienst". Zu den **Auslandsdienstbezügen** gehören bei Bundesbediensteten der Auslandszuschlag nach § 55 BBesG, der Auslandskinderzuschlag nach § 56 BBesG, der Mietzuschuss nach § 57 BBesG und bestimmte Erschwerniszulagen nach § 47 BBesG. Die vergleichbaren Bezüge von Landesbediensteten sind ebenso zu behandeln. Zu Zulagen für Lehrkräfte → *Auslandslehrer* Rz. 458. Die Regelung des § 3 Nr. 64 EStG ist **mit EU-Recht vereinbar** (EuGH v. 15.9.2011, C-240/10, BStBl II 2013, 56).

Bewohnt der Bedienstete eine **ausländische Dienstwohnung**, so unterliegt der Mietwert als geldwerter Vorteil dem Lohnsteuerabzug bzw. der Einkommensteuer, soweit er die nach § 10 BBesG zu entrichtende Dienstwohnungsvergütung übersteigt; dieser Betrag bleibt jedoch insoweit steuerfrei, als er dem Bediensteten als steuerfreier Mietzuschuss gezahlt werden könnte; zur Berechnung des Mietwerts → *Dienstwohnung* Rz. 824.

Muss ein Bundesbediensteter über seine **Dienstbezüge in der Währung seines ausländischen Dienstorts** verfügen, ist der Unterschied zwischen der Kaufkraft der fremden Währung und der Kaufkraft in Euro im Wege des **Kaufkraftausgleichs** durch Zu- oder Abschläge auszugleichen. Der Kaufkraftausgleich ist nach § 54 BBesG auf 60 % der Dienstbezüge mit Ausnahme des Mietzuschusses begrenzt. Der Kaufkraftausgleich ist in voller Höhe steuerfrei; Einzelheiten zu den Kaufkraftzuschlägen → Rz. 1650.

b) Arbeitnehmer in der Privatwirtschaft

1647 Bei **Arbeitnehmern außerhalb des öffentlichen Dienstes** ist der ihnen von einem **inländischen Arbeitgeber** gewährte **Kaufkraftausgleich** unter den Voraussetzungen des § 3 Nr. 64 Satz 3 EStG **steuerfrei**.

Die Regelungen haben bei Arbeitnehmern außerhalb des öffentlichen Dienstes regelmäßig **nur Bedeutung für den Progressionsvorbehalt** (→ *Progressionsvorbehalt* Rz. 2331), weil das Besteuerungsrecht für Arbeitslohn aus einer Auslandstätigkeit in vielen Fällen durch ein Doppelbesteuerungsabkommen (→ *Doppelbesteuerungsabkommen: Allgemeines* Rz. 855) nur dem ausländischen Staat zugewiesen ist oder eine Freistellung nach dem Auslandstätigkeitserlass (→ *Auslandstätigkeitserlass* Rz. 464) in Betracht kommt. Der Progressionsvorbehalt hat **ausschließlich im Veranlagungsverfahren, nicht jedoch im Lohnsteuerabzugsverfahren Bedeutung**. Die folgenden Ausführungen erläutern dennoch Einzelheiten zur Steuerfreiheit des Kaufkraftausgleichs.

Zur Überlassung von **Wohnungen** im Ausland an Arbeitnehmer im Rahmen einer Auslandstätigkeit (R 8.1 Abs. 6 Satz 10 LStR) → *Dienstwohnung* Rz. 824.

2. Voraussetzungen für die Steuerfreiheit in der Privatwirtschaft

1648 In Fällen, in denen der Kaufkraftausgleich nicht schon auf Grund eines Doppelbesteuerungsabkommens oder des Auslandstätigkeitserlasses steuerfrei ist, und für Zwecke des Progressionsvorbehalts ist der Kaufkraftausgleich entsprechend § 3 Nr. 64 Satz 3 EStG nicht zu erfassen,

- **wenn** der Arbeitnehmer
  - aus dienstlichen Gründen **ins Ausland entsandt** wird,
  - dort für einen **begrenzten Zeitraum** einen Wohnsitz oder seinen gewöhnlichen Aufenthalt hat (→ *Steuerpflicht: unbeschränkte* Rz. 2795 und → *Steuerpflicht: unbeschränkte* Rz. 2796) und

- **wenn** er von einem **inländischen Arbeitgeber** als **gesonderter Lohnbestandteil** gewährt wird,

- **soweit** er den für den öffentlichen Dienst nach § 54 BBesG zulässigen Betrag nicht übersteigt.

3. Entsendungszeitraum

Eine Entsendung für einen **begrenzten Zeitraum** ist anzunehmen, **1649** wenn eine **Rückkehr** des Arbeitnehmers nach Beendigung der Tätigkeit **vorgesehen** ist. Es ist unerheblich, ob der Arbeitnehmer tatsächlich zurückkehrt oder nicht (R 3.64 Abs. 1 LStR). Mit der **Anknüpfung der Steuerfreiheit an den ausländischen Wohnsitz/gewöhnlichen Aufenthalt** (→ *Steuerpflicht: unbeschränkte* Rz. 2796) soll die Steuerfreiheit des Kaufkraftausgleichs nur eintreten, wenn eine **gewisse Bindung an den ausländischen Staat** besteht.

4. Umfang der Steuerfreiheit

Der Umfang der Steuerfreiheit des Kaufkraftausgleichs bestimmt **1650** sich nach den **Sätzen des Kaufkraftzuschlags** zu den **Auslandsdienstbezügen im öffentlichen Dienst**. Die für die einzelnen Länder in Betracht kommenden Kaufkraftzuschläge werden in regelmäßigen Abständen jeweils auf den Internetseiten des BMF und **im Bundessteuerblatt Teil I** veröffentlicht (zum Stand 1.10.2015 vgl. BMF v. 6.10.2015, IV C 5 – S 2341/15/10001, BStBl I 2015, 757).

Die **Zuschläge beziehen sich** jeweils auf den **Auslandsdienstort einer Vertretung der Bundesrepublik Deutschland** und gelten grundsätzlich jeweils für den gesamten konsularischen Amtsbezirk. Die Vertretungen und deren Amtsbezirke ergeben sich aus dem Verzeichnis der Vertretungen der Bundesrepublik Deutschland im Ausland. Änderungen dazu werden im Bundesanzeiger veröffentlicht (R 3.64 Abs. 3 LStR).

Die regionale Begrenzung der Zuschlagssätze gilt auch für die Steuerbefreiung des Kaufkraftausgleichs. Für ein Land, das von einer Vertretung der Bundesrepublik Deutschland nicht erfasst wird, kann der Zuschlagssatz angesetzt werden, der für einen vergleichbaren konsularischen Amtsbezirk eines Nachbarlandes festgesetzt worden ist (R 3.64 Abs. 4 LStR).

Da eine dem öffentlichen Dienst vergleichbare Bemessungsgrundlage außerhalb des öffentlichen Dienstes regelmäßig nicht vorhanden ist, ist der steuerfreie Teil des Kaufkraftausgleichs durch Anwendung eines entsprechenden Abschlagssatzes nach den Gesamtbezügen einschließlich des Kaufkraftausgleichs zu bestimmen. Dabei ist es gleichgültig, ob die Bezüge im Inland oder im Ausland ausgezahlt werden.

Der Abschlagssatz errechnet sich nach der Formel:

$$\frac{\text{Zuschlagssatz} \times 600}{1\,000 + 6 \times \text{Zuschlagssatz}}$$

Er kann folgender Tabelle entnommen werden:

Zuschlagssatz von ... %	entspricht einem Abschlagssatz von ... %	Zuschlagssatz von ... %	entspricht einem Abschlagssatz von ... %
5	2,91	55	24,81
10	5,66	60	26,47
15	8,26	65	28,06
20	10,71	70	29,58
25	13,04	75	31,03
30	15,25	80	32,43
35	17,36	85	33,77
40	19,35	90	35,06
45	21,26	95	36,31
50	23,08	100	37,50

Ergibt sich **durch die Anwendung des Abschlagssatzes** ein **höherer Betrag als der tatsächlich gewährte** Kaufkraftausgleich, so ist **nur der niedrigere Betrag steuerfrei**. Zu den Gesamtbezügen, auf die der Abschlagssatz anzuwenden ist, gehören nicht steuerfreie Reisekostenvergütungen und steuerfreie Vergütungen für Mehraufwendungen bei doppelter Haushaltsführung (R 3.64 Abs. 5 LStR).

> **Beispiel:**
> Der verheiratete A ist für seinen inländischen Arbeitgeber für ein Jahr im Ausland tätig. Sein monatlicher Arbeitslohn von 4 500 € wird um einen Kaufkraftausgleich von 1 500 € erhöht. Zusätzlich erhält der Arbeitnehmer steuerfreie Vergütungen zur Erstattung der Reisekosten und der Aufwendungen für doppelte Haushaltsführung. Der Kaufkraftzuschlag beträgt 35 % für dieses Land.

Kaufkraftausgleich

keine Sozialversicherungspflicht = (SV durchgestrichen)
Sozialversicherungspflicht = (SV)

A hat aus dienstlichen Gründen für einen begrenzten Zeitraum einen Wohnsitz im Ausland. Er erhält von seinem inländischen Arbeitgeber einen Kaufkraftausgleich. Dieser ist in folgender Höhe steuerfrei:

Monatlicher Arbeitslohn	4 500 €
Kaufkraftausgleich	1 500 €
Für die Berechnung des steuerfreien Kaufkraftausgleichs maßgebende Gesamtbezüge	6 000 €
Der Zuschlagssatz von 35 % entspricht einem Abschlagssatz von 17,36 %	
Steuerfreier Kaufkraftausgleich = 6 000 € × 17,36 % =	1 042 €
zu versteuern sind danach	4 958 €

Bei rückwirkender Erhöhung eines Zuschlagssatzes kann der Arbeitgeber die bereits **abgeschlossenen Lohnabrechnungen** insoweit **wieder aufrollen** und bei der nächstfolgenden Lohnzahlung zu viel einbehaltene Lohnsteuer erstatten. § 41c Abs. 2 und 3 EStG gilt entsprechend: Danach hat der Arbeitgeber den Erstattungsbetrag der einbehaltenen oder übernommenen Lohnsteuer zu entnehmen. Ein **Fehlbetrag** wird dem Arbeitgeber auf Antrag vom Betriebsstättenfinanzamt erstattet. Nach Ablauf des Kalenderjahrs oder Beendigung des Dienstverhältnisses ist eine Änderung des Lohnsteuerabzugs nur bis zur Übermittlung oder **Ausschreibung der Lohnsteuerbescheinigung** zulässig. Nach Ablauf des Kalenderjahrs ist eine Erstattung nur im Wege des **Lohnsteuer-Jahresausgleichs** durch den Arbeitgeber zulässig. Die **Herabsetzung des Zuschlagssatzes** ist **erstmals** bei der Lohnabrechnung des Arbeitslohns zu berücksichtigen, der für einen nach der Veröffentlichung der Herabsetzung beginnenden Lohnzahlungszeitraum gezahlt wird (R 3.64 Abs. 6 LStR).

5. Werbungskosten

1651 Bezieht der Arbeitnehmer einen steuerfreien Kaufkraftausgleich, so sind seine Werbungskosten regelmäßig zu dem Teil nicht abziehbar, der dem Verhältnis der steuerfreien Einnahmen zu den Gesamteinnahmen entspricht (BFH v. 13.8.1997, I R 65/95, BStBl II 1998, 21, m.w.N.).

Kaufoption

→ *Aktienoption* Rz. 36

Kautionszahlung im Strafprozess

→ *Arbeitslohn-ABC* Rz. 255

Kilometergelder/Kilometer-Pauschalen

→ *Reisekosten: Allgemeine Grundsätze* Rz. 2409

Kinderbetreuungskosten

1652 Der Gesetzgeber hat zum 1.1.2015 eine neue **Steuerbefreiung (§ 3 Nr. 34a EStG)** eingeführt für

– Zahlungen des Arbeitgebers an ein **Dienstleistungsunternehmen**, das den Arbeitnehmer hinsichtlich der **Betreuung von Kindern oder pflegebedürftigen Angehörigen** berät oder hierfür Betreuungspersonen vermittelt

– sowie für die **kurzfristige Betreuung** – auch im privaten Haushalt – **von Kindern bis zu 14 Jahren und pflegebedürftigen Angehörigen bis zu 600 €** im Jahr.

S. hierzu ausführlich → *Betreuungskosten* Rz. 681.

Wegen des Sachzusammenhangs sind die übrigen Ausführungen zum bisherigen Stichwort „Kinderbetreuungskosten" (z.B. Abzug von Kinderbetreuungskosten als Sonderausgaben) in das neue Stichwort „Betreuungskosten" übernommen worden.

Kinderfreibetrag

→ *Kindergeld/Freibeträge für Kinder* Rz. 1659

Kindergarten

1. Allgemeines

1653 **Zur Einführung des neuen § 3 Nr. 34a EStG betr. Steuerfreiheit für Leistungen des Arbeitgebers für Serviceleistungen zur besseren Vereinbarkeit von Familie und Beruf** s. → *Betreuungskosten* Rz. 681.

Zum ab 2012 geänderten Abzug von **Kinderbetreuungskosten (nur noch) als Sonderausgaben** s. → *Betreuungskosten* Rz. 686.

Zuschüsse des Arbeitgebers zu den Kosten für die Unterbringung der Kinder seiner Arbeitnehmer in **betriebsfremden Kindergärten** sind grundsätzlich **Arbeitslohn** (BFH v. 25.7.1986, VI R 203/83, BStBl II 1986, 868). Die kostenlose oder verbilligte Unterbringung der Kinder in einem **betriebseigenen Kindergarten** hatte die Finanzverwaltung hingegen nicht als Arbeitslohn, sondern als Maßnahme zur Verbesserung der Arbeitsbedingungen angesehen (OFD Münster v. 29.5.1990, S 2334 – 66 – St 12 – 31, DB 1990, 1212).

Seit 1992 gilt die Steuerbefreiung des § 3 Nr. 33 EStG: Danach sind Leistungen des Arbeitgebers **(Bar- und Sachleistungen)** zur Unterbringung und Betreuung von **nicht schulpflichtigen Kindern** der Arbeitnehmer in **Kindergärten oder vergleichbaren Einrichtungen** steuerfrei, sofern sie **zusätzlich zum ohnehin geschuldeten Arbeitslohn** erbracht werden. Die Beschränkung der Steuerbefreiung gem. § 3 Nr. 33 EStG auf Arbeitnehmer verstößt nicht gegen Art. 3 Abs. 1 GG (BFH v. 5.7.2012, III R 80/09, BStBl II 2012, 816, Verfassungsbeschwerde durch BVerfG v. 7.5.2014, 2 BvR 2454/12, StEd 2014, 328 nicht zur Entscheidung angenommen).

Die Voraussetzungen der Steuerbefreiung ergeben sich im Einzelnen aus R 3.33 LStR.

2. Umfang der begünstigten Arbeitgeberleistungen

1654 Die Steuerfreiheit nach § 3 Nr. 33 EStG beschränkt sich auf **Arbeitgeberleistungen, die zur Unterbringung, einschließlich Unterkunft und Verpflegung, und Betreuung** von nicht schulpflichtigen Kindern des Arbeitnehmers in Kindergärten oder vergleichbaren Einrichtungen bestimmt sind. **Nicht steuerfrei** sind aber Leistungen, die der Arbeitgeber für die **bloße Vermittlung von Unterbringungs- und Betreuungsmöglichkeiten** durch Dritte gewährt (R 3.33 Abs. 1 Sätze 1 und 2 LStR).

Das bedeutet aber nicht, dass nicht von der Steuerbefreiung nach § 3 Nr. 33 EStG erfasste Arbeitgeberleistungen in jedem Fall steuerpflichtiger Arbeitslohn wären. **Kein Arbeitslohn** liegt z.B. vor, wenn ein Vorteil der **Belegschaft als Gesamtheit** zugewendet wird (vgl. R 19.3 Abs. 2 Nr. 5 LStR).

> **Beispiel:**
> Ein großes Unternehmen schließt mit einem „Kinderbüro/Familienservice" einen Vertrag ab, nach dem dieses sich verpflichtet, den interessierten Arbeitnehmern Tagesmütter, Babysitter und andere geeignete Betreuungspersonen zu vermitteln und deren Zuverlässigkeit zu überwachen. Die Firma vergütet diese Leistung mit einem Pauschalbetrag, der sich zwar an der Größe des Unternehmens orientiert, nicht aber an den Leistungen, die der einzelne Arbeitnehmer tatsächlich in Anspruch nimmt.
>
> Die „reine" Vermittlung von Unterbringungs- und Betreuungsmöglichkeiten der Kinder durch Dritte fällt zwar nicht unter die Steuerbefreiung des § 3 Nr. 33 EStG. Hier liegt aber schon deshalb kein Arbeitslohn vor, weil ein geldwerter Vorteil gar nicht individuell einem einzelnen Arbeitnehmer zugeordnet werden könnte. Die Leistung des „Kinderbüros/Familienservice" dient der Belegschaft als Ganzem (FinMin Bayern v. 29.4.1996, Lohnsteuer-Handausgabe 1998, 135).

Arbeitgeberleistungen für die Betreuung des gemeinsamen Kindes eines unverheirateten Elternpaares sind auch dann nach § 3 Nr. 33 EStG steuerfrei, wenn der **nicht beim Arbeitgeber beschäftigte Elternteil die Betreuungsaufwendungen trägt** (R 3.33 Abs. 1 Satz 2 LStR).

Auch Zuwendungen des Arbeitgebers an einen Kindergarten oder vergleichbare Einrichtungen, durch die er für die Kinder seiner Arbeitnehmer ein **Belegungsrecht** ohne Bewerbungsverfahren und Wartezeit erwirbt, sind den Arbeitnehmern nicht als geldwerter Vorteil zuzurechnen (R 3.33 Abs. 1 Satz 3 LStR).

In der unentgeltlichen Gestellung von **Mahlzeiten** des Betreibers eines Kinderheims an die bei ihm angestellten Betreuer der Kinder liegt dann lediglich eine notwendige Begleiterscheinung betriebsfunktionaler Zielsetzungen und **kein lohnsteuerpflichtiger Arbeitslohn** vor, wenn eine arbeitsvertraglich verpflichtende Weisung zur Teilnahme an den gemeinsam mit den Kindern einzunehmenden Mahlzeiten besteht und diese Maßnahme einerseits der Überwachung der Kinder während der Mahlzeiten dient, zum anderen mit der gemeinsamen Essensaufnahme das Ziel verfolgt wird, eine familienähnliche Alltagsstrukturierung zu erreichen (FG Schleswig-Holstein v. 23.1.2012, 5 K 64/11, www.stotax-first.de). S. dazu auch FG Baden-Württemberg v. 21.3.2013, 3 K 3932/11, EFG 2013, 1353: Wohnt eine angestellte Pflegekraft mit behinderten Menschen in einer Wohngemeinschaft, um diese rund um die Uhr pflegen, betreuen und versorgen zu können, ist für die vom Arbeitgeber der Pflegekraft kostenlos zur Verfügung gestellte Unterkunft und Verpflegung kein Sachbezug anzusetzen, weil die kostenlose Unterkunft und Verpflegung eigenbetrieblichen Interessen des Arbeitgebers dienen.

3. Begünstigte Einrichtungen

1655 Es ist gleichgültig, ob die Unterbringung und Betreuung **in betrieblichen oder außerbetrieblichen Kindergärten** erfolgt. **Vergleichbare Einrichtungen** sind z.B. die Schulkindergärten, Kindertagesstätten, Kinderkrippen, Tagesmütter, Wochenmütter und Ganztagspflegestellen. Die Einrichtung muss gleichzeitig zur Unterbringung und Betreuung von Kindern geeignet sein. Die **alleinige Betreuung im Haushalt**, z.B. durch Kinderpflegerinnen, Hausgehilfinnen oder Familienangehörige, **genügt nicht**. Soweit Arbeitgeberleistungen auch den **Unterricht eines Kindes** ermöglichen oder nicht unmittelbar der Betreuung eines Kindes dienen, z.B. die **Beförderung zwischen Wohnung und Kindergarten**, sind sie **nicht steuerfrei** (R 3.33 Abs. 2 LStR).

Die obersten Finanzbehörden haben entschieden, auch den **Vorschulbesuch in die Steuerbefreiung einzubeziehen**. Unterricht i.S.d. § 3 Nr. 33 EStG beginne erst mit dem Eintritt in eine **Grundschule**. Vgl. FinMin Berlin v. 11.2.2008, III B 24 – S 2288a – 1/2007, www.stotax-first.de, zum Abzug von Kinderbetreuungskosten, die Grundsätze sollen auf die Steuerbefreiung des § 3 Nr. 33 EStG entsprechend angewendet werden.

4. Nicht schulpflichtige Kinder

1656 Begünstigt sind nur Leistungen zur Unterbringung und Betreuung von nicht schulpflichtigen Kindern. Ob ein Kind schulpflichtig ist, richtet sich **nach dem jeweiligen landesrechtlichen Schulgesetz**. Die Schulpflicht ist aber **aus Vereinfachungsgründen nicht zu prüfen** bei Kindern, die

– das 6. Lebensjahr noch nicht vollendet haben oder

– im laufenden Kalenderjahr das 6. Lebensjahr nach dem 30. Juni vollendet haben, es sei denn, sie sind vorzeitig eingeschult worden, oder

– im laufenden Kalenderjahr das 6. Lebensjahr vor dem 1. Juli vollendet haben, in den Monaten Januar bis Juli dieses Jahrs.

Damit folgt die Finanzverwaltung der Auffassung des FG Baden-Württemberg v. 20.4.2005, 2 K 51/03, EFG 2005, 1172.

Im Rahmen der **LStR 2015** ist geregelt worden, dass den nicht schulpflichtigen Kindern nicht nur schulpflichtige Kinder gleichstehen, die **mangels Schulreife vom Schulbesuch zurückgestellt** sind, sondern auch Kinder, **die noch nicht eingeschult sind** (R 3.33 Abs. 3 Satz 4 LStR). Damit kann auch für Kinder, die in der ersten Jahreshälfte das 6. Lebensjahr vollenden, noch bis zur Einschulung (z.B. im September) ein steuerfreier Zuschuss für die Unterbringung und Betreuung gezahlt werden.

5. Zusätzliche Leistungen

1657 Die Arbeitgeberleistungen müssen **zusätzlich zum ohnehin geschuldeten Arbeitslohn** erbracht werden. Die Zusätzlichkeitsvoraussetzung erfordert, dass die **zweckbestimmte Leistung zu dem Arbeitslohn hinzukommt, den der Arbeitgeber arbeitsrechtlich schuldet**, d.h. im Zeitpunkt der Zahlung darf kein verbindlicher Rechtsanspruch auf die Leistung bestehen (vgl. R 3.33 Abs. 5 LStR).

Keine zusätzliche Leistung liegt vor hiernach, wenn eine zweckbestimmte Leistung

– unter Anrechnung auf den arbeitsrechtlich geschuldeten Arbeitslohn oder durch dessen Umwandlung gewährt wird,

– in einer vertraglichen Vereinbarung vorgesehen ist, dass ein Anspruch auf Zahlung einer entsprechenden Zusatzleistung auch dann bestehen soll, wenn die gesetzlichen oder persönlichen Voraussetzungen nicht vorliegen (BFH v. 19.9.2012, VI R 54/11, BStBl II 2013, 395 betr. sog. Kindergartenzuschüsse).

Dagegen liegt eine **zusätzliche Leistung** vor, wenn

– sie unter Anrechnung auf eine andere freiwillige Sonderzahlung, z.B. freiwillig geleistetes Weihnachtsgeld, erbracht wird.

Unschädlich ist es, wenn der Arbeitgeber verschiedene zweckgebundene Leistungen zur Auswahl anbietet oder die übrigen Arbeitnehmer die freiwillige Sonderzahlung erhalten.

Zum **Begriff „zusätzliche Leistungen"** s. ausführlich BMF v. 22.5.2013, IV C 5 – S 2388/11/10001 – 02, BStBl I 2013, 728 sowie → *Barlohnumwandlung* Rz. 513. Beinhalten die mit sämtlichen Mitarbeitern geschlossenen neuen Arbeitsverträge einen Anspruch auf Zahlung von Fahrtkostenzuschüssen, auf die Zahlung von Kindergartenzuschüssen und einer Internetpauschale, scheidet die Steuerfreiheit der Zuschüsse gem. § 3 Nr. 33 EStG bzw. eine Pauschalierung gem. § 40 Abs. 2 Satz 1 Nr. 5 EStG auf Grund des Fehlens freiwilliger und zusätzlicher Leistungen des Arbeitgebers aus (zuletzt FG Niedersachsen v. 18.2.2015, 9 K 64/13, EFG 2015, 1257 m.w.N.).

6. Verfahren

1658 **Sachleistungen** an den Arbeitnehmer, die über den nach § 3 Nr. 33 EStG steuerfreien Betrag hinausgehen, sind regelmäßig mit dem Wert nach § 8 Abs. 2 Satz 1 EStG (üblicher Endpreis) dem Arbeitslohn hinzuzurechnen. **Barzuwendungen** an den Arbeitnehmer sind nur steuerfrei, soweit der Arbeitnehmer dem Arbeitgeber die **zweckentsprechende Verwendung nachgewiesen** hat. Der Arbeitgeber hat die Nachweise im Original als **Belege zum Lohnkonto** aufzubewahren (R 3.33 Abs. 4 Sätze 2 und 3 LStR).

Kindergeld/Freibeträge für Kinder

1. Allgemeines

a) Gesetzesänderungen

1659 Nach dem Gesetz zur Anhebung des Grundfreibetrags, des Kinderfreibetrags, des Kindergeldes und des Kinderzuschlags v. 16.7.2015, BStBl I 2015, 566 sind das Kindergeld und der Kinderfreibetrag in zwei Stufen angehoben worden, und zwar

- **Kinderfreibetrag (bisher 7 008 € einschl. Freibetrag für Betreuung und Erziehung oder Ausbildung):**
  - Anhebung ab 1.1.2015 um 144 € auf 7 152 €
  - **Anhebung ab 1.1.2016 um weitere 96 € auf 7 248 €**
- **Kindergeld (bis einschließlich 2014: 184 € für das erste und zweite Kind, 190 € für das dritte Kind und 215 € für das vierte Kind und weitere Kinder):**
  - Anhebung ab 1.1.2015 um 4 € monatlich je Kind
  - **Anhebung ab 1.1.2016 um weitere 2 € monatlich je Kind, d.h. 190 € für das erste und zweite Kind, 196 € für das dritte Kind und 221 € für das vierte Kind und weitere Kinder.**

Daneben ist der **Kinderzuschlag** nach § 6a BKGG von bisher 140 € je Kind mit Wirkung ab 1.7.2016 um monatlich 20 € angehoben worden.

Durch das **Gesetz zur Änderung des Freizügigkeitsgesetzes/EU und weiterer Vorschriften** v. 2.12.2014, BGBl. I 2015, 1922 sollen Fälle von Rechtsmissbrauch oder Betrug im Zusammenhang mit dem Freizügigkeitsrecht, im Bereich von Schwarzarbeit und illegaler Beschäftigung sowie bei der Inanspruchnahme von Kindergeld verhindert und konsequent geahndet werden. Zur Vermeidung von Missbräuchen sind § 62, 63 EStG dahingehend ergänzt worden, dass **ab 2016** die Kindergeldberechtigung von der eindeutigen Identifikation von Antragstellern und ihren zum Kindergeldbezug berechtigenden Kindern durch Angabe von

Kindergeld/Freibeträge für Kinder

Identifikationsnummern (§ 139b AO) abhängig ist. Dies gilt auch für Eltern, die bereits Kindergeld beziehen, sie müssen ihrer Familienkasse noch im Laufe des Jahres 2016 **ihre Identifikationsnummern und die ihrer Kinder mitteilen.** Das BZSt hat hierzu auf seinen Internetseiten einen ausführlichen Fragenkatalog veröffentlicht.

Kritisiert wird, dass die o.g. Anhebung des Kinderfreibetrags zu spät gekommen sei. Der Bund der Steuerzahler unterstützt die **Musterklage** eines Familienvaters vor dem FG München gegen den **zu niedrigen Kinderfreibetrag im Jahre 2014** (Az.: 8 K 2426/15). Statt wie erforderlich 4 440 € (zuzüglich 2 640 € Freibetrag für Betreuung und Erziehung oder Ausbildung = 7 080 €) habe der Gesetzgeber im Jahr 2014 nur einen Kinderfreibetrag i.H.v. 4 368 € (zuzüglich 2 640 € Freibetrag für Betreuung und Erziehung oder Ausbildung = 7 008 €) gewährt. Steuerfestsetzungen ergehen in diesem Punkt vorläufig (BMF v. 5.11.2015, IV A 3 – S 0338/07/10010, BStBl I 2015, 786), die Einlegung eines Einspruchs ist daher nicht erforderlich.

b) Gesetzliche Regelungen

1660 Alle Arbeitnehmer erhalten **ab 1.1.1999 Kindergeld nur noch von den Familienkassen der Agenturen für Arbeit.** Dies gilt auch für Arbeitnehmer, die im **öffentlichen Dienst beschäftigt** sind. Die jeweilige Besoldungsstelle ist selbst „Familienkasse" und zahlt Kindergeld aus (§ 72 EStG). **„Private" Arbeitgeber werden also nicht mit der Kindergeldauszahlung belastet.**

Die Voraussetzungen für die Gewährung des Kindergelds/der Freibeträge für Kinder nach § 32 Abs. 6 EStG sind zwar im Wesentlichen im **Einkommensteuergesetz** geregelt (§§ 32, 62 ff. EStG). Das **Bundeskindergeldgesetz** ist aber nicht völlig aufgehoben worden. Es enthält noch Kindergeldansprüche insbesondere für Eltern, die in Deutschland nicht einkommensteuerpflichtig sind, aber trotzdem Kindergeld erhalten sollen, z.B.

- deutsche Arbeitnehmer, die für einige Jahre zu einer ausländischen Tochtergesellschaft wechseln und im Ausland ihren Wohnsitz nehmen,
- **Grenzgänger**, die in Deutschland beschäftigt sind, aber nach Doppelbesteuerungsabkommen in Deutschland nicht steuerpflichtig sind.

Mit dieser Identifikationsnummer wird die physische Existenz genau dieser Person bestätigt, weil die Identifikationsnummer auf das deutsche Melde- und Personenstandsrecht aufsetzt; insoweit werden ungerechtfertigte Doppelzahlungen verhindert. Ist ein Kind nicht nach einem Steuergesetz steuerpflichtig (§ 139a AO), so wird es in anderer geeigneter Weise zu identifizieren sein, z.B. durch Ausweisdokumente, ausländische Urkunden oder die Angabe eines ausländischen Personenkennzeichens.

Für das **Lohnbüro** haben diese Fragen nur noch **geringe Bedeutung**, zumal das Kindergeld nicht mehr vom Arbeitgeber, sondern nur noch von den **„Familienkassen"** der Agenturen für Arbeit bzw. bei öffentlich Bediensteten von den Besoldungsstellen ausgezahlt wird. Auf die Darstellung von Einzelfragen soll daher verzichtet werden. Das BZSt gibt für die Eltern jährlich ein **Kindergeld-Merkblatt** heraus (veröffentlicht auf den Internetseiten des BZSt), in dem die Voraussetzungen für die Kindergeldgewährung dargestellt sind; im Wesentlichen gelten diese Ausführungen auch für die steuerlichen Freibeträge für Kinder nach § 32 Abs. 6 EStG.

Weitere Erläuterungen enthalten

- zum **Kindergeld** die Dienstanweisung zum Kindergeld nach dem Einkommensteuergesetz – DA-KG (Schreiben des BZSt v. 1.7.2014, St II 2 – S 2280 – DA/14/00004, BStBl I 2014, 918, geändert durch BZSt v. 29.7.2015, St II 2 – S 2280 – DA/15/00001, BStBl I 2015, 584),
- zum **Kinderfreibetrag** BMF v. 9.3.1998, IV B 5 – S 2280 – 45/98, BStBl I 1998, 347 sowie R 31, 32 EStR und die dazugehörigen Hinweise im Einkommensteuer-Handbuch.

I.R.d. Steueränderungsgesetzes 2007 v. 19.7.2006, BStBl I 2006, 432 ist die Altersgrenze für die Berücksichtigung volljähriger Kinder **von 27 auf 25 Jahre herabgesetzt** worden, allerdings mit einer weitgehenden **Übergangsregelung** (§ 52 Abs. 40 Satz 5 EStG). Diese **Herabsetzung ist verfassungsgemäß** (zuletzt BVerfG v. 29.7.2015, 2 BvR 1397/14, StEd 2015, 548).

BVerfG und **BFH** haben die Verfassungsmäßigkeit des geltenden Systems des Familienleistungsausgleichs bestätigt (zuletzt BFH v. 17.12.2009, VI R 63/08, BStBl II 2010, 341 m.w.N.: kein Abzug von Studiengebühren als außergewöhnliche Belastungen).

Die **Hinzurechnung des Kindergeldes zur Steuerschuld** gem. § 31 Satz 5 und § 36 Abs. 2 Satz 1 EStG ist ebenfalls mit dem Grundgesetz vereinbar, auch soweit Stpfl. von der Regelung des § 1612b Abs. 5 BGB betroffen sind. Mit dem verfassungsrechtlichen Gebot der steuerlichen Verschonung des Existenzminimums des Stpfl. und seiner unterhaltsberechtigten Familie und dem allgemeinen Gleichheitssatz ist vereinbar, dass die um die Freibeträge verminderte Einkommensteuer auch bei den Stpfl. um die Hälfte des gezahlten Kindergeldes erhöht wird, die nicht in der Lage sind, Unterhalt i.H.v. 135 % des Regelbetrags nach der Regelbetrag-Verordnung zu leisten, sog. **Mangelfall** (BVerfG v. 13.10.2009, 2 BvL 3/05, HFR 2010, 67).

Höhe des Kindergelds und der Freibeträge (Einkommensgrenze ist ab 2012 weggefallen!):

	2015	2016
1. Kindergeld/Freibeträge für Kinder		
• 1. Alternative Kindergeld (monatlich)		
für das 1. und 2. Kind	188 €	190 €
für das 3. Kind	194 €	196 €
für jedes weitere Kind	219 €	221 €
oder		
• 2. Alternative (wenn steuerlich günstiger)		
– Kinderfreibetrag für das sächliche Existenzminimum (jährlich) für alle Kinder einheitlich	4 512 €[1]	4 608 €[1]
– Freibetrag für den Betreuungs- und Erziehungs- oder Ausbildungsbedarf (jährlich)	2 640 €[1]	2 640 €[1]
Hinweis: Dieser Freibetrag wird nicht zusätzlich zum Kindergeld gewährt!		
2. Freibetrag für Sonderbedarf für auswärts untergebrachte Kinder über 18 Jahre		
• Höhe des Freibetrags (ersetzt die früheren Ausbildungsfreibeträge)	924 €[1]	924 €[1]

[1] Für Kinder im Ausland gelten ggf. geringere Beträge, s. BMF v. 18.11.2013, IV C 4 – S 2285/07/0005 :013, BStBl I 2013, 1462, sog. Ländergruppeneinteilung.

Wichtig ist, dass im laufenden Jahr immer nur Kindergeld gewährt werden kann. Erst bei der **Einkommensteuerveranlagung** prüft das Finanzamt, ob durch das Kindergeld das steuerliche Existenzminimum des Kindes steuerfrei belassen worden sind oder die steuerlichen Freibeträge gewährt werden müssen (sog. **Günstigerprüfung** nach § 31 Satz 3 EStG). Das Kindergeld wird dann der Einkommensteuer hinzugerechnet (§ 31 Satz 4 EStG); für die Hinzurechnung ist allein entscheidend, ob ein **Anspruch** auf Kindergeld besteht. Ob Kindergeld tatsächlich gezahlt worden ist, ist ohne Bedeutung (BFH v. 13.9.2012, V R 59/10, BStBl II 2013, 228).

Hinsichtlich der einkommensteuerlichen „Günstigerprüfung" wird auf die in Stollfuß Medien erscheinende Tabelle „Einkommensteuer mit Kinder- und Bedarfsfreibetragsoption" hingewiesen.

c) Berücksichtigung volljähriger Kinder ab 2012

1661 Über 18 Jahre alte, z.B. noch in Berufsausbildung befindliche Kinder konnten bis 2011 nur berücksichtigt werden, wenn ihre eigenen **Einkünfte und Bezüge den Betrag von 8 004 € nicht überschritten** haben; ein Überschreiten nur um einen Euro führte bislang zum völligen Wegfall des Kindergelds bzw. der steuerlichen Freibeträge für Kinder (s. zuletzt BVerfG v. 27.7.2010, 2 BvR 2122/09, HFR 2010, 1109). I.R.d. **Steuervereinfachungsgesetzes 2011 ist diese Regelung mit Wirkung ab 1.1.2012 aufgehoben worden.**

Über 18 Jahre alte Kinder werden bis zum Abschluss einer erstmaligen Berufsausbildung oder eines Erststudiums künftig generell berücksichtigt, ansonsten (z.B. bei einer zweiten Berufsausbildung oder eines Zweitstudiums) solange sie **keiner Erwerbstätigkeit nachgehen.**

Eine Erwerbstätigkeit mit bis zu 20 Stunden regelmäßiger wöchentlicher Arbeitszeit, ein Ausbildungsdienstverhältnis oder ein geringfügiges Beschäftigungsverhältnis i.S.d. §§ 8 und 8a SGB IV sind unschädlich.

[LSt] = keine Lohnsteuerpflicht
[LSt] = Lohnsteuerpflicht

Beispiel 1:
M beantragt beim Finanzamt die Berücksichtigung des Kinderfreibetrags für seinen 23 Jahre alten Sohn S. S hat im Juli 2015 seine Ausbildung zum Steuerfachangestellten erfolgreich abgeschlossen. Um das Abitur nachzuholen, besucht S seit dem 1.7.2016 die Abendschule. Tagsüber arbeitet S in Vollzeit bei einem Steuerberater.

S hat das 25. Lebensjahr noch nicht vollendet und wird nach § 32 Abs. 4 Nr. 2a EStG für einen Beruf ausgebildet (Abendschule). S hat seine erstmalige Berufsausbildung abgeschlossen (Ausbildung zum Steuerfachangestellten). Er arbeitet in Vollzeit beim Steuerberater. S übt also eine schädliche (Vollzeit-)Erwerbstätigkeit aus (§ 32 Abs. 4 Satz 2 EStG).

Ein Kinderfreibetrag kann nicht gewährt werden.

Beispiel 2:
Wie Beispiel 1, jedoch arbeitet S nur zu 50 % (18 Stunden in der Woche) beim Steuerberater.

Die Teilzeitbeschäftigung beim Steuerberater ist keine schädliche (Vollzeit-)Erwerbstätigkeit (§ 32 Abs. 4 Satz 3 EStG). Ein Kinderfreibetrag kann gewährt werden.

Einzelfragen zur gesetzlichen Neuregelung sind in der Dienstanweisung zum Kindergeld nach dem Einkommensteuergesetz – DA-KG (Schreiben des BZSt v. 1.7.2014, St II 2 – S 2280 – DA/14/00004, BStBl I 2014, 918, geändert durch BZSt v. 29.7.2015, St II 2 –S 2280 – DA/15/00001, BStBl I 2015, 584) geregelt worden. Diese Anweisungen zum Kindergeld gelten für die steuerlichen Kinderfreibeträge entsprechend.

2. Kinder im Lohnsteuerverfahren

1662 Der Kinderfreibetrag und der Freibetrag für den Betreuungs- und Erziehungs- oder Ausbildungsbedarf werden bei der Berechnung der **Lohnsteuer** grundsätzlich nicht berücksichtigt. Die Lohnsteuer ist daher für Arbeitnehmer mit und ohne Kinder gleich.

Trotzdem wird (insbesondere bei Kindern über 18 Jahre) die **Zahl der Kinder als Lohnsteuerabzugsmerkmal berücksichtigt**: Bedeutung haben diese Freibeträge für die sog. **Annexsteuern (Kirchensteuer und Solidaritätszuschlag)**. Denn bei der Berechnung dieser Steuern wird nicht die tatsächlich zu zahlende Lohnsteuer zu Grunde gelegt, sondern die **(fiktive) Lohnsteuer**, die sich ergeben würde, wenn – auch wenn das Kindergeld günstiger ist – die steuerlichen Freibeträge abgezogen würden (§ 51a Abs. 2 EStG). Ohne den Abzug dieser Freibeträge wäre die Bemessungsgrundlage für die Annexsteuern zu hoch, weil die Unterhaltsleistungen für Kinder bei diesen Steuern sonst überhaupt nicht berücksichtigt würden.

§ 38b Abs. 2 Satz 3 EStG sieht eine **mehrjährige Berücksichtigung von Kinderfreibeträgen** vor, wenn nach den tatsächlichen Verhältnissen zu erwarten ist, dass die Voraussetzungen bestehen bleiben.

Berücksichtigt wird nicht nur der Kinderfreibetrag, sondern auch der **Freibetrag für den Betreuungs- und Erziehungs- oder Ausbildungsbedarf**.

Eltern, die **keinen Anspruch auf Kindergeld** haben, das sind

– unbeschränkt einkommensteuerpflichtige Arbeitnehmer mit **Kindern im Ausland** außerhalb eines EU- oder EWR-Staates sowie

– unbeschränkt einkommensteuerpflichtige **Ausländer ohne Aufenthaltsgenehmigung** mit Kindern im Inland,

können beim Finanzamt die **Berücksichtigung der steuerlichen Freibeträge als Lohnsteuerabzugsmerkmal beantragen** (§ 39a Abs. 1 Nr. 6 EStG).

Bei der Ermittlung des **Pauschsteuersatzes für die pauschale Lohnsteuer** nach § 40 Abs. 1 EStG werden Kinderfreibeträge des Arbeitnehmers nicht berücksichtigt (BFH v. 26.7.2007, VI R 48/03, BStBl II 2007, 844).

3. Kinderzuschlag für Geringverdiener

a) Allgemeines

1663 Seit dem 1.1.2005 haben gering verdienende Eltern Anspruch auf den sog. Kinderzuschlag **von bis zu 140 € pro Kind und Monat** nach § 6a BKGG. Ab 1.7.2016 ist der Kinderzuschlag auf 160 € angehoben worden (Gesetz zur Anhebung des Grundfreibetrags, des Kinderfreibetrags, des Kindergeldes und des Kinderzuschlags v. 16.7.2015, BStBl I 2015, 566).

Anspruchsberechtigt sind alle Eltern, die mit ihrem Einkommen zwar ihren eigenen Unterhalt sicherstellen können, nicht aber den Unterhalt für ihre minderjährigen Kinder. Zusammen mit dem „normalen" Kindergeld und ggf. Wohngeld soll der Kinderzuschlag den durchschnittlichen Bedarf von Kindern abdecken. Der Kinderzuschlag soll ferner einen Anreiz zur Erwerbstätigkeit bieten, da das Einkommen der Eltern, das den eigenen Bedarf übersteigt, nur teilweise auf den Kinderzuschlag angerechnet wird.

Der **Einkommensbereich**, in dem Familien Kinderzuschlag erhalten können, hängt von individuellen Verhältnissen ab, insbesondere auch von der Höhe der Miete und etwaigen Mehrbedürfnissen. Informationen geben die **Familienkassen** der örtlich zuständigen Agenturen für Arbeit.

b) Lohnsteuer

Der Kinderzuschlag ist nach § 3 Nr. 24 EStG (Leistungen, die nach 1664 dem Bundeskindergeldgesetz gezahlt werden) **steuerfrei**. Er bleibt bei der sog. **Günstigerprüfung** (→ Rz. 1659) außer Betracht.

Kinder-Krankengeld

→ *Krankengeld bei Erkrankung eines Kindes* Rz. 1699

Kindermitarbeit

→ *Angehörige* Rz. 119

Kinderzuschlag

→ *Kindergeld/Freibeträge für Kinder* Rz. 1659, → *Arbeitslohn-ABC* Rz. 255

Kirchenbedienstete

1. Arbeitnehmereigenschaft

a) Hauptberufliche Mitarbeiter

aa) Lohnsteuer

Hauptamtliche Kirchenbedienstete (Pfarrer, Pastoren usw.) sind 1665 Arbeitnehmer der Kirche.

[LSt] [SV]

Wenn sie **nebenberuflich und in geringem Umfang (nicht mehr als sechs Stunden wöchentlich) an Schulen Religionsunterricht erteilen**, üben sie insoweit im Allgemeinen eine **selbständige nebenberufliche Tätigkeit** aus (vgl. sinngemäß OFD Magdeburg v. 29.4.2010, S 2331 – 8 – St 225, www.stotax-first.de, betr. Einnahmen von nebenberuflich tätigen Übungsleitern und Stundentrainern in Sportvereinen), die unter die Steuerbefreiung des § 3 Nr. 26 EStG fällt (→ *Aufwandsentschädigungen für bestimmte nebenberufliche Tätigkeiten* Rz. 360).

Werden durchschnittlich in der Woche sechs oder mehr Unterrichtsstunden erteilt, kann auch ein **Arbeitsverhältnis** zum Schulträger begründet werden (R 19.2 LStR).

bb) Sozialversicherung

In der Sozialversicherung nehmen hauptamtliche Kirchenbe- 1666 dienstete allerdings eine **Sonderstellung** ein. So sind Geistliche der als öffentlich-rechtliche Körperschaft anerkannten Religionsgesellschaften, wenn sie nach beamtenrechtlichen Vorschriften oder Grundsätzen bei Krankheit Anspruch auf Fortzahlung der Bezüge und auf Beihilfe haben (vgl. § 6 Abs. 1 Nr. 4 SGB V), **krankenversicherungsfrei. Auch** in der **Renten- und Arbeitslosenversicherung** besteht für diese Arbeitnehmer Versicherungsfreiheit, vorausgesetzt, ihnen wird nach beamtenrechtlichen Vorschriften oder Grundsätzen oder entsprechenden kirchenrechtlichen Regelungen Anwartschaft auf Versorgung bei verminderter Erwerbsfähigkeit und im Alter sowie auf Hinterbliebenenversorgung gewährleistet und die Erfüllung dieser Gewährleistung ist gesichert. Ob diese Voraussetzungen erfüllt sind, entscheidet i.d.R. die oberste Verwaltungsbehörde des Landes, in dem der Arbeitgeber bzw. die Religionsgesellschaft ihren Sitz hat. Diese hauptamtlichen Kirchenbediensteten haben aber die Verpflich-

Kirchenbedienstete

tung, einen anteiligen beihilfekonformen **Versicherungsvertrag zur Pflegeversicherung** bei einem privaten Pflegeversicherungsunternehmen abzuschließen. Besteht bei einer gesetzlichen Krankenkasse dagegen eine **freiwillige Krankenversicherung**, tritt in der sozialen Pflegeversicherung automatisch auch die Versicherungspflicht in der Pflegeversicherung ein.

(SV̸)

b) Nebenberufliche Mitarbeiter

1667 Die Tätigkeit der **nebenamtlichen Kirchenbediensteten (z.B. Hilfsküster und Hilfsmesner)** ist stets als **nichtselbständig** anzusehen. Das gilt auch für den Fall, dass ein nebenamtlich tätiger Organist oder Chorleiter gleichzeitig eine sonstige kirchliche Tätigkeit als Hilfsküster oder Hilfsmesner im Nebenamt ausübt (OFD Hannover v. 2.1.2002, S 2331 – 95 – StH 212, www.stotax-first.de). Einnahmen bis 2 400 € im Jahr sind nach § 3 Nr. 26 EStG steuerfrei (OFD Frankfurt v. 1.8.2013, S 2245 A – 2 – St 213, www.stotax-first.de, betr. Organisten); ggf. kommt auch die Steuerbefreiung nach § 3 Nr. 26a EStG in Betracht (→ *Aufwandsentschädigungen für bestimmte nebenberufliche Tätigkeiten* Rz. 360). Die Lohnsteuer kann ggf. pauschal erhoben werden. Einzelheiten → *Pauschalierung der Lohnsteuer* Rz. 2174 ff.

Nebenberufliche Kirchenmusiker können je nach den im Einzelfall getroffenen Vereinbarungen selbständig oder nichtselbständig tätig sein. Es gelten die in R 19.2 LStR und H 19.2 LStH für Nebentätigkeiten aufgestellten Grundsätze. Danach ist bei nebenamtlichen **Organisten** in Kirchen und **Chorleitern** von Kirchenchören bei einer Tätigkeit von **nicht mehr als sechs Stunden wöchentlich** regelmäßig eine **selbständige Tätigkeit** anzunehmen, wenn das Gesamtbild der Verhältnisse im Einzelfall nicht eine andere Beurteilung fordert. Eine **nichtselbständige Tätigkeit** liegt danach z.B. vor, wenn ein **Arbeitsverhältnis vereinbart** sowie tatsächlich durchgeführt wird und **Anspruch auf Urlaub sowie Entgeltfortzahlung** besteht (FG Hessen v. 15.11.1979, IX 173/77, EFG 1980, 241 betr. nebenberufliche Organisten und Chorleiter).

(L̸St) (SV)

Wegen der unterschiedlichen Verhältnisse in den einzelnen Kirchen (Landeskirchen, Bistümern) ist die Frage, ob die Tätigkeit der **Kirchenrendanten,** denen die Kassenverwaltung und Rechnungsführung für die Kirchengemeinde obliegt, selbständig oder unselbständig ausgeübt wird, grundsätzlich nach den Verhältnissen des Einzelfalls zu entscheiden (OFD Berlin v. 4.8.1986, St 421 – S 2331 – 1/84, www.stotax-first.de). Für die Kirchenrendanten in der Erzdiözese Köln wurde ein Arbeitsverhältnis verneint (OFD Köln v. 22.11.1982, S 2331 – 32 – St 113, www.stotax-first.de).

Nicht als Arbeitnehmer tätig werden hingegen regelmäßig **Ordensangehörige** (→ *Ordensangehörige* Rz. 2137), sie erfüllen ihre Aufgaben als Mitglied der Gemeinschaft (BFH v. 30.7.1965, VI 205/64 U, BStBl III 1965, 525).

(L̸St) (SV)

2. Umfang des Arbeitslohns

1668 Müssen Geistliche auf einen bestimmten Prozentsatz ihres **Gehaltes verzichten**, um z.B. Neueinstellungen von Pastoren zu ermöglichen, so ist dieser Gehaltsverzicht (→ *Gehaltsverzicht* Rz. 1364) auch steuerlich zu berücksichtigen, sofern der Verzicht ohne Verwendungsauflagen erfolgt, vgl. H 19.3 (Lohnverwendungsabrede) LStH.

Bei Bediensteten der evangelischen Kirche, die auf Grund eines privatrechtlichen Dienstverhältnisses für den CVJM-Gesamtverband tätig werden, gehören die weiterhin von der evangelischen Kirche gezahlten **Beihilfeleistungen** sowie die vom CVJM-Gesamtverband als Arbeitgeber gegenüber der evangelischen Kirche erbrachten Leistungen zur Erstattung des Beihilfeaufwands nicht zum steuerpflichtigen Arbeitslohn (FinMin Hessen v. 25.9.1997, S 2342 A – 18 – II B 22, www.stotax-first.de).

Freiwillige Beiträge an die Deutsche Rentenversicherung Bund, die eine Kirche für ihre Bediensteten mit beamtenähnlichem Status zahlt, weil die Rente auf den Versorgungsanspruch der Bediensteten vereinbarungsgemäß angerechnet wird, sind **steuerpflichtiger Arbeitslohn** (BFH v. 24.9.2013, VI R 8/11, BStBl II 2014, 124). Der BFH hat damit seine bisher vertretene Auffassung aufgegeben (BFH v. 5.9.2006, VI R 38/04, BStBl II 2007, 181), die die Finanzverwaltung mit einem Nichtanwendungserlass belegt hatte (BMF v. 13.2.2007, IV C 5 – S 2333/07/0002, BStBl I 2007, 270).

Soweit kirchliche Arbeitgeber Beitragszuschüsse zur **Kranken- und Pflegeversicherung** an kirchliche Beamte gewähren, die als Beihilfeberechtigte in einer gesetzlichen Krankenversicherung freiwillig versichert sind, kann ab 1.1.2007 § 3 Nr. 11 Satz 4 EStG analog angewendet werden. Damit ist der **Beitragszuschuss** ab diesem Zeitpunkt **steuerfrei**.

Messstipendien, die Gläubige einem katholischen Priester für die Feier der heiligen Messe gewähren, sind Lohnzahlungen Dritter und stellen steuerpflichtige Einnahmen aus nichtselbständiger Arbeit des Priesters dar (FG Niedersachsen v. 10.10.2003, 11 K 191/03, EFG 2004, 901).

Zur steuerlichen Behandlung der Zahlungen der Evangelischen Kirche in Deutschland an evangelische **Pfarrer im Ausland** s. FinMin Bremen v. 12.5.2005, S 2341 – 11 – 3, www.stotax-first.de. Zur steuerlichen Behandlung der Entschädigung an sog. **Lektoren und Prädikanten** s. OFD Koblenz v. 19.2.2002, S 2337 A, www.stotax-first.de.

Pfarrhaushälterinnen sind Arbeitnehmer der katholischen Geistlichen. Ihr Aufgabenbereich umfasst neben Tätigkeiten für den Priesterhaushalt zumeist auch die Erledigung von Amtsgeschäften für die Religionsgemeinschaft. Die Zuschüsse der Bistümer an die Geistlichen unterliegen zusammen mit den übrigen Bezügen des Geistlichen in voller Höhe dem **Lohnsteuerabzug**. Soweit die Pfarrhaushälterinnen für die Religionsgemeinschaft tätig werden, sind die hierauf entfallenden Lohnanteile bei den Geistlichen als **Werbungskosten** abzugsfähig. Voraussetzung für den Werbungskostenabzug ist, dass der auf den amtlichen Bereich entfallende Anteil nachgewiesen oder glaubhaft gemacht wird. Als Nachweis können Aufzeichnungen über die in der vereinbarten Arbeitszeit von der Haushälterin verrichteten Tätigkeiten dienen (s. ausführlich OFD München v. 31.7.2003, S 2337 – 13 St 41, www.stotax-first.de).

Zur Ermittlung des geldwerten Vorteils aus der unentgeltlichen oder verbilligten Überlassung von **Dienst- und Mietwohnungen an Geistliche und andere Bedienstete von Kirchengemeinden** s. zuletzt OFD Frankfurt v. 16.1.2015, S 2334 A – 49 – St 211, www.stotax-first.de.

Nach § 88 Abs. 1 des Kirchengesetzes über die dienstrechtlichen Verhältnisse der Pfarrerinnen und Pfarrer in der Evangelischen Kirche der Union (Pfarrdienstgesetz – PfDG) können **Pfarrer/innen u.a. auch in den Wartestand versetzt** werden, wenn ein gedeihliches Wirken in ihrer Pfarrstelle nicht mehr gewährleistet erscheint und auch in einer anderen Pfarrstelle zunächst nicht erwartet werden kann. Mit dem Eintritt in den Wartestand ist der Verlust der Pfarrstelle verbunden, das Dienstverhältnis mit der Kirche besteht jedoch gem. § 89 Abs. 1 PfDG fort.

Nach § 89 Abs. 2 PfDG und § 7 des Kirchengesetzes über die Versorgung der Pfarrer, Pfarrerinnen, Kirchenbeamten und Kirchenbeamtinnen in der Evangelischen Kirche der Union (Versorgungsgesetz – VersG) entsteht i.d.R. mit Beginn des Wartestandes der Anspruch auf Wartegeld i.H.v. 71,75 % der ruhegehaltsfähigen Dienstbezüge. Gem. § 8 VersG erlischt der Anspruch auf Wartegeld unter anderem mit dem Zeitpunkt, in dem wieder ein Anspruch auf Dienstbezüge besteht. Nach § 90 Abs. 2 PfDG kann Pfarrer/innen im Wartestand widerruflich eine andere kirchliche Tätigkeit übertragen werden, bei deren Nichtübernahme der Anspruch auf Wartegeld verloren geht (§ 90 Abs. 3 PfDG).

Das Wartegeld wird nach beamtenrechtlichen Grundsätzen von einer Körperschaft des öffentlichen Rechts gewährt und erfüllt insoweit die Voraussetzung für **Versorgungsbezüge** nach § 19 Abs. 2 Satz 2 Nr. 1 Buchst. b EStG als Ruhegehalt. **Dies gilt auch dann, wenn der Wartegeldempfänger Tätigkeiten für seinen Arbeitgeber freiwillig übernimmt, für die er keine gesonderte Vergütung erhält** (zuletzt FG Hamburg v. 13.2.2013, 5 K 50/11, www.stotax-first.de: **kein Abzug von Werbungskosten bei einem Pfarrer im Ruhestand**).

Ist der Wartegeldempfänger hingegen nach § 90 Abs. 2 PfDG **verpflichtet**, die übertragene Tätigkeit anzunehmen und geht der Anspruch auf Wartegeld anderenfalls verloren, wird die Bezahlung von der Ausübung einer aktiven Tätigkeit abhängig gemacht. Das Wartegeld stellt in diesem Fall kein Ruhegehalt und damit **keinen begünstigten Versorgungsbezug** mehr dar.

Kirchensteuer

Inhaltsübersicht: | **Rz.**
1. Allgemeines — 1669
   a) Gesetzliche Grundlagen — 1669
   b) Kirchensteuerpflicht (Schuldner, Beginn, Ende) — 1670
2. Kirchensteuer als Zuschlagsteuer zur Einkommensteuer bzw. Lohnsteuer — 1671
   a) Allgemeines — 1671
   b) Bemessungsgrundlage bei ganzjähriger Kirchensteuerpflicht — 1672
   c) Bemessungsgrundlage bei unterjähriger Kirchensteuerpflicht — 1673
   d) Höhe der Kirchensteuer — 1674
   e) Besonderheiten der Kirchensteuerbemessung bei Ehegatten/Lebenspartnern — 1677
   f) Rechtsbehelfe — 1678
3. Besonderheiten beim Lohnsteuerabzug — 1679
   a) Allgemeines — 1679
   b) ELStAM-Prinzip — 1680
   c) Betriebsstättenprinzip — 1681
   d) Berücksichtigung von Kindern im Steuerabzugsverfahren — 1682
   e) Kirchensteuerberechnung bei sonstigen Bezügen — 1683
   f) Pauschalierung von Lohnkirchensteuer — 1684
   g) Pauschalierung bei Sachzuwendungen — 1686
   h) Haftung des Arbeitgebers — 1687
   i) Rechtsbehelfe — 1688
4. Sonderausgabenabzug der Kirchensteuer — 1689

1. Allgemeines

a) Gesetzliche Grundlagen

1669 Das Grundgesetz (Art. 140 GG i.V.m. Art. 137 Abs. 6 der Weimarer Verfassung) garantiert **den als Körperschaften des öffentlichen Rechts anerkannten Religionsgemeinschaften** (kirchensteuerberechtigte Religionsgemeinschaften), **von ihren Mitgliedern** „auf Grund der bürgerlichen Steuerlisten" nach Maßgabe der landesrechtlichen Bestimmungen **Kirchensteuern** zu erheben. Kirchensteuerrecht ist daher **Landesrecht.** Die einzelnen **Bundesländer** haben **unterschiedliche Kirchensteuer(rahmen)gesetze.** Diese werden **durch Vorschriften** und Beschlüsse **der Kirchensteuer erhebenden Kirchen** und Körperschaften **ergänzt**, die insbesondere Regelungen über Art und Höhe der Kirchensteuer enthalten.

Die folgenden Ausführungen gehen im Wesentlichen auf die in Grundzügen gleichen Regelungen ein. Fragen zum Kirchensteuerrecht beantwortet die zuständige Kirchenverwaltung.

Obwohl die Kirchensteuergesetze auch noch andere Erhebungsformen vorsehen, wird die Kirchensteuer i.d.R. als **Zuschlagsteuer zur Einkommen- oder Lohnsteuer** oder als **Kirchgeld** (z.B. als Ortskirchgeld oder besonderes Kirchgeld für glaubensverschiedene Ehegatten) erhoben.

Für das **Lohnbüro** hat nur die Zuschlagsteuer zur Lohnsteuer Bedeutung.

Die allgemeinen und die pauschalen Kirchensteuersätze sind in einer **zusammengefassten Übersicht** im Anhang abgedruckt, → Anhang, A. Lohnsteuer Rz. 3393.

b) Kirchensteuerpflicht (Schuldner, Beginn, Ende)

1670 Die Kirchensteuerpflicht knüpft an die **Kirchenmitgliedschaft** (Bekenntniszugehörigkeit) und an einen Wohnsitz/gewöhnlichen Aufenthalt an. Wegen des Territorialprinzips kann Kirchensteuer nur von Kirchenmitgliedern erhoben werden (BFH v. 7.12.1994, I R 24/93, BStBl II 1995, 507), die ihren **Wohnsitz oder gewöhnlichen Aufenthalt in einem Bundesland** (Geltungsbereich eines Kirchensteuergesetzes) haben. Daher sind kirchensteuerpflichtig alle – auch ausländische – Kirchenangehörigen, die nach § 1 Abs. 1 EStG unbeschränkt einkommensteuerpflichtig sind, nicht jedoch erweitert unbeschränkt Stpfl. i.s.d. § 1 Abs. 2 EStG (z.B. deutsche Diplomaten im Ausland), nach § 1 Abs. 3 EStG auf Antrag unbeschränkt Stpfl. oder beschränkt Einkommensteuerpflichtige i.s.d. § 1 Abs. 4 EStG (→ Steuerpflicht Rz. 2766), vgl. auch OFD Berlin v. 17.6.2004, St 153 – S 2440 – 2/04, www.stotax-first.de.

Die **Kirchenmitgliedschaft** richtet sich nach **innerkirchlichem Recht,** so dass hierüber die **Kirchen entscheiden** (BFH v. 18.1.1995, I R 89/94, BStBl II 1995, 475 und BMF v. 27.7.2009, IV C 5 – S 2363/07/0001, BStBl I 2009, 817). Da sie an die Aufnahme in die Religionsgemeinschaft (Bekenntniszugehörigkeit) anknüpft, die in der katholischen und der evangelischen Kirche vor allem durch Taufe begründet wird, gilt der Grundsatz der Individualbesteuerung (→ Rz. 1677). Eine zur Kirchensteuerpflicht führende Mitgliedschaft in der römisch-katholischen Kirche setzt eine wirksame Taufe als rechtskonstitutiven Akt voraus; eine entsprechende substantiierte und kirchenrechtlich anerkannte Selbstauskunft reicht allein nicht aus (FG München v. 17.12.2014, 1 K 1107/11, EFG 2015, 759).

Wegen der nach dem Grundgesetz gewährleisteten Bekenntnisfreiheit sehen die staatlichen Kirchensteuergesetze die Möglichkeit des Kirchenaustritts vor, der nach den meisten Gesetzen durch förmliche Erklärung gegenüber dem Standesamt oder dem Amtsgericht erfolgt. Ein Wiedereintritt ist möglich.

- **Beginn der Kirchensteuerpflicht:**
  - bei **Aufnahme in die Religionsgemeinschaft** und/oder bei **Zuzug**

    am ersten Tag des auf das jeweilige Ereignis **folgenden Monats**;
  - bei **Übertritt** aus einer anderen Kirche

    mit dem Ende der bisherigen Steuerpflicht.

- **Ende der Kirchensteuerpflicht:**
  - bei **Tod** oder **Wegzug** aus dem Gebiet der Religionsgemeinschaft

    mit **Ablauf des Monats**, in den das Ereignis fällt;
  - bei **Austritt**, Übertritt

    mit **Ablauf des Monats**, in dem der Austritt oder Übertritt erklärt wird.

2. Kirchensteuer als Zuschlagsteuer zur Einkommensteuer bzw. Lohnsteuer

a) Allgemeines

1671 Die Kirchensteuer wird **in allen Bundesländern** als **Zuschlagsteuer zur Einkommensteuer** festgesetzt und erhoben und ist als **Zuschlagsteuer zur Lohnsteuer (Lohnkirchensteuer)** vom **Arbeitgeber** einzubehalten, anzumelden und abzuführen.

b) Bemessungsgrundlage bei ganzjähriger Kirchensteuerpflicht

1672 Die Kirchensteuer wird grundsätzlich bemessen:

- Bei Kirchensteuerpflichtigen, die zur Einkommensteuer veranlagt werden, nach der **festgesetzten Einkommensteuer**,
- im Lohnsteuerabzugsverfahren nach der **einbehaltenen Lohnsteuer**.

Sind **Kinder** zu berücksichtigen, kann die festgesetzte Einkommensteuer/Lohnsteuer nicht uneingeschränkt für die Bemessung der Kirchensteuer übernommen werden, weil die Freistellung des Kinderexistenzminimums regelmäßig durch die Gewährung von Kindergeld erfolgt. Für die Kirchensteuer ist Bemessungsgrundlage die Einkommensteuer, die unter Berücksichtigung von Freibeträgen nach § 32 Abs. 6 EStG (Kinderfreibetrag und Freibetrag für den Betreuungs- und Erziehungs- oder Ausbildungsbedarf des Kindes) in allen Fällen des § 32 EStG festzusetzen wäre (§ 51a Abs. 2 EStG). Zur Berücksichtigung von Kindern bei der Lohnkirchensteuer durch das **Lohnbüro** → Rz. 1682.

Sofern bei der Ermittlung der festgesetzten Einkommensteuer die pauschalierte Anrechnung der Gewerbesteuer (§ 35 EStG) oder das **Verfahren** nach §§ 3 Nr. 40, 3c EStG in Betracht kommt, sind diese Regelungen gem. § 51a Abs. 2 EStG bei der **Kirchensteuer nicht anzuwenden**. Die Erhöhung der Bemessungsgrundlage für die Kirchensteuer um die steuerfreien Einkünfte i.s.d. § 3 Nr. 40 EStG ist verfassungsrechtlich unbedenklich (BFH v. 1.7.2009, I R 76/08, BStBl II 2010, 1061).

Kirchensteuer

c) Bemessungsgrundlage bei unterjähriger Kirchensteuerpflicht

1673 Bei Beginn und Ende der Kirchensteuerpflicht während des Kalenderjahrs ist Bemessungsgrundlage für die Kirchensteuer nur die Einkommensteuer, die auf die Zeit der Kirchensteuerpflicht entfällt. Stimmt der Zeitraum der Kirchensteuerpflicht nicht mit dem Zeitraum der unbeschränkten (Einkommen-)Steuerpflicht überein, so ist die Einkommensteuer – ggf. unter Berücksichtigung der Freibeträge für Kinder (§ 51a Abs. 2 EStG) – zu ermitteln und dann **zu zwölfteln**. Die anteilige Einkommensteuer ist Bemessungsgrundlage für die Kirchensteuer. Dadurch erhöht auch ein nach Wegfall der Kirchensteuerpflicht erzieltes höheres Einkommen die Kirchensteuer. In die Bemessungsgrundlage der Kirchensteuer ist daher auch eine vor Kirchenaustritt vereinbarte Abfindung für den Verlust des Arbeitsplatzes einzubeziehen, die erst nach dem Austritt im Zeitpunkt der Beendigung des Arbeitsverhältnisses gezahlt wird (FG Köln v. 16.2.2005, 11 K 2/04, EFG 2005, 898). Diese in den Kirchensteuergesetzen enthaltene Zwölftelungsregelung ist verfassungsgemäß (BFH v. 15.10.1997, I R 33/97, BStBl II 1998, 126). Wird das höhere Einkommen während der Kirchensteuerpflicht erzielt, so wirkt sich die Zwölftelung zu Gunsten des Stpfl. aus.

Nach der Änderung des § 2 Abs. 7 EStG stimmen beim **Wechsel von unbeschränkter zu beschränkter Einkommensteuerpflicht** oder umgekehrt die Zeiträume der Kirchensteuerpflicht und der Bemessung der Einkommensteuer nicht mehr überein, so dass eine Aufteilung der Maßstabsteuer vorzunehmen ist. In den Einkommensteuererklärungen ist daher bei Zuzug oder Wegzug der Zeitraum der Kirchensteuerpflicht anzugeben.

d) Höhe der Kirchensteuer

aa) Steuersatz

1674 Die Zuschlagsteuer beträgt zz. **in Prozent der Maßstabsteuer:**
- **8 %** in den Ländern Baden-Württemberg, Bayern,
- **9 %** in **den anderen** Bundesländern.

Bei der Berechnung dieser Steuer bleiben Centbruchteile außer Betracht.

bb) Kappung

1675 In einzelnen Ländern (mit **Ausnahme** von **Bayern** und der evangelisch-lutherischen Landeskirche in **Mecklenburg-Vorpommern**) gibt es bei höheren Einkommen eine Kappung der Kirchensteuer, d.h. eine **Begrenzung** der Kirchensteuer auf einen **bestimmten geringeren Prozentsatz des zu versteuernden Einkommens** bzw. des auf das zu versteuernde Einkommen umzurechnenden Arbeitslohns, von dem die Lohnsteuer berechnet wird. Die Kappung ist z.T. mit **Rechtsanspruch** ausgestaltet, z.T. als **Billigkeitsmaßnahme** vorgesehen. Der Billigkeitsantrag ist innerhalb bestimmter Fristen zu stellen. Es ist grundsätzlich mit Art. 3, 4 GG vereinbar, wenn eine Kirche den Erlass der Kirchensteuer auf in der Kirche verbliebene Mitglieder beschränkt, weil sie deren Bindung an die Kirche stärken will (vgl. BVerwG v. 21.5.2003, 9 C 12/02, HFR 2004, 385).

Die in den einzelnen Ländern bestehenden **Kappungsregeln** ergeben sich aus der **Übersicht** im Anhang, → Anhang, A. Lohnsteuer Rz. 3393.

Beispiel:
Ein lediger Arbeitnehmer mit Wohnsitz und Tätigkeitsstätte in Hannover erhält 2016 einen Jahresarbeitslohn von 360 000 €
Berechnung der Kirchensteuer:

Jahresarbeitslohn	360 000,— €
abzüglich	
Arbeitnehmer-Pauschbetrag	1 000,— €
Sonderausgaben-Pauschbetrag	36,— €
Vorsorgeaufwendungen	5 000,— €
= zu versteuerndes Einkommen	353 964,— €
Einkommensteuer lt. Grundtabelle	143 256,— €
Kirchensteuer in Niedersachsen 9 %	12 893,04 €
Kappung auf 3,5 % des zu versteuernden Einkommens	12 388,74 €

cc) Mindestbetrag

1676 Eine Mindestbetrags-Kirchensteuer wird **in 2016** in fast allen Bundesländern **nicht mehr erhoben**.

Lediglich in Sachsen-Anhalt ist eine Mindestbetrags-Kirchensteuer einzubehalten, wenn Einkommensteuer (Lohnsteuer) unter Beachtung des § 51a EStG (Berücksichtigung der Freibeträge für Kinder, vgl. → Rz. 1682) anfällt.

Die Mindestbeträge ergeben sich aus der Übersicht im Anhang, → Anhang, A. Lohnsteuer Rz. 3393.

e) Besonderheiten der Kirchensteuerbemessung bei Ehegatten/Lebenspartnern

1677 Das Kirchensteuerrecht unterscheidet zwischen Ehegatten/Lebenspartnern, die sind

- **konfessionsgleich** (beide Ehegatten/Lebenspartner haben die gleiche Konfession, sind also z.B. beide evangelisch oder beide römisch-katholisch),
- **konfessionsverschieden** (beide Ehegatten/Lebenspartner gehören unterschiedlichen steuerberechtigten Konfessionen an, z.B. der eine Ehegatte/Lebenspartner ist evangelisch, der andere katholisch),
- **glaubensverschieden** (ein Ehegatte/Lebenspartner gehört einer steuerberechtigten Religionsgemeinschaft an, der andere Ehegatte/Lebenspartner gehört keiner Kirche an oder ein Ehegatte/Lebenspartner gehört einer steuerberechtigten Religionsgemeinschaft, der andere Ehegatte/Lebenspartner gehört einer nicht steuerberechtigten Religionsgemeinschaft an).

Grundsätzlich gilt auch bei der Kirchensteuer der **Grundsatz der Individualbesteuerung**.

Da nur von Mitgliedern Kirchensteuer erhoben werden darf, darf bei glaubensverschiedenen Ehegatten/Lebenspartnern die Kirchensteuer nur von dem einer steuerberechtigten Religionsgemeinschaft angehörenden Ehegatten/Lebenspartner erhoben werden. Bei zusammen veranlagten **glaubensverschiedenen Ehegatten/Lebenspartnern** ist die **Einkommen-/Lohnsteuer aufzuteilen** nach Maßgabe der Kirchensteuergesetze bzw. -ordnungen (Aufteilung grundsätzlich im Verhältnis der Steuern, die sich jeweils bei Anwendung der Grundtabelle auf die im Rahmen der Zusammenveranlagung ermittelten Einkünfte bzw. den Gesamtbetrag der Einkünfte eines jeden Ehegatten/Lebenspartner ergeben würden). Gesetzesregelungen, wonach in glaubensverschiedenen Ehen/Lebenspartnerschaften Kirchensteuer des Kirchenmitglieds aus dem Teil der Einkommensteuer erhoben wird, der auf dieses entfällt, sind nicht verfassungswidrig; glaubensverschiedene Ehegatten/Lebenspartner haben keinen Anspruch auf entsprechende Anwendung des in einigen Ländern bei konfessionsverschiedenen Ehen/Lebenspartnerschaften geltenden und verfassungsgemäßen Halbteilungsgrundsatzes (BFH v. 8.4.1997, I R 68/96, BStBl II 1997, 545 und vom 11.2.1998, I R 41/97, www.stotax-first.de). In vielen Kirchen wird inzwischen das besondere Kirchgeld für glaubensverschiedene Ehegatten/Lebenspartnerschaften erhoben, allerdings **nur im Veranlagungsverfahren**. Eine Erhebung im Lohnsteuerabzugsverfahren ist nicht vorgesehen. Der Arbeitnehmer sollte dies bei einem Antrag auf Veranlagung berücksichtigen. Gegen die Verfassungsmäßigkeit des besonderen Kirchgelds bestehen keine Bedenken (BFH v. 19.10.2005, I R 76/04, BStBl II 2006, 274 sowie BVerfG v. 28.10.2010, 2 BvR 591/06, HFR 2011, 98).

In den meisten Bundesländern gilt bei **konfessionsverschiedenen Eheleuten/Lebenspartnern** im Fall der Zusammenveranlagung der sog. **Halbteilungsgrundsatz:**

Der Halbteilungsgrundsatz bedeutet, dass die Kirchensteuer von 8 % bzw. 9 % je zur Hälfte auf die beiden Religionsgemeinschaften aufgeteilt wird.

Zur Berücksichtigung des Halbteilungsgrundsatzes wird dem Arbeitgeber bei konfessionsverschiedenen Ehen/Lebenspartnerschaften auch ein Kirchensteuermerkmal für den Ehegatten/Lebenspartner mitgeteilt.

Den **Halbteilungsgrundsatz** gibt es **nicht** in den Ländern:
- Bayern,
- Bremen,
- Niedersachsen (BMF v. 30.7.2015, IV C 5 – S 2378/15/10001, BStBl I 2015, 614).

Insoweit ist die Kirchensteuer mit dem maßgebenden Steuersatz für jeden Ehegatten nach der auf ihn entfallenden Steuer festzusetzen und nur an seine Religionsgemeinschaft abzuführen, und zwar auch dann, wenn dem Arbeitgeber auch ein Kirchensteuermerkmal für den Ehegatten mitgeteilt wurde.

Die vorstehenden Regelungen zu Ehegatten und Ehen gelten entsprechend auch für **Lebenspartner und Lebenspartnerschaften**.

f) Rechtsbehelfe

1678 Gegen die Kirchensteuerfestsetzung ist der **Einspruch bzw. Widerspruch** gegeben. Der Einwand, die Maßstabsteuer (Einkommensteuer/Lohnsteuer) sei unzutreffend festgesetzt worden, kann **nur** gegen die Festsetzung der Einkommen-/Lohnsteuer geltend gemacht werden. Eine Änderung der Einkommen-/Lohnsteuer führt automatisch zur Änderung der Kirchensteuer. In den Ländern Baden-Württemberg, Bayern, Bremen, Hamburg, Mecklenburg-Vorpommern, Nordrhein-Westfalen, Saarland, Sachsen und Thüringen ist der **Finanzrechtsweg**, in allen anderen Bundesländern der **Verwaltungsrechtsweg** gegeben.

Rechtsmittel, die gegen die Heranziehung zum allgemeinen Kirchgeld (Ortskirchensteuer) erhoben werden, sind grundsätzlich im Verwaltungsrechtsweg geltend zu machen.

3. Besonderheiten beim Lohnsteuerabzug

a) Allgemeines

1679 Für die Kirchensteuer gelten die **Vorschriften über den Lohnsteuerabzug** sinngemäß (→ *Abführung der Lohnsteuer* Rz. 5, → *Anmeldung der Lohnsteuer* Rz. 139). Bei kirchensteuerpflichtigen Arbeitnehmern hat der Arbeitgeber entsprechend der Lohnsteuer Lohnkirchensteuer vom Arbeitslohn einzubehalten und an das Betriebsstättenfinanzamt (→ *Betriebsstättenfinanzamt* Rz. 700) abzuführen.

Die Lohnkirchensteuer bemisst sich nach der Lohnsteuer. Sie ist grundsätzlich mit dem maßgebenden Kirchensteuersatz von der Lohnsteuer zu erheben. Besonderheiten ergeben sich bei der Berücksichtigung von Kindern, bei sonstigen Bezügen und in den Fällen der Pauschalierung.

b) ELStAM-Prinzip

1680 Der Arbeitgeber hat bei Arbeitnehmern grundsätzlich **keine Prüfung** der Kirchensteuerpflicht vorzunehmen. Er hat den Lohnkirchensteuerabzug **nach den elektronischen Lohnsteuerabzugsmerkmalen** vorzunehmen. Aus ihnen ergibt sich, ob und ggf. welcher steuerberechtigten Religionsgemeinschaft der Arbeitnehmer angehört und ggf. für welchen Zeitraum die Kirchensteuerpflicht bestanden hat. Wird ein Kirchensteuermerkmal mitgeteilt, darf der Arbeitgeber auch dann nicht vom Lohnkirchensteuerabzug absehen, wenn der Arbeitnehmer ihm eine amtliche **Austrittsbestätigung** vorweist. Der Arbeitgeber muss vielmehr die Änderung der elektronischen Lohnsteuerabzugsmerkmale abwarten, die von der Gemeinde, die für die Verwaltung der Meldedaten bei Kircheneinoder -austritt zuständig ist, veranlasst wird.

Es gibt folgende Kennzeichen für die Kirchensteuerpflicht:

römisch-katholisch	rk
evangelisch (protestantisch)	ev
evangelisch-lutherisch	lt
evangelisch-reformiert	rf
französisch-reformiert	fr
altkatholisch	ak
israelitisch, jüdische Kultussteuer	ib, ih, il, is, iw, jd, jh
freireligiös	fa, fb, fg, fm, fs

Zu den länderunterschiedlichen Werten in der Lohnsteuer-Anmeldung 2016 s. BMF v. 27.8.2015, IV C 5 – S 2533/15/10001, BStBl I 2015, 650.

Ist **keine Kirchensteuer einzubehalten**, so sind **zwei Striche** „– –" eingetragen (H 39.1 [Bescheinigung der Religionsgemeinschaft] LStH).

Werden dem Arbeitgeber **zwei Kirchensteuermerkmale** mitgeteilt (z.B. rk ev oder ev rk), so muss die einbehaltene Lohnkirchensteuer – sofern der Halbteilungsgrundsatz anzuwenden ist – gleichmäßig auf die beiden Religionsgemeinschaften aufgeteilt werden.

Liegen dem Arbeitgeber für einen Arbeitnehmer **keine Lohnsteuerabzugsmerkmale** vor, so gelten auch für den Kirchensteuerabzug die Regelungen für den Lohnsteuerabzug ohne Lohnsteuerabzugsmerkmale (§ 39c EStG) entsprechend. Danach muss der Arbeitgeber grundsätzlich Kirchensteuer einbehalten, wenn der Arbeitnehmer schuldhaft die ihm mitgeteilte Identifikationsnummer und den Tag der Geburt dem Arbeitgeber nicht mitteilt oder das BZSt die Mitteilung elektronischer Lohnsteuerabzugsmerkmale ablehnt (→ *ELStAM* Rz. 1041).

Zur Berücksichtigung von Kindern s. → Rz. 1682.

Wird zu hohe Lohnkirchensteuer einbehalten, ist der Differenzbetrag dem Arbeitnehmer grundsätzlich bei der Veranlagung zu erstatten.

c) Betriebsstättenprinzip

Die Kirchensteuer richtet sich **grundsätzlich** nach dem am **Wohnsitz** bzw. Ort des gewöhnlichen Aufenthalts des Stpfl. maßgeblichen Recht. **1681**

Für den **Kirchensteuerabzug vom Arbeitslohn** gilt aber das „**Betriebsstättenprinzip**". Der Arbeitgeber hat daher die Kirchensteuer regelmäßig nach dem für den Ort der Betriebsstätte maßgeblichen Recht einzubehalten, auch wenn am Wohnort des Arbeitnehmers andere Rechtsvorschriften gelten, z.B. ein anderer Steuersatz anzuwenden oder die Anwendung des Halbteilungsgrundsatzes nicht einheitlich ist. Der **Arbeitgeber** soll sich also **nicht mit den verschiedenen Vorschriften** unterschiedlicher Orte **befassen müssen**.

> **Beispiel:**
> Der Arbeitnehmer A wohnt in Aschaffenburg und arbeitet in Frankfurt am Main. Sein Arbeitgeber hat eine Lohnkirchensteuer von 9 % einzubehalten, obwohl der Steuersatz am Wohnsitz des Arbeitnehmers nur 8 % beträgt.

Wird auf Grund des Betriebsstättenprinzips **zu viel Lohnkirchensteuer einbehalten**, ist der Differenzbetrag bei der Veranlagung zur Einkommensteuer oder, wenn eine Veranlagung nicht durchgeführt wird, von der Kirchenbehörde gesondert zu erstatten. Ist zu wenig Lohnkirchensteuer einbehalten worden, ist der „Fehlbetrag" im Rahmen der Einkommensteuerveranlagung oder gesondert von der Kirchenbehörde nachzufordern; einige Kirchenbehörden gewähren insoweit (Teil-)Erlass. In Niedersachsen, Nordrhein-Westfalen und Rheinland-Pfalz kann beim Finanzamt die Erhebung der Kirchensteuer nach dem Steuersatz am Wohnsitz des Arbeitnehmers beantragt werden.

Bei Arbeitnehmern mit Kirchensteuermerkmal ib oder iw hat der Arbeitgeber auch dann Lohnkirchensteuer einzubehalten, wenn sich die Betriebsstätte außerhalb des Kirchengebiets, aber in Baden-Württemberg befindet (FinMin Baden-Württemberg v. 29.4.2013, 3 – S 244.2/163, BStBl I 2013, 712).

d) Berücksichtigung von Kindern im Steuerabzugsverfahren

Beim Steuerabzug vom laufenden Arbeitslohn und beim Jahresausgleich ist auszugehen von der **fiktiven Lohnsteuer**, die sich beim Abzug von Freibeträgen für Kinder (Kinderfreibetrag und Freibetrag für den Betreuungs- und Erziehungs- oder Ausbildungsbedarf des Kindes) ergeben würde (→ *Kindergeld/Freibeträge für Kinder* Rz. 1663). Beim Steuerabzug vom laufenden Arbeitslohn und beim Jahresausgleich ist daher die Lohnsteuer Bemessungsgrundlage, die sich unter Berücksichtigung eines Betrags pro Kind in den Steuerklassen I, II und III von 4 608 € + 2 640 € = 7 248 € und in der Steuerklasse IV von 2 304 € + 1 320 € = 3 624 € ergibt (→ *Kindergeld/Freibeträge für Kinder* Rz. 1659). Maßgeblich ist die als Lohnsteuerabzugsmerkmal gebildete Zahl der Kinderfreibeträge (§ 51a Abs. 2a Satz 2 EStG). Freibeträge für in Ländern mit niedrigen Lebenshaltungskosten lebende Kinder (§ 32 Abs. 6 Satz 4 EStG; Ländergruppeneinteilung s. BMF v. 18.11.2013, IV C 4 – S 2285/07/0005 :013, BStBl I 2013, 1462) können im Abzugsverfahren nicht berücksichtigt werden. Wird dadurch eine zu hohe Kirchensteuer festgesetzt, so erfolgt eine Erstattung entweder im Einkommensteuerveranlagungsverfahren oder durch gesonderten Bescheid der kirchlichen Stellen. Dabei sind die Freibeträge unabhängig von der Dauer des Berücksichtigungszeitraums mit dem Jahresbetrag anzusetzen. Sind die Freibeträge auf Grund niedrigerer Lebenshaltungskosten zu kürzen (§ 32 Abs. 6 Satz 4 EStG), so ist der höchste Monatsbetrag in ei- **1682**

Kirchensteuer

nen Jahresbetrag umzurechnen (BMF v. 9.3.1998, IV B 5 – S 2280 – 45/98, BStBl I 1998, 347). Dasselbe gilt bei der Berechnung der Lohnkirchensteuer für sonstige Bezüge, weil insoweit generell keine Freibeträge für Kinder berücksichtigt werden (§ 51a Abs. 2a EStG).

> **Beispiel:**
> Ein Arbeitnehmer, der in Hannover wohnt und arbeitet, hat folgende Lohnsteuerabzugsmerkmale: Steuerklasse II, 2 Kinderfreibeträge, Religionsgemeinschaft ev. Sein Arbeitslohn beträgt im Jahr 2016 36 000 €.
> Berechnung der Lohnkirchensteuer:
>
> | | |
> |---|---:|
> | Jahresarbeitslohn | 36 000,— € |
> | abzüglich | |
> | Arbeitnehmer-Pauschbetrag | 1 000,— € |
> | Sonderausgaben-Pauschbetrag | 36,— € |
> | Vorsorgepauschale | 5 422,— € |
> | Entlastungsbetrag für Alleinerziehende | 1 908,— € |
> | Erhöhungsbetrag nach § 24b Abs. 2 Satz 2 EStG für das zweite Kind als Freibetrag | 240,— € |
> | zu versteuerndes Einkommen (Bemessungsgrundlage für die Lohnsteuer) | 27 394,— € |
> | abzüglich 2 Kinderfreibeträge = 2 × 4 608 € | 9 216,— € |
> | abzüglich 2 Freibeträge für Betreuung, Erziehung und Ausbildung = 2 × 2 640 € | 5 280,— € |
> | verbleiben | 12 898,— € |
> | Steuer lt. Grundtabelle (Bemessungsgrundlage für die Lohnkirchensteuer) | 773,— € |
> | Lohnkirchensteuer = 773 € × 9 % = | 69,57 € |

Der **Arbeitgeber** braucht die Berechnung der Bemessungsgrundlage für die Lohnkirchensteuer aber regelmäßig nicht selbst vorzunehmen. In den u.a. von Stollfuß Medien erhältlichen **Lohnsteuertabellen** sind in einer besonderen Spalte regelmäßig auch die **Lohnkirchensteuerbeträge** nach der jeweiligen Steuerklasse, Anzahl der Kinderfreibeträge und dem Kirchensteuersatz **eingearbeitet**.

e) Kirchensteuerberechnung bei sonstigen Bezügen

1683 Bei der Berechnung der Lohnkirchensteuer für sonstige Bezüge (→ *Sonstige Bezüge* Rz. 2704) dürfen generell keine Freibeträge für Kinder berücksichtigt werden. Es ist daher **nicht zulässig – entsprechend der Ermittlung der Lohnsteuer** auf den sonstigen Bezug – die Lohnkirchensteuer für den Arbeitslohn ausschließlich des sonstigen Bezugs und die Lohnkirchensteuer für den Arbeitslohn einschließlich des sonstigen Bezugs aus der Lohnsteuertabelle abzulesen und die Differenz als Lohnkirchensteuer für den sonstigen Bezug einzubehalten und abzuführen. Vielmehr muss die Lohnkirchensteuer für den sonstigen Bezug **stets** durch **Anwendung des maßgeblichen Kirchensteuersatzes auf die Lohnsteuer für den sonstigen Bezug** ermittelt werden (§ 51a Abs. 2a Satz 1 EStG).

> **Beispiel:**
> Ein Arbeitnehmer, der in Berlin wohnt und arbeitet, erhält im Jahr 2016 einen monatlichen Arbeitslohn von 2 500 € und im Dezember ein 13. und 14. Monatsgehalt von je 2 500 €. Er hat folgende Lohnsteuerabzugsmerkmale: Steuerklasse III, 2 Kinderfreibeträge und ev.
> Ermittlung der Steuerabzugsbeträge für den sonstigen Bezug:
>
> | | |
> |---|---:|
> | Lohnsteuer für 35 000 € (laufender Arbeitslohn zuzüglich sonstiger Bezug) | 2 230,— € |
> | Lohnsteuer für 30 000 € (laufender Arbeitslohn) | 1 194,— € |
> | Lohnsteuer für das 13. und 14. Monatsgehalt | 1 036,— € |
> | Lohnkirchensteuer für das 13. und 14. Monatsgehalt: 1 036 € × 9 % = | 93,24 € |

Soweit hiernach gegenüber der Jahreskirchensteuer zu viel Lohnkirchensteuer einbehalten wird, erfolgt eine Erstattung im Lohnsteuer-Jahresausgleich durch den Arbeitgeber (→ *Lohnsteuer-Jahresausgleich durch den Arbeitgeber* Rz. 1926) oder im Rahmen der Einkommensteuerveranlagung durch das Finanzamt.

f) Pauschalierung von Lohnkirchensteuer

aa) Grundsätze

1684 Die **Pauschalierung der Lohnsteuer führt zwangsläufig auch zur Pauschalierung der Lohnkirchensteuer.**

Bemessungsgrundlage der pauschalen Lohnkirchensteuer ist die **pauschale Lohnsteuer**.

Bei der pauschalen Lohnkirchensteuer gibt es **keinen Mindestbetrag**.

Gewährt der Arbeitgeber **einzelnen** Arbeitnehmern Zuwendungen, die er pauschal besteuert (z.B. Fahrtkostenzuschüsse, Mahlzeiten, Erholungsbeihilfen), so muss er Kirchensteuer auf Grund des im Lohnkonto aufgezeichneten Religionsbekenntnisses ermitteln. Bei Arbeitnehmern, die dem Arbeitgeber schuldhaft die ihnen mitgeteilte Identifikationsnummer und den Tag der Geburt nicht mitteilen oder bei denen das BZSt die Mitteilung elektronischer Lohnsteuerabzugsmerkmale ablehnt, **muss** der Arbeitgeber auch Lohnkirchensteuer anmelden und abführen.

Für **Arbeitslohn aus geringfügigen Beschäftigungen** i.S.d. §§ 8 Abs. 1 Nr. 1, 8a SGB IV, für den pauschale Rentenversicherungsbeiträge i.H.v. 5 % oder 15 % zu entrichten sind, wird nach § 40a Abs. 2 EStG **ein einheitlicher Pauschsteuersatz von 2 %** erhoben, der neben der Lohnsteuer und dem Solidaritätszuschlag **auch die Kirchensteuer umfasst**. Werden keine pauschalen Rentenversicherungsbeiträge entrichtet, kommt eine Lohnsteuerpauschalierung mit 20 % in Betracht (§ 40a Abs. 2a EStG). In diesem Fall kommen Solidaritätszuschlag und Kirchensteuer hinzu. Einzelheiten → *Pauschalierung der Lohnsteuer bei geringfügig Beschäftigten* Rz. 2215.

bb) Nachweis fehlender Kirchensteuerpflicht einzelner Arbeitnehmer

1685 Zahlt der Arbeitgeber mehreren Arbeitnehmern Arbeitslohn, den er pauschal versteuert, so kann er zur Berücksichtigung der Tatsache, dass nicht alle Arbeitnehmer kirchensteuerpflichtig sind, zwischen einem **vereinfachten Verfahren** und einem **Nachweisverfahren wählen**. Der Arbeitgeber kann seine Methodenwahl sowohl für jeden Lohnsteuer-Anmeldungszeitraum als auch für die jeweils angewandte Pauschalierungsvorschrift und darüber hinaus für die in den einzelnen Rechtsvorschriften aufgeführten Pauschalierungstatbestände unterschiedlich treffen (gleich lautende Ländererlasse v. 23.10.2012, BStBl I 2012, 1083).

Dies gilt jedoch **nicht für geringfügig Beschäftigte**, deren Arbeitslohn mit dem einheitlichen Pauschsteuersatz von 2 % versteuert wird. In diesen Fällen ist das **Nachweisverfahren nicht möglich**. Der einheitliche Pauschsteuersatz kann bei Arbeitnehmern, die keiner steuererhebenden Religionsgemeinschaft angehören, nicht vermindert werden.

Nach der **Vereinfachungsregelung** hat der Arbeitgeber in allen Fällen der Pauschalierung der Lohnsteuer (§§ 40, 40a, 40b EStG) für **sämtliche Arbeitnehmer Kirchensteuer** zu entrichten. Dabei ist ein gegenüber dem Regelsteuersatz **ermäßigter Steuersatz** anzuwenden, der in pauschaler Weise dem Umstand Rechnung trägt, dass nicht alle Arbeitnehmer kirchensteuerpflichtig sind. Der Arbeitgeber hat die im vereinfachten Verfahren zu entrichtende pauschale Kirchensteuer **in einer Summe** in der Lohnsteuer-Anmeldung bei Kennzahl 47 **gesondert anzugeben**. Die Aufteilung der pauschalen Kirchensteuer auf die steuererhebenden Religionsgemeinschaften wird von der Finanzverwaltung übernommen (gleich lautende Ländererlasse v. 23.10.2012, BStBl I 2012, 1083).

Die **Kirchensteuersätze bei der Lohnsteuerpauschalierung** sind im Anhang wiedergegeben, → *Anhang, A. Lohnsteuer* Rz. 3393.

Wählt der Arbeitgeber nicht die Vereinfachungsregelung, sondern macht er von der **Nachweismöglichkeit** Gebrauch, dass **einzelne Arbeitnehmer keiner steuererhebenden Religionsgemeinschaft** angehören, so kann er hinsichtlich dieser Arbeitnehmer von der Entrichtung der auf die pauschale Lohnsteuer entfallenden Kirchensteuer absehen (BFH v. 30.11.1989, I R 14/87, BStBl II 1990, 993); **für die übrigen Arbeitnehmer** gilt beim Nachweisverfahren der allgemeine und nicht der ermäßigte Kirchensteuersatz.

Als Beleg für die **Nichtzugehörigkeit** zu einer steuererhebenden Religionsgemeinschaft dienen in den Fällen des § 40 und § 40b EStG grundsätzlich die vom Arbeitgeber beim BZSt abgerufenen **elektronischen Lohnsteuerabzugsmerkmale** oder ein Vermerk des Arbeitgebers, dass der Arbeitnehmer seine Nichtzugehörigkeit zu einer steuererhebenden Religionsgemeinschaft mit der vom Finanzamt ersatzweise ausgestellten Bescheinigung für den Lohnsteuerabzug nachgewiesen hat. Liegen dem Arbeitgeber diese amtliche Nachweise nicht vor, bedarf es zumindest einer **schriftlichen Erklärung des Arbeitnehmers** nach folgendem Muster; in den Fällen des § 40a Abs. 1, 2a und 3 EStG (Aushilfskräfte und geringfügig Beschäftigte ohne pauschale Rentenversicherungsbeiträge) genügt als Nachweis die **Erklärung** nach folgendem Muster:

Muster

Erklärung gegenüber dem Betriebsstättenfinanzamt zur Religionszugehörigkeit für die Erhebung der pauschalen Lohnsteuer nach § 40, § 40a Abs. 1, 2a und 3 und § 40b EStG

Finanzamt..

Arbeitgeber:

Name der Firma ....

Anschrift ....

Arbeitnehmer:

Name, Vorname ....

Anschrift: ....

Ich, der vorbezeichnete Arbeitnehmer erkläre, dass ich

☐ bereits zu Beginn meiner Beschäftigung bei dem oben genannten Arbeitgeber

☐ seit dem ....

keiner Religionsgemeinschaft angehöre, die Kirchensteuer erhebt.

Ich versichere, die Angaben in dieser Erklärung wahrheitsgemäß nach bestem Wissen und Gewissen gemacht zu haben, und werde den Eintritt in eine steuererhebende Religionsgemeinschaft dem Arbeitgeber unverzüglich anzeigen. Mir ist bekannt, dass die Erklärung als Grundlage für das Besteuerungsverfahren dient und meinen Arbeitgeber berechtigt, von der Entrichtung von Kirchensteuer auf den Arbeitslohn abzusehen.

Ort, Datum ....

Unterschrift des Arbeitnehmers ....

Diese und jede weitere Erklärung über den Beitritt zu einer steuererhebenden Religionsgemeinschaft sind vom Arbeitgeber zum Lohnkonto zu nehmen.

Die **Online-Datenbank** (s. Benutzerhinweise auf Seite IV) enthält unter Arbeitshilfen (Stichwort-Suche: Erklärung zur Religionszugehörigkeit) entsprechende **Muster**.

Der Nachweis über die fehlende Kirchensteuerpflicht ist **als Beleg zum Lohnkonto** aufzubewahren (R 41.1 Abs. 4 Satz 2 LStR).

Die auf die **kirchensteuerpflichtigen** Arbeitnehmer entfallende pauschale Lohnsteuer muss anhand des in den Lohnkonten aufzuzeichnenden Religionsbekenntnisses ermittelt werden. Werden ein Sammelkonto (§ 4 Abs. 2 Nr. 8 Satz 2 LStDV) oder bei Beschäftigung von Aushilfen oder Teilzeitbeschäftigten Aufzeichnungen geführt, ist dort das Religionsbekenntnis der betreffenden Arbeitnehmer anzugeben. Kann der Arbeitgeber die auf den einzelnen kirchensteuerpflichtigen Arbeitnehmer entfallende pauschale Lohnsteuer nicht ermitteln, kann er aus Vereinfachungsgründen die gesamte pauschale Lohnsteuer im Verhältnis der kirchensteuerpflichtigen zu den nicht kirchensteuerpflichtigen Arbeitnehmern aufteilen. Der auf die kirchensteuerpflichtigen Arbeitnehmer entfallende Anteil ist Bemessungsgrundlage für die Anwendung des **allgemeinen Kirchensteuersatzes**. Die so ermittelte Kirchensteuer ist im Verhältnis der Konfessions- bzw. Religionszugehörigkeit der kirchensteuerpflichtigen Arbeitnehmer aufzuteilen. Die im Nachweisverfahren ermittelten Kirchensteuern sind in der Lohnsteuer-Anmeldung unter der jeweiligen Kirchensteuer-Kennzahl (z.B. 61, 62) anzugeben (gleich lautende Ländererlasse v. 23.10.2012, BStBl I 2012, 1083).

Der **Arbeitgeber sollte ggf. prüfen, ob die Vereinfachungsregelung oder das Nachweisverfahren günstiger ist.** Da im Nachweisverfahren generell der Regelkirchensteuersatz angewendet wird, kann es sein, dass die Vereinfachungsregelung im Ergebnis zu einer niedrigeren Steuerbelastung führt.

Beispiel:
Ein Arbeitgeber in Magdeburg pauschaliert nach § 40 Abs. 2 Satz 1 Nr. 2 EStG mit 25 % die Lohnsteuer für Zuwendungen bei einer Betriebsveranstaltung von insgesamt 1 500 € für 50 Arbeitnehmer. 20 Arbeitnehmer sind nachweislich nicht kirchensteuerpflichtig.

Berechnung der pauschalen Lohnsteuer:
1 500 € × 25 % =   375,— €
Berechnung der pauschalen Lohnkirchensteuer, wenn der Arbeitgeber die nicht kirchensteuerpflichtigen Arbeitnehmer aus der Berechnung herausnimmt:
375 € × 30/50 = 225 €; 225 € × 9 % =   20,25 €

Berechnung der pauschalen Lohnkirchensteuer, wenn der Arbeitgeber die nicht kirchensteuerpflichtigen Arbeitnehmer nicht aus der Berechnung herausnimmt (Vereinfachungsregelung):
375 € × 5 % =   18,75 €

Im vorstehenden Fall ist es trotz des hohen Anteils nicht kirchensteuerpflichtiger Arbeitnehmer günstiger, die Pauschalierung auf alle Arbeitnehmer anzuwenden.

g) Pauschalierung bei Sachzuwendungen

1686 Stpfl., die Sachzuwendungen nach Maßgabe des § 37b EStG gewähren, können die darauf entfallende Einkommensteuer mit einem Pauschsteuersatz von 30 % abgeltend erheben. Einzelheiten hierzu → *Pauschalierung der Einkommensteuer bei Sachzuwendungen* Rz. 2147.

Die pauschale Einkommensteuer gilt als Lohnsteuer und ist von dem die Sachzuwendung gewährenden Stpfl. in der Lohnsteuer-Anmeldung anzugeben und an das Betriebsstättenfinanzamt abzuführen. In gleicher Weise ist auch hinsichtlich der zu entrichtenden Kirchensteuer zu verfahren. Bei der Erhebung der Kirchensteuer kann der Stpfl. zwischen einem **vereinfachten Verfahren** und einem **Nachweisverfahren** wählen. Diese Wahl kann für jeden Lohnsteuer-Anmeldungszeitraum unterschiedlich getroffen werden. Im Einzelnen gilt Folgendes (gleich lautende Ländererlasse v. 28.12.2006, BStBl I 2007, 76):

– Entscheidet sich der Stpfl. für die **Vereinfachungsregelung**, hat er für sämtliche Empfänger von Zuwendungen Kirchensteuer zu entrichten. Dabei ist ein **ermäßigter Steuersatz** anzuwenden, der in pauschaler Weise dem Umstand Rechnung trägt, dass nicht alle Empfänger Angehörige einer steuererhebenden Religionsgemeinschaft sind.

  Die im vereinfachten Verfahren ermittelten Kirchensteuern sind in der Lohnsteuer-Anmeldung bei Kennzahl 47 gesondert anzugeben. Die Aufteilung auf die steuererhebenden Religionsgemeinschaften wird von der Finanzverwaltung übernommen.

– Macht der Stpfl. Gebrauch von der ihm zustehenden **Nachweismöglichkeit**, dass einzelne Empfänger keiner steuererhebenden Religionsgemeinschaft angehören, kann er hinsichtlich dieser Empfänger von der Entrichtung der auf die pauschale Einkommensteuer entfallenden Kirchensteuer absehen; für die übrigen Empfänger ist der **allgemeine Kirchensteuersatz** anzuwenden.

Als Nachweis über das Religionsbekenntnis bzw. die Nichtzugehörigkeit zu einer steuererhebenden Religionsgemeinschaft genügt eine Erklärung nach folgendem amtlichen Muster:

Muster

Erklärung gegenüber dem Betriebsstättenfinanzamt zur Religionszugehörigkeit für die Erhebung der pauschalen Einkommensteuer nach § 37b Abs. 4 EStG

Finanzamt..

Steuerpflichtiger:

Name der Firma ....

Anschrift ....

Empfänger der Zuwendung:

Name, Vorname ....

Anschrift ....

Ich, der vorbezeichnete Empfänger, erkläre, dass ich

☐ keiner Religionsgemeinschaft angehöre, die Kirchensteuer erhebt

☐ der ....

angehöre.

(z.B. der Evangelischen oder Katholischen Kirche, Jüdischen Gemeinde etc.)

Ich versichere, die Angaben in dieser Erklärung wahrheitsgemäß nach bestem Wissen und Gewissen gemacht zu haben. Mir ist bekannt, dass die Erklärung als Grundlage für das Besteuerungsverfahren dient.

Ort, Datum ....

Unterschrift des Zuwendungsempfängers ....

Diese Erklärung ist vom Zuwendenden aufzubewahren.

Die **Online-Datenbank** (s. Benutzerhinweise auf Seite IV) enthält unter Arbeitshilfen (Stichwort-Suche: Erklärung zur Religionszugehörigkeit) entsprechende **Muster**.

Kirchensteuer

Die Erklärung des Empfängers muss vom Stpfl. aufbewahrt werden. Bei Arbeitnehmern des Stpfl. ist die Religionszugehörigkeit anhand des in den **Lohnkonten aufzuzeichnenden Religionsbekenntnisses** zu ermitteln.

Kann der Stpfl. bei einzelnen Empfängern die Religionszugehörigkeit nicht ermitteln, kann er **aus Vereinfachungsgründen** die gesamte pauschale Einkommensteuer **im Verhältnis der kirchensteuerpflichtigen zu den nicht kirchensteuerpflichtigen Empfängern aufteilen**; der auf die kirchensteuerpflichtigen Empfänger entfallende Anteil ist Bemessungsgrundlage für die Anwendung des allgemeinen Kirchensteuersatzes. Die so ermittelte Kirchensteuer ist im Verhältnis der Konfessions- bzw. Religionszugehörigkeit der kirchensteuerpflichtigen Empfänger aufzuteilen.

Die im Nachweisverfahren ermittelten Kirchensteuern sind in der Lohnsteuer-Anmeldung unter der jeweiligen Kirchensteuer-Kennzahl anzugeben.

Die **Kirchensteuersätze bei der Lohnsteuerpauschalierung** sind im Anhang wiedergegeben, → *Anhang, A. Lohnsteuer* Rz. 3393.

h) Haftung des Arbeitgebers

1687 Der Arbeitgeber **haftet** nicht nur für die richtige Einbehaltung und Abführung der Lohnsteuer (Haftung für Lohnsteuer), sondern auch für die richtige Einbehaltung und Abführung der Lohnkirchensteuer.

Ist sich der Arbeitgeber nicht sicher, ob und ggf. in welcher Höhe Lohnkirchensteuer einzubehalten ist, kann er das Haftungsrisiko durch Einholung einer Anrufungsauskunft beim Betriebsstättenfinanzamt vermeiden (→ *Auskünfte und Zusagen des Finanzamts* Rz. 413).

i) Rechtsbehelfe

1688 Die Anmeldung der Lohnsteuer und der Lohnkirchensteuer stehen jeweils einer Steuerfestsetzung unter dem Vorbehalt der Nachprüfung gleich. Gegen die Lohnsteuer-Anmeldung ist der Einspruch, gegen die Lohnkirchensteuerfestsetzung der Einspruch bzw. Widerspruch gegeben. Wegen des zulässigen Rechtswegs → Rz. 1678.

4. Sonderausgabenabzug der Kirchensteuer

1689 Die gezahlte Kirchensteuer einschließlich Lohnkirchensteuer gehört – mit Ausnahme der bei der sog. Abgeltungsteuer erhobenen Kirchensteuer – zu den unbeschränkt abziehbaren Sonderausgaben (§ 10 Abs. 1 Nr. 4 EStG). Sie kommt für die Eintragung eines Freibetrags in Betracht. Im Einzelnen → *Lohnsteuer-Ermäßigungsverfahren* Rz. 1905.

Wird die als Sonderausgaben berücksichtigte Kirchensteuer in einem **späteren Veranlagungszeitraum erstattet**, ist sie mit im Erstattungsjahr gezahlter Kirchensteuer zu verrechnen. Ergibt sich dabei ein **Erstattungsüberhang**, ist dieser dem **Gesamtbetrag der Einkünfte hinzuzurechnen** (§ 10 Abs. 4b Satz 3 EStG).

Kleidung

→ *Berufskleidung* Rz. 643, → *Werbungskosten* Rz. 3182

Kohledeputate

→ *Sachbezüge* Rz. 2598

Kommanditgesellschaft

→ *Gesellschafter/Gesellschafter-Geschäftsführer* Rz. 1401

Kommunale Vertretungen

→ *Abgeordnete* Rz. 9

Kommunion/Konfirmation

→ *Arbeitslohn-ABC* Rz. 255

Konferenzreise

→ *Incentive-Reisen* Rz. 1590

Konfirmation

→ *Arbeitslohn-ABC* Rz. 255

Konkurrenzverbot

→ *Wettbewerbsverbot* Rz. 3196

Kontogebühren

1. Lohnsteuer

1690 Kontoeröffnungs- und Kontoführungsgebühren, die der Arbeitgeber seinen Arbeitnehmern erstattet, sind **steuerpflichtiger Arbeitslohn**, kein steuerfreier Auslagenersatz (R 19.3 Abs. 3 Satz 2 Nr. 1 LStR sowie zuletzt OFD Hannover v. 30.4.2002, S 2354 – 20 – StH 214, www.stotax-first.de). Dies gilt auch für die auf die Gutschrift des Arbeitslohns entfallende Buchungsgebühr, selbst wenn der Arbeitgeber die unbare Zahlung verlangt hat.

Bei **Arbeitnehmern des Bank- und Kreditgewerbes** stellt die kostenlose Kontoführung zwar ebenfalls einen geldwerten Vorteil dar. In diesem Fall ist jedoch der Rabattfreibetrag zu berücksichtigen, so dass Kontoführungsgebühren bis zu 1 080 € im Jahr steuerfrei bleiben (→ *Rabatte* Rz. 2345).

Kontoführungsgebühren sind insoweit als **Werbungskosten** abzugsfähig, als mit dem Beruf zusammenhängende Buchungen (insbesondere die Gehaltsüberweisung und beruflich veranlasste Überweisungen) abgegolten werden (zuletzt BFH v. 24.6.2009, X R 57/06, BStBl II 2009, 1000 m.w.N.). Der Stpfl. hat die Möglichkeit, entweder alle beruflich veranlassten Buchungen und deren Kosten im Einzelnen nachzuweisen oder die von der Finanzverwaltung nach allgemeinen Erfahrungswerten berechnete **Pauschale von 16 €** (OFD Hannover v. 30.4.2002, S 2354 – 20 – StH 214, www.stotax-first.de) in Anspruch zu nehmen (zuletzt FG Saarland v. 20.4.2010, 2 K 1179/09, EFG 2010, 2012).

2. Sozialversicherung

→ *Arbeitsentgelt* Rz. 216 **1691**

Kontrollmeldung

→ *Meldungen für Arbeitnehmer in der Sozialversicherung* Rz. 1989

Konzert-, Theater- und Museumsbesuche

→ *Werbungskosten* Rz. 3182, → *Eintrittskarten* Rz. 999

Korrespondenten

1692 **Korrespondenten** bei Hörfunk und Fernsehen sind selbständig, soweit sie nur für einzelne Produktionen (z.B. einen aktuellen Beitrag) tätig werden (BMF v. 5.10.1990, IV B 6 – S 2332 – 73/90, BStBl I 1990, 638). S. auch → *Auslandsjournalisten* Rz. 457.

Im **Sozialversicherungsrecht** gilt dies gleichermaßen, wenn der Korrespondent ohne vorherige vertragliche Verpflichtung den Anbietern von Hörfunk und Fernsehen Beiträge liefert. Selbständige im publizistischen Bereich sind jedoch i.d.R. im Rahmen der Künstlersozialversicherung in der Kranken-, Pflege- und Rentenversicherung versicherungspflichtig.

Zur Besteuerung von **Auslandskorrespondenten** inländischer Rundfunk- und Fernsehanstalten sowie inländischer Zeitungsunternehmen s. BMF v. 13.3.1998, IV B 4 – S 2303 – 28/98, BStBl I 1998, 351.

Kosmetika

→ *Werbungskosten* Rz. 3182

Kraftfahrzeug

1. Allgemeines

1693 Ein Pkw, der von einem Arbeitnehmer nahezu ausschließlich beruflich genutzt wird, ist als **Arbeitsmittel** anzuerkennen; die Aufwendungen können somit – verteilt auf die Nutzungsdauer (→ *Werbungskosten* Rz. 3194 Stichwort „Absetzungen für Abnutzung") – in vollem Umfang als Werbungskosten abgesetzt werden (zuletzt BFH v. 27.11.2003, VI B 23/00, www.stotax-first.de, m.w.N.). Anerkannt bei einem im Außendienst tätigen Maschinenbauingenieur, der das Fahrzeug zu 95 % beruflich nutzt; wird ein solcher PKW entwendet und später in stark beschädigtem Zustand wiederaufgefunden, so kann der dem Stpfl. entstandene und von der Versicherung nicht ersetzte Schaden als Absetzung für außergewöhnliche Abnutzung zu Werbungskosten führen (BFH v. 29.4.1983, VI R 139/80, BStBl II 1983, 586).

Dies gilt jedoch nicht, wenn ein Kraftfahrzeug ausschließlich für Fahrten zwischen Wohnung und erster Tätigkeitsstätte genutzt wird (vgl. FG Hessen v. 18.3.2005, 8 K 4194/04, www.stotax-first.de, und FG Hamburg v. 5.7.2006, I 4/06, EFG 2006, 1822 m.w.N. betr. Diebstahl eines Motorrollers bzw. Pkw).

Zur unentgeltlichen Nutzung eines Firmenwagens → *Firmenwagen zur privaten Nutzung* Rz. 1226, zur Nutzung eines Kraftfahrzeugs für Auswärtstätigkeiten (Dienstreisen usw.) → *Reisekosten: Erstattungen* Rz. 2466.

2. Sicherheitstraining

1694 Übernimmt der Arbeitgeber die Kosten für Sicherheitstrainings seiner Arbeitnehmer, handelt es sich grundsätzlich um **steuerpflichtigen Arbeitslohn**. Dies gilt auch dann, wenn der Arbeitnehmer mit einem Kraftfahrzeug zur Arbeit fährt.

Kein Arbeitslohn ist dagegen anzunehmen, wenn die Kostenübernahme im ganz überwiegenden eigenbetrieblichen Interesse des Arbeitgebers liegt, so bei Trainingsmaßnahmen für Berufskraftfahrer, Außendienstmitarbeiter oder andere Mitarbeiter, die häufig zwischen verschiedenen Betriebsteilen hin- und herfahren müssen, auch wenn der Schwerpunkt der Tätigkeit nicht das Fahren ist (OFD Koblenz v. 22.10.2003, S 2334 A, www.stotax-first.de).

3. Kraftfahrzeugveräußerung

a) Allgemeines

1695 Übereignet ein Arbeitgeber seinem Arbeitnehmer kostenlos oder verbilligt ein Kfz, so ergibt sich für den Arbeitnehmer ein steuerpflichtiger geldwerter Vorteil. Zur Bewertung eines solchen Vorteils ist von dem um übliche Preisnachlässe geminderten üblichen Endpreis am Abgabeort auszugehen (§ 8 Abs. 2 Satz 1 EStG, R 8.1 Abs. 2 LStR), sofern nicht die Regelung des § 8 Abs. 3 EStG zur Anwendung kommt. S. hierzu ausführlich BMF v. 16.5.2013, IV C 5 – S 2334/07/0011, BStBl I 2013, 729 sowie → *Sachbezüge* Rz. 2600.

b) Schätzung

1696 Soweit der Veräußerungspreis, den der Arbeitnehmer entrichtet hat, auf einer Schätzung durch die DAT (Deutsche Automobil Treuhand) beruht bzw. dem Taxwert eines vereidigten Sachverständigen entspricht, kann dieser Wert anerkannt werden, wenn es sich dabei um einen **Händlerverkaufspreis** (nicht Händlereinkaufspreis) handelt. Ferner ist zu beachten, dass die Schätzwerte i.d.R. **nicht** die **Umsatzsteuer (USt) beinhalten**. Zur Ermittlung des Endpreises am Abgabeort ist diese dem Schätzwert noch hinzuzurechnen. Ein **Abschlag** vom Händlerverkaufspreis kann vorgenommen werden, wenn die Leistungen des Arbeitgebers nicht den Leistungen des Händlers entsprechen (z.B. letzte Inspektion wurde nicht vorgenommen; keine Garantieleistungen usw.).

Kann der Arbeitgeber keine Schätzungsurkunde vorlegen, muss der Endpreis am Abgabeort zum Verkaufsstichtag auf eine andere Art ermittelt werden, d.h. unter Berücksichtigung von Baujahr, Erstzulassung, Anschaffungsdatum, Kaufpreis, Ausstattung, Buchwert im Zeitpunkt des Verkaufs usw. Der Wert des Gebrauchtwagens wird auch maßgeblich durch den Zustand und die km-Leistung bestimmt. Fahrleistung und Zustand des Fahrzeugs ergeben sich u.U. aus den letzten Inspektions- und Reparaturrechnungen.

Der **Endpreis am Abgabeort** wird außerdem wesentlich beeinflusst durch nachträgliche **Zusatzausstattungen** (Komfortsitze, Autoradio, Standheizung, Klimaanlage, Spezialfelgen, Gürtelreifen, Winterreifen, Spezialverglasung usw.).

Stehen keine örtlichen Unterlagen über Verkäufe von Gebrauchtwagen zur Verfügung, bieten der von Zeit zu Zeit erscheinende „Marktspiegel" der **Zeitschrift „Auto, Motor, Sport"** und Aufstellungen über Gebrauchtwagenpreise in der **ADAC-Zeitschrift „Motorwelt"** eine brauchbare Schätzungsgrundlage.

Ebenso kann der Endpreis am Abgabeort in Anlehnung an die monatlich erscheinenden **„Schwacke-Listen" oder den DAT-Marktspiegel** für den Gebrauchtwagenhandel (ggf. bei Kfz-Händlern) festgestellt werden (zuletzt BFH v. 23.1.2007, VI B 115/06, www.stotax-first.de, m.w.N.). Dabei ist von den Händlerverkaufspreisen (einschließlich USt) auszugehen (BFH v. 17.6.2005, VI R 84/04, BStBl II 2005, 795).

c) Fremdverkäufe

1697 Bietet der Arbeitgeber die zu bewertende Ware unter vergleichbaren Bedingungen in nicht unerheblichem Umfang fremden Letztverbrauchern zu einem niedrigeren als dem üblichen Preis an, ist dieser niedrigere Preis anzusetzen (R 8.1 Abs. 2 Satz 4 LStR). Solche vergleichbaren Bedingungen können dann vorliegen, wenn die Lieferung der an Arbeitnehmer oder an fremde Dritte veräußerten Fahrzeuge nach § 4 Nr. 28 UStG **von der Umsatzsteuer (USt) befreit** ist und der Arbeitgeber aus diesem Grund den Schätzwert ohne USt einheitlich als Kaufpreis bestimmt hat. In einem derartigen Fall vergleichbarer Bedingungen ist eine fiktive Hinzurechnung der USt entbehrlich und der tatsächliche Kaufpreis ohne USt als Endpreis anzusetzen; den Arbeitnehmern ist kein geldwerter Vorteil zugeflossen.

Etwas anderes gilt jedoch dann, wenn die Veräußerung einiger Fahrzeuge nicht von der USt befreit ist, weil für diese Fahrzeuge z.B. die Voraussetzungen des § 4 Nr. 28 UStG nicht erfüllt sind. Wegen des Umstands, dass auf Grund gesetzlicher Bestimmungen USt zu entrichten ist, sind die Verkaufsbedingungen für die umsatzsteuerfrei bzw. -steuerpflichtig veräußerten Fahrzeuge nicht mehr vergleichbar. Denn der einheitlich als Kaufpreis festgelegte Schätzwert setzt sich in diesen Fällen aus unterschiedlichen Bestandteilen zusammen. Da die Voraussetzungen der R 8.1 Abs. 2 Satz 4 LStR nicht erfüllt sind, ist der Sachbezug zwingend mit dem üblichen Endpreis anzusetzen. Zur Ermittlung dieses üblichen Endpreises ist die USt dem Schätzwert ohne USt hinzuzurechnen.

Verkauft der Arbeitgeber Kraftfahrzeuge überwiegend an fremde Dritte, ist die Bewertung nach der Rabattfreibetragsregelung des § 8 Abs. 3 EStG vorrangig. Die Anwendung der Rabattfreibetragsregelung setzt nicht voraus, dass die Leistung des Arbeitgebers zu seinem üblichen Geschäftsgegenstand gehört (BFH v. 7.2.1997, VI R 17/94, BStBl II 1997, 363).

d) Sonstiges

1698 Die vorstehenden Ausführungen gelten entsprechend bei der **Veräußerung von Kfz durch Arbeitnehmer an Arbeitgeber** (geldwerter Vorteil aus der Überbezahlung des Kfz).

Zur Ermittlung des geldwerten Vorteils beim Erwerb eines Kfz vom Arbeitgeber in der **Automobilbranche** sowie zur steuerlichen Behandlung der Rabatte für Kfz, die Arbeitnehmern von dritter Seite eingeräumt werden (z.B. durch Rahmenabkommen), → *Rabatte* Rz. 2354.

Kraftfahrzeuggestellung

→ *Firmenwagen zur privaten Nutzung* Rz. 1226

Kraftfahrzeugversicherung

→ *Kaskoversicherung* Rz. 1643, → *Rechtsschutzversicherung* Rz. 2405

Krankengeld bei Erkrankung eines Kindes

1699 Versicherte der gesetzlichen Krankenkassen haben einen **Anspruch auf Krankengeld** (§ 45 SGB V), wenn es nach ärztlichem Zeugnis erforderlich ist, dass sie zur **Beaufsichtigung, Betreuung oder Pflege ihres erkrankten** und **versicherten Kindes** der Arbeit fernbleiben, eine andere in ihrem Haushalt lebende Person das Kind nicht beaufsichtigen, betreuen oder pflegen kann und das Kind das zwölfte Lebensjahr noch nicht vollendet hat. Dieser Anspruch besteht auch für Stiefkinder und Enkel, wenn das Mitglied das Kind zuvor überwiegend unterhalten hat. Ein Anspruch auf Krankengeld ist jedoch dann **nicht** gegeben, wenn die Versicherung des Mitglieds nicht mit einem Krankengeldanspruch ausgestattet ist (z.B. bei versicherten Rentnern oder freiwilligen Mitgliedern, die nicht in einem Arbeitsverhältnis stehen). Der Anspruch auf Krankengeld bei Erkrankung eines Kindes besteht in jedem Kalenderjahr für jedes Kind **längstens für zehn Arbeitstage**. Wenn beide Elternteile berufstätig sind, können auch beide die Leistung für zehn Arbeitstage in Anspruch nehmen. **Allein erziehende** Versicherte haben einen Anspruch auf Krankengeld für **längstens 20 Arbeitstage**. Innerhalb eines Jahres ist der Krankengeldanspruch jedoch auf 25 Arbeitstage, für allein erziehende Versicherte auf nicht mehr als 50 Arbeitstage beschränkt, wenn mehrere Kinder im Haushalt leben, die das zwölfte Lebensjahr noch nicht beendet haben. Die zeitliche Befristung gilt nicht, wenn das zu betreuende Kind an einer schweren, lebensbedrohlichen Krankheit leidet.

Während des Krankengeldbezugs sind vom Krankengeld **auch Beiträge** zur Pflege-, Renten- und Arbeitslosenversicherung vom Leistungsbezieher und -träger zu entrichten. In der Krankenversicherung besteht Beitragsfreiheit.

Versicherte mit Anspruch auf Krankengeld bei Erkrankung eines Kindes haben für die Dauer des Anspruchs gegen ihren Arbeitgeber Anspruch auf **unbezahlte Freistellung** von der Arbeitsleistung, soweit nicht aus dem gleichen Grund Anspruch auf bezahlte Freistellung besteht. Der Freistellungsanspruch kann nicht durch Vertrag ausgeschlossen oder beschränkt werden. Dagegen kann der Anspruch auf eine bezahlte Freistellung, die nach der Rechtsprechung des BAG (vgl. BAG v. 20.6.1979, 5 AZR 392/78, 5 AZR 361/78, 5 AZR 479/77, www.stotax-first.de) nach § 616 BGB für alle Arbeitnehmer besteht, einzel- oder tarifvertraglich abbedungen werden. In diesen Fällen tritt dann die Krankenkasse mit Krankengeld ein.

Wird Krankengeld von der gesetzlichen Krankenkasse gewährt, gelten hinsichtlich der Beitragsfreiheit möglicher **Arbeitgeberzuschüsse** zum Krankengeld sowie der Beitragsberechnung während eines Teillohnzahlungszeitraums die gleichen Regelungen wie bei der Krankengeldgewährung auf Grund von Arbeitsunfähigkeit des Versicherten (→ *Beitragsfreiheit* Rz. 597; → *Teillohnzahlungszeitraum* Rz. 2836).

Auch der Unfallversicherungsträger gewährt im Fall der Beaufsichtigung, Betreuung oder Pflege eines durch einen Versicherungsfall verletzten Kindes Verletztengeld (§ 45 Abs. 4 SGB VII). Dabei gelten die gleichen Regelungen wie in der gesetzlichen Krankenversicherung (§ 45 SGB V).

Durch das Gesetz zur besseren Vereinbarkeit von Familie, Pflege und Beruf wurde zum 1.1.2015 die Berechnung des Kinderkrankengeldes verändert. Bisher wurde das vor der Freistellung von der Arbeit erzielte Arbeitsentgelt herangezogen, jetzt das **während der Freistellung ausgefallene Arbeitsentgelt**. Auch die Zahlung wurde auf Kalendertage umgestellt. Die Entgeltbescheinigung im Datenaustauschverfahren konnte seit 1.1.2015 nicht mehr genutzt werden; es waren technische Anpassungen erforderlich, die nicht so schnell umsetzbar waren. Der GKV-Spitzenverband hatte zunächst eine Papierform erarbeitet. Ging nach dem 1.1.2015 ein Antrag auf Kinderkrankengeld bei der AOK ein, erhielt der Arbeitgeber die neue Entgeltbescheinigung in Papierform zusammen mit einem erklärenden Schreiben.

Seit 1.1.2016 ist das Übersenden der Entgeltbescheinigung im Datenaustauschverfahren wieder möglich.

Krankengeld/Krankenbezüge

1. Allgemeines

a) Entgeltfortzahlung

Wird der Arbeitnehmer infolge Krankheit unverschuldet an seiner Arbeitsleistung verhindert, hat der Arbeitgeber nach § 3 EFZG für **sechs Wochen das Arbeitsentgelt weiterzuzahlen**. **1700**

Unter welchen Voraussetzungen und in welchem Umfang der Arbeitgeber Entgeltfortzahlung im Krankheitsfall zu gewähren hat, ist unter dem Stichwort Entgeltfortzahlung (→ *Entgeltfortzahlung* Rz. 1071) ausführlich beschrieben.

Diese „Entgeltfortzahlung" ist als normaler Arbeitslohn zu versteuern. Das Gleiche gilt für die im öffentlichen Dienst nach § 37 BAT gezahlten Krankenbezüge.

b) Krankengeld aus der gesetzlichen Krankenversicherung

In der gesetzlichen Krankenversicherung haben **pflichtversicherte Arbeitnehmer** Anspruch auf Krankengeld, wenn sie wegen Krankheit arbeitsunfähig sind oder auf Kosten der Krankenkasse stationär in einem Krankenhaus oder in einer Vorsorge- oder Rehabilitationseinrichtung behandelt werden. Der **Anspruch auf Krankengeld** besteht grundsätzlich ab dem Tag (Änderung durch das GKV-Versorgungsstärkungsgesetz v. 16.7.2015, BGBl. I 2015, 1211) der ärztlichen Feststellung der Arbeitsunfähigkeit bzw. bei einer stationären Behandlung vom Aufnahmetag an. Der Krankengeldanspruch ruht allerdings für die Zeit, in der der Arbeitgeber zur Entgeltfortzahlung verpflichtet ist (s.o.). **1701**

Die Krankenkasse kann durch Satzungsregelung den Anspruch auf Krankengeld für **freiwillige Mitglieder** ausschließen oder zu einem späteren Zeitpunkt entstehen lassen. Somit haben i.d.R. auch Arbeitnehmer, deren Jahresarbeitsentgelt die Jahresarbeitsentgeltgrenze in der gesetzlichen Krankenversicherung überschreitet und die bei einer gesetzlichen Krankenkasse freiwillig versichert sind, einen Anspruch auf Krankengeld (→ *Jahresarbeitsentgeltgrenze in der gesetzlichen Krankenversicherung* Rz. 1616).

Das **Krankengeld beträgt 70 %** des erzielten regelmäßigen Arbeitsentgelts (Regelentgelt), höchstens jedoch 90 % des bisher erzielten Nettoarbeitsentgelts. Das Regelentgelt aus dem laufenden Arbeitsentgelt wird nach § 47 Abs. 2 Satz 6 SGB V um den 360. Teil des einmalig gezahlten Arbeitsentgelts erhöht, das in den letzten abgerechneten zwölf Kalendermonaten vor Beginn der Arbeitsunfähigkeit nach § 23a SGB IV der Beitragsberechnung zu Grunde gelegen hat (Hinzurechnungsbetrag). Maßgebend für die Ermittlung des Hinzurechnungsbetrags ist der in der Krankenversicherung beitragspflichtige Teil der Einmalzahlung.

Während des Krankengeldbezuges bleibt die Mitgliedschaft in der gesetzlichen Krankenversicherung bestehen, und zwar **beitragsfrei** (→ *Beitragsfreiheit* Rz. 597); dies gilt nicht, wenn während des Krankengeldbezugs eine Einmalzahlung (→ *Einmalzahlungen* Rz. 983) gewährt wird. Die Beitragsfreiheit in der Krankenversicherung bedeutet auch, dass freiwillig versicherte Arbeitnehmer während des Krankengeldbezugs **keinen Anspruch** auf einen **Beitragszuschuss** nach § 257 SGB V bzw. § 61 SGB XI haben.

Während des Krankengeldbezugs hat der **Arbeitnehmer** vom Krankengeld seinen **Beitragsanteil** zur Pflege-, Renten- und Arbeitslosenversicherung **zu entrichten**.

2. Krankengeld in der Privatwirtschaft

a) Lohnsteuer

Die Lohnfortzahlung im Krankheitsfall durch den Arbeitgeber stellt grundsätzlich Arbeitslohn dar (BFH v. 4.5.2006, VI R 19/03, BStBl II 2006, 832). Das Krankengeld ist nach § 3 Nr. 1a EStG **steuerfrei**, unterliegt jedoch bei einer Einkommensteuerveranlagung dem sog. **Progressionsvorbehalt** (§ 32b Abs. 1 Nr. 1b EStG sowie zuletzt BFH v. 13.11.2014, III R 36/13, BStBl II 2015, 563 und → *Progressionsvorbehalt* Rz. 2331). Der Arbeitgeber muss deshalb sowohl im Lohnkonto als auch in der Lohnsteuerbescheinigung **1702**

(Zeile 2) bei Lohnfortzahlung für mindestens **fünf aufeinander folgende Arbeitstage** den Großbuchstaben „**U**" (d.h. Unterbrechung) eintragen (§ 41 Abs. 1 Satz 6 EStG, § 41b Abs. 1 Satz 2 Nr. 2 EStG, R 41.2 LStR). Zum **Krankentagegeld** → *Krankentagegeld* Rz. 1714.

b) Krankenversicherung

1703 **Privat versicherte Arbeitnehmer** erhalten in Abhängigkeit des jeweiligen Versicherungsvertrages eine dem Krankengeld gleichgestellte Entgeltersatzleistung. Von diesem **Krankentagegeld** sind zwar keine Sozialversicherungsbeiträge (Pflege-, Renten- und Arbeitslosenversicherungsbeiträge) zu zahlen, jedoch hat der Versicherungsnehmer – im Gegensatz zur gesetzlichen Krankenversicherung – für die Dauer des Leistungsbezuges Beiträge zur privaten Krankenversicherung zu zahlen. Privatversicherte können zur Vermeidung von Lücken im Rentenkonto die Rentenversicherungspflicht in der gesetzlichen Rentenversicherung beantragen (§ 4 Abs. 3 SGB VI); den Beitrag haben sie dann allerdings allein zu tragen.

Während des Bezuges von Krankentagegeld durch ein privates Krankenversicherungsunternehmen besteht auch Versicherungspflicht in der Arbeitslosenversicherung. Das Unternehmen hat diese Beiträge i.H.v. 70 % der Jahresarbeitsentgeltgrenze in der gesetzlichen Krankenversicherung zu zahlen, → *Arbeitsunterbrechungen durch Arbeitnehmer* Rz. 270.

3. Krankenbezüge im öffentlichen Dienst

1704 Die für Angestellte des **öffentlichen Dienstes** gem. § 37 BAT geleisteten **Krankenbezüge** werden grundsätzlich nicht über den Zeitpunkt hinaus gezahlt, von dem an der Angestellte Bezüge aus der gesetzlichen Rentenversicherung oder aus einer zusätzlichen Alters- und Hinterbliebenenversorgung erhält. Soweit Beträge über den hiernach maßgebenden Zeitpunkt hinaus gezahlt werden, gelten sie als **Vorschüsse auf die zustehenden Bezüge aus der gesetzlichen Rentenversicherung** oder aus einer zusätzlichen Alters- und Hinterbliebenenversorgung. Die Rentenansprüche des Angestellten gehen insoweit auf den Arbeitgeber über.

Steuerlich ergibt sich daraus Folgendes:

Die Grundsätze über die Rückzahlung von Arbeitslohn (→ *Rückzahlung von Arbeitslohn* Rz. 2578) sind nicht anzuwenden. Krankenbezüge, die als Vorschüsse auf die zustehenden Beträge aus der gesetzlichen Rentenversicherung oder aus einer zusätzlichen Alters- und Hinterbliebenenversorgung anzusehen sind, **gelten rückwirkend als Altersrenten**, die nach § 22 Nr. 1 Satz 3 Buchst. a EStG (sonstige Einkünfte) nur mit dem **Besteuerungsanteil** zu versteuern sind.

Daher sind

– die bisher lohnsteuerpflichtigen Krankenbezüge als sonstige Einkünfte mit dem **Besteuerungsanteil** zu versteuern und

– die Erfassung der Krankenbezüge als **Arbeitslohn rückgängig** zu machen. Vgl. dazu ausführlich R 32b Abs. 4 EStR sowie BFH v. 10.7.2002, X R 46/01, BStBl II 2003, 391.

Wirkt die nachträgliche Feststellung des Rentenanspruchs auf **Zeiträume zurück**, für die bereits Steuerbescheide vorliegen, so sind diese nach § 175 Abs. 1 Satz 1 Nr. 2 AO zu ändern (BayLfSt v. 17.4.2007, S 2364 – 4 – St 32/St 33, www.stotax-first.de).

Die **Korrektur erfolgt bei der Veranlagung zur Einkommensteuer** (→ *Veranlagung von Arbeitnehmern* Rz. 2973), die zu diesem Zweck beantragt werden muss.

Abweichend von den o.g. Grundsätzen hat der BFH zum **Krankengeld nach § 71 BAT** entschieden, dass die Rückerstattung überzahlten Krankengelds (Arbeitslohns) wegen eingetretener Berufs- bzw. Erwerbsunfähigkeit und Rentenbezug kein rückwirkendes Ereignis i.S.v. § 175 Abs. 1 Satz 1 Nr. 2 AO darstellt und der zurückgezahlte Arbeitslohn somit erst im Zeitpunkt des Abflusses steuermindernd berücksichtigt werden kann (Urteil v. 4.5.2006, VI R 19/03, BStBl II 2006, 832).

Die obersten Finanzbehörden haben jedoch entschieden, für das Krankengeld nach § 37 BAT an der o.g. Regelung festzuhalten.

Krankengeldzuschüsse

1705 Mit dem Gesetz zur Vereinfachung der Verwaltungsverfahren im Sozialrecht v. 21.3.2005, BGBl. I 2005, 818 wurde die Praxis der Sozialversicherungsträger einheitlich und verbindlich für alle Versicherungszweige geregelt. Nach § 23c SGB IV sind Zuschüsse des Arbeitgebers zum Krankengeld, Verletztengeld, Übergangsgeld oder Krankentagegeld und sonstige Einnahmen aus einer Beschäftigung (z.B. Sachbezüge, Belegschaftsrabatte), die für die Zeit des Bezugs von Krankengeld, Krankentagegeld, Versorgungskrankengeld, Verletztengeld, Übergangsgeld oder Mutterschaftsgeld oder während einer Elternzeit weiter erzielt werden, nicht zum beitragspflichtigen Arbeitsentgelt zu rechnen, soweit die Einnahmen zusammen mit den o.a. Sozialleistungen das Nettoarbeitsentgelt (§ 47 SGB V) nicht um mehr als 50 € im Monat übersteigen.

Zur Berechnung des Nettoarbeitsentgelts ist bei freiwilligen Mitgliedern der gesetzlichen Krankenversicherung oder bei einem privaten Krankenversicherungsunternehmen Versicherten auch der um den Beitragszuschuss für Beschäftigte verminderte Beitrag des Versicherten zur Kranken- und Pflegeversicherung abzuziehen.

Zuschüsse zum Krankentagegeld von einem privaten Krankenversicherungsunternehmen gehören auf Grund der gesetzlichen Klarstellung nicht zu den beitragspflichtigen Einnahmen.

Sowohl **steuer- als auch beitragspflichtig** sind jedoch die Krankengeldzuschüsse des Arbeitgebers, wenn sie für eine Zeit gezahlt werden, in der **Krankengeld** aus der gesetzlichen Krankenversicherung **nicht** (oder nicht mehr) **gewährt** wird.

Krankenhauspersonal

1706 **Arbeitgeber** des Personals eines Kreiskrankenhauses im lohnsteuerlichen Sinn ist die Gebietskörperschaft auch dann, wenn sie das Krankenhaus als Eigenbetrieb betreibt (FG München v. 21.2.2001, 8 K 3699/98, EFG 2002, 629).

Zur Besteuerung der Anteile von Assistenz-, Stations- und Oberärzten usw. an den Einnahmen des Chefarztes für die Behandlung von **Privatpatienten** → *Arzt* Rz. 331. Zur Abgrenzung der Einkünfte bei der Erstellung von **Gutachten** → *Arzt* Rz. 332.

Wegen der **Arbeitnehmer-Eigenschaft** von Krankenschwestern → *Krankenschwestern* Rz. 1712.

Zur Bewertung der **Personalunterkünfte** → *Sachbezüge* Rz. 2598.

Zur Frage, ob bei der verbilligten Abgabe medizinischer Artikel der Rabattfreibetrag von 1 080 € abgezogen werden darf, → *Rabatte* Rz. 2351.

Krankenkassen

→ *Krankenversicherung: gesetzliche* Rz. 1717

Krankenkassenwahlrecht

1. Versicherungspflichtig Beschäftigte

1707 Arbeitnehmer können die Mitgliedschaft bei einer wählbaren gesetzlichen Krankenkasse nur durch entsprechende schriftliche Willenserklärung (Wahl) erlangen.

War der Arbeitnehmer bislang noch nie auf Grund einer eigenen Versicherung Mitglied einer Krankenkasse oder war er in den letzten 18 (Zeit-)Monaten nicht auf Grund einer eigenen Versicherung Mitglied einer Krankenkasse (z.B. bislang familienversichert oder privat krankenversichert), kann er bei Beschäftigungsbeginn unter allen wählbaren Krankenkassen eine Krankenkasse wählen.

Bei Beschäftigungsbeginn kann der Arbeitnehmer ebenfalls unter den wählbaren Krankenkassen eine Krankenkasse wählen, wenn seine eigene bisherige Versicherung mindestens einen Kalendertag unterbrochen wurde. War die bisherige eigene Versicherung länger als einen (Zeit-)Monat unterbrochen, kann eine Krankenkasse bei Beschäftigungsbeginn aber nur dann gewählt werden,

Krankenkassenwahlrecht

wenn während der Unterbrechung ein anderweitiger Versicherungsschutz (Familienversicherung oder private Krankenversicherung) bestanden hat.

Die gewählte Krankenkasse hat nach Ausübung des Wahlrechts oder bei Eintritt der Versicherungspflicht dem Mitglied unverzüglich eine **Mitgliedsbescheinigung** auszustellen. Diese ist dem Arbeitgeber unverzüglich vorzulegen.

Wird die Mitgliedsbescheinigung dem Arbeitgeber nicht spätestens zwei Wochen nach Eintritt der Versicherungspflicht vorgelegt, ist der Arbeitgeber verpflichtet, den Arbeitnehmer bei der Krankenkasse anzumelden, bei der der Arbeitnehmer zuletzt versichert war. Als letzte Krankenkasse gilt dabei die Krankenkasse, bei der zuletzt eine eigene Versicherung (= Mitgliedschaft) oder – sofern innerhalb der letzten 18 (Zeit-)Monate keine eigene Versicherung bestanden hat – eine Familienversicherung bestand.

In den Ausnahmefällen, in denen der Arbeitnehmer sein Krankenkassenwahlrecht nicht ausübt und er zugleich bislang bei keiner gesetzlichen Krankenkasse versichert war (z.B. bislang immer privat krankenversichert), hat ihn der Arbeitgeber bei einer wählbaren gesetzlichen Krankenkasse anzumelden. Er hat den Arbeitnehmer über die getroffene Wahl zu unterrichten.

Der Arbeitnehmer ist an jede seiner Wahlentscheidungen 18 (Zeit-)Monate gebunden (= **Bindungsfrist**).

Endet das Beschäftigungsverhältnis eines Arbeitnehmers und hat in den letzten 18 (Zeit-)Monaten eine eigene ungekündigte Versicherung (Mitgliedschaft) bestanden, so besteht bei einem nahtlosen Arbeitgeberwechsel (ohne Unterbrechung von mind. einem Kalendertag) kein Krankenkassenwahlrecht. Die Aufnahme des neuen Beschäftigungsverhältnisses löst in diesen Fällen demzufolge auch keine neue Bindungsfrist aus. In diesen Fällen, wie auch in den Fällen einer fortbestehenden Beschäftigung ohne Arbeitgeberwechsel, kann die Krankenkasse nur gewechselt werden, wenn die Mitgliedschaft bei der bisherigen Krankenkasse wirksam (unter Beachtung der Bindungsfrist) gekündigt wurde.

2. Kündigung der Mitgliedschaft

1708 Die **Kündigung** der Mitgliedschaft ist nur zum Ablauf des übernächsten Kalendermonats möglich, gerechnet von dem Monat an, in dem das Mitglied die Kündigung erklärt. Die gekündigte Krankenkasse hat dem Versicherten dann unverzüglich, spätestens innerhalb von zwei Wochen nach Kündigung, eine **Kündigungsbestätigung** auszustellen. Die neu gewählte Krankenkasse darf die Mitgliedschaft erst nach Vorlage dieser Kündigungsbestätigung begründen und eine **Mitgliedsbescheinigung** ausstellen. Der Krankenkassenwechsel wird aber nur dann wirksam, wenn der Arbeitnehmer seinem Arbeitgeber bis zum Ablauf der Kündigungsfrist die Mitgliedschaft bei der neu gewählten Krankenkasse durch Vorlage der Mitgliedsbescheinigung nachweist.

Endet das Beschäftigungsverhältnis, ist eine Kündigung für das Beenden der Mitgliedschaft nicht erforderlich. Eine unterbliebene Kündigung hat bei **nahtlosem** Eintritt einer neuen Versicherungspflicht (z.B. Aufnahme einer neuen Beschäftigung oder Bezug von Arbeitslosengeld) aber zur Folge, dass wieder die Krankenkasse zuständig ist, bei der zuletzt die (ungekündigte) Mitgliedschaft bestanden hat. Dies gilt auch, wenn die Mitgliedschaft bei dieser Krankenkasse bereits 18 (Zeit-)Monate bestanden hat, die Bindungsfrist also erfüllt ist.

3. Bindungswirkung bei Wahltarif

1709 Nimmt der Arbeitnehmer einen Wahltarif der Krankenkasse (z.B. Auslands-Krankenversicherung – Ausnahme: Wahltarife, die sich auf besondere Versorgungsformen beziehen – z.B. hausarztzentrierte Versorgung) in Anspruch, ist er von Beginn dieses Tarifs an zwölf (Zeit-)Monate an die Krankenkasse gebunden. Diese Bindungsfrist muss nicht zwingend parallel zur 18-monatigen Bindungsfrist verlaufen. Mitglieder mit einem Krankengeldwahltarif haben eine dreijährige Bindungsfrist.

4. Allgemeines zur Kündigung

1710 Durch das Gesetz zur Weiterentwicklung der Finanzstruktur und der Qualität in der gesetzlichen Krankenversicherung (GKV-FQWG) wurde die Beitragssatzstruktur neu geregelt. Für Krankenkassen, die mit den Zuweisungen aus dem Gesundheitsfonds nicht auskommen, wurde das Instrument des einkommensabhängigen Zusatzbeitragssatzes eingeführt. Mitglieder haben dann ein Sonderkündigungsrecht, wenn ihre Krankenkasse erstmalig (ab dem 1.1.2015) einen Zusatzbeitrag erhebt oder den Zusatzbeitragssatz erhöht. Die Kündigung kann bis zum Ablauf des Monats erklärt werden, für den der Zusatzbeitrag erstmals erhoben oder für den der Zusatzbeitragssatz erhöht wird. Die Mitgliedschaft kann im Fall des Sonderkündigungsrechts ohne Einhaltung der grundsätzlich bestehenden 18-monatigen Bindungsfrist sowie der Mindestbindungsfrist für Wahltarife gekündigt werden. Lediglich Mitglieder mit einem Krankengeldwahltarif haben kein Sonderkündigungsrecht. Neu ist hier besonders, dass der Zusatzbeitrag trotz ausgeübten Sonderkündigungsrechts bis zur Beendigung der Mitgliedschaft zu zahlen ist.

Die Krankenkasse muss spätestens einen Monat vor Ablauf des Monats, für den der Zusatzbeitrag erstmals erhoben oder für den der Zusatzbeitrag erhöht wird, ihre Mitglieder in einem gesonderten Schreiben auf das Sonderkündigungsrecht, auf die Höhe des durchschnittlichen Zusatzbeitrages sowie auf die Übersicht des GKV-Spitzenverbandes zu den Zusatzbeitragssätzen hinweisen.

Überschreitet der kassenindividuelle Zusatzbeitragssatz den durchschnittlichen Zusatzbeitragssatz, muss die Krankenkasse sogar ausdrücklich auf die Möglichkeit hinweisen, in eine günstigere Krankenkasse zu wechseln. Kommt die Krankenkasse ihrer Hinweispflicht nicht fristgerecht nach, gilt eine erfolgte Kündigung als in dem Monat erklärt, für den der Zusatzbeitrag erstmalig erhoben oder für den der Zusatzbeitragssatz erhöht wird.

5. Freiwillig Versicherte

1711 Für freiwillig Versicherte, die ihr Wahlrecht ausüben, gelten die gleiche Kündigungsfrist und die gleiche Bindungsfrist wie für Pflichtversicherte. Die Bindungsfrist gilt jedoch nicht, wenn sie bei ihrer bisherigen Krankenkasse wegen eines Anspruchs auf eine Familienversicherung kündigen oder ihren Austritt erklären, um nach Beendigung der freiwilligen Versicherung eine private Krankenversicherung abzuschließen oder ihren Schutz im Krankheitsfall anderweitig abzusichern. Die Mitgliedschaft endet in diesen Fällen mit Ablauf des auf die Kündigung folgenden übernächsten Kalendermonats. Bei einem anschließenden Anspruch auf **Familienversicherung** kann die Satzung der Krankenkasse einen früheren Zeitpunkt bestimmen.

Das **Sonderkündigungsrecht** (Ausnahme bei Inanspruchnahme eines Wahltarifs) gilt auch für freiwillig Versicherte.

Eine **freiwillige Mitgliedschaft endet** kraft Gesetzes mit dem Eintritt einer Versicherungspflicht. Eine Kündigung der Mitgliedschaft seitens des Versicherten ist für die Beendigung der freiwilligen Mitgliedschaft daher nicht notwendig. Er kann zu diesem Zeitpunkt von seinem Wahlrecht jedoch nur dann Gebrauch machen und Mitglied einer anderen Krankenkasse werden, wenn die Bindungsfrist bei der bisherigen Krankenkasse verstrichen ist und die Mitgliedschaft wirksam gekündigt wurde. Ist die Bindungsfrist noch nicht erfüllt oder wurde die zuletzt bestehende Mitgliedschaft nicht wirksam gekündigt, bleibt für die Durchführung der versicherungspflichtigen Mitgliedschaft die bisherige Krankenkasse zuständig.

Im Anschluss an eine Pflichtversicherung kann eine freiwillige Mitgliedschaft begründet werden, wenn der Versicherte eine bestimmte Vorversicherungszeit erfüllt. Möglich ist auch, dass die obligatorische Anschlussversicherung zum Tragen kommt. Eine andere Krankenkasse kann für die Durchführung der freiwilligen Versicherung in diesem Fall nur gewählt werden, wenn die Bindungsfrist bei der bisherigen Krankenkasse, die die Pflichtversicherung durchgeführt hat, erfüllt ist und die dortige Mitgliedschaft wirksam gekündigt wurde. Die neue Krankenkasse benötigt eine Kündigungsbestätigung der bisherigen Krankenkasse. Ist die Bindungsfrist bei der bisherigen Krankenkasse noch nicht erfüllt, kann die freiwillige Mitgliedschaft nur bei dieser Krankenkasse begründet werden.

Krankenschwestern

1. Arbeitnehmertätigkeit

1712 Krankenschwestern stehen auch bei aushilfsweiser Beschäftigung regelmäßig in einem Arbeitsverhältnis zum Krankenhaus und sind **Arbeitnehmer**.

Als **Arbeitnehmertätigkeit** angesehen wurde ferner die Tätigkeit

- einer im Krankenhaus tätigen Krankenschwester, auch wenn sie die „Aufgabe eines freiberuflichen Mitarbeiters" als Fachkrankenpfleger im OP-Bereich übernommen hat (LSG Bayern v. 6.10.2015, L 7 R 240/13, www.stotax-first.de),

- einer auf Grund eines „freien Mitarbeitervertrags" tätigen Krankenschwester in einer Klinik; diese Tätigkeit unterliegt den Weisungen der Stationsleitung als auch der behandelnden Ärzte und muss in den Organisationsablauf des Klinikbetriebes integriert sein. Die aushilfsweise Übernahme von Tätigkeiten, die normalerweise von festangestellten Mitarbeitern durchgeführt werden, bei Personalengpässen (Krankheit oder Urlaub), spricht auch für das Vorliegen einer abhängigen Beschäftigung (LSG Sachsen-Anhalt v. 25.4.2013, L 1 R 132/12, www.stotax-first.de),

- einer als „freie Mitarbeiterin" tätigen Fachkrankenschwester im Operationsdienst einer Klinik (LSG Hessen v. 26.3.2015, L 8 KR 84/13, www.stotax-first.de).

Werden **Krankenpfleger oder -schwestern** von privaten Einrichtungen oder Unternehmen oder für Träger der freien Wohlfahrtspflege für die **häusliche Krankenpflege** i.S. der Krankenversicherung oder zur häuslichen Pflege und zur hauswirtschaftlichen Versorgung i.S. der Pflegeversicherung eingestellt, handelt es sich ebenfalls um Arbeitnehmer.

[LSt] [SV]

Nicht als Arbeitnehmertätigkeit angesehen wurde dagegen die Tätigkeit

- einer auf Grund eines „freien Mitarbeitervertrags" tätigen Fachkrankenschwester im Operationsdienst, weil sie weisungsunabhängig und auch nicht in deren Arbeitsorganisation des Krankenhauses dienend eingebunden war. Sie konnte nicht einseitig dem Klinikdienstplan zugeteilt werden, zu keinen Sonderdiensten herangezogen werden und war nicht verpflichtet, angebotene Aufträge anzunehmen. Arbeitnehmertypische Pflichten, Nebenleistungen zu erbringen oder z.B. an Besprechungen teilzunehmen, waren nicht vereinbart. Neben der freien Auswahl der Schichten hatte sie – anders bzw. weitergehend als die festangestellten Mitarbeiter – auch einen Spielraum hinsichtlich der Auswahl der Operationen, an denen sie teilnehmen wollte. Sie war einem unternehmerischen Risiko ausgesetzt, da sie sich selbst Aufträge beschaffen und diese so sorgfältig ausführen musste, dass weitere Aufträge folgten, um den Erhalt ihrer Erwerbsgrundlage zu sichern. Die Teilnahme an Fortbildungen musste sie selbst finanzieren, zudem hatte sie – anders als abhängig Beschäftigte – für die Dauer der Fortbildungsmaßnahme keinen Anspruch auf Entlohnung. Auch im Krankheitsfalle bestand kein Anspruch auf Lohnfortzahlung oder Zahlung der vereinbarten Vergütung (SG Augsburg v. 7.11.2012, S 14 R 662/10, www.stotax-first.de).

Freie Schwestern sind selbständig, auch wenn sie sich einem Schwesternheim anschließen, dessen Oberin Arbeitsgelegenheiten vermittelt (RFH v. 17.7.1930, RStBl 1930, 677). Vgl. auch → *Diakonissen* Rz. 796; → *Ordensangehörige* Rz. 2137.

Die Krankenkassen bzw. die Pflegekassen können mit entsprechend qualifiziertem Pflegepersonal **Versorgungsverträge** zur Erbringung der o.a. Leistungen abschließen. Auch wenn diese Versorgungsverträge mit den Kranken- bzw. Pflegekassen Angaben über Inhalt, Umfang, Vergütung sowie Prüfung der Qualität und Wirtschaftlichkeit der Dienstleistungen enthalten, stehen diese **Pflegefachkräfte** nicht in einem Beschäftigungsverhältnis zur Kranken- oder Pflegekasse. Sie sind **selbständig tätig**. Allerdings besteht in der **gesetzlichen Rentenversicherung** für Pflegepersonen, die in der Kranken-, Wochen-, Säuglings- oder Kinderpflege tätig sind und im Zusammenhang mit ihrer selbständigen Tätigkeit keinen versicherungspflichtigen Arbeitnehmer beschäftigen, Versicherungspflicht (vgl. § 2 Nr. 2 SGB VI).

Zu Krankenschwestern, die von einer **Gemeinde** als Trägerin der **örtlichen Sozialhilfe** nur von Fall zu Fall mit der Pflege kranker und hilfloser Personen betraut werden, → *Häusliche Krankenpflege* Rz. 1556.

[kSt] [SV]

2. Arbeitslohn

Zum **steuerpflichtigen Arbeitslohn** gehören auch die Anteile aus 1713 dem sog. **Liquidationsfonds** (→ *Arzt* Rz. 331). Als Arbeitgeber ist entweder das Krankenhaus selbst oder der liquidationsberechtigte Chefarzt anzusehen (BMF v. 27.4.1982, IV B 6 – S 2332 – 16/82, BStBl I 1982, 530).

[LSt] [SV]

Krankentagegeld

1. Lohnsteuer

a) Kein Arbeitslohn

Krankentagegeldzahlungen aus einer **privaten Krankenversicherung** sind **kein Arbeitslohn**. Dies gilt auch, wenn der Versicherungsschutz im Zusammenhang mit dem **Arbeitsverhältnis gewährt** wird und sowohl der Arbeitgeber als auch der Arbeitnehmer gegenüber der Krankenversicherung anspruchsberechtigt ist. Sind bereits die vom Arbeitgeber erbrachten Versicherungsbeiträge als Arbeitslohn anzusehen, weil der Arbeitnehmer im Krankheitsfall einen eigenen Anspruch gegen die Versicherung hat, sind spätere Versicherungsleistungen nicht als Arbeitslohn zu qualifizieren (BFH v. 15.11.2007, VI R 30/04, HFR 2008, 685 m.w.N. betr. Tagegeldzahlungen aus einer Schweizer Krankenversicherung). Entsprechendes gilt für Tagegelder, die einem deutschen Grenzgänger im Zusammenhang mit einer Umschulungsmaßnahme von der Schweizer Invalidenversicherung gezahlt werden (BFH v. 6.10.2010, VI R 15/08, www.stotax-first.de).

[kSt] [SV]

b) Arbeitslohn

Um steuerpflichtigen **Arbeitslohn** handelt es sich dagegen bei 1715 Versicherungsleistungen, die **vom Arbeitgeber an den Arbeitnehmer weitergeleitet** werden, wenn sich der Arbeitgeber zur Finanzierung arbeitsrechtlicher Ansprüche rückversichert und selbst alleiniger Anspruchsberechtigter gegenüber dem Versicherungsunternehmen ist. Der Arbeitslohncharakter hängt grundsätzlich nicht davon ab, ob der Arbeitgeber in die Auszahlung des Krankentagegeldes eingeschaltet ist (BFH v. 13.3.2006, VI B 113/05, www.stotax-first.de, m.w.N.). Vgl. hierzu außerdem BMF v. 28.10.2009, IV C 5 – S 2332/09/10004, BStBl I 2009, 1275 betr. steuerrechtliche Behandlung von **freiwilligen Unfallversicherungen** der Arbeitnehmer (→ *Unfallversicherung: freiwillige* Rz. 2944).

Arbeitslohn liegt auch vor, wenn der Arbeitgeber dem Arbeitnehmer Beiträge zu einer Krankentagegeldversicherung erstattet; der Arbeitnehmer kann solche Beiträge – ebenso wie Beiträge zu einer Berufsunfähigkeitsversicherung – **nicht als Werbungskosten absetzen** (BFH v. 15.6.2005, VI B 64/04, www.stotax-first.de).

[LSt] [SV]

2. Sozialversicherung

Privat versicherte Arbeitnehmer, die während der Arbeitsunfähig- 1716 keit ein **Krankentagegeld von dem privaten Krankenversicherungsunternehmen** erhalten, sind **nicht** wie in der gesetzlichen Kranken- und Pflegeversicherung während des Leistungsbezugs **beitragsfrei versichert**, vielmehr haben sie die übliche Prämie weiter zu entrichten. Für diese Zeit steht diesen Arbeitnehmern jedoch **kein Beitragszuschuss** zu. Dieser ist nur dann gegeben, wenn während der Arbeitsunfähigkeit auch Beiträge zur gesetzlichen Kranken- und Pflegeversicherung zu entrichten wären. Ebenso werden während des Krankentagegeldbezugs **keine Beiträge zur Rentenversicherung** entrichtet mit der Folge, dass bei einer späteren Leistungsgewährung ggf. finanzielle Nachteile eintreten.

Der Versicherte hat aber die Möglichkeit, während des Bezugs von Krankentagegeld einen **Antrag** auf **Rentenversicherungspflicht** zu stellen. Die Beiträge für diese **Antragspflichtversicherung** hat der Versicherte allein zu tragen. In der **Arbeitslosenversicherung**

Krankentagegeld

hat dagegen das private Krankenversicherungsunternehmen Beiträge für die Zeit des Krankentagegeldbezuges zu entrichten, wenn der Versicherungsnehmer unmittelbar vor Beginn der Arbeitsunfähigkeit in einer arbeitslosenversicherungspflichtigen Beschäftigung gestanden hat. Die Beiträge werden von einem Arbeitsentgelt i.H.v. 70 % der Jahresarbeitsentgeltgrenze in der gesetzlichen Krankenversicherung berechnet.

Krankenversicherung: gesetzliche

1. Allgemeines

1717 Die **gesetzliche Krankenversicherung** hat als Solidargemeinschaft nach den Regelungen des Fünften Buches Sozialgesetzbuch (SGB V) die Aufgabe, die Gesundheit ihrer Versicherten zu erhalten, wiederherzustellen oder zu verbessern. Die **Krankenkassen** haben dabei durch Aufklärung, Beratung und Leistungen zu helfen und auf gesunde Lebensverhältnisse hinzuwirken.

Die Rahmenbedingungen der gesetzlichen Krankenversicherung haben sich durch eine veränderte Bevölkerungsentwicklung und eine stagnierende wirtschaftliche Entwicklung mit rückläufigen Beitragseinnahmen erheblich verändert und zu steigenden Beitragssätzen geführt. Hinzu kommt sinkende Qualität in der medizinischen Versorgung bei steigenden Ausgaben.

Reichen einer Krankenkasse, die aus dem Gesundheitsfonds zugewiesenen Gelder zur Finanzierung ihrer Leistungen nicht aus, erhebt sie von ihren Mitgliedern einen kassenindividuellen einkommensabhängigen Zusatzbeitrag. Den auf den zusätzlichen Beitragssatz entfallenden Beitrag trägt der Arbeitnehmer.

Angesichts großer Herausforderungen – insbesondere des demographischen Wandels, der Entdeckung neuer Krankheiten und damit neuer Behandlungsnotwendigkeiten sowie des medizinischen Fortschritts – wird das Gesundheitswesen kontinuierlich weiterentwickelt. Zur Finanzierung der gesetzlichen Krankenversicherung wurde ein **Gesundheitsfonds** (→ *Gesundheitsfonds* Rz. 1439) zum 1.1.2009 eingerichtet. Die Beitragssätze zur Krankenversicherung für Arbeitgeber und Mitglieder der Krankenkassen sind seitdem **bundeseinheitlich per Gesetz** festgelegt.

2. Organisation

1718 **Träger der Krankenversicherung** sind die Allgemeinen Ortskrankenkassen (AOK), Betriebs- und Innungskrankenkassen, landwirtschaftlichen Krankenkassen, die Deutsche Rentenversicherung Knappschaft-Bahn-See als Träger der Krankenversicherung und Ersatzkassen. Seit 1.1.1996 besteht für die Versicherten weitgehende **Entscheidungsfreiheit** bei der **Wahl** ihrer **Krankenkasse** (→ *Krankenkassenwahlrecht* Rz. 1707). Die Krankenkassen sind rechtsfähige Körperschaften des öffentlichen Rechts mit Selbstverwaltung; das bedeutet, dass die Krankenkassen ihre Aufgaben i.R.d. Gesetzes und ihrer Satzung in eigener Verantwortung erfüllen. Die Krankenkassen unterliegen hinsichtlich ihrer Aufgabenerfüllung der staatlichen Aufsicht.

3. Aufgaben

1719 Unabhängig von ihren originären Aufgaben, die im SGB V festgeschrieben sind, nehmen die Krankenkassen auch noch die Funktion der **Einzugsstelle** für den Einzug der Gesamtsozialversicherungsbeiträge wahr, d.h. die Krankenkassen ziehen nicht nur ihre eigenen Beiträge, sondern **auch die Pflege-, Renten- und Arbeitslosenversicherungsbeiträge** ein (→ *Beiträge zur Sozialversicherung* Rz. 548). Sie (ausgenommen hiervon sind die landwirtschaftlichen Krankenkassen) führen außerdem das Verfahren zum Ausgleich der Arbeitgeberaufwendungen für Entgeltfortzahlung durch (→ *Lohnfortzahlung: Erstattungsverfahren für Arbeitgeber* Rz. 1785). Damit sollen die Aufwendungen für die Entgeltfortzahlung ausgeglichen werden. Darüber hinaus führen die Krankenkassen im Rahmen von öffentlich-rechtlichen Vereinbarungen noch eine Reihe von weiteren Auftragsleistungen durch.

4. Versicherter Personenkreis

a) Versicherungspflichtige Personen

1720 In der gesetzlichen Krankenversicherung sind derzeit u.a. kraft Gesetzes versichert:

- Arbeiter und Angestellte, wenn deren regelmäßiges Jahresarbeitsentgelt die Jahresarbeitsentgeltgrenze nicht übersteigt (→ *Jahresarbeitsentgeltgrenze in der gesetzlichen Krankenversicherung* Rz. 1616),
- Auszubildende, wenn sie gegen Entgelt beschäftigt sind (→ *Auszubildende* Rz. 505),
- Personen in der Zeit, für die sie Arbeitslosengeld, Arbeitslosengeld II oder Unterhaltsgeld (bis 2004) nach dem SGB III beziehen oder nur deshalb nicht beziehen, weil der Anspruch ab Beginn des zweiten Monats bis zur zwölften Woche einer Sperrzeit (§ 144 SGB III) ruht; dies gilt auch, wenn die Entscheidung, die zum Bezug der Leistung geführt hat, rückwirkend aufgehoben oder die Leistung zurückgefordert oder zurückgezahlt worden ist (→ *Arbeitslosengeld/Arbeitslosengeld II* Rz. 260),
- Landwirte und ihre mitarbeitenden Familienangehörigen (→ *Land- und Forstwirtschaft* Rz. 1767),
- Künstler und Publizisten (→ *Künstler (und verwandte Berufe)* Rz. 1748),
- Rehabilitanden,
- behinderte Menschen in anerkannten Werkstätten (→ *Behinderte Menschen* Rz. 543),
- Studenten (→ *Studenten* Rz. 2818),
- Praktikanten sowie zur Berufsausbildung Beschäftigte ohne Arbeitsentgelt (→ *Praktikanten* Rz. 2321),
- Rentner (→ *Rentner* Rz. 2546),
- Personen, die keinen anderweitigen Anspruch auf Absicherung im Krankheitsfall haben und zuletzt gesetzlich krankenversichert waren oder nicht gesetzlich oder privat krankenversichert waren.

Endet bei einem Versicherten die Versicherungspflicht oder die Familienversicherung, dann muss er einen anderweitigen Versicherungsschutz nachweisen. Kann er dies nicht, tritt bei der bisherigen Krankenkasse automatisch die obligatorische Anschlussversicherung ein.

b) Freiwillige Krankenversicherung

1721 Sind Personen nicht kraft Gesetzes versicherungspflichtig, können sie sich unter ganz engen Voraussetzungen in der gesetzlichen Krankenversicherung freiwillig versichern. Der gesetzlichen Krankenversicherung können u.a. nach § 9 SGB V freiwillig beitreten:

- Personen, die als Mitglieder aus der Versicherungspflicht ausgeschieden sind und in den letzten fünf Jahren vor dem Ausscheiden mindestens 24 Monate oder unmittelbar vor dem Ausscheiden ununterbrochen mindestens zwölf Monate versichert waren,
- Personen, deren Familienversicherung erlischt,
- schwer behinderte Menschen i.S.d. SGB IX, wenn sie oder ihr Ehegatte in den letzten fünf Jahren vor dem Beitritt mindestens drei Jahre versichert waren,
- Arbeitnehmer, deren Beschäftigung im Ausland endete, wenn sie innerhalb von zwei Monaten nach Rückkehr in das Inland wieder eine Beschäftigung aufnehmen,
- Personen, die erstmals eine Beschäftigung im Inland aufnehmen und ein Jahresarbeitsentgelt haben, das die Jahresarbeitsentgeltgrenze (§ 6 Abs. 1 Nr. 1 SGB V) übersteigt und somit versicherungsfrei sind.

Der Beitritt ist der Kasse innerhalb von drei Monaten nach Beendigung der vorhergehenden Versicherung anzuzeigen (→ *Freiwillige Krankenversicherung* Rz. 1345).

c) Familienversicherung

1722 In der gesetzlichen Krankenversicherung sind auch der Ehegatte und die Kinder von Versicherten kostenfrei mitversichert, wenn

- die Familienangehörigen ihren Wohnsitz oder gewöhnlichen Aufenthalt im Inland haben,
- keine Versicherungspflicht oder freiwillige Versicherung besteht,
- keine Versicherungsfreiheit besteht und/oder keine Befreiung von der Versicherungspflicht ausgesprochen wurde,
- diese nicht hauptberuflich selbständig erwerbstätig sind und

– sie keine Einnahmen haben, die regelmäßig im Monat 1/7 der monatlichen Bezugsgröße übersteigen (für 2016: 415 € – dieser Grenzwert gilt sowohl für die alten als auch für die neuen Bundesländer; s. → *Bezugsgröße* Rz. 752). Für geringfügig Beschäftigte i.S.d. § 8 SGB IV (→ *Mini-Jobs* Rz. 2047) beträgt das zulässige Gesamteinkommen 450 € monatlich.

Kinder sind grundsätzlich bis zur Vollendung des 18. Lebensjahrs mitversichert. Die Versicherung kann bis zum 25. Lebensjahr verlängert werden, wenn die Kinder sich noch in Schul- oder Berufsausbildung befinden.

d) Ausschluss von der Versicherungspflicht

1723 Die **Pflichtversicherung** in der gesetzlichen Krankenversicherung ist u.a. **ausgeschlossen**, wenn eine hauptberufliche selbständige Tätigkeit ausgeübt wird (§ 5 Abs. 5 SGB V), die Beschäftigung geringfügig ist (§ 7 SGB V i.V.m. § 8 SGB IV) oder wenn im Rahmen eines Dienstverhältnisses nach beamtenrechtlichen Vorschriften oder Grundsätzen bei Krankheit Anspruch auf Fortzahlung der Bezüge und auf Beihilfe oder Heilfürsorge besteht (→ *Beamte* Rz. 530). Außerdem sind **Studenten** in einer Beschäftigung, die während der Dauer ihres Studiums als ordentliche Studierende einer Hochschule oder einer der fachlichen Ausbildung dienenden Schule ausgeübt wird, unter bestimmten Voraussetzungen krankenversicherungsfrei (vgl. hierzu → *Studenten* Rz. 2817). Personen, die nach Vollendung des 55. Lebensjahrs versicherungspflichtig werden, sind versicherungsfrei, wenn sie in den letzten fünf Jahren vor Eintritt der Versicherungspflicht nicht gesetzlich versichert waren. Weitere Voraussetzung ist, dass diese Personen mindestens die Hälfte dieser Zeit versicherungsfrei, von der Versicherungspflicht befreit oder auf Grund einer hauptberuflich selbständigen Erwerbstätigkeit nicht versicherungspflichtig waren. Auf Grund dieser Regelung sind Personen, die nicht zum Personenkreis der gesetzlichen Krankenversicherten gehören, bei Eintritt eines Versicherungspflichttatbestandes nach Vollendung des 55. Lebensjahrs krankenversicherungsfrei, wenn sie zuvor in den letzten fünf Jahren nicht gesetzlich krankenversichert waren. Bei bislang selbständig Tätigen kommt Krankenversicherungsfreiheit dann in Betracht, wenn ein selbständig Tätiger neben der selbständigen Tätigkeit keine Beschäftigung ausgeübt hat.

e) Befreiung von der Versicherungspflicht

1724 Personen, die bisher bei einem privaten Krankenversicherungsunternehmen versichert waren und bei denen auf Grund der Erhöhung der Jahresarbeitsentgeltgrenze (→ *Jahresarbeitsentgeltgrenze in der gesetzlichen Krankenversicherung* Rz. 1616) oder auf Grund des Bezugs von Leistungen nach dem SGB III oder auf Grund anderer Tatbestände Krankenversicherungspflicht eintritt, können sich unter bestimmten Voraussetzungen auf Antrag von der Versicherungspflicht befreien lassen. Bezieher von Arbeitslosengeld, Arbeitslosengeld II oder Unterhaltsgeld (bis 2004) dürfen in den letzten fünf Jahren zuvor nicht gesetzlich krankenversichert gewesen sein. Außerdem muss bei einem privaten Krankenversicherungsunternehmen ein Versicherungsvertrag bestehen, nach dem der Antragsteller Vertragsleistungen erhält, die der Art und dem Umfang nach den Leistungen des SGB V entsprechen.

Der Antrag auf Befreiung ist innerhalb von drei Monaten nach Beginn der Versicherungspflicht bei der Krankenkasse zu stellen. Die Befreiung wirkt vom Beginn der Versicherungspflicht an, wenn seit diesem Zeitpunkt noch keine Leistungen in Anspruch genommen wurden, sonst vom Beginn des Kalendermonats an, der auf die Antragstellung folgt. Die Befreiung kann nicht widerrufen werden.

5. Finanzierung

1725 Die Leistungen und sonstigen Ausgaben der Krankenkassen werden durch **Beiträge** und sonstige Einnahmen (z.B. aus Ersatzansprüchen und einem Risikostrukturausgleich) finanziert. Dazu entrichten die Mitglieder und die Arbeitgeber Beiträge, die sich i.d.R. nach den beitragspflichtigen Einnahmen der Mitglieder richten. Für versicherte Familienangehörige werden Beiträge nicht erhoben (→ *Gesundheitsfonds* Rz. 1439, → *Beiträge zur Sozialversicherung* Rz. 548).

6. Zugehörigkeit – Wahl der Krankenkasse

1726 Einzelheiten vgl. → *Krankenkassenwahlrecht* Rz. 1707.

7. Private Krankenversicherung

Mit dem **GKV-Wettbewerbsstärkungsgesetz (GKV-WSG)** werden die Wahl- und Wechselmöglichkeiten der Privatversicherten nachhaltig verändert. Dies erfolgt insbesondere durch die **Portabilität der Altersrückstellung** in der privaten Krankenversicherung (PKV) im Umfang des Basistarifs sowie die Schaffung eines Basistarifs. Das GKV-WSG sieht vor, dass alle Unternehmen der PKV künftig einen **Basistarif** anbieten müssen, der sich am Leistungsumfang der GKV orientiert. Der Leistungsumfang des Basistarifs ist bei allen Anbietern gleich. Der Inhalt wird durch eine Verweisung auf die Pflichtleistungen der GKV definiert. **1727**

Der Basistarif tritt neben die bestehenden Tarife. Der Basistarif kann mit Zusatzversicherungen desselben oder eines PKV-Unternehmens kombiniert werden. Ein Wechsel in einen der anderen Tarife ist möglich.

Jeder PKV-Versicherte, freiwillig GKV-Versicherte und alle Nichtversicherten, die vormals in der PKV versichert waren oder systematisch der PKV zuzuordnen sind, können in den Basistarif wechseln. Es gelten ein **Kontrahierungszwang** und das **Verbot der Risikoprüfung**; um eine nicht behebbare Risikoselektion zu verhindern, wird ein branchenweiter Risikoausgleich eingeführt.

Die **Altersrückstellungen des Basistarifs** werden beim Wechsel zwischen PKV-Unternehmen übertragen (**Portabilität**), eine Auszahlung scheidet aus. Für Versicherungsnehmer, die aus einem anderen Tarif in einen Vollversicherungstarif bei einem anderen PKV-Unternehmen wechseln, wird die vorhandene Altersrückstellung höchstens in der Höhe übertragen, die dem Leistungsniveau des Basistarifs entspricht.

Der Beitrag für den Basistarif ist der Höhe nach begrenzt; um die **Bezahlbarkeit das Basistarifs** zu gewährleisten, darf dessen Beitrag den durchschnittlichen GKV-Höchstbeitrag nicht überschreiten. Würde die Bezahlung eines solchen Beitrags Hilfebedürftigkeit i.S.d. SGB II oder SGB XII auslösen, stellen weitere Regelungen sicher, dass die Betroffenen nicht finanziell überfordert werden.

Gegen die Einführung des Basistarifs wurde Klage erhoben. Das BVerfG hat durch Urteil v. 10.6.2009, 1 BvR 706, 814, 819, 832 und 837/08, www.stotax-first.de, entschieden, dass die Einführung des Basistarifs zum 1.1.2009 durch die Gesundheitsreform 2007 zur Sicherstellung eines lebenslangen, umfassenden Schutzes der Mitglieder der privaten Krankenversicherung verfassungsgemäß und auch das Erfordernis des dreimaligen Überschreitens der Jahresarbeitsentgeltgrenze für den Eintritt von Versicherungsfreiheit in der gesetzlichen Krankenversicherung mit dem Grundgesetz vereinbar ist.

8. Lohnsteuer

Krankenkassen sind **öffentliche Kassen**, vgl. H 3.11 (Öffentliche Kassen) LStH, und können daher **steuerfreie Aufwandsentschädigungen** nach § 3 Nr. 12 Satz 2 EStG (→ *Aufwandsentschädigungen im öffentlichen Dienst* Rz. 383) sowie **steuerfreie Reisekosten** nach § 3 Nr. 13 EStG (→ *Reisekostenvergütungen aus öffentlichen Kassen* Rz. 2519) leisten. **1728**

Bei den **Aufwendungen des Arbeitgebers für eine Krankenversicherung der Arbeitnehmer handelt es sich grundsätzlich um steuerpflichtigen Arbeitslohn**. Dies gilt auch, wenn ein Arbeitgeber ausländische Saisonarbeitskräfte beschäftigt und für diese, sofern sie nicht der Sozialversicherungspflicht unterliegen, nach § 7 Abs. 2 AuslG eine vergleichbare private Krankenversicherung abschließen muss. Es handelt sich nicht um (nicht steuerpflichtige) Leistungen im ganz überwiegenden eigenbetrieblichen Interesse des Arbeitgebers (BFH v. 18.7.2007, VI B 125/06, www.stotax-first.de).

Zu den **steuerfreien Ausgaben des Arbeitgebers für die Zukunftssicherung des Arbeitnehmers** (§ 2 Abs. 2 Nr. 3 Satz 1 LStDV) gehören insbesondere die Beitragsanteile des Arbeitgebers am Sozialversicherungsbeitrag (Rentenversicherung, Krankenversicherung, Pflegeversicherung, Arbeitslosenversicherung).

Aufwendungen des Arbeitgebers für die Krankenversicherung seiner Arbeitnehmer sind somit nach § 3 Nr. 62 EStG i.V.m. R 3.62 LStR steuerfrei, soweit sie auf Grund gesetzlicher Verpflichtung geleistet werden. Einzelheiten → *Zukunftssicherung: Gesetzliche*

Krankenversicherung: gesetzliche

Altersversorgung Rz. 3344 und → *Beiträge zur Sozialversicherung* Rz. 548.

[LSt] [SV]

Krankenversicherungsbeiträge

→ *Krankenversicherung: gesetzliche* Rz. 1717

Krankheitskosten

1. Arbeitslohn

a) Allgemeines

1729 Es ist zunächst zu prüfen, ob die vom Arbeitgeber an seine Arbeitnehmer erstatteten Kosten einer Krankheit oder auch zur Vorbeugung einer Krankheit im **ganz überwiegend eigenbetrieblichen Interesse erbracht** werden; in diesem Fall ist **Arbeitslohn zu verneinen** (hierzu → Rz. 1731).

Ob hiernach Arbeitslohn anzunehmen ist, muss nach den Gesamtumständen des einzelnen Falls geprüft werden. In der Praxis wird die Abgrenzung häufig schwierig sein:

b) Arbeitslohn

1730 In vielen Fällen wird zwar – dies zeigt sich schon in der (ggf. teilweisen) Kostenübernahme durch den Arbeitgeber – ein **eigenbetriebliches Interesse des Arbeitgebers** an der Kostenübernahme vorliegen, weil längere Fehlzeiten von Arbeitnehmern auch zu seinen Lasten gehen. In vielen Fällen sieht die Rechtsprechung aber auch ein **gleichzeitig nicht zu vernachlässigendes Interesse des Arbeitnehmers an einer Gesundheitsmaßnahme**, so dass dann Arbeitslohn anzunehmen ist (vgl. BFH v. 7.5.2014, VI R 28/13, www.stotax-first.de, betr. eine arbeitgeberfinanzierte präventive Gesundheitsmaßnahme, sog. Sensibilisierungswoche, als Arbeitslohn).

> **Beispiel:**
> Firma A bietet Maßnahmen zur **Raucherentwöhnung** an; hierbei handelt es sich um Raucherentwöhnungskurse, Nikotinpflaster/-kaugummi, Akupunktur sowie Tabletten.
> Das **FG Köln** hat Arbeitslohn angenommen (FG Köln v. 24.6.2004, 2 K 3877/02, EFG 2004, 1622). Begründung: Die Arbeitgeberleistungen sind nicht im ganz überwiegend eigenbetrieblichen Interesse erbracht worden, denn bei Abwägung der einzelnen Gesichtspunkte spielt auch der private Aspekt der Erhaltung bzw. der Förderung der Gesundheit der betroffenen Arbeitnehmer eine maßgebliche Rolle.

Steuerpflichtiger Arbeitslohn liegt auch vor, wenn der Arbeitgeber auch die **Kosten der Chefarztbehandlung übernimmt**, selbst wenn er sich dadurch eine schnellere Genesung und somit einen kürzeren Arbeitsausfall seines Arbeitnehmers erhofft, denn dem betrieblichen Interesse des Arbeitgebers stehen in diesem Fall auch nicht unbedeutende Interessen des Arbeitnehmers (größeres Vertrauen zum Chefarzt) gegenüber. Der vom Arbeitgeber getragene Kostenanteil gehört deshalb zum steuerpflichtigen Arbeitslohn, soweit er nicht als Beihilfe im Krankheitsfall nach § 3 Nr. 11 EStG i.V.m. R 3.11 LStR steuerfrei gezahlt werden kann.

Eine Klinikgruppe hat mit einer Krankenversicherung einen sog. **Konzern-Gruppenversicherungsvertrag** abgeschlossen. Danach erhalten u.a. die Arbeitnehmer aller deutschen Betriebsstätten bei einem Krankenhausaufenthalt in einer der Kliniken der Klinikgruppe **Versicherungsschutz für medizinisch notwendigen stationären Krankenhausaufenthalt in den Wahlleistungsbereichen dieser Kliniken**. Die Leistungen werden bei Vorlage einer sog. plus-card in der jeweils behandelnden Klinik gewährt. Unter anderem erhalten die Arbeitnehmer die Unterbringung in einem Zweibettzimmer mit komfortabler Ausstattung, kulinarische Extras und höherwertige Unterhaltungstechnik. Medizinische Leistungen sind dabei nicht enthalten. Die aus diesem Versicherungsvertrag resultierenden Leistungen fließen den Arbeitnehmern unentgeltlich zu. Fremdpatienten haben zu diesen Leistungen nur Zugang über eine Einzelzusatzversicherung bzw. Krankenhaus-Tagegeldversicherung. Die versicherten Arbeitnehmer haben nach dem Vertrag keinen Rechtsanspruch auf die von der Krankenversicherung zu erbringenden Versicherungsleistungen.

Nach Auffassung der obersten Finanzbehörden handelt es sich bei der Versicherung für Zusatzleistungen bei Krankenhausaufenthalten von Arbeitnehmern der Klinikgruppe dem Grunde nach um eine **Rückdeckungsversicherung**. Da sich für den Arbeitnehmer keine unmittelbaren Rechte und Pflichten aus dem Versicherungsvertrag ergeben, ist dieser als solcher für die lohnsteuerliche Beurteilung unbeachtlich. **Erst mit der Erbringung der durch die allgemeine Krankenversicherung nicht gedeckten Leistungen bei stationärem Aufenthalt fließt dem Arbeitnehmer ein geldwerter Vorteil zu**, der nach § 8 Abs. 2 oder 3 EStG zu bewerten ist. Als Endpreis ist der Betrag anzusetzen, den dritte Patienten für diese Zusatzleistung zu entrichten hätten.

[LSt] [SV]

c) Kein Arbeitslohn

Kein Arbeitslohn ist dagegen anzunehmen, wenn die Leistungen 1731 des Arbeitgebers im **ganz überwiegend eigenbetrieblichen Interesse** erbracht werden. Ob dies der Fall ist, muss nach den Gesamtumständen des einzelnen Falls geprüft werden:

> **Beispiel 1:**
> Firma B bietet ihren Bildschirmarbeitnehmer unentgeltlich **Massagen** an.
> Der **BFH** hat entschieden, dass kein steuerpflichtiger Arbeitslohn vorliegt, wenn mit den Massagen einer spezifisch berufsbedingten Beeinträchtigung der Gesundheit des Arbeitnehmers vorgebeugt oder entgegen gewirkt werden soll; der Arbeitgeber muss allerdings nachweisen, dass er mit der Verabreichung der Massagen besonders wichtige betriebsfunktionale Zielsetzungen (z.B. die Minderung des Krankheitsstands der Bildschirmarbeitnehmer) verfolgt und die Massagen für die Erreichung dieses Zwecks besonders geeignet waren (BFH v. 30.5.2001, VI R 177/99, BStBl II 2001, 671).

> **Beispiel 2:**
> Firma C bietet Arbeitgebern ein **Rückentraining** an. Von den für jeden Teilnehmer entstehenden Kosten möchten die Arbeitgeber im Rahmen der betrieblichen Gesundheitsfürsorge einen Teilbetrag übernehmen.
> Es handelt sich nach Auffassung der **Finanzverwaltung um steuerpflichtigen Arbeitslohn**, wenn das Konzept nicht – wie der BFH in o.g. Urteil (BFH v. 30.5.2001, VI R 177/99, BStBl II 2001, 671), ausgeführt hat – auf berufsbedingte Beeinträchtigungen abstellt und auch kein medizinisches Gutachten in der vom BFH geforderten Qualität (z.B. Gutachten eines Sachverständigen oder des medizinischen Dienstes einer Krankenkasse bzw. Berufsgenossenschaft) vorliegt. Ein überwiegendes eigenbetriebliches Interesse des Arbeitgebers ist dann zu verneinen.
> Das **FG Köln** hat diese Verwaltungsauffassung in zwei Fällen abgelehnt (FG Köln v. 24.9.2003, 12 K 428/03, www.stotax-first.de, und FG Köln v. 27.4.2006, 15 K 3887/04, EFG 2007, 923, Nichtzulassungsbeschwerde vom BFH als unbegründet zurückgewiesen: BFH v. 4.7.2007, VI B 78/06, www.stotax-first.de). Letztlich kommt es aber immer auf die Gesamtumstände des jeweiligen Einzelfalls an.

> **Beispiel 3:**
> Firma D bietet ihren leitenden Mitarbeitern (rund 180 Personen) seit 1993 in einem Zwei-Jahres-Turnus die kostenlose Teilnahme an ärztlichen Vorsorgeuntersuchungen („**Gesundheits-Check**" bzw. „**Manageruntersuchung**") an. Die Untersuchungen, die ein von der Firma ausgewählter niedergelassener Facharzt durchführt, dienen der Früherkennung insbesondere von Herz-, Kreislauf- und Stoffwechselerkrankungen sowie der Krebsvorsorge. Vorab erhalten die Adressaten eine Einladung zu einer Vortragsveranstaltung über Inhalte und Ziele der Untersuchung, da – so die Einladungstexte – dem Vorstand die Gesundheit der „Leitenden" am Herzen liege.
> Das **FG Düsseldorf** hat entschieden, dass kein Arbeitslohn vorliegt, weil die Leistungen im überwiegend eigenbetrieblichen Interesse der Firma erbracht wurden: die Firma wollte einen krankheitsbedingten Ausfall ihrer leitenden Mitarbeiter, die schwerer zu ersetzen sind als andere Mitarbeiter, vermeiden (FG Düsseldorf v. 30.9.2009, 15 K 2727/08 L, EFG 2010, 137).

Übernimmt der Arbeitgeber die **Mehrkosten für die Unterbringung eines leitenden Angestellten im Einbettzimmer**, damit dieser dort ungestört arbeiten und auch mit seinem Arbeitgeber vertrauliche Telefongespräche führen kann, handelt es sich ebenfalls **nicht um steuerpflichtigen Arbeitslohn**. Die Unterbringung im Einbettzimmer erfolgt dann weitaus überwiegend im **eigenbetrieblichen Interesse** des Arbeitgebers.

Wegen **Kurkosten** → *Erholung: Arbeitgeberzuwendungen* Rz. 1170.

[LSt] [SV]

☒ = keine Lohnsteuerpflicht
☒ = Lohnsteuerpflicht

Krankheitskosten

d) Teilweise Arbeitslohn

1732 Einen „Mittelweg" wollte das **FG Schleswig-Holstein** im Urteil v. 10.7.2007, 5 K 369/02, EFG 2008, 943 gehen. Es lehnte die bisherige BFH-Rechtsprechung ab, nach der in diesen Fällen nur ganz oder gar nicht Arbeitslohn anzunehmen ist und hatte deshalb die Übernahme von Kosten einer **Regenerierungskur eines Fluglotsen durch den Arbeitgeber im Wege der Schätzung je zur Hälfte als steuerpflichtigen Arbeitslohn** (soweit die Kur Vorteilscharakter hat) und zur anderen Hälfte als steuerfreie Leistung im ganz überwiegenden eigenbetrieblichen Interesse (soweit die Kur eigenbetrieblichen Interessen dient) beurteilt.

Der **BFH hat jedoch eine solche Aufteilung abgelehnt** und in vollem Umfang steuerpflichtigen Arbeitslohn angenommen (BFH v. 11.3.2010, VI R 7/08, BStBl II 2010, 763).

2. Steuerbefreiungen

a) Steuerbefreiung nach § 3 Nr. 1 EStG

1733 Die Erstattung von Krankheitskosten durch die **Krankenversicherung** ist nach § 3 Nr. 1 Buchst. a EStG **steuerfrei**.

Erkrankt ein sozialversicherter Arbeitnehmer anlässlich eines **dienstlichen Aufenthalts im Ausland**, so hat dieser Arbeitnehmer gem. § 17 Abs. 1 SGB V einen Anspruch auf Krankenbehandlung (Leistungsanspruch). Dies gilt selbst dann, wenn die Behandlungskosten im Ausland höher als im Inland sind. In diesem Fall hat der **Arbeitgeber** wegen der von ihm veranlassten Entsendung seines Arbeitnehmers ins Ausland die **Differenz zwischen Auslands- und Inlandskrankheitskosten zu tragen**. Diese Erstattung ist wegen des gegenüber der Krankenversicherung grundsätzlich bestehenden Leistungsanspruchs nach § 3 Nr. 1a EStG **steuerfrei**.

Erstattet aber der **Arbeitgeber** seinem im Ausland behandelten Arbeitnehmer **darüber hinaus Kosten**, auf die der Arbeitnehmer **keinen Anspruch gegenüber seiner Krankenversicherung hat** (z.B. für Chefarztbehandlung oder Einzelzimmerzuschläge bei Krankenhausaufenthalt), so beruhen diese Beträge nicht auf der Krankenversicherung, sondern haben ihre Ursache im Dienstverhältnis und stellen grundsätzlich **steuerpflichtigen Arbeitslohn** dar. Sie können jedoch unter den Voraussetzungen der R 3.11 Abs. 2 LStR als Unterstützungen bis zu einem Betrag von 600 € jährlich steuerfrei belassen werden.

☒ ☒

b) Steuerbefreiung nach § 3 Nr. 11 EStG

1734 Krankheitskosten, die der **Arbeitgeber** dem Arbeitnehmer ersetzt, sind grundsätzlich steuerpflichtiger **Arbeitslohn** (BFH v. 14.3.1975, VI R 63/73, BStBl II 1975, 632), können aber nach § 3 Nr. 11 EStG i.V.m. R 3.11 LStR als Beihilfe bzw. Unterstützung wegen Krankheit steuerfrei sein (→ *Unterstützungen* Rz. 2958).

☒ ☒

c) Neue Steuerbefreiung nach § 3 Nr. 34 EStG

aa) Allgemeines

1735 Steuerfrei sind nach § 3 Nr. 34 EStG ab 2008

- zusätzlich zum ohnehin geschuldeten Arbeitslohn erbrachte Leistungen des Arbeitgebers (→ *Barlohnumwandlung* Rz. 515),
- zur **betrieblichen Gesundheitsförderung**, die hinsichtlich Qualität, Zweckbindung und Zielgerichtetheit den Anforderungen des § 20a Abs. 1 i.V.m. § 20 Abs. 1 Satz 3 SGB V genügen,
- soweit sie den **Betrag von 500 € im Kalenderjahr nicht übersteigen**.

bb) Begünstigte Maßnahmen

1736 Bei der Definition der Anforderungen an die steuerbegünstigten Leistungen hat sich der Gesetzgeber auf die Vorschriften des SGB V gestützt und speziell auf die Regelungen der § 20a Abs. 1 i.V.m. § 20 Abs. 1 Satz 3 SGB V Bezug genommen. In diesem Zusammenhang gilt der **Leitfaden Prävention** der Arbeitsgemeinschaft der Spitzenverbände der Krankenkassen zur Beschreibung „Gemeinsamer und einheitlicher Handlungsfelder und Kriterien der Spitzenverbände der Krankenkassen zur Umsetzung von §§ 20 und 20a SGB V" (Stand 10.12.2014, der Leitfaden ist auf den Internetseiten der gesetzlichen Krankenkassen veröffentlicht) als

Grundlage für die Beurteilung der Steuerfreiheit der vom Arbeitgeber zusätzlich zum Arbeitslohn übernommenen Aufwendungen und ggf. für Barleistungen bei extern durchgeführten Maßnahmen, für die der Arbeitnehmer in Vorleistung tritt. Dies gilt besonders für kleine und mittlere Arbeitgeber, die auf Grund ihrer Größe und Struktur keine eigenständigen Gesundheitsförderungsmaßnahmen anbieten bzw. durchführen können.

Im Leitfaden sind folgende Maßnahmen genannt:

- **Verbesserung des allgemeinen Gesundheitszustands:**
  - Bewegungsgewohnheiten (vgl. Tz. 6.2.1 des Leitfadens Prävention; Reduzierung von Bewegungsmangel, Vorbeugung und Reduzierung spezieller gesundheitlicher Risiken durch verhaltens- und gesundheitsorientierte Bewegungsprogramme),
  - Ernährung (vgl. Tz. 6.2.2 des Leitfadens Prävention; Vermeidung von Mangel- und Fehlernährung, Vermeidung und Reduktion von Übergewicht),
  - Stressbewältigung und Entspannung (vgl. Tz. 6.2.3 des Leitfadens Prävention; Förderung individueller Kompetenzen der Belastungsverarbeitung zur Vermeidung stressbedingter Gesundheitsrisiken),
  - Suchtmittelkonsum (vgl. Tz. 6.2.4 des Leitfadens Prävention; Förderung des Nichtrauchens, gesundheitsgerechter Umgang mit Alkohol, Reduzierung des Alkoholkonsums).

- **Betriebliche Gesundheitsförderung:**
  - Arbeitsbedingte körperliche Belastungen (vgl. Tz. 7.2.1 des Leitfadens Prävention; Vorbeugung und Reduzierung arbeitsbedingter Belastungen des Bewegungsapparates),
  - Betriebsverpflegung (vgl. Tz. 7.2.2 des Leitfadens Prävention; Ausrichtung der Betriebsverpflegungsangebote an Ernährungsrichtlinien und Bedürfnissen der Beschäftigten, Schulung des Küchenpersonals, Informations- und Motivierungskampagnen),
  - psychosoziale Belastung, Stress (vgl. Tz. 7.2.3 des Leitfadens Prävention; Förderung individueller Kompetenzen der Stressbewältigung am Arbeitsplatz, gesundheitsgerechte Mitarbeiterführung),
  - Suchtmittelkonsum (vgl. Tz. 7.2.4 des Leitfadens Prävention; rauchfrei im Betrieb, Nüchternheit am Arbeitsplatz)

Im Leitfaden sind zu den einzelnen Handlungsfeldern u.a. die Zielgruppen, die entsprechende Methodik und die Qualifikation der durchführenden Anbieter beschrieben, die bei einer steuerrechtlichen Bewertung der Maßnahme berücksichtigt werden können.

Neben unmittelbaren Leistungen des Arbeitgebers fallen auch **Barleistungen** (Zuschüsse) des Arbeitgebers, welche die Arbeitnehmer für extern durchgeführte Maßnahmen aufwenden, unter die Steuerbefreiungsvorschrift. Diese Regelung nützt insbesondere den Arbeitgebern kleinerer oder mittlerer Unternehmen, da diese nicht in dem Maße wie große Unternehmen eigene Gesundheitsförderungsmaßnahmen durchführen können und daher auf bestehende externe Angebote angewiesen sind.

> **Beispiel:**
> Firma A hat für alle Mitarbeiter ein einwöchiges Einführungsseminar zur Vermittlung grundlegender Erkenntnisse über einen gesunden Lebensstil finanziert (sog. Sensibilisierungswoche). Ziel ist, die Beschäftigungsfähigkeit, die Leistungsfähigkeit und die Motivation der auf Grund der demografischen Entwicklung zunehmend alternden Belegschaft zu erhalten. Die Kosten betragen rund 1 300 € pro Mitarbeiter abzgl. zu erwartender Zuschüsse der Krankenkassen von bis zu 400 €.
>
> Die Kostenübernahme ist als steuerpflichtiger Arbeitslohn anzusehen, weil der den Arbeitnehmern zugewendete geldwerte Vorteil nicht in ganz überwiegendem betrieblichen Interesse gewährt wurde. Die allgemeine Gesundheitsvorsorge liegt zwar auch im Interesse eines Arbeitgebers, aber zuvorderst im persönlichen Interesse der Arbeitnehmer.
>
> Da es sich jedoch um eine begünstigte Maßnahme der §§ 20, 20a SGB V handelt, sind nach § 3 Nr. 34 EStG die Aufwendungen bis 500 € je Teilnehmer steuerfrei (vgl. BFH v. 7.5.2014, VI R 28/13, www.stotax-first.de).

☒ ☒

cc) Keine Steuerbefreiung

1737 Nicht begünstigt i.S. dieser Vorschrift sind Leistungen, die unter Anrechnung auf den vereinbarten Arbeitslohn oder durch Um-

Krankheitskosten

wandlung (Umwidmung) des vereinbarten Arbeitslohns erbracht werden (vgl. R 3.33 Abs. 5 LStR analog). Die Zusätzlichkeitsvoraussetzung erfordert, dass die zweckbestimmte Leistung zu dem Arbeitslohn hinzukommt, den der Arbeitgeber arbeitsrechtlich schuldet. Wird eine zweckbestimmte Leistung unter Anrechnung auf den arbeitsrechtlich geschuldeten Arbeitslohn oder durch Umwandlung des arbeitsrechtlich geschuldeten Arbeitslohns gewährt, liegt keine zusätzliche Leistung vor. Eine zusätzliche Leistung liegt aber dann vor, wenn sie unter Anrechnung auf eine andere freiwillige Sonderzahlung (freiwillig geleistetes Weihnachtsgeld) erbracht wird.

Nicht begünstigt i.S. dieser Vorschrift sind ferner **Mitgliedsbeiträge an Sportvereine und Fitnessstudios** (auch Kieser-Training), welche der Arbeitgeber übernimmt bzw. bezuschusst. Davon abzugrenzen sind jedoch Zuschüsse des Arbeitgebers für Maßnahmen, die Fitnessstudios oder Sportvereine anbieten und die den fachlichen Anforderungen des o.g. Leitfadens Prävention der Krankenkassen gerecht werden. Solche Zuschüsse sind durch die Steuerbefreiungsvorschrift des § 3 Nr. 34 EStG begünstigt.

dd) Weitere Einzelfragen

1738 Zu Anwendungsfragen im Zusammenhang mit der betrieblichen Gesundheitsförderung gem. § 3 Nr. 34 EStG vertritt die Finanzverwaltung folgende Auffassung:

1. **Abgabe von „gesunden" Mahlzeiten im Rahmen der Kantinenverpflegung**

Für Leistungen des Arbeitgebers bei der Verpflegung im Betrieb (Abgabe von „gesunden" Mahlzeiten im Rahmen der Kantinenverpflegung) kann die Steuerbefreiung des § 3 Nr. 34 EStG in Anspruch genommen werden, wenn durch ein Gutachten o.ä. eines Sozialversicherungsträgers bestätigt wird, dass die Maßnahme unter §§ 20 und 20a SBG V fällt. Allerdings ist im Zusammenhang mit der Steuerbefreiung des § 3 Nr. 34 EStG keine Durchschnittsberechnung (R 8.1. Abs. 7 Nr. 5 LStR) für die Ermittlung des geldwerten Vorteils möglich.

2. **Zuschüsse des Arbeitgebers an seine Arbeitnehmer für von Krankenkassen geförderte Gesundheits- oder Aktivwochen**

Bei Arbeitgeberleistungen für Gesundheits- oder Aktivwochen, die von den Krankenkassen gefördert oder angeboten werden, ist § 3 Nr. 34 EStG anwendbar, soweit die Anbieter der Präventions- und Gesundheitsmaßnahmen die Leistungen einzeln und gesondert in ihren Rechnungen ausweisen.

Die Steuerbefreiung erstreckt sich nur auf die in den §§ 20 und 20a SGB V aufgeführten Präventionsleistungen und nicht auf die mit den Präventionsleistungen im Zusammenhang stehenden Neben- oder Zusatzleistungen (z.B. Verpflegungs-, Reise- und Unterkunftskosten). Zusätzlich zum ohnehin geschuldeten Arbeitslohn erbrachte Leistungen des Arbeitgebers sind nur dann nach § 3 Nr. 34 EStG steuerfrei, wenn sie dem Grunde und der Höhe nach feststehen. Die Aufteilung des Gesamtrechnungsbetrages im Wege der Schätzung ist nicht zulässig.

Nachweise über die Aufteilung des Gesamtrechnungsbetrages können auch nachträglich erbracht werden.

3. Krankheitskosten bei Auslandsaufenthalt

1739 Erkrankt ein sozialversicherter Arbeitnehmer bei einer **privaten Reise ins Ausland**, so hat er nach den Vorschriften des SGB V einen Anspruch auf Behandlung der Krankheit (Leistungsanspruch). Das gilt selbst dann, wenn die Behandlungskosten im Ausland höher als im Inland sind.

Denselben Leistungsanspruch hat ein sozialversicherter Arbeitnehmer gem. § 17 Abs. 1 SGB V gegenüber seinem Arbeitgeber, wenn er anlässlich eines **dienstlichen Aufenthalts im Ausland** erkrankt. Das bedeutet im Ergebnis, dass der Arbeitnehmer von seinem Arbeitgeber die Erstattung evtl. höherer Kosten für Auslandsbehandlung in gleicher Höhe verlangen kann, wie er sie für einen entsprechenden Ersatzanspruch nach den Vorschriften des SGB V gegenüber seiner Krankenversicherung hätte, wenn er privat ins Ausland gereist und dort erkrankt wäre.

Da aber der Arbeitgeber die Entsendung des Arbeitnehmers ins Ausland veranlasst hat, werden entstehende höhere Behandlungskosten nicht von der Krankenversicherung des Arbeitnehmers getragen. Die Krankenversicherung des Arbeitnehmers erstattet deshalb an den Arbeitgeber nach § 17 Abs. 2 SGB V nur Krankheitskosten, wie sie im Inland angefallen wären. Das bedeutet im Ergebnis, dass der **Arbeitgeber die Differenz zwischen Auslands- und Inlandskrankheitskosten wegen der von ihm veranlassten Entsendung seines Arbeitnehmers ins Ausland zu tragen hat.**

Steuerfrei gem. § 3 Nr. 1a EStG sind als Leistungen aus einer Krankenversicherung deshalb selbst die vom Arbeitgeber zu tragenden höheren Krankheitskosten für eine Behandlung im Ausland, weil der Arbeitnehmer auch insoweit ihm gegenüber einen Erstattungsanspruch gem. § 17 Abs. 1 SGB V hat. Unerheblich ist für den Umfang der Steuerfreiheit ist, dass der Arbeitgeber selbst nur einen Anspruch auf Erstattung der niedrigeren Krankheitskosten für eine Inlandsbehandlung gegenüber der Krankenversicherung seines Arbeitnehmers hat.

Erstattet aber der Arbeitgeber seinem im Ausland behandelten Arbeitnehmer darüber hinaus Kosten, auf die der Arbeitnehmer keinen Anspruch gegenüber seiner Krankenversicherung hat (z.B. **Chefarztbehandlung oder Einzelzimmerzuschläge bei Krankenhausaufenthalt**), so beruhen diese Beträge nicht auf der Krankenversicherung, sondern haben ihre Ursache im Dienstverhältnis und stellen grundsätzlich **steuerpflichtigen Arbeitslohn** dar. Sie können jedoch unter den Voraussetzungen der R 3.11 Abs. 2 LStR bis zu einem Betrag von **600 € jährlich steuerfrei** belassen werden.

Hat der **Arbeitgeber dagegen zu Gunsten seiner Arbeitnehmer für solche Fälle eine Auslandskrankenversicherung abgeschlossen** und steht einem Arbeitnehmer auf Grund der vertraglichen Regelungen ein unmittelbarer Rechtsanspruch auf Auskehrung der Versicherungsleistungen im Versicherungsfall gegenüber dem Versicherungsunternehmen zu, sind die Beiträge **steuerpflichtiger Arbeitslohn.**

Aufwendungen des Arbeitgebers für einen Gruppenversicherungsvertrag für die Krankheitskostenversicherung im Ausland sind jedoch **kein Arbeitslohn**, wenn die Beiträge im ganz überwiegend eigenbetrieblichen Interesse des Arbeitgebers erbracht werden. Nach FG München v. 21.3.2013, 15 K 2507/09, www.stotax-first.de, liegt ein ganz überwiegendes eigenbetriebliches Interesse des Arbeitgebers vor, wenn

- es sich um einen Gruppenversicherungsvertrag für die Krankheitskostenversicherung im Ausland anlässlich einer Vielzahl von Dienstreisen handelt,

- die Versicherung unter Fürsorgegesichtspunkten (§ 17 SGB V) und zur Verwaltungsvereinfachung (keine betriebsinterne Leistungsabrechnung erforderlich) abgeschlossen wurde

- und die sich aus den Beiträgen ergebende Bereicherung der Arbeitnehmer nur geringfügig ist (im FG-Fall lediglich 0,23 € pro Auslandsdienstreisetag).

Eine Erstattung als **Reisenebenkosten** nach § 3 Nr. 16 EStG ist dagegen nicht möglich (BFH v. 16.4.1999, VI R 66/97, BStBl II 2000, 408).

4. Werbungskosten

a) Allgemeines

1740 Aufwendungen des Arbeitnehmers zur Wiederherstellung seiner Gesundheit oder auch zur Gesunderhaltung stellen grundsätzlich **keine Werbungskosten** dar, weil sie immer auch die **private Lebensführung berühren** und eine Aufteilung der Kosten regelmäßig nicht möglich ist (§ 12 Nr. 1 Satz 2 EStG). Dies gilt auch dann, wenn ein Hilfsmittel für die Berufsausübung nützlich ist oder sie erst ermöglicht (zuletzt BFH v. 20.7.2005, VI R 50/03, www.stotax-first.de, betr. eine Bildschirm-Arbeitsbrille sowie BFH v. 24.5.2006, VI B 122/05, www.stotax-first.de, betr. Zahnbehandlungskosten). Ein Werbungskostenabzug auch dann nicht möglich, wenn entsprechende Maßnahmen des Arbeitgebers ganz oder z.T. als Arbeitslohn versteuert wurden.

Aufwendungen zur Verminderung oder Behebung gesundheitlicher Störungen, die typischerweise mit der betreffenden Berufstätigkeit verbunden sind, können ausnahmsweise **Werbungskosten** sein, wenn es sich um **typische Berufskrankheiten handelt oder der Zusammenhang zwischen der Erkrankung und dem**

Beruf eindeutig feststeht (zuletzt BFH v. 11.7.2013, VI R 37/12, BStBl II 2013, 815).

b) Typische Berufskrankheit

1741 Es liegt eine typische Berufskrankheit vor.

Dies ist z.B. **anerkannt** bei

- **Vergiftungserscheinungen eines Chemikers**, der Staublunge eines Bergmanns, dem Sportunfall eines Profifußballers, Strahlenschäden eines Röntgenarztes,
- einer **Lehrerin für stimmtherapeutische Übungen** (FG Sachsen v. 26.10.2010, 5 K 435/06, www.stotax-first.de, betr. Gymnastikübungen einer Geigerin, m.w.N.),
- einer **Sekretärin, die an einer chronischen Sehnenscheidenentzündung** leidet, hervorgerufen durch die Arbeit mit Computer und Maus bei der Arbeit. Da ein Attest den Zusammenhang der Krankheit mit dem Beruf bestätigte, hat das Verwaltungsgericht Aachen die Krankheit als Berufskrankheit eingestuft (VerwG Aachen v. 14.4.2011, 1 K 1203/09, www.stotax-first.de).

Dies ist dagegen z.B. **nicht anerkannt** bei

- einem durch Arbeitsüberlastung herbeigeführten **Herzinfarkt** (BFH v. 4.10.1968, IV R 59/68, BStBl II 1969, 179),
- einem **Hörschaden** (BFH v. 22.4.2003, VI B 275/00, www.stotax-first.de),
- der **Gelenkarthrose** eines Sportlehrers (FG Berlin v. 10.6.1991, VIII 506/88, EFG 1992, 322),
- einer psychischen oder psychosomatischen Krankheit wie **„Burn-Out"**, die zumindest auch durch eine starke emotionale Belastung im Beruf ausgelöst wird (FG München v. 26.4.2013, 8 K 3159/10, EFG 2013, 1387, Revision eingelegt, Az. beim BFH: VI R 36/13).

c) Eindeutiger Zusammenhang mit dem Beruf

1742 Die Aufwendungen stehen in einem eindeutigen Zusammenhang mit dem Beruf.

Dies ist z.B. **anerkannt** bei

- einem beim **Fußballspielen erlittenen unverschuldeten Unfall**, wenn das Fußballspiel Programmpunkt einer vom Arbeitgeber für seine Mitarbeiter ausgerichteten Fortbildungs- und Schulungsveranstaltung ist (FG Rheinland-Pfalz v. 24.10.1989, 2 K 98/87, www.stotax-first.de),
- einer **Berufs-Geigerin für die sog. Mensendieck-Gymnastik** (FG Sachsen v. 26.10.2010, 5 K 435/06, www.stotax-first.de),
- einer Sportlehrerin für den Besuch von **Phonetikkursen** (FG Baden-Württemberg v. 29.4.1997, 7 K 37/95, EFG 1998, 32),
- einem Hochleistungssportler für **Arztbesuche** (FG Hessen v. 16.10.2000, 5 K 187/98, EFG 2001, 683),
- dem in einer Verbandsgemeinde tätigen Oberamtsrat auf Grund einer **psychischen Erkrankung** durch „Mobbing" und „Bossing" (FG Rheinland-Pfalz v. 22.8.2012, 2 K 1152/12, www.stotax-first.de).

Dies ist dagegen z.B. **nicht anerkannt** bei

- einem **Volkshochschulkurs zur Erlernung der „Kunst des Sehens"** (Augentraining), mit dem nicht nur die durch die berufliche Bildschirmtätigkeit beeinträchtigte Sehkraft wiederhergestellt, sondern auch ganz allgemein geistige Fähigkeiten verbessert werden sollen (FG München v. 26.9.1997, 8 K 642/95, EFG 1998, 183),
- Aufwendungen einer Orchestermusikerin, die unter akuten Einschränkungen im Hals-Nacken-Schulterbereich leidet, für sog. **Dispokinese**, dabei handelt es sich um eine ganzheitlich orientierten Schulung, die durch eine Veränderung der Haltung, Atmung und Bewegung sowie der Erfahrungs- und Bewusstseinsdenkprozesse die Spiel- und Ausdrucksfähigkeit professioneller Musiker verbessert (FG Hessen v. 13.12.2011, 12 K 2569/10, www.stotax-first.de, aufgehoben durch BFH v. 11.7.2013, VI R 37/12, BStBl II 2013, 815: Das FG muss im sog. 2. Rechtsgang prüfen, ob nicht doch ein Werbungskostenabzug als Fortbildungskosten oder unter dem Gesichtspunkt der typischen Berufskrankheit oder eines eindeutig feststehenden Zusammenhangs zwischen Erkrankung und Beruf in Betracht kommt),
- Krankheitskosten wegen **Mobbing**, wenn die Erkrankung im Wesentlichen auf die persönliche Disposition des Arbeitnehmers zurückzuführen ist (BFH v. 23.1.2008, VI B 91/07, www.stotax-first.de, betr. psychische Beschwerden einer früheren Teamleiterin, bei denen nicht klar abzugrenzen ist, wieweit die Erkrankung tatsächlich auf die berufliche Tätigkeit zurückzuführen ist),
- Kosten eines Angestellten für **physiotherapeutische Maßnahmen am Arbeitsplatz**, mit der der Stpfl. ohne konkrete Veranlassung durch sein Arbeitsverhältnis allgemein etwas für die Erhaltung seiner Gesundheit und damit auch seiner Arbeitsfähigkeit tun will. Unerheblich ist, dass es der Arbeitgeber zugelassen hat, die Physiotherapie in betrieblichen Räumen in Anspruch zu nehmen (FG Düsseldorf v. 25.3.2013, 8 K 2213/11 E, www.stotax-first.de).

d) Kurkosten

1743 Entsprechendes gilt für Kurkosten. Sie sind nur dann als Werbungskosten abzugsfähig, wenn sie zur Heilung oder Vorbeugung gegen eine typische Berufskrankheit dienen.

Dies ist z.B. **anerkannt** für Aufwendungen

- wenn sie nachweisbar zur **Beseitigung einer bestehenden oder Vorbeugung gegen eine drohende typische Berufskrankheit** aufgewandt werden (z.B. BFH v. 17.7.1992, VI R 96/88, www.stotax-first.de).

Dies ist dagegen z.B. **nicht anerkannt** für Aufwendungen eines

- Bundeswehrpiloten für eine **Kneippkur**, die als vorbeugende Maßnahme dazu aufgewendet werden, einen allgemeinen Gesundheitszustand („vollständige Fitness") zu erhalten (BFH v. 17.7.1992, VI R 96/88, www.stotax-first.de),
- Polizeibeamten für den Besuch eines **Fitnessstudios** in seiner Freizeit, wenn keine Anrechnung auf die Dienstzeit erfolgt und der Besuch auch nicht als Dienstsport vom Dienstherrn anerkannt wird (BFH v. 22.5.2007, VI B 107/06, www.stotax-first.de),
- Fluglotsen für eine **Regenerierungskur** (BFH v. 11.3.2010, VI R 7/08, BStBl II 2010, 763),
- Technischen Lehrers im Bereich Berufsvorbereitung-Farbtechnik für eine **Kur**, wenn nicht feststellbar ist, dass die Kur der Beseitigung einer bestehenden oder der Vorbeugung gegen eine drohende typische Berufskrankheit dient (FG Baden-Württemberg v. 16.7.2010, 10 K 4686/10, EFG 2011, 433),
- Angestellten für eine mehrwöchige **Burn-Out-Behandlung** (teilweise bedingt durch beruflichen Stress infolge einer Organisationsumstellung) in einer psychosomatischen Klinik (FG München v. 26.4.2013, 8 K 3159/10, EFG 2013, 1387, Revision eingelegt, Az. beim BFH: VI R 36/13).

5. Außergewöhnliche Belastungen

1744 Krankheitskosten sind jedoch grundsätzlich als außergewöhnliche Belastung nach § 33 EStG abzugsfähig.

Einen gewissen Eigenanteil soll aber jeder Stpfl. selber tragen. Der Gesetzgeber hat daher in § 33 Abs. 3 EStG eine nach Einkommen und Familienstand gestaffelte sog. **zumutbare Belastung** festgelegt, um die die steuerlich abzugsfähigen Aufwendungen gekürzt werden (die Kürzung ist verfassungsgemäß, vgl. FG Hamburg v. 14.6.2012, 1 K 28/12, www.stotax-first.de, Revision eingelegt, Az. beim BFH: VI R 33/13, m.w.N.).

In diesem – und weiteren – Revisionsverfahren soll entschieden werden, ob es von Verfassungs wegen geboten ist, zwangsläufige Krankheitskosten – hilfsweise jedenfalls diejenigen Krankheitskosten, die zur Erlangung eines sozialhilferechtlichen Versorgungsniveaus erforderlich sind – ohne Kürzung um eine zumutbare Belastung zum Abzug als außergewöhnliche Belastung zuzulassen. Um Masseneinsprüche zu vermeiden, ergehen Steuerfestsetzungen insoweit vorläufig (BMF v. 5.11.2015, IV A 3 – S 0338/07/10010, BStBl I 2015, 786).

Die Entscheidung des BFH – und ggf. auch des BVerfG – bleibt abzuwarten.

Weitere Einzelheiten s. R 33.4 EStR und H 33.1 bis 33.4 EStH.

Kreditkarte

→ *Firmenkreditkarte* Rz. 1221, → *Werbungskosten* Rz. 3182

Kreditkosten

→ *Arbeitslohn-ABC* Rz. 255

Kundenbindungsprogramme

1. Allgemeines

1745 Viele Unternehmen, insbesondere Fluggesellschaften, haben Kundenbindungsprogramme eingeführt, bei denen der Kunde für die Inanspruchnahme einer Leistung Bonuspunkte erhält, die wiederum unter bestimmten Voraussetzungen in Sachprämien umgewandelt werden können.

Kundenbindungsprogramme

keine Sozialversicherungspflicht = (SV̄)
Sozialversicherungspflicht = (SV)

> **Beispiel:**
> Bei der Lufthansa existiert das Prämienprogramm „Miles & More". Bei diesem Programm erhält der Fluggast für Flüge, die er mit der Lufthansa oder kooperierenden Fluggesellschaften durchführt, Bonuspunkte, die sich im Wesentlichen nach der Zahl der geflogenen Flugmeilen richten. Bonuspunkte werden aber auch für die Inanspruchnahme mit der Lufthansa kooperierender Gesellschaften, z.B. Hotels, Mietwagenunternehmen, Online-Shops, gewährt. Diese Bonuspunkte, auch Freimeilen genannt, können vom Kunden in bestimmte Prämien eingelöst werden, z.B. Freiflüge, Hotelübernachtungen, Ballonfahrten.

Erhält ein Arbeitnehmer Bonuspunkte für die dienstlich veranlasste Inanspruchnahme einer Leistung, für die der Arbeitgeber die Kosten trägt, und verpflichtet der Arbeitgeber den Arbeitnehmer nach der Rechtsprechung des BAG (BAG v. 11.4.2006, 9 AZR 500/05, www.stotax-first.de), die erworbenen Bonuspunkte nur **für dienstliche Zwecke** einzusetzen, so sind die von der Gesellschaft gewährten Prämien weder steuer- noch beitragspflichtig.

[LSt] (SV̄)

Verzichtet der Arbeitgeber jedoch **auf die Herausgabe** dienstlich erworbener Bonuspunkte, so sind die gewährten Prämien grundsätzlich steuer- und beitragspflichtig.

[LSt] (SV)

Es handelt sich insoweit um im Rahmen eines Dienstverhältnisses von einem Dritten gezahlten Arbeitslohn, der dem Lohnsteuerabzug unterliegt, weil der Arbeitgeber weiß oder erkennen kann, dass derartige Vergütungen erbracht werden (§ 38 Abs. 1 Satz 3 EStG). Die Höhe des geldwerten Vorteils bestimmt sich nach § 8 Abs. 2 EStG nach dem üblichen Endpreis am Abgabeort. Das ist z.B. bei Bonuspunkten von Fluggesellschaften der tarifgemäße Flugpreis für die gutgeschriebenen Freimeilen (FinMin Berlin v. 13.3.1995, III B 12 – S 2143 – 3/93, www.stotax-first.de, betr. Behandlung der durch Geschäftsreisen erzielten Prämien aus den Vielfliegerprogrammen der Luftverkehrsgesellschaften bei der Gewinnermittlung). Deshalb ist der Arbeitnehmer verpflichtet, dem Arbeitgeber für Zwecke des Lohnsteuerabzugs mitzuteilen, dass er Bonuspunkte privat verwendet hat (§ 38 Abs. 4 Satz 3 EStG).

Beim Prämienprogramm für Bahnfahrer **„bahn.bonus"** gelten die gleichen Grundsätze, vgl. im Einzelnen FinMin Saarland v. 24.10.2005, B/2 – 4 – 134/05 – S 2334, www.stotax-first.de.

2. Freibetrag von 1 080 €

1746 Für **Sachprämien**, die der Stpfl. **für die persönliche Inanspruchnahme von Dienstleistungen** von Unternehmen unentgeltlich erhält, die diese zum Zwecke der Kundenbindung im allgemeinen Geschäftsverkehr in einem jedermann zugänglichen planmäßigen Verfahren gewähren, gibt es einen **Steuerfreibetrag** von 1 080 € (§ 3 Nr. 38 EStG). Preisnachlässe, Skonti und Rückvergütungen sind nicht begünstigt.

Nach der Gesetzesbegründung setzt die Steuerfreiheit voraus, dass die den Prämien zu Grunde liegenden Leistungen vom Prämienempfänger persönlich in Anspruch genommen worden sind. Dies entspreche den derzeitig angebotenen Bonusprogrammen und unterscheide die Prämien von anderen Boni, die üblicherweise dem Empfänger einer Leistung zugute kommen. Deshalb ist die Steuerfreiheit auf Prämien beschränkt, die für **Dienstleistungen** gewährt werden, weil nur bei Dienstleistungen eine Anknüpfung an die persönliche Inanspruchnahme möglich ist. Soweit privat verwertete Prämien auf privaten Leistungen beruhen oder Prämien beruflich verwertet werden, hat die Steuerbefreiung nur deklaratorische Bedeutung, denn insoweit handelt es sich nicht um steuerpflichtige Vorgänge.

Die Anwendung von § 3 Nr. 38 EStG scheidet hingegen aus, wenn die gutgeschriebenen Bonuspunkte **auch in eine Barprämie eingelöst** werden können oder **keine Dienstleistung in Anspruch** genommen, sondern eine Ware erworben wird, wie dies z.B. beim **Payback**-Bonusprogramm der Fall ist (BMF v. 20.10.2006, IV C 5 – S 2334 – 68/06, Lohnsteuer-Handausgabe 2015, 363).

> **Beispiel:**
> Ein Arbeitgeber händigt seinen Mitarbeitern Tankkarten einer großen Tankstellenkette aus, mit denen diese sowohl für dienstliche als auch für private Zwecke an den Tankstellen dieser Kette tanken können (soweit die Mitarbeiter für private Zwecke tanken, wird der Vorteil des kostenlosen Tankens lohnversteuert). Die Tankkarten sind auf den Namen des Arbeitgebers ausgestellt. Durch die Freischaltung der Karten für das Payback-Bonusprogramm besteht für den Mitarbeiter die Möglichkeit, sich beim Bezahlen der Tankrechnung Payback-Punkte auf sein privates Punktekonto gutschreiben zu lassen. Nach Erreichen einer bestimmten Anzahl von Payback-Punkten steht es dem Mitarbeiter nach den Geschäftsbedingungen des Payback-Anbieters frei, sich eine Sachprämie oder einen Einkaufsgutschein aushändigen oder einen entsprechenden Geldbetrag auszahlen zu lassen. Die Prämien bzw. Bargeldbeträge verbleiben bei den Mitarbeitern und werden ausschließlich privat genutzt.

Die Vorteile aus den dienstlich erworbenen Payback-Punkten führen zu steuerpflichtigem Arbeitslohn. Der Arbeitslohn fließt bei Gutschrift auf dem privaten Punktekonto zu und nicht erst bei Einlösung der Payback-Punkte (R 38.2 Abs. 3 LStR und H 38.2 [Zufluss von Arbeitslohn] LStH). Die Anwendung des § 3 Nr. 38 EStG scheidet aus, weil es sich zum einen durch die immer mögliche Bareinlösung nicht um Sachprämien handelt und zum anderen keine Dienstleistung in Anspruch genommen, sondern eine Ware erworben wird. Der vom Arbeitgeber gezahlte, teilweise für private und teilweise für dienstliche Zwecke genutzte Treibstoff ist für die Lohnversteuerung aufzuteilen. Die auf dem privaten Punktekonto gutgeschriebenen Payback-Punkte sind dementsprechend aufzuteilen (BMF v. 20.10.2006, IV C 5 – S 2334 – 68/06, Lohnsteuer-Handausgabe 2015, 363). Zur Mitteilungspflicht des Arbeitnehmers und zur Anzeigepflicht des Arbeitgebers bei Lohnzahlung durch Dritte → *Lohnzahlung durch Dritte* Rz. 1951.

3. Pauschalbesteuerung durch den Prämienanbieter

1747 Der Prämienanbieter von Kundenbindungsprogrammen hat die Möglichkeit der Pauschalversteuerung.

Nach § 37a EStG kann **das Finanzamt auf Antrag** zulassen, dass das Unternehmen, das Sachprämien i.S. des § 3 Nr. 38 EStG gewährt, die Einkommensteuer für den Teil der Prämien, der nicht steuerfrei ist, pauschal erhebt. Zuständig für den Pauschalierungsantrag ist das Betriebsstättenfinanzamt des Prämienanbieters (§ 37a Abs. 3 EStG).

Bemessungsgrundlage der pauschalen Einkommensteuer ist der **gesamte Wert der Prämien**, die den im Inland ansässigen Stpfl. zufließen. Dabei ist nach folgenden Grundsätzen zu verfahren (FinMin Nordrhein-Westfalen v. 3.7.1998, S 2334 – 3 – V B 3, StEd 1998, 522):

– Der Besteuerung unterliegen nur die tatsächlich in Anspruch genommenen Prämien und nicht bereits die Gutschriften von Bonuspunkten auf dem Prämienkonto.

– Freiflüge sind grundsätzlich mit den jeweils für Mitarbeiterflüge maßgeblichen Flugkilometerwerten ohne Abschläge anzusetzen (→ *Freiflüge* Rz. 1338).

– Upgrades können anhand des Punkte-/Meilenverbrauchs in einen Flugkilometerwert umgerechnet und mit dem Wert angesetzt werden, der sich für einen entsprechenden Mitarbeiterflug ergeben würde.

– Wegen der schwierigen Feststellung des für Erlebnisprämien maßgeblichen üblichen Endpreises ist es aus Vereinfachungsgründen zulässig, die oben dargestellte Berechnungsmethode auch auf Erlebnisprämien anzuwenden.

Der Pauschsteuersatz beträgt 2,25 % (§ 37a Abs. 1 EStG). Auf die pauschale Einkommensteuer ist § 40 Abs. 3 EStG sinngemäß anzuwenden (§ 37a Abs. 2 Satz 1 EStG). Das bedeutet, dass **der Prämienanbieter** die pauschale Einkommensteuer **zu übernehmen hat** und Schuldner der pauschalen Einkommensteuer ist. Das bedeutet aber auch, dass die pauschal besteuerten Einkünfte und die pauschale Einkommensteuer **bei der Einkommensteuerveranlagung des Prämienempfängers außer Ansatz** bleiben. Daher hat das pauschalierende Unternehmen den Prämienempfänger auch über die abgeltende Pauschalbesteuerung zu unterrichten (§ 37a Abs. 2 Satz 2 EStG). Die pauschale Einkommensteuer gilt als Lohnsteuer und ist von dem Prämienanbieter in der Lohnsteuer-Anmeldung der betreffenden Betriebsstätte anzumelden (§ 37a Abs. 4 EStG).

Ein Arbeitnehmer, der an einem Kundenbindungsprogramm teilnimmt und eine solche Mitteilung von dem Prämienanbieter erhält, sollte eine Fotokopie dieser Bescheinigung seinem Arbeitgeber einreichen. Für den Arbeitgeber bedeutet diese Mitteilung, dass er **keine weiteren Ermittlungen** über die Höhe eines etwaigen geldwerten Vorteils anstellen muss. Er sollte deshalb **die Bescheinigung zum Lohnkonto des Arbeitnehmers** nehmen.

Künstlerische Tätigkeit

→ *Aufwandsentschädigungen für bestimmte nebenberufliche Tätigkeiten* Rz. 360

Künstler (und verwandte Berufe)

1. Allgemeines

1748 Zur Abgrenzung zwischen selbständiger Tätigkeit und nichtselbständiger Arbeit sowie für den Lohnsteuerabzug bei Künstlern und verwandten Berufen, soweit sie eine **unmittelbare Vertragsbeziehung zum Arbeitgeber/Auftraggeber begründen**, s. „Künstlererlass" BMF v. 5.10.1990, IV B 6 – S 2332 – 73/90, BStBl I 1990, 638 und ergänzend v. 9.7.2014, IV C 5 – S 2332/0 – 07, BStBl I 2014, 1103 betr. Nachweis der Unternehmereigenschaft.

Zur steuerlichen Behandlung **beschränkt einkommensteuerpflichtiger** Künstler s. BMF v. 31.7.2002, IV C 5 – S 2369 – 5/02, BStBl I 2002, 707, teilweise geändert durch BMF v. 28.3.2013, IV C 5 – S 2332/09/10002, BStBl I 2013, 443.

Zur lohnsteuerrechtlichen Behandlung von Fahrt- und Übernachtungskostenersatz an **gastspielverpflichtete Künstler** s. OFD Frankfurt v. 5.6.2015, S 2332 A – 59 – St 211, www.stotax-first.de, StEd 2015, 428.

Die Spitzenverbände der Sozialversicherungsträger haben einen **„Abgrenzungskatalog für die im Bereich Theater, Orchester, Rundfunk- und Fernsehanbieter, Film- und Fernsehproduktion tätigen Personen" herausgegeben**, der u.a. unter www.aok-business.de und www.stotax-first.de veröffentlicht ist.

Hinzuweisen ist ferner auf das Besprechungsergebnis der Spitzenverbände der Sozialversicherungsträger v. 7./8.5.2008, www.aok-business.de, www.stotax-first.de, zum Beginn und Ende des versicherungsrechtlichen Beschäftigungsverhältnisses von **Schauspielern mit Drehtagverpflichtung**.

2. Einzelfragen zum steuerlichen Künstlererlass

1749 Zu Tz. 1:

– Zahlt ein Musiktheater an seine **angestellten Orchestermusiker** Vergütungen für die **Übertragung von Leistungsschutzrechten** betreffend Fernsehausstrahlungen, so handelt es sich nicht um Arbeitslohn, sondern um Einnahmen aus **selbständiger Arbeit**, wenn die Leistungsschutzrechte nicht bereits auf Grund des Arbeitsvertrags auf den Arbeitgeber übergegangen und die Höhe der jeweiligen Vergütungen in gesonderten Vereinbarungen festgelegt worden sind (BFH v. 6.3.1995, VI R 63/94, BStBl II 1995, 471).

– Einnahmen aus **Musikveranstaltungen** sind nicht allein deshalb als Einkünfte aus nichtselbständiger Arbeit zu qualifizieren, weil für die Abrechnung die **Verrechnungsstelle** für Musiker, Bühnen-, Hotel- und Gaststättenangestellte in Hannover **eingeschaltet** worden ist und Lohn- sowie Lohnkirchensteuer und Sozialversicherungsbeiträge an die betreffenden Stellen abgeführt hat (BVerfG v. 30.3.1996, 2 BvR 1611/95, StEd 1996, 574).

Zu Tz. 1.1.2:

– Das FG Hamburg hat die Verwaltungsauffassung bestätigt, dass ein **spielzeitverpflichteter Orchestermusiker**, der in einem seit vielen Jahren laufenden Musical mitwirkt, **nichtselbständig** ist, weil er sich bis zu letzten Einzelheiten einem Regiekonzept unterwerfen muss. Das gilt auch für eine Vertretung; auf die Häufigkeit der Vertretungsfälle sowie auf die Frage, ob Rechtsbeziehungen zu dem Orchesterbetreiber oder dem Vertretenen bestehen, kommt es regelmäßig nicht entscheidend an (FG Hamburg v. 6.6.1995, I 122/94, EFG 1995, 1079).

– Ein **Opernsänger**, der bei Gastspielen das **Vergütungsrisiko trägt** und nicht vollständig in den Bühnenbetrieb des jeweiligen Opernhauses eingegliedert ist, ist insoweit **selbständig** tätig. Die Weisungsgebundenheit hinsichtlich Ort, Zeit und Inhalt der Tätigkeit ist in diesem Fall von untergeordneter Bedeutung (FG Köln v. 11.12.1990, 2 K 235/86, EFG 1991, 354). Auch das BAG hat einen gastspielverpflichteten Opernsänger als selbständig tätig angesehen (BAG v. 7.2.2007, 5 AZR 270/06, www.stotax-first.de). Nach Auffassung der obersten Finanzbehörden bietet dieses Urteil jedoch keinen Anlass, den „Künstlererlass" zu überarbeiten.

– Bei der Frage, ob eine gastspielverpflichtete Opernsängerin in den Theaterbetrieb eingegliedert und deshalb nichtselbständig oder ob sie selbständig tätig ist, ist nicht einseitig auf die Verpflichtung zur **Teilnahme an Proben** abzustellen (BFH v. 30.5.1996, V R 2/95, BStBl II 1996, 493).

Der BFH hat deshalb entgegen dem „Künstlererlass" eine Opernsängerin trotz Probenverpflichtung als **selbständige Unternehmerin** angesehen. Die Finanzverwaltung hat gegen dieses Urteil Bedenken und deshalb einen „Nichtanwendungserlass" herausgegeben (FinMin Bayern v. 17.2.1997, 32 – S 2355 – 21/54 – 9175, www.stotax-first.de). Sie sieht die **Probenverpflichtung als wesentliches Abgrenzungsmerkmal** zwischen selbständiger und nichtselbständiger Arbeit an, zumal hierdurch die Einordnung sowohl für den Arbeitgeber als auch für das Finanzamt vereinfacht wird. Es ist jedoch kaum damit zu rechnen, dass der BFH in einem neuen Verfahren seine Rechtsprechung ändern wird. Arbeitgeber sollten, wenn das Finanzamt Lohnsteuer nachfordert, gegen den Haftungsbescheid Einspruch einlegen.

Allein eine vertragliche Formulierung in Anlehnung an die für Bühnen geltenden Tarifverträge führt nach Auffassung des **SG Detmold** nicht zur Annahme eines Dienstverhältnisses besonderer Art und damit zu einer Verneinung der Sozialversicherungspflicht des Beschäftigungsverhältnisses. Ein Opernsänger, der fest in einen Proben- und Aufführungsbetrieb für ein Musiktheaterstück integriert ist und dabei auch hinsichtlich der Vergütung wie ein Angestellter behandelt wird (hier: Abgeltung von Mehrarbeit durch die gewährte Vergütung), übt regelmäßig eine **sozialversicherungspflichtige Beschäftigung** aus. Dies gilt regelmäßig auch für die Zeiten zwischen Proben und Aufführung (SG Detmold v. 26.5.2014, S 7 R 614/10, www.stotax-first.de).

– Das FG Baden-Württemberg hat Zweifel, ob ein **bekannter Theater- und Fernsehschauspieler**, der in einer Fernsehserie mitwirkt, tatsächlich als **Arbeitnehmer** tätig wird; es lehnt die gegenteilige 25-jährige Rechtsprechung des BFH und damit auch die Auffassung der Finanzverwaltung ausdrücklich ab (FG Baden-Württemberg v. 22.10.1998, 10 K 58/96, www.stotax-first.de).

Zu Tz. 1.3.1:

Der **Redakteur** einer Rundfunkanstalt kann auch dann **Arbeitnehmer** sein, wenn er auf der Basis von Einzelhonorarverträgen tätig ist (FG Rheinland-Pfalz v. 27.6.1988, 5 K 532/87, EFG 1989, 22).

Der BFH hat einen **Nachrichtensprecher** als Arbeitnehmer angesehen (BFH v. 4.12.2008, XI B 250/07, www.stotax-first.de).

Der **„feste freie Mitarbeiter" einer öffentlich-rechtlichen Rundfunkanstalt** kann selbständig tätig sein (BFH v. 25.6.2009, V R 37/08, BStBl II 2009, 873).

Zu Tz. 1.3.3:

Eine von vornherein auf Dauer angelegte Tätigkeit eines freien Mitarbeiters bei Hörfunk und Fernsehen ist nach Tz. 1.3.3 des sog. Künstlererlasses nichtselbständig, auch wenn für sie mehrere Honorarverträge abgeschlossen werden. Dabei ist nicht auf die Dauer und Häufigkeit der Tätigkeit, sondern auf die von vornherein eingegangene Gesamtverpflichtung abzustellen.

Zu Tz. 1.3.6:

Die neben dem ständigen Personal bei Hörfunk und Fernsehen beschäftigten Künstler und Angehörigen von verwandten Berufen, die i.d.R. auf Grund von Honorarverträgen tätig werden und im Allgemeinen als freie Mitarbeiter bezeichnet werden, sind nach Tz. 1.3.1 des Künstlererlasses grundsätzlich **nichtselbständig** tätig.

Nach Tz. 1.3.2 des Künstlererlasses sind bestimmte Gruppen von freien Mitarbeitern bei Hörfunk und Fernsehen im Allgemeinen **selbständig** tätig, soweit sie nur für einzelne Produktionen tätig werden (Negativkatalog). Gehört ein freier Mitarbeiter nicht zu einer der im Negativkatalog genannten Berufsgruppen, so kann gem. Tz. 1.3.6 des Künstlererlasses auf Grund besonderer Verhältnisse des Einzelfalls die Tätigkeit gleichwohl selbständig sein. Das **Wohnsitz-Finanzamt** erteilt dem Stpfl. nach eingehender

Künstler (und verwandte Berufe)

Prüfung ggf. eine diesbezügliche **Bescheinigung**. Eine Übertragung der Zuständigkeit für die Erteilung der Bescheinigung auf das Betriebsstätten-Finanzamt kommt nicht in Betracht.

Die Ausstellung einer Bescheinigung nach Tz. 1.3.6 des Künstlererlasses ist mithin nur auf ganz besonders gelagerte Ausnahmefälle beschränkt. Nach dem Wortlaut sowie dem Sinn und Zweck des Künstlererlasses ist dabei wie folgt zu verfahren (OFD Münster, aktualisierte Kurzinformation Einkommensteuer Nr. 16/2009 v. 22.3.2013, DB 2013, 1146):

Eine **Bescheinigung nach Tz. 1.3.6 des Künstlererlasses ist nur dann ausnahmsweise auszustellen**, wenn

- die künstlerische Tätigkeit bei Hörfunk und/oder Fernsehen ausgeübt wird,
- der Künstler nicht unter den Negativkatalog der Tz. 1.3.2 des Künstlererlasses fällt,
- der Künstler gleichwohl auf Grund besonderer Verhältnisse des Einzelfalls selbständig tätig wird und
- das Betriebsstätten-Finanzamt des Auftraggebers der Auffassung des Wohnsitz-Finanzamts des Künstlers zugestimmt hat.

Zu Tz. 1.4:

Abweichend vom „Künstlererlass" wurden als **selbständig** tätig angesehen

- ein **Regisseur und ein Kameramann**, die für den Dreh eines Werbespots durch einen Produzenten verpflichtet wurden (BFH v. 2.7.2008, VI R 19/07, www.stotax-first.de),
- ausländische **Fotomodelle**, die einmalig für ein bis drei Tage für Werbefilme engagiert wurden (BFH v. 14.6.2007, VI R 5/06, BStBl II 2009, 931).

Zu Tz. 1.5:

Wiederholungshonorare und Erlösbeteiligungen, die an ausübende Künstler von Hörfunk- oder Fernsehproduktionen als Nutzungsentgelte für die Übertragung originärer urheberrechtlicher Verwertungsrechte gezahlt werden, stellen nach Auffassung des BFH **keinen Arbeitslohn** dar (BFH v. 26.7.2006, VI R 49/02, BStBl II 2006, 917). Der BFH lehnt die gegenteilige Regelung im „Künstlererlass" (Zurechnung zu der Einkunftsart, zu der das Ersthonorar gehört hat) ab.

Kur/Kurkosten

1750 Der Begriff „Kur" wurde durch das Entgeltfortzahlungsgesetz mit Wirkung ab 1.6.1994 durch den inhaltsgleichen Begriff „Maßnahmen der medizinischen Vorsorge und Rehabilitation" ersetzt (§ 9 EFZG). Weitere Einzelheiten → *Entgeltfortzahlung* Rz. 107-1, → *Erholung: Arbeitgeberzuwendungen* Rz. 1167 und → *Krankheitskosten* Rz. 1729.

Kurzarbeitergeld

1. Allgemeines

1751 Kurzarbeitergeld wird Arbeitnehmern gewährt

- bei einem auf wirtschaftlichen Gründen oder auf einem unabwendbaren Ereignis beruhenden **vorübergehenden und nicht vermeidbaren Arbeitsausfall** mit Entgeltausfall oder
- bei **Wegfall der Arbeitsplätze des Betriebs infolge einer Betriebsänderung** (um die sofortige Arbeitslosigkeit der hiervon betroffenen Arbeitnehmer zu vermeiden), vgl. → *Beschäftigungsgesellschaften* Rz. 660.

Das Kurzarbeitergeld dient der Erhaltung von Arbeitsplätzen. Es bemisst sich nach dem **Unterschiedsbetrag** (Nettoentgeltdifferenz) **zwischen dem pauschalierten Nettoentgelt aus dem Soll-Entgelt** (Bruttoarbeitsentgelt, das der Arbeitnehmer ohne den Arbeitsausfall erzielt hätte, vermindert um Entgelte für Mehrarbeit) **und dem pauschalierten Nettoentgelt aus dem Ist-Entgelt** (tatsächlich erzieltes Bruttoarbeitsentgelt des Arbeitnehmers einschließlich aller zustehenden Entgeltanteile). Bei der Ermittlung von Soll-Entgelt und Ist-Entgelt bleibt Arbeitsentgelt, das einmalig gezahlt wird, außer Betracht. Das Kurzarbeitergeld beträgt bei Arbeitnehmern, die ein Kind i.S.d. § 32 Abs. 1 Nr. 2, Abs. 3 bis 5 EStG haben, 67 % und bei den übrigen Arbeitnehmern 60 % der Nettoentgeltdifferenz.

Die Bezugsfrist gilt einheitlich für alle in einem Betrieb beschäftigten Arbeitnehmer und beträgt längstens sechs Monate. Für 2013 wurde vom BMAS per Verordnung eine Hochsetzung der Bezugsfrist auf zwölf Monate beschlossen. Mit der Rechtsverordnung v. 13.11.2014, BGBl. I 2014, 1749 hat das BMAS die Bezugsdauer für das konjunkturelle Kurzarbeitergeld wie bereits für 2014 für weitere 12 Monate verlängert. Die Rechtsverordnung gilt bis 31.12.2015. Bei Redaktionsschluss war noch nicht bekannt, ob es zu einer weiteren Verlängerung kommt. Sobald nähere Details bekannt sind, unterrichten wir Sie unverzüglich durch unseren Online-Aktualisierungsdienst (s. Benutzerhinweise auf S. IV).

Mit dem Gesetz zur Sicherung von Beschäftigung und Stabilität in Deutschland v. 2.3.2009 (BGBl. I 2009, 416) hatte die Bundesregierung (befristet bis 31.12.2010) die Einführung von Kurzarbeit noch attraktiver für Unternehmen und unbürokratischer ausgestaltet. **Das Gesetz für bessere Beschäftigungschancen am Arbeitsmarkt v. 4.10.2010,** BGBl. I 2010, 1417 **sah eine Verlängerung dieser bewährten Arbeitsmarktinstrumente vor.** In den ersten sechs Monaten trug die BA die Hälfte der Sozialversicherungsbeiträge – ab dem siebten Monat sogar komplett. Diese bislang bis Ende 2010 befristete Erstattungssonderregelung wurde sodann um 15 Monate verlängert. Sie galt bis Ende März 2012.

Ein **Lohnzuschuss** des Arbeitgebers zum Kurzarbeitergeld wird zwar auf Nettobeträge berechnet, ist jedoch **brutto zu zahlen** (BAG v. 21.6.2000, 4 AZR 403/99, www.stotax-first.de).

Zur Anrechnung von Einkünften aus einem **Minijob** auf Kurzarbeitergeld s. die Pressemitteilung der OFD Koblenz v. 29.10.2009, Lohnsteuer-Handausgabe 2015, 627.

2. Lohnsteuer

Das Kurzarbeitergeld ist nach § 3 Nr. 2 Buchst. a EStG **steuerfrei**, 1752 unterliegt jedoch bei der Einkommensteuerveranlagung nach § 32b Abs. 1 Nr. 1a EStG dem sog. **Progressionsvorbehalt** (→ *Progressionsvorbehalt* Rz. 2331). Der Arbeitgeber muss deshalb das Kurzarbeitergeld sowohl im **Lohnkonto** besonders aufzeichnen (§ 41 Abs. 1 Satz 5 EStG) als auch in der **Lohnsteuerbescheinigung** (Zeile 15) gesondert übermitteln bzw. bescheinigen (§ 41b Abs. 1 Satz 2 Nr. 5 EStG).

3. Sozialversicherung

a) Grundsätze

Die Mitgliedschaft versicherungspflichtiger Arbeitnehmer in der 1753 Kranken- und Pflegeversicherung sowie in Bezug auf das rentenversicherungspflichtige Beschäftigungsverhältnis bleibt erhalten, solange sie **Kurzarbeitergeld** beziehen.

Hinsichtlich der **Beitragsberechnung sind Besonderheiten** zu berücksichtigen. Die Spitzenverbände der Sozialversicherungsträger haben die Auswirkungen in einem Gemeinsamen Rundschreiben v. 17.9.1997 dargestellt. **Die Inhalte sind nachfolgend zusammengefasst und ergänzt:**

b) Kranken- und Pflegeversicherung

Bemessungsgrundlage für die Berechnung der Kranken- und 1754 Pflegeversicherungsbeiträge der Empfänger von Kurzarbeitergeld ist zunächst das tatsächlich erzielte Arbeitsentgelt (Ist-Entgelt). Diese Beiträge sind in der üblichen Weise zu berechnen und grundsätzlich je zur Hälfte vom Arbeitgeber und Arbeitnehmer zu tragen. Vom Arbeitnehmer ist darüber hinaus der Beitragszuschlag zur Pflegeversicherung für Mitglieder ohne Kinder zu zahlen (→ *Beiträge zur Sozialversicherung* Rz. 548, → *Pflegeversicherung* Rz. 2236). Der kassenindividuelle einkommensabhängige Zusatzbeitrag zur Krankenversicherung ist vom tatsächlich erzielten Arbeitsentgelt vom Arbeitnehmer allein zu zahlen.

Für die Beiträge, die auf den Entgeltausfall mit Anspruch auf Kurzarbeitergeld entfallen, ist ein **fiktives Arbeitsentgelt** anzusetzen. Ausgangsbasis für das fiktive Arbeitsentgelt ist der **auf 80 % verminderte Unterschiedsbetrag** zwischen dem Bruttoarbeitsentgelt, das der Arbeitnehmer ohne den Arbeitsausfall im Anspruchszeitraum (Kalendermonat) erzielt hätte (Soll-Entgelt), und dem Bruttoarbeitsentgelt, das er im Kalendermonat tatsächlich erzielt hat (Ist-Entgelt). Der aus diesem fiktiven Arbeitsentgelt zu zahlende Zusatzbeitrag ist vom Arbeitgeber zu übernehmen. Dabei sind das Soll-Entgelt und das Ist-Entgelt – anders als für das Leistungsrecht der Arbeitslosenversicherung vorgeschrieben – nicht auf den nächsten durch 20 teilbaren Euro-Betrag zu runden. Der auf 80 % verminderte Unterschiedsbetrag zwischen dem ungerundeten Soll-Entgelt und dem ungerundeten Ist-Entgelt ist in der zweiten Dezimalstelle kaufmännisch zu runden.

Für die **Berechnung der Kranken- und Pflegeversicherungsbeiträge** wird die maßgebende Bemessungsgrundlage durch Addition des tatsächlich erzielten Arbeitsentgelts (laufendes Arbeitsentgelt) und des fiktiven Arbeitsentgelts (= SV-Entgelt) ermittelt.

Der Berechnung der Kranken- und Pflegeversicherungsbeiträge kann allerdings nur ein Arbeitsentgelt bis zur Beitragsbemessungsgrenze (BBG) in der Kranken-/Pflegeversicherung zu Grunde gelegt werden. **Übersteigt** das für die Bemessung der Beiträge zu Grunde zu legende SV-Entgelt die BBG des Entgeltabrechnungszeitraums, so sind wegen der unterschiedlichen Beitragslastverteilung die Beiträge zunächst vom tatsächlich erzielten Arbeitsentgelt zu berechnen. Der Unterschiedsbetrag zwischen dem tatsächlich erzielten Arbeitsentgelt und dem SV-Entgelt ist danach nur insoweit für die Beitragsberechnung heranzuziehen, als die BBG noch nicht durch das tatsächlich erzielte Arbeitsentgelt ausgeschöpft ist. Die Spitzenorganisationen der Sozialversicherungsträger (Besprechung am 13./14.10.2009) haben sich darauf verständigt, für die Feststellung des Unterschiedsbetrags zwischen Soll-Entgelt und Ist-Entgelt das leistungsrechtlich definierte Soll-Entgelt nur bis zum Betrag der BBG in der Arbeitslosenversicherung zu berücksichtigen. Anschließend ist der Unterschiedsbetrag (Differenz) zwischen Soll-Entgelt und Ist-Entgelt festzustellen und auf 80 % zu kürzen. Das so ermittelte fiktive Entgelt ist dem tatsächlich erzielten Arbeitsentgelt, soweit vorhanden, hinzuzurechnen. Zum Schluss werden die beitragspflichtigen Einnahmen auf die BBG des Versicherungszweigs begrenzt. Dies hat allerdings nur für die Beitragsbemessungsgrenze in der Kranken- und Pflegeversicherung Relevanz.

> **Beispiel:**
> Eine Schreinerei in Essen ist im Monat Februar 2016 von Kurzarbeit betroffen. Der krankenversicherungspflichtige S. arbeitete im Februar tatsächlich 40 Stunden. Von der Sollarbeitszeit von 160 Stunden fielen daher 120 Stunden wegen der Kurzarbeit aus. Die Arbeitsstunde wird mit 16,50 € vergütet.
>
> Soll-Entgelt (16,50 € × 160 Std.) = 2 640,— €
> Ist-Entgelt (16,50 € × 40 Std.) = 660,— € 660,— €
> Unterschiedsbetrag zwischen Soll-Entgelt und Ist-Entgelt 1 980,— €
> 80 % des Unterschiedsbetrags 1 584,— €
> Gesamt = 2 244,— €
>
> Für die Berechnung der Kranken-, Pflege- und Rentenversicherungsbeiträge ist ein Arbeitsentgelt von 2 244,— € zu Grunde zu legen. Arbeitslosenversicherungsbeiträge werden nur aus dem tatsächlich erzielten Entgelt berechnet (660 €).

Für Empfänger von Kurzarbeitergeld, die Anspruch auf Fortzahlung des Arbeitsentgelts für mindestens sechs Wochen haben, ist der **allgemeine Beitragssatz in der Krankenversicherung** auch hinsichtlich des Teils des Beitrags maßgebend, der auf den Unterschiedsbetrag zwischen dem tatsächlich erzielten Arbeitsentgelt und dem SV-Entgelt entfällt.

c) Rentenversicherung

1755 Die Beiträge zur Rentenversicherung werden von Beziehern von Kurzarbeitergeld wie in der Kranken- und Pflegeversicherung vom tatsächlich erzielten Arbeitsentgelt und für den Entgeltausfall von einem fiktiven Arbeitsentgelt berechnet. Das **fiktive Arbeitsentgelt** ist der auf 80 % verminderte Unterschiedsbetrag zwischen dem Soll- und dem Ist-Entgelt. Die Bemessungsgrundlage wird durch Addition des tatsächlich erzielten Arbeitsentgelts und des fiktiven Arbeitsentgelts gebildet.

Der **Berechnung der Rentenversicherungsbeiträge** kann nur ein Arbeitsentgelt bis zur BBG der Rentenversicherung zu Grunde gelegt werden. **Übersteigt** das für die Berechnung der Beiträge ermittelte Arbeitsentgelt die BBG des Entgeltabrechnungszeitraums, sind die Beiträge zunächst vom tatsächlich erzielten Arbeitsentgelt zu berechnen. Aus dem gekürzten fiktiven Arbeitsentgelt sind nur dann Beiträge zu berechnen, wenn die BBG noch nicht durch das tatsächlich erzielte Arbeitsentgelt ausgeschöpft ist.

d) Arbeitslosenversicherung

1756 Beiträge zur Arbeitslosenversicherung sind für Bezieher von Kurzarbeitergeld **lediglich aus** dem tatsächlich erzielten Arbeitsentgelt **(Kurzlohn)** zu berechnen.

e) Umlage nach dem Aufwendungsausgleichsgesetz

1757 Für die Berechnung der Umlagen (Krankheit U1 und Mutterschaft U2) nach dem Aufwendungsausgleichsgesetz wird **nur das tatsächlich erzielte rentenversicherungspflichtige Arbeitsentgelt** herangezogen. Das Kurzarbeitergeld sowie das ausgefallene Entgelt sind ohne Bedeutung.

f) Meldungen

1758 In die nachfolgende **Ab-, Jahres- oder Unterbrechungsmeldung** ist das Arbeitsentgelt einzutragen, von dem die Beiträge berechnet worden sind, also vom tatsächlich erzielten und dem fiktiven Arbeitsentgelt (80 % des Unterschiedsbetrags zwischen dem Soll- und dem Ist-Entgelt).

g) Beitragslastverteilung

1759 Die Kranken-, Pflege- und Rentenversicherungsbeiträge, die auf das tatsächlich erzielte Arbeitsentgelt entfallen, sind vom **Arbeitnehmer und Arbeitgeber je zur Hälfte zu tragen**.

Sofern der Beschäftigungsort des Arbeitnehmers allerdings in einem Bundesland liegt, in dem die am 31.12.1993 bestehende Anzahl der gesetzlichen landesweiten Feiertage nicht um einen Feiertag, der stets auf einen Werktag fiel, vermindert worden ist, beträgt der Arbeitnehmerbeitragsanteil zur Pflegeversicherung 1,675 % und der Arbeitgeberbeitragsanteil 0,675% des Arbeitsentgelts.

Dagegen hat der Arbeitgeber den Teil des Beitrags zur Kranken- und Rentenversicherung, der für den Unterschiedsbetrag zwischen dem tatsächlich erzielten Arbeitsentgelt und dem SV-Entgelt zu zahlen ist, in voller Höhe allein aufzubringen. Gleiches gilt für die Beiträge zur Pflegeversicherung. Die Pflegeversicherungsbeiträge, die auf den Unterschiedsbetrag zwischen dem tatsächlich erzielten Arbeitsentgelt und dem SV-Entgelt entfallen, sind selbst dann vom Arbeitgeber in voller Höhe zu tragen, wenn der Beschäftigungsort des Arbeitnehmers in einem Bundesland liegt, in dem kein gesetzlicher landesweiter Feiertag, der stets auf einen Werktag fiel, aufgehoben worden ist.

Der Arbeitgeber hat auch den aus dem fiktiven Arbeitsentgelt unter Berücksichtigung des kassenindividuellen einkommensabhängigen Zusatzbeitragssatz errechneten Beitragsanteil zu tragen.

Der Beitragszuschlag zur Pflegeversicherung für kinderlose Mitglieder, die das 23. Lebensjahr vollendet haben, wird für Bezieher von Kurzarbeitergeld von der Bundesagentur für Arbeit pauschal an die Pflegeversicherung erstattet. Er ist demzufolge nicht vom Arbeitgeber zu tragen.

> **Beispiel 1:**
> Aus konjunkturellen Gründen wird in einem Betrieb im Monat Oktober 2016 Kurzarbeit geleistet. Das Bruttoarbeitsentgelt ohne den Arbeitsausfall im Entgeltabrechnungszeitraum beträgt 7 000,— €. Tatsächlich hat der Arbeitnehmer 3 600,— € verdient.

Kurzarbeitergeld

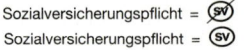

Soll-Entgelt =	7 000 €
Ist-Entgelt =	3 600 €
Soll-Entgelt (begrenzt auf die BBG)	6 050 €
Unterschiedsbetrag zwischen Soll-Entgelt und Ist-Entgelt	2 450 €
80 % des Unterschiedsbetrags	1 960 €

Anmerkung: Krankenversicherungspflicht wird unterstellt.

Für die Beitragsberechnung ist folgendes Bemessungsentgelt zu Grunde zu legen:

Einkommensart	KV/PV	RV	AV	Meldungen
Ist-Entgelt	3 600,— €	3 600,— €	3 600,— €	3 600,— €
80 % des Unterschiedsbetrags	637,50 €[1]	1 960,— €	–	1 960,— €
Gesamt	4 237,50 € (= SV-Entgelt)	5 560,— € (= SV-Entgelt)	3 600 €	5 560,— € (= SV-Entgelt)

1) Das fiktive Arbeitsentgelt i.H.v. 80 % des Unterschiedsbetrags (1960,— €) kann in der Kranken- und Pflegeversicherung für die Ermittlung des SV-Entgelts nicht in voller Höhe berücksichtigt werden, weil die Differenz zwischen Ist-Entgelt und BBG nur 637,50 € beträgt.

BBG RV/ArblV 2016 (West)	6 200,— €
BBG KV/PV 2016	4 237,50 €

Die Beiträge sind mit nachstehenden Beitragssätzen wie folgt zu berechnen:

Krankenversicherung		14,6 %
Kassenindividueller einkommensabhängiger Zusatzbeitragssatz (angenommener Wert)		0,9 %
Pflegeversicherung		2,35 %
Beitragszuschlag für Kinderlose		0,25 %
Rentenversicherung		18,7 %
Arbeitslosenversicherung		3,0 %
	AN-Anteil	AG-Anteil
Kurzlohn		
= Krankenversicherung	262,80 €	262,80 €
= Zusatzbeitrag KV	32,40 €	
= Pflegeversicherung	42,30 €	42,30 €
= Beitragszuschlag PV	0,— €	
= Rentenversicherung	336,60 €	336,60
= Arbeitslosenversicherung	54,— €	54,— €
Fiktiver Lohn		
= Krankenversicherung (inkl. Zusatzbeitragssatz)		98,81 €
= Pflegeversicherung		12,34 €
= Rentenversicherung		366,52 €
= Arbeitslosenversicherung		
Gesamtbetrag	**728,10 €**	**1 173,37 €**

In der nachfolgenden Ab-, Jahres- oder Unterbrechungsmeldung hat der Arbeitgeber für diesen Zeitraum ein Entgelt von 5 560,— € zu bescheinigen.

Beispiel 2:
Aus konjunkturellen Gründen wird in einem Betrieb (in Köln) im Monat Oktober 2016 Kurzarbeit geleistet. Das Bruttoarbeitsentgelt ohne den Arbeitsausfall im Entgeltabrechnungszeitraum beträgt 7 000,— €. Tatsächlich hat der Arbeitnehmer 0 € verdient.

Soll-Entgelt =	7 000,— €
Ist-Entgelt =	0,— €
Soll-Entgelt begrenzt auf die BBG	6 200,— €
Unterschiedsbetrag zwischen Soll-Entgelt und Ist-Entgelt	6 200,— €
80 % des Unterschiedsbetrags	4 960,— €

Anmerkung: Krankenversicherungspflicht wird unterstellt.

Für die Beitragsberechnung ist folgendes Bemessungsentgelt zu Grunde zu legen:

Einkommensart	KV/PV	RV	AV	Meldungen
Ist-Entgelt	0,— €	0,— €	0,— €	0,— €
80 % des Unterschiedsbetrags	4 237,50 €[1]	4 960,— €	–	4 960,— €
Gesamt	4 237,50 € (= SV-Entgelt)	4 960,— € (= SV-Entgelt)	0,— €	4 960,— € (= SV-Entgelt)

1) Das fiktive Arbeitsentgelt i.H.v. 80 % des Unterschiedsbetrags (4 960,— €) kann in der Kranken- und Pflegeversicherung für die Ermittlung des SV-Entgelts nicht in voller Höhe berücksichtigt werden, weil die Differenz zwischen Ist-Entgelt und BBG nur 4 237,50 € beträgt.

BBG RV/ArblV 2016 (West)	6 200,— €
BBG KV/PV 2016	4 237,50 €

Die Beiträge sind mit nachstehenden Beitragssätzen wie folgt zu berechnen:

Krankenversicherung		14,6 %
Kassenindividueller einkommensabhängiger Zusatzbeitragssatz (angenommener Wert)		0,9 %
Pflegeversicherung		2,35 %
Beitragszuschlag für Kinderlose		0,25 %
Rentenversicherung		18,7%
Arbeitslosenversicherung		3,0 %
	AN-Anteil	AG-Anteil
Kurzlohn	0,— €	0,— €
= Krankenversicherung		
= Zusatzbeitrag KV	0,— €	
= Pflegeversicherung	0,— €	0,— €
= Beitragszuschlag PV	0,— €	
= Rentenversicherung[1]	0,— €	0,— €
= Arbeitslosenversicherung	0,— €	0,— €
Fiktiver Lohn		656,81 €
= Krankenversicherung (inkl. Zusatzbeitragssatz)		
= Pflegeversicherung		96,94 €
= Rentenversicherung		927,52 €
= Arbeitslosenversicherung		
Gesamtbetrag	**0,— €**	**1 681,27 €**

In der nachfolgenden Ab-, Jahres- oder Unterbrechungsmeldung hat der Arbeitgeber für diesen Zeitraum ein Entgelt von 4 960,— € zu bescheinigen.

h) Beitragsnachweis

In den Zeiträumen, in denen Kurzarbeit geleistet wurde, kann die Einzugsstelle die Beiträge mit den gemeldeten Arbeitsentgelten nicht abstimmen. Der Beitragsnachweis ist daher entsprechend zu kennzeichnen.

Kurzarbeitergeldzuschüsse

1. Lohnsteuer

Tarifverträge können die Regelung enthalten, dass der **Arbeitgeber** unter bestimmten Voraussetzungen **Zuzahlungen zum Kurzarbeitergeld leisten muss**.

Die Zuschüsse des Arbeitgebers können im Falle einer betriebsbedingten Kündigung an die Stelle einer **Entlassungsabfindung** treten und eine weiter gehende Belastung des Arbeitgebers aus einem Sozialplan entsprechend § 112 BetrVG ausschließen.

Zuzahlungen zum Kurzarbeitergeld werden in einigen Tarifverträgen so bemessen, dass sie zusammen mit dem Kurzarbeitergeld einen bestimmten Prozentsatz des Nettoarbeitsentgelts ausmachen. In diesen Fällen stellen die vom Arbeitgeber ausgezahlten Beträge lohnsteuerrechtlich **Nettobeträge** dar.

Für die steuerliche Behandlung von **Arbeitgeberzuzahlungen** zum Kurzarbeitergeld gilt Folgendes:

Zuzahlungen des Arbeitgebers beruhen auf Ansprüchen, die der Arbeitnehmer bis zur Auflösung des Dienstverhältnisses erlangt hat. Sie gehören daher zum **steuerpflichtigen Arbeitslohn** (vgl. BFH v. 20.7.2010, IX R 23/09, BStBl II 2011, 218).

2. Sozialversicherung

Zuschüsse des Arbeitgebers zum Kurzarbeitergeld werden nicht dem beitragspflichtigen Arbeitsentgelt in der Sozialversicherung zugerechnet, **soweit sie zusammen mit dem Kurzarbeitergeld das fiktive Arbeitsentgelt** (= 80 % der Differenz zwischen dem ohne den Arbeitsausfall erzielten und dem tatsächlich erzielten Entgelt, d.h. des Unterschiedsbetrages zwischen dem Soll- und dem Istentgelt) **nicht übersteigen**. Das bedeutet, dass diese **Zuschüsse** i.d.R. **bei der Berechnung der Beiträge außer Ansatz bleiben** (vgl. Gemeinsames Rundschreiben der Spitzenverbände der Sozialversicherungsträger v. 29.12.1998, www.aok-business.de).

☒ = keine Lohnsteuerpflicht
☐ = Lohnsteuerpflicht

Kurzfristig Beschäftigte

→ *Mini-Jobs* Rz. 2047, → *Pauschalierung der Lohnsteuer bei Aushilfskräften* Rz. 2190

Kürzung des Arbeitslohns

→ *Barlohnumwandlung* Rz. 513, → *Einbehaltene Lohnteile* Rz. 978

Landeserziehungsgeld

→ *Betreuungsgeld* Rz. 673

Land- und Forstwirtschaft

1. Lohnsteuer

a) Allgemeines

1763 Auch die in der Land- und Forstwirtschaft abhängig Beschäftigten sind Arbeitnehmer. Ein etwaiges Verwandtschaftsverhältnis zwischen Betriebsinhaber und Arbeitnehmer ändert hieran nichts (→ *Angehörige* Rz. 119). Dies gilt auch für Mitglieder von Genossenschaften der Land- und Forstwirtschaft in den neuen Bundesländern (BMF v. 27.2.1991, IV B 6 – S 2331 – 4/91, www.stotax-first.de).

☐ Ⓢⓥ

b) Aushilfskräfte und Saisonarbeiter

1764 Auf Grund der Abhängigkeit land- und forstwirtschaftlicher Betriebe von saisonalen Saat- und Erntearbeiten bieten sich für die Land- und Forstwirte Beschäftigungsverhältnisse mit sog. Saisonarbeitern oder kurzfristig beschäftigten Aushilfskräften an, da diese, sofern sie mit typisch land- und forstwirtschaftlichen Arbeiten beschäftigt sind, der mit 5 % festgelegten pauschalen Lohnsteuer unterliegen, → *Pauschalierung der Lohnsteuer bei Aushilfskräften* Rz. 2205.

c) Besonderheiten für ausländische Saisonarbeiter

1765 Bei ausländischen Arbeitnehmern aus den EU-Mitgliedstaaten gibt es keine Besonderheiten mehr; sie sind inländischen Arbeitnehmern rechtlich gleichgestellt. Dies gilt seit dem 1.7.2015 auch für Arbeitnehmer aus Kroatien. Ebenfalls uneingeschränkte Arbeitnehmerfreizügigkeit genießen Arbeitnehmer aus Island, Norwegen und Liechtenstein (EWR) sowie der Schweiz.

d) Landwirtschaftliche Entschädigungszahlungen

1766 **Entschädigungen** für eine Tätigkeit als Erheber bei der EG-Strukturerhebung sind als Aufwandsentschädigungen nach § 3 Nr. 12 EStG steuerfrei (FinMin Niedersachsen v. 30.1.1967, S 2337 – 1, DB 1967, 445).

☒ Ⓢⓥ̸

Entschädigungen an ehrenamtliche und nebenamtliche **Vorstandsmitglieder landwirtschaftlicher Genossenschaften** sind dagegen nicht nach § 3 Nr. 12 EStG steuerfrei.

☐ Ⓢⓥ

Ältere Arbeitnehmer, die ihren **Arbeitsplatz** in einem land- und forstwirtschaftlichen Betrieb in den neuen Bundesländern auf Veranlassung des Arbeitgebers im Rahmen von Maßnahmen zur Produktionseinschränkung, Betriebsstilllegung oder Rationalisierung **aufgeben** müssen, erhalten unter gewissen Voraussetzungen sog. **Anpassungshilfen und Ausgleichsgelder**. Zur steuerlichen Behandlung → *Anpassungshilfe* Rz. 153 und → *Ausgleichsgeld nach dem FELEG* Rz. 404.

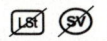

☒ Ⓢⓥ̸

2. Sozialversicherung

1767 Seit 1.1.2013 ist die Sozialversicherung für Landwirtschaft, Forsten und Gartenbau der Träger der landwirtschaftlichen Sozialversicherung. Sie ist zuständig für die Durchführung der landwirtschaftlichen Unfallversicherung, der Alterssicherung der Landwirte, der landwirtschaftlichen Krankenversicherung und der landwirtschaftlichen Pflegeversicherung.

Selbständige Landwirte sind nach den besonderen Regelungen des KVLG 1989 krankenversicherungspflichtig. Grundsätzlich gilt bei Arbeitsverhältnissen in der Landwirtschaft Sozialversicherungspflicht. Besonderheiten gelten jedoch in folgenden Bereichen:

☐ Ⓢⓥ

a) Mitarbeitende Familienangehörige

1768 Nach dem Zweiten Gesetz über die Krankenversicherung der Landwirte (§ 2 Abs. 1 Nr. 3 KVLG 1989) sind **mitarbeitende Familienangehörige** eines landwirtschaftlichen Unternehmens, wenn sie das 15. Lebensjahr vollendet haben oder als Auszubildende in dem landwirtschaftlichen Unternehmen beschäftigt sind, grundsätzlich versicherungspflichtig in der landwirtschaftlichen Krankenversicherung (wegen weiterer Einzelheiten vgl. Müller, INF 1996, 628 f., und die gemeinsame Verlautbarung der Spitzenverbände der Krankenkassen v. 1.12.1994). Daneben besteht eine Versicherungspflicht in der landwirtschaftlichen Pflegeversicherung, wenn eine Mitgliedschaft durch die Krankenversicherung gegeben ist. Hinsichtlich der **Renten- und Arbeitslosenversicherungspflicht** gelten die gemeinsamen Grundsätze zur Beurteilung der Versicherungspflicht in der Renten- und Arbeitslosenversicherung von mitarbeitenden Familienangehörigen in der Landwirtschaft v. 29.12.1998. Auf Grund dieser gemeinsamen Grundsätze besteht mangels Vorliegens eines entgeltlichen Beschäftigungsverhältnisses eine **Versicherungspflicht grundsätzlich dann nicht**, wenn im Jahr 2016 die monatlichen Bruttobezüge 720 € in den **alten Bundesländern** bzw. 630 € in den **neuen Bundesländern** nicht überschreiten.

☐ Ⓢⓥ̸

b) Geringfügig beschäftigte fremde Dritte

1769 Nach § 8 SGB IV ist in der Kranken-, Pflege- und Arbeitslosenversicherung versicherungsfrei, wer lediglich eine **geringfügige Beschäftigung** in der Land- und Forstwirtschaft ausübt. Für versicherungsfreie geringfügig entlohnte Beschäftigungen hat der Arbeitgeber unter bestimmten Voraussetzungen Pauschalbeiträge zur Kranken- und Rentenversicherung (bei Rentenversicherungsbefreiung) zu zahlen (→ *Mini-Jobs* Rz. 2047).

Land- und forstwirtschaftliche Betriebshilfsdienste

1770 Diese von Land- und Forstwirten oder von der landwirtschaftlichen Alterskasse getragenen Vereine setzen **Betriebshelfer und Landfrauenvertreterinnen** ein, wenn der Land- und Forstwirt oder sein Ehegatte durch Tod, Unfall oder Krankheit ausfällt. Diese Aushilfskräfte sind Fachkräfte, so dass eine Pauschalierung der Lohnsteuer mit 5 % (§ 40a Abs. 3 EStG) nicht zulässig ist. Darüber hinaus sind die Betriebshilfsdienste keine Betriebe i.S.d. § 13 EStG (→ *Pauschalierung der Lohnsteuer bei Aushilfskräften* Rz. 2205).

Zu der Frage, ob Land- und Forstwirte, die als Betriebshelfer in anderen Betrieben tätig werden, **als Arbeitnehmer der Einsatzbetriebe** anzusehen sind, gilt Folgendes (OFD Magdeburg v. 29.4.2010, S 2331 – 70 – St 225, www.stotax-first.de):

– Die Tätigkeit der **selbständigen Landwirte**, die diese als **Mitglieder eines Maschinenrings** und durch dessen Vermittlung oder allein durch Vermittlung eines Maschinenrings und Betriebshilfsdienstes bei anderen selbständigen Landwirten (Einsatzbetrieben) ausüben, ist als selbständige Hilfs- und Nebentätigkeit anzusehen. Vergütungen, die aus dieser Tätigkeit zufließen, sind deshalb **kein Arbeitslohn**. Dies gilt auch dann, wenn die Vergütung für die Betriebshilfe nicht über den Maschinenring abgerechnet, sondern dem Landwirt unmittelbar vom Einsatzbetrieb gezahlt wird.

☒ Ⓢⓥ̸

– Wird als Betriebshelfer durch Vermittlung des Maschinenrings **nicht ein selbständiger Landwirt**, sondern einer **seiner Arbeitnehmer** oder ein **ohne Arbeitsvertrag tätiger Angehöriger** eingesetzt, so kann in aller Regel davon ausgegangen werden, dass der Betriebshelfer weder Arbeitnehmer des Maschinenrings noch des Einsatzbetriebs wird. Dementsprechend hat **der Landwirt, der sein Personal zur Verfügung stellt, die Arbeitgeberpflichten zu erfüllen**. Soweit er die Vergütungen für die Betriebshilfe, die er entweder unmittelbar vom Einsatzbetrieb

Land- und forstwirtschaftliche Betriebshilfsdienste

keine Sozialversicherungspflicht = (SV̷)
Sozialversicherungspflicht = (SV)

oder von diesem über den Maschinenring erhält, an seine Arbeitnehmer weitergibt, hat er den Lohnsteuerabzug nach den allgemeinen Grundsätzen vorzunehmen.

– Eine andere steuerliche Beurteilung ist geboten, wenn die **Vergütung** für die Betriebshilfe dem Betriebshelfer **unmittelbar ausgezahlt und nicht über den Maschinenring oder den entsendenden Betrieb abgerechnet wird**. In diesem Fall kann nicht mehr angenommen werden, dass der Betriebshelfer dem Einsatzbetrieb nur zur Verfügung gestellt wird. Vielmehr ist davon auszugehen, dass zwischen Betriebshelfer und Einsatzbetrieb unmittelbare Rechtsbeziehungen entstehen, die i.d.R. **als Arbeitsverhältnis** anzusehen sind. Deshalb hat der Einsatzbetrieb den Steuerabzug vom Arbeitslohn vorzunehmen. Hat der Betriebshelfer die Vergütung für die Betriebshilfen mit dem Einsatzbetrieb frei vereinbart, so ist ein Arbeitsverhältnis zum Einsatzbetrieb auch dann anzunehmen, wenn die dem Betriebshelfer zugeflossene Vergütung über den Maschinenring oder den entsendenden Betrieb verrechnet wird. Hierbei handelt es sich nur um eine Zahlungsmodalität.

Durch einen **Maschinenring vermittelte Aushilfskräfte** sind als Arbeitnehmer eines gewerblichen Gartenbaubetriebs anzusehen, wenn sie nur einfache Arbeiten an verschiedenen Baustellen des Betriebs verrichten, ihre Arbeit nach Inhalt, Zeit und Ort nicht individuell gestalten können, ihre Dienstleistung keinen Kapitaleinsatz verlangt und sie kein Unternehmerrisiko tragen (BFH v. 7.2.2008, VI R 83/04, BStBl II 2009, 703).

[LSt] (SV)

Laptop

→ *Computer* Rz. 782

Laufender Arbeitslohn

1771 Laufender Arbeitslohn ist der Arbeitslohn, der dem Arbeitnehmer **regelmäßig fortlaufend** für den Lohnzahlungszeitraum (Monat, Woche, Tag) zufließt. Er kann auch in der Höhe schwanken, wie z.B. laufend zufließende Tantiemen.

Beispiele für laufenden Arbeitslohn nach R 39b.2 Abs. 1 LStR:

– Monatsgehälter,
– Wochen- und Tagelöhne,
– Mehrarbeitsvergütungen,
– Zuschläge und Zulagen,
– geldwerte Vorteile aus der ständigen Überlassung von Dienstwagen zur privaten Nutzung,
– Nachzahlungen und Vorauszahlungen, wenn sich diese ausschließlich auf Lohnzahlungszeiträume beziehen, die im Kalenderjahr der Zahlung enden,
– Arbeitslohn für Lohnzahlungszeiträume des abgelaufenen Kalenderjahrs, der innerhalb der ersten drei Wochen des nachfolgenden Kalenderjahrs zufließt.

> **Beispiel:**
> Der Arbeitgeber zahlt seinen Arbeitnehmern das Dezembergehalt für 2015 erst am 14.1.2016 aus.
> Beim Dezembergehalt handelt es sich um Arbeitslohn für einen Lohnzahlungszeitraum des abgelaufenen Kalenderjahrs. Da es innerhalb der ersten drei Wochen des nachfolgenden Kalenderjahrs (also bis zum 21.1.2016) zufließt, ist laufender Arbeitslohn anzunehmen. Das Dezembergehalt ist trotz der Auszahlung am 14.1.2016 bereits im Kalenderjahr 2015 zu versteuern.

Laufender Arbeitslohn ist nach dem in § 39b Abs. 2 EStG beschriebenen Verfahren zu besteuern (→ *Lohnsteuertabellen* Rz. 1948).

Vom laufenden Arbeitslohn sind die **sonstigen Bezüge** zu unterscheiden (→ *Sonstige Bezüge* Rz. 2704).

Lebensarbeitszeitmodelle

→ *Arbeitszeitmodelle* Rz. 279

Lebensführungskosten

→ *Werbungskosten* Rz. 3182

Lebensmittel

→ *Mahlzeiten* Rz. 1958, → *Rabatte* Rz. 2345, → *Sachbezüge* Rz. 2598

Lebensmittelpunkt

→ *Wege zwischen Wohnung und erster Tätigkeitsstätte* Rz. 3133

Lebenspartnerschaft

→ *Angehörige* Rz. 119

Lebensversicherung

1. Allgemeines

Aufwendungen des **Arbeitgebers** zu einer Lebensversicherung des Arbeitnehmers sind grundsätzlich lohnsteuerpflichtig (§ 2 Abs. 2 Nr. 3 LStDV). **1772**

[LSt] (SV)

Soweit der Arbeitgeber Zuschüsse zu einer Lebensversicherung leistet, weil der Arbeitnehmer von der Versicherungspflicht in der gesetzlichen Rentenversicherung befreit worden ist, sind die Zuschüsse nach § 3 Nr. 62 EStG lohnsteuer- und beitragsfrei.

[L̷St] (SV̷)

Versicherungsbeiträge des **Arbeitgebers** für die Zukunftssicherung des Arbeitnehmers können als **Sonderausgaben** des Arbeitnehmers abgezogen werden, es sei denn, dass der Arbeitgeber die Lohnsteuer für diese Beiträge **pauschal** berechnet und übernommen hat oder die Beiträge steuerfrei nach § 3 Nr. 63 EStG oder § 3 Nr. 56 EStG sind. Einzelheiten zur Steuerfreiheit nach § 3 Nr. 63 EStG, nach § 3 Nr. 56 EStG und zur Lohnsteuerpauschalierung → *Zukunftssicherung: Betriebliche Altersversorgung* Rz. 3294, → *Zukunftssicherung: Betriebliche Altersversorgung* Rz. 3306, → *Zukunftssicherung: Betriebliche Altersversorgung* Rz. 3307.

Aufwendungen des **Arbeitnehmers** zu einer Lebensversicherung können als Sonderausgaben steuermindernd berücksichtigt werden (→ *Vorsorgeaufwendungen* Rz. 3075).

2. Besonderheiten für Zuschüsse des Arbeitgebers

Zahlt der Arbeitgeber zu einer Lebensversicherung seines Arbeitnehmers Zuschüsse, ist zu unterscheiden zwischen einer zusätzlichen, ggf. neben der gesetzlichen Rentenversicherung abgeschlossenen Lebensversicherung und einer „befreienden" Lebensversicherung. **1773**

a) „Zusatz"-Lebensversicherung

Prämienzahlungen des Arbeitgebers für eine neben der Rentenversicherung zusätzlich abgeschlossene Lebensversicherung seines Arbeitnehmers gehören zum Arbeitslohn und sind damit sowohl lohnsteuerpflichtig als auch beitragspflichtig in der Sozialversicherung, es sei denn die Beiträge sind steuerfrei nach § 3 Nr. 63 EStG, nach § 3 Nr. 56 EStG oder der Arbeitgeber hat die Pauschalbesteuerung beantragt und führt sie durch. Einzelheiten → *Zukunftssicherung: Betriebliche Altersversorgung* Rz. 3294, → *Zukunftssicherung: Betriebliche Altersversorgung* Rz. 3306, → *Zukunftssicherung: Betriebliche Altersversorgung* Rz. 3307. **1774**

b) „Befreiende" Lebensversicherung

Anders ist der Sachverhalt zu beurteilen, wenn der Arbeitnehmer von der gesetzlichen Rentenversicherung befreit wurde und der Arbeitgeber **auf Grund gesetzlicher Verpflichtung** Zuschüsse zu einer „befreienden" Lebensversicherung zahlt. Diesen Zuschüssen gleichgestellt sind auch die **Aufwendungen des Arbeitgebers** für **1775**

– die mit einer betrieblichen Pensionskasse abgeschlossenen Lebensversicherungsverträge,
– eine freiwillige Weiterversicherung in der gesetzlichen Rentenversicherung,

– eine öffentlich-rechtliche Versicherungs- oder Versorgungseinrichtung seiner Berufsgruppe.

Zu möglichen **Befreiungen** von der gesetzlichen Rentenversicherung s. R 3.62 Abs. 3 LStR.

Ein Befreiungstatbestand ist dann zu verneinen, wenn der Arbeitgeber trotz Wegfalls der Lohnzahlung (etwa bei unbezahltem Urlaub) die Lebensversicherung seines Arbeitnehmers freiwillig weiterhin bezuschusst. Diese Zuschüsse sind dann ebenfalls als steuerpflichtiger Arbeitslohn zu qualifizieren.

Zuschüsse des Arbeitgebers zu einer Lebensversicherung des Arbeitnehmers, der auf seinen Antrag hin von der gesetzlichen **Rentenversicherung befreit wurde**, sind in ihrer Höhe insoweit **steuerfrei**, als sie insgesamt bei Befreiung von der Rentenversicherung der Angestellten die Hälfte und bei Befreiung von der Versicherungspflicht in der knappschaftlichen Rentenversicherung zwei Drittel der Gesamtaufwendungen des Arbeitnehmers nicht übersteigen und insgesamt nicht höher sind als der Arbeitgeberanteil bei Versicherungspflicht.

Der **steuerfreie Arbeitgeberzuschuss** kann **unmittelbar** an den **Versicherungsträger** gezahlt werden. **Auch** an den **Arbeitnehmer** ist die Zahlung möglich, jedoch hat dieser dann bis zum 30. April eines Jahrs eine Bescheinigung des Versicherungsträgers über die Einzahlung vorzulegen. Diese **Bescheinigung** ist als Unterlage zum Lohnkonto aufzubewahren (R 3.62 Abs. 4 LStR). Einzelheiten → *Zukunftssicherung: Gesetzliche Altersversorgung* Rz. 3344.

Lehrabschlussprämien

→ *Arbeitslohn-ABC* Rz. 255

Lehramtsassistenten

→ *Ausländische Lehrkräfte* Rz. 438

Lehrzulagen

→ *Arbeitslohn-ABC* Rz. 255

Leibrentenversicherung

→ *Altersvorsorge und Altersversorgung* Rz. 104

Leiharbeitnehmer

→ *Arbeitnehmerüberlassung* Rz. 191

Leistungsprämie

→ *Belohnungen* Rz. 621

Leitende Angestellte

1776 Eine **Sonderstellung** im Betrieb und damit auch in der Betriebsverfassung nehmen die **leitenden Angestellten** nach § 5 Abs. 3 und 4 BetrVG ein. Sie sind zwar in ihrer arbeitsrechtlichen Stellung Arbeitnehmer, **also keine Arbeitgeber**, jedoch „**Arbeitnehmer mit Unternehmerfunktionen**". Das ist letztlich auch entscheidender Inhalt des Begriffs „Leitender Angestellter" nach § 5 Abs. 3 BetrVG. Zu weiteren Einzelheiten auch → *Arbeitnehmer* Rz. 173; → *Gesellschafter/Gesellschafter-Geschäftsführer* Rz. 1401; → *Geschäftsführer* Rz. 1392; → *Vorstandsmitglieder* Rz. 3106.

[LSt] [SV]

Liebhaberei

→ *Arbeitnehmer* Rz. 173, → *Lohnsteuer-Ermäßigungsverfahren* Rz. 1905, → *Werbungskosten* Rz. 3182

Listenpreis

→ *Firmenwagen zur privaten Nutzung* Rz. 1226

Lohn

→ *Arbeitslohn* Rz. 244

Lohnabrechnung

Durch § 108 GewO ist die Verpflichtung des Arbeitgebers zur Lohnabrechnungserteilung mit dem Zweck, die Berechnung des Entgelts für den Arbeitnehmer nachvollziehbar zu machen, nunmehr für alle Arbeitnehmer zentral gesetzlich geregelt: **1777**

Bei Zahlung des Arbeitsentgelts ist eine Abrechnung in **Textform** (§ 126b BGB), z.B. elektronisch mit dem von Stollfuß Medien veröffentlichten Lohn- und Gehaltsabrechnungsprogramm „Gehalt und Lohn Plus 2016", ISBN 978-3-08-111216-9 erstellt, zu erteilen.

Die Abrechnung muss mindestens **Angaben** über den Abrechnungszeitraum und die Zusammensetzung des Arbeitsentgelts, insbesondere über Art und Höhe der Zuschläge, Zulagen und sonstige Vergütungen sowie über Art und Höhe der Abzüge, Abschlagszahlungen und Vorschüsse enthalten. Keine Pflicht zur erneuten Abrechnung besteht, wenn sich die Angaben gegenüber der letzten ordnungsgemäßen Abrechnung **nicht geändert** haben.

Bei der Verpflichtung des Arbeitgebers aus § 108 GewO, dem Arbeitnehmer eine Abrechnung zu erteilen, handelt es sich um eine unvertretbare Handlung. Die Möglichkeit, dass ein Dritter, der Einblick in die Unterlagen des Arbeitgebers hat, möglicherweise in der Lage wäre, diese Abrechnung ebenfalls zu erstellen, ändert daran nichts. Entscheidend ist, ob ein Dritter die Handlung selbständig ohne Mitwirkung des Schuldners vornehmen kann. Das ist bei einer Abrechnung über tatsächlich vorgenommene Abzüge und Abführungen nicht der Fall; ein titulierter Anspruch auf Erteilung der Abrechnung ist nach § 888 ZPO zu vollstrecken; ist das **Zwangsgeld** nicht beizutreiben, kann nach § 901 ZPO ein Haftbefehl erlassen werden, allerdings nur, wenn dies dem Grundsatz der Verhältnismäßigkeit entspricht (BAG v. 7.9.2009, 3 AZB 19/09, www.stotax-first.de).

Die Vorschrift des § 108 GewO betrifft nur die Abrechnung der erfolgten Zahlung. Sie gewährt keinen selbständigen Abrechnungsanspruch zur Vorbereitung eines Zahlungsanspruchs (BAG v. 12.7.2006, 5 AZR 646/05, www.stotax-first.de).

Lohnabrechnungszeitraum

Der Zeitraum, für den jeweils der laufende Arbeitslohn gezahlt wird, wird als Lohnzahlungszeitraum bezeichnet, vgl. R 39b.5 Abs. 2 LStR sowie → *Berechnung der Lohnsteuer* Rz. 627. **1778**

Das Sozialgesetzbuch regelt für den Bereich der **Sozialversicherung** nicht ausdrücklich die Zeitspannen für Lohnabrechnungszeiträume. Lediglich § 23 SGB IV legt eine monatliche Fälligkeit der Beiträge fest, so dass von einem monatlichen Lohnabrechnungszeitraum im Regelfall auszugehen ist. Denkbar und gelegentlich auch noch anzutreffen sind aber auch vier- oder fünfwöchentliche oder kürzere Lohnabrechnungszeiträume (→ *Fälligkeit der Sozialversicherungsbeiträge* Rz. 1196).

Erstreckt sich der Lohnabrechnungszeitraum über ein Kalenderjahr hinaus, so ist er **für die Berechnung der Sozialversicherungsbeiträge aufzuteilen**. Dies gilt ggf. auch für die Monate, zu deren Beginn sich Beitragssätze zu einzelnen Zweigen der Sozialversicherung im Laufe eines Jahres ändern.

> **Beispiel 1:**
> Der Beitragssatz zur Krankenversicherung ist zum 1.1.2015 von 15,5 % auf 14,6 % gesenkt worden.
> Lohnabrechnungszeitraum ist der 15.12.2014 bis 14.1.2015.
> Die Berechnung der Beiträge zur Krankenversicherung erfolgt
> – vom 15.12. bis 31.12. mit 15,5% und
> – vom 1.1. bis 14.1. mit 14,6 %.
> Dabei dürfen die monatlichen Beitragsbemessungsgrenzen nicht überschritten werden, so dass die Monate immer mit 30 Tagen anzusetzen sind.

Lohnabrechnungszeitraum

Beispiel 2:

Lohnabrechnungszeitraum ist der 15.12. bis 14.1.

Zum 1.1. wird eine Beitragssatzänderung wirksam.

Aufzuteilen ist:
- vom 15.12. bis 31.12. = **16 Tage** (nicht 17!),
- vom 1.1. bis 14.1. = 14 Tage,

so dass sich insgesamt ein Abrechnungszeitraum von 30 Tagen ergibt.

Die Beitragsbemessungsgrenze ist für jeden Teilabrechnungszeitraum individuell zu ermitteln.

Beispiel 3:

Teilabrechnungszeitraum ist die Zeit vom 1.1. bis 14.1.2016 = 14 Beitragstage (s.o.).

Die Beitragsbemessungsgrenze in der Kranken- und Pflegeversicherung beträgt monatlich 2016 = 4 237,50 € oder täglich 141,25 €. Für den Teilabrechnungszeitraum liegt die Beitragsbemessungsgrenze somit bei 1 977,50 €.

Wird in einem Kalendervierteljahr zweimal für vier Wochen und einmal für fünf Wochen abgerechnet, ist die jeweilige Beitragsbemessungsgrenze entsprechend zu ermitteln.

Besteht z.B. wegen des Beginns oder Endes des Beschäftigungsverhältnisses oder wegen Beitragsfreiheit bei Krankengeldbezug Beitragspflicht nur für einen Teillohnzahlungszeitraum, sind die Beiträge für die tatsächlichen Kalendertage unter Berücksichtigung der Teil-Beitragsbemessungsgrenze zu ermitteln. Weitere Ausführungen → *Beiträge zur Sozialversicherung* Rz. 548; → *Teillohnzahlungszeitraum* Rz. 2836.

Vermögenswirksame Leistungen sind ggf. dem Arbeitsentgelt in voller Höhe hinzuzurechnen, es sei denn, durch entsprechende Vereinbarungen ist festgelegt, dass die vermögenswirksame Leistung in einem Teillohnabrechnungszeitraum tageweise aufgeteilt wird. In diesem Fall ist nur der auf die Entgeltzeit entfallende Teil beitragspflichtig; der auf die Krankengeldbezugszeit entfallende Teil wird als Zuschuss zum Krankengeld behandelt.

Lohnausgleichskasse

1. Lohnsteuer

a) Allgemeines

1779 Nach tarifvertraglichen Regelungen haben Arbeitnehmer im **Baugewerbe** sowie im **Dachdeckerhandwerk** für die arbeitsfreien Tage vom 24. Dezember bis zum 26. Dezember und vom 31. Dezember bis zum 1. Januar Anspruch auf einen Lohnausgleich. Im Gerüstbaugewerbe gilt der Zeitraum vom 24. Dezember bis 1. Januar. Darüber hinaus können Arbeitnehmern des Baugewerbes, denen ein Lohnausgleich für Lohnausfall nach § 3 des Tarifvertrags Lohnausgleich (TV Lohnausgleich) nicht zusteht, unter bestimmten Voraussetzungen Übergangsbeihilfen gewährt werden (§ 7 TV Lohnausgleich).

Zur Aufbringung der Mittel für Lohnneben- und Lohnersatzleistungen (z.B. Urlaubsgeld, Lohnausgleich, Übergangsbeihilfen bei Arbeitslosigkeit und bei verkürzter Arbeitszeit, Entschädigungsbeträge für verfallene Urlaubsansprüche oder Urlaubsabgeltungsansprüche, Winterbeihilfen) haben die **Arbeitgeber im Baugewerbe, Gerüstbaugewerbe, Dachdeckerhandwerk und Maler- und Lackiererhandwerk bestimmte Prozentsätze der Bruttolohnsumme an die Urlaubs-, Lohnausgleichs- oder Sozialkasse abzuführen.** Der Beitragsanteil ist nicht als Arbeitslohn des einzelnen Arbeitnehmers zu erfassen.

Bei den späteren Zahlungen der Lohnneben- und Lohnersatzleistungen ist zu unterscheiden, ob diese durch die Urlaubs-, Lohnausgleichs- oder Sozialkasse **(ULAK)** direkt an den Arbeitnehmer ausgezahlt oder vom (letzten) Arbeitgeber geleistet werden (OFD Hannover v. 8.4.2004, S 2360 – 30 – StH 212, www.stotax-first.de):

1. Zahlung von Lohnneben- und Lohnersatzleistungen durch die ULAK

Die Zahlung von Lohnneben- und Lohnersatzleistungen durch die ULAK ist als **Lohnzahlung Dritter** anzusehen (BFH v. 21.2.2003, VI R 74/00, BStBl II 2003, 496; BFH v. 20.7.2006, VI R 22/03, www.stotax-first.de). Auf Grund des ab 2004 eingefügten § 38 Abs. 3a Satz 1 EStG hat der Dritte die Pflichten des Arbeitgebers, d.h., er hat die Lohnsteuer für Rechnung des Arbeitnehmers einzubehalten und abzuführen (→ *Lohnsteuerabzug durch Dritte* Rz. 1848).

Dabei kann die Lohnsteuer für einen **sonstigen Bezug** – unter den Voraussetzungen des § 39c Abs. 5 EStG – mit 20 % unabhängig von den elektronischen Lohnsteuerabzugsmerkmalen ermittelt werden, wenn der maßgebende Jahresarbeitslohn nach § 39b Abs. 3 EStG zuzüglich des sonstigen Bezugs **10 000 € nicht übersteigt**; bei der Feststellung des maßgebenden Jahresarbeitslohns sind nur die Lohnzahlungen der ULAK zu berücksichtigen (§ 39c Abs. 5 EStG). **Schuldner der so erhobenen Lohnsteuer bleibt** im Gegensatz zur Lohnsteuerpauschalierung nach §§ 40 bis 40b EStG der **Arbeitnehmer.** Er ist nach § 46 Abs. 2 Nr. 5 EStG zur Einkommensteuer zu veranlagen (**Pflichtveranlagung**), bei der die Abzugsbeträge angerechnet werden. Deshalb hat die ULAK dem Arbeitnehmer eine **Besondere Lohnsteuerbescheinigung auszustellen** und dort den Arbeitslohn und die einbehaltene Lohnsteuer nach § 41b EStG anzugeben.

2. Zahlung von Lohnneben- und Lohnersatzleistungen durch den (letzten) Arbeitgeber

Werden die Lohnneben- und Lohnersatzleistungen durch den (letzten) Arbeitgeber gezahlt, der dann bei der Urlaubs-, Lohnausgleichs- oder Sozialkasse einen Erstattungsantrag stellt, hat dieser Arbeitgeber den Lohnsteuerabzug vorzunehmen. Dabei sind die Zahlungen mit anderem laufenden Arbeitslohn zusammenzurechnen; maßgebend ist der Lohnzahlungszeitraum, in dem die Zahlungen geleistet werden. Eine Bescheinigung der Kasse an den Arbeitnehmer entfällt hier.

Zahlungen der ULAK für entgangenen Urlaub sind **keine tarifermäßigten Entschädigungen** i.S.d. § 24 Nr. 1a EStG (FG Münster v. 6.10.2004, 1 K 6311/01 E, EFG 2005, 605).

b) Ausländische Bauarbeiter

1780 Zahlungen der ULAK an ausländische Bauarbeiter sind wie folgt zu behandeln (BMF v. 29.1.2004, IV C 5 – S 2360 – 46/03, Steuer-Telex 2004, 298):

„Soweit ein ausländischer Bauarbeitnehmer bei einem inländischen Arbeitgeber beschäftigt war oder der ausländische Arbeitgeber über eine inländische Betriebsstätte i.S.d. DBA verfügte, war der ausländische Bauarbeitnehmer entweder unbeschränkt oder beschränkt steuerpflichtig.

In diesen Fällen richtet sich das Besteuerungsrecht für die Urlaubsabgeltung nach den DBA grundsätzlich nach dem Besteuerungsrecht für das im abgegoltenen Urlaubszeitraum (d.h. dem Arbeitszeitraum, in dem der abgegoltene Urlaubsanspruch entstanden ist) bezogene Arbeitsentgelt.

Da danach bei beschränkter oder unbeschränkter Steuerpflicht das Besteuerungsrecht Deutschland regelmäßig zustand, gilt dies auch für die Leistungen der ULAK, auch wenn sich der ausländische Bauarbeitnehmer bei Auszahlung des Abgeltungs- bzw. Entschädigungsbetrags nicht mehr im Inland aufhält."

Den sonstigen Bezug nach § 39c Abs. 5 EStG kann die ULAK auch in diesen Fällen mit **20 % pauschal versteuern**.

Bei ausländischen Bauarbeitnehmern, die weder beschränkt noch unbeschränkt steuerpflichtig waren, weil sie sich nicht länger als 183 Tage im Inland aufgehalten haben, und deren Arbeitslohn von einem ausländischen Arbeitgeber gezahlt wurde, der über keinerlei Betriebsstätte oder feste Einrichtung im Inland verfügt, besteht regelmäßig **kein inländisches Besteuerungsrecht**. Dies gilt dann ebenfalls für die von der ULAK ausgezahlten Abgeltungs- bzw. Entschädigungsbeträge.

Soweit bekannt nimmt die ULAK aber auch in diesen Fällen (vorsichtshalber) den Steuerabzug vor, weil sie im Zeitpunkt der Leistungserbringung nicht zweifelsfrei erkennen kann, ob nach dem jeweiligen DBA Deutschland das Besteuerungsrecht zusteht oder nicht (dann ungekürzte Auszahlung der Leistung an den Arbeitnehmer); hierdurch soll eine evtl. Haftungsinanspruchnahme vermieden werden. **Die zu Unrecht einbehaltene Lohnsteuer kann dann ggf. nach § 37 Abs. 2 AO erstattet werden.**

c) Haftung

1781 Eine Haftung des Arbeitgebers in Fällen des § 38a Abs. 3 EStG kommt nach § 42d Abs. 9 Satz 4 EStG i.V.m. § 42d Abs. 3 Satz 4

Nr. 1 EStG nur in Betracht, wenn der Dritte die Lohnsteuer für den Arbeitgeber nicht vorschriftsmäßig vom Arbeitslohn einbehalten hat. An einem derartigen Fehlverhalten fehlt es, wenn beim Lohnsteuerabzug entsprechend einer Lohnsteueranrufungsauskunft oder in Übereinstimmung mit den Vorgaben der zuständigen Finanzbehörden der Länder oder des Bundes verfahren wird (BFH v. 20.3.2014, VI R 43/13, BStBl II 2014, 592 betr. von der ULAK gezahlte Abgeltungszahlungen für **Urlaubsentschädigungen**).

2. Sozialversicherung

1782 Die Übergangsbeihilfen stellen kein Arbeitsentgelt in der Sozialversicherung dar und sind demnach beitragsfrei (Besprechungsergebnis der Spitzenverbände der Sozialversicherungsträger v. 11./12.11.1987, Sozialversicherungsbeitrag-Handausgabe 2005, VL 14 IV/8).

Ist der Arbeitnehmer innerhalb des Lohnausgleichszeitraumes arbeitsunfähig krank und bezieht er Krankengeld, ruht für die Dauer der Lohnausgleichszahlung der Anspruch auf Krankengeld nach § 49 SGB V mit der Maßgabe, dass auch Sozialversicherungsbeiträge zeitraumbezogen zu entrichten sind.

Wurde aus Anlass der Arbeitsunfähigkeit bereits eine Unterbrechungsmeldung erstattet, ist das beitragspflichtige Entgelt/der Lohnausgleich zeitraumbezogen zu melden (→ *Meldungen für Arbeitnehmer in der Sozialversicherung* Rz. 1989).

Lohnbescheinigung

→ *Lohnsteuerbescheinigung* Rz. 1863

Lohnersatzleistungen

1. Lohnsteuer

1783 Lohnersatzleistungen (wie z.B. das Krankengeld, Arbeitslosengeld, Teilarbeitslosengeld, vgl. im Übrigen die Aufzählungen in § 3 Nr. 2 EStG und § 32b Abs. 1 Nr. 1 EStG) sind regelmäßig steuerfrei (§ 3 Nr. 2 EStG). Sie unterliegen allerdings dem Progressionsvorbehalt, → *Progressionsvorbehalt* Rz. 2331.

2. Sozialversicherung

1784 Mit Wirkung vom 1.1.1984 ist die **Beitragspflicht der „Lohnersatzleistungen"**, d.h. der Geldleistungen der Sozialversicherungsträger, eingeführt worden. Danach haben diese, aber auch die Träger der Kriegsopferversorgung und -fürsorge, die an Stelle des ausgefallenen Arbeitsentgelts z.B. Krankengeld, Übergangsgeld, Verletztengeld usw. gewähren, Beiträge aus den Geldleistungen zu zahlen. Diese Beiträge werden **je zur Hälfte durch den Versicherten** im Wege des Einbehalts an der zustehenden Geldleistung (wie beim Entgeltabzugsverfahren durch den Arbeitgeber) und **durch den Leistungsträger** aus seinem Vermögen aufgebracht. Der Leistungsträger tritt insoweit an die Stelle des Arbeitgebers; ihm obliegen grundsätzlich die gleichen Verpflichtungen hinsichtlich der Berechnung, Abführung und Meldung z.B. an den Rentenversicherungsträger.

Lohnfortzahlung: Erstattungsverfahren für Arbeitgeber

Inhaltsübersicht: **Rz.**
1. Recht der Lohn-/Entgeltfortzahlung   1785
2. Voraussetzungen für Teilnahme am Umlageverfahren   1786
    a) Allgemeines   1786
    b) Anrechenbare Arbeitnehmer   1787
    c) Berücksichtigung betrieblicher Besonderheiten   1788
    d) Besonderheiten bestimmter Personengruppen   1789
3. Erstattungsanspruch   1792
    a) Antrag   1792
    b) Beginn und Ende   1793
    c) Dauer und Höhe der Erstattung   1794
    d) Verjährung   1795
4. Finanzierung   1796
    a) Allgemeines   1796
    b) Bemessungsgrundlage   1797
    c) Berechnung   1798
5. Lohnsteuer   1799
6. Beitragsnachweise/Sozialversicherung   1800

1. Recht der Lohn-/Entgeltfortzahlung

1785 Das Aufwendungsausgleichsgesetz regelt den Ausgleich von Arbeitgeberaufwendungen im Krankheitsfalle des Arbeitnehmers (U1) und den Ausgleich von Arbeitgeberaufwendungen bei Mutterschaft (U2) durch die Teilnahme der Betriebe am Umlageverfahren. Es handelt sich um ein überbetriebliches Ausgleichsverfahren.

2. Voraussetzungen für Teilnahme am Umlageverfahren

a) Allgemeines

1786 Durchgeführt wird das Umlageverfahren von der Krankenkasse, bei der der Arbeitnehmer versichert ist, sofern keine Mitgliedschaft bei einer Krankenkasse besteht, von der Krankenkasse, die Einzugsstelle für die Renten- und Arbeitslosenversicherungsbeiträge ist, und wenn keine der Zuständigkeiten gegeben ist, von der Krankenkasse, die der Arbeitgeber wählt.

Ausnahme hiervon sind alle geringfügig Beschäftigten: Für diesen Personenkreis ist die zur Erstattung verpflichtete Krankenkasse die Minijob-Zentrale der Deutschen Rentenversicherung Knappschaft-Bahn-See (→ *Mini-Jobs* Rz. 2077).

In das Umlageverfahren U1 werden alle Arbeitgeber einbezogen, die i.d.R. nicht mehr als 30 Arbeitnehmer beschäftigen. Ausgenommen hiervon sind die Arbeitgeber der öffentlichen Hand. Mehrere Betriebe eines Arbeitgebers sind dann nicht zusammenzurechnen, wenn sie als unterschiedliche Rechtspersönlichkeiten geführt werden. Die Teilnahme eines Betriebs wird im Falle der Eröffnung des Betriebs nach dem Kriterium festgelegt, ob nach Art des Betriebs anzunehmen ist, dass während der überwiegenden Zahl der noch verbleibenden Monate des Kalenderjahrs nicht mehr als 30 Arbeitnehmer beschäftigt werden. Ansonsten erfolgt die Beurteilung zu Beginn eines Kalenderjahrs. Der Arbeitgeber nimmt am Umlageverfahren U1 teil, wenn er in dem vorangegangenen Kalenderjahr für einen Zeitraum von mindestens acht Kalendermonaten nicht mehr als 30 Arbeitnehmer beschäftigt hat.

Die Teilnahme des Arbeitgebers am Umlageverfahren U1 ist nicht von einem Verwaltungsakt der Krankenkasse abhängig. Die Spitzenverbände der Krankenkassen haben daher vereinbart, dass es der förmlichen Feststellung über die Teilnahme nicht bedarf. Die Feststellung über die Teilnahme am Verfahren trifft der Arbeitgeber. Auf Wunsch des Arbeitgebers, z.B. bei der Betriebseröffnung, erteilt die zuständige Krankenkasse einen Feststellungsbescheid.

Am Umlageverfahren U2 nehmen alle Arbeitgeber, auch die Arbeitgeber der öffentlichen Hand, ohne die Berücksichtigung der Beschäftigtenzahl teil.

b) Anrechenbare Arbeitnehmer

1787 Dem Umlageverfahren U1 gehören die Arbeitgeber an, die **regelmäßig nicht mehr als 30 Arbeitnehmer** beschäftigen. Bei der **Ermittlung der maßgeblichen Zahl der Beschäftigten** werden grundsätzlich alle Arbeitnehmer des Betriebs ohne Rücksicht auf ihre versicherungsrechtliche Stellung oder ihre Krankenkassenzugehörigkeit einbezogen. **Dies gilt jedoch nicht für**

– die zu ihrer Berufsausbildung Beschäftigten (Auszubildende, Praktikanten, Volontäre),

– Vorruhestandsgeldbezieher,

– Heimarbeiter und Hausgewerbetreibende,

– Schwerbehinderte und ihnen Gleichgestellte.

Bei **Teilzeitbeschäftigten** ist für die Feststellung der Teilnahme am Umlageverfahren U1 die regelmäßige wöchentliche Arbeitszeit maßgebend. Angerechnet werden Arbeitnehmer mit einer wöchentlichen Arbeitszeit von

– mehr als 30 Stunden mit dem Faktor 1,

– nicht mehr als 30 Stunden mit dem Faktor 0,75,

– nicht mehr als 20 Stunden mit dem Faktor 0,5,

– nicht mehr als 10 Stunden mit dem Faktor 0,25.

Lohnfortzahlung: Erstattungsverfahren für Arbeitgeber

keine Sozialversicherungspflicht = (SV̶)
Sozialversicherungspflicht = (SV)

Beispiel 1:

Im Betrieb Beschäftigte	Anrechnung nach AAG
	Zahl der ArbN × Faktor = Summe
3 vollzeitbeschäftigte Angestellte	3 × 1 = 3,00
2 teilzeitbeschäftigte Angestellte mit 25 Wochenarbeitsstunden	2 × 0,75 = 1,50
9 vollzeitbeschäftigte Arbeiter	9 × 1 = 9,00
3 Beschäftigte mit 10 Wochenarbeitsstunden	3 × 0,25 = 0,75
2 Beschäftigte mit 15 Wochenarbeitsstunden	2 × 0,5 = 1,00
1 Wehrdienstleistender	keine Anrechnung
1 Auszubildender	keine Anrechnung
1 Schwerbehinderter	keine Anrechnung
22 Arbeitnehmer	
Zahl der anrechenbaren Arbeitnehmer:	**15,25**

Das Unternehmen nimmt am Umlageverfahren U1 teil, weil es nicht mehr als 30 (anrechenbare) Arbeitnehmer beschäftigt.

Bei Arbeitgebern mit mehreren Betrieben wird die Zahl der Beschäftigten zusammengerechnet.

Beispiel 2:
Der Arbeitgeber unterhält in A. einen Produktionsbetrieb mit 24 anrechenbaren Mitarbeitern. In B. und C. betreibt er Einzelhandelsgeschäfte mit fünf bzw. sieben ebenso anrechenbaren Mitarbeitern.

Die Gesamtzahl der Mitarbeiter beträgt 36, also keine Teilnahme am Umlageverfahren U1.

Eine Zusammenrechnung mehrerer Betriebe erfolgt dann nicht, wenn der Arbeitgeber an zwei voneinander unabhängigen, rechtlich selbständigen Betrieben beteiligt ist.

Beispiel 3:
Der Arbeitgeber unterhält in A. als Einzelfirma einen Betrieb mit 28 Mitarbeitern. In seinem Haushalt ist zusätzlich eine Hausangestellte tätig. Daneben ist er an einer GmbH beteiligt, die 15 Mitarbeiter beschäftigt.

Beide Betriebe nehmen am Umlageverfahren U1 teil. Die Hausangestellte ist der Einzelfirma zuzurechnen, jedoch wird die Zahl von über 30 Beschäftigten nicht erreicht. Die GmbH ist als rechtlich selbständiger Betrieb unabhängig von dem Einzelunternehmen zu bewerten.

Alle Betriebe, auch die aus Beispiel 2, nehmen ohne Einschränkung am Umlageverfahren U2 teil.

c) Berücksichtigung betrieblicher Besonderheiten

1788 Der Arbeitgeber nimmt am Umlageverfahren U1 und damit am Ausgleich seiner Aufwendungen für die Entgeltfortzahlung nur teil, wenn er im **Vorjahr** regelmäßig, d.h. **in einem Zeitraum von mindestens acht Monaten, nicht mehr als 30 Arbeitnehmer** beschäftigt hat.

Beispiel für die Feststellung der „Regelmäßigkeit" zur Teilnahme am Umlageverfahren für das Jahr 2015.

Zahl der Arbeitnehmer 2015		Zahl der Monate mit weniger als 30 Arbeitnehmern
Januar bis Mai	= 17	5
Juni bis September	= 31	–
Oktober bis Dezember	= 29	3
gesamt:		8

Da in einem Zeitraum von acht Monaten weniger als 30 Arbeitnehmer im Vorjahr 2015 beschäftigt waren, nimmt der Arbeitgeber 2016 am Umlageverfahren teil.

Hat der **Betrieb nicht während des gesamten Vorjahrs bestanden**, besteht die Teilnahmeverpflichtung, wenn während des Zeitraums des Bestehens des Betriebs in der überwiegenden Zahl der Kalendermonate nicht mehr als 30 Arbeitnehmer beschäftigt wurden.

Beispiel:
Neuerrichtung des Betriebs im Mai 2015
Zahl der verbleibenden Monate im Jahr 2015 = 8

Zahl der Arbeitnehmer 2015		Zahl der Monate
Mai bis Juli	= 25	3
August bis Dezember	= 31	5

Der Betrieb nimmt 2016 **nicht** am Umlageverfahren U1 teil, weil in der überwiegenden Zahl der Monate im Vorjahr mehr als 30 Arbeitnehmer beschäftigt wurden.

Wird der **Betrieb im Laufe des Jahrs neu errichtet**, ist die Teilnahme vorgesehen, wenn anzunehmen ist, dass die Zahl der Beschäftigten in der überwiegenden Zahl der Kalendermonate dieses Jahrs 30 nicht übersteigt. Entwickeln sich die tatsächlichen Verhältnisse anders als angenommen, verbleibt es bis zum Jahresende bei der getroffenen Entscheidung.

d) Besonderheiten bestimmter Personengruppen

aa) Altersteilzeit

1789 Arbeitnehmer in der Freistellungsphase werden bei der Feststellung, ob der Arbeitgeber mindestens 30 Arbeitnehmer beschäftigt, nicht berücksichtigt.

Bei der Berechnung der Umlage im U1- und U2-Verfahren wird das Arbeitsentgelt der Arbeitnehmer in Altersteilzeit berücksichtigt, und zwar unabhängig davon, ob sich der Arbeitnehmer in der Arbeits- oder in der Freistellungsphase befindet.

In der Arbeitsphase gilt das tatsächlich erzielte (ausgezahlte) Arbeitsentgelt und in der Freistellungsphase das ausgezahlte Wertguthaben als Bemessungsgrundlage. Vom Aufstockungsbetrag in der Rentenversicherung und vom Wertguthaben in Störfällen werden keine Umlagen erhoben (Besprechungsergebnis der Spitzenorganisationen der Sozialversicherungsträger über Fragen des gemeinsamen Beitragseinzugs am 23./24.4.2007).

bb) Ausländische Saisonkräfte

1790 Ausländische Saisonkräfte, die ihrem Arbeitgeber eine E 101- oder A 1-Bescheinigung vorlegen und damit dokumentieren, dass sie den sozialversicherungsrechtlichen Vorschriften ihres jeweiligen Heimatlandes unterliegen, sind nicht in das Verfahren zum Ausgleich der Arbeitgeberaufwendungen nach dem AAG eingebunden. Sie bleiben bei der Feststellung, ob der Betrieb am Ausgleichsverfahren für Entgeltfortzahlung im Krankheitsfall teilnimmt, unberücksichtigt. Umlagebeträge sind nicht zu entrichten.

Saisonkräfte, die keine Entsendebescheinigung vorlegen, werden immer in das Umlageverfahren einbezogen (Besprechungsergebnis der Spitzenorganisationen der Sozialversicherung über Fragen des gemeinsamen Beitragseinzugs am 13./14.4.2010).

cc) Freiwilligendienst nach dem BFDG oder dem JFDG

1791 Die Spitzenorganisationen der Sozialversicherungsträger haben sich darauf verständigt, dass Personen, die einen Freiwilligendienst leisten, keine Arbeitnehmer i.S. des AAG sind.

Diese Personen sind weder bei der Ermittlung der Gesamtzahl der Beschäftigten zu berücksichtigen, noch sind Umlagebeiträge zur U1 zu zahlen. Seit 1.7.2012 sind sie jedoch in das Ausgleichsverfahren bei Mutterschaft (U2) einzubeziehen (Besprechungsergebnis der Spitzenorganisationen der Sozialversicherung über Fragen des gemeinsamen Beitragseinzugs am 8./9.5.2012).

3. Erstattungsanspruch

a) Antrag

1792 Die Erstattung der Arbeitgeberaufwendungen bei Entgeltfortzahlung erfolgt auf Antrag.

Der Arbeitgeber hat den Antrag im elektronischen Erstattungsverfahren bei der Krankenkasse zu stellen. Näheres ist in Gemeinsamen Grundsätzen geregelt.

Stellt die Krankenkasse ab 1.1.2016 eine inhaltliche Abweichung zwischen ihrer Berechnung und dem Antrag des Arbeitgebers fest, hat sie diese Abweichung unverzüglich dem Arbeitgeber zu melden. Hierfür gibt es den neuen Datensatz Rückmeldung AAG (DSRA) und den Datenbaustein Rückmeldung AAG (DBRA).

Ist ein Antrag vollständig abzulehnen, erfolgt weiterhin die bilaterale Klärung zwischen der Krankenkasse und dem Arbeitgeber außerhalb des maschinellen Verfahrens.

b) Beginn und Ende

1793 Der Erstattungsanspruch des Arbeitgebers gegen die Kranken-(Umlage-)kasse **beginnt** mit dem Tag der Teilnahme am Umlageverfahren; das gilt auch dann, wenn die Verpflichtung zur Weiterzahlung des Entgelts schon vor der Teilnahme am Umlageverfahren eingesetzt hat. **Endet** die Teilnahme am Umlageverfahren mit Ablauf des Kalenderjahrs, weil es für die Zukunft (vorläufig) an den notwendigen Voraussetzungen fehlt (z.B. Anstieg der Zahl anrechenbarer Arbeitnehmer über das nach dem AAG zulässige Maß hinaus), sind auch nur bis zu diesem Zeitpunkt die Aufwendungen erstattungsfähig.

Beispiel:
Teilnahme an der Lohnfortzahlungsversicherung vom 1.1.2016 bis 31.12.2016
Umlagepflicht vom 1.1.2016 bis 31.12.2016
1. Entgeltfortzahlung durch Arbeitgeber vom 20.12.2015 bis 27.1.2016
   Erstattungsanspruch vom 1.1.2016 bis 27.1.2016
2. Entgeltfortzahlung durch Arbeitgeber vom 11.12.2016 bis 15.1.2017
   Erstattungsanspruch vom 11.12.2016 bis 31.12.2016

c) Dauer und Höhe der Erstattung

1794 Der Erstattungsanspruch für das vom Arbeitgeber fortgezahlte Arbeitsentgelt erstreckt sich auf die Dauer der Entgeltfortzahlung, **höchstens** jedoch auf **sechs Wochen**.

Erstattet wird das an die Arbeitnehmer (Arbeiter, Angestellte, Auszubildende) während einer Arbeitsunfähigkeit fortgezahlte Arbeitsentgelt i.H.v. **höchstens 80 %** sowie die auf das fortgezahlte Arbeitsentgelt entfallenden Arbeitgeberanteile an den Gesamtsozialversicherungsbeiträgen.

Die Satzungen der Kranken-(Umlage-)kassen können den Erstattungsanspruch weiter **beschränken**, sehen z.T. aber auch abgestufte, durch den Arbeitgeber wählbare Erstattungssätze vor. Dabei richtet sich dann die Höhe des Umlagesatzes nach der Höhe des gewählten Erstattungssatzes. Die angebotenen Erstattungssätze dürfen jedoch 40 % nicht unterschreiten. Im Rahmen ihrer Satzungsautonomie können die Kassen auch die Erstattung der Arbeitgeberanteile an den Gesamtsozialversicherungsbeiträgen anders handhaben. Häufig wird die Erstattung der Beitragsanteile als mit der Erstattung des fortgezahlten Entgelts für abgegolten erklärt. Im Einzelfall ist hier die Auskunft der Kranken-(Umlage-)kasse einzuholen.

Weiter werden in voller Höhe, d.h. zu 100 % erstattet

– der vom Arbeitgeber gezahlte **Zuschuss zum Mutterschaftsgeld**,

– das vom Arbeitgeber bei **Beschäftigungsverboten** nach § 11 MuSchG gezahlte Entgelt sowie die hierauf entfallenden Arbeitgeberanteile zur Sozialversicherung.

Erstattungsfähig ist das nach den maßgebenden Rechtsvorschriften fortgezahlte **laufende Arbeitsentgelt**. Einmalzahlungen während der Dauer des Entgeltfortzahlungszeitraums gehören nicht zu den erstattungsfähigen Aufwendungen.

Das bei krankheitsbedingter Einstellung der Arbeitsleistung im Laufe eines Arbeitstages bzw. einer Arbeitsschicht weitergezahlte Arbeitsentgelt für die ausgefallenen Arbeitsstunden dieses Tages bzw. dieser Schicht stellt keine Entgeltfortzahlung i.S. des Entgeltfortzahlungsgesetzes dar. Aus diesem Grund sind diese Beträge auch nicht nach dem AAG erstattungsfähig. Ein Ausgleich der Arbeitgeberaufwendungen erfolgt frühestens ab dem Folgetag.

Beruht die Arbeitsunfähigkeit auf einem Ereignis, für das ein **Dritter** (Schädiger) **schadensersatzpflichtig** ist, hat der Arbeitgeber zwar den Anspruch auf Entgeltfortzahlung zu erfüllen, jedoch geht der gegen den Schädiger gerichtete Ersatzanspruch des Arbeitnehmers auf Verdienstausfall in Höhe des fortgezahlten Entgelts und der Nebenleistungen (z.B. Arbeitgeberanteile an den Sozialversicherungsbeiträgen, Urlaubs- und Weihnachtsgeld, zusätzliche Aufwendungen für die Altersversorgung) anteilig auf den Arbeitgeber über. Der Arbeitnehmer hat dem Arbeitgeber alle zur Durchsetzung des Schadensersatzanspruches notwendigen Angaben zu machen. Kommt der Beschäftigte dieser Verpflichtung nicht nach, kann der Arbeitgeber für die Dauer der Weigerung die Entgeltfortzahlung versagen.

Die Erstattung der Arbeitgeberaufwendungen aus der Umlageversicherung bedingt, dass der Arbeitgeber einen evtl. auf ihn übergegangenen Schadensersatzanspruch anteilig an die Kranken-(Umlage-)kasse abtritt.

d) Verjährung

Der Erstattungsanspruch verjährt in vier Jahren nach Ablauf des Kalenderjahrs, in dem er entstanden ist. **1795**

Beispiel:
Entgeltfortzahlung vom 20.12.2016 bis 29.12.2016
Erstattungsanspruch für den Zeitraum 20.12.2016 bis 29.12.2016
Erstattungsanspruch verjährt am 31.12.2020

4. Finanzierung

a) Allgemeines

Die Finanzierung des Erstattungsverfahrens erfolgt durch eine **1796** **Umlage, die ausschließlich von den Betrieben aufzubringen ist** (kein Gesamtsozialversicherungsbeitrag). Dabei werden getrennte Kassen für die Erstattungen der Aufwendungen für **Krankheit (Umlage 1)** und bei **Mutterschaft (Umlage 2)** mit unterschiedlichen Umlagesätzen geführt. Festgesetzt wird die Höhe des Umlagesatzes ausschließlich durch die Arbeitgebervertreter in den Verwaltungsräten der Krankenkassen, weil die Versicherten nicht an der Finanzierung beteiligt sind.

b) Bemessungsgrundlage

Bemessungsgrundlage für die Umlagebeträge ist das Entgelt, **1797** nach dem die Beiträge zu den gesetzlichen Rentenversicherungen für die im Betrieb Beschäftigten berechnet werden oder bei Versicherungspflicht in den gesetzlichen Rentenversicherungen zu berechnen wären. Dadurch ist gewährleistet, dass auch für solche Beschäftigte Umlagebeträge erhoben werden, die z.B. wegen Geringfügigkeit der Beschäftigung nicht versicherungspflichtig sind, für die der Arbeitgeber aber gleichwohl nach dem Urteil des BAG v. 9.10.1991, 5 AZR 598/90, www.stotax-first.de (in Fortsetzung einer Entscheidung des EuGH v. 13.7.1989, 171/88, www.stotax-first.de) das Entgelt in gleichem Umfang wie für versicherungspflichtig Beschäftigte fortzuzahlen hat und einen Erstattungsanspruch geltend machen kann.

Nicht umlagepflichtig sind die Vergütungen für

– Heimarbeiter und Hausgewerbetreibende sowie für
– Vorruhestandsgeldbezieher.

c) Berechnung

Für die Berechnung der Umlage werden neben den Arbeitsentgelten der Arbeitnehmer auch die an Schwerbehinderte und die an geringfügig Beschäftigte gezahlten Entgelte herangezogen (→ Entgeltfortzahlung Rz. 1071). **1798**

Werden bei einem rentenversicherungspflichtigen Minijobber die Rentenversicherungsbeiträge aus dem Mindestentgelt berechnet, dann werden die Umlagebeiträge trotzdem nur aus dem tatsächlichen Arbeitsentgelt ermittelt (Besprechungsergebnis der Spitzenorganisationen der Sozialversicherung über Fragen des gemeinsamen Beitragseinzugs am 9.4.2014, TOP 5).

Für **Bezieher von Kurzarbeiter- und Saison-Kurzarbeitergeld** ist nur das **tatsächlich erzielte Arbeitsentgelt** Grundlage für die Umlageberechnung. Die Leistungen der Agentur für Arbeit sowie das ausgefallene Entgelt sind hier ohne Bedeutung.

Bei der Berechnung der Umlage für den Ausgleich der Arbeitgeberaufwendungen bei der Entgeltfortzahlung wegen Krankheit **(Umlage 1)** werden berücksichtigt:

– die Löhne der Arbeiter,
– die Gehälter der Angestellten,
– die Vergütungen für Auszubildende in Arbeiter- **und** Angestelltenberufen.

Bei der Berechnung der Umlage für den Ausgleich der Mutterschaftsaufwendungen **(Umlage 2) sind ebenfalls** einzubeziehen:

– die Löhne der Arbeiter,
– die Gehälter der Angestellten,
– die Vergütungen für Auszubildende in Arbeiter- und Angestelltenberufen.

Die Umlage für die Erstattung der Arbeitgeberaufwendungen bei Mutterschaft (Umlage 2) ist auch von solchen Betrieben aufzubringen, die **keine Arbeitnehmerinnen** beschäftigen (BSG v. 24.6.1992, 1 RK 34/91 und 1 RK 37/91, www.stotax-first.de).

Lohnfortzahlung: Erstattungsverfahren für Arbeitgeber

5. Lohnsteuer

1799 Entgeltfortzahlung im Krankheitsfall führt beim Arbeitnehmer zu Lohn und hat den Abzug von Lohnsteuer zur Folge.

[LSt]

6. Beitragsnachweise/Sozialversicherung

1800 Die Lohnersatzleistungen im Rahmen der Entgeltfortzahlung sind sozialversicherungspflichtig.

Die Umlagen zu den Ausgleichsverfahren werden mit den **Sozialversicherungsbeiträgen** in den Beitragsnachweisen nachgewiesen. **Hinweis:** Die Höhe der Umlagebeträge und der Prozentsatz der Erstattung kann bei der jeweils zuständigen Kranken-(Umlage-)kasse erfragt werden. Einzelheiten → *Entgeltfortzahlung* Rz. 1071.

Lohnkonto

Inhaltsübersicht: Rz.
1. Grundsätze   1801
2. Allgemeine Aufzeichnungen   1802
3. Aufzeichnungspflichten bei der Lohnsteuer   1803
   a) Aufzeichnungen bei der Lohnabrechnung   1803
   b) Besondere Aufzeichnungen im Lohnkonto   1812
   c) Aufzeichnungspflichten bei der Kindergeldauszahlung   1819
   d) Aufzeichnungspflichten bei Teilzeitbeschäftigten und geringfügig Beschäftigten   1820
   e) Sammellohnkonto   1821
   f) Formvorschriften   1822
   g) Aufbewahrungsfristen   1823
4. Aufzeichnungspflichten in der Sozialversicherung   1824
   a) Personenbezogene Aufzeichnungspflichten der Entgeltunterlagen 1825
   b) Aufzeichnungen zur Beitragsabrechnung   1826
   c) Archivierung   1827

1. Grundsätze

1801 Der Arbeitgeber hat am Ort der Betriebsstätte **für jeden Arbeitnehmer** und **für jedes Kalenderjahr** ein Lohnkonto zu führen (§ 41 Abs. 1 Satz 1 EStG).

In das Lohnkonto sind die nach § 39e Abs. 4 Satz 2 und Abs. 5 Satz 2 EStG abgerufenen **elektronischen Lohnsteuerabzugsmerkmale** sowie die für den Lohnsteuerabzug erforderlichen Merkmale aus der vom Finanzamt ausgestellten **Bescheinigung für den Lohnsteuerabzug** (§ 39 Abs. 3 oder § 39e Abs. 7 oder Abs. 8 EStG) zu übernehmen. Die aus lohnsteuerlicher Sicht erforderlichen Angaben ergeben sich aus § 4 LStDV und die aus sozialversicherungsrechtlicher Sicht aus § 28f SGB IV i.V.m. § 8 BVV; sie sind nachfolgend im Einzelnen dargestellt.

Da der Arbeitgeber für jeden Arbeitnehmer und für jedes Kalenderjahr ein Lohnkonto zu führen hat, ist zu Beginn des Kalenderjahrs stets ein **neues Lohnkonto** anzulegen.

Es ist **immer ein Lohnkonto zu führen**, wenn Arbeitnehmer beschäftigt werden.

Die Aufzeichnungen im Lohnkonto sind erforderlich, weil sie zum einen die Grundlage für die Lohnsteuerbescheinigung bilden, zum anderen sind sie als Nachweis bei einer Lohnsteuer-Außenprüfung gedacht.

Bei **Arbeitgebern, die ein maschinelles Verfahren** für die Lohnabrechnung anwenden, kann das Betriebsstättenfinanzamt **Ausnahmen von den nachfolgend dargestellten Aufzeichnungspflichten zulassen**, wenn die Möglichkeit zur Nachprüfung in anderer Weise sichergestellt ist (§ 4 Abs. 2 Satz 1 LStDV). Die Möglichkeit der Nachprüfung ist allerdings nur dann gegeben, wenn die Zahlung der Bezüge und die Art ihrer Aufzeichnung im Lohnkonto vermerkt ist (R 41.1 Abs. 2 Satz 2 LStR).

Soweit ein **Dritter** nach § 38 Abs. 3a EStG **die Pflichten des Arbeitgebers hat**, ist von ihm **ein Lohnkonto** zu führen. In den Fällen, in denen die lohnsteuerlichen Pflichten mit Zustimmung des Finanzamts vom Arbeitgeber auf einen Dritten übertragen werden (§ 38 Abs. 3a Satz 2 EStG), hat der Dritte **den Arbeitgeber im Lohnkonto anzugeben** und auch den **Arbeitslohn einzutragen**, der nicht von ihm, sondern **vom Arbeitgeber selbst gezahlt** wird. In den Fällen, in denen der Arbeitnehmer Arbeitslohn aus mehreren Dienstverhältnissen erhält, die der Dritte für die Lohnsteuerermittlung zusammenrechnet (§ 38 Abs. 3a Satz 7 EStG), ist der Arbeitslohn **für jedes Dienstverhältnis gesondert im Lohnkonto** aufzuzeichnen (§ 4 Abs. 4 LStDV).

Zu den **besonderen Aufzeichnungspflichten bei Grenzgängern** zur Durchführung des Grenzgängerfiskalausgleichs mit Frankreich → *Grenzgänger* Rz. 1465.

2. Allgemeine Aufzeichnungen

Der Arbeitnehmer hat im Lohnkonto des Arbeitnehmers Folgendes 1802 aufzuzeichnen (§ 4 Abs. 1 LStDV):
- Den **Vornamen**,
- den **Familiennamen**,
- den **Tag der Geburt**,
- den **Wohnort**,
- die **Wohnung**,
- die **Steuerklasse und ggf. den Faktor** (§ 39f EStG),
- die Zahl der **Kinderfreibeträge**,
- die **Religionszugehörigkeit**,
- die **Freibeträge und Hinzurechnungsbeträge**,
- die **Beschäftigungsdauer**,
- bei der **Zahlung von Versorgungsbezügen** (§ 19 Abs. 2 EStG) die für die zutreffende Berechnung des Versorgungsfreibetrags und des Zuschlags zum Versorgungsfreibetrag erforderlichen Angaben (die Bemessungsgrundlage für den Versorgungsfreibetrag, das Jahr des Versorgungsbeginns und bei unterjähriger Zahlung von Versorgungsbezügen den ersten und letzten Monat, für den Versorgungsbezüge gezahlt werden).

3. Aufzeichnungspflichten bei der Lohnsteuer

a) Aufzeichnungen bei der Lohnabrechnung

Der Arbeitgeber hat **bei jeder Lohnabrechnung** im Lohnkonto 1803 Folgendes aufzuzeichnen (§ 4 Abs. 2 LStDV):

aa) Lohnzahlung

Bei jeder Lohnabrechnung ist der **Tag der Lohnzahlung** und der 1804 **Lohnzahlungszeitraum** im Lohnkonto aufzuzeichnen.

bb) Großbuchstabe „U"

In den Fällen, in denen U zwar das Beschäftigungsverhältnis weiterbesteht, der Anspruch auf Arbeitslohn aber für **mindestens fünf aufeinander folgende Arbeitstage** im Wesentlichen weggefallen ist, hat der Arbeitgeber jeweils den **Großbuchstaben „U"** (U = Unterbrechung) im Lohnkonto einzutragen. Der Zeitraum, für den der Arbeitslohnanspruch weggefallen ist, muss nicht eingetragen werden.

Der Anspruch auf Arbeitslohn ist im Wesentlichen weggefallen, wenn während der Unterbrechung der Lohnzahlung (unbezahlter Urlaub, Wehrübung ohne Lohnfortzahlung u.Ä.) z.B. lediglich vermögenswirksame Leistungen oder Krankengeldzuschüsse gezahlt werden oder wenn während unbezahlter Fehlzeiten (z.B. Elternzeit) eine Beschäftigung mit reduzierter Arbeitszeit aufgenommen wird (R 41.2 LStR).

Unter dem **Begriff „fünf aufeinander folgende Arbeitstage"** sind nicht etwa fünf Kalendertage zu verstehen (vgl. BFH v. 28.1.1994, VI R 51/93, BStBl II 1994, 421 betr. Begriff des Arbeitstags i.S.d. § 40a EStG). Dabei ist auch unbeachtlich, ob die Arbeitstage in einem Lohnzahlungszeitraum liegen oder nicht.

Beispiel 1:
Ein Arbeitnehmer bezieht vom 18.3.2016 (Freitag) bis 23.3.2016 (Mittwoch) Kinder-Krankengeld von der Krankenkasse. Samstag und Sonntag wird in der Firma nicht gearbeitet.

Es handelt sich **nicht** um „fünf aufeinander folgende Arbeitstage", weil die arbeitsfreien Tage nicht mitzuzählen sind. Der Arbeitgeber hat im Lohnkonto **kein „U"** zu vermerken.

Da das Lohnkonto für jedes Kalenderjahr getrennt zu führen ist, kann sich der Zeitraum von fünf Arbeitstagen auch nur auf das Kalenderjahr beziehen (vgl. auch § 2 Abs. 7 EStG). **Erstreckt sich die Unterbrechung über den Jahreswechsel hinaus**, so ist jedes Kalenderjahr für sich zu betrachten.

Beispiel 2:
Ein Arbeitnehmer in Niedersachsen erhält vom 23.12.2015 (Mittwoch) bis 6.1.2016 (Mittwoch) Krankengeld. Samstag und Sonntag wird in der Firma nicht gearbeitet, Heiligabend und Silvester sind ebenfalls arbeitsfrei.
Im Kalenderjahr 2015 liegen vier Arbeitstage (der 23., 28., 29. und 30.12.), im Kalenderjahr 2016 drei Arbeitstage (der 4., 5. und 6.1.). Jedes Kalenderjahr ist für sich zu betrachten, so dass weder in 2015 noch in 2016 ein „U" im Lohnkonto einzutragen ist.

Der Großbuchstabe „U" ist **je Unterbrechung einmal** im Lohnkonto einzutragen (R 41.2 Satz 2 LStR).

Dabei kommt es auf den einzelnen Unterbrechungszeitraum an, der u.U. auch durch zwei verschiedene Sachverhalte verwirklicht werden kann.

Beispiel 3:
Ein Arbeitnehmer bezieht vom 23.8.2016 (Dienstag) bis 26.8.2016 (Freitag) Krankengeld von der Krankenkasse. Am 29.8.2016 (Montag) nimmt er unbezahlten Urlaub.
Es handelt sich um „fünf aufeinander folgende Arbeitstage", weil die Unterbrechungen zusammenzuzählen sind. Es liegt ein einheitlicher Unterbrechungszeitraum vor. Der Arbeitgeber hat im Lohnkonto ein „U" zu vermerken.

Werden **Kurzarbeitergeld** einschließlich Saison-Kurzarbeitergeld, der Zuschuss zum Mutterschaftsgeld nach dem Mutterschutzgesetz, der Zuschuss nach § 4a MuSchBV oder einer entsprechenden Landesregelung, die Entschädigung für Verdienstausfall nach dem Infektionsschutzgesetz, Aufstockungsbeträge oder Altersteilzeitzuschläge gezahlt, ist **kein Großbuchstabe „U"** in das Lohnkonto einzutragen (R 41.2 Satz 3 LStR), vgl. aber die nachfolgenden Ausführungen.

cc) Kurzarbeitergeld usw.

1806 Folgende steuerfreie, aber dem **Progressionsvorbehalt** unterliegende Bezüge sind im Lohnkonto u.a. gesondert einzutragen:

- das Kurzarbeitergeld einschließlich Saison-Kurzarbeitergeld,
- der Zuschuss zum Mutterschaftsgeld nach dem Mutterschutzgesetz,
- der Zuschuss bei Beschäftigungsverboten für die Zeit vor oder nach einer Entbindung sowie für den Entbindungstag während einer Elternzeit nach beamtenrechtlichen Vorschriften,
- die Entschädigung für Verdienstausfall nach dem Infektionsschutzgesetz,
- die Aufstockungsbeträge und Altersteilzeitzuschläge.

Es sind immer die tatsächlich ausgezahlten Beträge einzutragen.

Das Kurzarbeitergeld ist im Lohnkonto des Kalenderjahrs einzutragen, in dem der **Lohnzahlungszeitraum endet**, für den das Kurzarbeitergeld gezahlt wird. Wird Kurzarbeitergeld vom **Arbeitnehmer zurückgezahlt**, so ist der zurückgezahlte Betrag im Lohnkonto des Kalenderjahrs einzutragen, in dem die Rückzahlung durch den Arbeitnehmer erfolgt. Eine Saldierung der Beträge ist nicht möglich (BFH v. 12.10.1995, I R 153/94, BStBl II 1996, 201).

Die Eintragungen im Lohnkonto sind in erster Linie wichtig für die Bescheinigung dieser Beträge in der elektronischen **Lohnsteuerbescheinigung**.

dd) Arbeitslohn

1807 Der Arbeitgeber hat den **steuerpflichtigen Bruttoarbeitslohn**, getrennt nach Barlohn und Sachbezügen, im Lohnkonto aufzuzeichnen. Der Bruttoarbeitslohn darf dabei nicht um die Freibeträge für Versorgungsbezüge (§ 19 Abs. 2 EStG) und den Altersentlastungsbetrag (§ 24a EStG) gekürzt werden. Versorgungsbezüge sind darüber hinaus als solche zu kennzeichnen.

Vom Arbeitgeber gezahlte **vermögenswirksame Leistungen**, die zum vereinbarten Bruttoarbeitslohn hinzukommen, müssen im steuerpflichtigen Bruttoarbeitslohn enthalten sein.

ee) Sachbezüge

1808 Sachbezüge sind einzeln zu bezeichnen und – unter Angabe des Abgabetags oder bei laufenden Sachbezügen des Abgabezeitraums, des Abgabeorts und des Entgelts – zu erfassen. Als **Entgelt** ist der steuerliche Wert maßgebend (§ 4 Abs. 2 Nr. 3 LStDV). Dies ist z.B. bei Sachbezügen, für die Sachbezugswerte festgesetzt worden sind (z.B. Mahlzeiten, Unterkunft), der Sachbezugswert und bei der Gestellung von Kraftfahrzeugen der sich aus § 8 Abs. 2 Sätze 3 bis 6 EStG ergebende Wert oder der übliche Endpreis am Abgabeort (der um übliche Preisnachlässe geminderte Einzelhandelspreis gegenüber Letztverbrauchern einschließlich Umsatzsteuer). **Waren oder Dienstleistungen**, für die der **Rabattfreibetrag** nach § 8 Abs. 3 EStG in Betracht kommt, sind als solche kenntlich zu machen und **ohne Kürzung** um die 1 080 € im Lohnkonto einzutragen.

Das **Betriebsstättenfinanzamt** soll auf Antrag des Arbeitgebers nach § 4 Abs. 3 LStDV **Aufzeichnungserleichterungen** bei Sachbezügen i.S.v. § 8 Abs. 3 EStG zulassen, wenn durch betriebliche Regelungen und Überwachungsmaßnahmen sichergestellt ist, dass der Freibetrag von 1 080 € je Arbeitnehmer nicht überschritten wird. In diesen Fällen braucht der Arbeitgeber die Sachbezüge nach § 8 Abs. 3 EStG nicht im Lohnkonto aufzuzeichnen. Zusätzlicher Überwachungsmaßnahmen bedarf es in diesen Fällen nicht (R 41.1 Abs. 3 LStR, → *Rabatte* Rz. 2387). Gleiches gilt für Sachbezüge, bei denen sichergestellt ist, dass sie die Freigrenze von monatlich 44 € (§ 8 Abs. 2 Satz 11 EStG) nicht übersteigen (→ *Sachbezüge* Rz. 2605).

ff) Nettolöhne

1809 Trägt der Arbeitgeber im Falle der Nettolohnzahlung die auf den Arbeitslohn entfallende Steuer selbst, so ist in jedem Fall der **Bruttoarbeitslohn** einzutragen. Die auf diesen Bruttoarbeitslohn entfallenden Steuern sind – wie bei anderen Bruttolöhnen auch – getrennt einzutragen. Einzelheiten zur Nettolohnzahlung → *Nettolöhne* Rz. 2126.

gg) Sonstige Bezüge

1810 Soweit es sich bei dem gezahlten Arbeitslohn um einen sonstigen Bezug handelt, der nach dem in § 39b Abs. 3 EStG beschriebenen Verfahren besteuert wird, ergeben sich keine Besonderheiten. Auch hier sind die Aufzeichnungen im Lohnkonto genauso vorzunehmen wie beim laufenden Arbeitslohn. Werden sonstige Bezüge **pauschal mit einem besonders ermittelten Durchschnittssteuersatz besteuert**, so sind diese gesondert aufzuzeichnen, damit die für diese Pauschalbesteuerung geltende 1 000 €-Grenze (→ *Pauschalierung der Lohnsteuer* Rz. 2178) vom Finanzamt überprüft werden kann.

Hat der Arbeitgeber die Lohnsteuer von einem sonstigen Bezug im ersten Dienstverhältnis berechnet und ist dabei der Arbeitslohn aus früheren Dienstverhältnissen des Kalenderjahrs nach § 39b Abs. 3 Satz 2 EStG außer Betracht geblieben (→ *Sonstige Bezüge* Rz. 2708), so ist dies durch **Eintragung des Großbuchstabens „S"** zu vermerken (§ 41 Abs. 1 Satz 7 EStG).

hh) Steuern

1811 Die vom Bruttoarbeitslohn einbehaltene Lohnsteuer, der Solidaritätszuschlag und die Kirchensteuer sind im Lohnkonto aufzuzeichnen.

b) Besondere Aufzeichnungen im Lohnkonto

1812 Für bestimmte Arten von Arbeitslohn hat der Arbeitgeber besondere Aufzeichnungen im Lohnkonto vorzunehmen. Dabei sind diese gesondert einzutragenden Beträge bei der Ermittlung des **Bruttoarbeitslohns nicht zu berücksichtigen**. In erster Linie haben diese Aufzeichnungen **Kontrollfunktionen**.

aa) Steuerfreie Bezüge

1813 Steuerfreier Arbeitslohn des Arbeitnehmers ist im Lohnkonto gesondert einzutragen (§ 4 Abs. 2 Nr. 4 LStDV), z.B.

- steuerfreie Beihilfen und Unterstützungen,
- steuerfreie Auslösungen, Reisekostenvergütungen, Trennungsgelder oder Umzugskostenvergütungen,
- steuerfreies Werkzeuggeld oder Erstattungen für Berufskleidung,
- steuerfreie Sammelbeförderung von Arbeitnehmern,
- steuerfreie Beiträge des Arbeitgebers an eine Direktversicherung, Pensionskasse oder einen Pensionsfonds,
- steuerfreie Arbeitgeberzuschüsse zur freiwilligen Krankenversicherung,
- steuerfreie Kindergartenzuschüsse,

Lohnkonto

– andere steuerfreie Sachbezüge, z.B. anlässlich von Betriebsveranstaltungen.

Steuerfreie Bezüge i.S.v. § 3 Nr. 45 EStG (Privatnutzung des Arbeitnehmers von betrieblichen Datenverarbeitungs- und Telekommunikationsgeräten) und **Trinkgelder** müssen **nicht im Lohnkonto eingetragen** werden.

Das **Betriebsstättenfinanzamt** kann allerdings auf Antrag des Arbeitgebers **zulassen, dass steuerfreier Arbeitslohn nicht im Lohnkonto** aufzuzeichnen ist, wenn es sich um Fälle von geringer Bedeutung handelt oder wenn die Möglichkeit zur Nachprüfung in anderer Weise sichergestellt ist (§ 4 Abs. 2 Nr. 4 Satz 2 LStDV). Dies kann allerdings nicht für steuerfreie Fahrtkostenzuschüsse für Fahrten zwischen Wohnung und erster Tätigkeitsstätte gelten, weil diese in der Lohnsteuerbescheinigung zu bescheinigen sind (§ 41b Abs. 1 Nr. 6 EStG).

Für **steuerfreie Verpflegungszuschüsse und Vergütungen** bei doppelter Haushaltsführung kann hingegen auf Antrag des Arbeitgebers auf eine Aufzeichnung im Lohnkonto nach § 4 Abs. 2 Nr. 4 Satz 2 LStDV verzichtet werden, weil eine Bescheinigung dieser Zahlungen in der Lohnsteuerbescheinigung nicht zwingend ist (BMF v. 27.1.2004, IV C 5 – S 2000 – 2/04, BStBl I 2004, 173). Auf Grund eines entsprechenden Antrags beim Betriebsstättenfinanzamt kann der Arbeitgeber also erreichen, dass auf die Aufzeichnung im Lohnkonto unmittelbar und damit auch auf die Bescheinigung in der Lohnsteuerbescheinigung verzichtet wird. Die Finanzverwaltung verfährt hier – wie in der Vergangenheit – recht großzügig.

Wenn dem Arbeitnehmer anlässlich oder während einer beruflichen Auswärtstätigkeit oder im Rahmen einer beruflichen doppelten Haushaltsführung vom Arbeitgeber oder auf dessen Veranlassung von einem Dritten eine nach § 8 Abs. 2 Satz 8 EStG mit dem amtlichen Sachbezugswert zu bewertende Mahlzeit zur Verfügung gestellt wurde, ist im Lohnkonto der **Großbuchstabe „M"** zu vermerken. Sofern das Betriebsstättenfinanzamt für die nach § 3 Nr. 13 oder Nr. 16 EStG steuerfrei gezahlten Vergütungen nach § 4 Abs. 3 LStDV eine andere Aufzeichnung als im Lohnkonto zugelassen hat, ist für eine Übergangszeit eine Bescheinigung des Großbuchstabens „M" allerdings **nicht zwingend erforderlich** (BMF v. 24.10.2014, IV C 5 – S 2353/14/10002, BStBl I 2014, 1412, Rdnr. 92); Einzelheiten → *Reisekosten: Erstattungen* Rz. 2496; die **Übergangsregelung** ist **bis zum 31.12.2017 verlängert** worden (BMF v. 30.7.2015, IV C 5 – S 2378/15/10001, BStBl I 2015, 614).

bb) Auslandsbezüge

1814 Bezüge, die nach einem **Abkommen zur Vermeidung der Doppelbesteuerung oder nach dem Auslandstätigkeitserlass** nicht dem Lohnsteuerabzug unterliegen, sind im Lohnkonto getrennt aufzuzeichnen (§ 4 Abs. 2 Nr. 5 LStDV). Soweit das Finanzamt eine Freistellungsbescheinigung erteilt hat, ist diese als Beleg zum Lohnkonto zu nehmen (→ *Freistellungsbescheinigung* Rz. 1344).

cc) Außerordentliche Einkünfte

1815 Außerordentliche Einkünfte i.S.d. § 34 Abs. 1, 2 Nr. 2 und 4 EStG, also

– Arbeitslohn, der eine **Vergütung für eine mehrjährige Tätigkeit** darstellt (→ *Arbeitslohn für mehrere Jahre* Rz. 257), und

– **Entschädigungen** (→ *Entschädigungen* Rz. 1134),

sind im Lohnkonto getrennt vom übrigen Arbeitslohn aufzuzeichnen (§ 4 Abs. 2 Nr. 6 LStDV). Dies gilt auch für die darauf entfallende Lohnsteuer, den Solidaritätszuschlag und die Kirchensteuer.

dd) Pauschal versteuerter Arbeitslohn

1816 Arbeitslohn, der pauschal besteuert worden ist, ist im Lohnkonto getrennt vom übrigen Arbeitslohn aufzuzeichnen (§ 4 Abs. 2 Nr. 8 LStDV). Dies gilt auch für die darauf entfallende Lohnsteuer, den Solidaritätszuschlag und die Kirchensteuer (zu den Pauschalierungsmöglichkeiten → *Pauschalierung der Lohnsteuer* Rz. 2174).

Wegen der Möglichkeit, pauschal besteuerten Arbeitslohn in einem Sammellohnkonto einzutragen, → Rz. 1821.

Zu den Aufzeichnungspflichten bei Aushilfskräften → *Pauschalierung der Lohnsteuer bei Aushilfskräften* Rz. 2199, und bei geringfügig Beschäftigten → *Pauschalierung der Lohnsteuer bei geringfügig Beschäftigten* Rz. 2224.

ee) Vermögenswirksame Leistungen

1817 Vermögenswirksame Leistungen sind nicht in der **Lohnsteuerbescheinigung** zu bescheinigen. Entsprechend sind auch die Eintragungen der vermögenswirksamen Leistungen im Lohnkonto entfallen. Allerdings muss der Arbeitgeber weiterhin die vermögenswirksamen Leistungen an das **Anlageinstitut überweisen**. Deshalb dürfte eine Aufzeichnung der überwiesenen Beträge aus Gründen der Beweissicherung gegenüber dem Arbeitnehmer weiterhin ratsam sein.

ff) Vermögensbeteiligungen

1818 Bietet der Arbeitgeber seinen Arbeitnehmern **Vermögensbeteiligungen** an seinem Unternehmen an, so hat er gewisse Aufzeichnungspflichten. Wegen dieser Aufzeichnungspflichten → *Vermögensbildung der Arbeitnehmer* Rz. 3046.

c) Aufzeichnungspflichten bei der Kindergeldauszahlung

1819 Da Arbeitgeber **außerhalb des öffentlichen Diensts** das Kindergeld **nicht mehr auszuzahlen** haben, gibt es keine **Aufzeichnungspflichten** mehr.

d) Aufzeichnungspflichten bei Teilzeitbeschäftigten und geringfügig Beschäftigten

1820 Wenn der Arbeitslohn nach § 40a EStG pauschal versteuert wird, also bei kurzfristig beschäftigten Arbeitnehmern, bei geringfügig entlohnten Beschäftigten oder bei Aushilfen in der Land- und Forstwirtschaft, müssen die oben genannten Aufzeichnungen im Lohnkonto **nicht in der angegebenen Ausführlichkeit erfolgen** (§ 4 Abs. 2 Nr. 8 LStDV). Vgl. hierzu im Einzelnen → *Pauschalierung der Lohnsteuer bei Aushilfskräften* Rz. 2199, → *Pauschalierung der Lohnsteuer bei geringfügig Beschäftigten* Rz. 2224.

Wegen der sozialversicherungsrechtlichen Aufzeichnungspflichten → Rz. 1824.

e) Sammellohnkonto

1821 Sammellohnkonto ist ein Lohnkonto, das für **mehrere Arbeitnehmer zusammen** geführt wird. Ein solches Sammellohnkonto darf allerdings nur **unter folgenden Voraussetzungen** geführt werden (§ 4 Abs. 2 Nr. 8 LStDV):

- Die Lohnsteuer wird mit einem Pauschsteuersatz ermittelt, weil
  - in einer größeren Zahl von Fällen Lohnsteuer nachzuerheben ist, weil der Arbeitgeber die Lohnsteuer nicht vorschriftsmäßig einbehalten hat (§ 40 Abs. 1 Satz 1 Nr. 2 EStG), oder
  - Mahlzeiten, Zuwendungen aus Anlass von Betriebsveranstaltungen, Erholungsbeihilfen, Verpflegungszuschüsse oder Zuschüsse zu den Internetkosten gewährt bzw. Datenverarbeitungsgeräte übereignet werden (§ 40 Abs. 2 EStG) und

- der Arbeitgeber kann die auf den einzelnen Arbeitnehmer entfallenden Beträge nicht ohne weiteres ermitteln.

Das Sammellohnkonto muss folgende Angaben enthalten:

– **Tag** der Zahlung,

– **Zahl** der Arbeitnehmer,

– **Summe** der insgesamt gezahlten Bezüge,

– Höhe der Lohnsteuer sowie

– Hinweise auf die als Belege zum Sammellohnkonto aufzubewahrenden Unterlagen, insbesondere Zahlungsnachweise oder die Bestätigung des Finanzamts über die Zulassung der Lohnsteuer-Pauschalierung.

Wird der Arbeitslohn nicht mit dem ermäßigten Kirchensteuersatz (→ *Kirchensteuer* Rz. 1684) besteuert, so ist zusätzlich der **fehlende Kirchensteuerabzug aufzuzeichnen** und auf die als Beleg aufzubewahrende Unterlage hinzuweisen, aus der hervorgeht, dass der Arbeitnehmer keiner Religionsgemeinschaft angehört, für die Kirchensteuer von den Finanzbehörden erhoben wird (R 41.1 Abs. 4 LStR).

f) Formvorschriften

1822 Für das Lohnkonto ist von Seiten der Finanzverwaltung **keine besondere Form** vorgeschrieben. Der Arbeitgeber kann das Lohnkonto daher seinen individuellen Bedürfnissen anpassen. Die Aufzeichnungen müssen nur **fortlaufend** und für jedes Kalenderjahr und für **jeden Arbeitnehmer getrennt** geführt werden. Dabei sind die oben dargestellten Aufzeichnungen als **Mindestanforderungen** zu verstehen; dem Arbeitgeber steht es frei, weitere für ihn wichtige Eintragungen im Lohnkonto vorzunehmen. Soweit der Arbeitgeber die Lohnabrechnung manuell durchführt, ist ein Lohnkonto in Karteiform empfehlenswert. Bei maschineller Lohnabrechnung werden die erforderlichen Angaben elektronisch gespeichert (z.B. mit der von Stollfuß Medien herausgegebenen Software „Gehalt und Lohn Plus 2016", ISBN 978-3-08-111216-9).

g) Aufbewahrungsfristen

1823 Die Lohnkonten sind bis zum **Ablauf des sechsten Kalenderjahrs**, das auf die zuletzt eingetragene Lohnzahlung folgt, aufzubewahren (§ 41 Abs. 1 Satz 10 EStG). Das bedeutet, dass die Lohnkonten für das Jahr 2016 bis Ende 2022 aufzubewahren sind.

4. Aufzeichnungspflichten in der Sozialversicherung

1824 In der Beitragsverfahrensverordnung wird u.a. geregelt, welche Entgeltunterlagen der Arbeitgeber im Rahmen seiner Dokumentationspflicht zu führen und aufzubewahren hat.

a) Personenbezogene Aufzeichnungspflichten der Entgeltunterlagen

1825 Für jeden Beschäftigten – nicht nur für Versicherungspflichtige – hat der Arbeitgeber in den Entgeltunterlagen u.a. folgende Angaben über den Beschäftigten aufzunehmen (§ 8 BVV):
- den Familien- und Vornamen, ggf. das betriebliche Ordnungsmerkmal,
- das Geburtsdatum,
- bei Ausländern aus Staaten außerhalb des Europäischen Wirtschaftsraums die Staatsangehörigkeit und der Aufenthaltstitel,
- die Anschrift,
- den Beginn und das Ende der Beschäftigung,
- den Beginn und das Ende der Altersteilzeitarbeit,
- das Wertguthaben aus flexibler Arbeitszeit einschließlich der Änderungen (Zu- und Abgänge), der Abrechnungsmonat der ersten Gutschrift sowie der Abrechnungsmonat für jede Änderung; besondere Aufzeichnungen über beitragspflichtige Arbeitsentgelte sind entbehrlich, soweit das Wertguthaben 250 Stunden Freistellung von der Arbeitsleistung nicht überschreitet; bei auf Dritte übertragenen Wertguthaben sind diese beim Dritten zu kennzeichnen,
- die Beschäftigungsart,
- die regelmäßige wöchentliche Arbeitszeit und die tatsächlich geleisteten Arbeitsstunden,
- die für die Versicherungsfreiheit oder die Befreiung von der Versicherungspflicht maßgebenden Angaben,
- das Arbeitsentgelt nach § 14 SGB IV, seine Zusammensetzung und zeitliche Zuordnung, ausgenommen sind Sachbezüge und Belegschaftsrabatte, soweit für sie eine Aufzeichnungspflicht nach dem Einkommensteuergesetz nicht besteht,
- das beitragspflichtige Arbeitsentgelt bis zur Beitragsbemessungsgrenze der Rentenversicherung, seine Zusammensetzung und zeitliche Zuordnung,
- den bei Altersteilzeitarbeit für die Bemessung der Rentenversicherungsbeiträge maßgebende Unterschiedsbetrag,
- den Beitragsgruppenschlüssel,
- die Einzugsstelle für den Gesamtsozialversicherungsbeitrag,
- den vom Beschäftigten zu tragende Anteil am Gesamtsozialversicherungsbeitrag, nach Beitragsgruppen getrennt,
- die Aufzeichnungen über die Zahlung der Umlagen nach dem AAG,
- die Aufzeichnungen über die Beitragspflicht zur gesetzlichen Unfallversicherung; insbesondere das in der Unfallversicherung beitragspflichtige Entgelt und die anzuwendenden Gefahrtarifstellen,
- die Aufzeichnungen über die Umlage für das Insolvenzgeld,
- die Aufzeichnungen über die Beitragsfreiheit einzelner Lohnbestandteile,
- die Nachweise über das Vorliegen von Versicherungsfreiheit oder die Befreiung von der Sozialversicherungspflicht,
- die Nachweise über Insolvenzschutzregelungen bei Wertguthabenvereinbarungen,
- die für die Erstattung von Meldungen erforderlichen Daten, soweit sie in anderen aufzeichnungspflichtigen Daten nicht enthalten sind,
- bei Entsendung: Eigenart und zeitliche Begrenzung der Beschäftigung,
- gezahltes Kurzarbeitergeld und die hierauf entfallenden beitragspflichtigen Einnahmen,
- Unterlagen, aus denen bei Ausländern aus Staaten außerhalb des Europäischen Wirtschaftsraums die Staatsangehörigkeit hervorgeht, und der Aufenthaltstitel, woraus die für die Versicherungsfreiheit oder die Befreiung von der Versicherungspflicht maßgebenden Angaben und bei Entsendung Eigenart und zeitliche Begrenzung der Beschäftigung hervorgehen,
- die für den Arbeitgeber bestimmte Mitgliedsbescheinigung der Krankenkasse seines Arbeitnehmers,
- die Daten der erstatteten Meldungen,
- die Erklärung eines geringfügig entlohnt Beschäftigten gegenüber dem Arbeitgeber, dass er auf die Versicherungsfreiheit in der Rentenversicherung oder bei einer Beschäftigungsaufnahme ab 1.1.2013 auf die Rentenversicherungspflicht verzichtet,
- die Erklärung des Beschäftigten gegenüber dem Arbeitgeber, dass auf die Anwendung der Gleitzonenberechnung in der Rentenversicherung verzichtet wird,
- die Niederschrift der wesentlichen Vertragsbedingungen zwischen Arbeitgeber und Arbeitnehmer,
- die Erklärung eines kurzfristig geringfügig Beschäftigten über weitere kurzfristige Beschäftigungen im Kalenderjahr oder eine Erklärung des geringfügig entlohnt Beschäftigten über weitere Beschäftigungen, sowie in beiden Fällen die Bestätigung, dass die Aufnahme weiterer Beschäftigungen dem Arbeitgeber anzuzeigen sind,
- die Kopie eines Antrags an die Deutsche Rentenversicherung Bund zur Klärung des Status eines Erwerbstätigen (selbständig oder unselbständig) inklusive der für die Entscheidung benötigten Unterlagen sowie deren Bescheid nach Abschluss des Anfrageverfahrens,
- den Bescheid der zuständigen Einzugsstelle über die Feststellung der Versicherungspflicht,
- Aufzeichnungen über Wertguthaben bis 250 Stunden Freistellung von der Arbeitsleistung,
- die Aufzeichnung der Bedingungen zwischen Leiharbeitnehmer und Entleiher hinsichtlich des Geltungsbereichs allgemeinverbindlicher Tarifverträge,
- den Nachweis der Elterneigenschaft für die Pflegeversicherung,
- die Erklärung über den Auszahlungsverzicht von zustehenden Entgeltansprüchen.

Nach dem **Mindestlohngesetz** sind Beginn, Ende und Dauer der täglichen Arbeitszeit generell von geringfügig Beschäftigten und von Arbeitnehmern in den nachfolgenden Wirtschaftsbereichen aufzuzeichnen:
- im Baugewerbe,
- im Gaststätten- und Beherbergungsgewerbe,
- im Personenbeförderungsgewerbe,
- im Speditions-, Transport- und damit verbundenen Logistikgewerbe,
- im Schaustellergewerbe,
- bei Unternehmen der Forstwirtschaft,
- im Gebäudereinigungsgewerbe,
- bei Unternehmen, die sich am Auf- und Abbau von Messen und Ausstellungen beteiligen,
- in der Fleischwirtschaft.

Lohnkonto

Nach der **Mindestlohndokumentationspflichten-Verordnung** sind die Aufzeichnungspflichten aus dem Mindestlohngesetz nicht einzuhalten bei Arbeitnehmern, deren verstetigtes regelmäßiges Monatsentgelt brutto 2 958 € überschreitet und für die der Arbeitgeber bereits die Aufzeichnungen nach dem Arbeitszeitgesetz erfüllt und die Aufzeichnungen entsprechend aufbewahrt.

Bei Arbeitsverhältnissen, die einen längeren Bestand haben und bei denen das regelmäßig gezahlte Arbeitsentgelt stets oberhalb der Mindestlohnschwelle pro Arbeitsstunde liegt, wurde die Einkommensschwelle von 2 958 € dahingehend ergänzt, dass seit 1.8.2015 die Arbeitszeitaufzeichnungspflicht bereits dann entfällt, wenn das regelmäßige Arbeitsentgelt mehr als 2 000 € brutto beträgt und das sich daraus ergebende Nettoentgelt jeweils für die letzten tatsächlich abgerechneten zwölf Monate regelmäßig ausgezahlt worden ist.

Bestehen die Entgeltunterlagen aus mehreren Teilen, sind diese Teile durch ein betriebliches Ordnungsmerkmal zu verbinden. Die Angaben zur Zusammensetzung des Arbeitsentgelts, das Arbeitsentgelt bis zur Beitragsbemessungsgrenze in der Rentenversicherung, der zur Berechnung der Rentenversicherungsbeiträge maßgebende Unterschiedsbetrag bei der Altersteilzeit, der Beitragsgruppenschlüssel, die Einzugsstelle und das gezahlte Kurzarbeitergeld sind für jeden Entgeltabrechnungszeitraum erforderlich.

Die Beträge des beitragspflichtigen Arbeitsentgelts bis zur Beitragsbemessungsgrenze der Rentenversicherung und der Unterschiedsbetrag bei Altersteilzeit sind für die Meldungen zu addieren.

b) Aufzeichnungen zur Beitragsabrechnung

1826 Der Arbeitgeber hat zur Prüfung der Vollständigkeit der Entgeltabrechnung für jeden Abrechnungszeitraum ein Verzeichnis aller Beschäftigten in der Sortierfolge der Entgeltunterlagen mit den folgenden Angaben und nach Einzugsstellen getrennt zu erfassen und lesbar zur Verfügung zu stellen (§ 9 BVV):

– dem Familien- und Vornamen, ggf. mit dem betrieblichen Ordnungsmerkmal,
– dem beitragspflichtigen Arbeitsentgelt bis zur Beitragsbemessungsgrenze in der Rentenversicherung,
– den bei Altersteilzeitarbeit für die Bemessung der Rentenversicherungsbeiträge maßgebende Unterschiedsbetrag,
– dem Beitragsgruppenschlüssel,
– den Sozialversicherungstagen,
– dem Gesamtsozialversicherungsbeitrag, nach Arbeitgeber- und Arbeitnehmeranteilen je Beitragsgruppe getrennt,
– dem gezahlten Kurzarbeitergeld und die hierauf entfallenden beitragspflichtigen Einnahmen,
– den beitragspflichtigen Sonn-, Feiertags- und Nachtzuschlägen,
– den Umlagesätzen nach dem Aufwendungsausgleichsgesetz und das umlagepflichtige Arbeitsentgelt,
– den Parametern zur Berechnung der voraussichtlichen Höhe der Beitragsschuld.

Die Beträge des Kurzarbeitergelds und der hierauf entfallenden beitragspflichtigen Einnahmen sind zu addieren und die hierauf entfallenden Beiträge zur Kranken-, Pflege- und Rentenversicherung sind anzugeben; der Gesamtsozialversicherungsbeitrag ist nach Beitragsgruppen zu addieren; aus den Einzelsummen ergibt sich die Gesamtsumme der Beiträge.

c) Archivierung

1827 Durch das Sozialversicherungsänderungsgesetz wurde zum 1.1.2008 die BVV um folgende Möglichkeit erweitert: Die Entgeltunterlagen können auf maschinell verwertbaren Datenträgern geführt werden. Werden die Entgeltunterlagen auf Datenträgern geführt, sind die Daten in der Aufbewahrungsfrist jederzeit verfügbar und unverzüglich lesbar vorzuhalten.

Lohnnachzahlung

→ *Nachzahlungen* Rz. 2104

Lohnpfändung

Inhaltsübersicht:

		Rz.
1.	Begriff und Beteiligte	1828
2.	Pfändungs- und Überweisungsbeschluss	1829
	a) Welche Forderungen sind gepfändet?	1830
	b) Unterbrochenes/beendetes/noch nicht begründetes Arbeitsverhältnis	1831
	c) Wirkung der Pfändung	1832
	d) Rechtsbehelfe/Einwendungen	1833
3.	Umfang des Pfändungsschutzes	1834
	a) Unterschiedliche Bezüge = Unterschiedliche Pfändbarkeit	1834
	b) Berechnung der pfändbaren Bezüge/Pfändungsfreigrenzen	1835
	c) Berücksichtigung von Unterhaltsberechtigten	1836
	d) Kontopfändungsschutz/Pfändungsschutzkonto	1837
4.	Besonderheiten bei Pfändung wegen Unterhaltsansprüchen	1838
5.	Rangproblem bei mehreren Pfändungen	1839
	a) Mehrfache Pfändung	1839
	b) Rangverhältnis bei Abtretung/Pfändung und Aufrechnung/Pfändung	1840
	c) Hinterlegung in Zweifelsfällen	1841
6.	Drittschuldnerklage	1842
7.	Lohnbegrenzungsverträge und verschleiertes Arbeitseinkommen	1843
	a) Lohnbegrenzungsvertrag	1843
	b) Verschleiertes Arbeitseinkommen	1844
8.	Pfändbarkeitskatalog	1845
9.	Lohnsteuer	1846
10.	Sozialversicherung	1847

1. Begriff und Beteiligte

1828 Mit der Pfändung von Lohn- und Gehaltsansprüchen können Gläubiger des Arbeitnehmers auf dessen Arbeitseinkommen beim Arbeitgeber zurückgreifen, wobei allerdings der Arbeitnehmer als Schuldner besonderen Pfändungsschutz bzgl. des in Geld zahlbaren Arbeitsentgelts nach den Vorschriften der §§ 850 ff. ZPO für sich in Anspruch nehmen kann. Zu einer umfassenden Darstellung wird auf den **Ratgeber Lohnpfändung 2015,** Stollfuß Medien, ISBN 978-3-08-314015-3 verwiesen, der auch die jeweils einschlägig vom Pfändungsgläubiger zu verwendenden Formulare nach der Zwangsvollstreckungsformular-Verordnung behandelt; eine Darstellung mit einschlägiger Rechtsprechung bietet Jüngst, Lohnpfändung und Pfändungsschutz, B+P 2006, 307 und Pfändung von Arbeitseinkommen – Aktuelles aus Gesetzgebung und Rechtsprechung, B+P 2014, 739.

Der Pfändungsschutz zu Gunsten des Arbeitnehmers mit der teilweisen Unpfändbarkeit von Arbeitsentgelt soll dem Arbeitnehmer und seiner Familie die Führung eines menschenwürdigen Lebens trotz Schulden ermöglichen; der Pfändungsschutz ist deshalb grundsätzlich zwingend und insbesondere **nicht im Voraus verzichtbar**.

Ob die **Bearbeitungskosten** für eine Lohnpfändung vom Arbeitgeber durch Vereinbarung dem Arbeitnehmer angelastet werden können, erscheint zweifelhaft (ablehnend BGH v. 18.5.1999, XI ZR 219/98, www.stotax-first.de, und BGH v. 19.10.1999, XI ZR 8/99, www.stotax-first.de). Insoweit besteht nach BAG v. 18.7.2006, 1 AZR 578/05, www.stotax-first.de, jedenfalls weder ein gesetzlicher Anspruch noch kann ein Anspruch durch Betriebsvereinbarung begründet werden; der Arbeitnehmer könnte aber über eine **Vereinbarung** an den **Kosten** beteiligt werden, die dem Arbeitgeber durch die Behandlung entstehen; ohne Vereinbarung treffen die Kosten allein den Arbeitgeber.

Voraussetzung für den besonderen Pfändungsschutz für Arbeitsentgelt ist, dass das Arbeitsverhältnis die **Erwerbstätigkeit des Arbeitnehmers vollständig oder doch zu einem wesentlichen Teil in Anspruch nimmt**, wie sich aus § 850 Abs. 2 ZPO ergibt. Einkünfte aus **Nebentätigkeiten** unterfallen daher regelmäßig **nicht dem besonderen Pfändungsschutz**.

Ansonsten gilt bei Einkommen des Arbeitnehmers aus zwei oder mehr Arbeitsverhältnissen besonderer Pfändungsschutz **im jeweiligen Arbeitsverhältnis**; eine **Zusammenrechnung** kommt nur i.R.d. § 850e Nr. 2, 2a ZPO in Betracht (BAG v. 24.4.2002, 10 AZR 42/01, www.stotax-first.de) und kann nicht vom Arbeitsgericht vorgenommen werden (BAG v. 21.11.2000, 9 AZR 692/99, www.stotax-first.de).

Insoweit sind begrifflich als **Beteiligte am Vollstreckungsverfahren** zu unterscheiden der die Pfändung des Arbeitsentgelts betreibende **Gläubiger des Arbeitnehmers**, der **Arbeitnehmer als Schuldner** der Gläubigerforderung, dessen Arbeitsentgelt zu Pfändungszwecken in Anspruch genommen wird und der **Arbeitgeber als Drittschuldner**, der mit der Pfändung auf Auszahlung des pfändbaren Arbeitsentgelts an den Gläubiger in Anspruch genommen wird.

2. Pfändungs- und Überweisungsbeschluss

1829 Die Pfändung von Arbeitseinkommen wird bewirkt durch einen sog. Pfändungs- und Überweisungsbeschluss des zuständigen Amtsgerichts als Vollstreckungsgericht (§ 828 Abs. 2 ZPO).

a) Welche Forderungen sind gepfändet?

1830 In dem regelmäßig formularmäßig erlassenen Pfändungs- und Überweisungsbeschluss ist regelmäßig die Angabe enthalten, die Pfändung richte sich auf **Zahlung aller jetzigen und künftigen Bezüge** an Arbeitseinkommen oder auf Zahlungsansprüche aus dem Arbeitsverhältnis. Mit derartigen Formulierungen sind neben der eigentlichen Vergütung auch einmalige Vergütungsleistungen, Sonderzuwendungen, Abfindungen, Zulagen, Zuschläge, Mehrarbeitsvergütung usw. erfasst.

b) Unterbrochenes/beendetes/noch nicht begründetes Arbeitsverhältnis

1831 Voraussetzung für die Entfaltung einer Wirkung des Pfändungs- und Überweisungsbeschlusses ist ein **zur Zeit der Pfändung bestehendes Arbeitsverhältnis**. Ist zu dem genannten Zeitpunkt das Arbeitsverhältnis bereits beendet und das Arbeitseinkommen im weiteren Sinne bereits ausgezahlt, so geht die Pfändung ins Leere. Dies gilt ebenso, wenn im Zeitpunkt der Zustellung des Pfändungs- und Überweisungsbeschlusses ein Arbeitsverhältnis noch nicht begründet ist.

Bei unterbrochenem und später neu begründetem Arbeitsverhältnis ist grundsätzlich eine erneute Pfändung erforderlich; eine im früheren Arbeitsverhältnis wirksam gewordene Pfändung lebt nicht automatisch wieder auf (vgl. BAG v. 24.3.1993, 4 AZR 258/92, www.stotax-first.de). Aber: Nach der **Neuregelung** gem. § 833 Abs. 2 ZPO gilt ab 1.1.1999, dass bei **Neubegründung** des Arbeitsverhältnisses **innerhalb von neun Monaten** eine Pfändung aus dem früheren Arbeitsverhältnis wieder auflebt.

c) Wirkung der Pfändung

1832 Der Pfändungs- und Überweisungsbeschluss entfaltet Wirksamkeit erst **mit Zustellung an den Arbeitgeber als Drittschuldner.** Ausnahmsweise entfaltet er Wirkung vor Zustellung bei vorheriger Zustellung eines **vorläufigen Zahlungsverbotes** (Vorpfändung) nach § 845 ZPO bei nachfolgender Zustellung des Pfändungs- und Überweisungsbeschlusses binnen eines Monats.

Auf Verlangen des Gläubigers wird der Drittschuldner, also der Arbeitgeber, mit der Zustellung der Pfändung durch den – funktionell zuständigen – Gerichtsvollzieher gem. § 840 ZPO zur **Beantwortung von bestimmten Fragen**, die im Zusammenhang mit der Pfändung stehen, verpflichtet. Binnen zwei Wochen hat er die Auskunft zu erteilen. Bei Nichtbeantwortung **haftet der Arbeitgeber** dem Gläubiger für den Schaden, der sich aus der Nichterfüllung seiner Beantwortungspflicht ergibt.

Im Übrigen verpflichtet der Pfändungs- und Überweisungsbeschluss den Arbeitgeber, den pfändbaren Teil des Entgeltanspruchs des Arbeitnehmers unmittelbar **an den Gläubiger zu zahlen**; umgekehrt darf eine Auszahlung insoweit an den Arbeitnehmer nicht mehr erfolgen. Der Arbeitnehmer kann den Arbeitgeber auf Zahlung an den Gläubiger oder die Gläubiger verklagen (BGH v. 5.4.2001, IX ZR 441/99, www.stotax-first.de).

Wichtig: Zahlt der Arbeitgeber dennoch an den Schuldner pfändbare Teile des Arbeitseinkommens aus, so „entpflichtet" ihn dies nicht gegenüber dem Gläubiger. In einem solchen Fall besteht daher **für den Arbeitgeber das Risiko einer Doppelzahlung** mit der Gefahr, Rückzahlungsansprüche gegen den Arbeitnehmer aus ungerechtfertigter Bereicherung nicht mehr verwirklichen zu können.

d) Rechtsbehelfe/Einwendungen

1833 Da dem Pfändungs- und Überweisungsbeschluss eine vollstreckbare Forderung und damit ein vollstreckungsfähiger Titel zu Grunde liegen muss, kann der **Arbeitnehmer** als Schuldner im Vollstreckungsverfahren nur noch Vollstreckungsabwehrklage (§ 767 ZPO) erheben. Der **Arbeitgeber** als Drittschuldner kann gegen den vollstreckungsfähigen Titel im Hinblick auf die erfolgte Pfändung nicht vorgehen.

Arbeitgeber und Arbeitnehmer können wegen **Mängeln und Fehlern des Pfändungs- und Überweisungsbeschlusses** im Wege der **Erinnerung** nach § 766 ZPO vorgehen, aber nicht mit dem Argument, die titulierte Forderung bestehe nicht oder nur z.T. Die Erinnerung passt, wenn formelle Einwendungen gegen die Art und Weise der Zwangsvollstreckung erhoben werden. Der Arbeitgeber muss ein eigenes Interesse an der Entscheidung haben.

Im Übrigen kann der Arbeitgeber natürlich als **Drittschuldner alle Einwendungen geltend machen**, die den **Grund und die Höhe der Entgeltforderung des Arbeitnehmers** betreffen. Er kann sich also z.B. darauf berufen, eine Forderung des Arbeitnehmers sei durch Aufrechnung (→ *Aufrechnung* Rz. 348) mit einer Gegenforderung des Arbeitgebers erloschen; zulässig ist auch der Einwand, der Arbeitgeber habe die Forderung des Arbeitnehmers schon längst erfüllt gehabt. Zulässig ist beispielsweise auch der Einwand des Arbeitgebers, die Forderung des Arbeitnehmers sei bereits verjährt oder nach einer tariflichen Ausschlussfrist verfallen.

3. Umfang des Pfändungsschutzes

a) Unterschiedliche Bezüge = Unterschiedliche Pfändbarkeit

Hinsichtlich der Pfändbarkeit von Arbeitnehmerforderungen ist zu unterscheiden: 1834

- **Unpfändbare Beträge** (§ 850a ZPO) werden von der Pfändung nicht berührt.
- **Bedingt pfändbare Bezüge** sind nach § 850b ZPO zu behandeln.
- **Bezüge besonderer Art**, z.B. eine Abfindung, werden nur auf Antrag des Arbeitnehmers geschützt, unterliegen aber ansonsten voll der Pfändung, § 850i ZPO.
- **Begrenzt pfändbare Bezüge** sind nach § 850c ZPO nur teilweise geschützt.

Die begrenzte Pfändbarkeit gilt allerdings nicht mehr im Verhältnis Arbeitnehmer zu seiner Bank nach Überweisung auf ein Kontokorrentkonto (BGH v. 22.3.2005, XI ZR 286/04, www.stotax-first.de).

b) Berechnung der pfändbaren Bezüge/Pfändungsfreigrenzen

Beim Normalfall der Pfändung der üblichen Formen des Arbeitsentgelts bei wiederkehrend zahlbarer Vergütung ist wie folgt vorzugehen: 1835

Zunächst sind die **Gesamt-Bruttobezüge** des Arbeitnehmers für einen bestimmten Monat zur Ermittlung des pfändbaren Netto-Entgelts um die unpfändbaren Bezüge gem. § 850a ZPO zu kürzen. Dabei gilt für die Berechnung des pfändbaren Einkommens gem. § 850e Nr. 1 Satz 1 ZPO die sog. **Nettomethode**: Die der Pfändung entzogenen Bezüge sind mit ihrem Bruttobetrag vom Gesamteinkommen abzuziehen. Ein erneuter Abzug der auf diesen Bruttobetrag entfallenden Steuern und Abgaben erfolgt nicht (BAG v. 17.4.2013, 10 AZR 59/12, www.stotax-first.de).

Weiterhin ist das Brutto-Einkommen um die gesetzlichen Abzüge und um angelegte vermögenswirksame Leistungen zu bereinigen.

Die **Berechnung des Nettoeinkommens** ist demnach wie folgt vorzunehmen:

Monatliches Bruttoeinkommen	.... €
./. unpfändbare Bezüge nach § 850a ZPO	.... €
./. angelegte vermögenswirksame Leistungen	.... €
./. Lohnsteuer	.... €
./. Solidaritätszuschlag	.... €
./. Kirchensteuer	.... €
./. Sozialversicherungsbeiträge	.... €
verbleibendes Nettoeinkommen	.... €

Lohnpfändung

Die Pfändungsgrenze für einen Vergütungsanspruch, der nach dem Arbeitsvertrag monatlich fällig wird, bestimmt sich auch dann nach dem **monatlichen Nettoeinkommen**, wenn der Arbeitnehmer in dem betreffenden Monat nicht die ganze Zeit gearbeitet hat; entscheidend ist der regelmäßige monatliche Auszahlungszeitraum (BAG v. 24.3.2009, 9 AZR 733/07, www.stotax-first.de).

Ist hiernach das **Netto-Entgelt** des Arbeitnehmers bestimmt, so ist der genaue Pfändungsbetrag der **tabellarischen Anlage zu § 850c ZPO** unter Berücksichtigung der Kürzungsbeträge für Unterhaltspflichten zu entnehmen.

Nach der Erhöhung des steuerlichen Grundfreibetrags seit dem letzten Stichtag ab 1.7.2013 wurden nunmehr mit Wirkung ab 1.7.2015 neue um 2,76 % entsprechend erhöhte **unpfändbare Beträge** nach § 850c Abs. 1 und 2 ZPO festgelegt, die das Bundesministerium der Justiz turnusgemäß mit der **Pfändungsfreigrenzenbekanntmachung 2015** vom 14.4.2015 (BGBl I 2015, 618) veröffentlicht hat.

Die neuen Pfändungsfreigrenzen:

– Der monatlich unpfändbare Grundbetrag beträgt 1 073,88 € (bisher: 1 045,04 €).

– Dieser Betrag erhöht sich, wenn gesetzliche Unterhaltspflichten zu erfüllen sind, um monatlich 404,16 € (bisher: 393,30 €) für die erste Person.

– Eine weitere Erhöhung um jeweils 225,17 € (bisher 219,12 €) erfolgt für die zweite bis fünfte gegenüber dem Schuldner unterhaltsberechtigte Person.

Die genauen Beträge – auch für wöchentliche und tägliche Zahlweise von Arbeitseinkommen – ergeben sich aus der aktuellen **Tabelle in der Anlage zu § 850c ZPO** bzw. aus der Pfändungsfreigrenzenbekanntmachung 2015, abgedruckt im Anhang (→ Anhang, C. Arbeitsrecht Rz. 3405. **Achtung:** Nach § 850c Abs. 2a ZPO **ändern sich die** in dieser Vorschrift genannten **unpfändbaren Beträge** zum 1.7. jeden zweiten Jahres entsprechend der im Vergleich zum jeweiligen Vorjahreszeitraum sich ergebenden prozentualen Entwicklung des Grundfreibetrags nach § 32a EStG. Auf eine **neue Pfändungsfreigrenzenbekanntmachung per 1.7.2017** (spätestens) ist zu achten.

Zur **Zusammenrechnung** des Einkommens mit anderen Bezügen, z.B. mit weiteren Arbeitseinnahmen, mit Sozialleistungen oder Naturalleistungen, s. § 850e ZPO.

c) Berücksichtigung von Unterhaltsberechtigten

1836 Bei der Feststellung der Zahl der Personen, denen der Arbeitnehmer Unterhalt leistet, darf der Arbeitgeber davon ausgehen, dass der Arbeitnehmer den in seinen **Lohnsteuerabzugsmerkmalen** genannten Personen auch tatsächlich Unterhalt leistet. Davon ist bei in häuslicher Gemeinschaft lebenden Ehegatten grundsätzlich auszugehen (BAG v. 28.8.2013, 10 AZR 323/12, www.stotax-first.de).

d) Kontopfändungsschutz/Pfändungsschutzkonto

1837 Mit dem Gesetz zur Reform des Kontopfändungsschutzes (BGBl. I 2009, 1707) ist der Pfändungsschutz insbesondere mit dem neuen Pfändungsschutzkonto nach § 850k ZPO verbessert worden:

Beim neuen Pfändungsschutzkonto bleibt den Schuldnerinnen und Schuldnern die Möglichkeit, während einer Kontopfändung über den unpfändbaren Teil ihrer Einkünfte zu verfügen usw. am Wirtschaftsleben teilzunehmen.

Die Reform ist am 1.7.2010 in Kraft getreten. Ab diesem Tage kann jeder Inhaber eines Girokontos von seiner Bank oder Sparkasse die **Umwandlung in ein Pfändungsschutzkonto** verlangen. Das gilt auch für Selbständige und für bereits gepfändete Konten. Das Kreditinstitut darf keine zusätzlichen Gebühren für die Führung des Pfändungsschutzkontos verlangen (BGH v. 13.11.2012, XI ZR 145/12, www.stotax-first.de).

Der Kontopfändungsschutz beim Pfändungsschutzkonto dient der Sicherung einer angemessenen Lebensführung des Schuldners und seiner Unterhaltsberechtigten. Automatisch besteht auf dem Pfändungsschutzkonto zunächst ein Pfändungsschutz für Guthaben in Höhe des Grundfreibetrages von derzeit 1 028,89 € je Kalendermonat. Dieser Basispfändungsschutz kann unter bestimmten Voraussetzungen erhöht werden, z.B. wegen Unterhaltspflichten des Schuldners.

Kindergeld oder bestimmte soziale Leistungen werden zusätzlich geschützt. In der Regel genügt ein Nachweis bei der Bank. In besonderen Fällen, z.B. wegen außerordentlicher Bedürfnisse des Schuldners auf Grund Krankheit, kann der pfandfreie Guthabenbetrag vom Vollstreckungsgericht oder bei der Vollstreckungsstelle des öffentlichen Gläubigers (Finanzamt, Stadtkasse) individuell angepasst werden.

4. Besonderheiten bei Pfändung wegen Unterhaltsansprüchen

1838 Betreibt der Gläubiger die Pfändung wegen ihm zustehender gesetzlicher Unterhaltsansprüche, so ist der **Pfändungsschutz des Schuldners gem. § 850d ZPO eingeschränkt** (zum erweiterten Pfändungszugriff auch im Hinblick auf die Neuordnung durch Hartz IV s. Behr, Rechtspfleger 2005, S. 498). Auf entsprechende **besondere Angaben im Pfändungs- und Überweisungsbeschluss** muss der Arbeitgeber bei der Berechnung der pfändbaren Bezüge besonders achten; die Festsetzung durch das Amtsgericht/Vollstreckungsgericht ist im arbeitsgerichtlichen Drittschuldnerprozess verbindlich (LAG Düsseldorf v. 6.3.2001, 16 Sa 1765/00, www.stotax-first.de).

5. Rangproblem bei mehreren Pfändungen

a) Mehrfache Pfändung

1839 Das Arbeitseinkommen verschuldeter Arbeitnehmer wird nicht selten **mehrfach gepfändet**, so dass der Arbeitgeber sich vor die Frage gestellt sieht, welche der Pfändungen er zu bedienen hat. Insoweit ist gem. § 804 Abs. 3 ZPO der Rang der Pfändungen entscheidend: Es gilt insoweit der **Grundsatz der Priorität**, d.h. eine frühere Pfändung geht einer späteren vor. Der Arbeitgeber muss also zunächst die frühere Pfändung bis zur Tilgung der Forderung bedienen, sodann die nächstfolgende Pfändung bis zu deren Tilgung usw. Der Arbeitnehmer kann die korrekte Bedienung der Gläubiger durch Klage erzwingen (BGH v. 5.4.2001, IX ZR 441/99, www.stotax-first.de). Bei **gleichzeitig** zugestellten Pfändungen versagt der Grundsatz der Priorität: Der pfändbare Betrag muss an die Gläubiger nach dem Verhältnis ihrer Forderungen ausgekehrt werden.

Gerade bei mehreren Pfändungen läuft der Arbeitgeber Gefahr, eine **Bedienung in falscher Reihenfolge** vorzunehmen. Insoweit ist zu beachten, dass der Arbeitgeber bei fälschlicher Bedienung eines nachrangigen Berechtigten gegenüber dem vorrangigen Gläubiger nicht frei wird; der Arbeitgeber müsste also an den vorrangigen Gläubiger noch einmal zahlen. Insoweit sollte der Arbeitgeber in Zweifelsfällen von der Möglichkeit der **Hinterlegung** des Schuldbetrags Gebrauch machen.

b) Rangverhältnis bei Abtretung/Pfändung und Aufrechnung/Pfändung

1840 Nach dem **Grundsatz der Priorität** geht eine vor Zustellung eines Pfändungs- und Überweisungsbeschlusses erfolgte wirksame Abtretung von Entgeltansprüchen der Pfändung vor (→ Abtretung des Arbeitslohns Rz. 22). Entscheidend für den Vorrang ist insoweit nicht der Zeitpunkt, zu dem der Arbeitgeber von der Abtretung Kenntnis erlangt hat, sondern der **Zeitpunkt des Abtretungsgeschäftes**. Allerdings braucht der Arbeitgeber die Abtretung erst von dem Zeitpunkt an – ggf. vorrangig – zu beachten, in dem er von der Abtretung **Kenntnis** erlangt.

Treffen Aufrechnung (→ Aufrechnung Rz. 348) und Pfändung des Arbeitsentgelts zusammen, so ist nach der Regelung des § 392 BGB zu verfahren: Die Aufrechnung ist ausgeschlossen, wenn der aufrechnende Arbeitgeber seine Forderung erst nach der Beschlagnahme (= Pfändung) erworben hat oder wenn seine Forderung erst nach der Beschlagnahme (= Pfändung) und später als die gepfändete Forderung fällig geworden ist.

c) Hinterlegung in Zweifelsfällen

1841 Ist sich der Arbeitgeber bei einem Zusammentreffen von Pfändung und Abtretung über die Rangfolge der Gläubiger nicht im Klaren, so sollte er auch hier von der gem. § 853 ZPO eröffneten Möglichkeit Gebrauch machen, den pfändbaren Betrag **beim Amtsgericht zu hinterlegen**. Unter Anzeige der Sachlage und unter Aushändigung der ihm zugestellten Beschlüsse kann der Arbeitgeber nach § 853 ZPO bei dem Amtsgericht hinterlegen, dessen Beschluss ihm zuerst zugestellt wurde. Durch diese Hinterlegung wird der Arbeitgeber als Drittschuldner von seiner Verpflichtung zur Zahlung des hinterlegten Arbeitsentgelts frei.

6. Drittschuldnerklage

1842 Zahlt der Arbeitgeber als Drittschuldner nach Zustellung des Pfändungs- und Überweisungsbeschlusses an den die Pfändung betreibenden Gläubiger nicht, so kommt es – neben der Auskunftsklage bei fehlender oder unvollständiger Auskunftserteilung – häufig zur sog. Drittschuldnerklage. Bei dieser Drittschuldnerklage verklagt der Gläubiger den Arbeitgeber als Drittschuldner auf Auszahlung des pfändbaren Arbeitsentgeltes. Durch die gem. § 841 ZPO bei einer solchen Klage gebotene **Streitverkündung** wird der Arbeitnehmer als eigentlicher Schuldner in das Verfahren einbezogen. In einem solchen Drittschuldnerprozess muss der **Gläubiger darlegen und beweisen**, dass der Arbeitnehmer als Schuldner eine pfändbare Forderung gegen den Arbeitgeber auf Arbeitsentgelt besitzt.

Eine Drittschuldnerklage, die auf Zahlung gepfändeter Arbeitsvergütung gerichtet ist, die nach Zeitabschnitten bemessen ist, ist nur **zulässig**, wenn die Zeitabschnitte genau bezeichnet und die genaue Höhe der gepfändeten und eingeklagten Vergütung für den jeweiligen Zeitabschnitt benannt wird. Diese für die Zulässigkeit einer Drittschuldnerklage erforderlichen Angaben kann der Gläubiger über **Auskünfte beim Schuldner** ggf. mit einer eidesstattlichen Versicherung nach § 836 Abs. 3 ZPO einholen oder auch die übliche (tarifliche) Vergütung oder die Vergütung nach § 1 MiLoG zu Grunde legen. Bei ausgebliebener Drittschuldnererklärung nach § 840 Abs. 1 ZPO ist der Gläubiger mit dem **Schadensersatzanspruch** nach § 840 Abs. 2 Satz 2 ZPO geschützt; dieser Schadensersatzanspruch ist darauf gerichtet, den Gläubiger so zu stellen, wie er bei einer richtigen und rechtzeitigen Auskunft des Drittschuldners gestanden hätte. Er hat aber unter keinem rechtlichen Gesichtspunkt die Wirkung, den Gläubiger im Wege des Schadensersatzes so zu stellen, als bestünde die Forderung des Schuldners gegen den Drittschuldner (BAG v. 7.7.2015, 10 AZR 416/14, www.stotax-first.de).

Die **Kosten einer Drittschuldnerklage** können auch hinsichtlich vor dem Arbeitsgericht entstandener Anwaltskosten gegen den Schuldner (Arbeitnehmer) als Kosten der Zwangsvollstreckung geltend gemacht und festgesetzt werden (BGH v. 20.12.2005, VII ZB 57/05, www.stotax-first.de). Demgegenüber schuldet der Drittschuldner (Arbeitgeber) regelmäßig keine Anwaltskostenerstattung aus der Drittschuldnerklage (BAG v. 16.11.2005, 3 AZB 45/05, www.stotax-first.de).

7. Lohnbegrenzungsverträge und verschleiertes Arbeitseinkommen

a) Lohnbegrenzungsvertrag

1843 Von einem Lohnbegrenzungsvertrag spricht man, wenn Arbeitgeber und Arbeitnehmer vereinbaren, die Arbeitsleistung ganz oder teilweise **an einen Dritten zu vergüten**. In diesen Fällen umfasst die Pfändung ohne Weiteres den Anspruch des Dritten gegen den Arbeitgeber als Drittschuldner.

b) Verschleiertes Arbeitseinkommen

1844 In den Fällen des verschleierten Arbeitseinkommens erbringt der Schuldner im Arbeitsverhältnis mit dem Drittschuldner eine üblicherweise zu vergütende Arbeitsleistung **unentgeltlich oder gegen eine unverhältnismäßig geringe Entlohnung**. In diesen Fällen fingiert die Vorschrift des § 850h Abs. 2 ZPO eine **angemessene Vergütung** im Verhältnis zum Gläubiger als geschuldet. Die Pfändbarkeit bestimmt sich dann nach dieser angemessenen Vergütung, und zwar gerade unabhängig davon, dass diese Vergütung tatsächlich an den Arbeitnehmer nicht gezahlt werden sollte. Die Pfändung verschleierten Arbeitseinkommens hat aber grundsätzlich **keine Rückwirkung** und erfasst damit nicht etwaige bis zur Zustellung des Pfändungs- und Überweisungsbeschlusses fiktiv aufgelaufene Lohn- und Gehaltsrückstände (BAG v. 12.3.2008, 10 AZR 148/07, www.stotax-first.de).

Die **Darlegungs- und Beweislast** für die Tatsachen, aus denen sich das „verschleierte Arbeitseinkommen" ableiten soll, obliegt dem Gläubiger als Kläger des Drittschuldnerprozesses. Insoweit reicht es jedoch aus, wenn der Gläubiger Art und Umfang der vom Schuldner ausgeübten Tätigkeit im Arbeitsverhältnis bzw. der Arbeitsleistungen darlegt und unter Beweis stellt und darüber hinaus Angaben zum regelmäßigen oder auch nur üblichen Verdienst für eine solche Tätigkeit macht (BAG v. 3.8.2005, 10 AZR 585/04, www.stotax-first.de).

8. Pfändbarkeitskatalog

Abschließend sei die Pfändbarkeit von praxiswichtigen Entgeltformen und Sonderformen des Arbeitsentgelts zusammengestellt. Zu einer ausführlicheren Zusammenstellung s. die Vorauflage „ABC des Lohnbüros 2014" Rdnr. 1754: **1845**

Abfindungen

Abfindungen aus Anlass der Beendigung des Arbeitsverhältnisses wegen des Verlustes des Arbeitsplatzes gem. §§ 9, 10 KSchG sind eine nicht wiederkehrende zahlbare Vergütung i.S.d. § 850i ZPO, die erst durch gerichtliche Entscheidung auf Antrag des Schuldners in der Pfändbarkeit eingeschränkt werden kann, ansonsten uneingeschränkt pfändbar ist (BAG v. 15.5.2012, 3 AZR 11/10, www.stotax-first.de).

Auch Abfindungen aus **Sozialplänen** sind Arbeitseinkommen i.S.v. § 850 ZPO und werden von formularmäßig erlassenen Pfändungs- und Überweisungsbeschlüssen erfasst. Pfändungsschutz nach der Anlage zu § 850c ZPO besteht nicht, vielmehr handelt es sich um eine nicht wiederkehrende zahlbare Leistung i.S.d. § 850i ZPO, für die Pfändungsschutz nur auf gesonderten Antrag des Schuldners gewährt wird.

Im Rahmen der allgemeinen Fürsorgepflicht ist der Arbeitgeber nicht verpflichtet, den Arbeitnehmer über die Möglichkeit eines Vollstreckungsschutzantrages zu belehren (vgl. BAG v. 13.11.1991, 4 AZR 20/91, www.stotax-first.de).

Diensterfindungsvergütung (Ideenprämie)

Insoweit handelt es sich um Arbeitseinkommen i.S.v. § 850 Abs. 2 ZPO (BAG v. 30.7.2008, 10 AZR 459/07, www.stotax-first.de).

Dienstwagen

Bei der Überlassung eines Dienstwagens zur privaten Nutzung handelt es sich hinsichtlich der Pfändbarkeit um eine Naturalleistung bzw. um einen Sachbezug; zu den Grundsätzen s. „Naturalleistung".

Sind die in Geld geleistete Nettovergütung und der Sachbezug aus der Überlassung eines Dienstwagens zur privaten Nutzung in ihrer Summe nach §§ 850c Abs. 1, § 850e Nr. 3 ZPO unpfändbar, verstößt eine Anrechnung des Sachbezugs auf das Arbeitseinkommen gegen das Verbotsgesetz des § 107 Abs. 2 Satz 5 GewO (BAG v. 24.3.2009, 9 AZR 733/07, www.stotax-first.de).

Dreizehntes Monatsgehalt

Das 13. Monatsgehalt ist ein jährlich zusätzlicher Anspruch des Arbeitnehmers auf zusätzliches Arbeitsentgelt. Im Auszahlungsmonat ist das 13. Monatsgehalt der Monatsvergütung des Arbeitnehmers hinzuzurechnen. Die Gesamtvergütung unterliegt sodann der Pfändung unter Berücksichtigung der normalen Pfändungsbeschränkungen gem. §§ 850c bzw. 850d ZPO. Soweit ein 13. Monatsgehalt als **Weihnachtsvergütung** gezahlt wird, gelten die pfändungsrechtlichen Begünstigungen nach § 850a Nr. 4 ZPO. S. auch unten „Gratifikationen".

Elterngeld/Erziehungsgeld

Elterngeld ist nach § 850a Nr. 6 ZPO unpfändbar.

Erfolgsbeteiligungen

Regelmäßig gezahlte Erfolgsbeteiligungen sind keine Zuwendungen aus Anlass eines besonderen Betriebsereignisses gem. § 850a Nr. 2 ZPO, auch dann nicht, wenn sie an eine bestimmte Dauer der Betriebszugehörigkeit geknüpft sind (BAG v. 30.7.2008, 10 AZR 459/07, www.stotax-first.de).

Fortbildungskosten

Wird im Rahmen einer Fortbildungsmaßnahme dem Arbeitnehmer eine Beihilfeleistung zum Unterhalt gezahlt bzw. das bisherige Arbeitsentgelt weitergezahlt, so sind diese Leistungen wie das Arbeitsentgelt unter Berücksichtigung der §§ 850c, 850d ZPO pfändbar.

Gratifikationen

Gratifikationen sind als Urlaubszuwendung (zusätzliches **Urlaubsgeld**) und als **Jubiläumszuwendung** gem. § 850a Nr. 2 ZPO grundsätzlich unpfändbar, soweit sie den Rahmen des Üblichen nicht übersteigen. Erfolgt die Pfändung wegen bestehender Unterhaltsansprüche, so sind sie gem. § 850d Abs. 1 Satz 2 Halbsatz 2 ZPO lediglich zur Hälfte der Pfändung entzogen.

Weihnachtszuwendungen als **Weihnachtsgratifikationen** sind gem. § 850a Nr. 4 ZPO bis zur Hälfte des monatlichen Arbeitseinkommens, höchstens aber bis zu einem Betrag i.H.v. 500 € unpfändbar. Erfolgt die Pfändung wegen bestehender Unterhaltsansprüche, so gilt auch hier gem. § 850d Abs. 1 Satz 2 Halbsatz 2 ZPO der Pfändungsschutz nur zur Hälfte, so dass sich der Pfändungsschutz auf ein Viertel reduziert.

„Weihnachtsvergütung" i.S.v. § 850a Nr. 4 ZPO kann nicht nur die klassische „Weihnachtsgratifikation", die der Arbeitgeber dem Arbeitnehmer als

Lohnpfändung

Beitrag zu den erhöhten Aufwendungen zahlt, sondern auch eine Sondervergütung für erbrachte Arbeit sein, sofern sie aus Anlass des Weihnachtsfests gezahlt wird (BAG v. 14.3.2012, 10 AZR 778/10, www.stotax-first.de).

Kurzarbeitergeld

Kurzarbeitergeld ist staatliche Sozialleistung, die gem. § 54 Abs. 3 SGB I wie Arbeitsentgelt gepfändet werden kann. Ein Lohnpfändungsanspruch umfasst diesen Anspruch nur bei **ausdrücklicher** Erstreckung. Dies muss beim Antrag auf Erlass des Pfändungs- und Überweisungsantrags daher beantragt werden, ggf. verbunden mit dem Antrag gem. § 850e Nr. 2a ZPO.

Lohnfortzahlung/Entgeltfortzahlung

Das während der Arbeitsunfähigkeit vom Arbeitgeber weiterzuzahlende Entgelt (Lohn oder Gehalt) ist Arbeitseinkommen i.S.d. § 850 ZPO und unterliegt der Pfändung nach § 850c bzw. § 850d ZPO (→ *Entgeltfortzahlung* Rz. 1071).

Mehrarbeit

Unter Mehrarbeit im pfändungsrechtlichen Sinne ist die Arbeit zu verstehen, die die gesetzliche, tarifliche oder betriebliche Arbeitszeit überschreitet. Gemäß § 850a Nr. 1 ZPO ist die Mehrarbeitsvergütung in diesem Sinne zur Hälfte pfändbar. Erfolgt die Pfändung wegen bestehender Unterhaltsansprüche, so reduziert sich der Pfändungsschutz auf ein Viertel der Mehrarbeitsvergütung (§ 850d Abs. 1 Satz 2 Halbsatz 2 ZPO).

Naturalleistung

Die Vorschrift des § 107 Abs. 2 GewO bestimmt, dass der Wert der vereinbarten Sachbezüge oder die Anrechnung der überlassenen Waren auf das Arbeitsentgelt die Höhe des pfändbaren Teils des Arbeitsentgelts nicht übersteigen darf. Arbeitnehmern muss der unpfändbare Teil ihres Arbeitsentgelts verbleiben. Sie sollen nicht in eine Lage geraten, in der sie Gegenstände, die sie als Naturalvergütung erhalten haben, erst verkaufen müssen, bevor ihnen Geld zur Verfügung steht. Sind die in Geld geleistete Nettovergütung und der Sachbezug aus der Überlassung eines Dienstwagens zur privaten Nutzung in ihrer **Summe** nach § 850c Abs. 1, § 850e Nr. 3 ZPO unpfändbar, verstößt eine Anrechnung des Sachbezugs auf das Arbeitseinkommen gegen das Verbotsgesetz des § 107 Abs. 2 Satz 5 GewO (BAG v. 24.3.2009, 9 AZR 733/07, www.stotax-first.de).

Erhält der Schuldner neben dem Arbeitsentgelt Naturalleistungen, so hat der Drittschuldner Arbeitsentgelt und Naturalleistung zusammenzurechnen und aus dem so ermittelten Gesamtentgelt die Pfändbarkeit gem. § 850c bzw. § 850d ZPO zu bestimmen. Die Naturalbezüge sind dabei mit einem ortsüblichen Wert in Ansatz zu bringen, zur Wertermittlung können Richtsätze des Steuerrechts herangezogen werden. Bei der Pfändung durch Unterhaltsgläubiger ist der Wert von Naturalleistungen sogleich auf den Pfändungsfreibetrag nach § 850d ZPO anzurechnen (LAG Saarland v. 9.8.1989, 2 Sa 38/89, www.stotax-first.de).

Prämie

Prämienlohn ist Teil des Arbeitseinkommens und ist bei regelmäßiger (monatlicher) Auszahlung als Arbeitsentgelt der Pfändbarkeit gem. §§ 850c und 850d ZPO unterworfen. Handelt es sich um nicht wiederkehrende Leistungen (beispielsweise bei zwei Zahlungen im Jahr), so ist der Betrag grundsätzlich insgesamt pfändbar. Pfändungsschutz tritt insoweit nur auf Antrag ein, über den das Vollstreckungsgericht, das die Höhe der Unpfändbarkeit sodann festzulegen hat, zu entscheiden hat, vgl. § 850i ZPO.

Treueprämien sind – soweit sie den Rahmen des Üblichen nicht übersteigen – unpfändbar, vgl. § 850a Nr. 2 ZPO. Bei einer Sonderzuwendung, mit der auch die Arbeitsleistung im Bezugszeitraum honoriert werden soll, handelt es sich aber nicht um eine Treueprämie; ebenso wenig bei einer Mitarbeiter-Erfolgsvergütung (BAG v. 30.7.2008, 10 AZR 459/07, www.stotax-first.de).

Provision

Provisionen sind Arbeitsentgelt und unterliegen der Pfändung gem. §§ 850c und 850d ZPO.

Sachbezüge

s. „Naturalleistung"

Sozialleistungen

Nach der Entscheidung des BGH vom 20.12.2006 (VII ZB 56/06, www.stotax-first.de) gilt: Laufende Sozialleistungen, die in Geld zu erbringen sind, sind nach § 54 Abs. 4 SGB I „wie Arbeitseinkommen" pfändbar. Zu solchen laufenden Sozialleistungen zählt auch das **Arbeitslosengeld II**. Auf den Bezug dieser Leistungen sind daher die Vorschriften der §§ 850a ff. ZPO anzuwenden, sofern das SGB I den Pfändungsschutz nicht gesondert und abweichend von den allgemeinen Pfändungsvorschriften geregelt hat. Wird eine Sozialleistung auf das Konto des Berechtigten bei einem Geldinstitut überwiesen, ist gem. § 55 Abs. 1 SGB I die durch die Gutschrift entstehende Forderung für die Dauer von sieben Tagen seit der Gutschrift der Überweisung unpfändbar. Das bedeutet jedoch nicht, dass der Schuldner darauf verwiesen werden muss, die Unpfändbarkeit des in § 55 Abs. 4 SGB I genannten Betrags bei laufendem Bezug von Sozialleistungen jeweils monatlich mit der Erinnerung geltend zu machen. Vielmehr ist mangels eines abschließend im SGB I geregelten verfahrensrechtlichen Pfändungsschutzes für auf ein Bankkonto überwiesene laufende Sozialleistungen insoweit nach § 54 Abs. 4 SGB I auf die für Arbeitseinkommen bestehenden Pfändungsschutzvorschriften zurückzugreifen und damit § 850k ZPO entsprechend anzuwenden.

Sozialplanabfindung

s. „Abfindungen"

Urlaubsentgelt/Urlaubsabgeltung

Ansprüche auf Urlaubsentgelt als Vergütung während des bewilligten Urlaubs und Urlaubsabgeltung als Zahlungsausgleich bei Beendigung des Arbeitsverhältnisses für nicht gewährten Urlaub sind höchstpersönlicher Natur. Es ist dennoch im gleichen Umfang pfändbar wie Arbeitsentgelt (BAG v. 20.6.2000, 9 AZR 405/99, www.stotax-first.de). Dies gilt auch für die Urlaubsabgeltung (BAG v. 28.8.2001, 9 AZR 611/99, www.stotax-first.de).

Urlaubsgeld ist als Gratifikation i.R.d. Üblichen gem. § 850a Nr. 2 ZPO unpfändbar; dies gilt auch dann, wenn wegen Auszahlung unabhängig von der eigentlichen Urlaubszeit keine urlaubsbedingten Mehraufwendungen abgedeckt werden (LAG Nürnberg v. 7.11.2006, LAGE § 850a ZPO 2002 Nr. 1). Bei der Pfändung wegen Unterhaltsansprüchen reduziert sich der Pfändungsschutz gem. § 850d Abs. 1 Satz 2 Halbsatz 2 ZPO auf die Hälfte.

Weihnachtsgeld/Weihnachtsgratifikation

Für Weihnachtsvergütungen gelten die pfändungsrechtlichen Begünstigungen zu „Gratifikationen", gleichgültig, ob die Vergütung als 13. Monatsgehalt oder als Gratifikation vereinbart ist.

Zulagen

Als **Gefahren-, Schmutz-** und **Erschwerniszulagen** gezahlte Beträge sind grundsätzlich unpfändbar gem. § 850a Nr. 3 ZPO, soweit diese Bezüge den Rahmen des Üblichen nicht übersteigen.

Allgemeine Zulagen, Funktionszulagen, Leistungszulagen, persönliche Zulagen und **Sozialzulagen** erhöhen das Arbeitsentgelt und unterliegen der normalen Pfändung gem. §§ 850c und 850d ZPO.

Zuschläge

Als vereinbarte oder tariflich abgesicherte **Spätschicht- oder Nachtzuschläge** sind sie Teil des Arbeitsentgelts, die der Pfändung gem. §§ 850c und 850d ZPO unterliegen; dies gilt auch für **Feiertagszuschläge**.

9. Lohnsteuer

Bei einer Lohnpfändung ist die Lohnsteuer vom ungekürzten steuerpflichtigen Bruttolohn zu erheben. Die Pfändungsschutzvorschriften der §§ 850 bis 850k ZPO sind für den Lohnsteuerabzug ohne Bedeutung. Deshalb ist der Lohnsteuerabzug auch dann zulässig, wenn sich dadurch ein Nettolohn ergibt, der unter den Pfändungsfreigrenzen liegt.

Lässt der Arbeitnehmer den Arbeitslohn beim Arbeitgeber pfänden, hat er nur Anspruch auf Auszahlung des um die Steuerabzüge gekürzten Bruttolohns.

1846

10. Sozialversicherung

Eine Lohnpfändung lässt die Beitragspflicht des Arbeitsentgelts unberührt.

Eine Lohnpfändung umfasst nicht das von der Krankenkasse zu zahlende Krankengeld. Den Anspruch auf Kurzarbeitergeld umfasst eine Lohnpfändung nur, wenn sie auf diesen Anspruch ausdrücklich erstreckt ist.

Lohnersatzleistungen (Krankengeld, Übergangsgeld, Arbeitslosengeld, Kurzarbeitergeld, Renten usw.) können beim zuständigen Sozialversicherungsträger wie Arbeitseinkommen gepfändet werden, s. ausführlich Altmann, Pfändung von Sozialleistungen, B+P 2013, 777.

1847

Lohnrückzahlung

→ *Rückzahlung von Arbeitslohn* Rz. 2578

Lohnsteuer

→ *Abführung der Lohnsteuer* Rz. 5, → *Anmeldung der Lohnsteuer* Rz. 139

Lohnsteuerabzug durch Dritte

1. Verpflichtende Übernahme des Lohnsteuerabzugs durch Dritte

Soweit sich aus einem Dienstverhältnis oder einem früheren Dienstverhältnis **tarifvertragliche Ansprüche des Arbeitnehmers auf Arbeitslohn unmittelbar gegen einen Dritten** mit Wohnsitz, Geschäftsleitung oder Sitz im Inland richten und von

1848

diesem durch die Zahlung von Geld erfüllt werden, hat der Dritte die Pflichten des Arbeitgebers (§ 38 Abs. 3a Satz 1 EStG). **Der Dritte ist** in diesen Fällen **zum Lohnsteuerabzug verpflichtet.** Dies gilt jedoch nur, soweit der Dritte sich gegen ihn richtende tarifvertragliche **Geldansprüche** der Arbeitnehmer erfüllt. Ein Dritter, der Arbeitnehmern anderer Arbeitgeber Sachbezüge gewährt, ist selbst dann nicht zum Lohnsteuerabzug verpflichtet, wenn die Ansprüche der Arbeitnehmer tarifvertraglich festgelegt sind. In diesen Fällen kommt eine Pauschalierung der Einkommensteuer in Betracht, → *Pauschalierung der Einkommensteuer bei Sachzuwendungen* Rz. 2147.

Hauptanwendungsfall für die verpflichtende Übernahme des Lohnsteuerabzugs durch Dritte sind **die Sozialkassen des Baugewerbes** (→ *Lohnausgleichskasse* Rz. 1779).

2. Freiwillige Übernahme des Lohnsteuerabzugs durch Dritte

1849 Soweit ein Dritter nicht zum Lohnsteuerabzug verpflichtet ist, kann er **mit Zustimmung des Finanzamts** die lohnsteuerlichen Pflichten des Arbeitgebers **freiwillig übernehmen** und im eigenen Namen erfüllen. Voraussetzung ist, dass der Dritte seinen Wohnsitz, seine Geschäftsleitung oder seinen Sitz im Inland hat (§ 38 Abs. 3a Satz 2 EStG). Weitere Voraussetzung ist, dass der Dritte

- sich zur Übernahme der lohnsteuerlichen Pflichten **gegenüber dem Arbeitgeber verpflichtet** hat,
- den **Lohn auszahlt** oder er nur **Arbeitgeberpflichten für von ihm vermittelte Arbeitnehmer übernimmt** und
- die **Steuererhebung nicht beeinträchtigt** wird (§ 38 Abs. 3a Satz 3 EStG).

Die Zustimmung erteilt **das Betriebsstättenfinanzamt des Dritten** auf dessen Antrag **im Einvernehmen mit dem Betriebsstättenfinanzamt des Arbeitgebers**; sie darf mit Nebenbestimmungen versehen werden, die die ordnungsgemäße Steuererhebung sicherstellen und die Überprüfung des Lohnsteuerabzugs nach § 42f EStG erleichtern sollen. Die Zustimmung kann nur erteilt werden, wenn der Dritte für den gesamten Arbeitslohn des Arbeitnehmers die Lohnsteuerabzugsverpflichtung übernimmt (R 38.5 LStR). Die Zustimmung kann mit Wirkung für die Zukunft widerrufen werden (§ 38 Abs. 3a Sätze 4 und 5 EStG).

Erfüllt der Dritte die Pflichten des Arbeitgebers, kann er den **Arbeitslohn**, der einem Arbeitnehmer in demselben Lohnabrechnungszeitraum **aus mehreren Dienstverhältnissen** zufließt, für die Lohnsteuerermittlung und in der Lohnsteuerbescheinigung **zusammenrechnen** (§ 38 Abs. 3a Satz 7 EStG).

> **Beispiel:**
> Der Arbeitnehmer ist bei einem Versicherungsunternehmen tätig. Auf Grund der Spartentrennung hat er drei Arbeitsverhältnisse. Er erhält monatlich
>
> – bei Arbeitgeber A 800 €,
> – bei Arbeitgeber B 1 200 €,
> – bei Arbeitgeber C 1 500 €.
>
> Arbeitgeber A übernimmt mit Zustimmung „seines" Betriebsstättenfinanzamts für alle die lohnsteuerlichen Pflichten.
>
> Arbeitgeber A kann die Arbeitslöhne zusammenrechnen; der Arbeitslohn für den Arbeitnehmer beträgt insgesamt 3 500 €. Von diesem Betrag hat Arbeitgeber A die Steuerabzugsbeträge (Lohnsteuer, Solidaritätszuschlag und ggf. Kirchensteuer) zu ermitteln und an „sein" Betriebsstättenfinanzamt abzuführen. Für den Arbeitnehmer wird nur eine Lohnsteuerbescheinigung ausgestellt.

3. Pflichten des Dritten

a) Allgemeine Pflichten

1850 Wenn der Dritte die lohnsteuerlichen Pflichten für einen Arbeitgeber freiwillig übernimmt oder übernehmen muss, so sind **die das Lohnsteuerverfahren betreffenden Vorschriften** mit der Maßgabe **anzuwenden, dass an die Stelle des Arbeitgebers der Dritte tritt**; der Arbeitgeber ist von seinen Pflichten befreit, soweit der Dritte diese Pflichten erfüllt hat (§ 38 Abs. 3a Satz 6 EStG). Das bedeutet, dass der Dritte z.B.

- die **Lohnsteuer anmelden und abführen** muss (→ *Abführung der Lohnsteuer* Rz. 5, → *Anmeldung der Lohnsteuer* Rz. 139),
- ein **Lohnkonto zu führen** hat (→ *Lohnkonto* Rz. 1801),
- die **Lohnsteuerbescheinigung auszustellen** hat (→ *Lohnsteuerbescheinigung* Rz. 1863),
- im Falle der Lohnsteuerpauschalierung nach §§ 40 bis 40b EStG die **Lohnsteuer zu übernehmen** hat (→ *Pauschalierung der Lohnsteuer* Rz. 2174),
- der **Lohnsteuer-Außenprüfung unterliegt** (→ *Lohnsteuer-Außenprüfung* Rz. 1855); für diese ist das Betriebsstättenfinanzamt des Dritten zuständig; allerdings ist die Lohnsteuer-Außenprüfung auch beim Arbeitgeber zulässig; dessen Mitwirkungspflichten bleiben neben den Pflichten des Dritten bestehen (§ 42f Abs. 3 EStG),
- der **Lohnsteuer-Nachschau unterliegt** (→ *Lohnsteuer-Nachschau* Rz. 1938),
- für nicht korrekt einbehaltene und abgeführte **Lohnsteuer haften** muss (→ *Haftung für Lohnsteuer: Allgemeine Grundsätze* Rz. 1493, → *Haftung für Lohnsteuer: Berechnung der Nachforderung* Rz. 1509, → *Haftung für Lohnsteuer: Verfahrensvorschriften* Rz. 1528); dies gilt auch für die pauschale Lohnsteuer (§ 42d Abs. 1 Nr. 4 EStG).

Die Ausführungen zu den einzelnen Stichworten in diesem Ratgeber gelten mit der Maßgabe, dass der Begriff „Arbeitgeber" jeweils durch den Begriff „Dritter" zu ersetzen ist. So ist z.B. das Betriebsstättenfinanzamt des Dritten das Finanzamt, in dessen Bezirk sich der Betrieb oder Teil des Betriebs des Dritten befindet, in dem der für die Durchführung des Lohnsteuerabzugs maßgebende Arbeitslohn ermittelt wird (→ *Betriebsstättenfinanzamt* Rz. 700).

b) Haftung

Soweit der Dritte lohnsteuerliche Pflichten für den Arbeitgeber 1851 übernimmt, **haftet er neben dem Arbeitgeber**. Soweit die Haftung des Dritten reicht, sind der Arbeitgeber, der Dritte und der Arbeitnehmer **Gesamtschuldner**. Zuständig für die Geltendmachung der Steuer- oder Haftungsschuld ist das Betriebsstättenfinanzamt des Dritten (§ 42d Abs. 9 Satz 1 EStG).

Soweit der Dritte die lohnsteuerlichen Pflichten für einen Arbeitgeber freiwillig übernimmt (§ 38 Abs. 3a Satz 2 EStG), beschränkt sich seine Haftung auf die Lohnsteuer, die **für die Zeit zu erheben** ist, für die er sich **gegenüber dem Arbeitgeber zur Vornahme des Lohnsteuerabzugs verpflichtet** hat; der maßgebende Zeitraum endet allerdings nicht, bevor der Dritte seinem Betriebsstättenfinanzamt die Beendigung seiner Verpflichtung gegenüber dem Arbeitgeber angezeigt hat (§ 42d Abs. 9 Satz 5 EStG).

Wenn der Dritte die lohnsteuerlichen Pflichten für **mehrere Arbeitgeber übernimmt** (§ 38 Abs. 3a Satz 7 EStG), ist als Haftungsschuld der Betrag zu ermitteln, um den die Lohnsteuer, die für den gesamten Arbeitslohn des Lohnzahlungszeitraums zu berechnen und einzubehalten ist, die insgesamt tatsächlich einbehaltene Lohnsteuer übersteigt. Betrifft die Haftungsschuld mehrere Arbeitgeber, so ist sie bei fehlerhafter Lohnsteuerberechnung nach dem Verhältnis der Arbeitslöhne und für nachträglich zu erfassende Arbeitslohnbeträge nach dem Verhältnis dieser Beträge auf die Arbeitgeber aufzuteilen (§ 42d Abs. 9 Sätze 6 und 7 EStG).

4. Besteuerung ohne Lohnsteuerabzugsmerkmale

Soweit der Dritte zum Lohnsteuerabzug verpflichtet ist 1852 (→ Rz. 1848), kann der Dritte die Lohnsteuer **für einen sonstigen Bezug mit 20 %** unabhängig von den Lohnsteuerabzugsmerkmalen des Arbeitnehmers ermitteln, wenn der maßgebende Jahresarbeitslohn nach § 39b Abs. 3 EStG zuzüglich des sonstigen Bezugs **10 000 € nicht übersteigt**; bei der Feststellung des maßgebenden Jahresarbeitslohns sind nur die Lohnzahlungen des Dritten zu berücksichtigen (§ 39c Abs. 3 EStG). Diese Regelung gilt auch für beschränkt steuerpflichtige Arbeitnehmer. Mit dieser gesetzlichen Vereinfachungsregelung erspart sich der Dritte die Lohnsteuerberechnung nach den individuellen Besteuerungsmerkmalen der einzelnen Arbeitnehmer.

Schuldner der so erhobenen Lohnsteuer bleibt im Gegensatz zur Lohnsteuerpauschalierung nach den §§ 40 bis 40b EStG **der Arbeitnehmer**. Der versteuerte Arbeitslohn ist deshalb **bei der Einkommensteuererklärung zu erfassen** und die **pauschale Lohnsteuer auf die Einkommensteuerschuld anzurechnen**. Deshalb hat der Dritte für den Arbeitnehmer der Finanzverwaltung

Lohnsteuerabzug durch Dritte

eine **elektronische Lohnsteuerbescheinigung zu übermitteln** (→ *Lohnsteuerbescheinigung* Rz. 1864).

5. Haftung des Arbeitgebers

1853 Der **Arbeitgeber haftet** auch, wenn ein Dritter nach § 38 Abs. 3a EStG dessen Pflichten übernimmt. In diesen Fällen haftet der Dritte neben dem Arbeitgeber. Soweit die Haftung des Dritten reicht, sind der Arbeitgeber, der Dritte und der Arbeitnehmer **Gesamtschuldner**. Eine **Haftung des Arbeitgebers** kommt in Fällen des § 38 Abs. 3a EStG allerdings nur in Betracht, wenn der **Dritte die Lohnsteuer für den Arbeitgeber nicht vorschriftsmäßig** vom Arbeitslohn einbehalten hat. An einem derartigen Fehlverhalten fehlt es, wenn beim Lohnsteuerabzug entsprechend einer Anrufungsauskunft oder in Übereinstimmung mit den Vorgaben der zuständigen Finanzbehörden der Länder oder des Bundes verfahren wird (BFH v. 20.3.2014, VI R 43/13, BStBl II 2014, 592). Zu weiteren Einzelheiten → *Haftung für Lohnsteuer: Allgemeine Grundsätze* Rz. 1493.

Lohnsteuer-Anerkenntnis

1854 Wenn der Arbeitgeber nach Abschluss einer Lohnsteuer-Außenprüfung seine Zahlungsverpflichtung schriftlich anerkennt (§ 42d Abs. 4 Satz 1 Nr. 2 EStG), so steht dieses Anerkenntnis einer **Steueranmeldung** und somit einer Steuerfestsetzung unter Vorbehalt der Nachprüfung gleich (§§ 167 Abs. 1 Satz 3, 168 Satz 1 AO). Kommt der Arbeitgeber seiner Zahlungsverpflichtung nicht nach, so muss das Finanzamt **keinen zusätzlichen Haftungsbescheid erlassen**. Der Arbeitgeber kann seine Zahlungsanerkenntnis nur mit Zustimmung des Finanzamts ändern oder widerrufen (→ *Anmeldung der Lohnsteuer* Rz. 139).

Lohnsteueranmeldung

→ *Anmeldung der Lohnsteuer* Rz. 139

Lohnsteuer-Außenprüfung

1. Allgemeines

1855 Für die Überwachung der ordnungsgemäßen Einbehaltung und Abführung der Lohnsteuer sowohl durch private als auch durch öffentlich-rechtliche Arbeitgeber ist das Betriebsstättenfinanzamt zuständig (§ 42f Abs. 1 EStG). Die Lohnsteuer-Außenprüfung ist eine Außenprüfung i.S.d. §§ 193 ff. AO; durch sie soll festgestellt werden, ob der Arbeitgeber die Lohnsteuer zutreffend einbehalten und abgeführt hat.

In den Fällen des § 38 Abs. 3a EStG ist für die Außenprüfung das Betriebsstättenfinanzamt des Dritten zuständig. Die Außenprüfung ist auch beim Arbeitgeber zulässig; dessen Mitwirkungspflichten bleiben neben den Pflichten des Dritten bestehen (§ 42f Abs. 3 EStG). Einzelheiten → *Lohnsteuerabzug durch Dritte* Rz. 1848.

Auf **Verlangen des Arbeitgebers** können die Außenprüfung und die Prüfungen durch den Träger der Rentenversicherung (§ 28p SGB IV) zur gleichen Zeit durchgeführt werden (§ 42f Abs. 4 EStG).

2. Prüfungsumfang

1856 Im Rahmen der Lohnsteuer-Außenprüfung sind die steuerlichen Verhältnisse von Arbeitgeber und Arbeitnehmer sowohl **zu Gunsten als auch zu Ungunsten der Beteiligten** zu prüfen.

Weiterhin sind auch zu prüfen:

- Solidaritätszuschlag,
- Kirchenlohnsteuer,
- Kindergeld,
- Verpflichtungen des Arbeitgebers und des Anlageinstituts/ -unternehmens nach dem 5. VermBG,
- Bergmannsprämien,
- Steuerabzug bei beschränkt Stpfl. nach § 50a EStG (allerdings nicht in allen Bundesländern),
- Umsatzsteuer auf Sachzuwendungen und sonstige Leistungen an Arbeitnehmer sowie der Vorsteuerabzug bei Reisekosten der Arbeitnehmer (allerdings nicht in allen Bundesländern),
- Verpflichtungen der Bausparkassen nach dem Wohnungsbau-Prämiengesetz.

Allerdings hat das FG Berlin-Brandenburg hierzu entschieden, dass eine Ausweitung des Umfangs einer Lohnsteuer-Außenprüfungsanordnung insbesondere auch auf die Umsatzsteuer nicht möglich ist (FG Berlin-Brandenburg v. 2.4.2014, 7 K 7058/13, EFG 2014, 1077).

3. Prüfungsort

Nach § 200 Abs. 2 AO hat die Lohnsteuer-Außenprüfung in den 1857 **Geschäftsräumen des Arbeitgebers** (oder des Dritten) stattzufinden. Soweit ein zur Durchführung der Prüfung **geeigneter Geschäftsraum nicht vorhanden** ist, kann die Außenprüfung auch in den Wohnräumen des Arbeitgebers oder an Amtsstelle erfolgen. Zu der Frage, ob die Lohnsteuer-Außenprüfung auch **im Büro des Steuerberaters** durchgeführt werden kann oder ob in Ausnahmesituationen auch das **Finanzamt** als Prüfungsort in Betracht kommt, vertritt die Finanzverwaltung folgende Auffassung (OFD Bremen v. 31.8.1995, S 2386 – St 2000, www.stotax-first.de):

1. Prüfung im Büro des Steuerberaters

Der BFH hat zwar in einem besonders gelagerten Fall durch Beschluss v. 30.11.1988, I B 73/88, BStBl II 1989, 265 entschieden, dass auf Antrag des Arbeitgebers auch eine Prüfung im Büro des Steuerberaters in Betracht kommen kann, wenn der Prüfung dort keine zumindest gleichwertigen Verwaltungsinteressen entgegenstehen. Indes wird an der wiederholt vertretenen Auffassung festgehalten, dass eine Lohnsteuer-Außenprüfung im Regelfall in den Geschäftsräumen des Arbeitgebers und nur unter bestimmten Voraussetzungen im Büro des steuerlichen Beraters durchzuführen ist, wenn z.B. der Arbeitgeber keinen geeigneten Raum oder Arbeitsplatz für die Prüfungsdurchführung zur Verfügung stellen kann. Bei Abwägung der Interessen von Verwaltung und Arbeitgeber wird zu Gunsten der Verwaltung immer zu berücksichtigen sein, dass eine Prüfung in den Geschäftsräumen des Arbeitgebers dem Zweck der Lohnsteuer-Außenprüfung am besten gerecht wird. Insbesondere lassen sich vor Ort eher die folgenden gesetzlich vorgesehenen Ermittlungen anstellen:

- Auskunftserteilung durch den Arbeitgeber (§ 200 Abs. 1 Satz 2 AO),
- Auskunftserteilung durch andere Betriebsangehörige, z.B. Arbeitnehmer (§ 200 Abs. 1 Satz 3 AO),
- Besichtigung von Grundstücken und Betriebsräumen (§ 200 Abs. 3 Satz 2 AO).

Sofern doch ausnahmsweise eine Prüfung im Büro des Steuerberaters in Betracht kommt, sollte von der Möglichkeit einer Besichtigung des Betriebs gleichwohl i.d.R. nicht abgesehen werden. Bei Abwägung für oder gegen eine Besichtigung wird der Betriebsart und -größe sowie der Anzahl von Arbeitnehmern immer besonderes Gewicht beizumessen sein.

2. Prüfung im Finanzamt

Die nach § 200 Abs. 2 AO vorgesehene Prüfung an Amtsstelle wird – wegen der eingeschränkten Ermittlungsmöglichkeiten – Ausnahmefällen vorbehalten bleiben müssen, z.B. wenn der Arbeitgeber keinen geeigneten Platz zur Verfügung stellen kann und das Steuerberatungsbüro sich außerhalb des Finanzamtsbezirks befindet.

4. Pflichten des Arbeitgebers

Der Arbeitgeber (oder der Dritte) hat dem Prüfer **Einsicht** in die 1858 nach § 4 LStDV vorgeschriebenen Aufzeichnungen und die Lohnbücher der Betriebe sowie Geschäftsbücher und Unterlagen zu gewähren. Hierzu rechnen auch Personalakten und Personalunterlagen der Arbeitnehmer, da diese Verträge und andere Unterlagen und Daten enthalten können, die für den Lohnsteuerabzug von Bedeutung sind (FG Niedersachsen v. 4.3.1955, III 201/54, EFG 1955, 277). Der Prüfer wird dabei die Einsicht in die Personalakten und in andere Geschäftspapiere und Urkunden auf das zur Durchführung der Lohnsteuerprüfung notwendige Maß beschränken.

Der Arbeitgeber hat dem Lohnsteuerprüfer die zum Verständnis der Aufzeichnungen von diesem erbetene **Erläuterung zu geben**. Ferner hat der Arbeitgeber auf Verlangen weitere erforderliche Auskünfte zu geben. Dies gilt auch für Auskünfte über sonstige für den Betrieb tätige Personen, bei denen streitig ist, ob sie Arbeitnehmer des Betriebs sind. Sind der Arbeitgeber oder die von ihm benannten Personen nicht in der Lage, ausreichende Auskünfte zu erteilen, kann sich der Prüfer nach Abstimmung auch an andere Betriebsangehörige wenden.

Werden die Unterlagen in Form der Wiedergabe auf einem **Bildträger oder auf anderen Datenträgern** aufbewahrt, kann der Prüfer nach § 147 Abs. 5 AO verlangen, dass der Arbeitgeber auf

Lohnsteuerbelege

seine Kosten diejenigen Hilfsmittel zur Verfügung stellt, die zur Lesbarmachung erforderlich sind, bzw. dass der Arbeitgeber auf seine Kosten die Unterlagen unverzüglich ganz oder teilweise ausdruckt oder ohne Hilfsmittel lesbare Reproduktionen beibringt (vgl. BFH v. 26.9.2007, I B 53, 54/07, BStBl II 2008, 415 betr. Lesbarmachung von gescannten Belegen gegenüber der Außenprüfung). Bei einer Lohnsteuer-Außenprüfung ist neben dem Datenträger zur Lohnbuchhaltung auch die gesamte Finanzbuchhaltung in Form der Datenträgerüberlassung zur Verfügung zu stellen, weil auch in ihr steuerrelevante Daten zur Lohnbesteuerung enthalten sind (FG Münster v. 16.5.2008, 6 K 879/07, EFG 2008, 1592).

Sind Unterlagen und sonstige Aufzeichnungen mit Hilfe eines **Datenverarbeitungssystems** erstellt worden, hat der Prüfer nach § 147 Abs. 6 AO das Recht, Einsicht in die gespeicherten Daten zu nehmen und das Datenverarbeitungssystem zur Prüfung dieser Unterlagen zu nutzen (**unmittelbarer Datenzugriff**). Dazu kann er verlangen, dass der Arbeitgeber ihm die dafür erforderlichen Geräte und sonstigen Hilfsmittel zur Verfügung stellt. Dies umfasst unter Umständen die Einweisung in das Datenverarbeitungssystem und die Bereitstellung von fachkundigem Personal zur Auswertung der Daten. Auf Anforderung sind dem Prüfer die Daten auf maschinell auswertbaren Datenträgern zur Verfügung zu stellen (**Datenträgerüberlassung**) oder nach seinen Vorgaben maschinell auszuwerten (**mittelbarer Datenzugriff**), vgl. BMF v. 24.10.2013, IV A 4 – S 0403/13/10001, BStBl I 2013, 1264.

In Deutschland werden von den Arbeitgebern zz. **verschiedene Lohnabrechnungsprogramme** eingesetzt, die jeweils **anders aufgebaut und strukturiert** sind. Um

- Zweifelsfragen und Unklarheiten zu den Inhalten von elektronischen Dateien und Datenfeldern,
- technische Schwierigkeiten beim Aufbereiten der elektronischen Daten sowie
- Datennachforderungen durch den Außenprüfer (auf weiteren Datenträgern)

zu vermeiden, hat die Finanzverwaltung die „**D**igitale **L**ohn**S**chnittstelle" (DLS) erarbeitet und beschrieben. Die DLS ist eine **Schnittstellenbeschreibung für den Export von Daten** aus dem Lohnbuchhaltungssystem des Arbeitgebers zur Übergabe an den Lohnsteuer-Außenprüfer. Sie soll dabei eine einheitliche Strukturierung und Bezeichnung der Dateien und Datenfelder unabhängig von dem beim Arbeitgeber eingesetzten Lohnabrechnungsprogramm sicherstellen.

Die Finanzverwaltung empfiehlt, diese einheitliche Schnittstellenbeschreibung möglichst in den Lohnabrechnungsprogrammen vorzusehen und bereitzuhalten (BMF v. 29.6.2011, IV C 5 – S 2386/07/0005, BStBl I 2011, 675). Dies führt nach Auffassung der Finanzverwaltung zu

- einer wesentlichen Vereinfachung des technischen Prozesses der Datenbereitstellung durch den Arbeitgeber,
- einer Vermeidung inhaltlicher Fehldeutungen von elektronischen Datei- und Feldinhalten,
- einer Verringerung der personellen Kapazitäten zur Betreuung der Datenbereitstellung,
- einer Zeit- und Kostenersparnis auf beiden Seiten und
- einem einheitlichen logischen Datenbestand in den Datenverarbeitungssystemen (auf den zu überlassenden Datenträgern).

Hinweis:

Die DLS soll **ab 1.1.2017 verpflichtend für den Arbeitgeber** sein (vgl. den auf der Internetseite des BMF veröffentlichten Referentenentwurf des BMF zum Gesetz zur Modernisierung des Besteuerungsverfahrens; geplante Änderung des § 41 Abs. 1 Satz 7 EStG i.V.m. § 4 Abs. 2a LStDV).

5. Rechte des Arbeitgebers

1859 Vor Beginn der Lohnsteuer-Außenprüfung ist dem Arbeitgeber (oder dem Dritten) eine **schriftliche Prüfungsanordnung** zu erteilen, aus der sich die zu prüfenden Steuerarten, der Prüfungszeitraum, der voraussichtliche Prüfungsbeginn und der Name des Prüfers ergeben müssen. Die Prüfungsanordnung soll i.d.R. 14 Tage vor Beginn der Prüfung bekannt gegeben werden. Der Beginn der Lohnsteuer-Außenprüfung kann auf Antrag des Arbeitgebers verschoben werden, wenn hierfür wichtige Gründe vorhanden sind, z.B. Krankheit des Arbeitgebers, Steuerberaters oder Lohnbuchhalters. Bei Erlass einer Prüfungsanordnung darf das Finanzamt nicht gegen das **Willkür- und Schikaneverbot** verstoßen (BFH v. 28.9.2011, VIII R 8/09, BStBl II 2012, 395).

Der Arbeitgeber wird regelmäßig vom Prüfer über die festgestellten **Sachverhalte unterrichtet**. Gleichwohl hat der Arbeitgeber das Recht, dass über das Ergebnis der Lohnsteuer-Außenprüfung eine Besprechung (**Schlussbesprechung**) abgehalten wird, in der alle Beanstandungen des Prüfers erörtert werden. Eine Schlussbesprechung wird nicht abgehalten, wenn der Arbeitgeber darauf verzichtet oder wenn die Prüfung zu keiner Änderung der Besteuerungsgrundlagen geführt hat. Anschließend hat der Prüfer einen schriftlichen Bericht (**Prüfungsbericht**) zu fertigen, der dem Arbeitgeber zugesandt wird. Der Arbeitgeber kann beantragen (§ 202 Abs. 2 AO), dass ihm der Prüfungsbericht noch vor seiner Auswertung übersandt wird, damit er zu den Prüfungsfeststellungen Stellung nehmen kann. Ergibt sich keine Änderung der Besteuerungsgrundlagen, so reicht es aus, wenn der Arbeitgeber hierüber informiert wird (BMF v. 24.10.2013, IV A 4 – S 0403/13/10001, BStBl I 2013, 1264).

6. Verzögerungsgeld

1860 Nach § 146 Abs. 2b AO besteht die Möglichkeit, dass die zuständige Finanzbehörde ein Verzögerungsgeld festsetzen kann, soweit bestimmte Mitwirkungspflichten im Rahmen einer Außenprüfung nicht hinreichend erfüllt werden.

Die **Festsetzung eines Verzögerungsgelds** ist auch **im Rahmen einer Lohnsteuer-Außenprüfung möglich**, wenn der Arbeitgeber

- den Datenzugriff nach § 147 Abs. 6 AO nicht, nicht zeitnah oder nicht in vollem Umfang einräumt,
- Auskünfte nicht, nicht zeitnah oder nicht vollständig erteilt (§ 200 Abs. 1 AO),
- angeforderte Unterlagen nicht, nicht zeitnah oder nicht vollständig vorlegt (§ 200 Abs. 1 AO).

Das Verzögerungsgeld ist eine **steuerliche Nebenleistung** (§ 3 Abs. 4 AO), die durch einen Verwaltungsakt festzusetzen ist und auch mit einem **Einspruch angefochten** werden kann. Es beträgt **mindestens 2 500 € und maximal 250 000 €**.

Zu Einzelheiten zur Festsetzung eines Verzögerungsgelds im Rahmen von Außenprüfungen vgl. FinMin Schleswig-Holstein v. 26.10.2010, VI 328 – S 0316 – 032, www.stotax-first.de.

7. Steuerstraf- und Steuerordnungswidrigkeitenverfahren

1861 Ergeben sich im Laufe der Prüfung Sachverhalte, die den Verdacht einer **Steuerstraftat oder Steuerordnungswidrigkeit** nahe legen, und richtet sich der Verdacht gegen den Arbeitgeber, so dürfen die Ermittlungen bei dem Betroffenen erst fortgesetzt werden, wenn ihm die Einleitung des Straf- oder Bußgeldverfahrens mitgeteilt worden ist (§ 397 AO). Soweit die Feststellungen auch für Zwecke eines Steuerstraf- oder Bußgeldverfahrens verwendet werden können, darf die **Mitwirkung des Arbeitgebers bei der Aufklärung der Sachverhalte nicht mehr erzwungen** werden (§ 393 Abs. 1 AO). Wirkt der Arbeitgeber nicht mehr mit, so können daraus allerdings im Besteuerungsverfahren insoweit für ihn nachteilige Folgerungen gezogen werden, als das Finanzamt die **Besteuerungsgrundlagen zu schätzen hat**, falls eine zutreffende Ermittlung des Sachverhalts deswegen nicht möglich ist (§ 162 AO).

Wegen der Prüfungen durch die **Rentenversicherungsträger** → *Beitragsüberwachung* Rz. 598.

8. Lohnsteuer-Nachschau

1862 Ab dem Kalenderjahr 2013 ist die **Lohnsteuer-Nachschau** eingeführt worden (§ 42g EStG). Einzelheiten hierzu → *Lohnsteuer-Nachschau* Rz. 1938.

Lohnsteuerbelege

→ *Lohnsteuerbescheinigung* Rz. 1863

Lohnsteuerberechnung

→ *Berechnung der Lohnsteuer* Rz. 627

Lohnsteuerbescheinigung

Inhaltsübersicht:

		Rz.
1.	Allgemeines	1863
2.	Elektronische Lohnsteuerbescheinigung	1864
3.	Manuelle Lohnsteuerbescheinigung	1865
4.	Eintragungen in der Lohnsteuerbescheinigung	1866
	a) Zeile 1 – Dauer des Dienstverhältnisses	1867
	b) Zeile 2 – Zeiträume ohne Anspruch auf Arbeitslohn und Eintragung der Großbuchstaben	1868
	c) Zeile 3 – Bruttoarbeitslohn	1869
	d) Zeile 4 – Lohnsteuer	1870
	e) Zeile 5 – Solidaritätszuschlag	1871
	f) Zeile 6 – Kirchensteuer	1872
	g) Zeile 7 – Kirchensteuer des Ehegatten	1873
	h) Zeile 8 – Versorgungsbezüge	1874
	i) Zeile 9 – Versorgungsbezüge für mehrere Jahre	1875
	j) Zeile 10 – Ermäßigt besteuerter Arbeitslohn für mehrere Kalenderjahre und ermäßigt besteuerte Entschädigungen	1876
	k) Zeile 11, 12, 13 + 14 – Steuerabzugsbeträge für Arbeitslohn für mehrere Jahre und Entschädigungen	1877
	l) Zeile 15 – Kurzarbeitergeld usw.	1878
	m) Zeile 16 – Arbeitslohn nach Doppelbesteuerungsabkommen oder Auslandstätigkeitserlass	1879
	n) Zeile 17 – Steuerfreie Leistungen für Fahrten zwischen Wohnung und erster Tätigkeitsstätte	1880
	o) Zeile 18 – Pauschal besteuerte Leistungen für Fahrten zwischen Wohnung und erster Tätigkeitsstätte	1881
	p) Zeile 19 – Nicht ermäßigt besteuerter Arbeitslohn für mehrere Kalenderjahre und nicht ermäßigt besteuerte Entschädigungen	1882
	q) Zeile 20 – Steuerfreie Verpflegungszuschüsse bei Auswärtstätigkeit	1883
	r) Zeile 21 – Steuerfreie Arbeitgeberleistungen bei doppelter Haushaltsführung	1884
	s) Zeilen 22 bis 28 – Bescheinigung von Zukunftssicherungsleistungen	1885
	t) Zeilen 29 bis 32 – Ergänzende Angaben zu Versorgungsbezügen	1892
	u) Zeile 33 – Ausgezahltes Kindergeld	1896
	v) Zeile 34 – Freibetrag DBA Türkei	1897
	w) Letzte Zeile – Zuständiges Finanzamt	1898
	x) Nicht amtlich belegte Zeilen	1899
	y) Korrektur- und Stornierungsverfahren	1900
	z) Nachzahlungen	1901
5.	Ausdruck der elektronischen Lohnsteuerbescheinigung	1902
6.	Besondere Lohnsteuerbescheinigung	1903
7.	Korrektur der Lohnsteuerbescheinigung	1904

1. Allgemeines

1863 Bei Beendigung eines Dienstverhältnisses oder am Ende des Kalenderjahrs hat der Arbeitgeber das Lohnkonto des Arbeitnehmers abzuschließen (§ 41b Abs. 1 EStG). Auf Grund der Eintragungen im Lohnkonto hat der Arbeitgeber **spätestens bis zum 28. Februar des Folgejahrs** nach amtlich vorgeschriebenem Datensatz auf elektronischem Weg nach Maßgabe der **Steuerdaten-Übermittlungsverordnung** authentifiziert insbesondere folgende Angaben zu übermitteln (**elektronische Lohnsteuerbescheinigung**):

– Name,
– Vorname,
– Tag der Geburt,
– Anschrift des Arbeitnehmers,
– die abgerufenen elektronischen Lohnsteuerabzugsmerkmale oder die auf der entsprechenden Bescheinigung für den Lohnsteuerabzug eingetragenen Lohnsteuerabzugsmerkmale,
– die Bezeichnung und die Nummer des Finanzamts, an das die Lohnsteuer abgeführt worden ist,
– die Steuernummer des Arbeitgebers,
– die Dauer des Dienstverhältnisses während des Kalenderjahrs,
– die Anzahl der nach § 41 Abs. 1 Satz 6 EStG vermerkten Großbuchstaben „U",
– die Art und Höhe des gezahlten Arbeitslohns sowie den nach § 41 Abs. 1 Satz 7 EStG vermerkten Großbuchstaben „S",
– die einbehaltene Lohnsteuer, den Solidaritätszuschlag und die Kirchensteuer,
– das Kurzarbeitergeld einschließlich Saison-Kurzarbeitergeld, den Zuschuss zum Mutterschaftsgeld nach dem Mutterschutzgesetz, die Entschädigungen für Verdienstausfall nach dem Infektionsschutzgesetz sowie die nach § 3 Nr. 28 EStG steuerfreien Aufstockungsbeträge oder Zuschläge,
– die auf die Entfernungspauschale anzurechnenden steuerfreien Arbeitgeberleistungen für Fahrten zwischen Wohnung und erster Tätigkeitsstätte sowie Fahrten nach § 9 Abs. 1 Satz 3 Nr. 4a Satz 3 EStG,
– die pauschal besteuerten Arbeitgeberleistungen für Fahrten zwischen Wohnung und erster Tätigkeitsstätte sowie Fahrten nach § 9 Abs. 1 Satz 3 Nr. 4a Satz 3 EStG,
– für die dem Arbeitnehmer zur Verfügung gestellten Mahlzeiten nach § 8 Abs. 2 Satz 8 EStG den Großbuchstaben „M",
– für die steuerfreie Sammelbeförderung nach § 3 Nr. 32 EStG den Großbuchstaben „F",
– die nach § 3 Nr. 13 und 16 EStG steuerfrei gezahlten Verpflegungszuschüsse und Vergütungen bei doppelter Haushaltsführung,
– Beiträge zu den gesetzlichen Rentenversicherungen und an berufsständische Versorgungseinrichtungen, getrennt nach Arbeitgeber- und Arbeitnehmeranteil,
– die nach § 3 Nr. 62 EStG steuerfreien Arbeitgeberzuschüsse zur Kranken- und Pflegeversicherung,
– Arbeitnehmerbeiträge zur gesetzlichen Krankenversicherung,
– Arbeitnehmerbeiträge zur sozialen Pflegeversicherung,
– Arbeitnehmerbeiträge zur Arbeitslosenversicherung,
– nachgewiesene Beiträge zur privaten Krankenversicherung und Pflege-Pflichtversicherung.

Der Arbeitgeber hat die in der Lohnsteuerbescheinigung geforderten Angaben auf Grund der **Eintragungen im Lohnkonto** zu machen (→ *Lohnkonto* Rz. 1801).

Die Bescheinigungspflichten gelten nicht für Arbeitnehmer, soweit sie Arbeitslohn bezogen haben, der nach den §§ 40 bis 40b EStG pauschal besteuert worden ist (§ 41b Abs. 4 EStG). Das bedeutet, dass pauschal besteuerter Arbeitslohn weder in der elektronischen noch in der manuellen Lohnsteuerbescheinigung angegeben werden muss.

Der Arbeitgeber sollte bei der Übermittlung oder Ausschreibung der Lohnsteuerbescheinigung sehr gewissenhaft vorgehen:

Bewirkt die fehlerhafte Lohnsteuerbescheinigung durch den Arbeitgeber, dass der Arbeitnehmer zu einer überhöhten Einkommensteuer veranlagt wird, so kann dem Arbeitnehmer gegen den Arbeitgeber ein Schadensersatzanspruch zustehen (BFH v. 20.9.1996, VI R 57/95, BStBl II 1997, 144). Wird die Einkommensteuer zu niedrig festgesetzt, haftet der Arbeitgeber nach § 42d Abs. 1 Nr. 3 EStG (→ *Haftung: Allgemeine Grundsätze* Rz. 1498).

Zu den **besonderen Bescheinigungspflichten bei Grenzgängern** zur Durchführung des Grenzgängerfiskalausgleichs mit Frankreich → *Grenzgänger* Rz. 1465.

2. Elektronische Lohnsteuerbescheinigung

Arbeitgeber sind grundsätzlich verpflichtet, der Finanzverwaltung **1864** **bis zum 28. Februar des Folgejahrs**, für 2016 also bis zum 28.2.2017, eine **elektronische Lohnsteuerbescheinigung** zu übermitteln (§ 41b Abs. 1 Satz 2 EStG und R 41b LStR). Dies gilt sowohl für unbeschränkt als auch für beschränkt steuerpflichtige Arbeitnehmer. Die Datenübermittlung ist nach amtlich vorgeschriebenem Datensatz nach Maßgabe der Steuerdaten-Übermittlungsverordnung **authentifiziert** für jeden beschäftigten Arbeitnehmer vorzunehmen. Das für die Authentifizierung erforderliche Zertifikat muss vom Datenübermittler einmalig im Elster-Online-Portal (www.elsteronline.de) beantragt werden. Ohne Authentifizierung ist eine elektronische Übermittlung der Lohnsteuerbescheinigung nicht möglich.

[LSt] = keine Lohnsteuerpflicht
[LSt] = Lohnsteuerpflicht

Lohnsteuerbescheinigung

Für jede elektronische Lohnsteuerbescheinigung ist eine eindeutige, durch den **Datenlieferanten zu vergebende ID** (KmId) zu erstellen, deren Zusammensetzung in der technischen Schnittstellenbeschreibung zur elektronischen Lohnsteuerbescheinigung dokumentiert ist. Einzelheiten zum amtlich vorgeschriebenen Datensatz können unter www.elster.de abgerufen werden.

Für die Datenfernübertragung hat der Arbeitgeber die **Identifikationsnummer des Arbeitnehmers** (§ 139b AO) zu verwenden. Sofern für den Arbeitnehmer keine Identifikationsnummer vergeben wurde oder der Arbeitnehmer diese dem Arbeitgeber nicht mitgeteilt hat, ist weiter die elektronische Übermittlung mit der elektronischen Transfer-Identifikations-Nummer (eTIN) zulässig (BMF v. 30.7.2015, IV C 5 – S 2378/15/10001, BStBl I 2015, 614).

Neben der Übermittlung der elektronischen Lohnsteuerbescheinigung an die Finanzverwaltung hat **der Arbeitgeber dem Arbeitnehmer** einen nach amtlich vorgeschriebenem Muster gefertigten **Ausdruck der elektronischen Lohnsteuerbescheinigung** mit Angabe der Identifikationsnummer (oder der eTIN) auszuhändigen oder elektronisch bereitzustellen.

Es sind die **abgerufenen ELStAM** oder die auf der entsprechenden Bescheinigung für den Lohnsteuerabzug eingetragenen Lohnsteuerabzugsmerkmale **vollständig zu übermitteln**. Dabei ist **im elektronischen Datensatz** neben den ELStAM **auch das Datum „gültig ab"** zu übermitteln. Hiervon abweichend sind im Muster des Ausdrucks der elektronischen Lohnsteuerbescheinigung aus Vereinfachungsgründen nur die im letzten Lohnzahlungszeitraum zu Grunde gelegten Lohnsteuerabzugsmerkmale – ohne „gültig ab" – zu bescheinigen.

Für Arbeitnehmer, für die der Arbeitgeber die Lohnsteuer ausschließlich nach den §§ 40 bis 40b EStG pauschal erhoben hat, ist keine Lohnsteuerbescheinigung zu erstellen.

Die von Stollfuß Medien angebotene Software „Gehalt und Lohn Plus 2016", ISBN 978-3-08-111216-9, kann die Datenübermittlung an die „Clearingstelle" und den Ausdruck der elektronischen Lohnsteuerbescheinigung für den Arbeitnehmer durchführen.

3. Manuelle Lohnsteuerbescheinigung

1865 Soweit der Arbeitgeber nicht zur elektronischen Übermittlung verpflichtet ist, hat er eine Besondere Lohnsteuerbescheinigung auszustellen (§ 41a Abs. 1 Satz 4 EStG). Nicht zur elektronischen Übermittlung verpflichtet sind Arbeitgeber, für die das Betriebsstättenfinanzamt zugelassen hat, dass sie nicht am elektronischen Abrufverfahren teilnehmen (→ *ELStAM* Rz. 1049). Dies sind insbesondere **Arbeitgeber ohne maschinelle Lohnabrechnung**, die ausschließlich Arbeitnehmer im Rahmen einer geringfügigen Beschäftigung nach § 8a SGB IV im Privathaushalt beschäftigen und die Lohnsteuerbescheinigung nicht elektronisch an die Finanzverwaltung übermitteln (BMF v. 30.7.2015, IV C 5 – S 2378/15/10001, BStBl I 2015, 614).

Der Arbeitgeber hat dem Arbeitnehmer die Lohnsteuerbescheinigung auszuhändigen, wenn das Dienstverhältnis vor Ablauf des Kalenderjahrs beendet oder der Arbeitnehmer zur Einkommensteuer veranlagt wird. In den übrigen Fällen hat der Arbeitgeber die Lohnsteuerbescheinigung dem Betriebsstättenfinanzamt einzureichen (§ 41a Abs. 1 EStG).

4. Eintragungen in der Lohnsteuerbescheinigung

1866 In den einzelnen Zeilen der Lohnsteuerbescheinigung sind folgende Eintragungen zu machen (vgl. BMF v. 30.7.2015, IV C 5 – S 2378/15/10001, BStBl I 2015, 614):

a) Zeile 1 – Dauer des Dienstverhältnisses

1867 In dieser Zeile ist die **Dauer des Dienstverhältnisses** beim Arbeitgeber während des Kalenderjahrs oder der Monat der Auszahlung bei sonstigen Bezügen, die nach Beendigung des Dienstverhältnisses gezahlt werden, anzugeben. Soweit Zeiträume vorliegen, in denen dem Arbeitnehmer kein Lohn gezahlt wurde, z.B. bei Bezug von Krankengeld, unterbrechen diese die Dauer des Dienstverhältnisses nicht; vgl. allerdings → Rz. 1868.

> **Beispiel:**
> Der Arbeitnehmer ist beim Arbeitgeber vom 1.7.2016 bis 31.12.2016 beschäftigt. Er war allerdings vom 17.10.2016 bis 12.12.2016 krank. Ab dem 28.11.2016 bis zum 12.12.2016 erhielt er deshalb keinen Arbeitslohn, sondern Krankengeld.
> In Zeile 1 ist als Dauer des Dienstverhältnisses der Zeitraum 1.7.2016 bis 31.12.2016 anzugeben.

b) Zeile 2 – Zeiträume ohne Anspruch auf Arbeitslohn und Eintragung der Großbuchstaben

In dieser Zeile ist **die Anzahl** der im Lohnkonto vermerkten **Groß-** **1868** **buchstaben „U"** anzugeben (zu der Frage, wann ein Großbuchstabe „U" im Lohnkonto anzugeben ist, → *Lohnkonto* Rz. 1803). Der Arbeitgeber hat nur die Anzahl der Unterbrechungen, nicht die Dauer der Unterbrechung anzugeben.

> **Beispiel:**
> Der Arbeitnehmer ist während des Kalenderjahrs 2016 zweimal länger als sechs Wochen krank gewesen. Er hat deshalb vom 14.3.2016 bis 28.3.2016 und vom 22.8.2016 bis zum 5.9.2016 Krankengeld bezogen. Darüber hinaus hat er vom 17.10.2016 bis 24.10.2016 unbezahlten Urlaub genommen.
> In Zeile 2 ist lediglich die Zahl „3" oder das Wort „Drei" anzugeben.

In dieser Zeile sind auch in dem dafür vorgesehenen Teilfeld die nach § 41b Abs. 1 EStG einzutragenden **Großbuchstaben** einzutragen, und zwar

– der **Großbuchstabe „S"**, wenn die Lohnsteuer von einem sonstigen Bezug im ersten Dienstverhältnis berechnet wurde und dabei der Arbeitslohn aus einem früheren Dienstverhältnis des Kalenderjahrs außer Betracht geblieben ist (→ *Sonstige Bezüge* Rz. 2708),

– der **Großbuchstabe „M"**, wenn dem Arbeitnehmer anlässlich oder während einer beruflichen Auswärtstätigkeit oder im Rahmen einer beruflichen doppelten Haushaltsführung vom Arbeitgeber oder auf dessen Veranlassung von einem Dritten eine nach § 8 Abs. 2 Satz 8 EStG mit dem amtlichen Sachbezugswert zu bewertende Mahlzeit zur Verfügung gestellt wurde; die Eintragung hat unabhängig davon zu erfolgen, ob die Besteuerung der Mahlzeit nach § 8 Abs. 2 Satz 9 EStG unterbleibt, der Arbeitgeber die Mahlzeit individuell oder nach § 40 Abs. 2 Satz 1 Nr. 1a EStG pauschal besteuert hat; sofern das Betriebsstättenfinanzamt für die nach § 3 Nr. 13 oder Nr. 16 EStG steuerfrei gezahlten Vergütungen nach § 4 Abs. 3 LStDV eine andere Aufzeichnung als im Lohnkonto zugelassen hat, ist für eine Übergangszeit eine Bescheinigung des Großbuchstabens „M" nicht zwingend erforderlich (BMF v. 24.10.2014, IV C 5 – S 2353/14/10002, BStBl I 2014, 1412, Rdnr. 92); Einzelheiten → *Reisekosten: Erstattungen* Rz. 2496; die **Übergangsregelung** ist im Übrigen **bis zum 31.12.2017 verlängert** worden (BMF v. 30.7.2015, IV C 5 – S 2378/15/10001, BStBl I 2015, 614),

– der **Großbuchstabe „F"**, wenn eine steuerfreie Sammelbeförderung eines Arbeitnehmers zwischen Wohnung und erster Tätigkeitsstätte sowie Fahrten nach § 9 Abs. 1 Satz 3 Nr. 4a Satz 3 EStG nach § 3 Nr. 32 EStG erfolgte (→ *Wege zwischen Wohnung und erster Tätigkeitsstätte* Rz. 3160).

c) Zeile 3 – Bruttoarbeitslohn

In dieser Zeile ist der **Bruttoarbeitslohn** anzugeben. Dabei ist **1869** Folgendes zu beachten:

Es ist der Gesamtbetrag des Bruttoarbeitslohns – **einschließlich des Werts der Sachbezüge** – zu bescheinigen, den der Arbeitnehmer aus dem Dienstverhältnis im Kalenderjahr bezogen hat. Bruttoarbeitslohn ist die Summe aus dem laufenden Arbeitslohn, der für Lohnzahlungszeiträume gezahlt worden ist, die im Kalenderjahr geendet haben, und den **sonstigen Bezügen**, die dem Arbeitnehmer im Kalenderjahr zugeflossen sind. **Netto gezahlter Arbeitslohn** ist mit dem hochgerechneten Bruttobetrag anzusetzen. Zum Bruttoarbeitslohn rechnen auch die laufend und einmalig gezahlten Versorgungsbezüge einschließlich Sterbegelder und Abfindungen/Kapitalauszahlungen solcher Ansprüche (Zeilen 8 und 32). Versorgungsbezüge für mehrere Jahre, die ermäßigt besteuert werden, sind ausschließlich in Zeile 9 zu bescheinigen. Der Bruttoarbeitslohn darf nicht um die Freibeträge für Versorgungs-

Lohnsteuerbescheinigung

bezüge (§ 19 Abs. 2 EStG) und den Altersentlastungsbetrag (§ 24a EStG) gekürzt werden. Andere Freibeträge sind gleichfalls nicht abzuziehen und Hinzurechnungsbeträge nicht hinzuzurechnen. Arbeitslöhne i.S.d. § 8 Abs. 3 EStG sind um den **Rabattfreibetrag** von 1 080 € zu kürzen.

Hat der Arbeitgeber steuerpflichtigen Arbeitslohn zurückgefordert, ist in Zeile 3 bei fortbestehendem Dienstverhältnis **nur der gekürzte steuerpflichtige Bruttoarbeitslohn** zu bescheinigen. Dies gilt auch für zurückgeforderten Arbeitslohn, der im Zuflussjahr ermäßigt besteuert worden ist. Ergibt die Verrechnung von ausgezahltem und zurückgefordertem Arbeitslohn einen negativen Betrag, so ist dieser Betrag mit einem Minuszeichen zu versehen.

Bei der Bescheinigung des Bruttoarbeitslohns sind **nicht anzugeben**:

- ermäßigt besteuerte **Entschädigungen** und ermäßigt besteuerte **Vergütungen für eine mehrjährige Tätigkeit** (§ 34 EStG); diese Vergütungen sind gesondert in Zeile 10 zu bescheinigen;
- **Bezüge**, die **nicht zum steuerpflichtigen Arbeitslohn** gehören, z.B. steuerfreie Zuschläge für Sonntags-, Feiertags- oder Nachtarbeit, steuerfreie Umzugskostenvergütungen, steuerfreier Reisekostenersatz, Auslagenersatz, die nach § 3 Nr. 56 und 63 EStG steuerfreien Beiträge des Arbeitgebers an einen Pensionsfonds, eine Pensionskasse oder für eine Direktversicherung,
- **Bezüge**, die auf Grund eines **Abkommens zur Vermeidung der Doppelbesteuerung oder auf Grund des Auslandstätigkeitserlasses von der Lohnsteuer freigestellt** sind; diese Vergütungen sind gesondert zu bescheinigen,
- **Bezüge**, für die die Lohnsteuer nach §§ 37b, 40 bis 40b EStG **pauschal erhoben** worden ist.

d) Zeile 4 – Lohnsteuer

1870 In dieser Zeile ist die Lohnsteuer zu bescheinigen, die der Arbeitgeber vom bescheinigten Bruttoarbeitslohn einbehalten hat. Als einbehaltene Lohnsteuer ist stets der Betrag zu bescheinigen, der sich **nach Verrechnung** mit der vom Arbeitgeber für das Kalenderjahr beim **Lohnsteuer-Jahresausgleich** erstatteten Lohnsteuer ergibt. Übersteigt der erstattete Betrag die vom Arbeitgeber einbehaltene Lohnsteuer, so ist als einbehaltene Lohnsteuer der übersteigende negative Betrag mit einem **deutlichen Minuszeichen** zu versehen.

Ist **keine Lohnsteuer** einbehalten worden, ist die Zeile 4 durch einen **waagerechten Strich** auszufüllen.

In Zeile 4 darf **nicht angegeben** werden:

- Die Lohnsteuer, die auf ermäßigt besteuerte **Entschädigungen** und ermäßigt besteuerte **Vergütungen für eine mehrjährige Tätigkeit** (§ 34 EStG) entfällt; die Lohnsteuer hierfür ist gesondert zu bescheinigen,
- **pauschale Lohnsteuer**, die der Arbeitgeber nach §§ 40 bis 40b EStG schuldet.

e) Zeile 5 – Solidaritätszuschlag

1871 In dieser Zeile ist der Solidaritätszuschlag zu bescheinigen, den der Arbeitgeber vom bescheinigten Bruttoarbeitslohn einbehalten hat. Für die Bescheinigung des Solidaritätszuschlags gelten die Ausführungen unter → Rz. 1870 entsprechend.

f) Zeile 6 – Kirchensteuer

1872 In dieser Zeile ist die Kirchensteuer zu bescheinigen, die der Arbeitgeber vom bescheinigten Bruttoarbeitslohn einbehalten hat, wenn

- **nur ein Kirchensteuermerkmal** mitgeteilt worden ist, z.B. „ev" oder „rk",
- **zwei Kirchensteuermerkmale** mitgeteilt worden sind und sich die Betriebsstätte des Arbeitgebers **in den Ländern Bayern, Bremen und Niedersachsen** befindet.

Wechselt der Arbeitnehmer im Laufe des Kalenderjahrs die Konfession, so hat das auf die Eintragung der Kirchensteuer in Zeile 6 keinen Einfluss.

> **Beispiel:**
> Der Arbeitnehmer ist bis zum 31.3.2016 evangelisch. Ab 1.4.2016 wechselt er die Konfession und ist danach römisch-katholisch.
> Die insgesamt einbehaltene Kirchensteuer, unabhängig von der Konfession, ist in Zeile 6 zu bescheinigen.

Für die Bescheinigung der Kirchensteuer gelten die Ausführungen unter → Rz. 1870 entsprechend.

Bei Ehegatten gelten jedoch Besonderheiten, → Rz. 1873.

g) Zeile 7 – Kirchensteuer des Ehegatten

1873 Die Zeile 7 ist nur bei **verheirateten Arbeitnehmern** von Bedeutung. Sind **zwei Kirchensteuermerkmale** mitgeteilt worden, weil es sich um eine konfessionsverschiedene Ehe/konfessionsverschiedene Lebenspartnerschaft handelt, z.B. „ev rk" oder „rk ev", so ist der auf den Ehegatten/Lebenspartner entfallende Anteil der Kirchensteuer in Zeile 7 anzugeben. Der Anteil des Ehegatten/Lebenspartners beträgt immer 50 % der insgesamt abgeführten Kirchensteuer und ist eine Folge des „Halbteilungsgrundsatzes" bei der Kirchensteuer (→ *Kirchensteuer* Rz. 1677).

Diese **Halbteilung** der Kirchensteuer kommt in den Ländern Bayern, Bremen und Niedersachsen nicht in Betracht. Daher ist in diesen Ländern die Kirchensteuer **immer in Zeile 6** insgesamt zu bescheinigen.

> **Beispiel 1:**
> Ein verheirateter Arbeitnehmer hat die Kirchensteuermerkmale „ev rk". Die im Kalenderjahr 2016 einbehaltene Kirchensteuer beträgt insgesamt 300 €.
> Die Kirchensteuer ist je zur Hälfte vom Arbeitgeber in den Zeilen 6 und 7 anzugeben, also mit jeweils 150 €.

> **Beispiel 2:**
> Wie Beispiel 1, die lohnsteuerliche Betriebsstätte befindet sich in Hannover.
> In Niedersachsen (sowie in Bayern und Bremen) gibt es keine Halbteilung der Kirchensteuer. Die Kirchensteuer ist i.H.v. 300 € in Zeile 6 anzugeben.

Wird die Konfession vom Arbeitnehmer oder seinem Ehegatten/Lebenspartner im Laufe des Kalenderjahrs gewechselt, so gilt der Halbteilungsgrundsatz nur für die Zeit der Konfessionsverschiedenheit.

> **Beispiel 3:**
> Ein verheirateter Arbeitnehmer hat die Kirchensteuermerkmale „ev rk". Die im Kalenderjahr 2016 einbehaltene Kirchensteuer beträgt insgesamt 300 €. Der Ehegatte wechselt jedoch zum 1.5.2016 die Konfession. Ab 1.5.2016 ist daher nur als Kirchensteuermerkmal „ev" mitgeteilt worden.
> Für die Zeit vom 1.1.2016 bis 30.4.2016 gilt der Halbteilungsgrundsatz. Die auf diesen Zeitraum entfallende Kirchensteuer von 100 € ist je zur Hälfte auf die Ehegatten aufzuteilen und getrennt zu bescheinigen (50 € in Zeile 6, 50 € in Zeile 7). Ab 1.5.2016 fällt die Halbteilung weg, weil die Eheleute nicht mehr konfessionsverschieden sind. Die auf den Zeitraum 1.5.2016 bis 31.12.2016 entfallende Kirchensteuer (200 €) ist in Zeile 6 zu bescheinigen. Insgesamt sind in Zeile 6 somit 250 € (50 € + 200 €) zu bescheinigen und 50 € in Zeile 7.

> **Beispiel 4:**
> Wie Beispiel 3, die lohnsteuerliche Betriebsstätte befindet sich in Hannover.
> In Niedersachsen (sowie in Bayern und Bremen) gibt es keine Halbteilung der Kirchensteuer. Die Kirchensteuer ist i.H.v. 300 € in Zeile 6 anzugeben.

h) Zeile 8 – Versorgungsbezüge

1874 In dieser Zeile sind die im **Bruttoarbeitslohn** (Zeile 3) **enthaltenen Versorgungsbezüge** (z.B. auch regelmäßige Anpassungen von Versorgungsbezügen nach § 19 Abs. 2 Satz 9 EStG) zu bescheinigen. Der Bruttoarbeitslohn in Zeile 3 darf also nicht um die Versorgungsbezüge gekürzt werden. Anzugeben ist in Zeile 8 der Bruttobetrag der Versorgungsbezüge. Die Freibeträge für Versorgungsbezüge dürfen also ebenfalls nicht vorher abgezogen werden.

Werden einem Versorgungsempfänger zusätzlich zum laufenden Versorgungsbezug **weitere Zuwendungen und geldwerte Vorteile** (z.B. steuerpflichtige Fahrtkostenzuschüsse, Freifahrtberechtigungen, Kontoführungsgebühren) gewährt, zählen diese ebenfalls zu den in Zeile 8 zu bescheinigenden Versorgungsbezügen (FG München v. 26.3.2014, 6 K 1712/13, EFG 2014, 1303). Das sieht das FG Köln anders und hat entschieden, dass geldwerte Vorteile in Form von **Fahrvergünstigungen an Ruhestandsbeamte** des Bundeseisenbahnvermögens **keine Versorgungsbezüge** i.S.d. § 19 Abs. 2 Satz 2 EStG sind (FG Köln v. 22.5.2013, 7 K 3185/12, EFG 2013, 1403). Ob diese Beurteilung zutreffend ist, hat der BFH offen gelassen (BFH v. 26.6.2014, VI R 41/13, BStBl II 2015, 39).

Da die Versorgungsbezüge im in Zeile 3 zu bescheinigenden Bruttoarbeitslohn enthalten sind, müssen die auf den Versorgungsbezug entfallenden Steuerabzugsbeträge (Lohnsteuer, Solidaritätszuschlag, Kirchensteuer) ebenfalls in den in den Zeilen 4 bis 7 zu bescheinigenden Beträgen enthalten sein.

i) Zeile 9 – Versorgungsbezüge für mehrere Jahre

1875 In dieser Zeile sind Versorgungsbezüge zu bescheinigen, die für mehrere Kalenderjahre gezahlt werden. Solche Versorgungsbezüge werden nach der sog. Fünftelregelung (§ 34 Abs. 1 EStG) tarifermäßigt besteuert, → *Arbeitslohn für mehrere Jahre* Rz. 257. Versorgungsbezüge für mehrere Jahre dürfen **nicht** in dem in Zeile 3 zu bescheinigenden Bruttoarbeitslohn enthalten sein. Versorgungsbezüge für mehrere Jahre liegen z.B. vor, wenn der Arbeitgeber Versorgungsbezüge nachzahlt und die Nachzahlung sich auf mehr als zwölf Monate bezieht.

j) Zeile 10 – Ermäßigt besteuerter Arbeitslohn für mehrere Kalenderjahre und ermäßigt besteuerte Entschädigungen

1876 In dieser Zeile sind die im Lohnsteuerabzugsverfahren ermäßigt besteuerten Entschädigungen und der ermäßigt besteuerte Arbeitslohn für mehrere Kalenderjahre in einer Summe zu bescheinigen. Solche Arbeitslöhne werden nach der sog. Fünftelregelung (§ 34 Abs. 1 EStG) tarifermäßigt besteuert, → *Arbeitslohn für mehrere Jahre* Rz. 257 sowie → *Entschädigungen* Rz. 1134. Ermäßigt besteuerter Arbeitslohn für mehrere Kalenderjahre und ermäßigt besteuerte Entschädigungen dürfen **nicht** in dem in Zeile 3 zu bescheinigenden Bruttoarbeitslohn enthalten sein.

Entschädigungen und Arbeitslohn für mehrere Kalenderjahre, die **nicht ermäßigt besteuert** wurden, sind nicht in Zeile 10, sondern **in Zeile 19** anzugeben. Die in Zeile 19 angegebenen Beträge müssen auch in dem unter Zeile 3 bescheinigten Bruttoarbeitslohn enthalten sein.

Versorgungsbezüge für mehrere Jahre sind ebenfalls **nicht** in Zeile 10, **sondern** in Zeile 9 zu bescheinigen.

k) Zeile 11, 12, 13 + 14 – Steuerabzugsbeträge für Arbeitslohn für mehrere Jahre und Entschädigungen

1877 In den Zeilen 11 bis 14 sind die auf den ermäßigt besteuerten Arbeitslohn sowie die ermäßigt besteuerten Versorgungsbezüge für mehrere Jahre bzw. auf ermäßigt besteuerte Entschädigungen entfallenden Steuerabzugsbeträge anzugeben, und zwar

- in Zeile 11 die Lohnsteuer; hier gelten die Ausführungen in → Rz. 1870 sinngemäß,
- in Zeile 12 der Solidaritätszuschlag; hier gelten die Ausführungen in → Rz. 1871 sinngemäß,
- in Zeile 13 die Kirchensteuer; hier gelten die Ausführungen in → Rz. 1872 sinngemäß,
- in Zeile 14 die Kirchensteuer für den Ehegatten bei Halbteilung der Kirchensteuer; hier gelten die Ausführungen in → Rz. 1873 sinngemäß.

Hat der Arbeitnehmer **sowohl ermäßigt besteuerte Entschädigungen als auch ermäßigt besteuerte Vergütungen für mehrere Jahre bezogen**, ist die Summe der davon einbehaltenen Lohnsteuer, des davon einbehaltenen Solidaritätszuschlags und der davon einbehaltenen Kirchensteuer **in einem Betrag** zu bescheinigen.

l) Zeile 15 – Kurzarbeitergeld usw.

1878 In Zeile 15 sind folgende Beträge **in einer Summe** anzugeben:

– das Kurzarbeitergeld einschließlich Saison-Kurzarbeitergeld,

– der Zuschuss zum Mutterschaftsgeld, der Zuschuss bei Beschäftigungsverbot für die Zeit vor oder nach einer Entbindung sowie für den Entbindungstag während einer Elternzeit nach beamtenrechtlichen Vorschriften,

– die Verdienstausfallentschädigung nach dem Infektionsschutzgesetz,

– die nach § 3 Nr. 28 EStG steuerfreien Aufstockungsbeträge oder Zuschläge.

Es sind immer die **tatsächlich ausgezahlten Beträge anzugeben**. Hat der Arbeitgeber Kurzarbeitergeld zurückgefordert, sind nur die so gekürzten Beträge zu bescheinigen. Ergibt die Verrechnung von ausgezahlten und zurückgeforderten Beträgen einen negativen Betrag, so ist dieser Betrag mit einem **deutlichen Minuszeichen** zu bescheinigen. Wurde vom Arbeitgeber in Fällen des § 47b Abs. 4 SGB V Krankengeld in Höhe des Kurzarbeitergeldes gezahlt, ist dieses nicht in Zeile 15 anzugeben.

m) Zeile 16 – Arbeitslohn nach Doppelbesteuerungsabkommen oder Auslandstätigkeitserlass

1879 In den Zeilen 16a und 16b ist der Arbeitslohn anzugeben, der nach einem **Abkommen zur Vermeidung der Doppelbesteuerung** (Zeile 16a) oder nach dem **Auslandstätigkeitserlass** (Zeile 16b) von der Lohnsteuer freigestellt ist. Die Bescheinigungen sind **getrennt voneinander** vorzunehmen.

n) Zeile 17 – Steuerfreie Leistungen für Fahrten zwischen Wohnung und erster Tätigkeitsstätte

1880 In dieser Zeile sind die nach § 8 Abs. 2 Satz 11 EStG (Job-Ticket) oder nach § 8 Abs. 3 EStG (Verkehrsträger) steuerfreien Arbeitgeberleistungen für Fahrten zwischen Wohnung und erster Tätigkeitsstätte betragsmäßig zu bescheinigen. Denn nach § 8 Abs. 3 EStG steuerfreie Sachbezüge für Fahrten zwischen Wohnung und erster Tätigkeitsstätte mindern die Entfernungspauschale (§ 9 Abs. 1 Satz 3 Nr. 4 Satz 5 EStG). Einzelheiten, insbesondere zur Wertermittlung der zu bescheinigenden Arbeitgeberleistungen, → *Wege zwischen Wohnung und erster Tätigkeitsstätte* Rz. 3157.

Bei steuerfreier Sammelbeförderung nach § 3 Nr. 32 EStG ist stattdessen der Großbuchstabe "F" in Zeile 2 einzutragen.

Der Arbeitgeber ist nach § 41b Abs. 1 Nr. 6 und 9 EStG **gesetzlich verpflichtet, die Eintragung in Zeile 17 vorzunehmen**. Füllt er die Zeile nicht aus, obwohl er solche steuerfreien Fahrtkostenzuschüsse gezahlt hat, so **haftet** er nach § 42d Abs. 1 Nr. 3 EStG für evtl. verkürzte Lohnsteuer. Hat der Arbeitgeber keine steuerfreien Sachbezüge gewährt, so sollte er die Zeile 17 durch einen waagerechten Strich ausfüllen.

o) Zeile 18 – Pauschal besteuerte Leistungen für Fahrten zwischen Wohnung und erster Tätigkeitsstätte

1881 In dieser Zeile sind die pauschal besteuerten Arbeitgeberleistungen für Fahrten zwischen Wohnung und erster Tätigkeitsstätte anzugeben.

Der Arbeitgeber ist nach § 41b Abs. 1 Nr. 7 EStG **gesetzlich verpflichtet, die Eintragung in Zeile 18 vorzunehmen**. Füllt er die Zeile nicht aus, obwohl er pauschal versteuerte Fahrtkostenzuschüsse gezahlt hat, so **haftet** er nach § 42d Abs. 1 Nr. 3 EStG für evtl. verkürzte Lohnsteuer. Hat der Arbeitgeber keine pauschal besteuerten Fahrtkostenzuschüsse gezahlt, so sollte er die Zeile 18 durch einen waagerechten Strich ausfüllen.

p) Zeile 19 – Nicht ermäßigt besteuerter Arbeitslohn für mehrere Kalenderjahre und nicht ermäßigt besteuerte Entschädigungen

1882 In dieser Zeile hat der Arbeitgeber den Arbeitslohn für mehrere Kalenderjahre und Entschädigungen anzugeben, die im Lohnsteuerabzugsverfahren **nicht ermäßigt** besteuert wurden. Die angegebenen Beträge müssen auch in dem unter Zeile 3 bescheinigten Bruttoarbeitslohn enthalten sein.

Lohnsteuerbescheinigung

keine Sozialversicherungspflicht = (SV durchgestrichen)
Sozialversicherungspflicht = (SV)

q) Zeile 20 – Steuerfreie Verpflegungszuschüsse bei Auswärtstätigkeit

1883 In dieser Zeile **muss** der Arbeitgeber die nach § 3 Nr. 13 oder 16 EStG steuerfrei gezahlten Vergütungen für Verpflegung bei beruflich veranlasster Auswärtstätigkeit angeben.

Der Arbeitgeber ist nach § 41b Abs. 1 Nr. 10 EStG **gesetzlich verpflichtet, die Eintragung in Zeile 20 vorzunehmen**. Füllt er die Zeile nicht aus, obwohl er solche steuerfreien Verpflegungszuschüsse gezahlt hat, so **haftet** er nach § 42d Abs. 1 Nr. 3 EStG für evtl. verkürzte Lohnsteuer. Hat der Arbeitgeber keine steuerfreien Verpflegungszuschüsse gezahlt, so sollte er die Zeile 20 durch einen waagerechten Strich ausfüllen.

Sofern das Betriebsstättenfinanzamt nach § 4 Abs. 2 Nr. 4 Satz 2 LStDV für steuerfreie Vergütungen für Verpflegung eine andere Aufzeichnung als im Lohnkonto zugelassen hat, ist eine Bescheinigung dieser Beträge **nicht zwingend erforderlich**.

Der Arbeitgeber kann also auf Grund eines entsprechenden Antrags beim Betriebsstättenfinanzamt erreichen, dass auf die **Aufzeichnung im Lohnkonto** unmittelbar und damit auch auf die **Bescheinigung in der Lohnsteuerbescheinigung verzichtet** wird.

Die Finanzverwaltung verfährt bei der Gewährung der Aufzeichnungserleichterung nach § 4 Abs. 2 Nr. 4 Satz 2 LStDV – wie bisher – recht großzügig. Das bedeutet, dass im Regelfall kein besonderer Antrag notwendig ist, sondern diese **stillschweigend gewährt** wird.

r) Zeile 21 – Steuerfreie Arbeitgeberleistungen bei doppelter Haushaltsführung

1884 In dieser Zeile **muss** der Arbeitgeber die steuerfreien Arbeitgeberleistungen bei doppelter Haushaltsführung angeben.

Der Arbeitgeber ist nach § 41b Abs. 1 Nr. 10 EStG **gesetzlich verpflichtet, die Eintragung in Zeile 21 vorzunehmen**. Füllt er die Zeile nicht aus, obwohl er steuerfreie Vergütungen bei doppelter Haushaltsführung gezahlt hat, so **haftet** er nach § 42d Abs. 1 Nr. 3 EStG für evtl. verkürzte Lohnsteuer. Hat der Arbeitgeber keine steuerfreien Vergütungen bei doppelter Haushaltsführung gezahlt, so sollte er die Zeile 21 durch einen waagerechten Strich ausfüllen.

Allerdings ist die Bescheinigung dieser Beträge nicht zwingend erforderlich. Hier gilt das Gleiche hinsichtlich der Gewährung von Aufzeichnungserleichterungen nach § 4 Abs. 2 Nr. 4 Satz 2 LStDV wie bei den steuerfreien Verpflegungszuschüssen (→ Rz. 1883).

s) Zeilen 22 bis 28 – Bescheinigung von Zukunftssicherungsleistungen

1885 In diesen Zeilen muss der Arbeitgeber die Zukunftssicherungsleistungen bescheinigen.

Der Arbeitgeber ist nach § 41b Abs. 1 Nrn. 11 bis 15 EStG **gesetzlich verpflichtet**, die Eintragungen in den Zeilen 22 bis 28 vorzunehmen. Füllt er diese Zeilen nicht aus, so **haftet** er nach § 42d Abs. 1 Nr. 3 EStG für evtl. verkürzte Lohnsteuer. Hat der Arbeitgeber keine Zukunftssicherungsleistungen gezahlt, so sollte er die Zeilen 22 bis 28 durch einen waagerechten Strich ausfüllen.

Bei der Bescheinigung ist Folgendes zu beachten (BMF v. 30.7.2015, IV C 5 – S 2378/15/10001, BStBl I 2015, 614):

aa) Beiträge und Zuschüsse zur Alterssicherung

1886 In den Zeilen 22a und 22b ist der **Arbeitgeber**anteil der Beiträge zu den gesetzlichen Rentenversicherungen (Zeile 22a) und an berufsständische Versorgungseinrichtungen (Zeile 22b), die den gesetzlichen Rentenversicherungen vergleichbare Leistungen erbringen (vgl. BMF v. 8.7.2014, IV C 3 – S 2221/07/10037 :005, BStBl I 2014, 1098), getrennt einzutragen; der entsprechende **Arbeitnehmer**anteil ist in den Zeilen 23a und 23b zu bescheinigen. Gleiches gilt für Beiträge zur Alterssicherung, wenn darin zumindest teilweise ein Arbeitnehmeranteil enthalten ist, die auf Grund einer nach ausländischen Gesetzen bestehenden Verpflichtung an ausländische Sozialversicherungsträger, die den inländischen Sozialversicherungsträgern vergleichbar sind, geleistet werden. Beiträge zur Alterssicherung an ausländische Versicherungsunternehmen sind nicht zu bescheinigen.

Werden von ausländischen Sozialversicherungsträgern **Globalbeiträge** erhoben, ist eine **Aufteilung** vorzunehmen. In diesen Fällen ist in Zeile 22a und 23a der auf die Rentenversicherung entfallende Teilbetrag zu bescheinigen. Die für die Aufteilung maßgebenden staatenbezogenen Prozentsätze werden durch BMF-Schreiben veröffentlicht, vgl. für das Jahr 2016 BMF v. 28.8.2015, IV C 3 – S 2221/09/10013 :001, BStBl I 2015, 632.

In Fällen, in denen der Arbeitgeber die Beiträge unmittelbar an eine berufsständische Versorgungseinrichtung abführt (sog. **Firmenzahler**), ist der Arbeitgeberzuschuss in der Zeile 22b und der Arbeitnehmeranteil in der Zeile 23b zu bescheinigen. Führt der Arbeitnehmer den gesamten Beitrag selbst an die berufsständische Versorgungseinrichtung ab (sog. **Selbstzahler**) und zahlt der Arbeitgeber dem Arbeitnehmer hierfür einen zweckgebundenen Zuschuss, ist in Zeile 22b der Zuschuss zu bescheinigen. Eine Eintragung in Zeile 23b ist in diesen Fällen nicht vorzunehmen.

In den Zeilen 22a und 23a sind auch Beiträge zur umlagefinanzierten Hüttenknappschaftlichen Zusatzversicherung im Saarland zu bescheinigen. Das Gleiche gilt für Rentenversicherungsbeiträge bei geringfügiger Beschäftigung, wenn die Lohnsteuer pauschal erhoben wurde (der Arbeitgeberbeitrag i.H.v. 15 % bzw. 5 % und der Arbeitnehmerbeitrag). Dies gilt für den Arbeitgeberbeitrag auch dann, wenn kein Arbeitnehmeranteil zur Rentenversicherung gezahlt wurde.

Arbeitgeberbeiträge zur gesetzlichen Rentenversicherung für Beschäftigte nach § 172 Abs. 1 SGB VI (z.B. bei weiterbeschäftigten Rentnern) gehören nicht zum steuerpflichtigen Arbeitslohn; sie sind nicht als steuerfreie Arbeitgeberanteile i.S.d. § 3 Nr. 62 EStG in Zeile 22a zu bescheinigen. Dies gilt auch, wenn dieser Arbeitnehmerkreis geringfügig beschäftigt ist (§ 172 Abs. 3 und 3a SGB VI). Arbeitgeberbeiträge zur Rentenversicherung und an berufsständische Versorgungseinrichtungen, die im Zusammenhang mit nach § 3 Nr. 2 EStG steuerfreiem Kurzarbeitergeld stehen, sind ebenfalls nicht zu bescheinigen.

Zahlt der Arbeitgeber bei Altersteilzeit steuerfreie Beiträge zur gesetzlichen Rentenversicherung i.S.d. § 3 Nr. 28 EStG (z.B. bei Altersteilzeit), können diese nicht als Sonderausgaben berücksichtigt werden und sind daher nicht in der Bescheinigung anzugeben. Werden darüber hinaus steuerpflichtige Beiträge zum Ausschluss einer Minderung der Altersrente gezahlt, sind diese an die gesetzliche Rentenversicherung abgeführten Beiträge als Sonderausgaben abziehbar und deshalb in Zeile 23a zu bescheinigen.

bb) Zuschüsse zur Kranken- und Pflegeversicherung

1887 Steuerfreie **Zuschüsse des Arbeitgebers zur gesetzlichen Krankenversicherung** bei freiwillig in der gesetzlichen Krankenversicherung versicherten Arbeitnehmern, soweit der Arbeitgeber zur Zuschussleistung gesetzlich verpflichtet ist, sind in Zeile 24a einzutragen. Entsprechende Zuschüsse zu privaten Krankenversicherungen sind in Zeile 24b zu bescheinigen. In Zeile 24c sind steuerfreie Zuschüsse des Arbeitgebers zu gesetzlichen Pflegeversicherungen (soziale Pflegeversicherung und private Pflege-Pflichtversicherung) einzutragen. Bei freiwillig in der gesetzlichen Krankenversicherung versicherten oder privat versicherten Arbeitnehmern, die Kurzarbeitergeld beziehen, sind in den Zeilen 24a bis c die gesamten vom Arbeitgeber gewährten Zuschüsse zu bescheinigen.

Zu bescheinigen sind auch Zuschüsse des Arbeitgebers zur Kranken- und Pflegeversicherung **bei ausländischen Versicherungsunternehmen und bei ausländischen Sozialversicherungsträgern**. Werden von ausländischen Sozialversicherungsträgern Globalbeiträge erhoben, ist keine Eintragung vorzunehmen. Nicht einzutragen ist der **Arbeitgeber**anteil zur gesetzlichen Kranken- und sozialen Pflegeversicherung bei pflichtversicherten Arbeitnehmern.

cc) Beiträge zur gesetzlichen Kranken- und sozialen Pflegeversicherung

1888 Der **Arbeitnehmer**beitrag zur inländischen **gesetzlichen** Krankenversicherung, ab dem Kalenderjahr 2015 einschließlich des einkommensabhängigen Zusatzbeitrags nach § 242 SGB V, bei pflichtversicherten Arbeitnehmern ist in Zeile 25 einzutragen. Es sind die an die Krankenkasse abgeführten Beiträge zu bescheinigen, d.h. ggf. mit Beitragsanteilen für Krankengeld.

Die Beiträge des **Arbeitnehmers** zur inländischen sozialen Pflegeversicherung sind in Zeile 26 zu bescheinigen.

Bei **freiwillig** in der gesetzlichen Krankenversicherung versicherten Arbeitnehmern ist in Zeile 25 und 26 der **gesamte** Beitrag, ab dem Kalenderjahr 2015 einschließlich des einkommensabhängigen Zusatzbeitrags nach § 242 SGB V, zu bescheinigen, wenn der Arbeitgeber die Beiträge an die Krankenkasse abführt (sog. **Firmenzahler**); dies gilt auch in den Fällen des Bezugs von Kurzarbeitergeld. Arbeitgeberzuschüsse sind **nicht** von den Arbeitnehmerbeiträgen abzuziehen, sondern gesondert in Zeile 24 einzutragen.

In Fällen, in denen der **freiwillig** in der gesetzlichen Krankenversicherung versicherte Arbeitnehmer und nicht der Arbeitgeber die Beiträge an die Krankenkasse abführt (sog. **Selbstzahler**), sind in Zeile 25 und 26 keine Eintragungen vorzunehmen; dies gilt auch in den Fällen des Bezugs von Kurzarbeitergeld. Arbeitgeberzuschüsse sind unabhängig davon ungekürzt in Zeile 24 zu bescheinigen.

Die vom Arbeitnehmer allein zu tragenden Beiträge aus Versorgungsbezügen an die gesetzliche Kranken- und soziale Pflegeversicherung sind ebenfalls in Zeile 25 und 26 einzutragen. Dies gilt für pflichtversicherte Arbeitnehmer und für freiwillig in der gesetzlichen Krankenversicherung versicherte Arbeitnehmer, wenn der Arbeitgeber die Beiträge an die Krankenkasse abführt (sog. **Firmenzahler**).

Beiträge zur Kranken- und Pflegeversicherung an ausländische Sozialversicherungsträger sind nicht zu bescheinigen.

dd) Beiträge zur Arbeitslosenversicherung

1889 **Arbeitnehmer**beiträge zur Arbeitslosenversicherung sind in Zeile 27 einzutragen; dies gilt auch bei Beitragszahlungen an ausländische Sozialversicherungsträger (nicht aber bei Globalbeiträgen).

ee) Bescheinigung bei steuerfreiem oder pauschal besteuertem Arbeitslohn

1890 In den Zeilen 22 bis 25 dürfen **keine Beiträge** bescheinigt werden, die mit steuerfreiem Arbeitslohn (z.B. nach dem Auslandstätigkeitserlass oder auf Grund eines Doppelbesteuerungsabkommens) in unmittelbarem wirtschaftlichen Zusammenhang stehen steuerfrei ist.

Danach sind z.B. nicht zu bescheinigen:
- die auf den nach § 3 Nr. 63 Satz 3 EStG steuerfreien Arbeitslohn (zusätzlicher Höchstbetrag von 1 800 €) oder auf den im Zusammenhang mit nach § 3 Nr. 56 EStG steuerfreiem Arbeitslohn stehendem Hinzurechnungsbetrag nach § 1 Abs. 1 Satz 3 und 4 SvEV entfallenden, nicht als Sonderausgaben abziehbaren Beiträge (**zur Aufteilung s. unten**),
- Beiträge oder Zuschüsse des Arbeitgebers, die nicht nach § 3 Nr. 62 EStG, sondern nach einer anderen Vorschrift steuerfrei sind,
- bei pflichtversicherten Arbeitnehmern die gesetzlichen Arbeitgeber- und Arbeitnehmeranteile, die auf steuerfreien Arbeitslohn entfallen.

Hingegen sind z.B. zu bescheinigen:
- in voller Höhe auf steuerfreien Arbeitslohn entfallende Zuschüsse und Beiträge für freiwillig in der gesetzlichen Kranken-/sozialen Pflegeversicherung Versicherte und privat Kranken-/Pflegeversicherte (Zeilen 24 bis 26),
- die Beiträge im Fall der beitragspflichtigen Umwandlung von Arbeitslohn zu Gunsten einer Direktzusage oberhalb von 4 % der Beitragsbemessungsgrenze in der allgemeinen Rentenversicherung (Zeilen 22 bis 27; § 14 Abs. 1 Satz 2 SGB IV),
- Beiträge von pauschal besteuertem Arbeitslohn (z.B. nach § 37b Abs. 2, § 40b EStG ggf. i.V.m. § 1 Abs. 1 Satz 3 und 4 SvEV), die bei einem sozialversicherungspflichtigen Arbeitnehmer erhoben werden (Zeilen 22 bis 27), **zur Aufteilung s. unten**.

Zur Aufteilung der Beiträge gilt Folgendes:
- Bei steuerfreien und steuerpflichtigen Arbeitslohnteilen im Bescheinigungszeitraum ist **nur der Anteil der Sozialversicherungsbeiträge zu bescheinigen**, der sich nach dem **Verhältnis des steuerpflichtigen Arbeitslohns zum gesamten Arbeitslohn** des Bescheinigungszeitraums (höchstens maßgebende Beitragsbemessungsgrenze) ergibt. Hierbei sind steuerpflichtige Arbeitslohnanteile, die nicht der Sozialversicherungspflicht unterliegen (z.B. steuerpflichtige Entlassungs-

abfindungen), nicht in die Verhältnisrechnung einzubeziehen. **Erreicht der steuerpflichtige Arbeitslohn** im Bescheinigungszeitraum die für die Beitragsberechnung maßgebende **Beitragsbemessungsgrenze**, sind die Sozialversicherungsbeiträge des Bescheinigungszeitraums folglich **insgesamt dem steuerpflichtigen Arbeitslohn zuzuordnen** und in vollem Umfang zu bescheinigen.
- Auf den **Hinzurechnungsbetrag** nach § 1 Abs. 1 Satz 3 und 4 SvEV **entfallende Vorsorgeaufwendungen** sind nur insoweit zu bescheinigen, als sie auf den Teil des Hinzurechnungsbetrags entfallen, der dem Anteil der pauschal besteuerten Umlagen an der Summe aus pauschal besteuerten und steuerfreien Umlagen entspricht (**quotale Aufteilung nach dem Verhältnis der Beiträge im Bescheinigungszeitraum**).

Werden Sozialversicherungsbeiträge erstattet, sind in den Zeilen 22 bis 27 **nur die gekürzten Beiträge** zu bescheinigen.

ff) Teilbeträge der Vorsorgepauschale für die private Basis-Kranken- und private Pflege-Pflichtversicherung

In Zeile 28 ist der tatsächlich im Lohnsteuerabzugsverfahren berücksichtigte Teilbetrag der Vorsorgepauschale für Beiträge zur **privaten Basis-Krankenversicherung** und **privaten Pflege-Pflichtversicherung** zu bescheinigen (z.B. bei Arbeitnehmern ohne Arbeitgeberzuschuss mit einem nachgewiesenen Monatsbeitrag von 500 €, Beschäftigungsdauer drei Monate, Bescheinigung 1 500 €). Wurde beim Lohnsteuerabzug die Mindestvorsorgepauschale berücksichtigt (ggf. auch nur in einzelnen Lohnzahlungszeiträumen), ist auch diese zu bescheinigen (z.B. Ansatz der Mindestvorsorgepauschale für zwei Monate, Bescheinigung 2/12 der Mindestvorsorgepauschale).

1891

Bei geringfügig Beschäftigten, bei denen die Lohnsteuer nach den Lohnsteuerabzugsmerkmalen des Arbeitnehmers erhoben wird und kein Arbeitnehmeranteil für die Krankenversicherung zu entrichten ist, ist an Stelle des Teilbetrags für die gesetzliche Krankenversicherung die Mindestvorsorgepauschale anzusetzen und in Zeile 28 zu bescheinigen. Entsprechendes gilt für andere Arbeitnehmer (z.B. Praktikanten, Schüler, Studenten). Ist der berechnete Betrag negativ, ist der Wert mit einem deutlichen Minuszeichen zu versehen.

Beiträge zur Kranken- und Pflegeversicherung an ausländische Versicherungsunternehmen sind nicht zu bescheinigen.

Soweit Beiträge zur privaten Krankenversicherung und Pflege-Pflichtversicherung nachgewiesen werden, jedoch kein Arbeitslohn gezahlt wird, ist keine Lohnsteuerbescheinigung auszustellen.

t) Zeilen 29 bis 32 – Ergänzende Angaben zu Versorgungsbezügen

Für die Ermittlung des bei Versorgungsbezügen nach § 19 Abs. 2 EStG zu berücksichtigenden Versorgungsfreibetrags sowie des Zuschlags zum Versorgungsfreibetrag (Freibeträge für Versorgungsbezüge) sind

1892

- die Bemessungsgrundlage des Versorgungsfreibetrags,
- das Jahr des Versorgungsbeginns und
- bei unterjähriger Zahlung von Versorgungsbezügen der erste und letzte Monat, für den Versorgungsbezüge gezahlt werden,

maßgebend. Folgt ein Hinterbliebenenbezug einem Versorgungsbezug, bestimmen sich Prozentsatz, Höchstbetrag des Versorgungsfreibetrags und Zuschlag zum Versorgungsfreibetrag für den Hinterbliebenenbezug nach dem Jahr des Beginns des Versorgungsbezugs des Verstorbenen (§ 19 Abs. 2 Satz 7 EStG). Unabhängig davon ist bei erstmaliger Zahlung dieses Hinterbliebenenbezugs im laufenden Kalenderjahr in Zeile 31 eine unterjährige Zahlung zu bescheinigen.

Sterbegelder und Kapitalauszahlungen/Abfindungen von Versorgungsbezügen sowie Nachzahlungen von Versorgungsbezügen, die sich ganz oder teilweise auf vorangegangene Kalenderjahre beziehen, sind als **eigenständige zusätzliche Versorgungsbezüge** zu behandeln. Für diese Bezüge sind die Höhe des gezahlten Bruttobetrags im Kalenderjahr und das maßgebende Kalenderjahr des Versorgungsbeginns anzugeben. In diesen Fällen sind die maßgebenden Freibeträge in voller Höhe und nicht zeitanteilig zu berücksichtigen (vgl. BMF v. 19.8.2013, IV C 3 – S 2221/12/10010 :004/IV C 5 – S 2345/08/0001, BStBl I 2013,

Lohnsteuerbescheinigung

1087, Rdnr. 184 bis 187 unter Berücksichtigung der Änderungen durch BMF v. 10.1.2014, IV C 3 – S 2221/12/10010 :003, BStBl I 2014, 70, BMF v. 10.4.2015, IV C 5 – S 2345/08/10001 :006, BStBl I 2015, 256 und BMF v. 1.6.2015, IV C 5 – S 2345/15/10001, BStBl I 2015, 475).

Der Arbeitgeber ist verpflichtet, die für die Berechnung der Freibeträge für Versorgungsbezüge erforderlichen Angaben für jeden Versorgungsbezug gesondert im Lohnkonto aufzuzeichnen (§ 4 Abs. 1 Nr. 4 LStDV i.V.m. BMF v. 19.8.2013, IV C 3 – S 2221/12/10010 :004/IV C 5 – S 2345/08/0001, BStBl I 2013, 1087, Rdnr. 189 unter Berücksichtigung der Änderungen durch BMF v. 10.1.2014, IV C 3 – S 2221/12/10010 :003, BStBl I 2014, 70, BMF v. 10.4.2015, IV C 5 – S 2345/08/10001 :006, BStBl I 2015, 256 und BMF v. 1.6.2015, IV C 5 – S 2345/15/10001, BStBl I 2015, 475). Die hiernach im Lohnkonto aufgezeichneten Angaben zu Versorgungsbezügen sind wie folgt zu übernehmen:

aa) Versorgungsbezug, der laufenden Arbeitslohn darstellt

1893 In Zeile 29 ist die nach § 19 Abs. 2 Sätze 4 bis 11 EStG ermittelte Bemessungsgrundlage für den Versorgungsfreibetrag (das Zwölffache des Versorgungsbezugs für den ersten vollen Monat zuzüglich voraussichtlicher Sonderzahlungen) einzutragen. In die Bemessungsgrundlage sind auch zusätzlich zu den laufenden Versorgungsbezügen gewährte weitere Zuwendungen und geldwerte Vorteile (z.B. steuerpflichtige Fahrtkostenzuschüsse, Freifahrtberechtigungen, Kontoführungsgebühren) einzubeziehen.

In Zeile 30 ist das maßgebende Kalenderjahr des Versorgungsbeginns (vierstellig) zu bescheinigen.

In Zeile 31 ist **nur bei unterjähriger Zahlung** eines laufenden Versorgungsbezugs der erste und letzte Monat (zweistellig mit Bindestrich, z.B. „02–12" oder „01–08"), für den Versorgungsbezüge gezahlt wurden, einzutragen. Dies gilt auch bei unterjährigem Wechsel des Versorgungsträgers.

bb) Versorgungsbezug, der einen sonstigen Bezug darstellt

1894 Sterbegelder, Kapitalauszahlungen/Abfindungen von Versorgungsbezügen und die als sonstige Bezüge zu behandelnden Nachzahlungen von Versorgungsbezügen, die in den Zeilen 3 und 8 enthalten sind, sind in Zeile 32 gesondert zu bescheinigen.

Nach § 34 EStG ermäßigt **zu besteuernde Versorgungsbezüge für mehrere Jahre** sind dagegen nur in Zeile 9 zu bescheinigen. Zusätzlich ist zu den in den Zeilen 9 oder 32 bescheinigten Versorgungsbezügen jeweils in Zeile 30 das Kalenderjahr des Versorgungsbeginns anzugeben.

cc) Mehrere Versorgungsbezüge

1895 Fällt der maßgebende Beginn mehrerer laufender Versorgungsbezüge in dasselbe Kalenderjahr (Zeile 30), kann der Arbeitgeber in Zeile 29 die zusammengerechneten Bemessungsgrundlagen dieser Versorgungsbezüge in einem Betrag bescheinigen (BMF v. 19.8.2013, IV C 3 – S 2221/12/10010 :004/IV C 5 – S 2345/08/0001, BStBl I 2013, 1087, Rdnr. 177 unter Berücksichtigung der Änderungen durch BMF v. 10.1.2014, IV C 3 – S 2221/12/10010 :003, BStBl I 2014, 70, BMF v. 10.4.2015, IV C 5 – S 2345/08/10001 :006, BStBl I 2015, 256 und BMF v. 1.6.2015, IV C 5 – S 2345/15/10001, BStBl I 2015, 475). In diesem Fall sind auch in Zeile 8 die steuerbegünstigten Versorgungsbezüge zusammenzufassen.

Bei mehreren als sonstige Bezüge gezahlten Versorgungsbezügen mit maßgebendem Versorgungsbeginn in demselben Kalenderjahr können die Zeilen 8 und/oder 9 sowie 30 und 32 zusammengefasst werden. Gleiches gilt, wenn der Versorgungsbeginn laufender Versorgungsbezüge und als sonstige Bezüge gezahlter Versorgungsbezüge in dasselbe Kalenderjahr fällt.

Bei mehreren laufenden Versorgungsbezügen und als sonstige Bezüge gezahlten Versorgungsbezügen mit unterschiedlichen Versorgungsbeginnen nach § 19 Abs. 2 Satz 3 EStG sind die Angaben zu den Zeilen 8 und/oder 9 sowie 29 bis 32 jeweils **getrennt** zu bescheinigen (BMF v. 19.8.2013, IV C 3 – S 2221/12/10010 :004/IV C 5 – S 2345/08/0001, BStBl I 2013, 1087, Rdnr. 177 unter Berücksichtigung der Änderungen durch BMF v. 10.1.2014, IV C 3 – S 2221/12/10010 :003, BStBl I 2014, 70, BMF v. 10.4.2015, IV C 5 – S 2345/08/10001 :006, BStBl I 2015, 256 und BMF v. 1.6.2015, IV C 5 – S 2345/15/10001, BStBl I 2015, 475).

u) Zeile 33 – Ausgezahltes Kindergeld

1896 In Zeile 33 ist die Summe des vom Arbeitgeber an Angehörige des öffentlichen Diensts im Kalenderjahr ausgezahlten Kindergelds zu bescheinigen, wenn es zusammen mit den Bezügen oder dem Arbeitsentgelt ausgezahlt wird (§ 72 Abs. 7 Satz 1 EStG). Da Arbeitgeber **außerhalb des öffentlichen Dienstes** das Kindergeld **nicht mehr auszuzahlen** haben, entfällt für sie eine Eintragung in Zeile 33.

v) Zeile 34 – Freibetrag DBA Türkei

1897 In Zeile 34 ist der beim Lohnsteuerabzug verbrauchte Betrag nach Art. 18 Abs. 2 DBA-Türkei zu bescheinigen (BMF v. 11.12.2014, IV B 4 – S 1301 – TÜR/0 :007, BStBl I 2015, 92, Rdnr. 17). Hierfür wird ein entsprechender Programmablaufplan mit einem entsprechenden Ausgangsparameter bekannt gemacht.

Einzelheiten zur Sonderregelung nach Art. 18 Abs. 2 DBA-Türkei → Rentner Rz. 2538.

w) Letzte Zeile – Zuständiges Finanzamt

1898 In der letzten Zeile ist stets das Finanzamt anzugeben, an das die Lohnsteuer abgeführt worden ist, sowie dessen **vierstellige Finanzamtsnummer**. Bei Finanzamtsaußenstellen mit eigener Nummer ist diese Nummer einzutragen.

Die Finanzamtsnummer wird auf Anfrage vom Betriebsstättenfinanzamt mitgeteilt. Ein Adressverzeichnis aller Finanzämter einschließlich der Finanzamtsnummer steht auch auf den Internetseiten des BZSt zum Download bereit (www.bzst.de).

x) Nicht amtlich belegte Zeilen

1899 In den nicht amtlich belegten Zeilen des Ausdrucks sind freiwillig vom Arbeitgeber übermittelte Daten zu bescheinigen, z.B.

- „Arbeitnehmerbeitrag zur Winterbeschäftigungs-Umlage",
- bei Arbeitgeberbeiträgen zur Zusatzversorgung, die nach den Lohnsteuerabzugsmerkmalen versteuert wurden: „Steuerpflichtiger Arbeitgeberbeitrag zur Zusatzversorgung",
- „Arbeitnehmerbeitrag/-anteil zur Zusatzversorgung",
- bei Fahrten zwischen Wohnung und erster Tätigkeitsstätte: „Anzahl der Arbeitstage",
- bei steuerfreiem Fahrtkostenersatz für beruflich veranlasste Auswärtstätigkeiten: „Steuerfreie Fahrtkosten bei beruflich veranlasster Auswärtstätigkeit",
- „Versorgungsbezüge für mehrere Kalenderjahre, die nicht ermäßigt besteuert wurden – in Zeile 3 und 8 enthalten".

Außerdem sind weitere, nicht der Finanzverwaltung übermittelte Angaben zulässig (betriebsinterne, für den Arbeitnehmer bestimmte Informationen); dies ist entsprechend zu kennzeichnen.

Die Anschrift des Arbeitnehmers kann im Ausdruck – abweichend von der im Datensatz elektronisch übermittelten Adresse – so gestaltet sein, dass sie den Gegebenheiten des Unternehmens entspricht (z.B. Übermittlung durch Hauspost, Auslandszustellung). Eintragungsfelder (Tabellen) mit zeitraumbezogenen Angaben (Historie) können variabel – je nach Füllungsgrad – ausgedruckt werden. Es ist darauf zu achten, dass die Identifikationsnummer/eTIN bei Benutzung von Fensterbriefumhüllungen im Adressfeld nicht sichtbar ist.

Neben der Anschrift des Arbeitgebers ist **die Steuernummer seiner lohnsteuerlichen Betriebsstätte** anzugeben. Hat ein Dritter für den Arbeitgeber die lohnsteuerlichen Pflichten übernommen, ist die Anschrift und **Steuernummer des Dritten** anzugeben (die Steuernummer des Arbeitgebers bzw. des Dritten muss allerdings nur in dem an die Finanzverwaltung elektronisch zu übermittelnden Datensatz enthalten sein; alle anderen Ausfertigungen der Lohnsteuerbescheinigung müssen diese nicht aufweisen, vgl. BMF v. 23.7.2004, IV C 5 – S 2378 – 16/04, Steuer-Telex 2005, 186).

Damit gewährleistet ist, dass die Daten der elektronischen Lohnsteuerbescheinigung(en) der Finanzverwaltung vollständig zur Verfügung stehen, muss nach der elektronischen Übermittlung das Verarbeitungsprotokoll abgerufen werden. Im Ausdruck der elektronischen Lohnsteuerbescheinigung ist als Transferticket die elektronisch vergebene Quittungsnummer des **Verarbeitungsprotokolls** anzugeben, soweit dies technisch möglich ist.

y) Korrektur- und Stornierungsverfahren

1900 Eine **Korrektur** der elektronisch an das Finanzamt übermittelten Lohnsteuerbescheinigung ist zulässig, wenn es sich um eine bloße Berichtigung eines zunächst unrichtig übermittelten Datensatzes handelt (R 41c.1 Abs. 7 LStR).

Nach § 41c Abs. 3 Satz 4 EStG ist eine **Minderung der einzubehaltenden und zu übernehmenden Lohnsteuer** nach § 164 Abs. 2 Satz 1 AO nach der Übermittlung oder Ausschreibung der Lohnsteuerbescheinigung zulässig, wenn sich der Arbeitnehmer ohne vertraglichen Anspruch und gegen den Willen des Arbeitgebers Beträge verschafft hat, für die Lohnsteuer einbehalten wurde (→ *Anmeldung der Lohnsteuer* Rz. 146). In diesem Fall hat der Arbeitgeber die bereits übermittelte oder ausgestellte Lohnsteuerbescheinigung zu berichtigen und sie als geändert gekennzeichnet (**Merker „Korrektur"**) an die Finanzverwaltung zu übermitteln (§ 41c Abs. 3 Satz 5 EStG).

Eine **Stornierung** von bereits übermittelten Lohnsteuerbescheinigungen kommt insbesondere in Betracht, wenn

- ein falsches Kalenderjahr angegeben wurde,
- kennzeichnende Daten zu einer Person (IdNr., eTIN, Name, Vorname und Geburtsdatum) falsch übermittelt wurden oder
- mehrere Einzel-Bescheinigungen zu einem Arbeitsverhältnis durch eine zusammenfassende Bescheinigung ersetzt werden.

Eine Stornierungsmitteilung storniert über die eindeutige verfahrensweite Kennzeichnung genau eine Lohnsteuerbescheinigung.

Eine detaillierte Beschreibung der technischen Umsetzung des Korrektur- und Stornierungsverfahrens ist in der technischen Schnittstellenbeschreibung zur elektronischen Lohnsteuerbescheinigung dokumentiert.

z) Nachzahlungen

1901 Stellen **Nachzahlungen** laufenden Arbeitslohn dar, sind diese für die Berechnung der Lohnsteuer den Lohnzahlungszeiträumen zuzurechnen, für die sie geleistet werden (R 39b.5 Abs. 4 Satz 1 LStR). Wird eine solche Nachzahlung nach Beendigung des Dienstverhältnisses im selben Kalenderjahr für Lohnzahlungszeiträume bis zur Beendigung des Dienstverhältnisses geleistet, ist die bereits erteilte und übermittelte Lohnsteuerbescheinigung zu korrigieren. Die berichtigte Lohnsteuerbescheinigung ist mit dem **Merker „Korrektur"** zu versehen.

Sonstige Bezüge, die nach Beendigung des Dienstverhältnisses oder in folgenden Kalenderjahren gezahlt werden, sind gesondert zu bescheinigen; als Dauer des Dienstverhältnisses ist in diesen Fällen der Monat der Zahlung anzugeben.

5. Ausdruck der elektronischen Lohnsteuerbescheinigung

1902 Das Muster für den Ausdruck der elektronischen Lohnsteuerbescheinigung wird jedes Jahr im Bundessteuerblatt von der Finanzverwaltung veröffentlicht (vgl. für 2016 BMF v. 3.8.2015, IV C 5 – S 2378/15/10001, BStBl I 2015, 621). Im Übrigen weist die Finanzverwaltung auf Folgendes hin:

- Der Ausdruck hat das Format DIN A4.
- Der Ausdruck der elektronischen Lohnsteuerbescheinigung kann von dem amtlichen Muster abweichen, wenn er sämtliche Angaben in gleicher Reihenfolge enthält und in Format und Aufbau dem bekannt gemachten Muster entspricht.

Die **Online-Datenbank** (s. Benutzerhinweise auf S. IV) enthält unter Arbeitshilfen (Stichwort-Suche: Lohnsteuerbescheinigung) entsprechende **Muster**.

6. Besondere Lohnsteuerbescheinigung

1903 Arbeitgeber, die nicht zur elektronischen Übermittlung verpflichtet sind, haben eine Besondere Lohnsteuerbescheinigung **nach amtlich vorgeschriebenem Muster** (Besondere Lohnsteuerbescheinigung) auszustellen (§ 41a Abs. 1 Satz 4 EStG). Nicht zur elektronischen Übermittlung verpflichtet sind Arbeitgeber, für die das Betriebsstättenfinanzamt zugelassen hat, dass sie nicht am elektronischen Abrufverfahren teilnehmen (→ *ELStAM* Rz. 1049). Dies sind insbesondere **Arbeitgeber ohne maschinelle Lohnabrechnung**, die ausschließlich Arbeitnehmer im Rahmen einer geringfügigen Beschäftigung nach § 8a SGB IV im Privathaushalt beschäftigen und die Lohnsteuerbescheinigung nicht elektronisch an die Finanzverwaltung übermitteln.

Der Vordruck „Besondere Lohnsteuerbescheinigung" wird nicht mehr im Bundessteuerblatt veröffentlicht. Der Vordruck wird dem Arbeitgeber lediglich auf Anforderung **kostenlos** vom Finanzamt zur Verfügung gestellt (BMF v. 30.7.2015, IV C 5 – S 2378/15/10001, BStBl I 2015, 614). Die **Online-Datenbank** (s. Benutzerhinweise auf S. IV) enthält unter Arbeitshilfen (Stichwort-Suche: Lohnsteuerbescheinigung) entsprechende **Muster**.

Arbeitgeber, die eine **elektronische Lohnsteuerbescheinigung** an die Finanzverwaltung übermitteln, dürfen **in keinem Fall eine Besondere Lohnsteuerbescheinigung** für den Arbeitnehmer **ausstellen**.

7. Korrektur der Lohnsteuerbescheinigung

1904 Eine Änderung des Lohnsteuerabzugs ist nach Ausschreibung der Lohnsteuerbescheinigung grundsätzlich nicht mehr zulässig (§ 41c Abs. 3 EStG). Daher kann ein Arbeitnehmer eine **Berichtigung der ausgestellten Lohnsteuerbescheinigung nicht mehr verlangen** (BFH v. 13.12.2007, VI R 57/04, BStBl II 2008, 434).

Ein Wechsel von der Regelbesteuerung zur Pauschalbesteuerung nach § 40a EStG ist nach § 41c Abs. 3 Satz 1 EStG nach Ablauf des Kalenderjahrs nur **bis zur Ausschreibung oder Übermittlung der Lohnsteuerbescheinigung** möglich, für 2016 also bis zum 28.2.2017 (FG Nürnberg v. 16.10.2014, 6 K 178/13, EFG 2015, 732). Dies gilt auch für die Pauschalierung der Lohnsteuer bei der Gewährung von Fahrtkostenzuschüssen für **Fahrten zwischen Wohnung und erster Tätigkeitsstätte** nach § 40 Abs. 2 Satz 2 EStG. Das Wahlrecht des Arbeitgebers, die Lohnsteuer nach § 40 Abs. 2 Satz 2 EStG zu pauschalieren, wird im Übrigen nicht durch einen Antrag, sondern durch Anmeldung der mit einem Pauschsteuersatz erhobenen Lohnsteuer ausgeübt (BFH v. 24.9.2015, VI R 69/14, www.stotax-first.de).

Eine Berichtigung etwaiger Fehler beim Lohnsteuerabzug kommt nur noch im Rahmen einer Einkommensteuerveranlagung in Betracht, denn ein unzutreffender Lohnsteuerabzug kann mit Einwendungen gegen die Lohnsteuerbescheinigung nicht mehr rückgängig gemacht werden (BFH v. 13.12.2007, VI R 57/04, BStBl II 2008, 434). **Bei der Veranlagung besteht keine Bindung an den Inhalt der Lohnsteuerbescheinigung** (BFH v. 19.10.2001, VI R 36/96, HFR 2002, 121).

Zur Frage, welche Gerichtsbarkeit für **Klagen auf Berichtigung unrichtiger Eintragungen in der Lohnsteuerbescheinigung** zuständig ist, besteht ein Dissens zwischen den Arbeitsgerichten und den Finanzgerichten:

- Die **Arbeitsgerichte** halten die **Finanzgerichte für zuständig** (BAG v. 11.6.2003, 5 AZB 1/03, HFR 2003, 1209, BAG v. 7.5.2013, 10 AZB 8/13, StEd 2013, 378),
- die **Finanzgerichte** halten die **Arbeitsgerichte für zuständig** (FG München v. 9.6.2004, 1 K 1234/04, EFG 2004, 1704; FG Niedersachsen v. 1.8.2008, 11 K 239/08, EFG 2008, 1987; FG Münster v. 30.3.2011, 8 K 1968/10, EFG 2011, 1735).

Ist nach einer Nettolohnvereinbarung streitig, in welcher Höhe Bruttoarbeitslohn in der Lohnsteuerbescheinigung hätte berücksichtigt werden müssen, ist der **Finanzrechtsweg nicht gegeben** (BFH v. 13.12.2007, VI R 57/04, BStBl II 2008, 434).

Lohnsteuer-Ermäßigungsverfahren

Inhaltsübersicht:

	Rz.
1. Allgemeines	1905
a) Elektronische Lohnsteuerabzugsmerkmale	1905
b) Allgemeines zur Berücksichtigung von Freibeträgen	1906
2. Verfahren	1907
a) Antragsfrist	1907
b) Vereinfachungsregelung	1908
c) Antragsgrenze	1909
d) Aufteilung des Freibetrags bei Ehegatten	1910
e) Aufteilung des Freibetrags bei mehreren Beschäftigungsverhältnissen	1911
3. Werbungskosten	1912
4. Sonderausgaben	1913
5. Außergewöhnliche Belastung allgemeiner Art (§ 33 EStG)	1914

Lohnsteuer-Ermäßigungsverfahren

keine Sozialversicherungspflicht = ⓈⓋ
Sozialversicherungspflicht = ⓈⓋ

6. Außergewöhnliche Belastung in besonderen Fällen (§ 33a EStG) 1915
   a) Allgemeines 1915
   b) Unterhalt bedürftiger Angehöriger (§ 33a Abs. 1 EStG) 1916
   c) Freibetrag für Sonderbedarf (§ 33a Abs. 2 EStG) 1917
7. Pauschbeträge für behinderte Menschen, Hinterbliebene und Pflegepersonen (§ 33b EStG) 1918
   a) Behinderte Menschen (§ 33b Abs. 1 bis 3 EStG) 1918
   b) Hinterbliebene (§ 33b Abs. 4 EStG) 1919
   c) Pauschbetrag für Pflegepersonen (§ 33b Abs. 6 EStG) 1920
8. Freibetrag wegen Förderung des Wohneigentums 1921
9. Freibetrag bei Kapitaleinkünften 1922
10. Hinzurechnungsbetrag als Lohnsteuerabzugsmerkmal 1923
11. Haushaltsnahe Beschäftigungsverhältnisse oder Dienstleistungen (§ 35a EStG) 1924
12. Entlastungsbetrag für Alleinerziehende 1925

1. Allgemeines

a) Elektronische Lohnsteuerabzugsmerkmale

1905 Auch für das Jahr 2016 ist zu beachten, dass Lohnsteuerkarten letztmalig für das Kalenderjahr 2010 ausgestellt wurden; auch gibt es – abgesehen von Ausnahmefällen (s. § 39 Abs. 3 EStG) – keine sog. Ersatzbescheinigung in Papierform mehr. Die **Lohnsteuerabzugsmerkmale werden nunmehr elektronisch gebildet** und sowohl dem Arbeitgeber als auch dem Arbeitnehmer mitgeteilt. Einzelheiten → *ELStAM* Rz. 1007.

Auch für 2016 müssen Freibeträge beim zuständigen Wohnsitzfinanzamt grundsätzlich neu beantragt werden. Dies gilt auch dann, wenn keine höheren Freibeträge als im Vorjahr berücksichtigt werden sollen. In diesen Fällen ist weiter ein vereinfachter Antrag auf Lohnsteuer-Ermäßigung ausreichend. Pauschbeträge für behinderte Menschen und Hinterbliebene müssen nur dann neu beantragt werden, wenn sie nicht bereits in der neuen elektronischen Datenbank (ELStAM) gespeichert sind (z.B. wenn das Gültigkeitsdatum für den Freibetrag abgelaufen ist).

Die bisherigen Regelungen über die Berücksichtigung von Freibeträgen gelten jedoch grundsätzlich weiter. Wie bisher ist eine „überjährige" Berücksichtigung von Kinderfreibeträgen möglich, wenn nach den tatsächlichen Verhältnissen zu erwarten ist, dass die Voraussetzungen bestehen bleiben. Diese Änderung gilt sowohl für Kinder unter 18 Jahren (z.B. für Pflegekinder, Kinder mit Wohnsitz im Ausland) als auch für Kinder über 18 Jahre (z.B. für Kinder in Berufsausbildung).

Freibeträge im Lohnsteuer-Ermäßigungsverfahren gelten zukünftig **generell für zwei Jahre** (§ 39a EStG). Als **Starttermin ist der 1.10.2015** festgelegt worden (BMF v. 21.5.2015, IV C 5 – S 2365/15/10001, BStBl I 2015, 488). Ab diesem Zeitpunkt können die Arbeitnehmer den Antrag auf Bildung eines Freibetrags nach § 39a EStG für einen Zeitraum von längstens zwei Kalenderjahren mit **Wirkung ab dem 1.1.2016** bei ihrem Wohnsitzfinanzamt stellen.

b) Allgemeines zur Berücksichtigung von Freibeträgen

1906 Bei der **Lohnsteuer** gibt es eine Reihe von Freibeträgen, die verfahrensmäßig unterschiedlich berücksichtigt werden:

- Die in § 39b Abs. 2 Satz 6 EStG aufgeführten **„Tabellen-Freibeträge"** sind bereits in die Lohnsteuertabellen eingearbeitet und werden daher beim Lohnsteuerabzug „automatisch" berücksichtigt. Dies sind
  - der **Arbeitnehmer-Pauschbetrag** von 1 000 € (Betrag ab 2011);
  - der **Sonderausgaben-Pauschbetrag** von 36/72 € (Alleinstehende /Verheiratete);
  - die **Vorsorgepauschale**;
  - der **(Grund)Entlastungsbetrag für Alleinerziehende** von 1 908 €, der der Steuerklasse II entspricht (der sog. **Erhöhungsbetrag** von 240 € für das zweite und jedes weitere Kind kann dagegen nur im **Freibetragsverfahren** geltend gemacht werden), s. ausführlich → *Entlastungsbetrag für Alleinerziehende* Rz. 1130.

- Folgende Freibeträge sind zwar nicht in den Lohnsteuerabzugsmerkmalen enthalten, aber **vom Arbeitgeber** vor Anwendung der Lohnsteuertabelle **abzuziehen** (§ 39b Abs. 2 Satz 2 EStG):
  - **Versorgungsfreibetrag** und der Zuschlag zum Versorgungsfreibetrag;
  - **Altersentlastungsbetrag**.

- Die **Pauschbeträge für Behinderte und Hinterbliebene** sind grundsätzlich schon in den Lohnsteuerabzugsmerkmalen enthalten. Sie müssen nur dann neu beantragt werden (und zwar beim Wohnsitzfinanzamt, nicht bei der Gemeinde), wenn sie nicht bereits in der neuen elektronischen Datenbank (ELStAM) gespeichert sind (z.B. wenn das Gültigkeitsdatum für den Freibetrag abgelaufen ist).

- Folgende Aufwendungen können nur **vom Finanzamt auf Antrag als Lohnsteuerabzugsmerkmale berücksichtigt** werden (§ 39a Abs. 1 EStG):
  - **Werbungskosten**, soweit sie den Arbeitnehmer-Pauschbetrag von 1 000 € übersteigen.
  - **Kinderbetreuungskosten**, die ab 2012 nur noch als Sonderausgaben zu berücksichtigen sind (→ *Betreuungskosten* Rz. 686).
  - **Sonderausgaben**, z.B. Ausbildungskosten, Kinderbetreuungskosten, Spenden, Kirchensteuer, jedoch **nicht Versicherungsbeiträge** (Vorsorgeaufwendungen), die im Lohnsteuerabzugsverfahren durch die Vorsorgepauschale (→ *Vorsorgepauschale* Rz. 3094) berücksichtigt werden. Der Sonderausgaben-Pauschbetrag von 36/72 € (Alleinstehende/Verheiratete) ist gegenzurechnen.
  - **Außergewöhnliche Belastungen**. Für die Kürzung um die zumutbare Belastung nach § 33 Abs. 3 EStG ist vom voraussichtlichen Jahresarbeitslohn auszugehen (Einzelheiten s. R 39a.1 Abs. 6 LStR).
  - Vergünstigungen für das **selbst genutzte Wohneigentum** (z.B. nach § 10f EStG betr. Erhaltungsaufwand bei Baudenkmalen).
  - **Verluste** aus anderen Einkunftsarten.
  - **Freibeträge** für Kinder, für die **kein Anspruch auf Kindergeld** besteht (→ *Kindergeld/Freibeträge für Kinder* Rz. 1659).
  - **Tabellenfreibetrag**, soweit er sich im ersten Dienstverhältnis steuerlich nicht auswirkt (→ *Übertragung des Grundfreibetrags* Rz. 2899).
  - Steuerermäßigung bei Aufwendungen für **haushaltsnahe Beschäftigungsverhältnisse, für die Inanspruchnahme haushaltsnaher Dienstleistungen und Handwerkerleistungen** nach § 35a EStG (→ *Haushaltsnahe Beschäftigungsverhältnisse und Dienstleistungen: Steuerermäßigung* Rz. 1553).
  - **Entlastungsbetrag für Alleinerziehende bei Verwitweten**, die (noch) nicht in die Steuerklasse II gehören (→ *Entlastungsbetrag für Alleinerziehende* Rz. 1130).

Die Berücksichtigung eines Freibetrags (ausgenommen der Pauschbetrag für Behinderte bzw. Hinterbliebene) führt dazu, dass für den Arbeitnehmer nach Ablauf des Jahres eine **Veranlagung zur Einkommensteuer** durchgeführt werden muss und der Arbeitnehmer somit zur **Abgabe einer Einkommensteuererklärung** verpflichtet ist (§ 46 Abs. 2 Nr. 4 EStG). Dabei kann es zu **Nachzahlungen** kommen, weil z.B. auf Grund des Freibetrags beim Lohnsteuerabzug zunächst höhere Werbungskosten berücksichtigt wurden, als bei der endgültigen Einkommensteuerveranlagung anerkannt werden.

Die Berücksichtigung eines Freibetrags ist eine gesonderte Feststellung von Besteuerungsgrundlagen, die nach der ausdrücklichen Regelung in § 39a Abs. 4 Satz 1 EStG **unter dem Vorbehalt der Nachprüfung** steht. Eine endgültige Entscheidung über die Abzugsfähigkeit von Aufwendungen erfolgt erst bei der **Einkommensteuerveranlagung**, bei der das Finanzamt denselben Sachverhalt anders beurteilen kann; eine rechtliche Bindung an die im Lohnsteuer-Ermäßigungsverfahren getroffene Entscheidung besteht nicht (zuletzt BFH v. 10.4.2007, VI B 134/06, www.stotax-first.de, m.w.N., betr. den Ansatz der Entfernungspauschale).

Für **Kinder** werden zwar seit 1996 bei der Berechnung der Lohnsteuer **keine Kinderfreibeträge** mehr gewährt. Die Kinderfreibeträge haben aber weiterhin Bedeutung für die Berechnung der sog. **Annexsteuern** (Solidaritätszuschlag, Kirchensteuer) und werden daher als elektronische Lohnsteuerabzugsmerkmale berücksichtigt. Aus diesem Grund ist es wichtig, z.B. für über 18 Jahre alte, in Ausbildung befindliche Kinder rechtzeitig eine Berücksichtigung zu beantragen.

Für die Berücksichtigung eines Freibetrags als elektronisches Lohnsteuerabzugsmerkmal gibt es bei den Finanzämtern zwei Vordrucke:

– Das **sechsseitige Formular** „Antrag auf Lohnsteuer-Ermäßigung" (LSt 3), wenn erstmals ein Freibetrag berücksichtigt oder aber ein höherer Freibetrag als im Vorjahr beantragt wird.

– Das nur **zweiseitige Formular** „Vereinfachter Antrag auf Lohnsteuer-Ermäßigung" (LSt 3A), wenn nur der Kinderfreibetrag oder der Entlastungsbetrag für Alleinerziehende (= Steuerklasse II) oder der Vorjahresfreibetrag berücksichtigt werden sollen. Auch für das Lohnsteuer-Ermäßigungsverfahren 2016 besteht die Möglichkeit, einen Freibetrag im vereinfachten Ermäßigungsverfahren zu beantragen (§ 39a Abs. 2 Satz 5 EStG).

Bei der Berechnung der **Sozialversicherungsbeiträge** dürfen die als elektronische Lohnsteuerabzugsmerkmale berücksichtigten Freibeträge nicht abgezogen werden.

2. Verfahren

a) Antragsfrist

1907 Ein Freibetrag wird vom Wohnsitzfinanzamt nur auf **Antrag** als Lohnsteuerabzugsmerkmal berücksichtigt. Den Antrag muss der Arbeitnehmer für das **Kalenderjahr 2016 bis spätestens zum 30.11.2016** auf amtlich vorgeschriebenem Vordruck bei seinem Wohnsitzfinanzamt einreichen, frühestens aber ab dem 1.10.2015, sog. **Starttermin** (§ 39a Abs. 2 Satz 1 EStG).

> **Beispiel:**
> A ist umgezogen und fährt nunmehr eine längere Strecke zur Arbeit. Seine Lohnsteuerabzugsmerkmale berücksichtigen bisher keinen Freibetrag.
> A sollte nunmehr bei seinem Wohnsitzfinanzamt einen Freibetrag wegen erhöhter Werbungskosten als Lohnsteuerabzugsmerkmal berücksichtigen lassen. Dies hat den Vorteil, dass schon ab 1.1.2016 nicht zu viel Lohnsteuer einbehalten wird und Änderungen im Laufe des Jahres 2016 vermieden werden.
> Spätestens muss der Freibetrag aber bis zum 30.11.2016 beantragt werden.

b) Vereinfachungsregelung

1908 Für die Praxis ist folgende Vereinfachungsregelung von erheblicher Bedeutung:

Wenn der Arbeitnehmer höchstens den **im Vorjahr berücksichtigten Freibetrag beantragt** und versichert hat, dass sich die maßgebenden Verhältnisse nicht wesentlich geändert haben, hat das Finanzamt ohne nähere Prüfung den „Vorjahresfreibetrag" als Lohnsteuerabzugsmerkmal zu berücksichtigen (§ 39a Abs. 2 Satz 5 EStG, R 39a.1 Abs. 1 LStR).

c) Antragsgrenze

1909 Aus Gründen der **Verwaltungsvereinfachung** können Werbungskosten, Sonderausgaben sowie außergewöhnliche Belastungen nur als Lohnsteuerabzugsmerkmal berücksichtigt werden, wenn die Aufwendungen bzw. die abziehbaren Beträge eine sog. **Antragsgrenze von 600 €** übersteigen (§ 39a Abs. 2 Satz 4 EStG).

Diese Antragsgrenze ist wie folgt zu berechnen (vgl. R 39a.1 Abs. 3 LStR):

– **Werbungskosten** können nicht in voller Höhe, sondern lediglich insoweit angesetzt werden, als sie den Arbeitnehmer-Pauschbetrag von 1 000 € überschreiten.

– **Sonderausgaben** sind dagegen mit den tatsächlichen Aufwendungen anzusetzen, auch wenn sie den Sonderausgaben-Pauschbetrag von 36/72 € (Alleinstehende/Verheiratete) nicht übersteigen. Erst bei der Berücksichtigung eines etwaigen Freibetrags ist der Pauschbetrag anzurechnen.

– Die in **§ 39a Abs. 1 Nr. 4 und 5 EStG bezeichneten Beträge** (dazu gehören insbesondere die Behinderten-Pauschbeträge und die Steuervergünstigungen für den Wohnungsbau sowie die Steuerermäßigung nach § 35a EStG für haushaltsnahe Beschäftigungsverhältnisse und Dienstleistungen) sowie Vorsorgeaufwendungen (§ 10 Abs. 1 Nr. 2 und 3 EStG), auch soweit sie die Vorsorgepauschale (§ 39b Abs. 2 Satz 5 Nr. 3 und Abs. 4 EStG) übersteigen, bleiben außer Betracht.

– **Außergewöhnliche Belastungen allgemeiner Art** nach § 33 EStG (z.B. Krankheitskosten) sind für die Berechnung der Antragsgrenze nicht um die zumutbare Belastung zu kürzen, sondern erst bei der Berücksichtigung eines etwaigen Freibetrags.

– Bei den **anderen außergewöhnlichen Belastungen** (Unterhalt von Angehörigen, Freibetrag für den „Sonderbedarf" eines Kindes nach § 33a Abs. 2 EStG, Pflege-Pauschbetrag) sowie beim **Entlastungsbetrag für (verwitwete) Alleinerziehende** (→ Rz. 1925) sind dagegen nur die steuerlich abzugsfähigen Beträge maßgebend.

Bei Anträgen von **Ehegatten** werden die Aufwendungen und abziehbaren Beträge zusammengerechnet, dabei wird aber die **Antragsgrenze von 600 € nicht verdoppelt**. Weitere Einzelheiten s. R 39a.3 LStR.

> **Beispiel:**
> Ein lediger Arbeitnehmer mit einem voraussichtlichen Jahresarbeitslohn von 50 000 € macht folgende Aufwendungen geltend:
>
> | | |
> |---|---:|
> | – Werbungskosten (Fahrten mit dem Pkw zur Arbeit) = | 2 415 € |
> | – Sonderausgaben (Kirchensteuer 300 €, Spenden 100 €) | 400 € |
> | – Außergewöhnliche Belastungen (Arztkosten) | 1 000 € |
> | zusammen | 3 815 € |
>
> Für die Prüfung, ob die 600 €-Antragsgrenze überschritten wird, ist wie folgt zu rechnen:
>
> | | |
> |---|---:|
> | – Werbungskosten | 2 415 € |
> | ./. Arbeitnehmer-Pauschbetrag | 1 000 € |
> | verbleiben | 1 415 € |
> | – Sonderausgaben | 400 € |
> | – Außergewöhnliche Belastungen | 1 000 € |
> | zusammen | 2 815 € |
>
> Da die Antragsgrenze überschritten ist, kann A die Berücksichtigung eines Freibetrags als Lohnsteuerabzugsmerkmal beantragen.
>
> Das bedeutet aber nicht, dass der Betrag von 2 815 € in voller Höhe als Freibetrag berücksichtigt wird. Anzurechnen ist jetzt nicht nur der in der Lohnsteuertabelle enthaltene Sonderausgaben-Pauschbetrag von 36 €, sondern bei den außergewöhnlichen Belastungen auch die zumutbare Belastung. Der Freibetrag errechnet sich somit wie folgt:
>
> | | | |
> |---|---:|---:|
> | – Werbungskosten | 2 415 € | |
> | ./. Arbeitnehmer-Pauschbetrag | 1 000 € | 1 415 € |
> | – Sonderausgaben | 400 € | |
> | ./. Sonderausgaben-Pauschbetrag | 36 € | 364 € |
> | – Außergewöhnliche Belastungen | 1 000 € | |
> | ./. zumutbare Belastung 6 % von 47 585 € (voraussichtlicher Jahresarbeitslohn abzüglich Werbungskosten) | 2 855 € | 0 € |
> | ergibt Freibetrag | | 1 779 € |

Die **Antragsgrenze von 600 € gilt nicht** für die Berücksichtigung des sog. **Erhöhungsbetrags von 240 € für das zweite und jedes weitere Kind**, der nur im **Freibetragsverfahren** geltend gemacht werden kann, s. ausführlich → *Entlastungsbetrag für Alleinerziehende* Rz. 1128.

d) Aufteilung des Freibetrags bei Ehegatten

1910 Bei Ehegatten ist der Freibetrag **grundsätzlich zur Hälfte** auf beide Ehegatten aufzuteilen, wenn für jeden Ehegatten Lohnsteuerabzugsmerkmale gebildet werden und die Ehegatten keine andere Aufteilung beantragen (§ 39a Abs. 3 Satz 3 EStG); dies gilt nicht für den sog. Hinzurechnungsbetrag nach § 39a Abs. 1 Nr. 7 EStG (→ *Übertragung des Grundfreibetrags* Rz. 2899). Ein Freibetrag wegen erhöhter Werbungskosten sowie ein Pauschbetrag für Behinderte darf nur bei dem Ehegatten berücksichtigt werden, der die Voraussetzungen für die steuerliche Berücksichtigung erfüllt (R 39a.3 Abs. 5 LStR).

Lohnsteuer-Ermäßigungsverfahren

e) Aufteilung des Freibetrags bei mehreren Beschäftigungsverhältnissen

1911 Wurden für den Arbeitnehmer auf Grund mehrerer Beschäftigungsverhältnisse mehrere Lohnsteuerabzugsmerkmale ermittelt, so kann der Lohnsteuerpflichtige die Aufteilung des Freibetrags auf die jeweiligen Beschäftigungsverhältnisse beantragen.

3. Werbungskosten

1912 Werbungskosten sind nach § 9 Abs. 1 Satz 1 EStG Aufwendungen zur Erwerbung, Sicherung und Erhaltung der Einnahmen, also alle Aufwendungen, die durch den **Beruf veranlasst** sind (R 9.1 LStR sowie → *Werbungskosten* Rz. 3182). Ein **steuerfreier Arbeitgeberersatz** ist für derartige Aufwendungen grundsätzlich **nicht zulässig**, es sei denn, dass es dafür eine besondere Steuerbefreiungsvorschrift gibt (R 19.3 Abs. 3 Satz 1 LStR). Im Gesetz (§ 9 Abs. 1 Satz 3 Nr. 1 ff. EStG) sind **beispielhaft** einige Arten von Werbungskosten aufgeführt, z.B. Reisekosten, Aufwendungen für Wege zwischen Wohnung und erster Tätigkeitsstätte und für Berufsverbände, notwendige Mehraufwendungen wegen beruflich veranlasster doppelter Haushaltsführung, Arbeitsmittel.

Weitere Einzelheiten → *Werbungskosten* Rz. 3182.

4. Sonderausgaben

1913 Sonderausgaben sind insbesondere die sog. **Vorsorgeaufwendungen**, aber auch **Kirchensteuer, Ausbildungskosten, Kinderbetreuungskosten** usw. Ein steuerfreier Arbeitgeberersatz für Sonderausgaben ist nicht möglich. Der Arbeitnehmer kann seine Sonderausgaben jedoch unter bestimmten Voraussetzungen als **Lohnsteuerabzugsmerkmal berücksichtigen** lassen. Dies gilt jedoch nicht für Vorsorgeaufwendungen, da für diese bereits die sog. Vorsorgepauschale (→ *Vorsorgepauschale* Rz. 3094) bei der Berechnung der Lohnsteuer berücksichtigt wird, die in den meisten Fällen die abzugsfähigen Vorsorgeaufwendungen abdeckt. Höhere Vorsorgeaufwendungen können nur im Rahmen einer Veranlagung zur Einkommensteuer berücksichtigt werden (→ *Veranlagung von Arbeitnehmern* Rz. 2973). Für die übrigen Sonderausgaben (Kirchensteuer usw.) wird ein **Sonderausgaben-Pauschbetrag von 36 €/72 €** gewährt, der bereits bei der Berechnung der Lohnsteuer in den Steuerklassen I bis IV (also ohne Steuerklassen V und VI) berücksichtigt wird.

Weitere Einzelheiten → *Sonderausgaben* Rz. 2686.

5. Außergewöhnliche Belastung allgemeiner Art (§ 33 EStG)

1914 Erwachsen einem Arbeitnehmer **zwangsläufig** (d.h. aus rechtlichen, tatsächlichen oder sittlichen Gründen) **größere Aufwendungen als der überwiegenden Mehrzahl der Stpfl. gleicher Einkommens- und Vermögensverhältnisse und gleichen Familienstands**, so können die Aufwendungen – soweit sie **notwendig und angemessen** sind – als außergewöhnliche Belastung abgesetzt werden.

Einen gewissen Eigenanteil soll aber jeder Stpfl. selber tragen. Der Gesetzgeber hat daher in § 33 Abs. 3 EStG eine nach Einkommen und Familienstand gestaffelte sog. **zumutbare Belastung** festgelegt, um die die steuerlich abzugsfähigen Aufwendungen gekürzt werden (die Kürzung sei verfassungsgemäß, vgl. z.B. FG Hamburg v. 14.6.2012, 1 K 28/12, www.stotax-first.de, Revision eingelegt, Az. beim BFH: VI R 33/13, m.w.N.). Sie beträgt:

bei einem Gesamtbetrag der Einkünfte	bis 15 340 €	15 341 € bis 51 130 €	über 51 130 €
bei Alleinstehenden ohne Kinder	5 %	6 %	7 %
bei Verheirateten ohne Kinder	4 %	5 %	6 %
bei Arbeitnehmern mit 1 oder 2 Kindern	2 %	3 %	4 %
bei Arbeitnehmern mit 3 oder mehr Kindern	1 %	1 %	2 %

Steuerfestsetzungen werden im Hinblick auf das o.g. Revisionsverfahren vorläufig durchgeführt (BMF v. 5.11.2015, IV A 3 – S 0338/07/10010, BStBl I 2015, 786).

Zu den als außergewöhnliche Belastung abzugsfähigen Aufwendungen gehören insbesondere **Krankheits- und Kurkosten, Beerdigungskosten, Pflegekosten** bei eigener Pflegebedürftigkeit. Erstattungen von dritter Seite, z.B. von der Krankenkasse, sind gegenzurechnen, bei Beerdigungskosten ggf. auch der Nachlass. Weitere Einzelheiten s. R 33.1 bis 33.4 EStR und H 33.1 bis 33.4 EStH.

6. Außergewöhnliche Belastung in besonderen Fällen (§ 33a EStG)

a) Allgemeines

Für bestimmte häufig wiederkehrende Fälle außergewöhnlicher **1915** Belastungen hat der Gesetzgeber abschließende („typisierende") Regelungen in § 33a EStG getroffen. Bei diesen durch **Höchstbeträge** begrenzten Abzügen ist eine (wahlweise) Berücksichtigung der Aufwendungen über oder über die Höchstbeträge hinausgehender Aufwendungen nach der allgemeinen Regelung des § 33 EStG nicht möglich. Andererseits werden diese Aufwendungen **nicht um die zumutbare Belastung gekürzt**. Es handelt sich um folgende Fälle:

b) Unterhalt bedürftiger Angehöriger (§ 33a Abs. 1 EStG)

Hierunter fallen seit 1996 nur noch Aufwendungen für den Unter- **1916** halt und eine etwaige Berufsausbildung einer dem Arbeitnehmer oder seinem Ehegatten gegenüber **(potenziell) gesetzlich unterhaltsberechtigten Person**. Dies sind nach § 1601 BGB lediglich **Verwandte in gerader Linie** (Eltern, Kinder, Großeltern), **nicht** aber Verwandte in der Seitenlinie (Geschwister, Onkel und Tanten, Neffen usw.). Zur Berücksichtigung von Unterhaltsleistungen an Personen mit einer Aufenthalts- oder Niederlassungserlaubnis nach § 23 Aufenthaltsgesetz (AufenthG) s. BMF v. 27.5.2015, IV C 4 – S 2285/07/0003 :006, BStBl I 2015, 474.

Ab 2015 ist der Abzug ist nur noch möglich, wenn in der Steuererklärung des Unterhaltsleistenden die **Identifikationsnummer** (§ 139b AO) der unterhaltsberechtigten Person angegeben wird (§ 33a Abs. 1 Sätze 9 -11 EStG). Korrespondierend dazu hat die den Unterhalt empfangende Person diese Identifikationsnummer mitzuteilen. Sofern die empfangende Person dieser Verpflichtung nicht nachkommt, darf der Unterhaltleistende die Identifikationsnummer bei seiner zuständigen Finanzbehörde erfragen. Diese Änderung erleichtert vor allen Dingen die Kontrolle des rechtmäßigen Abzugs wie auch der korrekten Erfassung bei dem den Unterhalt empfangenen Stpfl.

Gesetzlich unterhaltsberechtigt ist auch der getrennt lebende oder geschiedene **Ehegatte**. Ein Abzug als außergewöhnliche Belastung kommt jedoch nur in Betracht, wenn die Unterhaltsaufwendungen **nicht als Sonderausgaben** geltend gemacht werden.

Einer **gesetzlich unterhaltsberechtigten Person gleichgestellt** ist eine Person, bei der **öffentliche Mittel** im Hinblick auf die Unterhaltszahlungen des Arbeitnehmers **gekürzt** werden oder Partner einer **gleichgeschlechtlichen Lebensgemeinschaft**.

Die Aufwendungen sind nur bis zu einem **Höchstbetrag von 8 652 € (Betrag ab 2016)** im Kalenderjahr abzugsfähig. Der Höchstbetrag ermäßigt sich um 1/12 für jeden vollen Monat, in dem die Voraussetzungen nicht vorgelegen haben, weil z.B. die Unterhaltszahlungen erst im Laufe des Jahres begonnen haben.

Der Höchstbetrag nach § 33a Abs. 1 Satz 1 EStG erhöht sich um die für die Absicherung der unterhaltsberechtigten Person aufgewandten Beiträge zur Kranken- und Pflegeversicherung nach § 10 Abs. 1 Nr. 3 EStG, wenn für diese kein Sonderausgabenabzug möglich ist (§ 33a Abs. 1 Satz 2 EStG).

Der Höchstbetrag von 8 652 € ist um die **eigenen Einkünfte und Bezüge der unterstützten Person**, die zur Bestreitung des Unterhalts bestimmt oder geeignet sind, zu kürzen, lediglich **624 € bleiben anrechnungsfrei**. Ausbildungshilfen aus öffentlichen Mitteln werden voll angerechnet.

Der Höchstbetrag von 8 652 € wird um je 1/12 für jeden Monat gekürzt, in dem die Voraussetzungen nicht vorgelegen haben (z.B. bei Wegfall des Unterhaltsanspruchs im Laufe des Jahres).

Für **Unterhaltsempfänger im Ausland** gibt es entsprechend der **Ländergruppeneinteilung** um 1/3 bzw. 2/3 verminderte Beträge (BMF v. 18.11.2013, IV C 4 – S 2285/07/0005 :013, BStBl I 2013, 1462).

Weitere Einzelheiten s. R 33a.1 EStR und H 33a.1 EStH.

c) Freibetrag für Sonderbedarf (§ 33a Abs. 2 EStG)

1917 Der Unterhalt von Kindern wird grundsätzlich durch **Kindergeld bzw. steuerliche Freibeträge** (→ *Kindergeld/Freibeträge für Kinder* Rz. 1659) berücksichtigt. Hinzu kommt bei **volljährigen Kindern**, die sich in Berufsausbildung befinden, ein Freibetrag für den sog. Sonderbedarf i.H.v. **924 €, der ab 2012 nicht mehr um die eigenen Einkünfte und Bezüge des Kindes sowie um Ausbildungshilfen aus öffentlichen Mitteln (z.B. BAföG) gekürzt wird**. Mit diesem Freibetrag ist der durch die auswärtige Unterbringung des Kindes entstandene Sonderbedarf abgegolten (BFH v. 25.11.2010, III R 111/07, BStBl II 2011, 281). Über den Freibetrag hinausgehende Mehraufwendungen für eine auswärtige Unterbringung des Kindes können weder nach § 33a Abs. 2 EStG noch als außergewöhnliche Belastung nach § 33 EStG abgezogen werden (BFH v. 17.12.2009, VI R 63/08, BStBl II 2010, 341 betr. Studiengebühren für den Besuch einer privaten Hochschule).

Der Freibetrag wird um je 1/12 für jeden Monat gekürzt, in dem die Voraussetzungen nicht vorgelegen haben (z.B. bei Beendigung der Ausbildung im Laufe des Jahres).

Für **Kinder im Ausland** gibt es entsprechend der o.g. Ländergruppeneinteilung um 1/3 bzw. 2/3 verminderte Beträge.

Weitere Einzelheiten s. R 33a.2 EStR und H 33a.2 EStH.

7. Pauschbeträge für behinderte Menschen, Hinterbliebene und Pflegepersonen (§ 33b EStG)

a) Behinderte Menschen (§ 33b Abs. 1 bis 3 EStG)

1918 Behinderte Menschen erhalten zur Abgeltung ihrer laufenden behinderungsbedingten Mehraufwendungen nach dem Grad ihrer Behinderung gestaffelte Pauschbeträge, wenn

- der Grad der Behinderung auf **mindestens 50** festgestellt ist oder

- der Grad der Behinderung **auf weniger als 50, aber mindestens auf 25** festgestellt ist und
  - dem behinderten Menschen wegen seiner Behinderung **Renten** u.Ä. zustehen (z.B. Unfallrente) oder
  - die Behinderung zu einer **dauernden Einbuße der körperlichen Beweglichkeit** geführt hat oder auf einer **typischen Berufskrankheit** beruht.

Folgende Pauschbeträge sind zu berücksichtigen:

bei einem Grad der Behinderung	Pauschbetrag
von 25 und 30	310 €
von 35 und 40	430 €
von 45 und 50	570 €
von 55 und 60	720 €
von 65 und 70	890 €
von 75 und 80	1 060 €
von 85 und 90	1 230 €
von 95 und 100	1 420 €
Hilflose und Blinde	3 700 €

Diese Beträge sind zwar seit 1975 nicht mehr angehoben worden, BFH und BVerfG halten dies aber bisher für verfassungsgemäß (vgl. zuletzt BVerfG v. 17.1.2007, 2 BvR 1059/03, StEd 2007, 146).

Außergewöhnliche Krankheitskosten (z.B. für Krankenhausaufenthalte oder Operationen) können neben den Pauschbeträgen berücksichtigt werden. Wenn es für den Arbeitnehmer günstiger ist, kann er auch seine **gesamten Krankheitskosten nachweisen** und als außergewöhnliche Belastung nach § 33 EStG absetzen. Anders als bei den Pauschbeträgen ist auf die nachgewiesenen tatsächlichen Krankheitskosten jedoch die **zumutbare Belastung** anzurechnen.

Weitere Einzelheiten s. R 33b EStR und H 33b EStH.

b) Hinterbliebene (§ 33b Abs. 4 EStG)

1919 Personen, denen laufende Hinterbliebenenbezüge, z.B. nach dem Bundesversorgungsgesetz oder der gesetzlichen Unfallversicherung, bewilligt worden sind, erhalten auf Antrag einen **Hinterbliebenen-Pauschbetrag von 370 €** jährlich. Steht der Pauschbetrag einem Kind zu, kann er auf die Eltern übertragen werden.

c) Pauschbetrag für Pflegepersonen (§ 33b Abs. 6 EStG)

1920 Wer eine nicht nur vorübergehend hilflose Person pflegt, kann an Stelle seiner tatsächlichen Aufwendungen einen **Pflege-Pauschbetrag von 924 €** geltend machen, wenn er für die Pflege keine Einnahmen erhält; ausdrücklich ausgenommen ist das von den Eltern eines behinderten Kindes für dieses Kind erhaltene Pflegegeld (vgl. dazu BMF v. 7.11.1996, IV B 1 – S 2286 – 62/96, BStBl I 1996, 1433; OFD Düsseldorf v. 8.3.2004, S 2286 A – St 122, www.stotax-first.de; BFH v. 21.3.2002, III R 42/00, BStBl II 2002, 417).

Es handelt sich bei dem Pflege-Pauschbetrag um einen **Jahresbetrag**: Er wird also auch dann in voller Höhe gewährt, wenn die Pflege erst im Laufe des Jahres beginnt oder endet, z.B. durch Tod der gepflegten Person (BFH v. 19.6.2008, III R 34/07, HFR 2009, 132, auch zur **Aufteilung des Pflege-Pauschbetrags auf mehrere Pflegende**). Zur Frage, ob der Pflege-Pauschbetrag auch dann auf alle an der Pflege Beteiligten aufzuteilen ist, wenn zwar mehrere Personen eine Person pflegen, aber eine Pflegeperson hierfür Einnahmen erhält, s. FinMin Schleswig-Holstein v. 16.4.2014, VI 3012 – S 2286 – 073, www.stotax-first.de.

Weitere Einzelheiten s. R 33b EStR und H 33b EStH.

8. Freibetrag wegen Förderung des Wohneigentums

1921 Für selbst genutztes Wohneigentum wird letztmals für Wohnungen mit Bauanträgen/Kaufverträgen vor dem 1.1.2006 **Eigenheimzulage** nach dem Eigenheimzulagengesetz gewährt, diese wird jährlich vom Finanzamt ausgezahlt und ist daher lohnsteuerlich ohne Bedeutung.

9. Freibetrag bei Kapitaleinkünften

1922 Als Lohnsteuerabzugsmerkmal berücksichtigt werden können lediglich negative Einkünfte aus Kapitalvermögen, keine Steuerabzugsbeträge (Zinsabschlagsteuer) oder hohe Werbungskosten (BFH v. 21.11.1997, VI R 93/95, BStBl II 1998, 208).

10. Hinzurechnungsbetrag als Lohnsteuerabzugsmerkmal

1923 Ein steuerlich nicht ausgenutzter „Tabellenfreibetrag" kann ggf. beim zweiten Dienstverhältnis berücksichtigt werden (§ 39a Abs. 1 Nr. 7 EStG sowie R 39a.1 Abs. 7 LStR). Einzelheiten → *Übertragung des Grundfreibetrags* Rz. 2899.

11. Haushaltsnahe Beschäftigungsverhältnisse oder Dienstleistungen (§ 35a EStG)

1924 Seit 2003 ist eine Steuervergünstigung für Aufwendungen für **haushaltsnahe Beschäftigungsverhältnisse**, für die Inanspruchnahme **haushaltsnaher Dienstleistungen** sowie (ab 2006) für bestimmte **Handwerkerleistungen** eingeführt worden (§ 35a EStG), → *Haushaltsnahe Beschäftigungsverhältnisse und Dienstleistungen: Steuerermäßigung* Rz. 1553.

Die als **Abzug von der Steuerschuld** konzipierte Steuervergünstigung wirkt sich grundsätzlich erst bei der Veranlagung zur Einkommensteuer aus. Damit Arbeitnehmer den Steuervorteil bereits beim Lohnsteuerabzug erhalten, kann ein entsprechender **Freibetrag** als Lohnsteuerabzugsmerkmal berücksichtigt werden (§ 39a Abs. 1 Nr. 5 Buchst. c EStG). Da der „Steuerabzugsbetrag" selbst nicht berücksichtigt werden kann, wird er durch **Vervierfachung in einen Freibetrag umgerechnet**.

> **Beispiel:**
> A wohnt im eigenen Einfamilienhaus; er beschäftigt für Gartenpflege, Fußwegreinigung und Schneeräumung ein Unternehmen, das dafür monatlich 100 € erhält.
>
> A kann hierfür im Rahmen seiner Einkommensteuererklärung eine Steuerermäßigung von 20 % von 1 200 € = 240 € geltend machen, die bereits als Lohnsteuerabzugsmerkmal berücksichtigt werden kann. Als Freibetrag wird das Vierfache der Steuerermäßigung berücksichtigt, hier also 960 € (4 × 240 €).

12. Entlastungsbetrag für Alleinerziehende

1925 Der Entlastungsbetrag für Alleinerziehende nach § 24b EStG kann bereits ab dem Monat des Todes des Ehegatten auch **Verwitweten mit Kindern** gewährt werden (→ *Entlastungsbetrag für Alleinerziehende* Rz. 1115). Da diese für das Todesjahr und das Folgejahr noch die Steuerklasse III erhalten und in dieser der Entlastungsbetrag nicht eingearbeitet ist, kann er nur über die Berücksichtigung eines Freibetrags als Lohnsteuerabzugsmerkmal, die vom Finanzamt vorzunehmen ist, im Lohnsteuerverfahren berücksichtigt werden (§ 39a Abs. 1 Nr. 8 EStG). Für die Berücksichtigung gilt nach § 39a Abs. 2 Satz 4 EStG die **allgemeine Antragsgrenze von 600 €** (→ Rz. 1909).

Die **Antragsgrenze von 600 €** gilt dagegen nicht für die Berücksichtigung des sog. **Erhöhungsbetrags von 240 € für das zweite und jedes weitere Kind**, der nur im **Freibetragsverfahren** geltend gemacht werden kann, s. ausführlich → *Entlastungsbetrag für Alleinerziehende* Rz. 1128).

Lohnsteuerhaftung

→ *Haftung für Lohnsteuer: Allgemeine Grundsätze* Rz. 1493

Lohnsteuer-Jahresausgleich durch den Arbeitgeber

1. Allgemeines

1926 Der **Lohnsteuer-Jahresausgleich des Arbeitgebers** (§ 42b EStG) soll für den Arbeitnehmer eine möglichst rasche Erstattung der Lohnsteuer ermöglichen, wenn im Laufe des Jahres z.B. auf Grund schwankenden Arbeitslohns oder späterer Berücksichtigung eines Freibetrags als Lohnsteuerabzugsmerkmal zu viel Lohnsteuer einbehalten wurde. Ein Antrag des Arbeitnehmers ist hierzu nicht erforderlich. Führt der Arbeitgeber den Lohnsteuer-Jahresausgleich nicht durch, weil er hierzu entweder gesetzlich nicht verpflichtet ist oder einer der Ausschlussfälle vorliegt, dann kann der **Arbeitnehmer selbst** nach Ablauf des Kalenderjahrs beim Finanzamt eine **Veranlagung zur Einkommensteuer beantragen** (diese „Antragsveranlagung" nach § 46 Abs. 2 Nr. 8 EStG entspricht dem früheren „Lohnsteuer-Jahresausgleich" des Arbeitnehmers); s. ausführlich → *Veranlagung zur Einkommensteuer* Rz. 2976.

2. Die Grundvoraussetzungen

1927 Unabhängig von den unter → Rz. 1929 dargestellten Ausnahmefällen gelten folgende Grundvoraussetzungen (R 42b. Abs. 1 LStR):

- Der Arbeitgeber darf den Lohnsteuer-Jahresausgleich nur für **unbeschränkt einkommensteuerpflichtige Arbeitnehmer** durchführen, die **während des gesamten Ausgleichsjahrs** ihren Wohnsitz oder ihren gewöhnlichen Aufenthalt im Inland hatten. Ausgeschlossen sind damit auch Fälle, in denen der Arbeitnehmer im Laufe des Kalenderjahrs aus dem Ausland zugezogen ist oder wieder ins Ausland zieht.

  Ausgeschlossen sind ferner im Ausland wohnende und damit beschränkt steuerpflichtige **„Grenzpendler"**, selbst wenn sie z.B. nur inländische Einkünfte erzielen (z.B. Dauerarbeitsverhältnis bei einem deutschen Arbeitgeber) und somit nach § 1 Abs. 3 EStG auf Antrag wie unbeschränkt Stpfl. behandelt werden. Diese Arbeitnehmer erhalten schon keine elektronischen Lohnsteuerabzugsmerkmale, die aber Voraussetzung für die Durchführung eines Lohnsteuer-Jahresausgleichs durch den Arbeitgeber ist (vgl. § 42b Abs. 1 Satz 3 EStG).

- Der Arbeitgeber darf den Lohnsteuer-Jahresausgleich nur für Arbeitnehmer durchführen, die während des gesamten Ausgleichsjahrs in seinem Dienstverhältnis gestanden haben.

Nicht erforderlich ist, dass der Arbeitnehmer ununterbrochen „gearbeitet" hat. Das Dienstverhältnis besteht auch weiter, wenn der Arbeitnehmer z.B. unbezahlten Urlaub erhalten hat.

Beispiel:
Arbeitnehmer A hat das ganze Jahr bei der Firma B gearbeitet, vom 1.10. bis 31.12. hat er wegen der Pflege seiner Mutter unbezahlten Urlaub genommen.

Der Arbeitgeber darf den Lohnsteuer-Jahresausgleich durchführen, da das Beschäftigungsverhältnis zu A trotz Urlaubs „weiterläuft".

3. Verpflichtung bzw. Berechtigung zum Lohnsteuer-Jahresausgleich

1928 Der Arbeitgeber ist zur Durchführung des Lohnsteuer-Jahresausgleichs **gesetzlich verpflichtet**, wenn er am 31. Dezember des Ausgleichsjahrs mindestens zehn Arbeitnehmer beschäftigt (§ 42b Abs. 1 Satz 2 EStG). Hierbei zählen auch Teilzeitbeschäftigte, für die die Lohnsteuer pauschal nach § 40a EStG ermittelt wird, sowie Arbeitnehmer, für die ein Lohnsteuer-Jahresausgleich gesetzlich ausgeschlossen ist.

Beschäftigt der Arbeitgeber am 31. Dezember des Ausgleichsjahrs weniger als zehn Arbeitnehmer, so ist er zur Durchführung des Lohnsteuer-Jahresausgleichs zwar **nicht verpflichtet, aber doch berechtigt**. In der Praxis machen die Arbeitgeber im Interesse ihrer Arbeitnehmer hiervon Gebrauch.

4. Gesetzliche Ausschlussfälle

1929 Das Gesetz enthält eine Reihe von Ausschlusstatbeständen, bei denen der Arbeitgeber den Lohnsteuer-Jahresausgleich nicht durchführen darf (§ 42b Abs. 1 Satz 4 Nr. 1 bis 6 EStG). Es handelt sich dabei v.a. um Fälle, in denen der **Arbeitnehmer** nach Ablauf des Jahrs voraussichtlich zur **Einkommensteuer veranlagt** werden muss. So soll verhindert werden, dass der Arbeitgeber Lohnsteuer erstattet, die dann bei der Einkommensteuerveranlagung des Arbeitnehmers wieder erhoben werden müsste.

Selbst wenn alle übrigen Voraussetzungen vorliegen, darf der Arbeitgeber den **Lohnsteuer-Jahresausgleich nicht durchführen**, wenn

- der **Arbeitnehmer es beantragt**, weil er z.B. gleich nach Ablauf des Jahrs eine Einkommensteuer-Veranlagung beantragen will, oder

- der Arbeitnehmer für das Ausgleichsjahr oder für einen Teil des Ausgleichsjahrs nach den **Steuerklassen V oder VI zu besteuern war** oder

- der Arbeitnehmer für einen Teil des Ausgleichsjahrs nach den **Steuerklassen II, III oder IV zu besteuern war** oder

- bei der Lohnsteuerberechnung ein **Freibetrag oder Hinzurechnungsbetrag** (§ 39a Abs. 1 Nr. 7 EStG, → *Übertragung des Grundfreibetrags* Rz. 2899) zu berücksichtigen war oder

- das **Faktorverfahren** angewandt wurde (→ *Steuerklassen* Rz. 2751) oder

- der Arbeitnehmer im Ausgleichsjahr **bestimmte Lohnersatzleistungen** (Kurzarbeitergeld, Schlechtwettergeld, Zuschuss zum Mutterschaftsgeld nach dem Mutterschutzgesetz, Zuschuss nach § 4a MuSchBV oder einer entsprechenden Landesregelung, Entschädigungen für Verdienstausfall nach dem Infektionsschutzgesetz oder Aufstockungsbeträge nach dem Altersteilzeitgesetz usw.) bezogen hat, die zwar steuerfrei sind, aber dem sog. **Progressionsvorbehalt** unterliegen (→ *Progressionsvorbehalt* Rz. 2331) oder

- die Anzahl der im Lohnkonto oder in der Lohnsteuerbescheinigung eingetragenen **Großbuchstaben „U" mindestens eins beträgt** (d.h., dass der Arbeitnehmer für mindestens fünf aufeinander folgende Tage z.B. wegen Krankheit keinen Arbeitslohn bezogen hat, Einzelheiten s. → *Lohnkonto* Rz. 1801) oder

- für den Arbeitnehmer im Ausgleichsjahr im Rahmen der **Vorsorgepauschale** jeweils nur zeitweise die Teilbeträge für die Rentenversicherung, für die gesetzliche Kranken- und soziale Pflegeversicherung oder für die private Basiskranken- und Pflegepflichtversicherung (§ 39b Abs. 2 Satz 5 Nr. 3 Buchst. a bis d EStG) oder der Beitragszuschlag für Kinderlose in der sozialen Pflegeversicherung (§ 39b Abs. 2 Satz 5 Nr. 3 Buchst. c EStG) berücksichtigt wurden oder sich im Ausgleichsjahr der kassenindividuelle Zusatzbeitragssatz geändert hat. Ein Lohnsteuer-Jahresausgleich durch den Arbeitgeber ist auch dann ausgeschlossen, wenn – bezogen auf den

Teilbetrag der Vorsorgepauschale für die Rentenversicherung – der Arbeitnehmer innerhalb des Kalenderjahrs nicht durchgängig zum Anwendungsbereich nur einer Beitragsbemessungsgrenze (West oder Ost) gehörte oder wenn – bezogen auf den Teilbetrag der Vorsorgepauschale für die Rentenversicherung oder die gesetzliche Kranken- und soziale Pflegeversicherung – innerhalb des Kalenderjahrs nicht durchgängig ein Beitragssatz anzuwenden war (BMF v. 26.11.2013, IV C 5 – S 2367/13/10001, BStBl I 2013, 1532) oder

- der Arbeitnehmer im Ausgleichsjahr **ausländische Einkünfte** aus nichtselbständiger Arbeit bezogen hat, die nach einem Abkommen zur Vermeidung der Doppelbesteuerung unter Progressionsvorbehalt nach § 34c Abs. 5 EStG von der Lohnsteuer freigestellt waren.

5. Frist

1930 Der Arbeitgeber darf den Lohnsteuer-Jahresausgleich

- **frühestens** bei der Lohnabrechnung für den letzten im Ausgleichsjahr endenden Lohnzahlungszeitraum,
- **spätestens** bei der Lohnabrechnung für den letzten Lohnzahlungszeitraum, der im Monat März des dem Ausgleichsjahr folgenden Kalenderjahrs endet, durchführen (§ 42b Abs. 3 Satz 1 EStG).

Nach R 42b Abs. 3 LStR darf der Arbeitgeber den Jahresausgleich mit der Ermittlung der Lohnsteuer für den letzten im Ausgleichszeitraum endenden Lohnzahlungszeitraum zusammenfassen. Da auf den „Lohnzahlungszeitraum" abgestellt wird, ist es unerheblich, wann der Arbeitslohn tatsächlich ausgezahlt wird.

> **Beispiel:**
> Firma A beschäftigt 20 Arbeitnehmer, die monatlich entlohnt werden. Der Lohn wird im Voraus gezahlt.
>
> Die Firma ist zur Durchführung des Jahresausgleichs verpflichtet (mindestens zehn Arbeitnehmer). Sie kann den Jahresausgleich frühestens Ende November mit der Lohnabrechnung für den Monat Dezember oder spätestens Ende Februar mit der Lohnabrechnung für den Monat März des Folgejahrs vornehmen.

6. Ermittlung des Jahresarbeitslohns

1931 Für den Lohnsteuer-Jahresausgleich hat der Arbeitgeber den Jahresarbeitslohn des Arbeitnehmers

- aus dem zu ihm bestehenden Dienstverhältnis nach den Eintragungen im **Lohnkonto**
- und aus etwaigen vorangegangenen Dienstverhältnissen nach den **Lohnsteuerbescheinigungen**, die der Arbeitgeber „ungeprüft" übernehmen darf,

festzustellen (§ 42b Abs. 2 Satz 1 EStG).

Zum Jahresarbeitslohn gehören alle **steuerpflichtigen Bar- und Sachbezüge**, die der Arbeitnehmer im Ausgleichsjahr bezogen hat. Laufender Arbeitslohn gilt in dem Jahr als bezogen, in dem der Lohnzahlungszeitraum endet, sonstige Bezüge dagegen im Jahr des Zuflusses (→ *Sonstige Bezüge* Rz. 2704). Im Übrigen gilt Folgendes:

- **Pauschal besteuerter Arbeitslohn** bleibt außer Betracht (§ 40 Abs. 3 Satz 3, § 40a Abs. 5, § 40b Abs. 4 Satz 1 EStG).
- **Sonstige Bezüge** bleiben außer Betracht, wenn sie pauschal versteuert worden sind.
- **Nettolöhne** sind auf einen Bruttolohn „hochzurechnen".
- **Tarifermäßigt besteuerter Arbeitslohn** (→ *Entschädigungen* Rz. 1134) sowie **Vergütungen für eine mehrjährige Tätigkeit** (→ *Arbeitslohn für mehrere Jahre* Rz. 257) bleiben außer Betracht, wenn der Arbeitnehmer nicht ausdrücklich ihre Einbeziehung beantragt (§ 42b Abs. 2 Satz 2 EStG). Hierdurch soll verhindert werden, dass die beim laufenden Lohnsteuerabzug gewährte Tarifermäßigung beim Lohnsteuer-Jahresausgleich, bei dem nur die „normale" Lohnsteuertabelle angewendet werden kann, wieder rückgängig gemacht wird.

Vor Ermittlung der Jahreslohnsteuer sind vom Jahresarbeitslohn ggf. **abzusetzen** (§ 42b Abs. 2 Satz 3 EStG)

- der **Versorgungsfreibetrag** sowie der Zuschlag zum Versorgungsfreibetrag,
- der **Altersentlastungsbetrag**.

Maßgebend sind die auf das **„ganze Jahr"** bezogenen Freibeträge, die monatlichen Höchstgrenzen sind nicht zu beachten, so dass vom Arbeitgeber insbesondere der volle Altersentlastungsbetrag (§ 24a EStG) und die vollen Versorgungsfreibeträge (§ 19 Abs. 2 EStG) ermittelt werden müssen, vgl. die Beispiele zu → *Altersentlastungsbetrag* Rz. 54 und → *Versorgungsfreibeträge* Rz. 3056.

7. Ermittlung der Jahressteuer

Für den festgestellten Jahresarbeitslohn ist nach Maßgabe der als **1932** elektronische Lohnsteuerabzugsmerkmale **zuletzt berücksichtigten Steuerklasse die Jahreslohnsteuer** nach § 39b Abs. 2 Satz 6 und 7 EStG **zu ermitteln** (§ 42b Abs. 2 Satz 4 EStG). Diese Regelung hat besonders für Steuerklassenänderungen im Laufe des Jahrs Bedeutung. Steuerklassenänderungen von III/V nach IV/IV und umgekehrt oder auch der Wechsel von Steuerklasse I zu III nach einer Heirat bewirken allerdings den **Ausschluss des Lohnsteuer-Jahresausgleichs** durch den Arbeitgeber (→ Rz. 1929), eine Erstattung kann dann nur über eine Veranlagung zur Einkommensteuer erreicht werden (→ *Veranlagung von Arbeitnehmern* Rz. 2973).

> **Beispiel:**
> B, ledig, hat im April ein Kind bekommen und heiratet anschließend. Sofort nach der Heirat lässt sie ihre bisherige Steuerklasse I/0 ändern in III/1 Kinderfreibetrag.
>
> In diesem Fall ist ein Lohnsteuer-Jahresausgleich durch den Arbeitgeber gesetzlich ausgeschlossen (§ 42b Abs. 1 Satz 4 Nr. 3 EStG), weil für einen Teil des Ausgleichszeitraums die Steuerklasse III angewendet worden ist.

8. Ermittlung des Erstattungsbetrags

Soweit die sich hiernach ergebende Jahreslohnsteuer die von dem **1933** zu Grunde gelegten Jahresarbeitslohn insgesamt erhobene Lohnsteuer unterschreitet, ist sie dem Arbeitnehmer zu **erstatten**. Bei der Ermittlung der insgesamt erhobenen Lohnsteuer ist die **Lohnsteuer auszuscheiden**, die von den **tarifermäßigt** besteuerten und deshalb außer Ansatz gebliebenen Bezügen einbehalten worden ist (§ 42b Abs. 2 Sätze 5 und 6 EStG).

Bei der **Zusammenfassung des Lohnsteuer-Jahresausgleichs mit der Dezember-Abrechnung** hat der Arbeitgeber für diesen Monat nur den Differenzbetrag als Lohnsteuer einzubehalten. **Übersteigt die erhobene Lohnsteuer die ermittelte Jahreslohnsteuer**, so ist der Unterschiedsbetrag dem Arbeitnehmer zu erstatten (R 42b Abs. 3 LStR).

Ist die **Jahreslohnsteuer identisch** mit der im Laufe des Jahrs erhobenen Lohnsteuer, ergibt sich kein Erstattungsbetrag.

Ist die **Jahreslohnsteuer sogar höher** als die im Laufe des Jahrs erhobene Lohnsteuer, sind folgende Fälle zu unterscheiden:

- Ist der **Lohnsteuerabzug zutreffend** vorgenommen worden, hat der Arbeitgeber nichts zu veranlassen: Er darf weder vom Arbeitnehmer **Lohnsteuer nacherheben** noch ist er **verpflichtet, das Finanzamt zu unterrichten**.

  Ein im Laufe des Jahrs zwar korrekter, auf das Jahr gesehen jedoch zu niedriger Lohnsteuerabzug ist – abgesehen von Tabellenrundungen – möglich, wenn der Arbeitgeber z.B. bei der Besteuerung eines sonstigen Bezugs von einem zu geringen Jahresarbeitslohn ausgegangen ist.

- Stellt der Arbeitgeber fest, dass er beim **Lohnsteuerabzug Fehler** gemacht hat, muss er die Lohnsteuer entweder nacherheben oder den Fehler unverzüglich dem **Betriebsstättenfinanzamt anzeigen** (§ 41c Abs. 4 EStG). Zu Einzelheiten → *Änderung des Lohnsteuerabzugs* Rz. 111.

Stellt der Arbeitgeber fest, dass ihm beim **Lohnsteuer-Jahresausgleich ein Fehler** unterlaufen ist, und kann er diesen nicht mehr korrigieren, weil er die Lohnsteuerbescheinigung bereits ausgeschrieben hat, muss er das Betriebsstättenfinanzamt unterrichten (§ 41c Abs. 4 Nr. 3 EStG); er schließt damit gleichzeitig seine Haftung aus (§ 42d Abs. 2 Nr. 1 EStG).

9. Entnahme aus dem Lohnsteueraufkommen

Die zu erstattende Lohnsteuer hat der Arbeitgeber dem Betrag zu **1934** entnehmen, den er für seine Arbeitnehmer für den Lohnzahlungs-

Lohnsteuer-Jahresausgleich durch den Arbeitgeber

zeitraum insgesamt an Lohnsteuer erhoben hat. Wenn die zu erstattende Lohnsteuer aus dem Betrag nicht gedeckt werden kann, der insgesamt an Lohnsteuer einzubehalten oder zu übernehmen ist, wird der **Fehlbetrag dem Arbeitgeber auf Antrag vom Betriebsstättenfinanzamt** erstattet (§ 42b Abs. 3 Sätze 2 und 3 EStG).

10. Solidaritätszuschlag

1935 Für die Festsetzung und Erhebung der sog. Zuschlagsteuern (→ Solidaritätszuschlag Rz. 2672; → Kirchensteuer Rz. 1669), die nach der Einkommensteuer bemessen werden, gelten die Vorschriften des Einkommensteuergesetzes – und somit auch die über das Lohnsteuer-Abzugsverfahren – entsprechend (§ 51a Abs. 1 EStG). Wenn der Arbeitgeber für den Arbeitnehmer einen **Lohnsteuer-Jahresausgleich durchführt, ist auch für den Solidaritätszuschlag ein Jahresausgleich durchzuführen** (Tz. 2.1 des Merkblatts zum Solidaritätszuschlag im Lohnsteuer-Abzugsverfahren ab 1996, BMF v. 20.9.1994, IV B 6 – S 2450 – 6/94, BStBl I 1994, 757).

Der Solidaritätszuschlag darf nicht einfach mit 5,5 % der Jahreslohnsteuer errechnet werden, sondern muss der **Jahrestabelle** entnommen werden. Dies liegt daran, dass Solidaritätszuschlag auf Grund der sog. **Nullzone und des Übergangsbereichs** erst zu erheben ist ab einer Jahreslohnsteuer

- in den Steuerklassen I, II und IV von 973 € und
- in der Steuerklasse III von 1 946 €. Weitere Einzelheiten → Solidaritätszuschlag Rz. 2672.

Außerdem kann der Solidaritätszuschlag nicht unmittelbar von der Einkommensteuer (Lohnsteuer) berechnet werden. Maßgebend ist in allen Fällen – selbst wenn nur Kindergeld gewährt wird – die Einkommensteuer, die sich **nach Abzug der steuerlichen Freibeträge für Kinder** ergibt (sog. **Maßstabslohnsteuer**). Den sich im Einzelfall ergebenden Solidaritätszuschlag kann der Arbeitgeber jedoch ohne zusätzliche Berechnungen den u.a. von Stollfuß Medien herausgegebenen **Steuertabellen oder maschinellen Abrechnungsprogrammen** entnehmen.

Übersteigt die Summe der einbehaltenen Zuschlagsbeträge den Jahresbetrag des Solidaritätszuschlags, so ist der Unterschiedsbetrag dem Arbeitnehmer zu **erstatten**. Übersteigt hingegen der Jahresbetrag des Solidaritätszuschlags die Summe der einbehaltenen Zuschlagsbeträge, so kommt eine **nachträgliche Einbehaltung durch den Arbeitgeber** grundsätzlich nicht in Betracht. Ausnahmen gelten in den Fällen des § 41c Abs. 1 EStG, in denen auch eine Änderung des Lohnsteuerabzugs zulässig oder zumindest das Betriebsstättenfinanzamt entsprechend zu unterrichten ist (→ Änderung des Lohnsteuerabzugs Rz. 111).

> **Beispiel 1:**
> Der Lohnsteuer-Jahresausgleich für Arbeitnehmer A ergibt hinsichtlich der Lohnsteuer keinen Erstattungsbetrag, hinsichtlich des Solidaritätszuschlags dagegen einen Minderbetrag von 25 €.
> Der Arbeitgeber darf vom Arbeitnehmer den Solidaritätszuschlag grundsätzlich nicht nacherheben.

Auch eine Verrechnung mit zu erstattender Lohnsteuer ist unzulässig (Tz. 2.3 des o.g. Merkblatts zum Solidaritätszuschlag).

> **Beispiel 2:**
> Der Lohnsteuer-Jahresausgleich für Arbeitnehmer A ergibt hinsichtlich der Lohnsteuer einen Erstattungsbetrag von 250 €, hinsichtlich des Solidaritätszuschlags dagegen einen Minderbetrag von 10 €.
> Der Arbeitgeber hat die überzahlte Lohnsteuer in voller Höhe dem Arbeitnehmer zu erstatten. Eine Verrechnung mit dem Solidaritätszuschlag ist nicht vorzunehmen.

11. Kirchensteuer

1936 Wenn der Arbeitgeber für den Arbeitnehmer einen Lohnsteuer-Jahresausgleich durchführt, ist auch für die Kirchensteuer ein Jahresausgleich durchzuführen. Die Kirchensteuer ist – wie auch der Solidaritätszuschlag – nach der Einkommensteuer zu berechnen, die sich in allen Fällen **nach Abzug der steuerlichen Freibeträge für Kinder** ergibt. Der sich im jeweiligen Einzelfall ergebende Betrag kann auch hier den u.a. von Stollfuß Medien herausgegebenen **Tabellen und maschinellen Abrechnungsprogrammen** entnommen werden.

Der **Kirchensteuersatz ist in den einzelnen Bundesländern unterschiedlich** (→ Kirchensteuer Rz. 1669). Für den Kirchensteuer-Jahresausgleich gilt daher Folgendes:

- Hat der Arbeitnehmer im Ausgleichsjahr in Orten mit verschieden hohen Kirchensteuersätzen gewohnt oder
- weicht der Kirchensteuersatz am Wohnort von dem der Betriebsstätte ab,

hat der Arbeitgeber die Jahreskirchensteuer einheitlich nach dem **Kirchensteuersatz zu berechnen, der am Ort der Betriebsstätte gilt**. Ergibt sich hierdurch eine Erstattung, ist dem Arbeitnehmer der Differenzbetrag zu erstatten. Dagegen darf der Arbeitgeber keine Kirchensteuer nachfordern.

> **Beispiel 1:**
> A hat zum 1. Juli seinen Arbeitgeber gewechselt und ist daher im Laufe des Jahrs von Niedersachsen (Kirchensteuersatz 9 %) nach Bayern (Kirchensteuersatz 8 %) verzogen.
> Beim Lohnsteuer-Jahresausgleich hat der Arbeitgeber die Kirchensteuer mit 8 % zu berechnen. Da in der ersten Jahreshälfte die Kirchensteuer jedoch mit 9 % einbehalten worden ist, ergibt sich hierdurch – bezogen auf die Kirchensteuer – eine nicht unerhebliche Erstattung.

> **Beispiel 2:**
> A hat zum 1. Juli seinen Arbeitgeber gewechselt und ist daher im Laufe des Jahrs von Bayern (Kirchensteuersatz 8 %) nach Niedersachsen (Kirchensteuersatz 9 %) verzogen.
> Beim Lohnsteuer-Jahresausgleich hat der Arbeitgeber die Kirchensteuer mit 9 % zu berechnen. Da in der ersten Jahreshälfte die Kirchensteuer nur mit 8 % einbehalten worden ist, ergibt sich hierdurch – bezogen auf die Kirchensteuer – eine Nachforderung. Der Arbeitgeber darf diese jedoch weder nacherheben noch mit evtl. zu erstattender Lohnsteuer verrechnen. Die Differenz kann zwar bei einer Veranlagung zur Einkommensteuer nacherhoben werden, nicht aber beim Lohnsteuer-Jahresausgleich des Arbeitgebers (vgl. FG Münster v. 23.4.1971, VI 1591/66 Ki, EFG 1971, 601).

> **Beispiel 3:**
> A wohnt in Hessen (Kirchensteuersatz 9 %) und arbeitet in Bayern (Kirchensteuersatz 8 %).
> Der Arbeitgeber darf nach dem Betriebsstättenprinzip die Kirchensteuer nur mit 8 % einbehalten.

Ist der Arbeitnehmer **im Laufe des Jahrs aus der Kirche aus- oder in die Kirche eingetreten**, wird die nach der Jahreslohnsteuer errechnete Jahreskirchensteuer entsprechend der Anzahl der Monate gekürzt, in denen Kirchensteuer nicht zu erheben war (BFH v. 24.10.1975, VI R 123/72, BStBl II 1976, 101).

> **Beispiel 4:**
> A wohnt und arbeitet in Niedersachsen, ist zum 1. Juli aus der Kirche ausgetreten. Beim Lohnsteuer-Jahresausgleich des Arbeitgebers ergibt sich eine Lohnsteuererstattung von 100 €, auf die eine Lohnkirchensteuererstattung von 9 € entfiele (Kirchensteuersatz in Niedersachsen 9 %).
> Beim Kirchensteuer-Jahresausgleich kann nur die Hälfte, d.h. 4,50 € erstattet werden, weil A nur ein halbes Jahr lang der Kirche angehört hat.

Zu weiteren Einzelheiten der Kirchensteuer-Berechnung → Kirchensteuer Rz. 1669.

12. Formvorschriften

1937 Der Arbeitgeber hat im **Lohnkonto**

- für das Ausgleichsjahr den **Inhalt etwaiger Lohnsteuerbescheinigungen** aus vorangegangenen Dienstverhältnissen des Arbeitnehmers einzutragen sowie
- die im **Lohnsteuer-Jahresausgleich erstattete Lohnsteuer** gesondert einzutragen (§ 42b Abs. 4 Satz 1 EStG).

Zu den Eintragungen in der **Lohnsteuerbescheinigung** → Lohnsteuerbescheinigung Rz. 1863.

Lohnsteuerkarte

→ ELStAM Rz. 1007

LSt = keine Lohnsteuerpflicht
LSt = Lohnsteuerpflicht

Lohnsteuer-Nachschau

1. Allgemeines

1938 Ab dem Kalenderjahr 2013 ist die **Lohnsteuer-Nachschau** eingeführt worden (§ 42g EStG). Zur Durchführung der Lohnsteuer-Nachschau gilt Folgendes (BMF v. 16.10.2014, IV C 5 – S 2386/09/10002 :001, BStBl I 2014, 1408):

Die Lohnsteuer-Nachschau ist **ein besonderes Verfahren zur zeitnahen Aufklärung** möglicher steuererheblicher Sachverhalte. Steuererheblich sind Sachverhalte, die eine Lohnsteuerpflicht begründen oder zu einer Änderung der Höhe der Lohnsteuer oder der Zuschlagsteuern führen können. Das für die Lohnsteuer-Nachschau zuständige Finanzamt kann das Finanzamt, in dessen Bezirk der steuererhebliche Sachverhalt verwirklicht wird, mit der Nachschau beauftragen. Die **Lohnsteuer-Nachschau ist keine Außenprüfung** i.S.d. §§ 193 ff. AO. Die Vorschriften für eine Außenprüfung sind nicht anwendbar, insbesondere gelten die §§ 146 Abs. 2b, 147 Abs. 6, 201, 202 AO und § 42d Abs. 4 Satz 1 Nr. 2 EStG nicht. Es bedarf weder einer Prüfungsanordnung i.S.d. § 196 AO noch einer Schlussbesprechung oder eines Prüfungsberichts. Im Anschluss an eine Lohnsteuer-Nachschau ist ein Antrag auf verbindliche Zusage (§ 204 AO) nicht zulässig.

2. Zweck der Lohnsteuer-Nachschau

1939 Die Lohnsteuer-Nachschau dient der **Sicherstellung einer ordnungsgemäßen Einbehaltung und Abführung der Lohnsteuer**, des Solidaritätszuschlags, der Kirchenlohnsteuer oder von Pflichtbeiträgen zu einer Arbeits- oder Arbeitnehmerkammer. Ziel der Lohnsteuer-Nachschau ist es, einen Eindruck von den räumlichen Verhältnissen, dem tatsächlich eingesetzten Personal und dem üblichen Geschäftsbetrieb zu gewinnen.

Eine **Lohnsteuer-Nachschau** kommt insbesondere **in Betracht**:

– bei Beteiligung an Einsätzen der Finanzkontrolle Schwarzarbeit,
– zur Feststellung der Arbeitgeber- oder Arbeitnehmereigenschaft,
– zur Feststellung der Anzahl der insgesamt beschäftigten Arbeitnehmer,
– bei Aufnahme eines neuen Betriebs,
– zur Feststellung, ob der Arbeitgeber eine lohnsteuerliche Betriebsstätte unterhält,
– zur Feststellung, ob eine Person selbständig oder als Arbeitnehmer tätig ist,
– zur Prüfung der steuerlichen Behandlung von sog. Minijobs (vgl. § 8 Abs. 1 und 2 SGB IV), ausgenommen Beschäftigungen in Privathaushalten,
– zur Prüfung des Abrufs und der Anwendung der ELStAM und
– zur Prüfung der Anwendung von Pauschalierungsvorschriften, z.B. § 37b Abs. 2 EStG.

Nicht Gegenstand der Lohnsteuer-Nachschau sind:

– Ermittlungen der individuellen steuerlichen Verhältnisse der Arbeitnehmer, soweit sie für den Lohnsteuer-Abzug nicht von Bedeutung sind,
– die Erfüllung der Pflichten des Arbeitgebers nach dem 5. VermBG und
– Beschäftigungen in Privathaushalten.

3. Durchführung der Lohnsteuer-Nachschau

1940 Die Lohnsteuer-Nachschau muss **nicht angekündigt** werden (§ 42g Abs. 2 Satz 2 EStG). Die Anordnung der Nachschau erfolgt i.d.R. mündlich und zu Beginn der Lohnsteuer-Nachschau. Dem Arbeitgeber soll zu Beginn der Lohnsteuer-Nachschau der Vordruck „Durchführung einer Lohnsteuer-Nachschau" übergeben werden. Der mit der Lohnsteuer-Nachschau **beauftragte Amtsträger** hat sich **auszuweisen**.

Zum Zweck der Lohnsteuer-Nachschau können die mit der Lohnsteuer-Nachschau beauftragten Amtsträger **Grundstücke und Räume von Personen, die eine gewerbliche oder berufliche Tätigkeit ausüben**, betreten (§ 42g Abs. 2 Satz 2 EStG). Die Grundstücke und Räume müssen nicht im Eigentum der gewerblich oder beruflich tätigen Person stehen. Die Lohnsteuer-Nachschau kann sich auch auf gemietete oder gepachtete Grundstücke und Räume sowie auf andere Orte, an denen steuererhebliche Sachverhalte verwirklicht werden (z.B. Baustellen), erstrecken.

Wohnräume dürfen gegen den Willen des Inhabers nur zur Verhütung dringender Gefahren für die öffentliche Sicherheit und Ordnung betreten werden (§ 42g Abs. 2 Satz 3 EStG).

Häusliche Arbeitszimmer oder Büros, die innerhalb einer ansonsten privat genutzten Wohnung belegen sind, dürfen auch dann betreten bzw. besichtigt werden, wenn sie nur durch die ausschließlich privat genutzten Wohnräume erreichbar sind.

Ein Betreten der Grundstücke und Räume ist während der **üblichen Geschäfts- und Arbeitszeiten zulässig**. Die Nachschau kann auch außerhalb der Geschäftszeiten vorgenommen werden, wenn dort Arbeitnehmer anzutreffen sind.

Das Betreten muss dazu dienen, Sachverhalte festzustellen oder zu überprüfen, die für den Steuerabzug vom Arbeitslohn erheblich sein können. Ein **Durchsuchungsrecht** gewährt die Lohnsteuer-Nachschau nicht. Das **bloße Betreten oder Besichtigen** von Geschäftsräumen, Betriebsräumen oder Grundstücken ist noch **kein Durchsuchen**.

4. Mitwirkungspflicht

Der Arbeitgeber hat dem mit der Lohnsteuer-Nachschau beauftragten Amtsträger auf Verlangen **Lohn- und Gehaltsunterlagen, Aufzeichnungen, Bücher, Geschäftspapiere und andere Urkunden** vorzulegen und **Auskünfte** zu erteilen, soweit dies zur Feststellung steuerlich erheblicher Sachverhalte zweckdienlich ist (§ 42g Abs. 3 Satz 1 EStG). **1941**

Darüber hinaus haben die Arbeitnehmer dem mit der Lohnsteuer-Nachschau beauftragten Amtsträger **jede gewünschte Auskunft** über Art und Höhe ihrer Einnahmen zu geben und auf Verlangen in ihrem Besitz befindliche Bescheinigungen über den Lohnsteuerabzug sowie Belege über bereits entrichtete Lohnsteuer vorzulegen (§ 42g Abs. 3 Satz 2 i.V.m. § 42f Abs. 2 Satz 2 EStG). Diese Pflichten gelten auch für Personen, bei denen es streitig ist, ob sie Arbeitnehmer sind oder waren. Die Auskunftspflicht erstreckt sich auf alle Fragen, die für die Beurteilung von Bedeutung sind, ob und in welcher Höhe eine Pflicht zum Abzug von Lohnsteuer und Zuschlagsteuern besteht.

5. Recht auf Datenzugriff

Der mit der Lohnsteuer-Nachschau beauftragte Amtsträger darf nur dann auf **elektronische Daten** des Arbeitgebers zugreifen, **wenn der Arbeitgeber zustimmt**. Stimmt der Arbeitgeber dem Datenzugriff nicht zu, kann der mit der Lohnsteuer-Nachschau beauftragte Amtsträger verlangen, dass ihm die erforderlichen Unterlagen **in Papierform vorgelegt** werden. Sollten diese nur in elektronischer Form existieren, kann er verlangen, dass diese unverzüglich ausgedruckt werden (vgl. § 147 Abs. 5 zweiter Halbsatz AO). **1942**

6. Übergang zu einer Lohnsteuer-Außenprüfung

Geben die bei der Lohnsteuer-Nachschau getroffenen Feststellungen hierzu Anlass, kann **ohne vorherige Prüfungsanordnung** (§ 196 AO) zu einer **Lohnsteuer-Außenprüfung nach § 42f EStG übergegangen** werden (§ 42g Abs. 4 Satz 1 EStG). Auf den Übergang zur Außenprüfung ist **schriftlich hinzuweisen** (§ 42g Abs. 4 Satz 2 EStG). Die allgemeinen Grundsätze über den notwendigen Inhalt von Prüfungsanordnungen gelten entsprechend. Insbesondere sind der Prüfungszeitraum und der Prüfungsumfang festzulegen. Der Beginn einer Lohnsteuer-Außenprüfung nach erfolgter Lohnsteuer-Nachschau ist unter Angabe von Datum und Uhrzeit aktenkundig zu machen. Für die Durchführung der nachfolgenden Lohnsteuer-Außenprüfung gelten die §§ 199 ff. AO. Die Entscheidung zum Übergang zu einer Lohnsteuer-Außenprüfung ist eine Ermessensentscheidung der Finanzbehörde (§ 5 AO). **1943**

Der **Übergang zu einer Lohnsteuer-Außenprüfung** nach § 42f EStG kann insbesondere angezeigt sein:

– wenn bei der Lohnsteuer-Nachschau erhebliche Fehler beim Steuerabzug vom Arbeitslohn festgestellt wurden,
– wenn der für die Besteuerung maßgebliche Sachverhalt im Rahmen der Lohnsteuer-Nachschau nicht abschließend geprüft werden kann und weitere Ermittlungen erforderlich sind,

Lohnsteuer-Nachschau

- wenn der Arbeitgeber seinen Mitwirkungspflichten im Rahmen der Lohnsteuer-Nachschau nicht nachkommt oder
- wenn die Ermittlung von Sachverhalten auf Grund des fehlenden Datenzugriffs nicht oder nur erschwert möglich ist.

7. Auswertungsmöglichkeiten

1944 Der Arbeitgeber kann auf Grund der im Rahmen der Lohnsteuer-Nachschau gewonnenen Erkenntnisse durch **Lohnsteuer-Nachforderungsbescheid** oder **Lohnsteuer-Haftungsbescheid** in Anspruch genommen werden. Die Lohnsteuer-Nachschau kann auch zu einer nachträglichen oder geänderten Lohnsteuer-Anmeldung führen. Soll auf Grund der Lohnsteuer-Nachschau der Arbeitgeber in Haftung genommen oder bei ihm Lohnsteuer nachgefordert werden, ist ihm rechtliches Gehör zu gewähren (§ 91 AO).

Ebenso kann der jeweilige Arbeitnehmer im Rahmen der allgemeinen gesetzlichen Regelungen in Anspruch genommen werden (§ 42d Abs. 3 EStG). Erkenntnisse der Lohnsteuer-Nachschau können **auch im Veranlagungsverfahren des Arbeitnehmers** berücksichtigt werden.

Feststellungen, die während einer Lohnsteuer-Nachschau getroffen werden und die für die Festsetzung und Erhebung anderer Steuern des Betroffenen oder anderer Personen erheblich sein können, können ausgewertet werden (§ 42g Abs. 5 EStG). Zu diesem Zweck können **Kontrollmitteilungen** erstellt werden.

8. Rechtsfolgen

1945 Der Beginn der Lohnsteuer-Nachschau **hemmt nicht den Ablauf der Festsetzungsfrist** nach § 171 Abs. 4 AO. Die **Änderungssperre** des § 173 Abs. 2 AO findet **keine Anwendung**. Soweit eine Steuer gemäß § 164 AO unter dem **Vorbehalt der Nachprüfung** festgesetzt worden ist, muss dieser nach Durchführung der Lohnsteuer-Nachschau **nicht aufgehoben** werden.

9. Zwangsmittel

1946 Im Rahmen einer Lohnsteuer-Nachschau erlassene Verwaltungsakte sind grundsätzlich mit **Zwangsmitteln** (§§ 328 ff. AO) **durchsetzbar**. Ein Verwaltungsakt liegt dann vor, wenn der mit der Lohnsteuer-Nachschau beauftragte Amtsträger Maßnahmen ergreift, die den Stpfl. zu einem bestimmten Tun, Dulden oder Unterlassen verpflichten sollen. Ein **Verwaltungsakt liegt insbesondere vor**, wenn der Amtsträger den Stpfl. auffordert,

- das Betreten der nicht öffentlich zugänglichen Geschäftsräume zu dulden,
- Aufzeichnungen, Bücher, Geschäftspapiere und andere lohnsteuerlich relevante Urkunden vorzulegen oder
- Auskunft zu erteilen.

10. Rechtsbehelf

1947 Gegen schlichtes Verwaltungshandeln (z.B. Betreten von Grundstücken und Räumen zur Durchführung einer Lohnsteuer-Nachschau) ist kein Einspruch gegeben. Im Rahmen der Lohnsteuer-Nachschau ergangene **Verwaltungsakte** (→ Rz. 1946) können gemäß § 347 AO **mit Einspruch angefochten** werden. Der Amtsträger ist berechtigt und verpflichtet, den Einspruch entgegenzunehmen. Der Einspruch hat **keine aufschiebende Wirkung** und hindert daher nicht die Durchführung der Lohnsteuer-Nachschau, es sei denn, die Vollziehung des angefochtenen Verwaltungsakts wurde ausgesetzt (§ 361 AO, § 69 FGO). Mit Beendigung der Lohnsteuer-Nachschau sind oder werden Einspruch und Anfechtungsklage gegen die Anordnung der Lohnsteuer-Nachschau unzulässig; insoweit kommt lediglich eine Fortsetzungs-Feststellungsklage (§ 100 Abs. 1 Satz 4 FGO) in Betracht. Wurden die Ergebnisse der Lohnsteuer-Nachschau in einem Steuer- oder Haftungsbescheid berücksichtigt, muss auch dieser Bescheid angefochten werden, um ein steuerliches Verwertungsverbot zu erlangen.

Für die Anfechtung der Mitteilung des Übergangs zur Außenprüfung (§ 42g Abs. 4 EStG) gelten die Grundsätze für die Anfechtung einer Prüfungsanordnung entsprechend (vgl. AEAO zu § 196).

Lohnsteuerpauschalierung

→ *Pauschalierung der Lohnsteuer* Rz. 2174

Lohnsteuertabellen

1948 Vom BMF werden keine amtlichen Lohnsteuertabellen mehr herausgegeben. Die Herausgabe von Lohnsteuertabellen bleibt den **privaten Tabellenverlagen**, z.B. Stollfuß Medien, überlassen. Deren Produkte werden schon heute in der Praxis ganz überwiegend benutzt, weil sie neben der Lohnsteuer auch die anderen Abzugsbeträge enthalten. Die Herstellung der Privattabellen wird vom BMF dadurch gesteuert, dass die für die Aufstellung von Lohnsteuertabellen erforderlichen Parameter (Stufenbreite, Bemessungsgrundlage für die Vorsorgepauschale, Steuerberechnung nach der Stufenobergrenze) in einem **amtlichen Programmablaufplan** veröffentlicht werden (§ 51 Abs. 4 Nr. 1a EStG).

Für 2016 ist der Programmablaufplan für die Erstellung von Lohnsteuertabellen veröffentlicht worden (BMF v. 16.11.2015, IV C 5 – S 2361/15/10002, www.stotax.first.de).

Gedruckte Lohnsteuertabellen, z.B. die von Stollfuß Medien herausgegebenen Lohnsteuertabellen, sind damit **gesetzlich weiterhin zugelassen**.

Für die Berechnung der Lohnsteuer 2016 sind **zwei verschiedene** Lohnsteuertabellen von Stollfuß Medien aufgestellt worden,

- die **allgemeine Lohnsteuertabelle** für einen Arbeitnehmer, der in allen Sozialversicherungszweigen versichert ist, und
- die **besondere Lohnsteuertabelle** für einen Arbeitnehmer, der in keinem Sozialversicherungszweig versichert und privat kranken- und pflegeversichert ist sowie dem Arbeitgeber keine Kranken- und Pflege-Pflichtversicherungsbeiträge mitgeteilt hat.

Beide Lohnsteuertabellen unterscheiden sich nur in der Höhe der eingearbeiteten Vorsorgepauschale (→ *Vorsorgepauschale* Rz. 3094).

Aus Vereinfachungsgründen wird bei der Erstellung der Lohnsteuertabellen der **Beitragszuschlag für Kinderlose** in der Pflegeversicherung (§ 55 Abs. 3 SGB XI) im Rahmen der Ermittlung der Vorsorgepauschale **nicht berücksichtigt**. Beim **Teilbetrag der Vorsorgepauschale** für die gesetzliche Krankenversicherung ist **immer auf den durchschnittlichen Zusatzbeitragssatz** der Krankenkasse (§ 242a SGB V) abzustellen (BMF v. 16.11.2015, IV C 5 – S 2361/15/10002, www.stotax-first.de).

Die länderspezifische Besonderheit bei der sozialen Pflegeversicherung (höherer Arbeitnehmeranteil in Sachsen) ist bei der Erstellung von Lohnsteuertabellen zu beachten. Die Finanzverwaltung hat jedoch keine Bedenken, wenn die Lohnsteuer mittels einer Lohnsteuertabelle berechnet wird, die die Besonderheit nicht berücksichtigt, wenn der Arbeitnehmer einer entsprechenden Lohnsteuerberechnung nicht widerspricht (BMF v. 26.11.2013, IV C 5 – S 2367/13/10001, BStBl I 2013, 1532).

Bei **geringfügig beschäftigten Arbeitnehmern** (geringfügig entlohnte Beschäftigung sowie kurzfristige Beschäftigung), bei denen die Lohnsteuer nach den Lohnsteuerabzugsmerkmalen erhoben wird und der Arbeitnehmer keinen eigenen Beitrag zur Rentenversicherung und Kranken-/Pflegeversicherung zahlt, ist die Lohnsteuer mit der **besonderen Lohnsteuertabelle** zu berechnen.

Lohnzahlung an Dritte

→ *Arbeitslohn* Rz. 244

Lohnzahlung durch Dritte

1. Allgemeines

1949 Der Arbeitgeber ist nach § 38 Abs. 1 EStG bei der Auszahlung von Arbeitslohn zur Einbehaltung der Lohnsteuer verpflichtet. Der Lohnsteuer unterliegt auch der i.R.d. Dienstverhältnisses **von einem Dritten gewährte Arbeitslohn**, wenn der Arbeitgeber weiß oder erkennen kann, dass derartige Vergütungen erbracht werden; dies ist insbesondere anzunehmen, wenn Arbeitgeber und Dritter

Lohnzahlung durch Dritte

verbundene Unternehmen i.S.v. § 15 AktG sind (§ 38 Abs. 1 Satz 3 EStG).

Bei Zahlungen durch Dritte ist zu **unterscheiden**, ob es sich hierbei um eine **„unechte" Lohnzahlung durch Dritte** oder um eine **„echte" Lohnzahlung durch Dritte** handelt (BFH v. 30.5.2001, VI R 123/00, BStBl II 2002, 230; R 38.4 LStR). Entsprechend dieser Einordnung richtet sich die Verpflichtung zur Einbehaltung der Lohnsteuer.

Zur Einbehaltung der Lohnsteuer ist aber **immer der Arbeitgeber verpflichtet**; der Dritte hat keine lohnsteuerlichen Pflichten zu erfüllen, es sei denn, die lohnsteuerlichen Pflichten werden nach § 38 Abs. 3a EStG auf den Dritten übertragen, → *Lohnsteuerabzug durch Dritte* Rz. 1848. Deshalb verbleibt die Pflicht zur Einbehaltung der Lohnsteuer und ggf. die Haftung für nicht abgeführte Lohnsteuerbeträge grundsätzlich beim **Arbeitgeber**.

Soweit der Arbeitgeber nicht zum Lohnsteuerabzug verpflichtet ist, hat der Arbeitnehmer den Arbeitslohn unter den Voraussetzungen des § 46 EStG (→ *Veranlagung von Arbeitnehmern* Rz. 2973) im Rahmen seiner **Einkommensteuererklärung** zu versteuern (der Arbeitnehmer hat den nicht dem Lohnsteuerabzug unterliegenden Arbeitslohn in der Anlage N einzutragen).

2. Unechte Lohnzahlung durch Dritte

1950 Eine unechte Lohnzahlung eines Dritten ist nach R 38.4 Abs. 1 LStR dann anzunehmen, wenn der Dritte **lediglich als Leistungsmittler fungiert**. Das ist z.B. der Fall, wenn der Dritte im Auftrag des Arbeitgebers leistet oder die Stellung einer Kasse des Arbeitgebers innehat, z.B. selbständige Kasse zur Zahlung von Unterstützungsleistungen (BFH v. 28.3.1958, VI 233/56 S, BStBl III 1958, 268) oder von Erholungsbeihilfen (BFH v. 27.1.1961, VI 249/60 U, BStBl III 1961, 167).

Der den Dritten als Leistungsmittler einsetzende Arbeitgeber bleibt der den Arbeitslohn Zahlende und ist daher zum Lohnsteuerabzug verpflichtet (§ 38 Abs. 1 Satz 1 EStG).

Bei der **Gewährung von geldwerten Vorteilen durch Dritte** führt allein **eine enge wirtschaftliche Verknüpfung** des Arbeitgebers mit dem Dritten im Rahmen eines Konzernverbunds **nicht zur Annahme des Vorliegens von sog. unechtem Arbeitslohn**. Der Arbeitgeber ist für solche Vorteile eines Dritten nicht nach § 38 Abs. 1 Satz 1 EStG zum Lohnsteuerabzug verpflichtet (BFH v. 4.4.2006, VI R 11/03, BStBl II 2006, 668). Ein Lohnsteuerabzug kann aber nach § 38 Abs. 1 Satz 3 EStG in Betracht kommen, → Rz. 1951.

Zur Frage der **Lohnsteuerabzugsverpflichtung des Arbeitgebers** bei der Einräumung gegenseitiger „Vorteilstarife" an Mitarbeiter verbundener Unternehmen vgl. FG Köln v. 1.10.2002, 5 K 135/96, EFG 2005, 1105.

3. Echte Lohnzahlung durch Dritte

1951 Eine echte Lohnzahlung eines Dritten liegt nach R 38.4 Abs. 2 LStR dann vor, wenn dem Arbeitnehmer **Vorteile von einem Dritten eingeräumt** werden, die ein **Entgelt für eine Leistung** sind, die der Arbeitnehmer im Rahmen seines Dienstverhältnisses **für den Arbeitgeber** erbringt. Dies ist auch dann der Fall, wenn der Arbeitgeber als eine Art Treuhänder bei der Verteilung der Gelder eingeschaltet ist; auch in dieser Konstellation liegt die Zuwendung eines Dritten und nicht die des Arbeitgebers vor (BFH v. 18.6.2015, VI R 37/14, HFR 2015, 1011 betr. freiwillige Zahlungen von Spielbankkunden an die Saalassistenten einer Spielbank für das Servieren von Speisen und Getränken).

Werden Rabatte sowohl **Arbeitnehmern von Geschäftspartnern** als auch einem **weiteren Personenkreis** (Angehörige der gesamten Branche, Arbeitnehmer weiterer Unternehmen) eingeräumt, so liegt hierin **kein Arbeitslohn** (BFH v. 10.4.2014, VI R 62/11, BStBl II 2015, 191).

> **Beispiel 1:**
> Der Vorstandsvorsitzende und Hauptaktionär einer AG veräußert der Ehefrau eines Vorstandsmitglieds und Gesellschafters der AG und Geschäftsfreunden Aktien der AG zum vom Börsenkurs abweichenden Nennwert.
>
> Der verbilligte Erwerb von Aktien vom Arbeitgeber (oder einem Dritten) kann zu Einnahmen aus nichtselbständiger Arbeit führen, wenn der Vorteil dem Arbeitnehmer „für" seine Arbeitsleistung gewährt wird. Dies kann nur auf Grund einer grundsätzlich der Tatsacheninstanz vorbehaltenen Würdigung aller wesentlichen Umstände des Einzelfalls entschieden werden (BFH v. 7.5.2014, VI R 73/12, BStBl II 2014, 904).

> **Beispiel 2:**
> Die B GmbH war Alleingesellschafterin der A GmbH. Die B GmbH veräußerte sämtliche Anteile der A GmbH an die D AG. Die Arbeitnehmer der A GmbH erhielten einen von der B GmbH ausgestellten Scheck über 5 200 €. Im dazugehörigen Anschreiben der B GmbH ist unter anderem ausgeführt:
>
> Die bisherige Alleingesellschafterin der A GmbH, die B GmbH, hat ihre Geschäftsanteile an die D AG verkauft. Aus diesem Anlass schenkt Ihnen die B GmbH die in beiliegendem Scheck verzeichnete Summe. Bei diesem Betrag handelt es sich um eine freiwillige, nicht mehr mit dem Arbeitsverhältnis im Zusammenhang stehende Zuwendung, die grundsätzlich der Schenkungsteuer unterliegt. Die Höhe der anfallenden Schenkungsteuer ist in Abhängigkeit von dem Zuwendungsbetrag der beigefügten Tabelle zu entnehmen.
>
> Die freiwilligen Zuwendungen, die die Arbeitnehmer der ehemaligen A GmbH aus Anlass der Veräußerung der Anteile an die D AG von der B GmbH erhalten, sind keine Schenkungen, sondern als echte Lohnzahlungen durch Dritte Arbeitslohn (BFH v. 28.2.2013, VI R 58/11, BStBl II 2013, 642 und BFH v. 7.8.2014, VI R 57/12, HFR 2015, 242).

> **Beispiel 3:**
> Eine Gemeinde hat im eigenen Namen Leasingverträge über Pkws abgeschlossen, um ihren Arbeitnehmern Zugang zu vergünstigten Konditionen zu ermöglichen, weil der Autohersteller der Gemeinde günstigere Konditionen einräumt als einem privaten Leasingnehmer (sog. Behördenleasing). Die Leasingwagen stehen allein den Arbeitnehmern zur uneingeschränkten dienstlichen und privaten Verwendung zur Verfügung.
>
> Es ist zu prüfen, ob das Fahrzeug dem Arbeitgeber oder dem Arbeitnehmer zuzurechnen ist. Ist das Fahrzeug dem Arbeitgeber zuzurechnen, liegt die Überlassung des Firmenwagens zur privaten Nutzung vor, die nach § 8 Abs. 2 Satz 2 bis 5 EStG zu bewerten ist (→ *Firmenwagen zur privaten Nutzung* Rz. 1226). Ist das Fahrzeug dem Arbeitnehmer zuzurechnen, können in Höhe der Differenz zwischen den für dritte Privatpersonen üblichen und den tatsächlich bezahlten Leasinggebühren Einnahmen aus nichtselbständiger Arbeit vorliegen (BFH v. 18.12.2014, VI R 75/13, BStBl II 2015, 670).

> **Beispiel 4:**
> Der beherrschende Gesellschafter einer GmbH, bei der der Arbeitnehmer beschäftigt ist, veräußert einen Anteil an dieser GmbH verbilligt an eine Mitgesellschafterin, bei der es sich ebenfalls um eine GmbH handelt, die ihrerseits von dem Arbeitnehmer beherrscht wird.
>
> Der mit der verbilligten Veräußerung der erwerbenden GmbH zugewandte wirtschaftliche Vorteil ist nur dann als Arbeitslohn des Arbeitnehmers zu qualifizieren, wenn die Veräußerung eindeutig durch das Arbeitsverhältnis des Arbeitnehmers veranlasst war (FG Münster v. 2.10.2014, 14 K 3691/11 E, EFG 2015, 25, Revision eingelegt, Az. beim BFH: VI R 67/14).

Zu den **echten Lohnzahlungen durch Dritte** gehören auch die **Fälle des § 13b AÜG**. Danach hat der Entleiher dem Leiharbeitnehmer grundsätzlich Zugang zu den Gemeinschaftseinrichtungen oder -diensten im Unternehmen unter den gleichen Bedingungen zu gewähren wie vergleichbaren Arbeitnehmern in dem Betrieb, in dem der Leiharbeitnehmer seine Arbeitsleistung erbringt (R 38.4 Abs. 2 Satz 1 zweiter Halbsatz LStR).

Liegt eine echte Lohnzahlung durch Dritte vor, hat der Arbeitgeber die Lohnsteuer einzubehalten und die damit verbundenen sonstigen Pflichten zu erfüllen, wenn **der Arbeitslohn i.R.d. Dienstverhältnisses** von einem Dritten gezahlt wird und **der Arbeitgeber weiß oder erkennen kann**, dass derartige Vergütungen erbracht werden. Dies ist insbesondere anzunehmen, wenn Arbeitgeber und Dritter verbundene Unternehmen i.S.v. § 15 AktG sind (§ 38 Abs. 1 Satz 3 EStG).

Der Arbeitgeber kann die Lohnzahlung durch Dritte **insbesondere dann erkennen**, wenn

– er an der Verschaffung der Drittvergütung **mitgewirkt** hat,

– der Vorteil auf einer **Rahmenvereinbarung** beruht, die der Berufsverband des Arbeitgebers oder seine Dachorganisation mit dem Dritten geschlossen hat, und der Vorteil den Verbandsmitgliedern bekannt ist,

– im Unternehmen des Arbeitgebers **allgemein bekannt** ist, dass der Dritte derartige Vergütungen i.R.d. Dienstverhältnisses gewährt,

Lohnzahlung durch Dritte

- der Arbeitgeber von den Finanz- oder Sozialbehörden auf die Drittvergütung **hingewiesen** worden ist, oder

- Arbeitgeber und Dritter **verbundene Unternehmen** i.S.d. § 15 AktG sind.

Damit der Arbeitgeber seine Lohnsteuerabzugsverpflichtung auch erfüllen kann, ist **der Arbeitnehmer gesetzlich verpflichtet**, seinem Arbeitgeber die **von einem Dritten gewährten Bezüge** am Ende des jeweiligen Lohnzahlungszeitraums **anzugeben**. Wenn **der Arbeitnehmer keine Angabe** oder eine erkennbar unrichtige Angabe macht, hat der **Arbeitgeber dies dem Betriebsstättenfinanzamt anzuzeigen** (§ 38 Abs. 4 Satz 3 EStG).

Der Arbeitgeber ist insbesondere in folgenden Fällen **zum Lohnsteuerabzug verpflichtet**:

- **Gewährung von Rabatten oder Aktienoptionen** von konzernangehörigen Unternehmen,

- **Provisionszahlungen** von Bausparkassen oder Versicherungsunternehmen an Arbeitnehmer der Kreditinstitute für Vertragsabschlüsse, die während der Arbeitszeit vermittelt werden; wenn zum Aufgabengebiet des Arbeitnehmers der direkte Kontakt mit dem Kunden des Kreditinstituts gehört, gilt dies auch für die Provisionen der Vertragsabschlüsse außerhalb der Arbeitszeit (→ *Provisionen* Rz. 2340),

- **Remunerationen an Vorstandsmitglieder von Sparkassen**; als Remunerationen werden Vergütungen bezeichnet, die Vorstandsmitglieder auf Grund von Kooperationsabkommen zwischen Sparkassen auf der einen und Bausparkassen bzw. Versicherungen auf der anderen Seite erhalten; diese Kooperationsabkommen regeln die Vermittlung von Dienstleistungen der Bausparkassen und Versicherungen durch die Sparkassen.

> **Beispiel 5:**
> Der Sparkassenvorstand S erhält von der Bausparkasse B als Remunerationen bezeichnete Vergütungen.
>
> Die Remunerationen, die S erhält, sind Ausfluss seines Arbeitsverhältnisses zur Sparkasse und gehören zu den Einkünften aus nichtselbständiger Arbeit. Derartige Vergütungen sind im Kooperationsfall üblich, so dass die Sparkasse weiß oder erkennen kann, dass derartige Vergütungen erbracht werden. Mithin stellen diese Remunerationen Lohnzahlungen Dritter dar, die nach § 38 Abs. 1 Satz 3 EStG dem Lohnsteuerabzug unterliegen. Soweit die Sparkasse als Arbeitgeber diese Bezüge nicht selbst ermitteln kann, hat sie der Sparkassenvorstand für jeden Lohnzahlungszeitraum anzuzeigen. Von dieser Behandlung sind lediglich die Fälle ausgenommen, in denen der Lohnsteuerabzug durch die Bausparkasse oder Versicherung erfolgt, weil auf Grund besonderer Vereinbarungen ein Dienstverhältnis zwischen diesem Institut und dem Sparkassenvorstand besteht (BMF v. 26.10.1998, IV C 5 – S 2360 – 2/98, www.stotax-first.de).

Der Arbeitgeber ist allerdings **nicht zum Lohnsteuerabzug verpflichtet**, wenn Mitarbeiter einer Bank beim Abschluss eines eigenen Bausparvertrags von der Bausparkasse Gebührenvorteile (Verzicht auf Abschlussgebühr) erhalten und der Arbeitgeber nicht zum Konzernverbund der Bausparkasse gehört, sondern lediglich im Rahmen einer Kooperation Verträge der Bausparkasse vermittelt (BFH v. 20.5.2010, VI R 41/09, BStBl II 2010, 1022).

Auch **Entgelte für Länderspieleinsätze**, die vom Bundesverband **an die Nationalspieler gezahlt** werden, stellen **keine Lohnzahlungen** des arbeitgebenden Bundesligavereins **durch Dritte** nach § 38 Abs. 1 Satz 3 EStG dar, wenn sich die Verpflichtung zur Teilnahme an den Länderspielen **nicht aus dem Arbeitsvertrag** des Spielers mit dem Bundesligaverein ergibt (FG Münster v. 25.3.2015, 7 K 3010/12 L, EFG 2015, 989, Revision eingelegt, Az. beim BFH: VI R 26/15). Die Frage, welcher Einkunftsart konkret die Zahlungen des Verbands zuzuordnen sind (Einkünfte aus selbständiger Arbeit nach § 18 EStG oder Einkünfte aus nichtselbständiger Arbeit nach § 19 EStG), ließ das FG Münster offen, weil in beiden Alternativen keine Verpflichtung zum Lohnsteuerabzug durch den Bundesligaverein bestand.

Zur Behandlung der Mitarbeiterbeteiligung an den Liquidationseinnahmen der Chefärzte → *Arzt* Rz. 328.

4. Rabattgewährung von dritter Seite

Zur steuerlichen Behandlung der Rabatte, die Arbeitnehmern von dritter Seite eingeräumt werden, vgl. BMF v. 20.1.2015, IV C 5 – S 2360/12/10002, BStBl I 2015, 143 sowie → *Rabatte* Rz. 2359. **1952**

5. Lohnsteuerabzugsverfahren

Der Arbeitnehmer hat **dem Arbeitgeber die von einem Dritten gewährten Bezüge** i.S.v. § 38 Abs. 1 Satz 3 EStG am Ende des jeweiligen Lohnzahlungszeitraums **anzugeben**; hierzu ist der Arbeitnehmer **gesetzlich verpflichtet** (§ 38 Abs. 4 Satz 3 EStG). Der Arbeitgeber hat die Anzeige als Beleg zum Lohnkonto **aufzubewahren** und die bezeichneten Bezüge zusammen mit dem übrigen Arbeitslohn des Arbeitnehmers dem Lohnsteuerabzug zu unterwerfen. **Dabei kann folgende Erklärung verwendet werden:** **1953**

Erklärung

(☐ = Zutreffendes jeweils ankreuzen bzw. ausfüllen, nicht Zutreffendes streichen)

Mir ist bekannt, dass Zahlungen, die ich von einem Dritten im Rahmen meines Dienstverhältnisses erhalte, lohnsteuerpflichtig sind.

Ich erkläre hiermit unter Versicherung der Richtigkeit meiner Angaben, dass ich

☐ im Monat
....
☐ in der Zeit vom .... bis ....
☐ .... € erhalten habe.
☐ keine der oben genannten Zahlungen erhalten habe.

......................, den ....
(Unterschrift)

Wenn der vom Arbeitgeber geschuldete **Barlohn zur Deckung der Lohnsteuer nicht ausreicht**, hat der Arbeitnehmer dem Arbeitgeber den Fehlbetrag zur Verfügung zu stellen oder der Arbeitgeber einen entsprechenden Teil der anderen Bezüge des Arbeitnehmers zurückzubehalten (§ 38 Abs. 4 Satz 1 EStG). Soweit der Arbeitnehmer seiner Verpflichtung nicht nachkommt und der Arbeitgeber den Fehlbetrag nicht durch Zurückbehaltung von anderen Bezügen des Arbeitnehmers aufbringen kann, muss der Arbeitgeber dies dem Betriebsstättenfinanzamt anzeigen (§ 38 Abs. 4 Satz 2 EStG). Ebenfalls anzuzeigen hat der Arbeitgeber dem Betriebsstättenfinanzamt, wenn **der Arbeitnehmer ihm keine Angaben** zu den von einem Dritten gewährten Bezügen i.S.v. § 38 Abs. 1 Satz 3 EStG macht oder **erkennbar unrichtige Angaben** macht (§ 38 Abs. 4 Satz 3 EStG). Die dem Arbeitgeber bei der Lohnzahlung durch Dritte auferlegte Lohnsteuerabzugspflicht erfordert, dass dieser seine Arbeitnehmer auf ihre **gesetzliche Verpflichtung** hinweist. Kommt der Arbeitnehmer seiner Angabenpflicht nicht nach und kann der Arbeitgeber bei der gebotenen Sorgfalt aus seiner Mitwirkung an der Lohnzahlung des Dritten oder aus der Unternehmensverbundenheit mit dem Dritten erkennen, dass der Arbeitnehmer zu Unrecht keine Angaben macht oder seine Angaben unzutreffend sind, hat der Arbeitgeber die **ihm bekannten Tatsachen** zur Lohnzahlung von dritter Seite dem Betriebsstättenfinanzamt anzuzeigen. Die Anzeige hat **unverzüglich** zu erfolgen (R 38.4 Abs. 2 Sätze 3 bis 5 LStR). Das Finanzamt hat die zu wenig erhobene Lohnsteuer vom Arbeitnehmer nachzufordern.

Der Arbeitgeber hat keine Lohnsteuer einzubehalten von Bezügen, die nicht i.R.d. Dienstverhältnisses gezahlt werden, z.B. vom Arbeitslohn aus einem zweiten oder weiteren Dienstverhältnis. Zahlt im Fall unerlaubter Arbeitnehmerüberlassung der Entleiher an Stelle des Verleihers den Arbeitslohn an die Arbeitnehmer, so ist der Entleiher regelmäßig nicht Dritter, sondern Arbeitgeber i.S.d. § 38 Abs. 1 Satz 1 Nr. 1 EStG, vgl. H 42d.2 (Steuerrechtlicher Arbeitgeber) LStH.

6. Haftung

Der **Arbeitgeber haftet grundsätzlich nicht** für die Lohnsteuer, die er **infolge unvollständiger oder unrichtiger Angaben** des **Arbeitnehmers** zu wenig einbehalten hat. Voraussetzung ist allerdings, dass er in diesen Fällen seiner Anzeigepflicht gegenüber seinem Betriebsstättenfinanzamt nachkommt (§ 38 Abs. 4 Satz 3 EStG). **1954**

Der Arbeitgeber haftet jedoch für zu wenig einbehaltene Lohnsteuer, wenn der Arbeitnehmer richtige und vollständige Angaben über die Lohnzahlung durch Dritte macht und der Arbeitgeber dies

☐ = keine Lohnsteuerpflicht
☐ = Lohnsteuerpflicht

nicht beim Lohnsteuerabzug berücksichtigt oder dem Betriebsstättenfinanzamt nicht zumindest nach § 38 Abs. 4 Satz 2 EStG anzeigt (BFH v. 9.10.2002, VI R 112/99, BStBl II 2002, 884).

7. Sozialversicherung

1955 Die steuerlichen Grundsätze für die Lohnzahlung durch Dritte gelten für die Sozialversicherung entsprechend. Obwohl § 14 SGB IV (Arbeitsentgelt) keine entsprechende Regelung enthält, kann unter Bezugnahme auf die Rechtsprechung des BSG (BSG v. 26.10.1988, 12 RK 18/87, www.stotax-first.de) insoweit von einem Gleichklang ausgegangen werden.

S. auch → *Arbeitnehmerüberlassung* Rz. 191.

Lohnzahlungszeitraum

→ *Berechnung der Lohnsteuer* Rz. 627

Lohnzuschläge

→ *Zuschläge* Rz. 3364

Lösegeld

1. Arbeitslohn

1956 Höchstrichterlich noch nicht eindeutig geklärt ist, ob Lösegeldzahlungen des Arbeitgebers zur Befreiung von Arbeitnehmern

- steuerpflichtiger **Arbeitslohn** sind (in diesem Sinne BFH v. 22.2.2001, I B 132/00, www.stotax-first.de, betr. Lösegeldzahlungen einer GmbH für ihren Gesellschafter als verdeckte Gewinnausschüttung)
- oder **im ganz überwiegenden betrieblichen Interesse des Arbeitgebers liegen und damit kein Arbeitslohn** sind (so FG Nürnberg v. 13.3.1986, VI 239/84, EFG 1986, 493 betr. Übernahme der Kaution für einen Berufskraftfahrer, der auf einer Geschäftsfahrt durch die DDR einen schweren Unfall verursacht hatte).

U.E. ist **Arbeitslohn** anzunehmen, weil die Arbeitnehmer immer auch ein erhebliches Eigeninteresse an der Übernahme des Lösegeldes durch den Arbeitgeber haben dürften, der geldwerte Vorteil zudem von erheblichem Gewicht ist (es handelt sich regelmäßig um hohe Zahlungen) und bei Kostenübernahme von Aufwendungen für die Lebensführung – hierunter fallen alle Aufwendungen zum Schutz des eigenen Lebens – durch den Arbeitgeber typisierend Arbeitslohn anzunehmen ist (vgl. BFH v. 5.4.2006, IX R 109/00, BStBl II 2006, 541 betr. Sicherheitsmaßnahmen am Wohnhaus eines Bankvorstands als Arbeitslohn); → *Bewachung* Rz. 718.

☐ ☐

2. Werbungskosten

1957 Keine Werbungskosten, Aufwendungen für den Schutz des eigenen Lebens oder die Wiedererlangung der Freiheit sind Kosten der Lebensführung (BFH v. 30.10.1980, IV R 27/77, BStBl II 1981, 303). S. auch → *Bewachung* Rz. 722.

Mahlzeiten

Inhaltsübersicht:	**Rz.**
1. Allgemeines	1958
2. Definition des Begriffs Mahlzeit	1959
3. Ansatz der Sachbezugswerte	1960
a) Anwendungsbereich	1960
b) Höhe der Sachbezugswerte	1961
4. Mahlzeiten im Betrieb	1964
5. Mahlzeiten außerhalb des Betriebs	1965
6. Essenmarken	1966
a) Bewertung als Sachbezug	1967
b) Höhe des Sachbezugswerts	1968
c) Barlohnverzicht	1969
7. Nachweispflichten des Arbeitgebers	1970
8. Lohnsteuerpauschalierung	1971
9. Rabattfreibetrag bei der Mahlzeitengewährung	1972
10. Umsatzsteuer	1973

Mahlzeiten

1. Allgemeines

1958 Die Aufwendungen des Arbeitnehmers für Essen und Trinken sind im Allgemeinen Kosten der privaten Lebensführung und damit keine Werbungskosten bei den Einkünften aus nichtselbständiger Arbeit. Dies gilt auch dann, wenn berufsbedingt erhöhte Kosten anfallen (zuletzt BFH v. 9.4.2014, X R 40/11, HFR 2015, 461 betr. Verpflegungsmehraufwendungen eines Kraftsportlers). Auch ungewöhnlich lange Arbeitsschichten, z.B. der 24-Stunden-Dienst eines Feuerwehrmanns, berechtigen nicht zur Abziehbarkeit von Verpflegungsmehraufwendungen als Werbungskosten (BFH v. 31.1.1997, VI R 98/94, HFR 1997, 662). Ein **Werbungskostenabzug** kommt nach diesem Urteil allenfalls für „**vergebliche Speisen**" in Betracht, wenn z.B. ein Feuerwehrmann sein Essen wegen eines Einsatzes nicht einnehmen konnte und er nach Rückkehr, weil die Speise ungenießbar geworden war, erneut ein Essen herrichten musste. Solche vergeblichen Aufwendungen müssen aber im Einzelnen nachgewiesen werden.

Ausnahmen von diesem Abzugsverbot gelten bei

- Mehraufwendungen für Verpflegung anlässlich von Auswärtstätigkeiten (→ *Reisekosten: Allgemeine Grundsätze* Rz. 2409);
- Mehraufwendungen für Verpflegung anlässlich einer doppelten Haushaltsführung (→ *Doppelte Haushaltsführung: Allgemeines* Rz. 901).

Trägt der Arbeitgeber ganz oder teilweise **die Aufwendungen für** die während der Arbeitszeit eingenommenen **Mahlzeiten** des Arbeitnehmers, so besteht darin grundsätzlich ein **geldwerter Vorteil des Arbeitnehmers**, der auch steuer- und beitragspflichtig ist.

☐ ☐

In folgenden Ausnahmefällen ist die Gewährung von Mahlzeiten allerdings als **im ganz überwiegenden betrieblichen Interesse des Arbeitgebers** nicht als Arbeitslohn anzusehen und damit nicht steuer- und beitragspflichtig:

- Mahlzeiten anlässlich und während eines außergewöhnlichen Arbeitseinsatzes (→ *Arbeitsessen* Rz. 234),
- Mahlzeiten anlässlich einer geschäftlich veranlassten Bewirtung (→ *Bewirtungskosten* Rz. 724),
- Zusatzverpflegung in gesundheitsgefährdeten Betrieben (→ *Arbeitslohn-ABC* Rz. 256 „Zusatzverpflegung"),
- Mahlzeiten, die Kindergärtnerinnen lt. Arbeitsvertrag gemeinsam mit den Kindern einzunehmen haben (FG Niedersachsen v. 19.2.2009, 11 K 384/07, www.stotax-first.de),
- Mahlzeiten, die angestellte Betreuer eines Kinderheims lt. Arbeitsvertrag gemeinsam mit den Kindern einzunehmen haben (FG Schleswig-Holstein v. 23.1.2012, 5 K 64/11, www.stotax-first.de),
- Mahlzeiten, die Pflegekräfte einnehmen, die mit behinderten Menschen in einer Wohngemeinschaft leben, um diese rund um die Uhr pflegen, betreuen und versorgen zu können (FG Baden-Württemberg v. 21.3.2013, 3 K 3932/11, EFG 2013, 1353),
- Mahlzeiten, die Mitarbeiter auf einer Offshore-Plattform einnehmen, wenn dies den Gesichtspunkten der Logistik, dem Sicherheits- und Betriebskonzept, den Hygienebestimmungen und der Gestaltung des Betriebsablaufs (Schichtdienst) auf der Offshore-Plattform im besonderen Maße Rechnung trägt, die Mitarbeiter auf Grund der beengten Räumlichkeiten keine Möglichkeit haben, sich selbst zu verpflegen, und die Verpflegung das übliche Maß in der Offshore-Branche nicht übersteigt (FG Hamburg v. 17.9.2015, 2 K 54/15, www.stotax-first.de),
- Mahlzeiten, die Besatzungsmitglieder an Bord von Flusskreuzfahrtschiffen einnehmen, wenn das eigenbetriebliche Interesse des Arbeitgebers an einer Gemeinschaftsverpflegung wegen besonderer betrieblicher Abläufe den Vorteil der Arbeitnehmer bei Weitem überwiegt (BFH v. 21.1.2010, VI R 51/08, BStBl II 2010, 700).

☐ ☐

Demgegenüber wird Profifußballern mit der Übernahme der Kosten für die – verpflichtend einzunehmende – Verpflegung anlässlich der Heimspiele und Auswärtsspiele sowie der Trainingslager ein steuerpflichtiger geldwerter Vorteil zugewandt. An der Einnahme sportmedizinisch abgestimmter Speisen besteht neben dem ei-

Mahlzeiten

genbetrieblichen Interesse des Arbeitgebers ein – zur Annahme von Arbeitslohn führendes – nicht unerhebliches Interesse der Sportler (FG München v. 3.5.2013, 8 K 4017/09, EFG 2013, 1407).

2. Definition des Begriffs Mahlzeit

1959 Zu den Mahlzeiten gehören alle Speisen und Lebensmittel, die üblicherweise der Ernährung dienen, einschließlich der dazu üblichen Getränke, vgl. H 8.1 (7) (Begriff der Mahlzeit) LStH. Zu den **Mahlzeiten** gehören demnach alle warmen und kalten Speisen, unabhängig davon, ob es sich um eine vollständige Mahlzeit oder um eine Teilmahlzeit handelt, z.B. belegte Brötchen, eine Suppe, ein Salat, Würstchen mit Brot oder ein Drei-Gänge-Menü (vgl. OFD Frankfurt v. 6.7.2015, S 2353 A – 87 – St 222). Getränke gehören zu den Mahlzeiten, wenn sie üblicherweise zu den Mahlzeiten eingenommen werden, z.B. ein Erfrischungsgetränk zum Essen oder ein Kaffee im unmittelbaren Anschluss an ein Mittagessen.

Getränke, die nicht unmittelbar zur Mahlzeit gereicht werden, z.B. kostenlose Getränke zwischen den Mahlzeiten, sind nicht mit einzubeziehen; diese Getränke gehören i.d.R. als Aufmerksamkeiten nicht zum Arbeitslohn (→ *Annehmlichkeiten* Rz. 151).

Zu den Mahlzeiten, die mit dem Sachbezugswert anzusetzen sind (→ Rz. 1960), gehören auch Lebensmittel, die der Arbeitnehmer in der **Kantine einkauft**, um sie während der Arbeitszeit zu verzehren, z.B. Brot, Butter, Wurst, Gebäck. Dabei ist der Grund für den Einkauf der Lebensmittel nebensächlich. Es kann sein, dass der Arbeitgeber keine warmen Mahlzeiten in der Kantine herstellt. Es kann aber auch sein, dass der Arbeitnehmer die Gerichte gesundheitlich nicht verträgt, dass sie ihm nicht gefallen oder dass er zu den kantinenüblichen Esszeiten nicht im Betrieb anwesend ist (BFH v. 21.3.1975, VI R 94/72, BStBl II 1975, 486). Auch ein kleiner Imbiss in Form von belegten Broten, Joghurt oder Kuchen, der zum Frühstück ausgegeben wird, ist mit dem Sachbezugswert von 1,67 € anzusetzen (vgl. OFD Frankfurt v. 6.7.2015, S 2353 A – 87 – St 222, www.stotax-first.de).

Auch ein Verzehr im unmittelbaren Anschluss an die Arbeitszeit ist für die Bewertung mit dem Sachbezugswert unschädlich, und zwar unabhängig davon, ob der Arbeitnehmer tagsüber auswärts tätig war oder nicht (BFH v. 7.11.1975, VI R 174/73, BStBl II 1976, 50).

3. Ansatz der Sachbezugswerte

a) Anwendungsbereich

1960 Mahlzeiten, die dem Arbeitnehmer vom Arbeitgeber als Sachbezug zur Verfügung gestellt werden, sind mit dem maßgebenden amtlichen Sachbezugswert nach der SvEV zu bewerten (R 8.1 Abs. 7 Nr. 1 LStR). Dies gilt auch dann, wenn der Arbeitnehmer **verpflichtet** ist, an der Gemeinschaftsverpflegung teilzunehmen (BFH v. 11.3.2004, VI B 26/03, www.stotax-first.de).

Die Sachbezugswerte für Mahlzeiten dürfen jedoch in folgenden Fällen **nicht angesetzt** werden:

- Soweit der Arbeitgeber die Mahlzeiten überwiegend nicht für die Arbeitnehmer zubereitet und der Wert des geldwerten Vorteils nach § 8 Abs. 3 EStG mit dem Endpreis am Abgabeort ermittelt wird (allerdings nach Abzug eines Bewertungsabschlags von 4 % und des Rabattfreibetrags von 1 080 €), vgl. → *Rabatte* Rz. 2345..

> **Beispiel 1:**
> Ein Hotelbetrieb gewährt seinen Arbeitnehmern ein Mittagessen für 3 €; diese können sich die Mahlzeit von der Speisekarte aussuchen.
> Der Sachbezugswert ist nicht anzusetzen, wenn die Bewertung der Mahlzeit nach § 8 Abs. 3 EStG (Preis auf der Speisekarte abzüglich 4 % Abschlag unter Beachtung des Freibetrags von jährlich 1 080 €) erfolgt.

- Soweit der Arbeitgeber Zuschüsse an die Arbeitnehmer auszahlt und die Verwendung der Zuschüsse nicht kontrolliert; in diesem Fall ist der Wert des Zuschusses als Arbeitslohn zu erfassen.

> **Beispiel 2:**
> Ein Arbeitgeber ohne eigene Kantine gewährt seinen Arbeitnehmern jeweils für eine Mittagsmahlzeit einen Zuschuss i.H.v. 5 €. Der Zuschuss wird den Arbeitnehmern wöchentlich bar ausgezahlt. Den Arbeitnehmern steht es frei, ob und wo sie essen gehen.
> Der „Essenszuschuss" ist nicht mit dem Sachbezugswert anzusetzen, sondern mit dem tatsächlichen Wert von 5 € der Lohnversteuerung zu unterwerfen.

Auf Mahlzeiten, die der Arbeitgeber nicht zur üblichen arbeitstäglichen Beköstigung seiner Arbeitnehmer abgibt, sind die amtlichen Sachbezugswerte ebenfalls nicht anwendbar. Diese Mahlzeiten sind mit ihren üblichen Endpreisen zu bewerten (BFH v. 6.2.1987, VI R 24/84, BStBl II 1987, 355), soweit sie zum Arbeitslohn gehören (→ *Arbeitsessen* Rz. 233).

b) Höhe der Sachbezugswerte

aa) Monatliche Werte

1961 Der Wert der einem Arbeitnehmer zur Verfügung gestellten Verpflegung beträgt für das Kalenderjahr 2016 nach § 2 Abs. 1 SvEV **monatlich 236 €**. Wird Verpflegung teilweise zur Verfügung gestellt, sind anzusetzen

- für Frühstück 50 €,
- für Mittagessen 93 €,
- für Abendessen 93 €.

Diese Werte gelten einheitlich **in den alten und neuen Bundesländern**. Sie gelten auch für Jugendliche unter 18 Jahren und Auszubildende. Wird die Verpflegung keinen ganzen Monat gewährt, so ist für jeden Tag, an dem der Arbeitnehmer verpflegt wird, ein Dreißigstel des Monatswerts zu Grunde zu legen. Die Berechnungen der anteiligen Sachbezugswerte sind **jeweils auf zwei Dezimalstellen** durchzuführen; dabei ist die letzte Dezimalstelle kaufmännisch zu runden.

Eine **Tabelle mit allen Einzelwerten** ist im Anhang abgedruckt, → *Anhang, B. Sozialversicherung* Rz. 3399.

Wird Verpflegung nicht nur dem Arbeitnehmer, sondern auch seinen **nicht bei demselben Arbeitgeber** beschäftigten Familienangehörigen zur Verfügung gestellt, so erhöhen sich diese Werte nach § 2 Abs. 2 SvEV für jeden Familienangehörigen,

- der das 18. Lebensjahr vollendet hat, um **100 %**,
- der das 14., aber noch nicht das 18. Lebensjahr vollendet hat, um **80 %**,
- der das 7., aber noch nicht das 14. Lebensjahr vollendet hat, um **40 %**,
- der das 7. Lebensjahr noch nicht vollendet hat, um **30 %**.

Bei der Berechnung des Wertes für **Kinder** bleibt das Lebensalter des Kindes im ersten Lohnzahlungszeitraum des Kalenderjahrs maßgebend. Ist ein Ehepaar bei demselben Arbeitgeber beschäftigt, ist für jeden Ehegatten der volle Sachbezugswert anzusetzen. Für Kinder sind die Erhöhungswerte dann beiden Ehegatten je zur Hälfte zuzurechnen.

> **Beispiel:**
> Ein Arbeitnehmer erhält von seinem Arbeitgeber für sich und seine nicht berufstätige Tochter freie Verpflegung. Die Tochter hat am 8.3.2016 das 14. Lebensjahr vollendet.
> Die Tochter hat im Januar 2016 das 14. Lebensjahr noch nicht vollendet, so dass der Zuschlag für die Verpflegung der Tochter 40 % beträgt, und zwar für das ganze Kalenderjahr 2016. Der Sachbezugswert beträgt monatlich:
> - Für den Arbeitnehmer (100 % von 236 €) 236,— €
> - für die Tochter (40 % von 236 €) 94,40 €
> - Insgesamt 330,40 €

bb) Arbeitstägliche Werte

1962 Mahlzeiten, die der Arbeitgeber **arbeitstäglich** unentgeltlich oder verbilligt im Betrieb abgibt, z.B. in einer **selbst betriebenen Kantine**, **Gaststätte** oder vergleichbaren Einrichtung, sind mit dem maßgebenden amtlichen Sachbezugswert nach der SvEV zu bewerten (R 8.1 Abs. 7 Nr. 1 LStR). **Dabei sind die Tageswerte maßgebend**, die die Finanzverwaltung durch Verwaltungsanweisung jährlich festsetzt.

☒ = keine Lohnsteuerpflicht
☒ = Lohnsteuerpflicht

Mahlzeiten

Die Sachbezugswerte 2016 für **Frühstück, Mittag- und Abendessen** betragen für lohnsteuerliche Zwecke (ein entsprechendes BMF-Schreiben ergeht in Kürze):

- Frühstück 1,67 €,
- Mittagessen 3,10 €,
- Abendessen 3,10 €.

cc) Unentgeltliche und (teil-)entgeltliche Mahlzeiten

1963 Diese Werte sind für eine Mahlzeit anzusetzen, wenn der Arbeitnehmer die Mahlzeit **unentgeltlich** erhält. Muss der Arbeitnehmer dagegen für die Mahlzeit ein Entgelt zahlen, so ist ein geldwerter Vorteil als Arbeitslohn zu erfassen, wenn und soweit der vom Arbeitnehmer für eine Mahlzeit gezahlte Preis (einschließlich Umsatzsteuer) den maßgebenden amtlichen Sachbezugswert unterschreitet. D.h., zahlt der Arbeitnehmer jeweils ein Entgelt in Höhe des Sachbezugswerts, ist ein geldwerter Vorteil nicht zu erfassen (R 8.1 Abs. 7 Nr. 3 LStR).

> **Beispiel 1:**
> Die Arbeitnehmer müssen für jedes Mittagessen im Betrieb 2 € bezahlen.
> Die Arbeitnehmer haben pro Mahlzeit 1,10 € (3,10 € ./. 2,— €) als Arbeitslohn zu versteuern.

Der Sachbezugswert gilt demnach auch für preiswerte Mahlzeiten, deren tatsächlicher Wert unter dem Sachbezugswert liegt. Ein Wahlrecht zwischen dem Sachbezugswert und dem tatsächlichen Preis besteht nicht.

> **Beispiel 2:**
> Der Arbeitgeber gewährt in der eigenen Kantine kostenlose Mahlzeiten. Ein Arbeitnehmer bestellt sich zum Mittagessen eine Frikadelle mit Pommes frites im Wert von 2,20 €.
> Die Mahlzeit ist mit dem Sachbezugswert von 3,10 € anzusetzen und zu versteuern, obwohl der tatsächliche Wert der Mahlzeit geringer ist.

Andererseits deckt der Sachbezugswert **auch** den **Preis für die Getränke** mit ab, so dass der Preis für ein Getränk auf den Sachbezugswert angerechnet wird.

> **Beispiel 3:**
> Der Arbeitgeber gewährt in der eigenen Kantine kostenlose Mahlzeiten. Ein Arbeitnehmer bestellt sich zum Mittagessen ein 3-Gänge-Menü im Wert von 13 €. Zum Essen bestellt er sich ein Bier, für das er 3,50 € zahlt.
> Da die üblichen Getränke zu den Mahlzeiten gehören, zahlt der Arbeitnehmer insgesamt für das Mittagessen einen Preis von 3,50 €. Dieser Preis liegt über dem Sachbezugswert, so dass keine Versteuerung erfolgt.

Gewährt der Arbeitgeber seinen Arbeitnehmern **unentgeltlich** Mahlzeiten, so sind diese auch dann mit den Sachbezugswerten anzusetzen, wenn der tatsächliche Wert der Mahlzeit den Sachbezugswert überschreitet.

> **Beispiel 4:**
> Ein Arbeitgeber hat für seine Arbeitnehmer eine Kantine eingerichtet. Der Wert der an die Arbeitnehmer abgegebenen Mittagessen beträgt 8 €.
> Die Arbeitnehmer haben lediglich den Sachbezugswert von 3,10 € als Arbeitslohn zu versteuern. Der restliche Wert der Mahlzeit (4,90 €) fließt den Arbeitnehmern steuerfrei zu.

4. Mahlzeiten im Betrieb

1964 Mahlzeiten, die arbeitstäglich durch eine **vom Arbeitgeber selbst betriebene Kantine, Gaststätte** oder vergleichbare Einrichtung abgegeben werden, sind mit dem anteiligen amtlichen Sachbezugswert nach der SvEV zu bewerten. Dabei spielt es keine Rolle, ob der Arbeitgeber für seine Arbeitnehmer Essenmarken ausgibt oder nicht; ebenso bedeutungslos ist der Wert der evtl. ausgegebenen Essenmarken. Bei einer Mahlzeitengewährung **im Betrieb** ist immer der Sachbezugswert (gemindert um Zahlungen des Arbeitnehmers für die Mahlzeit) anzusetzen.

Wenn der Arbeitgeber **unterschiedliche Mahlzeiten** zu unterschiedlichen Preisen verbilligt oder unentgeltlich an die Arbeitnehmer abgibt und die Lohnsteuer nach § 40 Abs. 2 EStG pauschal erhoben werden soll, kann der geldwerte Vorteil mit dem Durchschnittswert der Pauschalbesteuerung zu Grunde gelegt werden. Die Durchschnittsbesteuerung braucht nicht tageweise durchgeführt zu werden, sie darf sich auf den gesamten Lohnzahlungszeitraum erstrecken (R 8.1 Abs. 7 Nr. 5 LStR). Die Durchschnittsberechnung bleibt auch dann zulässig, wenn sich bei der Berechnung der pauschal zu versteuernden Mahlzeiten kein geldwerter Vorteil ergibt.

Bietet der Arbeitgeber bestimmte Mahlzeiten nur einem Teil seiner Arbeitnehmer an, z.B. in einem Vorstandskasino, so sind diese Mahlzeiten nicht in die Durchschnittsberechnung einzubeziehen. Unterhält der Arbeitgeber mehrere Kantinen, so ist der Durchschnittswert für jede einzelne Kantine zu ermitteln.

Ist die Ermittlung des Durchschnittswerts wegen der Menge der zu erfassenden Daten besonders aufwendig, kann sie für einen repräsentativen Zeitraum und bei einer Vielzahl von Kantinen für eine repräsentative Auswahl der Kantinen durchgeführt werden.

> **Beispiel 1:**
> Ein Arbeitgeber gibt in einer selbst betriebenen Kantine verschiedene Menüs zu verschiedenen Preisen ab. Nach Ablauf des Monats Juli (Monat = Lohnzahlungszeitraum) ergibt sich folgende Situation:
>
> | Menüart | Preis | Anzahl der Essen | Insgesamt |
> |---|---|---|---|
> | Tagesmenü A | 4,— € | 500 | 2 000 € |
> | Tagesmenü B | 3,70 € | 400 | 1 480 € |
> | Vegetarisches Menü | 2,70 € | 200 | 540 € |
> | Schlemmermenü | 4,— € | 300 | 1 200 € |
> | Quickmenü | 1,80 € | 600 | 1 080 € |
> | **Insgesamt** | | **2 000** | **6 300 €** |
>
> Der Durchschnittswert aller Menüs errechnet sich wie folgt:
>
> $$\frac{\text{Menüpreis für alle Arbeitnehmer}}{\text{Anzahl der insgesamt ausgegebenen Menüs}} = \frac{6\,300\,€}{2\,000} = 3,15\,€$$
>
> Für den Monat Juli ist kein geldwerter Vorteil bei den einzelnen Arbeitnehmern zu versteuern, denn der Durchschnittsbetrag ist höher als der amtliche Sachbezugswert von 3,10 €. Die teuren Essen haben den „Vorteil" bei den billigen Essen ausgeglichen.

> **Beispiel 2:**
> Der Arbeitgeber bietet in einer selbst betriebenen Kantine verschiedene Menüs „unentgeltlich" an. Auf Grund einer Betriebsvereinbarung werden jedem der 70 Arbeitnehmer pro Monat als Ausgleich hierfür 25 € vom Arbeitslohn einbehalten; bei den 5 Auszubildenden beträgt der Einbehalt nur 15 €. Die während des Mittagessens verkauften Getränke werden getrennt vom übrigen Getränkeverkauf aufgezeichnet. Im Monat November betragen sie 1 200 €. Im Monat November sind insgesamt 950 Mahlzeiten abgegeben worden, davon 50 Mahlzeiten an Auszubildende.
>
> Die Abgabe der Mahlzeiten erfolgt nicht unentgeltlich, denn der Einbehalt ist als Zuzahlung der Arbeitnehmer anzusehen; dies gilt auch für die während des Mittagessens abgegebenen Getränke. Im Monat November ergibt sich somit folgende Berechnung:
>
> – Summe der Sachbezugswerte
>   a) Abgabe an Arbeitnehmer: 900 Mahlzeiten × 3,10 € = 2 790,— €
>   b) Abgabe an Auszubildende: 50 Mahlzeiten × 3,10 € = 155,— €
>   Sachbezugswerte insgesamt 2 945,— €
>
> – Summe der Zuzahlungen
>   a) Pauschale Zahlungen der Arbeitnehmer: 70 Arbeitnehmer × 25 € = 1 750,— €
>   b) Pauschale Zahlungen der Auszubildenden: 5 Auszubildende × 15 € = 75,— €
>   Pauschale Zahlungen insgesamt 1 825,— €
>   c) Zuzahlungen aus Getränkeverkauf 1 200,— €
>   Zuzahlungen insgesamt 3 025,— €
>
> Die Zuzahlungen der Arbeitnehmer übersteigen insgesamt die Sachbezugswerte für die abgegebenen Mahlzeiten, so dass für November kein Sachbezug zu versteuern ist.

5. Mahlzeiten außerhalb des Betriebs

1965 Mahlzeiten, die die Arbeitnehmer in einer nicht vom Arbeitgeber selbst betriebenen Kantine, Gaststätte oder vergleichbaren Einrichtung erhalten, sind ebenfalls mit dem anteiligen amtlichen Sachbezugswert zu bewerten, wenn der Arbeitgeber **auf Grund vertraglicher Vereinbarung** durch Barzuschüsse oder andere Leistungen, z.B. durch verbilligte Überlassung von Räumen, Energie oder Einrichtungsgegenständen, **zur Verbilligung der Mahlzeiten beiträgt**. Es ist nicht erforderlich, dass die Mahlzeiten im Rahmen eines Reihengeschäfts zunächst an den Arbeitgeber und danach von diesem an die Arbeitnehmer abgegeben werden (R 8.1 Abs. 7 Nr. 2 LStR).

Mahlzeiten

keine Sozialversicherungspflicht = (SV)
Sozialversicherungspflicht = (SV)

6. Essenmarken

1966 Erhält ein Arbeitnehmer von seinem Arbeitgeber **Essenmarken** (Essengutscheine, Restaurantschecks), die von einer Gaststätte oder vergleichbaren Einrichtung bei der Abgabe von Mahlzeiten in Zahlung genommen werden, so ist die Essenmarke **nur unter besonderen Voraussetzungen** nicht mit ihrem ausgewiesenen Verrechnungswert, sondern die Mahlzeit als Sachbezug dem Arbeitslohn zuzurechnen und mit dem amtlichen Sachbezugswert anzusetzen (R 8.1 Abs. 7 Nr. 4 LStR):

a) Bewertung als Sachbezug

1967 Die Erfassung der Mahlzeit als Sachbezug an Stelle der Essenmarke und ihre Bewertung mit dem Sachbezugswert setzen nach R 8.1 Abs. 7 Nr. 4 LStR voraus, dass

- **tatsächlich eine Mahlzeit** abgegeben wird. Lebensmittel sind nur dann als Mahlzeit anzuerkennen, wenn sie zum unmittelbaren Verzehr geeignet oder zum Verbrauch während der Essenspausen bestimmt sind,
- für jede Mahlzeit lediglich **eine Essenmarke täglich** in Zahlung genommen wird,
- der Verrechnungswert der Essenmarke den amtlichen Sachbezugswert einer Mittagsmahlzeit **um nicht mehr als 3,10 € übersteigt**.

An der Richtlinienregelung in R 8.1 Abs. 7 Nr. 4 Buchst. a Satz 1 Doppelbuchst. dd LStR, wonach eine Bewertung von Essenmarken mit dem Sachbezugswert nicht bei Arbeitnehmern möglich ist, die eine Auswärtstätigkeit ausüben, hält die **Finanzverwaltung nicht mehr fest**.

Üben **Arbeitnehmer eine längerfristige berufliche Auswärtstätigkeit** an derselben Tätigkeitsstätte aus, sind **nach Ablauf von drei Monaten** (§ 9 Abs. 4a Satz 6 und 7 EStG) an diese Arbeitnehmer ausgegebene Essenmarken (Essensgutscheine, Restaurantschecks) **mit dem maßgebenden Sachbezugswert** zu bewerten (BMF v. 5.1.2015, IV C 5 – S 2334/08/10006, BStBl I 2015, 119). Der Ansatz des Sachbezugswerts setzt voraus, dass die übrigen Voraussetzungen der R 8.1 Abs. 7 Nr. 4 Buchst. a LStR vorliegen.

Das bedeutet:

- In den **ersten drei Monaten** einer beruflich veranlassten Auswärtstätigkeit handelt es sich bei der Hingabe von Essenmarken wie bisher nicht um eine vom Arbeitgeber zur Verfügung gestellte, mit dem amtlichen Sachbezugswerts zu bewertende Mahlzeit, sondern i.H.d. Verrechnungswerts um einen **Verpflegungszuschuss**, um den die Verpflegungspauschale zu kürzen ist (BMF v. 24.10.2014, IV C 5 – S 2353/14/10002, BStBl I 2014, 1412, Rdnr. 76).
- **Nach Ablauf der Dreimonatsfrist** führt die Hingabe von Essenmarken (maximaler Verrechnungswert 6,20 €) lediglich i.H.d. amtlichen Sachbezugswerts zu einem geldwerten Vorteil.

Dies gilt auch dann, wenn zwischen Arbeitgeber und der Gaststätte keine unmittelbaren vertraglichen Beziehungen bestehen, weil ein Unternehmen eingeschaltet ist, das die Essenmarken ausgibt.

Um sicherzustellen, dass lediglich eine Essenmarke täglich in Zahlung genommen wird, hat der Arbeitgeber für jeden Arbeitnehmer die Tage der Abwesenheit z.B. infolge von Auswärtstätigkeiten, Urlaub oder Erkrankung festzustellen und die für diese Tage ausgegebenen Essenmarken zurückzufordern oder die Zahl der im Folgemonat auszugebenden Essenmarken um die Zahl der Abwesenheitstage zu vermindern. **Die Pflicht zur Feststellung der Abwesenheitstage** und zur Anpassung der Zahl der Essenmarken im Folgemonat **entfällt für Arbeitnehmer**, die im Kalenderjahr durchschnittlich an nicht mehr als drei Arbeitstagen je Kalendermonat Auswärtstätigkeiten ausüben, wenn **keiner** dieser Arbeitnehmer im Kalendermonat **mehr als 15 Essenmarken** erhält.

Eine **Versteuerung der Restaurantschecks mit den Sachbezugswerten** kommt aber **nicht in Betracht**, wenn es nach den allgemeinen Geschäftsbedingungen den beteiligten Akzeptanzstellen nicht untersagt ist, mehrere Schecks pro Arbeitstag oder an den Wochenenden zu akzeptieren, und tatsächlich Missbräuche erfolgten (FG Düsseldorf v. 19.5.2010, 15 K 1185/09 H(L), EFG 2010, 2078).

b) Höhe des Sachbezugswerts

1968 Ist bei Essenmarken der Wert der erhaltenen Mahlzeit **mit dem Sachbezugswert** anzusetzen und muss der Arbeitnehmer ein Entgelt für die Essenmarke zahlen, so ist diese Zahlung vom Sachbezugswert abzuziehen. Als geldwerter Vorteil ist lediglich der Differenzbetrag zwischen dem amtlichen Sachbezugswert und dem Entgelt des Arbeitnehmers für die Mahlzeit, höchstens aber der Wert der Essenmarke anzusetzen (R 8.1 Abs. 7 Nr. 4 LStR).

Beispiel 1:
Ein Arbeitgeber gibt an seine Arbeitnehmer Essenmarken im Wert von 1,50 € kostenlos aus, die in der von einem Pächter bewirtschafteten Kantine entgegengenommen werden. Der Arbeitnehmer zahlt für das Essen 1,70 €.

Sachbezugswert für das Mittagessen:	3,10 €
Zuzahlung des Arbeitnehmers:	1,70 €
Differenz	1,40 €
Wert der Essenmarke	1,50 €

Da die Differenz zwischen Sachbezugswert und Zuzahlung des Arbeitnehmers **niedriger** ist als der Wert der Essenmarke, ist die Differenz von 1,40 € als geldwerter Vorteil zu versteuern.

Beispiel 2:
Der Arbeitnehmer isst eine Currywurst mit Brot im Wert von 1,85 € und zahlt lediglich 0,35 €.

Sachbezugswert für das Mittagessen:	3,10 €
Zuzahlung des Arbeitnehmers:	0,35 €
Differenz	2,75 €
Wert der Essenmarke	1,50 €

Da die Differenz zwischen Sachbezugswert und Zuzahlung des Arbeitnehmers **höher** ist als der Wert der Essenmarke, ist der Wert der Essenmarke von 1,50 € als geldwerter Vorteil zu versteuern.

Beispiel 3:
Der Arbeitnehmer isst eine Currywurst mit Brot im Wert von 1,85 € und zahlt lediglich 0,35 €, die Kantine wird allerdings vom Arbeitgeber **selbst** betrieben.

Sachbezugswert für das Mittagessen:	3,10 €
Zuzahlung des Arbeitnehmers:	0,35 €
Differenz	2,75 €

Bei einer vom Arbeitgeber selbst betriebenen Kantine ist **immer** der Sachbezugswert (abzüglich. Zuzahlung des Arbeitnehmers) anzusetzen. Der Wert der Essenmarke ist in diesen Fällen bedeutungslos. Der geldwerte Vorteil beträgt somit 2,75 €.

c) Barlohnverzicht

1969 Wird der Arbeitsvertrag dahingehend **geändert**, dass der Arbeitnehmer **an Stelle von Barlohn Essenmarken** erhält, so vermindert sich dadurch der Barlohn in entsprechender Höhe (BFH v. 20.8.1997, VI B 83/97, BStBl II 1997, 667). Die Essenmarken sind in diesem Fall zu erfassen, und zwar entweder mit dem Sachbezugswert oder mit dem Verrechnungswert (R 8.1 Abs. 7 Nr. 4 Buchst. c LStR).

Beispiel 1:
Ein Arbeitnehmer hat bislang einen monatlichen Barlohn von 3 500 €. Er vereinbart mit seinem Arbeitgeber, dass dieser ihm zukünftig monatlich 15 Essenmarken gibt, die einen Verrechnungswert von jeweils 5 € haben. Im Hinblick auf die Essenmarken wird **im Arbeitsvertrag der Barlohn** von 3 500 € um 50 € auf 3 450 € **herabgesetzt**.

Der Verrechnungswert der Essenmarken übersteigt den Sachbezugswert von 3,10 € um nicht mehr als 3,10 € (5 € ./. 3,10 € = 1,90 €). Dem Barlohn von 3 450 € ist daher der Wert der Mahlzeit mit dem Sachbezugswert von 46,50 € (15 × 3,10 €) hinzuzurechnen. Der Arbeitnehmer hat in diesem Fall monatlich 3 496,50 € zu versteuern.

Beispiel 2:
Sachverhalt wie Beispiel 1, jedoch beträgt der Verrechnungswert der Essenmarken jeweils 7 €.

Der Verrechnungswert der Essenmarken übersteigt den Sachbezugswert von 3,10 € um mehr als 3,10 € (7 € ./. 3,10 € = 3,90 €). Dem Barlohn von 3 450 € ist daher der Wert der Mahlzeit mit dem Verrechnungswert der Essenmarken von 105 € (15 × 7 €) hinzuzurechnen. Der Arbeitnehmer hat in diesem Fall monatlich 3 555 € zu versteuern.

Ohne Änderung des Arbeitsvertrags führt der Austausch von Barlohn durch Essenmarken nicht zu einer Herabsetzung des steuerpflichtigen Barlohns. In diesem Fall ist der Betrag, um den sich der ausgezahlte Barlohn verringert, als Entgelt für die Mahlzeit oder Essenmarke anzusehen und von dem für die Essenmarke maßgebenden Wert abzusetzen.

> **Beispiel 3:**
>
> Ein Arbeitnehmer hat einen monatlichen Barlohn von 3 500 €. Er vereinbart mit seinem Arbeitgeber, dass dieser ihm zukünftig monatlich 15 Essenmarken gibt, die einen Verrechnungswert von jeweils 5 € haben. Im Hinblick auf die Essenmarken zahlt der Arbeitnehmer dem Arbeitgeber **ohne Änderung des Arbeitsvertrags** monatlich 50 € für die Essenmarken.
>
> Der Verrechnungswert der Essenmarken übersteigt den Sachbezugswert von 3,10 € um nicht mehr als 3,10 € (5 € ./. 3,10 € = 1,90 €). Der Wert der Mahlzeit ist mit dem Sachbezugswert von 46,50 € (15 × 3,10 €) anzusetzen. Hiervon ist das Entgelt des Arbeitnehmers von 50 € abzuziehen, so dass der Arbeitnehmer keinen Vorteil durch die Essenmarken hat. Der Arbeitnehmer hat – wie bisher auch – monatlich 3 500 € zu versteuern.

> **Beispiel 4:**
>
> Sachverhalt wie Beispiel 3, jedoch beträgt der Verrechnungswert der Essenmarken jeweils 7 €.
>
> Der Verrechnungswert der Essenmarken übersteigt den Sachbezugswert von 3,10 € um mehr als 3,10 € (7 € ./. 3,10 € = 3,90 €). Der Wert der Mahlzeit ist mit dem Verrechnungswert von 105 € (15 × 7 €) anzusetzen. Hiervon ist das Entgelt des Arbeitnehmers von 50 € abzuziehen, so dass der Arbeitnehmer einen Vorteil von 55 € durch die Essenmarken hat. Der Arbeitnehmer hat monatlich 3 555 € zu versteuern.

7. Nachweispflichten des Arbeitgebers

1970 Der Arbeitgeber hat die vom Arbeitnehmer geleistete Zahlung grundsätzlich in nachprüfbarer Form **nachzuweisen**. Der **Einzelnachweis** der Zahlungen ist nur dann nicht erforderlich, wenn gewährleistet ist, dass

- die Zahlung des Arbeitnehmers für eine Mahlzeit den anteiligen amtlichen Sachbezugswert nicht unterschreitet oder
- der Wert der Essenmarke als Arbeitslohn zu erfassen ist.

Die von Gaststätten oder vergleichbaren Einrichtungen **eingelösten Essenmarken** brauchen allerdings **nicht an den Arbeitgeber zurückgegeben** und von ihm **nicht aufbewahrt** werden, wenn **die Gaststätte** über Essenmarken **mit dem Arbeitgeber abrechnet** und die Abrechnungen, aus denen sich ergibt, wie viel Essenmarken mit welchem Verrechnungswert eingelöst worden sind, vom Arbeitgeber aufbewahrt werden. Dasselbe gilt, wenn ein Essenmarkenemittent eingeschaltet ist und der Arbeitgeber von diesem eine entsprechende Abrechnung erhält und aufbewahrt (R 8.1 Abs. 7 Nr. 4 Buchst. d LStR).

Ein Einzelnachweis ist auch nicht erforderlich, wenn der Arbeitgeber eine **Durchschnittsberechnung** anwendet.

> **Beispiel 1:**
>
> Ein Arbeitgeber hat mit einer Gaststätte vereinbart, dass seine Arbeitnehmer dort das Mittagessen einnehmen können; die vom Arbeitgeber kostenlos ausgegebenen Essenmarken im Wert von 2 € werden entgegengenommen, auch die übrigen Voraussetzungen für eine Bewertung mit dem Sachbezugswert sind erfüllt. Dem Arbeitgeber wird vom Gastwirt monatlich bestätigt, dass das billigste Essen in der Gaststätte 6 € kostet.
>
> Ein Einzelnachweis der Zuzahlungen der Arbeitnehmer entfällt, weil sichergestellt ist, dass die Arbeitnehmer mindestens 4 € zuzahlen müssen und die Zuzahlung damit den Sachbezugswert von 3,10 € übersteigt.

> **Beispiel 2:**
>
> Ein Arbeitgeber gibt Essenmarken im Wert von 1 € aus, die von verschiedenen Gaststätten in Zahlung genommen werden. Aus Vereinfachungsgründen verzichtet der Arbeitgeber auf einen Einzelnachweis und versteuert den Wert der Essenmarken als geldwerten Vorteil.
>
> Da der Arbeitgeber den Wert der Essenmarke als Arbeitslohn erfasst, ist ein Einzelnachweis nicht notwendig.

> **Beispiel 3:**
>
> Ein Arbeitgeber gibt an seine Arbeitnehmer Essenmarken im Wert von 1 € kostenlos aus, die in der von einem Pächter bewirtschafteten Kantine entgegengenommen werden. Der Pächter bietet den Arbeitnehmern keine festen Menüs an, sondern die Arbeitnehmer können sich ihr Essen aus verschiedenen Komponenten selbst zusammenstellen (Komponenten-Essen). Die Essenmarke wird auf den individuellen Preis des Komponenten-Essens angerechnet. Für den Monat Mai ergibt sich Folgendes:
>
> – Einnahmen aus dem Komponenten-Essen (ohne Essenmarken): 9 600 €
> – Anzahl der Essenmarken: 3 000 Stück
>
> Der Pächter rechnet die eingelösten Essenmarken mit dem Arbeitgeber ab. Er erhält hierfür 3 000 € (3 000 × 1 €); darüber hinaus zahlt der Arbeitgeber dem Pächter noch einen Zuschuss i.H.v. 5 000 € für die Sach- und Personalaufwendungen (z.B. Strom, Heizung, Arbeitslöhne).
>
> Grundsätzlich ist nicht nur die Ausgabe von Essenmarken an die Arbeitnehmer, sondern auch die Zuschusszahlung als geldwerter Vorteil anzusehen. Allerdings werden bei der arbeitstäglichen Mahlzeitengewährung nicht die vom Arbeitgeber tatsächlich aufgewendeten Beträge, sondern nur die Sachbezugswerte bzw. der Wert der Essenmarken angesetzt.
>
> Bei der Durchschnittsberechnung ergibt sich eine durchschnittliche Zuzahlung von 3,20 € (9 600 € : 3 000) je Essen. Die Verbilligung der Mahlzeiten durch die Essenmarken und den Zuschuss zu den Sach- und Personalaufwendungen des Pächters führt daher zu keinem geldwerten Vorteil. Der Einzelnachweis der vom Arbeitnehmer geleisteten Zuzahlungen entfällt, weil der Arbeitgeber die Durchschnittsberechnung anwendet.

8. Lohnsteuerpauschalierung

Soweit sich bei der Mahlzeitengewährung ein geldwerter Vorteil **1971** ergibt, z.B. weil die Mahlzeit unentgeltlich gewährt wird oder weil die Zuzahlung des Arbeitnehmers niedriger ist als der Sachbezugswert, kann der geldwerte Vorteil entweder individuell dem Arbeitnehmer zugerechnet (entsprechend erhöht sich der Bruttoarbeitslohn des Arbeitnehmers) oder nach § 40 Abs. 2 Satz 1 Nr. 1 EStG mit **25 % pauschal** versteuert werden.

Bei der Pauschalbesteuerung ist zu beachten, dass die Mahlzeiten **arbeitstäglich** im Betrieb des Arbeitgebers abgegeben werden müssen oder es müssen Barzuschüsse an ein anderes Unternehmen geleistet werden, das seinerseits **arbeitstäglich** Mahlzeiten abgibt. Die Pauschalbesteuerung ist aber auch möglich, wenn **mehrere Mahlzeiten** am Tag abgegeben werden, z.B. Mittag- und Abendessen. Voraussetzung ist allerdings, dass die Mahlzeiten **nicht als Lohnbestandteile** vereinbart sind. Als Lohnbestandteile sind Mahlzeiten vielfach im Hotel- und Gaststättengewerbe, beim Krankenhauspersonal oder in der Land- und Forstwirtschaft vereinbart.

Ein besonderer Antrag – dem das Finanzamt zustimmen muss – ist nicht Voraussetzung für die Pauschalierung. Ebenso muss auch keine größere Zahl von Fällen vorliegen, damit der geldwerte Vorteil pauschal besteuert werden kann. Daher ist die Pauschalierung auch zulässig, wenn nur einem einzelnen Arbeitnehmer arbeitstäglich Mahlzeiten gewährt werden.

Voraussetzung für die Pauschalierung ist nach § 40 Abs. 3 EStG, dass der Arbeitgeber die pauschale Lohnsteuer zu übernehmen hat. Aber auch hier gilt die Rechtsprechung des BAG (BAG v. 5.8.1987, 5 AZR 22/86, www.stotax-first.de), nach der die Lohnsteuer im Innenverhältnis auf den Arbeitnehmer überwälzt werden kann; hierdurch mindert sich jedoch nicht die steuerliche Bemessungsgrundlage (→ *Abwälzung der pauschalen Lohnsteuer auf den Arbeitnehmer* Rz. 25). Neben der pauschalen Lohnsteuer entsteht noch der Solidaritätszuschlag sowie ggf. die pauschale Kirchensteuer. Bei der pauschalen Kirchensteuer ist zu beachten, dass der Arbeitgeber ein „Wahlrecht" hat. Er kann entweder die Kirchensteuer **für alle Arbeitnehmer** mit dem ermäßigten Kirchensteuersatz (in Niedersachsen z.B. 6 %) oder, wenn er für einen Teil seiner **Arbeitnehmer** die Nichtzugehörigkeit zu einer kirchensteuererhebenden Körperschaft nachweist, für die restlichen Arbeitnehmer mit dem vollen Kirchensteuersatz (in Niedersachsen z.B. 9 %) erheben, → *Kirchensteuer* Rz. 1684.

Soweit der geldwerte Vorteil pauschal versteuert wird, sind die Einnahmen nach § 1 Abs. 1 Nr. 3 SvEV **sozialversicherungsfrei**.

> **Beispiel 1:**
>
> Ein Arbeitgeber in Celle bietet in einer selbst betriebenen Kantine verschiedene Menüs „unentgeltlich" an. Im Monat Februar werden insgesamt 200 Menüs ausgegeben. Der geldwerte Vorteil wird pauschal versteuert.
>
> Der Pauschalbesteuerung ist der amtliche Sachbezugswert zu Grunde zu legen, d.h. pro Mahlzeit 3,10 €. Dieser Betrag ist nicht zu kürzen, denn die Arbeitnehmer müssen keine Zuzahlungen leisten. Insgesamt entsteht ein geldwerter Vorteil von 620 € (200 × 3,10 €).

Mahlzeiten

Die Pauschalsteuer beträgt

– Lohnsteuer (25 % von 620 €)	155,— €
– Solidaritätszuschlag (5,5 % von 155 €)	8,52 €
– Kirchensteuer (6 % von 155 €)	9,30 €
Insgesamt	172,82 €

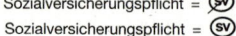

Beispiel 2:

Wie Beispiel 1, aber der Arbeitgeber hat mit seinen Arbeitnehmern vereinbart, dass sie die pauschale Steuer übernehmen.

Die Übernahme der pauschalen Lohnsteuer durch den Arbeitnehmer **mindert nicht mehr die steuerliche Bemessungsgrundlage**. Die Pauschalsteuer wird ermittelt wie im Beispiel 1 dargestellt. Den Gesamtbetrag von 172,82 € (Lohnsteuer 155 €, Solidaritätszuschlag 8,52 € und Kirchensteuer 9,30 €) hat der Arbeitgeber von den Nettolöhnen der Arbeitnehmer einzubehalten.

Der geldwerte Vorteil kann aber auch mit dem Durchschnittswert der Pauschalbesteuerung zu Grunde gelegt werden, wenn der Arbeitgeber **unterschiedliche Mahlzeiten** zu unterschiedlichen Preisen verbilligt oder unentgeltlich an die Arbeitnehmer abgibt. Bei der Durchschnittswertermittlung wird die Summe der Entgelte durch die Zahl der ausgegebenen Mahlzeiten geteilt. Dies setzt grundsätzlich die Erfassung der Entgelte in einer besonderen Kasse voraus. In dieser Kasse können auch die Getränke, die zusammen mit den Speisen erworben werden und die deshalb zu den Mahlzeiten gehören, mit erfasst werden. Nicht mit einbezogen werden dürfen die Umsätze von Getränken, die außerhalb der Mahlzeiten erworben werden, sowie andere Umsätze, z.B. die Umsätze des Frühstücks. Werden Mahlzeiten nur einem bestimmten Teil der Arbeitnehmer angeboten, z.B. den leitenden Angestellten in einem Vorstandskasino, so sind diese Umsätze nicht in die Durchschnittsberechnung einzubeziehen. Das schließt aber nicht aus, dass diese Mahlzeiten im Einzelfall pauschal besteuert werden. Unterhält der Arbeitgeber mehrere Kantinen, so ist der Durchschnittswert für jede einzelne Kantine zu ermitteln.

Die Durchschnittsbesteuerung braucht nicht tageweise durchgeführt zu werden, sie darf sich auf den gesamten Lohnzahlungszeitraum erstrecken (R 8.1 Abs. 7 Nr. 5 LStR). Ein längerer Zeitraum für die Durchschnittsberechnung, z.B. das Kalenderjahr, ist nicht möglich. Ist die Ermittlung des Durchschnittswerts wegen der Menge der zu erfassenden Daten allerdings besonders aufwendig, so kann nach R 8.1 Abs. 7 Nr. 5 Satz 5 LStR die Ermittlung des Durchschnittswerts für einen **repräsentativen Zeitraum** und bei einer Vielzahl von Kantinen für eine **repräsentative Auswahl der Kantinen** durchgeführt werden. Diese „repräsentative Durchschnittsermittlung" sollte nur im Benehmen mit dem Betriebsstättenfinanzamt durchgeführt werden.

Beispiel 3:

Ein Arbeitgeber in Niedersachsen gibt in einer selbst betriebenen Kantine verschiedene Menüs zu verschiedenen Preisen ab. Nach Ablauf des Monats Juli (Monat = Lohnzahlungszeitraum) ergibt sich folgende Situation:

Menüart	Preis	Anzahl der Essen	Insgesamt
Tagesmenü A	1,60 €	600	960,— €
Tagesmenü B	2,— €	500	1 000,— €
Vegetarisches Menü	2,60 €	300	780,— €
Schlemmermenü	3,50 €	200	700,— €
Quickmenü	1,10 €	400	440,— €
Insgesamt		**2 000**	**3 880,— €**

Der Durchschnittswert aller Menüs errechnet sich wie folgt:

$$\frac{\text{Menüpreis für alle Arbeitnehmer}}{\text{Anzahl der insgesamt ausgegebenen Menüs}} = \frac{3\,880\,€}{2\,000} = 1,94\,€$$

Für den Monat Juli ist **ein geldwerter Vorteil** zu versteuern, denn der Durchschnittsbetrag ist niedriger als der amtliche Sachbezugswert von 3,10 €.

Zu versteuern ist die Differenz zwischen dem maßgebenden Sachbezugswert und dem Durchschnittswert, also 1,16 € (3,10 € ./. 1,94 €) je Essen. Bei 2 000 abgegebenen Mahlzeiten ergibt sich ein Betrag von 2 320 €.

Die Pauschalsteuer beträgt

– Lohnsteuer (25 % von 2 320 €)	580,— €
– Solidaritätszuschlag (5,5 % von 580 €)	31,90 €
– Kirchensteuer (6 % von 580 €)	34,80 €
Insgesamt	**646,70 €**

Die Durchschnittsermittlung darf nur durchgeführt werden, wenn der geldwerte Vorteil **pauschal besteuert** wird. Soll hingegen der Vorteil individuell dem einzelnen Arbeitnehmer zugeordnet werden, ist sie nicht zulässig.

9. Rabattfreibetrag bei der Mahlzeitengewährung

Der Rabattfreibetrag von 1 080 € nach § 8 Abs. 3 EStG kann grundsätzlich auch bei der Mahlzeitengewährung berücksichtigt werden. Voraussetzung ist allerdings, dass die Mahlzeiten vom Arbeitgeber **nicht überwiegend** für den Bedarf seiner Arbeitnehmer hergestellt werden und keine Pauschalierung nach § 40 Abs. 2 Satz 1 Nr. 1 EStG erfolgt. Es ist dabei **nicht entscheidend**, ob die den fremden Dritten gereichten Speisen **in gleicher Weise** auch den Arbeitnehmern zur Verfügung gestellt werden oder ob die Arbeitnehmer eine speziell zubereitete Mahlzeit erhalten. Denn es kommt nur darauf an, dass die Zubereitung von Speisen überhaupt zur Produktpalette des Arbeitgebers gehört (BFH v. 21.1.2010, VI R 51/08, BStBl II 2010, 700).

1972

In diesen Fällen ist der Wert der Mahlzeiten nicht mit dem maßgebenden amtlichen Sachbezugswert anzusetzen, sondern mit dem um 4 % geminderten Endpreis des Arbeitgebers, abzüglich des Rabattfreibetrags von 1 080 € im Kalenderjahr (→ *Rabatte* Rz. 2345).

Im Regelfall werden in einer vom Arbeitgeber betriebenen Kantine die Mahlzeiten **überwiegend** an Arbeitnehmer abgegeben, so dass der Rabattfreibetrag **nicht angewendet** werden kann.

Anders ist es aber im Hotel- und Gaststättengewerbe, wenn die Arbeitnehmer sich ihr Essen von der Speisekarte aussuchen können.

Beispiel 1:

Ein Hotelbetrieb gewährt seinen Arbeitnehmern arbeitstäglich ein kostenloses Mittagessen. Arbeitnehmer A ist am 1.9.2016 eingestellt worden. Er hat im Kalenderjahr 2016 insgesamt 100 Essen erhalten, deren Wert insgesamt 1 000 € beträgt.

Für die Bewertung der Mahlzeiten ist § 8 Abs. 3 EStG anwendbar, weil die Zubereitung von Speisen zur Produktpalette des Arbeitgebers gehört und damit die Mahlzeiten nicht überwiegend an die Arbeitnehmer abgegeben werden. Der geldwerte Vorteil bemisst sich also nicht nach dem maßgebenden amtlichen Sachbezugswert, sondern nach dem Wert der Speisen. Der geldwerte Vorteil ermittelt sich wie folgt:

Wert der Mahlzeiten im Kalenderjahr	1 000 €
./. Abschlag von 4 %	40 €
= Endpreis des Arbeitgebers	960 €
./. Rabattfreibetrag von 1 080 €	1 080 €
= geldwerter Vorteil	0 €

Die Gewährung der Mahlzeiten ist nicht zu versteuern, weil sich nach Abzug des Rabattfreibetrags von 1 080 € kein geldwerter Vorteil ergibt.

In diesen Fällen kommt neben der Bewertung nach § 8 Abs. 3 EStG auch eine Bewertung nach § 8 Abs. 2 Satz 6 EStG in Betracht. Diese Bewertungsregelung geht als Spezialvorschrift der Bewertungsregelung nach § 8 Abs. 2 Satz 1 EStG vor. Insoweit gilt auch hier die Verwaltungsregelung, die **sowohl dem Arbeitnehmer als auch dem Arbeitgeber eine Wahlmöglichkeit** zwischen den Bewertungsvorschriften des § 8 Abs. 2 und Abs. 3 EStG **einräumt** (BMF v. 16.5.2013, IV C 5 – S 2334/07/0011, BStBl I 2013, 729). Einzelheiten hierzu → *Rabatte* Rz. 2348.

Wenn sich nach Abzug des Rabattfreibetrags ein geldwerter Vorteil ergibt, so besteht auch die Möglichkeit, diesen nach § 40 Abs. 2 Satz 1 Nr. 1 EStG pauschal zu versteuern, wenn die Mahlzeiten arbeitstäglich abgegeben werden. Denn nach R 8.2 Abs. 1 Nr. 4 LStR kann bei jedem **einzelnen Sachbezug**, für den die Voraussetzungen des § 8 Abs. 3 und des § 40 Abs. 2 Satz 1 Nr. 1 EStG gleichzeitig vorliegen, zwischen der Pauschalbesteuerung und der Anwendung des § 8 Abs. 3 EStG gewählt werden, d.h., für jede einzelne Mahlzeit kann entweder der Rabattfreibetrag oder die Pauschalbesteuerung in Anspruch genommen werden. Macht der Arbeitgeber von der Möglichkeit der Pauschalbesteuerung Gebrauch, so ist für die Bewertung der Mahlzeiten der Sachbezugswert maßgebend.

⊠ = keine Lohnsteuerpflicht
⊠ = Lohnsteuerpflicht

Mahlzeiten aus besonderem Anlass

Beispiel 2:

Ein Hotelbetrieb gewährt seinen Arbeitnehmern arbeitstäglich ein kostenloses Mittagessen. Arbeitnehmer B hat im Kalenderjahr 2016 insgesamt 280 Essen erhalten. Jedes Essen hat einen Wert von 9 € gehabt.

Für jede einzelne Mahlzeit kann zwischen dem Rabattfreibetrag und der Pauschalbesteuerung gewählt werden. Der Arbeitgeber wird so lange die Rabattbesteuerung wählen, bis der Rabattfreibetrag voll ausgeschöpft ist. Dieser Betrag errechnet sich unter Berücksichtigung des Abschlags von 4 % wie folgt:

$$\frac{\text{Rabattfreibetrag} \times 100}{100 \:/\: 4\% \text{ Abschlag}} = \frac{1\,080\, € \times 100}{100 \:/\: 4} = 1\,125\, €$$

Die Besteuerung der kostenlosen Mahlzeiten ist wie folgt vorzunehmen (für einen Teil der Arbeitnehmer wird keine pauschale Kirchensteuer entrichtet):

– Rabattbesteuerung

125 Mahlzeiten × 9 €	1 125,— €
./. 4 % Abschlag	45,— €
Endpreis des Arbeitgebers	1 080,— €
./. Rabattfreibetrag	1 080,— €
= geldwerter Vorteil	0,— €
= Steuern auf den geldwerten Vorteil	0,— €

– Pauschalbesteuerung

155 Mahlzeiten × 3,10 €	480,50 €
Lohnsteuer (25 % von 480,50 €)	120,12 €
Solidaritätszuschlag (5,5 % von 120,12 €)	6,60 €
Kirchensteuer (9 % von 120,12 €)	10,81 €
= Steuern auf den geldwerten Vorteil	137,53 €

Beispiel 3:

Wie Beispiel 2, der Arbeitgeber wendet die Pauschalbesteuerung **nicht** an. Die individuelle Grenzsteuerbelastung des Arbeitnehmers wird mit 30 % angenommen (zur Grenzsteuerbelastung, → *Steuertarif* Rz. 2807).

Die Besteuerung der kostenlosen Mahlzeiten ist wie folgt vorzunehmen:

Rabattbesteuerung

280 Mahlzeiten × 9 €	2 520,— €
./. 4 % Abschlag	100,80 €
Endpreis des Arbeitgebers	2 419,20 €
./. Rabattfreibetrag	1 080,— €
= geldwerter Vorteil	1 339,20 €
Lohnsteuer (30 % von 1 339,20 €)	401,76 €
Solidaritätszuschlag (5,5 % von 401,76 €)	22,09 €
Kirchensteuer (9 % von 401,76 €)	36,15 €
= Steuern auf den geldwerten Vorteil	460,— €

Beispiel 4:

Wie Beispiel 2, da die Sachbezüge nach § 8 Abs. 3 EStG besonders im Lohnkonto zu erfassen sind, verzichtet der Arbeitgeber auf die Anwendung der Rabattbesteuerung, indem er **alle Mahlzeiten** der Pauschalbesteuerung unterwirft.

Die Besteuerung der kostenlosen Mahlzeiten ist wie folgt vorzunehmen (für einen Teil der Arbeitnehmer wird keine pauschale Kirchensteuer entrichtet):

Pauschalbesteuerung

280 Mahlzeiten × 3,10 €	868,— €
Lohnsteuer (25 % von 868 €)	217,— €
Solidaritätszuschlag (5,5 % von 217 €)	11,93 €
Kirchensteuer (9 % von 217 €)	19,53 €
= Steuern auf den geldwerten Vorteil	248,46 €

Der Rabattfreibetrag kann aber auch bei betriebseigenen Kantinen, in denen auch Nichtbetriebsangehörige in größerem Umfang essen können, angewendet werden, wenn die Zahl der Mahlzeiten, die an Nichtbetriebsangehörige ausgegeben werden, die Zahl der an Arbeitnehmer ausgegebenen Mahlzeiten **überwiegt**.

Beispiel 5:

Der Arbeitgeber betreibt in eigener Regie eine Kantine. Jedes dort ausgegebene Essen kostet 7 €. In der Kantine dürfen nicht nur die eigenen Arbeitnehmer essen, sondern auch fremde Personen, die dieses Angebot reichlich nutzen. Die eigenen Arbeitnehmer erhalten vom Arbeitgeber im Kalenderjahr Essenmarken **zum Preis von 2 €**, für die sie in der Kantine ein Essen im Wert von 7 € erhalten. Für jeden Arbeitnehmer werden **213 Essenmarken** ausgegeben; die Anzahl der Essenmarken ergibt sich aus den maximalen Arbeitstagen im Kalenderjahr nach Abzug von Wochenenden, Urlaub und Feiertagen.

Im Kalenderjahr 2016 ergibt sich folgende Situation:

Abgabe von Essen im Kalenderjahr 2016	40 000 Essen
davon auf Essenmarken, also an eigene Arbeitnehmer	18 000 Essen

Der Arbeitgeber hat im Kalenderjahr 2016 die Mahlzeiten nicht überwiegend an seine eigenen Arbeitnehmer abgegeben, daher kann die Rabattregelung nach § 8 Abs. 3 EStG angewendet werden. In diesem Fall sind nicht die Sachbezugswerte, sondern der Endpreis des Arbeitgebers zu Grunde zu legen, zu dem der Arbeitgeber die Mahlzeiten fremden Letztverbrauchern im allgemeinen Geschäftsverkehr anbietet, also 7 €.

Der **höchstmögliche Vorteil** für den einzelnen Arbeitnehmer errechnet sich wie folgt:

Preis der Mahlzeit	7,— €
./. 4 % Abschlag	0,28 €
= Endpreis des Arbeitgebers	6,72 €
./. Zuzahlung des Arbeitnehmers	2,— €
= Vorteil des Arbeitnehmers pro Tag	4,72 €
Vorteil im Kalenderjahr (4,72 € × 213 Tage)	1 005,36 €
./. Rabattfreibetrag	1 080,— €
= zu versteuern	0,— €

Da sich beim höchstmöglichen Vorteil für den einzelnen Arbeitnehmer kein geldwerter Vorteil ergibt, bleibt die verbilligte Mahlzeitengewährung **bei allen Arbeitnehmern** steuer- und beitragsfrei.

In diesem Fall wird das Betriebsstättenfinanzamt einem Antrag auf Aufzeichnungserleichterungen nach § 4 Abs. 3 Satz 2 LStDV entsprechen, weil der Rabattfreibetrag **in keinem Fall** überschritten werden kann (→ *Rabatte* Rz. 2387).

10. Umsatzsteuer

Wendet der Arbeitgeber seinen Arbeitnehmern unentgeltliche oder verbilligte Mahlzeiten zu, können daraus neben den lohnsteuerlichen auch **umsatzsteuerliche Konsequenzen** entstehen. So erfasst das Umsatzsteuerrecht grundsätzlich auch unentgeltliche oder verbilligte Sachzuwendungen oder Leistungen, die ein Arbeitgeber an seine Arbeitnehmer oder deren Angehörige auf Grund eines Dienstverhältnisses ausführt (§ 1 Abs. 1 und § 3 UStG).

Einzelheiten → *Sachbezüge* Rz. 2606.

Mahlzeiten aus besonderem Anlass

1. Allgemeines

Neben den typischen „Kantinenessen" (→ *Mahlzeiten* Rz. 1958), die dem Arbeitnehmer arbeitstäglich angeboten werden, kann er auch aus einem besonderen Anlass eine unentgeltliche oder verbilligte Mahlzeit erhalten. Für die steuerliche Berücksichtigung dieser besonderen Mahlzeitengestellung sind zu unterscheiden:

– Mahlzeiten, die der **Arbeitgeber oder auf dessen Veranlassung ein Dritter** aus besonderem Anlass an Arbeitnehmer abgibt (R 8.1 Abs. 8 LStR):

  Die Mahlzeitengestellung kann steuerfrei oder aber ein mit dem tatsächlichen Wert oder auch dem Sachbezugswert zu bewertender geldwerter Vorteil sein.

– Mahlzeiten, die **Dritte aus anderen Gründen** abgeben und die deshalb steuerlich überhaupt nicht zu erfassen sind.

Für die steuerliche Erfassung und Bewertung von Mahlzeiten, die der **Arbeitgeber** oder auf dessen Veranlassung ein Dritter (z.B. das Hotel, in dem der Arbeitnehmer übernachtet) **aus besonderem Anlass** an Arbeitnehmer abgibt, gilt Folgendes (R 8.1 Abs. 8 LStR):

2. Betrieblich veranlasste Mahlzeiten

Mahlzeiten, die im **ganz überwiegenden betrieblichen Interesse** des Arbeitgebers an die Arbeitnehmer abgegeben werden, gehören **nicht zum Arbeitslohn** (vgl. BFH v. 21.1.2010, VI R 51/08, BStBl II 2010, 700 betr. unentgeltliche Verpflegung der Besatzungsmitglieder an Bord von Flusskreuzfahrtschiffen durch den Arbeitgeber).

⊠ ⓈⓋ

Die Gewährung einer Mahlzeit erfolgt nicht bereits deswegen im ganz überwiegend eigenbetrieblichen Interesse, weil für sie betriebliche Gründe sprechen, beim Arbeitgeber also Betriebsausgaben vorliegen. Vielmehr muss sich aus den Begleitumständen wie Anlass, Art und Höhe des Vorteils, Auswahl der Begünstigten, freie oder nur gebundene Verfügbarkeit, Freiwilligkeit oder Zwang zur Annahme der Mahlzeit und seiner besonderen Geeignetheit ergeben, dass diese Zielsetzung ganz im Vordergrund steht und

Mahlzeiten aus besonderem Anlass

ein damit einhergehendes eigenes Interesse des Arbeitnehmers, die Mahlzeit zu erhalten, deshalb vernachlässigt werden kann.

Hierzu gehören Mahlzeiten, die

- als sog. **Arbeitsessen** (→ *Arbeitsessen* Rz. 233) oder
- bei Teilnahme des Arbeitnehmers an einer **geschäftlich veranlassten Bewirtung** (→ *Bewirtungskosten* Rz. 725) abgegeben werden.

> **Beispiel:**
> Eine Firma lädt alle Außendienstmitarbeiter zu einer eintägigen Fortbildungsveranstaltung in ein abseits und ruhig gelegenes Hotel ein. Auf Grund der umfangreichen Tagesordnung ist nur eine Mittagspause von einer halben Stunde vorgesehen, in der ein vom Arbeitgeber bereits vorbestelltes, einfaches Essen gereicht wird. Andere Essensmöglichkeiten gibt es in der Nähe nicht.
>
> In diesem Fall kann die Mahlzeitengewährung den Arbeitnehmern nicht als Arbeitslohn zugerechnet werden, weil das eigenbetriebliche Interesse des Arbeitgebers an der reibungslosen Abwicklung der Fortbildungsveranstaltung den Vorteil des Arbeitnehmers durch die unentgeltliche Mittagsmahlzeit bei weitem überwiegt. Hinzu kommt, dass nur ein „einfaches Essen" gereicht wird (vgl. BFH v. 5.5.1994, VI R 55-56/92, BStBl II 1994, 771).

3. Mahlzeiten bei Auswärtstätigkeiten und doppelter Haushaltsführung

1976 Mahlzeiten, die zur **üblichen Beköstigung** der Arbeitnehmer anlässlich oder während einer **Auswärtstätigkeit**, einer **Bildungsmaßnahme** (z.B. **auswärtige Fortbildungsveranstaltung) oder einer doppelten Haushaltsführung** abgegeben werden, gehören grundsätzlich zum **Arbeitslohn**.

Mit dem **Gesetz zur Änderung und Vereinfachung der Unternehmensbesteuerung und des steuerlichen Reisekostenrechts v. 20.2.2013** (BGBl. I 2013, 285, BStBl I 2013, 188) ist das steuerliche **Reisekostenrecht ab 2014** grundlegend geändert worden. Auch für den Bereich der Mahlzeitengestellung bei Auswärtstätigkeiten und doppelter Haushaltsführung ergibt sich eine **wichtige Systemumstellung**. Denn seit 2014 erfolgt in diesen Fällen eine Kürzung der Verpflegungspauschalen bei gleichzeitigem Verzicht auf die Arbeitslohnbesteuerung.

Ausführliche Erläuterungen zur Reform des Reisekostenrechts ab 2014, auch hinsichtlich der Mahlzeitengestellung bei Auswärtstätigkeiten und doppelter Haushaltsführung, enthält das **ergänzte Einführungsschreiben des BMF** v. 24.10.2014, IV C 5 – S 2353/14/10002, BStBl I 2014, 1412.

a) Bewertung üblicher Mahlzeiten

1977 Eine vom Arbeitgeber während einer beruflich veranlassten Auswärtstätigkeit zur Verfügung gestellte „übliche" Mahlzeit wird mit dem **maßgebenden amtlichen Sachbezugswert** nach der SvEV (→ *Anhang, B. Sozialversicherung* Rz. 3399) bewertet. Entsprechendes gilt für die im Rahmen einer beruflich veranlassten doppelten Haushaltsführung vom Arbeitgeber zur Verfügung gestellten „üblichen" Mahlzeiten. Als **„üblich" gilt eine Mahlzeit**, deren Preis **60 € nicht übersteigt** (§ 8 Abs. 2 Satz 8 EStG). Hierbei sind auch die zur Mahlzeit eingenommenen Getränke einzubeziehen.

Mahlzeiten mit einem Preis von **über 60 €** dürfen nicht mit dem maßgebenden amtlichen Sachbezugswert bewertet werden. Bei einer solchen Mahlzeit wird typisierend unterstellt, dass es sich um ein „Belohnungsessen" (→ Rz. 1981) handelt.

Für die **Prüfung der 60 €-Grenze** kommt es auf den Preis der Mahlzeit (einschließlich Umsatzsteuer) an, den der Dritte dem Arbeitgeber in Rechnung stellt. **Zuzahlungen des Arbeitnehmers** sind bei der Prüfung der 60 €-Grenze **nicht zu berücksichtigen**. Ist der Preis der Mahlzeit in der Rechnung eines Dritten nicht beziffert, weil die Mahlzeit im Rahmen eines Gesamtpreises z.B. mit einer Fortbildungsveranstaltung berechnet wird, ist nach dem **Gesamtbild der Verhältnisse im Einzelfall** zu beurteilen, ob es sich um eine „übliche" Beköstigung i.S.d. § 8 Abs. 2 Satz 8 EStG gehandelt hat oder ob ein höherer Wert der Mahlzeit als 60 € anzunehmen ist.

Die für eine unmittelbar vom Arbeitgeber abgegebene Mahlzeit maßgeblichen Grundsätze gelten auch, wenn eine Mahlzeit auf Veranlassung des Arbeitgebers von einem Dritten an den Arbeitnehmer abgegeben wird. Die Gestellung einer Mahlzeit ist **vom Arbeitgeber veranlasst**, wenn er **Tag und Ort** der Mahlzeitengestellung **bestimmt**. Das ist insbesondere dann der Fall, wenn

- er die Verpflegungskosten im Hinblick auf die beruflich veranlasste Auswärtstätigkeit des Arbeitnehmers **dienst- oder arbeitsrechtlich erstattet** und
- die **Rechnung auf den Arbeitgeber ausgestellt** ist oder es sich um eine Kleinbetragsrechnung i.S.d. § 14 UStG i.V.m. § 33 UStDV handelt, die im Original beim Arbeitgeber vorliegt oder vorgelegen hat und zu Zwecken der elektronischen Archivierung eingescannt wurde (BMF v. 24.10.2014, IV C 5 – S 2353/14/10002, BStBl I 2014, 1412, Rdnr. 64).

Zu den vom **Arbeitgeber zur Verfügung gestellten Mahlzeiten** gehören auch die z.B. **im Flugzeug, im Zug oder auf einem Schiff** im Zusammenhang mit der Beförderung unentgeltlich **angebotenen Mahlzeiten**, sofern die Rechnung für das Beförderungsticket auf den Arbeitgeber ausgestellt ist und von diesem dienst- oder arbeitsrechtlich erstattet wird. Die Verpflegung muss dabei nicht offen auf der Rechnung ausgewiesen werden. Lediglich dann, wenn z.B. anhand des gewählten Beförderungstarifs feststeht, dass es sich um eine reine Beförderungsleistung handelt, bei der keine Mahlzeiten unentgeltlich angeboten werden, liegt keine Mahlzeitengestellung vor (BMF v. 24.10.2014, IV C 5 – S 2353/14/10002, BStBl I 2014, 1412, Rdnr. 65). Allerdings erfüllen Chipstüte, Salzgebäck, Schokowaffeln, Müsliriegel oder vergleichbare Knabbereien im Flugzeug, Zug oder Schiff nicht die Kriterien für eine Mahlzeit und führen daher nicht zu einer Kürzung der Verpflegungspauschale (OFD Frankfurt v. 6.7.2015, S 2353 A – 87 – St 222, www.stotax-first.de).

b) Besteuerungsverzicht bei üblichen Mahlzeiten

Die **steuerliche Erfassung** einer solchen üblichen Mahlzeit als Ar- **1978** beitslohn ist **ausgeschlossen**, wenn der Arbeitnehmer für die betreffende Auswärtstätigkeit dem Grunde nach eine **Verpflegungspauschale** i.S.d. § 9 Abs. 4a EStG als Werbungskosten geltend machen könnte (→ *Reisekosten: Erstattungen* Rz. 2474). Auf die Höhe der tatsächlich als Werbungskosten anzusetzenden Verpflegungspauschale kommt es nicht an. Ebenso ist eine **mögliche Kürzung** des Werbungskostenabzugs nach § 9 Abs. 4a Satz 8 ff. EStG wegen der Gestellung einer Mahlzeit (→ *Reisekosten: Erstattungen* Rz. 2491) unerheblich (§ 8 Abs. 2 Satz 9 EStG).

Im Ergebnis unterbleibt die Erfassung der mit dem Sachbezugswert bewerteten Mahlzeit bereits immer dann, wenn der Arbeitnehmer anlässlich einer beruflich veranlassten Auswärtstätigkeit eine Verpflegungspauschale beanspruchen kann, weil er innerhalb der Dreimonatsfrist nach § 9 Abs. 4a Satz 6 EStG nachweislich **mehr als acht Stunden** von seiner Wohnung und der ersten Tätigkeitsstätte abwesend ist oder eine **mehrtägige Auswärtstätigkeit mit Übernachtung** vorliegt. Nach Ablauf der Dreimonatsfrist ist die Gestellung einer Mahlzeit grundsätzlich als Arbeitslohn zu erfassen.

> **Beispiel 1:**
> Der Arbeitnehmer nimmt auf Veranlassung seines Arbeitgebers an einem zweitägigen Seminar mit Übernachtung teil. Die Hotelrechnung ist auf den Arbeitgeber ausgestellt. Der Arbeitgeber erstattet die vom Arbeitnehmer verauslagten Übernachtungskosten i.H.v. 100 € inkl. 20 € für ein Frühstück im Rahmen der Reisekostenabrechnung des Arbeitnehmers. Die auf den Arbeitgeber ausgestellte Rechnung des Seminarveranstalters hat der Arbeitgeber unmittelbar bezahlt. Darin enthalten ist für beide Seminartage jeweils ein für derartige Veranstaltungen typisches Mittagessen, dessen Preis in der Rechnung nicht gesondert ausgewiesen ist.
>
> Der Arbeitnehmer A erhält sowohl das Frühstück als auch die beiden Mittagessen auf Veranlassung seines Arbeitgebers. Für den An- und den Abreisetag sind ihm grundsätzlich jeweils eine Verpflegungspauschale i.H.v. 12 € zu. Obgleich der Preis der Mittagessen in der Rechnung des Seminarveranstalters nicht beziffert ist, kann auf Grund der Art und Durchführung der Seminarveranstaltung von einer üblichen Beköstigung ausgegangen werden, deren Preis 60 € nicht übersteigt. Die Mahlzeiten sind daher nicht als Arbeitslohn zu erfassen und die Verpflegungspauschale des Arbeitnehmers im Hinblick auf die zur Verfügung gestellten Mahlzeiten nach § 9 Abs. 4a Satz 8 EStG zu kürzen (→ *Reisekosten: Erstattungen* Rz. 2491).

Eine vom Arbeitgeber oder auf dessen Veranlassung von einem Dritten abgegebene Mahlzeit mit einem **höheren Preis als 60 €** ist stets **als Arbeitslohn zu erfassen**. Das gilt auch dann, wenn der Preis der Mahlzeit zwar nicht offen in Rechnung gestellt, nach dem

Gesamtbild der Umstände aber als unüblich i.S.d. § 8 Abs. 2 Satz 8 EStG anzusehen ist und ein Wert der Mahlzeit von mehr als 60 € unterstellt werden kann. **Im Zweifel ist der Wert der Mahlzeit zu schätzen.** Eine unübliche Mahlzeit ist als Arbeitslohn zu erfassen, unabhängig davon, ob der Arbeitnehmer für die betreffende Auswärtstätigkeit eine Verpflegungspauschale als Werbungskosten geltend machen kann.

> **Beispiel 2:**
> Der Arbeitnehmer nimmt im Auftrag seines Arbeitgebers an einer eintägigen Podiumsdiskussion mit anschließender Abendveranstaltung teil. Die auf den Arbeitgeber ausgestellte Rechnung des Veranstalters hat der Arbeitgeber unmittelbar bezahlt. Darin enthalten sind die Kosten für ein Galadinner, das mit 80 € separat ausgewiesen ist. Der Arbeitnehmer ist mehr als acht Stunden von seiner Wohnung und seiner ersten Tätigkeitsstätte abwesend.
>
> Der Arbeitnehmer erhält das Galadinner vom Veranstalter der Podiumsdiskussion auf Veranlassung seines Arbeitgebers. Angesichts der Kosten von mehr als 60 € ist von einem Belohnungsessen auszugehen (unübliche Beköstigung gemäß § 8 Abs. 2 Satz 8 EStG), so dass die dafür berechneten 80 € als Arbeitslohn anzusetzen sind. Der Arbeitnehmer kann als Werbungskosten eine ungekürzte Verpflegungspauschale i.H.v. 12 € geltend machen.

c) Zuzahlung des Arbeitnehmers

1979 Der Ansatz einer nach § 8 Abs. 2 Satz 8 EStG mit dem amtlichen Sachbezugswert bewerteten Mahlzeit als Arbeitslohn setzt voraus, dass es sich um eine übliche Mahlzeit handelt und der Arbeitnehmer **keine Verpflegungspauschale beanspruchen kann**; dies liegt regelmäßig vor, wenn er **nicht mehr als acht Stunden** außerhalb seiner Wohnung und seiner ersten Tätigkeitsstätte beruflich tätig ist (→ *Reisekosten: Erstattung* Rz. 2475) oder die **Dreimonatsfrist** nach § 9 Abs. 4a Satz 6 EStG überschritten ist (→ *Reisekosten: Erstattungen* Rz. 2486).

Zahlt der Arbeitnehmer in diesen Fällen **ein Entgelt für die erhaltene Mahlzeit**, mindert dieses Entgelt **den steuerpflichtigen geldwerten Vorteil**. Die Finanzverwaltung beanstandet es nicht, wenn der Arbeitgeber ein vereinbartes Entgelt für die Mahlzeit im Rahmen der Lohnabrechnung **unmittelbar aus dem Nettoentgelt** des Arbeitnehmers entnimmt. Übersteigt das vom Arbeitnehmer gezahlte Entgelt den maßgebenden Sachbezugswert oder entspricht es dem Sachbezugswert, verbleibt kein steuerpflichtiger geldwerter Vorteil. Der den Sachbezugswert **übersteigende Betrag darf nicht als Werbungskosten abgezogen** werden.

Gleiches gilt, wenn der Arbeitnehmer bei der Gestellung einer Mahlzeit auf Veranlassung des Arbeitgebers ein zuvor vereinbartes Entgelt **unmittelbar an den Dritten** entrichtet. Es muss sich hierbei aber um ein **Entgelt des Arbeitnehmers** handeln. Wird das vom Dritten in Rechnung gestellte Entgelt zunächst vom Arbeitnehmer verauslagt und diesem anschließend vom Arbeitgeber erstattet, handelt es sich nicht um ein Entgelt des Arbeitnehmers. Das gilt insbesondere für den auf den Arbeitgeber ausgestellten Rechnungsbetrag.

> **Beispiel 1:**
> Der Arbeitnehmer nimmt auf Veranlassung seines Arbeitgebers an einem zweitägigen Seminar mit Übernachtung teil. Die auf den Arbeitgeber ausgestellte Hotelrechnung von 100 € inkl. 20 € für ein Frühstück wird zunächst vom Arbeitnehmer bezahlt. Der Arbeitgeber erstattet dem Arbeitnehmer die Übernachtungskosten inkl. Frühstück im Rahmen der Reisekostenabrechnung.
>
> Im Hinblick auf die Rechnungsstellung und spätere Erstattung der Auslagen durch den Arbeitgeber handelt es sich bei dem in der Hotelrechnung für das Frühstück enthaltenen Kostenanteil nicht um ein Entgelt des Arbeitnehmers. Da es sich bei den zur Verfügung gestellten Mahlzeiten um übliche Mahlzeiten handelt, sind diese nicht als Arbeitslohn zu erfassen; beim Werbungskostenabzug des Arbeitnehmers sind die Verpflegungspauschalen entsprechend zu kürzen (→ *Reisekosten: Erstattungen* Rz. 2491).

> **Beispiel 2:**
> Der Arbeitnehmer wird für sechs Monate von seinem Arbeitgeber an einen Tochterbetrieb im Inland entsandt. Für die Zeit der Entsendung übernachtet der Arbeitnehmer während der Woche in einem Hotel in der Nähe des Tochterbetriebs. Das Hotel stellt dem Arbeitgeber pro Übernachtung 70 € zuzüglich 10 € für ein Frühstück in Rechnung, das der Arbeitnehmer zunächst verauslagt und dann im Rahmen der Reisekostenabrechnung von seinem Arbeitgeber erstattet erhält. Es liegt eine beruflich veranlasste Auswärtstätigkeit vor. Der Arbeitnehmer erhält das Frühstück jeweils auf Veranlassung seines Arbeitgebers.
>
> **Für die ersten drei Monate** der Auswärtstätigkeit stehen dem Arbeitnehmer arbeitstäglich Verpflegungspauschalen zu. Da es sich bei den zur Verfügung gestellten Mahlzeiten um übliche Mahlzeiten handelt, sind diese nicht als Arbeitslohn zu erfassen und beim Werbungskostenabzug des Arbeitnehmers die Verpflegungspauschalen entsprechend zu kürzen.
>
> **Ab dem vierten Monat** der Auswärtstätigkeit stehen dem Arbeitnehmer keine Verpflegungspauschalen mehr zu. Das Frühstück ist jeweils mit dem amtlichen Sachbezugswert als Arbeitslohn zu erfassen, der nach § 40 Abs. 2 Satz 1 Nr. 1a EStG pauschal besteuert (→ Rz. 1982) werden kann.

> **Beispiel 3:**
> Sachverhalt wie Beispiel 2. Allerdings zahlt der Arbeitnehmer für das Frühstück jeweils 4 €.
>
> Das vom Arbeitnehmer für das Frühstück gezahlte Entgelt ist ab dem vierten Monat auf den Sachbezugswert anzurechnen. Da das Entgelt höher ist als der Sachbezugswert, unterbleibt eine Besteuerung als Arbeitslohn. Der den Sachbezugswert übersteigende Betrag darf nicht als Werbungskosten abgezogen werden.

d) Mahlzeitenbewertung bei Seeleuten

1980 In der Vergangenheit wurden durch gleich lautende Erlasse der Küstenländer **Sachbezugswerte für die Bewertung der Beköstigung** im Bereich der Seeschifffahrt (Kauffahrtei) und im Bereich der Fischerei festgesetzt (vgl. für das Kalenderjahr 2014 gleich lautende Erlasse der FinMin Bremen, Hamburg, Mecklenburg-Vorpommern, Niedersachsen und Schleswig-Holstein v. 28.2.2014, BStBl I 2014, 569).

Im Hinblick auf die Reform des steuerlichen Reisekostenrechts (→ *Reisekosten: Allgemeine Grundsätze* Rz. 2410) wird **zukünftig auf die Festsetzung von Sachbezugswerten verzichtet**. Stattdessen gilt Folgendes (gleich lautende Erlasse der FinMin Bremen, Hamburg, Mecklenburg-Vorpommern, Niedersachsen und Schleswig-Holstein v. 15.6.2015, BStBl I 2015, 512):

- Erhalten **Seeleute an Bord** (Auswärtstätigkeit) **Mahlzeiten**, für die nach § 8 Abs. 2 Satz 8 EStG eine Versteuerung mit dem Sachbezugswert vorzunehmen ist, ist der von dem **Ausschuss der Berufsgenossenschaft für Transport und Verkehrswirtschaft** festgesetzte Wert des Sachbezugs für die **Besteuerung des Arbeitslohns** zu Grunde zu legen.

- Ein **Ansatz des Werts einer Mahlzeit** – und damit die Besteuerung als Arbeitslohn – **unterbleibt**, wenn für die Seeleute für ihnen entstehende Mehraufwendungen für Verpflegung nach § 9 Abs. 4a Satz 1 bis 7 EStG ein **Werbungskostenabzug in Betracht** käme (§ 8 Abs. 2 Satz 9 EStG). Der Werbungskostenabzug ist insoweit nach § 9 Abs. 4a Satz 8 ff. EStG ausgeschlossen (BMF v. 24.10.2014, IV C 5 – S 2353/14/10002, BStBl I 2014, 1412, Rdnr. 64 und 73 ff.).

- Erhalten **Seeleute keine Bordverpflegung** oder nur eine Teilverpflegung an Bord, können sie unter den in § 9 Abs. 4a EStG genannten Voraussetzungen für die Mehraufwendungen für Verpflegung eine Verpflegungspauschale gem. § 3 Nr. 16 EStG steuerfrei vom Arbeitgeber erhalten oder entsprechend den (Differenz-)Betrag als Werbungskosten geltend machen (§ 9 Abs. 4a Sätze 8 ff. EStG).

- Seeleute können eine **Barvergütung für Verpflegung** erhalten (z.B. bei tageweiser auswärtiger Beschäftigung, bei tariflich vorgesehener Umschaufrist, bei Krankheit oder für die Zeit des Urlaubs – auch wenn mehrere Urlaubsansprüche in einem Kalenderjahr zusammenfallen). Soweit die Voraussetzungen für die Gewährung einer Verpflegungspauschale nach § 9 Abs. 4a EStG nicht vorliegen, ist die **Barvergütung in voller Höhe steuerpflichtig**.

- Die **Dreimonatsfrist** für die Beurteilung, ob Verpflegungsmehraufwendungen als Werbungskosten berücksichtigt oder steuerfrei erstattet werden können, kommt **bei Fahrtätigkeiten nicht zur Anwendung** (BMF v. 24.10.2014, IV C 5 – S 2353/14/10002, BStBl I 2014, 1412, Rdnr. 56).

4. Mahlzeiten zur Belohnung

1981 Mahlzeiten, die der Arbeitgeber als **Gegenleistung** für das **Zurverfügungstellen der individuellen Arbeitskraft** an seine Arbeitnehmer abgibt, sind mit ihrem tatsächlichen Preis („**Wert laut Speisekarte**") anzusetzen.

Mahlzeiten aus besonderem Anlass

Hierzu gehören Mahlzeiten, die

- bei **regelmäßigen Geschäftsleitungssitzungen** (→ *Arbeitsessen* Rz. 233) oder
- als **Belohnungsessen** (→ *Arbeitsessen* Rz. 233) abgegeben werden.

Als Arbeitslohn ist ein geldwerter Vorteil nur in der Höhe als Arbeitslohn zu erfassen, in der der vom Arbeitnehmer gezahlte Preis (einschließlich Umsatzsteuer) den tatsächlichen Preis der Mahlzeit unterschreitet.

[LSt] [SV]

5. Pauschalierung üblicher Mahlzeiten

1982 Nach § 40 Abs. 2 Satz 1 Nr. 1a EStG besteht bei Mahlzeiten die **Möglichkeit der pauschalen Besteuerung mit 25 %**, wenn

- diese dem Arbeitnehmer von seinem Arbeitgeber oder auf dessen Veranlassung von einem Dritten **während einer auswärtigen Tätigkeit** unentgeltlich oder verbilligt zur Verfügung gestellt werden,
- es sich um **übliche Mahlzeiten** handelt, die nach § 8 Abs. 2 Satz 8 EStG mit dem Sachbezugswert anzusetzen sind (→ Rz. 1977) und
- deren **Besteuerung nicht** nach § 8 Abs. 2 Satz 9 EStG **unterbleibt** (→ Rz. 1978).

Die Pauschalbesteuerung kommt demnach in Betracht, wenn

- der Arbeitnehmer ohne Übernachtung **nicht mehr als acht Stunden auswärts tätig** ist,
- der Arbeitgeber die **Abwesenheitszeit nicht überwacht**, nicht kennt oder
- die **Dreimonatsfrist** nach § 9 Abs. 4a Satz 6 EStG abgelaufen ist (→ *Reisekosten: Erstattungen* Rz. 2486).

Beispiel:
Der Arbeitnehmer nimmt an einer halbtägigen auswärtigen Seminarveranstaltung teil. Der Arbeitgeber hat für die teilnehmenden Arbeitnehmer neben dem Seminar auch ein Mittagessen gebucht und bezahlt. Der Arbeitgeber besteuert das Mittagessen nach § 40 Abs. 2 Satz 1 Nr. 1a EStG pauschal mit 25 %, weil er keine Aufzeichnungen über die Abwesenheitszeiten der Arbeitnehmer führt.

Die Pauschalbesteuerung kommt **nicht in Betracht** bei

- sog. **Belohnungsessen** mit einem Preis von mehr als 60 €,
- Mahlzeiten, die im **überwiegend eigenbetrieblichen Interesse des Arbeitgebers abgegeben** werden (z.B. sog. Arbeitsessen oder bei Beteiligung von Arbeitnehmern an einer geschäftlich veranlassten Bewirtung), weil insoweit kein steuerpflichtiger Arbeitslohn vorliegt (→ Rz. 1975),
- der Gestellung von Mahlzeiten **am Ort der ersten Tätigkeitsstätte** im Rahmen einer doppelten Haushaltsführung; hier kommt allerdings eine Pauschalierung nach § 40 Abs. 2 Satz 1 Nr. 1 EStG in Betracht (→ *Mahlzeiten* Rz. 1971).

6. Sonstige Fälle unentgeltlicher Mahlzeitengewährung

1983 Mahlzeiten, die **nicht vom Arbeitgeber** selbst und auch nicht auf seine Veranlassung von einem Dritten abgegeben werden, können dem Arbeitnehmer

- **weder als steuerpflichtiger geldwerter Vorteil zugerechnet** werden
- **noch werden die ihm zustehenden Verpflegungspauschalen gekürzt**.

Das kann der Fall sein,

- wenn der Arbeitnehmer während der Auswärtstätigkeit durch das **besuchte Unternehmen kostenlos bewirtet** wird, selbst wenn es sich um ein Mutter- oder Tochterunternehmen des Arbeitgebers handelt (vgl. R 4.10 Abs. 7 Satz 2 EStR),
- bei der **kostenlosen Bewirtung von Geschäftsfreunden des Arbeitgebers**, auch wenn dieser nicht an der Bewirtung teilnimmt,
- bei **privaten Einladungen** des Arbeitnehmers, z.B. durch einen Bekannten.

keine Sozialversicherungspflicht = [SV]
Sozialversicherungspflicht = [SV]

Beispiel:
A wird während seiner mehrtägigen Auswärtstätigkeit auf der Hannover-Messe nach einem erfolgreichen Geschäftsabschluss vom Kunden zum Abendessen eingeladen.
Der Arbeitgeber kann A die volle Verpflegungspauschale von 24 € steuerfrei erstatten, weil das Abendessen nicht vom Arbeitgeber oder auf dessen Veranlassung von einem Dritten abgegeben wird.

Soweit der **Arbeitnehmer selbst Geschäftsfreunde seines Arbeitgebers bewirtet**, kann er die ihm hierdurch entstehenden Aufwendungen als steuerfreien **Auslagenersatz** gegenüber seinem Arbeitgeber abrechnen (§ 3 Nr. 50 EStG). Bei der **Bewirtung von Geschäftsfreunden in der Wohnung des Arbeitnehmers** gehören die Aufwendungen stets zu den steuerlich nicht zu berücksichtigenden Kosten der Lebensführung (§ 12 Nr. 1 EStG). Soweit diese Aufwendungen vom Arbeitgeber ersetzt werden, gehört der Ersatz zum **steuerpflichtigen Arbeitslohn**. Einzelheiten → *Bewirtungskosten* Rz. 724.

Maifeier/Maigeld
→ *Arbeitslohn-ABC* Rz. 255

Managementbeteiligung
→ *Arbeitslohn-ABC* Rz. 255

Mandatsträger
→ *Abgeordnete* Rz. 9

Mankogelder
→ *Fehlgeldentschädigung* Rz. 1205

März-Klausel
→ *Einmalzahlungen* Rz. 983

Maschinelle Lohnabrechnung

Die Finanzverwaltung ist **seit 2001** gesetzlich verpflichtet, einen **1984** **Programmablaufplan** für die maschinelle Berechnung der Lohnsteuer aufzustellen und bekannt zu machen (§ 39b Abs. 6 EStG). Für 2016 ist der **Programmablaufplan** für die maschinelle Berechnung der Lohnsteuer veröffentlicht worden (BMF v. 16.11.2015, IV C 5 – S 2361/15/10002, www.stotax-first.de). Mit Hilfe dieses Programmablaufplans kann ein Lohnsteuerabrechnungsprogramm selbst erstellt werden.

Der Programmablaufplan enthält zum **kassenindividuellen Zusatzbeitrag**, in Ergänzung zu BMF v. 26.11.2013, IV C 5 – S 2367/13/10001, BStBl I 2013, 1532, folgende Erläuterungen:

- Maßgeblich ist der für den Arbeitnehmer bei der Beitragsberechnung zu berücksichtigende kasseindividuelle Zusatzbeitragssatz. Der durchschnittliche Zusatzbeitragssatz ist unmaßgeblich.
- Bei der Berechnung der Lohnsteuer für sonstige Bezüge ist der am Ende des Kalendermonats des Zuflusses geltende Zusatzbeitragssatz maßgeblich (R 39b.6 LStR).
- Bei der Nachforderung von Lohnsteuer nach R 41c.3 Abs. 2 LStR oder im Rahmen der Lohnsteuer-Außenprüfung nach Ablauf des Kalenderjahrs mittels Jahreslohnsteuerberechnung ist der zuletzt im jeweiligen Kalenderjahr geltende Zusatzbeitragssatz maßgeblich.
- Bei Entschädigungen i.S.d. § 24 Nr. 1 EStG, die nach § 39b Abs. 2 Satz 5 Nr. 3 EStG bei der Berechnung der Vorsorgepauschale außen vor bleiben, aber im Fall der regulären Besteuerung aus Vereinfachungsgründen nach R 39b.6 Abs. 5 Satz 2 LStR einbezogen werden können, ist der am Ende des Kalendermonats des Zuflusses geltende Zusatzbeitragssatz maßgeblich.
- Bei der Berechnung des Durchschnittssteuersatzes nach § 40 Abs. 1 EStG i.V.m. R 40.1 LStR kann der Arbeitgeber aus Vereinfachungsgründen beim Teilbetrag der Vorsorgepauschale für die gesetzliche Krankenversicherung den durchschnittlichen Zusatzbeitragssatz nach § 242a SGB V zu Grunde legen.
- Bei bestimmten Personengruppen (vgl. § 242 Abs. 3 SGB V) ist bei der Beitragsberechnung der durchschnittliche Zusatzbeitragssatz nach § 242a SGB V maßgeblich; dies gilt für den Lohnsteuerabzug entsprechend.

LSt = keine Lohnsteuerpflicht
LSt = Lohnsteuerpflicht

– Für bestimmte Übergangszeiträume kann es bei dem Lohnsteuerabzug unterliegenden Versorgungsbezügen zu Abweichungen zwischen dem von der Krankenkasse festgesetzten Zusatzbeitragssatz und dem tatsächlich vom Arbeitgeber anzuwendenden Zusatzbeitragssatz kommen (vgl. §§ 248, 322 SGB V). Hier ist der der Beitragsberechnung zu Grunde liegende Zusatzbeitragssatz maßgeblich; der von der Krankenkasse (aktuell) festgesetzte Zusatzbeitragssatz ist unmaßgeblich.
– Auf den Ausschlusstatbestand für den Lohnsteuer-Jahresausgleich nach einer unterjährigen Änderung des Zusatzbeitragssatzes wird hingewiesen (vgl. § 42b Abs. 1 Satz 3 Nr. 5 EStG).

Arbeitgeber, die sich kein eigenes Lohnabrechnungsprogramm erstellen wollen, können auf dem Software-Markt ein solches Programm erwerben (z.B. das bei Stollfuß Medien erschienene Programm „Gehalt und Lohn Plus 2016", ISBN 978-3-08-111216-9). Diese Lohnabrechnungsprogramme bieten zu einem vergleichsweise geringen Preis eine leistungsfähige Lohn- und Gehaltsabrechnung unter Berücksichtigung zahlreicher Vorschriften zur Lohnsteuer, zum Solidaritätszuschlag, zur Kirchensteuer und zur Sozialversicherung.

Mehrarbeitslohn, Mehrarbeitszuschlag

→ Zuschläge Rz. 3364

Mehraufwand für Verpflegung

→ Doppelte Haushaltsführung: Allgemeines Rz. 901, → Reisekosten: Allgemeine Grundsätze Rz. 2409

Mehraufwands-Wintergeld

→ Saison-Kurzarbeitergeld Rz. 2625

Mehrfachbeschäftigung

1. Arbeitsrecht

1985 Die Mehrfachbeschäftigung eines Arbeitnehmers ist arbeitsrechtlich unbedenklich und wird in **vielfachen Formen** praktisch ausgeführt, z.B. mit einer haupt- und einer nebenberuflichen Tätigkeit, mit mehreren Teilzeitarbeitsverhältnissen bzw. auch mit mehreren geringfügigen Beschäftigungen nebeneinander. Ebenso wie eine Doppel- oder Mehrfachbeschäftigung bei **mehreren Arbeitgebern** grundsätzlich zulässig ist, ist umgekehrt die Aufspaltung einer **Beschäftigung bei demselben Arbeitgeber** in mehrere Teilarbeitsverhältnisse etwa mit unterschiedlicher Vergütung oder mit Abspaltung eines Mini-Jobs grundsätzlich **unzulässig**.

Eine weitere Beschäftigung ist verboten, wenn sie gegen das **Arbeitsschutzrecht** verstößt. Die Tätigkeiten, die der Arbeitnehmer in mehreren Arbeitsverhältnissen ausübt, dürfen zusammen nicht die gesetzliche Höchstgrenze der täglichen Arbeitszeit (acht bzw. zehn Stunden, vgl. §§ 3 Abs. 1, 6 Abs. 2 ArbZG) überschreiten. Bei der Frage, ob die höchstzulässige Arbeitszeit überschritten ist, sind auch die Sonn- und Feiertage einzubeziehen (§ 11 Abs. 2 ArbZG). Wichtig ist, dass die Arbeitszeiten bei mehreren Arbeitgebern **zusammengerechnet** werden müssen, § 2 Abs. 1 ArbZG. Daraus ergibt sich auch: Die **Ruhezeit** zwischen der Beendigung einer abendlichen Tätigkeit und dem Beginn einer Tagestätigkeit muss mindestens elf Stunden betragen, § 5 Abs. 1 ArbZG. Mehrfachbeschäftigungen sind also **unzulässig**, wenn die Summe der Arbeitszeit die vom **Arbeitszeitgesetz** festgelegte Grenze erheblich und regelmäßig übersteigt. Dennoch behält der Arbeitnehmer auch für die unzulässige Arbeitszeit seinen Anspruch auf Arbeitsvergütung (vgl. BAG v. 19.6.1959, 1 AZR 565/57, www.stotax-first.de).

Unzulässig ist die Aufnahme einer Nebenbeschäftigung, wenn dies im Hauptarbeitsvertrag oder durch eine Betriebsvereinbarung oder durch einen Tarifvertrag ausgeschlossen wird. Ein solcher Ausschluss ist jedoch nur eingeschränkt zulässig, denn der Arbeitnehmer darf grundsätzlich nicht gehindert werden, seine gesamte Arbeitskraft zu verwerten, wie sich aus dem Persönlichkeitsrecht, Art. 2 GG, und dem Recht auf freie Wahl des Arbeitsplatzes, Art. 12 GG, ergibt. In dieser freien Verwertung seiner Arbeitskraft darf der Hauptarbeitgeber den Arbeitnehmer nur einschränken, wenn er hieran ein berechtigtes Interesse besitzt, z.B. aus dem Gesichtspunkt des Wettbewerbs.

Mehrfachbeschäftigung

Wichtig: Der Arbeitnehmer hat bei Mehrfachbeschäftigung in jedem Arbeitsverhältnis die normalen Arbeitnehmeransprüche, z.B. auf **Urlaub, Entgeltfortzahlung im Krankheitsfall**, anteilige **Sozial- und Sonderleistungen** sowie auf Einhaltung der **Kündigungsschutzbestimmungen**.

Zu weiteren Einzelheiten auch → Nebentätigkeit Rz. 2117; → Teilzeitbeschäftigte Rz. 2850.

2. Lohnsteuer

Bezieht ein Arbeitnehmer nebeneinander von mehreren Arbeitgebern Arbeitslohn, sind für jedes weitere Dienstverhältnis elektronische Lohnsteuerabzugsmerkmale zu bilden (§ 39e Abs. 3 Satz 2 EStG). Der **Arbeitnehmer** hat jedem seiner Arbeitgeber bei Eintritt in das Dienstverhältnis zum Zweck des Abrufs der Lohnsteuerabzugsmerkmale unter anderem **mitzuteilen**, ob es sich um das **erste oder ein weiteres Dienstverhältnis** handelt (§ 39e Abs. 4 EStG). Der Arbeitnehmer kann wählen, welches Dienstverhältnis das erste ist (Steuerklasse I bis V) und welches Dienstverhältnis als weiteres gilt (Steuerklasse VI). Im Regelfall wird diese Entscheidung von der Höhe des Arbeitslohns abhängen. Der bei dem ersten Dienstverhältnis nicht ausgenutzte Tabellenfreibetrag kann als Freibetrag auf ein weiteres Dienstverhältnis übertragen werden (→ Übertragung des Grundfreibetrags Rz. 2899). 1986

Sind die Voraussetzungen für die Pauschalierung der Lohnsteuer bei einem Dienstverhältnis erfüllt, so kann der Arbeitslohn auch pauschal versteuert werden, denn die Voraussetzungen für die Pauschalierung sind bei jedem Dienstverhältnis einzeln zu prüfen.

3. Sozialversicherung

Bei sozialversicherungspflichtigen Arbeitnehmern, die gleichzeitig in mehreren Beschäftigungsverhältnissen stehen, sind die Beiträge für jedes Beschäftigungsverhältnis nach den allgemeinen Regeln zu ermitteln, sofern die Beitragsbemessungsgrenze (BBG) in den einzelnen Versicherungszweigen nicht überschritten wird. Übersteigt die Summe der Arbeitsentgelte jedoch die BBG, sind für den jeweiligen Versicherungszweig die beitragspflichtigen Einnahmen nach dem Verhältnis ihrer Höhe so zu vermindern, dass sie zusammen höchstens die BBG erreichen. Dabei kann **folgende Formel** zu Grunde gelegt werden: 1987

$$\frac{\text{BBG} \times \text{Entgelt aus der einzelnen Beschäftigung}}{\text{Summe der Entgelte aus allen Beschäftigungen}}$$

Beispiel 1:

Der Arbeitnehmer erhält 2016 folgende monatlichen Arbeitsentgelte:

Bei Arbeitgeber A:	2 900,— €
Bei Arbeitgeber B:	3 400,— €
Die BBG liegt für 2016 im Rechtskreis West in der RV und AV bei 6 200 €.	
Arbeitgeber A: (6 200 × 2 900 : 6 300) =	2 853,97 €
Arbeitgeber B: (6 200 × 3 400 : 6 300) =	3 346,03 €
	6 200,— €

Beim Arbeitgeber A beträgt somit das beitragspflichtige Arbeitsentgelt 2 853,97 €, beim Arbeitgeber B 3 346,03 €.

Bei der Berechnung des Arbeitgeberzuschusses zu einer freiwilligen Kranken- und Pflegeversicherung ist entsprechend zu verfahren.

Auch → Nebentätigkeit Rz. 2117.

Durch das 4. Gesetz zur Änderung des SGB IV und anderer Gesetzes wurde zum 1.1.2012 die Regelung eingeführt, dass Arbeitsentgelte, die für sich gesehen bereits über der Beitragsbemessung liegen, vor der Verhältnisrechnung auf die jeweilige BBG zu kürzen sind.

Beispiel 2:

Der Arbeitnehmer erhält 2016 folgende monatlichen Arbeitsentgelte:

Bei Arbeitgeber A:	6 300,— €
Bei Arbeitgeber B:	1 200,— €
Die BBG liegt für 2016 im Rechtskreis West in der RV und AV bei 6 200 €.	
Es ergibt sich folgende Kürzung bei Arbeitgeber A auf	6 200,— €
Gekürztes Gesamtentgelt	7 400,— €
Arbeitgeber A: (6 200 € × 6 200 € : 7 400 €) =	5 194,59 €
Arbeitgeber B: (6 200 € × 1 200 € : 7 400 €) =	1 005,41 €

Mehrfachbeschäftigung

keine Sozialversicherungspflicht = (SV durchgestrichen)
Sozialversicherungspflicht = (SV)

Beim Arbeitgeber A beträgt somit das beitragspflichtige Arbeitsentgelt 5 194,59 €, beim Arbeitgeber B 1 005,41 €.

Bei Hinzutritt oder Wegfall einer versicherungspflichtigen Beschäftigung im Laufe eines Kalendermonats sind die Arbeitsentgelte nicht nur für die Tage des Monats, an denen die Mehrfachbeschäftigung besteht, zuzuordnen, sondern aus Vereinfachungsgründen dem gesamten Kalendermonat.

Tritt eine versicherungspflichtige Beschäftigung im Laufe eines Monats zu einer versicherungspflichtigen Beschäftigung hinzu, die ebenfalls nicht für den gesamten Kalendermonat besteht, kann die monatliche BBG nicht angesetzt werden.

Stattdessen sind die Arbeitsentgelte aus der Beschäftigung, ungeachtet des konkreten Überschneidungszeitraumes, ins Verhältnis zu einer anteiligen BBG zu setzen, die für den Rahmenzeitraum zu bilden ist.

Entsprechendes gilt bei Beendigung mehrerer Beschäftigungsverhältnisse im Laufe eines Monats. Eine anteilige Aufteilung der Arbeitsentgelte ist nicht vorzunehmen, wenn die Summe derartiger Mehrfachbeschäftigungen die anteilige BBG nicht übersteigt.

Beispiel 3:
(Rechtskreis West, Krankenversicherungspflicht besteht)

Beschäftigung bei Arbeitgeber A vom 3.5. bis 7.5.2016	670,— €
Beschäftigung bei Arbeitgeber B vom 5.5. bis 12.5.2016	780,— €
Gesamtentgelt	1 450,— €
Anteilige BBG (KV/PV) für Rahmenzeitraum 3.5. bis 12.5.2016	1 412,50 €
Anteilige BBG (RV/ALV) für Rahmenzeitraum 3.5. bis 12.5.2016	2 066,70 €
Ermittlung der Beitragsbemessungsgrundlagen für die KV und PV:	
Arbeitgeber A (670 € x 1412,50 € : 1 450 €) =	652,67 €
Arbeitgeber B (780 € x 1412,50 € : 1 450 €) =	759,83 €

Hinsichtlich der Beiträge zur Renten- und Arbeitslosenversicherung findet keine anteilmäßige Aufteilung der Arbeitsentgelte statt, da die Summe des Gesamtentgelts die maßgebende anteilige BBG nicht übersteigt (Besprechungsergebnis der Spitzenorganisationen der Sozialversicherung am 13.3.2013).

Mehrjährige Tätigkeit

→ Arbeitslohn für mehrere Jahre Rz. 257

Meldefristen

→ Meldungen für Arbeitnehmer in der Sozialversicherung Rz. 1989

Meldepflicht nach Kündigung bzw. bei befristetem Arbeitsverhältnis

1988 Personen, deren Ausbildungs- oder Arbeitsverhältnis endet, sind verpflichtet, sich **spätestens drei Monate** vor dessen Beendigung persönlich bei der Agentur für Arbeit arbeitsuchend zu melden (§ 38 Abs. 1 SGB III). Liegen zwischen der Kenntnis des Beendigungszeitpunkts und der Beendigung des Ausbildungs- oder Arbeitsverhältnisses weniger als drei Monate, haben sie sich **innerhalb von drei Tagen** nach Kenntnis des Beendigungszeitpunkts zu melden. Zur Wahrung der vorgenannten Fristen reicht eine fernmündliche, schriftliche oder online Anzeige aus, wenn die persönliche Meldung nach terminlicher Vereinbarung nachgeholt wird. Die Verpflichtung zur frühzeitigen Meldung besteht sowohl bei befristeten als auch bei unbefristeten Arbeitsverhältnissen. Die Pflicht zur Meldung besteht unabhängig davon, ob der Fortbestand des Ausbildungs- oder Arbeitsverhältnisses gerichtlich geltend gemacht wird. Der Arbeitgeber sollte den Arbeitnehmer bei Ausspruch der Kündigung auf seine Meldepflicht hinweisen. Die Meldepflicht besteht **nicht** bei betrieblichen Ausbildungsverhältnissen. Unterbrechungen oder eine Beendigung des Beschäftigungsverhältnisses bei fortbestehendem Arbeitsverhältnis (z.B. Elternzeit) lösen keine Meldepflicht aus.

Für Bezieher von Arbeitslosengeld treten **Sanktionen** ein, wenn sie sich entgegen § 38 Abs. 1 SGB III **nicht oder nicht unverzüglich arbeitsuchend** gemeldet haben oder sich zwar fristgerecht telefonisch oder schriftlich gemeldet, jedoch den mit der Agentur für Arbeit vereinbarten Termin für ein persönliches Beratungsgespräch in der Agentur ohne wichtigen Grund nicht wahrgenommen haben. In diesen Fällen tritt eine Sperrzeit beim Arbeitslosengeld von einer Woche ein.

Meldungen für Arbeitnehmer in der Sozialversicherung

Inhaltsübersicht:

	Rz.
1. Neuerungen	1989
2. Allgemeines	1990
a) Vorbemerkung	1990
b) Systemgeprüfte Programme	1991
c) Systemuntersuchte Ausfüllhilfe	1992
3. Organisationsmittel und Ordnungsbegriffe	1993
a) Sozialversicherungsausweis	1994
b) Versicherungsnummer	1995
c) Abgabegründe	1996
d) Betriebsnummer	1997
e) Personengruppen	1998
f) Beitragsgruppen	1999
g) Angaben zur Tätigkeit	2000
h) Staatsangehörigkeitsschlüssel	2001
i) Statuskennzeichen	2002
4. Pflichten und Aufgaben	2003
a) Arbeitnehmer	2003
b) Arbeitgeber	2004
c) Krankenkassen	2005
d) Rentenversicherungsträger	2006
e) Bundesagentur für Arbeit	2007
5. Meldepflichtige Beschäftigungen und Meldetatbestände	2008
a) Versicherungspflichtige	2008
b) Geringfügig Beschäftigte	2009
6. Meldeinhalte	2010
a) Sofortmeldung	2011
b) Anmeldung	2012
c) Abmeldung	2013
d) Unterbrechungsmeldung	2014
e) Jahresmeldung	2015
f) Entgeltmeldung bei einmalig gezahltem Arbeitsentgelt	2016
g) Veränderungsmeldungen	2017
h) Meldungen von Änderungen/Stornierungen	2018
i) Gesonderte Meldung	2019
j) Meldungen für geringfügig Beschäftigte	2020
k) Daten für Zwecke der Unfallversicherung	2021
l) Meldungen bei Insolvenz	2022
m) GKV-Monatsmeldung	2023
7. Bestandsprüfungen	2024
8. Meldefristen	2025
9. Zuständige Krankenkasse	2026
10. Bußgeld bei Verstoß gegen die Meldevorschriften	2027

1. Neuerungen

1989 Das Fünfte Gesetz zur Änderung des SGB IV und anderer Gesetze v. 15.4.2015, BGBl. I 2015, 583 hat neben bereits umgesetzten Änderungen zum 1.7.2015 weitere gravierende Änderungen zum 1.1.2016 gebracht.

Die inhaltlichen Änderungen sind bei den entsprechenden Kapiteln berücksichtigt. Die technischen Änderungen werden hier nachstehend nur mit Schlagworten aufgeführt, weil es sich dabei um Voraussetzungen handelt, die von den eingesetzten Entgeltabrechnungsprogrammen oder den zugelassenen Ausfüllhilfen berücksichtigt werden:

– Datenannahme nur noch über den GKV-Kommunikationsserver oder z.B. bei Sofortmeldungen über den Kommunikationsserver der Deutschen Rentenversicherung.

– Abruf der Daten am GKV-Kommunikationsserver durch den Arbeitgeber einmal wöchentlich. Der Abruf ist zu quittieren. 30 Tage nach Eingang der Quittung werden die Meldungen gelöscht.

– Verpflichtender Einsatz des eXTra-Standards (www.extra-standard.de)

– Gemeinsame Grundsätze Technik – Erarbeitung durch GKV-Spitzenverband

- Einheitliche Beschreibung der Datensätze für die Kommunikationsdaten in den Gemeinsamen Grundsätzen Kommunikation

Weitere Details dazu finden Sie auch im Internet unter www.gkv-datenaustausch.de, eine Plattform des GKV-Spitzenverbandes.

2. Allgemeines

a) Vorbemerkung

1990 Arbeitgeber dürfen die Melde- und Abrechnungsdaten nur durch gesicherte und verschlüsselte Datenübertragung aus **systemgeprüften Programmen** oder mittels **zugelassener Ausfüllhilfen** über den GKV-Kommunikationsserver an die Datenannahmestellen der Krankenkassen geben. Diese Regelung ist unabhängig von der Unternehmensgröße, d.h., auch wer nur einen Arbeitnehmer beschäftigt, muss diese Technik anwenden.

Die Einzugsstellen haben bei Anmeldungen ohne Versicherungsnummer die vom Rentenversicherungsträger zurückgemeldete oder im Krankenkassenbestand ermittelte Versicherungsnummer unverzüglich dem Arbeitgeber durch Datenübertragung mitzuteilen.

b) Systemgeprüfte Programme

1991 Das vom Arbeitgeber eingesetzte Lohn- und Gehaltsabrechnungsprogramm muss ein von der Informationstechnischen Servicestelle der Gesetzlichen Krankenversicherung GmbH (ITSG) systemuntersuchtes und zugelassenes Programm sein. Die Systemuntersuchung ist vom Software-Ersteller und nicht vom jeweiligen Arbeitgeber bei der ITSG zu beantragen. Wird die Systemuntersuchung mit einem positiven Ergebnis durchgeführt, wird das GKV-Zertifikat „systemuntersucht" vergeben.

Hierzu gehört auch das von Stollfuß Medien veröffentlichte Lohn- und Gehaltsabrechnungsprogramm „Gehalt und Lohn Plus 2016", ISBN 978-3-08-111216-9. Weitere Programme findet man auf der Seite der ITSG unter www.gkv-ag.de.

c) Systemuntersuchte Ausfüllhilfe

1992 Arbeitgeber, die sich kein Lohn- und Gehaltsabrechnungsprogramm zulegen möchten, müssen ihre Meldungen und Beitragsnachweise mittels systemgeprüfter maschineller Ausfüllhilfe an die Datenannahmestellen übermitteln.

Beispielsweise stellen die gesetzlichen Krankenkassen die **kostenlose Ausfüllhilfe sv.net** zur Verfügung. Nähere Informationen hierzu erhält man unter www.itsg.de. Die Ausfüllhilfe dient der maschinellen Übermittlung von **manuell** erfassten Meldungen und Beitragsnachweisen. Die Erfassungsmasken entsprechen weitestgehend dem bekannten Aufbau der bisherigen Formulare. Die Ausfüllhilfen können allerdings nicht die Lohn- und Gehaltsabrechnungsprogramme ersetzen. Mittlerweile können mit der Version sv.net/online auch Entgeltbescheinigungen (z.B. zur Berechnung des Krankengelds) erstellt und elektronisch an die jeweilige Krankenkasse übermittelt werden.

Arbeitgeber, die ein systemgeprüftes Lohn- und Gehaltsabrechnungsprogramm einsetzen, können für einzelne Meldungen auch eine systemgeprüfte Ausfüllhilfe nutzen.

Das eingesetzte Lohn- und Gehaltsabrechnungsprogramm sowie die systemgeprüfte Ausfüllhilfe erstellen je Datenlieferung einen Kommunikationsdatensatz, anhand dessen die Datenannahmestellen das eingesetzte Programm sowie den jeweiligen Versionsstand erkennen.

3. Organisationsmittel und Ordnungsbegriffe

1993 Zur Abwicklung des Meldeverfahrens sind eindeutige Ordnungsbegriffe notwendig, die zusätzlich auch für Statistiken und Analysen im Bereich der Sozialdaten und der Arbeitsmarktbeobachtung verwertbar sind.

a) Sozialversicherungsausweis

1994 Mit Vergabe der Rentenversicherungsnummer erhält der Arbeitnehmer seinen Sozialversicherungsausweis. Die Gestaltung des Sozialversicherungsausweises obliegt der Deutschen Rentenversicherung Bund. Alles Weitere wird in Grundsätzen festgelegt, die unter dem Genehmigungsvorbehalt durch das BMAS stehen (→ *Sozialversicherungsausweis* Rz. 2729).

b) Versicherungsnummer

1995 Die Rentenversicherungsnummer ist als eindeutiges Identifizierungsmerkmal von besonderer Bedeutung, weil unter diesem Ordnungsbegriff der Versicherungsverlauf gespeichert wird. Ist die Versicherungsnummer bei einer notwendigen Meldung noch nicht vergeben oder nicht bekannt, sind die für ihre Vergabe erforderlichen Daten zusätzlich in die Meldung aufzunehmen.

Dies sind:

- die Angabe der Staatsangehörigkeit des Arbeitnehmers,
- sein Geschlecht,
- sein Geburtsdatum,
- sein Geburtsort und
- ggf. der Geburtsname.

Der Arbeitgeber oder die Zahlstelle kann in den Fällen, in denen für eine Meldung keine Versicherungsnummer vorliegt, eine Meldung zur Abfrage der Versicherungsnummer an die Datenstelle der Rentenversicherung übermitteln. Die Datenstelle der Träger der Rentenversicherung übermittelt unverzüglich durch Datenübertragung die Versicherungsnummer oder den Hinweis, dass die Vergabe der Versicherungsnummer mit der Anmeldung erfolgt.

Dieses Verfahren soll voraussichtlich am 1.7.2016 starten.

c) Abgabegründe

1996 In den Meldungen ist anzugeben, aus welchem Grund die Meldung erstattet wird. Hierfür ist ein zweistelliger Schlüssel vorgesehen, der folgende Bedeutung hat:

Anmeldungen

10 Anmeldung wegen Beginn einer Beschäftigung
11 Anmeldung wegen Krankenkassenwechsel
12 Anmeldung wegen Beitragsgruppenwechsel
13 Anmeldung wegen sonstiger Gründe/Änderungen im Beschäftigungsverhältnis, z.B.

- Anmeldung nach unbezahltem Urlaub oder Streik von länger als einem Monat nach § 7 Abs. 3 Satz 1 SGB IV
- Anmeldung wegen Rechtskreiswechsel ohne Krankenkassenwechsel
- Anmeldung wegen Wechsel des Entgeltabrechnungssystems (optional)
- Anmeldung wegen Änderung des Personengruppenschlüssels ohne Beitragsgruppenwechsel
- Anmeldung wegen Währungsumstellung während eines Kalenderjahres

20 Sofortmeldung bei Aufnahme einer Beschäftigung nach § 28a Abs. 4 SGB IV

Abmeldungen

30 Abmeldung wegen Ende einer Beschäftigung
31 Abmeldung wegen Krankenkassenwechsel
32 Abmeldung wegen Beitragsgruppenwechsel
33 Abmeldung wegen sonstiger Gründe/Änderungen im Beschäftigungsverhältnis
34 Abmeldung wegen Ende des Fortbestehens eines sozialversicherungsrechtlichen Beschäftigungsverhältnisses nach § 7 Abs. 3 Satz 1 SGB IV
35 Abmeldung wegen Arbeitskampf von länger als einem Monat
36 Abmeldung wegen Wechsel des Entgeltabrechnungssystems (optional) oder Währungsumstellung während eines Kalenderjahres
40 Gleichzeitige An- und Abmeldung wegen Ende der Beschäftigung
49 Abmeldung wegen Tod

Jahres-, Unterbrechungs- und Sondermeldung

50 Jahresmeldung
51 Unterbrechungsmeldung wegen Bezug von bzw. Anspruch auf Entgeltersatzleistungen
52 Unterbrechungsmeldung wegen Elternzeit
53 Unterbrechungsmeldung wegen gesetzlicher Dienstpflicht oder freiwilligem Wehrdienst
54 Meldung von einmalig gezahltem Arbeitsentgelt (Sondermeldung)
55 Meldung von nicht vereinbarungsgemäß verwendetem Wertguthaben (Störfall)
56 Meldung des Unterschiedsbetrags bei Entgeltersatzleistungen während Altersteilzeitarbeit

Meldungen für Arbeitnehmer in der Sozialversicherung

keine Sozialversicherungspflicht = ⓢⓥ
Sozialversicherungspflicht = Ⓢⓥ

57 Gesonderte Meldung nach § 194 SGB VI
58 GKV-Monatsmeldung
92 UV-Jahresmeldung

Meldungen in Insolvenzfällen

70 Jahresmeldung für freigestellte Arbeitnehmer
71 Meldung des Vortags der Insolvenz/der Freistellung
72 Entgeltmeldung zum rechtlichen Ende der Beschäftigung

Für die praktische Anwendung ergeben sich beispielhaft auf Grund der vielschichtigen Meldesachverhalte folgende Konstellationen:

Sachverhalt	Abgabegrund	Meldeart
Aufnahme einer versicherungspflichtigen oder geringfügigen Beschäftigung	10	Anmeldung
Ende einer versicherungspflichtigen oder geringfügigen Beschäftigung	30	Abmeldung
Ende einer versicherungspflichtigen Beschäftigung wegen Tod	49	Abmeldung
Beginn und Ende einer versicherungspflichtigen oder geringfügigen Beschäftigung, wenn zum Zeitpunkt der Abmeldung noch keine Anmeldung abgegeben wurde – nur zulässig, wenn die Versicherungsnummer bekannt ist	40	An- und Abmeldung
Krankenkassenwechsel bei fortbestehendem Beschäftigungsverhältnis	31 / 11	Abmeldung / Anmeldung
Beitragsgruppenwechsel bei fortbestehendem Beschäftigungsverhältnis	32 / 12	Abmeldung / Anmeldung
Jahresmeldung für das abgelaufene Kalenderjahr	50	Jahresmeldung
Einmalig gezahltes Arbeitsentgelt als Sondermeldung	54	Sondermeldung
Unterbrechung der Beschäftigung ohne Fortzahlung des Arbeitsentgelts für mindestens einen Kalendermonat wegen des Bezugs z.B. von Kranken- und Mutterschaftsgeld	51	Unterbrechungsmeldung
Unterbrechung der Beschäftigung wegen Elternzeit	52	Unterbrechungsmeldung
Unterbrechung der Beschäftigung wegen Ableistung der gesetzlichen Dienstpflicht von mehr als einem Kalendermonat	53	Unterbrechungsmeldung
Unterbrechung der Beschäftigung ohne Fortzahlung des Arbeitsentgelts von mehr als einem Monat,		
• z.B. wegen unbezahltem Urlaub	34 / 13	Abmeldung / Wiederanmeldung
• wegen Arbeitskampf	35 / 13	Abmeldung / Wiederanmeldung
Wechsel von einer geringfügig entlohnten in eine kurzfristige Beschäftigung oder umgekehrt	30 / 10	Abmeldung / Anmeldung
Änderung des Arbeitsentgelts, wenn die 450 €-Grenze über- oder unterschritten wird	30 / 10	Abmeldung / Anmeldung
Beginn der Beschäftigung nach Ende der Berufsausbildung beim gleichen Arbeitgeber		
• ohne Beitragsgruppenwechsel	33 / 13	Abmeldung / Anmeldung
• mit Beitragsgruppenwechsel	32 / 12	Abmeldung / Anmeldung
Beginn einer Beschäftigung nach dem Altersteilzeitgesetz beim gleichen Arbeitgeber		
• ohne Krankenkassenwechsel und ohne Beitragsgruppenwechsel	33 / 13	Abmeldung / Anmeldung
• mit Krankenkassenwechsel ggf. auch Beitragsgruppenwechsel	31 / 11	Abmeldung / Anmeldung
• mit Beitragsgruppenwechsel	32 / 12	Abmeldung / Anmeldung
Wechsel des Entgeltabrechnungssystems beim Arbeitgeber – Nicht jeder Wechsel eines Abrechnungssystems macht innerhalb der Systeme das An- und Abmelden erforderlich. Sollten jedoch Meldungen erforderlich sein, so ist der gesonderte Abgabegrund zu verwenden.	36 / 13	Abmeldung / Anmeldung

Sachverhalt	Abgabegrund	Meldeart
Wechsel einer Betriebsstätte von den alten in die neuen Bundesländer (Rechtskreiswechsel) oder umgekehrt beim gleichen Arbeitgeber		
• ohne Krankenkassenwechsel	33 / 13	Abmeldung / Anmeldung
• mit Krankenkassenwechsel	31 / 11	Abmeldung / Anmeldung

d) Betriebsnummer

Die Betriebsnummer des Beschäftigungsbetriebs wird **auf Antrag** des Betriebs **vom** Betriebsnummernservice der Bundesagentur für Arbeit in Saarbrücken vergeben. Nähere Informationen hierzu findet man im Internet unter www.arbeitsagentur.de.

1997

Später eintretende Änderungen hat der Arbeitgeber unverzüglich dieser Zentralstelle zu melden. Zur maschinellen Übermittlung der Änderungen steht der Datensatz Betriebsdatenpflege (DSBD) zur Verfügung. Alle Änderungen werden i.R.d. eingesetzten systemgeprüften Entgeltabrechnungsprogramms oder der systemgeprüften Ausfüllhilfe gemeldet. Hierfür gibt es besondere Abgabegründe, die bei einigen Entgeltabrechnungsprogrammen automatisch generiert werden. Es existieren die Abgabegründe „11" bis „18".

Der Betriebsnummernservice unterrichtet diejenigen Beschäftigungsbetriebe, bei denen er eine grundsätzliche Sofortmeldepflicht festgestellt hat, über diesen Tatbestand.

e) Personengruppen

Der dreistellige Personengruppenschlüssel (PGR) lässt eine genaue Berufsbildzuordnung zu. Die 1. Stelle des Schlüssels ist fest vergeben. Bei Arbeitgebermeldungen ist es immer die „1". Andere Schlüssel in der 1. Stelle sind anderen meldenden Stellen vorbehalten. Grundsätzlich ist der Schlüssel 101 bzw. 140 zu verwenden. Hat das Beschäftigungsverhältnis **besondere Merkmale**, gelten die Schlüssel 102 ff. bzw. 141 ff. Treffen mehrere besondere Merkmale zu, ist die niedrigste Schlüsselzahl zu vermerken. Die Schlüssel 109 und 110 haben jedoch immer Vorrang.

1998

Schlüsselzahl	Personenkreis	Erläuterung
101	Sozialversicherungspflichtig Beschäftigte ohne besondere Merkmale	Beschäftigte, die kranken-, pflege-, renten- oder arbeitslosenversicherungspflichtig sind oder für die Arbeitgeberanteile zur Renten- oder Arbeitslosenversicherung zu zahlen sind
102	Auszubildende	Personen, die eine betriebliche Berufsausbildung in einem anerkannten Ausbildungsberuf durchlaufen oder die Ausbildung für einen Beruf erlernen, die üblich oder anerkannt ist. Auszubildende, deren Arbeitsentgelt die Geringverdienergrenze (325 €) nicht übersteigt, sind mit dem PGR 121 zu melden
103	Beschäftigte in Altersteilzeit	Beschäftigung nach dem Altersteilzeitgesetz
104	Hausgewerbetreibende	Personen, die in eigener Arbeitsstätte im Auftrag anderer tätig sind
105	Praktikanten	Personen, die eine in der Studien- oder Prüfungsordnung vorgeschriebene berufspraktische Tätigkeit im Rahmen eines Praktikums verrichten
106	Werkstudenten	Studenten, die eine Beschäftigung ausüben und darin kranken-, pflege- und arbeitslosenversicherungsfrei sind
107	Behinderte Menschen in anerkannten Werkstätten oder gleichartigen Einrichtungen	Personen, die für eine Erwerbstätigkeit befähigt werden sollen oder in Einrichtungen tätig sind. Der Schlüssel gilt auch für behinderte Menschen, die in einer anerkannten Werkstatt für behinderte Menschen im Eingangsverfahren oder im Berufsbildungsbereich tätig sind
108	Bezieher von Vorruhestandsgeld	–

[LSt] = keine Lohnsteuerpflicht
[LSt] = Lohnsteuerpflicht

Meldungen für Arbeitnehmer in der Sozialversicherung

Schlüsselzahl	Personenkreis	Erläuterung
109	Geringfügig entlohnte Beschäftigung nach § 8 Abs. 1 Nr. 1 SGB IV	Geringfügig Beschäftigte bis 450 € monatlich
110	Kurzfristig Beschäftigte nach § 8 Abs. 1 Nr. 2 SGB IV	Geringfügig Beschäftigte mit einer Befristung auf drei Monate oder 70 Arbeitstage
111	Personen in Einrichtungen der Jugendhilfe, Berufsbildungswerken oder ähnlichen Einrichtungen für behinderte Menschen	durch den zuständigen Träger der Einrichtung sind Meldungen zu erstatten
112	Mitarbeitende Familienangehörige in der Landwirtschaft	ohne Auszubildende
113	Nebenerwerbslandwirte	Personen, die neben der Bewirtschaftung einer Landwirtschaft in einem abhängigen Dauerarbeitsverhältnis stehen
114	Nebenerwerbslandwirte (saisonal beschäftigt)	Personen, die neben der Bewirtschaftung einer Landwirtschaft eine Beschäftigung ausüben, die auf höchstens 26 Wochen befristet ist
116	Ausgleichsgeldempfänger nach dem FELEG	Landwirtschaftliche Arbeitnehmer und mitarbeitende Familienangehörige, deren Beschäftigung durch die Einstellung des landwirtschaftlichen Unternehmens endet
118	Unständig Beschäftigte	Versicherungspflichtige Beschäftigung, die auf weniger als eine Woche befristet ist
119	Versicherungsfreie Altersvollrentner und Versorgungsbezieher wegen Alters	Personen, die eine Altersrente aus der gesetzlichen Rentenversicherung oder einer berufsständischen Versorgungseinrichtung beziehen
121	Auszubildende, deren Arbeitsentgelt die Geringverdienergrenze nicht übersteigt	Geringverdienergrenze = 325 €
122	Auszubildende in einer außerbetrieblichen Einrichtung	
123	Personen, die ein freiwilliges soziales oder ökologisches Jahr oder einen Bundesfreiwilligendienst leisten	Es handelt sich um eine Ausbildung in einer nicht einem Betrieb angegliederten Bildungseinrichtung
124	Heimarbeiter ohne Anspruch auf Entgeltfortzahlung im Krankheitsfall	Erwerbstätige mit selbst gewählter Arbeitsstätte ohne unmittelbare Weisungsgebundenheit und ohne Eingliederung in den Betrieb, die im Auftrag und für Rechnung von Gewerbetreibenden, gemeinnützigen Unternehmen oder öffentlich-rechtlichen Körperschaften arbeiten. Soweit Heimarbeiter einen Anspruch auf Entgeltfortzahlung im Krankheitsfall haben, ist der PGR 124 nicht anzuwenden
127	Behinderte Menschen, die im Anschluss an eine Beschäftigung in einer anerkannten Werkstatt in einem Integrationsprojekt beschäftigt sind	Es handelt sich um körperlich, geistig oder seelisch behinderte Menschen, die im Anschluss an eine Beschäftigung in einer nach dem SGB IX anerkannten Werkstatt für behinderte Menschen in einem Integrationsprojekt tätig sind.
140	Seeleute	ohne Lotsen
141	Auszubildende in der Seefahrt	wie Schlüssel 102 und 140
142	Seeleute in Altersteilzeit	wie Schlüssel 103 und 140
143	Seelotsen	Rentenversicherungspflichtig Selbständige
144	Auszubildende in der Seefahrt, deren Arbeitsentgelt die Geringverdienergrenze nicht übersteigt	Geringverdienergrenze = 325 €
149	In der Seefahrt beschäftigte versicherungsfreie Altersvollrentner und Versorgungsbezieher wegen Alters	–
190	Beschäftigte, die ausschließlich Beschäftigte i.S. der Unfallversicherung sind	Meldungen für Beschäftigte, die ausschließlich der Unfallversicherungspflicht unterliegen

f) Beitragsgruppen

Da die Krankenkassen auch Einzugsstellen für die Pflege-, Renten- und Arbeitslosenversicherungsbeiträge sind, die Bedingungen für die Versicherungspflicht bzw. -freiheit aber nicht immer gleich sind, ist bei der Anmeldung zu kennzeichnen, zu welchen Zweigen Versicherungs- und damit Beitragspflicht besteht. Dies geschieht durch die jeweilige Beitragsgruppe (→ *Beiträge zur Sozialversicherung* Rz. 548). **1999**

Der Beitragsgruppenschlüssel ist vierstellig und kennzeichnet in der ersten Stelle die Versicherungspflicht/-freiheit zur Krankenversicherung, in der zweiten Stelle zur Rentenversicherung, in der dritten Stelle die Beitragspflicht zur Arbeitslosenversicherung und in der vierten Stelle die Versicherungspflicht/-freiheit zur Pflegeversicherung. Bei den An- und Abmeldungen für geringfügig Beschäftigte sind auch die Beitragsgruppen anzugeben.

Der Beitragsgruppenschlüssel setzt sich wie folgt zusammen:

Krankenversicherung

0 = kein Beitrag
1 = allgemeiner Beitrag
3 = ermäßigter Beitrag
4 = Beitrag zur landwirtschaftlichen Krankenversicherung
5 = Arbeitgeberbeitrag zur landwirtschaftlichen Krankenversicherung
6 = Pauschalbeitrag für geringfügig Beschäftigte
9 = freiwillige Krankenversicherung – Firmenzahler

Rentenversicherung

0 = kein Beitrag
1 = voller Beitrag
3 = halber Beitrag
5 = Pauschalbeitrag für geringfügig Beschäftigte

Arbeitslosenversicherung

0 = kein Beitrag
1 = voller Beitrag
2 = halber Beitrag – nur Arbeitgeberanteil

Pflegeversicherung

0 = kein Beitrag
1 = voller Beitrag
2 = halber Beitrag

g) Angaben zur Tätigkeit

Der Tätigkeitsschlüssel setzt sich aus den Elementen „Ausgeübte Tätigkeit", „Höchster allgemein bildender Schulabschluss", „Höchster beruflicher Ausbildungsabschluss", „Arbeitnehmerüberlassung" und „Vertragsform" zusammen. **2000**

Mit dem Betriebsnummernbescheid wird jedem Arbeitgeber, der sozialversicherungspflichtig oder geringfügig beschäftigte Arbeitnehmer anmeldet, die Internet-Adresse mitgeteilt, unter der das Schlüsselverzeichnis für die Angaben zur Tätigkeit aufgerufen werden kann. Zusätzlich steht das Hilfsmittel „Tätigkeitsschlüssel Online" im Internet unter bns-ts.arbeitsagentur.de zur Verfügung.

Der Schlüssel ist **neunstellig und** setzt sich wie folgt zusammen:

Meldungen für Arbeitnehmer in der Sozialversicherung

keine Sozialversicherungspflicht = Ⓢ̷Ⓥ̷
Sozialversicherungspflicht = Ⓢ̱Ⓥ̱

- Ausgeübte Tätigkeit (1. bis 5. Stelle)
  Gültige Schlüssel nach der Klassifizierung der Berufe 2010
- Höchster allgemein bildender Schulabschluss (6. Stelle)
  Gültige Schlüssel „1" bis „4" und „9"
  1 = ohne Schulabschluss
  2 = Haupt-/Volksschulabschluss
  3 = Mittlere Reife oder gleichwertiger Abschluss
  4 = Abitur/Fachabitur
  9 = Abschluss unbekannt
- Höchster beruflicher Ausbildungsabschluss (7. Stelle)
  Gültige Schlüssel „1" bis „6" und „9"
  1 = ohne beruflichen Ausbildungsabschluss
  2 = Abschluss einer anerkannten Berufsausbildung
  3 = Meister-/Techniker- oder gleichwertiger Fachschulabschluss
  4 = Bachelor
  5 = Diplom/Magister/Master/Staatsexamen
  6 = Promotion
  9 = Abschluss unbekannt
- Arbeitnehmerüberlassung (8. Stelle)
  Gültige Schlüssel
  „1" und „2"
  1 = nein
  2 = ja
- Vertragsform (9. Stelle)
  Gültige Schlüssel „1" bis „4"
  1 = Vollzeit, unbefristet
  2 = Teilzeit, unbefristet
  3 = Vollzeit, befristet
  4 = Teilzeit, befristet

h) Staatsangehörigkeitsschlüssel

2001 In den Meldungen zur Sozialversicherung ist auch die Staatsangehörigkeit des Arbeitnehmers anzugeben. Einzutragen ist der vom Statistischen Bundesamt festgelegte Schlüssel.

i) Statuskennzeichen

2002 Neben dem Statusfeststellungsverfahren, das vom Auftraggeber oder Auftragnehmer beantragt werden kann, gibt es ein weiteres Statusfeststellungsverfahren. Die Statuskennzeichen lauten wie folgt:

1 = Ehegatte, Lebenspartner oder Abkömmling des Arbeitgebers

2 = Geschäftsführender Gesellschafter einer GmbH

Abkömmlinge sind Kinder, adoptierte Kinder, Enkel und Urenkel, nicht dagegen Stief- und Pflegekinder.

Das Statuskennzeichen ist bei allen Anmeldungen mit Abgabegrund 10, bei gleichzeitiger An- und Abmeldung mit Abgabegrund 40 und auch für geringfügig Beschäftigte (Ausnahme: Haushaltsscheckverfahren) vorgesehen.

Das Statusfeststellungsverfahren wird von der Deutschen Rentenversicherung Bund durchgeführt (→ *Statusfeststellungsverfahren* Rz. 2745).

4. Pflichten und Aufgaben

a) Arbeitnehmer

2003 Der Arbeitnehmer ist verpflichtet, dem Arbeitgeber seinen **Sozialversicherungsausweis (Bestandteil eines Briefs) vorzulegen** und alle für die Durchführung des Meldeverfahrens erforderlichen Angaben zu machen.

b) Arbeitgeber

2004 Der Arbeitgeber hat sich zu Beginn der Beschäftigung des Arbeitnehmers den **Sozialversicherungsausweis vorlegen** zu lassen.

Der Arbeitgeber hat dem Beschäftigten mindestens einmal jährlich bis zum 30. April eines Jahres für alle im Vorjahr durch Datenübertragung erstatteten Meldungen eine maschinell erstellte Bescheinigung zu übergeben, die inhaltlich getrennt alle gemeldeten Daten enthalten muss. Diese Bescheinigung ist nicht zu erstellen, sofern ausschließlich gemeldete Daten zur Unfallversicherung im DBUV storniert und neu gemeldet werden.

c) Krankenkassen

2005 Die Krankenkassen haben dafür zu sorgen, dass die erforderlichen Meldungen rechtzeitig erstattet und die Angaben vollständig und richtig gemacht werden. Zu diesem Zweck werden die Meldungen **auf Plausibilität geprüft** und ggf. mit Bestandsdaten abgeglichen. Die Daten werden anschließend zur Aktualisierung des Mitgliederverzeichnisses der Krankenkasse weiterverarbeitet, wobei Meldungen, die nicht krankenversicherungspflichtige Beschäftigte betreffen, von der Weiterverarbeitung in den Datenbeständen der Krankenkasse ausgeschlossen sind.

d) Rentenversicherungsträger

2006 Die Rentenversicherungsträger unterhalten eine Datenstelle, bei der alle Personen, denen von einem Träger der Rentenversicherung eine Versicherungsnummer zugeteilt wurde, so erfasst sind, dass bei Angabe der für die Vergabe der Versicherungsnummer erforderlichen Daten die Versicherungsnummer und der zuständige Träger der Rentenversicherung ermittelt werden kann.

Darüber hinaus speichern die Rentenversicherungsträger **vorwiegend Beschäftigungszeiträume und Arbeitsentgelte aus Jahresmeldungen und Abmeldungen** in dem „persönlichen Versicherungskonto" des Arbeitnehmers, um sie bei einem Leistungsantrag sofort verwendbar abrufen zu können.

e) Bundesagentur für Arbeit

2007 Die Rentenversicherungsträger übermitteln Meldedaten an die Bundesagentur für Arbeit, soweit diese zur Durchführung ihrer Aufgaben auf die Daten angewiesen ist. Die Bundesagentur für Arbeit verwendet die Meldedaten hauptsächlich zur Beobachtung und Analyse des Arbeitsmarkts.

5. Meldepflichtige Beschäftigungen und Meldetatbestände

a) Versicherungspflichtige

2008 Der Arbeitgeber hat jeden in der Kranken-, Pflege-, Renten- und/oder Arbeitslosenversicherung **versicherungspflichtig Beschäftigten oder die Person, für die Beitragsanteile (Arbeitgeberanteile) zu entrichten sind**, der zuständigen Krankenkasse zu melden.

Meldepflichtig ist u.a.:

- Beginn und Ende der Beschäftigung,
- das Ende der Mitgliedschaft in der Krankenversicherung, wenn die Mitgliedschaft ohne Entgeltzahlung fortbesteht (§ 192 SGB V),
- das Ende der Entgeltzahlung,
- die Änderung der Beitragspflicht,
- der Wechsel der Krankenkasse (Einzugsstelle),
- die Unterbrechung der Beschäftigung oder Entgeltzahlung,
- die Auflösung des Arbeitsverhältnisses,
- die Änderung des Familien- oder Vornamens,
- die Änderung der Staatsangehörigkeit,
- das Jahresentgelt für jeden Beschäftigten,
- einmalig gezahltes Arbeitsentgelt, sofern es nicht in einer Meldung aus anderem Anlass erfasst wird,
- die beitragspflichtige Einnahme i.R.d. Rentenantragsverfahrens,
- Beginn und Ende der Berufsausbildung,
- Beginn und Ende der Sozialversicherungspflicht auf Grund von Pflegezeit (→ *Pflegeversicherung* Rz. 2236),
- der Wechsel von einer Betriebsstätte im Beitrittsgebiet zu einer Betriebsstätte im Übrigen Bundesgebiet oder umgekehrt (Änderung des Rechtskreises),
- Beginn und Ende der Altersteilzeitarbeit,
- die Änderung des Arbeitsentgelts, wenn die Geringfügigkeitsgrenze von 450 € im Monat über- oder unterschritten wird,
- die nicht bestimmungsgemäße Verwendung eines Wertguthabens im Rahmen einer Vereinbarung über flexible Arbeitszeit und der Wechsel von einem Wertguthaben, das in einem neuen Bundesland, und einem Wertguthaben, das in einem alten Bundesland erzielt wurde; wird ein Wertguthaben aufgelöst und gleichzeitig Arbeitsentgelt gezahlt, ist das Wertguthaben nur dann gesondert zu melden, wenn nicht beide zusammen im Beitrittsgebiet oder zusammen in den übrigen Bundesländern erzielt wurden.

b) Geringfügig Beschäftigte

2009 Für geringfügig Beschäftigte, d.h. für geringfügig entlohnte und kurzfristig Beschäftigte, sind grundsätzlich die gleichen Meldungen zu erstatten wie für versicherungspflichtig Beschäftigte. Bei kurzfristig Beschäftigten sind jedoch keine Unterbrechungsmeldungen und keine Jahresmeldungen abzugeben. Für die Meldungen geringfügig Beschäftigter ist **ausschließlich die Minijob-Zentrale zuständig**. Handelt es sich um eine geringfügige Beschäftigung in einem Privathaushalt, ist das Haushaltsscheckverfahren zwingend vorgeschrieben (→ *Mini-Jobs* Rz. 2079). Einzelheiten hierzu s.a. unter → Rz. 2020 und → *Mini-Jobs* Rz. 2073.

6. Meldeinhalte

2010 In den Meldungen ist immer die Versicherungsnummer des Arbeitnehmers anzugeben. Ist sie noch nicht zugeteilt worden oder aus sonstigen Gründen nicht bekannt, sind die für die Vergabe der Versicherungsnummer zusätzlich notwendigen Angaben wie Staatsangehörigkeit, Geschlecht, Geburtsort, Geburtsdatum und ggf. Geburtsname anzugeben. Die Angaben sind zur eindeutigen Ermittlung bzw. Vergabe der persönlichen Versicherungsnummer erforderlich.

a) Sofortmeldung

2011 In folgenden Branchen wurde die Sofortmeldung wieder eingeführt:

1. Baugewerbe,
2. Gaststätten- und Beherbergungsgewerbe,
3. Personenbeförderungsgewerbe,
4. Speditions-, Transport- und damit verbundenes Logistikgewerbe,
5. Unternehmen der Forstwirtschaft,
6. Gebäudereinigungsgewerbe,
7. Unternehmen, die sich am Auf- und Abbau von Messen und Ausstellungen beteiligen,
8. Fleischwirtschaft.

Maßgebend ist die von der Bundesagentur für Arbeit vergebene Wirtschaftsklasse.

Es ist der Tag des Beginns des Beschäftigungsverhältnisses spätestens bei dessen Aufnahme zu melden.

- Die Sofortmeldung wurde in das bestehende Meldeverfahren integriert, wobei die Sofortmeldung unmittelbar an die Datenstelle der Träger der Rentenversicherung zu übersenden ist. Die Empfänger-Betriebsnummer lautet „66667777".
- Die Sofortmeldung beinhaltet u.a. folgende Angaben:
  - Familien- und Vornamen,
  - Versicherungsnummer, soweit bekannt, ansonsten die zur Vergabe einer Versicherungsnummer notwendigen Angaben (Tag und Ort der Geburt, Anschrift usw.),
  - Betriebsnummer des Arbeitgebers,
  - Tag der Beschäftigungsaufnahme.
- Durch die Anpassung des Schwarzarbeitsgesetzes wurden die Arbeitnehmer in den vorgenannten Wirtschaftszweigen verpflichtet, den Personalausweis, Pass, Passersatz oder Ausweisersatz mitzuführen. Im Gegenzug ist die Mitführungspflicht des Sozialversicherungsausweises entfallen, in dem auch kein Lichtbild mehr benötigt wird. Die Daten stehen neben den Behörden der Zollverwaltung auch den Prüfdiensten der Rentenversicherung sowie den Unfallversicherungsträgern zur Verfügung.

Von einer Arbeitsgruppe auf Ebene der Spitzenorganisationen der Sozialversicherung wurde ein Frage- und Antwortkatalog zum gesamten Komplex der Sofortmeldung erarbeitet. Dieser befindet sich auf den Seiten der Deutschen Rentenversicherung Bund unter www.deutsche-rentenversicherung-bund.de und wird aktualisiert. Bei grundsätzlichen Fragen wenden Sie sich bitte an die jeweils zuständige Krankenkasse.

b) Anmeldung

2012 Eine Anmeldung ist zu erstatten, wenn eine Beschäftigung aufgenommen wird, die zumindest in einem Zweig der Sozialversicherung Versicherungspflicht begründet oder für die der Arbeitgeber seinen Beitragsanteil zu entrichten hat. Tritt **Versicherungs- oder Beitragspflicht erst im Laufe der Beschäftigung** ein, ist dieses Datum als „Beschäftigungszeit von" anzugeben.

> **Beispiel 1:**
> Die Arbeitnehmerin ist seit 1995 im Betrieb geringfügig beschäftigt. Zum 15.3.2016 wird das Arbeitsentgelt auf 500,— € angehoben. Versicherungspflicht tritt mit diesem Tag ein.
> In dem Feld „Beschäftigungszeit von" ist das Datum 15.3.2016 anzugeben.
>
> **Hinweis:**
> Auf Grund der Regelungen für geringfügige Beschäftigungsverhältnisse war die Beschäftigte zum 1.4.1999 als geringfügig Beschäftigte anzumelden (Personengruppenschlüssel 109, Beitragsgruppe 6500, Grund der Abgabe 10). Mit Veränderung des Arbeitsentgelts und Eintritt der Versicherungspflicht ist eine Abmeldung zum 14.3.2016 (Personengruppenschlüssel 109, Beitragsgruppe 6500 und beitragspflichtiges Bruttoarbeitsentgelt, Grund der Abgabe 30) zu erstellen. Zum 15.3.2016 ist eine Anmeldung für versicherungspflichtige Arbeitnehmer einzureichen.

Eine Anmeldung wird auch dann erstattet, wenn zuvor die Mitgliedschaft in der Krankenversicherung beendet war, z.B. bei einem **unbezahlten Urlaub** von mehr als einem Monat, und nunmehr die Arbeit wieder aufgenommen wird.

> **Beispiel 2:**
> Der Arbeitnehmer hat unbezahlten Urlaub vom 16.12.2015 bis zum 8.2.2016. Mit dem Tag der Arbeitsaufnahme am 9.2.2016 ist eine Anmeldung vorzunehmen.

Bleibt die Mitgliedschaft trotz unterbrochener Arbeitsleistung und Entgeltzahlung des Arbeitgebers wegen des Bezugs z.B. von **Krankengeld** in der Krankenversicherung erhalten, ist bei der Wiederaufnahme der Arbeit keine neue Anmeldung zu erstatten (→ *Arbeitsunterbrechungen durch Arbeitnehmer* Rz. 270).

> **Beispiel 3:**
> Der Arbeitnehmer war vom 4.1. bis 3.4.2016 arbeitsunfähig krank. Im Anschluss an die Entgeltfortzahlung bezog er vom 15.2.2016 an Krankengeld bis zum 3.4.2016. Eine Neuanmeldung bei Wiederaufnahme der Arbeit ist nicht erforderlich.

c) Abmeldung

2013 Der Arbeitgeber hat das Ende der versicherungspflichtigen Beschäftigung bzw. das Ende der Versicherungspflicht durch eine **Abmeldung** anzuzeigen. Wird die Beschäftigung bei Wegfall des Arbeitsentgelts wenigstens einen Kalendermonat unterbrochen, ohne dass die Mitgliedschaft in der Krankenversicherung dadurch endet, ist eine **Unterbrechungsmeldung** (→ Rz. 2014) zu erstatten. Abmeldungen können auch bei Änderungen in der Versicherungspflicht oder bei einem Kassenwechsel notwendig werden (→ Rz. 2017).

In das Feld „Beschäftigungszeit" ist der Zeitraum einzutragen, in dem der Arbeitnehmer **in dem Jahr** beschäftigt war, in dem das gemeldete Arbeitsentgelt erzielt wurde. Sind in einem Kalenderjahr bereits Zeiträume gemeldet worden (z.B. bei einer Unterbrechungsmeldung oder einer Abmeldung wegen Änderungen), darf diese Zeit und das Entgelt nicht erneut gemeldet werden. Vielmehr wird bei einer notwendig werdenden Abmeldung nur noch der noch nicht bescheinigte Zeitraum bis zum Ende des Beschäftigungsverhältnisses/Versicherungsverhältnisses aufgenommen.

Das **beitragspflichtige Bruttoarbeitsentgelt** wird in Euro-Beträgen ohne Cent bescheinigt, wobei angefallene Centbeträge bis einschließlich 49 nach unten und über 49 nach oben auf volle Euro-Beträge gerundet werden. Das Entgelt ist grundsätzlich mit sechs Stellen anzugeben, wobei ggf. die ersten Stellen durch eine Null zu belegen sind.

Bei der **Bescheinigung des Arbeitsentgelts** ist darauf zu achten, dass die BBG der Rentenversicherung – auch nicht in einzelnen Lohnabrechnungsperioden – überschritten wird. Gegebenenfalls ist dem Bruttoarbeitsentgelt der noch nicht gemeldete beitragspflichtige Betrag einer Einmalzahlung hinzuzurechnen. Wurde im bescheinigten Zeitraum Kurzarbeiter- oder Saison-Kurzarbeitergeld bezogen, ist neben dem tatsächlich erzielten auch ausgefallenes Arbeitsentgelt für die Stunden, für die eine der Leistungen gezahlt wurde, einzutragen. Dabei werden 80 % des Stundensat-

Meldungen für Arbeitnehmer in der Sozialversicherung

keine Sozialversicherungspflicht = (SV)
Sozialversicherungspflicht = (SV)

zes berücksichtigt, nach dem sich das Kurzarbeiter- bzw. Saison-Kurzarbeitergeld richtet.

Die in der Abmeldung angegebene Beitragsgruppe muss mit der aus der letzten Anmeldung gemeldeten Beitragsgruppe übereinstimmen.

In der Entgeltmeldung **ist** zusätzlich zu kennzeichnen, ob es sich um einen Gleitzonenfall handelt oder nicht. Folgende Kennzeichen sind möglich:

0   Keine Gleitzone bzw. Verzicht auf die Anwendung der Gleitzonenregelungen in der gesetzlichen Rentenversicherung

1   Gleitzone; tatsächliches Arbeitsentgelt in allen Entgeltabrechnungszeiträumen von 450,01 € bis 850 €

2   Gleitzone; die Meldung umfasst sowohl Entgeltabrechnungszeiträume mit Arbeitsentgelten von 450,01 € bis 850 € als auch solche mit Arbeitsentgelten unter 450,01 € und über 850 €

d) Unterbrechungsmeldung

2014   In der **Krankenversicherung** bleibt die **Mitgliedschaft** Versicherungspflichtiger **auch ohne Zahlung von Arbeitsentgelt erhalten, solange**

- Anspruch auf Lohnersatzleistungen besteht, wie Kranken-, Verletzten- oder Übergangsgeld sowie Versorgungskrankengeld oder Mutterschaftsgeld,
- Elternzeit in Anspruch genommen wird oder Elterngeld bezogen wird,
- der Arbeitnehmer Wehr- oder Zivildienst leistet, an einer Eignungsübung teilnimmt oder freiwilligen Wehrdienst leistet,
- das Beschäftigungsverhältnis bei einem unbezahlten Urlaub von längstens einem Monat, im Falle eines rechtmäßigen Arbeitskampfes bis zu dessen Beendigung fortbesteht oder
- Anspruch auf Kurzarbeiter-/Saison-Kurzarbeitergeld besteht.

In der **Renten- und Arbeitslosenversicherung** hingegen besteht das versicherungspflichtige Beschäftigungsverhältnis nicht fort, wenn Krankengeld, Krankentagegeld, Verletztengeld, Versorgungskrankengeld, Übergangsgeld oder Mutterschaftsgeld bezogen wird. Dies ist auch nicht der Fall, wenn nach gesetzlichen Vorschriften Erziehungsgeld oder Elterngeld bezogen oder Elternzeit in Anspruch genommen , Wehr- und Zivildienst oder freiwilliger Wehrdienst geleistet wird. Darüber hinaus gilt dies auch, wenn Leistungen für den Ausfall von Arbeitseinkünften bezogen werden, auf Grund einer Organspende und bei einer vollständigen Freistellung von der Arbeitsleistung im Rahmen von Pflegezeit. Versicherungszeiten werden nur dann angerechnet, wenn der Beitrags-(Kalender-)Monat mit Versicherungsbeiträgen, ggf. auch nur für Teilzeiträume, belegt ist. Ist demnach ein voller Kalendermonat nicht mit Versicherungsbeiträgen aus dem Arbeitsverhältnis belegt, muss dies den Rentenversicherungsträger bekannt gemacht werden. Dieses zur Krankenversicherung unterschiedliche Recht macht die Abgabe von Unterbrechungsmeldungen dann erforderlich, wenn bei fortbestehendem Arbeitsverhältnis und ohne Unterbrechung der Mitgliedschaft bzw. des Versicherungsverhältnisses bei geringfügig Beschäftigten in der Krankenversicherung **für einen vollen Kalendermonat** kein **Beitrag zur Rentenversicherung** entrichtet wird.

Beispiel 1:
- Beginn der versicherungspflichtigen Beschäftigung am 15.9.1995
- Ende des Anspruchs auf Entgeltfortzahlung wegen Arbeitsunfähigkeit am 7.10.2016
- Krankengeld vom 8.10. bis 24.11.2016
- Arbeitsaufnahme am 25.11.2016

Eine Unterbrechungsmeldung ist nicht erforderlich, weil die Unterbrechung ohne Entgeltfortzahlung keinen vollen Monat umfasst. Die Zeit vom 1.10. bis 7.10. und vom 25.11. bis 30.11.2016 ist mit Beiträgen zur Rentenversicherung belegt.

Beispiel 2:
In dem ersten Beispiel wäre bei einer Krankengeldzahlung bis 6.12.2016 und einer Arbeitsaufnahme am 7.12.2016 eine Unterbrechungsmeldung notwendig geworden, weil der November als voller Monat nicht mit Beiträgen belegt ist.

Beispiel 3:
- Beginn der versicherungspflichtigen Beschäftigung am 1.4.1996
- Ende des Anspruchs auf Entgeltfortzahlung wegen Arbeitsunfähigkeit am 27.7.2016
- Krankengeld vom 28.7. bis 11.8.2016
- Unbezahlter Urlaub vom 12.8. bis 1.9.2016
- Arbeitsaufnahme am 2.9.2016

Eine Unterbrechungsmeldung ist zu erstatten, weil der Monat August 2016 nicht mit Beiträgen in der Rentenversicherung belegt ist. In der Krankenversicherung bewirken sowohl die Krankengeldzahlung als auch der unbezahlte Urlaub von nicht mehr als einem Monat den Erhalt der Mitgliedschaft.

Mit der Unterbrechungsmeldung wird das Arbeitsentgelt vom Beginn des Jahrs bzw. bei späterem Einsetzen der Versicherungspflicht von dem Tag der versicherungspflichtigen Beschäftigung an bis zu dem Tag gemeldet, der als letzter vor der Unterbrechung mit Beiträgen belegt ist.

Zu Beispiel 1:
Zu melden ist das Arbeitsentgelt für die Zeit vom 1.1. bis zum 7.10.2016.

Zu Beispiel 3:
Zu melden ist das Arbeitsentgelt für die Zeit vom 1.1. bis zum 27.7.2016.

Wurde bereits im laufenden Jahr eine Unterbrechungsmeldung erstattet, darf der bereits gemeldete Zeitraum nicht erneut gemeldet werden.

Beispiel 4:
- Ende des Anspruchs auf Entgeltfortzahlung: 27.1.2016
- Krankengeld vom 28.1. bis 3.3.2016 Arbeitsaufnahme am 4.3.2016
- Unterbrechungsmeldung für die Zeit vom 1.1. bis 27.1.2016 ist erstattet
- Erneute Krankengeldzahlung vom 24.6. bis 12.8.2016, Arbeitsaufnahme am 13.8.2016

Mit der zweiten Unterbrechungsmeldung ist das Arbeitsentgelt für die Zeit vom 4.3. bis 23.6.2016 zu melden.

Nach dem Besprechungsergebnis der Spitzenorganisationen der Sozialversicherung v. 26./27.6.2002 ist das Beschäftigungsverhältnis privat krankenversicherter Frauen, die Mutterschaftsgeld nach § 13 Abs. 2 MuSchG beziehen, unterbrochen. Somit ist zum letzten Tag des Entgeltanspruchs vor Beginn der Schutzfrist eine Unterbrechungsmeldung zu erstellen. Nach dem Besprechungsergebnis der Spitzenorganisationen der Sozialversicherung v. 16./17.8.2006 ist ein Arbeitnehmer, dessen sozialversicherungspflichtiges (nicht arbeitsrechtliches) Beschäftigungsverhältnis wegen Erreichens der Höchstbezugsdauer von Krankengeld (Aussteuerung) endet, mit Ablauf der Monatsfrist, die sich an das Ende des Krankengeldbezugs anschließt (Abgabegrund 34), abzumelden. Es ist nur der Zeitraum der Monatsfrist zu melden, weil für diesen Sozialversicherungstage anzusetzen sind. Im Fall der Wiederaufnahme der Beschäftigung nach einer Aussteuerung ist der Arbeitnehmer mit Abgabegrund „13" wieder anzumelden. Während man bisher die Auffassung vertrat, dass eine Neuanmeldung auch dann zu erfolgen hat, wenn der Krankengeldanspruch wieder auflebt, haben sich die Spitzenverbände der Sozialversicherungsträger am 5./6.3.2003 darauf verständigt, dass eine Anmeldung beim gleichen Arbeitgeber nach einer Aussteuerung nur dann zu erfolgen hat, wenn die Beschäftigung tatsächlich wieder aufgenommen wurde.

Auf Grund der Regelungen für geringfügige Beschäftigungsverhältnisse ist für geringfügig entlohnt Beschäftigte eine Abmeldung mit Abgabegrund 34 abzusetzen, wenn die geringfügig entlohnte Beschäftigung ohne Entgeltzahlung mindestens einen Kalendermonat unterbrochen ist. Bei Bezug von Verletztengeld, Übergangsgeld oder Versorgungskrankengeld ist eine Unterbrechungsmeldung mit Abgabegrund 51 zu erstatten.

Beispiel 5:
Ein geringfügig entlohnt Beschäftigter nimmt in der Zeit vom 25.5. bis 29.7.2016 unbezahlten Urlaub. Seine Arbeit nimmt er wieder am 30.7.2016 auf.

Für die mit Pauschalbeiträgen zur Kranken- und Rentenversicherung angemeldete geringfügig entlohnte Beschäftigung ist zum 24.5.2016 eine Unterbrechungsmeldung einzureichen. Hier ist der Zeitraum vom 1.1. bis 24.5.2016 zu bescheinigen.

Arbeitsentgelte und die entsprechenden Versicherungszeiten, die mit Unterbrechungsmeldungen bereits gemeldet wurden, dürfen in die Jahresmeldung nicht erneut aufgenommen werden. Beginndatum für die nächste Unterbrechungsmeldung, Jahres- oder Abmeldung ist der Tag der Wiederaufnahme der Entgeltzahlung.

Unterbrechungsmeldungen werden mit den Abgabegründen „51–53" abgegeben; bei Wiederaufnahme der Arbeit und der Entgeltzahlung ist keine neue Anmeldung zu erstatten.

In den Fällen, in denen sich bei einem freiwillig Versicherten an eine Elternzeit z.B. ein unbezahlter Urlaub anschließt und der Arbeitgeber die Beiträge im Firmenzahlverfahren gezahlt hat, ist zum Ende der Elternzeit ein Beitragsgruppenwechsel zu melden. Diese Regelung gilt in allen Fällen, in denen die Elternzeit nach dem 31.12.2010 endete.

e) Jahresmeldung

2015 Nach Ablauf eines Kalenderjahrs, spätestens bis zum 15. Februar des folgenden Jahrs, haben die Arbeitgeber für die Versicherungspflichtigen den Zeitraum der Beschäftigung im vergangenen Jahr und die Höhe des beitragspflichtigen Arbeitsentgelts – unter Berücksichtigung der BBG in der Renten- und Arbeitslosenversicherung – zu melden. Die **Jahresmeldung ist nur zu erstatten, wenn** das Beschäftigungsverhältnis über das Jahresende hinaus unverändert fortbesteht. Ist zum Jahresende eine Abmeldung notwendig, z.B. wegen Ende des Beschäftigungsverhältnisses oder Ende der Versicherungspflicht, entfällt die Jahresmeldung; die notwendigen Daten werden mit der Abmeldung an den Rentenversicherungsträger übermittelt. Wurde bereits in dem Kalenderjahr eine Unterbrechungsmeldung oder wegen versicherungsrechtlicher Änderungen eine Abmeldung und Neuanmeldung erstattet, darf nur das noch nicht gemeldete beitragspflichtige Arbeitsentgelt in die Jahresmeldung aufgenommen werden.

> **Beispiel 1:**
> Der Beschäftigte wechselt zum Jahresende in den Vorruhestand. Da das Versicherungsverhältnis fortbesteht, aber versicherungsrechtliche Änderungen eintreten (in der Krankenversicherung besteht kein Anspruch auf Krankengeld mehr, Wegfall der Beitragspflicht in der Arbeitslosenversicherung), ist eine Abmeldung in den bisherigen Beitragsgruppen (z.B. 1111) und eine Neuanmeldung (z.B. in den Beitragsgruppen 3101) zum Jahreswechsel erforderlich. Eine Jahresmeldung wird nicht erstattet, weil die Entgeltdaten mit der Abmeldung übermittelt wurden.

> **Beispiel 2:**
> Wegen einer längerfristigen Arbeitsunfähigkeit war zum 14.8.2016 eine Unterbrechungsmeldung notwendig. Die Arbeit wurde am 23.10.2016 wieder aufgenommen. In die Jahresmeldung wird das Arbeitsentgelt aus der Zeit vom 23.10. bis 31.12.2016 aufgenommen.

Hinsichtlich der Jahresmeldung bei Bezug von **Kurzarbeiter- bzw. Saison-Kurzarbeitergeld** gelten Besonderheiten. Zu melden ist neben dem tatsächlich erzielten Arbeitsentgelt auch ausgefallenes Arbeitsentgelt für die Stunden, für die eine dieser Leistungen gezahlt wurde. Dabei werden 80 % des Stundensatzes, nach dem sich das Kurzarbeiter- bzw. Saison-Kurzarbeitergeld bemisst, berücksichtigt.

Für geringfügig Beschäftigte sind Jahresmeldungen bei der Minijob-Zentrale einzureichen.

In die **Jahresmeldung** ist das **Bruttoarbeitsentgelt** des beschienigten Zeitraums, ggf. unter Beachtung der zeitgleich geltenden BBG der Rentenversicherung sowie ggf. unter Hinzurechnung der noch nicht gemeldeten Einmalzahlung, einzutragen. Dabei ist die für den bescheinigten Zeitraum geltende BBG in der Renten- und Arbeitslosenversicherung zu beachten. Einzutragen sind nur Euro-Beträge ohne Cent. Sind Centbeträge angefallen, werden sie bis 49 nach unten und über 49 nach oben auf volle Euro-Beträge gerundet.

f) Entgeltmeldung bei einmalig gezahltem Arbeitsentgelt

2016 Für die Meldung beitragspflichtiger Einmalzahlungen während eines fortbestehenden Beschäftigungsverhältnisses gilt grundsätzlich, dass sie in die **nächste Entgeltmeldung einbezogen** werden. Dies gilt auch für den Fall, dass das Beschäftigungsverhältnis unterbrochen oder beendet ist, wenn die zu erstattende Abmeldung zum Zeitpunkt der Einmalzahlung noch nicht erstattet ist oder nach der Unterbrechung noch laufendes Arbeitsentgelt in dem Kalenderjahr zu melden ist. Dabei ist ohne Bedeutung, ob die nächste Meldung eine Abmeldung wegen Änderungen, eine Jahres-, Unterbrechungs- oder Abmeldung ist und ob der zu meldende Zeitraum den Zeitraum einschließt, dem die Einmalzahlung für die Beitragsberechnung zuzuordnen ist. Ohne Bedeutung ist auch, ob durch die Einbeziehung der Einmalzahlung die BBG für den zu meldenden Zeitabschnitt überschritten wird. Ist für das laufende Kalenderjahr keine weitere Meldung mehr zu fertigen, enthält die folgende Meldung innerhalb des Kalenderjahrs kein **laufendes beitragspflichtiges Arbeitsentgelt**. Sind zwischenzeitlich Veränderungen in der Beitragsgruppe eingetreten, ist die Einmalzahlung gesondert zu melden.

> **Beispiel 1:**
> – Laufendes Arbeitsentgelt vom 1.1. bis 31.12.2016
> – Einmalzahlungen im Juni und Dezember 2016
>
> Meldung des laufenden Arbeitsentgelts und der Einmalzahlungen in der Jahresmeldung für den Zeitraum vom 1.1. bis 31.12.2016

> **Beispiel 2:**
> – Laufendes Arbeitsentgelt vom 1.1. bis 24.6.2016 und vom 24.8. bis 31.12.2016
> – Krankengeld vom 25.6. bis 23.8.2016
> – Einmalzahlungen im Mai und Dezember 2016
>
> Die Einmalzahlung für Mai 2016 kann mit der Unterbrechungsmeldung zum 24.6.2016 gemeldet werden. War dies nicht möglich, kann sie auch mit der Jahresmeldung für die Zeit vom 24.8. bis 31.12.2016 unter Einbeziehung der Einmalzahlung für Dezember 2016 gemeldet werden.
>
> Wesentlich ist, dass die Beitragsberechnung für die Einmalzahlung nach den Beitragsgruppen erfolgt, die auch in der Meldung anzugeben sind.
>
> Ist diese Bedingung nicht erfüllt, ist die **Einmalzahlung durch eine „Sondermeldung" mitzuteilen.** Dazu wird der Grund der Abgabe mit der Ziffer „54" verschlüsselt.

> **Beispiel 3:**
> – Laufendes Arbeitsentgelt vom 1.1. bis 31.12.2016
> – Ende der Versicherungspflicht in der Arbeitslosenversicherung: 31.7.2016
> – Abmeldung wegen Änderungen (Abmeldung mit Abgabegrund 32) mit der Bescheinigung des Entgelts für die Zeit vom 1.1. bis 31.7.2016, Beitragsgruppe 1111, Neuanmeldung zum 1.8.2016 mit dem Abgabegrund 12 und der Beitragsgruppe 1101
> – Einmalzahlung im September 2016
>
> Die Einmalzahlung ist in die Jahresmeldung für die Zeit vom 1.8. bis 31.12.2016 einzubeziehen.

> **Beispiel 4:**
> – Laufendes Arbeitsentgelt vom 1.1. bis 20.8.2016
> – Krankengeld vom 21.8.2016 bis 13.1.2017, Unterbrechungsmeldung ist zum 20.8.2016 erstattet
> – Einmalzahlung im Dezember
>
> Meldung der Einmalzahlung durch Sondermeldung Grund „54", da für das laufende Kalenderjahr keine weitere Meldung mehr abgegeben wird.

Einmalzahlungen in den Monaten Januar bis März eines Jahrs werden ggf. dem letzten Abrechnungszeitraum des vorangegangenen Jahrs zugeordnet (→ *Einmalzahlungen* Rz. 983).

Einmalzahlungen, auf die die März-Klausel angewandt wird, sind durch eine gesetzliche Änderung zum 1.1.2016 grundsätzlich mit einer Sondermeldung zu melden,

> **Beispiel 5:**
> Einmalzahlung im Januar 2016 – es wird festgestellt, dass die März-Klausel anzuwenden ist.
>
> Bisheriges Verfahren: War die Jahresmeldung für das Jahr 2015 noch nicht abgegeben, Einmalzahlung zusammen mit der Jahresmeldung 2015.
>
> Neues Verfahren: selbst wenn die Jahresmeldung 2015 noch nicht abgegeben war, erfolgt die Meldung der Jahresmeldung ohne Einmalzahlung und die Einmalzahlung wird mit einer Sondermeldung gemeldet (Zeitraum 1.12.2015 bis 31.12.2015).

g) Veränderungsmeldungen

Veränderungen im Beschäftigungs- oder Versicherungsverhältnis **2017** erfordern Meldungen bei folgenden Sachverhalten:

Meldungen für Arbeitnehmer in der Sozialversicherung

keine Sozialversicherungspflicht = (SV)
Sozialversicherungspflicht = (SV)

- Änderung der Beitragsgruppe oder des Personengruppenschlüssels
- Wechsel der Krankenkasse
- Wechsel von einer Betriebsstätte in den alten Bundesländern zu einer Betriebsstätte in den neuen Bundesländern (oder umgekehrt)
- Beendigung des Ausbildungsverhältnisses
- Übergang in Altersteilzeitarbeit
- Währungsumstellung während eines Kalenderjahrs.

h) Meldungen von Änderungen/Stornierungen

2018 Fehlerhaft abgegebene Meldungen müssen storniert und in richtiger Form neu erstattet werden. Namensänderungen, der Wechsel der Staatsangehörigkeit und Anschriftenänderungen sind ebenfalls zu melden.

Seit 1.11.2009 übermitteln die Meldeämter ihre Daten an die Datenstelle der Träger der Rentenversicherung (DSRV). Seit diesem Zeitpunkt sind Änderungsmeldungen durch die Arbeitgeber entbehrlich. Der Arbeitgeber teilt die Änderungen personenbezogener Daten nur mit der nächsten Ab- oder Jahresmeldung mit.

Folgende Parameter werden u.a. von den Meldeämtern übermittelt:

1. erstmalige Erfassung und jede Änderung des Vor- und Familiennamens,
2. Geschlecht,
3. Doktorgrad,
4. Tag, Monat, Jahr und Ort der Geburt,
5. Anschrift der alleinigen oder der Hauptwohnung,
6. Sterbetag.

Die Spitzenorganisationen der Sozialversicherung haben sich in ihrer Besprechung am 18./19.5.2009 darauf verständigt, optional auch über den 31.10.2009 hinaus Meldungen mit den Abgabegründen 60, 61 und 63 von Arbeitgebern entgegenzunehmen.

i) Gesonderte Meldung

2019 In einem laufenden Rentenantragsverfahren hatte der Arbeitgeber bisher die Verpflichtung, noch nicht gezahlte beitragspflichtige Einnahmen dem Rentenversicherungsträger für die Zeit bis zum Ende der Beschäftigung bis zu drei Monate im Voraus zu bescheinigen. Das Arbeitsentgelt war nach dem in den letzten sechs Monaten erzielten beitragspflichtigen Arbeitsentgelt zu berechnen, wenn für den voraus zu bescheinigenden Zeitraum die Höhe des Arbeitsentgelts nicht vorhersehbar war. Seit 1.1.2008 haben die Arbeitgeber durch das Zweite Gesetz zum Abbau bürokratischer Hemmnisse insbesondere in der mittelständischen Wirtschaft die Pflicht, auf Verlangen des Rentenantragstellers eine gesonderte Meldung über die beitragspflichtigen Einnahmen für abgelaufene Zeiträume frühestens drei Monate vor Rentenbeginn abzugeben. Der Arbeitgeber wird in aller Regel mit einem Vordruck zur Abgabe der gesonderten Meldung aufgefordert. Die Vorausberechnung der beitragspflichtigen Einnahmen zwischen der Rentenantragstellung für eine Altersrente und dem Beschäftigungsende erfolgt jetzt durch den Rentenversicherungsträger.

Die Spitzenorganisationen der Sozialversicherung haben für diese Meldung den neuen Abgabegrund „57" eingeführt.

Die gesonderte Meldung ist mit der nächsten Lohn- und Gehaltsabrechnung zu erstatten. Ist zu diesem Zeitpunkt noch keine Jahresmeldung erfolgt, ist diese ebenfalls zu diesem Zeitpunkt zu erstatten.

> **Beispiel 1:**
> Antrag des Rentenantragstellers beim Arbeitgeber am 13.3.2016
> Beginn der Altersrente am 1.7.2016
> Frühester Meldezeitpunkt des Arbeitgebers am 1.4.2016
> Nächste Entgeltabrechnung am 10.4.2016
> Gesonderte Meldung am 10.4.2016, Abgabegrund „57", Meldezeitraum 1.1. bis 31.3.2016
> Die Jahresmeldung für das Jahr 2015 befindet sich bereits im Versicherungskonto.

> **Beispiel 2:**
> Antrag des Rentenantragstellers beim Arbeitgeber am 12.12.2015
> Beginn der Altersrente am 1.4.2016
> Frühester Meldezeitpunkt des Arbeitgebers am 1.1.2016
> Nächste Entgeltabrechnung am 2.1.2016
> Gesonderte Meldung am 2.1.2016, Abgabegrund „57", Meldezeitraum 1.1. bis 31.12.2015
> Die gesonderte Meldung ist nur erforderlich, sofern die Jahresmeldung für die Zeit vom 1.1. bis 31.12.2015 noch nicht übermittelt war.

Für die Bescheinigung der beitragspflichtigen Einnahmen von Beziehern von Sozialleistungen (z.B. Krankengeld) haben die Leistungserbringer (z.B. Krankenkassen) ebenfalls die gesonderte Meldung zu erstellen.

> **Beispiel 3:**
> Rentenantrag am 11.6.2016
> Beginn der Altersrente am 1.10.2016
> Antrag des Rentenantragstellers beim Arbeitgeber am 2.7.2016
> Nächste Entgeltabrechnung am 9.7.2016
> Ende der Entgeltfortzahlung am 17.6.2016
> Beginn der Krankengeldzahlung am 18.6.2016
> Gesonderte Meldung des Arbeitgebers am 9.7.2016, Abgabegrund „57", Meldezeitraum 1.1. bis 17.6.2016
> Gesonderte Meldung der Krankenkasse, Meldezeitraum 18.6. bis 30.6.2016

Meldungen aus dem „normalen" Meldeverfahren haben immer Vorrang (Ausnahme: Jahresmeldung) vor einer gesonderten Meldung. Müssen Meldezeiträume oder beitragspflichtige Bruttoarbeitsentgelte, für die bereits eine gesonderte Meldung erstellt wurde, verändert werden, zieht dies eine Stornierung und ggf. Neumeldung nach sich.

Auf das Beispiel 3 hat dies folgende Auswirkungen: Als am 9.7.2016 die gesonderte Meldung erstellt werden musste, befand sich der Arbeitnehmer seit dem 18.6.2016 im Krankengeldbezug. Zu diesem Zeitpunkt stand jedoch noch nicht fest, wie lange der Krankengeldbezug andauern würde. Somit war folgerichtig eine gesonderte Meldung abzugeben. Sollte der Arbeitnehmer für den gesamten Kalendermonat Juli 2016 im Krankengeldbezug stehen, macht dies das Erstellen einer Unterbrechungsmeldung zum 17.6.2016 erforderlich. Die gesonderte Meldung des Arbeitgebers wäre dann zu stornieren.

j) Meldungen für geringfügig Beschäftigte

Für geringfügig Beschäftigte sind auch für folgende Tatbestände **2020** Meldungen zu erstatten:

- grundsätzlich versicherungsfreie Beschäftigte, die eine geringfügige Beschäftigung ausüben (z.B. Beamte),
- geringfügig Beschäftigte in Privathaushalten (Haushaltsscheckverfahren),
- mitarbeitende Familienangehörige eines landwirtschaftlichen Unternehmers,
- Beschäftigte vor Vollendung des 16. Lebensjahrs, wenn sie eine allgemein bildende Schule besuchen,
- Personen, die aus dem Ausland nach Deutschland entsandt werden,
- Personen im Schaustellergewerbe oder Personen, die eine Beschäftigung i.R.d. Auf- und Abbaus von Messen und Ausstellungen ausüben, auch wenn deren Beschäftigung innerhalb eines Monats nach ihrer Eigenart auf längstens sechs Tage begrenzt ist,
- Personen in der Land- und Forstwirtschaft, deren Beschäftigungsverhältnis innerhalb von drei Monaten auf längstens 18 Tage begrenzt ist.

Das Meldeverfahren für geringfügig Beschäftigte stellt sich wie folgt dar:

- Name, Anschrift und Betriebsnummer des Arbeitgebers,
- Versicherungsnummer, Name, ggf. Geburtsname, Vorname (Rufname), Geburtsdatum und Anschrift des Beschäftigten,
- Beschäftigungstage,
- Schlüsselzahl der Angaben zur Tätigkeit,
- Schlüssel der Staatsangehörigkeit des Beschäftigten.

Für kurzfristig Beschäftigte sind grundsätzlich die Meldungen wie für versicherungspflichtig Beschäftigte zu erstatten. Falls eine Rahmenvereinbarung geschlossen wurde, kann der Arbeitgeber

Meldungen für Arbeitnehmer in der Sozialversicherung

den Beschäftigten zu Beginn des Beschäftigungsverhältnisses an- und zum Ende des Beschäftigungsverhältnisses abmelden.

Wird die kurzfristige Beschäftigung allerdings für länger als einen Monat unterbrochen, ist nach Ablauf dieses Monats eine Abmeldung mit Abgabegrund „34" und bei Wiederaufnahme der Beschäftigung eine Anmeldung mit Abgabegrund „13" zu erstellen.

Darüber hinaus kann die kurzfristige Beschäftigung – auch innerhalb einer Rahmenvereinbarung – nach ihrem tatsächlichen Verlauf (tageweise) gemeldet werden.

- **Meldefristen**

Für geringfügig Beschäftigte gelten generell die gleichen Meldefristen wie für versicherungspflichtig Beschäftigte.

- **Abgabegründe**

Für geringfügig Beschäftigte gelten generell die gleichen Abgabegründe wie für versicherungspflichtig Beschäftigte.

Für die geringfügig Beschäftigten bedeutet dies aber auch, dass sowohl Jahresmeldungen als auch Unterbrechungsmeldungen zu erstatten sind. Bei den Unterbrechungstatbeständen ist zu beachten, dass bei einer Unterbrechung der Entgeltzahlung von länger als einem Kalendermonat, z.B. bei unbezahltem Urlaub oder im Krankheitsfall, nach Ablauf eines Kalendermonats nach Ablauf der Entgeltzahlung eine Abmeldung mit Abgabegrund 34 zu erstellen ist.

Bei einer Unterbrechung wegen des Bezugs von Verletzten- oder Übergangsgeld ist jedoch zum letzten Tag der Entgeltfortzahlung eine Unterbrechungsmeldung mit Abgabegrund 51 zu erstellen.

Für beide Personengruppen gilt jedoch, dass z.B. der Wechsel der Krankenkasse oder ein Beitragsgruppenwechsel ein meldepflichtiger Tatbestand ist.

- **Personengruppenschlüssel**

Die Personengruppenschlüssel sind

- 109 = geringfügig entlohnte Beschäftigung nach § 8 Abs. 1 Nr. 1 SGB IV
- 110 = kurzfristige Beschäftigung nach § 8 Abs. 1 Nr. 2 SGB IV

und in der Meldung zur Sozialversicherung stets anzugeben. Tritt auf Grund der Zusammenrechnung mit einer nicht geringfügigen Beschäftigung (Hauptbeschäftigung) oder mehreren geringfügigen Beschäftigungen Versicherungspflicht (→ *Mini-Jobs* Rz. 2052) ein, ist eine erneute Meldung für versicherungspflichtige Arbeitnehmer mit dem Personengruppenschlüssel 101 und dem Merkmal „Mehrfachbeschäftigung" abzusetzen.

- **Beitragsgruppe**

Für die Anmeldung von Arbeitnehmern in geringfügig entlohnten Beschäftigungen gelten folgende Beitragsgruppen:

- Krankenversicherung

  6 = Pauschalbeitrag für geringfügig Beschäftigte

- Rentenversicherung

  5 = Pauschalbeitrag für geringfügig Beschäftigte

- Hat der Beschäftigte auf die Rentenversicherungsfreiheit verzichtet oder ist nach der Neuregelung seit 1.1.2013 rentenversicherungspflichtig (→ *Mini-Jobs* Rz. 2058), ist in der Rentenversicherung die Beitragsgruppe

  1 = voller Beitrag zur Rentenversicherung

zu verwenden. Liegt für eine geringfügig entlohnte Beschäftigung eine Befreiung zur Rentenversicherung auf Grund der Mitgliedschaft in einer berufsständischen Versorgungseinrichtung vor, ist zur Rentenversicherung die Beitragsgruppe „0" anzugeben.

Grundsätzlich müssen alle Meldungen für geringfügig Beschäftigte Beitragsgruppen beinhalten. Bei den kurzfristig Beschäftigten sind generell für die Kranken-, Renten-, Arbeitslosen- und Pflegeversicherung vier Nullen (0000) einzutragen.

Beispiel 1:

Anmeldung einer geringfügig entlohnten Beschäftigung mit Antrag auf Befreiung von der Versicherungspflicht in der Rentenversicherung

Versicherungszweig	Krankenversicherung	Rentenversicherung	Arbeitslosenversicherung	Pflegeversicherung
Beitragsgruppe	6	5	0	0

Beispiel 2:

Anmeldung einer geringfügig entlohnten Beschäftigung mit privater Krankenversicherung bei Versicherungsfreiheit oder mit Antrag auf Befreiung von der Versicherungspflicht in der Rentenversicherung (z.B. Beamter)

Versicherungszweig	Krankenversicherung	Rentenversicherung	Arbeitslosenversicherung	Pflegeversicherung
Beitragsgruppe	0	5	0	0

Beispiel 3:

Anmeldung einer geringfügig entlohnten Beschäftigung mit Rentenversicherungspflicht

Versicherungszweig	Krankenversicherung	Rentenversicherung	Arbeitslosenversicherung	Pflegeversicherung
Beitragsgruppe	6	1	0	0

Beispiel 4:

Anmeldung einer kurzfristigen Beschäftigung

Versicherungszweig	Krankenversicherung	Rentenversicherung	Arbeitslosenversicherung	Pflegeversicherung
Beitragsgruppe	0	0	0	0

Tritt auf Grund der Zusammenrechnung mit einer nicht geringfügigen Beschäftigung (Hauptbeschäftigung) oder mehreren geringfügigen Beschäftigungen Versicherungspflicht ein (→ *Mini-Jobs* Rz. 2052), sind die Beitragsgruppen für versicherungspflichtig beschäftigte Arbeitnehmer zu verwenden. Außerdem ist das Merkmal „Mehrfachbeschäftigung" anzukreuzen.

- **Angaben zur Tätigkeit**

Im Feld B der Angaben zur Tätigkeit ist der Tätigkeitsschlüssel bestehend aus den Teilen B1 = Stellung im Beruf und B2 = Ausbildung des Beschäftigten wie bei versicherungspflichtigen Arbeitnehmern anzugeben.

- **Staatsangehörigkeit**

Eingetragen wird der vom Statistischen Bundesamt festgelegte Schlüssel für Staatsangehörigkeitsschlüssel.

- **Bruttoarbeitsentgelt**

Hier ist das Bruttoarbeitsentgelt aus der geringfügigen Beschäftigung einzutragen, für das in dem angegebenen Zeitraum Beiträge entrichtet wurden oder zu entrichten waren. Hat der Beschäftigte auf die Rentenversicherungsfreiheit verzichtet oder es liegt Rentenversicherungspflicht vor und liegt das Arbeitsentgelt unter der Mindestbemessungsgrundlage von 175 €, dann ist mindestens ein monatliches Arbeitsentgelt von 155 € zu bescheinigen.

Beispiel 5:

Der Arbeitgeber hat für einen geringfügig entlohnten Arbeitnehmer eine Jahresmeldung für die Zeit vom 1.4.2016 bis 31.12.2016 zu erstellen. Der Arbeitnehmer ist rentenversicherungspflichtig. Das monatliche Arbeitsentgelt beträgt 140 €. In der Meldung sind folgende Daten zu bescheinigen:

Versicherungszweig	Krankenversicherung	Rentenversicherung	Arbeitslosenversicherung	Pflegeversicherung
Beitragsgruppe	6	1	0	0

beitragspflichtiges Bruttoarbeitsentgelt 1 575 €

Bei einer kurzfristigen Beschäftigung sind als beitragspflichtiges Bruttoarbeitsentgelt sechs Nullen anzugeben.

- **Annahmestelle**

Die Minijob-Zentrale ist für die Annahme der Meldungen für geringfügig Beschäftigte, egal, ob geringfügig entlohnt oder kurzfristig Beschäftigte, zuständig. Auch das Haushaltsscheckverfahren für geringfügig Beschäftigte in Privathaushalten wird ausschließlich über die Minijob-Zentrale abgewickelt. Die Meldungen an die Minijob-Zentrale lösen keine Krankenversicherung aus.

Meldungen für Arbeitnehmer in der Sozialversicherung

keine Sozialversicherungspflicht = Ⓢⱽ̸
Sozialversicherungspflicht = Ⓢⱽ

Tritt in einer geringfügigen Beschäftigung Versicherungspflicht ein, gehen die Meldungen an die Krankenkasse, bei der der geringfügig Beschäftigte aktuell krankenversichert ist (→ *Krankenkassenwahlrecht* Rz. 1707).

k) Daten für Zwecke der Unfallversicherung

2021 Seit 2009 wurden die unfallversicherungsrelevanten Daten zusammen mit den „anderen" Sozialversicherungsdaten gemeldet. Dies, damit die Rentenversicherungsträger die Betriebsprüfung auch für die Unfallversicherungsträger durchführen können.

Durch das 5. SGB IV-Änderungsgesetz hat zum 1.1.2016 wieder eine Abkopplung von den Entgeltmeldungen der anderen Sozialversicherungsträger stattgefunden.

Neu: Die Einführung einer Jahresmeldung ausschließlich für die Zwecke der Unfallversicherung (UV-Jahresmeldung).

Die UV-Jahresmeldung ist zusätzlich zur originären Jahresmeldung abzugeben. Sie hat den Abgabegrund „92" und ist bis zum 16.2. des Folgejahres zu erstellen. Diese Regelung gilt bereits für das abgelaufene Kalenderjahr 2015.

Die UV-Jahresmeldung ist für jeden im Vorjahr unfallversicherungspflichtig beschäftigten Arbeitnehmer zu übermitteln. Sie enthält das beitragspflichtige Arbeitsentgelt zur Unfallversicherung.

Die Meldung besteht aus dem Datensatz Meldungen (DSME) und den Datenbausteinen Meldesachverhalt (DBME) und Unfallversicherung (DBUV).

Wohin: Sie geht an die Datenannahmestelle der Einzugsstelle, die zum Zeitpunkt der Abgabe für diesen Arbeitnehmer zuständig ist. Lässt sich diese nicht ermitteln, dann an die zuletzt bekannte Einzugsstelle. Von dort wird sie direkt an die Datenstelle der Deutschen Rentenversicherung weitergeleitet.

Wichtig: Unabhängig vom tatsächlichen Beschäftigungszeitraum ist der Meldezeitraum immer der 1.1. bis 31.12. des abgelaufenen Kalenderjahres.

Die UV-Jahresmeldung enthält folgende Angaben:

- Versicherungsnummer
- Betriebsnummer des Beschäftigungsbetriebes
- Kalenderjahr
- Mitgliedsnummer des Unternehmens
- Betriebsnummer des zuständigen Unfallversicherungsträgers
- Beitragspflichtiges Unfallversicherungsarbeitsentgelt
- Zuordnung zur jeweiligen Gefahrentarifstelle

Wird der Beitrag nicht nach dem Arbeitsentgelt bemessen, sondern nach Köpfen, muss weiterhin der UV-Grund angegeben werden. Hierfür gibt es die Schlüssel 09 und in der Landwirtschaft 08.

Weiterhin Gültigkeit hat u.a. der besondere UV-Grund B06 (UV-Entgelt wird in einer anderen Gefahrtarifstelle dieser Entgeltmeldung angegeben) und der Personengruppenschlüssel 190. Für die Personengruppe „190" sind neben der UV-Jahresmeldung weiterhin die Meldungen nach § 28a Abs. 12 SGB IV abzugeben.

Eigentlich sind nach § 5 Abs. 3 DEÜV Meldungen für bereits gemeldete Zeiträume unzulässig. Trotzdem ist für das gesamte Jahr 2015 eine UV-Jahresmeldung abzugeben.

Fazit: Für jeden Arbeitnehmer und von dessen Arbeitgeber(n), bei dem/denen er an mindestens einem Tag unfallversicherungspflichtig beschäftigt war, ist eine UV-Jahresmeldung für 2015 und auch für die Folgejahre abzugeben.

> **Beispiel 1:**
> Der Arbeitnehmer war vom 1.1.2015 bis 31.3.2015 bei Arbeitgeber A und vom 1.6.2015 bis 30.11.2015 bei Arbeitgeber B beschäftigt.
> Arbeitgeber A und B haben jeder eine UV-Jahresmeldung mit Abgabegrund 92 und dem Zeitraum 1.1.2015 bis 31.12.2015 abzugeben.

> **Beispiel 2:**
> Der Arbeitnehmer steht in einem laufenden Beschäftigungsverhältnis. Seit dem 11.12.2015 steht er im Krankengeldbezug, auch über den Jahreswechsel hinaus.

> Die notwendige Unterbrechungsmeldung (inkl. des Datenbausteins zur Unfallversicherung) zum 10.12.2015 mit einem Bruttoarbeitsentgelt i.H.v. 21 500 € wurde getätigt.
> Für den Arbeitnehmer ist für das Jahr 2015 eine UV-Jahresmeldung mit dem Zeitraum 1.1.2015 bis 31.12.2015 mit einem beitragspflichtigen Unfallversicherungsarbeitsentgelt i.H.v. 21 500 € zu erstellen.

- **Stornierungen**

War eine Entgeltmeldung vor dem 1.1.2016 mit Angaben zur Unfallversicherung nicht abzugeben oder enthielt unzutreffende Angaben, ist diese zu stornieren, es sei denn, der Fehler lag nur bei den gemeldeten Arbeitsstunden zur Unfallversicherung.

Die Stornierung ist in der Version „03" des Datensatzes zu übermitteln und enthält keinen Datenbaustein Unfallversicherung. Mit der Stornierung gilt die gesamte Entgeltmeldung als storniert, somit auch die Werte zur Unfallversicherung. Im Falle der Korrektur für Entgeltmeldung vor dem 1.1.2016 ist eine erneute Entgeltmeldung ohne Unfallversicherungsdaten abzugeben und zusätzlich eine UV-Jahresmeldung.

> **Beispiel 3:**
> Für die Arbeitnehmerin wurde zum 21.12.2015 eine Unterbrechungsmeldung mit Unfallversicherungsangaben abgegeben. Anfang 2016 wird festgestellt, dass das darin angegebene Bruttoarbeitsentgelt fehlerhaft war.
> Diese Unterbrechungsmeldung wird storniert und ohne Unfallversicherungsdaten neu erstellt.
> Zusätzlich ist eine UV-Jahresmeldung für die Zeit vom 1.1.2015 bis 31.12.2015 mit dem beitragspflichtigen Unfallversicherungsarbeitsentgelt abzugeben.

- **Lohnnachweis**

Zur Berechnung der Umlage haben die Arbeitgeber nach Ablauf eines Kalenderjahres die Arbeitsentgelte und die geleisteten Arbeitsstunden in der vom Unfallversicherungsträger geforderten Aufteilung zu melden. Man spricht vom Lohnnachweis.

Ab 1.1.2017 wird es hier ebenfalls ein neues Verfahren geben.

Ab diesem Zeitpunkt hat der Arbeitgeber einen neuen elektronischen Lohnnachweis an die Unfallversicherung zu geben. Er meldet bis zum 16.2. direkt aus dem Entgeltabrechnungsprogramm oder mittels einer systemgeprüften Ausfüllhilfe die kumulierten Jahresentgelte unmittelbar an die Annahmestelle der Deutschen Gesetzlichen Unfallversicherung.

Zur Beitragsberechnung herangezogen wird dieser Direktlohnnachweis allerdings erst ab 1.1.2019.

l) Meldungen bei Insolvenz

2022 Durch die Insolvenz eines Unternehmens enden nicht automatisch die Arbeitsverhältnisse der Arbeitnehmer. Vielmehr hat das BSG in zwei Urteilen v. 26.11.1985, 12 RK 51/83 und 12 RK 16/85, www.stotax-first.de (vgl. Besprechungsergebnis der Spitzenverbände der Sozialversicherungsträger v. 5./6.11.1996), festgestellt, dass ein **versicherungspflichtiges Beschäftigungsverhältnis** nach der Insolvenzeröffnung **längstens bis zur Aufnahme einer anderweitigen Beschäftigung fortbesteht**. In einem weiteren Urteil v. 22.3.1995 (vgl. Besprechungsergebnis der Spitzenverbände der Sozialversicherungsträger v. 14./15.11.1995) hat das BSG unter Aufgabe früherer Rechtsprechung entschieden, dass sich der Anspruch auf Insolvenzgeld nicht auf den Tag der Insolvenzeröffnung erstreckt. Dies gilt gleichermaßen für den Tatbestand der **Abweisung eines Insolvenzantrags mangels** einer die Verfahrenskosten deckenden Masse. Bei der Abmeldung eines sozialversicherungspflichtig Beschäftigten ist deshalb auf den **Tag vor dem Insolvenzereignis** abzustellen.

Nach § 28a Abs. 3 Satz 2 Nr. 2 Buchst. b SGB IV ist in Abmeldungen und Jahresmeldungen „das beitragspflichtige Arbeitsentgelt in €/Euro" anzugeben. Die DEÜV ergänzt diese Aussage dahingehend, dass „das Bruttoentgelt einzutragen ist, für das in dem angegebenen Zeitraum Beiträge oder Beitragsanteile entrichtet wurden **oder zu entrichten waren**". Daraus folgt, dass weder die tatsächliche Beitragszahlung noch die Zahlung von Arbeitsentgelt, sondern ausschließlich der rechtliche Anspruch des Beschäftigten maßgebend ist für die Angaben in der Entgeltbescheinigung.

Meldungen für Arbeitnehmer in der Sozialversicherung

Die Spitzenverbände der Sozialversicherungsträger haben in verschiedenen Besprechungen hierzu die Auswirkungen auf das Meldeverfahren in der Sozialversicherung beraten:

Sofern der Arbeitnehmer über den Insolvenztag hinaus **weiterbeschäftigt** wird, ist zunächst eine Abmeldung bis zum **Tag vor der Insolvenz** mit Abgabegrund „30" unter Angabe des tatsächlich erzielten Arbeitsentgelts bzw. des Entgelts abzugeben, auf das Anspruch besteht. Die erneute Anmeldung vom Insolvenztag an wird mit dem Abgabegrund „10" erstattet, dabei kann die Betriebsnummer des insolventen Unternehmens verwendet werden.

Wird der **Arbeitnehmer infolge der Insolvenz freigestellt**, ist zum **Tag vor der Insolvenz** eine Abmeldung mit **Abgabegrund „71"** vorzunehmen. Gleichzeitig ist **ohne erneute Anmeldung die weitere Entgeltmeldung mit dem Abgabegrund „72"** zum Tage des rechtlichen Endes des Beschäftigungsverhältnisses zu fertigen. Liegt das **rechtliche Ende** des Beschäftigungsverhältnisses **im Folgejahr**, ist außerdem für das laufende Jahr eine Jahresmeldung mit dem **Abgabegrund „70"** zu erstatten. In diesen Meldungen ist das beitragspflichtige Arbeitsentgelt zu bescheinigen, auf das der Arbeitnehmer in dem jeweils angegebenen Zeitraum Anspruch hat.

Diese Meldungen sind unabhängig davon zu erstatten, ob sich der Beitragsanspruch noch realisieren lässt.

Neben dem Arbeitgeber hat auch die mit der Insolvenzabwicklung betraute Person (z.B. der Insolvenzverwalter) die Verpflichtung, Meldungen abzugeben.

Ist das Beschäftigungsverhältnis des Arbeitnehmers am Insolvenztag ohne Fortzahlung des Arbeitsentgelts unterbrochen, kann er nicht schlechter gestellt werden als der Arbeitnehmer, dessen Beschäftigungsverhältnis nicht unterbrochen war. Zu erstatten ist deshalb eine Abmeldung mit dem Grund der Abgabe „71" für die Zeit bis zum Vortag der Insolvenz und eine Meldung mit dem Grund der Abgabe „72" vom Insolvenztag bis zum rechtlichen Ende des Beschäftigungsverhältnisses.

Beispiel:
- Insolvenz: 31.8.2015
- Rechtliches Ende des Beschäftigungsverhältnisses: 31.3.2016
- Arbeitsunfähigkeit mit Krankengeldzahlung vom 13.8. bis 17.9.2015

Folgende Meldungen sind zu erstatten:
- Abmeldung mit Abgabegrund „71" zum 30.8.2015
- Meldung mit Abgabegrund „70" vom 31.8. bis 31.12.2015
- Meldung mit Abgabegrund „72" vom 1.1. bis 31.3.2016

m) GKV-Monatsmeldung

Soweit bei einer versicherungspflichtigen Mehrfachbeschäftigung die Einzugsstelle auf Grundlage vorliegender Entgeltmeldungen nicht ausschließen kann, dass die in dem sich überschneidenden Zeitraum erzielten Arbeitsentgelte die BBG zur gesetzlichen Krankenversicherung überschreiten, fordert sie den Arbeitgeber auf, für den zu beurteilenden Zeitraum GKV-Monatsmeldungen abzugeben. Damit erhält sie weitere Angaben zur Ermittlung der zu Grunde zu legenden Entgelte.

Sowohl die Anforderung als auch die Rückmeldung an den Arbeitgeber hat in elektronischer Form durch gesicherte und verschlüsselte Datenübertragung zu erfolgen. In der Meldung des Arbeitgebers sind insbesondere anzugeben:

1. die Versicherungsnummer des Beschäftigten,
2. die Betriebsnummer des Beschäftigungsbetriebes,
3. das monatliche laufende und einmalig gezahlte Arbeitsentgelt, von dem Beiträge zur Kranken-, Renten-, Arbeitslosen- und Pflegeversicherung für das der Ermittlung zu Grunde liegende Kalenderjahr berechnet wurden.

Darüber hinaus sind u.a. die Sozialversicherungstage, die Beitragsgruppenschlüssel und das Rechtskreiskennzeichen von hoher Bedeutung.

Beim Kurzarbeitergeld sind 80 % des Unterschiedsbetrages zwischen dem Soll-Entgelt und dem Ist-Entgelt anzugeben.

Bei Arbeitnehmern, die nach dem Altersteilzeitgesetz Aufstockungsbeträge erhalten, ist zusätzlich zum laufenden monatlichen Arbeitsentgelt die zusätzliche beitragspflichtige Einnahme zu bescheinigen.

Generell ausgenommen vom Verfahren sind geringfügig entlohnte Beschäftigungen, die neben einer versicherungspflichtigen Beschäftigung ausgeübt werden. Dies gilt selbst dann, wenn in der geringfügig entlohnten Beschäftigung Rentenversicherungspflicht besteht.

Nach Aufforderung durch die Einzugsstelle hat der Arbeitgeber die Daten mit der ersten folgenden Lohn- und Gehaltsabrechnung, spätestens innerhalb von sechs Wochen nach Aufforderung zu melden.

Die Einzugsstelle stellt innerhalb von zwei Monaten nach Eingang der GKV-Monatsmeldungen fest, ob und inwieweit die laufenden und einmalig gezahlten Arbeitsentgelte die BBG Sozialversicherungszweigen überschreiten und meldet das Prüfergebnis den beteiligten Arbeitgebern. Dabei erhält jeder Arbeitgeber zu jeder abgegebenen Monatsmeldung eine Information, ob das erzielte laufende Gesamtentgelt die BBG überschritten hat.

Zusätzlich wird das monatliche Gesamtentgelt je Sozialversicherungszweig für jeden einzelnen Abrechnungszeitraum, in dem eine Überschreitung gegeben ist, mitgeteilt. Weiterhin wird angegeben, ob das angegebene einmalig gezahlte Arbeitsentgelt in voller Höhe der Beitragspflicht zu unterwerfen ist. Sofern das einmalig gezahlte Arbeitsentgelt nicht in voller Höhe beitragspflichtig ist, wird getrennt nach den einzelnen Sozialversicherungszweigen der beitragspflichtige Anteil gemeldet.

7. Bestandsprüfungen

Eine weitere Neuerung stellt die Einführung von „Bestandsprüfungen" zum 1.1.2016 dar.

Die Einzugsstellen sowie auch die anderen Empfänger von Daten der Arbeitgeber (z.B. Rentenversicherungsträger, Versorgungseinrichtungen usw.) gleichen die Meldungen des Arbeitgebers bzw. der Zahlstellen mit dem Datenbestand des jeweiligen Trägers ab.

Stimmt die Meldung nicht mit dem Datenbestand des Trägers überein, wird die Meldung innerhalb von 3 Arbeitstagen nach Zugang per Datenübertragung zurückgewiesen und nicht in den Empfängerdatenbestand übernommen.

In der Rückmeldung müssen die Bestandsfehler angegeben sein. Dafür gibt es den neuen Datenbaustein „Bestandsfehler (DBBF)".

Die Bestandsprüfungen sollen schrittweise eingeführt werden:

- DEÜV-Meldungen durch die Einzugsstelle, die Deutsche Rentenversicherung Bund und die berufsständische Versorgungseinrichtung zum 1.7.2016. Hierzu gehört auch die Minijob-Zentrale.

- Das Antragsverfahren nach dem Aufwendungsausgleichsgesetz (AAG) zum 1.1.2017.

- In einer weiteren Ausbaustufe die Entgeltbescheinigungen zur Berechnung von Sozialleistungen, die Mitteilungen über Vorerkrankungen und die Beitragsnachweise aus dem Arbeitgeber- und Zahlstellenverfahren.

Wird eine Meldung von einem Sozialversicherungsträger an einen anderen weitergeleitet und stellt dieser in seinem Bestand einen Fehler fest, muss er den Fehler ausweisen und an den anderen Sozialversicherungsträger zurücksenden. Dieser muss die Meldung stornieren und die Fehlermeldung an den Arbeitgeber bzw. die Zahlstelle übermitteln.

So bestimmte Bestandsfehler können sein (exemplarisch):

- Die Beitragsgruppe in der Entgeltmeldung weicht von der letzten Anmeldung ab.
- Die Meldung ist bereits im Bestand.
- Zu einer Stornomeldung gibt es keine Ursprungsmeldung.
- Es konnte keine Teilnahme am Umlageverfahren festgestellt werden
- Der Meldezeitraum liegt außerhalb der Versicherungszeit

Meldungen für Arbeitnehmer in der Sozialversicherung

keine Sozialversicherungspflicht = ⊘SV
Sozialversicherungspflicht = SV

8. Meldefristen

2025 Folgende Meldefristen sind zu beachten:

Anmeldung	– mit der ersten Lohn- und Gehaltsabrechnung, spätestens innerhalb von sechs Wochen nach Beschäftigungsbeginn
Abmeldung	– mit der nächsten Lohn- und Gehaltsabrechnung, spätestens innerhalb von sechs Wochen nach ihrem Ende
Jahresmeldung	– mit der ersten folgenden Lohn- und Gehaltsabrechnung, spätestens bis zum 15.2 des Folgejahrs
UV-Jahresmeldung	– bis zum 16.2. des Folgejahrs
Unterbrechungsmeldung	– innerhalb von zwei Wochen nach Ablauf des ersten vollen Kalendermonats der Unterbrechung
Meldung von einmalig gezahltem Arbeitsentgelt	– zusammen mit dem laufend gezahlten Arbeitsentgelt – ist dies nicht möglich, mit der ersten Lohn- und Gehaltsabrechnung, spätestens innerhalb von sechs Wochen nach der Zahlung durch eine Sondermeldung
GKV-Monatsmeldung	– mit der ersten Lohn- und Gehaltsabrechnung, spätestens innerhalb von sechs Wochen nach Aufforderung
Meldungen von Wertguthaben in Störfällen oder bei einem Wechsel des im Bundesgebiet erzielten Wertguthabens in das Beitrittsgebiet oder umgekehrt	– mit der ersten folgenden Lohn- und Gehaltsabrechnung
Änderungsmeldungen wegen Änderung der Beitragsgruppe, der Personengruppe, des Wechsels der Krankenkasse und Wechsel des Rechtskreises	– mit der ersten folgenden Lohn- und Gehaltsabrechnung, spätestens innerhalb von sechs Wochen nach Eintritt des meldepflichtigen Tatbestands
Stornierungen	– unverzüglich
Änderungsmeldungen des Namens, der Staatsangehörigkeit oder der Anschrift des Beschäftigten	– mit der folgenden Lohn- und Gehaltsabrechnung, spätestens innerhalb von sechs Wochen nach der Änderung

9. Zuständige Krankenkasse

2026 Hinsichtlich der zuständigen Krankenkasse gelten die Ausführungen zum Stichwort → *Krankenkassenwahlrecht* Rz. 1707.

Für Beschäftigte, die **bei keiner Krankenkasse versichert** sind, ist die Krankenkasse zuständig, bei der zuletzt eine Versicherung bestanden hat. Dies kann auch eine Familienversicherung gewesen sein. Lässt sich danach keine Krankenkasse bestimmen, hat die meldende Stelle die Meldung einer wählbaren Krankenkasse vorzulegen.

10. Bußgeld bei Verstoß gegen die Meldevorschriften

2027 Ordnungswidrig handelt, wer vorsätzlich oder leichtfertig gegen die Meldevorschriften verstößt. Die Ordnungswidrigkeit kann von dem Versicherungsträger mit einer Geldbuße bis zu 5 000 € geahndet werden.

Merchandiser

→ *Arbeitnehmer-ABC* Rz. 188

Messebesuch

→ *Werbungskosten* Rz. 3182

Miles & More

→ *Kundenbindungsprogramme* Rz. 1745

Mindestlohn

Inhaltsübersicht: Rz.
1. Arbeitsrecht 2029
   a) Einführung/Grundsätzliches 2029
   b) Geltungsbereich 2030
   c) Auf den Mindestlohn anzurechnende Vergütungsbestandteile 2031
   d) Rechtsfolgen bei Unterschreitung des Mindestlohns/Kündigung 2032
   e) Unabdingbarkeit des Mindestlohns 2033
   f) Fälligkeit und Arbeitszeitkonto 2034
   g) Persönliche Ausnahmen vom Mindestlohn 2035
   h) Übergangsregelung für Tarifverträge 2036
   i) Dokumentations- und Aufzeichnungspflichten 2037
   j) Haftung der Auftraggeber 2038
   k) Kontrollen/Bußgelder 2039
2. Lohnsteuer 2040
3. Sozialversicherung 2041
   a) Allgemeines 2041
   b) Welche Entgeltbestandteile gehören zum Mindestlohn? 2042
   c) Auswirkungen auf die geringfügigen Beschäftigungsverhältnisse 2043
   d) Berechnung des Mindestlohns 2045
   e) Kontrolle 2046

→ auch *Amateursportler* Rz. 108, **2028**

→ auch *Mini-Jobs* Rz. 2047

1. Arbeitsrecht

a) Einführung/Grundsätzliches

Mit dem durch Art. 1 des Tarifautonomiestärkungsgesetzes v. **2029** 11.8.2014, BGBl. I 2014, 1348 eingeführten **Mindestlohngesetz (MiLoG)** hat der Gesetzgeber einen **flächendeckenden gesetzlichen Mindestlohn** und seine Modalitäten beschlossen. Das Gesetz lässt viele **praxiswichtige Einzelfragen offen und umstritten**, so dass in der betrieblichen Praxis und in der Anwenderpraxis Rechtsunsicherheit bei einer kaum noch zu übersehenden Zahl von Literaturstimmen entstanden ist. Auf aktuelle Entscheidungen der **Instanz-Rechtsprechung** ist daher ebenso besonders zu achten wie auf **gesetzgeberische Änderungen**.

Ein umfassendes **Prüfungsschema** zum Anspruch auf Mindestlohn findet sich bei Rittweger/Zieglmeier, Checkliste Mindestlohn – Maßnahmen und Compliance-Management, NZA 2015, 976.

Nach § 1 Abs. 1, 2 MiLoG hat jede Arbeitnehmerin und jeder Arbeitnehmer mit Wirkung ab 1.1.2015 Anspruch auf den gesetzlichen Mindestlohn von mindestens brutto 8,50 € pro Zeitstunde.

Bei einem vereinbarten **Monatsgehalt** muss ggf. die Erreichung des Mindestlohns durch Teilung durch die konkret geleisteten Stunden je Monat geprüft werden. Zur mit dem Mindestlohn vergütungspflichtigen **Arbeitszeit** (Zeitstunde) gehören auch Zeiten der **Bereitschaftsdienste**; insoweit dürfte allerdings eine ausdrücklich vereinbarte mindere Vergütung zulässig sein (BAG v. 19.1.2014, 5 AZR 1101/12, www.stotax-first.de). Demgegenüber zählen Zeiten der – nicht abgerufenen – **Rufbereitschaft** nicht zu den mit dem Mindestlohn vergütungspflichtigen Arbeitszeiten (BAG v. 9.10.2003, 6 AZR 512/02, www.stotax-first.de), ebenso wenig die Zeiten für den **Arbeitsweg**.

Richtet sich die Höhe des Arbeitsentgelts nach einer **Mindestlohnregelung**, die keine Bestimmungen zur **Entgeltfortzahlung** (und zum Urlaubsentgelt) enthält, so richtet sich gem. dem **Lohnausfallprinzip** die Höhe der Entgeltfortzahlung (und des Urlaubsentgelts) nach dieser Mindestlohnregelung; ein Rückgriff des Arbeitgebers auf eine vertraglich vereinbarte niedrigere Vergütung ist in diesen Fällen deshalb unzulässig (BAG v. 13.5.2015, 10 AZR 191/14, www.stotax-first.de).

Ungeklärt lässt das Mindestlohngesetz auch die Frage, wie mit **schwankenden Bezügen** umzugehen ist, ob ein und ggf. welcher Referenzzeitraum anzulegen ist. Entscheidend für die Beurteilung dürfte nicht der Lohn für einzelne Stunden, sondern eine **Ge-**

samtbetrachtung der vom Arbeitnehmer nach dem Arbeitsvertrag geschuldeten Arbeitsleistung und des vom Arbeitgeber dafür zu zahlenden Entgelts für eine bestimmte Abrechnungsperiode, d.h. regelmäßig für den **Kalendermonat**, sein (BAG v. 17.10.2012, 5 AZR 792/11, www.stotax-first.de).

Der gesetzliche Mindestlohn von 8,50 € pro Zeitstunde unterliegt insofern einer gewissen Dynamik, als er zukünftig auch ohne erneutes Tätigwerden des Gesetzgebers den Gegebenheiten angepasst werden kann. Diese **zukünftige Anpassung des Mindestlohns** ist in einem komplizierten Verfahren nach §§ 4 bis 12 MiLoG so geregelt worden, dass eine einzurichtende **Mindestlohnkommission** aus Vertretern der Tarifpartner erstmals zum 1.1.2017, danach alle zwei Jahre einen Vorschlag zur Anpassung des Mindestlohns macht, den die Bundesregierung in einer Rechtsverordnung übernehmen kann.

Hinsichtlich der neu eingeführten **Aufzeichnungspflichten** (ausführliche Darstellung Schmitz-Witte/Killian, Die Dokumentations- und Meldepflichten nach dem Mindestlohngesetz, NZA 2015, 415; kritisch Hantel, Unionsrechtliche Grenzen für administrative Pflichten nach dem Mindestlohngesetz, NZA 2015, 410) gilt jetzt nach § 17 Abs. 1 MiLoG die Pflicht des Arbeitgebers zur **Dokumentation der Arbeitszeiten**. Sonderregelungen enthalten die am 29.12.2014 im Bundesanzeiger veröffentlichte **Mindestlohndokumentationspflichtenverordnung** mit Entbindung von den Pflichten für solche Arbeitnehmer, deren verstetigtes regelmäßiges Monatsentgelt 2 958 € überschreitet und für die der Arbeitgeber seine nach § 16 Abs. 2 des ArbZG bestehende Verpflichtung zur Aufzeichnung der Arbeitszeit und zur Aufbewahrung dieser Aufzeichnungen tatsächlich erfüllt, und die **Mindestlohnaufzeichnungsverordnung** v. 26.11.2014, BGBl. I 2014, 1824.

Der Arbeitgeber ist danach verpflichtet

- zur **Aufzeichnung** von Beginn, Ende und Dauer der täglichen Arbeitszeit spätestens bis zum Ablauf des siebten Tages nach der Arbeitsleistung und
- zur **Aufbewahrung** und Bereithaltung der Aufzeichnungen für mindestens zwei Jahre.

Diese **Aufzeichnungspflichten** gelten **auch für geringfügig Beschäftigte** nach § 8 Abs. 1 SGB IV). Die genannten Pflichten bestehen hingegen **nicht** für geringfügig Beschäftigte **in Privathaushalten** nach § 8a SGB IV.

b) Geltungsbereich

2030 Der Geltungsbereich des Mindestlohngesetzes erstreckt sich grundsätzlich – mit noch darzustellenden Ausnahmen – auf **alle Arbeitnehmer** (s. auch § 22 Abs. 1 Satz 1 MiLoG), also z.B. auch und insbesondere gerade auf den Bereich des Niedriglohnsektors für **Aushilfskräfte, geringfügig Beschäftigte** (→ Rz. 2043), **Teilzeitkräfte, Rentner und Saisonkräfte**.

Auch für **Saisonarbeiter**, wie sie insbesondere in der Landwirtschaft zu finden sind, gilt keine Ausnahme. Insoweit ist allerdings eine gewisse **Kompensation** mit § 115 SGB IV dadurch geschaffen worden, dass Saisonarbeiter zwischen 1.1.2015 und 31.12.2018 für 70 statt bislang 50 Tage bzw. längstens drei statt bislang zwei Monate von der Sozialversicherungspflicht befreit sind. Hinsichtlich des Mindestlohns für Saisonarbeiter, die von ihrem Arbeitgeber **Sachbezüge in Form von Kost und Logis erhalten**, wird sich die Frage nach der Anrechnung auf den Mindestlohn unter Beachtung der **Pfändbarkeitsgrenzen** stellen (zum Fragenbereich vgl. BAG v. 24.3.2009, 9 AZR 733/07, www.stotax-first.de).

Keine Anwendung findet das Mindestlohngesetz andererseits auf **Selbständige** und freie Mitarbeiter. Insoweit wird sich ggf. die Überlegung einstellen, ob zur Vermeidung der Umstellung eines Arbeitsverhältnisses mit Anhebung auf den neuen Mindestlohn eine **Umwandlung in eine selbständige Tätigkeit** in Betracht kommen kann. Unter demselben Gesichtspunkt wäre bei einer Neueinstellung an einen Selbständigen-Vertrag statt an einen Arbeitsvertrag zu denken. Von solchen „Konstruktionen" ist jedoch strikt abzuraten, bewegt man sich doch im Niedriglohnbereich, in dem Selbständigkeit eher nicht anzutreffen ist, und in risikoreicher Nähe zur **Scheinselbständigkeit** (mit hoher Kontrolldichte).

Keine Anwendung findet das Mindestlohngesetz auch auf

- Beamte und Soldaten,
- familiär mitarbeitende Familienangehörige,
- GmbH-Geschäftsführer,
- für in Behindertenwerkstätten tätige schwerbehinderte Menschen (ArbG Kiel v. 19.6.2015, 2 Ca 165 a/15, www.stotax-first.de).

c) Auf den Mindestlohn anzurechnende Vergütungsbestandteile

Setzt sich das vom Arbeitgeber geleistete Arbeitsentgelt aus **verschiedenen Lohnbestandteilen** zusammen, so stellt sich die praktisch bedeutsame und höchst umstrittene Frage, welche Arbeitgeberleistungen/Vergütungselemente (z.B. Zulagen, Zuschläge, Sonderzahlungen usw.) bei der Antwort auf die Frage zu berücksichtigen sind, ob der festgelegte Mindestlohn von 8,50 € brutto gezahlt ist. Das Mindestlohngesetz selbst enthält zu dieser Frage keine Regelung. 2031

Insoweit dürfte (in Anbetracht vergleichbarer Konstellationen nach dem Arbeitnehmerentsendegesetz und Arbeitnehmerüberlassungsgesetz) davon auszugehen sein, dass der **Begriff des Arbeitsentgelts weit zu verstehen** ist, so dass also z.B. auch auf den Grundlohn entfallende und in der Abrechnungsperiode gezahlte

- allgemeine Zuschläge,
- Akkordleistungen,
- Provisionen,
- geldwerte Vorteile eines zur privaten Nutzung überlassenen Firmenwagens (BAG v. 19.2.2014, 5 AZR 1047/12, www.stotax-first.de),
- Ansprüche auf Entgeltfortzahlung und Urlaubsabgeltung (BAG v. 13.5.2015, 10 AZR 191/14, www.stotax-first.de) sowie
- Sozialleistungen

erfasst werden.

Umgekehrt werden **spezifische Zulagen oder Zuschläge** außer Ansatz bleiben müssen, die nicht die Normalleistung des Arbeitnehmers betreffen, sondern besondere Leistungen abgelten sollen (EuGH v. 14.4.2005, C-341/02, www.stotax-first.de), wie z.B.

- Zeitzuschläge für Nachtarbeit (zwingend nach § 6 Abs. 5 ArbZG, s. auch ArbG Bautzen v. 25.6.2015, 1 Ca 1094/15, www.stotax-first.de),
- Zeitzuschläge für Sonntags-, Feiertags-, Schichtarbeit,
- Überstundenzuschläge,
- Akkordprämien,
- Qualitätsprämien,
- Gefahrenzulagen oder
- Erschwerniszuschläge.

Für das weite Feld der zusätzlichen **Sonderzahlungen** wie z.B. Einmalzahlungen, Gratifikationen, Urlaubsgeld (s. auch ArbG Bautzen v. 25.6.2015, 1 Ca 1094/15, www.stotax-first.de), Boni o.ä., mit denen keine spezifische Leistung vergütet werden soll (und die im Mindestlohnbereich wohl auch eher selten anzutreffen sind), dürfte **zu unterscheiden** sein:

- Sie sind **nicht zu berücksichtigen**, wenn sie, wie z.B. eine reine Treueprämie, nicht als Arbeitsentgelt dienen.
- Sie sind beim Mindestlohn **zu berücksichtigen**, wenn sie jeweils ratierlich in der monatlichen Abrechnungsperiode (Monatsbetrachtung entsprechend § 2 Abs. 1 MiLoG) ausgezahlt werden (so auch ArbG Herne v. 7.7.2015, 3 Ca 684/15, www.stotax-first.de).
- Werden sie einmal jährlich ausgezahlt und stehen daher dem Arbeitnehmer nicht laufend in jeder Abrechnungsperiode zu seiner Existenzsicherung zur Verfügung, kann eine **Berücksichtigung nur im Auszahlungsmonat** erfolgen.

Zusammenfassend ist für die Frage der Hinzurechnung von zusätzlichen Zahlungen auf den Mindestlohn darauf abzustellen, ob die vom Arbeitgeber erbrachte Leistung ihrem Zweck nach diejenige Arbeitsleistung des Arbeitnehmers entgelten soll, die mit dem Mindestlohn zu vergüten ist. Daher ist dem erkennbaren Zweck des Mindestlohns, der dem Arbeitnehmer als unmittelbare Leistung für die verrichtete Tätigkeit zusteht, der zu ermittelnde Zweck der jeweiligen Leistung des Arbeitgebers, die dieser auf Grund

Mindestlohn

anderer (individual- oder kollektivrechtlicher) Regelungen erbracht hat, gegenüberzustellen. Besteht danach eine **funktionale Gleichwertigkeit der zu vergleichenden Leistungen** (BAG v. 16.4.2014, 4 AZR 802/11, www.stotax-first.de; BAG v. 18.4.2012, 4 AZR 139/10, www.stotax-first.de), ist die erbrachte Leistung auf den zu erfüllenden Mindestlohnanspruch anzurechnen. Zur Beurteilung der funktionalen Gleichwertigkeit ist es erforderlich, die Funktion zu bestimmen, die die bestimmte Leistung des Arbeitgebers hat, um sodann festzustellen, ob sie sich auf die Normaltätigkeit des Arbeitnehmers bezieht, die mit dem Mindestlohn abgegolten sein soll.

Danach zählen **vermögenswirksame Leistungen** (EuGH v. 7.11.2013, C-522/12, www.stotax-first.de; anders BAG v. 19.2.2014, 5 AZR 1047/12, www.stotax-first.de) angesichts ihres unterschiedlichen Zwecks nicht zum Arbeitsentgelt, ebenso wenig echter **Aufwendungsersatz**, es sei denn, es handelt sich um verschleiertes und damit steuerpflichtiges Arbeitsentgelt (BAG v. 13.3.2013, 5 AZR 294/12, www.stotax-first.de). Auch von Dritten geleistete **Trinkgelder** bleiben unberücksichtigt (Dommermuth-Alhäuser/Heup, Anrechnung von Trinkgeld auf den Mindestlohn, NZA 2015, 406).

Für den (mit dem Schwerpunkt auf der Gleichbehandlung) vergleichbaren Bereich des **Entsende-Mindestlohns** gilt nach einer Entscheidung des **EuGH** (EuGH v. 12.2.2015, C-396/13, www.stotax-first.de) für die Berechnung des Mindestlohns im Hinblick auf **tarifvertragliche Vergütungsbestandteile**:

– Ein **Tagegeld** ist unter den gleichen Bedingungen als Bestandteil des Mindestlohns anzusehen, wie sie für seine Einbeziehung in den Mindestlohn gelten, der einheimischen Arbeitnehmern bei ihrer Entsendung innerhalb des betreffenden Mitgliedstaats gezahlt wird.

– Eine Entschädigung für die tägliche **Pendelzeit**, die den Arbeitnehmern unter der **Voraussetzung gezahlt wird, dass ihre tägliche Pendelzeit mehr als eine Stunde** beträgt, ist als Bestandteil des Mindestlohns der entsandten Arbeitnehmer anzusehen, sofern diese Voraussetzung erfüllt ist.

– Die Übernahme der **Kosten für die Unterbringung** dieser Arbeitnehmer ist nicht als Bestandteil ihres Mindestlohns anzusehen.

– Eine Zulage in Form von **Essensgutscheinen**, die an diese Arbeitnehmer ausgegeben werden, darf nicht als Bestandteil ihres Mindestlohns angesehen werden.

– Die **Urlaubsvergütung**, die den entsandten Arbeitnehmern für die Dauer des bezahlten Mindestjahresurlaubs zu gewähren ist, muss dem Mindestlohn entsprechen, auf den diese Arbeitnehmer im Referenzzeitraum Anspruch haben.

d) Rechtsfolgen bei Unterschreitung des Mindestlohns/Kündigung

2032 Wird ab 1.1.2015 der gesetzliche Mindestlohn von 8,50 € brutto pro Zeitstunde entgegen der Bestimmung des § 1 MiLoG mit einem z.B. i.H.v. 6,50 € brutto vereinbarten niedrigeren Stundenlohn unterschritten, so ist die **Vereinbarung** wegen Gesetzesverstoßes nach § 134 BGB **unwirksam**. Umstritten ist, welche Vergütungshöhe an die Stelle der unwirksam vereinbarten Höhe tritt, ob der Mindestlohn i.H.v. 8,50 € brutto pro Zeitstunde oder ein etwa maßgeblicher (höherer) üblicher Lohn. Insoweit dürfte an die Stelle der unwirksamen Vereinbarung nicht etwa automatisch der Mindestlohn von 8,50 € brutto treten, sondern der Entgeltanspruch des Arbeitnehmers dürfte gem. § 612 Abs. 2 BGB nach dem **üblichen Arbeitsentgelt** für die Tätigkeit zu bestimmen sein, so dass dieser übliche Lohn durchaus höher liegen kann als der gesetzliche Mindestlohn. Die richtige Lohnhöhe i.S.d. üblichen Arbeitsentgelts kann im Übrigen nicht der Arbeitgeber einseitig festlegen, sondern sie ist nach den zu § 612 Abs. 2 BGB entwickelten Kriterien im Einzelfall zu ermitteln, was sich als kompliziert und streitanfällig erweisen kann.

Hinweis:

Es empfiehlt sich, bei einer in Anbetracht des neuen Mindestlohns zu niedrigen bisherigen Lohnhöhe durch eine neue Vereinbarung den Mindestlohn von 8,50 € brutto pro Zeitstunde ausdrücklich vertraglich festzuschreiben.

Der Arbeitnehmer hat ab Unwirksamkeit der Vergütungshöhe einen Anspruch auf **Nachzahlung** der Vergütungsdifferenz zur richtigen neuen Vergütungshöhe. Im Übrigen ist die Unterschreitung des Mindestlohns nach §§ 20, 21 Abs. 1 Nr. 9 MiLoG ordnungswidrig und **bußgeldbedroht**.

Fordert der Arbeitnehmer den gesetzlichen Mindestlohn vom Arbeitgeber ein und wird daraufhin von diesem gekündigt, so ist diese **Kündigung** des Arbeitsverhältnisses als **verbotene Maßregelung** nach § 612a BGB zu werten und somit unwirksam (ArbG Berlin v. 17.4.2015, 28 C 2405/15, www.stotax-first.de). Ebenso ist eine Kündigung als unerlaubte Maßregelung unwirksam, wenn sie ausgesprochen wird, weil der Arbeitnehmer ein mindestlohnwidriges Vertragsänderungsangebot des Arbeitgebers abgelehnt hat (LAG Chemnitz v. 24.6.2015, 2 Sa 156/15, www.stotax-first.de).

Das LAG Berlin-Brandenburg hat mit mehreren Urteilen v. 11.8.2015, 19 Sa 819/15, 19 Sa 827/15, 19 Sa 1156/15, www.stotax-first.de, entschieden, dass eine **Änderungskündigung**, mit der der Arbeitgeber auf Grund des ab 1.1.2015 maßgeblichen Mindestlohns bisher zusätzlich zu einem Stundenlohn unterhalb des Mindestlohns gezahltes Urlaubs- und Weihnachtsgeld streichen will, unwirksam ist.

Da auch geringfügig Beschäftigte seit dem 1.1.2015 Anspruch auf den neuen Mindestlohn haben, kann es für diesen Personenkreis dazu kommen, dass eine notwendige **Anhebung der Vergütung** auf den neuen Mindestlohn von mindestens brutto 8,50 € pro Zeitstunde **zur Überschreitung der 450 Euro-Grenze** für die Vergünstigung von Mini-Jobs führt, denn die 450 €-Grenze lässt nur 52,9 Stunden/Monat mit 8,50 € zu (52,9 Stunden × 8,50 € = 450 €). Entsprechendes gilt bei **Überschreitung der Gleitzonengrenzen**. In einem solchen Fall hilft wohl nur eine **Vereinbarung mit dem Minijobber** über eine entsprechende **Herabsetzung der Stundenzahl**. Eine **einseitige Anpassung** der Stundenzahl durch den Arbeitgeber ist **unzulässig**; eine entsprechende Änderungskündigung ist in ihrer Wirksamkeit zweifelhaft, wenn sie auf ihre soziale Rechtfertigung nach § 2 KSchG überprüft wird.

Nach einer Entscheidung des ArbG Dessau-Roßlau (Urteil v. 12.8.2015, 10 BV 4/15, www.stotax-first.de) kann der **Betriebsrat** seine nach § 99 Abs. 2 Nr. 1 BetrVG erforderliche Zustimmung zur Eingruppierung eines neu eingestellten Arbeitnehmers nicht mit der Begründung verweigern, dass die tarifliche Eingruppierungsvergütung gegen das Mindestlohnlohngebot nach dem MiLoG verstoße.

e) Unabdingbarkeit des Mindestlohns

Zum Schutz des Arbeitnehmers gegen Rechtsmissbrauch und **2033** gegen die Umgehung des Mindestlohns ist in § 3 MiLoG die Unabdingbarkeit angeordnet, d.h. der Mindestlohn hat zwingende Wirkung.

Das bedeutet:

– Der Arbeitnehmer kann den zwingenden Mindestlohnanspruch **nicht** durch Vereinbarung mit dem Arbeitgeber **abbedingen**.

– Der Arbeitnehmer kann auf den Mindestlohnanspruch **nicht** einseitig **verzichten**; zulässig ist allein ein Verzicht auf schon entstandene Ansprüche in einem gerichtlichen Vergleich.

– Eine **Verwirkung** des Anspruchs ist ausgeschlossen.

– Ein Verfall des Mindestlohns durch eine vereinbarte oder tarifliche **Ausschlussfrist** ist ausgeschlossen.

Allerdings ist die **Verjährung** von Mindestlohnansprüchen nach der regelmäßigen Verjährungsfrist von drei Jahren gemäß § 195 BGB nicht ausgeschlossen.

f) Fälligkeit und Arbeitszeitkonto

Nach § 2 Abs. 1 MiLoG ist der Mindestlohn grundsätzlich zum **2034** Zeitpunkt der vertraglich vereinbarten Fälligkeit zu zahlen, d.h. der Arbeitgeber hat den Mindestlohn spätestens bis zum letzten Bankarbeitstag des Monats, der auf den Monat folgt, in dem die Arbeitsleistung erbracht wurde, zu zahlen.

Bei einem vereinbarten **Arbeitszeitkonto** muss nach § 2 Abs. 2 MiLoG spätestens innerhalb von zwölf Monaten nach der Erfassung ein Ausgleich durch Freizeit oder Zahlung des Mindestlohns erfolgen, soweit der Ausgleich nicht bereits durch **verstetigten Lohn** erfüllt ist.

g) Persönliche Ausnahmen vom Mindestlohn

2035 Der gesetzliche Mindestlohn gilt insbesondere nach der Ausnahmeregelung in § 22 MiLoG **nicht** für

- Auszubildende,
- ehrenamtlich Tätige (regelmäßig keine Arbeitnehmer, so BAG v. 29.8.2012, 10 AZR 499/11, www.stotax-first.de); insoweit sollen nach einer aktuellen Stellungnahme der Bundesregierung auch die Amateur-Vertragsspieler im Fußball nicht zu den Arbeitnehmern gehören,
- Freiwilligendienstleistende,
- Beamte und Soldaten,
- familiär mitarbeitende Familienangehörige,
- GmbH-Geschäftsführer,
- Jugendliche im Alter von unter 18 Jahren ohne abgeschlossene Berufsausbildung,
- Schüler, Studierende und Auszubildende, die ein Pflichtpraktikum absolvieren,
- Teilnehmer an Orientierungspraktika von maximal drei Monaten für die Aufnahme einer Ausbildung oder eines Studiums (bei Überschreitung der Höchstdauer von drei Monaten besteht der Mindestlohnanspruch rückwirkend für die gesamte Dauer des Praktikums, und zwar selbst dann, wenn vorab eine Befristung vorlag und jetzt verlängert wird),
- Teilnehmer an ausbildungs- oder studiumsbegleitenden Praktika von maximal drei Monaten (bei Überschreitung der Höchstdauer von drei Monaten besteht der Mindestlohnanspruch rückwirkend für die gesamte Dauer des Praktikums, und zwar selbst dann, wenn vorab eine Befristung vorlag und jetzt verlängert wird),
- Teilnehmer an Einstiegsqualifikationen nach § 54a SGB III und Berufsbildungsvorbereitungen nach §§ 68 - 70 BBiG,
- Langzeitarbeitslose in den ersten sechs Monaten einer neuen Beschäftigung (der Arbeitgeber hat entsprechende Nachweise, aus denen der Status als Langzeitarbeitsloser hervorgeht, zu den Entgeltunterlagen zu nehmen; erfolgt innerhalb der ersten sechs Monate ein Arbeitgeberwechsel, ist im zweiten Beschäftigungsverhältnis der Mindestlohn zu zahlen),
- in Werkstätten für Behinderte beschäftigte Behinderte (keine Arbeitnehmer); anders behinderte Menschen in Integrationsprojekten, diese haben Anspruch auf den Mindestlohn.

Teilnehmer an **ausbildungsintegrierenden, ausbildungsbegleitenden oder praxisintegrierenden dualen Studiengängen** haben keinen Anspruch auf den Mindestlohn (ausführlich Koch-Rust/Kolb/Rosentreter, Mindestlohn auch für dual Studierende?, NZA 2015, 402).

Besonderes Augenmerk gilt der nunmehr gesetzlichen **Definition der Praktikanten** und dem Katalog der aus dem Mindestlohngesetz herausfallenden Praktikanten, für die kein Anspruch auf eine Praktikumsvergütung in Höhe des Mindestlohns besteht (→ Anhang, C. Arbeitsrecht Rz. 3403) Einbezogen in die Mindestlohnpflicht bleiben demgegenüber die sog. **„unechten Praktikanten"**, die außerhalb der oben beschriebenen Ausnahmen in Wahrheit ausschließlich oder überwiegend abhängige Arbeit als Arbeitnehmer leisten. Diese Personen haben Anspruch auf den gesetzlichen Mindestlohn. Dies gilt auch für die so genannten **Werkstudenten**, bei denen es sich um evtl. steuerlich und sozialversicherungsrechtlich privilegierte – arbeitsrechtlich normale – Arbeitnehmer handelt.

Ob die so genannten **Volontäre** unter die Mindestlohnpflicht fallen, ist nicht ausdrücklich gesetzlich geregelt und umstritten (s. ausführlich Pickert/Sausmikat, Ausnahmsweise Mindestlohn? Das MiLoG und die Praktikanten, NZA 2014, 942, 946). Unter dem unklaren Begriff Volontariat versteht man dabei eine systematische Ausbildung, ohne dass mit dieser eine vollständig abgeschlossene Fachausbildung in einem anerkannten Ausbildungsberuf beabsichtigt ist. Entscheidend dürfte es daher darauf ankommen, ob **ein dem Berufsausbildungsverhältnis vergleichbares Ausbildungsverhältnis** durchgeführt wird. Insoweit dürfte das tarifvertraglich geregelte zweijährige Redaktionsvolontariat an Tageszeitungen ein dem Berufsausbildungsverhältnis vergleichbares Ausbildungsverhältnis darstellen, ohne dass sich tatsächlich die Frage des Mindestlohns stellt bei der tariflich vorgesehenen übersteigenden Volontärvergütung. Demgegenüber sind das einjährige Volontariat einer Fernsehredakteurin (BAG v. 1.12. 2004, 7 AZR 129/04, www.stotax.first.de) und die üblichen Langpraktika im Kulturbereich nicht mit einem Berufsausbildungsverhältnis vergleichbar und unterfallen demgemäß der Mindestlohnpflicht.

Eine weitere persönliche Sonderausnahme gilt für Zeitungszusteller in Form einer gestaffelten Übergangsregelung: Ihr Mindestlohn beträgt ab 1.1.2015 75 % und ab 1.1.2016 85 % des Mindestlohns von brutto 8,50 €; vom 1.1.2017 bis 31.12.2017 gilt der Mindestlohn von brutto 8,50 € je Zeitstunde. Besteht die Tätigkeit nicht ausschließlich in der Zeitungszustellung, sondern ist sie **verbunden mit dem regelmäßigen Einsortieren von Werbeprospekten**, so besteht nach einem Urteil des ArbG Nienburg (Urteil v. 13.8.2015, 2 Ca 151/15, www.stotax-first.de) Anspruch auf den vollen Mindeststundenlohn von 8,50 €.

h) Übergangsregelung für Tarifverträge

2036 Nach der Übergangsvorschrift des § 24 Abs. 1 MiLoG sind **Tarifverträge** – repräsentativer Tarifvertragsparteien – mit den gesetzlichen Mindestlohn **unterschreitendem Stundenlohn** noch temporär bis zum 31.12.2016 **zulässig** und wirksam, wenn sie für allgemeinverbindlich erklärt sind. Ab 1.1.2017 gilt dann aber auch insoweit der gesetzliche Mindestlohn von (derzeit) brutto 8,50 € je Zeitstunde, der dann auch tarifvertraglich nicht mehr unterschritten werden darf.

Branchenspezifische Mindestlohnvorschriften bzw. Regelungen über **Lohnuntergrenzen** finden sich in **§ 11 Arbeitnehmer-Entsendegesetz** und in **§ 3a AÜG** (vgl. → Anhang, C. Arbeitsrecht Rz. 3404). Die entsprechenden Bestimmungen sind durch das Gesetz zur Stärkung der Tarifautonomie (Tarifautonomiestärkungsgesetz) v. 11.8.2014 (BGBl. I 2014, 1348) in Art. 6 und 7 geändert worden; ebenso ist mit Art. 5 das Tarifvertragsgesetz (insbesondere betr. Erleichterung der Allgemeinverbindlicherklärung) geändert worden.

Im Verhältnis derartiger Regelungen zum Mindestlohngesetz gilt insoweit nach § 1 Abs. 3 MiLoG: Die Regelungen der nach dem Arbeitnehmerentsendegesetz und dem Arbeitnehmerüberlassungsgesetz ergangenen Rechtsverordnungen haben **Vorrang** vor dem Mindestlohn nach dem Mindestlohngesetz unter der Voraussetzung, dass der gesetzliche Mindestlohn **nicht unterschritten** wird. Bis zum 31.12.2016 gilt noch die vorstehend erwähnte **Übergangsregelung** für Tarifverträge.

Für den (vergleichbaren) **Entsende-Mindestlohn** gilt nach einer Entscheidung des **EuGH** (EuGH v. 12.2.2015, C-396/13, www.stotax-first.de) für die Berechnung des Mindeststundenlohns und/oder Mindestakkordlohns die Einteilung der Arbeitnehmer in **Lohngruppen**, wie sie nach den maßgeblichen Tarifverträgen vorgesehen ist.

i) Dokumentations- und Aufzeichnungspflichten

2037 Die neu und ergänzend neben sonstigen gleichgelagerten Verpflichtungen mit dem MiLoG eingeführten Dokumentations- und Aufzeichnungspflichten werden von der Anwenderpraxis heftig kritisiert (s. die ausführliche Darstellung Schmitz-Witte/Kilian, Die Dokumentations- und Meldepflichten nach dem Mindestlohngesetz, NZA 2015, 415). Die entsprechende Vorschrift des § 17 MiLoG lautet:

„(1) ₁Ein Arbeitgeber, der Arbeitnehmerinnen und Arbeitnehmer nach § 8 Absatz 1 des Vierten Buches Sozialgesetzbuch oder in den in § 2a des Schwarzarbeitsbekämpfungsgesetzes genannten Wirtschaftsbereichen oder Wirtschaftszweigen beschäftigt, ist verpflichtet, Beginn, Ende und Dauer der täglichen Arbeitszeit dieser Arbeitnehmerinnen und Arbeitnehmer spätestens bis zum Ablauf des siebten auf den Tag der Arbeitsleistung folgenden Kalendertages aufzuzeichnen und diese Aufzeichnungen mindestens zwei Jahre beginnend ab dem für die Aufzeichnung maßgeblichen Zeitpunkt aufzubewahren. ₂Satz 1 gilt entsprechend für einen Entleiher, dem ein Verleiher eine Arbeitnehmerin oder einen Arbeitnehmer oder mehrere Arbeitnehmerinnen oder Arbeitnehmer zur Arbeitsleistung in einem der in § 2a des Schwarzarbeitsbekämpfungsgesetzes genannten Wirtschaftszweige überlässt. ₃Satz 1 gilt nicht für Beschäftigungsverhältnisse nach § 8a des Vierten Buches Sozialgesetzbuch.

(2) ₁Arbeitgeber i.S.d. Absatzes 1 haben die für die Kontrolle der Einhaltung der Verpflichtungen nach § 20 in Verbindung mit § 2 erforderlichen Unterlagen im Inland in deutscher Sprache für die gesamte Dauer der tatsächlichen Beschäftigung der Arbeitnehmerinnen und Arbeitnehmer im Geltungsbereich dieses Gesetzes, mindestens für die Dauer der gesamten Werk- oder

Mindestlohn

Dienstleistung, insgesamt jedoch nicht länger als zwei Jahre, bereitzuhalten. ₂Auf Verlangen der Prüfbehörde sind die Unterlagen auch am Ort der Beschäftigung bereitzuhalten.

(3) ...

(4) ..."

Die in § 2a SchwarzArbG genannten und damit der Dokumentations- und Aufzeichnungspflicht unterliegenden **Branchen** sind – derzeit –

- Baugewerbe,
- Gaststätten- und Beherbergungsgewerbe,
- Personenbeförderungsgewerbe,
- Speditions-, Transport- und damit verbundenen Logistikgewerbe,
- Schaustellergewerbe,
- Unternehmen der Forstwirtschaft,
- Gebäudereinigungsgewerbe,
- Unternehmen, die sich am Auf- und Abbau von Messen und Ausstellungen beteiligen,
- Fleischwirtschaft.

Weiterhin gelten die Verpflichtungen auch für die in § 8 Abs. 1 SGB IV angeführten Arbeitnehmer, d.h. **für alle geringfügig Beschäftigte (Mini-Jobs)**, auch wenn sie nicht in einem der o. a. Wirtschaftszweige tätig sind.

Ausgenommen sind demgegenüber ausdrücklich geringfügig Beschäftigte in **Privathaushalten** gemäß § 8a SGB IV, die typischerweise familiär verrichtete Tätigkeiten ausüben.

Bei **Leiharbeitsverhältnissen** treffen die Verpflichtungen den **Entleiher**.

Unberührt von den neuen Dokumentationspflichten nach § 17 MiLoG bleiben entsprechende oder ähnliche anderweitige Dokumentationspflichten, z.B. die (thematisch benachbarte) **Dokumentationspflicht gem. § 16 Abs. 2 ArbZG**; nach dieser Bestimmung müssen alle Arbeitgeber die über acht Stunden hinausgehende Arbeitszeit an Werktagen sowie jegliche Arbeitszeit an Sonn- und Feiertagen aufzeichnen.

Nach der am 29.12.2014 im Bundesanzeiger veröffentlichten und am 1.1.2015 in Kraft getretenen Mindestlohndokumentationspflichtenverordnung des Bundesministeriums für Arbeit und Soziales gilt die Dokumentationspflicht hinsichtlich Beginn, Ende und Dauer der Arbeitszeit nur für Arbeitnehmer, die ein verstetigtes regelmäßiges Monatsentgelt für mehr als 2 958 € brutto erzielen. Voraussetzung ist jedoch, dass der Arbeitgeber den Dokumentationspflichten gem. § 16 Abs. 2 ArbZG (Aufzeichnung der über acht Stunden an Werktagen hinausgehenden Arbeitszeit sowie der Arbeitszeit an Sonn- und Feiertagen) nachkommt und diese Unterlagen bereithält. Mit der **geänderten Mindestlohndokumentationspflichtenverordnung** v. 29.7.2015, die am 1.8.2015 in Kraft getreten ist (Bundesanzeiger AT v. 31.7.2015 V19), hat das Bundesministerium für Arbeit und Soziales

- die Dokumentationsschwelle für das verstetigte regelmäßige Monatsentgelt von brutto 2 958 € auf **brutto 2 000 €** herabgesetzt und
- die Dokumentationspflichten für mitarbeitende enge **Familienangehörige** aufgehoben.

Nach der am 1.1.2015 in Kraft getretenen **Mindestlohnaufzeichnungsverordnung** v. 26.11.2014 (BGBl. 2014, 1824) entfällt für Arbeitnehmer, die ausschließlich mit mobilen Tätigkeiten beschäftigt werden und denen der Arbeitgeber keine Vorgaben zur konkreten täglichen Arbeitszeit (Beginn und Ende) macht und die sich ihre tägliche Arbeitszeit eigenverantwortlich einteilen können, zudem die Verpflichtung, Beginn und Ende der täglichen Arbeitszeit aufzuzeichnen. Für diese Arbeitnehmer ist **lediglich die Dauer der täglichen Arbeitszeit** zu erfassen.

Eine Übersicht zu den Dokumentationspflichten mit Muster-Stundenzettel findet sich im → *Anhang, C. Arbeitsrecht* Rz. 3402 .

j) Haftung der Auftraggeber

2038 Mit der Vorschrift des § 13 MiLoG mit der Verweisung auf § 14 AEntG wird der gegenüber seinem Vertragsarbeitgeber bestehende Mindestlohnanspruch des Arbeitnehmers auf einen (fremden) **Auftraggeber des Vertragsarbeitgebers als weiteren Schuldner der Mindestlohnverpflichtung** ausgedehnt. Nach der entsprechenden Anwendung der Regelung in § 14 AEntG haftet ein Auftraggeber, der i.R.d. eigenen Unternehmens (also nicht als Privatperson) Auftragnehmer mit Leistungen betraut, für die Mindestlohnzahlung des Auftragnehmers (und weiterer Subauftragnehmer). Die Haftung gilt verschuldensunabhängig und entspricht derjenigen eines selbstschuldnerischen Bürgen. Der Arbeitnehmer (des Auftragnehmers oder Subauftragnehmers oder Verleihers) ist nicht darauf verwiesen, zunächst seinen eigenen Arbeitgeber in Anspruch zu nehmen, sondern kann den Mindestlohnanspruch auch sogleich beim Auftraggeber einfordern. Die Haftung ist auf den Nettobetrag begrenzt.

Eine ausführliche Darstellung der Haftungsfragen findet sich bei Oltmanns/Fuhltrott, Die Auftraggeberhaftung bei Verstößen gegen das MiLoG, NZA 2015, 392.

k) Kontrollen/Bußgelder

Die **Kontrolle** über die Einhaltung der Mindestlohnvorschriften ist dem **Zoll (Finanzkontrolle Schwarzarbeit der Zollverwaltung, FKS) übertragen** (hierzu ausführlich Aulmann, Behördliche Aufsicht über die Gewährung der Mindestlöhne, NZA 2015, 419). Die Zollverwaltung hat gem. § 15 MiLoG zu Kontrollzwecken die weitreichenden Rechte nach dem Schwarzarbeitsbekämpfungsgesetz (→ *Schwarzarbeit* Rz. 2657) und kann z.B. zu jeder Arbeitszeit und an jedem Arbeitsort Arbeitnehmer befragen und während der Geschäftszeiten in den Geschäftsräumen beim Arbeitgeber prüfen; sie ist berechtigt, Einsicht in Arbeitsverträge, Niederschriften nach § 2 des Nachweisgesetzes und andere Geschäftsunterlagen zu nehmen, die mittelbar oder unmittelbar Auskunft über die Einhaltung des Mindestlohns nach § 20 geben, und sich diese Unterlagen vorlegen zu lassen. **2039**

Nach der Intention des Gesetzgebers ist **kein Prüfanlass** erforderlich. Selbst wenn im Ergebnis der Kontrollen kein Mindestlohnverstoß festgestellt wird, können die Zollbehörden ihre Erkenntnisse (z.B. an Finanz- und Sozialversicherungsbehörden) weitergeben.

Vorsätzliche oder fahrlässige Verstöße gegen das Mindestlohngesetz, die in einem Katalog in § 21 MiLoG aufgezählt sind, sind mit **Bußgeld** bedroht. So drohen z.B. gem. § 21 Abs. 2 MiLoG Bußgelder bis zu 500 000 €, wenn ein Arbeitgeber den Mindestlohn nicht oder nicht rechtzeitig zahlt oder ein Auftraggeber Nachunternehmen in erheblichem Umfang einsetzt, von denen er weiß oder wissen muss, dass sie Mindestlohn nicht vollständig oder nicht pünktlich zahlen bzw. ihrerseits Subauftragnehmer einsetzen, die Mindestlohnansprüche verletzen. Verstöße gegen die Melde- und Dokumentationspflichten sowie fehlende Mitwirkung bei Mindestlohnkontrollen sind gem. § 21 Abs. 3 MiLoG mit Bußgeld bis zu 30 000 € bedroht.

2. Lohnsteuer

Aus der Einführung eines flächendeckenden gesetzlichen Mindestlohns ergeben sich **lohnsteuerlich keine Besonderheiten**. Der Arbeitgeber hat den gezahlten Arbeitslohn nach den allgemeinen Vorschriften zu versteuern, soweit die Lohnsteuer nicht pauschal erhoben wird (→ *Pauschalierung der Lohnsteuer* Rz. 2174). Entscheidend ist dabei der **tatsächlich ausgezahlte Arbeitslohn**. **2040**

Bei Anwendung der steuerlichen Regelungen ist es nicht entscheidend, ob Arbeitgeber und Arbeitnehmer die Vorschriften des Mindestlohngesetzes missachten, denn **für die Besteuerung ist es unerheblich**, ob ein Verhalten, das den Tatbestand eines Steuergesetzes ganz oder z.T. erfüllt, **gegen ein gesetzliches Gebot oder Verbot** oder gegen die guten Sitten verstößt (§ 40 AO), vgl. dazu BFH v. 18.2.2005, VI B 86/04, www.stotax-first.de, betr. Prostituierte. Dies gilt selbst dann, wenn der Arbeitgeber wegen vorsätzlichen oder fahrlässigen Verstoßes gegen das Mindestlohngesetz mit einem Bußgeld belangt wird.

Wird dem Arbeitnehmer wegen Unterschreitung des Mindestlohns die **Vergütungsdifferenz nachgezahlt**, so ist die Nachzahlung als **sonstiger Bezug** lohnzuversteuern (→ *Sonstige Bezüge* Rz. 2704). Betrifft die Nachzahlung mindestens zwei Veranlagungszeiträume und einen Zeitraum von mehr als zwölf Monaten, kann für die Nachzahlung die Tarifermäßigung nach § 34 Abs. 1, 2 Nr. 4 EStG

("Fünftelregelung") in Betracht kommen (→ *Arbeitslohn für mehrere Jahre* Rz. 257).

Auf Grund von Frei- und Pauschbeträgen dürften Arbeitnehmer, die nur den Mindestlohn beziehen, in vielen Fällen ganz „steuerfrei" bleiben, s. ausführlich → *Steuertarif* Rz. 2810.

3. Sozialversicherung

a) Allgemeines

2041 Im Bereich der Sozialversicherung ist im Zusammenhang mit dem Mindestlohn grundsätzlich das Entstehungsprinzip (§ 22 Abs. 1 Satz 1 SGB IV) zu beachten. Das bedeutet, dass Beiträge auf der Basis des Mindestlohns immer dann fällig werden, wenn der Anspruch des Arbeitnehmers auf das Arbeitsentgelt entstanden ist. Das gilt gerade auch dann, wenn der Arbeitgeber nicht den Mindestlohn zahlt (→ *Phantomentgelt* Rz. 2312).

Mit Ausnahme von Einmalzahlungen und Entgelten aus Arbeitszeitguthaben kommt es somit auf den Zufluss des Arbeitslohns für den Beitragsanspruch nicht an. Sozialversicherungsbeiträge sind somit auch auf Lohnbestandteile zu zahlen, die gar nicht an den Arbeitnehmer ausgezahlt worden sind.

Verstöße gegen den gesetzlichen Anspruch auf den Mindestlohn können deshalb auch zu Beitragsnachberechnungen im Rahmen von Betriebsprüfungen führen.

b) Welche Entgeltbestandteile gehören zum Mindestlohn?

2042 Wie bereits unter → Rz. 2031 ausgeführt, sind Lohnbestandteile nur dann auf den Mindestlohn anzurechnen, wenn sie das Verhältnis zwischen der Leistung des Arbeitnehmers und der ihm hierfür erbrachten Gegenleistung nicht verändern. Eine Anrechnung ist demnach nur dann möglich, wenn die Zulagen oder die Zuschläge zusammen mit den weiteren Leistungen des Arbeitgebers ihrem Zweck nach diejenige Arbeitsleistung des Arbeitnehmers entgelten soll, die mit dem Mindestlohn zu vergüten ist.

Nachstehend einige Beispiele zur Anrechenbarkeit und Nichtanrechenbarkeit von Zahlungen:

1. **Anrechenbarkeit:**
   - Zulagen und Zuschläge, mit denen lediglich die Arbeitsleistung vergütet wird,
   - Zulagen, die z.B. bei Stücklohnmodellen gezahlt werden, um den Mindestlohn zu erzielen,
   - Einmalzahlungen, aber nur in ihrem Fälligkeitsmonat,
   - Kinderzulagen, Betriebstreuezulagen u.Ä.,
   - Entgeltumwandlungen zur betrieblichen Altersversorgung, wenn Arbeitsentgeltbestandteile umgewandelt werden.

2. **Nichtanrechenbarkeit:**
   - Akkordprämien,
   - Qualitätsprämien,
   - Überstundenzuschläge,
   - Sonn-, Feiertags- oder Nachtarbeitszuschläge,
   - Schichtzulagen,
   - Schmutzzulagen,
   - Gefahrenzulagen,
   - Erschwerniszuschläge,
   - Arbeitgeberbeiträge zur betrieblichen Altersversorgung und sonstige vermögenswirksame Leistungen,
   - Aufwandsentschädigungen,
   - Trinkgelder,
   - Provisionszahlungen, im Monat der Zahlung; unterschreitet das Fixum den Mindestlohn und wird auch mit der Provisionszahlung der Mindestlohn nicht erreicht, gilt der Mindestlohnanspruch,
   - Sachbezüge;
     das Mindestlohngesetz spricht von einem gesetzlichen Mindestlohn als Geldbetrag; Sachleistungen sind somit grundsätzlich nicht berücksichtigungsfähig; lediglich bei Saisonarbeitnehmern soll die freie Unterkunft und Verpflegung im Rahmen der Gewerbeordnung und der SvEV auf den Mindestlohn angerechnet werden können; die nach der SvEV maßgebenden Beträge für freie Unterkunft und Verpflegung sind nur auf den Mindestlohn anrechenbar, wenn dem Saisonarbeitnehmer ein Nettolohn mindestens in Höhe der Pfändungsfreigrenze verbleibt.

c) Auswirkungen auf die geringfügigen Beschäftigungsverhältnisse

aa) Minijob

Bei Minijobbern, deren Stundenlohn 2014 unter 8,50 € lag und deren Entgeltgrenze bereits ausgeschöpft war, bestand für die Arbeitgeber **Handlungsbedarf**, ansonsten trat zum 1.1.2015 Versicherungspflicht ein. **2043**

Sollte der Minijob-Status erhalten bleiben, musste entweder die Zahl der Arbeitsstunden reduziert werden oder auf eine Einmalzahlung ist schriftlich von Seiten des Arbeitnehmers verzichtet worden.

Tatbestand zum Jahreswechsel 2014/2015

Jahr	Stundenlohn	Arbeitsstunden	Einmalzahlung	Jahresarbeitsentgelt	SV-Beurteilung
2014	8,— €	52	400 €	5 392 €	Minijob
2015	8,50 €	52	400 €	5 704 €	SV-Pflichtig

Möglichkeiten der Gestaltung

Jahr	Stundenlohn	Arbeitsstunden	Einmalzahlung	Jahresarbeitsentgelt	SV-Beurteilung
2015	8,50 €	52	400 €	5 704 €	SV-Pflichtig
2015	8,50 €	52	Verzicht	5 304 €	Minijob
2015	8,50 €	49	400 €	5 398 €	Minijob

bb) Kurzfristig Beschäftigte

Bei kurzfristig Beschäftigten, die nicht der Sozialversicherungspflicht unterliegen, hat der Mindestlohnanspruch nur Auswirkungen auf die Bemessung der Umlagen nach dem AAG sowie der Unfallversicherungs- und Insolvenzgeldumlage. **2044**

d) Berechnung des Mindestlohns

Der Bemessungszeitraum ist der Kalendermonat. **2045**

Bei einem vereinbarten Festlohn wird der Stundenlohn ermittelt, indem der Festlohn durch die Anzahl der tatsächlich geleisteten Arbeitsstunden geteilt wird.

Bei einem verstetigten Monatslohn ist die Stundenzahl vorgegeben, unabhängig von den tatsächlich geleisteten Arbeitsstunden. Die regelmäßige monatliche Arbeitszeit ermittelt sich wie folgt:

Wöchentliche Arbeitszeit × 13 : 3

Der Stundenlohn ergibt sich durch Teilen des verstetigten Monatslohns mit der regelmäßigen monatlichen Arbeitszeit. Der Ausgleich erfolgt über die Verrechnung von Plus- und Minusstunden über ein Arbeitszeitkonto.

e) Kontrolle

Die Prüfung der Einhaltung der Pflichten zur Zahlung des Mindestlohns obliegt der Zollverwaltung und im Speziellen der Finanzkontrolle Schwarzarbeit. Stellt der Rentenversicherungsträger im Rahmen der Betriebsprüfung Verstöße fest, muss er die Behörden der Zollverwaltung darüber unterrichten. **2046**

Mini-Jobs

Inhaltsübersicht:

	Rz.
1. Einführung	2047
2. Allgemeines	2048
a) Arbeitsrecht	2048
b) Lohnsteuer	2049
c) Sozialversicherung	2050
d) Übersicht	2051
3. Geringfügig entlohnte Beschäftigungen	2052
a) Allgemeine Voraussetzungen	2052
b) Ermittlung des Arbeitsentgelts	2053
c) Zusammenrechnung der Arbeitsentgelte aus mehreren Beschäftigungen	2054

Mini-Jobs

keine Sozialversicherungspflicht = ⓈⓋ
Sozialversicherungspflicht = SV

d)	Zusammentreffen mit einer Hauptbeschäftigung	2055
e)	Überschreiten der Entgeltgrenze	2056
f)	Besonderheiten bei der Jahresarbeitsentgeltgrenze	2057
g)	Verzicht auf die Rentenversicherungspflicht	2058
h)	Besondere Personengruppen	2059
4.	Kurzfristige Beschäftigungen	2061
a)	Allgemeine Voraussetzungen	2061
b)	Drei Monate oder 70 Arbeitstage	2062
c)	Zusammenrechnung mehrerer Beschäftigungen	2063
d)	Überschreiten der Zeitgrenzen	2064
e)	Prüfung der Berufsmäßigkeit	2065
5.	Besonderheiten in der Arbeitslosenversicherung	2066
6.	Eintritt der Versicherungspflicht	2067
7.	Beiträge	2068
a)	Krankenversicherung	2069
b)	Rentenversicherung	2070
c)	Rentenversicherungspflicht	2071
d)	Beitragszahlung	2072
8.	Meldungen	2073
a)	Meldeinhalte	2074
b)	Meldesachverhalte	2075
9.	Lohnunterlagen	2076
10.	Lohnfortzahlungsversicherung	2077
11.	Insolvenzgeldumlage	2078
12.	Haushaltsscheckverfahren	2079

1. Einführung

2047 Durch den seit 1.1.2015 eingeführten Mindestlohn (→ *Mindestlohn* Rz. 2028) kann bei geringfügig entlohnt Beschäftigten Versicherungspflicht eintreten. Die bisher vereinbarte Arbeitszeit multipliziert mit dem neu eingeführten Mindestlohn je Zeitstunde i.H.v. 8,50 € kann zu einem Überschreiten der 450 €-Grenze führen. In diesem Fall liegt am 1.1.2015 kein Mini-Job mehr vor. Soll es sich weiterhin um einen Mini-Job handeln, müssen die Arbeitsstunden reduziert werden oder der geringfügig entlohnt Beschäftigte verzichtet schriftlich z.B. auf den Bezug einer Einmalzahlung.

Arbeitgeber von geringfügig Beschäftigten müssen seit 1.1.2015 gem. § 17 Abs. 1 MiLoG die **Pflicht zur Aufzeichnung und Dokumentation der Arbeitszeiten** einhalten. Verstöße gegen das MiLoG können mit Bußgeldern geahndet werden. Formblätter für die Stundenaufzeichnung, die spätestens bis zum Ablauf des siebten auf den Tag der Arbeitsleistung folgenden Kalendertag vorliegen und dann zwei Jahre aufbewahrt werden müssen, finden Sie im Internet unter www.minijob-zentrale.de.

Zudem wurden die **Zeitgrenzen für kurzfristig Beschäftigte** für den Zeitraum vom 1.1.2015 bis 31.12.2018 auf drei Monate oder 70 Arbeitstage ausgeweitet.

2. Allgemeines

a) Arbeitsrecht

2048 Im Arbeitsrecht spricht man von einem Mini-Job oder von geringfügiger Beschäftigung im eigentlichen Sinne bei einer – nicht näher definierten – geringfügigen Arbeitszeit und geringfügiger Entlohnung (entgeltgeringfügige Beschäftigung), und zwar unabhängig vom erzielten Verdienst (Achtung: Die Begriffe im Lohnsteuerrecht und Sozialversicherungsrecht sind anders!).

Nach § 1 Abs. 1, 2 MiLoG haben auch geringfügig Beschäftigte mit Wirkung **ab 1.1.2015** Anspruch auf Zahlung des **gesetzlichen Mindestlohns** von mindestens brutto 8,50 € pro Zeitstunde (→ *Mindestlohn* Rz. 2028); nach § 17 Abs. 1 MiLoG gilt auch für sie die Pflicht des Arbeitgebers zur **Dokumentation der Arbeitszeiten**.

Bei unregelmäßiger, **kurzfristiger** oder gelegentlicher **Beschäftigung** mit mehr als geringfügiger Arbeitszeit spricht man arbeitsrechtlich von **Aushilfstätigkeit**, ebenso bei kurzfristiger und gleichzeitig zeitlich geringfügiger Tätigkeit (→ *Aushilfskraft/Aushilfstätigkeit* Rz. 410).

Die **regelmäßige** Beschäftigung eines Arbeitnehmers mit geringfügiger Arbeitszeit, also bei einem betrieblichen Bedarf für die geringfügige Arbeitsleistung auf längere Dauer, stellt sich arbeitsrechtlich als **Teilzeitarbeitsverhältnis** dar. Es gelten die Grundsätze der Teilzeitarbeit, d.h., es handelt sich um ein **normales Arbeitsverhältnis**, auf das mit wenigen Ausnahmen alle arbeitsrechtlichen Regelungen und insbesondere Schutzbestimmungen Anwendung finden, z.B. hinsichtlich Kündigung, allgemeinem und besonderem Kündigungsschutz, Vergütung, Urlaub, Entgeltfortzahlung im Krankheitsfall; insbesondere sind insoweit das **Gleichbehandlungsgebot** und das **Diskriminierungsverbot** zu beachten, so dass es z.B. unzulässig ist, bei der Berechnung von **Beschäftigungszeiten** die Zeiten geringfügiger Beschäftigung nicht zu berücksichtigen (BAG v. 25.4.2007, 6 AZR 746/06, www.stotax-first.de); → *Teilzeitbeschäftigte* Rz. 2850.

Bei der Frage nach der Anwendbarkeit des **Kündigungsschutzgesetzes** ist bei der maßgeblichen Zahl der Arbeitnehmer von Bruchteilen im Verhältnis zur Arbeitszeit auszugehen, vgl. § 23 KSchG.

Eine arbeitsrechtliche Darstellung der Mini-Jobs findet sich bei D. Besgen, Geringfügige Beschäftigung/Minijobs – arbeitsrechtliche Fragen, B+P 2008, 306 ff.

b) Lohnsteuer

Lohnsteuerlich gibt es für Arbeitslöhne aus einem Mini-Job **drei Möglichkeiten**: **2049**

1. **Der Arbeitslohn unterliegt der Pauschsteuer von 2 %.**

   Das Arbeitsentgelt aus einem **geringfügigen Beschäftigungsverhältnis** i.S.d. § 8 Abs. 1 Nr. 1 oder des § 8a SGB IV, für das der Arbeitgeber pauschale Beiträge zur Rentenversicherung entrichtet, unterliegt einer Pauschsteuer von 2 % (Lohnsteuer einschließlich Solidaritätszuschlag und Kirchensteuer). Einzelheiten zur Pauschsteuer → *Pauschalierung der Lohnsteuer bei geringfügig Beschäftigten* Rz. 2215.

2. **Der Arbeitslohn wird pauschal versteuert.**

   Der Arbeitgeber kann die Lohnsteuer pauschal mit 5 %, 20 % bzw. 25 % erheben, soweit er **Aushilfskräfte** beschäftigt oder geringfügig Beschäftigte, für die die Pauschalabgabe nicht in Betracht kommt. Einzelheiten zur Pauschalversteuerung → *Pauschalierung der Lohnsteuer bei Aushilfskräften* Rz. 2190, → *Pauschalierung der Lohnsteuer bei geringfügig Beschäftigten* Rz. 2215.

3. **Der Arbeitslohn unterliegt der Regelbesteuerung.**

   Die Lohnsteuer für den Arbeitslohn wird nach den Lohnsteuerabzugsmerkmalen des Arbeitnehmers ermittelt. Einzelheiten zur Regelbesteuerung → *Berechnung der Lohnsteuer* Rz. 627; → *Lohnsteuertabellen* Rz. 1948. Bei der Regelbesteuerung gelten bei Grenzgängern (→ *Grenzgänger* Rz. 1462) Besonderheiten.

c) Sozialversicherung

Auch bei der **Sozialversicherung** gibt es für Arbeitsentgelte aus einem Mini-Job **drei Möglichkeiten**: **2050**

1. **Das Arbeitsentgelt ist beitragsfrei.**

   Das Arbeitsentgelt aus einem geringfügigen Beschäftigungsverhältnis ist auf Grund **der kurzen Dauer der Beschäftigung** beitragsfrei (§ 8 Abs. 1 Nr. 2 SGB IV). Einzelheiten zur Beitragsfreiheit → Rz. 2061.

2. **Der Arbeitgeber entrichtet pauschale Beiträge.**

   Der Arbeitgeber hat für geringfügige Beschäftigungsverhältnisse i.S.d. § 8 Abs. 1 Nr. 1 oder des § 8a SGB IV **Pauschalbeiträge** zur Rentenversicherung i.H.v. 15 % oder 5 % und Krankenversicherung i.H.v. 13 % oder 5 % zu leisten. Einzelheiten → Rz. 2052.

3. **Das Arbeitsentgelt ist „normal" beitragspflichtig.**

   Für bestimmte Personengruppen kommen die Sonderregelungen für geringfügig Beschäftigte nicht in Betracht. Hierzu zählen insbesondere Arbeitnehmer mit einer Hauptbeschäftigung, Auszubildende und Behinderte in geschützten Einrichtungen. Einzelheiten zur allgemeinen Beitragspflicht → *Beiträge zur Sozialversicherung* Rz. 548.

d) Übersicht

Die nachfolgende **Übersicht** soll Ihnen die verschiedenen Möglichkeiten der lohnsteuerlichen Besteuerung im Zusammenwirken mit den sozialversicherungsrechtlichen Vorschriften darstellen: **2051**

[LSt] = keine Lohnsteuerpflicht
[LSt] = Lohnsteuerpflicht

Mini-Jobs

Geringfügig Beschäftigte			
Sozialversicherung	Lohnsteuer		
	Pauschsteuer (2 %)	Pauschalierung	Regelbesteuerung
1. Kurzfristige Beschäftigungen (§ 8 Abs. 1 Nr. 2 SGB IV) – höchstens drei Monate oder 70 Arbeitstage im Jahr – nicht möglich bei berufsmäßiger Beschäftigung **Beitragsfreiheit** in der Sozialversicherung	nein	ja[1]	ja
2. Mini-Jobs (§ 8 Abs. 1 Nr. 1 SGB IV) – Arbeitslohn 450 € im Monat **Pauschale Beiträge** durch Arbeitgeber 15 % Rentenversicherung 13 % Krankenversicherung	ja	ja[2]	ja
3. Mini-Jobs in Privathaushalten (§ 8a SGB IV) – Arbeitslohn 450 € im Monat **Pauschale Beiträge** durch Arbeitgeber 5 % Rentenversicherung 5 % Krankenversicherung	ja	ja[2]	ja
4. Besondere Personengruppen (z.B. Auszubildende, Behinderte in geschützten Einrichtungen) **Allgemeine Beitragspflicht** (bis zur Geringverdienergrenze von 325 € trägt Arbeitgeber den Beitrag allein)	nein	ja[2]	ja

1) Pauschalierung mit **25 %** möglich, wenn
   - Arbeitszeit höchstens 18 zusammenhängende Arbeitstage,
   - Arbeitslohn nicht mehr als 68 € am Tag
   oder
   Beschäftigung zu einem unvorhersehbaren Zeitpunkt,
   - Stundenlohn nicht mehr als 12 €.

2) Pauschalierung mit 20 % möglich, wenn keine pauschalen Rentenversicherungsbeiträge entrichtet werden.

Nachfolgend sind allein die **sozialversicherungsrechtlichen Regelungen** geringfügig entlohnter Beschäftigungsverhältnisse dargestellt. Wenn Sie sich über die **Besteuerung** geringfügiger Beschäftigungsverhältnisse informieren wollen, so sehen Sie bitte unter → *Pauschalierung der Lohnsteuer bei geringfügig Beschäftigten* Rz. 2215 nach. Informationen zur Pauschalierung bei Aushilfskräften → *Pauschalierung der Lohnsteuer bei Aushilfskräften* Rz. 2190.

3. Geringfügig entlohnte Beschäftigungen

a) Allgemeine Voraussetzungen

2052 Eine geringfügig entlohnte Beschäftigung liegt immer dann vor, wenn das Arbeitsentgelt **regelmäßig im Monat 450 € nicht übersteigt**. Die Arbeitszeit ist hierbei unter Berücksichtigung des seit 1.1.2015 eingeführten Mindestlohns zu beachten.

> **Beispiel 1:**
> Eine familienversicherte Sekretärin erhält ein monatliches Arbeitsentgelt i.H.v. 390 €.
>
> Sie ist bis auf in der Rentenversicherung versicherungsfrei, weil die Grenze von 450 € nicht überschritten wird. Ihr Arbeitgeber hat Meldungen an die Bundesknappschaft zu tätigen und Beiträge abzuführen.
>
> Liegt eine Dauerbeschäftigung vor, gilt der Monatswert von 450 €. Nach den Geringfügigkeitsrichtlinien i.d.F. vom November 2012 kann der Betrag von 450 € für die Ermittlung des regelmäßigen Entgelts auch dann angesetzt werden, wenn die Beschäftigung erst im Laufe des Monats aufgenommen wird oder endet.
>
> Ist die Beschäftigung dagegen auf weniger als einen Kalendermonat befristet, ist die 450 €-Grenze wie folgt auf die Beschäftigungsdauer umzurechnen:
>
> $$\frac{450 \text{ €} \times \text{Kalendertage des Beschäftigungsverhältnisses}}{30}$$

> **Beispiel 2:**
> Für die Zeit vom 11.5. bis 25.5.2016 wird eine berufsmäßig tätige Aushilfe als Aushilfsfahrer eingesetzt. Das Arbeitsentgelt beträgt 230 €.
>
> Berechnung des anteiligen Monatswerts:
>
> 450 € × 15 Kalendertage : 30 = 225 €
>
> Das Arbeitsentgelt von 230 € übersteigt den anteiligen Monatswert i.H.v. 225 €. Die Beschäftigung ist nicht geringfügig entlohnt und daher versicherungspflichtig.

b) Ermittlung des Arbeitsentgelts

2053 Bei der Ermittlung des regelmäßigen Arbeitsentgelts ist **von dem Arbeitsentgelt auszugehen, auf das ein Rechtsanspruch besteht**. Es kommt somit nicht auf die Höhe des tatsächlich gezahlten Arbeitsentgelts an.

Einmalige Einnahmen, wie beispielsweise Urlaubs- und Weihnachtsgeld, werden nur dann berücksichtigt, wenn sie **mindestens einmal jährlich zu erwarten** sind und auch **tatsächlich gezahlt** werden.

> **Beispiel 1:**
> Ein Schlosser erhält ein monatliches Arbeitsentgelt i.H.v. 380 €. Zusätzlich bekommt er im Juni ein Urlaubsgeld i.H.v. 145 € und im Dezember ein Weihnachtsgeld i.H.v. 180 €. Beide Zahlungen sind vertraglich zugesichert und werden auch tatsächlich geleistet.
>
> Ermittlung des regelmäßigen Arbeitsentgelts:
>
> | | |
> |---|---:|
> | Laufendes Arbeitsentgelt 430 € × 12 | 5 160,— € |
> | Urlaubsgeld | 145,— € |
> | Weihnachtsgeld | 180,— € |
> | Insgesamt | 5 485,— € |
> | Umrechnung auf den Kalendermonat (5 485 € : 12=) | 457,08 € |
>
> Die Grenze von 450 € wird überschritten. Der Schlosser ist versicherungspflichtig.

Ist im Rahmen eines Dauerarbeitsverhältnisses im Voraus unterschiedliches Arbeitsentgelt vereinbart, so ist für die versicherungsrechtliche Beurteilung **das Durchschnittsentgelt zu ermitteln**.

Ist kein festes Arbeitsentgelt vertraglich vereinbart, ist das Arbeitsentgelt **im Wege der Schätzung** zu ermitteln.

Sollten die später erzielten tatsächlichen Arbeitsentgelte **auf Grund unvorhersehbarer Umstände** nicht mit der vorgenommenen Schätzung übereinstimmen, verbleibt es dennoch für die Vergangenheit bei der versicherungsrechtlichen Beurteilung.

> **Beispiel 2:**
> Bademeister mit schwankendem Arbeitsentgelt
>
> | | | |
> |---|---|---:|
> | Januar bis April | monatlich | 400 € |
> | Mai bis Oktober | monatlich | 510 € |
> | November und Dezember | monatlich | 400 € |
>
> Berechnung des regelmäßigen monatlichen Entgelts
>
> | | |
> |---|---:|
> | 6 × 400 € = | 2 400 € |
> | 6 × 510 € = | 3 060 € |
> | Summe | 5 460 € |
> | 5 460 € : 12 | 455 € |
>
> Die Entgeltgrenze von 450 € wird überschritten; die Beschäftigung ist versicherungspflichtig.

Nebenberufliche Tätigkeiten als Übungsleiter, Ausbilder, Erzieher und Betreuer usw. werden nach § 3 Nr. 26 EStG steuerrechtlich gesondert behandelt (→ *Aufwandsentschädigungen für bestimmte nebenberufliche Tätigkeiten* Rz. 360). Die gezahlten steuerfreien Einnahmen sind kein Arbeitsentgelt i.S. der Sozialversicherung, wobei dies bis zur Höhe eines kalenderjährlichen Betrags von **2 400 €** gilt.

Hierbei kann gewählt werden, ob der steuerfreie Betrag in monatlichen Teilbeträgen oder jeweils zum Beginn des Jahres oder zum Beginn des Beschäftigungsverhältnisses berücksichtigt werden soll.

Sofern nach Beendigung eines Beschäftigungsverhältnisses der **Steuerfreibetrag noch nicht verbraucht** ist, wird durch eine ggf. rückwirkende volle Ausschöpfung des Steuerfreibetrags die versicherungsrechtliche Beurteilung nicht verändert.

Darüber hinaus wurde ab 2007 ein neuer Steuerfreibetrag (§ 3 Nr. 26a EStG) eingeführt (sog. **Ehrenamtspauschale**), der seit

Mini-Jobs

keine Sozialversicherungspflicht = (SV̄)
Sozialversicherungspflicht = (SV)

1.1.2013 720 € beträgt. Wie bei der o.g. Übungsleiterpauschale (§ 3 Nr. 26 EStG) gilt dieser für Personen, die Einnahmen aus nebenberuflicher Tätigkeit im Dienst oder Auftrag einer inländischen juristischen Person des öffentlichen Rechts oder einer Einrichtung zur Förderung gemeinnütziger, mildtätiger und kirchlicher Zwecke erzielen. In der Sozialversicherung wurde diese Steuerfreiheit nachvollzogen. Dazu wurde i.R.d. Sozialversicherungsänderungsgesetzes § 14 SGB IV entsprechend angepasst. Weitere Einzelheiten → *Aufwandsentschädigungen für bestimmte nebenberufliche Tätigkeiten* Rz. 360.

Auch andere **steuerfreie Arbeitslohnbestandteile** bleiben bei der **Ermittlung des Arbeitsentgelts außer Ansatz**. Somit werden beispielhaft folgende steuerfreie Leistungen nicht berücksichtigt:

- Reisekosten,
- Werkzeuggeld,
- Kindergartenzuschüsse,
- Privatnutzung betrieblicher Datenverarbeitungs- und Telekommunikationsgeräte,
- Rabatte bis zur Höhe des Rabattfreibetrags von 1 080 € jährlich,
- Sachbezüge bis 44 € monatlich,
- Sonntags-, Feiertags- oder Nachtzuschläge,
- Trinkgelder.

Darüber hinaus bleibt aber auch **pauschal versteuerter Arbeitslohn** außer Ansatz, wenn die Pauschalierung nach der Arbeitsentgeltverordnung Beitragsfreiheit in der Sozialversicherung auslöst.

c) Zusammenrechnung der Arbeitsentgelte aus mehreren Beschäftigungen

2054 Übt ein Arbeitnehmer bei verschiedenen Arbeitgebern **nebeneinander Beschäftigungen** aus, sind diese für die versicherungsrechtliche Beurteilung **zu addieren**.

> **Beispiel 1:**
> Sekretärin
> Arbeitgeber A 280 €
> Arbeitgeber B 190 €
>
> Beide Beschäftigungen sind für sich betrachtet geringfügig entlohnt. Durch die Addition (470 €) wird die Entgeltgrenze von 450 € überschritten. Die Sekretärin ist in beiden Beschäftigungsverhältnissen kranken-, pflege-, renten- und arbeitslosenversicherungspflichtig.

Hierbei ist jedoch zu berücksichtigen, dass **nur artgleiche Beschäftigungen zu addieren** sind, nicht jedoch eine geringfügig entlohnte und eine kurzfristige Beschäftigung.

> **Beispiel 2:**
> Eine familienversicherte Verkäuferin arbeitet befristet
> - beim Arbeitgeber A vom 2.5. bis zum 28.6. gegen ein monatliches Arbeitsentgelt von 800 €
> - beim Arbeitgeber B vom 2.5. bis zum 3.8. gegen ein monatliches Arbeitsentgelt von 350 €
>
> Die Beschäftigung beim Arbeitgeber A ist wegen ihrer Dauer und die Beschäftigung beim Arbeitgeber B wegen der Höhe des Arbeitsentgelts geringfügig. Die Verkäuferin ist in beiden Beschäftigungen versicherungsfrei.
> Eine **Zusammenrechnung der beiden Beschäftigungen kann nicht vorgenommen werden**, da es sich um eine kurzfristige Beschäftigung (Arbeitgeber A) und eine geringfügig entlohnte Beschäftigung (Arbeitgeber B) handelt.

Der Arbeitgeber sollte sich **bei jeder Neueinstellung nach weiteren Arbeitsverhältnissen erkundigen** und eine entsprechende Erklärung vom Mitarbeiter unterschreiben lassen. Darüber hinaus ist der Beschäftigte zu verpflichten, eventuelle Änderungen sofort mitzuteilen.

d) Zusammentreffen mit einer Hauptbeschäftigung

2055 Übt ein Arbeitnehmer neben einer versicherungspflichtigen Hauptbeschäftigung geringfügig entlohnte Beschäftigungen aus, so sind diese – mit Ausnahme **einer** geringfügig entlohnten Beschäftigung – für den Bereich der Kranken-, Pflege- und Rentenversicherung mit der Hauptbeschäftigung zu addieren.

Dies bedeutet, dass egal, ob eine oder mehrere geringfügig entlohnte Beschäftigungen ausgeübt werden, stets für **eine** die Zusammenrechnung mit der Hauptbeschäftigung entfällt.

Wird folglich neben **einer Hauptbeschäftigung** nur **eine geringfügig entlohnte Beschäftigung** ausgeübt, bleibt diese versicherungsfrei (Ausnahme: Rentenversicherung).

> **Beispiel 1:**
> Ein Kfz-Mechaniker übt eine versicherungspflichtige Hauptbeschäftigung beim Arbeitgeber A mit einem monatlichen Arbeitsentgelt i.H.v. 2 400 € aus. Zusätzlich arbeitet er beim Arbeitgeber B als Tankwart mit einem monatlichen Arbeitsentgelt i.H.v. 380 €.
> Der Kfz-Mechaniker unterliegt in der Hauptbeschäftigung beim Arbeitgeber A der Versicherungspflicht. Die Beschäftigung beim Arbeitgeber B bleibt als geringfügig entlohnte Beschäftigung versicherungsfrei (Ausnahme: Rentenversicherung), weil das Arbeitsentgelt 450 € nicht übersteigt. Eine Zusammenrechnung der geringfügig entlohnten Beschäftigung mit der Hauptbeschäftigung erfolgt nicht.

Werden **mehrere geringfügig entlohnte Beschäftigungen neben einer Hauptbeschäftigung ausgeübt**, dann bleibt die geringfügig entlohnte Beschäftigung versicherungsfrei (Ausnahme: Rentenversicherung), die **zeitlich zuerst aufgenommen** wurde.

> **Beispiel 2:**
> Eine Bürofachgehilfin arbeitet regelmäßig
> - beim Arbeitgeber A gegen ein monatliches Arbeitsentgelt i.H.v. 1 200 €
> - seit 1.8.2015 beim Arbeitgeber B gegen ein monatliches Arbeitsentgelt i.H.v. 320 €
> - seit 1.9.2015 beim Arbeitgeber C gegen ein monatliches Arbeitsentgelt i.H.v. 180 €
>
> Sie unterliegt in ihrer Hauptbeschäftigung beim Arbeitgeber A der Versicherungspflicht. Die beiden weiteren Beschäftigungen sind für sich gesehen geringfügig entlohnt. Da die Beschäftigung beim **Arbeitgeber B zeitlich zuerst aufgenommen** wurde, wird sie nicht mit der Hauptbeschäftigung zusammengerechnet und bleibt versicherungsfrei (Ausnahme: Rentenversicherung).
> Die Beschäftigung beim Arbeitgeber C wird mit der Hauptbeschäftigung beim Arbeitgeber A zusammengerechnet mit der Folge, dass Kranken-, Pflege- und Rentenversicherungspflicht eintritt.

Eine Zusammenrechnung mit einer Hauptbeschäftigung erfolgt nur dann, wenn **die Hauptbeschäftigung Versicherungspflicht begründet**. So scheidet z.B. die Addition mit einer versicherungsfreien Beamtenbeschäftigung aus. Dies hat jedoch zur Folge, dass mehrere geringfügig entlohnte Beschäftigungsverhältnisse neben einer Beamtentätigkeit untereinander zu addieren sind.

In der **Arbeitslosenversicherung** werden **Hauptbeschäftigung und geringfügig entlohnte Beschäftigung generell nicht addiert**, so dass für sich gesehene geringfügig entlohnte Beschäftigungen grundsätzlich arbeitslosenversicherungsfrei bleiben.

Dies bedeutet bezogen auf das Beispiel 2, dass die Beschäftigungen **bei den Arbeitgebern B und C arbeitslosenversicherungsfrei** bleiben, weil das Arbeitsentgelt aus diesen Beschäftigungen jeweils 450 € nicht überschreitet und für den Bereich der Arbeitslosenversicherung geringfügig entlohnte Beschäftigungen mit versicherungspflichtigen Hauptbeschäftigungen generell nicht zusammengerechnet werden.

e) Überschreiten der Entgeltgrenze

2056 Wird die Entgeltgrenze von 450 € überschritten, so tritt **vom Tage des Überschreitens an Versicherungspflicht** ein. Für den zurückliegenden Zeitraum verbleibt es bei der Versicherungsfreiheit.

Nicht jede Überschreitung der Entgeltgrenze führt automatisch zur Versicherungspflicht. Wenn dies **nur gelegentlich und unvorhersehbar** geschieht, bleibt die Beschäftigung bis auf in der Rentenversicherung versicherungsfrei; als gelegentlich ist seit 2015 ein Zeitraum bis zu drei Monaten innerhalb eines Zeitjahres anzusehen.

> **Beispiel:**
> Eine Telefonistin erhält ein monatliches Arbeitsentgelt i.H.v. 360 €. Für die Zeit vom 2.9. bis 13.10. übernimmt sie zusätzlich eine unvorhersehbare Krankheitsvertretung. Ihr Arbeitsentgelt erhöht sich für diesen Zeitraum auf 520 €.

Die Beschäftigung bleibt auch für die Zeit vom 2.9. bis 13.10. bis auf in der Rentenversicherung versicherungsfrei, da es sich um ein gelegentliches und unvorhersehbares Überschreiten handelt.

Schließt sich bei **demselben Arbeitgeber** eine befristete kurzfristige Beschäftigung mit einem Arbeitsentgelt von mehr als 450 € an, ist von der widerlegbaren Vermutung auszugehen, dass es sich um die **Fortsetzung der bisherigen Beschäftigung** handelt, mit der Folge, dass ab dem Verlängerungszeitpunkt die Entgeltgrenze überschritten wird und Versicherungspflicht eintritt. Versicherungsfreiheit in der kurzfristigen Beschäftigung liegt nur dann vor, wenn es sich um voneinander unabhängige Beschäftigungsverhältnisse handelt.

Übersteigt das Arbeitsentgelt, z.B. auf Grund einer rückwirkenden Tariferhöhung die Entgeltgrenze von 450 €, tritt Versicherungspflicht ab Anspruchstag, z.B. Tag des Tarifabschlusses, ein. Für das **nachgezahlte Arbeitsentgelt sind Pauschalbeiträge** zu entrichten, die im Einzelfall auch für Arbeitsentgelte über 450 € zu entrichten sind.

Seit 1.1.2015 ist ein Überschreiten der Entgeltgrenze auch wegen der Einführung des Mindestlohns zu beachten.

f) Besonderheiten bei der Jahresarbeitsentgeltgrenze

2057 Krankenversicherungspflichtig sind Arbeitnehmer nur dann, wenn ihr regelmäßiges Jahresarbeitsentgelt (JAE) die **JAE-Grenze** (2016 = 56 250 €) **nicht übersteigt**. Für Arbeitnehmer, die am 31.12.2002 privat krankenversichert waren, gilt eine besondere JAE-Grenze i.H.v. 50 850 €.

Beim einmaligen Überschreiten der JAE-Grenze endet die Versicherungspflicht, wenn die JAE-Grenze des nächsten Kalenderjahrs perspektivisch ebenfalls überschritten wird. Auch die Arbeitnehmer, die neben einer versicherungspflichtigen Hauptbeschäftigung und einer geringfügig entlohnten Beschäftigung **eine weitere geringfügig entlohnte Beschäftigung ausüben** und deren regelmäßiges JAE dadurch die JAE-Grenze überschreitet, scheiden erst dann aus der Versicherungspflicht aus, wenn die JAE-Grenze überschritten und perspektivisch im nächsten Jahr ebenfalls überschritten wird.

> **Beispiel:**
> Ein Personalleiter erhält in seiner versicherungspflichtigen Hauptbeschäftigung ein monatliches Arbeitsentgelt i.H.v. 4 550 €. Am 1.3.2016 nimmt er eine weitere Tätigkeit beim Arbeitgeber B gegen ein monatliches Arbeitsentgelt i.H.v. 170 € und am 1.7.2016 eine weitere Beschäftigung beim Arbeitgeber C gegen ein monatliches Arbeitsentgelt i.H.v. 360 € auf.
> In der Hauptbeschäftigung beim Arbeitgeber A ist er kranken-, pflege-, renten- und arbeitslosenversicherungspflichtig. Die beiden weiteren Beschäftigungen sind für sich betrachtet auf Grund der Entgeltgrenze von 450 € geringfügig entlohnt. Die zuerst aufgenommene Beschäftigung beim Arbeitgeber B wird nicht mit der Hauptbeschäftigung addiert und bleibt versicherungsfrei, es sind pauschale Beiträge zu entrichten. Es erfolgt keine Anrechnung auf das JAE.
> Die Beschäftigung beim Arbeitgeber C wird auf Grund der Addition mit der Hauptbeschäftigung kranken-, pflege- und rentenversicherungspflichtig.
> Zusammen mit dem Arbeitsentgelt aus Beschäftigung C wird die JAE-Grenze 2016 überschritten (4 550 € × 12 + 360 € × 6 = 56 760 €).
> Der Personalleiter scheidet zum 31.12.2016 aus der Krankenversicherungspflicht aus, wenn die JAE-Grenze des Jahres 2017 überschritten wird.

Nimmt ein Arbeitnehmer, der bereits auf Grund seiner Hauptbeschäftigung krankenversicherungsfrei ist, geringfügig entlohnte Beschäftigungen auf, sind diese ebenfalls krankenversicherungsfrei.

g) Verzicht auf die Rentenversicherungspflicht

2058 Eine geringfügig entlohnte Beschäftigung ist bei Aufnahme ab 1.1.2013 rentenversicherungspflichtig. Der Arbeitnehmer kann jedoch auf die **Rentenversicherungspflicht verzichten**.

Der Verzicht ist **schriftlich gegenüber dem Arbeitgeber zu erklären** und kann formlos erfolgen. Die Verzichtserklärung ist mit dem Eingangsdatum zu versehen und zu den Lohnunterlagen zu nehmen.

Der Arbeitgeber meldet die Befreiung der Minijob-Zentrale, indem er den Arbeitnehmer mit dem Beitragsgruppenschlüssel „5" in der Rentenversicherung zur Sozialversicherung anmeldet. Es gelten hierfür die gültigen Meldefristen „mit der nächsten Entgeltabrechnung; spätestens innerhalb von 6 Wochen". Wenn die Minijob-Zentrale der Befreiung nicht innerhalb eines Monats widerspricht, ist der Arbeitnehmer von der Rentenversicherungspflicht befreit. Der mit dem Eingangsdatum versehene Befreiungsantrag dient dem Arbeitgeber bei späteren Prüfungen zum Nachweis der Richtigkeit des gemeldeten Beitragsgruppenschlüssels „5" in der Rentenversicherung.

Bei mehreren Beschäftigungsverhältnissen gilt die Befreiung für alle Beschäftigungsverhältnisse. Die weiteren Arbeitgeber werden von der Minijob-Zentrale informiert.

Die Befreiung wirkt rückwirkend ab Beginn des Monats, in dem der Antrag des Beschäftigten beim Arbeitgeber vorliegt, wenn die Befreiung innerhalb von spätestens sechs Wochen bei der Minijob-Zentrale vorliegt und diese nicht widerspricht.

Geht die Meldung verspätet bei der Minijob-Zentrale ein, wirkt die Befreiung ab dem 1. des zweiten Monats, der auf den Eingang der Meldung folgt.

Die Befreiung kann nicht widerrufen werden. Endet die geringfügige Beschäftigung, verliert der Befreiungsantrag seine Wirkung.

Bei Neuaufnahme einer geringfügigen Beschäftigung tritt wieder Rentenversicherungspflicht ein, selbst dann, wenn die neue Beschäftigung bei einem anderen Arbeitgeber nahtlos an die bisherige Beschäftigung anschließt. Bei gleichem Arbeitgeber verliert die Befreiung erst dann ihre Wirkung, wenn zwischen den Beschäftigungen mehr als zwei Monate liegen.

Arbeitnehmer, die in einer geringfügigen Beschäftigung vor dem 1.1.2013 auf die Rentenversicherungsfreiheit verzichtet haben, können sich jetzt nicht von der Rentenversicherungspflicht befreien lassen.

h) Besondere Personengruppen

aa) Vorruhestandsgeld

Für eine geringfügig entlohnte Beschäftigung erfolgt keine **2059** Addition mit dem Vorruhestandsgeld, so dass Versicherungsfreiheit in der geringfügig entlohnten Beschäftigung gegeben ist.

Werden mehrere geringfügig entlohnte Beschäftigungen neben dem Vorruhestandsgeldbezug ausgeübt, so bleibt die zuerst aufgenommene geringfügig entlohnte Beschäftigung versicherungsfrei (Ausnahme: Rentenversicherung).

Die weiteren Beschäftigungen sind mit dem Vorruhestandsgeld zu addieren, mit der Folge, dass in diesen Beschäftigungen Kranken-, Pflege- und Rentenversicherungspflicht eintritt.

bb) Freiwilliger Wehrdienst

Wer **neben einem freiwilligen Wehrdienst** geringfügig entlohnt **2060** beschäftigt ist, bleibt in dieser Beschäftigung versicherungsfrei (Ausnahme: Rentenversicherung). Es spielt dabei keine Rolle, ob die geringfügig entlohnte Beschäftigung beim bisherigen oder bei einem anderen Arbeitgeber ausgeübt wird.

Mehrere neben dem freiwilligen Wehrdienst ausgeübte geringfügig entlohnte Beschäftigungen sind zusammenzurechnen.

War der Arbeitnehmer bislang in einer weiteren geringfügig entlohnten Beschäftigung wegen einer versicherungspflichtigen Hauptbeschäftigung versicherungspflichtig, dann **entfällt die Versicherungspflicht bei Dienstantritt** und Wegfall der Hauptbeschäftigung, es sei denn, durch die Zusammenrechnung der geringfügig entlohnten Beschäftigungen tritt Versicherungspflicht ein.

Diese Regelungen gelten entsprechend bei der Inanspruchnahme von Elternzeit sowie bei Leistungsbezug vom Arbeitsamt.

4. Kurzfristige Beschäftigungen

a) Allgemeine Voraussetzungen

Bei einer kurzfristigen Beschäftigung kommt es auf den zeitlichen **2061** Rahmen an. Sie muss **von vornherein begrenzt sein** und darf eine **bestimmte Dauer nicht überschreiten**. Weiterhin darf die Beschäftigung **nicht berufsmäßig ausgeübt** werden.

Eine kurzfristige Beschäftigung bleibt 2016 immer dann versicherungsfrei, wenn sie im Laufe eines Kalenderjahrs auf **nicht mehr**

Mini-Jobs

als drei Monate oder 70 Arbeitstage begrenzt ist und **nicht berufsmäßig ausgeübt** wird.

Wesentliches Merkmal einer kurzfristigen Beschäftigung ist, dass sie **von Anfang an befristet** sein muss. Diese Befristung ergibt sich in vielen Fällen aus der Eigenart der Beschäftigung oder aus der Natur der Sache. In allen anderen Fällen muss ein entsprechender, auf längstens ein Kalenderjahr begrenzter Rahmenarbeitsvertrag abgeschlossen sein. Dies gilt auch dann, wenn die kurzfristige Beschäftigung die Voraussetzungen einer geringfügig entlohnten Beschäftigung erfüllt.

> **Beispiel:**
> Ein Elektriker ist auf Grund einer Dauerbeschäftigung beim Arbeitgeber A mit einem monatlichen Arbeitsentgelt i.H.v. 3 200 € versicherungspflichtig. Am 1.7.2016 nimmt er eine Aushilfsbeschäftigung als Zusteller beim Arbeitgeber B auf. Diese Beschäftigung ist von vornherein bis zum 14.9.2016 befristet. Das Arbeitsentgelt beträgt 500 €.
>
> Die Beschäftigung beim Arbeitgeber B bleibt versicherungsfrei, weil sie von vornherein auf nicht mehr als drei Monate befristet ist und auch nicht berufsmäßig ausgeübt wird.

Wird eine kurzfristige Beschäftigung **wider Erwarten über drei Monate hinaus verlängert**, tritt Versicherungspflicht spätestens **ab Beginn des vierten Monats** ein. Ist die Überschreitung schon vor Ablauf von drei Monaten erkennbar, tritt mit diesem Tage Versicherungspflicht ein.

Wird im Rahmen eines Dauerarbeitsverhältnisses zwischen Arbeitgeber und Arbeitnehmer zunächst **eine Probezeit vereinbart**, kann hieraus jedoch **kein befristetes Arbeitsverhältnis konstruiert** werden. Diese Beschäftigung ist von vornherein auf Dauer angelegt und wird nur bei erfolgloser Probezeit beendet. Dieser Arbeitnehmer ist von Anfang an versicherungspflichtig.

b) Drei Monate oder 70 Arbeitstage

2062 Wird die Beschäftigung 2015 **an mindestens fünf Tagen in der Woche** ausgeübt, ist vom **Dreimonatszeitraum auszugehen**. In allen anderen Fällen ist auf den Zeitraum von 70 Arbeitstagen abzustellen.

Eine Arbeitsschicht über zwei Kalendertage (z.B. die Nachtschwester im Krankenhaus) gilt als ein Arbeitstag.

Sind **mehrere Beschäftigungszeiten zu addieren**, treten an die Stelle des Dreimonatszeitraums 90 Kalendertage, es sei denn, es handelt sich bei den einzelnen Beschäftigungszeiten um jeweils volle Kalendermonate.

Treffen Beschäftigungszeiten mit mindestens fünf Arbeitstagen in der Woche mit Beschäftigungszeiten von weniger als fünf Arbeitstagen in der Woche zusammen, ist **einheitlich von 70 Arbeitstagen** auszugehen.

> **Beispiel:**
> Ein Kaufhaus stellt in der Vorweihnachtszeit mehrere Hausfrauen ein. Der Einsatz erfolgt von Mittwoch bis Samstag.
>
> Da die wöchentliche Arbeitszeit weniger als fünf Tage beträgt, ist bei der versicherungsrechtlichen Beurteilung auf den Zeitraum von 70 Arbeitstagen abzustellen.

c) Zusammenrechnung mehrerer Beschäftigungen

2063 Kurzfristige Beschäftigungen dürfen im Rahmen ihrer zeitlichen Möglichkeiten **neben einer versicherungspflichtigen Hauptbeschäftigung versicherungsfrei** ausgeübt werden.

Anders als bei den geringfügig entlohnten Beschäftigungen kommt hier **eine Zusammenrechnung mit einer Hauptbeschäftigung nicht in Frage**.

Mehrere aufeinander folgende kurzfristige Beschäftigungen sind bei der Prüfung, ob die Zeiträume von drei Monaten oder 70 Arbeitstagen überschritten werden, **zusammenzurechnen**. Die Addition erfolgt unabhängig davon, ob die Beschäftigung geringfügig entlohnt oder mehr als geringfügig entlohnt ist.

Bei Aufnahme einer neuen Beschäftigung ist zu prüfen, ob die neue Beschäftigung zusammen mit der schon im laufenden **Kalenderjahr** ausgeübten Beschäftigung die o.a. Zeitgrenzen überschreitet. Führt die Addition zum Überschreiten der Zeitgrenze, tritt Versicherungspflicht ein.

> **Beispiel 1:**
> Im folgenden Beispiel ist immer von einer Fünf-Tage-Woche auszugehen, mit der Folge, dass bei der Addition auf 90 Kalendertage abzustellen ist. Eine Hausfrau nimmt am 5.6. eine von vornherein bis zum 24.6. befristete Beschäftigung auf. Sie war im laufenden Kalenderjahr bereits wie nachstehend beschäftigt:
>
> | | | |
> |---|---|---|
> | 1. | vom 6.1. bis 29.1. | = 24 Kalendertage |
> | 2. | vom 31.3. bis 21.5. | = 52 Kalendertage |
> | 3. | vom 5.6. bis 24.6. (zu beurteilende Beschäftigung) | = 20 Kalendertage |
> | | Insgesamt | 96 Kalendertage |
>
> Die Beschäftigung ist versicherungspflichtig, weil von vornherein feststeht, dass sie zusammen mit den bereits ausgeübten Beschäftigungen im laufenden Kalenderjahr die Grenze von 90 Kalendertagen überschreitet.

Sollte es sich jedoch um eine für sich gesehene geringfügig entlohnte Beschäftigung handeln, bleibt sie auf Grund dieser Tatsache versicherungsfrei (Ausnahme: Rentenversicherung).

> **Beispiel 2:**
> Die Hausfrau erhält in ihrer Tätigkeit für die Zeit vom 5.6. bis 24.6. ein Arbeitsentgelt i.H.v. 240 €.
>
> Das Arbeitsentgelt überschreitet die anteilige Entgeltgrenze i.H.v. 300 € (450 € umgerechnet auf 20 Kalendertage) nicht. Somit gilt diese Beschäftigung für sich gesehen als geringfügig entlohnt und bleibt daher versicherungsfrei (Ausnahme: Rentenversicherung).

Die Ausführungen gelten auch für Beschäftigungen, die **über den Jahreswechsel hinausgehen**. Beginnt eine Beschäftigung in einem Kalenderjahr, in dem die Zeitgrenze zusammen mit den Vorbeschäftigungen erreicht wird, besteht für die gesamte Dauer Versicherungspflicht, auch für den Zeitraum, der in das neue Kalenderjahr hineinreicht.

d) Überschreiten der Zeitgrenzen

2064 Stellt sich im Laufe einer kurzfristigen Beschäftigung heraus, dass sie **verlängert wird**, tritt die Versicherungspflicht zu dem Zeitpunkt ein, an dem **das Überschreiten erkennbar wird**. Dies kann durchaus schon vor Ablauf der drei Monate oder 70 Arbeitstage der Fall sein.

Wird ein **Rahmenarbeitsvertrag** mit einer Begrenzung auf ein Jahr, der zunächst maximal 70 Arbeitseinsätze vorsieht, **über den Zeitraum hinaus verlängert**, liegt vom Zeitpunkt der Verlängerung Versicherungspflicht vor.

Liegt jedoch zwischen dem Ende eines Rahmenarbeitsvertrags und dem Beginn eines neuen Rahmenarbeitsvertrags ein **Zeitraum von mindestens zwei Monaten**, liegt Versicherungsfreiheit vor. Das BSG (BSG v. 7.5.2014, B 12 R 5/12 R, www.stotax-first.de) hat hierzu ausgeführt, dass es durchaus eine Rahmenvereinbarung geben kann, die über mehrere Jahre hinweg besteht und unter Umständen trotzdem die Voraussetzungen einer kurzfristigen Beschäftigung erfüllt sind. Bei einer regelmäßigen Beschäftigung gelten die zuvor genannten Voraussetzungen. Bei einer gelegentlichen Beschäftigung ist die Befristung auf längstens zwölf Monate nicht erforderlich. Eine gelegentliche Beschäftigung liegt vor, wenn es an der hinreichenden Planbarkeit, Vorsehbarkeit und Häufigkeit der einzelnen Arbeitseinsätze fehlt. Gelegentlich ist die Beschäftigung also dann, wenn die einzelnen Arbeitseinsätze in unterschiedlichen Monaten, zu unterschiedlichen Anlässen und von der Anzahl der jeweiligen Arbeitstage her ohne erkennbares Schema erfolgen.

e) Prüfung der Berufsmäßigkeit

2065 Aushilfen sind dann nicht mehr versicherungsfrei, wenn die **Beschäftigung berufsmäßig ausgeübt** wird und das Arbeitsentgelt 450 € im Monat übersteigt.

Berufsmäßigkeit ist immer dann gegeben, wenn die Beschäftigung **für den Arbeitnehmer nicht von untergeordneter wirtschaftlicher Bedeutung** ist. Beschäftigungen, die nur **gelegentlich ausgeübt** werden, wie z.B. zwischen Schulabschluss und anschließendem Studium, sind grundsätzlich von untergeordneter wirtschaftlicher Bedeutung und daher **nicht berufsmäßig**.

Die Prüfung der Berufsmäßigkeit entfällt, wenn die Beschäftigung bereits infolge Überschreitens der Zeitgrenzen für kurzfristige Beschäftigungen als nicht geringfügig anzusehen ist. Dies bedeutet im Umkehrschluss, dass berufsmäßig tätige Arbeitnehmer in einer auf längstens zwei Monate befristeten Aushilfstätigkeit ebenfalls versicherungspflichtig sind.

Folgt die zu beurteilende kurzfristige Beschäftigung bereits ausgeübten Beschäftigungen und betragen die Beschäftigungszeiten im Laufe eines Kalenderjahrs insgesamt mehr als drei Monate oder 70 Arbeitstage, dann ist **ohne weitere Prüfung Berufsmäßigkeit anzunehmen**. Hierbei sind nur solche Beschäftigungen zu berücksichtigen, die jeweils die monatliche Entgeltgrenze i.H.v. 450 € überschreiten.

Nehmen **Personen, die Leistungen nach dem SGB III (Arbeitsförderung) beziehen oder bei der Agentur für Arbeit** für eine mehr als kurzfristige Beschäftigung **als Arbeitssuchende gemeldet** sind, eine Beschäftigung auf, so ist diese als berufsmäßig anzusehen und daher ohne Rücksicht auf ihre Dauer versicherungspflichtig. Nur wenn es sich um geringfügig entlohnte Beschäftigungen handelt, d.h., das monatliche Arbeitsentgelt übersteigt den Betrag von 450 € nicht, besteht Versicherungsfreiheit (Ausnahme: Rentenversicherung).

> **Beispiel 1:**
> Ein Arbeitslosengeldbezieher vereinbart eine auf zwei Tage (Samstag und Sonntag) befristete Beschäftigung zu je 8 Stunden; das Arbeitsentgelt beträgt pro Tag 51 €.
>
> Da das Arbeitsentgelt die kalendertägliche Grenze von 15 € übersteigt und der Arbeitnehmer als Bezieher von Arbeitslosengeld als berufsmäßig Beschäftigter anzusehen ist, besteht Versicherungspflicht in der Kranken-, Pflege-, Renten- und Arbeitslosenversicherung.

Kurzfristige Beschäftigungen, die neben einem freiwilligen sozialen oder ökologischen Jahr, neben dem Bundesfreiwilligendienst, neben einem dem freiwilligen sozialen oder ökologischen Jahr vergleichbaren Freiwilligendienst oder neben dem freiwilligen Wehrdienst ausgeübt werden, sind grundsätzlich nicht berufsmäßig.

Eine **Beschäftigung zwischen Schulabschluss und Studium** ist **nicht als berufsmäßig anzusehen**. Nimmt somit ein Abiturient nach erfolgreichem Schulabschluss eine befristete Aushilfstätigkeit bis zu zwei Monaten auf, so ist diese Aushilfstätigkeit versicherungsfrei, wenn anschließend ein Studium aufgenommen wird.

Sollte sich der Schulabgänger dazu entschließen, **nach der Schule ein Ausbildungsverhältnis aufzunehmen**, dann ist **Berufsmäßigkeit zu unterstellen**, mit der Folge, dass selbst eine auf zwei Monate befristete Aushilfstätigkeit versicherungspflichtig wird.

> **Beispiel 2:**
> Abitur am 4.7.2016 Aufnahme einer befristeten Aushilfstätigkeit für die Zeit vom 20.7.2016 bis 15.8.2016 gegen ein monatliches Arbeitsentgelt i.H.v. 600 €. Zum 1.9.2016 wird eine Ausbildung aufgenommen.
>
> Auf Grund der geplanten Ausbildung ist in diesem Fall Berufsmäßigkeit zu unterstellen, mit der Folge, dass Versicherungspflicht für die Zeit vom 20.7. bis 15.8.2016 besteht.

Stellt ein Sozialversicherungsträger im Nachhinein Berufsmäßigkeit fest, tritt die Versicherungspflicht jedoch erst mit der Bekanntgabe dieser Feststellung ein. Die Versicherungspflicht tritt allerdings in den Fällen rückwirkend ein, in denen die Berufsmäßigkeit dadurch begründet ist, dass die Beschäftigung während des Wehr- oder Zivildienstes, der Elternzeit, eines unbezahlten Urlaubs, des Leistungsbezugs nach dem SGB III, der Eigenschaft als Arbeitssuchender oder zwischen dem Ende der Schulausbildung und dem Beginn einer Ausbildung oder eines Arbeitsverhältnisses ausgeübt wird.

5. Besonderheiten in der Arbeitslosenversicherung

2066 Arbeitnehmer sind in einer Beschäftigung nur in der Zeit arbeitslosenversicherungsfrei, in der ein Anspruch auf Arbeitslosengeld besteht.

Der Anspruch auf Arbeitslosengeld besteht aber nur dann, wenn der Anspruchsberechtigte beschäftigungslos ist.

Die Beschäftigungslosigkeit ist durch eine Beschäftigung oder selbständige Tätigkeit von weniger als 15 Stunden wöchentlich nicht ausgeschlossen.

6. Eintritt der Versicherungspflicht

Der Arbeitgeber hat **zu Beginn des Beschäftigungsverhältnisses** die versicherungsrechtliche Beurteilung vorzunehmen, Meldungen zu tätigen, Beiträge zu berechnen und diese an die Einzugsstelle abzuführen. Sollte er zu der Entscheidung kommen, dass **Versicherungsfreiheit** gegeben ist, sind die hierfür **erforderlichen Angaben zu den Lohnunterlagen** zu nehmen. 2067

Der **Arbeitnehmer hat ihn bei der Beurteilung zu unterstützen**, indem er die hierfür erforderlichen Angaben macht. Hierzu gehören z.B. auch die Angaben über weitere aktuelle Beschäftigungsverhältnisse bei anderen Arbeitgebern. Sollten z.B. die Minijob-Zentrale durch Datenabgleich oder der Rentenversicherungsträger im Rahmen einer Betriebsprüfung im Nachhinein feststellen, dass Versicherungspflicht vorliegt, tritt die **Versicherungspflicht für die Zukunft** mit Bekanntgabe der Feststellung ein.

Um den Arbeitgebern die nötige Sicherheit zu verschaffen, sind die bisher üblichen Bescheide, die z.T. einige Jahre zurückgingen und erhebliche Nachzahlungen mit sich brachten, nicht mehr möglich.

Einzige Ausnahme ist, wenn der Arbeitgeber es **vorsätzlich oder grob fahrlässig versäumt** hat, den Sachverhalt aufzuklären. Von einem Vorsatz ist z.B. auszugehen, wenn der Arbeitgeber Hinweise des Beschäftigten oder anderer Personen ignoriert hat. Grobe Fahrlässigkeit ist z.B. dann gegeben, wenn der Arbeitgeber nichts zur Sachverhaltsermittlung unternommen hat.

> **Beispiel:**
> Eine Telefonistin übt seit dem 1.6.2016 beim Arbeitgeber A eine geringfügig entlohnte Beschäftigung mit einem monatlichen Arbeitsentgelt i.H.v. 320 € aus. Diese Beschäftigung ist ordnungsgemäß bei der Minijob-Zentrale gemeldet. Am 1.10.2016 nimmt sie eine weitere Beschäftigung beim Arbeitgeber B mit einem monatlichen Arbeitsentgelt i.H.v. 210 € auf. Auch diese Beschäftigung ist ordnungsgemäß bei der Minijob-Zentrale gemeldet. Sie versäumt es jedoch, die Arbeitgeber untereinander vom Vorliegen einer weiteren Beschäftigung zu informieren.
>
> Im November stellt die Minijob-Zentrale im Rahmen eines Datenabgleichs fest, dass ein und dieselbe Person zwei Beschäftigungsverhältnisse ausübt. Die Addition der beiden Beschäftigungsverhältnisse führt zum Überschreiten der 450 €-Grenze und somit zur Versicherungspflicht.
>
> Mit Bescheid vom 26.11.2016 informiert die Minijob-Zentrale beide Arbeitgeber darüber, dass ab 1.12.2016 Versicherungspflicht vorliegt und die Beschäftigte bei der zuständigen Krankenkasse anzumelden ist.

Festzuhalten ist hier, dass die Minijob-Zentrale nicht die Krankenversicherung durchführt. Es gelten die Kriterien des Krankenkassenwahlrechts, nach dem die beiden Arbeitgeber in Absprache mit der Arbeitnehmerin zu entscheiden und die entsprechenden Meldungen vorzunehmen haben. Eine geringfügige Beschäftigung für sich allein begründet keine Krankenkassenmitgliedschaft.

Bisher hat die Minijob-Zentrale in Überschneidungsfällen einen feststellenden Verwaltungsakt über das Vorliegen von Versicherungspflicht erlassen. Das BSG hat in seinen Urteilen v. 15.7.2009, B 12 R 1/08 und B 12 R 5/08 R, n.v., darauf hingewiesen, dass es sich lediglich um die Bekanntgabe einer Wissensmitteilung handelt. Die Versicherungspflicht tritt spätestens mit dieser Bekanntgabe kraft Gesetzes ein.

Der Arbeitgeber wurde nur noch darauf hingewiesen, dass eine versicherungsfreie geringfügig entlohnte Beschäftigung nicht mehr vorliegt und die Beschäftigung bei der Minijob-Zentrale abzumelden ist. Weiterhin wird der Arbeitgeber darauf aufmerksam gemacht, dass er an die zuständige Krankenkasse zu melden hat.

Diese nicht praxisnahe Regelung wurde durch das 3. Gesetz zur Änderung des SGB IV und anderer Gesetze (BGBl. I 2009, 1127 ff.) wieder aufgehoben.

Die Minijob-Zentrale prüft die Einhaltung der Entgeltgrenze bei geringfügiger Beschäftigung nach den §§ 8 und 8a SGB IV und entscheidet bei deren Überschreiten über die Versicherungspflicht in der Kranken-, Pflege- und Rentenversicherung sowie nach dem Recht der Arbeitsförderung; sie erlässt auch den Widerspruchsbescheid.

Grobe Fahrlässigkeit und die damit verbundene rückwirkende Versicherungspflicht liegt nur dann vor, wenn der Arbeitgeber den

Mini-Jobs

keine Sozialversicherungspflicht = (SV)
Sozialversicherungspflicht = (SV)

Arbeitnehmer nicht nach weiteren Beschäftigungen gefragt hat oder ihm bekannt war, dass die 450 €-Grenze durch weitere Beschäftigungen überschritten wird.

7. Beiträge

2068 Auch wenn für eine geringfügig entlohnte Beschäftigung bis auf in der Rentenversicherung Versicherungsfreiheit gegeben ist, so sind dennoch vom Arbeitsentgelt **Beiträge zur Kranken- und Rentenversicherung durch den Arbeitgeber** zu zahlen.

Egal ob der Arbeitnehmer von der Versicherungspflicht in der Rentenversicherung befreit ist oder nicht, zahlt der Arbeitgeber weiterhin Beiträge in Höhe der Pauschalbeiträge. **Der Arbeitnehmer** muss jedoch, wenn er nicht von der Rentenversicherungspflicht befreit ist, auch einen Beitrag zur Rentenversicherung leisten. Dieser ergibt sich aus der Differenz zwischen dem aktuellen Beitragssatz in der Rentenversicherung (2016 = 18,7 %) und dem pauschalen Beitragssatz für den Arbeitgeber in der Rentenversicherung (15 %). In 2016 beträgt also der Arbeitnehmeranteil zur Rentenversicherung 3,7 %.

Dies gilt nicht für die Pflege- und Arbeitslosenversicherung. Für versicherungsfreie kurzfristige Beschäftigungsverhältnisse sind keine Pauschalbeiträge zu entrichten.

Werden neben einer versicherungspflichtigen Hauptbeschäftigung mehrere geringfügig entlohnte Beschäftigungen ausgeübt, so sind für die Beschäftigung, die **nicht mit der Hauptbeschäftigung addiert wird, Pauschalbeiträge zur Kranken- und Rentenversicherung und der Arbeitnehmeranteil zur Rentenversicherung (auch hier nur, wenn der Arbeitnehmer nicht von der Rentenversicherungspflicht befreit ist)** zu entrichten.

Die pauschalen Beiträge betragen wie folgt:

	KV	RV	Pauschsteuer
Arbeitnehmer in einem Privathaushalt	5 %	5 %	2 %
Arbeitnehmer in einem gewerblichen Betrieb	13 %	15 %	2 %

Hierbei wird unterschieden, ob der Arbeitnehmer in einem gewerblichen Betrieb oder in einem Privathaushalt tätig ist.

Bei geringfügig Beschäftigten im Privathaushalt werden die Unfallversicherungsbeiträge i.H.v. 1,6 % ebenfalls mit über den Haushaltsscheck abgeführt.

Darüber hinaus wird die Pauschsteuer i.H.v. 2 % zukünftig vom Arbeitgeber mit an die Minijob-Zentrale abgeführt, die diese dann an die zuständige Finanzbehörde weiterleitet (→ *Pauschalierung der Lohnsteuer bei geringfügig Beschäftigten* Rz. 2215).

Beispiel 1:
Ein Tankwart ist als Aushilfe in einer Autoreparaturwerkstatt mit einem monatlichen Arbeitsentgelt i.H.v. 390 € beschäftigt. Er hat sich von der Rentenversicherungspflicht befreien lassen.
Der Arbeitgeber hat u.a. folgende Beträge abzuführen:

Krankenversicherung	390 € × 13 %	= 50,70 €
Rentenversicherung	390 € × 15 %	= 58,50 €
Pauschsteuer	390 € × 2 %	= 7,80 €
Insgesamt		117,— €

Hat er sich nicht von der Rentenversicherungspflicht befreien lassen, stellt sich der Rentenversicherungsbeitrag wie folgt dar:

Rentenversicherungsanteil des Arbeitgebers	390 € × 15 %	= 58,50 €
Rentenversicherungsanteil des Arbeitnehmers	390 € × 3,7 %	= 14,43 €

Beispiel 2:
Eine Reinigungskraft ist als Aushilfe in einem privaten Haushalt mit einem monatlichen Arbeitsentgelt i.H.v. 390 € tätig.
Es liegt die Befreiung von der Rentenversicherungspflicht vor.
Der Arbeitgeber (privater Haushalt) hat u.a. folgende Beträge abzuführen:

Krankenversicherung	390 € × 5 %	= 19,50 €
Rentenversicherung	390 € × 5 %	= 19,50 €
Unfallversicherung	390 € × 1,6 %	= 6,24 €
Pauschsteuer	390 € × 2 %	= 7,80 €
Insgesamt		53,04 €

a) Krankenversicherung

2069 Die **pauschalen Krankenversicherungsbeiträge** sind nur dann zu zahlen, wenn der Arbeitnehmer **gesetzlich krankenversichert** ist. Hierbei spielt die Art der Versicherung jedoch keine Rolle. Es kann sich sowohl um eine Pflichtversicherung, um eine freiwillige Versicherung oder um eine kostenfreie Familienversicherung handeln. Ohne Bedeutung ist auch, inwieweit der Arbeitnehmer bereits Krankenversicherungsbeiträge bezahlt.

Beiträge fallen nur für Zeiten an, in denen tatsächlich ein Versicherungsverhältnis besteht. Der sog. **nachgehende Leistungsanspruch** begründet daher **keine pauschalen Krankenversicherungsbeiträge**.

Endet z.B. die Familienversicherung des geringfügig entlohnt Beschäftigten, weil der **Stammversicherte aus der Versicherung ausscheidet**, entfällt die Zahlung des pauschalen Krankenversicherungsbeitrags.

Hat der geringfügig Beschäftigte seinen Versicherungsschutz **durch eine Privatversicherung sichergestellt** oder verzichtet er völlig auf die Absicherung bei Krankheit, sind ebenfalls keine pauschalen Krankenversicherungsbeiträge zu entrichten.

Beispiel:
Ein privat krankenversicherter Beamter übt eine geringfügig entlohnte Beschäftigung mit einem monatlichen Arbeitsentgelt i.H.v. 380 € aus.
Pauschale Krankenversicherungsbeiträge sind nicht zu entrichten, da er nicht bei einer gesetzlichen Krankenkasse versichert ist. Es fallen lediglich 45,60 € pauschale Rentenversicherungsbeiträge (Befreiung von der Rentenversicherungspflicht liegt vor) und 7,60 € Pauschsteuer an.

Übt ein **höher verdienender krankenversicherungsfreier Arbeitnehmer** eine geringfügig entlohnte Beschäftigung aus, dann sind – unter der Voraussetzung, dass er sich bei einer gesetzlichen Krankenkasse **freiwillig versichert** hat – pauschale Krankenversicherungsbeiträge zu zahlen.

Für **krankenversicherungsfreie beschäftigte Studenten**, die z.B. über ihre Eltern familienversichert sind, sind **pauschale Krankenversicherungsbeiträge** zu entrichten. Übt der Student eine Beschäftigung aus, die **nicht geringfügig entlohnt** ist, weil er z.B. ein monatliches Arbeitsentgelt i.H.v. 700 € erhält, dann ist die Beschäftigung trotzdem krankenversicherungsfrei, wenn die Beschäftigung nicht mehr als 20 Wochenstunden ausmacht. Man unterstellt hier, dass das Studium immer noch im Vordergrund steht. In diesem Fall sind aber auch keine pauschalen Krankenversicherungsbeiträge zu entrichten, weil es sich nicht um eine geringfügig entlohnte Beschäftigung handelt.

Für Praktikanten ist ein pauschaler Krankenversicherungsbeitrag selbst dann nicht zu entrichten, wenn das Praktikum die Kriterien einer geringfügig entlohnten Beschäftigung erfüllt. Wird jedoch **neben einem Zwischenpraktikum** von einem Praktikanten, der gesetzlich krankenversichert ist, **eine geringfügig entlohnte Beschäftigung ausgeübt**, dann ist der Pauschalbeitrag zur Krankenversicherung zu zahlen.

b) Rentenversicherung

2070 **Voraussetzung für die Zahlung der pauschalen Beiträge** zur Rentenversicherung ist, dass der Arbeitnehmer in einer geringfügigen Beschäftigung von der Rentenversicherungspflicht auf Antrag befreit (§ 6 Abs. 1b SGB VI) oder wegen Erreichens einer Altersgrenze und durch den Bezug einer entsprechenden Rente oder Pension versicherungsfrei ist. In diesen Fällen gehen die Beiträge grundsätzlich an die Minijob-Zentrale.

Für Arbeitnehmer, die sich **wegen der Mitgliedschaft in einer berufsständischen Versorgungseinrichtung** von der Rentenversicherungspflicht haben befreien lassen (§ 6 Abs. 1 Satz 1 Nr. 1 SGB VI), hat der Arbeitgeber **trotzdem pauschale Rentenversicherungsbeiträge** abzuführen. Diese gehen dann allerdings an die berufsständische Versorgungseinrichtung.

Auch für Rentner mit einer Vollrente wegen Alters aus der gesetzlichen Rentenversicherung, **für Ruhestandsbeamte** nach Erreichen der Altersgrenze und ähnliche Personenkreise ist der **pauschale Rentenversicherungsbeitrag zu zahlen**. Die Regelung findet auch auf Personen Anwendung, die bisher nicht in der gesetzlichen Rentenversicherung versichert waren und wegen Vollendung des 65. Lebensjahres versicherungsfrei sind.

Wird bei Beamten die **Gewährleistung einer Versorgungsanwartschaft** auch auf die **geringfügig entlohnte Beschäftigung ausgeweitet**, ist **kein Pauschalbeitrag** zur Rentenversicherung zu zahlen.

c) Rentenversicherungspflicht

2071 Für den Arbeitnehmer sind **Beiträge zur Rentenversicherung** nach dem allgemein geltenden Beitragssatz **i.H.v. 18,7 %** zu entrichten. Von diesen 18,7 % zahlt der Arbeitgeber 15 % bzw. im Privathaushalt nur 5 %. Die restlichen 3,7 % bzw. 13,7 % hat der **Arbeitnehmer allein zu tragen**.

> **Beispiel 1:**
> Eine familienversicherte Raumpflegerin ist monatlich gegen ein Arbeitsentgelt von 350 € beschäftigt. Sie hat auf die Rentenversicherungsfreiheit verzichtet.
> Folgende Beiträge trägt der Arbeitgeber allein:
>
> Krankenversicherung 350 € × 13 % = 45,50 €
> Rentenversicherung 350 € × 15 % = 52,50 €
> Die Arbeitnehmerin trägt Beiträge zur
> Rentenversicherung 350 € × 3,7 % = 12,95 €
>
> Würde sie die Tätigkeit in einem Privathaushalt ausüben, stellte sich die Beitragsverteilung wie folgt dar:
> Folgende Beiträge trägt der Arbeitgeber allein:
>
> Krankenversicherung 350 € × 5 % = 17,50 €
> Rentenversicherung 350 € × 5 % = 17,50 €
> Die Arbeitnehmerin trägt Beiträge zur
> Rentenversicherung 350 € × 13,7 % = 47,95 €

Die Rentenversicherungsbeiträge sind grundsätzlich **vom tatsächlichen Arbeitsentgelt zu berechnen**. Liegt das Arbeitsentgelt des Arbeitnehmers allerdings unter 175 €, ist von einem monatlichen Mindestentgelt i.H.v. 175 € auszugehen. Der **Arbeitgeber** hat allerdings die Beiträge i.H.v. 15 % bzw. 5 % nur **vom tatsächlich erzielten Arbeitsentgelt** zu entrichten. Der **Arbeitnehmer** trägt den Differenzbetrag bis zum (aus dem Mindestentgelt errechneten) Mindestbeitrag i.H.v. 32,73 €.

> **Beispiel 2:**
> Ein Taxifahrer arbeitet als Aushilfe gegen ein monatliches Arbeitsentgelt von 120 €. Er ist nicht gesetzlich krankenversichert.
> Auf Grund des geringen Arbeitsentgelts ist auf das Mindestentgelt von 175 € und somit auf den Mindestbeitrag i.H.v. 32,73 € abzustellen.
> Rentenversicherungsbeitrag
>
> Arbeitgeber 120 € × 15 % = 18,— €
> Arbeitnehmer (Differenzbetrag aus 32,73 € und 18,— €) = 14,73 €

Die Spitzenorganisationen der Sozialversicherung haben entschieden, dass die Mindestbeitragsbemessungsgrundlage i.H.v. 175 € beim Vorliegen einer Hauptbeschäftigung nicht anzuwenden ist.

Die Arbeitsentgelte aus beiden Beschäftigungsverhältnissen sind zu addieren, mit dem Ergebnis, dass das Arbeitsentgelt aus beiden Beschäftigungen zusammen mehr als 175 € beträgt (Besprechungsergebnis der Spitzenverbände der Sozialversicherungsträger über Fragen des Gemeinsamen Beitragseinzugs am 26./27.5.2004).

d) Beitragszahlung

2072 Die Pauschalbeiträge sind wie auch die Beiträge für die Pflichtversicherten sozialversicherungsrechtlich als **Gesamtsozialversicherungsbeiträge** anzusehen. Dies gilt auch für den Arbeitnehmeranteil, falls nicht auf die Rentenversicherungspflicht verzichtet wird.

Die Pauschalbeiträge zur Kranken- und Rentenversicherung sind vom **tatsächlichen Arbeitsentgelt zu berechnen**. Das kann bei Gewährung einer Einmalzahlung im Einzelfall auch mal ein Betrag über 450 € monatlich sein.

Beginnt eine geringfügig entlohnte Beschäftigung im Laufe eines Monats oder endet sie im Laufe eines Monats, sind Pauschalbeiträge **nur für den entsprechenden Teilmonat** zu zahlen.

Die **Minijob-Zentrale ist generelle Einzugsstelle für die Pauschalbeiträge** bei geringfügig Beschäftigten, wobei für kurzfristig Beschäftigte keine Beiträge anfallen.

Für die Abführung der pauschalen Beiträge und der Pauschsteuer gibt es **einen separaten Beitragsnachweis (Datensatz)**, der als Empfänger ausschließlich die Minijob-Zentrale vorsieht. Der **Arbeitgeber muss seine Steuernummer angeben**, damit die Minijob-Zentrale die Pauschsteuer an die Finanzverwaltung abführen kann. Die Beiträge für Personen, die in Privathaushalten tätig sind, sind ebenfalls an die Minijob-Zentrale abzuführen, wobei es hierfür ausschließlich das Haushaltsscheckverfahren gibt.

Im **Beitragsnachweis stehen folgende Beitragsgruppen** zur Verfügung:

6000 Pauschalbeitrag zur Krankenversicherung
0100 Beitrag zur Rentenversicherung bei Rentenversicherungspflicht
0500 Pauschalbeitrag zur Rentenversicherung nur bei schriftlichen Antrag auf Befreiung von der Rentenversicherungspflicht

8. Meldungen

Für **geringfügig Beschäftigte gilt das allgemeine Meldeverfahren**. Aber es sind **Besonderheiten** zu berücksichtigen, wenn es **um die Art der geringfügigen Beschäftigung** geht. Die Meldungen für geringfügig Beschäftigte, egal ob geringfügig entlohnt oder kurzfristig Beschäftigte, gehen grundsätzlich an die Minijob-Zentrale. Für die **geringfügig Beschäftigten in Privathaushalten** kommt aber auch hier das **Haushaltsscheckverfahren** zum Tragen. 2073

Tritt in einer geringfügig entlohnten Beschäftigung auf Grund der Addition mit einer versicherungspflichtigen Hauptbeschäftigung **Versicherungspflicht** ein, gehen die Meldungen **an die Krankenkasse**, bei der die geringfügig Beschäftigte **aktuell krankenversichert** ist. Bei privat Versicherten gilt das Prinzip der letzten Kasse.

a) Meldeinhalte

Auf den Meldungen sind neben den persönlichen Angaben noch folgende Angaben zu machen: 2074

– Grund der Abgabe,
– Personengruppen,
– Beitragsgruppen,
– Beitragspflichtiges Bruttoarbeitsentgelt.

Bei den Abgabegründen sind auch die **für die versicherungspflichtig Beschäftigten Schlüssel gültig**. So sind z.B. „10" für eine Anmeldung, „30" für eine Abmeldung, „50" für eine Jahresmeldung usw. anzugeben.

Wichtig ist hier der Hinweis, dass der Wechsel von einer versicherungsfreien geringfügig entlohnten Beschäftigung zu einer versicherungspflichtigen Beschäftigung oder umgekehrt beim selben Arbeitgeber mit den Abgabegründen „31" und „11" (Wechsel der Einzugsstelle) zu melden ist.

Bei den **Personengruppen** ist zwischen zwei Schlüsseln, „109" für geringfügig entlohnt Beschäftigte (Pauschalbeiträge sind zu entrichten) und „110" für kurzfristig Beschäftigte (Pauschalbeiträge sind nicht zu entrichten), **zu unterscheiden**.

Bei den geringfügig entlohnten Beschäftigungen (Personengruppenschlüssel 109) ist die Beitragsgruppe zur Krankenversicherung mit „6" und die Beitragsgruppe zur Rentenversicherung bei Versicherungsfreiheit oder Befreiung von der Versicherungspflicht mit „5" bzw. bei Versicherungspflicht mit „1" zu verschlüsseln. Ein vom Arbeitnehmer erklärter Verzicht auf die Versicherungsfreiheit sowie eine vom Arbeitnehmer beantragte Befreiung von der Versicherungspflicht, die nicht ab Beschäftigungsbeginn wirkt, begründet in der laufenden Beschäftigung einen Wechsel der Beitragsgruppe in der Rentenversicherung. In diesen Fällen hat eine Abmeldung mit Abgabegrund „32" und eine Anmeldung mit Abgabegrund „12" zu erfolgen. Wird die geringfügig entlohnte Beschäftigung auf Grund **vorgeschriebener Addition versicherungspflichtig**, ist grundsätzlich der Schlüssel „101" zu verwenden und das Feld „Mehrfachbeschäftigung" anzukreuzen. Für die erste geringfügig entlohnte Beschäftigung neben einer versicherungspflichtigen Hauptbeschäftigung verbleibt es jedoch beim Personengruppenschlüssel „109".

Mini-Jobs

keine Sozialversicherungspflicht = (SV durchgestrichen)
Sozialversicherungspflicht = (SV)

Für geringfügig entlohnt Beschäftigte sind **folgende Beitragsgruppen** zu verwenden:

6 in der Krankenversicherung,

5 für die Rentenversicherung, **nur** wenn der Arbeitnehmer schriftlich die Befreiung von der Rentenversicherungspflicht beantragt hat,

1 für die Rentenversicherung bei Rentenversicherungspflicht.

Für **kurzfristig Beschäftigte** ist als Beitragsgruppenschlüssel stets 0000 zu verwenden.

Als **beitragspflichtiges Arbeitsentgelt** ist das Arbeitsentgelt einzutragen, **von dem die Pauschalbeiträge entrichtet wurden**. Sollte bei einem Arbeitnehmer, der rentenversicherungspflichtig ist, das Arbeitsentgelt unter der Mindestbemessungsgrundlage liegen, dann ist die Mindestbemessungsgrundlage von 175 € monatlich zu berücksichtigen.

Bei kurzfristig Beschäftigten ist das beitragspflichtige Entgelt generell mit 000000 anzugeben.

b) Meldesachverhalte

2075 Neben den An- und Abmeldungen und Veränderungsmeldungen sind für geringfügig Beschäftigte **Jahresmeldungen und Unterbrechungsmeldungen** zu erstellen.

Jahresmeldungen sind immer dann erforderlich, wenn der geringfügig Beschäftigte **über den Jahreswechsel hinaus weiterbeschäftigt** wird, es sei denn, eine bereits gemeldete Unterbrechung besteht noch am 31. Dezember.

Wird die Entgeltzahlung **für länger als einen Monat unterbrochen** (z.B. im Falle der Arbeitsunfähigkeit nach einem Monat nach Ablauf der Entgeltfortzahlung), ist eine Abmeldung mit Abgabegrund „34" vorzunehmen. Bei Bezug von Verletztengeld, Übergangsgeld oder Versorgungskrankengeld ist eine Unterbrechungsmeldung mit Abgabegrund „51" zu erstatten.

Wird bei **kurzfristig Beschäftigten ein Rahmenarbeitsvertrag** geschlossen, hat eine Anmeldung mit dem Tag der Aufnahme der Beschäftigung und eine Abmeldung mit dem letzten Tag der Beschäftigung zu erfolgen.

Wird eine **kurzfristige Beschäftigung mit Rahmenarbeitsvertrag für länger als einen Monat unterbrochen**, ist nach Ablauf dieses Monats eine Abmeldung mit Abgabegrund „34" und bei Wiederaufnahme der Beschäftigung eine Anmeldung mit Abgabegrund „31" zu erstatten.

Nach dem Besprechungsergebnis der Spitzenverbände der Sozialversicherungsträger zu Fragen des Gemeinsamen Meldeverfahrens am 1./2.10.2003 werden bei Meldungen für kurzfristig Beschäftigte mit dem Personengruppenschlüssel „110" zukünftig auch Meldungen mit dem Abgabegrund „40" akzeptiert, auch wenn keine Versicherungsnummer eingetragen ist.

Voraussetzung ist, dass die Meldungen die Daten beinhalten, die zur Vergabe einer Versicherungsnummer erforderlich sind.

9. Lohnunterlagen

2076 Die **Regelungen der Beitragsverfahrensverordnung (§ 8 BVV)** über die Führung von Lohnunterlagen **gelten uneingeschränkt auch für die geringfügig Beschäftigten**. Der Arbeitgeber hat die für die Versicherungsfreiheit maßgebenden Angaben in den Lohnunterlagen aufzuzeichnen und Nachweise, aus denen die erforderlichen Angaben ersichtlich sind, zu den Lohnunterlagen zu nehmen. Hierzu gehören u.a. **Angaben und Unterlagen** über

- das monatliche Arbeitsentgelt,
- die Beschäftigungsdauer,
- die Zahl der tatsächlich geleisteten Arbeitsstunden, auch wenn ein stundenunabhängiges festes monatliches Arbeitsentgelt vereinbart wurde,
- das Vorliegen weiterer Beschäftigungen,
- die Erklärung des geringfügig Beschäftigten gegenüber dem Arbeitgeber, dass auf die Versicherungsfreiheit in der Rentenversicherung verzichtet wird (§ 8 Abs. 2 Nr. 4 BVV),
- **ab 1.1.2013** der mit Eingangsdatum versehene Befreiungsantrag von der Rentenversicherungspflicht (§ 8 Abs. 2 Nr. 4a BVV).

Bei **kurzfristig Beschäftigten** sind **zusätzlich Nachweise oder Erklärungen** über

- eventuelle weitere kurzfristige Beschäftigungen im Kalenderjahr,
- den Status (z.B. Hausfrau, Schüler, Student, Wehr- oder Zivildienstleistender, Arbeitsloser, Rentner) des Beschäftigten

den Lohnunterlagen beizufügen.

Durch das 3. Gesetz zur Änderung des SGB IV und anderer Gesetze (BGBl. I 2009, 1127 ff.) ist § 8 Abs. 2 Nr. 2 BVV noch erweitert worden. Hiernach sind die Erklärung des kurzfristig geringfügig Beschäftigten über weitere kurzfristige Beschäftigungen im Kalenderjahr oder eine Erklärung des geringfügig entlohnt Beschäftigten über weitere Beschäftigungen zu den Entgeltunterlagen zu nehmen. Sowie darüber hinaus in beiden Fällen die Bestätigung, dass die Aufnahme einer weiteren Beschäftigung dem Arbeitgeber anzuzeigen ist.

Durch § 17 des MiLoG hat der Arbeitgeber für geringfügig Beschäftigte (gilt nicht im Privathaushalt) Beginn, Ende und Dauer der täglichen Arbeitszeit dieser Arbeitskraft spätestens bis zum Ablauf des siebten auf den Tag der Arbeitsleistung folgenden Kalendertages aufzuzeichnen und diese Aufzeichnungen mindestens zwei Jahre beginnend ab dem für die Aufzeichnung maßgeblichen Zeitpunkt aufzubewahren. Sollten die Aufzeichnungspflichten nicht eingehalten werden, kann dies nach § 21 MiLoG mit Bußgeldern geahndet werden.

10. Lohnfortzahlungsversicherung

2077 **Für die Durchführung der Lohnfortzahlungsversicherung nach dem Aufwendungsausgleichsgesetz** für alle geringfügig Beschäftigten ist die Minijob-Zentrale zuständig, unabhängig davon, bei welcher Krankenkasse die Krankenversicherung tatsächlich durchgeführt wird.

Zu den Voraussetzungen für die Teilnahme am Umlageverfahren auch → *Lohnfortzahlung: Erstattungsverfahren für Arbeitgeber* Rz. 1786.

Die Minijob-Zentrale bietet eine Ausgleichskasse der Arbeitgeberaufwendungen bei Krankheit (U1) und die Ausgleichskasse der Arbeitgeberaufwendungen nach dem Mutterschutzgesetz (U2) an. Der **Beitrag zur U1** ist aus den Bruttoarbeitsentgelten aller im Betrieb geringfügig beschäftigten Arbeitnehmer zu entrichten. Der **Beitrag zur U2** errechnet sich auch aus den Bruttoarbeitsentgelten aller im Betrieb beschäftigten geringfügigen Arbeitnehmer, also auch der Männer.

11. Insolvenzgeldumlage

2078 Seit 1.1.2009 ist für geringfügig Beschäftigte (außerhalb von Haushalten) auch die Insolvenzgeldumlage abzuführen.

Für die Berechnung der Insolvenzgeldumlage ist das Arbeitsentgelt maßgebend, nach dem die Rentenversicherungsbeiträge im Falle des Bestehens von Rentenversicherungspflicht zu bemessen wären. Anzusetzen ist somit das tatsächliche Arbeitsentgelt, also bei schwankendem Arbeitsentgelt im Rahmen einer geringfügig entlohnten Beschäftigung auch der die 450 €-Grenze überschreitende Betrag.

Die Umlagebeträge sind unter dem Beitragsgruppenschlüssel „0050" anzugeben.

Der Umlagesatz beträgt seit 1.1.2016 0,12 %.

12. Haushaltsscheckverfahren

2079 Das **Haushaltsscheckverfahren ist ausschließlich für geringfügig Beschäftigte in Privathaushalten** anwendbar. Das Haushaltsscheckverfahren findet keine Anwendung bei Wohnungseigentümergemeinschaften (Besprechungsergebnisse der Spitzenverbände der Sozialversicherungsträger v. 30./31.10.2003 und v. 23./24.4.2007; Gemeinsame Verlautbarung zum Haushaltsscheckverfahren v. 20.11.2013). Wird eine geringfügig entlohnte Beschäftigung in einem Privathaushalt auf Grund der **Addition mit einer versicherungspflichtigen Hauptbeschäftigung versicherungspflichtig**, ist das Haushaltsscheckverfahren nicht zu nutzen.

Der Haushaltsscheck ist bei **wechselndem Arbeitsentgelt monatlich einzureichen**. Es besteht im Gegenzug aber für Beschätigungsverhältnisse **mit festem Monatsgehalt** die Möglichkeit, den Haushaltsscheck **zum „Dauerscheck" zu erklären**.

Das Haushaltsscheckverfahren ist zwingend mit der **Abgabe eines Sepa-Basislastschriftmandats** sowohl für die pauschalen Beiträge, die Umlage nach der Lohnfortzahlungsversicherung und die Pauschsteuer **gekoppelt**.

Der Haushaltsscheck wird im Internet unter www.minijob-zentrale.de sowie für Arbeitgeber ohne Internetanschluss auf Anforderung unter Minijob-Zentrale, 45115 Essen, zur Verfügung gestellt. Neu auf der Internetseite der Minijob-Zentrale ist, dass man Haushaltshilfen mit Beschäftigungsbeginn auch direkt per Online-Anmeldung zu Minijobbern machen kann, nur die für den Haushaltsscheck benötigten Informationen müssen hierzu vorliegen.

Der Haushaltsscheck besteht aus **drei Formularen**. Teil 1 für die Minijob-Zentrale, Teil 2 für den Arbeitgeber und Teil 3 für den Arbeitnehmer. Bei der ersten Abgabe für den jeweiligen Arbeitnehmer ist die Einzugsermächtigung beizufügen. Diese steht ebenfalls im Internet zur Verfügung.

Der Haushaltsscheck enthält folgende Angaben:

- Familienname, Vorname, Anschrift, Betriebsnummer und Steuernummer des Arbeitgebers,
- Familienname, Vorname, Anschrift und Versicherungsnummer des Arbeitnehmers,
- Kennzeichnung über die Zahlung von Pauschsteuer,
- Kennzeichnung über Mehrfachbeschäftigung des Arbeitnehmers,
- Kennzeichnung über die Versicherung in einer gesetzlichen Krankenkasse,
- Kennzeichnung über die Befreiung von der Rentenversicherungspflicht,
- ist die Versicherungsnummer des Arbeitnehmers nicht bekannt, ist das Geburtsdatum, der Geburtsname und der Geburtsort anzugeben,
- Datum und Unterschrift des Arbeitgebers und Arbeitnehmers.

Je nach Meldetatbestand sind zusätzlich anzugeben:

- bei einer Anmeldung: deren Beginn und das monatliche Arbeitsentgelt,
- bei einer Meldung wegen Änderung des Arbeitsentgelts: den Betrag und den jeweiligen Beschäftigungsmonat,
- bei einer Abmeldung: das Ende der Beschäftigung,
- bei einer nicht kontinuierlichen Lohn- und Gehaltszahlung: der Zeitraum der Beschäftigung, das Arbeitsentgelt für diesen Zeitraum sowie das Ende der Beschäftigung.

Das Arbeitsentgelt ist **in Euro ohne Cent** anzugeben. Centbeträge von mehr als 49 sind nach oben, von weniger als 50 nach unten auf volle Euro-Beträge zu runden.

Der Haushaltsscheck ist bei der **Minijob-Zentrale, 45115 Essen, unverzüglich einzureichen**. Meldeanlässe sind insbesondere der Beginn der Beschäftigung, Änderungen im laufenden Beschäftigungsverhältnis und das Ende der Beschäftigung.

Die für das Verfahren **erforderliche Betriebsnummer** wird von der **Deutsche Rentenversicherung Knappschaft-Bahn-See vergeben**, falls für den Privathaushalt nicht bereits eine Betriebsnummer von der Bundesagentur für Arbeit vergeben war.

Anhand des vorliegenden Haushaltsschecks berechnet die Minijob-Zentrale die pauschalen Beiträge, die Pauschsteuer, die Unfallversicherungsbeiträge und ggf. die Beiträge nach dem Aufwendungsausgleichsgesetz und bucht die Beträge vom Konto des jeweiligen Haushalts für die Monate Januar bis Juni 2016 am 31.7.2016 und für die Monate Juli bis Dezember 2016 am 31.1.2017 ab (für Juli bis Dezember 2015 am 31.1.2016).

Bei Verwendung eines Haushaltsschecks gilt der ausgezahlte Betrag zuzüglich der durch Abzug vom Arbeitslohn einbehaltenen Steuern als Arbeitsentgelt (§ 14 Abs. 3 SGB IV). Das bedeutet: Werden zusätzlich zum Arbeitsentgelt Sachbezüge (z.B. kostenlose Mahlzeiten) gewährt, sind diese beitragsfrei.

Die Minijob-Zentrale bietet Arbeitgebern, die eine Haushaltshilfe mit monatlich schwankendem Arbeitsentgelt beschäftigen, einen **„Halbjahresscheck"** an. Das Verfahren läuft wie folgt ab:

1. Zunächst ist vom Arbeitgeber der „normale" Haushaltsscheck mit schwankendem Arbeitsentgelt einzureichen.
2. Die Minijob-Zentrale sendet dem Arbeitgeber anschließend maschinell vorbereitete Schecks zusammen mit einem Merkblatt zu.
3. Die Schecks beinhalten bereits folgende Angaben:
   - die Personalien und die Betriebsnummer des Arbeitgebers,
   - die Personalien der Haushaltshilfe und deren Versicherungsnummer sowie
   - je nach Sachlage die halbjährigen Beschäftigungszeiträume.
4. In diese Schecks ist dann noch das insgesamt erzielte Arbeitsentgelt für das jeweilige Kalenderhalbjahr sowie ggf. der Beschäftigungszeitraum einzutragen.
5. Der jeweilige Scheck ist vom Arbeitgeber und Arbeitnehmer zu unterschreiben und rechtzeitig vor der Beitragsfälligkeit (31.7.2016 für das 1. und 31.1.2017 für das 2. Halbjahr 2016) einzureichen.

Es handelt sich um ein Zusatzangebot der Minijob-Zentrale; die Nutzung ist dem Privathaushalt freigestellt.

Das **Haushaltsscheckverfahren** hat für die Lohnsteuer gem. § 40a Abs. 6 EStG die sich aus § 168 Satz 1 AO ergebenden **Wirkungen einer Steueranmeldung**. Die Lohnsteuerfestsetzung kann daher **im Rahmen der Festsetzungsfrist** gem. § 164 Abs. 2 AO **geändert** werden. Daher kann auch nachträglich die Gewährung von Steuerbefreiungen, die bei der ursprünglichen Anmeldung irrtümlich nicht in Anspruch genommen wurden, begehrt werden (FG Köln v. 26.2.2015, 6 K 116/13, www.stotax-first.de).

Mitgliedsbeiträge

→ *Werbungskosten* Rz. 3182

Mobbing, Bossing

→ *Werbungskosten* Rz. 3182

Mobile-Office

→ *Home-Office/Mobile-Office/Telearbeit* Rz. 1571

Mobilitätshilfen

1. Arbeitsrecht

Die **Agenturen für Arbeit** haben die Möglichkeit, die regionale Mobilität von Arbeitslosen und von Arbeitslosigkeit bedrohten Arbeitsuchenden zu fördern, indem sie bei Aufnahme einer auswärtigen Beschäftigung die Kosten für **2080**

- die Fahrt zum Antritt der Arbeitsstelle (**Reisekostenbeihilfe**) in Höhe der berücksichtigungsfähigen Fahrtkosten bis zu einem Betrag von 300 €,
- tägliche Fahrten zwischen Wohnung und Arbeitsstelle (**Fahrtkostenhilfe**) für die ersten sechs Monate der Beschäftigung,
- eine getrennte Haushaltsführung (**Trennungskostenbeihilfe**), ebenfalls für die ersten sechs Monate der Beschäftigung, bis zu einem Betrag von 260 € monatlich,
- einen Umzug (**Umzugskostenbeihilfe**) als Zuschuss für das Befördern des Umzugsguts

übernehmen können.

Darüber hinaus können unabhängig davon, ob es sich um eine auswärtige Arbeitsaufnahme handelt, auch Leistungen für Arbeitskleidung und Arbeitsgerät (**Ausrüstungsbeihilfe**) i.H.v. bis zu 260 € bei Aufnahme einer Beschäftigung übernommen werden.

Es handelt sich dabei um **Ermessensleistungen** der aktiven Arbeitsförderung, die in den §§ 53 ff. SGB III normiert sind.

2. Lohnsteuer

Die o.g. Leistungen der Agentur für Arbeit sind nach § 3 Nr. 2 Buchst. a EStG **steuerfrei**, ein **Werbungskostenabzug** kommt insoweit nach § 3c EStG nicht in Betracht (vgl. R 9.1 Abs. 4 Satz 3 **2081**

Mobilitätshilfen

LStR sowie FG Köln v. 21.9.2000, 7 K 8933/99, EFG 2001, 81; BFH v. 13.10.2003, VI R 71/02, BStBl II 2004, 890). Um eine Anrechnung auf Werbungskosten zu ermöglichen, müssen diese Leistungen in den Steuererklärungsvordrucken angegeben werden (Zeile 39 der Anlage „N" zur Einkommensteuererklärung 2014).

Montageerlass

→ *Auslandstätigkeitserlass* Rz. 464

Motorsägegeld

→ *Werkzeuggeld* Rz. 3195

Musiker

1. Allgemeines

2082 Die **arbeits-, lohnsteuer- und sozialversicherungsrechtliche Behandlung** von Musikern ist von den Rechtsverhältnissen im Einzelfall abhängig. Eine typisierende Abgrenzung der Leistungen in „selbständige" und „nichtselbständige" Tätigkeit wurde für das Lohnsteuer- und Sozialversicherungsrecht durch die sog. „Künstlererlasse" vorgenommen. Einzelheiten hierzu → *Künstler (und verwandte Berufe)* Rz. 1748.

Zahlt ein Arbeitgeber, der ein Orchester unterhält, einen Zuschuss (hier 70 %) zu der von den Musikern abgeschlossenen **Instrumentenversicherung**, so stellen diese Zahlungen keinen Arbeitslohn i.S.d. §§ 8, 19 EStG dar (FG Thüringen v. 15.10.2003, IV 272/00, EFG 2004, 716).

2. Musiker als Arbeitnehmer

2083 Musiker, die bei **Staatsorchestern** angestellt sind, sind im Regelfall Arbeitnehmer. Das gilt auch für Musiker, die **bekannten Orchestern** angehören. Sie sind Arbeitnehmer des Bandleaders, insbesondere wenn die Orchester unter dem Namen des Bandleaders auftreten (BFH v. 10.9.1976, VI R 80/74, BStBl II 1977, 178).

Arbeitnehmertätigkeit wurde auch angenommen bei

- einer an einem Theater fest angestellten **Orchestermusikerin**, die im Rahmen einer Konzertreihe in demselben Betrieb als Solistin auftritt (LSG Hessen v. 31.1.2002, L 14 KR 429/99, www.stotax-first.de),
- **Mitgliedern eines Musikantenorchesters**, wenn sie verpflichtet sind, an allen Einsätzen des Orchesters teilzunehmen, sich also ständig in Bereitschaft zu halten hatten, nicht die Freiheit haben, abzusagen und statt dessen für andere Orchester tätig zu werden oder nach ihrem Belieben Urlaub zu nehmen und eine unabhängig von der Gesamtgage für jeden Fall festgesetzte Vergütung erhalten, die im Voraus und nicht von Fall zu Fall festgesetzt wird (BSG v. 4.4.1979, 12 RK 37/77, www.stotax-first.de).

(LSt) (SV)

3. Musiker als selbständig Tätige

2084 **Keine Arbeitnehmertätigkeit angenommen wurde dagegen bei**

- Musikern, die für bestimmte Aufnahmen im **Rundfunk** oder bei **Schallplattenherstellern** herangezogen werden (FG Köln v. 21.7.1981, II (XIV) 405/79 E, EFG 1982, 345),
- dem **Organisator und Dirigent einer Kurkapelle**, der die vertraglich geschuldete Leistung nicht in Person zu erbringen hat, sondern die Durchführung der musikalischen Veranstaltungen als Ganzes und nicht nur die Tätigkeit eines Dirigenten schuldet, dazu die Musiker auswählen, engagieren, zur Verfügung stellen, entlohnen und die gesetzlichen Abgaben leisten muss (BAG v. 20.1.2010, 5 AZR 99/09, www.stotax-first.de),
- einem Musiker, der nur **aushilfsweise in einem Orchester mitspielt** (LSG Bayern v. 18.1.2011, L 5 R 949/08, www.stotax-first.de),
- **Musikgruppen**, die sich für längere Zeit zusammenschließen und die ein eigenes Programm ausarbeiten, das sie jeweils für kürzere Zeiten wechselnden Veranstaltern anbieten (LSG Rheinland-Pfalz v. 2.3.1999, L 7 U 349/97, www.stotax-first.de).

(LSt) (SV)

4. Von Gastwirten/Hotels beschäftigte Musiker

2085 Nach der allgemeinen Lebenserfahrung besteht ein widerlegbarer Anschein dafür, dass in einer Gastwirtschaft bei Tanzveranstaltungen spielende, nebenberuflich tätige Musiker Arbeitnehmer des Gastwirts sind. Ein Arbeitsverhältnis zum Gastwirt ist jedoch i.d.R. zu verneinen, wenn die Kapelle gegenüber Dritten als selbständige Gesellschaft oder der Kapellenleiter als Arbeitgeber der Musiker aufgetreten ist. Spielt eine Kapelle nur gelegentlich (etwa nur für einen Abend oder an einem Wochenende) bei einem Gastwirt zum Tanz auf, so ist i.d.R. eine Selbständigkeit der Kapelle gegenüber dem Gastwirt anzunehmen (BFH v. 10.9.1976, VI R 80/74, BStBl II 1977, 178).

Das o.g. BFH-Urteil hat grundsätzliche Bedeutung auch für **andere Veranstalter, etwa Vereine, Tanzkreise usw.** Die **Finanzverwaltung** verfährt nach folgenden Grundsätzen (OFD Frankfurt v. 26.6.1996, S 2240 A – 5 – St II 20, www.stotax-first.de):

- **Haupt- oder nebenberuflich tätige Musiker** und andere Unterhaltungskünstler, die für Gastwirte, Vereine oder ähnliche Veranstalter tätig werden, erzielen regelmäßig **Einkünfte aus selbständiger Arbeit bzw. Gewerbebetrieb** (zur Abgrenzung vgl. unten), wenn sie nur für **ein oder zwei Abende oder für ein Wochenende** verpflichtet werden. Zur weiteren Abgrenzung zwischen selbständiger Tätigkeit und nichtselbständiger Arbeit und einen ggf. notwendigen Steuerabzug vom Arbeitslohn vgl. BMF v. 5.10.1990, IV B 6 – S 2332 – 73/90, BStBl I 1990, 638.
- Ein **Arbeitsverhältnis zum Veranstalter** ist i.d.R. auch dann zu verneinen, wenn eine **Kapelle selbständig als Gesellschaft** oder der **Kapellenleiter als Arbeitgeber** der Musiker aufgetreten ist. In diesen Fällen sind die Kapellen oder der Arbeitgeber-Kapellenleiter einkommensteuerlich zu erfassen.

  Tritt die **Kapelle** sowohl beim Abschluss der Verträge als auch bei ihren späteren Darbietungen **als Einheit auf**, indem sie beispielsweise unter ihrem Kapellennamen in Erscheinung tritt, so bildet die Gesamtheit der beteiligten Musiker eine **GbR**; i.d.R. sind in diesen Fällen die Mitglieder der Kapelle nach den zwischen ihnen getroffenen Vereinbarungen als **Mitunternehmer** i.S.d. § 15 Abs. 1 Nr. 2 EStG anzusehen.

  Soweit dagegen der **Kapellenleiter** die Musikkapelle nicht nur musikalisch, sondern auch **organisatorisch und wirtschaftlich führt**, selbst die Verträge mit den Veranstaltern in eigenem Namen abschließt und Inhalt und Zusammensetzung der musikalischen Darbietungen bestimmt, wird zwischen dem **Kapellenleiter und den übrigen Kapellenmitgliedern ein Arbeitsverhältnis** anzunehmen sein, es sei denn, dass ein Musiker nur für einen **einzelnen Auftritt** vom Kapellenleiter engagiert wird (vgl. BFH v. 7.9.1961, V 75/59, HFR 1962, 68). In die Beurteilung sind insbesondere auch die zwischen dem Kapellenleiter und den Kapellenmitgliedern getroffenen Vereinbarungen einzubeziehen. Maßgeblich ist das Gesamtbild der Verhältnisse.

- Ein **Arbeitsverhältnis zum Veranstalter** kann für sich allein auch eine etwaige **Vertragsklausel**, dass „Lohn- und Einkommensteuer, Kirchensteuer zu Lasten des Veranstalters gehen", nicht begründen. Einer derartigen Vereinbarung kommt lediglich Indizwirkung zu, vgl. BFH v. 10.9.1976, VI R 80/74, BStBl II 1977, 178.

- Ist nach den vorstehenden Grundsätzen das Vorliegen eines **Arbeitsverhältnisses zu verneinen**, so werden in aller Regel Einkünfte aus **Gewerbebetrieb** anzunehmen sein. In einzelnen Fällen kann die Tätigkeit der Musiker jedoch als künstlerische anzusehen sein und daher zu Einkünften aus **selbständiger (freiberuflicher) Arbeit** führen (vgl. hierzu die Ausführungen des BFH in dem Urteil v. 19.8.1982, IV R 64/79, BStBl II 1983, 7). Die Entscheidung darüber, ob der vom BFH geforderte Qualitätsstandard vorliegt, wird sich im Zweifelsfall nur nach Einschaltung des Gutachterausschusses für Musik entscheiden lassen. Vor einer Einschaltung des Gutachterausschusses ist jedoch besonders sorgfältig zu prüfen, ob die Einordnung der Einkünfte überhaupt von steuerlicher Bedeutung ist.

Arbeitnehmertätigkeit wurde auch angenommen bei

- einem **einzelnen Pianist**, wenn er zwar nur ab und zu auftritt, keine festen Arbeitszeiten sowie keine Ansprüche auf Sozialleistungen (z.B. Lohnfortzahlung im Krankheitsfall, Urlaub) hat, er aber im Rahmen seiner grundsätzlichen Auftrittsbereitschaft nicht anders als normal bezahlte Arbeitnehmer in die Organisation des Betriebs eingebunden und weisungsabhängig an der ihm zugewiesenen Stelle tätig ist. Dies gilt selbst dann, wenn der Pianist mit dem Restaurantinhaber für jeden einzelnen Auftritt einen eigenen Vertrag abschließt und er das Programm völlig frei gestalten kann (FG Baden-Württemberg v. 24.4.2007, 4 K 200/04, www.stotax-first.de).

Keine Arbeitnehmertätigkeit angenommen wurde dagegen bei

- dem **Pianisten in einem Restaurant**, im Urteilsfall keine Eingliederung in den Betrieb, kein Arbeitsvertrag, Beauftragung erfolgte lediglich

⌊lst⌉ = keine Lohnsteuerpflicht
⌊Lst⌉ = Lohnsteuerpflicht

Mutterschaftsgeld

mündlich nach Bedarf, Vergütung nur für tatsächlich geleisteten Dienste, kein Urlaubsgeld, keine Lohnfortzahlung, kein Weisungsrecht bezüglich der Auswahl der gespielten Stücke; das Weisungsrecht bezüglich Zeit und Ort ergibt sich aus der Natur der Sache und ist für jeden Unterhaltungsmusiker eine Selbstverständlichkeit (SG Karlsruhe v. 9.4.2014, S 12 R 1641/13, www.stotax-first.de),

– einem **Hotelmusiker**, wenn er monatsweise in wechselnden Hotels auftritt, seine eigenen Instrumente zur Verfügung stellen muss und keine Regelungen über Urlaub und Entgeltfortzahlung getroffen werden (LSG Rheinland-Pfalz v. 13.9.2001, L 5 KR 130/00, www.stotax-first.de).

5. Instrumentengeld

2086 Instrumenten-, Saiten-, Rohr- und Blattgelder, die der Arbeitgeber nach tarifrechtlichen Regelungen hauptberuflichen Musikern zur **Abgeltung aller Mehraufwendungen für Unterhalt und Abnutzung** der Musikinstrumente sowie für Notenbeschaffung zahlt, sind **kein steuerfreies Werkzeuggeld** i.S.d. § 3 Nr. 30 EStG, denn Musikinstrumente sind keine Werkzeuge (BFH v. 21.8.1995, VI R 30/95, BStBl II 1995, 906, sowie – zur Sozialversicherung – BSG v. 26.5.2004, B 12 KR 2/03 R, HFR 2005, 174).

Das sog. **Rohr-, Blatt- und Saitengeld** kann jedoch als **steuerfreier Auslagenersatz** nach § 3 Nr. 50 EStG anerkannt werden (BFH v. 21.8.1995, VI R 30/95, BStBl II 1995, 906). Steuerfreier Auslagenersatz nach § 3 Nr. 50 EStG ist auch gegeben, wenn der Arbeitgeber auf Grund einer **tarifvertraglichen Verpflichtung** dem als Orchestermusiker beschäftigten Arbeitnehmer die **Kosten der Instandsetzung** des dem Arbeitnehmer gehörenden Musikinstruments ersetzt (BFH v. 28.3.2006, VI R 24/03, BStBl II 2006, 473). Entsprechendes gilt auch für die tarifvertragliche Übernahme von **Instandhaltungskosten** (FG Saarland v. 2.9.2013, 2 K 1425/11, EFG 2014, 1821).

⌊Lst⌉ ⌊SV⌉

Musikinstrumente, Musik-CD

→ Werbungskosten Rz. 3182

Mutterschaftsgeld

Inhaltsübersicht:

	Rz.
1. Voraussetzungen für den Erhalt	2087
2. Zahlungspflichtige	2088
3. Höhe des Mutterschaftsgelds	2089
4. Zuschuss des Arbeitgebers	2090
a) Höhe des Zuschusses	2090
b) Besonderheit bei Nichtmitgliedschaft in einer gesetzlichen Krankenkasse	2091
c) Nettoarbeitsentgelt	2092
d) Zuschuss zur freiwilligen Krankenversicherung	2093
e) Vermögenswirksame Leistung	2094
f) Steuerrechtliche und sozialversicherungsrechtliche Aspekte im Übrigen	2095
5. Berechnungsbeispiel	2096
6. Ausgleichsverfahren	2097

1. Voraussetzungen für den Erhalt

2087 Voraussetzung für einen Anspruch auf Mutterschaftsgeld ist, dass die Frauen bei Beginn der Mutterschutzfrist in einem Arbeitsverhältnis (gleichgültig welcher Art) gestanden haben, sie in Heimarbeit beschäftigt waren oder dass ihr Arbeitsverhältnis während der Schwangerschaft vom Arbeitgeber – und nicht von der Frau – zulässig aufgelöst worden ist.

Nach einer Neuregelung durch das Gesetz zur Stärkung der Versorgung in der gesetzlichen Krankenversicherung (GKV-VSG) erhalten Frauen, deren Arbeitsverhältnis unmittelbar vor Beginn der Schutzfrist endet, auch dann Mutterschaftsgeld, wenn sie am letzten Tag des Arbeitsverhältnisses Mitglied einer Krankenkasse waren.

Unter **Mutterschutzfrist** ist ein vom Mutterschutzgesetz vorgesehener Zeitraum vor und nach der Entbindung zu verstehen, für den Beschäftigungsverbote für die werdende Mutter bzw. Wöchnerin gelten.

Werdende Mütter dürfen in den **letzten sechs Wochen** vor der Entbindung nicht beschäftigt werden, es sei denn, dass sie sich zur Arbeitsleistung ausdrücklich bereit erklären. Diese Erklärung kann jederzeit widerrufen werden (§ 3 Abs. 2 MuSchG). Für die Berechnung der Sechs-Wochen-Frist ist das Zeugnis eines Arztes oder einer Hebamme über den mutmaßlichen Tag der Entbindung maßgebend. Irrt sich der Arzt oder die Hebamme über den Zeitpunkt der Entbindung, verlängert sich die Mutterschutzfrist entsprechend (§ 24i Abs. 3 SGB V).

Mütter dürfen **bis zum Ablauf von acht Wochen**, bei Früh- und Mehrlingsgeburten bis zum Ablauf von zwölf Wochen, nach der Entbindung nicht beschäftigt werden. Bei **Frühgeburten** und sonstigen vorzeitigen Entbindungen **verlängern sich diese Fristen** zusätzlich um den Zeitraum der Schutzfrist nach § 3 Abs. 2 MuSchG, der nicht in Anspruch genommen werden konnte (§ 6 Abs. 1 MuSchG).

Während dieser Zeit kann sich die Mutter grundsätzlich nicht zur Arbeitsleistung bereit erklären (BAG v. 26.8.1960, 1 AZR 202/59, www.stotax-first.de). Lediglich bei Tod ihres Kinds kann die Mutter auf ihr ausdrückliches Verlangen schon vor Ablauf dieser Fristen wieder beschäftigt werden, wenn nach ärztlichem Zeugnis nichts dagegen spricht. Nach einer Fehlgeburt steht der Arbeitnehmerin keine Schutzfrist zu.

Zur Abgrenzung des Mutterschaftsgelds → Mutterschutzlohn Rz. 2098.

2. Zahlungspflichtige

Sind Frauen in einer gesetzlichen Krankenkasse freiwillig oder **2088** pflichtversichert, erhalten sie für die Zeit der Mutterschutzfristen **Mutterschaftsgeld von der Krankenkasse** nach den Vorschriften des Fünften Buches Sozialgesetzbuch oder des Zweiten Gesetzes über die Krankenversicherung der Landwirte (§ 13 MuSchG).

Frauen, die nicht in einer gesetzlichen Krankenkasse versichert sind, erhalten für die Zeit der Mutterschutzfristen **Mutterschaftsgeld vom Bundesversicherungsamt**.

Die Krankenkassen erhalten seit 2004 vom Bund steuerfinanzierte Zuschüsse zu den versicherungsfremden Leistungen.

3. Höhe des Mutterschaftsgelds

Frauen, die in einer **gesetzlichen Krankenkasse** freiwillig oder **2089** pflichtversichert sind, erhalten von der Krankenkasse ein Mutterschaftsgeld von **höchstens 13 €** je Kalendertag (§ 24i Abs. 2 Satz 2 SGB V).

Frauen, die **nicht in einer gesetzlichen Krankenkasse** versichert sind, z.B.

– Frauen, die bei einer privaten Krankenversicherung versichert sind,

– Frauen, die in Heimarbeit beschäftigt sind, oder

– Frauen, deren Arbeitsverhältnis während der Schwangerschaft vom Arbeitgeber – und nicht von der Frau selbst – zulässig aufgelöst worden ist,

erhalten vom Bundesversicherungsamt ebenfalls ein Mutterschaftsgeld bis zu 13 € am Tag, **höchstens jedoch insgesamt 210 €**.

Das Mutterschaftsgeld ist **steuer- und beitragsfrei** (§ 3 Nr. 1 Buchst. d EStG).

Die Höhe des Mutterschaftsgelds richtet sich nach dem um die gesetzlichen Abzüge verminderten **durchschnittlichen kalendertäglichen Arbeitsentgelt der letzten drei Monate** vor Beginn der Mutterschutzfrist. Einmalig gezahltes Arbeitsentgelt und unverschuldete Verdienstkürzungen bleiben außer Betracht.

⌊Lst⌉ ⌊SV⌉

4. Zuschuss des Arbeitgebers

a) Höhe des Zuschusses

Da das Mutterschaftsgeld für Frauen, die in einer gesetzlichen **2090** Krankenkasse freiwillig oder pflichtversichert sind, höchstens 13 € je Kalendertag beträgt, würden diese Frauen bei einem höheren Nettoeinkommen während der Mutterschutzfrist eine Lohneinbuße erleiden. Nach § 14 MuSchG hat der Arbeitgeber daher einen **Zuschuss** zum Mutterschaftsgeld in Höhe des Differenzbetrags zwischen 13 € und dem um die gesetzlichen Abzüge verminderten durchschnittlichen kalendertäglichen Arbeitsentgelt zu leisten.

Mutterschaftsgeld

keine Sozialversicherungspflicht = (SV̶)
Sozialversicherungspflicht = (SV)

Das durchschnittliche kalendertägliche Arbeitsentgelt ist aus den letzten drei abgerechneten Kalendermonaten, bei wöchentlicher Abrechnung aus den letzten 13 abgerechneten Wochen vor Beginn der Schutzfrist zu berechnen. Einmalige Zuwendungen oder Verdienstkürzungen infolge Kurzarbeit, Arbeitsausfällen oder unverschuldeter Arbeitsversäumnis bleiben außer Betracht. Wird das Arbeitsentgelt rückwirkend durch eine Tariflohnerhöhung erhöht, muss diese nachträgliche Tariflohnerhöhung auch bei der Bemessung des Arbeitgeberzuschusses erhöhend berücksichtigt werden (BAG v. 6.4.1994, 5 AZR 501/93, www.stotax-first.de).

Darüber hinaus sind auch nicht nur vorübergehende Erhöhungen des Arbeitsentgelts, die während der Schutzfristen wirksam werden, ab diesem Zeitpunkt einzubeziehen (§ 14 Abs. 1 Satz 3 MuSchG). Der Gesetzgeber hat damit § 14 MuSchG an die Rechtsprechung des BAG angepasst (BAG v. 31.7.1996, 5 AZR 9/95, www.stotax-first.de).

Ein **rechtsmissbräuchlicher Steuerklassenwechsel** oder ähnliche Vorgänge im Zusammenhang mit den Mutterschutzfristen wirken sich für den Arbeitgeber nicht nachteilig auf die Höhe des Zuschusses aus (BAG v. 22.10.1986, 5 AZR 733/85, www.stotax-first.de; BAG v. 18.9.1991, 5 AZR 581/90, www.stotax-first.de). Vgl. auch → Rz. 2095.

Der Zuschuss ist – wie das Mutterschaftsgeld – **steuer- und beitragsfrei** (§ 3 Nr. 1 Buchst. d EStG, § 1 Abs. 1 Satz 1 Nr. 6 SvEV).

[LSt̶] (SV̶)

b) Besonderheit bei Nichtmitgliedschaft in einer gesetzlichen Krankenkasse

2091 Auch Frauen, die nicht in einer gesetzlichen Krankenkasse versichert sind und deshalb vom Bundesversicherungsamt ein Mutterschaftsgeld von höchstens 210 € monatlich bekommen, erhalten vom Arbeitgeber lediglich einen Zuschuss in Höhe des Differenzbetrages zwischen 13 € und dem um die gesetzlichen Abzüge verminderten durchschnittlichen kalendertäglichen Arbeitsentgelt.

c) Nettoarbeitsentgelt

2092 Nettoarbeitsentgelt ist das um die **gesetzlichen Abzüge** verminderte Arbeitsentgelt. Zu den gesetzlichen Abzügen gehören die Lohnsteuer, die Kirchensteuer, der Solidaritätszuschlag sowie die gesetzlichen Anteile der Arbeitnehmerin an den Beiträgen zur gesetzlichen Krankenversicherung, zu den gesetzlichen Rentenversicherungen und an berufsständische Versorgungseinrichtungen, zur gesetzlichen Pflegeversicherung und zur Bundesagentur für Arbeit.

Zu den gesetzlichen Abzügen gehören dagegen **nicht** Beiträge zu freiwilligen Versicherungen, gepfändete Lohnbeiträge und andere Abzüge, die gesetzlich nicht zwingend vorgeschrieben sind, wie z.B. Abzüge für vermögenswirksame Leistungen, Bausparkassenbeiträge oder Gewerkschaftsbeiträge.

d) Zuschuss zur freiwilligen Krankenversicherung

2093 Einer Arbeitnehmerin, die Mutterschaftsgeld erhält, steht für diese Zeit kein Arbeitgeber-Zuschuss zur freiwilligen Krankenversicherung nach § 257 SGB V zu (BMI v. 9.10.2000, D II 2 – 220 797/22, GMBl 2000, 1175). Dies gilt auch dann, wenn sie für diese Zeit die Versicherungsprämien zu ihrer privaten Krankenversicherung weiterzahlen muss. Zahlt der Arbeitgeber trotzdem den Zuschuss weiter, so ist dieser **nicht nach § 3 Nr. 62 EStG steuerfrei**, weil es sich um eine freiwillige Leistung des Arbeitgebers handelt. Der Zuschuss ist daher in voller Höhe steuer- und beitragspflichtig.

[LSt] (SV)

e) Vermögenswirksame Leistung

2094 Frauen, die auf Grund der Schutzfristen des Mutterschutzgesetzes nicht arbeiten, gelten auch für diese Zeit als Arbeitnehmerinnen. Deshalb kann der **Arbeitgeber-Zuschuss** zum Mutterschaftsgeld auch **vermögenswirksam angelegt** werden.

f) Steuerrechtliche und sozialversicherungsrechtliche Aspekte im Übrigen

2095 Das Mutterschaftsgeld und der Arbeitgeber-Zuschuss zum Mutterschaftsgeld sind zwar nach § 3 Nr. 1 Buchst. d EStG steuerfrei, die Zahlungen unterliegen aber dem Progressionsvorbehalt. Daher muss der Arbeitgeber den Zuschuss zum Mutterschaftsgeld im Lohnkonto vermerken und in der Lohnsteuerbescheinigung in Zeile 15 gesondert bescheinigen.

Da der Zuschuss des Arbeitgebers vom Nettoarbeitsentgelt abhängig ist und dieser wiederum durch die Lohnsteuerabzugsmerkmale beeinflusst wird, stellt sich die Frage, ob die Arbeitnehmerin durch eine **bewusste Änderung der Steuerklassen** einen höheren Arbeitgeber-Zuschuss zum Mutterschaftsgeld erreichen kann.

> **Beispiel 1:**
> **Zur Verdeutlichung der Auswirkungen beim Steuerklassentausch**
>
> Eine Arbeitnehmerin in Magdeburg (21 Jahre) hat ein Monatsgehalt von 1 250 €. Da ihr Ehemann ebenfalls als Arbeitnehmer tätig ist, ist in ihren Lohnsteuerabzugsmerkmalen die Steuerklasse V/0 verzeichnet. Vier Monate vor Beginn der Mutterschutzfrist beantragt sie einen Steuerklassenwechsel in die Steuerklasse III/0.
>
> Der Zuschuss zum Mutterschaftsgeld errechnet sich **bei der Steuerklasse V/0** wie folgt:
>
> | | |
> |---|---:|
> | Monatslohn | 1 250,— € |
> | ./. Lohnsteuer | 159,25 € |
> | ./. Solidaritätszuschlag (5,5 % von 170 €) | 8,75 € |
> | ./. Kirchensteuer (9 % von 170 €) | 14,33 € |
> | ./. Arbeitnehmer-Anteile zur Krankenversicherung einschließlich kassenindividueller Zusatzbeitrag (½ von 14,6 % + 0,9 % [angenommener Wert]) | 102,50 € |
> | ./. Arbeitnehmer-Anteile zur Pflegeversicherung (½ von 2,35 %) | 14,69 € |
> | ./. Arbeitnehmer-Anteile zur Rentenversicherung (½ von 18,7 %) | 116,88 € |
> | ./. Arbeitnehmer-Anteile zur Arbeitslosenversicherung (½ von 3,0 %) | 18,75 € |
> | = monatliches Nettoarbeitsentgelt geteilt durch 30 Kalendertage | 814,85 € |
> | = tägliches Nettoarbeitsentgelt | 27,16 € |
> | ./. Mutterschaftsgeld | 13,— € |
> | = täglicher Arbeitgeber-Zuschuss zum Mutterschaftsgeld | 14,16 € |
> | × 30 Kalendertage | |
> | = monatlicher Arbeitgeber-Zuschuss zum Mutterschaftsgeld | 424,80 € |
>
> Der Zuschuss zum Mutterschaftsgeld errechnet sich **bei der Steuerklasse III/0** wie folgt:
>
> | | |
> |---|---:|
> | Monatslohn | 1 250,— € |
> | ./. Lohnsteuer | 0,— € |
> | ./. Solidaritätszuschlag (5,5 % von 0 €) | 0,— € |
> | ./. Kirchensteuer (9 % von 0 €) | 0,— € |
> | ./. Arbeitnehmer-Anteile zur Krankenversicherung einschließlich kassenindividueller Zusatzbeitrag (½ von 14,6 % + 0,9 % [angenommener Wert]) | 102,50 € |
> | ./. Arbeitnehmer-Anteile zur Pflegeversicherung (½ von 2,35 %) | 14,69 € |
> | ./. Arbeitnehmer-Anteile zur Rentenversicherung (½ von 18,7 %) | 116,88 € |
> | ./. Arbeitnehmer-Anteile zur Arbeitslosenversicherung (½ von 3,0 %) | 18,75 € |
> | = monatliches Nettoarbeitsentgelt geteilt durch 30 Kalendertage | 997,18 € |
> | = tägliches Nettoarbeitsentgelt | 33,24 € |
> | ./. Mutterschaftsgeld | 13,— € |
> | = täglicher Arbeitgeber-Zuschuss zum Mutterschaftsgeld | 20,24 € |
> | × 30 Kalendertage | |
> | = monatlicher Arbeitgeber-Zuschuss zum Mutterschaftsgeld | 607,20 € |
>
> Wäre der Wechsel der Steuerklasse zwischen den Ehegatten bei der Berechnung des Arbeitgeberzuschusses zum Mutterschaftsgeld zu beachten, ergäbe sich ein monatlich höherer Zuschuss von 182,40 €.

Wie das Beispiel zeigt, ist der Einkommensvorteil durch den Wechsel der Steuerklassen beachtlich. Die Arbeitnehmerin hätte es also im Zusammenspiel mit ihrem Ehemann in der Hand, durch bewusste Steuerklassenänderung oder durch Umschichtung von Freibeträgen in den Lohnsteuerabzugsmerkmalen sich einen erheblichen Vorteil zu Lasten des Arbeitgebers zu verschaffen. Zwar ist im Mutterschutzgesetz keine Regelung enthalten, die einen willkürlichen Steuerklassentausch gesetzlich verbietet. Dennoch hat das **BAG** entschieden, dass eine anspruchsberechtigte Arbeitnehmerin rechtsmissbräuchlich handelt, wenn sie durch Änderung von steuerlichen Merkmalen die Höhe der ihr im Bezugszeitraum zufließenden Nettovergütung allein deshalb beeinflusst, um einen höheren Zuschuss des Arbeitgebers zum Mutterschaftsgeld zu erlangen (BAG v. 22.10.1986, 5 AZR 733/85,

[LSt durchgestrichen] = keine Lohnsteuerpflicht
[LSt] = Lohnsteuerpflicht

Mutterschaftsgeld

www.stotax-first.de). Dies gilt **auch bei der erstmaligen Wahl** der Steuerklassenkombination nach der Eheschließung (BAG v. 18.9.1991, 5 AZR 581/90, www.stotax-first.de). Soweit der Wechsel der Steuerklassen jedoch sachlich zu begründen ist, stellt dies keine missbräuchliche Änderung dar; eine solche Änderung hat der Arbeitgeber daher zu beachten. Die von der Finanzverwaltung herausgegebenen Tabellen zur Steuerklassenwahl bei Ehegatten dienen dabei als Anhaltspunkt (→ *Steuerklassen* Rz. 2759). Diese sind auf den Internetseiten des BMF veröffentlicht. Die Wahl der Steuerklassenkombination IV/IV ist regelmäßig nicht rechtsmissbräuchlich (BAG v. 13.6.2006, 9 AZR 423/05, HFR 2007, 280).

Eine weitere steuerrechtliche Besonderheit ist die **Erhöhung des Steuerfreibetrags** im Zusammenhang mit dem Arbeitgeberzuschuss zum Mutterschaftsgeld.

> **Beispiel 2:**
> Die Arbeitnehmerin befindet sich ab Mitte Dezember 2016 in Mutterschutz. Sie ließ sich ab September 2016 einen Steuerfreibetrag von etwa 1 000 € in den Lohnsteuerabzugsmerkmalen eintragen und erhielt deshalb seitdem eine erhöhte Nettovergütung ausgezahlt. Der Freibetrag war vorher in den Lohnsteuerabzugsmerkmalen des Ehemanns der Arbeitnehmerin eingetragen.

Hat die Arbeitnehmerin zulässigerweise eine Lücke ausgenutzt?

Die Frage nach der Zulässigkeit eines solchen Vorgehens der Arbeitnehmerin ist ähnlich wie im vorhergehenden Fall des bewussten Steuerklassentauschs zu entscheiden. Auch hier ist von einer solchen rechtsmissbräuchlichen Absicht bei zeitnaher Änderung der Steuermerkmale zum Bezugszeitraum für den Zuschuss auszugehen. Diesen Absichtszusammenhang kann die Arbeitnehmerin nur ausnahmsweise entkräften, wenn sie einen triftigen sonstigen sachlichen Grund für die Änderung darlegen kann.

Ein besonderer Fall ist der Zuschuss zum Mutterschaftsgeld bei einer **Grenzgängerin**.

> **Beispiel 3:**
> A, eine Arbeitnehmerin aus Österreich, ist als sog. Grenzgängerin in Deutschland beschäftigt, wobei ihre Sozialversicherung in Deutschland, ihre Lohnsteuer in Österreich abgeführt wird.
>
> A ist schwanger. Für den ihr zustehenden Anspruch auf Zuschuss zum Mutterschaftsgeld ist zu entscheiden, ob sich die Höhe nach dem tatsächlichen Nettogehalt oder nach dem fiktiv errechneten Entgelt richtet, wobei der Zuschuss zum Mutterschaftsgeld auch in Österreich steuerfrei ist.

Die Frage ist, soweit ersichtlich, **obergerichtlich noch nicht entschieden worden**. Insoweit ist anzuführen, dass Sinn und Zweck der gesetzlichen Regelung des Zuschusses zum Mutterschaftsgeld nach § 14 MuSchG darauf gerichtet ist, der Mutter in den gesetzlichen Schutzfristen den Lebensstandard durch das Arbeitsentgelt aufrechtzuerhalten bzw. ihr etwaige durch die Mutterschutzfristen entstehende Lohnnachteile auszugleichen. Diesem Grundsatz muss bei der Ermittlung des maßgeblichen Nettoentgelts hinsichtlich der „gesetzlichen Abzüge" Rechnung getragen werden. So hat das BAG (BAG v. 1.6.1988, 5 AZR 464/87, www.stotax-first.de) entschieden, dass vom Arbeitgeber an die Arbeitnehmerin mit den Bruttobezügen zur Selbstabführung ausgezahlte Beiträge zu einer Versorgungsanstalt „gesetzliche Abzüge" darstellen.

In diesem Sinne müsste auch die in Österreich abzuführende Lohnsteuer bei einer Grenzgängerin zu berücksichtigende gesetzliche Abzüge darstellen, die den Zuschuss zum Mutterschaftsgeld mindern. Ansonsten würde der Lebensstandard durch Einfließen der Steuer in den Zuschuss erhöht. Dies ist nicht Sinn der Zuschussregelung.

5. Berechnungsbeispiel

2096 Die Berechnung des Arbeitgeberzuschusses zum Mutterschaftsgeld soll an nachfolgendem Beispiel erläutert werden:

> **Beispiel:**
> Eine Arbeitnehmerin in Weimar (20 Jahre), Steuerklasse V/0, Kirchensteuermerkmal ev, erhält im Kalenderjahr 2016 einen Monatslohn von 1 500 € zuzüglich Überstundenvergütungen und Urlaubsgeld. Die vereinbarte Arbeitszeit beträgt 35 Stunden in der Woche. Sie legt ihrem Arbeitgeber ein Attest über den mutmaßlichen Tag der Entbindung vor, den 22.11.2016.
>
> Der Arbeitgeber-Zuschuss ist aus den letzten drei abgerechneten Kalendermonaten vor Beginn der Schutzfrist zu berechnen. Maßgebend ist dabei der laufende Arbeitslohn einschließlich Zulagen, Zuschläge, Überstundenvergütungen, vermögenswirksame Leistungen, aber ohne einmalig gezahltes Arbeitsentgelt. Die Schutzfrist beginnt sechs Wochen vor dem mutmaßlichen Entbindungstag, also am 11.10.2016. Für die Berechnung des Arbeitgeberzuschusses sind daher die Nettoarbeitsentgelte der Monate Juli, August und September 2016 maßgebend. Diese betragen:

	Juli	August	September
Monatslohn	1 500,— €	1 500,— €	1 500,— €
+ Überstunden	300,— €	200,— €	100,— €
insgesamt	1 800,— €	1 700,— €	1 600,— €
./. Lohnsteuer	368,83 €	333,41 €	293,91 €
./. Solidaritätszuschlag (5,5 %)	20,28 €	18,33 €	16,16 €
./. Kirchensteuer (9 %)	33,19 €	30,— €	26,45 €
./. Krankenversicherung einschließlich kassenindividueller Zusatzbeitrag (½ von 14,6 % + 0,9 % [angenommener Wert])	147,60 €	139,40 €	131,20 €
./. Pflegeversicherung (½ von 2,35 %)	21,15 €	19,98 €	18,80 €
./. Rentenversicherung (½ von 18,7 %)	168,30 €	158,95 €	149,60 €
./. Arbeitslosenversicherung (½ von 3,0 %)	27,— €	25,50 €	24,— €
= monatliches Nettoarbeitsentgelt	1 013,65 €	974,43 €	939,88 €
Nettoarbeitsentgelt für drei Monate			2 927,96 €

Der Zuschuss des Arbeitgebers berechnet sich nach dem arbeitstäglichen Nettoarbeitsentgelt, dabei ist der Kalendermonat mit 30 Tagen anzusetzen.

Nettoarbeitsentgelt für drei Monate geteilt durch 90 Kalendertage	2 927,96 €
= tägliches Nettoarbeitsentgelt	32,53 €
./. Mutterschaftsgeld	13,— €
= täglicher Arbeitgeber-Zuschuss zum Mutterschaftsgeld	19,53 €

Der Betrag von täglich 19,53 € ist steuer- und beitragsfrei, muss aber im Lohnkonto und in der Lohnsteuerbescheinigung eingetragen werden.

Für den Monat Oktober 2016 ergibt sich folgende Lohnabrechnung:

- **Aufteilung des Monatslohns**

Da die Mutterschutzfrist für die Arbeitnehmerin am 11.10.2016 beginnt, hat sie nur sechs Arbeitstage im Monat. Der Monatslohn ist entsprechend aufzuteilen. Dabei sind zunächst die Monatsstunden zu ermitteln, und zwar nach **folgender Formel**:

$$\frac{\text{tarifliche Wochenstunden} \times 52 \text{ Wochen}}{12 \text{ Monate}}$$

Es ergeben sich folgende Monatsstunden:

- bei einer 40-Stunden-Woche: 173,3 Stunden
- bei einer 38,5-Stunden-Woche: 166,8 Stunden
- bei einer 35-Stunden-Woche: 151,6 Stunden

Für die sechs Tage ergibt sich folgende anteilige Vergütung:

$$\frac{1\,500\,€ \times 6 \text{ Arbeitstage} \times 7 \text{ Stunden}}{151,6 \text{ Stunden}} = 415,57\,€$$

- **Berechnung der Lohnsteuer**

Bei der Lohnsteuer ergibt sich kein Teillohnzahlungszeitraum, weil das Arbeitsverhältnis fortbesteht. Daher sind auch solche Arbeitstage mitzuzählen, für die die Arbeitnehmerin keinen Lohn bezieht (R 39b.5 Abs. 2 Satz 3 LStR). Die Lohnsteuer ist daher für den Monat zu berechnen.

- **Berechnung der Sozialversicherungsbeiträge**

Sozialversicherungsrechtlich entsteht ein Teillohnzahlungszeitraum vom 1.10. bis 10.10.2016 (zehn Kalendertage). Die anteilige Beitragsbemessungsgrenze für die neuen Bundesländer beträgt für zehn Kalendertage:

- in der Kranken- und Pflegeversicherung 1 412,50 €,
- in der Renten- und Arbeitslosenversicherung 1 800,— €.

Da der Arbeitslohn die anteilige Beitragsbemessungsgrenze nicht übersteigt, sind die Beiträge aus dem anteiligen Arbeitslohn zu berechnen.

- **Lohnabrechnung**

Arbeitslohn für sechs Arbeitstage	415,57 €
./. Lohnsteuer	35,58 €
./. Solidaritätszuschlag (5,5 %)	0,— €
./. Kirchensteuer (9 %)	3,20 €
./. Krankenversicherung einschließlich kassenindividueller Zusatzbeitrag (½ von 14,6 % + 0,9 % [angenommener Wert])	34,08 €
./. Pflegeversicherung (½ von 2,35 %)	4,88 €
./. Rentenversicherung (½ von 18,7 %)	38,86 €
./. Arbeitslosenversicherung (½ von 3,0 %)	6,23 €
= Nettolohn	292,74 €
+ Zuschuss zum Mutterschaftsgeld für 23 Tage im Oktober (19,53 € × 23 Tage)	449,19 €
= auszuzahlender Betrag	741,93 €

Mutterschaftsgeld

6. Ausgleichsverfahren

2097 Zur Verminderung des Risikos der Lohnfortzahlung ist ein Ausgleichsverfahren vorgesehen. Zu weiteren Einzelheiten → *Lohnfortzahlung: Erstattungsverfahren für Arbeitgeber* Rz. 1785.

Mutterschutzlohn

1. Begriff, Voraussetzungen und Abgrenzung zum Mutterschaftsgeld

2098 Frauen i.S.d. § 1 MuSchG steht gem. § 11 MuSchG, soweit sie nicht Mutterschaftsgeld nach den Vorschriften des Fünften Buches Sozialgesetzbuch beziehen können, bei Beschäftigungsverbot eine Entgeltfortzahlung von Seiten des Arbeitgebers zu, der sog. Mutterschutzlohn.

Während der Mutterschutzfristen erhalten Frauen, die Anspruch auf Mutterschaftsgeld haben, ein solches von der Krankenkasse, sind sie nicht Mitglied in einer solchen vom Bundesversicherungsamt. Daneben erhalten die Frauen bei Vorliegen bestimmter Voraussetzungen einen Arbeitgeber-Zuschuss (→ *Mutterschaftsgeld* Rz. 2087).

Aber außerhalb der Mutterschutzfristen, in welchen der Arbeitgeber verpflichtet ist, Mutterschaftsgeld an die Frauen zu zahlen, kann er zu Zahlungen verpflichtet sein, dann nämlich, wenn bestimmte Beschäftigungsverbote für die Zeit außerhalb der Mutterschutzfristen vorliegen, für die Mutterschaftsgeld-Zuschuss gezahlt wird. Der Frau dürfen gem. § 11 Abs. 1 MuSchG aus der gegebenen Situation keine Nachteile entstehen. Für die Zeit dieser Beschäftigungsverbote hat der Arbeitgeber Mutterschutzlohn zu zahlen.

Durch die Gewährung von **Stillzeiten** darf nach § 7 Abs. 2 MuSchG ebenfalls kein Verdienstausfall eintreten. Für die Stillzeiten ist dasjenige Arbeitsentgelt fortzuzahlen, das die Arbeitnehmerin bei einer Weiterarbeit verdient hätte. Ein Vor- oder Nacharbeiten der Stillzeiten ist unzulässig.

§ 16 MuSchG bestimmt schließlich, dass der Arbeitgeber der Frau **Freizeit für** im Rahmen der Schwangerschaft erforderlich werdende **Untersuchungen** zu gewähren hat und dass für diese Zeiten das Arbeitsentgelt fortzuzahlen ist.

Nach einem Urteil des BAG (BAG v. 22.3.1995, 5 AZR 874/93, www.stotax-first.de) besteht kein Anspruch auf Mutterschutzlohn bei **krankheitsbedingter Arbeitsunfähigkeit** der Schwangeren, ohne dass ein Ursachenzusammenhang zu einem mutterschutzrechtlichen Beschäftigungsverbot gegeben ist; vielmehr wird Mutterschutzlohn nach § 11 Abs. 1 MuSchG nur geschuldet, wenn allein das ärztliche Beschäftigungsverbot für die Nichtleistung der Arbeit ursächlich ist (BAG v. 5.7.1995, 5 AZR 135/94, www.stotax-first.de).

2. Höhe des Mutterschutzlohns

2099 Der Arbeitgeber hat der Frau mindestens den **Durchschnittsverdienst** der letzten 13 Wochen oder der letzten drei Monate vor Beginn des Monats, in dem die Schwangerschaft eingetreten ist, weiter zu gewähren. Wird das Arbeitsverhältnis erst nach Eintritt der Schwangerschaft begonnen, so ist der Durchschnittsverdienst aus den ersten 13 Wochen oder drei Monaten der Beschäftigung zu berechnen.

Maßgebend ist der **Gesamtverdienst** im Bezugszeitraum, den die Frau für ihre Arbeitsleistung erhalten hat. Auch hier sind **Verdiensterhöhungen** nicht nur vorübergehender Natur bei der Berechnung zu berücksichtigen. Der Gesamtverdienst ist also so zu berechnen, als hätte der höhere Lohn schon während des ganzen Bezugszeitraums gegolten.

Verdienstkürzungen im Bezugszeitraum infolge von Kurzarbeit, Arbeitsausfällen oder unverschuldeten Arbeitsversäumnissen bleiben auch hier außer Betracht. Zu berücksichtigen sind aber **dauerhafte Verdienstkürzungen**, die während oder nach Ablauf des Berechnungszeitraums eintreten und nicht auf einem mutterschutzrechtlichen Beschäftigungsverbot beruhen.

keine Sozialversicherungspflicht = (SV)
Sozialversicherungspflicht = (SV)

3. Beschäftigungsverbote

2100 Außerhalb der Zeit, für die Mutterschaftsgeld gezahlt wird, bestehen für werdende oder stillende Mütter folgende **Beschäftigungsverbote**:

- Allgemeines Beschäftigungsverbot, soweit nach ärztlichem Zeugnis (zum **Beweiswert** der ärztlichen Bescheinigung s. BAG v. 31.7.1996, 5 AZR 474/95, www.stotax-first.de; zur **Erschütterung** des Beweiswerts bei ernsthaften Zweifelstatsachen BAG v. 1.10.1997, 5 AZR 685/96, www.stotax-first.de; zur **Offenbarungspflicht** von Arbeitnehmerin und Arzt BAG v. 12.3.1997, 5 AZR 766/95, www.stotax-first.de) Leben oder Gesundheit von Mutter und Kind gefährdet ist (§ 3 Abs. 1 MuSchG),

- Beschäftigungsverbot bei schwerer körperlicher Arbeit oder im Umgang mit gesundheitsgefährdenden Stoffen, insbesondere

  - mit Arbeiten, bei denen regelmäßig Lasten von mehr als fünf Kilogramm Gewicht oder gelegentlich Lasten von mehr als zehn Kilogramm Gewicht ohne mechanische Hilfsmittel von Hand gehoben, bewegt oder befördert werden; sollen größere Lasten mit mechanischen Hilfsmitteln von Hand gehoben, bewegt oder befördert werden, so darf die körperliche Beanspruchung der werdenden Mutter nicht größer sein als bei Arbeiten ohne mechanische Hilfsmittel,

  - nach Ablauf des fünften Monats der Schwangerschaft mit Arbeiten, bei denen sie ständig stehen müssen, soweit diese Beschäftigung täglich vier Stunden überschreitet (nur werdende Mütter),

  - mit Arbeiten, bei denen sie sich häufig erheblich strecken oder beugen oder bei denen sie dauernd hocken oder sich gebückt halten müssen,

  - mit der Bedienung von Geräten und Maschinen aller Art mit hoher Fußbeanspruchung, insbesondere von solchen mit Fußantrieb,

  - mit dem Schälen von Holz,

  - mit Arbeiten, bei denen sie infolge ihrer Schwangerschaft in besonderem Maße der Gefahr, an einer Berufskrankheit zu erkranken, ausgesetzt sind oder bei denen durch das Risiko der Entstehung einer Berufskrankheit eine erhöhte Gefährdung für die werdende Mutter oder eine Gefahr für die Leibesfrucht besteht,

  - nach Ablauf des dritten Monats der Schwangerschaft auf Beförderungsmitteln (nur werdende Mütter),

  - mit Arbeiten, bei denen sie erhöhten Unfallgefahren, insbesondere der Gefahr auszugleiten, zu fallen oder abzustürzen, ausgesetzt ist,

- Beschäftigungsverbot mit Akkord- und Fließbandarbeit,

- Beschäftigungsverbot bei Mehrarbeit sowie bei Nacht- und Sonntagsarbeit,

- Beschäftigungsverbot für Arbeiten, die die Leistungsfähigkeit der stillenden Mutter übersteigt, sofern diese nach ärztlichem Zeugnis nicht voll leistungsfähig ist.

4. Lohnsteuer und Sozialversicherung

2101 Der Mutterschutzlohn ist – wie jeder andere vom Arbeitgeber gezahlte Arbeitslohn – **steuer- und beitragspflichtig**.

Als Besonderheit ist lediglich zu beachten, dass die in dem Durchschnittsverdienst eventuell enthaltenen **Zuschläge für Sonntags-, Feiertags- oder Nachtarbeit**, die normalerweise nach § 3b EStG steuerfrei wären, nicht nach § 3b EStG steuerfrei sind, weil sie nicht für tatsächlich geleistete Sonntags-, Feiertags- oder Nachtarbeit gezahlt worden sind (BFH v. 26.10.1984, VI R 199/80, BStBl II 1985, 57; → *Zuschläge für Sonntags-, Feiertags- oder Nachtarbeit* Rz. 3378). Während des Beschäftigungsverbots nach § 8 MuSchG weiterhin gezahlte Schichtzuschläge sind nicht nach § 3b EStG steuerfrei. Die Besteuerung der Schichtzuschläge während des Beschäftigungsverbots ist weder ein Verstoß gegen das Gleichbehandlungsgebot von Frauen und Männern noch gegen das Gebot des Mutterschutzes (BFH v. 27.5.2009, VI B 69/08, BStBl II 2009, 730).

(LSt) (SV)

☒ = keine Lohnsteuerpflicht
☒ = Lohnsteuerpflicht

Nachforderung von Steuern und Beiträgen

1. Lohnsteuer

2102 Schuldner der Steuerabzugsbeträge (Lohnsteuer, Kirchensteuer und Solidaritätszuschlag) ist grundsätzlich der Arbeitnehmer (§ 38 Abs. 2 EStG). Daher ist eine **Nachforderung beim Arbeitnehmer** als Steuerschuldner **immer möglich**, wenn der Arbeitgeber die Steuerabzugsbeträge nicht nach den gesetzlichen Vorschriften vom Arbeitslohn einbehalten hat.

Ein Nachforderungsbescheid wird insbesondere dann **gegen den Arbeitnehmer** erlassen, wenn der Arbeitgeber auf Grund eines gesetzlichen Haftungsausschlusses nicht haften muss, → *Haftung für Lohnsteuer: Allgemeine Grundsätze* Rz. 1499.

Eine **Nachforderung beim Arbeitgeber** kommt in Betracht, wenn dieser die Steuernachforderung für den Arbeitnehmer übernehmen will, → *Haftung für Lohnsteuer: Verfahrensvorschriften* Rz. 1535.

Wegen weiterer Einzelheiten → *Haftung für Lohnsteuer: Allgemeine Grundsätze* Rz. 1493, → *Haftung für Lohnsteuer: Berechnung der Nachforderung* Rz. 1509 und → *Haftung für Lohnsteuer: Verfahrensvorschriften* Rz. 1528.

2. Sozialversicherungsbeiträge

2103 Der Arbeitgeber hat gegenüber seinem Beschäftigten einen Anspruch darauf, dass dieser die Hälfte des Gesamtsozialversicherungsbeitrages trägt (Arbeitnehmeranteil). Nur **auf dem Weg des Lohn-/Gehaltsabzugs** kann der Arbeitgeber seinen **Anspruch geltend machen**. Wegen weiterer Einzelheiten → *Haftung für Sozialversicherungsbeiträge* Rz. 1542.

Nachrichtenreporter, -sprecher

→ *Arbeitnehmer-ABC* Rz. 188

Nachtarbeitszuschläge

→ *Zuschläge für Sonntags-, Feiertags- oder Nachtarbeit* Rz. 3366

Nachzahlungen

1. Überblick

2104 Für die lohnsteuerliche Behandlung von Nachzahlungen ergibt sich folgende **Übersicht**:

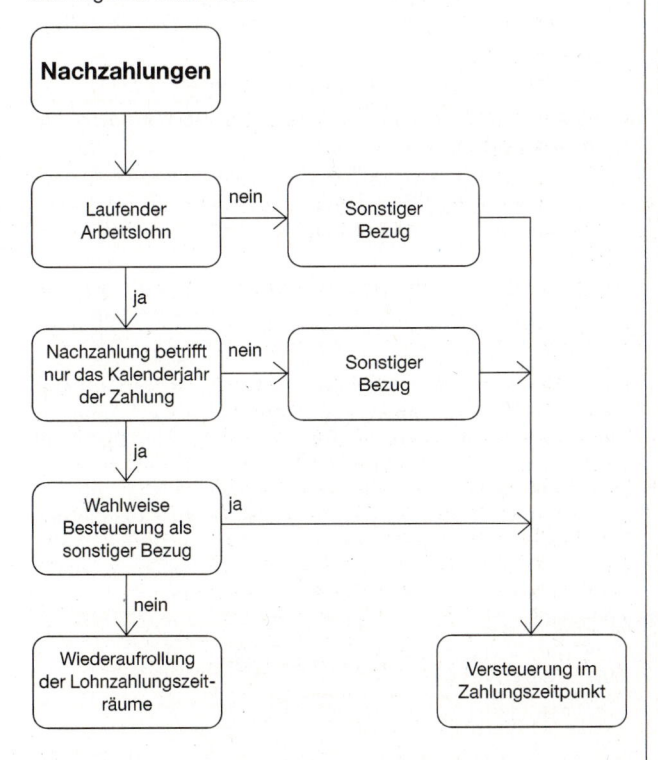

```
        ┌──────────────┐
        │ Nachzahlungen│
        └──────┬───────┘
               │
        ┌──────▼───────┐   nein   ┌──────────┐
        │  Laufender   ├─────────►│ Sonstiger│
        │  Arbeitslohn │          │  Bezug   │
        └──────┬───────┘          └──────────┘
               │ ja
        ┌──────▼────────┐  nein   ┌──────────┐
        │ Nachzahlung   ├────────►│ Sonstiger│
        │ betrifft nur  │         │  Bezug   │
        │ das Kalenderj.│         └──────────┘
        │  der Zahlung  │
        └──────┬────────┘
               │ ja
        ┌──────▼────────┐  ja
        │  Wahlweise    ├────────────┐
        │ Besteuerung   │            │
        │ als sonstiger │            │
        │    Bezug      │            │
        └──────┬────────┘            │
               │ nein                │
        ┌──────▼────────┐      ┌─────▼──────┐
        │ Wiederauf-    │      │ Versteuerung│
        │ rollung der   │      │ im Zahlungs-│
        │ Lohnzahlungs- │      │ zeitpunkt   │
        │ zeiträume     │      └─────────────┘
        └───────────────┘
```

2. Lohnsteuer

a) Nachzahlung von sonstigen Bezügen

2105 Nachzahlungen sind **sonstige Bezüge**, wenn sich der Gesamtbetrag oder ein Teilbetrag der Nachzahlung auf Lohnzahlungszeiträume bezieht, die **in einem anderen Kalenderjahr** als dem der Zahlung enden (R 39b.2 Abs. 2 Nr. 8 LStR).

Bei der Nachzahlung von sonstigen Bezügen ergeben sich keine Besonderheiten; die Nachzahlung ist **im Zahlungszeitpunkt** als sonstiger Bezug lohnzuversteuern (→ *Sonstige Bezüge* Rz. 2704).

b) Nachzahlung von laufendem Arbeitslohn

2106 Nachzahlungen stellen **laufenden Arbeitslohn** dar, wenn sie sich ausschließlich auf Lohnzahlungszeiträume beziehen, die **im Kalenderjahr der Zahlung** enden (R 39b.2 Abs. 1 Nr. 6 LStR).

> **Beispiel 1:**
> Ein Arbeitnehmer erhält am 24.11.2016 eine Nachzahlung für die Monate Mai bis Oktober i.H.v. 600 €.
> Die Nachzahlung von 600 € gehört zum laufenden Arbeitslohn, weil sie Lohnzahlungszeiträume des laufenden Kalenderjahrs betrifft.

> **Beispiel 2:**
> Ein Arbeitnehmer erhält am 20.1.2016 eine Nachzahlung für die Monate Oktober 2015 bis Dezember 2015 i.H.v. 400 €.
> Die Nachzahlung von 400 € gehört nicht zum laufenden Arbeitslohn, weil sie Lohnzahlungszeiträume des abgelaufenen Kalenderjahrs betrifft; die Nachzahlung ist als sonstiger Bezug zu versteuern.

> **Beispiel 3:**
> Ein Arbeitnehmer erhält am 22.12.2016 eine Nachzahlung für die Monate Oktober 2015 bis November 2016 i.H.v. 700 €.
> Die Nachzahlung von 700 € gehört nicht zum laufenden Arbeitslohn, weil sie teilweise Lohnzahlungszeiträume des abgelaufenen Kalenderjahrs betrifft; die Nachzahlung ist als sonstiger Bezug zu versteuern. Bei der Nachzahlung handelt es sich um eine Vergütung für eine mehrjährige Tätigkeit, weil sich die Nachzahlung über mindestens zwei Veranlagungszeiträume erstreckt und einen Zeitraum von mehr als zwölf Monaten umfasst. Zur Berechnung der Lohnsteuer bei einer Vergütung für eine mehrjährige Tätigkeit → *Arbeitslohn für mehrere Jahre* Rz. 257.

Handelt es sich bei der Nachzahlung um laufenden Arbeitslohn, so ist die Nachzahlung für die Berechnung der Lohnsteuer den Lohnzahlungszeiträumen zuzurechnen, für die sie geleistet werden. Das bedeutet, dass der Arbeitgeber die Nachzahlung auf die einzelnen Zeiträume der Nachzahlung aufteilen und für diese Lohnzahlungszeiträume die Lohnsteuer neu berechnen muss (**Wiederaufrollung der Lohnzahlungszeiträume**).

Um dieses komplizierte Verfahren zu vermeiden, ist in R 39b.5 Abs. 4 LStR zugelassen worden, dass die Nachzahlungen **als sonstige Bezüge** behandelt werden können, wenn der Arbeitnehmer dieser Besteuerung nicht widerspricht. Der Arbeitnehmer kann also jederzeit die Besteuerung der Nachzahlung als laufenden Arbeitslohn vom Arbeitgeber verlangen. Selbst wenn die Vereinfachungsregelung angewandt wird und die Nachzahlung als sonstiger Bezug behandelt wird, bleibt sie begrifflich laufender Arbeitslohn. Eine Pauschalierung der Nachzahlung nach § 40 Abs. 1 Satz 1 Nr. 1 EStG ist deshalb nicht zulässig.

> **Beispiel 4:**
> Ein rentenversicherungspflichtiger Arbeitnehmer (Steuerklasse III) mit einem laufenden Bruttoarbeitslohn von 2 500 € monatlich erhält im September 2016 von seinem niedersächsischen Arbeitgeber eine rückwirkende Gehaltserhöhung von 50 € monatlich. Die Nachzahlung von 400 € für die Monate Januar bis August wird im September ausgezahlt. Von dem Monatslohn von 2 500 € ist eine Lohnsteuer von 99,50 € einzubehalten sowie Solidaritätszuschlag von 0 € und Kirchensteuer von 8,95 €.
> Von dem um die anteilige Nachzahlung (400 € : 8 Monate) erhöhten Monatslohn von 2 550 € ist eine Lohnsteuer von 109,50 € einzubehalten sowie Solidaritätszuschlag von 0 € und Kirchensteuer von 9,85 €.
>
> Die Steuerabzugsbeträge auf die Nachzahlung berechnen sich wie folgt:
>
> a) Lohnsteuer
>
> | | |
> |---|---:|
> | Lohnsteuer auf Monatslohn einschließlich anteiliger Nachzahlung (2 550 €) | 109,50 € |
> | Lohnsteuer auf Monatslohn ohne anteilige Nachzahlung (2 500 €) | 99,50 € |
> | Differenz | 10,— € |
> | Differenz × 8 Monate | 80,— € |

Nachzahlungen

keine Sozialversicherungspflicht = ⓢⓥ
Sozialversicherungspflicht = Ⓢⓥ

b) Solidaritätszuschlag
Solidaritätszuschlag auf Monatslohn einschließlich anteiliger Nachzahlung (2 550 €)   0,— €
Solidaritätszuschlag auf Monatslohn ohne anteilige Nachzahlung (2 500 €)   0,— €
Differenz   0,— €
Differenz × 8 Monate   0,— €

c) Kirchensteuer (9 %)
Kirchensteuer auf Monatslohn einschließlich anteiliger Nachzahlung (2 550 €)   9,85 €
Kirchensteuer auf Monatslohn ohne anteilige Nachzahlung (2 500 €)   8,95 €
Differenz   0,90 €
Differenz × 8 Monate   7,20 €

Von dem im September ausgezahlten Arbeitslohn von 2 950 € (2 550 € + 400 €) ist eine Lohnsteuer von 189,50 € (109,50 € + 80 €) einzubehalten sowie ein Solidaritätszuschlag von 0 € und Kirchensteuer von 17,05 € (9,85 € + 7,20 €).

Beispiel 5:
Der Arbeitgeber behandelt die Nachzahlung als sonstigen Bezug nach R 39b.5 Abs. 4 Satz 2 LStR. Der Arbeitnehmer widerspricht dieser Berechnung der Steuerabzugsbeträge nicht.

Es ergibt sich folgende Berechnung der Steuerabzugsbeträge:

Der voraussichtliche Jahresarbeitslohn beträgt
(8 × 2 500 € + 4 × 2 550 €)   30 200,— €
Lohnsteuer nach der Jahreslohnsteuertabelle auf Jahresarbeitslohn einschließlich Nachzahlung (30 200 € + 400 € = 30 600 €)   1 314,— €
Lohnsteuer nach der Jahreslohnsteuertabelle auf Jahresarbeitslohn ohne Nachzahlung (30 200 €)   1 234,— €
Lohnsteuer auf die Nachzahlung   80,— €
Solidaritätszuschlag auf die Nachzahlung (5,5 %)   4,40 €
Kirchensteuer auf die Nachzahlung (9 %)   7,20 €

Von dem im September ausgezahlten Arbeitslohn von 2 950 € (2 550 € + 400 €) ist eine Lohnsteuer von 189,50 € (109,50 € + 80 €) einzubehalten sowie ein Solidaritätszuschlag von 4,40 € (0 € + 4,40 €) und Kirchensteuer von 17,05 € (9,85 € + 7,20 €). Da die Versteuerung der Nachzahlung als sonstiger Bezug insgesamt **nicht günstiger** ist als die Wiederaufrollung der Lohnzahlungszeiträume, kann der Arbeitnehmer dieser Berechnungsart widersprechen.

3. Sozialversicherung

2107 Unabhängig vom Zeitpunkt der Abrechnung oder der Auszahlung des Arbeitsentgelts sind die Sozialversicherungsbeiträge in dem Zeitabschnitt zu berücksichtigen, in dem sie tatsächlich erzielt worden sind. Dies gilt selbstverständlich auch für Nachzahlungen eines von Anfang an geschuldeten Arbeitsentgelts. Ohne Belang ist hierbei, dass der von der Nachzahlung betroffene Arbeitnehmer unterdessen aus dem Betrieb ausgeschieden ist. Die Aufsplittung einer Nachzahlung auf die einzelnen Lohnabrechnungszeiträume, in denen das Arbeitsentgelt erzielt wurde, bedeutet, dass auch die bisherige Beitragsberechnung für die Lohnabrechnungszeiträume zu berichtigen ist. Die Beiträge werden also so berechnet, als hätte der Arbeitgeber vom Beginn an das tatsächlich zu zahlende Arbeitsentgelt ausgezahlt.

Beispiel 1:
Bei der Lohnabrechnung (Monatslohn 2 900 €) hat der Arbeitgeber die ab September geltende neue Altersstufe nicht berücksichtigt und weiterhin den niedrigeren Alterszuschlag ausgezahlt. Auf Grund eines Hinweises des Arbeitnehmers wird mit der Lohnabrechnung im Dezember der fällige Lohnanspruch i.H.v. 300 € nachgezahlt.

Bei der Beitragsberechnung darf der Nachzahlungsbetrag von 300 € nicht dem Monat Dezember zugeordnet werden, vielmehr ist der Nachzahlungsbetrag auf die Monate aufzuteilen, für die diese Nachzahlung auch tatsächlich gezahlt wurde, d.h. hier, dass eigentlich die Lohnabrechnung für die Monate September, Oktober und November durch den Arbeitgeber korrigiert werden müssten.

Aus Vereinfachungsgründen ist es nach Auffassung der Spitzenverbände der Sozialversicherungsträger (vgl. Gemeinsames Rundschreiben zum Haushaltsbegleitgesetz 1984 v. 18.11.1983, BKK S. 46 ff.) jedoch möglich, **den Nachzahlungsbetrag wie einmalig gezahltes Arbeitsentgelt** zu behandeln und die nachzuzahlenden Lohnbezüge den anteiligen Jahres-Beitragsbemessungsgrenzen des Nachzahlungszeitraums gegenüberzustellen (→ *Einmalzahlungen* Rz. 983).

Beispiel 2:
Es gilt der vorgenannte Sachverhalt.

Nachzahlungszeitraum 1.9. bis 30.11.
Beitragspflichtiges monatliches Arbeitsentgelt bisher   2 900 €
Nachzahlungsbetrag   300 €
Anteilige Jahres-BBG vom 1.9. bis 30.11.
(KV/PV: 50 850 € × 90 : 360)   12 712,50 €
(RV/AV: 74 400 € × 90 : 360)   18 600 €

	KV/PV	RV/AV
bisher beitragspflichtiges Arbeitsentgelt für den o.a. Zeitraum	8 700 €	8 700 €
Bemessungsgrenze für die Einmalzahlung (Nachzahlungszeitraum)	4 015 50 €	9 900 €
Beitragspflichtige Nachzahlung	300 €	300 €

Die Nachzahlung i.H.v. 300 € ist somit voll beitragspflichtig. Für den Monat Dezember ergibt dies folgende Beitragsberechnung:

laufendes Arbeitsentgelt im Dezember   3 000 €
Nachzahlungsbetrag für die Monate Sept.–Nov.   300 €
Gesamtbetrag   3 300 €
Arbeitgeberanteil zur
Krankenversicherung (14,6 % : 2 = 7,3 %)   240,90 €
Pflegeversicherung (2,35 % : 2 = 1,175 %)   38,78 €
Rentenversicherung (18,7 % : 2 = 9,35 %)   308,55 €
Arbeitslosenversicherung (3,0 % : 2 = 1,5 %)   49,50 €
Arbeitnehmeranteil zur
Krankenversicherung (14,6 % : 2 = 7,3 %)   240,90 €
Kassenindividueller Zusatzbeitrag 0,9 % (angenommener Wert)   29,70 €
Pflegeversicherung (2,35 % : 2 = 1,175 %)   38,78 €
Rentenversicherung (18,7 % : 2 = 9,35 %)   308,55 €
Arbeitslosenversicherung (3,0 % : 2 = 1,5 %)   49,50 €

Eine Ausnahme von diesem Grundsatz gilt für sog. hinausgeschobene Fälligkeitskonstellationen (Akkordspitzen, Überstundenvergütungen, Montagebeteiligung oder Provisionen). In derartigen Fällen darf eine Behandlung als Einmalzahlung nicht in Erwägung gezogen werden; es ist vielmehr eine Verteilung auf die entsprechenden Abrechnungszeiträume vorzunehmen (vgl. hierzu für den Fall der Montagebeteiligung BSG v. 27.10.1989, 12 RK 9/88, www.stotax-first.de).

Nachzahlungszinsen

→ *Werbungskosten* Rz. 3182

NATO: Mitarbeiter

1. Steuerpflicht

a) Allgemeines

Grundsätzlich unterliegen Personen im Wohnsitzstaat mit ihrem **2108** Welteinkommen der unbeschränkten Steuerpflicht und im davon abweichenden Tätigkeitsstaat mit den – aus Sicht des Tätigkeitsstaats – inländischen Einkünften der beschränkten Steuerpflicht (→ *Steuerpflicht* Rz. 2765).

Von diesem Grundsatz gibt es **Ausnahmen für Angehörige der Streitkräfte**.

Sofern die Steuerpflicht vom Wohnsitz/gewöhnlichen Aufenthalt abhängt, gelten nach Artikel X des Abkommens zwischen den Parteien des Nordatlantikvertrages v. 19.6.1951 über die Rechtsstellung ihrer Truppen (NATO-Truppenstatut, NTS) und nach Art. 68 Abs. 4, 73 des Zusatzabkommens zum NTS (NTS-ZAbk) die Zeitabschnitte, in denen sich ein **Mitglied einer Truppe**, ein Mitglied des **zivilen Gefolges oder eine technische Fachkraft** (Zivilpersonal) oder deren **Angehörige** (Ehegatte oder unterhaltsberechtigte Kinder) **nur in dieser Eigenschaft** im Hoheitsgebiet dieses Staats aufhalten, i.S. der Steuerpflicht **nicht als Zeiten des Aufenthalts in diesem Gebiet** oder als Änderung des Wohnsitzes/gewöhnlichen Aufenthalts, es sei denn, sie haben die Staatsangehörigkeit des Aufnahmestaats.

Zur **Definition der technischen Fachkraft** vgl. die deutsch-amerikanische Vereinbarung v. 19.5.1998, BStBl I 1998, 881. Zur **Einstufung als ziviles Gefolge** vgl. BMF v. 15.6.2000, IV B 3 – S 1311 – 122/00, BStBl I 2000, 807. Die Mitglieder des zivilen Gefolges und die technischen Fachkräfte dürfen außerdem nicht staatenlos oder Staatsangehörige eines Nicht-NATO-Staats sein und ihren gewöhnlichen Aufenthalt im Aufnahmestaat haben. Die Regelungen des NTS-ZAbk für technische Fachkräfte und Angehörige gelten nicht für Deutsche im Ausland.

Halten sich die Mitglieder der Truppe, des zivilen Gefolges und die technischen Fachkräfte nur in dieser Eigenschaft im Aufnahmestaat auf, so sind sie **im Aufnahmestaat von jeder Steuer auf Bezüge und Einkünfte befreit**, die ihnen in dieser Eigenschaft vom Entsendestaat gezahlt werden, sowie von jeglicher Steuer auf bewegliche Sachen, die sich nur wegen des vorübergehenden Aufenthalts im Aufnahmestaat befinden.

Beruht die Anwesenheit im Aufnahmestaat **nicht mehr allein auf dem Umstand der Beschäftigung bei den Streitkräften**, ist unbeschränkte Steuerpflicht nach den allgemeinen Regeln gegeben.

Für die Zuweisung des Besteuerungsrechts ist das jeweilige Doppelbesteuerungsabkommen zu beachten.

b) Rechtsprechung

2109 Fragen zur Steuerpflicht im Zusammenhang mit dem NATO-Truppenstatut beschäftigen immer wieder die Finanzgerichte. Hier eine **Übersicht** wichtiger Urteile:

- Ob die Anwesenheit im Aufnahmestaat **nicht mehr allein auf dem Umstand der Beschäftigung bei den Streitkräften** beruht, ist **Tatfrage** (FG Saarland v. 26.5.2004, 1 K 323/00, EFG 2004, 1434).
- Ein Mitglied der ausländischen Streitkräfte, das zusammen mit seinem Ehegatten, der die Staatsangehörigkeit des Aufnahmestaates besitzt, und ggf. seinen Kindern außerhalb des Kasernenbereichs eine **gemeinsame Familienwohnung** im Aufnahmestaat bezogen hat, ist im Aufnahmestaat unbeschränkt steuerpflichtig (BFH v. 24.2.1988, I R 69/84, BStBl II 1989, 290; BFH v. 26.4.1991, III R 104/89, www.stotax-first.de; BFH v. 16.10.1996, I B 19/96, www.stotax-first.de).
- Ein im Dienst der US-Armee tätiger US-Beamter, der **seit über 35 Jahren** in Deutschland zusammen mit seiner aus Deutschland stammenden Ehefrau in einem **eigenen Einfamilienhaus** lebt, ist im Aufnahmestaat unbeschränkt steuerpflichtig (BFH v. 26.5.2010, VIII B 272/09, www.stotax-first.de).
- Ein bei den inländischen US-Streitkräften beschäftigter US-Staatsbürger ist nicht allein deswegen nach Art. 73 NTS-ZAbk als im Inland wohnhaft und daher unbeschränkt steuerpflichtig anzusehen, weil er mit seiner deutschen Ehefrau **außerhalb des Housing-Area** wohnt. Entscheidend ist nur, ob sich die „technische Fachkraft" in der Bundesrepublik nur in ihrer Eigenschaft als „technische Fachkraft" aufhält oder nicht. Dabei hält sie sich nur dann in dieser Eigenschaft im Inland auf, wenn nach **ihren gesamten Lebensumständen erkennbar** ist, dass sie **nach Beendigung ihres Dienstes in den Ausgangsstaat oder in ihren Heimatstaat zurückkehren** wird. Maßgeblich sind insoweit die Verhältnisse aus der Sicht des jeweiligen Besteuerungszeitraums (BFH v. 9.11.2005, I R 47/04, BStBl II 2006, 374; FG Baden-Württemberg v. 31.10.2013, 7 K 2364/13, EFG 2014, 919).
- Der erforderliche feste Entschluss zur Rückkehr in den Ausgangs- oder Heimatstaat verlangt eine **zeitliche Fixierung** im Hinblick auf die Rückkehr nach Beendigung des Dienstes. Es genügt nicht, irgendwann nach Beendigung des Dienstes zurückkehren zu wollen, die Rückkehr muss vielmehr in einer gewissen **zeitlichen Nähe zur Beendigung des Dienstes** stehen (BFH v. 18.9.2012, I B 10/12, www.stotax-first.de). Die Beweislast trifft in diesem Punkt den Stpfl. (BFH v. 22.2.2006, I R 18/05, HFR 2007, 437).
- Eine „technische Fachkraft" i.S.d. NTS-ZAbk ist unbeschränkt einkommensteuerpflichtig, wenn sie **ihren Rückkehrwillen weder im Wege des Anscheinsbeweises noch anhand sonstiger Indizien nachweisen** kann (BFH v. 21.9.2015, I R 72/14, www.stotax-first.de).
- Eine **Abfindung**, die ein früheres britisches Mitglied des zivilen Gefolges der britischen Streitkräfte der NATO **nach einem Sozialplan** erhält, das im Inland wohnt und arbeitet, unterliegt der inländischen Besteuerung (FG Düsseldorf v. 21.3.2003, 8 K 7102/01 E, EFG 2003, 1390).

2. Steuerklasse

2110 Es kommt immer wieder vor, dass in Deutschland lebenden Ehegatten von Angehörigen ausländischer Streitkräfte unter Hinweis auf Art. X NTS die **Steuerklasse III** verwehrt wird. Hier sollte der Arbeitgeber seinem Arbeitnehmer ggf. den Rat geben, diese Entscheidung beim Finanzamt überprüfen zu lassen.

> **Beispiel 1:**
> Der US-amerikanische Ehemann E der deutschen Angestellten A eines Unternehmens in Frankfurt arbeitet beim zivilen Gefolge der US-Armee in Deutschland. Die Einkünfte des A von den Streitkräften übersteigen 17 304 €. Die Eheleute wohnen außerhalb der Kaserne. Das Finanzamt hat bislang bei A die Eintragung der Steuerklasse III abgelehnt.

> Da E vor allem mit Rücksicht auf die Eheschließung mit der deutschen Staatsangehörigen A in Deutschland lebt, hält er sich hier **nicht nur in der Eigenschaft als Mitglied der zivilen Truppe** auf. Die Eheleute sind damit beide unbeschränkt steuerpflichtig und A hat Anspruch auf Steuerklasse III mit Splittingtarif und höheren Freibeträgen. Nach Art. 19 Abs. 1a des DBA USA (→ *Doppelbesteuerungsabkommen: Allgemeines* Rz. 855) sind die Einkünfte des E von den Streitkräften in Deutschland steuerfrei, bei der Zusammenveranlagung der Eheleute werden diese Einkünfte jedoch nach Art. 23 DBA-USA und § 32b EStG im Wege des Progressionsvorbehalts berücksichtigt (→ *Progressionsvorbehalt* Rz. 2331).

> **Beispiel 2:**
> Ein Mitglied der französischen Truppe in Deutschland wohnt mit seiner Ehefrau und seinem zehnjährigen Kind, alle mit französischer Staatsangehörigkeit, im Kasernenbereich. Der Ehemann erzielt Einkünfte von 25 000 €. Die Ehefrau nimmt eine Arbeit bei einem deutschen Arbeitgeber an und erzielt Einkünfte von 12 000 €.
>
> Die Ehefrau ist mit ihren Einkünften beschränkt steuerpflichtig nach § 1 Abs. 4 EStG. Sie kann aber nach § 1 Abs. 3 EStG als unbeschränkt steuerpflichtig auf Antrag behandelt werden. Obwohl sie die Staatsangehörigkeit eines EU-Mitgliedstaates hat, kann sie nicht die familienbezogenen Entlastungen des § 1a EStG geltend machen. Die Zusammenveranlagung (Steuerklasse III) mit ihrem Ehemann scheidet aus, weil nicht mindestens 90 % des gemeinsamen Einkommens der Eheleute der deutschen Besteuerung unterliegen und die nicht der deutschen Einkommensteuer unterliegenden Einkünfte 17 304 € übersteigen (§ 1a Abs. 1 Nr. 2 EStG). Die Geltendmachung von Unterhaltsaufwendungen an den Ehemann nach § 33a EStG und eine Eintragung einer entsprechenden Steuerentlastung vom Finanzamt auf der besonderen Bescheinigung nach § 39 Abs. 3 Satz 1 EStG scheidet wegen der Höhe der Einkünfte des Ehemannes aus (s. auch OFD Frankfurt v. 28.9.2000, S 2295 A – 15 – St II 22, RIW 2001, 239).

3. Ruhegehalt

2111 **Ruhegehaltszahlungen an ehemalige NATO-Bedienstete** sind regelmäßig Einkünfte aus nichtselbständiger Arbeit (FG Köln v. 15.8.2012, 5 K 189/11, EFG 2013, 32). Behält die koordinierte Organisation einen Teil vom Arbeitslohn des Stpfl. ein, um ihn als Arbeitnehmerbeitrag einer Versorgungsrückstellung in ihrem Haushaltsplan zuzuführen, so fließt dem Stpfl. dadurch kein Arbeitslohn zu. Die Steuerbefreiung für Bezüge und Einkünfte, die den Bediensteten eines NATO-Hauptquartiers in ihrer Eigenschaft als derartige Bedienstete gezahlt werden, findet auf laufende Ruhegehaltszahlungen keine Anwendung (BFH v. 22.11.2006, X R 29/05, BStBl II 2007, 402, die Verfassungsbeschwerde wurde nicht zur Entscheidung angenommen, BVerfG v. 14.10.2010, 2 BvR 367/07, StEd 2010, 739).

4. EU-Truppenstatut

2112 Das Gesetz vom 18.1.2005 zum EU-Truppenstatut (EU-TS) v. 17.11.2003, BGBl. II 2005, 19 ist in Deutschland am 22.1.2005 in Kraft getreten. Art. 16 EU-TS enthält eine Art. X NATO-TS vergleichbare Regelung.

Nebenberufliche Lehr- und Prüfungstätigkeit

1. Zurechnung zur Haupttätigkeit

2113 **Hauptamtliche Lehrkräfte**, die außerhalb von Universitäten und Hochschulen an allgemein bildenden Schulen unterrichten, sind in aller Regel **Arbeitnehmer**, auch wenn sie an der eigenen Schule oder an einer anderen Schule derselben Schulform **nebenberuflich zusätzlichen Unterricht erteilen** und hierfür eine besondere Vergütung erhalten. Dies gilt auch für Lehrkräfte, die in schulischen Lehrgängen, etwa der **Volkshochschulen** oder eines privaten **Abendgymnasiums**, unterrichten, sowie für Lehrkräfte an Musikschulen. Für die Arbeitnehmereigenschaft spricht, dass auch die nebenberuflichen Lehrkräfte ihre Leistung in der vom Schulträger bestimmten Arbeitsorganisation erbringen müssen (vgl. zuletzt BAG v. 20.1.2010, 5 AZR 106/09, www.stotax-first.de).

Diese zusätzliche Tätigkeit gehört zu den **eigentlichen Dienstobliegenheiten**, die der Arbeitgeber erwarten darf. Eine Tätigkeit wird also nicht nebenberuflich ausgeübt, wenn sie als Teil der Haupttätigkeit anzusehen ist, vgl. R 19.2 LStR sowie H 19.2 (Ne-

Nebenberufliche Lehr- und Prüfungstätigkeit

benberufliche Lehrtätigkeit) LStH und H 19.2 (Nebentätigkeit bei demselben Arbeitgeber) LStH.

Die Vergütungen sind zusammen mit den Bezügen für die „Haupttätigkeit" dem **Lohnsteuerabzug** zu unterwerfen.

Zur Arbeitnehmereigenschaft von Dozenten an Fachhochschulen, Volkshochschulen, Weiterbildungsinstituten → Arbeitnehmer-ABC Rz. 188.

2. Selbständige oder unselbständige nebenberufliche Lehrtätigkeit

2114 Die **nebenberufliche Lehrtätigkeit** eines Arbeitnehmers wird regelmäßig als Ausübung eines **freien Berufs** anzusehen sein. Das gilt insbesondere für die nebenberufliche Lehrtätigkeit von **Handwerksmeistern** an Berufs- und Meisterschulen, vgl. H 19.2 (Nebenberufliche Lehrtätigkeit) LStH. Auch die **nebenberufliche Prüfungstätigkeit** ist regelmäßig als selbständige Tätigkeit zu beurteilen, vgl. H 19.2 (Nebenberufliche Prüfungstätigkeit) LStH.

3. Lehrtätigkeit an Schulen

2115 Abgrenzungsschwierigkeiten ergeben sich bei nebenberuflichen Lehrtätigkeiten an einer **Schule oder einem Lehrgang mit einem allgemein feststehenden und nicht nur von Fall zu Fall aufgestellten Lehrplan**. Hier ist wie folgt zu unterscheiden (R 19.2 LStR):

Grundsätzlich ist davon auszugehen, dass die Lehrkräfte als **Arbeitnehmer** tätig werden.

Hingegen liegt eine **selbständige Tätigkeit** vor, wenn die Lehrkräfte in den Schul- oder Lehrgangsbetrieb **nicht fest eingegliedert** sind. Hat die **Lehrtätigkeit nur einen geringen Umfang**, so kann das ein Anhaltspunkt dafür sein, dass eine feste Eingliederung in den Schul- oder Lehrgangsbetrieb nicht vorliegt. Ein geringer Umfang in diesem Sinne kann stets angenommen werden, wenn die nebenberuflich tätige Lehrkraft bei der einzelnen Schule oder dem einzelnen Lehrgang in der Woche durchschnittlich **nicht mehr als sechs Unterrichtsstunden** erteilt.

Der **Zahl der Wochenstunden darf aber keine allein entscheidende Bedeutung beigemessen** werden:

- Ergibt sich nach dem Auftragsverhältnis, dass eine **selbständige Arbeit** vorliegt (so z.B. bei einem nebenberuflich tätigen Lehrbeauftragten an der Fachhochschule Rheinland-Pfalz), so kann dieses Ergebnis nicht dadurch in Frage gestellt werden, dass der Unterricht eine bestimmte Wochenstundenzahl überschreitet (BFH v. 4.10.1984, IV R 131/82, BStBl II 1985, 51, im Urteilsfall wurden bis zu acht Stunden wöchentlich unterrichtet).
- Wird hingegen ein **Arbeitsvertrag vereinbart**, kann auch bei einer wesentlich geringeren Stundenzahl (auch bei nur zwei Stunden wöchentlich) steuerlich ein Arbeitsverhältnis begründet werden.

> **Beispiel:**
> A ist bei der Firma X als Ingenieur tätig. Er hatte mit dem Land Niedersachsen einen „**Dienstvertrag**" abgeschlossen, wonach er „stundenweise" an der Staatlichen Technischen Abendschule Unterricht erteilen sollte. Die Zahl der Wochenstunden betrug laut Vertrag vier, tatsächlich wurden aber nur zwei Stunden Unterricht erteilt. Die Vergütung erfolgte nach Jahreswochenstunden, sie wurde also auch bei Urlaub und Krankheit weitergezahlt. Außerdem sollten nach dem Vertrag die sozialversicherungsrechtlichen Bestimmungen Anwendung finden.
>
> Da in diesem Fall ein Arbeitsvertrag gewollt war, hat der BFH A auch hinsichtlich seiner nebenberuflichen Lehrtätigkeit als Arbeitnehmer angesehen (BFH v. 4.12.1975, IV R 180/72, BStBl II 1976, 292).

Die **Sechs-Stunden-Regelung gilt nur**, wenn die nebenberufliche Lehrtätigkeit an einem Lehrgang mit einem **allgemein feststehenden** und nicht nur von Fall zu Fall aufgestellten **Lehrplan** erfolgt. **Volkshochschullehrveranstaltungen** können jedoch nicht als ein solcher Lehrgang mit allgemein feststehendem Lehrplan angesehen werden. Hiernach ist die Ausübung einer nebenberuflichen Lehrtätigkeit an Volkshochschulen i.d.R. als Ausübung eines **freien Berufs** anzusehen, es sei denn, dass z.B. ein **Arbeitsvertrag** für die Arbeitnehmereigenschaft spricht, s. H 19.2 (Nebenberufliche Lehrtätigkeit" LStH, m.w.N.).

4. Steuerbefreiungen

Vergütungen für eine **nebenberufliche Lehr- und Prüfungstätigkeit** können unter bestimmten Voraussetzungen nach § 3 Nr. 26 EStG (z.B. bei Lehrtätigkeit an Volkshochschulen) oder teilweise nach § 3 Nr. 12 EStG (z.B. bei Lehrtätigkeit an Verwaltungsschulen) **steuerfrei** belassen werden. Einzelheiten → Aufwandsentschädigungen für bestimmte nebenberufliche Tätigkeiten Rz. 360 sowie → Aufwandsentschädigungen im öffentlichen Dienst Rz. 383.

2116

Nebenberufliche Pflegetätigkeit

→ Aufwandsentschädigungen für bestimmte nebenberufliche Tätigkeiten Rz. 360

Nebentätigkeit

1. Arbeitsrecht

a) Begriff/Zulässigkeit

Die Nebentätigkeit (oder auch Nebenbeschäftigung) im arbeitsrechtlichen Sinne ist dadurch gekennzeichnet, dass der Arbeitnehmer seine Arbeitskraft **neben einem Hauptbeschäftigungsverhältnis** bei einem anderen oder auch bei demselben Arbeitgeber zur Verfügung stellt. Es handelt sich also um eine besondere Form des Teilzeitarbeitsverhältnisses.

2117

Da der Arbeitnehmer seinem Hauptarbeitgeber nicht seine ganze Arbeitskraft, sondern nur eine bestimmte Zeitspanne zur Verfügung stellt, steht es ihm grundsätzlich frei, eine Nebenbeschäftigung aufzunehmen. Der Arbeitnehmer ist auch ohne eine spezifische Anspruchsgrundlage grundsätzlich nicht verpflichtet, seinem Hauptarbeitgeber die Aufnahme einer Nebenbeschäftigung mitzuteilen. Hingewiesen sei auch darauf, dass die Übernahme von Ehrenämtern nicht als Nebentätigkeit zu werten ist, insbesondere nicht der Genehmigung durch den Arbeitgeber unterliegt.

Besonderheiten gelten für **Arbeitsverhältnisse mit geringfügiger Beschäftigung**: Dabei sind mehrere geringfügige Beschäftigungen in sozialversicherungsrechtlicher Hinsicht **zusammenzurechnen**. Deshalb schreibt § 28o Abs. 1 SGB IV vor, dass der Arbeitnehmer, der in zwei geringfügigen Beschäftigungsverhältnissen steht, beiden Arbeitgebern das Vorhandensein des jeweils anderen Beschäftigungsverhältnisses anzeigen muss. Allerdings **haftet der Arbeitgeber** auf die entsprechenden Beiträge, auch wenn die Mitteilung unterbleibt.

Zu Fragen des **Nebenverdienstes** während **Arbeitslosigkeit** s. § 141 SGB III.

Zu zusammenfassenden Darstellungen s. D. Besgen, Nebentätigkeit, B+P 2009, 739 sowie Hunold, Rechtsprechung zur Nebentätigkeit des Arbeitnehmers, NZA-RR 2002, 505.

b) Beschränkungen/Verbote

Der Abschluss eines Nebenbeschäftigungsvertrages ist insoweit **verboten**, als die **Summe der Arbeitszeit** aus Haupt- und Nebentätigkeit die von Arbeitszeitgesetz oder Tarifverträgen gesetzten Grenzen erheblich und regelmäßig übersteigt (vgl. BAG v. 19.6.1959, 1 AZR 565/57, www.stotax-first.de). Die gesetzliche Arbeitszeit von 48 Stunden (§ 3 ArbZG) darf nicht **überschritten** werden. Ein Verstoß gegen das Verbot führt zur Nichtigkeit des Teils der Nebentätigkeit, der über die zulässige Arbeitszeit hinausgeht. Eine lediglich **geringfügige und/oder gelegentliche Überschreitung** der Arbeitszeitgrenzen führt nicht zur Nichtigkeit oder Teilnichtigkeit des Nebenbeschäftigungsvertrags.

2118

Unzulässig ist die Aufnahme einer Nebenbeschäftigung, wenn dies im Hauptarbeitsvertrag oder durch eine Betriebsvereinbarung oder durch einen Tarifvertrag **ausgeschlossen** wird. Ein solcher **Ausschluss** ist jedoch nur eingeschränkt zulässig, denn der Arbeitnehmer darf grundsätzlich nicht gehindert werden, seine gesamte Arbeitskraft zu verwerten. In dieser freien Verwertung seiner Arbeitskraft darf der Hauptarbeitgeber den Arbeitnehmer nur einschränken, wenn er hieran ein **berechtigtes Interesse** besitzt (BAG v. 24.3.2010, 10 AZR 66/09, www.stotax-first.de).

[LSt] = keine Lohnsteuerpflicht
[LSt] = Lohnsteuerpflicht

Nebentätigkeit

Typische **zulässige Versagungsgründe** sind

- Beeinträchtigung des Hauptarbeitsverhältnisses wegen Überschreitung der Arbeitskraft in der Nebentätigkeit,
- Verletzung von erheblichen Wettbewerbsinteressen des Arbeitgebers (BAG v. 24.3.2010, 10 AZR 66/09, www.stotax-first.de),
- Schwarzarbeit (→ *Schwarzarbeit* Rz. 2657),
- Erwerbstätigkeit im Erholungsurlaub,
- Genesungsprozess beeinträchtigende Erwerbstätigkeit bei Arbeitsunfähigkeit,
- erhebliche Beeinträchtigung berechtigter Interessen des Arbeitgebers (BAG v. 28.2.2002, 6 AZR 357/01, www.stotax-first.de). Insoweit kann auch ein generelles Verbot zulässig sein (BAG v. 26.6.2001, 9 AZR 343/00, www.stotax-first.de).

In der Praxis verbreitet ist die **Vereinbarung eines Erlaubnisvorbehaltes**. Ein solches Verbot mit Erlaubnisvorbehalt ist zulässig (BAG v. 11.12.2001, 9 AZR 464/00, www.stotax-first.de; BAG v. 13.3.2003, 6 AZR 585/01, www.stotax-first.de). Sofern keine Beeinträchtigung der betrieblichen Interessen des Arbeitgebers zu erwarten ist, hat der Arbeitnehmer Anspruch auf Erteilung der Zustimmung. Ein Erlaubnisvorbehalt dient somit nur dazu, dem Arbeitgeber bereits vor Aufnahme der Nebentätigkeit die Überprüfung zu ermöglichen, ob seine Interessen beeinträchtigt werden. Verstößt der Arbeitnehmer gegen seine Verpflichtung zur Einholung der Genehmigung, so ist eine Abmahnung auch dann berechtigt, wenn er Anspruch auf deren Erteilung hat (BAG v. 22.2.2001, 6 AZR 398/99, www.stotax-first.de).

Bei der Bestimmung der Reichweite des im laufenden Arbeitsverhältnis bestehenden **Wettbewerbsverbots** muss die durch Art. 12 Abs. 1 GG geschützte Berufsfreiheit des Arbeitnehmers stets Berücksichtigung finden. Daher ist im Rahmen einer Gesamtwürdigung aller Umstände des Einzelfalls festzustellen, ob die anderweitige Tätigkeit zu einer Gefährdung oder Beeinträchtigung der Interessen des Arbeitgebers führt. Es spricht viel dafür, dass bloße **Hilfstätigkeiten ohne Wettbewerbsbezug** nicht erfasst werden (BAG v. 24.3.2010, 10 AZR 66/09, www.stotax-first.de).

Auch bei einer grundsätzlich genehmigungsfreien Nebentätigkeit muss bei Berührung mit Arbeitgeberinteressen die Tätigkeit mitgeteilt werden; insoweit besteht auch eine **Auskunftspflicht** des Arbeitnehmers (BAG v. 18.1.1996, 6 AZR 314/95, www.stotax-first.de).

c) Folgen eines Verstoßes gegen Nebenbeschäftigungsverbot

2119 Ein Verstoß des Arbeitnehmers gegen ein **berechtigtes Nebenbeschäftigungsverbot** kann nach Abmahnung eine verhaltensbedingte **Kündigung** nach § 1 Abs. 2 KSchG, ggf. eine außerordentliche Kündigung nach § 626 BGB rechtfertigen, wenn Umstände vorliegen, die eine Fortsetzung des Dienstverhältnisses unzumutbar erscheinen lassen (BAG v. 19.4.2007, 2 AZR 180/06, www.stotax-first.de). Umgekehrt gilt: Hat der Hauptarbeitgeber dem Arbeitnehmer ohne Berechtigung eine Nebenbeschäftigung untersagt, so **darf** der Arbeitnehmer gegen dieses **unberechtigte Nebenbeschäftigungsverbot verstoßen;** eine auf diesen Verstoß gestützte Kündigung des Arbeitgebers ist unwirksam.

Leistet der Arbeitnehmer im Hauptarbeitsverhältnis infolge der Nebentätigkeit **schlechte Arbeit**, z.B. weil er übermüdet ist, so kann dies zu einem **Schadensersatzanspruch** (→ *Schadensersatz* Rz. 2637) des Hauptarbeitgebers führen.

d) Entgeltfortzahlung/Urlaub/Überstunden/Zuschuss zum Mutterschaftsgeld/Kündigung

2120 Wird der Arbeitnehmer arbeitsunfähig krank, so hat er Anspruch auf **Entgeltfortzahlung** sowohl gegen seinen Hauptarbeitgeber als auch in seinem Nebenbeschäftigungsverhältnis.

Dauert das Nebenbeschäftigungsverhältnis länger als einen Monat, so hat der Arbeitnehmer **Urlaubsansprüche** wie eine Vollzeitkraft. Hinsichtlich der zeitlichen Gewährung des Urlaubs muss der Arbeitgeber sich dem Urlaub des Arbeitnehmers in dessen Hauptarbeitsverhältnis anpassen, soweit ihm dies bei Berücksichtigung seiner eigenen betrieblichen Belange zuzumuten ist.

Leistet der in Nebenbeschäftigung tätige Arbeitnehmer über die vereinbarte Arbeitszeit hinaus zusätzliche Arbeit, so stellt sich die Frage nach einem Anspruch auf **Überstunden- oder Mehrarbeitsvergütung**. Insoweit ist grundsätzlich kein Anspruch auf Zuschläge gegeben (EuGH v. 15.12.1994, C-399/92 u.a., www.stotax-first.de).

Arbeitnehmerinnen haben bei mehreren Arbeitsverhältnissen gegen jeden Arbeitgeber Anspruch auf **Zuschuss zum Mutterschaftsgeld** nach § 14 MuSchG. Insoweit sind die Nettobezüge aller Arbeitsverhältnisse für die Berechnung des kalendertäglichen Arbeitsentgelts zu berücksichtigen; der Zuschuss zwischen dem so ermittelten Nettoentgelt und dem Mutterschaftsgeld ist von den Arbeitgebern **anteilig in dem Verhältnis** zu zahlen, in dem die Nettobezüge zueinander stehen (BAG v. 3.6.1987, 5 AZR 592/86, www.stotax-first.de).

2. Lohnsteuer

a) Abgrenzungskriterien für die Arbeitnehmereigenschaft

2121 Die Frage, ob eine Nebentätigkeit in einem Dienstverhältnis oder selbständig ausgeübt wird, ist nach den allgemeinen Abgrenzungsmerkmalen des § 1 Abs. 1 und 2 LStDV zu entscheiden. Je nachdem, ob die Tätigkeit unselbständig oder selbständig ausgeübt wird, ist die Vergütung als „Arbeitslohn" anzusehen oder nicht. Gemäß § 2 LStDV sind unter Arbeitslohn alle **Einnahmen** zu verstehen, die dem **Arbeitnehmer aus dem Dienstverhältnis** zufließen.

Bei der **Prüfung, ob eine Nebentätigkeit selbständig oder nichtselbständig** ausgeübt wird, können neben den allgemeinen Abgrenzungsmerkmalen v.a. die folgenden Gesichtspunkte bedeutsam sein:

- Wird eine Tätigkeit nur **kurzfristig** oder neben einer Haupttätigkeit ausgeübt, so schließt dies die Eingliederung in den Betrieb des Auftraggebers und damit die Arbeitnehmereigenschaft nicht aus.

- Bei einer zeitlich nur kurzen Berührung mit dem Betrieb des Auftraggebers ist die Eingliederung des Beauftragten sorgfältig zu prüfen. Dabei kann auch die Eigenart der Tätigkeit bedeutsam sein. Bei **einfachen Arbeiten**, vor allem bei Handarbeiten, bei denen das Weisungsrecht des Auftraggebers sich stärker auswirkt, ist **eher eine Eingliederung in den Betrieb** und die Gestellung der Arbeitskraft anzunehmen als bei gehobenen Arbeiten, in denen die Weisungsbefugnis des Auftraggebers sich mehr auf äußere und organisatorische Dinge beschränkt, während im Übrigen der Beauftragte in der Gestaltung seiner Arbeit freie Hand hat und der Arbeitserfolg wichtiger ist als Dauer und Umfang der Arbeitsleistung.

- Muss der Beauftragte die Arbeit **in der Betriebsstätte des Auftraggebers** leisten, so spricht das eher für die Eingliederung in den Betrieb, als wenn er die Arbeit außerhalb der Betriebsstätte leisten kann.

- Gegen die Unselbständigkeit spricht es, wenn jemand die übernommene Arbeit auch durch eine andere Person, z.B. einen Familienangehörigen, leisten lassen kann; denn ein Arbeitnehmer muss i.d.R. persönlich tätig werden.

- Wesentlich ist, ob der Beauftragte seine Arbeit zu einer vom Auftraggeber **festgesetzten Zeit** leisten muss. Es spricht eher für Selbständigkeit, wenn ein Beauftragter die übernommene Arbeit erledigen kann, wann er will, ohne dabei an die Weisungen seines Auftraggebers gebunden zu sein.

- Ein Arbeitnehmer ist kein Unternehmer und trägt kein unternehmerisches Risiko. Trägt darum der Beauftragte in größerem oder geringerem Umfang das **Risiko des Arbeitserfolgs**, so ist er selbständig.

- Möglich ist, dass kein Arbeitsverhältnis begründet wird, sondern der Gedanke der **Gefälligkeit** in den Vordergrund tritt. Dann ist das Entgelt nicht Arbeitslohn. Ob es in eine andere Einkunftsart fällt, ist im Einzelfall zu prüfen.

- Handelt es sich um eine **ehrenamtliche Tätigkeit**, z.B. Sanitätshelfer des Deutschen Roten Kreuzes, so ist zu prüfen, ob die gezahlten Entschädigungen die Aufwendungen des ehrenamtlich Tätigen regelmäßig nicht nur unwesentlich übersteigen

Nebentätigkeit

gen. Nur in diesen Fällen sind die Entschädigungen Arbeitslohn.

– Die **Behandlung bei der Sozialversicherung** ist für die steuerliche Beurteilung nicht ausschlaggebend.

Zur Abgrenzung auch → *Arbeitnehmer* Rz. 175. Einzelbeispiele → *Arbeitnehmer-ABC* Rz. 188.

b) Zurechnung zur Haupttätigkeit

2122 Die Nebentätigkeit oder Aushilfstätigkeit ist **i.d.R. für sich allein zu beurteilen**, sofern nicht ausnahmsweise die Nebentätigkeit mit der Ausübung des Hauptberufs unmittelbar zusammenhängt und ihn zur Voraussetzung hat. Einnahmen aus der **Nebentätigkeit** eines Arbeitnehmers, die er **i.R.d. Dienstverhältnisses für denselben Arbeitgeber** leistet, für den er die Haupttätigkeit ausübt, sind **Arbeitslohn**, wenn

– **Haupt- und Nebentätigkeit gleichartig** sind und die Nebentätigkeit unter ähnlichen organisatorischen Bedingungen ausgeübt wird wie die Haupttätigkeit

– **oder** wenn der Stpfl. mit der Nebentätigkeit ihm aus seinem Dienstverhältnis faktisch oder rechtlich obliegende **Nebenpflichten erfüllt**, die zwar im Arbeitsvertrag nicht ausdrücklich vorgesehen sind, deren Erfüllung der Arbeitgeber aber nach der tatsächlichen Gestaltung des Dienstverhältnisses und nach der Verkehrsauffassung erwarten darf, auch wenn er die zusätzlichen Leistungen besonders vergüten muss, vgl. H 19.2 (Nebentätigkeit bei demselben Arbeitgeber) LStH sowie FG Sachsen-Anhalt v. 16.4.2002, 4 K 10500/99, EFG 2002, 958 betr. die freiwillige Betreuung Suchtkranker durch einen Sozialpädagogen in der Freizeit.

Beispiel 1:
Ein Kreditinstitut bittet einige Mitarbeiterinnen, im Anschluss an die reguläre Arbeitszeit bei Veranstaltungen des Arbeitgebers (Buchvorstellungen, Empfänge, Vorträge) als Hostessen im Bereich Service und Betreuung tätig zu werden. Die Mitarbeiterinnen erhalten dafür eine besondere Vergütung.

Die Vergütungen unterliegen zusammen mit dem Arbeitslohn aus der „Haupttätigkeit" dem Lohnsteuerabzug. Die Mitarbeiterinnen sind zwar in der Entscheidung, eine weitere Tätigkeit für den Arbeitgeber auszuüben, frei. Entscheiden sie sich aber für die Übernahme weiterer Tätigkeiten, können sie sich ihrem Arbeitgeber gegenüber auch in der Weise binden, dass sie ihm ihre Arbeitskraft zur fremdbestimmten Nutzung zur Verfügung stellen und so weisungsgebunden für ihn nichtselbständig tätig sind (BFH v. 7.11.2006, VI R 81/02, HFR 2007, 228).

Demgegenüber ist ein Arbeitnehmer im Rahmen einer Nebentätigkeit **selbständig tätig**, wenn er eigene Unternehmerinitiative entfaltet und eigenes Unternehmerrisiko trägt; dies gilt auch, wenn die Nebentätigkeit inhaltlich mit der Haupttätigkeit zusammenhängt (vgl. BFH v. 20.12.2000, XI R 32/00, BStBl II 2001, 496 sowie FG Düsseldorf v. 4.6.2002, 3 K 3044/98 E, EFG 2002, 1227 betr. fachwissenschaftliche schriftstellerische Tätigkeit eines Hochschulprofessors).

Die Abgrenzung hat nicht nur bei der Einkommensteuer Bedeutung (z.B. für die Anwendung der Steuerbefreiung nach § 3 Nr. 26 EStG), sondern auch für die **Umsatzsteuer** und ggf. **Gewerbesteuer**.

Beispiel 2:
Ein Arbeitnehmer hat seinen Chef, der Direktor eines Hotels ist, beim Verkauf des Hotels beraten und hierfür ein Honorar erhalten. Das Finanzamt hat eine selbständige gewerbliche Tätigkeit angenommen und einen Gewerbesteuermessbescheid erlassen.

Der BFH hat das Honorar als Arbeitslohn angesehen, weil die Nebentätigkeit in einem unmittelbaren Zusammenhang mit der nichtselbständigen Tätigkeit des Arbeitnehmers stand (BFH v. 20.12.2000, XI R 32/00, BStBl II 2001, 496). Die Gewerbesteuerpflicht entfällt somit.

Beispiel 3:
A ist bei einem Sparkassen- und Giroverband, dem auch die Sparkassenschule angegliedert ist, als Schreibkraft tätig. Sie muss jedes Jahr etwa für zwei Wochen die schriftlichen Abschlussarbeiten der „Prüflinge" beaufsichtigen und erhält hierfür eine besondere Vergütung.

Die Aufsichtsführung ist nach Auffassung der Finanzverwaltung der Haupttätigkeit zuzurechnen, weil der Arbeitgeber diese Nebentätigkeit erwarten darf. Daraus folgt, dass die Vergütungen zusammen mit dem „normalen" Arbeitslohn dem Lohnsteuerabzug zu unterwerfen sind und dass die nur für „nebenberufliche" Tätigkeiten in Betracht kommende Steuerbefreiung des § 3 Nr. 26 EStG keine Anwendung findet. Im Übrigen wäre diese Vergünstigung hier aber auch deshalb abzulehnen, weil die reine Aufsichtsführung – selbst wenn gewisse Prüfungserfahrungen erforderlich sind – keine begünstigte ausbilderische Tätigkeit i.S.d. § 3 Nr. 26 EStG darstellt.

Vgl. hierzu auch OFD Hannover v. 23.5.1995, S 2332 – 135 – StH 211, www.stotax-first.de, betr. Aufsichtsvergütungen bei juristischen Staatsprüfungen, oder auch FinMin Thüringen v. 16.2.1996, S 2332 A – 32/96 – 204.1, www.stotax-first.de, betr. Vergütungen, die an das Aufsichtspersonal bei medizinischen Tests gezahlt werden.

3. Weitere Hinweise

2123 Liegt eine Nebentätigkeit vor, bleiben unter den in **§ 3 Nr. 26, 26a EStG** genannten Voraussetzungen die Einnahmen bis zur Höhe von 2 400 € bzw. 720 € im Jahr steuerfrei (Einzelheiten → *Aufwandsentschädigungen für bestimmte nebenberufliche Tätigkeiten* Rz. 360).

Hinzuweisen ist ferner auf **H 18.2 „Betriebsausgabenpauschale" EStH**, wonach bei wissenschaftlicher, künstlerischer oder schriftstellerischer Nebentätigkeit (auch Vortrags- oder nebenberufliche Lehr- und Prüfungstätigkeit), soweit es sich nicht um eine Tätigkeit i.S.d. § 3 Nr. 26 EStG handelt, Betriebsausgaben i.H.v. 25 % der Betriebseinnahmen aus dieser Tätigkeit, höchstens jedoch 614 € jährlich, pauschaliert werden können. Der Höchstbetrag von 614 € kann für alle Nebentätigkeiten, die unter die Vereinfachungsregelung fallen, nur einmal gewährt werden. Es bleibt den Stpfl. unbenommen, etwaige höhere Betriebsausgaben nachzuweisen.

Negative Einnahmen und Werbungskosten

1. Rückzahlung von Arbeitslohn

2124 Zahlt ein Arbeitnehmer Arbeitslohn zurück, der dem Lohnsteuerabzug unterlegen hat, so bleibt der früher gezahlte Arbeitslohn zugeflossen (§ 11 Abs. 1 EStG). Die zurückgezahlten Beträge sind im Zeitpunkt der Rückzahlung als **negative Einnahmen oder Werbungskosten** zu berücksichtigen, selbst wenn der Arbeitslohn auf Grund rechtsirriger Annahmen des Finanzamts im Zuflussjahr steuerlich nicht erfasst wurde (FG Düsseldorf v. 13.4.2010, 17 K 1654/09 F, EFG 2010, 1783). Ob negative Einnahmen oder Werbungskosten anzunehmen sind, hat der BFH bisher noch nicht entschieden; die Frage wurde zuletzt im Urteil v. 12.11.2009, VI R 20/07, BStBl II 2010, 845 (Gewinnausschüttungen einer Versorgungskasse sind keine Arbeitslohnrückzahlungen) offen gelassen.

Aus der Stellung eines Arbeitnehmers als **beherrschender Gesellschafter-Geschäftsführer** seiner Arbeitgeber-GmbH ergeben sich keine Besonderheiten hinsichtlich des Zeitpunktes des tatsächlichen Abflusses der Rückzahlungsbeträge. Allein die Ansätze von Rückzahlungsforderungen der GmbH gegenüber seinem Gesellschafter bzw. entsprechende Verbuchungen auf dem Gesellschafter Verrechnungskonto bewirken keinen tatsächlichen Abfluss der Rückzahlungsbeträge beim Arbeitnehmer. Rückzahlungen bzw. Rückbelastungen stellen keine rückwirkenden Ereignisse i.S.v. § 175 Abs. 1 Satz 1 Nr. 2 AO dar (FG Niedersachsen v. 19.2.2014, 9 K 217/12, EFG 2014, 903, Revision eingelegt, Az. beim BFH: VI R 13/14).

Die Unterscheidung hat grundsätzliche Bedeutung, weil sich beim Abzug als Werbungskosten nur der über den Arbeitnehmer-Pauschbetrag hinausgehende Teilbetrag steuerlich auswirken würde. Zur Berücksichtigung im Lohnsteuerverfahren → *Rückzahlung von Arbeitslohn* Rz. 2578.

Ein Stpfl., der bewirkt, dass die Rückzahlung von Einnahmen entgegen der Rechtsprechung des BFH vom Finanzamt bereits im Jahr der Überzahlung einkommensteuerlich berücksichtigt wird, handelt widersprüchlich und damit treuwidrig, wenn er die Rückzahlung im Zeitpunkt ihrer tatsächlichen Leistung nochmals einkünftemindernd geltend macht (BFH v. 29.1.2009, VI R 12/06, www.stotax-first.de).

Wird eine Gehaltsforderung des Arbeitnehmers dadurch erfüllt, dass dieser mit seinem Arbeitgeber einen **Kaufvertrag über eine Eigentumswohnung** abschließt und der Kaufpreis mit der fälligen Gehaltsforderung verrechnet wird, stellt sich dann jedoch heraus, dass der Kaufvertrag zivilrechtlich mangels Eintragung des Arbeitnehmers im Grundbuch nicht erfüllt wurde, kann die Veräußerung der Eigentumswohnung durch den Arbeitgeber im Wege der Zwangsversteigerung nicht als Arbeitslohnrückzahlung angesehen werden. Arbeitslohnrückzahlungen sind nur dann anzunehmen, wenn der Arbeitnehmer an den Arbeitgeber die Leistungen, die bei ihm als Lohnzahlungen zu qualifizieren waren, zurückzahlt. Der Veranlassungszusammenhang zum Arbeitsverhältnis wird durch den Abschluss des Kaufvertrages unterbrochen (BFH v. 10.8.2010, VI R 1/08, BStBl II 2010, 1074).

2. Erstattung von Werbungskosten

2125 Werden **Werbungskosten im Folgejahr erstattet**, so handelt es sich um **steuerpflichtige Einnahmen** bei der Einkunftsart, bei der die Aufwendungen vorher als Werbungskosten abgezogen worden sind, bei Arbeitnehmern also um Einkünfte aus nichtselbständiger Arbeit. Das gilt auch dann, wenn ein **Dritter**, z.B. eine Versicherungsgesellschaft, die Werbungskosten erstattet (BFH v. 13.7.2000, VI B 184/99, www.stotax-first.de).

> **Beispiel:**
> A hat mit seinem Pkw auf der Fahrt zur Arbeit im Jahr 2015 einen Unfall erlitten (Restwert des Autos 10 000 €). Im Jahr 2016 werden ihm von der Versicherung 8 000 € erstattet; in diesem Jahr hat er andere Werbungskosten von 5 000 €.
>
> A muss die Absetzungen für außergewöhnliche Abnutzung ohne Rücksicht auf evtl. Erstattungen unbedingt im Jahr 2015 steuerlich geltend machen (BFH v. 13.3.1998, VI R 27/97, BStBl II 1998, 443). Die Erstattung im Jahr 2016 von 8 000 € ist als steuerpflichtige Einnahme zu behandeln.
>
> Bei Annahme „negativer Werbungskosten" könnte demgegenüber im Jahr 2016 nur eine Verrechnung bis 0 € erfolgen; der übersteigende Betrag von 3 000 € würde steuerlich „unter den Tisch fallen". Dies hat der BFH allerdings abgelehnt.

Weder der Arbeitgeber noch die Versicherung hat in diesem Fall den **Lohnsteuerabzug** vorzunehmen. Die Zahlungen sind aber ggf. im Rahmen einer **Einkommensteuerveranlagung** zu erfassen und deshalb vom Arbeitnehmer in der Einkommensteuererklärung anzugeben.

Nettoarbeitsentgelt

→ Arbeitsentgelt Rz. 216

Nettolöhne

1. Allgemeines

2126 Eine **Nettolohnvereinbarung liegt vor**, wenn der **Arbeitgeber** nach dem Arbeitsvertrag – bzw. nach einer Betriebsvereinbarung oder einem Tarifvertrag – verpflichtet ist, zuzüglich zu dem vereinbarten Nettolohn die darauf entfallende Lohnsteuer, den Solidaritätszuschlag, die Kirchensteuer und den Arbeitnehmeranteil am Gesamtsozialversicherungsbeitrag selbst zu tragen. Wegen der Außergewöhnlichkeit einer Nettolohnvereinbarung und ihrer Folgen muss der Abschluss einer Nettolohnvereinbarung **klar und einwandfrei feststellbar** sein, wenn sie anerkannt werden soll. Dies gilt sowohl arbeitsrechtlich (BAG v. 29.9.2004, 1 AZR 634/03, www.stotax-first.de; BAG v. 26.8.2009, 5 AZR 616/08, www.stotax-first.de) als auch steuerrechtlich (BFH v. 28.2.1992, VI R 146/87, BStBl II 1992, 733 m.w.N.). Fehlt es an dem eindeutigen Nachweis einer Nettolohnvereinbarung, so schuldet der Arbeitgeber lediglich den Bruttolohn, d.h. Steuern und Sozialversicherungsbeiträge werden vom vereinbarten Arbeitslohn abgezogen. Soweit in arbeitsrechtlichen Regeln der Begriff „netto" gebraucht wird, ist damit regelmäßig lediglich auf die Abzüge von Entgeltzahlungen Bezug genommen; nach den Umständen des Einzelfalls kann aber auch eine andere Auslegung geboten sein (BAG v. 18.5.2010, 3 AZR 373/08, www.stotax-first.de).

Unterbleibt ein Lohnsteuerabzug, weil die Beteiligten eines Dienstverhältnisses irrtümlich von freier Mitarbeit ausgehen, so liegt keine Nettolohnvereinbarung vor. Als Arbeitslohn sind die zugeflossenen Einnahmen (Barlohn und Sachbezüge) zu erfassen und nicht ein hochgerechneter Bruttolohn, der sich ergäbe, wenn den zugeflossenen Beträgen die auf sie entfallenden Lohnsteuerbeträge zugerechnet würden (BFH v. 23.4.1997, VI R 12/96, VI R 99/96, www.stotax-first.de).

Eine **Nettolohnvereinbarung liegt auch nicht vor**, wenn Arbeitgeber und Arbeitnehmer vereinbaren, dass ein bestimmter Betrag **steuerfrei** ausgezahlt werden soll. Erweist sich diese Behauptung als falsch, so schuldet **der Arbeitnehmer** und nicht der Arbeitgeber die nicht abgeführten Steuern und Sozialversicherungsbeiträge.

> **Beispiel:**
> Der Arbeitgeber vereinbart mit dem Arbeitnehmer, dass er eine monatliche Pauschale von 25 € zur Abgeltung von Repräsentationsaufwendungen steuerfrei erhält. Der Arbeitgeber zahlt den Betrag steuerfrei aus. Nach acht Monaten stellt der Arbeitgeber fest, dass die Pauschale steuerpflichtiger Arbeitslohn ist.
>
> Arbeitgeber und Arbeitnehmer haben keine Nettolohnvereinbarung abgeschlossen, weil es an einer klaren und eindeutigen Regelung fehlt. Deshalb schuldet der Arbeitnehmer die nachzuentrichtenden Steuern und Sozialversicherungsbeiträge.

Die entsprechende Verpflichtung des Arbeitgebers, Steuern und Sozialversicherungsbeiträge übernehmen zu wollen, berührt dabei lediglich **das Innenverhältnis**, so dass der Arbeitnehmer selbst Schuldner der Steuern bzw. Beiträge bleibt (§ 38 Abs. 2 EStG für die Lohnsteuer). Die Übernahme der Steuern bzw. Beitragslasten stellt für den Arbeitnehmer zusätzlich zu seinem Nettogehalt gezahlten Arbeitslohn dar. Steuerpflichtiger Bruttoarbeitslohn ist in diesen Fällen die Summe aus ausgezahltem Nettolohn und den vom Arbeitgeber übernommenen Steuern bzw. Arbeitnehmeranteil am Gesamtsozialversicherungsbeitrag.

Da bei einer Nettolohnvereinbarung der Arbeitnehmer Anspruch auf Auszahlung des vereinbarten Nettolohns hat, wirken sich Änderungen im Familienstand des Arbeitnehmers (z.B. Änderung der Steuerklasse nach einer Scheidung) sowie Gesetzesänderungen, die zu einer höheren Steuerbelastung führen (z.B. Einführung des Solidaritätszuschlags) nur auf den hochgerechneten Bruttoarbeitslohn aus. Dies gilt auch für eine Erhöhung der Sozialversicherungsbeiträge. Will der Arbeitgeber diese unabsehbaren Folgen vermeiden, so darf er keine Nettolohnvereinbarung abschließen.

Soweit bei geringfügig Beschäftigten und Aushilfskräften die Lohnsteuer pauschaliert wird, wird der Arbeitgeber nach § 40 Abs. 3 EStG Steuerschuldner der pauschalen Lohnsteuer. Hierin liegt aber noch keine Nettolohnvereinbarung, denn der Arbeitgeber kann die pauschale Lohnsteuer im Innenverhältnis auf den Arbeitnehmer abwälzen (→ *Abwälzung der pauschalen Lohnsteuer auf den Arbeitnehmer* Rz. 25). Eine Nettolohnvereinbarung liegt nur dann vor, wenn Arbeitgeber und Arbeitnehmer unabhängig von einer etwaigen Pauschalierungsmöglichkeit die Auszahlung eines Nettolohns vereinbaren. Dies ist insbesondere dann wichtig, wenn sich die Pauschalierung nachträglich als unzulässig erweist („missglückte" Pauschalierung).

Ist eine Nettolohnvereinbarung getroffen worden, hat der Arbeitgeber die gegenüber der Pauschalierung höheren Steuern und ggf. die Sozialversicherungsbeiträge zu tragen, anderenfalls kann er Rückgriff auf den Arbeitnehmer nehmen (→ *Haftung für Lohnsteuer: Allgemeine Grundsätze* Rz. 1493).

Kommt es zu Streitigkeiten, ob eine Nettolohnvereinbarung vorliegt oder nicht, so ist für diesen Streit **nicht der Finanzrechtsweg** gegeben (BFH v. 29.6.1993, VI B 108/92, BStBl II 1993, 760). Gleiches gilt für Streitigkeiten über die Höhe des in der Lohnsteuerbescheinigung auszuweisenden Bruttoarbeitslohns, denn ein unzutreffender Lohnsteuerabzug kann durch Einwendungen gegen die Lohnsteuerbescheinigung nicht berichtigt werden (BFH v. 13.12.2007, VI R 57/04, BStBl II 2008, 434).

Da der **Arbeitnehmer** bei einer Nettolohnvereinbarung Schuldner der Lohnsteuer bleibt – im Gegensatz zur Pauschalierung der Lohnsteuer, bei der der Arbeitgeber Schuldner der Lohnsteuer wird –, ist der ermittelte Bruttoarbeitslohn als Einnahmen aus nichtselbständiger Arbeit auch dann in die Einkommensteuerveranlagung des Arbeitnehmers einzubeziehen, wenn die vom Arbeitgeber einbehaltene Lohnsteuer höher als die später durch die Veranlagung festgesetzte Einkommensteuer ist und der Arbeitnehmer den daraus resultierenden Erstattungsanspruch im Rahmen der Nettolohnvereinbarung an den Arbeitgeber abgetreten

Nettolöhne

hat (BFH v. 12.12.1975, VI B 124/75, BStBl II 1976, 543; BFH v. 16.8.1979, VI R 13/77, BStBl II 1979, 771).

Ergibt sich auf Grund der Durchführung einer Einkommensteuerveranlagung ein Erstattungsanspruch des Arbeitnehmers, den dieser entsprechend den bestehenden arbeitsvertraglichen Vereinbarungen – bzw. den kollektiven Regelungen der Betriebsvereinbarung oder des Tarifvertrags – an den Arbeitgeber abzutreten bzw. auszukehren hat, bleibt dieser Umstand ohne Auswirkungen auf die Einkommensteuerveranlagung des entsprechenden Veranlagungszeitraums (BFH v. 16.8.1979, VI R 13/77, BStBl II 1979, 771). Die Einkommensteuererstattung führt vielmehr zu **negativen Einnahmen** des Arbeitnehmers aus nichtselbständiger Tätigkeit, die in dem Kalenderjahr der tatsächlichen Rückzahlung an den Arbeitgeber steuerlich zu berücksichtigen sind (→ *Rückzahlung von Arbeitslohn* Rz. 2578).

Bei Bestehen einer Nettolohnvereinbarung ist grundsätzlich bei der Einkommensteuerveranlagung des Arbeitnehmers die vom Arbeitgeber einbehaltene Lohnsteuer auf die Einkommensteuerschuld ohne Rücksicht darauf anzurechnen, ob der Arbeitgeber die Lohnsteuer tatsächlich an das Finanzamt abgeführt hat (BFH v. 26.2.1982, VI R 123/78, BStBl II 1982, 403; BFH v. 13.11.1987, VI R 4/84, www.stotax-first.de; BFH v. 28.2.1992, VI R 146/87, BStBl II 1992, 733). Hier ist entscheidend, dass bei Vorliegen einer Nettolohnvereinbarung regelmäßig **aus Sicht des Arbeitnehmers** mit der Auszahlung des Nettobetrags der Bruttoarbeitslohn entsprechend den gesetzlichen Vorschriften um den Lohnsteuerabzug gekürzt worden ist (§ 42d Abs. 3 Satz 4 Nr. 2 EStG).

2. Berechnung des Nettolohns bei laufendem Arbeitslohn

2127 Bei einer Nettolohnvereinbarung ist die Lohnsteuer aus dem Bruttoarbeitslohn zu berechnen, der nach Minderung um die übernommenen Abzugsbeträge den Nettolohn ergibt. Dies gilt sinngemäß, wenn der Arbeitgeber nicht alle Abzugsbeträge übernehmen will. Ein beim Lohnsteuerabzug zu berücksichtigender Freibetrag, die Freibeträge für Versorgungsbezüge, der Altersentlastungsbetrag und ein Hinzurechnungsbetrag sind beim Bruttoarbeitslohn zu berücksichtigen. Führen mehrere Bruttoarbeitslöhne zum gewünschten Nettolohn, kann der niedrigste Bruttoarbeitslohn zu Grunde gelegt werden (R 39b.9 Abs. 1 LStR).

Bei der **manuellen Berechnung** der Lohnsteuer anhand von Lohnsteuertabellen wird eine Nettolohnvereinbarung mit steuerlicher Wirkung nur anerkannt, wenn sich gegenüber der maschinellen Lohnsteuerberechnung **keine Abweichungen ergeben**. Geringfügige Abweichungen auf Grund des Lohnstufenabstands (§ 51 Abs. 4 Nr. 1a EStG) sind hier jedoch unbeachtlich (R 39b.9 Abs. 3 LStR).

Wird bei der Berechnung des Bruttolohns zur Beurteilung der **Jahresarbeitsverdienstgrenze** in der Kranken- und Pflegeversicherung bei einer Nettolohnvereinbarung der Grenzwert bereits durch das Hinzurechnen der Steuern überschritten, tritt Versicherungsfreiheit ein. Kranken- und Pflegeversicherungspflicht bleiben jedoch bestehen, wenn der Grenzwert nur durch das Hinzurechnen der Arbeitnehmeranteile überschritten würde.

Die manuelle Ermittlung des Bruttolohns gestaltet sich sehr kompliziert. Zur Berechnung empfiehlt sich daher die von Stollfuß Medien angebotene Software „Gehalt und Lohn Plus 2016", ISBN 978-3-08-111216-9.

3. Berechnung des Nettolohns bei sonstigen Bezügen

2128 Sonstige Bezüge, die netto gezahlt werden, z.B. Nettogratifikationen, sind grundsätzlich nach den allgemeinen Regelungen, die für die Besteuerung sonstiger Bezüge gelten, zu versteuern, d.h. die Lohnsteuer auf den sonstigen Bezug ist die Differenz zwischen der Jahreslohnsteuer auf den voraussichtlichen Jahresarbeitslohn mit dem sonstigen Bezug und der Jahreslohnsteuer auf den voraussichtlichen Jahresarbeitslohn ohne den sonstigen Bezug. Dabei ist zu beachten, dass der voraussichtliche laufende Jahresarbeitslohn und frühere, netto gezahlte sonstige Bezüge mit den entsprechenden Bruttobeträgen anzusetzen sind. Diese Bruttobeträge sind auch bei späterer Zahlung sonstiger Bezüge im selben Kalenderjahr bei der Ermittlung des maßgebenden Jahresarbeitslohns zu Grunde zu legen (R 39b.9 Abs. 2 LStR).

Die manuelle Ermittlung des Bruttolohns bei sonstigen Bezügen gestaltet sich sehr kompliziert. Zur Berechnung empfiehlt sich daher die von Stollfuß Medien angebotene Software „Gehalt und Lohn Plus 2016", ISBN 978-3-08-111216-9.

4. Lohnsteuer-Jahresausgleich durch den Arbeitgeber (§ 42b EStG)

2129 Der Arbeitgeber ist unter den Voraussetzungen des § 42b EStG berechtigt bzw. verpflichtet, für unbeschränkt steuerpflichtige Arbeitnehmer einen Lohnsteuer-Jahresausgleich durchzuführen (→ *Lohnsteuer-Jahresausgleich durch den Arbeitgeber* Rz. 1926); dies gilt auch in den Fällen einer Nettolohnvereinbarung.

Bei Vorliegen einer Nettolohnvereinbarung hat der Arbeitgeber die zutreffende Jahreslohnsteuer durch Hochrechnung des Jahresnettolohns auf den entsprechenden Jahresbruttolohn zu ermitteln und diesen auf der von ihm zu erstellenden Lohnsteuerbescheinigung (§ 41b EStG) zu vermerken.

Führt die Durchführung des Lohnsteuer-Jahresausgleichs zu Steuererstattungen, ist die zu bescheinigende einbehaltene Lohnsteuer entsprechend zu vermindern.

Dieses Verfahren berücksichtigt, dass eine im Lohnsteuer-Jahresausgleichsverfahren vorgenommene Erstattung regelmäßig dem Arbeitgeber verbleibt und sich dementsprechend die zu bescheinigenden Bruttobezüge durch Rückzahlung von Arbeitslohn entsprechend mindern.

Hat der Arbeitnehmer im Ausgleichsjahr vor Ausstellung der Lohnsteuerbescheinigung eine Einkommensteuererstattung auf Grund der Durchführung einer Einkommensteuerveranlagung für ein Vorjahr erhalten und diese an seinen Arbeitgeber weitergeleitet, kann der nach den vorgenannten Grundsätzen ermittelte Bruttoarbeitslohn um diesen Erstattungsbetrag gekürzt werden.

Als vom Arbeitgeber einbehaltene Lohnsteuer ist dann die um den Erstattungsbetrag geminderte Lohnsteuer auszuweisen.

5. Steuerliche Behandlung der Einkommensteuererstattung bei Nettolohnvereinbarungen und unbeschränkter Steuerpflicht

2130 An den Arbeitgeber weitergeleitete **Einkommensteuererstattungen** sind **als negative Einnahmen** im Kalenderjahr des Abflusses (§ 11 Abs. 2 EStG) beim Arbeitnehmer steuermindernd zu berücksichtigen (→ *Rückzahlung von Arbeitslohn* Rz. 2578). Ein Abfluss in diesem Sinne erfolgt dabei regelmäßig noch nicht mit der wirksamen Abtretung des Erstattungsanspruchs (§ 46 Abs. 2 AO) an den Arbeitgeber, sondern erst in dem Zeitpunkt, in dem die Erstattung tatsächlich an den Arbeitgeber geleistet wird (BFH v. 22.6.1990, VI R 162/86, www.stotax-first.de).

Anders als bei der Rückzahlung eines irrtümlich überhöht gezahlten Nettolohns durch den Arbeitnehmer ist diese negative Einnahme **nicht auf einen fiktiven Bruttobetrag hochzurechnen**, da es sich bei der Einkommensteuererstattung lediglich um die Rückzahlung der entsprechenden Steuern auf den Nettolohn handelt (BFH v. 30.7.2009, VI R 29/06, BStBl II 2010, 148).

Zahlt der Arbeitgeber auf Grund einer Nettolohnvereinbarung für den Arbeitnehmer eine **Einkommensteuernachzahlung** an das Finanzamt, wendet er dem Arbeitnehmer Arbeitslohn zu, der dem Arbeitnehmer als sonstiger Bezug im Zeitpunkt der Zahlung zufließt. Der in der Tilgung der persönlichen Einkommensteuerschuld des Arbeitnehmers durch den Arbeitgeber liegende Vorteil unterliegt der Einkommensteuer. Er ist deshalb auf einen **Bruttobetrag hochzurechnen** (BFH v. 3.9.2015, VI R 1/14, www.stotax-first.de).

Im Lohnsteuerabzugsverfahren kann der Arbeitgeber den Rückfluss von Arbeitslohn durch eine Minderung des laufenden Bruttoarbeitslohns – also nicht durch Abzug vom übrigen Nettolohn – berücksichtigen (OFD Düsseldorf v. 29.11.2005, S 2367 A - St 22/St 221, www.stotax-first.de).

> **Beispiel:**
> Ein Arbeitnehmer (Steuerklasse III/0, ohne Religionszugehörigkeit, nicht sozialversicherungspflichtig) mit Nettolohnvereinbarung erhält im Kalenderjahr 2016 monatliche Nettobezüge i.H.v. 3 500 €. Am 14.4.2016 wird die Erstattung aus der Einkommensteuerveranlagung 2015 i.H.v. 1 500 € vom Finanzamt an den Arbeitgeber überwiesen.

Die Lohnsteuer für den Monat April 2016 ist wie folgt zu berechnen:

ursprünglicher Bruttoarbeitslohn	4 063,89 €
abzüglich Einkommensteuererstattung	1 500,— €
bereinigter Bruttoarbeitslohn	2 563,89 €
Lohnsteuer hiervon	146,66 €
Solidaritätszuschlag (5,5 %)	0,— €

Bei Durchführung des betrieblichen Lohnsteuer-Jahresausgleichs ist → Rz. 2129 zu beachten.

Macht der Arbeitgeber von der Möglichkeit, die Rückzahlung von Arbeitslohn im Lohnsteuerabzugsverfahren zu berücksichtigen, **keinen Gebrauch**, kann der Arbeitnehmer die zurückgezahlten Beträge bei seiner Veranlagung zur Einkommensteuer – im Beispielsfall für das Jahr 2016 – als negative Einnahme geltend machen.

6. Weitere Fragen im Zusammenhang mit Nettolohnvereinbarungen

2131 Wegen weiterer Fragen im Zusammenhang mit Nettolohnvereinbarungen, z.B. zur steuerlichen Behandlung der Einkommensteuererstattung bei Nettolohnvereinbarungen **nach Wegfall der unbeschränkten Steuerpflicht**, vgl. OFD Düsseldorf v. 29.11.2005, S 2367 A – St 22/St 221, www.stotax-first.de.

Die **Übernahme von Steuerberatungskosten** für die Erstellung von Einkommensteuererklärungen der Arbeitnehmer durch den Arbeitgeber führt auch bei Vorliegen einer Nettolohnvereinbarung zu **Arbeitslohn** (BFH v. 21.1.2010, VI R 2/08, BStBl II 2010, 639).

Nettolohnfiktion

→ *Schwarzarbeit* Rz. 2657

Nettolohn: Übernahme der Einkommensteuer des Arbeitnehmers

→ *Arbeitslohn-ABC* Rz. 255

Nichteheliche Lebensgemeinschaft

2132 Es widerspricht auch nach der u.g. Entscheidung des BVerfG zu eingetragenen Lebenspartnerschaften weder dem Gleichheitssatz nach Art. 3 Abs. 1 GG noch dem Gebot zum Schutz von Ehe und Familie nach Art. 6 Abs. 1 GG oder dem Gebot zur Gleichstellung nichtehelicher Kinder nach Art. 6 Abs. 5 GG, dass **verschiedengeschlechtliche Partner einer eheähnlichen Lebensgemeinschaft nicht den sog. Splittingtarif beanspruchen** können (zuletzt BFH v. 24.7.2014, III B 28/13, www.stotax-first.de, m.w.N.). Sie erhalten damit ebenso wie Alleinstehende mit Kindern nur die **Steuerklasse I oder II**.

Das BVerfG hat entschieden, dass die Ungleichbehandlung von eingetragenen Lebenspartnerschaften und Ehen beim Ehegattensplitting verfassungswidrig ist (Beschluss v. 7.5.2013, 2 BvR 909/06, 2 BvR 1981/06 und 2 BvR 288/07, HFR 2013, 640). Nach dem Gesetz zur Änderung des Einkommensteuergesetzes in Umsetzung der Entscheidung des BVerfG v. 7.5.2013 v. 15.7.2013, BStBl I 2013, 898 sind die **Regelungen des Einkommensteuergesetzes zu Ehegatten und Ehen auch auf Lebenspartner und Lebenspartnerschaften anzuwenden** (§ 2 Abs. 8 EStG). Durch das Gesetz zur Anpassung steuerlicher Regelungen an die Rechtsprechung des BVerfG v. 18.7.2014, BStBl I 2014, 1062 sind nunmehr alle steuerlichen Regelungen entsprechend angepasst worden.

Das Gesetz spricht in § 2 Abs. 8 EStG zwar lediglich von Lebenspartnern und Lebenspartnerschaften und nicht von Partnern einer eingetragenen Lebenspartnerschaft bzw. eingetragenen Lebenspartnerschaften. Dies bedeutet jedoch nicht, dass Partner von Lebensgemeinschaften, die keine Lebenspartner i.S.d. LPartG sind, in den Genuss der steuerlichen Vorteile kommen können, die bis zur Einfügung des § 2 Abs. 8 EStG allein Ehegatten vorbehalten waren (BFH v. 26.6.2014, III R 14/05, BStBl II 2014, 829). Das Gesetz gilt **rückwirkend** zum Zeitpunkt der Einführung des Instituts der Lebenspartnerschaft in 2001 (1.8.2001) für Lebenspartner, deren Veranlagung noch nicht bestandskräftig durchgeführt ist (§ 52 Abs. 2a EStG).

Führen die Partner einer solchen Lebensgemeinschaft aus beruflichen Gründen einen **doppelten Haushalt**, kann ggf. eine doppelte Haushaltsführung anerkannt werden (zuletzt FG Münster v. 20.12.2011, 1 K 4150/08 E, EFG 2012, 504). Einzelheiten → *Doppelte Haushaltsführung: Allgemeines* Rz. 901.

Zur **Anerkennung von Arbeitsverträgen** zwischen den Partnern einer nichtehelichen Lebensgemeinschaft → *Angehörige* Rz. 119.

Notarangestellte

→ *Auflassungsvollmachten: Notarangestellte* Rz. 347

Notarzt

→ *Arzt* Rz. 328

Notbetreuung

→ *Betreuungskosten* Rz. 676

Notstandsbeihilfen

→ *Unterstützungen* Rz. 2958

Objektschutz

→ *Bewachung* Rz. 718

OECD-Musterabkommen

→ *Doppelbesteuerungsabkommen: Allgemeines* Rz. 855

Öffentliche Haushalte

2133 Der Begriff der „öffentlichen Haushalte" ist für die Steuerfreiheit der Zuschüsse und Zinsvorteile nach § 3 Nr. 58 EStG (z.B. Wohngeld, sonstige Leistungen zur Senkung der Miete oder Darlehen aus Wohnungsfürsorgemitteln) von Bedeutung.

Nach R 3.58 LStR sind öffentliche Haushalte i.S.v. § 3 Nr. 58 EStG die Haushalte des Bundes, der Länder, der Gemeinden, der Gemeindeverbände, der kommunalen Zweckverbände und der Sozialversicherungsträger.

Öffentliche Kassen

2134 Der Begriff der „öffentlichen Kasse" ist für die Steuerfreiheit bestimmter Arbeitgeberleistungen von Bedeutung, insbesondere für → *Aufwandsentschädigungen im öffentlichen Dienst* Rz. 383 sowie → *Reisekostenvergütungen aus öffentlichen Kassen* Rz. 2519.

Öffentliche Kassen sind die Kassen der **inländischen juristischen Personen des öffentlichen Rechts**. Ebenfalls öffentliche Kassen sind solche Kassen, die einer **Dienstaufsicht und Prüfung** der Finanzgebarung durch die inländische **öffentliche Hand unterliegen** (BFH v. 7.8.1986, IV R 228/82, BStBl II 1986, 848).

Öffentliche Kassen sind z.B. die Kassen des **Bundes, der Länder und der Gemeinden**, der öffentlich-rechtlichen **Religionsgemeinschaften**, der öffentlich-rechtlichen Körperschaften, Anstalten und Stiftungen, der **Ortskrankenkassen**, Landwirtschaftliche Krankenkassen, Innungskrankenkassen und Ersatzkassen, die Kassen des Bundeseisenbahnvermögens, der **Deutschen Bundesbank**, der öffentlich-rechtlichen **Rundfunkanstalten**, der **Berufsgenossenschaften** (vgl. dazu FG Hamburg v. 13.3.1997, II 164/95, EFG 1997, 856), **Gemeindeunfallverbände**, der **Deutschen Rentenversicherung** (Bund, Knappschaft-Bahn-See, Regionalträger), die Kassen von kommunalen Zweckverbänden und die Unterstützungskassen der Postunternehmen sowie deren Nachfolgeunternehmen sowie **berufsständische Versorgungswerke**, z.B. ein Rechtsanwaltsversorgungswerk, vgl. H 3.11 (Öffentliche Kassen) LStH sowie zuletzt BFH v. 27.8.2013, VIII R 34/11, BStBl II 2014, 248.

Öffentliche Kassen

keine Sozialversicherungspflicht = (SV)
Sozialversicherungspflicht = (SV)

Die **Kassen privatrechtlicher Unternehmen** sind i.d.R. keine öffentlichen Kassen, selbst wenn es sich um staatsnahe Unternehmen handelt, die sich wirtschaftlich in öffentlicher Hand befinden. Das gilt auch, wenn ein solches Unternehmen öffentliche Mittel verwaltet. Der Begriff „öffentliche Kasse" ist insoweit nicht mit dem Begriff der „öffentlichen Mittel" (vgl. § 3 Nr. 11 EStG) gleichzusetzen.

Öffnungsklausel

1. Arbeitsrecht

2135 Die Rechtsnormen eines Tarifvertrags, die den Inhalt, den Abschluss oder die Beendigung von Arbeitsverhältnissen ordnen, gelten bei Bindung an den Tarifvertrag unmittelbar und zwingend zwischen den Arbeitsvertragsparteien. Abweichende Abmachungen sind nach § 4 Abs. 3 TVG nur zulässig, soweit sie durch den Tarifvertrag gestattet sind oder eine Änderung der Regelungen zu Gunsten des Arbeitnehmers enthalten. Die Vereinbarung in einem Tarifvertrag, dass bestimmte tarifvertragliche Regelungen durch Betriebsvereinbarung oder durch Arbeitsvertrag anders geordnet werden können, wird „Öffnungsklausel" genannt.

2. Lohnsteuer

2136 Eine Öffnungsklausel hat auch lohnsteuerliche Bedeutung. Ist in einem Tarifvertrag eine Öffnungsklausel vereinbart, die besagt, dass für bestimmte Leistungen des Arbeitgebers vorhandene betriebliche Systeme unberührt bleiben, so kann die Zuwendung nur dann steuerfrei sein, wenn sie **zusätzlich** zu den Leistungen erbracht wird, die der Arbeitgeber auf Grund des Tarifvertrags oder im Falle eines „vorhandenen Systems" auf Grund dieses Systems ohnehin geschuldet hätte (BFH v. 12.3.1993, VI R 71/92, BStBl II 1993, 521).

Zu der Frage, wann eine zusätzliche Leistung vorliegt, → *Barlohnumwandlung* Rz. 515.

Offshore-Zulage

→ *Zuschläge* Rz. 3364

Ökologisches Jahr

→ *Freiwilligendienste* Rz. 1346

Optionsrecht

→ *Aktienoption* Rz. 36

Ordensangehörige

1. Lohnsteuer

a) Rechtsbeziehungen zwischen Orden und Ordensangehörigen

2137 Angehörige eines katholischen Ordens oder einer evangelischen Gemeinschaft (Ordensangehörige) sind **nicht Arbeitnehmer** ihres Ordens bzw. ihrer Gemeinschaft. Dies gilt auch insoweit, als sie innerhalb ihres Ordens bzw. ihrer Gemeinschaft wirtschaftlich tätig werden. Es besteht vielmehr – soweit nicht ausdrücklich ein Arbeitsverhältnis vereinbart worden ist – ein **familienähnliches Verhältnis** eigener Art, das auf dem religiösen Gelübde begründet ist (BFH v. 30.7.1965, VI 205/64 U, BStBl III 1965, 525).

(LSt) (SV)

b) Rechtsbeziehungen zwischen Dritten und Ordensangehörigen

2138 Wird ein Ordensangehöriger auf Grund eines vom Orden oder der Gemeinschaft abgeschlossenen **Gestellungsvertrags mit Dritten**, z.B. Schule, Krankenhaus, Altenheim oder Kindergarten, tätig, liegt kein steuerliches Dienstverhältnis zwischen dem Dritten und dem Ordensangehörigen vor (BFH v. 11.5.1962, VI 55/61 U, BStBl III 1962, 310). Dies gilt auch dann, wenn sich der Orden oder die Gemeinschaft verpflichtet, ein bestimmtes Mitglied abzustellen (FinMin Niedersachsen v. 28.2.1966, S 2220 – 46 – 314, DB 1966, 561). Auch die den Ordensangehörigen gewährte Unterkunft, Verpflegung und Bekleidung ist deshalb nicht als Arbeitslohn anzusehen.

(LSt) (SV)

Tritt der Ordensangehörige dagegen **selbst in ein Dienstverhältnis** zu einem Dritten (Schule, Krankenhaus, Altenheim oder Kindergarten) und wird er wie üblich entlohnt, so liegt ein **Arbeitsverhältnis** vor (BFH v. 11.5.1962, VI 55/61 U, BStBl III 1962, 310). Dies ist stets der Fall, wenn er z.B. in ein Beamtenverhältnis berufen wird (OFD Düsseldorf v. 5.6.1963, S 2220 A – St 12, DB 1963, 913).

(LSt) (SV)

c) Umfang des Arbeitslohns

2139 Beiträge einer als Arbeitnehmerin tätigen Diakonisse an ein Diakonissenmutterhaus, die der Arbeitgeber vom Gehalt einbehält, sind **durchlaufende Gelder** (→ *Auslagenersatz und durchlaufende Gelder* Rz. 432), so das FG Düsseldorf v. 22.10.1993, 14 K 573/88 E, EFG 1994, 282. Vgl. hierzu auch BFH v. 25.11.1993, VI R 115/92, BStBl II 1994, 424 betr. „Vorabzug" vom Grundgehalt bei einer Rote-Kreuz-Schwester, bei der nur der geminderte Arbeitslohn der Lohnsteuer unterliegt (s.a. → *Gehaltsverzicht* Rz. 1364).

(LSt) (SV)

2. Sozialversicherung

2140 In der **Kranken- und Pflegeversicherung** sind **Mitglieder geistlicher Genossenschaften, Diakonissen und ähnliche Personen**, die sich aus überwiegend religiösen oder sittlichen Beweggründen mit der Krankenpflege, dem Unterricht und anderen gemeinnützigen Tätigkeiten beschäftigen, **versicherungsfrei**. Hinsichtlich der Entgeltlichkeit ihrer Beschäftigung ist Voraussetzung, dass sie nicht mehr als **freien Unterhalt oder ein geringes Entgelt** beziehen, das nur zur Beschaffung der unmittelbaren Lebensbedürfnisse an Wohnung, Verpflegung, Kleidung und dergleichen ausreicht (§ 6 Abs. 1 Nr. 7 SGB V).

Auch wenn die gesetzliche Vorschrift alternativ von dem Bezug des freien Unterhalts **oder** eines geringen Entgelts ausgeht, bestehen keine Bedenken, beide Bezugsformen nebeneinander zu tolerieren und Krankenversicherungsfreiheit anzunehmen. Als **geringes Entgelt** ist dabei ein Betrag bis zu **einem Zwanzigstel der Bezugsgröße** (2016 = 145,25 €) anzusehen. Selbst wenn über diesen Grenzwert hinaus Barmittel zufließen, bleibt Versicherungsfreiheit bestehen, wenn der übersteigende Betrag der Gemeinschaft **zweckgebunden** für notwendige Kleidung usw. zur Verfügung gestellt wird, der eigentlich von der Gemeinschaft als Sachbezug ihren Mitgliedern zufließen würde (Besprechungsergebnis der Spitzenverbände der Sozialversicherungsträger v. 26./27.6.2002). Durch die GKV-Gesundheitsreform 2000 hat es für nicht satzungsmäßige Mitglieder geistlicher Genossenschaften, die außerschulisch für den Dienst in einer solcher Gemeinschaft ausgebildet werden (Postulanten und Novizen), die Klarstellung gegeben, dass diese der Kranken- und Pflegeversicherungspflicht unterliegen.

Für die **Arbeitslosenversicherung** ergibt sich **Versicherungsfreiheit** nach § 27 Abs. 1 SGB III.

In der **Rentenversicherung** besteht für **satzungsgemäße Mitglieder geistlicher Genossenschaften, Diakonissen und Angehörige ähnlicher Gemeinschaften Versicherungsfreiheit, wenn** ihnen nach den Regeln der Gemeinschaft **Anwartschaft auf die in der Gemeinschaft übliche Versorgung** bei verminderter Erwerbsfähigkeit und im Alter gewährleistet ist. Dabei muss die Erfüllung der Gewährleistung gesichert sein (§ 5 Abs. 1 Nr. 3 SGB VI). Durch Ausdehnung der Gewährleistung der Versorgungsanwartschaft auf weitere Beschäftigungsverhältnisse tritt auch in diesen Beschäftigungen Rentenversicherungsfreiheit ein.

Ortsräte

→ *Abgeordnete* Rz. 9

LSt = keine Lohnsteuerpflicht
LSt = Lohnsteuerpflicht

Outplacement

1. Allgemeines

2141 Unter dem Begriff Outplacement-Beratung sind **Beratungs- und Betreuungsleistungen** sowie **berufliche Qualifizierungsmaßnahmen** zur beruflichen Neuorientierung zu verstehen. Häufig verpflichten sich Arbeitgeber im Zusammenhang mit der Entlassung von Arbeitnehmern – neben der Zahlung von Abfindungen – zu solchen Maßnahmen. Die ausscheidenden Arbeitnehmer sollen durch diese Leistungen im Rahmen von individueller Betreuung, fachlicher Beratung und organisatorischer Unterstützung bei der Suche nach einem neuen Arbeitsplatz unterstützt werden. Die Outplacement-Beratungen werden vom **Arbeitgeber selbst**, aber auch von sog. **Beschäftigungsgesellschaften** durchgeführt. Häufig werden für diese Maßnahmen auch **externe Personalberatungs- und Fortbildungsunternehmen eingeschaltet**. Die Outplacement-Beratung ist regelmäßig Teil der Abfindungsvereinbarung. Viele Arbeitnehmer stimmen einem Aufhebungsvertrag nur zu, wenn sie bei der Suche nach einem anderen Arbeitsplatz Unterstützung durch eine Beratung erhalten

2. Arbeitslohn

2142 Übernimmt der Arbeitgeber die Aufwendungen für die Outplacement-Beratung, die der Arbeitnehmer in Anspruch nimmt, handelt es sich grundsätzlich um einen **steuerpflichtigen geldwerten Vorteil, da die Beratung nicht im ganz überwiegenden betrieblichen Interesse erfolgt**. Denn das Interesse des Arbeitgebers beschränkt sich bei ausscheidenden Arbeitnehmern im Regelfall auf die sozialverträgliche Beendigung des Arbeitsverhältnisses, wohingegen die Beratung selbst auf die Interessen des einzelnen Arbeitnehmers und speziell dessen künftige berufliche Entwicklung zugeschnitten ist. Da der Vorteil im Zusammenhang mit der vom Arbeitgeber veranlassten Auflösung des Dienstverhältnisses anfällt, sind die Arbeitgeberleistungen im Regelfall **Teil der Abfindung** wegen Entlassung aus dem Dienstverhältnis und unter den allgemeinen Voraussetzungen **nach § 34 EStG tarifbegünstigt (sog. Fünftelregelung)**. Einzelheiten → *Entschädigungen* Rz. 1134.

Eine **Entlassungsentschädigung** bleibt auch dann **nach § 34 EStG steuerbegünstigt**, wenn in einem späteren Veranlagungszeitraum aus **sozialer Fürsorge** für eine gewisse Übergangszeit ergänzende Entschädigungszusatzleistungen erbracht werden. Entschädigungszusatzleistungen sind beispielsweise solche Leistungen, die der (frühere) Arbeitgeber dem Stpfl. zur Erleichterung des Arbeitsplatzwechsels oder Berufswechsels (z.B. **Outplacement-Beratung**) oder als Anpassung an eine dauerhafte Berufsaufgabe und Arbeitslosigkeit erbringt. Diese ergänzenden Zusatzleistungen, die Teil der einheitlichen Entschädigung sind, sind unschädlich für die Beurteilung der Hauptleistung als zusammengeballte Entschädigung und im **Zeitraum ihres Zuflusses regulär zu besteuern** (BFH v. 14.8.2001, XI R 22/00, BStBl II 2002, 180).

Von einer „Zusatzleistung aus Gründen der sozialen Fürsorge" kann jedoch nicht ausgegangen werden, wenn der Stpfl. die Zusatzleistung erhält, weil er sich insbesondere verpflichtet hat in eine Transfergesellschaft zu wechseln, eine Kündigungsschutzklage zurückzunehmen sowie alle beiderseitigen Ansprüche aus dem Arbeitsverhältnis für erledigt zu erklären (FG Rheinland-Pfalz v. 24.1.2013, 6 K 2670/10, EFG 2013, 1669).

LSt SV

3. Kein Arbeitslohn

2143 Arbeitslohn liegt nach R 19.3 Abs. 2 Nr. 5 LStR ausnahmsweise dann nicht vor, wenn der Arbeitgeber pauschale Zahlungen an ein Dienstleistungsunternehmen erbringt, das sich verpflichtet für **alle Arbeitnehmer in ihrer Gesamtheit Outplacement-Beratungsleistungen zu erbringen** und dem einzelnen Arbeitnehmer der individuell verursachte Beratungsaufwand nicht zugeordnet werden kann.

Auch bei **Trainings- und Qualifikationsmaßnahmen i.S.d. SGB III** liegt kein Arbeitslohn vor, wenn sie der Arbeitgeber oder eine zwischengeschaltete Beschäftigungsgesellschaft im Zusammenhang mit Auflösungsvereinbarungen erbringt (R 19.7 Abs. 2 Satz 5 LStR). Hierbei handelt es sich um Maßnahmen, die zur Verbesserung der Eingliederung in das Arbeitsleben von staatlicher Stelle für maximal acht Wochen gefördert werden.

Nach § 48 SGB III sind danach z.B. Aufwendungen des Arbeitgebers für **folgende Trainingsmaßnahmen** begünstigt:

– Bewerbungstraining,
– Vermittlung von Kenntnissen und Fähigkeiten, die die Vermittlung eines Arbeitsplatzes oder den Abschluss einer beruflichen Aus- oder Weiterbildung erheblich erleichtern,
– Beratung über Möglichkeiten der Arbeitsplatzsuche,
– Feststellung der Eignung des Arbeitslosen für die berufliche Tätigkeit.

Als Leistung im überwiegenden betrieblichen Interesse kann der Arbeitgeber neben den Lehrgangs- und Prüfungsgebühren auch **Fahrgeld** sowie **Kosten der Betreuung von aufsichtsbedürftigen Kindern** des Arbeitnehmers übernehmen.

Kein Arbeitslohn liegt ferner vor, wenn der Arbeitnehmer die vom Arbeitgeber finanzierte Outplacement-Beratung tatsächlich nicht in Anspruch nimmt.

LSt SV

4. Werbungskostenabzug

2144 Sofern Arbeitslohn angenommen wird, kann der Arbeitnehmer den als Arbeitslohn versteuerten geldwerten Vorteil als Werbungskosten absetzen (R 9.1 Abs. 4 Satz 2 LStR). Dies gilt auch dann, wenn der Arbeitgeber selbst den Vertrag mit dem Outplacementberater abgeschlossen und die Aufwendungen getragen hat, sog. **abgekürzter Vertragsweg** (FG Baden-Württemberg v. 6.3.2007, 4 K 280/06, EFG 2007, 832).

> **Beispiel:**
> Firma H. beabsichtigt, ihr Personal zu reduzieren. In diesem Zusammenhang hat sie ein Unternehmen beauftragt, Arbeitnehmer, die entlassen werden müssen, bei der Suche nach einem neuen Arbeitsplatz individuell zu betreuen und zu unterstützen (= Outplacement-Beratung). Die Aufwendungen für die Outplacement-Beratung werden von der Firma H. übernommen und bei den betroffenen Arbeitnehmern als **geldwerter Vorteil** versteuert.
>
> Bei den betroffenen Arbeitnehmern liegen in Höhe des zu versteuernden geldwerten Vorteils **(vorweggenommene) Werbungskosten** vor, die bereits i.R.d. Lohnsteuer-Ermäßigungsverfahrens berücksichtigungsfähig sind. Die Beratung steht in unmittelbarem Zusammenhang mit dem künftigen Arbeitsverhältnis. Dem Arbeitnehmer entstehen auch Aufwendungen. In Fällen, in denen ein Arbeitnehmer beruflich veranlasste Aufwendungen dadurch erspart, dass er entsprechende Sachbezüge erhält, die versteuert werden, steht der als Arbeitslohn erfasste Wert der Sachbezüge entsprechenden Aufwendungen gleich (R 9.1 Abs. 4 Satz 2 LStR).
>
> Zum Nachweis der Höhe der Outplacementkosten erhalten die betroffenen Arbeitnehmer von der Firma H. eine Bescheinigung zur Vorlage beim Finanzamt.

Der Werbungskostenabzug beseitigt jedoch die steuerliche Belastung nicht völlig, weil sich Werbungskosten steuerlich nur auswirken, wenn und soweit sie den Arbeitnehmer-Pauschbetrag von 1 000 € übersteigen. Nachteile entstehen außerdem bei der Sozialversicherung, weil der volle Arbeitslohn beitragspflichtig ist.

Parkgebühren: Erstattung

2145 Parkgebühren, die der Arbeitgeber im Zusammenhang mit Fahrten zwischen Wohnung und erster Tätigkeitsstätte dem Arbeitnehmer ersetzt, gehören zum **Arbeitslohn**. Der Arbeitnehmer kann die Parkgebühren **nicht als Werbungskosten** neben der Entfernungspauschale (§ 9 Abs. 1 Satz 3 Nr. 4 EStG) geltend machen, denn durch die Entfernungspauschale sind sämtliche Aufwendungen abgegolten, die durch die Wege zwischen Wohnung und erster Tätigkeitsstätte veranlasst sind (§ 9 Abs. 2 Satz 1 EStG).

Dies gilt selbst dann, wenn

– der Arbeitnehmer nur deshalb mit dem Auto zur Arbeit gefahren ist, weil er es für **Auswärtstätigkeiten** benötigt, oder
– der **Arbeitgeber keinen Firmenparkplatz** zur Verfügung gestellt hat (BFH v. 12.1.1994, IV B 13/93, www.stotax-first.de).

LSt SV

Die vom Arbeitgeber ersetzten Parkgebühren können nach § 40 Abs. 2 Satz 2 EStG **pauschal mit 15 % versteuert** werden, soweit

Parkgebühren: Erstattung

die vom Arbeitgeber ersetzten Aufwendungen insgesamt nicht höher sind als der Betrag, den der Arbeitnehmer als Werbungskosten geltend machen könnte, also 0,30 € für jeden Kilometer der Entfernung zwischen Wohnung und erster Tätigkeitsstätte.

> **Beispiel:**
> Dem Arbeitnehmer werden vom Arbeitgeber die monatlichen Parkgebühren in der Parkgarage i.H.v. 80 € ersetzt. Die Entfernung zwischen Wohnung und erster Tätigkeitsstätte beträgt 35 km, hierfür kann der Arbeitnehmer eine Entfernungspauschale beanspruchen (→ *Wege zwischen Wohnung und erster Tätigkeitsstätte* Rz. 3133). Der Arbeitnehmer benutzt das Fahrzeug an 20 Tagen im Monat.
>
> Der Arbeitnehmer könnte für Fahrten zwischen Wohnung und erster Tätigkeitsstätte einen Betrag von 210 € (20 Tage × 35 km × 0,30 €) im Monat als Werbungskosten geltend machen. Die vom Arbeitgeber ersetzten Parkgebühren sind niedriger, daher können sie pauschal mit 15 % versteuert werden. Der Arbeitnehmer kann allerdings nur noch einen Betrag von 130 € (210 € ./. 80 €) im Monat als Werbungskosten in seiner Einkommensteuererklärung geltend machen.

Einzelheiten im Zusammenhang mit der Pauschalierung der Lohnsteuer s. → *Wege zwischen Wohnung und erster Tätigkeitsstätte* Rz. 3167.

Parkgebühren, die als **Reisenebenkosten** (BMF v. 24.10.2014, IV C 5 – S 2353/14/10002, BStBl I 2014, 1412, Rdnr. 124) anlässlich einer Auswärtstätigkeit vom Arbeitgeber erstattet werden, sind steuer- und beitragsfrei (R 9.8 Abs. 3 LStR).

Parkplätze: Überlassung

2146 Stellt der Arbeitgeber seinen Arbeitnehmern für das Abstellen der Pkw während der Arbeitszeit Parkplätze unentgeltlich zur Verfügung, so handelt es sich hierbei um Leistungen, die der Arbeitgeber im ganz überwiegenden **eigenbetrieblichen Interesse** erbringt. Die Leistungen sind daher steuer- und beitragsfrei. Dies gilt auch insoweit, als der Arbeitgeber Park- oder Einstellplätze von Dritten anmietet, um sie seinen Arbeitnehmern unentgeltlich oder verbilligt zur Verfügung zu stellen (FinMin Baden-Württemberg v. 13.1.1981, S 2351 A – 10/79, www.stotax-first.de).

Die anders lautende Rechtsprechung des FG Köln (FG Köln v. 15.3.2006, 11 K 5680/04, EFG 2006, 1516), nach der die unentgeltliche Überlassung von Parkplätzen durch den Arbeitgeber an seine Arbeitnehmer grundsätzlich zu steuerpflichtigem Arbeitslohn führt, wird von der **Finanzverwaltung nicht angewendet** (OFD Münster v. 25.6.2007, Kurzinformation ESt Nr. 17/2007, DB 2007, 1498).

Anders aber, wenn der Arbeitgeber den Arbeitnehmern die Parkgebühren ersetzt (→ *Parkgebühren: Erstattung* Rz. 2145).

Parkplatzkosten

→ *Werbungskosten* Rz. 3182

Partnerschaftsbonus

→ *Elterngeld* Rz. 1061, → *Elternzeit* Rz. 1065

Pauschale Lohnsteuer

→ *Abwälzung der pauschalen Lohnsteuer auf den Arbeitnehmer* Rz. 25

Pauschalierung der Einkommensteuer bei Sachzuwendungen

1. Allgemeines

2147 Stpfl. können die Einkommensteuer einheitlich für alle innerhalb eines Wirtschaftsjahrs gewährten

- **betrieblich veranlassten Zuwendungen**, die zusätzlich zur ohnehin vereinbarten Leistung oder Gegenleistung erbracht werden, und
- **Geschenke** i.S.v. § 4 Abs. 5 Satz 1 Nr. 1 EStG,

die nicht in Geld bestehen, mit einem **Pauschsteuersatz von 30 %** erheben (§ 37b EStG). Die Regelung betrifft nur Sachzuwendungen; bei Barzuwendungen ist die Pauschalierung der Einkommensteuer nach § 37b EStG nicht möglich.

Wichtig: Die Übernahme der Pauschalsteuer ist aus Sicht des zuwendenden Stpfl. **ein Geschenk** i.S.d. § 4 Abs. 5 Satz 1 Nr. 1 EStG; die **Pauschalsteuer** ist daher **nicht als Betriebsausgabe abziehbar**, wenn der Empfänger der Zuwendung **kein Arbeitnehmer** des Stpfl. ist (FG Niedersachsen v. 16.1.2014, 10 K 326/13, EFG 2014, 894, Revision eingelegt, Az. beim BFH: IV R 13/14).

Für den Empfänger handelt es sich bei der Zuwendung regelmäßig um **einen steuerpflichtigen geldwerten Vorteil**, dessen Wert für ihn häufig schwer zu ermitteln ist. Zur Vereinfachung des Besteuerungsverfahrens ist daher die Pauschalierungsmöglichkeit eingeführt worden, die es dem zuwendenden Stpfl. ermöglicht, die Einkommensteuer pauschal zu erheben. Diese Pauschalsteuer gilt die steuerliche Erfassung des geldwerten Vorteils beim Zuwendungsempfänger ab.

Zur Anwendung dieser Regelung gilt Folgendes (BMF v. 19.5.2015, IV C 5 – S 2297-b/14/10001, BStBl I 2015, 468):

2. Anwendungsbereich

a) Zuwendender

2148 Zuwendender i.S.d. § 37b EStG kann **jede natürliche und juristische Person** oder Personenvereinigung sein, die **aus betrieblichem Anlass** nicht in Geld bestehende

- Geschenke oder
- Zuwendungen zusätzlich
  - zur ohnehin vereinbarten Leistung oder Gegenleistung oder
  - zum ohnehin geschuldeten Arbeitslohn

erbringt.

Juristische Personen des öffentlichen Rechts sind sowohl mit ihrem hoheitlichen Bereich und dem Bereich der Vermögensverwaltung als auch mit ihren einzelnen Betrieben gewerblicher Art jeweils Zuwendender i.S.d. § 37b EStG. Die Wahlmöglichkeit kann für die verschiedenen Bereiche unabhängig voneinander ausgeübt werden. Macht der Zuwendende von der Wahlmöglichkeit des § 37b EStG Gebrauch, ist er Stpfl. i.S.d. § 33 AO. **Ausländische Zuwendende** und nicht steuerpflichtige juristische Personen des öffentlichen Rechts werden spätestens mit der Anwendung des § 37b EStG zu Stpfl. i.S.d. § 37b EStG.

Allerdings fallen Sachzuwendungen, die eine Körperschaft des öffentlichen Rechts an Nichtarbeitnehmer leistet und die **durch die „hoheitliche Tätigkeit"** veranlasst sind (z.B. Blumenstrauß oder Präsentkorb an Jubilare), **nicht in den Anwendungsbereich** des § 37b EStG. Dies gilt auch, wenn unter den Jubilaren sich ein Arbeitnehmer der Körperschaft befindet (OFD Frankfurt v. 10.10.2012, S 2297b A – 1 – St 222, StEd 2012, 697).

b) Zuwendungsempfänger

aa) Nichtarbeitnehmer

2149 **Zuwendungsempfänger** können Dritte unabhängig von ihrer Rechtsform sein, z.B. AG's, GmbH's, Aufsichtsräte, Verwaltungsratsmitglieder, sonstige Organmitglieder von Vereinen und Verbänden, Geschäftspartner, deren Familienangehörige, Arbeitnehmer Dritter.

bb) Arbeitnehmer

2150 Die Pauschalierung ist auch für betrieblich veranlasste Zuwendungen an **Arbeitnehmer des Stpfl.** möglich, soweit die Zuwendungen nicht in Geld bestehen und zusätzlich zum ohnehin geschuldeten Arbeitslohn erbracht werden (§ 37b Abs. 2 EStG). Eine Umwandlung von regulär zu besteuernden Barvergütungen in pauschal besteuerte Sachzuwendungen ist ausgeschlossen.

Weiterhin ist die **Pauschalierung ausgeschlossen** für Sondertatbestände, für die bereits gesetzliche Bewertungsregelungen bestehen. Dies sind:

- besondere Bewertung der **privaten Nutzung eines betrieblichen Kraftfahrzeugs** (§ 8 Abs. 2 Satz 2 bis 5 EStG; → *Firmenwagen zur privaten Nutzung* Rz. 1226),

- amtliche **Sachbezugswerte** (§ 8 Abs. 2 Satz 6 EStG; → *Sachbezüge* Rz. 2601),
- **Durchschnittswerte** (§ 8 Abs. 2 Satz 10 EStG; → *Sachbezüge* Rz. 2601),
- **Rabattregelung** (§ 8 Abs. 3 EStG; → *Rabatte* Rz. 2345),
- Überlassung von **Vermögensbeteiligungen** an Arbeitnehmer (§ 3 Nr. 39 EStG; → *Vermögensbeteiligungen* Rz. 3005),
- Sachprämien im Rahmen von **Kundenbindungsprogrammen** (§ 37a EStG; → *Kundenbindungsprogramme* Rz. 1745),
- **Pauschalierung nach § 40 Abs. 2 EStG** (→ *Pauschalierung der Lohnsteuer* Rz. 2174).

In den Fällen des § 8 Abs. 3 EStG ist es nach Auffassung der Finanzverwaltung auch dann **nicht zulässig**, die Steuer nach § 37b Abs. 2 EStG zu pauschalieren, wenn der Stpfl. nach R 8.2 Abs. 1 Satz 1 Nr. 4 LStR die **Bewertung des geldwerten Vorteils nach § 8 Abs. 2 EStG wählt**. Für sonstige Sachbezüge, die nach § 40 Abs. 1 EStG pauschaliert besteuert werden können, kann der Stpfl. auch die Pauschalierung nach § 37b EStG wählen.

Soweit Aufwendungen im ganz überwiegenden eigenbetrieblichen Interesse des Arbeitgebers liegen und daher bei den Arbeitnehmern **nicht zu Arbeitslohn führen,** unterliegen sie auch **nicht der Pauschalierung nach § 37b Abs. 2 EStG.**

> **Beispiel:**
> Der Arbeitgeber veranstaltete eine Regattabegleitfahrt anlässlich der Kieler Woche, zu denen er zahlreiche Kunden und Geschäftsfreunde einlud. Zur Durchführung der Regattabegleitfahrt charterte er ein Segelschiff (Dreimaster). Die Teilnehmer konnten bei Bedarf auf dem Schiff übernachten und an Bord ein Catering in Anspruch nehmen, wobei das für das Catering erforderliche Servicepersonal von der Agentur gestellt wurde, von der der Arbeitgeber das Schiff gechartert hatte. An der Veranstaltung nahmen 44 Personen teil, davon waren 25 Personen Kunden bzw. Geschäftsfreunde und 19 Personen Arbeitnehmer. Da einige der eingeladenen Kunden ihre Teilnahme absagten, durften auch die diesen Kunden zugeordneten Arbeitnehmer nicht an der Regattabegleitfahrt teilnehmen. Die Arbeitnehmer waren dienstlich zu der Teilnahme an der Veranstaltung verpflichtet; sie waren die zuständigen Kundenbetreuer der eingeladenen Gäste und sollten während der Fahrt fachliche Gespräche mit den Kunden bzw. Geschäftsfreunden führen. Allen Teilnehmern wurden Jacken mit dem Logo des Arbeitgebers zur Verfügung gestellt, wobei die Arbeitnehmer angehalten waren, diese Jacken während der Veranstaltung zu tragen.
>
> Die Aufwendungen des Arbeitgebers für die Teilnahme der eigenen Arbeitnehmer führen nicht zu Arbeitslohn, denn die Teilnahme der Arbeitnehmer an der Regattabegleitfahrt lag in dem ganz überwiegenden eigenbetrieblichen Interesse des Arbeitgebers. Die auf die Arbeitnehmer entfallenden Aufwendungen unterliegen daher nicht der Pauschalierung nach § 37b Abs. 2 EStG (BFH v. 16.10.2013, VI R 78/12, BStBl II 2015, 495).

c) Anwendungsbereich

2151 Von § 37b EStG werden nur **solche Zuwendungen erfasst**, die **betrieblich veranlasst** sind (BFH vom 12.12.2013, VI R 47/12, BStBl II 2015, 490) und die beim Empfänger dem Grunde nach **zu steuerbaren und steuerpflichtigen Einkünften führen** (BFH v. 16.10.2013, VI R 57/11, BStBl II 2015, 457). § 37b EStG begründet **keine eigenständige Einkunftsart** und **erweitert nicht den einkommensteuerrechtlichen Lohnbegriff**, sondern stellt lediglich eine **besondere pauschalierende Erhebungsform der Einkommensteuer** zur Wahl (BFH v. 16.10.2013, VI R 57/11, BStBl II 2015, 457 und BFH v. 16.10.2013, VI R 78/12, BStBl II 2015, 495).

3. Wahlrecht

a) Einheitlichkeit

2152 Das Wahlrecht zur Pauschalierung ist **einheitlich** für alle innerhalb eines Wirtschaftsjahrs gewährten Zuwendungen, mit Ausnahme der die Höchstbeträge nach § 37b Abs. 1 Satz 3 EStG übersteigenden Zuwendungen, **auszuüben**. Dabei ist es zulässig, für Zuwendungen an Dritte (§ 37b Abs. 1 EStG) und an eigene Arbeitnehmer (§ 37b Abs. 2 EStG) das Wahlrecht jeweils gesondert anzuwenden. Auch bei einem vom Kalenderjahr abweichenden Wirtschaftsjahr ist für den Personenkreis der eigenen Arbeitnehmer immer die kalenderjahrbezogene Betrachtungsweise für das Wahlrecht maßgeblich. Das Wahlrecht kann für alle inländischen lohnsteuerlichen Betriebsstätten nach § 41 Abs. 2 EStG nur einheitlich ausgeübt werden. Die Entscheidung zur Anwendung des § 37b EStG kann nicht zurückgenommen werden (Rechtsschutz des unterrichteten Empfängers).

Werden **Zuwendungen an Arbeitnehmer verbundener Unternehmen** vergeben, fallen diese Zuwendungen in den Anwendungsbereich des § 37b Abs. 1 EStG und sind mindestens mit dem sich aus § 8 Abs. 3 EStG ergebenden Wert zu bemessen (Rabattgewährung an Konzernmitarbeiter). Diese Zuwendungen können aber auch individuell besteuert werden, selbst wenn der Zuwendende für die übrigen Zuwendungen nach § 37b Abs. 1 EStG pauschaliert. Für die übrigen Zuwendungen ist das Wahlrecht einheitlich auszuüben.

Übt ein ausländischer Zuwendender das Wahlrecht zur Anwendung des § 37b EStG aus, sind die Zuwendungen, die unbeschränkt oder beschränkt Stpfl. im Inland gewährt werden, einheitlich zu pauschalieren.

Nach Auffassung des FG Niedersachsen kann das **Wahlrecht** grundsätzlich **bis zum Eintritt der Bestandskraft** ausgeübt werden und die einmal getroffene Entscheidung zur Pauschalversteuerung ist **bis zu diesem Zeitpunkt auch widerruflich** (FG Niedersachsen v. 24.9.2015, 14 K 10273/11, www.stotax-first.de, Revision eingelegt, Az. beim BFH: VI R 54/15).

b) Zeitpunkt

2153 Die Entscheidung zur Anwendung der Pauschalierung kann für den Anwendungsbereich des § 37b Abs. 1 EStG auch im laufenden Wirtschaftsjahr, **spätestens in der letzten Lohnsteuer-Anmeldung des Wirtschaftsjahrs der Zuwendung** getroffen werden. Eine Berichtigung der vorangegangenen einzelnen Lohnsteuer-Anmeldungen zur zeitgerechten Erfassung ist nicht erforderlich.

> **Beispiel:**
> Ein Unternehmen gibt im März 2016 eine geänderte Lohnsteuer-Anmeldung für Dezember 2015 ab und erklärt darin erstmals eine pauschale Einkommensteuer nach § 37b Abs. 1 EStG für im Jahr 2015 getätigte Sachzuwendungen an Geschäftsfreunde. Gleichzeitig wird die pauschale Einkommensteuer an das Finanzamt bezahlt.
>
> Nach § 37b Abs. 4 Satz 1 EStG gilt die pauschale Einkommensteuer als Lohnsteuer und ist von dem die Sachzuwendung gewährenden Stpfl. in der Lohnsteuer-Anmeldung anzumelden. Eine Ausschlussfrist, bis zu welchem Zeitpunkt die pauschale Einkommensteuer spätestens anzumelden ist, ist in § 37b EStG nicht genannt. In der letzten Lohnsteuer-Anmeldung wird die Entscheidung auch dann getroffen, wenn für den letzten Lohnsteuer-Anmeldungszeitraum eine geänderte Anmeldung abgegeben wird, solange das **verfahrensrechtlich noch möglich** ist (BayLfSt v. 26.6.2009, S 2297a.1.1 – 1 St 32/St 33, www.stotax-first.de).

Für den Anwendungsbereich des § 37b Abs. 2 EStG soll die Entscheidung zur Anwendung der Pauschalierung grundsätzlich **spätestens bis zur Übermittlung der elektronischen Lohnsteuerbescheinigung** (28. Februar des Folgejahrs) getroffen werden. Dieser Endtermin gilt auch, wenn ein Arbeitnehmer während des laufenden Kalenderjahrs ausscheidet. Ist eine Änderung des Lohnsteuerabzugs nach § 41c EStG zum Zeitpunkt der Ausübung des Wahlrechts nicht mehr möglich, so hat der Arbeitgeber dem ausscheidenden Arbeitnehmer eine Bescheinigung über die Pauschalierung nach § 37b Abs. 2 EStG auszustellen. Die Korrektur des bereits individuell besteuerten Arbeitslohns kann der Arbeitnehmer dann nur noch im Veranlagungsverfahren zur Einkommensteuer begehren.

Das **Wahlrecht** kann auch durch Änderung einer **noch nicht materiell bestandskräftigen Lohnsteuer-Anmeldung** ausgeübt werden. Eine **erstmalige Wahlrechtsausübung** im Rahmen einer **Außenprüfung** ist somit **zulässig**. Wurden Sachzuwendungen an eigene Arbeitnehmer (§ 37b Abs. 2 EStG) vorbehaltlich der Pauschalierung nach § 40 Abs. 1 Satz 1 EStG weder nach anderen Vorschriften pauschal noch individuell besteuert, kann das Wahlrecht (erstmalig) auch noch im Rahmen einer Änderung einer noch nicht materiell bestandskräftigen Lohnsteuer-Anmeldung ausgeübt werden. Wurden Sachzuwendungen an eigene Arbeitnehmer dagegen **bisher individuell besteuert**, weil eine Pauschalierung zum maßgeblichen Wahlrechtszeitpunkt nicht vorgenommen worden ist, ist eine Pauschalierung nach § 37b Abs. 2 EStG **nicht mehr möglich**. Wurden Zuwendungen an eigene Arbeitnehmer nach § 37b EStG bisher pauschal besteuert, ist die bisherige Ausübung des Wahlrechts für den Zuwendenden bindend. Eine nach-

Pauschalierung der Einkommensteuer bei Sachzuwendungen

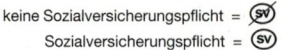

trägliche individuelle Besteuerung der Sachzuwendungen ist nicht zulässig.

4. Pauschsteuersatz

2154 Der Pauschsteuersatz beträgt **30 %** der Bemessungsgrundlage. Bei der Höhe ist berücksichtigt, dass die übernommene Steuer einen weiteren Vorteil für den Empfänger der Sachzuwendungen darstellt, der steuersystematisch ebenfalls als Einnahme zu erfassen wäre (vgl. § 40 Abs. 1 Satz 2 EStG).

5. Bemessungsgrundlage

2155 Die Pauschalierung ist möglich für

- **betrieblich veranlasste Zuwendungen**, die zusätzlich zur ohnehin vereinbarten Leistung oder Gegenleistung erbracht werden; das sind z.B. Incentive-Reisen (→ *Incentive-Reisen* Rz. 1590) und

- **Geschenke** i.S.v. § 4 Abs. 5 Satz 1 Nr. 1 EStG (→ *Geschenke* Rz. 1397).

a) Begriffsbestimmung

2156 **Besteuerungsgegenstand** sind betrieblich veranlasste Sachzuwendungen, die zusätzlich zur ohnehin vereinbarten Leistung oder zum ohnehin geschuldeten Arbeitslohn erbracht werden, und Geschenke, die nicht in Geld bestehen. Gesellschaftsrechtlich veranlasste Zuwendungen, wie z.B. verdeckte Gewinnausschüttungen (§ 8 Abs. 3 Satz 2 KStG, R 36 KStR) sind von der Pauschalierung nach § 37b EStG ausgenommen (BFH v. 12.12.2013, VI R 47/12, BStBl II 2015, 490).

Die **„Zusätzlichkeitsvoraussetzung" für betrieblich veranlasste Zuwendungen** nach § 37b Abs. 1 Satz 1 Nr. 1 EStG erfordert, dass die Zuwendungen **in sachlichem und zeitlichem Zusammenhang** mit einem zwischen den Vertragsparteien abgeschlossenen Vertragsverhältnis (sog. Grundgeschäft) stehen und zur ohnehin geschuldeten Leistung als zusätzliche Leistung hinzukommen. Zuwendungen, die nicht zu einem Leistungsaustausch hinzutreten, etwa zur Anbahnung eines Vertragsverhältnisses, fallen nicht in den Anwendungsbereich des § 37b Abs. 1 Nr. 1 EStG (BFH v. 12.12.2013, VI R 47/12, BStBl II 2015, 495). Unbeachtlich ist, ob der Empfänger einen Rechtsanspruch auf die Zuwendungen hat oder die Zuwendungen vom Zuwendenden freiwillig erbracht werden.

Die **„Zusätzlichkeitsvoraussetzung" für zusätzlich zum ohnehin geschuldeten Arbeitslohn** erbrachte betrieblich veranlasste Zuwendungen nach § 37b Abs. 2 Satz 1 EStG erfordert, dass die Zuwendung zu dem Arbeitslohn hinzukommt, den der Arbeitgeber arbeitsrechtlich schuldet; eine Gehaltsumwandlung erfüllt diese Voraussetzung nicht. Kommt die zweckbestimmte Leistung zu dem Arbeitslohn hinzu, den der Arbeitgeber schuldet, ist das Tatbestandsmerkmal auch dann erfüllt, wenn der Arbeitnehmer arbeitsvertraglich oder auf Grund einer anderen arbeits- oder dienstrechtlichen Rechtsgrundlage einen Anspruch auf die zweckbestimmte Leistung hat (→ *Barlohnumwandlung* Rz. 515).

Bei **Zuwendungen an Dritte** handelt es sich regelmäßig um Geschenke i.S.d. § 4 Abs. 5 Satz 1 Nr. 1 Satz 1 EStG und R 4.10 Abs. 4 Satz 1 bis 5 EStR oder Incentives (z.B. Reise- oder Sachpreise auf Grund eines ausgeschriebenen Verkaufs- oder Außendienstwettbewerbs). Geschenke in diesem Sinne sind auch Nutzungsüberlassungen. **Zuzahlungen des Zuwendungsempfängers** ändern nicht den Charakter als Zuwendung; sie mindern lediglich die Bemessungsgrundlage. **Zuzahlungen Dritter** (z.B. Beteiligung eines anderen Unternehmers an der Durchführung einer Incentive-Reise) mindern die Bemessungsgrundlage hingegen nicht. **Aufmerksamkeiten** i.S.d. R 19.6 Abs. 1 LStR, die dem Empfänger aus Anlass eines besonderen persönlichen Ereignisses zugewendet werden, sind keine Geschenke und gehören daher nicht zur Bemessungsgrundlage.

Bei der Teilnahme eines Kunden an einem **Bonusprogramm** wird die Ausgabe der Bonuspunkte zum Bestandteil der Gegenleistung des leistenden Unternehmens. Damit liegt weder in der Gutschrift der Punkte noch in der Hingabe der Prämie eine zusätzliche Leistung vor, sodass eine **Pauschalierung nach § 37b EStG** in derartigen Fällen **ausgeschlossen** ist. Die Einkommensteuer kann in diesen Fällen bei Vorliegen der weiteren Voraussetzungen **nach § 37a EStG pauschaliert** werden (→ *Kundenbindungsprogramme* Rz. 1747).

> **Beispiel 1:**
> Ein Unternehmen führt eine Aktion unter dem Motto „Einkaufen – Punkte sammeln – Prämie aussuchen" durch. Hierbei wird jedem Kunden, der sich für die Teilnahme an der Aktion entschieden hat, pro 10 € Einkauf ein Punkt gutgeschrieben. Je nach Höhe der erlangten Punkte erhält der Kunde eine Prämie. Er erhält z.B. bei 25 Punkten wahlweise einen Waschstraßengutschein oder eine Isolierkanne, bei 50 Punkten einen USB-Stick oder eine elektrische Zahnbürste.
>
> Sobald der Kunde sich für die Teilnahme an einem Bonusprogramm entscheidet, wird damit die Ausgabe der Punkte zum Bestandteil der Leistung des leistenden Unternehmens. Die Hingabe der Prämie stellt nur noch die Folge dar. Eine zusätzliche Leistung ist weder in der Gutschrift der Punkte noch in der Hingabe der Prämie zu sehen. **§ 37b EStG** findet in diesen Fällen **keine Anwendung** (OFD Frankfurt v. 10.10.2012, S 2297b A – 1 – St 222, StEd 2012, 697).

Gewinne aus Verlosungen, Preisausschreiben und sonstigen Gewinnspielen sowie **Prämien aus (Neu)Kundenwerbungsprogrammen** und Vertragsneuabschlüssen fallen **nicht in den Anwendungsbereich des § 37b Abs. 1 EStG**.

Sachzuwendungen, deren Anschaffungs- oder Herstellungskosten 10 € nicht übersteigen, sind bei der Anwendung des § 37b EStG als **Streuwerbeartikel** anzusehen und **brauchen** daher **nicht in den Anwendungsbereich der Vorschrift einbezogen zu werden**. Damit wendet die Finanzverwaltung die entgegenstehende Auffassung des BFH (BFH v. 16.10.2013, VI R 52/11, BStBl II 2015, 455) nicht an (sog. **Nichtanwendungserlass**). Der Vorsteuerbetrag nach § 15 UStG gehört, soweit er bei der Umsatzsteuer abgezogen werden kann, nicht zu den Anschaffungs- oder Herstellungskosten des Wirtschaftsguts (§9b Abs. 1 EStG).

Bei der Prüfung der 10 €-Grenze ist auf den **Wert des einzelnen Werbeartikels** abzustellen, auch wenn der Zuwendungsempfänger mehrere Artikel erhält. Besteht der einzelne Werbeartikel aus einer Sachgesamtheit (z.B. ein Etui mit zwei Kugelschreibern im Wert von je 6 €), ist bei Prüfung der 10 €-Grenze auf den Wert der Sachgesamtheit abzustellen (OFD Frankfurt v. 10.10.2012, S 2297b A – 1 – St 222, StEd 2012, 697).

> **Beispiel 2:**
> Der Arbeitnehmer erhält im Monat Mai insgesamt fünf Sachzuwendungen im Wert von jeweils 9 €. Der Arbeitgeber behandelt die Sachzuwendungen als „Streuwerbeartikel" und nimmt insoweit keine pauschale Besteuerung nach § 37b EStG vor.
>
> Die einzelnen Zuwendungen sind im Lohnkonto aufzuzeichnen (§ 4 Abs. 2 Nr. 3 LStDV). Da sie in der Summe die 44 €-Freigrenze (§ 8 Abs. 2 Satz 11 EStG) überschreiten, gehören die Sachzuwendungen insgesamt zum steuerpflichtigen Arbeitslohn.

> **Beispiel 3:**
> Sachverhalt wie Beispiel 2, aber der Arbeitgeber bezieht die Sachzuwendungen in die Pauschalversteuerung nach § 37b EStG ein.
>
> Eine Aufzeichnung im Lohnkonto ist nicht erforderlich. Die pauschal versteuerten Sachzuwendungen bleiben bei der Prüfung, ob die 44 €-Freigrenze (§ 8 Abs. 2 Satz 11 EStG) überschritten ist, außer Betracht.

Die Teilnahme an einer **geschäftlich veranlassten Bewirtung** i.S.d. § 4 Abs. 5 Satz 1 Nr. 2 EStG ist **nicht in den Anwendungsbereich des § 37b EStG einzubeziehen** (R 4.7 Abs. 3 EStR, R 8.1 Abs. 8 Nr. 1 LStR).

Dies gilt nicht, wenn die geschäftlich veranlasste Bewirtung

- **Teil einer Gesamtleistung** ist, die insgesamt als Zuwendung nach § 37b EStG besteuert wird, z.B. Bewirtung im Rahmen einer **Incentive-Reise** (BMF v. 14.10.1996, IV B 2 – S 2143 – 23/96, BStBl I 1996, 1192); eine Incentive-Reise liegt in Abgrenzung zu einer Incentive-Maßnahme, bei der ggf. ein Bewirtungsanteil herausgerechnet werden kann, vor, wenn die Veranstaltung **mindestens eine Übernachtung** umfasst; oder

- **im Rahmen von Repräsentationsveranstaltungen** i.S.d. § 4 Abs. 5 Satz 1 Nr. 4 EStG stattfindet, z.B. Einladung zu einem Golfturnier, zu einem Segeltörn oder zu einer Jagdgesellschaft.

Zuwendungen, die ein Arbeitnehmer von einem Dritten erhalten hat, können nicht vom Arbeitgeber, der nach § 38 Abs. 1 Satz 3 EStG zum Lohnsteuerabzug verpflichtet ist, nach § 37b EStG pauschal besteuert werden. Die Pauschalierung nach § 37b EStG kann **nur der Zuwendende selbst** vornehmen. Für **Zuwendungen an Mitarbeiter verbundener Unternehmen** i.S.d. §§ 15 ff AktG oder § 271 HGB beanstandet es die Finanzverwaltung nicht, wenn an Stelle des Zuwendenden **der Arbeitgeber** des Zuwendungsempfängers die Pauschalierung nach § 37b Abs. 1 EStG vornimmt. Die erforderliche „Zusätzlichkeitsvoraussetzung" ist nur dann erfüllt, wenn die Zuwendungen auf **vertraglichen Beziehungen** zwischen dem Dritten und dem Arbeitnehmer beruhen. Zuwendungen, die auf vertraglichen Beziehungen zwischen dem Zuwendenden und dem Arbeitgeber des Arbeitnehmers beruhen (sog. Rahmenvertrag), können vom Zuwendenden daher nach § 37b EStG pauschal besteuert werden, wenn dem Grunde nach Arbeitslohn vorliegt (BMF v. 20.1.2015, IV C 5 – S 2360/12/10002, BStBl I 2015, 143).

Gibt ein Stpfl. eine Zuwendung unmittelbar weiter, die dieser selbst unter Anwendung des § 37b EStG erhalten hat, entfällt eine erneute pauschale Besteuerung nach § 37b EStG, wenn der Stpfl. hierfür keinen Betriebsausgabenabzug vornimmt.

In die Bemessungsgrundlage nach § 37b Abs. 1 und 2 EStG sind alle Zuwendungen einzubeziehen, die beim Empfänger dem Grunde nach **zu steuerbaren und steuerpflichtigen Einkünften** führen. Demzufolge sind **Zuwendungen an beschränkt und unbeschränkt steuerpflichtige Empfänger auszuscheiden**, die nach den Bestimmungen eines DBA oder des Auslandstätigkeitserlasses **nicht der inländischen Besteuerung unterliegen** oder die dem Empfänger **nicht im Rahmen einer Einkunftsart zufließen**. Für Zuwendungen, die nicht in die Bemessungsgrundlage des § 37b EStG einzubeziehen sind, hat der Zuwendende neben den für den Betriebsausgabenabzug bestehenden Aufzeichnungspflichten zusätzlich durch **geeignete Aufzeichnungen darzulegen**, dass diese Zuwendungen nicht beim Empfänger steuerbar und steuerpflichtig sind. Die **Empfänger der Zuwendungen** müssen auf Verlangen der Finanzbehörde **genau benannt werden können** (§ 160 AO).

> **Beispiel 4:**
> Ein Unternehmen führt ein Management-Meeting durch, an dem sowohl eigene Arbeitnehmer aus Deutschland als auch Arbeitnehmer der Tochtergesellschaften aus dem In- und Ausland teilnehmen. Die Aufwendungen betragen 124 197 €. Nach der Teilnehmerliste waren 34,85 % der Teilnehmer nicht steuerpflichtige Ausländer.
>
> Die Bemessungsgrundlage von 124 197 € ist um 34,85 % auf 80 914 € zu kürzen, weil dieser Anteil auf nicht steuerpflichtige Ausländer entfällt (BFH v. 16.10.2013, VI R 57/11, BStBl II 2015, 457).

Zur **Vereinfachung der Ermittlung der Bemessungsgrundlage** für die Anwendung des § 37b Abs. 1 EStG kann der Stpfl. der Besteuerung nach § 37b EStG **einen bestimmten Prozentsatz** aller gewährten Zuwendungen an Dritte unterwerfen. Der Prozentsatz orientiert sich an den unternehmensspezifischen Gegebenheiten und ist vom Stpfl. anhand geeigneter Unterlagen oder Aufzeichnungen glaubhaft zu machen. In diesem Fall kann er auf weitergehende Aufzeichnungen zur Steuerpflicht beim Empfänger verzichten. Für die Glaubhaftmachung kann auch auf die Aufzeichnungen, die über **einen repräsentativen Zeitraum von mindestens drei Monaten** geführt werden, zurückgegriffen und aus diesen der anzuwendende Prozentsatz ermittelt werden. Dieser kann so lange angewandt werden, wie sich die Verhältnisse nicht wesentlich ändern.

> **Beispiel 5:**
> Das Unternehmen aus Beispiel 4 führt die Management-Meetings einmal pro Monat durch. Anhand der Teilnehmerlisten der letzten drei Monate betrug der Anteil der nicht steuerpflichtigen Ausländer 34,85 %, 32,93 % bzw. 36,23 %. Das Unternehmen beantragt bei seinem Finanzamt, die Besteuerung nach § 37b EStG mit einem Prozentsatz von 65,33 % aller gewährten Zuwendungen zu unterwerfen und auf Aufzeichnungen zur Steuerpflicht der Teilnehmer zu verzichten.
>
> Das Finanzamt wird dem Antrag des Unternehmens zustimmen, denn der Prozentsatz ist aus den Aufzeichnungen der letzten drei Monate ermittelt worden. Er gilt so lange, wie sich die Verhältnisse nicht wesentlich ändern.

b) Bewertung der Zuwendungen

2157 Nach § 37b Abs. 1 Satz 2 EStG sind die Zuwendungen mit den **Aufwendungen des Stpfl.** einschließlich Umsatzsteuer zu bewerten. Der Bruttobetrag kann aus Vereinfachungsgründen mit dem Faktor 1,19 aus dem Nettobetrag hochgerechnet werden. In die Bemessungsgrundlage sind alle **tatsächlich angefallenen Aufwendungen einzubeziehen**, die der jeweiligen Zuwendung direkt zugeordnet werden können. Soweit diese nicht direkt ermittelt werden können, weil sie Teil einer Gesamtleistung sind, ist der auf die jeweilige Zuwendung entfallende Anteil an den Gesamtaufwendungen anzusetzen, der ggf. im Wege der Schätzung zu ermitteln ist. Zu den Aufwendungen im Rahmen von Veranstaltungen gehören z.B. Aufwendungen für Musik, künstlerische und artistische Darbietungen und Aufwendungen für den äußeren Rahmen (z.B. Raummiete, Eventmanager). Wird ein Wirtschaftsgut zugewandt, das der **Stpfl. selbst hergestellt** hat, sind als Aufwendungen grundsätzlich die **Herstellungskosten** des Wirtschaftsguts (zuzüglich der Umsatzsteuer) anzusetzen (z.B. Eintrittskarten für eine selbst ausgerichtete Veranstaltung). Der Zuwendende kann **stattdessen den gemeinen Wert** (z.B. den Kartenpreis) ansetzen, wenn dieser ohne weiteres ermittelt werden kann.

Zur **Aufteilung der Gesamtaufwendungen für VIP-Logen** in Sportstätten und ähnlichen Fällen können die **bestehenden Vereinfachungsregelungen** (BMF v. 22.8.2005, IV B 2 – S 2144 – 41/05, BStBl I 2005, 845, Rdnr. 14, 19, BMF v. 11.7.2006, IV B 2 – S 2144 – 53/06, BStBl I 2006, 447) weiter angewendet werden. Der danach ermittelte, auf Geschenke entfallende pauschale Anteil stellt die Aufwendungen dar, die in die Bemessungsgrundlage nach § 37b EStG einzubeziehen sind. Die Vereinfachungsregelungen zur Übernahme der Besteuerung (BMF v. 22.8.2005, IV B 2 – S 2144 – 41/05, BStBl I 2005, 845, Rdnr. 16, 18, und entsprechende Verweise im BMF v. 11.7.2006, IV B 2 – S 2144 – 53/06, BStBl I 2006, 447) können ab dem 1.1.2007 nicht mehr angewendet werden.

Besteht die Zuwendung in der Hingabe eines Wirtschaftsguts des Betriebsvermögens oder in der unentgeltlichen Nutzungsüberlassung und sind dem Zuwendenden **keine oder nur unverhältnismäßig geringe Aufwendungen entstanden** (z.B. zinslose Darlehensgewährung), ist als Bemessungsgrundlage für eine Besteuerung nach § 37b EStG **der gemeine Wert** anzusetzen.

> **Beispiel:**
> Die Zuwendung einer Eintrittskarte beinhaltet die kostenlose Hingabe eines Rechts, an einer bestimmten Veranstaltung teilzunehmen. Soweit dieses Recht selbst geschaffen wurde und zur Veräußerung bestimmt ist, handelt es sich um ein immaterielles Wirtschaftsgut des Umlaufvermögens. Damit fällt die Zuwendung von Eintrittskarten grundsätzlich unter die Fallgruppe „Hingabe eines Wirtschaftsguts des Betriebsvermögens".
>
> Die Aufwendungen für diese Eintrittskarten entsprechen in diesen Fällen den anteiligen Herstellungskosten. Dazu zählen alle Aufwendungen, die mit der Organisation und Ausrichtung der Veranstaltung im Zusammenhang stehen und keinen anderen besonderen Zweck oder Wirtschaftsgut zugeordnet werden können. Da diese Aufwendungen i.d.R. nicht unverhältnismäßig gering sind, ist im Einzelfall zu prüfen, ob als Bemessungsgrundlage für die Anwendung des § 37b EStG die Aufwendungen anzusetzen sind, die der einzelnen Karte (ggf. im Schätzungswege) zugeordnet werden können, oder aber der gemeine Wert anzusetzen ist (OFD Frankfurt v. 10.10.2012, S 2297b A – 1 – St 222, StEd 2012, 697).

c) Wirkungen auf bestehende Regelungen

2158 Sachbezüge, die im ganz überwiegenden eigenbetrieblichen Interesse des Arbeitgebers gewährt werden (BFH v. 16.10.2013, VI R 78/12, BStBl II 2015, 495) sowie steuerfreie Sachbezüge, z.B. auch nach § 19 Abs. 1 Satz 1 Nr. 1a EStG, werden von § 37b Abs. 2 EStG nicht erfasst. Im Übrigen gilt Folgendes:

aa) Sachbezugsfreigrenze

2159 Wird die Freigrenze des § 8 Abs. 2 Satz 11 EStG i.H.v. 44 € nicht überschritten, **liegt kein steuerpflichtiger Sachbezug vor**. Bei der **Prüfung der Freigrenze** bleiben die nach § 8 Abs. 2 Satz 1 EStG zu bewertenden Vorteile, die nach §§ 37b und 40 EStG pauschal versteuert werden, **außer Ansatz**.

Eine analoge Anwendung der Sachbezugsfreigrenze i.H.v. monatlich 44 € ist bei der Zuwendung an Dritte nicht zulässig (OFD Frankfurt v. 10.10.2012, S 2297b A – 1 – St 222, StEd 2012, 697).

bb) Mahlzeiten aus besonderem Anlass

2160 Mahlzeiten aus besonderem Anlass, die vom oder auf Veranlassung des Arbeitgebers anlässlich von Auswärtstätigkeiten an seine Arbeitnehmer abgegeben werden, können nach § 37b EStG

Pauschalierung der Einkommensteuer bei Sachzuwendungen

pauschal besteuert werden, wenn der Wert der Mahlzeit 60 € (vgl. § 8 Abs. 2 Satz 8 EStG) übersteigt.

cc) Aufmerksamkeiten

2161 Zuwendungen des Arbeitgebers an seine Arbeitnehmer, die als bloße Aufmerksamkeiten (R 19.6 Abs. 1 LStR) anzusehen sind und deren jeweiliger Wert 60 € nicht übersteigt, gehören nicht zum Arbeitslohn und sind daher nicht in die Pauschalierung nach § 37b EStG einzubeziehen. Bei Überschreitung des Betrags von 60 € ist die Anwendung des § 37b EStG möglich.

Die 60 €-Freigrenze für Aufmerksamkeiten ist auch bei **Zuwendungen an Dritte** zu berücksichtigen (OFD Frankfurt v. 10.10.2012, S 2297b A – 1 – St 222, StEd 2012, 697).

d) Zeitpunkt der Zuwendung

2162 Die Zuwendung ist im Zeitpunkt der **Erlangung der wirtschaftlichen Verfügungsmacht** zu erfassen. Das ist bei Geschenken der **Zeitpunkt der Hingabe** (z.B. Eintrittskarte) und bei Nutzungen der **Zeitpunkt der Inanspruchnahme** (z.B. bei Einladung zu einer Veranstaltung der Zeitpunkt der Teilnahme). Die Finanzverwaltung beanstandet es aber nicht, wenn die Pauschalierung nach § 37b EStG bereits in dem Wirtschaftsjahr vorgenommen wird, in dem der Aufwand zu berücksichtigen ist. Auf einen hiervon abweichenden Zeitpunkt der Bezahlung der Rechnung durch den Zuwendenden kann hingegen nicht abgestellt werden.

6. Höchstbetrag

2163 Die Pauschalierung ist ausgeschlossen,

- **soweit** die Aufwendungen je Empfänger und Wirtschaftsjahr (§ 37b Abs. 1 Satz 3 Nr. 1 EStG) oder

- **wenn** die Aufwendungen für die einzelne Zuwendung (§ 37b Abs. 1 Satz 3 Nr. 2 EStG)

den **Betrag von 10 000 € übersteigen**.

Diese Beträge sind auf die Bruttoaufwendungen anzuwenden. Bei dem Betrag nach § 37b Abs. 1 Satz 3 Nr. 1 EStG handelt es sich um einen **Höchstbetrag**, bei dem Betrag nach § 37b Abs. 1 Satz 3 Nr. 2 EStG um eine **Höchstgrenze**. Wird die Höchstgrenze für eine Zuwendung überschritten, ist eine Pauschalierung für andere Zuwendungen an diesen Zuwendungsempfänger i.R.d. § 37b Abs. 1 Satz 3 Nr. 1 EStG zulässig.

> **Beispiel 1:**
> Ein Stpfl. schenkt seinem Hauptkunden zu Ostern, Pfingsten und zu Weihnachten jeweils eine Urlaubsreise im Wert von 4 000 €.
> Die Pauschalierung der Einkommensteuer kann nur einheitlich für alle drei Reisen vorgenommen werden. Sie ist möglich für die Reisen zu Ostern und zu Pfingsten in voller Höhe und für die Reise zu Weihnachten i.H.v. 2 000 €. Dem Kunden muss mitgeteilt werden, dass die Reisen im Wert von 12 000 € nur zu 10 000 € pauschal nach § 37b EStG versteuert wurden. Der Kunde muss 2 000 € im Rahmen seiner Einkommensteuerveranlagung versteuern.

> **Beispiel 2:**
> Ein Stpfl. schenkt seinem Geschäftspartner einen Pkw im Wert von 15 000 €.
> Eine Pauschalierung der Einkommensteuer ist nicht möglich, weil der Wert der Zuwendung 10 000 € übersteigt. Dem Kunden muss mitgeteilt werden, dass er die Zuwendung im Rahmen seiner Einkommensteuerveranlagung versteuern muss.

> **Beispiel 3:**
> Ein Stpfl. schenkt seinem Hauptkunden zu Ostern eine Reise im Wert von 3 000 €, zu Pfingsten eine Reise im Wert von 5 000 € und zu Weihnachten einen Pkw im Wert von 12 000 €.
> Die Aufwendungen für den Pkw i.H.v. 12 000 € können nicht nach § 37b EStG pauschal besteuert werden. Dem Kunden muss mitgeteilt werden, dass er die Zuwendung im Rahmen seiner Einkommensteuerveranlagung versteuern muss. Die Aufwendungen für die beiden anderen Einzelzuwendungen von insgesamt 8 000 € können hingegen nach § 37b EStG pauschal besteuert werden.

Bei Zuzahlungen durch den Zuwendungsempfänger mindert sich der Wert der Zuwendung, auf der der Höchstbetrag anzuwenden ist.

> **Beispiel 4:**
> Ein Stpfl. „verkauft" seinem Geschäftspartner einen Pkw im Wert von 11 000 € für 2 000 €.
> Eine Pauschalierung der Einkommensteuer ist möglich, weil der Wert der Zuwendung 10 000 € nicht übersteigt. Vom Wert der Zuwendung ist die Zuzahlung des Geschäftspartners abzuziehen. Bei 9 000 € (11 000 € ./. 2 000 €) ist die Freigrenze von 10 000 € nicht überschritten.

Für die Prüfung des Höchstbetrags ist bei betrieblich veranlassten Sachzuwendungen an nahestehende Personen eines Geschäftsfreunds oder eines Arbeitnehmers Zuwendungsempfänger der Geschäftsfreund oder der Arbeitnehmer selbst.

> **Beispiel 5:**
> Ein Stpfl. schenkt seinem Hauptkunden zu Ostern und Pfingsten jeweils eine Urlaubsreise im Wert von 4 000 €. Zu Weihnachten schenkt der Stpfl. der Ehefrau seines Hauptkunden eine Urlaubsreise im Wert von 4 000 €.
> Für die Prüfung des Höchstbetrags ist die Ehefrau des Hauptkunden geschenkte Reise dem Hauptkunden selbst zuzurechnen. Also Lösung wie in Beispiel 1.

7. Verhältnis zu anderen Pauschalierungsvorschriften

a) Lohnsteuerpauschalierung mit Nettosteuersatz

2164 Zum Zeitpunkt der Ausübung des Wahlrechts nach § 37b Abs. 2 EStG bereits nach § 40 Abs. 1 Satz 1 EStG durchgeführte Pauschalierungen müssen **nicht rückgängig** gemacht werden. Eine Änderung ist aber in den Grenzen der allgemeinen Regelungen zulässig (→ Anmeldung der Lohnsteuer Rz. 148); § 37b Abs. 2 EStG kann danach angewandt werden.

Die Rückabwicklung eines nach § 40 Abs. 1 Satz 1 EStG pauschalierten Zuwendungsfalls muss **für alle Arbeitnehmer einheitlich** vorgenommen werden, die diese Zuwendung erhalten haben. Nach der Entscheidung zur Anwendung des § 37b EStG ist eine Pauschalierung nach § 40 Abs. 1 Satz 1 EStG für alle Zuwendungen, auf die § 37b EStG anwendbar ist, nicht mehr möglich.

b) Arbeitnehmer verbundener Unternehmen

2165 Die Pauschalierung ist für Sachzuwendungen an Arbeitnehmer verbundener Unternehmer i.S.d. §§ 15 ff. AktG oder § 271 HGB zulässig, wenn die Voraussetzungen des § 37b Abs. 1 EStG erfüllt sind.

8. Verfahrensvorschriften

a) Steuerliche Behandlung beim Zuwendenden

2166 Auf die pauschale Einkommensteuer ist § 40 Abs. 3 EStG sinngemäß anzuwenden. Das bedeutet, dass der zuwendende Stpfl. die **Pauschalsteuer zu übernehmen** hat; er wird insoweit **Steuerschuldner**. Auf die Pauschalsteuer sind Solidaritätszuschlag und Kirchensteuer zu erheben. Einzelheiten zur Ermittlung der Kirchensteuer bei Anwendung des § 37b EStG → Kirchensteuer Rz. 1686.

Die Aufwendungen für die Zuwendung sind nach **allgemeinen steuerlichen Grundsätzen** zu beurteilen; sie sind entweder in voller Höhe als Betriebsausgaben abziehbar (Geschenke an eigene Arbeitnehmer und Zuwendungen, die keine Geschenke sind) oder unter der Maßgabe des § 4 Abs. 5 Satz 1 Nr. 1 EStG beschränkt abziehbar. Die übrigen Abzugsbeschränkungen des § 4 Abs. 5 EStG, insbesondere des § 4 Abs. 5 Satz 1 Nr. 4 oder Nr. 10 EStG, sind ebenfalls zu beachten.

Bei der Prüfung der **Freigrenze von 35 € für Geschenke** (§ 4 Abs. 5 Satz 1 Nr. 1 Satz 2 EStG) ist aus Vereinfachungsgründen allein auf den **Betrag der Zuwendung abzustellen**. Die übernommene Steuer ist nicht mit einzubeziehen.

Die Abziehbarkeit der Pauschalsteuer als Betriebsausgabe richtet sich danach, ob die Aufwendungen für die Zuwendung als Betriebsausgabe abziehbar sind (FG Niedersachsen v. 16.1.2014, 10 K 326/13, EFG 2014, 894, Revision eingelegt, Az. beim BFH: IV R 13/14).

Pauschalierung der Lohnsteuer

b) Steuerliche Behandlung beim Empfänger

2167 Nach § 37b Abs. 3 Satz 1 EStG bleibt eine pauschal besteuerte Sachzuwendung bei der Ermittlung der Einkünfte des Empfängers **außer Ansatz**. Besteht die Zuwendung in der Hingabe eines einzelnen Wirtschaftsguts, das beim Empfänger Betriebsvermögen wird, gilt sein gemeiner Wert als Anschaffungskosten (§ 6 Abs. 4 EStG). Wird die Zuwendung unmittelbar an einen Dritten weitergegeben, gilt dies nur, wenn bei Weitergabe eine erneute Besteuerung nach § 37b EStG vorgenommen wird (→ Rz. 2156).

c) Entstehung der Steuer

2168 Für den Zeitpunkt der Entstehung der Steuer ist grundsätzlich der **Zeitpunkt des Zuflusses** maßgeblich (→ Rz. 2162). Dabei ist nicht auf den Entstehungszeitpunkt der Einkommensteuer oder Körperschaftsteuer beim Zuwendungsempfänger abzustellen.

d) Unterrichtung des Empfängers

2169 Der zuwendende Stpfl. ist verpflichtet, den **Empfänger über die Pauschalierung zu unterrichten** (§ 37b Abs. 3 EStG). Dies ist erforderlich, damit – andernfalls – der Empfänger seine steuerlichen Pflichten zutreffend erfüllen kann. Eine besondere Form ist nicht vorgeschrieben. Die Unterrichtung kann in einfachster, sachgerechter Weise erfolgen. Welche Anforderungen an die Unterrichtung zu stellen sind, wird sich auch nach dem Empfängerkreis richten. Bei eigenen Arbeitnehmern wird etwa ein Aushang am Schwarzen Brett/ein Hinweis in der Lohnabrechnung o.Ä. genügen, bei Dritten wird eher eine schriftliche Mitteilung (Beleg) erforderlich sein.

Arbeitnehmer sind nach § 38 Abs. 4 Satz 3 EStG verpflichtet, ihrem Arbeitgeber die ihnen von Dritten gewährten Bezüge am Ende des Lohnzahlungszeitraums anzuzeigen (→ *Lohnzahlung durch Dritte* Rz. 1953). Erhält der Arbeitnehmer erst im Nachhinein eine Mitteilung vom Zuwendenden über die Anwendung des § 37b EStG, kann bei bereits durchgeführter individueller Besteuerung eine **Korrektur des Lohnsteuerabzugs** vorgenommen werden, wenn die Änderung des Lohnsteuerabzugs beim Arbeitnehmer noch zulässig ist.

e) Aufzeichnungspflichten

2170 Die bestehenden Aufzeichnungspflichten für Geschenke nach § 4 Abs. 5 Satz 1 Nr. 1 EStG bleiben unberührt (vgl. § 4 Abs. 7 EStG, R 4.11 EStR). **Besondere Aufzeichnungspflichten** für die Ermittlung der Zuwendungen, für die § 37b EStG angewandt wird, **bestehen nicht**. Aus der Buchführung oder den Aufzeichnungen muss sich ablesen lassen, dass bei Wahlrechtsausübung alle Zuwendungen erfasst wurden und dass die Höchstbeträge nicht überschritten wurden. Nach § 37b EStG pauschal versteuerte Zuwendungen müssen nicht im Lohnkonto aufgezeichnet werden (§ 41 Abs. 1 EStG i.V.m. § 4 Abs. 2 Nr. 8 LStDV).

Bei Zuwendungen **bis zu einem Wert von jeweils 60 €** geht die Finanzverwaltung aus Vereinfachungsgründen davon aus, dass der Höchstbetrag nach § 37b Abs. 1 Satz 3 Nr. 1 EStG auch beim Zusammenfallen mit weiteren Zuwendungen im Wirtschaftsjahr nicht überschritten wird. Eine Aufzeichnung der Empfänger kann insoweit unterbleiben.

§ 37b EStG kann auch angewendet werden, wenn die **Aufwendungen beim Zuwendenden** ganz oder teilweise **unter das Abzugsverbot des § 160 AO fallen**. Fallen mehrere Zuwendungen zusammen, bei denen § 160 AO zum Abzugsverbot der Aufwendungen führt, ist die Summe dieser Aufwendungen den Höchstbeträgen gegenüberzustellen.

f) Anmeldung der Pauschsteuer

2171 Die pauschale Einkommensteuer **gilt als Lohnsteuer** und ist von dem die Sachzuwendung gewährenden Stpfl. **in der Lohnsteuer-Anmeldung** der Betriebsstätte nach § 41 Abs. 2 EStG anzumelden und spätestens **am zehnten Tag** nach Ablauf des für die Betriebsstätte maßgebenden Lohnsteuer-Anmeldungszeitraums an das Betriebsstättenfinanzamt **abzuführen**. Hat der Stpfl. mehrere Betriebsstätten, so ist das Finanzamt der Betriebsstätte zuständig, in der die für die pauschale Besteuerung maßgebenden Sachbezüge ermittelt werden (§ 37b Abs. 4 EStG).

Für **ausländische Zuwendende** ergeben sich die für die Verwaltung der Lohnsteuer zuständigen Finanzämter aus der analogen Anwendung des H 41.3 (Zuständige Finanzämter für ausländische Bauunternehmer) LStH.

g) Anrufungsauskunft

2172 Für Sachverhalte zur Pauschalierung der Einkommensteuer bei Sachzuwendungen nach § 37b EStG kann eine Anrufungsauskunft i.S.d. § 42e EStG eingeholt werden (→ *Auskünfte und Zusagen des Finanzamts* Rz. 414).

9. Sozialversicherung

2173 Die Spitzenorganisationen der Sozialversicherung haben in ihrer Besprechung über Fragen des gemeinsamen Beitragseinzugs am 23./24.4.2007 darauf hingewiesen, dass die Pauschalbesteuerung von Sachzuwendungen nach § 37b EStG **keinerlei Auswirkungen auf die Sozialversicherung** hat. Grund: Die SvEV sieht hierfür keine Beitragsfreiheit vor. Somit gehören die nach § 37b EStG pauschal versteuerten Sachzuwendungen zum Arbeitsentgelt i.S. der Sozialversicherung. Bemessungsgrundlage ist der maßgebende geldwerte Vorteil der Sachzuwendung.

Lediglich Zuwendungen nach § 37b Abs. 1 EStG, soweit die Zuwendungen **an Arbeitnehmer eines Dritten** erbracht werden und diese Arbeitnehmer nicht Arbeitnehmer eines mit dem Zuwendenden verbundenen Unternehmens sind, sind **nicht dem Arbeitsentgelt zuzurechnen** (§ 1 Abs. 1 Satz 1 Nr. 14 SvEV).

Sonstige Bezüge eines versicherungspflichtigen Arbeitnehmers werden nicht dem beitragspflichtigen Arbeitsentgelt zugerechnet, wenn sie vom Arbeitgeber nach § 40 Abs. 1 Satz 1 Nr. 1 EStG pauschal besteuert werden. Diese Regelung gilt nicht, wenn es sich um einmalig gezahltes Arbeitsentgelt handelt.

Durch eine Präzisierung im Fünften Gesetz zur Änderung des Vierten Buches Sozialgesetzbuch und anderer Gesetze wurde zum 22.4.2015 klargestellt, dass tatsächlich einmalig gewährte **Sachbezüge** auch als einmalig gezahltes Arbeitsentgelt zu behandeln sind.

Unabhängig von der pauschalierten Besteuerung bleiben sie beitragspflichtiges Arbeitsentgelt.

Durch eine weitere Klarstellung in der SvEV wurde ergänzt, dass es nicht mehr auf eine dem Grunde nach bestehende Steuerfreiheit bzw. Pauschalbesteuerungsmöglichkeit ankommt, sondern die Bezüge **tatsächlich steuerfrei oder pauschalbesteuert behandelt** werden.

Pauschalierung der Lohnsteuer

Inhaltsübersicht:	Rz.
1. Allgemeines	2174
2. Pauschalierung von sonstigen Bezügen (§ 40 Abs. 1 Satz 1 Nr. 1 EStG)	2175
a) Grundsätze	2175
b) Sonstige Bezüge	2176
c) Größere Anzahl von Fällen	2177
d) 1 000 €-Grenze	2178
e) Übernahme der Lohnsteuer	2179
f) Zustimmung des Betriebsstättenfinanzamts	2180
g) Ermittlung des besonderen Pauschsteuersatzes	2181
h) Kirchensteuer	2182
i) Solidaritätszuschlag	2183
j) Sozialversicherungsbeiträge	2184
3. Pauschalierung bei der Nacherhebung von Lohnsteuer (§ 40 Abs. 1 Satz 1 Nr. 2 EStG)	2185
a) Grundsätze	2185
b) Verfahrensregelungen	2186
c) Berechnung der pauschalen Lohnsteuer	2187
d) Solidaritätszuschlag	2188
e) Sozialversicherung	2189

1. Allgemeines

2174 Die Besteuerung der Arbeitslöhne von Arbeitnehmern ist grundsätzlich nach den allgemeinen Vorschriften des Lohnsteuerabzugs vorzunehmen. Unter bestimmten Voraussetzungen können jedoch **die Steuerabzugsbeträge** jedoch **pauschal ermittelt** werden (§§ 40, 40a und 40b EStG sowie §§ 37a und 37b EStG).

Pauschalierung der Lohnsteuer

keine Sozialversicherungspflicht = Ⓢⱽ
Sozialversicherungspflicht = Ⓢⱽ

Bei der Pauschalierung der Lohnsteuer ist zu unterscheiden zwischen der Pauschalierung des **gesamten Arbeitslohns** und der Pauschalierung von **bestimmten Teilen des Arbeitslohns**. Die Pauschalierung des gesamten Arbeitslohns ist nur bei Aushilfskräften und geringfügig entlohnten Beschäftigten möglich, während die Pauschalierung von bestimmten Teilen des Arbeitslohns grundsätzlich bei allen Arbeitnehmern möglich ist.

Ein weiteres Unterscheidungsmerkmal ist der Pauschsteuersatz: Zum einen ist eine Pauschalierung mit **festen Pauschsteuersätzen** möglich, zum anderen gibt es einen **besonders zu ermittelnden Pauschsteuersatz**.

Nach dem Einkommensteuergesetz hat der Arbeitgeber die pauschale Lohnsteuer zu übernehmen (§ 40 Abs. 3 EStG). Allerdings besteht immer die arbeitsrechtliche Möglichkeit, dass die pauschale Lohnsteuer im Innenverhältnis auf den Arbeitnehmer abgewälzt wird, die Abwälzung mindert allerdings nicht mehr die Bemessungsgrundlage für die Pauschalsteuer (→ *Abwälzung der pauschalen Lohnsteuer auf den Arbeitnehmer* Rz. 25).

Eine Pauschalierung der Lohnsteuer ist in folgenden Fällen möglich:

- **Pauschalierung mit besonderem Pauschsteuersatz:**

  - Gewährung von sonstigen Bezügen in einer größeren Zahl von Fällen (§ 40 Abs. 1 Satz 1 Nr. 1 EStG), Einzelheiten → Rz. 2175;

  - Nacherhebung von Lohnsteuer in einer größeren Zahl von Fällen (§ 40 Abs. 1 Satz 1 Nr. 2 EStG), Einzelheiten → Rz. 2185;

- **Pauschalierung mit festen Pauschsteuersätzen:**

  - Arbeitstägliche Abgabe von **Mahlzeiten im Betrieb** (§ 40 Abs. 2 Satz 1 Nr. 1 EStG): 25 %,
    Einzelheiten → *Mahlzeiten* Rz. 1971;

  - Abgabe von **Mahlzeiten aus Anlass von Auswärtstätigkeiten** (§ 40 Abs. 2 Satz 1 Nr. 1a EStG): 25 %,
    Einzelheiten → *Mahlzeiten aus besonderem Anlass* Rz. 1982;

  - Zahlung von Arbeitslohn aus Anlass von **Betriebsveranstaltungen** (§ 40 Abs. 2 Satz 1 Nr. 2 EStG): 25 %,
    Einzelheiten → *Betriebsveranstaltungen* Rz. 711;

  - Gewährung von **Erholungsbeihilfen** (§ 40 Abs. 2 Satz 1 Nr. 3 EStG): 25 %,
    Einzelheiten → *Erholung: Arbeitgeberzuwendungen* Rz. 1169;

  - Gewährung von steuerpflichtigen **Verpflegungsmehraufwendungen** (§ 40 Abs. 2 Satz 1 Nr. 4 EStG): 25 %,
    Einzelheiten → *Reisekosten: Erstattungen* Rz. 2516;

  - **Übereignung von Datenverarbeitungsgeräten** und Gewährung von Zuschüssen für die **Internetnutzung** des Arbeitnehmers (§ 40 Abs. 2 Satz 1 Nr. 5 EStG): 25 %,
    Einzelheiten → *Computer* Rz. 783, → *Telekommunikation* Rz. 2863;

  - Gewährung von Fahrtkostenzuschüssen für **Fahrten zwischen Wohnung und erster Tätigkeitsstätte** (§ 40 Abs. 2 Satz 2 EStG): 15 %,
    Einzelheiten → *Wege zwischen Wohnung und erster Tätigkeitsstätte* Rz. 3167;

  - Arbeitslohnzahlungen an kurzfristig beschäftigte Arbeitnehmer, sog. **Aushilfskräfte** (§ 40a Abs. 1 EStG): 25 %,
    Einzelheiten → *Pauschalierung der Lohnsteuer bei Aushilfskräften* Rz. 2200;

  - Arbeitslohnzahlungen an **geringfügig entlohnte Beschäftigte mit** pauschalen Rentenversicherungsbeiträgen (§ 40a Abs. 2 EStG): 2 %,
    Einzelheiten → *Pauschalierung der Lohnsteuer bei geringfügig Beschäftigten* Rz. 2215;

  - Arbeitslohnzahlungen an **geringfügig entlohnte Beschäftigte ohne** pauschale Rentenversicherungsbeiträge (§ 40a Abs. 2a EStG): 20 %,
    Einzelheiten → *Pauschalierung der Lohnsteuer bei geringfügig Beschäftigten* Rz. 2215;

  - Arbeitslohnzahlungen an **Aushilfskräfte** in der **Land- und Forstwirtschaft** (§ 40a Abs. 3 EStG): 5 %,
    Einzelheiten → *Pauschalierung der Lohnsteuer bei Aushilfskräften* Rz. 2190;

  - Zahlung von Beiträgen für eine **Direktversicherung** oder Zuwendungen an eine Pensionskasse, die auf Grund einer Versorgungszusage geleistet werden, die vor dem 1.1.2005 erteilt wurde und der Arbeitnehmer auf die Anwendung des § 3 Nr. 63 EStG verzichtet hat (§ 52 Abs. 52a EStG) sowie für Zuwendungen zum Aufbau einer **nicht kapitalgedeckten Altersversorgung** an eine Pensionskasse (§ 40b Abs. 1 EStG): 20 %,
    Einzelheiten → *Zukunftssicherung: Betriebliche Altersversorgung* Rz. 3313;

  - Zahlung von Beiträgen für eine **Unfallversicherung** (§ 40b Abs. 3 EStG): 20 %,
    Einzelheiten → *Unfallversicherung: freiwillige* Rz. 2948;

  - Gewährung von **Sachprämien** im Rahmen von Kundenbindungsprogrammen (§ 37a EStG): 2,25 %,
    Einzelheiten → *Kundenbindungsprogramme* Rz. 1747;

  - Gewährung von **Sachzuwendungen** an Geschäftspartner und deren Arbeitnehmer sowie an eigene Arbeitnehmer (§ 37b EStG): 30 %.
    Einzelheiten → *Pauschalierung der Einkommensteuer bei Sachzuwendungen* Rz. 2147

2. Pauschalierung von sonstigen Bezügen (§ 40 Abs. 1 Satz 1 Nr. 1 EStG)

a) Grundsätze

2175 Gewährt der Arbeitgeber seinen Arbeitnehmern in einer größeren Zahl von Fällen sonstige Bezüge, so kann das Betriebsstättenfinanzamt auf Antrag des Arbeitgebers zulassen, dass die Lohnsteuer mit einem Pauschsteuersatz erhoben wird. Die Pauschalierung ist allerdings nur möglich, soweit der Arbeitgeber einem Arbeitnehmer sonstige Bezüge **von nicht mehr als 1 000 €** im Kalenderjahr gewährt (§ 40 Abs. 1 Satz 3 EStG) und er die Lohnsteuer übernimmt (§ 40 Abs. 3 EStG). Bei der Ermittlung des Pauschsteuersatzes ist zu berücksichtigen, dass die vorgeschriebene Übernahme der Lohnsteuer durch den Arbeitgeber für den Arbeitnehmer einen geldwerten Vorteil darstellt (§ 40 Abs. 1 Satz 2 EStG). Die Lohnsteuer ist daher nach einem Nettosteuersatz zu berechnen. Dem Antrag hat der Arbeitgeber eine Berechnung beizufügen, aus der sich der durchschnittliche Steuersatz unter Zugrundelegung der durchschnittlichen Jahresarbeitslöhne und der durchschnittlichen Jahreslohnsteuer in jeder Steuerklasse für diejenigen Arbeitnehmer ergibt, denen die Bezüge gewährt werden sollen (§ 40 Abs. 1 Satz 4 EStG).

Voraussetzungen für eine Pauschalierung sind also:

- Gewährung von **sonstigen Bezügen**,

- eine **größere Zahl von Fällen**,

- Beachtung der **1 000 €-Grenze**,

- **Übernahme** der Lohnsteuer **durch den Arbeitgeber**,

- Zustimmung des Betriebsstättenfinanzamts,

- **Ermittlung** des besonderen Pauschsteuersatzes.

b) Sonstige Bezüge

2176 Ein sonstiger Bezug ist nach R 39b.2 Abs. 2 LStR der Arbeitslohn, der nicht als laufender Arbeitslohn gezahlt wird (→ *Sonstige Bezüge* Rz. 2705).

c) Größere Anzahl von Fällen

2177 Eine **größere Zahl von Fällen** ist ohne weitere Prüfung anzunehmen, wenn gleichzeitig **mindestens 20 Arbeitnehmer** in die Pauschalbesteuerung einbezogen werden (R 40.1 Abs. 1 Satz 1 LStR). Wird ein Antrag auf Lohnsteuerpauschalierung für weniger als 20 Arbeitnehmer gestellt, so kann unter Berücksichtigung der besonderen Verhältnisse des Arbeitgebers und der mit der Pauschalbesteuerung angestrebten Vereinfachung eine größere Zahl von Fällen auch bei weniger als 20 Arbeitnehmern angenommen werden (R 40.1 Abs. 1 Satz 2 LStR).

Diese Regelung wird von den Finanzgerichten für zweifelhaft angesehen (FG Münster v. 21.11.1997, 11 K 4425/96 L, EFG 1998, 822).

d) 1 000 €-Grenze

2178 Die Pauschalierung der Lohnsteuer für sonstige Bezüge mit einem besonderen Steuersatz ist **nur zulässig**, soweit der **Gesamtbetrag** der pauschal besteuerten Bezüge eines Arbeitnehmers **im Kalenderjahr** den Betrag von **1 000 € nicht übersteigt**. Anhand der Aufzeichnungen im Lohnkonto ist vom Arbeitgeber **vor jedem Pauschalierungsantrag** zu prüfen, ob die Summe aus den im laufenden Kalenderjahr bereits gezahlten sonstigen Bezügen, für die die Lohnsteuer mit einem besonderen Steuersatz erhoben worden ist, und aus dem sonstigen Bezug, der nunmehr an den einzelnen Arbeitnehmer gezahlt werden soll, den Jahresbetrag von 1 000 € übersteigt. Wird der Jahresbetrag durch den sonstigen Bezug, der gewährt werden soll, überschritten, ist die Besteuerung dieses sonstigen Bezugs für den betreffenden Arbeitnehmer insoweit nach der Regelbesteuerung sonstiger Bezüge vorzunehmen, als der Betrag von 1 000 € überschritten wird (R 40.1 Abs. 2 LStR).

> **Beispiel 1:**
> Die Arbeitnehmer erhalten im Februar 2016 zum 25-jährigen Geschäftsjubiläum eine Jubiläumszuwendung i.H.v. 400 €, die pauschal versteuert wird. Im Juli 2016 erhalten die Arbeitnehmer ein Urlaubsgeld von 250 €, das auch pauschal versteuert wird. Auch das im Dezember 2016 gezahlte Weihnachtsgeld von 1 000 € soll pauschal versteuert werden.
> Die Pauschalierung der sonstigen Bezüge im Februar und im Juli 2016 ist möglich, weil die 1 000 €-Grenze noch nicht überschritten ist (400 € + 250 € = 650 €). Das Weihnachtsgeld von 1 000 € kann allerdings nicht in voller Höhe pauschaliert werden, da die 1 000 €-Grenze überschritten wird (400 € + 250 € + 1 000 € = 1 650 €). Vom Weihnachtsgeld können nur 350 € pauschal besteuert werden, der Restbetrag von 650 € ist der Regelbesteuerung zu unterwerfen. Will der Arbeitgeber auch für diesen Betrag die Lohnsteuer übernehmen, so ist eine Nettolohnberechnung durchzuführen (→ *Nettolöhne* Rz. 2126).

Bei der Beachtung der 1 000 €-Grenze sind nur sonstige Bezüge zu berücksichtigen, die nach dem **besonderen Pauschsteuersatz** pauschal besteuert werden. Sonstige Bezüge, die nach § 40 Abs. 2 EStG mit einem festen Pauschsteuersatz pauschal versteuert werden (Fahrtkostenzuschüsse, Mahlzeiten usw.), werden nicht auf die 1 000 €-Grenze angerechnet (R 40.2 Abs. 2 LStR).

Die 1 000 €-Grenze gilt **getrennt für jedes Arbeitsverhältnis**. Hat der Arbeitnehmer mehrere Arbeitsverhältnisse oder wechselt er im Laufe des Kalenderjahrs den Arbeitgeber, so ist jeder einzelne Arbeitgeber berechtigt, die 1 000 €-Grenze auszuschöpfen.

Da die Lohnsteuerpauschalierung mit einem besonderen Pauschsteuersatz grundsätzlich Sozialversicherungspflicht in der Sozialversicherung auslöst (→ Rz. 2184), führt die Übernahme der Sozialversicherungsbeiträge durch den Arbeitgeber ebenfalls zu einem geldwerten Vorteil. Sofern diese Beiträge pauschal versteuert werden sollen, sind sie auf die 1 000 €-Grenze anzurechnen.

> **Beispiel 2:**
> Ein Arbeitgeber hat 25 Arbeitnehmer. Im Juli 2016 erhalten die Arbeitnehmer ein Urlaubsgeld, dessen Höhe abhängig ist von der Beschäftigungsdauer. Der Arbeitgeber will das Urlaubsgeld pauschal versteuern. Ebenso will er auch die Sozialversicherungsbeiträge übernehmen. An die Arbeitnehmer wird folgendes Urlaubsgeld ausgezahlt:
>
> | | |
> |---|---:|
> | – 10 Arbeitnehmer erhalten je | 400 € |
> | – 5 Arbeitnehmer erhalten je | 600 € |
> | – 7 Arbeitnehmer erhalten je | 900 € |
> | – 3 Arbeitnehmer erhalten je | 1 200 € |
>
> Unter Beachtung der 1 000 €-Grenze sind pauschalierungsfähig:
>
> | | |
> |---|---:|
> | – 10 × 400 € | 4 000 € |
> | – 5 × 600 € | 3 000 € |
> | – 7 × 900 € | 6 300 € |
> | – 3 × 1 200 €, maximal aber 1 000 € | 3 000 € |
> | insgesamt | 16 300 € |
>
> Obwohl das Urlaubsgeld pauschal versteuert wird, sind die Zuwendungen als einmalig gezahltes Arbeitsentgelt sozialversicherungspflichtig (§ 1 Abs. 1 Satz 1 Nr. 2 SvEV). Da der Arbeitgeber auch die Sozialversicherungsbeiträge übernimmt, liegt in der Übernahme der Sozialversicherungsbeiträge ebenfalls ein geldwerter Vorteil, der ebenfalls lohnsteuerpflichtig ist. Soweit die 1 000 €-Grenze noch nicht überschritten ist, kann der Arbeitgeber diesen Vorteil in die Lohnsteuerpauschalierung einbeziehen.

Für die Berechnung des geldwerten Vorteils aus der Übernahme der Sozialversicherungsbeiträge ergibt sich folgende Berechnung (dabei wird unterstellt, dass die Arbeitnehmer die Beitragsbemessungsgrenzen in der Sozialversicherung nicht überschreiten):

Arbeitnehmeranteil zur Sozialversicherung 20,225 %

Da die Übernahme der Lohnsteuer auf die Sozialversicherungsbeiträge ebenfalls ein geldwerter Vorteil ist, ist der Beitragssatz für einen „Bruttobeitragssatz" hochzurechnen:

$$\frac{\text{Beitragssatz} \times 100}{100\,\% - \text{Beitragssatz}} = \text{Bruttobeitragssatz, also} = \frac{20{,}225 \times 100}{100 - 20{,}225} = 25{,}35\,\%$$

In die Pauschalierung sind einzubeziehen:

– 10 × 101,40 €	(25,35 % von 400 €)	1 014,— €
– 5 × 152,10 €	(25,35 % von 600 €)	760,50 €
– 7 × 100,— €	(25,35 % von 900 €, höchstens aber noch 100 €)	700,— €
– 3 × 0,— €	(1 000 €-Grenze schon ausgeschöpft)	0,— €
insgesamt		2 474,50 €

Insgesamt können also 18 774,50 € (16 300 € + 2 474,50 €) pauschal besteuert werden. Für die zehn Arbeitnehmer, bei denen die 1 000 €-Grenze überschritten ist, sind die Sozialversicherungsbeiträge im Wege einer Nettolohnberechnung zu versteuern (→ *Nettolöhne* Rz. 2126).

e) Übernahme der Lohnsteuer

2179 Schuldner der pauschalen Lohnsteuer ist nach § 40 Abs. 3 EStG der Arbeitgeber. Nach der Rechtsprechung des BAG ist es zwar arbeitsrechtlich zulässig, dass der Arbeitgeber die pauschale Lohnsteuer **im Innenverhältnis** auf den Arbeitnehmer überwälzt (BAG v. 5.8.1987, 5 AZR 22/86, www.stotax-first.de; BAG v. 1.2.2006, 5 AZR 628/04, HFR 2006, 727), die Abwälzung mindert aber nicht mehr die Bemessungsgrundlage für die Pauschalsteuer; die auf den Arbeitnehmer abgewälzte pauschale Lohnsteuer gilt als zugeflossener Arbeitslohn (§ 40 Abs. 3 Satz 2 zweiter Halbsatz EStG), → *Abwälzung der pauschalen Lohnsteuer auf den Arbeitnehmer* Rz. 25.

f) Zustimmung des Betriebsstättenfinanzamts

2180 Sind die oben genannten Voraussetzungen erfüllt, wird das Betriebsstättenfinanzamt dem Antrag des Arbeitgebers zustimmen.

g) Ermittlung des besonderen Pauschsteuersatzes

2181 Der Arbeitgeber hat den besonderen Pauschsteuersatz selbst zu ermitteln und die Ermittlung seinem Antrag auf Lohnsteuerpauschalierung beizufügen.

Die Verpflichtung, den durchschnittlichen Steuersatz zu errechnen, kann der Arbeitgeber nach R 40.1 Abs. 3 LStR dadurch erfüllen, dass er

- den **Durchschnittsbetrag** der pauschal zu versteuernden Bezüge,

- die **Zahl der betroffenen Arbeitnehmer** nach Steuerklassen getrennt in folgenden drei Gruppen:

    – Arbeitnehmer in den Steuerklassen I, II und IV,

    – Arbeitnehmer in der Steuerklasse III und

    – Arbeitnehmer in den Steuerklassen V und VI sowie

- die **Summe der Jahresarbeitslöhne** der betroffenen Arbeitnehmer,

    – gemindert um

        a) die Freibeträge für Versorgungsbezüge und Altersentlastungsbeträge sowie die abziehbaren Freibeträge – einschließlich der Erhöhungsbeträge nach § 24b Abs. 2 Satz 2 EStG (§ 39b Abs. 3 Satz 2 EStG),

        b) den Entlastungsbetrag für Alleinerziehende i.H.v. 1 908 € (§ 24b Abs. 2 Satz 1 EStG) bei der Steuerklasse II

        und

    – erhöht um die Hinzurechnungsbeträge

ermittelt. Hierbei kann **aus Vereinfachungsgründen** davon ausgegangen werden, dass die betroffenen Arbeitnehmer in allen

Pauschalierung der Lohnsteuer

Zweigen der Sozialversicherung versichert sind und keinen Beitragszuschlag für Kinderlose (§ 55 Abs. 3 SGB XI) leisten; die individuellen Verhältnisse auf Grund des Faktorverfahrens nach § 39f EStG bleiben unberücksichtigt (R 40.1 Abs. 3 Satz 2 LStR). **Kinderfreibeträge** der Arbeitnehmer sind bei der Ermittlung des Pauschsteuersatzes **nicht zu berücksichtigen** (BFH v. 26.7.2007, VI R 48/03, BStBl II 2007, 844).

Außerdem kann für die Ermittlungen der Summe der Jahresarbeitslöhne und die Einordnung der Arbeitnehmer in die drei Gruppen eine **repräsentative Auswahl** der betroffenen Arbeitnehmer zu Grunde gelegt werden. Zur Festsetzung eines Pauschsteuersatzes für das laufende Kalenderjahr können für die Ermittlung der Summe der Jahresarbeitslöhne auch **die Verhältnisse des Vorjahrs** zu Grunde gelegt werden. Aus der Summe der Jahresarbeitslöhne hat der Arbeitgeber den durchschnittlichen Jahresarbeitslohn der erfassten Arbeitnehmer zu berechnen. Für jede der drei Gruppen hat der Arbeitgeber sodann den Steuerbetrag zu ermitteln, dem der Durchschnittsbetrag der pauschal zu versteuernden Bezüge unterliegt, wenn er dem durchschnittlichen Jahresarbeitslohn hinzugerechnet wird (BFH v. 11.3.1988, VI R 106/84, BStBl II 1988, 726).

Dabei ist maßgebend:

- für die Gruppe der Arbeitnehmer in den Steuerklassen I, II und IV   die **Steuerklasse I**,
- für die Gruppe der Arbeitnehmer in der Steuerklasse III   die **Steuerklasse III**,
- für die Gruppe der Arbeitnehmer in den Steuerklassen V und VI   die **Steuerklasse V**.

Der **Durchschnittsbetrag** der pauschal zu versteuernden Bezüge ist auf den nächsten durch 216 teilbaren Euro-Betrag **aufzurunden** (R 40.1 Abs. 3 Satz 7 zweiter Halbsatz LStR). Durch Multiplikation der Steuerbeträge mit der Zahl der in der entsprechenden Gruppe erfassten Arbeitnehmer und Division der sich hiernach ergebenden Summe der Steuerbeträge durch die Gesamtzahl der Arbeitnehmer und den Durchschnittsbetrag der pauschal zu besteuernden Bezüge ist hiernach die durchschnittliche Steuerbelastung zu berechnen, der die pauschal zu besteuernden Bezüge unterliegen (R 40.1 Abs. 3 Satz 8 LStR).

Das Finanzamt hat den Pauschsteuersatz nach dieser Steuerbelastung so zu berechnen, dass unter Berücksichtigung der Übernahme der pauschalen Lohnsteuer durch den Arbeitgeber insgesamt nicht zu wenig Lohnsteuer erhoben wird (**Berücksichtigung des Nettosteuersatzes**). Die Prozentsätze der durchschnittlichen Steuerbelastung und des Pauschsteuersatzes sind mit einer Dezimalstelle anzusetzen, die nachfolgenden Dezimalstellen sind fortzulassen (R 40.1 Abs. 3 Sätze 9 und 10 LStR).

Beispiel:
Ein Arbeitgeber in Hannover ermittelt für seine 35 rentenversicherungspflichtigen Arbeitnehmer den durchschnittlichen Betrag der pauschal zu besteuernden Bezüge mit 275 €. Seine Arbeitnehmer verteilen sich auf die drei Gruppen wie folgt:

- in den Steuerklassen I, II und IV: 20 Arbeitnehmer,
- in der Steuerklasse III: 12 Arbeitnehmer,
- in den Steuerklassen V und VI: 3 Arbeitnehmer.

Von der Summe der Jahresarbeitslöhne der betroffenen Arbeitnehmer sind die Summe aller Freibeträge, die Freibeträge für Versorgungsbezüge und Altersentlastungsbeträge sowie der Entlastungsbetrag für Alleinerziehende von 1 908 € bei der Steuerklasse II abzuziehen. Das so ermittelte Ergebnis beträgt 610 190 €. Dies ergibt einen durchschnittlichen Jahresarbeitslohn von 17 434 € (610 190 € : 35).

Der Durchschnittsbetrag von 275 € ist auf den nächsten durch 216 teilbaren Euro-Betrag aufzurunden, also auf 432 €. Die Erhöhung des durchschnittlichen Jahresarbeitslohns von 17 434 € um 432 € ergibt den Betrag von 17 866 €. Für 2016 ergibt sich folgende Steuerberechnung:

a) Steuerklasse I:

Lohnsteuer nach Steuerklasse I vom durchschnittlichen Jahresarbeitslohn **mit** dem sonstigen Bezug (17 434 € + 432 € = 17 866 €)	998 €
Lohnsteuer nach Steuerklasse I vom durchschnittlichen Jahresarbeitslohn **ohne** den sonstigen Bezug (17 434 €)	901 €
Differenz = Lohnsteuer auf den sonstigen Bezug	97 €

b) Steuerklasse III:

Lohnsteuer nach Steuerklasse III vom durchschnittlichen Jahresarbeitslohn **mit** dem sonstigen Bezug (17 434 € + 432 € = 17 866 €)	0 €
Lohnsteuer nach Steuerklasse III vom durchschnittlichen Jahresarbeitslohn **ohne** den sonstigen Bezug (17 434 €)	0 €
Differenz = Lohnsteuer auf den sonstigen Bezug	0 €

c) Steuerklasse V:

Lohnsteuer nach Steuerklasse V vom durchschnittlichen Jahresarbeitslohn **mit** dem sonstigen Bezug (17 434 € + 432 € = 17 866 €)	3 000 €
Lohnsteuer nach Steuerklasse V vom durchschnittlichen Jahresarbeitslohn **ohne** den sonstigen Bezug (17 434 €)	2 830 €
Differenz = Lohnsteuer auf den sonstigen Bezug	170 €

Die durchschnittliche Steuerbelastung der pauschal zu versteuernden Bezüge ist hiernach wie folgt zu berechnen:

Steuerklasse	Anzahl	Differenz	Gesamtbetrag
I	20	97 €	1 940 €
III	12	0 €	0 €
V	3	170 €	510 €
Insgesamt			2 450 €

Der durchschnittliche Pauschsteuersatz errechnet sich wie folgt:

$$\frac{\text{Steuerbelastung insgesamt} \times 100}{\text{Durchschnittsbetrag sonstiger Bezug} \times \text{Anzahl der Arbeitnehmer}} =$$

$$\frac{2\,450\, € \times 100}{432 \times 35} = 16{,}203704\,\%,$$

abgerundet auf eine Dezimalstelle: 16,2 % (Bruttosteuersatz).

Umgerechnet in einen Nettosteuersatz beträgt der Pauschsteuersatz:

$$\frac{16{,}2 \times 100}{100 - 16{,}2} = 19{,}331742\,\%,$$

abgerundet auf eine Dezimalstelle: 19,3 % (Nettosteuersatz).

Die pauschale Lohnsteuer auf die sonstigen Bezüge ermittelt sich wie folgt:

Sonstige Bezüge × Anzahl der Arbeitnehmer (275 € × 35)	9 625,— €
Gesamtbetrag × Nettosteuersatz (19,3 %) = abzuführende pauschale Lohnsteuer	1 857,62 €
Der Solidaritätszuschlag beträgt 5,5 % von 1 857,62 €	102,16 €
Die Kirchensteuer beträgt 6 % von 1 857,62 €	111,45 €

Die Übernahme des Solidaritätszuschlags und der Kirchensteuer wäre ebenso ein geldwerter Vorteil. Auf Grund bundeseinheitlicher Verwaltungsanweisungen werden der Solidaritätszuschlag und die Kirchensteuer allerdings nicht dem zu versteuernden Betrag hinzugerechnet, vgl. die nachfolgenden Ausführungen zur Kirchensteuer und zum Solidaritätszuschlag.

Die pauschale Lohnsteuer, der Solidaritätszuschlag und die Kirchensteuer sind nicht beitragspflichtig in der Sozialversicherung. Bei der Veranlagung der Arbeitnehmer bleiben pauschal versteuerte Bezüge außer Ansatz, der Arbeitgeber darf sie deshalb nicht in der Lohnsteuerbescheinigung eintragen.

h) Kirchensteuer

2182 Wenn der Arbeitgeber bereit ist, die Lohnsteuer zu pauschalieren und als Steuerschuldner zu übernehmen, hat er auch die pauschale Kirchensteuer zu übernehmen. Der Antrag auf Pauschalierung der Lohnsteuer zieht auch die Pauschalierung der Kirchensteuer nach sich (BFH v. 30.11.1989, I R 14/87, BStBl II 1990, 993). Einzelheiten zur Pauschalierung der Kirchensteuer vgl. → *Kirchensteuer* Rz. 1669.

Die Übernahme der Kirchensteuer ist ebenso ein geldwerter Vorteil wie die Übernahme der pauschalen Lohnsteuer oder der Sozialversicherungsbeiträge. Allerdings ist **aus Vereinfachungsgründen von der Finanzverwaltung zugelassen** worden, dass die Kirchensteuer bei der Ermittlung des besonderen Pauschsteuersatzes nach § 40 Abs. 1 Nr. 1 oder 2 EStG dem zu versteuernden Betrag **nicht hinzuzurechnen** ist (FinMin Baden-Württemberg v. 30.5.2011, 3 – S 245.2/3, www.stotax-first.de).

i) Solidaritätszuschlag

2183 Wird die Lohnsteuer pauschaliert, so beträgt der Solidaritätszuschlag **stets 5,5 % der pauschalen Lohnsteuer** (BFH v. 1.3.2002, VI R 171/98, BStBl II 2002, 440). Einzelheiten hierzu → *Solidaritätszuschlag* Rz. 2677.

Die Übernahme des Solidaritätszuschlags ist ebenso ein geldwerter Vorteil wie die Übernahme der pauschalen Lohnsteuer oder der Sozialversicherungsbeiträge. Allerdings ist **aus Vereinfachungsgründen von der Finanzverwaltung zugelassen** worden, dass der Solidaritätszuschlag bei der Ermittlung des besonderen Pauschsteuersatzes nach § 40 Abs. 1 Nr. 1 oder 2 EStG dem zu versteuernden Betrag **nicht hinzuzurechnen** ist (FinMin Baden-Württemberg v. 30.5.2011, 3 – S 245.2/3, www.stotax-first.de).

j) Sozialversicherungsbeiträge

2184 § 1 Abs. 1 Satz 2 SvEV macht deutlich, dass es für die Nichthinzurechnung zum Arbeitsentgelt **nur auf die Möglichkeit einer Pauschalbesteuerung, nicht aber auf den Zeitpunkt ihrer Durchführung** und auch nicht auf den Zeitpunkt der Fälligkeit des Gesamtsozialversicherungsbeitrags ankommt.

Ist vertraglich geregelt, dass die Durchführung der Pauschalbesteuerung auf **geringere Werte** als die steuerlichen Höchstgrenzen beschränkt ist, können die pauschal besteuerbaren Bezüge auch **nur in Höhe** dieser tarif- oder arbeitsvertraglichen Grenzwerte **beitragsfrei belassen werden.** Insoweit ist zu beachten, dass bei Beiträgen, die die vertraglichen Grenzwerte übersteigen, das Regelbesteuerungsverfahren durchzuführen ist und deshalb Beitragspflicht besteht.

Der Sachverhalt, dass für die Nichthinzurechnung zum Arbeitsentgelt **die Möglichkeit der Pauschalbesteuerung ausreicht,** ist für

– die in § 40 Abs. 1 Satz 1 EStG genannten sonstigen Bezüge, soweit die nicht einmalig gezahltes Arbeitsentgelt sind,

– die in § 40 Abs. 2 EStG genannten Einnahmen und

– die in § 40b EStG aufgeführten Zukunftssicherungsleistungen von Bedeutung.

Die in § 1 Abs. 1 Satz 1 Nr. 2 bis 4 SvEV genannten Bezüge sind dann dem Arbeitsentgelt zuzurechnen und in der Folge **beitragspflichtig,** wenn der Arbeitgeber **nicht von der Pauschalbesteuerung Gebrauch macht** und tatsächlich das Regelbesteuerungsverfahren (§§ 39b oder 39c EStG) durchführt (Gemeinsames Rundschreiben der Spitzenverbände der Sozialversicherungsträger v. 29.12.1998).

3. Pauschalierung bei der Nacherhebung von Lohnsteuer (§ 40 Abs. 1 Satz 1 Nr. 2 EStG)

a) Grundsätze

2185 Ist **in einer größeren Zahl von Fällen Lohnsteuer nachzuerheben**, weil der Arbeitgeber die Lohnsteuer nicht vorschriftsmäßig einbehalten hat, so kann das Betriebsstättenfinanzamt auf Antrag des Arbeitgebers zulassen, dass die Lohnsteuer mit einem Pauschsteuersatz erhoben wird. Der typische Anwendungsfall für diese Regelung ist die Lohnsteuer-Nachforderung nach einer Lohnsteuer-Außenprüfung. Die Pauschalierung ist in diesen Fällen immer möglich, die **1 000 €-Grenze** findet hier **keine Anwendung.** Ebenso ist nicht Voraussetzung, dass es sich um sonstige Bezüge handeln muss; es kann daher auch die Lohnsteuer, die auf laufenden Arbeitslohn entfällt, pauschal nachgefordert werden.

Eine „nicht vorschriftsmäßige Einbehaltung" der Lohnsteuer i.S.v. § 40 Abs. 1 Satz 1 Nr. 2 EStG liegt nicht vor, wenn der Arbeitgeber entsprechend einer ihm zuvor erteilten Anrufungsauskunft zum Lohnsteuereinbehalt verfahren ist (BFH v. 16.11.2005, VI R 23/02, BStBl II 2006, 210); eine Pauschalierung ist in diesem Fall nicht möglich. Dies gilt selbst dann, wenn der Arbeitgeber nach einer Lohnsteuer-Außenprüfung der Pauschalierung zugestimmt hat.

Da im Bereich der Lohnsteuer-Nachforderung bei einer Lohnsteuer-Außenprüfung die 1 000 €-Grenze nicht gilt, könnte der Arbeitgeber bei der Gewährung sonstiger Bezüge, die die 1 000 €-Grenze übersteigen, zunächst „versehentlich" von einer Lohnversteuerung, die nach den allgemeinen Regelungen zu erfolgen hätte, absehen. Würde der Fehler später „bemerkt", käme ja eine Pauschalbesteuerung ohne Beachtung der 1 000 €-Grenze in Betracht. Um dieser missbräuchlichen Inanspruchnahme der pauschalen Nachversteuerung vorzubeugen, hat die Finanzverwaltung in R 40.1 Abs. 2 Satz 3 LStR festgelegt:

„Hat der Arbeitgeber die Pauschalierungsgrenze mehrfach nicht beachtet, sind Anträge auf Lohnsteuerpauschalierung nach § 40 Abs. 1 Satz 1 Nr. 2 EStG **nicht zu genehmigen.**"

b) Verfahrensregelungen

Die Pauschalierung der Lohnsteuer nach § 40 Abs. 1 Satz 1 Nr. 2 **2186** EStG setzt – wie die Pauschalierung von sonstigen Bezügen – **einen Antrag des Arbeitgebers** voraus. Wird seinem Antrag entsprochen, so wird er Schuldner der pauschalen Lohnsteuer (§ 40 Abs. 3 EStG). Nach der Rechtsprechung des BAG ist es zwar arbeitsrechtlich zulässig, dass der Arbeitgeber die pauschale Lohnsteuer **im Innenverhältnis** auf den Arbeitnehmer überwälzt (BAG v. 5.8.1987, 5 AZR 22/86, www.stotax-first.de; BAG 1.2.2006, 5 AZR 628/04, HFR 2006, 727), die Abwälzung mindert aber nicht mehr die Bemessungsgrundlage für die Pauschalsteuer; die auf den Arbeitnehmer abgewälzte pauschale Lohnsteuer gilt als zugeflossener Arbeitslohn (§ 40 Abs. 3 Satz 2 Halbsatz 2 EStG), → *Abwälzung der pauschalen Lohnsteuer auf den Arbeitnehmer* Rz. 25.

Der Arbeitgeber ist an seinen rechtswirksam gestellten Antrag auf Pauschalierung der Lohnsteuer gebunden, sobald der Lohnsteuer-Pauschalierungsbescheid wirksam wird (BFH v. 5.3.1993, VI R 79/91, BStBl II 1993, 692). Wird auf den Einspruch des Arbeitgebers ein gegen ihn ergangener Lohnsteuer-Pauschalierungsbescheid aufgehoben, so kann der dort berücksichtigte Arbeitslohn bei der Veranlagung des Arbeitnehmers erfasst werden (BFH v. 18.1.1991, VI B 140/89, BStBl II 1991, 309; BFH v. 19.2.2002, VI B 240/01, www.stotax-first.de).

Hat der Arbeitgeber **keinen Pauschalierungsantrag** gestellt, so ist ein nach § 40 Abs. 1 Satz 1 Nr. 2 EStG ergangener Lohnsteuer-Pauschalierungsbescheid **nicht nichtig** (BFH v. 7.2.2002, VI R 80/00, BStBl II 2002, 438). Dabei ist derjenige, der für den Arbeitgeber im Rahmen der Lohnsteuer-Außenprüfung auftritt, i.d.R. nach den Grundsätzen der Anscheinsvollmacht dazu befugt, einen Antrag auf Lohnsteuer-Pauschalierung zu stellen (BFH v. 10.10.2002, VI R 13/01, BStBl II 2003, 156).

Die pauschale Lohnsteuer darf nur für solche Einkünfte aus nichtselbständiger Arbeit erhoben werden, die dem Lohnsteuerabzug unterliegen, wenn der Arbeitgeber keinen Pauschalierungsantrag gestellt hätte (BFH v. 10.5.2006, IX R 82/98, BStBl II 2006, 669).

Bei einer Pauschalierung nach § 40 Abs. 1 Satz 1 Nr. 2 EStG erhält der Arbeitgeber – da er selbst der Steuerschuldner ist – vom Finanzamt einen **Nachforderungsbescheid** (R 42d.1 Abs. 6 LStR). Für seine Arbeitnehmer bedeutet die Lohnsteuerpauschalierung, dass der so besteuerte Arbeitslohn bei der Einkommensteuerveranlagung außer Ansatz bleibt (§ 40 Abs. 3 Satz 3 EStG).

Von dem Nachforderungsbescheid ist der **Haftungsbescheid** zu unterscheiden. Beantragt der Arbeitgeber nicht die Pauschalierung der Lohnsteuer, so kann es zur Inanspruchnahme des Arbeitgebers im Haftungswege kommen (→ *Haftung für Lohnsteuer: Allgemeine Grundsätze* Rz. 1493). In diesem Fall bleibt aber der Arbeitnehmer Steuerschuldner.

c) Berechnung der pauschalen Lohnsteuer

Nach einer Lohnsteuer-Außenprüfung wird das Finanzamt die **2187** Höhe des Pauschsteuersatzes selbst ermitteln. Dabei ist die unter → Rz. 2181 dargestellte Ermittlung des besonderen Pauschsteuersatzes auch vom Finanzamt anzuwenden. Der vom Finanzamt ermittelte Pauschsteuersatz wird auch in diesen Fällen in einen **Nettosteuersatz** umgerechnet, weil die vorgeschriebene Übernahme der Lohnsteuer durch den Arbeitgeber für den Arbeitnehmer einen geldwerten Vorteil darstellt.

Die Ermittlung erfolgt nach der Formel:

$$\frac{\text{Bruttosteuersatz} \times 100}{100 \div \text{Bruttosteuersatz}} = \text{Nettosteuersatz}$$

Pauschalierung der Lohnsteuer

keine Sozialversicherungspflicht = Ⓢⓥ
Sozialversicherungspflicht = Ⓢⓥ

Die Auswirkungen der Umrechnung von Bruttosteuersatz in Nettosteuersatz verdeutlicht folgende Tabelle:

Umrechnungstabelle Bruttosteuersatz – Nettosteuersatz	
Der Bruttosteuersatz von	ergibt einen Nettosteuersatz von
15 %	17,6 %
20 %	25,0 %
25 %	33,3 %
30 %	42,8 %
35 %	53,8 %
40 %	66,6 %
42 %	72,4 %
45 %	81,8 %

Der geldwerte Vorteil aus der Steuerübernahme des Arbeitgebers ist nicht nach den Verhältnissen im Zeitpunkt der Steuernachforderung zu versteuern. Vielmehr muss der für die pauschalierten Löhne **nach den Verhältnissen der jeweiligen Zuflussjahre** errechnete Bruttosteuersatz jeweils auf den Nettosteuersatz der ‚Jahre hochgerechnet werden, in denen die pauschalierten Löhne zugeflossen sind und in denen die pauschale Lohnsteuer entsteht (BFH v. 6.5.1994, VI R 47/93, BStBl II 1994, 715). Die pauschalen Steuerbeträge sind im Pauschalierungsbescheid auf die einzelnen Jahre aufzuteilen (BFH v. 18.7.1985, VI R 208/82, BStBl II 1986, 152).

Beispiel:
Bei einer Lohnsteuer-Außenprüfung wird festgestellt, dass der Arbeitgeber Arbeitslöhne teilweise nicht versteuert hat. Im Einzelnen ist Folgendes festgestellt worden:

– **Feststellung 1:**
Der Arbeitgeber hat Mietwohnungen verbilligt an seine Arbeitnehmer überlassen, ohne den sich ergebenden geldwerten Vorteil zu versteuern. Für 2015 ergeben sich nachzuversteuernde Beträge i.H.v. 2 000 €.

– **Feststellung 2:**
Einigen Arbeitnehmern sind Schadensersatzforderungen erlassen worden, ohne dass der hieraus resultierende geldwerte Vorteil (BFH v. 27.3.1992, VI R 145/89, BStBl II 1992, 837) lohnversteuert wurde. Für 2015 ergeben sich nachzuversteuernde Beträge i.H.v. 30 000 €.

Der Arbeitgeber erklärt sich im Rahmen der Lohnsteuer-Außenprüfung mit der Übernahme der auf die unversteuerten Beträge entfallenden Abzugssteuern einverstanden und beantragt die Pauschalierung.

Die Lohnsteuer-Außenprüfung ermittelt die besonderen Bruttosteuersätze in der nachfolgend dargestellten Höhe. Es ergibt sich folgende nachzufordernde Summe:

	unversteuerte Beträge	Bruttosteuersatz	Steuerbetrag
– Feststellung 1	2 000 €	26 %	520 €
– Feststellung 2	30 000 €	42 %	12 600 €
Insgesamt			13 120 €

Da der Arbeitgeber die Steuerabzugsbeträge übernimmt, ergeben sich für die Arbeitnehmer geldwerte Vorteile i.H.v. 13 120 €. Der Bruttosteuersatz ist deshalb **im Zuflusszeitpunkt** in einen Nettosteuersatz umzurechnen. Nach der oben abgedruckten Formel ergeben sich folgende Nettosteuersätze:

Bruttosteuersatz	Nettosteuersatz
26 %	35,1 %
42 %	72,4 %

Die vom Arbeitgeber nachzuentrichtende Lohnsteuer beträgt danach:

	unversteuerte Beträge	Nettosteuersatz	Steuerbetrag
– Feststellung 1	2 000 €	35,1 %	702 €
– Feststellung 2	30 000 €	72,4 %	21 720 €
Insgesamt			22 422 €

Für die Berechnung des Solidaritätszuschlags und der Kirchensteuer gilt Folgendes:
Die Übernahme des Solidaritätszuschlags und der Kirchensteuer wäre an sich auch ein geldwerter Vorteil. Auf Grund bundeseinheitlicher Verwaltungsanweisungen werden der Solidaritätszuschlag und die Kirchensteuer allerdings nicht dem zu versteuernden Betrag hinzugerechnet.

Der **Solidaritätszuschlag** beträgt 5,5 % von 22 422 €, also 1 233,21 €.

Die **pauschale Kirchensteuer** beträgt (in Niedersachsen) 6 % von 22 422 €, also 1 345,32 €.

Die vom Arbeitgeber im Kalenderjahr 2016 insgesamt nachzufordernden Beträge belaufen sich auf

– Lohnsteuer	22 422,– €
– Solidaritätszuschlag	1 233,21 €
– Kirchensteuer	1 345,32 €
Insgesamt	25 000,53 €

d) Solidaritätszuschlag

Der Grundsatz, dass der geldwerte Vorteil aus der Steuerübernahme des Arbeitgebers nicht nach den Verhältnissen im Zeitpunkt der Steuernachforderung zu versteuern ist, sondern **nach den Verhältnissen der jeweiligen Zuflussjahre**, gilt auch für die Erhebung des Solidaritätszuschlags. Einzelheiten hierzu → *Solidaritätszuschlag* Rz. 2677. **2188**

Der Solidaritätszuschlag ist bei der Ermittlung des besonderen Pauschsteuersatzes dem zu versteuernden Betrag nicht hinzuzurechnen (→ Rz. 2183).

e) Sozialversicherung

Wird als Ergebnis einer Lohnsteuer-Außenprüfung von dem Finanzamt Lohnsteuer in einer größeren Zahl von Fällen pauschal nacherhoben, hat dies insoweit Auswirkungen auf das Beitragsrecht der Sozialversicherung, als zu prüfen ist, ob **im Einzelfall** durch die fehlerhafte Steuerermittlung **auch Sozialversicherungsbeiträge fehlerhaft festgestellt** wurden. Trifft dies zu, ist eine **individuelle Berichtigung** der Sozialversicherungsbeiträge vorzunehmen. **2189**

Die im Steuerrecht mögliche **vereinfachte Pauschalabführung** der nachzuentrichtenden Steuern ist für einen vergleichbaren Sachverhalt **im Sozialversicherungsrecht** wegen der personenbezogenen Beitragsabführung **nicht möglich**. So könnten beispielsweise pauschal nacherhobene Beiträge zur Rentenversicherung nicht im Versicherungskonto des Arbeitnehmers gutgeschrieben werden.

Eine nachträgliche pauschalierte Steuerentrichtung des Arbeitgebers erhöht nicht den für die Berechnung der Beiträge maßgeblichen Bruttolohn des Arbeitnehmers.

Kommt es wegen **fehlerhafter Abführung der Sozialversicherungsbeiträge zu einer Beitragsnachentrichtung** durch den Arbeitgeber an den Träger der Sozialversicherung, so stellt sich die Frage, ob in der Übernahme der Sozialversicherungsbeiträge durch den Arbeitgeber lohnsteuerlich wiederum ein geldwerter Vorteil entsteht.

Hierzu hat der BFH entschieden, dass hinsichtlich der Arbeitnehmeranteile **nur dann** die Gewährung zusätzlichen steuerpflichtigen Arbeitslohnes vorliegt, wenn Arbeitgeber und Arbeitnehmer eine **Nettolohnvereinbarung** getroffen haben oder der Arbeitgeber **zwecks Steuer- und Beitragshinterziehung** die Unmöglichkeit einer späteren Rückbelastung beim Arbeitnehmer **bewusst** in Kauf genommen hat.

Eine Gewährung zusätzlichen Arbeitslohns liegt dagegen nicht vor, wenn es der Arbeitgeber **irrtümlich** unterlässt, den Barlohn des Arbeitnehmers um den gesetzlichen Arbeitnehmeranteil zu kürzen und die Unmöglichkeit einer Rückbelastung **wegen Eintritts der gesetzlichen Lastenverschiebung nach § 28g SGB IV** zum endgültigen Verbleiben des Vorteils beim Arbeitnehmer führt (BFH v. 29.10.1993, VI R 4/87, BStBl II 1994, 194).

Pauschalierung der Lohnsteuer bei Aushilfskräften

Inhaltsübersicht:

		Rz.
1.	Lohnsteuer	2190
	a) Überblick	2191
	b) Grundsätze	2192
	c) Gemeinsame Voraussetzungen für die Pauschalierung	2193
	d) Aushilfskräfte (§ 40a Abs. 1 EStG)	2200
	e) Aushilfskräfte in der Land- und Forstwirtschaft (§ 40a Abs. 3 EStG)	2205
	f) Pauschalierung der Kirchensteuer	2212
	g) Solidaritätszuschlag	2213
2.	Sozialversicherung	2214

1. Lohnsteuer

Unter diesem Stichwort ist allein die **Pauschalierung der Lohnsteuer für Aushilfskräfte** dargestellt. Zur **Pauschalierung für geringfügig entlohnte Beschäftigte** → *Pauschalierung der Lohnsteuer bei geringfügig Beschäftigten* Rz. 2215. **2190**

[LSt durchgestrichen] = keine Lohnsteuerpflicht
[LSt] = Lohnsteuerpflicht

Pauschalierung der Lohnsteuer bei Aushilfskräften

a) Überblick

2191 Für die Pauschalierung der Lohnsteuer bei Aushilfskräften ergibt sich folgende **Übersicht**:

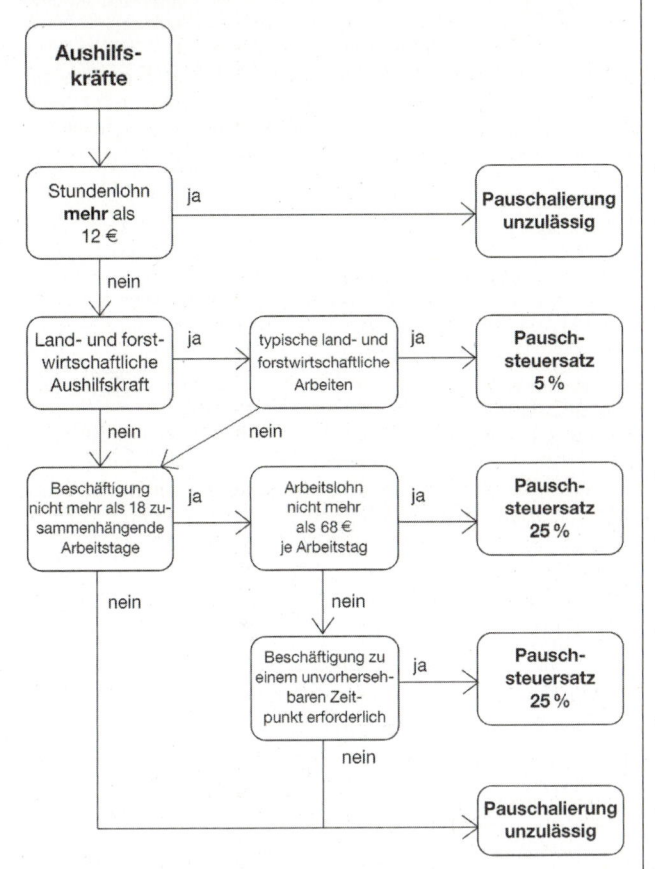

```
Aushilfskräfte
    |
    v
Stundenlohn mehr als 12 € --ja--> Pauschalierung unzulässig
    |
   nein
    v
Land- und forstwirtschaftliche Aushilfskraft --ja--> typische land- und forstwirtschaftliche Arbeiten --ja--> Pauschsteuersatz 5 %
    |                                                         |
   nein                                                      nein
    v                                                         
Beschäftigung nicht mehr als 18 zusammenhängende Arbeitstage --ja--> Arbeitslohn nicht mehr als 68 € je Arbeitstag --ja--> Pauschsteuersatz 25 %
    |                                                         |
   nein                                                      nein
    v                                                         v
                                                    Beschäftigung zu einem unvorhersehbaren Zeitpunkt erforderlich --ja--> Pauschsteuersatz 25 %
                                                              |
                                                             nein
                                                              v
                                                    Pauschalierung unzulässig
```

b) Grundsätze

2192 Die Besteuerung von Aushilfskräften ist grundsätzlich nach den allgemeinen Vorschriften des Lohnsteuerabzugs vorzunehmen. Unter bestimmten Voraussetzungen können die Steuerabzugsbeträge für Aushilfskräfte jedoch mit einem **festen Pauschsteuersatz** erhoben werden (§ 40a Abs. 1 und 3 EStG).

Dabei ist es nicht zulässig, im Laufe eines Kalenderjahrs zwischen der Regelbesteuerung und der Pauschbesteuerung **zu wechseln**, wenn dadurch allein die Ausnutzung der mit Einkünften aus nichtselbständiger Arbeit verbundenen Frei- und Pauschbeträge erreicht werden soll (BFH v. 20.12.1991, VI R 32/89, BStBl II 1992, 695). Ein Wechsel in der Besteuerungsart ist jedoch weiterhin möglich, wenn sich die Veranlassung dazu aus dem Arbeitsverhältnis ergibt. Dies ist z.B. dann der Fall, wenn

– der Arbeitnehmer im Laufe des Kalenderjahrs aus dem Dienstverhältnis ausscheidet (Ruhestand, Kündigung) und er bei demselben Arbeitgeber in einem neuen Arbeitsverhältnis unter Pauschalierung der Lohnsteuer weiter- bzw. wieder beschäftigt wird (BFH v. 27.7.1990, VI R 20/89, BStBl II 1990, 931) oder

– die Pauschalierungsgrenzen des § 40a EStG wegen des schwankenden Arbeitslohns teilweise über- bzw. unterschritten werden.

Darüber hinaus kann innerhalb der Festsetzungsfrist für das gesamte Jahr von der Pauschalierung nach § 40a EStG zur Regelbesteuerung übergegangen werden. Dies gilt auch bei Ehegatten-Arbeitsverhältnissen (BFH v. 26.11.2003, VI R 10/99, BStBl II 2004, 195).

Die Pauschalierung der Lohnsteuer bei Aushilfskräften ist in § 40a Abs. 1 und 3 EStG **i.V.m.** R 40a.1 LStR **geregelt für**

– kurzfristig beschäftigte Arbeitnehmer, sog. **Aushilfskräfte** (§ 40a Abs. 1 EStG): **25 %**,
– **Aushilfskräfte in der Land- und Forstwirtschaft** (§ 40a Abs. 3 EStG): **5 %**.

Für beide Gruppen gelten folgende gemeinsame Voraussetzungen:

– Der **Abruf von elektronischen Lohnsteuerabzugsmerkmalen** oder die Vorlage einer Bescheinigung für den Lohnsteuerabzug ist **nicht erforderlich**.

– Die Pauschalierung der Lohnsteuer ist **nicht abhängig von einem Antrag** des Arbeitgebers; sie bedarf daher keiner Zustimmung des Finanzamts.

– Der Arbeitgeber darf **die Pauschalbesteuerung nachholen**, solange keine Lohnsteuerbescheinigung ausgeschrieben ist, eine Lohnsteuer-Anmeldung noch berichtigt werden kann und noch keine Festsetzungsverjährung eingetreten ist (vgl. FG Nürnberg v. 16.10.2014, 6 K 178/13, EFG 2015, 732).

– Eine **fehlerhafte Pauschalbesteuerung** ist für die Veranlagung zur Einkommensteuer **nicht bindend** (BFH v. 10.6.1988, III R 232/84, BStBl II 1988, 981); die vom Arbeitgeber abgeführte pauschale Lohnsteuer kann nicht auf die Einkommensteuerschuld des Arbeitnehmers angerechnet werden (BFH v. 20.3.2006, VII B 230/05, www.stotax-first.de).

– Der **Stundenlohn** darf während der Beschäftigungsdauer 12 € nicht übersteigen.

– Bei der Prüfung der Voraussetzungen für die Pauschalierung ist von den Merkmalen auszugehen, die sich **für das einzelne Dienstverhältnis** ergeben.

– Die Pauschalierung ist sowohl bei **unbeschränkt als auch bei beschränkt einkommensteuerpflichtigen Arbeitnehmern** möglich.

– Der pauschal besteuerte Arbeitslohn und die pauschale Lohnsteuer bleiben **bei einer Einkommensteuer-Veranlagung** des Arbeitnehmers **außer Ansatz** (§ 40a Abs. 5, § 40 Abs. 3 EStG).

– **Schuldner** der pauschalen Lohnsteuer **ist der Arbeitgeber**, er hat die pauschale Lohnsteuer zu übernehmen (§ 40a Abs. 5, § 40 Abs. 3 EStG). Es ist jedoch arbeitsrechtlich möglich, dass die pauschale Lohnsteuer **im Innenverhältnis** vom Arbeitnehmer getragen wird, die Abwälzung mindert aber nicht mehr die Bemessungsgrundlage für die Pauschalsteuer; die auf den Arbeitnehmer abgewälzte pauschale Lohnsteuer gilt als zugeflossener Arbeitslohn (§ 40a Abs. 5 i.V.m. § 40 Abs. 3 Satz 2 Halbsatz 2 EStG); → Abwälzung der pauschalen Lohnsteuer auf den Arbeitnehmer Rz. 25.

c) Gemeinsame Voraussetzungen für die Pauschalierung

aa) Keine Zustimmung des Finanzamts erforderlich

2193 Die Pauschalierung der Lohnsteuer ist nicht abhängig von einem Antrag des Arbeitgebers, eine Zustimmung des Finanzamts ist daher nicht erforderlich. Der Arbeitgeber kann vielmehr von sich aus entscheiden, ob er den Arbeitslohn des Arbeitnehmers pauschal besteuert oder nicht. Dabei muss die Pauschalierung **nicht einheitlich** für alle in Betracht kommenden Arbeitnehmer durchgeführt werden; der Arbeitgeber kann die Pauschalierung auch auf bestimmte Arbeitnehmer beschränken (BFH v. 3.6.1982, VI R 48/79, BStBl II 1982, 710).

Da für die Pauschalierung keine Zustimmung des Finanzamts erforderlich ist, ist die **Pauschalierung auch im Insolvenzverfahren** möglich. Stellt der Insolvenzverwalter nach Eröffnung des Insolvenzverfahrens fest, dass vor Eröffnung des Insolvenzverfahrens Aushilfslöhne gezahlt worden sind, die zwar dem Grunde nach pauschalierungsfähig, bisher aber steuerlich nicht erfasst worden sind, so kann er die Aushilfslöhne pauschal versteuern. Das Finanzamt hat – anders als in den Fällen des § 40 EStG – auch dann **keine Möglichkeit, die Pauschalierung zu untersagen**, wenn die Steuernachforderung im Insolvenzverfahren offensichtlich nicht oder nicht in vollem Umfang befriedigt werden wird. Eine Inanspruchnahme des Arbeitnehmers ist in diesen Fällen wegen der Steuerschuldnerschaft des Arbeitgebers ebenfalls ausgeschlossen. Die pauschale Lohnsteuer gehört zu den Masse-Verbindlichkeiten (§ 55 Abs. 2 InsO), da sie durch die – nach Eröffnung des Insolvenzverfahrens getroffene – Entscheidung des Insolvenzverwalters zur Pauschalierung begründet wird.

Pauschalierung der Lohnsteuer bei Aushilfskräften

keine Sozialversicherungspflicht = ⓈⓋ
Sozialversicherungspflicht = Ⓢⓥ

bb) Durchschnittlicher Stundenlohn während der Beschäftigungsdauer

2194 Nach § 40a Abs. 4 Nr. 1 EStG **ist die Pauschalierung** – im Gegensatz zur Sozialversicherung – **unzulässig**, wenn der Arbeitslohn durchschnittlich je Arbeitsstunde **12 € übersteigt**.

Als Beschäftigungsdauer ist der zwischen dem Arbeitgeber und dem Arbeitnehmer gewählte Lohnzahlungs- oder Lohnabrechnungszeitraum anzusehen. Für die Berechnung des durchschnittlichen Stundenlohns während der Beschäftigungsdauer ist auf die während dieses Zeitraums tatsächlich geleisteten Arbeitsstunden abzustellen.

> **Beispiel 1:**
> Der Arbeitgeber beschäftigt den Arbeitnehmer im Mai jeweils montags, mittwochs und sonntags. Der Stundenlohn beträgt montags und mittwochs 9 € sowie sonntags 14 €. Der Arbeitnehmer arbeitet im Mai montags und mittwochs insgesamt 20 Stunden und sonntags insgesamt zehn Stunden.
>
> **Berechnung des durchschnittlichen Stundenlohns:**
>
> | | |
> |---|---|
> | 20 Stunden à 9 € = | 180 € |
> | 10 Stunden à 14 € = | 140 € |
> | 30 Stunden = | 320 € |
> | 1 Stunde = | 320 €   : 30 Stunden = 10,67 € |
>
> Der durchschnittliche Stundenlohn übersteigt nicht die Stundenlohngrenze von 12 €.

Ein vereinbarter Stundenlohn ist nicht erforderlich. Eine Pauschalierung ist deshalb grundsätzlich auch bei nach Stückzahlen entlohnten Heimarbeitern zulässig, wenn in sich schlüssige Aufzeichnungen über die tatsächlichen Arbeitsstunden eine Umrechnung in einen durchschnittlichen Stundenlohn ermöglichen.

Der Begriff „Arbeitsstunde" in § 40a Abs. 4 EStG ist als **Zeitstunde** zu verstehen (BFH v. 10.8.1990, VI R 89/88, BStBl II 1990, 1092). Wird der Arbeitslohn für kürzere Zeiteinheiten (z.B. 45 Minuten) gezahlt, ist der Lohn zur Prüfung der Stundenlohngrenze des § 40a Abs. 4 EStG entsprechend umzurechnen, vgl. H 40a.1 (Arbeitsstunde) LStH.

> **Beispiel 2:**
> Der Arbeitnehmer ist aushilfsweise als Fahrlehrer tätig. Er erhält für eine Fahrstunde von 45 Minuten einen Lohn von 10 €.
>
> Durch die Umrechnung ergibt sich ein maßgebender Stundenlohn von 13,33 €, so dass wegen Überschreitens der Stundenlohngrenze von 12 € eine Versteuerung nach § 40a Abs. 1 EStG ausscheidet.

Bei der Prüfung, ob die Stundenlohngrenze überschritten wird oder nicht, sind **alle Einnahmen**, die dem Arbeitnehmer aus der Aushilfstätigkeit zufließen, **zu berücksichtigen**. Steuerfreie Einnahmen bleiben allerdings außer Betracht. Erhalten Aushilfskräfte neben dem laufenden Arbeitslohn sonstige steuerpflichtige Bezüge (z.B. Weihnachtsgeld, Urlaubsgeld, Leistungsprämie, Erholungsbeihilfen, Sachzuwendungen bei Betriebsveranstaltungen), sind diese bei der Berechnung des durchschnittlichen Stundenlohns rechnerisch gleichmäßig auf die Lohnzahlungs- oder Lohnabrechnungszeiträume zu verteilen, in denen die Arbeitsleistung erbracht wird, für die die Bezüge eine Belohnung darstellen (BFH v. 13.1.1989, VI R 66/87, BStBl II 1989, 1030; BFH v. 21.7.1989, VI R 157/87, BStBl II 1989, 1032). Das gilt auch, wenn die sonstigen Bezüge nach § 40 EStG pauschal besteuert worden sind (Ausnahme: Pauschal besteuerter Fahrtkostenersatz nach § 40 Abs. 2 Satz 2 EStG wird nicht miteinbezogen, vgl. § 40 Abs. 2 Satz 3 Halbsatz 2 EStG).

cc) Mehrere Dienstverhältnisse

2195 Bei der Prüfung der Voraussetzungen für die Pauschalierung ist von den Merkmalen auszugehen, die sich **für das einzelne Dienstverhältnis** ergeben. Der Arbeitgeber muss daher nicht prüfen, ob der Arbeitnehmer noch in einem Dienstverhältnis zu einem anderen Arbeitgeber steht (R 40a.1 Abs. 1 LStR). Die Pauschalierung ist daher auch bei **mehreren gleichzeitig ausgeübten Aushilfsbeschäftigungen** möglich.

Es ist daher unerheblich, ob die Aushilfstätigkeit in einem zweiten oder weiteren Arbeitsverhältnis ausgeübt wird. Die Voraussetzungen sind jeweils **für das einzelne Arbeitsverhältnis zu prüfen**. Dabei ist jedoch zu beachten, dass nach Auffassung der Finanzverwaltung **ein Arbeitnehmer nicht für denselben Arbeitgeber in zwei** (gegenwärtigen) **Arbeitsverhältnissen** mit der Folge unterschiedlicher steuerlicher Behandlung der beiden Arbeitsverhältnisse beschäftigt sein kann. Das gilt auch dann, wenn es sich um unterschiedliche Tätigkeiten handelt. Übt der Arbeitnehmer daher für denselben Arbeitgeber neben seiner Haupttätigkeit eine Nebentätigkeit mit den Merkmalen einer Aushilfstätigkeit aus, ist die Pauschalierung der Lohnsteuer nach § 40a Abs. 4 Nr. 2 EStG ausgeschlossen. Allerdings kann ein Arbeitnehmer, wenn er für verschiedene Betriebe desselben Arbeitgebers tätig wird, mehrere Arbeitsverhältnisse mit derselben Person haben (FG Münster v. 21.2.2003, 11 K 1158/01 L, EFG 2003, 864).

> **Beispiel 1:**
> Der Arbeitgeber erzielt aus einem Institut für Ausbildung in bildender Kunst und Kunsttherapie und Persönlichkeitsentwicklung Einkünfte aus selbständiger Arbeit. Daneben erzielt er aus einem Buchhandel und Handel mit Künstlerbedarf Einkünfte aus Gewerbebetrieb. In dem Institut war die Arbeitnehmerin X als Sekretärin beschäftigt; der von ihr bezogene Arbeitslohn wurde der Regelbesteuerung unterworfen. Daneben war Frau X in dem Buchhandel als Verkäuferin in den Abendstunden tätig. Hierfür erhielt sie einen Arbeitslohn, der nach § 40a EStG pauschal versteuert wurde.
>
> Das Finanzamt sah eine Versteuerung des laufenden Arbeitslohns als Sekretärin nach den Lohnsteuerabzugsmerkmalen und eine Pauschalbesteuerung nach § 40a EStG für die Tätigkeit als Verkäuferin nach § 40a Abs. 4 Nr. 2 EStG als unzulässig an. Dem folgte das FG Münster nicht. Da es sich um zwei verschiedene Beschäftigungsverhältnisse im Rahmen von zwei verschiedenen Betrieben handelt, sei eine Pauschalbesteuerung für die Tätigkeit als Verkäuferin möglich (FG Münster v. 21.2.2003, 11 K 1158/01 L, EFG 2003, 864).

Bei Zahlung von Betriebsrenten bzw. Vorruhestandsgeldern ist **ausnahmsweise eine isolierte Anwendung** des § 40a EStG **zulässig** (BFH v. 27.7.1990, VI R 20/89, BStBl II 1990, 931).

Bei zwar rechtlich selbständigen, aber verbundenen und von einem einheitlich beherrschten Willen geprägten Unternehmen (z.B. **Konzerngesellschaften, Mutter- und Tochtergesellschaft**, Personenidentität der Gesellschafter) handelt es sich grundsätzlich um zwei oder ggf. mehrere verschiedene Arbeitgeber mit der Folge einer gesonderten steuerrechtlichen Betrachtung der einzelnen Arbeitsverhältnisse.

> **Beispiel 2:**
> Eine Beteiligungs-GmbH beschäftigt eine fest angestellte Arbeitnehmerin, die gleichzeitig eine Aushilfstätigkeit bei einer GmbH & Co. KG ausübt, an der die GmbH als Komplementärin beteiligt ist. Eine Pauschalierung nach § 40a EStG für die Aushilfstätigkeit ist hier möglich.
>
> Eine gesonderte steuerliche Betrachtung wäre nur dann nicht geboten, wenn die GmbH & Co. KG keinen eigenen Tätigkeitsbereich hätte oder die Arbeitnehmer die „Aushilfstätigkeit" im Auftrag ihres **Hauptarbeitgebers** ausüben (z.B. während der vereinbarten Arbeitszeit) und lediglich die Zahlung durch die GmbH & Co. KG erfolgen würde. Im zuletzt genannten Fall wären die Zahlungen dann als Lohnzahlungen Dritter von der GmbH dem Steuerabzug zu unterwerfen (R 38.4 Abs. 1 LStR).

dd) Bemessungsgrundlage für die Pauschalierung

2196 Zur Bemessungsgrundlage der pauschalen Lohnsteuer gehören alle Einnahmen, die dem Arbeitnehmer aus der Aushilfsbeschäftigung zufließen (§ 2 LStDV). **Steuerfreie Einnahmen** bleiben für die Lohnsteuer-Erhebung jedoch **außer Betracht** (R 40a.1 Abs. 4 Satz 1 und 2 LStR). Mit Hilfe der steuerfreien Zuwendungen ist es möglich, dem Arbeitnehmer höhere monatliche Bezüge als in § 40a EStG vorgesehen auszuzahlen, ohne die Möglichkeit der Pauschalierung zu verlieren. **Folgende steuerfreie Zuwendungen kommen insbesondere in Betracht:**

– steuerfreie Reisekosten,
– steuerfreies Werkzeuggeld,
– steuerfreie Kindergartenzuschüsse,
– steuerfreie Überlassung von Datenverarbeitungs- und Telekommunikationsgeräten,
– steuerfreie Sonntags-, Feiertags- oder Nachtzuschläge,
– steuerfreie Rabatte.

> **Beispiel:**
> In einem Restaurant in Hannover wird eine Kellnerin im Oktober für 15 Arbeitstage als Aushilfe beschäftigt. Sie erhält einen Stundenlohn von 8 €. Für die Arbeit zu bestimmten Zeiten erhält sie zusätzlich Zuschläge, und zwar für

Sonntagsarbeit	50 %
Feiertagsarbeit	125 %
Nachtarbeit (20 bis 6 Uhr)	25 %

Im Oktober hat sie folgende Stunden gearbeitet:
74 Stunden an Wochentagen, davon 50 Stunden nach 20 Uhr,
14 Stunden an Sonntagen, davon 7 Stunden nach 20 Uhr,
7 Stunden an Feiertagen, davon 4 Stunden nach 20 Uhr.

Es ergibt sich folgende Lohnabrechnung für den Monat:

– 24 Wochentags-Stunden à 8 €	192,— €
– 50 Wochentags-Stunden mit Nachtarbeitszuschlag à 10 € (8 € + 25 % Zuschlag)	500,— €
– 7 Sonntags-Stunden à 12 € (8 € + 50 % Zuschlag)	84,— €
– 7 Sonntags-Stunden mit Nachtarbeitszuschlag à 14 € (8 € + 75 % Zuschlag)	98,— €
– 3 Feiertags-Stunden à 18 € (8 € + 125 % Zuschlag)	54,— €
– 4 Feiertags-Stunden mit Nachtarbeitszuschlag à 20 € (8 € + 150 % Zuschlag)	80,— €
insgesamt	1 008,— €

Die Zuschläge für Sonntags-, Feiertags- oder Nachtarbeit sind in voller Höhe steuerfrei, weil sie die gesetzlichen Grenzen des § 3b EStG nicht übersteigen, sie bleiben daher für die Überprüfung der Pauschalierungsgrenzen außer Betracht. Der steuerpflichtige Arbeitslohn beträgt 840 € (105 Stunden à 8 €), so dass weder die Stundenlohngrenze noch die Tageslohngrenze überschritten sind. Eine Pauschalbesteuerung ist daher für die kurzfristige Beschäftigung möglich. Die Belastung für den Arbeitgeber in diesem Monat errechnet sich wie folgt:

Arbeitslohn	1 008,— €
+ pauschale Lohnsteuer (25 % von 840 €)	210,— €
+ Solidaritätszuschlag (5,5 % von 210 €)	11,55 €
+ pauschale Kirchensteuer (6 % von 210 €)	12,60 €
Belastung insgesamt	1 242,15 €

Bei der Prüfung der Pauschalierungsgrenzen bleiben **nur steuerfreie Einnahmen außer Ansatz**. Alle steuerpflichtigen Einnahmen sind hingegen miteinzubeziehen. Dies gilt auch für Bezüge, die nach § 40 EStG **pauschal versteuert** werden (R 40a.1 Abs. 5 Satz 2 LStR). Wird durch die Hinzurechnung der pauschal versteuerten Bezüge die Pauschalierungsgrenze überschritten, so ist der Arbeitslohn der Regelversteuerung zu unterwerfen (liegen keine Lohnsteuerabzugsmerkmale vor, so muss die Versteuerung nach der Steuerklasse VI erfolgen, → *ELStAM* Rz. 1041). Die Pauschalversteuerung nach § 40 EStG bleibt hingegen bestehen.

Von dem Grundsatz, dass pauschal besteuerte Bezüge bei der Prüfung der Pauschalierungsgrenze mit einzubeziehen sind, gibt es eine Ausnahme. **Kraft ausdrücklicher gesetzlicher Regelung** in § 40 Abs. 2 Satz 3 EStG bleiben **pauschal besteuerte Fahrtkostenzuschüsse** des Arbeitgebers für Fahrten des Arbeitnehmers zwischen Wohnung und erster Tätigkeitsstätte bei der Prüfung der Pauschalierungsgrenze außer Ansatz, vgl. R 40a.1 Abs. 5 Satz 2 LStR.

Wird ein **Arbeitnehmer** beschäftigt, der **älter als 64 Jahre** ist, so darf der Arbeitslohn für die Ermittlung der pauschalen Lohnsteuer **nicht um den Altersentlastungsbetrag** (§ 24a EStG) gekürzt werden (R 40a.1 Abs. 4 Satz 3 LStR).

ee) Abwälzung der pauschalen Lohnsteuer auf den Arbeitnehmer

2197 Schuldner der pauschalen Lohnsteuer bei Aushilfskräften ist der Arbeitgeber (§ 40a Abs. 5 i.V.m. § 40 Abs. 3 EStG). Dennoch ist es möglich, dass der Arbeitgeber die pauschale Lohnsteuer **im Innenverhältnis** auf den Arbeitnehmer überwälzt (→ *Abwälzung der pauschalen Lohnsteuer auf den Arbeitnehmer* Rz. 25).

Die Steuerschuldnerschaft des Arbeitgebers wird durch eine solche Vereinbarung allerdings nicht berührt. Das bedeutet, dass der Arbeitgeber die pauschale Lohnsteuer beim Finanzamt anmelden und abführen muss, und zwar **als Steuerschuldner** und nicht im Namen und im Auftrag des Arbeitnehmers.

Wird die Pauschalsteuer arbeitsrechtlich zulässig auf den Arbeitnehmer abgewälzt, so muss der Arbeitgeber die pauschale Lohnsteuer, den Solidaritätszuschlag und die Kirchensteuer vom vereinbarten Arbeitslohn errechnen, denn eine Abwälzung ist lohnsteuerrechtlich nicht mehr zulässig (→ *Abwälzung der pauschalen Lohnsteuer auf den Arbeitnehmer* Rz. 26). Diese Abzugsbeträge kann sich der Arbeitgeber dann vom Arbeitnehmer erstatten lassen.

ff) Auswirkung auf die Einkommensteuer des Arbeitnehmers

Nach § 40a Abs. 5 i.V.m. § 40 Abs. 3 EStG bleibt der **pauschal** 2198 **besteuerte Arbeitslohn** und die **pauschale Lohnsteuer bei einer Veranlagung des Arbeitnehmers außer Ansatz**. Dies gilt gleichermaßen für den pauschalen Solidaritätszuschlag sowie die pauschale Kirchensteuer. Ebenso ist die pauschale Lohnsteuer, der pauschale Solidaritätszuschlag und die pauschale Kirchensteuer nicht auf die Einkommensteuer des Arbeitnehmers anzurechnen. Die pauschale Lohnsteuer stellt damit eine **endgültige Besteuerung** des so besteuerten Arbeitslohns dar. Der Arbeitnehmer kann daher Aufwendungen, die mit dem pauschal besteuerten Arbeitslohn zusammenhängen, auch nicht als Werbungskosten abziehen (R 40a.1 Abs. 1 Satz 5 LStR).

Allerdings besteht im Einkommensteuer-Veranlagungsverfahren des Arbeitnehmers **keine verfahrensrechtliche Bindung** an die im Lohnsteuer-Pauschalierungsverfahren getroffenen Entscheidungen. Das Finanzamt kann deshalb bei **Verneinung der Pauschalierungsvoraussetzungen** auch den pauschal besteuerten Arbeitslohn in die Veranlagung einbeziehen, ohne dass es einer vorherigen Änderung der Lohnsteuer-Anmeldung bedarf (BFH v. 10.6.1988, III R 232/84, BStBl II 1988, 981). Die vom Arbeitgeber abgeführte pauschale Lohnsteuer kann aber nicht auf die Einkommensteuerschuld des Arbeitnehmers angerechnet werden (BFH v. 20.3.2006, VII B 230/05, www.stotax-first.de).

gg) Aufzeichnungsvorschriften bei der Pauschalierung

Der Arbeitgeber hat auch bei der Pauschalierung der Lohnsteuer 2199 bestimmte Aufzeichnungspflichten zu erfüllen. Nach § 4 Abs. 2 Nr. 8 letzter Satz LStDV hat der Arbeitgeber ein **Sammelkonto mit folgenden Angaben für den einzelnen Arbeitnehmer zu führen**:

– **Name und Anschrift** des Arbeitnehmers,
– **Dauer der Beschäftigung**,
– **Tag der Zahlung**,
– **Höhe des Arbeitslohns**,
– **Art der Beschäftigung** bei Aushilfskräften in der Land- und Forstwirtschaft.

Ein Unterzeichnen oder Quittieren der Lohnabrechnung durch den Arbeitnehmer ist nicht erforderlich.

Das Lohnsteuer-Sammelkonto hat nur den Charakter einer Ordnungsvorschrift und ist nicht materiell-rechtliche Voraussetzung für die Pauschalierung (BFH v. 12.6.1986, VI R 167/83, BStBl II 1986, 681). Soweit Arbeitgeber für das Lohnsteuer-Sammelkonto vorgesehene Aufzeichnungen nicht vorlegen können, haben sie grundsätzlich die Möglichkeit glaubhaft zu machen, dass die Voraussetzungen für die Pauschalierung nach § 40a EStG gleichwohl vorgelegen haben. Dabei kann sich der **Arbeitgeber aller zulässigen Beweismittel bedienen, z.B.**

– Arbeitsnachweise,
– Zeitkontrollen oder
– Zeugenaussagen.

Allerdings sollte sich jeder Arbeitgeber darüber im Klaren sein, dass verbleibende Unklarheiten zu seinen Lasten gehen.

Die Aufzeichnungen über die Beschäftigungsdauer müssen den Zweck erfüllen, den Stundenlohn zu ermitteln. Als Beschäftigungsdauer ist daher neben der Zahl der Arbeitstage jeweils die Zahl der tatsächlichen Arbeitsstunden (= 60 Minuten) in dem jeweiligen Lohnzahlungs- oder Lohnabrechnungszeitraum aufzuzeichnen (BFH v. 10.9.1976, VI R 220/75, BStBl II 1977, 17).

Die Finanzverwaltung legt großen Wert auf **die korrekte Aufzeichnung der Arbeitslohnempfänger** (Name und Anschrift), denn sie hat bei Lohnsteuer-Außenprüfungen häufig feststellen müssen, dass die in den Aushilfsquittungen bezeichneten Personen tatsächlich keine Arbeitslohnzahlungen erhalten haben.

d) Aushilfskräfte (§ 40a Abs. 1 EStG)

aa) Gesetzliche Regelung

Der Arbeitgeber kann unter Verzicht auf den **Abruf von elektroni-** 2200 **schen Lohnsteuerabzugsmerkmalen** oder die Vorlage einer Bescheinigung für den Lohnsteuerabzug bei Arbeitnehmern, die **nur kurzfristig beschäftigt** werden (Aushilfskräfte), die Lohnsteuer mit einem Pauschsteuersatz von **25 %** des Arbeitslohns erheben.

Pauschalierung der Lohnsteuer bei Aushilfskräften

keine Sozialversicherungspflicht = Ⓢ̌V
Sozialversicherungspflicht = ⓈV

Eine **kurzfristige Beschäftigung** liegt nach § 40a Abs. 1 EStG **vor, wenn**

- der Arbeitnehmer bei dem Arbeitgeber **gelegentlich**, nicht regelmäßig wiederkehrend beschäftigt wird,
- die Dauer der Beschäftigung **18 zusammenhängende Arbeitstage** nicht übersteigt **und**
- der Arbeitslohn während der Beschäftigungsdauer **68 €** durchschnittlich je Arbeitstag nicht übersteigt **oder**
- die Beschäftigung zu einem **unvorhergesehenen Zeitpunkt** sofort erforderlich wird.

Ob **sozialversicherungsrechtlich eine kurzfristige Beschäftigung vorliegt** oder nicht, ist für die Pauschalierung nach § 40a Abs. 1 EStG **ohne Bedeutung** (R 40a.1 Abs. 2 Satz 5 LStR).

bb) Gelegentliche, nicht regelmäßig wiederkehrende Beschäftigung

2201 Als gelegentliche, nicht regelmäßig wiederkehrende Beschäftigung ist eine ohne feste Wiederholungsabsicht ausgeübte Tätigkeit anzusehen. Tatsächlich kann es zu Wiederholungen der Tätigkeit kommen. Entscheidend ist, dass die erneute Tätigkeit nicht bereits von vornherein vereinbart worden ist. Es kommt dann nicht darauf an, wie oft die Aushilfskräfte tatsächlich im Laufe des Jahrs tätig werden (R 40a.1 Abs. 2 LStR).

Kann der Arbeitgeber dagegen auf einen Stamm von Arbeitnehmern zurückgreifen, die auf Abruf bereitstehen, so kommt es darauf an, wie oft es zu einer Tätigkeit im Laufe des Jahrs kommt. Dabei ist auch zu beachten, ob diese Handlungsweise nicht nach § 42 AO einen Missbrauch von Formen und Gestaltungsmöglichkeiten darstellt.

Bei der Beurteilung, ob eine gelegentliche, nicht regelmäßig wiederkehrende Beschäftigung vorliegt, kommt es nach der Rechtsprechung des BFH letztlich nur auf die Dauer der Tätigkeit an (BFH v. 24.8.1990, VI R 70/85, BStBl II 1991, 318).

Beispiel 1:
Ein Arbeitgeber benötigt häufig Sargträger. Ihm ist ein Kreis von Personen bekannt, der ohne feste Wiederholungsabsicht bereit ist, nach Abkömmlichkeit auf Anruf auszuhelfen.
Falls der Arbeitgeber im Laufe eines Jahrs einen Sargträger mehrfach (z.B. 50-mal) genommen hat, handelt es sich gleichwohl um kurzfristige Beschäftigungen.

Beispiel 2:
Ein Arbeitgeber benötigt eine Buchhaltungshilfe. Er vereinbart mit einem Arbeitnehmer, dass er an den letzten drei Tagen des Monats im Betrieb arbeiten soll.
Es handelt sich nicht um eine kurzfristige Beschäftigung.

cc) Dauer der Beschäftigung

2202 Der Zeitraum von 18 zusammenhängenden Arbeitstagen wird durch Tage, an denen üblicherweise nicht gearbeitet wird, nicht unterbrochen. Als Arbeitstage zählen nur die Tage, an denen der Arbeitnehmer tatsächlich tätig ist oder an denen der Arbeitslohn wegen Urlaubs, Krankheit oder gesetzlicher Feiertage fortgezahlt wird (R 40a.1 Abs. 5 Satz 3 LStR). Unbezahlte Sonn- und Feiertage, Sonnabende oder Krankheits- und Urlaubstage bleiben hingegen außer Betracht (FG Hamburg v. 9.12.1977, I 192/76, EFG 1978, 335).

Beispiel:
Ein Arbeitnehmer wird im Dezember 2016 für das Weihnachtsgeschäft eingestellt. Er arbeitet vom 7.12. bis 30.12.2016 (24 Kalendertage) jeweils von Montag bis Freitag; Heiligabend wird nicht gearbeitet.
Sonn- und Feiertage sowie Sonnabende bleiben bei der Prüfung, ob der Zeitraum von 18 zusammenhängenden Arbeitstagen überschritten wird, außer Betracht. Daher ergibt sich folgende Berechnung:

1. Woche: 7. bis 9.12.2016:	3 Arbeitstage
2. Woche: 12. bis 16.12.2016:	5 Arbeitstage
3. Woche: 19. bis 23.12.2016:	5 Arbeitstage
4. Woche: 27. bis 30.12.2016:	4 Arbeitstage
Insgesamt	17 Arbeitstage

Es liegt eine kurzfristige Beschäftigung vor, denn der Zeitraum von 18 zusammenhängenden Arbeitstagen wird nicht überschritten.

dd) Durchschnittslohn je Arbeitstag

2203 Der Durchschnittslohn je Arbeitstag für kurzfristig Beschäftigte ist seit dem 1.1.2015 von 62 € **auf 68 € erhöht** worden. Die Anhebung erfolgte als Folge der Einführung des Mindestlohns (8,50 € × 8 Arbeitsstunden = 68 €). Trotz angemessener Lohnzahlung soll es Arbeitgebern weiterhin möglich sein, unkompliziert und kurzfristig Arbeitnehmer als Aushilfen zu beschäftigen und die Lohnsteuer mit 25 % des Arbeitslohns pauschal zu erheben.

Der Betrag von 68 € arbeitstäglich ist ein Durchschnittsbetrag und errechnet sich aus dem Gesamtlohn einschließlich sonstiger Bezüge und der Zahl der tatsächlichen Arbeitstage. Der Betrag kann also an einzelnen Tagen, z.B. durch Überstunden, über 68 € liegen. Einzubeziehen sind z.T. auch andere pauschal besteuerte Bezüge.

Der Begriff „Arbeitstag" ist dabei nicht immer als Kalendertag zu verstehen. Als ein „Arbeitstag" kann auch eine sich auf zwei Kalendertage erstreckende Nachtschicht angesehen werden (BFH v. 28.1.1994, VI R 51/93, BStBl II 1994, 421).

Beispiel:
Eine Aushilfskraft arbeitet nicht regelmäßig wiederkehrend als Taxifahrer und erhält für eine Nachtschicht 120 €.
Eine Pauschalierung mit 25 % ist nicht möglich, weil die Nachtschicht, auch wenn sie sich über zwei Kalendertage erstreckt, für die Prüfung der 68 €-Grenze nur als ein Kalendertag i.S.v. § 40a Abs. 1 Nr. 1 EStG anzusehen ist.

ee) Beschäftigung zu einem unvorhergesehenen Zeitpunkt

2204 Bei der Beschäftigung zu einem unvorhergesehenen Zeitpunkt ist die Begrenzung auf 68 € je Arbeitstag nicht zu beachten. Beschäftigungen zu einem unvorhergesehenen Zeitpunkt (nicht Zeitraum) sind dann gegeben, wenn sie für den Arbeitgeber durch **Geschehnisabläufe, die**

- überraschend eintreten,
- außerhalb der Wahrscheinlichkeit liegen,
- nicht kalkulierbar sind,

erforderlich werden. Als **derartige Ereignisse sind z.B. anzusehen**

- Fälle der höheren Gewalt wie
  - Eintritt besonderer Witterungsverhältnisse (z.B. Unwetter, plötzlicher Frost oder Schneefall),
  - plötzlicher Stromausfall,
  - Ausfall von Arbeitskräften durch Krankheit

  oder

- akuter Bedarf zusätzlicher Arbeitskräfte (R 40a.1 Abs. 3 Satz 1 LStR).

Die Beschäftigung von Aushilfskräften, deren **Einsatzzeitpunkt längere Zeit vorher feststeht**, z.B. bei Volksfesten oder Messen, oder deren **kurzfristiger Einsatz betriebstypisch** ist, z.B. bei Reinigungsunternehmen, Hafenbetrieben oder Markthändlern, kann grundsätzlich **nicht als unvorhersehbar und sofort erforderlich angesehen werden** (FG Düsseldorf v. 4.2.1974, VIII 295/69 L, EFG 1974, 334, FG Niedersachsen v. 5.6.1979, VI (IX) L 262/77, EFG 1979, 605). Auch ein kurzfristiger Einsatz zusätzlicher Aushilfen im Baugewerbe nach alljährlich wiederkehrenden Schlechtwetterperioden kann nicht als zu einem unvorhergesehenen Zeitpunkt sofort erforderlich angesehen werden, weil ein derartiger Einsatz in dieser Branche insoweit betriebstypisch ist. Ebenso kann nicht von einem Einsatz zu einem unvorhersehbaren Zeitpunkt gesprochen werden, wenn dem Arbeitgeber ein gewisser Stamm von erfahrenen und fachlich geeigneten Aushilfskräften auf Abruf zur Verfügung steht. Eine andere Beurteilung ist z.B. aber hinsichtlich solcher Aushilfskräfte möglich, deren Einstellung entgegen dem vorhersehbaren Bedarf an Arbeitskräften notwendig geworden ist (R 40a.1 Abs. 3 Satz 2 LStR).

e) Aushilfskräfte in der Land- und Forstwirtschaft (§ 40a Abs. 3 EStG)

aa) Gesetzliche Regelung

2205 Der Arbeitgeber kann unter Verzicht auf den **Abruf von elektronischen Lohnsteuerabzugsmerkmalen** oder die Vorlage einer Bescheinigung für den Lohnsteuerabzug bei Arbeitnehmern, die als Aushilfskräfte in der Land- und Forstwirtschaft beschäftigt werden

(L+F-Aushilfskräfte), die Lohnsteuer mit einem Pauschsteuersatz von **5 %** des Arbeitslohns erheben.

Eine Beschäftigung als L+F-Aushilfskraft liegt nach § 40a Abs. 3 EStG und R 40a.1 Abs. 6 LStR vor, wenn die Aushilfskraft

- **in einem land- und forstwirtschaftlichen Betrieb** i.S.d. § 13 Abs. 1 EStG tätig ist,
- **ausschließlich typische land- und forstwirtschaftliche Tätigkeiten** ausübt,
- **keine land- und forstwirtschaftliche Fachkraft** ist,
- **nicht mehr als 180 Tage im Kalenderjahr beschäftigt** wird,
- für die Ausführung und für die Dauer von Arbeiten, **die nicht ganzjährig anfallen**, beschäftigt wird; eine Beschäftigung mit anderen land- und forstwirtschaftlichen Arbeiten ist **unschädlich**, wenn deren Dauer 25 % der Gesamtbeschäftigungsdauer nicht überschreitet und
- einen **Stundenlohn** von höchstens 12 € erhält; es ist allerdings **unschädlich**, wenn der Arbeitslohn während der Beschäftigung die Arbeitslohngrenze bei Aushilfskräften (68 € täglich) übersteigt.

Zunächst sollte jedoch geprüft werden, ob die L+F-Aushilfskraft nicht im Rahmen eines geringfügigen Beschäftigungsverhältnisses tätig wird (→ *Mini-Jobs* Rz. 2047). In diesem Falle beträgt der Pauschsteuersatz nur 2 % (→ *Pauschalierung der Lohnsteuer bei geringfügig Beschäftigten* Rz. 2215).

bb) Land- und forstwirtschaftlicher Betrieb

2206 Zu den Einkünften aus Land- und Forstwirtschaft i.S.d. § 13 Abs. 1 EStG **zählen**

- Einkünfte aus dem Betrieb von Landwirtschaft, Forstwirtschaft, Weinbau, Gartenbau, Obstbau, Gemüsebau, Baumschulen und aus allen Betrieben, die Pflanzen und Pflanzenteile mit Hilfe der Naturkräfte gewinnen,
- Einkünfte aus der Tierzucht und Tierhaltung innerhalb bestimmter Grenzen,
- Einkünfte aus sonstiger land- und forstwirtschaftlicher Nutzung (§ 62 BewG),
- Einkünfte aus Jagd, wenn diese mit dem Betrieb einer Landwirtschaft oder einer Forstwirtschaft im Zusammenhang steht,
- Einkünfte von Hauberg-, Wald-, Forst- und Laubgenossenschaften und ähnlichen Realgemeinden i.S.d. § 3 Abs. 2 KStG.

Eine Pauschalierung der Lohnsteuer für L+F-Aushilfskräfte setzt nach § 40a Abs. 3 EStG voraus, dass die L+F-Aushilfskräfte in einem land- oder forstwirtschaftlichen Betrieb i.S.d. § 13 Abs. 1 EStG beschäftigt werden (R 40a.1 Abs. 6 Satz 1 LStR). Diese Voraussetzung ist dann **nicht mehr erfüllt**, wenn ein Betrieb (z.B. ein Weingut) **infolge erheblichen Zukaufs** fremder Erzeugnisse aus dem Tätigkeitsbereich des § 13 Abs. 1 EStG ausgeschieden und einheitlich als Gewerbebetrieb zu beurteilen ist. Etwas anderes gilt auch nicht für Neben- oder Teilbetriebe, die für sich allein die Merkmale eines land- und forstwirtschaftlichen Betriebes erfüllen (BFH v. 3.8.1990, VI R 22/89, BStBl II 1990, 1002). Für L+F-Aushilfskräfte, die in einem Gewerbebetrieb beschäftigt werden, kommt die Pauschalierung der Lohnsteuer nach § 40a Abs. 3 EStG selbst dann nicht in Betracht, wenn diese Aushilfskräfte in diesem Betrieb mit typischen land- und forstwirtschaftlichen Arbeiten beschäftigt werden (R 40a.1 Abs. 6 Satz 2 LStR).

Demgegenüber ist die Pauschalierung der Lohnsteuer nach § 40a Abs. 3 EStG **zulässig**, wenn ein Betrieb, der Land- und Forstwirtschaft betreibt, **ausschließlich wegen seiner Rechtsform** (z.B. Kapitalgesellschaft) als Gewerbebetrieb gilt, vgl. H 40a.1 (Land- und Forstwirtschaft) LStH. Dies ist bei Gewerbebetrieben kraft Rechtsform (§ 2 Abs. 2 GewStG, R 2.1 Abs. 4 GewStR) dann der Fall, wenn nach den Abgrenzungskriterien von R 15.5 EStR ein Betrieb der Land- und Forstwirtschaft anzunehmen wäre. Bei einem Gewerbebetrieb kraft Rechtsform ist die Anwendung des § 40a Abs. 3 EStG nicht davon abhängig, dass er ggf. nach § 3 GewStG von der Gewerbesteuer befreit ist. Die Pauschalierung der Lohnsteuer für Aushilfskräfte in Betrieben der Land- und Forstwirtschaft nach § 40a Abs. 3 EStG ist **auch dann zulässig**, wenn der **Betrieb einer Personengesellschaft**, die Land- und Forstwirtschaft i.S.d. § 13 Abs. 1 Nr. 1 bis 4 EStG betreibt, **nur wegen § 15 Abs. 3 Nr. 1 EStG (Abfärbetheorie) als Gewerbebetrieb gilt** (BFH v. 14.9.2005, VI R 89/98, BStBl II 2006, 92).

In den nachstehenden Sonderfällen gilt Folgendes:

- **Winzergenossenschaften** sind berechtigt, die Aushilfslöhne mit 5 % zu pauschalieren, wenn nach den oben stehenden Kriterien ein Betrieb der Land- und Forstwirtschaft anzunehmen ist.
- Rebveredelungsarbeiten in **Rebveredelungsbetrieben** sind typisch landwirtschaftliche Arbeiten, weil es sich hierbei um die Gewinnung von Pflanzen bzw. Pflanzenteilen unter Ausnutzung der Naturkraft des Grund und Bodens handelt. Dasselbe gilt auch für entsprechende Tätigkeiten im **Obstbau** und für **Baumschulen**. Auch das Veredeln von Rosen ist eine landwirtschaftliche Tätigkeit in diesem Sinne.

  Dies gilt auch bei **wissenschaftlicher und züchterischer Arbeit** (BFH v. 6.5.1954, IV 221/53 U, BStBl III 1954, 197). Im Gegensatz zum Blumenbinden und zum Verkauf der landwirtschaftlichen Erzeugnisse werden die Reben durch die Rebveredelung – also durch Bodennutzung und Kulturtechnik – erst zum Verkauf reif gemacht; sie erfahren dadurch eine Wesensänderung.

- In der Rechtsform eines eingetragenen Vereins organisierte landwirtschaftliche **Betriebshilfedienste**, die landwirtschaftlichen Betrieben in Notfällen Aushilfskräfte zur Verfügung stellen und entlohnen (z.B. bei längerer Erkrankung des Landwirtes), sind **keine Betriebe** i.S.d. § 13 EStG. Außerdem handelt es sich bei den beschäftigten Aushilfskräften regelmäßig um land- und forstwirtschaftliche Fachkräfte.

cc) Typische land- und forstwirtschaftliche Tätigkeit

Zu den „typisch land- und forstwirtschaftlichen Arbeiten" i.S.d. **2207** § 40a Abs. 3 Satz 1 EStG rechnen grundsätzlich alle anfallenden Arbeiten bis zur Fertigstellung der land- und forstwirtschaftlichen Erzeugnisse, die i.R.d. erzeugenden land- und forstwirtschaftlichen Betriebs anfallen.

Weitere Voraussetzung ist, dass die Aushilfskräfte **ausschließlich mit typisch land- und forstwirtschaftlichen Arbeiten** beschäftigt worden sind. Werden die Aushilfskräfte zwar in einem land- und forstwirtschaftlichen Betrieb i.S.d. § 13 Abs. 1 EStG beschäftigt, üben sie aber keine typische land- und forstwirtschaftliche Tätigkeit aus, z.B. Blumenbinder, Verkäufer, ist eine Pauschalierung der Lohnsteuer nach § 40a Abs. 3 EStG nicht zulässig (R 40a.1 Abs. 6 Satz 3 LStR). Auch das Schälen von Spargel ist keine typisch land- und forstwirtschaftliche Tätigkeit (BFH v. 8.5.2008, VI R 76/04, BStBl II 2009, 40).

Eine Beschränkung des Pauschalierungsverfahrens auf wachstums- und witterungsabhängige Arbeit besteht nicht. **Im Weinbau** gehören deshalb bei einem Erzeugerbetrieb auch die saisonbedingten Kellereiarbeiten zu den typisch land- und forstwirtschaftlichen Arbeiten. Im Besonderen fallen hierunter die Maßnahmen der Traubenverarbeitung (z.B. Keltern) sowie weitere anschließende Arbeiten bis zum ersten Abstich. Dabei ist zu beachten, dass beim Ausbau des Weines erfahrungsgemäß in verstärktem Maße Fachkräfte eingesetzt werden, für die die Anwendung der Pauschalierungsregelung nach § 40a Abs. 3 Satz 3 EStG ausgeschlossen ist. **Werden bei Erntearbeiten** (z.B. Zuckerrübenernte) u.a. Kraftfahrer als Aushilfskräfte beschäftigt, die das Erntegut von den Feldern zum Verwertungsbetrieb (z.B. Zuckerfabrik) fahren, so ist diese Tätigkeit ebenso wie die Feldarbeit der übrigen Aushilfskräfte als im Rahmen eines Ernteeinsatzes ausgeübte land- und forstwirtschaftliche Tätigkeit anzusehen. Zu den typisch forstwirtschaftlichen Tätigkeiten gehört grundsätzlich auch der Bau von Waldwegen, die der Erschließung oder Ausnutzung eines Waldgebiets dienen. Voraussetzung ist aber, dass die Wald- oder Wirtschaftswege von dem Forstwirt in seiner Eigenschaft als Inhaber eines forstwirtschaftlichen Betriebs angelegt werden. Diese Bedingung ist nicht erfüllt, wenn die Gemeinden die Waldwege ausschließlich oder auch in ihrer Eigenschaft als öffentlich-rechtliche Gebietskörperschaft und in Erfüllung der öffentlichen Daseinsvorsorge zur Erschließung eines Gebiets als Erholungsgebiet oder zur Verbesserung der Zufahrtsmöglichkeiten auch für andere land- und forstwirtschaftliche Betriebe erstellen. In diesen Fällen sind die Aushilfskräfte nicht in einem Betrieb der Land- und Forstwirtschaft ausschließlich mit typisch land- und forstwirtschaftlichen Arbeiten beschäftigt (BFH v. 12.6.1986, VI R 167/83, BStBl II 1986, 681).

Pauschalierung der Lohnsteuer bei Aushilfskräften

dd) Land- und forstwirtschaftliche Fachkräfte

2208 Keine L+F-Aushilfskräfte, für die die Lohnsteuer mit einem Pauschsteuersatz von 5 % des Arbeitslohns erhoben werden kann, sind Arbeitnehmer, die zu den **land- und forstwirtschaftlichen Fachkräften** gehören (§ 40a Abs. 3 Satz 3 EStG).

Ob ein Arbeitnehmer Fachkraft ist, hängt von der **Art der Tätigkeit** und von den **Kenntnissen** ab, die er zur Verrichtung dieser Tätigkeit erworben hat. Das bedeutet im Einzelnen:

- Ein Arbeitnehmer, der die **Fertigkeiten** für eine land- oder forstwirtschaftliche Tätigkeit im **Rahmen einer Berufsausbildung erlernt** hat, gehört zu den **Fachkräften**, ohne dass es darauf ankommt, ob die durchgeführten Arbeiten den Einsatz einer Fachkraft erfordern (BFH v. 25.10.2005, VI R 77/02, BStBl II 2006, 208).

- Hat ein Arbeitnehmer die erforderlichen Fertigkeiten **nicht im Rahmen einer Berufsausbildung erworben**, gehört er nur dann zu den land- und forstwirtschaftlichen Fachkräften, wenn er **an Stelle einer Fachkraft** eingesetzt ist (BFH v. 25.10.2005, VI R 77/02, BStBl II 2006, 208).

- Ein Arbeitnehmer ist an Stelle einer land- und forstwirtschaftlichen Fachkraft eingesetzt, wenn **mehr als 25 %** der zu beurteilenden Tätigkeit Fachkraft-Kenntnisse erfordern (BFH v. 25.10.2005, VI R 77/02, BStBl II 2006, 208).

- **Traktorführer** sind jedenfalls dann als Fachkräfte und nicht als Aushilfskräfte zu beurteilen, wenn sie den **Traktor als Zugfahrzeug** mit landwirtschaftlichen Maschinen führen (BFH v. 25.10.2005, VI R 59/03, BStBl II 2006, 204).

- Wird ein Arbeitnehmer lediglich **unter Anleitung** eines als Fachkraft zu beurteilenden anderen Arbeitnehmers **tätig** und erbringt er dabei **Handlangerdienste** oder andere einfache Tätigkeiten, die außer einer kurzen Anleitung kein weiteres Anlernen erfordern, so ist dieser Arbeitnehmer regelmäßig **keine Fachkraft** i.S.d. § 40a Abs. 3 EStG.

ee) Beschäftigungsdauer höchstens 180 Tage

2209 L+F-Aushilfskräfte dürfen **nicht mehr als 180 Tage im Kalenderjahr** beschäftigt werden (§ 40a Abs. 3 Satz 3 EStG).

> **Beispiel:**
> Eine L+F-Aushilfskraft arbeitet im Frühjahr 60 Tage bei einem Landwirt im Rahmen der Pflanzarbeit. Im Sommer wird die L+F-Aushilfskraft für weitere 90 Tage zur Ernte beschäftigt. Im Herbst soll die L+F-Aushilfskraft für einen weiteren Ernteeinsatz eingestellt werden.
> Wenn die L+F-Aushilfskraft im Herbst an mehr als 30 Tagen beschäftigt wird, war sie mehr als 180 Tage im Kalenderjahr bei dem Arbeitgeber beschäftigt. In diesem Fall ist eine Pauschalierung nach § 40a Abs. 3 EStG für das gesamte Kalenderjahr – also auch rückwirkend – unzulässig.

ff) Beschäftigung mit Arbeiten, die nicht ganzjährig anfallen

2210 Gegenstand der Pauschalierung nach § 40a Abs. 3 EStG sind die saisonbedingten Arbeiten, wie etwa Pflanzen und Ernten. Durchgehend das Jahr über anfallende Arbeiten, wie z.B. Viehfüttern, Ausmisten oder saisonunabhängige Kellereiarbeiten (z.B. Abfüllen, Etikettieren), können daher grundsätzlich nicht in die Pauschalierung nach § 40a Abs. 3 EStG einbezogen werden. Allerdings darf die L+F-Aushilfskraft **auch mit anderen land- und forstwirtschaftlichen Arbeiten**, also Arbeiten, die das ganze Jahr über anfallen, beschäftigt werden, wenn die Dauer dieser Tätigkeiten **25 % der Gesamtbeschäftigungsdauer nicht überschreitet** (§ 40a Abs. 3 Satz 2 Halbsatz 2 EStG). Das bedeutet im Einzelnen:

- Land- und forstwirtschaftliche Arbeiten fallen **nicht ganzjährig** an, wenn sie wegen der **Abhängigkeit vom Lebensrhythmus** der produzierten Pflanzen oder Tiere **einen erkennbaren Abschluss** in sich tragen. Dementsprechend können darunter auch Arbeiten fallen, die im Zusammenhang mit der Viehhaltung stehen (BFH v. 25.10.2005, VI R 60/03, BStBl II 2006, 206).

- Wenn die **Tätigkeit des Ausmistens** nicht laufend, sondern nur **im Zusammenhang mit dem einmal jährlich erfolgenden Vieh-Austrieb** auf die Weide möglich ist, handelt es sich um eine **nicht ganzjährig anfallende Arbeit**. Unschädlich ist, dass ähnliche Tätigkeiten bei anderen Bewirtschaftungsformen ganzjährig anfallen können (BFH v. 25.10.2005, VI R 60/03, BStBl II 2006, 206).

- **Reinigungsarbeiten**, die ihrer Art nach während des ganzen Jahrs anfallen (hier: Reinigung der Güllekanäle und Herausnahme der Güllespalten), sind **nicht vom Lebensrhythmus** der produzierten Pflanzen oder Tiere abhängig und sind daher **keine saisonbedingten Arbeiten** (BFH v. 25.10.2005, VI R 59/03, BStBl II 2006, 204).

- Die **Unschädlichkeitsgrenze** von 25 % der Gesamtbeschäftigungsdauer bezieht sich auf **ganzjährig anfallende land- und forstwirtschaftliche Arbeiten**. Für andere land- und forstwirtschaftliche Arbeiten gilt sie nicht (BFH v. 25.10.2005, VI R 60/03, BStBl II 2006, 206).

> **Beispiel:**
> Eine L+F-Aushilfskraft wird von einem Weinbauern zur Weinlese für 20 Tage eingestellt. Da es an fünf Tagen so regnet, dass eine Weinlese nicht möglich ist, wird die Aushilfskraft mit dem Spülen der Weinflaschen beschäftigt.
> Das Spülen der Weinflaschen ist keine Saisonarbeit, so dass eine Pauschalierung der Lohnsteuer nach § 40a Abs. 3 EStG für diese Tätigkeit grundsätzlich nicht möglich ist. Da die L+F-Aushilfskraft aber zur Weinlese – einer Saisonarbeit – eingestellt worden ist und das Weinflaschenspülen nur 25 % der Gesamtbeschäftigungsdauer beträgt, ist eine Pauschalierung der Lohnsteuer nach § 40a Abs. 3 EStG möglich.

gg) Pauschalierung nach § 40a Abs. 1 EStG

2211 Soweit die Voraussetzungen des § 40a Abs. 3 EStG nicht vorliegen, kann ggf. die Lohnsteuer nach § 40a Abs. 1 EStG (Pauschalierung für Aushilfskräfte) pauschaliert werden. Hat der Arbeitgeber – unzulässigerweise – nach § 40a Abs. 3 EStG pauschaliert, tritt hierdurch allerdings nicht auch eine Bindung für das Pauschalierungsverfahren nach § 40a Abs. 1 EStG ein. Der Arbeitgeber muss sich vielmehr eindeutig erklären, ob in der von ihm vorgenommenen Pauschalierung nach § 40a Abs. 3 EStG zugleich auch die Bereitschaft liegt, Schuldner einer pauschalen Lohnsteuer nach § 40a Abs. 1 EStG zu sein, falls die Voraussetzungen des § 40a Abs. 3 EStG nicht erfüllt sind (BFH v. 25.5.1984, VI R 223/80, BStBl II 1984, 569).

Im Übrigen kann das Finanzamt auch nicht ohne weiteres eine Nettolohnvereinbarung unterstellen. Von einer Nettolohnvereinbarung kann nur dann ausgegangen werden, wenn der Abschluss einer derartigen Vereinbarung klar und einwandfrei feststellbar ist (BFH v. 14.3.1986, VI R 30/82, BStBl II 1986, 886; BFH v. 13.10.1989, VI R 36/85, BStBl II 1990, 30).

f) Pauschalierung der Kirchensteuer

2212 Wenn der Arbeitgeber bereit ist, die Lohnsteuer zu pauschalieren und als Steuerschuldner zu übernehmen, hat er auch die pauschale Kirchensteuer zu übernehmen. Der Antrag auf Pauschalierung der Lohnsteuer zieht auch die Pauschalierung der Kirchensteuer nach sich (BFH v. 30.11.1989, I R 14/87, BStBl II 1990, 993). Einzelheiten zur Pauschalierung der Kirchensteuer vgl. → *Kirchensteuer* Rz. 1684.

g) Solidaritätszuschlag

2213 Wird die Lohnsteuer pauschaliert, so beträgt der Solidaritätszuschlag stets 5,5 % der pauschalen Lohnsteuer (BFH v. 1.3.2002, VI R 171/98, BStBl II 2002, 440). Einzelheiten hierzu → *Solidaritätszuschlag* Rz. 2677.

2. Sozialversicherung

2214 Zu den sozialversicherungsrechtlichen Regelungen → *Mini-Jobs* Rz. 2047.

Pauschalierung der Lohnsteuer bei geringfügig Beschäftigten

1. Allgemeines

2215 Unter diesem Stichwort ist allein die **Besteuerung geringfügig entlohnter Beschäftigungsverhältnisse** dargestellt. Wenn Sie sich über die **sozialversicherungsrechtlichen Regelungen** geringfügiger Beschäftigungsverhältnisse informieren wollen, so sehen Sie bitte unter → *Mini-Jobs* Rz. 2047 nach. Informationen zur

Pauschalierung der Lohnsteuer bei geringfügig Beschäftigten

Pauschalierung bei Aushilfskräften → *Pauschalierung der Lohnsteuer bei Aushilfskräften* Rz. 2190.

2. Überblick

2216 Für die Pauschalierung der Lohnsteuer bei geringfügig Beschäftigten ergibt sich folgende **Übersicht**:

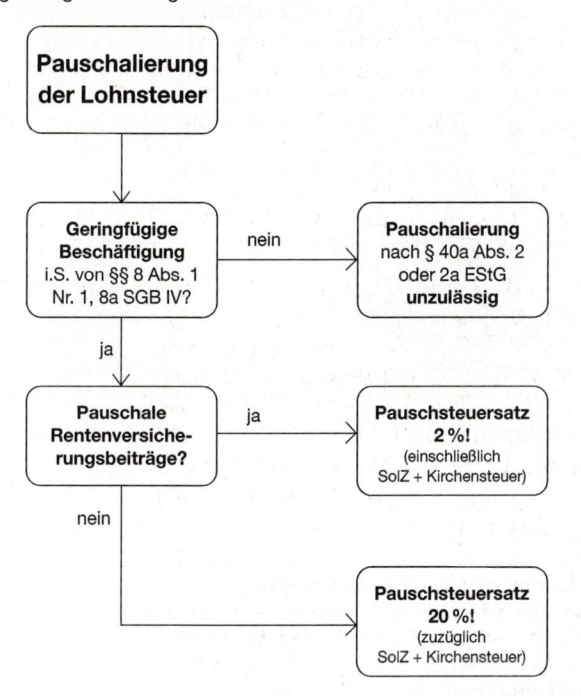

```
                    Pauschalierung
                    der Lohnsteuer
                          │
                          ▼
              Geringfügige           nein      Pauschalierung
              Beschäftigung  ─────────────►    nach § 40a Abs. 2
              i.S. von §§ 8 Abs. 1                oder 2a EStG
              Nr. 1, 8a SGB IV?                    unzulässig
                          │
                          │ ja
                          ▼
              Pauschale                         Pauschsteuersatz
              Rentenversiche-    ja                   2 %!
              rungsbeiträge?  ─────────►         (einschließlich
                          │                      SolZ + Kirchensteuer)
                          │ nein
                          ▼
                                                Pauschsteuersatz
                                                     20 %!
                                                  (zuzüglich
                                                SolZ + Kirchensteuer)
```

3. Grundsätze

2217 Nach § 40a Abs. 2 EStG kann der Arbeitgeber unter Verzicht auf den **Abruf von elektronischen Lohnsteuerabzugsmerkmalen** oder die Vorlage einer Bescheinigung für den Lohnsteuerabzug das **Arbeitsentgelt aus geringfügigen Beschäftigungen** i.S.d. §§ 8 Abs. 1 Nr. 1, 8a SGB IV, für das er **pauschale Rentenversicherungsbeiträge** i.H.v. 5 % oder 15 % zu entrichten hat, mit einem einheitlichen Pauschsteuersatz (Lohnsteuer einschließlich Solidaritätszuschlag und Kirchensteuer) i.H.v. insgesamt 2 % des Arbeitsentgelts erheben. Dies gilt sowohl für unbeschränkt als auch für beschränkt einkommensteuerpflichtige Arbeitnehmer. **Aus lohnsteuerlicher Sicht ist es auch völlig unerheblich, ob der Arbeitnehmer ein geringfügiges Beschäftigungsverhältnis in einem Unternehmen oder in einem Privathaushalt ausübt.**

Hat der Arbeitgeber **keine pauschalen Rentenversicherungsbeiträge** zu entrichten, kommt eine Lohnsteuerpauschalierung mit 20 % (zuzüglich Solidaritätszuschlag und Kirchensteuer) nach § 40a Abs. 2a EStG in Betracht. Macht der Arbeitgeber von der Möglichkeit der Pauschalversteuerung keinen Gebrauch, so ist der Lohnsteuerabzug nach den Lohnsteuerabzugsmerkmalen des Arbeitnehmers vorzunehmen (R 40a.2 LStR).

4. Geringfügige Beschäftigung

2218 Die Pauschalierungsvorschriften des § 40a Abs. 2 und 2a EStG **verzichten auf eine eigenständige steuerliche Arbeitslohngrenze** und stellen stattdessen darauf ab, ob eine **geringfügige Beschäftigung nach § 8 Abs. 1 Nr. 1 oder § 8a SGB IV** vorliegt. Indem die Steuerbefreiung unmittelbar an das Vorliegen eines solchen Beschäftigungsverhältnisses anknüpft, ist eine große Übereinstimmung zwischen pauschaler Sozialversicherungspflicht und Pauschalversteuerung erreicht worden. Einzelheiten zu den sozialversicherungsrechtlichen Voraussetzungen für eine geringfügig entlohnte Beschäftigung → *Mini-Jobs* Rz. 2047.

Die **Prüfung der Arbeitsentgeltgrenze** ist vom **zuständigen Sozialversicherungsträger** vorzunehmen. Wird bei der Zusammenrechnung von mehreren Beschäftigungsverhältnissen festgestellt, dass die Voraussetzungen einer geringfügigen Beschäftigung nicht mehr vorliegen, tritt die **Versicherungspflicht** erst **mit dem Tage der Bekanntgabe der Feststellung** durch die Einzugsstelle oder einen Träger der Rentenversicherung ein (§ 8 Abs. 2 Satz 3 SGB IV). Bis zu diesem Zeitpunkt bleibt die **Entrichtung des einheitlichen Pauschsteuersatzes** nach § 40a Abs. 2 EStG zulässig.

Bemessungsgrundlage für die einheitliche Pauschsteuer (§ 40a Abs. 2 EStG) und den Pauschsteuersatz nach § 40a Abs. 2a EStG ist das **sozialversicherungsrechtliche Arbeitsentgelt**. Für Lohnbestandteile, die nicht zum sozialversicherungsrechtlichen Arbeitsentgelt gehören, ist die Lohnsteuerpauschalierung nach § 40a Abs. 2 und 2a EStG nicht zulässig; **sie unterliegen der Lohnsteuererhebung nach den allgemeinen Regelungen** (R 40a.2 Satz 3 und 4 LStR). Das bedeutet (FinMin Nordrhein-Westfalen v. 26.3.2007, S 2372 – 10 – V B 3, Steuer-Telex 2007, 282):

- **Abfindungen** sind kein Arbeitsentgelt i.S. der Sozialversicherung und daher nicht nach § 40a Abs. 2 und 2a EStG pauschalierungsfähig. Folglich können Entlassungsabfindungen nicht nach § 40a EStG pauschal versteuert werden, sondern sind der individuellen Lohnbesteuerung zu unterwerfen,

- **steuerfreie Zuwendungen** nach § 3 Nr. 63 Satz 1 und 2 EStG sind dem sozialversicherungspflichtigen Arbeitsentgelt nicht zuzurechnen und daher nicht in die Pauschalierung nach § 40a EStG einzubeziehen. Steuerfreie Zuwendungen (z.B. nach § 3 Nr. 63 Satz 3 EStG), die als sozialversicherungspflichtiges Arbeitsentgelt zu erfassen sind, unterliegen hingegen insoweit der Pauschalierung nach § 40a EStG.

Auch bei der Zahlung von **Zukunftssicherungsleistungen i.S.v.** § 40b EStG ist zunächst zu prüfen, ob die Zukunftssicherungsleistungen zum Arbeitsentgelt gehören oder nicht (vgl. hierzu Besprechungsergebnis der Spitzenverbände der Sozialversicherungsträger v. 21.12.2004).

Der Arbeitgeber muss sich bei einem geringfügig entlohnten Beschäftigungsverhältnis **in einem ersten Schritt entscheiden**, ob er die Zukunftssicherungsleistungen nach § 40b EStG besteuert. Besteuert er sie nach § 40b EStG, sind diese nicht dem Arbeitsentgelt hinzuzurechnen (Ausnahme: Entgeltumwandlung aus laufendem Arbeitslohn). Es fallen auf die Zuwendungen und Beiträge somit auch keine pauschalen Rentenversicherungsbeiträge an. Der „übrige" Arbeitslohn kann – soweit die übrigen Voraussetzungen erfüllt sind – nach § 40a Abs. 2 EStG mit dem einheitlichen Pauschsteuersatz von 2 % versteuert werden. Soweit Beitragsfreiheit nach § 1 Abs. 1 SvEV in Betracht kommt, ist für diesen Betrag die Lohnsteuer nach § 40b EStG zu erheben und an das Betriebsstättenfinanzamt abzuführen.

Besteuert der Arbeitgeber die Zukunftssicherungsleistungen **nicht nach § 40b EStG**, sind diese dem **sozialversicherungsrechtlichen Arbeitsentgelt hinzuzurechnen**. Sind für den zusammenzurechnenden „übrigen" Arbeitslohn und die Zuwendungen und Beiträge pauschale Rentenversicherungsbeiträge zu entrichten, kann das gesamte Arbeitsentgelt mit dem einheitlichen Pauschsteuersatz von 2 % besteuert werden.

> **Beispiel 1:**
> Ein geringfügig Beschäftigter arbeitet in einer Buchhandlung für 450 € monatlich. Zusätzlich zahlt der Arbeitgeber noch Beiträge für eine Direktversicherung (Altzusage mit Kapitalauszahlung) i.H.v. 100 €.
> Der Arbeitgeber hat zwei Möglichkeiten:
> - Er entscheidet sich, **die Beiträge pauschal** nach § 40b EStG **zu besteuern**.
>   Die Beiträge gehören nicht zum Arbeitsentgelt (§ 1 Abs. 1 Satz 1 Nr. 4 SvEV), so dass sozialversicherungsrechtlich eine geringfügig entlohnte Beschäftigung nach § 8 Abs. 1 Nr. 1 SGB IV vorliegt. Die Abführung pauschaler Sozialversicherungsbeiträge und damit die Entrichtung der einheitlichen Pauschsteuer nach § 40a Abs. 2 EStG ist für das Arbeitsentgelt i.H.v. 450 € möglich.
>   Daneben sind die Beiträge für die Direktversicherung i.H.v. 100 € pauschal mit 20 % zu versteuern. Hierzu ist eine Lohnsteuer-Anmeldung an das Betriebsstättenfinanzamt erforderlich.
> - Er entscheidet sich, **die Beiträge nicht pauschal** nach § 40b EStG **zu besteuern**.
>   Die Beiträge gehören zum Arbeitsentgelt (§ 1 Abs. 1 Satz 1 Nr. 4 SvEV), so dass sozialversicherungsrechtlich keine geringfügig entlohnte Beschäftigung nach § 8 Abs. 1 Nr. 1 SGB IV mehr vorliegt. Der Arbeitslohn ist nach den Lohnsteuerabzugsmerkmalen des Arbeitnehmers der Regelbesteuerung zu unterwerfen. Sozialversicherungsrechtlich besteht volle Versicherungspflicht.

Pauschalierung der Lohnsteuer bei geringfügig Beschäftigten

keine Sozialversicherungspflicht = (SV̄)
Sozialversicherungspflicht = (SV)

> **Beispiel 2:**
> Sachverhalt wie Beispiel 1, das Arbeitsentgelt beträgt allerdings nur 350 € monatlich.
>
> Wenn sich der Arbeitgeber entscheidet, die Beiträge pauschal nach § 40b EStG zu besteuern, ergibt sich die gleiche Lösung wie im Beispiel 1.
>
> Entscheidet sich der Arbeitgeber allerdings gegen die Pauschalversteuerung, so handelt es sich gleichwohl um eine geringfügig entlohnte Beschäftigung i.S.v. § 8 Abs. 1 Nr. 1 SGB IV, weil die 450 €-Grenze (350 € + 100 €) nicht überschritten wird. Die Abführung pauschaler Sozialversicherungsbeiträge und damit die Entrichtung der einheitlichen Pauschsteuer nach § 40a Abs. 2 EStG ist für das gesamte Arbeitsentgelt i.H.v. 450 € möglich.
>
> (LSt) (SV)

Bei Modellen, bei denen Arbeitnehmer über eine **Zeitarbeitsgesellschaft** im Rahmen geringfügiger Beschäftigungsverhältnisse Arbeitgebern überlassen werden, für die sie bereits im Hauptarbeitsverhältnis tätig sind, gilt zum Vorliegen **eines einheitlichen Beschäftigungsverhältnisses** Folgendes:

Maßgebend für die Lohnsteuerpauschalierung nach § 40a Abs. 2 EStG ist allein die **sozialversicherungsrechtliche Beurteilung des Beschäftigungsverhältnisses**. Ob ein Beschäftigungsverhältnis bei demselben Arbeitgeber vorliegt, hängt entscheidend von der eigenständigen Ausübung des Direktionsrechts durch den Arbeitgeber ab. Wird das Direktionsrecht letztlich – ggf. auch mittelbar – nur von einem Arbeitgeber ausgeübt, liegt bei diesem ein einheitliches Beschäftigungsverhältnis vor (BMF v. 11.6.2004, IV C 5 – S 2372 – 295/03 III, INF 2004, 570).

> **Beispiel 3:**
> Ein Arbeitnehmer schließt mit einem fremden Arbeitgeber einen „Mini-Job-Vertrag" ab, wonach der Arbeitnehmer in seiner Freizeit bei seinem Hauptarbeitgeber tätig werden soll. Bisher wurden für solche Tätigkeiten Überstunden geleistet.
>
> Wird das Direktionsrecht von der Zeitarbeitsfirma ausgeübt, ist von zwei getrennten Arbeitsverhältnissen auszugehen. Ein Missbrauch rechtlicher Gestaltungsmöglichkeiten i.S.v. § 42 AO liegt nicht vor.

5. Gemeinsame Voraussetzungen für die Pauschalierung

a) Keine Zustimmung des Finanzamts erforderlich

2219 Die Pauschalierung der Lohnsteuer für geringfügig entlohnte Beschäftigte ist nicht abhängig von einem Antrag des Arbeitgebers, eine **Zustimmung des Finanzamts** ist daher **nicht erforderlich**. Wegen weiterer Einzelheiten → *Pauschalierung der Lohnsteuer bei Aushilfskräften* Rz. 2193.

Ein **Wechsel** von der individuellen Besteuerung zur Pauschalversteuerung ist nach Ablauf des Kalenderjahrs **nur bis zur Übermittlung oder Ausschreibung der Lohnsteuerbescheinigung zulässig** (FG Nürnberg v. 16.10.2014, 6 K 178/13, EFG 2015, 732).

b) Individuelle Besteuerung möglich

2220 Der Arbeitgeber ist **nicht zur Lohnsteuerpauschalierung verpflichtet**. Sind dem Arbeitgeber die Lohnsteuerabzugsmerkmale des Arbeitnehmers bekannt, so kann der Arbeitgeber die Lohnsteuer auch nach den allgemeinen lohnsteuerlichen Regeln erheben (R 40a.2 LStR), → *Berechnung der Lohnsteuer* Rz. 627. Zur Frage, ab welchem Betrag Lohnsteuer einzubehalten ist, → *Steuertarif* Rz. 2810.

c) Kein durchschnittlicher Stundenlohn

2221 Bei der Pauschalierung der Lohnsteuer für geringfügig Beschäftigte gibt es – im Gegensatz zur Pauschalierung bei Aushilfskräften – **keine Stundenlohngrenze**. Daher kann das Arbeitsentgelt je Stunde auch über 12 € betragen; die Pauschalierung wird dadurch nicht unzulässig.

> **Beispiel:**
> Ein geringfügig Beschäftigter arbeitet in einem Restaurant monatlich 20 Stunden. Der Stundenlohn beträgt 15 €.
>
> Der Monatslohn beträgt 300 €, so dass es sich um ein geringfügiges Beschäftigungsverhältnis i.S.v. § 8 Abs. 1 Nr. 1 SGB IV handelt. Eine Lohnsteuerpauschalierung nach § 40a Abs. 2 oder 2a EStG ist möglich, auch wenn der Stundenlohn mehr als 12 € beträgt.

d) Abwälzung der pauschalen Lohnsteuer auf den Arbeitnehmer

2222 Schuldner der pauschalen Lohnsteuer bei geringfügig Beschäftigten ist der Arbeitgeber (§ 40a Abs. 5 i.V.m. § 40 Abs. 3 EStG). Dennoch ist es möglich, dass der Arbeitgeber die pauschale Lohnsteuer **im Innenverhältnis** auf den Arbeitnehmer überwälzt (BAG v. 1.2.2006, 5 AZR 628/04, HFR 2006, 727, sowie → *Abwälzung der pauschalen Lohnsteuer auf den Arbeitnehmer* Rz. 25).

Die Steuerschuldnerschaft des Arbeitgebers wird durch eine solche Vereinbarung allerdings nicht berührt. Das bedeutet, dass der Arbeitgeber die pauschale Lohnsteuer bei der Deutschen Rentenversicherung Knappschaft-Bahn-See oder beim Finanzamt anmelden und abführen muss, und zwar **als Steuerschuldner** und nicht im Namen und im Auftrag des Arbeitnehmers.

Wird die Pauschalsteuer arbeitsrechtlich zulässig auf den Arbeitnehmer abgewälzt, so muss der Arbeitgeber die pauschale Lohnsteuer, den Solidaritätszuschlag und die Kirchensteuer vom vereinbarten Arbeitslohn errechnen, denn eine Abwälzung ist lohnsteuerrechtlich nicht zulässig (→ *Abwälzung der pauschalen Lohnsteuer auf den Arbeitnehmer* Rz. 26). Diese Abzugsbeträge kann sich der Arbeitgeber dann vom Arbeitnehmer erstatten lassen.

e) Auswirkung auf die Einkommensteuer des Arbeitnehmers

2223 Nach § 40a Abs. 5 i.V.m. § 40 Abs. 3 EStG bleibt der **pauschal besteuerte Arbeitslohn** und die **pauschale Lohnsteuer bei einer Veranlagung des Arbeitnehmers außer Ansatz**. Dies gilt gleichermaßen für den pauschalen Solidaritätszuschlag sowie die pauschale Kirchensteuer. Ebenso ist die pauschale Lohnsteuer, der pauschale Solidaritätszuschlag und die pauschale Kirchensteuer nicht auf die Einkommensteuer des Arbeitnehmers anzurechnen. Die pauschale Lohnsteuer stellt damit eine **endgültige Besteuerung** des so besteuerten Arbeitslohns dar. Der Arbeitnehmer kann daher Aufwendungen, die mit dem pauschal besteuerten Arbeitslohn zusammenhängen, auch nicht als Werbungskosten abziehen (R 40a.1 Abs. 1 Satz 5 LStR).

f) Aufzeichnungsvorschriften bei der Pauschalierung

2224 Der Arbeitgeber hat auch bei der Pauschalierung der Lohnsteuer von geringfügig Beschäftigten bestimmte Aufzeichnungspflichten zu erfüllen. Nach § 4 Abs. 2 Nr. 8 letzter Satz LStDV hat der Arbeitgeber ein **Sammelkonto mit folgenden Angaben für den einzelnen Arbeitnehmer zu führen**:

- **Name und Anschrift** des Arbeitnehmers,
- **Dauer der Beschäftigung**,
- **Tag der Zahlung**,
- **Höhe des Arbeitslohns**.

Ein Unterzeichnen oder Quittieren der Lohnabrechnung durch den Arbeitnehmer ist nicht erforderlich.

Das Lohnsteuer-Sammelkonto hat allerdings nur den Charakter einer Ordnungsvorschrift und ist nicht materiell-rechtliche Voraussetzung für die Pauschalierung (BFH v. 12.6.1986, VI R 167/83, BStBl II 1986, 681).

6. Pauschsteuer in Höhe von 2 %

2225 Voraussetzung für die Lohnsteuerpauschalierung nach § 40a Abs. 2 EStG ist, dass der Arbeitgeber für den geringfügig entlohnten Beschäftigten Beiträge nach § 168 Abs. 1 Nr. 1b und 1c SGB VI (geringfügig versicherungspflichtig Beschäftigte) oder nach § 172 Abs. 3 und 3a SGB VI (versicherungsfrei oder von der Versicherungspflicht befreite geringfügig Beschäftigte) oder nach § 276a Abs. 1 (versicherungsfrei geringfügig Beschäftigte) zu entrichten hat. Ist dies der Fall, kommt die Lohnsteuerpauschalierung mit 2 % in Betracht.

Die **einheitliche Pauschsteuer von 2 %** beinhaltet neben der Lohnsteuer auch den Solidaritätszuschlag und die Kirchensteuer. Im Gegensatz zu allen anderen Pauschalierungen ist ein Nachweis, dass der geringfügig Beschäftigte keiner steuererhebenden Religionsgemeinschaft angehört (→ *Kirchensteuer* Rz. 1685), nicht möglich.

Für die Erhebung der einheitlichen Pauschsteuer nach § 40a Abs. 2 EStG ist die Deutschen Rentenversicherung Knappschaft-Bahn-See zuständig. Allerdings sind die Regelungen zum Steuerabzug vom Arbeitslohn entsprechend anzuwenden. Anmeldung, Abführung und Vollstreckung der einheitlichen Pauschsteuer sowie die Erhebung eines Säumniszuschlags und das Mahnverfahren für die einheitliche Pauschsteuer sind analog zu den für die Pauschalbeiträge zur Rentenversicherung geltenden Vorschriften abzuwickeln (§ 40a Abs. 6 EStG). Zu diesem Zweck besteht im Beitragsnachweis für geringfügig Beschäftigte die Möglichkeit, auch die Pauschsteuer gegenüber der Deutschen Rentenversicherung Knappschaft-Bahn-See nachzuweisen. Wird hiervon Gebrauch gemacht, ist auch die **Steuernummer des Arbeitgebers im Beitragsnachweis anzugeben**. Einzelheiten zum Beitragsnachweis für geringfügig Beschäftigte → *Mini-Jobs* Rz. 2072.

Bei **geringfügiger Beschäftigung in Privathaushalten** ist seit dem 1.4.2003 **ausschließlich das Haushaltsscheckverfahren zu verwenden**. Auf dem Haushaltsscheck hat der Arbeitgeber das Arbeitsentgelt mitzuteilen und ob die Lohnsteuer mit der einheitlichen Pauschsteuer erhoben werden soll. Einzelheiten hierzu → *Mini-Jobs* Rz. 2079.

Das **Haushaltsscheckverfahren** hat für die Lohnsteuer gem. § 40a Abs. 6 EStG die sich aus § 168 Satz 1 AO ergebenden **Wirkungen einer Steueranmeldung**. Die Lohnsteuerfestsetzung kann daher **im Rahmen der Festsetzungsfrist** gem. § 164 Abs. 2 AO **geändert** werden. Daher kann auch nachträglich die Gewährung von Steuerbefreiungen, die bei der ursprünglichen Anmeldung irrtümlich nicht in Anspruch genommen wurden, begehrt werden (FG Köln v. 26.2.2015, 6 K 116/13, www.stotax-first.de).

Die einheitliche Pauschsteuer **darf nicht in der Lohnsteuer-Anmeldung** des Arbeitgebers mit **angegeben** und auch nicht an das Betriebsstättenfinanzamt abgeführt werden.

Die Deutsche Rentenversicherung Knappschaft-Bahn-See **teilt die einheitliche Pauschsteuer auf die erhebungsberechtigten Körperschaften** auf; dabei entfallen aus Vereinfachungsgründen 90 % auf die Lohnsteuer, 5 % auf den Solidaritätszuschlag und 5 % auf die Kirchensteuern. Dabei haben sich die erhebungsberechtigten Kirchen auf eine Aufteilung des Kirchensteueranteils zu verständigen und diesen der Deutschen Rentenversicherung Knappschaft-Bahn-See mitzuteilen.

> **Beispiel 1:**
> Ein geringfügig Beschäftigter arbeitet als Zeitungsausträger für monatlich 450 €.
> Die Belastung für den Arbeitgeber errechnet sich wie folgt:
>
> | | |
> |---|---:|
> | Arbeitslohn | 450,— € |
> | + Pauschsteuer (2 % von 450 €) | 9,— € |
> | + pauschale Rentenversicherung (15 % von 450 €) | 67,50 € |
> | + pauschale Krankenversicherung (13 % von 450 €) | 58,50 € |
> | = Belastung insgesamt | 585,— € |
>
> Die pauschalen Beiträge i.H.v. insgesamt 30 % sind an die Deutsche Rentenversicherung Knappschaft-Bahn-See zu entrichten. Dies gilt auch für die Pauschsteuer.

> **Beispiel 2:**
> Sachverhalt wie Beispiel 1. Der geringfügig Beschäftigte ist Schüler und teilt dem Arbeitgeber seine Identifikationsnummer und das Geburtsdatum mit. Nach den elektronischen Lohnsteuerabzugsmerkmalen ergibt sich die Steuerklasse I.
> Bei einem Monatslohn von 450 € fällt in der Steuerklasse I keine Lohnsteuer an. Der Arbeitgeber verzichtet daher auf die Pauschalierung und „versteuert" den Arbeitslohn nach den allgemeinen Regeln.
> Die Belastung für den Arbeitgeber errechnet sich wie folgt:
>
> | | |
> |---|---:|
> | Arbeitslohn | 450,— € |
> | + pauschale Rentenversicherung (15 % von 450 €) | 67,50 € |
> | + pauschale Krankenversicherung (13 % von 450 €) | 58,50 € |
> | = Belastung insgesamt | 576,— € |
>
> Die pauschalen Beiträge i.H.v. insgesamt 28 % sind an die Deutsche Rentenversicherung Knappschaft-Bahn-See zu entrichten.

7. Pauschale Lohnsteuer in Höhe von 20 %

2226 Hat der Arbeitgeber für geringfügig Beschäftigte i.S.d. §§ 8 Abs. 1 Nr. 1, 8a SGB IV **keine pauschalen Rentenversicherungsbeiträge** zu entrichten, so kann der Arbeitgeber die Lohnsteuer mit einem Pauschsteuersatz von 20 % des Arbeitsentgelts erheben (§ 40a Abs. 2a EStG). Im Rahmen der geringfügigen Beschäftigung eines **alleinigen Gesellschafters einer GmbH** ist die Pauschalierung der Lohnsteuer nach § 40a Abs. 2a EStG **nicht zulässig**, weil es sich um kein Beschäftigungsverhältnis i.S. des Sozialversicherungsrechts handelt (FG Rheinland-Pfalz v. 27.2.2014, 6 K 1485/11, EFG 2014, 961, FG Baden-Württemberg v. 21.7.2015, 11 K 3633/13, www.stotax-first.de).

Der Pauschsteuersatz von 20 % beinhaltet nicht den Solidaritätszuschlag und die Kirchensteuer.

Wird die Lohnsteuer nach § 40a Abs. 2a EStG pauschaliert, so beträgt der **Solidaritätszuschlag stets 5,5 % der pauschalen Lohnsteuer** (BFH v. 1.3.2002, VI R 171/98, BStBl II 2002, 440). Einzelheiten hierzu → *Solidaritätszuschlag* Rz. 2672.

Wenn der Arbeitgeber bereit ist, die Lohnsteuer zu pauschalieren und als Steuerschuldner zu übernehmen, hat er auch die **pauschale Kirchensteuer** zu übernehmen. Der Antrag auf Pauschalierung der Lohnsteuer zieht auch die Pauschalierung der Kirchensteuer nach sich (BFH v. 30.11.1989, I R 14/87, BStBl II 1990, 993). Allerdings ist ein Nachweis, dass der geringfügig Beschäftigte keiner steuererhebenden Religionsgemeinschaft angehört, möglich. Einzelheiten zur Pauschalierung der Kirchensteuer → *Kirchensteuer* Rz. 1684.

Für die Erhebung der Pauschsteuer nach § 40a Abs. 2a EStG ist – wie bisher – **das Betriebsstättenfinanzamt** zuständig. Die pauschale Lohnsteuer sowie der Solidaritätszuschlag und die Kirchensteuer müssen in der Lohnsteuer-Anmeldung des Arbeitgebers mit angegeben und an das Finanzamt abgeführt werden.

> **Beispiel:**
> Ein Arbeitnehmer in Osnabrück (21 Jahre) hat neben einer nicht geringfügigen Beschäftigung (Arbeitsentgelt 1 000 € monatlich) ein geringfügiges Beschäftigungsverhältnis und erhält hierfür monatlich 350 €. Am 1.8.2016 nimmt er ein zweites geringfügiges Beschäftigungsverhältnis für monatlich 300 € beim Arbeitgeber D auf.
>
> Ein geringfügiges Beschäftigungsverhältnis bleibt anrechnungsfrei. Maßgebend hierbei ist das geringfügige Beschäftigungsverhältnis, das **zuerst aufgenommen** wird. Die Abführung pauschaler Sozialversicherungsbeiträge und damit die Entrichtung der einheitlichen Pauschsteuer nach § 40a Abs. 2 EStG ist für das Arbeitsentgelt i.H.v. 350 € weiterhin möglich. Das zweite geringfügige Beschäftigungsverhältnis wird mit der Hauptbeschäftigung zusammengerechnet, so dass „volle" Sozialversicherungspflicht besteht, mit Ausnahme der Arbeitslosenversicherung (→ *Mini-Jobs* Rz. 2055). Da das Beschäftigungsverhältnis – für sich betrachtet – die Voraussetzungen einer geringfügigen Beschäftigung i.S. des § 8 Abs. 1 Nr. 1 SGB IV erfüllt, kann Arbeitgeber D die Lohnsteuer (zzgl. Solidaritätszuschlag und Kirchensteuer) für dieses Beschäftigungsverhältnis mit einem Pauschsteuersatz von 20 % des Arbeitsentgelts erheben (§ 40a Abs. 2a EStG).
>
> Die Belastung für den Arbeitgeber D errechnet sich wie folgt:
>
> | | |
> |---|---:|
> | Arbeitslohn | 300,— € |
> | + pauschale Lohnsteuer (20 % von 300 €) | 60,— € |
> | + pauschaler Solidaritätszuschlag (5,5 % von 60 €) | 3,30 € |
> | + pauschale Kirchensteuer (6 % von 60 €) | 3,60 € |
> | + „normale" Krankenversicherungsbeiträge (½ von 14,6 % von 300 €) | 21,90 € |
> | + „normale" Pflegeversicherungsbeiträge (½ von 2,35 % von 300 €) | 3,53 € |
> | + „normale" Rentenversicherungsbeiträge (½ von 18,7 % von 300 €) | 28,05 € |
> | = Belastung insgesamt | 420,38 € |
>
> Der Arbeitnehmer erhält ausgezahlt:
>
> | | |
> |---|---:|
> | Arbeitslohn | 300,— € |
> | ./. „normale" Krankenversicherungsbeiträge einschließlich kassenindividueller Zusatzbeitrag (½ von 14,6 % + 0,9 % [angenommener Wert] von 300 €) | 24,60 € |
> | ./. „normale" Pflegeversicherungsbeiträge (½ von 2,35 % von 300 €) | 3,53 € |
> | ./. „normale" Rentenversicherungsbeiträge (½ von 18,7 % von 300 €) | 28,05 € |
> | = Nettolohn | 243,82 € |
>
> Die pauschale Lohnsteuer sowie der Solidaritätszuschlag und die Kirchensteuer sind an das Betriebsstättenfinanzamt zu entrichten.

Pauschbetrag

→ *Arbeitnehmer-Pauschbetrag* Rz. 189

Payback

→ *Kundenbindungsprogramme* Rz. 1745

Pensionäre

1. Lohnsteuer

a) Grundsätze

2227 Als „Pensionäre" werden Personen bezeichnet, die nach Ausscheiden aus dem Berufsleben auf Grund ihres früheren Dienstverhältnisses Versorgungsbezüge (→ *Versorgungsbezüge* Rz. 3050) erhalten, die nach § 19 Abs. 1 Nr. 2 EStG i.V.m. § 2 Abs. 2 Nr. 2 LStDV als **Arbeitslohn anzusehen** sind und dem Lohnsteuerabzug unterliegen. Dies gilt auch, wenn die Versorgungsbezüge dem **Rechtsnachfolger** (z.B. der Beamtenwitwe) gezahlt werden. Versorgungsbezüge sind nicht nur die von öffentlichen Arbeitgebern insbesondere an Beamte von Bund, Ländern und Gemeinden gezahlten **„echten" Pensionen**, sondern auch die sog. **Betriebs- oder Werksrenten**, die von „privaten" Arbeitgebern auf Grund einer betrieblichen Versorgungszusage ohne eigene Beitragsleistungen des Arbeitnehmers gezahlt werden (s.a. → *Zukunftssicherung: Betriebliche Altersversorgung* Rz. 3258).

Für den **Lohnsteuerabzug** gelten die allgemeinen Grundsätze, d.h. auf Veranlassung des Pensionärs werden seine elektronischen Lohnsteuerabzugsmerkmale gebildet und dem Arbeitgeber zur Verfügung gestellt.

Besonderheiten gelten bei Auslandspensionen, die an Pensionäre im Ausland gezahlt werden.

Zu beachten ist bei Pensionen, dass der Arbeitgeber vor Berechnung der Lohnsteuer den **Versorgungsfreibetrag** (22,4 % der Versorgungsbezüge, höchstens 1 680 € bei Versorgungsbeginn im Jahr 2016) sowie in den Steuerklassen I bis V den **Zuschlag zum Versorgungsfreibetrag** (höchstens 504 € bei Versorgungsbeginn im Jahr 2016) abziehen muss, die nicht als Lohnsteuerabzugsmerkmal berücksichtigt sind (→ *Versorgungsfreibeträge* Rz. 3056).

[LSt] [SV]

b) Abgrenzung Versorgungsbezüge/Altersrenten

2228 **Altersrenten**, die auf Grund **eigener Beitragsleistung** insbesondere aus der gesetzlichen Rentenversicherung gezahlt werden, sind bis 2040 mit dem sog. **Besteuerungsanteil** als „sonstige Einkünfte" i.S.d. § 22 Nr. 1 Satz 3 Buchst. a EStG einkommensteuerpflichtig, Lohnsteuer ist somit nicht einzubehalten.

Wegen der Besteuerung von **Zusatzrenten** z.B. von der **Versorgungsanstalt des Bundes und der Länder** (VBL) s. → *Zusatzversorgungskassen* Rz. 3357.

[LSt] [SV]

2. Sozialversicherung

2229 Pensionäre sind aus dem aktiven Berufsleben ausgeschieden; sie stehen nicht mehr in einem Beschäftigungsverhältnis, das Versicherungspflicht und in der Folge Beitragspflicht in den verschiedenen Zweigen der Sozialversicherung begründen könnte, gleich ob es sich um eine Beamtenpension, Werkspension o.Ä. handelt. Für die **Kranken- und Pflegeversicherung** ist jedoch zu beachten, dass Versorgungsbezüge als beitragspflichtige Einnahmen zur Finanzierung der gesetzlichen Kranken- und Pflegeversicherung herangezogen werden (§§ 229 SGB V und 57 SGB XI; s.a. → *Versorgungsbezüge* Rz. 3050).

3. Besonderheiten bei Nebentätigkeiten von Pensionären

a) Lohnsteuer

2230 Geht ein Pensionär noch einer anderen Beschäftigung als Arbeitnehmer nach, ist hierfür die **Steuerklasse VI** anzuwenden (§ 38b Abs. 1 Satz 2 Nr. 6 EStG). Der weitere Arbeitgeber muss für 2016, falls der beschäftigte Pensionär vor dem 2.1.1952 geboren ist, allerdings auch den **Altersentlastungsbetrag** (→ *Altersentlastungsbetrag* Rz. 54) absetzen, da dieser nur für bereits steuerbegünstigte Versorgungsbezüge ausgeschlossen ist, nicht aber für zusätzlich verdienten „normalen" Arbeitslohn.

Zu beachten ist ferner, dass bei Pensionären mit einem Nebenjob zwei **„Werbungskosten-Pauschbeträge"** abzuziehen sind, und zwar

– von der Pension der Pauschbetrag für Versorgungsbezüge i.H.v. **102 €** (§ 9a Satz 1 Nr. 1 Buchst. b EStG)

– und vom laufenden Gehalt der Arbeitnehmer-Pauschbetrag von **1 000 €** (§ 9a Satz 1 Nr. 1 Buchst. a EStG).

b) Sozialversicherung

2231 In der **Krankenversicherung** bleiben Bezieher einer **Beamtenpension** und Personen mit vergleichbarem Rechtsstatus bei einer nebenher ausgeübten Beschäftigung dann versicherungsfrei, wenn ihnen ein **Anspruch auf Ruhegehalt** zuerkannt ist und sie **Anspruch auf Beihilfe im Krankheitsfall** nach beamtenrechtlichen Vorschriften oder Grundsätzen haben. Die Versicherungsfreiheit in der Krankenversicherung bewirkt auch die Versicherungsfreiheit in der **Pflegeversicherung**.

In der **Rentenversicherung** sind die eine Nebentätigkeit ausübenden Pensionäre dann versicherungsfrei, wenn sie nach beamtenrechtlichen Vorschriften oder Grundsätzen eine **Versorgung nach Erreichen einer Altersgrenze beziehen**. Dies gilt auch für solche Pensionäre, die nach berufsständischen Versorgungsregelungen oder kirchenrechtlichen Regelungen nach Erreichen einer Altersgrenze Versorgungsbezüge erhalten. Jedoch muss der Arbeitgeber seinen Beitragsanteil unabhängig von der Versicherungsfreiheit entrichten.

Wird die Nebenbeschäftigung nur **geringfügig** i.S.d. § 8 Abs. 1 Nr. 1 SGB IV ausgeübt, d.h., das Arbeitsentgelt übersteigt den Grenzwert von 450 € nicht, hat der Arbeitgeber einen Pauschalbeitrag zur Rentenversicherung i.H.v. 15 % zu entrichten. Dies gilt unabhängig von der Versicherungsfreiheit in der Rentenversicherung auf Grund einer Versorgung aus einem öffentlich-rechtlichen Dienstverhältnis nach Erreichen der Altersgrenze. In der Krankenversicherung wäre bei einer Versicherungsfreiheit auf Grund einer geringfügigen Beschäftigung vom Arbeitgeber nur dann ein Pauschalbeitrag i.H.v. 13 % zu zahlen, wenn der Pensionär bei einer gesetzlichen Krankenkasse versichert ist. Dabei ist es unerheblich, ob es sich bei dieser Versicherung um eine Pflichtversicherung (z.B. als Rentner oder als Leistungsbezieher nach dem Dritten Buch Sozialgesetzbuch) oder eine freiwillige Versicherung oder eine Familienversicherung handelt (→ *Beiträge zur Sozialversicherung* Rz. 548, → *Mini-Jobs* Rz. 2047).

In der **Arbeitslosenversicherung** gelten für beschäftigte Pensionäre die gleichen Regeln wie für andere Arbeitnehmer. Beitragsfreiheit besteht somit u.a., wenn

– der Beschäftigte das 65. Lebensjahr vollendet hat (mit Ablauf des Monates der Vollendung tritt Beitragsfreiheit ein, jedoch hat der Arbeitgeber wie in der Rentenversicherung „seinen" Beitragsanteil zu tragen),

– die Beschäftigung geringfügig ist.

Bezieher einer **betrieblichen Pension, Werksrente** o.Ä. sind grundsätzlich versicherungspflichtig, es sei denn, die Beschäftigung ist geringfügig oder es gelten für die Arbeitslosenversicherung die oben dargestellten Voraussetzungen.

Pensionsfonds

→ *Zukunftssicherung: Betriebliche Altersversorgung* Rz. 3234

Pensionskasse

→ *Zukunftssicherung: Betriebliche Altersversorgung* Rz. 3234

PEP-Reisen

→ *Reiseveranstalter: Arbeitnehmerreisen* Rz. 2523

[LSt] = keine Lohnsteuerpflicht
[LSt] = Lohnsteuerpflicht

Permanenter Lohnsteuer-Jahresausgleich

1. Begriff

2232 Nach § 39b Abs. 2 Satz 12 EStG kann das Betriebsstättenfinanzamt allgemein oder auf Antrag des Arbeitgebers zulassen, dass die Lohnsteuer für **laufenden Arbeitslohn** unter den Voraussetzungen des § 42b Abs. 1 EStG (→ *Lohnsteuer-Jahresausgleich durch den Arbeitgeber* Rz. 1926) **nach dem voraussichtlichen Jahresarbeitslohn** ermittelt wird, wenn gewährleistet ist, dass die zutreffende Jahreslohnsteuer (§ 38a Abs. 2 EStG) nicht unterschritten wird. Dieses besondere Verfahren der Lohnsteuerermittlung wird **permanenter Lohnsteuer-Jahresausgleich** genannt. Mit diesem Verfahren kann bei stark schwankenden Arbeitslöhnen eine ständige Über- bzw. Unterzahlung von Lohnsteuer vermieden werden.

2. Voraussetzungen

2233 Der permanente Lohnsteuer-Jahresausgleich darf nach R 39b.8 Satz 2 LStR nur durchgeführt werden, wenn

- der Arbeitnehmer **unbeschränkt einkommensteuerpflichtig** ist,
- der Arbeitnehmer seit Beginn des Kalenderjahrs **ständig in einem durchgängigen Dienstverhältnis** zu demselben Arbeitgeber steht,
- die **zutreffende Jahreslohnsteuer** (§ 38a Abs. 2 EStG) nicht unterschritten wird,
- bei der Lohnsteuerberechnung **kein Freibetrag oder Hinzurechnungsbetrag** zu berücksichtigen war,
- das **Faktorverfahren** nicht angewandt wurde,
- der Arbeitnehmer **kein Kurzarbeitergeld** einschließlich Saison-Kurzarbeitergeld, keinen Zuschuss zum Mutterschaftsgeld nach dem Mutterschutzgesetz oder § 3 MuSchEltZV oder einer entsprechenden Landesregelung, keine Entschädigung für Verdienstausfall nach dem Infektionsschutzgesetz, keine Aufstockungsbeträge nach dem Altersteilzeitgesetz und keine Zuschläge auf Grund des § 6 Abs. 2 BBesG bezogen hat,
- im Lohnkonto oder in der Lohnsteuerbescheinigung kein **Großbuchstabe „U"** eingetragen ist,
- im Kalenderjahr bei der **Berechnung der Vorsorgepauschale** die Teilbeträge für die Rentenversicherung, für die gesetzliche Kranken- und soziale Pflegeversicherung oder für die private Basiskranken- und Pflegepflichtversicherung sowie der Beitragszuschlag für Kinderlose in der sozialen Pflegeversicherung **nicht nur zeitweise berücksichtigt** werden,
- im Kalenderjahr der **kassenindividuelle Zusatzbeitrag** in der gesetzlichen Krankenversicherung (§ 242 SGB V) sich **nicht geändert** hat,
- der Arbeitnehmer im Kalenderjahr – bezogen auf den Teilbetrag der Vorsorgepauschale für die Rentenversicherung – **durchgängig zum Anwendungsbereich nur einer Beitragsbemessungsgrenze** (West oder Ost) gehört,
- für den Arbeitnehmer im Kalenderjahr – bezogen auf den Teilbetrag der Vorsorgepauschale für die Rentenversicherung oder die gesetzliche Kranken- und soziale Pflegeversicherung – innerhalb des Kalenderjahrs **durchgängig ein Beitragssatz anzuwenden** ist und
- der Arbeitnehmer keinen Arbeitslohn bezogen hat, der nach einem **Doppelbesteuerungsabkommen** oder nach dem **Auslandstätigkeitserlass** von der deutschen Lohnsteuer freigestellt ist.

Sind diese Voraussetzungen erfüllt, so gilt die **Genehmigung** des Betriebsstättenfinanzamts grundsätzlich **als erteilt**, wenn sie nicht im Einzelfall widerrufen wird. Ein besonderer Antrag des Arbeitgebers ist daher im Regelfall nicht notwendig (R 39b.8 Satz 4 LStR).

Auf die **Steuerklasse** des Arbeitnehmers kommt es dabei nicht an (R 39b.8 Satz 3 LStR). Der permanente Lohnsteuer-Jahresausgleich kann daher auch dann durchgeführt werden, wenn der Arbeitnehmer im Laufe des Kalenderjahrs die **Steuerklasse wechselt**.

Die besondere Lohnsteuerermittlung nach dem voraussichtlichen Jahresarbeitslohn beschränkt sich im Übrigen auf den **laufenden Arbeitslohn**; für die Lohnsteuerermittlung von **sonstigen Bezügen** ist stets das für sonstige Bezüge geltende Verfahren anzuwenden (R 39b.8 Satz 5 LStR); → *Sonstige Bezüge* Rz. 2704.

3. Verfahren

2234 Zur Anwendung des permanenten Lohnsteuer-Jahresausgleichs ist nach Ablauf eines jeden Lohnzahlungszeitraums oder in den Fällen, in denen der Arbeitgeber Abschlagszahlungen leistet, nach Ablauf des Lohnabrechnungszeitraums der **laufende Arbeitslohn** der abgelaufenen Lohnzahlungs- oder Lohnabrechnungszeiträume **auf einen Jahresbetrag hochzurechnen**, z.B. der laufende Arbeitslohn für die Monate Januar bis April × 3 (12/4). Von dem Jahresbetrag sind die Freibeträge für Versorgungsbezüge (§ 19 Abs. 2 EStG) und der **Altersentlastungsbetrag** (§ 24a EStG) abzuziehen, wenn die Voraussetzungen für den Abzug jeweils erfüllt sind. Für den verbleibenden Jahreslohn ist die **Jahreslohnsteuer zu ermitteln**. Dabei ist die für den Lohnzahlungszeitraum geltende Steuerklasse maßgebend. Sodann ist der **Teilbetrag der Jahreslohnsteuer** zu ermitteln, der **auf die abgelaufenen Lohnzahlungs- oder Lohnabrechnungszeiträume entfällt**. Von diesem Steuerbetrag ist die **Lohnsteuer abzuziehen**, die von dem laufenden Arbeitslohn der abgelaufenen Lohnzahlungs- oder Lohnabrechnungszeiträume **bereits erhoben worden** ist; der Restbetrag ist die Lohnsteuer, die für den zuletzt abgelaufenen Lohnzahlungs- oder Lohnabrechnungszeitraum zu erheben ist (R 39b.8 Sätze 6 bis 11 LStR).

Beispiel 1:

Der Arbeitnehmer, Steuerklasse I/0, rk, 20 Jahre, ist beim Arbeitgeber in Hannover seit dem 1.1.2016 beschäftigt. Für die Zeit vom 1.1. bis 30.6.2016 sind im Lohnkonto aufgezeichnet:

Bruttoarbeitslohn:	14 820,— €
Lohnsteuer:	1 854,48 €
Solidaritätszuschlag:	101,94 €
Kirchensteuer:	166,86 €

Für den Monat Juli 2016 erhält er einen Bruttoarbeitslohn von 3 118 €. **Für den Monat Juli errechnen sich die Steuerabzugsbeträge wie folgt:**

Bruttoarbeitslohn 1.1. bis 30.6.2016	14 820,— €
+ Bruttoarbeitslohn für Juli 2016	3 118,— €
= Insgesamt	17 938,— €
Umgerechnet auf Jahresarbeitslohn $\frac{17\,938\,€\ \times\ 12\ \text{Monate}}{7\ \text{Monate}}$	30 750,85 €
Jahreslohnsteuer (Steuerklasse I/0)	3 982,— €
Jahressolidaritätszuschlag (Steuerklasse I/0)	219,01 €
Jahreskirchensteuer (Steuerklasse I/0)	358,38 €
Lohnsteuer für die Zeit vom 1.1. bis 31.7.2016 $\frac{3\,982\,€\ \times\ 7\ \text{Monate}}{12\ \text{Monate}}$	2 322,83 €
./. Lohnsteuer für die Zeit vom 1.1. bis 30.6.2016	1 854,48 €
Lohnsteuer für Juli 2016	468,35 €
Solidaritätszuschlag für die Zeit vom 1.1. bis 31.7.2016 (7/12 von 219,01 €)	127,75 €
./. Solidaritätszuschlag für die Zeit vom 1.1. bis 30.6.2016	101,94 €
Solidaritätszuschlag für Juli 2016	25,81 €
Kirchensteuer für die Zeit vom 1.1. bis 31.7.2016 (7/12 von 358,38 €)	209,05 €
./. Kirchensteuer für die Zeit vom 1.1. bis 30.6.2016	166,86 €
Kirchensteuer für Juli 2016	42,19 €

In den Fällen, in denen die **maßgebende Steuerklasse während des Kalenderjahrs gewechselt hat**, ist an Stelle der Lohnsteuer, die vom laufenden Arbeitslohn der abgelaufenen Lohnzahlungs- oder Lohnabrechnungszeiträume erhoben worden ist, die Lohnsteuer abzuziehen, die nach der **zuletzt maßgebenden Steuerklasse** vom laufenden Arbeitslohn bis zum vorletzten abgelaufenen Lohnzahlungs- oder Lohnabrechnungszeitraum zu erheben gewesen wäre (R 39b.8 Satz 12 LStR).

Beispiel 2:

Ein Arbeitnehmer wechselt ab 1.6.2016 die Steuerklasse von IV/0 nach III/0.

Für die Ermittlung der einzubehaltenden Lohnsteuer für Juni 2016 ist die nach der Steuerklasse III/0 ermittelte anteilige Jahreslohnsteuer um die Lohnsteuer zu kürzen, die in den Monaten Januar bis Mai nach der Steuerklasse III/0 einzubehalten gewesen wäre.

Permanenter Lohnsteuer-Jahresausgleich

Bei Arbeitnehmern, für die der **Arbeitgeber** nach § 42b Abs. 1 EStG einen **Lohnsteuer-Jahresausgleich durchführen darf**, ist es dem Arbeitgeber gestattet, den Jahresausgleich mit der Ermittlung der Lohnsteuer für den letzten im Ausgleichsjahr endenden Lohnzahlungszeitraum zusammenfassen. Hierbei ist die Jahreslohnsteuer nach den für den Lohnsteuer-Jahresausgleich geltenden Regeln (→ *Lohnsteuer-Jahresausgleich durch den Arbeitgeber* Rz. 1926) zu ermitteln und der Lohnsteuer, die von dem Jahresarbeitslohn erhoben worden ist, gegenüberzustellen. Übersteigt die ermittelte Jahreslohnsteuer die erhobene Lohnsteuer, so ist der Unterschiedsbetrag die Lohnsteuer, die für den letzten Lohnzahlungszeitraum des Ausgleichsjahrs einzubehalten ist. Übersteigt die erhobene Lohnsteuer die ermittelte Jahreslohnsteuer, so ist der Unterschiedsbetrag dem Arbeitnehmer zu erstatten (R 42b Abs. 5 LStR).

4. Teilzeitbeschäftigte und Aushilfskräfte

2235 Insbesondere **bei Teilzeitbeschäftigten und Aushilfskräften bietet der permanente Lohnsteuer-Jahresausgleich Vorteile**, wenn in den Lohnsteuerabzugsmerkmalen des Arbeitnehmers die **Steuerklasse V oder VI** mitgeteilt wird und der Arbeitnehmer beim Arbeitgeber das ganze Kalenderjahr beschäftigt ist.

> **Beispiel:**
> Ein Arbeitnehmer ist bei einem Arbeitgeber in Köln, bei dem er regelmäßig Aushilfstätigkeiten durchführt, das gesamte Kalenderjahr beschäftigt. In den Lohnsteuerabzugsmerkmalen wird die Steuerklasse V mitgeteilt. Im Mai 2016 erhält der Arbeitnehmer für seine Tätigkeit in der Zeit vom 1.5. bis 31.5.2016 einen Monatslohn von 295 €. Für die Zeit vom 1.1. bis 30.4.2016 ist im Lohnkonto kein Arbeitslohn aufgezeichnet.
>
> Bei Anwendung der Monatstabelle (Steuerklasse V) müsste der Arbeitgeber folgende Beträge einbehalten:
>
> | | |
> |---|---:|
> | Lohnsteuer | 24,25 € |
> | Solidaritätszuschlag | 0,— € |
> | Kirchensteuer (9 %) | 2,18 € |
>
> Dem Arbeitnehmer könnten also nur 268,57 € ausgezahlt werden. Sozialversicherungsbeiträge fallen beim Arbeitnehmer nicht an. Entweder ist das Beschäftigungsverhältnis als kurzfristige oder geringfügige Beschäftigung sozialversicherungsfrei oder der Arbeitgeber muss für den Arbeitnehmer als sog. Geringverdiener die gesamten Sozialversicherungsbeiträge übernehmen.
>
> Der Arbeitgeber kann aber den permanenten Lohnsteuer-Jahresausgleich anwenden, weil der Arbeitnehmer bei ihm das ganze Kalenderjahr beschäftigt ist. **Die Lohnsteuer für den Monat Mai 2016 berechnet sich wie folgt:**
>
> | | |
> |---|---:|
> | Bruttoarbeitslohn 1.1. bis 30.4.2016 | 0,— € |
> | + Bruttoarbeitslohn für Mai 2016 | 295,— € |
> | = Insgesamt | 295,— € |
> | Umgerechnet auf Jahresarbeitslohn | |
> | 295 € × 12 Monate | |
> | 5 Monate | 708,— € |
> | Jahreslohnsteuer (Steuerklasse V/0) | 0,— € |
> | Jahressolidaritätszuschlag (Steuerklasse V/0) | 0,— € |
> | Jahreskirchensteuer (Steuerklasse V/0) | 0,— € |
> | Lohnsteuer für die Zeit vom 1.1. bis 31.5.2016 | |
> | 0 € × 5 Monate | |
> | 12 Monate | 0,— € |
> | ./. Lohnsteuer für die Zeit vom 1.1. bis 30.4.2016 | 0,— € |
> | Lohnsteuer für Mai 2016 | 0,— € |
> | Solidaritätszuschlag für Mai 2016 | 0,— € |
> | Kirchensteuer für Mai 2016 | 0,— € |
>
> Der Arbeitgeber kann also den Monatslohn für Mai 2016 ungekürzt i.H.v. 295 € dem Arbeitnehmer auszahlen.

Der permanente Lohnsteuer-Jahresausgleich kommt **auch für kurzfristig beschäftigte Arbeitnehmer** in Betracht, bei denen entweder die betraglichen oder zeitlichen Grenzen für eine Pauschalbesteuerung mit 25 % überschritten sind oder es sich nicht um eine Beschäftigung zu einem unvorhergesehenen Zeitpunkt handelt. Voraussetzung ist jedoch, dass der kurzfristig Beschäftigte **das ganze Kalenderjahr in einem durchgängigen Dienstverhältnis zu demselben Arbeitgeber** steht.

Personalrabatte

→ *Rabatte* Rz. 2345

keine Sozialversicherungspflicht = (SV)
Sozialversicherungspflicht = (SV)

Personalrat

→ *Betriebsrat* Rz. 693

Personengruppen

→ *Meldungen für Arbeitnehmer in der Sozialversicherung* Rz. 1989

Personenschutz

→ *Bewachung* Rz. 718

Pfändungsfreigrenzen

→ *Lohnpfändung* Rz. 1828

Pfändungs- und Überweisungsbeschluss

→ *Lohnpfändung* Rz. 1828

Pfändung von Arbeitslohn

→ *Abtretung einer Forderung als Arbeitslohn* Rz. 24, → *Lohnpfändung* Rz. 1828

Pflege-Pauschbetrag

→ *Lohnsteuer-Ermäßigungsverfahren* Rz. 1905

Pflegeunterstützungsgeld

→ *Pflegezeiten* Rz. 2273

Pflegeversicherung

Inhaltsübersicht:

	Rz.
1. Allgemeines	2236
2. Zuständige Pflegekasse	2237
3. Versicherter Personenkreis	2238
a) Beschäftigte	2239
b) Freiwillig Krankenversicherte	2240
c) Ausschluss der Versicherungspflicht in der Pflegeversicherung	2241
d) Sonstige Personen	2242
e) Familienversicherung	2243
f) Versicherungspflicht in der privaten Pflegeversicherung	2244
4. Befreiung von der Versicherungspflicht	2245
a) Freiwillige Mitglieder gesetzlicher Krankenkassen	2245
b) Beihilfeberechtigte	2246
c) Antragstellung	2247
d) Zukunftsverpflichtung	2248
e) Weiterversicherung	2249
5. Meldungen	2250
a) Versicherte einer Krankenkasse	2250
b) Sonstige Versicherte	2251
6. Beiträge	2252
a) Beitragssatz	2253
b) Beitragsfreiheit	2254
7. Beitragszuschuss	2256
8. Beitragserstattung	2257
9. Soziale Sicherung der Pflegepersonen	2258
a) Kurzzeitige Arbeitsverhinderung	2259
b) Pflegezeit	2260
c) Familienpflegezeit	2264
d) Rentenversicherung außerhalb der Pflegezeit	2268
e) Zuständiger Rentenversicherungsträger	2269
f) Beiträge	2270
g) Arbeitslosenversicherung außerhalb der Pflegezeit	2271
h) Unfallversicherungsschutz	2272

1. Allgemeines

Die zweite Reformstufe des Pflegestärkungsgesetzes wurde zum **2236** 1.1.2016 verabschiedet, wobei die wichtigsten Änderungen erst zum 1.1.2017 in Kraft treten.

Im Fokus dieser Reform steht der neue Pflegebedürftigkeitsbegriff mit einheitlichen Pflegegraden, die das bisherige System der Pflegestufen ablösen.

In die Bewertung des Pflegegrades fließen folgende Bereiche ein:
- Mobilität,
- Kognitive und kommunikative Fähigkeiten,
- Verhaltensweisen und psychische Problemlagen,
- Selbstversorgung,
- Bewältigung von und selbständiger Umgang mit krankheits- oder therapiebedingten Anforderungen und Belastungen,
- Gestaltung des Alltagslebens und sozialer Kontakte.

Pflegebedürftige, die bereits Leistungen beziehen, werden automatisch in das neue System überführt.

Für die Absicherung der Pflegepersonen, z.B. pflegende Angehörige, muss die Versicherungspflicht in der Rentenversicherung ebenfalls den neuen Pflegegraden angepasst werden und ein Versicherungsschutz in der Arbeitslosenversicherung ist vorgesehen.

Um die Leistungsverbesserungen finanzieren zu können, wird der Beitragssatz zur Pflegeversicherung zum 1.1.2017 um 0,2 Prozentpunkte auf 2,55 % bzw. 2.8 % für Kinderlose erhöht.

2. Zuständige Pflegekasse

2237 Die Pflegeversicherung wird für Versicherungspflichtige bei der Pflegekasse durchgeführt, die bei der **Krankenkasse** errichtet ist, die auch die Krankenversicherung durchführt (→ *Krankenkassenwahlrecht* Rz. 1707).

Bei einem Wechsel der Krankenkasse wechselt somit auch die zuständige Pflegekasse.

Fehlt es an einer eigenständigen Mitgliedschaft in der Krankenversicherung, ist die Pflegekasse zuständig, die bei der Krankenkasse errichtet ist, die die Leistungen auftragsweise gewährt. Sofern sich hiernach keine Zuständigkeit ergibt, kann der Versicherte die Pflegekasse wählen, der er bei Versicherungspflicht in der Krankenversicherung oder bei einer freiwilligen Versicherung angehören würde (→ *Krankenkassenwahlrecht* Rz. 1707).

Die gewählte Pflegekasse darf die Mitgliedschaft nicht ablehnen.

Die Familienversicherung führt die Pflegekasse durch, bei der auch das Mitglied versichert ist.

Weiterversicherte in der Pflegeversicherung gehören der Kasse an, bei der zuletzt die Mitgliedschaft bestanden hat.

3. Versicherter Personenkreis

2238 Die Versicherungspflicht in der sozialen Pflegeversicherung erstreckt sich auf **alle Personen, die Mitglieder der gesetzlichen Krankenversicherung sind**. Unerheblich ist, ob es sich um eine Pflichtversicherung oder eine freiwillige Versicherung handelt. Daneben sind auch die **familienversicherten** Ehegatten und Kinder in den Schutz der sozialen Pflegeversicherung eingeschlossen. Da die Pflegeversicherung in vielen Details den Regelungen der Krankenversicherung folgt, gilt der Grundsatz „Pflegeversicherung folgt Krankenversicherung" (→ *Krankenversicherung: gesetzliche* Rz. 1717).

Privat krankenversicherte Personen sind verpflichtet, einen gleichwertigen privaten Pflegeversicherungsschutz bei einem privaten Versicherungsunternehmen abzuschließen.

a) Beschäftigte

2239 Soweit auf Grund der Beschäftigung Versicherungspflicht in der Krankenversicherung (→ *Krankenversicherung: gesetzliche* Rz. 1717) besteht, gilt dies auch für die Pflegeversicherung. Andererseits sind versicherungsfreie oder von der Krankenversicherung befreite Arbeitnehmer grundsätzlich nicht in den Schutz der sozialen Pflegeversicherung einbezogen. Zu prüfen ist, ob ggf. im Rahmen der Familienversicherung Schutz in der sozialen Pflegeversicherung besteht, z.B. bei versicherungsfreien geringfügig Beschäftigten.

b) Freiwillig Krankenversicherte

2240 Alle in der gesetzlichen Krankenversicherung freiwillig Versicherten **sind in die soziale Pflegeversicherung als Pflichtversicherte einbezogen.** Dabei ist ohne Bedeutung, auf welcher Rechtsgrundlage die freiwillige Krankenversicherung zu Stande gekommen ist und ob die freiwillige Krankenversicherung satzungsgemäße Leistungsbeschränkungen vorsieht.

c) Ausschluss der Versicherungspflicht in der Pflegeversicherung

2241 Bei Personen, die mindestens in den letzten zehn Jahren weder in der Kranken- noch in der Pflegeversicherung versichert waren, wird bei Aufnahme einer **Beschäftigung von untergeordneter wirtschaftlicher Bedeutung** gesetzlich vermutet, dass eine versicherungspflichtige Beschäftigung oder selbständige Tätigkeit nicht vorliegt. Damit tritt keine Versicherungspflicht ein, die ggf. zu einem Leistungsbezug berechtigen könnte. Dies gilt insbesondere bei Beschäftigungen unter Familienangehörigen (→ *Angehörige* Rz. 119). Die gesetzliche Vermutung des Ausschlusses der Versicherungspflicht kann durch geeignete Beweismittel widerlegt werden.

Mit dieser Regelung wird den Pflegekassen ein Instrument zur Missbrauchsvermeidung – insbesondere bei Beschäftigungen unter Familienangehörigen – in Form einer gesetzlichen Beweislastumkehr an die Hand gegeben.

Darüber hinaus wurde klargestellt, dass die Pflegeversicherungspflicht bei einem vorübergehenden Beschäftigungsverhältnis in Deutschland nicht eintritt, sofern die deutsche Krankenversicherungspflicht auf Grund einer auf Abkommensregelungen beruhenden Ausnahmevereinbarung ausgeschlossen ist.

d) Sonstige Personen

2242 Versicherungspflicht in der sozialen Pflegeversicherung besteht auch für

- Vorruhestandsgeldbezieher (sofern sie unmittelbar vor Beginn des Vorruhestands versicherungspflichtig waren und das Vorruhestandsgeld mindestens i.H.v. 65 % des früheren Bruttoarbeitsentgelts gezahlt wird),
- Leistungsempfänger nach dem SGB III unter Berücksichtigung der Sperrfrist,
- Landwirte, mitarbeitende Familienangehörige (→ *Angehörige* Rz. 119) und Altenteiler,
- Künstler und Publizisten,
- Jugendliche, Rehabilitanden, Behinderte,
- Rentner, Rentenantragsteller,
- Personen mit Wohnsitz oder gewöhnlichem Aufenthalt in der Bundesrepublik Deutschland, die einen Anspruch auf Heil- oder Krankenbehandlung nach dem Bundesversorgungsgesetz (BVG) haben und weder gesetzlich noch privat versichert sind.

In die Versicherungspflicht werden nicht nur die Beschäftigten, sondern auch deren Hinterbliebene einbezogen, sofern sie Anspruch auf Krankenbehandlung haben und nicht durch die Familienversicherung geschützt sind.

Für Soldaten auf Zeit besteht dann Versicherungspflicht in der sozialen Pflegeversicherung, wenn sie weder gesetzlich noch privat versichert sind. Dies gilt auch dann noch, wenn der Soldat aus dem Dienstverhältnis ausscheidet, aber Übergangsgebührnisse erhält.

Einbezogen in die soziale Pflegeversicherung sind darüber hinaus noch weitere Personen, die hier jedoch gänzlich außer Betracht bleiben können.

e) Familienversicherung

2243 Für **Familienangehörige eines Mitglieds** besteht in der sozialen Pflegeversicherung unter den gleichen Voraussetzungen wie in der Krankenversicherung Anspruch auf beitragsfreie Versicherung. Bei der Prüfung der Frage, ob das Gesamteinkommen des Familienangehörigen 1/7 der monatlichen Bezugsgröße (→ *Bezugsgröße* Rz. 752) übersteigt, bleibt ein evtl. gezahltes Pflegegeld aus der Pflegeversicherung unberücksichtigt. Das gilt auch für eine eventuelle finanzielle Anerkennung, die ein Pflegebedürftiger der Pflegeperson zahlt, wenn der Betrag das dem Umfang der Pflegetätigkeit entsprechende Pflegegeld nicht übersteigt. Das sind in der Pflegestufe I = 244 €, in der Pflegestufe II = 458 € und in der Pflegestufe III = 728 €.

Die Familienversicherung bleibt bei Kindern, die auf Grund gesetzlicher Verpflichtung mehr als drei Tage Wehr- oder Zivildienst leisten oder die im Rahmen einer besonderen Auslandsverwendung i.S.d. Soldatengesetzes freiwillig Wehrdienst leisten, für die Dauer des Dienstes bestehen.

Pflegeversicherung

f) Versicherungspflicht in der privaten Pflegeversicherung

2244 An der Durchführung der Pflegeversicherung sind neben den gesetzlichen Krankenkassen auch die privaten Krankenversicherungsunternehmen beteiligt, um das **Ziel** einer **weitgehend lückenlosen Absicherung gegen das Risiko der Pflegebedürftigkeit** zu erreichen. Deshalb haben Personen, die bei einem privaten Krankenversicherungsunternehmen mit Anspruch auf allgemeine Krankenhausleistungen versichert sind, zur Absicherung des Risikos der Pflegebedürftigkeit für sich und ihre Familienangehörigen einen Versicherungsvertrag abzuschließen. Eine private Zusatz- oder Krankenhaustagegeldversicherung löst hingegen diese Versicherungspflicht nicht aus.

Personen, die nach beamtenrechtlichen Vorschriften oder Grundsätzen bei Pflegebedürftigkeit Anspruch auf **Beihilfe** haben, sind zum Abschluss eines „beihilfekonformen" Versicherungsvertrags verpflichtet, wenn sie nicht nach anderen Vorschriften pflegeversichert sind. Dies gilt auch für Heilfürsorgeberechtigte, die nicht in der sozialen Pflegeversicherung versichert sind (z.B. Polizeivollzugsbeamte in der Bundespolizei, Berufssoldaten), sowie für Beamte der Unternehmen der ehemaligen Deutschen Bundespost und des Bundeseisenbahnvermögens, soweit sie Mitglieder der Postbeamtenkrankenkasse oder der Krankenversorgung der Bundesbahnbeamten sind.

4. Befreiung von der Versicherungspflicht

a) Freiwillige Mitglieder gesetzlicher Krankenkassen

2245 Freiwillige Mitglieder der gesetzlichen Krankenkassen können sich von der Versicherungspflicht in der sozialen Pflegeversicherung befreien lassen, wenn sie einen gleichwertigen privaten Pflegeversicherungsschutz nachweisen. Dieser Nachweis ist auch für die Angehörigen zu führen, wenn diese ansonsten im Rahmen der Familienversicherung Leistungen beanspruchen könnten. Die Leistungen aus der privaten Pflegeversicherung müssen in Art und Umfang denen der sozialen Pflegeversicherung entsprechen.

b) Beihilfeberechtigte

2246 Personen, die im Falle der Pflegebedürftigkeit Beihilfeleistungen erhalten (z.B. Beamte), sind **zum Abschluss einer entsprechenden anteiligen Versicherung verpflichtet**, mit der die durch die Beihilfeleistungen nicht gedeckten Aufwendungen ergänzt werden (Restkostenversicherung). Beihilfeleistungen und Versicherungsleistungen müssen zusammen den Leistungen der sozialen Pflegeversicherung entsprechen und ggf. auch die Leistungsansprüche für Familienangehörige in dem Umfang einschließen, wie die soziale Pflegeversicherung sie im Rahmen der Familienversicherung vorsieht.

c) Antragstellung

2247 Der Antrag auf Befreiung von der Versicherungspflicht in der sozialen Pflegeversicherung kann nur **innerhalb von drei Monaten nach Beginn der Versicherungspflicht** gestellt werden. Fällt der letzte Tag dieser Antragsfrist auf einen Samstag, Sonntag oder arbeitsfreien Feiertag, verlängert sich die Frist auf den nächstfolgenden Werktag.

Beispiel:

Beginn der Beschäftigung und Eintritt der Versicherungspflicht:	1.2.2000
Ende der Versicherungspflicht wegen Überschreitens der Jahresarbeitsentgeltgrenze:	31.12.2015
Weiterversicherung als freiwilliges Mitglied in der gesetzlichen Krankenversicherung zum:	1.1.2016
Beginn der Antragsfrist:	1.1.2016
Ende der Antragsfrist:	31.3.2016

Die Befreiung wirkt vom Beginn der Versicherungspflicht an, wenn seit diesem Zeitpunkt keine Leistungen in Anspruch genommen wurden, ansonsten vom Beginn des Kalendermonats an, der auf die Antragstellung folgt.

Eine einmal ausgesprochene **Befreiung** von der sozialen Pflegeversicherung **kann nicht widerrufen werden**. Die Befreiung gilt für die Dauer der freiwilligen Mitgliedschaft in der gesetzlichen Krankenversicherung. Die Befreiung verliert ihre Wirkung, wenn auf Grund anderer Vorschriften wiederum Versicherungspflicht in der sozialen Pflegeversicherung oder Familienversicherung einsetzt. Ohne Wirkung bleibt ein **Arbeitgeberwechsel**, wenn die freiwillige Krankenversicherung nahtlos fortbesteht. Dies gilt auch dann, wenn mit dem Arbeitgeberwechsel verbunden eine neue Krankenkasse gewählt wird.

Der Antrag auf Befreiung ist bei der Pflegekasse zu stellen, die bei der Krankenkasse errichtet ist, die die freiwillige Mitgliedschaft durchführt.

d) Zukunftsverpflichtung

2248 Für Personen, die wegen des Abschlusses eines privaten Versicherungsvertrags von der sozialen Pflegeversicherung befreit sind, besteht die in die Zukunft wirkende Verpflichtung, den privaten Versicherungsschutz für die Dauer der Befreiung und im erforderlichen Umfang aufrechtzuerhalten. Diese Verpflichtung überwachen die privaten Versicherungsunternehmen; ggf. wird das Bundesversicherungsamt informiert. Wer vorsätzlich oder leichtfertig dieser Verpflichtung zur Aufrechterhaltung seines Versicherungsvertrags nicht nachkommt, handelt ordnungswidrig.

e) Weiterversicherung

2249 Wie in der gesetzlichen Krankenversicherung haben Personen,

- die **aus der Versicherungspflicht ausscheiden** oder
- deren **Familienversicherung erlischt**,

die Möglichkeit, die soziale Pflegeversicherung auf Antrag freiwillig fortzusetzen, vorausgesetzt, es tritt keine Versicherungspflicht bei einem privaten Krankenversicherungsunternehmen ein und eine Vorversicherungszeit wird nachgewiesen.

Gefordert wird, dass entweder

- in den letzten fünf Jahren vor dem Ausscheiden mindestens 24 Monate oder
- unmittelbar vor dem Ausscheiden mindestens zwölf Monate

ein Versicherungsverhältnis in der sozialen Pflegeversicherung bestanden hat.

Als **Vorversicherungszeiten** werden angerechnet Zeiten der Versicherungspflicht, der Weiterversicherung sowie der Familienversicherung in der sozialen Pflegeversicherung. Reichen die für die Feststellung der Vorversicherungszeiten zu berücksichtigenden Zeiträume bis zur Zeit vor Inkrafttreten des Pflegeversicherungs-Gesetzes nicht, können – fiktiv – Zeiten berücksichtigt werden, wenn die Pflegeversicherung seinerzeit schon bestanden hätte.

Keine Vorversicherungszeit wird gefordert für Personen, die aus der Familienhilfe ausscheiden oder für Neugeborene, deren Familienversicherung wegen der Höhe der Einkünfte des Mitglieds nicht zu Stande kommt.

Für den **Antrag** auf Weiterversicherung gilt eine **Frist von drei Monaten**.

Das Recht der Weiterversicherung steht auch Personen zu, die wegen **Verlegung ihres Wohnsitzes** oder gewöhnlichen Aufenthalts **ins Ausland** aus der Versicherungspflicht ausscheiden. Nach der BT-Drucks. 12/5262 soll das Recht der Weiterversicherung auch **Grenzgängern** eingeräumt werden, die im Ausland wohnen, in Deutschland aber beschäftigt sind, wenn ihre Versicherungspflicht bei Aufgabe der Beschäftigung in Deutschland endet. Die Weiterversicherung umfasst auch die versicherten **Familienangehörigen**, die gemeinsam **mit dem Mitglied** ihren Wohnsitz oder gewöhnlichen Aufenthaltsort **ins Ausland** verlegen. Verbleibt der Familienangehörige im Inland, endet die Familienversicherung mit dem Tag, an dem das Mitglied seinen Wohnsitz oder gewöhnlichen Aufenthalt ins Ausland verlegt.

Ein **Antrag** auf Weiterversicherung ist hier **innerhalb eines Monats** zu stellen.

5. Meldungen

a) Versicherte einer Krankenkasse

2250 Die Meldung zur gesetzlichen Krankenversicherung schließt die Meldung zur sozialen Pflegeversicherung ein. Die Versicherungspflicht/-freiheit in der Pflegeversicherung ist durch die vierte Stelle in dem Beitragsgruppenschlüssel besonders zu kennzeichnen. Bei freiwilligen Mitgliedern einer Krankenkasse gilt die Beitrittserklärung zur Krankenversicherung auch als Meldung zur Pflegeversicherung (→ *Meldungen für Arbeitnehmer in der Sozialversicherung* Rz. 1989).

b) Sonstige Versicherte

2251 Für die sonstigen Versicherten (→ Rz. 2242) haben die leistungsgewährenden, betreuenden Stellen die Meldung zur Pflegeversicherung zu erstatten.

6. Beiträge

2252 Das Beitragsrecht zur sozialen Pflegeversicherung entspricht grundsätzlich dem der Krankenversicherung. Beiträge zur sozialen Pflegeversicherung werden von dem Bemessungsentgelt erhoben, von dem auch die Beiträge zur Krankenversicherung berechnet werden. Dies schließt auch die Beitragsbemessungsgrenze in der Krankenversicherung als Obergrenze ein. Für 2016 beträgt die Beitragsbemessungsgrenze bundeseinheitlich:

Zeitraum	
Jahr	50 850,— €
Monat	4 237,50 €
Woche	988,75 €
Kalendertag	141,25 €

Bei freiwillig Versicherten werden die Einnahmen zum Lebensunterhalt als Bemessungsgrundlage herangezogen, Beiträge werden jedoch mindestens in Höhe der auch für die Krankenversicherung geltenden Untergrenze von 968,33 € erhoben. Für freiwillig versicherte selbständig Tätige sind Beiträge aus den Einnahmen bis zur Beitragsbemessungsgrenze, mindestens aber nach dem 40. Teil der Bezugsgröße (2 178,75 €) zu zahlen.

a) Beitragssatz

2253 Der Beitragssatz zur Pflegeversicherung beträgt 2,35 %. Hiervon haben der Arbeitgeber und der Arbeitnehmer jeweils 1,175 % zu tragen. In Sachsen trägt der Arbeitnehmer 1,675 % und der Arbeitgeber 0,675 %. Für Kinderlose ergibt sich seit 1.1.2005 ein Beitragszuschlag i.H.v. 0,25 %. Somit beträgt der Beitragssatz 2,6 %, wobei vom Arbeitgeber unverändert 1,175 % und vom Arbeitnehmer 1,425 % getragen werden. In Sachsen bedeutet dies, dass der Arbeitnehmer 1,925 % und der Arbeitgeber 0,675 % trägt.

Die Erhöhung des Beitragsanteils für kinderlose Mitglieder gilt ab Vollendung des 23. Lebensjahrs. Kinderlose Mitglieder, die vor dem 1.1.1940 geboren sind, sind von der Zuschlagspflicht ausgenommen.

Die Elterneigenschaft muss bei der beitragsabführenden Stelle (z.B. Arbeitgeber) oder bei der Pflegekasse nachgewiesen werden. Auf den Nachweis kann verzichtet werden, wenn z.B. in den Lohnsteuerabzugsmerkmalen des Arbeitnehmers Kinder berücksichtigt sind oder bei der Pflegekasse eine Familienversicherung für ein Kind besteht. Bei Vorlage eines entsprechenden Nachweises innerhalb von drei Monaten nach der Geburt eines Kinds gilt der Nachweis rückwirkend ab Beginn des Monats der Geburt.

Als Nachweis können Geburtsurkunde, Abstammungsurkunde, Auszug aus dem Familienbuch oder die steuerliche Lebensbescheinigung des Einwohnermeldeamts berücksichtigt werden.

Befreit von dem Zuschlag sind nicht nur leibliche Eltern, sondern auch Pflege-, Adoptiv- und Stiefeltern minderjähriger Kinder. Adoptiv- bzw. Stiefeltern zahlen nur dann keinen Zuschlag, wenn die Kinder z.B. bei Adoptionen, entsprechende Altersgrenzen noch nicht erreicht haben.

Die nachstehenden Tabellen sollen die Systematik verdeutlichen:

Elterngemeinschaft und Beitragszuschlag	
Stellung der Eltern	**Weitere Bedingung**
Leibliche Eltern	Keine
Stiefeltern	Häusliche Gemeinschaft mit dem Kind vor Überschreiten der Altersgrenzen
Adoptiveltern	Wirksamwerden der Adoption vor Überschreiten der Altersgrenzen
Pflegeeltern	Keine. Pflegeeltern erbringen Betreuungs- und Erziehungsleistungen unabhängig vom Alter des Pflegekindes

Altersgrenzen für die Berücksichtigung von Adoptiv- und Stiefkindern	
Altersgrenze	**Bedingung**
Vollendung des 18. Lebensjahrs	Regelfall
Vollendung des 23. Lebensjahrs	Kind ist nicht erwerbstätig
Vollendung des 25. Lebensjahrs (Verlängerung um die Zeit, um die sich die Schul- oder Berufsausbildung durch den gesetzlichen Wehr- oder Zivildienst verzögert)	Kind befindet sich in Schul- oder Berufsausbildung, leistet einen Freiwilligendienst (früher freiwilliges soziales bzw. ökologisches Jahr)
Keine	Kind ist wegen körperlicher, geistiger oder seelischer Behinderung außerstande, sich selbst zu unterhalten

Personen, die nach beamtenrechtlichen Vorschriften oder Grundsätzen bei Krankheit und Pflegebedürftigkeit Anspruch auf Beihilfe oder Heilfürsorge haben, zahlen infolge der Halbierung ihrer Leistungsansprüche nur den halben Beitragssatz. Zu diesem Personenkreis gehören insbesondere:

– die Beamten, Richter, Soldaten auf Zeit sowie Berufssoldaten,
– sonstige Beschäftigte des Bundes, der Länder, eines Gemeindeverbands, einer Gemeinde,
– Beschäftigte von öffentlich-rechtlichen Körperschaften, Anstalten und Stiftungen oder Verbänden öffentlich-rechtlicher Körperschaften oder deren Spitzenverbänden,
– Geistliche der als öffentlich-rechtliche Körperschaften anerkannten Religionsgemeinschaften,
– Pensionäre sowie
– Soldaten auf Zeit.

Der „halbe" Beitragssatz ist auch anzuwenden bei:

– beschäftigten Beamtenwitwen/-witwern,
– Vollwaisen von Beamten sowie
– versicherungspflichtigen Rentnern, wenn sie nach beamtenrechtlichen Vorschriften oder Grundsätzen bei Krankheit und Pflege einen **eigenen Anspruch** auf Beihilfe haben.

Dies gilt entsprechend auch für die versicherungspflichtigen Altenteiler und Bezieher von Produktionsaufgaberente oder Ausgleichsgeld.

Die nachstehende Tabelle soll die Beitragsverteilung in der Pflegeversicherung verdeutlichen:

Beitragsverteilung in der Pflegeversicherung				
Personenkreis	**Beitragssatz**	**Beitragszuschlag**	**Arbeitnehmeranteil**	**Arbeitgeberanteil**
Mitglieder ohne Kind	2,35 %	0,25 %	1,425 %	1,175 %
Mitglieder ohne Kind mit Beihilfe/Heilfürsorge*)	1,175 %	0,25 %	1,425 %	entfällt
Mitglieder mit Kind	2,35 %	entfällt	1,175 %	1,175 %
Mitglieder mit Kind mit Beihilfe/Heilfürsorge*)	1,175 %	entfällt	1,175 %	entfällt
Sachsen				
Mitglieder ohne Kind	2,35 %	0,25 %	1,925 %	0,675 %

Pflegeversicherung

keine Sozialversicherungspflicht = (SV̶)
Sozialversicherungspflicht = (SV)

Beitragsverteilung in der Pflegeversicherung

Personenkreis	Beitragssatz	Beitragszuschlag	Arbeitnehmeranteil	Arbeitgeberanteil
Mitglieder ohne Kind mit Beihilfe/Heilfürsorge*)	1,175 %	0,25 %	1,425 %	entfällt
Mitglieder mit Kind	2,35 %	entfällt	1,675 %	0,675 %
Mitglieder mit Kind mit Beihilfe/Heilfürsorge*)	1,175 %	entfällt	1,175 %	entfällt

*) Diese Regelung gilt für gesetzlich pflegeversicherte Beamte.

b) Beitragsfreiheit

aa) Beitragsfreiheit kraft Gesetzes

2254 In weitgehender Anlehnung an das Recht der Krankenversicherung besteht Beitragsfreiheit in der sozialen Pflegeversicherung bei

- Familienangehörigen für die Dauer der Familienversicherung,
- Rentenantragstellern vom Zeitpunkt der Rentenantragstellung bis zum Beginn der Rente einschließlich einer Rente nach dem Gesetz über die Alterssicherung der Landwirte für
  - den hinterbliebenen Ehegatten eines Rentners, der bereits Rente bezogen hat, wenn Hinterbliebenenrente beantragt wird,
  - die Waise eines Rentners, der bereits Rente bezogen hat, vor Vollendung des 18. Lebensjahrs; dies gilt auch für Waisen, deren verstorbener Elternteil eine Rente nach dem Gesetz über die Alterssicherung der Landwirte bezogen hat,
  - den hinterbliebenen Ehegatten eines Rentenbeziehers nach dem Gesetz über die Alterssicherung der Landwirte, wenn die Ehe vor Vollendung des 65. Lebensjahrs des Verstorbenen geschlossen wurde,
  - den hinterbliebenen Ehegatten eines Beziehers von Landabgabenrente.

Die Beitragsfreiheit tritt nicht ein, wenn der Rentenantragsteller eine eigene Rente, Arbeitsentgelt, Arbeitseinkommen oder Versorgungsbezüge erhält.

Beitragsfrei sind **auch** Versicherte für die Dauer des Bezugs von Mutterschaftsgeld oder Elterngeld. Dabei erstreckt sich die Beitragsfreiheit jedoch nur für die beiden genannten Leistungen, nicht aber auf sonstige Bezüge wie Arbeitsentgelt, sonstige Renten oder Versorgungsbezüge. Bei Krankengeldbezug sind vom Zahlbetrag des Krankengelds gleichfalls Beiträge zu entrichten.

bb) Beitragsfreiheit auf Antrag

2255 In der sozialen Pflegeversicherung tritt Beitragsfreiheit auf Antrag ein, wenn

- sich das Mitglied auf nicht absehbare Dauer in stationärer Pflege befindet,
- keine Familienangehörigen in die Familienversicherung einbezogen sind und
- eine der folgenden Entschädigungsleistungen bezogen wird:
  - Leistungen nach § 34 BeamtVG, die ein Beamter, Richter oder Soldat erhält, der auf Grund eines Dienstunfalls pflegebedürftig ist, oder
  - Leistungen der Anstaltspflege, die der Unfallversicherungsträger nach Eintritt eines Arbeitsunfalls erbringt, oder
  - Leistungen der stationären Pflege nach dem Bundesversorgungsgesetz in Form der Übernahme der Kosten für Unterkunft, Verpflegung und Betreuung einschließlich der notwendigen Pflege unter Anrechnung der Versorgungsbezüge.

Gleiches gilt bei Bezug entsprechender Leistungen nach den Gesetzen, die eine Anwendung des Bundesversorgungsgesetzes vorsehen.

Die Beitragsfreiheit kann unter Beifügung geeigneter Nachweise formlos auch rückwirkend beantragt werden.

7. Beitragszuschuss

2256 Freiwillig krankenversicherte Arbeitnehmer, die in der Pflegeversicherung kraft Gesetzes pflichtversichert sind oder bei einem privaten Krankenversicherungsunternehmen versicherte Arbeitnehmer, die nach den Vorschriften des Pflegeversicherungsgesetzes verpflichtet sind, eine private Pflegeversicherung abzuschließen, erhalten von ihrem Arbeitgeber nach § 61 Abs. 1 Satz 1 SGB XI einen Zuschuss zu ihrem Pflegeversicherungsbeitrag; weitere Einzelheiten → *Beitragszuschuss zur Pflegeversicherung* Rz. 613.

8. Beitragserstattung

2257 Zu Unrecht entrichtete Beiträge zur Pflegeversicherung sind grundsätzlich zu erstatten. Für die Erstattung dieser Pflegeversicherungsbeiträge ist die Pflegekasse zuständig. Zu weiteren Einzelheiten → *Beitragserstattung* Rz. 587.

9. Soziale Sicherung der Pflegepersonen

2258 **Pflegebedürftig** ist, wer wenigstens Leistungen der Pflegeversicherung nach Stufe I bezieht.

Pflegeperson ist, wer

- einen Pflegebedürftigen nicht erwerbsmäßig pflegt,
- die Pflege in der häuslichen Umgebung leistet und
- wenigstens 14 Stunden wöchentlich Pflege leistet.

Wird die Pflegetätigkeit von Angehörigen, Verwandten, Freunden oder Nachbarn übernommen, besteht, ungeachtet der Höhe einer finanziellen Anerkennung oder Zuwendung, die der Pflegebedürftige an die Pflegeperson leistet, die widerlegbare Vermutung einer nicht erwerbsmäßigen Pflegetätigkeit. Dies gilt auch, wenn die Pflegetätigkeit von anderen Personen übernommen wird und die Zuwendung nicht den Betrag des nach der Pflegebedürftigkeit bemessenen Pflegegelds übersteigt. Dies sind in der

Pflegestufe I	244 € mtl.
Pflegestufe II	458 € mtl.
Pflegestufe III	728 € mtl.

Die genannten Beträge bezeichnen **keine absoluten Grenzwerte**. Werden sie im Einzelfall überschritten, ist zu prüfen, ob dennoch die Pflegetätigkeit nicht erwerbsmäßig ausgeübt wird.

Die o.a. Werte gelten auch dann, wenn der Pflegebedürftige statt des Pflegegelds die Kombinationsleistung oder die Pflegesachleistung gewählt hat.

Soweit mehrere Pflegepersonen einen Pflegebedürftigen betreuen, ist das dem Umfang der jeweiligen Pflegetätigkeit entsprechende Pflegegeld anteilig zu berücksichtigen.

a) Kurzzeitige Arbeitsverhinderung

2259 Wird ein naher Angehöriger zum Pflegefall, dürfen Arbeitnehmer bis zu zehn Arbeitstage ihrer Arbeit fernbleiben. Diese Zeit dient in erster Linie dazu, die Pflege zu organisieren. Die kurzzeitige Arbeitsverhinderung muss nicht separat beantragt werden. Es reicht aus, wenn der Arbeitgeber umgehend über den Umstand informiert wird. Auf Wunsch des Arbeitgebers wird der behandelnde Arzt bescheinigen, dass der Angehörige tatsächlich pflegebedürftig ist und daher kurzfristig eine Arbeitsbefreiung erforderlich ist. Während der kurzzeitigen Arbeitsverhinderung erhält der Arbeitnehmer grundsätzlich keinen Lohn. Der Arbeitnehmer hat nur dann einen Anspruch auf Weitergewährung seines Arbeitsentgelts, wenn der Arbeitgeber arbeitsrechtlich dazu verpflichtet ist, beispielsweise auf Grund einer Betriebsvereinbarung oder einer Klausel im Arbeits- oder Tarifvertrag.

Seit dem 1.1.2015 haben Beschäftigte, die auf Grund der kurzzeitigen Arbeitsverhinderung keinen Anspruch auf Entgeltfortzahlung haben, Anspruch auf ein Pflegeunterstützungsgeld. Dieses wird durch die Pflegekasse des Pflegebedürftigen bzw. durch die private Pflegekasse gezahlt. Die Höhe des Pflegeunterstützungsgeldes entspricht den Leistungen des Kinderpflegekrankengeldes.

Während der kurzzeitigen Arbeitsbefreiung von bis zu zehn Tagen bleibt der Arbeitnehmer kranken-, pflege-, renten- und arbeitslosenversicherungspflichtig. Wird kein Arbeitsentgelt gezahlt, ist dieser Zeitraum sozialversicherungsrechtlich wie unbezahlter Urlaub zu bewerten, d. h. die Versicherungspflicht und damit auch Beitragspflicht bleiben bestehen. Besondere Meldungen sind nicht erforderlich. Sofern im unmittelbaren Anschluss an die kurzzeitige Arbeitsverhinderung unbezahlter Urlaub genommen wird, werden die kurzzeitige Arbeitsverhinderung und die Zeit des unbezahlten Urlaubs für die Ermittlung der Monatsfrist addiert. Dies kann dazu führen, dass der Arbeitgeber – bei Überschreitung der Monatsfrist – eine Abmeldung mit dem Tag des Ablaufs der Monatsfrist erstellen muss.

b) Pflegezeit

2260 Um sich längere Zeit selbst der Pflege von nahen Angehörigen in häuslicher Umgebung widmen zu können, dürfen Arbeitnehmer bis zu sechs Monate in Pflegezeit gehen. Sie haben einen arbeitsrechtlichen Anspruch auf teilweise oder vollständige unbezahlte Freistellung von der Arbeit. Im Gegensatz zur kurzzeitigen Arbeitsverhinderung besteht dieser Anspruch grundsätzlich nur in Unternehmen, die regelmäßig mehr als 15 Arbeitnehmer beschäftigen. Betriebe mit 15 oder weniger Arbeitnehmern können die Pflegezeit freiwillig anbieten. Anders als bei der kurzzeitigen Arbeitsverhinderung endet die Versicherungspflicht des Arbeitnehmers mit dem Tag vor Beginn der Pflegezeit. Der Arbeitnehmer ist mit Abgabegrund „30" abzumelden. Mit dem Tag, an dem die Beschäftigung wieder aufgenommen wird, ist er mit Abgabegrund „10" wieder anzumelden. Das versicherungspflichtige Beschäftigungsverhältnis besteht selbst dann nicht fort, wenn der Arbeitnehmer auch während der Pflegezeit z.B. vermögenswirksame Leistungen erhält.

Wird die Arbeitszeit nur reduziert und ein Arbeitsentgelt bis 450 € (Mini-Job) erzielt, sind die Ummeldungen zur Minijob-Zentrale zu tätigen und der Arbeitgeber muss pauschale Beiträge abführen.

Reduzieren versicherungsfreie Arbeitnehmer ihre Arbeitszeit, so dass sie mit ihrem regelmäßigen Arbeitsentgelt unterhalb der Jahresarbeitsentgeltgrenze liegen, werden sie versicherungspflichtig. In diesem Fall muss der Arbeitgeber eine Ummeldung vornehmen. Von dieser Krankenversicherungspflicht können sich privat krankenversicherte Pflegepersonen auf ihren Antrag hin befreien lassen und so ihren bisherigen Versicherungsschutz beibehalten. Diese Befreiung gilt nur für die Dauer der Pflegezeit.

Bei Eintritt von Krankenversicherungspflicht besteht diese auch über das Ende der Pflegezeit hinaus, mindestens bis zum Ablauf des Kalenderjahres.

Will der Beschäftigte die Pflegezeit beanspruchen, muss er dies spätestens zehn Arbeitstage vor Beginn schriftlich gegenüber dem Arbeitgeber ankündigen und gleichzeitig erklären, für welchen Zeitraum und in welchem Umfang die Freistellung von der Arbeitsleistung in Anspruch genommen werden soll. Die Inanspruchnahme der Pflegezeit bedarf nicht der Zustimmung des Arbeitgebers.

Die Pflegezeit kann grundsätzlich nicht einseitig beendet werden. Sie endet allerdings, wenn der nahe Angehörige nicht mehr pflegebedürftig oder dem Beschäftigten die häusliche Pflege des nahen Angehörigen unmöglich (z.B. Tod des Angehörigen) oder unzumutbar ist und zwar vier Wochen nach Eintritt der veränderten Umstände.

Die Pflegezeit kann für jeden pflegebedürftigen nahen Angehörigen für längstens sechs Monate in Anspruch genommen werden. Jeder weitere nahe Angehörige, der zu einem Pflegefall wird, löst einen erneuten Anspruch aus.

Seit 1.1.2015 haben Beschäftigte für die Pflegezeit, die Familienpflegezeit (→ Rz. 2264), die Betreuung minderjähriger pflegebedürftiger Angehöriger und für die Sterbebegleitung gegen das Bundesamt für Familie und zivilgesellschaftliche Aufgaben einen Anspruch auf Gewährung eines in monatlichen Raten zu zahlenden zinslosen Darlehens.

Die Betreuung eines minderjährigen pflegebedürftigen nahen Angehörigen und die Sterbebegleitung eines nahen Angehörigen für maximal drei Monate sind Leistungen, die ebenfalls ab 1.1.2015 in den Leistungskatalog aufgenommen wurden.

aa) Kranken- und Pflegeversicherung während der Pflegezeit

2261 Pflegepersonen, die nicht oder nur noch als geringfügig Beschäftigte erwerbstätig sind, werden in aller Regel über ihren Ehe- bzw. Lebenspartner kostenlos in der Kranken- und Pflegeversicherung familienversichert. Voraussetzung hierfür ist, dass die eigenen Einkünfte nicht die Einkommensgrenze von 405 € (beim Mini-Job 450 €) übersteigen.

Pflegepersonen, die nicht familienversichert werden, können sich grundsätzlich freiwillig versichern oder unterliegen der Versicherungspflicht für nicht versicherte Personen. Die Pflegekasse gewährt einen Zuschuss zu den Kranken- und Pflegeversicherungsbeiträgen.

bb) Rentenversicherung während der Pflegezeit

2262 Während der Pflegezeit besteht Rentenversicherungspflicht, da der Pflegebedürftige mindestens 14 Stunden in der Woche gepflegt wird. Die Beiträge zur Rentenversicherung werden von der Pflegekasse aufgebracht. Dies gilt auch, wenn die Pflege vorübergehend unterbrochen wird, etwa weil sich der Pflegebedürftige im Krankenhaus (max. vier Wochen) befindet oder im Ausland aufhält (max. sechs Wochen).

cc) Arbeitslosenversicherung während der Pflegezeit

2263 In der Arbeitslosenversicherung liegt während der Pflegezeit Versicherungspflicht vor. Voraussetzung hierfür ist, dass die Pflegeperson unmittelbar vor der Pflegezeit arbeitslosenversicherungspflichtig war. Die Beiträge werden von der Pflegekasse allein getragen.

c) Familienpflegezeit

2264 Im Rahmen der Familienpflegezeit werden folgende Möglichkeiten eröffnet:

– Bis zu 2 Jahre einen Angehörigen in häuslicher Umgebung zu pflegen.
– Während dieser Zeit im Beruf bei reduzierter Stundenzahl weiterzuarbeiten.
– Durch eine staatliches zinsloses Darlehen die finanzielle Lebensgrundlage zu erhalten.

Seit 1.1.2015 hat der Beschäftigte für die Familienpflegezeit gegen das Bundesamt für Familie und zivilgesellschaftliche Aufgaben einen Anspruch auf Gewährung eines in monatlichen Raten zu zahlendes zinslosen Darlehens.

Der Beschäftigte hat seit 1.1.2015 einen Rechtsanspruch auf Familienpflegezeit, wenn er in einem Betrieb mit mehr als 25 Beschäftigten tätig ist. Auszubildende zählen dabei nicht mit.

Hinweis: Die Pflegezeit und die Familienpflegezeit können kombiniert werden, wobei sie unmittelbar aneinander anschließen müssen und gemeinsam 24 Monate nicht überschreiten dürfen.

aa) Kranken- und Pflegeversicherung während der Familienpflegezeit

2265 Ein vor Beginn der Familienpflegezeit bestehendes versicherungspflichtiges Beschäftigungsverhältnis bleibt in der Familienpflegezeit bestehen. War der Beschäftigte wegen Überschreitens der Jahresarbeitsentgeltgrenze versicherungsfrei in der gesetzlichen Krankenversicherung, tritt nach den allgemeinen Grundsätzen Versicherungspflicht ein. Soweit diese Mitglieder vor Inanspruchnahme in der gesetzlichen Krankenversicherung freiwillig versichert waren, ist dies im Ergebnis ohne praktische Konsequenzen. Der bisherige Zuschuss wird durch den Arbeitgeberanteil am Gesamtsozialversicherungsbeitrag ersetzt. Bestand vorher eine private Krankenversicherung, kann man sich auf Antrag von der Versicherungspflicht befreien lassen. Der Antrag auf Befreiung ist innerhalb von drei Monaten nach Beginn der Versicherungspflicht zu stellen.

Sozialversicherungsfreiheit wegen Geringfügigkeit der Beschäftigung kann nicht eintreten, da das monatliche Arbeitsentgelt während der Familienpflegezeit 450 € übersteigen muss.

Die vorgenannten Regelungen gelten auch für die Pflegeversicherung.

bb) Rentenversicherung während der Familienpflegezeit

2266 Die Rentenversicherungspflicht bleibt während der Familienpflegezeit erhalten. Es kann sogar eine Mehrfachversicherung eintreten, wenn der Arbeitnehmer gleichzeitig die Voraussetzung der Versicherungspflicht als Pflegeperson erfüllt.

cc) Arbeitslosenversicherung während der Familienpflegezeit

2267 Die Arbeitslosenversicherungspflicht bleibt ebenfalls erhalten.

Pflegeversicherung

keine Sozialversicherungspflicht = Ⓢ⃝V
Sozialversicherungspflicht = ⓈⓋ

d) Rentenversicherung außerhalb der Pflegezeit

2268 Die Rentenversicherungspflicht (ohne Pflegezeit) **beginnt** grundsätzlich mit dem Tag, an dem der Pflegebedürftige Leistungen nach dem Pflegebedürftigkeits-Gesetz beantragt, frühestens jedoch zu dem Zeitpunkt, zu dem die Voraussetzungen für die Versicherungspflicht vorliegen. Wird der Antrag später als einen Monat nach Eintritt der Pflegebedürftigkeit gestellt, beginnt die Versicherungspflicht frühestens mit Beginn des Monats der Antragstellung. Der Eintritt der Versicherungspflicht löst gleichzeitig auch die **Beitragszahlpflicht der Pflegekasse** aus. Für die Durchführung der Versicherungspflicht benötigt die Pflegekasse die persönlichen Daten des Pflegenden.

Die **Voraussetzungen für den Eintritt der Versicherungspflicht** sind im Einzelnen:

- die Pflege eines oder mehrerer Pflegebedürftigen,
- die nicht erwerbsmäßige Pflege,
- der Umfang der Pflegetätigkeit von wöchentlich insgesamt regelmäßig 14 Stunden,
- die Pflege in der häuslichen Umgebung und
- der Anspruch des/der Pflegebedürftigen auf Leistungen aus der sozialen oder privaten Pflegeversicherung. Dabei kommen als Leistungen das Pflegegeld, die Kombinationsleistung und die Tages- und Nachtpflege in Betracht. Auch bei Gewährung von Pflegesachleistungen insbesondere bei den Stufen II und III kann zusätzlicher Pflegebedarf durch nicht erwerbsmäßige Pflegetätigkeit bestehen.

Teilen sich mehrere Personen die Pflegetätigkeit, werden sie jeweils für sich selbst in der Rentenversicherung versichert, wenn jede Person die Voraussetzungen erfüllt (z.B. 14 Stunden Pflegetätigkeit).

Die Versicherungspflicht in der Rentenversicherung für Pflegende ist **nicht dadurch ausgeschlossen**, dass Versicherungspflicht auch noch nach anderen Vorschriften besteht, z.B. auf Grund einer Beschäftigung, so dass zeitgleiche Mehrfachversicherungen möglich sind. Nicht erwerbsmäßig Pflegende sind jedoch nur dann in die Rentenversicherung einbezogen, wenn sie daneben regelmäßig nicht mehr als 30 Stunden wöchentlich beschäftigt oder selbständig tätig sind.

Nicht erwerbsmäßig tätige Pflegepersonen bleiben in der Rentenversicherung dann versicherungsfrei, wenn sie nach sonstigen, allgemeinen Voraussetzungen nicht in der Rentenversicherung versichert sind. Das gilt insbesondere, wenn sie

- eine Vollrente wegen Alters beziehen,
- nach beamtenrechtlichen Vorschriften oder Grundsätzen oder entsprechenden kirchenrechtlichen Regeln oder nach den Regeln berufsständischer Versorgungseinrichtungen eine Versorgung wegen Erreichens der Altersgrenze beziehen oder die in der Gemeinschaft übliche Versorgung im Alter erhalten oder
- bis zur Vollendung des 65. Lebensjahrs nicht versichert waren oder nach Vollendung des 65. Lebensjahrs eine Beitragserstattung aus ihrer Versicherung erhalten haben.

Personen, die auf ihren Antrag hin **von der Versicherungspflicht** in der Rentenversicherung **befreit** worden sind (§ 6 SGB VI), unterliegen gleichwohl der Versicherungspflicht auf Grund einer nicht erwerbsmäßigen Pflegetätigkeit, wenn die übrigen Voraussetzungen gegeben sind. Dies gilt auch für selbständig Tätige, die am 31.12.1991 in den neuen Bundesländern auf Grund eines Versicherungsvertrags von der Rentenversicherung befreit waren.

Gleiches gilt für

- Angestellte, die im Zusammenhang mit der Erhöhung oder dem Wegfall des Jahresarbeitsentgeltgrenze,
- Handwerker,
- Empfänger von Versorgungsbezügen,

die von der Rentenversicherung befreit waren. Durch eine nicht erwerbsmäßige Pflegetätigkeit erwerben sie Versicherungspflichtzeiten in der Rentenversicherung.

Die **Versicherungspflicht endet**, wenn eine der o.a. Voraussetzungen entfällt. Auch die Unterbrechung der Pflegetätigkeit (z.B. durch Urlaub oder Erkrankung des Pflegenden) beendet zunächst die Versicherungspflicht. Dies gilt jedoch dann nicht, wenn die Unterbrechung durch eine stationäre Krankenhausbehandlung oder Rehabilitationsmaßnahme des Pflegebedürftigen begründet ist und das Pflegegeld weitergezahlt wird.

e) Zuständiger Rentenversicherungsträger

2269 Durchgeführt wird die Versicherung von dem Rentenversicherungsträger, bei dem die Pflegeperson

- zuletzt versichert war oder
- derzeit versichert ist.

Sind vor Beginn der Versicherungspflicht auf Grund einer nicht erwerbsmäßigen Pflegetätigkeit keine Beiträge zur gesetzlichen Rentenversicherung entrichtet worden, ist die Deutschen Rentenversicherung Bund zuständig, es sei denn, es wird ein Träger der Rentenversicherung der Arbeiter gewählt. Dieses Wahlrecht besteht nur einmal.

f) Beiträge

2270 Die beitragspflichtige Bemessungsgrundlage (Ausgangswert) bestimmt sich bei Pflegepersonen nach dem pflegerischen Aufwand. Dabei wird nicht nur auf die jeweilige Stufe der Pflegebedürftigkeit abgestellt, sondern zusätzlich innerhalb der Stufen nach dem zeitlichen Aufwand differenziert. Damit wird der unterschiedlichen Belastung der Pflegenden Rechnung getragen.

Der Ausgangswert für die Berechnung der Beiträge wird in Prozentsätzen der Bezugsgröße festgesetzt. Dabei ist der Ort, an dem die Pflegetätigkeit geleistet wird, entscheidend für die Bestimmung der Bezugsgröße nach dem Rechtskreis Ost oder West. Der Wohnort des Pflegenden ist hierbei ohne Bedeutung.

Die nachfolgende **Tabelle** gibt einen **Überblick** über die Ausgangswerte und die Differenzierungen nach dem jeweiligen Pflegebedarf:

| Bezugsgröße | West | 2016 | = 2 905,— € mtl. |
| Bezugsgröße | Ost | 2016 | = 2 520,— € mtl. |

Pflegestufe	ergibt Bemessungsgrundlage (2016 in €)		Ausgangswert in % der Bezugsgröße	vom 1.1.–31.12.2016	
	West	Ost		West	Ost
I	14 Std.	774,67	672,—	26,6667	144,86	125,66
II	14 Std. 21 Std.	1 032,89 1 549,33	896,— 1 344,—	35,5555 53,3333	193,15 289,73	167,55 251,33
III	14 Std. 21 Std. 28 Std.	1 162,— 1 743,— 2 324,—	1 008,— 1 512,— 1 016,—	40 60 80	217,29 325,94 434,59	188,50 282,74 376,99

Die Beiträge werden ohne Beteiligung des Versicherten von der Pflegekasse alleine getragen.

g) Arbeitslosenversicherung außerhalb der Pflegezeit

2271 Seit 1.2.2006 können Pflegepersonen, die eine zu pflegende Person der Pflegestufen I bis III wenigstens 14 Stunden wöchentlich betreuen, eine freiwillige Weiterversicherung in der Arbeitslosenversicherung beantragen (§ 28a Abs. 1 Nr. 1 SGB III).

Voraussetzung ist, dass die Pflegeperson innerhalb der letzten 24 Monate vor Aufnahme der Pflegetätigkeit in der Arbeitslosenversicherung versicherungspflichtig war und zwischen der Aufnahme der Pflegetätigkeit und dem Ende der Versicherungspflicht keine Unterbrechung von mehr als einem Monat liegt.

h) Unfallversicherungsschutz

2272 Pflegepersonen sind während ihrer pflegerischen Tätigkeit in den Schutz der gesetzlichen Unfallversicherung einbezogen; dies schließt Arbeitsunfälle, Wegeunfälle und Berufskrankheiten ein.

Versichert sind die Pflegetätigkeiten im Bereich der Körperpflege und – soweit diese Verrichtungen überwiegend dem Pflegebedürftigen zugute kommen – in den Bereichen der Ernährung, Mobilität und der hauswirtschaftlichen Versorgung.

Zuständig für die Durchführung der Unfallversicherung sind die Gemeinden und Gemeindeunfallversicherungsverbände.

LSt̸ = keine Lohnsteuerpflicht
LSt = Lohnsteuerpflicht

Pflegezeiten

Pflegezeiten

Inhaltsübersicht: Rz.
1. Arbeitsrecht 2273
   a) Einleitung/Allgemeines 2273
   b) Sonderkündigungsschutz 2274
   c) Begriffsbestimmungen 2275
   d) Kurzzeitige Pflege-Freistellung im Einzelnen 2278
   e) Pflegezeit im Einzelnen 2279
   f) Sonderfall: Betreuung eines minderjährigen nahen Angehörigen 2290
   g) Sonderfall: Sterbebegleitung 2291
   h) Familienpflegezeit im Einzelnen 2292
   i) Kombination von Pflegefreistellungen 2299
   j) Speziell: Freistellung bei Arbeitsverhinderung wegen Erkrankung eines Kleinkindes 2300
2. Lohnsteuer 2309
   a) Allgemeines 2309
   b) Familienpflegezeit 2310
3. Sozialversicherung 2311

1. Arbeitsrecht

a) Einleitung/Allgemeines

2273 Das am 1.7.2008 in Kraft getretene Pflegezeitgesetz (PflegeZG, BGBl. I 2008, 874) und das am 1.1.2012 in Kraft getretene Familienpflegezeitgesetz (FPfZG, BGBl. I 2011, 2564) haben zum Ziel, Beschäftigten mit besonderen **Freistellungsmöglichkeiten** die Möglichkeit zu eröffnen, pflegedürftige nahe Angehörige in häuslicher Umgebung zu pflegen und damit die Vereinbarkeit von Beruf und familiärer Pflege zu verbessern. Da die darin vorgesehenen Möglichkeiten in der Praxis des Arbeitslebens nur wenig genutzt wurden, wurden beide Gesetze umfassend **geändert** (BGBl. I 2014, 2462). Die Änderungen sind seit dem 1.1.2015 geltendes Recht. Die Regelungen werfen noch viele Fragen auf, sodass die diesbezügliche Entwicklung insbesondere in der Rechtsprechung zu beobachten ist (erste Darstellungen in der Literatur: Thüsing/Pötters, Das Gesetz zur besseren Vereinbarkeit von Familie, Pflege und Beruf, BB 2015, 181; N. Besgen, Geplante Änderungen des Pflegezeitrechts ab dem 1.1.2015, B+P 2014, 811; Müller, Die Änderungen im Familien- und Pflegezeitrecht, BB 2014, 3125).

Das Pflegezeitgesetz beruht im Grundsatz auf zwei unterschiedlich ausgestalteten Säulen:

Teil 1: Bei unerwartetem Eintritt einer besonderen Pflegesituation haben Beschäftigte nunmehr das Recht, kurze Zeit (maximal zehn Tage) der Arbeit fernzubleiben, um die sofortige Pflege eines nahen Angehörigen sicherzustellen (kurzzeitige Verhinderung/Freistellung).

Teil 2: Bei einer längeren Pflege hingegen besteht ein Anspruch bis zur maximalen Dauer von sechs Monaten auf vollständige oder teilweise Freistellung von der Arbeit (Pflegezeit).

Wichtig: Von den Regelungen des PflegeZG kann unter keinem Gesichtspunkt zum Nachteil der Beschäftigten abgewichen werden, wie § 8 PflegeZG ausdrücklich klarstellt. Dies gilt nicht nur für einzelvertragliche Vereinbarungen, sondern auch für kollektivrechtliche Regelungen (Tarifvertrag oder Betriebs- bzw. Dienstvereinbarungen). Die Vorschriften des PflegeZG sind **unabdingbar**.

b) Sonderkündigungsschutz

2274 Das Arbeitsverhältnis unterliegt **von der Ankündigung bis zur Beendigung** der kurzzeitigen Arbeitsverhinderung nach § 2 PflegeZG oder während der Pflegezeit nach § 3 PflegeZG dem **besonderem Kündigungsschutz** nach § 5 PflegeZG: Der Arbeitgeber darf das **Arbeitsverhältnis nicht kündigen**. In besonderen Fällen kann ausnahmsweise eine Kündigung durch die für den Arbeitsschutz zuständige oberste Landesbehörde oder die von ihr bestimmte Stelle für zulässig erklärt werden (**Kündigungsverbot unter Erlaubnisvorbehalt**). Der Sonderkündigungsschutz **beginnt** bereits mit der Ankündigung der Freistellung. Der Zeitraum zwischen Ankündigung und Antritt wird daher ebenfalls von dem Sonderkündigungsschutz erfasst, **höchstens** jedoch **12 Wochen** vor dem angekündigten Beginn, § 5 Abs. 1 PflegeZG. Mit der zeitlichen Begrenzung des besonderen Kündigungsschutzes auf zwölf Wochen wird berechtigten Interessen der Arbeitgeber Rechnung getragen. Der Sonderkündigungsschutz **endet** mit Ablauf der Freistellung. Ein nachwirkender Kündigungsschutz besteht nicht.

Mit der Bestimmung des § 6 Abs. 1 PflegeZG wird klargestellt, dass die Vertretung eines Beschäftigten, der eine Freistellung in Anspruch nimmt, einen **sachlichen Grund** für die Befristung des Arbeitsverhältnisses darstellt. Dies gilt auf Grund der Verweisung in § 2 Abs. 3 FPfZG auch für Freistellungen nach dem Familienpflegezeitgesetz. Die formalen Voraussetzungen für wirksam befristete Arbeitsverträge müssen umfassend beachtet werden.

Nach § 6 PflegeZG ist die Einstellung einer **Ersatzkraft mit befristetem Vertrag** zulässig. Insoweit besteht für den Arbeitgeber ein **Sonderkündigungsrecht** mit einer Frist von zwei Wochen bei vorzeitiger Beendigung der Pflegezeit wegen besonderer Umstände. Zusätzlich wird klargestellt, dass das Kündigungsschutzgesetz in diesen Fällen nicht anzuwenden ist.

c) Begriffsbestimmungen

aa) Beschäftigte und Arbeitgeber

Ansprüche auf Pflegezeit-Freistellung haben **Beschäftigte**. Der **2275** Begriff des Beschäftigten umfasst nach § 7 Abs. 1 PflegeZG nicht nur Arbeitnehmerinnen und Arbeitnehmer. Vielmehr gelten als Beschäftigte auch die zu ihrer **Berufsbildung** Beschäftigten. Damit sind nicht nur Auszubildende i.S.d. Berufsbildungsgesetzes gemeint, sondern auch z.B. Volontäre und **Praktikanten**. Erfasst werden schließlich auch **arbeitnehmerähnliche Personen**.

Arbeitgeber sind alle natürlichen oder juristischen Personen, die Personen nach den genannten Definitionen beschäftigten. Für die arbeitnehmerähnlichen Personen wird klargestellt, dass an die Stelle des Arbeitgebers der Auftraggeber tritt.

bb) Nahe Angehörige

Die Rechte auf kurzzeitige Freistellung bzw. Inanspruchnahme von **2276** Pflegezeit setzen die Pflegebedürftigkeit **naher Angehöriger** voraus. Wer naher Angehöriger i.S.d. Gesetzes ist, wird in § 7 Abs. 3 PflegeZG im Einzelnen aufgeführt:

– Großeltern, Eltern, Schwiegereltern, Stiefeltern,
– Ehegatten, Lebenspartner, Partner einer eheähnlichen oder lebenspartnerschaftsähnlichen Gemeinschaft, Geschwister, Schwägerinnen und Schwäger,
– Kinder, Adoptiv- oder Pflegekinder, die Kinder, Adoptiv- oder Pflegekinder des Ehegatten oder Lebenspartners, Schwiegerkinder und Enkelkinder.

Die Definition ist abschließend. Insoweit zählen zu den nahen Angehörigen nicht die Kinder, Adoptiv- bzw. Pflegekinder des Partners einer (bloßen) eheähnlichen Gemeinschaft.

cc) Pflegebedürftigkeit

Die in § 7 Abs. 4 PflegeZG geregelte **Pflegebedürftigkeit** verweist **2277** auf die Bestimmungen und Voraussetzungen der §§ 14, 15 SGB XI. Erfasst werden damit Angehörige aller drei Pflegestufen, ggf. nachzuweisen durch entsprechende Bescheinigungen:

Pflegestufe I = erheblich pflegebedürftige
Pflegestufe II = schwer pflegebedürftige
Pflegestufe III = schwerst pflegebedürftige Personen

Das Gesetz lässt in § 7 Abs. 4 Satz 2 PflegeZG auch die **voraussichtliche Pflegebedürftigkeit** zu. Diese hat allein für die kurzzeitige Arbeitsverhinderung nach § 2 PflegeZG Bedeutung und ist gegeben, wenn die Pflegebedürftigkeit konkret absehbar und hinreichend wahrscheinlich ist. Für den mehrmonatigen Pflegezeitanspruch nach § 3 PflegeZG muss die Pflegebedürftigkeit bereits vorliegen.

d) Kurzzeitige Pflege-Freistellung im Einzelnen

Die **Voraussetzungen** für diesen Freistellungsanspruch sind nach **2278** § 2 PflegeZG:

– Beschäftigteneigenschaft des Anspruchstellers,
– Pflegebedürftigkeit eines nahen Angehörigen,
– Akut aufgetretene Pflegesituation,
– Personenbezogene Erforderlichkeit der Freistellung mit Nachweispflicht für den Anspruchsteller,
– Erforderlichkeit des verlangten Freistellungszeitraums.

Pflegezeiten

Eine bestimmte **Betriebsgröße** ist demgegenüber **nicht** Voraussetzung für den Anspruch, der also auch in Kleinbetrieben geltend gemacht werden kann.

Nach § 2 Abs. 2 PflegeZG trifft den Beschäftigten die Pflicht zur **unverzüglichen Mitteilung** über die Verhinderung an der Arbeitsleistung und deren voraussichtliche Dauer. Insoweit ist der Beschäftigte nach den zu § 5 EFZG entwickelten Grundsätzen gehalten, sich der modernen Telekommunikationsmittel zu bedienen und den Arbeitgeber so schnell zu informieren, wie es nach den Umständen des Einzelfalls möglich ist.

Eine **Nachweispflicht** hinsichtlich der Pflegebedürftigkeit durch **ärztliche Bescheinigung** trifft den Beschäftigten nach § 2 Abs. 2 PflegeZG nur dann, wenn der Arbeitgeber dies **ausdrücklich verlangt**. Die Bescheinigung muss auf Verlangen auch bestätigen, dass der namentlich zu benennende Beschäftigte die bedarfsgerechte Pflege organisieren oder eine pflegerische Versorgung in dieser Zeit sicherstellen kann. Die **Kosten** der Bescheinigung trägt allein der Beschäftigte. Eine Kostenübernahmepflicht des Arbeitgebers besteht nicht.

Sind die Voraussetzungen für die Freistellung gegeben, so entsteht der Freistellungsanspruch nach § 2 PflegeZG unmittelbar mit dem Verlangen und **ohne Zustimmung des Arbeitgebers** mit der gesetzlichen Grenze einer **Höchstdauer** von maximal bis zu **zehn Arbeitstagen**.

Ein Anspruch auf **Fortzahlung der Vergütung** nach dem PflegeZG ist in § 2 Abs. 3 PflegeZG ausdrücklich **ausgeschlossen**. Ein Entgeltfortzahlungsanspruch kann sich daher nur aus anderen Vorschriften ergeben. Ein solcher anderweitiger Anspruch auf Fortzahlung der Vergütung kann sich in erster Linie aus **§ 616 BGB** (für Auszubildende gilt die Spezialvorschrift des § 19 Abs. 1 Nr. 2 Buchst. b BBiG) ergeben. Danach besteht der Anspruch auf Vergütung fort, wenn der Arbeitnehmer ohne sein Verschulden an der Arbeitsleistung vorübergehend verhindert ist. Nach herrschender Meinung gehört hierzu unter bestimmten Voraussetzungen auch die Pflege naher Angehöriger, allerdings regelmäßig begrenzt auf maximal fünf Tage. Die Vorschrift und damit die Entgeltfortzahlungspflicht ist aber **abdingbar** und kann daher durch Tarifvertrag oder Arbeitsvertrag sowohl ausgeschlossen als auch auf eine kürzere Anspruchsdauer eingeschränkt werden. Ein Anspruch auf Entgeltfortzahlung kann sich im Übrigen auch aus sonstigen Vereinbarungen oder Vorschriften ergeben. In Betracht kommen **tarifvertragliche Ansprüche**, z.B. nach § 29 TVöD, oder individualrechtliche Vereinbarungen.

Besteht keine Entgeltfortzahlungspflicht des Arbeitgebers, steht Beschäftigten für die Dauer der kurzzeitigen Arbeitsverhinderung nach § 2 Abs. 3 Satz 2 PflegeZG i.V.m. § 44a Abs. 3 SGB XI ein Anspruch auf **Pflegeunterstützungsgeld** zu (ausführlich Freudenberg, Pflegeunterstützungsgeld – eine neue Sozialleistung bei kurzzeitiger Arbeitsverhinderung, B+P 2015, 126). Gewährt wird das Pflegeunterstützungsgeld auf Antrag von der Pflegekasse oder dem Versicherungsunternehmen des pflegebedürftigen nahen Angehörigen. Dabei handelt es sich um eine Lohnersatzleistung, vergleichbar mit dem Kinderkrankengeld, dem das Pflegeunterstützungsgeld auch der Höhe nach entspricht. Dem Gesetzeswortlaut ist eine Beschränkung des Freistellungsanspruchs auf eine **einmalige** Inanspruchnahme (pro nahem Angehörigen) nicht zu entnehmen. Auszugehen ist deshalb davon, dass der Wiederholungsfall nicht ausgeschlossen ist. Allerdings wird dann der Arbeitnehmer die Erforderlichkeit spezifisch dahingehend begründen müssen, weshalb der Wiederholungsfall nicht vorhersehbar war und nicht entsprechend vorgesorgt werden konnte.

Eine **Teilfreistellung** (stundenweise Freistellung) ist für die kurzzeitige Arbeitsverhinderung nach § 2 PflegeZG nicht vorgesehen. Hier kann der Arbeitnehmer also nur die vollständige Freistellung in Anspruch nehmen, es sei denn, es kommt zu einer entsprechenden freiwilligen Vereinbarung.

e) Pflegezeit im Einzelnen

aa) Freistellungsanspruch

2279 Die **Voraussetzungen** für den Freistellungsanspruch nach § 3 PflegeZG sind:

– Beschäftigteneigenschaft des Anspruchstellers,

– Pflegebedürftigkeit eines nahen Angehörigen in häuslicher Umgebung (dies kann auch der Haushalt der Pflegeperson sein).

Insoweit kommt es – anders als bei der kurzzeitigen Freistellung nach § 2 PflegeZG – nicht auf eine akute Pflegesituation und auch nicht auf eine personenbezogene Erforderlichkeit an. Auch bedarf es bei der vollständigen Freistellung und Inanspruchnahme von Pflegezeit **keiner Vereinbarung** zwischen den Vertragsparteien.

bb) Kleinbetriebe ausgenommen

Andererseits gilt eine **Ausnahme** für **Kleinbetriebe**: Der Anspruch **2280** auf Pflegezeit besteht nicht gegenüber Arbeitgebern mit i.d.R. fünfzehn oder weniger Beschäftigten. Für die Berechnung dieses **Schwellenwertes** maßgeblich ist der Beschäftigtenbegriff des Pflegezeitgesetzes nach § 7 Abs. 1 PflegeZG. Gezählt werden also nicht nur die Arbeitnehmerinnen und Arbeitnehmer, sondern auch die zu ihrer Berufsbildung Beschäftigten (Praktikanten und Volontäre inbegriffen) sowie die arbeitnehmerähnlichen Personen. Gezählt wird ferner ausschließlich nach Kopfzahlen. Die z.B. im Kündigungsschutzgesetz (vgl. § 23 KSchG) geltende anteilige Zählweise für Teilzeitkräfte gilt im Pflegezeitgesetz nicht.

cc) Nachweispflicht

Eine **Nachweispflicht** hinsichtlich der Pflegebedürftigkeit durch **2281** Bescheinigung der Pflegekasse oder des Medizinischen Dienstes der Krankenversicherung (oder bei privat Pflegeversicherten durch entsprechenden Nachweis) trifft den Beschäftigten nach § 3 Abs. 2 PflegeZG auch dann, wenn der dies nicht ausdrücklich verlangt. Die **Kosten** der Bescheinigung trägt allein der Beschäftigte. Eine Kostenübernahmepflicht des Arbeitgebers besteht nicht.

dd) Ankündigungsfrist

Die **Ankündigungsfrist** für den Beschäftigten beträgt nach § 3 **2282** Abs. 3 PflegeZG **mindestens zehn Arbeitstage** vor Beginn der beabsichtigten Pflegezeit. Abgestellt wird auf Arbeitstage und nicht auf Kalendertage oder Werktage. Wird die Pflegezeit im Anschluss an eine Familienpflegezeit beansprucht, verlängert sich die Ankündigungsfrist auf **mindestens acht Wochen**, § 3 Abs. 3 Satz 6 PflegeZG. Erforderlich ist die **schriftliche** Ankündigung, die also nach § 126 BGB eigenhändig unterzeichnet sein muss. Hält der Beschäftigte die Ankündigungsfrist von zehn Tagen nicht ein, führt dies nicht zur Unwirksamkeit der geltend gemachten Pflegezeit insgesamt. Vielmehr wird der Antrag dann so umgedeutet, dass er sich hilfsweise auf den Zeitpunkt richtet, zu dem der Beschäftigte den Pflegezeitanspruch frühestmöglich verlangen kann.

Die Ankündigungserklärung muss sich **inhaltlich** auf den Zeitraum der Pflegezeit beziehen. Es muss also genau mitgeteilt werden, für welche Zeiträume Pflegezeit beansprucht wird (Beginn und Dauer bzw. Ende). Ferner muss sich der Beschäftigte zum Umfang der Freistellung erklären.

ee) Teilfreistellung/Teilzeitarbeit

Anders als bei dem kurzzeitigen Freistellungsanspruch kann nach **2283** § 3 Abs. 4 PflegeZG die Pflegezeit auch nur teilweise in Anspruch genommen werden (**Teilfreistellung**). Der Beschäftigte muss daher mitteilen, ob er vollständig oder nur teilweise Pflegezeit in Anspruch nehmen möchte. Bei der teilweisen Freistellung ist schließlich auch die **gewünschte Verteilung** der Arbeitszeit anzugeben. Bei der Teilfreistellung haben Arbeitgeber und Beschäftigter über die Verringerung und die Verteilung der Arbeitszeit eine **Vereinbarung** zu treffen. Der Arbeitgeber hat den Wünschen des Beschäftigten zu entsprechen, wenn nicht **dringende betriebliche Belange** entgegenstehen. Diese Formulierung entspricht § 15 Abs. 7 Satz 1 Nr. 4 BEEG beim Anspruch auf Teilzeit während der Elternzeit. Verweigert der Arbeitgeber seine Zustimmung zur teilweisen Freistellung wegen entgegenstehender dringender betrieblicher Gründe, kann der Beschäftigte sich **nicht einseitig** teilweise freistellen. Vielmehr ist er gehalten, seine Ansprüche gerichtlich durchzusetzen.

ff) Dauer/Verlängerung

Als **Dauer der Pflegezeit** kann nach § 4 PflegeZG eine Zeit von **2284** längstens sechs Monaten für jeden nahen Angehörigen in Anspruch genommen werden. Diese Anspruchshöchstdauer gilt auch für den Fall der nur teilweisen Freistellung. Die Pflegezeit wird dann also nicht anteilig erhöht. Der **Anspruch auf Verlängerung** der Pflegezeit bei zunächst beantragter kürzerer Dauer, freilich nur bis zur Pflegehöchstdauer von sechs Monaten, besteht grundsätzlich nur mit – freier – Zustimmung des Arbeitgebers; nur ausnahmsweise besteht ein Anspruch auf Verlängerung, wenn ein vorgesehener Wechsel in der Person des Pflegenden aus einem wichtigem Grund nicht erfolgen kann.

gg) Aufteilung

2285 Die Pflegezeit bis zur Dauer von längstens sechs Monaten nach § 3 Abs. 1 PflegeZG kann allerdings nur einmalig in Anspruch genommen werden; eine **Aufteilung in mehrere,** beim ersten Antrag nicht ausgeschöpfte **Zeitabschnitte ist unzulässig.** Mit der erstmaligen Inanspruchnahme von Pflegezeit ist das Recht erloschen. Dies gilt selbst dann, wenn die genommene Pflegezeit die Höchstdauer von sechs Monaten unterschreitet (BAG v. 15.11.2011, 9 AZR 387/10, www.stotax-first.de).

Der Anspruch auf Pflegezeit ist beschäftigtenbezogen, hingegen nicht angehörigenbezogen. Es ist deshalb durchaus denkbar, dass Beschäftigte verschiedener Arbeitgeber jeweils einen Pflegezeitanspruch für denselben nahen Angehörigen durchsetzen (z.B. wenn der pflegebedürftige Vater von seinem Sohn und seiner Schwiegertochter versorgt wird).

hh) Beendigung der Pflegezeit

2286 Die Pflegezeit **endet** nach Ende des beantragten Zeitraums, spätestens mit Ablauf der sechsmonatigen Höchstdauer. **Ausnahmsweise** kann die Pflegezeit aber auch **vorzeitig** nach § 4 Abs. 2 PflegeZG beendet werden. Dies ist dann der Fall, wenn

– der nahe Angehörige nicht mehr pflegebedürftig ist oder
– die häusliche Pflege des nahen Angehörigen unmöglich oder unzumutbar geworden ist.

In diesen Fällen endet jedoch die Pflegezeit nicht mit sofortiger Wirkung. Vielmehr muss der Arbeitnehmer den Arbeitgeber über die veränderten Umstände unterrichten. Die Unterrichtung hat **unverzüglich** zu erfolgen. Sie ist nicht formgebunden, mündliche Unterrichtung ist also ausreichend. Liegen die vorgenannten Voraussetzungen vor, endet die Pflegezeit vier Wochen nach Eintritt der veränderten Umstände. Ansonsten endet die Pflegezeit nicht vorzeitig, es sei denn, der Arbeitgeber ist damit einverstanden.

ii) Entgeltfortzahlung

2287 Ein Anspruch auf **Entgeltfortzahlung** besteht im Übrigen bei der Pflegezeit für die Ausfallzeit während des gänzlich oder teilweise ruhenden Arbeitsverhältnisses **nicht,** denn die Voraussetzungen für einen Anspruch nach § 616 BGB sind deshalb nicht erfüllt, weil es sich nicht um eine vorübergehende Verhinderung handelt. Der Arbeitnehmer hat auch **keinen** gesetzlichen, tariflichen, betriebsverfassungsrechtlichen, einzelvertraglichen noch einen sonstigen **Rechtsanspruch** gegen den Arbeitgeber auf Abschluss einer **Wertguthabenvereinbarung** (LAG Rheinland-Pfalz v. 15.4.2010, 10 Sa 755/09, www.stotax-first.de).

jj) Darlehen vom BZgA/Wertguthaben

2288 Für die Dauer der Pflegezeit besteht allerdings ein Anspruch des Beschäftigten gegen das Bundesamt für Familie und zivilgesellschaftliche Aufgaben (BZgA) auf **Gewährung eines zinslosen Darlehens.** Ziel des Darlehens ist es, die Vereinbarkeit von Pflege und Beruf weiter zu verbessern, indem die Finanzierung einer Pflegezeit ermöglicht wird. Die Anspruchsvoraussetzungen, Höhe und Verfahren sind in den §§ 3 bis 10 FPfZG geregelt, auf die § 3 Abs. 7 PflegeZG verweist. Das Darlehen setzt einen Antrag des Beschäftigten voraus und wird in monatlichen Raten ausgezahlt. Die Höhe der Darlehensraten entspricht der Hälfte der Differenz zwischen den pauschalierten monatlichen Nettoentgelten vor und während der Freistellung, § 3 Abs. 2 FPfZG. Die Förderfähigkeit endet, wenn eine der Freistellungsvoraussetzungen nicht mehr vorliegt, z.B. der nahe Angehörige nicht mehr pflegebedürftig ist. Die Rückzahlung erfolgt in monatlichen Raten und beginnt grundsätzlich in dem Monat, der auf das Ende der Förderfähigkeit folgt, § 6 FPfZG. Die Pflichten des Arbeitgebers beschränken sich auf die Ausstellung einer Bescheinigung über den Arbeitsumfang und das Arbeitsentgelt des Beschäftigten vor Beginn der Freistellung, soweit der Beschäftigte den Nachweis nicht anders führen kann, § 4 FPfZG.

Nach wie vor kann aber nach der finanzielle Ausfall durch Vereinbarung zwischen Arbeitnehmer und Arbeitgeber abgefedert werden durch **Aufstockung des Arbeitsentgelts** aus einem (sich regelmäßig zunächst negativ entwickelnden) **Wertguthaben,** das in der so genannten Nachpflegephase vom Arbeitnehmer wieder auszugleichen ist, wie durch § 7c Abs. 1 Nr. 1a) SGB IV ausdrücklich klargestellt ist.

kk) Urlaubskürzung

2289 Der Arbeitgeber ist jetzt nach § 4 Abs. 4 PflegeZG n.F. berechtigt, den **Erholungsurlaub,** der dem Beschäftigten für das Urlaubsjahr zusteht, für jeden vollen Kalendermonat der vollständigen Freistellung von der Arbeitsleistung um ein Zwölftel zu **kürzen.**

f) Sonderfall: Betreuung eines minderjährigen nahen Angehörigen

2290 Nach § 3 Abs. 5 PflegeZG können Beschäftigte wahlweise statt Pflegezeit auch einen vollständigen oder teilweisen Freistellungsanspruch zur **häuslichen oder außerhäuslichen** Betreuung eines **minderjährigen** nahen Angehörigen geltend machen. Im Unterschied zur Pflegezeit setzt dieser Anspruch gerade **keine Pflege** durch den Beschäftigten voraus und ist auch bei einer **stationären Unterbringung** des minderjährigen nahen Angehörigen möglich.

g) Sonderfall: Sterbebegleitung

2291 Um einen nahen Angehörigen in der letzten Phase des Lebens zu begleiten, kann ein Beschäftigter nach § 3 Abs. 6 PflegeZG eine vollständige oder teilweise Freistellung für **längstens drei Monate** beanspruchen. Voraussetzung der Freistellung ist eine Erkrankung des nahen Angehörigen, die progredient verläuft und bereits ein weit fortgeschrittenes Stadium erreicht hat, bei der eine Heilung ausgeschlossen und eine palliativmedizinische Behandlung notwendig ist und die lediglich eine begrenzte Lebenserwartung von Wochen oder wenigen Monaten erwarten lässt. Beschäftigte haben diese Erkrankung durch ärztliche Bescheinigung gegenüber dem Arbeitgeber unaufgefordert nachzuweisen. Dieser Anspruch setzt keine häusliche Pflege durch den Beschäftigten voraus, ist also auch bei einer stationären Unterbringung anwendbar. Im Übrigen gelten auch hier die Regelungen der Pflegezeit entsprechend.

h) Familienpflegezeit im Einzelnen

aa) Freistellungsanspruch

2292 Das Familienpflegezeitgesetz (FPfZG) sieht in § 2 vor, dass Beschäftigte

– über einen Zeitraum von maximal 24 Monaten,
– auf bis zu mindestens 15 Wochenstunden

ihre **Arbeitszeit reduzieren** können, wenn sie einen **pflegebedürftigen nahen Angehörigen in häuslicher Umgebung** pflegen. Während der Familienpflegezeit muss die wöchentliche Arbeitszeit zwingend **mindestens 15 Wochenstunden** betragen. Bei unregelmäßiger Arbeitszeit ist die durchschnittliche Arbeitszeit über einen Zeitraum von bis zu einem Jahr zu betrachten. Es liegt während der Familienpflegezeit daher stets ein **Teilzeitarbeitsverhältnis** vor.

Anders als bei der Pflegezeit nach dem Pflegezeitgesetz besteht **kein Rechtsanspruch** des Arbeitnehmers auf diese Familienpflegezeit, sondern es ist eine individuelle schriftliche **(Teilzeit-)Vereinbarung** nach Maßgabe des § 2a Abs. 2 FPfZG auf freiwilliger Grundlage zwischen Arbeitnehmer und Arbeitgeber erforderlich. Dabei muss der Arbeitgeber den geäußerten Wünschen des Beschäftigten grundsätzlich entsprechen, es sei denn, es stehen dringende betriebliche Gründe entgegen. Die Familienpflegezeit beginnt nicht ohne diese Vereinbarung. Kommt die Vereinbarung nicht zu Stande, muss der Beschäftigte seine Ansprüche gerichtlich durchsetzen.

bb) Kleinbetriebe ausgenommen

2293 Auch der Anspruch auf Familienpflegezeit gilt **nicht im Kleinbetrieb.** Im Gegensatz zu der Pflegezeit ist der Schwellenwert nach dem FPfZG allerdings erhöht. Familienpflegezeit kann nach § 2 Abs. 4 FPfZG nur gegenüber Arbeitgebern mit i.d.R. **mehr als 25 Beschäftigten** geltend gemacht werden. Zusätzlich zu der gegenüber der Pflegezeit erhöhten Mindestanzahl an Beschäftigten, sind bei dem Schwellenwert nach dem FPfZG die zu ihrer **Berufsausbildung** Beschäftigten außerdem **nicht** mitzuzählen.

Pflegezeiten

keine Sozialversicherungspflicht = (SV)
Sozialversicherungspflicht = (SV)

cc) Nachweispflicht

2294 Wie bei der Pflegezeit muss der Beschäftigte die Pflegebedürftigkeit des nahen Angehörigen ohne besondere Aufforderung durch eine Bescheinigung der Pflegekasse oder des Medizinischen Dienstes der Krankenversicherung (MDK) bzw. bei privat Pflegeversicherten durch eine entsprechende Bescheinigung gegenüber dem Arbeitgeber nachweisen, § 2a Abs. 4 FPfZG. Die **Kosten** für die Bescheinigung trägt der Beschäftigte.

dd) Ankündigungsregelungen

2295 Wer Familienpflegezeit beanspruchen will, muss dies dem Arbeitgeber gegenüber **spätestens acht Wochen** vor Beginn der beabsichtigten Familienpflegezeit mitteilen, § 2a Abs. 1 Satz 1 FPfZG. Wird die Familienpflegezeit im Anschluss an eine Pflegezeit beansprucht, verlängert sich die Ankündigungsfrist auf **drei Monate**. Die Ankündigung muss schriftlich, also nach den Vorgaben des § 126 BGB, erfolgen.

Aus der Ankündigung muss sich zunächst (ggf. im Wege der Auslegung) ergeben, dass Familienpflegezeit beansprucht werden soll. Ist nicht zweifelsfrei zu klären, welche Freistellung tatsächlich gewollt ist und erfüllt die Ankündigung die Voraussetzung beider Freistellungsvarianten, gilt nach der **Zweifelsregel** des § 2a Abs. 1 Satz 3 FPfZG die Ankündigung als Ankündigung von Pflegezeit. Der Beschäftigte muss außerdem Beginn und Ende der beabsichtigten Freistellung mitteilen. Da während der Familienpflegezeit stets ein Teilzeitarbeitsverhältnis vorliegt, muss die Ankündigung auch den Umfang der beabsichtigten Reduzierung und die gewünschte Verteilung der Arbeitszeit enthalten.

ee) Dauer/Verlängerung/Ende

2296 Die **Höchstdauer** der Familienpflegezeit beträgt **24 Monate**, § 2 Abs. 1 FPfZG, und kann nur ein einziges Mal für denselben nahen Angehörigen beansprucht werden, selbst wenn die Höchstdauer nicht ausgeschöpft wird.

Eine **Verlängerung** der Familienpflegezeit bis zur Höchstdauer ist grundsätzlich nur mit Einverständnis des Arbeitgebers möglich. Eine Verlängerung gegen den Willen des Arbeitgebers kann nur verlangt werden, wenn ein vorgesehener Wechsel der Person des Pflegenden aus einem wichtigen Grund nicht erfolgen kann, § 2a Abs. 3 Satz 1 FPfZG.

Die Familienpflegezeit **endet** nach Ablauf der vereinbarten Dauer. Sie endet gem. § 2a Abs. 5 FPfZG **vorzeitig** vier Wochen nach Eintritt der veränderten Umstände, wenn der nahe Angehörige nicht mehr pflegebedürftig ist oder dessen häusliche Pflege unmöglich oder unzumutbar wird. Der Beschäftigte hat den Arbeitgeber hierüber unverzüglich zu unterrichten. Eine einvernehmliche vorzeitige Beendigung der Familienpflegezeit ist selbstverständlich jederzeit möglich.

ff) Entgeltfortzahlung/Darlehen vom BZgA/Wertguthaben

2297 Während der Familienpflegezeit hat der Beschäftigte einen nur entsprechend der Verringerung der wöchentlichen Arbeitszeit reduzierten Vergütungsanspruch gegen den Arbeitgeber. Eine Entgeltfortzahlungspflicht darüber hinaus besteht nicht.

Um den Verdienstausfall während der teilweisen Freistellung möglichst zu kompensieren, haben Beschäftigte die Möglichkeit, wie während einer Pflegezeit, ein **zinsloses Darlehen** von dem BZgA zu beanspruchen, § 3 Abs. 1 Satz 1 FPfZG (→ Rz. 2288).

Nach wie vor kann aber auch der finanzielle Ausfall durch Vereinbarung zwischen Arbeitnehmer und Arbeitgeber abgefedert werden durch **Aufstockung des Arbeitsentgelts** aus einem (sich regelmäßig zunächst negativ entwickelnden) **Wertguthaben**, das in der so genannten Nachpflegephase vom Arbeitnehmer wieder auszugleichen ist, wie durch § 7c Abs. 1 Nr. 1a) SGB IV ausdrücklich klargestellt wird.

gg) Sonderkündigungsschutz/befristete Ersatzkraft

2298 Das Arbeitsverhältnis unterliegt während der Inanspruchnahme der Familienpflegezeit und in der Nachpflegephase **besonderem Kündigungsschutz** nach § 2 Abs. 3 FPfZG (im Einzelnen → Rz. 2274). Ebenso ist nach § 2 Abs. 3 FPfZG i.V.m. § 6 PflegeZG die Einstellung einer **Ersatzkraft mit befristetem Vertrag** zulässig (im Einzelnen → Rz. 2274).

i) Kombination von Pflegefreistellungen

2299 Ein Beschäftigter kann grundsätzlich für denselben nahen Angehörigen **Pflegezeit und Familienpflegezeit** beanspruchen, die Ansprüche schließen sich nicht gegenseitig aus. Allerdings müssen sich beide Freistellungsvarianten zwingend **unmittelbar aneinander anschließen**, § 3 Abs. 3 Satz 4 und § 2a Abs. 1 Satz 4 FPfZG. Eine zeitliche Unterbrechung ist gesetzlich nicht vorgesehen und schließt die Geltendmachung der jeweils anderen Freistellungsvariante für die Zukunft aus.

Einschränkung bestehen auch hinsichtlich der **Höchstdauer** der Freistellung, denn nach § 4 Abs. 1 Satz 4 PflegeZG und § 2 Abs. 2 FPfZG dürfen Pflegezeit und Familienpflegezeit **gemeinsam längstens 24 Monate** dauern (Gesamtdauer). Schließlich verlängern sich die Mindestankündigungsfristen wie bereits dargestellt. Auch hier werden die Freistellungen für die Betreuung Minderjähriger entsprechend wie Pflegezeit bzw. Familienpflegezeit behandelt. Auch die Freistellung zur **Sterbebegleitung** ist nach der Intention des Gesetzgebers auf die Höchstdauer von 24 Monaten anzurechnen.

Für die Freistellung wegen kurzzeitiger Arbeitsverhinderung, § 2 PflegeZG, bestehen keine Besonderheiten bei der Kombination mit anderen Freistellungsvarianten. Insbesondere gilt keine gemeinsame Gesamtdauer und auch keine Beschränkung der zeitlichen Lage.

j) Speziell: Freistellung bei Arbeitsverhinderung wegen Erkrankung eines Kleinkindes

2300 Ein anderer seit Jahren geläufiger Massentatbestand mit aufgefächerter Literatur und Rechtsprechung ist die Arbeitsverhinderung infolge Erkrankung eines Kleinkindes; insoweit besteht jetzt Teilidentität mit der vorstehend behandelten Pflegezeit.

aa) Kinderpflege-Krankengeld nach § 45 SGB V

2301 Nach der Bestimmung des § 45 SGB V hat ein Versicherter Anspruch auf **Krankengeld**, wenn

– es nach ärztlichem Zeugnis erforderlich ist, dass er zur Beaufsichtigung, Betreuung oder Pflege seines erkrankten und versicherten Kindes der Arbeit fernbleibt,

– eine andere im Haushalt des Versicherten lebende Person die Beaufsichtigung, Betreuung oder Pflege nicht übernehmen kann,

– das Kind das zwölfte Lebensjahr noch nicht vollendet hat.

Im Einzelnen hierzu → *Krankengeld bei Erkrankung eines Kindes* Rz. 1699.

Nach § 45 Abs. 3 SGB V hat der Versicherte, der Krankengeld fordern kann, einen Anspruch gegen seinen Arbeitgeber auf **unbezahlte Freistellung** von der Arbeitsleistung, soweit nicht bereits ein Anspruch auf bezahlte Freistellung besteht; dies gilt nach § 45 Abs. 5 SGB V auch für nicht versicherte Arbeitnehmer. Aus § 45 Abs. 3 SGB V lässt sich aber kein Anspruch ableiten, dass der Arbeitgeber das Fernbleiben von der Arbeit wegen Erkrankung des Kindes als unbezahlte Freistellung anerkennt (BAG v.16.12.2004, 6 AZR 663/03, www.stotax-first.de).

Dieser Anspruch auf unbezahlte Freistellung kann arbeitsvertraglich nicht ausgeschlossen oder beschränkt werden; er ist insoweit **zwingend**.

Der Anspruch des Arbeitnehmers auf Pflege-Krankengeld gegenüber seiner Krankenkasse ist jedoch **subsidiär** gegenüber dem Anspruch gegen den Arbeitgeber, denn, wie es das BAG ausgedrückt hat (BAG v.7.6.1978, 5 AZR 466/77, www.stotax-first.de): „Der arbeitsrechtliche Anspruch auf bezahlte Freistellung geht dem sozialversicherungsrechtlichen Anspruch auf Pflege-Krankengeld vor."

bb) Persönliche Arbeitsverhinderung

2302 Die Erkrankung eines Kleinkindes stellt einen in der Person des Arbeitnehmers liegenden Grund zur Arbeitsverhinderung dar. Insoweit kann der betroffene Arbeitnehmer unter bestimmten Voraussetzungen gegen den Arbeitgeber einen **Anspruch auf bezahlte Freistellung nach § 616 BGB** besitzen. Zwar liegt der Grund nicht in der eigenen Person des Arbeitnehmers, sondern in der Person des erkrankten Kleinkindes. Derartige mittelbare Gründe reichen jedoch aus. Der Arbeitnehmer muss allerdings die Pflegebedürftigkeit des erkrankten Kleinkindes durch **ärztliches Attest** nachweisen.

Eine Arbeitsverhinderung aus persönlichen Gründen liegt nur dann vor, wenn dem Arbeitnehmer die Dienstleistung wegen der Erkrankung des Kindes nicht zuzumuten ist. Eine **Unzumutbarkeit** liegt erst vor (Ausnahme: § 45 Abs. 4 SGB V), wenn

- eine Beaufsichtigung, Betreuung oder Pflege des Kindes geboten (unerlässlich) ist (BAG v. 11.8.1982, 5 AZR 1082/79, www.stotax-first.de) und
- andere im Haushalt des Arbeitnehmers lebende Personen nicht zur Verfügung stehen und eine anderweitige Unterbringung des Kindes unzumutbar ist; dabei wird ein nicht erwerbstätiger Ehegatte regelmäßig die Betreuung übernehmen müssen.

Auch der andere in **nichtehelicher Lebensgemeinschaft** im Haushalt lebende Partner ist für die Betreuung mit in Betracht zu ziehen.

> **Beispiel:**
> Eine Arbeitnehmerin muss an vier Arbeitstagen der Arbeit fernbleiben, um ihre 3 1/2 Jahre alte Tochter zu Hause pflegen und betreuen zu können. Wegen der Art der Erkrankung kann das Kind nicht im Kindergarten untergebracht werden. Andere im Haushalt lebende Personen stehen zur Betreuung und Pflege nicht zur Verfügung.
> Der Arbeitgeber ist zur bezahlten Freistellung für die vier Tage der Arbeitsverhinderung verpflichtet. Anders wäre die Rechtslage dann, wenn beispielsweise eine im Haushalt lebende Großmutter das erkrankte Kleinkind betreuen kann.

Ist durch die Pflege des Kleinkindes zwar die Arbeitsleistung während der regelmäßigen Arbeitszeit nicht möglich, könnte die Arbeitnehmerin jedoch die Arbeit außerhalb der sonstigen regelmäßigen Arbeitszeit **teilweise nachholen,** beispielsweise in den Abendstunden zwischen 18 und 20 Uhr, so hindert dies die Annahme einer Arbeitsverhinderung nur dann, wenn der Arbeitgeber ein entsprechendes Ausweichangebot macht (BAG v. 7.6.1978, 5 AZR 466/77, www.stotax-first.de).

cc) Nicht erheblicher Zeitraum

2303 Bei Erkrankung eines Kleinkindes obliegt dem Arbeitnehmer die Pflicht, sich um **andere Pflegemöglichkeiten** zu kümmern, wenn er mit einer längeren Erkrankung rechnen muss. Eine nicht erhebliche Zeit der Arbeitsverhinderung liegt deshalb nur für die ersten Tage der Erkrankung des Kleinkindes vor, wobei die Regelung nach der bis zum 31.12.1991 geltenden Altfassung des § 45 Abs. 2 SGB V einen Anhaltspunkt gibt, die dem Versicherten für **längstens fünf Arbeitstage im Kalenderjahr** für jedes Kind einen Anspruch auf Pflege-Krankengeld gibt. Mit diesem Zeitraum ist der Verhinderungszeitraum abgegrenzt, der nach § 616 Abs. 1 BGB als verhältnismäßig nicht erhebliche Zeit anzusehen ist (BAG v. 19.4.1978, 5 AZR 834/76, www.stotax-first.de). Im Hinblick auf die Vermeidung einer übermäßigen Belastung des Arbeitgebers ist daher von einem Anspruch auf **maximal fünf Arbeitstage pro Betreuungsfall** auszugehen, zumal tarifvertraglich der Anspruch nicht selten noch weitergehend verkürzt ist.

Kann eine andere Person die Pflege des erkrankten Kleinkindes übernehmen, kann der Arbeitnehmer keinen Anspruch auf bezahlte Freistellung geltend machen (Ausnahme: § 45 Abs. 4 SGB V). Steht bei Beginn der Erkrankung des Kleinkindes eine Pflegeperson zur Verfügung, jedoch nicht für die gesamte Dauer der Pflegebedürftigkeit, so hat der Arbeitnehmer Anspruch seinerseits auf bezahlte Freistellung, wenn er innerhalb des ihm zustehenden Freistellungszeitraumes (regelmäßig fünf Tage) keine Ersatzpflegeperson finden konnte; diese **Frist zur Suche einer Ersatzperson** beginnt mit dem Zeitpunkt zu laufen, in dem der Arbeitnehmer davon erfährt, dass die bisherige Pflegeperson ausfallen wird (BAG v. 20.6.1979, 5 AZR 479/77, www.stotax-first.de).

> **Beispiel:**
> Eine Arbeitnehmerin hat eine Tochter, die an Windpocken erkrankt ist und nach ärztlicher Bescheinigung für die Zeit vom 5. bis 14. Januar pflegebedürftig ist.
> Vom 5. bis 11. Januar pflegt der auf Besuch weilende Schwager der Arbeitnehmerin das Kind. Nach dessen Abreise führt die Arbeitnehmerin vom 12. bis 14. Januar die Pflege fort und bleibt der Arbeit fern.
> Bei dieser Fallgestaltung hat die Arbeitnehmerin seit Kenntnis von der Abreise ihres Schwagers fünf Tage Zeit gehabt, um für die Zeit nach der Abreise eine andere Pflegeperson zu suchen und zu finden. Der Arbeitgeber ist deshalb nicht zur Bezahlung der Zeit der Arbeitsverhinderung vom 12. bis 14. Januar verpflichtet.

> Anders wäre die Rechtslage in dem Beispielsfall, wenn der Schwager plötzlich durch Krankheit seinerseits ab 12. Januar ausgefallen wäre: Dann hätte die Arbeitnehmerin bezahlte Freistellung für die weitere Zeit der Pflegebedürftigkeit beanspruchen können.

dd) Verschulden

2304 Der Arbeitnehmer hat einen Anspruch auf bezahlte Freistellung nur dann, wenn die Arbeitsverhinderung nicht auf sein **Verschulden** zurückzuführen ist. Im Zusammenhang mit der Erkrankung eines Kleinkindes ist dem Arbeitnehmer jedoch nicht als Verschulden anzulasten, dass er nicht schon für die ersten Tage einer plötzlich auftretenden Erkrankung des Kleinkindes Vorsorge getroffen hat (BAG v. 19.4.1978, 5 AZR 834/76, www.stotax-first.de). An den **Verschuldensmaßstab** wird i.S. einer erforderlichen unverschuldeten Zwangslage ein strenger Maßstab anzulegen sein (BAG v. 21.5.1992, 2 AZR 10/92, www.stotax-first.de).

ee) Abdingbarkeit

2305 Der Anspruch des Arbeitnehmers auf bezahlte Freistellung wegen Erkrankung eines Kleinkindes richtet sich für alle Arbeitnehmer nach § 616 Abs. 1 BGB. Diese gesetzliche Regelung kann zumindest **durch Tarifvertrag** ganz oder teilweise **eingeschränkt** werden. Diese tariflichen Vorschriften sind dann für die Dauer des Anspruchs des Arbeitnehmers auf bezahlte Freistellung maßgebend.

> **Beispiel:**
> Eine technische Sachbearbeiterin hatte ihre 3-jährige Tochter in einem Kindergarten untergebracht, die dort an einem fieberhaften Infekt erkrankte. Die Kinderärztin bescheinigte, dass die Tochter aus medizinischen Gründen für acht Tage der mütterlichen Pflege bedürfe. Die Arbeitnehmerin blieb aus diesem Grund für vier Tage der Arbeit fern und verlangte vom Arbeitgeber die Bezahlung der ausgefallenen Arbeitszeit. Ein auf das Arbeitsverhältnis anwendbarer Tarifvertrag bestimmte, dass im Falle der Erkrankung eines Kleinkindes mangels anderweitiger Versorgungsmöglichkeit die Angestellte bis zur Dauer von 16 Stunden ohne Gehaltsminderung freigestellt werden sollte.
> Die Arbeitnehmerin besitzt entsprechend der tariflichen Einschränkung Anspruch auf Gehaltsfortzahlung für die beiden ersten Pflegetage, für die beiden weiteren Pflegetage jedoch nicht.

Für die Ausfallzeiten durch tarifliche Einschränkung lebt der **Krankengeldanspruch** nach § 45 SGB V wieder auf.

Eine Einschränkung oder gar ein Ausschluss des gesetzlichen Anspruchs nach § 616 Abs. 1 BGB muss allerdings aus einer tarifvertraglichen Regelung **eindeutig** hervorgehen. Bei einer fehlenden eindeutigen Einschränkung in einem Tarifvertrag muss also davon ausgegangen werden, dass der Anspruch nach § 616 Abs. 1 BGB auf bezahlte Freistellung nicht abbedungen ist (BAG v. 20.6.1979, 5 AZR 479/77, www.stotax-first.de).

Ob der Anspruch auf bezahlte Freistellung auch durch einzelvertragliche Vereinbarung gänzlich **ausgeschlossen** werden kann, ist noch nicht abschließend geklärt; eine die gesetzliche Ausgangsregelung **einschränkende** vertragliche Vereinbarung ist jedenfalls zulässig (BAG v. 20.6.1979, 5 AZR 479/77, www.stotax-first.de).

ff) Wahlrecht der Eltern

2306 Sind im Falle der Erkrankung eines Kleinkindes **beide Elternteile berufstätig**, so können nicht etwa beide Elternteile bezahlte Freistellung verlangen; auch kann nicht der Arbeitgeber unter Hinweis auf den jeweils anderen Elternteil dem bei ihm beschäftigten Arbeitnehmer den Anspruch ablehnen. Vielmehr **entscheiden die Eltern** in eigener Verantwortung, welcher Elternteil im Interesse des Wohlergehens des Kindes die Pflege wahrnimmt. An diese Entscheidung ist der Arbeitgeber gebunden. Er kann weder eine Aufteilung des Krankenpflegelohns auf beide Arbeitgeber verlangen noch etwa eine abwechselnde Pflege der Eltern (BAG v. 20.6.1979, 5 AZR 479/77, www.stotax-first.de).

> **Beispiel:**
> Das Ehepaar ist bei verschiedenen Arbeitgebern beschäftigt. Ihr Kleinkind erkrankt und bedarf der Pflege. Die Eheleute entscheiden, dass der Ehemann der Arbeit fernbleiben und das Kind pflegen soll.
> Diese Entscheidung muss der Arbeitgeber des Ehemanns akzeptieren. Er kann nicht auf die Ehefrau mit dem Argument verweisen, sie sei als Mutter für die Pflege besser geeignet. Er kann sich auch nicht darauf berufen, der Arbeitgeber der Ehefrau müsse sich hälftig an der Bezahlung der Freistellung des Ehemanns beteiligen.

Pflegezeiten

Die Entscheidungsfreiheit der Eltern ist nur bei einer **missbräuchlichen Entscheidung oder** bei einem **vorrangigen Interesse** des Arbeitgebers unbeachtlich.

gg) Höhe der Entgeltfortzahlung bei Arbeitsverhinderung

2307 Der Arbeitnehmer hat bei Arbeitsverhinderung aus den genannten Gründen Anspruch auf Arbeitsvergütung nach dem **Lohnausfallprinzip**. Im Einzelnen wird auf die Darstellung zur Höhe der Entgeltfortzahlung im Krankheitsfall verwiesen (→ *Entgeltfortzahlung* Rz. 1089).

hh) Anrechnung anderweitigen Verdienstes

2308 Erhält der Arbeitnehmer für die Zeit der Arbeitsverhinderung Leistungen auf Grund **gesetzlicher** Kranken- und Unfallversicherung, so sind diese Leistungen auf die Entgeltfortzahlung des Arbeitgebers **anzurechnen**. Andere Leistungen bleiben demgegenüber außer Ansatz, wie beispielsweise Leistungen aus der gesetzlichen Rentenversicherung, aus privater Kranken- und Unfallversicherung, aus **Entschädigung** als Zeuge, Sachverständiger, Laienrichter oder Abgeordneter, soweit nicht derartige Entschädigungen wiederum davon abhängen, dass nicht der Arbeitgeber den Verdienstausfall zu begleichen hat (BAG v. 20.6.1979, 5 AZR 479/77, www.stotax-first.de).

Zur Verhinderung von doppelten Ansprüchen des Arbeitnehmers kann im Einzelarbeitsvertrag, in einer Betriebsvereinbarung oder auch in einem Tarifvertrag **vereinbart** werden, dass der Arbeitgeber bei Arbeitsverhinderung aus persönlichen Gründen nur insoweit zur Entgeltfortzahlung verpflichtet ist, wie der Arbeitnehmer nicht anderweitig Leistungen für die Ausfallzeit erhält (BAG v. 20.06.1995, 3 AZR 857/94, www.stotax-first.de).

2. Lohnsteuer

a) Allgemeines

2309 Zahlt der Arbeitgeber während der Pflegezeit den Arbeitslohn weiter, ergeben sich lohnsteuerlich keine Besonderheiten. Der Arbeitgeber hat den Arbeitslohn **nach den allgemeinen Vorschriften** zu versteuern. Entscheidend ist dabei der tatsächlich ausgezahlte Arbeitslohn. Zahlt der Arbeitgeber den Lohn nur teilweise weiter, ist der teilweise gezahlte Lohn Bemessungsgrundlage für die Lohnsteuer.

b) Familienpflegezeit

2310 Das Familienpflegezeitgesetz selbst enthält keine steuerlichen Regelungen. Gleichwohl hatten sich **in der Vergangenheit lohnsteuerliche Fragen** zu den arbeits-/sozialrechtlichen Regelungen im Hinblick auf die Förderstruktur – Gewährung eines Darlehens an den Arbeitgeber in Abhängigkeit von der Aufstockung des Arbeitsentgelts über Wertguthaben und dem Abschluss einer Familienpflegezeitversicherung durch den Arbeitnehmer – gestellt (BMF v. 23.5.2012, IV C 5 – S 1901/11/10005, BStBl I 2012, 617). Diese Regelungen gelten weiterhin, soweit die Übergangsregelung nach § 15 FPfZG Anwendung findet (s. dazu „ABC des Lohnbüros 2015" Rdnr. 2155).

Ab 2015 zahlt der Arbeitgeber bei Inanspruchnahme der Familienpflegezeit nur noch den entsprechend der Arbeitszeitverkürzung geminderten Arbeitslohn aus. Darüber hinaus erhält der Arbeitnehmer auf Antrag vom Bundesamt für Familie und zivilgesellschaftliche Aufgaben ein zinsloses Darlehen (§ 3 FPfZG).

Lohnsteuerlich liegt **Zufluss von Arbeitslohn nur in Höhe des reduzierten Arbeitsentgelts** vor. Das **zinslose Darlehen** des Bundesamts für Familie und zivilgesellschaftliche Aufgaben an den Arbeitnehmer (§ 3 Abs. 1 FPfZG), die Rückzahlung durch den Arbeitnehmer (§ 6 FPfZG) oder die Härtefallregelung (§ 7 FPfZG) führen beim Arbeitnehmer zu **keinen lohnsteuerpflichtigen Tatbeständen**.

3. Sozialversicherung

2311 Einzelheiten → *Pflegeversicherung* Rz. 2258.

Phantomentgelt

2312 **Im Bereich der Sozialversicherung gilt** grundsätzlich **das Entstehungsprinzip**. Dies bedeutet, dass Beiträge immer dann fällig werden, wenn der Anspruch des Arbeitnehmers auf das Arbeitsentgelt entstanden ist. Die gilt auch für den gesetzlich festgelegten Mindestlohn in Höhe von brutto 8,50 € je Zeitstunde.

Beitragsansprüche bei einmalig gezahltem Arbeitsentgelt entstehen jedoch **erst mit der tatsächlichen Auszahlung**.

Wichtig hierbei ist, dass der Arbeitnehmer **schriftlich auf die Zahlung verzichtet** haben muss, wenn ein Anspruch auf die Einmalzahlung, z.B. durch Tarifvertrag gegeben ist. Andernfalls fallen doch Beiträge an.

Obwohl es sich um eine beitragsrechtliche Regelung handelt, findet das sog. Zuflussprinzip **auch bei der versicherungsrechtlichen Beurteilung** Anwendung. Dies sind:

– die **Ermittlung des regelmäßigen Jahresarbeitsentgelts** in der Krankenversicherung,
– die Prüfung, ob das regelmäßige Arbeitsentgelt **die Geringfügigkeitsgrenze von 450 € überschreitet**,
– die Prüfung, ob das regelmäßige Arbeitsentgelt die **Gleitzonengrenze von 850 € übersteigt**.

Hat der Arbeitnehmer auf die Zahlung des einmalig gezahlten Arbeitsentgelts schriftlich verzichtet, kann es – ungeachtet der arbeitsrechtlichen Zulässigkeit – bei der **Ermittlung nicht berücksichtigt** werden.

Wurde die **Einmalzahlung zunächst berücksichtigt**, verbleibt es für die Vergangenheit bei der versicherungsrechtlichen Beurteilung, ggf. ist ab dem Zeitpunkt, an dem feststeht, dass die Einmalzahlung nicht zur Auszahlung gelangt, eine **neue Beurteilung vorzunehmen**.

Pkw-Nutzung

→ *Firmenwagen zur privaten Nutzung* Rz. 1226, → *Kraftfahrzeug* Rz. 1693, → *Reisekosten: Allgemeine Grundsätze* Rz. 2409, → *Wege zwischen Wohnung und erster Tätigkeitsstätte* Rz. 3133

Praktikanten

1. Arbeitsrecht

a) Begriffliches und Mindestlohn

2313 Praktikant ist nach der **neuen gesetzlichen Definition** gem. § 22 Abs. 1 Satz 3 MiLoG unabhängig von der Bezeichnung des Rechtsverhältnisses, wer sich nach der tatsächlichen Ausgestaltung und Durchführung des Vertragsverhältnisses für eine begrenzte Dauer zum Erwerb praktischer Kenntnisse und Erfahrungen einer bestimmten betrieblichen Tätigkeit zur Vorbereitung auf eine berufliche Tätigkeit unterzieht, ohne dass es sich dabei um eine Berufsausbildung i.S.d. Berufsbildungsgesetzes oder um eine damit vergleichbare praktische Ausbildung handelt.

Praktikanten gelten insoweit nach § 22 Abs. 1 Satz 2 MiLoG als **Arbeitnehmer** mit der Konsequenz, dass sie Anspruch auf den **gesetzlichen Mindestlohn** nach dem MiLoG besitzen mit folgenden **Ausnahmen**:

– Pflichtpraktikanten nach Ausbildungsordnung, hochschulrechtlicher Bestimmung, oder im Rahmen einer Ausbildung an einer gesetzlich geregelten Berufsakademie,
– Teilnehmer an Orientierungspraktika von maximal drei Monaten für die Aufnahme einer Ausbildung oder eines Studiums,
– Teilnehmer an ausbildungs- oder studiumsbegleitenden Praktika von maximal drei Monaten.

Zur Behandlung der echten und unechten Praktikanten beim neuen Mindestlohn im Einzelnen → *Mindestlohn* Rz. 2028..

Für **ausbildungsähnliche Rechtsverhältnisse** und damit auch für den Personenkreis dieser Praktikanten, die – zumeist nur für relativ kurze Zeit – eingestellt werden, um berufliche Kenntnisse, Fertigkeiten oder Erfahrungen zu erwerben, ohne dass es sich um eine Berufsausbildung i.S.d. BBiG handelt und soweit nicht ein Arbeitsverhältnis vereinbart ist, sollen nach dem Willen des Gesetzgebers gem. § 26 BBiG vertragsrechtliche Schutzvorschriften des Berufsbildungsgesetzes zur Anwendung kommen. Entscheidend ist ggf. in jedem Einzelfall in einem als Praktikum bezeichneten Vertragsverhältnis, ob es sich um ein ausbildungsähnliches Rechtsverhältnis mit Ausbildungselementen i.S.d. § 26 BBiG han-

⌊LSt⌉ = keine Lohnsteuerpflicht
⌊LSt⌉ = Lohnsteuerpflicht

Praktikanten

delt, bei dem der Ausbildungscharakter im Vordergrund steht oder ob das Rechtsverhältnis durch seine Ausgestaltung als Arbeitsverhältnis geprägt wird. Steht der Arbeitsverhältnischarakter der Beziehungen im Vordergrund, dient die Arbeitsleistung also in erster Linie und überwiegend in zeitlicher Hinsicht wirtschaftlichen Zwecken und nicht oder erst in zweiter Linie der Vermittlung beruflicher Kenntnisse, Fertigkeiten oder Erfahrungen, so findet zwar das Berufsbildungsgesetz mit seinen Schutzvorschriften keine Anwendung; für das Arbeitsverhältnis gelten dann aber natürlich die allgemeinen arbeitsrechtlichen Regeln, z.B. insbesondere die Pflicht zur Zahlung einer angemessenen Arbeitsvergütung.

Zur **Befristung** im Anschluss an ein früheres Praktikantenverhältnis gilt: Eine berufsvorbereitende Beschäftigung als Praktikant, wenn mit diesem kein Arbeitsvertrag abgeschlossen wurde, ist **kein Vorbeschäftigungsverhältnis** und steht daher der sachgrundlosen Befristung nach § 14 Abs. 2 TzBfG nicht entgegen (BAG v. 19.10.2005, 7 AZR 31/05, www.stotax-first.de).

Zur **europarechtlichen Arbeitnehmereigenschaft** eines Praktikanten im Zusammenhang von Massenentlassungen s. EuGH v. 9.7.2015, C-229/14, www.stotax-first.de.

Hinsichtlich einer ausführlichen **aktuellen Darstellung** s. D. Besgen, Die Welt der Praktikanten, B+P 2015, 666.

b) Abgrenzung zu ähnlichen Vertragsformen

aa) Abgrenzung Arbeitsverhältnis

2314 Das Praktikantenverhältnis unterscheidet sich vom normalen Arbeitsverhältnis dadurch, dass beim Praktikanten die **Ausbildung im Vordergrund** der Vertragsbeziehungen steht, während das Arbeitsverhältnis in erster Linie den reinen Austausch der Arbeitsleistung gegen Arbeitsvergütung zum Inhalt hat.

In **Missbrauchsfällen**, d.h. bei Benutzung der Praktikantenbezeichnung zur Verdeckung eines in Wahrheit vollzogenen Arbeitsverhältnisses gilt: Bei nicht überwiegendem Ausbildungszweck ist die Vereinbarung einer – geringen – Ausbildungsvergütung sittenwidrig und eine angemessene Vergütung geschuldet (LAG Baden-Württemberg v. 8.2.2008, 5 Sa 45/07, www.stotax-first.de). Erbringt ein Beschäftigter im Rahmen eines sog. Praktikantenvertrages auf Weisung des Arbeitgebers über einen längeren Zeitraum Leistungen, die nicht seiner Aus- oder Fortbildung dienen, sondern ganz überwiegend im betrieblichen Interesse liegen, so steht ihm hierfür ein Vergütungsanspruch gem. § 612 BGB zu (LAG Sachsen-Anhalt v. 18.5.2009, 6 Sa 432/08, www.stotax-first.de; zum lohnwucherischen „Anlernverhältnis" BAG v. 27.7.2010, 3 AZR 317/08, www.stotax-first.de). Steht in einem nahezu einjährigen sog. Praktikantenverhältnis der Ausbildungszweck nicht im Vordergrund, sondern liegt eine Eingliederung in die Arbeitsorganisation vor, so verstößt eine Vergütung i.H.v. 200 € für eine Vollzeittätigkeit gegen die guten Sitten und stellt einen **Fall unzulässigen Lohnwuchers dar**; vielmehr ist die übliche Vergütung zu zahlen (ArbG Kiel v. 19.11.2008, 4 Ca 1187 d/08, www.stotax-first.de). Außerdem besteht mindestens Anspruch auf den **gesetzlichen Mindestlohn** nach dem MiLoG (→ *Mindestlohn* Rz. 2028).

Geht es in einem **Konfliktfall** um die Frage, ob es sich im Einzelfall um ein – privilegiertes – Praktikantenverhältnis oder um ein normales Arbeitsverhältnis mit allen diesbezüglichen Rechten und Pflichten gehandelt hat, so ist letztlich entscheidend nicht die Bezeichnung und die Vereinbarung der Vertragsbeziehungen „auf dem Papier", sondern maßgeblich ist (wie z.B. bei der Abgrenzung freier Mitarbeit zum Arbeitsverhältnis) die praktische Durchführung der Vertragsbeziehungen (s. z.B. BAG v. 29.1.1992, 7 ABR 25/91, www.stotax-first.de; BAG v. 25.5.2005, 5 AZR 347/04, www.stotax-first.de).

bb) Abgrenzung zum Ausbildungsverhältnis

2315 Das normale Berufsausbildungsverhältnis nach dem Berufsbildungsgesetz unterscheidet sich vom Praktikantenvertrag dadurch, dass im Berufsausbildungsverhältnis die Ausbildung nach der vorgegebenen Berufsausbildungsordnung für einen anerkannten Ausbildungsberuf bis zum Prüfungsabschluss erfolgt. Der Praktikant absolviert demgegenüber nur einen praktischen Ausbildungsabschnitt im Betrieb ohne Abschlussprüfung in einem relativ kurzen Zeitraum bei weitgehender Eigenverantwortlichkeit für den Erfolg.

cc) Abgrenzung zum Werkstudenten

2316 Studenten nehmen häufig während der Semesterferien und auch während des Studiums eine Tätigkeit als Werkstudent (→ *Studenten* Rz. 2817) auf, insbesondere um ihr Studium zu finanzieren. Derartige Werkstudenten-Arbeitsverhältnisse sind arbeitsrechtlich als **normale Arbeitsverhältnisse** einzuordnen; es handelt sich ungeachtet der Bezeichnung nicht um Praktikantenverträge. Die Werkstudentenverträge sind lediglich unter bestimmten Voraussetzungen bei der Sozialversicherung privilegiert.

dd) Abgrenzung zum Schülerpraktikum

2317 In den letzten Jahren hat sich ein Betriebspraktikum für Schüler (→ *Schüler* Rz. 2653) verstärkt herausgebildet. Ein derartiges Betriebspraktikum hat den Zweck, einen Schüler und angehenden Auszubildenden/Arbeitnehmer mit dem praktischen Arbeits- und Berufsleben vertraut zu machen, und zwar noch vor dem Schulabschluss. Für die Durchführung derartiger Betriebspraktika für Schüler im Rahmen der Schulausbildung bestehen in den meisten Bundesländern Richtlinien und Erlasse. Bei den Betriebspraktika im vorgenannten Sinne handelt es sich nicht um arbeitsrechtlich relevante Praktikantenverhältnisse, sondern um eine schulische Ausbildung im Rahmen einer Schulveranstaltung in den Betrieben.

c) Hochschul- und Fachhochschulpraktikanten

2318 Bei verschiedenen Studiengängen eines Hochschulstudiums oder eines Fachhochschulstudiums ist eine praktische Ausbildung während der Studienzeit Bestandteil der Ausbildung. Der betreffende Student muss also diese praktische Ausbildung während des Studiums ggf. erfolgreich ablegen und nachweisen, um sein Studienziel erreichen zu können. Es handelt sich also um eine **eigenständige schulische Ausbildung bzw. Hochschulausbildung** außerhalb des Berufsbildungsgesetzes.

Studenten haben deshalb für ihr Studienpraktikum beispielsweise

– **keinen Anspruch auf Urlaub, Urlaubsentgelt oder Urlaubsgeld**,

– **keinen Anspruch auf Arbeitsentgelt**, Ausbildungsvergütung oder Unterhaltsbeihilfe,

– **keinen Anspruch** auf Einhaltung der besonderen **Kündigungsschutzbestimmungen** nach dem Berufsbildungsgesetz.

d) Praktikum vor und nach dem Studium

2319 Da nach der Rechtsprechung des BAG lediglich das Praktikum innerhalb des Studiums und als dessen Bestandteil als besonderer schulischer Ausbildungsgang von den Vorschriften des Berufsbildungsgesetzes ausgenommen ist, ergibt sich umgekehrt:

Ein Praktikum **vor Aufnahme** eines Hochschulstudiums oder einer Fachhochschulausbildung ist ein arbeitsrechtlich in vollem Umfang relevantes **Praktikantenverhältnis**, auf das gem. § 26 des Berufsbildungsgesetzes (BBiG) die Schutzregelungen nach §§ 10 bis 23 und 25 BBiG Anwendung finden. Dies gilt auch dann, wenn das Betriebspraktikum Voraussetzung für die Aufnahme des Studiums ist.

Dasselbe gilt für ein Berufspraktikum, das **im Anschluss an ein Studium** absolviert wird und ggf. absolviert werden muss.

2. Lohnsteuer

2320 Praktikanten, die für ihre Tätigkeit entlohnt werden, sind Arbeitnehmer. Es gelten daher die allgemeinen Bestimmungen über den Lohnsteuerabzug. Für **ausländische Praktikanten** können auf Grund von Doppelbesteuerungsabkommen Steuerbefreiungen in Betracht kommen (→ *Ausländische Praktikanten* Rz. 443; → *Ausländische Studenten* Rz. 446).

⌊LSt⌉

3. Sozialversicherung

a) Grundsätze

2321 Zum Zweck der Berufsausbildung beschäftigte Personen und damit auch Praktikanten sind **grundsätzlich sozialversicherungspflichtig**.

(SV)

Praktikanten

Auf Grund der Vielgestaltigkeit und der Besonderheiten der einzelnen Praktikanten haben sich jedoch infolge von gesetzgeberischen Aktivitäten oder höchstrichterlichen Entscheidungen folgende **Fallkonstellationen** herausgebildet, die in sozialversicherungsrechtlicher Hinsicht **unterschiedlich** zu behandeln sind (speziell zu der versicherungsrechtlichen Beurteilung der Praktika von Erziehern s. TOP 3 der Besprechung des GKV-Spitzenverbandes am 20./21.11.2013):

b) Zwischenpraktikum

2322 Unter einem Zwischenpraktikum ist der in der jeweiligen **Studien- oder Prüfungsordnung vorgeschriebene praktische Ausbildungsteil** zu verstehen, den ordentlich Studierende einer Hochschule oder einer sonstigen der wissenschaftlichen oder fachlichen Ausbildung dienenden Schule **während ihres Studiums** zu absolvieren haben. Für Zwischenpraktikanten besteht auf Grund der BSG-Rechtsprechung (BSG v. 30.1.1980, 12 RK 45/78, www.stotax-first.de, und BSG v. 17.12.1980, 12 RK 3/80, www.stotax-first.de) in der sozialversicherungsrechtlichen Beurteilung faktisch die Gleichstellung mit den Studenten. Durch das Wachstums- und Beschäftigungsförderungsgesetz v. 25.9.1996 ist die Vorschrift des § 5 Abs. 3 SGB VI über die **Rentenversicherungsfreiheit** der von Studenten ausgeübten Beschäftigungen **aufgehoben worden**. Dies hätte zur Folge, dass eingeschriebene Studenten, die während ihres Studiums ein Praktikum als Zwischensemester oder Praxissemester absolvieren, **bei einem Praktikumsbeginn nach dem 30.9.1996** stets rentenversicherungspflichtig wären. Es stellt sich nunmehr aber die Frage, ob immatrikulierte Zwischenpraktikanten, die ein in einer Studienordnung vorgeschriebenes Praktikum ableisten, in einem versicherungsrechtlich relevanten Beschäftigungsverhältnis stehen oder ob es sich um eine in den Betrieb verlagerte schulische Ausbildung handelt.

Die Spitzenverbände der Sozialversicherungsträger haben in ihrer Besprechung am 6.10.1999 hierzu die Auffassung vertreten, dass in diesen Fällen ein Beschäftigungsverhältnis i.S.d. § 7 Abs. 2 SGB IV regelmäßig zu verneinen ist. Diese Praktika sind integrierter Bestandteil der Ausbildung und werden durch die Schule begleitet. Ein Beschäftigungsverhältnis wird selbst dann nicht angenommen, wenn dem Praktikanten eine Vergütung gezahlt wird.

Üblicherweise ist in der Studien- und Prüfungsordnung definiert, wie groß der Umfang des Zwischenpraktikums mindestens sein muss. Orientiert am Bildungszweck ist eine solche Festschreibung des Umfangs sachgerecht. Dieser vorgeschriebene Umfang kann aber auch im Einzelfall überschritten werden, wenn der Student dies mit dem jeweiligen Betrieb vereinbart. Grundsätzlich endet das vorgeschriebene Praktikum mit dem Erreichen des definierten Umfangs.

Wird allerdings das gesamte Praktikum von der Hochschule anerkannt, dann bleibt die versicherungsrechtliche Beurteilung für das vorgeschriebene Zwischenpraktikum auch für die verlängerte Zeit bestehen. Dies ist dann anzunehmen, wenn weiterhin ein Zusammenhang zwischen dem Praktikum und dem Studium besteht. Im Zweifelsfall muss dieser Zusammenhang nachgewiesen werden.

Dies gilt auch hinsichtlich der Renten- und Arbeitslosenversicherung für Praktikanten der Landwirtschaftsschulen während der Ableistung des fachpraktischen Semesters in der elterlichen Landwirtschaft. In der landwirtschaftlichen Krankenversicherung sowie in der Pflegeversicherung besteht hingegen für diese Praktikanten Versicherungspflicht nach § 2 Abs. 1 Nr. 3 i.V.m. § 2 Abs. 4 Satz 1 KVLG 1989 bzw. nach § 20 Abs. 1 Satz 2 Nr. 3 i.V.m. Satz 1 SGB XI.

Studenten, die ein **nicht vorgeschriebenes Praktikum** ableisten, unterliegen seit 1.10.1996 als Arbeitnehmer der Rentenversicherungspflicht, es sei denn, die Beschäftigung erfüllt die Voraussetzungen der Geringfügigkeit i.S.d. § 8 Abs. 1 SGB IV. Liegt eine geringfügige Beschäftigung vor, hat der Arbeitgeber – anders als in der Krankenversicherung – nach ausdrücklicher Bestimmung in § 172 Abs. 3 Satz 2 SGB VI allerdings hier keinen pauschalen Beitrag zur Rentenversicherung zu zahlen (Besprechungsergebnis der Spitzenverbände der Sozialversicherungsträger über Fragen des gemeinsamen Beitragseinzugs v. 26./27.5.2004).

Unabhängig hiervon bleibt der Student/Praktikant im Rahmen der **studentischen Versicherung** krankenversicherungspflichtig und in der Folge nach § 20 Abs. 1 Nr. 9 SGB XI versicherungspflichtig in der Pflegeversicherung.

Gleiches gilt für die an einer ausländischen Hochschule immatrikulierten Studenten, die in Deutschland ein Praktikum absolvieren.

c) Vor- und Nachpraktikum

2323 Die zuvor beschriebenen Regelungen finden jedoch dann keine Anwendung, wenn ein in einer Studien- oder Prüfungsordnung vorgeschriebenes Praktikum absolviert wird, der Praktikant aber **nicht** an einer Hochschule oder Fachhochschule **immatrikuliert** ist.

Wird das vorgeschriebene Praktikum ohne Anspruch auf Arbeitsentgelt geleistet, kann in der Kranken- und Pflegeversicherung zwar keine Versicherungspflicht **als Arbeitnehmer** eintreten, jedoch ergibt sich in der Krankenversicherung auf Grund der **Sondervorschrift** des § 5 Abs. 1 Nr. 10 SGB V und in der Pflegeversicherung nach § 20 Abs. 1 Nr. 10 SGB XI **Versicherungspflicht**, wenn keine Familienversicherung dies ausschließt. Zu beachten ist weiterhin, dass der Praktikant nach § 8 Abs. 1 Nr. 5 SGB V in der Krankenversicherung und mit gleichzeitiger Wirkung auch für die Pflegeversicherung die **Befreiung beantragen** kann.

In der **Renten- und Arbeitslosenversicherung** sind diese Praktikanten als zur Berufsausbildung Beschäftigte auch ohne Entgeltzahlung nach § 1 Satz 1 Nr. 1 SGB VI bzw. § 25 Abs. 1 SGB III versicherungspflichtig. Für die Berechnung der Beiträge gelten die Regelungen des § 162 Nr. 1 SGB VI bzw. des § 342 SGB III; danach wird ein **fiktives monatliches Entgelt** i.H.v. 1 % der monatlichen Bezugsgröße angesetzt (2016 im Rechtskreis West = 29,05 €, im Rechtskreis Ost = 25,20 €).

d) Schülerpraktikanten

2324 Häufig leisten Schüler während ihrer schulischen Ausbildung für eine befristete Zeit – i.d.R. zwei bis drei Wochen – in Betrieben ihrer Wahl ein Praktikum, um Eindrücke aus dem Arbeitsleben und möglicherweise Entscheidungshilfen für eine spätere Berufswahl zu gewinnen. Diese Praktika begründen als Teil der schulischen Ausbildung keine Arbeitsverhältnisse, so dass keine Versicherungspflicht eintreten kann.

e) Fachschulpraktikum

2325 Für Fachschulpraktika gelten regelmäßig die Grundsätze der Sozialversicherungsfreiheit wie bei Hochschulstudenten.

Wird das Praktikum hingegen vor oder nach dem Fachschulbesuch abgeleistet, sind diese Praktikanten sozialversicherungspflichtig in der Kranken-, Pflege-, Renten- und Arbeitslosenversicherung. Die Sondervorschrift des § 5 Abs. 1 Nr. 10 SGB V ist auf Fachschüler nicht anwendbar (Gemeinsames Rundschreiben der Spitzenverbände der Sozialversicherungsträger v. 27.7.2004).

Prämien

2326 Prämien (z.B. Anreiz-, Anwesenheits-, Fang-, Qualitäts-, Treueprämien) werden vom Arbeitgeber gezahlt, um den Arbeitnehmer für **besondere Leistungen zu honorieren**, und zwar entweder den Arbeitnehmer als Einzelnen oder eine bestimmte Gruppe von Arbeitnehmern. Arbeitsrechtlich sind je nach Art der Prämie Besonderheiten und Mitbestimmungsrechte des Betriebsrats zu beachten.

Alle Prämien, die dem Arbeitnehmer im Rahmen seines Dienstverhältnisses zufließen, gehören zum **Arbeitslohn** (BFH v. 11.3.1988, VI R 106/84, BStBl II 1988, 726 betr. Sicherheitsprämien, die ein Arbeitgeber im Rahmen eines Sicherheitswettbewerbs zur Eindämmung der betrieblichen Unfälle an seine Arbeitnehmer zahlt).

Hierzu gehören auch Prämien, die der Arbeitgeber seinen Arbeitnehmern für **unfallfreies Fahren** innerhalb eines bestimmten Zeitraums gewährt. Auch Prämienrückvergütungen, die Versicherungsunternehmen dem Arbeitgeber wegen geringer Unfälle gewähren und die dieser wiederum an seine Arbeitnehmer weiterleitet, gehören zum Arbeitslohn der betroffenen Arbeitnehmer. Dies gilt auch dann, wenn der Arbeitgeber die Prämienrückvergütungen unter den in Betracht kommenden Arbeitnehmern **verlost** (→ Verlosungsgeschenke/Verlosungsgewinne Rz. 2999).

[LSt] = keine Lohnsteuerpflicht
[LSt] = Lohnsteuerpflicht

Praxisvertreter

→ *Arzt* Rz. 328

Preise

1. Abgrenzung zu steuerfreien Einnahmen

2327 Preise gehören bei Arbeitnehmern nur zum **steuerpflichtigen Arbeitslohn**, wenn sie in untrennbarem wirtschaftlichem Zusammenhang mit dem Dienstverhältnis stehen. Dieser Zusammenhang ist gegeben, wenn die Preisverleihung wirtschaftlich den **Charakter eines leistungsbezogenen Entgelts** hat und wenn sie sowohl Ziel als auch unmittelbare Folge der Tätigkeit ist. Das ist insbesondere der Fall, wenn der Preisträger zur Erzielung des Preises ein **besonderes Werk geschaffen** oder eine besondere Leistung erbracht hat (BMF v. 5.9.1996, IV B 1 – S 2121 – 34/96, BStBl I 1996, 1150; FG Münster v. 16.9.2009, 10 K 4647/07 F, EFG 2010, 27).

[LSt] [SV]

Keinen Zusammenhang mit dem Dienstverhältnis haben dagegen Einnahmen aus Preisen, deren Verleihung in erster Linie dazu bestimmt ist,

- das **Lebenswerk** oder Gesamtschaffen des Empfängers zu **würdigen**,
- die **Persönlichkeit des Preisträgers** zu ehren,
- eine **Grundhaltung auszuzeichnen** oder
- eine **Vorbildfunktion herauszustellen** (BFH v. 9.5.1985, IV R 184/82, BStBl II 1985, 427).

Dies kann ausnahmsweise auch angenommen werden, wenn zwar ein bestimmtes Werk oder eine **bestimmte Leistung Anlass für die Preisverleihung** war, zur Auswahl des Preisträgers jedoch dessen **Gesamtpersönlichkeit** oder (bisheriges) Gesamtschaffen entscheidend beigetragen haben. Davon ist z.B. bei der Vergabe des **Nobelpreises** auszugehen. Unter Anwendung dieser Grundsätze sind die jährlich vom Kuratorium Hessischer Kulturpreis verliehenen Kultur- und Förderpreise sowie der **Wächterpreis der Tagespresse**, der **Theodor-Wolff-Preis** und der **Deutsche Zukunftspreis für Technik und Innovation** nicht als steuerpflichtige Einnahmen der Preisträger anzusehen (OFD Frankfurt v. 14.5.2014, S 2120 A – 2 – St 210, StEd 2014, 395).

[LSt] [SV]

Diese Grundsätze gelten auch für die Verleihung von **Filmpreisen für künstlerische Einzelleistungen**, z.B. Preise für darstellerische Leistungen, Regie, Drehbuch, Kameraführung bzw. Bildgestaltung, Schnitt, Filmmusik, Ausstattung, Kostüme (BMF v. 23.12.2002, IV A 5 – S 2121 – 8/02 I, BStBl I 2003, 76).

2. Preise von Arbeitgebern

2328 Preise, die der Arbeitnehmer im Zusammenhang mit dem Dienstverhältnis vom Arbeitgeber erhält, sind steuer- und beitragspflichtig. Ein typischer Anwendungsfall hierfür ist die **Auslobung einer Reise für den erfolgreichsten Verkäufer** einer bestimmten Periode (→ *Incentive-Reisen* Rz. 1590).

[LSt] [SV]

Beispiel:
In einem Möbelgeschäft wird ein Preiswettbewerb veranstaltet. Der Arbeitnehmer, der im 1. Halbjahr die höchsten Umsätze tätigt, erhält als Preis eine Wochenendreise nach Hamburg.
Die Kosten der Reise sind als Sachbezug zu versteuern, weil der Arbeitnehmer die Reise nur wegen seiner besonderen Arbeitsleistung erhält.

Aber auch Preise, die die Arbeitnehmer anlässlich einer betrieblichen Verlosung vom Arbeitgeber erhalten, sind im Regelfall steuerpflichtiger Arbeitslohn. Zu den Ausnahmen → *Verlosungsgeschenke/Verlosungsgewinne* Rz. 2999.

3. Preise von Dritten

2329 Preise, die der Arbeitnehmer von dritter Seite erhält, sind ebenfalls Arbeitslohn, wenn die Preisverleihung nicht v.a. eine Ehrung der Persönlichkeit des Preisträgers darstellt, sondern wirtschaftlich den Charakter **eines leistungsbezogenen Entgelts** hat (BFH v. 23.4.2009, VI R 39/08, BStBl II 2009, 668). Dabei ist nicht entscheidend, ob es sich um Geldpreise oder Sachpreise handelt. Der **Arbeitgeber** ist aber nur dann zum **Lohnsteuerabzug verpflichtet**, wenn der Preis i.R.d. Dienstverhältnisses gewährt wird und der Arbeitgeber weiß oder erkennen kann, dass derartige Preise erbracht werden; dies ist insbesondere dann anzunehmen, wenn Arbeitgeber und Dritter verbundene Unternehmen i.S.v. § 15 AktG sind (→ *Lohnzahlung durch Dritte* Rz. 1949).

[LSt] [SV]

Beispiel 1:
Ein Arbeitnehmer erhält den vom Genossenschaftsverband seines Arbeitgebers ausgeschriebenen Nachwuchsförderpreis i.H.v. 5 000 €. Die einzureichenden Bewerbungsunterlagen sollten u.a. Beurteilungen der Persönlichkeit und der Leistungen des Bewerbers enthalten.
Das Preisgeld gehört zum steuerpflichtigen Arbeitslohn des Arbeitnehmers (BFH v. 23.4.2009, VI R 39/08, BStBl II 2009, 668).

Beispiel 2:
Ein Arbeitnehmer ist an einer Hochschule für Verwaltungswissenschaften tätig. Neben seiner Lehrtätigkeit fertigt er eine Habilitationsschrift. Auf Vorschlag des Rektors der Verwaltungshochschule wird ihm für diese Habilitationsschrift der mit 5 000 € dotierte „Förderpreis des Deutschen Bundestags für wissenschaftlichen und publizistischen Nachwuchs" verliehen.
Das Preisgeld gehört zum steuerpflichtigen Arbeitslohn des Arbeitnehmers (FG Schleswig-Holstein v. 15.3.2000, I 210/95, EFG 2000, 787).

Beispiel 3:
Ein Beamter ist in der Funktion eines Sachbearbeiters bei einem Bundesamt im Geschäftsbereich des Verkehrsministeriums tätig. Er erhielt im Rahmen eines Ideenwettbewerbs des Bundesinnenministeriums zum Bürokratieabbau ein Preisgeld. Die Teilnahme an dem Wettbewerb, mit dem nach dem Inhalt der Ausschreibung das Wissen und die Kompetenz der Mitarbeiter stärker für die Verwaltungspraxis genutzt werden sollten, war auf die Beschäftigten der Bundesverwaltung beschränkt.
Das Preisgeld gehört zum steuerpflichtigen Arbeitslohn des Beamten (FG Köln v. 12.6.2013, 4 K 759/10, EFG 2013, 1405).

Beispiel 4:
Ein Oberarzt hat neben seiner Tätigkeit als angestellter Krankenhausarzt in internationalen Arbeitsgruppen mit anderen medizinischen Wissenschaftlern Studienprotokolle erstellt. Die Arbeitsgruppen fanden meist im europäischen Ausland im Vorfeld von Fachkongressen statt. Er erhielt für seine Arbeit, die er i.R.d. internationalen Forschungsprojekts erstellt hatte, ein Preisgeld von einer Stiftung, die eng mit seiner Klinik verbunden war.
Das Preisgeld gehört **nicht** zum steuerpflichtigen Arbeitslohn des Oberarztes (FG Nürnberg v. 25.2.2014, 1 K 1718/12, EFG 2014, 1187).

Beispiel 5:
Ein Professor erhielt den von der Behörde für Wissenschaft und Forschung ausgelobten Lehrpreis der Freien und Hansestadt Hamburg (Hamburger Lehrpreis), mit dem herausragende und innovative Lehrleistungen an den Hamburger Hochschulen prämiert werden.
Das Preisgeld gehört zum steuerpflichtigen Arbeitslohn des Professors (FG Hamburg v. 25.2.2014, 3 K 126/13, EFG 2014, 1790).

4. Fernseh-Preisgelder

2330 Preisgelder für die **Teilnahme als Kandidat an einer Fernsehshow** sind als sonstige Einkünfte nach § 22 Nr. 3 EStG steuerbar (BFH v. 28.11.2007, IX R 39/06, BStBl II 2008, 469; BFH v. 24.4.2012, IX R 6/10, BStBl II 2012, 581 betr. Preisgeld eines Gewinners der Fernsehshow „Big Brother", Verfassungsbeschwerde durch BVerfG v. 24.4.2015, 2 BvR 1503/12, StEd 2015, 307 nicht zur Entscheidung angenommen, sowie FG Münster v. 15.1.2014, 4 K 1215/12 E, EFG 2014, 638 betr. Preisgeld aus der Fernsehshow „Die Farm"). Entscheidendes Kriterium für die Steuerbarkeit ist aber, dass der Auftritt des Kandidaten und das gewonnene Preisgeld in einem **gegenseitigen Leistungsverhältnis** stehen. Hierfür sprechen folgende Gesichtspunkte:

- Dem Kandidaten wird von Seiten des Produzenten ein **bestimmtes Verhaltensmuster** o.Ä. **vorgegeben**.

- Dem Kandidaten wird neben der Gewinnchance und dem damit verbundenen Preisgeld noch ein **erfolgsunabhängiges Antritts-, Tagegeld** usw. gezahlt.

Preise

keine Sozialversicherungspflicht = (SV)
Sozialversicherungspflicht = (SV)

- Das Format sieht grundsätzlich nicht nur einen einmaligen Auftritt vor, sondern erstreckt sich **über mehrere Folgen**. Der Kandidat muss hierfür ggf. Urlaub nehmen oder von der Arbeit freigestellt werden.
- Das Preisgeld hat die Funktion einer Entlohnung für eine Leistung. Es fließt als **Erfolgshonorar** zu.

Liegen **keine der vorstehenden Anhaltspunkte** vor, bleibt es auch bei im Rahmen von Fernsehsendungen gewonnenen Geldern **bei nicht steuerbaren Einnahmen** (BMF v. 30.5.2008, IV C 3 – S 2257/08/10001, BStBl I 2008, 645).

Zur ertragsteuerlichen Behandlung der Einnahmen **prominenter Kandidaten** aus Spiel- und Quizshows vgl. BMF v. 27.4.2006, IV B 2 – S 2246 – 6/06, BStBl I 2006, 342.

Private Nutzung betrieblicher Pkw

→ Firmenwagen zur privaten Nutzung Rz. 1226

Privatforstbedienstete

→ Forstbedienstete Rz. 1291

Privatversicherte

→ Beitragszuschuss zur Krankenversicherung Rz. 604

Professor

→ Hochschullehrer Rz. 1568

Progressionsvorbehalt

Inhaltsübersicht:

	Rz.
1. Bedeutung für den Arbeitgeber	2331
2. Berechnung der Einkommensteuer mit Progressionsvorbehalt	2332
3. Dem Progressionsvorbehalt unterliegende Leistungen/Einkünfte	2333
a) Lohn- und Einkommensersatzleistungen (§ 32b Abs. 1 Satz 1 Nr. 1 EStG)	2334
b) Bestimmte steuerfreie ausländische Einkünfte	2336
4. Lohnkonto/Lohnbescheinigung/Lohnsteuer-Jahresausgleich	2337
5. Einzelfragen	2338
a) Allgemeines	2338
b) Fehlende Lohn- oder Einkommensersatzleistungen	2339

1. Bedeutung für den Arbeitgeber

2331 Der sog. Progressionsvorbehalt nach § 32b EStG bewirkt, dass Lohnersatzleistungen usw. zwar **steuerfrei bleiben**, dass aber das übrige steuerpflichtige Einkommen mit dem – **grundsätzlich höheren – Steuersatz besteuert** wird, der sich ergibt, wenn die Lohnersatzleistungen usw. für die Ermittlung des Steuersatzes dem zu versteuernden Einkommen hinzugerechnet werden (vgl. ausführlich → Rz. 2332). Eine Auswirkung ergibt sich danach nur in den Fällen, in denen der Stpfl. oder auch sein mit ihm zusammen veranlagter Ehegatte/Lebenspartner im selben Jahr dem Progressionsvorbehalt unterliegende Leistungen (wie z.B. Arbeitslosengeld) und steuerpflichtige Einkünfte erzielt hat (weil z.B. die Arbeitslosigkeit nur einige Monate bestanden hat), nicht jedoch, wenn der Stpfl. das ganze Jahr neben den dem Progressionsvorbehalt unterliegenden Leistungen wie Arbeitslosengeld, Krankengeld usw. keine steuerpflichtigen Einkünfte bezieht.

Die Besteuerung mit dem Progressionsvorbehalt erfolgt zwar ausschließlich bei der **Einkommensteuerveranlagung** des Arbeitnehmers, so dass der **Arbeitgeber** diese oftmals schwierige Berechnung nicht durchzuführen hat. Er ist aber insoweit in das Verfahren zumindest „mittelbar eingebunden", indem er gesetzlich verpflichtet ist, die vom Progressionsvorbehalt erfassten **und von ihm gezahlten Lohnersatzleistungen usw.** (→ Rz. 2337) **sowohl im Lohnkonto besonders aufzuzeichnen als auch in der Lohnsteuerbescheinigung anzugeben**. Er muss daher wissen, welche Leistungen von § 32b EStG erfasst werden. Die Kenntnis dieser Regelung ist für ihn darüber hinaus von Bedeutung, weil Arbeitnehmer immer wieder – wenn es bei ihnen auf Grund des Progressionsvorbehalts bei der Einkommensteuerveranlagung zu Nachzahlungen kommt – meinen, der **Lohnsteuerabzug sei vom Arbeitgeber nicht zutreffend durchgeführt** worden.

Mit der Zusage, Übergangsleistungen an den Arbeitnehmer **„steuerfrei" zu erbringen**, verpflichtet sich ein Arbeitgeber noch nicht, auch die steuerliche Belastung zu übernehmen, die durch den Progressionsvorbehalt nach § 32b Abs. 2 EStG verursacht wird. Verpflichtet sich der Arbeitgeber dagegen ausdrücklich für die Dauer der Arbeitslosigkeit, die **Steuern zu übernehmen**, soweit sie „für das Übergangsgeld anfallen", so beinhaltet das, den ausgeschiedenen Arbeitnehmer steuerlich auch von der Mehrbelastung durch den Progressionsvorbehalt freizustellen. Die den Nettobetrag des zugesagten Übergangsgelds mindernde Steuerbelastung hat danach der Arbeitgeber zu übernehmen, soweit sie auf der Berücksichtigung der bezogenen Arbeitslosenunterstützung bei der Einkommensteuer beruht (BAG v. 29.7.2003, 9 AZR 100/02, HFR 2004, 268).

2. Berechnung der Einkommensteuer mit Progressionsvorbehalt

2332 Die tarifliche Einkommensteuer bemisst sich nach dem zu versteuernden Einkommen und kann „normalerweise" ohne zusätzliche Berechnungen der Grundtabelle oder Splittingtabelle entnommen werden (§ 32a Abs. 1 Satz 1 EStG).

Dies gilt nicht, wenn **Lohn- und Einkommensersatzleistungen**, aber auch **ausländische Einkünfte** (bei Arbeitnehmern z.B. nach dem **Auslandstätigkeitserlass**), dem Progressionsvorbehalt unterliegen. Die Einkommensteuer muss dann **wie folgt berechnet** werden:

- Zunächst ist das zu versteuernde Einkommen **ohne** die steuerfreien Lohn- und Einkommensersatzleistungen bzw. die steuerfreien Einkünfte zu ermitteln.
- Dem vorstehend ermittelten zu versteuernden Einkommen sind die dem **Progressionsvorbehalt unterliegenden Leistungen und Einkünfte** (→ Rz. 2333) hinzuzurechnen (**positiver Progressionsvorbehalt**) oder – sofern der Betrag negativ ist – von ihm **abzuziehen** (sog. **negativer Progressionsvorbehalt**). Die Lohn- und Einkommensersatzleistungen sind mit den Beträgen anzusetzen, die als **Leistungsbeträge nach den einschlägigen Leistungsgesetzen** festgestellt werden. Kürzungen, die sich im Fall der Abtretung oder durch den Abzug von Versichertenanteilen an den Beiträgen zur Renten-, Arbeitslosen- und ggf. Kranken- und Pflegeversicherung ergeben, bleiben unberücksichtigt (R 32b Abs. 2 EStR).

Bei der Ermittlung der dem Progressionsvorbehalt unterliegenden Leistungen i.S.v. § 32b Abs. 1 Satz 1 Nr. 1 EStG ist der Arbeitnehmer-Pauschbetrag von 1 000 € abzuziehen, soweit er nicht bei der Ermittlung der Einkünfte aus nichtselbständiger Arbeit abziehbar ist (§ 32b Abs. 2 Satz 1 Nr. 1 EStG). Auch beim Elterngeld sind die Leistungen nicht um den Arbeitnehmer-Pauschbetrag zu vermindern, wenn bei der Ermittlung der Einkünfte aus selbständiger Arbeit den Pauschbetrag übersteigende Werbungskosten abgezogen wurden (BFH v. 25.9.2014, III R 61/12, BStBl II 2015, 182, Verfassungsbeschwerde eingelegt, Az. beim BVerfG: 2 BvR 3057/14).

Bei der Ermittlung der ausländischen Einkünfte i.S.v. § 32b Abs. 1 Satz 1 Nr. 2 bis 5 EStG

- ist der Arbeitnehmer-Pauschbetrag von 1 000 € abzuziehen, soweit er nicht bei der Ermittlung der Einkünfte aus nichtselbständiger Arbeit abziehbar ist;
- sind Werbungskosten nur insoweit abzuziehen, als sie zusammen mit den bei der Ermittlung der Einkünfte aus nichtselbständiger Arbeit abziehbaren Werbungskosten den Arbeitnehmer-Pauschbetrag von 1 000 € übersteigen (§ 32b Abs. 2 Satz 1 Nr. 2 EStG).

Eine **Kürzung der Lohnersatzleistungen um gezahlte Sozialversicherungsbeiträge** ist nicht möglich, weil dies weder gesetzlich vorgesehen noch auf Grund einer verfassungskonformen Auslegung geboten ist (BFH v. 5.3.2009, VI R 78/06, www.stotax-first.de).

Die in § 32b Abs. 1 Satz 1 Nr. 2 bis 5 EStG (→ Rz. 2336) enthaltenen außerordentlichen Einkünfte sind dabei mit einem Fünftel anzusetzen.

Ein negativer Progressionsvorbehalt kann sich z.B. dadurch ergeben, dass unter den Progressionsvorbehalt fallende Lohn- und Einkommensersatzleistungen zurückgezahlt werden. Denn **Rückzahlungen** sind unabhängig davon, ob die zurückgezahlten Beträge im Jahr des Bezugs dem Progressionsvorbehalt unterlegen haben, von den im selben Kalenderjahr bezogenen Leistungsbeträgen abzuziehen. Ergibt sich ein negativer Betrag, weil die Rückzahlungen höher sind als die empfangenen Beträge oder weil keine Leistungen bezogen worden sind, so ist der negative Betrag bei der Berechnung des besonderen Steuersatzes nach § 32b EStG zu berücksichtigen. Aus Vereinfachungsgründen können zurückgezahlte Beträge dem Jahr der Ausstellung des Rückforderungsbescheids zugerechnet werden. Beantragt der Stpfl. die Zurechnung zum Abflussjahr, hat er den Zeitpunkt des Abflusses nachzuweisen oder glaubhaft zu machen (R 32b Abs. 3 EStR).

In bestimmten Fällen können Lohn- und Einkommensersatzleistungen rückwirkend wegfallen, so z.B. der Anspruch auf Krankengeld oder die Leistungen nach dem SGB III nach Zubilligung einer Rente. Zu Folgerungen bei **rückwirkendem Wegfall** s. R 32b Abs. 4 EStR, BFH v. 10.7.2002, X R 46/01, BStBl II 2003, 391 und FG Niedersachsen v. 13.11.2013, 8 K 111/13, EFG 2014, 1481, Revision eingelegt, Az. beim BFH: X R 30/14. Unterliegt ein Nachzahlungsbetrag sowohl der Tarifermäßigung des § 34 Abs. 1 EStG als auch dem negativen Progressionsvorbehalt des § 32b EStG, z.B. bei Rückzahlung von Arbeitslosengeld durch den Arbeitgeber, ist eine **integrierte Steuerberechnung nach dem Günstigkeitsprinzip** vorzunehmen. Danach sind die Ermäßigungsvorschriften in der Reihenfolge anzuwenden, die zu einer geringeren Steuerbelastung führt, als dies bei ausschließlicher Anwendung des negativen Progressionsvorbehalts der Fall wäre (BFH v. 15.11.2007, VI R 66/03, BStBl II 2008, 375).

- Der sich nach der vorstehenden Ermittlung ergebende durchschnittliche Steuersatz ist auf das zu versteuernde Einkommen ohne die steuerfreien Lohn- und Einkommensersatzleistungen bzw. Einkünfte anzuwenden.

Die dem Progressionsvorbehalt unterliegenden Leistungen/Einkünfte werden also **nicht tatsächlich besteuert**, sie erhöhen (beim positiven Progressionsvorbehalt) oder vermindern (beim negativen Progressionsvorbehalt) aber den **Steuersatz**, der auf das eigentliche zu versteuernde Einkommen anzuwenden ist. Der Progressionsvorbehalt ist auch anwendbar, wenn das zu versteuernde Einkommen unterhalb des Grundfreibetrags liegt oder diesen geringfügig überschreitet (BFH v. 29.8.2002, III B 16/02, www.stotax-first.de, m.w.N.). Durch den negativen Progressionsvorbehalt kann sich die Steuer bis auf 0 € mindern. Einschränkungen sind zu beachten. So kommt bei bestimmten ausländischen negativen Einkünften i.S.d. § 2a EStG, die auf Grund eines Doppelbesteuerungsabkommens freizustellen sind, kein negativer Progressionsvorbehalt in Betracht.

Beispiel:
1. Der verheiratete Arbeitnehmer A wurde im Laufe des Kalenderjahrs 2016 arbeitslos. Er bezog Arbeitslosengeld von 5 000 €. Das zu versteuernde Einkommen betrug 20 000 €.
2. Der verheiratete Arbeitnehmer B musste 2016 Arbeitslosengeld von 1 000 € zurückzahlen. Das zu versteuernde Einkommen betrug ebenfalls 20 000 €.

Die Steuerberechnung erfolgt unter Berücksichtigung des Progressionsvorbehalts wie folgt:

Arbeitnehmer	A	B
zu versteuerndes Einkommen	20 000 €	20 000 €
Arbeitslosengeld (Fall A)	5 000 €	
oder		
zurückgezahltes Arbeitslosengeld (Fall B)		1 000 €
zu versteuerndes Einkommen für die Berechnung des Steuersatzes	25 000 €	19 000 €
Steuer lt. Splittingtabelle	1 370 €	250 €
durchschnittlicher Steuersatz (bezogen auf 25 000 € bzw. 19 000 €, berechnet bis auf vier Stellen hinter dem Komma)	5,4800 %	1,3157 %
Die Anwendung des durchschnittlichen Steuersatzes auf das zu versteuernde Einkommen (20 000 €) ergibt als Steuer	1 096 €	263 €

Zum Vergleich:
Ohne Progressionsvorbehalt hätte sich bei beiden Arbeitnehmern eine Einkommensteuer von 412 € ergeben. Das heißt,
- bei A ergibt sich durch den Progressionsvorbehalt eine Steuerbelastung von 684 €,
- bei B dagegen ein Vorteil von 149 € (allerdings kein „echter" Vorteil, weil die seinerzeit erhaltenen Lohnersatzleistungen ebenfalls dem Progressionsvorbehalt unterlegen haben).

Das **BVerfG** hat entschieden, dass der Progressionsvorbehalt für Lohnersatzleistungen mit dem Grundgesetz vereinbar ist (s. BFH v. 29.7.2005, VI B 199/04, www.stotax-first.de, m.w.N.). Der Progressionsvorbehalt bei steuerfreien Auslandseinkünften ist mit EU-Recht vereinbar (BFH v. 19.7.2010, I B 10/10, www.stotax-first.de).

3. Dem Progressionsvorbehalt unterliegende Leistungen/Einkünfte

Dem Progressionsvorbehalt unterliegen insbesondere Lohn- und Einkommensersatzleistungen sowie bestimmte steuerfreie – insbesondere ausländische – Einkünfte: **2333**

a) Lohn- und Einkommensersatzleistungen (§ 32b Abs. 1 Satz 1 Nr. 1 EStG)

aa) Allgemeines

Zu den Lohn- und Einkommensersatzleistungen i.S.d. § 32b Abs. 1 Satz 1 Nr. 1 EStG gehören: **2334**

- **Arbeitslosengeld**, Teilarbeitslosengeld, Zuschüsse zum Arbeitsentgelt, **Kurzarbeitergeld**, **Insolvenzgeld**, Übergangsgeld nach dem SGB III; Insolvenzgeld, das nach § 170 Abs. 1 SGB III einem Dritten zusteht, ist dem Arbeitnehmer zuzurechnen;

- **Krankengeld, Mutterschaftsgeld,** Verletztengeld, Übergangsgeld oder vergleichbare Lohnersatzleistungen nach SGB V, SGB VI oder SGB VII, der RVO, dem KVLR oder dem Zweiten Gesetz über die Krankenversicherung der Landwirte; das gilt auch für Krankengeld, das ein freiwillig in einer gesetzlichen Krankenkasse Versicherter nach § 44 Abs. 1 SGB V erhält (BFH v. 26.11.2008, X R 53/06, BStBl II 2009, 376; BFH v. 26.11.2008, X R 59/06, www.stotax-first.de), **nicht** jedoch Leistungen nach der Berufskrankheitenverordnung sowie das Krankentagegeld aus einer privaten Krankenversicherung;

auch nach der Einführung des sog. Basistarifs in der privaten Krankenversicherung ist es **verfassungsrechtlich nicht zu beanstanden**, dass zwar das Krankengeld aus der gesetzlichen Krankenversicherung, nicht aber das Krankentagegeld aus einer privaten Krankenversicherung in den Progressionsvorbehalt nach § 32b Abs. 1 Satz 1 Nr. 1 Buchst. b EStG einbezogen wird (BFH v. 13.11.2014, III R 36/13, BStBl II 2015, 512);

Leistungen der gesetzlichen Krankenkassen für eine Ersatzkraft im Rahmen der Haushaltshilfe an nahe Angehörige unterliegen dagegen nicht dem Progressionsvorbehalt (BFH v. 17.6.2005, VI R 109/00, BStBl II 2006, 17); Entsprechendes gilt für vergleichbare Lohnersatzleistungen (OFD Rheinland v. 30.3.2006, S 2295 – 17 – St 2, www.stotax-first.de);

- **Mutterschaftsgeld**, Zuschuss zum Mutterschaftsgeld, die Sonderunterstützung nach dem MuSchG sowie der Zuschuss bei Beschäftigungsverboten für die Zeit vor oder nach einer Entbindung sowie für den Entbindungstag während einer Elternzeit nach beamtenrechtlichen Vorschriften;

- Arbeitslosenbeihilfe nach dem Soldatenversorgungsgesetz;

- Entschädigungen für den Verdienstausfall nach dem Infektionsschutzgesetz;

- Versorgungskrankengeld oder Übergangsgeld nach dem Bundesversorgungsgesetz;

- nach § 3 Nr. 28 EStG steuerfreie Aufstockungsbeträge oder Zuschläge;

- Verdienstausfallentschädigung nach dem Unterhaltssicherungsgesetz;

- Elterngeld nach dem Bundeselterngeld- oder Elternzeitgesetz; das Elterngeld unterliegt **in voller Höhe** dem Progressionsvorbehalt, d.h. auch insoweit, als der Mindestbetrag i.H.v. 300 € bzw. 150 € monatlich gezahlt wird (BFH v. 21.9.2009,

Progressionsvorbehalt

VI B 31/09, BStBl II 2011, 382, die Verfassungsbeschwerde wurde nicht zur Entscheidung angenommen, BVerfG v. 20.10.2010, 2 BvR 2604/09, StEd 2010, 723);
- nach § 3 Nr. 2 Buchst. e EStG steuerfreie Leistungen (bestimmte Leistungen ausländischer Rechtsträger, die ihren Sitz in einem EU-/EWR-Mitgliedstaat oder in der Schweiz haben), wenn vergleichbare Leistungen inländischer öffentlicher Kassen dem Progressionsvorbehalt unterfallen.

Das **Insolvenzgeld** ist bei der Anwendung des Progressionsvorbehalts nicht um darin enthaltene steuerfreie Sonn-, Feiertags- oder Nachtzuschläge zu kürzen (FG Niedersachsen v. 17.5.2005, 16 K 20150/03, EFG 2005, 1670). Soweit **Insolvenzgeld vorfinanziert** wird, das nach § 188 Abs. 1 SGB III einem Dritten zusteht, ist die **Gegenleistung** für die Übertragung des Arbeitsentgeltanspruchs **als Insolvenzgeld** i.S.d. § 32b Abs. 1 Nr. 1 Buchst. a EStG anzusehen; die an den Arbeitnehmer gezahlten Entgelte unterliegen **im Zuflusszeitpunkt dem Progressionsvorbehalt** (BFH v. 1.3.2012, VI R 4/11, BStBl II 2012, 596).

bb) Elektronisches Mitteilungsverfahren

2335 Als Starttermin für die erstmalige elektronische Übermittlung wurde das Kalenderjahr 2011 festgelegt (BMF v. 22.2.2011, IV C 5 – S 2295/11/10001, BStBl I 2011, 214). Daher haben alle **Träger von Sozialleistungen** die Daten über die im Kalenderjahr gewährten Leistungen sowie die Dauer des Leistungszeitraums für jeden Empfänger bis zum 28. Februar des Folgejahrs, für das Kalenderjahr 2016 also **bis zum 28.2.2017, nach amtlich vorgeschriebenem Datensatz durch amtlich bestimmte Datenfernübertragung zu übermitteln**, soweit die Leistungen nicht auf der Lohnsteuerbescheinigung (§ 41b Abs. 1 Satz 2 Nr. 5 EStG) auszuweisen sind. Der Empfänger der Leistungen ist entsprechend zu informieren und auf die steuerliche Behandlung dieser Leistungen und seine Steuererklärungspflicht hinzuweisen. In den Fällen des § 188 Abs. 1 SGB III ist Empfänger des an Dritte ausgezahlten Insolvenzgelds der Arbeitnehmer, der seinen Arbeitsentgeltanspruch übertragen hat (§ 32b Abs. 3 EStG).

Mitteilungspflichtige, die **nicht über die technischen Voraussetzungen** für die Übermittlung verfügen und denen **auf Grund geringer Fallzahlen** von Leistungen die Schaffung dieser Voraussetzungen nicht zuzumuten ist, können **auf Antrag die Daten auf Papier übermitteln**, bis ihnen ein geeignetes Verfahren zur Datenfernübertragung zur Verfügung gestellt wird. Der entsprechende Antrag ist **an die zuständige Landesbehörde** (in Niedersachsen an die OFD Niedersachsen) zu richten; nach Genehmigung sind die Papierbescheinigungen an das Wohnsitzfinanzamt des jeweiligen Leistungsempfängers zu senden (FinMin Niedersachsen v. 23.3.2011, S 2295 – 59 – 3342, www.stotax-first.de).

Im Hinblick auf die **Meldung von dem Progressionsvorbehalt unterliegenden Leistungen** nach § 32b Abs. 3 EStG in **Fällen der rückwirkenden Verrechnung zwischen Trägern der Sozialleistungen** gilt Folgendes (BMF v. 16.7.2013, IV C 5 – S 2295/12/10007 :001, BStBl I 2013, 922):

Hat ein Leistungsträger (LT 1) Sozialleistungen erbracht und ist der Anspruch auf diese wegen der rückwirkenden Zubilligung einer anderen Sozialleistung nachträglich ganz oder teilweise entfallen, ist der für die andere Leistung zuständige Leistungsträger (LT 2) grundsätzlich erstattungspflichtig (vgl. §§ 102 ff. SGB X). Es erfolgt insoweit regelmäßig kein Rückgriff beim Leistungsempfänger, sondern LT 2 erstattet LT 1 die an den Leistungsempfänger gezahlten Beträge. In diesen Fällen ist die ursprünglich von LT 1 gezahlte Sozialleistung in Höhe dieses Erstattungsanspruchs als Sozialleistung des LT 2 zu qualifizieren. Die von LT 2 gewährte Sozialleistung gilt in dieser Höhe im Zeitpunkt der Zahlung der ursprünglichen Leistung als dem Leistungsempfänger zugeflossen (vgl. BFH v. 10.7.2002, X R 46/01, BStBl II 2003, 391).

LT 2 hat den Leistungsbetrag und LT 1 hat den Minderungsbetrag (Stornierungsbetrag) jeweils in seiner Mitteilung nach § 32b Abs. 3 Satz 1 EStG für das Jahr zu berücksichtigen, in dem die ursprüngliche Leistung dem Leistungsempfänger zugeflossen ist. Eine zuvor bereits übersandte Mitteilung ist nach amtlich vorgeschriebenem Datensatz durch amtlich bestimmte Datenfernübertragung zu korrigieren. Der Stpfl. ist nach § 32b Abs. 3 Satz 2 EStG zu informieren.

Diese Regelungen gelten für die zur Meldung nach § 32b Abs. 3 EStG verpflichteten Sozialleistungsträger unabhängig davon, ob die andere Sozialleistung auch dem Progressionsvorbehalt unterliegt, die andere Leistung als steuerfreie Sozialleistung nicht dem Progressionsvorbehalt unterliegt oder die andere Sozialleistung als Rente zu besteuern ist (zur entsprechenden Rechtslage bei Renten: vgl. R 32b Abs. 4 EStR; BMF v. 19.8.2013, IV C 3 – S 2221/12/10010 :004/IV C 5 – S 2345/08/0001, BStBl I 2013, 1087,

Rdnr. 192 unter Berücksichtigung der Änderungen durch BMF v. 10.1.2014; IV C 3 – S 2221/12/10010 :003, BStBl I 2014, 70, BMF v. 10.4.2015, IV C 5 – S 2345/08/10001 :006, BStBl I 2015, 256 und BMF v. 1.6.2015, IV C 5 – S 2345/15/10001, BStBl I 2015, 475).

Spätestens für das Jahr 2014 haben die Träger der Sozialleistungen **korrekte elektronische Meldungen** oder Korrekturmeldungen **zu übermitteln**.

b) Bestimmte steuerfreie ausländische Einkünfte

Hierzu gehören: **2336**

- die nach dem **Auslandstätigkeitserlass** (→ *Auslandstätigkeitserlass* Rz. 464) steuerfreien Einkünfte;
- im Fall der im Kalenderjahr nur **zeitweise bestehenden unbeschränkten Steuerpflicht** (→ *Steuerpflicht: unbeschränkte* Rz. 2794) einschließlich des **Wechsels der Steuerpflicht** (→ *Steuerpflicht: Wechsel* Rz. 2801):

  sämtliche **ausländische Einkünfte**, die im Veranlagungszeitraum **nicht der deutschen Einkommensteuer unterlegen** haben; ausgenommen sind Einkünfte, die nach einem sonstigen zwischenstaatlichen Übereinkommen i.S.v. § 32b Abs. 1 Satz 1 Nr. 4 EStG steuerfrei sind und nach diesem Übereinkommen nicht unter dem Vorbehalt der Einbeziehung bei der Berechnung der Einkommensteuer stehen;

- in übrigen Fällen:
  - Einkünfte, die nach einem Abkommen zur Vermeidung der Doppelbesteuerung steuerfrei sind (§ 32b Abs. 1 Satz 1 Nr. 3 EStG); **nicht dem Progressionsvorbehalt unterliegen allerdings bestimmte Einkünfte aus EU-/EWR-Mitgliedsstaaten** (§ 32b Abs. 1 Satz 2 EStG); mit dieser Neuregelung – so die Begründung des Gesetzgebers – ist der Progressionsvorbehalt europarechtskonform ausgestaltet worden; der Gesetzgeber geht davon aus, dass ein negativer Progressionsvorbehalt nicht berücksichtigt werden muss, wenn im Gegenzug auch Auslandseinkünfte i.R.d. positiven Progressionsvorbehalts nicht berücksichtigt werden,
  - Einkünfte, die nach einem sonstigen zwischenstaatlichen Übereinkommen unter dem Vorbehalt der Einbeziehung bei der Berechnung der Einkommensteuer steuerfrei sind (§ 32b Abs. 1 Satz 1 Nr. 4 EStG),
  - Einkünfte, die bei unbeschränkter Steuerpflicht auf Antrag nach § 1 Abs. 3 EStG, bei Anwendung des § 1a EStG (Splitting, Realsplitting) oder des § 50 Abs. 2 Satz 2 Nr. 4 EStG (Veranlagung eines beschränkt steuerpflichtigen Arbeitnehmers) im Veranlagungszeitraum bei der Ermittlung des zu versteuernden Einkommens unberücksichtigt bleiben, weil sie nicht der deutschen Einkommensteuer oder einem Steuerabzug unterliegen; ausgenommen sind Einkünfte, die nach einem sonstigen zwischenstaatlichen Übereinkommen i.S.v. § 32b Abs. 1 Satz 1 Nr. 4 EStG steuerfrei sind und die nach diesem Übereinkommen nicht unter dem Vorbehalt der Einbeziehung bei der Berechnung der Einkommensteuer stehen (§ 32b Abs. 1 Satz 1 Nr. 5 EStG).

Nicht dem Progressionsvorbehalt nach § 32b Abs. 1 Satz 1 Nr. 2 bis 5 EStG unterliegen Leistungen, die nach § 3 Nr. 6 EStG steuerfrei sind (BFH v. 22.1.1997, I R 152/94, BStBl II 1997, 358). Dasselbe muss u.E. nach der Systematik auch für andere steuerfreie Leistungen nach § 3 EStG gelten, die bei inländischem Bezug nicht dem Progressionsvorbehalt unterliegen (→ *Steuerpflicht* Rz. 2769).

Im Rahmen der Ermittlung des Progressionsvorbehalts nach § 32b EStG sind ausländische Einkünfte ohne Abzug der im Ausland gezahlten Beiträge zur gesetzlichen Krankenversicherung zu berücksichtigen (BFH v. 3.11.2010, I R 73/09, HFR 2011, 757). Die Nichtberücksichtigung der im Ausland gezahlten Sozialversicherungsabgaben im Rahmen der Anwendung des Progressionsvorbehalts ist weder verfassungs- noch europarechtswidrig (FG Saarland v. 17.7.2008, 2 K 2194/05, EFG 2008, 1708).

4. Lohnkonto/Lohnbescheinigung/ Lohnsteuer-Jahresausgleich

Nicht alle vom Progressionsvorbehalt erfassten **Lohn- und Einkommensersatzleistungen** werden vom **Arbeitgeber** gezahlt. Soweit dies aber der Fall ist, muss er diese Leistungen im **Lohn- 2337**

[LSt] = keine Lohnsteuerpflicht
[LSt] = Lohnsteuerpflicht

Provisionen

konto aufzeichnen. Einzelheiten hierzu → *Lohnkonto* Rz. 1806. Ebenfalls aufzuzeichnen sind Bezüge, die nach einem **Doppelbesteuerungsabkommen** oder dem **Auslandstätigkeitserlass** von der Lohnsteuer freigestellt sind (→ *Lohnkonto* Rz. 1814).

Die aufgezeichneten Angaben hat der Arbeitgeber ferner in der **Lohnsteuerbescheinigung** anzugeben, damit das Finanzamt den Progressionsvorbehalt ggf. bei der Einkommensteuerveranlagung des Arbeitnehmers berücksichtigen kann (§ 41b Abs. 1 EStG).

Sofern der **Anspruch auf Arbeitslohn** während der Dauer des Arbeitsverhältnisses **für mehr als fünf aufeinander folgende Arbeitstage im Wesentlichen entfallen** ist, ohne dass vom Arbeitgeber Lohnersatzleistungen gezahlt werden, ist nach § 41 Abs. 1 Satz 6 EStG **jeweils der Großbuchstabe „U"** im Lohnkonto des Arbeitnehmers zu vermerken (→ *Lohnkonto* Rz. 1805). Die Bescheinigung des Großbuchstabens „U" in der Lohnsteuerbescheinigung gibt dem Finanzamt einen Anhaltspunkt für das Vorliegen von Lohnersatzleistungen.

In Fällen, in denen der Arbeitgeber Lohnersatzleistungen oder Einkünfte gezahlt hat, die dem Progressionsvorbehalt unterliegen, darf er **keinen Lohnsteuer-Jahresausgleich** durchführen (§ 42b Abs. 1 Satz 4 Nr. 4 und 6 EStG). Dasselbe gilt, wenn im Lohnkonto bzw. in der Lohnsteuerbescheinigung der Großbuchstabe „U" eingetragen ist (§ 42b Abs. 1 Satz 4 Nr. 4a EStG).

5. Einzelfragen

a) Allgemeines

2338 Für einen Arbeitnehmer ist stets eine **Pflichtveranlagung** zur Einkommensteuer durchzuführen, wenn die dem Progressionsvorbehalt unterliegenden Einkünfte und Leistungen insgesamt die Bagatellgrenze von 410 € übersteigen (§ 46 Abs. 2 Nr. 1 EStG). Diese Grenze verdoppelt sich **nicht** bei zusammen veranlagten Ehegatten/Lebenspartnern.

b) Fehlende Lohn- oder Einkommensersatzleistungen

2339 Hat ein Arbeitnehmer trotz Arbeitslosigkeit kein Arbeitslosengeld erhalten, weil ein entsprechender Antrag abgelehnt worden ist, so kann dies durch die Vorlage des Ablehnungsbescheids nachgewiesen werden. Hat der Arbeitnehmer keinen Antrag gestellt, so kann dies durch die Vorlage der vom Arbeitgeber nach § 312 SGB III ausgestellten Arbeitsbescheinigung im Original belegt werden. Kann ein Arbeitnehmer weder durch geeignete Unterlagen nachweisen noch in sonstiger Weise glaubhaft machen, dass er keine Lohn- oder Einkommensersatzleistungen erhalten hat, kann das Finanzamt bei der für den Arbeitnehmer zuständigen Agentur für Arbeit eine Bescheinigung darüber anfordern, ggf. **Negativbescheinigung** (R 32b Abs. 5 EStR).

Promotion

→ *Doktoranden* Rz. 853

Promotionskosten

→ *Fortbildung* Rz. 1296

Provisionen

1. Lohnsteuer

a) Allgemeines

2340 Erhalten Arbeitnehmer von ihren Arbeitgebern Vermittlungsprovisionen, so sind diese **grundsätzlich Arbeitslohn**, wenn sie für die Beschäftigung gezahlt werden. Beruhen die Zahlungen dagegen auf einem anderen Rechtsgrund, können ggf. gewerbliche oder sonstige Einkünfte angenommen werden (→ *Arbeitslohn* Rz. 246).

Arbeitnehmer eines Kreditinstituts erzielen Einkünfte aus nichtselbständiger Tätigkeit, wenn sie sog. **Tippprovisionen** für Hinweise auf mögliche Vertragsabschlüsse (Anbahnung von Immobiliengeschäften) erhalten und der Arbeitgeber auf Grund einer Interessenabwägung nach Treu und Glauben die Weitergabe solcher Informationen erwarten darf (BFH v. 7.11.2006, VI R 81/02, HFR 2007, 228).

Provisionen, die Versicherungsgesellschaften ihren im Innendienst beschäftigten Angestellten für die gelegentliche **Vermittlung von Versicherungen** zahlen, und Provisionen im Bankgewerbe für die **Vermittlung von Wertpapiergeschäften** sind Arbeitslohn, wenn die Vermittlungstätigkeit i.R.d. Dienstverhältnisses des Angestellten ausgeübt wird (BFH v. 7.10.1954, IV 405/53 U, BStBl III 1955, 17). Die Weiterleitung von **Provisionszahlungen Dritter** durch den Arbeitgeber an den Arbeitnehmer ist gleichfalls Arbeitslohn (R 19.4 Abs. 1 Satz 2 LStR).

Als Provisionszahlungen bezeichnete Preisnachlässe des Arbeitgebers bei Geschäften, die mit dem Arbeitnehmer als Kunden abgeschlossen werden, sind als Preisvorteile nach § 8 Abs. 3 EStG (→ *Rabatte* Rz. 2345) zu erfassen.

Ein leitender Angestellter ist **selbständig tätig,** wenn er dauerhaft seine Anstellung missbraucht und gegen Provisionszahlungen in seiner Eigenschaft als Vorstand bei der Auftragsvergabe Firmen bevorzugt (FG München v. 29.7.2004, 14 K 4355/01, www.stotax-first.de).

[LSt] [SV]

b) Provisionszahlungen von Bausparkassen und Versicherungen an Arbeitnehmer von Kreditinstituten

2341 Die steuerliche Behandlung der **Provisionszahlungen** von Bausparkassen und Versicherungen an Arbeitnehmer von Kreditinstituten ist in R 19.4 Abs. 2 LStR und ergänzenden Verwaltungsanweisungen (z.B. OFD Düsseldorf v. 25.5.2000, S 2332 A – St 223, www.stotax-first.de) geregelt. Dabei ist Folgendes zu beachten:

– Bei **Arbeitnehmern mit direktem Kundenkontakt** (z.B. hauptberufliche Kreditsachbearbeiter, Anlageberater, Kundenberater im Schalterdienst) sind **sämtliche Provisionszahlungen steuerpflichtiger Arbeitslohn.**

Bei diesen Arbeitnehmern wird somit **nicht danach unterschieden**, ob sie die Vertragsabschlüsse während der **Arbeitszeit oder in der Freizeit vermittelt** haben und ob die Provisionen für Verträge mit Fremden, für Abschlüsse im Verwandtenbereich oder für eigene Verträge gezahlt werden.

– Bei **Arbeitnehmern ohne direkten Kundenkontakt** handelt es sich bei den Provisionen für **Vertragsabschlüsse während der Arbeitszeit** mit Ausnahme der Provisionen für eigene Verträge um **steuerpflichtigen Arbeitslohn**.

Provisionszahlungen für in der **Freizeit** abgeschlossene Verträge sind bei diesen Arbeitnehmern dagegen **keine Einkünfte aus nichtselbständiger Arbeit**.

– Ist bei Vertragsabschlüssen und Eigenversicherungen durch Arbeitnehmer des Kreditinstituts nach den schriftlichen Vereinbarungen der Bausparkasse oder des Versicherungsunternehmens mit dem Kreditinstitut **ausschließlich das Kreditinstitut provisionsberechtigt**, so handelt es sich bei den von dem Kreditinstitut an die Arbeitnehmer **weitergeleiteten Provisionen stets um steuerpflichtigen Arbeitslohn**.

Es ist unerheblich, ob es sich dabei um Arbeitnehmer mit oder ohne direkten Kundenkontakt handelt oder ob die Verträge während der Arbeitszeit oder in der Freizeit vermittelt worden sind.

– Findet entsprechend den o.g. Tatbeständen die Vermittlungstätigkeit ihre Grundlage jedoch offensichtlich nicht in einer – ungeschriebenen – Nebenleistungspflicht aus dem Arbeitsvertrag, sondern beruhen die Provisionszahlungen an die Arbeitnehmer des Kreditinstituts dagegen ausschließlich auf **konkreten schriftlichen Vereinbarungen der Bausparkassen oder des Versicherungsunternehmens mit den Arbeitnehmern des Kreditinstituts**, so handelt es sich bei den Provisionszahlungen **nicht um steuerpflichtigen Arbeitslohn** aus dem Dienstverhältnis der Arbeitnehmer zum Kreditinstitut, sondern bei einer nachhaltigen Vermittlungstätigkeit um **Einkünfte aus Gewerbebetrieb** (§ 15 EStG) und bei einer nur gelegentlichen Vermittlungstätigkeit um **sonstige Einkünfte** (§ 22 Nr. 3 EStG).

Bei einer **nachhaltigen Vermittlungstätigkeit** sind auch die Provisionen für Eigenversicherungen als Einnahmen aus Gewerbebetrieb zu erfassen. Es ist nämlich davon auszugehen, dass sich diese Provisionen allein auf das gewerbliche Vertragsverhältnis zwischen Versicherungsgesellschaft (Bausparkasse) und Versicherungsvertreter gründen (BFH v. 27.2.1991,

Provisionen

XI R 24/88, www.stotax-first.de). Einem fremden Dritten würden für Eigenversicherungen nämlich keine Provisionen gezahlt. Die Frage, für wen eine Versicherung abgeschlossen wird, kann deshalb für die Qualifikation als gewerbliche Einkünfte keine Bedeutung haben. Bei einer erstmaligen oder gelegentlichen Vermittlungstätigkeit sind die Provisionen für Eigenversicherungen als Einnahmen nach § 22 Nr. 3 EStG zu erfassen (BFH v. 27.5.1998, X R 94/96, BStBl II 1998, 619).

c) Verfahren

2342 Wenn der Arbeitgeber weiß oder erkennen kann, dass als Arbeitslohn zu versteuernde Provisionen gezahlt werden, z.B. durch die Anzeige des Arbeitnehmers, hat er die Lohnsteuer einzubehalten und die damit verbundenen sonstigen Pflichten zu erfüllen (§ 38 Abs. 1 Satz 3 EStG, R 38.4 Abs. 2 LStR). Einzelheiten → *Lohnzahlung durch Dritte* Rz. 1949.

Provisionen, die nicht zum Arbeitslohn gehören, weil z.B. der Versicherungsvertrag außerhalb der Arbeitszeit vermittelt worden ist, sind in der Einkommensteuererklärung anzugeben.

2. Sozialversicherung

2343 Provisionen sind beitragsrechtlich nicht als einmalige Zuwendungen, sondern als laufendes Arbeitsentgelt zu behandeln und für die Beitragsberechnung dem Monat zuzuordnen, für den sie gezahlt werden. Vielfach werden Provisionen mit einer Verspätung von ein bis zwei Monaten ausgezahlt, so dass eine Neuberechnung der Beiträge erforderlich wäre. Um den dadurch entstehenden Aufwand zu vermeiden, können diese Provisionen dem Monat zugeordnet werden, in dem die Abrechnung erfolgt.

Bei betriebsüblich noch späteren Abrechnungen (viertel- oder halbjährlich) sind die Gehaltsabrechnungen rückwirkend zu berichtigen. Dabei können die Provisionen gleichmäßig auf den Zahlungszeitraum verteilt werden. Werden Provisionen erst nach Beendigung des Beschäftigungsverhältnisses ausgezahlt, sollte die Zuordnung entsprechend der während des Beschäftigungsverhältnisses üblichen Handlungsweise vorgenommen werden. Monatlich ausgezahlte Provisionen sind demnach dem letzten Lohnabrechnungszeitraum des Beschäftigungsverhältnisses zuzuordnen, während in größeren Abständen ausgezahlte Provisionen auf die entsprechenden Abrechnungszeiträume zu verteilen sind (vgl. Besprechungsergebnis der am gemeinsamen Beitragseinzug beteiligten Versicherungsträger, Die Beiträge 1984, 201).

Provisionen, die ohne Zuordnung auf bestimmbare Lohnabrechnungszeiträume gezahlt werden, können als einmalige Zuwendung behandelt werden.

Für Stornoreserven, die als einbehaltene Provisionen von Versicherungsgesellschaften z.T. mit erheblichen Verzögerungen ausgezahlt werden, gilt nach Auffassung der am gemeinsamen Beitragseinzug beteiligten Versicherungsträger (Die Beiträge 1986, 27) die für Provisionszahlungen geschilderte Regelung entsprechend.

Prozesskosten: Arbeitgeberersatz

2344 Ersetzt der Arbeitgeber dem Arbeitnehmer Prozesskosten, so ist der Arbeitgeberersatz steuer- und beitragspflichtiger **Arbeitslohn**.

Dies gilt auch dann, wenn der strafrechtliche Schuldvorwurf, gegen den sich der Arbeitnehmer zur Wehr setzt, durch sein **berufliches Verhalten veranlasst** gewesen ist und der Arbeitnehmer die Prozesskosten deshalb als Werbungskosten abziehen kann (BFH v. 19.2.1982, VI R 31/78, BStBl II 1982, 467). Ein steuerfreier **Werbungskostenersatz** durch den Arbeitgeber ist nicht möglich, weil es hierfür keine besondere Steuerbefreiungsvorschrift gibt (R 19.3 Abs. 3 Satz 1 LStR). Zum Werbungskostenabzug auch → *Werbungskosten* Rz. 3194 „Prozess- und Strafverteidigungskosten".

(LSt) (SV)

Prüfungsaufsicht

→ *Aufsichtsvergütungen* Rz. 359

Prüfungsvergütung

→ *Hochschullehrer* Rz. 1568, → *Nebenberufliche Lehr- und Prüfungstätigkeit* Rz. 2113

Psychologische Seminare

→ *Werbungskosten* Rz. 3182

Putzfrau

→ *Haushaltshilfe/Hausgehilfe* Rz. 1547

Quellenstaat

→ *Anrechnung/Abzug ausländischer Steuern* Rz. 154, → *Doppelbesteuerungsabkommen: Allgemeines* Rz. 855

Rabatte

Inhaltsübersicht:

		Rz.
1.	Allgemeines	2345
2.	Berechnung der Lohnsteuer bei Rabatten	2346
3.	Bewertungsvorschriften	2347
	a) Allgemeines	2347
	b) Wahlrecht	2348
4.	Gegenstand der Rabattgewährung	2349
	a) Veranlassung durch das Dienstverhältnis	2350
	b) Waren und Dienstleistungen	2351
	c) Sachbezüge vom Arbeitgeber	2352
5.	Bewertung nach § 8 Abs. 3 EStG	2353
	a) Allgemeines	2353
	b) Sonderregelung in der Automobilbranche	2354
	c) Unterschiede in der Bewertung nach § 8 Abs. 2 EStG und § 8 Abs. 3 EStG	2355
6.	Pauschalierung	2356
7.	Rabattgewährung an Angehörige	2357
8.	Mehrfache Gewährung des Rabattfreibetrags	2358
9.	Rabattgewährung durch Dritte	2359
	a) Allgemeines	2359
	b) Preisvorteile als Arbeitslohn	2360
	c) Aktive Mitwirkung des Arbeitgebers	2361
	d) Keine aktive Mitwirkung des Arbeitgebers	2362
	e) Bewertung der Rabattvorteile	2363
	f) Lohnsteuerabzug	2364
	g) Anzeige des Arbeitnehmers	2365
10.	Rabattgewährung bei beschädigter oder gebrauchter Ware	2366
	a) Waren mit unerheblichen Mängeln	2367
	b) Waren mit erheblichen Mängeln oder gebrauchte Waren	2368
11.	Rabattgewährung bei nachträglicher Gutschrift	2369
12.	Rabattgewährung im Versicherungsgewerbe	2370
13.	Rabattgewährung bei Gruppenversicherungen	2371
14.	Rabattgewährung im Bankgewerbe	2372
	a) Verbilligte Darlehen	2373
	b) Verbilligte Kontenführung	2380
	c) Aufzeichnungserleichterungen	2381
	d) Vorzugszins	2382
	e) Erwerb von Fondsanteilen	2383
	f) Vermittlung von Versicherungen	2384
	g) Veranstaltung von Reisen	2385
15.	Rabattgewährung im Hotelgewerbe	2386
16.	Aufzeichnungsvorschriften	2387
17.	Umsatzsteuer	2388
18.	Sozialversicherung	2389

1. Allgemeines

2345 Arbeitslohn sind grundsätzlich alle Einnahmen in Geld oder Geldeswert, die durch ein individuelles Dienstverhältnis veranlasst sind. Ein Veranlassungszusammenhang zwischen Einnahmen und einem Dienstverhältnis ist anzunehmen, wenn die Einnahmen dem Empfänger **nur mit Rücksicht auf das Dienstverhältnis** zufließen und sich als Ertrag seiner nichtselbständigen Arbeit darstellen. Die letztgenannte Voraussetzung ist erfüllt, wenn sich die Einnahmen im weitesten Sinne als Gegenleistung für das Zurverfügungstellen der individuellen Arbeitskraft erweisen (R 19.3 Abs. 1 LStR).

Überlässt der Arbeitgeber seinen Arbeitnehmern Waren oder Dienstleistungen unentgeltlich oder verbilligt, so liegt in dem Unterschiedsbetrag zwischen dem vereinbarten Preis und dem üblichen Preis **ein geldwerter Vorteil**, wenn der Arbeitnehmer die Verbilligung nur deshalb erhalten hat, weil er bei seinem Arbeitgeber beschäftigt ist. Dabei kommt es nicht darauf an, ob der Arbeitgeber es „wünscht", dass der Arbeitnehmer bei ihm einkauft. Eine **aufgezwungene Bereicherung führt nur dann nicht zum Arbeitslohn**, wenn der Vorteil dem Arbeitnehmer aufgedrängt wird, ohne dass ihm eine Wahl bei der Annahme des Vorteils bleibt und ohne dass der Vorteil eine Marktgängigkeit besitzt, wie z.B. bei Vorsorgeuntersuchungen leitender Angestellter (BFH v. 25.7.1986, VI R 203/83, BStBl II 1986, 868).

Erhält der Arbeitnehmer einen Preisnachlass, den ein fremder Dritter auch erhält, ist der Rabatt nicht durch das Dienstverhältnis veranlasst und führt daher nicht zu Arbeitslohn (BFH v. 26.7.2012, VI R 27/11, BStBl II 2013, 402).

> **Beispiel 1:**
> Der Arbeitgeber führt einen Jubiläumsverkauf durch, bei dem alle Waren mit einem Rabatt von 30 % verkauft werden.
> Kauft ein Arbeitnehmer solche Waren mit einem Rabatt von 30 %, gehört der Vorteil gegenüber dem Normalpreis nicht zum Arbeitslohn.

Von steuerpflichtigem Arbeitslohn kann ebenfalls nicht ausgegangen werden, wenn der Arbeitgeber an von den Arbeitnehmern benannte Dritte Rabatte gewährt, die auf Seiten der Arbeitnehmer nicht zu einer objektiven Bereicherung führen (FG Niedersachsen v. 3.12.1998, XI 183/96, EFG 1999, 335).

> **Beispiel 2:**
> Der Arbeitgeber betreibt ein Reiseunternehmen. Er gibt Reiseleistungen nicht nur an seine Arbeitnehmer, sondern auch an von seinen Arbeitnehmern benannte und mit diesen gemeinsam reisende, nicht mit ihnen verwandte Dritte verbilligt ab.
> Das FG hat die Preisvorteile, die die Dritten erhalten haben, nicht als Arbeitslohn der Arbeitnehmer angesehen.

Insbesondere wenn der Arbeitgeber seinen Arbeitnehmern **mehrere Vorteile** einräumt, ist die Entscheidung, ob steuerpflichtiger Arbeitslohn vorliegt, **nicht immer einfach** zu beantworten, vgl. hierzu beispielsweise FG München v. 17.1.2002, 7 K 1790/00, EFG 2002, 617.

Zur Vereinfachung des Besteuerungsverfahrens sind bei Rabatten, die der Arbeitnehmer von seinem Arbeitgeber erhält, **besondere Bewertungsvorschriften** sowie ein **Rabattfreibetrag** (§ 8 Abs. 3 EStG) eingeführt worden.

2. Berechnung der Lohnsteuer bei Rabatten

Gewährt der Arbeitgeber den Arbeitnehmern verbilligt Waren oder Dienstleistungen, so ist deren Geldwert mit dem laufenden Arbeitslohn zusammenzurechnen. Hat der Arbeitnehmer für die Waren oder Dienstleistungen eine Zahlung zu leisten, so kann die Zahlung auch mit dem auszuzahlenden Arbeitslohn verrechnet werden. Dieser Betrag darf nicht vom Bruttogehalt, sondern **nur vom Nettobetrag** abgezogen werden.

> **Beispiel:**
> Ein Arbeitnehmer in Köln (Steuerklasse III, rk, kein Kind, 22 Jahre) mit einem Bruttoarbeitslohn von 36 000 € im Jahr (3 000 € im Monat) erhält von seinem Arbeitgeber im März 2016 die Einrichtung für ein Kinderzimmer zum Preis von 1 000 €, die der Arbeitgeber üblicherweise für 1 500 € verkauft. Die 1 000 € werden vom laufenden Arbeitslohn einbehalten. Weitere Rabatte hat der Arbeitnehmer im laufenden Jahr nicht erhalten.
> Der Rabatt von 500 € ist unter Berücksichtigung des Preisabschlags von 4 % und Anwendung des Rabattfreibetrags von 1 080 € lohnsteuerfrei. Es ergibt sich folgende Lohnabrechnung:
>
> | | |
> |---|---:|
> | Bruttogehalt | 3 000,— € |
> | + geldwerter Vorteil | 0,— € |
> | = lohnsteuerpflichtiges Brutto | 3 000,— € |
> | ./. Lohnsteuer | 203,16 € |
> | ./. Solidaritätszuschlag (5,5 %) | 8,23 € |
> | ./. Kirchensteuer (9 %) | 18,28 € |
> | ./. Sozialversicherung | 606,75 € |
> | = Nettobetrag | 2 163,58 € |
> | ./. Zahlung des Arbeitnehmers für die Kinderzimmer-Einrichtung | 1 000,— € |
> | = Auszahlungsbetrag | 1 163,58 € |

3. Bewertungsvorschriften

a) Allgemeines

Für die Frage, welche Bewertungsvorschrift der Arbeitgeber für den verbilligten oder unentgeltlichen Bezug von Sachbezügen anzuwenden hat, kommt es entscheidend darauf an, ob der **Rabattfreibetrag von 1 080 €** zum Abzug kommt oder nicht. Die besondere Regelung des Rabattfreibetrags nach § 8 Abs. 3 EStG geht der Einzelbewertung nach allgemeinen Grundsätzen (üblicher Endpreis) und der Bewertung mit amtlichen Sachbezugswerten grundsätzlich vor. Der Arbeitgeber kann deshalb nach folgendem Schema vorgehen:

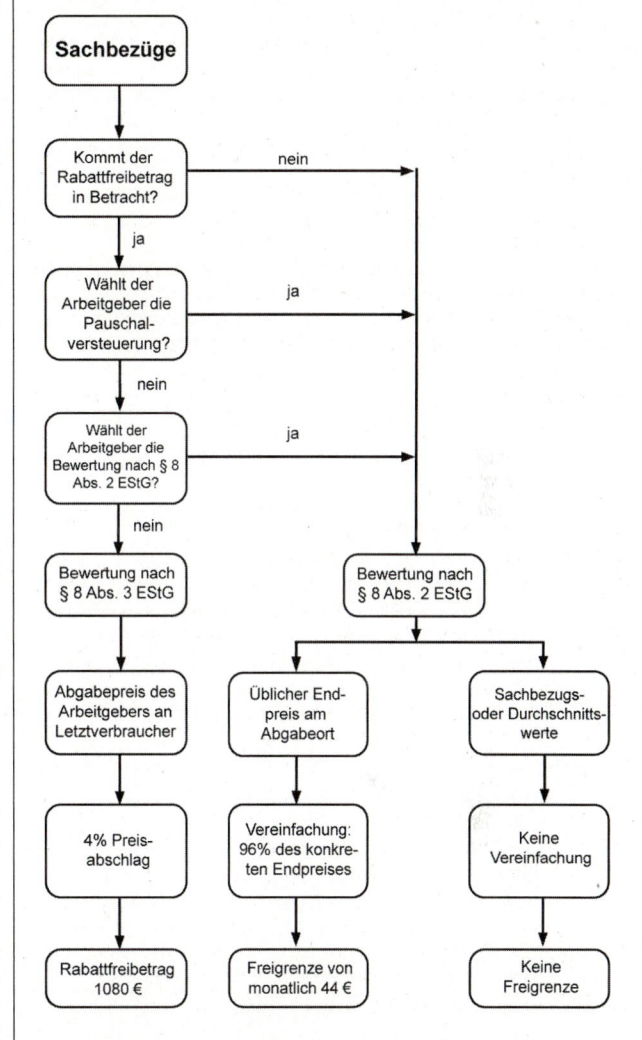

```
              Sachbezüge
                  │
                  ▼
         Kommt der
         Rabattfreibetrag ──── nein ────┐
         in Betracht?                   │
                  │                     │
                 ja                     │
                  ▼                     │
         Wählt der                      │
         Arbeitgeber die ──── ja ───────┤
         Pauschal-                      │
         versteuerung?                  │
                  │                     │
                 nein                   │
                  ▼                     │
         Wählt der                      │
         Arbeitgeber die ──── ja ───────┤
         Bewertung nach § 8             │
         Abs. 2 EStG?                   │
                  │                     │
                 nein                   │
                  ▼                     ▼
         Bewertung nach          Bewertung nach
         § 8 Abs. 3 EStG         § 8 Abs. 2 EStG
                  │                     │
                  ▼          ┌──────────┼──────────┐
         Abgabepreis des     Üblicher End-    Sachbezugs-
         Arbeitgebers an     preis am         oder Durchschnitts-
         Letztverbraucher    Abgabeort        werte
                  │                 │                │
                  ▼                 ▼                ▼
         4% Preis-          Vereinfachung:      Keine
         abschlag           96% des konkre-     Vereinfachung
                            ten Endpreises
                  │                 │                │
                  ▼                 ▼                ▼
         Rabattfreibetrag   Freigrenze von     Keine
         1080 €             monatlich 44 €     Freigrenze
```

Der Arbeitgeber muss bei der Bewertung stets folgende zwei Entscheidungskriterien prüfen:

- **Kann auf den gewährten Sachbezug der Rabattfreibetrag von 1 080 € angewendet werden?**

  Wird diese Frage bejaht, ist der Sachbezug grundsätzlich nach den Vorschriften des § 8 Abs. 3 EStG zu bewerten. Maßgebend ist deshalb der um 4 % geminderte Endpreis, zu dem der Arbeitgeber oder der am Abgabeort nächstansässige Abnehmer die Waren oder Dienstleistungen fremden Letztverbrauchern anbietet. Der Ansatz von Sachbezugswerten und die Anwendung der monatlichen Freigrenze von 44 € ist ausgeschlossen.

  Ist der Rabattfreibetrag von 1 080 € nicht anwendbar, so ist in diesen Fällen die Bewertung immer nach § 8 Abs. 2 EStG vorzunehmen (üblicher Endpreis am Abgabeort, Sachbezugswert, Durchschnittswert).

  Durch den **Rabattfreibetrag begünstigt** ist die unentgeltliche oder verbilligte Überlassung von

  – Waren und Dienstleistungen,

  – die der Arbeitnehmer auf Grund seines Dienstverhältnisses erhält, wobei es sich auch um ein früheres oder künftiges Dienstverhältnis handeln kann,

Rabatte

keine Sozialversicherungspflicht = Ⓢⱽ
Sozialversicherungspflicht = Ⓢⱽ

– die vom Arbeitgeber nicht überwiegend für den Bedarf der Arbeitnehmer hergestellt, vertrieben oder erbracht werden.

Der **Rabattfreibetrag gilt nicht**

– für Waren und Dienstleistungen, die der Arbeitgeber überwiegend für den Bedarf der Arbeitnehmer herstellt, vertreibt oder erbringt (z.B. Kantinenmahlzeiten),

– soweit Arbeitnehmer Waren beziehen oder Dienstleistungen erhalten können, die in einem mit dem Arbeitgeber im Konzern verbundenen Unternehmen hergestellt, gehandelt oder erbracht werden,

– wenn der Arbeitnehmer den als Lohn zu beurteilenden Sachbezug auf Veranlassung des Arbeitgebers **von einem Dritten** erhält, es sich also nicht um Waren oder Dienstleistungen des Arbeitgebers handelt. Dies gilt auch, wenn die Vorteilsgewährung durch den früheren Arbeitgeber (z.B. **Konzernmutter**), aber im Hinblick auf die Tätigkeit beim gegenwärtigen Arbeitgeber (z.B. Konzerntochter) erfolgt (BFH v. 8.11.1996, VI R 100/95, BStBl II 1997, 330),

– für Waren und Dienstleistungen, die der Arbeitgeber **nicht als eigene** liefert oder erbringt. Die Rabattbesteuerung greift nur ein, wenn der Sachbezug eine eigene Leistung des Arbeitgebers betrifft (BFH v. 4.11.1994, VI R 81/93, BStBl II 1995, 338).

> **Beispiel 1:**
> Der Arbeitgeber vermietet seinem Arbeitnehmer eine Wohnung verbilligt.
>
> • Vermietet der Arbeitgeber **überwiegend** an fremde Dritte, kann der Rabattfreibetrag angewendet werden.
>
>   Maßgebend ist die Miete, die der Arbeitgeber von Dritten erzielt, abzüglich 4 % Abschlag.
>
> • Vermietet der Arbeitgeber **nicht überwiegend** an fremde Dritte, kann der Rabattfreibetrag nicht angewendet werden.
>
>   Maßgebend ist die ortsübliche Miete.

> **Beispiel 2:**
> Der Arbeitgeber vermietet seinem Arbeitnehmer ein möbliertes Zimmer verbilligt.
>
> • Betreibt der Arbeitgeber **ein Hotel**, kann der Rabattfreibetrag angewendet werden.
>
>   Maßgebend ist der Zimmerpreis, den der Arbeitgeber von Dritten verlangt, abzüglich 4 % Abschlag.
>
> • Vermietet der Arbeitgeber möblierte Zimmer **nicht überwiegend** an fremde Dritte, kann der Rabattfreibetrag nicht angewendet werden.
>
>   Maßgebend ist der Sachbezugswert für eine Unterkunft.

> **Beispiel 3:**
> Der Arbeitgeber gewährt seinem Arbeitnehmer ein verbilligtes Mittagessen.
>
> • Betreibt der Arbeitgeber **eine Gaststätte**, kann der Rabattfreibetrag angewendet werden, weil diese Speisen überwiegend für fremde Dritte zubereitet werden.
>
>   Maßgebend ist der Preis lt. Speisekarte, abzüglich 4 % Abschlag.
>
> • Betreibt der Arbeitgeber **eine Kantine** nur für seine Arbeitnehmer, kann der Rabattfreibetrag nicht angewendet werden, weil die Speisen nicht überwiegend für fremde Dritte zubereitet werden.
>
>   Maßgebend ist der Sachbezugswert.

• **Soll der Sachbezug pauschal nach § 40 Abs. 1 EStG versteuert werden?**

Wird diese Frage bejaht, so ist der Sachbezug **nicht** nach den Vorschriften des § 8 Abs. 3 EStG, sondern nach § 8 Abs. 2 EStG zu bewerten. Maßgebend ist deshalb der um übliche Preisnachlässe geminderte übliche Endpreis am Abgabeort bzw. ein etwaiger Sachbezugs- oder Durchschnittswert. Die monatliche Freigrenze von 44 € ist zu beachten, soweit es sich nicht um Sachbezugs- oder Durchschnittswerte handelt. Der Rabattfreibetrag von 1 080 € kann nicht abgezogen werden.

> **Beispiel 4:**
> Der Arbeitgeber betreibt **eine Gaststätte** und gewährt seinem Arbeitnehmer ein verbilligtes Mittagessen. Der Arbeitgeber versteuert den geldwerten Vorteil pauschal nach § 40 EStG.
>
> Der Rabattfreibetrag kann nicht angewendet werden. Maßgebend für die Pauschalversteuerung ist der Sachbezugswert.

b) Wahlrecht

2348 **Der Arbeitnehmer** hat im Rahmen seiner Einkommensteuerveranlagung **die Wahl**, die Höhe des geldwerten Vorteils entweder nach der Regelung des § 8 Abs. 2 Satz 1 EStG ohne Bewertungsabschlag und Rabattfreibetrag oder mit diesen Abschlägen auf der Grundlage des Endpreises des Arbeitgebers nach § 8 Abs. 3 EStG bewerten zu lassen. Dem **Arbeitgeber** bleibt es unbenommen, im Lohnsteuerabzugsverfahren den geldwerten Vorteil nach § 8 Abs. 3 EStG zu bewerten. Er ist **nicht verpflichtet**, den geldwerten Vorteil nach § 8 Abs. 2 Satz 1 EStG zu bewerten (BMF v. 16.5.2013, IV C 5 – S 2334/07/0011, BStBl I 2013, 729). Damit folgt die Finanzverwaltung der Rechtsprechung (BFH v. 5.9.2006, VI R 41/02, BStBl II 2007, 309; BFH v. 26.7.2012, VI R 30/09, BStBl II 2013, 400; BFH v. 26.7.2012, VI R 27/11, BStBl II 2013, 402). Der Arbeitnehmer hat den im Lohnsteuerabzugsverfahren der Besteuerung zu Grunde gelegten Endpreis i.S.d. § 8 Abs. 3 Satz 1 EStG und den Endpreis i.S.d. § 8 Abs. 2 Satz 1 EStG **nachzuweisen** (z.B. formlose Mitteilung des Arbeitgebers, Ausdruck eines günstigeren inländischen Angebots im Zeitpunkt des Zuflusses).

> **Beispiel:**
> Ein Möbelhandelsunternehmen übereignet seinem Arbeitnehmer im Januar 2016 eine Schrankwand und im Februar 2016 eine Couch zu einem Preis von je 3 000 €. Bestell- und Liefertag fallen nicht auseinander. Der durch Preisauszeichnung angegebene Endpreis beträgt jeweils 5 000 €. Das Möbelhandelsunternehmen gewährt auf diese Möbelstücke durchschnittlich 10 % Rabatt. Ein anderes inländisches Möbelhandelsunternehmen bietet diese Couch im Februar 2016 auf seiner Internetseite für 4 000 € an. Der Arbeitgeber hat die geldwerten Vorteile nach § 8 Abs. 3 Satz 1 EStG bewertet. Der Arbeitnehmer beantragt im Rahmen seiner Einkommensteuerveranlagung die Bewertung des geldwerten Vorteils für die Couch nach § 8 Abs. 2 Satz 1 EStG und legt einen Ausdruck des günstigeren Angebots vor.
>
> – **Steuerliche Behandlung im Lohnsteuerabzugsverfahren:**
>
>   Endpreis i.S.d. § 8 Abs. 3 Satz 1 EStG ist der am Ende von Verkaufsverhandlungen durchschnittlich angebotene Preis des Arbeitgebers i.H.v. jeweils 4 500 € (= 5 000 € abzüglich durchschnittlichem Rabatt von 10 %). Zur Ermittlung des geldwerten Vorteils aus der Übereignung der Schrankwand ist der Endpreis um 180 € (= 4 %) zu kürzen, so dass sich nach Anrechnung des vom Arbeitnehmer gezahlten Entgelts von 3 000 € ein Arbeitslohn von 1 320 € ergibt. Dieser Arbeitslohn überschreitet den Rabattfreibetrag von 1 080 € um 240 €, so dass dieser Betrag für Januar 2016 zu versteuern ist. Zur Ermittlung des geldwerten Vorteils aus der Übereignung der Couch ist der Endpreis von 4 500 € um 180 € (= 4 %) zu kürzen, so dass sich nach Anrechnung des vom Arbeitnehmer gezahlten Entgelts von 3 000 € ein Arbeitslohn von 1 320 € ergibt. Der Rabattfreibetrag kommt nicht mehr in Betracht, weil er bereits bei der Ermittlung des geldwerten Vorteils aus der Übereignung der Schrankwand berücksichtigt wurde. Daher ist ein Arbeitslohn von 1 320 € für Februar 2016 zu versteuern.
>
> – **Steuerliche Behandlung im Veranlagungsverfahren:**
>
>   Endpreis i.S.d. § 8 Abs. 2 Satz 1 EStG ist die nachgewiesene günstigste Marktkondition i.H.v. 4 000 €. Zur Ermittlung des geldwerten Vorteils aus der Übereignung der Couch ist der Endpreis nicht zu kürzen, so dass sich nach Anrechnung des vom Arbeitnehmer gezahlten Entgelts ein Arbeitslohn von 1 000 € (statt bisher 1 320 €) ergibt. Die Freigrenze für Sachbezüge nach § 8 Abs. 2 Satz 11 EStG ist überschritten, so dass ein Arbeitslohn von 1 000 € zu versteuern ist. Der bisher versteuerte Arbeitslohn ist durch das Finanzamt um 320 € zu mindern.

4. Gegenstand der Rabattgewährung

2349 Voraussetzung für die Bewertung nach § 8 Abs. 3 EStG ist, dass der Arbeitnehmer auf Grund seines Dienstverhältnisses **Waren oder Dienstleistungen** erhält, die vom Arbeitgeber nicht überwiegend für den Bedarf seiner Arbeitnehmer hergestellt, vertrieben oder erbracht werden und deren Bezug nicht nach § 40 EStG pauschal versteuert wird.

Von dem Grundsatz, dass die Zuwendung vom Arbeitgeber erfolgen muss, gibt es eine **Ausnahme**:

Nach § 12 Abs. 8 Deutsche Bahn Gründungsgesetz (DBGrG) gilt § 8 Abs. 3 EStG für die nach § 12 Abs. 2 und 3 DBGrG zugewiesenen Beamten und die Ruhestandsbeamten des früheren Sondervermögens Deutsche Bundesbahn entsprechend. Daher ist der **Rabattfreibetrag** auf Fahrvergünstigungen, die die Deutsche Bahn AG Ruhestandsbeamten des Bundeseisenbahnvermögens gewährt, **anwendbar** (BFH v. 26.6.2014, VI R 41/13, BStBl II 2015, 39). Voraussetzung für die Anwendung des Rabattfreibetrags ist jedoch, dass die verbilligten Bahnfahrkarten **unter gleichen Beförderungsbedingungen** auch betriebsfremden Bahngästen angeboten werden.

a) Veranlassung durch das Dienstverhältnis

2350 Die Sachbezüge müssen dem Arbeitnehmer auf Grund **seines Dienstverhältnisses** zufließen. Dabei kann es sich auch um Sachbezüge handeln, die dem Arbeitnehmer **ausschließlich wegen seines früheren oder künftigen Dienstverhältnisses** zufließen. Diese Voraussetzung ist nur dann erfüllt, wenn das frühere Dienstverhältnis nicht nur eine notwendige, sondern auch eine ausreichende Bedingung für die Vorteilsgewährung darstellt und es unerheblich ist, ob der ehemalige Arbeitnehmer noch und ggf. bei wem berufstätig ist. Ist aber eine der Voraussetzungen für die Vorteilsgewährung die gegenwärtige Beschäftigung im Konzernverbund, wird der Vorteil nicht ausschließlich auf Grund des früheren Dienstverhältnisses gewährt; der Rabattfreibetrag kann nicht gewährt werden (BFH v. 8.11.1996, VI R 100/95, BStBl II 1997, 330). Steht der Arbeitnehmer im Kalenderjahr nacheinander oder nebeneinander in mehreren Dienstverhältnissen, so sind die Sachbezüge aus jedem Dienstverhältnis unabhängig voneinander zu beurteilen. Auf Sachbezüge, die der Arbeitnehmer nicht unmittelbar vom Arbeitgeber erhält, ist § 8 Abs. 3 EStG nicht anwendbar (R 8.2 Abs. 1 Nr. 1 LStR); zur steuerlichen Erfassung und Bewertung derartiger Sachbezüge → *Sachbezüge* Rz. 2601.

> **Beispiel 1:**
> Ein Arbeitgeber gewährt allen früheren Arbeitnehmern, die Altersrente beziehen, die gleichen Rabattvorteile wie den aktiven Arbeitnehmern.
>
> Der Rabattfreibetrag ist grundsätzlich auch bei den Rentnern anzuwenden, weil sie die Sachbezüge ausschließlich auf Grund ihres früheren Dienstverhältnisses erhalten.

> **Beispiel 2:**
> Ein Arbeitgeber gliedert eine Betriebsabteilung aus. Die früheren Arbeitnehmer erhalten weiterhin die gleichen Rabattvorteile wie vor der Ausgliederung.
>
> Der Rabattfreibetrag ist nicht anzuwenden, weil die Rabattgewährung nicht ausschließlich auf Grund des früheren Dienstverhältnisses erfolgt. Wollte man dies bejahen, so müsste der Arbeitgeber allen ausgeschiedenen Arbeitnehmern – also auch denen, die jetzt bei einem anderen Arbeitgeber arbeiten – die Rabattvorteile zubilligen (BFH v. 8.11.1996, VI R 100/95, BStBl II 1997, 330).

b) Waren und Dienstleistungen

2351 Die Sachbezüge müssen in der Überlassung von Waren oder in Dienstleistungen bestehen.

Diese Voraussetzung ist auch dann erfüllt, wenn der Arbeitgeber **freiwillig gezahltes** Weihnachtsgeld nicht als Geldbetrag auszahlt, sondern in **Form von Warengutscheinen** seinen Arbeitnehmern aushändigt. Voraussetzung ist allerdings, dass den Arbeitnehmern **kein Wahlrecht** eingeräumt wird. In diesem Fall fließt dem Arbeitnehmer der Sachbezug als Arbeitslohn bei Einlösung des Gutscheins zu, → *Warengutscheine* Rz. 3119. Wird hingegen ein **tariflich festgelegter** Urlaubsgeldanspruch gegen einen beim Arbeitgeber einzulösenden Warengutschein ausgetauscht, fließt dem Arbeitnehmer Barlohn zu, wenn der Arbeitnehmer nicht unter Änderung seines Anstellungsvertrags auf einen Teil seines Barlohns verzichtet (BFH v. 6.3.2008, VI R 6/05, BStBl II 2008, 530).

> **Beispiel 1:**
> Die Arbeitnehmer eines Warenhauskonzerns erhalten im Dezember 2015 statt eines freiwilligen Weihnachtsgelds Warengutscheine in gleicher Höhe. Ein Wahlrecht wird den Arbeitnehmern nicht zugestanden. Ein Arbeitnehmer löst seinen Gutschein i.H.v. 1 000 € im Januar 2016 beim Kauf eines Computers ein.
>
> Dem Arbeitnehmer fließt der Vorteil nicht bei Erhalt des Gutscheins, sondern bei dessen Einlösung zu, also im Januar 2016. Da der Rabattfreibetrag von 1 080 € sowie der Abschlag von 4 % zum Tragen kommen, hat der Arbeitnehmer **keinen geldwerten Vorteil** zu versteuern.

> **Beispiel 2:**
> Die Arbeitnehmer eines Möbelhauses können auf Grund einer Vereinbarung mit dem Betriebsrat wählen, ob sie im Juli statt des tarifvertraglich zustehenden Urlaubsgelds einen Warengutschein in gleicher Höhe erhalten wollen, der bis Ende des Jahres einzulösen ist; eine Barauszahlung des Gutscheins ist ausgeschlossen.
>
> Auch wenn der Arbeitnehmer den Warengutschein gewählt hat, ist das in dieser Form gezahlte Urlaubsgeld als Barlohn zu behandeln. Denn die Arbeitnehmer haben auf ihren Barlohnanspruch nicht zu Gunsten eines Sachlohns verzichtet, sondern den Barlohn zum Erwerb des Warengutscheins verwendet (BFH v. 6.3.2008, VI R 6/05, BStBl II 2008, 530).

Zu den **Waren** gehören alle Wirtschaftsgüter, die im Wirtschaftsverkehr wie Sachen (§ 90 BGB) behandelt werden (R 8.2 Abs. 1 Nr. 2 LStR), z.B. bewegliche und unbewegliche Sachen wie **Grundstücke, Strom, Wärme, Gas, Wasser, Tabak, Zigaretten, Freiflüge, Deputate, Freitrunk**. Sie umfassen die gesamte eigene Produktpalette des jeweiligen Arbeitgebers.

> **Beispiel 3:**
> Die Besatzungsmitglieder eines Flusskreuzfahrtschiffs erhalten an Bord ein einheitliches Essen, das besonders zubereitet wird und nicht den Speisen für die Passagiere entspricht.
>
> Der Rabattfreibetrag ist anwendbar, weil der Arbeitgeber Speisen überwiegend für Fremde zubereitet. Es ist nicht entscheidend, dass die den Passagieren gereichten Speisen in gleicher Weise auch den Arbeitnehmern zur Verfügung gestellt werden. Es kommt nur darauf an, dass die Leistung – hier die Zubereitung von Speisen – überhaupt zur Produktpalette des Arbeitgebers gehört (BFH v. 21.1.2010, VI R 51/08, BStBl II 2010, 700).

Auf **Rohstoffe**, **Zutaten** und **Halbfertigprodukte** ist der Rabattfreibetrag anwendbar, wenn diese mengenmäßig überwiegend in die Erzeugnisse des Betriebs eingehen. **Betriebs- und Hilfsstoffe**, die mengenmäßig überwiegend nicht an fremde Dritte abgegeben werden, sind dagegen nicht begünstigt (R 8.2 Abs. 1 Nr. 3 LStR). Soweit allerdings ein Krankenhaus **Medikamente** an die Belegschaft abgibt, ist der Rabattfreibetrag zu berücksichtigen (BFH v. 27.8.2002, VI R 63/97, BStBl II 2002, 881).

Als **Dienstleistungen** kommen alle anderen Leistungen in Betracht, die üblicherweise gegen Entgelt erbracht werden (R 8.2 Abs. 1 Nr. 2 LStR), z.B. auch **Beförderungsleistungen, Beratung, Werbung, Datenverarbeitung, Kontenführung und Versicherungsschutz sowie Reiseveranstaltungen**. Dienstleistungen umfassen nicht nur solche i.S.d. § 611 BGB, sondern alle Sachbezüge der eigenen Leistungspalette des jeweiligen Arbeitgebers. Insoweit reicht es aus, wenn der Arbeitnehmer durch die Dienstleistung **bereichert** wird, z.B. Kontoführung oder die unentgeltliche Inspektion eines Kraftfahrzeugs oder einer Heizungsanlage. Die leih- oder mietweise Überlassung von Grundstücken, Wohnungen, möblierten Zimmern oder von Kraftfahrzeugen, Maschinen und anderen beweglichen Sachen sowie die Gewährung von Darlehen sind ebenfalls Dienstleistungen (BFH v. 4.11.1994, VI R 81/93, BStBl II 1995, 338).

> **Beispiel 4:**
> Ein Hotelbetrieb stellt einem Angestellten ein übliches Hotelzimmer unentgeltlich zur Verfügung.
>
> Da die Nutzungsüberlassung zu den Dienstleistungen des Arbeitgebers zählt, ist der Abzug des Rabattfreibetrags möglich. Die Bewertung erfolgt nach § 8 Abs. 3 EStG, es gilt der um 4 % geminderte Endpreis, zu dem der Arbeitgeber das Hotelzimmer fremden Letztverbrauchern, also Hotelgästen, anbietet.

c) Sachbezüge vom Arbeitgeber

Voraussetzung für die Gewährung des Rabattfreibetrags ist ferner, **2352** dass es sich um Waren handelt, die **vom Arbeitgeber** hergestellt oder vertrieben werden, oder um Dienstleistungen, die vom Arbeitgeber erbracht werden.

Rabatte

keine Sozialversicherungspflicht = (SV̄)
Sozialversicherungspflicht = (SV)

Der Begriff des Arbeitgebers ist zwar im Einkommensteuerrecht nicht definiert. In Umkehrung des Begriffs des Arbeitnehmers (§ 1 Abs. 2 LStDV) ergibt sich aber, dass Arbeitgeber derjenige ist, dem der Arbeitnehmer die Arbeitsleistung schuldet, unter dessen Leitung er tätig wird oder dessen Weisungen er zu folgen hat. Dies ist regelmäßig der Vertragspartner des Arbeitnehmers aus dem Dienstvertrag. **Im Falle eines Konzerns** sind Arbeitnehmer grundsätzlich nur im Verhältnis zu dem Konzernunternehmen arbeitsvertraglich gebunden, mit dem ihr Dienstvertrag geschlossen ist; **nur dieses Konzernunternehmen hat unmittelbar Weisungsrechte**. Der Arbeitnehmer hat auch nur gegenüber diesem Unternehmen Rechtsansprüche (z.B. auf Zahlung des Arbeitslohns, einer Entgeltfortzahlung oder des Urlaubsgelds), die er grundsätzlich auch nur gegenüber diesem Unternehmen gerichtlich durchsetzen könnte (BFH v. 21.2.1986, VI R 9/80, BStBl II 1986, 768).

Das bedeutet, dass **Arbeitnehmer von Konzernunternehmen** oder ein **überbetrieblicher Belegschaftshandel nicht** durch den Rabattfreibetrag **steuerlich begünstigt werden** (BFH v. 15.1.1993, VI R 32/92, BStBl II 1993, 356). Der Rabattfreibetrag ist aber zu gewähren, wenn der bisherige Arbeitgeber bei einer Umstrukturierung des Konzerns einen Unternehmensteil ausgliedert, den zu diesem Unternehmen umgesetzten Arbeitnehmern die bisherigen Rabatte weiter gewährt und diese sonstige gewichtige Beiträge zur Herstellung der Ware erbringen (BFH v. 1.10.2009, VI R 22/07, BStBl II 2010, 204).

Bei Waren oder Dienstleistungen kann der Rabattfreibetrag nur angewendet werden, wenn sie **vom Arbeitgeber hergestellt, vertrieben oder erbracht** werden. Es ist jedoch nicht erforderlich, dass die Leistungen des Arbeitgebers zu seinem üblichen Geschäftsgegenstand gehören. Es reicht aber nicht aus, dass der Arbeitgeber die Waren oder Dienstleistungen nur vermittelt (BFH v. 7.2.1997, VI R 17/94, BStBl II 1997, 363).

Beispiel 1:
Eine Konzernobergesellschaft hat vier Konzerntöchter. Die Konzerngesellschaft A stellt Computer her, die Konzerngesellschaft B Nahrungsmittel, die Konzerngesellschaft C ist im Bankgeschäft tätig und die Konzerngesellschaft D vertreibt die von A und B hergestellten Waren. Alle Arbeitnehmer des Konzerns erhalten Rabattvorteile bei den hergestellten Waren und können bei C verbilligt ein Konto führen. Die im Bankgeschäft tätige C vermittelt gelegentlich den Verkauf von Computern der A an ihre Kunden.

Zur Anwendung des Rabattfreibetrags gilt Folgendes:

- Die **Arbeitnehmer der Konzernobergesellschaft** erhalten beim verbilligten Bezug der Waren oder für die verbilligte Kontenführung bei C **keinen Rabattfreibetrag**, weil ihr Arbeitgeber weder Waren oder Dienstleistungen herstellt, vertreibt oder erbringt.
- Die **Arbeitnehmer von A** erhalten auf den verbilligten Bezug von Computern den Rabattfreibetrag, weil ihr Arbeitgeber Computer herstellt. Auf den Bezug von Nahrungsmitteln oder für die verbilligte Kontenführung bei C kann der Rabattfreibetrag nicht gewährt werden.
- Die **Arbeitnehmer von B** erhalten auf den verbilligten Bezug von Nahrungsmitteln den Rabattfreibetrag, weil ihr Arbeitgeber Nahrungsmittel herstellt. Auf den Bezug von Computern oder für die verbilligte Kontenführung bei C kann der Rabattfreibetrag nicht gewährt werden.
- Die **Arbeitnehmer von C** erhalten auf die verbilligte Kontenführung den Rabattfreibetrag, weil ihr Arbeitgeber die Dienstleistung erbringt. Auf den Bezug von Computern und Nahrungsmitteln kann der Rabattfreibetrag nicht gewährt werden. Für die Gewährung des Rabattfreibetrags reicht es nicht aus, dass C Computer der A vermittelt (BFH v. 7.2.1997, VI R 17/94, BStBl II 1997, 363).
- Die **Arbeitnehmer von D** erhalten auf den verbilligten Bezug von Computern und Nahrungsmitteln den Rabattfreibetrag, weil ihr Arbeitgeber Computer und Nahrungsmittel vertreibt. Auf die verbilligte Kontenführung bei C kann der Rabattfreibetrag nicht gewährt werden.

Beispiel 2:
Die Arbeitnehmer einer Druckerei erhalten jeweils ein Freiexemplar einer Zeitung. Die Druckerei führt den Satz und den Druck der Zeitung im Auftrag der Schwesterfirma aus, die Herausgeber der Zeitung ist und den Inhalt und die Satzvorgaben für die Zeitung übermittelt.

Der Rabattfreibetrag von 1 080 € kann berücksichtigt werden, weil die Druckerei Hersteller der Zeitung ist. Denn Hersteller einer Ware i.S.d. § 8 Abs. 3 EStG kann auch derjenige Arbeitgeber sein, der im Auftrag und nach den Plänen und Vorgaben eines anderen die Ware produziert (BFH v. 28.8.2002, VI R 88/99, BStBl II 2003, 154).

Weitere Voraussetzung für die Gewährung des Rabattfreibetrags ist, dass die zu bewertenden Waren oder Dienstleistungen zur **Produktpalette des Arbeitgebers** gehören. Das bedeutet, dass der Arbeitgeber **mit den Produkten** entweder selbst oder über Abnehmer **am Markt erscheinen** muss (BFH v. 27.8.2002, VI R 63/97, BStBl II 2002, 881; BFH v. 27.8.2002, VI R 158/98, BStBl II 2003, 95; BFH v. 18.9.2002, VI R 134/99, BStBl II 2003, 371; BFH v. 9.10.2002, VI R 164/01, BStBl II 2003, 373; BFH v. 9.10.2002, VI R 54/01, HFR 2003, 257).

Beispiel 3:
Ein Krankenhaus verkauft **Artikel des medizinischen Bedarfs** an seine Arbeitnehmer, im Übrigen werden die Artikel nur zur Versorgung der Krankenhauspatienten verbraucht.

Den Arbeitnehmern kann der **Rabattfreibetrag gewährt** werden, weil die Abgabe von Medikamenten zur Produktpalette des Krankenhauses gehört. Die Modalitäten, wie das Produkt vertrieben wird (nur Abgabe an Patienten), sind unmaßgeblich (BFH v. 27.8.2002, VI R 63/97, BStBl II 2002, 881).

Beispiel 4:
Eine **Fachklinik für Orthopädie** bezieht sämtliche Medikamente für den Krankenhausbedarf sowie auch solche für den Bedarf ihrer Beschäftigten von einer Krankenhausapotheke. Die für die Beschäftigten bestellten Waren gibt die Fachklinik gegen Erstattung der Selbstkosten weiter. Zum großen Teil handelt es sich dabei um Waren, die im Betrieb der Fachklinik selbst nicht benötigt werden (z.B. Antibabypillen, Windeln).

Den Arbeitnehmern kann der **Rabattfreibetrag nicht gewährt** werden, soweit Medikamente dieser Art nicht mindestens im gleichen Umfang an Patienten abgegeben werden; dies ist z.B. bei Antibabypillen und Windeln nicht der Fall (BFH v. 27.8.2002, VI R 158/98, BStBl II 2003, 95).

Beispiel 5:
Ein Arbeitgeber gewährt seinen Arbeitnehmern **zinslose Darlehen**. Darüber hinaus hat der Arbeitgeber lediglich verbundenen Unternehmen Darlehen eingeräumt.

Den Arbeitnehmern kann der **Rabattfreibetrag nicht gewährt** werden, weil Darlehensgeschäfte nicht zur Produktpalette des Arbeitgebers gehören und er damit nicht am Markt teilnimmt. Das Einräumen von Krediten an drei verbundene Unternehmen ist ein konzerninterner Vorgang und gehört nicht zur geschäftlichen Betätigung des Arbeitgebers am Markt (BFH v. 18.9.2002, VI R 134/99, BStBl II 2003, 371).

Beispiel 6:
Eine Hauptverwaltung der Deutschen Bundesbank gewährt ihren Arbeitnehmern **verbilligte Baudarlehen**. Die Gewährung von Baudarlehen an Privatpersonen gehört nicht zur Geschäftstätigkeit einer Hauptverwaltung (vgl. § 22 Bundesbankgesetz).

Den Arbeitnehmern kann der **Rabattfreibetrag nicht gewährt** werden, weil die Gewährung von Baudarlehen an Privatpersonen nicht zur Produktpalette des Arbeitgebers gehört und er damit nicht am Markt teilnimmt. Die Gewährung von Darlehen an institutionelle Geschäftspartner ist nicht mit der Darlehensgewährung zur Finanzierung von Wohnungen privater Verbraucher vergleichbar und gehört nicht zur geschäftlichen Betätigung des Arbeitgebers am Markt (BFH v. 9.10.2002, VI R 164/01, BStBl II 2003, 373).

Beispiel 7:
Der Arbeitnehmer eines Reiseveranstalters erhält von seinem Arbeitgeber ein **verbilligtes Darlehen**. Darüber hinaus hat der Arbeitgeber an andere Personen keine Kredite vergeben, sondern lediglich Festgeldkonten unterhalten.

Dem Arbeitnehmer kann der **Rabattfreibetrag nicht gewährt** werden, weil Darlehensgeschäfte nicht zur Produktpalette des Arbeitgebers gehören und er damit nicht am Markt teilnimmt. Zwar beinhaltet das Unterhalten von Festgeldkonten eine Kapitalnutzung. Eine solche ist aber nicht mit der Vergabe von Krediten vergleichbar (BFH v. 9.10.2002, VI R 54/01, HFR 2003, 257).

Ebenso sind Waren, die der Arbeitgeber **überwiegend für seine Arbeitnehmer herstellt**, z.B. Kantinenmahlzeiten, oder überwiegend an seine Arbeitnehmer vertreibt, und Dienstleistungen, die der Arbeitgeber überwiegend für seine Arbeitnehmer erbringt, nicht nach § 8 Abs. 3 EStG begünstigt; für die Wertermittlung ist in diesen Fällen § 8 Abs. 2 EStG anzuwenden.

LSt = keine Lohnsteuerpflicht
LSt = Lohnsteuerpflicht

Rabatte

Beispiel 8:
Die Arbeitnehmer einer Mietwagenfirma können vom Arbeitgeber Neuwagen und Gebrauchtwagen erwerben. Neuwagen verkauft die Mietwagenfirma normalerweise nicht, dagegen werden die Mietwagen nach Ablauf einer bestimmten Zeit auch an fremde Dritte veräußert.

Soweit die Arbeitnehmer einen Neuwagen verbilligt kaufen, steht ihnen der Rabattfreibetrag nicht zu, weil der Arbeitgeber nicht mit Neuwagen handelt. Beim Kauf eines Gebrauchtwagens kann dagegen der Rabattfreibetrag berücksichtigt werden, denn diese werden auch an fremde Dritte veräußert.

Beispiel 9:
Der Arbeitnehmer eines Reisebüros hat unter Einschaltung seines Arbeitgebers eine Pauschalreise zu einem Preis von 1 500 € gebucht, die im Katalog des Reiseveranstalters zum Preis von 2 000 € angeboten wird. Vom Preisnachlass entfallen 300 € auf die Reiseleistung des Veranstalters und 200 € auf die Vermittlung des Arbeitgebers, der insoweit keine Vermittlungsprovision erhält, vgl. H 8.2 (Berechnung des Rabattfreibetrags – Beispiel 2) LStH.

Die unentgeltliche **Vermittlungsleistung** ist nach § 8 Abs. 3 EStG unter Anwendung des Rabattfreibetrags von 1 080 € jährlich zu bewerten. Auf die darüber hinausgehende Verbilligung der Pauschalreise um 300 € ist der Rabattfreibetrag nicht anwendbar, weil die Reiseveranstaltung nicht **vom Arbeitgeber durchgeführt** wird; sie ist deshalb nach § 8 Abs. 2 EStG ohne Anwendung des Rabattfreibetrags von 1 080 € jährlich zu bewerten.

Der geldwerte Vorteil errechnet sich wie folgt:

a) **Vermittlungsleistung**

Unentgeltliche Vermittlungsleistung	200 €
./. 4 % Abschlag	8 €
= Endpreis des Arbeitgebers	192 €
./. Rabattfreibetrag	1 080 €
= geldwerter Vorteil	0 €

b) **Verbilligung der Pauschalreise**

Katalogpreis des Reiseveranstalters		2 000 €
./. Vermittlungsprovision	200 €	1 800 €
./. 4 % Abschlag (Vereinfachungsregelung nach R 8.1 Abs. 2 Satz 9 LStR)		72 €
= üblicher Endpreis am Abgabeort		1 728 €
./. Zahlung des Arbeitnehmers		1 500 €
= geldwerter Vorteil		228 €

Der Arbeitnehmer hat einen geldwerten Vorteil von 228 € zu versteuern. Die Finanzverwaltung hat dem Deutschen Reisebüroverband gegenüber die im Beispiel vertretene Auffassung bekräftigt, dass bei einem Reisevermittler nur der im Sachbezug enthaltene Teil der Vermittlungsleistung nach § 8 Abs. 3 EStG bewertet werden kann (OFD Berlin v. 17.12.1996, St 425 – S 2334 – 6/96, www.stotax-first.de). Dies ist von den Finanzgerichten bestätigt worden (BFH v. 20.8.1997, VI B 93/97, www.stotax-first.de, sowie FG München v. 26.9.2001, 7 K 3672/98, www.stotax-fist.de).

Zur steuerlichen Behandlung sog. **PEP**-Reisen → *Reiseveranstalter: Arbeitnehmerreisen* Rz. 2529.

Beispiel 10:
Eine Gemeinde überlässt Dienstwohnungen verbilligt an Schulhausmeister. Eine Hausmeisterwohnung wird allerdings an einen fremden Dritten vermietet.

Unterscheidet sich die Hausmeisterwohnung durch ihre Merkmale in einem solchen Maße, dass sie nur als Hausmeisterwohnung genutzt werden kann, kommt der Rabattfreibetrag nur zur Anwendung, wenn Hausmeisterwohnungen überwiegend an fremde Dritte vermietet werden (BFH v. 16.2.2005, VI R 46/03, BStBl II 2005, 529).

Arbeitgeber, die den **Vertrieb ihrer Erzeugnisse über selbständige Vertragshändler** abwickeln, sind z.T. aus verschiedenen Gründen nicht bereit, den Belegschaftshandel abweichend von dem gewählten Vertriebsweg zu organisieren. Um auch den hiervon betroffenen Arbeitnehmern den steuerbegünstigten Erwerb der Waren ihres Arbeitgebers zu ermöglichen, ist es nach Auffassung der Finanzverwaltung unschädlich, wenn die Überlassung der Waren des Arbeitgebers auch über selbständige Vertragshändler erfolgt, die im eigenen Namen handeln, sofern sichergestellt ist, dass im Verhältnis zwischen Arbeitgeber und Vertragshändler der Rabatt in vollem Umfang vom Arbeitgeber getragen wird (vgl. BFH v. 4.6.1993, VI R 95/92, BStBl II 1993, 687).

Trägt dagegen **der Vertragshändler den Rabatt z.T. selbst**, z.B. durch eine Minderung der üblichen Händlerprovision, so ist nach den allgemeinen Grundsätzen zu prüfen, ob diese **Zuwendung als Lohnzahlung eines Dritten** steuerpflichtiger Arbeitslohn ist. Ist dies der Fall, sind die Voraussetzungen des § 8 Abs. 3 EStG aus den o.g. Gründen nicht erfüllt (OFD Münster v. 10.1.1990, S 2334 – 10 – St 12 – 31, DB 1990, 298).

Beispiel 11:
Ein Automobilunternehmen verkauft an die Arbeitnehmer keine Fahrzeuge. Die Arbeitnehmer können aber bei den Vertragshändlern des Automobilwerks ein Fahrzeug mit einem Rabatt von 20 % erwerben. Dieser Rabatt wird vom Automobilwerk in voller Höhe getragen.

Beim Kauf eines Fahrzeugs kann der Rabattfreibetrag berücksichtigt werden.

Tritt nicht der Arbeitgeber, sondern eine **konzernzugehörige Schifffahrtsgesellschaft als Reiseveranstalter** auf, ist auch dann **kein Rabattfreibetrag** nach § 8 Abs. 3 EStG abzuziehen, wenn der Arbeitgeber als Reederei mit seiner Bereederung maßgeblich an der Erstellung der als geldwerter Vorteil anzusehenden Kreuzfahrtreise beteiligt ist (FG Schleswig-Holstein v. 4.9.2013, 2 K 23/12, EFG 2013, 2011).

Zur Anwendung des Rabattfreibetrags auf Fahrvergünstigungen, die die Deutsche Bahn AG Ruhestandsbeamten des Bundeseisenbahnvermögens gewährt → Rz. 2349.

5. Bewertung nach § 8 Abs. 3 EStG

a) Allgemeines

Steht fest, dass der **Rabattfreibetrag berücksichtigt werden kann**, ist grundsätzlich die besondere Bewertung nach § 8 Abs. 3 EStG anzuwenden. Das bedeutet: 2353

Der steuerlichen Bewertung der Sachbezüge sind grundsätzlich die **Endpreise** (einschließlich Umsatzsteuer) zu Grunde zu legen, zu denen der **Arbeitgeber** oder der nächstansässige Abnehmer die Waren oder Dienstleistungen fremden Letztverbrauchern im allgemeinen Geschäftsverkehr **anbietet**. Endpreis i.S.d. § 8 Abs. 3 EStG ist der **am Ende von Verkaufsverhandlungen als letztes Angebot des Händlers stehende Preis** (R 8.2 Abs. 2 LStR). Der angebotene **Endpreis umfasst daher auch Rabatte** (BFH v. 26.7.2012, VI R 30/09, BStBl II 2013, 400). Der **Preisabschlag von 4 %** soll die zum üblichen Marktpreis möglichen Preisunterschiede ausgleichen. Ein Preisabschlag, den der Arbeitgeber Groß- oder Dauerkunden einräumt, ist nicht zulässig.

In den Fällen, in denen der Arbeitgeber mit fremden Letztverbrauchern nicht in Geschäftsbeziehungen tritt (z.B. Großhändler oder Hersteller), sind die Endpreise maßgebend, zu denen der dem Abgabeort des Arbeitgebers **nächstansässige Abnehmer** die Waren oder Dienstleistungen **fremden Letztverbrauchern anbietet**. In Fällen, in denen Waren nicht am Betriebssitz des Arbeitgebers, sondern an dritter Stelle abgegeben werden, gilt als Abgabeort der Ort, an dem die organisatorischen Vorkehrungen für die Rabattgewährung getroffen werden (BFH v. 4.6.1993, VI R 95/92, BStBl II 1993, 687).

Bei einem **umfangreichen Warenangebot**, von dem fremde Letztverbraucher ausgeschlossen sind, kann der Endpreis einer Ware, zu dem der nächstansässige Abnehmer die Waren fremden Letztverbrauchern im allgemeinen Geschäftsverkehr anbietet, auch **auf Grund repräsentativer Erhebungen** über die relative Preisdifferenz **für die gängigsten Einzelstücke** jeder Warengruppe ermittelt werden. Das bedeutet, dass sich der Arbeitgeber über die Angebotspreise der gängigsten Einzelstücke beim nächstansässigen Abnehmer erkundigen muss. Aus der so ermittelten Preisdifferenz zu seinen Verkaufspreisen kann er dann die Endpreise aller anderen Waren ableiten (R 8.2 Abs. 2 Satz 5 LStR).

Der so festgestellte Endpreis ist **um 4 % zu mindern**, wobei der geminderte Endpreis den Geldwert des Sachbezugs darstellt. Als steuerpflichtiger geldwerter Vorteil ist der Unterschiedsbetrag zwischen diesem Geldwert und dem vom Arbeitnehmer gezahlten Entgelt anzusetzen, soweit dieser aus dem Dienstverhältnis im Kalenderjahr insgesamt 1 080 € übersteigt.

Beispiel:
Ein Arbeitnehmer erhält von seinem Arbeitgeber, einem Teppichhersteller, für sein Einfamilienhaus Teppichboden für 130 qm zu einem Preis von 13 € je qm.

Da der Arbeitgeber Teppichboden nicht selbst an Letztverbraucher veräußert, ist der Angebotspreis maßgebend, zu dem der nächstansässige

Rabatte

keine Sozialversicherungspflicht = (SV)
Sozialversicherungspflicht = (SV)

Abnehmer des Teppichherstellers den Teppichboden anbietet. Der Arbeitgeber stellt fest, dass der nächstansässige Abnehmer den Teppichboden zu einem Quadratmeterpreis von 28 € anbietet. Bei einer Abnahme von 130 qm würde er aber – sofern der Kunde verhandelt – den Teppichboden für 25 € je qm anbieten.

Maßgebend ist der **am Ende von Verkaufsverhandlungen als letztes Angebot des Abnehmers stehende Preis**. Der geldwerte Vorteil errechnet sich wie folgt:

Angebotspreis des nächstansässigen Abnehmers (130 qm × 25 €)	3 250 €
./. 4 % Abschlag	130 €
= Endpreis i.S.v. § 8 Abs. 3 EStG	3 120 €
./. Zahlung des Arbeitnehmers (130 qm × 13 €)	1 690 €
= Vorteil	1 430 €
./. Rabattfreibetrag	1 080 €
= geldwerter Vorteil	350 €

Der Arbeitnehmer hat einen geldwerten Vorteil von 350 € zu versteuern.

b) Sonderregelung in der Automobilbranche

2354 Für die Ermittlung des geldwerten Vorteils beim Erwerb von sog. **Jahreswagen** in der Automobilbranche gilt folgende **Vereinfachungsregelung** (BMF v. 18.12.2009, IV C 5 – S 2334/09/10006, BStBl I 2010, 20 i.V.m. BMF v. 16.5.2013, IV C 5 – S 2334/07/0011, BStBl I 2013, 729):

Personalrabatte, die Automobilhersteller oder Automobilhändler ihren Arbeitnehmern beim Erwerb von Kraftfahrzeugen gewähren, gehören grundsätzlich als geldwerte Vorteile zum steuerpflichtigen Arbeitslohn. Der steuerlichen Bewertung der Kraftfahrzeuge sind unter den Voraussetzungen des § 8 Abs. 3 EStG (vgl. R 8.2 Abs. 1 LStR) die Endpreise zu Grunde zu legen, zu denen der Arbeitgeber die Kraftfahrzeuge anderen Letztverbrauchern **im allgemeinen Geschäftsverkehr anbietet**. Bietet der Arbeitgeber die Kraftfahrzeuge anderen Letztverbrauchern nicht an, so sind die Endpreise des nächstgelegenen Händlers maßgebend (R 8.2 Abs. 2 Sätze 1 bis 6 LStR).

Endpreis ist nicht der Preis, der mit dem Käufer unter Berücksichtigung individueller Preiszugeständnisse tatsächlich vereinbart wird. Regelmäßig ist vielmehr der Preis maßgebend, der nach der Preisangabenverordnung anzugeben und auszuweisen ist. Dies ist z.B. der sog. **Hauspreis**, mit dem Kraftfahrzeuge ausgezeichnet werden, die im Verkaufsraum eines Automobilhändlers ausgestellt werden. Wenn kein anderes Preisangebot vorliegt, ist dem Endpreis grundsätzlich die unverbindliche Preisempfehlung des Herstellers (UPE) zu Grunde zu legen.

Nach den Gepflogenheiten in der Automobilbranche werden Kraftfahrzeuge im allgemeinen Geschäftsverkehr fremden Letztverbrauchern tatsächlich häufig zu einem Preis angeboten, der **unter der unverbindlichen Preisempfehlung des Herstellers** liegt. Deshalb kann der tatsächliche Angebotspreis an Stelle des empfohlenen Preises angesetzt werden (vgl. BFH v. 4.6.1993, VI R 95/92, BStBl II 1993, 687; BFH v. 17.6.2009, VI R 18/07, BStBl II 2010, 67).

Im Hinblick auf die Schwierigkeiten bei der Ermittlung des tatsächlichen Angebotspreises ist es nicht zu beanstanden, wenn als Endpreis i.S.d. § 8 Abs. 3 EStG der Preis angenommen wird, der sich ergibt, wenn **der Preisnachlass**, der durchschnittlich beim Verkauf an fremde Letztverbraucher im allgemeinen Geschäftsverkehr tatsächlich gewährt wird, **von dem empfohlenen Preis abgezogen** wird. Dabei ist der durchschnittliche Preisnachlass modellbezogen nach den tatsächlichen Verkaufserlösen in den vorangegangenen drei Kalendermonaten zu ermitteln und jeweils der Endpreisfeststellung im Zeitpunkt der Bestellung (Bestellbestätigung) zu Grunde zu legen.

Bei der Ermittlung des durchschnittlichen Preisnachlasses sind sowohl Fahrzeugverkäufe, deren Endpreise inklusive Transport- und Überführungskosten im Einzelfall über der UPE liegen, als auch Fahrzeugverkäufe, die mit überhöhter Inzahlungnahme von Gebrauchtfahrzeugen, Sachzugaben oder anderen indirekten Rabatten einhergehen, einzubeziehen. Neben Barrabatten ist der Wert indirekter Rabatte bei der Ermittlung des durchschnittlichen Preisnachlasses zu berücksichtigen, soweit diese in den **Verkaufsunterlagen des Automobilherstellers oder Automobilhändlers nachvollziehbar dokumentiert** sind. Fahrzeugverkäufe mit den Marktzins unterschreitenden Finanzierungen bleiben bei der Ermittlung des durchschnittlichen Preisnachlasses unberücksichtigt.

Es wird nicht beanstandet, wenn bei **neu eingeführten Modellen** in den ersten drei Kalendermonaten **ein pauschaler Abschlag von 6 % der UPE** als durchschnittlicher Preisnachlass angenommen wird. Als neues Modell ist ein neuer Fahrzeugtyp oder eine neue Fahrzeuggeneration anzusehen, nicht dagegen eine sog. Modellpflegemaßnahme („Facelift"). Es bestehen keine Bedenken, in Zweifelsfällen hierzu auf die ersten Ziffern des im Fahrzeugschein oder in der Zulassungsbescheinigung Teil I verzeichneten Typenschlüssels des Herstellers abzustellen. Wurde ein Modell in der der Bestellung vorangegangenen drei Kalendermonaten nicht verkauft, ist auf den durchschnittlichen Preisnachlass des letzten Drei-Monats-Zeitraums abzustellen, in dem Verkaufsfälle vorliegen.

Der Arbeitgeber hat die Grundlagen für den ermittelten geldwerten Vorteil als Beleg zum Lohnkonto aufzubewahren.

Nach Auffassung der obersten Finanzbehörden ist der durchschnittliche Preisnachlass auf zwei Dezimalstellen festzustellen und dabei die zweite Dezimalstelle kaufmännisch zu runden.

Beispiel 1:

Ein Automobilunternehmen verkauft seine Fahrzeuge nur über selbständige Kraftfahrzeughändler. Auf Grund der Händlerverkaufsstatistik erkennt das Automobilunternehmen, dass der nächstansässige Kraftfahrzeughändler folgende durchschnittliche Preisnachlässe gewährt hat:

Monat	Modell A	Modell B	Modell C
Januar 2016	9,84 %	6,53 %	7,98 %
Februar 2016	8,82 %	8,72 %	10,99 %
März 2016	8,34 %	5,87 %	17,90 %
Durchschnitt	9,00 %	7,04 %	12,29 %

Für Fahrzeuge, die im April 2016 von Arbeitnehmern des Automobilunternehmens bestellt werden, ergeben sich somit folgende Abschläge bei den einzelnen Modellen:

– Modell A: 9,00 %,
– Modell B: 7,04 %,
– Modell C: 12,29 %.

Ein Arbeitnehmer bestellt am 8.4.2016 ein Fahrzeug des Modells A, das einen Listenpreis von 30 000 € hat. Der Arbeitnehmer muss hierfür bei Lieferung einen Preis von 25 000 € zahlen. Den geldwerten Vorteil ermittelt der Arbeitgeber wie folgt:

Listenpreis des Automobilunternehmens	30 000 €
./. Abschlag (9,00 %)	2 700 €
= Angebotspreis	27 300 €
./. 4 % Abschlag	1 092 €
= Endpreis des Arbeitgebers	26 208 €
./. Kaufpreis des Arbeitnehmers	25 000 €
= Vorteil	1 208 €
./. Rabattfreibetrag nach § 8 Abs. 3 EStG	1 080 €
= vom Arbeitnehmer zu versteuern	128 €

Der Arbeitnehmer hat für den Kauf des Fahrzeugs 128 € im Zeitpunkt der Lieferung zu versteuern. Dabei ist unerheblich, wie hoch die Abschläge an fremde Letztverbraucher im Zeitpunkt der Lieferung tatsächlich sind, maßgebend ist allein der Zeitpunkt der Bestellung.

Allerdings kann der Arbeitnehmer noch im Rahmen seiner Einkommensteuerveranlagung statt der Versteuerung des geldwerten Vorteils nach § 8 Abs. 3 EStG auch eine Versteuerung nach § 8 Abs. 2 Satz 1 EStG, also ohne Bewertungsabschlag und Rabattfreibetrag, beantragen (BMF v. 16.5.2013, IV C 5 – S 2334/07/0011, BStBl I 2013, 729).

Beispiel 2:

Sachverhalt wie Beispiel 1. Allerdings bestellt ein Arbeitnehmer, der am Sitz des Automobilunternehmens wohnt, ein Fahrzeug des Modells C, das einen Listenpreis von 80 000 € hat. Der Arbeitnehmer muss hierfür bei Lieferung einen Preis von 65 000 € zahlen. Der geldwerte Vorteil ermittelt der Arbeitgeber wie folgt:

Listenpreis des Automobilunternehmens	80 000,— €
./. Abschlag (12,29 %)	9 832,— €
= Angebotspreis	70 168,— €
./. 4 % Abschlag	2 806,72 €
= Endpreis des Arbeitgebers	67 361,28 €
./. Kaufpreis des Arbeitnehmers	65 000,— €
= Vorteil	2 361,28 €
./. Rabattfreibetrag nach § 8 Abs. 3 EStG	1 080,— €
= vom Arbeitnehmer zu versteuern	1 281,28 €

Der Arbeitnehmer stellt fest, dass Fahrzeuge des Modells C am Bestelltag mit einem Rabatt von 17,90 % verkauft worden sind. Im Rahmen seiner Einkommensteuerveranlagung kann er auch folgende Ermittlung des geldwerten Vorteils wählen (BMF v. 16.5.2013, IV C 5 – S 2334/07/0011, BStBl I 2013, 729):

Listenpreis des Automobilunternehmens	80 000 €
./. Abschlag (17,90 %)	14 320 €
= üblicher Endpreis am Abgabeort	65 680 €
./. Kaufpreis des Arbeitnehmers	65 000 €
= vom Arbeitnehmer zu versteuern	680 €

Bei Wahl der Bewertungsmethode nach § 8 Abs. 2 Satz 1 EStG hat der Arbeitnehmer 601,28 € weniger versteuern als bei Anwendung der Bewertungsmethode nach § 8 Abs. 3 EStG. Allerdings muss der Arbeitnehmer den am Sitz des Arbeitgebers **maßgeblichen Angebotspreis bzw. günstigsten Marktpreis nachweisen**, z.B. durch eine formlose Mitteilung des Arbeitgebers oder einen Ausdruck eines günstigeren inländischen Angebots im Zeitpunkt des Zuflusses (BMF v. 16.5.2013, IV C 5 – S 2334/07/0011, BStBl I 2013, 729).

⊠ = keine Lohnsteuerpflicht
⊠ = Lohnsteuerpflicht

Rabatte

c) Unterschiede in der Bewertung nach § 8 Abs. 2 EStG und § 8 Abs. 3 EStG

2355 Die unterschiedlichen Bewertungsmaßstäbe des § 8 Abs. 3 und des § 8 Abs. 2 EStG sollen noch einmal gegenübergestellt werden:

Bewertung nach § 8 Abs. 3 EStG	Bewertung nach § 8 Abs. 2 EStG
Konkreter Endpreis des Arbeitgebers oder nächstansässigen Abnehmers	**Üblicher** Endpreis am Abgabeort, ggf. 96 % des konkreten Endpreises
Kein Ansatz von Sachbezugswerten	**Ansatz** von Sachbezugswerten, wenn festgesetzt (zwingend)
Abschlag **4 %**	**Kein** Abschlag
Rabattfreibetrag **1 080 €** jährlich	Freigrenze **44 €** monatlich

6. Pauschalierung

2356 Für die Anwendung des Rabattfreibetrags und der besonderen Bewertung für die unentgeltliche oder verbilligte Überlassung von Waren oder Dienstleistungen nach § 8 Abs. 3 EStG ist Voraussetzung, dass die Sachbezüge **nicht pauschal** besteuert werden. **Pauschalierung und Anwendung des Rabattfreibetrags schließen sich grundsätzlich aus**.

Macht der Arbeitgeber von der Möglichkeit der Pauschalierung Gebrauch, so ist für die Bewertung der Sachbezüge § 8 Abs. 2 EStG anzuwenden. Als für den Rabattfreibetrag **schädliche Pauschalierungen** kommen in Betracht:

– § 40 Abs. 1 Satz 1 Nr. 1 EStG

 Sonstige Bezüge in einer größeren Zahl von Fällen (→ *Pauschalierung der Lohnsteuer* Rz. 2175).

– § 40 Abs. 1 Satz 1 Nr. 2 EStG

 Nachversteuerung in einer größeren Zahl von Fällen (→ *Pauschalierung der Lohnsteuer* Rz. 2185).

– § 40 Abs. 2 Satz 1 Nr. 1 EStG

 Mahlzeiten im Betrieb (→ *Mahlzeiten* Rz. 1971).

– § 40 Abs. 2 Satz 1 Nr. 1a EStG

 Mahlzeiten bei Auswärtstätigkeiten (→ *Mahlzeiten aus besonderem Anlass* Rz. 1982).

– § 40 Abs. 2 Satz 1 Nr. 2 EStG

 Betriebsveranstaltungen (→ *Betriebsveranstaltungen* Rz. 711).

– § 40 Abs. 2 Satz 1 Nr. 5 EStG

 Übereignung von Datenverarbeitungsgeräten (→ *Computer* Rz. 782).

Diese Aufzählung ist abschließend. Daher ist es möglich, dass auch Aushilfskräfte und geringfügig entlohnte Beschäftigte, deren Lohnsteuer nach § 40a EStG pauschal erhoben wird (→ *Pauschalierung der Lohnsteuer bei Aushilfskräften* Rz. 2190, → *Pauschalierung der Lohnsteuer bei geringfügig Beschäftigten* Rz. 2215), in den Genuss des Rabattfreibetrags kommen können.

Die Pauschalierung schließt die gleichzeitige Anwendung des Rabattfreibetrags aus. Es ist **nicht möglich**, für **einen** Sachbezug den Rabattfreibetrag anzuwenden und für den übersteigenden Preisnachlass eine Pauschalierung durchzuführen. Das **Wahlrecht „Rabattfreibetrag oder Pauschalierung"** steht dem Arbeitgeber für **jeden einzelnen Sachbezug** zu, ohne dass eine Aufteilung des Sachbezugs zulässig ist.

Beispiel 1:

Frau R, Kunsthistorikerin aus Köln, erhält von ihrer Arbeitgeberin, einer Galeristin, eine Plastik von Thevenin zu einem Preis von 50 000 €. Normalerweise bietet die Galeristin solche Plastiken für 54 000 € an.

Der geldwerte Vorteil errechnet sich wie folgt:

Angebotspreis des Arbeitgebers	54 000 €
./. 4 % Abschlag	2 160 €
= Endpreis i.S.v. § 8 Abs. 3 EStG	51 840 €
./. Zahlung des Arbeitnehmers	50 000 €
= Vorteil	1 840 €
./. Rabattfreibetrag	1 080 €
= geldwerter Vorteil	760 €

Es ist **nicht zulässig**, den Betrag von 760 € pauschal nach § 40 Abs. 1 Satz 1 Nr. 1 EStG zu versteuern.

Die Aufteilung **eines Sachbezugs** ist **nur zulässig**, wenn die Pauschalierung der Lohnsteuer beantragt wird und die Pauschalierungsgrenze des § 40 Abs. 1 Satz 3 EStG überschritten wird (BMF v. 19.5.2015, IV C 5 – S 2334/07/0009, BStBl I 2015, 484).

Beispiel 2:

Wie Beispiel 1. Die Galeristin will die auf den Sachbezug entfallende Lohnsteuer pauschal versteuern. Der ortsübliche Endpreis am Abgabeort wird nach der Vereinfachungsregelung der R 8.1 Abs. 2 Satz 9 LStR ermittelt.

Der geldwerte Vorteil errechnet sich wie folgt:

Angebotspreis des Arbeitgebers	54 000 €
./. 4 % Abschlag (Vereinfachungsregelung)	2 160 €
= üblicher Endpreis i.S.v. § 8 Abs. 2 EStG	51 840 €
./. Zahlung des Arbeitnehmers	50 000 €
= Vorteil	1 840 €

Dieser Betrag kann nur bis zur Höhe von 1 000 € pauschal versteuert werden (§ 40 Abs. 1 Satz 3 EStG). Darüber hinaus ist eine Pauschalierung ausgeschlossen. Auf den restlichen Betrag von 840 € kann der Rabattfreibetrag von 1 080 € angewendet werden, so dass dieser Vorteil steuerfrei ist.

Für die Frage, ob ein **einzelner Sachbezug** vorliegt, ist auf den **Zufluss** abzustellen. Bei einem Zufluss zu verschiedenen Zeitpunkten handelt es sich jeweils um einzelne Sachbezüge.

Beispiel 3:

Der Koch eines Hotels erhält arbeitstäglich eine kostenlose Mahlzeit lt. Speisekarte.

Die Mahlzeiten stellen einzelne Sachbezüge dar, so dass zwischen Rabattfreibetrag und Pauschalierung gewählt werden kann. Die Anwendung des Rabattfreibetrags bis zu 1 080 € ist möglich, es gilt § 8 Abs. 3 EStG, d.h. Endpreis lt. Speisekarte abzüglich 4 %. Sobald der Rabattfreibetrag ausgeschöpft ist, kann der Arbeitgeber weitere Sachbezüge nach § 40 Abs. 2 Satz 1 Nr. 1 EStG pauschal versteuern. Es findet § 8 Abs. 2 EStG mit dem Ansatz des amtlichen Sachbezugswerts Anwendung.

7. Rabattgewährung an Angehörige

2357 Arbeitslohn sind alle Einnahmen, die dem Arbeitnehmer aus dem Dienstverhältnis zufließen. Dies gilt auch für Einnahmen, die **nicht dem Arbeitnehmer selbst**, sondern einem Dritten (Ehegatte, Lebenspartner, Angehörige, nahe stehende Personen, Bekannte) zufließen, solange sie Ausfluss aus dem Dienstverhältnis des Arbeitnehmers sind.

Einkünfte aus nichtselbständiger Arbeit sind demjenigen zuzuordnen, der sie erzielt hat (§ 2 Abs. 1 EStG). Erzielt hat die Einkünfte grundsätzlich derjenige, der sie durch eigene Arbeitskraft erwirtschaftet, d.h. derjenige, der durch sein Dienstverhältnis mit dem Arbeitgeber diesen zur Zahlung des Arbeitslohns veranlasst.

Ist die Möglichkeit, dass Angehörige unentgeltlich oder verbilligt Waren beziehen oder Dienstleistungen in Anspruch nehmen, **ausschließlich durch das Dienstverhältnis des Arbeitnehmers veranlasst** und nur hierdurch zu erklären und handelt es sich nicht um ein selbständiges Angebot an Dritte, ist sie als Ausfluss der nichtselbständigen Tätigkeit im Rahmen dieses Dienstverhältnisses zu versteuern. Die Sachbezüge an Angehörige sind ebenso zu beurteilen wie die Zuwendungen an den Arbeitnehmer selbst, insbesondere ist ein eventueller geldwerter Vorteil auf den Rabattfreibetrag des Arbeitnehmers anzurechnen.

8. Mehrfache Gewährung des Rabattfreibetrags

2358 Der Rabattfreibetrag ist an das Dienstverhältnis gekoppelt. Steht der Arbeitnehmer im Kalenderjahr **nacheinander oder nebeneinander in mehreren Dienstverhältnissen**, so sind die Sachbezüge aus jedem Dienstverhältnis unabhängig voneinander zu beurteilen. Das bedeutet, dass der Arbeitnehmer den Rabattfreibetrag bei jedem Dienstverhältnis in voller Höhe in Anspruch nehmen kann. Dabei ist es gleichgültig, ob es sich bei dem Dienstverhältnis um ein „normales" Arbeitsverhältnis oder um eine Teilzeitbeschäftigung oder Aushilfstätigkeit handelt.

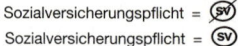

Rabatte

keine Sozialversicherungspflicht = (SV)
Sozialversicherungspflicht = (SV)

> **Beispiel 1:**
> Eine Arbeitnehmerin übernimmt im Kalenderjahr drei Aushilfstätigkeiten bei verschiedenen Arbeitgebern.
> Bei jeder Aushilfstätigkeit steht ihr der Rabattfreibetrag von 1 080 € zu, so dass sie u.U. Rabattvorteile i.H.v. insgesamt 3 240 € nicht versteuern muss.

Erwerben mehrere Arbeitnehmer eines Arbeitgebers **gemeinsam eine Ware**, so kann der Rabattfreibetrag für jeden Arbeitnehmer gewährt werden. Voraussetzung ist jedoch, dass alle beteiligten Arbeitnehmer Eigentümer der Ware werden. Eine Mehrfachberücksichtigung des Preisabschlags von 4 % kommt nicht in Betracht.

> **Beispiel 2:**
> Die Eheleute sind bei einem Automobilwerk beschäftigt und erwerben verbilligt einen Pkw.
> Eine Gewährung des Rabattfreibetrags für jeden Arbeitnehmer ist nur dann zulässig, wenn der Kaufvertrag von beiden Eheleuten abgeschlossen wird.

> **Beispiel 3:**
> Vater und Sohn sind bei einem Elektrizitätsversorgungsunternehmen beschäftigt. Sie bewohnen gemeinsam ein Einfamilienhaus und erhalten vom Arbeitgeber Strom verbilligt über einen Stromzähler geliefert.
> Eine Gewährung des Rabattfreibetrags für jeden Arbeitnehmer ist nur dann zulässig, wenn beide Vertragspartner für die Stromlieferung sind. Davon ist auszugehen, wenn der Stromzähler auf die Namen beider Arbeitnehmer eingetragen ist.

9. Rabattgewährung durch Dritte

a) Allgemeines

2359 Arbeitslohn kann auch die unentgeltliche oder verbilligte **Überlassung von Waren oder Dienstleistungen eines Dritten** sein, wenn sie Entgelt für eine Leistung ist, die der Arbeitnehmer im Rahmen seines individuellen Arbeitsverhältnisses für den Arbeitgeber erbringt; demgemäß muss auch hier der Zusammenhang zwischen der Leistung des Dritten und dem Dienstverhältnis gewahrt sein. Dies ist der Fall, wenn der Arbeitnehmer die Zuwendung eines Dritten vernünftigerweise als Frucht seiner Leistung für den Arbeitgeber ansehen kann (BFH v. 5.7.1996, VI R 10/96, BStBl II 1996, 545), nicht aber, wenn die Zuwendung bzw. Einnahme auf eigenen unmittelbaren rechtlichen oder wirtschaftlichen Beziehungen des Arbeitnehmers zu dem Dritten beruht (BFH v. 7.8.1987, VI R 53/84, BStBl II 1987, 822). Werden Rabatte beim Abschluss von Versicherungsverträgen sowohl Arbeitnehmern von Geschäftspartnern als auch einem weiteren Personenkreis (Angehörige der gesamten Versicherungsbranche, Arbeitnehmer weiterer Unternehmen) eingeräumt, so liegt hierin kein Arbeitslohn (BFH v. 10.4.2014, VI R 62/11, BStBl II 2015, 191).

In den Fällen, in denen der Rabatt durch Dritte gewährt wird, kommt die **Anwendung des Rabattfreibetrags nicht in Betracht**, weil der Vorteil nicht vom Arbeitgeber gewährt wird (→ Rz. 2352). Die Bewertung dieser Vorteile hat nach § 8 Abs. 2 EStG mit dem um übliche Preisnachlässe geminderten üblichen Endpreis am Abgabeort zu erfolgen.

> **Beispiel:**
> Ein Arbeitnehmer eines Getränkehandels erhält von einer Brauerei, zu der der Getränkehandel in ständiger Geschäftsbeziehung steht, eine Reise in die Schweiz geschenkt.
> Die dem Arbeitnehmer zugewendete Reise ist steuerpflichtiger Arbeitslohn, denn sie wird ihm im Rahmen seines Dienstverhältnisses zugewendet (FG Baden-Württemberg v. 12.1.1995, 6 K 224/93, EFG 1995, 666). Der Rabattfreibetrag ist nicht anwendbar, die Bewertung der Vorteile erfolgt nach § 8 Abs. 2 EStG.

Die Finanzverwaltung hat zur steuerlichen Behandlung der Rabatte, die Arbeitnehmern von dritter Seite eingeräumt werden, wie folgt Stellung genommen (BMF v. 20.1.2015, IV C 5 – S 2360/12/10002, BStBl I 2015, 143):

b) Preisvorteile als Arbeitslohn

2360 Preisvorteile, die Arbeitnehmern von dritter Seite eingeräumt werden, sind Arbeitslohn, wenn sie sich **für den Arbeitnehmer als Frucht seiner Arbeit** für den Arbeitgeber darstellen und wenn sie im **Zusammenhang mit dem Dienstverhältnis** stehen. Ein überwiegend eigenwirtschaftliches Interesse des Dritten schließt die Annahme von Arbeitslohn dagegen i.d.R. aus. Arbeitslohn liegt auch dann nicht vor, wenn und soweit der Preisvorteil auch fremden Dritten üblicherweise im normalen Geschäftsverkehr eingeräumt wird (z.B. Mengenrabatte).

c) Aktive Mitwirkung des Arbeitgebers

2361 **Es spricht dafür, dass Preisvorteile zum Arbeitslohn gehören,** wenn der Arbeitgeber an der Verschaffung dieser Preisvorteile **aktiv mitgewirkt** hat. Eine aktive Mitwirkung des Arbeitgebers in diesem Sinne liegt in folgenden Fällen vor:

– Aus dem Handeln des Arbeitgebers ist ein **Anspruch** des Arbeitnehmers auf den Preisvorteil entstanden.

Ein Anspruch des Arbeitnehmers auf die Rabattgewährung liegt immer dann vor, wenn der Arbeitgeber mit dem Dritten **einen Rahmenvertrag abschließt**, nach dem sich der Dritte verpflichtet, den Arbeitnehmern einen bestimmten Rabatt zu gewähren.

> **Beispiel 1:**
> Ein Unternehmen schließt mit einem Automobilhersteller einen Vertrag ab, nach dem alle Arbeitnehmer, die im Außendienst tätig sind und ihren Privatwagen für ihre berufliche Tätigkeit nutzen, einen Rabatt von 10 % auf den Neuwagenpreis erhalten. Das Unternehmen verpflichtet sich gegenüber dem Automobilunternehmen, nur für die Außendienstmitarbeiter entsprechende Bescheinigungen auszustellen. Alle übrigen Arbeitnehmer erhalten keine Bescheinigung und damit auch keinen Rabatt.
> Es spricht dafür, dass der Preisvorteil zum Arbeitslohn gehört, weil der Arbeitnehmer durch den Vertrag seines Arbeitgebers mit dem Automobilunternehmen einen **Anspruch** auf den Rabatt erhält.

– Der Arbeitgeber übernimmt für den Dritten **Verpflichtungen**, z.B. Inkassotätigkeit oder Haftung.

> **Beispiel 2:**
> Ein Versandunternehmen bietet einem Arbeitgeber an, seinen Arbeitnehmern Preisnachlässe i.H.v. 15 % zu gewähren. Voraussetzung ist jedoch, dass die Arbeitnehmer per Sammelbestellung über ihn bestellen und er die Rechnungen in einer Summe begleicht.
> Es spricht dafür, dass der Preisvorteil der Arbeitnehmer zum Arbeitslohn gehört, weil der Arbeitgeber für das Versandunternehmen das Inkasso übernimmt.

Einer **aktiven Mitwirkung** des Arbeitgebers in diesem Sinne **steht gleich:**

– Zwischen dem Arbeitgeber und dem Dritten besteht eine **enge wirtschaftliche oder tatsächliche Verflechtung** oder enge Beziehung sonstiger Art, z.B. Organschaftsverhältnis.

Hierunter fallen „**Konzernrabatte**", d.h. Preisvorteile, die nicht unmittelbar vom Arbeitgeber gewährt werden, sondern von einem Unternehmen, das mit dem Arbeitgeber konzernrechtlich verbunden ist.

> **Beispiel 3:**
> Das Kaufhausunternehmen hat ein Tochterunternehmen, das sich auf den Verkauf von Computerartikeln spezialisiert hat. Die Mitarbeiter des Tochterunternehmens erhalten beim Kaufhausunternehmen dieselben Rabattkonditionen wie die eigenen Mitarbeiter.
> Es spricht dafür, dass die Rabatte, die die Mitarbeiter des Tochterunternehmens beim Kaufhausunternehmen erhalten, zum Arbeitslohn gehören, weil beide Unternehmen konzernrechtlich verbunden sind.

Seit 2004 ist der Arbeitgeber verpflichtet, Lohnsteuer einzubehalten, wenn der Arbeitslohn i.R.d. Dienstverhältnisses von einem Dritten gezahlt wird und der Arbeitgeber weiß oder erkennen kann, dass derartige Vorteile gewährt werden (→ *Lohnzahlung durch Dritte* Rz. 1951).

– Dem Arbeitnehmer werden Preisvorteile von einem Unternehmen eingeräumt, dessen Arbeitnehmer ihrerseits Preisvorteile vom Arbeitgeber erhalten (**gegenseitige Rabattgewährung**).

Rabatte

Beispiel 4:
Ein Unternehmen der Möbelbranche stellt nur Küchenmöbel her. Ein anderes – selbständiges – Unternehmen stellt nur Wohnzimmermöbel her. Ohne dass eine Vereinbarung zwischen den selbständigen Unternehmen besteht, gewähren die Unternehmen auch den Arbeitnehmern des anderen Unternehmens dieselben Rabattkonditionen wie den eigenen Mitarbeitern.

Es spricht dafür, dass die Rabatte zum Arbeitslohn gehören, weil eine gegenseitige Rabattgewährung vorliegt.

Preisvorteile, die ein Dritter Arbeitnehmern einräumt, gehören aber **nicht allein deshalb zum Arbeitslohn**, weil der Arbeitgeber an der Verschaffung der Rabatte mitgewirkt hat. Entscheidend ist vielmehr, ob die Zuwendung des Dritten **Prämie oder Belohnung für eine Leistung** ist, die der Arbeitnehmer **im Rahmen seines Arbeitsverhältnisses** für den Arbeitgeber erbringt (BFH v. 18.10.2012, VI R 64/11, BStBl II 2015, 184 und BFH v. 10.4.2014, VI R 62/11, BStBl II 2015, 191).

d) Keine aktive Mitwirkung des Arbeitgebers

2362 Eine aktive Mitwirkung des Arbeitgebers an der Verschaffung von Preisvorteilen ist **nicht anzunehmen**, wenn sich seine Beteiligung darauf beschränkt,

- **Angebote Dritter** in seinem Betrieb, z.B. am „schwarzen Brett", im betriebseigenen Intranet oder in einem Personalhandbuch, **bekannt zu machen** oder
- **Angebote Dritter** an die Arbeitnehmer seines Betriebs und evtl. damit verbundene Störungen des Betriebsablaufs **zu dulden** oder
- die **Betriebszugehörigkeit** der Arbeitnehmer **zu bescheinigen** oder
- **Räumlichkeiten** für Treffen der Arbeitnehmer mit Ansprechpartnern des Dritten **zur Verfügung zu stellen**.

Beispiel 1:
Dem Arbeitgeber wird von einem Reiseveranstalter mitgeteilt, dass er allen Beschäftigten einen Rabatt von 5 % auf den Reisepreis gewährt. Er bittet den Arbeitgeber, dieses Schreiben am „schwarzen Brett" auszuhängen und den Arbeitnehmern – sofern sie keinen Firmenausweis haben – die Betriebszugehörigkeit zu bescheinigen.

Der Preisvorteil gehört nicht zum Arbeitslohn, weil der Arbeitgeber lediglich das Angebot des Dritten seinen Arbeitnehmern bekannt macht und die Betriebszugehörigkeit bescheinigt.

Beispiel 2:
Ein Arbeitgeber (Krankenhaus) bezieht seit mehreren Jahren auf Grund eines Versorgungsvertrags Apothekenartikel von einer Apotheke. Diese liefert darüber hinaus im Rahmen eines sog. Mitarbeiter-Vorteilsprogramms an die Mitarbeiter des Krankenhauses ebenfalls Apothekenartikel aller Art, wobei die Mitarbeiter einen Nachlass auf den üblichen Apothekenendpreis erhielten. Das Mitarbeiter-Vorteilsprogramm war von der Apotheke initiiert und den Mitarbeitern bekannt gemacht worden. Der Arbeitgeber hatte diese Bekanntmachung in ihrem Betrieb geduldet. Die Artikel bestellen die Mitarbeiter von ihrem Arbeitsplatz aus direkt bei der Apotheke, wobei sie die Station, Name und Krankenhaus, ggf. die Kundennummer angeben. Die Apotheke liefert dann die bestellten Artikel den Mitarbeitern direkt an ihren Arbeitsplatz im Betrieb des Arbeitgebers, was der Arbeitgeber ebenfalls duldet. Die Mitarbeiter bezahlen die von ihnen bestellten Artikel mittels Einzugsermächtigung direkt an die Apotheke.

Der Erwerb der verbilligten Apothekenartikel durch die Arbeitnehmer stellt keinen geldwerten Vorteil dar, der als Arbeitslohn von dritter Seite vom Arbeitgeber lohnzuversteuern wäre (BFH v. 18.10.2012, VI R 64/11, BStBl II 2015, 184).

An einer Mitwirkung des Arbeitgebers fehlt es auch dann, wenn bei der Verschaffung von Preisvorteilen allein eine vom Arbeitgeber unabhängige **Selbsthilfeeinrichtung der Arbeitnehmer** mitwirkt.

Beispiel 3:
Die Arbeitnehmer eines Unternehmens gründen einen selbständigen Verein, dessen Zweck es ist, den Mitgliedern Rabatte bei anderen Unternehmen zu verschaffen.

Die Rabatte gehören nicht zum Arbeitslohn, weil eine Selbsthilfeeinrichtung der Arbeitnehmer und nicht der Arbeitgeber mitwirkt.

Soweit der **Betriebsrat oder Personalrat** an der Verschaffung der Preisvorteile durch Dritte **mitwirkt**, ist dies dem Arbeitgeber **nicht zuzurechnen**. Die Preisvorteile, an denen der Betriebsrat oder Personalrat mitgewirkt hat, gehören daher **nicht zum Arbeitslohn**. Wenn allerdings der Arbeitgeber an der Verschaffung der Preisvorteile aktiv mitwirkt, wird die Zurechnung von Preisvorteilen zum Arbeitslohn jedoch nicht dadurch ausgeschlossen, dass der Betriebsrat oder Personalrat ebenfalls mitgewirkt hat.

Beispiel 4:
Der Betriebsrat eines Unternehmens hat mit einem Automobilhändler schriftlich vereinbart, dass die Arbeitnehmer einen Rabatt von 8 % auf den Kaufpreis erhalten.

Der Rabatt ist nicht dem Arbeitslohn zuzurechnen, weil lediglich der Betriebsrat mitgewirkt hat.

Beispiel 5:
Wie Beispiel 4, zusätzlich zu dem Vertrag des Betriebsrats übernimmt der Arbeitgeber die Haftung für den Kaufpreis.

Es spricht dafür, dass der Rabatt dem Arbeitslohn zuzurechnen ist, weil der Arbeitgeber die Haftung für den Kaufpreis übernommen hat. Die Mitwirkung des Betriebsrats ändert hieran nichts.

e) Bewertung der Rabattvorteile

2363 Die Bewertung der zum Arbeitslohn gehörenden Preisvorteile erfolgt nach § 8 Abs. 2 EStG. Maßgebend ist also der um übliche Preisnachlässe geminderte übliche Endpreis am Abgabeort. Hierbei kann die Vereinfachungsregelung der R 8.1 Abs. 2 Satz 3 LStR **(Ansatz mit 96 % des konkreten Endpreises des Dritten)** angewendet werden. Sind für den Sachbezug Sachbezugswerte festgesetzt worden, so sind diese maßgebend (→ Sachbezüge Rz. 2601).

Soweit eine Bewertung mit Sachbezugswerten nicht in Betracht kommt, kann die **Freigrenze von 44 € monatlich** berücksichtigt werden (→ Sachbezüge Rz. 2605). Danach ergibt sich **folgende Übersicht:**

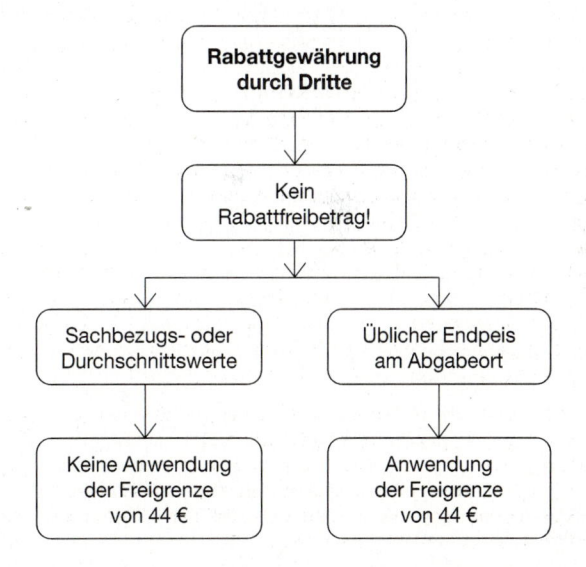

```
         Rabattgewährung
          durch Dritte
                │
                ▼
             Kein
        Rabattfreibetrag!
          │          │
          ▼          ▼
  Sachbezugs- oder   Üblicher Endpreis
  Durchschnittswerte  am Abgabeort
          │          │
          ▼          ▼
  Keine Anwendung    Anwendung
  der Freigrenze     der Freigrenze
  von 44 €           von 44 €
```

Erwirbt der Arbeitnehmer verschiedene Waren und sind die Preise gegenüber dem örtlichen Markt teilweise niedriger und teilweise höher, so ist **keine Saldierung** vorzunehmen (FG Münster v. 4.2.1998, 13 K 5956/95 L, EFG 1998, 1126, insoweit bestätigt durch BFH v. 10.5.2006, IX R 82/98, BStBl II 2006, 669).

f) Lohnsteuerabzug

2364 Soweit Rabatte vorliegen, die auf Grund der aktiven Mitwirkung des Arbeitgebers zum Arbeitslohn gehören, **unterliegen sie immer dem Lohnsteuerabzug** nach § 38 Abs. 1 Satz 1 EStG.

Soweit Rabatte zum Arbeitslohn gehören, **ohne dass der Arbeitgeber mitwirkt**, unterliegen sie dem Lohnsteuerabzug, wenn sie **von einem Dritten für eine Arbeitsleistung** gewährt werden und der Arbeitgeber weiß oder erkennen kann, dass derartige Vergütungen erbracht werden; dies ist insbesondere dann anzunehmen, wenn Arbeitgeber und Dritte verbundene Unternehmen i.S.v. § 15 AktG sind (§ 38 Abs. 1 Satz 3 EStG).

Rabatte

Zum Lohnsteuerabzug ergibt sich folgende Übersicht:

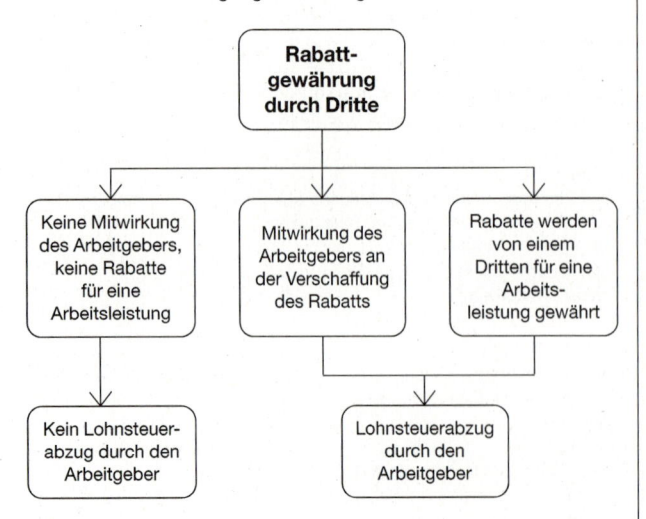

```
                    Rabatt-
                  gewährung
                 durch Dritte
       ┌──────────────┼──────────────┐
       ▼              ▼              ▼
  Keine Mit-    Mitwirkung des   Rabatte werden
  wirkung des   Arbeitgebers an  von einem
  Arbeitgebers, der Verschaffung Dritten für eine
  keine Rabatte des Rabatts      Arbeits-
  für eine                       leistung gewährt
  Arbeitsleistung
       │              │              │
       ▼              ▼              ▼
  Kein Lohnsteuer-  Lohnsteuerabzug
  abzug durch den  durch den
  Arbeitgeber      Arbeitgeber
```

Eine enge wirtschaftliche und tatsächliche Verflechtung des Arbeitgebers mit dem Dritten **im Rahmen eines Konzernverbunds** allein führt nicht zu der Annahme des Vorliegens von sog. unechtem Arbeitslohn (→ *Lohnzahlung durch Dritte* Rz. 1949). Daher war eine Konzerntochtergesellschaft nach der bis einschließlich 2003 geltenden Gesetzeslage nicht verpflichtet, für den verbilligten Wareneinkauf ihrer Arbeitnehmer in einem von einer Schwestergesellschaft betriebenen Belegschafts-Verkaufsladen Lohnsteuer einzubehalten (BFH v. 10.5.2006, IX R 82/98, BStBl II 2006, 669).

Diese Auffassung ist **seit 2004 überholt**. Durch die Neufassung des § 38 Abs. 1 Satz 3 EStG ist gerade in Konzernfällen ein Lohnsteuerabzug vorzunehmen, wenn Arbeitgeber und Dritter verbundene Unternehmen i.S.v. § 15 AktG sind. In diesen Fällen wird vom Gesetzgeber unterstellt, dass der Arbeitgeber weiß oder erkennen kann, dass entsprechende Vorteile erbracht werden.

g) Anzeige des Arbeitnehmers

2365 Der Arbeitnehmer hat **dem Arbeitgeber die von einem Dritten gewährten Bezüge** i.S.v. § 38 Abs. 1 Satz 3 EStG am Ende des jeweiligen Lohnzahlungszeitraums **anzugeben**; hierzu ist der Arbeitnehmer **gesetzlich verpflichtet** (§ 38 Abs. 4 Satz 3 EStG).

Der Arbeitnehmer sollte die Richtigkeit seiner Angaben durch Unterschrift bestätigen. Der Arbeitgeber hat die Anzeige **als Beleg zum Lohnkonto** aufzubewahren und die bezeichneten Bezüge zusammen mit dem übrigen Arbeitslohn des Arbeitnehmers dem Lohnsteuerabzug zu unterwerfen. Dabei kann folgende Erklärung verwendet werden:

Erklärung

(☐ = Zutreffendes jeweils ankreuzen bzw. ausfüllen, nicht Zutreffendes streichen)

Mir ist bekannt, dass Preisvorteile, die Arbeitnehmer durch die Mitwirkung des Arbeitgebers von dritter Seite erhalten, **lohnsteuerpflichtig** sind.

Lohnsteuerpflichtig sind auch Preisvorteile, die ohne Mitwirkung des Arbeitgebers eingeräumt werden, wenn sie Entgelt für eine Leistung sind, die i.R.d. Dienstverhältnisses erbracht worden ist.

Ich erkläre hiermit unter Versicherung der Richtigkeit meiner Angaben, dass ich

☐ im Monat ....

☐ in der Zeit vom ....
   bis ....

☐ **keine** der oben genannten Preisvorteile erhalten habe.

☐ folgende Waren oder Dienstleistungen verbilligt erhalten habe:

Ware/Dienstleistung	Entgelt	Rabatt
....	....	....
....	....	....

..............., den ....
(Unterschrift)

Wenn der vom Arbeitgeber geschuldete Barlohn zur Deckung der Lohnsteuer nicht ausreicht, hat der **Arbeitnehmer dem Arbeitgeber den Fehlbetrag zur Verfügung zu stellen** oder der Arbeitgeber einen entsprechenden Teil der anderen Bezüge des Arbeitnehmers zurückzubehalten (§ 38 Abs. 4 Satz 1 EStG). Soweit der Arbeitnehmer seiner Verpflichtung nicht nachkommt und der Arbeitgeber den Fehlbetrag nicht durch Zurückbehaltung von anderen Bezügen des Arbeitnehmers aufbringen kann, hat der Arbeitgeber dies dem Betriebsstättenfinanzamt anzuzeigen (§ 38 Abs. 4 Satz 2 EStG). Ebenfalls anzuzeigen hat der Arbeitgeber dem Betriebsstättenfinanzamt, wenn **der Arbeitnehmer ihm keine Angaben** zu den von einem Dritten gewährten Bezügen i.S.v. § 38 Abs. 1 Satz 3 EStG macht oder **erkennbar unrichtige Angaben** macht (§ 38 Abs. 4 Satz 3 EStG). Das Finanzamt hat die zu wenig erhobene Lohnsteuer vom Arbeitnehmer nachzufordern. Der Arbeitgeber haftet für zu wenig einbehaltene Lohnsteuer, wenn der Arbeitnehmer richtige und vollständige Angaben über die Rabattgewährung durch Dritte macht und der Arbeitgeber dies nicht beim Lohnsteuerabzug berücksichtigt oder dem Betriebsstättenfinanzamt nicht zumindest nach § 38 Abs. 4 Satz 2 EStG anzeigt (BFH v. 9.10.2002, VI R 112/99, BStBl II 2002, 884).

Zu weiteren Einzelheiten zur Lohnzahlung von dritter Seite und zur Anzeigepflicht des Arbeitgebers s. → *Lohnzahlung durch Dritte* Rz. 1949.

10. Rabattgewährung bei beschädigter oder gebrauchter Ware

2366 Zur steuerlichen Bewertung **von beschädigten oder gebrauchten Waren**, die der Arbeitgeber unentgeltlich oder verbilligt an seine Arbeitnehmer abgibt, vertritt die Finanzverwaltung folgende Auffassung (BMF v. 7.8.1990, IV B 6 – S 2334 – 106/90, www.stotax-first.de):

a) Waren mit unerheblichen Mängeln

2367 Geräte und Möbelstücke, die nur **unerhebliche Mängel** oder Schäden aufweisen (z.B. Kratzer am Gehäuse eines Fernsehgeräts) oder bei denen lediglich die Verpackung mangelhaft oder beschädigt ist, sind **wie unbeschädigte Waren** zu behandeln. **Die steuerliche Bewertung dieser Waren richtet sich nach** § 8 Abs. 3 EStG, soweit die Artikel einer einzelnen Warengruppe vom Arbeitgeber nicht überwiegend an seine Arbeitnehmer abgegeben werden. Dies gilt auch dann, wenn die beschädigten Artikel einer einzelnen Warengruppe überwiegend an die Arbeitnehmer abgegeben werden. Der steuerlichen Bewertung sind hiernach die Endpreise zu Grunde zu legen, zu denen der Arbeitgeber oder der dem Abgabeort nächstansässige Abnehmer die unbeschädigten Waren fremden Letztverbrauchern im allgemeinen Geschäftsverkehr anbietet. Von diesem Preis ist der Abschlag von 4 % abzuziehen sowie der Rabattfreibetrag von 1 080 €.

b) Waren mit erheblichen Mängeln oder gebrauchte Waren

2368 Bei Geräten und Möbeln, die **nicht unerheblich** beschädigt oder **zu Vorführzwecken erkennbar benutzt** worden sind, handelt es sich um Waren, die eine **andere Marktgängigkeit** als unbeschädigte oder ungebrauchte Waren haben. Dabei ist eine nicht unerhebliche Beschädigung eines Geräts insbesondere dann anzunehmen, wenn sie die Funktion des Geräts beeinträchtigt. **Die steuerliche Bewertung dieser Waren richtet sich nur dann nach** § 8 Abs. 3 EStG, wenn die beschädigten oder gebrauchten Artikel der einzelnen Warengruppe vom Arbeitgeber nicht überwiegend an seine Arbeitnehmer abgegeben werden. Dabei sind die Endpreise zu Grunde zu legen, zu denen der Arbeitgeber oder der dem Abgabeort nächstansässige Abnehmer die beschädigten oder gebrauchten Waren fremden Letztverbrauchern im allgemeinen Geschäftsverkehr anbietet. Wenn der Arbeitgeber die beschädigten oder gebrauchten Waren überwiegend an seine Arbeitnehmer abgibt, richtet sich die steuerliche Bewertung nach § 8 Abs. 2 EStG. Hiernach sind die Preise zu Grunde zu legen, zu denen die beschädigten oder gebrauchten Waren im allgemeinen Geschäftsverkehr am Abgabeort angeboten werden. Aus Vereinfachungsgründen kann auch der konkrete Endpreis des Arbeitgebers abzüglich 4 % Abschlag angesetzt werden. Die Freigrenze von 44 € monatlich ist anzuwenden.

LSt = keine Lohnsteuerpflicht
LSt = Lohnsteuerpflicht

Rabatte

11. Rabattgewährung bei nachträglicher Gutschrift

2369 Wenn der Arbeitnehmer die Waren oder Dienstleistungen zunächst **zum normalen Preis** erwirbt, **später aber eine Gutschrift** von seinem Arbeitgeber oder von einem Dritten, z.B. am Jahresende, **erhält, ist der Rabattfreibetrag grundsätzlich nicht anwendbar**. Der Arbeitnehmer erhält keine verbilligten Sachbezüge, sondern erwirbt die Sachbezüge zum regulären Preis. Die spätere Gutschrift ist als normale Lohnzahlung der Besteuerung zu unterwerfen.

Etwas anderes gilt nur dann, wenn die **Rabattkonditionen**, die zu den späteren Gutschriften führen, **bereits in dem Zeitpunkt bestehen**, in dem die Waren **vom Arbeitgeber** dem Arbeitnehmer überlassen werden oder zu dem die Dienstleistung **vom Arbeitgeber** gegenüber dem Arbeitnehmer erbracht wird (R 8.2 Abs. 1 Satz 4 LStR).

Nachträgliche Gutschriften eines Dritten sind aber in keinem Fall als Verbilligung zu werten, sondern – soweit es sich um Arbeitslohn handelt – immer als Lohnzahlung eines Dritten zu versteuern (R 8.2 Abs. 1 Satz 5 LStR).

12. Rabattgewährung im Versicherungsgewerbe

2370 In der Versicherungsbranche gibt es ein aufsichtsrechtlich vorgegebenes Spartentrennungsgebot. Insoweit ist es nicht möglich, den Arbeitnehmern einen „Rundum-Versicherungsschutz" aus einer Hand durch ein einheitliches Arbeitgeber-Versicherungsunternehmen anzubieten.

Wegen **der besonderen Verhältnisse** in der Versicherungswirtschaft ist beantragt worden, die Anwendung des § 8 Abs. 3 EStG und damit die Anwendung des Rabattfreibetrags von 1 080 € auch auf Rabatte zuzulassen, die Arbeitnehmern von **Konzerngesellschaften** eingeräumt werden. Dieses Anliegen hat die Finanzverwaltung abgelehnt, da es für die gewünschte Ausnahmeregelung an einer gesetzlichen Grundlage fehlt (BMF v. 27.4.1990, IV B 6 – S 2334 – 104/90, www.stotax-first.de).

Die verschiedentlich vertretene Auffassung, dass es bei der Gewährung von Versicherungsschutz für die Feststellung, ob ein steuerpflichtiger Vorteil vorliegt, auf **das billigste Angebot** ankomme, für das Versicherungsschutz am Markt zu erhalten sei, ist von der Finanzverwaltung abgelehnt worden. Grundlage für die Feststellung, ob ein steuerpflichtiger Vorteil vorliegt, ist vielmehr das **jeweilige konkrete Angebot des Arbeitgebers** an seine Arbeitnehmer (BFH v. 30.5.2001, VI R 123/00, BStBl II 2002, 230). Ein geldwerter Vorteil liegt bereits dann vor, wenn die Arbeitnehmer von ihrem Arbeitgeber ein Produkt zu einem verbilligten Preis erhalten, unabhängig davon, ob andere funktionsgleiche Produkte am Markt zu einem geringeren Preis erhältlich sind (BFH v. 28.6.2007, VI R 45/02, HFR 2007, 979).

Ein geldwerter Vorteil ist auch dann gegeben – so der BFH –, wenn der übliche Endpreis für funktionsgleiche und qualitativ gleichwertige Waren oder Dienstleistungen anderer Hersteller oder Dienstleister geringer ist als der der konkreten Ware oder Dienstleistung, die verbilligt überlassen wird. Allerdings kann der Arbeitgeber, der den Abschluss von Versicherungsverträgen vermittelt, seinen Arbeitnehmern auch dadurch einen geldwerten Vorteil i.S.d. § 8 Abs. 3 EStG (mit Berücksichtigung des Rabattfreibetrags!) gewähren, dass er im Voraus auf die ihm zustehende Vermittlungsprovision verzichtet, sofern das Versicherungsunternehmen auf Grund dieses Verzichts den fraglichen Arbeitnehmern den Abschluss von Versicherungsverträgen zu günstigeren Tarifen gewährt, als das bei anderen Versicherungsnehmern der Fall ist (BFH v. 30.5.2001, VI R 123/00, BStBl II 2002, 230).

Soweit den Arbeitnehmern in der Versicherungsbranche verbilligt Versicherungsschutz von Konzernunternehmen angeboten wird, ist der Vorteil nach § 8 Abs. 2 EStG mit dem um übliche Preisnachlässe geminderten üblichen Endpreis am Abgabeort für gleichartige Versicherungsverträge (auch hinsichtlich der Versicherungsbedingungen und des Leistungsumfangs) zu erfassen oder mit dem konkreten Endpreis des Unternehmens, zu der der Versicherer eine gleichartige Einzelversicherung im allgemeinen Geschäftsverkehr fremden Dritten anbietet, abzüglich 4 % Abschlag (R 8.1 Abs. 2 Satz 3 LStR). Die Freigrenze von 44 € monatlich ist zu berücksichtigen.

Auch bei **Haustarifen für Konzernmitarbeiter** ist die Preisdifferenz zwischen Haustarif und den entsprechenden Einzelverträgen als Arbeitslohn zu erfassen.

13. Rabattgewährung bei Gruppenversicherungen

Soweit Arbeitgeber für ihre Arbeitnehmer **Gruppenversicherungen** abschließen, ergeben sich häufig Prämienvorteile gegenüber Einzelversicherungen. So gibt es z.B. in der Lebens-, Unfall- und Krankenversicherung Gruppenversicherungen mit eigenständig kalkulierten Gruppentarifprämien. Die bei Gruppenversicherungen gegenüber Einzelversicherungen entstehenden Prämienvorteile gehören **nicht zum Arbeitslohn**. 2371

Aus der aufsichtsrechtlichen Behandlung von **Gruppenversicherungen** folgt, dass diese lohnsteuerlich **nicht mit Einzelversicherungen gleichgesetzt** werden können. Für beide Versicherungsarten gelten unterschiedliche Tarife. Prämienunterschiede beruhen deshalb auf Versicherungsrecht und stellen keinen Arbeitslohn dar, soweit sie sich nicht aus zusätzlich eingeräumten Vergünstigungen ergeben, die aber aufsichtsrechtlich nicht zulässig sind (BMF v. 20.3.1996, IV B 6 – S 2334 – 100/96, www.stotax-first.de).

Zweifelhaft ist, ob diese **Auffassung auch auf Prämienvorteile übertragbar** ist, die entstehen, wenn auf eine **Einzelversicherung** statt eines Einzeltarifs **ein Gruppentarif angewendet** wird.

> **Beispiel 1:**
> Der Arbeitnehmer ist selbst Versicherungsnehmer, aber es liegt nach den rechtlichen und tatsächlichen Gegebenheiten eine Einzelversicherung und keine Gruppenversicherung vor. Insbesondere zeichnen sich die nach Gruppentarif versicherten Versicherungsnehmer nicht durch eine gemeinsame Risikostruktur aus. Vielmehr beruht der Prämienvorteil (Gruppentarif statt Einzeltarif) auf einem Vertriebsvorteil, weil eine größere Anzahl von Einzelverträgen geschlossen wird und Vertriebsaufgaben und Verwaltungsaufgaben nicht vom Versicherer selbst, sondern vom Arbeitgeber getragen werden. Die Prämienunterschiede beruhen überwiegend auf betriebswirtschaftlichen und nicht auf versicherungsmathematischen Gründen.
>
> Es liegt eine Einzelversicherung vor, auf die ein Gruppentarif angewendet wird.

Nach Auffassung der Finanzverwaltung gilt hierzu Folgendes:

Prämienvorteile beruhen nur auf Versicherungsrecht und nicht auf dem Dienstverhältnis zwischen Arbeitgeber und Arbeitnehmer, soweit Angebote **zu gleichen Konditionen auch arbeitgeberunabhängigen Gruppen** (z.B. Sportvereinen) unterbreitet werden (z.B. im Internet oder in Prospekten). In diesen Fällen gehören die gegenüber Einzelversicherungen entstehenden Prämienvorteile nicht zum Arbeitslohn (vgl. BMF v. 20.3.1996, IV B 6 – S 2334 – 100/96, www.stotax-first.de).

Werden **vergleichbare Angebote nur arbeitgeberbezogen**, also nur den Arbeitnehmern bestimmter Arbeitgeber unterbreitet (z.B. weil diese Arbeitgeber einen Rahmenvertrag mit der Versicherung abschließen), sind die Prämienvorteile überwiegend durch das Dienstverhältnis zwischen Arbeitgeber und Arbeitnehmer veranlasst und damit **Arbeitslohn**. Die Prämienvorteile sind nach § 8 Abs. 2 Satz 1 EStG mit dem um übliche Preisnachlässe geminderten üblichen Endpreis am Abgabeort zu bewerten.

– Soweit **Angebote zu gleichen Konditionen** an arbeitgeberunabhängige Gruppen **nicht vorliegen**, ist Endpreis am Abgabeort regelmäßig der **Einzeltarif**.

– Liegen Angebote an arbeitgeberunabhängige Gruppen vor, die **günstiger sind als reguläre Einzeltarife**, aber **ungünstiger als die den Arbeitnehmern angebotenen Gruppentarife**, kann **dieser Gruppentarif als Vergleichswert** für die Ermittlung des geldwerten Vorteils zu Grunde gelegt werden. In diesen Fällen beruhen die Prämienvorteile teilweise auf Versicherungsrecht und sind insoweit kein Arbeitslohn.

> **Beispiel 2:**
> Eine Versicherung gewährt Arbeitnehmern des Arbeitgebers einen Gruppentarif auf die bei ihr abgeschlossenen Einzelversicherungen, weil sich eine Gruppe von 30 Arbeitnehmern des Arbeitgebers hierzu entschlossen hat. Gegenüber dem Einzeltarif ergibt sich für die Arbeitnehmer ein Preisvorteil von monatlich 45 €. Die Versicherung gewährt derar-

Rabatte

tige Gruppentarife nur Arbeitnehmern von Arbeitgebern, die einen Rahmenvertrag mit ihr geschlossen haben.

Die Prämienvorteile sind überwiegend durch das Dienstverhältnis zwischen dem Arbeitgeber und seinen Arbeitnehmern veranlasst und damit Arbeitslohn. Der geldwerte Vorteil beträgt monatlich 45 € und ist – weil die 44 €-Freigrenze überschritten ist – in voller Höhe steuerpflichtig (→ Sachbezüge Rz. 2605).

Beispiel 3:
Sachverhalt wie Beispiel 2, aber die Versicherung gewährt Gruppentarife auch Mitgliedern von Vereinen, wenn eine Mindestzahl von 30 Einzelverträgen erreicht wird. Bei einem Sportclub kommt eine ausreichende Zahl von Vertragsabschlüssen zu Stande. Gegenüber dem Einzeltarif ergibt sich für die Mitglieder des Sportclubs jedoch nur ein Preisvorteil von monatlich 15 €.

Die Prämienvorteile für die Arbeitnehmer sind, soweit sie die Prämienvorteile aus dem Gruppentarif für Vereine übersteigen, durch das Dienstverhältnis zwischen dem Arbeitgeber und seinen Arbeitnehmern veranlasst und damit Arbeitslohn. Der geldwerte Vorteil beträgt monatlich 30 € (45 € ∕ 15 €) und ist – weil die 44 €-Freigrenze unterschritten ist – steuerfrei (→ Sachbezüge Rz. 2605).

14. Rabattgewährung im Bankgewerbe

2372 Im Bankgewerbe erhalten die Arbeitnehmer unterschiedliche Rabattvorteile. Die Mitarbeiter erhalten auf ihre Guthaben einen **Vorzugszins**, ihnen werden **zinsgünstige Darlehen** eingeräumt und darüber hinaus ist bei ihnen die **Kontenführung kostenlos** oder verbilligt. Zu den einzelnen Vorteilen gilt Folgendes:

a) Verbilligte Darlehen

2373 Bei Überlassung eines zinslosen oder zinsverbilligten Arbeitgeberdarlehens ist der geldwerte Vorteil (Zinsvorteil) zu ermitteln, der vom Arbeitnehmer als Arbeitslohn zu versteuern ist. Für die Ermittlung des Zinsvorteils ist zwischen einer Bewertung nach § 8 Abs. 2 EStG (z.B. der Arbeitnehmer eines Einzelhändlers erhält ein zinsverbilligtes Arbeitgeberdarlehen) und einer Bewertung nach § 8 Abs. 3 Satz 1 EStG (z.B. der Bankangestellte erhält von seinem Arbeitgeber ein zinsverbilligtes Arbeitgeberdarlehen mit Ansatz des Rabattfreibetrags) zu unterscheiden.

Die zinslose oder verbilligte Darlehensgewährung ist nach § 8 Abs. 3 EStG zu bewerten, soweit sie nicht überwiegend für den Bedarf der eigenen Arbeitnehmer erbracht wird (BFH v. 4.11.1994, VI R 81/93, BStBl II 1995, 338). In diesem Fall kann zwar der Rabattfreibetrag von 1 080 € berücksichtigt werden, die Ermittlung des Vorteils aus der Darlehensgewährung ist jedoch **nach dem konkreten Zinssatz des Arbeitgebers** vorzunehmen. Die Bewertung nach § 8 Abs. 3 EStG kann trotz des Rabattfreibetrags **ungünstiger** sein als die Bewertung nach § 8 Abs. 2 EStG.

Der Arbeitnehmer erlangt keinen steuerpflichtigen Zinsvorteil, wenn der Arbeitgeber ihm ein Darlehen zu einem marktüblichen Zinssatz (Maßstabszinssatz) gewährt (BFH v. 4.5.2006, VI R 28/05, BStBl II 2006, 781).

Zinsvorteile sind nur als Sachbezüge zu versteuern, wenn die **Summe der noch nicht getilgten Darlehen** am Ende des Lohnzahlungszeitraums **2 600 € übersteigt**.

Auf den geldwerten Vorteil eines zinsgünstigen **Darlehens der Deutschen Bundesbank** und ihrer Hauptverwaltungen ist der **Rabattfreibetrag nicht anwendbar**, weil die Gewährung von Darlehen an Privatpersonen nicht zur Produktpalette der Deutschen Bundesbank gehört. Die Gewährung von Darlehen an institutionelle Geschäftspartner ist nicht mit der Darlehensgewährung an private Verbraucher vergleichbar (BFH v. 9.10.2002, VI R 164/01, BStBl II 2003, 373).

Für **sonstige Bankdienstleistungen** (kostenlose Kontoführung, provisionsfreie Abrechnung von Wertpapiergeschäften) ist der **Rabattfreibetrag** von 1 080 € hingegen **zu berücksichtigen**, weil diese sich innerhalb der auch anderen Letztverbrauchern offen stehenden Angebotspalette der Deutschen Bundesbank bewegen (FG Hessen v. 9.2.2001, 13 K 1365/00, EFG 2001, 623).

Im Einzelnen gilt Folgendes (BMF v. 19.5.2015, IV C 5 – S 2334/07/0009, BStBl I 2015, 484):

aa) Bewertung nach § 8 Abs. 3 EStG

- **Allgemeines** **2374**

Der Zinsvorteil aus der Überlassung eines zinslosen oder zinsverbilligten Darlehens kann nach § 8 Abs. 3 EStG ermittelt werden, wenn

– der Arbeitgeber Darlehen gleicher Art und – mit Ausnahme des Zinssatzes – zu gleichen Konditionen (insbesondere Laufzeit des Darlehens, Dauer der Zinsfestlegung, Zeitpunkt der Tilgungsverrechnung) **überwiegend an betriebsfremde Dritte** vergibt und

– der Zinsvorteil **nicht** nach § 40 EStG **pauschal besteuert** wird.

Endpreis i.S.d. § 8 Abs. 3 EStG für die von einem Kreditinstitut gegenüber seinen Mitarbeitern erbrachten Dienstleistungen ist grundsätzlich der Preis, der für diese Leistungen im Preisaushang des Kreditinstituts oder der kontoführenden Zweigstelle angegeben ist. Dieser Preisaushang ist für die steuerliche Bewertung auch der Dienstleistungen maßgebend, die vom Umfang her den Rahmen des standardisierten Privatkundengeschäfts übersteigen, es sei denn, dass für derartige Dienstleistungen in den Geschäftsräumen offen zugängliche besondere Preisverzeichnisse ausgelegt werden. Es ist zur Ermittlung des Zinsvorteils nach § 8 Abs. 3 EStG zulässig, von dem im Preisaushang dargestellten Preis abzuweichen. Die Verwaltungsregelung, nach der am Ende von Verkaufsverhandlungen durchschnittlich gewährte Preisnachlässe zu berücksichtigen sind (vgl. BMF v. 16.5.2013, IV C 5 – S 2334/07/0011, BStBl I 2013, 729), gilt auch für die Ermittlung des Zinsvorteils nach § 8 Abs. 3 EStG für die von einem Kreditinstitut gegenüber seinen Mitarbeitern erbrachten Dienstleistungen. Der Abschlag von 4 % nach § 8 Abs. 3 Satz 1 EStG ist stets vorzunehmen.

- **Ermittlung des Zinsvorteils**

Wird der Zinsvorteil nach § 8 Abs. 3 EStG bewertet, bemisst sich der Zinsvorteil nach dem **Unterschiedsbetrag** zwischen dem **ermittelten** und um 4 % geminderten **Effektivzinssatz**, den der Arbeitgeber fremden Letztverbrauchern im allgemeinen Geschäftsverkehr für Darlehen vergleichbarer Kreditart (z.B. Wohnungsbaukredit, Konsumentenkredit) anbietet (Maßstabszinssatz), und dem Zinssatz, der **im konkreten Einzelfall** vereinbart ist.

Bei **Arbeitgeberdarlehen mit Zinsfestlegung** ist grundsätzlich der Maßstabszinssatz **bei Vertragsabschluss für die gesamte Vertragslaufzeit** maßgeblich. Im Falle der **Prolongation** ist der neu vereinbarte Zinssatz mit dem Maßstabszinssatz im Zeitpunkt der Prolongationsvereinbarung zu vergleichen. Bei Arbeitgeberdarlehen mit **variablem Zinssatz** ist für die Ermittlung des Zinsvorteils im Zeitpunkt der vertraglichen Zinssatzanpassung der neu vereinbarte Zinssatz mit dem jeweils aktuellen Maßstabszinssatz zu vergleichen.

Der Arbeitgeber hat die Unterlagen für den ermittelten und der Lohnversteuerung zu Grunde gelegten Endpreis sowie die Berechnung des Zinsvorteils zu dokumentieren, als Belege zum Lohnkonto aufzubewahren und dem Arbeitnehmer auf Verlangen formlos mitzuteilen.

Beispiel 1:
Der Arbeitnehmer schließt mit seinem Arbeitgeber, einer Bank, am 14.1.2016 einen Vertrag über ein Hypothekendarlehen mit zehnjähriger Zinsfestlegung zu 2 % ab. Das Darlehen wird am 24.6.2016 ausgezahlt.

Gegenüber fremden Kunden beträgt der Effektivzinssatz bei Hypothekendarlehen mit zehnjähriger Zinsfestlegung
– am 14.1.2016: 2,6 %,
– am 24.6.2016: 2,8 %.

Für die Berechnung des geldwerten Vorteils ist der gegenüber fremden Kunden für Hypothekendarlehen mit zehnjähriger Zinsbindungsfrist geltende Effektivzins am 14.1.2016 maßgebend. Dies gilt für die gesamte Zinsbindungsfrist.

- **Pauschalierung bei Darlehen**

Wird der Zinsvorteil aus der Überlassung eines zinslosen oder zinsverbilligten Darlehens nach § 40 Abs. 1 EStG **pauschal versteuert**, so ist der Zinsvorteil nach § 8 Abs. 2 Satz 1 EStG zu bewerten (→ *Zinsersparnisse/Zinszuschüsse* Rz. 3215). Dies gilt auch, wenn der Arbeitgeber Darlehen überwiegend betriebsfremden Dritten überlässt. Sind die Voraussetzungen für die Lohnsteuerpauschalierung erfüllt, insbesondere weil ein Pauschalierungsantrag gestellt worden ist, kann diese Bewertungsmethode auch dann gewählt werden, **wenn keine pauschale Lohnsteuer anfällt.**

In den Fällen des § 8 Abs. 3 EStG ist es auch dann **nicht zulässig, die Steuer nach § 37b Abs. 2 EStG zu pauschalieren**, wenn der Arbeitgeber nach R 8.2 Abs. 1 Satz 1 Nr. 4 LStR die Bewertung des geldwerten Vorteils nach § 8 Abs. 2 EStG wählt und der Zinsvorteil nicht nach § 40 Abs. 1 EStG pauschal versteuert worden ist.

Ein Antrag auf Pauschalierung nach § 40 Abs. 1 Satz 1 Nr. 1 EStG kann aber nur für sonstige Bezüge gestellt werden (→ *Pauschalierung der Lohnsteuer* Rz. 2176). Zinsvorteile sind als sonstige Bezüge anzusehen, wenn der maßgebende Zinszahlungszeitraum den jeweiligen Lohnzahlungszeitraum überschreitet.

Beispiel 2:
Der Arbeitnehmer ist bei einer Bank angestellt. Er erhält am 10.3.2016 einen Kredit i.H.v. 45 000 € zu einem Zinssatz von 5,5 %. Kunden der Bank zahlen für einen solchen Kredit Zinsen i.H.v. 11 %. Die Zinsen sind monatlich fällig.

Der geldwerte Vorteil nach § 8 Abs. 3 EStG beträgt:

Endpreis des Arbeitgebers (11 % von 45 000 € für zehn Monate)	4 125,— €
./. 4 % Abschlag	165,— €
= Endpreis des Arbeitgebers	3 960,— €
./. Zahlung des Arbeitnehmers (5,5 % von 45 000 € für zehn Monate)	2 062,50 €
= Vorteil	1 897,50 €
./. Rabattfreibetrag nach § 8 Abs. 3 EStG	1 080,— €
= vom Arbeitnehmer zu versteuern	817,50 €

Der Arbeitgeber kann **keinen Antrag auf Pauschalierung** stellen, denn die Zinsvorteile – da monatliche Zinszahlung – gehören zum laufenden Arbeitslohn, für den eine Pauschalierung nach § 40 Abs. 1 Satz 1 Nr. 1 EStG **nicht zulässig** ist.

Der Arbeitnehmer hat aber ein Wahlrecht zwischen den Bewertungsvorschriften des § 8 Abs. 2 und Abs. 3 EStG (→ Rz. 2348). Er kann daher in der Einkommensteuerveranlagung die Bewertung nach § 8 Abs. 2 EStG wählen. Obwohl der Arbeitgeber nicht verpflichtet ist, die Günstigerprüfung im Lohnsteuerabzugsverfahren vorzunehmen, kann auch er die günstigere Bewertungsmethode anwenden, sodass sich kein geldwerter Vorteil ergibt (vgl. Beispiel 3).

Beispiel 3:
Wie Beispiel 2, die Zinsen sind aber vierteljährlich fällig.

Ein Antrag auf Pauschalierung ist möglich, weil die Zinsvorteile als sonstige Bezüge anzusehen sind (der Verzinsungszeitraum überschreitet den Lohnzahlungszeitraum).

Bei einem Antrag auf Pauschalierung ist der Vorteil nach § 8 Abs. 2 EStG i.V.m. R 8.1 Abs. 1 LStR zu bewerten, d.h., es ist der **um übliche Preisnachlässe geminderte übliche Endpreis am Abgabeort** maßgebend. Aus Vereinfachungsgründen kann der bei Vertragsabschluss von der Deutschen Bundesbank zuletzt veröffentlichte Effektivzinssatz herangezogen werden (Einzelheiten hierzu → *Zinsersparnisse/Zinszuschüsse* Rz. 3218). Dieser soll 5,73 % betragen. Nach Abzug eines Abschlags von 4 % ergibt sich ein Maßstabszinssatz von 5,5 %. Da der Arbeitnehmer einen Zinssatz von 5,5 % hat, ergibt sich kein geldwerter Vorteil.

Der Arbeitgeber sollte einen Antrag auf Pauschalierung stellen, denn so erspart er dem Arbeitnehmer die Versteuerung von 817,50 €, während ihn der Antrag „nichts kostet".

Wird der Zinsvorteil nur **z.T. pauschal** versteuert, weil die Pauschalierungsgrenze von 1 000 € überschritten ist (→ *Pauschalierung der Lohnsteuer* Rz. 2178), so ist bei der Bewertung des individuell zu versteuernden Zinsvorteils der Teilbetrag des Darlehens außer Ansatz zu lassen, für den die Zinsvorteile pauschal versteuert werden.

Beispiel 4:
Ein Kreditinstitut überlässt seinem Arbeitnehmer am 7.1.2016 ein Arbeitgeberdarlehen von 150 000 € zum Effektivzinssatz von 2 % jährlich (Laufzeit 4 Jahre mit jährlicher Tilgungsverrechnung und viertel-

jährlicher Fälligkeit der Zinsen). Darlehen gleicher Art bietet das Kreditinstitut fremden Kunden im allgemeinen Geschäftsverkehr zu einem Effektivzinssatz von 4,5 % an. Der nachgewiesene günstigste Zinssatz für **vergleichbare Darlehen am Markt** wurde im Internet bei einer Direktbank mit 4 % ermittelt.

Das Kreditinstitut beantragt die Besteuerung nach § 40 Abs. 1 Satz 1 Nr. 1 EStG. Der Zinsvorteil ist insoweit nach § 8 Abs. 2 Satz 1 EStG zu ermitteln. Die ermittelte Zinsverbilligung beträgt 2 % (marktüblicher Zinssatz 2 %, abzüglich Zinslast des Arbeitnehmers von 2 %). Der pauschale Abschlag i.H.v. 4 % nach R 8.1 Abs. 2 Satz 3 LStR kommt nicht in Betracht.

Der Zinsvorteil im Kalenderjahr 2016 beträgt 3 000 € (2 % von 150 000 €). Mangels anderer pauschal besteuerter Leistungen kann der Zinsvorteil des Arbeitnehmers bis zum Höchstbetrag von 1 000 € pauschal besteuert werden (Pauschalierungsgrenze). Ein Zinsvorteil von 1 000 € ergibt sich unter Berücksichtigung der nach R 8.1 Abs. 1 LStR ermittelten Zinsverbilligung von 2 % für ein Darlehen von

$$\frac{1\,000\,€ \text{ (Pauschalierungsgrenze)} \times 100}{2 \text{ (Zinsvorteil)}} = 50\,000\,€.$$

Mithin wird durch die Pauschalbesteuerung nur der Zinsvorteil aus einem Darlehensteilbetrag von 50 000 € abgedeckt. Der Zinsvorteil aus dem restlichen Darlehensteilbetrag von 100 000 € ist individuell zu versteuern. Der zu versteuernde Betrag ist wie folgt zu ermitteln:

Nach Abzug eines Abschlags von 4 % (§ 8 Abs. 3 Satz 1 EStG) vom Angebotspreis des Arbeitgebers von 4,5 % ergibt sich ein Maßstabszinssatz von 4,32 %.

Endpreis des Arbeitgebers (100 000 € Darlehen × Maßstabszinssatz 4,32 %)	4 320 €
./. Zinslast des Arbeitgebers (100 000 € × 2 %)	2 000 €
= Zinsvorteil	2 320 €
./. Rabattfreibetrag nach § 8 Abs. 3 Satz 2 EStG	1 080 €
= zu versteuernder geldwerter Vorteil (Jahresbetrag)	1 240 €
= vierteljährlich der Lohnsteuer zu unterwerfen	310 €

Der Zinsvorteil ist jeweils bei Tilgung des Arbeitgeberdarlehens für die Restschuld neu zu ermitteln.

bb) Wahlrecht

Der Arbeitnehmer hat ein **Wahlrecht zwischen den Bewertungsvorschriften des § 8 Abs. 2 und Abs. 3 EStG** (BMF v. 16.5.2013, IV C 5 – S 2334/07/0011, BStBl I 2013, 729 sowie → Rz. 2348). Er kann den Zinsvorteil im Rahmen seiner Einkommensteuerveranlagung nach § 8 Abs. 2 Satz 1 EStG bewerten. In diesen Fällen hat der Arbeitnehmer den Endpreis nachzuweisen, den der Arbeitgeber im Lohnsteuerabzugsverfahren zu Grunde gelegt hat (z.B. durch eine formlose Mitteilung des Arbeitgebers). 2375

Dem Arbeitgeber bleibt es unbenommen, im Lohnsteuerabzugsverfahren den Zinsvorteil nach § 8 Abs. 3 Satz 1 EStG zu bewerten. Er ist dann nicht verpflichtet, den Zinsvorteil nach § 8 Abs. 2 Satz 1 EStG zu bewerten. Ermittelt der Arbeitgeber den Vorteil nach § 8 Abs. 2 Satz 1 EStG, kann er einen um übliche Preisnachlässe geminderten üblichen Endpreis am Abgabeort ansetzen. Er ist dann nicht verpflichtet, den günstigsten Preis am Markt zu ermitteln.

cc) Zufluss von Arbeitslohn

Als Zuflusszeitpunkt ist der **Fälligkeitstermin der Zinsen** als Nutzungsentgelt für die Überlassung eines zinsverbilligten Darlehens anzusehen. Bei der Überlassung eines zinslosen Darlehens ist der Zufluss in dem Zeitpunkt anzunehmen, in dem das Entgelt üblicherweise fällig wäre. Es kann davon ausgegangen werden, dass das Entgelt üblicherweise zusammen mit der Tilgungsrate fällig wäre. 2376

Wird ein **Arbeitgeberdarlehen ohne Tilgungsleistung** (endfälliges Darlehen) gewährt, kann für die Entscheidung, ob der Zinsvorteil am Ende der Laufzeit oder monatlich, vierteljährlich oder jährlich zufließt, grundsätzlich dem der Vereinbarung zugrundeliegenden Willen der Beteiligten gefolgt werden.

dd) Versteuerung in Sonderfällen

Erhält der Arbeitnehmer keinen anderen laufenden Arbeitslohn (z.B. bei Beurlaubung, Elternzeit), ist der im Kalenderjahr erhaltene Zinsvorteil bei Wiederaufnahme der Arbeitslohnzahlung zu versteuern oder anderenfalls spätestens nach Ablauf des Kalenderjahrs nach § 41c EStG zu behandeln. 2377

Scheidet der Arbeitnehmer aus dem Dienstverhältnis aus und besteht das vergünstigte Arbeitgeberdarlehen weiter, so hat der Arbeitgeber dies dem Betriebsstättenfinanzamt anzuzeigen, wenn er auf Grund des beendeten Dienstverhältnisses die Lohnsteuer

Rabatte

für die Zinsvorteile nicht einbehalten kann (§ 41c Abs. 4 Satz 1 Nr. 1 EStG).

ee) Sicherheitenbestellung

2378 Setzt der Zinssatz des vergleichbaren Darlehens eine **Sicherheitenbestellung** (z.B. eine Grundschuldbestellung) voraus, ist der **Verzicht des Arbeitgebers** auf eine solche Bestellung **ein steuerpflichtiger geldwerter Vorteil**. In die Bewertung des geldwerten Vorteils einbezogen werden insbesondere die üblichen Kosten und Gebühren des Grundbuchamts und des Notars für eine dingliche Sicherung des Arbeitgeberdarlehens. Diese Beträge können regelmäßig mit den im Internet bereitgestellten Notar-/Grundbuchkostenrechnern ermittelt werden. Ein Abschlag ist nicht vorzunehmen. Als Zuflusszeitpunkt ist das Auszahlungsdatum des Arbeitgeberdarlehens anzusetzen. Ein geldwerter Vorteil für die ersparte Löschung einer Sicherheitenbestellung ist aus Vereinfachungsgründen nicht anzusetzen.

ff) Vermittlungs- und Vergleichsportale

2379 Banken und Sparkassen bieten Darlehen (insbesondere Baufinanzierungen) nicht nur vor Ort in den Geschäftsstellen, sondern auch über **Vermittlungsportale und Vergleichsportale im Internet** an.

Die Dienstleistung der Vermittlungsportale besteht **ausschließlich in der Vermittlung** von (Bau-)Finanzierungen zwischen der Bank und dem Kunden. Der Darlehensvertrag wird unmittelbar zwischen der **Bank und dem vermittelten Kunden** in der jeweiligen Geschäftsstelle der Bank abgeschlossen. Die Darlehenskonditionen der Bank, die Kunden bei Abschluss einer (Bau-)Finanzierung über ein Internet-Vermittlungsportal angeboten werden, sind i.d.R. günstiger, als bei Darlehensabschluss direkt (d.h. ohne Einschaltung eines Vermittlungsportals) vor Ort in der Bankfiliale.

> **Beispiel:**
> Wohnungsbaudarlehen, Zinsbindung 10 Jahre, 2 % Tilgung, 5% Sondertilgung, 60 % Beleihungswert
> - „Standardkondition" der Bank (ohne Einschaltung eines Vermittlungsportals)   1,90 %,
> - Darlehenskondition bei der Bank bei Vermittlung durch Vermittlungsportal   1,60 %.

Hierzu gilt Folgendes (BayLfSt v. 7.7.2015, S 2334.2.1 – 84/16 St 32 –, StEd 2015, 571):

- **Bewertung nach § 8 Abs. 3 EStG**

  Die Konditionen der durch das Vermittlungsportal vermittelten Darlehen können in die **Berechnung der Vergleichskonditionen** („Gesamtdurchschnittspreis") **einbezogen** werden. I.R.d. § 8 Abs. 3 EStG ist es aber nicht möglich, ausschließlich auf die durchschnittlichen Konditionen der durch ein Vermittlungsportal vermittelten Darlehen abzustellen oder gar die absolut günstigsten Konditionen eines einzelnen vergleichbaren Darlehens zu berücksichtigen.

  Für die Bewertung des geldwerten Vorteils nach § 8 Abs. 3 EStG ist aus den „Standardkonditionen" der Bank (ohne Einschaltung eines Vermittlungsportals) und den Darlehenskonditionen der Bank bei Vermittlung durch ein Vermittlungsportal ein **Gesamtdurchschnittswert** zu bilden. Maßgebend sind hier nicht die fiktiven Konditionen, die einem Kunden für ein durch ein Vermittlungsportal vermitteltes vergleichbares Darlehen gewährt worden wären, sondern nur die Konditionen von **tatsächlich an fremde Dritte gewährten vergleichbaren Darlehen**.

  Dieser Wert ist der maßgebende Endpreis/Angebotspreis i.S.d. § 8 Abs. 3 EStG. Der um den gesetzlichen Bewertungsabschlag von 4 % geminderte Angebotspreis ist der Geldwert des Sachbezugs; als Arbeitslohn ist der Unterschiedsbetrag zwischen diesem Geldwert und dem vom Arbeitnehmer gezahlten Entgelt (tatsächlicher Zinssatz) anzusetzen, soweit er den Rabatt-Freibetrag von 1 080 € im Kalenderjahr übersteigt (§ 8 Abs. 3 Satz 2 EStG).

- **Bewertung nach § 8 Abs. 2 Satz 1 EStG**

  Als üblicher Endpreis nach § 8 Abs. 2 Satz 1 EStG gilt auch der **günstigste Preis für ein vergleichbares Darlehen** mit nachgewiesener günstigster Marktkondition, zu der das Darlehen unter Beiziehung allgemein zugänglicher Internetangebote (z.B. Internetangebote von Direktbanken) an Endverbraucher angeboten wird, ohne dass individuelle Preisverhandlungen im Zeitpunkt des Vertragsabschlusses berücksichtigt werden. I.R.d. § 8 Abs. 2 Satz 1 EStG ist es daher auch möglich, ausschließlich auf die durchschnittlichen Konditionen der durch Vermittlungsportale vermittelten Darlehen abzustellen oder gar die **absolut günstigsten Konditionen** eines einzelnen vergleichbaren Darlehens zu berücksichtigen. Der pauschale Abschlag i.H.v. 4 % (R 8.1 Abs. 2 Satz 3 LStR) kommt in den Fällen nicht zur Anwendung.

  Es ist dabei auch zulässig, die Konditionen zu Grunde zu legen, die einem Kunden für ein durch das Vermittlungsportal vermitteltes vergleichbares Darlehen gewährt worden wären, auch wenn ein entsprechendes Darlehen tatsächlich nicht zustande kommt (fiktive Konditionen).

b) Verbilligte Kontenführung

2380 Die im Bankgewerbe **übliche kostenlose oder verbilligte Kontenführung** (einschließlich der kostenlosen Ausgabe von Bank- und Kreditkarten) sowie andere Preisnachlässe, z.B. bei der Beschaffung von Devisen, der Vermietung von Schließfächern und der Depotführung, sind Vorteile, für die der Rabattfreibetrag Anwendung findet (R 8.2 Abs. 1 Nr. 2 Satz 3 LStR).

Endpreis i.S.d. § 8 Abs. 3 EStG für die von einem Kreditinstitut gegenüber seinen Mitarbeitern erbrachten Dienstleistungen ist grundsätzlich der Preis, **der für diese Leistungen im Preisaushang** der kontoführenden Zweigstelle des Kreditinstituts **angegeben ist**. Allerdings kann bei der Ermittlung des tatsächlichen Angebotspreises als Endpreis i.S.d. § 8 Abs. 3 EStG auch der Preis angenommen werden, der sich ergibt, wenn der Preisnachlass, der durchschnittlich beim Verkauf an fremde Letztverbraucher im allgemeinen Geschäftsverkehr tatsächlich gewährt wird, von dem Preis lt. Preisaushang abgezogen wird (BMF v. 16.5.2013, IV C 5 – S 2334/07/0011, BStBl I 2013, 729).

> **Beispiel:**
> Ein Arbeitnehmer ist bei einer Bank beschäftigt. Er verkauft Aktien im Wert von 156 250 €; hierfür hat er eine Provision von 0,5 % des Umsatzes, also 781,25 €, zu entrichten. Privatkunden haben nach dem Preisaushang eine Gebühr von 1 % des Umsatzes zu bezahlen. Es ist in dieser Bank jedoch üblich, Kunden auf Anfrage eine Provisionsermäßigung zu gewähren. Die durchschnittliche Preisermäßigung wird mit 0,20 % des Umsatzes ermittelt.
>
> Als Endpreis i.S.v. § 8 Abs. 3 EStG gilt der Betrag von 1 250 € (0,80 % von 156 250 €), denn diese Gebühr wird Privatkunden regelmäßig in Rechnung gestellt. Nach Abzug des Abschlags von 4 % (50 €) und der vom Arbeitnehmer zu zahlenden Provision (781,25 €) ergibt sich ein Sachbezug von 418,75 €, von dem der Rabattfreibetrag von 1 080 € – soweit er nicht bereits ausgeschöpft ist – abgezogen werden kann.

c) Aufzeichnungserleichterungen

2381 Wegen der Vielzahl der Vorteile, die zudem in der betragsmäßigen Höhe sehr gering sind, hat die Finanzverwaltung den Kreditinstituten **Aufzeichnungserleichterungen zugestanden** (BMF v. 19.5.2015, IV C 5 – S 2334/07/0009, BStBl I 2015, 484):

„Das Betriebsstättenfinanzamt kann auf Antrag eines Kreditinstituts Ausnahmen von der Aufzeichnung der geldwerten Vorteile zulassen, die sich aus der unentgeltlichen oder verbilligten

- **Kontenführung**, Nutzung von Geldautomaten sowie der Ausgabe von Kreditkarten,
- **Depotführung** bis zu einem Depotnennwert von 60 000 € (maßgebend ist der Depotnennwert, nach dem die Depotgebühren berechnet werden),
- **Überlassung von Schließfächern** und Banksafes und
- **Beschaffung** und Rücknahme **von Devisen** durch Barumtausch

ergeben.

Voraussetzung hierfür ist, dass

a) der **durchschnittliche Betrag** des Vorteils aus den von der Aufzeichnung befreiten Dienstleistungen unter Berücksichtigung des Preisabschlags nach § 8 Abs. 3 EStG von 4 % je Arbeitnehmer **ermittelt** wird (Durchschnittsbetrag).

Der Durchschnittsbetrag ist jeweils im letzten Lohnzahlungszeitraum eines Kalenderjahrs aus der summarischen Erfassung sämtlicher aufzeichnungsbefreiter Vorteile der vorangegangenen zwölf Monate für die Arbeitnehmer eines Kreditinstituts (einschließlich sämtlicher inländischer Zweigstellen) zu ermitteln. Dabei sind auch die Vorteile einzubeziehen, die das Kreditinstitut Personen einräumt, die mit den Arbeitnehmern verbunden sind. Falls erforderlich, können für alleinstehende und verheiratete Arbeitnehmer unterschiedliche Durchschnittsbeträge festgesetzt werden.

Hat ein Kreditinstitut mehrere lohnsteuerliche Betriebsstätten, so ist der Aufzeichnungsverzicht und ggf. die Festsetzung des Durchschnittsbetrags mit den anderen Betriebsstättenfinanzämtern abzustimmen.

b) der Arbeitgeber im letzten Lohnzahlungszeitraum des Kalenderjahrs den Betrag **pauschal nach** § 40 Abs. 1 EStG **versteuert**, um den die Summe der Vorteile aus den nicht aufzeichnungsbefreiten Dienstleistungen und dem Durchschnittsbetrag bei den einzelnen Arbeitnehmern den Rabattfreibetrag von 1 080 € übersteigt. Dabei ist der übersteigende Betrag wenigstens bis zur Höhe des Durchschnittsbetrags pauschal zu versteuern. Soweit die Vorteile pauschal versteuert werden, sind sie nach § 8 Abs. 2 EStG zu bewerten."

Beispiel:

Der durchschnittliche Vorteil wird auf der Basis der Endpreise ermittelt mit	350 €
Nach Abzug des Abschlags von 4 % (350 € × 4 %)	14 €
ergibt sich ein Durchschnittsbetrag von	336 €
Nach § 4 Abs. 2 Nr. 3 LStDV sind im Lohnkonto des Arbeitnehmers als Sachbezüge i.S.v. § 8 Abs. 3 EStG aufgezeichnet worden	991 €
Die Summe von	1 327 €
übersteigt den Rabattfreibetrag von	1 080 €
um	247 €

Für den Betrag von 247 € ist die Lohnsteuer pauschal nach § 40 Abs. 1 EStG zu versteuern.

d) Vorzugszins

2382 Soweit Arbeitnehmer von Kreditinstituten und ihre Angehörigen von ihrem Arbeitgeber eine höhere Verzinsung als andere Privatkunden auf ihre Einlagen erhalten, gehört dieser „Vorzugszins" zum Arbeitslohn, weil die höheren Zinsen durch das Dienstverhältnis veranlasst sind (BMF v. 2.3.1990, IV B 6 – S 2332 – 23/90, BStBl I 1990, 141). **Aus Vereinfachungsgründen** beanstandet es die Finanzverwaltung jedoch nicht, wenn der Zusatzzins als Einnahmen aus Kapitalvermögen behandelt wird, sofern der dem Arbeitnehmer und seinen Angehörigen eingeräumte Zinssatz **nicht mehr als 1 %** über dem Zinssatz liegt, den die kontoführende Stelle des Arbeitgebers betriebsfremden Anlegern im allgemeinen Geschäftsverkehr anbietet.

Diese Vereinfachungsregelung gilt auch für Mitarbeiter der Deutschen Bundesbank sowie für Mitarbeitereinlagen bei bankfremden Arbeitgebern (FinMin Brandenburg v. 19.3.1993, III/6 – S 2332 – 6/93, www.stotax-first.de).

e) Erwerb von Fondsanteilen

2383 Beim Erwerb von Fondsanteilen wird Mitarbeitern im Bankkonzern ein Teilnachlass bei den Erwerbsnebenkosten gewährt, wie es auch bei Geschäften mit anderen Großkunden der Fall ist. Die Verbilligung ist **als ein bloßer Rabatt bei einem Kaufvorgang** zu sehen, den der Arbeitnehmer auf Grund einer eigenen Investitionsentscheidung tätigt. Es handelt sich daher **nicht um einen Vorteil im Rahmen der Überlassung von Vermögensbeteiligungen** i.S.d. § 3 Nr. 39 EStG. Die Rabattgewährung ist als geldwerter Vorteil nach Maßgabe des § 8 Abs. 2 Satz 1 EStG (bei Arbeitnehmern im Konzernbereich) bzw. § 8 Abs. 3 EStG (bei Arbeitnehmern der Investmentgesellschaft) zu erfassen (OFD Karlsruhe v. 16.10.2008, S 2334/27 – St 141, www.stotax-first.de).

Die Finanzverwaltung hat zu den hauptsächlich vorkommenden Sachverhalten **folgende Beispiele** gebildet:

Grundlegendes zum Sachverhalt:
Der Ausgabepreis für einen Fondsanteil in den folgenden Beispielen beträgt am Kauftag 100 €. Dieser Preis beinhaltet grundsätzlich einen Ausgabeaufschlag von 5 %, der nach der Vertriebsvereinbarung zwischen der Investmentgesellschaft und dem Kreditinstitut i.H.v. 4 % dem Kreditinstitut zusteht. Den Mitarbeitern soll in den nachfolgenden Sachverhalten jeweils immer ein Rabatt auf den Anschaffungspreis des Fondsanteils von 4 % eingeräumt werden.

Beispiel 1a (Festpreisgeschäft):
Ein Arbeitnehmer des Kreditinstituts schließt mit diesem einen Kaufvertrag über den Erwerb von Fondsanteilen (Festpreisgeschäft). Das Kreditinstitut reduziert den Kaufpreis zu Gunsten des Arbeitnehmers auf 96,19 € (**Hinweis:** da der Ausgabeaufschlag im Ausgabepreis enthalten ist, entsprechen die 100 € 105 %; der Mitarbeiter müsste demnach 101 %, somit 96,19 € zahlen).

Vertragspartner des Kaufgeschäfts (= „Personalkauf") ist für den Arbeitnehmer das Kreditinstitut. Die Verbilligung ist als bloßer Rabatt bei einem geschäftsüblichen Kaufvorgang zu sehen, den der Arbeitnehmer auf Grund einer eigenen Investitionsentscheidung tätigt. Der Verzicht des Kreditinstituts auf einen Teil seines Entgeltanteils i.R.d. Erwerbs der Anteile führt vorliegend zu keinem zu versteuernden geldwerten Vorteil des Arbeitnehmers, weil der Fondsanteil nicht unter 96 % des Preises im allgemeinen Geschäftsverkehr (Ausgabepreis) überlassen wird. Vorliegend übersteigt die Zahlung des Arbeitnehmers (96,19 €) den nach § 8 Abs. 3 EStG zu bewertenden Sachbezug (96 €). Falls sich hier ein lohnsteuerpflichtiger geldwerter Vorteil ergäbe, würde dieser unter Beachtung des Rabattfreibetrags von 1 080 € steuerfrei bleiben.

Beispiel 1b (Festpreisgeschäft):
Ein Arbeitnehmer einer Konzerngesellschaft/eines Verbundunternehmens des Kreditinstituts schließt mit diesem einen Kaufvertrag über den Erwerb von Fondsanteilen (Festpreisgeschäft). Das Kreditinstitut reduziert den Kaufpreis beispielsweise auf Grund eines Rahmenvertrags mit dem Arbeitgeber des Arbeitnehmers zu Gunsten des Arbeitnehmers auf 96,19 €.

Vertragspartner des Kaufgeschäfts ist für den Arbeitnehmer das Kreditinstitut. Die Verbilligung ist als bloßer Rabatt bei einem geschäftsüblichen Kaufvorgang zu sehen, den der Arbeitnehmer auf Grund einer eigenen Investitionsentscheidung tätigt. Der Verzicht des Kreditinstituts auf einen Entgeltanteil i.R.d. Erwerbs der Anteile führt vorliegend zu keinem zu versteuernden geldwerten Vorteil des Arbeitnehmers, weil der Fondsanteil nicht unter 96 % des Preises im allgemeinen Geschäftsverkehr (Ausgabepreis) überlassen wird. Vorliegend übersteigt die Zahlung des Arbeitnehmers (96,19 €) den nach § 8 Abs. 2 EStG (i.V.m. R 8.1 Abs. 2 Satz 9 LStR) zu bewertenden Sachbezug (96 €). Sofern die gesamten geldwerten Vorteile des Arbeitnehmers im Kaufmonat insgesamt 44 € nicht übersteigen, unterbleibt eine Versteuerung.

Beispiel 2a (Anlagenvermittlung):
Ein Arbeitnehmer des Kreditinstituts kauft den Fondsanteil unmittelbar bei der Investmentgesellschaft. Das Kreditinstitut tritt als Finanzintermediär hier lediglich als Vermittler im technischen Sinne (§ 84 HGB) auf, d.h. es wird nur die Verbindung zur Fondsgesellschaft hergestellt, ggf. werden Formulare ausgefüllt, so dass ein Kaufvertrag zu Stande kommt. Das Kreditinstitut erhält von der Investmentgesellschaft beispielsweise wegen geringerem Arbeitsaufwand auch nur eine geringere wie Vermittlungsprovision, so dass sich insgesamt der Ausgabeaufschlag für den Fondsanteil mindert und der Arbeitnehmer (bei einer Minderung des Ausgabeaufschlags auf 1 %) nur 96,19 € an die Investmentgesellschaft zahlt.

Hier handelt das Kreditinstitut als technischer Vermittler und nicht wie in Beispiel 1a und 1b als Verkäufer. Verkäuferin ist die Fondsgesellschaft. Der geldwerte Vorteil – hier von dritter Seite – ermittelt sich nach § 8 Abs. 2 EStG auf der Basis von 96 % des üblichen Endpreises am Abgabeort. Vorliegend übersteigt die Zahlung des Arbeitnehmers (96,19 €) den nach § 8 Abs. 2 EStG zu bewertenden Sachbezug (96 €). Darüber hinaus kommt die Freigrenze des § 8 Abs. 2 Satz 11 EStG in Betracht. Sofern die gesamten geldwerten Vorteile des Arbeitnehmers im Kaufmonat insgesamt 44 € nicht übersteigen, unterbleibt eine Versteuerung.

Beispiel 2b (Abschlussvermittlung):
Ein Arbeitnehmer des Kreditinstituts wendet sich zur Vermittlung von Fondsanteilen an seinen Arbeitgeber. Das Kreditinstitut tritt auf Basis eines Vermittlungsvertrags mit der Investmentgesellschaft gegenüber dem Mitarbeiter im fremden Namen und auf Rechnung dieser Investmentgesellschaft auf. Der Vermittlungsvertrag sieht vor, dass das Kreditinstitut bei der Vermittlung von Fondsanteilen zu Gunsten der Mitarbeiter keine oder nur eine reduzierte Provision erhält. Im vorliegenden Beispiel erhält das Kreditinstitut keine Provision, so dass die Investmentgesellschaft dem Mitarbeiter je Fondsanteil lediglich 96,19 € in Rechnung stellt (**Hinweis:** der Provisionsanteil für die Bank beträgt 4 %; unter Berücksichtigung der Ausführungen im Hinweis zu Beispiel 1a entsprechen 4 % 3,81 €).

Hier erbringt das Kreditinstitut eine Vermittlungsleistung zu Gunsten der Investmentgesellschaft. Der geldwerte Vorteil für den Arbeitnehmer entsteht mittelbar durch den Provisionsverzicht des Kreditinstituts (Arbeitgeber), aber direkt durch einen Dritten (die Investmentgesellschaft). Dieser geldwerte Vorteil für den Arbeitnehmer ermittelt sich daher nach § 8 Abs. 2 EStG auf der Basis von 96 % des üblichen Endpreises am Abgabeort (das ist hier die Provision von 3,81 €), somit mit 3,66 € pro Fondsanteil. Sofern die gesamten geldwerten Vorteile des Arbeitnehmers im Kaufmonat insgesamt 44 € nicht übersteigen, unterbleibt eine Versteuerung.

Rabatte

keine Sozialversicherungspflicht = (SV̸)
Sozialversicherungspflicht = (SV)

Beispiel 2c (Kommissionsgeschäft):
Ein Arbeitnehmer des Kreditinstituts erteilt diesem den Auftrag zum Kauf von Fondsanteilen. Das Kreditinstitut bestellt im eigenen Namen für fremde Rechnung bei der Investmentgesellschaft die georderten Fondsanteile. Von der Investmentgesellschaft erhält das Kreditinstitut eine Provision in Höhe des vollen ihm zustehenden Ausgabeaufschlags. Das Kreditinstitut reduziert nun beispielsweise im Fall des Kommissionsgeschäfts mit seinem Arbeitnehmer den Verkaufspreis auf 96,19 €.

Das Kreditinstitut tritt vorliegend als Kommissionär auf. Der Sachverhalt ist vergleichbar dem Festpreisgeschäft (Beispiel 1a) zu lösen.

Beispiel 3a (Direkterwerb):
Ein Arbeitnehmer der Investmentgesellschaft (= „Personalkauf") kauft den Fondsanteil unmittelbar bei seiner Arbeitgeberin. Wegen des verkürzten Vertriebswegs verzichtet die Investmentgesellschaft maximal auf den gesamten Ausgabeaufschlag.

Vertragspartner des Kaufgeschäfts ist für den Arbeitnehmer die Investmentgesellschaft, seine Arbeitgeberin. Die Verbilligung ist als bloßer Rabatt bei einem geschäftsüblichen Kaufvorgang zu sehen, den der Arbeitnehmer auf Grund einer eigenen Investitionsentscheidung tätigt. Die Nichterhebung eines Ausgabeaufschlags oder die Erhebung eines verringerten Ausgabeaufschlags führt zu einem zu versteuernden geldwerten Vorteil des Arbeitnehmers, wenn der Fondsanteil unter 96 % des Preises im allgemeinen Geschäftsverkehr (Ausgabepreis) überlassen wird. Er ermittelt sich dann als Differenz des um 4 % geminderten Ausgabepreises und der Zahlung des Arbeitnehmers. Sofern die gesamten geldwerten Vorteile des Mitarbeiters im Kalenderjahr den Rabattfreibetrag von 1 080 € nicht übersteigen, unterbleibt eine Versteuerung (§ 8 Abs. 3 EStG).

Beispiel 3b (Direkterwerb):
Ein Arbeitnehmer einer Konzerngesellschaft/eines Verbundunternehmens der Investmentgesellschaft kauft den Fondsanteil unmittelbar bei der Investmentgesellschaft. Wegen des verkürzten Vertriebswegs verzichtet die Investmentgesellschaft maximal auf den gesamten Ausgabeaufschlag.

Vertragspartner des Kaufgeschäfts ist für den Arbeitnehmer die Investmentgesellschaft. Die Verbilligung ist als bloßer Rabatt bei einem geschäftsüblichen Kaufvorgang zu sehen, den der Arbeitnehmer der Konzerngesellschaft/des Verbundunternehmens auf Grund einer eigenen Investitionsentscheidung tätigt. Die Nichterhebung eines Ausgabeaufschlags oder die Erhebung eines verringerten Ausgabeaufschlags führt zu einem zu versteuernden geldwerten Vorteil des Arbeitnehmers der Konzerngesellschaft/des Verbundunternehmens, wenn der Fondsanteil unter 96 % des Preises im allgemeinen Geschäftsverkehr (Ausgabepreis) überlassen wird (§ 8 Abs. 2 EStG i.V.m. R 8.1 Abs. 2 Satz 9 LStR). Er ermittelt sich dann als Differenz des um 4 % geminderten Ausgabepreises und der Zahlung des Arbeitnehmers. Sofern die gesamten geldwerten Vorteile des Arbeitnehmers im Kaufmonat insgesamt 44 € nicht übersteigen, unterbleibt eine Versteuerung (§ 8 Abs. 2 Satz 11 EStG).

Beispiel 4 (Mitarbeiterfonds):
Eine Investmentgesellschaft schließt mit einem Unternehmen eine Vereinbarung, auf deren Grundlage die Arbeitnehmer des Unternehmens unmittelbar Anteile an einem von der Investmentgesellschaft aufgelegten Mitarbeiterfonds erwerben können. Dabei verzichtet die Investmentgesellschaft auf die Erhebung eines Teils des Ausgabeaufschlags.

Durch die Vereinbarung der Investmentgesellschaft mit dem Arbeitgeber-Unternehmen führt der verbilligte Erwerb der Fondsanteile durch die Arbeitnehmer des Unternehmens grundsätzlich zur Gewährung eines geldwerten Vorteils von dritter Seite. Die Erhebung eines verringerten Ausgabeaufschlags führt zu einem zu versteuernden geldwerten Vorteil des Arbeitnehmers, wenn der Fondsanteil unter 96 % des im allgemeinen Geschäftsverkehr von Letztverbrauchern in der Mehrzahl der Verkaufsfälle am Abgabeort für den Fonds tatsächlich gezahlten Preis (Ausgabepreis) überlassen wird (§ 8 Abs. 2 EStG i.V.m. R 8.1 Abs. 2 Satz 9 LStR). Sofern die gesamten geldwerten Vorteile des Arbeitnehmers im Kaufmonat insgesamt 44 € nicht übersteigen, unterbleibt eine Versteuerung (§ 8 Abs. 2 Satz 11 EStG).

f) Vermittlung von Versicherungen

2384 Häufig vermitteln Banken auch den Abschluss von Versicherungs- und Bausparverträgen. Soweit die Bank solche Provisionen vollständig oder teilweise an ihre Arbeitnehmer weitergibt, handelt es sich in Höhe der Provision um steuerpflichtigen Arbeitslohn. Der Rabattfreibetrag findet jedoch keine Anwendung, wenn eine Bank zu Gunsten der Mitarbeiter auf Provisionen für die eigene Vermittlungsleistung beim Abschluss von Eigenverträgen der Mitarbeiter verzichtet, selbst wenn die Vermittlungsleistungen nicht nur gegenüber den Mitarbeitern, sondern auch gegenüber den gewöhnlichen Bankkunden erbracht werden. Denn in diesem Fall gewährt die Bank Barlohn und keinen Sachlohn (BFH v. 23.8.2007, VI R 44/05, HFR 2008, 35).

Werden Rabatte beim Abschluss von Versicherungsverträgen sowohl Arbeitnehmern von Geschäftspartnern als auch einem weiteren Personenkreis (Angehörige der gesamten Versicherungsbranche, Arbeitnehmer weiterer Unternehmen) eingeräumt, so liegt hierin kein Arbeitslohn (BFH v. 10.4.2014, VI R 62/11, BStBl II 2015, 191).

g) Veranstaltung von Reisen

2385 Vielfach organisieren Banken Urlaubsreisen für ihre Kunden. Soweit die Bank dafür vom Reiseveranstalter Freiplätze erhält, die sie an Arbeitnehmer der Bank kostenlos weitergibt, entsteht in Höhe des Reisepreises ein geldwerter Vorteil für den Arbeitnehmer. Der **Rabattfreibetrag** ist nur dann **anwendbar,** wenn die Bank **Veranstalter** der Reise ist; wird die Bank lediglich als Vermittler tätig, kann dieser nicht berücksichtigt werden (BFH v. 7.2.1997, VI R 17/94, BStBl II 1997, 363).

Ist der Bankmitarbeiter allerdings während der Reise **als Reiseleiter** tätig, gehört der Vorteil der Reise **nicht zum Arbeitslohn**. Einzelheiten → *Reiseveranstalter: Arbeitnehmerreisen* Rz. 2530.

15. Rabattgewährung im Hotelgewerbe

2386 Bei Betrieben im Hotelgewerbe ist es üblich, Arbeitnehmern die Möglichkeit zu bieten, in den Hotels des Arbeitgebers **zu einem verbilligten Preis** zu übernachten. Zur Bewertung dieser Vorteile gilt Folgendes (BMF v. 18.4.1995, IV B 6 – S 2334 – 85/95, FR 1995, 421):

„Auch die Überlassung einer Wohnung gehört zu den Dienstleistungen i.S.v. § 8 Abs. 3 EStG. Der steuerpflichtige Vorteil aus einer verbilligten Hotelübernachtung ist deshalb **nach** § 8 Abs. 3 EStG zu ermitteln, wenn dem Arbeitnehmer ein Zimmer **im Hotel seines Arbeitgebers** überlassen wird, das der Arbeitgeber nicht überwiegend für seinen Arbeitnehmer bereithält, und der Vorteil nicht nach § 40 EStG pauschal besteuert wird.

Der Bewertung des Vorteils aus der verbilligten Hotelübernachtung ist in diesen Fällen der Endpreis zu Grunde zu legen. Das ist nach R 8.2 Abs. 2 LStR der Angebotspreis, der in dem nach § 7 Abs. 3 der Preisangabenverordnung **anzubringenden Preisverzeichnis** ausgewiesen ist. Wird die Hotelunterkunft Arbeitnehmern während einer nachfragearmen Zeit oder für einen mehrtägigen Zeitraum (z.B. ein Wochenendarrangement) zu einem niedrigeren Preis überlassen und bietet dieses Hotel in derartigen Fällen die Unterkunft im allgemeinen Geschäftsverkehr fremden Letztverbrauchern ebenfalls **zu einem Sonderpreis an**, so ist dieser maßgebend. Das setzt voraus, dass dieses Angebot

– in Preislisten oder Anzeigen festgelegt ist,

– sich an die Allgemeinheit richtet, also jedermann zugänglich ist und keine Personen ausschließt,

– keine Preisnachlässe enthält, die auf der Abnahme einer bestimmten Anzahl von Zimmern beruhen.

Um ein **Haftungsrisiko** zu vermeiden, empfiehlt es sich, **die entsprechende Preisliste oder Anzeige als Beleg zum Lohnkonto aufzubewahren."**

Allerdings kann bei der Ermittlung des tatsächlichen Angebotspreises als Endpreis i.S.d. § 8 Abs. 3 EStG auch der Preis angenommen werden, der sich ergibt, wenn der Preisnachlass, der durchschnittlich beim Verkauf an fremde Letztverbraucher im allgemeinen Geschäftsverkehr tatsächlich gewährt wird, von dem Preis lt. Preisverzeichnis abgezogen wird (BMF v. 16.5.2013, IV C 5 – S 2334/07/0011, BStBl I 2013, 729).

Darüber hinaus hat der Arbeitnehmer ein **Wahlrecht zwischen den Bewertungsvorschriften des § 8 Abs. 2 und Abs. 3 EStG** (BMF v. 16.5.2013, IV C 5 – S 2334/07/0011, BStBl I 2013, 729 sowie → Rz. 2348).

16. Aufzeichnungsvorschriften

2387 Grundsätzlich sind alle Sachbezüge, die der Arbeitgeber den Arbeitnehmern gewährt, im **Lohnkonto des Arbeitnehmers aufzuzeichnen** (→ *Lohnkonto* Rz. 1803). Dies gilt auch dann, wenn die Sachbezüge auf Grund des Rabattfreibetrags von 1 080 € im Ergebnis steuerfrei bleiben. Nach § 4 Abs. 3 LStDV kann das Betriebsstättenfinanzamt jedoch **auf Antrag** des Arbeitgebers **Aufzeichnungserleichterungen** zulassen, wenn **durch betriebliche Regelungen und entsprechende Überwachungsmaßnahmen sichergestellt ist, dass der Rabattfreibetrag von 1 080 € nicht** überschritten wird. In diesem Fall sind die Sachbezüge **nicht im Lohnkonto aufzuzeichnen**.

Beispiel 1:
Ein Computergeschäft gewährt seinen Arbeitnehmern bei Kauf von Computern und Zubehör einen Rabatt von 24 %. Dies gilt allerdings nur für Waren im Wert von 5 400 € im Kalenderjahr. Darüber hinaus wird nur noch ein Rabatt von 4 % gewährt. Die Einhaltung des Jahreshöchstbetrags wird durch ein Softwareprogramm sichergestellt, das jeden Personaleinkauf entsprechend registriert.

Da der Rabattfreibetrag anwendbar ist, bleiben die Rabattvorteile der Arbeitnehmer steuerfrei, wenn die Vorteile nicht mehr als 1 080 € im Kalenderjahr betragen. Wenn der Arbeitgeber sich von der Pflicht befreien lassen will, die einzelnen Rabattvorteile der Arbeitnehmer aufzuzeichnen, muss sichergestellt sein, dass der Rabattfreibetrag von 1 080 € nicht überschritten wird. Dies kann nach folgender Formel ermittelt werden:

$$\frac{\text{Rabattfreibetrag} \times 100}{\text{Rabatt} \div 4\% \text{ Abschlag}} = \text{Maximale Einkäufe im Kalenderjahr}$$

Für den Beispielsfall bedeutet dies, dass der Rabattfreibetrag nicht überschritten werden kann:

Maximaler Verkaufswert der Computer	5 400 €
./. 4 % Abschlag	216 €
= Endpreis des Arbeitgebers	5 184 €
./. Zahlung des Arbeitnehmers (76 % von 5 400 €)	4 104 €
= Vorteil	1 080 €
./. Rabattfreibetrag	1 080 €
= geldwerter Vorteil	0 €

Der darüber hinausgehende Rabatt von 4 % ist unschädlich, weil sich hierdurch unter Berücksichtigung des vierprozentigen Abschlags keine Erhöhung des geldwerten Vorteils ergeben kann. Das Betriebsstättenfinanzamt wird dem Antrag des Arbeitgebers auf Befreiung von den Aufzeichnungsvorschriften für die gewährten Rabatte entsprechen.

Der nachfolgenden Tabelle ist zu entnehmen, auf welchen Betrag die Rabattvorteile bei den verschiedenen Rabatthöhen begrenzt werden müssen, damit der Rabattfreibetrag nicht überschritten wird:

Höhe des Rabatts	Maximale Einkäufe im Kalenderjahr
5 %	108 000 €
6 %	54 000 €
7 %	36 000 €
8 %	27 000 €
9 %	21 600 €
10 %	18 000 €
12 %	13 500 €
16 %	9 000 €
20 %	6 750 €
24 %	5 400 €
28 %	4 500 €
34 %	3 600 €
40 %	3 000 €
50 %	2 348 €
100 %	1 125 €

Darüber hinaus hat das Betriebsstättenfinanzamt einem Antrag des Arbeitgebers auf Befreiung von den Aufzeichnungspflichten zu entsprechen, wenn es **im Hinblick auf die betrieblichen Verhältnisse nach der Lebenserfahrung** so gut wie ausgeschlossen ist, dass der Rabattfreibetrag von 1 080 € im Einzelfall überschritten wird (R 41.1 Abs. 3 LStR). Zusätzlicher Überwachungsmaßnahmen des Arbeitgebers bedarf es in diesen Fällen nicht.

Beispiel 2:
Die Arbeitnehmer eines Schuhherstellers können Schuhe mit einem Rabatt von 20 % erwerben. Weitere Rabatte erhalten die Arbeitnehmer nicht.

Da der Rabattfreibetrag anwendbar ist, bleiben die Rabattvorteile der Arbeitnehmer steuerfrei, wenn die Vorteile nicht mehr als 1 080 € im Kalenderjahr betragen. Wenn der Arbeitgeber sich von der Pflicht befreien lassen will, die einzelnen Rabattvorteile der Arbeitnehmer aufzuzeichnen, muss er prüfen, bis zu welcher Höhe er Rabatte gewähren kann, ohne dass der Rabattfreibetrag von 1 080 € überschritten wird. Nach der oben abgedruckten Tabelle können die Arbeitnehmer bei 20 % Rabatt für maximal 6 750 € einkaufen, ohne dass der Rabattfreibetrag überschritten wird.

Nach allgemeiner Lebenserfahrung ist es ausgeschlossen, dass ein Arbeitnehmer für mehr als 6 750 € im Kalenderjahr Schuhe kauft. Dem Antrag des Arbeitgebers auf Befreiung von den Aufzeichnungsvorschriften für die gewährten Rabatte wird das Betriebsstättenfinanzamt entsprechen.

17. Umsatzsteuer

Unentgeltliche oder verbilligte Sachbezüge des Arbeitgebers an seine Arbeitnehmer oder dessen Angehörige unterliegen grundsätzlich der Umsatzsteuer (§ 1 Abs. 1 und § 3 UStG). **2388**

Die **umsatzsteuerliche Bemessungsgrundlage** bei der unentgeltlichen Abgabe von Gegenständen oder Leistungen ist der Einkaufspreis zuzüglich Nebenkosten, die Selbstkosten oder die bei Ausführung sonstiger Leistungen entstandenen Kosten einschließlich der anteiligen Gemeinkosten (§ 10 Abs. 4 UStG). Liegt im Falle der verbilligten Abgabe das vom Arbeitnehmer gezahlte Entgelt unter den Selbstkosten des Arbeitgebers, sind die Selbstkosten als umsatzsteuerliche Bemessungsgrundlage anzusetzen (sog. Mindestbemessungsgrundlage). Eine Kürzung der umsatzsteuerlichen Bemessungsgrundlage um den Rabattfreibetrag von 1 080 € ist unzulässig.

Bei der **Einräumung von Belegschaftsrabatten** durch den Arbeitgeber stellt demgegenüber das tatsächlich von den Arbeitnehmern gezahlte Entgelt die umsatzsteuerliche Bemessungsgrundlage dar, weitere Einzelheiten → *Sachbezüge* Rz. 2606.

18. Sozialversicherung

Entsprechend § 1 Abs. 1 Nr. 1 SvEV gilt auch hier, dass den Arbeitnehmern eingeräumte Rabatte beitragsfrei in der Sozialversicherung bleiben, wenn sie steuerfrei sind. Dies gilt auch, soweit die Gewährung als freiwillige Leistung des Arbeitgebers über den Tarif- oder Arbeitsvertrag hinaus erfolgt. **2389**

Werden Warengutscheine oder Sachzuwendungen an Stelle vertraglich vereinbartem Arbeitsentgelt gewährt, vertreten die Spitzenverbände der Sozialversicherungsträger in ihrem Besprechungsergebnis v. 6./7.5.1998 folgende Auffassung:

– Geldwerte Vorteile aus Warengutscheinen und Sachleistungen, die der Arbeitgeber als freiwillige Leistung zusätzlich zum Arbeitsentgelt gewährt, fallen unter § 8 Abs. 3 EStG und gehören – soweit sie hiernach steuerfrei sind – nicht zum Arbeitsentgelt i.S. der Sozialversicherung.

– Geldwerte Vorteile aus Warengutscheinen und Sachleistungen, die an Stelle von in den Vorjahren außervertraglich (freiwillig) gezahltem Arbeitsentgelt gewährt wurden, fallen unter § 8 Abs. 3 EStG und gehören – soweit sie hiernach steuerfrei sind – nicht zum Arbeitsentgelt i.S. der Sozialversicherung.

– Geldwerte Vorteile aus Warengutscheinen und Sachleistungen, die an Stelle von vertraglich vereinbartem Arbeitsentgelt gewährt werden, fallen nicht unter § 8 Abs. 3 EStG und gehören somit in voller Höhe zum beitragspflichtigen Arbeitsentgelt i.S. der Sozialversicherung.

Diese Auffassung ist in der Besprechung der Spitzenverbände über Fragen des gemeinsamen Beitragseinzugs am 2.6.2003 nochmals bestätigt worden.

Sofern Belegschaftsrabatte auf Antrag des Arbeitgebers mit einem besonders festgestellten Pauschsteuersatz versteuert werden, kann der Arbeitgeber unter Bezugnahme auf § 3 Abs. 3 SvEV einen Durchschnittswert des pauschal versteuerten Rabatts ermitteln und dem einzelnen Arbeitnehmer zuordnen. Dabei ist es auch möglich, den Durchschnittswert des Vorjahrs zu Grunde zu legen. Die so ermittelten Werte werden als Einmalzahlung dem letzten Lohnabrechnungszeitraum des Kalenderjahrs zugeordnet. Diese Handhabe setzt voraus, dass der Arbeitgeber den auf den Durchschnittsbetrag entfallenden Teil der Arbeitnehmeranteile selbst trägt.

Folgende Besonderheiten sind jedoch zu beachten:

Werden Mahlzeiten oder Zuwendungen aus Anlass von Betriebsveranstaltungen nach § 40 Abs. 2 EStG pauschal versteuert, besteht auf Grund des § 1 Abs. 1 Satz 1 Nr. 3 SvEV in der Sozialversicherung Beitragsfreiheit.

Radio

→ *Fernsehgerät: Zuwendung an Arbeitnehmer* Rz. 1213

Rechtliche Betreuer

→ *Aufwandsentschädigungen für bestimmte nebenberufliche Tätigkeiten* Rz. 360

Rechtsbehelfe

Inhaltsübersicht: Rz.
1. Lohnsteuer 2390
   a) Einspruch 2390
   b) Dienstaufsichtsverfahren 2397
   c) Kosten eines Einspruchs und einer Dienstaufsichtsbeschwerde 2398
2. Sozialversicherung 2399
   a) Allgemeines zum Widerspruch 2399
   b) Verwaltungsakt 2400
   c) Form und Frist 2401
   d) Zuständige Behörde/Entscheidung 2402

1. Lohnsteuer

a) Einspruch

aa) Allgemeines

2390 Der Arbeitgeber kann gegen alle „förmlichen" Bescheide des Finanzamts **Einspruch** einlegen. Dies gilt nicht nur für einen **Haftungsbescheid** im Anschluss an eine Lohnsteuer-Außenprüfung, sondern z.B. auch für einen Bescheid über eine **Anrufungsauskunft** nach § 42e EStG. Der Einspruch ist ferner statthaft gegen **Lohnsteuer-Anmeldungen** oder wenn geltend gemacht wird, dass über einen Antrag auf Erlass eines bestimmten Verwaltungsaktes ohne Mitteilung eines unzureichenden Grundes in einer angemessenen Frist sachlich nicht entschieden worden ist. Ist der Einspruch erfolglos, können die Finanzgerichte angerufen werden (Klage beim FG und Revision beim BFH). Durch die Einlegung des Einspruchs wird die Vollziehung des angefochtenen Verwaltungsakts i.d.R. nicht gehemmt; weitere Einzelheiten → *Aussetzung der Vollziehung* Rz. 478.

Entscheidungen des BFH werden, soweit sie nicht ausschließlich Bedeutung für einen Einzelfall haben, im Bundessteuerblatt (BStBl) Teil II (früher Teil III) amtlich veröffentlicht. Vorab werden die zur Veröffentlichung vorgesehenen Entscheidungen auf den Internet-Seiten des BMF mit einer Kurzbeschreibung in einer sog. „Grünen Liste" bekanntgemacht. Bereits durch die Aufnahme in diese Liste sind die Entscheidungen (zwingend) allgemein anzuwenden (weitere Einzelheiten zur Anwendung von BFH-Urteilen s. OFD Frankfurt v. 31.3.2014, FG 2029 A – 4 – St 21, www.stotax-first.de).

bb) Rechtsbehelfsfrist

2391 Der Einspruch muss innerhalb **eines Monats** nach Bekanntgabe, also Zustellung, des Steuerbescheids eingelegt werden (§ 355 Abs. 1 AO). Die Frist beginnt mit dem Ablauf des Tages der Bekanntgabe, also einen Tag, nachdem der Steuerbescheid zugestellt ist. **Als zugestellt gilt** ein Steuerbescheid am dritten Tag nach Aufgabe zur Post, das Postaufgabedatum ist im Allgemeinen das Datum des Steuerbescheids.

> **Beispiel:**
> Arbeitgeber A erhält nach einer Lohnsteuer-Außenprüfung am 19.8.2016 einen Haftungsbescheid, der das Datum 18.8.2016 trägt. Der Bescheid gilt als bekannt gegeben am 21.8.2016 (dritter Tag nach Aufgabe zur Post, auch wenn ihn A schon zwei Tage früher erhalten hat). Die Einspruchsfrist von einem Monat beginnt einen Tag nach Bekanntgabe zu laufen, also am 22.8.2016, und endet mit Ablauf des 21.9.2016. Wenn A also fristgerecht Einspruch einlegen will, muss er diesen bis spätestens 21.9.2016, 24.00 Uhr, in den Hausbriefkasten des Finanzamts werfen. Es reicht nicht aus, den Einspruch am 21.9.2016 lediglich zur Post zu geben.
> **Hinweis**: Wenn das Ende der Frist auf einen Samstag, Sonntag oder Feiertag fällt, läuft die Frist erst mit Ende des nächstfolgenden Werktags ab.

Wenn die Einspruchsfrist ohne Verschulden versäumt wurde (z.B. im Falle plötzlicher Erkrankung oder Verzögerungen bei der Post), kann **„Wiedereinsetzung in den vorigen Stand"** (§ 110 AO) gewährt werden. Der Antrag auf Wiedereinsetzung ist innerhalb eines Monats nach Wegfall des Hindernisses zu stellen; die Tatsachen zur Begründung sind glaubhaft zu machen. **Fehlt** es dem Bescheid an einer **Rechtsbehelfsbelehrung** oder ist sie unrichtig, verlängert sich die Frist auf ein Jahr.

Bei **Lohnsteuer-Anmeldungen** beginnt die Einspruchsfrist mit dem Eingang beim Finanzamt, denn eine Steueranmeldung steht einer Steuerfestsetzung unter Vorbehalt der Nachprüfung gleich (§ 168 Satz 1 AO). Führt die Anmeldung zu einer Herabsetzung der bisher zu entrichtenden Steuer oder zu einer Erstattung (Rotbetrag), beginnt die Einspruchsfrist erst mit der Auszahlung der entsprechenden Beträge (BMF v. 15.7.1998, IV A 4 – S 0062 – 13/98, BStBl I 1998, 630 zu § 355 AO).

cc) Form und Inhalt des Rechtsbehelfs

2392 Der Rechtsbehelf muss **schriftlich eingereicht oder zur Niederschrift** erklärt werden. Ein Rechtsbehelf ist dann zur Niederschrift erklärt, wenn ein Beamter der zuständigen Behörde ein Protokoll über die ihm gegenüber erteilte Erklärung aufgenommen hat.

Bei schriftlicher Einlegung muss aus dem Schriftstück hervorgehen, **wer** den Einspruch eingelegt hat.

Einlegung durch Telegramm, Fax oder E-Mail ohne qualifizierte elektronische Signatur sind zulässig (BFH v. 13.5.2015, III R 26/14, BStBl II 2015, 790). Dies gilt jedoch nicht für das Klageverfahren: Nach § 64 Abs. 1 FGO ist eine Klage „schriftlich" einzulegen. Wird sie in elektronischer Form eingelegt, ist eine qualifizierte elektronische Signatur erforderlich (§ 52a FGO). Bei der Einlegung soll der Verwaltungsakt **angegeben** werden, gegen den der Einspruch gerichtet ist. Angegeben werden soll insbesondere auch, inwieweit er angefochten und seine Aufhebung beantragt wird. Ferner sollen die Tatsachen zur Begründung und die Beweismittel (z.B. Zeugen, Unterlagen) bezeichnet werden.

dd) Zuständige Behörde

2393 Der Einspruch ist grundsätzlich bei der Behörde (meist das Finanzamt) einzulegen, deren Verwaltungsakt angefochten wird oder bei der Antrag auf Erlass eines solchen gestellt worden ist. Wird der Einspruch bei einer anderen Behörde eingelegt, so ist das unschädlich, wenn er vor Ablauf der Einspruchsfrist der zuständigen Behörde übermittelt wird. Da dies in der Praxis nicht immer sichergestellt werden kann, sollte es vermieden werden, Einsprüche an die vorgesetzten Behörden (Finanzministerien, Oberfinanzdirektionen) zu schicken.

ee) Rechtsbehelfsverzicht

2394 Auf die Einlegung eines Einspruchs kann verzichtet werden, grundsätzlich allerdings erst nach Erlass eines Verwaltungsakts (z.B. Steuerbescheids). Bei **Steueranmeldungen** kann der Verzicht jedoch bereits mit Abgabe der Anmeldung für den Fall ausgesprochen werden, dass die Steuer nicht abweichend von der Steueranmeldung festgesetzt wird. Durch den Verzicht wird der Einspruch unzulässig (§ 354 Abs. 1 AO).

Der Verzicht ist grundsätzlich **schriftlich** zu erklären. Er ist **unwirksam**, wenn

- das Finanzamt den Verzicht durch Drohung oder Täuschung oder sonstige unlautere Beeinflussung veranlasst hat,
- der Verzicht unter einer Bedingung abgegeben worden ist oder
- bei Steueranmeldungen die Steuer abweichend von der Steueranmeldung festgesetzt wird.

Der Verzicht muss **ausdrücklich** und **eindeutig** erklärt werden. Stimmt der **Arbeitgeber dem Ergebnis einer Außenprüfung zu**, so können solche Erklärungen über ihren eigentlichen Inhalt hinaus nicht zu Ungunsten des Arbeitgebers als Rechtsbehelfsverzicht ausgelegt werden. Denn der Arbeitgeber erklärt damit nicht eindeutig, dass er sich hinsichtlich der Einlegung des Rechtsbehelfs seiner Handlungsfreiheit begeben will. Daher ist auch die **schriftliche Anerkennung der Lohnsteuer-Nachforderung** nach § 42d Abs. 4 Nr. 2 EStG **nicht als Rechtsbehelfsverzicht** zu werten (BFH v. 17.9.1974, VI R 71/72, BStBl II 1975, 49).

ff) „Ruhensliste"

2395 Gerade im Lohnsteuerbereich werden immer wieder Fragen streitig, die für viele Arbeitgeber und Arbeitnehmer von Bedeutung sind. Um den mit sog. **Masseneinsprüchen** verbundenen Verwaltungsaufwand in Grenzen zu halten, hat der Gesetzgeber **seit 1.1.1996** eine wichtige **Vereinfachungsregelung** getroffen:

Nach § 363 Abs. 2 Satz 2 AO **„ruhen" Einspruchsverfahren kraft Gesetzes** (sog. Zwangsruhe), wenn sich der Stpfl. in seinem

Einspruch auf ein beim EuGH, beim BVerfG oder einem obersten Bundesgericht (also v.a. beim BFH) anhängiges Verfahren beruft; dies gilt jedoch nicht für Verfahren vor dem EGMR (FG Düsseldorf v. 17.5.2013, 3 K 1927/12 E, U, EFG 2013, 1288). Wenn ein beratener Stpfl. sich ausdrücklich unter Nennung der Aktenzeichen auf bestimmte Verfahren stützt, ruht das Einspruchsverfahren allerdings nur im Hinblick auf diese Verfahren. Die bloße Existenz von nach Erledigung der Bezugsverfahren noch anhängigen Parallelverfahren, ohne dass sich der Einspruchsführer auf noch anhängige Parallelverfahren beruft, reicht für eine Fortdauer des Ruhens nicht aus (BFH v. 23.1.2013, X R 32/08, BStBl II 2013, 423; Verfassungsbeschwerde durch BVerfG v. 17.9.2013, 1 BvR 1462/13, StEd 2013, 676 nicht zur Entscheidung angenommen).

Ein besonderer Antrag an das Finanzamt, den Einspruch ruhen zu lassen, ist nicht erforderlich (Einzelheiten zum Ruhen von Verfahren s. zuletzt BayLfSt v. 30.7.2014, S 0622.1.1 – 20/4 St 42, www.stotax-first.de).

Eine monatlich aktualisierte Liste über anhängige Revisionsverfahren kann sowohl von den Internetseiten von www.stotax-first.de als auch des BFH abgerufen werden.

Daneben kann die Finanzverwaltung wie bisher das **Ruhenlassen durch Verfügung anordnen**: Dies wird insbesondere dann in Betracht kommen, wenn ein Verfahren von besonderer Bedeutung erst noch bis zum BVerfG oder BFH gebracht werden soll, zunächst aber noch beim FG anhängig ist.

gg) „Vorläufigkeitsliste"

2396 Die Finanzverwaltung erlässt zur Vermeidung von „Masseneinsprüchen" in bestimmten Fällen nach § 165 Abs. 1 AO vorläufige Steuerfestsetzungen und hat hierzu einen Vorläufigkeitskatalog aufgestellt, der zz. folgende Punkte enthält (BMF v. 5.11.2015, IV A 3 – S 0338/07/10010, BStBl I 2015, 786):

1. Nichtabziehbarkeit der Gewerbesteuer und der darauf entfallenden Nebenleistungen als Betriebsausgaben (§ 4 Abs. 5b EStG)
2. a) Abziehbarkeit der Aufwendungen für eine Berufsausbildung oder ein Studium als Werbungskosten oder Betriebsausgaben (§ 4 Abs. 9, § 9 Abs. 6, § 12 Nr. 5 EStG)
   – für die Veranlagungszeiträume 2004 bis 2014 –
2. b) Abziehbarkeit der Aufwendungen für eine Berufsausbildung oder ein Studium als Werbungskosten oder Betriebsausgaben (§ 4 Abs. 9, § 9 Abs. 6 EStG)
   – für Veranlagungszeiträume ab 2015 –
3. a) Beschränkte Abziehbarkeit von Vorsorgeaufwendungen (§ 10 Abs. 3, 4, 4a EStG) für die Veranlagungszeiträume 2005 bis 2009
3. b) Beschränkte Abziehbarkeit von Vorsorgeaufwendungen i.S.d. § 10 Abs. 1 Nr. 2 EStG (§ 10 Abs. 3 EStG)
   – für Veranlagungszeiträume ab 2010 –
3. c) Beschränkte Abziehbarkeit von sonstigen Vorsorgeaufwendungen i.S.d. § 10 Abs. 1 Nr. 3a EStG
   – für Veranlagungszeiträume ab 2010 –
4. Nichtabziehbarkeit von Beiträgen zu Rentenversicherungen als vorweggenommene Werbungskosten bei den Einkünften i.S.d. § 22 Nr. 1 Satz 3 Buchst. a EStG für Veranlagungszeiträume ab 2005
5. Besteuerung der Einkünfte aus Leibrenten i.S.d. § 22 Nr. 1 Satz 3 Buchst. a Doppelbuchst. aa EStG für Veranlagungszeiträume ab 2005
6. Höhe der kindbezogenen Freibeträge nach § 32 Abs. 6 Sätze 1 und 2 EStG
7. Höhe des Grundfreibetrags (§ 32a Abs. 1 Satz 2 Nr. 1 EStG)
8. Berücksichtigung von Beiträgen zu Versicherungen gegen Arbeitslosigkeit im Rahmen eines negativen Progressionsvorbehalts (§ 32b EStG)
9. Abzug einer zumutbaren Belastung (§ 33 Abs. 3 EStG) bei der Berücksichtigung von Aufwendungen für Krankheit oder Pflege als außergewöhnliche Belastung.

Ferner sind im Rahmen der verfahrensrechtlichen Möglichkeiten sämtliche Festsetzungen des **Solidaritätszuschlags** für die Veranlagungszeiträume ab 2005 hinsichtlich der Verfassungsmäßigkeit des Solidaritätszuschlaggesetzes 1995 vorläufig vorzunehmen.

Außerdem sind im Rahmen der verfahrensrechtlichen Möglichkeiten sämtliche Einkommensteuerfestsetzungen für Veranlagungszeiträume ab 2010 hinsichtlich der Kürzung der **Beiträge zur Basiskrankenversicherung** i.S.d. § 10 Abs. 1 Nr. 3 Buchst. a EStG um **Bonuszahlungen** der Krankenkasse für gesundheitsbewusstes Verhalten (§ 65a SGB V) vorläufig vorzunehmen, falls die o.g. Beiträge um Beitragserstattungen, Prämienzahlungen oder Bonuszahlungen einer gesetzlichen Krankenversicherung gekürzt wurden. Im Steuerbescheid wird darauf hingewiesen, dass der Vorläufigkeitsvermerk nicht die Frage einer Kürzung der Beiträge zur Basiskrankenversicherung um erstattete Beiträge und um Prämienzahlungen nach § 53 SGB V umfasst.

Diese Maßnahme hat sich in der Praxis bewährt und liegt auch im Interesse des Stpfl., weil er dann gar nicht erst Einspruch einlegen muss. Die Finanzbehörde kann die durch Berufung auf ein vorgreifliches Verfahren bewirkte Verfahrensruhe im Einspruchsverfahren durch einen **Vorläufigkeitsvermerk** derselben Reichweite beenden, denn der Vorläufigkeitsvermerk bietet einen der Verfahrensruhe gleichwertigen Rechtsschutz (BFH v. 23.1.2013, X R 32/08, BStBl II 2013, 423; Verfassungsbeschwerde durch BVerfG v. 17.9.2013, 1 BvR 1462/13, StEd 2013, 676 nicht zur Entscheidung angenommen).

b) Dienstaufsichtsverfahren

2397 Unabhängig vom sog. förmlichen Rechtsbehelfsverfahren (Einspruch, Klage, Revision) kann sich der Arbeitgeber im **Dienstaufsichtswege** (sog. Fach- oder Dienstaufsichtsbeschwerde) an die **vorgesetzten Behörden** (OFD, FinMin) oder auch mit einer **Petition** an den Deutschen Bundestag bzw. jeweiligen Landtag (Artikel 17 des Grundgesetzes) wenden, um eine Entscheidung des Finanzamts überprüfen zu lassen. Dies empfiehlt sich v.a., wenn eine Frage von grundsätzlicher Bedeutung vorliegt, die noch nicht eindeutig geklärt ist oder zu der innerhalb des Bundesgebietes unterschiedliche Verwaltungsregelungen erlassen worden sind. Die **obersten Finanzbehörden** haben dann die Möglichkeit, eine bundeseinheitliche Regelung herbeizuführen, die im Bundessteuerblatt veröffentlicht wird und damit allgemein verbindlich ist. Der Dienstaufsichtsweg kann auch parallel zu einem finanzgerichtlichen Verfahren zum Erfolg führen, wenn z.B. ein FG eine für den Arbeitgeber günstige Verwaltungsregelung nicht anwenden will. Gerichte sind grundsätzlich nicht an Verwaltungsregelungen gebunden; eine von den Gerichten zu beachtende Selbstbindung der Verwaltung besteht lediglich ausnahmsweise im Bereich der ihr vom Gesetz eingeräumten Entscheidungsfreiheit, also i.R.d. Ermessens, der Billigkeit (z.B. bei Änderung der Rechtsprechung) und der Typisierung oder Pauschalierung (zuletzt BFH v. 16.12.2014, X R 29/13, www.stotax-first.de).

Selbst an die **Lohnsteuer-Richtlinien** sind die Finanzgerichte daher nur gebunden, soweit sie eine zutreffende Auslegung des Gesetzes und sog. Typisierungsvorschriften enthalten (zuletzt FG Hamburg v. 20.4.2015, 5 K 3/12, EFG 2015, 1353 betr. Anwendung der R 9.10 Abs. 1 Satz 8 LStR).

Eine Dienstaufsichtsbeschwerde oder Petition sollte aber nur **zusätzlich zu einem Einspruch oder einer Klage** eingelegt werden, weil anderenfalls der Bescheid des Finanzamts bestandskräftig wird und dann selbst bei einer positiven Entscheidung der Dienstaufsichtsbehörde nicht mehr geändert werden könnte.

c) Kosten eines Einspruchs und einer Dienstaufsichtsbeschwerde

2398 **Einspruch und Dienstaufsichtsbeschwerde sind kostenlos**, im **gerichtlichen Verfahren** entstehen allerdings **Kosten**, wenn die Klage bzw. Revision keinen Erfolg hat.

Die **eigenen Kosten**, z.B. für einen **Steuerberater**, werden im Einspruchsverfahren auch im Falle des Obsiegens nicht erstattet, sondern nur im finanzgerichtlichen Verfahren; dies ist mit dem Grundgesetz vereinbar (BFH v. 23.7.1996, VII B 42/96, HFR 1996, 718).

Sind dem Finanzbeamten jedoch bei der Bearbeitung **grobe Fehler** unterlaufen, können erforderliche Rechtsverfolgungskosten im Wege des **Schadensersatzes** gegen das Land geltend gemacht werden (§ 839 BGB i.V.m. Art. 34 GG); Voraussetzung ist ein **vorsätzliches** oder zumindest **fahrlässiges** Verhalten des Finanzbeamten. In einer Vielzahl von Fällen hat die Rechtsprechung derartige **Schadensersatzansprüche** anerkannt, vgl. zuletzt OLG Koblenz, 17.7.2002, 1 U 1588/01, www.stotax-first.de, sowie

Rechtsbehelfe

Kilian/Schwerdtfeger, DStR 2006, 1773 mit ausführlichen Rechtsprechungsnachweisen: Entscheidungsbefugte Sachbearbeiter der Finanzämter müssen zeitnah über die grundlegenden Entscheidungen des BFH informiert werden. Das gilt insbesondere für solche Entscheidungen, die der bisherigen Verwaltungspraxis widersprechen. Werden die Sachbearbeiter nicht oder nicht rechtzeitig informiert, so liegt ein Organisationsverschulden vor. Stpfl. können in einem solchen Fall den Ersatz der Kosten für ein – eigentlich unnötiges – Einspruchsverfahren nach Amtshaftungsgrundsätzen ersetzt verlangen. Hinweise zur Durchsetzung derartiger Ansprüche enthält – zumindest für Bayern – die Verfügung der OFD München v. 10.5.2004, O 1057 – 211 St 311, www.stotax-first.de.

2. Sozialversicherung

a) Allgemeines zum Widerspruch

2399 Gegen Entscheidungen der Sozialversicherungsträger oder der Bundesagentur für Arbeit kann der **Rechtsbehelf des Widerspruchs** eingelegt werden. Dabei regelt der X. Teil des Sozialgesetzbuches das Verwaltungsverfahren; das Sozialgerichtsgesetz ermöglicht einen umfassenden **Rechtsschutz gegen Verwaltungsakte** der Versicherungsträger, durch die sich Versicherte oder Arbeitgeber in ihren Rechten beeinträchtigt fühlen.

b) Verwaltungsakt

2400 Formell ist der **Verwaltungsakt** die nach außen wirkende Regelung eines Einzelfalles auf dem Gebiet des öffentlichen Rechts. Dabei muss der Verwaltungsakt inhaltlich hinreichend bestimmt sein und den erlassenden Versicherungsträger erkennen lassen. Der Verwaltungsakt kann schriftlich, mündlich oder in anderer Weise erlassen werden. Die Schriftform ist jedenfalls immer dann zu wählen, wenn hieran ein berechtigtes Interesse besteht oder der Betroffene dies verlangt.

Bevor ein Verwaltungsakt erlassen wird, der in die Rechte eines Beteiligten eingreift, ist ihm in aller Regel Gelegenheit zu geben, sich zu den rechtserheblichen Tatsachen zu äußern.

c) Form und Frist

2401 Verwaltungsakte, die in die Rechte von Beteiligten eingreifen, werden in aller Regel mit einer schriftlich erteilten **Rechtsbehelfsbelehrung** versehen. Sie klärt über die Möglichkeit, Ort, Form und Frist auf, in der Widerspruch gegen den Verwaltungsakt eingelegt werden kann. Dabei beträgt die **Widerspruchsfrist einen Monat**, gerechnet von der Bekanntgabe des Verwaltungsaktes an. Wurde diese Frist versäumt, ist der Verwaltungsakt bindend, d.h., er kann nicht mehr angefochten werden.

Der Widerspruch kann **schriftlich**, aber auch „zur Niederschrift", d.h. mündlich – zu Protokoll – bei der erlassenden Stelle eingelegt werden.

Fehlt die schriftliche Rechtsbehelfsbelehrung oder ist sie unvollständig, verlängert sich die Widerspruchsfrist auf ein Jahr.

War der Beschwerte ohne Verschulden verhindert, die gesetzlich festgelegte Verfahrensfrist (ein Monat oder ein Jahr) einzuhalten, kann ihm auf seinen Antrag hin **„Wiedereinsetzung in den vorigen Stand"** gewährt werden. Dabei ist die „Wiedereinsetzung" innerhalb einer Frist von einem Monat zu beantragen, beginnend mit dem Tag, an dem das Hindernis beseitigt ist.

d) Zuständige Behörde/Entscheidung

2402 Über den Widerspruch entscheidet die von dem Selbstverwaltungsorgan des Versicherungsträgers gebildete **Widerspruchsstelle**. Sie setzt sich im Allgemeinen paritätisch aus Vertretern der Versicherten und Arbeitgeber zusammen (bei Ersatzkassen: nur Versicherten); Mitarbeiter des betroffenen Versicherungsträgers haben bei den Entscheidungen des Widerspruchsausschusses kein Stimmrecht. Die Widerspruchsstelle ist bei ihren Entscheidungen zwar an Rechtsvorschriften gebunden, wird aber die Verwaltungsentscheidung sorgfältig prüfen und kann sie bestätigen, aufheben oder ändern. Die Entscheidung der Widerspruchsstelle wird dem Beteiligten schriftlich als Verwaltungsakt mit Rechtsmittelbelehrung bekannt gegeben. Gegen diese Entscheidung kann innerhalb eines Monats mit der Klage das Sozialgericht angerufen werden.

keine Sozialversicherungspflicht = (SV̸)
Sozialversicherungspflicht = (SV)

Rechtskreise (Ost und West)

2403 In der Zeit der staatlichen Trennung Deutschlands haben sich die Sozialversicherungssysteme in den beiden Teilen unterschiedlich entwickelt. In dem Vertrag zur Wirtschafts-, Währungs- und Sozialunion verpflichtete sich die ehemalige DDR, die Voraussetzungen für eine gegliederte Sozialversicherung zu schaffen.

Im Wesentlichen ist die Einheit im Sozialversicherungsrecht ab 1.1.1991 stufenweise und mit Übergangsregelungen in der Form hergestellt worden, dass das Recht der alten Bundesländer nach den Regelungen des Einigungsvertrages und ergänzender Gesetze angewendet wird.

Die unterschiedlichen Wirtschafts- und Einkommensverhältnisse in den alten und neuen Bundesländern zwangen dazu, die für das Sozialversicherungsrecht geltenden Grenzwerte wie z.B. die Bezugsgröße mit ihren weiteren Abhängigkeiten, die Beitragsbemessungsgrenzen, die Jahresarbeitsverdienstgrenze, die Sachbezugswerte, aber auch die Rentenanpassungsgrößen und andere aus dem früheren DDR-Recht für fortbestehend erklärte Rechtsvorschriften differenziert zum Recht der alten Bundesländer zu gestalten. Aus dieser Notwendigkeit heraus bildete sich der sog. Begriff der „Rechtskreise". Dabei umfasst der Rechtskreis West die Länder der alten Bundesrepublik, der Rechtskreis Ost die Bundesländer Mecklenburg-Vorpommern, Brandenburg, Sachsen-Anhalt, Sachsen und Thüringen. Die besondere Situation in Berlin führte dazu, dass mit Wirkung vom 1.1.1995 an für dieses Bundesland in der Kranken- und Pflegeversicherung einheitlich das „West-Recht" für anwendbar erklärt wurde. Durch das Gesetz zur Rechtsangleichung in der Kranken- und Pflegeversicherung wird seit 1.1.2001 bei der Beitragsbemessungsgrenze (→ *Beiträge zur Sozialversicherung* Rz. 553) in diesen beiden Zweigen nicht mehr nach alten und neuen Bundesländern unterschieden. Hier gilt einheitlich die Grenze der alten Bundesländer.

Die Zuordnung zum jeweiligen Rechtskreis richtet sich

– bei Beschäftigten grundsätzlich nach dem Beschäftigungsort
– bei der sozialen Sicherung der Pflegepersonen (→ *Pflegeversicherung* Rz. 2236) nach dem Ort, an dem die Pflegetätigkeit ausgeübt wird.

S. auch → *Ausstrahlung* Rz. 480.

Rechtsnachfolger

2404 Rechtsnachfolger von Arbeitnehmern sind nach § 1 Abs. 1 Satz 2 LStDV selbst Arbeitnehmer, soweit sie Arbeitslohn aus dem früheren Dienstverhältnis ihres Rechtsvorgängers beziehen. Diese Regelung findet insbesondere dann Anwendung, wenn der Arbeitnehmer verstirbt und der Arbeitslohn nach dem Tod des Arbeitnehmers ausbezahlt wird. Zu den hierbei zu beachtenden Sonderregelungen → *Tod des Arbeitnehmers* Rz. 2879.

Rechtsschutzversicherung

2405 Wenn eine Rechtsschutzversicherung **ausschließlich ein berufliches Risiko** abdeckt, dann können die Beiträge vom Arbeitnehmer als **Werbungskosten** abgesetzt werden (z.B. die Fahrer-Rechtsschutzversicherung eines Omnibusfahrers). Ein **steuerfreier Arbeitgeberersatz** ist jedoch nicht möglich, weil es hierfür keine Steuerbefreiungsvorschrift gibt (R 19.3 Abs. 3 Satz 1 LStR).

Vom Arbeitgeber dürfen lediglich Beiträge des Arbeitnehmers zu **Kraftfahrzeug-Rechtsschutzversicherungen** als Reisekosten steuerfrei ersetzt werden, soweit der Arbeitnehmer mit seinem Fahrzeug **Auswärtstätigkeiten** unternimmt und die anteiligen tatsächlichen Kfz-Kosten, zu denen auch die Beiträge zu diesen Versicherungen gehören, erstattet werden. Werden diese Kosten hingegen mit dem pauschalen km-Satz von 0,30 € erstattet, dann sind damit auch diese Beiträge abgegolten. Der Anteil, der auf die Fahrten zwischen Wohnung und erster Tätigkeitsstätte entfällt, kann ebenfalls nicht steuerfrei erstattet werden; für diese Fahrten ist lediglich eine Pauschalierung der Lohnsteuer mit 15 % bis zur Höhe der **Entfernungspauschale**, → *Wege zwischen Wohnung und erster Tätigkeitsstätte* Rz. 3133, die diese Kosten ebenfalls mit abdeckt, zulässig (§ 40 Abs. 2 Satz 2 EStG).

Beiträge zu **kombinierten Rechtsschutzversicherungen** (z.B. eine Familien- und Verkehrsrechtsschutzversicherung für Lohn-

und Gehaltsempfänger) können nur dann in (steuerlich nicht abzugsfähige) Aufwendungen für die Lebensführung und in **abzugsfähige Werbungskosten aufgeteilt** werden, wenn der **Versicherer bescheinigt**, welcher Anteil der Gesamtprämie auf den die berufliche Sphäre betreffenden Versicherungsschutz entfällt. Lehnt der Versicherer eine solche Aufteilung ab, ist die Gesamtprämie steuerlich nicht abzugsfähig (BFH v. 31.1.1997, VI R 97/94, www.stotax-first.de). Eine schätzungsweise Aufteilung (auch nach den Angaben des Verbandes der Versicherungswirtschaft) wird von der Finanzverwaltung abgelehnt (BMF v. 23.7.1998, IV B 6 – S 2354 – 33/98, www.stotax-first.de). Sie dürfte aber nach dem Beschluss des Großen Senats des BFH v. 21.9.2009, GrS 1/06, BStBl II 2010, 672 nunmehr doch zulässig sein.

Referendare

1. Lohnsteuer

2406 Auch wenn sich Referendare „kindergeldrechtlich" noch in **Berufsausbildung** befinden (zuletzt BFH v. 13.7.2004, VIII R 20/02, www.stotax-first.de; BFH v. 29.5.2008, III R 33/06, www.stotax-first.de, m.w.N., betr. den juristischen Vorbereitungsdienst), werden sie lohnsteuerlich als **Arbeitnehmer** angesehen, selbst wenn sie nur einen Unterhaltszuschuss erhalten (BFH v. 12.8.1983, VI R 155/80, BStBl II 1983, 718). **Nebentätigkeiten** bei einem Anwalt können je nach Fallgestaltung selbständig oder nichtselbständig ausgeübt werden. Bei Urlaubsvertretung eines Anwalts wird regelmäßig ein Arbeitsverhältnis vorliegen.

2. Sozialversicherung

2407 Obwohl Referendare als Arbeitnehmer gelten (zuletzt BSG v. 31.3.2015, B 12 R 1/13 R, www.stotax-first.de, betr. freiwillige zusätzliche an Rechtsreferendare geleistete Vergütungen), **tritt nicht automatisch Sozialversicherungspflicht ein**. Haben sie wie Beamte (→ *Beamte* Rz. 524) **nach beamtenrechtlichen Vorschriften** oder Grundsätzen bei Krankheit einen Anspruch auf Fortzahlung der Bezüge und auf Beihilfe oder Heilfürsorge, besteht **in der Kranken- und Arbeitslosenversicherung Versicherungsfreiheit**. In der **Pflegeversicherung** gelten besondere Regelungen (→ *Pflegeversicherung* Rz. 2236). In der **Rentenversicherung ist Versicherungsfreiheit nur dann gegeben**, wenn nach beamtenrechtlichen Vorschriften Anwartschaft auf Versorgung bei verminderter Erwerbsfähigkeit und im Alter sowie auf Hinterbliebenenversorgung gewährleistet und die Erfüllung der Gewährleistung gesichert ist. Wird zusätzlich eine **Nebenbeschäftigung** ausgeübt, gelten die gleichen sozialversicherungsrechtlichen Regelungen wie bei Beamten.

Regierungsamt

→ *Abgeordnete* Rz. 9

Reinigungskosten

→ *Berufskleidung* Rz. 643

Reisegepäckversicherung

2408 Schließt ein Arbeitgeber für seine Arbeitnehmer eine Reisegepäckversicherung ab, aus der den Arbeitnehmern ein eigener Anspruch gegenüber dem Versicherer zusteht, so führt die Zahlung der **Prämien durch den Arbeitgeber zu Arbeitslohn** (BFH v. 19.2.1993, VI R 42/92, BStBl II 1993, 519). Dieser ist i.d.R. gem. § 3 Nr. 16 EStG als Ersatz von Reisekosten *(Reisenebenkosten)* steuerfrei, wenn sich der Versicherungsschutz auf eine beruflich bedingte Auswärtstätigkeit beschränkt, vgl. H 9.8 (Reisegepäckversicherung) LStH.

Für eine sog. **Kollektiv-Reisegepäckversicherung**, die auch **private Reisen** und das Gepäck von **Begleitpersonen** einschließt, gilt Folgendes (BFH v. 19.2.1993, VI R 42/92, BStBl II 1993, 519):

- Bezieht sich der Versicherungsschutz auf **sämtliche Reisen** des Arbeitnehmers, so ist eine **Aufteilung** der gesamten Prämie in einen beruflichen und einen privaten Anteil dann **zulässig**, wenn der Versicherer eine Auskunft über die Kalkulation seiner Prämien erteilt, die eine Aufteilung ohne weiteres ermöglicht. Lehnt dies die Versicherung ab, ist die gesamte Prämie als steuerpflichtiger Arbeitslohn zu erfassen.
- Eine Aufteilung, die auf Grund der Auskunft des Versicherers möglich wäre, hat zu unterbleiben mit der Folge, dass dann die **gesamte Prämie als steuerpflichtiger Arbeitslohn** anzusehen ist, wenn der **Arbeitnehmer nur sporadisch oder gar keine Auswärtstätigkeiten** ausübt.

Reisekosten: Allgemeine Grundsätze

Inhaltsübersicht:	Rz.
1. Allgemeines	2409
2. Reform des Reisekostenrechts ab 2014	2410
3. Vorteile des steuerfreien Arbeitgeberersatzes	2411
4. Notwendige Unterscheidung Auswärtstätigkeit – doppelte Haushaltsführung	2412
5. Erste Tätigkeitsstätte	2413
a) Allgemeines	2413
b) Begriff erste Tätigkeitsstätte	2414
c) Tätigkeitsstätte bei einem verbundenen Unternehmen oder bei einem Dritten	2415
d) Zuordnung mittels dienst- oder arbeitsrechtlicher Festlegung durch den Arbeitgeber	2416
e) Dauerhafte Zuordnung	2417
f) Quantitative Zuordnung	2427
g) Mehrere Tätigkeitsstätten	2429
h) Bildungseinrichtung als erste Tätigkeitsstätte	2430
6. Fahrtkosten	2431
a) Abzug der tatsächlichen Kosten	2431
b) Sammelpunkt	2432
c) Weiträumiges Tätigkeitsgebiet	2433
7. Auswärtstätigkeit	2435
a) Begriff	2435
b) Berufliche Gründe	2436
c) Auswärtstätigkeiten mit Entlohnungscharakter	2437
d) Private Mitveranlassung	2438
8. Verbindung mit Privataufenthalt	2439
a) Unmittelbarer Anlass bei „echten" Auswärtstätigkeiten	2439
b) Mittelbarer Anlass bei Gruppeninformations- oder Studienreisen	2440
9. Private Unterbrechungen	2441
10. Arbeitslohn bei Auslandsreisen	2442
a) Allgemeines	2442
b) Einheitlich zu beurteilende Reisen	2443
c) Gemischt veranlasste Reisen	2444
d) Aufteilung	2445
11. Werbungskosten bei Auslandsreisen	2446
a) Allgemeines	2446
b) Voller Abzug der Kosten	2447
c) Teilweiser Abzug der Kosten	2448
d) Kein Abzug der Kosten	2449
e) Sprachkurse	2450
f) Gruppeninformations- und Studienreisen, Kongresse	2452
12. Mitnahme des Ehegatten	2454
a) Unmittelbarer beruflicher Anlass	2455
b) Studienreisen, Kongressreisen u.Ä.	2456
13. Abgrenzung zu Wegen zwischen Wohnung und Arbeitsstätte und Familienheimfahrten	2457
14. Nachweise	2458
15. Lohnsteuerabzug von Arbeitgeberleistungen	2459
a) Zusammenfassung der Erstattungsarten	2459
b) Sonstige Bezüge	2460
c) Pauschalbesteuerung von Vergütungen für Verpflegungsmehraufwendungen	2461
d) Zeitpunkt der Versteuerung	2462
16. Vorsteuerabzug	2463
17. Sozialversicherung	2464

1. Allgemeines

2409 Unter diesem Stichwort werden zur besseren Übersicht nur die Begriffe und die allgemeinen Grundsätze für den Werbungskostenabzug und den steuerfreien Arbeitgeberersatz bei **auswärtigen beruflichen Tätigkeiten (kurz: Auswärtstätigkeiten)** von Arbeitnehmern erläutert. Näheres über **Höhe und Dauer der berück-**

Reisekosten: Allgemeine Grundsätze

keine Sozialversicherungspflicht = ⓢⱽ̸
Sozialversicherungspflicht = ⓢⱽ

sichtigungsfähigen Beträge ist unter → *Reisekosten: Erstattungen* Rz. 2465 zu finden.

Wie die **Mahlzeitengestellung** anlässlich von Auswärtstätigkeiten steuerlich zu behandeln ist, ist unter → *Mahlzeiten aus besonderem Anlass* Rz. 1976 dargestellt.

Als Werbungskosten abgezogen bzw. vom Arbeitgeber steuerfrei ersetzt werden können Reisekosten, soweit diese durch eine beruflich veranlasste Auswärtstätigkeit (§ 9 Abs. 4a Satz 2 und 4 EStG, hierzu → Rz. 2435 ff.) **des Arbeitnehmers entstehen (R 9.4 LStR).**

Eine **begünstigte Auswärtstätigkeit** liegt vor, wenn der Arbeitnehmer
– außerhalb der Wohnung und seiner ersten Tätigkeitsstätte
– beruflich tätig wird (§ 9 Abs. 4a Satz 2 und 4 EStG).

Reisekosten sind
– **Fahrtkosten** (§ 9 Abs. 1 Satz 3 Nr. 4a EStG, R 9.5 LStR)
– **Verpflegungsmehraufwendungen** (§ 9 Abs. 4a EStG, R 9.6 LStR),
– **Übernachtungskosten** (§ 9 Abs. 1 Satz 3 Nr. 5a EStG, R 9.7 LStR) sowie
– **Reisenebenkosten** (R 9.8 LStR).

Einzelheiten → *Reisekosten: Erstattungen* Rz. 2465; → *Reisekostenvergütungen aus öffentlichen Kassen* Rz. 2519.

Wo der Arbeitnehmer seine „**erste Tätigkeitsstätte**" hat, ist für die Frage, ob

– die **Fahrten zwischen Wohnung und erster Tätigkeitsstätte** der Abzugsbeschränkung des § 9 Abs. 1 Satz 3 Nr. 4 EStG unterliegen, d.h. Abzug nur in Höhe der niedrigeren **Entfernungspauschale**, oder
– ob der Arbeitnehmer eine „**begünstigte Auswärtstätigkeit**" **ausübt** und deshalb nicht nur die Fahrtkosten in voller Höhe bzw. mit den pauschalen km-Sätzen (für Pkw 0,30 €/km) absetzen, sondern auch die gesetzlichen Verpflegungspauschalen in Anspruch nehmen kann,

nach denselben Regeln zu beurteilen.

Bedeutung hat die Abgrenzung ferner für die **Besteuerung des geldwerten Vorteils aus der unentgeltlichen Überlassung eines Firmenwagens für Fahrten zwischen Wohnung und erster Tätigkeitsstätte**: Nur wenn der Betriebssitz oder eine andere Tätigkeitsstätte als „erste Tätigkeitsstätte" anzusehen ist, ist für diese Fahrten ein geldwerter Vorteil zu erfassen (→ *Firmenwagen zur privaten Nutzung* Rz. 1226).

Zahlt der Arbeitgeber **höhere Beträge als gesetzlich zulässig**, muss er von dem übersteigenden Betrag den Lohnsteuerabzug vornehmen, sofern nicht – wie seit 1997 bei der Erstattung von Verpflegungsmehraufwendungen – eine Pauschalierung der Lohnsteuer in Betracht kommt. Zahlt ein **Dritter** Vergütungen für Auswärtstätigkeiten und ist der Arbeitgeber nicht zum Lohnsteuerabzug verpflichtet (→ *Lohnzahlung durch Dritte* Rz. 1949), muss der Arbeitnehmer den steuerpflichtigen Teilbetrag ggf. in seiner **Einkommensteuererklärung** angeben.

> **Beispiel:**
> Der Sächsische Gemeindeunfallversicherungsverband zahlt auf der Grundlage seiner Satzung den Teilnehmern von Ausbildungslehrgängen Reisekostenvergütungen.
>
> Nach § 3 Nr. 13 EStG ist nicht der gesamte Betrag steuerfrei. Da die steuerpflichtigen Anteile nicht für eine Arbeitsleistung gezahlt werden, unterliegen sie nicht dem Lohnsteuerabzug des Arbeitgebers. Der Arbeitnehmer hat diese Einnahmen als nicht dem Lohnsteuerabzug unterworfene Einnahmen aus nichtselbständiger Tätigkeit in der Einkommensteuererklärung anzugeben.
>
> Die Höhe der steuerpflichtigen Anteile ist durch eine Bescheinigung des Sächsischen Gemeindeunfallversicherungsverbands nachzuweisen. Eine Mitteilungspflicht des Sächsischen Gemeindeunfallversicherungsverbands besteht nicht.

2. Reform des Reisekostenrechts ab 2014

2410 Mit dem Gesetz zur Änderung und Vereinfachung der Unternehmensbesteuerung und des steuerlichen Reisekostenrechts v. 20.2.2013 (BGBl. I 2013, 285, BStBl I 2013, 188) ist das steuerliche Reisekostenrecht ab 2014 grundlegend geändert worden. **Zen**traler Punkt ist die gesetzliche Definition der „**ersten Tätigkeitsstätte", die an die Stelle der „regelmäßigen Arbeitsstätte" tritt (§ 9 Abs. 4 EStG).** Nur wenn der Arbeitnehmer vorübergehend außerhalb seiner Wohnung und der ersten Tätigkeitsstätte beruflich tätig wird, liegt eine Auswärtstätigkeit vor. Neu ist, dass eine erste Tätigkeitsstätte nicht nur in einer ortsfesten betrieblichen Einrichtung des Arbeitgebers, sondern – im Fall einer dauerhaften Zuordnung – auch bei einem verbundenen Unternehmen oder bei einem Dritten begründet werden kann.

Darüber hinaus haben sich aber auch bei der Berücksichtigung von Fahrtkosten, Verpflegungsmehraufwendungen (geänderte Staffelung der Pauschbeträge sowie der Besteuerung der Mahlzeitengestellung bei Auswärtstätigkeiten) und Übernachtungskosten gravierende Änderungen gegeben. **Weitere Einzelheiten zur Gesetzesänderung nebst Begründung s. „ABC des Lohnbüros" 2014 Rdnr. 2251 ff.**

Ausführliche Erläuterungen zur Reform des Reisekostenrechts ab 2014 enthält zum **Arbeitnehmerbereich das ergänzte Einführungsschreiben des BMF v. 24.10.2014, IV C 5 – S 2353/14/10004, BStBl I 2014, 1412,** dessen Inhalt nachstehend wiedergegeben wird; zum **betrieblichen Bereich** s. BMF v. 23.12.2014, IV C 6 – S 2145/10/10005 :001, BStBl I 2015, 26.

Nachfolgende Übersicht soll die wesentlichen Grundsätze für die Anerkennung einer „ersten Tätigkeitsstätte" verdeutlichen:

Prüfschema „erste Tätigkeitsstätte"

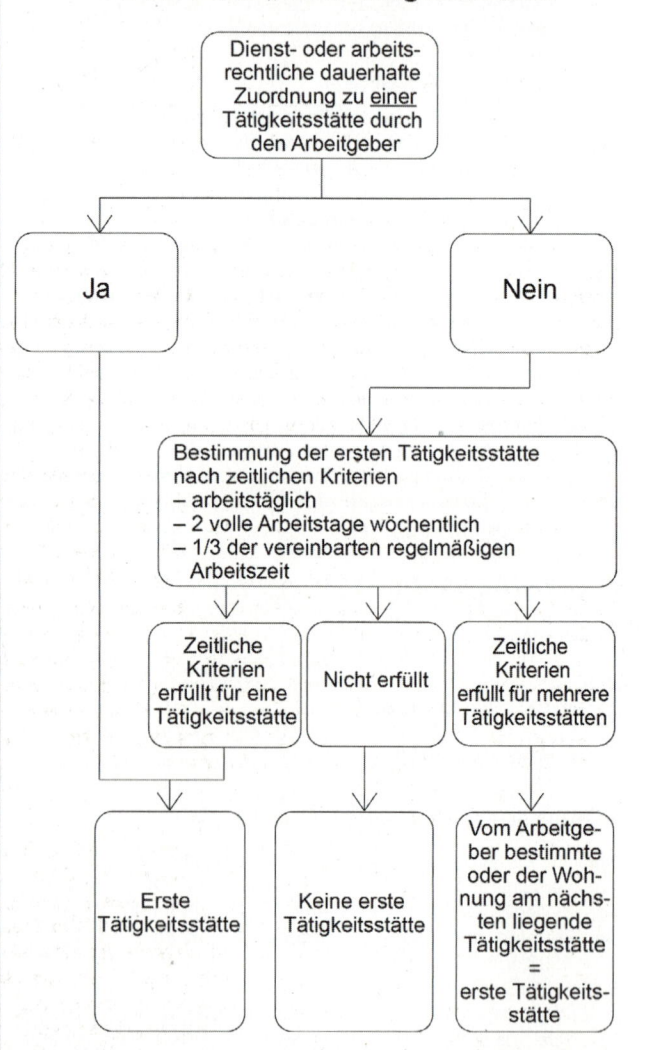

```
       Dienst- oder arbeits-
       rechtliche dauerhafte
       Zuordnung zu einer
       Tätigkeitsstätte durch
        den Arbeitgeber
              │
         ┌────┴────┐
         ▼         ▼
        Ja        Nein
         │         │
         │         ▼
         │   Bestimmung der ersten Tätigkeitsstätte
         │   nach zeitlichen Kriterien
         │   – arbeitstäglich
         │   – 2 volle Arbeitstage wöchentlich
         │   – 1/3 der vereinbarten regelmäßigen
         │     Arbeitszeit
         │         │
         ▼         ▼              ▼
   Zeitliche   Nicht erfüllt   Zeitliche
   Kriterien                   Kriterien
   erfüllt für                 erfüllt für mehrere
   eine                        Tätigkeitsstätten
   Tätigkeitsstätte
         │           │              │
         ▼           ▼              ▼
      Erste      Keine erste    Vom Arbeitge-
   Tätigkeits-   Tätigkeits-    ber bestimmte
     stätte        stätte       oder der Woh-
                                nung am näch-
                                sten liegende
                                Tätigkeitsstätte
                                = erste Tätigkeits-
                                stätte
```

(→ *Anhang, A. Lohnsteuer* Rz. 3397)

3. Vorteile des steuerfreien Arbeitgeberersatzes

Der steuerfreie Arbeitgeberersatz durch den Arbeitgeber hat in der Praxis erhebliche Bedeutung, weil er sowohl für den Arbeitnehmer als auch für den Arbeitgeber Vorteile bringt: **2411**

– Die Aufwendungen des Arbeitnehmers für die o.g. Auswärtstätigkeiten (insbesondere Fahrtkosten, Mehraufwendungen für

Verpflegung, Übernachtungskosten sowie Reisenebenkosten) können vom Arbeitgeber nach § 3 Nr. 13 bzw. 16 EStG **steuerfrei ersetzt** werden. Ein steuerfreier Ersatz anderer **Werbungskosten** des Arbeitnehmers durch den Arbeitgeber ist sonst grundsätzlich **nicht zulässig** (R 19.3 Abs. 3 Satz 1 LStR).

- Anders als bei den übrigen Steuerbefreiungen, z.B. von Kindergartenzuschüssen nach § 3 Nr. 33 EStG, ist auch eine sog. **Barlohnumwandlung** (→ Barlohnumwandlung Rz. 513) zulässig, d.h., dass steuerpflichtiger Barlohn in steuerfreie Reisekostenvergütungen nach § 3 Nr. 16 EStG umgewandelt werden kann (BFH v. 27.4.2001, VI R 2/98, BStBl II 2001, 601). Voraussetzung für die Steuerbefreiung ist lediglich, dass die Herabsetzung des Lohnanspruchs und die Umwandlung in eine Vergütung i.S.d. § 3 Nr. 16 EStG vor der Entstehung des Vergütungsanspruchs zwischen Arbeitgeber und Arbeitnehmer vereinbart worden ist. Es genügt nicht, dass der Arbeitgeber lediglich aus dem Arbeitslohn Teile herausrechnet und als steuerfrei behandelt (Einzelheiten s. BMF v. 22.5.2013, IV C 5 – S 2388/11/10001 – 02, BStBl I 2013, 728). Die Umwandlung führt beim Arbeitnehmer zu einer vollen Steuerersparnis. Beim Werbungskostenabzug würden sich dagegen nur die Aufwendungen steuerlich auswirken, die über den Arbeitnehmer-Pauschbetrag von 1 000 € hinausgehen.

- Anders als bei „normalen" Tätigkeiten können **nur bei den o.g. Auswärtstätigkeiten sowie bei einer beruflich veranlassten doppelten Haushaltsführung** (→ Doppelte Haushaltsführung: Erstattungsbeträge Rz. 939) **Mehraufwendungen für Verpflegung berücksichtigt** werden, bei einer längerfristigen Tätigkeit an derselben Tätigkeitsstätte allerdings nur in den ersten drei Monaten (zuletzt BFH v. 8.10.2014, VI R 7/13, BStBl II 2015, 336 sowie BVerfG v. 7.7.2015, 2 BvR 2251/13, StEd 2015, 469 und ab 2014 § 9 Abs. 4a Satz 6 EStG). Der Gesetzgeber geht dabei in verfassungsrechtlich unbedenklicher Weise typisierend davon aus, dass ein etwa beruflich veranlasster **Mehr-Aufwand für Verpflegung nicht anzuerkennen ist, solange sich der Arbeitnehmer am Betriebssitz oder an anderen ortsfesten betrieblichen Einrichtungen des Arbeitgebers aufhält.** Dem liegt die Erwägung zu Grunde, dass der Arbeitnehmer im Betriebsgebäude (bzw. auf dem Betriebsgelände) regelmäßig Einrichtungen vorfinden wird, an denen er sich vergleichsweise **kostengünstig wird verpflegen können.** Bei Tätigkeiten an einer ersten Tätigkeitsstätte ist ein Abzug von Verpflegungsmehraufwendungen daher auch dann nicht mehr möglich, wenn die Abwesenheit von der Wohnung mehr als zwölf Stunden betragen hat (zuletzt BFH v. 11.5.2005, VI R 16/04, BStBl II 2005, 789 m.w.N. betr. Wegfall des früheren Pauschbetrags von 3 DM). Auch ungewöhnlich lange Arbeitsschichten, z.B. der 24-Stunden-Dienst eines Feuerwehrmanns, berechtigen nicht zur Abziehbarkeit von Verpflegungsmehraufwendungen als Werbungskosten (BFH v. 31.1.1997, VI R 98/94, HFR 1997, 662). Ein Werbungskostenabzug kommt nach diesem Urteil allenfalls für **„vergebliche Speisen"** in Betracht, wenn z.B. ein Feuerwehrmann sein Essen wegen eines Einsatzes nicht einnehmen konnte und er nach Rückkehr, weil die Speise ungenießbar geworden war, erneut ein Essen herrichten musste. Solche vergeblichen Aufwendungen müssen aber im Einzelnen nachgewiesen werden.

- Aufwendungen für **Wege zwischen Wohnung und auswärtiger Tätigkeitsstätte** können auch bei Benutzung eines Kfz in voller Höhe steuerlich berücksichtigt und vom Arbeitgeber steuerfrei erstattet werden, die Beschränkung auf die niedrigere Entfernungspauschale gilt nur für Wege zwischen Wohnung und erster Tätigkeitsstätte i.S.d. § 9 Abs. 1 Satz 3 Nr. 4 EStG.

- Die steuerfreien und ggf. pauschal versteuerten Arbeitgeberleistungen unterliegen **nicht der Sozialversicherungspflicht** (→ Rz. 2464).

4. Notwendige Unterscheidung Auswärtstätigkeit – doppelte Haushaltsführung

2412 Nach § 9 Abs. 4a EStG ist eine Unterscheidung der bisherigen Fallgruppen Dienstreise, Fahrtätigkeit, Einsatzwechseltätigkeit grundsätzlich nicht mehr erforderlich – sie fallen nunmehr unter den einheitlichen Begriff **„auswärtige berufliche Tätigkeit"** (kurz: Auswärtstätigkeit).

Zu prüfen ist allerdings insbesondere bei längerfristigen Auswärtstätigkeiten an derselben Tätigkeitsstätte, **ob immer noch eine Auswärtstätigkeit vorliegt** oder die neue Tätigkeitsstätte möglicherweise zur neuen „ersten Tätigkeitsstätte" geworden ist mit der Folge, dass für die „Auswärtstätigkeit" allenfalls die engeren Grundsätze für **Wege zwischen Wohnung und erster Tätigkeitsstätte bzw. der doppelten Haushaltsführung gelten**, und zwar aus folgenden Gründen:

- Für die doppelte Haushaltsführung gibt es keine Möglichkeit der **Pauschalversteuerung von Verpflegungszuschüssen** des Arbeitgebers mit 25 % (§ 40 Abs. 2 Satz 1 Nr. 4 EStG); Einzelheiten → Reisekosten: Erstattungen Rz. 2518.

- Außerdem können bei doppelter Haushaltsführung **Familienheimfahrten** (einmal wöchentlich) nur in Höhe der **Entfernungspauschale** (0,30 € je Entfernungskilometer) steuerfrei erstattet werden.

- Bei **täglicher Rückkehr zur Wohnung** gelten die Regeln für **„Wege zwischen Wohnung und erster Tätigkeitsstätte"**. Eine steuerfreie Erstattung der Fahrtkosten durch den Arbeitgeber ist nicht mehr zulässig, allenfalls eine Pauschalierung mit 15 %, soweit der Arbeitnehmer die Erstattungen als Werbungskosten geltend machen könnte (§ 40 Abs. 2 Satz 2 EStG).

5. Erste Tätigkeitsstätte

a) Allgemeines

2413 Zentraler Punkt der ab 1.1.2014 geltenden Neuregelungen ist die gesetzliche Definition der ersten Tätigkeitsstätte, die künftig an die Stelle der regelmäßigen Arbeitsstätte tritt. Der Arbeitnehmer kann je Dienstverhältnis höchstens *eine* erste Tätigkeitsstätte, ggf. aber auch keine erste, sondern nur auswärtige Tätigkeitsstätten haben (§ 9 Abs. 4 Satz 5 EStG). Die Bestimmung der ersten Tätigkeitsstätte erfolgt **vorrangig anhand der dienst- oder arbeitsrechtlichen Festlegungen** durch den Arbeitgeber (→ Rz. 2416).

Sind solche nicht vorhanden oder sind die getroffenen Festlegungen nicht eindeutig, werden hilfsweise **quantitative Kriterien** (→ Rz. 2427 ff.) herangezogen.

Voraussetzung ist zudem, dass der Arbeitnehmer in einer der in § 9 Abs. 4 Satz 1 EStG genannten **ortsfesten Einrichtungen** (→ Rz. 2414 ff.) **dauerhaft** (→ Rz. 2417 ff.) tätig werden soll.

Ein Arbeitnehmer ohne eine erste Tätigkeitsstätte ist außerhalb seiner Wohnung immer auswärts tätig.

b) Begriff erste Tätigkeitsstätte

2414 Tätigkeitsstätte ist eine von der Wohnung getrennte, ortsfeste betriebliche Einrichtung. Als **erste Tätigkeitsstätte** kommt nach § 9 Abs. 4 Satz 1 EStG nur in Betracht

- eine **ortsfeste betriebliche Einrichtung**
    - des Arbeitgebers,
    - eines verbundenen Unternehmens (§ 15 AktG) oder
    - eines vom Arbeitgeber bestimmten Dritten (z.B. Kunden),
- **der der Arbeitnehmer dauerhaft zugeordnet ist.**

Ortsfeste Tätigkeitsstätten sind z.B. (vgl. BMF v. 24.10.2014, IV C 5 – S 2353/14/10004, BStBl I 2014, 1412 Rdnr. 3)

- **Baucontainer**, die auf einer Großbaustelle längerfristig fest mit dem Erdreich verbunden sind und in denen sich z.B. Baubüros, Aufenthaltsräume oder Sanitäreinrichtungen befinden (zweifelhaft, s. FG Münster v. 14.9.2011, 10 K 2037/10 E, www.stotax-first.de).

Keine ortsfesten Tätigkeitsstätten sind z.B. (vgl. BMF v. 24.10.2014, IV C 5 – S 2353/14/10004, BStBl I 2014, 1412 Rdnr. 3)

- **öffentliche Haltestellen** oder Schiffsanlegestellen ohne weitere Arbeitgebereinrichtungen,
- **Flugzeuge, Schiffe, Fahrzeuge** (z.B. BFH v. 8.3.2012, VI R 48/11, BStBl II 2012, 926 betr. Lkw-Fahrer),
- **andere Tätigkeitsgebiete** ohne ortsfeste betriebliche Einrichtungen,
- **Bauausführungen oder Montagen** (BFH v. 20.3.2014, VI R 74/13, BStBl II 2014, 854 m.w.N.).

Reisekosten: Allgemeine Grundsätze

keine Sozialversicherungspflicht = (SV durchgestrichen)
Sozialversicherungspflicht = (SV)

> **Beispiele:**
> Der Busfahrer auf dem Bus, der Lokführer und Schaffner im Zug, der Pilot und die Stewardessen im Flugzeug, die Besatzung auf dem Schiff üben ihre berufliche Tätigkeit auf diesen Fahrzeugen und somit mangels ortsfester Einrichtung auswärtig aus (vgl. auch R 9.4 Abs. 2 LStR).

Befinden sich auf einem **Betriebs-/Werksgelände mehrere ortsfeste betriebliche Einrichtungen**, so handelt es sich dabei nicht um mehrere, sondern nur um *eine* Tätigkeitsstätte. Fahrzeuge, Flugzeuge, Schiffe oder Tätigkeitsgebiete ohne ortsfeste betriebliche Einrichtungen sind keine Tätigkeitsstätten i.S.d. § 9 Abs. 4 Satz 1 EStG.

Das **häusliche Arbeitszimmer** des Arbeitnehmers (**Home-Office**) ist keine betriebliche Einrichtung des Arbeitgebers oder eines Dritten und kann daher keine erste Tätigkeitsstätte sein. Dies gilt auch, wenn der Arbeitgeber vom Arbeitnehmer einen oder mehrere Arbeitsräume anmietet, die der Wohnung des Arbeitnehmers zuzurechnen sind. Auch in diesem Fall handelt es sich bei einem häuslichen Arbeitszimmer um einen Teil der Wohnung des Arbeitnehmers. Zur Abgrenzung, welche Räume der Wohnung des Arbeitnehmers zuzurechnen sind, ist auf das Gesamtbild der Verhältnisse im Einzelfall abzustellen (z.B. unmittelbare Nähe zu den privaten Wohnräumen).

c) Tätigkeitsstätte bei einem verbundenen Unternehmen oder bei einem Dritten

2415 Die Annahme einer Tätigkeitsstätte erfordert nicht, dass es sich um eine ortsfeste betriebliche Einrichtung des lohnsteuerlichen Arbeitgebers handelt, an der der Arbeitnehmer tätig werden soll. Erfasst werden auch Sachverhalte, in denen der Arbeitnehmer statt beim eigenen Arbeitgeber in einer ortsfesten betrieblichen **Einrichtung eines der in § 15 AktG genannten Unternehmen oder eines Dritten (z.B. eines Kunden) tätig werden soll**. Die sog. Kunden-Rechtsprechung des BFH (zuletzt Urteil v. 13.6.2012, VI R 47/11, BStBl II 2013, 169) hat daher ab 2014 keine Bedeutung mehr.

Von einem solchen Tätigwerden kann dann nicht ausgegangen werden, wenn der Arbeitnehmer bei dem Dritten oder verbundenen Unternehmen z.B. nur eine Dienstleistung des Dritten in Anspruch nimmt oder einen Einkauf tätigt.

> **Beispiel:**
> A, Elektromonteur der Firma X, ist seit über zehn Jahren ausschließlich im Kraftwerk Y tätig.
>
> Nach der o.g. BFH-Rechtsprechung ist die Einrichtung eines Dritten (Kunde), in der der Arbeitnehmer tätig wird, auch dann nicht als regelmäßige Arbeitsstätte anzusehen, wenn er dort längerfristig eingesetzt wird. A kann daher nach den Grundsätzen für Auswärtstätigkeiten bis einschließlich 2013 Fahrtkosten (für Pkw pauschaler km-Satz 0,30 € je tatsächlich gefahrenem Kilometer; keine Beschränkung auf die Entfernungspauschale) und in den ersten drei Monaten Verpflegungsmehraufwendungen steuerlich geltend machen.
>
> Ab 2014 ist dies nicht mehr möglich, weil auch eine ortsfeste betriebliche Einrichtung eines vom Arbeitgeber bestimmten Dritten (hier das Kraftwerk Y), der der Arbeitnehmer dauerhaft zugeordnet ist, als erste Tätigkeitsstätte anzusehen ist.

d) Zuordnung mittels dienst- oder arbeitsrechtlicher Festlegung durch den Arbeitgeber

2416 Eine erste Tätigkeitsstätte liegt vor, wenn der Arbeitnehmer einer solchen Tätigkeitsstätte (§ 9 Abs. 4 Satz 1 EStG) **dauerhaft zugeordnet** ist. Ist der Arbeitnehmer nur **vorübergehend** einer Tätigkeitsstätte zugeordnet, begründet er dort keine erste Tätigkeitsstätte (zur Abgrenzung der Merkmale „dauerhaft" und „vorübergehend" → Rz. 2417).

Die dauerhafte Zuordnung des Arbeitnehmers wird durch die dienst- oder arbeitsrechtlichen Festlegungen sowie die diese ausfüllenden Absprachen oder Weisungen bestimmt (§ 9 Abs. 4 Satz 2 EStG). Das gilt für einzelne Arbeitnehmer oder Arbeitnehmergruppen, unabhängig davon, ob diese schriftlich oder mündlich erteilt worden sind. Diese Zuordnung muss sich auf die Tätigkeit des Arbeitnehmers beziehen; dies ergibt sich aus § 9 Abs. 4 Satz 3 EStG, der mit der beispielhaften Aufzählung darüber hinaus das Kriterium der Dauerhaftigkeit beschreibt.

Die Zuordnung eines Arbeitnehmers zu einer betrieblichen Einrichtung **allein aus tarifrechtlichen, mitbestimmungsrechtlichen oder organisatorischen Gründen** (z.B. Personalaktenführung), ohne dass der Arbeitnehmer in dieser Einrichtung tätig werden soll, ist keine Zuordnung i.S.d. § 9 Abs. 4 EStG.

> **Beispiel 1:**
> Firma X lässt die Personalaktenführung und die Gehaltsabrechnung für die leitenden Mitarbeiter durch das Tochterunternehmen T durchführen. Insoweit haben die übrigen Mitarbeiter von X keinen Einblick in das Gehaltsniveau der leitenden Angestellten. Ansonsten werden die leitenden Mitarbeiter aber nicht im Tochterunternehmen tätig.
>
> Eine steuerlich anzuerkennende Zuordnung zum Tochterunternehmen T liegt nicht vor.

Sofern der Arbeitnehmer in einer vom Arbeitgeber festgelegten Tätigkeitsstätte zumindest **in ganz geringem Umfang tätig werden soll**, z.B. Hilfs- und Nebentätigkeiten (Auftragsbestätigungen, Stundenzettel, Krank- und Urlaubsmeldung abgeben etc.), **kann der Arbeitgeber den Arbeitnehmer zu dieser Tätigkeitsstätte zuordnen, selbst wenn für die Zuordnung letztlich tarifrechtliche, mitbestimmungsrechtliche oder organisatorische Gründe ausschlaggebend sind**. Auf die Qualität des Tätigwerdens kommt es dabei somit nicht an (anders als bei der Bestimmung anhand der quantitativen Zuordnungskriterien, vgl. dazu → Rz. 2427). Vielmehr können, wie z.B. bei Festlegung einer Dienststelle/Dienststätte, auch **Tätigkeiten von untergeordneter Bedeutung** (s.o.) ausreichend sein (Vorrang des Dienst- oder Arbeitsrechts).

Die **Abgabe von Krank- oder Urlaubsmeldungen durch Dritte** (z.B. mittels Post, Bote oder Familienangehörige) reicht für eine Zuordnung aber nicht aus, da ein Tätigwerden auch ein persönliches Erscheinen des Arbeitnehmers voraussetzt.

> **Beispiel 2:**
> A ist der Konzernzentrale in Münster zugeordnet. Er ist aber dort tatsächlich nur für 1 Tag im Monat zu Dienstbesprechungen vor Ort. Ansonsten ist er im Betrieb in Dortmund im Einsatz.
>
> Auf Grund der Zuordnung ist die Zentrale in Münster die erste Tätigkeitsstätte, auch wenn A dort nur selten tätig werden soll.

> **Beispiel 3:**
> Der Arbeitgeber des in Münster wohnenden M hat seinen Firmensitz in Dortmund. In Münster hat ein Kunde des Arbeitgebers seinen Stammsitz. M ist regelmäßig an 2 Tagen in der Woche in Dortmund, alle 2 Wochen für 1 Tag beim Kunden in Münster und ansonsten bei unterschiedlichen Kunden im Einsatz. Der Arbeitgeber ordnet M dem Kunden in Münster zu.
>
> Die erste Tätigkeitsstätte befindet sich in Münster beim Kunden am Wohnort des M. Bei einer etwaigen Firmenwagennutzung hat diese Zuordnung Auswirkung auf die Versteuerung eines geldwerten Vorteils für die Nutzung für die Fahrten zwischen Wohnung und erster Tätigkeitsstätte. Denn ohne Zuordnung wäre der Firmensitz in Dortmund die erste Tätigkeitsstätte und es würde die Entfernung zwischen Münster und Dortmund zu Grunde gelegt werden.

Soll der Arbeitnehmer an **mehreren Tätigkeitsstätten** tätig werden und ist er einer bestimmten Tätigkeitsstätte dienst- oder arbeitsrechtlich dauerhaft zugeordnet, ist es unerheblich, in welchem Umfang er seine berufliche Tätigkeit an dieser oder an den anderen Tätigkeitsstätten ausüben soll. Auch auf die Regelmäßigkeit des Aufsuchens dieser Tätigkeitsstätten kommt es dann nicht mehr an.

> **Beispiel 4:**
> A ist der Filiale in Köln zugeordnet. Er ist aber 4 Tage in der Woche in der Filiale in Düsseldorf im Einsatz.
>
> Auf Grund der Zuordnung ist die Filiale in Köln die erste Tätigkeitsstätte, auch wenn A dort nur 1 Tag in der Woche arbeitet. Für die Fahrten nach Düsseldorf gelten die Grundsätze der Auswärtstätigkeit.

> **Beispiel 5:**
> Mitarbeiter A betreut 10 Filialen. Er ist der Filiale 1 arbeitsrechtlich zugeordnet.
>
> Filiale 1 stellt für den Mitarbeiter auf Grund der Zuordnung die erste Tätigkeitsstätte dar. Nach altem Recht (bis 2013) hat A im Zweifel keine regelmäßige Arbeitsstätte, es sei denn der Schwerpunkt ist für ihn in einer Filiale feststellbar.

Nicht mehr entscheidend ist zudem, ob an der vom Arbeitgeber nach § 9 Abs. 4 Satz 1 EStG festgelegten Tätigkeitsstätte

der qualitative Schwerpunkt der Tätigkeit liegt oder liegen soll. Die bisherige BFH-Rechtsprechung, die darauf abstellte, ob der zu beurteilenden Tätigkeitsstätte eine hinreichend zentrale Bedeutung gegenüber weiteren Tätigkeitsorten beizumessen war (vgl. BFH v. 9.6.2011, VI R 36/10, BStBl II 2012, 36), welche Tätigkeit an den verschiedenen Arbeitsstätten im Einzelnen ausgeübt wurde und welches konkrete Gewicht dieser Tätigkeit zukam (vgl. BFH v. 9.6.2011, VI R 55/10, BStBl II 2012, 38), ist ab 2014 gegenstandslos.

Beispiel 6:
Der Vertriebsmitarbeiter V für die Region A soll einmal wöchentlich an den Firmensitz nach B fahren, dem er zugeordnet ist. Dort soll er die anfallenden Bürotätigkeiten erledigen und an Dienstbesprechungen teilnehmen.

B ist erste Tätigkeitsstätte auf Grund der arbeitsrechtlichen Zuordnung. Dabei ist unerheblich, dass V überwiegend in der Region A und nicht in B tätig werden soll.

Beispiel 7:
Wie Beispiel 6, der Arbeitgeber ordnet den V dem Firmensitz in B jedoch nicht oder nicht eindeutig zu.

Die Prüfung, ob eine erste Tätigkeitsstätte vorliegt, erfolgt anhand der quantitativen Kriterien des § 9 Abs. 4 Satz 4 EStG (→ Rz. 2427 ff.). In diesem Fall liegt in B keine erste Tätigkeitsstätte vor.

§ 42 AO ist zu beachten. Insbesondere bei Gesellschafter-Geschäftsführern, Arbeitnehmer-Ehegatten/Lebenspartnern und sonstigen, mitarbeitenden Familienangehörigen ist entscheidend, ob die getroffenen Vereinbarungen einem **Fremdvergleich** standhalten.

§ 9 Abs. 4 Satz 1 bis 3 EStG sieht die Möglichkeit einer Zuordnungsentscheidung des Arbeitgebers zu einer bestimmten Tätigkeitsstätte vor. Der Arbeitgeber kann dienst- oder arbeitsrechtlich daher nicht festlegen, dass der Arbeitnehmer keine erste Tätigkeitsstätte hat (**Negativfestlegung**). Er kann allerdings (ggf. auch ausdrücklich) darauf verzichten, eine erste Tätigkeitsstätte dienst- oder arbeitsrechtlich festzulegen, oder ausdrücklich erklären, dass organisatorische Zuordnungen keine erste Tätigkeitsstätte begründen sollen. In diesen Fällen erfolgt die Prüfung, ob eine erste Tätigkeitsstätte gegeben ist, anhand der **quantitativen Zuordnungskriterien** nach § 9 Abs. 4 Satz 4 EStG (→ Rz. 2427 ff.).

Der Arbeitgeber kann zudem festlegen, dass sich die Bestimmung der ersten Tätigkeitsstätte nach den **quantitativen Zuordnungskriterien** des § 9 Abs. 4 Satz 4 EStG richtet. **Im Ergebnis ist eine Zuordnungsentscheidung des Arbeitgebers mittels dienst- oder arbeitsrechtlicher Festlegung (→ Rz. 2416 ff.) somit lediglich erforderlich, wenn er die erste Tätigkeitsstätte abweichend von den quantitativen Zuordnungskriterien festlegen will.**

Beispiel 8:
In Einstellungsbögen bzw. in Arbeitsverträgen ist auf Grund des Nachweisgesetzes und tariflicher Regelungen ein Einstellungs-, Anstellungs- oder Arbeitsort des Arbeitnehmers bestimmt.

Hierbei handelt es sich nicht um eine Zuordnung i.S.d. § 9 Abs. 4 EStG, wenn der Arbeitgeber schriftlich auch gegenüber dem Arbeitnehmer bzw. in der Reiserichtlinie des Unternehmens erklärt, dass dadurch keine arbeitsrechtliche Zuordnung zu einer ersten Tätigkeitsstätte erfolgen soll.

e) Dauerhafte Zuordnung

aa) Allgemeines

2417 Die Zuordnung durch den Arbeitgeber zu einer Tätigkeitsstätte muss auf Dauer angelegt sein (**Prognose**).

Von einer dauerhaften Zuordnung i.S.d. § 9 Abs. 4 Satz 1 EStG ist auszugehen, wenn der Arbeitnehmer

- nach dienst- oder arbeitsrechtlichen Festlegungen einer der o.g. betrieblichen Einrichtung dauerhaft zugeordnet ist (**arbeitsrechtliches Zuordnungsprinzip**) oder

- zeitlich in der o.g. Einrichtung
  - typischerweise arbeitstäglich,
  - zwei volle Arbeitstage pro Woche oder
  - 1/3 seiner vereinbarten regelmäßigen Arbeitszeit

tätig werden soll (**quantitatives Zuordnungsprinzip**).

Die typischen Fälle einer dauerhaften Zuordnung sind nach § 9 Abs. 4 Satz 3 EStG

- die unbefristete Zuordnung des Arbeitnehmers zu einer bestimmten betrieblichen Einrichtung,

- die Zuordnung für die gesamte Dauer des – befristeten oder unbefristeten – Dienstverhältnisses oder

- die Zuordnung über einen Zeitraum von 48 Monaten hinaus.

Die Zuordnung „bis auf Weiteres" ist eine Zuordnung ohne Befristung und damit dauerhaft. Entscheidend sind dabei allein die Festlegungen des Arbeitgebers und die i.R.d. Dienstverhältnisses erteilten Weisungen.

Beispiel:
Der Arbeitnehmer A ist von der Firma Z als technischer Zeichner ausschließlich für ein Projekt befristet eingestellt worden. Das Arbeitsverhältnis von A soll vertragsgemäß nach Ablauf der Befristung enden.

A hat ab dem ersten Tag der Tätigkeit bei Z auf Grund der arbeitsrechtlichen Zuordnung des Arbeitgebers seine erste Tätigkeitsstätte.

bb) Prognose-Betrachtung

2418 Für die Beurteilung, ob eine dauerhafte Zuordnung vorliegt, ist die **auf die Zukunft gerichtete prognostische** Betrachtung (Ex-ante-Betrachtung) maßgebend. Die **Änderung einer Zuordnung** durch den Arbeitgeber ist mit Wirkung für die Zukunft zu berücksichtigen. Entscheidend sind dabei allein die Festlegungen des Arbeitgebers und die i.R.d. Dienstverhältnisses erteilten Weisungen.

Beispiel 1:
Der in H wohnende Arbeitnehmer A ist bis auf Weiteres an 3 Tagen in der Woche in einer Filiale seines Arbeitgebers in H und an 2 Tagen in der Woche in einer Filiale seines Arbeitgebers in S tätig. Der Arbeitgeber hatte zunächst die Filiale in S als erste Tätigkeitsstätte festgelegt. Ab 1.7.2016 legt er H als erste Tätigkeitsstätte fest.

Bis 30.6.2016 hat der Arbeitnehmer in S seine erste Tätigkeitsstätte. Ab 1.7.2016 ist die erste Tätigkeitsstätte in H.

Beispiel 2:
Der Arbeitnehmer A ist unbefristet beschäftigt. Für einen Zeitraum von 36 Monaten soll er überwiegend in der Filiale X arbeiten. In der Filiale Y soll er nur an Teambesprechungen, Mitarbeiterschulungen und sonstigen Firmenveranstaltungen teilnehmen. Diese finden voraussichtlich einmal pro Monat statt. Der Arbeitgeber hat A der Filiale Y arbeitsrechtlich dauerhaft zugeordnet.

Erste Tätigkeitsstätte ist die Filiale Y, da A dort arbeitsrechtlich dauerhaft zugeordnet ist.

Beispiel 3:
Wie Beispiel 2, der Arbeitgeber ordnet jedoch nicht zu.

Es liegt keine erste Tätigkeitsstätte vor; in der Filiale X soll A nicht dauerhaft tätig werden und in der Filiale Y nicht in dem nach § 9 Abs. 4 Satz 4 EStG (→ Rz. 2427 ff.) erforderlichen quantitativen Umfang.

Eine Änderung der Zuordnung kann auch vorliegen, wenn sich das **Berufsbild des Arbeitnehmers auf Grund der Vorgaben des Arbeitgebers dauerhaft ändert**, so z.B. wenn ein Außendienstmitarbeiter auf Dauer in den Innendienst wechselt.

Beispiel 4:
Der Arbeitnehmer A ist von seinem Arbeitgeber unbefristet eingestellt worden, um dauerhaft in der Filiale Y zu arbeiten. In den ersten 36 Monaten seiner Beschäftigung soll A aber zunächst ausschließlich die Filiale X führen. In der Filiale Y soll er während dieser Zeit nicht, auch nicht in ganz geringem Umfang tätig werden.

Die Filiale X ist keine erste Tätigkeitsstätte, da A dort lediglich für 36 Monate und damit nicht dauerhaft tätig werden soll (unabhängig vom quantitativen Umfang der Tätigkeit). Die Filiale Y wird erst nach Ablauf von 36 Monaten erste Tätigkeitsstätte, wenn A dort tätig werden soll.

Weichen die tatsächlichen Verhältnisse durch **unvorhersehbare Ereignisse**, wie etwa Krankheit, politische Unruhen am Tätigkeitsort, Insolvenz des Kunden o.ä. von der ursprünglichen Festlegung (Prognose) der dauerhaften Zuordnung ab, bleibt die zuvor getroffene **Prognose-Entscheidung für die Vergangenheit bezüglich des Vorliegens der ersten Tätigkeitsstätte maßgebend.**

Reisekosten: Allgemeine Grundsätze

keine Sozialversicherungspflicht = ⓢⓥ
Sozialversicherungspflicht = ⓢⓥ

Beispiel 5:

Der Kundendienstmonteur K soll an der betrieblichen Einrichtung seines Arbeitgebers in A lediglich in unregelmäßigen Abständen seine Aufträge abholen und abrechnen, Urlaubsanträge abgeben und gelegentlich an Besprechungen teilnehmen (vgl. → Rz. 2427). K ist der betrieblichen Einrichtung in A nicht arbeitsrechtlich zugeordnet. Seine eigentliche berufliche Tätigkeit soll K ausschließlich bei verschiedenen Kunden ausüben. Auf Grund ungeplanter betrieblicher Abläufe ergibt es sich, dass K über einen Zeitraum von 12 Monaten nur die betriebliche Einrichtung in A arbeitstäglich aufsuchen soll und auch aufsucht, um dort seine Berichte zu verfassen (= Teil seiner eigentlichen beruflichen Tätigkeit).

Auch wenn K für einen Zeitraum von 12 Monaten arbeitstäglich einen Teil seiner beruflichen Tätigkeit in der betrieblichen Einrichtung in A ausüben soll, führt dies mangels Dauerhaftigkeit noch nicht zu einer ersten Tätigkeitsstätte. Die ursprüngliche Prognose sah dies nicht vor und nach der neuen Prognose sollen diese Arbeiten am Betriebssitz in A nur vorübergehend ausgeübt werden.

Wird eine auf höchstens **48 Monate geplante Auswärtstätigkeit des Arbeitnehmers verlängert**, kommt es darauf an, ob dieser vom Zeitpunkt der Verlängerungsentscheidung an noch mehr als 48 Monate an der Tätigkeitsstätte eingesetzt werden soll.

Beispiel 6:

Der unbefristet beschäftigte Arbeitnehmer A wird für eine Projektdauer von voraussichtlich 18 Monaten der betrieblichen Einrichtung in M zugeordnet. Nach 18 Monaten wird die Zuordnung um 36 Monate verlängert.

Obwohl A insgesamt 54 Monate in M tätig wird, hat er dort keine erste Tätigkeitsstätte. Die vom Gesetz vorgegebene Prognose-Betrachtung bedeutet, dass A weder im Zeitpunkt der erstmaligen Zuordnung noch im Zeitpunkt der Verlängerungsentscheidung für mehr als 48 Monate in M eingesetzt werden sollte.

Beispiel 7:

Wie Beispiel 6. Die Zuordnung von A wird bereits nach drei Monaten um 36 Monate auf insgesamt 54 Monate verlängert.

Ab dem Zeitpunkt der Verlängerungsentscheidung hat A seine erste Tätigkeitsstätte in M, da er ab diesem Zeitpunkt noch 51 Monate und somit dauerhaft in M tätig werden soll.

Das gilt auch, wenn A für diese Tätigkeit neu eingestellt und eine Probezeit vereinbart wurde oder das Projekt planwidrig bereits nach 12 Monaten beendet wird. Die steuerliche Beurteilung der ersten 3 Monate als beruflich veranlasste Auswärtstätigkeit bleibt von der Verlängerungsentscheidung unberührt.

cc) Kettenabordnung

2419 Bei einer sog. Kettenabordnung ist keine dauerhafte Zuordnung zu einer Tätigkeitsstätte gegeben, wenn die einzelne Abordnung jeweils einen Zeitraum von höchstens als 48 Monaten umfasst.

Beispiel:

Das Unternehmen hat je eine Betriebsstätte in Dresden und in Leipzig. Mitarbeiter M aus Dresden war seit seiner Einstellung auch lange Zeit in der Betriebsstätte in Dresden eingesetzt. Seit dem 1.7.2012 bis zum 30.6.2016 ist er vorübergehend zur Betriebsstätte in Leipzig abgeordnet. Zum 1.7.2016 wird sein Einsatz in Leipzig um 2 Jahre bis zum 30.6.2018 verlängert.

Die Betriebsstätte in Leipzig wird nicht zur ersten Tätigkeitsstätte, obwohl insgesamt ein Zeitraum von mehr als 48 Monaten vorliegt.

dd) Outsourcing

2420 Eine dauerhafte Zuordnung ist gegeben, wenn das Dienstverhältnis auf einen anderen Arbeitgeber ausgelagert wird und der Arbeitnehmer für die gesamte Dauer des neuen Beschäftigungsverhältnisses oder länger als 48 Monate weiterhin an seiner früheren Tätigkeitsstätte des bisherigen Arbeitgebers tätig werden soll (sog. Outsourcing). Die anders lautende BFH-Rechtsprechung (vgl. Urteil v. 9.2.2012, VI R 22/10, BStBl II 2012, 827) ist überholt.

ee) Leiharbeitnehmer

2421 Entsprechendes gilt für den Fall, dass ein **Leiharbeitnehmer ausnahmsweise dauerhaft** (nach § 9 Abs. 4 Satz 3 EStG, wenn er „bis auf Weiteres", also unbefristet, für die gesamte Dauer des Leiharbeitsverhältnisses oder länger als 48 Monate) in einer ortsfesten betrieblichen Einrichtung des Entleihers tätig werden soll (vgl. zuletzt BFH v 15.5.2013, VI R 18/12, BStBl II 2013, 838, der bei Leiharbeitnehmern das Vorliegen einer regelmäßigen Arbeitsstätte beim Entleiher generell verneint hatte).

Beispiel 1:

Der Arbeitnehmer A ist von der Zeitarbeitsfirma Z als technischer Zeichner ausschließlich für die Überlassung an die Projektentwicklungsfirma P eingestellt worden. Das Arbeitsverhältnis von A endet vertragsgemäß nach Abschluss des aktuellen Projekts bei P.

A hat ab dem ersten Tag der Tätigkeit bei der Projektentwicklungsfirma P seine erste Tätigkeitsstätte, da er seine Tätigkeit bei P für die gesamte Dauer seines Dienstverhältnisses bei Z und damit dort dauerhaft ausüben soll.

Beispiel 2:

Der Arbeitnehmer A ist von der Zeitarbeitsfirma Z unbefristet als technischer Zeichner eingestellt worden und wird bis auf Weiteres an die Projektentwicklungsfirma P überlassen.

A hat ab dem ersten Tag der Tätigkeit bei der Projektentwicklungsfirma P seine erste Tätigkeitsstätte, da er seine Tätigkeit bei P ohne Befristung und damit dort dauerhaft ausüben soll.

ff) Tätigkeit bei Kunden

2422 Auch die sog. **Kunden-Rechtsprechung**, wonach die betriebliche Einrichtung eines Kunden des Arbeitgebers i.d.R. keine regelmäßige Arbeitsstätte sein konnte (vgl. BFH v. 13.6.2012, VI R 47/11, BStBl II 2013, 169), ist überholt, sofern der Arbeitnehmer **dauerhaft** beim Kunden des Arbeitgebers tätig werden soll.

Beispiel 1:

Monteur M aus Dortmund wird bereits seit 5 Jahren bei einem Kunden seines Arbeitgebers, der ein Kraftwerk in Essen betreibt, eingesetzt und soll diesem Kraftwerk entsprechend auf Dauer weiter zugeordnet werden.

Ab dem 1.1.2014 hat M in Essen seine erste Tätigkeitsstätte. Bis 2013 steht die Rechtsprechung des BFH der Annahme einer regelmäßigen Arbeitsstätte bei einem Dritten entgegen.

Beispiel 2:

Das IT-Unternehmen aus Hamburg stellt den Informatiker I zum 1.7.2014 ausschließlich für ein zwei Jahre dauerndes Projekt bei einem Kunden in Bremen ein.

I hat in Bremen seine erste Tätigkeitsstätte, da er seine Tätigkeit für die gesamte Dauer seines Dienstverhältnisses beim Kunden und damit dauerhaft ausüben soll.

Beispiel 3:

Wie Beispiel 2, I wird vom IT-Unternehmen eingestellt und zunächst für ein Jahr dem Projekt in Bremen zugeordnet. Der weitere Einsatz nach einem Jahr ist offen.

I hat in Bremen keine erste Tätigkeitsstätte, da er dort nicht dauerhaft zum Einsatz kommen soll.

gg) Öffentlicher Dienst

2423 **Dienststelle/Dienststätte i.S.d. öffentlichen Reisekosten-, Umzugskosten- und Trennungsgeldrechts** ist die Stelle, bei der der Arbeitnehmer eingestellt oder zu der er versetzt, abgeordnet, zugeteilt, zugewiesen oder kommandiert worden ist. Jede dieser dienstlichen Maßnahmen führt dazu, dass diese Stelle zur neuen dienstrechtlichen Dienststelle/Dienststätte wird, unabhängig davon, ob die Maßnahme dauerhaft oder nur vorübergehend ist.

Für die steuerrechtliche Beurteilung der dauerhaften Zuordnung zu einer bestimmten Tätigkeitsstätte gilt insbesondere Folgendes:

- **Versetzung ohne zeitliche Befristung:** dauerhafte Zuordnung, es wird eine neue „erste Tätigkeitsstätte" begründet.

- **Abordnung ohne zeitliche Befristung:** dauerhafte Zuordnung, es wird eine neue „erste Tätigkeitsstätte" begründet".

- **Versetzung mit einer zeitlichen Befristung bis zu 48 Monaten:** keine dauerhafte Zuordnung, damit keine neue „erste Tätigkeitsstätte".

- **Abordnung mit einer zeitlichen Befristung bis zu 48 Monaten, ggf. auch verbunden mit dem Ziel der Versetzung:** keine dauerhafte Zuordnung, damit keine neue „erste Tätigkeitsstätte".

Entsprechendes gilt für **abordnungs- oder versetzungsgleiche Maßnahmen** (z.B. Kommandierung, Zuteilung, Zuweisung).

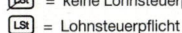

Reisekosten: Allgemeine Grundsätze

> **Beispiel:**
> Finanzbeamter B hat sich erfolgreich auf eine Stelle in der OFD beworben. Er wird zum 1.7.2015 für ein halbes Jahr mit dem Ziel der Versetzung an die OFD abgeordnet. Zum 1.1.2016 erfolgt die Versetzung.
> Die OFD wird nicht mit der Abordnung, sondern erst mit der Versetzung ab 2016 zur ersten Tätigkeitsstätte.

hh) Grenzüberschreitende Arbeitnehmerentsendung

2424 Bei **grenzüberschreitender Arbeitnehmerentsendung** zwischen verbundenen Unternehmen liegt beim aufnehmenden Unternehmen eine erste Tätigkeitsstätte dann vor, wenn der Arbeitnehmer im Rahmen eines **eigenständigen Arbeitsvertrags** mit dem aufnehmenden Unternehmen einer ortsfesten betrieblichen Einrichtung dieses Unternehmens unbefristet zugeordnet ist, die Zuordnung die Dauer des gesamten – befristeten oder unbefristeten – Dienstverhältnisses umfasst oder die Zuordnung über einen Zeitraum von 48 Monaten hinaus reicht (vgl. § 9 Abs. 4 Satz 3 EStG). Die BFH-Rechtsprechung, die darauf abstellte, dass ein Arbeitnehmer, der wiederholt befristet von seinem Arbeitgeber ins Ausland entsandt worden ist, dort keine regelmäßige Arbeitsstätte begründet (vgl. BFH v. 10.4.2014, VI R 11/13, BStBl II 2014, 804), ist im Hinblick auf die gesetzliche Regelung des § 9 Abs. 4 EStG ab 2014 überholt.

> **Beispiel 1:**
> Der Arbeitnehmer A ist von der ausländischen Muttergesellschaft M für 2 Jahre an die inländische Tochtergesellschaft T entsandt worden. A hat mit T einen eigenständigen Arbeitsvertrag über 2 Jahre abgeschlossen, in dem er der inländischen Hauptniederlassung von T zugeordnet wurde.
> A hat bei T seine erste Tätigkeitsstätte.

Wird ein Arbeitnehmer bei grenzüberschreitender Arbeitnehmerentsendung zwischen verbundenen Unternehmen **ohne Abschluss eines eigenständigen Arbeitsvertrags** mit dem aufnehmenden Unternehmen in einer ortsfesten betrieblichen Einrichtung dieses Unternehmens tätig, liegt beim aufnehmenden Unternehmen eine erste Tätigkeitsstätte nur dann vor, wenn der Arbeitnehmer vom entsendenden Unternehmen einer ortsfesten Einrichtung des aufnehmenden Unternehmens unbefristet zugeordnet ist, die Zuordnung die Dauer des gesamten – befristeten oder unbefristeten – Dienstverhältnisses umfasst oder die Zuordnung über einen Zeitraum von 48 Monaten hinaus reicht (vgl. § 9 Abs. 4 Satz 3 EStG).

> **Beispiel 2:**
> Der Arbeitnehmer A ist von der ausländischen Muttergesellschaft M im Rahmen eines unbefristeten Arbeitsvertrags für zwei Jahre an die inländische Tochtergesellschaft T entsandt und für diesen Zeitraum der inländischen Hauptniederlassung von T zugeordnet worden. A hat mit T keinen eigenständigen Arbeitsvertrag abgeschlossen.
> A hat bei T keine erste Tätigkeitsstätte, da er der inländischen Hauptniederlassung von T nicht dauerhaft i.S.v. § 9 Abs. 4 Satz 1 i.V.m. Satz 3 EStG zugeordnet worden ist. Er übt für die Dauer seiner zweijährigen Tätigkeit bei T eine beruflich veranlasste Auswärtstätigkeit aus.

Fehlt es bei grenzüberschreitender Arbeitnehmerentsendung zwischen verbundenen Unternehmen an einer dauerhaften Zuordnung des Arbeitnehmers zu einer betrieblichen Einrichtung des aufnehmenden Unternehmens durch dienst- oder arbeitsrechtliche Festlegung oder ist die getroffene Festlegung nicht eindeutig, gelten die quantitativen Zuordnungskriterien des § 9 Abs. 4 Satz 4 EStG (→ Rz. 2427).

ii) Anwendungen der 48-Monatsfrist im Zusammenhang mit der Prüfung der dauerhaften Zuordnung ab 1.1.2014

2425 Für die Anwendung der im Zusammenhang mit der Prüfung einer dauerhaften Zuordnung ggf. zu beachtenden 48-Monatsfrist gilt Folgendes:

Für die Frage (Prognose), ob der Arbeitnehmer dauerhaft einer bestimmten Tätigkeitsstätte zugeordnet ist, kommt es maßgeblich auf den jeweiligen Beginn der durch den Arbeitnehmer auszuübenden Tätigkeit an. **Dieser ist daher regelmäßig für die Anwendung der 48-Monatsfrist entscheidend, auch wenn er vor dem 1.1.2014 liegt.** Hat der Arbeitgeber zu Beginn der Tätigkeit keine oder keine eindeutige Prognose getroffen oder eine solche nicht dokumentiert, hat er diese bis spätestens zum 1.1.2014 zu treffen und zu dokumentieren.

> **Beispiel 1:**
> Der Arbeitnehmer A hat seine Tätigkeit am 1.7.2012 an der Tätigkeitsstätte des Kunden K seines Arbeitgebers aufgenommen. Er soll dort bis zum 1.3.2016 tätig sein.
> Die 48-Monatsfrist beginnt am 1.7.2012; der Tätigkeitszeitraum beträgt weniger als 48 Monate. A hat ab 1.1.2016 bei dem Kunden K weiterhin keine erste Tätigkeitsstätte.

> **Beispiel 2:**
> Arbeitnehmer A hat seine Tätigkeit am 1.7.2012 an einer Tätigkeitsstätte des Kunden K seines Arbeitgebers aufgenommen und soll dort bis zum 31.12.2016 tätig sein.
> Die 48-Monatsfrist beginnt am 1.7.2012; der Tätigkeitszeitraum beträgt mehr als 48 Monate. Ab 1.1.2016 hat Arbeitnehmer A somit bei dem Kunden K seine erste Tätigkeitsstätte.

jj) Nachweis der arbeitsrechtlichen Zuordnung

2426 Da die dienst- oder arbeitsrechtliche **Zuordnungsentscheidung** des Arbeitgebers eindeutig sein muss, ist sie **vom Arbeitgeber zu dokumentieren**. In Betracht kommen hierfür z.B.

– Regelungen im Arbeitsvertrag, im Tarifvertrag, in Protokollnotizen, in dienstrechtlichen Verfügungen, Einsatzplänen, Reiserichtlinien,

– Reisekostenabrechnungen,

– der Ansatz eines geldwerten Vorteils für die Nutzung eines Dienstwagens für die Fahrten Wohnung – erste Tätigkeitsstätte oder

– vom Arbeitgeber als Nachweis seiner Zuordnungsentscheidung vorgelegte Organigramme.

> **Beispiel:**
> Die Firma hat zwei Filialen in Bonn bzw. Koblenz. Eine ausdrückliche Zuordnung für den in Bonn wohnenden Außendienstmitarbeiter A ist vom Arbeitgeber nicht vorgenommen worden. Allerdings wird für die Nutzung des Firmenwagens ein geldwerter Vorteil für die Fahrten zwischen dem Wohnort Bonn zur Tätigkeitsstätte in Koblenz versteuert.
> Mit der Besteuerung eines geldwerten Vorteils für die Fahrten nach Koblenz hat der Arbeitgeber Koblenz als erste Tätigkeitsstätte bestimmt.

Fehlt ein Nachweis oder die Glaubhaftmachung einer eindeutigen Zuordnung, gilt das quantitative Zuordnungsprinzip des § 9 Abs. 4 Satz 4 als subsidiäre Alternative.

Ein **Organigramm** kann gegen den Willen des Arbeitgebers nicht als Nachweis zur Bestimmung einer ersten Tätigkeitsstätte herangezogen werden, wenn der Arbeitgeber tatsächlich keine Zuordnung seines Arbeitnehmers zu einer Tätigkeitsstätte getroffen hat und kein anderer Nachweis über die Zuordnung erbracht wird. In diesen Fällen ist anhand der quantitativen Kriterien nach § 9 Abs. 4 Satz 4 EStG zu prüfen, ob der Arbeitnehmer eine erste Tätigkeitsstätte hat.

Indiz für eine dienst- oder arbeitsrechtliche Zuordnungsentscheidung des Arbeitgebers kann auch sein, dass z.B. nach der Reiserichtlinie gerade für Tätigkeiten an dieser Tätigkeitsstätte keine Reisekosten gezahlt werden bzw. die Besteuerung eines geldwerten Vorteils für die Fahrten Wohnung – erste Tätigkeitsstätte bei Dienstwagengestellung erfolgt.

f) Quantitative Zuordnung

aa) Allgemeines

2427 Fehlt es an einer dauerhaften Zuordnung des Arbeitnehmers zu einer betrieblichen Einrichtung durch dienst- oder arbeitsrechtliche Festlegung nach den vorstehenden Kriterien (z.B. weil der Arbeitgeber ausdrücklich auf eine Zuordnung verzichtet hat oder ausdrücklich erklärt, dass organisatorische Zuordnungen keine steuerliche Wirkung entfalten sollen) oder ist die getroffene Festlegung nicht eindeutig, ist nach § 9 Abs. 4 Satz 4 EStG **von einer ersten Tätigkeitsstätte an der betrieblichen Einrichtung auszugehen, an der der Arbeitnehmer**

– **typischerweise arbeitstäglich oder**

– **je Arbeitswoche zwei volle Arbeitstage oder mindestens ein Drittel seiner vereinbarten regelmäßigen Arbeitszeit**

dauerhaft (→ Rz. 2417 ff.) **tätig** werden soll.

Reisekosten: Allgemeine Grundsätze

keine Sozialversicherungspflicht = (SV)
Sozialversicherungspflicht = (SV)

Beispiel 1:
Der Arbeitnehmer A ist von seinem Arbeitgeber unbefristet eingestellt worden, um dauerhaft in der Filiale Y zu arbeiten. In den ersten 36 Monaten seiner Tätigkeit arbeitet er an 3 Tagen wöchentlich in der Filiale X und 2 volle Tage wöchentlich in der Filiale Y. Der Arbeitgeber hat A für die ersten 36 Monate der Filiale X zugeordnet.

In diesen 36 Monaten seiner Tätigkeit hat A in der Filiale X keine erste Tätigkeitsstätte, da er dort nicht dauerhaft zugeordnet ist. Erste Tätigkeitsstätte ist jedoch – auch ohne Zuordnung i.S.d. § 9 Abs. 4 Satz 1 EStG – die Filiale Y, da A dort dauerhaft typischerweise an 2 vollen Tagen i.S.d. § 9 Abs. 4 Satz 4 EStG tätig werden soll.

Beispiel 2:
Wie Beispiel 1. Der Arbeitnehmer A soll in den ersten 36 Monaten seiner Tätigkeit an 4 Tagen wöchentlich in der Filiale X und 1 vollen Tag wöchentlich in der Filiale Y tätig werden.

In diesen 36 Monaten seiner Tätigkeit hat A in der Filiale X keine erste Tätigkeitsstätte, da er dort nicht dauerhaft tätig werden soll. Erste Tätigkeitsstätte ist auch nicht die Filiale Y, da A dort die quantitativen Kriterien nach § 9 Abs. 4 Satz 4 EStG nicht erfüllt.

Dabei muss der Arbeitnehmer an der betrieblichen Einrichtung seine eigentliche berufliche Tätigkeit ausüben. Allein ein regelmäßiges Aufsuchen der betrieblichen Einrichtung, z.B. für kurze Rüstzeiten, zur Berichtsfertigung, zur Vorbereitung der Zustellroute, zur Wartung und Pflege des Fahrzeugs, zur Abholung oder Abgabe von Kundendienstfahrzeugen oder LKWs einschließlich deren Be- und Entladung, zur Abholung von Material, zur Abgabe von Auftragsbestätigungen, Stundenzetteln, Krankmeldungen und Urlaubsanträgen führt hier – anders als bei der Zuordnungsregelung – noch nicht zu einer Qualifizierung der betrieblichen Einrichtung als erste Tätigkeitsstätte.

Beispiel 3:
Der Kundendienstmonteur K, der von seinem Arbeitgeber keiner betrieblichen Einrichtung dauerhaft zugeordnet ist, sucht den Betrieb seines Arbeitgebers regelmäßig auf, um den Firmenwagen samt Material zu übernehmen, die Auftragsbestätigungen in Empfang zu nehmen und die Stundenzettel vom Vortag abzugeben.

Der Kundendienstmonteur K hat keine erste Tätigkeitsstätte. Der Betrieb seines Arbeitgebers wird auch durch das regelmäßige Aufsuchen nicht zur ersten Tätigkeitsstätte, da er seine eigentliche berufliche Tätigkeit an diesem Ort nicht ausübt.

Beispiel 4:
Der Busfahrer B soll sein Fahrzeug immer an wechselnden Stellen im Stadtgebiet aufnehmen und i.d.R. mindestens einmal wöchentlich die Kasse abrechnen. Die Kassenabrechnung soll er in der Geschäftsstelle oder in einem Betriebshof durchführen. Dort werden auch die Personalakten geführt oder sind Krank- und Urlaubsmeldungen abzugeben.

Das bloße Abrechnen der Kassen, die Führung der Personalakten sowie die Verpflichtung zur Abgabe der Krank- und Urlaubsmeldungen führt nicht zu einer ersten Tätigkeitsstätte am Betriebshof oder in der Geschäftsstelle, es sei denn, der Arbeitgeber ordnet die Arbeitnehmer dem Betriebshof oder der Geschäftsstelle arbeitsrechtlich als erste Tätigkeitsstätte zu.

Beispiel 5:
Der LKW-Fahrer L soll typischerweise arbeitstäglich den Betriebssitz des Arbeitgebers aufsuchen, um dort das Fahrzeug abzuholen sowie dessen Wartung und Pflege durchzuführen.

Allein das Abholen sowie die Wartung und Pflege des Fahrzeugs, als Hilfs- und Nebentätigkeiten, führen nicht zu einer ersten Tätigkeitsstätte am Betriebssitz des Arbeitgebers; allerdings handelt es sich in diesem Fall bei dem Betriebssitz um einen sog. Sammelpunkt (→ Rz. 2432). Etwas anderes gilt nur, wenn der Arbeitgeber den Arbeitnehmer dem Betriebssitz arbeitsrechtlich als erste Tätigkeitsstätte zuordnet (→ Rz. 2416).

Auch die in § 9 Abs. 4 Satz 4 EStG aufgeführten zeitlichen (= quantitativen) Merkmale sind anhand einer in die Zukunft gerichteten **Prognose** zu beurteilen. Weichen die tatsächlichen Verhältnisse durch unvorhersehbare Ereignisse (wie z.B. Krankheit) hiervon ab, bleibt es bei der zuvor getroffenen Prognoseentscheidung bezüglich der ersten Tätigkeitsstätte. **Die Prognoseentscheidung ist zu Beginn des Dienstverhältnisses zu treffen.** Die auf Grundlage dieser Prognose getroffene Beurteilung bleibt solange bestehen, bis sich die Verhältnisse maßgeblich ändern. Davon ist insbesondere auszugehen, wenn sich das Berufsbild des Arbeitnehmers (Außendienstmitarbeiter wechselt z.B. in den Innendienst) oder die quantitativen Zuordnungskriterien (Arbeitnehmer soll z.B. statt 2 nun 3 Filialen betreuen) dauerhaft ändern oder der Arbeitgeber erstmalig eine dienst- oder arbeitsrechtliche Zuordnungsentscheidung trifft.

Beispiel 6:
Der Arbeitnehmer A soll seine berufliche Tätigkeit an 3 Tagen wöchentlich in einem häuslichen Arbeitszimmer ausüben und an 2 vollen Tagen wöchentlich in der betrieblichen Einrichtung seines Arbeitgebers in D tätig werden.

Das häusliche Arbeitszimmer ist nie erste Tätigkeitsstätte. Erste Tätigkeitsstätte ist hier vielmehr die betriebliche Einrichtung des Arbeitgebers in D, da der Arbeitnehmer dort an 2 vollen Tagen wöchentlich beruflich tätig werden soll.

Beispiel 7:
Wie Beispiel 6, A kann sein häusliches Arbeitszimmer an vier Tagen in der Woche nutzen.

In diesem Fall hat A keine erste Tätigkeitsstätte in der betrieblichen Einrichtung des Arbeitgebers, da die zeitlichen Kriterien nicht erfüllt sind.

Beispiel 8:
Der Arbeitnehmer A soll seine berufliche Tätigkeit im häuslichen Arbeitszimmer ausüben und zusätzlich jeden Arbeitstag für 1 Stunde in der betrieblichen Einrichtung seines Arbeitgebers in D tätig werden.

Das häusliche Arbeitszimmer ist nie erste Tätigkeitsstätte. Erste Tätigkeitsstätte ist hier vielmehr die betriebliche Einrichtung des Arbeitgebers in D, da der Arbeitnehmer dort typischerweise arbeitstäglich tätig werden soll. In diesem Fall ist es unerheblich, dass dort weniger als 1/3 der gesamten regelmäßigen Arbeitszeit erbracht werden soll.

Beispiel 9:
Der Arbeitnehmer A soll seine berufliche Tätigkeit im häuslichen Arbeitszimmer ausüben und zusätzlich jeden Tag in einer anderen betrieblichen Einrichtung seines Arbeitgebers tätig werden. Die Arbeitszeit in den verschiedenen Tätigkeitsstätten beträgt jeweils weniger als 1/3 der gesamten Arbeitszeit des Arbeitnehmers.

Das häusliche Arbeitszimmer ist nie erste Tätigkeitsstätte. Auch an den anderen Tätigkeitsstätten des Arbeitgebers hat der Arbeitnehmer keine erste Tätigkeitsstätte, da er diese Tätigkeitsstätte nicht arbeitstäglich aufsucht und dort jeweils weniger als 1/3 seiner gesamten Arbeitszeit tätig wird.

Beispiel 10:
Der Arbeitnehmer A übt seine Tätigkeit nur bei wechselnden Kunden und im häuslichen Arbeitszimmer aus.

Er hat keine erste Tätigkeitsstätte.

Beispiel 11:
Arbeitnehmer A ist angestellter Unternehmensberater. Er wohnt in Münster. Er hat dort auch ein Home-Office. Er wird bis auf Weiteres und arbeitstäglich bei einem Kunden in Dortmund tätig. A nutzt einen Firmenwagen für sämtliche Fahrten.

Eine Zuordnung zum Home-Office ist nicht möglich. Wenn A dem Kunden in Dortmund nicht zugeordnet wird, ist dort gleichwohl die erste Tätigkeitsstätte, da A dort dauerhaft und arbeitstäglich tätig werden soll.

Beispiel 12:
Wie Beispiel 11, der Arbeitgeber von A hat in Münster eine Betriebsstätte. A kommt dort mtl. an einem Tag in die Betriebsstätte zum mtl. Jour-fixe. Der Arbeitgeber ordnet A der Betriebsstätte in Münster zu.

Die Betriebsstätte in Münster ist jetzt erste Tätigkeitsstätte. Die Zuordnung hat auch erhebliche Auswirkung auf die Firmenwagenbesteuerung, da nur die Entfernung zwischen Wohnung und Betriebsstätte in Münster maßgebend ist.

bb) Zusammenfassung

Bei der quantitativen Prüfung kommt es somit allein auf den Umfang der an der Tätigkeitsstätte zu leistenden arbeitsvertraglichen Arbeitszeit an (mind. 1/3 der vereinbarten regelmäßigen Arbeitszeit oder zwei volle Arbeitstage wöchentlich oder arbeitstäglich).

Dies bedeutet (**Prüfschema**):

– Soll der Arbeitnehmer an einer Tätigkeitsstätte zwei volle Arbeitstage je Arbeitswoche oder mindestens 1/3 der vereinbarten regelmäßigen Arbeitszeit tätig werden, dann ist dies die erste Tätigkeitsstätte.

- Entsprechendes gilt, wenn der Arbeitnehmer an einer Tätigkeitsstätte arbeitstäglich und mindestens 1/3 der vereinbarten regelmäßigen Arbeitszeit tätig werden soll.
- Soll der Arbeitnehmer an einer Tätigkeitsstätte arbeitstäglich, aber weniger als 1/3 der vereinbarten regelmäßigen Arbeitszeit tätig werden, dann führt dies nur zu einer ersten Tätigkeitsstätte, wenn der Arbeitnehmer dort typischerweise arbeitstäglich seine eigentliche berufliche Tätigkeit und nicht nur Vorbereitungs-, Hilfs- oder Nebentätigkeiten (Rüstzeiten, Abholung oder Abgabe von Kundendienstfahrzeugen oder LKWs einschließlich deren Be- und Entladung, die Abgabe von Auftragsbestätigungen, Stundenzetteln, Krankmeldungen, Urlaubsanträgen oder Ähnlichem) durchführen soll.
- Erfüllen danach mehrere Tätigkeitsstätten die quantitativen Voraussetzungen für eine erste Tätigkeitsstätte, kann der Arbeitgeber bestimmen, welche dieser Tätigkeitsstätten die erste Tätigkeitsstätte ist.
- Fehlt eine solche Bestimmung des Arbeitgebers, wird zu Gunsten des Arbeitnehmers die Tätigkeitsstätte zu Grunde gelegt, die der Wohnung des Arbeitnehmers am nächsten liegt.

g) Mehrere Tätigkeitsstätten

2429 Der Arbeitnehmer kann je Dienstverhältnis höchstens *eine* erste Tätigkeitsstätte haben (§ 9 Abs. 4 Satz 5 EStG). Hingegen kann ein Arbeitnehmer mit mehreren Dienstverhältnissen auch *mehrere* erste Tätigkeitsstätten haben (je Dienstverhältnis jedoch höchstens *eine*).

Erfüllen mehrere Tätigkeitsstätten in einem Dienstverhältnis die quantitativen Voraussetzungen für die Annahme einer ersten Tätigkeitsstätte, kann der Arbeitgeber die erste Tätigkeitsstätte bestimmen (§ 9 Abs. 4 Satz 6 EStG). Dabei muss es sich nicht um die Tätigkeitsstätte handeln, an der der Arbeitnehmer den zeitlich überwiegenden oder qualitativ bedeutsameren Teil seiner beruflichen Tätigkeit ausüben soll.

> **Beispiel 1:**
> Der in H wohnende Filialleiter A ist an 3 Tagen in der Woche in einer Filiale seines Arbeitgebers in H und an 2 Tagen in der Woche in einer Filiale seines Arbeitgebers in S tätig. Der Arbeitgeber bestimmt die Filiale in S zur ersten Tätigkeitsstätte.
>
> Durch die Bestimmung seines Arbeitgebers hat der Filialleiter A in der betrieblichen Einrichtung in S seine erste Tätigkeitsstätte. Unerheblich ist, dass er dort lediglich 2 Tage und damit nicht zeitlich überwiegend beruflich tätig ist.

Macht der Arbeitgeber von seinem Bestimmungsrecht nach § 9 Abs. 4 Satz 6 EStG keinen Gebrauch oder ist die Bestimmung nicht eindeutig, ist die der Wohnung des Arbeitnehmers örtlich am nächsten liegende Tätigkeitsstätte die erste Tätigkeitsstätte (§ 9 Abs. 4 Satz 7 EStG). Die Fahrten zu weiter entfernten Tätigkeitsstätten werden in diesem Fall als Auswärtstätigkeit qualifiziert.

> **Beispiel 2:**
> Der in H wohnende Filialleiter A soll typischerweise arbeitstäglich in 3 Filialen (X, Y und Z) seines Arbeitgebers tätig werden. Er fährt morgens mit seinem eigenen PKW regelmäßig zur Filiale X, dann zur Filiale Y, von dort zur Filiale Z und von dieser zur Wohnung. Die Filiale Y liegt der Wohnung am nächsten. Der Arbeitgeber ordnet A arbeitsrechtlich keine Filiale (als erste Tätigkeitsstätte) zu.
>
> Erste Tätigkeitsstätte ist die Filiale Y, da diese der Wohnung des A am nächsten liegt. Die Tätigkeiten in X und Z sind beruflich veranlasste Auswärtstätigkeiten. Da A von seiner Wohnung zu einer auswärtigen Tätigkeitsstätte, von dort zur ersten Tätigkeitsstätte und von dort wieder zu einer anderen auswärtigen Tätigkeitsstätte fährt, liegen keine Fahrten zwischen Wohnung und erster Tätigkeitsstätte vor, sondern Fahrten, für die ein steuerfreier Arbeitgeberersatz bzw. Werbungskostenabzug nach Reisekostengrundsätzen in Betracht kommt.

> **Beispiel 3:**
> Wie Beispiel 2, allerdings nutzt der Filialleiter A für die arbeitstäglichen Fahrten einen ihm vom Arbeitgeber überlassenen Dienstwagen. A führt kein Fahrtenbuch, sondern ermittelt den geldwerten Vorteil nach der pauschalen Nutzungswertmethode.
>
> Grundsätzlich ist ein geldwerter Vorteil für die Möglichkeit, den Dienstwagen für Fahrten zwischen Wohnung und erster Tätigkeitsstätte zu nutzen, i.H.v. 0,03 % des Listenpreises je Entfernungskilometer anzusetzen. Weist A mittels Einzelaufzeichnungen die Zahl der tatsächlichen Fahrten zwischen Wohnung und erster Tätigkeitsstätte nach, ist stattdessen für jede Fahrt ein geldwerter Vorteil von 0,002 % des Listenpreises je Entfernungskilometer anzusetzen.
>
> Im vorliegenden Fall hat A keine unmittelbaren Fahrten zwischen Wohnung und erster Tätigkeitsstätte; daher ist – bei Nachweis der tatsächlichen Fahrten – insoweit kein geldwerter Vorteil anzusetzen.

> **Beispiel 4:**
> Die Pflegedienstkraft P hat täglich vier Personen zu betreuen. Alle vier Pflegepersonen sollen von P nach Absprache mit der Pflegedienststelle (Arbeitgeber) bis auf Weiteres arbeitstäglich regelmäßig betreut werden. Der Arbeitgeber hat keine dieser Pflegestellen als erste Tätigkeitsstätte bestimmt.
>
> Erste Tätigkeitsstätte der P ist die ihrer Wohnung am nächsten liegende Pflegestelle.

> **Beispiel 5:**
> Wie Beispiel 4. Die vier Pflegepersonen sollen von P nach Absprache mit der Pflegedienststelle (Arbeitgeber) zunächst für die Dauer von 2 Jahren arbeitstäglich regelmäßig betreut werden.
>
> Die Pflegedienstkraft hat keine erste Tätigkeitsstätte, da sie an keiner der Pflegestellen dauerhaft tätig werden soll.

h) Bildungseinrichtung als erste Tätigkeitsstätte

2430 Erste Tätigkeitsstätte ist auch eine Bildungseinrichtung, die **außerhalb** eines Dienstverhältnisses zum Zwecke eines Vollzeitstudiums oder einer vollzeitigen Bildungsmaßnahme aufgesucht wird (§ 9 Abs. 4 Satz 8 EStG). Da der Stpfl. in diesen Fällen i.d.R. selbst die Entscheidung für die jeweilige Bildungseinrichtung trifft, hat er wie ein Arbeitnehmer, der einer bestimmten Tätigkeitsstätte fest zugeordnet ist, die Möglichkeit, sich in gewissem Maße auf die ihm entstehenden Kosten einzurichten. Durch diese Neuregelung ist die BFH-Rechtsprechung, wonach es sich bei vollzeitig besuchten Bildungseinrichtungen nicht um regelmäßige Arbeitsstätten handelt (vgl. BFH v. 9.2.2012, VI R 42/11 BStBl II 2013, 236 und VI R 44/10, BStBl II 2013, 234), überholt.

Die Aufwendungen für die Wege zu der als „erste Tätigkeitsstätte" zu behandelnden Bildungseinrichtung sind mit der **Entfernungspauschale** anzusetzen (§ 9 Abs. 1 Satz 3 Nr. 4 EStG). Verpflegungsmehraufwendungen können nicht geltend gemacht und Übernachtungskosten nur berücksichtigt werden, sofern es sich um Mehraufwendungen im Rahmen einer anzuerkennenden doppelten Haushaltsführung handelt.

Ein Studium oder eine Bildungsmaßnahme findet insbesondere dann außerhalb eines Dienstverhältnisses statt, wenn

- diese nicht Gegenstand des Dienstverhältnisses sind, auch wenn sie seitens des Arbeitgebers durch Hingabe von Mitteln, wie z.B. eines Stipendiums, gefördert werden oder
- diese ohne arbeitsvertragliche Verpflichtung absolviert werden und die Beschäftigung lediglich das Studium oder die Bildungsmaßnahme ermöglicht.

Zu Abgrenzung gegenüber einem Studium oder einer Bildungsmaßnahme **innerhalb** eines Dienstverhältnisses s.a. R 9.2 sowie 19.7 LStR sowie → Auszubildende Rz. 493 ff.

Ein **Vollzeitstudium oder eine vollzeitige Bildungsmaßnahme** liegt insbesondere vor, wenn der Stpfl. i.R.d. Studiums oder im Rahmen der Bildungsmaßnahme für einen Beruf ausgebildet wird und daneben entweder keiner Erwerbstätigkeit nachgeht oder während der gesamten Dauer des Studiums oder der Bildungsmaßnahme eine Erwerbstätigkeit mit durchschnittlich bis zu 20 Stunden regelmäßiger wöchentlicher Arbeitszeit oder in Form eines geringfügigen Beschäftigungsverhältnisses i.S.d. § 8 und 8a SGB IV ausübt.

Dies gilt auch für den Sonderausgabenabzug nach § 10 Abs. 1 Nr. 7 EStG.

6. Fahrtkosten

a) Abzug der tatsächlichen Kosten

2431 Die steuerliche Berücksichtigung der tatsächlichen Fahrtkosten im Zusammenhang mit einer auswärtigen beruflichen Tätigkeit ist im Wesentlichen unverändert geblieben (ausführlich → *Reisekosten: Erstattungen* Rz. 2466).

Bei beruflich veranlassten Fahrten im Rahmen einer Auswärtstätigkeit können die Fahrtkosten grundsätzlich wie bisher – nunmehr

Reisekosten: Allgemeine Grundsätze

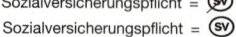

jedoch erstmals auf Grund der speziellen Vorschrift des § 9 Abs. 1 Satz 3 Nr. 4a Satz 1 EStG - i.H. der **tatsächlich entstandenen Aufwendungen** als Werbungskosten berücksichtigt werden. Entsprechendes gilt für den steuerfreien Reisekostenersatz der Fahrtkosten durch den Arbeitgeber nach § 3 Nr. 13 bzw. § 3 Nr. 16 EStG.

Bei der Benutzung eines eigenen oder zur Nutzung überlassenen Fahrzeugs kann weiterhin – gestützt auf R 9.5 Abs. 1 Satz 4 LStR – **ein Kilometersatz auf Grund der für einen Zeitraum von zwölf Monaten ermittelten Gesamtkosten für das genutzte Fahrzeug errechnet werden**. Dieser Kilometersatz kann solange angesetzt werden, bis sich die Verhältnisse wesentlich ändern (z.B. Ablauf des sechsjährigen Abschreibungszeitraums oder des Leasingzeitraums).

Statt der tatsächlichen Aufwendungen kann aus Vereinfachungsgründen typisierend je nach Art des benutzten Verkehrsmittels (z.B. Pkw, Motorrad) auch ein **pauschaler Kilometersatz** (höchste Wegstreckenentschädigung nach dem Bundesreisekostengesetz für das jeweils benutzte Beförderungsmittel: Benutzung eines Kraftwagen, z.B. Pkw 0,30 €, für jedes andere motorbetriebene Fahrzeug 0,20 €) für jeden gefahrenen Kilometer angesetzt werden (§ 9 Abs. 1 Satz 3 Nr. 4a Satz 2 EStG i.V.m. BMF v. 24.10.2014, IV C 5 – S 2353/14/10004, BStBl I 2014, 1412 Rdnr. 36).

Da die Berücksichtigung pauschaler Kilometersätze ab 2014 gesetzlich geregelt ist, hat der Arbeitnehmer einen **Rechtsanspruch** auf deren Ansatz. Eine Prüfung der tatsächlichen Kilometerkosten ist demnach nicht mehr erforderlich, wenn der Arbeitnehmer von dieser gesetzlichen Typisierung Gebrauch macht (vgl. BMF v. 9.9.2015, IV C 5 – S 2353/11/10003, BStBl I 2015, 734 betr. Dienstreise-Kaskoversicherung des Arbeitgebers für Kraftfahrzeuge des Arbeitnehmers und steuerfreier Fahrtkostenersatz). **Somit entfällt auch bei einer hohen Jahresfahrleistung die Prüfung einer sog. unzutreffenden Besteuerung (s. dazu zuletzt „ABC des Lohnbüros 2013" Rdnr. 2301).** Die gegenteilige BFH-Rechtsprechung (Urteile v. 25.10.1985, VI R 15/81, BStBl II 1986, 200 sowie v. 26.7.1991, VI R 114/88, BStBl II 1992, 105) ist überholt.

b) Sammelpunkt

2432 Liegt keine erste Tätigkeitsstätte nach → Rz. 2416 ff. oder → Rz. 2427 ff. vor und bestimmt der Arbeitgeber durch dienst- oder arbeitsrechtliche Festlegung, dass der Arbeitnehmer sich dauerhaft (→ Rz. 2417 ff.) typischerweise arbeitstäglich an einem festgelegten Ort, der die Kriterien für eine erste Tätigkeitsstätte nicht erfüllt, einfinden soll, um von dort seine unterschiedlichen eigentlichen Einsatzorte aufzusuchen oder von dort seine berufliche Tätigkeit aufzunehmen (z.B. **Treffpunkt für einen betrieblichen Sammeltransport, das Busdepot, der Fährhafen**), werden die Fahrten des Arbeitnehmers von der Wohnung zu diesem vom Arbeitgeber festgelegten Ort wie Fahrten zu einer ersten Tätigkeitsstätte behandelt; für diese Fahrten dürfen Fahrtkosten nur i.R.d. § 9 Abs. 1 Satz 3 Nr. 4 und Abs. 2 EStG (**Entfernungspauschale**) angesetzt werden. Es handelt sich nicht um Reisekosten (R 9.5 Abs. 1 Satz 6 LStR).

Die Grundsätze der **steuerfreien Sammelbeförderung** nach § 3 Nr. 32 EStG, R 3.32 LStR gelten auch für Fahrten zu dem vom Arbeitgeber festgelegten, typischerweise arbeitstäglich aufzusuchenden selben Ort (Sammelpunkt) bzw. zu einem weiträumigen Tätigkeitsgebiet.

Beispiel 1:
Bus- oder LKW-Fahrer haben regelmäßig keine erste Tätigkeitsstätte. Lediglich, wenn dauerhaft und typischerweise arbeitstäglich ein vom Arbeitgeber festgelegter Ort aufgesucht werden soll, werden die Fahrten von der Wohnung zu diesem Ort/Sammelpunkt gleichbehandelt mit den Fahrten von der Wohnung zu einer ersten Tätigkeitsstätte.

Bei einem LKW-Fahrer, der sowohl Kurz- als auch Langstrecken fährt und dementsprechend z.B. zeitweise jeden Tag zum Betrieb kommt und in anderen Wochen nur montags zum Betrieb kommt und die ganze Woche unterwegs ist, stellt der Betrieb dagegen keinen Sammelpunkt dar.

Beispiel 2:
Kundendienstmonteure haben ebenfalls i.d.R. keine erste Tätigkeitsstätte. Nur dann, wenn dauerhaft und typischerweise arbeitstäglich ein vom Arbeitgeber festgelegter Ort aufgesucht werden soll, werden die Fahrten von der Wohnung zu diesem Ort/Sammelpunkt ebenso behandelt wie die Fahrten von der Wohnung zu einer ersten Tätigkeitsstätte.

Beispiel 3:
Der städtische Mitarbeiter M muss auf Anordnung des Arbeitgebers morgens den Betriebshof aufsuchen, um dort seine Kehrmaschine zu übernehmen.

Ohne weitere Festlegung hat M am Betriebshof keine erste Tätigkeitsstätte (keine Zuordnung bzw. zeitliche Kriterien nicht erfüllt). Die Fahrten zum täglichen Sammelpunkt können aber nur mit der Entfernungspauschale abgerechnet werden.

Beispiel 4:
Wie Beispiel 3, M wird dem in einem anderen Stadtteil gelegenen Firmensitz arbeitsrechtlich zugeordnet, den er einmal im Monat zu einer Dienstbesprechung aufsucht.

Der Firmensitz stellt die erste Tätigkeitsstätte dar. Die täglichen Fahrten zum Betriebshof zur Übernahme des Fahrzeugs können nach Reisekostengrundsätzen abgerechnet werden.

Beispiel 5:
Auch Seeleute, die auf einem Schiff tätig werden sollen, haben i.d.R. keine erste Tätigkeitsstätte, da das Schiff keine ortsfeste betriebliche Einrichtung des Arbeitgebers ist. Soll der Dienstantritt, die Ein- und Ausschiffung aber typischerweise arbeitstäglich von dem gleichen Anleger (wie z.B. einem Fähranleger, Liegeplatz des Seenotrettungskreuzers, Anleger des Fahrgastschiffes) erfolgen, werden die Fahrten zu diesem Ort/Sammelpunkt ebenso behandelt wie die Fahrten von der Wohnung zu einer ersten Tätigkeitsstätte.

Beispiel 6:
Angestellte Lotsen haben üblicherweise keine erste Tätigkeitsstätte, wenn sie ihre Tätigkeit typischerweise auf verschiedenen Schiffen ausüben sollen. Fahrten von der Wohnung zu einer vom Arbeitgeber festgelegten Lotsenstation oder Lotsenwechselstation, um von dort zum Einsatz auf ein Schiff verbracht zu werden, werden ebenso behandelt wie die Fahrten von der Wohnung zu einer ersten Tätigkeitsstätte.

Treffen sich mehrere Arbeitnehmer typischerweise arbeitstäglich an einem bestimmten Ort, um von dort aus gemeinsam zu ihren Tätigkeitsstätten zu fahren (**privat organisierte Fahrgemeinschaft**), liegt kein Sammelpunkt nach § 9 Abs. 1 Satz 3 Nr. 4a Satz 3 EStG vor. Es fehlt insoweit an einer dienst- oder arbeitsrechtlichen Festlegung des Arbeitgebers.

Beispiel 7:
Arbeitnehmer A und sein Kollege B werden von ihrem Arbeitgeber für die Dauer eines Jahres an die 100 km entfernte Filiale Y abgeordnet, ihre erste Tätigkeitsstätte ist die Filiale X. Um Kosten zu sparen, treffen sie sich täglich auf dem Rasthof X, um von dort aus gemeinsam zur Filiale Y zu fahren.

Beide Arbeitnehmer üben eine Auswärtstätigkeit aus. Der Rasthof ist aber kein Sammelpunkt i.S.d. § 9 Abs. 1 Satz 3 Nr. 4a Satz 3 EStG, da es insoweit an einer dienst- oder arbeitsrechtlichen Festlegung des Arbeitgebers fehlt. Die gesamten Fahrtkosten können daher in voller Höhe bzw. mit dem pauschalen km-Satz von 0,30 € berücksichtigt werden (auch die Fahrten zwischen den Wohnungen und dem Rasthof).

Wenn die Arbeitnehmer auf Dauer an die Filiale Y versetzt werden, liegt keine Auswärtstätigkeit mehr vor. Die Arbeitnehmer können dann für ihre Wege zur Arbeitsstätte nur die Entfernungspauschale absetzen, jeweils nach der kürzesten Straßenverbindung Wohnung – erste Tätigkeitsstätte.

Auf die Berücksichtigung von Verpflegungspauschalen oder Übernachtungskosten als Werbungskosten oder den steuerfreien Arbeitgeberersatz hierfür hat die Festlegung eines Sammelpunkts durch den Arbeitgeber keinen Einfluss, da der Arbeitnehmer weiterhin außerhalb einer ersten Tätigkeitsstätte und somit auswärts beruflich tätig wird. Es wird keine erste Tätigkeitsstätte fingiert, sondern nur die Anwendung der Entfernungspauschale für die Fahrtkosten von der Wohnung zu diesem Ort sowie die Besteuerung eines geldwerten Vorteils bei Dienstwagengestellung durch den Arbeitgeber nach § 8 Abs. 2 Satz 3 und 4 EStG festgelegt und der steuerfreie Arbeitgeberersatz für diese Fahrten nach § 3 Nr. 13 oder Nr. 16 EStG ausgeschlossen.

c) Weiträumiges Tätigkeitsgebiet

aa) Ansatz der Entfernungspauschale

2433 Soll der Arbeitnehmer auf Grund der Weisungen des Arbeitgebers seine berufliche Tätigkeit **typischerweise arbeitstäglich in einem weiträumigen Tätigkeitsgebiet ausüben**, findet für die Fahrten von der Wohnung zu diesem Tätigkeitsgebiet ebenfalls die

Reisekosten: Allgemeine Grundsätze

Entfernungspauschale Anwendung (§ 9 Abs. 1 Satz 3 Nr. 4a Satz 3 EStG, R 9.5 Abs. 1 Satz 6 LStR).

Die Grundsätze der **steuerfreien Sammelbeförderung** nach § 3 Nr. 32 EStG, R 3.32 LStR gelten auch für Fahrten zu dem vom Arbeitgeber festgelegten, typischerweise arbeitstäglich aufzusuchenden selben Ort (Sammelpunkt) bzw. zu einem weiträumigen Tätigkeitsgebiet.

Ein **weiträumiges Tätigkeitsgebiet** liegt in Abgrenzung zur ersten Tätigkeitsstätte vor, wenn die vertraglich vereinbarte Arbeitsleistung auf einer festgelegten Fläche und nicht innerhalb einer ortsfesten betrieblichen Einrichtung des Arbeitgebers, eines verbundenen Unternehmens (§ 15 AktG) oder bei einem vom Arbeitgeber bestimmten Dritten ausgeübt werden soll.

Wird das weiträumige Tätigkeitsgebiet immer von **verschiedenen Zugängen aus betreten oder befahren**, ist die Entfernungspauschale aus Vereinfachungsgründen bei diesen Fahrten nur für die kürzeste Entfernung von der Wohnung zum nächstgelegenen Zugang anzuwenden.

Für alle **Fahrten innerhalb des weiträumigen Tätigkeitsgebietes** sowie für die zusätzlichen Kilometer bei den Fahrten von der Wohnung zu einem weiter entfernten Zugang können weiterhin die tatsächlichen Aufwendungen oder der sich am Bundesreisekostengesetz orientierende maßgebliche pauschale Kilometersatz angesetzt werden (§ 9 Abs. 1 Satz 3 Nr. 4a Satz 4 EStG, BMF v. 24.10.2014, IV C 5 – S 2353/14/10004, BStBl I 2014, 1412 Rdnr. 41).

> **Beispiel:**
> Der Forstarbeiter A fährt an 150 Tagen mit dem Pkw von seiner Wohnung zu dem 15 km entfernten, nächstgelegenen Zugang des von ihm täglich zu betreuenden Waldgebietes (weiträumiges Tätigkeitsgebiet). An 70 Tagen fährt A von seiner Wohnung über einen weiter entfernt gelegenen Zugang (20 km) in das Waldgebiet.
>
> Die Fahrten von der Wohnung zu dem weiträumigen Tätigkeitsgebiet werden behandelt wie die Fahrten von der Wohnung zu einer ersten Tätigkeitsstätte. A kann somit für diese Fahrten lediglich die Entfernungspauschale i.H.v. 0,30 € je Entfernungskilometer (= 15 km x 0,30 €) als Werbungskosten ansetzen. Die Fahrten innerhalb des Waldgebietes können mit den tatsächlichen Kosten oder aus Vereinfachungsgründen mit dem pauschalen Kilometersatz i.H.v. 0,30 € je tatsächlich gefahrenem Kilometer berücksichtigt werden.
>
> Bei den Fahrten zu dem weiter entfernt gelegenen Zugang werden ebenfalls nur 15 Kilometer mit der Entfernungspauschale (15 km x 0,30 €) berücksichtigt. Die jeweils zusätzlichen fünf Kilometer für den tatsächlich längeren Hin- und Rückweg werden ebenso wie die Fahrten innerhalb des weiträumigen Tätigkeitsgebietes mit den tatsächlichen Kosten oder aus Vereinfachungsgründen mit dem pauschalen Kilometersatz i.H.v. 0,30 € je gefahrenem Kilometer berücksichtigt.
>
> Somit sind für 220 Tage jeweils 15 km mit der Entfernungspauschale und die restlichen tatsächlich gefahrenen Kilometer mit den tatsächlichen Kosten oder aus Vereinfachungsgründen dem pauschalen Kilometersatz i.H.v. 0,30 € anzusetzen.

Auf die Berücksichtigung von **Verpflegungspauschalen oder Übernachtungskosten** als Werbungskosten sowie den steuerfreien Arbeitgeberersatz hat diese Festlegung „tätig werden in einem weiträumigen Tätigkeitsgebiet" – im Gegensatz zum bisherigen sog. „weiträumigen Arbeitsgebiet", welches auch „regelmäßige Arbeitsstätte" sein konnte – **keinen Einfluss**, da der Arbeitnehmer weiterhin außerhalb einer ersten Tätigkeitsstätte – und damit auswärts – beruflich tätig wird. Es wird nur die Anwendung der Entfernungspauschale für die Fahrtkosten von der Wohnung zum nächstgelegenen Zugang zu dem weiträumigen Tätigkeitsgebiet sowie die Besteuerung eines geldwerten Vorteils bei Dienstwagengestellung durch den Arbeitgeber nach § 8 Abs. 2 Satz 3 und 4 EStG festgelegt und der steuerfreie Arbeitgeberersatz für diese Fahrten nach § 3 Nr. 13 oder Nr. 16 EStG ausgeschlossen.

Soll der Arbeitnehmer in mehreren ortsfesten Einrichtungen seines Arbeitgebers, eines verbundenen Unternehmens oder eines Dritten, die innerhalb eines bestimmten Bezirks gelegen sind, beruflich tätig werden, wird er nicht in einem weiträumigen Tätigkeitsgebiet, sondern an verschiedenen, ggf. sogar **ständig wechselnden Tätigkeitsstätten** tätig.

bb) Begriff „weiträumiges Tätigkeitsgebiet"

2434 Der Begriff „weiträumiges Tätigkeitsgebiet" kann u.E. weiterhin nach der hierzu ergangenen BFH-Rechtsprechung beurteilt werden. Ein weiträumiges Tätigkeitsgebiet liegt zunächst vor, wenn es sich um ein **zusammenhängendes Gelände des Arbeitgebers** handelt, auf dem der Arbeitnehmer auf Dauer und mit einer gewissen Nachhaltigkeit tätig wird.

Aber auch wenn das Gelände nicht dem Arbeitgeber zugerechnet werden kann, liegt ein weiträumiges Tätigkeitsgebiet vor, wenn die **Einsatzstellen aneinandergrenzen und in unmittelbarer Nähe zueinander liegen**, vgl. H 9.4 (Weiträumiges Arbeitsgebiet) LStH.

Ein weiträumiges Tätigkeitsgebiet liegt dagegen **nicht** schon deshalb vor, weil der Arbeitnehmer ständig nur in einem **Gemeindegebiet**, im Bereich einer **Großstadt** oder eines **Ballungsgebiets** oder nur innerhalb eines **bestimmten Radius** um den Betriebsort oder die Wohnung herum tätig wird, vgl. H 9.4 (Weiträumiges Arbeitsgebiet) LStH. Es liegt daher nicht nur dann eine **Einsatzwechseltätigkeit** vor, wenn ein Arbeitnehmer innerhalb eines Stadt- bzw. Ballungsgebiets in allen Stadtteilen tätig wird, sondern auch dann, wenn er lediglich in mehreren vom Arbeitgeber vorgegebenen **Stadtteilen** zum Einsatz kommt, diese jedoch entfernt voneinander liegen (FG Rheinland-Pfalz v. 28.6.2002, 4 K 1258/01, EFG 2002, 1516).

> **Beispiel:**
> A ist bei einem Malerbetrieb in einer Großstadt beschäftigt. Er wird zwar so gut wie ausschließlich nur im Stadtgebiet tätig, muss jedoch damit rechnen, auch außerhalb eingesetzt zu werden.
>
> Für A ist das Großstadtgebiet kein weiträumiges Tätigkeitsgebiet. A übt eine Auswärtstätigkeit (Einsatzwechseltätigkeit) aus, der Arbeitgeber kann ihm daher seine Fahrtkosten sowie Verpflegungsmehraufwendungen (Mindestabwesenheitsdauer von Wohnung und erster Tätigkeitsstätte mehr als acht Stunden) als Reisekosten steuerfrei erstatten.

In einem **weiträumigen Tätigkeitsgebiet tätig** werden i.d.R. z.B.

- Zusteller,
- Hafenarbeiter,
- Forstarbeiter,
- Lotsen (BFH v. 29.4.2014, VIII R 33/10, BStBl II 2014, 777),
- Lokführer einer Werksbahn, die über ein eigenes Schienennetz die verschiedenen im Stadtgebiet liegenden und aneinandergrenzenden Werke des Arbeitgebers miteinander verbindet (BFH v. 10.3.2015, VI R 87/13, HFR 2015, 724),
- Werksgelände (zuletzt BFH v. 18.6.2009, VI R 61/06, BStBl II 2010, 564 betr. ein Bergwerk),
- Flughafengelände (BFH v. 10.4.2002, VI R 154/00, BStBl II 2002, 779),
- Klinikgelände (FG Baden-Württemberg v. 27.11.2003, 3 K 145/01, EFG 2004, 876).

Nicht in einem weiträumigen Tätigkeitsgebiet tätig werden dagegen i.d.R. z.B.

- Bezirksleiter und Vertriebsmitarbeiter, die verschiedene Niederlassungen betreuen,
- mobile Pflegekräfte, die verschiedene Personen in deren Wohnungen in einem festgelegten Gebiet betreuen das kann auch eine Großstadt sein (BMF v. 24.10.2014, IV C 5 – S 2353/14/10004, BStBl I 2014, 1412 Rdnr. 41),
- Schornsteinfeger.

7. Auswärtstätigkeit

a) Begriff

Eine **auswärtige berufliche Tätigkeit (kurz: Auswärtstätigkeit)** **2435** liegt vor, wenn der Arbeitnehmer außerhalb seiner Wohnung und ersten Tätigkeitsstätte beruflich tätig wird (§ 9 Abs. 4a Satz 1 EStG).

Weitere Voraussetzung für die steuerliche Berücksichtigung von Aufwendungen für Auswärtstätigkeiten ist jedoch, dass die **Auswärtstätigkeit so gut wie ausschließlich beruflich veranlasst ist**.

Eine beruflich veranlasste Auswärtstätigkeit ist auch der **Vorstellungsbesuch eines Stellenbewerbers** (R 9.4 Abs. 1 Satz 2 LStR).

b) Berufliche Gründe

Berufliche Gründe für eine Auswärtstätigkeit liegen vor, wenn ihr **2436** (offensichtlich) ein **unmittelbarer konkreter beruflicher Anlass** zu Grunde liegt und die Reise im betrieblichen Interesse erfolgt, wie z.B.

- der **Besuch eines Kunden** zur Vornahme von Geschäftsabschlüssen, Verhandlungen mit Geschäftspartnern des Arbeitgebers, Beratungsleistungen, Lieferungsbetreuung usw.,
- **Besuch einer Fachmesse**,

Reisekosten: Allgemeine Grundsätze

- **Halten eines Vortrags** auf einer Fortbildungsveranstaltung,
- die Durchführung einer **Auslandsreise als Dienstaufgabe** eines Lehrers oder eines Forschungsauftrags,

und die **Verfolgung privater Reiseinteressen nicht den Schwerpunkt der Reise bildet** (BMF v. 6.7.2010, IV C 3 – S 2227/07/10003 :002, BStBl I 2010, 614 sowie zuletzt BFH v. 9.1.2013, VI B 133/12, www.stotax-first.de, betr. Teilnahme einer Exportsachbearbeiterin an einem Sprachkurs in spanischer Sprache in Südamerika – Abzug der hälftigen Kosten zugelassen).

Diese Voraussetzung wird meist erfüllt sein, wenn der Arbeitnehmer auf Grund einer **Weisung seines Arbeitgebers** einen beruflichen Termin wahrnimmt und die Reisekosten ersetzt (vgl. BFH v. 21.9.2009, GrS 1/06, BStBl II 2010, 672: volle Abzugsfähigkeit der Kosten für Hin- und Rückreise auch dann, wenn der Arbeitnehmer den beruflichen Pflichttermin mit einem vorangehenden oder nachfolgenden Privataufenthalt verbindet. Liegt einer Auswärtstätigkeit ein unmittelbarer beruflicher Anlass zu Grunde (z.B. Geschäftsabschluss, Dienstleistungen usw.), ist auch dann kein Arbeitslohn anzunehmen, wenn die Reise mit angenehmen Begleitumständen für den Arbeitnehmer verbunden ist oder seinen persönlichen Bildungshorizont erweitert (BFH v. 14.9.2005, VI R 69/03, www.stotax-first.de).

Aber nicht jede auf Weisung des Arbeitgebers unternommene Reise muss beruflich veranlasst sein. Gegen eine berufliche Veranlassung können in Einzelfällen u.a. die Art der Reise und das Reiseziel sprechen (BFH v. 22.1.1993, VI R 64/91, BStBl II 1993, 612 und v. 16.4.1993, VI R 6/89, BStBl II 1993, 640). Dies gilt insbesondere für Reisen von Arbeitnehmern im Zusammenhang mit VIP-Maßnahmen des Arbeitgebers (OFD Düsseldorf v. 10.11.2003, S 2144 A – St 11, DB 2003, 2521) sowie Studienreisen in das Ausland, wenn diese mit einem Privataufenthalt verbunden werden oder der Ehegatte mitgenommen wird.

Für eine private Mitveranlassung kann auch sprechen, wenn der Arbeitgeber weder **Sonderurlaub noch Dienstbefreiung** gewährt hat. Anderseits reicht die Gewährung von Sonderurlaub oder Dienstbefreiung allein nicht aus, die berufliche Veranlassung einer Auslandsreise anzuerkennen (zuletzt BFH v. 13.4.2005, VI B 197/04, www.stotax-first.de).

Ersetzt der Arbeitgeber die Reisekosten nicht oder zahlt er nur einen geringen Zuschuss, kann dies ebenfalls darauf hindeuten, dass die Reise nicht im ausschließlichen dienstlichen/betrieblichen Interesse des Arbeitgebers gelegen hat. Dies gilt jedoch nicht, wenn – wie besonders im öffentlichen Dienst – **lediglich entsprechende Haushaltsmittel fehlten** (vgl. zuletzt BFH v. 27.8.2002, VI R 22/01, BStBl II 2003, 369 betr. Auslandsreise eines Hochschulmitarbeiters).

Eine berufliche Veranlassung ist dagegen regelmäßig **nicht** gegeben bei der Teilnahme an **gesellschaftlichen Veranstaltungen** des Berufsverbands, des Wirtschaftsverbands, des Fachverbands oder einer Gewerkschaft, auch wenn die Veranstaltung im Zusammenhang mit einer rein fachlichen Veranstaltung steht und der Teilnahme eine Weisung des Arbeitgebers zu Grunde liegt (vgl. BFH v. 25.3.1993, VI R 14/90, BStBl II 1993, 559 betr. eine von einer Gewerkschaft veranstaltete Studienreise, bei der der Schwerpunkt allgemein touristischen Zwecken diente).

c) Auswärtstätigkeiten mit Entlohnungscharakter

2437 Tritt die berufliche Veranlassung einer Reise in den Hintergrund, d.h. ist die Berufsausübung nur Vorwand für eine ggf. mehrtägige „Reise" der Arbeitnehmer, so gehören alle vom Arbeitgeber getragenen Aufwendungen zum steuerpflichtigen Arbeitslohn. Bei der Versteuerung kann ggf. § 37b EStG (ab 2007) bzw. § 40 Abs. 2 EStG Anwendung finden, wenn es sich dabei um eine Betriebsveranstaltung handelt.

> **Beispiel:**
> Eine Baukolonne der Firma X hat durch ihren Einsatz bei der Erstellung eines Großprojekts dafür gesorgt, dass die Baumaßnahme fristgerecht abgeschlossen werden konnte. Die Firma X lädt die Mitarbeiter auf ihre Kosten zu einer einwöchigen Mallorca-Reise nach Arenal ein. Ein Vormittag in dieser Woche wird dazu genutzt, die Großbaustelle einer anderen Baufirma in Palma zu besichtigen.
>
> Es unterliegt keinem Zweifel, dass im vorliegenden Fall der Wert der Reise zu steuerpflichtigem Arbeitslohn der Mitarbeiter führt.

Bei einer insgesamt als privat zu würdigenden Reise sind jedoch Aufwendungen, die ausschließlich beruflich veranlasst und von den übrigen Kosten eindeutig abgrenzbar sind, nicht als Arbeitslohn zu erfassen. Hierzu gehören insbesondere Kursgebühren, Eintrittsgelder, Raummieten, Fahrtkosten, zusätzliche Unterbringungskosten und Mehraufwendungen für Verpflegung (BFH v. 21.9.2009, GrS 1/06, BStBl II 2010, 672). Im Beispiel sind daher die auf die Betriebsbesichtigung entfallenden Aufwendungen nicht als steuerpflichtiger Arbeitslohn anzusehen.

d) Private Mitveranlassung

2438 Nach der BFH-Rechtsprechung sind Auslandsreisen, denen offensichtlich ein unmittelbarer betrieblicher (beruflicher) Anlass zu Grunde liegt (wie z.B. das Aufsuchen eines Geschäftsfreundes, das Halten eines Fachvortrags auf einem Fachkongress oder die Durchführung eines Forschungsauftrags) anders zu beurteilen als Auslandsreisen, denen ein solch konkreter Bezug zur betrieblichen (beruflichen) Tätigkeit fehlt und bei denen häufig auch private Interessen eine Rolle spielen (s. dazu BMF v. 6.7.2010, IV C 3 – S 2227/07/10003 :002, BStBl I 2010, 614). Letzteres trifft insbesondere bei sog. **Kongressreisen und Reisen zu Informationszwecken sowie zu Sprachkursen im Ausland** zu (zuletzt BFH v. 9.1.2013, VI B 133/12, www.stotax-first.de, betr. Teilnahme einer Exportsachbearbeiterin an einem Sprachkurs in spanischer Sprache in Südamerika – Abzug der hälftigen Kosten zugelassen).

Zu der Frage, wie in diesen Fällen die Kosten steuerlich zu behandeln sind, s.

- zur Versteuerung als **Arbeitslohn** → Rz. 2442
- und zum **Werbungskostenabzug** → Rz. 2446.

Im Einzelfall können **private Gründe die beruflichen Gründe** für eine Auswärtstätigkeit – insbesondere bei Auslandsreisen – „überlagern". So kann das **Halten eines Fachvortrags** je nach Art der beruflichen Tätigkeit zwar ein Indiz für den unmittelbaren beruflichen Anlass einer Reise sein; dieser Schluss ist aber nicht zwingend, d.h. in jedem Fall gerechtfertigt (BFH v. 18.7.1997, VI R 10/97, www.stotax-first.de, betr. einen wissenschaftlichen Mitarbeiter einer Universität, der einen Fachkongress in London besucht und dort einen 30-minütigen Fachvortrag gehalten hat). Vgl. zu dieser Frage bereits BFH v. 23.1.1997, IV R 39/96, BStBl II 1997, 357, in dem der Betriebsausgabenabzug für die Reise eines syrischen Zahnarztes zu einem Kongress nach Damaskus trotz Haltens eines Fachvortrags abgelehnt worden war.

Nach der BFH-Rechtsprechung darf es jedoch **nicht mehr als Indiz für eine private Mitveranlassung gewertet** werden, wenn eine Fortbildungsveranstaltung (z.B. eine Mitarbeitertagung, ein Sprachkurs oder ein Fachkongress) nicht im Inland, sondern im **Ausland** stattfindet. Andererseits darf bei Sprachreisen der touristische Wert des Aufenthalts am Kursort nicht unbeachtet bleiben, so dass die Kosten im Allgemeinen nicht in vollem Umfang als Werbungskosten berücksichtigt werden können (zuletzt BFH v. 9.1.2013, VI B 133/12, www.stotax-first.de, betr. Teilnahme einer Exportsachbearbeiterin an einem Sprachkurs in spanischer Sprache in Südamerika – Abzug der hälftigen Kosten zugelassen).

Nimmt ein Stpfl. ohne unmittelbaren beruflichen Anlass an einer **Kreuzfahrt** teil, ist immer von einer gewichtigen privaten Mitveranlassung auszugehen. Die Aufwendungen können in diesem Fall nicht als Betriebsausgaben oder Werbungskosten abgezogen werden (BFH v. 11.11.1998, IV B 135/97, www.stotax-first.de).

8. Verbindung mit Privataufenthalt

a) Unmittelbarer Anlass bei „echten" Auswärtstätigkeiten

2439 Liegt der Auswärtstätigkeit des Arbeitnehmers – anders als z.B. bei einer Gruppeninformations- oder Studienreise – offensichtlich ein **unmittelbarer betrieblicher Anlass** zu Grunde, z.B. wenn der Arbeitnehmer auf Grund einer Weisung seines Arbeitgebers einen beruflichen Termin wahrnimmt oder einer Dienstpflicht nachkommt, so ist die **Auswärtstätigkeit selbst dann beruflich veranlasst, wenn der Arbeitnehmer den beruflichen Pflichttermin mit einem vorangehenden oder nachfolgenden Privataufenthalt verbindet** (vgl. BFH v. 21.9.2009, GrS 1/06, BStBl II 2010, 672 sowie BMF v. 6.7.2010, IV C 3 – S 2227/07/10003 :002, BStBl I 2010, 614). Dabei kommt es nicht notwendig darauf an, ob der private Teil der Reise kürzer oder länger ist als der berufliche Teil. Auch die Kosten der Hin- und Rückreise sind dann in vollem Umfang als Werbungskosten abzugsfähig bzw. können vom Arbeitgeber nach § 3 Nr. 16 EStG steuerfrei ersetzt werden, nicht dagegen die Aufwendungen für rein privat veranlasste Mehrkosten (z.B. Hotelkosten für einen an die Auswärtstätigkeit anschließenden Erholungsurlaub).

Ein **voller Abzug** der beruflich veranlassten Reisekosten kommt in Betracht, wenn

a) **der Reise – wie oben dargelegt – ein unmittelbarer beruflicher Anlass zu Grunde liegt**

> **Beispiel 1:**
>
> Verkaufsleiter A fliegt zu Verkaufsverhandlungen nach New York (Montag bis Donnerstag). Da er noch nie in den USA war, verbringt er das Wochenende noch in New York und fliegt erst am Montag wieder zurück.
>
> Es handelt sich um eine Auswärtstätigkeit (Dienstreise) aus einem unmittelbaren beruflichen Anlass, so dass die Flugkosten trotz des privaten Wochenendaufenthalts als Werbungskosten berücksichtigt bzw. vom Arbeitgeber steuerfrei ersetzt werden können (vgl. BMF v. 6.7.2010, IV C 3 – S 2227/07/10003 :002, BStBl I 2010, 614 Tz. 15 Beispiel 3).
>
> Nicht abzugsfähig sind dagegen die Hotelkosten sowie Verpflegungsmehraufwendungen während des Wochenendaufenthalts.

b) oder wenn insbesondere bei Studienreisen die **berufliche Veranlassung nach dem Anlass der Reise, dem vorgesehenen Programm und der tatsächlichen Durchführung bei Weitem überwiegt** und die Befriedigung privater Interessen, wie z.B. Erholung, Bildung und Erweiterung des allgemeinen Gesichtskreises, nicht ins Gewicht fällt und nur von untergeordneter Bedeutung ist. **Der private Anteil darf nicht mehr als 10 % betragen**, wobei es sich jedoch nicht um eine starre Grenze handelt.

> **Beispiel 2:**
>
> Ein Apotheker nahm am Apothekerkongress in Meran teil.
>
> Der BFH hat die Aufwendungen in vollem Umfang als Werbungskosten anerkannt, weil der Privatanteil (Teilnahme an zwei privaten Exkursionen) im Verhältnis zum gesamten Ablauf der Reise von untergeordneter Bedeutung war (BFH v. 22.7.2008, VI R 2/07, www.stotax-first.de).

Weitere Einzelheiten zu Kongressreisen und Reisen zu Informationszwecken (Studienreisen usw.) sowie zu Sprachkursen im Ausland s.

– zur Versteuerung als **Arbeitslohn** → Rz. 2442
– und zum **Werbungskostenabzug** → Rz. 2446.

b) **Mittelbarer Anlass bei Gruppeninformations- oder Studienreisen**

2440 Nach der BFH-Rechtsprechung sind Auslandsreisen, denen offensichtlich ein unmittelbarer betrieblicher (beruflicher) Anlass zu Grunde liegt (s.o.), anders zu beurteilen als Auslandsreisen, denen ein solch konkreter Bezug zur betrieblichen (beruflichen) Tätigkeit fehlt und bei denen häufig auch private Interessen eine Rolle spielen. Letzteres trifft insbesondere bei sog. Kongressreisen, Studienreisen (d.h. Reisen zu Informationszwecken) sowie Sprachkursen im Ausland zu (zuletzt BFH v. 9.1.2013, VI B 133/12, www.stotax-first.de, betr. Teilnahme einer Exportsachbearbeiterin an einem Sprachkurs in spanischer Sprache in Südamerika – Abzug der hälftigen Kosten zugelassen).

Weitere Einzelheiten zu Kongressreisen, Studienreisen (Reisen zu Informationszwecken) und Sprachkursen im Ausland siehe

– zur Versteuerung als **Arbeitslohn** → Rz. 2442
– und zum **Werbungskostenabzug** → Rz. 2446.

9. Private Unterbrechungen

2441 Bei einer Unterbrechung der Auswärtstätigkeit aus privaten Gründen kommt es darauf an, ob die fortgesetzte Fahrt ihrem **Charakter nach noch eine Auswärtstätigkeit** ist.

> **Beispiel 1:**
>
> Zu Beginn einer Dienstreise macht A einen kurzen Abstecher, um sein Kind in den Kinderhort zu bringen. Auf diesem Umweg erleidet er einen Unfall.

Die Unfallkosten sind privat veranlasst und können somit vom Arbeitgeber nicht als Reisekosten steuerfrei erstattet werden (BFH v. 13.3.1996, VI R 103/95, BStBl II 1996, 375). Die Fahrtkosten (einschließlich Unfallkosten) gehören auch nicht zu den – unter bestimmten weiteren Voraussetzungen (→ *Betreuungskosten* Rz. 686) – als Sonderausgaben abzugsfähigen Kinderbetreuungskosten, die allerdings ebenfalls nicht vom Arbeitgeber steuerfrei ersetzt werden könnten (R 19.3 Abs. 3 Satz 1 LStR).

Entsprechendes gilt für kurze Abstecher zu einem Supermarkt, selbst wenn dort Verzehr am Arbeitsplatz (Kaffee usw.) zum Verzehr am Arbeitsplatz eingekauft werden sollten (BFH v. 12.1.1996, VI R 69/95, www.stotax-first.de), oder zum Besuch des Weihnachtsmarkts (vgl. BFH v. 18.4.2007, XI R 60/04, BStBl II 2007, 762).

> **Beispiel 2:**
>
> A unterbricht die Rückfahrt von einem Kundenbesuch (Dienstreise), um den Zahnarzt aufzusuchen (Dauer: eine Stunde). Auf dem Weg zwischen Zahnarzt und Wohnung erleidet er einen Unfall.
>
> Die Unfallkosten können vom Arbeitgeber als Reisekosten steuerfrei ersetzt werden. Durch die kurze Unterbrechung hat sich der Charakter der Fahrt als „Dienstreise" noch nicht verändert (vgl. FG Münster v. 28.11.1983, VII 6725/82 E, EFG 1984, 340).

> **Beispiel 3:**
>
> Sachverhalt wie oben, A unterbricht jedoch die Heimfahrt, um in der Firmenmannschaft Fußball zu spielen. Auf der nächtlichen Heimfahrt erleidet er einen Unfall.
>
> Hier hat sich der Charakter der Heimfahrt als berufliche Fahrt verändert, es handelt sich um die Rückfahrt von einer privaten Veranstaltung. Eine Aufteilung in einen beruflichen und einen privaten Teil ist nicht möglich. Ersetzt der Arbeitgeber die Unfallkosten, handelt es sich um steuerpflichtigen Arbeitslohn (vgl. FG Berlin v. 19.3.1987, I 113/85, EFG 1987, 400).

10. Arbeitslohn bei Auslandsreisen

a) Allgemeines

Ersetzt der Arbeitgeber einem Arbeitnehmer die Kosten einer **2442** Auswärtstätigkeit, so handelt es sich grundsätzlich um nach § 3 Nr. 16 EStG **steuerfreien Arbeitslohn**; Einzelheiten → *Reisekosten: Erstattungen* Rz. 2465. Dass sich bei jeder Auswärtstätigkeit – dies mag besonders für Auslandsreisen gelten – auch der persönliche Bildungshorizont des Arbeitnehmers erweitert, ist unerheblich (zuletzt BFH v. 14.9.2005, VI R 69/03, www.stotax-first.de, betr. eine ganz überwiegend berufsbezogene Fortbildungsreise).

Probleme gibt es in der Praxis aber immer wieder bei Auswärtstätigkeiten, die mehr oder weniger **private Anteile** enthalten: Der BFH geht in seiner **neuen Rechtsprechung** (BFH v. 18.8.2005, VI R 32/03, BStBl II 2006, 30; BFH v. 30.4.2009, VI R 55/07, BStBl II 2009, 726; s.a. die Hinweise zu → *Incentive-Reisen* Rz. 1590), davon aus, dass – ebenso wie bei den Werbungskosten – auch für den Arbeitslohn das Veranlassungsprinzip maßgeblich ist. Die Zuwendung einer Reise kann sich im Einzelfall als **geldwerter Vorteil** (= Arbeitslohn) oder als **notwendige Begleiterscheinung betriebsfunktionaler Zielsetzungen des Arbeitgebers** erweisen (= kein Arbeitslohn). Ob das eine oder das andere zutrifft, hängt von den gesamten Umständen des Einzelfalls ab. Dabei sind zu unterscheiden

– **einheitlich zu beurteilende Reisen** und
– **gemischt veranlasste Reisen**.

Arbeitslohn kann im Übrigen auch vorliegen, wenn die **Reisekosten von dritter Stelle getragen** werden.

> **Beispiel:**
>
> A ist Geschäftsführer einer GmbH. Auf Einladung der Firma B, mit der die GmbH Geschäftsbeziehungen unterhält, fährt A zu einer dreitägigen Messe in die USA, die Kosten werden von der Firma B getragen. Die Messe ist mit einem umfangreichen Beiprogramm verbunden.
>
> Es handelt sich um steuerpflichtigen Arbeitslohn von dritter Seite (FG Rheinland-Pfalz v. 13.5.1998, 1 K 2058/97, www.stotax-first.de). Ein Lohnsteuerabzug ist insoweit nicht vorzunehmen, A muss den geldwerten Vorteil in seiner Einkommensteuererklärung angeben.

Sachzuwendungen an Arbeitnehmer anlässlich einer **zweitägigen Reise**, die sowohl eine **Betriebsveranstaltung** als auch eine aus ganz überwiegend eigenbetrieblichen Interessen durchgeführte **Betriebsbesichtigung** bei einem Hauptkunden des Arbeitgebers umfasst, sind grundsätzlich **aufzuteilen**. Die Aufwendungen des Arbeitgebers für eine derartige Reise sind insgesamt **kein Ar-**

Reisekosten: Allgemeine Grundsätze

beitslohn, wenn die dem Betriebsveranstaltungsteil zuzurechnenden anteiligen Kosten die für Zuwendungen bei Betriebsveranstaltungen maßgebliche Freigrenze nicht übersteigen. Die dem Betriebsbesichtigungsteil zuzurechnenden anteiligen Kosten stellen ebenfalls keinen Arbeitslohn dar, wenn die Besichtigung im ganz überwiegend eigenbetrieblichen Interesse durchgeführt wird und damit keinen Entlohnungscharakter hat (BFH v. 16.11.2005, VI R 118/01, BStBl II 2006, 444; BFH v. 30.4.2009, VI R 55/07, BStBl II 2009, 726).

b) Einheitlich zu beurteilende Reisen

2443 Für diese Reisen gilt die bisherige BFH-Rechtsprechung weiter, dass die vom Arbeitgeber übernommenen Kosten **entweder in voller Höhe oder gar nicht Arbeitslohn** darstellen:

- **Arbeitslohn ist anzunehmen**, wenn die Würdigung aller Umstände des Einzelfalls ergibt, dass die Reise ausschließlich oder ganz überwiegend der Entlohnung des Reiseteilnehmers dient.

  Hierunter fallen u.E. in erster Linie als Belohnung ausgestaltete **Incentive-Reisen** (→ Incentive-Reisen Rz. 1590) sowie **Gruppeninformations- und Studienreisen**, die insgesamt als private Ferienreise zu behandeln sind und bei denen eine Aufteilung in einen beruflichen und einen privaten Anteil nicht möglich erscheint (vgl. zuletzt BFH v. 5.2.2010, IV B 57/09, www.stotax-first.de, m.w.N., betr. eine sog. Fachstudienreise nach Vietnam und Singapur).

  > **Beispiel 1:**
  > A ist als Landrat zugleich Verwaltungsratsvorsitzender des regionalen Rechenzentrums. Er hat an einer vom Verwaltungsrat des Rechenzentrums veranstalteten Informationsreise nach Skandinavien teilgenommen, bei der auch touristisch interessante Sehenswürdigkeiten besichtigt wurden. Außerdem hatten etliche Teilnehmer keine Kenntnisse im EDV-Bereich (also keine „homogene Gruppe").
  >
  > Da die Voraussetzungen für die steuerliche Anerkennung nicht vorliegen, hat A den geldwerten Vorteil als Arbeitslohn zu versteuern (FG Baden-Württemberg v. 28.4.1998, 7 K 121/97, EFG 1998, 1125).

  Bei einer insgesamt als privat zu würdigenden Reise sind jedoch Aufwendungen, die ausschließlich beruflich veranlasst und von den übrigen **Kosten eindeutig abgrenzbar** sind, **nicht als Arbeitslohn** zu erfassen. Hierzu gehören insbesondere Kursgebühren, Eintrittsgelder, Fahrtkosten, zusätzliche Unterbringungskosten und Mehraufwendungen für Verpflegung.

- **Arbeitslohn ist dagegen nicht anzunehmen**, wenn sich die Reise nahezu ausschließlich als notwendige Begleiterscheinung betriebsfunktionaler Zielsetzung erweist, z.B. bei Vornahme von Geschäftsabschlüssen, Verhandlungen mit Geschäftspartnern des Arbeitgebers, Beratungsleistungen, Lieferungsbetreuung usw. Dies gilt auch, wenn die Reise für den Arbeitnehmer mit angenehmen Begleitumständen verbunden ist (vgl. zuletzt BFH v. 9.3.2010, VIII R 32/07, HFR 2010, 819 betr. Teilnahme an Auslandsreisen des Ministerpräsidenten als Mitglied einer Wirtschaftsdelegation und Teilnahme am Weltwirtschaftsforum in Davos).

  > **Beispiel 2:**
  > B wird von seiner Firma (Automobilwerk) für 3 Monate nach Detroit (USA) entsandt, um im dortigen Werk ein neues Modell einzuführen. An den Wochenenden erholt er sich an den Großen Seen.
  >
  > Auch wenn B anlässlich seiner Dienstreise touristisch interessante Gegenden kennen lernt und damit gleichzeitig seinen persönlichen Bildungshorizont erweitert, ist kein Arbeitslohn anzunehmen (vgl. BFH v. 14.9.2005, VI R 69/03, www.stotax-first.de).

c) Gemischt veranlasste Reisen

2444 Anders als die vorgenannten grundsätzlich einheitlich zu beurteilenden Reisen kann eine Reise aber auch **gemischt veranlasst** sein. Das ist dann der Fall, wenn die Reise

- sowohl Elemente beinhaltet, bei denen die **betriebliche Zielsetzung** des Arbeitgebers ganz im Vordergrund steht,
- als auch Bestandteile umfasst, deren Zuwendung sich als **geldwerter Vorteil** darstellt.

In diesen Fällen ist nach der **geänderten BFH-Rechtsprechung** (BFH v. 18.8.2005, VI R 32/03, BStBl II 2006, 30 und zuletzt BFH v. 30.4.2009, VI R 55/07, BStBl II 2009, 726 betr. eine Betriebsversammlung auf einem Ausflugsschiff) grundsätzlich eine **Aufteilung** nach objektiven Gesichtspunkten vorzunehmen. Der Aufteilung einer gemischt veranlassten Reise steht i.d.R. weder das Fehlen eines geeigneten Aufteilungsmaßstabs noch der Umstand entgegen, dass Reiseteile mit bzw. ohne Vorteilscharakter zeitlich und organisatorisch aufeinander aufbauen, denn gerade wenn eine genaue und eindeutige Ermittlung oder Berechnung der Besteuerungsgrundlagen nicht möglich ist, sind sie zu **schätzen** (§ 162 AO 1977).

Aufwendungen für die Hin- und Rückreise bei gemischt beruflich und privat veranlassten Reisen können grundsätzlich nach Maßgabe der beruflich und privat veranlassten Zeitanteile der Reise aufgeteilt werden, wenn die beruflich veranlassten Zeitanteile feststehen und nicht von untergeordneter Bedeutung sind (BFH v. 21.9.2009, GrS 1/06, BStBl II 2010, 672 i.V.m. BMF v. 6.7.2010, IV C 3 – S 2227/07/10003 :002, BStBl I 2010, 614).

> **Beispiel 1:**
> Arbeitnehmer A nimmt an einer 8-tägigen Informationsreise des Fachverbandes des Arbeitgebers in die USA teil. Anschließend verbringt er einen 3-wöchigen Urlaub in Kalifornien.
>
> Die beruflich veranlassten Kosten der Informationsreise für Unterkunft und Verpflegung können vom Arbeitgeber steuerfrei ersetzt werden. Die Flugkosten sind dagegen zeitanteilig aufzuteilen.

> **Beispiel 2:**
> Arbeitgeber B trägt für die erfolgreichsten Mitarbeiter die Kosten für eine Reise nach Japan. Im Rahmen dieser Veranstaltung werden in erster Linie bekannte Sehenswürdigkeiten besucht. Aber auch einige Betriebe, die dem des Arbeitgebers B entsprechen, werden besichtigt.
>
> Die Reise ist weitaus überwiegend privat bedingt. Die von B übernommenen Kosten stellen daher Arbeitslohn der Arbeitnehmer dar. Zwar wird durch die Besichtigung der Betriebe u.U. auch der Beruf der Arbeitnehmer gefördert, dadurch ändert sich jedoch der Charakter der Reise nicht.

Soweit im Einzelfall Aufwendungen im Rahmen einer – privat durchgeführten – Studien- oder einer Urlaubsreise ausschließlich beruflich veranlasst sind, können diese vom Arbeitgeber steuerfrei ersetzt werden.

> **Beispiel 3:**
> Arbeitnehmer C verbringt seinen Jahresurlaub am Starnberger See. Sein Arbeitgeber beauftragt ihn, während dieser Zeit Verkaufsverhandlungen mit einem Kunden in München zu führen. C fährt daher an einem Tag vom Starnberger See nach München und kehrt noch am selben Tag an seinen Urlaubsort zurück.
>
> Die Reise an den Starnberger See ist eindeutig eine private Urlaubsreise. Dagegen ist die Fahrt vom Starnberger See nach München und zurück ausschließlich beruflich veranlasst. Der Arbeitgeber kann daher die Kosten für die Fahrt vom Starnberger See nach München und zurück sowie etwaige Mehraufwendungen für Verpflegung für diesen Tag steuerfrei ersetzen

Trägt ein Stpfl. vor, er habe auf einer gemischt veranlassten Reise **krankheitsbedingt** an den Programmpunkten mit Incentive-Charakter nicht teilgenommen, sind an die Darlegung und den Nachweis grundsätzlich strenge Anforderungen zu stellen (BFH v. 18.8.2005, VI R 7/03, www.stotax-first.de).

d) Aufteilung

Für die Aufteilung gilt Folgendes:

2445

- **Direkte Zuordnung abgrenzbarer Kosten**

Ist eine Reise nach den vorgenannten Grundsätzen gemischt veranlasst, sind für die Aufteilung zunächst die Kostenbestandteile der Reise zu trennen, die sich leicht und eindeutig dem betriebsfunktionalen Bereich und dem Bereich, dessen Zuwendung sich als geldwerter Vorteil darstellt, zuordnen lassen. Die **Kosten rein betriebsfunktionaler Reise-Bestandteile** (z.B. für die Zurverfügungstellung von **Tagungsräumen** nebst Ausstattung, Tagungsunterlagen und Referenten) sind von vornherein **kein steuerpflichtiger Arbeitslohn**.

Auf der anderen Seite sind die Kosten solcher Reise-Bestandteile vollumfänglich als **Arbeitslohn** zu erfassen, die sich – isoliert betrachtet – als geldwerter Vorteil erweisen. Hierzu gehören z.B. die Kosten für das **touristische Programm**, Ausflüge, das Spiel- und Sportprogramm sowie gemeinsame Feiern und Unterhaltung.

⟨LSt⟩ = keine Lohnsteuerpflicht
⟨LSt⟩ = Lohnsteuerpflicht

Reisekosten: Allgemeine Grundsätze

• **Schätzungsweise Aufteilung**

Die Kosten, die sich nicht den vorgenannten Bereichen zuordnen lassen, sind grundsätzlich im Wege sachgerechter Schätzung (§ 162 AO 1977) aufzuteilen:

Hierbei handelt es sich insbesondere um die **Kosten für die Beförderung** (Flug- bzw. Fahrtkosten, Transfers), die **Hotelunterbringung, die Verpflegung** sowie weitere, nicht direkt zuzuordnende Kosten der Reise (z.B. für Vorreisen, Kommunikation und Versand, allgemeine Betreuung, Organisation).

Als sachgerechter **Aufteilungsmaßstab ist grundsätzlich das Verhältnis der Zeitanteile** heranzuziehen, in dem die Reise-Bestandteile mit Vorteilscharakter zu den aus betriebsfunktionalen Gründen durchgeführten Reise-Bestandteilen stehen. Gegebenenfalls kann eine Aufteilung zu je 50 % vorgenommen werden.

Für die vom Arbeitgeber getragenen **Verpflegungskosten** sind die gesetzlichen Verpflegungspauschalen zu beachten, die nach dem o.g. Aufteilungsmaßstab aufzuteilen sind (ggf. 50 %). Wenn der Arbeitgeber die tatsächlichen Verpflegungskosten erstattet (z.B. bei Hotelaufenthalt mit Vollpension), stellt der darüber hinausgehende Teilbetrag immer steuerpflichtigen Arbeitslohn dar.

> **Beispiel:**
> Firma A hat von Mittwoch bis Sonntag eine **Jahrestagung ihrer Außendienste in einem Hotel in Portugal veranstaltet**. Das Programm enthielt zahlreiche Fachvorträge, aber auch Stadtbesichtigungen sowie Sport- und Spielprogramme.
>
> Der BFH hat mit Urteil v. 18.8.2005, VI R 32/03, BStBl II 2006, 30 entschieden, dass es sich um eine **gemischt veranlasste Reise** handelt und deshalb folgende **Aufteilung** vorzunehmen ist:
> – Soweit die vom Arbeitgeber getragenen Kosten u.a. die Zurverfügungstellung der **Tagungsräume** betreffen, ist **kein Arbeitslohn** anzunehmen.
> – Dagegen sind die **Ausflüge** sowie das **Sport- und Unterhaltungsprogramm** insgesamt als **Arbeitslohn** zu erfassen.
> – Die **verbleibenden Kosten** (insbesondere für Hin- und Rückflug, Hotel, Verpflegung) sind **50 : 50 aufzuteilen**.
>
> Für den steuerfreien Ersatz von Verpflegungsmehraufwendungen sind dabei die – entsprechend aufzuteilenden – **gesetzlichen Verpflegungspauschalen zu beachten**, d.h. für Portugal 36 € (Abwesenheit mindestens 24 Stunden). Auf den beruflichen Anteil entfallen somit 18 €. Trägt der Arbeitgeber die gesamten Verpflegungskosten (etwa beim Hotelaufenthalt mit „all inclusive"), stellt der Differenzbetrag immer steuerpflichtigen Arbeitslohn dar.

11. Werbungskosten bei Auslandsreisen

a) Allgemeines

2446 Soweit der Arbeitgeber die Kosten für Auswärtstätigkeiten nicht nach § 3 Nr. 13 EStG (öffentlicher Dienst) oder § 3 Nr. 16 EStG („private Arbeitgeber") steuerfrei ersetzt, kann sie der Arbeitnehmer als Werbungskosten absetzen.

Wie auf der Arbeitslohnseite gibt es in der Praxis aber immer wieder Probleme v.a. bei **Auslandsreisen (insbesondere bei sog. Kongressreisen sowie Sprachkursen im Ausland oder Gruppeninformations- und Studienreisen)**, die sowohl dem beruflichen Bereich als auch der privaten Lebensführung zugehören können. In Abkehr von der bisherigen BFH-Rechtsprechung nach dem **Beschluss des Großen Senats des BFH** (BFH v. 21.9.2009, GrS 1/06, BStBl II 2010, 672), der insbesondere **nicht mehr an dem früheren sog. Aufteilungs- und Abzugsverbot des § 12 Nr. 1 Satz 2 EStG festhält, Reisen nicht mehr in jedem Falle insgesamt als Einheit zu beurteilen**. Vielmehr können unterschiedliche Reiseabschnitte unterschiedlich beruflich oder privat veranlasst und die Aufwendungen hierfür entsprechend aufzuteilen sein.

Als sachgerechter **Aufteilungsmaßstab** kommt in derartigen Fällen das **Verhältnis der beruflichen und privaten Zeitanteile der Reise** in Betracht. Das unterschiedliche Gewicht der verschiedenen Veranlassungsbeiträge kann es jedoch im Einzelfall erfordern, einen anderen Aufteilungsmaßstab heranzuziehen oder von einer Aufteilung ganz abzusehen (zuletzt BFH v. 19.1.2012, VI R 3/11, BStBl II 2012, 416); s. zur Anwendung der neuen Rechtsprechung auch BMF v. 6.7.2010, IV C 3 – S 2227/07/10003 :002, BStBl I 2010, 614.

An den von der BFH-Rechtsprechung (BFH v. 27.11.1978, GrS 8/77, BStBl II 1979, 213 und zuletzt v. 19.1.2012, VI R 3/11, BStBl II 2012, 416) für **Auslandsgruppenreisen entwickelten Abgrenzungsmerkmalen** hält der Große Senat grundsätzlich fest. Allerdings vermögen die Indizien keine Gesamtwürdigung im Einzelfall zu ersetzen, sie dürfen nicht schematisch geprüft und wie rechtliche Tatbestandsmerkmale verselbständigt werden. Auch stehen sie einer Aufteilung der Kosten nach den beruflichen und privaten Zeitanteilen der Reise nicht entgegen.

Für die steuerliche Beurteilung gibt es nach der geänderten BFH-Rechtsprechung drei Möglichkeiten:

b) Voller Abzug der Kosten

2447 Ein voller Abzug der beruflich veranlassten Reisekosten kommt in Betracht, wenn

– **der Reise ein unmittelbarer beruflicher Anlass zu Grunde liegt**, weil der Stpfl. z.B. auf Grund einer Weisung seines Arbeitgebers einen beruflichen Termin wahrnimmt oder einer Dienstpflicht nachkommt (s. dazu Rz. 2439). Die Kosten der Hin- und Rückreise können auch dann in vollem Umfang beruflich veranlasst sein, wenn der Stpfl. den beruflichen Pflichttermin mit einem vorangehenden oder nachfolgenden Privataufenthalt verbindet. Dabei kommt es nicht notwendig darauf an, ob der private Teil der Reise kürzer oder länger ist als der berufliche Teil (BFH v. 21.9.2009, GrS 1/06, BStBl II 2010, 672 sowie BMF v. 6.7.2010, IV C 3 – S 2227/07/10003 :002, BStBl I 2010, 614).

Nicht abzugsfähig sind lediglich die Aufwendungen, die auf den Privataufenthalt entfallen (insbesondere Hotelkosten).

> **Beispiel 1:**
> Verkaufsleiter A fliegt zu Verkaufsverhandlungen nach New York (Montag bis Donnerstag). Da er noch nie in den USA war, verbringt er das Wochenende noch in New York und fliegt erst am Montag wieder zurück.
>
> Es handelt sich um eine Auswärtstätigkeit (Dienstreise) aus einem unmittelbaren beruflichen Anlass, so dass die Flugkosten trotz des privaten Wochenendaufenthalts als Werbungskosten berücksichtigt bzw. vom Arbeitgeber steuerfrei ersetzt werden können (vgl. BMF v. 6.7.2010, IV C 3 – S 2227/07/10003 :002, BStBl I 2010, 614 Tz. 15 Beispiel 3).
>
> Nicht abzugsfähig sind dagegen die Hotelkosten sowie Verpflegungsmehraufwendungen während des Wochenendaufenthalts.

– **oder wenn insbesondere bei Studienreisen die berufliche Veranlassung nach dem Anlass der Reise, dem vorgesehenen Programm und der tatsächlichen Durchführung bei Weitem überwiegt** und die Befriedigung privater Interessen, wie z.B. Erholung, Bildung und Erweiterung des allgemeinen Gesichtskreises, nicht ins Gewicht fällt und nur von untergeordneter Bedeutung ist. Der private Anteil darf nicht mehr als 10 % betragen, wobei es sich jedoch nicht um eine starre Grenze handelt.

> **Beispiel 2:**
> Ein Apotheker nahm am Apothekerkongress in Meran teil.
>
> Der BFH hat die Aufwendungen in vollem Umfang als Werbungskosten anerkannt, weil der Privatanteil (Teilnahme an zwei privaten Exkursionen) im Verhältnis zum gesamten Ablauf der Reise von untergeordneter Bedeutung war (BFH v. 22.7.2008, VI R 2/07, www.stotax-first.de).

c) Teilweiser Abzug der Kosten

2448 In Abkehr von der bisherigen BFH-Rechtsprechung sind nach dem **Beschluss des Großen Senats des BFH** (BFH v. 21.9.2009, GrS 1/06, BStBl II 2010, 672), der insbesondere **nicht mehr an dem früheren sog. Aufteilungs- und Abzugsverbot festhält, Reisen nicht mehr in jedem Falle insgesamt als Einheit zu beurteilen**. Vielmehr können unterschiedliche Reiseabschnitte unterschiedlich beruflich oder privat veranlasst und die Aufwendungen hierfür entsprechend aufzuteilen sein.

Sind die Aufwendungen sowohl durch betriebliche/berufliche als auch private Gründe von jeweils nicht untergeordneter Bedeutung veranlasst, ist nach Möglichkeit eine **Aufteilung der Aufwendungen nach Veranlassungsbeiträgen** vorzunehmen (vgl. zuletzt BFH v. 19.1.2012, VI R 3/11, BStBl II 2012, 416). Es ist ein geeigneter, den Verhältnissen im Einzelfall gerecht werdender Aufteilungsmaßstab zu finden. Der Maßstab muss nach objektivierbaren – d.h. nach außen hin erkennbaren und nachvollziehbaren – Krite-

Reisekosten: Allgemeine Grundsätze

rien ermittelt und hinsichtlich des ihm zu Grunde liegenden Veranlassungsbeitrags dokumentiert werden. Als sachgerechter Aufteilungsmaßstab kommt bei Reisen das **Verhältnis der beruflichen und privaten Zeitanteile der Reise** in Betracht. Das unterschiedliche Gewicht der verschiedenen Veranlassungsbeiträge kann es jedoch im Einzelfall erfordern, einen anderen Aufteilungsmaßstab heranzuziehen oder von einer Aufteilung abzusehen (vgl. BMF v. 6.7.2010, IV C 3 – S 2227/07/10003 :002, BStBl I 2010, 614).

> **Beispiel 1:**
> A hat an einer Konferenz in den USA teilgenommen, Aufenthaltsdauer 7 Tage, von denen 4 Tage auf die Konferenz entfielen.
>
> Das Finanzamt hat die Kosten insgesamt nicht anerkannt, weil die Reise nicht zu mindestens 90 % beruflich veranlasst war. Der BFH hat dagegen eine Aufteilung zugelassen und neben den vollen Konferenzkosten die Kosten für 4 Übernachtungen, Verpflegungsmehraufwendungen für 5 Tage und 4/7 der Flugkosten als Werbungskosten anerkannt (BFH v. 21.9.2009, GrS 1/06, BStBl II 2010, 672).

> **Beispiel 2:**
> Ein niedergelassener Arzt besucht einen Fachkongress in London. Er reist Samstagfrüh an. Die Veranstaltung findet ganztägig von Dienstag bis Donnerstag statt. Am Sonntagabend reist er nach Hause zurück.
>
> Da Reisen nach dem Beschluss des Großen Senats des BFH entgegen der bisherigen Rechtsprechung nicht mehr in jedem Fall als Einheit zu betrachten sind, sind die Kosten für zwei Übernachtungen (von Dienstag bis Donnerstag) sowie die Kongressgebühren ausschließlich dem betrieblichen Bereich zuzuordnen und daher vollständig als Betriebsausgaben abziehbar. Die Flugkosten sind gemischt veranlasst und entsprechend der Veranlassungsbeiträgen aufzuteilen. Sachgerechter Aufteilungsmaßstab ist das Verhältnis der betrieblichen und privaten Zeitanteile der Reise (betrieblich veranlasst sind 3/9). Ein Abzug der Verpflegungskosten als Betriebsausgaben ist nur in Höhe der Pauschbeträge für Verpflegungsmehraufwendungen für die betrieblich veranlassten Tage zulässig (BMF v. 6.7.2010, IV C 3 – S 2227/07/10003 :002, BStBl I 2010, 614 Tz. 15).

Bestehen keine Zweifel daran, dass ein nach objektivierbaren Kriterien abgrenzbarer Teil der Aufwendungen betrieblich/beruflich veranlasst ist, bereitet seine Quantifizierung aber Schwierigkeiten, so ist dieser Anteil unter Berücksichtigung aller maßgeblichen Umstände zu **schätzen** (§ 162 AO). Ist also zweifelsfrei ein betrieblicher/beruflicher Kostenanteil entstanden, kann aber dessen jeweiliger Umfang mangels geeigneter Unterlagen nicht belegt werden, ist wie bisher eine Schätzung geboten (BMF v. 6.7.2010, IV C 3 – S 2227/07/10003 :002, BStBl I 2010, 614).

Eine „willkürliche Schätzung" ist jedoch nicht möglich:

> **Beispiel 3:**
> A, Steuerberater, nahm an der Reise eines Mandanten nach Hongkong und Bangkok teil, um diesen bei Geschäftsabschlüssen beraten zu können. Den konkreten Reiseverlauf konnte A jedoch nicht angeben. Das FG hielt es dennoch für glaubhaft, **dass die Reisetage zumindest zur Hälfte mit beruflichen Tätigkeiten ausgefüllt** waren und hat deshalb die Hälfte der Reisekosten als Betriebsausgaben anerkannt.
>
> Der BFH hat das Urteil des FG aufgehoben und die Sache zur erneuten Verhandlung und Entscheidung an das FG zurückverwiesen. Das FG habe verkannt, dass vor einer Schätzung anhand objektiver Umstände festgestellt werden muss, dass die Reise zumindest z.T. beruflich veranlasst war; ggf. müssten hierzu die anderen Reiseteilnehmer befragt werden. Eine willkürliche Schätzung des beruflichen Anteils sei nicht zulässig (BFH v. 1.6.2010, VIII R 80/05, www.stotax-first.de).

d) Kein Abzug der Kosten

2449 Ein Abzug der Reisekosten kommt dagegen insgesamt nicht in Betracht, wenn

– die berufliche Mitveranlassung unbedeutend ist oder

– die – für sich gesehen jeweils nicht unbedeutenden – beruflichen und privaten Veranlassungsbeiträge (z.B. bei einer beruflich/privaten Doppelmotivation für eine Reise) so ineinander greifen, dass eine **Trennung nicht möglich ist, es also an objektivierbaren Kriterien für eine Aufteilung fehlt.**

> **Beispiel 1:**
> Ein Steuerberater nimmt an einer von der örtlichen Sparkasse veranstalteten „Fachstudienreise" nach Vietnam und Singapur mit Inhabern und Geschäftsführern regionaler Unternehmen teil, um auf dieser Reise Mandanten zu gewinnen.

> Der BFH hat dennoch die Reisekosten insgesamt steuerlich nicht anerkannt, weil die Reise überwiegend privat veranlasst war. Das betriebliche Interesse, sich zu repräsentieren und neue Mandanten zu werben, sei hiervon nicht trennbar. Eine zeitliche Aufteilung der Aufwendungen wurde abgelehnt, weil kein Zeitabschnitt der Reise nur diesem Zweck gedient hat (BFH v. 5.2.2010, IV B 57/09, www.stotax-first.de).

> **Beispiel 2:**
> B erzielte als Lehrer Einkünfte aus nichtselbständiger Arbeit sowie aus anderweitiger unterrichtender Tätigkeit und als Autor von Lehrbüchern für die kaufmännische Ausbildung Einkünfte aus selbständiger Arbeit. Er hat beantragt, bei seinen Einkünften aus selbständiger Arbeit Aufwendungen für Reisen zu einem angemieteten Ferienhaus in Italien sowie zu einem seiner Ehefrau gehörenden Ferienhaus in Spanien als Betriebsausgaben abzuziehen. Begründung: Er habe diese Reisen für zwei bis drei Wochen in den jeweiligen Sommerferien unternommen, um an den Ferienorten ausschließlich die von ihm verfassten Lehrbücher zu überarbeiten. Die weiteren (privaten) Familienurlaube mit den beiden gemeinsamen Kindern habe er mit seiner Frau jeweils in den Oster- und Herbstferien unternommen.
>
> Der BFH hat den Abzug mangels Trennbarkeit der privaten und beruflichen Anteile der Reise einerseits und wegen nicht völlig untergeordneter Bedeutung des privaten Anteils andererseits abgelehnt (BFH v. 7.5.2013, VIII R 51/10, BStBl II 2013, 808, Verfassungsbeschwerde durch BVerfG v. 3.4.2015, 2 BvR 295/14, StEd 2015, 260 nicht zur Entscheidung angenommen). Der BFH weist zur Begründung u.a. darauf hin, dass bei Auslandsreisen besonders sorgfältig abzuwägen ist, ob für die Größe des Betriebs und für die Art seiner Betätigung eine Auslandsreise überhaupt betrieblich veranlasst sein kann. Dies sei insbesondere dann fraglich, wenn die Aufwendungen für die Reise im Verhältnis zur Größe und Bedeutung des Betriebs und auch im Hinblick auf die Reisedauer unangemessen erscheinen.

> **Beispiel 3:**
> Ein Geschäftsführer unternimmt mit seiner Familie während seines Jahresurlaubs eine dreiwöchige Rundreise in die USA, um (auch) sein berufliches Informationsbedürfnis über internationale Mitbewerber zu stillen.
>
> Das FG München hat den Werbungskostenabzug insgesamt abgelehnt, weil abgrenzbare berufliche Aufwendungen nicht entstanden sind (FG München v. 1.4.2015, 2 K 488/13, www.stotax-first.de).

Wird ein Sachverhalt insgesamt als privat veranlasst gewürdigt und werden die Aufwendungen dementsprechend steuerlich nicht berücksichtigt, so können **zusätzliche ausschließlich betrieblich/beruflich veranlasste Aufwendungen für sich genommen als Betriebsausgaben oder Werbungskosten abzuziehen** sein.

> **Beispiel 4:**
> Ein Stpfl. nimmt während seiner 14-tägigen Urlaubsreise an einem eintägigen Fachseminar teil.
>
> Die Aufwendungen für die Urlaubsreise sind nicht abziehbar. Die Aufwendungen, die unmittelbar mit dem Fachseminar zusammenhängen (Seminargebühren, Fahrtkosten vom Urlaubsort zum Tagungsort, ggf. Pauschbetrag für Verpflegungsmehraufwendungen), sind als Betriebsausgaben/Werbungskosten abziehbar (BMF v. 6.7.2010, IV C 3 – S 2227/07/10003 :002, BStBl I 2010, 614 Tz. 11).

e) Sprachkurse

aa) Allgemeines

2450 **Kursgebühren** zum Erwerb von Kenntnissen in einer Fremdsprache sind als Werbungskosten abziehbar, wenn ein konkreter Zusammenhang mit der Berufstätigkeit besteht. Ob dies zutrifft, ist durch Würdigung aller Umstände des Einzelfalls zu beurteilen.

Bei einem Fortbildungslehrgang zum Erwerb oder zur Vertiefung von Fremdsprachenkenntnissen, der nicht am Wohnort des Stpfl. oder in dessen Nähe stattfindet (**auswärtiger Sprachkurs**), ist im Rahmen einer Gesamtwürdigung weiter zu bestimmen, ob neben den reinen Kursgebühren auch die Aufwendungen für die mit dem Sprachkurs verbundene **Reise beruflich veranlasst** und demzufolge als Werbungskosten abziehbar sind. Der **vollständige Abzug** auch dieser Aufwendungen setzt voraus, dass die Reise ausschließlich oder nahezu ausschließlich der beruflichen Sphäre zuzuordnen ist. Das ist bei auswärtigen Sprachlehrgängen ebenso wie bei sonstigen Reisen v.a. dann der Fall, wenn ihnen offensichtlich ein **unmittelbarer beruflicher Anlass zu Grunde liegt und die Verfolgung privater Reiseinteressen nicht den Schwerpunkt bildet.**

Liegt der Reise **kein unmittelbarer beruflicher Anlass** zu Grunde, sind nach den Grundsätzen, die der Große Senat des BFH in seinem Beschluss (BFH v. 21.9.2009, GrS 1/06, BStBl II 2010, 672), aufgestellt hat, die mit dem Sprachkurs verbundenen **Reisekosten aufzuteilen**, sofern der erwerbsbezogene Anteil nicht von untergeordneter Bedeutung ist (zuletzt BFH v. 9.1.2013, VI B 133/12, www.stotax-first.de, betr. Teilnahme einer Exportsachbearbeiterin an einem Sprachkurs in spanischer Sprache in Südamerika – Abzug der hälftigen Kosten zugelassen).

Im Fall der **Aufteilung** der mit dem Sprachkurs verbundenen Reisekosten ist nach der BFH-Rechtsprechung Folgendes zu beachten:

– Als sachgerechter Aufteilungsmaßstab für doppelmotivierte Kosten einer Reise kommt grundsätzlich das **Verhältnis der beruflichen und privaten Zeitanteile** der Reise in Betracht. Dieser Maßstab hat jedoch zur Voraussetzung, dass die maßstabsbildenden, unterschiedlich eindeutig zuzuordnenden Veranlassungsbeiträge **nacheinander verwirklicht** werden. Unterschiedliche Veranlassungsbeiträge, die **gleichzeitig verwirklicht** werden, können auch nach einem **anderen als dem zeitlichen Aufteilungsmaßstab aufzuteilen** sein.

– Bei der Aufteilung ist einerseits zu berücksichtigen, dass eine Sprache in dem Land, in dem sie – gegebenenfalls neben anderen – gesprochen wird, **im Allgemeinen effizienter als im Inland zu erlernen sein** wird. Das gilt insbesondere, wenn sich der Stpfl. mit den Besonderheiten der Fremdsprache, der landesüblichen Aussprache und Betonung vertraut machen will. Es darf zudem nicht darauf abgestellt werden, dass der Besuch von Sprachkursen im Inland den gleichen Erfolg hätte haben können. Gleiches gilt auch für die Tatsache, dass ein Auslandsaufenthalt erhöhte Kosten verursachen kann.

– **Andererseits darf bei Sprachreisen der touristische Wert des Aufenthalts am Kursort nicht unbeachtet bleiben.** Anders als bei sonstigen der Fortbildung dienenden Reisen besteht bei Sprachreisen für die Wahl des auswärtigen Kursorts regelmäßig keine unmittelbare berufliche Veranlassung. Deshalb wird die Ortswahl in diesen Fällen auch von privaten, i.d.R. touristischen Interessen des Stpfl. bestimmt sein. Daher kann auch bei einem Intensivsprachkurs, der dem Stpfl. unter der Woche wenig Zeit für touristische Aktivitäten belässt und diese deshalb im Wesentlichen auf das Wochenende beschränkt sind, eine Aufteilung der mit dem auswärtigen Aufenthalt verbundenen Kosten gerechtfertigt sein.

– Sollte keiner – weder der Stpfl. noch das Finanzamt – einen anderen Aufteilungsmaßstab substantiiert vortragen und nachweisen können, so bestehen nach Auffassung des BFH keine Bedenken, von einer **hälftigen Aufteilung sämtlicher mit der Reise verbundenen Kosten auszugehen.**

Zur Abzugsfähigkeit von Aufwendungen für Sprachkurse als Betriebsausgaben oder Werbungskosten liegt eine **umfangreiche Rechtsprechung** vor. Soweit der BFH in seiner bisherigen Rechtsprechung

– den **Abzug zugelassen** hat, weil die Aufwendungen so gut wie ausschließlich beruflich veranlasst waren (Privatanteil weniger als 10 %), können diese Urteile weiter angewendet werden,

– den **Abzug nicht zugelassen** hat, ist zu prüfen, ob künftig eine Aufteilung der Kosten nach beruflichen bzw. privaten Veranlassungsbeiträgen (d.h. bei Reisen regelmäßig eine Aufteilung nach Zeitanteilen) in Betracht kommt (BMF v. 6.7.2010, IV C 3 – S 2227/07/10003 :002, BStBl I 2010, 614 Tz. 15).

Beispiel:
Ein Englischlehrer hat zusammen mit anderen Englischlehrern an einer einwöchigen Fortbildungsreise nach Dublin teilgenommen. Finanzamt und FG haben den Abzug der Aufwendungen im Hinblick auf das Aufteilungs- und Abzugsverbot des § 12 Nr. 1 Satz 2 EStG abgelehnt.
Der BFH hat das Urteil des FG aufgehoben und die Sache zur erneuten Verhandlung und Entscheidung an das FG zurückverwiesen. Das FG müsse nach den Grundsätzen der geänderten Rechtsprechung prüfen, ob die beruflichen und privaten Veranlassungsbeiträge für die Teilnahme an der Reise nach objektiven Kriterien abgrenzbar sind und demgemäß zumindest ein teilweise Abzug der Reisekosten als Werbungskosten in Betracht kommt (BFH v. 21.4.2010, VI R 5/07, BStBl II 2010, 687).

Nicht abzugsfähig sind Aufwendungen eines in Deutschland lebenden Ausländers für das **Erlernen der deutschen Sprache,** auch wenn sie beruflich mitveranlasst sind (BMF v. 6.7.2010, IV C 3 – S 2227/07/10003 :002, BStBl I 2010, 614 Tz. 19 sowie zuletzt FG Nürnberg v. 23.4.2015, 6 K 1542/14, www.stotax-first.de, m.w.N.).

bb) Weitere Rechtsprechungsnachweise

Voll anerkannt (der private Anteil lag unter 10 %) hat der BFH den Werbungskostenabzug zuletzt für Aufwendungen (insoweit kann die ältere BFH-Rechtsprechung im Zweifelsfall weiter angewendet werden) **2451**

– einer **Berufsschullehrerin** für einen **Sprachkurs in England**, weil dieser der Vorbereitung auf eine Prüfung diente (BFH v. 19.12.2005, VI R 65/04, HFR 2006, 566);

– eines **Wirtschaftsingenieurs** für einen **Sprachlehrgang „English for Business"** in England (BFH v. 10.4.2008, VI R 13/07, www.stotax-first.de).

Teilweise anerkannt (ggf. muss der genaue berufliche Anteil noch vom FG ermittelt werden) hat der BFH den Werbungskostenabzug zuletzt für Aufwendungen

– einer **Englischlehrerin** für eine einwöchige Fortbildungsreise nach Dublin (BFH v. 21.4.2010, VI R 5/07, BStBl II 2010, 687);

– eines **Bundeswehroffiziers** für einen Englischsprachkurs in Südafrika (BFH v. 24.2.2011, VI R 12/10, BStBl II 2011, 796);

– einer **Exportsachbearbeiterin** für einen Sprachkurs in spanischer Sprache in Südamerika (BFH v. 9.1.2013, VI B 133/12, www.stotax-first.de).

Insgesamt abgelehnt (eine Aufteilung der Reisekosten war offensichtlich nicht möglich, so dass nach BMF v. 6.7.2010, IV C 3 – S 2227/07/10003 :002, BStBl I 2010, 614 Tz. 18 die bisherige BFH-Rechtsprechung im Zweifelsfall weiter anzuwenden ist) hat der BFH den Werbungskostenabzug zuletzt für Aufwendungen

– des **Schulleiters** eines Berufsschulzentrums für die Teilnahme an einem nicht straff organisierten **Sprachprogramm in England** (BFH v.16.1.2007, VI B 35/06, www.stotax-first.de);

– eines **Bundeswehroffiziers** für einen **Englischkurs in Südafrika** (BFH v. 15.3.2007, VI R 61/04, www.stotax-first.de).

f) Gruppeninformations- und Studienreisen, Kongresse

aa) Allgemeines

Nach der BFH-Rechtsprechung sind Auslandsreisen, denen offensichtlich ein unmittelbarer betrieblicher (beruflicher) Anlass zu Grunde liegt (wie z.B. das Aufsuchen eines Geschäftsfreundes, das Halten eines Fachvortrags auf einem Fachkongress oder die Durchführung eines Forschungsauftrags), **anders zu beurteilen als Auslandsreisen, denen ein solch konkreter Bezug zur betrieblichen (beruflichen) Tätigkeit fehlt und bei denen häufig auch private Interessen eine Rolle spielen.** Letzteres trifft insbesondere bei sog. Kongressreisen und Reisen zu Informationszwecken sowie zu Sprachkursen im Ausland zu (zuletzt BFH v. 9.1.2013, VI B 133/12, www.stotax-first.de, betr. Teilnahme einer Exportsachbearbeiterin an einem Sprachkurs in spanischer Sprache in Südamerika – Abzug der hälftigen Kosten zugelassen). Bei solchen Auslandsaufenthalten müssen die Beurteilungsmerkmale, die jeweils für eine private oder betriebliche (berufliche) Veranlassung der Reise sprechen, gegeneinander abgewogen werden. Eine unbedeutende private Mitveranlassung steht dem vollständigen Abzug von Betriebsausgaben oder Werbungskosten nicht entgegen. **2452**

Auch nach der neuen BFH-Rechtsprechung ist wie bisher eine **Würdigung der Gesamtumstände des Einzelfalls** vorzunehmen; die Indizien, die für eine private bzw. berufliche Motivation der Reise sprechen, sind gegeneinander abzuwägen (zuletzt BFH v. 19.1.2012, VI R 3/11, BStBl II 2012, 416 m.w.N. betr. Teilnahme einer Lehrerin an Auslandsgruppenreisen).

Für betriebs- bzw. berufsbedingte Aufwendungen können z.B. folgende Merkmale sprechen:

– homogener Teilnehmerkreis,

– straffe und lehrgangsmäßige Organisation der Reise,

– Reiseprogramm, das auf die betrieblichen bzw. beruflichen Bedürfnisse und Gegebenheiten der Teilnehmer zugeschnitten ist,

Reisekosten: Allgemeine Grundsätze

keine Sozialversicherungspflicht = (SV)
Sozialversicherungspflicht = (SV)

- bei Arbeitnehmern ggf. Freistellung von der Arbeit (Sonderurlaub, Dienstbefreiung) oder teilweise Zuschüsse durch den Arbeitgeber.

Gegen betriebs- bzw. berufsbedingte Aufwendungen können z.B. folgende Merkmale sprechen:

- der Besuch bevorzugter Ziele des Tourismus,
- häufiger Ortswechsel,
- bei kürzeren Veranstaltungen die Einbeziehung vieler Sonn- und Feiertage, die zur freien Verfügung stehen,
- die Mitnahme des Ehegatten oder anderer naher Angehöriger,
- die Reise in den heimischen Kulturkreis,
- entspannende oder kostspielige Beförderung, z.B. Schiffsreise.

Allerdings weist der BFH (BFH v. 21.9.2009, GrS 1/06, BStBl II 2010, 672) darauf hin, dass in Abkehr von der bisherigen Rechtsprechung **Reisen nicht mehr in jedem Falle insgesamt als Einheit zu beurteilen** sind. Vielmehr können unterschiedliche Reiseabschnitte unterschiedlich beruflich oder privat veranlasst und die Aufwendungen hierfür entsprechend aufzuteilen sein. Eine solche Aufteilung kommt aber nur in Betracht, soweit die – für sich gesehen jeweils nicht unbedeutenden – beruflichen und privaten Veranlassungsbeiträge (z.B. bei einer beruflichen/privaten Doppelmotivation für eine Reise) voneinander abgrenzbar sind.

Bei einer **gemischt veranlassten Reise** sind, sofern es sich nicht um eine Pauschalreise handelt, zunächst die Kostenbestandteile zu trennen, die sich leicht und eindeutig dem beruflichen und privaten Bereich zuordnen lassen. Für die Aufwendungen, die sowohl den beruflichen als auch den privaten Reiseteil betreffen (z.B. Kosten für die Beförderung, die Hotelunterbringung und Verpflegung), kann als sachgerechter Aufteilungsmaßstab das Verhältnis der beruflich und privat veranlassten **Zeitanteile** herangezogen werden. Bei der Bemessung der Zeitanteile sind der **An- und/oder Abreisetag** nur dann zu berücksichtigen, wenn diese Tage zumindest teilweise für touristische bzw. berufliche Unternehmungen zur Verfügung standen. Ansonsten sind diese Tage bei der Aufteilung als neutral zu behandeln (BFH v. 21.4.2010, VI R 5/07, BStBl II 2010, 687 betr. Teilnahme einer Englischlehrerin an einer Auslandsgruppenreise).

Greifen dagegen in anderen Fällen bei einer Auslandsgruppenreise die – jeweils für sich gesehen – nicht unbedeutenden beruflichen und privaten **Veranlassungsbeiträge so ineinander, dass eine Trennung nicht möglich ist**, fehlt es also an objektivierbaren Kriterien für eine Aufteilung, kommt ein Betriebsausgaben- oder **Werbungskostenabzug auch weiterhin in vollem Umfang nicht in Betracht**. Aufwendungen für die üblichen Auslandsgruppenreisen, wie sie auch Privatleuten angeboten werden, sind daher auch nach der neuen BFH-Rechtsprechung im Allgemeinen insgesamt nicht abzugsfähig.

> **Beispiel:**
> Eine Englischlehrerin nimmt zusammen mit anderen Englischlehrern in den Osterferien an einer einwöchigen Fortbildungsreise in die Neuenglandstaaten der USA (Boston – New York – Philadelphia – Washington, D.C.) teil.
> Das FG Münster hat den Abzug der Reisekosten insgesamt abgelehnt, weil die Reise normalen touristischen Reisen entsprach. Eine Aufteilung der Reiseabschnitte nach beruflichen bzw. privaten Veranlassungsbeiträgen – und damit ein teilweiser Abzug der Reisekosten – war nach dem Ablauf der Reise nicht möglich (FG Münster v. 27.8.2010, 4 K 3175/08 E, EFG 2010, 2094).

In der Praxis ist häufig streitig, ob das Finanzamt zur Prüfung des Merkmals „**Homogenität des Teilnehmerkreises**" von den Stpfl. ein Verzeichnis mit den Namen und Anschriften der übrigen Reiseteilnehmer anfordern darf oder ob diesem Verlangen der **Datenschutz** entgegensteht. Die obersten Finanzbehörden halten die Anforderung von **Teilnehmerverzeichnissen** – auch gegenüber Dritten (das kann z.B. der Reiseveranstalter sein) – nach § 93 AO im Einzelfall für zulässig und zwingend erforderlich, um das o.g. Merkmal prüfen zu können. Zulässig seien auch **Mitteilungen an die Wohnsitzfinanzämter** der anderen Reiseteilnehmer, damit diese ggf. ebenfalls den Werbungskostenabzug ablehnen (OFD Hannover v. 3.2.1999, S 2227 – 10 – StO 242, DB 1999, 408). Zweifelsfrei ist die Auffassung der Finanzverwaltung sicher nicht: So hat z.B. das FG Düsseldorf die Rechtmäßigkeit eines an die Industrie- und Handelskammer gerichteten Auskunftsersuchens abgelehnt (FG Düsseldorf v. 15.1.1997, 13 K 350/90 AO, EFG 1997, 582).

Die o.g. Grundsätze gelten auch für sog. **Kongressreisen**: Aufwendungen für Fachkongresse können als Werbungskosten abziehbar sein, wenn ein **konkreter Zusammenhang mit der Berufstätigkeit besteht**. Dies ist im Rahmen einer Gesamtwürdigung aller Umstände des Einzelfalls zu bestimmen, zu berücksichtigen sind u.a. Anlass der Reise, die Programme, die tatsächliche Durchführung sowie der Teilnehmerkreis (homogene Zusammensetzung?). Zum Nachweis der tatsächlichen Teilnahme an den Veranstaltungen bedarf es **nicht in jedem Fall eines Anwesenheitstestats**, wenn sie anderweitig glaubhaft ist (zuletzt BFH v. 22.7.2008, VI R 2/07, www.stotax-first.de, betr. einen Apothekerkongress in Meran). Auch die Nichtteilnahme an einzelnen Veranstaltungen ist im Hinblick „auf die Begrenztheit der geistigen Aufnahmefähigkeit des Menschen unschädlich" (BFH v. 11.1.2007, VI R 8/05, BStBl II 2007, 457 betr. einen Ärztekongress in St. Anton am Arlberg).

bb) Weitere Rechtsprechungsnachweise

Voll anerkannt (der private Anteil lag unter 10 %) hat der BFH den Werbungskostenabzug zuletzt für Aufwendungen (insoweit kann die ältere BFH-Rechtsprechung im Zweifelsfall weiter angewendet werden) 2453

- eines **Oberarztes** für die Teilnahme an einem Fachkongress in St. Anton am Arlberg (BFH v. 11.1.2007, VI R 8/05, BStBl II 2007, 457);
- eines **Pharmazeuten** für die Teilnahme an einem Fortbildungskongress für praktische und wissenschaftliche Pharmazie der Bundesapothekerkammer in Meran (BFH v. 22.7.2008, VI R 2/07, www.stotax-first.de);
- eines **Pfarrers** anlässlich einer Pilgerwallfahrt nach Rom und einer Tertiatskursfahrt nach Jordanien, sofern die weiteren Ermittlungen des Finanzgerichts ergeben, dass die Teilnahme an diesen Reisen zu seinen dienstlichen Aufgaben gehörte (BFH v. 9.12.2010, VI R 42/09, BStBl II 2011, 522).

Teilweise anerkannt (ggf. muss der genaue berufliche Anteil noch vom FG ermittelt werden) hat der BFH den Werbungskostenabzug zuletzt für Aufwendungen

- eines „**EDV-Controllers**" für den Besuch einer Computer-Messe in Las Vegas mit anschließendem Kurzurlaub (BFH v. 21.9.2009, GrS 1/06, BStBl II 2010, 672);
- eines **Unfallarztes** für die Teilnahme an einem Fortbildungskurs zur Erlangung der Zusatzbezeichnung „Sportmedizin" (BFH v. 21.4.2010, VI R 66/04, BStBl II 2010, 685);
- einer **Englischlehrerin** für eine einwöchige Fortbildungsreise nach Dublin (BFH v. 21.4.2010, VI R 5/07, BStBl II 2010, 687);
- eines **Unternehmers** für die Teilnahme an sog. Delegationsreisen hochgestellter Politiker und an einer Jahrestagung Weltwirtschaftsforum in Davos (BFH v. 9.3.2010, VIII R 32/07, HFR 2010, 819);
- eines **Steuerberaters** nebst Ehefrau für eine Reise nach Hongkong und Bangkok auf Wunsch eines Mandanten, um ihn bei Vertragsverhandlungen beraten zu können; der berufliche Anteil konnte bisher nicht genau beziffert werden, eine willkürliche Schätzung hat der BFH abgelehnt (BFH v. 1.6.2010, VIII R 80/05, www.stotax-first.de);
- einer **Romanschreiberin** für Reisen u.a. nach Neuseeland, um dort für ihr Buch zu recherchieren (BFH v. 24.8.2012, III B 21/12, www.stotax-first.de).

Insgesamt abgelehnt (eine Aufteilung der Reisekosten war nicht möglich) hat der BFH den Werbungskostenabzug zuletzt für Aufwendungen

- des **Gesellschafters einer Steuerberater- bzw. Rechtsanwalts-Sozietät** für die Teilnahme an einer „Fachstudienreise" nach Vietnam und Singapur, weil – auch wenn auf dieser Reise Geschäfte angebahnt und Mandanten geworben werden sollten – kein Zeitabschnitt ausschließlich beruflichen Zwecken zugeordnet werden konnte (BFH v. 5.2.2010, IV B 57/09, www.stotax-first.de);
- eines **Unternehmers** in die Türkei zur „Erschließung neuer Märkte" (BFH v. 23.3.2011, X R 44/09, HFR 2011, 944);
- einer **Lehrerin** für Auslandsgruppenreisen nach China und Paris, weil kein unmittelbarer beruflicher Anlass für die Reisen vorlag. Auch wenn eine Reise von einem Fachverband angeboten und beworben, dann jedoch im Wesentlichen durch einen kommerziellen Reiseveranstalter durchgeführt wird, so wird ein Werbungskostenabzug regelmäßig ausscheiden, wenn die Reise nach Programm und Ablauf einer allgemeinbildenden Studienreise entspricht (BFH v. 19.1.2012, VI R 3/11, BStBl II 2012, 416).

Unter welchen Voraussetzungen **Aufwendungen für Gruppeninformations- und Studienreisen als Betriebsausgaben oder Werbungskosten** abgesetzt werden können, ist in R 12.2 EStR und H 12.2 EStH ausführlich dargestellt. S. ferner OFD Frankfurt v. 13.4.2012, S 2227 A – 3 – St 217, www.stotax-first.de, betr. einkommensteuerliche Behandlung der Aufwendungen für Studienreisen und Fachkongresse.

12. Mitnahme des Ehegatten

2454 In der Praxis kommt es besonders bei Reisen von **Arbeitnehmern in leitender Funktion** vor, dass sie auf einer Auswärtstätigkeit von ihrem Ehegatten oder auch von Familienangehörigen begleitet werden, möglicherweise, weil die Mitnahme von Geschäftspartnern oder Kollegen erwartet wird oder weil die Angehörigen fremde Städte kennen lernen wollen. Dies gilt besonders für sog. **Kongress- und Studienreisen** ins Ausland.

Steuerlich ist wie folgt zu differenzieren:

a) Unmittelbarer beruflicher Anlass

2455 Liegt der Auswärtstätigkeit ein **unmittelbarer beruflicher Anlass zu Grunde** (z.B. Fahrt zu Kunden oder Lieferanten, Besuch einer Messe oder einer Fachtagung), ist die Mitnahme von Familienangehörigen für die steuerliche Behandlung der Aufwendungen beim Arbeitnehmer selbst „unschädlich" (zuletzt BFH v. 9.3.2010, VIII R 32/07, HFR 2010, 819 betr. Mitnahme der Ehefrau zu einer Tagung des Weltwirtschaftsforums in Davos). Der Arbeitnehmer kann nicht steuerfrei erstattete Kosten als Werbungskosten absetzen. Insbesondere führt die Mitnahme des Ehegatten oder Lebensgefährten nicht zu einer geringeren Berücksichtigung der Kosten der Hin- und Rückreise (BFH v. 24.8.2012, III B 21/12, www.stotax-first.de).

Der Arbeitgeber kann die Kosten in dem Umfang nach § 3 Nr. 16 EStG steuerfrei ersetzen, wie sie **ohne Mitnahme der Familienangehörigen entstanden wären**, d.h., dass besonders bei den Unterkunftskosten nur der auf den Arbeitnehmer entfallende berufliche Anteil berücksichtigt werden kann (dazu ausführlich → Reisekosten: Erstattungen Rz. 2502 ff).

Die **Mehrkosten für die Mitnahme der Familienangehörigen** dürfen steuerlich auch dann **nicht berücksichtigt** werden, wenn (im Zweifelsfall gilt die alte BFH-Rechtsprechung weiter, s. BMF v. 6.7.2010, IV C 3 – S 2227/07/10003 :002, BStBl I 2010, 614 Tz. 18)

- die **Mitnahme aus beruflichen Gründen erfolgt**, weil dem Arbeitnehmer aus seiner beruflichen Stellung heraus gewisse **Repräsentationspflichten** obliegen. Die dadurch erwachsenden Aufwendungen sind eine Folge der beruflichen und gesellschaftlichen Stellung dieser Arbeitnehmer und gehören daher zu den steuerlich nicht abzugsfähigen **Kosten der Lebensführung** nach § 12 Nr. 1 Satz 2 EStG, selbst wenn der Beruf des Arbeitnehmers dadurch gefördert wird (vgl. dazu z.B. BFH v. 25.3.1993, VI R 58/92, BStBl II 1993, 639 betr. Mitnahme der Ehefrau auf eine vom Arbeitgeber veranstaltete Händler-Incentive-Reise),

- **ausländische Vertragspartner die Familie kennen lernen** wollten (vgl. entsprechend BFH v. 26.11.1997, X R 146/94, www.stotax-first.de, betr. Japanreise eines Gewerbetreibenden mit der Ehefrau und seinen drei Kindern zur Führung von Verkaufsverhandlungen),

- die Ehefrau den Arbeitnehmer bei seiner **Tätigkeit unterstützt** und der Arbeitgeber die Mitnahme ausdrücklich wünscht (vgl. zuletzt BFH v. 23.10.2000, VI B 200/97, www.stotax-first.de, sowie z.B. FG Saarland v. 28.2.1992, 1 K 389/91, EFG 1992, 442 betr. die Mitnahme der Ehefrau eines Lehrers auf Klassenfahrt als Begleitperson, selbst wenn die Schulbehörde die Mitnahme genehmigt hat).

Etwas anderes gilt ausnahmsweise dann, wenn die **Ehefrau** im Betrieb des Arbeitgebers ebenfalls wie eine **vollwertige Arbeitskraft tätig** ist und die Teilnahme der Ehefrau ebenso als nahezu ausschließlich beruflich anzusehen ist, wie dies bei der Teilnahme eines fremden Angestellten der Fall gewesen wäre (BFH v. 13.2.1980, I R 178/78, BStBl II 1980, 386; BFH v. 18.2.1994, VI R 53/93, www.stotax-first.de). Dies gilt **nicht für ein geringfügiges Beschäftigungsverhältnis** mit dem Ehegatten (FG Sachsen v. 27.8.2003, 6 K 184/01, EFG 2003, 1770 betr. Mitnahme der Ehefrau auf eine beruflich veranlasste dreimonatige Auslandsreise),

- die Begleitung des Arbeitnehmers aus **gesundheitlichen Gründen erforderlich** ist (vgl. zuletzt BFH v. 23.10.2000, VI B 200/97, www.stotax-first.de).

Soweit Aufwendungen (Flug-, Hotel-, Verpflegungs- oder Nebenkosten) für den mitreisenden Ehegatten oder Familienangehörige vom **Arbeitgeber übernommen** werden, gehören diese in vollem Umfang zum **steuerpflichtigen Arbeitslohn** des Arbeitnehmers. Ein Werbungskostenabzug ist hinsichtlich der Aufwendungen für die Familienangehörigen nicht zulässig.

Auch bei Teilnahme eines Ehegatten oder Lebensgefährten an einer gemischt veranlassten Reise kann ggf. eine Aufteilung der gemischt veranlassten Kosten (wie z.B. die Kosten der Hin- und Rückreise) anhand von feststehenden Zeitanteilen in Betracht kommen (BFH v. 24.8.2012, III B 21/12, www.stotax-first.de).

> **Beispiel:**
> A, GmbH-Geschäftsführer, fuhr zu einer Messe nach Frankreich und hat seine Ehefrau, die als Fremdsprachensekretärin ausgebildet ist, als Dolmetscherin mitgenommen. Während der Reise wurde der Pkw aufgebrochen und diverse Gegenstände, u.a. der Mantel der Ehefrau, gestohlen.
>
> Der BFH hat nur die dem Ehemann gestohlenen Gegenstände als Werbungskosten anerkannt (BFH v. 30.6.1995, VI R 26/95, BStBl II 1995, 744). Den Werbungskostenabzug für den Mantel der Ehefrau hat er im Hinblick auf § 12 Nr. 1 Satz 2 EStG abgelehnt. Das gilt nach dem Urteil auch dann, wenn die Ehefrau den Arbeitnehmer bei seiner beruflichen Tätigkeit unterstützt hat.

b) Studienreisen, Kongressreisen u.Ä.

2456 Die oben dargestellten Grundsätze gelten auch dann, wenn der Reise – wie es bei Studien- und Kongressreisen im Allgemeinen der Fall ist – **kein konkreter beruflicher Anlass zu Grunde** liegt, die Reise vielmehr der allgemeinen Information dienen soll. Die ggf. vom Arbeitgeber übernommenen Kosten für Familienangehörige stellen dann ebenfalls steuerpflichtigen Arbeitslohn dar.

Anders als bei Reisen, denen **ein konkreter beruflicher Anlass zu Grunde** liegt, wird sich bei Studien- und Kongressreisen aus der Teilnahme von Familienangehörigen regelmäßig sogar ein Hinweis auf einen **insgesamt gesellschaftlichen Charakter** der Reise ergeben mit der Folge, dass auch die **Reisekosten des Arbeitnehmers selbst steuerlich nicht berücksichtigt** werden können, ausgenommen etwaige abgrenzbare Mehrkosten wie z.B. Kongressgebühren oder Eintrittsgelder (zuletzt BFH v. 21.9.2009, GrS 1/06, BStBl II 2010, 672). Dies gilt insbesondere für sog. Kongressreisen, wenn der Ehegatte oder Lebensgefährte mitgenommen wird und der Besuch des Kongresses mit einem **Kurzurlaub verbunden** wird (BFH v. 18.7.1997, VI R 10/97, www.stotax-first.de).

Aber auch hier hat die Rechtsprechung **Ausnahmen** zugelassen, wenn z.B.

- an einer Fachstudienreise, an der 36 Ingenieure teilgenommen haben, **lediglich drei Ehefrauen mitgefahren** sind – die „Homogenität" der Reisegruppe wird dadurch nicht beeinträchtigt (FG Hamburg v. 16.12.1992, III 281/91, EFG 1993, 506);

- eine Ärztin auf einer Kongressreise von ihrer Mutter begleitet wird, nach dem Ablauf des Programms aber **kaum Zeit für gemeinsame Unternehmungen** bleibt (FG Köln v. 11.4.2001, 10 K 723/96, www.stotax-first.de).

13. Abgrenzung zu Wegen zwischen Wohnung und Arbeitsstätte und Familienheimfahrten

2457 Es kommt häufig vor, dass ein Arbeitnehmer gebeten wird, auf dem morgendlichen Weg zur Arbeit oder dem Rückweg dienstliche Angelegenheiten zu erledigen, z.B. das **Abholen der Post** oder die **Belieferung eines Kunden**. Wenn in solchen Fällen nur ein kurzer Umweg erforderlich ist und sich der **Charakter der Fahrt** als „Weg zwischen Wohnung und erster Tätigkeitsstätte" oder als „Familienheimfahrt" im Rahmen einer doppelten Haushaltsführung nicht wesentlich ändert, werden diese Fahrten **nicht zu „Dienstreisen"**. Andernfalls hätte es fast jeder Arbeitnehmer in der Hand, durch Aussuchen entsprechender Umwegstrecken zwecks Erledigung beruflicher Angelegenheiten aus einem „Weg zwischen Wohnung und erster Tätigkeitsstätte" oder einer „Familienheimfahrt" eine Fahrt zu machen, die ihn zum vollen Abzug der Kosten und ggf. der steuerfreien Erstattung durch den Arbeitgeber berechtigt. In solchen Fällen können lediglich die durch das Dienstgeschäft jeweils entstandenen **Mehrkosten** im Umfang der über die gewöhnliche Entfernung von Wohnung und erster Tätigkeitsstätte hinausgehenden Fahrtstrecke – zusätzlich zum Ansatz der Entfernungspauschale – als Werbungskosten berücksichtigt werden (zuletzt BFH v. 19.5.2015, VIII R 12/13, www.stotax-first.de, betr. durch **Mandantenbesuche** unterbrochene

Reisekosten: Allgemeine Grundsätze

keine Sozialversicherungspflicht = ⓢⱽ̸
Sozialversicherungspflicht = ⓢⱽ

Fahrten zwischen Wohnung oder Betriebsstätte eines Steuerberaters; das Urteil gilt für den Arbeitnehmerbereich sinngemäß). S.a. H 9.10 (Dienstliche Verrichtung auf der Fahrt) LStH.

Anders ist es hingegen, wenn der Arbeitnehmer auf der Fahrt zwischen Wohnung und erster Tätigkeitsstätte einen Kunden **des Arbeitgebers aufsucht und dadurch eine wesentliche Änderung des Charakters der Fahrt eintritt**. In diesem Fall ist die gesamte Fahrt als Dienstfahrt zu werten.

> **Beispiel:**
> A ist Ärztin. Ihre Fahrten zwischen Wohnung und Praxis verbindet sie mit Hausbesuchen.
>
> Durch die Hausbesuche verlieren die Fahrten nicht ihren Charakter als „Wege zwischen Wohnung und erster Tätigkeitsstätte", weil das Aufsuchen der Praxis im Vordergrund steht (FG München v. 6.6.2014, 8 K 3322/13, www.stotax-first.de, m.w.N.). Es handelt sich nicht um Dienstreisen.
>
> Diese Grundsätze gelten auch für Arbeitnehmer. Vom Arbeitgeber können allenfalls etwaige Umwegstrecken steuerfrei erstattet werden.

Ein „Weg zwischen Wohnung und erster Tätigkeitsstätte" verliert diesen Charakter auch dann nicht, wenn das Fahrzeug **wie ein Büro eingerichtet** ist und der Arbeitnehmer auf dieser Fahrt – weil das Fahrzeug von einem Fahrer gesteuert wird – berufliche Aufgaben erledigt, z.B. Briefe schreibt bzw. diktiert (BFH v. 27.9.1996, VI R 84/95, BStBl II 1997, 147 betr. Vorstandsmitglieder eines Verbands).

Wenn ein Arbeitnehmer nach Beendigung einer Auswärtstätigkeit direkt nach Hause fährt, **endet die Auswärtstätigkeit mit Erreichen der Wohnung**. Die „morgendliche Fahrt" zum Betrieb kann nicht mehr der Auswärtstätigkeit zugerechnet werden, sondern stellt einen „Weg zwischen Wohnung und erster Tätigkeitsstätte" dar (BFH v. 20.12.1991, VI R 116/89, BStBl II 1992, 308).

14. Nachweise

2458 Der Arbeitnehmer hat seinem Arbeitgeber Unterlagen vorzulegen, aus denen die Voraussetzungen für die steuerfreie Erstattung ersichtlich sein müssen. Aus diesen Unterlagen müssen zumindest erkennbar sein

- das Datum der Reisen mit den konkreten Abwesenheitszeiten,
- der konkrete Anlass der Reisen, wie z.B. die Art der Veranstaltung oder die Gesprächspartner, sowie
- die entstandenen Kosten (BFH v. 9.8.2005, XI B 192/03, www.stotax-first.de).

Der Arbeitgeber hat diese Unterlagen als **Belege zum Lohnkonto** aufzubewahren (R 9.5 Abs. 2 Satz 2 sowie R 9.8 Abs. 3 Satz 3 LStR). Es reicht aus, wenn die Reisekostenabrechnungen in einem besonderen Ordner aufbewahrt werden und ein leichter Zugriff auf die Belege möglich ist. Soweit tatsächlich entstandene Aufwendungen erstattet werden, z.B. Fahrt- und Übernachtungskosten, müssen sich aus den Unterlagen auch die tatsächlichen Kosten ergeben. Verpflegungsmehraufwendungen können nur bis zur Höhe der von der Abwesenheitsdauer abhängenden Verpflegungspauschbeträge steuerfrei ersetzt werden. Insoweit ist in den Unterlagen auch die Abwesenheitsdauer anzugeben (vgl. BMF v. 29.9.1998, IV C 5 – S 2334 – 1/98, www.stotax-first.de, betr. Reisekostenabrechnungen mittels **Firmenkreditkarte**), auch → *Firmenkreditkarte* Rz. 1221.

Die **Beweislast**, dass steuerfreie Reisekostenvergütungen vorgelegen haben, trifft im Lohnsteuerabzugsverfahren den Arbeitgeber, bei der Einkommensteuerveranlagung dagegen den Arbeitnehmer, wobei die Behandlung beim Lohnsteuerabzug das Wohnsitz-Finanzamt bei der Einkommensteuerveranlagung des Arbeitnehmers grundsätzlich nicht bindet (BFH v. 5.7.1996, VI R 76/95, HFR 1997, 9 und zuletzt BFH v. 3.8.2000, VI B 72/00, www.stotax-first.de).

15. Lohnsteuerabzug von Arbeitgeberleistungen

a) Zusammenfassung der Erstattungsarten

2459 Zur Ermittlung der steuerfreien Leistungen (Geld und Sachbezüge) für Reisekosten dürfen die einzelnen Aufwendungsarten (Fahrtkosten, Mehraufwendungen für Verpflegung, Übernachtungskosten, Reisenebenkosten) zusammengefasst werden; die Leistungen sind steuerfrei, soweit sie die Summe der zulässigen Leistungen nicht übersteigen. Hierbei können **mehrere Reisen zusammengefasst** abgerechnet werden (R 3.16 LStR, BMF v. 24.10.2014, IV C 5 – S 2353/14/10004, BStBl I 2014, 1412 Rdnr. 128).

> **Beispiel 1:**
> A ist von seinem Arbeitgeber zu einem vierwöchigen Lehrgang entsandt worden. Der Arbeitgeber hat die Hotelkosten, Verpflegungsmehraufwendungen pauschal mit 25 € täglich und Fahrtkosten (einschließlich wöchentlicher Familienheimfahrten) erstattet, allerdings nur mit den niedrigeren Kosten für öffentliche Verkehrsmittel. Tatsächlich ist A mit seinem Pkw gefahren.
>
> Für die Frage, inwieweit die Reisekostenvergütungen zu versteuern sind, hat der Arbeitgeber folgende Vergleichsrechnung durchgeführt:
>
> **Erstattungen des Arbeitgebers**
>
> | | |
> |---|---:|
> | a) Verpflegung pauschal 25 € × 22 Tage (ohne Wochenenden) | 550 € |
> | b) Fahrtkosten Bahn 8 Fahrten × 50 € | 400 € |
> | c) Übernachtungskosten laut Hotelrechnung 30 Tage × 50 € | 1 500 € |
> | zusammen | 2 450 € |
>
> **Steuerfrei bleibende Beträge**
>
> | | |
> |---|---:|
> | a) Verpflegung pauschal 24 € × 20 Tage, An- und Abreisetag je 12 € | 504 € |
> | b) Fahrtkosten mit dem Pkw: 2 400 km × 0,30 €/km | 720 € |
> | c) Übernachtungskosten wie oben | 1 500 € |
> | zusammen | 2 724 € |
>
> Der Arbeitgeber hat insgesamt 46 € zu viel Tagegeld gezahlt, andererseits hätte er aber die Fahrtkosten mit dem Pkw in voller Höhe oder mit dem pauschalen km-Satz von 0,30 € steuerfrei erstatten können. Nach Zusammenfassung der einzelnen Erstattungsarten verbleibt daher kein zu versteuernder Teilbetrag der Reisekostenvergütung.

> **Beispiel 2:**
> Im Rahmen einer längerfristigen beruflichen Auswärtstätigkeit wird ein Monteur für die Dauer von 6 Monaten (110 Arbeitstage) an derselben Tätigkeitsstätte tätig. Die arbeitstägliche Abwesenheit von seiner Wohnung und der ersten Tätigkeitsstätte beträgt jeweils mehr als 8 Stunden. Während der 6 Monate seiner Tätigkeit steht dem Monteur nach Reiserichtlinie des Arbeitgebers ein Anspruch auf ein Tagegeld i.H.v. insgesamt 660 € zu (110 Arbeitstage x 6 €/Arbeitstag).
>
> a) Erfolgt eine **monatliche Reisekostenabrechnung,** können die Tagegelder der ersten 3 Monate steuerfrei geleistet werden:
>
> Steuerfreie Verpflegungs-
> pauschalen: 55 Arbeitstage x 12 €/Arbeitstag = 660 €
> Gezahltes Tagegeld: 55 Arbeitstage x 6 €/Arbeitstag = 330 €
> Der Arbeitnehmer könnte somit zusätzlich für die ersten 3 Monate noch 330 € als Werbungskosten geltend machen.
>
> Die Tagegelder der folgenden 3 Monate sind steuerpflichtig und der Arbeitnehmer kann keine Werbungskosten mehr geltend machen.
>
> Steuerfreie Verpflegungs-
> pauschalen: = 0 €
> Gezahltes Tagegeld: 55 Arbeitstage x 6 €/Arbeitstag = 330 €
>
> b) Wird die **längerfristige berufliche auswärtige berufliche Tätigkeit zusammengefasst abgerechnet**, können die Tagegelder der gesamten 6 Monate steuerfrei gezahlt werden. Der Arbeitnehmer kann dann keinen Werbungskostenabzug mehr geltend machen.
>
> Steuerfreie Verpflegungs-
> pauschalen: 55 Arbeitstage x 12 €/Arbeitstag = 660 €
> Gezahltes Tagegeld: 110 Arbeitstage x 6 €/Arbeitstag = 660 €

In den Fällen, in denen keine steuerfreie Verpflegungspauschale gezahlt werden darf, ist es nicht zu beanstanden, wenn der Arbeitgeber bei einer von ihm zur Verfügung gestellten Mahlzeit eine Verrechnung des anzusetzenden Sachbezugswertes mit steuerfrei zu erstattenden Fahrt-, Unterkunfts- oder Reisenebenkosten vornimmt.

> **Beispiel 3:**
> Der Arbeitnehmer A nimmt an einem halbtägigen auswärtigen Seminar mit Mittagessen teil und ist 6 Stunden von seiner Wohnung und der ersten Tätigkeitsstätte abwesend. Für die Fahrt zum Seminar nutzt A seinen privaten PKW und könnte für die entstandenen Fahrtkosten eine steuerfreie Erstattung i.H.v. 30 € von seinem Arbeitgeber beanspruchen.
>
> Der Arbeitgeber kann die von ihm i.R.d. Seminars gestellte Mahlzeit mit dem Sachbezugswert individuell oder pauschal mit 25 % versteuern oder von den zu erstattenden 30 € abziehen.

[LSt] = keine Lohnsteuerpflicht
[LSt] = Lohnsteuerpflicht

Diese **Saldierungsmöglichkeit** kann z.B. **auch von Bedeutung** sein, **wenn der Arbeitgeber**

- für Fahrten mit dem Pkw eine **niedrigere Wegstreckenentschädigung** als 0,30 €/km zahlt (im öffentlichen Dienst z.B. 0,22 €/km),
- sich bei der Zahlung von **Verpflegungspauschalen** nicht genau an die gesetzlichen Vorgaben hält,
- auch für die **Wochenenden**, an denen der Arbeitnehmer Familienheimfahrten unternimmt, die vollen **Verpflegungspauschalen zahlt**.

b) Sonstige Bezüge

2460 Soweit auch nach Zusammenfassung der einzelnen Aufwendungsarten die **Reisekostenvergütungen** des Arbeitgebers nicht in voller Höhe steuerfrei belassen werden können, können sie als **sonstige Bezüge behandelt** werden (Arbeitgeber-Merkblatt 1996, BStBl I 1995, 719 Rdnr. 8). Deshalb entfällt die individuelle Besteuerung, wenn das Betriebsstättenfinanzamt auf Antrag des Arbeitgebers die **Pauschalbesteuerung** nach § 40 Abs. 1 Satz 1 Nr. 1 EStG mit einem besonderen Pauschsteuersatz zulässt (R 40.2 Abs. 4 Satz 2 LStR). Dies setzt u.a. voraus, dass die pauschal zu besteuernden Beträge – ggf. zusammen mit anderen pauschal besteuerten Bezügen des Arbeitnehmers – **1 000 € jährlich nicht übersteigen** (→ *Pauschalierung der Lohnsteuer* Rz. 2174).

Eine **Pauschalbesteuerung der Sachbezugswerte** für vom Arbeitgeber veranlasste Mahlzeiten **ist nicht möglich**. Der Pauschsteuersatz von 25 % nach § 40 Abs. 2 Satz 1 Nr. 1 EStG gilt nur für arbeitstägliche Mahlzeiten außerhalb von Auswärtstätigkeiten.

c) Pauschalbesteuerung von Vergütungen für Verpflegungsmehraufwendungen

2461 Einzelheiten zu der ab 1997 eingeführten Pauschalbesteuerung von Vergütungen für Verpflegungsmehraufwendungen mit 25 % – soweit die steuerfreien Beträge überschritten werden – → *Reisekosten: Erstattungen* Rz. 2516 ff.

d) Zeitpunkt der Versteuerung

2462 Grundsätzlich sind die steuerpflichtigen Teile von Reisekostenvergütungen bei der **nächstmöglichen Lohnabrechnung** zu versteuern. Aus Vereinfachungsgründen beanstandet es die Finanzverwaltung jedoch nicht, wenn die steuerpflichtigen Teile von Reisekostenvergütungen bis zu einer **Obergrenze von 153 € monatlich beim einzelnen Arbeitnehmer nur mindestens vierteljährlich abgerechnet und versteuert** werden. Äußere zeitliche Grenze hierbei ist das Kalenderjahr oder die Dauer des Dienstverhältnisses.

Dies gilt auch für die Besteuerung der **Sachbezugswerte** für kostenlose Mahlzeiten, die vom Arbeitgeber oder auf dessen Veranlassung von einem Dritten auf Dienstreisen abgegeben werden (OFD Frankfurt v. 29.5.2013, S 2338 A – 43 – St 211, StEd 2013, 413). Anträge von Arbeitgeberseite, die Versteuerung aus Vereinfachungsgründen nur **einmal am Jahresende** vorzunehmen, hat die Finanzverwaltung damit **abgelehnt**.

Bei **Abschlagszahlungen**, die Dienstreisende vor Antritt der Dienstreise erhalten, sind im Zeitpunkt der Zahlung noch keine steuerlichen Folgen zu ziehen, auch wenn die Abschlagszahlung die steuerlich zulässigen Beträge überschreitet.

16. Vorsteuerabzug

2463 Zum Vorsteuerabzug für Reisekosten (Auswärtstätigkeiten) von Arbeitnehmern → *Vorsteuerabzug* Rz. 3112.

17. Sozialversicherung

2464 Die Steuerfreiheit von Reisekostenvergütungen, Umzugskostenvergütungen und Trennungsgeldern hat zur Folge, dass diese auch nicht dem Arbeitsentgelt in der Sozialversicherung zugerechnet werden können (§ 1 Abs. 1 Satz 1 Nr. 1 SvEV). Ersetzt der Arbeitgeber geringere Beträge als steuerlich zulässig, kann der Arbeitnehmer die Differenz als **Werbungskosten** absetzen. Werbungskosten mindern jedoch das beitragspflichtige Entgelt in der Sozialversicherung nicht.

Beitragsfrei sind aber auch die steuerpflichtigen Teile von Reisekostenvergütungen (Verpflegungszuschüsse), die nach § 40 Abs. 2 Satz 1 Nr. 4 EStG pauschal versteuert werden (§ 1 Abs. 1 Satz 1 Nr. 3 SvEV), dazu → *Reisekosten: Erstattungen* Rz. 2516.

Bei der Einkommensteuer bzw. **Lohnsteuer ist eine „Gesamtrechnung" zulässig**, d.h., dass z.B. steuerpflichtige Tagegelder mit nicht „voll" erstatteten Fahrtkosten verrechnet werden können. Diese Regelung wird seit dem 1.1.2002 auch in der Sozialversicherung angewendet. Dies bedeutet, dass die vom Arbeitgeber erstatteten Reisekosten nicht dem Arbeitsentgelt zuzurechnen sind, soweit sie im Rahmen der Lohnsteuer-Richtlinien (R 3.16 LStR) steuerfrei belassen werden (Besprechungsergebnis der Spitzenverbände der Sozialversicherungsträger v. 21./22.11.2001).

Darüber hinaus führt eine Umwandlung von steuerpflichtigem Arbeitslohn in eine nach § 3 Nr. 16 EStG steuerfreie Reisekostenvergütung nicht zur Minderung des beitragspflichtigen Arbeitsentgelts in der Sozialversicherung (Besprechungsergebnis der Spitzenverbände der Sozialversicherungsträger v. 10./11.4.2002).

Reisekosten: Erstattungen

Inhaltsübersicht:

		Rz.
1.	Allgemeines	2465
2.	Fahrtkosten	2466
	a) Allgemeines	2466
	b) Öffentliche Verkehrsmittel	2467
	c) Erstattung der nachgewiesenen Kfz-Kosten	2468
	d) Individuelle Kilometersätze	2469
	e) Pauschale Kilometersätze	2470
	f) Nicht abgegoltene Kfz-Kosten	2471
	g) Zu berücksichtigende Fahrten	2472
3.	Verpflegungsmehraufwendungen	2474
	a) Allgemeines	2474
	b) Inlandspauschalen	2475
4.	Auslandsreisen	2479
	a) Allgemeines	2479
	b) Eintägige Auswärtstätigkeit	2480
	c) Mehrtägige Auswärtstätigkeit	2481
	d) Zusammentreffen von Inlands- und Auslandsreisen	2482
	e) Auswärtstätigkeiten in verschiedenen ausländischen Staaten	2483
	f) Flugreisen	2484
	g) Schiffsreisen	2485
5.	Dreimonatsfrist	2486
	a) Allgemeines	2486
	b) Anrechnung von Auswärtstätigkeiten	2487
	c) Keine Dreimonatsfrist	2488
	d) Tätigkeit an derselben Tätigkeitsstätte	2489
	e) Wechsel der Tätigkeitsstätte	2490
6.	Kürzung der Verpflegungspauschalen	2491
	a) Allgemeines	2491
	b) Weitere Voraussetzungen der Kürzung	2492
	c) „Kürzung der Kürzung"	2493
	d) Ermittlung der Pauschalen bei gemischt veranlassten Veranstaltungen mit Mahlzeitengestellung	2494
7.	Konkurrenzregelungen	2495
8.	Bescheinigung des Großbuchstabens „M"	2496
9.	Unterkunftskosten	2497
	a) Allgemeines	2497
	b) Berufliche Veranlassung	2498
	c) Kürzung um Mahlzeiten	2499
	d) Notwendige Mehraufwendungen	2500
	e) Mitnahme von Angehörigen	2502
	f) Begrenzte Berücksichtigung von Unterkunftskosten (48-Monatsfrist)	2503
	g) Pauschalen	2505
	h) Pauschalierte Gesamt-Reisekosten	2506
	i) Bahn-, Flug- und Schiffsreisen	2507
	j) Wahlrecht zwischen Pauschale und Einzelnachweis	2508
	k) Besonderheiten bei Einsatzwechseltätigkeit	2509
	l) Besonderheiten bei Fahrtätigkeit	2510
	m) Werbungskostenabzug	2512
10.	Unterkunftskosten und Verpflegungsmehraufwendungen bei vorübergehend entsandten Arbeitnehmern	2513
11.	Reisenebenkosten	2514
12.	Aufzeichnungen und Nachweise	2515

Reisekosten: Erstattungen

13. Pauschalversteuerung von Verpflegungszuschüssen 2516
    a) Allgemeine Grundsätze 2516
    b) Verrechnung der einzelnen Aufwandsarten 2517
    c) Zusammentreffen von doppelter Haushaltsführung mit Auswärtstätigkeiten 2518

1. Allgemeines

2465 Unter diesem Stichwort wird zur besseren Übersicht nur dargelegt, welche Aufwendungen der Arbeitnehmer bei **auswärtigen beruflichen Tätigkeiten** (kurz: Auswärtstätigkeiten) als Werbungskosten abziehen bzw. der Arbeitgeber seinen Arbeitnehmern steuerfrei erstatten darf. Übersichten und Tabellen hierzu finden sich im Anhang (→ Anhang, A. Lohnsteuer Rz. 3390).

Die allgemeinen Voraussetzungen für die Annahme einer **Auswärtstätigkeit** sind unter → Reisekosten: Allgemeine Grundsätze Rz. 2409 erläutert.

Wie die **Mahlzeitengestellung** anlässlich von Auswärtstätigkeiten steuerlich zu behandeln ist, ist unter → Mahlzeiten aus besonderem Anlass Rz. 1976 dargestellt.

Zu den Änderungen durch die **Reisekostenreform 2014** – einschließlich Gesetzesbegründung – s. „**ABC des Lohnbüros**" 2014 Rdnr. 2251 ff.

Ausführliche Erläuterungen zur Reform des Reisekostenrechts ab 2014 enthält zum Arbeitnehmerbereich das ergänzte Einführungsschreiben des BMF v. 24.10.2014, IV C 5 – S 2353/14/10004, BStBl I 2014, 1412, dessen Inhalt nachstehend wiedergegeben wird. Zu den Auswirkungen des neuen Reisekostenrechts bei der **Gewinnermittlung** wird auf BMF v. 23.12.2014, IV C 6 – S 2145/10/10005 :001, BStBl I 2015, 26 hingewiesen.

Die Erstattung von Reisekosten durch „**private**" **Arbeitgeber** ist nach § 3 Nr. 16 EStG steuerfrei, soweit keine höheren Beträge erstattet werden, als sie beim Arbeitnehmer als **Werbungskosten** abziehbar wären, vgl. H 9.5 (Werbungskostenabzug und Erstattung durch den Arbeitgeber) LStH, H 9.6 (Erstattung durch den Arbeitgeber) LStH, H 9.7 (Steuerfreiheit der Arbeitgebererstattungen) LStH sowie R 9.8 Abs. 3 LStR und zuletzt BFH v. 27.4.2001, VI R 2/98, BStBl II 2001, 601. Die Steuerbefreiung des § 3 Nr. 16 EStG kommt auch dann zur Anwendung, wenn der Arbeitgeber nicht einen Geldbetrag, sondern die damit zu erlangende **Sachleistung** (z.B. Verpflegungskosten bei Auswärtstätigkeiten) unmittelbar zuwendet (BFH v. 19.11.2008, VI R 80/06, BStBl II 2009, 547; BMF v. 13.7.2009, IV C 5 – S 2334/08/10013, BStBl I 2009, 771; R 3.16 Satz 1 LStR). Für den **öffentlichen Dienst** gilt die Steuerbefreiungsvorschrift des § 3 Nr. 13 EStG (→ Reisekostenvergütungen aus öffentlichen Kassen Rz. 2519).

Welche Aufwendungen der Arbeitgeber steuerfrei ersetzen darf, soll nachfolgend dargestellt werden. Zu unterscheiden sind

- **Fahrtkosten** (→ Rz. 2466),
- **Mehraufwendungen für Verpflegung** (→ Rz. 2474),
- **Übernachtungskosten** (→ Rz. 2497),
- **Reisenebenkosten** (→ Rz. 2514).

2. Fahrtkosten

a) Allgemeines

2466 Der Arbeitgeber darf grundsätzlich alle **tatsächlichen Fahrtkosten steuerfrei erstatten**, die Wahl des Verkehrsmittels bleibt dem Arbeitnehmer oder Arbeitgeber überlassen (§ 9 Abs. 1 Satz 3 Nr. 4a Satz 1 EStG). Eine Einschränkung gilt nur, wenn die **Kosten im Einzelfall unangemessen** sein sollten, wie z.B. bei Nutzung eines **Pkw der Luxusklasse** (vgl. zuletzt BFH v. 29.4.2014, VIII R 20/12, BStBl II 2014, 679 betr. den Ferrari Spider eines Tierarztes) oder eines **Privatflugzeugs zu Auswärtstätigkeiten** (R 9.1 Abs. 1 Satz 3 LStR sowie zuletzt FG Hessen v. 14.10.2014, 4 K 781/12, EFG 2015, 542, Revision eingelegt, Az. beim BFH: VI R 37/15: kein Werbungskostenabzug der Aufwendungen eines GmbH-Geschäftsführers in Zusammenhang mit der beruflichen Nutzung eines selbst gesteuerten Privatflugzeugs und für den Erwerb einer weitergehenden Fluglizenz). Steuerfrei können dann lediglich die geringeren Kosten für einen Linienflug erstattet werden.

> **Beispiel:**
> A ist Geschäftsführer und einziger Gesellschafter einer GmbH, die persönlich haftende Gesellschafterin einer Flugzeugvercharterungs-KG ist. Da er eine private Pilotenlizenz besitzt, unternimmt er alle Dienstreisen mit dem Flugzeug, das er auch selbst fliegt.
>
> Die Kosten können nicht als Reisekosten anerkannt werden, weil sie in erheblichem Umfang durch private Motive, v.a. die Flugbegeisterung des A, mitverursacht sind (BFH v. 11.12.2001, VI R 55/96, n.v.).

Bei einer Auswärtstätigkeit gelten die Grundsätze des § 9 Abs. 1 Satz 3 Nr. 4 Satz 4 EStG, wie sie bei Fahrten zwischen Wohnung und erster Tätigkeitsstätte zur Anwendung kommen (Ansatz einer „offensichtlich verkehrsgünstigeren" Straßenverbindung statt der „kürzesten Straßenverbindung") nicht. Vielmehr ist die **berufliche Veranlassung eines Umwegs** nach allgemeinen Grundsätzen zu beurteilen (FG Saarland v. 28.2.2013, 2 K 1305/12, EFG 2013, 1213: Umweg über die Autobahn auf der Fahrt zur Berufsschule nicht als beruflich veranlasst anerkannt).

b) Öffentliche Verkehrsmittel

2467 Die Kosten für **öffentliche Verkehrsmittel** (Bahn, Bus, Taxi, Schiff, Flugzeug) können ohne Weiteres steuerfrei ersetzt werden. Die Wahl einer **höheren Tarifklasse** (z.B. Business-Class im Flugzeug) ist zulässig. Bei öffentlichen Verkehrsmitteln ist daher grundsätzlich der entrichtete Fahrpreis einschließlich etwaiger Zuschläge (z.B. ICE-Zuschlag) anzusetzen. Der Arbeitgeber darf dem Arbeitnehmer auch die Kosten einer **BahnCard oder eines Job-Tickets steuerfrei ersetzen**, wenn der Preis der Einzelfahrscheine für die dienstlichen Fahrten den Kaufpreis des Job-Tickets übersteigt. Einzelheiten → BahnCard Rz. 509 sowie → Job-Ticket Rz. 1623.

Zu den Fahrtkosten gehören z.B. auch die **Taxikosten** für Fahrten zum Bahnhof (oder Flughafen) und **am Zielort**, also z.B. zu den jeweiligen Kunden. Das können auch Kosten für einen **Mietwagen** sein.

Der Arbeitgeber muss sich die **Fahrkarten und Rechnungen** vom Arbeitnehmer geben lassen und als **Belege zum Lohnkonto** aufbewahren (R 9.5 Abs. 2 LStR). Kann dieser Nachweis nicht geführt werden, so genügt es, wenn sich aus anderen Unterlagen (z.B. Hotelrechnungen, Korrespondenz) ergibt, dass der Arbeitnehmer eine Auswärtstätigkeit unternommen hat. Die Höhe der Fahrtkosten muss dann geschätzt werden.

c) Erstattung der nachgewiesenen Kfz-Kosten

2468 Bei Benutzung eines vom Arbeitnehmer gestellten Kfz darf der Arbeitgeber die **anteiligen Gesamtkosten** des Fahrzeugs steuerfrei ersetzen; es ist dazu das Verhältnis der „Auswärtstätigkeiten-Kilometer" zur Jahresfahrleistung zu ermitteln (R 9.5 Abs. 1 Satz 3 LStR). Die dienstlich und privat zurückgelegten Fahrtstrecken sind gesondert und laufend in einem **Fahrtenbuch** nachzuweisen. Zu den Mindestanforderungen an ein Fahrtenbuch gibt es eine umfangreiche Rechtsprechung, weitere Einzelheiten s. R 8.1 Abs. 9 Nr. 2 LStR sowie → Firmenwagen zur privaten Nutzung Rz. 1226.

Zu den **Gesamtkosten** gehören die Betriebsstoffkosten (Benzin, Öl), die Wartungs- und Reparaturkosten, die Kosten einer Garage am Wohnort, die Kfz-Steuer, die Aufwendungen für die Halterhaftpflicht- und Fahrzeugversicherungen, die Absetzungen für Abnutzung (AfA) sowie die Zinsen für ein Anschaffungsdarlehen, vgl. H 9.5 (Einzelnachweis) LStH. Zu den Anschaffungskosten des Kfz, die steuerlich nur über die jährliche AfA berücksichtigt werden können, gehören auch **Sonderausstattungen** des Kfz, z.B. Navigationsgerät (BFH v. 16.2.2005, VI R 37/04, BStBl II 2005, 563), Diebstahlsicherung, ABS, Winterreifen, **nicht** dagegen ein **Autotelefon** (vgl. R 8.1 Abs. 9 Nr. 1 Satz 6 LStR sowie OFD Berlin v. 11.4.2003, St 176 – S 2334 – 3/03, www.stotax-first.de, betr. Diebstahlsicherung und FG Hamburg v. 13.3.1997, II 164/95, EFG 1997, 856 betr. Kfz-Zubehör sowie BFH v. 20.2.1997, III B 98/96, BStBl II 1997, 360 betr. Autotelefon).

Den **Absetzungen für Abnutzung** ist bei Pkw und Kombifahrzeugen nach Auffassung der Finanzverwaltung grundsätzlich eine Nutzungsdauer von **sechs Jahren (AfA-Satz = 16,67 %)** zu Grunde zu legen, vgl. die Amtliche AfA-Tabelle für allgemein verwendbare Anlagegüter, BMF v. 15.12.2000, IV D 2 – S 1551 – 188/00, BStBl I 2000, 1532 sowie H 9.5 (Einzelnachweis) LStH. Diese bewusst großzügige Verwaltungsregelung beinhaltet praktisch einen „**Nichtanwendungserlass**" zur BFH-Rechtsprechung (zuletzt BFH v. 8.4.2008, VIII R 64/06, www.stotax-first.de, m.w.N.), der im Regelfall von einer achtjährigen Nutzungsdauer ausgeht. Die Anschaffungskosten eines neuen Pkw sind nicht um die für die Verschrottung des Altfahrzeugs gewährte **Umweltprämie** („Abwrackprämie") zu mindern (FinMin Schleswig-Holstein v. 12.7.2010, VI 304 – S 2131 – 004, www.stotax-first.de). Kosten für den **behindertengerechten Umbau eines Fahrzeugs** sind bei der Ermittlung der Kosten eines Behinderten für Fahrten zwischen Wohnung und erster Tätigkeitsstätte nur abzüglich eines gewährten Zuschusses anzusetzen (BFH v. 14.6.2012, VI R 89/10, BStBl II 2012, 835).

Bei einer **hohen Fahrleistung** kann auch eine **kürzere Nutzungsdauer** anerkannt werden; bei einer Jahresfahrleistung von rund 100 000 km etwa **vier Jahre** (FG Münster v. 20.6.1996, 8 K 5835/94 E, EFG 1996, 1157). Bei **kleineren Kfz-Typen** kann ebenfalls davon ausgegangen werden, dass der Pkw schon nach Ablauf von **vier Jahren** technisch oder wirtschaftlich voll verbraucht ist, wenn der Pkw eine durchschnittliche Jahresfahrleistung von mindestens 40 000 km aufweist (BFH v. 26.7.1991, VI R 82/89, BStBl II 1992, 1000).

Bei Kfz, die im Zeitpunkt der Anschaffung **nicht neu** gewesen sind, ist die entsprechende **Restnutzungsdauer** unter Berücksichtigung des Alters, der Beschaffenheit und des voraussichtlichen Einsatzes des Fahrzeugs zu schätzen. Je nach Alter und Kilometerleistung eines gebraucht erworbenen Pkw kann sich bei einer Addition der Nutzungsdauer bis zur Veräußerung und der Restnutzungsdauer eine Gesamtnutzungsdauer von mehr als acht Jahren (bzw. bei Zugrundelegung der amtlichen AfA-Tabelle von mehr als sechs Jahren) ergeben (BFH v. 17.4.2001, VI B 306/00, www.stotax-first.de).

Die Absetzungen für Abnutzung sind **monatsweise zu berechnen**; die frühere **Vereinfachungsregelung** der R 44 Satz 3 LStR a.F. (volle Jahres-AfA bei Anschaffung in der ersten Jahreshälfte, halbe Jahres-AfA bei Anschaffung in der zweiten Jahreshälfte) ist ab 2004 für nach dem 31.12.2003 angeschaffte oder hergestellte Wirtschaftsgüter gestrichen worden (§ 7 Abs. 1 Satz 4 i.V.m.§ 52 Abs. 21 Satz 3 EStG).

Die Absetzungen für Abnutzung sind weder um einen etwaigen Veräußerungsgewinn zu kürzen noch zu versagen, wenn sich bei einer späteren **Weiterveräußerung** des Fahrzeugs herausstellen sollte, dass die AfA den tatsächlichen Wertverzehr überschritten haben (BMF v. 28.5.1993, IV B 6 – S 2353 – 37/93/IV A 7 – S 1551 – 80/93, BStBl I 1993, 483 sowie BFH v. 8.4.2008, VIII R 64/06, www.stotax-first.de).

Bei einem **geleasten Fahrzeug** gehört eine **Leasingsonderzahlung** im Kalenderjahr der Zahlung in voller Höhe zu den Gesamtkosten (zuletzt BFH v. 3.9.2015, VI R 27/14, www.stotax-first.de, sowie H 8.1 (9–10) „Gesamtkosten" LStH).

Nicht zu den Gesamtkosten gehören demgegenüber z.B. Park- und Straßenbenutzungsgebühren, Aufwendungen für Insassen- und Unfallversicherungen, Aufwendungen infolge von Verkehrsunfällen sowie Verwarnungs-, Ordnungs- und Bußgelder. Diese Aufwendungen – ausgenommen die Verwarnungs-, Ordnungs- und Bußgelder – darf der Arbeitgeber jedoch als **Reisenebenkosten** steuerfrei ersetzen, vgl. R 9.8 Abs. 1 Nr. 3 LStR sowie H 9.8 LStH.

> **Beispiel:**
> A setzt als Reisevertreter sein eigenes Fahrzeug ein, mit dem er insgesamt rund 50 000 km im Jahr fährt. Nach seinen Aufzeichnungen im Fahrtenbuch entfallen auf Dienstreisen 40 000 km, auf Fahrten zwischen Wohnung und erster Tätigkeitsstätte 5 000 km und auf Privatfahrten ebenfalls 5 000 km. Die Gesamtkosten für das Fahrzeug betragen 30 000 €.
>
> Das Fahrzeug wird zu 80 % zu Dienstreisen genutzt. A kann sich daher vom Arbeitgeber 80 % der Gesamtkosten, also 24 000 €, steuerfrei erstatten lassen. Eine steuerfreie Erstattung der auf die Fahrten zwischen Wohnung und erster Tätigkeitsstätte entfallenden Kosten ist dagegen nicht möglich. Übernimmt der Arbeitgeber auch diese Kosten, kann er insoweit allenfalls die Lohnsteuer pauschal mit 15 % erheben, soweit der Arbeitnehmer die Erstattungen nach den Regeln der Entfernungspauschale als Werbungskosten absetzen könnte (§ 40 Abs. 2 Satz 2 EStG).

d) Individuelle Kilometersätze

Der Arbeitgeber kann dem Arbeitnehmer die Fahrtkosten auch mit einem sog. individuellen Kilometersatz steuerfrei erstatten, den der Arbeitnehmer **aus seinen tatsächlichen und nachgewiesenen Gesamtkosten für einen Zeitraum von mindestens zwölf Monaten ermittelt** hat (R 9.5 Abs. 1 Satz 4 LStR). 2469

Zur Ermittlung des individuellen km-Satzes sind die Gesamtkosten durch die Zahl der während dieser zwölf Monate insgesamt (berufliche und private Fahrten) zurückgelegten **Kilometer zu dividieren**. Die Unterlagen über die ermittelten Gesamtkosten muss sich der Arbeitgeber vom Arbeitnehmer geben lassen und als Belege zum **Lohnkonto** nehmen (R 9.5 Abs. 2 LStR).

Der individuelle km-Satz darf so lange angesetzt werden, bis sich die Verhältnisse wesentlich ändern, z.B.

– bis zum **Ablauf des sechsjährigen Abschreibungszeitraums**

– oder bis zum **Eintritt veränderter Leasingbelastungen** (R 9.5 Abs. 1 Satz 4 LStR).

> **Beispiel 1:**
> Handelsvertreter A nutzt für seine beruflichen Zwecke ein eigenes Fahrzeug, das er am 2.1.2016 für 54 000 € erworben hat. Am 31.12.2016 legt er seinem Arbeitgeber ein ordnungsgemäß geführtes Fahrtenbuch sowie eine exakte Kostenaufstellung für den Zeitraum 1.1. bis 31.12.2016 vor. Danach haben betragen
>
> Absetzungen für Abnutzung 16,67 % (Nutzungsdauer sechs Jahre) 9 000 €
> Benzin, Wartung, Versicherungen usw. 21 000 €
> Pkw-Kosten insgesamt 30 000 €
>
> Nach dem Fahrtenbuch sind insgesamt 60 000 km beruflich und privat zurückgelegt worden. Daraus ergibt sich ein „individueller km-Satz" von 0,50 €, der so lange steuerfrei ersetzt werden darf, bis sich die Verhältnisse wesentlich ändern, d.h. hier längstens bis zum 31.12.2021, weil dann der sechsjährige Abschreibungszeitraum abgelaufen ist bzw. bis das Fahrzeug veräußert wird.
>
> Der Arbeitgeber, der A im Laufe des Jahrs 2016 zunächst nur den pauschalen km-Satz von 0,30 € steuerfrei erstattet hat, kann ihm nun den Differenzbetrag von 0,20 € je km steuerfrei nachzahlen.

> **Beispiel 2:**
> Handelsvertreter A hat einen Pkw geleast und hierfür im ersten Jahr eine Sonderzahlung von 5 000 € geleistet.
>
> Die Sonderzahlung gehört in voller Höhe zu den Gesamtkosten (zuletzt BFH v. 15.4.2010, VI R 20/08, BStBl II 2010, 805 m.w.N.). Würde man auf dieser Basis einen individuellen km-Satz ermitteln, so wäre dieser in den Folgejahren eindeutig zu hoch. Hier kann also erstmals für das zweite Jahr ein individueller km-Satz ermittelt werden, der dann auch für die Folgejahre Gültigkeit hat.

Nach der BFH-Rechtsprechung müssen nicht alle Kfz-Kosten nachgewiesen werden; vielmehr ist auch eine **Teilschätzung** der Benzinkosten zulässig (BFH v. 7.4.1992, VI R 113/88, BStBl II 1992, 854). Allerdings muss es dann der Arbeitnehmer hinnehmen, dass das Finanzamt **Abschläge** vornimmt, also z.B. von den niedrigsten Benzinkosten und vom niedrigsten Treibstoffverbrauch ausgeht.

Der Zeitraum von zwölf Monaten für die Ermittlung der Gesamtkosten muss zwar **nicht das Kalenderjahr** umfassen, jedoch **zusammenhängend** sein.

e) Pauschale Kilometersätze

Statt der tatsächlichen Aufwendungen kann aus **Vereinfachungsgründen** typisierend je nach Art des benutzten Verkehrsmittels (z.B. PKW, Motorrad) auch ein **pauschaler Kilometersatz (höchste Wegstreckenentschädigung nach dem Bundesreisekostengesetz für das jeweils benutzte Beförderungsmittel)** für jeden gefahrenen Kilometer angesetzt werden (§ 9 Abs. 1 Satz 3 Nr. 4a Satz 2 EStG, R 9.5 Abs. 1 Satz 5 LStR). Eine Prüfung der tatsächlichen Kilometerkosten ist nicht mehr erforderlich, wenn der Arbeitnehmer von dieser gesetzlichen Typisierung Gebrauch macht. 2470

Die pauschalen Kilometersätze für jeden gefahrenen Kilometer betragen (BMF v. 24.10.2014, IV C 5 – S 2353/14/10004, BStBl I 2014, 1412 Rdnr. 36):

Kraftwagen 0,30 € je Fahrtkilometer,
andere motorbetriebene Fahrzeuge 0,20 € je Fahrtkilometer,

Reisekosten: Erstattungen

keine Sozialversicherungspflicht = (SV durchgestrichen)
Sozialversicherungspflicht = (SV)

Für **Fahrräder** gibt es ab 2014 keinen pauschalen km-Satz mehr, d.h. dass die tatsächlichen Kosten (Abschreibungen, Wartung, Reparaturen usw.), soweit sie auf die dienstliche Nutzung entfallen, grundsätzlich nachgewiesen werden müssen. Zulässig dürfte aber eine **Schätzung** der Kosten mit **0,05 €/km** sein (entspricht der bis 2013 gültigen Reisekostenpauschale).

Die o.g. Pauschbeträge sollen die tatsächlichen Kosten berücksichtigen und sind daher **wesentlich höher** als die – aus umwelt-, verkehrs- und haushaltspolitischen Erwägungen bewusst niedrig gehaltene – **Entfernungspauschale von 0,30 € je Entfernungskilometer für Wege zwischen Wohnung und erster Tätigkeitsstätte** (km-Satz für Pkw also nur 0,15 €). Das bedeutet aber zugleich, dass eine etwaige **Anhebung** oder gar **Absenkung** der Entfernungspauschale keine Auswirkungen auf den gesetzlichen pauschalen km-Satz von 0,30 € hat, da für diesen Pauschsatz die höchste **Wegstreckenentschädigung nach dem Bundesreisekostengesetz** maßgebend ist (§ 9 Abs. 1 Satz 3 Nr. 4a Satz 2 EStG).

Ein höherer Pauschsatz kann deshalb auch nicht mit der Begründung verlangt werden, dass einzelne **Bundesländer** (z.B. Baden-Württemberg und Rheinland-Pfalz) die Wegstreckenentschädigung inzwischen auf 0,35 €/km angehoben haben. Der **BFH hat jedoch schon zum alten Recht eine pauschale Anhebung auf 0,35 €/km abgelehnt** und sieht auch keine Ungleichbehandlung von Bediensteten öffentlicher Arbeitgeber gegenüber Arbeitnehmern in der Privatwirtschaft (BFH v. 15.3.2011, VI B 145/10, www.stotax-first.de, Verfassungsbeschwerde nicht zur Entscheidung angenommen, BVerfG v. 20.8.2013, 2 BvR 1008/11, StEd 2013, 578).

Wenn einem Arbeitnehmer der Pauschsatz von 0,30 €/km nicht mehr ausreichend erscheint, hat er jederzeit – anders als bei der Entfernungspauschale für Wege zwischen Wohnung und erster Tätigkeitsstätte – die Möglichkeit, seine höheren **tatsächlichen Kosten nachzuweisen**. Der Arbeitnehmer kann allerdings nicht den Ansatz eines höheren Pauschbetrags unter Hinweis auf die „**ADAC-Tabellen**" verlangen, denn diese Pauschsätze enthalten z.B. auch Rückstellungen für die Neuanschaffung eines Fahrzeugs und entsprechen daher nicht den steuerlichen Regeln (vgl. BFH v. 7.4.1992, VI R 113/88, BStBl II 1992, 854, in dem der BFH lediglich eine Teilschätzung der laufenden Betriebskosten zugelassen hat).

Für jede Person, die der Arbeitnehmer auf einer **Auswärtstätigkeit aus beruflicher Veranlassung mitnimmt** (gilt also z.B. nicht für die Mitnahme der Ehefrau), konnte der Arbeitgeber bisher zusätzlich bestimmte pauschalen **Mitnahmeentschädigungen** steuerfrei ersetzen (BMF v. 20.8.2001, IV C 5 – S 2353 – 312/01, BStBl I 2001, 541). Diese Möglichkeit ist ab 2014 weggefallen.

Für die **Mitnahme von Gepäck** gibt es ebenfalls keine zusätzlichen steuerfreien Beträge, diese Aufwendungen sind durch die pauschalen km-Sätze abgegolten (so schon BMF v. 20.8.2001, IV C 5 – S 2353 – 312/01, BStBl I 2001, 541).

Steuerfrei gezahlt werden können jedoch pauschale Entschädigungen für die Beförderung von **Werkzeugen** zwischen Wohnung und Einsatzstelle (§ 3 Nr. 30 EStG i.V.m. R 3.30 Satz 4 LStR); ein vom Arbeitgeber steuerfrei gezahltes „**Kofferraumgeld**" ist jedoch auf vom Arbeitnehmer geltend gemachte Werbungskosten anzurechnen (vgl. BFH v. 12.8.2002, VI B 251/00, www.stotax-first.de).

Mit diesen pauschalen km-Sätzen sind **sämtliche mit dem laufenden Betrieb eines Kfz verbundenen Aufwendungen abgegolten**, dazu gehören z.B. auch die Aufwendungen für eine Fahrzeug-Vollversicherung, vgl. H 9.5 (Pauschale Kilometersätze) LStH. Werden daher vom Arbeitgeber

- **Kreditzinsen** (BFH v. 30.11.1979, VI R 129/78, BStBl II 1980, 141),
- **Prämien für eine Fahrzeug-Vollversicherung** (BFH v. 21.6.1991, VI R 178/88, BStBl II 1991, 814 sowie zuletzt FG Düsseldorf v. 11.4.2005, 15 K 4678/02 E (2), EFG 2005, 1460 m.w.N.),
- Aufwendungen für **Sicherheitseinrichtungen im Fahrzeug**, z.B. Winterreifen, ABS, Schneeketten, Autoradio, Kopfstützen im Fond (FG Hamburg v. 13.3.1997, II 164/95, EFG 1997, 856),
- **Leasing-Sonderzahlungen**, auch wenn sie in einem Veranlagungszeitraum entstanden sind, als das Fahrzeug noch nicht für berufliche Fahrten genutzt wurde (BFH v. 15.4.2010, VI R 20/08, BStBl II 2010,

805, Verfassungsbeschwerde durch BVerfG v. 7.4.2011, 2 BvR 1683/10, StEd 2011, 258 nicht zur Entscheidung angenommen),

zusätzlich erstattet, handelt es sich um **steuerpflichtigen Arbeitslohn**.

Eine **Kürzung der pauschalen km-Sätze** kommt auch dann nicht in Betracht, wenn der Arbeitgeber eine **Fahrzeug-Vollversicherung für Auswärtstätigkeiten** des Arbeitnehmers abgeschlossen hat, vgl. H 9.5 (Pauschale Kilometersätze) LStH sowie BMF v. 9.9.2015, IV C 5 – S 2353/11/10003, BStBl I 2015, 734 betr. Dienstreise-Kaskoversicherung des Arbeitgebers für Kraftfahrzeuge des Arbeitnehmers und steuerfreier Fahrtkostenersatz. Das gilt auch, wenn ihre Anwendung – so insbesondere bei hohen Fahrleistungen – zu einer sog. **unzutreffenden Besteuerung** (s. dazu „ABC des Lohnbüros 2013" Rdnr. 2301) führen würde (BMF v. 24.10.2014, IV C 5 – S 2353/14/10004, BStBl I 2014, 1412 Rdnr. 36).

f) Nicht abgegoltene Kfz-Kosten

Nicht abgegolten mit den (individuellen oder pauschalen) km-Sätzen sind etwaige **außergewöhnliche Kosten**, wenn diese durch berufliche Fahrten entstanden sind, für die die Kilometersätze anzusetzen sind, also z.B. anlässlich von Auswärtstätigkeiten, vgl. H 9.5 (Pauschale Kilometersätze) LStH. **2471**

Außergewöhnliche Kosten sind danach aber nur:

- **Nicht voraussehbare Aufwendungen für Reparaturen, die nicht auf Verschleiß beruhen**

  Nach der Rechtsprechung sind solche vorzeitigen Verschleißschäden aber nur zu berücksichtigen, soweit sie auf den **beruflichen Nutzungsanteil** entfallen, denn ein Verschleißschaden ist – anders als z.B. ein Unfallschaden – nicht allein einer Dienstfahrt zuzuordnen, sondern entweder konstruktionsbedingt oder hat seine Ursache in der gesamten Fahrweise und konkretisiert sich lediglich anlässlich der beruflich veranlassten Fahrt (zuletzt FG Rheinland-Pfalz v. 24.6.2004, 6 K 1105/01, www.stotax-first.de, m.w.N., betr. einen außerordentlichen Motorschaden während einer beruflichen Fahrt).

  Aufwendungen für einen **Austauschmotor** werden nur unter **ganz engen Voraussetzungen** neben dem pauschalen km-Satz anerkannt. Es kommt auf die Würdigung aller Umstände des Einzelfalls an, eine Typisierung hat der BFH ausgeschlossen (BFH v. 29.1.1982, VI R 133/79, BStBl II 1982, 325). Die Rechtsprechung ist nicht einheitlich:

  Beispiel 1:

  Bei einem 14 Monate alten FIAT UNO Diesel ist anlässlich einer Dienstfahrt bei einem km-Stand von 43 710 km ein Motorschaden eingetreten, so dass ein Austauschmotor eingebaut werden musste.

  Es handelt sich um außergewöhnliche Kosten, die der Arbeitgeber neben dem pauschalen km-Satz von 0,30 € als Reisekosten steuerfrei ersetzen darf. Da der Motorschaden aber gleichermaßen durch die berufliche und die private Nutzung des Kfz verursacht worden ist, können nur die anteilig auf die beruflich gefahrenen Strecken entfallenden Aufwendungen berücksichtigt werden (FG Hessen v. 1.12.1992, 12 K 1425/91, EFG 1993, 647).

  Beispiel 2:

  Bei einem Audi 80 GTI mit einer Fahrleistung von 40 000 km und einer Laufzeit von nur 13 Monaten wurde der Motorschaden nicht als außergewöhnlich beurteilt, weil das leistungsstarke und zusätzlich leistungsgesteigerte Fahrzeug für eine sportliche Fahrweise ausgelegt war (FG Baden-Württemberg v. 7.2.1984, 5 K 727/00 E, EFG 1984, 543).

- **Unfallschäden**

  Bei Unfallschäden kommt demgegenüber eine **Kürzung um einen privaten Nutzungsanteil nicht in Betracht** (BFH v. 9.11.1979, VI R 156/77, BStBl II 1980, 71). Weitere Einzelheiten → *Unfallkosten* Rz. 2933.

  Beispiel 3:

  A erleidet auf einer Dienstreise einen Unfall. Die Reparaturkosten seines eigenen Pkw und die Zahlungen an den Unfallgegner betragen zusammen 10 000 €.

  Der Arbeitgeber kann diesen Betrag als Reisekosten steuerfrei ersetzen.

Reisekosten: Erstattungen

- **Absetzungen für außergewöhnliche technische Abnutzung**

  Diese kommen meist nach Unfällen in Betracht und können – wie Unfallkosten – in voller Höhe berücksichtigt werden, wenn der Schaden auf einer **beruflichen Fahrt** eingetreten ist. Einzelheiten → *Unfallkosten* Rz. 2936.

  > **Beispiel 4:**
  > Beispiel wie oben, der Arbeitnehmer hat sein Fahrzeug jedoch nicht reparieren lassen. Die durch Gutachten nachgewiesene Wertminderung beträgt 5 000 €.
  >
  > Der Arbeitgeber kann diesen Betrag als Reisekosten steuerfrei ersetzen. Soweit das Fahrzeug aber tatsächlich repariert worden ist, darf der Arbeitgeber zusätzlich zu den Reparaturkosten keine weitere steuerfreie Entschädigung für „Wertminderung" leisten (vgl. BFH v. 27.8.1993, VI R 7/92, BStBl II 1994, 235).

- **Diebstahlverluste**

  Diebstahlverluste sind ebenfalls **wie Unfallkosten** zu behandeln, d.h., dass sie anlässlich **einer** beruflichen **Fahrt „voll" berücksichtigt** werden können. Eine Kürzung um den privaten Nutzungsanteil ist nicht vorzunehmen (BFH v. 25.5.1992, VI R 171/88, BStBl II 1993, 44). Nicht berücksichtigt werden können jedoch Diebstahlverluste, die anlässlich eines privaten Umwegs entstanden sind (zuletzt BFH v. 18.4.2007, XI R 60/04, BStBl II 2007, 762 betr. einen privaten Abstecher zum Besuch des Weihnachtsmarkts).

  Steuerfrei ist die Ersatzleistung aber nur in der Höhe, in der die Anschaffungs- oder Herstellungskosten des Pkw im Fall ihrer Verteilung auf die übliche Gesamtnutzungsdauer auf die Zeit nach dem Eintritt des Schadens entfallen würden, d.h. in Höhe des **„fiktiven Buchwerts"**. Es dürfen also weder die ursprünglichen Anschaffungskosten noch der Zeitwert oder gar die Wiederbeschaffungskosten berücksichtigt werden (BFH v. 30.11.1993, VI R 21/92, BStBl II 1994, 256). Weitere Einzelheiten → *Diebstahl* Rz. 798 sowie → *Unfallkosten* Rz. 2936.

  > **Beispiel 5:**
  > A ist während einer Dienstreise in der Nacht der vor dem Hotel abgestellte private Pkw gestohlen worden.
  >
  > Der Wertverlust kann vom Arbeitgeber als Reisekosten steuerfrei ersetzt werden, denn das Parken des Pkw in der Nacht ist ebenso beruflich veranlasst wie die Übernachtung während einer mehrtägigen Dienstreise (vgl. BFH v. 18.4.2007, XI R 60/04, BStBl II 2007, 762 m.w.N.).

  Entsprechende **Schadensersatzleistungen** sind auf diese Kosten **anzurechnen**. Der verbleibende Betrag kann vom Arbeitgeber als Fahrtkosten neben dem pauschalen km-Satz steuerfrei erstattet werden, vgl. H 9.5 (Pauschale Kilometersätze) LStH.

  Park- und **Straßenbenutzungsgebühren** sowie Aufwendungen für **Insassen- und Unfallversicherungen** können als **Reisenebenkosten** steuerfrei erstattet werden (vgl. R 9.8 Abs. 1 LStR).

g) Zu berücksichtigende Fahrten

aa) Auswärtstätigkeit

2472 Solange eine **auswärtige berufliche Tätigkeit vorliegt**, kann der Arbeitgeber die Fahrtkosten für folgende Fahrten steuerfrei ersetzen, vgl. H 9.5 (Allgemeines) LStH:

- **Fahrten zwischen Wohnung und auswärtiger Tätigkeitsstätte**; muss der Einkünfte aus nichtselbständiger Arbeit erzielende Stpfl. im Rahmen seiner Beschäftigung an ständig wechselnden Arbeitsstätten im Ausland aus betrieblicher Notwendigkeit vor Ort bleiben und kann er nicht selbst an den Familienwohnort reisen, sind die Fahrtkosten Werbungskosten, die durch die Fahrt des Ehegatten an den Einsatzort des Stpfl. entstehen, sog. **umgekehrte Familienheimfahrten** (FG Münster v. 28.8.2013, 12 K 339/10 E, EFG 2014, 1289, Revision eingelegt, Az. beim BFH: VI R 22/14),

- **Fahrten zwischen der Zweitwohnung (z.B. auch Hotel) am auswärtigen Arbeitsort und der auswärtigen Tätigkeitsstätte,**

- **Fahrten zwischen erster Tätigkeitsstätte (im Regelfall der Betrieb) und auswärtiger Tätigkeitsstätte,**

- **Zwischenheimfahrten (auch Mehrfachfahrten in der Woche), selbst wenn der Arbeitnehmer in der Wohnung der Eltern wohnt und keinen doppelten Haushalt führt,**

  > **Beispiel:**
  > A ist für sechs Monate von seinem Arbeitgeber zu einer auswärtigen Filiale abgeordnet worden. Seine erste Tätigkeitsstätte ist der Betrieb am Heimatort. Er hat in der Nähe der auswärtigen Filiale ein Zimmer gemietet, ist aber trotzdem jeden zweiten Tag nach Hause gefahren.
  >
  > Bei der auswärtigen Tätigkeit handelt es sich um eine **Auswärtstätigkeit**. Alle Fahrten, d.h. sowohl die Fahrten zwischen Zweitwohnung (Zimmer) und auswärtiger Arbeitsstelle als auch die Heimfahrten, können nach den Grundsätzen für Auswärtstätigkeiten in vollem Umfang berücksichtigt werden. Für Zwischenheimfahrten bei Auswärtstätigkeiten gibt es – anders als bei der doppelten Haushaltsführung – keine zahlenmäßige Beschränkung auf **eine** Familienheimfahrt in der Woche (BFH v. 24.4.1992, VI R 105/89, BStBl II 1992, 664).

- **Fahrten zwischen mehreren auswärtigen Tätigkeitsstätten oder innerhalb eines weiträumigen Tätigkeitsgebiets.**

bb) Ansatz der Entfernungspauschale

2473 Die **Entfernungspauschale** ist dagegen ab 2014 auch anzusetzen für Fahrten des Arbeitnehmers von der Wohnung zu

- einem vom Arbeitgeber dauerhaft festgelegten Ort, an dem sich der Arbeitnehmer auf Grund der dienst- oder arbeitsrechtlichen Festlegungen sowie den diesen ausfüllenden Absprachen und Weisungen typischerweise arbeitstäglich einzufinden hat, um von dort seine unterschiedlichen eigentlichen Einsatzorte aufzusuchen oder dort die Arbeit aufzunehmen, sog. **Sammelpunkt** (§ 9 Abs. 1 Satz 3 Nr. 4a Satz 3 EStG),

- einem sog. **weiträumigen Tätigkeitsgebiet** (§ 9 Abs. 1 Satz 3 Nr. 4a Satz 3 EStG) oder

- einer **Bildungseinrichtung**, die außerhalb eines Arbeitsverhältnisses zum Zwecke eines Vollzeitstudiums oder einer vollzeitigen Bildungsmaßnahme aufgesucht wird (§ 9 Abs. 4 Satz 8 EStG).

Weitere Einzelheiten → *Reisekosten: Allgemeine Grundsätze* Rz. 2432 ff. sowie → *Reisekosten: Allgemeine Grundsätze* Rz. 2430.

3. Verpflegungsmehraufwendungen

a) Allgemeines

2474 Der Arbeitnehmer kann für die ihm tatsächlich entstandenen Mehraufwendungen für Verpflegung auf Grund einer beruflich veranlassten Auswärtstätigkeit nach der Abwesenheitszeit von seiner Wohnung und seiner ersten Tätigkeitsstätte gestaffelte **Verpflegungspauschalen** als Werbungskosten ansetzen oder in entsprechender Höhe einen steuerfreien Arbeitgeberersatz erhalten. Der Einzelnachweis von Verpflegungsmehraufwendungen berechtigt nicht zum Abzug höherer Beträge (R 9.6 Sätze 1 und 2 LStR).

Das Merkmal „tatsächlich entstandene" Mehraufwendungen bringt dabei zum Ausdruck, dass die **Verpflegungspauschalen insoweit nicht zum Ansatz kommen, als der Arbeitnehmer während seiner beruflichen Auswärtstätigkeit durch den Arbeitgeber „verpflegt" wird**. Eine Prüfungspflicht hinsichtlich der Höhe der tatsächlich entstandenen Aufwendungen besteht nicht (BMF v. 24.10.2014, IV C 5 – S 2353/14/10004, BStBl I 2014, 1412 Rdnr. 73).

Ab 2014 sind daher die Verpflegungspauschalen zu kürzen, wenn dem Arbeitnehmer anlässlich oder während einer Tätigkeit außerhalb seiner ersten Tätigkeitsstätte vom Arbeitgeber oder auf dessen Veranlassung von einem Dritten eine **Mahlzeit zur Verfügung gestellt** wird (→ *Mahlzeiten aus besonderem Anlass* Rz. 1976). **Die frühere Regelung (voller Ansatz der Pauschbeträge, aber dafür Besteuerung der Mahlzeitengestellung) ist ab 2014 weggefallen.**

> **Beispiel:**
> Außendienstmitarbeiter A besucht für drei Tage die Hannover-Messe. Er wohnt bei Freunden, wo er auch weitgehend verpflegt wird. An den Abenden wird er von Geschäftsfreunden zum Essen eingeladen.
>
> Auch wenn A tatsächlich allenfalls geringe Verpflegungskosten entstehen, kann er die Verpflegungspauschalen in Anspruch nehmen.

Reisekosten: Erstattungen

Nur wenn er vom Arbeitgeber oder auf dessen Veranlassung von einem Dritten abends zum Essen eingeladen würde, würde die Verpflegungspauschale für die Abendessen um 40 % des höchsten Betrags von 24 € (= 9,60 €) gemindert werden (vgl. BMF v. 24.10.2014, IV C 5 – S 2353/14/10004, BStBl I 2014, 1412 Rdnr. 71).

Um die steuerliche Berücksichtigung von Verpflegungsmehraufwendungen zu vereinfachen, wurde die bisherige dreistufige Staffelung der abziehbaren Pauschalen und Mindestabwesenheitszeiten durch eine **zweistufige Staffelung** ersetzt. Die Prüfung von Mindestabwesenheitszeiten bei mehrtägigen Auswärtstätigkeiten fällt für den An- und Abreistag weg. Auch die Berechnung der **Dreimonatsfrist** wurde vereinfacht.

Höhere Erstattungen des Arbeitgebers müssen versteuert werden. Zahlt der Arbeitgeber ohne Rücksicht auf die im Einzelfall nachgewiesenen Abwesenheitszeiten „**pauschale Reisekostenvergütungen**", sind diese steuerpflichtig, weil nicht festgestellt werden kann, inwieweit die gesetzlichen Voraussetzungen für die Steuerfreiheit (Mindestabwesenheit mehr als acht Stunden) erfüllt sind (vgl. zuletzt BFH v. 11.8.2011, X S 6/11 (PKH), www.stotax-first.de, betr. sog. **Spesenvorschüsse** sowie sinngemäß FG Sachsen v. 21.10.2010, 1 K 1564/06, www.stotax-first.de: Keine Steuerfreiheit des vom Arbeitgeber gezahlten pauschalen Fahrtkostenersatzes für mit dem privaten Pkw ausgeführte Dienstfahrten).

b) Inlandspauschalen

2475 aa) Übersicht

Abwesenheit 24 Stunden (bei mehrtägiger Reise)	24 €
Abwesenheit mehr als 8 bis unter 24 Stunden	12 €
Abwesenheit bis 8 Stunden	–
Jeweils für An- und Abreisetag bei einer mehrtägigen Reise unabhängig von der Abwesenheitsdauer	12 €

bb) Eintägige Auswärtstätigkeit

2476 Für eintägige auswärtige Tätigkeiten ohne Übernachtung kann ab einer Abwesenheit von mehr als 8 Stunden von der Wohnung und der ersten Tätigkeitsstätte eine Pauschale von 12 € berücksichtigt werden.

Beispiel 1:
Monteur M hat keine erste Tätigkeitsstätte. Er verlässt jeden Morgen seine Wohnung um 7.00 Uhr, fährt kurz zur Firma, um Material und Auftragszettel für den Tag abzuholen, anschließend zu den Kunden und kehrt gegen 17.00 Uhr nach Hause zurück.

Der Arbeitgeber kann täglich eine Pauschale von 12 € für Verpflegungsmehraufwendungen steuerfrei auszahlen (Abwesenheit mehr als 8 Stunden).

Dies gilt auch, wenn der Arbeitnehmer seine auswärtige berufliche Tätigkeit über Nacht (also an zwei Kalendertagen) ausübt – somit nicht übernachtet – und dadurch ebenfalls insgesamt mehr als 8 Stunden von der Wohnung und der ersten Tätigkeitsstätte abwesend ist. Ist der Arbeitnehmer **an einem Kalendertag mehrfach oder über Nacht (an zwei Kalendertagen ohne Übernachtung) auswärts tätig**, können die Abwesenheitszeiten dieser Tätigkeiten zusammengerechnet und im Fall der Tätigkeit über Nacht für den Kalendertag berücksichtigt werden, an dem der Arbeitnehmer den überwiegenden Teil der insgesamt mehr als 8 Stunden abwesend ist.

Beispiel 2:
Auslieferungsfahrer A ist von Montag 17.30 Uhr bis Dienstag 2.30 Uhr von seiner Wohnung abwesend und auf Auslieferungsfahrt. Eine erste Tätigkeitsstätte hat er nicht.
Wegen der 9-stündigen Abwesenheit kann für Montag, dem Tag der überwiegenden Abwesenheit, eine Verpflegungspauschale i.H.v. 12 € steuerfrei gezahlt werden.

Beispiel 3:
Der Vertriebsleiter V verlässt um 8.00 Uhr seine Wohnung in B und besucht zuerst bis 12.00 Uhr einen Kunden. Von 12.30 Uhr bis 14.30 Uhr ist er in seinem Büro (erste Tätigkeitsstätte) tätig. Anschließend fährt er von dort zu einer Tagung in C und kehrt um 19.00 Uhr noch einmal für 1 Stunde in sein Büro in B zurück.

Es zählen die Zeiten vom Verlassen der Wohnung bis zur Ankunft an der ersten Tätigkeitsstätte (Büro) mittags sowie vom Verlassen der ersten Tätigkeitsstätte (Büro) bis zur Rückkehr dorthin. V war zweimal beruflich auswärts tätig und dabei insgesamt mehr als 8 Stunden von seiner Wohnung und seiner ersten Tätigkeitsstätte abwesend. Er erfüllt daher die Voraussetzungen der Verpflegungspauschale für eine eintägige Auswärtstätigkeit (12 €).

Beispiel 4:
Der Kurierfahrer K ist typischerweise von 20.00 Uhr bis 5.30 Uhr des Folgetags beruflich unterwegs. In dieser Zeit legt er regelmäßig auch eine Lenkpause von 45 Minuten ein. Seine Wohnung verlässt K um 19.30 Uhr und kehrt um 6.00 Uhr dorthin zurück. Eine erste Tätigkeitsstätte liegt nicht vor.

K ist im Rahmen seiner beruflichen Auswärtstätigkeit (Fahrtätigkeit) über Nacht von seiner Wohnung abwesend. Bei der Lenkpause handelt es sich nicht um eine Übernachtung. Die Abwesenheitszeiten über Nacht können somit zusammengerechnet werden. Sie werden für den zweiten Kalendertag berücksichtigt, an dem K den überwiegenden Teil der Zeit abwesend ist. K erfüllt die Voraussetzungen der Verpflegungspauschale für eine eintägige Auswärtstätigkeit (12 €).

Beispiel 5:
Wie Beispiel 4, die berufliche Fahrtätigkeit des K verteilt sich wie folgt auf die Tage (in Stunden):

Montag	Dienstag	Mittwoch	Donnerstag	Freitag	Samstag
5	4	5	4	5	4	4,5	5	5	4

Im Fall der **Zusammenrechnung der Abwesenheitszeiten über Nacht** kann K eine Verpflegungspauschale für eine eintägige Auswärtstätigkeit für folgende Tage beanspruchen: Montag, Dienstag, Mittwoch und Freitag (4 Tage).

Werden stattdessen die an dem **jeweiligen Tag geleisteten einzelnen Abwesenheitszeiten zusammen gerechnet**, dann kann K für Dienstag, Mittwoch, Donnerstag und Freitag eine Verpflegungspauschale von 12 € beanspruchen (4 Tage).

Beispiel 6:
Wie Beispiel 4, die berufliche Fahrtätigkeit des K verteilt sich wie folgt auf die Tage (in Stunden):

Montag	Dienstag	Mittwoch	Donnerstag	Freitag	Samstag
5	4	5	4	5	4	4,5	4	4	5

Im Fall der **Zusammenrechnung der Abwesenheitszeiten über Nacht** kann K eine Verpflegungspauschale für eine eintägige Auswärtstätigkeit für folgende Tage beanspruchen: Montag, Dienstag, Mittwoch, Donnerstag und Samstag (5 Tage).

Wären nur die an dem **jeweiligen Tag geleisteten einzelnen Abwesenheitszeiten** zu berücksichtigen und zusammenzurechnen, könnte K nur für Dienstag, Mittwoch und Donnerstag eine Verpflegungspauschale von 12 € beanspruchen (3 Tage).

Dieses Ergebnis wird durch die gesetzliche Regelung des § 9 Abs. 4a Satz 3 Nr. 3 2. Halbsatz EStG verhindert, die anstelle der reinen auf den Kalendertag bezogenen Betrachtung ausnahmsweise bei auswärtigen beruflichen Tätigkeiten über Nacht ohne Übernachtung die Zusammenrechnung dieser Zeiten ermöglicht.

Beispiel 7:
Der Arbeitnehmer A unternimmt, ohne zu übernachten, eine Dienstreise, die am 5.5. um 17.00 Uhr beginnt und am 6.5. um 7.30 Uhr beendet wird. Am 6.5. unternimmt A nachmittags eine weitere Dienstreise (von 14.00 Uhr bis 23.30 Uhr).

A hat hier die Möglichkeit, die Abwesenheitszeiten der ersten Dienstreise über Nacht zusammenzurechnen (= 14 Stunden und 30 Minuten). Bedingt durch die überwiegende Abwesenheit am 6.5. ist die dafür zu berücksichtigende Verpflegungspauschale dann dem 6.5. zuzurechnen.

Alternativ können auch alle ausschließlich am 6.5. geleisteten Abwesenheitszeiten (7 Stunden 30 Minuten zuzüglich 8 Stunden 30 Minuten = 16 Stunden) zusammengerechnet werden. In diesem Fall bleiben die im Rahmen der ersten Dienstreise angefallenen Abwesenheitszeiten unberücksichtigt.

Unabhängig davon, für welche Berechnungsmethode A sich entscheidet, steht ihm lediglich eine Verpflegungspauschale von 12 € für den 6.5. zu.

Eine Verpflegungspauschale von 24 € kommt nur in Betracht, wenn entweder die gesamte Tätigkeit über Nacht oder die Tätigkeit an dem jeweiligen Kalendertag 24 Stunden erreicht.

Beispiel 8:
Der Arbeitnehmer A arbeitet von 8.30 Uhr bis 17.00 Uhr in seinem Büro in B (erste Tätigkeitsstätte), anschließend fährt er zu einem Geschäftstermin in C. Der Termin erstreckt sich bis 0.30 Uhr des Folgetags. A kehrt um 1.30 Uhr in seine Wohnung zurück.

A war wegen beruflicher Tätigkeit mehr als 8 Stunden auswärts tätig. Dass sich die Abwesenheit über zwei Kalendertage ohne Übernachtung erstreckt, ist unschädlich. Die Abwesenheiten werden zusammengerechnet und dem ersten Kalendertag zugeordnet, weil an diesem Tag der überwiegende Teil der Abwesenheit stattgefunden hat. A erfüllt die Voraussetzungen der Verpflegungspauschale für eintägige Auswärtstätigkeit (12 €).

cc) Mehrtägige Auswärtstätigkeit im Inland

2477 Für die Kalendertage, an denen der Arbeitnehmer außerhalb seiner Wohnung und ersten Tätigkeitsstätte beruflich tätig ist (auswärtige berufliche Tätigkeit) und aus diesem Grund **24 Stunden von seiner Wohnung abwesend** ist (sog. **Zwischentage bei mindestens 3-tägiger Abwesenheit**), wird eine **Verpflegungspauschale von 24 €** täglich gewährt (§ 9 Abs. 4a Satz 3 Nr. 1 EStG).

Für den **An- und Abreisetag** einer mehrtägigen auswärtigen Tätigkeit mit Übernachtung außerhalb der Wohnung kann ohne Prüfung der Mindestabwesenheitszeit eine **Verpflegungspauschale von jeweils 12 €** berücksichtigt werden (§ 9 Abs. 4a Satz 3 Nr. 2 EStG). Insoweit ist es unerheblich ist, ob der Arbeitnehmer die Reise von der Wohnung, der ersten oder einer anderen Tätigkeitsstätte aus antritt.

Eine **mehrtägige auswärtige Tätigkeit mit Übernachtung** liegt auch dann vor, wenn die berufliche Auswärtstätigkeit über Nacht ausgeübt wird und sich daran eine Übernachtung am Tage sowie eine weitere Tätigkeit über Nacht anschließt. Unerheblich ist auch, ob für die Übernachtung tatsächlich Übernachtungskosten anfallen (so z.B. beim Schlafen im Bus, LKW oder Lok).

Beispiel 1:
Monteur D aus Dortmund ist für fünf Tage auswärts in Bremen auf Montage. A fährt montags um 8.00 Uhr los und kehrt am Freitag um 12.00 Uhr nach Hause zurück.

Steuerfrei gezahlt werden können für den An- und Abreisetag jeweils 12 € und für die drei Zwischentage jeweils 24 €.

Beispiel 2:
Monteur M aus D ist von Montag bis Mittwoch in S auswärts tätig. Eine erste Tätigkeitsstätte besteht nicht. M verlässt am Montag um 10.30 Uhr seine Wohnung in D. M verlässt S am Mittwochabend und erreicht seine Wohnung in D am Donnerstag um 1.45 Uhr.

M steht für Montag (Anreisetag) eine Verpflegungspauschale von 12 € zu. Für Dienstag und Mittwoch kann M eine Pauschale von 24 € beanspruchen, da er an diesen Tagen 24 Stunden von seiner Wohnung abwesend ist. Für Donnerstag steht ihm eine Pauschale von 12 € zu (Abreisetag).

Beispiel 3:
Mitarbeiter H aus Hannover fährt montags um 17.00 Uhr nach Aachen, um dort am nächsten Tag Gespräche mit Kunden seines Arbeitgebers zu führen. In Aachen kommt er um 22.00 Uhr an und übernachtet vor Ort in einem Hotel. Die Kundengespräche am Dienstag ziehen sich ganztägig hin. Erst um 20.00 Uhr kann M die Rückreise antreten. Er ist am Mittwoch um 1.00 Uhr zu Hause.

Steuerfrei gezahlt werden können für Montag und Mittwoch jeweils 12 € und für den Zwischentag 24 €. Es ist nicht erforderlich, dass von Dienstag auf Mittwoch eine (weitere) Übernachtung stattgefunden hat.

Beispiel 4:
Arbeitnehmer A aus Dortmund kehrt am Mittwoch nach einer dreitägigen Dienstreise nach Aachen mit zwei auswärtigen Übernachtungen um 11.00 Uhr zurück. Um 18.00 Uhr am Mittwoch bricht er zu einer weiteren Auswärtstätigkeit nach Hannover mit Übernachtung auf.

Für den Mittwoch können insgesamt 12 € steuerfrei gezahlt werden. Der Ansatz von 2 x 12 € ist nicht möglich, da ein Anspruch auf 24 € nur bei einer Abwesenheit von 24 Stunden besteht.

Beispiel 5:
Der Ingenieur I aus B ist von Montagabend bis Dienstag in M auswärts tätig. An diese Tätigkeit schließt sich am Dienstag gleich die Weiterreise nach H zu einer neuen auswärtigen Tätigkeit an. I fährt von M direkt nach H und kehrt am Mittwochmittag zu seiner Wohnung zurück.

I kann folgende Verpflegungspauschalen beanspruchen: für Montag als Anreisetag und für Mittwoch als Rückreisetag stehen ihm jeweils 12 € zu.

Da I am Dienstag infolge der Abreise aus M und direkten Anreise nach H 24 Stunden von seiner Wohnung und ersten Tätigkeitsstätte abwesend ist, kann er für diesen Tag eine Pauschale von 24 € beanspruchen.

Beispiel 6:
Wie Beispiel 5, I sucht am Dienstag kurz seine Wohnung in B auf, um Unterlagen und Kleidung einzupacken und fährt nach einer Stunde weiter nach H.

In diesem Fall kann I auch für Dienstag als An- und gleichzeitig als Abreisetag nur 12 € Verpflegungspauschale beanspruchen. Eine Verpflegungspauschale von 24 € kann nur dann beansprucht werden, wenn I infolge seiner beruflichen Auswärtstätigkeit 24 Stunden von seiner Wohnung und ersten Tätigkeitsstätte abwesend ist.

Beispiel 7:
Übernachtet der Arbeitnehmer aus beruflichem Anlass z.B. im Rahmen einer Auswärtstätigkeit in seinem eigenen Ferienappartement, welches er nur gelegentlich aufsucht, handelt es sich um eine mehrtägige auswärtige Tätigkeit mit Übernachtung, auch wenn für die Übernachtung selbst keine Kosten entstehen.

dd) Begriff „Wohnung"

2478 Als **Wohnung** im vorstehenden Sinne gilt (§ 9 Abs. 4a Satz 4 2. Halbsatz EStG)

– der Hausstand, der den Mittelpunkt der Lebensinteressen des Arbeitnehmers bildet und nicht nur gelegentlich aufgesucht wird oder

– die Zweitwohnung am Ort einer steuerlich anzuerkennenden doppelten Haushaltsführung (insbesondere zu berücksichtigen, wenn der Arbeitnehmer mehrere Wohnungen hat).

Beispiel:
Arbeitnehmer A wohnt noch in der elterlichen Wohnung. Dort befindet sich sein Lebensmittelpunkt. Er beginnt mit der Auswärtstätigkeit Montag um 18.00 Uhr, übernachtet am auswärtigen Einsatzort und kehrt Dienstag um 14.00 Uhr zurück.

Steuerfrei gezahlt werden können unabhängig von den Abwesenheitszeiten für den An- und Abreisetag jeweils 12 €. Ob der Arbeitnehmer eine eigene Wohnung hat, ist nicht entscheidend. Maßgebend ist der Lebensmittelpunkt (vgl. FG Baden-Württemberg v. 21.3.2013, 3 K 3932/11, EFG 2013, 1353).

4. Auslandsreisen

a) Allgemeines

2479 Bei einer Tätigkeit im Ausland treten an die Stelle der inländischen Pauschbeträge von 12 € bzw. 24 € **länderweise unterschiedliche Pauschbeträge**, die bei einer Abwesenheit von der Wohnung von 24 Stunden 120 % und in den übrigen Fällen 80 % der nach dem BRKG festgesetzten Auslandstagegelder betragen (§ 9 Abs. 4a Satz 5 EStG). Damit gelten ab 2014 auch für Tätigkeiten im Ausland **nur noch zwei – statt bisher drei – Pauschalen** mit den entsprechenden Voraussetzungen wie bei den inländischen Pauschalen.

Die übrigen Regelungen zu den Besonderheiten bei Auswärtstätigkeiten im Ausland gelten weiter, so z.B. R 9.6 Abs. 3 LStR betr. Regelungen für Flug- und Schiffsreisen (BMF v. 24.10.2014, IV C 5 – S 2353/14/10004, BStBl I 2014, 1412 Rdnr. 50).

Die **Auslandstagegelder** werden jeweils vom BMF in einem im Bundessteuerblatt Teil I veröffentlichten BMF-Schreiben bekannt gemacht (→ Anhang, A. Lohnsteuer Rz. 3391). Für die in der Bekanntmachung nicht erfassten Länder ist der für **Luxemburg** geltende Pauschbetrag maßgebend und für die nicht erfassten Übersee- und Außengebiete eines Landes der für das **Mutterland** geltende Pauschbetrag (R 9.6 Abs. 3 Satz 2 LStR).

Der länderweise unterschiedliche Pauschbetrag bestimmt sich – wie bisher – nach dem Ort, den der Arbeitnehmer vor 24 Uhr Ortszeit zuletzt erreicht, oder, wenn dieser Ort im Inland liegt, nach dem letzten Tätigkeitsort im Ausland (§ 9 Abs. 4a Satz 5 EStG).

b) Eintägige Auswärtstätigkeit

2480 Für eintägige Reisen ins Ausland, die am selben Tag begonnen und beendet werden, ist der Pauschbetrag des **„letzten Tätigkeitsorts"** im Ausland maßgebend, an dem zuletzt die berufliche Tätigkeit ausgeübt worden ist. Sie werden also in ihrer Gesamtheit wie Auslandsreisen behandelt.

Reisekosten: Erstattungen

keine Sozialversicherungspflicht = (SV)
Sozialversicherungspflicht = (SV)

> **Beispiel:**
> Außendienstmitarbeiter A sucht im Rahmen einer eintägigen Dienstreise zunächst einen Kunden in Frankreich und danach einen in Luxemburg auf. Er fährt um 7.00 Uhr los und kehrt um 22.00 Uhr wieder zurück.
>
> Es ist das Tagegeld für Luxemburg maßgebend (Abwesenheit mehr als 8 Stunden, 32 €).

c) Mehrtägige Auswärtstätigkeit

2481 Im Hinblick auf die bei auswärtigen beruflichen Tätigkeiten im Ausland oftmals über Nacht oder mehrere Tage andauernden An- und Abreisen genügt es für die **Qualifizierung als An- und Abreisetag**, wenn der Arbeitnehmer unmittelbar nach der Anreise oder vor der Abreise auswärtig übernachtet.

Bei mehrtägigen **Auswärtstätigkeit vom Inland in das Ausland** bestimmt sich der Pauschbetrag nach dem **Ort, den der Arbeitnehmer vor 24.00 Uhr Ortszeit zuletzt erreicht** hat. Die Feststellung, welcher Ort zuletzt erreicht worden ist, hat besondere Bedeutung für die Länder, für deren Hauptstädte oder andere größere Städte höhere Auslandstagegelder als für das übrige Land gelten, so z.B. für Paris, London, New York.

Für **Rückreisetage** aus dem Ausland in das Inland ist der **Pauschbetrag des letzten Tätigkeitsorts im Ausland** maßgebend. „Tätigkeitsort" ist der Ort, an dem die auswärtige Tätigkeit ausgeübt wird, bei Fahrtätigkeit das Fahrzeug. Für die Feststellung der Abwesenheitszeit sind auch die Zeiten mitzurechnen, die der Arbeitnehmer schon wieder im Inland ist.

> **Beispiel:**
> Außendienstmitarbeiter A fährt am Montag um 7.00 Uhr vom Betrieb weg, um zunächst Kunden in der Schweiz zu besuchen. Anschließend fährt er weiter nach Mailand (Italien), wo er eine mehrtägige Messe besucht. Ankunft Montagabend, 23.00 Uhr. Nach Messeschluss am Freitag fährt er nach Hause, Rückkehr abends 20.00 Uhr.
>
> Der Arbeitgeber darf für den Anreisetag (Montag) nur den Pauschbetrag für Mailand von 26 € (dies ist der letzte vor 24.00 Uhr erreichte Tätigkeitsort) ansetzen. Es spielt dabei keine Rolle, dass A auch in der Schweiz tätig wird und für dieses Land höhere Pauschalen gewährt werden. Für Dienstag bis Donnerstag gibt es die vollen Auslandstagegelder für Mailand von 39 €. Auch für den Abreisetag (Freitag) kann noch das für Mailand geltende Auslandstagegeld von 26 € gewährt werden. Unerheblich ist, dass die gesamte Heimreise durch die Schweiz und Deutschland führt.
>
> Ein „Inlandstagegeld" kann daneben nicht gewährt werden.

d) Zusammentreffen von Inlands- und Auslandsreisen

2482 **Mehrere Abwesenheitszeiten** auf Grund mehrerer Auswärtstätigkeiten an einem Kalendertag sind **zusammenzurechnen**. Führt dabei nur **eine Reise ins Ausland**, kann gleichwohl das höhere Auslandstagegeld angesetzt werden, selbst wenn die **überwiegende Zeit im Inland verbracht** wird (R 9.6 Abs. 3 Satz 3 LStR).

> **Beispiel 1:**
> A, Handelsvertreter mit Wohnort in Konstanz, unternimmt vormittags eine Dienstreise in die Schweiz nach Zürich (Dauer: 5 Stunden), zum Mittagessen ist er wieder zurück. Nachmittags unternimmt er eine weitere Dienstreise nach Ulm (Dauer: 4 Stunden).
>
> Die Abwesenheitszeiten sind zusammenzurechnen: Es ergibt sich eine Gesamtabwesenheitszeit von 9 Stunden, so dass der Arbeitgeber für diesen Tag die steuerfreie Verpflegungspauschale für Abwesenheiten über 8 Stunden zahlen darf. Maßgebend ist hier das Auslandstagegeld für die Schweiz von 32 €.

> **Beispiel 2:**
> A, Kundendiensttechniker, dessen erste Tätigkeitsstätte der Betrieb ist, wird zu einer Reparatur nach Belgien gerufen, die unbedingt in der Nacht durchgeführt werden muss (keine Übernachtung). Er beginnt seine Dienstreise nach Belgien am ersten Tag um 23.00 Uhr und kehrt am zweiten Tag um 6.00 Uhr zurück. Am zweiten Tag unternimmt er in der Zeit von 14.00 bis 20.00 Uhr eine weitere Dienstreise, allerdings nur im Inland.
>
> Die am ersten Tag begonnene Dienstreise ist nach der „Mitternachtsregelung" mit ihrer gesamten Abwesenheitszeit von 7 Stunden dem zweiten Tag zuzuordnen. Da A am zweiten Tag eine weitere Dienstreise (Abwesenheit 6 Stunden) unternimmt, beträgt die gesamte Abwesenheitszeit an diesem Tag 13 Stunden. Es ist daher für eine Abwesenheitszeit von mehr als 8 Stunden das Auslandstagegeld für Belgien anzusetzen (das sind hier 28 €), auch wenn A tatsächlich nur 7 Stunden in Belgien verbracht hat.

Diese Betrachtung erscheint recht **großzügig**, weil auch bei nur kurzem Aufenthalt im Ausland ggf. für den ganzen Tag das höhere Auslandstagegeld zum Ansatz kommen kann. Dies wird aber auch bei einer zusammenhängenden Auswärtstätigkeit, bei der die Tätigkeitsorte sowohl im Inland als auch im Ausland liegen, in Kauf genommen. Denn maßgebend ist in solchen Fällen das Auslandstagegeld für den letzten Tätigkeitsort im Ausland.

Entsprechendes gilt, wenn eine Auswärtstätigkeit in **mehrere benachbarte Länder** führt.

> **Beispiel 3:**
> Sachverhalt wie Beispiel 2, jedoch führt die zweite Reise in die Niederlande.
>
> Auch hier sind beide Auslandsreisen hinsichtlich der Abwesenheitszeit zusammenzurechnen (15 Stunden) und dem zweiten Tag der überwiegenden Abwesenheit zuzurechnen. Anzusetzen ist das Tagegeld für den letzten Tätigkeitsort im Ausland, also für die Niederlande (31 €).

e) Auswärtstätigkeiten in verschiedenen ausländischen Staaten

2483 Bei Auswärtstätigkeiten in verschiedenen ausländischen Staaten gilt für die Ermittlung der Verpflegungspauschalen am An- und Abreisetag Folgendes:

– Bei einer Anreise vom Inland ins Ausland oder vom Ausland ins Inland jeweils ohne Tätigwerden ist die Verpflegungspauschale des Ortes maßgebend, der vor 24.00 Uhr erreicht wird.

– Bei einer Abreise vom Ausland ins Inland oder vom Inland ins Ausland ist die Verpflegungspauschale des letzten Tätigkeitsortes maßgebend.

> **Beispiel 1:**
> Der Arbeitnehmer A reist am Montag um 20.00 Uhr zu einer beruflichen Auswärtstätigkeit von seiner Wohnung in Berlin nach Brüssel. Er erreicht Belgien um 2.00 Uhr. Dienstag ist er den ganzen Tag in Brüssel tätig. Am Mittwoch reist er zu einem weiteren Geschäftstermin um 8.00 Uhr nach Amsterdam. Er erreicht Amsterdam um 14.00 Uhr. Dort ist er bis Donnerstag um 13.00 Uhr tätig und reist anschließend zurück nach Berlin. Er erreicht seine Wohnung am Donnerstag um 22.30 Uhr.
>
> Für Montag ist die inländische Verpflegungspauschale für den Anreisetag maßgebend, da A sich um 24.00 Uhr noch im Inland befindet. Für Dienstag ist die Verpflegungspauschale für Belgien anzuwenden. Für Mittwoch ist die Verpflegungspauschale für die Niederlande zu Grunde zulegen, da sich der Ort, den A vor 24 Uhr Ortszeit zuletzt erreicht hat, in den Niederlanden befindet (§ 9 Abs. 4a Satz 5 EStG). Für Donnerstag ist die Verpflegungspauschale der Niederlande für den Abreisetag maßgeblich, da A noch bis 13.00 Uhr in Amsterdam beruflich tätig war.

> **Beispiel 2:**
> Der Arbeitnehmer A reist für ein berufliches Projekt am Sonntag um 21.00 Uhr von Paris nach Mannheim. Am Sonntag um 24.00 Uhr befindet sich A noch in Frankreich. A ist in Mannheim von Montag bis Freitag beruflich tätig und verlässt Mannheim am Freitag um 11.00 Uhr. Er erreicht Paris am Freitag um 21.00 Uhr.
>
> Für Sonntag (Anreisetag) ist die Verpflegungspauschale für Frankreich maßgebend. Für Montag bis Freitag ist die jeweils maßgebliche inländische Verpflegungspauschale anzuwenden.

Schließt sich an den Tag der Rückreise von einer mehrtägigen Auswärtstätigkeit zur Wohnung oder ersten Tätigkeitsstätte eine **weitere ein- oder mehrtägige Auswärtstätigkeit** an, ist für diesen Tag nur die höhere Verpflegungspauschale zu berücksichtigen.

> **Beispiel 3:**
> Ingenieur I kehrt am Dienstag von einer mehrtägigen Auswärtstätigkeit in Straßburg zu seiner Wohnung zurück. Nachdem er Unterlagen und neue Kleidung eingepackt hat, reist er zu einer weiteren mehrtägigen Auswärtstätigkeit nach Kopenhagen. I erreicht Kopenhagen um 23.30 Uhr. Die Übernachtung – jeweils mit Frühstück – werden vom Arbeitgeber im Voraus gebucht und bezahlt.
>
> Für Dienstag ist nur die höhere Verpflegungspauschale von 40 € (Rückreisetag von Straßburg: 32 €, Anreisetag nach Kopenhagen: 40 €) anzusetzen. Auf Grund der Gestellung des Frühstücks i.R.d. Übernachtung in Straßburg ist die Verpflegungspauschale um 12 € (20% von 60 €) auf 28 € zu kürzen.

f) Flugreisen

2484 Auch bei Flugreisen gelten grundsätzlich die Regelungen für eintägige und mehrtägige Auslandsdienstreisen, d.h. maßgebend ist grundsätzlich der Pauschbetrag für das Land, das der Arbeitnehmer **vor 24.00 Uhr Ortszeit zuletzt erreicht**. Abzustellen ist dabei auf den Zeitpunkt, in dem das **Flugzeug landet, Zwischenlandungen** bleiben **unberücksichtigt** (R 9.6 Abs. 3 Satz 4 Nr. 1 LStR).

Beispiel 1:

Beginn der mehrtägigen Dienstreise in München 4.00 Uhr, Abflug in Frankfurt 8.00 Uhr, Zwischenlandung in London 10.00 Uhr, Weiterflug um 12.00 Uhr nach New York und Landung dort um 19.00 Uhr (Ortszeit 13.00 Uhr).

Für den gesamten Anreisetag ist das Auslandstagegeld für New York von 32 € anzusetzen. Die Zwischenlandung in London bleibt außer Betracht.

Für den **Abflugtag** kommt ein Auslandstagegeld somit nur in Betracht, wenn das Flugzeug vor 24.00 Uhr Ortszeit tatsächlich in einem ausländischen Staat landet, in dem der Arbeitnehmer seine berufliche Tätigkeit ausüben soll oder den Flug zwecks Übernachtung unterbricht. Erstreckt sich der **Flug über zwei Kalendertage**, kommt für den ersten Tag nur die **Inlandspauschale** in Betracht, wenn der Abflughafen im Inland liegt. Erstreckt sich eine **Flugreise über mehr als zwei Kalendertage**, so ist für die Tage, die zwischen dem Tag des Abflugs und dem Tag der Landung liegen, das für **Österreich** geltende Tagegeld maßgebend (R 9.6 Abs. 3 Satz 4 Nr. 1 Satz 2 LStR).

Beispiel 2:

Sachverhalt wie Beispiel 1, auf Grund von Verspätungen startet das Flugzeug in London jedoch erst um 24.00 Uhr und landet um 7.00 Uhr des nächsten Tages in New York (Ortszeit 1.00 Uhr).

Für den Abflugtag ist noch die Inlandspauschale von 12 € anzusetzen. Die höhere Auslandspauschale kommt erstmals für den zweiten Tag in Betracht (Anreisetag).

Für **Rückreisetage von einer mehrtägigen Flugreise und für eintägige Flugreisen** in das Ausland ist das Auslandstagegeld für den letzten Tätigkeitsort im Ausland maßgebend. Zwischenlandungen bleiben auch hier unberücksichtigt.

Desgleichen gelten für Flugreisen die „**Mitternachtsregelung**" (der Aufenthalt im Flugzeug gilt nicht als Übernachtung) und die Regelungen für das **Zusammentreffen von Auslands- und Inlandsdienstreisen**.

Zu den vom **Arbeitgeber zur Verfügung gestellten Mahlzeiten** gehören auch die z.B. **im Flugzeug, im Zug oder auf einem Schiff** im Zusammenhang mit der Beförderung unentgeltlich **angebotenen Mahlzeiten**, sofern die Rechnung für das Beförderungsticket auf den Arbeitgeber ausgestellt ist und von diesem dienst- oder arbeitsrechtlich erstattet wird. Die Verpflegung muss dabei nicht offen auf der Rechnung ausgewiesen werden. Lediglich dann, wenn z.B. anhand des gewählten Beförderungstarifs feststeht, dass es sich um eine **reine Beförderungsleistung** handelt, bei der keine Mahlzeiten unentgeltlich angeboten werden, liegt **keine Mahlzeitengestellung** vor (BMF v. 24.10.2014, IV C 5 – S 2353/14/10002, BStBl I 2014, 1412, Rdnr. 65). S. ausführlich → *Mahlzeiten aus besonderem Anlass* Rz. 1976.

Die z.B. auf innerdeutschen Flügen oder Kurzstrecken-Flügen gereichten **kleinen Tüten mit Chips, Salzgebäck, Schokowaffeln, Müsliriegel oder vergleichbare andere Knabbereien** erfüllen **jedoch nicht die Kriterien für eine Mahlzeit** und führen somit zu keiner Kürzung der Pauschalen (s. ausführlich → Rz. 2491).

Eine steuerfreie **Übernachtungspauschale** darf für die Dauer der Benutzung von Beförderungsmitteln (dazu gehören auch Flugzeuge) nicht angesetzt werden (R 9.7 Abs. 2 Satz 6 LStR).

g) Schiffsreisen

2485 Bei **Schiffsreisen** kann der Arbeitgeber – wie bei Flugreisen – grundsätzlich zusätzlich zum Fahrpreis ebenfalls Verpflegungspauschalen als Reisekosten steuerfrei ersetzen. Maßgebend ist grundsätzlich

- für die **Tage der Einschiffung und Ausschiffung** das für den **Hafenort** geltende Tagegeld und
- für die **übrige Zeit** (Tage „auf See") das für **Luxemburg** geltende Tagegeld (R 9.6 Abs. 3 Satz 4 Nr. 2 LStR).

Im Übrigen (d.h. insbesondere auch zur **Mahlzeitengestellung**) gelten die gleichen Grundsätze wie für Flugreisen (s.o.).

Zur Beachtung der sog. **Dreimonatsfrist** → Rz. 2486.

Für das Personal auf **deutschen Staatsschiffen** sowie für das Personal auf Schiffen der Handelsmarine unter deutscher Flagge auf Hoher See gilt das **Inlandstagegeld**. Für die Tage der Einschiffung und Ausschiffung ist das für den Hafenort geltende Tagegeld maßgebend (R 9.6 Abs. 3 Satz 4 Nr. 2 LStR).

5. Dreimonatsfrist

a) Allgemeines

Die Berücksichtigung der Verpflegungspauschalen ist bei einer **2486** längerfristigen beruflichen Tätigkeit an derselben Tätigkeitsstätte unverändert auf die **ersten drei Monate beschränkt** (§ 9 Abs. 4a Satz 6 EStG). Die frühere Richtlinienregelung, die wiederholt vom BFH bestätigt wurde (zuletzt BFH v. 8.10.2014, VI R 7/13, BStBl II 2015, 336 sowie BVerfG v. 7.7.2015, 2 BvR 2251/13, StEd 2015, 469), ist nunmehr im Gesetz selbst aufgenommen worden (§ 9 Abs. 4a Satz 6 EStG).

Beispiel 1:

Monteur M aus Köln ist seit dem 1.7. auf der Baustelle 1 in Köln tätig. Ab dem 1.9. wird M auf der Baustelle 2 in einer Parallelstraße eingesetzt.

Mit Beginn der Tätigkeit an der Baustelle 2 beginnt am 1.9. eine neue Dreimonatsfrist, da es sich nicht um dieselbe Tätigkeitsstätte handelt, auch wenn diese nicht weit entfernt von dem vorherigen Einsatzort liegt.

Werden im Rahmen einer beruflichen Tätigkeit **mehrere ortsfeste betriebliche Einrichtungen** innerhalb eines großräumigen Werks- oder Betriebsgeländes aufgesucht, handelt es sich um die Tätigkeit an einer Tätigkeitsstätte.

Handelt es sich aber um **einzelne ortsfeste betriebliche Einrichtungen verschiedener Auftraggeber** oder Kunden, liegen mehrere Tätigkeitsstätten vor. Dies gilt auch dann, wenn sich die Tätigkeitsstätten in unmittelbarer räumlicher Nähe zueinander befinden.

Beispiel 2:

Unternehmensberater U ist im Rahmen einer beruflich veranlassten Auswärtstätigkeit für zwei Monate beim Kunden K eingesetzt. Im Anschluss daran bleibt er dort im Einsatz, weil zwischen seinem Arbeitgeber und dem Auftraggeber ein Anschlussprojekt vereinbart worden ist.

Nach drei Monaten besteht kein Anspruch mehr auf die Verpflegungspauschalen.

Beispiel 3:

Unternehmensberater U wird von seinem Arbeitgeber vom 1.1.2016 an in einem fünfstöckigen Bürogebäude zunächst für drei Monate für Kunde A im Erdgeschoss und anschließend für Kunde B im 3. Obergeschoss tätig.

Da es sich um unterschiedliche Auftraggeber handelt, führt der nach drei Monaten vorgenommene Wechsel zu einer neuen Dreimonatsfrist. Es ist unerheblich, dass beide Kunden ihren Sitz im selben Gebäude haben.

Um die Berechnung der Dreimonatsfrist zu vereinfachen, wurde eine rein zeitliche Bemessung der Unterbrechungsregelung eingeführt. Danach führt eine Unterbrechung der beruflichen Tätigkeit an derselben Tätigkeitsstätte zu einem **Neubeginn der Dreimonatsfrist, wenn sie mindestens vier Wochen dauert** (§ 9 Abs. 4a Satz 7 EStG). Der Grund der Unterbrechung ist unerheblich; **es zählt nur noch die Unterbrechungsdauer**. Es kommt also nicht mehr darauf an, ob die Unterbrechung urlaubs- oder krankheitsbedingt oder auf eine vorübergehende Tätigkeit an der ersten Tätigkeitsstätte zurückzuführen ist.

Beispiel 4:

Bauarbeiter B aus Augsburg ohne eine erste Tätigkeitsstätte ist seit 2014 auf einer Großbaustelle in Berlin eingesetzt. Er nimmt jährlich jeweils im Monat Juli Urlaub.

Ab 2014 wird ein vierwöchiger Urlaub als Unterbrechungsgrund steuerlich akzeptiert. Daher beginnt jährlich am 1.8. nach Rückkehr aus dem Urlaub eine neue Dreimonatsfrist.

b) Anrechnung von Auswärtstätigkeiten

Wenn die **auswärtige Tätigkeitsstätte zur neuen ersten Tätig- 2487 keitsstätte wird** (z.B. durch Versetzung) und der Arbeitnehmer am Beschäftigungsort (weiterhin) übernachtet, kann die Auswärtstätigkeit zwar in eine **doppelte Haushaltsführung** „umschlagen" (zu den Voraussetzungen → *Doppelte Haushaltsführung: Allgemeines* Rz. 901). Das bedeutet aber nicht, dass für die Zeit der doppelten Haushaltsführung eine neue Dreimonatsfrist beginnt, in der Verpflegungsmehraufwendungen steuerfrei erstattet werden könnten, denn nach § 9 Abs. 4a Satz 6 EStG wird die Dreimonatsfrist, in der Verpflegungsmehraufwendungen während der Auswärtstätigkeit steuerfrei erstattet werden können, auf die **Zeit der doppelten Haushaltsführung angerechnet**.

Reisekosten: Erstattungen

keine Sozialversicherungspflicht = (SV̶)
Sozialversicherungspflicht = (SV)

Beispiel:

A (verheiratet) ist ab 1. Januar für ein halbes Jahr an eine auswärtige Filiale **abgeordnet** worden (Auswärtstätigkeit), er hat am neuen Arbeitsort ein Zimmer gemietet. An den Wochenenden fährt er mit seinem Pkw nach Hause (Abfahrt montags zum Arbeitsort 7.00 Uhr, Rückkehr in der Wohnung freitags 16.00 Uhr). Da er sich in der neuen Filiale bewährt hat, ist er zum 1. Juli dorthin **versetzt** worden (neue erste Tätigkeitsstätte).

Die ersten sechs Monate stellen eine **Auswärtstätigkeit** dar, ab der Versetzung (d.h. ab 1. Juli) wird die auswärtige Filiale als neue erste Tätigkeitsstätte angesehen. Da A am Arbeitsort übernachtet, führt er dort ab dem siebenten Monat einen **doppelten Haushalt** (bei Verheirateten wird eine doppelte Haushaltsführung im Allgemeinen ohne Weiteres anerkannt).

Der Arbeitgeber darf Verpflegungsmehraufwendungen nur in den ersten drei Monaten mit den in Betracht kommenden Pauschbeträgen steuerfrei erstatten, d.h. für „volle Tage" 24 €. Für die Wochenenden, an denen sich A zu Hause aufgehalten hat, dürfen überhaupt keine steuerfreien Pauschalen gezahlt werden. Für Montag und Freitag können lediglich 12 € steuerfrei erstattet werden (An- und Abreisetage). Nach sechs Monaten schlägt die Auswärtstätigkeit zwar in eine **doppelte Haushaltsführung** um, für den steuerfreien Ersatz von Verpflegungsmehraufwendungen beginnt aber keine neue Dreimonatsfrist (§ 9 Abs. 4a Satz 13 EStG).

Die Fahrtkosten kann der Arbeitgeber in den ersten sechs Monaten (**Auswärtstätigkeit**) in Höhe der nachgewiesenen Kosten oder pauschal mit 0,30 €/km steuerfrei ersetzen, ab dem siebenten Monat **(doppelte Haushaltsführung)** nur noch **eine** Familienheimfahrt wöchentlich in Höhe der Entfernungspauschale von 0,30 € je Entfernungskilometer (km-Satz also nur 0,15 €).

Würde A den auswärtigen Arbeitsort täglich aufsuchen, ergäbe sich in den ersten sechs Monaten (Auswärtstätigkeit) keine abweichende Beurteilung. Nach dieser Zeit wären jedoch „normale Wege zwischen Wohnung und erster Tätigkeitsstätte" anzunehmen, die vom Arbeitgeber nicht steuerfrei ersetzt werden dürfen. Zulässig wäre allenfalls eine Pauschalversteuerung mit 15 %, soweit der Arbeitnehmer nach den Regeln der Entfernungspauschale Werbungskosten absetzen könnte (§ 40 Abs. 2 Satz 2 EStG).

c) Keine Dreimonatsfrist

2488 Bei beruflichen Tätigkeiten auf mobilen, nicht ortsfesten betrieblichen Einrichtungen wie z.B. Fahrzeugen, Flugzeugen, Schiffen findet die Dreimonatsfrist keine Anwendung (so schon BFH v. 24.2.2011, VI R 66/10, BStBl II 2012, 27 betr. einen Seemann auf einem Fischfangschiff).

Entsprechendes gilt für eine Tätigkeit in einem weiträumigen Tätigkeitsgebiet (BMF v. 24.10.2014, IV C 5 – S 2353/14/10004, BStBl I 2014, 1412 Rdnr. 55).

Beispiel:

Busfahrer B fährt jeden Morgen zum Busdepot, um seinen Bus abzuholen. B hat keine erste Tätigkeitsstätte.

Ab 2014 besteht bei einer Abwesenheit von zu Hause von mehr als 8 Stunden täglich ein Anspruch auf 12 €. Die Dreimonatsfrist gilt auf Grund der Fahrtätigkeit nicht.

d) Tätigkeit an derselben Tätigkeitsstätte

2489 Von einer längerfristigen beruflichen Tätigkeit an derselben Tätigkeitsstätte ist erst dann auszugehen, sobald der Arbeitnehmer an dieser **mindestens an drei Tagen in der Woche tätig wird**. Die Dreimonatsfrist beginnt daher nicht, solange die auswärtige Tätigkeitsstätte an nicht mehr als zwei Tagen in der Woche aufgesucht wird. Bei einer einmal in Gang gesetzten Dreimonatsfrist läuft diese auch dann weiter, wenn der Arbeitnehmer nur noch an einzelnen Tagen in der Woche an dieser Tätigkeitsstätte eingesetzt wird.

Die Prüfung des Unterbrechungszeitraums und des Ablaufs der Dreimonatsfrist erfolgt stets im Nachhinein mit Blick auf die zurückliegende Zeit (**Ex-post-Betrachtung**).

Beispiel 1:

Der Bauarbeiter A soll ab März 2016 arbeitstäglich an der Baustelle in H für fünf Monate tätig werden. Am 1.4.2016 nimmt er dort seine Tätigkeit auf. Ab 20.5.2016 wird er nicht nur in H, sondern für einen Tag wöchentlich auch an der Baustelle in B tätig, da dort ein Kollege ausgefallen ist.

Für die Tätigkeit an der Baustelle in H beginnt die Dreimonatsfrist am 1.4.2016 und endet am 30.6.2016. Eine vierwöchige Unterbrechung liegt nicht vor (immer nur eintägige Unterbrechung).

Für die Tätigkeit an der Baustelle in B greift die Dreimonatsfrist hingegen nicht, da A dort lediglich einen Tag wöchentlich tätig wird.

Beispiel 2:

Wie Beispiel 1, allerdings wird A ab 1.4.2016 zwei Tage wöchentlich in H und drei Tage wöchentlich in B tätig. Ab 15.4.2016 muss er für zwei Wochen nach M. Ab 1.5.2016 ist er dann bis auf Weiteres drei Tage wöchentlich in H und zwei Tage in B tätig.

Für die Tätigkeit an der Baustelle in B beginnt die Dreimonatsfrist am 1.4.2016 und endet am 30.6.2016. Eine vierwöchige Unterbrechung liegt nicht vor (lediglich zwei Wochen und dann immer nur dreitägige Unterbrechung).

Für die Tätigkeit an der Baustelle in H beginnt die Dreimonatsfrist hingegen erst am 1.5.2015, da A dort erst ab diesem Tag an drei Tagen wöchentlich tätig wird.

Beispiel 3:

Kundenberater K ist für zwei Jahre bei dem Auftraggeber A im Einsatz, vom 1.1.2016 bis 30.4.2016 zweimal wöchentlich, ab 1.5.2016 dreimal wöchentlich.

Für die Monate Januar bis April können vom Arbeitgeber Verpflegungsmehraufwendungen erstattet werden. Am 1.5.2016 beginnt die Drei-Monats-Frist erstmals zu laufen. Die Frist läuft bis zum 31.7.2016. Ab 1.8.2016 können keine Verpflegungspauschalen mehr erstattet werden.

Beispiel 4:

Mitarbeiter M mit erster Tätigkeitsstätte in der Zentrale in Kassel kommt seit dem 1.7.2016 immer in der ersten Woche eines Monats zur Tochterfirma nach Frankfurt.

Bei dem Einsatz in Frankfurt handelt es sich um eine Auswärtstätigkeit. Die Dreimonatsfrist für die Auswärtstätigkeit in Frankfurt beginnt am 1.7. und endet am 30.9. Die jeweiligen Unterbrechungen von nur ca. 3 Wochen reichen nicht aus.

Beispiel 5:

Konzernbetriebsprüfer P beginnt am 1.9.2016 eine Betriebsprüfung im Konzern K zunächst für eine volle Woche. In der Folgezeit nimmt er das Dienstgeschäft dort nur in jeder 4. Woche für einen Tag auf (am 29.9., 27.10., 24.11. usw.). In diesem Fall wären gezahlte Verpflegungspauschalen ab dem 1.12.2016 steuerpflichtig. Die Dreimonatsfrist beginnt am 1.9. und endet am 30.11. (keine ausreichende Unterbrechung von vier Wochen).

Sucht ein Stpfl. **mehrere Tätigkeitsstätten** auf und greift bei einer dieser Tätigkeitsstätten die Dreimonatsbeschränkung, so sind die Abwesenheitszeiten entsprechend aufzuteilen.

Beispiel 6:

Der Außendienstmitarbeiter A wohnt in K und hat am Betriebssitz seines Arbeitgebers in S seine erste Tätigkeitsstätte (arbeitsrechtliche Zuordnung durch Arbeitgeber). A sucht arbeitstäglich die Filiale in K gegen 8.00 Uhr auf und bereitet sich dort üblicherweise für 1 bis 2 Stunden auf seinen Außendienst vor. Von ca. 10.00 Uhr bis 16.30 Uhr sucht er dann verschiedene Kunden im Großraum K auf. Anschließend fährt er nochmals in die Filiale in K, um Nacharbeiten zu erledigen.

Bei dem arbeitstäglichen Vor- und Nachbereiten der Außendiensttätigkeit in der Filiale in K handelt es sich um eine längerfristige berufliche Auswärtstätigkeit an derselben Tätigkeitsstätte; für die berufliche Tätigkeit an dieser Tätigkeitsstätte können nach Ablauf von drei Monaten daher keine Verpflegungspauschalen mehr beansprucht werden.

Für die restliche eintägige berufliche Auswärtstätigkeit bei den verschiedenen Kunden im Großraum K gilt dies nicht. Die Tätigkeitszeit in der Filiale in K kann für die Ermittlung der erforderlichen Mindestabwesenheitszeit von mehr als 8 Stunden nach Ablauf von 3 Monaten nicht mehr berücksichtigt werden, sondern ist abzuziehen. Ab dem vierten Monat kommt es für die Ermittlung der Abwesenheitszeiten der eintägigen Auswärtstätigkeit daher jeweils auf die Dauer der Abwesenheit von der Wohnung, abzüglich der Tätigkeitszeit(en) in der Filiale in K an.

e) Wechsel der Tätigkeitsstätte

2490 Da im Gesetz auf **dieselbe Tätigkeitsstätte** abgestellt wird, beginnt mit jedem Wechsel der **Tätigkeitsstätte eine neue Dreimonatsfrist zu laufen**.

Beispiel 1:

Verbandsprüfer A prüft die Genossenschaft X. Nach drei Monaten ist die Prüfung beendet, er wechselt dann zu der in unmittelbarer Nähe liegenden Genossenschaft Y. Seine Wohnung ist von dieser nur 2 km entfernt.

A unternimmt als Verbandsprüfer Dienstreisen. Mit dem Wechsel der Tätigkeitsstätte zur Genossenschaft Y beginnt eine **neue Dienstreise mit einer neuen Dreimonatsfrist**. Die Entfernung zur alten Tätigkeitsstätte oder zur Wohnung ist unerheblich. Der Arbeitgeber darf daher auch weiterhin die Fahrtkosten und ggf. Mehraufwendungen für Verpflegung nach Dienstreisegrundsätzen steuerfrei erstatten.

Wird die Dreimonatsfrist bei einer Einsatzstelle **nicht voll ausgeschöpft**, kann der nicht ausgeschöpfte Teil keinesfalls dergestalt auf die nachfolgende Einsatzstelle übertragen werden, dass sich dort die Dreimonatsfrist entsprechend verlängert.

Beispiel 2:
A wird zunächst für zwei Monate in X, anschließend für vier Monate in Y eingesetzt.

Die Tätigkeit in X stellt eine Auswärtstätigkeit dar. Beim Wechsel nach Y beginnt eine **neue Auswärtstätigkeit mit einer neuen Dreimonatsfrist**. Der bei der Tätigkeit in X nicht ausgeschöpfte Teil der Dreimonatsfrist kann nicht auf die Tätigkeit in Y übertragen werden mit der Folge, dass dort für vier Monate Wechsel nach Y beginnt eine **neue Auswärtstätigkeit mit einer neuen Dreimonatsfrist**. Der bei der Tätigkeit in X nicht ausgeschöpfte Teil der Dreimonatsfrist kann nicht auf die Tätigkeit in Y übertragen werden mit der Folge, dass dort für vier Monate Verpflegungsmehraufwendungen steuerfrei erstattet werden könnten.

6. Kürzung der Verpflegungspauschalen
a) Allgemeines

2491 Der Arbeitnehmer kann für die ihm tatsächlich entstandenen Mehraufwendungen für Verpflegung auf Grund einer beruflich veranlassten Auswärtstätigkeit nach der Abwesenheitszeit von seiner Wohnung und seiner ersten Tätigkeitsstätte gestaffelte Verpflegungspauschalen als Werbungskosten ansetzen oder in entsprechender Höhe einen steuerfreien Arbeitgeberersatz erhalten. **Das Merkmal „tatsächlich entstandene" Mehraufwendungen bringt dabei zum Ausdruck, dass die Verpflegungspauschalen insoweit nicht zum Ansatz kommen, als der Arbeitnehmer während seiner beruflichen Auswärtstätigkeit durch den Arbeitgeber „verpflegt" wird.** Eine Prüfungspflicht hinsichtlich der Höhe der tatsächlich entstandenen Aufwendungen besteht nicht.

Wird dem Arbeitnehmer anlässlich oder während einer Tätigkeit außerhalb seiner ersten Tätigkeitsstätte vom Arbeitgeber oder auf dessen Veranlassung von einem Dritten eine Mahlzeit zur Verfügung gestellt, konnte der Arbeitnehmer bis 2013 trotzdem die vollen Verpflegungspauschalen in Anspruch nehmen, musste jedoch die Mahlzeitengestellung mit den Sachbezugswerten als Arbeitslohn versteuern. **Aus Vereinfachungsgründen sind seit 2014 die Verpflegungspauschalen zu kürzen, während gleichzeitig auf die Versteuerung der Mahlzeitengestellung verzichtet wird** (§ 9 Abs. 4a Satz 8 EStG).

Die Kürzung beträgt tageweise

– **für ein Frühstück 20 %**

– **und für ein Mittag- und Abendessen jeweils 40 %**

der für die 24-stündige Abwesenheit geltenden höchsten Verpflegungspauschale. Das entspricht für Auswärtstätigkeiten im Inland einer Kürzung der jeweils zustehenden Verpflegungspauschale um

– **4,80 € für ein Frühstück und**

– **jeweils 9,60 € für ein Mittag- und Abendessen.**

Die Kürzung darf die ermittelte Verpflegungspauschale nicht übersteigen (§ 9 Abs. 4a Satz 8 EStG). Die typisierende, pauschale Kürzung der Verpflegungspauschale ist tagesbezogen und maximal bis auf 0 € vorzunehmen.

Beispiel 1:
Mitarbeiterin X erhält von ihrem Arbeitgeber anlässlich einer 9-stündigen Auswärtstätigkeit (Fortbildungsmaßnahme) auch ein Frühstück. Der Arbeitgeber zahlt für diesen Tag eine Verpflegungspauschale i.H.v. 6 €.

Steuerfrei gezahlt werden können 7,20 € (12 € abzgl. Kürzung wegen der Frühstücksgewährung 4,80 €). Da nur 6 € gezahlt werden, entfällt eine Versteuerung.

Beispiel 2:
Wie Beispiel 1, der Arbeitgeber zahlt jedoch 8 € aus.

In diesem Fall entsteht eine Steuerpflicht i.H.v. 0,80 € (Auszahlungsbetrag 8 € abzgl. steuerfrei 7,20 €).

Beispiel 3:
Arbeitnehmer A ist am 12.5.2016 für 9 Stunden dienstlich unterwegs. Im Rahmen der Auswärtstätigkeit wird ihm vom Arbeitgeber eine Mittagsmahlzeit gewährt (d.h. Kürzung um 40 % von 24 € = 9,60 €).

Auf die Versteuerung des gewährten Vorteils (= Mittagsmahlzeit) wird verzichtet, da A eine Verpflegungspauschale zusteht. Steuerfrei gezahlt werden können noch 2,40 € (12 € abzgl. 9,60 €).

Beispiel 4:
Mitarbeiter M erhält von seinem Arbeitgeber am Abreisetag einer dreitägigen Auswärtstätigkeit ein Frühstück und ein Mittagessen.

Die Mahlzeitengestellung führt zu einer Kürzung der Verpflegungspauschale:

Verpflegungspauschale		12,— €
./. Kürzung wegen Frühstück 20 % von 24 €	4,80 €	
./. Kürzung wegen Mittagessen 40 % von 24 €	9,60 €	
Kürzungen insgesamt	14,40 €	
höchstens	12,— €	12,— €
Verpflegungspauschale		0,— €

Auch ein vom Arbeitgeber zur Verfügung gestellter **Snack oder Imbiss** (z.B. belegte Brötchen, Kuchen, Obst), der während einer auswärtigen Tätigkeit gereicht wird, kann eine Mahlzeit sein, die zur Kürzung der Verpflegungspauschale führt. Eine feste zeitliche Grenze für die Frage, ob ein Frühstück, Mittag- oder Abendessen zur Verfügung gestellt wird, gibt es nicht. **Maßstab für die Einordnung ist vielmehr, ob die zur Verfügung gestellte Verpflegung an die Stelle einer der genannten Mahlzeiten tritt, welche üblicherweise zu der entsprechenden Zeit eingenommen wird.**

Beispiel 5:
Unternehmer U bucht für seine Mitarbeiter eine eintägige, auswärtige Fortbildungsveranstaltung. Die Teilnehmer erhalten ein Mittagessen.

Die Verpflegungspauschale ist um 9,60 € zu kürzen.

Beispiel 6:
Die Teilnehmer erhalten kein Mittagessen. Die Teilnehmer versorgen sich in der Mittagspause selbst. Lediglich um 14.30 Uhr wird Kaffee und Kuchen gereicht.

Die Verpflegungspauschale ist nicht zu kürzen, da die zur Verfügung gestellte Verpflegung nicht an die Stelle einer Mittagsmahlzeit tritt.

Klarstellend weist die Finanzverwaltung auf Folgendes hin (OFD Frankfurt v. 6.7.2015, S 2353 A – 87 – St 222, www.stotax-first.de):

„Im Zuge der Reform des steuerlichen Reisekostenrechts wurde u.a. auch die Behandlung der vom Arbeitgeber anlässlich einer Auswärtstätigkeit gestellten üblichen Mahlzeiten neu geregelt und zugleich gesetzlich festgelegt, dass eine Verpflegungspauschale nur noch dann steuerlich beansprucht werden kann, wenn dem Arbeitnehmer tatsächlich Mehraufwand für die jeweilige Mahlzeit entstanden ist. Im Ergebnis bedeutet dies: Wird dem Arbeitnehmer von seinem Arbeitgeber oder auf dessen Veranlassung von einem Dritten bei einer Auswärtstätigkeit unentgeltlich eine oder mehrere übliche Mahlzeiten (dies sind Mahlzeiten mit einem Preis von bis zu 60 € inkl. Getränke und Umsatzsteuer) zur Verfügung gestellt, bleiben diese Mahlzeiten unversteuert und die Verpflegungspauschalen sind entsprechend zu kürzen. Die vorzunehmende Kürzung ist dabei im Gesetz typisierend und pauschalierend festgelegt. Sie beträgt 20 % für ein Frühstück und jeweils 40 % für ein Mittag- bzw. Abendessen der Pauschale für einen vollen Kalendertag.

In Rdnr. 74 des ergänzten BMF-Schreibens zur Reform des steuerlichen Reisekostenrechts v. 24.10.2014, IV C 5 – S 2353/14/10004, BStBl I 2014, 1412 wurde anknüpfend an die bisherige Rechtslage klargestellt, dass der Begriff der Mahlzeit durch die Neuregelung nicht geändert wurde. Aus steuerrechtlicher Sicht werden als Mahlzeiten daher alle Speisen und Lebensmittel angesehen, die üblicherweise der Ernährung dienen und die zum Verzehr während der Arbeitszeit oder im unmittelbaren Anschluss daran geeignet sind, somit Vor- und Nachspeisen ebenso wie Imbisse und Snacks. Eine Kürzung der steuerlichen Verpflegungspauschale ist allerdings nur vorzunehmen, wenn es sich bei der vom Arbeitgeber gestellten Mahlzeit tatsächlich um ein Frühstück, Mittag- oder Abendessen handelt.

Es kommt daher für die steuerrechtliche Würdigung nicht allein darauf an, dass dem Arbeitnehmer etwas Essbares vom Arbeitgeber zur Verfügung gestellt wird, sondern auch, ob es sich dabei um eine der im Gesetz genannten Mahlzeit handelt. **So handelt es sich beispielsweise bei Kuchen, der anlässlich eines Nachmittagskaffees gereicht wird, nicht um eine der genannten Mahlzeiten und es ist keine Kürzung der Verpflegungspauschale vorzunehmen. Auch die z.B. auf innerdeutschen Flügen oder Kurzstrecken-Flügen gereichten kleinen Tüten mit Chips, Salzgebäck, Schokowaffeln, Müsliriegel oder vergleichbar andere Knabbereien erfüllen nicht die Kriterien für eine Mahlzeit und führen somit zu keiner Kürzung der Pauschalen.**

In der Praxis obliegt es vorrangig dem jeweiligen Arbeitgeber, zu beurteilen, inwieweit die von ihm angebotenen Speisen unter Berücksichti-

Reisekosten: Erstattungen

keine Sozialversicherungspflicht = (SV̄)
Sozialversicherungspflicht = (SV)

gung z.B. ihres jeweiligen Umfangs, des entsprechenden Anlasses oder der Tageszeit tatsächlich an die Stelle einer der genannten Mahlzeiten treten."

Unbeachtlich im Hinblick auf die gesetzlich vorgeschriebene pauschale Kürzung der Verpflegungspauschalen ist, ob die vom Arbeitgeber zur Verfügung gestellte Mahlzeit vom **Arbeitnehmer tatsächlich eingenommen wird** oder die Aufwendungen für die vom Arbeitgeber gestellte Mahlzeit niedriger sind als der jeweilige pauschale Kürzungsbetrag. Die Kürzung kann nur dann unterbleiben, wenn der Arbeitgeber keine Mahlzeit zur Verfügung stellt, z.B. weil er die entsprechende Mahlzeit abbestellt oder der Arbeitnehmer die Mahlzeit selbst veranlasst und bezahlt.

Beispiel 7:
Mitarbeiterin M ist vom Arbeitgeber zu einer dreitägigen, auswärtigen Fortbildungsveranstaltung entsandt worden. Der Arbeitgeber hat die Kosten inklusive Verpflegung übernommen. Am Rückreisetag nimmt M das gemeinsame Mittagessen nicht mehr in Anspruch und fährt um 12.00 Uhr nach Hause.

Die Verpflegungspauschale i.H.v. 12 € ist gleichwohl um 9,60 € zu kürzen.

Beispiel 8:
Der Arbeitnehmer A ist von 9.00 Uhr bis 18.00 Uhr auswärts bei verschiedenen Kunden beruflich tätig. In der Mittagspause kauft er sich eine Pizza und ein Wasser für 8 €.

Da A anlässlich einer eintägigen beruflichen Auswärtstätigkeit mehr als 8 Stunden von seiner Wohnung abwesend ist, könnte er eine Verpflegungspauschale von 12 € beanspruchen. Würde A die Rechnung für die mittags verzehrte Pizza und das Wasser seinem Arbeitgeber vorlegen und von diesem erstattet bekommen, könnte A neben 8 € Erstattungsbetrag nur noch eine gekürzte Verpflegungspauschale von 2,40 € (12 € - 9,60 €) beanspruchen.

Bei der **Hingabe von Essenmarken** durch den Arbeitgeber im Rahmen einer beruflichen Auswärtstätigkeit des Arbeitnehmers handelt es sich i.d.R. nicht um eine vom Arbeitgeber gestellte Mahlzeit, sondern lediglich um eine Verbilligung der vom Arbeitnehmer selbst veranlassten und bezahlten Mahlzeit.

Beispiel 9:
Der Arbeitnehmer A ist auf einer dreitägigen Auswärtstätigkeit. Der Arbeitgeber hat für den Arbeitnehmer in einem Hotel zwei Übernachtungen jeweils mit Frühstück sowie am Zwischentag ein Mittag- und ein Abendessen gebucht und bezahlt. Der Arbeitnehmer A erhält vom Arbeitgeber keine weiteren Reisekostenerstattungen.

Der Arbeitgeber hat keinen geldwerten Vorteil für die Mahlzeiten zu versteuern. Der Arbeitnehmer A kann für die Auswärtstätigkeit folgende Verpflegungspauschalen als Werbungskosten geltend machen:

a) Anreisetag:		12,— €
b) Zwischentag:		24,— €
Kürzung	Frühstück	4,80 €
	Mittagessen	9,60 €
	Abendessen	9,60 €
verbleiben für Zwischentag		0,— €
c) Abreisetag:		12,— €
Kürzung	Frühstück	4,80 €
verbleiben für Abreisetag		7,20 €
insgesamt abziehbar		19,20 €

Beispiel 10:
Der Werbegrafiker W arbeitet von 10.00 Uhr bis 20.00 Uhr in seinem Büro in B (erste Tätigkeitsstätte), anschließend fährt er noch zu einem Geschäftstermin in C. Der Termin erstreckt sich bis 3.00 Uhr des Folgetags. W kehrt um 4.30 Uhr in seine Wohnung zurück. Zu Beginn des Geschäftstermins nimmt W an einem Abendessen teil, welches vom Arbeitgeber des W bestellt und bezahlt wird.

W ist im Rahmen seiner beruflichen Tätigkeit mehr als 8 Stunden auswärts tätig. Dass sich diese Abwesenheit über zwei Kalendertage ohne Übernachtung erstreckt, ist unschädlich. Die Abwesenheitszeiten werden zusammengerechnet und dem zweiten Kalendertag zugeordnet, da an diesem Tag der überwiegende Teil der Abwesenheit stattgefunden hat. Die Verpflegungspauschale von 12 € für die berufliche Abwesenheit von mehr als 8 Stunden über Nacht ist allerdings um 9,60 € zu kürzen; dass die Mahlzeit am ersten Tag vom Arbeitgeber gestellt wird und die Verpflegungspauschale dem Folgetag (Tag, an dem die Auswärtstätigkeit endet) zuzuordnen ist, ist dabei unbeachtlich; dem Arbeitnehmer wird im Zusammenhang mit der beruflichen Auswärtstätigkeit, für die er die Verpflegungspauschale beanspruchen kann, eine Mahlzeit vom Arbeitgeber gestellt.

b) Weitere Voraussetzungen der Kürzung

Die Kürzung der Verpflegungspauschalen ist auch dann vorzunehmen, wenn der Arbeitgeber die dem Arbeitnehmer zustehende **Reisekostenvergütung lediglich gekürzt ausbezahlt**.

2492

Nur ein für die Gestellung der Mahlzeit vereinbartes und vom Arbeitnehmer tatsächlich gezahltes **Entgelt mindert den Kürzungsbetrag**. Es ist hierbei nicht zu beanstanden, wenn der Arbeitgeber das für die Mahlzeit vereinbarte Entgelt im Rahmen eines abgekürzten Zahlungsweges unmittelbar aus dem Nettolohn des Arbeitnehmers entnimmt. Gleiches gilt, wenn der Arbeitgeber das Entgelt im Wege der Verrechnung aus der dem Arbeitnehmer dienst- oder arbeitsrechtlich zustehenden Reisekostenerstattung entnimmt.

Beispiel 1:
Der Arbeitnehmer A ist auf einer dreitägigen Auswärtstätigkeit. Der Arbeitgeber hat für den Arbeitnehmer A in einem Hotel zwei Übernachtungen jeweils mit Frühstück sowie am Zwischentag ein Mittag- und ein Abendessen gebucht und bezahlt. Zusätzlich zu diesen Leistungen möchte der Arbeitgeber auch noch eine steuerfreie Reisekostenerstattung zahlen. Für die vom Arbeitgeber veranlassten und bezahlten Mahlzeiten soll jeweils ein Betrag in Höhe des geltenden Sachbezugswertes (2016: Frühstück 1,67 € und Mittag-/Abendessen je 3,10 €) einbehalten werden.

Der Arbeitnehmer hat keinen geldwerten Vorteil für die Mahlzeiten zu versteuern. Der Arbeitgeber kann für die Auswärtstätigkeit höchstens noch folgende Beträge zusätzlich für die Verpflegung steuerfrei erstatten:

a) Anreisetag:		12,— €
b) Zwischentag:		24,— €
Kürzung	Frühstück	4,80 €
	Mittagessen	9,60 €
	Abendessen	9,60 €
verbleiben für Zwischentag		0,— €
c) Abreisetag:		12,— €
Kürzung	Frühstück	4,80 €
verbleiben für Abreisetag		7,20 €
insgesamt steuerfrei auszahlbar		19,20 €

Zahlt der Arbeitgeber angesichts der Mahlzeitengestellung nur eine (z.B. um die amtlichen Sachbezugswerte für zwei Frühstücke je 1,67 €, ein Mittagessen je 3,10 € und ein Abendessen je 3,10 €, zusammen also um 9,54 €) gekürzte steuerfreie Reisekostenerstattung von 9,66 € an seinen Arbeitnehmer, kann der Arbeitnehmer die Differenz von 9,54 € als Werbungskosten geltend machen. In diesem Fall hat der Arbeitnehmer einen arbeitsrechtlichen Anspruch (nur) auf eine gekürzte Reisekostenerstattung.

a) Anreisetag:		12,— €
b) Zwischentag:		24,— €
Kürzung	Frühstück	4,80 €
	Mittagessen	9,60 €
	Abendessen	9,60 €
verbleiben für Zwischentag		0,— €
c) Abreisetag:		12,— €
Kürzung	Frühstück	4,80 €
verbleiben für Abreisetag		7,20 €
insgesamt Verpflegungspauschalen		19,20 €
abzüglich steuerfreie Reisekostenerstattung		9,66 €
verbleiben als Werbungskosten		9,54 €

Nimmt der Arbeitgeber den Einbehalt in Höhe der Sachbezugswerte z.B. von einem Betrag in Höhe der ungekürzten Verpflegungspauschalen (48,— €) vor und zahlt nur eine gekürzte Reisekostenerstattung von 38,46 € (48 € ./. 9,54 €) an den Arbeitnehmer, können ebenfalls höchstens 19,20 € steuerfrei erstattet werden. Der darüber hinausgehende, vom Arbeitgeber ausgezahlte Betrag von 19,26 € (= 38,46 € ./. 19,20 €) ist pauschal (nach § 40 Abs. 2 Satz 1 Nr. 4 EStG höchstens bis zu 48,— €) oder individuell zu besteuern.

Zahlt der Arbeitgeber eine ungekürzte steuerfreie Reisekostenerstattung von 19,20 €, zieht hiervon aber im Wege der Verrechnung ein Entgelt für die gestellten Mahlzeiten in Höhe der amtlichen Sachbezugswerte ab, ist die Kürzung der Verpflegungspauschalen um die verrechneten Entgelte zu kürzen, im Gegenzug aber die ungekürzte steuerfreie Reisekostenerstattung von 19,20 € auszuzahlen. Zwar erhält der Arbeitnehmer nur 9,66 € ausgezahlt, dies ist aber wirtschaftlich die Differenz aus 19,20 € steuerfreie Reisekostenerstattung abzüglich 9,54 € Entgelt für die gestellten Mahlzeiten. In diesem Fall hat der Arbeitnehmer einen arbeitsrechtlichen Anspruch auf eine ungekürzte steuerfreie Reisekostenerstattung, die der Arbeitgeber aber im Rahmen der Erfüllung dieses Erstattungsanspruchs mit seinem Anspruch auf das für die Mahlzeiten

Reisekosten: Erstattungen

vereinbarte Entgelt aufrechnet. Die arbeitgeberinterne Verrechnung ändert nicht den wirtschaftlichen Charakter oder die Anspruchsgrundlage der Reisekostenerstattung.

a)	Anreisetag:		12,— €
b)	Zwischentag:		24,— €
	Kürzung	Frühstück (4,80 ⊁ 1,67 €)	3,13 €
		Mittagessen (9,60 ⊁ 3,10 €)	6,50 €
		Abendessen (9,60 ⊁ 3,10 €)	6,50 €
	verbleiben für Zwischentag		7,87 €
c)	Abreisetag:		12,— €
	Kürzung	Frühstück (4,80 ⊁ 1,67 €)	3,13 €
	verbleiben für Abreisetag		8,87 €
insgesamt Verpflegungspauschalen			28,74 €
abzüglich steuerfreie Reisekostenerstattung			19,20 €
verbleiben als Werbungskosten			9,54 €

Zahlt der Arbeitgeber eine ungekürzte Reisekostenerstattung von 48 € und zieht hiervon das für die Mahlzeiten vereinbarte Entgelt in Höhe der Sachbezugswerte im Wege der Verrechnung ab (48,— € ⊁ 9,54 € = 38,46 €), ändert dies nichts an der Berechnung der dem Arbeitnehmer steuerlich zustehenden Verpflegungspauschalen. In diesem Fall können ebenfalls 28,74 € steuerfrei erstattet werden. Der darüber hinausgehende, dem Arbeitnehmer arbeitsrechtlich zustehende Erstattungsbetrag von 19,26 € (= 48,— € ⊁ 28,74 €) ist pauschal (nach § 40 Abs. 2 Satz 1 Nr. 4 EStG höchstens bis zu 48,— €) oder individuell zu besteuern.

Beispiel 2:

Wie Beispiel 1. Allerdings zahlt der Arbeitnehmer A für das Frühstück je 5 € und für das Mittag- und das Abendessen je 7 €.

a)	Anreisetag:		12,— €
b)	Zwischentag:		24,— €
	Kürzung	Frühstück (4,80 ⊁ 5,— €)	0,— €
		Mittagessen (9,60 ⊁ 7,— €)	2,60 €
		Abendessen (9,60 ⊁ 7,— €)	2,60 €
	verbleiben für Zwischentag		18,80 €
c)	Abreisetag:		12,— €
	Kürzung	Frühstück (4,80 ⊁ 5,— €)	0,— €
	verbleiben für Abreisetag		12,— €
insgesamt steuerfrei auszahlbar			42,80 €

Beispiel 3:

Wie Beispiel 1. Allerdings zahlt der Arbeitnehmer für die volle Verpflegung am Zwischentag pauschal 19,— €.

a)	Anreisetag:		12,— €
b)	Zwischentag:		24,— €
	Kürzung	Tagesverpflegung (24 ⊁ 19 €)	5,— €
	verbleiben für Zwischentag		19,— €
c)	Abreisetag:		12,— €
	Kürzung	Frühstück	4,80 €
	verbleiben für Abreisetag		7,20 €
insgesamt steuerfrei auszahlbar			38,20 €

Beispiel 4:

Der Arbeitnehmer ist während einer eintägigen Auswärtstätigkeit von 5.00 bis 22.00 Uhr abwesend. Der Arbeitgeber stellt am Reisetag zwei Mahlzeiten (Mittag- und Abendessen) zur Verfügung. Für eintägige Auswärtstätigkeiten erstattet der Arbeitgeber dem Arbeitnehmer einen Verpflegungsmehraufwand von 30,— €.

Auf Grund der Kürzung der Verpflegungspauschale verbleibt kein steuerfreier Reisekostenersatz für Verpflegungsmehraufwendungen:

Verpflegungspauschale	12,— €
Kürzung: 1x Mittagessen	9,60 €
Kürzung: 1x Abendessen	9,60 €
verbleibt Verpflegungspauschale:	0,— €

Die Erstattung des Verpflegungsmehraufwands durch den Arbeitgeber ist i.H.v. 30,— € grundsätzlich steuerpflichtiger Arbeitslohn. Nach § 40 Abs. 2 Satz 1 Nr. 4 EStG kann der Arbeitgeber einen Betrag von 12,— € (100 % des in § 9 Abs. 4a Satz 3 Nr. 2 EStG genannten Betrags) pauschal mit 25 % besteuern. Die verbleibenden 18,— € (30,— € abzüglich 12,— €) sind nach den persönlichen Besteuerungsmerkmalen des Arbeitnehmers individuell zu besteuern.

Zuzahlungen des Arbeitnehmers sind jeweils vom Kürzungsbetrag derjenigen Mahlzeit abzuziehen, für die der Arbeitnehmer das Entgelt zahlt. Übersteigt das vom Arbeitnehmer für die Mahlzeit gezahlte Entgelt den Kürzungsbetrag, entfällt für diese Mahlzeit die Kürzung des Werbungskostenabzugs. Eine Verrechnung etwaiger Überzahlungen des Arbeitnehmers mit Kürzungsbeträgen für andere Mahlzeiten ist nicht zulässig.

Beispiel 5:

Der Arbeitnehmer A ist auf einer dreitägigen Auswärtstätigkeit. Der Arbeitgeber hat für den Arbeitnehmer in einem Hotel zwei Übernachtungen jeweils mit Frühstück sowie am Zwischentag ein Mittag- und ein Abendessen gebucht und bezahlt. Der Arbeitnehmer A zahlt für das Mittag- und Abendessen je 10 €.

a)	Anreisetag:		12,— €
b)	Zwischentag:		24,— €
	Kürzung	Frühstück	4,80 €
		Mittagessen (9,60 ⊁ 10,— €)	0,— €
		Abendessen (9,60 ⊁ 10,— €)	0,— €
	verbleiben für Zwischentag		19,20 €
c)	Abreisetag:		12,— €
	Kürzung	Frühstück	4,80 €
	verbleiben für Abreisetag		7,20 €
insgesamt Verpflegungspauschalen			38,40 €

Die Kürzung der Verpflegungspauschale ist auch dann vorzunehmen, wenn der Arbeitgeber den amtlichen Sachbezugswert der Mahlzeit pauschal besteuert hat.

Beispiel 6:

Der Arbeitnehmer A nimmt an einer eintägigen Fortbildungsveranstaltung teil. Der Arbeitgeber hat für den Arbeitnehmer A auf dieser Fortbildungsveranstaltung ein Mittagessen gebucht und bezahlt. Der Arbeitgeber besteuert das Mittagessen nach § 40 Abs. 2 Satz 1 Nr. 1a EStG pauschal, da er keine Aufzeichnungen über die Abwesenheit des Arbeitnehmers führt. Der Arbeitnehmer erhält vom Arbeitgeber keine weiteren Reisekostenerstattungen.

Der Arbeitnehmer A kann anhand seiner Bahntickets gegenüber dem Finanzamt nachweisen, dass er für die Fortbildung insgesamt zehn Stunden von seiner Wohnung und seiner ersten Tätigkeitsstätte abwesend war. Er kann für die Fortbildung folgende Verpflegungspauschalen als Werbungskosten abziehen:

eintägige Auswärtstätigkeit	12,— €
Kürzung: 1x Mittagessen	9,60 €
verbleiben als Werbungskosten:	2,40 €

Erhält der Arbeitnehmer steuerfreie Erstattungen für Verpflegung vom Arbeitgeber, ist ein Werbungskostenabzug insoweit ausgeschlossen.

Beispiel 7:

Der Arbeitnehmer A ist auf einer dreitägigen Auswärtstätigkeit. Der Arbeitgeber hat für den Arbeitnehmer in einem Hotel zwei Übernachtungen jeweils mit Frühstück sowie am Zwischentag ein Mittag- und ein Abendessen gebucht und bezahlt. Der Arbeitnehmer A erhält von seinem Arbeitgeber zusätzlich zu den zur Verfügung gestellten Mahlzeiten noch eine steuerfreie Reisekostenerstattung für Verpflegungsmehraufwendungen i.H.v. 19,20 €.

Der Arbeitgeber muss keinen geldwerten Vorteil für die Mahlzeiten versteuern. Der Arbeitnehmer A kann für die Auswärtstätigkeit keine Verpflegungspauschalen als Werbungskosten geltend machen:

a)	Anreisetag:		12,— €
b)	Zwischentag:		24,— €
	Kürzung	Frühstück	4,80 €
		Mittagessen	9,60 €
		Abendessen	9,60 €
	verbleiben für Zwischentag		0,— €
c)	Abreisetag:		12,— €
	Kürzung	Frühstück	4,80 €
	verbleiben für Abreisetag		7,20 €
insgesamt Verpflegungspauschalen			19,20 €
abzüglich steuerfreie Reisekostenerstattung			19,20 €
verbleiben als Werbungskosten			0,— €

Die Kürzung der Verpflegungspauschalen ist nach § 9 Abs. 4a Satz 8 EStG immer dann vorzunehmen, wenn dem Arbeitnehmer eine Mahlzeit von seinem Arbeitgeber oder auf dessen Veranlassung von einem Dritten zur Verfügung gestellt wird.

Die Kürzung gilt daher auch für die Teilnahme des Arbeitnehmers

– an einer geschäftlich veranlassten **Bewirtung** i.S.d. § 4 Abs. 5 Satz 1 Nr. 2 EStG oder

– an einem außerhalb der ersten Tätigkeitsstätte gewährten **Arbeitsessen** (R 19.6 Abs. 2 Satz 2 LStR),

wenn der **Arbeitgeber** oder auf dessen Veranlassung ein Dritter die Mahlzeit zur Verfügung stellt. Es kommt nicht darauf an, ob

Reisekosten: Erstattungen

keine Sozialversicherungspflicht = Ⓢⱽ
Sozialversicherungspflicht = Ⓢⱽ

Vorteile aus der Gestellung derartiger Mahlzeiten zum Arbeitslohn zählen.

Beispiel 8:
Unternehmer U trifft sich am Samstagabend mit einigen Vertretern der Zulieferfirma Z in einem Restaurant zum Essen, um mit diesen eine geschäftliche Kooperation zu erörtern. An dem Essen nehmen auch der Vertriebsleiter und der Leiter der Konstruktionsabteilung des U teil. Jeder Teilnehmer erhält ein Menü zum Preis von 55 € einschließlich Getränke.

Die Mahlzeit am Samstagabend erhalten die **Arbeitnehmer des U** im Rahmen einer geschäftlich veranlassten Bewirtung; sie gehört nicht zum Arbeitslohn. Sofern bei den Arbeitnehmern des U die Voraussetzungen für eine Verpflegungspauschale erfüllt wären (z.B. weil sie mehr als 8 Stunden abwesend waren oder weil sie nach dem Restaurantbesuch auswärtig übernachtet haben), wäre diese um 9,60 € zu kürzen.

Für die **Arbeitnehmer der Zulieferfirma Z** handelt es sich ebenfalls um die Teilnahme an einer geschäftlich veranlassten Bewirtung, die auch für die Arbeitnehmer des Z kein Arbeitslohn darstellt. Sofern die Arbeitnehmer des Z die Voraussetzungen für eine Verpflegungspauschale erfüllen, ist bei diesen keine Kürzung wegen der gestellten Mahlzeit vorzunehmen. Z selbst hat seinen Arbeitnehmern keine Mahlzeit gestellt. Da U das Essen gestellt hat, um Geschäftsbeziehungen zu Z zu knüpfen, ist das Merkmal „ein Dritter auf Veranlassung des Arbeitgebers" nicht gegeben.

Nimmt der Arbeitnehmer hingegen an der geschäftlich veranlassten **Bewirtung durch einen Dritten** oder einem **Arbeitsessen eines Dritten** teil, fehlt es in aller Regel an einer durch den Arbeitgeber zur Verfügung gestellten Mahlzeit; in diesem Fall sind die Verpflegungspauschalen nicht zu kürzen.

Beispiel 9:
Der Mitarbeiter einer deutschen Gesellschaft nimmt an einer Vertriebsveranstaltung im Betriebssitz der italienischen Tochtergesellschaft teil (separate Firmierung). Die italienische Gesellschaft trägt sämtliche Kosten der Vertriebsveranstaltung (so z.B. Hotel, Essen, etc.).

Die Verpflegungsmehraufwendungen des Arbeitnehmers der deutschen Gesellschaft sind nicht zu kürzen, weil ihm die Mahlzeiten nicht auf Veranlassung seines Arbeitgebers, sondern eines Dritten (der italienischen Tochtergesellschaft) zur Verfügung gestellt werden.

Beispiel 10:
Wie Beispiel 9, die italienische Tochtergesellschaft belastet der deutschen Gesellschaft die Kosten für den Arbeitnehmer weiter.

In diesem Fall ist davon auszugehen, dass die dem Arbeitnehmer gestellten Mahlzeiten auf Veranlassung des Arbeitgebers erfolgen, was zur gesetzlich vorgeschriebenen Kürzung der Verpflegungspauschalen führt.

Da die im Rahmen einer **Betriebsveranstaltung** (§ 19 Abs. 1 Satz 1 Nr. 1a EStG) abgegebenen Mahlzeiten in aller Regel durch den Arbeitgeber veranlasst sind, gelten für den Sonderfall, dass die Betriebsveranstaltung mit einer beruflichen Auswärtstätigkeit verknüpft ist, die Grundsätze der → Rz. 2494 entsprechend.

Die durch eine zusätzlich zur Betriebsveranstaltung veranlasste berufliche Auswärtstätigkeit entstehenden Fahrt- und Übernachtungskosten sowie Verpflegungsmehraufwendungen sind Reisekosten und können als Werbungskosten berücksichtigt oder in entsprechender Höhe als steuerfreier Arbeitgeberersatz erstattet werden.

Die dem Arbeitgeber unmittelbar durch die Betriebsveranstaltung entstehenden Fahrt- und Übernachtungskosten sowie Verpflegungsaufwendungen sind nach den für die Betriebsveranstaltung geltenden allgemeinen Grundsätzen steuerlich zu beurteilen.

Die Kürzung der Verpflegungspauschalen unterbleibt insoweit, als Mahlzeiten vom Arbeitgeber zur Verfügung gestellt werden, deren Preis 60 € übersteigt und die daher individuell zu versteuern sind.

Hat der Arbeitnehmer für die Mahlzeit ein **Entgelt** entrichtet, wird dieses Entgelt auf den Kürzungsbetrag angerechnet. Es kommt insoweit auf das tatsächlich entrichtete Entgelt an, nicht aber darauf, ob das Entgelt dem tatsächlichen Wert der Mahlzeit entsprochen oder der Arbeitnehmer die Mahlzeit verbilligt erhalten hat.

Zusammenfassung:

Erforderliche Kürzung der Verpflegungspauschalen durch den Arbeitgeber bei einer vom Arbeitgeber gestellten Mahlzeit:

– **Übliche Mahlzeiten während einer Auswärtstätigkeit**, wenn steuerrechtlich eine Verpflegungspauschale zusteht.

– Beteiligung von Arbeitnehmern an einer **geschäftlich veranlassten Bewirtung** durch den Arbeitgeber i.S.d. § 4 Abs. 5 Satz 1 Nr. 2 EStG (R 8.1 Abs. 8 Nr. 1 LStR).

– **Arbeitsessen** anlässlich eines ungewöhnlichen Arbeitseinsatzes bei einem Wert bis zu 40 € kein Arbeitslohn (R 8.1 Abs. 8 Nr. 1 i.V.m. R 19.6 Abs. 2 LStR).

Die **Kürzung der Verpflegungspauschalen unterbleibt** insoweit, als Mahlzeiten vom Arbeitgeber zur Verfügung gestellt werden, deren Preis 60 € übersteigt und die daher individuell zu versteuern sind.

c) „Kürzung der Kürzung"

2493 In der Praxis tauchen häufig Fälle auf, in denen zwar zur Kürzung der Verpflegungspauschalen führende **arbeitgeberveranlasste Mahlzeiten** vorliegen (z.B. das Frühstück im Hotel), die die Arbeitnehmer jedoch aus den verschiedensten Gründen nicht einnehmen (z.B. weil sie in Eile sind oder wegen einer Allergie das Hotelfrühstück ablehnen) und z.B. an Stelle des Hotelfrühstücks unterwegs lieber beim Italiener – auf eigene Kosten – einen Espresso trinken.

Nach BMF v. 5.11.2015, IV C 5 – S 2353/15/10002, veröffentlicht auf den Internetseiten des BMF, gilt Folgendes:

– Der Arbeitgeber kann dem Arbeitnehmer an Stelle einer nicht eingenommenen, von ihm zur Verfügung gestellten Mahlzeit eine **weitere gleichartige Mahlzeit** i.R. der 60 €-Grenze (§ 8 Abs. 2 Satz 8 EStG) nach den Grundsätzen der Rdnr. 64 und 71 BMF v. 24.10.2014, IV C 5 – S 2353/14/10004, BStBl I 2014, 1412 **zur Verfügung stellen** (arbeitsrechtliche Erstattung und Belegvorlage beim Arbeitgeber).

– Sofern der Arbeitnehmer für eine solche weitere vom Arbeitgeber gestellte Mahlzeit eine Zuzahlung zu leisten hat, kommt eine **Kürzung der Kürzung** nach den Grundsätzen der Rdnr. 70 ff BMF v. 24.10.2014, IV C 5 – S 2353/14/10004, BStBl I 2014, 1412 in Betracht.

– Ein **Werbungskostenabzug** des Arbeitnehmers bei seiner Einkommensteuerveranlagung durch die Vorlage von Belegen für eine an Stelle der vom Arbeitgeber zur Verfügung gestellten Mahlzeit auf eigene Veranlassung eingenommene Verpflegung ist ausgeschlossen. Hier bleibt es bei der typisierenden Kürzung (§ 9 Abs. 4a Satz 8 EStG) der steuerlichen Verpflegungspauschalen.

Beispiel 1:
Arbeitnehmer A verschläft auf dem vom Arbeitgeber gebuchten Flug das Frühstück. Nach seiner Ankunft nimmt er ein Frühstück zum Preis von 16 € im Flughafenrestaurant ein. Er reicht die Frühstücksrechnung beim Arbeitgeber ein und erhält die Kosten in voller Höhe erstattet. Damit wird auch das zweite Frühstück vom Arbeitgeber gestellt.

Die Verpflegungspauschale ist wie folgt zu berechnen:

Anreisetag	12,— €
Kürzung für gestelltes Frühstück insgesamt	4,80 €
verbleibende steuerfreie Verpflegungspauschale	7,20 €

Beispiel 2:
Wie Beispiel 1. A reicht die Frühstücksrechnung beim Arbeitgeber ein, der verlangt nun allerdings für das zweite Frühstück von A ein Entgelt i.H.v. 6 €. Der Arbeitgeber verrechnet die Kostenerstattung für das zweite Frühstück mit dem geforderten Entgelt und erstattet den übersteigenden Betrag von 10 €.

Anreisetag	12,— €
Kürzung für gestelltes Frühstück (4,80 € ./. 6,— €)	0,— €
verbleibende steuerfreie Verpflegungspauschale	12,— €

Beispiel 3:
Wie Beispiel 1. A reicht die Frühstücksrechnung beim Arbeitgeber ein, der verlangt nun für das zweite Frühstück von A ein Entgelt i.H.v. 16 €. Der Arbeitgeber verrechnet die Kostenerstattung für das zweite Frühstück mit dem geforderten Entgelt in gleicher Höhe.

Anreisetag	12,— €
Kürzung für gestelltes Frühstück (4,80 € ./. 16,— €)	0,— €
verbleibende steuerfreie Verpflegungspauschale	12,— €

Reisekosten: Erstattungen

Beispiel 4:

Arbeitnehmer B nimmt an einer von seinem Arbeitgeber gebuchten eintägigen Fortbildungsveranstaltung von mehr als 8 Stunden Dauer teil. In der Tagungsgebühr ist ein Mittagessen zum Preis von 30 € enthalten. B verzichtet auf die Einnahme dieses Essens und nimmt stattdessen in der Mittagspause in einem nahe gelegenen Restaurant eine Mahlzeit zum Preis von 25 € ein, die ihm von seinem Arbeitgeber gegen Einreichung der Rechnung vollständig erstattet werden.

Verpflegungspauschale	12,— €
Kürzung für gestelltes Mittagessen (zum Preis von insgesamt 55 €)	9,60 €
verbleibende steuerfreie Verpflegungspauschale	2,40 €

Beispiel 5:

Wie Beispiel 4. Der Preis der im Restaurant eingenommenen Mahlzeit beträgt 35 €, die der Arbeitgeber in voller Höhe gegen Einreichung der Rechnung übernimmt.

Eine Kürzung der Verpflegungspauschale unterbleibt, da der Preis der beiden Mittagessen insgesamt 60 € übersteigt (30 € zuzüglich 35 € = 65 €). Die steuerfreie Verpflegungspauschale beträgt unverändert 12 €.

Die vom Arbeitgeber getragenen Aufwendungen für die gestellten Mittagessen sind i.H.v. insgesamt 65 € lohnsteuerpflichtiger Arbeitslohn, der mit einem Teilbetrag von 12 € nach § 40 Abs. 2 Satz 1 Nr. 4 EStG mit 25 % pauschal besteuert werden kann.

d) Ermittlung der Pauschalen bei gemischt veranlassten Veranstaltungen mit Mahlzeitengestellung

2494 Bei gemischt veranlassten Reisen sind die entstehenden Kosten grundsätzlich in einen beruflich veranlassten Anteil und einen den Kosten der Lebensführung zuzurechnenden Anteil aufzuteilen (BFH v. 18.8.2005, VI R 32/03, BStBl II 2006, 30). Dies gilt auch für die entstehenden Verpflegungsmehraufwendungen.

Stellt der Arbeitgeber im Rahmen einer gemischt veranlassten Reise Mahlzeiten zur Verfügung, ist die gesetzlich vorgeschriebene Kürzung der Verpflegungspauschalen erst nach der Ermittlung des beruflich veranlassten Teils der Verpflegungspauschalen vorzunehmen.

Beispiel:

Der Arbeitnehmer A nimmt an einer einwöchigen vom Arbeitgeber organisierten und finanzierten Reise im Inland teil. Das Programm sieht morgens eine Fortbildungsmaßnahme vor, der Nachmittag steht für touristische Aktivitäten zur Verfügung. Frühstück und Abendessen sind inklusive (Halbpension).

Fahrtkosten und Übernachtungskosten sind zu 50 % als Werbungskosten zu berücksichtigen.

Folgende Auswirkungen ergeben sich durch die gemischte Veranlassung der Reise (bei einer angenommenen Quote von 50 %) auf die steuerliche Berücksichtigung des Verpflegungsmehraufwands:

Die Verpflegungsmehraufwendungen sind – wie die übrigen Reisekosten – nur zu 50 % beruflich veranlasst.

a)	Anreisetag: 12,— € × 50 % =	6,— €
	Kürzung	9,60 €
	verbleibt Verpflegungspauschale	0,—
b)	5 Zwischentage je 24,— € × 50 % =	je 12,— €
	Kürzung je 4,80 € und je 9,60 € =	je 14,40 €
	verbleibt Verpflegungspauschale 5 × 0,— € =	0,— €
c)	Abreisetag: 12,— € × 50 %	6,— €
	Kürzung	4,80 €
	verbleibt Verpflegungspauschale	1,20 €

7. Konkurrenzregelungen

2495 Soweit für denselben Kalendertag Verpflegungsmehraufwendungen wegen einer Auswärtstätigkeit oder wegen einer doppelten Haushaltsführung anzuerkennen sind, darf der Arbeitgeber nur jeweils den **höchsten Pauschbetrag** steuerfrei zahlen (§ 9 Abs. 4a Satz 12 EStG).

Beispiel:

A, Mitarbeiter einer Bausparkasse, ist an eine auswärtige Filiale versetzt worden (neue erste Tätigkeitsstätte) und hat am Arbeitsort ein Zimmer gemietet. An einigen Tagen ist er im Außendienst tätig (Abwesenheit mehr als 8 Stunden).

A erfüllt zunächst die Voraussetzungen der **doppelten Haushaltsführung**. Der Arbeitgeber kann somit in den ersten drei Monaten für „volle" Abwesenheitstage Mehraufwendungen für Verpflegung mit einem Pauschbetrag von 24 € (wie bei Auswärtstätigkeiten) steuerfrei zahlen.

Für Zeiten, in denen er im Außendienst ist, stehen ihm auch die Pauschbeträge für **Auswärtstätigkeiten** zu (bei einer Abwesenheit von mehr als 8 Stunden 12 € täglich). Der Arbeitgeber darf hier aber nur den höchsten in Betracht kommenden Pauschbetrag von 24 € steuerfrei zahlen.

8. Bescheinigung des Großbuchstabens „M"

2496 Hat der Arbeitgeber oder auf dessen Veranlassung ein Dritter dem Arbeitnehmer während seiner beruflichen Tätigkeit außerhalb seiner Wohnung und seiner ersten Tätigkeitsstätte oder im Rahmen einer doppelten Haushaltsführung **eine mit dem amtlichen Sachbezugswert zu bewertende Mahlzeit zur Verfügung gestellt, muss im Lohnkonto der Großbuchstabe „M" aufgezeichnet und in der elektronischen Lohnsteuerbescheinigung bescheinigt werden**. Zur Erläuterung der mit dem Großbuchstaben „M" bescheinigten Mahlzeitengestellungen sind neben den Reisekostenabrechnungen regelmäßig keine weiteren detaillierten Arbeitgeberbescheinigungen auszustellen.

Diese Aufzeichnungs- und Bescheinigungspflicht gilt unabhängig von der Anzahl der Mahlzeitengestellungen an den Arbeitnehmer im Kalenderjahr.

Beispiel:

A war in 2016 an insgesamt 80 Tagen auf einer Auswärtstätigkeit. Nur im Rahmen einer einzelnen Auswärtstätigkeit am 5.3.2016 hat er vom Arbeitgeber eine Mittagsmahlzeit gestellt bekommen. Der Arbeitgeber zahlt keine Verpflegungspauschalen. A ist darauf angewiesen, den Anspruch auf die Verpflegungspauschalen im Rahmen der Steuererklärung beim Finanzamt geltend zu machen.

Trotz der nur einen Auswärtstätigkeit mit einer Mahlzeitengestellung ist im Lohnkonto der Großbuchstabe „M" zu erfassen. Das Finanzamt wird daher nicht ohne weiteres erkennen können, auf welche Auswärtstätigkeit sich das „M" bezieht.

Das Finanzamt wird auf weitere Informationen angewiesen sein. Zur Erläuterung der mit dem Großbuchstaben „M" bescheinigten Mahlzeitengestellungen sind aber neben den Reisekostenabrechnungen regelmäßig keine weiteren detaillierten Arbeitgeberbescheinigungen auszustellen. Insoweit wird das Wohnsitzfinanzamt bei der ggf. erforderlichen Aufklärung des Sachverhalts in erster Linie auf die etwaigen **Reisekostenabrechnungen** zurückgreifen.

Hinsichtlich der Bescheinigungspflicht kommt nicht darauf an,

– ob eine Besteuerung der Mahlzeiten ausgeschlossen ist (§ 8 Abs. 2 Satz 9 EStG, übliche Mahlzeit, wenn steuerrechtlich Verpflegungspauschale zusteht)

– oder die Mahlzeit pauschal nach § 40 Abs. 2 Satz 1 Nr. 1a EStG oder individuell besteuert wurde (übliche Mahlzeit, wenn steuerrechtlich keine Verpflegungspauschale zusteht).

Im Fall der Gewährung von Mahlzeiten, die keinen Arbeitslohn darstellen oder deren Preis 60 € übersteigt und die daher nicht mit dem amtlichen Sachbezugswert zu bewerten sind, besteht keine Pflicht im Lohnkonto den Großbuchstaben „M" aufzuzeichnen und zu bescheinigen.

Sofern das Betriebsstättenfinanzamt für die nach § 3 Nr. 13 oder Nr. 16 EStG steuerfrei gezahlten Vergütungen nach § 4 Abs. 3 LStDV eine andere Aufzeichnung als im Lohnkonto zugelassen hat, ist für eine **Übergangszeit (bis max. zum 31.12.2017 eine Bescheinigung des Großbuchstabens „M" nicht zwingend erforderlich** (BMF v. 30.7.2015, IV C 5 – S 2378/15/10001, BStBl I 2015, 614).

9. Unterkunftskosten

a) Allgemeines

2497 Steuerfrei erstattet bzw. als Werbungskosten abgezogen werden können notwendige **Mehraufwendungen** eines Arbeitnehmers für beruflich veranlasste Übernachtungen an einer Tätigkeitsstätte, die nicht erste Tätigkeitsstätte ist (§ 9 Abs. 1 Satz 3 Nr. 5a Satz 1 EStG). Ist die Unterkunft am auswärtigen Tätigkeitsort die **einzige Wohnung/Unterkunft** des Arbeitnehmers, liegt kein beruflich veranlasster Mehraufwand i.S.d. § 9 Abs. 1 Satz 3 Nr. 5a EStG vor (R 9.7 Abs. 1 Satz 2 LStR).

Reisekosten: Erstattungen

Unterkunfts- bzw. Übernachtungskosten sind die tatsächlichen Aufwendungen für die persönliche Inanspruchnahme einer Unterkunft zur Übernachtung. Hierzu zählen z.B. Kosten für die Nutzung eines Hotelzimmers, Mietaufwendungen für die Nutzung eines (ggf. möblierten) Zimmers oder einer Wohnung sowie Nebenleistungen (z.B. Kultur- und Tourismusförderabgabe, Kurtaxe/Fremdenverkehrsabgabe, bei Auslandsübernachtungen die besondere Kreditkartengebühr bei Zahlungen in Fremdwährungen).

I.R.d. Werbungskostenabzugs können lediglich die tatsächlich entstandenen Übernachtungskosten und keine Pauschalen berücksichtigt werden.

Steht eindeutig fest, dass der Arbeitnehmer z.B. in Gasthäusern übernachtet hat, hat er jedoch die Belege verloren, so können die **geschätzten Übernachtungskosten** steuerfrei erstattet werden; vgl. H 9.7 (Übernachtungen im Inland) LStH sowie zuletzt BFH v. 12.9.2001, VI R 72/97, BStBl II 2001, 775.

b) Berufliche Veranlassung

2498 Die berufliche Veranlassung ist gegeben, wenn der Arbeitnehmer auf Weisung des Arbeitgebers so gut wie ausschließlich betrieblich bzw. dienstlich unterwegs ist. Dies ist z.B. der Fall, wenn der Arbeitnehmer einen Kunden besucht.

Erledigt der Arbeitnehmer im Zusammenhang mit der beruflich veranlassten Auswärtstätigkeit auch in einem mehr als geringfügigen Umfang private Angelegenheiten, sind die beruflich veranlassten von den privat veranlassten Aufwendungen zu trennen (vgl. BFH vom 21.9.2009, GrS 1/06, BStBl II 2010, 672). Ist das nicht – auch nicht durch Schätzung – möglich, gehören die gesamten Aufwendungen zu den nach § 12 EStG nicht abziehbaren Aufwendungen für die Lebensführung.

c) Kürzung um Mahlzeiten

2499 Kosten für Mahlzeiten gehören zu den Aufwendungen des Arbeitnehmers für die Verpflegung und sind nur nach Maßgabe des § 9 Abs. 4a EStG abziehbar. Wird durch Zahlungsbelege nur ein Gesamtpreis für Unterkunft und Verpflegung nachgewiesen und lässt sich der Preis für die Verpflegung nicht feststellen (z.B. **Tagungspauschale**), so ist dieser Gesamtpreis zur Ermittlung der Übernachtungskosten zu kürzen.

Als **Kürzungsbeträge** sind dabei

- für Frühstück 20 %,
- für Mittag- und Abendessen jeweils 40 %

der für den Unterkunftsort maßgebenden Verpflegungspauschale bei einer Auswärtstätigkeit mit einer Abwesenheitsdauer von mindestens 24 Stunden anzusetzen.

> **Beispiel 1:**
> Der Arbeitnehmer A übernachtet während einer zweitägigen inländischen Auswärtstätigkeit im Hotel. Die Rechnung des Hotels ist auf den **Namen des Arbeitgebers ausgestellt**. Das Hotel rechnet eine Übernachtung mit Frühstück wie folgt ab:
>
> Pauschalarrangement 70 €
>
> Der Arbeitgeber hat folgende Möglichkeiten
>
> Zur Ermittlung der Übernachtungskosten kann der Gesamtpreis um 4,80 € (20 % von 24 € für die auf das Frühstück entfallenden anteiligen Kosten) gekürzt werden. Der verbleibende Betrag von 65,20 € kann vom Arbeitgeber dann als Übernachtungskosten steuerfrei erstattet werden. Für den An- und Abreisetag stehen dem Arbeitnehmer Verpflegungspauschalen von 24 € (je 12 € für den An- und Abreisetag) zu. Die Verpflegungspauschale für den Abreisetag ist nicht zu kürzen (um 4,80 € für das Frühstück), wenn der Arbeitgeber dem Arbeitnehmer lediglich die 65,20 € als Übernachtungskosten erstattet. Insgesamt kann der Arbeitgeber somit 89,20 € steuerfrei erstatten (65,20 € Unterkunft plus 24 € Verpflegung).
>
> Erstattet der Arbeitgeber dem Arbeitnehmer hingegen den Gesamtpreis von 70 € (also einschließlich Frühstück), sind die Verpflegungspauschalen zu kürzen auf einen Betrag von 19,20 € für Verpflegung. Insgesamt kann der Arbeitgeber somit 89,20 € steuerfrei erstatten (70 € Unterkunft und Frühstück plus 19,20 € Verpflegung).
>
> Die Berechnungen führen somit zum gleichen Ergebnis, egal von welchem Betrag der pauschale Einbehalt bzw. die pauschale Kürzung erfolgt.

> **Beispiel 2:**
> Wie Beispiel 1. Die Rechnung des Hotels ist auf den **Namen des Arbeitnehmers ausgestellt**.
>
> Auch in diesem Fall kann der Arbeitgeber insgesamt höchstens 89,20 € steuerfrei erstatten (65,20 € Unterkunft plus 24 € Verpflegung).

> **Beispiel 3:**
> Der Arbeitnehmer A übernachtet während einer zweitägigen Auswärtstätigkeit im Hotel. Die Rechnung ist auf den **Namen des Arbeitgebers** ausgestellt. Das Hotel rechnet eine Übernachtung mit Frühstück wie folgt ab:
>
> Übernachtung 60 €
>
> Frühstück 10 €
>
> Die ausgewiesenen Übernachtungskosten von 60 € können vom Arbeitgeber steuerfrei erstattet werden. Für den An- und Abreisetag stünden dem Arbeitnehmer zusätzlich auch noch Verpflegungspauschalen von 24 € (je 12 € für den An- und Abreisetag) zu. Die Verpflegungspauschale für den Abreisetag ist nicht zu kürzen, wenn der Arbeitgeber dem Arbeitnehmer lediglich die 60 € Übernachtungskosten erstattet.
>
> Erstattet der Arbeitgeber hingegen auch den Betrag von 10 € für das Frühstück, ist die Verpflegungspauschale für den Abreisetag um 4,80 € wegen des vom Arbeitgeber zur Verfügung gestellten Frühstücks zu kürzen. Der Arbeitgeber kann dann zusätzlich einen Betrag von 19,20 € für Verpflegung steuerfrei erstatten.

> **Beispiel 4:**
> Wie Beispiel 3. Die Rechnung des Hotels ist auf den **Namen des Arbeitnehmers** ausgestellt.
>
> In diesem Fall kann der Arbeitgeber insgesamt höchstens 84 € steuerfrei erstatten (60 € Unterkunft plus 24 € Verpflegung).
>
> Werden keine steuerfreien Erstattungen seitens des Arbeitgebers gezahlt, ist der Betrag von 84 € als Werbungskosten berücksichtigungsfähig.

Bei **Übernachtungen im Ausland** (und neuerdings häufig auch im Inland) ist in den meisten Fällen das Frühstück nicht im Rechnungspreis enthalten. In diesem Fall sieht die Finanzverwaltung von einer Kürzung ab, wenn der Dienstreisende auf der Hotelrechnung handschriftlich vermerkt, dass in den Übernachtungskosten das Frühstück nicht enthalten ist (OFD Erfurt v. 24.10.2001, S 2353 A – 03 – St 331, www.stotax-first.de).

d) Notwendige Mehraufwendungen

aa) Inland

Es ist lediglich die berufliche Veranlassung zu prüfen, nicht aber die Angemessenheit der Unterkunft (bestimmte Hotelkategorie oder Größe der Unterkunft). **2500**

Die Anerkennung von Unterkunftskosten im Rahmen einer auswärtigen beruflichen Tätigkeit erfordert jedoch, dass noch eine andere Wohnung besteht, für die dem Arbeitnehmer Aufwendungen entstehen, weil er dort

- seinen **Lebensmittelpunkt** hat, ohne dass dort jedoch ein eigener Hausstand vorliegen muss, oder
- seinen Lebensmittelpunkt wieder aufnehmen will.

Ist die Unterkunft am auswärtigen Tätigkeitsort die einzige Wohnung/Unterkunft des Arbeitnehmers, liegt kein beruflich veranlasster Mehraufwand vor (s. ausführlich OFD Nordrhein-Westfalen, Kurzinformation Einkommensteuer Nr. 47/2014, StEd 2015, 9 sowie R 9.7 Abs. 1 Satz 2 LStR).

Für die Berücksichtigung von Unterkunftskosten anlässlich einer Auswärtstätigkeit wird jedoch – anders als bei der doppelten Haushaltsführung – nicht vorausgesetzt, dass der Arbeitnehmer eine Wohnung aus eigenem Recht oder als Mieter innehat und eine finanzielle Beteiligung an den Kosten der Lebensführung leistet. Es genügt, wenn der Arbeitnehmer z.B. im Haushalt der Eltern ein Zimmer bewohnt.

> **Beispiel 1:**
> Der ledige Arbeitnehmer L aus Hamburg wird für drei Jahre vom Mutterkonzern M in Hamburg an das Tochterunternehmen in München abgeordnet, ohne mit dem Tochterunternehmen einen eigenen Vertrag abgeschlossen zu haben. L bewohnt in Hamburg ein Appartement, das er wegen der Abordnung kündigt. In München mietet er ein kleines Appartement.
>
> Da das Appartement in München die einzige Wohnung/Unterkunft ist, können die Aufwendungen nicht steuerfrei erstattet werden.

Beispiel 2:
Wie Beispiel 1, L wohnt jedoch in Hamburg bei den Eltern.
In diesem Fall können die in München entstehenden Unterkunftskosten steuerfrei erstattet werden.

bb) Ausland

2501 Bei **Übernachtungen im Ausland im Rahmen einer längerfristigen Auswärtstätigkeit** gelten die bisherigen Grundsätze zur beruflichen Veranlassung und Notwendigkeit der entstandenen Aufwendungen unverändert weiter. Die **Höchstgrenze von 1 000 €** gilt hier nicht. Berücksichtigt werden die angefallenen Aufwendungen höchstens mit dem Betrag, der bei Anmietung einer nach Lage und Ausstattung durchschnittlichen 60 qm großen Wohnung am Ort der auswärtigen Tätigkeitsstätte angefallen wäre.

Für Übernachtungen im Ausland werden entsprechend der Regelung für Verpflegungsmehraufwendungen vom BMF **Pauschbeträge auf der Grundlage der höchsten Auslandsübernachtungsgelder nach dem Bundesreisekostengesetz** festgesetzt, die der Arbeitgeber nach R 9.7 Abs. 3 Sätze 2 bis 4 LStR pauschal steuerfrei ersetzen darf (→ *Anhang, A. Lohnsteuer* Rz. 3391). Es gelten die gleichen Grundsätze wie für die Auslandstagegelder, maßgebend ist z.B. der Pauschbetrag für den Ort, den der Arbeitnehmer vor 24.00 Uhr Ortszeit zuletzt erreicht.

Hinzuweisen ist ferner darauf, dass auch die Auslandsübernachtungsgelder vom Arbeitnehmer ab 2008 **nicht mehr als Werbungskosten abgesetzt** werden können. Trotz Kritik des BFH an der Rechtmäßigkeit der Auslandspauschalen (BFH v. 23.3.2011, X R 44/09, BStBl II 2011, 884) hat die Finanzverwaltung aus Vereinfachungsgründen und im Interesse der Gleichbehandlung mit Arbeitnehmern im öffentlichen Dienst (bei diesen sind die Auslandspauschalen nach dem BRKG nach § 3 Nr. 13 EStG steuerfrei) weiterhin derartige Pauschalen festgesetzt (→ *Anhang, A. Lohnsteuer* Rz. 3391).

Steuerfreie Auslandsübernachtungsgelder dürfen vom Arbeitgeber allerdings **nicht gezahlt** werden, wenn der Arbeitnehmer die Unterkunft vom **Arbeitgeber** oder auf Grund seines Dienstverhältnisses von einem Dritten **unentgeltlich oder teilentgeltlich** erhalten hat.

Ferner dürfen die vom Arbeitgeber steuerfrei gezahlten Auslandsübernachtungsgelder beim Arbeitnehmer nicht zu einer **offensichtlich unzutreffenden Besteuerung** führen, wie dies z.B. bei Unterbringung in einer **Gemeinschaftsunterkunft** (z.B. bei Klassenfahrten) der Fall sein kann; vgl. H 9.7 (Übernachtungen im Ausland) LStH m.w.N. Anders als beim Ersatz von Fahrtkosten mit dem pauschalen km-Satz von 0,30 € für Pkw hat der **Arbeitgeber die „unzutreffende Besteuerung" hier zu prüfen**.

e) Mitnahme von Angehörigen

2502 Soweit höhere Übernachtungskosten anfallen, weil der Arbeitnehmer eine Unterkunft gemeinsam mit Personen nutzt, die in keinem Dienstverhältnis zum selben Arbeitgeber stehen, sind nur diejenigen Aufwendungen anzusetzen, die **bei alleiniger Nutzung durch den Arbeitnehmer angefallen wären**. Nicht abziehbar sind somit Mehrkosten, die auf Grund der Mitnutzung der Übernachtungsmöglichkeit durch eine Begleitperson entstehen, insbesondere wenn die Begleitung privat und nicht beruflich veranlasst ist (zuletzt BFH v. 10.4.2014, VI R 11/13, BStBl II 2014, 804). Bei Mitnutzung eines **Mehrbettzimmers** (z.B. Doppelzimmer) können die Aufwendungen angesetzt werden, die bei Inanspruchnahme eines Einzelzimmers im selben Haus entstanden wären (§ 9 Abs. 1 Satz 3 Nr. 5a Satz 3 EStG).

Bei Nutzung einer **Wohnung am auswärtigen Tätigkeitsort** zur Übernachtung während einer beruflich veranlassten Auswärtstätigkeit kann im **Inland** aus Vereinfachungsgründen – entsprechend den Regelungen für Unterkunftskosten bei einer längerfristigen Auswärtstätigkeit von mehr als 48 Monaten – **bei Aufwendungen bis zu einem Betrag von 1 000 € monatlich von einer ausschließlichen beruflichen Veranlassung** ausgegangen werden.

Betragen die Aufwendungen
- im **Inland mehr als 1 000 € monatlich** oder
- handelt es sich um eine **Wohnung im Ausland**

können nur die Aufwendungen berücksichtigt werden, die durch die beruflich veranlasste, **alleinige Nutzung des Arbeitnehmers verursacht werden**; dazu kann die ortsübliche Miete für eine nach Lage und Ausstattung durchschnittliche Wohnung am Ort der auswärtigen Tätigkeitsstätte mit einer **Wohnfläche bis zu 60 qm** als Vergleichsmaßstab herangezogen werden.

Beispiel 1:
Der Arbeitnehmer wird aus persönlichen Gründen auf einer Dienstreise von seiner Ehefrau begleitet. Für die Übernachtung im Doppelzimmer entstehen Kosten von 150 €. Ein Einzelzimmer hätte 90 € gekostet.
Als Werbungskosten abziehbar oder vom Arbeitgeber steuerfrei erstattungsfähig sind 90 €.

Beispiel 2:
Auf einer Auswärtstätigkeit teilt sich der Arbeitnehmer A das Doppelzimmer mit dem Kollegen B, der ihn aus betrieblichen Gründen begleitet.
Für jeden Arbeitnehmer können (150 € : 2 =) 75 € als Werbungskosten berücksichtigt oder vom Arbeitgeber steuerfrei erstattet werden.

Bei Nutzung einer Wohnung am auswärtigen Tätigkeitsort zur Übernachtung während einer beruflich veranlassten Auswärtstätigkeit kann im Inland aus Vereinfachungsgründen – entsprechend den Regelungen für Unterkunftskosten bei einer längerfristigen Auswärtstätigkeit von mehr als 48 Monaten – bei Aufwendungen bis zu einem Betrag von 1 000 € mtl. von einer ausschließlichen beruflichen Veranlassung ausgegangen werden.

Betragen die Aufwendungen im Inland mehr als 1 000 € mtl. oder handelt es sich um eine Wohnung im Ausland, können nur die Aufwendungen berücksichtigt werden, die durch die beruflich veranlasste, alleinige Nutzung des Arbeitnehmers verursacht werden; dazu kann die ortsübliche Miete für eine nach Lage und Ausstattung durchschnittliche Wohnung am Ort der auswärtigen Tätigkeitsstätte mit einer Wohnfläche bis zu 60 qm als Vergleichsmaßstab herangezogen werden.

Beispiel 3:
Ein nach Deutschland entsandter Arbeitnehmer wohnt mit seiner Ehefrau und zwei Kindern in einer 150 qm großen Mietwohnung am auswärtigen Beschäftigungsort. Die Aufwendungen für die Wohnung betragen monatlich 1 050 € (7 €/qm). Der Durchschnittsmietzins für eine 60 qm große Wohnung beträgt 5 €/qm.
Da die monatlichen Unterkunftskosten 1 000 € übersteigen, können nur die Unterkunftskosten berücksichtigt werden, die ausschließlich durch die Nutzung des Arbeitnehmers verursacht werden.
Soweit kein anderer nachvollziehbarer Aufteilungsmaßstab beantragt wird, können die anteiligen beruflich veranlassten Aufwendungen, die als Werbungskosten abgezogen bzw. vom Arbeitgeber steuerfrei erstattet werden können, auf 300 € (5 € x 60 qm) geschätzt werden.

Bei der Mitnahme von Angehörigen sind zwar grundsätzlich die Übernachtungskosten zu kürzen, soweit die tatsächlichen Kosten geltend gemacht werden, d.h. sowohl beim steuerfreien Arbeitgeberersatz nach § 3 Nr. 16 EStG als auch beim Werbungskostenabzug; die **pauschalen Übernachtungsgelder** (BMF v. 11.11.2013, IV C 5 – S 2353/08/10006 :004, BStBl I 2013, 1467 betr. Auslandsreisekostensätze) sind dagegen aus Vereinfachungsgründen **nicht zu kürzen**.

f) Begrenzte Berücksichtigung von Unterkunftskosten (48-Monatsfrist)

aa) Allgemeines

2503 Bei einer längerfristigen beruflichen Tätigkeit an derselben Tätigkeitsstätte im **Inland**, die nicht erste Tätigkeitsstätte ist, können **wie bei der doppelten Haushaltsführung nach Ablauf von 48 Monaten die tatsächlich entstehenden Unterkunftskosten höchstens noch bis zur Höhe von 1 000 € im Monat** als Werbungskosten abgezogen oder vom Arbeitgeber steuerfrei erstattet werden (§ 9 Abs. 1 Satz 3 Nr. 5a Satz 4 EStG). Das gilt auch für **Hotelübernachtungen**.

Bei **Übernachtungen im Ausland** im Rahmen einer längerfristigen Auswärtstätigkeit gelten die bisherigen Grundsätze zur beruflichen Veranlassung und Notwendigkeit der entstandenen Aufwendungen unverändert weiter. **Die Höchstgrenze von 1 000 €** gilt hier nicht.

Von einer **längerfristigen beruflichen Tätigkeit** an derselben Tätigkeitsstätte ist erst dann auszugehen, sobald der Arbeitnehmer an dieser **mindestens an drei Tagen in der Woche tätig** wird. Die

Reisekosten: Erstattungen

keine Sozialversicherungspflicht = Ⓢⱽ
Sozialversicherungspflicht = Ⓢⱽ

48-Monatsfrist beginnt daher nicht, solange die auswärtige Tätigkeitsstätte nur an zwei Tagen in der Woche aufgesucht wird.

Eine **Unterbrechung** von weniger als sechs Monaten, z.B. wegen Urlaub, Krankheit, beruflicher Tätigkeit an einer anderen Tätigkeitsstätte, führt nicht zu einem Neubeginn der 48-Monatsfrist. Die Prüfung des Unterbrechungszeitraums und des Ablaufs der 48-Monatsfrist erfolgt stets im Nachhinein mit Blick auf die zurückliegende Zeit (**Ex-post-Betrachtung**).

> **Beispiel 1:**
> Der Arbeitnehmer A ist seit 1.4.2016 in der sich an seinem Wohnort befindlichen ersten Tätigkeitsstätte in H an zwei Tagen in der Woche tätig. An den anderen drei Tagen betreut er auf Grund arbeitsrechtlicher Festlegungen eine 200 km entfernte Filiale in B. Dort übernachtet er regelmäßig zweimal wöchentlich.
> Da der Arbeitnehmer A längerfristig infolge seiner beruflichen Tätigkeit an drei Tagen in der Woche an derselben Tätigkeitsstätte in B, die nicht erste Tätigkeitsstätte ist, tätig wird und dort übernachtet, können die ihm tatsächlich entstehenden Übernachtungskosten nach Ablauf von 48 Monaten nur noch bis zur Höhe von 1 000 € monatlich als Werbungskosten geltend gemacht oder steuerfrei erstattet werden.

> **Beispiel 2:**
> Wie Beispiel 1, allerdings muss A ab 15.7.2016 für vier Monate nach M. Ab 16.11.2016 ist er dann drei Tage wöchentlich in H und zwei Tage in B.
> Für die längerfristige berufliche Auswärtstätigkeit in B beginnt die 48-Monatsfrist am 1.4.2016 und endet voraussichtlich am 31.3.2020. Eine sechsmonatige Unterbrechung liegt noch nicht vor (lediglich vier Monate und dann immer nur dreitägige Unterbrechung).

Für die Prüfung der 48-Monatsfrist wird auf den tatsächlich verwirklichten Sachverhalt abgestellt. Erst nach Ablauf von 48 Monaten greift die Begrenzung der Höhe nach auf den Betrag von 1 000 € im Monat. Die unbegrenzte Berücksichtigung der entstandenen Aufwendungen in den ersten 48 Monaten bleibt davon unberührt.

bb) Anwendung der 48-Monatsfrist ab 1.1.2014

2504 Maßgeblich für den Beginn der 48-Monatsfrist ist der jeweilige Beginn der längerfristigen beruflichen Tätigkeit an derselben Tätigkeitsstätte im Inland. **Dies gilt auch, wenn dieser vor dem 1.1.2014 liegt.** Aus Vereinfachungsgründen ist es allerdings nicht zu beanstanden, wenn die abziehbaren Übernachtungskosten erst ab dem ersten vollen Kalendermonat, der auf den Monat folgt, in dem die 48-Monatsfrist endet, auf 1 000 € begrenzt werden.

> **Beispiel 1:**
> Der Arbeitnehmer A hat seine Tätigkeit am 15.7.2012 an einer auswärtigen Tätigkeitsstätte aufgenommen und soll dort bis zum 31.12.2017 tätig sein.
> Die 48-Monatsfrist beginnt am 15.7.2012 und endet mit Ablauf des 14.7.2016. Nach Ablauf dieser Frist können grundsätzlich Übernachtungskosten nur noch bis zur Höhe von 1 000 € monatlich berücksichtigt werden. Aus Vereinfachungsgründen ist es jedoch nicht zu beanstanden, wenn diese Begrenzung der Übernachtungskosten erst ab dem ersten vollen Kalendermonat angewendet wird, der auf den Monat folgt, in dem die 48-Monatsfrist endet. Dies wäre dann ab August 2016.

> **Beispiel 2:**
> Wie Beispiel 1. Der Arbeitnehmer A wird vom 15.3.2016 bis 3.10.2016 wegen eines personellen Engpasses ausschließlich am Stammsitz der Firma tätig. Ab 4.10.2015 kehrt er zu der vorherigen auswärtigen Tätigkeitsstätte zurück.
> Die längerfristige Auswärtstätigkeit wurde länger als sechs Monate unterbrochen. Die Übernachtungskosten können daher ab 4.10.2016 für die nächsten 48 Monate (bis 3.10.2020) grundsätzlich wieder unbeschränkt berücksichtigt werden.

g) Pauschalen

2505 Der Arbeitgeber darf dem Arbeitnehmer für **jede Übernachtung im Inland ohne Einzelnachweis einen Pauschbetrag von 20 €** steuerfrei zahlen, sofern der Arbeitnehmer die **Unterkunft nicht vom Arbeitgeber** oder auf Grund seines Dienstverhältnisses von einem Dritten **unentgeltlich oder teilentgeltlich erhalten** hat (R 9.7 Abs. 3 Sätze 1 und 6 LStR). Die steuerfreie Erstattung des Pauschbetrags ist auch möglich, wenn der Arbeitnehmer privat, z.B. bei Bekannten, übernachtet.

> **Beispiel 1:**
> A übernachtet in einem Vertragshotel seines Arbeitgebers unentgeltlich. Der Arbeitgeber hat für A ein Zimmer mit Frühstück bestellt, die Rechnung wird vom Hotel direkt an den Arbeitgeber geschickt.
> A hat die Unterkunft auf Veranlassung seines Arbeitgebers erhalten. Ein steuerfreies pauschales Übernachtungsgeld darf daher nicht zusätzlich gezahlt werden.

> **Beispiel 2:**
> A unternimmt eine Dienstreise von Bonn nach Berlin und übernachtet dort kostenlos bei Bekannten.
> In diesem Fall darf der Arbeitgeber die Übernachtungspauschale von 20 € steuerfrei zahlen, da der Arbeitnehmer die Unterkunft nicht auf Grund seines Dienstverhältnisses vom Arbeitgeber oder von einem Dritten unentgeltlich erhalten hat. Die kostenlose Unterkunft beruht nicht auf dem Arbeitsverhältnis.

Die Pauschalen können auch angesetzt werden, wenn tatsächlich geringere Übernachtungskosten entstanden sind – der Differenzbetrag ist dann steuerfrei (vgl. dazu BFH v. 12.9.2001, VI R 72/97, BStBl II 2001, 775).

Ein steuerfreies Übernachtungsgeld kann dagegen nicht gezahlt werden, wenn die Übernachtung in einer vom Arbeitgeber zur Verfügung gestellten Unterkunft erfolgt. Gleiches gilt für die Dauer der Benutzung von Beförderungsmitteln (Schlafwagen, Schiffskabine), es sei denn, die Übernachtung ist in einer anderen Unterkunft begonnen oder beendet worden (R 9.7 Abs. 3 Satz 6 bis 8 LStR).

h) Pauschalierte Gesamt-Reisekosten

2506 Verpflegungsmehraufwendungen und Übernachtungskosten können somit bei Inlandsreisen für „volle Reisetage" (Abwesenheit 24 Stunden) mit **44 €** steuerfrei erstattet werden (24 € für Verpflegung und 20 € für Übernachtung). Zu beachten ist, dass

- für den **An- und Abreisetag** nur die geringere Verpflegungspauschalen von 12 € gewährt werden kann

- und bei einer länger andauernden Auswärtstätigkeit an **derselben Tätigkeitsstätte** (z.B. Lehrgang) die steuerfreie Erstattung von Verpflegungsmehraufwendungen nur für **längstens drei Monate** zulässig ist.

i) Bahn-, Flug- und Schiffsreisen

2507 Für die **Dauer der Benutzung von Beförderungsmitteln** darf ein **Übernachtungsgeld nicht angesetzt** werden (auch nicht bei Benutzung eines **Schlafwagens oder einer Schiffskabine**), die steuerfreie Zahlung des Pauschbetrags für eine Übernachtung im Fahrzeug ist nicht zulässig. Der Arbeitgeber darf nur dann einen steuerfreien Pauschbetrag zahlen, wenn die **Übernachtung in einer anderen Unterkunft begonnen oder beendet** worden ist (R 9.7 Abs. 3 Sätze 3 und 4 LStR).

> **Beispiel 1:**
> Handelsvertreter A fährt mit dem Zug abends, 23.00 Uhr von Passau nach Hannover (Ankunft 6.00 Uhr). Er schläft in einem Liegewagen.
> Der Arbeitgeber darf zwar keine steuerfreie Übernachtungspauschale, aber die gesamten Fahrtkosten einschließlich der Zuschläge für den Liegewagen steuerfrei ersetzen.

> **Beispiel 2:**
> A hat vor der Rückfahrt (3.00 Uhr) mit der Bahn von einer mehrtägigen Dienstreise in einem Hotel geschlafen. Er hat einen Schlafwagenplatz gebucht, um dort weiterzuschlafen.
> Der Arbeitgeber kann – wenn er die Pauschalregelung in Anspruch nehmen will – nur für die Übernachtung im Hotel eine Übernachtungspauschale von 20 € steuerfrei zahlen. Er kann aber auch die tatsächlichen Hotelkosten sowie die gesamten Kosten der Bahnfahrt einschließlich des Zuschlags für den Schlafwagen steuerfrei ersetzen.

j) Wahlrecht zwischen Pauschale und Einzelnachweis

2508 Bei einer **mehrtägigen** Auswärtstätigkeit konnten früher die Übernachtungskosten **für sämtliche Reisetage entweder nur mit den Pauschbeträgen oder bis zur Höhe der einzeln nachgewiesenen Übernachtungskosten** steuerfrei ersetzt werden. Ein Wechsel des Verfahrens war bei **derselben Reise** nicht zulässig (R 43 Abs. 3 Satz 5 LStR 2000). Diese Regelung ist **ab 1.1.2001 gestrichen** worden, nunmehr ist also ein Wechsel zulässig.

> **Beispiel:**
> A macht eine zweiwöchige Dienstreise nach Berlin. Eine Woche übernachtet er im Hotel, die zweite unentgeltlich bei Bekannten.
>
> Der Arbeitgeber kann für die Hotelübernachtungen die tatsächlichen Kosten und für die übrigen Übernachtungen die Pauschale steuerfrei zahlen.
>
> Daneben kann er Mehraufwendungen für Verpflegung mit den hierfür in Betracht kommenden Pauschbeträgen steuerfrei erstatten.

k) Besonderheiten bei Einsatzwechseltätigkeit

2509 Die Übernachtungskosten können wie bei Dienstreisen grundsätzlich mit einem Pauschbetrag von 20 € je Übernachtung steuerfrei erstattet werden. Die Pauschbeträge dürfen allerdings nicht steuerfrei erstattet werden, wenn dem Arbeitnehmer die Unterkunft vom Arbeitgeber oder auf Grund seines Dienstverhältnisses von einem Dritten unentgeltlich oder teilweise unentgeltlich zur Verfügung gestellt wurde (R 9.7 Abs. 3 Satz 6 LStR). Das kann auch die Übernachtung in einem **Baucontainer** sein.

> **Beispiel:**
> A ist als Kranführer auf einer Großbaustelle tätig; er übernachtet in einem vom Arbeitgeber gestellten Baucontainer, für den er lediglich die Stromkosten tragen muss.
>
> Da der Arbeitgeber den Baucontainer teilweise unentgeltlich zur Verfügung gestellt hat, darf er daneben keine Übernachtungsgelder steuerfrei zahlen.

l) Besonderheiten bei Fahrtätigkeit

aa) Allgemeines

2510 Die Übernachtungskosten können wie bei Dienstreisen grundsätzlich mit einem **Pauschbetrag von 20 €** je Übernachtung steuerfrei erstattet werden. Für die **Übernachtung in einem Fahrzeug darf diese Übernachtungspauschale allerdings nicht steuerfrei gezahlt** werden (R 9.7 Abs. 3 Satz 7 LStR). Die Finanzverwaltung geht davon aus, dass Berufskraftfahrern häufig oder meist keine Übernachtungskosten entstehen. Sie hält deshalb einen **verschärften Übernachtungsnachweis** für Berufskraftfahrer, denen ein Fahrzeug mit Schlafkabine zur Verfügung steht, für erforderlich. Der Nachweis einer Übernachtung kann nur durch Beleg (Rechnung oder Bestätigung des Hotels) erbracht werden.

> **Beispiel 1:**
> A ist Reisebusfahrer. Ihm wird in den mit seiner Reisegesellschaft angefahrenen Hotels meist ein „Fahrerfreiplatz" bereitgestellt. Da es sich hierbei häufig um Zimmer schlechterer Qualität handelt, übernachtet er oft in nahe gelegenen anderen Hotels.
>
> Der Arbeitgeber kann die Übernachtungskosten steuerfrei erstatten. A ist nicht verpflichtet, den angebotenen Fahrerfreiplatz in Anspruch zu nehmen (vgl. FG Saarland v. 14.10.1993, 1 K 49/93, EFG 1994, 238).

> **Beispiel 2:**
> B übernachtet meist bei Freunden.
>
> Wenn er dies glaubhaft machen kann, darf der Arbeitgeber die Übernachtungspauschale von 20 € steuerfrei zahlen.

Nachteile sollen dem Berufskraftfahrer aus der belegmäßigen Nachweispflicht aber nicht entstehen. Der Arbeitgeber kann deshalb die Übernachtungskosten auch dann bis zum Pauschbetrag von 20 € steuerfrei erstatten, wenn sie laut **Hotelbeleg tatsächlich niedriger** waren (vgl. BFH v. 12.9.2001, VI R 72/97, BStBl II 2001, 775).

bb) Pauschale Übernachtungskosten bei Übernachtung in einer Schlafkoje

2511 Der BFH hat entschieden, dass die Pauschalen für Übernachtungen bei Auslandsdienstreisen nicht anzuwenden sind, wenn ein Kraftfahrer in der Schlafkabine seines Lkw übernachtet. Liegen Einzelnachweise nicht vor, sind die tatsächlichen Aufwendungen zu **schätzen. Hierbei ist davon auszugehen, dass typischerweise bestimmte Kosten – z.B. für Dusche, Toilette, Reinigung der Schlafgelegenheit – entstehen.** Der im Urteilsfall vom Stpfl. im Rahmen seiner eigenen Schätzung angesetzte Betrag (**5 € je Übernachtung**) erschien dem BFH nicht überhöht (BFH v. 28.3.2012, VI R 48/11, BStBl II 2012, 926, ebenso FG München v. 2.9.2015, 7 K 2393/13, www.stotax-first.de). Zur Anwendung dieses BFH-Urteils s. BMF v. 4.12.2012, IV C 5 – S 2353/12/10009, BStBl I 2012, 1249.

> **Beispiel:**
> A ist als Kraftfahrer bei einem Speditionsunternehmen angestellt. Hin und wieder unterbricht er seine Fahrt und übernachtet in einem **Motel**. Meist übernachtet er jedoch in der **Schlafkoje**.
>
> Wenn A tatsächlich im **Motel** übernachtet hat und dies nachweist, kann der Arbeitgeber die nachgewiesenen Übernachtungskosten steuerfrei ersetzen.
>
> Für Übernachtungen in der **Schlafkoje** darf zwar keine steuerfreie Übernachtungspauschale gezahlt werden. Die steuerlich berücksichtigungsfähigen Aufwendungen für Dusche, Toilette usw. können jedoch auf 5 € je Übernachtung geschätzt werden (so auch FG Schleswig-Holstein v. 27.9.2012, 5 K 99/12, EFG 2013, 24).

m) Werbungskostenabzug

2512 Soweit der Arbeitgeber keine oder nur die geringen Übernachtungspauschalen steuerfrei ersetzt hat, kann der Arbeitnehmer nur **nachgewiesene höhere Übernachtungskosten als Werbungskosten** absetzen (R 9.7 Abs. 2 LStR), denn anders als beim Arbeitgeberersatz gibt es für den Werbungskostenabzug von Übernachtungskosten **keine Pauschalen**; der BFH hat dies bestätigt (BFH v. 12.9.2001, VI R 72/97, BStBl II 2001, 775).

Dies gilt ab 2008 erstmals auch für Übernachtungskosten im Ausland (R 9.7 Abs. 3 LStR). Ab 2008 werden damit beim Werbungskostenabzug von Übernachtungskosten **Inlands- und Auslandsreisen gleichgestellt**.

Sind jedoch unstreitig Übernachtungskosten entstanden und kann lediglich der Nachweis nicht erbracht werden, sind die als Werbungskosten abzugsfähigen **Übernachtungskosten zu schätzen**. Hierbei sind weder die für den Arbeitgeberersatz bestimmten Übernachtungspauschalen noch tarifvertragliche Bestimmungen über die Höhe von Auslösungsbeträgen maßgeblich (BFH v. 12.9.2001, VI R 72/97, BStBl II 2001, 775).

10. Unterkunftskosten und Verpflegungsmehraufwendungen bei vorübergehend entsandten Arbeitnehmern

2513 In der Praxis kommt es häufig vor, dass Arbeitnehmer von ihrem Arbeitgeber (z.B. ausländische Muttergesellschaft) vorübergehend an ein verbundenes Unternehmen (z.B. inländische Tochtergesellschaft) entsandt werden. Zu den sich in diesen Fällen ergebenden steuerlichen Fragen hat die **Finanzverwaltung eine ausführliche Information herausgegeben**, die sowohl das alte Recht als auch das neue Reisekostenrecht berücksichtigt (OFD Nordrhein-Westfalen, Kurzinformation Einkommensteuer Nr. 47/2014 vom 8.12.2014, StEd 2015, 9, auch B+P 2015, 60):

„Werden Arbeitnehmer von ihrem Arbeitgeber (z.B. ausländische Muttergesellschaft) vorübergehend an ein verbundenes Unternehmen (z.B. inländische Tochtergesellschaft) entsandt, sind für die Frage des Werbungskostenabzugs bzw. der steuerfreien Erstattung von Reisekosten durch den Arbeitgeber zwei Fallgestaltungen zu unterscheiden:

I. Das mit dem bisherigen Arbeitgeber abgeschlossene Beschäftigungsverhältnis ruht für die Dauer der Entsendung zum verbundenen Unternehmen. Dieses schließt mit dem Arbeitnehmer für die Dauer der Entsendung einen eigenständigen Arbeitsvertrag ab.

Hierzu wird gebeten, folgende Auffassung zu vertreten:

1. Rechtslage bis einschließlich Kalenderjahr 2013

Mit Urteil vom 10.4.2014, VI R 11/13, BStBl II 2014, 804 hat der BFH – entgegen der früheren Auffassung der Finanzverwaltung – entschieden, dass ein Arbeitnehmer, der zunächst für drei Jahre und mit mehrmaliger Verlängerung zweieinhalb weitere Jahre zu einer Tochtergesellschaft ins Ausland entsandt worden ist, dort auch dann keine regelmäßige Arbeitsstätte begründet, wenn er mit dem verbundenen Unternehmen für die Dauer des Entsendungszeitraums einen eigenständigen unbefristeten Arbeitsvertrag abgeschlossen hat. Dieses wird damit begründet, dass der Arbeitnehmer auf Grund der Befristung des Auslandseinsatzes in

Reisekosten: Erstattungen

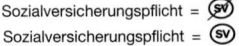

der Entsendevereinbarung und dem Fortbestehen seines – wenn auch ruhenden – inländischen Arbeitsverhältnisses bei der ausländischen Tochtergesellschaft nicht dauerhaft, sondern nur vorübergehend tätig gewesen ist. Die Urteilsgrundsätze sind bis einschließlich Kalenderjahr 2013 allgemein anzuwenden.

Die Aufwendungen, die dem Arbeitnehmer durch die Tätigkeit beim aufnehmenden Unternehmen entstehen, sind als **Reisekosten** abzugsfähig (vgl. dazu 2.a und b).

2. Rechtslage ab Kalenderjahr 2014

Ab dem Kalenderjahr 2014 ist das oben genannte BFH-Urteil vom 10.4.2014, VI R 11/13, BStBl II 2014, 804 überholt (Rdnr. 21 des ergänzten BMF-Schreibens zur Reform des steuerlichen Reisekostenrechts ab 1.1.2014 vom 24.10.2014, BStBl. I 2014, 1412).

Im Gegensatz zur Rechtslage bis 2013 ist ab 2014 gesetzlich geregelt, unter welchen Voraussetzungen die für das Vorliegen einer ersten Tätigkeitsstätte erforderliche dauerhafte Zuordnung zu einer ortsfesten betrieblichen Einrichtung durch den Arbeitgeber bzw. eine dauerhafte Tätigkeit an einer ortsfesten betrieblichen Einrichtung gegeben ist.

Nach § 9 Abs. 4 Satz 3 EStG ist insbesondere dann davon auszugehen, dass eine vom Arbeitgeber vorgenommene Zuordnung des Arbeitnehmers zu einer ortsfesten betrieblichen Einrichtung dauerhaft ist, wenn der Arbeitnehmer

- unbefristet (dazu gehört auch „bis auf Weiteres"),
- für die Dauer des Dienstverhältnisses oder
- über einen Zeitraum von mehr als 48 Monaten dort tätig werden soll.

Hat der Arbeitgeber den Arbeitnehmer keiner ortsfesten betrieblichen Einrichtung dauerhaft zugeordnet oder ist die vorgenommene Zuordnung nicht eindeutig, ist nach § 9 Abs. 4 Satz 4 EStG erste Tätigkeitsstätte die ortsfeste betriebliche Einrichtung, an der der Arbeitnehmer dauerhaft

- typischerweise arbeitstäglich oder
- je Arbeitswoche zwei volle Arbeitstage oder mindestens ein Drittel seiner vereinbarten Arbeitszeit tätig werden soll.

Wird der entsandte Arbeitnehmer im Rahmen eines eigenständigen Arbeitsvertrages beim aufnehmenden Unternehmen tätig, liegt – auch lohnsteuerlich – ein eigenständiges Dienstverhältnis vor. Im Rahmen dieses Dienstverhältnisses ist nach dem insoweit eindeutigen Wortlaut des § 9 Abs. 4 EStG auch die erste Tätigkeitsstätte zu bestimmen. Vereinbarungen mit dem entsendenden Unternehmen über eine nur vorübergehende Entsendung sind somit unmaßgeblich. Folglich hat der entsandte Arbeitnehmer auf Grund des Arbeitsvertrages mit dem aufnehmenden Unternehmen als Arbeitgeber eine erste Tätigkeitsstätte, wenn er von diesem einer ortsfesten betrieblichen Einrichtung dauerhaft zugeordnet worden ist (Rdnr. 21 des o.g. ergänzten BMF-Schreibens zur Reform des steuerlichen Reisekostenrechts vom 24.10.2014). Liegt keine dauerhafte Zuordnung des Arbeitnehmers zu einer ortsfesten betrieblichen Einrichtung durch das aufnehmende Unternehmen vor, hat der entsandte Arbeitnehmer i.R.d. Dienstverhältnisses mit dem aufnehmenden Unternehmen eine erste Tätigkeitsstätte, wenn die oben genannten quantitativen Voraussetzungen des § 9 Abs. 4 Satz 4 EStG hinsichtlich einer ortsfesten betrieblichen Einrichtung erfüllt sind (Rdnr. 23 des o.g. ergänzten BMF-Schreibens zur Reform des steuerlichen Reisekostenrechts vom 24.10.2014).

Hat der Arbeitnehmer i.R.d. Dienstverhältnisses mit dem aufnehmenden Unternehmen eine erste Tätigkeitsstätte, können die durch die Tätigkeit für das aufnehmende Unternehmen entstehenden Aufwendungen nur berücksichtigt werden, wenn die Voraussetzungen einer beruflich veranlassten doppelten Haushaltsführung erfüllt sind (R 9.11 LStR).

Liegen die Voraussetzungen einer beruflich veranlassten doppelten Haushaltsführung vor, können die Kosten für die Unterkunft am Ort der regelmäßigen Arbeitsstätte bis einschließlich 2013 höchstens mit dem Betrag berücksichtigt werden, der für die Anmietung einer nach Lage und Ausstattung durchschnittlichen 60 qm großen Wohnung angefallen wäre (BFH, Urteil vom 9.8.2007, BStBl. II 2007, 820).

Ab 2014 ist zu unterscheiden, ob eine Entsendung ins Ausland oder ins Inland vorliegt. Bei einer Entsendung ins Ausland können – wie bis einschließlich 2013 – die Kosten der Unterkunft höchstens mit dem Betrag berücksichtigt werden, der bei Anmietung einer nach Lage und Ausstattung durchschnittlichen 60 qm großen Wohnung am ausländischen Ort der ersten Tätigkeitsstätte angefallen wäre. Bei einer Entsendung ins Inland können die tatsächlichen Aufwendungen für die Nutzung der Unterkunft am Ort der ersten Tätigkeitsstätte höchstens mit 1 000 € im Monat berücksichtigt werden (§ 9 Abs. 1 Satz 3 Nr. 5 Satz 4 EStG i.d.F. ab 2014). Der Höchstbetrag von 1 000 € umfasst sämtliche entstehenden Aufwendungen wie Miete, Betriebskosten, AfA für notwendige Einrichtungsgegenstände, Rundfunkbeitrag, Miet- oder Pachtgebühren für einen Kfz-Stellplatz (Rdnr. 104 des o.g. ergänzten BMF-Schreibens zur Reform des steuerlichen Reisekostenrechts vom 24.10.2014).

II. Der Arbeitgeber entsendet den Arbeitnehmer i.R.d. bestehenden Beschäftigungsverhältnisses vorübergehend an das aufnehmende verbundene Unternehmen. Der Arbeitnehmer wird bei diesem ausschließlich auf Grundlage der Entsendung durch den Arbeitgeber tätig, mit dem aufnehmenden Unternehmen wird kein Arbeitsvertrag abgeschlossen.

Hierzu wird gebeten, folgende Auffassung zu vertreten:

Der Arbeitnehmer begründet durch die vorübergehende Entsendung bis 2013 keine regelmäßige Arbeitsstätte bei dem aufnehmenden Unternehmen (R 9.4 Abs. 3 Satz 4 LStR 2013; vgl. auch Verfügung der OFD'en Rheinland und Münster vom 29.3.2012) und ab 2014 mangels erforderlicher dauerhafter Zuordnung durch das entsendende Unternehmen (s. Rdnr. 22 des o.g. ergänzten BMF-Schreibens zur Reform des steuerlichen Reisekostenrechts vom 24.10.2014) und mangels Vorliegens der quantitativen Kriterien nach § 9 Abs. 4 Satz 4 EStG keine erste Tätigkeitsstätte. Die durch die Tätigkeit beim aufnehmenden Unternehmen entstehenden Aufwendungen sind nach den Grundsätzen der Auswärtstätigkeit zu behandeln.

Für die Berücksichtigung von Unterbringungskosten und Verpflegungsmehraufwendungen gilt Folgendes:

a) Aufgabe der bisherigen Wohnung

Unterhält der Arbeitnehmer seine einzige Wohnung am neuen Beschäftigungsort, handelt es sich bei den Unterbringungskosten um Aufwendungen für die private Lebensführung (§ 12 Nr. 1 Satz 1 EStG). Aufwendungen für das Unterhalten einer Wohnung, die den Mittelpunkt der Lebensführung eines Stpfl. darstellt, sind bereits durch den Grundfreibetrag abgedeckt (vgl. auch Beschluss des Großen Senats des BFH vom 21.9.2009 – GrS 1/06, BStBl. II 2010, 672, unter C III 4a). Es fallen keine ausschließlich beruflich veranlassten Mehrkosten an.

Dies gilt auch in den Fällen, in denen der Arbeitnehmer über die bisherige Wohnung während der Dauer der Entsendung nicht jederzeit verfügen kann (z.B. weil sie vermietet ist). Die Unterbringungskosten können daher nicht als Werbungskosten abgezogen bzw. vom Arbeitgeber steuerfrei erstattet werden.

Für die Ermittlung der abzugsfähigen/steuerfrei erstattungsfähigen Verpflegungsmehraufwendungen ist die Abwesenheitsdauer von der Wohnung maßgebend. Die Dreimonatsfrist ist zu beachten (§ 4 Abs. 5 Satz 1 Nr. 5 Satz 5 EStG i.d.F. bis einschließlich 2013, § 9 Abs. 4a Satz 6 EStG i.d.F. ab 2014).

b) Keine Aufgabe der bisherigen Wohnung

Behält der Arbeitnehmer seine bisherige Wohnung bei, die ihm jederzeit zur Verfügung steht, und unterhält am neuen Beschäftigungsort eine – weitere – Wohnung, können die beruflich veranlassten Unterbringungskosten als Werbungskosten abgezogen bzw. vom Arbeitgeber steuerfrei erstattet werden (R 9.7 LStR). Den Arbeitnehmer trifft die Feststellungslast dafür, dass die bisherige Wohnung nicht aufgegeben wurde.

Erstreckt sich die Entsendung auf Grund von Verlängerungen über einen Zeitraum von mehr als 48 Monaten, ist zu berücksichtigen, dass Unterkunftskosten ab 2014 nach Ablauf von 48 Monaten einer längerfristigen Tätigkeit an derselben Tätigkeitsstätte, die nicht erste Tätigkeitsstätte ist, nur noch bis zur Höhe des Betrages berücksichtigt werden können, der im Rahmen einer doppelten Haushaltsführung zu berücksichtigen wäre (§ 9 Abs. 1 Nr. 5a Satz 4 EStG i.d.F. ab 2014). Bei einer Entsendung nach Deutschland können die tatsächlichen Aufwendungen für die Unterkunft am Tätigkeitsort nach Ablauf von 48 Monaten daher höchstens mit 1 000 € im Monat berücksichtigt werden (§ 9 Abs. 1 Satz 3 Nr. 5 Satz 4 EStG). Bei einer Entsendung in das Ausland können die tatsächlichen Aufwendungen für die Unterkunft am Tätigkeitsort nach Ablauf von 48 Monaten dagegen höchstens mit dem Betrag berücksichtigt werden, der bei Anmietung einer nach Lage und Ausstattung durchschnittlichen 60 qm großen Wohnung am Ort der auswärtigen Tätigkeitsstätte angefallen wäre.

Wird die Wohnung am Beschäftigungsort auch von Familienmitgliedern des Arbeitnehmers genutzt, sind die Aufwendungen für die Wohnung in einen beruflich und einen privat veranlassten Anteil aufzuteilen.

Entscheidend ist, welche Mehrkosten durch die privat veranlasste Unterbringung der Familie gegenüber der ausschließlichen Unterbringung des Arbeitnehmers entstehen. Der Aufteilungsmaßstab kann im Wege einer ermessensgerechten Schätzung erfolgen, wobei eine Aufteilung der Kosten nach Köpfen nicht zu einem sachgerechten Ergebnis führen dürfte.

Bis einschließlich 2013 bestehen keine Bedenken, aus Vereinfachungsgründen die bis 2013 geltende „60 qm-Regelung" (vgl. H 9.11 Abs. 5-10 „Angemessenheit der Unterkunftskosten" zweiter Spiegelstrich LStH 2013) der doppelten Haushaltsführung anzuwenden, wobei jedoch keine Beschränkung auf den ortsüblichen Durchschnittsmietzins erfolgen darf, sondern die tatsächlich entstehenden Aufwendungen zu Grunde zu legen sind.

Ab 2014 kann in Fällen, in denen die monatlichen Kosten für eine Unterkunft im Inland den Betrag von 1 000 € nicht übersteigen, aus Vereinfachungsgründen – entsprechend den Regelungen für Unterkunftskosten bei längerfristigen Tätigkeit von mehr als 48 Monaten (§ 9 Abs. 1 Nr. 5a Satz 4 EStG) – davon ausgegangen werden, dass die Aufwendungen ausschließlich beruflich veranlasst sind. Betragen die monatlichen Unterkunftskosten am inländischen Beschäftigungsort mehr als 1 000 € oder liegt die Wohnung an einem ausländischen Beschäftigungsort (Entsendung ins Ausland), können nur die beruflich veranlassten, allein auf den Arbeitnehmer entfallenden Unterkunftskosten berücksichtigt werden; dazu kann die ortsübliche Miete für eine nach Lage und Ausstattung durchschnittliche Wohnung am Ort der auswärtigen Tätigkeitsstätte mit einer Wohnfläche bis zu 60 qm als Vergleichsmaßstab herangezogen werden (Rdnr. 117 des o.g. ergänzten BMF-Schreibens zur Reform des steuerlichen Reisekostenrechts vom 24.10.2014).

Beispiel:

Ein nach Deutschland entsandter Arbeitnehmer wohnt mit seiner Ehefrau und zwei Kindern in einer 150 qm großen Mietwohnung am auswärtigen Beschäftigungsort. Die Aufwendungen für die Wohnung betragen monatlich 1 050 € (7 €/qm). Der Durchschnittsmietzins für eine 60 qm große Wohnung beträgt 5 €/qm.

Rechtslage bis einschließlich 2013

Von den 150 qm können 60 qm als beruflich veranlasst und der darüber hinausgehende Anteil als privat veranlasst geschätzt werden mit der Folge, dass 420 € (7 € × 60 qm) als Werbungskosten abgezogen bzw. vom Arbeitgeber steuerfrei erstattet werden können.

Rechtslage ab 2014

Da die monatlichen Unterkunftskosten 1 000 € übersteigen, können nur die Unterkunftskosten berücksichtigt werden, die ausschließlich durch die Nutzung des Arbeitnehmers verursacht werden.

Soweit kein anderer nachvollziehbarer Aufteilungsmaßstab beantragt wird, können die anteiligen beruflich veranlassten Aufwendungen, die als Werbungskosten abgezogen bzw. vom Arbeitgeber steuerfrei erstattet werden können, auf 300 € (5 € × 60 qm) geschätzt werden.

Für die Ermittlung der abzugsfähigen/steuerfrei erstattungsfähigen Verpflegungsmehraufwendungen ist auf die Abwesenheitsdauer von der bisherigen Wohnung (nicht von der Wohnung am Beschäftigungsort) und der regelmäßigen Arbeitsstätte bzw. ersten Tätigkeitsstätte des Arbeitnehmers vor der Entsendung (nicht dem aufnehmenden Unternehmen) abzustellen. Die Dreimonatsfrist ist zu beachten (§ 4 Abs. 5 Satz 1 Nr. 5 Satz 5 EStG i.d.F. bis einschließlich 2013, § 9 Abs. 4a Satz 6 EStG i.d.F. ab 2014)."

Hinweis:

In anderen Bundesländern sind entsprechende Anweisungen herausgegeben worden, s. z.B. OFD Frankfurt v. 12.12.2014, S 2353 A – 59 – St 211, bisher n.v.

11. Reisenebenkosten

2514 Reisenebenkosten, die im Rahmen einer beruflich veranlassten Auswärtstätigkeit entstehen, werden in tatsächlicher Höhe berücksichtigt. Sie können als Werbungskosten abgezogen werden, soweit sie nicht vom Arbeitgeber steuerfrei erstattet wurden (R 9.8 Abs. 1 LStR).

Als **Reisenebenkosten** können z.B. **steuerfrei erstattet** werden Aufwendungen für (vgl. R 9.8 Abs. 1 LStR sowie H 9.8 LStH)

- **Beförderung und Aufbewahrung von Gepäck.**
- **Reisegepäckversicherungen,** soweit sich der Versicherungsschutz auf Auswärtstätigkeiten beschränkt. Ist den Arbeitnehmern nicht klar und eindeutig ein eigener Anspruch auf die Versicherungsleistungen eingeräumt, liegt von vornherein kein Arbeitslohn vor (FG München v. 5.8.2002, 7 K 5726/00, EFG 2002, 1524).
- **Ferngespräche und Schriftverkehr** beruflichen Inhalts mit dem Arbeitgeber oder Geschäftspartnern.
- **Private Telefongespräche,** soweit sie der beruflichen Sphäre zugeordnet werden können. Anerkannt bei einer Auswärtstätigkeit von mindestens einer Woche (ohne Zwischenheimfahrten) für Aufwendungen für ein **wöchentliches Telefonat mit der Familie** (BFH v. 5.7.2012, VI R 50/10, BStBl II 2013, 282 betr. Einsatz eines Marinesoldaten auf einer Fregatte).
- **Straßen- und Parkplatzbenutzung sowie Schadensbeseitigung infolge von Verkehrsunfällen,** wenn die jeweils damit verbundenen Fahrtkosten als Reisekosten anzusetzen sind.
- **Unfallversicherungen,** die ausschließlich Berufsunfälle außerhalb einer ortsgebunden ersten Tätigkeitsstätte abdecken (→ *Unfallversicherung: freiwillige* Rz. 2944).
- **Verlust von auf der Reise abhanden gekommener oder beschädigter Gegenstände,** die der Arbeitnehmer auf der Reise verwenden musste, wenn der Verlust auf Grund einer reisespezifischen Gefährdung eingetreten ist und der Arbeitnehmer alle zumutbaren Sicherheitsvorkehrungen getroffen hat. Berücksichtigt wird der Verlust bis zur Höhe des Wertes, der dem Gegenstand zum Zeitpunkt des Verlustes beigemessen wird. S. auch → *Diebstahl* Rz. 798.
  Hat der Arbeitnehmer seinen **Ehegatten mitgenommen,** so gilt dies für dessen Verluste von Kleidung, Gepäck usw. nur, wenn die Tätigkeit des Ehegatten auf der Dienstreise (ausnahmsweise) so wichtig ist, dass der Arbeitgeber auch den Ehegatten für seine Dienstleistungen bezahlt (BFH v. 30.6.1995, VI R 26/95, BStBl II 1995, 744).
- **Kreditkartengebühren,** soweit diese auf Reisekosten entfallen (→ *Firmenkreditkarte* Rz. 1221).
- einen **Reisepass und Passbilder** jedenfalls dann, wenn sie durch betriebliche Reisen erforderlich wurden und eine private Verwendung (über mehrere Jahre) nicht erfolgte (FG Saarland v. 22.1.2014, 1 K 1441/12, EFG 2014, 828).

Die Reisenebenkosten sind durch geeignete **Unterlagen nachzuweisen bzw. glaubhaft zu machen.** Regelmäßig wiederkehrende Reisenebenkosten können zur Vereinfachung über einen repräsentativen Zeitraum von **drei Monaten im Einzelnen nachgewiesen werden und dann in der Folgezeit mit dem täglichen Durchschnittsbetrag angesetzt** werden. Zur Berücksichtigung von Reisenebenkosten bei LKW-Fahrern, die in ihrer Schlafkabine übernachten, s. BMF v. 4.12.2012, IV C 5 – S 2353/12/10009, BStBl I 2012, 1249.

Nicht zu den Reisekosten gehören z.B.

- Aufwendungen z.B. für **private Ferngespräche (s. aber die obigen Hinweise), Massagen, Minibar oder Pay-TV** (R 9.8 Abs. 1 Satz 2 LStR),
- **Ordnungs-, Verwarnungs- und Bußgelder,** die die auf einer Auswärtstätigkeit verhängt werden (§ 12 Nr. 4 EStG), es sei denn, die Zahlung beruht auf einem ganz überwiegend betrieblichen Interesse des Arbeitgebers (vgl. BFH v. 7.7.2004, VI R 29/00, BStBl II 2005, 367).
- **Bekleidungskosten** sowie Aufwendungen für andere **allgemeine Reiseausrüstungen** wie z.B. **Koffer, Reisetasche, Reisewecker** (vgl. R 9.4 Satz 4 LStR sowie FG Hamburg v. 24.9.1987, II 278/84, EFG 1988, 67). Bei Arbeitnehmern mit umfangreicher Reisetätigkeit können jedoch Aufwendungen für einzelne ausschließlich beruflich genutzte Koffer anerkannt werden (FG Hessen v. 12.10.2006, 13 K 2035/06, www.stotax-first.de, betr. den Vorstand eines globalen Konzerns, der insgesamt neun Reisekoffer besitzt, von denen er drei ausschließlich für berufliche Zwecke nutzt; unerheblich sei, dass er in den Koffern auch private Kleidung transportiert werde).
- Kosten, die zur „normalen Lebensführung" gehören wie z.B. der Kauf einer **Tageszeitung,** selbst wenn eine zusätzliche Zeitung erworben wird (vgl. zuletzt FG Münster v. 30.9.2010, 5 K 3976/08 E, EFG 2011, 228).
- **Krankheitskosten,** auch wenn sie unmittelbar durch eine Auswärtstätigkeit veranlasst sind, z.B. eine Malaria-Erkrankung anlässlich einer Dienstreise nach Afrika, oder vorbeugende **Schutzimpfungen sowie Medikamente,** vgl. FG München v. 15.4.2005, 15 K 4973/04, www.stotax-first.de, betr. Aufwendungen für Hepatitis-Impfungen bei einer Flugbegleiterin (streitig).

Reisekosten: Erstattungen

- **zusätzliche Krankenversicherungsbeiträge**, selbst wenn der zusätzliche Krankenversicherungsschutz allein durch eine berufliche Auslandstätigkeit veranlasst ist (BFH v. 16.4.1999, VI R 66/97, BStBl II 2000, 408). Dies gilt u.E. jedoch nicht, wenn ein weltweit tätiges Unternehmen für seine im Ausland tätigen Mitarbeiter aus Fürsorgegesichtspunkten und zur Verwaltungsvereinfachung eine **Gruppenkrankenversicherung** abschließt, um die Mitarbeiter bei Auswärtstätigkeiten vor finanziellen Risiken im Krankheitsfall zu bewahren. Es handelt sich dann um nicht steuerpflichtige Leistungen im ganz überwiegenden betrieblichen Interesse des Arbeitgebers.

- Verlust von **Geld oder Schmuck** (vgl. dazu FG München v. 7.7.1999, 1 K 3088/98, EFG 1999, 1216 betr. Schmuck einer Schauspielerin, auch wenn die Produktionsfirma sie aufgefordert hatte, ihren eigenen Schmuck für Dreharbeiten mitzubringen).

- **Essengutscheine**, z.B. in Form von Raststätten- oder Autohof-Wertbons. Solche Gutscheine gehören nicht zu den Reisenebenkosten, da zur Abgeltung der tatsächlich entstandenen, beruflich veranlassten Mehraufwendungen für Verpflegung eine Verpflegungspauschale (§ 9 Abs. 4a EStG) angesetzt werden kann.

Vgl. hierzu auch H 9.8 LStH m.w.N.

> **Beispiel:**
> Ein Lkw-Fahrer ist im Inland eintägig mehr als 8 Stunden beruflich auswärts tätig. Er nimmt ein Mittagessen im Wert von 8,50 € in einer Autobahnraststätte ein und bezahlt an der Kasse 6 € in bar und den Rest in Wertbons, die er im Zusammenhang mit der vom Arbeitgeber erstatteten Parkplatzgebühr erhalten hat.
>
> Dem Lkw-Fahrer steht eine ungekürzte Verpflegungspauschale von 12 € zu.

12. Aufzeichnungen und Nachweise

2515 Nach R 9.4 Abs. 1 Satz 6 LStR hat der **Arbeitnehmer seinem Arbeitgeber Unterlagen über seine Auswärtstätigkeit vorzulegen**, aus denen die Dauer der Reise, der Reiseweg und – soweit die Reisekosten nicht zulässigerweise pauschal ersetzt werden – auch die entstandenen Reisekosten ersichtlich sein müssen (vgl. BFH v. 9.8.2005, XI B 192/03, www.stotax-first.de). Als **Nachweise** kommen in Betracht Fahrtenbuch, Tankquittungen, Hotelrechnungen, Schriftverkehr u.Ä. In Ballungsgebieten genügt es nicht, wenn als Aufzeichnungen über Reiseweg oder Reiseorte lediglich eine Aufzählung der aufgesuchten Gemeinden vorgelegt wird; vielmehr ist die genaue Angabe (Anschrift) z.B. des besuchten Kunden unerlässlich. Gehen die Angaben nicht aus den Aufzeichnungen über die Auswärtstätigkeit hervor, müssen ggf. andere Unterlagen (Tätigkeitsberichte, Auftragsbücher usw.) herangezogen werden. Zum Nachweis bei Benutzung einer **Firmenkreditkarte** → Firmenkreditkarte Rz. 1221.

Auch wenn der **Arbeitgeber Übernachtungskosten pauschal ersetzt**, muss er sich vom **Arbeitnehmer Unterlagen** vorlegen oder eine Erklärung geben lassen, dass eine Übernachtung stattgefunden hat. Dieser Nachweis kann ggf. durch Arbeitsnachweise über Einsatzort, Dauer der Tätigkeit usw. erfolgen. Die Vorlage einer Hotelrechnung wird im Regelfall nicht verlangt.

Obwohl diese Anforderungen an den Nachweis eine **starke Arbeitsbelastung** mit sich bringen können, kann **nicht auf die Unterlagen verzichtet** werden, zumal der Arbeitnehmer, der Werbungskosten beim Finanzamt geltend machen will, entsprechende Unterlagen vorlegen muss. Lassen die Aufzeichnungen erhebliche Zweifel an der Höhe der zulässigerweise steuerfrei zu lassenden Beträge aufkommen, so gehen diese **zu Lasten des Arbeitgebers und des Arbeitnehmers**. Das gilt insbesondere, wenn ein Sachverhalt behauptet wird, der nach der Lebenserfahrung ungewöhnlich ist, wenn also z.B. behauptet wird, der Arbeitnehmer habe auswärts übernachtet, obwohl er ganz in der Nähe wohnt.

Der Arbeitgeber hat diese Unterlagen als **Beleg zum Lohnkonto** zu nehmen, vgl. R 9.5 Abs. 2 Satz 2 LStR, H 9.7 (Erstattung durch den Arbeitgeber) LStH, R 9.8 Abs. 3 Satz 3 LStR. Es reicht dabei aus, wenn die Reisekostenabrechnungen zwar in einem **besonderen Ordner** gesammelt werden, das Lohnkonto aber eindeutige Hinweise enthält, die einen leichten Zugriff auf die Belege ermöglichen.

keine Sozialversicherungspflicht = (SV)
Sozialversicherungspflicht = (SV)

13. Pauschalversteuerung von Verpflegungszuschüssen

a) Allgemeine Grundsätze

2516 Erstattet der Arbeitgeber **höhere Verpflegungszuschüsse als die steuerlich zulässigen Pauschbeträge**, so muss er den Differenzbetrag – ggf. nach Verrechnung mit steuerfrei bleibenden Übernachtungskosten und Fahrtkosten – dem steuerpflichtigen **Arbeitslohn hinzurechnen** und versteuern (im Einzelnen → Reisekosten: Allgemeine Grundsätze Rz. 2459).

Seit 1997 können **Verpflegungszuschüsse** des Arbeitgebers, die die steuerfreien Pauschbeträge übersteigen und auch nach Verrechnung nicht steuerfrei bleiben, mit **25 % pauschal versteuert** werden (§ 40 Abs. 2 Satz 1 Nr. 4 EStG). Diese Regelung soll den „betrieblichen Erfassungsaufwand für die individuelle Besteuerung beim Arbeitnehmer minimieren". Gleichzeitig soll erreicht werden, dass diese Lohnteile aus der **sozialversicherungsrechtlichen Beitragspflicht herausgenommen** werden (§ 1 Abs. 1 Satz 1 Nr. 3 SvEV).

Um Missbräuche zu vermeiden, gilt jedoch eine **Obergrenze von 100 % der Pauschbeträge**, d.h., die Pauschalversteuerung gilt – unter Beachtung der Dreimonatsfrist – nur für Verpflegungszuschüsse bis 24 € bzw. 48 €, soweit sie die steuerfrei bleibenden Pauschbeträge übersteigen. Bei Auslandsdienstreisen gelten die doppelten Auslandstagegelder.

> **Beispiel 1:**
> Ein Arbeitgeber zahlt allen Reisevertretern Verpflegungszuschüsse von 30 € bei mehr als achtstündiger Abwesenheit.
> Hiervon
> - sind 12 € steuerfrei (Verpflegungspauschale bei Abwesenheit von mehr als 8 Stunden),
> - können 12 € mit 25 % pauschal versteuert werden und sind damit auch von der Sozialversicherungspflicht ausgenommen,
> - unterliegen die restlichen 6 € der „normalen" Besteuerung. Nur für diesen Teil besteht Sozialversicherungspflicht.

Voraussetzung für die Pauschalversteuerung ist allerdings weiter, dass die steuerfreien Verpflegungspauschalen überhaupt gewährt werden können,

- dass also eine **Auswärtstätigkeit** vorliegt (die pauschale Versteuerung ist nur für Auswärtstätigkeiten i.S.d. § 4 Abs. 5 Satz 1 Nr. 5 Sätze 2 bis 4 EStG zugelassen worden; dazu gehört **nicht die doppelte Haushaltsführung!**) und

- die **Mindestabwesenheit von mehr als acht Stunden** erreicht wird; der Anwendungsbereich beschränkt sich also auf die Fälle, in denen der Arbeitgeber um bis zu 100 % höhere Pauschalen als steuerlich zulässig zahlt.

> **Beispiel 2:**
> Ein Arbeitgeber zahlt allen Arbeitnehmern bereits bei einer sechsstündigen Abwesenheit eine Pauschale von 12 € täglich.
> Die Pauschale ist in voller Höhe steuerpflichtiger Arbeitslohn, weil die Mindestabwesenheit von mehr als acht Stunden nicht erreicht wird. Eine pauschale Versteuerung mit 25 % ist nicht zulässig.

Die **pauschale Versteuerung ist daher ausgeschlossen** für

- Verpflegungszuschüsse, die im Rahmen einer **doppelten Haushaltsführung** gezahlt werden (R 40.2 Abs. 1 Nr. 4 LStR), sowie

- für die Versteuerung der **unentgeltlichen Mahlzeitengewährung** mit Sachbezugswerten, die vom Arbeitgeber oder auf dessen Veranlassung von einem Dritten abgegeben werden. Es handelt sich dabei nicht um „Vergütungen für Verpflegungsmehraufwendungen" i.S.d. § 40 Abs. 2 Satz 1 Nr. 4 EStG; hierunter fallen nach Auffassung der Finanzverwaltung nur **Geldleistungen**.

Auch soweit nach Ablauf der **Dreimonatsfrist** eine steuerfreie Erstattung von Verpflegungsmehraufwendungen nicht mehr möglich ist, kommt eine Pauschalbesteuerung nach § 40 Abs. 2 Satz 1 Nr. 4 EStG nicht in Betracht.

Beispiel 3:

Arbeitnehmer A erhält während einer ununterbrochenen viermonatigen Auswärtstätigkeit von seinem Arbeitgeber Vergütungen für Verpflegungsmehraufwendungen i.H.v. 48 € für jeden vollen Kalendertag. Während seiner Auswärtstätigkeit wird dem Arbeitnehmer kostenlos eine Unterkunft vom Arbeitgeber zur Verfügung gestellt.

In den ersten drei Monaten ist die Verpflegungspauschale für die vollen Kalendertage i.H.v. 24 € und für die An- und Abreisetage jeweils i.H.v. 12 € steuerfrei. Der vom Arbeitgeber gezahlte Mehrbetrag für die vollen Kalendertage von 24 € kann mit 25 % pauschal versteuert werden. Ab dem vierten Monat sind die Verpflegungsvergütungen von täglich 48 € wegen des Ablaufs der Dreimonatsfrist als Arbeitslohn individuell zu versteuern.

b) Verrechnung der einzelnen Aufwandsarten

2517 Dem Gesetzeswortlaut nach kommt die Lohnsteuerpauschalierungsmöglichkeit an sich nur für die **Vergütung von Verpflegungsmehraufwendungen** in Betracht. Fraglich war, wie zu verfahren ist, wenn der Arbeitgeber **Verpflegungsmehraufwendungen nicht** oder nur in geringer Höhe erstattet und erst durch die sog. **Verrechnungsmöglichkeit** (vgl. dazu R 3.16 Satz 2 LStR sowie → *Reisekosten: Allgemeine Grundsätze* Rz. 2459) der einzelnen Aufwandsarten so getan wird, als habe der Arbeitgeber Verpflegungsmehraufwendungen erstattet.

Die Finanzverwaltung hat hierzu eine **großzügige Regelung** getroffen (R 40.2 Abs. 4 Satz 4 LStR):

Wenn durch die Verrechnungsmöglichkeit Arbeitgeberleistungen bis zur Höhe der Verpflegungspauschalen steuerfrei bleiben, dann werden diese auch als Vergütung von Verpflegungsmehraufwendungen durch den Arbeitgeber angesehen mit der Folge, dass insoweit auch die neue Lohnsteuerpauschalierung in Betracht kommt. Dies soll selbst für den Fall gelten, dass der Arbeitgeber **tatsächlich überhaupt keine Verpflegungspauschalen** erstattet.

Beispiel:

Ein Arbeitnehmer erhält wegen einer Auswärtstätigkeit von Montag 11.00 Uhr bis Mittwoch 20.00 Uhr mit kostenloser Übernachtung und Bewirtung (nicht auf Veranlassung des Arbeitgebers!) im Gästehaus eines Geschäftsfreunds lediglich pauschalen Fahrtkostenersatz von 250 € (fiktive Bahnkosten), er ist jedoch mit dem eigenen Pkw gefahren (500 km).

Steuerfrei sind

eine Fahrtkostenvergütung von (500 km × 0,30 € =)	150 €
Verpflegungspauschalen von (12 € + 24 € + 12 € =)	48 €
insgesamt	198 €

Steuerpflichtig sind hiernach 52 € (250 € ./. 198 €). Von diesem Betrag kann der Arbeitgeber 48 € pauschal mit 25 % versteuern, auch wenn er tatsächlich keine Verpflegungsmehraufwendungen – sondern ausschließlich Fahrtkosten – erstattet hat.

c) Zusammentreffen von doppelter Haushaltsführung mit Auswärtstätigkeiten

2518 Bei einem Arbeitnehmer, der einen doppelten Haushalt führt und von diesem aus eine Auswärtstätigkeit (Dienstreise, Einsatzwechseltätigkeit, Fahrtätigkeit) unternimmt, kann in den ersten drei Monaten nur **eine** – nämlich die **höchste** – **Verpflegungspauschale** steuerfrei gezahlt werden, sog. **Konkurrenzregelung** nach § 9 Abs. 4a Satz 12 EStG. Erstattet der Arbeitgeber in diesem Fall bereits den höchsten Pauschsatz von 24 € für die **doppelte Haushaltsführung**, ist für denselben Tag die zusätzliche Erstattung von Verpflegungsmehraufwendungen z.B. wegen einer **Auswärtstätigkeit** nicht mehr zulässig.

Die Finanzverwaltung unterstellt aber in diesen Fällen zu Gunsten der Arbeitgeber und Arbeitnehmer, dass in dem Pauschbetrag von 24 € auch 12 € z.B. **wegen der Auswärtstätigkeit** „stecken", und lässt insoweit doch die Pauschalierung zu (R 40.2 Abs. 4 Satz 6 LStR).

Beispiel:

Versicherungsvertreter A, verheiratet, ist von der Hauptstelle in Hamburg an die Filiale in Köln versetzt worden (neue erste Tätigkeitsstätte); er führt in Köln einen doppelten Haushalt. A ist täglich etwa ein bis zwei Stunden in der Filiale tätig und dann durchschnittlich neun Stunden im Außendienst (= Auswärtstätigkeit).

Der Arbeitgeber kann drei Monate lang Verpflegungsmehraufwendungen wegen der **doppelten Haushaltsführung** bis zu 24 € täglich steuerfrei erstatten (für Tage mit einer Abwesenheitsdauer von 24 Stunden von der Heimatwohnung). Für den Fall der doppelten Haushaltsführung gibt es an sich keine Möglichkeit der Lohnsteuerpauschalierung für höhere Arbeitgebererstattungen nach § 40 Abs. 2 Satz 1 Nr. 4 EStG.

Die Finanzverwaltung geht jedoch davon aus, dass in der Pauschale von 24 € für die doppelte Haushaltsführung auch 12 € (Abwesenheit mehr als 8 Stunden von der Wohnung am Arbeitsort) für die **Außendiensttätigkeit** (=Auswärtstätigkeit) „stecken", die nur wegen der höheren Verpflegungspauschale von 24 € für die doppelte Haushaltsführung nicht zusätzlich steuerfrei bleiben können. Insoweit soll dem Arbeitgeber aber wenigstens die Möglichkeit der Lohnsteuerpauschalierung eröffnet werden. Wenn er Verpflegungsmehraufwendungen z.B. mit 30 € erstattet, bleiben 24 € schon wegen der doppelten Haushaltsführung steuerfrei, den Mehrbetrag von 6 € kann er pauschal mit 25 % versteuern.

Reisekostenvergütungen aus öffentlichen Kassen

1. Allgemeines

Zur **Reform des Reisekostenrechts ab 2014** → *Reisekosten: Allgemeine Grundsätze* Rz. 2410. Von Bedeutung ist vor allem die geänderte Staffelung der sog. Verpflegungspauschalen (**Tagegelder**), die auch für das Bundesreisekostengesetz gilt (§ 6 Abs. 1 Satz 2 BRKG).

2519

Für die aus öffentlichen Kassen (Bund, Länder, Gemeinden, Kirchen, Krankenkassen, Berufsgenossenschaften usw.) nach reisekostenrechtlichen Vorschriften gezahlten **Reisekostenvergütungen, Umzugskostenvergütungen und Trennungsgelder** gilt die besondere Steuerbefreiungsvorschrift des § 3 Nr. 13 EStG. Hiernach können Reisekosten aber nur steuerfrei erstattet werden, wenn – so die Auffassung der Finanzverwaltung – der Bedienstete nach den geänderten steuerlichen Regelungen eine **Auswärtstätigkeit** ausübt. Dies ist der Fall, wenn der Bedienstete **außerhalb seiner Dienststelle/Dienststätte, die seine sog. erste Tätigkeitsstätte i.S.d. § 9 Abs. 1 Satz 3 Nr. 4a EStG ist, tätig wird**. Nach BMF v. 24.10.2014, IV C 5 – S 2353/14/10004, BStBl I 2014, 1412 Rdnr. 20 ist Dienststelle/Dienststätte i.S.d. öffentlichen Reisekosten-, Umzugskosten- und Trennungsgeldrechts die Stelle, bei der der Arbeitnehmer eingestellt oder zu der er versetzt, abgeordnet, zugeteilt, zugewiesen oder kommandiert worden ist. Jede dieser dienstlichen Maßnahmen führt dazu, dass diese Stelle zur neuen dienstrechtlichen Dienststelle/Dienststätte wird, unabhängig davon, ob die Maßnahme dauerhaft oder nur vorübergehend ist (s. ausführlich → *Reisekosten: Allgemeine Grundsätze* Rz. 2423).

Nach Auffassung des **FG Schleswig-Holstein** (Urteil v. 19.11.2014, 5 K 65/13, EFG 2015, 452, Revision eingelegt, Az. beim BFH: VIII R 58/14) ist bei der Bestimmung des Begriffs „**Reisekostenvergütung**" jedoch nicht von dem einkommensteuerrechtlichen Reisekostenbegriff auszugehen, der eine „Auswärtstätigkeit" voraussetzt. Der Begriff „Reisekostenvergütungen" i.S.d. § 3 Nr. 13 EStG leite sich vielmehr aus den jeweils einschlägigen **leistungsrechtlichen Regelungen** ab. Das Gericht hat deshalb einem bei der Kreisfeuerwehrschule ehrenamtlich tätigen Fahrlehrer das vom Kreisfeuerwehrverband (öffentliche Kasse) gezahlte „Kilometergeld" als nach § 3 Nr. 13 EStG steuerfrei angesehen (allerdings **beschränkt auf die Höhe der Entfernungspauschale**), obwohl es nicht für eine Auswärtstätigkeit, sondern für Fahrten vom Wohnort zum Dienstort gezahlt wurde. Die Entscheidung des BFH bleibt abzuwarten.

Die Steuerbefreiung nach § 3 Nr. 13 EStG war früher wesentlich günstiger als die entsprechende Vorschrift des § 3 Nr. 16 EStG für „private Arbeitgeber". Diese Besserstellung ist inzwischen im Wesentlichen beseitigt worden, weil

– die steuerlichen Abzugsbeschränkungen für **Verpflegungsmehraufwendungen** (Ansatz der gesetzlich festgelegten Pauschbeträge usw.) auch für den steuerfreien Arbeitgeberersatz im öffentlichen Dienst gelten (§ 3 Nr. 13 Satz 2 EStG). Ferner ist die Steuerfreiheit von **Trennungsgeldern** eingeschränkt worden;

– die reisekostenrechtlichen Vorschriften (z.B. das **Bundesreisekostenrecht**) im Wesentlichen dem Steuerrecht angeglichen worden sind, so dass von vornherein im Allgemeinen nur noch die steuerlich zulässigen Beträge erstattet werden;

Reisekostenvergütungen aus öffentlichen Kassen

– das Finanzamt **seit 2000 ein Nachprüfungsrecht** hat, ob die erstatteten Reisekosten Werbungskosten darstellen (→ Rz. 2521).

2. Reisekostenvergütungen

2520 Nach § 3 Nr. 13 EStG sind Leistungen (**Geld und Sachbezüge**) steuerfrei, die als Reisekostenvergütungen, Umzugskostenvergütungen oder Trennungsgelder aus einer öffentlichen Kasse gewährt werden; dies gilt **nicht für Mahlzeiten**, die dem Arbeitnehmer während einer beruflichen Auswärtstätigkeit oder im Rahmen einer doppelten Haushaltsführung vom Arbeitgeber oder auf dessen Veranlassung von einem Dritten zur Verfügung gestellt werden (→ *Mahlzeiten aus besonderem Anlass* Rz. 1974). Die Steuerfreiheit von Verpflegungszuschüssen ist auf die nach § 9 Abs. 4a EStG (Pauschbeträge für Verpflegungsmehraufwendungen bei Auswärtstätigkeit) maßgebenden Beträge begrenzt. R 3.16 Satz 1 bis 3 LStR ist entsprechend anzuwenden (R 3.13 Abs. 1 LStR).

Mit den LStR 2015 wurden die Grundsätze zu Reisekostenvergütungen aus öffentlichen Kassen geändert:

Nach R 3.13 Abs. 2 Satz 2 LStR sind Reisekostenvergütungen aus öffentlichen Kassen ab dem Jahr 2015 nur noch nach § 3 Nr. 13 EStG steuerfrei, wenn sie

– nach den reisekostenrechtlichen Vorschriften des Bundes oder der Länder gewährt werden

– oder soweit sie auf Grund von Tarifverträgen oder anderen Vereinbarungen, z.B. öffentlich-rechtliche Satzungen (s. z.B. BFH v. 8.10.2008, VIII R 58/06, BStBl II 2009, 405 betr. kommunale Satzungen), gezahlt werden und den reisekostenrechtlichen Vorschriften des Bundes oder eines Landes dem Grund und der Höhe nach **vollumfänglich entsprechen**.

Werden die Reisekostenvergütungen nicht, nur **teilweise** oder nach unterschiedlichen Bestimmungen der reisekostenrechtlichen Vorschriften des Bundes und/oder der Länder gewährt, können auf diese Leistungen nur die zu § 3 Nr. 16 EStG erlassenen Verwaltungsvorschriften angewandt werden (R 3.13 Abs. 3 Satz 1 LStR). Fahrtkostenentschädigungen bei Auswärtstätigkeiten sind dann entweder in tatsächlicher Höhe oder (nur noch) i.H.v. 0,30 €/km steuerfrei. **Es ist somit nicht mehr möglich, sich für den Abzug von Verpflegungsmehraufwendungen oder Fahrtkosten auf die jeweils günstigste Reisekostenregelung im Bund oder eines Bundeslandes zu berufen.**

Trennungsgeld, das in den Fällen des **Bezugs einer Unterkunft am Beschäftigungsort** gezahlt wird, ist regelmäßig nach Maßgabe von § 9 Abs. 1 Satz 3 Nr. 5 EStG (doppelte Haushaltsführung) und § 9 Abs. 4a EStG (Verpflegungsmehraufwendungen bei Auswärtstätigkeit) steuerfrei (R 3.13 Abs. 4 Satz 4 LStR).

Trennungsgeld, das bei **täglicher Rückkehr zum Wohnort** gezahlt wird, ist nur in den Fällen des § 9 Abs. 1 Satz 3 Nr. 4a Satz 1 EStG (Fahrtkosten bei Auswärtstätigkeit) steuerfrei (R 3.13 Abs. 4 Satz 3 LStR). Es kann nicht voll steuerfrei gezahlt werden, da § 3 Nr. 13 letzter Halbsatz EStG insoweit ausdrücklich eine Einschränkung auf Dienstreisen usw. enthält; vgl. dazu R 3.13 Abs. 4 Satz 3 LStR sowie FinMin Sachsen-Anhalt v. 27.11.1996, S 2338 – 18, www.stotax-first.de.

> **Beispiel 1:**
> A ist im Zuge der Auflösung seiner alten Dienststelle ohne zeitliche Befristung **versetzt** worden, aber wegen seiner bevorstehenden Pensionierung nicht mehr an den neuen Beschäftigungsort umgezogen. Stattdessen fährt er jeden Tag zur 30 km entfernt liegenden neuen Dienststelle und erhält hierfür nach § 6 TGV ein Trennungsgeld.
>
> Die neue Dienststelle ist vom ersten Tag an die neue erste Tätigkeitsstätte (BMF v. 24.10.2014, IV C 5 – S 2353/14/10004, BStBl I 2014, 1412 Rdnr. 20). Die Fahrten stellen daher „normale" Wege zwischen Wohnung und erster Tätigkeitsstätte dar, die vom Arbeitgeber nicht – auch nicht von „öffentlichen Arbeitgebern" – steuerfrei ersetzt werden dürfen.

> **Beispiel 2:**
> Sachverhalt wie Beispiel 1, A ist jedoch nur für ein Jahr **abgeordnet** worden.
>
> In diesem Fall wird die neue Dienststelle nicht zu neuen ersten Tätigkeitsstätte (BMF v. 24.10.2014, IV C 5 – S 2353/14/10004, BStBl I 2014, 1412 Rdnr. 20). Es liegt eine Auswärtstätigkeit vor, so dass das Trennungsgeld nach § 3 Nr. 13 EStG steuerfrei belassen werden kann.

Die Steuerbefreiung nach § 3 Nr. 13 EStG gilt sinngemäß für **Umzugskostenvergütungen** und Trennungsgelder nach Maßgabe der umzugskosten- und reisekostenrechtlichen Vorschriften des Bundes und der Länder. Werden anlässlich eines Umzugs Verpflegungszuschüsse nach dem Bundesumzugskostengesetz (BUKG) gewährt, sind diese nur im Rahmen der zeitlichen Voraussetzungen des § 9 Abs. 4a EStG steuerfrei (R 9.9 Abs. 2 Satz 1 LStR).

Nach einer öffentlich-rechtlichen Satzung geleistete **pauschale Reisekostenvergütungen** können bei Beachtung von R 3.13 Abs. 2 Satz 2 LStR auch ohne Einzelnachweis steuerfrei sein, sofern die Pauschale die tatsächlich entstandenen Reiseaufwendungen nicht ersichtlich übersteigt (BFH v. 8.10.2008, VIII R 58/06, BStBl II 2009, 405 sowie H 3.13 „Pauschale Reisekostenvergütungen" LStH).

Der **Geldwert der Privatnutzung eines Pkw**, der dem Arbeitnehmer vom Arbeitgeber – nach den Grundsätzen sog. beamteneigener Fahrzeuge – für Dienst- und Privatfahrten überlassen wird, fällt nicht unter § 3 Nr. 13 EStG (BFH v. 26.7.2001, VI R 122/98, BStBl II 2001, 844).

Sind die Voraussetzungen für die Steuerbefreiung nach § 3 Nr. 13 EStG oder § 3 Nr. 16 EStG nicht gegeben, kann ggf. eine **Steuerbefreiung nach § 3 Nr. 12 EStG** (→ *Aufwandsentschädigungen im öffentlichen Dienst* Rz. 383 oder **§ 3 Nr. 26, 26a, 26b EStG** (→ *Aufwandsentschädigungen für bestimmte nebenberufliche Tätigkeiten* Rz. 360) in Betracht kommen (R 3.13 Abs. 3 LStR).

3. Nachprüfungsrecht des Finanzamts

2521 Das Finanzamt hatte nach R 14 Abs. 2 LStR 1999 nur zu prüfen, ob die **reisekostenrechtlichen Vorschriften zutreffend angewendet** worden sind und die Begrenzung der Tagegelder auf die neuen Pauschbeträge für Verpflegungsmehraufwendungen beachtet worden ist. Dagegen hatte das Finanzamt nicht zu prüfen, ob die erstatteten Reisekosten **Werbungskosten** darstellen.

Diese großzügige Regelung hat der **BFH wiederholt abgelehnt** und verlangt, Reisekosten- und Umzugskostenvergütungen aus öffentlichen Kassen und aus privaten Kassen nach § 3 Nr. 13 EStG bzw. § 3 Nr. 16 EStG nach den gleichen Regeln steuerfrei zu belassen (zuletzt BFH v. 12.4.2007, VI R 53/04, BStBl II 2007, 536 betr. u.a. Beiträge zum Beschaffen klimabedingter Kleidung bei Auslandsumzügen). Die Finanzverwaltung hat sich dieser **Rechtsprechung angeschlossen**, indem die gegenteiligen Anweisungen im Rahmen der Lohnsteuer-Richtlinien 2000 gestrichen worden sind, vgl. auch H 3.13 (Prüfung, ob Werbungskosten) LStH.

Reisekostenvergütungen sind demnach grundsätzlich nur noch steuerfrei, wenn sie als Werbungskosten abzugsfähig wären.

> **Beispiel:**
> Eine Kreissparkasse (Anstalt des öffentlichen Rechts) übernahm für ihren Vorstandsvorsitzenden die Kosten einer Studienreise, ohne Lohnsteuer einzubehalten. Die Reise erfüllte weder vom Ablauf noch von der Zusammensetzung der Teilnehmer her (der Vorstandsvorsitzende hatte – ebenso wie viele andere – seine Ehefrau mitgenommen) die Kriterien, die nach der Rechtsprechung für die Anerkennung derartiger Aufwendungen als Werbungskosten erfüllt sein müssen (vgl. dazu R 12.2 EStR und H 12.2 EStH).
>
> Ein steuerfreier Reisekostenersatz ist nicht möglich. Arbeitnehmer im öffentlichen und privaten Dienst müssen den gleichen steuerrechtlichen Regeln unterworfen sein. Die Beantwortung der Frage, welche Aufwendungen (hier: Reisekosten) als Werbungskosten abziehbar sind bzw. vom Arbeitgeber steuerfrei erstattet werden können, hat sich allein nach steuerrechtlichen Grundsätzen zu richten (BFH v. 27.5.1994, VI R 67/92, BStBl II 1995, 17).
>
> Steuerpflichtig ist im Regelfall auch die Übernahme der Kosten für die Ehefrau.

Darüber hinaus ist **ab 2001** die Vorschrift der R 3.13 Abs. 2 Satz 3 LStR zu beachten („**§ 12 Nr. 1 EStG bleibt unberührt**"). Diese Ergänzung soll gewährleisten, dass in den Fällen, in denen zwar Reisekosten aus öffentlichen Kassen gezahlt werden, dienstrechtlich jedoch keine Auswärtstätigkeit vorliegt (z.B. bei sog. **Lustreisen**), die Steuerfreiheit des Arbeitgeberersatzes versagt werden kann. In der Praxis wird diese Richtlinienregelung jedoch kaum angewendet.

LSt = keine Lohnsteuerpflicht
LSt = Lohnsteuerpflicht

4. Einzelfragen

2522 Bei der Besteuerung gelten im Prinzip die gleichen Grundsätze wie für die Privatwirtschaft, also hinsichtlich der Verrechnungsmöglichkeiten, der vereinfachten Besteuerung als sonstiger Bezug usw.; Einzelheiten → *Reisekosten: Allgemeine Grundsätze* Rz. 2409.

Beamte, die ins Ausland versetzt wurden, erhielten ein sog. **Auslandstrennungsgeld**, das nach § 3 Nr. 64 EStG steuerfrei belassen wurde. Dies wäre nach § 3 Nr. 13 Satz 2 EStG an sich ab 1996 nicht mehr möglich gewesen. Um Nachteile zu vermeiden, sind deshalb die Zahlungen beim Bund und den Ländern ab 1998 in eine **Aufwandsentschädigung** umgewandelt worden, die nach § 3 Nr. 12 Satz 1 EStG steuerfrei ist. Vgl. z.B. FinMin Niedersachsen v. 8.9.2004, Nds. MBl. 2004, 588 mit Hinweisen auf die Regelungen im Bereich des Bundes.

Auch wenn die in §§ 10 Abs. 1, 11 Abs. 1 Landeskommunalbesoldungsverordnung des Landes Baden-Württemberg (LKomBesVO) normierte Dienstaufwandsentschädigung nicht durch die Reisekostenerstattung abgegoltene Reisekosten umfasst, erfüllen **Reisekostenvergütungen aus öffentlichen Kassen nicht den Tatbestand des § 3 Nr. 12 Satz 2 EStG**, so dass das Abzugsverbot des § 3c Satz 1 EStG keine Anwendung findet und die nicht abgegoltenen Reisekosten bzw. Mehrverpflegungsaufwendungen als Werbungskosten abzugsfähig sind (FG Baden-Württemberg v. 10.3.2015, 6 K 1433/12, EFG 2015, 1249, Revision eingelegt, Az. beim BFH: VI R 23/15).

Reiseveranstalter: Arbeitnehmerreisen

1. Allgemeines

2523 Reiseveranstalter oder Reisebüros bieten ihren Mitarbeitern häufig **Reisen mit fachlichem Hintergrund** an. Diese führen naturgemäß zu touristisch interessanten Zielen und deren Reiseverlauf gleicht grundsätzlich denen von Pauschalreisen (z.B. Besichtigung der Sehenswürdigkeiten, Erprobung des Freizeitangebots). Diese Reisen müssen von den Incentive-Reisen (→ *Incentive-Reisen* Rz. 1590) abgegrenzt werden, deren kostenlose oder verbilligte Durchführung zu einem geldwerten Vorteil beim Arbeitnehmer führt (BFH v. 9.3.1990, VI R 48/87, BStBl II 1990, 711).

Um eine **einheitliche Verwaltungspraxis** zu gewährleisten, hat die Finanzverwaltung (BMF v. 14.9.1994, IV B 6 – S 2334 – 115/94, BStBl I 1994, 755) eine Regelung getroffen, wie **unentgeltliche oder verbilligte Reisen von Mitarbeitern von Reisebüros oder Reiseveranstaltern steuerlich zu behandeln sind. Danach gilt Folgendes:**

Eine vom Arbeitgeber dem Arbeitnehmer unentgeltlich oder verbilligt verschaffte Reise gehört **nicht zum Arbeitslohn**, wenn die Reise im **ganz überwiegenden betrieblichen Interesse des Arbeitgebers durchgeführt** wird. Ein ganz überwiegendes betriebliches Interesse muss über das normale Interesse des Arbeitgebers, das ihn zur Lohnzahlung veranlasst, deutlich hinausgehen. Dieses Interesse muss so stark sein, dass das Interesse des Arbeitnehmers an der Leistung vernachlässigt werden kann. Es müssen daher **nachweisbare betriebsfunktionale Gründe** für die Teilnahme des Arbeitnehmers an der Reise bestehen. Als Reisen im ganz überwiegenden betrieblichen Interesse des Arbeitgebers können **beruflich veranlasste Auswärtstätigkeiten** und **Fachstudienreisen** unter den nachfolgend aufgeführten Voraussetzungen in Betracht kommen.

LSt SV

2. Beruflich veranlasste Auswärtstätigkeiten

2524 Beruflich veranlasste Auswärtstätigkeiten sind Reisen, denen ein **unmittelbarer betrieblicher Anlass** zu Grunde liegt, z.B. Verhandlungen mit Geschäftspartnern des Arbeitgebers oder die Durchführung eines bestimmten Auftrags (Vorbereitung von Reiseveranstaltungen oder Objektbeschreibungen in Katalogen des Arbeitgebers).

> **Beispiel:**
> Der Arbeitnehmer eines Reiseveranstalters fliegt für 14 Tage nach Neuseeland, um dort eine Pauschalreise vorzubereiten, die im nächsten Reisekatalog angeboten werden soll. Er hat Verhandlungen mit den Hotels, mit Restaurants und Mietwagenfirmen zu führen. Darüber hinaus hat er die Objektbeschreibung für den Katalog vorzubereiten.

Bei **beruflich veranlassten Auswärtstätigkeiten ist ein ganz überwiegend betriebliches Interesse des Arbeitgebers nur anzunehmen**, mit der Folge, dass ein lohnsteuerpflichtiger Arbeitslohn bzw. geldwerter Vorteil nicht gegeben ist, wenn die **folgenden Voraussetzungen nebeneinander** erfüllt sind:

– Die Reise wird **auf Anordnung** des Arbeitgebers durchgeführt.
– Die Reise ist für den Arbeitnehmer **unentgeltlich**.
– Die Reisetage sind grundsätzlich **wie normale Arbeitstage** mit beruflicher Tätigkeit ausgefüllt (BFH v. 12.4.1979, IV R 106/77, BStBl II 1979, 513).
– Die Reisetage werden **nicht auf den Urlaub** des Arbeitnehmers angerechnet.

LSt SV

3. Fachstudienreisen

2525 Fachstudienreisen sind Reisen, die der **beruflichen Fortbildung des Arbeitnehmers** dienen.

> **Beispiel:**
> Ein Reiseveranstalter führt für seine Arbeitnehmer siebentägige Informationsreisen nach Griechenland durch. Ziel der Reise ist es, den Arbeitnehmern zusätzliche Informationen „vor Ort" zu verschaffen. Auf dem Programm der Reise stehen halbtägige Arbeitsseminare mit Themen wie z.B. Produktschulung und Verkaufsargumente. Darüber hinaus sollen die Arbeitnehmer das Freizeitangebot, das von den Gästen des Hotels genutzt werden kann, unter den gleichen Bedingungen „testen" wie die Gäste.

Bei Fachstudienreisen ist ein ganz überwiegend betriebliches Interesse des Arbeitgebers (R 19.7 LStR) **nur anzunehmen**, wenn die **folgenden Voraussetzungen nebeneinander** erfüllt sind:

- Der an der Reise teilnehmende Arbeitnehmer ist im **Reisevertrieb** oder mit der **Reiseprogrammbeschreibung**, -gestaltung oder -abwicklung **beschäftigt**.

- Der Arbeitgeber wertet die Teilnahme an der Reise **als Arbeitszeit** und rechnet jeden vollen Reisetag, der auf einen regelmäßigen Arbeitstag des teilnehmenden Arbeitnehmers entfällt, mit mindestens sechs Stunden auf die vereinbarte regelmäßige Arbeitszeit an.

- Der Reise liegt eine **feste Programmgestaltung** zu Grunde und das Programm ist auf die **konkreten beruflichen Qualifikations- und Informationsbedürfnisse** der oben genannten Arbeitnehmer zugeschnitten. Das Programm muss Fachveranstaltungen mit einer Gesamtdauer von **mindestens sechs Stunden pro Tag** enthalten. Dabei sind folgende Programmpunkte als Fachveranstaltungen anzuerkennen:
  – Kennenlernen der Leistungsträger der gesamten Organisation vor Ort,
  – Vorstellung verschiedener Unterkünfte und Unterkunftsbesichtigungen,
  – länderkundliche Referate, Zielgebietsschulung,
  – ortskundige Führungen,
  – Vorträge von Verkehrsämtern und Ausflugsveranstaltern,
  – eigene Recherchen nach Aufgabenstellung (Fallstudien, Gruppenarbeit),
  – regelmäßige Programmbesprechungen.

- Der Arbeitnehmer nimmt grundsätzlich **an allen vorgesehenen fachlichen Programmpunkten teil** und erstellt ein **Protokoll** über den Reiseverlauf.

- Der Arbeitnehmer nimmt **keine Begleitperson** mit, es sei denn, dass die Mitnahme einer Begleitperson aus zwingenden betrieblichen Gründen erforderlich ist.

LSt SV

4. Nachweispflichten des Arbeitgebers

2526 Der Arbeitgeber hat das ganz überwiegende betriebliche Interesse sowohl bei Dienst- als auch bei Fachstudienreisen **nachzuweisen**. Deshalb hat er folgende Unterlagen aufzubewahren und auf Verlangen der Finanzverwaltung vorzulegen:

- Bei **beruflich veranlassten Auswärtstätigkeiten** die Unterlagen, aus denen sich der Anlass und der Arbeitsauftrag ergibt.

Reiseveranstalter: Arbeitnehmerreisen

- Bei **Fachstudienreisen**
  - die Einladung zur Fachstudienreise,
  - die Programmunterlagen,
  - die Bestätigungen über die Teilnahme des Arbeitnehmers an den fachlichen Programmpunkten,
  - das Protokoll des Arbeitnehmers über den Reiseverlauf,
  - die Teilnehmerliste.

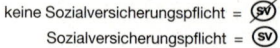

5. Besonderheiten

a) Privater Anschlussaufenthalt

2527 Wenn sich an eine beruflich veranlasste Auswärtstätigkeit oder Fachstudienreise, die im ganz überwiegenden betrieblichen Interesse des Arbeitgebers liegt, **ein privater Reiseaufenthalt anschließt**, so **gehören die Leistungen für den Anschlussaufenthalt zum Arbeitslohn.**

[LSt] [SV]

Ob die **Leistungen für die Hin- und Rückfahrt** zum Arbeitslohn gehören, wird bei beruflich veranlassten Auswärtstätigkeiten und bei Fachstudienreisen unterschiedlich beurteilt:

Bei **beruflich veranlassten Auswärtstätigkeiten** gehören die Leistungen für die Hin- und Rückfahrt grundsätzlich, also auch im Falle eines Anschlussaufenthalts des Arbeitnehmers, nicht zum Arbeitslohn.

> **Beispiel 1:**
> Der Arbeitnehmer eines Reiseveranstalters fliegt für 14 Tage nach Neuseeland, um dort eine Pauschalreise vorzubereiten, die im nächsten Reisekatalog angeboten werden soll. Er hat Verhandlungen mit den Hotels, mit Restaurants und Mietwagenfirmen zu führen. Darüber hinaus hat er die Objektbeschreibung für den Katalog vorzubereiten. Nach Abschluss der Verhandlungen bleibt der Arbeitnehmer noch zusätzlich vier Tage in Neuseeland. Für den Zusatzaufenthalt muss der Arbeitnehmer nichts bezahlen. Normale Reisende müssten für diese vier Tage 200 € entrichten.
>
> Die Aufwendungen für die beruflich veranlasste Auswärtstätigkeit gehören nicht zum Arbeitslohn des Arbeitnehmers, wenn die unter → Rz. 2524 genannten Voraussetzungen erfüllt sind. Dies gilt auch für die Kosten des Hin- und Rückflugs. Die 200 €, die der Arbeitnehmer für den kostenlosen Zusatzaufenthalt spart, hat er i.R.d. § 8 Abs. 3 EStG als Arbeitslohn zu versteuern.

Bei **Fachstudienreisen** hingegen gehören diese Leistungen dann zum Arbeitslohn, wenn der Anschlussaufenthalt **mehr als 10 % der gesamten Reisezeit** in Anspruch nimmt.

> **Beispiel 2:**
> Ein Reiseveranstalter führt für seine Arbeitnehmer siebentägige Informationsreisen nach Griechenland durch. Einige Arbeitnehmer bleiben noch einen Tag länger, um sich zu erholen. Dieser Zusatzaufenthalt ist kostenlos, normale Reisende müssten für diesen Verlängerungstag 40 € zahlen. Die Kosten für den Hin- und Rückflug betragen 390 €.
>
> Da die Arbeitnehmer Fachstudienreisen durchführen (→ Rz. 2525), sind im vorliegenden Fall die Kosten des Hin- und Rückflugs insgesamt zu versteuern, denn der private Zusatzaufenthalt beträgt mehr als 10 % der gesamten Reisezeit (Reisezeit insgesamt acht Tage, davon ein Tag Privataufenthalt = 12,5 %). Zusammen mit den fiktiven Kosten für den zusätzlichen Tag i.H.v. 40 € hat der Arbeitnehmer demnach i.R.d. § 8 Abs. 3 EStG 430 € als Arbeitslohn zu versteuern.

Diese Regelung gilt auch, wenn der beruflich veranlassten Auswärtstätigkeit oder Fachstudienreise ein privater Reiseaufenthalt **vorangeht**.

Hinweis:
Ob die Finanzverwaltung an dieser Regelung im Hinblick auf den **Beschluss des Großen Senats des BFH** (BFH v. 21.9.2009, GrS 1/06, BStBl II 2010, 672) weiterhin noch festhalten wird, bleibt abzuwarten. Zu dieser Frage auch → Reisekosten: Allgemeine Grundsätze Rz. 2442 und die dort wiedergegebene **neue BFH-Rechtsprechung**.

b) Leistungen Dritter

2528 Werden Dienst- oder Fachstudienreisen **von dritter Seite unentgeltlich oder verbilligt zur Verfügung gestellt**, so liegt kein Arbeitslohn vor, wenn die Leistungen dem Arbeitnehmer im ganz überwiegenden betrieblichen Interesse des Arbeitgebers zugute kommen. Dies ist gegeben, wenn die zuvor genannten Voraussetzungen erfüllt sind.

[LSt] [SV]

Liegen **diese Voraussetzungen nicht vor**, ist nach den Regelungen der Finanzverwaltung über die lohnsteuerliche Behandlung von Rabatten von dritter Seite (BMF v. 20.1.2015, IV C 5 – S 2360/12/10002, BStBl I 2015, 143) zu prüfen, ob Arbeitslohn vorliegt, der dem Lohnsteuerabzug unterliegt (→ Rabatte Rz. 2359).

6. PEP-Reisen

2529 PEP-Reisen (Personal Education Program) sind Reiseangebote, die sich **ausschließlich an die Angehörigen der Touristikbranche** richten, und zwar unabhängig von der Zugehörigkeit zu einem bestimmten Reisebüro. PEP-Reisen sind **vergünstigte Reiseangebote,** die den Reisebüromitarbeitern aus Marketinggesichtspunkten zugewendet werden. Damit sollen die Mitarbeiter in die Lage versetzt werden, die Produkte der Reiseveranstalter noch effizienter zu verkaufen. So gibt es auch spezialisierte Veranstalter, die außer PEP-Reisen kein weiteres Geschäft betreiben. Bei PEP-Reisen ist stets ein als Arbeitslohn zu versteuernder **geldwerter Vorteil** gegeben (FinMin Saarland v. 6.4.2005, B/2 – 4 – 62/05 – S 2334, www.stotax-first.de).

Die Auffassung, dass die Inanspruchnahme von Expedientenrabatten zu steuerpflichtigem Arbeitslohn führt, hat das FG Münster bestätigt (FG Münster v. 29.6.2011, 4 K 258/08 E, EFG 2011, 1886).

[LSt] [SV]

7. Banken als Reiseveranstalter

2530 Es kommt häufig vor, dass eine **Bank selbst Reisen veranstaltet,** die von Bankmitarbeitern begleitet werden. Wie die an die Reisebegleiter erstatteten Reisekosten steuerlich zu behandeln sind, kann nur unter Abwägung aller Verhältnisse des Einzelfalls entschieden werden. Das FG Köln hat hierfür einen **Kriterienkatalog** aufgestellt, nach dem jede einzelne Reise beurteilt wird; die Urteile des Finanzgerichts sind danach unterschiedlich ausgefallen, von der Vollstattgabe bis zur Klageabweisung (FG Köln v. 3.12.1996, 7 K 2800/93 u.a., EFG 1997, 859).

Danach ist z.B.

- **Arbeitslohn zu verneinen,** wenn die Reisen auf einem langjährig geübten Marketingkonzept beruhen, im Wesentlichen dieselben Mitarbeiter mit der Reisebegleitung betraut werden – und dabei übergreifende Reisebetreuungsaufgaben übernehmen – und sie nicht von ihren Ehegatten begleitet werden (zuletzt FG Baden-Württemberg v. 15.4.2005, 10 K 222/02, EFG 2005, 1692);
- **dagegen steuerpflichtiger Arbeitslohn** anzunehmen, wenn die Begleiter häufig wechseln – dies deutet auf einen **Belohnungscharakter** hin –, für den Begleiter kaum Arbeiten anfallen, weil die Reise nicht mit häufigen Hotelwechseln verbunden und die Gruppe überdies nur klein ist.

Den **Arbeitgeber** trifft nach diesem Urteil die **Beweislast,** dass diese Voraussetzungen vorgelegen haben und er somit zu Recht vom Lohnsteuerabzug abgesehen hat.

[LSt] [SV]

Reiseversicherung

→ Reisekosten: Allgemeine Grundsätze Rz. 2409 → Reisekosten: Erstattungen Rz. 2465,

Renten

→ Altersrenten Rz. 59, → Rentner Rz. 2537, → Versorgungsbezüge Rz. 3050

Rentenversicherung

1. Rentenversicherungsträger

2531 Die gesetzliche Rentenversicherung ist Teil des neben der Kranken-, Pflege-, Unfall- und Arbeitslosenversicherung insgesamt fünfgliedrigen Sozialversicherungssystems.

Durch das Gesetz zur Organisationsreform in der gesetzlichen Rentenversicherung v. 9.12.2004 (BGBl. I 2004, 3242) wurde eine Neuordnung der Rentenversicherung durchgeführt. Es wurde die

Unterscheidung zwischen Arbeitern und Angestellten aufgegeben und eine neue Spitzenorganisation auf Bundesebene geschaffen. Der Verband Deutscher Rentenversicherungsträger und die Bundesversicherungsanstalt für Angestellte wurden am 1.10.2005 zur Deutschen Rentenversicherung Bund zusammengefasst. Die Sonderträger Bundesknappschaft, Bahnversicherungsanstalt und die Seekasse fusionierten zum neuen Träger Deutsche Rentenversicherung Knappschaft-Bahn-See. Das Beratungsnetz wird von der Regionalebene verwaltet, wobei alle Träger die Bezeichnung „Deutsche Rentenversicherung" im Namen führen. Hinzu kommt die Bezeichnung des jeweiligen Zuständigkeitsbereichs.

2. Aufgaben

2532 Die Rentenversicherungsträger haben vorrangig die Aufgabe, die soziale Sicherung der Arbeitnehmer, in eingeschränktem Umfang auch der Selbständigen, und ihrer Angehörigen bzw. Hinterbliebenen sicherzustellen gegen die Risiken

- der Berufs- und Erwerbsunfähigkeit,
- des Alters und
- des Todes.

3. Leistungen

2533 Um diese Ziele zu erreichen, können im Wesentlichen die **folgenden Leistungen** gewährt werden:

- Heilbehandlung, Berufsförderung und andere Leistungen zur Erhaltung, Besserung und Wiederherstellung der Erwerbsfähigkeit einschließlich wirtschaftlicher Hilfen,
- Renten wegen Alters, verminderter Erwerbsfähigkeit sowie Bergmannsrenten und Knappschaftsausgleichsleistungen,
- Renten wegen Todes,
- Witwen- und Witwerrentenabfindungen,
- Zuschüsse zu den Aufwendungen für die Krankenversicherung,
- Leistungen für Kindererziehung.

In der Alterssicherung der Landwirte können darüber hinaus Betriebs- und Haushaltshilfe zur Aufrechterhaltung des Betriebes im Falle des Todes des landwirtschaftlichen Unternehmers gewährt werden.

4. Versicherungsumfang

2534 Der Kreis der in der Rentenversicherung versicherten Personen erstreckt sich vorrangig auf die gegen Entgelt beschäftigten Arbeitnehmer, in geringem Umfang auch auf Selbständige. Er ist weitgehend identisch mit dem Kreis derer, die auch der Kranken-, Pflege- und Arbeitslosenversicherungspflicht unterliegen. Unter bestimmten Voraussetzungen ist in der gesetzlichen Rentenversicherung auch eine freiwillige Versicherung möglich.

Für geringfügig entlohnte Beschäftigte → Mini-Jobs Rz. 2058.

5. Finanzierung

2535 Finanziert werden die Aufwendungen der Rentenversicherung durch die nach dem Solidarprinzip erhobenen Beiträge. Das bedeutet, unabhängig von Alter, Geschlecht, Familienstand oder Gesundheitszustand werden die Beiträge prozentual und ausschließlich nach der Höhe des Arbeitsentgelts bemessen. Die **Rentenversicherungsbeiträge** werden als Teil des Gesamtsozialversicherungsbeitrages mit den Beiträgen zur Kranken-, Pflege- und Arbeitslosenversicherung von den Krankenkassen (Einzugsstellen) erhoben und von ihnen täglich an die Rentenversicherungsträger weitergeleitet.

Beitragseinnahmen ergeben sich auch aus den Beiträgen für sog. Lohnersatzleistungen. Zahlen Sozialversicherungsträger wie z.B. Krankenkassen ihren Mitgliedern Krankengeld, sind aus dem Zahlbetrag des Krankengeldes Beiträge an die Rentenversicherungsträger zu entrichten, wobei grundsätzlich auch hier die Teilung der Beitragslast je zur Hälfte gilt. Neben dem Krankengeldbezieher trägt die Krankenkasse aus ihrem Vermögen die andere Hälfte der Beiträge.

Weiterhin erhalten die Rentenversicherungsträger staatliche Zuschüsse aus Steuermitteln, weil sie z.T. auch versicherungsfremde Aufgaben übernehmen, die grundsätzlich in die Leistungspflicht des Staates fallen.

6. Verfahrensregelungen

2536 Für versicherungspflichtige Arbeitnehmer sind keine besonderen Meldungen direkt an die Rentenversicherungsträger zu erstatten. Vielmehr erhalten diese die notwendigen Daten im Wege des Datenaustauschs aus den bei den Krankenkassen einzureichenden Meldungen.

Wesentliches Ordnungskriterium für die Rentenversicherungsträger ist die Rentenversicherungsnummer. Unter diesem Ordnungsbegriff, der für jeden Versicherten nur einmal vergeben wird, werden alle im Laufe des Berufslebens für eine Leistungsgewährung notwendigen Daten gespeichert. Durch direkte Plausibilitätsprüfungen kann das Versichertenkonto des Beschäftigten mit gesicherten, ggf. abgeprüften Daten aktuell geführt werden. Eine aufwendige und häufig nicht mehr mögliche Klärung von Zweifelsfragen z.B. zum Ende des Berufslebens bei der Rentenantragstellung entfällt.

Die Rentenversicherungsträger unterrichten zu bestimmten Zeitpunkten ihre Versicherten über die gespeicherten Daten und erteilen Auskünfte zum Versicherungsverlauf.

Rentner

1. Lohnsteuer

2537 Renten aus der gesetzlichen Rentenversicherung unterliegen nicht dem Lohnsteuerabzug (→ Altersrenten Rz. 60). Nimmt ein Rentner noch eine **Beschäftigung als Arbeitnehmer** auf, so ist der Lohnsteuerabzug nach den allgemeinen Regeln vorzunehmen. Dabei muss der Arbeitgeber auch den Altersentlastungsbetrag (wenn der Arbeitnehmer vor dem 2.1.1952 geboren ist) berücksichtigen, auch wenn dieser nicht als Lohnsteuerabzugsmerkmal berücksichtigt wird (→ Altersentlastungsbetrag Rz. 57).

[LSt] [SV]

2. Sonderregelung Türkei

2538 Für Rentner, die Alterseinkünfte aus der Türkei beziehen, bzw. die in der Türkei leben und Alterseinkünfte aus Deutschland beziehen, gibt es nach dem DBA-Türkei Sonderregelungen. Für die steuerliche Behandlung von Alterseinkünften im deutsch-türkischen Verhältnis gilt Folgendes (BMF v. 11.12.2014, IV B 4 – S 1301 – TÜR/0 :007, BStBl I 2015, 92):

a) Alterseinkünfte aus der Türkei

2539 Ist **Deutschland der Ansässigkeitsstaat** i.S.d. Art. 4 DBA-Türkei, steht für die Alterseinkünfte (Ruhegehälter, Renten und ähnliche Vergütungen) mit Ausnahme der Ruhegehälter aus dem türkischen öffentlichen Dienst grundsätzlich **Deutschland das Besteuerungsrecht** zu (Art. 18 Abs. 1 DBA-Türkei). Betroffen sind insbesondere Renten aus der türkischen gesetzlichen Rentenversicherung (Institution für Soziale Sicherheit – SGK). Der Türkei steht als Quellenstaat ebenfalls ein Besteuerungsrecht zu, allerdings sind Zahlungen dort **bis zu einem Betrag von 10 000 €** von der Steuer **befreit** (Art. 18 Abs. 2 DBA-Türkei). Die in der Türkei erhobene Steuer ist nicht auf die deutsche Steuer anzurechnen. In Höhe der in der Türkei als Quellenstaat nicht zu besteuernden Zahlungen bis zu einem Betrag von 10 000 € hat Deutschland als Ansässigkeitsstaat das alleinige Besteuerungsrecht (Art. 18 Abs. 1 DBA-Türkei).

Eine Doppelbesteuerung wird durch Freistellung vermieden, soweit der Bruttobetrag der Alterseinkünfte den Betrag von 10 000 € übersteigt (Art. 22 Abs. 2 Buchst. a und d DBA-Türkei i.V.m. § 32b Abs. 1 Satz 1 Nr. 3 EStG).

Zur Berechnung des Progressionsvorbehalts ist aus dem übersteigenden Betrag die Höhe der Einkünfte zu ermitteln.

> **Beispiel:**
> Der in Deutschland ansässige A scheidet zum 31.12.2015 aus dem Berufsleben aus. Zum 1.1.2016 vollendet er sein 65. Lebensjahr. A erhält in 2016 eine Rente aus der türkischen Rentenversicherung (Rentenbeginn 1.1.2016) i.H.v. 15 000 € jährlich.
>
> In die deutsche Besteuerung darf nur die Bruttorente bis 10 000 € einbezogen werden, weil die den Betrag von 10 000 € übersteigende Bruttorente in der Türkei besteuert werden darf. Soweit die Bruttorente 10 000 € übersteigt, unterliegen die sich daraus ergebenden Einkünfte dem Progressionsvorbehalt.

Rentner

Der in die deutsche Besteuerung einzubeziehende Teil der Bruttorente beläuft sich auf 10 000 € (entspricht 66,67 % der Bruttorente). Der dem Progressionsvorbehalt unterliegende Teil beläuft sich auf 5 000 € (entspricht 33,33 % der Bruttorente).

Die aufzuteilende **Summe der Alterseinkünfte** beträgt:
Einkünfte nach § 22 Nr. 1 Satz 3 EStG

Rente aus der gesetzlichen Rentenversicherung	15 000 €
Rentenbeginn	1.1.2016
Besteuerungsanteil	72 %
Anzusetzen	10 800 €

Der der **Besteuerung unterliegende Anteil** von 10 800 € ist in dem oben dargestellten Maßstab aufzuteilen. Der Werbungskosten-Pauschbetrag ist vorrangig bei dem der deutschen Besteuerung unterliegenden Anteil zu berücksichtigen.

Die Höhe der in die deutsche Besteuerung einzubeziehenden Alterseinkünfte beträgt

66,67 % von 10 800 €	7 200 €
./. Werbungskosten-Pauschbetrag	102 €
Einkünfte	7 098 €

Die Höhe der dem Progressionsvorbehalt unterliegenden Einkünfte beträgt

33,33 % von 10 800 €	3 600 €

Ist **Deutschland** – trotz unbeschränkter Steuerpflicht – **nicht der Ansässigkeitsstaat** i.S.d. Art. 4 DBA-Türkei, besteht für Alterseinkünfte aus der Türkei **kein Besteuerungsrecht**. In diesem Fall unterliegen die Alterseinkünfte **in voller Höhe dem Progressionsvorbehalt**.

Für **Ruhegehälter**, die **vom türkischen Staat**, von einer türkischen Gebietskörperschaft oder einem von diesen errichteten Sondervermögen an einen in Deutschland ansässigen Stpfl. für der Türkei oder einer ihrer Gebietskörperschaften geleistete Dienste gezahlt werden, steht **Deutschland** das ausschließliche **Besteuerungsrecht** zu, wenn der Stpfl. **deutscher Staatsangehöriger** ist (Art. 19 Abs. 2 Buchst. b DBA-Türkei). Art. 18 DBA-Türkei ist auf Ruhegehälter aus dem öffentlichen Dienst nicht anwendbar.

b) Alterseinkünfte aus Deutschland

2540 Bei der Berücksichtigung von **Alterseinkünften aus Deutschland** ist im Rahmen der Festsetzung der Einkommensteuer eines beschränkt Stpfl. zunächst die Steuerpflicht dieser Einkünfte in Deutschland (§ 49 EStG) und sodann die Aufteilung des Besteuerungsrechts für diese Alterseinkünfte nach dem Doppelbesteuerungsabkommen zu prüfen.

Der **beschränkten Steuerpflicht** unterliegen **Renten** aus der inländischen (deutschen) gesetzlichen Rentenversicherung, der **landwirtschaftlichen Alterskasse**, den **berufsständischen Versorgungseinrichtungen** und aus **Basisrentenverträgen**. Dies gilt auch für Leibrenten und andere Leistungen aus ausländischen Zahlstellen, wenn die Beiträge, die den Leistungen zu Grunde liegen, ganz oder teilweise bei der Ermittlung der Sonderausgaben berücksichtigt wurden (§ 49 Abs. 1 Nr. 7 EStG). Ebenso sind Leistungen aus Altersvorsorgeverträgen („Riester-Rente"), aus Pensionsfonds, Pensionskassen (z.B. VBL) und Direktversicherungen (§ 49 Abs. 1 Nr. 10 EStG) erfasst.

Einnahmen aus einem früheren Dienstverhältnis wie z.B. Wartegelder, Ruhegelder, Werks- oder Betriebsrenten, Witwen- und Waisengelder (Ruhegehälter) sowie andere Bezüge und Vorteile aus früheren Dienstleistungen, unabhängig davon, ob sie dem ursprünglich Bezugsberechtigten oder seinem Rechtsnachfolger zufließen, stellen beschränkt steuerpflichtige **Einkünfte aus nichtselbständiger Arbeit** nach § 49 Abs. 1 Nr. 4 EStG dar.

Bei den **Alterseinkünften** (Ruhegehälter, Renten und ähnliche Vergütungen) steht – mit Ausnahme der Ruhegehälter aus dem deutschen öffentlichen Dienst – der **Türkei als Ansässigkeitsstaat das Besteuerungsrecht** zu (Art. 18 Abs. 1 DBA-Türkei). Deutschland kann diese Alterseinkünfte, wenn sie aus Deutschland stammen, ebenfalls besteuern, soweit ihr Bruttobetrag (vor Abzug von Steuern und Sozialabgaben) 10 000 € übersteigt (vgl. Art. 18 Abs. 2 Satz 1 DBA-Türkei). Die Steuer ist auf 10 % des Bruttobetrags begrenzt (vgl. Art. 18 Abs. 2 Satz 2 DBA-Türkei).

Bei der Besteuerung beschränkt Stpfl. mit Alterseinkünften aus Deutschland ist grundsätzlich zwischen **abgeltend besteuerten und anderen Alterseinkünften zu unterscheiden**:

aa) Ausschließlich nicht abgeltend besteuerte Alterseinkünfte

2541 Um zu ermitteln, in welchem Umfang die Alterseinkünfte im Quellenstaat Deutschland besteuert werden dürfen, ist wie folgt vorzugehen:

a) Aus den nicht abgeltend besteuerten Alterseinkünften i.S.d. Art. 18 DBA-Türkei (z.B. Renten, Leistungen aus der betrieblichen Altersversorgung, Ruhegehälter – sofern ausnahmsweise die Abgeltungswirkung durchbrochen ist) ist eine Summe zu bilden, die den **Bruttobetrag der Alterseinkünfte** darstellt.

Nur wenn der Bruttobetrag der Alterseinkünfte den Betrag von 10 000 € überschreitet, sind die den Bruttobetrag bildenden Alterseinkünfte in die weitere Berechnung einzubeziehen:

b) In einem zweiten Schritt ist die Summe der Einkünfte (§ 2 Abs. 2 EStG) ausschließlich aus den zu berücksichtigenden Alterseinkünften zu bilden. Bei Renten wird ein Werbungskosten-Pauschbetrag von 102 € (§ 9a Satz 1 Nr. 3 EStG) berücksichtigt. Bei Versorgungsbezügen i.S.d. § 19 Abs. 2 EStG bleibt der Versorgungsfreibetrag und der Zuschlag zum Versorgungsfreibetrag steuerfrei. Daneben wird ein Werbungskosten-Pauschbetrag von 102 € (§ 9a Satz 1 Nr. 1 Buchst. b EStG) berücksichtigt.

c) Ist der um 10 000 € verminderte Betrag aus Buchst. a geringer als der Betrag nach Buchst. b, gilt dieser bezogen auf diese Alterseinkünfte (Buchst. a) als Summe der Einkünfte (Günstigerprüfung). Andernfalls ist der nach Buchst. b ermittelte Betrag als Summe der Einkünfte anzusetzen.

Das zu versteuernde Einkommen des Stpfl. ist unter Berücksichtigung des nach der Günstigerprüfung anzusetzenden Betrags zu ermitteln.

Auf das ermittelte zu versteuernde Einkommen ist die tarifliche Einkommensteuer zu errechnen. Der auf die Alterseinkünfte entfallende Teil der Einkommensteuer darf 10 % des Bruttobetrags der Alterseinkünfte nicht übersteigen. Die festzusetzende Einkommensteuer ist erforderlichenfalls um den übersteigenden Betrag zu mindern.

Beispiel:
A scheidet zum 31.12.2015 aus dem Berufsleben aus und verlegt seinen Wohnsitz zum 31.12.2015 in die Türkei. Seit dem 1.1.2016 (seinem 65. Geburtstag) bezieht er seine Alterseinkünfte. A vereinnahmt in 2016:

Rente aus der deutschen gesetzlichen Rentenversicherung (Rentenbeginn 1.1.2016) – jährlich	12 000 €
Bruttobezüge	12 000 €

Der Bruttobetrag der von A erzielten Alterseinkünfte übersteigt den Betrag von 10 000 €, sodass Deutschland ein Besteuerungsrecht nach Art. 18 Abs. 2 DBA-Türkei zusteht. Die Höhe der Besteuerung ist wie folgt zu ermitteln:

Der **Bruttobetrag der Alterseinkünfte** (vgl. Buchst. a) beläuft sich auf		12 000 €
Die **Summe der Alterseinkünfte** (vgl. Buchst. b) ermittelt sich wie folgt:		
Rente aus der gesetzlichen Rentenversicherung	12 000 €	
Rentenbeginn	1.1.2016	
Besteuerungsanteil	72 %	
Anzusetzen	8 460 €	
./. Werbungskosten-Pauschbetrag	102 €	
Summe der Alterseinkünfte		8 538 €

Günstigerprüfung nach Buchst. c)

Bruttobetrag der Alterseinkünfte (Buchst. a)	12 000 €	
./. Betrag nach Art. 18 Abs. 2 DBA-Türkei	10 000 €	
Verminderter Bruttobetrag	2 000 €	
Summe der Alterseinkünfte	8 538 €	
Anzusetzen ist der niedrigere Wert		2 000 €
Altersentlastungsbetrag (**keine Anwendung** nach § 24a Satz 2 Nr. 2 EStG)		0 €
Gesamtbetrag der Einkünfte		2 000 €
Zu versteuerndes Einkommen		2 000 €
Hinzurechnung des Grundfreibetrags (§ 50 Abs. 1 Satz 2 EStG)		8 652 €
Summe		10 652 €

keine Sozialversicherungspflicht = (SV durchgestrichen)
Sozialversicherungspflicht = (SV)

Die tarifliche Einkommensteuer (inkl. Solidaritätszuschlag) beträgt	319 €
Maximalsteuerbelastung nach DBA-Türkei	
Bruttobetrag	12 000 €
Prozentsatz nach DBA-Türkei	10 %
Maximale Einkommensteuer für Alterseinkünfte	1 200 €
Tarifliche Einkommensteuer	319 €
Anzusetzen ist der niedrigere Betrag	319 €
Festzusetzende Einkommensteuer (inkl. Solidaritätszuschlag)	319 €
Gesamtsteuerbelastung auf 12 000 € Bruttobezüge	319 €

bb) Ausschließlich abgeltend besteuerte Alterseinkünfte

2542 Liegen ausschließlich Einkünfte i.S.v. § 49 Abs. 1 Nr. 4 EStG (Ruhegehälter) vor, tritt nach § 50 Abs. 2 Satz 1 EStG für die genannten Einkünfte durch den **Steuerabzug vom Arbeitslohn** eine **Abgeltungswirkung** ein. Dies gilt nicht, wenn ein Freibetrag i.S.d. § 39a Abs. 4 EStG auf der Lohnsteuer-Bescheinigung (§ 39 Abs. 3 EStG i.V.m. § 39a Abs. 2 Satz 8 EStG) vermerkt ist (§ 50 Abs. 2 Satz 2 Nr. 4 Buchst. a EStG).

Werden von einem beschränkt Stpfl. ausschließlich Ruhegehälter bezogen, ist zunächst keine Begrenzung des Steuerabzugs auf 10 % des Bruttobetrags der Leistungen i.R.d. Lohnsteuerabzugs vorzunehmen; Art. 27 Abs. 1 DBA-Türkei lässt insoweit einen Steuerabzug nach den innerstaatlichen Rechtsvorschriften zu.

Auf **Antrag des Stpfl.** (bzw. des Arbeitgebers im Namen des Stpfl.) ist der Jahresarbeitslohn **bis zur Höhe von 10 000 € freizustellen** und die Besteuerung **auf 10 % zu begrenzen**, wenn es sich um Ruhegehalt handelt (§ 39 Abs. 3 i.V.m. Abs. 4 Nr. 5 EStG). Das Betriebsstättenfinanzamt erteilt daraufhin eine **Bescheinigung für den Lohnsteuerabzug**, auf der vermerkt ist, dass das DBA-Türkei anzuwenden ist und demnach der Betrag nach Art. 18 Abs. 2 DBA-Türkei von 10 000 € sowie die Begrenzung auf 10 % zu berücksichtigen sind. Der Betrag wird durch den Arbeitgeber gekürzt um den Versorgungsfreibetrag, den Zuschlag zum Versorgungsfreibetrag und den Werbungskosten-Pauschbetrag, weil insoweit alterseinkünftespezifische Frei- bzw. Pauschbeträge vorliegen. Die Vorsorgepauschale und der Sonderausgaben-Pauschbetrag mindern den Betrag nicht. Der in der Lohnsteuerberechnung enthaltene Grundfreibetrag wird bereits vorrangig vor dem gekürzten Betrag nach Art. 18 Abs. 2 DBA-Türkei berücksichtigt. In der Lohnsteuerbescheinigung ist der verbrauchte Betrag auszuweisen. Die Abgeltungswirkung des Lohnsteuerabzugs bleibt in diesen Fällen erhalten.

Auf **Antrag des Stpfl.** an das Betriebsstättenfinanzamt des Arbeitgebers wird **die Steuer** in analoger Anwendung des § 50d Abs. 1 Satz 2 EStG **erstattet**, soweit der Betrag nach Art. 18 Abs. 2 DBA-Türkei durch den **inländischen Arbeitgeber nicht zutreffend berücksichtigt** wurde oder soweit die einbehaltene Lohnsteuer die 10 %-Grenze des Art. 18 Abs. 2 Satz 2 DBA-Türkei überschritten hat. Hierfür sind die Begrenzung des Steuerabzugs i.H.v. 10 % des Bruttobetrags der Leistungen und daneben die tarifliche Einkommensteuer unter Berücksichtigung des gekürzten Betrags i.H.v. 10 000 € zu ermitteln. Der niedrigere Wert wird angesetzt, und ein sich ergebender Differenzbetrag zur einbehaltenen Lohnsteuer erstattet. Ein darüber hinausgehender Erstattungsanspruch nach § 37 Abs. 2 AO besteht nicht. Der Antrag auf Erstattung kann nur bis zum Ablauf des vierten Kalenderjahrs gestellt werden, das auf den Zeitpunkt der Steuerfestsetzung folgt (Art. 27 Abs. 2 DBA-Türkei), für 2016 also bis zum 31.12.2020. Hat der Stpfl. weitere Einkünfte, die i.R.d. Veranlagungsverfahrens zu besteuern sind (z.B. Renten, Einkünfte aus Vermietung und Verpachtung), so wird das Erstattungsverfahren für die nicht in die Veranlagung einzubeziehenden Ruhegehälter vom Betriebsstättenfinanzamt getrennt zum Veranlagungsverfahren des jeweils zuständigen Finanzamtes durchgeführt.

Wird die Abgeltungswirkung durch Eintragung eines Freibetrags durchbrochen, sind die betreffenden Einkünfte in das Veranlagungsverfahren (→ Rz. 2541) einzubeziehen. Hat der Stpfl. kein Vermögen im Inland, ist für die Veranlagung das Betriebsstättenfinanzamt des Arbeitgebers zuständig (§ 50 Abs. 2 Satz 3 EStG).

cc) Gemischte (abgeltend und nicht abgeltend besteuerte) Einkünfte

2543 Liegen **Renten** (§ 49 Abs. 1 Nr. 7 oder 10 EStG) **und Ruhegehälter** § 49 Abs. 1 Nr. 4 EStG vor, tritt für die Ruhegehälter durch den Steuerabzug vom Lohn die Abgeltungswirkung ein. Für die Besteuerung der Ruhegehälter gelten → Rz. 2542 und für die Besteuerung der Renten → Rz. 2541 entsprechend.

Beispiel 1:

A scheidet zum 31.12.2015 aus dem Berufsleben aus und verlegt seinen Wohnsitz zum 31.12.2015 in die Türkei. Seit dem 1.1.2016 (seinem 65. Geburtstag) bezieht er seine Alterseinkünfte. A vereinnahmt in 2016:

Rente aus der deutschen gesetzlichen Rentenversicherung (Rentenbeginn 1.1.2016) – jährlich	12 000 €	
Rente aus einer Pensionskasse, diese beruht zu 20 % auf nach § 3 Nr. 63 EStG geförderten Beiträgen und zu 80 % auf ungeförderten Beiträgen	6 000 €	(gefördert: 1 200 € ungefördert: 4 800 €)
Ruhegehalt aus einer Direktzusage seines ehemaligen privaten Arbeitgebers – jährlich	6 000 €	
Bruttobezüge	**24 000 €**	

Für die Ruhegehälter (§ 49 Abs. 1 Nr. 4 EStG) tritt die Abgeltungswirkung ein. A stellt **keinen Antrag** auf Berücksichtigung des Betrags von 10 000 € (Art. 18 Abs. 2 Satz 1 DBA-Türkei) bzw. der Begrenzung auf 10 % (Art. 18 Abs. 2 Satz 2 DBA-Türkei) i.R.d. Lohnsteuerabzugs.

Der Bruttobetrag der von A erzielten Alterseinkünfte übersteigt den Betrag von 10 000 €, sodass Deutschland ein Besteuerungsrecht nach Art. 18 Abs. 2 DBA-Türkei zusteht. Die Höhe der Besteuerung ist wie folgt zu ermitteln:

1. Ruhegehalt

Ruhegehälter unterliegen dem Lohnsteuerabzug, welchen der Arbeitgeber ohne Berücksichtigung des Betrags nach Art. 18 Abs. 2 Satz 1 DBA-Türkei vornimmt, weil der Stpfl. keinen Antrag auf Berücksichtigung gestellt hat.

Ruhegehalt (§ 49 Abs. 1 Nr. 4 EStG)	6 000 €
./. Versorgungsfreibetrag (22,4 % von 6 000 €, max. 1 680 €)	1 344 €
./. Zuschlag zum Versorgungsfreibetrag	504 €
./. Werbungskosten-Pauschbetrag	102 €
./. Mindestvorsorgepauschale (12 % von 6 000 €, max. 1 900 €)	720 €
./. Sonderausgaben- Pauschbetrag	36 €
Nach der Grundtabelle zu versteuern	3 294 €

Die Lohnsteuer beträgt unter Berücksichtigung des Grundfreibetrags 0 €. Für die Ruhegehälter (§ 49 Abs. 1 Nr. 4 EStG) tritt die Abgeltungswirkung ein. Sie werden nicht in die Veranlagung zur beschränkten Steuerpflicht einbezogen.

Der Betrag nach Art. 18 Abs. 2 Satz 1 DBA-Türkei i.H.v. 10 000 € ist i.H.v. 1 950 € (1 344 € + 504 € + 102 €) verbraucht. Damit verbleibt ein Betrag in Höhe von 8 050 €.

2. Übrige Renten

Der **Bruttobetrag der Alterseinkünfte** beläuft sich auf		18 000 €
Die **Summe der Alterseinkünfte** ermittelt sich wie folgt:		
Rente aus der gesetzlichen Rentenversicherung	12 000 €	
Rentenbeginn	1.1.2016	
Besteuerungsanteil	72 %	
Anzusetzen		8 640 €
Rente aus der Pensionskasse		
Geförderter Teil (§ 22 Nr. 5 Satz 1 EStG)	1 200 €	
Ungeförderter Teil (§ 22 Nr. 5 Satz 2 Buchst. a EStG)	4 800 €	
Ertragsanteil	18 %	
Anzusetzen		864 €
Summe		10 704 €
./. Werbungskosten-Pauschbetrag		102 €
Summe der Alterseinkünfte		10 602 €

3. Günstigerprüfung

Bruttobetrag der Alterseinkünfte		18 000 €
./. Verbleibender Betrag nach Art. 18 Abs. 2 DBA-Türkei		8 050 €
Verminderter Bruttobetrag		9 950 €
Summe der Alterseinkünfte		10 602 €
Anzusetzen ist der niedrigere Wert		9 950 €
Altersentlastungsbetrag (Einkünfte nach § 22 Nr. 5 Satz 1 EStG i.H.v. 1 200 €, davon 22,4 %, max. 1 064 €)		269 €
Gesamtbetrag der Einkünfte		9 681 €
Zu versteuerndes Einkommen		9 681 €
Hinzurechnung des Grundfreibetrags (§ 50 Abs. 1 Satz 2 EStG)		8 652 €
Summe		18 333 €

Rentner

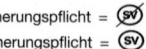

keine Sozialversicherungspflicht = (SV̄)
Sozialversicherungspflicht = (SV)

Die tarifliche Einkommensteuer (inkl. Solidaritätszuschlag) beträgt
- Einkommensteuer 2 119,— €
- Solidaritätszuschlag 116,54 €   2 235,54 €

Maximalsteuerbelastung nach DBA-Türkei

Bruttobetrag	24 000 €	
Prozentsatz nach DBA-Türkei	10 %	
Maximale Einkommensteuer für Alterseinkünfte nach DBA-Türkei	2 400 €	
./. Lohnsteuer (inkl. Solidaritätszuschlag)	0 €	2 400,— €
Tarifliche Einkommensteuer (inkl. Solidaritätszuschlag)		2 235,54 €
Anzusetzen ist der niedrigere Betrag		2 235,54 €
Festzusetzende Einkommensteuer (inkl. Solidaritätszuschlag)		2 235,54 €
Gesamtsteuerbelastung auf 24 000 € Bruttobezüge		**2 235,54 €**

Beispiel 2:

A scheidet zum 31.12.2015 aus dem Berufsleben aus und verlegt seinen Wohnsitz zum 31.12.2015 in die Türkei. Seit dem 1.1.2016 (seinem 65. Geburtstag) bezieht er seine Alterseinkünfte. A vereinnahmt in 2016:

Rente aus der deutschen gesetzlichen Rentenversicherung (Rentenbeginn 1.1.2016) – jährlich		12 000 €
Rente aus einer Pensionskasse, diese beruht zu 20 % auf nach § 3 Nr. 63 EStG geförderten und zu 80 % auf ungeförderten Beiträgen	(gefördert: 1 200 € ungefördert: 4 800 €)	6 000 €
Ruhegehalt aus einer Direktzusage seines ehemaligen privaten Arbeitgebers – jährlich		50 000 €
Bruttobezüge		68 000 €

Für die Ruhegehälter (§ 49 Abs. 1 Nr. 4 EStG) tritt die Abgeltungswirkung ein. Auf **Antrag des A** hat das **Betriebsstättenfinanzamt eine Bescheinigung für den Lohnsteuerabzug** erteilt, auf der vermerkt ist, dass das DBA-Türkei anzuwenden ist und der Betrag von 10 000 € sowie die Begrenzung auf 10 % zu berücksichtigen sind.

Der Bruttobetrag der von A erzielten Alterseinkünfte übersteigt den Betrag von 10 000 €, sodass Deutschland ein Besteuerungsrecht nach Art. 18 Abs. 2 DBA-Türkei zusteht. Die Höhe der Besteuerung ist wie folgt zu ermitteln:

1. Ruhegehalt

Ruhegehälter unterliegen dem Lohnsteuerabzug, den der Arbeitgeber auf Grund des Antrags des A unter Berücksichtigung des Betrags nach Art. 18 Abs. 2 Satz 1 DBA-Türkei und der Begrenzung der Steuer auf 10 % nach Art. 18 Abs. 2 Satz 2 DBA-Türkei vornimmt:

Ruhegehalt (§ 49 Abs. 1 Nr. 4 EStG)		50 000 €
./. Versorgungsfreibetrag (22,4 % von 50 000 €, max. 1 680 €)		1 680 €
./. Zuschlag zum Versorgungsfreibetrag		504 €
./. Werbungskosten-Pauschbetrag		102 €
./. Mindestvorsorgepauschale (12 % von 50 000 €, max. 1 900 €)		1 900 €
./. Sonderausgaben- Pauschbetrag		36 €
zu versteuern sind grundsätzlich		45 778 €
./. Betrag nach Art. 18 Abs. 2 Satz 1 DBA-Türkei (10 000 € - [1 680 € + 504 € + 102 €])		7 714 €
= Bemessungsgrundlage für die Lohnsteuer		38 064 €
zu zahlende Lohnsteuer (inkl. Solidaritätszuschlag) – ohne 10 % Begrenzung		8 588,75 €

Maximalbelastung nach DBA-Türkei

Bruttobetrag		50 000 €
Prozentsatz nach DBA-Türkei	10 %	
Maximale Lohnsteuer	5 000 €	
Anzusetzende Lohnsteuer		5 000 €

Der Betrag nach Art. 18 Abs. 2 Satz 1 DBA-Türkei i.H.v. 10 000 € ist im ersten Schritt i.H.v. 2 286 € (1 680 € + 504 € + 102 €) verbraucht. Im zweiten Schritt ist der Betrag i.H.v. weiteren 7 714 € verbraucht. Damit ist letztlich der Betrag nach Art. 18 Abs. 2 Satz 1 DBA-Türkei **in voller Höhe i.R.d. Lohnsteuerabzugs verbraucht.** Es verbleibt kein Restbetrag, der bei den übrigen Renteneinkünften berücksichtigt werden könnte. Für die Ruhegehälter (§ 49 Abs. 1 Nr. 4 EStG) tritt die Abgeltungswirkung ein. Sie werden **nicht in die Veranlagung** zur beschränkten Steuerpflicht **einbezogen.**

2. Übrige Renten

Der **Bruttobetrag der Alterseinkünfte** beläuft sich auf		18 000 €
Die **Summe der Alterseinkünfte** ermittelt sich wie folgt:		
Rente aus der gesetzlichen Rentenversicherung		12 000 €
Rentenbeginn	1.1.2016	
Besteuerungsanteil	72 %	
Anzusetzen		8 640 €
Rente aus der Pensionskasse		
Geförderter Teil (§ 22 Nr. 5 Satz 1 EStG)		1 200 €
Ungeförderter Teil (§ 22 Nr. 5 Satz 2 Buchst. a EStG)	4 800 €	
Ertragsanteil	18 %	
Anzusetzen		864 €
Summe		10 704 €
./. Werbungskosten-Pauschbetrag		102 €
Summe der Alterseinkünfte		10 602 €

3. Günstigerprüfung

Bruttobetrag der Alterseinkünfte		18 000 €
./. Verbleibender Betrag nach Art. 18 Abs. 2 DBA-Türkei		0 €
Verminderter Bruttobetrag		18 000 €
Summe der Alterseinkünfte		10 602 €
Anzusetzen ist der niedrigere Wert		10 602 €
Altersentlastungsbetrag (Einkünfte nach § 22 Nr. 5 Satz 1 EStG i.H.v. 1 200 €, davon 22,4 %, max. 1 064 €)		269 €
Gesamtbetrag der Einkünfte		10 333 €
Zu versteuerndes Einkommen		10 333 €
Hinzurechnung des Grundfreibetrags (§ 50 Abs. 1 Satz 2 EStG)		8 652 €
Summe		18 985 €
Die tarifliche Einkommensteuer (inkl. Solidaritätszuschlag) beträgt		
– Einkommensteuer	2 290,— €	
– Solidaritätszuschlag	125,95 €	2 415,95 €

Maximalsteuerbelastung nach DBA-Türkei

Bruttobetrag	68 000 €	
Prozentsatz nach DBA-Türkei	10 %	
Maximale Einkommensteuer für Alterseinkünfte nach DBA-Türkei	6 800 €	
./. Lohnsteuer (inkl. Solidaritätszuschlag)	5 000 €	1 800,— €
Tarifliche Einkommensteuer (inkl. Solidaritätszuschlag)		2 415,95 €
Anzusetzen ist der niedrigere Betrag		1 800,— €
Festzusetzende Einkommensteuer (inkl. Solidaritätszuschlag)		1 800,— €
Gesamtsteuerbelastung auf 68 000 € Bruttobezüge		**6 800,— €**

Hat der Stpfl. **kein Vermögen im Inland** und ist die Abgeltungswirkung durchbrochen (z.B. durch Eintragung eines Freibetrags), ist für die Veranlagung der Renten und Ruhegehälter das **Betriebsstättenfinanzamt des Arbeitgebers zuständig** (§ 50 Abs. 2 Satz 3 EStG).

Liegen **Renten** (§ 49 Abs. 1 Nr. 7 oder 10 EStG), **Ruhegehälter** (§ 49 Abs. 1 Nr. 4 EStG) und **weitere Einkünfte** nach § 49 Abs. 1 EStG vor (z.B. Einkünfte aus Gewerbebetrieb oder Einkünfte aus Vermietung und Verpachtung), ist für die Veranlagung der Alterseinkünfte das **Finanzamt** zuständig, in dessen Bezirk sich **das Vermögen** (z.B.: Betriebsstätte oder das vermietete Objekt) befindet (§ 19 Abs. 2 Satz 1 AO).

In allen anderen Fällen liegt die Zuständigkeit beim Finanzamt Neubrandenburg. Das Finanzamt Neubrandenburg prüft, ob eine Lohnsteuerbescheinigung vorliegt und in welcher Höhe i.R.d. Lohnsteuerabzugsverfahrens der Betrag nach Art. 18 Abs. 2 Satz 1 DBA-Türkei bereits verbraucht ist. Dies gilt im Zweifel auch, wenn dem Stpfl. noch **keine gültige Steuernummer** zugeteilt wurde.

Hat der Stpfl. ein **Ruhegehalt** bezogen und **bleibt es bei der Abgeltungswirkung** für den Steuerabzug vom Lohn, so ist auf Antrag des Stpfl. (bzw. des Arbeitgebers im Namen des Stpfl.) der Jahresarbeitslohn bis zur Höhe von 10 000 € freizustellen und die Besteuerung auf 10 % zu begrenzen (§ 39 Abs. 3 i.V.m. Abs. 4 Nr. 5 EStG): die Regelung in → Rz. 2542 Abs. 3 gilt entsprechend.

Im **Rahmen der Veranlagung** ist ein noch nicht verbrauchter Teil des Betrags nach Art. 18 Abs. 2 Satz 1 DBA-Türkei (i.H.v. ursprünglich 10 000 €) zu berücksichtigen; in Höhe der beim Lohnsteuerabzug bereits berücksichtigten Frei- und Pauschbeträge (Versorgungsfreibetrag, Zuschlag zum Versorgungsfreibetrag und Werbungskosten-Pauschbetrag) ist dieser Betrag bereits verbraucht. Dies ergibt sich i.d.R. aus der Lohnsteuerbescheinigung.

dd) Ruhegehälter aus dem öffentlichen Dienst

2544 Für **Ruhegehälter**, die **vom deutschen Staat**, seinen Ländern, von einer deutschen Gebietskörperschaft oder einem von diesen errichteten Sondervermögen an einen in der Türkei ansässigen Stpfl. gezahlt werden, steht **Deutschland das ausschließliche Besteuerungsrecht** zu (Art. 19 Abs. 2 Buchst. a DBA-Türkei). Da Art. 18 DBA-Türkei auf Ruhegehälter aus dem öffentlichen Dienst nicht anwendbar ist, **gilt für diese Einkünfte weder der Betrag von 10 000 € noch der Höchststeuersatz von 10 %**.

Wenn der in der Türkei ansässige Bezieher der Ruhegehälter **türkischer Staatsangehöriger** ist, steht abweichend davon der **Türkei das ausschließliche Besteuerungsrecht** zu (Art. 19 Abs. 2 Buchst. b DBA-Türkei).

c) Unbeschränkte Steuerpflicht auf Antrag (§ 1 Abs. 3 EStG)

2545 Eine natürliche Person, die weder über einen Wohnsitz noch über einen gewöhnlichen Aufenthalt im Inland verfügt, wird auf Antrag mit ihren inländischen Einkünften als unbeschränkt steuerpflichtig behandelt, wenn ihre Einkünfte im Kalenderjahr mindestens zu 90 % der deutschen Einkommensteuer unterliegen oder die nicht der deutschen Einkommensteuer unterliegenden Einkünfte den Grundfreibetrag nicht übersteigen (→ *Steuerpflicht* Rz. 2769). Da die **Türkei** der **Ländergruppe 3** zuzuordnen ist (BMF v. 18.11.2013, IV C 4 – S 2285/07/0005 :013, BStBl I 2013, 1462), ist der **Grundfreibetrag nur mit 50 %** zu berücksichtigen (§ 1 Abs. 3 Satz 2 EStG). Alterseinkünfte einschließlich der Ruhegehälter, die nach Art. 18 Abs. 2 DBA-Türkei der Höhe nach nur beschränkt besteuert werden dürfen, gelten für die Berechnung der Einkunftsgrenzen als nicht der deutschen Einkommensteuer unterliegend (§ 1 Abs. 3 Satz 3 EStG).

> **Beispiel:**
> A scheidet zum 31.12.2015 aus dem Berufsleben aus und verlegt seinen Wohnsitz zum 31.12.2015 in die Türkei. Seit dem 1.1.2016 (seinem 65. Geburtstag) bezieht er seine Alterseinkünfte. Daneben erzielt er aus in Deutschland belegenen Mietobjekten Einkünfte i.H.v. 8 000 € (Einkünfte aus Vermietung und Verpachtung nach § 21 EStG). **A stellt einen Antrag nach § 1 Abs. 3 EStG.** A vereinnahmt in 2016:
>
> Rente aus der deutschen gesetzlichen Rentenversicherung (Rentenbeginn 1.1.2016) – jährlich 12 000 €
> Einkünfte aus Vermietung und Verpachtung 8 000 €
>
> Der Bruttobetrag der von A erzielten Alterseinkünfte übersteigt den Betrag von 10 000 €, sodass Deutschland ein Besteuerungsrecht nach Art. 18 Abs. 2 DBA-Türkei zusteht. Die Einkunftsgrenzen des § 1 Abs. 3 EStG sind allerdings überschritten. Die Einkünfte von A unterliegen nicht zu mindestens 90 % der deutschen Einkommensteuer, weil die Alterseinkünfte nach § 1 Abs. 3 Satz 3 EStG als nicht der deutschen Einkommensteuer unterliegend gelten. Auch übersteigen die nicht der deutschen Einkommensteuer unterliegenden (Alters-)Einkünfte den Grundfreibetrag. Der Grundfreibetrag ist dabei zur Berechnung der Einkunftsgrenzen nach § 1 Abs. 3 Satz 2 EStG zu kürzen. Die Türkei unterfällt der Ländergruppe 3 (Berücksichtigung mit 50 %).
>
> Der **Bruttobetrag der Alterseinkünfte** beläuft sich auf 12 000 €
> Die **Summe der Alterseinkünfte** (vgl. Beispiel in → Rz. 2541) beträgt 8 538 €
> Der gekürzte Grundfreibetrag beträgt 4 326 €

3. Sozialversicherung

a) Nicht beschäftigte Rentner

2546 **Krankenversicherungspflichtig** sind die Bezieher einer Rente aus der gesetzlichen Rentenversicherung sowie die Rentenantragsteller, wenn sie seit der erstmaligen Aufnahme einer Erwerbstätigkeit bis zur Stellung des Rentenantrags mindestens neun Zehntel der zweiten Hälfte des Zeitraums bei einer gesetzlichen Krankenkasse Mitglied oder familienversichert waren.

> **Beispiel:**
> Eintritt in das Berufsleben am 1.4.1976
> Rentenantragstellung am 31.3.2016
>
> Der Zeitraum der Erwerbstätigkeit (Rahmenfrist) umfasst die Zeit vom 1.4.1976 bis zum 31.3.2016 = 40 Jahre oder 480 Monate.
> Die zweite Hälfte dieses Zeitraums erstreckt sich auf die Zeit vom 1.4.1996 bis zum 31.3.2016 = 20 Jahre oder 240 Monate.
> Neun Zehntel dieses (zweiten) Zeitraums sind 216 Monate.
> Um die erforderliche Vorversicherungszeit für eine Pflichtmitgliedschaft in der Krankenversicherung der Rentner nachweisen zu können, müssen in der Zeit vom 1.4.1996 bis zum 31.3.2016 insgesamt 216 Monate mit entsprechenden Versicherungszeiten in der gesetzlichen Krankenversicherung belegt sein.

Für die **neuen Bundesländer** gilt, dass die vor Inkrafttreten des SGB V (1.1.1991) zurückgelegten Versicherungszeiten einschließlich der Zeiten einer Krankheitskostenversicherung der ehemaligen staatlichen Versicherung der DDR und der Versicherung in einem Sonderversorgungssystem anrechenbare Vorversicherungszeiten darstellen.

Zu weiteren Einzelheiten auch → *Pensionäre* Rz. 2227.

b) Beschäftigte Rentner

aa) Geringfügig beschäftigte Rentner

2547 Die Vorschriften über die Versicherungsfreiheit bei geringfügiger Beschäftigung in der Kranken-, Pflege-, Renten- und Arbeitslosenversicherung gelten für alle Bezieher einer Vollrente wegen Alters uneingeschränkt, so dass Arbeitsverhältnisse versicherungsfrei bleiben, wenn das Arbeitseinkommen monatlich bis 450 € beträgt (→ *Mini-Jobs* Rz. 2047).

bb) Mehr als geringfügig beschäftigte Rentner

– **Bezieher einer Altersvollrente oder eines vorgezogenen 2548 bzw. flexiblen Altersruhegeldes**

Diese Beschäftigten sind versicherungspflichtig in der **Kranken- und Pflegeversicherung**. Dabei ist für die Krankenversicherung wegen des Fortfalles des Anspruches auf Krankengeld nur der ermäßigte Beitragssatz (Beitragsgruppe 3) zu entrichten. In der Rentenversicherung besteht Versicherungsfreiheit, jedoch hat der Arbeitgeber seinen Beitragsanteil abzuführen (Beitragsgruppe 3). Hat der Rentenbezieher bereits das 65. Lebensjahr vollendet, entfällt die Versicherungspflicht in der Arbeitslosenversicherung, jedoch besteht auch hier für den Arbeitgeber die Beitragspflicht für seinen Beitragsanteil (Beitragsgruppe 2).

Die einschlägigen **Hinzuverdienstgrenzen** sind zu beachten, weil ansonsten der Rentenbezug entfallen und damit Versicherungspflicht nach den allgemeinen Regeln eintreten kann.

Nimmt ein von der Krankenversicherungspflicht befreiter Rentner eine zur Versicherungspflicht führende Beschäftigung nach dem 30.6.2015 auf, tritt Versicherungspflicht als Arbeitnehmer ein.

Einzige Ausnahme: die Versicherungspflicht scheidet generell wegen § 6 Abs. 3a SGB V (über 55-Jährige) aus.

– **Bezieher einer Teilrente oder Hinterbliebenenrente**

Diese Beschäftigten sind neben der Versicherungspflicht in der Kranken-, Pflege- und Arbeitslosenversicherung (in der Arbeitslosenversicherung, sofern das 65. Lebensjahr noch nicht vollendet) **auch rentenversicherungspflichtig**. Die einschlägigen Hinzuverdienstgrenzen sind zu beachten.

– **Bezieher einer halben Erwerbsminderungsrente**

Beschäftigte, die auf dem allgemeinen Arbeitsmarkt mit einem Restleistungsvermögen von drei bis unter sechs Stunden beschäftigt sind, erhalten eine halbe Erwerbsminderungsrente. Diese Beschäftigung ist in allen Zweigen der Sozialversicherung beitragspflichtig.

– **Bezieher einer vollen Erwerbsminderungsrente**

Beschäftigte, die auf dem allgemeinen Arbeitsmarkt mit einem Restleistungsvermögen von drei Stunden beschäftigt sind, erhalten eine volle Erwerbsminderungsrente. Diese Beschäftigung ist versicherungspflichtig in der Kranken-, Pflege- und Rentenversicherung. Bei der Beitragsentrichtung ist jedoch zu beachten, dass die Bezieher voller Erwerbsminderungsrenten keinen Anspruch auf Krankengeld haben und somit der ermäßigte Beitragssatz in der Krankenversicherung anzuwenden ist (Beitragsgruppe 3). Außerdem führt der Bezug der vollen Erwerbsminderungsrente zur Versicherungsfreiheit in der Arbeitslosenversicherung.

Reparaturkosten

→ *Unfallkosten* Rz. 2933

Richtfest

→ *Arbeitslohn-ABC* Rz. 255

Riester-Förderung

Inhaltsübersicht: Rz.

1. Allgemeine Grundsätze ... 2549
2. Begünstigte Personen ... 2550
3. Begünstigte Anlagen ... 2551
   a) Zertifizierung ... 2551
   b) Begünstigte Anlagen ... 2552
   c) Begünstigte Altersvorsorgebeiträge ... 2553
4. Höhe der Altersvorsorgezulage ... 2554
   a) Alleinstehende ... 2554
   b) Ehegatten ... 2555
5. Mindesteigenbeitrag ... 2557
   a) Allgemeines ... 2557
   b) Ehegatten ... 2558
   c) Maximale Förderung ... 2559
6. Verteilung der Zulage ... 2560
7. Sonderausgabenabzug („Günstigerprüfung") ... 2561
8. Verfahren ... 2562
   a) Allgemeines ... 2562
   b) Antragsverfahren für Altersvorsorgezulage ... 2563
   c) Festsetzung der Zulage ... 2564
   d) Antragsverfahren für den Sonderausgabenabzug ... 2565
9. Schädliche Verwendung ... 2566
10. Besteuerung in der Auszahlungsphase ... 2567
11. Sog. Wohn-Riester-Förderung ... 2568
    a) Allgemeines ... 2568
    b) Erweiterung des Kreises der begünstigten Anlageprodukte ... 2569
    c) Einführung der Förderung von Tilgungsleistungen ... 2570
    d) Entnahme von gefördertem Altersvorsorgevermögen ... 2571
    e) Nachgelagerte Besteuerung ... 2572
    f) Schädliche Verwendung – Aufgabe der Selbstnutzung ... 2573
12. Berufseinsteiger-Bonus ... 2574

1. Allgemeine Grundsätze

2549 Seit 2002 fördert der Staat unter bestimmten Voraussetzungen den **Aufbau einer zusätzlichen privaten Altersvorsorge** durch

- die **Steuerbefreiung** nach § 3 Nr. 63 EStG (und damit auch Befreiung von der Sozialversicherungspflicht) für **Arbeitgeberbeiträge** i.R.d. ersten Dienstverhältnisses an einen **Pensionsfonds, eine Pensionskasse oder für eine Direktversicherung** bis zu bestimmten Obergrenzen (ausführlich → *Zukunftssicherung: Betriebliche Altersversorgung* Rz. 3294). Steuerfrei nach § 3 Nr. 66 EStG ist daneben die Übertragung bestehender Versorgungsverpflichtungen oder Versorgungsanwartschaften aus Direktzusagen des Arbeitgebers oder aus Unterstützungskassen auf Pensionsfonds. Diese Vorschriften erlangen besonders bei der **betrieblichen Altersversorgung** Bedeutung. Einzelheiten → *Zukunftssicherung: Betriebliche Altersversorgung* Rz. 3234,

- und für **Leistungen des Arbeitnehmers** selbst durch
   – eine **Altersvorsorgezulage**, bestehend aus einer **Grundzulage** (§ 84 EStG) und einer **Kinderzulage** (§ 85 EStG) oder
   – eine **steuerliche Entlastung: Sonderausgabenabzug** nach § 10a EStG, wenn dieser günstiger ist als die Altersvorsorgezulage.

Da die Zulage und der Sonderausgabenabzug für Lohnbüros nur von untergeordneter Bedeutung sind, sollen nachfolgend lediglich die wesentlichen Grundsätze dargelegt werden. Die Finanzverwaltung hat ein umfangreiches BMF-Schreiben herausgegeben, in dem zu Einzelfragen ausführlich Stellung genommen wird (BMF v. 24.7.2013, IV C 3 – S 2015/11/10002/IV C 5 – S 2333/09/10005, BStBl I 2013, 1022 unter Berücksichtigung der Änderungen durch BMF v. 13.1.2014, IV C 3 – S 2015/11/10002 :018, BStBl I 2014, 97 und BMF v. 13.3.2014, IV C 3 – S 2257-b/13/10009, BStBl I 2014, 554).

Voraussetzung für die Erlangung der Altersvorsorgezulage ist die Leistung eines Altersvorsorgebeitrags. Es reicht nicht aus, wenn lediglich Zinsen und Erträge des Vorsorgevermögens dem Altersvorsorgevertrag gutgeschrieben werden (BFH v. 8.7.2015, X R 41/13, www.stotax-first.de).

Das **Vordruckmuster** für den Antrag auf **Altersvorsorgezulage** für 2015 ist durch BMF v. 31.8.2015, IV C 3 – 2493/07/10004 :011, BStBl I 2015, 665 bekannt gemacht worden.

In der (wiederholt geänderten) „**Altersvorsorge-Durchführungsverordnung**" sind Einzelheiten zur Durchführung des Altersvermögensgesetzes geregelt worden, z.B. Bestimmungen über den Datenaustausch, den sog. Dauerzulageantrag, Mitteilungspflichten usw.

2. Begünstigte Personen

2550 Begünstigt sind vor allem unbeschränkt steuerpflichtige in der inländischen gesetzlichen Rentenversicherung **pflichtversicherte Arbeitnehmer sowie Beamte** usw., nicht dagegen die überwiegende Zahl der geringfügig Beschäftigten (soweit nur ein pauschaler Rentenversicherungsbeitrag von 12 % durch den Arbeitgeber gezahlt wird). S.a. BFH v. 29.7.2015, X R 11/13, www.stotax-first.de: Kein zusätzlicher Sonderausgabenabzug gem. § 10a EStG für nicht aktiv in der gesetzlichen Rentenversicherung Pflichtversicherte und für Mitglieder berufsständischer Versorgungswerke.

3. Begünstigte Anlagen

a) Zertifizierung

2551 Es werden nur Verträge gefördert, die gewisse Mindestvoraussetzungen erfüllen. Diese sind im **Altersvorsorgeverträge-Zertifizierungsgesetz** – AltZertG geregelt; hierzu gehört nach § 1 AltZertG u.a., dass die Verträge

- laufende freiwillige Beitragszahlungen vorsehen,
- bis zur Vollendung des 60. Lebensjahrs oder bis zum Beginn einer Altersrente des Anlegers aus der gesetzlichen Rentenversicherung gebunden sind und nicht beliehen oder anderweitig verwendet werden können,
- ab Auszahlungsbeginn eine lebenslange steigende oder gleichbleibende monatliche Leibrente vorsehen; entsprechende Auszahlungen aus Fonds- oder Bankguthaben, die in der Leistungsphase ab dem 85. Lebensjahr mit einer Rentenversicherung verbunden sind, sind ebenfalls möglich. Liegt zu Beginn der Auszahlungsphase eine Kleinbetragsrente vor, gilt eine Abfindung hierfür nicht als schädliche Verwendung (§ 93 Abs. 3 EStG),
- zu Beginn der Auszahlungsphase mindestens die eingezahlten Beiträge zusagen. Förderunschädlich können die Anlageverträge mit einer Zusatzversicherung für verminderte Erwerbsfähigkeit und einer Hinterbliebenenrente verbunden werden.

Die **Bundesanstalt für Finanzdienstleistungsaufsicht hat als neue Zertifizierungsbehörde** zu prüfen, ob die angebotenen Altersvorsorgeprodukte die vorgeschriebenen Förderkriterien erfüllen.

b) Begünstigte Anlagen

2552 Förderfähig sind Anlagen in Rentenversicherungen und Kapitalisierungsprodukte i.S.d. § 1 Abs. 4 Satz 22 des Versicherungsaufsichtsgesetzes (VAG) sowie in Banksparplänen und Investmentfonds. Zertifizierte Altverträge können ebenfalls in die Förderung einbezogen werden.

c) Begünstigte Altersvorsorgebeiträge

2553 Der gesamte **Altersvorsorgeaufwand** setzt sich aus den **Altersvorsorgebeiträgen** (§ 82 EStG) und der **Altersvorsorgezulage** (§ 83 EStG) zusammen. Der Anleger leistet nur seine Eigenbeiträge, die **Zulage wird von der Bundesversicherungsanstalt für Angestellte unmittelbar an den Anbieter ausgezahlt**, der sie dem begünstigten Vertrag gutschreibt.

Zu den **begünstigten Altersvorsorgebeiträgen** gehören die Beiträge zu Gunsten eines zertifizierten Altersvorsorgevertrags. Auch im Rahmen der **betrieblichen Altersversorgung** geleistete Beiträge in **Direktversicherungen, Pensionskassen und Pensionsfonds** sind förderfähig, wenn diese Einrichtungen für den Zulageberechtigten eine **lebenslange Altersversorgung** i.S.d. Altersvorsorgeverträge-Zertifizierungsgesetzes gewährleisten und die Beiträge aus individuell versteuerten und verbeitragten Arbeitsentgelten erbracht werden.

Nicht zu den begünstigten Altersvorsorgebeiträgen gehören dagegen Aufwendungen, für die eine Arbeitnehmer-Sparzulage nach dem 5. VermBG gewährt wird oder die als Sonderausgaben im Rahmen der Höchstbeträge nach § 10 Abs. 3 EStG geltend gemacht werden. Auch die Rückzahlungsbeträge für einen entnommenen Altersvorsorge-Eigenheimbetrag sind nicht begünstigt. Für diese Aufwendungen soll eine Doppelförderung verhindert werden.

4. Höhe der Altersvorsorgezulage

a) Alleinstehende

2554 Die Altersvorsorgezulage setzt sich zusammen aus einer **Grundzulage** (§ 84 EStG) und einer **Kinderzulage** für jedes Kind, für das dem Zulageberechtigten Kindergeld ausgezahlt wird (§ 85 EStG). Die Höhe ist weder von der Höhe der Sparleistungen (es muss allerdings der Mindestsparbeitrag entrichtet werden) noch vom Einkommen des Stpfl. abhängig.

Die jährliche Zulage beträgt

in den Veranlagungszeiträumen	Grundzulage	Kinderzulage je Kind
ab 2008		
– Geburt des Kindes bis 31.12.2007	154 €	185 €
– Geburt des Kindes ab 1.1.2008	154 €	300 €

Erhalten im Laufe eines Kalenderjahrs **mehrere zulageberechtigte Personen Kindergeld** für dasselbe Kind, steht die Kinderzulage demjenigen zu, dem für den **ersten Kindergeldzeitraum** das Kindergeld ausgezahlt wurde.

b) Ehegatten

aa) Grundzulage

2555 Bei Ehegatten steht die Grundzulage jedem Ehegatten gesondert zu, wenn **beide Ehegatten zum begünstigten Personenkreis** gehören und eigenständige Altersvorsorgeverträge abgeschlossen haben. Der nur mittelbar zulageberechtigte Ehegatte hat (nur) dann einen Anspruch auf eine Altersvorsorgezulage, wenn er einen Altersvorsorgevertrag abgeschlossen hat.

Gehört nur **ein Ehegatte** zum begünstigten Personenkreis, kann auch der andere Ehegatte die Zulage erhalten, wenn die Voraussetzungen für eine Zusammenveranlagung vorliegen und für den nicht selbst begünstigten Ehegatten ein eigener Vertrag abgeschlossen wird, sog. **abgeleiteter (mittelbarer) Zulageanspruch**, § 79 Satz 22 EStG. Eine **mittelbare Zulageberechtigung** besteht jedoch nur, wenn der betreffende Ehegatte mindestens 60 € pro Beitragsjahr auf seinen Altersvorsorgevertrag einzahlt.

bb) Kinderzulage

2556 Die **Kinderzulage** wird auch bei Ehegatten, die beide einen Anspruch auf Altersvorsorgezulage haben, nur **einmal gewährt**. Liegen bei einem Elternpaar die Voraussetzungen für eine Zusammenveranlagung vor, können sie gemeinsam wählen, wer von ihnen die Kinderzulage erhalten soll. Dabei kann dieses Wahlrecht für mehrere Kinder nur einheitlich ausgeübt werden. Stellen die Eltern keinen übereinstimmenden Antrag, erhält die Mutter die Kinderzulagen. Auf Antrag beider Eltern, der jährlich neu zu stellen ist und nicht zurückgenommen werden kann, wird die Kinderzulage dem Vater zugeordnet (§ 85 Abs. 2 EStG).

5. Mindesteigenbeitrag

a) Allgemeines

2557 Mit den vorstehenden Zulagen soll die private Altersvorsorge gefördert und nicht eine staatlich finanzierte Grundrente erbracht werden. Der Gesetzgeber verlangt daher, dass der **Zulageberechtigte einen bestimmten Eigenbeitrag zu seiner Altersvorsorge** erbringt (sog. Mindesteigenbeitrag, § 86 EStG). Erreichen die Einzahlungen des Stpfl. diesen Mindesteigenbetrag nicht, werden die **Grund- und Kinderzulagen gekürzt**. Die Höhe des Mindesteigenbeitrags hängt grundsätzlich allein von den **im Vorjahr erzielten beitragspflichtigen Einnahmen** i.S.d. SGB VI **(rentenversicherungspflichtiges Vorjahreseinkommen)** abzüglich der Grund- und Kinderzulagen ab. Werden **mehrere Tätigkeiten** im Laufe des Kalenderjahrs ausgeübt, so sind die beitragspflichtigen Einnahmen zusammenzurechnen.

Die Berechnung des Mindesteigenbeitrags wird durch einen **Höchstbetrag** und einen **Sockelbetrag** begrenzt:

Der **Mindesteigenbeitrag** beträgt 4 % der im vorangegangenen Kalenderjahr erzielten beitragspflichtigen Einnahmen, höchstens 2 100 € jährlich abzüglich der Zulage.

Auch wenn bereits die Zulagen (Grund- und Kinderzulage) dem Mindesteigenbeitrag entsprechen oder ihn sogar übersteigen, muss zur Erlangung der vollen Zulage immer ein **Sockelbetrag von 60 €** (unabhängig von der Anzahl der Kinderzulagen) **als Mindesteigenbeitrag** geleistet werden.

Wird der Mindesteigenbeitrag durch den Zulageberechtigten nicht geleistet, erfolgt eine **Kürzung der Altersvorsorgezulage**. Diese Kürzung ermittelt sich nach dem Verhältnis der geleisteten Altersvorsorgebeiträge zum Mindesteigenbeitrag (§ 86 Abs. 1 Satz 25 EStG).

b) Ehegatten

2558 Gehören **beide Ehegatten** zum begünstigten Personenkreis, ist die Mindesteigenbeitragsberechnung für jeden Ehegatten gesondert anzuwenden. Hierbei ist, wie bei Alleinstehenden, das jeweils eigene beitragspflichtige Vorjahreseinkommen zu Grunde zu legen.

Gehört nur **ein Ehegatte** dem begünstigten Personenkreis an und hat der andere Ehegatte einen abgeleiteten Zulageanspruch, gelten für die Mindesteigenbeitragsberechnung besondere Regelungen.

c) Maximale Förderung

2559 Wie viel ein Arbeitnehmer einzahlen muss, um die höchstmögliche Förderung zu bekommen, soll folgendes Beispiel verdeutlichen:

> **Beispiel:**
> Herr A hat im Jahr 2015 beitragspflichtige Einnahmen von 60 000 €.
> Er müsste also 2016 einen Mindesteigenbeitrag von 2 246 € (4 % von 60 000 € – 154 € Grundzulage) einzahlen, um die volle Zulage zu bekommen. Durch die Begrenzung des Mindesteigenbeitrags muss er jedoch 2016 nur einen Eigenbeitrag von 1 946 € (2 100 € Höchstbetrag ./. 154 € Grundzulage) zahlen.

6. Verteilung der Zulage

2560 Jeder Anleger kann **mehrere Altersvorsorgeverträge** abschließen. Die Altersvorsorgezulage wird jedoch auch bei mehreren Altersvorsorgeverträgen **nur für zwei dieser Verträge gewährt** (§ 87 Satz 21 EStG). Die gesamte Zulage wird dabei im Verhältnis der auf diese beiden Verträge geleisteten Beiträge verteilt (§ 87 Satz 23 EStG). Um eine Kürzung der Zulage zu vermeiden, muss der Mindesteigenbeitrag auf diese zwei Verträge gezahlt worden sein. Einzelheiten mit Beispielen s. BMF v. 24.7.2013, IV C 3 – S 2015/11/10002/IV C 5 – S 2333/09/10005, BStBl I 2013, 1022 unter Berücksichtigung der Änderungen durch BMF v. 13.1.2014, IV C 3 – S 2015/11/10002 :018, BStBl I 2014, 97 und BMF v. 13.3.2014, IV C 3 – S 2257-b/13/10009, BStBl I 2014, 554.

7. Sonderausgabenabzug ("Günstigerprüfung")

2561 Die gesamten Altersvorsorgeaufwendungen (Eigenbeiträge und Altersvorsorgezulage) können im Rahmen der **Einkommensteuererklärung als Sonderausgaben berücksichtigt** werden (§ 10a Abs. 1 EStG). Das Finanzamt prüft bei der Einkommensteuerveranlagung „von Amts wegen", ob der Sonderausgabenabzug günstiger ist als der Anspruch auf Altersvorsorgezulage (§ 10a Abs. 2 EStG). Dieses Verfahren entspricht der **Günstigerprüfung bei den Freibeträgen für Kinder/Kindergeld**. Ist die steuerliche Auswirkung günstiger als die Altersvorsorgezulage, wird die über die Zulage hinausgehende Steuerermäßigung mit der Steuerer-

Riester-Förderung

stattung ausgezahlt bzw. mit einer Nachzahlung verrechnet. Die Steuerermäßigung wird vom Finanzamt gesondert festgestellt und im Steuerbescheid ausgewiesen. Die gewährte Zulage verbleibt in jedem Fall auf dem Altersvorsorgevertrag. Anders als beim Kindergeld wird jedoch bei den meisten Stpfl. der **Sonderausgabenabzug günstiger** sein!

Als Sonderausgaben können Altersvorsorgeaufwendungen seit 2008 bis **höchstens 2 100 €** im Kalenderjahr berücksichtigt werden.

Der Höchstbetrag wird auch bei **zusammenveranlagten Ehegatten** nicht verdoppelt. Ausnahme: Beide Ehegatten gehören zum begünstigten Personenkreis und haben entsprechende Aufwendungen für eigene begünstigte Verträge geleistet.

Sofern bei Ehegatten ein Ehegatte unmittelbar und der andere Ehegatte lediglich mittelbar zulageberechtigt ist, erhöht sich der Höchstbetrag für den unmittelbar zulagenberechtigten Ehegatten auf **2 160 €**.

Liegen bei Ehegatten die Voraussetzungen für eine Zusammenveranlagung vor und gehören **beide zum geförderten Personenkreis**, steht der Sonderausgabenabzug jedem Ehegatten gesondert zu (§ 10a Abs. 3 Satz 21 EStG). Dabei kann jeder Ehegatte nur die eigenen Altersvorsorgeaufwendungen geltend machen. Wird der Höchstbetrag durch einen Ehegatten nicht ausgeschöpft, ist eine Übertragung auf den anderen Ehegatten nicht möglich.

Gehört nur **ein Ehegatte zum geförderten Personenkreis** und hat der andere Ehegatte einen abgeleiteten Zulageanspruch, steht nur den erstgenannten Ehegatten der Sonderausgabenabzug zu. Als Sonderausgaben sind i.R.d. Höchstbetrags die von beiden Ehegatten geleisteten Altersvorsorgebeiträge und die dafür zustehenden Zulagen zu berücksichtigen (§ 10a Abs. 3 Satz 22 EStG).

8. Verfahren

a) Allgemeines

2562 Das Verfahren gliedert sich wie folgt:

- Die **Bundesanstalt für Finanzdienstleistungsaufsicht** prüft, ob die auf den Markt gebrachten Produkte den Anforderungen des Gesetzes genügen („Zertifizierungsbehörde").
- Die **Zulage** wird von der **Bundesversicherungsanstalt für Angestellte** gewährt.
- Ob der **Sonderausgabenabzug günstiger** ist als die Zulage, wird vom **Finanzamt** bei der Einkommensteuerveranlagung geprüft, dabei hat das Finanzamt aber auch die Höhe der zustehenden Zulage zu ermitteln.

b) Antragsverfahren für Altersvorsorgezulage

2563 Der **Zulageantrag** ist bis zum Ablauf des zweiten Kalenderjahrs, das auf das Beitragsjahr folgt, bei dem **Anbieter einzureichen** (Versicherungsunternehmen, Bank, Investmentfonds), an den die Altersvorsorgebeiträge geleistet wurden (§ 89 Abs. 1 EStG). Es handelt sich bei dieser Frist um eine **Ausschlussfrist**, die nicht verlängert werden kann.

Der Anbieter erfasst die für die Ermittlung und Überprüfung des Zulageanspruchs erforderlichen Daten und übermittelt sie der Bundesversicherungsanstalt für Angestellte.

Hat der Zulageberechtigte auf **mehrere Altersvorsorgeverträge** Beiträge geleistet, muss er im Zulageantrag bestimmen, auf welche Verträge die Zulage überwiesen werden soll. Dabei ist die Begrenzung auf zwei zulagegeförderte Verträge zu beachten.

Das Zulageverfahren wurde ab 2005 durch die Möglichkeit vereinfacht, dem Anbieter eine schriftliche Bevollmächtigung zu erteilen (**Dauerzulageantrag**, § 89 Abs. 1a EStG).

c) Festsetzung der Zulage

2564 Für die Zulagengewährung und deren Überwachung ist insoweit als neue Finanzbehörde die **Bundesversicherungsanstalt für Angestellte** zuständig. Diese ermittelt auf Grund der ihr vom Anbieter übermittelten Daten, ob und in welcher Höhe ein Zulageanspruch besteht (§ 90 Abs. 1 EStG). Anschließend veranlasst die Bundesversicherungsanstalt für Angestellte die **Auszahlung an den Anbieter**, der die Zulage unverzüglich den **Altersvorsorgeverträgen** des Zulageberechtigten gutzuschreiben hat. Besteht kein Zulageanspruch, teilt die Bundesversicherungsanstalt für Angestellte dies dem Anbieter mit.

Zur **Information des Zulageberechtigten** über seinen Altersvorsorgevertrag **erteilt der Anbieter dem Zulageberechtigten jährlich eine Bescheinigung** (§ 92 EStG) über

- die Höhe der im abgelaufenen Beitragsjahr geleisteten Altersvorsorgebeiträge,
- die im abgelaufenen Beitragsjahr getroffenen, aufgehobenen oder geänderten Ermittlungs- oder Berechnungsergebnisse,
- die Summe der bis zum Ende des abgelaufenen Beitragsjahrs dem Altersvorsorgevertrag gutgeschriebenen Zulagen,
- die Summe der bis zum Ende des abgelaufenen Beitragsjahrs geleisteten Altersvorsorgebeiträge und
- den Stand des Altersvorsorgevermögens.

Das Vordruckmuster für die Bescheinigung nach § 92 EStG ist durch BMF v. 10.10.2011, IV C 3 – S 2495/08/10003 :002, BStBl I 2011, 964 bekannt gemacht worden.

Eine **förmliche Festsetzung der Zulage** erfolgt nur auf besonderen Antrag des Zulageberechtigten (§ 90 Abs. 4 EStG). Dieser ist innerhalb eines Jahrs nach Erteilung der vorgenannten Bescheinigung an den **Anbieter** zu richten. Der Anbieter leitet den Antrag mit einer Stellungnahme und den erforderlichen Unterlagen an die **Bundesversicherungsanstalt für Angestellte** weiter, die die förmliche Festsetzung veranlasst.

d) Antragsverfahren für den Sonderausgabenabzug

2565 Der Stpfl. kann die Altersvorsorgeaufwendungen in seiner **Einkommensteuererklärung** geltend machen. Die Prüfung, ob der Sonderausgabenabzug günstiger als der – vom Finanzamt zu ermittelnde – Zulageanspruch ist, wird vom Finanzamt von Amts wegen vorgenommen. Die dabei als Sonderausgaben zu berücksichtigenden Altersvorsorgebeiträge sind durch eine vom Anbieter auszustellende **Bescheinigung** (vergleichbar mit der Anlage „VL") nachzuweisen (§ 10a Abs. 5 Satz 1 EStG), das Vordruckmuster ist mit BMF v. 29.5.2009, IV C 3 – S 2222/08/10102 :001, BStBl I 2009, 643 bekannt gemacht worden. Die anderen Voraussetzungen werden im Wege eines **automatisierten Datenabgleichs** überprüft.

Die über den **Zulageanspruch hinausgehende Steuerermäßigung** wird vom Finanzamt gesondert festgestellt und der Bundesversicherungsanstalt für Angestellte mitgeteilt (§ 10a Abs. 4 EStG). Dieser Betrag wird für eine mögliche Rückforderung im Falle einer schädlichen Verfügung benötigt.

9. Schädliche Verwendung

2566 Damit das geförderte Altersvorsorgevermögen auch tatsächlich für eine lebenslange zusätzliche finanzielle Versorgung des Zulageberechtigten verwendet wird, sind im Altersvermögensgesetz **Verfügungsbeschränkungen** aufgenommen worden.

Eine **schädliche Verwendung** liegt vor, wenn das Altersvorsorgevermögen **nicht**

- in Form einer lebenslangen Leibrente,
- im Rahmen eines Auszahlungsplans oder
- unmittelbar für die Anschaffung oder Herstellung von selbst genutztem Wohneigentum (Altersvorsorge-Eigenheimbetrag),

sondern beispielsweise in einem **Einmalbetrag ausgezahlt** wird (§ 93 Abs. 1 EStG). Das gilt auch bei Auszahlungen nach Beginn der Auszahlungsphase.

In diesen Fällen sind die in dem ausgezahlten Altersvorsorgevermögen enthaltenen **Zulagen** sowie ggf. die gesondert festgestellten **Steuervorteile** des Sonderausgabenabzugs (Rückzahlungsbetrag) **zurückzuzahlen**. Außerdem sind die im ausgezahlten Kapital enthaltenen Erträge und Wertsteigerungen im Rahmen der Einkommensteuerveranlagung als **sonstige Einkünfte zu versteuern** (§ 22 Nr. 5 Satz 24 EStG).

Weitere Einzelheiten s. BMF v. 24.7.2013, IV C 3 – S 2015/11/10002/IV C 5 – S 2333/09/10005, BStBl I 2013, 1022 unter Berücksichtigung der Änderungen durch BMF v. 13.1.2014, IV C 3 – S 2015/11/10002 :018, BStBl I 2014, 97 und BMF v. 13.3.2014, IV C 3 – S 2257-b/13/10009, BStBl I 2014, 554.

10. Besteuerung in der Auszahlungsphase

2567 Leistungen aus einem Altersvorsorgevertrag werden in der Auszahlungsphase in vollem Umfang als sonstige Einkünfte gem. § 22 Abs. 5 EStG erfasst (sog. **nachgelagerte Besteuerung**). Die volle Besteuerung beruht auf der steuerlichen Entlastung der Altersvorsorgebeiträge durch Zulage bzw. Sonderausgabenabzug in der Ansparphase. Die nachgelagerte Besteuerung umfasst auch die in der Vertragslaufzeit erwirtschafteten Erträge und Wertsteigerungen und selbst die gewährten Zulagen. Tarifermäßigungen wie z.B. für die Nachzahlung von Arbeitslohn (§ 34 EStG) werden nicht gewährt; steuerlich günstig wirkt sich die spätere Versteuerung v.a. bei Rentnern aus, die nach dem Wegfall ihrer „Aktivbezüge" und ggf. Nebeneinkünften nur noch die geringere Altersrente beziehen.

Nach § 22 Nr. 5 Satz 25 EStG hat der Anbieter eines Altersvorsorgevertrags oder einer betrieblichen Altersversorgung bei erstmaligem Bezug von Leistungen, in den Fällen des § 93 Abs. 1 EStG sowie bei Änderung der im Kalenderjahr auszuzahlenden Leistungen dem Stpfl. nach amtlich vorgeschriebenem Vordruck den Betrag der im abgelaufenen Kalenderjahr zugeflossenen Leistungen i.S.d. § 22 Nr. 5 Sätze 1 bis 4 EStG jeweils gesondert mitzuteilen.

11. Sog. Wohn-Riester-Förderung

a) Allgemeines

2568 Mit **Eigenheimrentengesetz** v. 29.7.2008 (BStBl I 2008, 818) wurden – neben weiteren Änderungen – im Wesentlichen die Regelungen zur herkömmlichen Riesterförderung (§§ 10a, 79 bis 99 EStG) auf die **Finanzierung von Wohneigentum ausgedehnt**. Durch das **Altersvorsorge-Verbesserungsgesetz** v. 24.6.2013, BStBl I 2013, 790 wurde die Förderung nochmals erheblich erweitert. Einzelheiten s. BMF v. 24.7.2013, IV C 3 – S 2015/11/10002/IV C 5 – S 2333/09/10005, BStBl I 2013, 1022 unter Berücksichtigung der Änderungen durch BMF v. 13.1.2014, IV C 3 – S 2015/11/10002 :018, BStBl I 2014, 97 und BMF v. 13.3.2014, IV C 3 – S 2257-b/13/10009, BStBl I 2014, 554.

b) Erweiterung des Kreises der begünstigten Anlageprodukte

2569 Im Eigenheimrentengesetz wird der Kreis derjenigen Anlageprodukte erweitert, die dem Grunde nach zertifizierungsfähig sind. So können

- der Erwerb weiterer, über die Pflichtanteile hinausgehender Geschäftsanteile an einer in das Genossenschaftsregister eingetragenen Genossenschaft für eine vom Förderberechtigten selbstgenutzte **Genossenschaftswohnung**,
- **Darlehensverträge** (reiner Darlehensvertrag, Kombination Sparvertrag mit Darlehensoption, Vorfinanzierungsdarlehen) für die Bildung selbstgenutzten Wohneigentums sowie
- **Bausparverträge**

unter bestimmten Bedingungen in Form von Altersvorsorgeverträgen abgeschlossen werden.

c) Einführung der Förderung von Tilgungsleistungen

2570 Durch das Eigenheimrentengesetz werden **Darlehenstilgungen** zu Gunsten eines zertifizierten Altersvorsorgevertrags als Altersvorsorgebeiträge, wie die bisherigen Sparbeiträge, steuerlich gefördert. Voraussetzung für die Förderung ist, dass das Darlehen für eine nach dem 31.12.2007 vorgenommene **wohnungswirtschaftliche Verwendung** i.S.d. § 92a Abs. 1 Satz 1 EStG genutzt wird (§ 82 Abs. 1 EStG). Nicht begünstigt sind Finanzierungen von Immobilien, die vor dem 1.1.2008 angeschafft oder hergestellt wurden. Eine Förderung der **Darlehenszinsen** ist durch das Gesetz nicht vorgesehen.

Wie bei Sparbeiträgen wird auf Antrag des Zulageberechtigten auch geprüft, ob der **Sonderausgabenabzug** für die entsprechenden Tilgungsleistungen einschließlich des Zulagenanspruchs (bis maximal 2 100 €) für den Zulageberechtigten **günstiger** ist als der Zulageanspruch (§ 10a EStG). Ist dies der Fall, erhält der Zulageberechtigte noch einen über die Zulage hinausgehenden Steuervorteil im Rahmen seiner Einkommensteuerveranlagung.

d) Entnahme von gefördertem Altersvorsorgevermögen

2571 Seit dem 1.1.2014 ist eine Entnahme des geförderten Kapitals (Altersvorsorge-Eigenheimbetrag) bis zur Anschaffung bzw. Herstellung einer Wohnung oder Darlehenstilgung bis zum Beginn der Auszahlungsphase jederzeit möglich.

Auch während der Ansparphase ist eine Entnahme des geförderten Kapitals möglich. Zur Vermeidung von Mini-Verträgen mit Kleinstrentenansprüchen muss aber bei einer teilweisen Entnahme zu wohnungswirtschaftlichen Zwecken ein gefördertes Altersvorsorgevermögen von 3 000 € auf dem Vertrag verbleiben. Ebenso gilt eine Mindestentnahme von 3 000 € (§ 92a Abs. 1 Satz 1 Nr. 1 EStG).

Für den Entnahmebetrag (**Altersvorsorge-Eigenheimbetrag**) sieht der Gesetzgeber drei verschiedene Verwendungsarten vor:

- **Anschaffung oder Herstellung einer Wohnung oder zur Tilgung eines zu diesem Zweck aufgenommenen Darlehens**, wenn das dafür entnommene Kapital mindestens 3 000 € beträgt (§ 92a Abs. 1 Satz 1 Nr. 1 EStG),
- **Erwerb von Pflicht-Geschäftsanteilen an einer eingetragenen Genossenschaft** für die Selbstnutzung einer Genossenschaftswohnung oder zur Tilgung eines zu diesem Zweck aufgenommenen Darlehens, wenn das dafür entnommene Kapital mindestens 3 000 € beträgt (§ 92a Abs. 1 Satz 1 Nr. 2 EStG,
- **Finanzierung eines altersgerechten Umbaus einer Wohnung** (§ 92a Abs. 1 Satz 1 Nr. 3 EStG).

e) Nachgelagerte Besteuerung

2572 Die geförderten Tilgungsbeiträge, die hierfür gewährten Zulagen sowie der entnommene Altersvorsorge-Eigenheimbetrag werden in einem sog. **Wohnförderkonto** erfasst (§ 92a Abs. 2 Satz 1 EStG). Das Wohnförderkonto dient der Erfassung des in der Immobilie gebundenen steuerlich geförderten Kapitals. Dieser Wert ist die **Grundlage für die spätere nachgelagerte Besteuerung**. Als Ausgleich für die vorzeitige Nutzung des Altersvorsorgekapitals und zur Gleichstellung mit anderen Riester-Produkten wird der in das Wohnförderkonto eingestellte **Betrag in der Ansparphase um jährlich 2 % erhöht** (§ 92a Abs. 2 Satz 3 EStG). In der Auszahlungsphase erfolgt jedoch keine Erhöhung mehr.

Der Stpfl. kann während der gesamten Auszahlungsphase die **Einmalbesteuerung** des noch vorhandenen Wohnförderkontos wählen (§ 92a Abs. 2 Satz 6 EStG). Zur Wahl der Einmalbesteuerung und Aufgabe der Selbstnutzung in einem Veranlagungszeitraum s. BMF v. 13.3.2014, IV C 3 – S 2257 – b/13/10009, BStBl I 2014, 554.

Der Zulageberechtigte kann die Besteuerung des Wohnförderkontos dadurch vermeiden, dass er einen Betrag in Höhe des Wohnförderkontos in eine **neue selbst genutzte Wohnimmobilie investiert**. Die Reinvestitionsfrist ist seit 2014 verlängert worden auf zwei Jahre vor und fünf Jahre nach Ablauf des Veranlagungszeitraums, in dem der Berechtigte das Wohneigentum letztmals selbst nutzt (§ 92a Abs. 3 Satz 9 Nr. 1 EStG).

f) Schädliche Verwendung – Aufgabe der Selbstnutzung

2573 Wird die Selbstnutzung der geförderten Wohnung aufgegeben, handelt es sich grundsätzlich um eine schädliche Verwendung. Der Zulageberechtigte hat die Aufgabe der Selbstnutzung demjenigen anzuzeigen, der das Wohnförderkonto führt (§ 92a Abs. 3 Satz 1 und 2 EStG). Das ist i.d.R. der Anbieter, bei dem der Zulagenberechtigte einen Altersvorsorgevertrag abgeschlossen hat. In diesen Fällen erfolgt eine **unmittelbare Besteuerung des Stands des Wohnförderkontos** (§ 22 Nr. 5 Satz 4 i.V.m. § 92a Abs. 3 Satz 5 EStG). Die steuerlichen Folgen der schädlichen Verwendung in der Auszahlungsphase sind wiederum besonders geregelt, auf die Darstellung wird hier verzichtet.

12. Berufseinsteiger-Bonus

2574 Alle Förderberechtigten, die das **25. Lebensjahr** noch nicht vollendet haben, erhalten einmalig eine um **200 € erhöhte Grundzulage** (§ 84 Satz 2 und 3 EStG). Der Berufseinsteiger-Bonus wird erstmals für **Beitragsjahre ab 2008** gewährt (§ 84 Satz 3 EStG). Ein separater Antrag ist hierfür nicht erforderlich, der Bonus wird

Rückdeckung/Rückdeckungsversicherung

1. Begriff

2575 Der Begriff der Rückdeckung ist **bei der betrieblichen Altersversorgung der Arbeitnehmer von großer Bedeutung**. Während Ausgaben, die der Arbeitgeber leistet, um einen Arbeitnehmer oder diesem nahe stehende Personen für den Fall der Krankheit, des Unfalls, der Invalidität, des Alters oder des Todes abzusichern (**Zukunftssicherung**), nach § 2 Abs. 2 Nr. 3 Satz 1 LStDV zum steuerpflichtigen Arbeitslohn des Arbeitnehmers gehören, wenn dieser der Zukunftssicherung zustimmt, gehören Ausgaben, die nur dazu dienen, **dem Arbeitgeber die Mittel zur Leistung** einer dem Arbeitnehmer zugesagten Versorgung **zu verschaffen (Rückdeckung)**, nach § 2 Abs. 2 Nr. 3 Satz 4 LStDV **nicht zum Arbeitslohn**.

2. Abgrenzung Direktversicherung – Rückdeckungsversicherung

2576 **Für die Abgrenzung** zwischen einer Direktversicherung und einer Rückdeckungsversicherung sind regelmäßig die zwischen Arbeitgeber und Arbeitnehmer getroffenen Vereinbarungen (Innenverhältnis) maßgebend und nicht die Abreden zwischen Arbeitgeber und Versicherungsunternehmen (Außenverhältnis). Deshalb **wird eine Rückdeckungsversicherung steuerlich** nach R 40b.1 Abs. 3 LStR **nur anerkannt**, wenn die **nachstehenden drei Voraussetzungen sämtlich** erfüllt sind:

- Der Arbeitgeber hat dem Arbeitnehmer **eine Versorgung aus eigenen Mitteln** zugesagt, z.B. eine Werkspension.
- Zur Gewährleistung der Mittel für diese Versorgung hat der Arbeitgeber eine Versicherung abgeschlossen, zu der **der Arbeitnehmer keine eigenen Beiträge** i.S.d. § 2 Abs. 2 Nr. 3 Satz 2 LStDV leistet. Keine eigenen Beiträge des Arbeitnehmers liegen vor, wenn der Arbeitgeber seine Beiträge zur Rückdeckungsversicherung ganz oder teilweise durch eine mit dem Arbeitnehmer vereinbarte Gehaltskürzung finanziert und zwischen den Beteiligten Einigkeit besteht, dass die späteren Versorgungsbezüge lohnsteuerpflichtig sind (BFH v. 14.2.1964, VI 179/62 U, BStBl III 1964, 243).
- **Nur der Arbeitgeber**, nicht aber der Arbeitnehmer **erlangt Ansprüche gegen die Versicherung**. Unschädlich ist jedoch die Verpfändung der Ansprüche aus der Rückdeckungsversicherung an den Arbeitnehmer, weil dieser bei einer Verpfändung gegenwärtig keine Rechte erwirbt, die ihm einen Zugriff auf die Versicherung und die darin angesammelten Werte ermöglichen. Entsprechendes gilt für eine aufschiebend bedingte Abtretung des Rückdeckungsanspruchs, da die Abtretung rechtlich erst wirksam wird, wenn die Bedingung eintritt (§ 158 Abs. 1 BGB), und für die Abtretung des Rückdeckungsanspruchs zahlungshalber im Falle der Liquidation oder der Vollstreckung in die Versicherungsansprüche durch Dritte.

Handelt es sich in diesem Sinne um eine **Rückdeckungsversicherung**, so sind die Aufwendungen des Arbeitgebers kein Arbeitslohn des Arbeitnehmers.

3. Steuerpflichtiger Arbeitslohn

2577 Verwendet der Arbeitgeber später **die Mittel aus der Rückdeckungsversicherung**, um seine Versorgungszusagen zu erfüllen, so sind die Zahlungen des Arbeitgebers beim Arbeitnehmer als Arbeitslohn zu erfassen, → *Versorgungsbezüge* Rz. 3050.

Dies gilt auch dann, wenn ein Anspruch aus einer **Rückdeckungsversicherung ohne Entgelt auf den Arbeitnehmer übertragen**, abgetreten oder eine bestehende Rückdeckungsversicherung in eine Direktversicherung umgewandelt wird. **Im Zeitpunkt** der Übertragung bzw. Umwandlung fließt dem Arbeitnehmer ein lohnsteuerpflichtiger geldwerter Vorteil zu, der grundsätzlich dem geschäftsplanmäßigen Deckungskapital zuzüglich einer bis zu diesem Zeitpunkt zugeteilten Überschussbeteiligung der Versicherung entspricht; § 3 Nr. 65 Satz 1 Buchst. c EStG ist nicht anwendbar. Entsprechendes gilt, wenn eine aufschiebend bedingte Abtretung rechtswirksam wird (BFH v. 9.10.2002, VI R 112/99, BStBl II 2002, 884). Dies gilt nicht nur für die Abtretung der Ansprüche aus einer Rückdeckungsversicherung bzw. die Übernahme einer Rückdeckungsversicherung während der Ansparphase, sondern auch, wenn der Versicherungsfall (Tod des Arbeitnehmers und Abtretung der Ansprüche an seine Witwe) bereits eingetreten ist (FG Niedersachsen v. 10.3.2015, 12 K 70/14, www.stotax-first.de).

Tritt ein Arbeitgeber Ansprüche aus einer von ihm mit einem Versicherer abgeschlossenen Rückdeckungsversicherung **an den Arbeitnehmer ab** und **leistet der Arbeitgeber im Anschluss hieran Beiträge an den Versicherer**, sind diese Ausgaben **Arbeitslohn** (BFH v. 5.7.2012, VI R 11/11, BStBl II 2013, 190).

Scheidet ein Arbeitnehmer wegen Beendigung des Arbeitsverhältnisses aus der Rückdeckungsversicherung aus, hat er es aber **auf Grund eines Fortführungsangebots** in der Hand, ob er sich für eine **Fortführung der Versicherung** oder eine **Auszahlung des Übertragungswerts** entscheidet, fließt ihm der sog. Übertragungswert **mit der Übertragung** zu und ist **als Arbeitslohn zu erfassen** (FG Baden-Württemberg v. 7.12.2011, 7 K 3446/08, EFG 2012, 1394).

Rückzahlung von Arbeitslohn

Inhaltsübersicht:

		Rz.
1.	Allgemeines	2578
2.	Rückzahlung von nicht versteuertem Arbeitslohn	2579
3.	Rückzahlung von versteuertem Arbeitslohn	2580
	a) Rückzahlung von Arbeitslohn im Kalenderjahr seiner Zahlung bei fortbestehendem Dienstverhältnis	2581
	b) Rückzahlung von Arbeitslohn in einem späteren Kalenderjahr bei fortbestehendem Dienstverhältnis	2582
	c) Rückzahlung von Arbeitslohn nach Beendigung des Dienstverhältnisses	2583
	d) Berücksichtigung der Rückzahlung bei der Veranlagung zur Einkommensteuer durch das Finanzamt	2584
4.	Rückzahlung von Versorgungsbezügen	2585
5.	Steuererstattungen im Billigkeitswege (§ 227 AO)	2586
6.	Rückzahlung von Sozialversicherungsbeiträgen	2587
	a) Allgemeines	2588
	b) Verrechnung	2589
	c) Erstattung	2590
7.	Steuerliche Folgen aus der Rückzahlung von Sozialversicherungsbeiträgen	2591
8.	Rückzahlung von Arbeitslohn in Fällen der Nettolohnvereinbarung	2592
9.	Rückzahlung von Arbeitslohn in den Fällen der Lohnsteuerpauschalierung nach §§ 40, 40a und 40b EStG	2593
	a) Pauschalierung nach §§ 40 Abs. 2, 40a, 40b EStG	2594
	b) Pauschalierung nach § 40 Abs. 1 EStG	2595

1. Allgemeines

2578 Die Rückzahlung zu viel gezahlten Arbeitslohns ist in der Praxis von erheblicher Bedeutung, auch für den Lohnsteuerabzug. Die Rückzahlung von Arbeitslohn setzt aber voraus, dass Güter in Geld oder Geldeswert beim Arbeitnehmer abfließen. Schüttet daher eine Versorgungskasse an ihren Träger, den Arbeitgeber, Gewinne aus, wird damit kein Arbeitslohn zurückgezahlt (BFH v. 12.11.2009, VI R 20/07, BStBl II 2010, 845).

Eine Arbeitslohnrückzahlung ist anzunehmen, wenn der Arbeitnehmer **an den Arbeitgeber** die Leistungen, die bei ihm als Lohnzahlungen zu qualifizieren waren, zurückzahlt. Dies gilt auch dann, wenn später in einem Arbeitsgerichtsprozess festgestellt wird, dass kein Arbeitsverhältnis bestanden hat (FG Köln v. 13.2.2014, 6 K 2745/10, EFG 2014, 843).

Wird aber eine Gehaltsforderung des Arbeitnehmers dadurch erfüllt, dass dieser mit seinem Arbeitgeber einen Kaufvertrag über eine Eigentumswohnung abschließt und der Kaufpreis mit der fälligen Gehaltsforderung verrechnet wird, stellt sich dann jedoch heraus, dass der Kaufvertrag zivilrechtlich mangels Eintragung des Arbeitnehmers im Grundbuch nicht erfüllt wurde, kann die Veräußerung der Eigentumswohnung durch den Arbeitgeber im Wege der Zwangsversteigerung nicht als Arbeitslohnrückzahlung angesehen werden. Der Veranlassungszusammenhang zum Arbeitsverhältnis wird durch den Abschluss des Kaufvertrags unterbrochen (BFH v. 10.8.2010, VI R 1/08, BStBl II 2010, 1074).

Aus der Stellung eines Arbeitnehmers als beherrschender Gesellschafter-Geschäftsführer einer GmbH ergeben sich keine Besonderheiten hinsichtlich des Zeitpunkts des tatsächlichen Abflusses der Rückzahlungsbeträge (FG Niedersachsen v. 19.2.2014, 9 K 217/12, EFG 2014, 903, Revision eingelegt, Az. beim BFH: VI R 13/14).

Wie die **einzelnen Fallgestaltungen** lohnsteuerlich zu behandeln sind, ist in **bundeseinheitlichen Verwaltungsregelungen zusammengefasst** (vgl. z.B. OFD Frankfurt v. 25.7.2000, S 2399 A – 1 – St II 30, www.stotax-first.de):

2. Rückzahlung von nicht versteuertem Arbeitslohn

2579 Zahlt ein Arbeitnehmer **Arbeitslohn zurück**, der im Zeitpunkt des Zuflusses **zu Recht steuerbefreit** war, so ist die Rückzahlung als ein außersteuerlicher Vorgang anzusehen. Der Arbeitnehmer kann im Jahr der Rückzahlung weder Werbungskosten noch negative Einnahmen in entsprechender Höhe geltend machen.

Dies gilt auch für den Fall, dass der Arbeitnehmer Arbeitslohn zurückzahlen muss, bei dem es sich dem Grunde nach zwar um steuerpflichtigen Arbeitslohn gehandelt hat, der aber im Zeitpunkt des Zuflusses **zu Unrecht als steuerfrei behandelt** worden ist.

Beispiel 1:
Dem Arbeitnehmer ist ein bestimmter Betrag als Reisekostenersatz steuerfrei ausgezahlt worden. Es stellt sich später heraus, dass die Voraussetzungen einer Auswärtstätigkeit nicht gegeben waren. Der Arbeitgeber fordert den zu Unrecht gewährten Betrag zurück.

Sieht der Arbeitgeber in derartigen Fällen von einer Rückforderung des zu Unrecht als steuerfrei behandelten Arbeitslohns ab, muss dieser Arbeitslohn noch nachträglich steuerlich erfasst werden.

Hat ein Arbeitnehmer das Finanzamt dazu veranlasst, die **Rückzahlung von Einnahmen** entgegen der Rechtsprechung des BFH **bereits im Jahr der Überzahlung** durch Saldierung zu berücksichtigen, so dass der Arbeitslohn zu Unrecht nicht versteuert wurde, kann er die Rückzahlung im Zeitpunkt ihrer tatsächlichen Leistung nicht nochmals einkünftemindernd geltend machen; insoweit liegt ein **Verstoß gegen den Grundsatz von Treu und Glauben** vor (BFH v. 29.1.2009, VI R 12/06, www.stotax-first.de).

Beispiel 2:
Der Arbeitnehmer erhält im Kalenderjahr 2015 eine Gehaltsüberzahlung von 10 000 €, die er am 10.3.2016 an den Arbeitgeber zurückzahlt. Der Arbeitnehmer verständigt sich mit dem Finanzamt darauf, dass der überzahlte Betrag von 10 000 € bereits vom Arbeitslohn des Kalenderjahrs 2015 abgezogen wird. Nach Bestandskraft des Einkommensteuerbescheids 2015 reicht er die Einkommensteuererklärung 2016 ein und beantragt, die Gehaltsüberzahlung vom Arbeitslohn abzuziehen. Zur Begründung verweist der Arbeitnehmer auf die BFH-Rechtsprechung, nach der die Rückzahlung überzahlter Einnahmen erst im Zeitpunkt des Abflusses steuermindernd zu berücksichtigen ist.

Die Gehaltsüberzahlung kann im Kalenderjahr 2016 nicht mehr berücksichtigt werden, weil der Arbeitnehmer durch sein Verhalten gegen den Grundsatz von Treu und Glauben verstoßen hat (BFH v. 29.1.2009, VI R 12/06, www.stotax-first.de).

3. Rückzahlung von versteuertem Arbeitslohn

2580 Zahlt ein Arbeitnehmer Arbeitslohn zurück, der dem Lohnsteuerabzug unterlegen hat, **so bleibt der früher gezahlte Arbeitslohn zugeflossen** (§ 11 Abs. 1 EStG). Die zurückgezahlten Beträge sind im Zeitpunkt der Rückzahlung (§ 11 Abs. 2 EStG) **als negative Einnahmen** zu behandeln (BFH v. 4.5.2006, VI R 17/03, BStBl II 2006, 830 und BFH v. 4.5.2006, VI R 19/03, BStBl II 2006, 832). Dies gilt selbst dann, wenn der Arbeitslohn im Zuflussjahr ermäßigt besteuert wurde (BFH v. 4.5.2006, VI R 33/03, BStBl II 2006, 911). Im Einzelnen ergeben sich folgende Fallgestaltungen:

a) Rückzahlung von Arbeitslohn im Kalenderjahr seiner Zahlung bei fortbestehendem Dienstverhältnis

2581 Hat der Arbeitnehmer Arbeitslohn **im selben Kalenderjahr zurückzuzahlen**, in dem er ihn erhalten hat, und steht er im Zeitpunkt der Rückzahlung noch in einem Dienstverhältnis zu demselben Arbeitgeber, kann dieser den zurückgezahlten Betrag **im Lohnzahlungszeitraum der Rückzahlung** oder in den auf die Rückzahlung folgenden Lohnzahlungszeiträumen sowie im Lohnsteuer-Jahresausgleich nach § 42b EStG **vom steuerpflichtigen Arbeitslohn absetzen**. Es ist auch möglich, dass der Arbeitgeber stattdessen den Lohnsteuerabzug des früheren Lohnzahlungszeitraums auf Grund der Rückzahlung entsprechend ändert.

Die Berücksichtigung des zurückgezahlten Betrags durch den Arbeitgeber ist gem. § 41c Abs. 3 EStG aber nur **bis zur Ausstellung einer Lohnsteuerbescheinigung** möglich. Kann der Arbeitgeber deswegen zurückgezahlte Beträge des Arbeitnehmers nicht mehr berücksichtigen oder macht er von seiner Berechtigung hierzu keinen Gebrauch, kann **der Arbeitnehmer** diese Beträge **bei der Veranlagung zur Einkommensteuer als negative Einnahmen geltend machen** (→ Negative Einnahmen und Werbungskosten Rz. 2124).

b) Rückzahlung von Arbeitslohn in einem späteren Kalenderjahr bei fortbestehendem Dienstverhältnis

2582 Wird Arbeitslohn nicht im Kalenderjahr der Zahlung, sondern **in einem späteren Kalenderjahr zurückgefordert**, stellen die zurückgezahlten Beträge **negative Einnahmen des Rückzahlungsjahrs** dar. Steht der Arbeitnehmer zu dem Arbeitgeber, der den Arbeitslohn überzahlt hat, noch in einem Dienstverhältnis, kann der Arbeitgeber die Rückzahlung im Lohnzahlungszeitraum der Rückzahlung oder in den auf die Rückzahlung folgenden Lohnzahlungszeiträumen sowie im Lohnsteuer-Jahresausgleich nach § 42b EStG berücksichtigen.

Kann der Arbeitgeber zurückgezahlte Beträge des Arbeitnehmers nicht mehr berücksichtigen oder macht er von seiner Berechtigung hierzu keinen Gebrauch, so gilt auch hier, dass **der Arbeitnehmer** diese Beträge **bei der Veranlagung zur Einkommensteuer als negative Einnahmen geltend** machen kann – allerdings **erst im** Rückzahlungsjahr (BFH v. 7.11.2006, VI R 2/05, BStBl II 2007, 315).

c) Rückzahlung von Arbeitslohn nach Beendigung des Dienstverhältnisses

2583 Steht ein Arbeitnehmer im Zeitpunkt der Rückzahlung von Arbeitslohn **nicht mehr in einem Dienstverhältnis** zu dem Arbeitgeber, der den Arbeitslohn überzahlt hat, kann der zurückgezahlte Betrag **nur bei einer Veranlagung zur Einkommensteuer berücksichtigt** werden.

d) Berücksichtigung der Rückzahlung bei der Veranlagung zur Einkommensteuer durch das Finanzamt

2584 Für die Berücksichtigung zurückgezahlten Arbeitslohns als negative Einnahme **bei der Veranlagung zur Einkommensteuer** ist Folgendes zu beachten:

– **Bezieht der Arbeitnehmer** im Jahr der Rückzahlung **Einkünfte aus nichtselbständiger Arbeit**, werden diese durch den zurückgezahlten Arbeitslohn (negative Einnahmen) **entsprechend gemindert**. Da es sich hierbei nicht um Werbungskosten des Arbeitnehmers handelt, wird der Arbeitnehmer-Pauschbetrag von 1 000 € in jedem Fall gewährt.

Beispiel 1:
Ein Arbeitnehmer mit einem Monatslohn von 3 500 € scheidet am 30.9.2016 aus dem Dienstverhältnis aus. Am 5.12.2016 zahlt er an seinen ehemaligen Arbeitgeber versehentlich zu viel gezahlten Arbeitslohn von 500 € zurück. In der Lohnsteuerbescheinigung ist ein Arbeitslohn von 31 500 € bescheinigt.

Die Rückzahlung des Arbeitslohns wird in der Einkommensteuerveranlagung berücksichtigt. Die Einkünfte aus nichtselbständiger Arbeit berechnen sich wie folgt:

Rückzahlung von Arbeitslohn

keine Sozialversicherungspflicht = Ⓢ̸Ⓥ
Sozialversicherungspflicht = ⓈⓋ

Arbeitslohn laut Lohnsteuerbescheinigung	31 500 €
./. Arbeitslohnrückzahlung	500 €
= Arbeitslohn	31 000 €
./. Arbeitnehmer-Pauschbetrag	1 000 €
= Einkünfte aus nichtselbständiger Arbeit	30 000 €

– Bezieht der Arbeitnehmer im Kalenderjahr der Rückzahlung **keine Einkünfte aus nichtselbständiger Arbeit**, so können die negativen Einnahmen mit anderen Einkünften im Rahmen einer Veranlagung zur Einkommensteuer ausgeglichen werden (**Verlustausgleich**).

– Soweit dem Arbeitnehmer **im Kalenderjahr der Rückzahlung keine positiven Einkünfte verbleiben**, kann er eine Erstattung von Steuern erreichen, indem er für den zurückgezahlten Arbeitslohn **einen Verlustabzug** von den positiven Einkünften des vorangegangenen Kalenderjahrs (**Verlustrücktrag**) bzw. der folgenden Kalenderjahre (**Verlustvortrag**) nach Maßgabe des § 10d EStG **beantragt**. Kommt für diese Kalenderjahre nicht bereits aus anderen Gründen eine Veranlagung zur Einkommensteuer in Betracht, kann sie der Arbeitnehmer besonders beantragen (§ 46 Abs. 2 Nr. 8 EStG).

– **Die Höhe** der bei der Veranlagung zur Einkommensteuer zu berücksichtigenden **negativen Einnahmen** ist vom Arbeitnehmer **nachzuweisen oder glaubhaft zu machen**. Der Einkommensteuererklärung sollte deshalb, wenn der Arbeitnehmer nicht über andere geeignete Unterlagen verfügt, eine entsprechende Bescheinigung des Arbeitgebers beigefügt werden.

> **Beispiel 2:**
>
> Ein Arbeitnehmer scheidet zum 31.12.2015 aus dem Dienstverhältnis aus. Der Arbeitgeber hat ihm den Januarlohn von 5 000 € bereits überwiesen. Der Arbeitnehmer zahlt den Arbeitslohn für Januar am 17.2.2016 an den Arbeitgeber zurück. Im Jahr 2016 hat der Arbeitnehmer keine weiteren steuerpflichtigen Einkünfte.
>
> Für 2016 ergibt sich ein negativer Gesamtbetrag der Einkünfte von 5 000 €. Dieser kann im Veranlagungszeitraum 2015 wie Sonderausgaben berücksichtigt werden (Verlustrücktrag). Der Arbeitnehmer kann aber auch auf Antrag ganz oder teilweise auf den Verlustrücktrag verzichten und stattdessen den Betrag in 2017 wie Sonderausgaben abziehen (Verlustvortrag).

4. Rückzahlung von Versorgungsbezügen

2585 Die oben dargestellten Grundsätze gelten auch, wenn ein Arbeitnehmer im Rahmen eines bestehenden Dienstverhältnisses Versorgungsbezüge an den Arbeitgeber zurückzahlt. Hierbei ist allerdings zu beachten, dass sich ab 2005 die Freibeträge für Versorgungsbezüge auf der Grundlage des Versorgungsbezugs für Januar 2005 bei Versorgungsbeginn vor 2005 bzw. des Versorgungsbezugs für den ersten vollen Monat bei Versorgungsbeginn ab 2005 berechnen. Die ermittelten Freibeträge gelten grundsätzlich für die gesamte Laufzeit des Versorgungsbezugs (BMF v. 19.8.2013, IV C 3 – S 2221/12/10010 :004/IV C 5 – S 2345/08/0001, BStBl I 2013, 1087, Rdnr. 170 ff. unter Berücksichtigung der Änderungen durch BMF v. 10.1.2014, IV C 3 – S 2221/12/10010 :003, BStBl I 2014, 70, BMF v. 10.4.2015, IV C 5 – S 2345/08/10001 :006, BStBl I 2015, 256 und BMF v. 1.6.2015, IV C 5 – S 2345/15/10001, BStBl I 2015, 475). Daher hat die Rückzahlung von Versorgungsbezügen keinen Einfluss auf die Höhe der monatlich zu berücksichtigenden Zuschläge für Versorgungsbezüge.

5. Steuererstattungen im Billigkeitswege (§ 227 AO)

2586 Kann der Arbeitnehmer durch die Berücksichtigung der negativen Einnahmen bei der Veranlagung zur Einkommensteuer **keinen vollen steuerlichen Ausgleich** (einschl. Progressionsnachteile) **erlangen**, kommt regelmäßig eine zusätzliche **Steuererstattung aus sachlichen Billigkeitsgründen** (§ 227 AO) **nicht in Betracht**, weil der Gesetzgeber Auswirkungen bei der Anwendung der Vorschriften des § 11 EStG (Zufluss von Einnahmen, Abfluss von Ausgaben) oder des § 10d EStG (Verlustabzug) zum Vorteil oder zum Nachteil des Stpfl. bewusst in Kauf genommen hat (s. ausführlich → *Erlass von Lohnsteuer* Rz. 1177). Möglicherweise kommt aber eine Erstattung von Steuerbeträgen **aus persönlichen Billigkeitsgründen** des Arbeitnehmers (z.B. besondere Notlage) in Betracht. Vgl. dazu → *Erlass von Lohnsteuer* Rz. 1175.

6. Rückzahlung von Sozialversicherungsbeiträgen

Wurden in der **irrtümlichen Annahme der Versicherungspflicht** 2587 oder aus sonstigen Gründen zu Unrecht Sozialversicherungsbeiträge abgeführt, so können sie erstattet bzw. mit anderen abzuführenden Beiträgen verrechnet werden.

a) Allgemeines

Eine **Rückforderung** ist jedoch **immer dann ausgeschlossen,** 2588 **wenn**

– der Versicherungsträger bis zur Geltendmachung des Erstattungsanspruchs auf Grund der entrichteten Beiträge oder

– für den Zeitraum, für den die Beiträge zu Unrecht entrichtet worden sind,

Leistungen erbracht hat. Dies gilt jedoch nicht für solche Beiträge, die für Zeiten entrichtet worden sind, die während des Bezugs von Leistungen beitragsfrei waren. Dabei steht der Erstattungsanspruch grundsätzlich dem zu, der die Beiträge tatsächlich getragen hat, i.d.R. also je zur Hälfte dem Arbeitgeber und dem Arbeitnehmer.

Rentenversicherungsbeiträge, die in der irrtümlichen Annahme der Versicherungspflicht entrichtet und nicht zurückgefordert werden oder deren Rückforderung wegen zwischenzeitlicher Leistungsgewährung ausgeschlossen ist, gelten, sofern das Recht dazu zum Zeitpunkt der Entrichtung bestand, als für die freiwillige Versicherung entrichtet.

Zu Unrecht entrichtete Arbeitslosenversicherungsbeiträge sind i.R.d. § 351 SGB III erstattungsfähig. Der Erstattungsanspruch mindert sich dabei um den Betrag der Leistung, die in der irrtümlichen Annahme der Beitragspflicht gezahlt worden ist.

b) Verrechnung

Der Arbeitgeber kann zu viel entrichtete Sozialversicherungsbei- 2589 träge in voller Höhe oder Teile hiervon verrechnen, wenn bei Verrechnung

– von Beiträgen in voller Höhe der Beginn des Zeitraums, für den die Beiträge irrtümlich entrichtet wurden, nicht länger als sechs Kalendermonate zurückliegt,

– von Teilen von Beiträgen der Zeitraum, für den die Beiträge gezahlt wurden, nicht länger als 24 Kalendermonate zurückliegt.

Die unter → Rz. 2588 beschriebenen leistungsrechtlichen Voraussetzungen bei der Erstattung von Beiträgen müssen bei der Verrechnung gleichermaßen beachtet werden. Ggf. ist dies bei den Lohnunterlagen zu dokumentieren. Alle aus Anlass der Verrechnung notwendigen Berichtigungen oder Stornierungen sind ebenfalls in den Lohnunterlagen prüffähig zu vermerken.

Zu viel entrichtete Beiträge können mit den abzuführenden Beiträgen des laufenden Abrechnungszeitraumes verrechnet werden. Bereits erstattete Entgeltmeldungen (z.B. Jahresentgeltmeldung) sind zu berichtigen.

c) Erstattung

Zu Unrecht entrichtete und nicht verrechnete Beiträge werden auf 2590 Antrag durch die Krankenkasse erstattet. Stellt sie dabei fest, dass für das Erstattungsverfahren der Träger der Rentenversicherung oder die Bundesagentur für Arbeit zuständig ist, leitet sie den Antrag zur abschließenden Bearbeitung dorthin weiter (→ *Beitragserstattung* Rz. 587). Rentenversicherungsbeiträge, die nicht mehr beanstandet werden dürfen, gelten als zu Recht entrichtete Pflichtbeiträge und dürfen nicht erstattet werden.

Zu Unrecht entrichtete Rentenversicherungsbeiträge, die bereits verjährt sind, gelten als zu Recht entrichtete Rentenversicherungsbeiträge. Die Erstattung der Rentenversicherungsbeiträge scheidet danach insoweit aus, als der Erstattungsanspruch bereits verjährt ist. Der Erstattungsanspruch verjährt in vier Jahren nach Ablauf des Kalenderjahrs, in dem die Beiträge entrichtet worden sind.

7. Steuerliche Folgen aus der Rückzahlung von Sozialversicherungsbeiträgen

2591 Wird bei der Rückzahlung von Arbeitslohn auch die sozialversicherungsrechtliche Behandlung rückgängig gemacht, ist Folgendes zu beachten:

- Fordert der Arbeitgeber vom Arbeitnehmer den Bruttoarbeitslohn **ohne Kürzung** um den **Arbeitnehmeranteil** zur Sozialversicherung zurück und **erstattet er dem Arbeitnehmer später diesen Anteil**, weil er den Betrag von dem für alle Arbeitnehmer des Betriebs abzuführenden Sozialversicherungsbeiträgen gekürzt oder vom Sozialversicherungsträger erstattet erhalten hat, so stellt die Vergütung keinen steuerpflichtigen Arbeitslohn dar. Fordert der Arbeitgeber dagegen vom Arbeitnehmer **den Bruttoarbeitslohn zunächst gekürzt um den Arbeitnehmeranteil zur Sozialversicherung zurück** und behält er die durch Verrechnung zurückerhaltenen Arbeitnehmeranteile zurück, stellen diese ebenfalls zurückgezahlten Arbeitslohn des Arbeitnehmers dar. Dies gilt unabhängig davon, ob die Sozialversicherungsbeiträge in demselben oder im nachfolgenden Kalenderjahr verrechnet werden.

- Die zurückgezahlten **Arbeitnehmeranteile** zur Sozialversicherung **mindern** im Rückzahlungsjahr **die als Vorsorgeaufwendungen abziehbaren Sozialversicherungsbeiträge**. Der Arbeitgeber hat dies bei der Bescheinigung der einbehaltenen Sozialversicherungsbeiträge zu berücksichtigen.

- Die Erstattung des **Arbeitgeberanteils** zur gesetzlichen Sozialversicherung spielt sich nur im Verhältnis des Arbeitgebers zu den Sozialversicherungsträgern ab und **hat keine Auswirkungen auf die Besteuerung des Arbeitslohns**.

8. Rückzahlung von Arbeitslohn in Fällen der Nettolohnvereinbarung

2592 Für die steuerliche Behandlung von zurückgezahltem Arbeitslohn bei Vorliegen einer Nettolohnvereinbarung gelten die oben genannten Ausführungen entsprechend.

Eine Rückzahlung von Arbeitslohn liegt auch dann vor, wenn der Arbeitnehmer die vom Finanzamt erhaltene Steuererstattung vereinbarungsgemäß an den Arbeitgeber weiterleitet. Selbst wenn das Finanzamt die Steuererstattung auf Grund einer Abtretungserklärung direkt dem Arbeitgeber auszahlt, liegt eine Rückzahlung von Arbeitslohn vor, denn Steuerschuldner und damit auch Erstattungsberechtigter ist der Arbeitnehmer und nicht der Arbeitgeber. Einzelheiten zur Nettolohnvereinbarung → *Nettolöhne* Rz. 2130.

9. Rückzahlung von Arbeitslohn in den Fällen der Lohnsteuerpauschalierung nach §§ 40, 40a und 40b EStG

2593 Die Rückzahlung von Arbeitslohn, der unter Übernahme der Lohnsteuer durch den Arbeitgeber nach

- § 40 EStG (→ *Pauschalierung der Lohnsteuer* Rz. 2174),
- § 40a EStG (→ *Pauschalierung der Lohnsteuer bei Aushilfskräften* Rz. 2190, → *Pauschalierung der Lohnsteuer bei geringfügig Beschäftigten* Rz. 2215),
- § 40b EStG (→ *Zukunftssicherung: Betriebliche Altersversorgung* Rz. 3313)

pauschal versteuert worden ist, **hat keine negativen Einnahmen beim Arbeitnehmer zur Folge**. Die Rückzahlung führt vielmehr **zu einem Erstattungsanspruch des Arbeitgebers**. Für die Ermittlung eines eventuellen Steuererstattungsanspruchs sind folgende Fälle zu unterscheiden:

a) Pauschalierung nach §§ 40 Abs. 2, 40a, 40b EStG

2594 Bei diesen Pauschalierungsvorschriften wird die Lohnsteuer mit **festen Steuersätzen pauschaliert** (z.B. 15 % oder 20 %).

Der Arbeitgeber kann den vom Arbeitnehmer zurückgezahlten pauschal versteuerten Arbeitslohn im **Zeitpunkt der Rückzahlung** mit entsprechenden pauschal zu versteuernden Leistungen **verrechnen**, ohne dass es auf die Höhe des ehemaligen Pauschsteuersatzes ankommt.

Soweit eine Verrechnung des zurückgezahlten Arbeitslohns mit entsprechenden Zahlungen im gleichen Anmeldungszeitraum nicht möglich ist, **ergibt sich für den Arbeitgeber ein Steuererstattungsanspruch**. Der Berechnung dieses Anspruchs ist der entsprechende, im Zeitpunkt der Rückzahlung geltende Pauschsteuersatz zu Grunde zu legen. Wegen der Rückzahlung von nach § 40b EStG pauschal besteuertem Arbeitslohn vgl. → *Zukunftssicherung: Betriebliche Altersversorgung* Rz. 3327.

b) Pauschalierung nach § 40 Abs. 1 EStG

2595 Bei dieser Pauschalierungsvorschrift wird die Lohnsteuer mit einem **besonders ermittelten Steuersatz** pauschaliert.

In diesem Fall darf der zurückgezahlte Arbeitslohn nicht mit entsprechenden positiven Zahlungen im gleichen Anmeldungszeitraum verrechnet werden. Die Rückzahlung führt deshalb generell zu einem Steuererstattungsanspruch des Arbeitgebers. Dabei kann **aus Vereinfachungsgründen von dem Betrag ausgegangen** werden, der vorher als pauschale Lohnsteuer für die zurückgezahlten Beträge abgeführt worden ist.

Rufbereitschaft

→ *Bereitschaftsdienst* Rz. 638

Ruhestandsbeamte

2596 Personen, die nach beamtenrechtlichen Vorschriften oder Grundsätzen oder entsprechenden kirchenrechtlichen Regelungen oder nach den Regelungen einer berufsständischen Versorgungseinrichtung eine Versorgung nach Erreichen einer Altersgrenze beziehen und daneben noch eine Beschäftigung ausüben, sind in der **Rentenversicherung versicherungsfrei**. Um Wettbewerbsvorteile zu verhindern, hat der Arbeitgeber für diese Beschäftigten, obwohl diese rentenversicherungsfrei sind, den Arbeitgeberbeitragsanteil zu zahlen (→ *Beiträge zur Sozialversicherung* Rz. 548). Bei Beamten bzw. beamtenähnlichen Personen, die bereits **vor Erreichen der jeweils maßgeblichen Altersgrenze in den Ruhestand versetzt werden** (sog. einstweiliger Ruhestand), tritt jedoch **keine Rentenversicherungsfreiheit** ein (vgl. BSG v. 25.3.2004, B 12 KR 9/02, www.stotax-first.de).

Sabbatjahr

2597 Nach verschiedenen v.a. im öffentlichen Dienst eingeführten Arbeitszeitmodellen ist es möglich, **ein Jahr von der Arbeit freigestellt** zu werden. Grundlage ist, dass das Gehalt

- in den Jahren der „Arbeitsphase" gekürzt
- und als Ausgleich in der „Freizeitphase" weitergezahlt wird.

Lohnsteuerlich ergibt sich Folgendes:

- Sowohl in der Arbeits- als auch in der Freizeitphase ist nur der **reduzierte Arbeitslohn** der Besteuerung zu Grunde zu legen.
- Der in der **Freizeitphase weitergezahlte Arbeitslohn ist „normal" zu versteuern**. Es handelt sich dabei nicht um nach § 34 Abs. 1 EStG tarifmäßigt („Fünftelregelung") zu versteuernde Bezüge (→ *Entschädigungen* Rz. 1134). Dies kommt nur in Betracht, wenn das Sabbatjahr nicht in Anspruch genommen wird oder werden kann und deshalb Arbeitslohn nachgezahlt wird (z.B. bei Krankheit oder vorzeitigem Ausscheiden aus dem Dienstverhältnis).
- Wenn das Sabbatjahr vorgeschaltet ist und die anschließende Arbeitsphase nicht oder nicht vollständig erfüllt wird, muss **im Sabbatjahr gezahlter Arbeitslohn zurückgezahlt** werden. Diese Rückzahlungen stellen „**negativen Arbeitslohn**" dar, der im Jahr der Rückzahlung mit laufendem Arbeitslohn zu verrechnen ist (→ *Rückzahlung von Arbeitslohn* Rz. 2578).

Beispiel:
A erhält fünf Jahre lang nur ein um 20 % reduziertes Gehalt. Nach diesen fünf Jahren bleibt er ein Jahr zu Hause, das Gehalt wird weitergezahlt. Das in der Freizeitphase weitergezahlte Gehalt unterliegt dem normalen Lohnsteuerabzug.

S. auch → *Arbeitszeitmodelle* Rz. 279.

Sachbezüge

Inhaltsübersicht: Rz.
1. Lohnsteuer   2598
   a) Allgemeines   2598
   b) Berechnung der Lohnsteuer   2599
   c) Bewertungsvorschriften   2600
   d) Bewertung der Sachbezüge nach § 8 Abs. 2 EStG   2601
   e) Anwendung der Freigrenze von 44 €   2605
2. Umsatzsteuer   2606
   a) Allgemeines   2606
   b) Umsatzsteuerbare Sachzuwendungen   2607
   c) Umsatzsteuerbefreiungen   2608
   d) Bemessungsgrundlage   2609
   e) Einzelfälle   2610
3. Sozialversicherung   2620
   a) Allgemeines   2620
   b) Unterkunft und Verpflegung   2621
   c) Freie Wohnung   2622
   d) Sonstige Sachbezüge   2623
   e) Beitragsberechnung   2624

1. Lohnsteuer

a) Allgemeines

2598 Fließt dem Arbeitnehmer Arbeitslohn in Form von Sachbezügen zu, so sind diese **ebenso wie Barlohnzahlungen** entweder dem laufenden Arbeitslohn oder den sonstigen Bezügen zuzuordnen (R 39b.2 LStR). **Für die Besteuerung unentgeltlicher Sachbezüge ist deren Geldwert maßgebend.** Sachbezüge i.S.d. § 8 Abs. 2 EStG sind alle **nicht in Geld bestehenden Einnahmen.** Ob Barlöhne oder Sachbezüge vorliegen, entscheidet sich **nach dem Rechtsgrund des Zuflusses,** also auf Grundlage der arbeitsvertraglichen Vereinbarungen danach, was der Arbeitnehmer vom Arbeitgeber beanspruchen kann. Es kommt nicht darauf an, auf welche Art und Weise der Arbeitgeber den Anspruch erfüllt und seinem Arbeitnehmer den zugesagten Vorteil verschafft (BFH v. 11.11.2010, VI R 21/09, BStBl II 2011, 383; BFH v. 11.11.2010, VI R 27/09, BStBl II 2011, 386; BFH v. 11.11.2010, VI R 41/10, BStBl II 2011, 389).

Ein Sachbezug ist z.B. gegeben bei

– einer **Zahlung des Arbeitgebers** an den Arbeitnehmer, die **mit der Auflage verbunden** ist, den empfangenen **Geldbetrag nur in bestimmter Weise zu verwenden,**

– einem dem Arbeitnehmer durch den Arbeitgeber **eingeräumten Recht,** bei einer Tankstelle **zu tanken,**

– einem **Gutschein** über einen in Euro lautenden **Höchstbetrag** für Warenbezug.

Ein **Sachbezug liegt nicht vor,** wenn der Arbeitnehmer **an Stelle der Sachleistung Barlohn verlangen** kann.

Die Auszahlung von Arbeitslohn in **Fremdwährung** ist **kein Sachbezug** (R 8.1 Abs. 1 Satz 6 LStR). Bei Auszahlung von Teilen des Arbeitslohns **in einer gängigen ausländischen Währung** sind daher die 44 €-Freigrenze und der Bewertungsabschlag von 4 % nach R 8.1 Abs. 2 Satz 3 LStR **nicht anwendbar** (BFH v. 27.10.2004, VI R 29/02, BStBl II 2005, 135).

> **Beispiel:**
> Ein Arbeitgeber zahlt eine Lohnzulage i.H.v. 45 € nicht in Euro, sondern unter Zugrundelegung des maßgebenden Umrechnungskurses in US-Dollar aus.
> Die gezahlten US-Dollar sind nicht als Sachbezug i.S.v. § 8 Abs. 2 EStG anzusehen, so dass der Betrag von 45 € voll als steuer- und beitragspflichtiger Arbeitslohn anzusehen ist (R 8.1 Abs. 1 Satz 6 LStR).

Erhält der Arbeitnehmer die Sachbezüge nicht unentgeltlich, so ist der **Unterschiedsbetrag** zwischen dem Geldwert des Sachbezugs und dem tatsächlichen Entgelt zu versteuern. Dabei darf der vom Arbeitgeber gezahlte oder im Rahmen der Lohnabrechnung verrechnete Betrag den Bruttoarbeitslohn nicht mindern. Der Geldwert ist entweder durch Einzelbewertung zu ermitteln oder mit einem amtlichen Sachbezugswert anzusetzen. Im Einzelnen kommen für die Bewertung der Sachbezüge folgende Bewertungsvorschriften in Betracht:

– **Einzelbewertung** (§ 8 Abs. 2 Satz 1 EStG),

– **Besondere Bewertung der privaten Nutzung eines betrieblichen Kraftfahrzeugs** (§ 8 Abs. 2 Sätze 2 bis 5 EStG; → *Firmenwagen zur privaten Nutzung* Rz. 1226),

– **Amtliche Sachbezugswerte** (§ 8 Abs. 2 Satz 6 EStG),

– **Durchschnittswerte** (§ 8 Abs. 2 Satz 10 EStG),

– **Besondere Bewertungsvorschriften** (§ 8 Abs. 3 EStG; → *Rabatte* Rz. 2345).

Die steuerliche Behandlung von Sachbezügen ist, soweit sich von den nachstehend dargestellten Grundsätzen Abweichendes ergibt, unter den jeweiligen Stichworten erläutert.

b) Berechnung der Lohnsteuer

2599 Gewährt der Arbeitgeber den Arbeitnehmern Sachbezüge, so ist deren Geldwert dem laufenden Arbeitslohn hinzuzurechnen. Hat der **Arbeitnehmer** für den Sachbezug eine **Zahlung zu leisten,** die auch mit dem auszuzahlenden Arbeitslohn verrechnet werden kann, so ist nur die **Differenz** zwischen dem Geldwert des Sachbezugs und der Zahlung des Arbeitnehmers hinzuzurechnen. Die Zahlung des Arbeitnehmers darf nicht vom Bruttogehalt, sondern **nur vom Nettobetrag** abgezogen werden.

Verzichtet der Arbeitnehmer allerdings **unter Änderung des Anstellungsvertrags** auf einen Teil seines Barlohns und gewährt ihm der Arbeitgeber stattdessen einen Sachbezug (z.B. in Form eines Nutzungsvorteils), so ist nur der verbleibende Barlohn mit dem Nennwert und der Sachbezug mit den Werten des § 8 Abs. 2 und 3 EStG anzusetzen (BFH v. 20.8.1997, VI B 83/97, BStBl II 1997, 667). Einzelheiten hierzu → *Firmenwagen zur privaten Nutzung* Rz. 1244.

Will der **Arbeitgeber die Lohnsteuer** für die dem Arbeitnehmer gewährten Sachbezüge **übernehmen,** so muss die Lohnsteuer für den Sachbezug als „Nettolohn" ermittelt werden (→ *Nettolöhne* Rz. 2126).

c) Bewertungsvorschriften

2600 Für die Frage, welche Bewertungsvorschrift der Arbeitgeber für den verbilligten oder unentgeltlichen Bezug von Sachbezügen anzuwenden hat, kommt es entscheidend darauf an, ob der **Rabattfreibetrag von 1 080 €** zum Abzug kommt oder nicht. Die besondere Regelung des Rabattfreibetrags nach § 8 Abs. 3 EStG geht der Einzelbewertung nach allgemeiner Vorschrift und der Bewertung mit amtlichen Sachbezugswerten grundsätzlich vor.

Der Arbeitgeber muss also bei der Bewertung von Sachbezügen stets **folgende zwei Entscheidungskriterien prüfen:**

– Kann auf den gewährten Sachbezug der Rabattfreibetrag von 1 080 € angewendet werden?

– Soll der Sachbezug pauschal nach § 40 Abs. 1 EStG versteuert werden?

Einzelheiten und eine Übersicht hierzu → *Rabatte* Rz. 2347.

Der Arbeitnehmer hat im Rahmen seiner Einkommensteuerveranlagung **die Wahl,** die Höhe des geldwerten Vorteils entweder nach der Regelung des § 8 Abs. 2 Satz 1 EStG ohne Bewertungsabschlag und Rabattfreibetrag oder mit diesen Abschlägen auf der Grundlage des Endpreises des Arbeitgebers nach § 8 Abs. 3 EStG bewerten zu lassen. Dem **Arbeitgeber** bleibt es unbenommen, im Lohnsteuerabzugsverfahren den geldwerten Vorteil nach § 8 Abs. 3 EStG zu bewerten. Er ist **nicht verpflichtet,** den geldwerten Vorteil nach § 8 Abs. 2 Satz 1 EStG zu bewerten (BMF v. 16.5.2013, IV C 5 – S 2334/07/0011, BStBl I 2013, 729). Damit folgt die Finanzverwaltung der Rechtsprechung (BFH v. 5.9.2006, VI R 41/02, BStBl II 2007, 309; BFH v. 26.7.2012, VI R 30/09, BStBl II 2013, 400; BFH v. 26.7.2012, VI R 27/11, BStBl II 2013, 402). Der Arbeitnehmer hat den im Lohnsteuerabzugsverfahren der Besteuerung zu Grunde gelegten Endpreis i.S.d. § 8 Abs. 3 Satz 1 EStG und den Endpreis i.S.d. § 8 Abs. 2 Satz 1 EStG **nachzuweisen** (z.B. formlose Mitteilung des Arbeitgebers, Ausdruck eines günstigeren inländischen Angebots im Zeitpunkt des Zuflusses). Einzelheiten hierzu → *Rabatte* Rz. 2348.

Hinsichtlich der Bewertung von Sachbezügen, auf die der Rabattfreibetrag anwendbar ist, s. → *Rabatte* Rz. 2345. **Nachfolgend soll die Bewertung der Sachbezüge nach § 8 Abs. 2 EStG erläutert werden.**

☒ = keine Lohnsteuerpflicht
☒ = Lohnsteuerpflicht

Sachbezüge

d) Bewertung der Sachbezüge nach § 8 Abs. 2 EStG
aa) Amtliche Sachbezugswerte und Durchschnittswerte

2601 Amtliche Sachbezugswerte werden durch die SvEV oder durch Erlasse der obersten Landesfinanzbehörden nach § 8 Abs. 2 Satz 10 EStG festgesetzt. **Die amtlichen Sachbezugswerte sind, soweit nicht zulässigerweise § 8 Abs. 3 EStG angewandt wird, ausnahmslos für die Sachbezüge maßgebend, für die sie bestimmt sind.** Eine Prüfung, ob die Sachbezugswerte möglicherweise offensichtlich unzutreffend sind, ist nicht möglich; die Sachbezugswerte sind zwingend für die Besteuerung zu übernehmen (BFH v. 7.1.2004, VI B 108/02, www.stotax-first.de), dies gilt auch, wenn der übliche Endpreis am Abgabeort unter dem Wert der SvEV liegt (BFH v. 23.8.2007, VI R 74/04, BStBl II 2007, 948). Die Sachbezugswerte nach der SvEV gelten nach § 8 Abs. 2 Satz 7 EStG auch für Arbeitnehmer, die nicht der gesetzlichen Rentenversicherungspflicht unterliegen. Die amtlichen Sachbezugswerte gelten auch dann, wenn in einem Tarifvertrag, einer Betriebsvereinbarung oder in einem Arbeitsvertrag für Sachbezüge höhere oder niedrigere Werte festgesetzt worden sind. Sie gelten **nicht**, wenn die vorgesehenen Sachbezüge durch **Barvergütungen abgegolten** werden (BFH v. 16.3.1962, VI 297/61 U, BStBl III 1962, 284); in diesen Fällen sind grundsätzlich die Barvergütungen zu versteuern. Werden die Barvergütungen nur gelegentlich oder vorübergehend gezahlt, z.B. bei tageweiser auswärtiger Beschäftigung, für die Dauer einer Krankheit oder eines Urlaubs, so sind die amtlichen Sachbezugswerte weiter anzuwenden, wenn mit der Barvergütung nicht mehr als der tatsächliche Wert der Sachbezüge abgegolten wird; geht die Barvergütung über den tatsächlichen Wert der Sachbezüge hinaus, so ist die Barvergütung der Besteuerung zu Grunde zu legen (R 8.1 Abs. 4 Satz 4 LStR).

Durch die **SvEV** sind Sachbezugswerte festgesetzt worden für

– **Verpflegung** (Frühstück, Mittag- und Abendessen), → *Mahlzeiten* Rz. 1958, und

– **Unterkunft**, → *Dienstwohnung* Rz. 807.

Zur Höhe der Sachbezugswerte → *Anhang, B. Sozialversicherung* Rz. 3399.

Für den Bereich der **Seeschifffahrt und Fischerei** werden **keine Sachbezugswerte** für Verpflegung **mehr festgesetzt**, stattdessen sind die vom zuständigen **Ausschuss der Berufsgenossenschaft für Transport und Verkehrswirtschaft** festgesetzten Werte der Besteuerung des Arbeitslohns zu Grunde zu legen (gleich lautende Erlasse der FinMin Bremen, Hamburg, Mecklenburg-Vorpommern, Niedersachsen und Schleswig-Holstein v. 15.6.2015, BStBl I 2015, 512).

Für 2016 wird der Ausschuss voraussichtlich folgende **Werte** festsetzen:

– für Beköstigung im Bereich der **Seeschifffahrt** (Kauffahrtei) und im Bereich der **Fischerei** monatlich 237 €,

– für Teilbeköstigung im Bereich der **Kleinen Hochseefischerei und der Küstenfischerei** monatlich 51 € für Frühstück und 93 € für Mittag- und Abendessen,

– für Beköstigung im Bereich der **Kanalsteurer** monatlich 45 €, für halbpartfahrende Kanalsteurer 22,50 € und für Kanalsteueranwärter 24 €.

Durch Erlasse der obersten Landesfinanzbehörden nach § 8 Abs. 2 Satz 10 EStG sind **Durchschnittswerte** z.B. festgesetzt worden für

– die Bewertung der Überlassung von **Fahrrädern** einschließlich Elektrofahrrädern (Einzelheiten → *Fahrrad* Rz. 1187),

– die Bewertung der Überlassung von **Rundfunk- und Fernsehgeräten** (Einzelheiten → *Fernsehgerät: Zuwendung an Arbeitnehmer* Rz. 1213),

– die Bewertung der **von Luftfahrtunternehmen gewährten Flüge** (Einzelheiten → *Freiflüge* Rz. 1333).

bb) Besondere Bewertung der privaten Nutzung eines betrieblichen Kraftfahrzeugs

2602 Für die private Nutzung eines betrieblichen Kraftfahrzeugs durch den Arbeitnehmer enthält § 8 Abs. 2 Sätze 2 bis 5 EStG besondere Bewertungsvorschriften. Einzelheiten hierzu → *Firmenwagen zur privaten Nutzung* Rz. 1226.

cc) Einzelbewertung von Sachbezügen

Sachbezüge, für die keine amtlichen Sachbezugswerte festgesetzt sind und die nicht nach § 8 Abs. 2 Satz 2 bis 5 EStG oder § 8 Abs. 3 EStG unter Berücksichtigung des Rabattfreibetrags von 1 080 € bewertet werden, sind nach § 8 Abs. 2 Satz 1 EStG mit den **um übliche Preisnachlässe geminderten** üblichen Endpreisen am Abgabeort im Zeitpunkt der Abgabe anzusetzen.

2603

Als Endpreis am Abgabeort kann auch der **nachgewiesene günstigste Preis** einschließlich sämtlicher Nebenkosten, zu dem die konkrete Ware oder Dienstleistung mit vergleichbaren Bedingungen an Endverbraucher ohne individuelle Preisverhandlungen im Zeitpunkt des Zuflusses am Markt angeboten wird, **angesetzt** werden. In diesem Fall ist die Vereinfachungsregelung nach R 8.1 Abs. 2 Satz 9 LStR nicht anzuwenden. **Markt** in diesem Sinne sind **alle gewerblichen Anbieter**, von denen der Stpfl. die konkrete Ware oder Dienstleistung **im Inland unter Einbeziehung allgemein zugänglicher Internetangebote** oder auf sonstige Weise **gewöhnlich beziehen kann** (BMF v. 16.5.2013, IV C 5 – S 2334/07/0011, BStBl I 2013, 729).

Die Frage, ob ein geldwerter Vorteil i.S.v. § 8 Abs. 2 EStG durch die verbilligte Ware oder Dienstleistung gegeben ist, ist anhand des **üblichen Endpreises für die konkrete Ware oder Dienstleistung** zu ermitteln (BFH v. 30.5.2001, VI R 123/00, BStBl II 2002, 230). Denn ein geldwerter Vorteil ist nach Ansicht des BFH auch dann gegeben, wenn der übliche Endpreis für funktionsgleiche und qualitativ gleichwertige Waren oder Dienstleistungen anderer Hersteller oder Dienstleister geringer ist als der der konkreten Ware oder Dienstleistung, die verbilligt überlassen wird.

Dem Arbeitgeber bleibt es unbenommen, im Lohnsteuerabzugsverfahren einen um übliche Preisnachlässe geminderten üblichen Endpreis am Abgabeort anzusetzen. Er ist nicht verpflichtet, den günstigsten Preis am Markt zu ermitteln. Der Arbeitnehmer kann im Rahmen seiner Einkommensteuerveranlagung den geldwerten Vorteil mit dem günstigsten Preis am Markt bewerten.

Der Arbeitgeber hat die Grundlagen für den ermittelten und der Lohnversteuerung zu Grunde gelegten Endpreis als Belege zum Lohnkonto aufzubewahren, zu dokumentieren und dem Arbeitnehmer auf Verlangen formlos mitzuteilen (BMF v. 16.5.2013, IV C 5 – S 2334/07/0011, BStBl I 2013, 729).

Bei einem **umfangreichen Warenangebot**, von dem fremde Letztverbraucher ausgeschlossen sind, kann der übliche Preis einer Ware auch auf Grund **repräsentativer Erhebungen** über die relative Preisdifferenz für die gängigsten Einzelstücke jeder Warengruppe ermittelt werden (R 8.1 Abs. 2 Satz 2 LStR).

Erhält der Arbeitnehmer eine Ware oder Dienstleistung, die nach § 8 Abs. 2 Satz 1 EStG zu bewerten ist, kann sie **aus Vereinfachungsgründen mit 96 % des Endpreises** bewertet werden, zu dem sie der Abgebende oder dessen Abnehmer fremden Letztverbrauchern im allgemeinen Geschäftsverkehr anbietet. Dies gilt nicht, wenn als Endpreis der günstigste Preis am Markt angesetzt, ein Sachbezug durch eine (zweckgebundene) Geldleistung des Arbeitgeber verwirklicht oder ein Warengutschein mit Betragsangabe hingegeben wird (R 8.1 Abs. 2 Satz 3 und 4 LStR).

Auf den so ermittelten ortsüblichen Preis ist die **Freigrenze von 44 €** anzuwenden (→ Rz. 2605). Das bedeutet, dass die Sachbezüge bei der Besteuerung außer Ansatz bleiben, wenn deren Wert monatlich 44 € nicht übersteigt.

> **Beispiel 1:**
> Ein Elektrofachgeschäft gewährt den Arbeitnehmern der Muttergesellschaft einen Rabatt von 12 %. Ein Arbeitnehmer der Muttergesellschaft kauft einen Fernseher für 660 €. Der normale Ladenpreis beträgt 750 €.
>
> Der Rabatt, den der Arbeitnehmer erhält, gehört zum steuerpflichtigen Arbeitslohn. Die Anwendung des Rabattfreibetrags kommt nicht in Betracht, da es sich um einen Konzern-Arbeitnehmer handelt. Maßgeblich ist der um übliche Preisnachlässe geminderte übliche Endpreis. Wird festgestellt, dass ein solcher Fernseher in anderen Geschäften z.B. einen Preis von 700 € hat, ist dieser Preis maßgebend, so dass der Arbeitnehmer einen geldwerten Vorteil von 40 € (700 € ./. 660 €) hat, der unter Berücksichtigung der Freigrenze von 44 € außer Ansatz bleibt. Kann der Arbeitgeber den üblichen Endpreis nicht feststellen, so kann er folgendermaßen rechnen:

Sachbezüge

keine Sozialversicherungspflicht = (SV durchgestrichen)
Sozialversicherungspflicht = (SV)

Endpreis des Elektrofachgeschäfts	750 €
./. 4 % Abschlag	30 €
= üblicher Endpreis aus Vereinfachungsgründen	720 €
./. Zahlung des Arbeitnehmers	660 €
= geldwerter Vorteil	60 €

Da die Freigrenze von 44 € überschritten ist, muss der geldwerte Vorteil **in voller Höhe** versteuert werden.

Beispiel 2:
Sachverhalt wie Beispiel 1. Im Rahmen seiner Einkommensteuererklärung weist der Arbeitnehmer nach, dass er den Fernseher im Internet auch für 660 € hätte erwerben können.
Der Arbeitnehmer hat keinen geldwerten Vorteil zu versteuern, weil der Kaufpreis und nachgewiesener günstigster Preis am Markt identisch sind. Hat der Arbeitgeber im Lohnsteuerabzugsverfahren einen geldwerten Vorteil von 60 € versteuert (vgl. Beispiel 1), wird das Finanzamt den steuerpflichtigen Arbeitslohn um 60 € mindern.

Lässt sich für den in Form überwiegend **unentgeltlicher Schiffskreuzfahrten** eines Reederei-Mitarbeiters in Begleitung der Lebensgefährtin gewährten geldwerten Vorteil auf Grund der **Abweichung der Reiseleistungen von den Katalogleistungen kein Marktpreis feststellen**, ist der übliche Preis i.S.d. § 8 Abs. 2 Satz 1 EStG zum Zeitpunkt des Reiseantritts oder kurz davor als maßgebenden Bewertungsstichtag unter Beachtung der einer Restplatzverwertung entsprechenden Ausgestaltung **zu schätzen**, wenn bis dahin wegen vorbehaltender Kabinenverfügbarkeit die tatsächliche Reiseteilnahme unsicher ist. Dies gilt unabhängig vom Grad der Wahrscheinlichkeit einer kurzfristigen Absage. Im Rahmen der Wertermittlung des geldwerten Vorteils der Reiseleistung durch Schätzung ist neben der Gegenüberstellung von wertmindernden und werterhöhenden Umständen abzuwägen, welchen Einfluss die Tatsache auf den Wert des Vorteils hat, dass die Reiseleistung Bestandteil einer Restplatzverwertung ist (FG Schleswig-Holstein v. 4.9.2013, 2 K 23/12, EFG 2013, 2011).

dd) Sonderregelung in der Automobilbranche

2604 Wird Arbeitnehmern beim Erwerb eines Kraftfahrzeugs unter Mitwirkung des Arbeitgebers ein Preisvorteil von dritter Seite eingeräumt, so gehört dieser Preisvorteil zum Arbeitslohn und ist nach § 8 Abs. 2 EStG auf der Grundlage des üblichen Endpreises zu ermitteln (→ *Rabatte* Rz. 2359).

In der Automobilbranche ist **die Feststellung des üblichen Endpreises mit Schwierigkeiten** verbunden. Dies liegt insbesondere daran, dass der einzelne Verkaufspreis eines Kraftfahrzeugs sehr hoch ist und sich bereits Abweichungen von 1 % bei der Feststellung des Endpreises erheblich auswirken.

Daher hat die Finanzverwaltung folgende **Vereinfachungsregelung** zugelassen (BMF v. 28.8.1998, IV B 6 – S 2334 – 88/98, www.stotax-first.de, unter Berücksichtigung der Änderungen durch BMF v. 18.12.2009, IV C 5 – S 2334/09/10006, BStBl I 2010, 20 i.V.m. BMF v. 16.5.2013, IV C 5 – S 2334/07/0011, BStBl I 2013, 729):

„Zur Feststellung des Endpreises von Kraftfahrzeugen ist mit BMF v. 18.12.2009, IV C 5 – S 2334/09/10006, BStBl I 2010, 20 i.V.m. BMF v. 16.5.2013, IV C 5 – S 2334/07/0011, BStBl I 2013, 729 eine besondere Vereinfachungsregelung getroffen worden. Hiernach wird es nicht beanstandet, wenn der Preis angenommen wird, der sich ergibt, wenn der Preisnachlass, der durchschnittlich beim Verkauf an fremde Letztverbraucher tatsächlich gewährt wird, vom Listenpreis abgezogen wird (→ *Rabatte* Rz. 2354). Daraus folgt für die Rabattgewährung von dritter Seite auf Grund von Rahmenabkommen:

1. Der übliche Endpreis nach § 8 Abs. 2 EStG ist grundsätzlich anhand der Verkaufszahlen des Abgabeorts zum Zeitpunkt der Abgabe zu ermitteln.
2. Aus Vereinfachungsgründen kann der Endpreis des § 8 Abs. 2 EStG mit 96 % des Angebotspreises i.S.d. § 8 Abs. 3 EStG angesetzt werden (R 8.1 Abs. 2 Satz 9 LStR). Dies ist im Kraftfahrzeuggewerbe entweder
   – der tatsächliche Angebotspreis des Dritten, z.B. dessen Hauspreis, oder
   – der nach der o.a. Vereinfachungsregelung ermittelte Angebotspreis."

Beispiel:
Ein Arbeitnehmer erwirbt auf Grund eines Rahmenabkommens mit einem Automobilhersteller ein Fahrzeug zum Preis von 17 000 €.
a) Der übliche Endpreis am Abgabeort beträgt 17 900 €.
b) Der Hauspreis des Händlers beträgt 18 500 €.
c) Der Listenpreis des Fahrzeugs beträgt 20 000 €. Der durchschnittliche Rabatt für dieses Fahrzeug beträgt laut Händlerverkaufsstatistik des Automobilunternehmens 12,50 %.

Der geldwerte Vorteil kann wie folgt ermittelt werden:

a) üblicher Endpreis am Abgabeort

üblicher Endpreis am Abgabeort	17 900 €
./. Kaufpreis des Arbeitnehmers	17 000 €
= geldwerter Vorteil	900 €

b) Hauspreis des Händlers

Hauspreis des Händlers	18 500 €
./. 4 % Abschlag	740 €
= üblicher Endpreis aus Vereinfachungsgründen	17 760 €
./. Kaufpreis des Arbeitnehmers	17 000 €
= geldwerter Vorteil	760 €

c) Angebotspreis lt. BMF

Listenpreis des Automobilunternehmens	20 000 €
./. durchschnittlicher Rabatt (12,50 %)	2 500 €
= Angebotspreis	17 500 €
./. 4 % Abschlag	700 €
= üblicher Endpreis aus Vereinfachungsgründen	16 800 €
./. Kaufpreis des Arbeitnehmers	17 000 €
= geldwerter Vorteil	0 €

e) Anwendung der Freigrenze von 44 €

Die Freigrenze von 44 € gilt nur für Sachbezüge, die mit dem um **2605** übliche Preisnachlässe geminderten **üblichen Endpreis am Abgabeort** bewertet werden.

Für Sachbezüge, die mit dem amtlichen **Sachbezugswert** nach der SvEV bewertet werden (§ 8 Abs. 2 Satz 6 EStG) oder für die **Durchschnittswerte** festgelegt worden sind (§ 8 Abs. 2 Satz 10 EStG), **ist die Freigrenze nicht anwendbar**. Dies gilt auch bei der besonderen Bewertung der Privatnutzung **betrieblicher Kraftfahrzeuge** (§ 8 Abs. 2 Sätze 2 bis 5 EStG). Ebenso ist die Freigrenze von 44 € nicht anwendbar, wenn der Sachbezug nach den besonderen Bewertungsvorschriften des § 8 Abs. 3 EStG oder des § 3 Nr. 39 EStG zu bewerten ist (R 8.1 Abs. 3 Satz 3 LStR).

Die Freigrenze von 44 € gilt insbesondere für folgende Sachbezüge, die der Arbeitnehmer vom Arbeitgeber erhält und bei denen im Regelfall der Rabattfreibetrag nicht anwendbar ist:

– Überlassung von **Wohnungen** (→ *Dienstwohnung* Rz. 807),
– Nutzung von **Sportmöglichkeiten** (z.B. Tennis- und Squashplätze), die der Arbeitgeber angemietet hat (→ *Sport* Rz. 2739),
– **Belohnungsessen** (→ *Arbeitsessen* Rz. 233),
– **Geschenke** an Arbeitnehmer, die nicht als Aufmerksamkeiten anzusehen sind (→ *Annehmlichkeiten* Rz. 151),
– **Firmenkreditkarte** (→ *Firmenkreditkarte* Rz. 1221),
– **Zinsersparnisse** (→ *Zinsersparnisse/Zinszuschüsse* Rz. 3213).

Auch für Waren und Dienstleistungen, die ein Arbeitnehmer von einem Dritten, z.B. von einer **Konzerngesellschaft**, erhält, ist die Freigrenze von 44 € anwendbar. Bei **Gutscheinen** ist die 44 €-Freigrenze ebenfalls anwendbar, Einzelheiten hierzu → *Warengutscheine* Rz. 3119.

Die Freigrenze von 44 € gilt insbesondere nicht für folgende Sachbezüge:

– **Personalrabatte**, von denen nach § 8 Abs. 3 EStG der Rabattfreibetrag von 1 080 € abzuziehen ist,
– **Kantinenmahlzeiten**, weil diese mit Sachbezugswerten bewertet werden,
– **Vermögensbeteiligungen** nach § 3 Nr. 39 EStG, wenn diese mit dem gemeinen Wert nach dem Bewertungsgesetz bewertet werden; die **Rechtsprechung des BFH** zur Vorgängervorschrift des § 19a EStG a.F. (vgl. zuletzt BFH v. 15.1.2015, VI R 16/12, HFR 2015, 564) wird von der Finanzverwaltung **nicht angewendet** (→ *Vermögensbeteiligungen* Rz. 3013),
– **Zukunftssicherungsleistungen** des Arbeitgebers, und zwar auch dann, wenn der Arbeitgeber Versicherungsnehmer ist und der Arbeitnehmer auf Grund seines Arbeitsvertrags ausschließlich Versicherungsschutz und nicht auch eine Geldleistung verlangen kann (R 8.1 Abs. 2 Satz 4 LStR, BMF v. 10.10.2013, IV C 5 – S 2334/13/10001, BStBl I 2013, 1301); die **Rechtsprechung des BFH** (vgl. BFH v. 14.4.2011, VI R 24/10, BStBl II 2011, 767) wird von der Finanzverwaltung **seit 2014 nicht mehr angewendet**,
– **Zahlungen** des Arbeitgebers an die **Zusatzversorgungskasse der Land- und Forstwirtschaft**, weil zwischen dem Ar-

beitgeber und der Zusatzversorgungskasse keine vertraglichen Beziehungen bestehen und es sich deshalb um Barlohn handelt (BFH v. 26.11.2002, VI R 161/01, BStBl II 2003, 331).

Nach der Gesetzesbegründung (BT-Drucks. 13/901, 132) sollen durch die Freigrenze von 44 € monatlich **kleinliche Bewertungsstreitigkeiten** zwischen der Finanzverwaltung und dem Steuerbürger **vermieden** und der Verwaltungsaufwand bei der Ermittlung eines geldwerten Vorteils im Verhältnis zum steuerlichen Ergebnis auf ein vertretbares Maß reduziert werden. Deshalb sind von der Bagatellgrenze auch bewusst **Sachbezüge ausgenommen** worden, deren Erfassung durch amtliche Sachbezugswerte oder Durchschnittswerte **bereits vereinfacht** ist. Somit ergibt sich folgende **Übersicht** zur Anwendung der Freigrenze von 44 €:

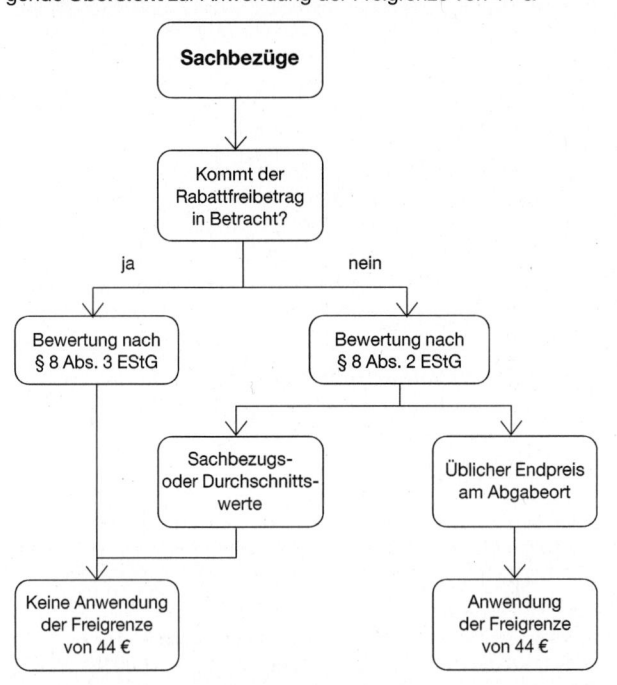

```
                    Sachbezüge
                         |
              Kommt der Rabattfreibetrag
                   in Betracht?
                  /              \
                ja                nein
                /                  \
         Bewertung nach      Bewertung nach
         § 8 Abs. 3 EStG     § 8 Abs. 2 EStG
                |                  |
         Sachbezugs-         Üblicher Endpreis
         oder Durchschnitts- am Abgabeort
         werte
                |                  |
         Keine Anwendung     Anwendung
         der Freigrenze      der Freigrenze
         von 44 €            von 44 €
```

Die Ausgestaltung als **Freigrenze** bedeutet, dass der **gesamte geldwerte Vorteil steuerpflichtig** ist, wenn die **Freigrenze von 44 € auch nur geringfügig überschritten** wird.

Beispiel 1:
Der Arbeitnehmer eines Computergeschäfts erhält von seinem Arbeitgeber wegen eines besonders guten Verkaufsabschlusses drei Flaschen Sekt geschenkt, die der Arbeitgeber für 40 € eingekauft hat.

Die Flaschen Sekt sind grundsätzlich als Sachbezug zu erfassen. Da der festgestellte geldwerte Vorteil die Freigrenze von 44 € nicht übersteigt, bleibt der Vorteil außer Ansatz und ist damit im Ergebnis steuer- und beitragsfrei.

[LSt] [SV]

Beispiel 2:
Sachverhalt wie Beispiel 1, der Arbeitgeber hat die drei Flaschen Sekt für 46 € eingekauft.

Der monatliche geldwerte Vorteil des Arbeitnehmers ermittelt sich wie folgt:

Kaufpreis der Flaschen Sekt	46,— €
./. 4 % Abschlag (Vereinfachungsregelung)	1,84 €
= üblicher Endpreis	44,16 €

Der festgestellte geldwerte Vorteil ist in voller Höhe mit 44,16 € zu erfassen, weil die Freigrenze von 44 € – wenn auch nur geringfügig – überschritten wird; der Vorteil ist somit steuer- und beitragspflichtig.

[LSt] [SV]

Bei der Freigrenze von 44 € handelt es sich um einen **Monatsbetrag. Eine Übertragung** von nicht ausgeschöpften Beträgen **in andere Kalendermonate** ist nicht möglich. Die Freigrenze von 44 € je Kalendermonat kann also nicht in einen Jahresbetrag von 528 € umgerechnet werden (OFD Erfurt v. 30.1.1996, S 2334 A – 37 – St 332(T), www.stotax-first.de). Bei der monatlichen Überlassung einer Monatsmarke oder einer monatlichen Fahrberechtigung für ein Job-Ticket, das für einen längeren Zeitraum gilt, ist die 44 €-Freigrenze allerdings anwendbar (R 8.1 Abs. 3 Satz 5 LStR).

Einzelheiten zur Anwendung der 44 €-Freigrenze bei Job-Tickets → *Job-Ticket* Rz. 1627).

Beispiel 3:
Ein Arbeitnehmer erhält von seinem Arbeitgeber ein verbilligtes Job-Ticket. Das Job-Ticket ist ein Jahr gültig **(Jahreskarte)**. Der Arbeitgeber zahlt für das Job-Ticket 600 €. Der Arbeitnehmer hat 300 € zu zahlen.

Der geldwerte Vorteil des Arbeitnehmers ermittelt sich wie folgt:

Job-Ticket	600,— €
./. 4 % Abschlag (Vereinfachungsregelung)	24,— €
= üblicher Endpreis	576,— €
./. Zahlung des Arbeitnehmers	300,— €
= geldwerter Vorteil	276,— €

Der festgestellte geldwerte Vorteil ist in voller Höhe mit 276 € zu erfassen, weil monatlich die Freigrenze von 44 € überschritten wird; der Vorteil ist somit steuer- und beitragspflichtig (vgl. R 8.1 Abs. 3 Satz 3 LStR sowie BFH v. 14.11.2012, VI R 56/11, BStBl II 2013, 382).

Beispiel 4:
Sachverhalt wie Beispiel 3, das Job-Ticket ist jeweils nur einen Monat gültig **(Monatskarte)**. Der Arbeitgeber zahlt monatlich 50 €; der Arbeitnehmer hat 25 € zu zahlen.

Der monatliche geldwerte Vorteil des Arbeitnehmers ermittelt sich wie folgt:

Job-Ticket	50,— €
./. 4 % Abschlag (Vereinfachungsregelung)	2,— €
= üblicher Endpreis	48,— €
./. Zahlung des Arbeitnehmers	25,— €
= geldwerter Vorteil	23,— €

Der festgestellte geldwerte Vorteil ist nicht zu erfassen, weil die monatliche Freigrenze von 44 € nicht überschritten wird; der Vorteil ist somit steuer- und beitragsfrei (vgl. R 8.1 Abs. 3 Satz 5 LStR).

Hinweis:
Den Beispielen ist zu entnehmen, dass es große steuerliche Auswirkungen hat, ob ein Sachbezug monatlich oder jährlich zufließt. Es sollte daher immer geprüft werden, ob **der Zufluss von Sachbezügen nicht so gesteuert werden** kann, dass sich die monatliche Freigrenze von 44 € optimal ausnutzen lässt. Dies kann z.B. durch die Ausgabe von Warengutscheinen erfolgen (→ *Warengutscheine* Rz. 3119).

Hat der Arbeitnehmer **mehrere Dienstverhältnisse**, so kann die Freigrenze bei jedem Arbeitgeber in Anspruch genommen werden. Bei **einem** Arbeitgeber gilt die Freigrenze jedoch für **alle Sachbezüge**, die der Arbeitnehmer insgesamt im Monat erhält. Die Freigrenze kann also **bei verschiedenen Sachbezügen**, z.B. kostenlose Sauna-Nutzung und verbilligte Wohnungsüberlassung, auch **nur einmal in Anspruch genommen werden**. Daher kann die Freigrenze ihrer zugedachten Funktion, kleinliche Auseinandersetzungen über die Höhe des geldwerten Vorteils zu vermeiden, nicht immer gerecht werden. Gerade wenn der Arbeitnehmer mehrere kleinere geldwerte Vorteile erhält, muss der Wert des Vorteils genau ermittelt werden um zu prüfen, ob die Freigrenze von 44 € überschritten wird oder nicht.

Für die Anwendung der Freigrenze sind **alle** im Kalendermonat zufließenden **Sachbezüge** i.S.d. § 8 Abs. 2 Satz 1 EStG **zusammenzurechnen, auch wenn sie versteuert worden sind** (R 8.1 Abs. 3 Satz 2 LStR).

Beispiel 5:
Ein Arbeitnehmer erhält von seinem Arbeitgeber verbilligt eine Mietwohnung überlassen. Der Vorteil i.H.v. 60 € wird korrekt versteuert; der Arbeitgeber ist bei der Bewertung nach § 8 Abs. 2 Satz 1 EStG vom üblichen Endpreis ausgegangen. Außerdem hat der Arbeitnehmer im Monat August für 20 € unentgeltlich die firmeneigene Squashhalle benutzt.

Die Nutzung der Squashhalle ist zu versteuern, weil die Summe aller nach § 8 Abs. 2 Satz 1 EStG zu bewertenden Vorteile (hier die Wohnungsüberlassung i.H.v. 60 € und die Squashhallennutzung i.H.v. 20 €, insgesamt also 80 €) die Freigrenze von 44 € monatlich übersteigen.

Beispiel 6:
Der einzige Vorteil, den der Arbeitgeber dem Arbeitnehmer gewährt, liegt in der verbilligten Überlassung einer Wohnung (ortsübliche Miete 400 €). Der Arbeitnehmer zahlt monatlich 356 € (Verbilligung also 44 €).

Die Freigrenze von 44 € nach § 8 Abs. 2 Satz 11 EStG ist nicht überschritten, der geldwerte Vorteil ist nicht zu versteuern. Der Arbeitgeber und auch das Finanzamt haben dann aber in jedem Monat darauf zu

Sachbezüge

keine Sozialversicherungspflicht = ⊗SV
Sozialversicherungspflicht = SV

achten, dass jedes „Extra-Frühstück", jeder Gang in die firmeneigene Squashhalle oder Sauna zur Überschreitung der Freigrenze und damit zur vollen Steuerpflicht aller geldwerten Vorteile (einschließlich der verbilligten Wohnungsüberlassung) führt.

Beispiel 7:
Sachverhalt wie Beispiel 6, der Arbeitnehmer zahlt aber lediglich 300 € und der Arbeitgeber versteuert monatlich 75 € als Sachbezug, weil er von 375 € als ortsüblicher Miete ausgeht. Erst bei der Lohnsteuer-Außenprüfung werden 400 € als ortsübliche Miete angesetzt.

Der verbleibende Differenzbetrag von 25 € ist als geldwerter Vorteil zu versteuern, weil der geldwerte Vorteil insgesamt 100 € beträgt (400 € ./. 300 € Zahlung des Arbeitnehmers). Es spielt für die Anwendung der Freigrenze keine Rolle, dass der Arbeitgeber bereits 75 € monatlich versteuert hat.

Beispiel 8:
Ein Arbeitgeber hat vor zehn Jahren für seine Arbeitnehmer eine **Direktversicherung** abgeschlossen. Der vom Arbeitgeber getragene monatliche Beitragsanteil für den einzelnen Arbeitnehmer beträgt 40 € und wird pauschal nach § 40b EStG versteuert.

Bei **Zukunftssicherungsleistungen des Arbeitgebers** i.S.v. § 40b EStG ist die Anwendung der 44 €-Freigrenze auch dann nicht möglich, wenn der Arbeitgeber Versicherungsnehmer ist (BFH v. 26.11.2002, VI R 68/01, BStBl II 2003, 492, sowie R 8.1 Abs. 3 Satz 4 LStR).

Beispiel 9:
Der Arbeitgeber ersetzt seinem Arbeitnehmer die **Mittagsmahlzeit** (Rechnung **auf den Namen des Arbeitnehmers** i.H.v. 46 €), die dieser anlässlich einer siebenstündigen Auswärtstätigkeit in einem selbst ausgewählten Restaurant zu sich genommen hat.

Da es sich nicht um eine „Mahlzeitengewährung auf Veranlassung des Arbeitgebers" handelt und der Arbeitnehmer auf Grund der Dauer der Auswärtstätigkeit auch nicht steuerfreien Reisekostenersatz in Form eines Mehraufwands für Verpflegung beanspruchen kann, sind die o.g. 46 € voll dem Lohnsteuerabzug zu unterwerfen. Auch hier ist die Freigrenze des § 8 Abs. 2 Satz 11 EStG überschritten und somit „verbraucht".

Zu beachten ist, dass allerdings nur Vorteile, die mit dem üblichen Endpreis am Abgabeort (§ 8 Abs. 2 Satz 1 EStG) bewertet werden, bei der Prüfung der Freigrenze zusammenzurechnen sind. **Außer Betracht** bleiben danach insbesondere

– Vorteile aus der **Überlassung eines betrieblichen Kraftfahrzeugs** für private Fahrten (§ 8 Abs. 2 Sätze 2 bis 5 EStG) sowie

– die mit den amtlichen Sachbezugswerten zu bewertende **Unterkunft und Verpflegung** (§ 8 Abs. 2 Satz 6 EStG).

Beispiel 10:
Dem Arbeitnehmer ist ein Firmenwagen zur privaten Nutzung überlassen worden. Der geldwerte Vorteil aus der Pkw-Überlassung beträgt monatlich 500 € und wird zutreffend lohnversteuert. Im Mai erhält der Arbeitnehmer von seinem Arbeitgeber wegen eines besonders guten Verkaufsabschlusses eine Flasche Champagner, die der Arbeitgeber für 40 € eingekauft hat.

Der Sachbezug „Firmenwagen" ist bei der Prüfung der Freigrenze von 44 € nicht mit zu berücksichtigen, weil er nach § 8 Abs. 2 Sätze 2 bis 5 EStG zu bewerten ist. Die Flasche Champagner im Wert von 40 € übersteigt nicht die Freigrenze von 44 €. Dieser geldwerte Vorteil bleibt daher außer Ansatz und ist deshalb im Ergebnis steuer- und beitragsfrei.

Auch auf **zweckgebundene Geldleistungen** des Arbeitgebers an seine Arbeitnehmer findet die Freigrenze von 44 € **Anwendung** (BFH v. 11.11.2010, VI R 21/09, BStBl II 2011, 383; BFH v. 11.11.2010, VI R 27/09, BStBl II 2011, 386; BFH v. 11.11.2010, VI R 41/10, BStBl II 2011, 389).

Beispiel 11:
Der Arbeitgeber beschäftigt ca. 500 Mitarbeiter. Um deren sportliche Betätigung zu unterstützen, bot er ihnen einen monatlichen Zuschuss von höchstens 44 € an. Bedingung für die Erlangung des Zuschusses war, dass die Mitarbeiter sich gemeinsam zu dritt oder mehreren bei einem Sportverein oder Fitnessclub ihrer Wahl anmeldeten und dem Arbeitgeber durch Vorlage einer Mitgliedsvereinbarung nachweisen konnten, dass sie dafür einen mindestens dem Zuschuss entsprechenden Vereinsbeitrag zu entrichten hatten.

Die zweckgebundenen Zuschüsse stellen einen Sachbezug dar; die Freigrenze von 44 € ist anwendbar (BFH v. 11.11.2010, VI R 21/09, BStBl II 2011, 383, BFH v. 11.11.2010, VI R 27/09, BStBl II 2011, 386, BFH v. 11.11.2010, VI R 41/10, BStBl II 2011, 389).

Grundsätzlich sind alle **Sachbezüge**, die der Arbeitgeber den Arbeitnehmern gewährt, im Lohnkonto des Arbeitnehmers aufzuzeichnen (→ *Lohnkonto* Rz. 1803). Dies gilt auch dann, wenn die Sachbezüge auf Grund der Freigrenze von 44 € im Ergebnis steuerfrei bleiben. Nach § 4 Abs. 3 LStDV kann das Betriebsstättenfinanzamt jedoch **auf Antrag des Arbeitgebers Aufzeichnungserleichterungen** zulassen, wenn durch betriebliche Regelungen und entsprechende Überwachungsmaßnahmen sichergestellt ist, dass die monatliche Freigrenze von 44 € nicht überschritten wird. In diesem Fall sind die Sachbezüge nicht im Lohnkonto aufzuzeichnen.

Beispiel 12:
Die Arbeitnehmer einer Holdinggesellschaft erhalten die Möglichkeit, bei einem Konzernunternehmen, das Schuhe herstellt und vertreibt, Schuhe mit einem Rabatt von 10 % zu erwerben. Weitere Sachbezüge erhalten die Arbeitnehmer nicht.

Der Rabattfreibetrag ist nicht anwendbar, weil die Arbeitnehmer der Holdinggesellschaft die Vorteile nicht vom eigenen Arbeitgeber erhalten. Da die Sachbezüge mit dem um übliche Preisnachlässe geminderten üblichen Endpreis am Abgabeort zu bewerten sind, kommt die Freigrenze von monatlich 44 € zur Anwendung. Der Arbeitgeber muss prüfen, bis zu welcher Höhe er Sachbezüge gewähren kann, ohne dass die Freigrenze von 44 € überschritten wird. Dies kann nach folgender Formel ermittelt werden:

$$\frac{\text{Freigrenze} \times 100}{\text{Rabatt ./. 4 \% Abschlag}} = \text{Maximale monatliche Einkäufe}$$

Für den Beispielsfall bedeutet dies, dass die Arbeitnehmer für maximal 733,33 € einkaufen können, ohne dass die Freigrenze überschritten wird:

Verkaufswert der Schuhe	733,33 €
./. 4 % Abschlag (Vereinfachungsregelung)	29,33 €
= üblicher Endpreis	704,— €
./. Zahlung des Arbeitnehmers (90 % von 733,33 €)	660,— €
= geldwerter Vorteil	44,— €

Wenn also die Holdinggesellschaft sicherstellt, dass ihre Arbeitnehmer bei der Schuhfabrik nur für maximal 733,33 € mit einem zehnprozentigen Rabatt einkaufen können, kann das Betriebsstättenfinanzamt zulassen, dass die Sachbezüge nicht aufgezeichnet zu werden brauchen. Unschädlich ist, wenn die Arbeitnehmer für Einkäufe über 733,33 € noch einen Rabatt von 4 % erhalten. Hierdurch kann sich unter Berücksichtigung des vierprozentigen Abschlags keine Erhöhung des geldwerten Vorteils ergeben. Weitere Voraussetzung ist allerdings, dass keine zusätzlichen Sachbezüge i.S.v. § 8 Abs. 2 Satz 1 EStG gewährt werden.

2. Umsatzsteuer

a) Allgemeines

Neben den lohnsteuerlichen können auch **umsatzsteuerliche Konsequenzen** aus der Gewährung von Sachbezügen entstehen. So erfasst das Umsatzsteuerrecht grundsätzlich auch unentgeltliche oder verbilligte Sachzuwendungen oder Leistungen, die ein Arbeitgeber an sein Personal oder dessen Angehörige auf Grund eines Dienstverhältnisses ausführt. Als Personal bzw. dessen Angehörige sind **folgende Personen** anzusehen:

– eigene **aktive** Arbeitnehmer und deren Angehörige,

– **ausgeschiedene Arbeitnehmer** und deren Angehörige,

– **Auszubildende** (Abschn. 1.8 Abs. 2 Satz 5 UStAE) und

– **Praktikanten**.

Umsatzsteuer fällt demgegenüber nicht an bei **Aufmerksamkeiten** (§ 3 Abs. 9a Nr. 1 UStG) oder bei der Anwendung von **Umsatzsteuerbefreiungsvorschriften**.

Ein **entscheidender Unterschied** bei der umsatzsteuerlichen Erfassung von Sachbezügen gegenüber der lohnsteuerlichen Behandlung besteht insbesondere darin, dass nicht nur der geldwerte Vorteil erfasst wird, sondern die **gesamte Lieferung oder sonstige Leistung** an den Arbeitnehmer umsatzbesteuert wird und dabei als **Bemessungsgrundlage** die Nettoeinstandspreise bzw. die Nettokosten zu Grunde gelegt werden (§ 10 Abs. 4 UStG). Aus Vereinfachungsgründen können für die Ermittlung der Umsatzsteuer die lohnsteuerlichen Werte zu Grunde gelegt werden (z.B. bei Deputaten, Firmenwagengestellung), die aber als Bruttowerte um die enthaltene Umsatzsteuer bereinigt werden müssen (Abschn. 1.8 Abs. 8 Satz 3 UStAE). Findet der erhöhte Umsatzsteuersatz Anwendung (z.B. bei der Firmenwagennutzung), ist die Umsatzsteuer aus dem lohnsteuerlichen Wert mit **15,97 %** herauszurechnen. Bei Anwendung des ermäßigten Steuersatzes von

7 % (z.B. Deputaten) ist demgegenüber ein Prozentsatz von **6,54 %** anzuwenden (Abschn. 15.4 Abs. 3 UStAE, auch wegen weiterer Berechnungsmöglichkeiten der Umsatzsteuer aus Bruttorechnungsbeträgen).

Bei der Ermittlung der Bemessungsgrundlage für die Berechnung der Umsatzsteuer sind der **Rabattfreibetrag** i.H.v. 1 080 € (§ 8 Abs. 3 EStG) und die **Freigrenze i.H.v. 44 €** (§ 8 Abs. 2 Satz 11 EStG) **nicht anwendbar** (Abschn. 1.8 Abs. 8 UStAE).

b) Umsatzsteuerbare Sachzuwendungen

2607 Es können grundsätzlich **folgende Fallgruppen unterschieden** werden:

- Der Arbeitgeber bewirkt mit einem **Sachlohn**, der neben dem Barlohn als Vergütung für geleistete Dienste dem Arbeitnehmer zugewendet wird, eine entgeltliche Leistung (§ 1 Abs. 1 Nr. 1 Satz 1 UStG), für die der Arbeitnehmer einen Teil seiner Arbeitsleistung als Gegenleistung aufwendet.
- **Lieferungen oder sonstige Leistungen**, die der Arbeitgeber an seine Arbeitnehmer oder deren Angehörige auf Grund eines Dienstverhältnisses zwar gegen ein **besonders berechnetes Entgelt, aber verbilligt** ausführt, unterliegen ebenfalls grundsätzlich der Umsatzsteuer (§ 1 Abs. 1 Nr. 1 Satz 1 UStG).
- **Lieferungen oder sonstige Leistungen**, die der Arbeitgeber an seine Arbeitnehmer oder deren Angehörige ausführt, sind auch dann umsatzsteuerbar, wenn der Empfänger der Leistung **kein besonderes Entgelt** aufwendet (z.B. Arbeitnehmersammelbeförderung). Ein Leistungsaustausch ist – wie bei vorstehenden Fallgruppen – nicht erforderlich. Voraussetzung ist aber, dass die betreffenden Leistungen aus betrieblichen Gründen für den privaten, außerhalb des Dienstverhältnisses liegenden Bedarf der Arbeitnehmer ausgeführt werden (Abschn. 1.8 Abs. 2 Satz 2 UStAE).

c) Umsatzsteuerbefreiungen

2608 Auch auf Leistungen im Zusammenhang mit Sachbezügen an Arbeitnehmer sind bestimmte Umsatzsteuerbefreiungsvorschriften anwendbar (Abschn. 1.8 Abs. 5 UStAE). In Betracht kommen insbesondere folgende Leistungen der Arbeitgeber an Arbeitnehmer:

- Gewährung eines unentgeltlichen oder niedrig verzinslichen **Arbeitgeber-Darlehens** (§ 4 Nr. 8 Buchst. a UStG),
- Verschaffung von **Versicherungsschutz** (§ 4 Nr. 10 Buchst. b UStG),
- Überlassung von **Werkdienstwohnungen** (§ 4 Nr. 12 UStG),
- Gewährung von **Beherbergung, Beköstigung und üblicher Naturalleistungen an Arbeitnehmer** bestimmter in § 4 Nr. 18, 23 und 24 UStG aufgeführter begünstigter Einrichtungen (z.B. Wohlfahrtsverbände, Deutsches Jugendherbergswerk und Träger der öffentlichen Jugendhilfe).

d) Bemessungsgrundlage

2609 Die Bemessungsgrundlage für entgeltliche Leistungen ist das **Entgelt** (§ 10 Abs. 1 UStG). Bei verbilligten Lieferungen oder sonstigen Leistungen an Arbeitnehmer ist Bemessungsgrundlage grundsätzlich die tatsächliche Zahlung des Arbeitnehmers, vermindert um die darin enthaltene Umsatzsteuer. Ist das vom Arbeitnehmer gezahlte Entgelt **niedriger als der Einkaufspreis, die Selbstkosten bzw. die Ausgaben** des Arbeitgebers, erfolgt der Ansatz der sog. **Mindestbemessungsgrundlage** (§ 10 Abs. 5 Nr. 2 UStG i.V.m. § 10 Abs. 4 UStG).

Beruht die Verbilligung auf einem **Belegschaftsrabatt** (z.B. bei der Lieferung von Jahreswagen an Werksangehörige in der Automobilindustrie), liegen die Voraussetzungen für die Anwendung der Mindestbemessungsgrundlage i.d.R. nicht vor. Bemessungsgrundlage ist in diesen Fällen der **tatsächlich aufgewendete Betrag** ohne die enthaltene Umsatzsteuer (Abschn. 1.8 Abs. 6 UStAE).

Die Bemessungsgrundlage für **unentgeltliche Lieferungen** des Arbeitgebers an den Arbeitnehmer ist der **Einkaufspreis** für den Gegenstand zum Zeitpunkt der Abgabe an den Arbeitnehmer (Abschn. 1.8 Abs. 7 UStAE). Der Einkaufspreis entspricht regelmäßig dem Wiederbeschaffungspreis. In Ermangelung eines Einkaufspreises kann von den Selbstkosten ausgegangen werden, die alle durch den betrieblichen Prozess entstehenden Ausgaben umfassen.

Demgegenüber sind die unentgeltlich abgegebenen Produkte, die **im Betrieb des Arbeitgebers hergestellt worden sind**, mit den Selbstkosten der Umsatzsteuer zu unterwerfen. Diese entsprechen grundsätzlich den ertragsteuerlichen **Herstellungskosten** (R 6.3 EStR).

Bei der Ermittlung der Bemessungsgrundlage für unentgeltliche sonstige Leistungen ist von den bei der Ausführung dieser Leistungen entstandenen Ausgaben (inklusive anteiliger Gemeinkosten) auszugehen (§ 10 Abs. 4 Satz 1 Nr. 2 und 3 UStG). Bei der Ermittlung der Bemessungsgrundlage sonstiger Leistungen, die nicht in der Verwendung eines Unternehmensgegenstandes bestehen, sind die Ausgaben auszuscheiden, die nicht zum vollen oder teilweisen Vorsteuerabzug berechtigt haben (Abschn. 1.8 Abs. 7 UStAE).

e) Einzelfälle

aa) Unentgeltliche Unterkunft und Verpflegung

2610 Gewährt der Arbeitgeber einem Arbeitnehmer **unentgeltliche Unterkunft und Verpflegung** (z.B. im Gastronomiebereich), liegen umsatzsteuerlich eine gem. § 4 Nr. 12 Buchst. a UStG **befreite Vermietungsleistung** (inklusive Heizung und Beleuchtung als Nebenleistung) und eine umsatzsteuerpflichtige **Essensgewährung** zum erhöhten Steuersatz i.H.v. 19 % vor (BFH v. 24.4.2013, XI R 3/11, BStBl II 2014, 86). Der ermäßigte Umsatzsteuersatz ist nur in den Fällen anwendbar, in denen eine Essensabgabe an den Arbeitnehmer nicht zum Verzehr an Ort und Stelle erfolgt (Abschn. 1.8 Abs. 9 Satz 3 UStAE).

Die **Bemessungsgrundlage** für die Essenslieferungen stellen grundsätzlich die **Selbstkosten** dar. Aus Vereinfachungsgründen ist jedoch von den lohnsteuerlichen Sachbezugswerten nach der SvEV auszugehen (Abschn. 1.8 Abs. 9 Satz 1 UStAE).

Beispiel:

Ein Arbeitgeber gewährt einem Arbeitnehmer in 2016 unentgeltliche Vollverpflegung:

Amtlicher Sachbezugswert für Vollverpflegung (§ 2 Abs. 1 SvEV) Bruttowert	236,— €
./. enthaltene Umsatzsteuer (15,97 %)	37,69 €
umsatzsteuerliche Bemessungsgrundlage	198,31 €

Eine **umsatzsteuerpflichtige Vermietungsleistung** liegt vor, wenn ein Arbeitgeber in seiner Pension Räume an eigene Saisonarbeitnehmer überlässt, die alternativ zur vorübergehenden Beherbergung von Gästen oder zur Unterbringung des Saisonpersonals bereitgehalten werden (Abschn. 4.12.9 Abs. 2 Satz 3 UStAE).

bb) Incentive-Reisen

2611 Incentive-Reisen liegen vor, wenn der Arbeitgeber seinen Arbeitnehmern z.B. als Anerkennung für besondere Verkaufsleistungen eine Reise zuwendet. Eine unentgeltliche Wertabgabe (§ 3 Abs. 9a Nr. 2 UStG) unterliegt grundsätzlich der Umsatzsteuer. Sie stellt umsatzsteuerlich eine „Reiseleistung" des Arbeitgebers dar, die der **Margenbesteuerung** gem. § 25 UStG unterliegt. Umsatzsteuer ergibt sich jedoch regelmäßig nicht, da sich die Kosten des Arbeitgebers (§ 10 Abs. 4 Satz 1 Nr. 3 UStG) mit den Aufwendungen für die Reise decken (Abschn. 25.3 Abs. 5 Nr. 1 UStAE), mithin eine Marge nicht entsteht.

cc) Job-Ticket

2612 Eine unentgeltliche Sachzuwendung liegt bei unentgeltlicher oder verbilligter Abgabe von Job-Tickets nicht vor, da Leistungsbeziehungen zwischen Beförderungsunternehmer und Arbeitnehmer bestehen (BMF v. 15.2.1994, IV C 3 – S 7100 – 4/94, www.stotax-first.de). Die auf die einzelnen Arbeitnehmer ausgestellten Job-Tickets werden nicht für das Unternehmen des Arbeitgebers bezogen. Ein **Vorsteuerabzug** scheidet bei ihm daher aus (Abschn. 15.5 Abs. 1 Sätze 2 und 3 UStAE).

dd) Mahlzeiten

- **Unternehmenseigene/fremdbewirtschaftete Kantine**

2613 Die Ermittlung der zutreffenden umsatzsteuerlichen Bemessungsgrundlage bei der Abgabe von Mahlzeiten erfordert die Abgrenzung zwischen unternehmenseigener und fremdbewirtschafteter Kantine, da bei der unentgeltlichen Abgabe von Mahlzeiten an Arbeitnehmer durch **unternehmenseigene Kantinen** im Gegensatz zur Abgabe durch fremdbewirtschaftete Kantinen aus Vereinfachungsgründen als Bemessungs-

Sachbezüge

grundlage von den **amtlichen Sachbezugswerten** nach der SvEV ausgegangen werden kann.

Eine **unternehmenseigene Kantine** liegt nach Abschn. 1.8 Abs. 10 UStAE vor, wenn der Unternehmer (Arbeitgeber) die Mahlzeiten entweder selbst herstellt oder die Mahlzeiten vor deren Auslieferung an die Arbeitnehmer mehr als nur geringfügig be- oder verarbeitet bzw. aufbereitet oder ergänzt.

Eine **nicht selbst betriebene Kantine** liegt demgegenüber vor, wenn die Mahlzeiten nicht vom Arbeitgeber/Unternehmer selbst – d.h. durch eigenes Personal – zubereitet und an die Arbeitnehmer geliefert werden.

Eine unternehmenseigene Kantine i.S.d. Abschn. 1.8 Abs. 10 UStAE liegt im Übrigen auch dann vor, wenn der Kantinenbetrieb in einer gesonderten Betriebsabteilung geführt wird, die wirtschaftlich in das Gesamtunternehmen eingegliedert ist. Das ist z.B. der Fall, wenn alle Kantinen eines Konzerns durch eine **eigene Konzerntochter bewirtschaftet** werden und die Konzerntochter als Organgesellschaft **unselbständiger Bestandteil des Unternehmens** ist (OFD Niedersachsen v. 2.9.2015, S 7100 – 220 – St 171, www.stotax-first.de).

– **Abgabe von Mahlzeiten durch eine unternehmenseigene Kantine**

Nach Abschn. 1.8 Abs. 11 Satz 1 UStAE ist für die Ermittlung der Bemessungsgrundlage für die Abgabe von unentgeltlichen Mahlzeiten an Arbeitnehmer durch unternehmenseigene Kantinen aus Vereinfachungsgründen von den Werten auszugehen, die den **amtlichen Sachbezugswerten** nach der SvEV entsprechen (R 8.1 Abs. 7 LStR). Dabei sind **Abschläge** für Angehörige der Arbeitnehmer nicht zulässig.

Beispiel 1:

Wert der Mahlzeit	3,10 €
Zahlung des Arbeitnehmers	1,— €
maßgeblicher Wert	3,10 €
darin enthaltene Umsatzsteuer 19 % (15,97 %)	0,50 €
Bemessungsgrundlage	2,60 €

Zahlt der Arbeitnehmer einen höheren Betrag als den amtlichen Sachbezugswert, ist der tatsächlich gezahlte Wert der Besteuerung zu Grunde zu legen.

Beispiel 2:

Wert der Mahlzeit	3,10 €
Zahlung des Arbeitnehmers	4,— €
maßgeblicher Wert	4,— €
darin enthaltene Umsatzsteuer 19 % (15,97 %)	0,64 €
Bemessungsgrundlage	3,36 €

Werden verschiedene Mahlzeiten zu unterschiedlichen Preisen verbilligt an die Arbeitnehmer abgegeben, kann der Arbeitgeber zur Ermittlung der unterschiedlichen Bemessungsgrundlagen von dem für lohnsteuerliche Zwecke ermittelten Durchschnittswert ausgehen. Aus Vereinfachungsgründen kann der Arbeitgeber dabei den für die pauschale Erhebung der Lohnsteuer nach § 40 Abs. 2 EStG ermittelten Durchschnittswert als umsatzsteuerrechtliche Bemessungsgrundlage zu Grunde legen.

Verzehrfertig zubereitete Speisen können sowohl im Rahmen einer ggf. ermäßigt besteuerten Lieferung (7 %) als auch im Rahmen einer nicht ermäßigt besteuerten sonstigen Leistung (19 %) abgegeben werden. Zur **Abgrenzung von Lieferungen und sonstigen Leistungen** bei der Abgabe von Speisen und Getränken vgl. BMF v. 20.3.2013, IV D 2 – S 7100/07/10050 – 06, BStBl I 2013, 444.

– **Abgabe von Mahlzeiten durch eine fremdbewirtschaftete Kantine**

Erwirbt der Arbeitnehmer die Mahlzeiten von einem Gastronomieunternehmen (Kantinenpächter), ohne dass Leistungsvereinbarungen zwischen diesem und dem Arbeitgeber bestehen, und bezahlt der Arbeitnehmer den Essenpreis – ggf. vermindert um einen Zuschuss des Arbeitgebers –, so erbringt der Gastronomieunternehmen einen entgeltlichen Gastronomieumsatz zum allgemeinen Steuersatz **direkt gegenüber dem Arbeitnehmer**. In diesem Fall stellt die Zahlung des Arbeitnehmers, zuzüglich der eventuellen Zuzahlung des Arbeitgebers (Entgelt von dritter Seite), abzüglich der enthaltenen Umsatzsteuer, die umsatzsteuerliche Bemessungsgrundlage dar. Die amtlichen Sachbezugswerte sind in diesen Fällen nicht anwendbar.

Sofern der Arbeitgeber dem Gastronomieunternehmen Küchen- und Kantinenräume, Einrichtungs- und Ausstattungsgegenstände sowie Koch- und Küchengeräte unentgeltlich zur Verfügung stellt, ist der Wert der Gebrauchsüberlassung bei der Ermittlung der Bemessungsgrundlage für die Mahlzeiten nicht zu berücksichtigen (Abschn. 1.8 Abs. 10 Satz 4 UStAE).

Beispiel 3:

Der Arbeitnehmer erwirbt in einer Gaststätte ein Mittagessen zum Preis von 5 €. Den Essenpreis begleicht er durch Hingabe einer Essensmarke seines Arbeitgebers zum Wert von 3 € und einer eigenen Zuzahlung von 2 €. Der Gastronomieunternehmer lässt sich den Wert der Essensmarken monatlich vergüten.

Der Gastwirt erbringt gegenüber dem Arbeitnehmer eine sonstige Leistung, deren Bemessungsgrundlage 5 € (abzüglich 19 % Umsatzsteuer) beträgt. Der Arbeitgeber erbringt gegenüber dem Arbeitnehmer keine Sachzuwendung. Ein Vorsteuerabzug steht dem Arbeitgeber wegen fehlender Leistungsbeziehung im Verhältnis zum Gastwirt nicht zu.

– **Weitergabe erworbener Mahlzeiten durch den Arbeitgeber**

Wendet der Arbeitgeber die von einem Gastronomieunternehmer erworbenen Speisen seinen Arbeitnehmern zu und hat der Gastronomieunternehmer einen Zahlungsanspruch gegen den Arbeitgeber, liegen zwei hintereinander geschaltete Leistungsverhältnisse vor. Der Lieferant bewirkt eine sonstige Leistung an den Arbeitgeber. Dieser führt eine weitere sonstige Leistung (mit demselben Leistungsgegenstand) an seine Arbeitnehmer aus.

Dem Arbeitgeber steht aus dem Erwerb der Mahlzeiten ein Vorsteuerabzug zu.

Beispiel 4:

Der Arbeitgeber bezieht von einer Großküche 100 Mahlzeiten zum Nettopreis von 250 € zzgl. 47,50 € Umsatzsteuer (19 %). Die erworbenen Essen gibt er in der eigenen Kantine zum Preis von jeweils 2 € (brutto) an die Arbeitnehmer ab. Die Bemessungsgrundlage beträgt 250 € **zzgl. 19 % Umsatzsteuer**, da der Abgabepreis **unter** dem Einkaufspreis der Mahlzeiten liegt (§ 10 Abs. 4 Satz 1 Nr. 2 UStG).

ee) Unentgeltliche Warenabgaben/Deputate

Unentgeltliche Warenabgaben werden neben dem Barlohn in bestimmten Bereichen (z.B. Brauereien, Landwirtschaft etc.) gewährt. Diese Warenabgaben sind umsatzsteuerbar, soweit bei Erwerb oder Herstellung des abgegebenen Gegenstandes ein Vorsteuerabzug in Anspruch genommen werden konnte (§ 3 Abs. 1b Satz 1 Nr. 2 UStG). Die Bemessungsgrundlage sind grundsätzlich der Einkaufspreis oder die Selbstkosten (§ 10 Abs. 4 Satz 1 Nr. 1 UStG). Die Verwaltung lässt aber aus Vereinfachungsgründen den Ansatz der nach lohnsteuerlichen Regelungen (R 8.1 Abs. 2 LStR, R 8.2 Abs. 2 LStR) ermittelten Werte zu (Abschn. 1.8 Abs. 14 UStAE).

Der für lohnsteuerliche Zwecke zu berücksichtigende Rabattfreibetrag i.H.v. 1 080 € ist bei der Ermittlung der umsatzsteuerlichen Bemessungsgrundlage nicht zu berücksichtigen.

Getränke und Genussmittel, die der Arbeitgeber den Arbeitnehmern unentgeltlich zum Verzehr im Betrieb zur Verfügung stellt, sind als Aufmerksamkeiten nicht umsatzsteuerbar (§ 3 Abs. 1b Satz 1 Nr. 2 UStG). Demgegenüber unterliegt die Abgabe derartiger Waren der Umsatzsteuer, wenn sie zum häuslichen Verzehr erfolgt. Als Bemessungsgrundlage sind in diesen Fällen die Selbstkosten bzw. der Einkaufspreis anzusetzen (OFD Hannover v. 25.4.2005, S 7109 – 1 – StO 172, www.stotax-first.de). Denn in der Gewährung eines Rabatts liegt keine Leistung, sondern ein Preisnachlass (OFD Niedersachsen v. 2.9.2015, S 7100 – 220 – St 171, www.stotax-first.de).

Sachgeschenke an Arbeitnehmer gelegentlich eines Arbeitnehmer- oder Firmenjubiläums sind der Umsatzsteuer zu unterwerfen, sofern es sich nicht um Aufmerksamkeiten oder Leistungen im überwiegenden betrieblichen Interesse handelt.

Zuwendungen im Rahmen von Betriebsveranstaltungen sind ebenfalls umsatzsteuerbar, wenn sie sich nicht im üblichen Rahmen halten (→ Rz. 2619).

Bemessungsgrundlage in den vorgenannten Fällen sind der Einkaufspreis oder die Selbstkosten. Aus Vereinfachungsgründen können auch hier die nach lohnsteuerrechtlichen Regelungen ermittelten Werte zu Grunde gelegt werden.

Sachbezüge

ff) Arbeitnehmer-Sammelbeförderung

2615 Die Beförderung von Arbeitnehmern durch den Arbeitgeber von ihrem Wohnsitz, persönlichen Aufenthalt oder von einer Sammelhaltestelle (z.B. Bahnhof) zum Arbeitsplatz mit unternehmenseigenen oder gemieteten Fahrzeugen (z.B. Beauftragung eines Omnibusunternehmens) ist grundsätzlich steuerbar (§ 3 Abs. 9a Nr. 2 UStG) und steuerpflichtig.

Der Arbeitgeber erbringt eine **entgeltliche Beförderungsleistung**, wenn er sie als Vergütung für geleistete Dienste ausführt (Verpflichtung aus Tarifvertrag oder durch Einzelvereinbarung).

Aber auch die freiwillige (ohne rechtliche Verpflichtung) **unentgeltlich ausgeführte Arbeitnehmerbeförderung** zwischen Wohnung und erster Tätigkeitsstätte ist **umsatzsteuerlich relevant** (§ 3 Abs. 9a Nr. 2 UStG), da es sich um Fahrten zur Befriedigung des privaten Bedarfs und nicht zur Gestaltung der Dienstausübung handelt.

Arbeitnehmer-Sammelbeförderungen lösen demgegenüber dann **keine Umsatzsteuer** aus, wenn sie im **überwiegenden betrieblichen Interesse** liegen. Hiervon ist beispielsweise **in folgenden Fällen** auszugehen (Abschn. 1.8 Abs. 15 Satz 2 UStAE):

- die Beförderung könnte mit öffentlichen Verkehrsmitteln nicht oder nur mit unverhältnismäßig hohem Zeitaufwand durchgeführt werden (BFH v. 15.11.2007, V R 15/06, BStBl II 2009, 423),
- die Arbeitnehmer werden an ständig wechselnden Tätigkeitsstätten oder verschiedenen Stellen eines weiträumigen Arbeitsgebietes eingesetzt,
- die Beförderungsleistungen werden im Einzelfall wegen eines außergewöhnlichen Arbeitseinsatzes erforderlich,
- die Beförderungsleistungen dienen hauptsächlich dem Materialtransport und Arbeitnehmer werden dabei unentgeltlich mitgenommen.

Die Prüfung kann nach folgendem Schema erfolgen (vgl. OFD Niedersachen v. 28.9.2015, S 7100 – 431 – St 171, www.stotax-first.de):

```
          Ertragsteuerlich
   ständig wechselnde Einsatzstellen oder
 verschiedenen Stellen eines weiträumigen Arbeitsgebiets
         │                          │
        nein                        ja
         ▼                          ▼
   Beförderung mit              nicht steuerbar
   öffentlichen     nein──▶
   Verkehrsmitteln
   möglich und
   zeitlich zumutbar?
         │
        ja
         ▼
   Beförderung erfolgt
   wegen            ja──▶      nicht steuerbar
   außergewöhnlichem
   Arbeitseinsatz?
         │
        nein
         ▼
   Beförderung erfolgt
   hauptsächlich   ja──▶      nicht steuerbar
   zum
   Materialtransport?
         │
        nein
         ▼
   Beförderung erfolgt   ja──▶   Entscheidung nach
   aus anderen                    den Umständen des
   Gründen?                        Einzelfalls
```

Beförderungsleistungen unterliegen grundsätzlich dem ermäßigten Umsatzsteuersatz i.H.v. 7 %, sofern es sich im verkehrsrechtlichen Sinne um Beförderungen im genehmigten Linienverkehr (einfache Entfernung bis 50 km) handelt (Abschn. 12.15 Abs. 1 und 2 UStAE sowie Abschn. 12.13 Abs. 5 UStAE).

Eine Sammelbeförderung **geringfügig beschäftigter Arbeitnehmer** kann ebenfalls eine nicht steuerbare Leistung des Arbeitgebers darstellen, wenn sich das Angebot der Beförderung an alle Arbeitnehmer richtet, die Arbeitsleistung aber unabhängig von der Annahme dieses Angebots allein auf Grund der Barlohnvereinbarung geschuldet und erbracht wird (BFH v. 10.6.1999, V R 104/98, BStBl II 1999, 582).

Als Bemessungsgrundlage für die unentgeltlichen Beförderungsleistungen sind die dem Arbeitgeber entstandenen Kosten anzusetzen. Kosten, die nicht mit Umsatzsteuer belastet sind, sind ebenfalls in die Bemessungsgrundlage einzubeziehen. Ersatzweise können diese geschätzt werden, soweit der Arbeitgeber die Beförderung mit betriebseigenen Fahrzeugen durchführt (Abschn. 1.8 Abs. 16 UStAE). Danach kann der Arbeitgeber die Bemessungsgrundlage eines Monats z.B. pauschal aus der Zahl der durchschnittlich beförderten Arbeitnehmer und aus dem Preis für eine Monatskarte für die kürzeste und weiteste gefahrene Strecke (Durchschnitt) ableiten (Abschn. 1.8 Abs. 16 Satz 3 UStAE).

> **Beispiel:**
> Ein Arbeitgeber hat in einem Monat durchschnittlich sechs Arbeitnehmer mit einem betriebseigenen Fahrzeug unentgeltlich von ihrer Wohnung zur ersten Tätigkeitsstätte befördert. Die kürzeste Strecke von der Wohnung eines Arbeitnehmers zur Arbeitsstelle beträgt 10 km, die weiteste 30 km (Durchschnitt 20 km).
>
> Die Bemessungsgrundlage für die Beförderungsleistungen in diesem Monat berechnet sich wie folgt:
>
> | | |
> |---|---:|
> | Sechs Arbeitnehmer × 76 € (Monatskarte für 20 km) | 456,— € |
> | ./. Umsatzsteuer (Steuersatz 7 %) | 29,83 € |
> | = Bemessungsgrundlage | 426,17 € |

Beauftragt der Arbeitgeber einen selbständigen Beförderungsunternehmer mit der Durchführung der Arbeitnehmersammelbeförderung zur Arbeitsstelle, liegt umsatzsteuerlich eine Leistung des Beförderungsunternehmers an den Arbeitgeber und eine Leistung des Arbeitgebers an die Arbeitnehmer vor. Bemessungsgrundlage für die Beförderungsleistung des Arbeitgebers an seine Arbeitnehmer sind die dem ihm durch den Beförderungsunternehmer in Rechnung gestellten Kosten. Der ermäßigte Umsatzsteuersatz ist auf diese Leistung zwischen Arbeitgeber und Arbeitnehmer nicht anwendbar (Abschn. 12.15 Abs. 3 UStAE).

gg) Freifahrten der Arbeitnehmer von Verkehrsbetrieben

2616 Freifahrten, die von Verkehrsbetrieben aus betrieblichen Gründen für den privaten, außerhalb des Dienstverhältnisses liegenden Bedarf der Arbeitnehmer, ihrer Angehörigen und ihrer Pensionäre gewährt werden, sind umsatzsteuerbar (§ 3 Abs. 9a Nr. 2 UStG). Die als Bemessungsgrundlage anzusetzenden Kosten sind nach den jeweiligen örtlichen Verhältnissen zu ermitteln und können im Allgemeinen mit 25 % des normalen Preises für den überlassenen Fahrschein angenommen werden (Abschn. 1.8 Abs. 17 UStAE). Die Umsatzsteuer ist zum jeweiligen Steuersatz herauszurechnen.

hh) Firmenwagen zur privaten Nutzung

2617 Für die umsatzsteuerliche Behandlung der als Sachzuwendung zu beurteilenden Überlassung von unternehmerischen Kraftfahrzeugen durch einen Arbeitgeber an sein Personal (Arbeitnehmer) für Privatfahrten, für Fahrten zwischen Wohnung und erster Tätigkeitsstätte sowie Familienheimfahrten aus Anlass einer doppelten Haushaltsführung gilt Folgendes (BMF v. 5.6.2014, IV D 2 – S 7300/07/10002 :001, BStBl I 2014, 896):

- **Entgeltliche Überlassung**

   Die Überlassung eines Kraftfahrzeugs durch den Arbeitgeber an seinen Arbeitnehmer zur privaten Nutzung ist als entgeltliche Leistung i.S.d. § 1 Abs. 1 Nr. 1 Satz 1 UStG (Abschn. 1.8 Abs. 1 UStAE) zu beurteilen. Die Überlassung eines Kraftfahrzeugs ist als Vergütung für geleistete Dienste (Entgelt) anzusehen, wenn sie

   – im Arbeitsvertrag geregelt ist,
   – auf mündlicher Abrede oder

Sachbezüge

keine Sozialversicherungspflicht = ⓢⓥ
Sozialversicherungspflicht = Ⓢⓥ

– auf sonstigen Umständen des Arbeitsverhältnisses (faktische betriebliche Übung) beruht.

Dabei spricht stets für die **Entgeltlichkeit**, wenn das Kraftfahrzeug dem Arbeitnehmer für eine gewisse Dauer und nicht nur gelegentlich zur Privatnutzung überlassen wird.

Bei der entgeltlichen Fahrzeugüberlassung zu Privatzwecken liegt ein tauschähnlicher Umsatz vor (§ 3 Abs. 12 Satz 2 UStG). Die umsatzsteuerliche Bemessungsgrundlage ist der Wert der nicht durch den Barlohn abgegoltenen Arbeitsleistung des Arbeitnehmers (§ 10 Abs. 2 Satz 2 i.V.m. § 10 Abs. 1 Satz 1 UStG). Diese kann anhand der **Gesamtkosten des Arbeitgebers** für die Überlassung des Fahrzeugs geschätzt werden. Aus diesen Gesamtkosten dürfen die dem Arbeitgeber entstandenen Kosten, die nicht mit Vorsteuer belastet sind (z.B. Kfz-Versicherung, Kfz-Steuer o.Ä.), **nicht** ausgeschieden werden. Bei dem so ermittelten Wert handelt es sich um einen **Nettowert**, auf den die Umsatzsteuer mit dem allgemeinen Umsatzsteuersatz aufzuschlagen ist.

Etwaige **Zuzahlungen des Arbeitnehmers**, um z.B. seinen persönlichen Wünschen entsprechende Sonderausstattungen zu erhalten, oder Zuzahlungen zu den laufenden Unterhaltskosten dürfen die umsatzsteuerliche Bemessungsgrundlage nicht mindern. Einzelheiten zur umsatzsteuerlichen Behandlung von Zuzahlungen des Arbeitnehmers bei Firmenwagenüberlassung vgl. BMF v. 30.12.1997, IV C 3 – S 7102 – 41/97, BStBl I 1998, 110.

Treffen Arbeitgeber und Arbeitnehmer Aussagen zu dem **Wert der Arbeitsleistung**, so kann dieser als Bemessungsgrundlage zu Grunde gelegt werden, wenn er die Kosten für die Fahrzeugüberlassung übersteigt.

Die Finanzverwaltung beanstandet es **aus Vereinfachungsgründen** nicht, wenn für die umsatzsteuerliche Bemessungsgrundlage an Stelle der Kosten von den **lohnsteuerlichen Pauschalwerten** ausgegangen wird, aus denen – da es sich um Bruttowerte handelt – die Umsatzsteuer mit **15,97 %** herauszurechnen ist (Abschn. 1.8 Abs. 8 UStAE).

Wird für lohnsteuerliche Zwecke für die entgeltliche Fahrzeugüberlassung für Privatfahrten und für Fahrten zwischen Wohnung und erster Tätigkeitsstätte nach § 8 Abs. 2 Satz 2 und 3 i.V.m. § 6 Abs. 1 Nr. 4 Satz 2 EStG der vom Listenpreis abgeleitete **Pauschalwert** angesetzt (R 8.1 Abs. 9 Nr. 1 LStR), kann dieser Wert auch der Umsatzbesteuerung zu Grunde gelegt werden. Eine Kürzung des inländischen Listenpreises für Elektro- und Hybridelektrofahrzeugen (→ *Firmenwagen zur privaten Nutzung* Rz. 1259) ist nicht vorzunehmen. Auch sind Kürzungen um Zuzahlungen des Arbeitnehmers unzulässig.

Bei **Familienheimfahrten** ist aus Vereinfachungsgründen der Pauschalwert mit 0,002 % des Listenpreises (ohne Kürzung für Elektro- und Hybridelektrofahrzeuge) je Kilometer zwischen den Orten des Hausstands und der Beschäftigung zu berücksichtigen. Aus dem so ermittelten Bruttowert ist die Umsatzsteuer mit 15,97 % herauszurechnen. **Ein pauschaler Abschlag i.H.v. 20 % für nicht mit Vorsteuer belastete Kosten ist in diesen Fällen ebenfalls unzulässig.**

> **Beispiel 1:**
> Ein Arbeitnehmer mit einer am 1.1.2016 begründeten doppelten Haushaltsführung nutzt einen Firmenwagen mit einem Listenpreis einschließlich Umsatzsteuer von 30 000 € im gesamten Kalenderjahr 2016 zu Privatfahrten, zu Fahrten zur 10 km entfernten ersten Tätigkeitsstätte und zu 20 Familienheimfahrten zum 150 km entfernten Wohnsitz der Familie.
>
> Die Umsatzsteuer für die Firmenwagenüberlassung ist wie folgt zu ermitteln (BMF v. 5.6.2014, IV D 2 – S 7300/07/10002 :001, BStBl I 2014, 896):
> a) für die allgemeine Privatnutzung
>   1 % von 30 000 € × 12 Monate   3 600,– €
> b) für Fahrten zwischen Wohnung und erster Tätigkeitsstätte   1 080,– €
>   0,03 % von 30 000 € × 10 km × 12 Monate
>   lohnsteuerlicher geldwerter Vorteil   4 680,– €
> c) für Familienheimfahrten 0,002 % von
>   30 000 € × 150 km × 20 Fahrten   1 800,– €
>   Bruttowert der sonstigen Leistung an den Arbeitnehmer   6 480,– €
>   Die darin enthaltene Umsatzsteuer beträgt 19/119 von
>   6 480 €   1 034,62 €

Ermittelt der Arbeitgeber den privaten Nutzungsanteil durch ein ordnungsgemäß geführtes Fahrtenbuch anhand der durch Belege nachgewiesenen Gesamtkosten (R 8.1 Abs. 9 Nr. 2 LStR), ist dieser Wert auch als Bemessungsgrundlage für die sonstigen Leistungen an den Arbeitnehmer zu Grunde zu legen. Zu den Privatfahrten sind dann auch die Fahrten zwischen Wohnung und erster Tätigkeitsstätte und die Familienheimfahrten zu zählen.

Aus den Gesamtkosten dürfen keine Kosten ausgeschieden werden, bei denen ein Vorsteuerabzug nicht möglich ist. Eine Kürzung der insgesamt entstandenen Aufwendungen um Aufwendungen, die auf das Batteriesystem bei Elektro- und Hybridelektrofahrzeugen entfallen (→ *Firmenwagen zur privaten Nutzung* Rz. 1259), **ist nicht möglich.**

> **Beispiel 2:**
> Ein Firmenwagen mit einer Jahresfahrleistung von 20 000 km wird von einem Arbeitnehmer lt. ordnungsgemäß geführtem Fahrtenbuch an 180 Tagen jährlich für Fahrten zur 10 km entfernten ersten Tätigkeitsstätte benutzt. Die übrigen Privatfahrten des Arbeitnehmers belaufen sich auf insgesamt 3 400 km. Die gesamten Kraftfahrzeugkosten (Nettoaufwendungen einschließlich Abschreibung) betragen 9 000 €.
>
> Von den Privatfahrten des Arbeitnehmers entfallen 3 600 km auf Fahrten zwischen Wohnung und erster Tätigkeitsstätte (180 Tage × 20 km) und 3 400 km auf sonstige Fahrten. Dies entspricht einer Privatnutzung von insgesamt 35 % (7 000 km von 20 000 km). Für die umsatzsteuerliche Bemessungsgrundlage ist von einem Betrag von 35 % von 9 000 € = 3 150 € auszugehen. Die Umsatzsteuer beträgt 19 % von 3 150 € = 598,50 € (BMF v. 5.6.2014, IV D 2 – S 7300/07/10002 :001, BStBl I 2014, 896).

• **Unentgeltliche Überlassung**

Die **unentgeltliche Überlassung** eines Kraftfahrzeugs durch den Arbeitgeber an den Arbeitnehmer i.S.d. § 3 Abs. 9a Nr. 1 UStG (Abschn. 1.8 Abs. 2 UStAE) **stellt nach Verwaltungsauffassung einen Ausnahmefall dar**. Sie wird dann angenommen, wenn die vereinbarte private Nutzung des Fahrzeugs derart gering ist, dass sie für die Gehaltsbemessung keine wirtschaftliche Rolle spielt, und wenn nach den objektiven Gegebenheiten eine weitere private Nutzungsmöglichkeit ausscheidet (BFH v. 4.10.1984, V R 82/83, BStBl II 1984, 808). Die Finanzverwaltung geht nur dann von einer Unentgeltlichkeit aus, wenn das Kraftfahrzeug dem Arbeitnehmer **gelegentlich an nicht mehr als fünf Kalendertagen im Kalendermonat** für private Zwecke überlassen wird (vgl. BMF v. 28.5.1996, IV B 6 – S 2334 – 173/96, BStBl I 1996, 654, Tz. I.3).

Bemessungsgrundlage für die unentgeltliche Kraftfahrzeugüberlassung sind die Kosten (§ 10 Abs. 4 Satz 1 Nr. 2 UStG). Aus diesen sind die nicht mit Vorsteuer belasteten Kosten auszuscheiden. Der hiernach ermittelte Wert ist ein **Nettowert**, auf den der allgemeine Umsatzsteuersatz aufzuschlagen ist.

Auch für diese Fälle gibt es eine **Vereinfachungsregelung** (BMF v. 5.6.2014, IV D 2 – S 7300/07/10002 :001, BStBl I 2014, 896):

Danach kann für Umsatzsteuerzwecke von den lohnsteuerlichen Werten ausgegangen werden, aus denen – da es sich insoweit um Bruttowerte handelt – die Umsatzsteuer mit **15,97 %** herauszurechnen ist (Abschn. 1.8 Abs. 8 UStAE).

Der **BFH** hat die von der Finanzverwaltung getroffenen **Vereinfachungsregelungen bestätigt**. Da es sich hierbei um eine einheitliche Schätzung handelt, kann diese **nur insgesamt oder gar nicht in Anspruch genommen** werden (BFH v. 5.6.2014, XI R 2/12, BStBl II 2015, 785).

Diese Regelungen gelten unabhängig davon, ob der Unternehmer **das Fahrzeug gekauft, gemietet oder geleast hat**. Bei Unternehmern mit steuerfreien Umsätzen ist die Fahrzeugüberlassung steuerbar und steuerpflichtig. Die Steuerbefreiung nach § 4 Nr. 28 UStG ist auf diese Leistungen nicht anwendbar (OFD Niedersachsen v. 2.9.2015, S 7100 – 220 – St 171, www.stotax-first.de).

ii) Telefonnutzung

Ersetzt der Arbeitgeber die für den Anschluss eines Telefons und dessen laufende Nutzung anfallenden Kosten, knüpfen sich hieran keine umsatzsteuerlichen Folgen, da es sich um eine nicht umsatzsteuerbare Geldleistung handelt. Dem Arbeitgeber steht insoweit kein Vorsteuerabzug zu, da der Arbeitnehmer Vertragspartner

2618

des Telefondienstleisters ist. Gleiches gilt für die Anschluss- und Unterhaltskosten eines Autotelefons oder Handys.

Wird einem Arbeitnehmer für dessen Privatzwecke kostenlos ein betrieblicher Telefonanschluss zur Verfügung gestellt, erbringt der Arbeitgeber grundsätzlich gegenüber dem Arbeitnehmer eine steuerbare und steuerpflichtige Wertabgabe (§ 3 Abs. 9a UStG), denn die bei der Einkommensteuer geltende Steuerbefreiung (§ 3 Nr. 45 EStG) zieht keine Steuerbefreiung im Bereich der Umsatzsteuer nach sich. Wenn die Nutzung betrieblicher Einrichtungen in solchen Fällen zwar auch die Befriedigung eines privaten Bedarfs der Arbeitnehmer zur Folge hat, diese Folge aber durch die mit der Nutzung angestrebten betrieblichen Zwecke überlagert wird, liegen überwiegend durch das betriebliche Interesse des Arbeitgebers veranlasste nicht steuerbare Leistungen vor (Abschn. 1.8 Abs. 4 UStAE). Eine Umsatzsteuerbelastung tritt daher in derartigen Fällen regelmäßig nicht ein (OFD Hannover v. 11.6.2001, S 7109 – 4 – StO 355, www.stotax-first.de).

jj) Nicht steuerbare Sachzuwendungen des Arbeitgebers

2619 Aufmerksamkeiten (§ 3 Abs. 9a UStG) und Leistungen, die überwiegend durch das betriebliche Interesse des Arbeitgebers veranlasst sind (BFH v. 11.3.1988, V R 30/84, BStBl II 1988, 643), sind keine steuerbaren Umsätze.

- **Aufmerksamkeiten**

  Aufmerksamkeiten sind nach Abschn. 1.8 Abs. 3 Satz 1 UStAE Zuwendungen des Arbeitgebers, die nach ihrer Art und nach ihrem Wert Geschenken entsprechen, die im gesellschaftlichen Verkehr üblicherweise ausgetauscht werden und zu keiner ins Gewicht fallenden Bereicherung des Arbeitnehmers führen (BFH v. 22.3.1985, VI R 26/82, BStBl II 1985, 641, R 19.6 LStR).

  Die Begriffe Aufmerksamkeit im umsatzsteuerlichen und lohnsteuerlichen Sinne entsprechen sich (→ *Annehmlichkeiten* Rz. 151).

- **Leistungen im überwiegenden Interesse des Arbeitgebers**

  Leistungen im überwiegenden Interesse des Arbeitgebers sind ebenfalls nicht umsatzsteuerbar. Sie liegen vor, wenn betrieblich veranlasste Maßnahmen zwar auch die Befriedigung eines privaten Bedarfs der Arbeitnehmer zur Folge haben, diese Folgen aber durch die mit diesen Maßnahmen angestrebten betrieblichen Zwecke überlagert werden. Dies ist dann anzunehmen, wenn die Maßnahme die dem Arbeitgeber obliegende Gestaltung der Dienstausübung betrifft (BFH v. 9.7.1998, V R 105/92, BStBl II 1998, 635).

  Hierzu gehören insbesondere (Abschn. 1.8 Abs. 4 UStAE):

  – Leistungen zur **Verbesserung der Arbeitsbedingungen**, z.B. die Bereitstellung von Aufenthalts- und Erholungsräumen sowie von betriebseigenen Duschanlagen, die grundsätzlich von allen Betriebsangehörigen in Anspruch genommen werden können; auch die Bereitstellung von Bade- und Sportanlagen kann überwiegend betrieblich veranlasst sein, wenn in der Zurverfügungstellung der Anlagen nach der Verkehrsauffassung kein geldwerter Vorteil zu sehen ist; z.B. ist die Bereitstellung von Fußball- oder Handballsportplätzen kein geldwerter Vorteil, wohl aber die Bereitstellung von Tennis- oder Golfplätzen (BFH v. 27.9.1996, VI R 44/96, BStBl II 1997, 146),

  – die **betriebsärztliche Betreuung sowie die Vorsorgeuntersuchung** des Arbeitnehmers, wenn sie im ganz überwiegenden betrieblichen Interesse des Arbeitgebers liegt (BFH v. 17.9.1982, VI R 75/79, BStBl II 1983, 39),

  – betriebliche **Fort- und Weiterbildungsleistungen**,

  – die Überlassung von **Arbeitsmitteln zur beruflichen Nutzung** einschließlich der Arbeitskleidung, wenn es sich um typische Berufskleidung, insbesondere um Arbeitsschutzkleidung, handelt, deren private Nutzung so gut wie ausgeschlossen ist,

  – das Zurverfügungstellen von **Parkplätzen** auf dem Betriebsgelände;

  soweit die Überlassung über das Zurverfügungstellen von Pkw-Parkplätzen auf dem Betriebsgelände hinausgeht, liegen steuerbare und steuerpflichtige Umsätze vor; darunter fällt z.B. die verbilligte oder kostenlose Überlassung eines Teils der Werkhalle zum Unterstellen einer Segeljacht bzw. eines Wohnwagens (OFD Niedersachsen v. 2.9.2015, S 7100 – 220 – St 171, www.stotax-first.de),

  – Zuwendungen im Rahmen von **Betriebsveranstaltungen**, soweit sie sich im üblichen Rahmen halten; die Üblichkeit der Zuwendungen ist **bis zu einer Höhe von 110 €** einschließlich Umsatzsteuer je Arbeitnehmer und Betriebsveranstaltung nicht zu prüfen; dies gilt allerdings nicht bei mehr als zwei Betriebsveranstaltungen im Jahr; die lohnsteuerrechtliche Beurteilung gilt entsprechend;

    die gesetzlichen Änderungen, insbesondere die Ersetzung der bisherigen lohnsteuerlichen Freigrenze durch einen Freibetrag, haben grundsätzlich keine Auswirkungen auf die umsatzsteuerrechtlichen Regelungen; ob eine Betriebsveranstaltung vorliegt und wie die Kosten, die auf den einzelnen Arbeitnehmer entfallen, zu berechnen sind, bestimmt sich nach den lohnsteuerrechtlichen Grundsätzen; von einer überwiegend durch das unternehmerische Interesse des Arbeitgebers veranlassten, üblichen Zuwendung ist umsatzsteuerrechtlich i.d.R. auszugehen, wenn der Betrag je Arbeitnehmer und Betriebsveranstaltung 110 € einschließlich Umsatzsteuer nicht überschreitet; übersteigt dagegen der Betrag, der auf den einzelnen Arbeitnehmer entfällt, pro Veranstaltung die Grenze von 110 € einschließlich Umsatzsteuer, ist von einer überwiegend durch den privaten Bedarf des Arbeitnehmers veranlassten unentgeltlichen Zuwendung auszugehen (BMF v. 14.10.2015, IV C 5 – S 2332/15/10001/III C 2 – S 7109/15/10001, BStBl I 2015, 832),

  – das Zurverfügungstellen von **Betriebskindergärten**,

  – das Zurverfügungstellen von **Übernachtungsmöglichkeiten in gemieteten Zimmern**, wenn der Arbeitnehmer an weit von seinem Heimatort entfernten Tätigkeitsstellen eingesetzt wird (BFH v. 21.7.1994, V R 21/92, BStBl II 1994, 881),

  – Schaffung und Förderung der Rahmenbedingungen für die **Teilnahme an einem Verkaufswettbewerb** (BFH v. 16.3.1995, V R 128/92, BStBl II 1995, 651),

  – die **Sammelbeförderung** unter den in Abschn. 1.8 Abs. 15 Satz 2 UStAE bezeichneten Voraussetzungen,

  – die **unentgeltliche Abgabe von Speisen** anlässlich und während eines **außergewöhnlichen Arbeitseinsatzes**, z.B. während einer außergewöhnlichen betrieblichen Besprechung oder Sitzung (EuGH v. 11.12.2008, C-371/07, HFR 2009, 322).

Dem Arbeitgeber steht aus derartigen Aufwendungen grundsätzlich der Vorsteuerabzug unter den weiteren Voraussetzungen des § 15 UStG zu, da es sich um Leistungsbezüge für sein Unternehmen handelt (→ *Vorsteuerabzug* Rz. 3112). Soweit keine Aufmerksamkeit vorliegt, scheidet ein Vorsteuerabzug allerdings aus (BFH v. 9.12.2010, V R 17/10, BStBl II 2012, 53 betr. Vorsteuerabzug aus Leistungen für Betriebsausflüge).

3. Sozialversicherung

a) Allgemeines

2620 Die durch den Arbeitgeber gewährten Sachbezüge gehören zum beitragspflichtigen Arbeitsentgelt in der Sozialversicherung. Um Rechtssicherheit zu schaffen und um eine Gleichbehandlung sicherzustellen, stellt seit 1.1.2011 das BMAS jährlich im Voraus durch Rechtsverordnung (§ 17 Abs. 1 Nr. 4 SGB IV) mit Zustimmung des Bundesrats den amtlichen Wert der Sachbezüge insbesondere für Verpflegung und Unterkunft fest. Nach § 8 Abs. 2 EStG sind diese Werte bei Arbeitnehmern, deren Sachbezüge durch die o.a. Rechtsverordnung festgestellt sind, auch für die Bemessung der Lohnsteuer maßgebend. Damit ist ein Gleichklang mit der Sozialversicherung gewährleistet, → Rz. 2601.

Die für 2016 geltenden Werte sind der im Anhang abgedruckten Übersicht zu entnehmen (→ *Anhang, B. Sozialversicherung* Rz. 3399).

b) Unterkunft und Verpflegung

2621 Der Wert der Verpflegung und Unterkunft wird in der SvEV festgelegt. Daher gelten sozialversicherungsrechtlich die gleichen

Sachbezüge

Grundsätze wie bei der Lohnsteuer, → *Dienstwohnung* Rz. 808, → *Mahlzeiten* Rz. 1960.

c) Freie Wohnung

2622 Wird dem Arbeitnehmer vom Arbeitgeber eine Wohnung überlassen, so ist sozialversicherungsrechtlich der ortsübliche Mietpreis maßgebend. Auch hier gelten die gleichen Grundsätze wie bei der Lohnsteuer, → *Dienstwohnung* Rz. 811.

d) Sonstige Sachbezüge

2623 Werden sonstige Sachbezüge gewährt, gelten die gleichen Grundsätze wie bei der Lohnsteuer. Generell gilt als Wert der übliche Endpreis am Abgabeort, es sei denn, die oberste Finanzbehörde des Landes hat mit Zustimmung des Bundesfinanzministeriums für weitere Sachbezüge Durchschnittswerte nach § 8 Abs. 2 Satz 10 EStG festgesetzt, → Rz. 2601.

e) Beitragsberechnung

2624 Die genannten Werte für Sachbezüge sind dem daneben gewährten Bruttolohn zuzurechnen und insgesamt für die Beitragsberechnung heranzuziehen.

Beispiel 1:

Bruttolohn	425,— €
Unterkunft	223,— €
Frühstück	50,— €
Mittagessen	93,— €
Abendessen	93,— €
beitragspflichtiger Bruttolohn	**884,— €**

Übernimmt der Arbeitgeber zusätzlich zu den Sachbezügen auch die Lohnsteuer und/oder die Arbeitnehmeranteile zur Sozialversicherung (Nettolohnzahlung), ist dies als geldwerter Vorteil aus dem Arbeitsverhältnis lohnsteuer- und beitragspflichtig. Ausgehend vom Nettolohn ist der maßgebliche Bruttolohn dann in der Weise zu ermitteln, dass die zu entrichtenden Steuern und die Arbeitnehmeranteile zur Sozialversicherung ggf. unter Beachtung der Beitragsbemessungsgrenzen dem Entgelt so lange zugerechnet werden, bis sich für den Bruttolohn keine höheren Steuern und keine höheren Sozialversicherungsbeiträge mehr ergeben; zu weiteren Einzelheiten s. → *Nettolöhne* Rz. 2126.

Entfallen Sachbezüge auf Teillohnzahlungszeiträume, ist der kalendertägliche Betrag zu Grunde zu legen, der durch Division des Monatswertes durch 30 auf zwei Kommastellen errechnet wird. Dieser Wert ist anschließend mit der Zahl der beitragspflichtigen Tage zu multiplizieren und jeweils auf zwei Dezimalstellen kaufmännisch zu runden. Soweit Zu- oder Abschläge zu berücksichtigen sind, werden diese nach der Feststellung des Tageswerts hinzu- oder abgerechnet.

Beispiel 2:
Bruttolohnberechnung für Teillohnzahlungszeiträume mit Sachbezug für Frühstück und Mittagessen

Bruttolohn für die Zeit v. 10.1.2016 bis 31.1.2016 = 22 Kalendertage	320,— €
Sachbezüge für die Zeit v. 10.1.2016 bis 31.1.2016 = 22 Kalendertage =	
– Frühstück (50,— € : 30 × 22 Tage)	36,67 €
– Mittagessen (93,— € : 30 × 22 Tage)	68,20 €
Bruttolohn	**424,87 €**

Die vollen Sachbezugswerte gelten auch dann, wenn der Sachbezug nur arbeitstäglich oder werktäglich (Fünf- oder Sechs-Tage-Woche) bezogen wird. Eine anteilige Kürzung ist nur dann vorzunehmen, wenn **arbeitsvertraglich ausdrücklich vereinbart** ist, dass Sachbezüge nicht kalendertäglich, sondern nur arbeits- oder werktäglich zur Verfügung gestellt werden. Dabei ist an Stelle einer monatlichen Ermittlung der Ausfalltage ein durchschnittlich gleich bleibender Wert anzusetzen.

Sachgeschenke

→ *Gelegenheitsgeschenke* Rz. 1368

Sachversicherung

→ *Kaskoversicherung* Rz. 1643, → *Reisegepäckversicherung* Rz. 2408

Saisonarbeiter

→ *Land- und Forstwirtschaft* Rz. 1763

Saisonaushilfskraft

→ *Aushilfskraft/Aushilfstätigkeit* Rz. 410

Saison-Kurzarbeitergeld

1. Allgemeines

2625 **Saison-Kurzarbeitergeld** wird in der **Schlechtwetterzeit** (vom 1. Dezember bis 31. März) **nach § 101 SGB III als Sonderform des Kurzarbeitergelds** an die Bauarbeitnehmer gezahlt und dient der Vermeidung von Entlassungen. Es wird nicht nur bei witterungsbedingten Arbeitsausfällen, sondern auch bei Arbeitsausfällen geleistet, die aus **wirtschaftlichen Gründen** (z.B. saisonbedingter Auftragsmangel) eintreten. Es gilt für die Bauwirtschaft, kann aber auch Grundlage für entsprechende Lösungen in anderen Wirtschaftszweigen sein, die von saisonalen Arbeitsausfällen betroffen sind und in denen eine hohe Winterarbeitslosigkeit zu verzeichnen ist. Daher zielt die Leistung darauf ab, die Rahmenbedingungen für eine verstetigte Beschäftigung in den Wirtschaftszweigen zu verbessern, die in besonderer Weise jahreszeitliche Beschäftigungsschwankungen aufweisen. **Ergänzende Leistungen nach § 102 SGB III an Arbeitnehmer** zur Überbrückung von Ausfallstunden (**Zuschuss-Wintergeld**) sowie zur Abgeltung der Mehraufwendungen bei einer Arbeitsleistung (**Mehraufwands-Wintergeld**) und an Arbeitgeber zur Entlastung von den Kosten der Kurzarbeit (**Erstattung von Sozialversicherungsbeiträgen**) setzen weitere Anreize zur Vermeidung von Entlassungen in den Wintermonaten. Während das Saison-Kurzarbeitergeld aus Mitteln der Arbeitslosenversicherung geleistet wird, erfolgt die Finanzierung der ergänzenden Leistungen durch eine **branchenspezifische Umlage**, deren Einführung die Mitwirkung der Tarifpartner erfordert und diese damit aktiv an der Beschäftigungssicherung in ihrer Branche beteiligt. Das Saison-Kurzarbeitergeld **schränkt** den Anwendungsbereich des **konjunkturellen Kurzarbeitergelds** in der Baubranche im Winter **ein**. Ein Arbeitsausfall mit Entgeltausfall, der in der Schlechtwetterzeit vom 1.12. bis 31.3. in Betrieben des Bauhauptgewerbes, des Dachdeckerhandwerks sowie des Garten-, Landschafts- und Sportplatzbaus bzw. vom 1.11. bis 31.3. in Betrieben des Gerüstbaugewerbes (Sonderregelung des § 133 SGB III **bis 31.3.2018**) eintritt, darf mit Kurzarbeitergeld **nur in der Form des Saison-Kurzarbeitergelds** ausgeglichen werden (§ 95 Satz 2 SGB III). Außerhalb der Schlechtwetterzeit kann konjunkturelles Kurzarbeitergeld auch in Betrieben des Baugewerbes gezahlt werden.

2. Anwendungsfälle

2626 In Betrieben des **Bauhauptgewerbes** sowie in Betrieben des **Baunebengewerbes** (Betriebe des Dachdeckerhandwerks, des Gerüstbaugewerbes und des Garten-, Landschafts- und Sportplatzbaus) erhalten Arbeitnehmer **Saison-Kurzarbeitergeld** zum **Ausgleich saisonbedingter Arbeitsausfälle** (witterungsbedingt oder aus wirtschaftlichen Ursachen, z.B. saisonbedingter Auftragsmangel) in der **Schlechtwetterzeit** (1. Dezember bis 31. März, Gerüstbaugewerbe 1. November bis 31. März). Das Saison-Kurzarbeitergeld wird jedoch nur für die Ausfallstunden geleistet, die nicht durch **Einbringung (Auflösung)** von **Arbeitszeit- und Urlaubsguthaben** oder einer **tarifvertraglichen Vorausleistung** (z.B. Überbrückungsgeld im Gerüstbaugewerbe) vermieden werden können. Von der Berechnungsmethode und von der Höhe her unterscheidet sich das Saison-Kurzarbeitergeld nicht vom konjunkturellen **Kurzarbeitergeld**.

3. Ergänzende Leistungen

2627 Neben dem aus Mitteln der Arbeitslosenversicherung finanzierten Saison-Kurzarbeitergeld werden Arbeitnehmern und Arbeitgebern in den genannten Betrieben folgende **ergänzende Leistungen** gezahlt, die durch eine **Umlage finanziert** werden, die von den Arbeitnehmern und den Arbeitgebern gemeinsam oder nur von den Arbeitgebern allein aufgebracht wird:

a) Bauhauptgewerbe und Betriebe des Dachdeckerhandwerks und des Garten-, Landschafts- und Sportplatzbaus

2628 **Arbeitnehmer** erhalten

- **Zuschuss-Wintergeld** für das aufgelöste Arbeitszeitguthaben, um saisonale Ausfallstunden in der Schlechtwetterzeit auszugleichen, und für die somit kein Saison-Kurzarbeitergeld zu zahlen ist, i.H.v. 2,50 € je Stunde und
- **Mehraufwands-Wintergeld** für die in der Zeit vom 15. Dezember bis zum letzten Kalendertag des Monats Februar gearbeiteten Stunden i.H.v. 1 € je Arbeitsstunde für höchstens 90 Stunden im Dezember und je 180 Stunden im Januar und Februar.

Arbeitgebern werden

- die von ihnen **allein zu tragenden Beitragsaufwendungen** zur Kranken-, Renten- und Pflegeversicherung für die Bezieher von Saison-Kurzarbeitergeld **in voller Höhe erstattet**.

b) Betriebe des Gerüstbauhandwerks

2629 Für **Betriebe des Gerüstbauhandwerks** gilt die Übergangsregelung des § 133 SGB III bis zum 31.3.2018. Danach erhalten

Arbeitnehmer

- **Zuschuss-Wintergeld** i.H.v. 1,03 € je eingebrachter Überbrückungsgeldstunde, um witterungsbedingte Ausfallstunden in der für diesen Bereich geltenden Schlechtwetterzeit vom 1. November bis 31. März zu überbrücken.
- **Mehraufwands-Wintergeld** für die in der Zeit vom 15. Dezember bis zum letzten Kalendertag des Monats Februar gearbeiteten Stunden, i.H.v. 1 € je Arbeitsstunde für höchstens 90 Stunden im Dezember und je 180 Stunden im Januar und Februar.

Eine **Erstattung von Beiträgen** zur Kranken-, Renten- und Pflegeversicherung für Bezieher von Saison-Kurzarbeitergeld an **Arbeitgeber** des Gerüstbauhandwerks ist **nicht vorgesehen**. Ergänzende Leistungen werden im Gerüstbauhandwerk ausschließlich zur Vermeidung oder Überbrückung witterungsbedingter Arbeitsausfälle erbracht (§ 133 Abs. 3 Satz 1 SGB III).

4. Winterbeschäftigungs-Umlage

a) Einzug

2630 Die **Winterbeschäftigungs-Umlage** ist von **allen Arbeitgebern des Baugewerbes** im Wege der **Selbstveranlagung (Meldung und Zahlung)**, also ohne vorherige besondere Aufforderung, zu entrichten, wenn in den Betrieben die ganzjährige Beschäftigung in der Bauwirtschaft zu fördern ist. Sie dient der **Finanzierung der ergänzenden Leistungen** einschließlich der Verwaltungskosten und der sonstigen Kosten, die mit der Zahlung dieser Leistungen und der Einziehung der Umlage zusammenhängen.

Die Arbeitgeber führen die Umlagebeträge grundsätzlich über die gemeinsame **Einrichtung ihres Wirtschaftszweigs/Ausgleichskasse** (Einzugsstellen des Baugewerbes) ab. Umlagepflichtige Arbeitgeber, auf die die Tarifverträge über die gemeinsamen Einrichtungen/Ausgleichskasse **keine Anwendung** finden, führen die Umlagebeträge (mit einer Mehrkostenpauschale) **unmittelbar an die Umlageeinzugsstelle** der Bundesagentur für Arbeit in der Regionaldirektion Hessen ab.

Beginn und Ende der Umlagepflicht sind vom **Arbeitgeber** unverzüglich und unaufgefordert der jeweiligen Einzugsstelle **zu melden**. Die Höhe der umlagepflichtigen Bruttoarbeitsentgelte sowie der fälligen Umlagebeiträge ist ebenfalls, und zwar jeweils **monatlich, zu melden**. Dabei ist zu beachten, dass die Meldung jeweils zum 15. des Monats fällig ist, der dem Monat folgt, für den der Lohn zu zahlen ist.

Die Umlage (einschließlich ggf. Mehrkostenpauschale) ist grundsätzlich ebenfalls am **15. des Monats fällig**, der dem **Monat folgt**, für den der Lohn zu zahlen ist.

Wird die Umlage nicht gezahlt, ist ein **Säumniszuschlag** i.H.v. 1 % des rückständigen, auf 50 € nach unten gerundeten Betrags zu entrichten.

Außerdem ist die Bundesagentur für Arbeit nach erfolgloser Mahnung verpflichtet, ein **Verwaltungsvollstreckungsverfahren** einzuleiten, wodurch dem Arbeitgeber weitere nicht unerhebliche Kosten entstehen.

b) Höhe und Aufbringung der Umlage

2631 Die Umlage bemisst sich nach einem **Prozentsatz der umlagepflichtigen Bruttoarbeitsentgelte** der in den Betrieben und Betriebsabteilungen des Baugewerbes beschäftigten **gewerblichen Arbeitnehmer**, die ergänzende Leistungen dem Grunde nach erhalten können.

Dieser **Prozentsatz beträgt** in Betrieben

- des **Bauhauptgewerbes 2,0 %** (davon 0,8 % Arbeitnehmeranteil, 1,2 % Arbeitgeberanteil),
- des **Dachdeckerhandwerks 2,0 %** (davon 0,8 % Arbeitnehmeranteil, 1,2 % Arbeitgeberanteil),
- des **Garten- und Landschaftsbaus 1,85 %** (davon 0,8 % Arbeitnehmeranteil, 1,05 % Arbeitgeberanteil) und
- des **Gerüstbauerhandwerks = 1 %** (nur Arbeitgeber).

5. Lohnsteuer

2632 Das Mehraufwands-Wintergeld/Zuschuss-Wintergeld und das Saison-Kurzarbeitergeld sind gem. § 3 Nr. 2 EStG **lohnsteuerfrei**. Nach § 32b EStG (Progressionsvorbehalt) wird beim Bezug von Saison-Kurzarbeitergeld das steuerpflichtige Einkommen einem besonderen Steuersatz unterworfen. Der **Progressionsvorbehalt** wird ausschließlich vom Finanzamt im Rahmen der Antragsveranlagung (§ 46 Abs. 2 Nr. 8 EStG) oder bei der Einkommensteuerveranlagung (§ 46 Abs. 2 Nr. 1 bis 7 EStG) berücksichtigt (→ *Progressionsvorbehalt* Rz. 2331).

Der Arbeitgeber hat das ausgezahlte Saison-Kurzarbeitergeld im **Lohnkonto** einzutragen (→ *Lohnkonto* Rz. 1803). Bei Beendigung des Dienstverhältnisses oder am Ende des Kalenderjahrs hat der Arbeitgeber in der **Lohnsteuerbescheinigung** des Arbeitnehmers u.a. das ausgezahlte Saison-Kurzarbeitergeld zu bescheinigen (→ *Lohnsteuerbescheinigung* Rz. 1878).

Die Beteiligung der Arbeitnehmer an der **Winterbeschäftigungs-Umlage** wird aus versteuertem Einkommen finanziert und dient dazu, Arbeitsplätze in der Schlechtwetterzeit zu erhalten. Der Beitrag ist daher nach § 9 Abs. 1 Satz 1 EStG bei den **Werbungskosten** abzugsfähig. Bei Übernahme durch den Arbeitgeber liegt steuer- und beitragspflichtiger **Arbeitslohn** vor. Arbeitgeber können diese Umlage in einer freien Zeile der elektronischen Lohnsteuerbescheinigung als freiwillige Angabe ausweisen (OFD Koblenz v. 5.4.2007, S 2354 A – St 32 2, www.stotax-first.de).

6. Sozialversicherung

2633 Während der Zeit des Bezugs von Saison-Kurzarbeitergeld (gilt auch für das konjunkturelle Kurzarbeitergeld) bleibt in der gesetzlichen Kranken-, Pflege-, Renten- und Arbeitslosenversicherung das tatsächlich (noch) **erzielte Bruttoarbeitsentgelt** (sog. Kurzlohn) **Grundlage** für die Berechnung der Beiträge und ggf. der Umlagen nach dem Aufwendungsausgleichsgesetz. Diese Beiträge sind in der **üblichen Weise** zu berechnen und grundsätzlich je zur Hälfte vom Arbeitgeber und vom Arbeitnehmer zu tragen.

Für die Beiträge zur Kranken-, Pflege- und Rentenversicherung kommt jedoch noch eine fiktive Bemessungsgrundlage hinzu. Dieses Fiktiventgelt beträgt 80 % des Unterschiedsbetrags zwischen dem ungerundeten Sollentgelt und dem ungerundeten Ist-Entgelt.

Die Beiträge aus dem Fiktiventgelt trägt der Arbeitgeber allein. Die alleinige Beitragspflicht des Arbeitgebers umfasst den gesamten aus dem fiktiven Arbeitsentgelt ermittelten Betrag, d.h. auch den ansonsten vom Mitglied zur gesetzlichen Krankenversicherung zu tragenden kassenindividuellen einkommensabhängigen Zusatzbeitrag. Der Beitragszuschlag für Kinderlose zur Pflegeversicherung i.H.v. 0,25 % wird pauschal über die Agentur für Arbeit abgegolten.

Saison-Kurzarbeitergeld

keine Sozialversicherungspflicht = ⓢⱽ
Sozialversicherungspflicht = Ⓢⱽ

Den Arbeitgebern des **Bauhauptgewerbes, des Dachdeckerhandwerks und des Garten-, Landschafts- und Sportplatzbaus** werden die **SV-Beiträge** aus der Umlage in voller Höhe **erstattet**. Das gilt nicht nur für die pflichtversicherten, sondern auch für freiwillig krankenversicherte und für privat krankenversicherte Bezieher von Saison-Kurzarbeitergeld.

Weitere Anreize zur Vermeidung von saisonbedingter Arbeitslosigkeit sollen die ergänzenden Leistungen des Zuschuss-Wintergeldes und des Mehraufwands-Wintergeldes bieten. Voraussetzung für die Gewährung dieser Leistungen an Arbeitnehmer und Arbeitgeber eines bestimmten Wirtschaftszweigs ist die Einführung einer Umlage zur Aufbringung der erforderlichen Mittel.

An der Finanzierung der Umlage können auch die Arbeitnehmer beteiligt werden. Der von den Arbeitnehmern zu tragende Anteil der Umlage ist sozialversicherungspflichtig. Übernimmt der Arbeitgeber die Arbeitnehmeranteile der Umlage, handelt es sich um geldwerte Vorteile des Arbeitnehmers.

Saitengeld

→ *Musiker* Rz. 2082

Sammelbeförderung

2634 Nach § 3 Nr. 32 EStG ist die unentgeltliche oder verbilligte Sammelbeförderung eines Arbeitnehmers zwischen Wohnung und erster Tätigkeitsstätte sowie bei Fahrten nach § 9 Abs. 1 Satz 3 Nr. 4a Satz 3 EStG (Fahrten zu demselben Ort oder einem weiträumigen Tätigkeitsgebiet) mit einem vom Arbeitgeber gestellten Kfz steuerfrei, soweit die Sammelbeförderung für den betrieblichen Einsatz des Arbeitnehmers notwendig ist. Einzelheiten → *Wege zwischen Wohnung und erster Tätigkeitsstätte* Rz. 3160.

Sammellohnkarte

→ *Lohnkonto* Rz. 1801

Sänger

→ *Künstler (und verwandte Berufe)* Rz. 1748

Sanierungsbeitrag

→ *Gehaltsverzicht* Rz. 1364

Säumniszuschlag

1. Lohnsteuer

2635 Bei verspäteter Zahlung einer Steuer sind nach § 240 AO Säumniszuschläge zu entrichten; dies gilt auch, wenn der Arbeitgeber Lohnsteuer erst nach Fälligkeit entrichtet. Für jeden angefangenen Monat der Säumnis wird ein **Säumniszuschlag von 1 % des rückständigen, auf 50 € nach unten abgerundeten Steuerbetrages** erhoben. Weitere Einzelheiten zur Erhebung von Säumniszuschlägen bei verspätet angemeldeter Lohnsteuer → *Abführung der Lohnsteuer* Rz. 5.

Säumniszuschläge fallen auch an, wenn der Arbeitgeber in einem Haftungsbescheid festgesetzte **Haftungsschulden** verspätet zahlt (§ 240 Abs. 1 Satz 2 AO).

I.R.d. Steueränderungsgesetzes 2003 v. 15.12.2003, BGBl. I 2003, 2645 ist die gesetzliche sog. **Zahlungsschonfrist** von bisher fünf Tagen auf drei Tage verkürzt worden (§ 240 Abs. 3 AO). Diese Änderung gilt erstmals für nach dem 31.12.2003 fällig gewordene Steuern oder Haftungsschulden (neuer § 16 Abs. 6 EGAO).

Liegen die allgemeinen Voraussetzungen vor (→ *Erlass von Lohnsteuer* Rz. 1175), können Säumniszuschläge auf Antrag **erlassen** werden (s.a. BFH v. 9.7.2003, V R 57/02, HFR 2003, 1135 betr. Erlass von Säumniszuschlägen zur Lohnsteuer in Insolvenzverfahren). Dies gilt jedoch nicht, wenn ein Steuerberater Lohnsteuer regelmäßig verspätet anmeldet und abführt (FG Hamburg v. 30.12.1999, II 351/99, EFG 2000, 475).

2. Sozialversicherung

Für Beiträge und Beitragsvorschüsse, die nicht bis zum Ablauf des **2636** Fälligkeitstages gezahlt sind, ist gem. § 24 Abs. 1 SGB IV ein Säumniszuschlag für jeden angefangenen Monat i.H.v. 1 % des rückständigen, auf 50 € abgerundeten Betrages zu erheben. Bei einem rückständigen Betrag unter 100 € ist der Säumniszuschlag nicht zu erheben, wenn er gesondert schriftlich anzufordern wäre. Dem Zahlungspflichtigen kann keine Schonfrist mehr eingeräumt werden. Nach der **Gemeinsamen Verlautbarung der Spitzenverbände der Sozialversicherungsträger** v. 9.11.1994 heißt es hierzu: „Der Zahlungspflichtige hat dafür zu sorgen, dass die Einzugsstelle spätestens am Fälligkeitstag im Besitz der geschuldeten Beiträge ist." → *Fälligkeit der Sozialversicherungsbeiträge* Rz. 1196.

Nach Auffassung des BSG (BSG v. 23.2.1988, 12 RK 50/86, www.stotax-first.de) wird im Fall der **Beitragsstundung** die Fälligkeit der geforderten Beiträge hinausgeschoben mit der Folge, dass für den Stundungszeitraum Säumniszuschläge nicht zu erheben sind (→ *Fälligkeit der Sozialversicherungsbeiträge* Rz. 1196; → *Stundung* Rz. 2831). Wird eine Beitragsforderung durch Bescheid mit Wirkung für die Vergangenheit festgestellt, so ist gem. § 24 Abs. 2 SGB IV ein darauf entfallender Säumniszuschlag nicht zu erheben, soweit der Schuldner glaubhaft macht, dass er unverschuldet keine Kenntnis von der Zahlungspflicht hatte.

Der Säumniszuschlag soll den Zahlungspflichtigen anhalten, seine Beiträge pünktlich zu zahlen; gleichzeitig ist er aber auch eine Gegenleistung für das Hinausschieben der Zahlung (Ausgleich für Zinsverlust). Die Festsetzung des Säumniszuschlages ist zwingend und nicht in das Ermessen der Einzugsstelle gestellt. Der Säumniszuschlag kann erlassen werden, wenn sein Einzug nach Lage des Einzelfalls **unbillig** wäre.

Die Spitzenverbände der Sozialversicherungsträger haben in der bereits genannten Gemeinsamen Verlautbarung eine tabellarische Übersicht zum Erlass der Säumniszuschläge veröffentlicht:

Fallgruppe	Antrag	Erlass/ Teilerlass
Unabwendbares Ereignis	Antrag erforderlich; der Grund für die verspätete Zahlung ist glaubhaft zu machen	Erlass in voller Höhe
Bisher pünktlicher Beitragszahler	Antrag erforderlich; der Grund für die verspätete Zahlung ist glaubhaft zu machen	Erlass in voller Höhe
Zahlungsunfähigkeit/ Überschuldung	Antrag erforderlich; der Nachweis der Zahlungsunfähigkeit/Überschuldung ist zu erbringen. Im Insolvenzverfahren ist bei Masseunzulänglichkeit eine schriftliche Erklärung des Insolvenzverwalters erforderlich	Erlass zur Hälfte
Gefährdung der wirtschaftlichen Existenz	Antrag erforderlich; die Gefährdung der wirtschaftlichen Existenz ist glaubhaft zu machen	Erlass zur Hälfte
Vorliegen der Voraussetzungen für den Erlass der Hauptschuld	Kein besonderer Antrag erforderlich; Antrag für den Erlass der Hauptschuld reicht aus	Erlass in voller Höhe
Sonstige Fälle	Antrag erforderlich	Nach Lage des Einzelfalls in voller Höhe oder zur Hälfte

Freiwillig versicherte Mitglieder und „Bürgerversicherte" einer Krankenkasse hatten für Beiträge und Beitragsvorschüsse, mit denen sie länger als einen Monat säumig sind, für jeden weiteren angefangenen Monat der Säumnis einen Säumniszuschlag nach § 24 Abs. 1a SGB IV i.H.v. 5 % des rückständigen, auf 50 € nach unten abgerundeten Beitrags zu zahlen. Durch das Gesetz zur Beseitigung sozialer Überforderung bei Beitragsschulden in der Krankenversicherung wurde dieser Säumniszuschlag zum 1.8.2013 wieder auf 1 % gesenkt.

Schadensersatz

2637 Schadensersatzpflichtig kann sich sowohl der Arbeitnehmer gegenüber dem Arbeitgeber als auch umgekehrt der Arbeitgeber gegenüber dem Arbeitnehmer machen.

1. Schadensersatzpflicht des Arbeitgebers gegenüber dem Arbeitnehmer

a) Arbeitsrecht

2638 Eine Schadensersatzpflicht kann den Arbeitgeber infolge unterschiedlicher Sachverhalte treffen, z.B. bei Verletzung von Schutzpflichten (bzgl. Leben und Gesundheit des Arbeitnehmers oder bzgl. der vom Arbeitnehmer in den Betrieb berechtigterweise eingebrachten Sachen etc.).

Erleidet der Arbeitnehmer bei der Erledigung seiner Arbeitsleistung Schaden an seiner Person oder seinem Eigentum, so stellt sich die Frage, inwieweit hierfür eine Haftung des Arbeitgebers in Betracht kommen kann.

Nach der Rechtsprechung des BAG haftet der Arbeitgeber nicht für das typische Schadensrisiko, das bei der Durchführung der Arbeitsleistung entsteht, sondern nur in Ausnahmefällen.

- In Betracht kommt zunächst die Erstattung **von Sachschäden**. Von besonderer Bedeutung sind Sachschäden am **Privatfahrzeug des Arbeitnehmers**, das dieser zu einer Dienstfahrt benutzt:

  Nach der Rechtsprechung des BAG (BAG v. 14.12.1995, 8 AZR 875/94, www.stotax-first.de) muss der Arbeitgeber dem Arbeitnehmer die an dessen Fahrzeug ohne Verschulden des Arbeitgebers entstandenen Unfallschäden erst dann ersetzen, wenn das Fahrzeug mit Billigung des Arbeitgebers ohne besondere Vergütung hierfür im Betätigungsbereich des Arbeitgebers im Einsatz war. Ein Einsatz **im Betätigungsbereich des Arbeitgebers** ist dann gegeben, wenn ohne Einsatz des Fahrzeugs des Arbeitnehmers der Arbeitgeber ein eigenes Fahrzeug einsetzen und damit dessen Unfallgefahr hätte tragen müssen. Ein Mitverschulden des Arbeitnehmers bei der Entstehung des Schadens ist nach § 254 BGB zu berücksichtigen (BAG v. 27.1.2000, 8 AZR 876/98, www.stotax-first.de).

  Der Arbeitgeber sollte für Fälle, in denen der Arbeitnehmer dauernd oder zumindest regelmäßig sein privates Fahrzeug zu dienstlichen Fahrten nutzt, den Arbeitnehmer auffordern, das Fahrzeug bei Erstattung der hierfür erforderlichen Aufwendungen kasko zu versichern.

  Diese Grundsätze für die Haftung des Arbeitgebers gelten auch bei Einsatz eines privaten Nutzfahrzeugs des Arbeitnehmers für betriebliche Zwecke (vgl. BAG v. 17.7.1997, 8 AZR 480/95, www.stotax-first.de).

- Für **Personenschäden** hat der Arbeitnehmer grundsätzlich keinen Ersatzanspruch gegen den Arbeitgeber. Die diesbezügliche Einschränkung folgt aus §§ 104 ff. SGB VII. Eine Haftung greift nur dann ein, wenn der Arbeitgeber den Arbeitsunfall vorsätzlich herbeigeführt hat oder wenn der Arbeitsunfall als Wegeunfall vom Arbeitgeber verursacht worden ist.

- Bei Verletzung des **Persönlichkeitsrechts** des Arbeitnehmers (fehlender Schutz vor ungerechter Behandlung durch Vorgesetzte, Mobbing, Verletzung der Verschwiegenheitspflicht bzgl. der Persönlichkeit des Arbeitnehmers, zu weitgehende Beschränkung der freien Entfaltung, Mithören von Telefonaten etc.) kann nach dem BAG ggf. ein Anspruch auf **Schmerzensgeld** nach § 847 BGB geltend gemacht werden, sofern es sich um einen ausreichend schwerwiegenden Eingriff handelt und das Persönlichkeitsrecht auf andere Art nicht ausreichend geschützt werden kann (BAG v. 21.2.1979, 5 AZR 568/77, www.stotax-first.de).

- Eine spezielle gesetzliche Regelung findet sich jetzt mit Wirkung ab 1.8.2002 in § 253 Abs. 2 BGB, insbesondere für **Mobbing** (s. im Einzelnen z.B. BAG v. 24.4.2008, 8 AZR 347/07, www.stotax-first.de) und **sexuelle Belästigung**.

- Speziell geregelt ist der **Entschädigungsanspruch** gegen den Arbeitgeber wegen **Geschlechtsdiskriminierung** bei Begründung eines Arbeitsverhältnisses in § 611a BGB und bei Diskriminierungen i.S.d. Allgemeinen Gleichbehandlungsgesetzes (**AGG**) aus Gründen der Rasse oder wegen der ethnischen Herkunft, des Geschlechts, der Religion oder Weltanschauung, einer Behinderung, des Alters oder der sexuellen Identität.

- Eine Haftung des Arbeitgebers kommt auch bei verzögerter Lohnzahlung wegen **Schuldnerverzugs** in Betracht. Diese Schadensersatzpflicht kann sich (bei Verschulden) nicht nur auf die Verzinsung der Schuld, sondern auch auf einen sog. **Steuerschaden** des Arbeitnehmers erstrecken (vgl. BAG v. 14.5.1998, 8 AZR 158/97, www.stotax-first.de).

b) Lohnsteuer

aa) Allgemeines

2639 Schadensersatzleistungen des Arbeitgebers oder eines Dritten (z.B. einer Versicherung) an Arbeitnehmer stellen nur dann **lohnsteuerpflichtigen Arbeitslohn** dar, wenn die Zuwendungen auf dem **Dienstverhältnis beruhen**.

Nicht als Arbeitslohn anzusehen sind hingegen insbesondere Schadensersatzleistungen, soweit der Arbeitgeber dazu **gesetzlich verpflichtet** ist oder soweit er einen zivilrechtlichen Schadensersatzanspruch des Arbeitnehmers wegen schuldhafter Verletzung arbeitsvertraglicher Fürsorgepflichten erfüllt, vgl. H 19.3 (Beispiele) LStH. Für die Frage der Steuerpflicht muss daher in jedem Einzelfall der **Rechtsgrund** der Zahlung festgestellt werden.

bb) „Steuerfreie" Schadensersatzleistungen

2640 In den folgenden Fällen hat die Rechtsprechung den Zusammenhang der Zahlung mit dem Dienstverhältnis verneint, so dass kein steuerpflichtiger Arbeitslohn anzunehmen ist:

- Zahlungen auf Grund **unerlaubter Handlung oder Gefährdungshaftung**, also insbesondere **Schmerzensgeld** nach §§ 823 bis 853 BGB oder Zahlungen für die **Beseitigung von Unfallfolgen**, z.B. Arzt- und Heilmittelkosten (vgl. BFH v. 21.1.2004, XI R 40/02, BStBl II 2004, 716 m.w.N. sowie → *Entschädigungen* Rz. 1135).

- Zahlungen wegen **Verletzung des allgemeinen Persönlichkeitsrechts** (§ 847 BGB) des Arbeitnehmers (BFH v. 29.10.1963, VI 290/62 U, BStBl III 1964, 12).

- **Zinsen für rückständigen Arbeitslohn**; es handelt sich insoweit aber um Einkünfte aus Kapitalvermögen (FG Köln v. 19.6.1989, 7 K 2621/88, EFG 1989, 640).

- Schadensersatzleistungen des Arbeitgebers, wenn dieser eine **fehlerhafte Lohnbescheinigung ausgestellt** hat und der Arbeitnehmer somit eine zu hohe Einkommensteuer nachzahlen musste (BFH v. 20.9.1996, VI R 57/95, BStBl II 1997, 144).

- **Schadensersatzrente nach § 844 Abs. 2 BGB**, da sie lediglich den durch ein schädigendes Ereignis entfallenden, nicht steuerbaren Unterhaltsanspruch ausgleicht und keinen Ersatz für entgangene oder entgehende einkommensteuerpflichtige Einnahmen gewährt (BFH v. 26.11.2008, X R 31/07, BStBl II 2009, 651 sowie BMF v. 15.7.2009, IV C 3 – S 2255/08/10012, BStBl I 2009, 836).

cc) Steuerpflichtige Schadensersatzleistungen

2641 Ein Zusammenhang mit dem Dienstverhältnis und damit Arbeitslohn bejaht wurde für:

- Schadensersatzleistungen an einen **entlassenen Arbeitnehmer** für den Umbau eines am neuen Beschäftigungsort erworbenen **Einfamilienhauses** (BFH v. 28.2.1975, VI R 29/72, BStBl II 1975, 520).

- Schadensersatzleistungen für **entgehenden oder entgangenen Arbeitslohn** auf Grund eines Unfalls (BFH v. 21.1.2004, XI R 40/02, BStBl II 2004, 716 m.w.N. sowie → *Entschädigungen* Rz. 1135).

- Schadensersatzleistungen für ein am **Arbeitsplatz gestohlenes Kleidungsstück** des Arbeitnehmers (FG Köln v. 8.6.1990, 4 K 23/85, EFG 1991, 193).

- **Tagegelder, die als Verdienstausfallentschädigungen** von einer Unfallversicherung über den Arbeitgeber an die Arbeitnehmer weitergeleitet werden, nicht jedoch eine Todesfall-Versicherungsleistung selbst (BFH v. 22.4.1982, III R 135/79, BStBl II 1982, 496).

- **Entschädigungen**, die ein Beamter von seinem Dienstherrn wegen **pflichtwidrig unterlassener Beförderung** erhält. Dazu gehören nicht die Prozesszinsen, diese zählen zu den tariflich zu besteuernden Einkünften aus Kapitalvermögen (FG Köln v. 19.6.1989, 7 K 2621/88, EFG 1989, 640).

- Hat das frühere Bundesaufsichtsamt für das Kreditwesen eine Bank durch einen später als rechtswidrig befundenen Bescheid aufgefordert, den Stpfl. wegen vermeintlich mangelnder fachlicher Eignung als Vorstandsmitglied abzuberufen, so kann eine später von der Bundesanstalt für Finanzdienstleistungsaufsicht (BaFin) als Schadensersatz für den rechtswidrigen Verwaltungsakt der Rechtsvorgängerin (wegen der darauf folgenden außerordentlichen Kündigung durch die Bank und des **Nichtabschlusses eines neuen Vertrags**) nach Amtshaftungsgrund-

Schadensersatz

sätzen geleistete Zahlung an den Stpfl. als Entschädigung gem. § 24 Nr. 1 Buchst. a EStG i.V.m. § 19 Abs. 1 EStG steuerbar sein (FG Münster v. 30.6.2015, 13 K 3126/13 E, F, EFG 2015, 1706, Revision eingelegt, Az. beim BFH: IX R 33/15).

Sofern die übrigen Voraussetzungen erfüllt sind, insbesondere die sog. Zusammenballung, können Schadensersatzleistungen **nach § 34 EStG tarifermäßigt besteuert** werden, sog. Fünftelregelung (zuletzt BFH v. 6.7.2005, XI R 46/04, BStBl II 2006, 55 betr. Schadensersatzzahlungen des Arbeitgebers infolge einer schuldhaft verweigerten Wiedereinstellung). Einzelheiten → *Entschädigungen* Rz. 1134.

[LSt]

dd) Aufteilung

2642 Decken – v.a. von Versicherungen in einer Summe gezahlte – Schadensersatzleistungen **mehrere Schäden** ab (z.B. Verdienstausfall, Krankheitskosten, Schmerzensgeld), so muss die Zahlung – ggf. im Schätzungswege – in einen **steuerpflichtigen und einen steuerfreien Teil aufgeteilt** werden (BFH v. 21.1.2004, XI R 40/02, BStBl II 2004, 716 m.w.N.). Der BFH geht davon aus, dass ggf. im Rahmen einer vernünftigen Schätzung ermittelt werden kann, in welcher Höhe die zur Auszahlung gelangte Entschädigungssumme auf die einzelnen Schadenspositionen entfällt, mithin also auf den steuerpflichtigen oder den steuerfreien Teil. Hierzu auch → *Entschädigungen* Rz. 1135.

ee) Verfahren

2643 Steuerpflichtige Schadensersatzzahlungen, die der **Arbeitgeber** zahlt, muss er dem **Lohnsteuerabzug** unterwerfen (BAG v. 16.11.1995, 8 AZR 240/95, www.stotax-first.de, betr. Schadensersatz wegen Vorenthaltung eines vertraglich auch zur privaten Nutzung zugesagten Kfz).

Demgegenüber kommt bei Schadensersatzzahlungen eines **Dritten** (z.B. einer Versicherung), die als Arbeitslohn steuerpflichtig sind, ein **Lohnsteuerabzug nicht** in Betracht, weil die Versicherung nicht der Arbeitgeber des Geschädigten ist. Die Zahlungen sind dann ggf. im Rahmen der **Einkommensteuerveranlagung** des Arbeitnehmers zu erfassen.

Zu Zahlungen aus einer **Unfallversicherung** → *Unfallversicherung: freiwillige* Rz. 2944.

c) Sozialversicherung

2644 Stehen dem Arbeitnehmer auf Grund gesetzlicher Verpflichtung des Arbeitgebers Schadensersatzleistungen zu, liegt auch dann **kein sozialversicherungspflichtiges Arbeitsentgelt** i.S. des § 14 SGB IV vor, wenn die Ansprüche wegen einer Schädigung des Arbeitnehmers mit dem Arbeits- oder Dienstverhältnis in Zusammenhang stehen.

2. Schadensersatzpflicht des Arbeitnehmers gegenüber dem Arbeitgeber

2645 Auch der Arbeitgeber kann auf Grund unterschiedlicher Sachverhalte einen Anspruch auf Schadensersatz haben, z.B. wegen eines ihm entstehenden Schadens infolge außerordentlicher Kündigung wegen Verletzung der Arbeitspflicht (endgültiges und rechtswidriges Sich-Lösen vom Vertrag, § 628 Abs. 2 BGB, infolge vorübergehender Nichtleistung („Blaumachen" u.a.) sowie infolge nur mangelhafter Arbeitsleistung (Schlechtleistung).

a) Arbeitsrecht

aa) Außerordentliche Kündigung

2646 Der Arbeitgeber kann innerhalb einer Frist von zwei Wochen seit Beginn der Arbeitsniederlegung das Arbeitsverhältnis gem. § 626 BGB fristlos kündigen, wenn ihm die **Fortsetzung des Arbeitsverhältnisses** infolge der Verletzung der Arbeitspflicht nicht zuzumuten ist.

Nach § 628 Abs. 2 BGB hat der **Arbeitnehmer** den durch die Aufhebung des Arbeitsverhältnisses entstehenden **Schaden** des Arbeitgebers zu **ersetzen**. Voraussetzung ist, dass der Arbeitnehmer seine Arbeitspflicht schuldhaft verletzt hat, ihm also Vorsatz oder Fahrlässigkeit (§ 276 BGB) vorzuwerfen ist.

Ist dies der Fall, hat der Arbeitnehmer nach § 628 Abs. 2 BGB den durch die Aufhebung des Vertrages ausgelösten Schaden zu ersetzen. In zeitlicher Hinsicht endet dieser Schadensersatzanspruch spätestens zu dem Zeitpunkt, zu dem der Arbeitnehmer selbst außerordentlich oder ordentlich kündigen konnte.

> **Beispiel:**
> Der Arbeitgeber kündigt am 1. Juli dem Arbeitnehmer außerordentlich gem. § 626 BGB wegen Verletzung seiner Arbeitspflicht. Die tarifliche Kündigungsfrist beträgt zwei Wochen. Der Arbeitgeber kann nur für den Zeitraum vom 1. bis 14. Juli Schadensersatz verlangen.

Der Arbeitnehmer muss den vollen Schaden einschließlich des entgangenen Gewinns ersetzen (BAG v. 27.1.1972, 2 AZR 172/71, www.stotax-first.de).

Der Arbeitgeber hat sowohl das Verschulden des Arbeitnehmers darzulegen und zu beweisen als auch einen konkreten Schaden nachzuweisen.

Zu ersetzen ist z.B. die Lohndifferenz bei Einstellung einer teureren Ersatzkraft (BAG v. 25.5.1970, DB 1970, 1134) oder Kosten für Stellenanzeigen, sofern die Kosten bei ordnungsgemäßer Einhaltung der arbeitsvertraglichen Kündigungsfrist vermieden gewesen wären (BAG v. 23.3.1984, 7 AZR 37/81, www.stotax-first.de). Unklar ist eine Ersatzpflicht, wenn der Arbeitgeber selbst Mehrarbeit übernimmt. Das BAG hat das allerdings bejaht, obgleich im zu entscheidenden Fall zusätzliche Kosten nicht angefallen waren (BAG v. 24.8.1967, 5 AZR 59/67, www.stotax-first.de).

Die bisher gesicherte Zulässigkeit von **Vertragsstrafenabreden** für den Fall des Vertragsbruchs durch den Arbeitnehmer ist nach dem Schuldrechtsreformgesetz für ab 1.1.2002 getroffene Abreden zweifelhaft geworden im Hinblick auf die neue Vorschrift des § 309 Nr. 6 BGB; es sei hingewiesen auf die Darstellung: Reinecke, DB 2002, 585; von Koppenfels, BZA 2002, 598; Leder/Morgenroth, NZA 2002, 952.

bb) Vorübergehende geringfügige Nichtleistung

2647 Der Arbeitgeber kann ganz unabhängig von einer Kündigung für die Zeit der Nichtleistung der Arbeit Schadensersatz verlangen.

Voraussetzung für den Schadensersatzanspruch ist Verschulden. Der Arbeitnehmer kann die gesetzliche Vermutung für das Verschulden widerlegen.

cc) Schlechtleistung

2648 Der Arbeitnehmer erfüllt bei der Schlechtleistung zwar die Arbeitspflicht, die Arbeitsleistung aber ist mangelhaft (unterdurchschnittliche, fehlerhafte Arbeitsergebnisse). Infolge der Mangelhaftigkeit muss dem Arbeitgeber ein Schaden entstanden sein. Hat der Arbeitgeber einen Schadensersatzanspruch, hat er grundsätzlich die Möglichkeit, mit der Arbeitsvergütung des Arbeitnehmers aufzurechnen.

Bei rechtswidriger und schuldhafter Schlechtleistung hat der Arbeitgeber Anspruch auf Schadensersatz aus §§ 241 Abs. 2, 280, 619a, 276 BGB; dabei hat der Arbeitgeber die Beweislast für das Verschulden des Arbeitnehmers.

Es sind aber die von der Rechtsprechung entwickelten Grundsätze zum **Mitverschulden** des Arbeitgebers und zur **eingeschränkten Haftung im Arbeitsverhältnis** zu berücksichtigen (s. z.B. zuletzt BAG v. 18.1.2007, 8 AZR 250/06, www.stotax-first.de).

Eine Lohnkürzung bei fehlendem Verschulden ist nicht zulässig.

Für die sog. **Mankohaftung** des Arbeitnehmers gelten von der Rechtsprechung entwickelte besondere Grundsätze (vgl. z.B. BAG v. 17.9.1998, 8 AZR 175/97, www.stotax-first.de, und BAG v. 2.12.1999, 8 AZR 386/98, www.stotax-first.de).

b) Lohnsteuer

2649 Verzichtet der Arbeitgeber auf eine ihm zustehende Schadensersatzforderung, so stellt dies für den Arbeitnehmer einen geldwerten Vorteil dar. Dieser ist in dem Zeitpunkt lohnsteuerlich zu erfassen, in dem der Arbeitgeber zu erkennen gibt, dass er keinen Rückgriff nehmen wird (zuletzt BFH v. 24.5.2007, VI R 73/05, BStBl II 2007, 766 betr. einen Fall, in dem der Arbeitnehmer im Zustand der absoluten Fahruntüchtigkeit ein firmeneigenes Kfz beschädigt hat).

Zum Werbungskostenabzug → *Werbungskosten* Rz. 3194 Stichwort „Schadensersatzleistungen".

[LSt]

[LSt] = keine Lohnsteuerpflicht
[LSt] = Lohnsteuerpflicht

c) Sozialversicherung

2650 Hat der Arbeitnehmer dem Arbeitgeber Schadensersatz zu leisten, ist eine **Berücksichtigung** der Aufwendungen des Arbeitnehmers bei der Bemessung der abzuführenden Sozialversicherungsbeiträge **nicht möglich**. Allerdings hat der Arbeitnehmer dadurch einen Vorteil, dass das für die Bemessung von Lohnersatzzahlungen maßgebliche Arbeitsentgelt ebenfalls nicht durch die Schadensersatzforderung gemindert wird, die Schadensersatzforderung also keinen Einfluss auf die Höhe des Arbeitsentgelts hat.

Schauspieler

→ *Künstler (und verwandte Berufe)* Rz. 1748

Scheidung

→ *Werbungskosten* Rz. 3182

Scheinarbeitsverträge

→ *Angehörige* Rz. 119

Scheinselbständigkeit

→ *Arbeitnehmer* Rz. 173

Schichtlohnzuschläge

2651 Zuschläge, die zur **Abgeltung von Erschwernissen** gezahlt werden, die mit dem Schichtdienst zusammenhängen, sind steuer- und beitragspflichtig (vgl. R 19.3 Abs. 1 Satz 2 Nr. 1 LStR). Von diesen Schichtlohnzuschlägen kann kein Teil als nach § 3b EStG steuerfreier Zuschlag für Nachtarbeit abgezogen werden; → *Wechselschichtzulage* Rz. 3126.

[LSt] [SV]

Wird hingegen ein Spätarbeitszuschlag für die **Arbeit zu bestimmten Zeiten** gewährt, so ist er insoweit steuerfrei, als er für die nach § 3b EStG begünstigten Nachtzeiten gewährt wird. Zu Einzelheiten → *Zuschläge für Sonntags-, Feiertags- oder Nachtarbeit* Rz. 3366.

[LSt] [SV]

> **Beispiel:**
> Auf Grund tarifvertraglicher Vereinbarung erhält ein Arbeitnehmer für die Arbeit in der Zeit von 18 bis 22 Uhr einen Spätarbeitszuschlag.
> Der für die Zeit von 20 bis 22 Uhr gezahlte Spätarbeitszuschlag ist ein nach § 3b EStG begünstigter Zuschlag für Nachtarbeit.

Schmerzensgeld

→ *Schadensersatz* Rz. 2637

Schmiergelder

2652 Grundsätzlich können auch Einnahmen aus **rechts- oder sittenwidrigen Tätigkeiten einkommensteuerpflichtig** sein (z.B. BFH v. 15.3.2012, III R 30/10, BStBl II 2012, 661 zur Prostitution).

Schmiergelder (**Bestechungsgelder**), die ohne Wissen und entgegen den Interessen des Arbeitgebers von einem **Dritten gezahlt** werden, um den Arbeitnehmer zu einem bestimmten Handeln zu veranlassen (z.B. der Auftragsvergabe an ein bestimmtes Unternehmen), sind jedoch **kein Arbeitslohn**, weil sie nicht durch das Dienstverhältnis, sondern durch ein besonderes rechtliches oder wirtschaftliches Verhältnis zu dem Zahlenden veranlasst sind. Sie sind jedoch als **sonstige Einkünfte** i.S. des § 22 Nr. 3 EStG einkommensteuerpflichtig. Die Herausgabe der Bestechungsgelder an den geschädigten Arbeitgeber führt im Abflusszeitpunkt zu Werbungskosten bei den Einkünften aus § 22 Nr. 3 EStG, wobei die Verlustausgleichsbeschränkung des § 22 Nr. 3 Satz 3 EStG zu beachten ist (BFH v. 16.6.2015, IX R 26/14, www.stotax-first.de). Eine nachträgliche Berücksichtigung der Rückzahlung im Zuflussjahr ist auch nicht im Billigkeitsweg gem. § 163 AO zulässig (zuletzt BFH v. 7.12.2010, IX R 46/09, BStBl II 2012, 310 m.w.N.).

Ein Arbeitnehmer, der zu Lasten seines Arbeitgebers in erheblichem Umfang **eigene Geschäfte** tätigt, kann insoweit sogar eine **gewerbliche Tätigkeit** ausüben (zuletzt BFH v. 5.7.2005, III B 149/04, www.stotax-first.de, betr. einen Heizungsbauer, der mehrere Aufträge „privat abgerechnet" hat).

[LSt] [SV]

Der Abzug von Bestechungs- und Schmiergeldern als **Betriebsausgaben/Werbungskosten** ist nach § 4 Abs. 5 Satz 1 Nr. 10 EStG/§ 9 Abs. 5 EStG **ausgeschlossen**, wenn die Zuwendung der Vorteile eine **rechtswidrige Handlung darstellt**, die den Tatbestand eines Strafgesetzes oder eines Gesetzes verwirklicht, das die Ahndung mit einer Geldbuße zulässt. Ausreichend ist, dass mit der Zuwendung von Vorteilen objektiv gegen das Straf- oder Ordnungswidrigkeitenrecht verstoßen wird. Auf ein Verschulden des Zuwendenden, auf die Stellung eines Strafantrags oder auf eine tatsächliche Ahndung kommt es nicht an. Das Abzugsverbot erfasst nicht nur die Bestechungsgelder als solche, sondern auch die **Kosten eines nachfolgenden Strafverfahrens** sowie Aufwendungen, die auf Grund einer im Strafurteil ausgesprochenen Verfallsanordnung entstehen (BFH v. 14.5.2014, X R 23/12, BStBl II 2014, 684). S. hierzu ferner OFD Frankfurt v. 29.5.2000, S 2145 A – 17 – St II 20, DB 2000, 1303 sowie den **Leitfaden der OFD Düsseldorf** „Die Behandlung von Vorteilszuwendungen i.S.d. § 4 Abs. 5 Satz 1 Nr. 10 EStG", Stand: November 2004, www.stotax-first.de.

Nach § 4 Abs. 5 Satz 1 Nr. 10 Satz 3 EStG haben die **Finanzbehörden** Tatsachen, die den Verdacht einer Straftat oder Ordnungswidrigkeit i.S.d. Satzes 1 dieser Vorschrift begründen, der **Staatsanwaltschaft bzw. der Verwaltungsbehörde mitzuteilen**. Die Offenbarung der erlangten Kenntnisse ist daher gem. § 30 Abs. 4 Nr. 2 AO zulässig. Weitere Einzelheiten s. BMF v. 10.10.2002, IV A 6 – S 2145 – 35/02, BStBl I 2002, 1031 sowie BFH v. 14.7.2008, VII B 92/08, BStBl II 2008, 850.

Schriftsteller

→ *Künstler (und verwandte Berufe)* Rz. 1748

Schulden

→ *Werbungskosten* Rz. 3182

Schulderlass

→ *Darlehen an Arbeitnehmer* Rz. 786

Schuldzinsen

→ *Werbungskosten* Rz. 3182

Schüler

1. Arbeitsrecht

a) Schülerpraktika

Bei den Betriebspraktika von Schülern nach Richtlinien und Erlassen der Länder handelt es sich nicht um arbeitsrechtlich relevante Praktikanten- oder Arbeitsverhältnisse, sondern um eine **schulische Ausbildung** im Rahmen einer Schulveranstaltung in den Betrieben mit einer Dauer von zwei bis vier Wochen. Es besteht **weder** eine arbeitsrechtliche **Pflicht zur Zahlung von Arbeitsentgelt** für den Betrieb **noch** ein Recht bzw. eine **Pflicht zur Arbeitsleistung**. Ob der Arbeitgeber den Schülern ohne rechtliche Verpflichtung eine Art **Anerkennungsentgelt** oder **Taschengeld** zukommen lässt, sollte mit dem pädagogischen Leiter des Betriebspraktikums abgesprochen werden. 2653

Die Beschäftigung von Schülern im Rahmen eines Betriebspraktikums während der Vollzeitschulpflicht ist nach § 5 Abs. 2 Nr. 2 JArbSchG auch für noch nicht 15 Jahre alte Schüler (Kinder) zulässig.

Schüler

Hinsichtlich des **Mindestlohns** nach dem Mindestlohngesetz sind nach § 22 MiLoG Schüler, die ein Pflichtpraktikum absolvieren, generell aus dem persönlichen Anwendungsbereich des Gesetzes herausgenommen (→ *Mindestlohn* Rz. 2028).

b) Schülerbeschäftigung im Arbeitsverhältnis

2654 Schüler, die der **Vollzeitschulpflicht** unterliegen, sind entweder Kinder oder gelten nach § 2 Abs. 3 JArbSchG als Kinder. Insoweit ist die Beschäftigung neben dem Unterricht nach § 5 Abs. 1 JArbSchG **grundsätzlich** – bei einigen neu geregelten Ausnahmen mit zeitlicher Begrenzung für Kinder über 13 Jahre – **verboten**.

Zulässig ist demgegenüber nach § 5 Abs. 4 JArbSchG die Beschäftigung von Jugendlichen von **über 15 Jahren während der Schulferien** für höchstens vier Wochen im Kalenderjahr. Insoweit sind die Schutzvorschriften nach §§ 8 bis 31 JArbSchG zu beachten.

Für eine solche Schülerbeschäftigung während der Schulferien gelten ansonsten die zwingenden arbeitsrechtlichen Vorschriften; es handelt sich insoweit in aller Regel um normale Aushilfsarbeitsverhältnisse mit Anspruch zumindest auf Arbeitsvergütung in Höhe des Mindestlohns nach dem MiLoG. Eine Ausnahme gilt insoweit nach § 22 MiLoG für Jugendliche im Alter von unter 18 Jahren ohne abgeschlossene Berufsausbildung (→ *Mindestlohn* Rz. 2028).

2. Lohnsteuer

2655 Es gelten dieselben Grundsätze wie für Studenten, → *Studenten* Rz. 2817.

Durch bestimmte **Projekttage**, z.B. „Aktion Tagwerk", „Sozialer Tag" oder „WOW-Day", wird Schülern die Möglichkeit eröffnet, **an Stelle des Schulbesuchs** in Unternehmen und bei Privatpersonen **zu arbeiten**. Die Einnahmen aus der eintägigen, freiwillig geleisteten Arbeit kommen bestimmten gemeinnützigen Einrichtungen zugute und werden direkt vom Arbeitgeber dorthin überwiesen.

Die im Rahmen dieser Projekte gespendeten Arbeitslöhne bleiben aus Billigkeits- und Vereinfachungsgründen im Rahmen einer eventuell durchzuführenden Einkommensteuerveranlagung der Schüler bei der Feststellung des steuerpflichtigen Arbeitslohns außer Ansatz und unterliegen nicht dem Lohnsteuerabzug (OFD Frankfurt v. 16.10.2012, S 2332 A – 88 – St 211, www.stotax-first.de). Entsprechendes gilt auch im Bereich der Sozialversicherung. Unternehmen können im Übrigen den Arbeitslohn als Betriebsausgaben abziehen.

3. Sozialversicherung

2656 Schüler, die während des Besuches einer allgemein bildenden Schule (Grund-/Hauptschule, Realschule, Gymnasium) eine Beschäftigung ausüben, sind beitragsfrei in der Arbeitslosenversicherung. Dies gilt jedoch nicht, wenn schulische Einrichtungen besucht werden, die der Fortbildung außerhalb der üblichen Arbeitszeit dienen, z.B. Abend- oder Volkshochschulen (§ 27 Abs. 4 SGB III).

In der Kranken-, Pflege- und Rentenversicherung gibt es keine die Versicherungspflicht von Schülern ausschließende Vorschrift, so dass grundsätzlich Versicherungs- und Beitragspflicht bestehen. Jedoch ist i.d.R. anzunehmen, dass die Beschäftigung von Schülern wegen ihrer Geringfügigkeit die Voraussetzungen des § 8 SGB IV bzw. i.V.m. § 7 SGB V, § 5 Abs. 2 SGB VI und § 27 Abs. 2 SGB III erfüllen und deshalb Versicherungsfreiheit (Ausnahme: Rentenversicherung) gegeben ist (Ferienjobs). S. auch → *Mini-Jobs* Rz. 2047.

Als Zeitpunkt der Schulentlassung ist in Anlehnung an die Regelungen des BAföG der Tag der Ausstellung des letzten Zeugnisses anzusehen.

Zur Sozialversicherungspflicht von Studenten → *Studenten* Rz. 2817.

Schulgeld

→ *Sonderausgaben* Rz. 2686, → *Werbungskosten* Rz. 3182

Schussgeld

→ *Forstbedienstete* Rz. 1291

Schutzkleidung

→ *Berufskleidung* Rz. 643

Schwarzarbeit

1. Begriff

2657 Durch das **Gesetz zur Intensivierung der Bekämpfung der Schwarzarbeit** v. 22.7.2004 (SchwarzarbG), BGBl. I 2004, 1842 wird der Begriff „Schwarzarbeit" definiert. Nach § 1 Abs. 2 SchwarzArbG leistet Schwarzarbeit insbesondere, wer Dienst- oder Werkleistungen erbringt oder ausführen lässt und dabei

– als **Arbeitgeber, Unternehmer** oder versicherungspflichtiger **Selbständiger** seine sich auf Grund der Dienst- oder Werkleistungen ergebenden sozialversicherungsrechtlichen Melde-, Beitrags- oder Aufzeichnungspflichten nicht erfüllt,

– als **Stpfl.** seine sich auf Grund der Dienst- oder Werkleistungen ergebenden steuerlichen Pflichten nicht erfüllt.

Die Regelungen finden nach § 1 Abs. 3 SchwarzarbG **keine Anwendung** für bestimmte nicht nachhaltig auf Gewinn gerichtete Dienst- oder Werkleistungen. Als nicht nachhaltig auf Gewinn gerichtet gilt insbesondere eine Tätigkeit, die gegen geringes Entgelt erbracht wird.

Darüber hinaus ist das Nichtabführen von Arbeitgeber- und Arbeitnehmeranteilen zur Sozialversicherung ein Straftatbestand. Auch Scheinbeschäftigungsverhältnisse zum Erschleichen von Sozialleistungen sind unter Strafe gestellt.

Zuständig für die Prüfung und Bekämpfung von illegaler Beschäftigung und Schwarzarbeit – mit Ausnahme der Prüfung der Erfüllung steuerlicher Pflichten – sind die Behörden der Zollverwaltung, Arbeitsbereich Finanzkontrolle Schwarzarbeit (FKS). Ergeben sich bei der Prüfung der FKS Anhaltspunkte für Verstöße gegen die Steuergesetze, so unterrichtet die FKS hierüber die zuständigen Finanzbehörden.

Die besondere Form der Schwarzarbeit durch die **illegale Beschäftigung von Drittstaatsangehörigen** ohne rechtmäßigen Aufenthalt in Umsetzung der Richtlinie 2009/52/EG v. 18.6.2009 – **Sanktionenrichtlinie** – ist behandelt mit dem sog. 2. **Richtlinienumsetzungsgesetz** v. 22.11.2011 (BGBl. I 2011, 2258) mit Änderungen im Aufenthaltsgesetz und mit Einfügung eines neuen Straftatbestands in § 10a SchwarzarbG.

Im Übrigen ist zu beachten: Ist ein **Werkvertrag** wegen Verstoßes gegen das Verbot des § 1 Abs. 2 Nr. 2 SchwarzArbG **nichtig**, steht dem Besteller, der den Werklohn bereits gezahlt hat, gegen den Unternehmer **kein Rückzahlungsanspruch** unter dem Gesichtspunkt einer ungerechtfertigten Bereicherung zu (BGH v. 11.6.2015, VII ZR 216/14, www.stotax-first.de). Ausführlich zur Schwarzarbeit und Schwarzlohnvereinbarung s. D. Besgen, Arbeitsrechtliche Aspekte der Schwarzarbeit und der Schwarzlohnvereinbarung, B+P 2012, 595.

2. Arbeitsrecht

2658 Von der Schwarzarbeit ist trotz Gemeinsamkeiten die **Schwarzgeldvereinbarung** zu unterscheiden. Bei einer Schwarzgeldvereinbarung geht es nicht um eine insgesamt illegale Beschäftigung und um verbotene Dienst- oder Werkleistung, sondern um die Hinterziehung von Steuern und Sozialversicherungsbeiträgen. Aus einer Schwarzgeldvereinbarung folgt deshalb **nicht die Nichtigkeit des Arbeitsvertrags**, der Vergütungsabrede oder des Schwarzlohnteils der Vergütungsabrede (BAG v. 26.2.2003, 5 AZR 690/01, www.stotax-first.de), sondern unwirksam (und strafbar nach §§ 263, 266a StGB) ist nur die Vereinbarung der Hinterziehung von Steuern und Sozialversicherungsabgaben. Anders aber – Nichtigkeit des Vertrags insgesamt – bei einem „schwarzen" freien Dienstvertrag (BAG v. 24.3.2004, 5 AZR 233/03, www.stotax-first.de).

Die Behandlung derartiger Schwarzgeldvereinbarungen ist durch die **Neufassung** von § 14 Abs. 2 SGB IV durch das Gesetz zur Erleichterung der Bekämpfung von illegaler Beschäftigung und

Schwarzarbeit v. 23.7.2002, BGBl. I 2002, 2787 **geändert**: Um die Arbeitgeber vom Abschluss von Schwarzgeldvereinbarungen abzuhalten, regelt das Gesetz nunmehr, dass ein **Nettoarbeitsentgelt** als vereinbart gilt. Damit wird die Abwicklung aufgedeckter Schwarzlohnfälle wesentlich vereinfacht und erleichtert. Die Fiktion einer Nettoarbeitsentgeltvereinbarung dient aber ausschließlich der Berechnung der nachzufordernden Gesamtsozialversicherungsbeiträge und hat nicht die arbeitsrechtliche Wirkung einer Nettolohnvereinbarung (BAG v. 17.3.2010, 5 AZR 301/09, www.stotax-first.de; BAG v. 21.9.2011, 5 AZR 629/10, www.stotax-first.de).

3. Steuerrecht

2659 Schwarzarbeit ist steuerlich als Nebentätigkeit zu bewerten (→ *Nebentätigkeit* Rz. 2117). Ob diese Tätigkeit selbständig oder unselbständig ausgeübt wird, hängt von den Umständen des Einzelfalls ab. Dabei ist nicht entscheidend, ob der Schwarzarbeiter im Hauptberuf Arbeitnehmer ist oder nicht, denn die Tätigkeit im Hauptberuf ist im Allgemeinen nicht Voraussetzung für die Ausübung der Schwarzarbeit, auch wenn dem Schwarzarbeiter das beruflich erworbene Wissen und Können zugute kommt. Ob und inwieweit die Schwarzarbeit **gesetzeswidrig** ist, ist steuerlich ohne Bedeutung (vgl. zuletzt BFH v. 18.2.2005, VI B 86/04, www.stotax-first.de, betr. Prostituierte).

Bauhandwerker sind bei nebenberuflicher „Schwarzarbeit" i.d.R. keine Arbeitnehmer des Bauherrn (BFH v. 21.3.1975, VI R 60/73, BStBl II 1975, 513). Arbeitnehmereigenschaft wird dagegen begründet, wenn ein „Schwarzarbeiter" z.B. bei einem größeren Bauvorhaben tatsächlich weisungsgebunden ist und die Arbeiten zu vom Auftraggeber festgelegten Zeiten ausführen muss; der Auftraggeber haftet dann für nicht angemeldete und abgeführte Lohnsteuer (FG Düsseldorf v. 21.4.1997, 7 V 6073/96 A (H [L]), EFG 1997, 1117).

Bei Leistungen von Unternehmern in Zusammenhang mit einem Grundstück (z.B. Bauleistungen, Gartenarbeiten, Instandhaltungsarbeiten in und an Gebäuden, Fensterputzen) ist der **Unternehmer verpflichtet**, auch bei Leistungen an einen privaten Empfänger innerhalb von sechs Monaten nach Leistungserbringung **eine Rechnung auszustellen** (§ 14 Abs. 2 Satz 1 Nr. 1 UStG). Bei Verstoß gegen die Rechnungsausstellungspflicht kann ein Bußgeld bis zu 5 000 € verhängt werden. Der private Leistungsempfänger (oder auch Unternehmer, der die Leistung für seinen privaten Bereich verwendet) muss diese Rechnungen, einen Zahlungsbeleg oder eine andere beweiskräftige Unterlage **zwei Jahre lang aufbewahren** (§ 14b Abs. 1 Satz 5 UStG). Im Falle eines Verstoßes hiergegen können bis zu 500 € Bußgeld verhängt werden (§ 26a Abs. 2 UStG).

4. Nachzahlung von Lohnsteuer und Sozialversicherungsbeiträgen

2660 Der Grund für die Schwarzarbeit ist i.d.R. der, dass beide Parteien Lohnabzüge vermeiden wollen. Es werden damit also Schwarzgeldvereinbarungen getroffen, einvernehmlich mit dem Zweck, **Lohnsteuer** und **Sozialversicherungsbeiträge** zu **hinterziehen**. Teilweise wird die Vergütung insgesamt, teilweise z.B. nur die Überstundenvergütung schwarz ausbezahlt.

a) Steuernachzahlung

2661 Solche Vereinbarungen sind unzulässig und damit unwirksam mit der **Folge**, dass sowohl die Steuern als auch die nicht abgezogenen Sozialversicherungsbeiträge nachgezahlt werden müssen. Zu berücksichtigen ist, dass es sich bei der Schwarzlohnvereinbarung **steuerrechtlich** auch nach Neufassung des § 14 Abs. 2 SGB IV um **keine Nettolohnvereinbarung** handelt (BFH v. 21.2.1992, VI R 41/88, BStBl II 1992, 443), denn der steuerliche Begriff des Arbeitslohns deckt sich nicht immer mit dem sozialversicherungsrechtlichen Begriff des Arbeitsentgelts (→ *Arbeitslohn* Rz. 244).

Regelmäßig erfolgt die Nachzahlung durch den Arbeitgeber als **Haftungsschuldner** gegenüber dem Finanzamt. Zu versteuern sind der schwarz ausgezahlte Barlohn, die auf den Schwarzlohn entfallenden Steuern, für die der Arbeitgeber haftet, die vom Arbeitgeber nachzuzahlenden Arbeitnehmeranteile zur Sozialversicherung, die Steuern, die auf die Nacherhebung der Arbeitnehmeranteile zur Sozialversicherung entfallen, wobei insbesondere in den letzten drei Positionen geldwerte Vorteile für den Arbeitnehmer zu erblicken sind (Prinzip des Nettosteuersatzes).

Andererseits gilt nach der Rechtsprechung des BFH Folgendes: Haftet der Arbeitgeber wegen fehlender Aufzeichnungen gem. § 42d EStG für die von den Arbeitnehmern geschuldete Lohnsteuer, so ist die Höhe der Haftungsschuld selbst dann mit dem (niedrigeren) **Bruttosteuersatz** und nicht mit dem (höheren) Nettosteuersatz zu berechnen, wenn feststeht, dass der Arbeitgeber nach der Zahlung wegen des Fehlens von Aufzeichnungen bei seinen Arbeitnehmern keinen Regress wird nehmen können (BFH v. 29.10.1993, VI R 26/92, BStBl II 1994, 197). Es bleibt dem Finanzamt jedoch unbenommen, nach Zahlung der Haftungsschuld zu prüfen, ob der Arbeitgeber tatsächlich bei seinen Arbeitnehmern Regress nimmt. Tut er dies nicht, weil ihm dies z.B. wegen fehlender Aufzeichnungen nicht möglich ist, so liegen nunmehr die Voraussetzungen für einen weiteren Zufluss von Lohn bei den Arbeitnehmern vor und es kann ein weiterer Haftungsbescheid erlassen werden.

b) Sozialversicherungsbeitrags-Nachzahlung

2662 Die Versicherungs- und Beitragspflicht in der Sozialversicherung hängt nicht von dem Willen der beteiligten Arbeitnehmer oder Arbeitgeber ab, sie bestimmt sich ausschließlich unter Würdigung der tatsächlichen Verhältnisse nach gesetzlichen Vorgaben. Eine Schwarzarbeit ist wegen einer möglichen Versicherungspflicht nach den allgemeinen Grundsätzen des Sozialversicherungsrechts zu bewerten.

Haftungsschuldner ist bei festgestellter Versicherungspflicht auch hier der Arbeitgeber. Der Arbeitgeber hat die Arbeitgeber- als auch die Arbeitnehmeranteile sowohl für den ausgezahlten Schwarzlohn als auch für die von ihm übernommene Lohn- und Kirchensteuer nachzuentrichten, weil er die Nichtabführung mitverschuldet hat (→ *Beiträge zur Sozialversicherung* Rz. 548). Nach § 14 Abs. 2 Satz 2 SGB IV gilt ein Nettoarbeitsentgelt als vereinbart (Nettolohnvereinbarung), wenn bei illegalen Beschäftigungsverhältnissen Steuern und Beiträge zur Sozialversicherung und zur Arbeitsförderung nicht gezahlt wurden. Durch das o.g. Gesetz zur Erleichterung der Bekämpfung von illegaler Beschäftigung und Schwarzarbeit v. 23.7.2002, BGBl. I 2002, 2787 wurden die Haftungsregelungen erweitert. Ein Bauunternehmer, der einen Subunternehmer direkt beauftragt, haftet für die Abführung der Sozialversicherungsbeiträge dieses Subunternehmers oder eines von diesem beauftragten Verleihers wie ein selbstschuldnerischer Bürge. Diese Haftungsregelung greift bei Bauwerken mit einem geschätzten Auftragsvolumen von mehr als 500 000 €. Die Haftung des Generalunternehmers entfällt, wenn er nachweist, dass er ohne eigenes Verschulden davon ausgehen konnte, dass die Zahlungspflicht erfüllt wurde.

Die Bundesregierung hat alle vier Jahre einen Bericht über die Auswirkungen dieses Gesetzes vorzulegen. Dies führte in 2012 zu folgenden Ergebnissen:

– Die Vorschriften zur Generalunternehmerhaftung haben sich bewährt und weitere gesetzliche Regelungen sind nicht erforderlich.

– Nichts desto trotz wird man versuchen die Haftungsdurchsetzung in Bezug auf den Gesamtsozialversicherungsbeitrag zu verbessern.

Haftet der Arbeitgeber nachträglich für die erhobene Lohn- oder Kirchensteuer, so handelt es sich insoweit um die Zuwendung eines Vermögensvorteils an den Arbeitnehmer mit sich daran anschließender entsprechender Beitragslast. Die Krankenkassen dürfen davon ausgehen, dass der Arbeitgeber bei einer einvernehmlichen Steuerhinterziehung die Steuern, die nachträglich erhoben wurden, selbst trägt. Diese Vermutung kann der Arbeitgeber widerlegen.

Für den Bereich der Sozialversicherung hat der Gesetzgeber die Nettolohnfiktion geschaffen.

Grundsätzlich werden die Sozialversicherungsbeiträge aus dem Bruttoarbeitsentgelt berechnet. Nettolohnvereinbarungen haben zur Folge, dass das Bruttoarbeitsentgelt aus dem gezahlten Nettoentgelt hochgerechnet wird.

Das BSG hat in seinem Urteil (BSG v. 9.11.2011, B 12 R 18/09 R, www.stotax-first.de) entschieden, dass die Nettolohnfiktion bei

Schwarzarbeit

der Schwarzarbeit nur dann anzuwenden ist, wenn der Arbeitgeber vorsätzlich gegen die Arbeitgeberpflichten verstoßen hat. Hierfür ist ein bedingter Vorsatz ausreichend.

Bedingter Vorsatz liegt vor, wenn der Arbeitgeber die Beitragspflicht für möglich gehalten, es aber billigend in Kauf genommen hat, dass die Beiträge nicht abgeführt werden.

Von einem Verstoß gegen die Arbeitgeberpflichten, verbunden mit einer vorsätzlichen Beitragsvorenthaltung, ist regelmäßig bei folgenden Fallgestaltungen auszugehen:
- Schwarzarbeit und Schwarzlohnzahlung,
- Sozialleistungsmissbrauch,
- illegale Ausländerbeschäftigung,
- Sozialdumping nach dem Arbeitnehmer-Entsendegesetz,
- illegale Arbeitnehmerüberlassung.

Die Nettolohnfiktion findet aber auch dann Anwendung, wenn der Arbeitgeber einen maßgeblichen Bescheid eines Sozialversicherungsträgers unbeachtet gelassen hat, wenn derselbe Sachverhalt bereits in einer früheren Arbeitgeberprüfung festgestellt und beanstandet worden ist oder gleichartige Sachverhalte im Betrieb versicherungs- oder beitragsrechtlich grundlos unterschiedlich behandelt wurden.

Bei Nachentrichtung hinterzogener Arbeitnehmeranteile zur Gesamtsozialversicherung führt die Nachzahlung als solche zum Zufluss eines zusätzlichen geldwerten Vorteils. Dem Lohnzufluss steht nicht entgegen, dass der Arbeitgeber beim Arbeitnehmer nach § 28g SGB IV keinen Rückgriff mehr nehmen kann (BFH v. 13.9.2007, VI R 54/03, BStBl II 2008, 58).

Nur in den Fällen werden die Steuern bei der Nachentrichtung der Sozialversicherungsbeiträge nicht mitberücksichtigt, in denen der Arbeitgeber bei dem **Arbeitnehmer** hinsichtlich der nacherhobenen Steuern Regress nimmt.

Die Verletzung der Meldepflicht kann dem Arbeitgeber ggf. als **Ordnungswidrigkeit** mit der Folge eines Bußgeldes zur Last gelegt werden.

c) Regress beim Arbeitnehmer

2663 Für einen Rückgriff des Arbeitgebers beim Arbeitnehmer ist erforderlich, dass die Inanspruchnahme des Arbeitnehmers rechtlich und tatsächlich möglich ist.

Im Einzelnen ist wie folgt zu unterscheiden:
- Bezüglich der **Sozialversicherungsbeiträge** ist bei Verschulden des Arbeitgebers lediglich eine Einbehaltung bei einer der nächsten drei Lohnzahlungen möglich.
- Bezüglich der **Lohnsteuer** ist der Arbeitnehmer dem Arbeitgeber gegenüber erstattungspflichtig. Das aber ist nur möglich, wenn der Arbeitnehmer noch auffindbar ist oder Aufzeichnungen beim Arbeitgeber vorhanden sind, die einen Regress gegenüber dem Arbeitnehmer ermöglichen.
- **Ausschlussfristen** sind zu beachten, sofern solche arbeitsvertraglich oder tariflich vereinbart wurden. Ausgelöst wird diese regelmäßig erst mit der nachträglichen Abführung der Steuern an das Finanzamt (BAG v. 20.3.1984, 3 AZR 124/82, www.stotax-first.de).

Schwerbehinderung

→ *Behinderte Menschen* Rz. 537

Sechs-Wochen-Frist

→ *Entgeltfortzahlung* Rz. 1071

Seeschifffahrt

1. Vorgesehene Gesetzesänderung

2664 Der Bundesrat hat einen Gesetzentwurf zur Änderung des EStG zur **Erhöhung des Lohnsteuereinbehalts** in der Seeschifffahrt beim Deutschen Bundestag eingebracht. Durch den Gesetzentwurf soll der Lohnsteuereinbehalt nach § 41c Abs. 4 EStG **für die Jahre 2016 bis 2020** von 40 % **auf 100 % erhöht** werden (BR-Drucks. 333/15 – Beschluss v. 25.9.2015).

Die Bundesregierung hat in ihrer Stellungnahme den Gesetzentwurf befürwortet und unterstützt das Anliegen des Bundesrats. Über den Gesetzentwurf hinausgehend schlägt die Bundesregierung vor,

- die **befristete Erhöhung** des Lohnsteuereinbehalts möglichst **bis Ende 2025** vorzunehmen, um den Reedern mehr Planungssicherheit zu verschaffen, und
- die sog. **183-Tage-Regelung zu streichen**, weil sie in der Anwendung sowohl für die Finanzverwaltung als auch für die Wirtschaft erhebliche Probleme erzeugt (BT-Drucks. 18/6679 v. 11.11.2015). Ob der Bundestag dem folgen wird, bleibt abzuwarten.

Über den Abschluss des Gesetzgebungsverfahrens und eventuelle Abweichungen unterrichten wir Sie unverzüglich durch unseren Online-Aktualisierungsdienst (s. Benutzerhinweise auf S. IV).

2. Regelungsinhalt

2665 Arbeitgeber, die eigene oder gecharterte Handelsschiffe betreiben, können vom Gesamtbetrag der anzumeldenden und abzuführenden Lohnsteuer, → *Anmeldung der Lohnsteuer* Rz. 139, einen Betrag von **40 % der Lohnsteuer abziehen** und einbehalten (§ 41a Abs. 4 EStG). Voraussetzung hierfür ist, dass

- das Besatzungsmitglied in einem zusammenhängenden Arbeitsverhältnis **von mehr als 183 Tagen beschäftigt** wird; diese Bedingung ist **nicht erfüllt,** wenn ein Arbeitsverhältnis auf unbefristete Zeit geschlossen wird und für bestimmte Zeiten, in denen die Seeleute auf Grund eines zweiten Arbeitsverhältnisses auf einem anderen Schiff eingesetzt werden, ruht (FG Niedersachsen v. 18.3.2004, 11 K 38/03, EFG 2004, 1456).
- die Handelsschiffe in einem **inländischen Seeschifffahrtsregister** eingetragen sind, die **deutsche Flagge** führen und zur Beförderung von Personen oder Gütern im Verkehr mit oder zwischen ausländischen Häfen, innerhalb eines ausländischen Hafens oder zwischen einem ausländischen Hafen und der hohen See betrieben werden; Gleiches gilt, wenn Seeschiffe überwiegend außerhalb der deutschen Hoheitsgewässer zum Schleppen, Bergen oder Aufsuchen von Bodenschätzen oder zur Vermessung von Energielagerstätten unter dem Meeresboden eingesetzt werden.

Die EU-Kommission hat die 40 %ige Nichtabführung der Lohnsteuer gebilligt (Bekanntmachung v. 21.12.1998, BStBl I 1999, 828).

Arbeitgeber i.S.d. § 41a Abs. 4 EStG ist der zum Lohnsteuereinbehalt nach § 38 Abs. 3 EStG Verpflichtete. Dies ist regelmäßig der Vertragspartner des Arbeitnehmers aus dem Dienstvertrag. Daher kann **eine Kürzung der einbehaltenen Lohnsteuer** nach § 41a Abs. 4 EStG nicht erfolgen, wenn der Arbeitgeber eine Einschiffsgesellschaft ist, diese ihre Besatzungsmitglieder auch auf Schwesterschiffen als Springer einsetzt und die Seeleute nur durch Zusammenrechnung der Einsatzzeiten auf mehreren Schiffen mehr als 183 Tage „an Bord" sind (BFH v. 13.7.2011, VI R 84/10, BStBl II 2011, 986).

3. Bemessungsgrundlage

2666 Bemessungsgrundlage für den Steuereinbehalt nach § 41a Abs. 4 EStG ist die Lohnsteuer, die auf den für die Tätigkeit an Bord von Schiffen gezahlten Arbeitslohn entfällt, wenn der betreffende Arbeitnehmer mehr als 183 Tage bei dem betreffenden Reeder beschäftigt ist. Der Lohnsteuereinbehalt durch den Reeder nach § 41a Abs. 4 EStG gilt für den **Kapitän und alle Besatzungsmitglieder** – einschließlich des Servicepersonals –, die über ein Seefahrtsbuch verfügen und deren Arbeitgeber er ist. Der Lohnsteuereinbehalt kann durch **Korrespondent- oder Vertragsreeder** nur vorgenommen werden, wenn diese mit der Bereederung des Schiffs in ihrer Eigenschaft als Mitgesellschafter an der Eigentümergesellschaft beauftragt sind. Bei Vertragsreedern ist dies regelmäßig nicht der Fall. Bei Korrespondentreedern ist der Lohnsteuereinbehalt nur für die Heuern der Seeleute zulässig, die auf den Schiffen tätig sind, bei denen der Korrespondentreeder auch Miteigentümer ist (R 41a.1 Abs. 5 LStR).

[LSt] = keine Lohnsteuerpflicht
[LSt] = Lohnsteuerpflicht

Selbständigkeit

Beispiel 1:

Ein Reeder in Hamburg betreibt eigene Handelsschiffe, die die Voraussetzungen des § 41a Abs. 4 EStG erfüllen. Von den 20 Besatzungsmitgliedern (alle Steuerklassen I bis IV) werden 15 Besatzungsmitglieder in einem zusammenhängenden Arbeitsverhältnis von mehr als 183 Tagen beschäftigt. Im Mai beträgt die gesamte Lohnsteuer für die 20 Besatzungsmitglieder 9 000 €, darauf entfallen auf die nach § 41a Abs. 4 EStG begünstigten Arbeitnehmer 7 000 €.

Der Reeder hat an das Finanzamt Lohnsteuer i.H.v. 6 200 € abzuführen, denn er kann 2 800 € der einbehaltenen Lohnsteuer (40 % von 7 000 €) für seinen Betrieb einbehalten. Der Solidaritätszuschlag und die Kirchensteuer dürfen hingegen nicht gekürzt werden.

Ist für den Lohnsteuerabzug die Lohnsteuer nach den **Steuerklassen V und VI** zu ermitteln, so bemisst sich der Einbehalt nach der Lohnsteuer der **Steuerklasse I**. Der Lohnsteuer-Einbehalt von 40 % gilt im Übrigen **auch bei der pauschalen Lohnsteuer**.

Beispiel 2:

Sachverhalt wie Beispiel 1, allerdings haben vier Besatzungsmitglieder die Steuerklasse V. Die auf sie entfallende Lohnsteuer beträgt 2 000 €. Hätten sie die Steuerklasse I, würde die Lohnsteuer insgesamt nur 1 100 € betragen.

Der Lohnsteuer-Einbehalt errechnet sich wie folgt:

Lohnsteuer für die Besatzungsmitglieder mit Steuerklasse I bis IV (7 000 € ./. 2 000 €)	5 000 €
+ fiktive Lohnsteuer nach der Steuerklasse I für die Besatzungsmitglieder mit Steuerklasse V oder VI	1 100 €
= Insgesamt	6 100 €
davon 40 %	2 440 €

Der Reeder hat an das Finanzamt Lohnsteuer i.H.v. 6 560 € abzuführen, denn er kann 2 440 € der einbehaltenen Lohnsteuer (40 % von 6 100 €) für seinen Betrieb einbehalten. Der Solidaritätszuschlag und die Kirchensteuer dürfen hingegen nicht gekürzt werden.

Selbständigkeit

1. Abgrenzung zwischen Beschäftigung und Selbständigkeit

2667 In der Praxis ist es häufig schwierig, eine selbständige Tätigkeit von einer abhängigen Beschäftigung abzugrenzen.

Anhaltspunkte für eine Beschäftigung sind das Ausüben einer Tätigkeit nach Weisungen und die Eingliederung in die Arbeitsorganisation des Weisungsgebers. Somit sind als Kriterien z.B. das Direktionsrecht über Inhalt, Art, Durchführung, Zeit, Dauer und Ort der Beschäftigung heranzuziehen. S. hierzu ausführlich → *Arbeitnehmer* Rz. 173 sowie → *Arbeitnehmer-ABC* Rz. 188.

2. Anfrageverfahren

2668 Durch § 7a SGB IV haben die Beteiligten (Auftragnehmer und/oder Auftraggeber) die Möglichkeit, im Rahmen eines Anfrageverfahrens bei der Deutschen Rentenversicherung Bund den Status ihrer Zusammenarbeit und deren versicherungsrechtliche Beurteilung klären zu lassen. Dieses Verfahren darf nur in objektiven Zweifelsfällen zur Anwendung kommen.

Die Deutsche Rentenversicherung Bund wird nach Vorliegen des Antrags die Beteiligten **schriftlich** – unter Fristsetzung – **zur Vorlage von Unterlagen** auffordern.

Nach **Abschluss der Ermittlungen** bekommen die Beteiligten Gelegenheit, sich zu der beabsichtigten Entscheidung der Deutschen Rentenversicherung Bund zu äußern. Nach Abschluss des Verfahrens erhalten die Beteiligten einen **rechtsbehelfsfähigen begründenden Bescheid**. Sollte ein versicherungspflichtiges Beschäftigungsverhältnis vorliegen, wird zusätzlich die Einzugsstelle (Krankenkasse) informiert.

Wird das **Anfrageverfahren innerhalb eines Monats nach Aufnahme der Tätigkeit** beantragt, so beginnt die Versicherungspflicht erst mit Bekanntgabe der Entscheidung, wenn der Beschäftigte dieser Regelung zustimmt und er für den Zwischenzeitraum eine Absicherung des Krankheitsrisikos und eine Altersvorsorge nachweisen kann. Stimmt der Beschäftigte nicht zu, beginnt die Versicherungspflicht mit der Aufnahme der Beschäftigung.

Wird von der Einzugsstelle, dem Rentenversicherungsträger im Rahmen einer Betriebsprüfung oder im Rahmen eines erst nach Ablauf eines Monats nach Aufnahme der Tätigkeit beantragten Anfrageverfahrens festgestellt, dass eine versicherungspflichtige Beschäftigung vorliegt, tritt seit 1.1.2008 nach dem Gesetz zur Änderung des SGB IV und anderer Gesetze Versicherungspflicht mit Aufnahme der Beschäftigung ein.

Widerspruch und Klage gegen die Statusentscheidung haben **aufschiebende Wirkung**.

3. Selbständige in der Kranken- und Pflegeversicherung

2669 Entscheidendes Merkmal zum Krankenversicherungsstatus eines Selbständigen ist das Merkmal der Hauptberuflichkeit. Das Vorliegen der Hauptberuflichkeit hat zur Konsequenz, dass der Betroffene von der Kranken- und Pflegeversicherungspflicht ausgeschlossen ist. Der Gesetzgeber will mit dieser Regelung vermeiden, dass ein Selbständiger durch zusätzliche Aufnahme einer versicherungspflichtigen Beschäftigung den umfassenden Schutz der Krankenversicherung erhält.

Bisher war es so, dass ein Selbständiger, der mindestens einen Arbeitnehmer mehr als geringfügig beschäftigt, generell hauptberuflich selbständig erwerbstätig war. Dieser Auffassung ist die Rechtsprechung nicht immer gefolgt. Der GKV-Spitzenverband hat daraufhin die Grundsätzlichen Hinweise zum Begriff der hauptberuflich selbständigen Erwerbstätigkeit überarbeitet.

Danach ist jemand, der einen Mitarbeiter mehr als geringfügig beschäftigt, nicht mehr automatisch hauptberuflich selbständig erwerbstätig. Allerdings stellt die Beschäftigung eines Mitarbeiters weiterhin ein Indiz für eine hauptberuflich selbständige Tätigkeit dar.

Das Gesetz zur Stärkung der Versorgung in der gesetzlichen Krankenversicherung (GKV-VS) trat zum 23.7.2105 in Kraft (BGBl. I 2015, 1211).

Zeitgleich wurde das Gemeinsame Rundschreiben: „Grundsätzliche Hinweise zum Begriff der hauptberuflich selbständigen Erwerbstätigkeit" veröffentlicht.

Die bereits aus der Vergangenheit bekannte Regelung wurde wieder eingeführt: „Bei Personen, die im Zusammenhang mit ihrer selbständigen Erwerbstätigkeit **regelmäßig mindestens einen Arbeitnehmer** mehr als geringfügig beschäftigen, wird vermutet, dass sie **hauptberuflich selbständig erwerbstätig sind**; als Arbeitnehmer gelten für Gesellschafter auch die Arbeitnehmer der Gesellschaft."

Werden mehrere Minijobber beschäftigt, ist deren Arbeitsentgelt zu addieren. Wird die Grenze von 450 € überschritten, greift diese gesetzliche Vermutung.

Erscheint jedoch die Annahme der Arbeitgeberstellung als nicht gerechtfertigt, kann auf eine Einzelfallprüfung bestanden werden.

Hauptberuflich ist diese Erwerbstätigkeit nur dann, soweit diese von der wirtschaftlichen Bedeutung und dem zeitlichen Umfang her die übrigen Erwerbstätigkeiten zusammen deutlich übersteigt.

Es gibt Konstellationen, die zu klaren Ergebnissen der **nicht hauptberuflichen Selbständigkeit** führen:

– Der Selbständige ist als Arbeitnehmer in Vollzeit tätig
– Der Selbständige ist als Arbeitnehmer mit mehr als 20 Wochenstunden tätig. Das Entgelt übersteigt die Hälfte der monatlichen Bezugsgröße (2016 = 1 452,50 €)

Umgekehrt gibt es Konstellationen, die zu klaren Ergebnissen der **hauptberuflichen Selbständigkeit** führen:

– Der Selbständige arbeitet mehr als 30 Wochenstunden und das Einkommen ist Haupteinnahmequelle.
– Der Selbständige arbeitet mehr als 20 Wochenstunden, aber weniger als 30 Wochenstunden und das Einkommen beträgt als Haupteinnahmequelle mehr als die Hälfte der monatlichen Bezugsgröße (2016 = 1 452,50 €).

4. Arbeitnehmerähnliche Selbständige in der Rentenversicherung

2670 Die **Rentenversicherungspflicht für arbeitnehmerähnliche Selbständige** nach § 2 Satz 1 Nr. 9 SGB VI gilt weiterhin.

Selbständige, die keinen versicherungspflichtigen Arbeitnehmer beschäftigen, dessen Arbeitsentgelt regelmäßig 450 € (→ *Mi-*

Selbständigkeit

ni-Jobs Rz. 2047) im Monat übersteigt, und die **auf Dauer** und **im Wesentlichen nur für einen Auftraggeber tätig** sind, sind rentenversicherungspflichtig.

Bei dem Merkmal „auf Dauer nur für einen Auftraggeber tätig" zu sein handelt es sich um zeitlich begrenzte Auftragsverhältnisse, die sich mit demselben Auftraggeber regelmäßig wiederholen.

Das Erfordernis „im Wesentlichen nur für einen Auftraggeber tätig" zu sein ist dann erfüllt, wenn mindestens 5/6 der gesamten Einkünfte aus dieser Tätigkeit erzielt werden.

Die Rentenversicherungsträger legen § 2 Satz 1 Nr. 9 SGB VI dahingehend aus, dass eine selbständige Tätigkeit auch im Rahmen einer Mitarbeit in einer Personen- oder Kapitalgesellschaft ausgeübt werden kann. Die Voraussetzungen für das Eintreten von Rentenversicherungspflicht (kein versicherungspflichtiger Arbeitnehmer und nur ein Auftraggeber) sind dann von der Gesellschaft zu erfüllen. Das BSG hat im Einzelfall entschieden, dass entscheidend für das Eintreten von Rentenversicherungspflicht sei, dass der Gesellschafter selbst die Tatbestandsvoraussetzungen erfüllt, insbesondere ob die GmbH sein einziger Auftraggeber ist (BSG v. 24.11.2005, B 12 RA 1/04 R, www.stotax-first.de).

Die Rentenversicherungsträger haben sich darauf verständigt, dieses Urteil nicht über den Einzelfall hinaus anzuwenden. Mit dem Haushaltsbegleitgesetz 2006 v. 29.6.2006, BGBl. I 2006, 1402 hat der Gesetzgeber reagiert und eine Klarstellung i.S. der Rentenversicherung herbeigeführt. § 2 SGB VI wurde dahingehend angepasst, dass bei Gesellschaftern als Auftraggeber die Auftraggeber der Gesellschaft gelten und dass als Arbeitnehmer für die Gesellschafter die Arbeitnehmer der Gesellschaft gelten.

Bisher waren die Rentenversicherungsträger davon ausgegangen, dass bei der Prüfung der Beschäftigung von versicherungspflichtigen Arbeitnehmern tatsächlich nur versicherungspflichtige Beschäftigungsverhältnisse mit einem Entgelt über 450 € (→ *Mini-Jobs* Rz. 2047) berücksichtigt werden. Das BSG hat entschieden (BSG v. 23.11.2005, B 12 RA 15/04 R, www.stotax-first.de), dass die Zusammenrechnung der Beschäftigungsverhältnisse von geringfügig beschäftigten Arbeitnehmern möglich ist. Wird durch die Zusammenrechnung die Entgeltgrenze von monatlich 450 € (→ *Mini-Jobs* Rz. 2047) überschritten, steht dies der Beschäftigung eines versicherungspflichtigen Arbeitnehmers gleich.

Auf Grund dessen haben die Rentenversicherungsträger ihre bisherige Auffassung aufgegeben.

5. Freiwillige Weiterversicherung in der Arbeitslosenversicherung

2671 Selbständige, die mindestens 15 Stunden wöchentlich selbständig tätig sind, können sich in der Arbeitslosenversicherung freiwillig weiterversichern, wenn sie in den letzten 24 Monaten vor Aufnahme der selbständigen Tätigkeit in der Arbeitslosenversicherung versicherungspflichtig waren und zwischen der Aufnahme der selbständigen Tätigkeit und dem Ende der Versicherungspflicht keine Unterbrechung von mehr als einem Monat liegt.

Sicherheitseinrichtungen

→ *Bewachung* Rz. 718

Silberne Hochzeit

→ *Gelegenheitsgeschenke* Rz. 1368

Smartphone

→ *Computer* Rz. 782, → *Telekommunikation* Rz. 2852

Sofortmeldung

→ *Meldungen für Arbeitnehmer in der Sozialversicherung* Rz. 1989

Soldat

→ *Bundeswehr* Rz. 763

Solidaritätszuschlag

1. Allgemeines

a) Höhe und Bemessungsgrundlage

2672 Nach dem Solidaritätszuschlaggesetz 1995 wird seit 1995 ein unbefristeter Solidaritätszuschlag zur Einkommen- und Lohnsteuer erhoben, der vom Arbeitgeber bereits beim Lohnsteuerabzug sowohl vom laufenden Arbeitslohn als auch von sonstigen Bezügen zusätzlich zur Lohnsteuer einzubehalten ist. Für den Steuerabzug gelten nach § 51a Abs. 1 EStG die Vorschriften des Einkommensteuergesetzes über das Lohnsteuerabzugsverfahren sinngemäß.

Der Zuschlag beträgt i.d.R. 5,5 % der Lohnsteuer, ggf. nach Abzug der steuerlichen Freibeträge für Kinder.

Bei der Bemessungsgrundlage muss wie folgt unterschieden werden:

- Bei **sonstigen Bezügen** (→ *Sonstige Bezüge* Rz. 2704) und **pauschaler Lohnsteuer** nach den §§ 40, 40a, 40b EStG (→ *Pauschalierung der Lohnsteuer* Rz. 2174) wird der Solidaritätszuschlag **stets unmittelbar nach der Lohnsteuer** berechnet (BFH v. 1.3.2002, VI R 80/00, BStBl II 2002, 438).
- Bei **laufendem Arbeitslohn** sind dagegen ggf. die **Null- und Gleitzone** sowie **die steuerlichen Freibeträge für Kinder** zu berücksichtigen, so dass der Solidaritätszuschlag niedriger als 5,5 % der Lohnsteuer sein kann.

Streitig war, ob die Erhebung des Solidaritätszuschlags wegen der zeitlich nicht begrenzten Geltung verfassungsgemäß ist. Der **BFH hat jedoch die Verfassungsmäßigkeit bestätigt**, denn auch nach einer Laufzeit von bis dahin 13 Jahren diene der Solidaritätszuschlag noch zur Deckung des besonderen Finanzbedarfs des Bundes aus den Kosten der Wiederherstellung der deutschen Einheit. Zu einem dauerhaften Instrument der Steuerumverteilung dürfe der Solidaritätszuschlag allerdings nicht werden (BFH v. 21.7.2011, II R 50/09, www.stotax-first.de; BFH v. 21.7.2011, II R 52/10, BStBl II 2012, 43, Verfassungsbeschwerden nicht zur Entscheidung angenommen, StEd 2013, 420).

Mit Vorlagebeschluss v. 21.8.2013, 7 K 143/08, www.stotax-first.de, hat das **FG Niedersachsen** dem BVerfG die Frage vorgelegt, ob die Regelungen im Solidaritätszuschlaggesetz insoweit verfassungswidrig sind, als auf Grund der verschiedenen Anrechnungsvorschriften bei der Festsetzung der Einkommensteuer – z.B. bei ausländischen Einkünften (§ 34c EStG) bzw. bei der Gewerbesteuer (§ 35 EStG) – ein Solidaritätszuschlag in unterschiedlicher Höhe bei gleichgelagerten Sachverhalten festgesetzt wird. Hierfür lege ein sachlicher Rechtfertigungsgrund nicht vor. Damit verstoße die Regelung gegen das Gleichbehandlungsgebot aus Art. 3 Abs. 1 GG. Die Entscheidung des BVerfG bleibt abzuwarten (Az. beim BVerfG: 2 BvL 6/14).

Ergänzend hierzu hat das **FG Niedersachsen** mit Beschluss v. 22.9.2015, 7 V 89/14, www.stotax-first.de, Beschwerde beim BFH zugelassen, die Vollziehung eines Bescheides über die Festsetzung des Solidaritätszuschlages für das Jahr 2012 aufgehoben.

b) Null- und Gleitzone

2673 Beim Abzug von **laufendem Arbeitslohn** gelten jedoch

- eine **Nullzone** von 81/162 € (Alleinstehende/Verheiratete): Liegt der Solidaritätszuschlag „rechnerisch" unter diesen Beträgen, wird von der Erhebung des Zuschlags ganz abgesehen (§ 3 Abs. 3 SolZG);
- eine **„Gleitregelung"** (§ 4 SolZG), nach der der Solidaritätszuschlag nicht höher sein darf als 20 % der Differenz zwischen der jeweils einbehaltenen monatlichen Lohnsteuer und den freigestellten Beträgen i.H.v. 81 € bzw. 162 € monatliche Lohnsteuer.

Arbeitgeber brauchen diese komplizierten Berechnungen aber nicht durchzuführen, sie können den jeweiligen Solidaritätszuschlag den u.a. von Stollfuß Medien herausgegebenen Lohnsteuertabellen oder -berechnungsprogrammen entnehmen. Die Finanzverwaltung hat darüber hinaus für den Arbeitgeber ein besonderes Merkblatt zu allgemeinen Fragen bei der Erhebung des Solidaritätszuschlags herausgegeben (BMF v. 20.9.1994, IV B 6 – S 2450 – 6/94, BStBl I 1994, 757, nachfolgend „Merkblatt" genannt).

Solidaritätszuschlag

LSt = keine Lohnsteuerpflicht
LSt = Lohnsteuerpflicht

Der Solidaritätszuschlag ist von **allen Arten von Arbeitslohn zu erheben**. Er ist für den Steuerabzug vom laufenden Arbeitslohn, für den Steuerabzug von sonstigen Bezügen und für die Lohnsteuerpauschalierung nach den §§ 40 bis 40b EStG jeweils gesondert zu ermitteln (Tz. 1.2 des „Merkblatts"), weil die Berechnung des Solidaritätszuschlags unterschiedlich ist.

Bei der Berechnung des Solidaritätszuschlags bleiben **Bruchteile eines Cents jeweils außer Betracht** (Tz. 1.5 des „Merkblatts").

2. Abzug von Freibeträgen für Kinder

2674 Seit 1996 erfolgt der „Familienleistungsausgleich" vorrangig über das **Kindergeld**, d.h. dass bei der Steuerberechnung – auch beim Lohnsteuerabzug – generell **keine Freibeträge für Kinder** mehr abgezogen werden (→ *Kindergeld/Freibeträge für Kinder* Rz. 1659). Die „Zahl der Kinderfreibeträge" hat aber **weiterhin Bedeutung für die sog. Annexsteuern** (Kirchensteuer und Solidaritätszuschlag):

Bemessungsgrundlage ist nicht die zu erhebende Lohnsteuer, sondern eine **fiktive Lohnsteuer**. Es wird nach § 3 Abs. 2a SolZG die Lohnsteuer zu Grunde gelegt, die sich **nach Abzug von Kinderfreibeträgen** und (seit 2002) des Freibetrags für den Betreuungs- und Erziehungs- oder Ausbildungsbedarf des Kindes ergeben hätte (sog. **Maßstabslohnsteuer**). Diese Maßstabslohnsteuer und den sich danach ergebenden Solidaritätszuschlag kann der Arbeitgeber ohne zusätzliche eigene Berechnungen den u.a. von Stollfuß Medien herausgegebenen **Steuertabellen oder maschinellen Abrechnungsprogrammen** entnehmen.

3. Laufender Arbeitslohn

2675 Beim laufenden Arbeitslohn (→ *Laufender Arbeitslohn* Rz. 1771) beträgt der Solidaritätszuschlag im Allgemeinen **5,5 % der Lohnsteuer**. Bei Arbeitnehmern mit **Kindern** ist die sog. **Maßstabslohnsteuer** zu Grunde zu legen.

Zu berücksichtigen sind ferner **Null- und Gleitzone**, die ebenfalls in den Lohnsteuertabellen eingearbeitet sind. Solidaritätszuschlag fällt somit erst an, wenn die **Maßstabslohnsteuer** im jeweiligen Lohnzahlungszeitraum die folgenden Beträge übersteigt.

Steuerklasse	Monatslohn	Wochenlohn	Tageslohn
III	162,— €	37,83 €	5,44 €
I, II, IV–VI	81,— €	18,93 €	2,74 €

Dies entspricht folgenden **Arbeitslöhnen**:

Steuerklasse: (ohne Kinderfreibeträge)	Nullzone: kein Zuschlag bis Monatslohn	
	allgemeine Lohnsteuertabelle	besondere Lohnsteuertabelle
I	1 479,49 €	1 390,91 €
II	1 595,41 €	1 499,91 €
III	2 800,58 €	2 628,83 €
IV	1 479,49 €	1 390,91 €
V	811,49 €	756,33 €
VI	706,24 €	658,16 €

4. Sonstige Bezüge

2676 Der Solidaritätszuschlag beträgt hier **stets 5,5 % der Lohnsteuer**. Anders als beim laufenden Arbeitslohn ist die Maßstabslohnsteuer, die sich nach Abzug der steuerlichen Freibeträge für Kinder ergibt, **nicht maßgebend**. Auch die **Nullzone und Gleitregelung** gelten nicht (Arbeitgeber-Merkblatt 1996, BStBl I 1995, 719 Tz. 42).

5. Pauschalierung der Lohnsteuer

2677 Bemessungsgrundlage für den Solidaritätszuschlag ist die **pauschale Lohnsteuer**, wenn Lohnsteuer mit einem Pauschsteuersatz erhoben wird. Die sog. Null- und Gleitzone ist bei der pauschalen Lohnsteuer nicht zu berücksichtigen (BFH v. 1.3.2002, VI R 171/98, BStBl II 2002, 440). Der Solidaritätszuschlag beträgt somit stets **5,5 % der pauschalen Lohnsteuer**.

Wird bei geringfügig Beschäftigten eine einheitliche Pauschsteuer von 2 % erhoben (§ 40a Abs. 2 EStG), ist damit neben der Lohnsteuer auch der Solidaritätszuschlag und die Kirchensteuer abgegolten (→ *Pauschalierung der Lohnsteuer bei geringfügig Beschäftigten* Rz. 2215).

6. Nettolohnvereinbarungen

2678 **Übernimmt der Arbeitgeber** in den Fällen einer Nettolohnvereinbarung auch den **Solidaritätszuschlag**, so ist die Lohnsteuer nach dem Bruttoarbeitslohn zu berechnen, der nach Kürzung um die Lohnabzüge einschließlich des Solidaritätszuschlags den ausgezahlten Nettolohnbetrag ergibt (sog. **Abtastverfahren**). Einzelheiten mit Beispielen auch zum Solidaritätszuschlag s. → *Nettolöhne* Rz. 2126.

Übernimmt der Arbeitgeber den Solidaritätszuschlag nicht, so bleibt dieser bei der Berechnung des Bruttoarbeitslohns außer Betracht. Der Nettolohn ist um den Solidaritätszuschlag zu mindern (Tz. 1.3 des „Merkblatts").

7. Nachzahlungen oder Vorauszahlungen von Arbeitslohn

2679 Ob, wann und in welcher Höhe Solidaritätszuschlag zu erheben ist, richtet sich nach den allgemeinen Grundsätzen für die Abgrenzung von laufendem Arbeitslohn und sonstigen Bezügen, dazu ausführlich → *Nachzahlungen* Rz. 2104:

– Nachzahlungen und Vorauszahlungen sind „**laufender Arbeitslohn**", wenn sie sich ausschließlich auf **Lohnzahlungszeiträume** beziehen, **die im Kalenderjahr der Zahlung enden** (R 39b.2 Abs. 1 Nr. 6 LStR).

Sie sind somit lohnsteuerlich dem Lohnzahlungszeitraum zuzuordnen, **für den sie gezahlt werden**; der Zahlungszeitpunkt ist unerheblich.

– Nachzahlungen und Vorauszahlungen stellen „**sonstige Bezüge**" dar, wenn sich der Gesamtbetrag oder ein Teilbetrag auf **Lohnzahlungszeiträume** bezieht, die **in einem anderen Jahr als dem der Zahlung enden** (R 39b.2 Abs. 2 Nr. 8 LStR).

Der Solidaritätszuschlag ist daher i.H.v. 5,5 % zu erheben.

– Nachzahlungen oder Vorauszahlungen, die für das **laufende Jahr** gezahlt werden und damit an sich „**laufender Arbeitslohn**" sind, können aus Vereinfachungsgründen **als sonstiger Bezug** behandelt werden (R 39b.5 Abs. 4 Satz 2 LStR).

Für den Solidaritätszuschlag gelten dann ebenfalls die Regeln für sonstige Bezüge, d.h. dass es für die Erhebung des Solidaritätszuschlags und dessen Höhe allein auf den **Zahlungszeitpunkt** ankommt.

8. Beschränkt Steuerpflichtige

2680 Bei beschränkt steuerpflichtigen Arbeitnehmern gilt der Solidaritätszuschlag durch den **Steuerabzug** als abgegolten, soweit sie nicht zur Einkommensteuer veranlagt werden (§ 51a Abs. 1 i.V.m. § 50 Abs. 5 Satz 1 EStG).

9. Permanenter Lohnsteuer-Jahresausgleich

2681 Wird die Lohnsteuer nach dem voraussichtlichen Jahresarbeitslohn des Arbeitnehmers unter Anwendung der Jahreslohnsteuertabelle berechnet (→ *Permanenter Lohnsteuer-Jahresausgleich* Rz. 2232), so ist der Solidaritätszuschlag nach der in diesem Verfahren ermittelten Lohnsteuer zu berechnen. Der Solidaritätszuschlag kann unmittelbar der **Jahreslohnsteuertabelle** entnommen werden (Tz. 1.4 des „Merkblatts").

10. Rückwirkende Änderungen

2682 Wird die Lohnsteuer infolge rückwirkender Änderungen von Besteuerungsmerkmalen (z.B. rückwirkende Änderungen der Zahl der Kinderfreibeträge) neu ermittelt, so ist auch der Solidaritätszuschlag neu zu ermitteln. In diesen Fällen ist ein **zu viel einbehaltener Solidaritätszuschlag** dem Arbeitnehmer zu **erstatten**; ein **zu wenig einbehaltener Solidaritätszuschlag** ist **nachzuerheben**. Das gilt auch bei **nachträglicher Berücksichtigung von Freibeträgen** als Lohnsteuerabzugsmerkmal (Tz. 1.6 des „Merkblatts").

11. Lohnsteuer-Jahresausgleich des Arbeitgebers

2683 Wenn der Arbeitgeber für den Arbeitnehmer einen Lohnsteuer-Jahresausgleich durchführt, ist auch für den Solidaritätszuschlag ein Jahresausgleich durchzuführen. Der Jahresbetrag des Solidaritätszuschlags kann der von Stollfuß Medien herausgege-

Solidaritätszuschlag

benen **Tabelle „Lohnsteuer-Jahresausgleich 2016"** entnommen werden.

Übersteigt die Summe der einbehaltenen Zuschlagsbeträge den Jahresbetrag des Solidaritätszuschlags, so ist der Unterschiedsbetrag dem Arbeitnehmer vom Arbeitgeber zu **erstatten**.

Im umgekehrten Falle kommt jedoch – wie bei der Lohnsteuer – eine **nachträgliche Einbehaltung** durch den Arbeitgeber grundsätzlich **nicht in Betracht**. Der Arbeitgeber ist entsprechend § 41c EStG zur **nachträglichen Einbehaltung nur berechtigt**, wenn

- beim Arbeitnehmer Lohnsteuerabzugsmerkmale berücksichtigt werden, die auf einen früheren Zeitpunkt **zurückwirken** oder
- er erkennt, dass er die Lohnsteuer und somit auch den Solidaritätszuschlag bisher nicht **vorschriftsmäßig einbehalten** hat (vgl. Tz. 2.3 des „Merkblatts").

Will der Arbeitgeber den Solidaritätszuschlag **nicht nachträglich einbehalten, hat er dies dem Betriebsstättenfinanzamt anzuzeigen**. Der Solidaritätszuschlag wird dann im Allgemeinen vom Wohnsitzfinanzamt zusammen mit der Lohnsteuer vom Arbeitnehmer nachgefordert, sofern der Arbeitnehmer nicht zur Einkommensteuer veranlagt wird (auch → *Berechnung der Lohnsteuer* Rz. 627).

12. Verhältnis zur Kirchensteuer

2684 Der Solidaritätszuschlag bezieht sich nur auf die Lohnsteuer, nicht auf die Kirchensteuer. Die Kirchensteuer bemisst sich nach der Lohnsteuer ohne den Solidaritätszuschlag (Tz. 3 des „Merkblatts").

13. Verfahrensvorschriften

2685 Für den Solidaritätszuschlag gelten die gleichen Verfahrensvorschriften wie für die Lohnsteuer (§ 51a Abs. 1 EStG), d.h. dass der Solidaritätszuschlag **zusammen mit der Lohnsteuer anzumelden und abzuführen** ist.

Ferner ist der Solidaritätszuschlag im Lohnkonto (→ *Lohnkonto* Rz. 1801), in der **Lohnsteuer-Anmeldung** und in der Lohnsteuerbescheinigung (→ *Lohnsteuerbescheinigung* Rz. 1863) gesondert neben der Lohnsteuer und der Kirchensteuer einzutragen (Tz. 4 des „Merkblatts").

Ferner gelten die Vorschriften

- über die **Haftung** des Arbeitgebers,
- die **Anrufungsauskunft** oder die **Lohnsteuer-Außenprüfung**.

Für die Außenprüfung bedarf es jedoch einer besonderen Anordnung durch das Finanzamt (OFD Münster v. 17.9.1991, S 2386 – 18 – St 15 – 31, DB 1991, 2162).

Sonderausgaben

1. Allgemeine Grundsätze

2686 Sonderausgaben sind insbesondere die sog. **Vorsorgeaufwendungen**, aber auch **Kirchensteuer, Ausbildungskosten, Kinderbetreuungskosten** usw. Es handelt sich an sich um steuerlich nicht abzugsfähige Kosten der **Lebensführung** (§ 12 EStG), die der Gesetzgeber aus bestimmten Gründen (z.B. Förderung der „Eigenvorsorge" durch den Abzug von Versicherungsbeiträgen oder der Berufsausbildung) ausdrücklich in § 10 EStG zum Abzug zugelassen hat. Die **Aufzählung** der abzugsfähigen Sonderausgaben ist – im Gegensatz zu den in § 9 Abs. 1 EStG beispielhaft aufgeführten Werbungskosten – **abschließend**.

Ein **steuerfreier Arbeitgeberersatz** für Sonderausgaben ist nicht möglich. Der Arbeitnehmer kann seine Sonderausgaben jedoch unter bestimmten Voraussetzungen als **Lohnsteuerabzugsmerkmal berücksichtigen** lassen.

Dies gilt jedoch **nicht für Vorsorgeaufwendungen**, da für diese bereits die sog. **Vorsorgepauschale** (→ *Vorsorgepauschale* Rz. 3094) bei der Berechnung der Lohnsteuer berücksichtigt wird, die in den meisten Fällen die abzugsfähigen Vorsorgeaufwendungen abdeckt. Höhere Vorsorgeaufwendungen können nur im Rahmen einer Veranlagung zur Einkommensteuer berücksichtigt werden (→ *Veranlagung von Arbeitnehmern* Rz. 2973). Für die übrigen Sonderausgaben (Kirchensteuer usw.) wird ein **Sonderausgaben-Pauschbetrag von 36 €/72 €** gewährt, der bereits bei der Berechnung der Lohnsteuer in den Steuerklassen I bis IV (also ohne Steuerklassen V und VI) berücksichtigt wird. Weitere Einzelheiten → *Lohnsteuer-Ermäßigungsverfahren* Rz. 1913.

Zu unterscheiden sind

- **beschränkt abzugsfähige** Sonderausgaben (insbesondere Vorsorgeaufwendungen)
- und **unbeschränkt abzugsfähige** Sonderausgaben (Kirchensteuer usw.).

Wie **steuerfreie Zuschüsse oder Erstattungen** steuerlich zu behandeln sind, ist in § 10 Abs. 4b EStG wie folgt geregelt:

- nach § 10 Abs. 4b Satz 1 EStG ist ein steuerfreier Zuschuss, den der Stpfl. für die von ihm für einen anderen Veranlagungszeitraum geleisteten Vorsorgeaufwendungen erhält, den erstatteten Aufwendungen gleichzustellen,
- nach § 10 Abs. 4b Satz 2 EStG ist ein Erstattungsüberhang bei den Vorsorgeaufwendungen mit anderen im Rahmen der jeweiligen Vorsorgeaufwendungen anzusetzenden Aufwendungen zu verrechnen,
- nach § 10 Abs. 4b Satz 3 EStG ist ein verbleibender Betrag des sich bei den Vorsorgeaufwendungen für Kranken- und gesetzliche Pflegeversicherungen (§ 10 Abs. 1 Nr. 3 EStG) und bei der Kirchensteuer (§ 10 Abs. 1 Nr. 4 EStG) ergebenden Erstattungsüberhangs dem Gesamtbetrag der Einkünfte hinzuzurechnen.

S. hierzu auch BMF v. 19.8.2013, IV C 3 – S 2221/12/10010 : 004/IV C 5 – S 2345/08/0001, BStBl I 2013, 1087 Rdnr. 158 f. unter Berücksichtigung der Änderungen durch BMF v. 10.1.2014, IV C 3 – S 2221/12/10010 :003, BStBl I 2014, 70, BMF v. 10.4.2015, IV C 5 – S 2345/08/10001 :006, BStBl I 2015, 256 und BMF v. 1.6.2015, IV C 5 – S 2345/15/10001, BStBl I 2015, 475.

2. Abzug nach § 10 Abs. 1 EStG

2687 I.R.d. Zollkodex-Anpassungsgesetzes v. 22.12.2014, BStBl I 2015, 58 ist der Sonderausgabenabzug neu geordnet worden:

a) Vorsorgeaufwendungen und private Altersvorsorge (§ 10 Abs. 1 Nr. 2, 3 und 3a EStG)

2688 **Altersvorsorgeaufwendungen** (z.B. Beiträge zur Rentenversicherung) und **sonstige Vorsorgeaufwendungen** (z.B. Beiträge zu Versicherungen gegen Arbeitslosigkeit, Krankheit, Unfälle) können zwar nach § 10 Abs. 1 EStG als Sonderausgaben abgesetzt, jedoch nicht als Lohnsteuerabzugsmerkmal berücksichtigt werden. Beide Arten von Vorsorgeaufwendungen werden im Lohnsteuerverfahren durch die **Vorsorgepauschale** berücksichtigt.

Einzelheiten → *Vorsorgeaufwendungen* Rz. 3075 sowie → *Vorsorgepauschale* Rz. 3094.

Zur Förderung der Beiträge durch die sog. Riester-Rente → *Riester-Förderung* Rz. 2549.

b) Kirchensteuer (§ 10 Abs. 1 Nr. 4 EStG)

2689 Abzugsfähig ist die im jeweiligen Kalenderjahr auf Grund gesetzlicher Bestimmungen **gezahlte Kirchensteuer, nicht jedoch die bei der sog. Abgeltungsteuer auf Kapitalerträge erhobene Kirchensteuer**. Bei Arbeitnehmern ist die laut Lohnsteuerbescheinigung einbehaltene Kirchensteuer um die im selben Kalenderjahr **erstattete Kirchensteuer** (z.B. aus der Einkommensteuerveranlagung des Vorjahres) **zu mindern** (zur Verrechnung ausführlich → Rz. 2686). **Freiwillige Beiträge** sind keine Kirchensteuern, können jedoch ggf. als Spenden abgezogen werden. Auch Zahlungen an Religionsgemeinschaften, die nicht zur Erhebung von Kirchensteuer berechtigt sind, können als Spenden abgesetzt werden.

Einige als Körperschaften des öffentlichen Rechts anerkannte Religionsgemeinschaften erheben, obwohl sie dazu berechtigt sind, keine Kirchensteuer, sondern finanzieren sich aus **freiwilligen Beiträgen und Umlagen**. In diesem Fall können die Beiträge bis zu der Höhe wie Kirchensteuer abgezogen werden, in der in dem jeweiligen Bundesland Kirchensteuer gezahlt wird. Übersteigende Beträge können als Spenden berücksichtigt werden.

c) Kinderbetreuungskosten (§ 10 Abs. 1 Nr. 5 EStG n.F.)

2690 **Ab 2012 kommt nur noch ein beschränkter Abzug als Sonderausgaben** nach § 10 Abs. 1 Nr. 5 EStG in Betracht; weggefallen sind die persönlichen Anspruchsvoraussetzungen der Eltern; es kommt also nicht mehr darauf an, ob Kinderbetreuungskosten z.B. wegen Berufstätigkeit oder Krankheit der Eltern anfallen.

Einzelheiten → *Betreuungskosten* Rz. 686.

d) Zinsen für Steuernachforderungen (§ 10 Abs. 1 Nr. 5 EStG a.F.)

2691 § 10 Abs. 1 Nr. 5 EStG wurde durch das **Steuerentlastungsgesetz 1999/2000/2002** v. 24.3.1999, BStBl I 1999, 304 mit Wirkung ab 1999 gestrichen. **Nachzahlungszinsen** gehören seitdem zu den nach § 12 Nr. 3 EStG nicht abziehbaren Ausgaben. Die Nichtabziehbarkeit von nach dem 31.3.1999 gezahlten Nachzahlungszinsen ist verfassungsgemäß (BFH v. 15.11.2006, XI R 73/03, BStBl II 2007, 387).

Zinsen i.S.v. § 233a AO, die das Finanzamt an den Stpfl. zahlt (**Erstattungszinsen**), sind steuerbare Einnahmen aus Kapitalvermögen (BFH v. 24.6.2014, VIII R 29/12, BStBl II 2014, 998, Verfassungsbeschwerde eingelegt, Az. beim BVerfG: 2 BvR 2674/14, sowie BFH v. 15.4.2015, VIII R 30/13, www.stotax-first.de).

e) Steuerberatungskosten (§ 10 Abs. 1 Nr. 6 EStG)

2692 Der Sonderausgabenabzug für **private Steuerberatungskosten** ist zum 1.1.2006 aufgehoben worden. **Beruflich oder betrieblich veranlasste Steuerberatungskosten** können dagegen weiterhin als **Betriebsausgaben oder Werbungskosten** abgezogen werden (→ *Werbungskosten* Rz. 3194 Stichwort „Steuerberatungskosten").

f) Berufsausbildung (§ 10 Abs. 1 Nr. 7 EStG)

2693 Aufwendungen für die Berufsausbildung sind ab 2004 grundsätzlich nur bis zu **6 000 €** (Betrag ab 2012) im Kalenderjahr als Sonderausgaben abzugsfähig. Es handelt sich um einen **Jahresbetrag**, der auch bei kürzeren Ausbildungszeiten nicht zu kürzen ist. Nur in Ausnahmefällen kommt nach BFH-Rechtsprechung ein voller Abzug als vorab entstandene Betriebsausgaben bzw. Werbungskosten in Betracht (s. ausführlich → *Fortbildung* Rz. 1302).

Zu den abzugsfähigen Aufwendungen gehören auch Aufwendungen für eine **auswärtige Unterbringung**; ein Student, der seinen Lebensmittelpunkt an den Studienort verlagert hat, ist jedoch nicht auswärts untergebracht i.S.d. § 10 Abs. 1 Nr. 7 Satz 3 EStG (zuletzt BFH v. 16.10.2013, XI R 40/12, www.stotax-first.de).

Einzelfragen zur gesetzlichen Neuregelung sind in BMF v. 22.9.2010, IV C 4 – S 2227/07/10002 :002, BStBl I 2010, 721 geregelt.

Zu den abziehbaren Aufwendungen gehören z.B.

- die **Schul-, Lehrgangs-, Studien- und Prüfungsgebühren**,
- Aufwendungen für **Lernmittel** (Schreibwaren, Kopien, Fachbücher, Computerprogramme usw.), nicht jedoch Aufwendungen für Tageszeitungen oder Wochenzeitschriften (FG Baden-Württemberg v. 8.11.2000, 12 K 258/00, EFG 2001, 285 betr. den FOCUS eines Studenten der Politologie),
- **Arbeitsmittel** wie z.B. Schreibtisch und Computer, die bei Aufwendungen über 410 € – mit 19 % Umsatzsteuer über 487,90 € – auf die voraussichtliche Nutzungsdauer zu verteilen sind (vgl. zuletzt BFH v. 15.7.2010, III R 70/08, www.stotax-first.de, betr. Anschaffung eines Druckers),
- Aufwendungen für **Wege zwischen Wohnung und Bildungseinrichtung**, bei vollzeitigen Bildungsmaßnahmen aber nur i.H.d. Entfernungspauschale (BMF v. 24.10.2014, IV C 5 – S 2353/14/10004, BStBl I 2014, 1412 Rdnr. 32 ff.),
- bei auswärtiger Unterbringung auch die **Kosten für Unterkunft**, wenn der Studienort nicht der Lebensmittelpunkt des Stpfl. ist (BFH v. 16.10.2013, XI R 40/12, www.stotax-first.de),
- **Zinsen für Ausbildungsdarlehen**, nicht dagegen die Rückzahlung eines BAföG-Darlehens (zuletzt BFH v. 7.2.2008, VI R 41/05, HFR 2008, 805).

Die Abzugsbeschränkungen für ein häusliches Arbeitszimmer und Verpflegungsmehraufwendungen gelten entsprechend (vgl. BMF v. 2.3.2011, IV C 6 – S 2145/07/10002, BStBl I 2011, 195 Rdnr. 24).

Zweckgebundene **steuerfreie Bezüge** sind von den Aufwendungen abzusetzen, soweit sie unmittelbar zur Förderung der Ausbildung oder Weiterbildung gewährt werden. Weitere Einzelheiten s. R 10.9 EStR und H 10.9 EStH.

g) Hauswirtschaftliche Beschäftigungsverhältnisse (§ 10 Abs. 1 Nr. 8 EStG)

2694 Aufwendungen für eine „rentenversicherungspflichtige Haushaltsgehilfin" konnten **bis höchstens 18 000 DM** als Sonderausgaben abgesetzt werden. Ab 1.1.2002 ist dieses sog. Dienstmädchenprivileg weggefallen.

Ab 2003 ist eine neue Steuervergünstigung für Aufwendungen für **haushaltsnahe Beschäftigungsverhältnisse**, für die Inanspruchnahme **haushaltsnaher Dienstleistungen** und **Handwerkerleistungen** eingeführt worden (§ 35a EStG), → *Haushaltsnahe Beschäftigungsverhältnisse und Dienstleistungen: Steuerermäßigung* Rz. 1553.

h) Schulgeld (§ 10 Abs. 1 Nr. 9 EStG)

2695 Als Sonderausgaben abzugsfähig sind nach § 10 Abs. 1 Nr. 9 EStG **30 % des Entgelts, höchstens 5 000 € im Jahr**, das der Stpfl. für ein Kind, für das er Anspruch auf einen Kinderfreibetrag nach § 32 Abs. 6 EStG oder auf Kindergeld hat, für dessen **Besuch einer Schule in freier Trägerschaft oder einer überwiegend privat finanzierten Schule** entrichtet; es gibt keinen verfassungsrechtlichen Anspruch auf den unbegrenzten Abzug von Schulgeld (BFH v. 8.6.2011, X B 176/10, HFR 2011, 966; Verfassungsbeschwerde nicht zur Entscheidung angenommen: Beschluss v. 29.5.2013, 2 BvR 1873/11, www.stotax-first.de, sowie zuletzt FG Hamburg v. 16.8.2013, 3 V 169/13, www.stotax-first.de).

Voraussetzung ist, dass die Schule in einem **Mitgliedstaat der Europäischen Union** oder in einem Staat belegen ist, auf den das Abkommen über den Europäischen Wirtschaftsraum Anwendung findet, und die Schule zu einem vom zuständigen inländischen Ministerium eines Landes, von der Kultusministerkonferenz der Länder oder von einer inländischen Zeugnisanerkennungsstelle anerkannten oder einem inländischen Abschluss an einer öffentlichen Schule **als gleichwertig anerkannten allgemeinbildenden oder berufsbildenden Schul-, Jahrgangs- oder Berufsabschluss führt**. Der Besuch einer anderen Einrichtung, die auf einen Schul-, Jahrgangs- oder Berufsabschluss ordnungsgemäß vorbereitet, steht einem Schulbesuch gleich. Der Besuch einer Deutschen Schule im Ausland steht dem Besuch einer solchen Schule gleich, unabhängig von ihrer Belegenheit. Schulgeldzahlungen für den Besuch einer in einem Drittland belegenen Privatschule sind dagegen nicht als Sonderausgaben abzugsfähig (BFH v. 13.6.2013, X B 232/12, www.stotax-first.de, betr. Schulgeldzahlungen für den Besuch einer Schule in den USA).

Weitere Erläuterungen s. BMF v. 9.3.2009, IV C 4 – S 2221/07/0007, BStBl I 2009, 487 sowie zuletzt BayLfSt v. 21.5.2014, S 2221.1.1 – 9/42 St32, www.stotax-first.de.

Der Höchstbetrag wird für jedes Kind, bei dem die Voraussetzungen vorliegen, je Elternpaar nur einmal gewährt.

Nicht begünstigt sind individueller Privat- sowie Nachhilfeunterricht. Soweit das Schulgeld auch Beherbergung, Betreuung und Verpflegung enthält, ist es ebenfalls nicht abzugsfähig. Weitere Einzelheiten s. R 10.10 EStR und H 10.10 EStH sowie BFH v. 11.6.1997, X R 77/94, BStBl II 1997, 615; BFH v. 11.6.1997, X R 74/95, BStBl II 1997, 617 und BFH v. 11.6.1997, X R 144/95, BStBl II 1997, 621.

Nicht abzugsfähig ist ferner Schulgeld für noch nicht der Schulpflicht unterliegende Kinder (BFH v. 16.11.2005, XI R 79/03, BStBl II 2006, 377).

Schulgeld gehört weder zu den nach § 9 Abs. 1 Satz 1 EStG abzugsfähigen sog. allgemeinen **Werbungskosten** noch zu den als Sonderausgaben abzugsfähigen **Kinderbetreuungskosten** (BMF v. 14.3.2012, IV C 4 – S 2221/07/0012 :012, BStBl I 2012, 307).

Dies gilt auch für Schulgeldzahlungen an Privatschulen, die Arbeitnehmern ausländischer Unternehmen nach einem Umzug ins Inland entstehen. Als Umzugskosten können allenfalls Auslagen für umzugsbedingten zusätzlichen Unterricht der Kinder (z.B. Nachhilfe) berücksichtigt werden (OFD Frankfurt v. 10.7.2009, S 2221 A – 67 – St 218, www.stotax-first.de); s. dazu → *Umzugskosten* Rz. 2918.

Sonderausgaben

Eltern, deren Kinder eine überwiegend privat finanzierte Schule besuchen, müssen häufig zusätzlich zum Schulgeld weitere Beiträge aufbringen (**Investitionsbeiträge**, Ergänzungsbeiträge oder ähnlich bezeichnete Beiträge), deren Höhe sich im Allgemeinen nach dem Einkommen der Eltern richtet und ggf. im Wege einer Selbsteinschätzung festgelegt wird. Die zusätzlich zum Schulgeld zu leistenden Investitionsbeiträge stellen **keine Spenden** dar, weil es sich auch bei diesen Beiträgen wie beim Schulgeld nicht um freiwillige Leistungen handelt. Die Investitionsbeiträge sind jedoch als **Schulgeld** i.S.d. § 10 Abs. 1 Nr. 9 EStG zu beurteilen, unabhängig davon, ob sie im Einzelfall in voller Höhe zur Abdeckung der Kosten des normalen Schulbetriebs erforderlich sind (OFD Frankfurt v. 10.7.2009, S 2221 A – 67 – St 218, www.stotax-first.de).

3. Abzug nach § 10 Abs. 1a EStG

2696 Sonderausgaben sind nach § 10 Abs. 1a EStG in der Fassung des Zollkodex-Anpassungsgesetzes v. 22.12.2014, BStBl I 2015, 58 auch die nachfolgenden Aufwendungen. **In dieser Vorschrift sind die Sonderausgabenabzugstatbestände zusammengefasst worden, bei denen der Abzugstatbestand des Leistenden mit einer Besteuerung beim Leistungsempfänger korrespondiert.** Die Zusammenfassung soll eine übersichtlichere Darstellung für den Rechtsanwender ermöglichen und damit der Rechtsklarheit dienen. In die Aufzählung der einzelnen Abzugstatbestände sind die bisher in § 10 Abs. 1 Nr. 1, 1a und 1b EStG enthaltenen Regelungen ohne wesentliche inhaltliche Änderungen übernommen worden (BT-Drucks. 18/3441, 56).

a) Unterhaltsleistungen an den geschiedenen oder dauernd getrennt lebenden Ehegatten (§ 10 Abs. 1a Nr. 1 EStG)

2697 Unterhaltsleistungen an den geschiedenen oder dauernd getrennt lebenden unbeschränkt steuerpflichtigen Ehegatten sind bis **höchstens 13 805 €** im Jahr abzugsfähig, wenn der Geber dies **mit Zustimmung des Empfängers beantragt** (hierfür gibt es beim Finanzamt den Vordruck „Anlage U"). Der Höchstbetrag erhöht sich um den Betrag der im jeweiligen Veranlagungszeitraum nach § 10 Abs. 1 Nr. 3 für die Absicherung des geschiedenen oder dauernd getrennt lebenden unbeschränkt einkommensteuerpflichtigen Ehegatten aufgewandten Beiträge zu einer (Basis)Kranken- und Pflegeversicherung.

Der Antrag kann jeweils nur für *ein* Kalenderjahr gestellt und nicht zurückgenommen werden. Die Zustimmung ist mit Ausnahme der nach § 894 der Zivilprozessordnung als erteilt geltenden bis auf Widerruf wirksam. Der Widerruf ist vor Beginn des Kalenderjahres, für das die Zustimmung erstmals nicht gelten soll, gegenüber dem Finanzamt zu erklären. Entsprechendes gilt für Fälle der Nichtigkeit oder der Aufhebung der Ehe.

Der Empfänger muss die Unterhaltsleistungen als sonstige Einkünfte versteuern (§ 22 Nr. 1a EStG). Der Steuervorteil liegt also v.a. in der Auswirkung der Steuerprogression (hohe Steuerersparnis beim Zahlenden, geringe Steuerschuld beim Empfänger). Stimmt der Empfänger diesem sog. Realsplitting nicht zu, können die Unterhaltsaufwendungen nur i.R.d. § 33a Abs. 1 EStG als **außergewöhnliche Belastung** berücksichtigt werden (vgl. zum Realsplitting grundsätzlich zuletzt BFH v. 9.12.2009, X R 49/07, HFR 2010, 1297: Die Steuerpflicht der Unterhaltsleistungen beim Empfänger nach § 22 Nr. 1a EStG hängt nicht davon ab, ob und inwieweit der Sonderausgabenabzug beim Geber tatsächlich zu einer Steuerminderung geführt hat, sowie OFD Koblenz v. 30.7.2007, S 222a A – St 32 1, www.stotax-first.de, betr. Antrag und Zustimmung zum Realsplitting).

Der für das Realsplitting im Jahr 2008 geltende Höchstbetrag von 13 805 € ist **verfassungsrechtlich nicht zu beanstanden** (BFH v. 26.10.2011, X B 4/11, www.stotax-first.de). Es verstößt auch nicht gegen das Gemeinschaftsrecht, dass ein in Deutschland ansässiger Stpfl. Unterhaltszahlungen an seine in Österreich wohnende geschiedene Ehefrau nicht abziehen kann, während er dazu berechtigt wäre, wenn die Frau noch in Deutschland leben würde (EuGH v. 12.7.2005, C-403/03, www.stotax-first.de).

Zur Vermeidung vorhandener Vollzugsdefizite ist ab 2016 Voraussetzung für den Sonderausgabenabzug der zahlenden Person, dass diese die **Identifikationsnummer** (§ 139b AO) der den Unterhalt empfangenden Person angibt (§ 10 Abs. 1 Nr. 1 Sätze 7 - 9 EStG). Auf diese Weise soll die Besteuerung des Unterhalts der empfangenden Person (§ 22 Nr. 1a EStG) sichergestellt werden.

b) Renten und dauernde Lasten (§ 10 Abs. 1a Nr. 2 EStG)

2698 Renten und dauernde Lasten sind als Sonderausgaben abzugsfähig, wenn sie weder Werbungskosten noch Betriebsausgaben sind, auf besonderen Verpflichtungsgründen beruhen und nicht mit steuerfreien Einkünften zusammenhängen (R 10.3 EStR). Abzugsfähig sind hiernach z.B. **Altenteilleistungen** in der Landwirtschaft oder **Versorgungsleistungen** im Zusammenhang mit einem unentgeltlich übertragenen Grundstück. **Nicht** abzugsfähig sind hingegen **Unterhaltszahlungen** an gesetzlich unterhaltsberechtigte Personen (Kinder, Ehegatten) oder an deren Ehegatten. Weitere Einzelheiten s. R 10.3 EStR und H 10.3 EStH sowie BMF v. 16.9.2004, IV C 3 – S 2255 – 354/04, BStBl I 2004, 922.

c) Ausgleichsleistungen zur Vermeidung eines Versorgungsausgleichs (§ 10 Abs. 1a Nr. 3 EStG)

2699 Mit § 10 Abs. 1a Nr. 3 EStG ist ein neuer Abzugstatbestand für Ausgleichszahlungen zur Vermeidung des Versorgungsausgleichs nach einer Ehescheidung bzw. der Auflösung einer Lebenspartnerschaft (§ 6 Abs. 1 Satz 2 Nr. 2 des Versorgungsausgleichsgesetz - VersAusglG) eingeführt worden. Damit soll in diesem Bereich ein bestehendes Regelungsdefizit beseitigt werden. Die steuerlichen Regelungen zur internen und externen Teilung (§ 3 Nr. 55a und 55b EStG) bleiben unberührt.

Die mit der angesprochenen materiell-rechtlichen Neuregelung in § 10 Abs. 1a Satz 1 Nr. 3 EStG geschaffene Abzugsmöglichkeit der Aufwendungen zur Vermeidung des Versorgungsausgleichs bezieht sich auf Zahlungen nach § 6 Abs. 1 Satz 2 Nr. 2 VersAusglG und § 1408 Abs. 2, § 1587 BGB. Nach dieser Regelung hat die ausgleichspflichtige Person die Möglichkeit, zur Vermeidung der Durchführung eines Versorgungsausgleichs, Ausgleichszahlungen an den Versorgungsberechtigten zu leisten/zu vereinbaren. Die entsprechenden Zahlungen können nunmehr steuerlich als Sonderausgaben geltend gemacht werden. Die Berücksichtigung erfolgt auf Antrag des Ausgleichsverpflichteten mit Zustimmung des Ausgleichsberechtigten. Dies ermöglicht den Verfahrensbeteiligten genau zu bestimmen, in welchem Umfang ein Abzug und die damit einhergehende Besteuerung erfolgen soll. Eine steuerliche Berücksichtigung des nicht von der Zustimmung umfassten Teils der Ausgleichszahlungen in einem vom Leistungsjahr abweichenden Veranlagungs-zeitraum ist nicht möglich.

Die angesprochene Ausgleichsmöglichkeit besteht versorgungsrechtlich unabhängig davon, ob sie eine beamten-rechtliche, eine öffentlich-rechtliche, eine private, eine geförderte oder eine betriebliche Altersversorgung betrifft.

§ 10 Abs. 1a Satz 1 Nr. 3 EStG ordnet deshalb alle entsprechenden Ausgleichszahlungen einheitlich dem Bereich des Sonderausgabenabzugs zu. Die bisherige steuerliche Einordnung dieser Zahlungen als Werbungskosten (s. z. B. BFH v. 8.3.2006, IX R 107/00 und IX R 78/01, BStBl II 2006, 446 u. 448 zu den Ausgleichszahlungen eines Beamten und damit zusammenhängender Schuldzinsen zur Vermeidung einer Kürzung seiner Versorgungsbezüge) oder als Vorgang auf der privaten Vermögensebene ist damit künftig unbeachtlich. Auf diese Weise wird eine steuerliche Gleichbehandlung aller Ausgleichszahlungen erreicht (BT-Drucks. 18/3441 S. 56 v. 3.12.2014).

Der steuerliche Abzug der Aufwendungen des Ausgleichsverpflichteten als Sonderausgaben korrespondiert mit der Besteuerung der Leistungen beim Ausgleichsberechtigten (§ 22 Nr. 1a EStG in der Fassung dieses Änderungsgesetzes).

Die Neuregelung gilt erstmals für im Veranlagungszeitraum 2015 geleistete Aufwendungen.

d) Ausgleichszahlungen i.R.d. Versorgungsausgleichs (§ 10 Abs. 1a Nr. 4 EStG)

2700 Abzugsfähig sind Ausgleichszahlungen i.R.d. Versorgungsausgleichs nach den §§ 20 bis 22 und 26 des Versorgungsausgleichsgesetzes und nach den §§ 1587f, 1587g und 1587i BGB in der bis zum 31.8.2009 geltenden Fassung sowie nach § 3a des Gesetzes zur Regelung von Härten im Versorgungsausgleich, soweit die ihnen zu Grunde liegenden Einnahmen bei der ausgleichspflichtigen Person der Besteuerung unterliegen, wenn die ausgleichsberechtigte Person unbeschränkt einkommensteuerpflichtig ist.

4. Sonstige Abzüge

a) Spenden für gemeinnützige Zwecke (§ 10b Abs. 1 EStG)

2701 Ausgaben zur Förderung mildtätiger, kirchlicher, religiöser, wissenschaftlicher und der als besonders förderungswürdig anerkannten gemeinnützigen Zwecke sind bis zur Höhe von insgesamt **20 % des Gesamtbetrags der Einkünfte** als Sonderausgaben abzugsfähig. Dies gilt rückwirkend ab 2007 auch für Mitgliedsbeiträge an sog. Kulturfördervereine (§ 52 Abs. 24d Satz 4 EStG).

Voraussetzung für die steuerliche Anerkennung ist grundsätzlich eine besondere **Zuwendungsbestätigung** (Muster s. BMF v. 7.11.2013, IV C 4 – S 2223/07/0018 :005, BStBl I 2013, 1333). Zur Abwicklung von Spenden über PayPal s. OFD Niedersachsen v. 14.8.2013, S 2223 – 404 – St 235, www.stotax-first.de.

Für Einzahlungen bis **200 €** reicht ein einfacher Bareinzahlungsbeleg oder eine Buchungsbestätigung als Nachweis aus.

Im Rahmen der **Initiative „Deutschland rundet auf"** hat der Kunde an der Kasse eines beteiligten Einzelhandelsunternehmens die Möglichkeit, freiwillig und unaufgefordert beim Bezahlen den ausgewiesenen Zahlungsbetrag um maximal 10 Cent aufzurunden und den Aufrundungsbetrag zu spenden. Die Aufrundungsbeträge werden von dem jeweiligen Einzelhändler in seinem Namen und für seine Rechnung vereinnahmt. Die gespendeten Beträge sind vom Einzelhändler auf ein separates Konto zu transferieren und zu bestimmten Stichtagen an eine gemeinnützige Stiftungs-GmbH zu überweisen. Die Initiative wirbt damit, dass 100 % der gespendeten Aufrundungsbeträge an die jeweiligen Spendenprojekte weitergeleitet werden.

Nach Auffassung der obersten Finanzbehörden ist der Sachverhalt bei den **Einzelhandelsunternehmen** wie folgt ertragsteuerlich zu behandeln (OFD Nordrhein-Westfalen, Kurzinformation Nr. 14/2013 v. 2.9.2013, StEd 2013, 649):

Vereinnahmt ein am o.g. Projekt beteiligtes Einzelhandelsunternehmen Aufrundungsbeträge und ermittelt den Gewinn durch Betriebsvermögensvergleich nach § 4 Abs. 1 EStG, sind die Aufrundungsbeträge als Betriebseinnahmen zu erfassen. In gleicher Höhe ist eine Verbindlichkeit gegenüber der gemeinnützigen Stiftungs-GmbH zu passivieren. Es ergeben sich daher keine Auswirkungen auf den Gewinn.

Ermittelt das Einzelhandelsunternehmen den Gewinn durch Einnahmeüberschussrechnung nach § 4 Abs. 3 EStG, sind die Rundungsbeträge im Zeitpunkt der Vereinnahmung als Betriebseinnahmen und im Zeitpunkt der Abführung als Betriebsausgaben zu erfassen. Eine Auswirkung auf den Gewinn ergibt sich hier im Ergebnis ebenfalls nicht.

Die Kunden können die gespendeten Beträge jedoch nicht als Zuwendungen i.S.d. § 10b EStG steuerlich geltend machen.

Im Hinblick auf ein ehrenamtliches Engagement in steuerbegünstigten Organisationen kommen neben direkten Geld- oder Sachspenden auch sog. **Aufwandsspenden** in Betracht. Diese können steuerlich aber nur anerkannt werden, wenn im Vorhinein ein schriftlich fixierter Anspruch auf die Erstattung der Aufwendungen durch Vertrag oder Satzung ernsthaft eingeräumt und auf die Erstattung verzichtet worden ist. Soweit ohne einen konkreten Erstattungsanspruch eigene Zeit und persönliche Arbeitsleistung aufgewandt wird, liegt keine Spende i.S.v. § 10b EStG vor. Auch entgangener Gewinn stellt einkommensteuerlich keine Ausgabe bzw. Spende dar (s. ausführlich BMF v. 25.11.2014, IV C 4 – S 2223/07/0010 :005, BStBl I 2014, 1584). Eine Änderung dieses Schreibens ist in Kürze zu erwarten. Die **Finanzministerkonferenz** hat am 22.10.2015 beschlossen, dass bürokratische Hürden bei der steuerlichen Anerkennung so genannter Aufwandsspenden abgebaut werden sollen. Von Vereinen und ihren Mitgliedern werde oft der Aufwand beklagt, wenn nach den geltenden Regelungen der Verzicht auf die Erstattung von Fahrtkosten steuerlich als Spende anerkannt werden soll. Dabei gehe es vor allem um das Erfordernis, gegenüber der Finanzverwaltung alle drei Monate eine Verzichtserklärung abzugeben, wenn auf Ansprüche – zum Beispiel die Erstattung von Fahrtkosten – aus einer regelmäßigen Tätigkeit für einen gemeinnützigen Verein verzichtet werden soll. Die Finanzministerkonferenz hat sich dafür ausgesprochen, diese 3-Monats-Frist bei regelmäßigen Tätigkeiten durch eine weniger bürokratische und damit anwenderfreundliche Jahresfrist zu ersetzen. **Eine Verzichtserklärung wäre dann nur noch einmal im Jahr erforderlich.**

Wird die Tätigkeit für eine der nach § 10b EStG begünstigten Institutionen im Rahmen eines **Arbeitsverhältnisses oder freiberuflich gegen Honorar ausgeübt**, kommt ein Spendenabzug der entsprechenden Aufwendungen nicht in Betracht; in diesen Fällen können die Aufwendungen bereits bei der Ermittlung der Einkünfte als Werbungskosten bzw. Betriebsausgaben abgezogen werden.

Arbeitgeber, deren Arbeitnehmer als Helfer im Hochwassereinsatz tätig waren, können auf Antrag das weitergewährte Arbeitsentgelt sowie die Beiträge zur Sozial- und Arbeitslosenversicherung nach § 14a Abs. 1 KatSG-LSA erstattet bekommen. Macht ein Arbeitgeber diesen Erstattungsanspruch bei der unteren Katastrophenschutzbehörde geltend, liegt bei einem Verzicht auf diesen Erstattungsanspruch eine **begünstigte Zuwendung** i.S.d. § 10b EStG vor. Die untere Katastrophenschutzbehörde ist zur Ausstellung der Zuwendungsbestätigung berechtigt.

Der Arbeitgeber hat den Erstattungsbetrag, auf den er verzichtet hat, als **Betriebseinnahme** zu erfassen.

b) Spenden an politische Parteien und Wählervereinigungen (§ 10b Abs. 2 EStG)

Mitgliedsbeiträge und Spenden an politische Parteien sind bis zur Höhe von **1 650 €**, bei zusammen veranlagten Ehegatten bis **3 300 €** als Sonderausgaben abzugsfähig. Dies gilt aber nur, soweit nicht der **Steuerabzug** nach § 34g EStG in Betracht kommt. Nach dieser Vorschrift ermäßigt sich die tarifliche Einkommensteuer für Mitgliedsbeiträge und Spenden an **2702**

– politische Parteien i.S.d. § 2 des Parteiengesetzes sowie

– an unabhängige Wählervereinigungen

um **50 % der Ausgaben, höchstens aber um 825/1 650 €** (Alleinstehende/Ehegatten).

> **Beispiel:**
>
> A, ledig, ist Mitglied der X-Partei. Seine Mitgliedsbeiträge und Spenden haben insgesamt 5 000 € betragen.
>
> Hiervon werden zunächst 1 650 € i.R.d. § 34g EStG begünstigt: A kann den höchstmöglichen Betrag von 825 € direkt von seiner Steuerschuld abziehen.
>
> Von dem Restbetrag von 3 350 € (5 000 € – 1 650 €) kann A nochmals den Höchstbetrag von 1 650 € als Sonderausgaben absetzen.

Mitgliedsbeiträge und Spenden an **unabhängige Wählervereinigungen** sind demgegenüber nur nach § 34g EStG begünstigt, ein Sonderausgabenabzug nach § 10b EStG ist daneben nicht möglich.

Weitere Einzelheiten s. R 10b.2 EStR und H 10b.2 (Spendenabzug) EStH sowie H 34g EStH und BMF v. 19.1.2006, IV C 4 – S 2223 – 2/06, BStBl I 2006, 216.

c) Verlustabzug (§ 10d EStG)

Hat ein Arbeitnehmer **Verluste aus anderen Einkunftsarten**, kann er diese als Lohnsteuerabzugsmerkmal berücksichtigen lassen (R 39a.2 LStR). **2703**

> **Beispiel 1:**
>
> Arbeitnehmer A hat ein Mehrfamilienhaus gebaut, das im März 2015 fertig gestellt wurde. Der voraussichtliche Verlust bei den Einkünften aus Vermietung und Verpachtung beträgt im Jahre 2015 etwa 25 000 €.
>
> A kann den Verlust als Lohnsteuerabzugsmerkmal berücksichtigen lassen, allerdings nicht schon für das Jahr der Fertigstellung, sondern erstmals für das Folgejahr, d.h. für das Kalenderjahr 2016, vgl. H 39a.2 (Vermietung und Verpachtung) LStH.

Unter den Voraussetzungen des § 10d EStG ist ein **Verlustrücktrag bzw. -vortrag** möglich. Nach der **neuen BFH-Rechtsprechung** (Urteil v. 13.1.2015, IX R 22/14, BStBl II 2015, 829) kann ein verbleibender Verlustvortrag nach § 10d EStG auch dann gesondert festgestellt werden, wenn ein Einkommensteuerbescheid für das Verlustentstehungsjahr nicht mehr erlassen werden kann. Eine

Sonderausgaben

keine Sozialversicherungspflicht = (SV)
Sozialversicherungspflicht = (SV)

Bindungswirkung des Einkommensteuerbescheids für die Feststellung des Verlustvortrags besteht dann nicht, wenn eine Einkommensteuerveranlagung gar nicht durchgeführt worden ist. Mit der Entscheidung vereinfacht der BFH die Geltendmachung von Verlustvorträgen in zurückliegenden Jahren. **Praktische Bedeutung hat dies vor allem für Stpfl., die sich in Ausbildung befinden oder vor kurzem ihre Ausbildung abgeschlossen haben.** Auch wenn diese in der Vergangenheit keine Einkommensteuererklärung abgegeben haben und wegen Eintritts der Festsetzungsverjährung eine Einkommensteuerveranlagung nicht mehr durchgeführt werden kann, kann innerhalb der Verjährungsfrist für die Verlustfeststellung diese noch beantragt und durchgeführt werden. Dadurch ist es möglich, über den Antrag auf Verlustfeststellung und einen Einspruch gegen die dazu vom Finanzamt erfolgte Ablehnung von einer für den Stpfl. günstigen Entscheidung des BVerfG über die Frage der steuerlichen Abzugsfähigkeit von Kosten einer beruflichen Erstausbildung zu profitieren (→ *Fortbildung* Rz. 1304).

> **Beispiel 2:**
> Student B hat erstmals im Kalenderjahr 2016 erfahren, dass er ggf. seine Studienkosten als vorab entstandene Betriebsausgaben/Werbungskosten geltend machen kann. Einkommensteuer-Erklärungen hat er in den vergangenen Jahren nicht abgegeben.
>
> Nach den Grundsätzen des o.g. BFH-Urteils (der BFH geht offensichtlich von einer siebenjährigen Verjährungsfrist aus) kann B im Kalenderjahr 2016 noch eine Verlustfeststellung für die Kalenderjahre ab 2009 beantragen.

Sondermeldung

→ *Meldungen für Arbeitnehmer in der Sozialversicherung* Rz. 1989

Sonntagszuschläge

→ *Zuschläge für Sonntags-, Feiertags- oder Nachtarbeit* Rz. 3366

Sonstige Bezüge

Inhaltsübersicht: Rz.
1. Allgemeines — 2704
2. Begriff und Besteuerungsgrundsätze — 2705
3. Berücksichtigung der Jahreslohnsteuer — 2706
4. Maßgebender Jahresarbeitslohn — 2707
   a) Voraussichtlicher Jahresarbeitslohn — 2708
   b) Freibeträge für Versorgungsbezüge — 2709
   c) Altersentlastungsbetrag — 2710
   d) Freibetrag — 2711
   e) Hinzurechnungsbetrag — 2712
   f) Berechnungsschema — 2713
5. Anwendung der Fünftelregelung — 2714
6. Nachzahlung von laufendem Arbeitslohn — 2715
7. Sonstige Bezüge bei Steuerklasse V oder VI — 2716
8. Sonstige Bezüge nach Ausscheiden aus dem Dienstverhältnis — 2717
   a) Erstes Dienstverhältnis — 2718
   b) Weiteres Dienstverhältnis — 2719
   c) Keine Lohnsteuerabzugsmerkmale — 2720
9. Versorgungsbezüge als sonstige Bezüge — 2721
10. Altersentlastungsbetrag bei sonstigen Bezügen — 2722
11. Solidaritätszuschlag — 2723
12. Nettobesteuerung — 2724

1. Allgemeines

2704 Neben dem Arbeitslohn, der dem Arbeitnehmer regelmäßig wiederkehrend gezahlt wird, z.B. jeden Monat, kommen in der Praxis auch Arbeitslohnzahlungen vor, die nur zu einem bestimmten Zeitpunkt oder zu einem bestimmten Ereignis, z.B. Urlaubsgeld, Weihnachtsgeld oder Jubiläumszuwendungen, ausgezahlt werden. **Für diese „Sonderzahlungen" gibt es sowohl im Lohnsteuerrecht als auch im Sozialversicherungsrecht Sonderregelungen hinsichtlich der Ermittlung der darauf entfallenden Lohnsteuer bzw. Sozialversicherungsbeiträge.**

Lohnsteuerrechtlich werden diese „Sonderzahlungen" **sonstige Bezüge** genannt, während das **Sozialversicherungsrecht** den Begriff des **einmalig gezahlten Arbeitsentgelts** (§ 23a SGB IV) verwendet.

Über die **Transmissionswirkung** des § 1 SvEV gilt, dass **im Regelfall die sozialversicherungsrechtliche Beurteilung von Bezügen der lohnsteuerrechtlichen Behandlung folgt.**

Die nachfolgenden Ausführungen beinhalten **ausschließlich** die **lohnsteuerliche Behandlung** der sonstigen Bezüge. Zu Einzelheiten der **sozialversicherungsrechtlichen** Beurteilung → *Einmalzahlungen* Rz. 983.

2. Begriff und Besteuerungsgrundsätze

Als sonstige Bezüge bezeichnet man den Arbeitslohn, der nicht als **2705** laufender Arbeitslohn gezahlt wird (→ *Laufender Arbeitslohn* Rz. 1771). Sonstige Bezüge sind also Zahlungen, die nicht regelmäßig fortlaufend dem Arbeitnehmer zufließen, sondern nur aus besonderem Anlass gezahlt werden. Zu den sonstigen Bezügen gehören deshalb insbesondere einmalige Arbeitslohnzahlungen, die neben dem laufenden Arbeitslohn gezahlt werden.

Beispiele für sonstige Bezüge nach R 39b.2 Abs. 2 LStR:

– 13. und 14. Monatsgehälter,
– einmalige Abfindungen und Entschädigungen,
– Gratifikationen und Tantiemen, die nicht fortlaufend gezahlt werden,
– Jubiläumszuwendungen,
– Urlaubsgelder, die nicht fortlaufend gezahlt werden, und Entschädigungen zur Abgeltung nicht genommenen Urlaubs,
– Vergütungen für Erfindungen,
– Weihnachtszuwendungen,
– Nachzahlungen und Vorauszahlungen, wenn sich der Gesamtbetrag oder ein Teilbetrag der Nachzahlung oder Vorauszahlung auf Lohnzahlungszeiträume bezieht, **die in einem anderen Jahr als dem der Zahlung enden,** oder, wenn Arbeitslohn für Lohnzahlungszeiträume des abgelaufenen Kalenderjahrs später als drei Wochen nach Ablauf dieses Jahrs zufließen,

> **Beispiel:**
> Der Arbeitgeber zahlt seinen Arbeitnehmern das Dezembergehalt für 2015 erst am 29.1.2016 aus.
>
> Beim Dezembergehalt handelt es sich um Arbeitslohn für einen Lohnzahlungszeitraum des abgelaufenen Kalenderjahrs. Da es nicht innerhalb der ersten drei Wochen des nachfolgenden Kalenderjahrs (also nicht bis zum 21.1.2016) zufließt, ist ein sonstiger Bezug anzunehmen. Das Dezembergehalt ist daher im Kalenderjahr 2016 zu versteuern.

– Ausgleichszahlungen für die in der Arbeitsphase erbrachten Vorleistungen auf Grund eines Altersteilzeitverhältnisses im Blockmodell, das vor Ablauf der vereinbarten Zeit beendet wird,
– Zahlungen innerhalb eines Kalenderjahrs als viertel- oder halbjährliche Teilbeträge.

Weitere Beispiele für sonstige Bezüge sind:

– Arbeitslohn aus Anlass von Betriebsveranstaltungen, soweit er nicht steuerfrei ist,
– Erholungsbeihilfen,
– Heirats- und Geburtsbeihilfen,
– steuerpflichtige Sachbezüge, soweit sie nicht fortlaufend gewährt werden,
– Prämien für eine Direktversicherung des Arbeitgebers, soweit die Prämien nicht monatlich fortlaufend gezahlt werden und nicht nach § 3 Nr. 63 EStG steuerfrei sind,
– Abfindungszahlungen zur Abgeltung von Versorgungsansprüchen oder -anwartschaften.

Von einem sonstigen Bezug ist die Lohnsteuer stets in dem Zeitpunkt einzubehalten, in dem er zufließt. Daher kommt es bei sonstigen Bezügen – im Gegensatz zum laufenden Arbeitslohn – entscheidend darauf an, wann der sonstige Bezug dem Arbeitnehmer zufließt. Der Arbeitgeber hat also gewisse Gestaltungsmöglichkeiten, was die Besteuerung der sonstigen Bezüge betrifft (→ *Zufluss von Arbeitslohn* Rz. 3231). Der Lohnsteuerermittlung sind die Lohnsteuerabzugsmerkmale des Arbeitnehmers zu Grunde zu legen, die zum Ende des Kalendermonats des Zuflusses gelten (R 39b.6 Abs. 1 Satz 2 LStR).

3. Berücksichtigung der Jahreslohnsteuer

Für die Einbehaltung der Lohnsteuer von einem sonstigen Bezug **2706** hat der Arbeitgeber den **voraussichtlichen Jahresarbeitslohn**

Sonstige Bezüge

ohne den sonstigen Bezug festzustellen. Für den Jahresarbeitslohn ist die Jahreslohnsteuer zu ermitteln. Außerdem ist die Jahreslohnsteuer für den maßgebenden Jahresarbeitslohn **unter Einbeziehung des sonstigen Bezugs** zu ermitteln. **Der Unterschiedsbetrag** zwischen den ermittelten Jahreslohnsteuerbeträgen ist die Lohnsteuer, die vom sonstigen Bezug einzubehalten ist.

Diese Berechnung gilt nur für die Ermittlung der Lohnsteuer. Beim **Solidaritätszuschlag** und bei der **Kirchensteuer** sind die Beträge **nicht aus der Jahreslohnsteuer** zu ermitteln. Der Solidaritätszuschlag beträgt vielmehr 5,5 % der Lohnsteuer, die auf den sonstigen Bezug entfällt (Arbeitgeber-Merkblatt zum Solidaritätszuschlag v. 20.9.1994, IV B 6 – S 2450 – 6/94, BStBl I 1994, 757 – allerdings ist die Senkung des Solidaritätszuschlags auf 5,5 % seit 1998 zu berücksichtigen). Dies gilt auch für die Kirchensteuer (§ 51a Abs. 2 Satz 1 EStG); hier beträgt die Kirchensteuer 8 % oder 9 % der Lohnsteuer, die auf den sonstigen Bezug entfällt. Auf Grund dieser Besonderheiten bietet Stollfuß Medien eine spezielle Lohnsteuertabelle „Sonstige Bezüge" für die Besteuerung von sonstigen Bezügen an.

Bei der Ermittlung der Jahreslohnsteuer ist von den Lohnsteuerabzugsmerkmalen des Arbeitnehmers auszugehen. Maßgebend ist dabei die Steuerklasse und ein eingetragener Frei- oder Hinzurechnungsbetrag, der **zum Ende des Kalendermonats des Zuflusses** gilt. Hat sich also z.B. die Steuerklasse im Kalenderjahr geändert, so ist jeweils die Steuerklasse maßgebend, die im Zuflusszeitpunkt gilt.

> **Beispiel:**
> Die Steuerklasse des Arbeitnehmers wird mit Wirkung vom 1.8.2016 von Steuerklasse III in Steuerklasse V geändert. Der Arbeitnehmer erhält von seinem Arbeitgeber am 4.7.2016 Urlaubsgeld i.H.v. 500 € und am 5.12.2016 Weihnachtsgeld in Höhe eines zusätzlichen Monatslohns.
>
> Für die Besteuerung der sonstigen Bezüge ist die Steuerklasse maßgebend, die **zum Ende des Kalendermonats** des Zuflusses gilt. Das Urlaubsgeld ist also nach der Jahreslohnsteuer der Steuerklasse III zu ermitteln, das Weihnachtsgeld nach der Jahreslohnsteuer der Steuerklasse V.

Von der Berücksichtigung der Jahreslohnsteuer bei der Besteuerung eines sonstigen Bezugs **gibt es eine Ausnahme**: Sonstige Bezüge, die in einer größeren Zahl von Fällen gewährt werden, können unter bestimmten Voraussetzungen **mit einem besonderen Pauschsteuersatz** versteuert werden (→ *Pauschalierung der Lohnsteuer* Rz. 2175).

4. Maßgebender Jahresarbeitslohn

2707 Nach § 39b Abs. 3 Satz 4 EStG ist die Jahressteuer für den **maßgebenden Jahresarbeitslohn** zu ermitteln. Der maßgebende Jahresarbeitslohn errechnet sich aus dem voraussichtlichen Jahresarbeitslohn nach Abzug der Freibeträge für Versorgungsbezüge, des Altersentlastungsbetrags und eines etwaigen Freibetrags sowie nach Hinzurechnung eines etwaigen Hinzurechnungsbetrags.

Besonderheiten bei der Ermittlung ergeben sich bei ehemaligen Arbeitnehmern (→ Rz. 2717).

a) Voraussichtlicher Jahresarbeitslohn

2708 Zur Ermittlung der von einem sonstigen Bezug einzubehaltenden Lohnsteuer ist jeweils der **voraussichtliche Jahresarbeitslohn** des Kalenderjahrs zu Grunde zu legen, in dem der sonstige Bezug dem Arbeitnehmer zufließt. Dabei sind der laufende Arbeitslohn, der für die im Kalenderjahr bereits abgelaufenen Lohnzahlungszeiträume zugeflossen ist, und die in diesem Kalenderjahr bereits gezahlten sonstige Bezüge mit dem laufenden Arbeitslohn zusammenzurechnen, der sich voraussichtlich für die Restzeit des Kalenderjahrs ergibt. Stattdessen kann der voraussichtlich für die Restzeit des Kalenderjahrs zu zahlende laufende Arbeitslohn durch Umrechnung des bisher zugeflossenen laufenden Arbeitslohns ermittelt werden. Die im Kalenderjahr früher gezahlten sonstige Bezüge, die eine **Entschädigung oder eine Entlohnung für eine mehrjährige Tätigkeit** darstellen und deshalb ermäßigt besteuert werden, **in voller Höhe** anzusetzen. **Künftige sonstige Bezüge,** deren Zahlung bis zum Ablauf des Kalenderjahrs zu erwarten ist, **sind nicht zu erfassen.**

Hat der Arbeitnehmer **Lohnsteuerbescheinigungen aus früheren Dienstverhältnissen nicht vorgelegt**, so ist bei der Ermittlung des voraussichtlichen Jahresarbeitslohns der Arbeitslohn für Beschäftigungszeiten bei früheren Arbeitgebern mit dem Betrag anzusetzen, der sich ergibt, wenn der **laufende Arbeitslohn im Monat** der Zahlung des sonstigen Bezugs entsprechend der Beschäftigungsdauer bei früheren Arbeitgebern **hochgerechnet** wird (§ 39b Abs. 3 Satz 2 EStG).

Danach sind bei der Ermittlung des voraussichtlichen Jahresarbeitslohns einzubeziehen:

– Laufender Arbeitslohn, der in den Vormonaten bezogen worden ist. Dies gilt auch dann, wenn der Arbeitslohn von einem früheren Arbeitgeber gezahlt wurde.

– Laufender Arbeitslohn, der in dem Monat bezogen wird, in dem die sonstigen Bezüge gezahlt werden.

– Laufender Arbeitslohn, der sich voraussichtlich für die Restzeit des Kalenderjahrs ergibt. Dabei sind etwaige abzusehende Lohnerhöhungen zu berücksichtigen.

> **Aus Vereinfachungsgründen** kann auf die genaue Ermittlung des voraussichtlich zu zahlenden Arbeitslohns verzichtet und stattdessen für die Restzeit des Kalenderjahrs der zu zahlende laufende Arbeitslohn durch Umrechnung des bisher zugeflossenen laufenden Arbeitslohns ermittelt werden.

– Sonstige Bezüge, die bereits im Kalenderjahr gezahlt worden sind. Auch sonstige Bezüge, die eine Entschädigung darstellen oder die für eine mehrjährige Tätigkeit gezahlt werden, sind in voller Höhe einzubeziehen.

Bei der Ermittlung des voraussichtlichen Jahresarbeitslohns sind nicht einzubeziehen:

– Sonstige Bezüge, deren Zahlung bis zum Ablauf des Kalenderjahrs zu erwarten ist.

– Steuerfreie Beträge, wie z.B. steuerfreie Reisekostenerstattungen oder Zuschläge für Sonntags-, Feiertags- oder Nachtarbeit.

b) Freibeträge für Versorgungsbezüge

2709 Vom voraussichtlichen Jahresarbeitslohn sind der Versorgungsfreibetrag sowie – in den Steuerklassen I bis V – der Zuschlag zum Versorgungsfreibetrag abzuziehen, wenn im Kalenderjahr Versorgungsbezüge vom Arbeitgeber gezahlt werden. Zur Höhe der Freibeträge für Versorgungsbezüge → *Versorgungsfreibeträge* Rz. 3056. Soweit der Versorgungsfreibetrag sowie – in den Steuerklassen I bis V – der Zuschlag zum Versorgungsfreibetrag noch nicht bei der Feststellung des maßgebenden Jahresarbeitslohns berücksichtigt worden sind, können sie beim sonstigen Bezug berücksichtigt werden.

c) Altersentlastungsbetrag

2710 Vom voraussichtlichen Jahresarbeitslohn ist der Altersentlastungsbetrag abzuziehen, wenn die Voraussetzungen für die Gewährung vorliegen. Zu den Voraussetzungen und der Höhe des Altersentlastungsbetrags s. → *Altersentlastungsbetrag* Rz. 54. Soweit der Altersentlastungsbetrag noch nicht bei der Feststellung des maßgebenden Jahresarbeitslohns berücksichtigt worden ist, kann er beim sonstigen Bezug berücksichtigt werden.

d) Freibetrag

2711 Vom voraussichtlichen Jahresarbeitslohn ist ein als Lohnsteuerabzugsmerkmal mitgeteilter **Jahresfreibetrag** abzuziehen.

Nach Abzug des Jahresfreibetrags kann der **maßgebende Arbeitslohn** nach § 39b Abs. 3 EStG **auch negativ** sein (R 39b.6 Abs. 1 Satz 3 LStR). Dies ist für die Berechnung eines sonstigen Bezugs dann von Bedeutung, wenn der als Lohnsteuerabzugsmerkmal mitgeteilte Jahresfreibetrag höher ist als der laufende Arbeitslohn.

> **Beispiel:**
> Ein Arbeitnehmer in Hannover (Steuerklasse I, ev, 20 Jahre) hat einen laufenden Arbeitslohn von 3 000 € im Monat. Als Lohnsteuerabzugsmerkmal wird ein Jahresfreibetrag von 60 000 € mitgeteilt. Im Dezember wird eine Tantieme von 50 000 € ausgezahlt. Die Steuern auf die Tantieme ermitteln sich wie folgt:

Sonstige Bezüge

keine Sozialversicherungspflicht = ⓈⓋ
Sozialversicherungspflicht = Ⓢ̃Ⓥ̃

Laufender Arbeitslohn (12 × 3 000 €)	36 000,— €
∕. mitgeteilter Jahresfreibetrag	60 000,— €
= Jahresarbeitslohn **ohne sonstigen Bezug**	∕. 24 000,— €
+ Sonstiger Bezug	50 000,— €
= Jahresarbeitslohn **mit sonstigem Bezug**	26 000,— €
Lohnsteuer (I/0) von 26 000 €	2 843,— €
∕. Lohnsteuer (I/0) von −24 000 €	0,— €
= Lohnsteuer auf den sonstigen Bezug	2 843,— €
Solidaritätszuschlag (5,5 % von 2 843 €)	156,36 €
Kirchensteuer (9 % von 2 843 €)	255,87 €

e) Hinzurechnungsbetrag

2712 Zum voraussichtlichen Jahresarbeitslohn ist ein als Lohnsteuerabzugsmerkmal mitgeteilter Jahreshinzurechnungsbetrag hinzuzurechnen. Einzelheiten zum Hinzurechnungsbetrag s. → *Übertragung des Grundfreibetrags* Rz. 2899.

f) Berechnungsschema

2713 Für die Berechnung des maßgebenden Jahresarbeitslohns ergibt sich folgendes Berechnungsschema:

1. Genaue Ermittlung des laufenden Arbeitslohns

Laufender Arbeitslohn der Vormonate und des Zahlungsmonats, auch soweit von früheren Arbeitgebern gezahlt, ggf. Schätzung durch Hochrechnung des laufenden Arbeitslohns	€
+ Laufender Arbeitslohn für die Folgemonate, ggf. Schätzung	€
= **Laufender Jahresarbeitslohn**	€

2. Schätzung des laufenden Arbeitslohns

Laufender Arbeitslohn der Vormonate und des Zahlungsmonats, auch soweit von früheren Arbeitgebern gezahlt, ggf. Schätzung durch Hochrechnung des laufenden Arbeitslohns	€
Umrechnung auf 12 Monate:	
$\dfrac{\text{Laufender Arbeitslohn} \times 12 \text{ Monate}}{\text{abgelaufene Monate}}$	
= **Laufender Jahresarbeitslohn**	€

3. Ermittlung des maßgebenden Jahresarbeitslohns

Laufender Jahresarbeitslohn nach 1. oder 2.	€
+ bereits gezahlte sonstige Bezüge	€
= Voraussichtlicher Jahresarbeitslohn	€
∕. Versorgungsfreibetrag (§ 19 Abs. 2 EStG)	€
∕. Zuschlag zum Versorgungsfreibetrag (§ 19 Abs. 2 EStG)	€
∕. Altersentlastungsbetrag (§ 24a EStG)	€
∕. Jahresfreibetrag	€
+ Jahreshinzurechnungsbetrag	€
= **maßgebender Jahresarbeitslohn**	€

5. Anwendung der Fünftelregelung

2714 Arbeitslohn, der eine **Entschädigung** oder eine **Vergütung für eine mehrjährige Tätigkeit** darstellt, wird nach § 34 Abs. 1 EStG ermäßigt besteuert. Dabei wird bei der Einkommensteuerveranlagung die „Fünftelregelung" angewendet, d.h., es wird die Differenz ermittelt zwischen der Einkommensteuer ohne diese Bezüge und der Einkommensteuer mit einem Fünftel dieser Bezüge. Die ermittelte Differenz wird verfünffacht; dies ist die Einkommensteuer auf die ermäßigt zu besteuernden Vergütungen.

Diese Berechnung kann nach § 39b Abs. 3 Satz 9 EStG schon im Lohnsteuerabzugsverfahren angewendet werden, wenn eine Zusammenballung i.S.v. § 34 Abs. 1 EStG vorliegt (zur Zusammenballung → *Entschädigungen* Rz. 1147). Dabei wird die Lohnsteuer in der Weise ermittelt, dass der tarifbegünstigte sonstige Bezug mit einem Fünftel angesetzt und die ermittelte Lohnsteuer auf den tarifbegünstigten sonstigen Bezug verfünffacht wird.

Bei der Berechnung nach § 39b Abs. 3 Satz 9 EStG ist allerdings § 34 Abs. 1 Satz 3 EStG **sinngemäß anzuwenden**. Das bedeutet: Ist der maßgebende Jahresarbeitslohn ohne den tarifbegünstigten sonstigen Bezug negativ, so ist diesem der volle tarifbegünstigte sonstige Bezug hinzuzurechnen. Der so erhöhte und deshalb positive Arbeitslohn wird durch fünf geteilt, die Lohnsteuer berechnet und mit fünf vervielfacht. Dieses Verfahren vermeidet Nachzahlungen, die in diesen Sonderfällen bei der Einkommensteuerveranlagung auftreten können.

Beispiel 1:
Ein Arbeitnehmer in Dortmund (Steuerklasse I, ev, 22 Jahre) hat einen laufenden Arbeitslohn von 5 000 € im Monat. Als Lohnsteuerabzugsmerkmal wird ein Jahresfreibetrag von 80 000 € mitgeteilt. Im Dezember hat er Arbeitslohn aus der Ausübung einer Aktienoption i.H.v. 100 000 € zu versteuern, für den die Tarifvergünstigung nach § 34 Abs. 1 EStG zu berücksichtigen ist (→ *Aktienoption* Rz. 36). Die Steuern ermitteln sich wie folgt:

Laufender Arbeitslohn (12 × 5 000 €)	60 000,— €
∕. Freibetrag	80 000,— €
= Jahresarbeitslohn **ohne sonstigen Bezug**	∕. 20 000,— €
+ gesamter Arbeitslohn aus Aktienoption	100 000,— €
= Jahresarbeitslohn **mit sonstigem Bezug**	80 000,— €
davon 1/5	16 000,— €
Lohnsteuer (I/0) von 16 000 €	602,— €
× 5	
= Lohnsteuer auf den sonstigen Bezug	3 010,— €
Solidaritätszuschlag (5,5 % von 3 010 €)	165,55 €
Kirchensteuer (9 % von 3 010 €)	270,90 €

Die **Fünftelregelung** kann im Einzelfall, insbesondere bei niedrigen Bezügen, **zu einer höheren Lohnsteuer** führen als die normale Besteuerung als sonstiger Bezug. Da die Lohnsteuer nach dem Wortlaut des Einkommensteuergesetzes zu ermäßigen ist, darf **in diesen Fällen** die Fünftelregelung **nicht angewendet** werden. Der Arbeitgeber hat daher eine **Vergleichsberechnung** durchzuführen (Günstigerprüfung) und die Fünftelregelung nur anzuwenden, wenn sie zu einer niedrigeren Lohnsteuer führt als die Besteuerung als nicht begünstigter sonstiger Bezug (BMF v. 10.1.2000, IV C 5 – S 2330 – 2/00, BStBl I 2000, 138). Die Aufzeichnung und Angabe in der Lohnsteuerbescheinigung folgen anschließend der tatsächlichen Behandlung. Wird der Arbeitslohn nicht ermäßigt besteuert, so hat der Arbeitgeber den Arbeitslohn mit in Zeile 3 der Lohnsteuerbescheinigung einzutragen. Darüber hinaus sollte der begünstigte Arbeitslohn in Zeile 19 der Lohnsteuerbescheinigung angegeben werden (→ *Lohnsteuerbescheinigung* Rz. 1882).

Zur Frage, welche Bezüge eine Entschädigung darstellen, → *Entschädigungen* Rz. 1134. Eine **typische Entschädigung ist die Entlassungsabfindung**. Zur Frage, welche Bezüge eine Vergütung für eine mehrjährige Tätigkeit sind, → *Arbeitslohn für mehrere Jahre* Rz. 257.

Beispiel 2:
Ein Arbeitnehmer (Steuerklasse I, ev, 21 Jahre) in Bochum erhält zu seinem 10-jährigen Dienstjubiläum in 2016 eine Jubiläumszuwendung von 150 €. Der Monatslohn des Arbeitnehmers beträgt 1 900 €.

Die Jubiläumszuwendung stellt eine Vergütung für eine mehrjährige Tätigkeit dar, die nach der sog. Fünftelregelung versteuert wird.

Die Steuern auf die Jubiläumszuwendung ermitteln sich wie folgt:

a) Anwendung der Fünftelregelung

Jahresarbeitslohn ohne sonstigen Bezug (12 × 1 900 €)		22 800,— €
+ Jubiläumszuwendung	150 €	
davon 1/5	30 €	30,— €
= Jahresarbeitslohn **mit sonstigem Bezug**		22 830,— €
Lohnsteuer (I/0) von 22 830 €		2 125,— €
∕. Lohnsteuer (I/0) von 22 800 €		2 118,— €
= Differenz		7,— €
× 5		
= Lohnsteuer auf den tarifbegünstigten sonstigen Bezug		35,— €

b) Anwendung der Normalbesteuerung von sonstigen Bezügen

Jahresarbeitslohn ohne sonstigen Bezug (12 × 1 900 €)	22 800,— €
+ Jubiläumszuwendung	150,— €
= Jahresarbeitslohn **mit sonstigem Bezug**	22 950,— €
Lohnsteuer (I/0) von 22 950 €	2 151,— €
∕. Lohnsteuer (I/0) von 22 800 €	2 118,— €
= Lohnsteuer auf den sonstigen Bezug	33,— €

Die Fünftelregelung würde zu einer höheren Steuer führen als die Normalbesteuerung, deshalb darf in diesem Fall die **Fünftelregelung nicht angewendet** werden. Der Arbeitgeber hat daher die **Normalbesteuerung** durchzuführen. Der Betrag von 150 € ist zusammen mit dem übrigen Arbeitslohn in Zeile 3 der Lohnsteuerbescheinigung einzutragen. Zusätzlich kann der Betrag von 150 € in Zeile 19 der Lohnsteuerbescheinigung eingetragen werden, damit im Rahmen einer Einkommensteuerveranlagung die Tarifbegünstigung erneut geprüft werden kann. Es ergeben sich daher folgende Steuern:

Lohnsteuer auf den sonstigen Bezug	33,— €
Solidaritätszuschlag (5,5 % von 33 €)	1,81 €
Kirchensteuer (9 % von 33 €)	2,97 €

Trifft ein sonstiger Bezug, für den die Fünftelregelung gilt, mit einem normal zu besteuernden sonstigen Bezug zusammen, so ist zunächst die Lohnsteuer für den normalen sonstigen Bezug und danach die Lohnsteuer für den tarifbegünstigten sonstigen Bezug zu ermitteln (R 39b.6 Abs. 4 LStR).

Beispiel 3:
Ein Arbeitgeber zahlt seinem Arbeitnehmer (Steuerklasse I, ev, 22 Jahre) in Köln, dessen Jahresarbeitslohn 40 000 € beträgt, im Dezember 2016 einen sonstigen Bezug (Weihnachtsgeld) i.H.v. 3 000 € und daneben eine Jubiläumszuwendung von 4 000 €, von dem die Lohnsteuer nach der Fünftelregelung einzubehalten ist.

Die Lohnsteuer ist wie folgt zu ermitteln:

a) **Weihnachtsgeld**

Jahresarbeitslohn ohne sonstigen Bezug		40 000,— €
+ Weihnachtsgeld		3 000,— €
= Jahresarbeitslohn **mit sonstigem Bezug**		43 000,— €
Lohnsteuer (I/0) von 43 000 €		7 255,— €
./. Lohnsteuer (I/0) von 40 000 €		6 408,— €
= Lohnsteuer auf das Weihnachtsgeld		847,— €

b) **Jubiläumszuwendung**

Jahresarbeitslohn **mit** Weihnachtsgeld, aber **ohne** Jubiläumszuwendung		43 000,— €
+ Jubiläumszuwendung	4 000 €	
davon 1/5	800 €	800,— €
= Jahresarbeitslohn **mit** Weihnachtsgeld und Jubiläumszuwendung		43 800,— €
Lohnsteuer (I/0) von 43 800 €		7 486,— €
./. Lohnsteuer (I/0) von 43 000 €		7 255,— €
= Differenz		231,— €
× 5		
= Lohnsteuer auf die Jubiläumszuwendung		1 155,— €

c) **Steuerabzug**

Lohnsteuer auf das Weihnachtsgeld	847,— €
Lohnsteuer auf die Jubiläumszuwendung	1 155,— €
Lohnsteuer insgesamt	2 002,— €
Solidaritätszuschlag (5,5 % von 2 002 €)	110,11 €
Kirchensteuer (9 % von 2 002 €)	180,18 €

Die Freibeträge für **Versorgungsbezüge** oder der **Altersentlastungsbetrag** dürfen bei Anwendung der Fünftelregelung seit 2014 **berücksichtigt** werden (Änderung des § 39b Abs. 3 Satz 6 EStG).

Liegen bei einer Entschädigung i.S.d. § 24 Nr. 1 EStG die **Voraussetzungen für die Steuerermäßigung nach § 34 EStG nicht** vor, ist die Entschädigung **als regulär zu besteuernder sonstiger Bezug** zu behandeln. Es wird aus Vereinfachungsgründen nicht beanstandet, wenn dieser sonstige Bezug bei der Berechnung der Vorsorgepauschale berücksichtigt wird (R 39b.6 Abs. 5 LStR).

6. Nachzahlung von laufendem Arbeitslohn

2715 Nachzahlungen stellen **laufenden Arbeitslohn** dar, wenn sie sich ausschließlich auf Lohnzahlungszeiträume beziehen, die **im Kalenderjahr der Zahlung** enden (R 39b.2 Abs. 1 Nr. 6 LStR). Sie sind für die Berechnung der Lohnsteuer den Lohnzahlungszeiträumen zuzurechnen, für die sie geleistet werden **(Wiederaufrollung der Lohnzahlungszeiträume)**.

Um dieses komplizierte Verfahren zu vermeiden, ist in R 39b.5 Abs. 4 LStR zugelassen worden, dass die Nachzahlungen **als sonstige Bezüge** behandelt werden können, wenn der Arbeitnehmer dieser Besteuerung nicht widerspricht. Zu Einzelheiten → *Nachzahlungen* Rz. 2104.

7. Sonstige Bezüge bei Steuerklasse V oder VI

2716 Bei einem Arbeitnehmer mit der Steuerklasse V oder VI ergeben sich **keine Besonderheiten** für die Ermittlung des sonstigen Bezugs. Die Lohnsteuer für den sonstigen Bezug ist unter Berücksichtigung der Jahreslohnsteuer zu ermitteln. Sowohl bei der Steuerklasse V als auch bei der Steuerklasse VI sind der Versorgungsfreibetrag und der Altersentlastungsbetrag zu berücksichtigen, wenn die Voraussetzungen hierfür erfüllt sind. Der Zuschlag zum Versorgungsfreibetrag darf nur bei der Steuerklasse V berücksichtigt werden, nicht aber bei der Steuerklasse VI. Der Solidaritätszuschlag ist mit 5,5 % und die Kirchensteuer mit 8 % bzw. 9 % der auf den sonstigen Bezug entfallenden Lohnsteuer zu ermitteln.

8. Sonstige Bezüge nach Ausscheiden aus dem Dienstverhältnis

2717 Werden sonstige Bezüge gezahlt, nachdem der Arbeitnehmer aus dem Dienstverhältnis ausgeschieden ist, so hat der ehemalige Arbeitnehmer seinem früheren Arbeitgeber für die Besteuerung des sonstigen Bezugs seine **Identifikationsnummer** und den **Tag der Geburt** mitzuteilen – soweit dieser diese Angaben nicht bereits früher erhalten hat –, damit der Arbeitgeber die **Lohnsteuerabzugsmerkmale abrufen** kann. Ist der Arbeitnehmer zum Zeitpunkt der Zahlung in keinem Dienstverhältnis, z.B. weil er arbeitslos ist oder bereits Altersrente bezieht, kann er dem Arbeitgeber mitteilen, dass es sich um das erste Dienstverhältnis handelt. Ist er hingegen bei einem anderen Arbeitgeber beschäftigt, muss er dem Arbeitgeber mitteilen, dass es sich um ein weiteres Dienstverhältnis handelt.

Für die Besteuerung des sonstigen Bezugs gelten die allgemeinen Regelungen für die Ermittlung der Lohnsteuer, des Solidaritätszuschlags und der Kirchensteuer, d.h. die Lohnsteuer für den sonstigen Bezug ist unter Berücksichtigung der Jahreslohnsteuer zu ermitteln.

Bei der **Ermittlung des maßgebenden Jahresarbeitslohns** ergeben sich bei ehemaligen Arbeitnehmern folgende Besonderheiten:

a) Erstes Dienstverhältnis

2718 Bezieht der Arbeitnehmer zur Zeit der Zahlung des sonstigen Bezugs keinen Arbeitslohn von einem anderen Arbeitgeber, so hat er seinem ehemaligen Arbeitgeber mitzuteilen, dass es sich um das erste Dienstverhältnis handelt. Der Arbeitgeber erhält bei Abruf der Lohnsteuerabzugsmerkmale die Steuerklasse I bis V mitgeteilt. Der Arbeitnehmer kann seinem ehemaligen Arbeitgeber mitteilen, wie hoch der bisher zugeflossene Arbeitslohn ist. Der voraussichtliche Jahresarbeitslohn ist dann auf der Grundlage der Angaben des Arbeitnehmers zu ermitteln. Eine Hochrechnung ist nicht erforderlich, wenn mit dem Zufließen von weiterem Arbeitslohn im Laufe des Kalenderjahrs, z.B. wegen Alters oder Erwerbsunfähigkeit, nicht zu rechnen ist. Macht der Arbeitnehmer keine Angaben, so ist der sonstige Bezug als Jahresarbeitslohn anzusetzen (R 39b.6 Abs. 3 Sätze 3 bis 6 LStR).

b) Weiteres Dienstverhältnis

2719 Bezieht der Arbeitnehmer zur Zeit der Zahlung des sonstigen Bezugs Arbeitslohn von einem anderen Arbeitgeber, so hat er seinem ehemaligen Arbeitgeber mitzuteilen, dass es sich um ein weiteres Dienstverhältnis handelt. Der Arbeitgeber erhält bei Abruf der Lohnsteuerabzugsmerkmale die Steuerklasse VI mitgeteilt und der sonstige Bezug ist als Jahresarbeitslohn anzusetzen.

c) Keine Lohnsteuerabzugsmerkmale

2720 Kann der Arbeitgeber die elektronischen Lohnsteuerabzugsmerkmale nicht abrufen, weil ihm der Arbeitnehmer die notwendigen Angaben verweigert, so hat der Arbeitgeber die Besteuerung des sonstigen Bezugs nach der Steuerklasse VI durchzuführen (§ 39c Abs. 1 EStG).

9. Versorgungsbezüge als sonstige Bezüge

2721 Zahlt der Arbeitgeber Versorgungsbezüge an den Arbeitnehmer, z.B. eine Betriebsrente, so bleiben hiervon nach § 19 Abs. 2 EStG der Versorgungsfreibetrag und ein Zuschlag zum Versorgungsfreibetrag steuerfrei. Wegen weiterer Einzelheiten → *Versorgungsbezüge* Rz. 3050 und → *Versorgungsfreibeträge* Rz. 3056.

Werden Versorgungsbezüge **als sonstige Bezüge** gezahlt, so dürfen nach § 39b Abs. 3 Satz 6 EStG die Freibeträge für Versorgungsbezüge von dem sonstigen Bezug nur abgezogen werden, soweit sie bei der Feststellung des maßgebenden Jahresarbeitslohns oder bei der Zahlung von früheren sonstigen Bezügen nicht verbraucht sind. Bei der Frage, ob die Freibeträge für Versorgungsbezüge schon verbraucht sind oder nicht, ist von der Höhe der im voraussichtlichen Jahresarbeitslohn enthaltenen Versorgungsbezüge auszugehen, und zwar unabhängig davon, ob die Freibeträge insgesamt schon berücksichtigt worden sind oder nicht.

Sonstige Bezüge

Zahlt der Arbeitgeber in einem Kalenderjahr mehrmals Versorgungsbezüge als sonstige Bezüge, so dürfen die Freibeträge für Versorgungsbezüge nur insgesamt einmal berücksichtigt werden.

Werden laufende Versorgungsbezüge erstmals gezahlt, nachdem im selben Kalenderjahr bereits Versorgungsbezüge als sonstige Bezüge gewährt worden sind, so darf der Arbeitgeber die Freibeträge für Versorgungsbezüge bei den laufenden Bezügen nur berücksichtigen, soweit sie sich bei den sonstigen Bezügen nicht ausgewirkt haben.

10. Altersentlastungsbetrag bei sonstigen Bezügen

2722 Arbeitnehmer, die vor dem Beginn des Kalenderjahrs das **64. Lebensjahr** vollendet haben (für 2016 also diejenigen, die **vor dem 2.1.1952** geboren sind), erhalten einen Altersentlastungsbetrag. Er ist bis zu einem Höchstbetrag im Kalenderjahr ein nach einem Prozentsatz ermittelter Betrag des Arbeitslohns und der positiven Summe der Einkünfte, die nicht solche aus nichtselbständiger Arbeit sind. Wegen weiterer Einzelheiten → *Altersentlastungsbetrag* Rz. 54.

Der Altersentlastungsbetrag darf bei der Besteuerung eines sonstigen Bezugs berücksichtigt werden, soweit er bei der Feststellung des maßgebenden Jahresarbeitslohns oder bei der Zahlung von früheren sonstigen Bezügen nicht verbraucht ist. Bei der Frage, ob der Altersentlastungsbetrag schon verbraucht ist oder nicht, ist von der Höhe des im voraussichtlichen Jahresarbeitslohn enthaltenen Arbeitslohns (ohne Versorgungsbezüge) auszugehen, und zwar unabhängig davon, ob der Altersentlastungsbetrag insgesamt schon berücksichtigt worden ist oder nicht.

Beispiel:

Ein Arbeitgeber in Essen zahlt im April 2016 einem 65-jährigen Arbeitnehmer mit der Steuerklasse I einen sonstigen Bezug (Umsatzprovision für das vorangegangene Kalenderjahr) i.H.v. 5 000 €. Der Arbeitnehmer ist am 29.2.2016 in den Ruhestand getreten. Der Arbeitslohn betrug bis dahin monatlich 2 300 €. Seit dem 1.3.2016 erhält der Arbeitnehmer neben dem Altersruhegeld aus der gesetzlichen Rentenversicherung eine Betriebsrente von monatlich 900 € (da der Arbeitnehmer ab dem 1.3.2016 nicht mehr rentenversicherungspflichtig ist, wird bei der Berechnung der Vorsorgepauschale kein Teilbetrag für die Rentenversicherung berücksichtigt, → *Vorsorgepauschale* Rz. 3096).

Die Steuern für den sonstigen Bezug von 5 000 € ermitteln sich wie folgt:

a) **Freibeträge für Versorgungsbezüge beim laufenden Arbeitslohn:**

Versorgungsbezüge (900 € × 12 Monate)	10 800,— €
davon 22,4 %, max. 1 680 €, davon 10/12	1 400,— €
zuzüglich Zuschlag zum Versorgungsfreibetrag 504 €, davon 10/12	420,— €
insgesamt	1 820,— €

b) **Altersentlastungsbetrag beim laufenden Arbeitslohn:**

Arbeitslohn (2 300 € × 2 Monate)	4 600,— €
davon 22,4 %, max. 1 064 €	1 031,— €

c) **Freibeträge für Versorgungsbezüge beim sonstigen Bezug:**

Die Umsatzprovision ist kein Versorgungsbezug, so dass keine Freibeträge für Versorgungsbezüge abgezogen werden dürfen.

d) **Altersentlastungsbetrag beim sonstigen Bezug:**

Umsatzprovision	5 000,— €
davon 22,4 %, max. 1 064 € höchstens jedoch der beim laufenden Arbeitslohn noch nicht verbrauchte Altersentlastungsbetrag von 48 € (1 064 € ./. 1 031 €)	33,— €

e) **Ermittlung des maßgebenden Jahresarbeitslohns:**

Laufender Arbeitslohn (2 300 € × 2 Monate)		4 600,— €
+ Versorgungsbezüge (900 € × 10 Monate)		9 000,— €
Insgesamt		13 600,— €
./. Versorgungsfreibetrag 22,4 % von 10 800 €, max. 1 680 €, davon 10/12		1 400,— €
./. Zuschlag zum Versorgungsfreibetrag 504 €, davon 10/12		420,— €
./. Altersentlastungsbetrag 22,4 % von 4 600 €, max. 1 064 €		1 031,— €
= maßgebender Jahresarbeitslohn		10 749,— €
Jahresarbeitslohn ohne sonstigen Bezug		**10 749,— €**
+ Umsatzprovision	5 000,— €	
./. Altersentlastungsbetrag	33,— €	4 967,— €
= Jahresarbeitslohn **mit sonstigem Bezug**		**15 716,— €**

f) **Ermittlung der Steuern auf den sonstigen Bezug:**

Lohnsteuer (I/0) von 15 716 €	750,— €
./. Lohnsteuer (I/0) von 10 749 €	0,— €
= Lohnsteuer auf den sonstigen Bezug	750,— €
Solidaritätszuschlag (5,5 % von 750 €)	41,25 €
Kirchensteuer (9 % von 750 €)	67,50 €

11. Solidaritätszuschlag

2723 **Bei sonstigen Bezügen beträgt der Solidaritätszuschlag seit 1998 stets 5,5 % der Lohnsteuer.** Der Solidaritätszuschlag darf daher nicht aus der Jahreslohnsteuer berechnet werden. Einzelheiten → *Solidaritätszuschlag* Rz. 2676.

12. Nettobesteuerung

2724 Sonstige Bezüge, die netto gezahlt werden, z.B. Nettogratifikationen, sind grundsätzlich nach den allgemeinen Regelungen, die für die Besteuerung sonstiger Bezüge gelten, zu versteuern, d.h., die Lohnsteuer auf den sonstigen Bezug ist die **Differenz** zwischen der Jahreslohnsteuer auf den voraussichtlichen Jahresarbeitslohn **mit** dem sonstigen Bezug und der Jahreslohnsteuer auf den voraussichtlichen Jahresarbeitslohn **ohne** den sonstigen Bezug.

Werden sonstige Bezüge, die eine Entschädigung oder eine Entlohnung für eine mehrjährige Tätigkeit darstellen, netto gezahlt, so ist auch hier die **Fünftelregelung** (→ Rz. 2714) anzuwenden. Deshalb werden die sonstigen Bezüge bei der Nettolohnberechnung auch nur zu einem Fünftel berücksichtigt.

Zu Einzelheiten im Zusammenhang mit **Nettolöhnen**, insbesondere zur sozialversicherungsrechtlichen Behandlung von Nettolöhnen, → *Nettolöhne* Rz. 2128.

Sozialausgleich

2725 Durch das Gesetz zur Weiterentwicklung der Finanzstruktur und der Qualität in der gesetzlichen Krankenversicherung (GKV-FQWG) wurde die Zusatzbeitrags-Thematik zum 1.1.2015 auf eine neue Grundlage gestellt (→ *Beiträge zur Sozialversicherung* Rz. 548).

Auf Grund dessen hat das Instrument des Sozialausgleichs keine Bedeutung mehr.

Sozialer Tag

→ *Schüler* Rz. 2653

Soziales Jahr

→ *Freiwilligendienste* Rz. 1346

Sozialgesetzbuch

2726 Die in den unterschiedlichsten Gesetzeswerken normierten Sozialgesetze werden nach und nach in einem „Sozialgesetzbuch" (SGB) zusammengefasst. Nach dem derzeitigen Stand ist das Sozialgesetzbuch in zwölf einzelne Bücher gegliedert. Regelungen zu folgenden Bereichen enthalten:

Nr.	Inhalt
I	Allgemeiner Teil
II	Grundsicherung für Arbeitsuchende
III	Arbeitsförderung
IV	Gemeinsame Vorschriften für die Sozialversicherung
V	Gesetzliche Krankenversicherung
VI	Gesetzliche Rentenversicherung
VII	Gesetzliche Unfallversicherung
VIII	Kinder- und Jugendhilfe
IX	Rehabilitation und Teilhabe behinderter Menschen
X	Sozialverwaltungsverfahren und Sozialdatenschutz
XI	Soziale Pflegeversicherung
XII	Sozialhilfe

Sozialhilfe

→ *Arbeitslosengeld* Rz. 260

Sozialplan

1. Arbeitsrecht

2727 Unternehmer und Betriebsrat haben über den Ausgleich oder die Milderung wirtschaftlicher Nachteile, die den Arbeitnehmern infolge der **geplanten Betriebsänderung** entstehen, eine Einigung durch Sozialplan herbeizuführen (§ 112 Abs. 1 Satz 2 BetrVG), sei es durch Betriebsvereinbarung, sei es durch Spruch der Einigungsstelle. Insoweit hat der Betriebsrat ein erzwingbares **Mitbestimmungsrecht**.

Welche **Maßnahmen** im Sozialplan in Betracht kommen, kann von den Betriebsparteien nur nach den Umständen des Einzelfalles festgelegt werden. Dabei sind insbesondere auch Vorteile der geplanten Betriebsänderung zu berücksichtigen. Maßnahmen des Ausgleichs bzw. der Milderung sind beispielsweise Erstattung von Fahrgeld, Übernahme oder teilweise Übernahme von Umzugskosten, Zurverfügungstellung von Werkswohnungen, die Übernahme von Kosten notwendiger Umschulungs- oder Berufsbildungsmaßnahmen usw.; bei Entlassungen werden üblicherweise **Abfindungen** für den Verlust des Arbeitsplatzes vereinbart, die i.d.R. nach Lebensalter und Betriebszugehörigkeit gestaffelt sind.

2. Lohnsteuer

2728 Zahlungen des Arbeitgebers (hier: Fahrtkostenzuschüsse wegen Betriebsverlegung) auf Grund eines Sozialplans gem. § 112 Abs. 1 BetrVG erfolgen grundsätzlich nicht im eigenbetrieblichen Interesse des Arbeitgebers und stellen daher steuer- und beitragspflichtigen Arbeitslohn dar (FG Baden-Württemberg v. 28.6.1989, XII K 26/85, EFG 1989, 574).

[LSt] [SV]

Sozialplanabfindungen können, sofern die Voraussetzungen vorliegen, steuerbegünstigt ausgezahlt werden (sog. Fünftelregelung); weitere Einzelheiten → *Entschädigungen* Rz. 1134. Zur sozialversicherungsrechtlichen Beurteilung → *Entlassungsabfindungen/Entlassungsentschädigungen* Rz. 1108.

Sozialräume

→ *Sachbezüge* Rz. 2598

Sozialversicherungsausweis

1. Grundsätze

a) Personenkreis

2729 Die Datenstelle der Rentenversicherungsträger stellt allen Personen, für die sie eine Versicherungsnummer vergibt, einen Sozialversicherungsausweis aus.

b) Angaben auf dem Ausweis

2730 Der Sozialversicherungsausweis enthält folgende Angaben:
- Name und Vorname sowie ggf. Geburtsname des Arbeitnehmers,
- Versicherungsnummer des Arbeitnehmers.

c) Vorlagepflicht

2731 Der Arbeitnehmer ist verpflichtet, den Sozialversicherungsausweis bei Beginn der Beschäftigung dem Arbeitgeber vorzulegen. Kann der Arbeitnehmer dies nicht zum Zeitpunkt des Beschäftigungsbeginns, so hat er dies unverzüglich nachzuholen.

d) Erneute Ausstellung eines SV-Ausweises

2732 Der Ausweisinhaber ist verpflichtet, der Einzugsstelle den Verlust des Sozialversicherungsausweises oder sein Wiederauffinden unverzüglich anzuzeigen. Die Einzugsstelle stellt auf Antrag einen neuen Sozialversicherungsausweis aus, wenn der Ausweis zerstört wurde, abhanden gekommen oder unbrauchbar geworden ist.

Ohne Antragstellung wird ein neuer Ausweis erstellt, wenn sich die Versicherungsnummer, der Familienname oder der Vorname geändert hat.

2. Vorlagepflicht

2733 Jeder Beschäftigte hat **zu Beginn** seiner **Beschäftigung** dem Arbeitgeber seinen Sozialversicherungsausweis vorzulegen (§ 99 Abs. 1 SGB IV); der Arbeitgeber ist verpflichtet, sich von jedem Beschäftigten diesen Ausweis vorlegen zu lassen (§ 98 Abs. 1 SGB IV). Damit gehört der Sozialversicherungsausweis zu den Unterlagen, die **zwingend** zu Beginn einer Beschäftigung dem Arbeitgeber zur Einsichtnahme vorzulegen sind. Dem Wegfall der Mitführungspflicht des Sozialversicherungsausweises wurde dahingehend Rechnung getragen, dass der Sozialausweis seit 1.1.2011 kein eigenständiges Dokument mehr ist, sondern Bestandteil eines Briefes.

Bei **geringfügig Beschäftigten** kann die Aufbewahrung des Sozialversicherungsausweises zwischen Arbeitgeber und Arbeitnehmer für die Dauer der Beschäftigung vereinbart werden, um zu vermeiden, dass der geringfügig Beschäftigte ohne Wissen des Arbeitgebers eine weitere Beschäftigung ausübt, die durch das Zusammenrechnen mehrerer geringfügiger Beschäftigungen Versicherungs- und Beitragspflicht bewirkt. Zu weiteren Einzelheiten auch → *Meldungen für Arbeitnehmer in der Sozialversicherung* Rz. 1989.

Sozialversicherungsmeldung

→ *Meldungen für Arbeitnehmer in der Sozialversicherung* Rz. 1989

Sozialversicherungstage

→ *Arbeitsunterbrechungen durch Arbeitnehmer* Rz. 270

Sparkassenbedienstete: Aufwandsentschädigungen und Remunerationen

1. Steuerbefreiung von Aufwandsentschädigungen und Reisekosten

2734 Sparkassen sind zwar „**öffentliche Kassen**", vgl. H 3.11 (Öffentliche Kassen) LStH. Da die Sparkassenbediensteten jedoch keine „**öffentlichen Dienste**" leisten – es handelt sich um Betriebe gewerblicher Art –, können die Sparkassen keine steuerfreien Aufwandsentschädigungen nach § 3 Nr. 12 Satz 2 EStG zahlen, vgl. H 3.12 (Fiskalische Verwaltung) LStH. Dies gilt auch für die ehrenamtliche Tätigkeit der Mitglieder des **Verwaltungsrats** einer Sparkasse (→ Rz. 2736).

Die Tätigkeit der **Sparkassen- und Giroverbände** ist hingegen regelmäßig im Wesentlichen dem Bereich der schlichten Hoheitsverwaltung zuzurechnen. Die von Sparkassen- und Giroverbänden gezahlten Aufwandsentschädigungen können daher unter den Voraussetzungen des § 3 Nr. 12 Satz 2 EStG steuerfrei bleiben (BFH v. 27.2.1976, VI R 97/72, BStBl II 1976, 418).

Die Steuerfreiheit von Reisekostenvergütungen richtet sich nach § 3 Nr. 13 EStG (→ *Reisekostenvergütungen aus öffentlichen Kassen* Rz. 2519).

2. Abgrenzung der Einkunftsart

a) Umfang des Arbeitslohns

2735 Die **Sparkassenbediensteten** sind Arbeitnehmer. Der Arbeitslohn ist steuerpflichtig.

Zum steuerpflichtigen Arbeitslohn gehören auch Vergütungen (sog. **Remunerationen**), die **Vorstandsmitglieder** der Sparkassen von Bausparkassen bzw. Versicherungen auf Grund von Kooperationsabkommen dafür erhalten, dass die Sparkassen Dienstleistungen der Bausparkassen oder Versicherungen vermitteln (z.B. Bausparverträge). Es handelt sich um **Lohnzahlungen von dritter Seite**, die dem Lohnsteuerabzug unterliegen. Soweit die Sparkasse diese Bezüge nicht selbst ermitteln kann, hat sie der Sparkassenvorstand für jeden Lohnzahlungszeitraum seinem Arbeitgeber anzuzeigen (§ 38 Abs. 4 Satz 3 EStG). Es kommt auch vor, dass auf Grund besonderer Vereinbarungen insoweit ein Dienstverhältnis zwischen der Bausparkasse bzw. Versicherung und dem Sparkassenvorstand besteht; den Lohnsteuerabzug hat

Sparkassenbedienstete: Aufwandsentschädigungen und Remunerationen

dann die Bausparkasse bzw. Versicherung vorzunehmen (BMF v. 26.10.1998, IV C 5 – S 2360 – 2/98, www.stotax-first.de).

Zur lohnsteuerlichen Behandlung „**ersparter Abschlussgebühren**" bei Abschluss eigener Bausparverträge durch Arbeitnehmer von Kreditinstituten s. ausführlich → *Abschlussgebühr: Zahlungsverzicht* Rz. 19.

b) Besonderheiten bei Mitgliedern des Verwaltungsrats

2736 Für Vergütungen („Aufwandsentschädigungen") an Mitglieder des Verwaltungsrats (das sind der Vorsitzende, die weiteren Mitglieder und die Vertreter der Beschäftigten der Sparkasse) öffentlicher Sparkassen gilt Folgendes (vgl. FinMin Baden-Württemberg v. 4.3.2009, 3 – S 233.7/16, www.stotax-first.de):

1. Die Voraussetzungen für die Steuerfreiheit der Vergütung nach § 3 Nr. 12 Satz 1 EStG als **Aufwandsentschädigung liegen nicht vor.**

Personen, deren Tätigkeit für eine Körperschaft des öffentlichen Rechts sich ausschließlich oder überwiegend auf die Erfüllung von Aufgaben in einem Betrieb gewerblicher Art i.S.v. § 1 Abs. 1 Nr. 6 KStG bezieht, leisten keine öffentlichen Dienste i.S.d. § 3 Nr. 12 Satz 2 EStG (R 3.12 Abs. 1 LStR, H 3.12 (Fiskalische Verwaltung) LStH). Zu diesen Betrieben gewerblicher Art gehören auch die in der Rechtsform einer Körperschaft des öffentlichen Rechts betriebenen Sparkassen. Die an Mitglieder des Verwaltungsrats der Sparkasse gezahlten Vergütungen sind daher **keine steuerfreien Aufwandsentschädigungen** i.S.d. § 3 Nr. 12 Satz 2 EStG.

2. Vorsitzende der Verwaltungsräte der öffentlichen Sparkassen sind im Allgemeinen Bürgermeister (Oberbürgermeister) oder Landräte in ihrer Eigenschaft als Vorsitzende der Hauptorgane der Träger (Gemeinden, Landkreise, Zweckverbände) oder als Vorsitzende der Versammlung der Träger. In Stadtkreisen kann der Bürgermeister (Oberbürgermeister) sein Amt auf einen leitenden Beamten des Stadtkreises (z.B. Beigeordneten) übertragen. Der Vorsitzende des Verwaltungsrats bekleidet dieses Amt somit kraft seiner Stellung als Leiter einer kommunalen Verwaltung oder als dessen Vertreter. Seine Funktion ist untrennbarer Bestandteil seines Hauptamts. Die Vergütungen und die geldwerten Vorteile (z.B. Überlassung eines Dienstwagens), die ihm für seine Verwaltungstätigkeit gezahlt werden, sind **steuerpflichtiger Arbeitslohn**; sie sind zusammen mit dem übrigen Arbeitslohn vom kommunalen Arbeitgeber dem **Lohnsteuerabzug zu unterwerfen**. Werbungskosten im Zusammenhang mit dieser Tätigkeit sind nur abzugsfähig, wenn sie nachgewiesen oder glaubhaft gemacht werden.

Hinweis:

In **einigen Bundesländern bestehen allerdings Sonderregelungen**, nach denen es nicht beanstandet wird, wenn vom Lohnsteuerabzug abgesehen wird und die Aufsichtsratsmitglieder ihre Aufsichtsratsvergütungen **erst in der Einkommensteuer-Erklärung angeben** (z.B. OFD Frankfurt v. 23.9.2013, S 2337 A – 26 – St 211, www.stotax-first.de, sowie LSF Sachsen v. 22.12.2014, S 2248 – 19/8 – 212).

3. Bei den **weiteren Mitgliedern des Verwaltungsrats** stellt ihre Tätigkeit regelmäßig eine **Nebentätigkeit** dar. Für die Frage der Abgrenzung zwischen selbständiger und nichtselbständiger Arbeit ist seine Stellung der eines **Aufsichtsrats vergleichbar**, mit der Folge, dass eine **selbständige Tätigkeit** anzunehmen ist und die Vergütungen Einkünfte aus selbständiger Arbeit i.S.d. § 18 Abs. 1 Nr. 3 EStG sind. Die mit dieser Tätigkeit im Zusammenhang stehenden Aufwendungen können als Betriebsausgaben berücksichtigt werden.

Handelt es sich bei den **weiteren Mitgliedern des Verwaltungsrat um Bedienstete des Trägers bzw. eines der Träger der Sparkasse, die diese Tätigkeit auf Vorschlag oder Veranlassung ihres Dienstherrn übernommen** haben, steht die Nebentätigkeit in so engem Zusammenhang mit der Tätigkeit für den Träger bzw. eines der Träger der Sparkasse, dass die Vergütungen aus dieser Nebentätigkeit als **Einkünfte aus nichtselbständiger Arbeit zu behandeln und ohne Lohnsteuerabzug im Rahmen der Veranlagung zur Einkommensteuer zu erfassen** sind. Die mit dieser Tätigkeit im Zusammenhang stehenden Aufwendungen können als Werbungskosten berücksichtigt werden.

Dem Verwaltungsrat gehören auch **Vertreter der Beschäftigten der Sparkasse** an. Da die Vertreter der Beschäftigten der Sparkasse **nicht auf Vorschlag oder Veranlassung des Dienstherrn tätig werden**, sondern von den Beschäftigten der Sparkasse gewählt werden, besteht zwischen der Tätigkeit im Verwaltungsrat der und der Tätigkeit für den Träger bzw. eines der Träger der Sparkasse kein enger Zusammenhang. Die den Vertretern der Beschäftigten der Sparkasse gewährten Vergütungen gehören daher zu den **Einkünften aus selbständiger Arbeit** i.S.d. § 18 Abs. 1 Nr. 3 EStG. Die mit dieser Tätigkeit zusammenhängenden Aufwendungen können als Betriebsausgaben berücksichtigt werden.

Die den Mitgliedern des Verwaltungsrats gezahlten **Sitzungsgelder** sind wie die Aufwandsentschädigungen zu behandeln.

Sparprämien

→ *Arbeitslohn-ABC* Rz. 255

Sparvertrag, -zulage

→ *Vermögensbildung der Arbeitnehmer* Rz. 3018

Speisen

→ *Mahlzeiten* Rz. 1958

Spenden

→ *Sonderausgaben* Rz. 2686, → *Belegschaftsspenden* Rz. 617

Spielbank: Mitarbeiter

1. Arbeitslohn

2737 Die dem spieltechnischen Personal (technische Leiter, Saalchefs, Croupiers usw.) aus dem sog. **Tronc gezahlten Bezüge sind steuerpflichtiger Arbeitslohn**; die Steuerbefreiung des § 3 Nr. 51 EStG für Trinkgelder findet keine Anwendung (BFH v. 18.12.2008, VI R 49/06, BStBl II 2009, 820 und BFH v. 18.12.2008, VI R 8/06, www.stotax-first.de, die Verfassungsbeschwerde wurde nicht zur Entscheidung angenommen, BVerfG v. 13.10.2010, 2 BvR 1399/09 und 2 BvR 1493/09, StEd 2010, 722).

Fundgelder (z.B. Jetons oder Bargeld, das Mitarbeiter oft in nicht unbeträchtlicher Höhe in den Räumlichkeiten der Spielbank auffinden), die Arbeitnehmer mit Wissen und Billigung des Arbeitgebers behalten dürfen, sind steuerpflichtiger **Arbeitslohn**. Der **Arbeitgeber haftet**, wenn er den Lohnsteuerabzug nicht vornimmt (FG Rheinland-Pfalz v. 22.3.1990, 6 K 129/87, www.stotax-first.de).

2. Kein Arbeitslohn

2738 **Freiwillige Zahlungen von Spielbankkunden an die Saalassistenten einer Spielbank für das Servieren von Speisen und Getränken können steuerfreie Trinkgelder i.S.d. § 3 Nr. 51 EStG sein.** Die Steuerfreiheit entfällt nicht dadurch, dass der Arbeitgeber als eine Art Treuhänder bei der Aufbewahrung und Verteilung der Gelder eingeschaltet ist (BFH v. 18.6.2015, VI R 37/14, HFR 2015, 1011).

Für **Sonntags-, Feiertags- oder Nachtarbeit** können nach § 3b EStG steuerfreie Zuschläge gezahlt werden, wenn neben dem Grundlohn tatsächlich ein Zuschlag für effektiv geleistete Sonntags-, Feiertags- oder Nachtarbeit gezahlt wird (R 3b Abs. 1 Satz 1 LStR); ein pauschales „Herausrechnen" aus der Gesamtvergütung ist nicht zulässig (FinMin Nordrhein-Westfalen v. 16.12.1976, S 2524 – 19 – V B 3, www.stotax-first.de).

Als Aufwendungen für **typische Berufskleidung** können beim spieltechnischen Personal nur die Aufwendungen für schwarze Anzüge, Smokinghemden und Binder angesehen werden und somit vom Arbeitgeber nach § 3 Nr. 31 EStG steuer- und damit auch beitragsfrei ersetzt werden (→ *Berufskleidung* Rz. 643). Kosten für Schuhe, Socken, normale Oberhemden und für die Haarpflege sind dagegen nicht zu berücksichtigen (vgl. R 3.31 Abs. 1 Satz 4 LStR).

[LSt] = keine Lohnsteuerpflicht
[LSt] = Lohnsteuerpflicht

Sport

Steuerfrei ist nach § 3 Nr. 31 EStG auch die **Barablösung eines nicht nur einzelvertraglichen Anspruchs auf Gestellung von typischer Berufskleidung**, wenn die Barablösung betrieblich veranlasst ist und die entsprechenden Aufwendungen des Arbeitnehmers nicht offensichtlich übersteigt. Die Steuerfreiheit nach § 3 Nr. 31 EStG setzt bei Bargeldablösungen jedoch **tatsächliche Aufwendungen** voraus (BFH v. 18.6.2015, VI R 37/14, HFR 2015, 1011: Steuerfreiheit abgelehnt, weil der Stpfl. nicht nachweisen konnte, dass er Aufwendungen für typische Berufskleidung getätigt hat).

[LSt] (SV)

Sport

2739 In der Praxis ist immer wieder streitig, wann Aufwendungen des Arbeitgebers für den **Betriebssport** steuerpflichtiger Arbeitslohn sind und ob ggf. entsprechende Aufwendungen des Arbeitnehmers als **Werbungskosten** abgesetzt werden können.

1. Arbeitgeberaufwendungen als Arbeitslohn

a) Verwaltungsauffassung

2740 Nach Auffassung der Finanzverwaltung gilt Folgendes (OFD Frankfurt v. 8.7.1996, S 2334 A – 61 – St II 30, www.stotax-first.de):

Die Aufwendungen des **Arbeitgebers für den Betriebssport** stellen grundsätzlich Arbeitslohn dar. Lediglich die für das Betreiben von **Mannschaftssportarten (z.B. Handball, Fußball)** übernommenen Kosten für Platz- und Gerätemiete können wegen der schwierigen persönlichen Zurechnung sowie des im Allgemeinen geringen persönlichen Vorteils des Arbeitnehmers außer Ansatz bleiben. Soweit der Arbeitgeber dagegen seinen Arbeitnehmern kostenlos oder verbilligt die Ausübung von **Einzelsportarten wie z.B. Tennis oder Golf** ermöglicht, ist der geldwerte Vorteil dem Arbeitnehmer zuzurechnen und als Arbeitslohn zu versteuern. Für die Bewertung des Vorteils ist § 8 Abs. 2 EStG maßgeblich, d.h. dass die um übliche Preisnachlässe geminderten üblichen Endpreise am Abgabeort anzusetzen sind.

Ein Zuschuss des Arbeitgebers an die Betriebssportgemeinschaft für die **Anschaffung von Sportkleidung** ist lohnsteuerrechtlich unbeachtlich. Voraussetzung dazu ist jedoch, dass die bezuschusste Sportkleidung zivilrechtlich und wirtschaftlich im Eigentum der Sportgemeinschaft verbleibt und eine Nutzung außerhalb der betrieblichen Sportveranstaltungen ausgeschlossen ist.

b) Rechtsprechung

2741 Die **unentgeltliche** Nutzung von **Tennis- oder Squashplätzen**, die der Arbeitgeber gemietet hat, durch Arbeitnehmer führt bei diesen zu steuerpflichtigem **Arbeitslohn**, und zwar unabhängig davon, wie der Arbeitgeber die Nutzung der überlassenen Plätze im Einzelnen organisiert hat (BFH v. 27.9.1996, VI R 44/96, BStBl II 1997, 146). Dies gilt auch für den Fall, dass der Arbeitgeber seinen Arbeitnehmern angemietete Plätze zu einem **verbilligten Preis** überlässt; der Preisvorteil stellt dann einen als Arbeitslohn zu erfassenden geldwerten Vorteil dar (BFH v. 8.11.1996, VI R 74/96, www.stotax-first.de). Entsprechendes gilt für die unentgeltliche oder verbilligte Überlassung von **Golfplätzen, Reitpferden, Segelbooten** usw.

Arbeitslohn liegt auch vor, wenn

– der Arbeitgeber seinen Arbeitnehmern unentgeltlich **Eintrittskarten für Fitnesscenter, Kegelbahnen, Tennishallen** usw. überlässt (FG Münster v. 21.9.1989, VI 5297/88 L, EFG 1990, 178),

– der Arbeitgeber **Zuschüsse zur „Betriebssportgruppe Tennis"** zahlt, weil sie messbare Vorteile für die einzelnen Spieler beinhalten (FG Rheinland-Pfalz v. 27.1.1999, 1 K 1827/98, www.stotax-first.de),

– der Arbeitgeber seinen Arbeitnehmern vergünstige **Mitgliedschaften in verschiedenen Trainings- und Gesundheitseinrichtungen** einer GmbH finanziert und die sog. 44 €-Freigrenze des § 8 Abs. 2 Satz 11 EStG überschritten ist (FG Bremen v. 23.3.2011, 1 K 150/09 (6), www.stotax-first.de),

– eine **GmbH zu Gunsten ihres Geschäftsführers Beiträge für einen Golfclub leistet**. Das gilt – in Abgrenzung zu einer aufgedrängten Bereicherung – auch dann, wenn der – nicht beteiligte – Geschäftsführer einer Steuerberatungsgesellschaft nicht selbst Golf spielt, mithin über keine Platzfreigabe verfügt, aber das Anwerben neuer Mandanten auf Grund eines zusätzlichen Arbeitslohns in Form einer Erfolgsprämie in seinem Interesse liegt (BFH v. 21.3.2013, VI R 31/10, BStBl II 2013, 700),

– eine **AG Golfclubbeiträge des angestellten Mehrheitsaktionärs übernimmt** (FG Köln v. 26.3.2013, 8 K 1406/11, EFG 2013, 1311),

– ein **Bundesligaverein** für seine Spieler Kosten für **Verpflegung anlässlich von Auswärtsspielen** einschließlich Trainingslagern sowie von Heimspielen übernimmt (FG München v. 3.5.2013, 8 K 4017/09, EFG 2013, 1407).

Arbeitslohn liegt dagegen nicht vor, wenn

– Arbeitnehmer dienstlich verpflichtet waren zur **Teilnahme an Regattabegleitfahrten**, zu denen der Arbeitgeber Kunden und Geschäftsfreunde eingeladen hatte, und die Teilnahme der Arbeitnehmer an den Regattabegleitfahrten in dem ganz überwiegenden eigenbetrieblichen Interesse des Arbeitgebers lag (BFH v. 16.10.2013, VI R 78/12, BStBl II 2015, 495),

– einem früheren firmenspielberechtigten Vorstandsmitglied einer Bank nach dessen Eintritt in den Ruhestand eine **Ehrenmitgliedschaft in einem Golfclub** gewährt wird und der Golfclub dabei auf die Mitgliedsbeiträge verzichtet. Arbeitslohn liegt nur dann vor, wenn mit der Zuwendung die Arbeitsleistung des Vorstandsmitglieds entlohnt werden soll, nicht aber allein deshalb, weil die Ehrenmitgliedschaft allen firmenspielberechtigten Vorstandsmitgliedern einer Bank gewährt wurde oder der Arbeitgeber an der Verschaffung der Ehrenmitgliedschaft mitgewirkt hat. Entscheidend ist vielmehr der Rechtsgrund der Zuwendung (BFH v. 17.7.2014, VI R 69/13, BStBl II 2015, 41).

Auf zweckgebundene **Geldleistungen** des Arbeitgebers an seine Arbeitnehmer für die Mitgliedschaft in einem Sportclub kann die „44 €-Freigrenze" des § 8 Abs. 2 Satz 11 EStG Anwendung finden (BFH v. 11.11.2010, VI R 21/09, BStBl II 2011, 383). Vgl. im Einzelnen → *Warengutscheine* Rz. 3119.

[LSt] (SV)

2. Werbungskostenabzug

2742 Aufwendungen eines Arbeitnehmers für die Teilnahme am Betriebssport (z.B. Fahrtkosten, Mehraufwendungen für Verpflegung, evtl. Nebenkosten wie z.B. Unfallkosten) sind **Kosten der Lebensführung** (§ 12 Nr. 1 EStG) und können daher nicht als Werbungskosten abgesetzt werden (FG Berlin v. 19.3.1987, I 113/85, EFG 1987, 400 betr. Unfall auf der Fahrt zu einer Betriebssportveranstaltung). Vgl. dazu OFD Düsseldorf v. 19.5.1988, S 2354 A – 34 – St II 30, DStR 1988, 685:

Sportliche Aktivitäten im Bereich des Betriebssports liegen im **privaten Bereich** des Teilnehmers. Dass der Sport im Kollegenkreis betrieben wird, das Arbeitsklima fördert und das Zusammengehörigkeitsgefühl der Belegschaft stärkt und häufig der Arbeitgeber diese Aktivitäten seiner Mitarbeiter fördert, führt nicht dazu, dass diese Art der privaten Freizeitgestaltung beruflichen Charakter bekäme. Die Teilnahme am Betriebssport ist i.d.R. völlig freiwilliger Natur. Die **wohlwollende Förderung des Betriebssports durch Arbeitgeber** kann wegen des bestehenden Aufteilungs- und Abzugsverbots nach § 12 Nr. 1 EStG **nicht** dazu führen, dass Aufwendungen (Fahrtkosten, Mehrverpflegungsaufwand und eventuelle Nebenkosten wie z.B. Unfallkosten) anlässlich von Betriebssportveranstaltungen steuermindernd als **Werbungskosten** berücksichtigt werden.

Eine **dienstliche Veranlassung** dürfte aber in den Fällen angenommen werden, in denen Arbeitnehmer von Arbeitgebern in **offizieller Funktion** zur Organisation und Durchführung von regionalen bzw. überregionalen Betriebssportveranstaltungen abgeordnet werden.

Ein Werbungskostenabzug ist nur zulässig, wenn die Aufwendungen so gut wie ausschließlich beruflich veranlasst sind.

Anerkannt als Werbungskosten (bzw. Betriebsausgaben) wurden z.B. Aufwendungen

– eines **Polizeibeamten für Fahrten zum Dienstsport** (FG Berlin-Brandenburg v. 10.1.2008, 6 K 993/05, EFG 2008, 676). S. aber auch BFH v. 22.5.2007, VI B 107/06, www.stotax-first.de: Die Aufwendungen eines Polizeibeamten für den Besuch eines Fitnessstudios in seiner **Freizeit wurden nicht als Werbungskosten anerkannt**, weil keine Anrechnung auf die Dienstzeit erfolgte und der Besuch auch nicht als Dienstsport vom Dienstherrn anerkannt wurde; ebenso FG Rheinland-Pfalz v. 19.6.2009, 5 K 2517/07, www.stotax-first.de, betr. Aufwendungen eines Polizeibeamten für seinen in der Freizeit betriebenen Handballsport,

– eines **Sportlehrers** für einen **Snowboardkurs**, um seinen Schülern im Rahmen von Wintersportveranstaltungen auch Snowboardfahren anbieten zu können (BFH v. 22.6.2006, VI R 61/02, BStBl II 2006, 1782),

– eines in einer Sicherheitsfirma für die Betreuung von Schießübungen und für das Thema Waffenkunde zuständigen Arbeitnehmers für die **Teilnahme an nationalen und internationalen Schießwettkämpfen**, weil er dazu nach dem Arbeitsvertrag verpflichtet war und der Arbeitgeber bezahlten Sonderurlaub gewährt sowie die Aktivitäten auf die Arbeitszeit angerechnet hatte (FG Rheinland-Pfalz v. 21.8.2008, 4 K 2076/05, EFG 2009, 16),

– eines nebenberuflich tätigen **Tanztrainers für Tanzturniere**, wie etwa für Turnierbekleidung und Tanzschuhe. Das kommt selbst dann in Betracht, wenn sie aus der Turnierteilnahme keine Einnahmen erzielen. Die

Sport

Qualifikation eines Sporttrainers wird maßgeblich am eigenen sportlichen Erfolg gemessen. Daher können Aufwendungen für die Teilnahme an Tanzturnieren der Sicherung oder Erweiterung der Einnahmen aus der Trainertätigkeit dienen (FG Rheinland-Pfalz v. 22.8.2006, 2 K 1930/04, www.stotax-first.de),

- **eines Auszubildenden in einer (Landes-) Sportfördergruppe** (FG Thüringen v. 25.9.2013, 3 K 290/13, EFG 2014, 292).

Nicht anerkannt als Werbungskosten (bzw. Betriebsausgaben) wurden demgegenüber z.B. Aufwendungen

- eines **Sportlehrers** für die allgemeine sportliche Betätigung selbst bei Sportlehrern (zuletzt FG Niedersachsen v. 14.2.2002, 14 K 596/99, EFG 2002, 754 betr. Aufwendungen für Stepptanz- und Schwimmtraining),
- eines **Polizisten** für ein **Rennrad**, welches er sowohl zur Ableistung des Dienstsports als auch zur eigenen Freizeitgestaltung nutzt (FG Baden-Württemberg v. 23.11.2005, 3 K 202/04, EFG 2006, 811),
- einer **Kommanditgesellschaft** für eine **Regatta-Begleitfahrt** anlässlich der „Kieler Woche", an der Kunden und Geschäftsfreunde sowie Vertriebsmitarbeiter teilgenommen haben (BFH v. 2.8.2012, IV R 25/09, BStBl II 2012, 824),
- eines **Finanzbeamten** für Teilnahme am **Fußballturnier der Finanzämter**. Die Freistellung vom Dienst für die Wettkampfteilnahme entfaltet keine Bindungswirkung hinsichtlich der einkommensteuerrechtlichen Einordnung der mit der Wettkampfteilnahme verbundenen Aufwendungen als Werbungskosten (BFH v. 6.2.2012, VI B 110/11, www.stotax-first.de),
- eines **Unternehmens für die Veranstaltung von Golfturnieren**, auch wenn diese dem Zweck dienen, Kunden zu gewinnen und zu binden und für das Unternehmen zu werben (FG Hessen v. 22.5.2013, 11 K 1165/12, EFG 2013, 1477, Revision eingelegt, Az. beim BFH: IV R 24/13),
- eines **Freizeitsportlers für Training usw.**, auch wenn er in seiner Sportart deutscher Meister und sogar Vizeweltmeister geworden ist und etwaige Einnahmen aus Werbeauftritten und Sponsorengelder als **sonstige Einkünfte** i.S.d. § 22 Nr. 3 Satz 1 EStG versteuert. Aufwendungen für die Ausübung des Sports, auch wenn der Stpfl. täglich trainieren musste, sind nach § 12 Nr. 1 EStG nicht als Werbungskosten abzugsfähig. Abgezogen werden können lediglich die Kosten für die Anreise zu Sponsorenterminen und Autogrammstunden und der damit verbundene Sachaufwand wie etwa die Ersatzbeschaffung für die auf diesen Terminen zerstörte Ausrüstung (FG Baden-Württemberg v. 9.9.2014, 6 K 4193/12, www.stotax-first.de),
- eines **Kraftsportlers** für erhöhten Ernährungsbedarf sog. **Sportlerkost** BFH v. 9.4.2014, X R 40/11, HFR 2015 461),
- eines Profifußballspielers für **Pay TV, Sportbekleidung und einen Personal-Trainer** (FG Rheinland-Pfalz v. 18.7.2014, 1 K 1490/12, www.stotax-first.de, sowie FG Münster v. 24.3.2015, 2 K 3027/12 E, www.stotax-first.de).

Sporttrainer

→ *Aufwandsentschädigungen für bestimmte nebenberufliche Tätigkeiten* Rz. 360, → *Arbeitnehmer-ABC* Rz. 188

Sprachkurse

2743 → auch *Werbungskosten* Rz. 3182

Übernimmt der Arbeitgeber für Arbeitnehmer die Kosten für Sprachkurse, liegt grundsätzlich **steuerpflichtiger Arbeitslohn** vor, auch wenn die Aufwendungen beim Arbeitnehmer als **Werbungskosten** abzugsfähig sein sollten (R 19.3 Abs. 3 Satz 1 LStR).

Steuerfrei sind dagegen Ersatzleistungen des Arbeitgebers bzw. vom Arbeitgeber selbst unentgeltlich angebotene Sprachkurse, wenn die Kurse **im ganz überwiegenden betrieblichen Interesse des Arbeitgebers** durchgeführt werden. Dies ist der Fall, wenn der Arbeitgeber die Sprachkenntnisse in dem für den Arbeitnehmer vorgesehenen Aufgabengebiet verlangt (R 19.7 Abs. 2 Satz 4 LStR); dies gilt auch für Sprachgrundkurse. Dabei ist unerheblich, ob der Arbeitnehmer den Sprachkurs **während der Arbeitszeit oder aber in seiner Freizeit** besucht (→ *Fortbildung* Rz. 1318). Für die Frage, ob steuerpflichtiger Arbeitslohn vorliegt, ist es auch unerheblich, wenn der Sprachkurs im „**EU-Ausland**" stattfindet (Einzelheiten s. BMF v. 26.9.2003, IV A 5 – S 2227 – 1/03, BStBl I 2003, 447). Welche Kosten steuerfrei ersetzt werden können, richtet sich nach den Regeln für Auswärtstätigkeiten (→ *Reisekosten: Allgemeine Grundsätze* Rz. 2446).

Beispiel:
Ein Arbeitgeber ersetzte verschiedenen ausländischen Arbeitnehmern, die aus beruflichen Gründen ihren Wohnsitz nach Deutschland verlegt hatten, die Kosten eines Sprachkurses (Deutsch).

Das FG München hat **keinen Arbeitslohn** angenommen (FG München v. 17.1.2002, 7 K 1790/00, EFG 2002, 617). Begründung: Das Erlernen der deutschen Sprache der im Betrieb tätigen ausländischen Arbeitnehmer ist als eine betriebsfunktionale Zielsetzung anzuerkennen, weil die Arbeitnehmer unmittelbar mit Mitarbeitern, Lieferanten und Kunden zu kommunizieren hatten und in der Lage sein mussten, Dokumente zu lesen und sich in der rechtlichen Umwelt ihres Unternehmens in Deutschland zurechtzufinden.

Ein **Werbungskostenabzug** wäre dagegen nicht möglich, weil die beruflichen und privaten Veranlassungsbeiträge untrennbar miteinander verbunden sind (vgl. BFH v. 15.3.2007, VI R 14/04, BStBl II 2007, 814 sowie BMF v. 6.7.2010, IV C 3 – S 2227/07/10003 :002, BStBl I 2010, 614).

Zum **Werbungskostenabzug** ausführlich → *Werbungskosten* Rz. 3194, Stichwort „Sprachkurs" sowie → *Reisekosten: Allgemeine Grundsätze* Rz. 2446.

Springer

Arbeitnehmer, die ausschließlich als **Aushilfen bei Personalengpässen** infolge Krankheit, Urlaub oder unvorhergesehenen Arbeitsanfalls in Filialen z.B. von Supermarktketten oder Banken eingesetzt werden (sog. **Springer**), üben eine **Auswärtstätigkeit** aus, sofern sie vom Arbeitgeber außerhalb einer „ersten Tätigkeitsstätte" i.S.d. § 9 Abs. 4 EStG eingesetzt werden (dazu ausführlich → *Reisekosten: Allgemeine Grundsätze* Rz. 2413). 2744

Staatsangehörigkeitsschlüssel

→ *Meldungen für Arbeitnehmer in der Sozialversicherung* Rz. 1989

Statusfeststellungsverfahren

Neben dem Anfrageverfahren, bei dem Auftragnehmer und/oder Auftraggeber die Möglichkeit haben, bei der Deutschen Rentenversicherung Bund den Status ihrer Zusammenarbeit klären zu lassen (→ *Selbständigkeit* Rz. 2668), wurde am 1.1.2005 ein weiteres Statusfeststellungsverfahren eingeführt. 2745

Die Regelung sieht wie folgt aus: Bei nachstehenden Personenkreisen ist bei einer Anmeldung (Abgabegrund 10 und Abgabegrund 40) ein Kennzeichen in das neue Feld „Statuskennzeichen" einzutragen (→ *Meldungen für Arbeitnehmer in der Sozialversicherung* Rz. 2002):

1 = Ehegatte, Lebenspartner oder Abkömmling des Arbeitgebers

2 = Geschäftsführender Gesellschafter einer GmbH

Abkömmlinge sind Kinder, adoptierte Kinder, Enkel und Urenkel, nicht dagegen Stief- und Pflegekinder.

Ist in das Feld Statuskennzeichen eine „1" oder „2" eingetragen, trifft die Clearingstelle der Deutschen Rentenversicherung Bund die Entscheidung, ob eine Beschäftigung vorliegt. An diesen Bescheid ist die Bundesagentur für Arbeit leistungsrechtlich gebunden. Stellt die Einzugsstelle das Vorliegen einer versicherungspflichtigen Beschäftigung fest, tritt grundsätzlich keine Bindungswirkung der Bundesagentur für Arbeit ein. Diese Rechtssicherheit wird nur durch das Verfahren bei der Clearingstelle ausgelöst.

Die Spitzenverbände der Sozialversicherungsträger haben sich im Rahmen ihres Besprechungsergebnisses über Fragen des gemeinsamen Beitragseinzugs am 25./26.4.2006 darauf verständigt, dass ein Statusfeststellungsverfahren nur durchzuführen ist, wenn das zu beurteilende Vertragsverhältnis zum Zeitpunkt der Antragstellung noch besteht. Bei bereits beendeten Vertragsverhältnissen entscheidet allein die Einzugsstelle.

Darüber hinaus haben die Spitzenorganisationen der Sozialversicherung in ihrer Besprechung zu Fragen des gemeinsamen Meldeverfahrens am 23./24.4.2007 darauf hingewiesen, dass das Statusfeststellungsverfahren nur bei echten Neufällen zum Tragen kommt. Der Wechsel von einer geringfügigen Beschäftigung in eine versicherungspflichtige Beschäftigung bei demselben Arbeitgeber ist kein Neufall. Auch bei der Eheschließung zwischen

☒ = keine Lohnsteuerpflicht
☐ = Lohnsteuerpflicht

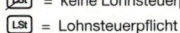

Arbeitgeber und Arbeitnehmer ist nicht von einem Neufall auszugehen.

Statuskennzeichen

→ *Meldungen für Arbeitnehmer in der Sozialversicherung* Rz. 1989, → *Statusfeststellungsverfahren* Rz. 2745

Sterbebegleitung

→ *Pflegezeiten* Rz. 2273

Sterbegeld

1. Sterbegeld im öffentlichen Dienst

a) Steuerpflichtiges Sterbegeld

2746 Im öffentlichen Dienst erhalten der überlebende Ehegatte oder die anderen im Beamtenversorgungsgesetz genannten Personen ein Sterbegeld in Höhe des zweifachen Betrags der Dienstbezüge, des Ruhegehalts oder des Unterhaltsbeitrags des Verstorbenen (§ 18 Abs. 1, Abs. 2 Nr. 1 und Abs. 3 BeamtVG). Das Sterbegeld wird neben dem Witwengeld in einer Summe ausgezahlt. Es ist keine nach § 3 Nr. 11 EStG steuerfreie Beihilfe (FinMin Nordrhein-Westfalen v. 1.3.1962, S 2114 – 10 – V B 2, DB 1962, 353), sondern steuerpflichtiger Arbeitslohn (§ 19 Abs. 1 Satz 1 Nr. 2 EStG sowie BFH v. 30.6.2004, VI B 54/02, www.stotax-first.de). Tarifmäßigungen wie z.B. die Anwendung der Fünftelregelung (→ *Entschädigungen* Rz. 1134; → *Arbeitslohn für mehrere Jahre* Rz. 257) kommen nicht in Betracht. Das Sterbegeld ist jedoch ein **steuerbegünstigter Versorgungsbezug** (§ 19 Abs. 2 EStG, R 19.8 Abs. 1 Nr. 1 LStR; → *Versorgungsbezüge* Rz. 3050). Hinsichtlich der Versteuerung des Sterbegelds → *Tod des Arbeitnehmers* Rz. 2879.

☐ ☐

b) Steuerfreies Sterbegeld

2747 Sterbegeld, das an **sonstige Personen** bis zur Höhe ihrer Aufwendungen auf Grund des § 18 Abs. 2 Nr. 2 BeamtVG gezahlt wird, ist nach § 3 Nr. 11 EStG steuer- und beitragsfrei. In diesen Fällen wird stets ein Notfall i.S.d. § 3 Nr. 11 EStG unterstellt (OFD Düsseldorf v. 1.9.1964, S 2114 A – St 121, DB 1964, 1393).

☒ ☒

2. Sterbegeld im privaten Dienst

2748 Für Sterbegelder, die im privaten Dienst gezahlt werden, gelten die oben dargestellten Ausführungen entsprechend. So ist das auf Grund eines Tarifvertrags oder einer Betriebsvereinbarung bzw. einer einzelvertraglichen Regelung gezahlte Sterbegeld steuerpflichtiger, aber beitragsfreier Arbeitslohn, der als sonstiger Bezug i.S. des § 19 Abs. 1 Satz 1 Nr. 2 EStG von den Hinterbliebenen versteuert werden muss. Dies gilt auch für den Fall, dass als Sterbegeld mehrere Monatsgehälter gezahlt werden, weil es sich hierbei dem Grunde nach nur um die ratenweise Zahlung eines Einmalbetrags handelt. Hinsichtlich der Versteuerung des Sterbegelds und zur Anwendung der Freibeträge für Versorgungsbezüge → *Tod des Arbeitnehmers* Rz. 2879.

☐ ☒

3. Besteuerung des Sterbegelds bei mehreren Anspruchsberechtigten

2749 Sind **mehrere Erben** oder Hinterbliebene anspruchsberechtigt und zahlt der Arbeitgeber den Arbeitslohn an **einen** Erben oder **einen** Hinterbliebenen aus, so ist der Lohnsteuerabzug nur nach dessen Lohnsteuerabzugsmerkmalen durchzuführen. Die an die übrigen Anspruchsberechtigten weitergegebenen Beträge stellen im Kalenderjahr der Weitergabe **negative Einnahmen** dar (R 19.9 Abs. 2 LStR). Zu weiteren Einzelheiten, insbesondere zur Berücksichtigung der Freibeträge für Versorgungsbezüge bei der Ermittlung der negativen Einnahmen, → *Tod des Arbeitnehmers* Rz. 2879.

4. Betriebsausgaben/Werbungskosten

Auch Rechtsanwälte können die an die Rechtsanwaltskammer gezahlten Sterbegeld-Beiträge nicht als Betriebsausgaben geltend machen. Sie können sich der Beitragspflicht zwar nicht entziehen. Die Zahlungen stellen aber keine öffentlich-rechtliche Beitragslast dar, weil sie der privaten Lebensführung des Anwalts zuzuordnen sind (FG Rheinland-Pfalz v. 24.6.2004, 6 K 1105/01, www.stotax-first.de). 2750

Steuerberechnung

→ *Haftung für Lohnsteuer: Berechnung der Nachforderung* Rz. 1509

Steuerklassen

1. Allgemeines

Für den Lohnsteuerabzug werden Arbeitnehmer in verschiedene Steuerklassen eingereiht (§§ 38b Satz 1 EStG). **Zuständig** für die Eintragung der Steuerklasse ist seit dem 1.1.2011 **das Finanzamt**. Der Arbeitgeber ist an die in den Lohnsteuerabzugsmerkmalen mitgeteilte Steuerklasse gebunden, selbst wenn sie falsch sein sollte. Er muss den Arbeitnehmer zwecks Änderung an das Finanzamt verweisen. 2751

Zu Einzelheiten, welcher Tarif und welche Pausch- und Freibeträge in welcher Steuerklasse „automatisch" berücksichtigt werden, → *Steuertarif* Rz. 2810. Dort ist auch dargestellt, bis zu welcher Höhe Arbeitslöhne in den jeweiligen Steuerklassen steuerfrei bleiben.

2. Einordnungsmerkmale

a) Allgemeines

Die **Einordnung** des Arbeitnehmers in die Steuerklasse ist wesentlich von seinen **familiären Verhältnissen** abhängig. Außerdem richtet sie sich danach, ob der Arbeitnehmer gleichzeitig von **mehreren Arbeitgebern** Arbeitslohn bezieht. 2752

b) Steuerklasse I

In die Steuerklasse I gehören nach §§ 38b Abs. 1 Satz 2 Nr. 1 EStG folgende Arbeitnehmer: 2753

- unbeschränkt Einkommensteuerpflichtige, die
  - **ledig** sind,
  - verheiratet, verwitwet, geschieden oder verpartnert sind und bei denen die Voraussetzungen für die Steuerklasse III oder IV nicht erfüllt sind,
- beschränkt Einkommensteuerpflichtige.

c) Steuerklasse II

In die Steuerklasse II gehören Arbeitnehmer, die Anspruch auf einen **Entlastungsbetrag für Alleinerziehende** haben. Zu den Voraussetzungen und zur Berücksichtigung des Entlastungsbetrags für Alleinerziehende (auch bei Verwitweten) im Einzelnen → *Entlastungsbetrag für Alleinerziehende* Rz. 1112. 2754

d) Steuerklasse III

In die Steuerklasse III gehören nach § 38b Abs. 1 Satz 2 Nr. 3 EStG folgende Arbeitnehmer: 2755

- **Verheiratete und Verpartnerte**, wenn beide Ehegatten/Lebenspartner unbeschränkt steuerpflichtig sind und nicht dauernd getrennt leben

  und der Ehegatte/Lebenspartner des Arbeitnehmers entweder
  - keinen Arbeitslohn bezieht oder
  - auf Antrag beider Ehegatten/Lebenspartner in die Steuerklasse V eingereiht wird;
- **Verwitwete**, wenn sie und ihr verstorbener Ehegatte/Lebenspartner im Zeitpunkt seines Todes unbeschränkt steuerpflichtig waren und nicht dauernd getrennt gelebt haben, für das Todesjahr (→ Rz. 2760) und das Jahr, das dem Sterbejahr folgt; steht diesen Personen ein Entlastungsbetrag für Alleinerziehende zu, wird dieser ggf. bei den Lohnsteuerabzugsmerkma-

Steuerklassen

len als Freibetrag berücksichtigt (→ *Entlastungsbetrag für Alleinerziehende* Rz. 1130);

- Arbeitnehmer, deren **Ehe oder Lebenspartnerschaft aufgelöst** worden ist, im Jahr der Auflösung der Ehe/Lebenspartnerschaft, wenn im Kalenderjahr der Auflösung der Ehe/Lebenspartnerschaft beide Ehegatten/Lebenspartner unbeschränkt steuerpflichtig waren, nicht dauernd getrennt lebten, der andere Ehegatte/Lebenspartner wieder geheiratet hat bzw. eine neue Lebenspartnerschaft eingegangen ist, von seinem neuen Ehegatten/Lebenspartner nicht dauernd getrennt lebt und er und sein neuer Ehegatte/Lebenspartner unbeschränkt steuerpflichtig sind.

Welche Personen **Ehegatten** sind, bestimmt sich nach den Vorschriften des **bürgerlichen Rechts** einschließlich des deutschen internationalen Privatrechts; bei Ausländern sind die Voraussetzungen für jeden Beteiligten nach den Gesetzen des Staates zu beurteilen, dem er angehört, es sei denn, diese Gesetze verstoßen gegen die guten Sitten oder den Zweck eines deutschen Gesetzes (BFH v. 17.4.1998, VI R 16/97, BStBl II 1998, 473). Hat ein Arbeitnehmer mehrere Ehefrauen (z.B. nach islamischem Recht), die in Deutschland tätig sind, so erhält nur eine Ehefrau die Steuerklasse III, IV oder V. Die anderen Ehefrauen erhalten Steuerklasse I oder II. Zu weiteren Einzelheiten auch bei Verschollenen s. H 26 (Allgemeines) EStH. Paare, die eine **eingetragene Lebenspartnerschaft** begründet haben, sind Ehegatten in Bezug auf die Einordnung in Steuerklassen **gleichgestellt** (→ *Nichteheliche Lebensgemeinschaft* Rz. 2132).

Die **Voraussetzungen für Steuerklasse III liegen nicht mehr vor**, wenn die Ehegatten/Lebenspartner zu Beginn des Kalenderjahrs **dauernd getrennt** leben. Ein dauerndes Getrenntleben ist anzunehmen, wenn die zum Wesen der Ehe/Lebenspartnerschaft gehörende Lebens- und Wirtschaftsgemeinschaft auf Dauer nicht mehr besteht (BFH v. 7.12.2001, III B 129/01, www.stotax-first.de, m.w.N.). Eine auf Dauer herbeigeführte räumliche Trennung ist zwar Indiz für ein Getrenntleben; ein dauerndes Getrenntleben ist aber nicht allein deshalb anzunehmen, weil sich die Ehegatten/Lebenspartner nur vorübergehend, z.B. wegen eines beruflich bedingten Auslandsaufenthalts, Krankheit oder Verbüßung einer Freiheitsstrafe, räumlich trennen (R 26 Abs. 1 EStR).

Sofern der andere Ehegatte/Lebenspartner nicht auf gemeinsamen Antrag beider Ehegatten/Lebenspartner in die Steuerklasse V eingereiht wird, setzt die Einstufung in die Steuerklasse III voraus, dass der andere Ehegatte/Lebenspartner **keinen** Arbeitslohn bezieht. Daran fehlt es, wenn der bezogene Arbeitslohn in Deutschland lediglich steuerfrei ist (BFH v. 5.9.2001, I R 88/00, HFR 2002, 613).

Die **Einstufung in die Steuerklasse III** setzt außerdem grundsätzlich **unbeschränkte oder erweiterte unbeschränkte Steuerpflicht** nach § 1 Abs. 1 oder 2 EStG **beider Ehegatten/Lebenspartner** voraus.

Zur Einstufung in die Steuerklasse III in Fällen, in denen nicht beide Ehegatten/Lebenspartner im Inland wohnen oder erweitert unbeschränkt steuerpflichtig nach § 1 Abs. 2 EStG sind, → *Steuerpflicht* Rz. 2772.

Die Steuerklasse III führt stets zu einer **Pflichtveranlagung zur Einkommensteuer**, wenn beide Ehegatten/Lebenspartner Arbeitslohn bezogen haben und einer für den Veranlagungszeitraum oder einen Teil davon nach Steuerklasse V oder VI besteuert worden ist (§ 46 Abs. 2 Nr. 3a EStG) oder wenn die Berücksichtigung des Ehegatten/Lebenspartners auf § 1a EStG beruht (§ 46 Abs. 2 Nr. 7 EStG; → *Steuerpflicht* Rz. 2772).

e) Steuerklasse IV

2756 In die Steuerklasse IV gehören nach § 38b Abs. 1 Satz 2 Nr. 4 EStG **verheiratete und verpartnerte Arbeitnehmer**, wenn beide Ehegatten/Lebenspartner unbeschränkt steuerpflichtig sind, nicht dauernd getrennt leben und Arbeitslohn beziehen. Die Ehegatten/Lebenspartner können statt der Steuerklassenkombination IV/IV die Steuerklassenkombination III/V wählen (→ Rz. 2759).

f) Steuerklasse V

2757 In die Steuerklasse V gehören nach § 38b Abs. 1 Satz 2 Nr. 5 EStG **verheiratete und verpartnerte** Arbeitnehmer, die unbeschränkt steuerpflichtig sind und deren Ehegatte/Lebenspartner auf gemeinsamen Antrag in die Steuerklasse III eingereiht wird (→ Rz. 2755).

g) Steuerklasse VI

2758 In die Steuerklasse VI gehören nach §§ 38b Abs. 1 Satz 2 Nr. 6 EStG Arbeitnehmer, die **nebeneinander von mehreren Arbeitgebern Arbeitslohn** beziehen, für das zweite und jedes weitere Arbeitsverhältnis. Der bei der Lohnbesteuerung im ersten Arbeitsverhältnis nicht ausgeschöpfte Grundfreibetrag kann als Freibetrag übertragen werden (→ *Übertragung des Grundfreibetrags* Rz. 2899). Zur Anwendung der Steuerklasse VI s.a. → *ELStAM* Rz. 1041.

Für unbeschränkt steuerpflichtige Arbeitnehmer mit Steuerklasse VI ist nach § 46 Abs. 2 Nr. 2 EStG stets eine **Pflichtveranlagung** zur Einkommensteuer durchzuführen.

3. Steuerklassenwahl

2759 **Ehegatten/Lebenspartner**, die die Voraussetzungen für die Steuerklasse IV erfüllen, können statt der Steuerklassenkombination IV/IV die **Steuerklassenkombination III/V wählen**. Dies gilt allerdings nicht, wenn ein Ehegatte/Lebenspartner nur Arbeitslohn bezieht, der in Deutschland – z.B. auf Grund eines Doppelbesteuerungsabkommens – lediglich steuerfrei ist (BFH v. 5.9.2001, I R 88/00, HFR 2002, 613).

Für die Frage, ob und ggf. für welchen Ehegatten/Lebenspartner die Steuerklasse III gewählt werden soll mit der Folge, dass der andere Ehegatte/Lebenspartner zwangsläufig in die Steuerklasse V eingestuft wird, oder ob beide Ehegatten/Lebenspartner in die Steuerklasse IV eingereiht werden sollen, ist die Berechnung der Lohnsteuer nach § 39b Abs. 2 EStG in den jeweiligen Steuerklassen **von Bedeutung**.

In der **Steuerklasse V** wird die Lohnsteuer nach einem besonderen, vom Splittingtarif abgeleiteten Tarif, mindestens aber mit dem Eingangssteuersatz von 14 % bemessen (§ 39b Abs. 2 Satz 7 EStG). Die Lohnsteuer wird mit dem Betrag erhoben, der sich ergibt, wenn von der für den gemeinsamen Arbeitslohn von beiden Ehegatten/Lebenspartnern geschuldeten Lohnsteuer die vom Ehegatten/Lebenspartner mit der Steuerklasse III geschuldete Lohnsteuer abgezogen wird. Bei der für dieses Verfahren erforderlichen Ermittlung der „Gesamtlohnsteuer" wird unterstellt, dass der Arbeitslohn des Ehegatten/Lebenspartners mit **Steuerklasse III 60 % und der Arbeitslohn des Ehegatten/Lebenspartners mit Steuerklasse V 40 % des gesamten Arbeitslohns beider Ehegatten/Lebenspartner ausmacht**. Beträgt der Arbeitslohn des Ehegatten/Lebenspartners mit Steuerklasse V weniger als 40 % des „Gesamtlohns", so wird eine zu geringe Lohnsteuer erhoben und es kommt im Rahmen der Einkommensteuerveranlagung zu einer **Nachzahlung**. Die **Steuerklassenkombination III/V** führt daher gem. § 46 Abs. 2 Nr. 3a EStG zur **Pflichtveranlagung**. Die wiederholte widersprüchliche Ausübung von Wahlrechten – Steuerklasse III und V einerseits, Antrag auf getrennte Veranlagung andererseits – mit dem Ziel, die Steuererhebung zu vereiteln, stellt einen Missbrauch von Gestaltungsmöglichkeiten des Rechts dar (BFH v. 15.7.2004, III R 66/98, HFR 2005, 200).

Da der Grundfreibetrag bei der Bemessung der Lohnsteuer für den Ehegatten/Lebenspartner mit der **Steuerklasse III** steuermindernd berücksichtigt wird, ist der Lohnsteuerabzug des Ehegatten/Lebenspartners mit der Steuerklasse V **verhältnismäßig hoch**. Der Ehegatte/Lebenspartner mit der Steuerklasse V zahlt daher während des laufenden Jahres einen Teil der Steuer mit, die auf den anderen Ehegatten/Lebenspartner entfällt. Wer das nicht möchte, der sollte es bei der Steuerklassenkombination IV/IV belassen und sich **einen Faktor in den Lohnsteuerabzugsmerkmalen eintragen** lassen (→ Rz. 2764). Außerdem kann die Höhe des Nettolohns für **außersteuerliche Angelegenheiten** von Bedeutung sein. Da manche **(Lohnersatz-) Leistungen** – wie z.B. Arbeitslosengeld, Unterhalts-, Kranken- oder Mutterschaftsgeld – vom Nettomonatslohn bemessen werden, der in einem bestimmten Zeitraum vor Eintritt des Leistungsfalls bezogen wurde, kann die Steuerklasse V, die zu einem niedrigeren Nettolohn führt als die Steuerklasse III oder IV, zu einer Minderung entsprechender Leistungen führen. Während steuerliche Nachteile bei ungünstiger Steuerklassenwahl im Rahmen der Veranlagung ausgeglichen werden können, sind außersteuerliche Nachteile grundsätzlich endgültig. Ein Wechsel des nunmehr arbeitslosen Ehegatten/Lebenspartners kann daher ungünstig sein. Zur außersteuerrechtlichen Nichtberücksichtigung einer rechtsmissbräuchlichen Steuerklassenwahl bzw. eines Steuerklassenwechsels → Rz. 2761.

Die **Steuerklassenkombination IV/IV** führt zum **zutreffenden Lohnsteuerabzug, wenn beide Ehegatten/Lebenspartner Arbeitslohn in gleicher Höhe beziehen**. Bei unterschiedlicher Lohnhöhe kann die Steuerklassenkombination IV/IV allenfalls zu einem **überhöhten Lohnsteuerabzug** führen. Der überhöhte Steuerabzug ist im Rahmen einer **Antragsveranlagung**, → *Veranlagung von Arbeitnehmern* Rz. 2973, zu erstatten. Allein die Steuerklassenkombination IV/IV ist kein Pflichtveranlagungsgrund.

Hiernach gilt grundsätzlich:

– Die Ehegatten/Lebenspartner verdienen etwa **gleich viel** oder ein Ehegatte/Lebenspartner möchte nicht im laufenden Jahr einen Teil der Lohnsteuer des anderen Ehegatten/Lebenspartners mittragen, weil sich z.B. außersteuerliche Geldleistungen mindern:

Wahl der Steuerklassen IV/IV.

– Ein Ehegatte/Lebenspartner verdient wesentlich weniger und es liegen keine „außersteuerlichen Gründe" (s.o.) vor:

Wahl der Steuerklassen III/V, und zwar für den höher verdienenden Ehegatten/Lebenspartner Steuerklasse III und für den geringer verdienenden Ehegatten/Lebenspartner Steuerklasse V.

Die obersten Finanzbehörden geben alljährlich ein **Merkblatt** zur Steuerklassenwahl heraus, das insbesondere **Tabellen zur Erleichterung der Wahl** enthält. Das Merkblatt für 2016 ist auf den Internetseiten des BMF veröffentlicht.

Zur Beteiligung an Steuererstattungsansprüchen von Ehegatten/Lebenspartnern und Zustimmung zur Zusammenveranlagung bei Steuerklassenkombination III/V und späterer Trennung vgl. OLG Frankfurt v. 18.12.2003, 1 U 74/02, www.stotax-first.de.

4. Änderung der Steuerklassen

2760 Treten bei einem Arbeitnehmer die Voraussetzungen für eine für ihn **ungünstigere Steuerklasse** ein, ist der Arbeitnehmer **verpflichtet**, dem Finanzamt dies mitzuteilen und **die Steuerklasse umgehend ändern** zu lassen. Eine Mitteilung ist nicht erforderlich, wenn die Abweichung einen Sachverhalt betrifft, der zu einer Änderung der Daten führt, die nach § 39e Abs. 2 Satz 2 EStG von den Meldebehörden zu übermitteln sind (z.B. Änderung des Familienstands). Kommt der Arbeitnehmer seiner Verpflichtung nicht nach, ändert das Finanzamt die Steuerklasse von Amts wegen (§ 39 Abs. 5 EStG).

Eine **ungünstigere Steuerklasse** kann auf Antrag eingetragen werden oder bestehen bleiben (§ 38b Abs. 3 EStG).

Bei **Änderungen der Verhältnisse während des Kalenderjahrs 2016** gilt Folgendes:

Treten die Voraussetzungen für eine günstigere Steuerklasse ein, so kann der Arbeitnehmer **bis zum 30. November** beim Finanzamt eine **Änderung der Lohnsteuerabzugsmerkmale beantragen** (§ 39 Abs. 6 EStG). Der Arbeitnehmer kann aber die ungünstigere Steuerklasse (z.B. Steuerklasse I nach der Heirat) beibehalten. Bei Ehegatten/Lebenspartnern, **deren Ehe/Lebenspartnerschaft aufgelöst** wurde oder die sich **getrennt haben**, dürfen die Steuerklassen nicht geändert werden, es sei denn, die Voraussetzungen für einen Steuerklassenwechsel liegen vor. Das gilt nicht, wenn der Ehegatte/Lebenspartner des Arbeitnehmers wieder geheiratet hat und der Arbeitnehmer die Voraussetzungen für die Steuerklasse III erfüllt (→ Rz. 2755). Bei einem **verwitweten** Arbeitnehmer ist auf Antrag mit Wirkung von dem auf den Sterbemonat folgenden Monat die Steuerklasse III zu berücksichtigen, wenn die Ehegatten/Lebenspartner zu Beginn des Jahrs die Voraussetzungen für die Steuerklassenwahl erfüllten.

5. Steuerklassenwechsel

a) Lohnsteuer

2761 Bei **Ehegatten/Lebenspartnern, die beide in einem Dienstverhältnis stehen**, kann das Finanzamt mit Wirkung ab 1.1.2016 auf gemeinsamen Antrag der Ehegatten/Lebenspartner die in den Lohnsteuerabzugsmerkmalen berücksichtigten Steuerklassen wie folgt ändern (= Steuerklassenwechsel), vgl. § 39 Abs. 6 EStG, R 39.2 Abs. 2 LStR:

Steuerklasse vor Änderung		Steuerklasse nach Änderung	
Ehemann/ Lebenspartner 1	Ehefrau/ Lebenspartner 2	Ehemann/ Lebenspartner 1	Ehefrau/ Lebenspartner 2
IV	IV	III	V
IV	IV	V	III
III	V	IV	IV
III	V	V	III
V	III	IV	IV
V	III	III	V

Der Steuerklassenwechsel darf frühestens mit Wirkung vom Beginn des Kalendermonats an erfolgen, der auf die Antragstellung folgt. Für eine Berücksichtigung im laufenden Kalenderjahr ist der Antrag **bis zum 30. November** zu stellen, für 2016 also bis zum 30.11.2016. Eine rückwirkende Änderung der Eintragung ist nicht zulässig. Eine Klage gegen die Ablehnung des Steuerklassenwechsels ist nach Ablauf des Jahrs ggf. als Fortsetzungsfeststellungsklage zulässig (FG Niedersachsen v. 7.4.2003, 7 K 3301/02 F, EFG 2003, 1104).

In einem Kalenderjahr kann jeweils **nur ein Antrag** gestellt werden, wenn beide Ehegatten/Lebenspartner in einem Dienstverhältnis stehen. **Das gilt nicht**, wenn eine Änderung deshalb beantragt wird, weil

– ein **Ehegatte/Lebenspartner keinen steuerpflichtigen Arbeitslohn mehr bezieht oder verstorben** ist,

– sich die Ehegatten/Lebenspartner auf Dauer **getrennt** haben oder

– wenn ein Dienstverhältnis wieder aufgenommen wird, z.B. nach einer Arbeitslosigkeit oder einer Elternzeit (§ 39 Abs. 5 Satz 3 EStG, R 39.2 Abs. 2 Satz 3 LStR).

Die erstmalige Änderung der Steuerklassen nach der automatischen Bildung der Steuerklassen (§ 39e Abs. 3 Satz 3 EStG) aus Anlass der Eheschließung/Verpartnerung ist keine Steuerklassenänderung im obigen Sinne.

b) Sozialversicherung

2762 Das Sozialversicherungsrecht enthält **differenzierte Regelungen** zur Frage, ob ein **Steuerklassenwechsel beim Leistungsbezug zu berücksichtigen** ist. Hierdurch soll eine **willkürliche Beeinflussung der Leistungshöhe verhindert** werden. Zur Wirksamkeit des Steuerklassenwechsels sowie zur Rückzahlung von **Arbeitslosengeld** bei Verletzung der Mitteilungspflicht bei Steuerklassenwechsel s.a. BSG v. 4.9.2001, B 7 AL 84/00 R, HFR 2002, 738; BSG v. 29.8.2002, B 11 AL 99/01 R, HFR 2003, 616; BSG v. 29.8.2002, B 11 AL 87/01 R, www.stotax-first.de, und v. 27.7.2004, B 7 AL 76/03 R, www.stotax-first.de. Die Bundesagentur für Arbeit gibt insoweit aktualisierte Merkblätter heraus. Die Auswirkungen eines Steuerklassenwechsels nach § 133 Abs. 3 SGB III sind nur dann verfassungsrechtlich hinnehmbar, wenn bei Antragstellung deutlich und **gesondert vom Merkblatt** auf die Gefahren des Wechsels und die **Notwendigkeit einer Beratung** hingewiesen worden ist (vgl. BSG v. 16.3.2005, B 11a/11 AL 41/03 R, www.stotax-first.de). Es besteht kein Anspruch auf rückwirkende Erhöhung des Arbeitslosengelds bei späterem Steuerklassenwechsel (BSG v. 16.3.2005, B 11a/11 AL 41/03 R, www.stotax-first.de). Berücksichtigt die Agentur für Arbeit bei einem Ehegatten den Steuerklassenwechsel, muss sie dies auch bei dem anderen Ehegatten tun (LSG Niedersachsen-Bremen v. 29.7.2003, L 7 AL 351/01, www.stotax-first.de). Der Arbeitnehmer sollte sich über die Auswirkungen der Steuerklasse bzw. eines Steuerklassenwechsels auf den Leistungsbezug beraten lassen.

Ein **Steuerklassenwechsel** mit dem Ziel, den Anspruch auf **Elterngeld zu erhöhen**, ist **nicht rechtsmissbräuchlich**, daher ist auch ein Steuerklassenwechsel von Steuerklasse V nach Steuerklasse III zulässig (BSG v. 25.6.2009, B 10 EG 3/08 R, www.stotax-first.de). Die günstigere Steuerklasse muss aber die überwiegende Zahl der Monate des Bemessungszeitraums gegolten haben (§ 2c Abs. 3 BEEG).

Steuerklassen

keine Sozialversicherungspflicht = (SV)
Sozialversicherungspflicht = (SV)

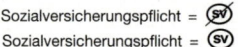

c) Arbeitsrecht

2763 Der Arbeitgeber ist nicht gehalten, einen nach § 242 BGB rechtsmissbräuchlichen Steuerklassenwechsel bei der Bemessung von nettolohnbezogenen Zuschussleistungen (im Streitfall: **Aufstockungsbeträge nach dem Altersteilzeitgesetz** bzw. entsprechende Zuschläge im öffentlichen Dienst) zu berücksichtigen (BAG v. 9.9.2003, 9 AZR 554/02, www.stotax-first.de, und BAG v. 9.9.2003, 9 AZR 605/02, www.stotax-first.de). Allerdings ist die Wahl der Steuerklassenkombination IV/IV regelmäßig nicht missbräuchlich (BAG v. 13.6.2006, 9 AZR 423/05, HFR 2007, 280).

Die Verschiebung der Steuerbelastung beim **Elternunterhalt** ist zu korrigieren, wenn der Unterhaltsverpflichtete im Verhältnis zu seinem Ehegatten die ungünstigere Steuerklasse gewählt hat (BGH v. 14.1.2004, XII ZR 69/01, www.stotax-first.de).

6. Faktorverfahren

2764 **Zusätzlich** zu den bisherigen Steuerklassenkombinationen IV/IV und III/V ist das „optionale" Faktorverfahren eingeführt worden (§ 39f EStG). Das Faktorverfahren ist nur möglich, wenn **beide Ehegatten/Lebenspartner Arbeitslohn beziehen.**

Beim Faktorverfahren bildet das Finanzamt als Lohnsteuerabzugsmerkmal jeweils die Steuerklasse IV i.V.m. einem **Faktor.** Der Faktor wird aus der voraussichtlichen Einkommensteuer für beide Ehegatten/Lebenspartner bei Anwendung des Splittingverfahrens unter Berücksichtigung der in § 39b Abs. 2 EStG genannten Abzugsbeträge und der Summe der voraussichtlichen Lohnsteuer bei Anwendung der Steuerklasse IV für jeden Ehegatten/Lebenspartner ermittelt. Freibeträge werden neben dem Faktor nicht als Lohnsteuerabzugsmerkmal gebildet, sondern bei der Ermittlung des Faktors berücksichtigt. Hinzurechnungsbeträge werden sowohl bei der Ermittlung des Faktors berücksichtigt als auch als Lohnsteuerabzugsmerkmal für das erste Dienstverhältnis gebildet. Arbeitslöhne aus einem zweiten und weiteren Dienstverhältnissen bleiben unberücksichtigt (§ 39f Abs. 1 EStG).

Der Arbeitgeber hat für die Einbehaltung der Lohnsteuer die Steuerklasse IV und den Faktor anzuwenden. Dies gilt auch für die Erhebung des Solidaritätszuschlags und der Kirchensteuer (§ 39f Abs. 2 EStG).

Zukünftig wird das **Faktorverfahren dahingehend vereinfacht**, dass der **Faktor** nicht mehr nur für ein Jahr, sondern **für bis zu zwei Jahre gültig** ist (§ 39f Abs. 1 Satz 9 EStG).

Ab wann der Faktor erstmals für zwei Jahre beantragt werden kann, ist allerdings unbestimmt. Denn das BMF hat im Einvernehmen mit den obersten Finanzbehörden der Länder **im Bundesgesetzblatt** den Veranlagungszeitraum bekannt zu geben, ab dem der Faktor erstmals für zwei Jahre beantragt werden kann (§ 52 Abs. 37a EStG).

Beispiel 1:

Arbeitnehmer-Ehegatte A hat voraussichtlich einen Jahresarbeitslohn von 30 000 €, der voraussichtliche Jahresarbeitslohn von Arbeitnehmer-Ehegatte B beträgt 10 000 €.

a) **Berechnung der Lohnsteuer bei Anwendung der Steuerklassenkombination IV/IV:**

Lohnsteuer von Arbeitnehmer-Ehegatte A	3 797 €
Lohnsteuer von Arbeitnehmer-Ehegatte B	0 €
Gesamte Lohnsteuer	**3 797 €**

b) **Berechnung der Lohnsteuer bei Anwendung des Faktorverfahrens:**

aa) **Ermittlung des Faktors beim Finanzamt**

Summe der Lohnsteuer bei Steuerklasse IV/IV	3 797 €
Einkommensteuer bei Anwendung des Splittingverfahrens	3 042 €
Faktor (3 042 € : 3 797 €)	0,801

Das Finanzamt bildet als Lohnsteuerabzugsmerkmal den Faktor 0,801 neben der Steuerklasse IV bei den Ehegatten A und B.

---

bb) **Ermittlung der Lohnsteuer beim Arbeitgeber**

Lohnsteuer von Arbeitnehmer-Ehegatte A (3 797 € × 0,801)	3 041 €
Lohnsteuer von Arbeitnehmer-Ehegatte B (0 € × 0,801)	0 €
Gesamte Lohnsteuer	**3 041 €**

Beispiel 2:

Sachverhalt wie Beispiel 1. Die Ehegatten wählen statt des Faktorverfahrens die Steuerklassenkombination III/V.

Lohnsteuer von Arbeitnehmer-Ehegatte A (Steuerklasse III)	1 194 €
Lohnsteuer von Arbeitnehmer-Ehegatte B (Steuerklasse V)	1 003 €
Gesamte Lohnsteuer	**2 197 €**

Bei Wahl der Steuerklassenkombination III/V hätten die Eheleute insgesamt 844 € weniger Lohnsteuer zu zahlen. Allerdings haben die Eheleute auf Grund der Einkommensteuerveranlagung mit einer Nachzahlung von 845 € zu rechnen.

Die Eintragung des Faktors kann beim Finanzamt formlos beantragt werden, soweit nicht auch Frei- oder Hinzurechnungsbeträge bei der Ermittlung des Faktors berücksichtigt werden sollen (§ 39f Abs. 3 EStG).

Das Faktorverfahren ist im Programmablaufplan für die maschinelle Berechnung der Lohnsteuer berücksichtigt (§ 39f Abs. 4 EStG).

Steuerpflicht

Inhaltsübersicht:

	Rz.
1. Persönliche und sachliche Steuerpflicht	2765
2. Arten der Steuerpflicht	2766
a) Unbeschränkte Steuerpflicht (§ 1 Abs. 1 EStG)	2767
b) Erweiterte unbeschränkte Steuerpflicht (§ 1 Abs. 2 EStG)	2768
c) Unbeschränkte Steuerpflicht auf Antrag (§ 1 Abs. 3 EStG)	2769
d) Beschränkte Steuerpflicht (§ 1 Abs. 4 EStG)	2770
3. Einfluss der Art der Steuerpflicht auf die Höhe der Steuer/Steuerklasse/Freibeträge	2771
4. Familienbezogene Entlastungen für Angehörige im Ausland	2772
5. Lohnsteuerabzugsverfahren bei unbeschränkt Steuerpflichtigen	2773
6. Lohnsteuerabzugsverfahren/Steuerabzug nach § 50a EStG bei beschränkt Steuerpflichtigen	2774
a) Einkünfte aus nichtselbständiger Arbeit	2774
b) Lohnsteuerabzugsverfahren	2780
c) Abgeltungscharakter der Lohnsteuer	2787
d) Veranlagungswahlrecht	2788
e) Steuerabzugsverfahren nach § 50a EStG	2790
f) Steuerabzug nach § 50a Abs. 7 EStG	2791
7. Lohnsteuerabzugsverfahren bei erweitert unbeschränkt Steuerpflichtigen	2792
8. Lohnsteuerabzugsverfahren bei auf Antrag unbeschränkt Steuerpflichtigen	2793

1. Persönliche und sachliche Steuerpflicht

2765 Voraussetzungen für den (Lohn-)Steuerabzug bzw. die Festsetzung von Einkommensteuer sind die **persönliche Steuerpflicht** i.S.d. § 1 EStG und die **sachliche Steuerpflicht**, d.h. das Vorliegen steuerbarer Einkünfte.

2. Arten der Steuerpflicht

2766 Man unterscheidet zwischen folgenden Arten der Steuerpflicht:

– **Unbeschränkte** Steuerpflicht nach § 1 Abs. 1 EStG,

– **beschränkte** Steuerpflicht nach § 1 Abs. 4 EStG.

Sonderformen:

– **Erweiterte unbeschränkte** Steuerpflicht nach § 1 Abs. 2 EStG,

– **unbeschränkte Steuerpflicht auf Antrag** nach § 1 Abs. 3 EStG,

– **erweiterte beschränkte** Steuerpflicht nach § 1 Abs. 4 EStG i.V.m. § 2 AStG.

Steuerpflicht

Die Höhe der Steuer wird wesentlich bestimmt durch die Art der Steuerpflicht (→ *Steuerpflicht* Rz. 2771). Nachfolgendes Schema soll bei der Orientierung helfen:

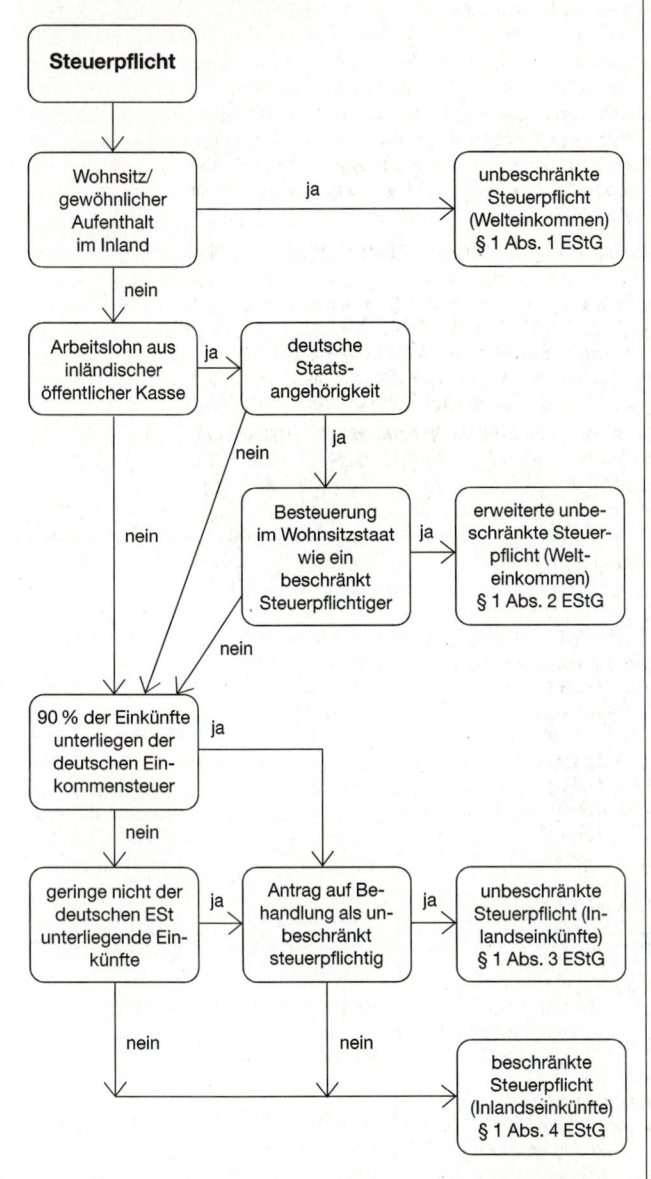

```
                    Steuerpflicht
                         │
                         ▼
              Wohnsitz/gewöhnlicher        ja      unbeschränkte
              Aufenthalt im Inland  ────────────▶  Steuerpflicht
                         │                        (Welteinkommen)
                         │ nein                   § 1 Abs. 1 EStG
                         ▼
              Arbeitslohn aus        ja      deutsche Staats-
              inländischer      ──────────▶  angehörigkeit
              öffentlicher Kasse                  │
                         │                        │ ja
                         │ nein                   ▼
                         │               Besteuerung       ja    erweiterte unbe-
                         │               im Wohnsitzstaat ────▶  schränkte Steuer-
                         │               wie ein beschränkt      pflicht (Welt-
                         │               Steuerpflichtiger       einkommen)
                         │                        │              § 1 Abs. 2 EStG
                         │                        │ nein
                         ▼                        ▼
              90 % der Einkünfte    ja
              unterliegen der    ─────────┐
              deutschen Ein-              │
              kommensteuer                │
                         │                │
                         │ nein           │
                         ▼                │
              geringe nicht der   ja   Antrag auf Be-   ja    unbeschränkte
              deutschen ESt  ───────▶  handlung als un- ────▶ Steuerpflicht (In-
              unterliegende Ein-       beschränkt             landseinkünfte)
              künfte                   steuerpflichtig        § 1 Abs. 3 EStG
                         │                        │
                         │ nein                   │ nein
                         ▼                        ▼
                                         beschränkte
                                         Steuerpflicht
                                         (Inlandseinkünfte)
                                         § 1 Abs. 4 EStG
```

a) Unbeschränkte Steuerpflicht (§ 1 Abs. 1 EStG)

2767 Unbeschränkt steuerpflichtig sind nach § 1 Abs. 1 EStG alle Personen, die in Deutschland (Inland) einen Wohnsitz (§ 8 AO) oder ihren gewöhnlichen Aufenthalt (§ 9 AO) haben (Näheres → *Steuerpflicht: unbeschränkte* Rz. 2794).

b) Erweiterte unbeschränkte Steuerpflicht (§ 1 Abs. 2 EStG)

2768 Erweitert unbeschränkt steuerpflichtig nach § 1 Abs. 2 EStG sind

- deutsche Staatsangehörige ohne Wohnsitz/gewöhnlichen Aufenthalt im Inland, die zu einer inländischen juristischen Person des öffentlichen Rechts in einem Dienstverhältnis stehen und dafür **Arbeitslohn** aus einer **inländischen öffentlichen Kasse**, vgl. H 3.11 (Öffentliche Kassen) LStH, beziehen, sowie

- ihre zum **Haushalt gehörenden Angehörigen**, die
  - **deutsche Staatsangehörige** sind
  - oder **keine bzw. nur im Inland steuerpflichtige Einkünfte** haben.

Weitere Voraussetzung ist, dass die vorgenannten Personen im Wohnsitzstaat nur in einem der beschränkten Steuerpflicht ähnlichen Umfang besteuert werden. Beim **Arbeitnehmer** selbst kommt es dabei auf die **Rechtsvorschriften** des ausländischen Staats, bei den Angehörigen auf die faktische Besteuerung an.

Daher ist auch der ausländische Ehegatte, der die Staatsangehörigkeit des Wohnsitzstaats besitzt, aber keine Einkünfte hat, erweitert unbeschränkt einkommensteuerpflichtig (vgl. R 1a EStR). Danach fallen unter die erweiterte unbeschränkte Steuerpflicht insbesondere von der Bundesrepublik Deutschland ins Ausland entsandte Mitglieder einer **diplomatischen Mission oder konsularischen Vertretung** und ihre Angehörigen (→ *Diplomaten und Konsularbeamte* Rz. 849), in **NATO**-Mitgliedstaaten stationierte Bundeswehrsoldaten (→ *NATO: Mitarbeiter* Rz. 2108) und an deutsche Schulen in den USA entsandte oder nach Ecuador oder Kolumbien vermittelte Lehrkräfte und andere nicht entsandte Arbeitnehmer (→ *Auslandslehrer* Rz. 458), nicht aber Mitarbeiter des Goethe-Instituts (BFH v. 22.2.2006, I R 60/05, BStBl II 2007, 106).

Erfüllt ein Arbeitnehmer zwar **allein, nicht** aber mit **seinem Ehegatten** die Voraussetzungen der erweiterten unbeschränkten Steuerpflicht, z.B. weil der Ehegatte nicht deutscher Staatsangehöriger ist und geringe Einkünfte im Wohnsitzstaat hat, so kann der Ehegatte für Zwecke des § 26 EStG (Zusammenveranlagung bzw. Steuerklasse III mit Splitting) als unbeschränkt steuerpflichtig behandelt werden, wenn die Einkünfte der nicht dauernd getrennt lebenden Ehegatten überwiegend der deutschen Einkommensteuer unterliegen und der Ehegatte des Arbeitnehmers seinen Wohnsitz/gewöhnlichen Aufenthalt entweder im EU/EWR-Ausland oder am Dienstort des Arbeitnehmers hat (→ Rz. 2772).

Für den Fall, dass der Arbeitnehmer und sein Ehegatte zunächst unter den Voraussetzungen des § 1 Abs. 2 oder Abs. 3 EStG unbeschränkt steuerpflichtig waren bzw. so behandelt wurden, der Arbeitnehmer dann aus dienstlichen Gründen ins Inland versetzt wird und der nicht dauernd getrennt lebende Ehegatte aus persönlichen Gründen noch für kurze Zeit im Ausland verbleibt, gibt es eine **Billigkeitsregelung** (BMF v. 8.10.1996, IV B 4 – S 2102 – 59/96, BStBl I 1996, 1191).

Der erweiterten unbeschränkten Steuerpflicht unterliegt das **Welteinkommen**. Das deutsche Besteuerungsrecht kann jedoch durch Doppelbesteuerungsabkommen wesentlich eingeschränkt sein (→ *Doppelbesteuerungsabkommen: Allgemeines* Rz. 855).

c) Unbeschränkte Steuerpflicht auf Antrag (§ 1 Abs. 3 EStG)

2769 Auf **Antrag** werden Personen **ohne Wohnsitz**/gewöhnlichen Aufenthalt im Inland nach § 1 Abs. 3 EStG als unbeschränkt einkommensteuerpflichtig behandelt,

- **soweit** sie **inländische Einkünfte** i.S.d. § 49 EStG haben und
- **wenn** ihre gesamten **Einkünfte** im Kalenderjahr
  - mindestens zu **90 %** der deutschen Einkommensteuer unterliegen oder
  - die nicht der deutschen Einkommensteuer unterliegenden Einkünfte nicht mehr als **8 652 €** im Kalenderjahr betragen; dieser Betrag ist zu kürzen, soweit es nach den Verhältnissen des Wohnsitzstaates (Lebensstandard) des Stpfl. notwendig und angemessen ist (§ 1 Abs. 3 Satz 2 EStG).

Bei Überprüfung der Voraussetzungen des § 1 Abs. 3 EStG sind die Einkünfte beider Ehegatten zusammenzurechnen, da § 1a Abs. 1 Nr. 2 Satz 3 EStG auf die Einkünfte beider Ehegatten abstellt (BFH v. 6.5.2015, I R 16/14, www.stotax-first.de, sowie FG Berlin-Brandenburg v. 24.6.2014, 6 K 6279/12, EFG 2015, 104, Revision eingelegt, Az. beim BFH: I R 46/14).

Zur **Ermittlung der Einkunftsgrenze** s. BMF v. 30.12.1996, IV B 4 – S 2303 – 266/96, BStBl I 1996, 1506. Danach sind die ausländischen Einkünfte sowohl hinsichtlich der relativen als auch der absoluten Grenze grundsätzlich nach deutschem Steuerrecht zu ermitteln. Ausländische Einnahmen, die bei Anwendung des deutschen Steuerrechts nach § 3 EStG steuerfrei wären, sind nicht einzubeziehen. Dabei reicht es nach Auffassung der Finanzverwaltung nicht aus, dass die Einnahmen lediglich mit deutschen Leistungen vergleichbar sind (OFD Frankfurt v. 10.2.1999, S 2102 A – 13 – St II 22, StEd 1999, 299). Erzielt der in einem anderen Mitgliedstaat der EU wohnende Ehegatte dort ausschließlich steuerfreie Einkünfte, sind diese steuerfreien Einkünfte bei der Prüfung des § 1 Abs. 3 EStG außer Ansatz zu lassen (EuGH v. 25.1.2007, C-329/05, HFR 2007, 404). Im Streitfall erzielte die in Österreich wohnende Ehefrau Lohnersatzleistungen (Karenz- und Wochen-

Steuerpflicht

geld), die nicht nach deutschem, sondern lediglich nach österreichischem Recht steuerfrei waren.

Inländische Einkünfte, die nach einem Doppelbesteuerungsabkommen nur der Höhe nach beschränkt besteuert werden dürfen (z.B. Dividenden), gelten als nicht der deutschen Einkommensteuer unterliegend (§ 1 Abs. 3 Satz 3 EStG; → *Doppelbesteuerungsabkommen: Allgemeines* Rz. 855). § 1 Abs. 3 Satz 3 EStG bezieht sich nur auf den vorangehenden Satz, so dass auch die in Satz 3 aufgeführten Einkünfte in die Veranlagung einzubeziehen sind. Bei der Festsetzung der Einkommensteuer ist die rechnerische Gesamtsteuer quotal aufzuteilen und sodann der Steuersatz für die der Höhe nach nur beschränkt zu besteuernden Einkünfte zu ermäßigen. § 36 Abs. 2 Satz 2 Nr. 3 Satz 4 Buchst. e EStG steht einer Anrechnung nicht entgegen (BFH v. 13.11.2002, I R 67/01, BStBl II 2003, 587). Danach ist sichergestellt, dass ein Arbeitnehmer ohne Wohnsitz/gewöhnlichen Aufenthalt im Inland, der seine Einkünfte aber überwiegend in Deutschland erzielt, z.B. Steuerabzugsbeträge und Körperschaftsteuer aus inländischen Kapitaleinkünften, bei denen auch der Ansässigkeitsstaat das Besteuerungsrecht hat, anrechnen kann. Bei der Prüfung der 90 %-Grenze ist der pauschal besteuerte Arbeitslohn mit einzubeziehen. In Grenzfällen sollte daher geprüft werden, ob sich durch Verzicht auf eine mögliche Pauschalierung insgesamt eine niedrigere Steuerbelastung ergibt, weil die Einbeziehung des entsprechenden Arbeitslohns zur Überschreitung der 90 %-Grenze und damit zur Möglichkeit personen- und familienbezogener Entlastungen führt.

Die absolute Einkommensgrenze von **8 652 €** wird bei Ländern der Ländergruppe 2 um ein Viertel, der Ländergruppe 3 um zwei Viertel und der Ländergruppe 4 um drei Viertel gekürzt. Die **Ländergruppeneinteilung** wird im BStBl I veröffentlicht (zuletzt BMF v. 18.11.2013, IV C 4 – S 2285/07/0005 :013, BStBl I 2013, 1462). Sie ist nicht anzuwenden, wenn der den Antrag stellende Ehegatte im Gebiet der EU seinen Wohnsitz hat, weil seit der Neufassung des § 1a Abs. 1 EStG unbeschränkt einkommensteuerpflichtige EU-/EWR-Staatsangehörige die Zusammenveranlagung mit ihrem im EU-/EWR-Ausland lebenden Ehegatten auch dann beanspruchen können, wenn die gemeinsamen Einkünfte der Ehegatten zu weniger als 90 % der deutschen Einkommensteuer unterliegen oder die ausländischen Einkünfte der Ehegatten den doppelten Grundfreibetrag übersteigen (BFH v. 8.9.2010, I R 28/10, BStBl II 2011, 269).

Die **Höhe der nicht der deutschen Einkommensteuer unterliegenden Einkünfte** ist durch eine **Bescheinigung der zuständigen ausländischen Steuerbehörde nachzuweisen** (§ 1 Abs. 3 Satz 4 EStG). Beim Finanzamt sind **amtliche Vordrucke** für entsprechende Bescheinigungen in verschiedenen Sprachen zu bekommen. Bei Angehörigen eines EU-/EWR-Mitgliedstaats ist die „Bescheinigung EU/EWR", bei anderen Personen die „Bescheinigung außerhalb EU/EWR" zu verwenden. Im Lohnsteuer-Abzugsverfahren und im Einkommensteuer-Veranlagungsverfahren sind jeweils unterschiedliche Vordrucke zu verwenden. Der Bescheinigung kommt keine Bindungswirkung zu (FG Köln v. 21.1.2004, 4 K 4336/01, EFG 2005, 419). Aus Vereinfachungsgründen können die in der Bescheinigung der ausländischen Steuerbehörde genannten Beträge übernommen werden. Es bedarf keiner Bescheinigung der ausländischen Steuerbehörde, wenn der Stpfl. ausschließlich inländische Einkünfte erzielt hat (FG Brandenburg v. 17.8.2005, 4 K 1467/01, EFG 2005, 1706).

Bei EU-/EWR-Mitgliedstaaten kann nicht auf die gesetzlich vorgesehene Bescheinigung verzichtet werden. Ist zuständige Behörde die Steuerbehörde eines Nicht-EU-/EWR-Mitgliedstaats, so reichen auch andere Bestätigungen dieser Steuerbehörde über die Höhe der ausländischen Einkünfte (z.B. Steuerbescheid) aus. Gibt es in einem Nicht-EU-/EWR-Mitgliedstaat keine Steuerbehörden oder erteilen diese keine Bescheinigungen nach § 1 Abs. 3 Satz 4 EStG, so genügt eine Bescheinigung des Stpfl. i.V.m. einer Bestätigung einer deutschen Auslandsvertretung. Der Stpfl. hat auch hier den amtlichen Vordruck für die Erteilung einer Bescheinigung der ausländischen Steuerbehörde zu verwenden (BMF v. 30.12.1996, IV B 4 – S 2303 – 266/96, BStBl I 1996, 1506). Im Lohnsteuer-Ermäßigungsverfahren kann auf die Bestätigung der ausländischen Steuerbehörde verzichtet werden, wenn für einen der beiden vorangegangenen Veranlagungszeiträume bereits eine von der ausländischen Steuerbehörde bestätigte Anlage „Bescheinigung EU/EWR" bzw. „Bescheinigung außerhalb EU/EWR" vorliegt und sich die Verhältnisse nach Angaben des Stpfl. nicht geändert haben (BMF v. 25.11.1999, IV C 1 – S 2102 – 31/99, BStBl I 1999, 990). Kann der Stpfl. nachweisen, dass in der Bescheinigung der ausländischen Steuerbehörde auch Einkünfte enthalten sind, die (auch) der inländischen Besteuerung uneingeschränkt unterliegen, ist dies bei der Entscheidung, ob die Einkünfte überwiegend der inländischen Besteuerung unterliegen, zu Gunsten des Stpfl. zu berücksichtigen (OFD Frankfurt v. 21.3.2013, S 2102 A – 13 – St 56, www.stotax-first.de).

Die Behandlung als unbeschränkt steuerpflichtig auf Antrag ist bei Erfüllen der Einkommensgrenze **unabhängig von der Staatsangehörigkeit** des Stpfl. möglich. Die Steuerpflicht i.S.d. § 1 Abs. 3 EStG ist ein „Zwitter" zwischen beschränkter (§ 1 Abs. 4 EStG) und unbeschränkter (§ 1 Abs. 1 EStG) Steuerpflicht, weil sie nicht das Welteinkommen, sondern nur inländische Einkünfte erfasst. Die nicht der deutschen Einkommensteuer unterliegenden Einkünfte sind dem Progressionsvorbehalt zu unterwerfen. Ein nur bei beschränkt Stpfl. vorzunehmender Steuerabzug nach § 50a EStG hat auch bei einem Antrag nach § 1 Abs. 3 EStG zu erfolgen (§ 1 Abs. 3 Satz 5 EStG), es tritt jedoch in diesem Fall keine Abgeltungswirkung nach § 50 Abs. 2 EStG ein. Personen- und in mehr oder weniger großem Umfang familienbezogene Entlastungen für Angehörige im Ausland können berücksichtigt werden, → Rz. 2772. Die Regelung des § 1 Abs. 3 EStG steht im Einklang mit Europarecht (EuGH v. 14.9.1999, C-391/97, BStBl II 1999, 841; BFH v. 15.5.2002, I R 40/01, BStBl II 2002, 660; FG Düsseldorf v. 5.12.2002, 8 K 4619/02 L, EFG 2003, 979).

d) Beschränkte Steuerpflicht (§ 1 Abs. 4 EStG)

2770 Personen **ohne Wohnsitz** oder **gewöhnlichen Aufenthalt** im Inland sind grundsätzlich nach § 1 Abs. 4 EStG **nur mit ihren inländischen Einkünften** i.S.d. § 49 EStG **beschränkt steuerpflichtig**, sofern sie nicht ausnahmsweise erweitert unbeschränkt steuerpflichtig nach § 1 Abs. 2 EStG (insbesondere Diplomaten, Konsularbeamte) sind oder unter den Voraussetzungen des § 1 Abs. 3 EStG (insbesondere Einkunftserzielung fast ausschließlich in Deutschland) als unbeschränkt steuerpflichtig auf Antrag behandelt werden. Im Einzelnen → Rz. 2774.

Zu den beschränkt steuerpflichtigen Arbeitnehmern können insbesondere Grenzgänger oder Grenzpendler gehören (→ *Grenzgänger* Rz. 1462; → *Grenzpendler* Rz. 1479).

3. Einfluss der Art der Steuerpflicht auf die Höhe der Steuer/Steuerklasse/Freibeträge

2771 Die **unterschiedlichen Arten** der persönlichen Steuerpflicht **bestimmen**, nach welchen **Modalitäten** die Steuerfestsetzung erfolgt, insbesondere,

- welche Einkünfte der deutschen Besteuerung unterliegen

- ob und ggf. in welchem Umfang **personen- und (ehe- oder kindbezogene) familienbezogene Entlastungen** gewährt werden (z.B. Abzug von Sonderausgaben, außergewöhnlichen Belastungen oder Freibeträge für Kinder, Kinderbetreuungskosten, Splitting),

- ob nach Ablauf des Kalenderjahrs eine Veranlagung oder ein Erstattungsverfahren möglich oder die Einkommensteuer beim Arbeitnehmer mit dem Lohnsteuerabzug abgegolten ist.

Personen sind grundsätzlich dort, wo sie einen Wohnsitz oder ihren gewöhnlichen Aufenthalt haben, unbeschränkt steuerpflichtig mit ihrem **Welteinkommen** (→ *Steuerpflicht: unbeschränkte* Rz. 2794). Erzielen sie **außerhalb** des Wohnsitzstaats Einkünfte, sind sie dort, also im Quellen- bzw. Tätigkeitsstaat mit den aus Sicht des Tätigkeitsstaats inländischen Einkünften, grundsätzlich **beschränkt steuerpflichtig**. Ob bestimmte Einkünfte den Regeln über die unbeschränkte Steuerpflicht unterliegen, ist nach den Verhältnissen im **Zeitpunkt des Erzielens** der Einkünfte zu beurteilen (BFH v. 19.12.2001, I R 63/00, BStBl II 2003, 302).

Zur Vermeidung der Doppelbesteuerung bei Auseinanderfallen von Wohnsitz- und Tätigkeitsstaat s. → *Doppelbesteuerung* Rz. 854. Es obliegt grundsätzlich dem Wohnsitzstaat, bei der Be-

Steuerpflicht

steuerung persönliche und familiäre Umstände zu berücksichtigen. Bei beschränkt Stpfl. werden deshalb grundsätzlich keine personen- und familienbezogene Entlastungen abgezogen. Bestimmte familienbezogene Entlastungen (in Deutschland insbesondere Splitting/Steuerklasse III) hängen darüber hinaus davon ab, dass auch die Familienangehörigen ihren Wohnsitz bzw. gewöhnlichen Aufenthalt in demselben Staat haben müssen wie der Stpfl. Da jedoch auf Grund **europarechtlicher Vorgaben** (EuGH v. 14.2.1995, Schumacker, C-297/93, HFR 1995, 282) Staatsangehörige eines EU-Mitgliedstaats, die ihre Tätigkeit in einem anderen EU-Mitgliedstaat ausüben und dort fast ausschließlich ihre Einkünfte erzielen, mit den im Tätigkeitsstaat wohnenden Personen gleichgestellt werden müssen, sind o.g. „Grundregeln" der Besteuerung unbeschränkt und beschränkt Stpfl. im deutschen Steuerrecht wie folgt modifiziert worden:

- **Stpfl. mit fast ausschließlich inländischen Einkünften** (sog. 90 %-Grenze) werden unabhängig vom Wohnsitz/gewöhnlichen Aufenthalt und ihrer Staatsangehörigkeit nach § 1 Abs. 3 EStG **auf Antrag als unbeschränkt steuerpflichtig** behandelt (→ Rz. 2769). Sie erhalten – ggf. bereits im Lohnsteuerabzugsverfahren – personenbezogene Entlastungen (z.B. Berücksichtigung von außergewöhnlichen Belastungen) und – soweit diese nicht von der unbeschränkten Steuerpflicht der Familienangehörigen abhängig sind – auch familienbezogene Entlastungen (z.B. Freibeträge für Kinder, Unterhaltsaufwendungen als außergewöhnliche Belastungen, Entlastungsbetrag für Alleinerziehende).
- Stpfl. mit Staatsangehörigkeit eines EU-/EWR-Mitgliedstaats **(EU-/EWR-Staatsangehörige)**, die (ggf. mit ihrem Ehepartner) ihr Einkommen fast ausschließlich in Deutschland erzielen, erhalten als unbeschränkt Stpfl. (§ 1 Abs. 1 EStG), erweitert beschränkt Stpfl. (§ 1 Abs. 2 EStG) oder unbeschränkt Stpfl. auf Antrag (§ 1 Abs. 3 EStG) ggf. bereits im Lohnsteuerabzugsverfahren unter den Voraussetzungen des § 1a EStG auch **für Familienangehörige im Ausland Splitting/Steuerklasse III und Realsplitting** (→ Rz. 2772).
- **Arbeitnehmer** haben unabhängig vom Umfang ihrer Inlandseinkünfte stets ein **Veranlagungswahlrecht nach § 50 Abs. 2 Satz 2 Nr. 4 Buchst. b EStG** und können daher insbesondere bei schwankenden oder unterjährigen Einkünften die Progression mindern (→ Rz. 2788).

Danach ist neben dem Wohnort/Aufenthalt die Höhe der inländischen Einkünfte und die Staatsangehörigkeit bedeutend für die Art der Steuerpflicht bzw. den Umfang der steuerlichen Entlastungen.

> **Beispiel:**
> In einer Automobilfabrik in Deutschland arbeiten ein belgischer (B), ein niederländischer (N), ein italienischer (I), ein türkischer (T) und ein deutscher (D) Arbeitnehmer in einer Arbeitseinheit. B, I, T und D erzielen neben ihrem Lohn kein weiteres Einkommen; N erzielt in den Niederlanden Einkünfte aus einem Mehrfamilienhaus von 8 000 €. B wohnt mit seiner Familie in Belgien; N ist ledig und wohnt in den Niederlanden; I wohnt in Deutschland, seine Familie lebt in Mailand; T wohnt in Deutschland, seine Familie lebt in Ankara; D lebt mit seiner Familie in Deutschland. Die Ehefrauen B, T und D erzielen keine Einkünfte. Ehefrau I erzielt in Italien Einkünfte von 20 000 €.
>
> B und D erhalten sämtliche personen- und familienbezogene Entlastungen des Einkommensteuergesetzes (insbesondere Splitting/Steuerklasse III sowie Kinderfreibeträge). T und I erhalten personen- und familienbezogene Entlastungen, soweit sie nicht von der unbeschränkten Steuerpflicht der Familienangehörigen abhängen, z.B. den Abzug außergewöhnlicher Belastungen, Freibeträge für Kinder. I erhält kein Splitting/Steuerklasse III, weil das Ehegatteneinkommen nicht fast ausschließlich in Deutschland erzielt wird; wegen der Höhe ihrer Einkünfte können Unterhaltsaufwendungen an die Ehefrau nicht als außergewöhnliche Belastung berücksichtigt werden. T erhält kein Splitting/Steuerklasse III, weil seine Ehefrau nicht im EU/EWR-Mitgliedstaat lebt (s.a. FG Hamburg v. 9.12.1999, II 236/98, EFG 2000, 866). N kann wegen der Höhe seiner ausländischen Einkünfte nicht auf Antrag als unbeschränkt steuerpflichtig behandelt werden, er kann aber als Arbeitnehmer einen Antrag auf Veranlagung nach § 50 Abs. 2 Satz 2 Nr. 4 Buchst. b EStG stellen.

4. Familienbezogene Entlastungen für Angehörige im Ausland

2772 Stpfl. mit **inländischem Wohnsitz/gewöhnlichem Aufenthalt** haben grundsätzlich Anspruch auf **personen- und familienbezogene Entlastungen** (z.B. Abzug von Sonderausgaben und Aufwendungen für außergewöhnliche Belastungen wie Krankheitskosten, Unterhaltsaufwendungen). Das gilt auch für Stpfl. ohne inländischen Wohnsitz/gewöhnlichen Aufenthalt, wenn sie **erweitert unbeschränkt steuerpflichtig** nach § 1 Abs. 2 EStG sind oder nach § 1 Abs. 3 EStG **auf Antrag als unbeschränkt steuerpflichtig** behandelt werden.

Folgende familienbezogene Entlastungen hängen außerdem von der **unbeschränkten Steuerpflicht des (ehemaligen) Ehegatten** ab:

- Zusammenveranlagung (§§ 26, 26b EStG) mit **Splitting** und Verdoppelung bestimmter Höchst- und Freibeträge **(Steuerklasse III)**; nach Auffassung der Finanzverwaltung kann die Steuerklasse III auch nicht aus Billigkeitsgründen gewährt werden, wenn ein Ehepartner unbeschränkt steuerpflichtig ist und dem anderen die Einreise in die Bundesrepublik verwehrt wird,
- **Realsplitting** (§ 10 Abs. 1 Nr. 1 EStG).

Da hierdurch indirekt Personen von diesen Entlastungen ausgeschlossen werden, deren Familie im Ausland lebt, können nach §§ 1, 1a EStG vorstehende Steuerentlastungen **auch für im Ausland lebende Angehörige** in Betracht kommen, wenn

- der Stpfl. selbst die **EU-/EWR-Staatsangehörigkeit** hat und mindestens **90 % der Einkünfte** in Deutschland erzielt oder die nicht der deutschen Einkommensteuer unterliegenden Einkünfte nicht mehr als **8 652 €** betragen (zur Einkunftsgrenze im Einzelnen → Rz. 2769) **und**
- der Angehörige im **EU-/EWR-Mitgliedstaat** lebt; zu Besonderheiten bei Arbeitnehmern des öffentlichen Dienstes vgl. im Einzelnen → *Auslandsbeamte* Rz. 455.

Seit der Neufassung des § 1a Abs. 1 EStG können unbeschränkt einkommensteuerpflichtige EU-/EWR-Staatsangehörige die Zusammenveranlagung mit ihrem im EU/EWR-Ausland lebenden Ehegatten auch dann beanspruchen, wenn die gemeinsamen Einkünfte der Ehegatten zu weniger als 90 % der deutschen Einkommensteuer unterliegen oder die ausländischen Einkünfte der Ehegatten den doppelten Grundfreibetrag übersteigen (BFH v. 8.9.2010, I R 28/10, BStBl II 2011, 269). Für die Anwendung des Realsplittings muss die Besteuerung im Ausland durch eine Bescheinigung der ausländischen Steuerbehörde nachgewiesen werden. Es verstößt nicht gegen EU-Recht, wenn ein Stpfl. Unterhaltszahlungen an seinen geschiedenen Ehegatten nicht abziehen kann, wenn diese im anderen EU-Mitgliedstaat steuerfrei sind (EuGH v. 12.7.2005, C-403/03, HFR 2005, 1029).

Die Entlastungen knüpfen nach § 1a EStG an eine **bestimmte Staatsangehörigkeit** des Stpfl., an bestimmte Einkunftsgrenzen und an einen bestimmten Aufenthalt des Angehörigen an. Stpfl., die die Voraussetzungen des § 1a EStG erfüllen, werden völlig gleichgestellt, und zwar unabhängig davon, ob sie im Inland oder im Ausland wohnen.

Liegen die Voraussetzungen des § 1a EStG nicht vor, so können Personen, die unbeschränkt steuerpflichtig sind oder auf Antrag so behandelt werden, für ihre im Ausland lebenden Ehegatten grundsätzlich nur Entlastungen durch Abzug von Aufwendungen als außergewöhnliche Belastungen erhalten. Nach einigen Doppelbesteuerungsabkommen (Dänemark, Kanada, USA, Schweiz) können jedoch Unterhaltsleistungen unabhängig von § 1a Abs. 1 Nr. 1 EStG abgezogen werden (H 10.2 [Nicht unbeschränkt einkommensteuerpflichtiger Empfänger] EStH). Für ihre Kinder ist bei Vorliegen der entsprechenden Voraussetzungen der Abzug von Kinderfreibeträgen, Freibeträgen für den Betreuungs-, Erziehungs- oder Ausbildungsbedarf, Kinderbetreuungskosten und von Aufwendungen als außergewöhnliche Belastungen sowie des Entlastungsbetrags für Alleinerziehende möglich.

Die nachfolgende **Übersicht** zeigt nochmals, ob und unter welchen Voraussetzungen Arbeitnehmern familienbezogene Entlastungen gewährt werden, die grundsätzlich von der unbeschränkten Steuerpflicht des Angehörigen abhängen:

Steuerpflicht

Steuerentlastungen für Ehegatten im Ausland (Flussdiagramm)

- 90 % der Einkünfte unterliegen der deutschen ESt oder geringe Einkünfte unterliegen nicht der deutschen ESt
  - ja → EU-/EWR-Staatsangehöriger
    - ja → Splitting: Ehegatte lebt im EU-/EWR-Mitgliedstaat; Realsplitting: geschiedener Ehegatte lebt im EU-/EWR-Mitgliedstaat und versteuert Unterhaltszahlungen
    - nein → kein Splitting (Steuerklasse III), wenn der Ehegatte nicht unbeschränkt steuerpflichtig nach § 1 Abs. 1 oder § 1 Abs. 2 EStG ist; kein Realsplitting, wenn geschiedener Ehegatte nicht unbeschränkt steuerpflichtig nach § 1 Abs. 1 oder § 1 Abs. 2 EStG ist
  - nein → kein Splitting (Steuerklasse III)...

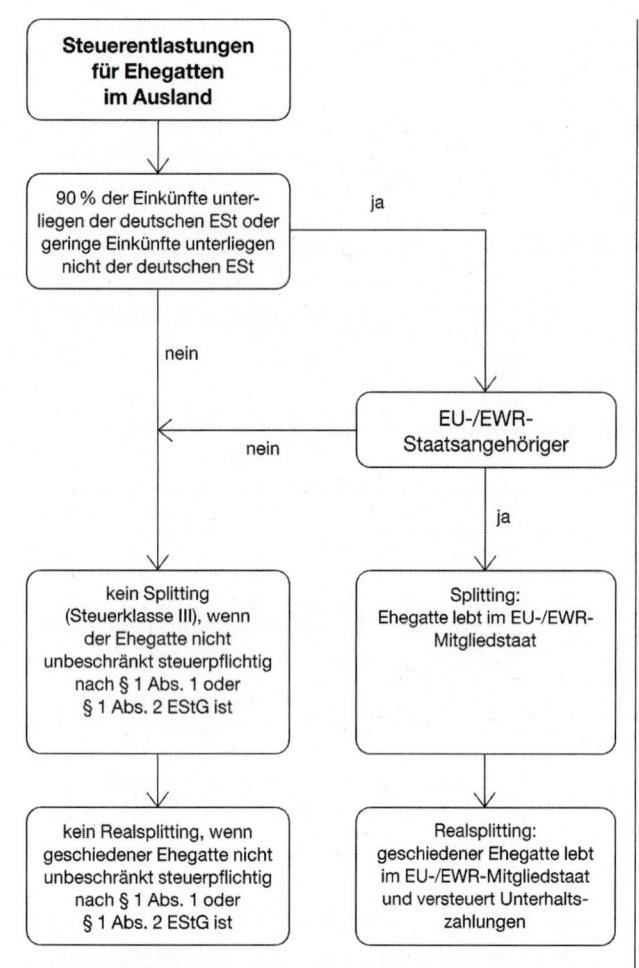

Ob **ein Arbeitnehmer mit EU-/EWR-Staatsangehörigkeit**, der in Deutschland arbeitet, **Steuerklasse III** erhalten kann, ergibt sich vorbehaltlich der erforderlichen Einkommensgrenzen aus nachfolgender Tabelle:

Arbeitnehmer Staatsangehörigkeit/Wohnsitz	Ehegatte Staatsangehörigkeit/Wohnsitz	Splitting
EU/EU	EU/EU	ja
EU/EU	EU/Nicht-EU	nein
EU/EU	Nicht-EU/EU	ja
EU/EU	Nicht-EU/Nicht-EU	nein
EU/Nicht-EU	EU/EU	ja
EU/Nicht-EU	EU/Nicht-EU	nein
EU/Nicht-EU	Nicht-EU/EU	ja
EU/Nicht-EU	Nicht-EU/Nicht-EU	nein

Beispiel 1:
Der verheiratete französische Arbeitnehmer M wohnt mit seiner amerikanischen Frau F in Frankreich und arbeitet in Deutschland. M und F erzielen keine weiteren Einkünfte.

Die Eheleute können auf Antrag mit Splitting zusammen veranlagt werden bzw. M kann den Lohnsteuerabzug nach Steuerklasse III erhalten, weil er die EU-Staatsangehörigkeit hat, seine Frau in Frankreich (EU-Staat) lebt und das Ehegatteneinkommen ausschließlich in Deutschland erzielt wird.

Beispiel 2:
Wie Beispiel 1, aber statt M ist F Arbeitnehmerin. F und M leben in Frankreich.

Die Eheleute können kein Splitting (Steuerklasse III) erhalten, weil F keine EU-/EWR-Staatsangehörige ist. F kann aber, wenn sie sich als unbeschränkt steuerpflichtig nach § 1 Abs. 3 EStG behandeln lässt, Unterhaltszahlungen an M als außergewöhnliche Belastung geltend machen.

Beispiel 3:
Wie Beispiel 2, aber F wohnt in Deutschland.

Die Eheleute können kein Splitting (Steuerklasse III) erhalten, weil F nicht die EU-/EWR-Staatsangehörigkeit besitzt. Unerheblich ist, dass M die EU-/EWR-Staatsangehörigkeit besitzt und M und F in einem EU-/EWR-Staat wohnen. F kann als unbeschränkt Stpfl. Unterhaltszahlungen an M ggf. als außergewöhnliche Belastung geltend machen.

Beispiel 4:
Wie Beispiel 1, aber die Eheleute wohnen in der Schweiz, F arbeitet in Deutschland.

Die Eheleute können kein Splitting (Steuerklasse III) erhalten, weil F nicht EU-/EWR-Staatsangehörige ist.

In Deutschland beschäftigte Arbeitnehmer, die **nicht EU-/EWR-Staatsangehörige** sind und die nicht in einem EU-/EWR-Mitgliedstaat wohnen, können **nie** Steuerklasse III erhalten, auch dann nicht, wenn sie ihre Einkünfte fast ausschließlich in Deutschland erzielen.

§ 1a Abs. 1 EStG ist bei EU-/EWR-Staatsangehörigen bei Vorliegen der übrigen Voraussetzungen auch anwendbar, wenn

- der Empfänger der Leistungen i.S.d Nrn. 1 und 1a,
- die ausgleichsberechtigte Person i.S.d. Nr. 1b oder
- der Ehegatte/Lebenspartner i.S.d. Nr. 2

seinen/ihren Wohnsitz oder gewöhnlichen Aufenthalt **in der Schweiz** haben (BMF v. 16.9.2013, IV C 3 – S 1325/11/10014, BStBl I 2013, 1325 sowie EuGH v. 28.2.2013, C-425/11, BStBl II 2013, 896).

5. Lohnsteuerabzugsverfahren bei unbeschränkt Steuerpflichtigen

2773 S. im Einzelnen die Erläuterungen zu → *Steuerpflicht: unbeschränkte* Rz. 2799.

6. Lohnsteuerabzugsverfahren/Steuerabzug nach § 50a EStG bei beschränkt Steuerpflichtigen

a) Einkünfte aus nichtselbständiger Arbeit

2774 Die Einkünfte, mit denen beschränkt Stpfl. der deutschen Einkommensteuer unterliegen, sind in § 49 EStG abschließend aufgezählt. Demnach sind beschränkt steuerpflichtig nach § 49 Abs. 1 Nr. 4 EStG

Einkünfte aus nichtselbständiger Arbeit, die

- **im Inland ausgeübt** wird oder worden ist oder
- **im Inland verwertet** wird oder worden ist oder
- aus **inländischen öffentlichen Kassen** einschließlich der Kassen des Bundeseisenbahnvermögens und der deutschen Bundesbank mit Rücksicht auf ein gegenwärtiges oder früheres Dienstverhältnis gewährt werden, ohne dass ein Zahlungsanspruch gegenüber dieser Kasse bestehen muss (danach unterliegen insbesondere Bedienstete des Goethe-Instituts und des DAAD ohne Wohnsitz/gewöhnlichen Aufenthalt in Deutschland der deutschen beschränkten Einkommensteuerpflicht; sie werden jedoch regelmäßig die Voraussetzungen für die unbeschränkte Steuerpflicht auf Antrag erfüllen), oder
- als Vergütung für eine Tätigkeit als **Geschäftsführer, Prokurist** oder **Vorstandsmitglied** einer Gesellschaft mit Geschäftsleitung im **Inland** bezogen werden (§ 49 Abs. 1 Nr. 4 Buchst. c EStG; s. zu dieser Vorschrift und dem Verhältnis zu Doppelbesteuerungsabkommen auch OFD Frankfurt v. 11.2.2003, S 2300 A – 21 – St II 22, www.stotax-first.de; befindet sich lediglich der Sitz der Gesellschaft im Inland, besteht keine Besteuerungsmöglichkeit nach dieser Vorschrift) oder
- als **Entschädigung** i.S.d. § 24 Nr. 1 EStG für die Auflösung eines Dienstverhältnisses (→ *Entschädigungen* Rz. 1134) gezahlt werden, soweit die für die zuvor ausgeübte Tätigkeit bezogenen Einkünfte der deutschen Besteuerung unterlegen haben (die Vorschrift soll eine **Besteuerungslücke schließen**, denn Abfindungen werden regelmäßig **nicht als Vergütung für eine frühere Tätigkeit angesehen**) oder
- an **Bord eines im internationalen Luftverkehr** eingesetzten Luftfahrzeugs **ausgeübt** wird, das von einem Unternehmen mit Geschäftsleitung im Inland betrieben wird (damit kann das durch ein Doppelbesteuerungsabkommen Deutschland zugewiesene Besteuerungsrecht für Arbeitnehmer, die im internationalen Luftverkehr tätig sind, auch wahrgenommen werden).

aa) Tätigkeit oder Verwertung im Inland

2775 Zum Inland gehört auch der der Bundesrepublik Deutschland zustehende Anteil

Steuerpflicht

- an der ausschließlichen Wirtschaftszone, soweit dort
  - die lebenden und nicht lebenden natürlichen Ressourcen der Gewässer über dem Meeresboden, des Meeresbodens und seines Untergrunds erforscht, ausgebeutet, erhalten oder bewirtschaftet werden,
  - andere Tätigkeiten zur wirtschaftlichen Erforschung oder Ausbeutung der ausschließlichen Wirtschaftszone ausgeübt werden, wie z.B. die Energieerzeugung aus Wasser, Strömung und Wind oder
  - künstliche Inseln errichtet oder genutzt werden und Anlagen und Bauwerke für die oben genannten Zwecke errichtet oder genutzt werden, und
- am Festlandsockel, soweit dort
  - dessen natürliche Ressourcen erforscht oder ausgebeutet werden; natürliche Ressourcen in diesem Sinne sind die mineralischen und sonstigen nicht lebenden Ressourcen des Meeresbodens und seines Untergrunds sowie die zu den sesshaften Arten gehörenden Lebewesen, die im nutzbaren Stadium entweder unbeweglich auf oder unter dem Meeresboden verbleiben oder sich nur in ständigem körperlichen Kontakt mit dem Meeresboden oder seinem Untergrund fortbewegen können; oder
  - künstliche Inseln errichtet oder genutzt werden und Anlagen und Bauwerke für die oben genannten Zwecke errichtet oder genutzt werden (§ 1 Abs. 1 Satz 2 EStG).

Zu der im **Inland** ausgeübten/verwerteten nichtselbständigen Arbeit gehört nicht die nichtselbständige Arbeit, die auf einem **deutschen Schiff** während seines Aufenthalts in einem ausländischen Küstenmeer/Hafen ausgeübt wird von Arbeitnehmern ohne Wohnsitz/gewöhnlichen Aufenthalt im Inland (R 39.4 Abs. 2 Satz 3 LStR). Unerheblich ist, ob der Arbeitslohn zu Lasten eines inländischen Arbeitgebers gezahlt wird.

bb) Ehemalige Tätigkeit

2776 **Vorruhestandsgelder**, die an Arbeitnehmer gezahlt werden, die im Inland keinen Wohnsitz oder gewöhnlichen Aufenthalt haben, gehören zu den der deutschen Besteuerung unterliegenden Einkünften i.S.d. § 49 Abs. 1 Nr. 4 EStG, weil es sich um Einkünfte aus einer Tätigkeit handelt, die im Inland ausgeübt oder verwertet worden ist (BMF v. 15.11.1984, IV B 6 – S 2340 – 11/84, BStBl I 1985, 13). Das Besteuerungsrecht wird in Doppelbesteuerungsabkommen insoweit grundsätzlich dem Wohnsitzstaat zugewiesen (→ *Doppelbesteuerungsabkommen bei Einkünften aus nichtselbständiger Arbeit* Rz. 866).

cc) Ausübung im Inland

2777 Die nichtselbständige Tätigkeit wird im Inland ausgeübt, wenn der Arbeitnehmer dort persönlich tätig wird. Bei Ausübung der Tätigkeit im Inland kommt es nicht darauf an, ob ein inländischer oder ausländischer Arbeitgeber den Arbeitslohn zahlt (R 39.4 Abs. 2 LStR).

dd) Verwertung im Inland

2778 Eine Tätigkeit wird im Inland verwertet, wenn der Arbeit**nehmer** das **Ergebnis** einer **im Ausland** ausgeübten Tätigkeit **im Inland seinem Arbeitgeber zuführt**. Die nichtselbständige Arbeit muss also an einem anderen Ort als dem der Ausübung verwertet werden. Unbeachtlich ist die Tätigkeit für einen inländischen Arbeitgeber und die Zahlung des Arbeitslohns vom Inland.

Arbeitgeber in diesem Sinne ist die **Stelle im Inland** (z.B. auch eine Betriebsstätte oder der inländische Vertreter eines ausländischen Arbeitgebers), die ohne Rücksicht auf die formalen Vertragsverhältnisse zu einem möglichen ausländischen Arbeitgeber die **wesentlichen Rechte und Pflichten des Arbeitgebers tatsächlich wahrnimmt**; inländischer Arbeitgeber ist auch ein inländisches Unternehmen bezüglich der Arbeitnehmer, die bei rechtlich unselbständigen Betriebsstätten, Filialen oder Außenstellen im Ausland beschäftigt sind (R 39.4 Abs. 2 Satz 5 LStR).

Beispiel 1:
Ein lediger Wissenschaftler ohne Wohnsitz/gewöhnlichen Aufenthalt in Deutschland wird im Rahmen eines Forschungsvorhabens in Südamerika tätig. Er übergibt entsprechend den getroffenen Vereinbarungen einen Forschungsbericht seinem Arbeitgeber, der aber von einer kommerziellen Auswertung absieht.

Der Wissenschaftler ist mit den Bezügen, die er für die Forschungstätigkeit von seinem Arbeitgeber erhält, ohne Rücksicht auf eine Auswertung beschränkt steuerpflichtig; die Bezüge unterliegen deshalb dem Lohnsteuerabzug.

Beispiel 2:
Der bei einer inländischen Reederei beschäftigte Kapitän ohne Wohnsitz/gewöhnlichen Aufenthalt in Deutschland ist auf einem unter ausländischer Flagge fahrenden Schiff außerhalb der deutschen Hoheitsgewässer tätig.

Der Kapitän ist mit seinen Bezügen in Deutschland nicht steuerpflichtig, weil er weder hier ansässig noch tätig ist noch das Ergebnis seiner im Ausland ausgeübten Tätigkeit seinem Arbeitgeber im Inland zuführt (BFH v. 12.11.1986, I R 38/83, BStBl II 1987, 377).

Beispiel 3:
Der Angestellte ohne Wohnsitz/gewöhnlichen Aufenthalt im Inland betreibt allgemeine Kontaktpflege im Ausland.

Der Angestellte A ist mit seinen Bezügen in Deutschland nicht steuerpflichtig, weil er weder hier ansässig noch tätig ist noch das Ergebnis seiner im Ausland ausgeübten Tätigkeit seinem Arbeitgeber im Inland zuführt (BFH v. 12.11.1986, I R 69/83, BStBl II 1987, 379).

Beispiel 4:
Wie Beispiel 3, stattdessen übermittelt A seinem inländischen Arbeitgeber aber Marktanalyseberichte.

A ist mit den Bezügen, die er für die Marktanalysen von seinem Arbeitgeber erhält, beschränkt steuerpflichtig, weil er das Ergebnis seiner Auslandstätigkeit seinem Arbeitgeber im Inland nutzbar macht.

Beispiel 5:
Der in Italien wohnende Angestellte A einer deutschen Luftverkehrsgesellschaft ist für seinen Arbeitgeber auf dem Flughafen in Rom tätig.

A ist mit seinen Bezügen nicht steuerpflichtig, weil er seine im Ausland ausgeübte Tätigkeit seinem Arbeitgeber nicht im Inland, sondern im Ausland zuführt (BFH v. 12.11.1986, I R 320/83, BStBl II 1987, 381).

Beispiel 6:
Der in Madrid wohnende Ingenieur I erbringt Leistungen für ein deutsches Ingenieurbüro im Zusammenhang mit der Errichtung eines Gebäudes in Madrid.

I ist mit seinen Bezügen nicht steuerpflichtig, weil seine Auslandstätigkeit nicht im Inland verwertet wird (BFH v. 12.11.1986, I R 69/83, BStBl II 1987, 379).

Beispiel 7:
Der in Belgien wohnende G ist **als Geschäftsführer** für eine deutsche GmbH in Antwerpen tätig.

Die Tätigkeit wird zwar weder im Inland ausgeübt noch verwertet, G ist aber mit den Vergütungen beschränkt steuerpflichtig, weil er als Geschäftsführer für eine deutsche Gesellschaft mit Geschäftsleitung im Inland tätig ist. Das Besteuerungsrecht steht aber nach Art. 15 DBA-Belgien Belgien zu.

Bei verschiedenartiger Tätigkeit ist die Steuerpflicht für jede einzelne Tätigkeit zu untersuchen (BFH v. 12.11.1986, I R 192/85, BStBl II 1987, 383). Da es sich um einen „Auslandssachverhalte" handelt, obliegt den Beteiligten gegenüber dem Finanzamt eine erhöhte Mitwirkungspflicht (§ 90 Abs. 2 AO). Wird für eine Tätigkeit, die nur teilweise im Inland verwertet wird, ein einheitliches Entgelt gezahlt, so ist dieses im Schätzungswege aufzuteilen.

ee) Steuerbefreiung beim Verwertungstatbestand

Einkünfte aus der Verwertung einer ausländischen Tätigkeit im Inland bleiben steuerfrei, **2779**

- wenn ein Doppelbesteuerungsabkommen besteht und der Lohnsteuerabzug unterbleiben darf (→ *Doppelbesteuerungsabkommen bei Einkünften aus nichtselbständiger Arbeit* Rz. 898),
- in anderen Fällen aus Billigkeitsgründen auf der Grundlage des § 50 Abs. 4 EStG, wenn nachgewiesen oder glaubhaft gemacht wird, dass von diesen Einkünften im Tätigkeitsstaat eine der deutschen Einkommensteuer entsprechende Steuer tatsächlich erhoben wird; der Nachweis ist nicht erforderlich, wenn die Voraussetzungen des Auslandstätigkeitserlasses vorliegen (R 39.4 Abs. 3 LStR; → *Auslandstätigkeitserlass* Rz. 464). Hat der Stpfl. nach dem Ermessen des Finanzamts **glaubhaft gemacht**, dass er mit den Einkünften im Ausland

Steuerpflicht

zur Besteuerung herangezogen wird, so ist die Heranziehung ausreichend nachgewiesen. Der Nachweis kann hiernach für bis zu drei Jahren anerkannt werden, wenn ein jährlicher Nachweis unzumutbar ist (FinMin Baden-Württemberg v. 10.11.1983, S 2369 A – 6/78, www.stotax-first.de).

Der im Inland ausgezahlte Arbeitslohn wird grundsätzlich dem Lohnsteuerabzug unterliegen. Der Teil des Arbeitslohns, der bereits nach §§ 3, 3b EStG steuerfrei ist, ist vor Anwendung von R 39.4 Ans. 3 LStR vom Lohnsteuerabzug auszunehmen. R 39.4 Abs. 3 LStR kann auch bei einem Doppelbesteuerungsabkommen in Betracht kommen, wenn die Doppelbesteuerung durch dieses nicht beseitigt wird. Bei Arbeitnehmern, die für einen Arbeitgeber im Ausland tätig sind und ihren Wohnsitz im **Drittstaat** haben, kann R 39.4 Abs. 3 LStR nicht angewendet werden, wenn im **Tätigkeitsstaat** eine der deutschen Einkommensteuer entsprechende Steuer nicht erhoben wird, weil dann vornehmlich der Wohnsitzstaat die Doppelbesteuerung beheben muss. Besteht mit dem Wohnsitzstaat des Arbeitnehmers ein Doppelbesteuerungsabkommen, so kommt nur eine Freistellung nach diesem Abkommen in Betracht.

> **Beispiel 1:**
> A wohnt in den Niederlanden und wird für seinen deutschen Arbeitgeber in Libyen tätig.
> Nach Art. 16 und 10 DBA-Niederlande sind die Einkünfte in Deutschland freizustellen.

> **Beispiel 2:**
> A wohnt in Libyen und wird für seinen deutschen Arbeitgeber in Frankreich tätig.
> Mit Libyen besteht kein Doppelbesteuerungsabkommen. Das DBA-Frankreich findet mangels Abkommensberechtigung (→ *Doppelbesteuerungsabkommen: Allgemeines* Rz. 855) keine Anwendung. Da Frankreich als Tätigkeitsstaat eine Steuer erhebt, ist der Arbeitslohn in Deutschland nach R 39.4 Abs. 3 LStR freizustellen.

> **Beispiel 3:**
> Sachverhalt wie Beispiel 2, aber Libyen erhebt eine Steuer.
> Hier muss vornehmlich Libyen die Doppelbesteuerung beseitigen.

b) Lohnsteuerabzugsverfahren

aa) Anzuwendende Tabelle und besondere Bescheinigung

2780 Beschränkt steuerpflichtigen Arbeitnehmern wird **zz. keine Identifikationsnummer zugeteilt**, daher kann der Arbeitgeber keine elektronischen Lohnsteuerabzugsmerkmale abrufen. Stattdessen stellt das Betriebsstättenfinanzamt des Arbeitgebers eine (Papier-)**Bescheinigung für den Lohnsteuerabzug** aus. Diese Bescheinigung ersetzt die Verpflichtung und Berechtigung des Arbeitgebers zum Abruf der elektronischen Lohnsteuerabzugsmerkmale nach § 39e Abs. 4 EStG. Den Antrag auf Ausstellung der Bescheinigung der Steuerklasse I kann auch der Arbeitgeber im Namen des Arbeitnehmers stellen. Die Bescheinigung ist als Beleg zum Lohnkonto zu nehmen und während des Dienstverhältnisses, längstens bis zum Ablauf des jeweiligen Kalenderjahrs, aufzubewahren (§ 39 Abs. 3 EStG).

Beschränkt einkommensteuerpflichtige Arbeitnehmer werden für die Durchführung des Lohnsteuerabzugs in die **Steuerklasse I**, für weitere Arbeitsverhältnisse in die Steuerklasse VI eingereiht (§ 38b Abs. 1 EStG). Die Lohnsteuer ist bei beschränkt Stpfl. nach der **allgemeinen Lohnsteuertabelle** zu ermitteln, wenn der Arbeitnehmer in allen Sozialversicherungszweigen versichert ist. Die Besondere Lohnsteuertabelle kommt nur in Betracht, wenn der Arbeitnehmer in keinem Sozialversicherungszweig versichert und privat kranken- und pflegeversichert ist sowie dem Arbeitgeber keine Kranken- und Pflege-Pflichtversicherungsbeiträge mitgeteilt hat.

Für einen beschränkt einkommensteuerpflichtigen Arbeitnehmer, für den § 50 Abs. 1 Satz 4 EStG anzuwenden ist, ermittelt das Finanzamt **auf Antrag einen Freibetrag**, der vom Arbeitslohn insgesamt abzuziehen ist, aus der Summe der folgenden Beträge (§ 39a Abs. 4 EStG):

– **Werbungskosten**, die bei den Einkünften aus nichtselbständiger Arbeit anfallen, soweit sie den Arbeitnehmer-Pauschbetrag oder bei Versorgungsbezügen den Pauschbetrag für Versorgungsempfänger übersteigen,

– Sonderausgaben i.S.d. § 10b EStG (**Spenden**), soweit sie den Sonderausgaben-Pauschbetrag übersteigen, und die wie Sonderausgaben abziehbaren Beträge nach § 10e oder § 10i EStG, jedoch erst nach Fertigstellung oder Anschaffung,

– den **Freibetrag** oder **Hinzurechnungsbetrag** bei Übertragung des Grundfreibetrags (→ *Übertragung des Grundfreibetrags* Rz. 2899).

Der Antrag kann nur nach amtlich vorgeschriebenem Vordruck bis zum Ablauf des Kalenderjahrs gestellt werden, für das die Lohnsteuerabzugsmerkmale gelten.

Die Berücksichtigung **anderer personenbezogener Entlastungen** (mit Ausnahme des Altersentlastungsbetrags, → *Altersentlastungsbetrag* Rz. 54) **oder von familienbezogenen Entlastungen** ist bei beschränkt Stpfl. **ausgeschlossen**. Der Arbeitnehmer sollte daher bereits im Lohnsteuerabzugsverfahren prüfen, ob er die Voraussetzungen für die Behandlung als unbeschränkt steuerpflichtig auf Antrag erfüllt und ob er einen solchen Antrag stellen sollte. Für den Antrag ist der Vordruck „Antrag auf Lohnsteuerermäßigung" mit der Anlage „Grenzpendler EU/EWR" (mehrsprachig) oder „Grenzpendler außerhalb EU/EWR" (mehrsprachig) zu verwenden, die beim Finanzamt zu erhalten sind. Die Zahlung von nach den gesetzlichen Vorschriften steuerfreiem Arbeitslohn (z.B. Reisekosten, Auslösungen) ist auch bei beschränkt steuerpflichtigen Arbeitnehmern möglich!

Zur Minderung der deutschen Lohnsteuer/Einkommensteuer bei in Deutschland tätigen belgischen Arbeitnehmern nach dem Zusatzabkommen v. 5.11.2002 zum DBA Belgien → *Grenzgänger* Rz. 1463.

Führt der Arbeitgeber den Lohnsteuerabzug trotz Nichtvorliegens der Bescheinigung nicht nach Steuerklasse VI, sondern nach Steuerklasse I durch, kann er auch nach Ablauf des Jahrs grundsätzlich in Haftung genommen werden (BFH v. 12.1.2001, VI R 102/98, BStBl II 2003, 151).

bb) Besonderheiten bei Artisten

2781 Die bisher geltende **Vereinfachungsregelung für Artisten** (Pauschsteuersatz 20 % bzw. 25 %) ist **zum 1.1.2011 aufgehoben** worden. Für Artisten gelten nunmehr die allgemeinen Regelungen (R 39.4 Abs. 4 LStR), d.h.

– Lohnsteuerabzug, wenn es sich um Arbeitslohn handelt, der von einem inländischen Arbeitgeber i.S.d. § 38 Abs. 1 Satz 1 Nr. 1 EStG gezahlt wird,

– Steuerabzug nach §§ 50a, 50d EStG, wenn der Arbeitslohn nicht von einem inländischen Arbeitgeber gezahlt wird.

cc) Besonderheiten bei Künstlern

2782 Hinsichtlich der Abgrenzung nichtselbständiger/selbständiger Arbeit bei Künstlern → *Künstler (und verwandte Berufe)* Rz. 1748. Bei nichtselbständiger Tätigkeit ist die Lohnsteuer grundsätzlich nach den für beschränkt steuerpflichtige Arbeitnehmer geltenden allgemeinen Regelungen ggf. unter Berücksichtigung der besonderen Bescheinigung des Finanzamts (s. im Einzelnen BMF v. 31.7.2002, IV C 5 – S 2369 – 5/02, BStBl I 2002, 707) zu erheben. Allerdings ist zu beachten, dass in Fällen eines Doppelbesteuerungsabkommens Deutschland bei Künstlern unabhängig von der Aufenthaltsdauer ein Besteuerungsrecht haben kann – Art. 17 OECD-MA, jedoch bei künstlerischen Tätigkeiten i.R.d. **Kulturaustauschs** in **Doppelbesteuerungsabkommen** häufig eine Freistellung der Lohnsteuer vorgesehen ist (→ *Doppelbesteuerungsabkommen bei Einkünften aus nichtselbständiger Arbeit* Rz. 866). Zur Freistellung von Kulturorchestern von der deutschen Einkommensteuer nach § 50 Abs. 4 EStG s. BMF v. 20.7.1983, IV B 4 – S 2303 – 34/83, BStBl I 1983, 382 und BMF v. 30.5.1995, IV B 4 – S 2303 – 63/95, BStBl I 1995, 336. Zur Rücknahme einer Freistellungsbescheinigung nach dem Kulturorchestererlass s. FG München v. 19.5.2004, 1 V 2703/03, EFG 2004, 1538. Werden die Vergütungen nicht von einem inländischen Arbeitgeber gezahlt, ist der Steuerabzug nach §§ 50a, 50d EStG vorzunehmen (R 39.4 Abs. 4 LStR; → Rz. 2791).

- **Vereinfachungsmaßnahme**

Wegen der **besonderen Schwierigkeiten**, die mit der Anwendung der Regelvorschriften zur Besteuerung der Einkünfte bei **nur**

Steuerpflicht

kurzfristig beschäftigten Künstlern verbunden sind, kann die Lohnsteuer **pauschal** erhoben werden, wenn der Arbeitnehmer nicht die Regelbesteuerung verlangt (BMF v. 31.7.2002, IV C 5 – S 2369 – 5/02, BStBl I 2002, 707).

- **Begünstigter Personenkreis**

Die Vereinfachungsmaßnahme gilt für beschränkt steuerpflichtige, nichtselbständig tätige Künstler, die als

- **gastspielverpflichtete Künstler** bei Theaterbetrieben,
- **freie Mitarbeiter** für den **Hör- oder Fernsehfunk** oder
- **Mitarbeiter** in der **Film- und Fernsehproduktion**

vom Arbeitgeber **nur kurzfristig – höchstens für sechs zusammenhängende Monate –** beschäftigt werden.

> **Beispiel 1:**
> Die Beschäftigungsdauer eines beschränkt steuerpflichtigen Künstlers ist vom 1.2.2016 bis 31.8.2016 vereinbart, das Beschäftigungsverhältnis wird jedoch vorzeitig zum 31.5.2016 aufgelöst.
>
> Die Pauschalierung der Lohnsteuer ist möglich, weil die tatsächliche Beschäftigungsdauer nicht mehr als sechs Monate beträgt.

> **Beispiel 2:**
> Die zunächst vertraglich vorgesehene Beschäftigungsdauer vom 1.2.2016 bis 31.5.2016 wird bis zum 31.10.2016 verlängert oder für den Zeitraum 1.6.2016 bis 31.10.2016 wird ein neuer Vertrag bei demselben Arbeitgeber abgeschlossen. Der Arbeitnehmer wird tatsächlich nur in den Monaten Mai und Oktober tätig.
>
> Die Pauschalierung der Lohnsteuer ist nicht möglich, weil die tatsächliche Beschäftigungsdauer bei demselben Arbeitgeber mehr als sechs Monate beträgt.

Der Begriff der **kurzfristigen Beschäftigung** ist **nicht identisch** mit dem Begriff „**für kurze Zeit einspringen**". Die Steuer eines Künstlers, der selbständig tätig ist, weil er nur für kurze Zeit einspringt (vgl. BMF v. 5.10.1990, IV B 6 – S 2332 – 73/90, BStBl I 1990, 638 zur Abgrenzung der nichtselbständigen von der selbständigen Tätigkeit bei Künstlern und verwandten Berufen), kann daher nicht pauschal erhoben werden.

- **Höhe der pauschalen Steuer**

Bemessungsgrundlage sind die **gesamten Einnahmen** des Künstlers einschließlich der steuerfreien Beträge i.S.d. § 3 Nr. 13 und 16 EStG (insbesondere Reisekosten, Verpflegungsmehraufwendungen). Abzüge jedweder Art, z.B. für Werbungskosten, Sonderausgaben, Steuern, sind nicht zulässig.

Die pauschale Lohnsteuer beträgt seit dem 1.7.2013 (BMF v. 28.3.2013, IV C 5 – S 2332/09/10002, BStBl I 2013, 443):

- wenn der Arbeitgeber **keine Steuern** übernimmt 20,00 %,
- wenn der Arbeitgeber nur den **Solidaritätszuschlag** übernimmt 20,22 %,
- wenn der Arbeitgeber die **Lohnsteuer und** den **Solidaritätszuschlag** übernimmt 25,35 %

Der Solidaritätszuschlag beträgt unabhängig davon, wer die Steuer nach den Vereinbarungen trägt, jeweils zusätzlich 5,5 % der Lohnsteuer.

- **Lohnsteuerbescheinigung und ggf. Veranlagungsverfahren**

Die Verpflichtung des Arbeitgebers, eine Lohnsteuerbescheinigung zu erteilen, sowie das Veranlagungswahlrecht nach § 50 Abs. 2 Nr. 4 EStG oder das Antragsrecht auf Behandlung als unbeschränkt steuerpflichtig nach § 1 Abs. 3 EStG bleiben durch die Pauschalierung unberührt. In die Lohnsteuerbescheinigung sind aber die Beträge i.S.d. § 3 Nr. 13 und 16 EStG nicht einzubeziehen. Die pauschale Lohnsteuer ist ggf. nach § 36 Abs. 2 Satz 2 Nr. 2 EStG bei der Einkommensteuerveranlagung anzurechnen.

dd) Arbeitnehmer mit Wohnsitz in der Schweiz

2783 → *Grenzgänger* Rz. 1462.

ee) Lohnsteuer-Jahresausgleich

2784 Der **Lohnsteuer-Jahresausgleich** nach § 42b EStG ist für beschränkt steuerpflichtige Arbeitnehmer **ausgeschlossen**.

ff) Auswirkungen von Doppelbesteuerungsabkommen

2785 Zur Auswirkung von Steuerbefreiungen nach Doppelbesteuerungsabkommen s. → *Doppelbesteuerungsabkommen bei Einkünften aus nichtselbständiger Arbeit* Rz. 866.

gg) Lohnsteuerbescheinigung des Arbeitgebers

2786 Der Arbeitgeber hat bei Beendigung des Dienstverhältnisses oder am Ende des Kalenderjahrs eine Besondere **Lohnsteuerbescheinigung** auszustellen oder zu übermitteln. Im Einzelnen s. → *Lohnsteuerbescheinigung* Rz. 1863.

c) Abgeltungscharakter der Lohnsteuer

2787 Bei beschränkt Stpfl. gilt die Einkommensteuer auf Einkünfte aus nichtselbständiger Tätigkeit grundsätzlich mit dem Lohnsteuerabzug als abgegolten (§ 50 Abs. 2 Satz 1 EStG).

d) Veranlagungswahlrecht

aa) Wahlrecht zur Behandlung als unbeschränkt steuerpflichtig nach § 1 Abs. 3 EStG

2788 Der Arbeitnehmer sollte – sofern im Lohnsteuerabzugsverfahren noch nicht geschehen – **prüfen**, ob er die Voraussetzungen für die **Behandlung als unbeschränkt steuerpflichtig auf Antrag** erfüllt und ob er einen entsprechenden Antrag, verbunden mit dem Antrag auf Veranlagung, stellen sollte (→ Rz. 2793).

bb) Wahlrecht nach § 50 Abs. 2 Satz 2 Nr. 4 Buchst. b EStG

2789 Der Arbeitnehmer kann eine Veranlagung als beschränkt Stpfl. beantragen (§ 50 Abs. 2 Satz 2 Nr. 4 Buchst. b EStG).

In diesem **Veranlagungsverfahren** bestehen jedoch **keine weiteren Möglichkeiten einer personenbezogenen Entlastung** als im Lohnsteuerabzugsverfahren bei beschränkter Steuerpflicht, d.h., es gibt nur den Abzug von Spenden und die Berücksichtigung des Altersentlastungsbetrags. Insbesondere das Ehegattensplitting, Freibeträge für Kinder, der Entlastungsbetrag für Alleinerziehende und der Abzug außergewöhnlicher Belastungen können nicht gewährt werden.

Zuständig für die Veranlagung ist das Betriebsstättenfinanzamt, bei mehreren Betriebsstättenfinanzämtern dasjenige, in dessen Bezirk der Arbeitnehmer zuletzt unter Anwendung der Steuerklasse I beschäftigt war.

e) Steuerabzugsverfahren nach § 50a EStG

2790 Bestimmte Einkünfte, von denen kein Lohnsteuerabzug vorzunehmen ist, unterliegen bei beschränkt Stpfl. einem besonderen Steuerabzugsverfahren nach § 50a EStG. Wer demnach Vergütungen an eine Person ohne Wohnsitz/gewöhnlichen Aufenthalt im Inland zahlt, hat zu prüfen, ob ihn – ähnlich wie im Lohnsteuerabzugsverfahren – die Verpflichtung zur Einbehaltung, Anmeldung und Abführung der Abzugsteuer nach § 50a EStG trifft. Für Vergütungen i.S.d. § 50a Abs. 1 EStG ist ab dem 1.1.2014 ausschließlich das **BZSt zuständig**. Dem Steuerabzug nach § 50a EStG unterliegen

- Einkünfte, die durch im Inland ausgeübte **künstlerische, sportliche, artistische, unterhaltende oder ähnliche Darbietungen** erzielt werden, einschließlich der Einkünfte aus anderen mit diesen Leistungen zusammenhängenden Leistungen, unabhängig davon, wem die Einkünfte zufließen, es sei denn es handelt sich um Einkünfte aus nichtselbständiger Arbeit, die bereits dem Steuerabzug vom Arbeitslohn nach § 38 Abs. 1 Satz 1 Nr. 1 EStG unterliegen; zur Abgrenzung nichtselbständiger/selbständiger Arbeit → *Künstler (und verwandte Berufe)* Rz. 1748 (§ 50a Abs. 1 Nr. 1 EStG),
- Einkünfte aus der **inländischen Verwertung** von solchen Darbietungen (§ 50a Abs. 1 Nr. 2 EStG),
- Einkünfte, die aus Vergütungen für die **Überlassung der Nutzung** oder des Rechts auf Nutzung von Rechten, insbesondere von Urheberrechten und gewerblichen Schutzrechten, von gewerblichen, technischen, wissenschaftlichen und ähnlichen Erfahrungen, Kenntnissen und Fertigkeiten, z.B. Plänen, Mustern und Verfahren, herrühren (§ 50a Abs. 1 Nr. 3 EStG),
- Einkünfte, die Mitgliedern des Aufsichtsrats, Verwaltungsrats, Grubenvorstands oder anderen mit der Überwachung der Geschäftsführung von Körperschaften, Personenvereinigungen und Vermögensmassen beauftragten Personen sowie von an-

Steuerpflicht

deren inländischen Personenvereinigungen des privaten und öffentlichen Rechts, bei denen die Gesellschafter nicht als Unternehmer (Mitunternehmer) anzusehen sind, für die Überwachung der Geschäftsführung gewährt werden (§ 50a Abs. 1 Nr. 4 EStG).

Der Steuerabzug ist **unabhängig** davon vorzunehmen, ob der Stpfl. einen **Antrag auf Behandlung als unbeschränkt steuerpflichtig** nach § 1 Abs. 3 EStG stellt (§ 1 Abs. 3 Satz 5 EStG) oder ob das Besteuerungsrecht durch ein **Doppelbesteuerungsabkommen** eingeschränkt ist (→ *Doppelbesteuerungsabkommen: Allgemeines* Rz. 855).

Der Steuerabzug beträgt **15 % der Einnahmen**, bei Aufsichtsratsvergütungen (§ 50a Abs. 1 Nr. 4 EStG) 30 %. Vom Schuldner der Vergütung ersetzte oder übernommene Reisekosten gehören nur insoweit zu den Einnahmen, als die Fahrt- und Übernachtungsauslagen die tatsächlichen Kosten und die Vergütungen für Verpflegungsmehraufwand die Pauschbeträge nach § 9 Abs. 4a Satz 3 EStG übersteigen. Bei Einkünften i.S.v. § 50a Abs. 1 Nr. 1 EStG wird ein **Steuerabzug nicht erhoben**, wenn die **Einnahmen je Darbietung 250 € nicht übersteigen** (§ 50a Abs. 2 EStG).

Übernimmt der Schuldner der Vergütung die Steuer nach § 50a EStG und den Solidaritätszuschlag (sog. **Nettovereinbarung**), ergibt sich zur Ermittlung der 15 %igen Abzugsteuer folgender Berechnungssatz in Prozent, der auf die jeweilige Netto-Vergütung anzuwenden ist (H 50a.2 [Übersicht] EStH):

Bei einer Netto-vergütung	Berechnungssatz für die Steuer nach § 50a EStG in % der Netto-Vergütung	Berechnungssatz für den Solidaritätszuschlag in % der Netto-Vergütung
bis 250 €	0,00	0,00
mehr als 250 €	17,82	0,98

Der Schuldner der Vergütung kann aber auch von den Einnahmen die mit ihnen in unmittelbarem wirtschaftlichen Zusammenhang stehenden **Betriebsausgaben oder Werbungskosten abziehen**, die ihm ein beschränkt Stpfl. in einer für das BZSt nachprüfbaren Form nachgewiesen hat oder die vom Schuldner der Vergütung übernommen worden sind. Das gilt nur, wenn der beschränkt Stpfl. Staatsangehöriger eines EU-/EWR-Mitgliedstaats ist und im Hoheitsgebiet eines dieser Staaten seinen Wohnsitz oder gewöhnlichen Aufenthalt hat. Es gilt entsprechend bei einer beschränkt steuerpflichtigen Körperschaft, Personenvereinigung oder Vermögensmasse i.S.d. § 32 Abs. 4 KStG. In diesen Fällen beträgt der Steuerabzug von den nach Abzug der Betriebsausgaben oder Werbungskosten verbleibenden Einnahmen (Nettoeinnahmen), wenn

- Gläubiger der Vergütung eine natürliche Person ist, 30 %,
- Gläubiger der Vergütung eine Körperschaft, Personenvereinigung oder Vermögensmasse ist, 15 %.

Diese Regelung findet bei Einnahmen i.S.v. § 50a Abs. 1 Nr. 3 EStG keine Anwendung (§ 50a Abs. 3 EStG).

Hat der Gläubiger einer Vergütung seinerseits Steuern für Rechnung eines anderen beschränkt steuerpflichtigen Gläubigers einzubehalten (**zweite Stufe**), kann er vom Steuerabzug absehen, wenn seine Einnahmen bereits dem Steuerabzug nach § 50a Abs. 2 EStG unterlegen haben. Wenn der Schuldner der Vergütung auf zweiter Stufe Betriebsausgaben oder Werbungskosten nach § 50a Abs. 3 EStG geltend macht, die Veranlagung nach § 50 Abs. 2 Satz 2 Nr. 5 EStG oder die Erstattung der Abzugsteuer nach § 50d Abs. 1 EStG oder einer anderen Vorschrift beantragt, hat er die sich nach § 50a Abs. 2 oder 3 EStG ergebende Steuer zu diesem Zeitpunkt zu entrichten (§ 50a Abs. 4 EStG).

Der Steuerabzug nach § 50a EStG hat grundsätzlich Abgeltungswirkung, es sei denn, der Stpfl. wird auf Antrag als unbeschränkt steuerpflichtig nach § 1 Abs. 3 EStG behandelt, es liegt ein Wechsel der Steuerpflicht vor (→ *Steuerpflicht: Wechsel* Rz. 2801) oder der Stpfl. beantragt die Veranlagung zur Einkommensteuer (§ 50 Abs. 2 Nr. 5 EStG).

f) Steuerabzug nach § 50a Abs. 7 EStG

2791 Zur Anordnung eines Sicherungseinbehalts nach § 50a Abs. 7 EStG gegenüber dem Vergütungsschuldner s. im Einzelnen BMF v. 2.8.2002, IV A 5 – S 2411 – 27/02, BStBl I 2002, 710, und FG Münster v. 24.5.2004, 9 K 5096/99 E, EFG 2004, 1777.

7. Lohnsteuerabzugsverfahren bei erweitert unbeschränkt Steuerpflichtigen

2792 Erweitert unbeschränkt steuerpflichtigen Arbeitnehmern wird zz. **keine Identifikationsnummer zugeteilt**, daher kann der Arbeitgeber keine elektronischen Lohnsteuerabzugsmerkmale abrufen. Stattdessen hat das Betriebsstättenfinanzamt des Arbeitgebers eine (Papier-)**Bescheinigung für den Lohnsteuerabzug** auszustellen. Diese Bescheinigung ersetzt die Verpflichtung und Berechtigung des Arbeitgebers zum Abruf der elektronischen Lohnsteuerabzugsmerkmale nach § 39e Abs. 4 EStG. Die Bescheinigung der Steuerklasse I kann auch der Arbeitgeber im Namen des Arbeitnehmers stellen. Die Bescheinigung ist als Beleg zum Lohnkonto zu nehmen und während des Dienstverhältnisses, längstens bis zum Ablauf des jeweiligen Kalenderjahrs, aufzubewahren (§ 39 Abs. 3 EStG).

Bei Beendigung des Dienstverhältnisses oder am Ende des Kalenderjahrs hat der Arbeitgeber eine Besondere Lohnsteuerbescheinigung auszustellen oder zu übermitteln. Im Einzelnen → *Lohnsteuerbescheinigung* Rz. 1863.

8. Lohnsteuerabzugsverfahren bei auf Antrag unbeschränkt Steuerpflichtigen

2793 Auf Antrag unbeschränkt steuerpflichtigen Arbeitnehmern wird zz. **keine Identifikationsnummer zugeteilt**, daher kann der Arbeitgeber keine elektronischen Lohnsteuerabzugsmerkmale abrufen. Stattdessen hat das Betriebsstättenfinanzamt des Arbeitgebers eine (Papier-)**Bescheinigung für den Lohnsteuerabzug** auszustellen. Diese Bescheinigung ersetzt die Verpflichtung und Berechtigung des Arbeitgebers zum Abruf der elektronischen Lohnsteuerabzugsmerkmale nach § 39e Abs. 4 EStG. Den Antrag auf Ausstellung der Bescheinigung der Steuerklasse I kann auch der Arbeitgeber im Namen des Arbeitnehmers stellen. Die Bescheinigung ist als Beleg zum Lohnkonto zu nehmen und während des Dienstverhältnisses, längstens bis zum Ablauf des jeweiligen Kalenderjahrs, aufzubewahren (§ 39 Abs. 3 EStG).

Bei Beendigung des Dienstverhältnisses oder am Ende des Kalenderjahrs hat der Arbeitgeber eine Besondere Lohnsteuerbescheinigung auszustellen oder zu übermitteln. Im Einzelnen → *Lohnsteuerbescheinigung* Rz. 1863.

Steuerpflicht: unbeschränkte

1. Allgemeines

2794 Unbeschränkt steuerpflichtig sind alle Personen, die in der Bundesrepublik Deutschland (Inland) einen Wohnsitz (§ 8 AO) oder ihren gewöhnlichen Aufenthalt (§ 9 AO) haben (§ 1 Abs. 1 EStG).

Zum Inland gehört auch der der Bundesrepublik Deutschland zustehende Anteil

- an der ausschließlichen Wirtschaftszone, soweit dort
  - die lebenden und nicht lebenden natürlichen Ressourcen der Gewässer über dem Meeresboden, des Meeresbodens und seines Untergrunds erforscht, ausgebeutet, erhalten oder bewirtschaftet werden,
  - andere Tätigkeiten zur wirtschaftlichen Erforschung oder Ausbeutung der ausschließlichen Wirtschaftszone ausgeübt werden, wie z.B. die Energieerzeugung aus Wasser, Strömung und Wind oder
  - künstliche Inseln errichtet oder genutzt werden und Anlagen und Bauwerke für die oben genannten Zwecke errichtet oder genutzt werden, und
- am Festlandsockel, soweit dort
  - dessen natürliche Ressourcen erforscht oder ausgebeutet werden; natürliche Ressourcen in diesem Sinne sind die mineralischen und sonstigen nicht lebenden Ressourcen des Meeresbodens und seines Untergrunds sowie die zu den sesshaften Arten gehörenden Lebewesen, die im nutzbaren Stadium entweder unbeweglich auf oder unter dem Meeresboden verbleiben oder sich nur in ständigem körperlichen Kontakt mit dem Meeresboden oder seinem Untergrund fortbewegen können; oder

- künstliche Inseln errichtet oder genutzt werden und Anlagen und Bauwerke für die oben genannten Zwecke errichtet oder genutzt werden (§ 1 Abs. 1 Satz 2 EStG).

Es kommt z.B. nicht darauf an, ob die Personen geschäftsfähig, ausländische Staatsbürger sind oder im Ausland ebenfalls einen Wohnsitz haben bzw. der inländische Wohnsitz Lebensmittelpunkt ist. Schiffe unter Bundesflagge rechnen auf hoher See zum Inland (BFH v. 12.11.1986, I R 38/83, BStBl II 1987, 377).

2. Wohnsitzbegriff (§ 8 AO)

2795 Einen Wohnsitz hat nach § 8 AO jemand dort, wo er

– eine **Wohnung**

– unter Umständen innehat, die darauf schließen lassen, dass er sie

– **beibehalten oder benutzen wird**.

Anders als der bürgerlich-rechtliche Wohnsitzbegriff knüpft der steuerliche Begriff an **tatsächliche** und nicht an rechtliche **Gestaltungen** an. Subjektive Gesichtspunkte des Stpfl. sowie allein die An- bzw. Abmeldung einer Wohnung sind unerheblich (BFH v. 17.5.1995, I R 8/94, BStBl II 1996, 2). Der Wohnsitz setzt neben zum dauerhaften Wohnen geeigneten Räumlichkeiten (**Wohnung**) das **Innehaben** der Wohnung in dem Sinne voraus, dass der Stpfl. tatsächlich über sie verfügen kann (**rechtliche Verfügungsmacht**), sie ihm also objektiv jederzeit (wann immer er will) als Bleibe zur Verfügung steht, und er sie als Bleibe zumindest mit einer gewissen Regelmäßigkeit aufsucht (**regelmäßige Nutzung über einen längeren Zeitraum**). Das gelegentliche Übernachten auf einem inländischen Betriebsgelände (z.B. einem Büro, einer Baracke, „Schlafstelle") begründet keinen Wohnsitz (BFH v. 6.2.1985, I R 23/82, BStBl II 1985, 331). Dies gilt auch für ein „**Standby-Zimmer**" oder eine „Standby-Wohnung", wenn das Zimmer bzw. die Wohnung jederzeit für eigene Wohnzwecke genutzt werden kann (BFH v. 10.4.2013, I R 50/12, www.stotax-first.de; BFH v. 13.11.2013, I R 38/13, www.stotax-first.de). Die Nutzung einer Wohnung zweimal im Jahr über einen längeren Zeitraum kann ausreichen, nicht jedoch ein nur gelegentliches Verweilen während unregelmäßig aufeinander folgender kurzer Zeiträume nur zu Erholungszwecken (BFH v. 23.11.1988, II R 139/87, BStBl II 1989, 182; BFH v. 23.11.2000, VI R 165/99, BStBl II 2001, 279; BFH v. 23.11.2000, VI R 107/99, BStBl II 2001, 294). Eine Mindestzahl von Tagen oder Wochen des Aufenthalts im Jahr ist nicht erforderlich (BFH v. 19.3.1997, I R 69/96, BStBl II 1997, 447). Ein Stpfl., der sich neben seinem Familienwohnsitz im Ausland ein möbliertes Zimmer in Deutschland gemietet hat, das er an ca. 50 Tagen im Jahr nutzt, ist unbeschränkt steuerpflichtig (BFH v. 16.12.1998, I R 40/97, BStBl II 1999, 207). Außer dem Innehaben setzt der Wohnsitzbegriff **Umstände** voraus, die darauf schließen lassen, dass die Wohnung durch den Stpfl. **beibehalten** und als solche genutzt werden soll. Ob entsprechende Umstände vorliegen, kann nur nach Würdigung der Umstände des Einzelfalls entschieden werden. Aus äußeren Tatsachen sind Schlüsse auf künftiges Verhalten zu ziehen. Bezüglich dieser objektiven Umstände kann auf die Wohnungsausstattung und die tatsächliche Nutzung abgestellt werden (BFH v. 19.3.1997, I R 69/96, BStBl II 1997, 447; s.a. BFH v. 19.3.2002, I R 15/01, HFR 2003, 49). In der subjektiven Bestimmung liegt der Unterschied zwischen dem bloßen Aufenthaltnehmen und dem Wohnsitz (BFH v. 22.4.1994, III R 22/92, BStBl II 1994, 887). Die Beurteilung im Einzelfall liegt weitgehend auf tatsächlichem Gebiet (BFH v. 23.11.2000, VI R 165/99, BStBl II 2001, 279), so dass eine umfangreiche Rechtsprechung besteht. Bei einem ins Ausland versetzten Arbeitnehmer begründet die Beibehaltung einer eingerichteten Wohnung im Inland die – widerlegbare – Vermutung für das Fortbestehen eines inländischen Wohnsitzes (BFH v. 17.5.1995, I R 8/94, BStBl II 1996, 2; BFH v. 27.9.1999, I B 83/98, www.stotax-first.de). Vermietet ein vorübergehend im Ausland tätiger Arbeitnehmer seine Wohnung in der Absicht, sie nach Rückkehr wieder zu nutzen, behält er die Wohnung bei.

Beispiel 1:
Ein Strafgefangener sitzt in der JVA ein.
Er begründet in der JVA keinen Wohnsitz, weil keine Wohnung innehat, kann aber dort seinen gewöhnlichen Aufenthalt haben.

Beispiel 2:
Ein Opernsänger hat sich in Hamburg auf Dauer eine Hotelsuite gemietet, die er bei Auftritten in Deutschland regelmäßig nutzt.
Der Opernsänger hat in Deutschland einen Wohnsitz. Ein gemietetes Hotelzimmer begründet grundsätzlich keinen Wohnsitz, weil der Nutzer das Zimmer nicht mit einer gewissen Regelmäßigkeit nutzt. Die Hotelsuite ist hier jedoch eine Wohnung, die der Opernsänger auf Grund der regelmäßigen Nutzung auch innehat (vgl. BFH v. 23.11.1988, II R 139/87, BStBl II 1989, 182). Er ist unbeschränkt steuerpflichtig.

Beispiel 3:
Der verheiratete polnische Saison-Arbeitnehmer P ist in Deutschland während der Erdbeerernte tätig und wohnt in der Scheune des Landwirts.
P hat in Deutschland keinen Wohnsitz, weil die Scheune keine Wohnung ist. Bei einem Aufenthalt über sechs Monate kann er aber seinen gewöhnlichen Aufenthalt in Deutschland begründen. Bei einem Aufenthalt unter sechs Monaten ist er nicht unbeschränkt steuerpflichtig.

Beispiel 4:
Ein Artist zieht mit seinem Zirkuswagen durch Deutschland.
Er begründet keinen Wohnsitz, weil er keine Wohnung innehat. Bei einer Aufenthaltsdauer von mehr als sechs Monaten hat er jedoch seinen gewöhnlichen Aufenthalt in Deutschland, so dass er dann unbeschränkt steuerpflichtig wird.

Beispiel 5:
Der ledige Arbeitnehmer verkauft seine Wohnung und geht für seinen Arbeitgeber für zwei Jahre ins Ausland. Seine Möbel stellt er bei Freunden unter.
Der Arbeitnehmer hat in dieser Zeit keinen Wohnsitz in Deutschland.

Beispiel 6:
Ein Arbeitnehmer mit Hauptwohnsitz in der Schweiz ist bei einer deutschen Fluggesellschaft mit Einsatzflughafen in A beschäftigt. Die Fluggesellschaft verlangt von ihren Piloten, dass sie in der Nähe des Einsatzflughafens eine Unterkunft unterhalten, von der sie ihren Flugdienst innerhalb von 60 Minuten nach einer entsprechenden Benachrichtigung antreten können. Daher mietete sich der Arbeitnehmer zusammen mit acht weiteren Piloten eine sog. „Standby-Wohnung" (Wohnung zur wechselseitigen Nutzung) an. Die Wohnung bestand aus einem Wohn- und Esszimmer mit Küche, drei Schlafzimmern sowie zwei Bädern. Die drei vorhandenen Schlafplätze standen den Piloten für die Dauer von ein bis drei Tagen nach dem Recht des ersten Zugriffs zur Verfügung.
Der Arbeitnehmer hat in der „Standby-Wohnung" keinen Wohnsitz in Deutschland, weil es an dem Merkmal „Innehaben einer Wohnung" fehlt (BFH v. 13.11.2013, I R 38/13, www.stotax-first.de).

Eine Person kann **mehrere Wohnsitze** haben. Sie ist bereits dann unbeschränkt steuerpflichtig, wenn sie **einen** Wohnsitz in Deutschland hat (BFH v. 16.12.1998, I R 40/97, BStBl II 1999, 207; BFH v. 24.1.2001, I R 100/99, HFR 2001, 952). Bei mehrfachem Wohnsitz in mehreren Staaten bestimmt bei Vorhandensein eines Doppelbesteuerungsabkommens dieses i.d.R. die Ansässigkeit i.S. der Doppelbesteuerungsabkommen (→ *Doppelbesteuerungsabkommen: Allgemeines* Rz. 855). Das Merkmal der Ansässigkeit ist nur bedeutsam für die Verteilung der Besteuerungsrechte nach dem Doppelbesteuerungsabkommen, nicht für die Bestimmung der Steuerpflicht nach dem Einkommensteuergesetz. Deshalb ist unbeschränkte Steuerpflicht bei einem Wohnsitz im Inland unabhängig davon gegeben, ob es sich um den Erst- oder Zweitwohnsitz handelt oder ob sich dort der Mittelpunkt der Lebensinteressen des Stpfl. befindet (BFH v. 24.1.2001, I R 100/99, HFR 2001, 952). Sofern es im Falle einer Auslandstätigkeit für den Arbeitnehmer steuerlich günstiger ist, in Deutschland nicht unbeschränkt steuerpflichtig zu sein, sollte er ggf. in Deutschland keinen Wohnsitz begründen bzw. seinen Wohnsitz aufgeben.

Bei **Ehegatten** und sonstigen **Familienangehörigen** ist der Wohnsitzbegriff **für jede Person gesondert** zu prüfen. Personen können aber über ihre Familienangehörigen einen Wohnsitz **beibehalten**. Ein Ehegatte, der nicht dauernd getrennt von seiner Familie lebt, hat seinen Wohnsitz grundsätzlich dort, wo seine Familie lebt (BFH v. 6.2.1985, I R 23/82, BStBl II 1985, 331; BFH v. 9.8.1999, VI B 387/98, www.stotax-first.de). Ein Ehegatte hat jedoch im Inland seinen Wohnsitz aufgegeben, wenn er im Ausland einen neuen Familienwohnsitz begründet hat und die Familie nur zur Beendigung des Schuljahrs noch 1,5 Monate in der bisherigen

Steuerpflicht: unbeschränkte

Wohnung bleibt (FG Niedersachsen v. 25.4.2002, 16 K 13467/96, EFG 2003, 756).

> **Beispiel 7:**
> Der Geschäftsführer einer deutschen Firma geht für längere Zeit ins Ausland. Seine Familie bleibt in Deutschland wohnen.
> Der Geschäftsführer behält seinen Wohnsitz in Deutschland bei.

> **Beispiel 8:**
> Der Arbeitnehmer wohnt mit seiner Familie in der Schweiz. Die Familie will nach Deutschland ziehen. Der Ehemann zieht zunächst allein in das erworbene Haus. Die Ehefrau verbleibt mit den Kindern noch im Ausland.
> Der Arbeitnehmer begründet seinen Wohnsitz im Inland, nicht aber die Familie. Die Ehefrau und die Kinder begründen den inländischen Wohnsitz erst mit dem Zuzug, denn die Wohnung war zuvor niemals Familienwohnsitz. In entsprechenden Fällen können Angehörige von Arbeitnehmern im öffentlichen Dienst, wenn sie vorher über den Arbeitnehmer nach § 1 Abs. 2 EStG erweitert unbeschränkt steuerpflichtig waren, aus Billigkeitsgründen weiterhin als unbeschränkt steuerpflichtig behandelt werden, wenn der Arbeitnehmer aus dienstlichen Gründen ins Inland versetzt wird und der Ehegatte noch für kurze Zeit im Ausland verbleibt (BMF v. 8.10.1996, IV B 4 – S 2102 – 59/96, BStBl I 1996, 1191).

Eine Ehefrau mit Familienwohnsitz im Ausland hat auch im Inland einen Wohnsitz, wenn sie dort ihren Ehemann in der gemieteten Wohnung am Arbeitsort an zwei bis drei Tagen im Monat besucht (BFH v. 28.1.2004, I R 56/02, HFR 2004, 988).

Studenten begründen am Studienort regelmäßig keinen Wohnsitz, wenn sie dort „in einer Studentenbude" leben und die Bindung zum Elternhaus unverändert bestehen bleibt (vgl. aber FG Berlin v. 9.3.2000, 4 K 4412/97, EFG 2000, 748). Dies gilt auch für ausländische Studenten, die sich vorübergehend zu Studienzwecken in Deutschland aufhalten (→ *Ausländische Studenten* Rz. 446). Sie begründen in Deutschland aber oft ihren gewöhnlichen Aufenthalt. Halten sich **Kinder** für **mehrere Jahre** zu Ausbildungszwecken (Schule/Studium) **im Ausland** auf, so haben sie die elterliche Wohnung im Inland nicht inne, wenn der Auslandsaufenthalt nicht in erster Linie durch den Ausbildungszweck bestimmt ist und die Kinder die elterliche Wohnung nicht zum zwischenzeitlichen Wohnen in der ausbildungsfreien Zeit nutzen (hierzu auch FG Bremen v. 27.2.2003, 4 K 132/02, EFG 2003, 937). Bei langjährigen Aufenthalten ausländischer Kinder im Heimatland der Eltern hat die Rechtsprechung das Innehaben der inländischen elterlichen Wohnung grundsätzlich verneint (aber FG Düsseldorf v. 18.6.2004, 18 K 5613/03 Kg, EFG 2004, 1638). Kurzfristige Aufenthalte bei den Eltern mit Besuchscharakter, die nicht einem Aufenthalt mit Wohncharakter gleichkommen, führen auch dann nicht zum Beibehalten des elterlichen Inlandswohnsitzes, wenn die Rückkehr nach Deutschland nach Abschluss der Ausbildung geplant ist (BFH v. 23.11.2000, VI R 165/99, BStBl II 2001, 279, s. aber auch BFH v. 23.11.2000, VI R 107/99, BStBl II 2001, 294 und BFH v. 15.11.2004, VIII B 240/04, www.stotax-first.de).

Vgl. zum Begriff des Wohnsitzes auch den Anwendungserlass zur AO zu § 8 AO: Wohnsitz, AO/FGO-Handausgabe 2015, 54 und die umfangreiche weitere Rechtsprechung.

3. Begriff des gewöhnlichen Aufenthalts (§ 9 AO)

2796 Seinen gewöhnlichen Aufenthalt hat nach § 9 AO jemand dort, wo er sich u.U. **aufhält**, die erkennen lassen, dass er an diesem **Ort**/in diesem **Gebiet nicht nur vorübergehend** verweilt.

Bei einer Aufenthaltsdauer von **mehr als sechs Monaten** wird nach § 9 Satz 2 AO ohne weitere Voraussetzung ein gewöhnlicher Aufenthalt angenommen.

Vgl. zum Begriff des gewöhnlichen Aufenthalts auch den Anwendungserlass zur AO zu § 9 AO: Gewöhnlicher Aufenthalt, AO/FGO-Handausgabe 2015, 58 und die umfangreiche Rechtsprechung.

Beim gewöhnlichen Aufenthalt kommt es auf den **tatsächlichen Aufenthalt** an. Im Gegensatz zum Wohnsitz kann eine Person immer **nur einen gewöhnlichen Aufenthalt** haben. Kurzfristige Inlandsaufenthalte führen daher nicht zur Begründung eines gewöhnlichen Aufenthalts. Ein Grenzgänger begründet im Tätigkeitsstaat regelmäßig keinen gewöhnlichen Aufenthalt (BFH v. 10.5.1989, I R 50/85, BStBl II 1989, 755; BFH v. 10.7.1996, I R 4/96, BStBl II 1997, 15; → *Grenzgänger* Rz. 1462).

Bei **kurzfristigen Unterbrechungen** – z.B. durch Urlaub, Geschäftsreisen – läuft die Sechs-Monats-Frist weiter und die Unterbrechungszeit wird mitgerechnet. Der Sechs-Monats-Zeitraum muss nicht in ein Kalender- bzw. Steuerjahr fallen. Bei einem weniger als sechs Monate dauernden Aufenthalt kann ein gewöhnlicher Aufenthalt begründet werden, wenn Inlandsaufenthalte nacheinander folgen, die sachlich miteinander verbunden sind, und der Arbeitnehmer beabsichtigt länger im Inland zu bleiben (BFH v. 3.8.1977, I R 210/75, BStBl II 1978, 118).

> **Beispiel:**
> Ein ausländischer Saisonarbeiter beabsichtigt, nur zur Erfüllung seines vom 1.11.2015 bis zum 15.2.2016 währenden Arbeitsvertrags in Deutschland zu verweilen. Er lebt in einer Gemeinschaftsunterkunft, die ihm vom Arbeitgeber gestellt wird. Sein Arbeitsvertrag wird unerwartet bis zum 31.5.2016 verlängert.
> Der Arbeitnehmer ist sowohl 2015 als auch 2016 in Deutschland unbeschränkt einkommensteuerpflichtig, weil er hier seinen gewöhnlichen Aufenthalt hat.

Bei einem Auslandsaufenthalt von nahezu zwei Jahren kann kein gewöhnlicher Aufenthalt im Inland mehr angenommen werden (BFH v. 27.4.2005, I R 112/04, HFR 2005, 1177).

4. Sonderfälle

2797 In vielen zwischenstaatlichen Vereinbarungen gibt es Wohnsitzfiktionen, die § 8 AO vorgehen. So gelten z.B. deutsche Bedienstete der EG als im Inland ansässig (Art. 14 des Protokolls über die Vorrechte und Befreiungen der Europäischen Gemeinschaften v. 8.4.1965, BGBl. II 1965, 1482).

Zu Angehörigen der Streitkräfte → *NATO: Mitarbeiter* Rz. 2108.

5. Umfang der Steuerpflicht

2798 Unbeschränkt Stpfl. unterliegen mit ihren inländischen und ausländischen Einkünften (**Welteinkommen**) der Einkommensteuer. Das deutsche **Besteuerungsrecht kann eingeschränkt sein** insbesondere durch Doppelbesteuerungsabkommen oder andere zwischenstaatliche Vereinbarungen (→ *Doppelbesteuerungsabkommen: Allgemeines* Rz. 855). Die Finanzverwaltung hat eine Übersicht der steuerlichen Vorrechte und Befreiungen auf Grund zwischenstaatlicher Vereinbarungen u.a. für Beschäftigte von Organisationen und Einrichtungen der Verteidigung, Friedenssicherung, Rüstungskontrolle, der Vereinten Nationen, zivilen Weltorganisationen und europäischen Organisationen veröffentlicht (BMF v. 20.8.2007, IV B 3 – S 1311/07/0039, BStBl I 2007, 656). Zur Besteuerung der Einkünfte von Bediensteten des Europäischen Patentamts s. BFH v. 2.11.1999, I B 163/98, www.stotax-first.de. Nach § 34c Abs. 5 EStG kann die auf ausländische Einkünfte entfallende **deutsche Einkommensteuer ganz oder z.T. erlassen** oder in einem Pauschbetrag festgesetzt werden, wenn es aus volkswirtschaftlichen Gründen zweckmäßig oder eine Vermeidung der Doppelbesteuerung durch Anrechnung ausländischer Steuern schwierig ist. Auf der Grundlage des § 34c Abs. 5 EStG beruht insbesondere der **Auslandstätigkeitserlass** (→ *Auslandstätigkeitserlass* Rz. 464). Zur Vermeidung der Doppelbesteuerung auch → *Doppelbesteuerung* Rz. 854.

Zu familienbezogenen Entlastungen für Angehörige im Ausland → *Steuerpflicht* Rz. 2765.

6. Lohnsteuerabzugsverfahren bei unbeschränkter Steuerpflicht

2799 Bei unbeschränkt steuerpflichtigen Arbeitnehmern ist der **Lohnsteuerabzug** vom Arbeitgeber gem. § 39b EStG nach den Lohnsteuerabzugsmerkmalen (Steuerklasse, Zahl der Kinderfreibeträge, monatliche Freibeträge) vorzunehmen.

7. Veranlagungsverfahren

2800 Unbeschränkt steuerpflichtige Arbeitnehmer können, sofern sie nicht von Amts wegen zu veranlagen sind, insbesondere zur Anrechnung der Lohnsteuer auf die Einkommensteuer die Veranlagung **beantragen** (→ *Veranlagung von Arbeitnehmern* Rz. 2973). Zur Freistellung von Arbeitslohn nach einem Doppelbesteuerungsabkommen bei der Veranlagung → *Doppelbesteuerungsabkommen bei Einkünften aus nichtselbständiger Arbeit* Rz. 898.

Ist Lohnsteuer einbehalten worden, obwohl weder beschränkte noch unbeschränkte Steuerpflicht vorliegt, ist diese in einem zusätzlichen Erstattungsverfahren analog dem Verfahren bei Doppelbesteuerungsabkommen nach § 50d Abs. 1 EStG zu erstatten. Erlässt das Finanzamt einen Einkommensteuerbescheid wegen angeblich bestehender unbeschränkter Steuerpflicht, so muss zunächst dessen Aufhebung und anschließend die Erstattung der einbehaltenen Lohnsteuer beantragt werden (BFH v. 16.2.1996, I R 64/95, www.stotax-first.de).

Steuerpflicht: Wechsel

1. Lohnsteuerabzugsverfahren

2801 Wird ein **unbeschränkt einkommensteuerpflichtiger Arbeitnehmer** beschränkt einkommensteuerpflichtig, hat er dies dem Finanzamt unverzüglich **anzuzeigen** (§ 39 Abs. 7 EStG). Das Finanzamt hat die Lohnsteuerabzugsmerkmale vom Zeitpunkt des Eintritts der beschränkten Steuerpflicht an zu ändern. Unterbleibt die Anzeige, hat das Finanzamt **zu wenig erhobene Lohnsteuer** von mehr als 10 € **vom Arbeitnehmer nachzufordern**.

Erhält ein Arbeitnehmer nach Beendigung der unbeschränkten Steuerpflicht Bonuszahlungen, so ist die Lohnsteuer auf die Bonuszahlungen unter Berücksichtigung des in der Zeit der unbeschränkten Steuerpflicht bezogenen Arbeitslohns zu berechnen (BFH v. 25.8.2009, I R 33/08, BStBl II 2010, 150).

2. Veranlagungsverfahren

2802 Besteht während eines Kalenderjahrs **sowohl beschränkte als auch unbeschränkte Steuerpflicht**, so findet **nur eine Veranlagung** für das Kalenderjahr statt. Die während der beschränkten Steuerpflicht erzielten inländischen Einkünfte – und zwar auch diejenigen, die dem Steuerabzug unterliegen, der bei beschränkt Stpfl. Abgeltungswirkung hat – werden den während der unbeschränkten Steuerpflicht erzielten Einkünften hinzugerechnet (§ 2 Abs. 7 EStG). In diesem Fall sind sämtliche ausländischen Einkünfte, die im Veranlagungszeitraum nicht der deutschen Einkommensteuer unterlegen haben, bei der Berechnung des Steuersatzes zu berücksichtigen; dies gilt auch, wenn nach dem Wegzug bzw. vor dem Zuzug keine Steuerpflicht mehr besteht (→ *Progressionsvorbehalt* Rz. 2331). Wird nach Beendigung der unbeschränkten Steuerpflicht vom ausländischen Arbeitslohn zu Unrecht Lohnsteuer einbehalten, so ist auch diese Lohnsteuer auf die festgesetzte Einkommensteuer anzurechnen (BFH v. 23.5.2000, VII R 3/00, BStBl II 2000, 581).

Zur steuerlichen Behandlung der Einkommensteuererstattung bei Nettolohnvereinbarung nach Wegfall der unbeschränkten Steuerpflicht s. OFD Düsseldorf v. 29.11.2005, S 2367 A – St 22/St 221, www.stotax-first.de.

Steuerrechtlicher Arbeitgeber

→ *Lohnzahlung durch Dritte* Rz. 1949

Steuertarif

1. Überblick

a) Geltender Einkommensteuertarif

2803 Nach dem Gesetz zur Anhebung des Grundfreibetrags, des Kinderfreibetrags, des Kindergeldes und des Kinderzuschlags v. 16.7.2015, BStBl I 2015, 566 ist der **Grundfreibetrag** in zwei Stufen angehoben worden, und zwar

– **zum 1.1.2015 um 118 € auf 8 472 € und**

– **zum 1.1.2016 um weitere 180 € auf 8 652 €.**

Für die Jahre 2013 bis 2016 gelten für den Steuertarif folgende Eckwerte:

	2013	2014	2015	ab 2016
Grundfreibetrag[1]	8 130 €	8 354 €	8 472 €	8 652 €
Eingangssteuersatz	14,0 %	14,0 %	14,0 %	14,0 %
„normaler" Spitzensteuersatz	42,0 %	42,0 %	42,0 %	42,0 %
ab zu versteuerndem Einkommen[1]	52 882 €	52 882 €	52 882 €	53 666 €
Spitzensteuersatz („Reichensteuer")	45,0 %	45,0 %	45,0 %	45,0 %
ab zu versteuerndem Einkommen[1]	250 731 €	250 731 €	250 731 €	254 447 €

1) Verdoppelung bei Ehegatten/Lebenspartnern

b) Wegfall der Steuertabellen

Die „amtlichen Einkommensteuertabellen" sind seit 2004 weggefallen, die Einkommensteuer ist nach der im Gesetz festgelegten **Tarifformel** zu ermitteln (§ 32a Abs. 1 EStG). Auf den Internetseiten des BMF werden jedoch Rechenprogramme angeboten, die eine Berechnung der Einkommensteuer ermöglichen. Auch die privaten Tabellenverlage (u.a. **Stollfuß Medien**) geben weiterhin **Einkommensteuertabellen** heraus. 2804

Weggefallen sind auch die gesetzlichen **Lohnsteuertabellen**, allerdings legen die Tabellenverlage (auch **Stollfuß Medien**) weiterhin Lohnsteuertabellen und maschinelle Abrechnungsprogramme auf, denen der Arbeitgeber dann die Lohnsteuer entnehmen kann.

Die für die Aufstellung der Lohnsteuertabellen erforderlichen **Parameter** sind dem vom BMF aufzustellenden **amtlichen Programmablaufplan** für die Erstellung von Lohnsteuertabellen 2016 zu entnehmen (BMF v. 16.11.2015, IV C 5 – S 2361/15/10002, www.stotax-first.de). Gesetzlich ist hierzu in § 51 Abs. 4 Nr. 1a EStG festgelegt, dass der **Lohnstufenabstand 36 €** beträgt und die in den Tabellenstufen auszuweisende Lohnsteuer aus der **Obergrenze** der Tabellenstufen zu berechnen ist und an der Obergrenze mit der maschinell berechneten Lohnsteuer übereinstimmen muss.

Hierdurch soll es insbesondere kleineren Arbeitgebern ermöglicht werden, an Stelle der maschinellen Lohnsteuerermittlung den Lohnsteuerabzug auch künftig mit Hilfe entsprechender Tabellen „manuell" vorzunehmen. Da die Lohnsteuer nach den **Obergrenzen der Tabellenstufen** zu ermitteln ist, wird bei Anwendung der Lohnsteuertabellen u.U. **zu viel Lohnsteuer einbehalten**, die jedoch im Rahmen einer Veranlagung zur Einkommensteuer erstattet werden kann (→ *Veranlagung von Arbeitnehmern* Rz. 2973).

2. Allgemeines

Der Arbeitgeber entnimmt die jeweilige Lohnsteuer der maßgebenden Lohnsteuertabelle. Zu unterscheiden sind dabei die 2805

– **Allgemeine Lohnsteuertabelle** für einen Arbeitnehmer, der in allen Sozialversicherungszweigen versichert ist,

– und die **Besondere Lohnsteuertabelle** für einen Arbeitnehmer, der in keinem Sozialversicherungszweig versichert und privat kranken- und pflegeversichert ist sowie dem Arbeitgeber keine Kranken- und Pflege-Pflichtversicherungsbeiträge mitgeteilt hat.

Einzelheiten zum Aufbau der Lohnsteuertabellen → *Lohnsteuertabellen* Rz. 1948.

Der Tarif für die Einkommensteuer und Lohnsteuer ist gleich.

3. Grundbegriffe

a) Grundtabelle/Splittingtabelle

Zu unterscheiden sind folgende Tabellen (vgl. § 32a EStG): 2806

– **Grundtabelle für ledige und andere alleinstehende Personen**, z.B. Geschiedene, dauernd getrennt Lebende, Verwitwete (außer im Todesjahr des Ehegatten und im folgenden Jahr). Die Grundtabelle entspricht im Lohnsteuerabzugsverfahren der **Steuerklasse I**, bei Alleinerziehenden mit Kind und Anspruch auf den Entlastungsbetrag für Alleinerziehende der **Steuerklasse II**.

Steuertarif

keine Sozialversicherungspflicht = (SV)
Sozialversicherungspflicht = (SV)

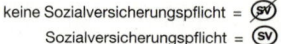

- **Splittingtabelle für Ehegatten und Lebenspartner**, die zusammen veranlagt werden; sie entspricht im Allgemeinen der Steuerklasse III (zu Steuerklassenkombinationen bei zwei verdienenden Ehegatten/Lebenspartnern → *Steuerklassen* Rz. 2751).

Das **Splittingverfahren** entspricht den Grundwertungen des Familienrechts und stellt daher nach Auffassung des BVerfG und des BFH **keine beliebig veränderbare Steuer-„Vergünstigung"** dar (zuletzt BFH v. 22.3.2011, III B 114/09, www.stotax-first.de, m.w.N.); eine Übertragung auf **Alleinerziehende mit Kindern** sowie **verschiedengeschlechtliche Partner einer eheähnlichen Lebensgemeinschaft** kommt auch nach dem u.g. Urteil des BVerfG zu eingetragenen Lebenspartnerschaften nicht in Betracht (zuletzt BVerfG v. 16.7.2015, 2 BvR 1519/13, StEd 2015, 532).

Nach dem Gesetz zur Änderung des Einkommensteuergesetzes in Umsetzung der Entscheidung des Bundesverfassungsgerichtes v. 7.5.2013 v. 15.7.2013, BGBl. I 2013, 2397, BStBl I 2013, 898 ist das **Splittingverfahren auch auf Lebenspartner und Lebenspartnerschaften anzuwenden** (neuer § 2 Abs. 8 EStG). Dies gilt **rückwirkend** zum Zeitpunkt der Einführung des Instituts der Lebenspartnerschaft in 2001 (1.8.2001) für Lebenspartner, deren Veranlagung noch nicht bestandskräftig durchgeführt ist (neuer § 52 Abs. 2a EStG sowie BFH v. 26.6.2014, III R 14/05, BStBl II 2014, 829). Durch das Gesetz zur Anpassung steuerlicher Regelungen an die Rechtsprechung des Bundesverfassungsgerichts v. 18.7.2014, BStBl I 2014, 1062 sind alle steuerlichen Regelungen entsprechend angepasst worden.

Die Splittingtabelle ist im Allgemeinen günstiger, denn der Gesetzgeber geht davon aus, dass Ehegatten und Lebenspartner regelmäßig eine **Erwerbs- und Wirtschaftsgemeinschaft** bilden, d.h., dass die Einkünfte von den Ehegatten und Lebenspartnern **gemeinschaftlich erzielt** werden. Es wird daher beim Splittingverfahren unterstellt, dass jeder Ehegatte bzw. Lebenspartner – selbst wenn tatsächlich nur **ein** Ehegatte/Lebenspartner erwerbstätig ist – die Hälfte der gesamten Einkünfte erzielt habe. Für jeden Ehegatten/Lebenspartner wird daher die Einkommensteuer auf die halbierten Gesamteinkünfte zunächst nach der Grundtabelle ermittelt und der sich ergebende Betrag anschließend verdoppelt; das Ergebnis ist die Einkommensteuer laut Splittingtabelle. Diese auf zwei Personen aufgeteilte Steuerberechnung führt zu einer **doppelten Gewährung des Grundfreibetrags** sowie zu einer erheblichen **Senkung der Steuerprogression** gegenüber einem alleinstehenden Stpfl. Der Splittingvorteil ist umso größer, je weiter die Einkommen der Ehegatten/Lebenspartner auseinander laufen, am größten also bei Alleinverdienern (der maximale Splittingvorteil beträgt ab dem Jahr 2016 16 027 €). Überhaupt **kein Vorteil** ergibt sich hingegen, wenn beide Ehegatten/Lebenspartner **gleich hohe Einkommen** haben.

Beispiel:
Die Eheleute A haben ein zu versteuerndes Einkommen von 100 000 €, A ist Alleinverdiener. Die Einkommensteuer 2016 ist wie folgt zu berechnen:

Aufteilung des zu versteuernden Einkommens auf beide Ehegatten	50 000 €
Einkommensteuer laut Grundtabelle	12 636 €
Verdoppelung ergibt Einkommensteuer laut **Splittingtabelle**	25 272 €

Nach der **Grundtabelle** ergäbe sich demgegenüber eine Einkommensteuer von 33 605 €, der Splittingvorteil beträgt mithin 8 333 €. Dabei ist allerdings zu berücksichtigen, dass mit diesem Splittingvorteil steuerlich auch die Unterhaltszahlungen an den nicht verdienenden Ehegatten/Lebenspartner abgegolten sind. Der „echte" Vorteil ist somit geringer.

Nach der Rechtsprechung des **BVerfG** ist das Einkommen- und Gewerbesteuerrecht auch für hohe Einkommen gegenwärtig nicht so ausgestaltet, dass eine übermäßige Steuerbelastung und damit eine Verletzung der Eigentumsgarantie festgestellt werden kann; ein Verstoß gegen den sog. **Halbteilungsgrundsatz** liegt nicht vor (zuletzt BFH v. 16.10.2009, III B 170/08, www.stotax-first.de, m.w.N.).

b) Grenzsteuersatz/Durchschnittssteuersatz

2807 Diese Begriffe werden häufig verwechselt:

- **Grenzsteuersatz** ist der Steuersatz, mit dem der „letzte Euro" des jeweiligen Einkommens besteuert wird. Dieser Steuersatz beginnt praktisch bei Null (Einkommenserhöhungen bleiben bis zum Grundfreibetrag von 8 672 € ganz steuerfrei) und steigt dann von 14 % an bis zum Spitzensteuersatz von 45 %.

- **Durchschnittssteuersatz** ist die Einkommensteuer in Prozent, die sich auf das gesamte zu versteuernde Einkommen bezieht. Dieser Satz liegt wesentlich unter dem Grenzsteuersatz. Der Durchschnittssteuersatz nähert sich mit zunehmendem Einkommen immer mehr dem Spitzensteuersatz von 45 %, ohne ihn je zu erreichen.

Beispiel:
A (Steuerklasse I, 22 Jahre) hat einen Bruttoarbeitslohn von monatlich 4 000 €. Die Lohnsteuer beträgt nach der allgemeinen Lohnsteuertabelle 727,58 €, das ergibt bezogen auf den Bruttoarbeitslohn einen Durchschnittssteuersatz von 18,19 %. Die „Grenzsteuerbelastung" beträgt in diesem Einkommensbereich aber bereits ca. 30 %. Wenn A also eine Gehaltserhöhung von 100 € bekommt, muss er hiervon schon etwa ein Drittel an Steuern, d.h. Lohnsteuer, Solidaritätszuschlag und ggf. Kirchensteuer bezahlen.

Folgende Tabelle soll einen Überblick über die Höhe der Grenz- und Durchschnittssteuersätze für 2016 geben (wegen einer vollständigen Übersicht nebst Steuerberechnungen Hinweis auf die von Stollfuß Medien herausgegebene Software „Gehalt und Lohn Plus 2016", ISBN 978-3-08-111216-9):

Höhe des zu versteuernden Einkommens	Grenzsteuersatz (Steuer auf die letzten 100 €)		Durchschnittssteuersatz (Steuerbelastung des gesamten Einkommens)	
in €	Grundtab. in %	Splittingtab. in %	Grundtab. in %	Splittingtab. in %
10 000	16,00	0,00	2,06	0,00
15 000	25,00	0,00	8,50	0,00
20 000	27,00	16,00	12,80	2,06
25 000	29,00	20,00	15,83	5,48
30 000	32,00	24,00	18,23	8,50
35 000	34,00	24,00	20,26	10,87
40 000	36,00	28,00	22,07	12,80
45 000	38,00	28,00	23,72	14,42
50 000	41,00	28,00	25,27	15,83
60 000	42,00	32,00	28,01	18,23
70 000	42,00	34,00	30,01	20,26
80 000	42,00	36,00	31,51	22,07
100 000	42,00	40,00	33,61	25,27
255 000	45,00	42,00	38,71	35,42
510 000	45,00	46,00	41,86	38,71

4. Aufbau der Einkommensteuertabelle

2808 Der Einkommensteuertarif 2016 setzt sich aus „mehreren Schichten" zusammen:

- **Grundfreibetrag**: Bis 8 652 € beträgt die Einkommensteuer 0 € (**Nullzone**, § 32a Abs. 1 Nr. 1 EStG). Mit diesem Betrag soll das sog. **Existenzminimum** des Stpfl. **steuerfrei** belassen werden.

- An diese Nullzone schließen sich **zwei Progressionszonen** bis zu einem Einkommen von 52 881 € an. Einkommensteile in diesem Bereich werden progressiv mit 14 % (**Eingangssteuersatz**) bis zum Grenzsteuersatz von 42 % („normaler" Spitzensteuersatz) besteuert.

- Einkommensteile ab 53 666 € werden gleichmäßig mit einem Grenzsteuersatz von 42 % besteuert (**obere Proportionalzone, „normaler" Spitzensteuersatz**).

- Für Einkommensteile ab 254 447 € gilt ein erhöhter Spitzensteuersatz von 45 % (sog. **Reichensteuer**).

Bei **zusammen veranlagten Ehegatten** gelten die **doppelten Euro-Beträge**.

5. Aufbau der Lohnsteuertabellen

a) Aufstellung der Lohnsteuertabellen

2809 Die Lohnsteuertabellen sind aus der Einkommensteuertabelle abgeleitet, indem das zu versteuernde Einkommen in einen Jahresarbeitslohn umgerechnet wird durch Hinzurechnung

- des **Arbeitnehmer-Pauschbetrags** von 1 000 € für die Steuerklassen I bis V,

🚫 = keine Lohnsteuerpflicht
[LSt] = Lohnsteuerpflicht

- des **Sonderausgaben-Pauschbetrags** von 36 € für die Steuerklassen I bis V,
- der **Vorsorgepauschale** für die Steuerklassen I bis VI,
- des **Entlastungsbetrags für Alleinerziehende** von 1 908 € für die Steuerklasse II (der neue Erhöhungsbetrag von 240 € für das zweite und jedes weitere Kind kann nur im Freibetragsverfahren geltend gemacht werden, s. ausführlich → *Entlastungsbetrag für Alleinerziehende* Rz. 1112).

b) Besteuerungsgrenzen

2810 Welche Freibeträge in welcher Steuerklasse berücksichtigt sind, ist aus folgender Tabelle zu ersehen, die zeigt, ab wann erstmals „die Besteuerung beginnt" (Tarif 2016):

I. Allgemeine Lohnsteuertabelle

Eingearbeitete Freibeträge	Steuerklassen		
	I	II	III
Grundfreibetrag	8 652,—	8 652,—	17 305,—
AN-Pauschbetrag	1 000,—	1 000,—	1 000,—
SA-Pauschbetrag	36,—	36,—	36,—
Entlastungsbetrag für Alleinerziehende	–	1 908,—	–
Vorsorgepauschale	2 127,—	2 545,—	4 025,—
Rundungsbetrag	7,99	7,99	14,99
Bis zu dieser Höhe bleibt Arbeitslohn **jährlich** „steuerfrei"	11 822,99	14 148,99	22 380,99
Bis zu dieser Höhe bleibt Arbeitslohn **monatlich** „steuerfrei"	985,24	1 179,08	1 865,08

Eingearbeitete Freibeträge	Steuerklassen		
	IV	V	VI
Grundfreibetrag	8 652,—	–	–
AN-Pauschbetrag	1 000,—	1 000,—	–
SA-Pauschbetrag	36,—	36,—	–
Entlastungsbetrag für Alleinerziehende	–	–	–
Vorsorgepauschale	2 127,—	229,—	2,—
Rundungsbetrag	7,99	7,99	7,99
Bis zu dieser Höhe bleibt Arbeitslohn **jährlich** „steuerfrei"	11 822,99	1 272,99	9,99
Bis zu dieser Höhe bleibt Arbeitslohn **monatlich** „steuerfrei"	985,24	106,08	0,83

II. Besondere Lohnsteuertabelle

Eingearbeitete Freibeträge	Steuerklassen		
	I	II	III
Grundfreibetrag	8 652,—	8 652,—	17 305,—
AN-Pauschbetrag	1 000,—	1 000,—	1 000,—
SA-Pauschbetrag	36,—	36,—	36,—
Entlastungsbetrag für Alleinerziehende	–	1 908,—	–
Vorsorgepauschale	1 323,—	1 583,—	2 504,—
Rundungsbetrag	7,99	7,99	14,99
Bis zu dieser Höhe bleibt Arbeitslohn **jährlich** „steuerfrei"	11 018,99	13 186,99	20 859,99
Bis zu dieser Höhe bleibt Arbeitslohn **monatlich** „steuerfrei"	918,24	1 098,91	1 738,33

Eingearbeitete Freibeträge	Steuerklassen		
	IV	V	VI
Grundfreibetrag	8 652,—	–	–
AN-Pauschbetrag	1 000,—	1 000,—	–
SA-Pauschbetrag	36,—	36,—	–
Entlastungsbetrag für Alleinerziehende	–	–	–
Vorsorgepauschale	1 323,—	143,—	2,—
Rundungsbetrag	7,99	7,99	7,99
Bis zu dieser Höhe bleibt Arbeitslohn **jährlich** „steuerfrei"	11 018,99	1 186,99	9,99
Bis zu dieser Höhe bleibt Arbeitslohn **monatlich** „steuerfrei"	918,24	98,91	0,83

Stille Beteiligung

→ *Werbungskosten* Rz. 3182

Stipendien

1. Allgemeines

2811 Stipendien oder Studienbeihilfen, die mit **öffentlichen Geldern** finanziert und für Zwecke bewilligt werden, die geeignet sind, die Bereiche Erziehung, Ausbildung, Wissenschaft oder Kunst unmittelbar zu fördern, sind unter bestimmten Voraussetzungen nach § 3 Nr. 11 EStG oder nach § 3 Nr. 44 EStG steuerfrei.

Da eine vergleichbare Befreiungsvorschrift für aus **privaten Mitteln** stammende Studienbeihilfen nicht besteht, liegt insoweit Steuerpflicht vor. Von **privaten Arbeitgebern** gewährte Stipendien und Beihilfen stellen, sofern diese Arbeitslohn sind, grundsätzlich steuerpflichtigen Arbeitslohn dar. Stipendien, die den Voraussetzungen des § 3 Nr. 44 EStG entsprechen, sind in jedem Falle sozialversicherungsfrei.

[LSt] 🚫SV

Sofern es sich aber um eine öffentliche Förderung im o.g. Sinne handelt, ist es unabhängig von den übrigen Voraussetzungen des § 3 Nr. 11 oder Nr. 44 EStG erforderlich, dass der Empfänger mit den Bezügen nicht zu einer bestimmten wissenschaftlichen oder künstlerischen Gegenleistung oder zu einer Arbeitnehmertätigkeit verpflichtet wird.

2. Begriffsbestimmung

2812 Voraussetzung für die Steuerfreiheit ist, dass es sich um **öffentliche Mittel** oder um Mittel aus einer **öffentlichen Stiftung** handelt:

Öffentliche Mittel sind Mittel des Bundes, der Länder, der Gemeinden und Gemeindeverbände und der als juristische Personen des öffentlichen Rechts anerkannten Religionsgemeinschaften.

Eine **öffentliche Stiftung** liegt vor, wenn

- die Stiftung selbst eine juristische Person des öffentlichen Rechts ist oder
- das Stiftungsvermögen im Eigentum einer juristischen Person des öffentlichen Rechts steht oder
- die Stiftung von einer juristischen Person des öffentlichen Rechts verwaltet wird.

Im Übrigen richtet sich der Begriff „Öffentliche Stiftung" nach Landesrecht, vgl. H 3.11 (Öffentliche Stiftung) EStH.

Nichtrechtsfähige Stiftungen werden vom Begriff der öffentlichen Stiftung i.S.d. § 3 Nr. 11 EStG **nicht umfasst** (FG Rheinland-Pfalz v. 9.12.2014, 3 K 2197/11, EFG 2015, 358).

Beispiele für öffentliche Stiftungen sind etwa die Friedrich-Ebert-Stiftung oder die Friedrich-Thyssen-Stiftung.

3. Steuerfreiheit nach § 3 Nr. 11 EStG

2813 Bezüge aus öffentlichen Mitteln oder aus Mitteln einer öffentlichen Stiftung, die als Beihilfe zu dem Zweck bewilligt werden, die Erziehung oder Ausbildung, die Wissenschaft oder Kunst unmittelbar zu fördern, sind nach § 3 Nr. 11 EStG steuerfrei.

Voraussetzung ist eine offene Verausgabung nach Maßgabe der haushaltsrechtlichen Vorschriften und eine gesetzliche Kontrolle (BFH v. 9.4.1975, I R 251/72, BStBl II 1975, 577; BFH v. 15.11.1983, VI R 20/80, BStBl II 1984, 113). Dabei können Empfänger einer steuerfreien Beihilfe nur die Personen sein, denen sie im Hinblick auf den Zweck der Leistung bewilligt worden ist (BFH v. 19.6.1997, IV R 26/96, BStBl II 1997, 652).

Zu den steuerfreien Erziehungs- und Ausbildungsbeihilfen gehören z.B. die Leistungen nach dem Bundesausbildungsförderungsgesetz sowie die Ausbildungszuschüsse nach § 5 Abs. 4 des Soldatenversorgungsgesetzes.

🚫 🚫SV

Nicht zu den steuerfreien Erziehungs- und Ausbildungsbeihilfen gehören:

- Unterhaltszuschüsse an Beamte im Vorbereitungsdienst – Beamtenanwärter – (BFH v. 12.8.1983, VI R 155/80, BStBl II 1983, 718),
- die zur Sicherstellung von Nachwuchskräften gezahlten Studienbeihilfen,
- die für die Fertigung einer Habilitationsschrift gewährten Beihilfen (BFH v. 4.5.1972, IV 133/64, BStBl II 1972, 566).

[LSt] SV

Stipendien

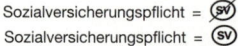

4. Steuerfreiheit nach § 3 Nr. 44 EStG

2814 Stipendien, die aus öffentlichen Mitteln oder von zwischenstaatlichen oder überstaatlichen Einrichtungen, denen die Bundesrepublik Deutschland als Mitglied angehört, zur Förderung der Forschung oder zur Förderung der wissenschaftlichen oder künstlerischen Ausbildung oder Fortbildung gewährt werden, sind steuerfrei (§ 3 Nr. 44 EStG). Das Gleiche gilt für Stipendien, die zu diesen Zwecken von einer Einrichtung, die von einer Körperschaft des öffentlichen Rechts errichtet ist oder verwaltet wird, oder von einer Körperschaft, Personenvereinigung oder Vermögensmasse i.S.v. § 5 Abs. 1 Nr. 9 KStG gegeben werden; dies kann auch ein ausländischer Stipendiengeber sein, wenn es sich um eine Körperschaft i.S.d. § 5 Abs. 1 Nr. 9 KStG handelt (BFH v. 15.9.2010, X R 33/08, BStBl II 2011, 637). **Voraussetzung für die Steuerfreiheit ist,** dass

- die Stipendien einen für die Erfüllung der Forschungsaufgabe oder für die Bestreitung des Lebensunterhalts und die Deckung des Ausbildungsbedarfs erforderlichen Betrag nicht übersteigen und nach den von dem Geber erlassenen Richtlinien vergeben werden,

- der Empfänger im Zusammenhang mit dem Stipendium nicht zu einer bestimmten wissenschaftlichen oder künstlerischen Gegenleistung oder zu einer bestimmten Arbeitnehmertätigkeit verpflichtet ist.

Beispiel 1:
Das Land Niedersachsen zahlt jungen **Kunsthistorikern** mit abgeschlossenem Hochschulstudium für eine Tätigkeit am Zentralinstitut für Kunstgeschichte in München ein Stipendium von monatlich 750 € für die Dauer von einem bis zwei Jahren (Niedersächsisches Ministerium für Wissenschaft und Kultur v. 3.8.1999, 25 A.4 – 76200 – 1/99, Nds.MBl. 1999, 566). Der Stipendiat wird nach den Richtlinien vom Zentralinstitut **nicht zur Erbringung von Arbeitsleistungen verpflichtet**. Er ist lediglich aufgefordert, an den wissenschaftlichen Veranstaltungen des Instituts teilzunehmen.
Das Stipendium fällt unter die Steuerbefreiung des § 3 Nr. 44 EStG, weil der Stipendiat nicht zur Erbringung von Arbeitsleistungen verpflichtet ist. Es handelt sich **nicht um steuerpflichtigen Arbeitslohn**.

Beispiel 2:
Nach dem **Förderprogramm „Junges Kolleg"** der Nordrhein-Westfälischen Akademie der Wissenschaften werden bis zu 30 herausragende junge Wissenschaftler aller Fachrichtungen als Kollegiaten auf jeweils vier Jahre berufen und mit jährlich 10 000 € zuzüglich eines eventuell einmalig gewährten Zuschusses i.H.v. 12 000 € unterstützt.
Diese Stipendien sind **steuerfrei** nach § 3 Nr. 44 EStG (OFD Frankfurt v. 31.3.2015, S 2121 A – 13 – St 213, StEd 2015, 330).

Beispiel 3:
Die Stipendiatin ist promovierte Volljuristin und als wissenschaftliche Assistentin an einer deutschen Hochschule beschäftigt. Auf ihre Bewerbung mit einem bestimmten Forschungsthema hin erhielt sie von einem Kolleg in der Rechtsform einer Stiftung des bürgerlichen Rechts für die Dauer von zehn Monaten **ein Stipendium für diese Arbeit i.H.v. 2 700 € monatlich**. Sie musste sich während des Stipendiums durchgehend an dem Kolleg aufhalten. Ihr wurde kostenlos eine möblierte Wohnung mit einem eingerichteten Arbeitsplatz zur Verfügung gestellt sowie eine Dienstreisenpauschale i.H.v. 100 € monatlich gezahlt. Die Stipendiatin war nach dem zwischen ihr und dem Kolleg geschlossenen Vertrag verpflichtet, sich während des Stipendiums durchgehend an dem vom Stipendiengeber eingerichteten Kolleg aufzuhalten, an einem wöchentlichen Arbeitskreis mit anderen Stipendiaten teilzunehmen, in diesem Arbeitskreis einen Vortrag über ihre Forschungsarbeit zu halten, einen Abschlussbericht hierüber zu erstellen und bei Veröffentlichung des Forschungsergebnisses auf den Stipendiengeber hinzuweisen und ihm zwei Belegexemplare zu überlassen. Wesentliche Änderungen des Forschungsthemas bedurften der Zustimmung des Kollegs. Während des Stipendiums wurde die Stipendiatin von ihrem Arbeitgeber ohne Fortzahlung der Bezüge beurlaubt.
Das Stipendium fällt unter die Steuerbefreiung des § 3 Nr. 44 EStG, weil es die zuvor aus einem Beschäftigungsverhältnis bezogenen Einnahmen nicht übersteigt, nach den vom Geber erlassenen Richtlinien vergeben wird und der Empfänger im Zusammenhang mit dem Stipendium nicht zu einer bestimmten wissenschaftlichen oder künstlerischen Gegenleistung oder zu einer bestimmten Arbeitnehmertätigkeit verpflichtet ist. **Das Stipendium ist in voller Höhe steuerfrei** (BFH v. 24.2.2015, VIII R 43/12, BStBl II 2015, 691).

Wird ein Stipendium **abweichend von den vom Geber erlassenen Richtlinien** vergeben, ist es **nicht steuerfrei** (FG Münster v. 16.5.2013, 2 K 3208/11 E, EFG 2014, 19). Gleiches gilt, wenn die Stiftung über **keine Vergaberichtlinien verfügt**, in denen konkret festgelegt ist, nach welchen Kriterien die Stiftungsmittel vergeben werden (FG Rheinland-Pfalz v. 9.12.2014, 3 K 2197/11, EFG 2015, 358).

Beihilfen für die **persönliche Lebensführung** des Empfängers sind nach § 18 oder § 19 EStG steuerpflichtig (BFH v. 4.5.1972, IV 133/64, BStBl II 1972, 566), aber beitragsfrei.

Beispiel 4:
Sog. **Butenandt-Stipendien** der Max-Planck-Gesellschaft sowie Stipendien nach dem **Heisenberg-Programm** fallen nicht unter die Steuererbefreiung des § 3 Nr. 44 EStG, weil sie für die Bestreitung des Lebensunterhalts und die Deckung des Ausbildungsbedarfs erforderlichen Betrag übersteigen: Die Stipendien sind den Einkünften aus freiberuflicher (wissenschaftlicher) Tätigkeit i.S.d. § 18 Abs. 1 Nr. 1 EStG zuzurechnen (OFD Frankfurt v. 31.3.2015, S 2121 A – 13 – St 213, StEd 2015, 330).

Beispiel 5:
Das BMWi unterstützt unter Beteiligung des ESF anspruchsvolle innovative Gründungsvorhaben aus Hochschulen und Forschungseinrichtungen (**EXIST-Gründerstipendien**). Antragsberechtigt sind Hochschulen und Forschungseinrichtungen in Deutschland, die in ein gründungsunterstützendes Netzwerk eingebunden sein müssen. Mit der Abwicklung der Fördermaßnahme hat das BMWi seinen Projektträger Forschungszentrum Jülich GmbH in Berlin beauftragt. Die von dort den Hochschulen oder Forschungseinrichtungen gewährte Zuwendung wird von diesen an die Stipendiaten weitergeleitet.
Die EXIST-Gründerstipendien dienen – wie ihre Bezeichnung schon andeutet – in erster Linie dazu, Existenzgründungsvorhaben auf dem Weg in die Selbständigkeit zu unterstützen. Das Gründungsklima an Hochschulen und Forschungseinrichtungen soll verbessert werden. Die Gründerstipendien bezwecken also gerade nicht, Forschung oder wissenschaftliche Ausbildung zu fördern. Vielmehr sind sie darauf gerichtet, den Übergang von der wissenschaftlichen Ausbildung in den Markt zu ermöglichen. Eine **Anwendung des § 3 Nr. 44 EStG kommt daher nicht in Betracht** (OFD Frankfurt v. 31.3.2015, S 2121 A – 13 – St 213, StEd 2015, 330, BFH v. 1.10.2012, III B 128/11, www.stotax-first.de).

Stipendien **zur Förderung der Forschung** oder zur **Förderung der wissenschaftlichen oder künstlerischen Ausbildung oder Fortbildung** sind steuerfrei, gleichgültig, ob sie zur Bestreitung des Lebensunterhalts des Empfängers oder für den durch die Ausbildung oder Fortbildung verursachten Aufwand bestimmt sind (BFH v. 20.3.2003, IV R 15/01, BStBl II 2004, 190).

Beispiel 6:
Eine Germanistin erhält ein Stipendium samt einer Pauschale für Sachmittel und Reisekosten i.H.v. insgesamt 11 700 €, das i.R.d. **Förderprogramms Frauenforschung** von der Senatsverwaltung für Arbeit, Berufliche Bildung und Frauen – Berlin – zur Erstellung einer Studie bewilligt wurde.
Das Stipendium ist **in voller Höhe steuerfrei**, denn die Steuerbefreiung von Forschungsstipendien nach § 3 Nr. 44 EStG umfasst sowohl die der Erfüllung der Forschungsaufgaben (Sachbeihilfen) als auch die der Bestreitung des Lebensunterhalts dienenden Zuwendungen (BFH v. 20.3.2003, IV R 15/01, BStBl II 2004, 190).

Allerdings ist ein Forschungsstipendium, das in seinem Grundbetrag einen Zuschlag zum Ausgleich für die Versteuerung enthält, **nicht nach § 3 Nr. 44 EStG steuerfrei** (FG Baden-Württemberg v. 1.6.2005, 3 V 36/04, EFG 2005, 1333).

Die Prüfung, ob die gesetzlichen Voraussetzungen für die volle oder teilweise Steuerfreiheit der Stipendien vorliegen, hat das Finanzamt vorzunehmen, das für die Veranlagung des Stipendiengebers zur Körperschaftsteuer zuständig ist oder zuständig sein würde, wenn der Geber steuerpflichtig wäre. Dieses Finanzamt hat auf Anforderung des Stipendienempfängers oder des für ihn zuständigen Finanzamts **eine Bescheinigung** über die Voraussetzungen der Steuerfreiheit zu erteilen (R 3.44 EStR).

Zwischen einem nach § 3 Nr. 44 EStG **steuerfrei gewährten Stipendium** für Studienzwecke und den im Zusammenhang mit dem Studium entstehenden **Mehraufwendungen** besteht regelmäßig ein unmittelbarer wirtschaftlicher Zusammenhang i.S.d. § 3c EStG

(BFH v. 9.11.1976, VI R 139/74, BStBl II 1977, 207), so dass die **Ausgaben nicht als Betriebsausgaben oder Werbungskosten abgezogen werden dürfen.**

Strafverfahren: Kostenübernahme

2815 Die Übernahme von **Strafverteidigungskosten** durch den Arbeitgeber für einen Arbeitnehmer stellt – ähnlich wie die Übernahme von Geldbußen und -auflagen (BFH v. 22.7.2008, VI R 47/06, BStBl II 2009, 151) – selbst dann steuerpflichtigen **Arbeitslohn** dar, wenn der Schuldvorwurf durch ein **berufliches Verhalten** veranlasst war. In diesem Fall kann der Arbeitnehmer die Strafverteidigungskosten zwar als **Werbungskosten** absetzen (zuletzt BFH v. 17.8.2011, VI R 75/10, HFR 2012, 27 betr. ein Strafverfahren wegen Vorwurfs der Beihilfe zur Untreue). Ein steuerfreier Arbeitgeberersatz ist jedoch nicht möglich, weil es hierfür keine Befreiungsvorschrift gibt (R 19.3 Abs. 3 Satz 1 LStR). Weitere Einzelheiten, auch zu Ausnahmefällen, → *Bußgelder* Rz. 776 und → *Prozesskosten: Arbeitgeberersatz* Rz. 2344.

Eine **Ausnahme** ist nach dem Grundsatz der **„aufgedrängten Bereicherung"** (→ *Arbeitslohn* Rz. 246) allenfalls denkbar, wenn der Arbeitgeber seinem Arbeitnehmer dessen Vertretung durch einen renommierten Strafverteidiger aus geschäftlichem Interesse „aufgedrängt" hat, während dieser auf eine Verteidigung verzichten wollte (vgl. RFH v. 7.12.1939, RStBl 1940, 423).

Streik

→ *Arbeitskampf* Rz. 241

Strom: verbilligter Bezug

2816 Soweit Arbeitnehmer von Energieversorgungsunternehmen kostenlos oder verbilligt Strom von ihrem Arbeitgeber erhalten, ist dieser Vorteil grundsätzlich steuer- und beitragspflichtig.

Ist der **Rabattfreibetrag** von 1 080 € anzuwenden, weil der Vorteil vom **eigenen Arbeitgeber** gewährt wird, bleibt er steuer- und beitragsfrei, wenn der Betrag von 1 080 € im Kalenderjahr nicht überschritten wird. Maßgebend ist der um 4 % geminderte Endpreis des Stroms des Arbeitgebers (→ *Rabatte* Rz. 2345).

Der Rabattfreibetrag von 1 080 € kann auf die Lieferung von Strom grundsätzlich angewendet werden, denn zu den Waren i.S.v. § 8 Abs. 3 EStG gehören alle Wirtschaftsgüter, die im Wirtschaftsverkehr wie Sachen (§ 90 BGB) behandelt werden, also auch elektrischer Strom und Wärme (R 8.2 Abs. 1 Satz 1 Nr. 2 Satz 2 LStR).

Zur Frage, wann der Rabattfreibetrag von 1 080 € angewendet werden kann, wenn die Arbeitnehmer nicht im Versorgungsgebiet ihres Arbeitgebers wohnen, vertreten die obersten Finanzbehörden folgende Auffassung (FinMin Niedersachsen v. 13.12.1999, S 2334 – 96 – 35, StEd 2000, 73):

„Auch weiterhin kann bei der verbilligten Überlassung von Energie (Strom oder Gas) § 8 Abs. 3 EStG nur angewandt werden, wenn genau dieselbe Ware, die der Arbeitnehmer von einem Dritten erhält, vom Arbeitgeber zuvor hergestellt oder vertrieben worden ist (Nämlichkeit). Dabei ist unter „Vertreiben" nicht eine bloße Vermittlungsleistung zu verstehen – der Arbeitgeber muss die Dienstleistung als eigene erbringen (BFH v. 7.2.1997, VI R 17/94, BStBl II 1997, 363). Die Voraussetzung der Nämlichkeit ist erfüllt, wenn das Versorgungsunternehmen, das den Arbeitnehmer beliefert, diese Energie zuvor von dem Versorgungsunternehmen, bei dem der Arbeitnehmer beschäftigt ist, erhalten hat. Erhält jedoch das Versorgungsunternehmen, das den Arbeitnehmer mit Energie beliefert, seine Energielieferungen nicht unmittelbar durch das Versorgungsunternehmen, bei dem der Arbeitnehmer beschäftigt ist, ist der geldwerte Vorteil aus der verbilligten Energielieferung nach § 8 Abs. 2 EStG zu versteuern (vgl. BFH v. 15.1.1993, VI R 32/92, BStBl II 1993, 356).

In den Fällen der sog. **Durchleitung** (= verhandelter Netzzugang gem. §§ 5, 6 EnWG) muss das örtliche Versorgungsunternehmen, in dessen Bereich der Arbeitnehmer wohnt, sein Versorgungsnetz dem anderen Versorgungsunternehmen – gegen Gebühr – zur Durchleitung von Strom zur Verfügung stellen. Ist dieses andere Versorgungsunternehmen der Arbeitgeber, ist die **Voraussetzung des** § 8 Abs. 3 EStG **erfüllt**, weil der Arbeitnehmer Strom erhält, der vom Arbeitgeber hergestellt oder vertrieben worden ist und von diesem unmittelbar an seinen Arbeitnehmer unter Zuhilfenahme des örtlichen Versorgungsunternehmens geliefert wird.

In den Fällen der sog. **Netzzugangsalternative** ist das Versorgungsunternehmen, in dessen Bereich der Arbeitnehmer wohnt, verpflichtet, den Strom abzunehmen, den dieser Arbeitnehmer bei einem anderen Versorgungsunternehmen gekauft hat (§ 7 Abs. 2 EnWG). Anschließend liefert das örtliche Versorgungsunternehmen diesen Strom an den Arbeitnehmer weiter. Auch bei dieser Alternative erhält das örtliche Versorgungsunternehmen tatsächlich den Strom des anderen Versorgungsunternehmens. Ist dieses andere Versorgungsunternehmen der Arbeitgeber, ist auch in dem Fall der Netzzugangsalternative nach § 7 Abs. 2 EnWG die Voraussetzung der Nämlichkeit und damit die **Voraussetzung des** § 8 Abs. 3 EStG **erfüllt**.

Diese Grundsätze gelten gleichermaßen für Arbeitgeber, die als Versorgungsunternehmen den Strom lediglich verteilen oder aber auch selbst Strom erzeugen. Sie sind hingegen **nicht anzuwenden**, wenn die entsprechende Energie **tatsächlich nicht** zwischen den Versorgungsunternehmen **vertrieben**, sondern nur **als Rechnungsposten gehandelt** wird."

Vgl. auch OFD Frankfurt v. 10.10.2003, S 2334 A – 42 – St II 3.04, www.stotax-first.de, zu den steuerlichen Auswirkungen der Verbändevereinbarung II und II plus.

Studenten

1. Lohnsteuer

Für Studenten gelten lohnsteuerlich keine Besonderheiten. Sie **2817** sind – auch wenn sie nur vorübergehend in einem Betrieb tätig sind – **Arbeitnehmer**, wenn nach den allgemeinen Grundsätzen ein **Arbeitsverhältnis vorliegt** (→ *Arbeitnehmer* Rz. 173). Vgl. dazu BAG v. 12.6.1996, 5 AZR 960/94, www.stotax-first.de, in dem ein Student, der an einer Bundesautobahn-Tankstelle regelmäßig mindestens neun Schichten im Monat arbeitet, als Arbeitnehmer angesehen worden ist.

Studenten, aber auch Schüler, die in den Ferien eine Arbeitnehmertätigkeit ausüben, werden lohnsteuerlich wie „normale Arbeitnehmer" besteuert (d.h. **Lohnsteuerabzug nach den elektronischen Lohnsteuerabzugsmerkmalen**), sofern sie nicht lediglich eine **Aushilfstätigkeit oder Teilzeitarbeit** ausüben und die Lohnsteuer vom Arbeitgeber pauschal erhoben wird (→ *Pauschalierung der Lohnsteuer bei Aushilfskräften* Rz. 2190, → *Pauschalierung der Lohnsteuer bei geringfügig Beschäftigten* Rz. 2215). In vielen Fällen wird die „normale" Besteuerung günstiger sein, weil die **Steuerfreibeträge laut Tabelle nicht überschritten** werden (→ *Steuertarif* Rz. 2810). Da der Arbeitgeber bei unständig beschäftigten Arbeitnehmern keinen Lohnsteuer-Jahresausgleich durchführen darf (→ *Lohnsteuer-Jahresausgleich durch den Arbeitgeber* Rz. 1926), muss der Student allerdings – um seine einbehaltene Lohnsteuer erstattet zu bekommen – eine Veranlagung zur Einkommensteuer beantragen (§ 46 Abs. 2 Nr. 8 EStG; → *Veranlagung von Arbeitnehmern* Rz. 2973).

> **Beispiel:**
> A, Student, arbeitet in den Semesterferien (Juli bis September 2016). Sein Arbeitslohn beträgt monatlich 2 237 €, hiervon sind monatlich einzubehalten Lohnsteuer 253,33 €, Solidaritätszuschlag (5,5 %) 13,93 € sowie Kirchensteuer (9 %) 22,79 €.
>
> Der Arbeitslohn für drei Monate beträgt zusammen 6 711 € und liegt damit unter dem „Jahressteuerfreibetrag" von 11 822,99 € für die Steuerklasse I (→ *Steuertarif* Rz. 2810). Der Arbeitgeber darf keinen Lohnsteuer-Jahresausgleich durchführen. Zwecks Erstattung der Lohnsteuer usw. muss A daher eine Veranlagung zur Einkommensteuer beantragen.

Zur Besteuerung **ausländischer Studenten** → *Ausländische Arbeitnehmer* Rz. 437.

2. Sozialversicherung

a) Nicht beschäftigte Studenten

Studenten, die an staatlichen oder staatlich anerkannten Hoch- **2818** schulen eingeschrieben sind, sind für die Dauer ihres Studiums bis zum Abschluss des 14. Fachsemesters, längstens bis zur Vollendung des 30. Lebensjahres, kranken- und pflegeversicherungspflichtig in der **studentischen Kranken- und Pflegeversicherung**. Diese **Versicherungspflicht** besteht unabhängig davon, ob die Studenten ihren Wohnsitz oder gewöhnlichen Aufenthaltsort im Inland haben, wenn für sie auf Grund über- oder zwischenstaatlichen Rechts kein Anspruch auf Sachleistungen besteht. Studen-

Studenten

ten nach Abschluss des 14. Fachsemesters oder nach Vollendung des 30. Lebensjahres sind nur versicherungspflichtig, wenn die Art der Ausbildung oder aber familiäre oder persönliche Gründe, insbesondere der Erwerb der Zugangsvoraussetzungen in einer Ausbildungsstätte des zweiten Bildungswegs, die Überschreitung der Altersgrenze oder eine längere Fachstudienzeit rechtfertigen.

Gründe können u.a. sein:
- schwere Erkrankungen und Behinderungen,
- Schwangerschaft und Elternzeit,
- Betreuung behinderter oder auf Hilfe angewiesener Kinder,
- Dienstpflicht,
- Nichtzulassung zur gewählten Ausbildung im Auswahlverfahren.

Der kostengünstige Krankenversicherungsschutz als Student endet auch im Fall des nahtlosen Vorliegens von so genannten Hinderungsgründen spätestens mit 37 Jahren (BSG v. 15.10.2014, B 12 KR 17/12 R, www.stotax-first.de).

Ist das Studienjahr nicht in Semester, sondern in Trimester eingeteilt, sind die auf Semester bezogenen krankenversicherungsrechtlichen Regelungen sinngemäß auf Trimester anzuwenden. Das bedeutet, dass die Versicherungspflicht bis zum Abschluss des 21. Trimesters erhalten bleibt. Die Altersgrenze gilt hiervon unabhängig.

Mit der Frage der Versicherungspflicht in der studentischen Krankenversicherung bei der **Aufnahme eines Zweitstudiums** haben sich die Spitzenverbände der Krankenversicherungsträger in ihrer Besprechung v. 11.2.1992 befasst. Sie vertreten die Auffassung, dass sich die Begrenzung auf 14 Fachsemester immer nur auf einen Studiengang bezieht, wobei es keine Rolle spielt, ob das Erststudium abgeschlossen oder abgebrochen wurde. Die Krankenversicherungspflicht auf Grund des Zweitstudiums endet vielmehr mit Ablauf des 14. Fachsemesters bzw. mit der Vollendung des 30. Lebensjahres. Wurden im Erststudium bereits mehr als 14 Fachsemester studiert und endete deshalb die studentische Krankenversicherung, tritt bei Aufnahme des Zweitstudiums erneut Krankenversicherungspflicht ein, sofern das 30. Lebensjahr noch nicht vollendet wurde.

Der Bezug von **Leistungen nach dem Bundesausbildungsförderungsgesetz** – auch über das 30. Lebensjahr hinaus – führt nicht zu einem Fortbestand der Krankenversicherung.

Die **studentische Krankenversicherung** ist jedoch **nachrangig, wenn** auf Grund anderer Vorschriften bereits Versicherungspflicht besteht oder Anspruch auf die Leistungen der Familienversicherung gegeben ist. Sie tritt ebenfalls nicht ein, wenn der Student bereits nach anderen gesetzlichen Vorschriften versicherungsfrei ist oder auf seinen Antrag hin von der Versicherungspflicht befreit wurde.

b) Beschäftigte Studenten

aa) Grundsätze

2819 Studenten, die während der Dauer ihres Studiums als ordentliche Studierende einer Hochschule oder einer sonstigen der wissenschaftlichen oder fachlichen Ausbildung dienenden Schule gegen Entgelt beschäftigt sind, sind unter dem **Vorbehalt** der folgenden Ausführungen kranken-, pflege- und arbeitslosenversicherungsfrei. Die Beschäftigung unterliegt jedoch der Rentenversicherungspflicht. Die Regelungen sind auf Studenten mit einer Studienzeit von bis zu 25 Fachsemestern – ungeachtet des Studiengangs – anwendbar (Besprechungsergebnis der Sozialversicherungsträger v. 26./27.6.2002). Das BSG hat in mehreren Urteilen (u.a. BSG v. 11.11.2003, B 12 KR 26/03, www.stotax-first.de) entschieden, dass Studierende, die von einer sog. Freischussregelung Gebrauch machen und bis zu einer Prüfung zur Verbesserung der Noten eingeschrieben bleiben, weiterhin zum Kreis der ordentlichen Studierenden gehören, wenn die Vorbereitung auf die nächste Prüfung im zeitlichen Vergleich mit einer daneben ausgeübten Beschäftigung überwiegt.

Üben sie in dieser Zeit eine Beschäftigung mit nicht mehr als 20 Wochenstunden aus, ist weiterhin Versicherungsfreiheit in der Kranken-, Pflege- und Arbeitslosenversicherung gegeben.

Für Personen, die ihr Studium als Teilzeitstudium absolvieren, weil sie wegen einer gleichzeitig ausgeübten beruflichen Tätigkeit nicht mehr als die Hälfte des nach der Studienordnung für das Vollzeitstudium vorgesehenen Studienumfangs aufwenden können, sind die Grundsätze über die Versicherungsfreiheit von ordentlich Studierenden nicht anzuwenden.

Stipendiaten, die für die Zeit ihres Studiums mit dem Ziel, sie nach Abschluss ihres Studiums an den fördernden Betrieb zu binden, unterstützt werden, stehen in keinem Beschäftigungsverhältnis, sofern sie zu keiner unmittelbaren Arbeitnehmertätigkeit verpflichtet sind. Erhalten Arbeitnehmer vom eigenen Unternehmen eine Förderung in Form von Studienbeihilfen und besteht das Beschäftigungsverhältnis fort, bleibt die Versicherungspflicht als Arbeitnehmer erhalten.

bb) Vorbereitungsstudium

2820 Nicht dem Kreis der **„ordentlich Studierenden"** werden Personen zugerechnet, die neben dem Besuch eines Studienkollegs zum Erlernen der deutschen Sprache und zur Vorbereitung auf das Studium einer Beschäftigung nachgehen. Diese Personen können (noch) nicht die Berechtigung zum Studium an einer Universität vorweisen, weil die Vorbildung nicht ausreicht oder das Abitur des Heimatlandes nicht als gleichwertig anerkannt ist. Die Vorbereitung auf das eigentliche Studium kann bis zu zwei Jahren dauern, wenn nach einem halbjährigen Deutschkurs weitere Aufbau- bzw. Vorbereitungskurse zur Berechtigung zum Studium absolviert werden müssen. Von den Universitäten wird für dieses Vorbereitungsstudium vielfach eine Semesterbescheinigung mit der Bezeichnung „0. Fachsemester" ausgestellt. Beschäftigungen in dieser Zeit unterliegen grundsätzlich der Versicherungspflicht, weil noch kein ordentliches Studium vorliegt. Da es sich bei diesem vorbereitenden Studium auch nicht um den Besuch einer allgemein bildenden Schule handelt, kann in der Arbeitslosenversicherung auch keine Beitragsfreiheit nach § 27 Abs. 4 SGB III hergeleitet werden.

cc) Beschäftigungen bis 20 Stunden wöchentlich (Zeitgrenze)

2821 Nicht jede neben dem Studium ausgeübte Beschäftigung ist versicherungsfrei. Das BSG hat in mehreren Urteilen festgestellt, dass Versicherungsfreiheit nur dann eintritt, wenn Zeit und Arbeitskraft des Studenten überwiegend durch das Studium in Anspruch genommen werden. Dabei gilt im Regelfall, dass Studenten, die neben dem Studium eine Beschäftigung von wöchentlich mehr als 20 Stunden ausüben, ihrem Erscheinungsbild nach als Arbeitnehmer anzusehen sind. Übt ein Student mehrere Beschäftigungen nebeneinander aus, ist zunächst zu prüfen, ob der Student dem Erscheinungsbild nach als Student oder als Arbeitnehmer anzusehen ist. Arbeitet er mehr als 20 Stunden in der Woche, gehört er vom Erscheinungsbild zu den Arbeitnehmern. In einem weiteren Schritt ist dann zu prüfen, ob es sich ggf. bei einzelnen Beschäftigungen um geringfügige Beschäftigungen (→ Rz. 2822) handelt (Besprechungsergebnis der Spitzenverbände der Sozialversicherungsträger zu Fragen des gemeinsamen Beitragseinzugs v. 26./27.3.2003). Beträgt die wöchentliche Arbeitszeit weniger als 20 Stunden, kann – unabhängig von der Höhe des erzielten Arbeitseinkommens – von Versicherungsfreiheit, außer in der Rentenversicherung, ausgegangen werden, weil das Studium überwiegt.

Diese **Zeitgrenze** ist jedoch nicht starr. In BSG v. 22.2.1980, 12 RK 34/79, www.stotax-first.de, hat das BSG die **20-Stunden-Grenze** dahingehend **modifiziert**, dass die Dauer der wöchentlichen Arbeitsbelastung kein allein ausschlaggebendes Kriterium für die versicherungsrechtliche Beurteilung sein kann, v.a. dann nicht, wenn die Arbeitszeit im Einzelfall so liegt, dass sie sich den Erfordernissen des Studiums anpasst oder unterordnet.

> **Beispiel 1:**
> Der Student arbeitet bei einem Bewachungsinstitut. An fünf Tagen in der Woche arbeitet er von 22 Uhr bis 24 Uhr, am Wochenende übernimmt er samstags und sonntags jeweils für sechs Stunden Wachaufgaben.
>
> Obwohl seine wöchentliche Arbeitszeit 20 Stunden übersteigt, kann davon ausgegangen werden, dass er seinem Erscheinungsbild nach weiterhin Student und nicht überwiegend Arbeitnehmer ist.

Eine während des Semesters ausgeübte Beschäftigung von mehr als 20 Stunden in der Woche, die an weniger als fünf Arbeitstagen in der Woche ausgeübt wird, ist dann kranken-, pflege- und arbeitslosenversicherungsfrei, wenn sie von vornherein auf 50 Arbeitstage befristet ist. Allerdings sind diese Beschäftigungszeiten, wenn im Laufe eines Jahres mehrmals befristete Beschäftigungen ausgeübt werden, bei dem 26-Wochen-Zeitraum mit anzurechnen (Besprechungsergebnis der Spitzenverbände der Sozialversicherungsträger v. 10./11.4.2002).

Wird eine während des Studiums ausgeübte Beschäftigung mit einer wöchentlichen Arbeitszeit von nicht mehr als 20 Stunden in den **vorlesungsfreien Zeiten** (Semesterferien) ausgeweitet, so dass die wöchentliche Arbeitszeit 20 Stunden überschreitet, ist auch für die vorlesungsfreie Zeit Versicherungsfreiheit in der Kranken-, Pflege- und Arbeitslosenversicherung anzunehmen. In der Rentenversicherung besteht Versicherungspflicht.

> **Beispiel 2:**
> Eine Studentin arbeitet seit November 2014 während der Vorlesungszeit arbeitstäglich zwei Stunden in einem Supermarkt. In den Semesterferien wird die Beschäftigung für zweieinhalb Monate auf eine wöchentliche Arbeitszeit von 35 Stunden ausgedehnt.
> Mit Ausnahme in der Rentenversicherung besteht Versicherungsfreiheit.

Für einen Studenten, der nach einem Urlaubssemester, in dem er Vollzeit gearbeitet hat, die Arbeitszeit wieder auf 20 Wochenstunden reduziert, kommt Versicherungsfreiheit in der Kranken-, Pflege- und Arbeitslosenversicherung nur dann in Betracht, wenn bereits vor dem Urlaubssemester Versicherungsfreiheit bestanden hat (Besprechungsergebnis der Spitzenverbände der Sozialversicherungsträger v. 22./23.11.2000).

dd) Geringfügige Beschäftigungen (Geringfügigkeits-/Entgeltgrenze)

2822 Übt ein Student eine geringfügige Beschäftigung aus, ist seine Versicherungsfreiheit in der Kranken-, Arbeitslosen- und Pflegeversicherung nach den Vorschriften des § 8 SGB IV zu beurteilen (→ *Mini-Jobs* Rz. 2047).

Für geringfügige Beschäftigungen mit einem monatlichen Arbeitsentgelt von nicht mehr als 450 € (versicherungsfreie Arbeitnehmer nach § 8 Abs. 1 Nr. 1 SGB IV) sind pauschale Beiträge zu leisten, und zwar

– in der Krankenversicherung i.H.v. 13 % des Arbeitsentgelts und

– in der Rentenversicherung (bei Rentenversicherungsfreiheit oder Befreiung von der Versicherungspflicht) i.H.v. 15 % des Arbeitsentgelts.

Für die Zahlung des Pauschalbeitrags zur Krankenversicherung wird vorausgesetzt, dass der Arbeitnehmer in der geringfügig entlohnten Beschäftigung krankenversicherungsfrei oder nicht krankenversicherungspflichtig ist. Der Pauschalbeitrag ist somit auch für solche Arbeitnehmer zu zahlen, die z.B. aus einem der in § 6 SGB V genannten Gründe krankenversicherungsfrei oder nach § 8 SGB V von der Krankenversicherungspflicht befreit worden sind. Der Pauschalbeitrag ist mithin auch für nach § 6 Abs. 1 Nr. 3 SGB V krankenversicherungsfreie Werkstudenten zu zahlen, die eine geringfügig entlohnte Beschäftigung ausüben und krankenversicherungsfrei sind. Für Werkstudenten, die einer mehr als geringfügig entlohnten Beschäftigung nachgehen, aber gleichwohl nach § 6 Abs. 1 Nr. 3 SGB V krankenversicherungsfrei sind, weil sie wöchentlich nicht mehr als 20 Stunden arbeiten, fällt hingegen der Pauschalbeitrag zur Krankenversicherung nicht an. Dazu kommt seit 2013 ein Arbeitnehmeranteil in der Rentenversicherung (→ *Beiträge zur Sozialversicherung* Rz. 548; → *Mini-Jobs* Rz. 2069).

Kurzfristige Beschäftigungen, die zwar länger als drei Monate andauern, aber ausschließlich auf die vorlesungsfreie Zeit beschränkt sind, bleiben – mit Ausnahme in der Rentenversicherung – ebenfalls versicherungsfrei (Gemeinsames Rundschreiben der Spitzenverbände der Sozialversicherungsträger v. 6.10.1999).

ee) Mehrfache Beschäftigungen

2823 Übt der Student im Laufe eines Jahres mehrmals eine Beschäftigung aus, ist zu prüfen, ob er seinem **Erscheinungsbild** nach **noch als Studierender anzusehen** ist oder schon dem Kreis der Beschäftigten zuzuordnen ist. Von Letzterem ist jedenfalls dann auszugehen, wenn der Student im Laufe eines Jahres mehr als 26 Wochen beschäftigt ist. Dabei wird der Jahreszeitraum in der Weise ermittelt, dass von dem voraussichtlichen Ende der zu beurteilenden Beschäftigung ein Jahr zurückgerechnet wird. Alle **Beschäftigungen** mit mehr als 20 Wochenarbeitsstunden, die in diesen Jahreszeitraum fallen, sind unabhängig von ihrer versicherungsrechtlichen Beurteilung **anzurechnen**. Dabei ist auch ohne Bedeutung, ob diese Beschäftigungen bei demselben Arbeitgeber oder bei verschiedenen Arbeitgebern ausgeübt wurden. Versicherungspflicht ist vom Beginn der zu beurteilenden Beschäftigung bzw. von dem Zeitpunkt an gegeben, zu dem die Verlängerung vertraglich vereinbart wurde oder erkennbar ist, dass der genannte Zeitraum überschritten wird, wenn die Zusammenrechnung Beschäftigungszeiten von mehr als 26 Wochen ergibt.

> **Beispiel 3:**
> Eine befristete Beschäftigung mit einer Wochenarbeitszeit von 30 Stunden ist für die Zeit vom 10.2.2016 bis 29.3.2016 (= 7 Wochen) geplant.
> Vorbeschäftigungen im letzten Jahr (30.3.2015 bis 29.3.2016):
> 6.5.2015 bis 6.7.2015 mit 22 Wochenarbeitsstunden (= 9 Wochen)
> 30.9.2015 bis 12.10.2015 mit 18 Wochenarbeitsstunden (= 2 Wochen)
> 21.10.2015 bis 20.12.2015 mit 25 Wochenarbeitsstunden (= 9 Wochen)
> Versicherungsfreiheit besteht, weil die Beschäftigungsdauer im letzten Jahr nicht mehr als 26 Wochen umfasst. Dabei wird die Zeit vom 30.9.2015 bis 12.10.2015 nicht angerechnet, weil die wöchentliche Arbeitszeit unter 20 Stunden lag.

ff) Studium während eines vorher eingegangenen Beschäftigungsverhältnisses

2824 Für Arbeitnehmer, die ihre Beschäftigung nach Aufnahme des Studiums bei demselben Arbeitgeber fortsetzen und ihre Arbeitszeit auf **maximal 20 Stunden in der Woche reduzieren**, ist die **Werkstudentenregelung** anzuwenden (→ Rz. 2821).

Bei Aufnahme eines beruflich weiterführenden (berufsintegrierten) Studiums, wobei zwischen dem Studium und der weiterhin ausgeübten Beschäftigung **ein prägender innerer Zusammenhang besteht** (vgl. BSG v. 10.12.1998, B 12 KR 22/97 R, www.stotax-first.de), gilt dies allerdings nicht (Rundschreiben der Spitzenverbände der Sozialversicherungsträger v. 19.1.2004).

gg) Zweitstudium, Doktoranden

2825 Für Studenten, die nach Erreichen eines berufsqualifizierenden Abschlusses in der gleichen oder in einer anderen Fachrichtung ein weiteres bzw. neues Studium aufnehmen, das wiederum mit einer Hochschulprüfung abschließt, gelten die o.a. Regelungen gleichermaßen. Die bloße Weiterbildung bzw. Spezialisierung nach einem Hochschulabschluss begründet hingegen bei gleichzeitig ausgeübter Beschäftigung in dieser Beschäftigung keine Versicherungsfreiheit (BSG v. 31.1.1974, 5 RKn 6/72, www.stotax-first.de).

Bleibt der Student nach seinem Hochschulabschluss z.B. zum Zweck der Promotion weiter immatrikuliert, besteht für diese Doktoranden bei gleichzeitiger Ausübung einer Beschäftigung keine Versicherungsfreiheit mehr, weil die Hochschulausbildung mit dem Ablegen der Abschlussprüfung beendet ist (BSG v. 27.8.1970, 11 RA 109/68, www.stotax-first.de).

hh) Versicherungsrechtliche Beurteilung von Teilnehmern an dualen Studiengängen

2826 **Teilnehmer an dualen Studiengängen** sind seit 2012 als Beschäftigte **versicherungspflichtig** in der Kranken-, Pflege-, Renten- und Arbeitslosenversicherung. Sie werden den zur Berufsausbildung beschäftigten gleichgestellt (vgl. § 25 Abs. 1 SGB III, § 5 Abs. 4a SGB V, § 1 SGB VI).

Die gegenteilige Auffassung des BSG, nach der Studenten in einem praxisintegrierten dualen Studium nicht als Arbeitnehmer bzw. Auszubildende anzusehen sind (vgl. BSG v. 1.12.2009, B 12 R 4/08 R, www.stotax-first.de), ist überholt und ab 2012 nicht mehr anzuwenden.

Inzwischen werden auch **triale Studienprogramme** angeboten. Dabei handelt es sich um eine Kombination aus Lehre, Meisterqualifikation und Bachelorstudium. Da das triale Studium sehr praxislastig ist, sind die Teilnehmer in erster Linie Auszubildende und damit voll versicherungspflichtig.

Die 20-Stunden-Regelung und die Minijob-Regelung finden keine Anwendung.

ii) Sozialversicherungsausweis, Meldewesen

2827 Die Regelungen zum Sozialversicherungsausweis **gelten nicht für Beschäftigte, die versicherungsfrei sind**. Durch den Wegfall der Versicherungsfreiheit in der Rentenversicherung sind die o.a. Mel-

Studenten

dungen für beschäftigte Studenten zu erstatten, auch wenn die Beschäftigung des Studenten weiterhin wegen Geringfügigkeit versicherungsfrei (Ausnahme: Rentenversicherung) bleibt.

Studenten erhalten auch einen **Sozialversicherungsausweis**, der dem Arbeitgeber vorzulegen ist (→ *Sozialversicherungsausweis* Rz. 2729).

Im Übrigen gelten die **Meldevorschriften** für Arbeitnehmer in der Sozialversicherung **uneingeschränkt** (→ *Meldungen für Arbeitnehmer in der Sozialversicherung* Rz. 1989).

Zuständige Krankenkasse für die Annahme der Meldungen und Beiträge ist die Krankenkasse, bei der der Student krankenversichert ist, ggf. auch im Rahmen der Familienversicherung. Ist der Student bei keiner Krankenkasse versichert, ist die „letzte" Krankenkasse zuständig, bei der ein Versicherungsverhältnis – ggf. auch im Rahmen der Familienversicherung – bestanden hat. Ansonsten ist die Meldung an eine wählbare Krankenkasse zu erstatten.

Studienbeihilfen

→ *Auszubildende* Rz. 485, → *Stipendien* Rz. 2811

Studienreisen

2828 Übernimmt der Arbeitgeber für Arbeitnehmer die Kosten für Studienreisen, liegt grundsätzlich **steuerpflichtiger Arbeitslohn** vor, auch wenn die Aufwendungen beim Arbeitnehmer als Werbungskosten abzugsfähig sein sollten (R 19.3 Abs. 3 Satz 1 LStR). Zur Frage, unter welchen Voraussetzungen der Arbeitnehmer Aufwendungen für eine Studienreise als **Werbungskosten** absetzen kann, s. ausführlich R 12.2 EStR und H 12.2 EStH, OFD Frankfurt v. 13.4.2012, S 2227 A – 3 – St 217, www.stotax-first.de, sowie → *Reisekosten: Allgemeine Grundsätze* Rz. 2446.

Steuerfrei sind dagegen Ersatzleistungen des Arbeitgebers, wenn eine Studienreise im **ganz überwiegenden betrieblichen Interesse des Arbeitgebers** durchgeführt worden sein sollte (vgl. R 19.7 Abs. 1 LStR).

Stundung

1. Lohnsteuer des Arbeitnehmers

2829 Die Stundung von Lohnsteuer, deren Schuldner **der Arbeitnehmer** ist, ist nach § 222 Satz 3 und 4 AO **gesetzlich ausgeschlossen** (R 41a.2 Satz 4 LStR). Nach dieser Vorschrift können Steueransprüche gegen den Steuerschuldner (Arbeitnehmer) nicht gestundet werden, soweit ein Dritter (Entrichtungsschuldner = Arbeitgeber) die Steuer für Rechnung des Steuerschuldners zu entrichten, insbesondere einzubehalten und abzuführen hat.

Nicht zulässig ist auch eine sog. **Verrechnungsstundung** in Fällen, in denen durch sie die Zahlung des Arbeitgebers an das Finanzamt und eine umgehende Rückzahlung eines Erstattungsanspruchs durch das Finanzamt vermieden werden könnte (OFD Karlsruhe v. 1.4.2002, S 0453, www.stotax-first.de; vgl. hierzu auch BFH v. 23.8.2000, I R 107/98, BStBl II 2001, 742 betr. Kapitalertragsteuer sowie OFD Hannover v. 4.2.2005, S 0453 – 71 – StO 161, StEd 2005, 267).

2. Lohnsteuer des Arbeitgebers

2830 Die vorgenannten Grundsätze sind nicht anzuwenden bei Anträgen von Arbeitgebern auf Stundung der

– **pauschalen Lohnsteuer**, weil insoweit der Arbeitgeber selbst Schuldner ist (§ 40 Abs. 3 EStG),
– Lohnsteuer, die der Arbeitgeber auf Grund eines **Haftungsbescheids** (§ 42d EStG) als Haftungsschuldner selbst schuldet. Die Stundung ist nach § 222 Satz 4 AO jedoch auch hier ausgeschlossen, soweit der Arbeitgeber tatsächlich Lohnsteuer einbehalten hat.

In diesen Fällen hat das Finanzamt im Einzelfall zu prüfen, ob die Einziehung der Steuern bei Fälligkeit eine erhebliche Härte i.S.d. § 222 AO bedeuten würde.

3. Sozialversicherung

Sozialversicherungsbeiträge dürfen die **Einzugsstellen nur stunden**, wenn die sofortige Einziehung mit erheblichen Härten für den Zahlungspflichtigen verbunden wäre und der Anspruch durch die Stundung nicht gefährdet wird. Dabei soll die Stundung nur gegen **angemessene Verzinsung** und i.d.R. gegen Sicherheitsleistungen gewährt werden. **2831**

Als Stundung wird sowohl der Antrag des Anspruchsgegners vor Fälligkeit eines Beitragsanspruchs verstanden als auch der Antrag nach Eintritt der Fälligkeit. Im erstgenannten Fall wird durch die Stundung die Fälligkeit hinausgeschoben; bei einer Stundung nach Eintritt der Fälligkeit wird der Zahlungstermin der bereits fälligen Beitragsansprüche weiter hinausgeschoben und kommt einem Zahlungs- und Einziehungsaufschub gleich. Bei Stundungen, bei denen die Fälligkeit des der Stundung zu Grunde liegenden Beitragsanspruchs bereits eingetreten ist, beginnt der – im Wesentlichen für die Berechnung der Stundungszinsen – maßgebliche Stundungszeitraum mit dem nächsten Fälligkeitstag für laufende Beiträge nach Bekanntgabe der Stundungsvereinbarung. Bis dahin sind Säumniszuschläge zu erheben.

In einem **Stundungsantrag** sollte dargelegt werden, aus welchem Grund die Zahlung nicht bis zum Fälligkeitstermin geleistet und zu welchem Zeitpunkt sie tatsächlich erwartet werden kann. Der Stundungsantrag sollte auch Hinweise zu Sicherheitsleistungen enthalten bzw. Sicherheiten anbieten.

Die Stundung von Beitragsansprüchen schließt die Forderungen aller beteiligten Versicherungsträger ein; über den Antrag entscheidet die Krankenkasse als Einzugsstelle für die Gesamtsozialversicherungsbeiträge auch im Namen der anderen beteiligten Versicherungsträger nach pflichtgemäßem Ermessen. Der Stundungszinssatz beträgt regelmäßig 0,5 % des gestundeten und auf volle 50 € nach unten abgerundeten Stundungsbetrags.

Subunternehmer

→ *Arbeitnehmer-ABC* Rz. 188, → *Arbeitnehmerüberlassung* Rz. 191

Summenbescheid

Der prüfende Rentenversicherungsträger kann die **Beiträge zur Kranken-, Pflege-, Renten- und Arbeitslosenversicherung ohne individuelle Zuordnung** auf die einzelnen Arbeitnehmer auf der Basis der insgesamt gezahlten Arbeitsentgelte (Lohn- und Gehaltssumme) **festsetzen**. Voraussetzung hierfür ist, dass der Arbeitgeber seine Aufzeichnungspflichten (→ *Lohnkonto* Rz. 1801) derart verletzt, dass die Beschäftigten und/oder deren Arbeitsentgelt nicht mehr oder nur mit unverhältnismäßig großem Verwaltungsaufwand festgestellt werden können. **2832**

Lässt sich auch die Lohn-/Gehaltssumme nicht oder nur mit großem Aufwand ermitteln, kann die Einzugsstelle diese ebenfalls **schätzen**. Dabei sind ortsübliche Maßstäbe zu Grunde zu legen (Tariflohn, Arbeitszeit etc.). Grundlage für eine Schätzung kann auch der Umsatz des Betriebes sein.

Bestreitet der Arbeitgeber z.B. bei einer Prüfung die Versicherungs- und Beitragspflicht bzw. -höhe, liegt die **Beweislast** nicht mehr bei der Einzugsstelle, sondern vielmehr bei ihm selbst.

Werden **nachträglich Unterlagen** zur Feststellung der Versicherungs- und Beitragspflicht aller oder einzelner Beschäftigter vorgelegt, sind die Beiträge neu zu berechnen und der Summenbescheid insofern zu ändern.

Tabakwaren

→ *Arbeitslohn-ABC* Rz. 255

Tabellen-Freibeträge

→ *Freibeträge* Rz. 1329

Tablet

→ *Computer* Rz. 782

Tagegelder

→ *Reisekosten: Allgemeine Grundsätze* Rz. 2409

Tagelöhner

→ *Aushilfskraft/Aushilfstätigkeit* Rz. 410, → *Pauschalierung der Lohnsteuer* Rz. 2174

Tagesaushilfe

→ *Aushilfskraft/Aushilfstätigkeit* Rz. 410

Tagesmütter

→ *Arbeitnehmer-ABC* Rz. 188, → *Betreuungskosten* Rz. 676

Tageszeitungen

→ *Arbeitslohn-ABC* Rz. 255

Tallyman

2833 Ein Tallyman, der im Hamburger Hafen Waren an Schiffspersonal verkauft, übt mit dieser Tätigkeit eine **Auswärtstätigkeit** aus (vgl. BFH v. 7.2.1997, VI R 61/96, BStBl II 1997, 333).

Mit dem Gesetz zur Änderung und Vereinfachung der Unternehmensbesteuerung und des steuerlichen Reisekostenrechts v. 20.2.2013 (BGBl. I 2013, 285, BStBl I 2013, 188) ist das steuerliche Reisekostenrecht ab 2014 grundlegend geändert worden. Fahrten zu einem sog. **weiträumigen Tätigkeitsgebiet** – hierzu gehört regelmäßig auch ein Hafengebiet (BMF v. 24.10.2014, IV C 5 – S 2353/14/10002, BStBl I 2014, 1412, Rdnr. 41) – unterliegen der Abzugsbeschränkung auf die **Entfernungspauschale** (§ 9 Abs. 1 Satz 3 Nr. 4a Satz 8 EStG).

Auf die Berücksichtigung von **Verpflegungspauschalen oder Übernachtungskosten** als Werbungskosten oder den steuerfreien Arbeitgeberersatz hat diese Festlegung hingegen keinen Einfluss, da der Arbeitnehmer weiterhin außerhalb einer ersten Tätigkeitsstätte und somit **auswärts beruflich tätig** wird. Es wird keine erste Tätigkeitsstätte fingiert, sondern nur die Anwendung der Entfernungspauschale für die Fahrtkosten von der Wohnung zu diesem Ort sowie die Besteuerung eines geldwerten Vorteils bei Firmenwagengestellung durch den Arbeitgeber nach § 8 Abs. 2 Satz 3 und 4 EStG festgelegt und der steuerfreie Arbeitgeberersatz für diese Fahrten nach § 3 Nr. 16 EStG ausgeschlossen (BMF v. 24.10.2014, IV C 5 – S 2353/14/10002, BStBl I 2014, 1412, Rdnr. 44).

Vgl. im Einzelnen → *Reisekosten: Allgemeine Grundsätze* Rz. 2433.

Zu den Aufwendungen, die Arbeitnehmern bei einer Auswärtstätigkeit steuerfrei erstattet werden dürfen, → *Reisekosten: Erstattungen* Rz. 2465.

Tantiemen

1. Lohnsteuer

2834 Tantiemen sind Vergütungen, die sich nach dem Gewinn oder Umsatz eines Unternehmens bemessen. Wenn sie an Arbeitnehmer (z.B. an leitende Mitarbeiter) gezahlt werden, so gehören sie zum Arbeitslohn.

[LSt] [SV]

Zu unterscheiden sind:

- Tantiemen an Arbeitnehmer, **die fortlaufend gezahlt werden** (z.B. eine monatlich zu zahlende Umsatzbeteiligung), gehören zum laufenden Arbeitslohn. Sie sind zusammen mit dem übrigen laufenden Arbeitslohn zu versteuern (→ *Lohnsteuertabellen* Rz. 1948).
- Tantiemen an Arbeitnehmer, **die nicht fortlaufend gezahlt werden** (z.B. eine jährlich zu zahlende Gewinnbeteiligung), gehören zu den **sonstigen Bezügen** (R 39b.2 Abs. 2 Nr. 3 LStR). Besonderheiten gelten bei **Gesellschafter-Geschäftsführern**, dazu → *Gesellschafter/Gesellschafter-Geschäftsführer* Rz. 1418.

Werden Tantiemen zu Gunsten einer betrieblichen Altersversorgung verwendet, wird diese Entgeltumwandlung steuerlich anerkannt, wenn die Gehaltsänderungsvereinbarung vor Fälligkeit der Tantiemezahlung abgeschlossen wird. Einzelheiten → *Zukunftssicherung: Betriebliche Altersversorgung* Rz. 3245.

2. Sozialversicherung

Im Beitragsrecht der Sozialversicherung sind Tantiemen wie andere lohnsteuerpflichtige Gewinnanteile beitragspflichtig. Werden die Tantiemen an Arbeitnehmer laufend gezahlt, sind sie dem laufenden Arbeitsentgelt zuzurechnen. Einmalig gezahlte Tantiemen sind beitragsrechtlich wie einmalige Zuwendungen zu behandeln. Einzelheiten → *Einmalzahlungen* Rz. 983. 2835

Tarifliche Zuschläge

→ *Zuschläge* Rz. 3364

Tarifvertrag

→ *Arbeitsentgelt* Rz. 216

Tätigkeitsortprinzip

→ *Doppelbesteuerungsabkommen: Allgemeines* Rz. 855, → *Doppelbesteuerungsabkommen bei Einkünften aus nichtselbständiger Arbeit* Rz. 866

Tätigkeitsschlüssel

→ *Meldungen für Arbeitnehmer in der Sozialversicherung* Rz. 1989

Tätigkeitsstätte

→ *Reisekosten: Allgemeine Grundsätze* Rz. 2409

Tatsächliche Verständigung

→ *Auskünfte und Zusagen des Finanzamts* Rz. 413

Taucherzulage

→ *Zulagen* Rz. 3355

Technikerzulage

→ *Zulagen* Rz. 3355

Teilarbeitslosengeld

→ *Arbeitslosengeld* Rz. 260

Teillohnzahlungszeitraum

Inhaltsübersicht:	Rz.
1. Begriff	2836
2. Berechnung des Arbeitslohns für einen Teillohnzahlungszeitraum	2837
a) Berechnungsmethode nach abstrakten Kalendertagen	2838
b) Berechnungsmethode nach konkreten Kalendertagen	2839
c) Berechnungsmethode nach abstrakten Arbeitstagen	2840
d) Berechnungsmethode nach konkreten Arbeitstagen	2841
e) Berechnungsmethode nach abstrakten Arbeitsstunden	2842
f) Berechnungsmethode nach konkreten Arbeitsstunden	2843
3. Lohnsteuer	2844
a) Berechnung bei Teillohnzahlungszeiträumen	2844
b) Unterbrechungen ohne Entstehen eines Teillohnzahlungszeitraums	2845
c) Sonderfall: Lohnzahlungszeitraum ist die Kalenderwoche	2848
4. Sozialversicherung	2849

Teillohnzahlungszeitraum

keine Sozialversicherungspflicht = (SV̸)
Sozialversicherungspflicht = (SV)

1. Begriff

2836 Bei monatlich entlohnten Arbeitnehmern wird der Arbeitslohn für den Monat gezahlt und ist insoweit unabhängig von der Zahl der Arbeitstage und der Zahl der Arbeitsstunden im Monat. Bei regelmäßiger Arbeit oder bei einem **Arbeitsausfall, den der Arbeitgeber vergüten muss**, z.B. Krankheit oder Urlaub, bestehen keine Besonderheiten: Der Arbeitgeber zahlt den monatlichen Arbeitslohn in der vereinbarten Höhe.

Wenn bei einem vereinbarten Monatslohn allerdings **Ausfallzeiten des Arbeitnehmers** auftreten, für die der **Arbeitgeber nicht vergütungspflichtig** ist, wird der Arbeitslohn nicht für den vollen Kalendermonat gezahlt; es entsteht ein Teillohnzahlungszeitraum. Dies kann der Fall sein z.B. bei

- Eintritt des Arbeitnehmers im laufenden Monat,
- Entlassung des Arbeitnehmers im laufenden Monat,
- unentschuldigten Fehlzeiten,
- unbezahltem Urlaub oder
- Ablauf des Sechs-Wochen-Zeitraums bei der Entgeltfortzahlung im laufenden Monat bei fortdauernder Krankheit.

2. Berechnung des Arbeitslohns für einen Teillohnzahlungszeitraum

2837 In den oben genannten Fällen wird der Arbeitgeber den vereinbarten Monatslohn entsprechend kürzen. Für die Berechnung des Arbeitslohns für den Teillohnzahlungszeitraum sind folgende Berechnungsarten möglich (vgl. Besgen in Handbuch Betrieb und Personal, Fach 6 Rdnr. 60.1 ff.):

a) Berechnungsmethode nach abstrakten Kalendertagen

2838 Der Arbeitslohn wird entsprechend § 191 BGB durch 30 Tage geteilt, und zwar **unabhängig** von der tatsächlichen Anzahl der Kalendertage des betreffenden Monats, und mit der Zahl der Kalendertage der Beschäftigung vervielfacht.

> **Beispiel:**
> Der Arbeitnehmer wird am 15.2.2016 eingestellt. Der vereinbarte Monatslohn beträgt 2 500 €. Der Arbeitslohn für 15 Kalendertage beträgt
> 15/30 von 2 500 € =   1 250,— €

b) Berechnungsmethode nach konkreten Kalendertagen

2839 Der Arbeitslohn wird durch die **tatsächliche** Anzahl der Kalendertage des Monats geteilt, also durch 31, 30, 29 oder 28, und mit der Zahl der Kalendertage der Beschäftigung vervielfacht.

> **Beispiel:**
> Der Arbeitnehmer wird am 15.2.2016 eingestellt. Der vereinbarte Monatslohn beträgt 2 500 €. Der Arbeitslohn für 15 Kalendertage beträgt
> 15/29 von 2 500 € =   1 293,10 €

c) Berechnungsmethode nach abstrakten Arbeitstagen

2840 Der Arbeitslohn wird durch die Anzahl der Arbeitstage geteilt, und zwar

- bei einer Sechs-Tage-Woche durch 25,
- bei einer Fünf-Tage-Woche durch 22,

ohne Rücksicht auf die konkreten Arbeitstage des Monats, und mit der Zahl der Arbeitstage der Beschäftigung vervielfacht.

> **Beispiel:**
> Der Arbeitnehmer wird am 15.2.2016 eingestellt. Der vereinbarte Monatslohn beträgt 2 500 €. Der Arbeitslohn für 11 Arbeitstage beträgt bei einer Fünf-Tage-Woche
> 11/22 von 2 500 € =   1 250,— €

d) Berechnungsmethode nach konkreten Arbeitstagen

2841 Der Arbeitslohn wird durch die Anzahl der konkreten Arbeitstage geteilt, einschließlich gesetzlicher Feiertage und bezahlter Freistellungstage (z.B. Rosenmontag, Fastnachtsdienstag), und mit der Zahl der Arbeitstage der Beschäftigung vervielfacht.

> **Beispiel:**
> Der Arbeitnehmer wird am 15.2.2016 eingestellt. Der vereinbarte Monatslohn beträgt 2 500 €. Der Februar hat bei einer Fünf-Tage-Woche 21 Arbeitstage. Der Arbeitslohn für 11 Arbeitstage beträgt
> 11/21 von 2 500 € =   1 309,52 €

e) Berechnungsmethode nach abstrakten Arbeitsstunden

2842 Der Arbeitslohn wird durch die Anzahl der Arbeitsstunden geteilt nach der Formel

$$\frac{\text{Wochenstunden lt. Arbeitsvertrag} \times 52 \text{ Wochen}}{12 \text{ Monate}}$$

und zwar z.B.

- bei einer 40-Stunden-Woche durch 173,
- bei einer 38,5-Stunden-Woche durch 167,
- bei einer 37,5-Stunden-Woche durch 163,
- bei einer 37-Stunden-Woche durch 161,

ohne Rücksicht auf die konkreten Arbeitsstunden des Monats, und mit der Zahl der Arbeitsstunden der Beschäftigung vervielfacht.

> **Beispiel:**
> Der Arbeitnehmer wird am 15.2.2016 eingestellt. Der vereinbarte Monatslohn beträgt 2 500 €. Der Arbeitnehmer hat eine 37,5-Stunden-Woche. Er arbeitet insgesamt 77 Stunden, und zwar
>
> - 1. Woche (15. bis 19.2.2016)   38 Stunden
> - 2. Woche (22. Bis 26.2.2016)   39 Stunden
> - 3. Woche (29.2.2016)   8 Stunden
> Insgesamt   85 Stunden
> 85/163 von 2 500 € =   1 303,68 €

f) Berechnungsmethode nach konkreten Arbeitsstunden

2843 Der Arbeitslohn wird durch die Anzahl der konkreten Arbeitsstunden des Monats geteilt und mit der Zahl der Arbeitsstunden der Beschäftigung vervielfacht.

> **Beispiel:**
> Der Arbeitnehmer wird am 15.2.2016 eingestellt. Der vereinbarte Monatslohn beträgt 2 500 €. Der Arbeitnehmer hat eine 37,5-Stunden-Woche, so dass die Sollarbeitszeit im Februar 157,5 Arbeitsstunden beträgt (7,5 Stunden × 21 Tage). Er arbeitet in den zwei Wochen insgesamt 85 Stunden, und zwar
>
> - 1. Woche (15. bis 19.2.2016)   38 Stunden
> - 2. Woche (22. Bis 26.2.2016)   39 Stunden
> - 3. Woche (29.2.2016)   8 Stunden
> Insgesamt   85 Stunden
> 85/157,5 von 2 500 € =   1 349,21 €

Die Beispiele zeigen, dass je nach Berechnungsart unterschiedliche Arbeitslöhne zu zahlen sind. Es stellt sich daher die Frage, welches die **richtige Berechnungsmethode** ist.

Bei der **Entgeltfortzahlung im Krankheitsfall** ist gesetzlich das sog. Lohnausfallprinzip zwingend vorgeschrieben, d.h. das für die maßgebliche regelmäßige Arbeitszeit zustehende Arbeitsentgelt ist fortzuzahlen; tariflich kann hiervon abgewichen werden, vgl. § 4 Abs. 4 EFZG. Zu weiteren Einzelheiten → Entgeltfortzahlung Rz. 1071. Aus der Anwendung des Lohnausfallprinzips folgt, dass die Berechnung des Arbeitslohns für den Teillohnzahlungszeitraum nach **konkreten Monatsarbeitstagen** durchzuführen ist (BAG v. 14.8.1985, 5 AZR 384/84, www.stotax-first.de).

In allen anderen Fällen ist eine Berechnungsart gesetzlich **nicht vorgeschrieben**, so dass der Arbeitgeber grundsätzlich frei wählen kann, nach welcher Berechnungsart er den anteiligen Arbeitslohn ermittelt. Dabei muss er allerdings Regelungen in einem Tarifvertrag, einer Betriebsvereinbarung oder in einem Einzelarbeitsvertrag beachten. Empfehlenswert ist jedoch, die vom **BAG** als gerechte Berechnungsart anerkannte Berechnung nach **konkreten Monatsarbeitstagen oder Arbeitsstunden** anzuwenden (vgl. Besgen in Handbuch Betrieb und Personal, Fach 6 Rdnr. 60.1 ff).

LSt = keine Lohnsteuerpflicht
LSt = Lohnsteuerpflicht

Für diese Berechnungen ergeben sich folgende Formeln:

– konkrete Monatsarbeitstage:

$$\frac{\text{Monatslohn} \times \text{Anzahl der tatsächlichen Arbeitstage im Monat}}{\text{Anzahl der Arbeitstage des Monats}}$$

– konkrete Arbeitsstunden:

$$\frac{\text{Monatslohn} \times \text{Anzahl der geleisteten Arbeitsstunden im Monat}}{\text{Anzahl der Arbeitsstunden des Monats}}$$

3. Lohnsteuer

a) Berechnung bei Teillohnzahlungszeiträumen

2844 Für die Einbehaltung der Lohnsteuer hat der Arbeitgeber die Höhe des Arbeitslohns und den Lohnzahlungszeitraum festzustellen (vgl. § 39b Abs. 2 Satz 1 EStG). Die Lohnsteuer ist dann nach dem in § 39b Abs. 2 EStG beschriebenen Verfahren zu ermitteln und an das Finanzamt abzuführen. I.d.R. ist der Lohnzahlungszeitraum der Monat, so dass die Lohnsteuer für den Monat errechnet wird.

Wenn das Dienstverhältnis während eines Monats beginnt oder endet, so kann die Lohnsteuer **nicht für den Monat** errechnet werden, es entsteht ein Teillohnzahlungszeitraum. Daher ist der Arbeitslohn auf die einzelnen Kalendertage umzurechnen. Die Lohnsteuer, die sich für den Tag ergibt, ist mit der Zahl der Kalendertage zu multiplizieren. Auf diese Weise erhält man die Lohnsteuer auf den gezahlten Arbeitslohn.

> **Beispiel:**
> Ein Arbeitnehmer in Hannover mit einem vereinbarten Monatsgehalt von 2 500 € (Steuerklasse III, Kirchensteuermerkmal ev, 20 Jahre) beginnt seine Tätigkeit am 15.2.2016. Für Februar ergibt sich folgende Lohnabrechnung:
>
> • **Berechnung des Arbeitslohns**
> Lohnanspruch besteht vom 15.2. bis 29.2.2016, also für 11 Arbeitstage (von 21 Arbeitstagen). Der Arbeitslohn beträgt
>
> $$\frac{2\,500\,€ \times 11}{21} = 1\,309{,}52\,€$$
>
> • **Berechnung der Lohnsteuer**
> Die Lohnsteuer für den Arbeitslohn von 1 309,52 € ist für den Tag zu ermitteln. Dabei ist der Arbeitslohn auf einen Kalendertag umzurechnen. Der Zeitraum 16.2. bis 29.2.2016 enthält 15 Kalendertage:
> Kalendertäglicher Arbeitslohn (1 309,52 € : 15)   87,30 €
> Lohnsteuer für den Tag   4,11 €
> Solidaritätszuschlag für den Tag   0,— €
> Kirchensteuer für den Tag (9 %)   0,36 €
> Umrechnung auf den Zeitraum 15.2. bis 29.2.2016:
> Lohnsteuer 4,11 € × 15 Tage   61,65 €
> Solidaritätszuschlag 0,— € × 15 Tage   0,— €
> Kirchensteuer 0,36 € × 15 Tage   5,40 €
>
> • **Berechnung der Sozialversicherungsbeiträge**
> Ermittlung der anteiligen BBG nach der Formel:
>
> $$\frac{\text{Jahres-BBG (KV)} \times \text{beitragspflichtige Tage}}{360}$$
>
> d.h.
>
> $$\frac{50\,850\,€ \times 15}{360} = 2\,118{,}75\,€ \text{ Teilbeitragsbemessungsgrenze}$$
>
> Da die Teilbeitragsbemessungsgrenze in der Kranken- und Pflegeversicherung – und damit auch in der Renten- und Arbeitslosenversicherung – nicht überschritten wird, ist keine Begrenzung des beitragspflichtigen Entgelts auf die BBG vorzunehmen.
>
> **Beitragssätze:**
> Krankenversicherung   14,6 %
> Pflegeversicherung   2,35 %
> Rentenversicherung   18,7 %
> Arbeitslosenversicherung   3,0 %
>
> • **Abrechnung des Arbeitslohns**
> Arbeitslohn 15.2. bis 29.2.2016   1 309,52 €
> ./. Lohnsteuer   61,65 €
> ./. Solidaritätszuschlag   0,— €
> ./. Kirchensteuer   5,40 €
> ./. Arbeitnehmeranteil zur Krankenversicherung
> einschließlich kassenindividueller Zusatzbeitrag (½ von
> 14,6 % + 0,9 % von 1 309,52 € [angenommener Wert])   107,38 €
> ./. Arbeitnehmeranteil zur Pflegeversicherung
> (½ von 2,35 % von 1 309,52 €)   15,39 €
> ./. Arbeitnehmeranteil zur Rentenversicherung
> (½ von 18,7 % von 1 309,52 €)   122,44 €
> ./. Arbeitnehmeranteil zur Arbeitslosenversicherung
> (½ von 3,0 % von 1 309,52 €)   19,64 €
> = ausgezahlter Betrag   977,62 €

Der Arbeitgeber muss die Lohnsteuer auch dann nach dem **Tag** berechnen, wenn zwar der Arbeitslohn monatlich berechnet und ausgezahlt, im Laufe eines Kalendermonats allerdings erst die – unbeschränkte oder beschränkte – **Einkommensteuerpflicht begründet** wird (BFH v. 10.3.2004, VI R 27/99, HFR 2004, 985).

b) Unterbrechungen ohne Entstehen eines Teillohnzahlungszeitraums

2845 Ein Teillohnzahlungszeitraum entsteht lohnsteuerlich aber nicht bei jeder Unterbrechung der Lohnzahlung. Liegen dem Arbeitgeber die Lohnsteuerabzugsmerkmale **während des ganzen Kalendermonats** vor und besteht das Dienstverhältnis fort, so zählen auch die Arbeitstage mit, für die der Arbeitnehmer keinen steuerpflichtigen Arbeitslohn bezogen hat (R 39b.5 Abs. 2 Satz 3 LStR), z.B. bei Krankheit nach Ablauf der Sechs-Wochen-Frist, Mutterschutz oder unbezahltem Urlaub. Die Lohnsteuer kann daher weiterhin nach dem **Monat** ermittelt werden.

aa) Kein Teillohnzahlungszeitraum – nur bei der Lohnsteuer

2846 In folgenden Fällen entsteht daher lohnsteuerlich **kein Teillohnzahlungszeitraum – im Gegensatz zur Sozialversicherung:**

- **Unterbrechung der Lohnzahlung** wegen des Bezugs von
  - Elterngeld,
  - Krankengeld,
  - Mutterschaftsgeld,
  - Übergangsgeld,
  - Verletztengeld,
- Teilnahme an einer **Wehrübung** von mehr als drei Tagen,
- **Tod** des Arbeitnehmers im Laufe eines Monats,
- **Pflege des Kindes** ohne Anspruch auf Arbeitsentgelt (§ 45 SGB V).

Nimmt der Arbeitnehmer für den Arbeitgeber eine **Auslandstätigkeit** auf und ist der Arbeitslohn für diese Zeit nach dem Auslandstätigkeitserlass oder einem Doppelbesteuerungsabkommen steuerfrei, so entsteht lohnsteuerlich kein Teillohnzahlungszeitraum.

In allen Fällen bleibt das **Dienstverhältnis lohnsteuerlich bestehen**, solange dem Arbeitgeber die Lohnsteuerabzugsmerkmale des Arbeitnehmers vorliegen. Der Arbeitgeber kann daher unabhängig davon, ob er dem Arbeitnehmer den vollen Lohn für einen Monat auszahlt oder nicht, die Lohnsteuer nach dem Monat ermitteln.

bb) Kein Teillohnzahlungszeitraum – bei der Lohnsteuer und Sozialversicherung

2847 Es gibt Fälle, in denen nicht nur lohnsteuerlich, sondern auch **sozialversicherungsrechtlich kein Teillohnzahlungszeitraum** entsteht:

– Unbezahlter Urlaub,
– Streik,
– Kurzarbeit.

c) Sonderfall: Lohnzahlungszeitraum ist die Kalenderwoche

2848 Ist der **Lohnzahlungszeitraum die Kalenderwoche** und besteht das Dienstverhältnis nicht eine volle Kalenderwoche, so gelten die vorstehenden Ausführungen sinngemäß.

> **Beispiel:**
> Eine Kellnerin hat einen Wochenlohn von 500 €. Das Dienstverhältnis beginnt nicht an einem Montag, sondern an einem Donnerstag. Für die erste Woche erhält die Kellnerin 2/5 von 500 €, also 200 €.
> Der Arbeitslohn je Kalendertag, an dem das Dienstverhältnis in dieser Woche bestand (Donnerstag bis Sonntag), beträgt 50 € (200 € : 4 Tage). Die Lohnsteuer, der Solidaritätszuschlag und ggf. die Kirchensteuer sind mit 50 € für den Tag zu berechnen und mit vier zu vervielfältigen.

4. Sozialversicherung

2849 Bei Arbeitsverhältnissen, die nicht für den vollen Kalendermonat bestehen oder bei denen aus sonstigen Gründen Beiträge nicht für

Teillohnzahlungszeitraum

den vollen Kalendermonat zu entrichten sind, werden die Beiträge nur für die auf den Teillohnzahlungszeitraum entfallenden Kalendertage berechnet. Gründe für die Beitragsberechnung **nach Teillohnzahlungszeiträumen** können z.T. abweichend von der lohnsteuerlichen Beurteilung sein (→ Rz. 2844):

- Beginn oder Ende des Beschäftigungsverhältnisses,
- Beitragsfreiheit wegen des Bezuges von Geldleistungen wie
  - Krankengeld, auch bei der Pflege eines erkrankten Kindes (§ 45 SGB V),
  - Verletztengeld,
  - Übergangsgeld,
  - Mutterschaftsgeld,
- Zahlung von Elterngeld,
- Beginn oder Ende des freiwilligen Wehrdienstes,
- Tod des Arbeitnehmers.

Bei der Berechnung der Beiträge für Teillohnzahlungszeiträume sind in jedem Fall die für den gleichen Zeitraum geltenden, ggf. zu ermittelnden **Beitragsbemessungsgrenzen (BBG) zu beachten**, weil sie die im Beitragsrecht der Sozialversicherung verbindlichen Berechnungsobergrenzen darstellen. Dabei gelten für die **Kranken- und Pflegeversicherung andere Grenzwerte als bei der Renten- und Arbeitslosenversicherung**. S. auch → *Beiträge zur Sozialversicherung* Rz. 565.

Die Beitragsberechnungsrichtlinien sehen keine BBG für Arbeits- oder Werktage vor. Vielmehr ist bei Teillohnzahlungszeiträumen grundsätzlich **nur mit Kalendertagen** zu rechnen. Der auf den Kalendertag entfallende Teil der Jahres-BBG (1/360) wird ungerundet mit der Anzahl der auf den Teillohnzahlungszeitraum entfallenden Kalendertage multipliziert. Dabei ist der Wert auf zwei Dezimalstellen auszurechnen, wobei die zweite Stelle um 1 erhöht wird, wenn in der dritten Stelle eine der Zahlen 5 bis 9 erscheint. **Somit lässt sich nach folgender Formel arbeiten:**

$$\frac{\text{Jahres-BBG} \times \text{Zahl der mit Beiträgen belegten Kalendertage}}{360}$$

Durch das Gesetz zur Rechtsangleichung in der Kranken- und Pflegeversicherung (→ *Krankenversicherung: gesetzliche* Rz. 1720) gibt es seit 1.1.2001 **in der Kranken- und Pflegeversicherung nur noch eine BBG für die alten und neuen Bundesländer**:

Für die Praxis lässt sich hieraus **folgende Tabelle der BBG 2016 für Teillohnzahlungszeiträume entwickeln**:

Kalender-tage	Kranken- und Pflege-versicherung	Renten- und Arbeitslosen-versicherung	
		West	Ost
1	141,25	206,67	180,—
2	282,50	413,33	360,—
3	423,75	620,—	540,—
4	565,—	826,67	720,—
5	706,25	1 033,33	900,—
6	847,50	1 240,—	1 080,—
7	988,75	1 446,67	1 260,—
8	1 130,—	1 653,33	1 440,—
9	1 271,25	1 860,—	1 620,—
10	1 412,50	2 066,67	1 800,—
11	1 553,75	2 273,33	1 980,—
12	1 695,—	2 480,—	2 160,—
13	1 836,25	2 686,67	2 340,—
14	1 977,50	2 893,33	2 520,—
15	2 118,75	3 100,—	2 700,—
16	2 260,—	3 306,67	2 880,—
17	2 401,25	3 513,33	3 060,—
18	2 542,50	3 720,—	3 240,—
19	2 683,75	3 926,67	3 420,—
20	2 825,—	4 133,33	3 600,—
21	2 966,25	4 340,—	3 780,—
22	3 107,50	4 546,67	3 960,—
23	3 248,75	4 753,33	4 140,—
24	3 390,—	4 960,—	4 320,—
25	3 531,25	5 166,67	4 500,—
26	3 672,50	5 373,33	4 680,—
27	3 813,75	5 580,—	4 860,—
28	3 955,—	5 786,67	5 040,—
29	4 096,25	5 993,33	5 220,—
30	4 237,50	6 200,—	5 400,—

Liegt das erzielte Arbeitsentgelt unter der für den Teilabrechnungszeitraum ermittelten BBG, ist dieses in voller Höhe für die Beitragsberechnung heranzuziehen. Ein **höherer Betrag** als die ermittelte BBG darf für die Beitragsberechnung **nicht** zu Grunde gelegt werden.

> **Beispiel 1:**
> Der Arbeitnehmer A aus Leipzig nimmt am 8.1.2016 eine Beschäftigung auf und verdient in diesem Monat 2 250 €. Da die BBG in der Kranken- und Pflegeversicherung für 24 Tage bei 3 248,75 € und in der Renten- und Arbeitslosenversicherung (Ost) bei 4 320 € liegt, ist das Entgelt in voller Höhe beitragspflichtig.

> **Beispiel 2:**
> Der Arbeitnehmer B aus Köln nimmt am 14.1.2016 eine Beschäftigung auf und verdient in diesem Monat 2 600 €. In der Kranken- und Pflegeversicherung liegt die BBG für 18 Tage bei 2 542,50 €, so dass nur bis zu diesem Betrag Beitragspflicht besteht. In der Renten- und Arbeitslosenversicherung ist das Entgelt in voller Höhe beitragspflichtig, weil die BBG (West) für 18 Tage 3 720 € nicht überschritten wird.

Wird der Beitragsberechnungszeitraum z.B. wegen einer **Krankengeldzahlung** unterbrochen und endet der Anspruch auf Krankengeld an einem Freitag, sind der folgende Samstag und Sonntag wegen der kalendertäglichen Berechnungsweise für die Beitragsberechnung heranzuziehen, auch wenn die Entgeltzahlung erst montags wieder einsetzt.

> **Beispiel 3:**
> Der Arbeitnehmer C aus Rostock hat vom 13.1. bis 24.1.2016 Krankengeld erhalten. Für Januar 2016 steht ihm ein Arbeitslohn i.H.v. 3 500 € zu. Im Januar 2016 sind 19 Kalendertage beitragspflichtig.
> Die BBG liegt in der Kranken- und Pflegeversicherung für 19 Tage bei 2 683,75 € und in der Renten- und Arbeitslosenversicherung (Ost) bei 3 420 €, so dass nur bis zu diesen Grenzen Beiträge zu erheben sind.

Vermögenswirksame Leistungen für den gesamten Entgeltabrechnungszeitraum werden bei der Ermittlung des beitragspflichtigen Arbeitsentgeltes für den Teillohnzahlungszeitraum ggf. in voller Höhe hinzugerechnet, es sei denn, es ist ausdrücklich vereinbart, dass die vermögenswirksame Leistung für Zeiträume, die sowohl mit Arbeitsentgelt als auch z.B. mit Krankengeld belegt sind, **tageweise aufgeteilt** wird. In diesem Fall ist nur der auf die Arbeitstage entfallende Teil der vermögenswirksamen Anlage beitragspflichtig, wenn der auf die Krankengeldbezugszeit entfallende Anteil als Zuschuss zum Krankengeld behandelt wird.

Eine während des Bezuges von Krankengeld etc. gezahlte **einmalige Zuwendung** ist beitragspflichtig. Ein **unbezahlter Urlaub** bis zu einem Monat oder ein rechtmäßiger **Arbeitskampf** unterbrechen nicht die Mitgliedschaft in der Krankenversicherung, so dass auch **kein Teillohnzahlungszeitraum** entsteht. Das erzielte Arbeitsentgelt, möglicherweise unter Einbeziehung einmaliger Zuwendungen, ist deshalb auf den gesamten Abrechnungszeitraum verteilt der Beitragspflicht zu unterwerfen.

> **Beispiel 4:**
> Entgelt für Arbeitsleistung im Gebiet der alten Bundesländer
> vom 1.2.2016 bis 11.2.2016 = 11 Kalendertage   1 020,— €
> Arbeitskampf vom 12.2.2016 bis 18.2.2016
> einmalige Zuwendung am 14.2.2016   625,— €
> Entgelt für Arbeitsleistung vom 19.2.2016 bis 29.2.2016   825,— €
> beitragspflichtiges Arbeitsentgelt für Februar 2016   2 470,— €
>
> Es gelten die BBG (West) für den gesamten Monat und nicht für 21 Tage, weil der Arbeitskampf nicht zu einem Teillohnzahlungszeitraum führt.

Teilzeitbeschäftigte

Die Teilzeitarbeit ist mit Wirkung seit 1.1.2001 gesetzlich geregelt im **Teilzeit- und Befristungsgesetz** (TzBfG). **2850**

Die Rechtslage zum neuen Anspruch des Arbeitnehmers nach § 8 TzBfG auf Verringerung der Arbeitszeit (**Teilzeitanspruch**) ist durch die fortgeschrittene Entwicklung insbesondere der höchstrichterlichen Rechtsprechung des BAG weitgehend geklärt, ebenso der Anspruch der Teilzeitbeschäftigten auf **Arbeitszeit-**

verlängerung nach § 9 TzBfG (Hinweis auf die zusammenfassende Darstellung von Jüngst, Der Rechtsanspruch auf Verkürzung oder Verlängerung der individuellen Arbeitszeit nach dem TzBfG, B+P 2007, 595, und D. Besgen, Anspruch auf Arbeitszeitverlängerung nach § 9 TzBfG, B+P 2012, 163).

Das Teilzeitarbeitsverhältnis ist dadurch gekennzeichnet, dass nach dem Arbeitsvertrag auf Dauer eine **kürzere als die Regelarbeitszeit** eines vergleichbaren vollzeitbeschäftigten Arbeitnehmers vereinbart ist, § 2 Abs. 1 TzBfG. Die Verkürzung der Arbeitszeit kann so geschehen, dass nur an einigen Tagen der Woche, des Monats oder des Jahres bzw. an allen Arbeitstagen oder nur an einigen Arbeitstagen verkürzt gearbeitet wird, wobei Elemente der flexiblen Arbeitszeit einbezogen werden können. Das Teilzeitarbeitsverhältnis ist ein **normales Arbeitsverhältnis**, das hinsichtlich der zur Anwendung kommenden Gesetze, Tarifverträge und Betriebsvereinbarungen praktisch keine Unterschiede zum Vollzeitarbeitsverhältnis aufweist.

Regelmäßige Mehrarbeit über die vereinbarte Teilzeitarbeitszeit hinaus führt **nicht** automatisch in ein **Vollzeitarbeitsverhältnis**: Wird ein Teilzeitbeschäftigter längere Zeit **über die vertraglich vorgesehene Arbeitszeit hinaus oder** wie ein Vollzeitbeschäftigter eingesetzt, kann daraus grundsätzlich noch nicht die konkludente Vereinbarung einer Vollzeitbeschäftigung abgeleitet werden (BAG v. 24.6.2010, 6 AZR 75/09, www.stotax-first.de; BAG v. 21.6.2011, 9 AZR 238/10, www.stotax-first.de).

Beim **Arbeitsentgelt** ist zu beachten, dass der **Mindestlohn** nach dem neuen Mindestlohngesetz von 8,50 € brutto auch für Teilzeitkräfte gilt (→ *Mindestlohn* Rz. 2028). Im Übrigen ist bei Arbeitsentgelt im engeren wie im weiteren Sinne, insbesondere bei (freiwilligen) Sonderleistungen, der spezielle **Gleichbehandlungsgrundsatz** nach § 4 Abs. 1 TzBfG zu beachten: Teilzeitbeschäftigte dürfen nicht wegen der Teilzeitarbeit gegenüber Vollzeitbeschäftigten unterschiedlich behandelt werden, es sei denn, es gebe sachliche Gründe für eine unterschiedliche Behandlung.

So gilt z.B. für **Zulagen** bei Teilzeitkräften: Eine **Zulage auf geleistete Stunden**, z.B. für Nachtstunden, steht Teilzeitkräften in vollem Umfang zu. Eine **pauschale Zulage**, z.B. eine Wechselschicht- und Schichtzulage mit einem monatlichen Festbetrag, steht Teilzeitkräften regelmäßig nur **anteilig** entsprechend dem Anteil der Arbeitszeit zu (BAG v. 25.9.2013, 10 AZR 4/12, www.stotax-first.de). Ebenso steht Teilzeitkräften ein **Urlaubsgeld** regelmäßig nur proportional zur geringeren Arbeitszeit zu (BAG v. 12.12.2013, 8 AZR 829/12, www.stotax-first.de). Eine **Weihnachtszuwendung** ist grundsätzlich pro rata temporis, d.h. entsprechend dem Verhältnis der vereinbarten durchschnittlichen regelmäßigen Arbeitszeit zur regelmäßigen Arbeitszeit eines entsprechenden vollzeitbeschäftigten Arbeitnehmers in diesem Zeitraum zu bemessen (BAG v. 17.6.2015, 10 AZR 187/14, www.stotax-first.de).

Nach ständiger Rechtsprechung des EuGH muss im Übrigen wegen des überwiegenden Anteils von Frauen an der Zahl der Teilzeitkräfte das Verbot der **mittelbaren Geschlechtsdiskriminierung** beachtet werden.

Beim **Urlaubsanspruch** der Teilzeitbeschäftigten muss die Zahl der Urlaubstage nach dem Verhältnis zur Arbeitszeit eines Vollbeschäftigten berechnet werden.

> **Beispiel 1:**
> Urlaubsanspruch nach Tarifvertrag 30 Arbeitstage. Die Arbeitszeit einer Teilzeitkraft drei Arbeitstage pro Woche gegenüber regulär fünf Arbeitstagen.
> Berechnungsformel: 30 : 5 × 3 = 18.
> Diese Teilzeitkraft hat also Anspruch auf eine urlaubsbedingte Befreiung von der Arbeitspflicht an 18 ihrer Teilzeitarbeitstage.

Wechselt der Arbeitnehmer von Vollzeitarbeit in Teilzeitarbeit, und arbeitet er nunmehr nicht an allen Arbeitstagen, so berechnet sich der Urlaubsanspruch vom Wechsel an – auch für den Altanspruch – nicht mehr wie nach der bisherigen Rechtsprechung des BAG (BAG v. 28.4.1998, 9 AZR 314/97, www.stotax-first.de) nach der neuen Teilzeitarbeit. Einer derartigen Quotierung von restlichen Urlaubsansprüchen des Arbeitnehmers aus seiner Vollzeitbeschäftigung nach Wechsel in eine Teilzeitbeschäftigung hat der EuGH in einer neueren Entscheidung widersprochen (EuGH v. 13.6.2013, C-415/12, www.stotax-first.de). Dem hat sich das BAG angeschlossen, so dass der in der Vollzeit vor dem Wechsel erworbene und nicht verbrauchte Urlaubsanspruch nominal erhalten bleibt und insoweit keine Umrechnung stattfindet (BAG v. 10.2.2015, 9 AZR 53/14 (F), www.stotax-first.de). Insoweit ist zu empfehlen, vor dem Wechsel in Teilzeit die entstandenen Urlaubsansprüche durch Gewährung von Urlaub in Natur abzulösen.

Wechselt umgekehrt der Arbeitnehmer von Teilzeitarbeit zu Vollzeitarbeit, so richtet sich der Urlaubsanspruch für die Zeit nach dem Wechsel nach Vollzeitarbeitszeit.

Für die Berechnung des **Urlaubsentgelts** gilt nach einer Entscheidung des EuGH (EuGH v. 22.4.2010, C-486/08, www.stotax-first.de) beim **Wechsel** eines Arbeitnehmers **von Vollzeitarbeit zu Teilzeitarbeit** nicht die Bezugsmethode gem. § 11 Abs. 1 BUrlG: Ein vor der Arbeitszeitänderung erworbener Urlaubsanspruch, der ganz oder teilweise nach der Arbeitszeitänderung verwirklicht wird, muss noch mit dem Entgelt für die Vollzeitarbeit vergütet werden.

> **Beispiel 2:**
> Eine Buchhalterin ist bis zum 30. April eines Jahres in 5-Tage-Woche vollzeitbeschäftigt mit einem Gehalt von 3 500 € und vereinbarten 30 Urlaubstagen. Sie wechselt ab 1. Mai aus familiären Gründen zur Halbtagsarbeit in 5-Tage-Woche mit einem Gehalt i.H.v. 1 750 €.
>
> Die Buchhalterin hat im April einen Urlaub von fünf Urlaubstagen genommen und nimmt nunmehr im August/September ihren restlichen Jahresurlaub von 25 Urlaubstagen.
>
> Sie hatte in der Vollzeitarbeit einen Urlaubsanspruch von 4/12 = zehn Urlaubstage erworben. Hiervon sind fünf Urlaubstage verblieben, die in den Urlaub August/September fallen.
>
> Diese verbliebenen fünf Urlaubstage sind noch mit dem Vollzeitarbeitsentgelt zu vergüten.

Bei **Überstunden** besteht nach nunmehr geklärter Rechtslage für Teilzeitbeschäftigte grundsätzlich kein allgemeiner Anspruch auf Überstundenzuschläge (vgl. EuGH v. 15.12.1994, C-399/92 u.a., www.stotax-first.de; BAG v. 20.6.1995, 3 AZR 684/93, www.stotax-first.de).

Zur **lohnsteuerlichen** und **sozialversicherungsrechtlichen** Beurteilung → *Aushilfskraft/Aushilfstätigkeit* Rz. 410; → *Mini-Jobs* Rz. 2047; → *Pauschalierung der Lohnsteuer bei Aushilfskräften* Rz. 2190.

Telearbeit

→ *Arbeitnehmer-ABC* Rz. 188, → *Home-Office/Mobile-Office/Telearbeit* Rz. 1571

Telefonkosten

→ *Telekommunikation* Rz. 2870, → *Werbungskosten* Rz. 3182

Telekommunikation

Inhaltsübersicht:

		Rz.
1.	Arbeitgebereigene Telekommunikationsgeräte	2852
	a) Berufliche Nutzung	2852
	b) Steuerfreie private Nutzung (§ 3 Nr. 45 EStG)	2853
	c) Abgrenzungsfragen	2855
2.	Arbeitnehmereigene Telekommunikationsgeräte	2856
	a) Allgemeines	2856
	b) Auslagenersatz (Allgemeine Grundsätze)	2857
	c) Vergünstigungen durch Telefongesellschaften	2859
3.	Pauschaler Auslagenersatz	2860
	a) Grundregel	2860
	b) Vereinfachungsregelungen	2861
	c) Dauer der Anerkennung	2862

Telekommunikation

keine Sozialversicherungspflicht = Ⓢⱽ̸
Sozialversicherungspflicht = Ⓢⱽ

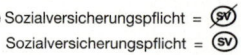

4.	Pauschalversteuerung mit 25 %	2863
	a) Pauschalierung nach § 40 Abs. 2 Satz 1 Nr. 5 Satz 1 EStG	2863
	b) Pauschalierung nach § 40 Abs. 2 Satz 1 Nr. 5 Satz 2 EStG	2864
5.	Gehaltsumwandlung	2866
	a) Lohnsteuer	2866
	b) Sozialversicherung	2867
6.	Übersicht zum steuerfreien Arbeitgeber-Ersatz	2868
7.	Sonstige steuerfreie Ersatzmöglichkeiten	2869
8.	Werbungskostenabzug	2870
	a) Allgemeine Grundsätze	2870
	b) Vereinfachungsregelung	2871
	c) Pauschalregelung	2872
	d) „Durchschnittsregelung"	2873
	e) Dauer der Anerkennung	2874
	f) Kürzung der Werbungskosten	2875
9.	Nachweise	2876
10.	Umsatzsteuer	2877

1. Arbeitgebereigene Telekommunikationsgeräte

a) Berufliche Nutzung

2852 Soweit Telekommunikationsgeräte (dazu gehören Telefone, Handys, Autotelefone, Faxgeräte, Anrufbeantworter, Internet) zu beruflichen Zwecken genutzt werden, ergeben sich lohnsteuerlich keine Folgerungen. Denn der Wert der unentgeltlich zur beruflichen Nutzung überlassenen Arbeitsmittel ist kein Arbeitslohn (R 19.3 Abs. 2 Nr. 1 LStR sowie OFD Frankfurt v. 4.3.2003, S 2354 – A – 39 – St II 30, www.stotax-first.de).

Ein **geldwerter Vorteil** entsteht zwar, wenn betriebliche Telekommunikationsgeräte vom Arbeitnehmer privat genutzt werden. **Dies gilt aber nicht, wenn die Privatnutzung arbeitsvertraglich ausgeschlossen ist**, selbst wenn der Arbeitgeber dieses Verbot nicht überwacht (vgl. sinngemäß zuletzt BFH v. 18.4.2013, VI R 23/12, BStBl II 2013, 920 zur Firmenwagennutzung).

b) Steuerfreie private Nutzung (§ 3 Nr. 45 EStG)

aa) Lohnsteuer

2853 Nach § 3 Nr. 45 EStG sind in folgenden vier Fällen die geldwerten Vorteile aus der privaten Nutzung durch den Arbeitnehmer steuerfrei:

- betriebliche Datenverarbeitungsgeräte und Zubehör,
- **betriebliche Telekommunikationsgeräte und Zubehör**,
- System- und Anwendungsprogramme, die der Arbeitgeber auch im Betrieb einsetzt,
- erbrachte Dienstleistungen zu den ersten drei Punkten.

Durch den im § 3 Nr. 45 EStG verwendeten **Begriff „Datenverarbeitungsgeräte"** sind nicht nur die geldwerten Vorteile aus der Überlassung von betrieblichen PC, zu denen auch Mobilcomputer (Notebook, Netbook) zählen, sondern auch neuere Geräte wie **Smartphones** oder Tablets, steuerfrei. Begünstigt ist auch die Nutzungsüberlassung von Zubehör (z.B. Monitor, Scanner, Drucker, Beamer, Modem, Netzwerkswitch, Router, Hub, Bridge, **Sim-Karte, UMTS-Karte, LTE-Karte, Ladegeräte und Transportbehältnisse**), s. ausführlich H 3.45 „Anwendungsbereich" LStH. Es kommt nicht darauf an, ob die Vorteile zusätzlich zum ohnehin geschuldeten Arbeitslohn oder auf Grund einer Vereinbarung mit dem Arbeitgeber über die Herabsetzung von Arbeitslohn erbracht werden. Unschädlich ist es, wenn der Arbeitnehmer die Datenverarbeitungsgeräte und das Zubehör in seiner Privatwohnung nutzt.

Voraussetzung für die Anwendung der Steuerbefreiung ist allerdings, dass es sich um „**betriebliche**" **Datenverarbeitungsgeräte** handelt, sie dürfen dem Arbeitnehmer also lediglich leihweise überlassen werden und **nicht in sein Eigentum übergehen**. Der Arbeitgeber selbst muss dagegen nicht Eigentümer sein, er kann die Geräte auch gemietet oder geleast haben. Wird das Datenverarbeitungsgerät und das Zubehör dem Arbeitnehmer übereignet, entsteht hieraus ein lohnsteuerpflichtiger geldwerter Vorteil.

Die Steuerfreiheit beschränkt sich nicht nur auf die Nutzung solcher Geräte im Betrieb des Arbeitgebers. Die Geräte können sich auch im **Besitz des Arbeitnehmers und sogar in seiner Wohnung befinden** (z.B. das Mobiltelefon eines Außendienstmitarbeiters). Die Privatnutzung betrieblicher Telekommunikationsgeräte (und Datenverarbeitungsgeräte) durch den Arbeitnehmer ist **unabhängig vom Verhältnis der beruflichen zur privaten Nutzung steuerfrei** (dies gilt sogar bei einer Privatnutzung von 100 %!). Die Steuerfreiheit umfasst auch die private Nutzung von **Zubehör und Software** sowie die vom Arbeitgeber getragenen **Verbindungsentgelte** (Grundgebühr und sonstige laufende Kosten). Für die Steuerfreiheit kommt ist nicht Voraussetzung, dass der Arbeitgeber Vertragspartner des Telekommunikationsunternehmens ist.

Nach dem letzten Halbsatz des § 3 Nr. 45 EStG sind auch Nutzungsvorteile aus **Dienstleistungen** (z.B. durch einen IT-Service des Arbeitgebers) im Zusammenhang mit den zur privaten Nutzung überlassenen Datenverarbeitungs- und Telekommunikationsgeräten sowie den System- und Anwendungsprogrammen steuerfrei. Hierunter fallen insbesondere Leistungen, die Installation, Gebrauch, technische Hilfestellung, Reparatur und Service betreffen. Letztendlich sind es Leistungen, die im engen Zusammenhang mit den in § 3 Nr. 45 EStG genannten Geräten, Zubehörteilen und Programmen stehen und sich nicht nur auf allgemeine, nicht komponentenspezifische Aspekte beziehen. Insofern können sich die Dienstleistungen auch auf das Zubehör oder die Nebenkosten beziehen (s. ausführlich H 3.45 „Anwendungsbereich" LStH).

Die **Steuerbefreiung gilt** somit insbesondere für folgende private Nutzungen **arbeitgebereigener Telekommunikationsgeräte**:

- Privatgespräche vom Firmentelefon (Orts- und Ferngespräche) einschließlich der privaten Nutzung des Internets,
- die private Nutzung betrieblicher Computer einschließlich der privaten Internetnutzung oder die Nutzungsüberlassung von Zubehör (z.B. Headsets, Adapter),
- das Versenden privater Telefaxe und E-Mails von firmeneigenen Geräten,
- Privatgespräche vom häuslichen Telefon einschließlich der privaten Nutzung des Internets, wenn die Telekommunikationsgeräte dem Arbeitgeber gehören (z.B. bei einem Telearbeitsplatz),
- Privatgespräche vom Mobiltelefon, das dem Arbeitnehmer vom Arbeitgeber überlassen wird, oder vom Autotelefon im Firmenwagen (s. auch OFD Frankfurt v. 4.3.2003, S 2354 A – 39 – St II 30, www.stotax-first.de). **Nicht steuerfrei** bei der Bemessung des geldwerten Vorteils aus der unentgeltlichen Überlassung eines Firmenwagens ist hingegen ein sog. **Navigationsgerät**, auch wenn es Telekommunikationsfunktionen enthält (BFH v. 16.2.2005, VI R 37/04, BStBl II 2005, 563).

Ⓛˢᵗ Ⓢⱽ̸

Die **Steuerbefreiung kommt dagegen nicht in Betracht**, wenn der Arbeitgeber

- entweder seinen Arbeitnehmern **Telekommunikationsgeräte schenkt** oder
- den Kauf von Telekommunikationsgeräten durch einen Arbeitnehmer mit einem **Zuschuss** unterstützt oder lediglich die laufenden **Gebühren übernimmt**.

Diese steuerpflichtigen Arbeitgeberleistungen können jedoch ggf. **pauschal versteuert** werden (→ Rz. 2863).

Auch im **betrieblichen Bereich** findet die Steuerbefreiung des § 3 Nr. 45 EStG keine Anwendung, d.h., dass z.B. privat veranlasste Telefonkosten eines Rechtsanwalts nicht unter Hinweis auf § 3 Nr. 45 EStG als Betriebsausgaben abgezogen werden können. § 3 Nr. 45 EStG verstößt nicht deswegen gegen **Art. 3 Abs. 1 GG**, weil diese Steuervergünstigung nur **Arbeitnehmern** zusteht (BFH v. 21.6.2006, XI R 50/05, BStBl II 2006, 715; BFH v. 14.3.2007, XI R 1/06, www.stotax-first.de).

bb) Sozialversicherung

2854 Die o.g. Vorteile sind gem. § 1 Abs. 1 Satz 1 Nr. 1 SvEV dann kein Arbeitsentgelt i.S. der Sozialversicherung, wenn sie **zusätzlich** zu Löhnen und Gehältern gewährt werden.

Verzichtet der Arbeitnehmer jedoch auf Lohn oder Gehalt, damit er die Geräte auch privat nutzen kann, mindert dies das beitragspflichtige Arbeitsentgelt nicht.

Ⓢⱽ

c) Abgrenzungsfragen

2855 In der Praxis ist häufig die Abgrenzung schwierig, ob es sich um „**eine Nutzungsüberlassung eines betrieblichen Telekommunikationsgeräts**" handelt. Nach Auffassung der **obersten Finanzbehörden** gilt in den nachfolgenden Beispielen (es handelt sich jeweils um ein Festnetztelefon in der Wohnung des Arbeitnehmers; der Arbeitnehmer ist Vertragspartner des Telekommunikationsanbieters) Folgendes:

> **Beispiel 1:**
> Der Arbeitgeber beauftragt ein Telekommunikationsunternehmen, seinem Arbeitnehmer ein Festnetztelefon zur Verfügung zu stellen. Die anfallenden laufenden Kosten (Grund- und Gesprächsgebühren), die dem Arbeitnehmer als Vertragspartner des Telekommunikationsunternehmens entstehen, übernimmt der Arbeitgeber.
>
> Die Voraussetzungen für die Steuerbefreiung nach § 3 Nr. 45 EStG sind erfüllt, da ein betriebliches – wenn auch vom Arbeitgeber gemietetes – Telekommunikationsgerät zur Verfügung gestellt wird.

> **Beispiel 2:**
> Der Arbeitnehmer vermietet ein in seinem Eigentum befindliches Festnetztelefon an den Arbeitgeber. Dieser überlässt das Gerät dem Arbeitnehmer für private Zwecke und trägt neben den monatlichen „Mietzahlungen" auch die anfallenden Gesprächsgebühren.
>
> Der Arbeitnehmer ist zivilrechtlicher und auch wirtschaftlicher Eigentümer des Telekommunikationsgeräts. Es handelt sich – trotz Anmietung des Geräts durch den Arbeitgeber – nicht um die Zurverfügungstellung eines betrieblichen Telekommunikationsgeräts i.S.d. Steuerbefreiung nach § 3 Nr. 45 EStG (vgl. insoweit auch BFH v. 6.11.2001, VI R 54/00, BStBl II 2002, 164, wonach bei Arbeitgebererstattung der Kosten für einen Pkw des Arbeitnehmers Barlohn und kein Nutzungsvorteil vorliegt). Sämtliche Zahlungen des Arbeitgebers sind als steuerpflichtiger Arbeitslohn zu erfassen.

> **Beispiel 3:**
> Der Arbeitgeber kauft ein Telefon und stellt es dem Arbeitnehmer (zeitlich unbegrenzt) zur Verfügung.
>
> Die Steuerbefreiung nach § 3 Nr. 45 EStG kommt nicht in Betracht, wenn der Arbeitnehmer als wirtschaftlicher Eigentümer des Telekommunikationsgeräts anzusehen ist (§ 39 Abs. 2 Nr. 1 AO). In diesem Fall handelt es sich nicht mehr um eine Nutzungsüberlassung, sondern um die Übertragung des Telekommunikationsgeräts (Schenkung).
>
> Im Regelfall ist derjenige, der lediglich zur Nutzung eines Wirtschaftsguts berechtigt ist, nicht wirtschaftlicher Eigentümer. Im Grundsatz liegt damit auch bei einer unbefristeten Überlassung des Telekommunikationsgeräts kein wirtschaftliches Eigentum des Nutzenden vor. Eine andere Beurteilung kann aber z.B. in Betracht kommen, wenn dem Arbeitnehmer ein Kaufrecht zusteht und bei Ausübung dieser Option nur ein unverhältnismäßig geringer Kaufpreis zu entrichten ist.

[LSt]

2. Arbeitnehmereigene Telekommunikationsgeräte

a) Allgemeines

2856 **Schenkt der Arbeitgeber einem Arbeitnehmer ein Telekommunikationsgerät**, liegt **steuerpflichtiger Arbeitslohn** vor, der nach den allgemeinen Regeln versteuert werden muss. Denn die Möglichkeit der Pauschalversteuerung nach § 40 Abs. 2 Satz 1 Nr. 5 Satz 1 EStG mit einem Pauschsteuersatz von 25 % gilt nur für die unentgeltliche oder verbilligte Übereignung von Datenverarbeitungsgeräten sowie Zubehör und Internetzugang.

> **Beispiel:**
> Als Anerkennung für besondere Leistungen schenkt Arbeitgeber A seinem erfolgreichsten Außendienstmitarbeiter ein Handy (ohne Internetzugang), Neupreis 500 €.
>
> Der Arbeitgeber hat den Sachbezug mit dem um übliche Preisnachlässe geminderten üblichen Endpreis am Abgabeort dem Lohnsteuerabzug zu unterwerfen (§ 8 Abs. 2 Satz 1 EStG).

Ersetzt der Arbeitgeber dem Arbeitnehmer Kosten für den beruflichen Einsatz seiner privaten Telekommunikationsgeräte, handelt es sich bei der Kostenerstattung um **steuerfreien Auslagenersatz nach § 3 Nr. 50 EStG**. Hierunter fällt neben der beruflichen Nutzung des häuslichen Telefonanschlusses des Arbeitnehmers auch die berufliche Verwendung des privaten Internetanschlusses in der Wohnung des Arbeitnehmers. Gleiches gilt bei der beruflichen Verwendung eines arbeitnehmereigenen Mobiltelefons, zu dem auch das Autotelefon des Arbeitnehmers zählt.

Nach R 3.50 Abs. 1 LStR muss **Auslagenersatz immer zusätzlich gezahlt** werden, da die Auslagen ihrem Wesen nach keinen Arbeitslohn darstellen und daher auch keinen Arbeitslohn ersetzen können. **Eine Gehaltsumwandlung ist daher beim einzeln abgerechneten Auslagenersatz von vornherein ausgeschlossen. Demgegenüber bleibt beim pauschalen Auslagenersatz (R 3.50 Abs. 2 LStR) eine Gehaltsumwandlung von bisher steuerpflichtigem in steuerfreien Arbeitslohn durchaus möglich.** Der repräsentative Nachweis für einen Zeitraum von drei Monaten muss in diesem Fall aber bereits vor Änderung des Arbeitsvertrags geführt werden.

Der Umfang der privaten Nutzung ist dann für den Arbeitgeber zwar ohne Bedeutung, Schwierigkeiten können sich aber bei der Zahlung steuerfreien Auslagenersatzes nach § 3 Nr. 50 EStG dadurch ergeben, dass – weil nur die **beruflichen Kosten steuerfrei ersetzt** werden dürfen – die Gesamtkosten in einen beruflichen und einen privaten Teil aufgeteilt werden müssen.

Im Einzelnen gelten folgende Regelungen:

b) Auslagenersatz (Allgemeine Grundsätze)

aa) Volle Steuerbefreiung

2857 Die Ersatzleistungen des Arbeitgebers sind in vollem Umfang steuerfrei, wenn das Telekommunikationsgerät oder der private Internetanschluss so gut wie ausschließlich (mindestens 90 %) für betriebliche Zwecke genutzt werden. Gleiches gilt bei der beruflichen Verwendung eines arbeitnehmereigenen Mobiltelefons, zu dem auch das Autotelefon des Arbeitnehmers zählt (vgl. OFD Frankfurt v. 4.3.2003, S 2354 A – 39 – St II 30, www.stotax-first.de, betr. Auto- und Mobiltelefone). Die mtl. Rechnungen des Telekommunikationsanbieters sind als Belege zum Lohnkonto zu nehmen.

bb) Teilweise Steuerbefreiung

2858 Wird das Telekommunikationsgerät nicht so gut wie ausschließlich für betriebliche Zwecke genutzt, darf der Arbeitgeber nur die auf die berufliche Nutzung entfallenden **laufenden** (Gebühren für die Telefon- und Internetnutzung) **und festen Kosten** (für den Grundpreis der Anschlüsse, sog. **Grundgebühren u.Ä.**) als Auslagenersatz nach § 3 Nr. 50 EStG i.V.m. R 3.50 LStR steuerfrei ersetzen, sofern diese Aufwendungen im Einzelnen nachgewiesen werden (vgl. OFD Frankfurt v. 4.3.2003, S 2354 A – 39 – St II 30, www.stotax-first.de, betr. Auto- und Mobiltelefone).

Der **berufliche Anteil der laufenden Kosten** kann regelmäßig den Telefon- und (beim Internet) Providerrechnungen entnommen werden, andernfalls muss ihn der Arbeitnehmer anhand **geeigneter Aufzeichnungen glaubhaft machen**. Der **berufliche Anteil der festen Kosten** ist nach dem Verhältnis der beruflichen zur privaten Nutzung zu ermitteln (R 3.50 Abs. 2 Satz 3 LStR). Dies erscheint u.E. nicht ausreichend, weil nach der Rechtsprechung des BFH auch „**ankommende Gespräche**" berücksichtigt werden müssen (vgl. BFH v. 21.11.1980, VI R 202/79, BStBl II 1981, 131). Dies hat besonders Bedeutung für **Arbeitnehmer mit Bereitschaftsdienst**, die eher zu Hause angerufen werden, als dass sie selbst berufliche Gespräche tätigen. Werden auch „ankommende Gespräche" berücksichtigt, erhöht sich der steuerlich berücksichtigungsfähige berufliche Anteil der Grundgebühren entsprechend. Entsprechendes gilt für Internetkosten.

Nicht als Auslagenersatz steuerfrei ersetzt werden dürfen dagegen insbesondere

– die Aufwendungen für die **Anschaffung der Geräte** (Anschaffungskosten)

– und für etwaige **Ersatzbeschaffungen**.

Bei diesen Aufwendungen ist davon auszugehen, dass sie zugleich im **Eigeninteresse des Arbeitnehmers** getätigt werden und deshalb nicht die Voraussetzungen für die Erstattung als

Telekommunikation

steuerfreier Auslagenersatz erfüllen (ausführlich → *Auslagenersatz und durchlaufende Gelder* Rz. 433). Diese Aufwendungen kann der Arbeitnehmer jedoch ggf. als **Werbungskosten** absetzen (→ Rz. 2870).

c) Vergünstigungen durch Telefongesellschaften

2859 Telekommunikationsunternehmen (Mobilfunknetzbetreiber und Service-Provider) bieten Kunden, die sich verpflichten, für eine Mindestdauer von 24 Monaten einen Mobilfunkdienstleistungsvertrag abzuschließen oder ihren Vertrag um 24 Monate zu verlängern, den verbilligten Kauf eines Mobilfunktelefons an. Die Verbilligung ist je nach Gerätetyp, Hersteller und Art des abzuschließenden Vertrags unterschiedlich. Eine Vergünstigung kann auch in anderer Form erfolgen, so z.B. durch Erlass von Grundgebühren, Gewährung von Gesprächsguthaben, Erlass der Anschlussgebühren oder Gewährung von Gutschriften, Einkaufsgutscheinen oder Sachzugaben.

Die Vergünstigungen stellen bei Arbeitnehmern **keinen Arbeitslohn** dar, weil kein Zufluss im Rahmen der jeweiligen Einkunftsart erfolgt (BMF v. 20.6.2005, IV B 2 – S 2134 – 17/05, BStBl I 2005, 801).

3. Pauschaler Auslagenersatz

a) Grundregel

2860 Aus Vereinfachungsgründen leisten viele Arbeitgeber an ihre Arbeitnehmer zur Abgeltung der **beruflichen Kosten** für Telekommunikationsgeräte pauschale Zahlungen. Nach R 3.50 Abs. 2 Satz 1 LStR ist pauschaler Auslagenersatz zwar **grundsätzlich lohnsteuerpflichtig**.

Abweichend hiervon erkennt aber die Finanzverwaltung pauschalen Auslagenersatz nach R 3.50 Abs. 2 Satz 2 LStR als **steuerfrei** an, wenn

- er **regelmäßig wiederkehrt**
- und der Arbeitnehmer die entstandenen Aufwendungen für einen **repräsentativen Zeitraum von drei Monaten im Einzelnen nachweist**.

Dabei können bei Aufwendungen für Telekommunikation auch die Aufwendungen für das **Nutzungsentgelt einer Telefonanlage** sowie für den **Grundpreis der Anschlüsse** entsprechend dem beruflichen Anteil der Verbindungsentgelte an den gesamten Verbindungsentgelten (Telefon und Internet) steuerfrei ersetzt werden.

> **Beispiel:**
> Handelsvertreter A nutzt sein häusliches Telefon weitgehend für berufliche Gespräche. Er kann durch den sog. Einzelverbindungsnachweis der Telekom nachweisen, dass von seinen monatlichen Telefonrechnungen von 200 € die Hälfte (= 100 €) auf berufliche Gespräche entfällt.
>
> Wenn A seinem Arbeitgeber die Telefonrechnungen für die **Monate Januar bis März** vorlegt und die Höhe des beruflichen Anteils nachweist, kann ihm der Arbeitgeber monatlich 100 € als pauschalen Auslagenersatz steuerfrei erstatten (R 3.50 Abs. 2 Satz 2 LStR).
>
> Die Rechnungen ab April braucht A seinem Arbeitgeber nach dieser Pauschalregelung nicht mehr vorzulegen.
>
> Da in diesem Fall die beruflichen Kosten in vollem Umfang steuerfrei ersetzt werden, verbleibt kein als **Werbungskosten** abzugsfähiger Restbetrag.

Zulässig ist es auch, dass der Arbeitgeber für die berufliche Nutzung privater Telekommunikationsgeräte seinem Arbeitnehmer steuerfreien Auslagenersatz in Höhe eines **Durchschnittsbetrages** gewährt. Voraussetzung für die Steuerfreiheit des pauschalen Auslagenersatzes ist auch hier, dass der Arbeitnehmer anhand der Rechnungsbeträge für einen **repräsentativen Zeitraum von drei Monaten eine entsprechende Nachweisführung vornimmt**. Der sich hierbei für die berufliche Nutzung ergebende mtl. Durchschnittsbetrag kann für die Folgezeit als steuerfreier Auslagenersatz fortgeführt werden. Der pauschale Auslagenersatz nach Maßgabe des ermittelten Durchschnittsbetrags bleibt solange steuerfrei, bis sich die Verhältnisse wesentlich ändern. Die Rechnungsbelege des Dreimonatszeitraums sind als Belege zum Lohnkonto aufzubewahren.

Diese Grundsätze gelten auch bei einer Flatrate. Auch hier ist der Anteil der beruflichen Aufwendungen vom Arbeitnehmer eigenständig zu ermitteln. Als Basis dienen hierfür die im Einzelverbindungsnachweis aufgeführten Verbindungen (Telefon und Internet). Für diese sind fiktive Kosten nach dem ohne Berücksichtigung des Flatrate-Tarifs maßgebenden Telefontarif zu berechnen. Der berufliche Anteil an der Flatrate entspricht insoweit dem Verhältnis der für beruflichen Nutzungsumfang zu den gesamten Verbindungen fiktiv ermittelten Kosten. Eine allein auf Schätzungen des Arbeitnehmers beruhende Ermittlung des beruflichen Anteils der Telekommunikationsaufwendungen lässt die geltende Rechtslage (R 3.50 Abs. 2 LStR) nicht zu.

Der Nachteil dieser Regelungen besteht darin, dass der **berufliche Anteil genau ermittelt** werden muss, wenn auch nur für einen repräsentativen Dreimonatszeitraum (das können z.B. auch die Monate März bis Mai sein!). Eine **„griffweise Schätzung"** ist nicht zulässig. Die **Telefonrechnungen** müssen dem Arbeitgeber vorgelegt und – zumindest als Fotokopie – als **Belege zum Lohnkonto** genommen werden.

b) Vereinfachungsregelungen

2861 Um diesen Nachteil zu vermeiden, sieht R 3.50 Abs. 2 Satz 3 LStR zur Vereinfachung vor, dass **ohne Einzelnachweis der beruflichen Kosten bis zu 20 % des Rechnungsbetrags, höchstens 20 € monatlich, steuerfrei ersetzt** werden dürfen, wenn bei dem jeweiligen Arbeitnehmer erfahrungsgemäß beruflich veranlasste Telekommunikationsaufwendungen anfallen (so z.B. bei **Handelsvertretern, Kundendienstmonteuren, Geschäftsführern**).

> **Beispiel 1:**
> Wie Beispiel oben, A möchte aber seinem Arbeitgeber keinen Nachweis für die von ihm geführten Gespräche vorlegen.
>
> A gehört zu einer Berufsgruppe, bei der erfahrungsgemäß beruflich veranlasste Telekommunikationsaufwendungen anfallen. Der Arbeitgeber kann ihm daher **pauschal 20 % der monatlichen Telefonrechnungen, höchstens jedoch 20 € monatlich**, als pauschalen Auslagenersatz steuerfrei ersetzen (R 3.50 Abs. 2 Satz 3 LStR).
>
> Sollte A nach Ablauf des Jahres beim Ausfüllen seiner Einkommensteuererklärung meinen, der Umfang der beruflichen Nutzung sei höher, kann er jederzeit die nachgewiesenen beruflichen Kosten als Werbungskosten geltend machen, muss jedoch den vom Arbeitgeber gezahlten steuerfreien Auslagenersatz anrechnen (R 9.1 Abs. 5 Satz 6 LStR).

Die Kleinbetragsregelung (20 % des Rechnungsbetrags, höchstens 20 € monatlich) ist auch dann anzuwenden, wenn bei einer **Flatrate** keine aussagekräftigen Aufzeichnungen über den beruflichen Nutzungsumfang vorhanden sind.

> **Beispiel 2:**
> Ein Außendienstmitarbeiter benutzt seinen häuslichen Telefon- und Internetanschluss auch für seine berufliche Tätigkeit. Die Kosten der Flatrate betragen mtl. 40 €.
>
> Der Arbeitgeber kann 20 % von 40 € = 8 € steuerfrei erstatten.
>
> Der Nachteil auch dieser Regelung besteht darin, dass der Arbeitnehmer seinem Arbeitgeber **alle Telefonrechnungen vorlegen** muss, die dieser wiederum als Belege zum Lohnkonto nehmen muss.
>
> Zur weiteren Vereinfachung kann daher der **monatliche Durchschnittsbetrag**, der sich aus den Rechnungsbeträgen für einen **repräsentativen Zeitraum von drei Monaten** ergibt, für den pauschalen Auslagenersatz fortgeführt werden (R 3.50 Abs. 2 Satz 5 LStR).

> **Beispiel 3:**
> Wie Beispiel 1, der monatliche Durchschnittsbetrag der monatlichen Telefonrechnungen beträgt für den repräsentativen Zeitraum Januar bis März 200 €.
>
> Der Arbeitgeber kann nicht nur für die Monate Januar bis März 20 % der monatlichen Telefonrechnungen, höchstens jedoch 20 € als pauschalen Auslagenersatz steuerfrei zahlen, sondern diesen auch für die restlichen Monate fortführen.
>
> Es entfallen somit ab April die Vorlage von Telefonrechnungen und deren Aufbewahrung beim Lohnkonto.
>
> Sollte A nach Ablauf des Jahres beim Ausfüllen seiner Einkommensteuererklärung meinen, der Umfang der beruflichen Nutzung sei höher, kann er jederzeit die nachgewiesenen beruflichen Kosten als Werbungskosten geltend machen, muss jedoch den vom Arbeitgeber gezahlten steuerfreien Auslagenersatz anrechnen (R 9.1 Abs. 5 Satz 6 LStR).

Neben den hiernach abzugsfähigen Telefonkosten können ggf. beruflich veranlasste **Internetkosten** – sofern sie gesondert ausgewiesen werden – als Auslagenersatz vom Arbeitgeber steu-

Telekommunikation

erfrei ersetzt bzw. als Werbungskosten abgezogen werden (FG Niedersachsen v. 17.12.2009, 14 K 125/08, EFG 2010, 2071, Nichtzulassungsbeschwerde durch BFH v. 16.6.2010, VI B 18/10, www.stotax-first.de, als unbegründet zurückgewiesen).

c) Dauer der Anerkennung

2862 Der Arbeitgeber kann den nach den vorstehenden Grundsätzen ermittelten pauschalen Auslagenersatz so lange – also auch noch in den **Folgejahren** – steuerfrei ersetzen, bis sich die **Verhältnisse wesentlich ändern** (R 3.50 Abs. 2 Satz 6 LStR). Eine wesentliche Änderung der Verhältnisse kann sich insbesondere im Zusammenhang mit einer **Änderung der Berufstätigkeit** des Arbeitnehmers ergeben (R 3.50 Abs. 2 Satz 7 LStR), z.B. weil ein Außendienstmitarbeiter in den Innendienst versetzt wird.

4. Pauschalversteuerung mit 25 %

a) Pauschalierung nach § 40 Abs. 2 Satz 1 Nr. 5 Satz 1 EStG

2863 Die Pauschalierung nach § 40 Abs. 2 Satz 1 Nr. 5 Satz 1 EStG mit einem **Pauschsteuersatz von 25 %** kommt nur in Betracht, wenn der Arbeitgeber seinen Arbeitnehmern **zusätzlich zum ohnehin geschuldeten Arbeitslohn unentgeltlich oder verbilligt Datenverarbeitungsgeräte übereignet; das gilt auch für Zubehör und Internetzugang.**

Diese Pauschalierung kommt nur bei **Sachzuwendungen** des Arbeitgebers in Betracht. Hierzu rechnet die **Übereignung von Hardware einschließlich technischem Zubehör und Software** als Erstausstattung oder als Ergänzung, Aktualisierung und Austausch vorhandener Bestandteile. Die Pauschalierung ist auch möglich, wenn der Arbeitgeber ausschließlich technisches Zubehör oder Software übereignet.

Telekommunikationsgeräte, die nicht Zubehör eines Datenverarbeitungsgeräts sind oder nicht für die Internetnutzung verwendet werden können, sind von der Pauschalierung ausgeschlossen (R 40.2 Abs. 5 Satz 4 LStR).

[LSt] [SV]

b) Pauschalierung nach § 40 Abs. 2 Satz 1 Nr. 5 Satz 2 EStG

aa) Allgemeine Grundsätze

2864 Hat der Arbeitnehmer einen **Internetzugang**, kann die Lohnsteuer für **Barzuschüsse des Arbeitgebers** für die Internetnutzung des Arbeitnehmers nach § 40 Abs. 2 Satz 1 Nr. 5 Satz 2 EStG **ebenfalls mit 25 % pauschal erhoben werden.**

Die Möglichkeit der Lohnsteuer-Pauschalierung besteht für die Zuschussleistungen zu den **laufenden Kosten**, also z.B. die Grundgebühr sowie die **laufenden Gebühren für die Internetnutzung**, ebenso für die Zuschussleistung zu den Kosten für die **Einrichtung eines ISDN-Anschlusses**, Modems oder internetfähigen PC (R 40.2 Abs. 5 LStR).

Telekommunikationsgeräte, die nicht Zubehör eines Datenverarbeitungsgerätes sind oder nicht für die Internetnutzung verwendet werden können, sind jedoch von der Pauschalierung ausgeschlossen (R 40.2 Abs. 5 Satz 4 LStR).

> **Beispiel:**
> Arbeitgeber A übernimmt für seine Arbeitnehmer 50 % der Kosten für die Internetnutzung von ihrem häuslichen Computer aus. Er erwartet, dass sich die Arbeitnehmer dadurch schneller an dieses neue Medium gewöhnen und die gewonnenen Erfahrungen somit auch dem Betrieb zugutekommen. Arbeitnehmer B legt ihm seine Rechnung für den Monat Mai i.H.v. 50 € vor, Arbeitgeber A erstattet ihm daraufhin 50 % = 25 €.
> Der Arbeitgeber kann die erstatteten 25 € mit 25 % pauschal versteuern. Hinzu kommen der Solidaritätszuschlag und ggf. Lohnkirchensteuer.

bb) Vereinfachungsregelungen

2865 Aus **Vereinfachungsgründen** kann der Arbeitgeber den vom Arbeitnehmer erklärten Betrag für die laufende Internetnutzung (Gebühren) als pauschalierungsfähig ansetzen,

– soweit dieser **50 € im Monat nicht übersteigt**,

– falls der **Arbeitnehmer erklärt, einen Internetzugang zu besitzen**

– und dafür **im Kalenderjahr durchschnittlich Aufwendungen in der erklärten Höhe entstehen** (R 40.2 Abs. 5 Satz 7 LStR). Auf die Vorlage der **Einzelbelege kann dann verzichtet** werden. Der Arbeitgeber hat diese Erklärung als **Beleg zum Lohnkonto** aufzubewahren (R 40.2 Abs. 5 Satz 8 LStR).

> **Beispiel 1:**
> Ein Arbeitgeber bezahlt einem leitenden Angestellten einen Zuschuss von mtl. 50 € für den häuslichen Internetanschluss. Die monatlichen Gesamtgebühren (Verbindungsentgelte und Grundpreis) liegen bei rd. 100 €. Eine entsprechende Erklärung des Arbeitnehmers liegt vor. Eine Nachweisführung erfolgt nicht, da der Internetanschluss nicht zu beruflichen Zwecken eingesetzt wird.
> Der Barzuschuss stellt lohnsteuerpflichtigen Arbeitslohn dar. Der Arbeitgeber kann die Lohnsteuer bis zum Betrag von 50 € pro Monat mit dem Pauschsteuersatz von 25 % übernehmen. Sozialabgaben fallen insoweit nicht an.

Bei **höheren Zuschüssen** zur Internetnutzung muss sich der Arbeitgeber die Kosten der Internetnutzung grundsätzlich einzeln nachweisen lassen. Die Finanzverwaltung lässt es jedoch zu, wenn Arbeitgeber und Arbeitnehmer hier sinngemäß nach den **Regeln für den pauschalen Auslagenersatz** in R 3.50 Abs. 2 LStR verfahren; dazu → Rz. 2860. Dies gilt auch für die Änderung der Verhältnisse (R 40.2 Abs. 5 Satz 9 LStR).

> **Beispiel 2:**
> Arbeitnehmer A weist durch Vorlage der Rechnungen des Providers nach, dass er monatliche Internetkosten von 100 € im Monat hat.
> Der Arbeitgeber kann ihm die Kosten erstatten und die Lohnsteuer dafür mit 25 % erheben. Die Rechnungen für die Monate April bis Dezember muss er sich nicht mehr vorlegen lassen. Auch in den Folgejahren kann so verfahren werden, bis sich die Verhältnisse wesentlich ändern.

Nutzt der Arbeitnehmer seinen Internetzugang auch für berufliche Zwecke, kann der Arbeitgeber sowohl steuerfreien Auslagenersatz als auch pauschalbesteuerte Internetzuschusszahlungen gewähren. Beide Steuervergünstigungen können nebeneinander angewandt werden. Bezahlt der Arbeitgeber steuerfreien Auslagenersatz i.H.v. 20 € mtl., indem er von der Kleinbetragsregelung Gebrauch macht, erhöhen sich die erforderlichen Internetkosten, für die der Arbeitnehmer eine schriftliche Bestätigung dem Arbeitgeber vorzulegen hat, auf den Mindestbetrag von 70 € pro Monat, um gleichzeitig die Pauschalbesteuerung im Rahmen der Freigrenze für Sachbezüge anwenden zu können.

[LSt] [SV]

5. Gehaltsumwandlung

a) Lohnsteuer

2866 Die **Steuerbefreiung** des § 3 Nr. 45 EStG ist auch im Fall der „Gehaltsumwandlung" anzuwenden, wenn also der Arbeitnehmer auf einen Teil seines Gehaltes zu Gunsten eines kostenlosen Telekommunikationsgeräts einschließlich der Verbindungsentgelte verzichtet.

Die **Pauschalversteuerung** nach § 40 Abs. 2 Satz 1 Nr. 5 EStG kommt demgegenüber nur für Arbeitgeberleistungen in Betracht, die **zusätzlich zum ohnehin geschuldeten Arbeitslohn** gezahlt werden (§ 40 Abs. 2 Satz 1 Nr. 5 Satz 2 EStG).

Beinhalten die mit sämtlichen Mitarbeitern geschlossenen neuen Arbeitsverträge einen Anspruch auf Zahlung von Fahrtkostenzuschüssen, auf die Zahlung von Kindergartenzuschüssen und einer **Internetpauschale**, scheidet die Steuerfreiheit der Zuschüsse gem. § 3 Nr. 33 EStG bzw. eine Pauschalierung gem. § 40 Abs. 2 Satz 1 Nr. 5 EStG auf Grund des Fehlens freiwilliger und zusätzlicher Leistungen des Arbeitgebers aus (FG Sachsen-Anhalt v. 15.8.2013, 6 K 739/08, www.stotax-first.de).

[LSt]

b) Sozialversicherung

2867 Soweit die Arbeitgeberleistungen nach § 40 Abs. 2 Satz 1 Nr. 5 EStG **pauschal versteuert** werden, sind sie nicht sozialversicherungspflichtig, da sie nicht zum sozialversicherungspflichtigen Arbeitsentgelt gehören (§ 1 Abs. 1 Satz 1 Nr. 3 SvEV).

[SV]

Telekommunikation

keine Sozialversicherungspflicht = Ⓢⱽ̷
Sozialversicherungspflicht = Ⓢⱽ

6. Übersicht zum steuerfreien Arbeitgeber-Ersatz

2868

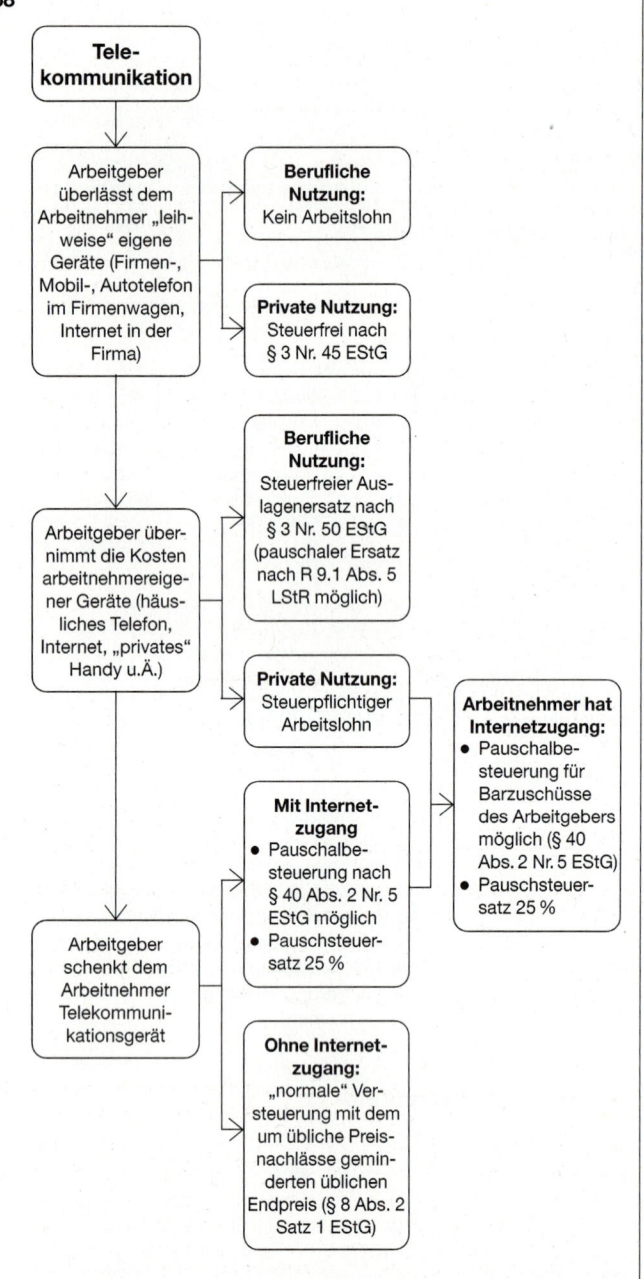

Telekommunikation

- Arbeitgeber überlässt dem Arbeitnehmer „leihweise" eigene Geräte (Firmen-, Mobil-, Autotelefon im Firmenwagen, Internet in der Firma)
  - **Berufliche Nutzung:** Kein Arbeitslohn
  - **Private Nutzung:** Steuerfrei nach § 3 Nr. 45 EStG

- Arbeitgeber übernimmt die Kosten arbeitnehmereigener Geräte (häusliches Telefon, Internet, „privates" Handy u.Ä.)
  - **Berufliche Nutzung:** Steuerfreier Auslagenersatz nach § 3 Nr. 50 EStG (pauschaler Ersatz nach R 9.1 Abs. 5 LStR möglich)
  - **Private Nutzung:** Steuerpflichtiger Arbeitslohn → **Arbeitnehmer hat Internetzugang:**
    - Pauschalbesteuerung für Barzuschüsse des Arbeitgebers möglich (§ 40 Abs. 2 Nr. 5 EStG)
    - Pauschsteuersatz 25 %

- Arbeitgeber schenkt dem Arbeitnehmer Telekommunikationsgerät
  - **Mit Internetzugang:**
    - Pauschalbesteuerung nach § 40 Abs. 2 Nr. 5 EStG möglich
    - Pauschsteuersatz 25 %
  - **Ohne Internetzugang:** „normale" Versteuerung mit dem um übliche Preisnachlässe geminderten üblichen Endpreis (§ 8 Abs. 2 Satz 1 EStG)

7. Sonstige steuerfreie Ersatzmöglichkeiten

2869 Geldwerte Vorteile aus der Nutzung von Telekommunikationseinrichtungen, die nicht nach § 3 Nr. 45 EStG steuerfrei sind, bleiben außer Ansatz, wenn sie mtl. – ggf. zusammen mit anderen Sachbezügen – die Freigrenze von monatlich 44 € nicht übersteigen (§ 8 Abs. 2 Satz 11 EStG). Die Freigrenze gilt nicht bei der Bewertung nach § 8 Abs. 3 EStG. Die **Freigrenze von 44 €** ist z.B. anwendbar, wenn der **Arbeitgeber dem Arbeitnehmer kostenlos Telefonkarten für private Gespräche zur Verfügung stellt**. Bei der Telefonkarte handelt es sich um eine Sachleistung i.S.d. § 8 Abs. 2 Satz 1 EStG. Gleiches gilt für die Aufladung des Guthabens bei einem Prepaid Handy des Arbeitnehmers durch den Arbeitgeber.

Wenn der Arbeitnehmer unterwegs (z.B. vom Hotel oder einer Telefonzelle aus) ein berufliches Gespräch führt (z.B. Verabredung mit Kunden), darf der Arbeitgeber auch diese Kosten als **Auslagenersatz** nach § 3 Nr. 50 EStG steuerfrei ersetzen, sofern sie **einzeln abgerechnet** werden (R 3.50 Abs. 1 Satz 1 Nr. 2 LStR).

Berufliche Gespräche anlässlich einer Auswärtstätigkeit darf der Arbeitgeber als **Reisenebenkosten** steuerfrei erstatten (R 9.8 Abs. 1 LStR).

Ⓛˢᵗ Ⓢⱽ

8. Werbungskostenabzug

a) Allgemeine Grundsätze

2870 Der Arbeitnehmer kann die beruflich veranlassten Kosten für Telekommunikationsgeräte, die in seinem Eigentum stehen, als Werbungskosten abziehen.

Als Werbungskosten abzugsfähig sind nicht nur die **laufenden beruflichen Kosten** für Telefon, Internet usw. („Gesprächsgebühren"), sondern auch die **anteiligen festen Kosten** für die entsprechenden **Anschlüsse (Telefonanschluss, Telefoneinrichtung)** sowie die anteiligen monatlichen **Grundgebühren**, z.B. für Telefon oder Internet, Kosten der Einrichtung eines ISDN- oder DSL-Anschlusses und für die Nutzung des Internets. Der berufliche Anteil der festen Kosten kann nach dem **Verhältnis der Zahl der beruflich zu den privat geführten Gespräche** ermittelt werden (R 9.1 Abs. 5 Satz 3 LStR). Abweichend hiervon sind u.E. auch die **ankommenden Gespräche** zu berücksichtigen (→ Rz. 2857). Der **berufliche Anteil der laufenden Kosten** kann regelmäßig den Telefon- und (beim Internet) Providerrechnungen entnommen werden, andernfalls muss ihn der Arbeitnehmer anhand **geeigneter Aufzeichnungen glaubhaft machen.**

Abzugsfähig ist ferner der beruflich veranlasste Anteil der **Absetzungen für Abnutzung** (AfA) des Telekommunikationsgeräts. Bemessungsgrundlage für die AfA sind die Aufwendungen für die Anschaffung, den Einbau (z.B. beim Autotelefon) und den Anschluss; als Nutzungsdauer ist ein Zeitraum von **fünf Jahren** zu Grunde zu legen (s. die „Amtliche AfA-Tabelle" lt. BMF v. 15.12.2000, IV D 2 – S 1551 – 188/00, BStBl I 2000, 1532). Dabei kann für die Aufteilung der AfA derselbe Aufteilungsmaßstab angewandt werden, der bei der Aufteilung der laufenden Telefongebühren zu Grunde gelegt wird (vgl. OFD Frankfurt v. 4.3.2003, S 2354 A – 39 – St II 30, www.stotax-first.de). Die AfA-Bemessungsgrundlage ist ggf. um die von den Telefongesellschaften gewährten Vergünstigungen (z.B. Einkaufsgutscheine) für den Abschluss eines Mobilfunkdienstleistungsvertrags zu vermindern (BMF v. 20.6.2005, IV B 2 – S 2134 – 17/05, BStBl I 2005, 801).

Betragen die Anschaffungskosten des Telekommunikationsgeräts ohne Umsatzsteuer **nicht mehr als 410 €** (mit 19 % Umsatzsteuer 487,90 €), kann der beruflich veranlasste Anteil an den Anschaffungskosten des Telekommunikationsgeräts in vollem Umfang im Jahr der Anschaffung (der Zeitpunkt der Bezahlung der Rechnung ist unerheblich!) als Werbungskosten abgesetzt werden.

Die frühere **Vereinfachungsregelung** der R 44 Satz 3 LStR a.F. (volle Jahres-AfA bei Anschaffung in der ersten Jahreshälfte, halbe Jahres-AfA bei Anschaffung in der zweiten Jahreshälfte) ist i.R.d. Haushaltsbegleitgesetzes 2004 v. 29.12.2003, BGBl. I 2003, 3076 ab 2004 für nach dem 31.12.2003 angeschaffte oder hergestellte Wirtschaftsgüter gestrichen worden; künftig ist die **AfA immer monatsweise** zu berechnen (§ 7 Abs. 1 Satz 4 i.V.m. § 52 Abs. 21 Satz 3 EStG).

Beispiel:
Handelsvertreter A hat 2016 folgende Aufwendungen, von denen 1/3 beruflich sind:

a) Telefon

– Anschaffung eines Handys (neuestes Modell) am 2.1.2016	600 €
– Anschlusskosten	30 €
– mtl. Grundgebühren 12 € × 12	144 €
– Telefongebühren lt. Einzelverbindungsnachweis	1 200 €

b) Internet

– Anschaffung eines externen Modems für den Anschluss des Computers an das Internet	120 €
– mtl. Kosten für Provider 10 € × 12	120 €
– Telefonkosten für Internet lt. Rechnung Telekom	510 €

A kann als Werbungskosten absetzen:

a) Telefon

– die beruflich veranlassten Gesprächsgebühren (1/3)	400 €
– 1/3 der Grundgebühr	48 €
– 1/3 der Anschlusskosten	10 €
– jährliche Absetzungen für Abnutzung für das Handy: Nutzungsdauer 5 Jahre, ergibt jährlich 120 €, davon 1/3 berufliche Nutzung	40 €
zusammen	498 €

Telekommunikation

b) Internet
- die beruflichen Telefonkosten (1/3) 170 €
- die anteiligen Providerkosten (1/3) 40 €
- die anteiligen Kosten des Modems (1/3) 40 €
zusammen 250 €

A kann insgesamt als Werbungskosten absetzen (498 € + 250 € =) 748 €.

Ein voller Werbungskostenabzug als **Arbeitsmittel** kommt regelmäßig auch bei einem **Handy** nicht in Betracht, weil diese erfahrungsgemäß in nicht unerheblichem Umfang privat genutzt werden.

Andererseits können bei der Anschaffung eines sog. **Luxushandys** nur die „angemessenen" Kosten berücksichtigt werden (FG Rheinland-Pfalz v. 14.7.2011, 6 K 2137/10, www.stotax-first.de: Bei einem Zahnarzt, der zur Sicherstellung der Erreichbarkeit während des Bereitschaftsdienstes an einigen Wochenenden im Jahr ein Mobiltelefon benötigt, sind die Anschaffungskosten für ein Luxushandy i.H.v. 5 200 € als unangemessen i.S.d. § 4 Abs. 5 Satz 1 Nr. 7 EStG anzusehen; als angemessene Betriebsausgaben anzusetzen sind die Aufwendungen für ein „normales" Handy i.H.v. 300 €).

Streitig ist in der Praxis jedoch häufig, ob bei Handys ein **höherer beruflicher Anteil geschätzt** werden kann als allgemein üblich. Die Rechtsprechung neigt wohl dazu, einen höheren Anteil anzuerkennen, weil Privatgespräche wegen der niedrigeren Kosten im Allgemeinen vom „normalen" Telefon geführt würden. Das FG Rheinland-Pfalz hat deshalb z.B. den **beruflichen Anteil auf 75 %** (statt z.B. 20 %) geschätzt (FG Rheinland-Pfalz v. 28.11.1997, 4 K 1694/96, www.stotax-first.de), das FG München bei einem Autotelefon sogar auf **90 %** (FG München v. 17.10.1994, 10 K 456/94, EFG 1995, 307). In Anbetracht der zunehmenden Verbreitung von Mobiltelefonen und der wiederholt gesenkten Gebühren dürfte diese Argumentation heute kaum noch gelten können, weil Handys inzwischen auch für die private Nutzung „erschwinglich" geworden sind. Um solche Streitigkeiten zu vermeiden, sollte der berufliche Anteil der Gespräche durch die Gebührenabrechnungen nachgewiesen werden.

b) Vereinfachungsregelung

2871 Zur Vereinfachung erlaubt R 9.1 Abs. 5 Satz 2 LStR in entsprechender Anwendung der Regelung in R 3.50 Abs. 2 Satz 2 LStR zum **steuerfreien Auslagenersatz** Folgendes:

„Weist der Arbeitnehmer den Anteil der beruflich veranlassten Aufwendungen an den Gesamtaufwendungen für einen **repräsentativen Zeitraum von drei Monaten** im Einzelnen nach, kann dieser berufliche Anteil für den gesamten Veranlagungszeitraum zu Grunde gelegt werden."

Beispiel:
Wie Beispiel vorher, A ermittelt den beruflichen Anteil seiner Telefonkosten aber nur für die **Monate Januar bis März**, die repräsentativ sind. Daraus ergibt sich ein beruflicher Anteil von 1/3.

Maßgebend für den **gesamten Veranlagungszeitraum** ist das Verhältnis der beruflichen zu den privaten Gesprächen, wie es sich aus den Rechnungen für die **Monate Januar bis März** ergibt. Das Finanzamt wird dies allenfalls für diese drei Monate prüfen, nicht aber mehr für die restlichen Monate April bis Dezember und 1/3 der Kosten als Werbungskosten anerkennen.

Gleichwohl muss A dem Finanzamt auch die Rechnungen für die Monate April bis Dezember als Nachweis für die Höhe der Kosten vorlegen. Für A tritt somit nur insoweit eine Vereinfachung ein, als sich die genaue Prüfung des beruflichen Anteils lediglich auf drei Monate beschränkt.

Der Nachteil dieser Regelung besteht somit darin, dass der **berufliche Anteil weiterhin genau ermittelt** werden muss, wenn auch nur für einen repräsentativen Dreimonatszeitraum (das können z.B. auch die Monate März bis Mai sein!), und ferner die **Telefonrechnungen dem Finanzamt vorgelegt** werden müssen.

c) Pauschalregelung

2872 Um diesen Nachteil zu vermeiden, sieht der neue R 9.1 Abs. 5 Satz 4 LStR zur weiteren Vereinfachung vor, dass

- bei Arbeitnehmern, bei denen erfahrungsgemäß beruflich veranlasste Telekommunikationsaufwendungen anfallen (z.B. bei Handelsvertretern, Kundendienstmonteuren, Geschäftsführern),

- ohne Einzelnachweis bis zu 20 % des Rechnungsbetrags, jedoch höchstens 20 € monatlich, als Werbungskosten anerkannt werden.

Beispiel:
Wie Beispiel vorher, A verzichtet jedoch auf die genaue Ermittlung seiner beruflichen Gesprächskosten und legt dem Finanzamt lediglich die Telefonrechnungen vor (das Verhältnis der beruflichen bzw. privaten Gespräche ist daraus nicht erkennbar).

A gehört zu einer Berufsgruppe, bei der erfahrungsgemäß beruflich veranlasste Telekommunikationsaufwendungen anfallen. A kann daher für den jeweiligen Monat **pauschal 20 % der Telefonrechnungen** als Werbungskosten absetzen, z.B.

Monat	Rechnungsbetrag	davon abzugsfähig 20 %, höchstens 20 €
Januar	110	20
Februar	100	20
März	90	18
April	80	16
Mai	120	20
Juni	130	20
Juli	105	20
August	100	20
September	95	19
Oktober	100	20
November	90	18
Dezember	100	20
bei der Einkommensteuer pauschal als Werbungskosten abzugsfähig	1 220	231

Es ist danach eine **„Monatsbetrachtung"** vorzunehmen, d.h. die Begrenzung auf höchstens 20 € in einzelnen Monaten kann **nicht** dadurch ausgeglichen werden, dass in anderen Monaten der Höchstbetrag nicht ausgeschöpft ist (geht man von der Jahressumme aus, wären 20 % von 1 220 € = 244 € pauschal abzugsfähig, höchstens jedoch 240 € im Jahr).

Sollte A meinen, der Umfang der beruflichen Nutzung sei höher als die hiernach anzusetzenden Pauschalbeträge, kann er jederzeit die **nachgewiesenen** beruflichen Kosten als Werbungskosten geltend machen.

Der Nachteil dieser Regelung besteht darin, dass der Arbeitnehmer dem Finanzamt alle **Telefonrechnungen vorlegen** muss.

Das **FG Nürnberg** hat die Schätzungsregelung anerkannt (Urteil v. 21.5.2015, 4 K 351/13, www.stotax-first.de, Nichtzulassungsbeschwerde eingelegt, Az. beim BFH: VI B 79/15).

d) „Durchschnittsregelung"

2873 Zur weiteren Vereinfachung kann der **monatliche Durchschnittsbetrag**, der sich aus den Rechnungsbeträgen für einen **repräsentativen Zeitraum von drei Monaten** ergibt, für den gesamten Veranlagungszeitraum fortgeführt werden (R 9.1 Abs. 5 Satz 5 LStR).

Beispiel:
Wie Beispiel vorher, der Durchschnittsbetrag der abzugsfähigen Werbungskosten aus den Rechnungen für Januar bis März (die Monate sind repräsentativ) beträgt 19 € (1/3 von 58 €).

A kann auf weitere Berechnungen des beruflichen Anteils und die Vorlage von Rechnungen verzichten und in seiner Einkommensteuererklärung 228 € (12 × 19 €) als Werbungskosten absetzen, wenn er nicht höhere Kosten nachweisen will.

e) Dauer der Anerkennung

2874 Anders als beim steuerfreien Auslagenersatz (R 3.50 Abs. 2 Satz 6 LStR), der – wenn die Höhe einmal festgestellt ist – für **mehrere Jahre** fortgeführt werden kann (bis sich die Verhältnisse wesentlich ändern), gilt die Regelung beim Werbungskostenabzug nur für den **jeweiligen Veranlagungszeitraum**.

f) Kürzung der Werbungskosten

2875 Die Werbungskosten sind zunächst um **steuerfreien Auslagenersatz** des Arbeitgebers zu kürzen (R 9.1 Abs. 5 Satz 6 LStR).

Abzusetzen sind darüber hinaus auch die **pauschal versteuerten Arbeitgeberleistungen**, z.B. Zuschüsse des Arbeitgebers zu den Internetkosten (R 40.2 Abs. 5 Satz 10 LStR).

Dabei sind **zu Gunsten des Arbeitnehmers zwei wichtige Verwaltungsregelungen** zu beachten:

Telekommunikation

- Die pauschal besteuerten Arbeitgeberzuschüsse zu den Internetkosten sind **zunächst auf den privat veranlassten Teil der Aufwendungen anzurechnen** (R 40.2 Abs. 5 Satz 11 LStR).

- **Bei Zuschüssen bis zu 50 € im Monat** wird aus Vereinfachungsgründen von einer **Anrechnung auf Werbungskosten völlig abgesehen** (R 40.2 Abs. 5 Satz 12 LStR).

> **Beispiel 1:**
> Arbeitgeber A schenkt seinem Arbeitnehmer B am 2. Januar einen Computer mit allem Zubehör für 2 000 € und beteiligt sich zusätzlich mit einem monatlichen Zuschuss von 60 € (im Jahr 720 €) an den Internetkosten. Er erhofft sich dadurch, dass sich seine Arbeitnehmer schneller an das neue Medium „Internet" gewöhnen und die dadurch gewonnenen Erfahrungen letztlich auch dem Betrieb zugute kommen. Die tatsächlichen Internetkosten betragen etwa 150 € im Monat (= 1 800 € im Jahr), davon sind laut Einzelverbindungsnachweis 50 % beruflich.
>
> Der Arbeitgeber kann nach § 40 Abs. 2 Satz 1 Nr. 5 EStG die Lohnsteuer pauschal mit 25 % von 2 720 € erheben (2 000 € Computer + 720 € Zuschuss zu den Internetkosten), das ergibt 680 € (hinzu kommen der Solidaritätszuschlag und ggf. Kirchensteuer). Für den Arbeitnehmer fällt keine weitere Lohnsteuer an.
>
> Die beruflich veranlassten Internetkosten von 900 € (50 % von 1 800 €) sind zwar Werbungskosten. A müsste aber grundsätzlich den pauschal versteuerten Anteil von 720 € abziehen (R 40.2 Abs. 5 Satz 10 LStR). Abzugsfähig blieben mithin nur noch 180 €.
>
> Nach der Regelung in R 40.2 Abs. 5 Satz 11 LStR sind aber zu Gunsten des Arbeitnehmers die pauschal besteuerten Zuschüsse (720 €) zunächst auf den privat veranlassten Teil der Aufwendungen (900 €) anzurechnen. Da der private Teil den Arbeitgeberzuschuss übersteigt, ist er nach dieser Anrechnung „aufgebraucht".
>
> Eine Kürzung von Werbungskosten entfällt somit. A kann 900 € Internetkosten als Werbungskosten absetzen.

> **Beispiel 2:**
> Wie Beispiel 1, der Arbeitgeberzuschuss beträgt jedoch nur 50 € im Monat.
>
> A kann ebenfalls 900 € Werbungskosten abziehen. Da der Arbeitgeberzuschuss die 50 €-Grenze nicht übersteigt, braucht von vornherein nicht weiter geprüft zu werden, ob eine Anrechnung dem Grunde nach vorgenommen werden könnte.

9. Nachweise

2876 Grundsätzlich müssen die beruflichen Telekommunikationskosten dem **Finanzamt nachgewiesen** oder zumindest glaubhaft gemacht werden. Wird der Nachweis nicht geführt, muss das Finanzamt den beruflich veranlassten Anteil der Telekommunikationskosten **schätzen** (zuletzt BFH v. 22.12.2000, IV B 4/00, www.stotax-first.de, m.w.N.). Eine „**griffweise Schätzung**" ist dabei nicht zulässig, auch wenn die Finanzämter dies (zumindest bei kleineren Beträgen) häufig anerkennen. Eine Schätzungsregelung, wie sie in den alten Telefonerlassen enthalten war (BMF v. 11.6.1990, IV B 6 – S 2336 – 4/90, BStBl I 1990, 290; BMF v. 14.11.1993, BStBl I 1993, 909), gibt es nach Aufhebung dieser Erlasse nicht mehr.

Bei der Schätzung kommt es für die Ermittlung des Umfangs der beruflichen Kosten in besonderem Maße auf die **Mitwirkung des Stpfl.** an. Seiner Mitwirkungspflicht kommt dieser am besten dadurch nach, dass er geeignete **Aufzeichnungen führt**, weil er auch insoweit – wie bei allen Werbungskosten – zur Beweisvorsorge verpflichtet ist. Hat das Finanzamt abweichend hiervon jahrelang z.B. 50 % der angefallenen Telekommunikationskosten anerkannt, ist es hieran nach dem Grundsatz der **Abschnittsbesteuerung** nicht gebunden (→ Abschnittsbesteuerung Rz. 21).

10. Umsatzsteuer

2877 Die private Nutzung von betrieblichen Telekommunikationsgeräten durch Arbeitnehmer ist i.d.R. **nicht umsatzsteuerpflichtig**.

Die bei der Einkommensteuer geltende Steuerbefreiung (§ 3 Nr. 45 EStG) zieht zwar keine Steuerbefreiung im Bereich der Umsatzsteuer nach sich, allerdings liegen bei kostenloser Nutzung regelmäßig nicht steuerbare Leistungen i.S.v. Abschn. 1.8 Abs. 4 UStAE vor, die überwiegend durch das betriebliche Interesse des Arbeitgebers veranlasst sind (OFD Hannover v. 11.6.2001, S 7109 – 4 – StO 355, www.stotax-first.de).

Auch der Ersatz der Kosten eines dienstlichen Telefonanschlusses und der laufenden Kosten durch den Arbeitgeber an den Arbeitnehmer ist als reine Geldzahlung umsatzsteuerlich irrelevant.

Territorialitätsprinzip

→ Ausstrahlung Rz. 480

Theaterkarten

→ Eintrittskarten Rz. 999

Thüringen-Stipendium

→ Arzt Rz. 328

Tod des Arbeitgebers

2878 Hat ein Arbeitgeber in seinem **Testament** bestimmt, dass Arbeitnehmer nach Maßgabe ihrer bisherigen und weiteren Zugehörigkeit zum Betrieb einen angemessenen jährlichen Betrag von dem Gewinn aus dem bisherigen und nunmehr auf die Erbin übergegangenen Anteil an dem Unternehmen erhalten sollen, so unterliegen die daraufhin geleisteten Zahlungen als **Arbeitslohn** der Einkommensteuer (Lohnsteuer) und **nicht der Erbschaftsteuer**, wenn sie mit Rücksicht auf das Dienstverhältnis gezahlt werden (FG Berlin v. 24.1.1984, V 165/83, EFG 1984, 406).

Erhält der Arbeitnehmer durch letztwillige Verfügung vom Arbeitgeber eine **Zuwendung**, so ist die Zuwendung i.d.R. kein Arbeitslohn, wenn allein die letztwillige Verfügung Rechtsgrundlage für die Zuwendung ist (BFH v. 15.5.1986, IV R 119/84, BStBl II 1986, 609).

Tod des Arbeitnehmers

1. Lohnsteuer

a) Allgemeines

2879 Arbeitslohn, der **nach dem Tod des Arbeitnehmers** gezahlt wird, darf grundsätzlich unabhängig vom Rechtsgrund der Zahlung **nicht mehr nach den Lohnsteuerabzugsmerkmalen des Verstorbenen versteuert** werden. Durch die Zahlung dieser Vergütung an die Erben oder Hinterbliebenen werden diese steuerlich zu Arbeitnehmern (§ 1 Abs. 1 Satz 2 LStDV; BFH v. 29.7.1960, VI 265/58 U, BStBl III 1960, 404). Sie haben dem Arbeitgeber zwecks Abrufs der elektronischen Lohnsteuerabzugsmerkmale die zugeteilte Identifikationsnummer sowie den Tag der Geburt mitzuteilen und zu erklären, ob es sich um das erste oder ein weiteres Dienstverhältnis handelt. Solange der Erbe dies dem Arbeitgeber nicht mitteilt, hat der Arbeitgeber die Versteuerung nach der Steuerklasse VI vorzunehmen (→ ELStAM Rz. 1041).

b) Lohnsteuerabzug

2880 Beim Lohnsteuerabzug hat der Arbeitgeber nach R 19.9 LStR **Folgendes zu beachten:**

- Beim Arbeitslohn, der noch **für die aktive Tätigkeit** des verstorbenen Arbeitnehmers gezahlt wird, ist, wie dies bei einer Zahlung an den Arbeitnehmer der Fall gewesen wäre, zwischen **laufendem Arbeitslohn**, z.B. Lohn für den Sterbemonat oder den Vormonat, und **sonstigen Bezügen**, z.B. Erfolgsbeteiligung, **zu unterscheiden**.

- Der **Arbeitslohn für den Sterbemonat** stellt, wenn er arbeitsrechtlich für den gesamten monatlichen Lohnzahlungszeitraum zu zahlen ist, **keinen Versorgungsbezug** i.S.d. § 19 Abs. 2 EStG dar.

- Besteht dagegen ein **Anspruch auf Lohnzahlung nur bis zum Todestag**, handelt es sich bei den darüber hinausgehenden Leistungen an die Hinterbliebenen um **Versorgungsbezüge**. Dies gilt entsprechend für den Fall, dass die arbeitsrechtlichen Vereinbarungen für den Sterbemonat lediglich die Zahlung von Hinterbliebenenbezügen vorsehen oder keine vertraglichen Abmachungen über die Arbeitslohnbemessung bei Beendigung des Dienstverhältnisses im Laufe des Lohnzahlungszeitraums bestehen. Auch in diesen Fällen stellt nur der Teil der Bezüge, der auf die Zeit nach dem Todestag entfällt, einen Versorgungsbezug dar. Zur Berechnung der Freibeträge für Versorgungsbezüge → *Versorgungsfreibeträge* Rz. 3056.

– Das **Sterbegeld** ist ein Versorgungsbezug und stellt grundsätzlich einen **sonstigen Bezug** dar. Dies gilt auch für den Fall, dass als Sterbegeld mehrere Monatsgehälter gezahlt werden, weil es sich hierbei dem Grunde nach nur um die ratenweise Zahlung eines Einmalbetrags handelt.

– Die **laufende Zahlung von Witwen- oder Hinterbliebenengeldern** i.S.d. § 19 Abs. 1 Satz 1 Nr. 2 EStG durch den Arbeitgeber ist demgegenüber regelmäßig als laufender Arbeitslohn (**Versorgungsbezug**) zu behandeln.

> **Beispiel 1:**
> Ein Arbeitnehmer hat nach dem Tarifvertrag Anspruch auf Arbeitslohn bis zum Todestag. Dieser wird den Hinterbliebenen ausgezahlt.
>
> Die Leistungen an die Hinterbliebenen sind keine Versorgungsbezüge.
>
> **Beispiel 2:**
> Ein Arbeitnehmer hat nach dem Tarifvertrag Anspruch auf Arbeitslohn für den vollen Kalendermonat. Dieser wird den Hinterbliebenen ausgezahlt.
>
> Die Leistungen an die Hinterbliebenen sind keine Versorgungsbezüge.
>
> **Beispiel 3:**
> Ein Arbeitnehmer hat nach dem Tarifvertrag Anspruch auf Arbeitslohn bis zum Todestag. Dieser wird den Hinterbliebenen ausgezahlt. Darüber hinaus zahlt der Arbeitgeber freiwillig auch den Arbeitslohn für den restlichen Monat an die Hinterbliebenen.
>
> Die Leistungen an die Hinterbliebenen sind Versorgungsbezüge, soweit sie auf die Zeit vom Todestag bis zum Ende des Kalendermonats entfallen. Die Leistungen bis zum Todestag sind keine Versorgungsbezüge.

Eine ermäßigte Besteuerung nach § 34 Abs. 1 EStG (Fünftelregelung) kommt auch dann zur Anwendung, wenn ein Versorgungsguthaben für eine mehrjährige nichtselbständige Tätigkeit in einer Summe an die Witwe des Arbeitnehmers ausgezahlt wird (FG München v. 25.3.2015, 1 K 2723/13, EFG 2015, 1200).

c) Vereinfachungsregelung

2881 Für **laufenden Arbeitslohn**, der **im Sterbemonat** oder für den Sterbemonat gezahlt wird, hat die **Finanzverwaltung** in R 19.9 Abs. 1 Satz 2 LStR folgende **Vereinfachungsregelung** zugelassen:

„Bei **laufendem Arbeitslohn**, der **im Sterbemonat** oder für den Sterbemonat gezahlt wird, kann der Steuerabzug **aus Vereinfachungsgründen** noch nach den **steuerlichen Merkmalen des Verstorbenen** vorgenommen werden; die Lohnsteuerbescheinigung ist jedoch auch in diesem Falle **für den Erben** auszustellen und zu übermitteln."

Wird von dieser Vereinfachungsregelung Gebrauch gemacht, sind die **Freibeträge für Versorgungsbezüge in keinem Fall zu berücksichtigen**, und zwar auch dann nicht, wenn es sich bei dem Arbeitslohn vom Todestag an um Versorgungsbezüge handelt.

> **Beispiel:**
> Ein verheirateter Arbeitnehmer in Hannover (Steuerklasse III/zwei Kinderfreibeträge) mit einem Monatslohn von 2 500 € verstirbt am 17.1.2016. Nach seinem Arbeitsvertrag besteht ein arbeitsvertraglicher Anspruch auf Zahlung des vollen Arbeitslohns im Sterbemonat. Darüber hinaus ist geregelt, dass den Hinterbliebenen ein **Sterbegeld von zwei vollen Monatsbezügen** zu zahlen ist. Der Arbeitgeber zahlt den Gesamtbetrag von 7 500 € am 10.2.2016 an die Witwe aus. Nach den Lohnsteuerabzugsmerkmalen der Witwe ist für Januar die Steuerklasse V und ab 1.2.2016 die Steuerklasse III/2 anzuwenden.
>
> Auf Grund der Vereinfachungsregelung kann der Arbeitgeber den Januar-Lohn noch nach den **steuerlichen Merkmalen des Verstorbenen** lohnversteuern, also nach der Steuerklasse III/2 (der Arbeitslohn für den Sterbemonat stellt keinen Versorgungsbezug dar, weil ein arbeitsrechtlicher Anspruch auf den Arbeitslohn besteht). Die Lohnsteuerbescheinigung mit dem Arbeitslohn und der einbehaltenen Lohnsteuer ist aber **in jedem Fall** für die Witwe auszustellen und zu übermitteln.
>
> Das Sterbegeld von 5 000 € ist ein sonstiger Bezug. Bei der Lohnversteuerung von sonstigen Bezügen ist die Steuerklasse maßgebend, die im Zeitpunkt der Auszahlung des sonstigen Bezugs gilt. Zu der Berechnung der Lohnsteuer bei sonstigen Bezügen → *Sonstige Bezüge* Rz. 2704. Bei der Berechnung des voraussichtlichen Jahresarbeitslohns ist dabei die Regelung in R 39b.6 Abs. 3 LStR anzuwenden. Das bedeutet, dass als voraussichtlicher Jahresarbeitslohn der für Januar 2016 bescheinigte Arbeitslohn anzunehmen ist, denn die Witwe hat vom Arbeitgeber ihres verstorbenen Ehemannes mit keinem Arbeitslohn zu rechnen. Zunächst sind aber die Freibeträge für Versorgungsbezüge von 1 624 € (22,4 % von 5 000 € = 1 120 € sowie 504 €) abzuziehen (die Zwölftelungsregelung ist beim Sterbegeld nicht anzuwenden, vgl. BMF v. 19.8.2013, IV C 3 – S 2221/12/10010 :004/IV C 5 – S 2345/08/0001, BStBl I 2013, 1087, Rdnr. 182 unter Berücksichtigung der Änderungen durch BMF v. 10.1.2014, IV C 3 – S 2221/12/10010 :003, BStBl I 2014, 70, BMF v. 10.4.2015, IV C 5 – S 2345/08/10001 :006, BStBl I 2015, 256 und BMF v. 1.6.2015, IV C 5 – S 2345/15/10001, BStBl I 2015, 475). Als sonstiger Bezug sind demnach nur 3 376 € zu versteuern.
>
> **Es ergibt sich folgende Lohnabrechnung:**
>
> - **Laufender Arbeitslohn**
>
> | | |
> |---|---:|
> | Laufender Arbeitslohn für Januar 2016 | 2 500,— € |
> | Lohnsteuer für den Monat (Steuerklasse III/2) | 99,50 € |
> | Solidaritätszuschlag (5,5 %) | 0,— € |
> | Kirchensteuer (9 %) | 0,— € |
>
> - **Sterbegeld**
>   Voraussichtlicher laufender Jahresarbeitslohn
>
> | | |
> |---|---:|
> | **ohne** Sterbegeld | 2 500 € |
> | + Sterbegeld (sonstiger Bezug) | 3 376 € |
> | = Voraussichtlicher laufender Jahresarbeitslohn **mit** Sterbegeld | 5 876 € |
> | Lohnsteuer für das Jahr vom voraussichtlichen laufenden Jahresarbeitslohn **mit** Sterbegeld (5 760 €) nach der Steuerklasse III/2 | 0,— € |
> | Lohnsteuer für das Jahr vom voraussichtlichen laufenden Jahresarbeitslohn **ohne** Sterbegeld (2 500 €) nach der Steuerklasse III/2 | 0,— € |
> | = Lohnsteuer auf den sonstigen Bezug | 0,— € |
>
> Da die Lohnsteuer auf den sonstigen Bezug 0 € beträgt, fallen auch kein Solidaritätszuschlag und keine Kirchensteuer an.

In der Sozialversicherung sind Zuwendungen des Arbeitgebers an Angehörige – im Gegensatz zur Lohnsteuer – kein beitragspflichtiges Arbeitsentgelt (→ Rz. 2885).

d) Mehrere Erben

Sind **mehrere Erben** oder Hinterbliebene anspruchsberechtigt **2882** und zahlt der Arbeitgeber den Arbeitslohn an **einen** Erben oder **einen** Hinterbliebenen aus, so ist der Lohnsteuerabzug vorbehaltlich der unter → Rz. 2881 beschriebenen Vereinfachungsregelung nur nach **dessen Lohnsteuerabzugsmerkmalen** durchzuführen. Die an die übrigen Anspruchsberechtigten **weitergegebenen Beträge** stellen im Kalenderjahr der Weitergabe **negative Einnahmen** dar. Handelt es sich dabei um Versorgungsbezüge i.S.d. § 19 Abs. 2 EStG, so ist für die Berechnung der negativen Einnahmen zunächst vom Bruttobetrag der an die anderen Anspruchsberechtigten weitergegebenen Beträge auszugehen; dieser Bruttobetrag ist sodann um den Unterschied zwischen den beim Lohnsteuerabzug berücksichtigten Freibeträgen für Versorgungsbezüge und den auf den verbleibenden Anteil des Zahlungsempfängers entfallenden Freibeträgen für Versorgungsbezüge zu kürzen (R 19.9 Abs. 2 LStR).

> **Beispiel:**
> Nach dem Tod des Arbeitnehmers ist an dessen Witwe und die drei Kinder ein Sterbegeld von 4 000 € zu zahlen. Der Arbeitgeber zahlt den Versorgungsbezug an die Witwe am Ende des Jahres 2016 aus. Dabei wurde die Lohnsteuer nach den Lohnsteuerabzugsmerkmalen der Witwe unter Berücksichtigung der Freibeträge für Versorgungsbezüge von 1 400 € (Versorgungsfreibetrag i.H.v. 22,4 % von 4 000 € = 896 € zzgl. Zuschlag zum Versorgungsfreibetrag i.H.v. 504 €) erhoben. Die Witwe gibt im Jahr 2017 jeweils 1 000 € an ihre Kinder weiter (insgesamt 3 000 €).
>
> Im Jahr 2016 ergeben sich bei der Witwe lohnsteuerpflichtige Versorgungsbezüge:
>
> | | |
> |---|---:|
> | Versorgungsbezüge | 4 000 € |
> | ./. Versorgungsfreibetrag | 896 € |
> | ./. Zuschlag zum Versorgungsfreibetrag | 504 € |
> | lohnsteuerpflichtige Versorgungsbezüge | 2 600 € |
>
> Durch die Weitergabe im Jahr 2017 verbleibt der Witwe ein Anteil an den Versorgungsbezügen von 1 000 €. Hierauf entfällt ein Versorgungsfreibe-

Tod des Arbeitnehmers

trag i.H.v. 224 € (22,4 % von 1 000 €) zzgl. eines Zuschlags zum Versorgungsfreibetrag von 504 €, also steuerpflichtige Versorgungsbezüge von 272 €. Daher sind bei der Witwe in 2017 negative Einnahmen i.H.v. 2 328 € (2 600 € ./. 272 €) anzusetzen.

Die Auseinandersetzungszahlungen sind bei den Empfängern, ggf. vermindert um die Freibeträge für Versorgungsbezüge (§ 19 Abs. 2 EStG), als Einkünfte aus nichtselbständiger Arbeit **im Rahmen einer Veranlagung** zur Einkommensteuer zu erfassen (§ 46 Abs. 2 Nr. 1 EStG).

e) Altersentlastungsbetrag

2883 Soweit es sich bei den Zahlungen an die Erben oder Hinterbliebenen **nicht um Versorgungsbezüge** handelt, ist zu prüfen, ob der **Altersentlastungsbetrag** (§ 24a EStG) zum Ansatz kommt. Dabei ist auf das Lebensalter des jeweiligen Zahlungsempfängers abzustellen. Zu der Berechnung des Altersentlastungsbetrags → *Altersentlastungsbetrag* Rz. 54. Auch hier gilt: Ist Arbeitslohn an Miterben auszuzahlen, so ist für die Berechnung der negativen Einnahmen zunächst vom **Bruttobetrag** der an die anderen Anspruchsberechtigten weitergegebenen Beträge auszugehen. Der Bruttobetrag ist sodann um den Unterschied zwischen dem beim Lohnsteuerabzug berücksichtigten Altersentlastungsbetrag und dem auf den verbleibenden Anteil des Zahlungsempfängers entfallenden Altersentlastungsbetrag zu kürzen (R 19.9 Abs. 3 Nr. 4 LStR).

f) Erben im Ausland

2884 Soweit Zahlungen an **im Ausland wohnhafte Erben** oder Hinterbliebene erfolgen, bei denen die **Voraussetzungen** für eine **unbeschränkte Einkommensteuerpflicht** nach § 1 Abs. 2 oder 3 EStG **nicht vorliegen**, ist beim Steuerabzug nach den für Lohnzahlungen an beschränkt einkommensteuerpflichtige Arbeitnehmer geltenden Vorschriften zu verfahren (→ *Steuerpflicht* Rz. 2765). Dabei ist jedoch zu beachten, dass das Besteuerungsrecht auf Grund eines Doppelbesteuerungsabkommens dem Wohnsitzstaat zustehen kann (→ *Doppelbesteuerungsabkommen: Allgemeines* Rz. 855).

2. Sozialversicherung

2885 Mit dem Tod des Arbeitnehmers **endet das Arbeitsverhältnis**, ohne dass es einer besonderen Kündigung oder Erklärung bedarf. Übernimmt ein **Erbe** mit Zustimmung des Arbeitgebers trotzdem die **Arbeit des Verstorbenen**, wird ein **neues Beschäftigungsverhältnis** begründet.

Die Mitgliedschaft in der Kranken- und Pflegeversicherung **endet mit dem Todestag**. Stand der Verstorbene in einem versicherungspflichtigen Beschäftigungsverhältnis, ist eine **Abmeldung mit dem Abgabegrund „49"** zu veranlassen (auch → *Meldungen für Arbeitnehmer in der Sozialversicherung* Rz. 1989).

Die oben dargestellten lohnsteuerlichen Regeln gelten nicht im Sozialversicherungsrecht. Das bis zum Todestag erzielte Arbeitsentgelt ist noch dem Beschäftigungsverhältnis des Verstorbenen zuzuordnen und entsprechend den für dieses Beschäftigungsverhältnis geltenden Beitragsfaktoren der Beitragspflicht zu unterwerfen.

Transfergesellschaften

→ *Beschäftigungsgesellschaften* Rz. 660

Trennungsgeld

→ *Doppelte Haushaltsführung: Allgemeines* Rz. 901, → *Reisekostenvergütungen aus öffentlichen Kassen* Rz. 2519

Treueprämien

→ *Arbeitslohn-ABC* Rz. 255

Trinkgelder

1. Allgemeines

Nach § 3 Nr. 51 EStG sind **Trinkgelder steuerfrei**, die anlässlich einer Arbeitsleistung dem Arbeitnehmer von Dritten **freiwillig und ohne dass ein Rechtsanspruch auf sie besteht**, zusätzlich zu dem Betrag gegeben werden, der für diese Arbeitsleistung zu zahlen ist. **2886**

Nach Auffassung des Gesetzgebers enthält diese Neufassung eine **klare Abgrenzung zwischen Arbeitsentgelt und Trinkgeld**, so dass reguläres Arbeitsentgelt nicht steuerlich vorteilhaft durch Trinkgeld ersetzt werden kann.

> **Beispiel:**
> Die Arbeitnehmer der Firma X, die an einen ausländischen Konzern verkauft wurde, erhalten von der Firma Y, einer Holdinggesellschaft, eine Anerkennungsprämie i.H.v. zwei zusätzlichen Monatsgehältern. Voraussetzung ist, dass die Arbeitnehmer am Tage des Verkaufs in einem ungekündigten Arbeitsverhältnis zur Firma X stand. Die Arbeitnehmer beantragen, die Anerkennungsprämie als Trinkgeld nach § 3 Nr. 51 EStG steuerfrei zu lassen.
>
> Die Anerkennungsprämie ist **nicht nach** § 3 Nr. 51 EStG **steuerfrei**. Voraussetzung für die Anerkennung als Trinkgeld ist, dass es sich um eine Zahlung handelt, die zusätzlich zu dem Betrag gegeben wird, den der Leistungsempfänger für diese Arbeitsleistung zu entrichten hat. Im Beispielsfall wurde zwar im wirtschaftlichen Ergebnis von einem Dritten etwas geleistet, jedoch **nicht für eine gegenüber diesem Dritten erbrachte Arbeitsleistung**, sondern für die während der Betriebszugehörigkeit zur Firma X geleistete Arbeit (BFH v. 3.5.2007, VI R 37/05, BStBl II 2007, 712).

Trinkgelder, die nach § 3 Nr. 51 EStG steuerfrei sind, sind auch **sozialversicherungsfrei** (§ 1 Abs. 1 Satz 1 Nr. 1 SvEV).

Bei der Prüfung, ob Trinkgelder steuerfrei sind, kann folgendes Schema verwendet werden:

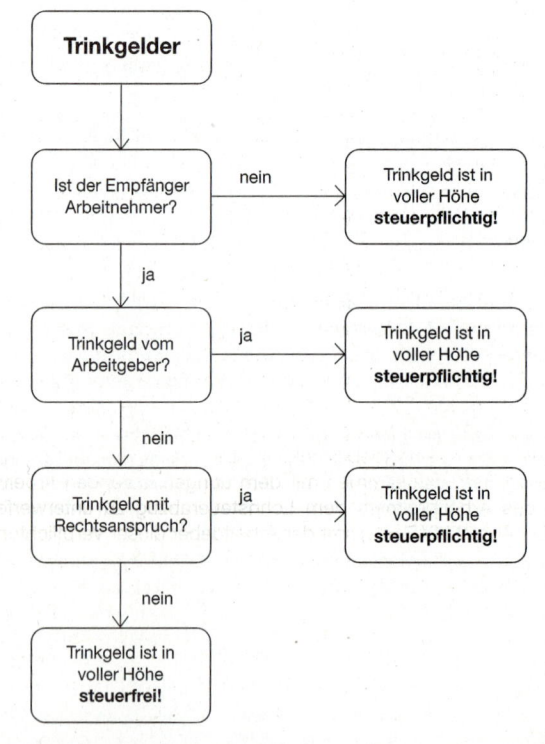

```
                    Trinkgelder
                         │
                         ▼
              Ist der Empfänger      ─ nein ─▶  Trinkgeld ist in voller Höhe
              Arbeitnehmer?                     steuerpflichtig!
                         │
                         ja
                         ▼
              Trinkgeld vom          ─ ja ───▶  Trinkgeld ist in voller Höhe
              Arbeitgeber?                      steuerpflichtig!
                         │
                        nein
                         ▼
              Trinkgeld mit          ─ ja ───▶  Trinkgeld ist in voller Höhe
              Rechtsanspruch?                   steuerpflichtig!
                         │
                        nein
                         ▼
              Trinkgeld ist in voller Höhe
              steuerfrei!
```

Die **unbegrenzte Steuerfreiheit von Trinkgeldern** begegnet **keinen verfassungsrechtlichen Bedenken** (BFH v. 18.12.2008, VI R 49/06, BStBl II 2009, 820; BFH v. 18.12.2008, VI R 8/06, www.stotax-first.de, die Verfassungsbeschwerde wurde nicht zur Entscheidung angenommen, BVerfG v. 13.10.2010, 2 BvR 1399/09 und 2 BvR 1493/09, StEd 2010, 722).

2. Arbeitnehmer

Die Steuerbefreiung des § 3 Nr. 51 EStG gilt nur für **Arbeitnehmer im steuerlichen Sinne**; auf Selbständige oder Gewerbetreibende ist sie hingegen nicht anwendbar. Zum Begriff des Arbeitnehmers → *Arbeitnehmer* Rz. 173. **2887**

⌐LSt⌐ = keine Lohnsteuerpflicht
⌐LSt⌐ = Lohnsteuerpflicht

Überbrückungsbeihilfen

Beispiel:
Taxifahrer A ist angestellt und erhält im Kalenderjahr 2016 Trinkgelder i.H.v. 3 000 €. Taxifahrer B erhält gleich hohe Trinkgelder, er ist aber selbständig.
Die Trinkgelder i.H.v. 3 000 € sind bei Taxifahrer A in voller Höhe steuerfrei. Taxifahrer B muss seine Trinkgelder in voller Höhe versteuern, weil er kein Arbeitnehmer ist.

Zu den begünstigten Arbeitnehmern gehören auch **geringfügig entlohnte Beschäftigte**, deren Arbeitslohn mit der einheitlichen Pauschsteuer von 2 % besteuert wird (§ 40a Abs. 2 EStG). Bei diesen haben steuerfreie Trinkgelder keinen Einfluss auf die Höhe der Pauschsteuer.

3. Zahlung von dritter Seite

2888 Voraussetzung für die Steuerbefreiung ist, dass die Trinkgelder von Dritten gezahlt werden. Als Dritter kommt **jede andere Person** in Betracht. Es muss sich dabei nicht um den Kunden handeln, der die Arbeitsleistung in Anspruch nimmt. Allerdings setzt der Begriff des Trinkgelds, der auch § 3 Nr. 51 EStG zu Grunde liegt, grundsätzlich ein Mindestmaß an persönlicher Beziehung zwischen Trinkgeldgeber und Trinkgeldnehmer voraus (zuletzt BFH v. 18.6.2015, VI R 37/14, HFR 2015, 1011 m.w.N.). Der Arbeitgeber selbst kann seinem Arbeitnehmer kein steuerfreies Trinkgeld zahlen.

Beispiel:
Bei der Entlassung aus dem Krankenhaus schenkt der Sohn einer Patientin der Krankenschwester 30 €.
Das Trinkgeld ist steuerfrei nach § 3 Nr. 51 EStG, weil es von einem Dritten gezahlt wird.

4. Rechtsanspruch

a) Trinkgelder mit Rechtsanspruch

2889 **Nur freiwillige Trinkgelder sind nach § 3 Nr. 51 EStG steuerfrei.** Soweit auf Trinkgelder ein **Rechtsanspruch** besteht, sind diese **in voller Höhe steuerpflichtig.**

Wenn der Arbeitgeber selbst Gelder tatsächlich und von Rechts wegen annehmen und einnehmen, verwalten und buchungstechnisch erfassen muss, sind dies keine dem Arbeitnehmer von Dritten gegebenen Trinkgelder i.S.d. § 3 Nr. 51 EStG (BFH v. 18.12.2008, VI R 49/06, BStBl II 2009, 820; BFH v. 18.12.2008, VI R 8/06, www.stotax-first.de, betr. Trinkgelder für Mitarbeiter, die im Automatenspiel einer Spielbank tätig sind).

Trinkgelder mit Rechtsanspruch, z.B. der Bedienungszuschlag von 10 oder 15 % im Gaststättengewerbe und die Metergelder im Möbeltransportgewerbe (BFH v. 9.3.1965, VI 109/62 U, BStBl III 1965, 426), **unterliegen dem Lohnsteuerabzug.** Ihre Höhe ist in einer arbeitsrechtlichen Anordnung oder in einer Vereinbarung zwischen dem Arbeitgeber und dem Trinkgeldgeber festgesetzt und daher dem Arbeitgeber bekannt. Der Arbeitgeber hat den ermittelten Betrag zusammen mit dem übrigen laufenden Arbeitslohn des Arbeitnehmers dem Lohnsteuerabzug zu unterwerfen (R 38.4 Abs. 2 LStR). Kommt der Arbeitgeber dieser Verpflichtung nicht nach, so haftet er für die nicht ordnungsgemäß einbehaltene Lohnsteuer.

⌐LSt⌐ ⌐SV⌐

Hinsichtlich der Bezüge, die dem spieltechnischen Personal von Spielbanken aus dem sog. **Tronc** gezahlt werden, → *Spielbank: Mitarbeiter* Rz. 2737.

b) Freiwillige Trinkgelder

2890 **Trinkgelder ohne Rechtsanspruch** sind dagegen als freiwillige Trinkgelder nach § 3 Nr. 51 EStG **steuerfrei.** Dabei kommt es nicht darauf an, ob das Trinkgeld in Form von Geld oder als Sachbezug dem Arbeitnehmer zugewendet wird.

Beispiel:
Zu Weihnachten erhält ein Postbote von einem Kunden eine Theaterkarte im Wert von 60 €.
Die Theaterkarte ist als freiwilliges Trinkgeld steuerfrei nach § 3 Nr. 51 EStG.

⌐LSt⌐ ⌐SV⌐

5. Trinkgeld für eine Arbeitsleistung

2891 Das Trinkgeld muss dem Arbeitnehmer vom Dritten zusätzlich zu dem Betrag gegeben werden, der **für diese Arbeitsleistung** zu zahlen ist. Arbeitsleistung ist dabei **jedes Handeln des Arbeitnehmers**; eine spezielle Dienstleistung für den Dritten ist nicht erforderlich. **Nicht erforderlich** ist auch, dass die Arbeitsleistung **für den Dritten entgeltlich** ist. Auch bei kostenlosen Leistungen, z.B. die Zustellung eines Pakets, kommt die Steuerfreiheit nach § 3 Nr. 51 EStG in Betracht.

Steuerfrei sind daher neben den „klassischen" Trinkgeldern im Gaststättengewerbe, Friseurhandwerk und Taxigewerbe z.B. auch Trinkgelder an:

– **Arbeitnehmer des Handels**, z.B. Verkaufsfahrer oder Verkaufspersonal,
– **Krankenhauspflegepersonal** von Angehörigen der Patienten,
– **Postboten** sowie
– **Pannenhelfer** von Mitgliedern eines Automobilvereins.

⌐LSt⌐ ⌐SV⌐

6. Rechtsprechung

2892 **Die Finanzgerichte** haben in folgenden Fällen die **Annahme eines steuerfreien Trinkgelds** i.S.v. § 3 Nr. 51 EStG **bejaht**:

– **freiwillige Zahlungen von Spielbankkunden** an die Saalassistenten einer Spielbank **für das Servieren von Speisen und Getränken**; die Steuerfreiheit entfällt nicht dadurch, dass der Arbeitgeber als eine Art Treuhänder bei der Aufbewahrung und Verteilung der Gelder eingeschaltet ist (BFH v. 18.6.2015, VI R 37/14, HFR 2015, 1011).

⌐LSt⌐ ⌐SV⌐

Die Finanzgerichte haben in folgenden Fällen die **Annahme eines steuerfreien Trinkgelds** i.S.v. § 3 Nr. 51 EStG **verneint**:

– **Zahlungen aus dem Spielbanktronc** an die Arbeitnehmer der Spielbank (BFH v. 18.12.2008, VI R 49/06, BStBl II 2009, 820; BFH v. 18.12.2008, VI R 8/06, www.stotax-first.de), → *Spielbank: Mitarbeiter* Rz. 2737,
– **Zahlungen aus einem Pool** an einen im Krankenhaus angestellten Oberarzt (FG Baden-Württemberg v. 3.2.2009, 6 K 2319/07, EFG 2009, 1286), → *Arzt* Rz. 331,
– **Zahlungen eines Klinikdirektors** an eine Krankenhaus-Angestellte, die ihn bei der Durchführung von Vortragsveranstaltungen organisatorisch unterstützt hat (FG Hamburg v. 30.3.2009, 6 K 45/08, EFG 2009, 1367),
– **Zuwendungen von Gästen eines Striptease-Lokals** bzw. Tabledance-Clubs an die Tänzerinnen und Tänzer in Form von „Spielgeld", wenn die Gäste das „Spielgeld" vorher zu einem bestimmten Kurs erwerben müssen und die Tänzerinnen und Tänzer dieses nur beim Arbeitgeber in Geld zu einem schlechteren Kurs eintauschen können (FG Hamburg v. 30.3.2010, 6 K 87/09, www.stotax-first.de; FG Hamburg v. 20.4.2010, 3 K 58/09, EFG 2010, 1300),
– freiwillige **Zahlungen des vertretenen Notars** an einen bei der Landesnotarkammer angestellten **Notarassessor** (BFH v. 10.3.2015, VI R 6/14, HFR 2015, 718).

⌐LSt⌐ ⌐SV⌐

7. Arbeitgeberpflichten

2893 Nach § 4 Abs. 1 Nr. 4 LStDV sind steuerfreie Bezüge im Lohnkonto des Arbeitnehmers aufzuzeichnen. Dies gilt aber nicht für Vorteile i.S.d. § 3 Nr. 45 EStG (Privatnutzung betrieblicher Datenverarbeitungs- und Telekommunikationsgeräte) und der Trinkgelder.

Steuerfreie Trinkgelder sind deshalb **nicht im Lohnkonto** des Arbeitnehmers **aufzuzeichnen.**

Tronc

→ *Spielbank: Mitarbeiter* Rz. 2737

Überbrückungsbeihilfen

2894 Überbrückungsbeihilfen und andere Beihilfen (z.B. Erholungsbeihilfen), die ein Arbeitgeber seinen Arbeitnehmern zahlt, gehören

Überbrückungsbeihilfen

– soweit sie nicht ausnahmsweise als Unterstützungen steuerfrei belassen werden können – grundsätzlich zum steuerpflichtigen **Arbeitslohn** (→ *Unterstützungen* Rz. 2958). Das gilt regelmäßig auch dann, wenn die Beihilfen von einem **Dritten** gewährt werden und eine ausreichende Beziehung zwischen dem Dritten und dem Arbeitgeber es rechtfertigt, die Zahlung des Dritten als Arbeitslohn zu behandeln, vgl. H 3.11 (Beihilfen von einem Dritten) LStH sowie R 38.4 Abs. 1 LStR.

Überbrückungsbeihilfen, die vom Arbeitgeber im Zusammenhang mit einer **Entlassung aus dem Dienstverhältnis** gezahlt wird, können nur nach § 34 Abs. 1 EStG tarifermäßigt besteuert werden, wenn sie zusammengeballt, d.h. innerhalb eines Veranlagungszeitraums, gezahlt werden (vgl. FG Düsseldorf v. 25.10.2010, 11 K 2909/09 E, EFG 2011, 976).

Ein vom Arbeitgeber nach dem Rationalisierungsschutzabkommen gezahltes Überbrückungsgeld gehört zum steuerpflichtigen Arbeitslohn (BMF v. 28.6.1991, IV B 6 – S 2342 – 39/91, www.stotax-first.de).

Von den vom Arbeitgeber gezahlten Überbrückungsbeihilfen bzw. -geldern abzugrenzen ist das **Überbrückungsgeld** gemäß § 57 SGB III. Dieses wird von der Bundesagentur für Arbeit an einen Arbeitslosen bei Aufnahme einer selbständigen Tätigkeit gezahlt. Es ist nach § 3 Nr. 2 EStG steuerfrei, auch → *Übergangsgelder/Übergangsbeihilfen* Rz. 2896.

Zahlt die Agentur für Arbeit nach der Beendigung des Arbeitsverhältnisses zunächst Arbeitslosengeld, obwohl gegenüber dem ehemaligen Arbeitgeber ein Anspruch auf Überbrückungsgeld besteht, und zahlt der Arbeitgeber das Überbrückungsgeld gemäß § 115 SGB X auf Grund des sozialrechtlichen Forderungsübergangs in einem späteren Veranlagungszeitraum direkt an die Agentur für Arbeit, ist die Zahlung an den Sozialleistungsträger als abgekürzter Zahlungsweg anzusehen mit der Folge, dass in Höhe des Überbrückungsgelds Arbeitslohn und eine – zu einem negativen Progressionsvorbehalt führende – Rückzahlung von Arbeitslosengeld anzunehmen ist (FG Brandenburg v. 23.2.2005, 4 K 401/02, EFG 2005, 1056).

Übergangsbeihilfen im Bau- und Gerüstbaugewerbe

→ *Lohnausgleichskasse* Rz. 1779

Übergangsgelder/Übergangsbeihilfen

1. Allgemeines

2895 Übergangsgelder und -beihilfen werden wie **Überbrückungsbeihilfen vom Arbeitgeber** ebenfalls regelmäßig im Zusammenhang mit der (vorzeitigen) Auflösung eines Dienstverhältnisses gezahlt. Rechtsgrundlage können gesetzliche Vorschriften, aber z.B. auch Tarifverträge sein (vgl. § 62 BAT). Die steuerliche Behandlung richtet sich danach, wofür die Überbrückungsbeihilfe gezahlt wird und ob es dafür ggf. eine besondere Steuerbefreiungsvorschrift gibt.

Übergangsgelder und -beihilfen, die **aus Anlass einer Entlassung aus dem Dienstverhältnis** gezahlt werden, sind **in voller Höhe steuerpflichtig**; die Steuerbefreiung des § 3 Nr. 9 EStG a.F. ist spätestens zum 1.1.2008 weggefallen. Die Beträge können aber im Regelfall nach § 34 EStG **tarifermäßigt besteuert** werden, sog. Fünftelregelung (→ *Arbeitslohn für mehrere Jahre* Rz. 257, → *Entschädigungen* Rz. 1134).

2. Steuerbefreiung nach § 3 Nr. 1, 2 und 6 EStG

2896 Leistungen, die nach den Vorschriften des **Dritten Buches Sozialgesetzbuch** oder dem Arbeitsförderungsgesetz vom Arbeitsamt oder nach dem **Sechsten Buch Sozialgesetzbuch** vom Rentenversicherungsträger gezahlt werden, bleiben schon nach § 3 Nr. 1 Buchst. c sowie Nr. 2 EStG in voller Höhe steuerfrei, unterliegen jedoch bei der Einkommensteuer-Veranlagung dem Progressionsvorbehalt (§ 32b Abs. 1 Nr. 1 Buchst. a und b EStG; → *Progressionsvorbehalt* Rz. 2331). Steuerfrei sind auch das **Übergangsgeld** und der **Gründungszuschuss**, das behinderten oder von Behinderung bedrohten Menschen nach den §§ 45 bis 52 SGB IX bzw. § 33 Abs. 3 Nr. 5 SGB IX gewährt wird, weil es sich um Leistungen i.S.d. SGB III, SGB VI oder des Bundesversorgungsgesetzes handelt, nicht jedoch das – nach Bewilligung einer Umschulungsmaßnahme durch eine deutsche Agentur für Arbeit – von der schweizerischen Invalidenversicherung gezahlte „Taggeld" (BFH v. 7.2.2005, IX B 239/02, www.stotax-first.de).

Das **Überbrückungsgeld nach dem SGB III** unterliegt seit 1.1.2003 nicht (mehr) dem Progressionsvorbehalt (→ *Progressionsvorbehalt* Rz. 2331); etliche Bewilligungsbescheide der Agenturen für Arbeit sind insoweit fehlerhaft. Die obersten Finanzbehörden haben entschieden, dass bestandskräftig gewordene Steuerfestsetzungen, die auf fehlerhaften Bewilligungsbescheiden beruhen, **aus Billigkeitsgründen nach § 227 AO nachträglich geändert** werden können (OFD Münster v. 20.2.2007, aktualisierte Kurzinformation ESt Nr. 29/2005, NWB 2007 Fach 1, 92).

Steuerfrei sind nach § 3 Nr. 6 EStG auch Übergangsgelder, die nach dem **Bundesversorgungsgesetz** gezahlt werden; auch auf diese Leistungen ist der Progressionsvorbehalt anzuwenden (§ 32b Abs. 1 Nr. 1 Buchst. f EStG).

3. Steuerbefreiung nach § 3 Nr. 10 EStG a.F.

2897 Übergangsgelder und Übergangsbeihilfen, die **auf Grund gesetzlicher Vorschriften** wegen Entlassung aus einem Dienstverhältnis gezahlt werden, waren bis höchstens 10 800 € im Jahr steuerfrei. Die Steuerbefreiung ist jedoch grundsätzlich ab 2006 aufgehoben worden.

Die verbleibenden steuerpflichtigen Beträge können im Regelfall nach § 34 EStG **tarifermäßigt besteuert** werden, sog. Fünftelregelung (→ *Arbeitslohn für mehrere Jahre* Rz. 257, → *Entschädigungen* Rz. 1134).

4. Steuerpflichtige Übergangsgelder

2898 Liegen die Voraussetzungen für eine Steuerbefreiung nach den o.g. Vorschriften von vornherein nicht vor, ist das Übergangsgeld **steuerpflichtiger Arbeitslohn**. Es kann jedoch – sofern die Voraussetzungen der jeweiligen Vorschriften vorliegen – ermäßigt versteuert werden. Eine einheitliche Behandlung „aller Übergangsgelder" ist dabei nicht möglich, maßgebend ist vielmehr die **jeweilige Funktion des einzelnen Übergangsgelds** (BFH v. 18.9.1991, XI R 8/90, BStBl II 1992, 34):

– Wird es als **Ersatz für entgangene oder entgehende Einnahmen** oder für die **Aufgabe oder Nichtausübung einer Tätigkeit** gezahlt, kann die Tarifermäßigung (**sog. Fünftelregelung**) nach § 34 Abs. 1 und 2 EStG in Betracht kommen (→ *Entschädigungen* Rz. 1134).

– Wird es mit **Rücksicht auf die in der Vergangenheit geleisteten Dienste** als zusätzliches Entgelt gezahlt, handelt es sich um Arbeitslohn für mehrere Jahre (→ *Arbeitslohn für mehrere Jahre* Rz. 257), der ebenfalls nach § 34 Abs. 1 und 2 EStG tarifermäßigt besteuert werden kann (sog. **Fünftelregelung**).

– Wird es wegen Erreichens einer **Altersgrenze** oder wegen **Berufsunfähigkeit oder Erwerbsunfähigkeit** gezahlt, kann es unter den Voraussetzungen des § 19 Abs. 2 EStG als **Versorgungsbezüge** angesehen und der Versorgungsfreibetrag abgezogen werden (→ *Versorgungsbezüge* Rz. 3050; → *Versorgungsfreibeträge* Rz. 3056). Beim Übergangsgeld nach § 47 BeamtVG sind diese Voraussetzungen nach Auffassung der obersten Finanzbehörden nicht erfüllt.

Überlassung von Arbeitnehmern

→ *Arbeitnehmerüberlassung* Rz. 191

Übernachtungsgelder

→ *Reisekosten: Allgemeine Grundsätze* Rz. 2409

Übernahme der Lohnsteuer und der Arbeitnehmerbeitragsanteile

→ *Nettolöhne* Rz. 2126

Überstundenvergütung

→ *Bereitschaftsdienst* Rz. 638, → *Zuschläge* Rz. 3364

Übertragung des Grundfreibetrags

1. Allgemeines

2899 Viele Arbeitnehmer haben mehrere Arbeitsverhältnisse mit jeweils geringen Arbeitslöhnen, so insbesondere beim Bezug von **Betriebsrenten**. Dabei wird der Eingangsbetrag der Steuertabelle insbesondere wegen der Höhe des **Grundfreibetrags** (ab dem Jahr 2016 **8 652 €**) im ersten Dienstverhältnis oftmals **nicht ausgeschöpft**. Dagegen unterliegt der Arbeitslohn aus dem zweiten Dienstverhältnis mit der Lohnsteuerklasse VI voll dem Lohnsteuerabzug, weil in dieser Steuerklasse keine Freibeträge berücksichtigt sind (→ *Steuertarif* Rz. 2809). Der Lohnsteuerabzug nach der Steuerklasse VI ist in diesen Fällen auch dann vorzunehmen, wenn das zu versteuernde Einkommen unterhalb des steuerlichen Grundfreibetrags liegt und deshalb die einbehaltene Lohnsteuer nach Ablauf des Kalenderjahrs im Rahmen einer Einkommensteuerveranlagung zu erstatten ist. Der Arbeitgeber darf auch in solchen Fällen nicht von der Vornahme des Lohnsteuerabzugs absehen (vgl. R 38.1 Satz 3 LStR).

Für die betroffenen Arbeitnehmer war dies nachteilig: Sie mussten nicht nur lange auf ihre Steuererstattung warten, sondern auch jedes Jahr zwecks Erstattung eine Einkommensteuerveranlagung beantragen.

2. Übertragung des nicht ausgeschöpften Tabellenfreibetrags

2900 Um derartige Härten zu vermeiden, kann der Arbeitnehmer **für ein zweites oder weiteres Dienstverhältnis** den Teil des Eingangsbetrags der Jahreslohnsteuertabelle als **Freibetrag** (Lohnsteuerabzugsmerkmal) berücksichtigen lassen, der sich beim Lohnsteuerabzug für den Arbeitslohn aus dem ersten Dienstverhältnis steuerlich nicht auswirkt (§ 39a Abs. 1 Nr. 7 Satz 1 EStG). Dabei wird keine Begrenzung auf bestimmte Personengruppen (z.B. geringfügig Beschäftigte, Arbeitnehmer mit geringem Arbeitslohn aus mehreren Dienstverhältnissen, Betriebsrentner mit Versorgungsbezügen aus mehreren früheren Dienstverhältnissen) vorgenommen, weil sich die sachliche und persönliche Begrenzung der Neuregelung aus der Anknüpfung an den Arbeitslohn aus dem ersten Dienstverhältnis ergibt.

Voraussetzung für die Übertragung ist, dass der Jahresarbeitslohn aus dem ersten Dienstverhältnis unterhalb der dafür maßgebenden Eingangsstufe der Jahreslohnsteuertabelle liegt, bis zu der keine Lohnsteuer zu erheben ist. Maßgebend ist die Steuerklasse des ersten Dienstverhältnisses, meist der Steuerklasse I, II, III oder IV (Steuerklasse V wird wegen der niedrigen Eingangsstufe in der Praxis wegfallen).

Als Ausgleich ist in Höhe des Freibetrags **beim ersten Dienstverhältnis** ein dem **Arbeitslohn hinzuzurechnender Betrag ("Hinzurechnungsbetrag")** zu berücksichtigen (§ 39a Abs. 1 Nr. 7 Satz 2 EStG sowie R 39a.1 Abs. 7 LStR).

Beispiel:
A, verheiratet, ist halbtags als Verkäufer mit einem Bruttolohn von 1 250 € tätig, nach seinen Lohnsteuerabzugsmerkmalen ist die Steuerklasse III zu berücksichtigen. Nebenher bezieht er noch eine Betriebsrente von monatlich 250 €, hierfür ist die Steuerklasse VI zu berücksichtigen.
Der Lohnsteuerabzug wird im „Normalfall" wie folgt vorgenommen:

	Steuerklasse III	Steuerklasse VI
Bruttolohn monatlich	1 250,— €	250,— €
Lohnsteuer monatlich	0,— €	28,66 €
Eingangsfreibetrag	1 865,08 €	
Steuerlich nicht ausgenutzter Differenzbetrag		615,08 €

Stellt A beim Finanzamt den Antrag, beim zweiten Dienstverhältnis (Steuerklasse VI) einen Freibetrag von 250 € einzutragen, wird ihm die Betriebsrente ohne Lohnsteuerabzug voll ausgezahlt. Bei seinem ersten Dienstverhältnis ist zwar ein entsprechender Hinzurechnungsbetrag zu berücksichtigen. Aber auch unter Berücksichtigung dieses Hinzurechnungsbetrags werden die Tabellenfreibeträge der Steuerklasse III nicht überschritten, so dass weiterhin kein Lohnsteuerabzug vorzunehmen ist.
Der Lohnsteuerabzug wird nach Übertragung des Tabellenfreibetrags wie folgt vorgenommen:

	Steuerklasse III	Steuerklasse VI
Bruttolohn monatlich	1 250,— €	250,— €
Hinzurechnungsbetrag/Freibetrag	+ 250,— €	− 250,— €
= lohnsteuerliche Bemessungsgrundlage	1 500,— €	0,— €
Lohnsteuer monatlich	0,— €	0,— €

Soll beim ersten Dienstverhältnis auch ein **Freibetrag wegen erhöhter Werbungskosten** usw. berücksichtigt werden, so ist nur der diesen Freibetrag übersteigende Betrag als Hinzurechnungsbetrag als Lohnsteuerabzugsmerkmal zu berücksichtigen. Ist der Freibetrag höher als der Hinzurechnungsbetrag, so ist nur der den Hinzurechnungsbetrag übersteigende Freibetrag zu berücksichtigen (§ 39a Abs. 1 Nr. 7 Satz 3 EStG).

3. Verfahrensvorschriften

2901 Es gelten dieselben Grundsätze wie für „normale Freibeträge", d.h. dass der Arbeitnehmer einen entsprechenden Freibetrag für das zweite Dienstverhältnis im Rahmen eines Lohnsteuerermäßigungsantrags für das jeweilige Jahr **bis spätestens 30. November** des Jahres beantragen muss. Zuständig für die Eintragung ist das **Finanzamt**.

Der Arbeitgeber muss den Hinzurechnungsbetrag im **Lohnkonto** eintragen (§ 4 Abs. 1 Nr. 2 LStDV). Soweit Lohnkonten ein gesondertes Eintragungsfeld für den Hinzurechnungsbetrag nicht vorsehen, kann dieser im vorhandenen Eintragungsfeld für einen Freibetrag eingetragen werden. Er ist dann vom Freibetrag in deutlicher Weise abzugrenzen, z.B. durch ein „+" oder eine Abkürzung „H" (= Hinzurechnungsbetrag).

Ist ein Hinzurechnungsbetrag als Lohnsteuerabzugsmerkmal berücksichtigt worden, darf der **Arbeitgeber keinen Lohnsteuer-Jahresausgleich** durchführen (§ 42b Abs. 1 Satz 4 Nr. 3a EStG). Hierdurch soll vermieden werden, dass es bei einer etwaigen Veranlagung zur Einkommensteuer zu Nachforderungen kommt. Wenn keine Lohnsteuer einbehalten wird, muss der Arbeitnehmer zwar grundsätzlich **nicht zur Einkommensteuer veranlagt** werden. Bestehen bleibt aber die Pflichtveranlagung für Arbeitnehmer, die nebeneinander von mehreren Arbeitgebern Arbeitslohn (§ 46 Abs. 2 Nr. 2 EStG) oder die noch andere Einkünfte von mehr als 410 € bezogen haben, die nicht dem Lohnsteuerabzug zu unterwerfen waren, z.B. Renten oder Vermietungseinkünfte (§ 46 Abs. 2 Nr. 1 EStG).

Übungsleiter

→ *Aufwandsentschädigungen für bestimmte nebenberufliche Tätigkeiten* Rz. 360

Umlage (U1/U2)

→ *Lohnfortzahlung: Erstattungsverfahren für Arbeitgeber* Rz. 1785

Umsatzbeteiligung

→ *Provisionen* Rz. 2340, → *Tantiemen* Rz. 2834

Umsatzsteuer

2902 Neben lohnsteuerlichen und sozialversicherungsrechtlichen Folgen können sich aus Leistungen eines Arbeitgebers an seine Arbeitnehmer, deren Angehörige und ehemalige Arbeitnehmer u.U. umsatzsteuerliche Konsequenzen ergeben, sofern der Arbeitgeber als Unternehmer i.S.d. § 2 UStG anzusehen ist.

Folgende **umsatzsteuerlich relevante Fallgruppen** sind dabei zu unterscheiden:

Umsatzsteuer

- Leistungen des Arbeitgebers gegen ein **besonders berechnetes Entgelt** unterliegen grundsätzlich der Umsatzsteuer (§ 1 Abs. 1 Nr. 1 Satz 1 UStG). Sie sind damit **umsatzsteuerbar** und nur in gesetzlich vorgeschriebenen Fällen von der Umsatzsteuer befreit (z.B. Gewährung eines verzinslichen Kredits, § 4 Nr. 8 Buchst. a UStG). Dies gilt auch für Leistungen, die der Arbeitgeber verbilligt ausführt (Abschn. 1.8 Abs. 1 UStAE).

- Bei Leistungen des Arbeitgebers, für die die Arbeitnehmer oder deren Angehörige kein besonders berechnetes Entgelt aufgewendet haben, ist wiederum zu unterscheiden:
  - Wird die Leistung **auf Grund des Dienstverhältnisses** ausgeführt, ist sie umsatzsteuerbar (§ 3 UStG). Die Steuerbarkeit entfällt jedoch, wenn es sich hierbei um eine **Aufmerksamkeit** handelt.
  - Ist die Leistung **überwiegend durch das betriebliche Interesse** des Arbeitgebers veranlasst, unterliegt sie nicht der Umsatzsteuer. Dergleichen liegt vor, wenn betrieblich veranlasste Maßnahmen zwar auch die Befriedigung eines privaten Bedarfs der Arbeitnehmer zur Folge haben, diese Folge aber durch die mit den Maßnahmen angestrebten betrieblichen Zwecke überlagert wird.

Die Unterscheidung zwischen den vorstehenden Fallgruppen hat insbesondere **Auswirkungen auf die umsatzsteuerliche Bemessungsgrundlage** (→ *Sachbezüge* Rz. 2606; → *Vorsteuerabzug* Rz. 3112).

Umschulung

→ *Fortbildung* Rz. 1296

Umzugskosten

Inhaltsübersicht: Rz.
1. Allgemeines — 2904
2. Berufliche Veranlassung — 2905
   a) Allgemeine Grundsätze — 2905
   b) Weitere Abgrenzung gegenüber privaten Umzügen — 2910
   c) Umzugskosten in sog. Wegverlegungsfällen — 2911
   d) Rückumzugskosten — 2912
   e) Vergebliche Umzugskosten — 2913
3. Erstattungsfähige Kosten — 2914
   a) Allgemeines — 2914
   b) Beförderungsauslagen (§ 6 BUKG) — 2915
   c) Reisekosten (§ 7 BUKG) — 2916
   d) Mietentschädigung (§ 8 BUKG) — 2917
   e) Andere Auslagen (§ 9 BUKG) — 2918
   f) Pauschvergütung für sonstige Umzugsauslagen (§ 10 BUKG) — 2920
   g) Einzelnachweis der sonstigen Umzugsauslagen — 2921
4. Besonderheiten bei Auslandsumzügen — 2922
   a) Allgemeine Voraussetzungen — 2922
   b) Einzelheiten zur Auslandsumzugskostenverordnung — 2923
5. Umzug von Arbeitnehmern, die vom Ausland zu einem inländischen Arbeitgeber abgeordnet/versetzt werden — 2928
6. Vorsteuerabzug bei Umzugskosten — 2929

2903 → auch *Werbungskosten* Rz. 3182

1. Allgemeines

2904 Die Erstattung von Umzugskosten durch den Arbeitgeber ist **steuerfrei**

- im **öffentlichen Dienst** nach § 3 Nr. 13 EStG, soweit die umzugskostenrechtlichen Vorschriften eingehalten werden (R 3.13 Abs. 1 und 4 LStR). Die Finanzverwaltung hat hier – wie bei Reisekostenvergütungen – nicht zu prüfen, ob der Umzug beruflich veranlasst ist und die entstandenen Kosten angemessen sind.

- im **privaten Dienst** nach § 3 Nr. 16 EStG, wenn der Umzug **beruflich veranlasst** ist und soweit die Umzugskosten die beruflich veranlassten **Mehraufwendungen nicht übersteigen**. Ob diese Voraussetzungen vorliegen, hat grundsätzlich die Finanzverwaltung zu prüfen. Die Erstattung der Umzugskosten durch den Arbeitgeber ist nur steuerfrei, soweit keine höheren Beträge erstattet werden, als sie beim Arbeitnehmer

als **Werbungskosten** abziehbar wären (R 9.9 Abs. 3 Satz 1 LStR).

Ob die teilweise immer noch unterschiedliche steuerliche Behandlung „öffentlicher und privater" Arbeitnehmer **verfassungsgemäß** ist, ist zweifelhaft (→ *Reisekostenvergütungen aus öffentlichen Kassen* Rz. 2519).

Der Arbeitnehmer hat seinem Arbeitgeber **Unterlagen vorzulegen**, aus denen die tatsächlichen Aufwendungen ersichtlich sein müssen. Der Arbeitgeber hat diese Unterlagen als Belege zum **Lohnkonto** aufzubewahren (R 9.9 Abs. 3 Sätze 2 und 3 LStR).

Die nachfolgenden Grundsätze gelten sinngemäß für den **Werbungskostenabzug**. Umzugskosten können ggf. auch als (vorab entstandene) Werbungskosten zu berücksichtigen sein, wenn sie einen hinreichend klaren wirtschaftlichen Zusammenhang mit der späteren Berufstätigkeit aufweisen (zuletzt BFH v. 20.9.2006, I R 59/05, BStBl II 2007, 756 betr. Umzug ins DBA-Ausland).

2. Berufliche Veranlassung

a) Allgemeine Grundsätze

2905 Ein Wohnungswechsel ist nach H 9.9 (Berufliche Veranlassung) LStH, der allerdings keine abschließende Aufzählung enthält, in folgenden Fällen **beruflich veranlasst**:

aa) Verkürzung der Entfernung zwischen Wohnung und erster Tätigkeitsstätte

2906 Ein Umzug ist beruflich veranlasst, wenn durch ihn die Entfernung zwischen Wohnung und erster Tätigkeitsstätte erheblich verkürzt wird und die verbleibende Wegezeit im Berufsverkehr als normal angesehen werden kann oder sich sonst die Arbeitsbedingungen erheblich verbessert haben:

Eine erhebliche Verkürzung der Entfernung zwischen Wohnung und erster Tätigkeitsstätte ist anzunehmen, wenn sich die Dauer der täglichen Hin- und Rückfahrt insgesamt wenigstens zeitweise arbeitstäglich um **mindestens eine Stunde ermäßigt** (vgl. dazu zuletzt BFH v. 7.5.2015, VI R 73/13, HFR 2015, 1025 m.w.N.). Nach dieser Rechtsprechung können Umzugskosten beiderseits berufstätiger Ehegatten auch dann als Werbungskosten desjenigen Ehegatten berücksichtigt werden, bei dem eine erhebliche Fahrzeitverkürzung eintritt, wenn sich die Fahrzeit zwischen Wohnung und erster Tätigkeitsstätte des anderen Ehegatten durch den Umzug in etwa gleichem Umfang verlängert. Da Hin- und Rückfahrt zusammenzurechnen sind, **reicht je Fahrt also eine Verkürzung um eine halbe Stunde aus, sofern die verbleibende Wegezeit noch als normal angesehen werden kann.**

Hierbei ist nach **Auffassung der BFH lediglich der Regel- bzw. Standardfall** in den Blick genommen, in dem auf Grund **häufiger Fahrten** zwischen Wohnung und Arbeitsplatz durch die regelmäßig tägliche Wegezeitverkürzung insgesamt eine hohe Zeitersparnis entsteht. **Sucht der Stpfl. seinen Arbeitsplatz hingegen vergleichsweise selten auf**, ist das Gewicht der mit dem Umzug verbundenen Verkürzung der Wegezeit zwischen Wohnung und Arbeitsplatz bei der Abwägung der beruflichen und privaten Gründe für den Umzug deutlich gemindert. Dementsprechend kann in solchen Fällen nicht ohne weiteres davon ausgegangen werden, dass die durch den Umzug entstandene Zeitersparnis den maßgeblichen Gesichtspunkt für die Wahl des Wohnorts darstellt (BFH v. 7.5.2015, VI R 73/13, HFR 2015, 1025). Im Urteilsfall hat der BFH die Umzugskosten trotz Fahrzeitverkürzung von mehr als einer Stunde nicht als Werbungskosten anerkannt, weil der Kläger in **einem Zeitraum von fünf Monaten lediglich 13 Hin- und Rückfahrten zwischen Wohnung und Einsatzflughafen durchgeführt** hatte. Aufgrund der **seltenen Fahrten** zum Einsatzflughafen konnte das FG zu der Würdigung gelangen, die Wegezeitverkürzung falle nicht derart ins Gewicht, dass anzunehmen sei, sie sei das auslösende Moment für den Umzug gewesen.

Die o.g. Grundsätze gelten auch für Umzüge innerhalb einer **Großstadt**.

> **Beispiel 1:**
> A zieht um. Da er jetzt Anschluss an den öffentlichen Nahverkehr hat, verkürzt sich die Fahrtzeit je Fahrt von einer Stunde auf 30 Minuten.
>
> Der Umzug ist beruflich veranlasst, der Arbeitgeber kann die Umzugskosten steuerfrei ersetzen. Es spielt dabei keine Rolle, ob der Arbeitneh-

mer näher an die Arbeitsstätte heranzieht. Es kommt ausschließlich darauf an, ob sich die Fahrtzeit für die täglichen Fahrten zwischen Wohnung und erster Tätigkeitsstätte verkürzt.

Beispiel 2:
B zieht ebenfalls um, seine Fahrtzeit verkürzt sich von zwei Stunden je Fahrt auf eineinhalb Stunden, also ebenfalls täglich zusammen um eine Stunde. Er hat früher 100 km von der Arbeitsstätte entfernt gewohnt, jetzt sind es nur noch 80 km.

Auch wenn die „Zeitgrenze" erfüllt ist, kann der Umzug nicht als beruflich veranlasst angesehen werden. Denn es verbleibt noch eine Wegezeit, die im täglichen Berufsverkehr nicht als normal angesehen werden kann. Es ist daher davon auszugehen, dass für den Umzug nicht unerhebliche private Motive mitgespielt haben – sonst wäre B sicher noch näher an den Arbeitsplatz herangezogen (BFH v. 22.11.1991, VI R 77/89, BStBl II 1992, 494).

Die Ein-Stunden-Regelung ist jedoch keine allgemein gültige Grenze. Der **BFH** neigt offensichtlich dazu, im Einzelfall Umzugskosten auch dann als **beruflich veranlasst** anzuerkennen, wenn sich die Zeit für den Weg zur Arbeit und zurück zwar nicht um mindestens eine Stunde täglich verringert, die Arbeitsstätte aber künftig **mit öffentlichen Verkehrsmitteln oder zu Fuß** erreicht werden kann (zuletzt FG Baden-Württemberg v. 2.4.2004, 8 K 34/00, EFG 2004, 1204 m.w.N.: Umzug bei einer Krankenhausärztin trotz einer Fahrzeitverkürzung von nur 46 Minuten arbeitstäglich als beruflich anerkannt, weil sie die Strecke wegen Bereitschaftsdiensten **mehrmals täglich zurücklegen** muss). Die Möglichkeit allein, die Arbeitsstätte mit dem Fahrrad zu erreichen (FG Nürnberg v. 20.2.2001, I 68/2000, www.stotax-first.de) oder den Weg zum Bahnhof zu Fuß zurückzulegen (FG München v. 12.8.2008, 13 K 4289/06, www.stotax-first.de), ist nicht ausreichend.

Steht bei einem Umzug eine arbeitstägliche Fahrzeitersparnis des Arbeitnehmers von **mindestens einer Stunde** fest, treten die meist mit einem Umzug verbundenen **privaten Motive generell in den Hintergrund**. Ein Umzug ist daher auch dann noch beruflich veranlasst, wenn der Umzug im Zusammenhang mit einer **heiratsbedingten Gründung eines gemeinsamen Haushalts** steht oder wegen **Familienzuwachses** erforderlich ist (BFH v. 23.3.2001, VI R 175/99, BStBl II 2001, 585 sowie v. 23.3.2001, VI R 189/97, BStBl II 2002, 56). Entsprechendes gilt nach diesem Urteil, wenn bei **Trennung der Eheleute** der ausziehende Ehegatte den neuen Wohnort so wählt, dass sich zu seinem Arbeitsplatz eine erhebliche Fahrzeitersparnis ergibt (a.A. FG München v. 24.3.2009, 6 K 683/08, www.stotax-first.de, betr. Umzug wegen **Ehescheidung**).

Umzugskosten stellen keine Werbungskosten dar, wenn der Umzug zwar die **Einrichtung eines häuslichen Arbeitszimmers ermöglicht**, sich zugleich aber auch die Fahrzeit zum betrieblichen Arbeitsplatz nicht unwesentlich erhöht (FG Baden-Württemberg v. 29.7.2014, 6 K 767/14, EFG 2014, 1958).

Erfolgt ein Umzug aus Anlass der **Eheschließung** von getrennten Wohnorten in eine gemeinsame Familienwohnung, so ist die berufliche Veranlassung des Umzugs eines jeden Ehegatten gesondert zu beurteilen (BFH v. 23.3.2001, VI R 175/99, BStBl II 2001, 585).

bb) Umzug im betrieblichen Interesse des Arbeitgebers

2907 Ein Umzug ist beruflich veranlasst, wenn er im ganz überwiegenden betrieblichen Interesse des Arbeitgebers durchgeführt wird, insbesondere beim Beziehen oder Räumen einer Dienstwohnung, die aus betrieblichen Gründen bestimmten Arbeitnehmern vorbehalten ist, um z.B. deren jederzeitige Einsatzmöglichkeit zu gewährleisten, z.B. in Alarmfällen.

Beispiel:
A ist Hausmeister eines Supermarktes. Der Arbeitgeber verlangt von A den Umzug in unmittelbare Nähe des Geschäftes, damit er in Alarmfällen sofort im Geschäft sein kann.
Der Umzug ist beruflich veranlasst, die Kosten können vom Arbeitgeber steuerfrei ersetzt werden.

Diese Voraussetzung liegt auch vor, wenn der Arbeitnehmer nach **Eintritt in den Ruhestand** aus einer Dienstwohnung, die dem Arbeitgeber gehört, ausziehen muss.

cc) Erstmalige Aufnahme einer beruflichen Tätigkeit

Ein Umzug ist beruflich veranlasst, wenn er aus Anlass der erstmaligen Aufnahme einer beruflichen Tätigkeit durchgeführt wird (a.A. FG Düsseldorf v. 21.1.2000, 7 K 3191/98 E, EFG 2000, 485 betr. junge Menschen, die im Regelfall nicht nur wegen eines neuen Arbeitsplatzes, sondern zugleich aus persönlichen Gründen – z.B. Wunsch nach Unabhängigkeit – aus dem Elternhaus ausziehen). 2908

Berufliche Gründe liegen regelmäßig ebenfalls vor bei einem Umzug auf Grund eines **Wechsels des Arbeitgebers** (vgl. FG Rheinland-Pfalz v. 29.8.1986, 6 K 69/84, EFG 1989, 18) oder **Arbeitsplatzwechsels** z.B. nach einer Versetzung (zuletzt BFH v. 19.4.2012, VI R 25/10, BStBl II 2013, 699; streitig jedoch bei Versetzung auf eigenen Wunsch, s. FG Köln v. 19.4.1988, 2 K 187/85, EFG 1988, 467 und FG Niedersachsen v. 25.9.2001, 1 K 271/00, www.stotax-first.de).

Aufwendungen für den Umzug an den Beschäftigungsort sind auch dann Werbungskosten, wenn ein Arbeitnehmer von einem mehrjährigen Auslandsaufenthalt zurückkehrt. Die **Rückverlegung des Wohnsitzes an den inländischen Wohnort** (hier: Rückumzug in das eigene Einfamilienhaus) ist notwendige Voraussetzung für die Wiederaufnahme der beruflichen Tätigkeit im Inland (FG Niedersachsen v. 30.4.2012, 4 K 6/12, EFG 2012, 1634).

dd) Beziehen oder die Aufgabe der Zweitwohnung bei einer beruflich veranlassten doppelten Haushaltsführung

Ein Umzug ist beruflich veranlasst, wenn er das Beziehen oder die Aufgabe der Zweitwohnung bei einer beruflich veranlassten doppelten Haushaltsführung betrifft (vgl. zuletzt BFH v. 24.5.2000, VI R 28/97, BStBl II 2000, 474). Wurde die doppelte Haushaltsführung durch Trennung oder Scheidung beendet und dadurch die bisherige Zweitwohnung am Arbeitsort zur Erstwohnung, ist ein Wechsel der Wohnung am Arbeitsort nicht mehr beruflich veranlasst (FG Köln v. 14.7.2011, 6 K 4781/07, EFG 2012, 403). 2909

Beispiel:
A, verheiratet, ist für drei Jahre von München nach Berlin versetzt worden und hat dort eine Wohnung gemietet (doppelte Haushaltsführung). Nach Ablauf dieser drei Jahre kehrt er an seinen alten Arbeitsplatz zurück und gibt die Wohnung in Berlin auf.
Die Kosten für die Umzüge von München nach Berlin und den „Rückumzug" kann der Arbeitgeber steuerfrei erstatten, da sie beruflich veranlasst sind.

b) Weitere Abgrenzung gegenüber privaten Umzügen

Kann nach den o.g. Grundsätzen eine **berufliche Veranlassung** des Umzugs anerkannt werden, ist es unerheblich, wenn bei der Auswahl der neuen Wohnung **private Motive** eine Rolle gespielt haben. Umzugskosten können daher vom Arbeitgeber auch bei einem Umzug des Arbeitnehmers ins **eigene Einfamilienhaus** steuerfrei erstattet werden (zuletzt BFH v. 23.3.2001, VI R 175/99, BStBl II 2001, 585 sowie v. 23.3.2001, VI R 189/97, BStBl II 2002, 56 m.w.N.). 2910

Beispiel:
A, verheiratet, ist von München nach Berlin versetzt worden (neue erste Tätigkeitsstätte) und hat dort eine Wohnung gemietet (doppelte Haushaltsführung). Nach zehn Jahren zieht die Familie ebenfalls nach Berlin. In München hatte sie eine kleine Mietwohnung bewohnt, in Berlin jetzt ein großes Haus erworben.
Dieser Umzug, mit dem die doppelte Haushaltsführung beendet wird, ist ebenfalls beruflich veranlasst. Unerheblich ist, dass gleichzeitig ein Einfamilienhaus erworben wird und dass der Umzug erst nach zehn Jahren stattfindet (BFH v. 21.7.1989, VI R 129/86, BStBl II 1989, 917).

Zieht der Arbeitnehmer zunächst in eine provisorische Wohnung am neuen Arbeitsort und erst später in die endgültige Wohnung, weil er z.B. nicht so schnell eine familiengerechte Wohnung finden kann („**Umzug in Etappen**"), ist der Umzug in die endgültige Wohnung regelmäßig privat mitveranlasst, so dass ein Werbungskostenabzug bzw. ein steuerfreier Arbeitgeberersatz insoweit ausscheidet; dies gilt auch für die **Möbeleinlagerungskosten** (BFH v. 21.9.2000, IV R 78/99, BStBl II 2001, 70 und zuletzt FG Köln v. 14.7.2011, 6 K 4781/07, EFG 2012, 403). Möbeleinlagerungskosten sind bei vorübergehender Tätigkeit im Ausland auch dann nicht als Werbungskosten abzugsfähig, wenn durch die Einlagerung Kosten eingespart werden sollen, die bei einer späteren

Umzugskosten

Rückverlegung des Familien-Hauptwohnsitzes durch die Anschaffung neuer Geräte anfallen würden (FG München v. 11.5.2010, 8 K 461/10, www.stotax-first.de). Dies gilt jedoch nicht, wenn der vorübergehende Auslandsaufenthalt mit einer späteren Tätigkeit im Inland zusammenhängt (FG Köln v. 19.10.2011, 9 K 3301/10, EFG 2012, 2210 betr. Umzugs- und Möbeleinlagerungskosten im Zusammenhang mit einem Forschungsstipendium in Kanada).

Von einem „Umzug in Etappen" abzugrenzen ist der Fall, dass der Arbeitnehmer wegen des beabsichtigten Nachzugs der Familie am neuen Arbeitsort gleich in eine familiengerechte Wohnung zieht, sich der Nachzug der Familie aber verzögert. In diesem Fall können auch **„doppelte Mietzahlungen"** als allgemeine Werbungskosten nach § 9 Abs. 1 Satz 1 EStG abgezogen werden, allerdings nur zeitanteilig, und zwar für die neue Familienwohnung bis zum Umzugstag und für die bisherige Wohnung ab dem Umzugstag, längstens bis zum Ablauf der Kündigungsfrist des bisherigen Mietverhältnisses; die Vorschriften über den Abzug notwendiger Mehraufwendungen wegen einer aus beruflichem Anlass begründeten doppelten Haushaltsführung stehen dem allgemeinen Werbungskostenabzug umzugsbedingt geleisteter Mietzahlungen nicht entgegen (BFH v. 13.7.2011, VI R 2/11, BStBl II 2012, 104).

c) Umzugskosten in sog. Wegverlegungsfällen

2911 Verlegt der Arbeitnehmer seinen Lebensmittelpunkt aus privaten Gründen (z.B. Eheschließung) vom Beschäftigungsort weg und begründet in seiner bisherigen Wohnung am Beschäftigungsort einen Zweithaushalt, um von dort seiner Beschäftigung weiter nachgehen zu können, liegt zwar eine steuerlich anzuerkennende **doppelte Haushaltsführung** vor, die **Umzugskosten sind jedoch keine Werbungskosten**, sondern Kosten der privaten Lebensführung. Entsprechendes gilt für Umzugskosten, die nach Wegverlegung des Lebensmittelpunkts vom Beschäftigungsort durch die endgültige Aufgabe der Zweitwohnung am Beschäftigungsort entstehen (z.B. infolge des Eintritts in den Ruhestand), es sei denn, dass dieser Umzug – wie z.B. im Falle eines Arbeitsplatzwechsels – ausschließlich beruflich veranlasst ist (R 9.11 Abs. 9 LStR sowie BMF v. 10.12.2009, IV C 5 – S 2352/0, BStBl I 2009, 1599). Hierzu ausführlich → Doppelte Haushaltsführung: Allgemeines Rz. 913.

Umzugskosten im Rahmen einer doppelten Haushaltsführung sind nur dann als Werbungskosten zu berücksichtigen, wenn sie tatsächlich entstanden und festgestellt worden sind. Der Ansatz einer Umzugskostenpauschale i.S.d. § 10 BUKG oder für sonstige Umzugsauslagen i.S.d. § 18 AUV scheidet aus (R 9.11 Abs. 9 Sätze 2 und 3 LStR sowie BMF v. 10.12.2009, IV C 5 – S 2352/0, BStBl I 2009, 1599 und zuletzt FG Thüringen v. 29.6.2015, 2 K 698/14, EFG 2015, 1362).

d) Rückumzugskosten

2912 Ob sog. **Rückumzugskosten** noch beruflich veranlasst sind, hängt im Wesentlichen davon ab, ob der Arbeitnehmer befristet oder unbefristet auswärts tätig war:

- Kosten eines Rückumzugs bei **Beendigung einer inländischen doppelten Haushaltsführung** durch Aufgabe der Wohnung am Arbeitsplatz sind im Allgemeinen beruflich veranlasst.

- Rückumzugskosten sind auch dann im Allgemeinen **beruflich veranlasst**, wenn – ohne dass eine doppelte Haushaltsführung vorliegen muss – der Arbeitnehmer nur **befristet** an einem Ort tätig war.

- Rückumzugskosten sind dagegen **privat veranlasst**, wenn ein Arbeitnehmer nach einer **langjährigen unbefristeten auswärtigen Tätigkeit wieder an seinen Heimatort zurückkehrt**.

Aufwendungen für den Umzug an den Beschäftigungsort sind dagegen **Werbungskosten**, wenn ein Arbeitnehmer von einem mehrjährigen Auslandsaufenthalt zurückkehrt und die Rückverlegung des Wohnsitzes an den inländischen Wohnort (hier: Rückumzug in das eigene Einfamilienhaus) notwendige **Voraussetzung für die Wiederaufnahme der beruflichen Tätigkeit** im Inland ist (FG Niedersachsen v. 30.4.2012, 4 K 6/12, EFG 2012, 1634).

Nicht anerkannt wurden Rückumzugskosten

- eines ausländischen Arbeitnehmers, der mit seiner Familie viele Jahre im Inland gelebt hat und erst mit Eintritt in den Ruhestand in sein Heimatland zurückkehrt (BFH v. 8.11.1996, VI R 65/94, BStBl II 1997, 207),
- eines Arbeitnehmers, der nach Kündigung seines Arbeitsverhältnisses vom Bodensee zurück in das Ruhrgebiet gezogen ist (FG Düsseldorf v. 21.11.1997, 3 K 3505/96 E, EFG 1998, 642),
- eines Politikers nach Erreichen der Pensionsgrenze und der Aufgabe seiner politischen Ämter (BFH v. 22.7.1999, XI B 42/98, www.stotax-first.de).

e) Vergebliche Umzugskosten

2913 Auch vergebliche Aufwendungen für einen geplanten Umzug können als Werbungskosten berücksichtigt bzw. vom Arbeitgeber steuerfrei ersetzt werden, wenn die Absicht umzuziehen aufgegeben wird, weil eine vorgesehene Versetzung nicht durchgeführt wird (BFH v. 24.5.2000, VI R 17/96, BStBl II 2000, 584 und zuletzt v. 9.1.2008, VI B 79/07, www.stotax-first.de). Dies gilt auch, wenn die vergeblichen Aufwendungen im Ausland anfallen und die für den geplanten Umzug ins Werk gesetzten Maßnahmen nur rückgängig gemacht werden, um weiter – wie bisher – durch die Verwertung der Arbeitskraft im Inland Einkünfte zu erzielen. Denn dann wird der Entschluss, Eigentum an einem ins Auge gefassten anderen Arbeitsplatz zu erwerben, durch das Bestreben überlagert, den bisherigen Arbeitsplatz nunmehr beizubehalten (BFH v. 23.3.2001, VI R 139/00, www.stotax-first.de).

3. Erstattungsfähige Kosten

a) Allgemeines

2914 Grundsätzlich darf der Arbeitgeber seinem Arbeitnehmer **alle tatsächlichen Umzugskosten steuerfrei erstatten**. Er muss dann allerdings prüfen, inwieweit in den vom Arbeitnehmer vorgelegten Rechnungen nach § 12 Nr. 1 EStG steuerlich **nicht abzugsfähige Kosten der Lebensführung** enthalten sind, hierzu gehören v.a. Aufwendungen für die Neuanschaffung von Möbeln (R 9.9 Abs. 2 Satz 3 LStR) sowie **Vermögensverluste**, dazu im Einzelnen → Rz. 2921.

Wenn der Arbeitgeber diese Prüfung vermeiden will, kann er dem Arbeitnehmer ohne weitere Prüfung die Kosten erstatten, die einem Bundesbeamten nach dem **Bundesumzugskostenrecht** (§§ 6 bis 10 BUKG) und der **Auslandsumzugskostenverordnung** (AUV) in der jeweils geltenden Fassung als Umzugskostenvergütung höchstens gezahlt werden könnten, mit Ausnahme der Pauschalen nach §§ 19, 21 AUV und der Auslagen (insbesondere Maklergebühren) für die Anschaffung einer eigenen Wohnung (Wohneigentum) nach § 9 Abs. 1 zweiter Halbsatz BUKG, vgl. R 9.9 Abs. 2 Satz 1 LStR sowie H 9.9 (Höhe der Umzugskosten) LStH). Grundsätzlich ist allerdings darauf hinzuweisen, dass Erstattungen nach dem Bundesumzugskostengesetz zwar ein Indiz für abziehbare Umzugskosten sind, sich aber die steuerliche Abzugsfähigkeit allein nach dem allgemeinen Werbungskostenbegriff des § 9 Abs. 1 Satz 1 EStG richtet (zuletzt BFH v. 19.4.2012, VI R 25/10, BStBl II 2013, 699 betr. eine Mietentschädigung gem. § 8 Abs. 3 BUKG).

Werden anlässlich eines Umzugs für die Umzugstage **Mehraufwendungen für Verpflegung** erstattet, ist die Erstattung nur mit den Pauschbeträgen im Rahmen der zeitlichen Voraussetzungen des § 9 Abs. 4a EStG steuerfrei (R 3.13 Abs. 4 Satz 2 sowie R 9.9 Abs. 2 Satz 1 LStR). Die an Stelle eines Trennungsgelds ggf. bewilligten **Mietbeiträge** sind nicht nach § 3 Nr. 13 EStG steuerfrei (BFH v. 16.7.1971, VI R 160/68, BStBl II 1971, 772). **Trennungsgeld**, das bei täglicher Rückkehr zum Wohnort gezahlt wird, ist nur nach Maßgabe der R 9.3 bis 9.6 LStR steuerfrei, soweit es sich um Dienstreisen handelt; dies ist insbesondere bei einer Versetzung ohne zeitliche Befristung nicht der Fall (R 3.13 Abs. 4 Satz 3 LStR sowie BMF v. 24.10.2014, IV C 5 – S 2353/14/10004, BStBl I 2014, 1412 Rdnr. 20).

b) Beförderungsauslagen (§ 6 BUKG)

2915 Erstattungsfähig sind die notwendigen Auslagen für das Befördern des Umzugsguts von der bisherigen zur neuen Wohnung, also in erster Linie die Transportkosten für den **Spediteur**, aber auch nachgewiesene Zahlungen für **„private Helfer"**. „Umzugsgut" ist die gesamte Wohnungseinrichtung, auch soweit sie dem Ehegatten, Kindern oder anderen haushaltszugehörigen Personen gehört.

Zu den Beförderungsauslagen gehören ferner Kosten für den Ausbau von (eingebautem) Umzugsgut (insbesondere von Möbeln, z.B. einer Einbauküche, und Öfen) in der bisherigen Wohnung und für dessen Einbau in der neuen Wohnung; ebenso Aufwendungen für die Abnahme des Ofens durch den Schornsteinfeger, da sie – wie die Montagekosten – durch die Verbringung des Ofens von der bisherigen in die neue Wohnung veranlasst sind (FG Baden-Württemberg v. 17.4.2013, 4 K 2859/09, www.stotax-first.de, Revision eingelegt, Az. beim BFH: VIII R 32/13).

c) Reisekosten (§ 7 BUKG)

2916 Erstattungsfähig sind zunächst die beim **Umzug selbst** anfallenden Reisekosten für den Arbeitnehmer, die Kinder und alle haushaltszugehörigen Personen nach den für Reisekosten geltenden Grundsätzen, d.h. Fahrtkosten, Mehraufwendungen für Verpflegung in Höhe der gesetzlichen Pauschbeträge (12 € oder 24 €) und ggf. sogar Übernachtungskosten.

Erstattungsfähig sind darüber hinaus

– **zwei** Reisen **einer** Person

– oder **eine** Reise von **zwei** Personen

zum **Suchen oder Besichtigen** einer Wohnung – Tage- und Übernachtungsgeld aber jeweils für höchstens **zwei Reisetage und zwei Aufenthaltstage.**

Entsprechendes gilt für Aufwendungen für die Fahrt zur Rückgabe der bisherigen Wohnung an den Vermieter (FG Baden-Württemberg v. 17.4.2013, 4 K 2859/09, www.stotax-first.de, Revision eingelegt, Az. beim BFH: VIII R 32/13).

d) Mietentschädigung (§ 8 BUKG)

2917 Erstattungsfähig ist die Miete

– für die **alte Wohnung** bis zu dem Zeitpunkt, zu dem das Mietverhältnis wegen Kündigungsfristen frühestens gelöst werden könnte, **längstens jedoch für sechs Monate,**

– für die **neue Wohnung**, wenn diese nach Lage des Wohnungsmarktes schon gemietet werden musste, aber noch nicht genutzt werden konnte (z.B. wegen ausstehender Renovierungsarbeiten), **längstens jedoch für drei Monate**. Voraussetzung ist, dass für dieselbe Zeit gleichzeitig Miete für die alte Wohnung gezahlt werden musste.

Der Werbungskostenabzug setzt jedoch eine Belastung mit Aufwendungen voraus. Das ist bei einem in Anlehnung an § 8 Abs. 3 BUKG ermittelten **Mietausfall** nicht der Fall. Als entgangene Einnahme erfüllt er nicht den Aufwendungsbegriff (BFH v. 19.4.2012, VI R 25/10, BStBl II 2013, 699).

e) Andere Auslagen (§ 9 BUKG)

aa) Wohnungskosten

2918 Hierunter fallen z.B. die notwendigen ortsüblichen **Maklergebühren** für die Vermittlung der neuen Wohnung, **nicht** aber bei Anschaffung eines eigenen **Einfamilienhauses bzw. Eigentumswohnung** (BFH v. 24.5.2000, VI R 188/97, BStBl II 2000, 586 sowie R 9.9 Abs. 2 Satz 1 LStR). Dies gilt auch für die Steuerbefreiung nach § 3 Nr. 13 EStG: Die erstatteten Maklerkosten sind in voller Höhe steuerpflichtiger Arbeitslohn, da die Maklergebühren auch insoweit keine Werbungskosten darstellen, als sie für die Vermittlung einer vergleichbaren Mietwohnung angefallen wären (R 9.9 Abs. 2 Satz 1 LStR). Des Weiteren vertritt der BFH in ständiger Rechtsprechung die Auffassung, dass auch im öffentlichen Dienst Reise- und Umzugskostenvergütungen nur insoweit nach § 3 Nr. 13 EStG steuerfrei zu belassen sind, als die ersetzten Aufwendungen ihrer Natur nach Werbungskosten sind (OFD Koblenz v. 9.12.2009, S 2338 A – St 32 2, www.stotax-first.de).

In der neuen Wohnung können die Auslagen für die Beschaffung eines **Kochherds** bis zu einem Betrag von 230 € sowie für **Öfen** bis zu einem Betrag von 164 € je Zimmer, wenn ihre Beschaffung beim Bezug der neuen Wohnung notwendig ist, weil sie z.B. nicht vom Vermieter gestellt werden, berücksichtigt werden (BMI v. 6.6.2001, GMBl. 2001, 415).

bb) Zusätzlicher Unterricht der Kinder

Abzugsfähig sind auch die Kosten für den umzugsbedingten zusätzlichen Unterricht der Kinder, z.B. auf Grund eines Schulwechsels, bis zu einem bestimmten Höchstbetrag, der jährlich vom BMF festgelegt wird (also nicht Aufwendungen für den regulären Unterricht des Kindes an einer Privatschule, s. OFD Frankfurt v. 10.7.2009, S 2221 A – 67 – St 218, www.stotax-first.de). Er beträgt bei Beendigung des Umzugs bis zu 40 % des Endgrundgehalts der Besoldungsgruppe A 12 des Bundesbesoldungsgesetzes für jedes Kind: **2919**

Unterrichtskosten-Höchstbetrag je Kind

(BMF v. 6.10.2014, IV C 5 – S 2353/08/10007, BStBl I 2014, 1342):

Umzug in der Zeit	Höchstbetrag
ab 1.3.2014	1 802 €
ab 1.3.2015	1 841 €

Die **Unterrichtskosten** können jedoch nicht einfach bis zu diesen Höchstbeträgen steuerfrei erstattet werden: Erstattet werden können die tatsächlichen Kosten lediglich bis **50 % des Höchstbetrags voll und darüber hinaus zu 75 %**, bis die zweite Hälfte des Höchstbetrags ausgeschöpft ist.

Beispiel:

Kosten für den zusätzlichen Unterricht	3 000 €	
davon voll abzugsfähig bis 50 % von 1 841 € (Höchstbetrag)	921 €	→ 921 €
Restbetrag	2 079 €	
davon abzugsfähig 75 %,	1 559 €	
höchstens jedoch bis zur zweiten Hälfte von 1 841 € (Höchstbetrag)	921 €	→ 921 €
Abzugsfähige Unterrichtskosten		→ 1 842 €

f) Pauschvergütung für sonstige Umzugsauslagen (§ 10 BUKG)

Da mit den vorgenannten Beträgen nicht alle denkbaren Umzugskosten ersetzt werden, gewährt das Bundesumzugskostengesetz noch eine Pauschale für sonstige Umzugsauslagen, die jährlich vom BMF festgesetzt wird. Sie beträgt bei Beendigung des Umzugs: **2920**

Pauschvergütung für sonstige Umzugsauslagen – Inland

(BMF v. 6.10.2014, IV C 5 – S 2353/08/10007, BStBl I 2014, 1342):

Umzug in der Zeit	Ledige	Verheiratete, Lebenspartner, Gleichgestellte	Erhöhungsbetrag für jede weitere Person
ab 1.3.2014	715 €	1 429 €	315 €
ab 1.3.2015	730 €	1 460 €	322 €

Der Begriff „**Verheiratete**" ist hier recht weit gefasst: Dem Verheirateten stehen gleich der Verwitwete und der Geschiedene sowie derjenige, dessen Ehe aufgehoben oder für nichtig erklärt worden ist, ferner der Ledige, der auch in der neuen Wohnung Verwandten bis zum vierten Grade, Verschwägerten bis zum zweiten Grade, Pflegekindern oder Pflegeeltern aus gesetzlicher oder sittlicher Verpflichtung nicht nur vorübergehend Unterkunft und Unterhalt gewährt, sowie der Ledige, der auch in der neuen Wohnung eine andere Person aufgenommen hat, deren Hilfe er aus beruflichen oder gesundheitlichen Gründen nicht nur vorübergehend bedarf (§ 10 Abs. 2 BUKG).

Voraussetzung für den Ansatz der vollen Pauschale ist, dass der Arbeitnehmer aus einer „Wohnung" auszieht und wieder in eine „Wohnung" einzieht. Hatte er vor dem Umzug **keine eigene Wohnung**, so vermindert sich die Pauschale auf 30 % bei Verheirateten bzw. 20 % bei Ledigen.

Beispiel 1:

A, geschieden, hat bisher im Einfamilienhaus ihrer Eltern gewohnt und wird von ihrem Arbeitgeber nach Beendigung der Lehre in eine auswärtige Zweigstelle versetzt. Sie richtet am neuen Arbeitsort erstmals eine eigene Wohnung ein.

Die A überlassenen Räumlichkeiten im elterlichen Einfamilienhaus stellen keine Wohnung dar. Der Arbeitgeber darf daher A für ihre sonstigen Umzugsauslagen nur die gekürzte Pauschale von 146,— € (20 % von 730 €) steuerfrei erstatten.

Umzugskosten

> **Beispiel 2:**
> Wie Beispiel 1 mit folgendem Sachverhalt:
> Wäre A **verheiratet** und hätte der Ehemann bisher ebenfalls noch im Haushalt ihrer Eltern gelebt, wäre für die beiden eine Pauschale von 30 % von 1 460 € = 438,— € zum Ansatz gekommen.

Dieselben **Prozentsätze** gelten auch, wenn vor dem Umzug eine „Wohnung" vorhanden war, eine solche am neuen Arbeitsort aber nicht wieder eingerichtet wird, weil z.B. wegen des nur vorübergehenden Aufenthalts am neuen Arbeitsort nur ein **möbliertes Zimmer** gemietet wird. Bei Anmietung eines Einzimmer-Appartements mit Kochgelegenheit und separater Toilette liegt dagegen schon eine „Wohnung" vor.

Die o.g. Pauschalen erhöhen sich um 50 %, wenn innerhalb von fünf Jahren schon einmal ein beruflich veranlasster Umzug durchgeführt worden ist (sog. **Häufigkeitszuschlag**). Bei diesem und dem vorhergehenden Umzug muss jedoch sowohl vorher als auch nachher eine Wohnung gegeben sein, so dass die ungekürzten Pauschalen zu gewähren sind.

g) Einzelnachweis der sonstigen Umzugsauslagen

2921 Seit 1990 wird im **öffentlichen Dienst** für „sonstige Umzugsauslagen" nur noch die o.g. **Pauschvergütung** gewährt, ein Einzelnachweis höherer Kosten ist nicht mehr zulässig. Diese Einschränkung ist aber für das Einkommensteuerrecht nicht übernommen worden: Der Arbeitnehmer kann hier gegenüber dem Finanzamt wahlweise **die höheren nachgewiesenen sonstigen Umzugsauslagen** geltend machen (R 9.9 Abs. 2 Satz 4 LStR). Hat der Arbeitgeber alle Kosten des Umzugs steuerfrei ersetzt, kann der Arbeitnehmer auch pauschale Umzugsauslagen nicht als Werbungskosten geltend machen (vgl. FinMin Berlin v. 27.6.2006, III A – S 2367 – 1/2006, www.stotax-first.de, dort Tz. 10 ff.).

Ein Einzelnachweis ist ferner zulässig, wenn die Pauschvergütung von vornherein nicht zum Ansatz kommt, weil sie nur für Fälle der Verlegung des Wohnsitzes der Familie gilt. **Die Finanzverwaltung verlangt daher einen Einzelnachweis**

- bei einem Umzug anlässlich der Begründung, Beendigung oder des Wechsels einer **doppelten Haushaltsführung** (R 9.11 Abs. 9 Satz 1 LStR, bestätigt durch BFH v. 14.6.2007, VI R 60/05, BStBl II 2007, 890) oder
- der Beendigung einer doppelten Haushaltsführung durch den **Rückumzug eines Arbeitnehmers in das Ausland** (R 9.11 Abs. 9 Satz 2 LStR).

Voraussetzung für die steuerliche Anerkennung ist jedoch, dass es sich bei den geltend gemachten Kosten **tatsächlich um „Werbungskosten"** handelt. Beim Einzelnachweis wird das Finanzamt näher prüfen, inwieweit die Kosten nicht abzugsfähige **Kosten der Lebensführung** (§ 12 Nr. 1 Satz 2 EStG) darstellen, wie z.B. Aufwendungen für die Neuanschaffung von Einrichtungsgegenständen (R 9.9 Abs. 2 Satz 3 LStR).

Anerkannt werden können im Wesentlichen die Aufwendungen, die in der früheren Verordnung über die Erstattung der nachgewiesenen sonstigen Umzugsauslagen v. 22.1.1974, BGBl. I 1974, 103 aufgeführt waren, also z.B.

- außertarifliche Zuwendungen an das **Umzugspersonal** (Trinkgelder).
- Abbau von **Herd, Öfen, Lampen, Haushaltsgeräten** in der alten und Anschluss in der neuen Wohnung.
- Abbau und Anbringen von **Antennen** oder Satelliten-Empfangsanlagen.
- Anschluss oder Übernahme eines **Telefons** in der neuen Wohnung.
- Anschaffung neuer **Kfz-Kennzeichen**.
- Umschreiben von **Personalausweisen** usw.
- **Schönheitsreparaturen** in der alten Wohnung, wenn der Arbeitnehmer nach dem Mietvertrag dazu beim Auszug verpflichtet ist.
- Aufwendungen für die **vorzeitige Auflösung des Mietvertrags** am bisherigen Wohnort (BFH v. 1.12.1993, I R 61/93, BStBl II 1994, 323).

Beim **Einzelnachweis nicht anerkannt** werden können z.B.

- alle Aufwendungen, die mit der **Veräußerung des bisherigen Eigenheims** zusammenhängen, z.B. Maklerkosten, Vorfälligkeitsentschädigung sowie Veräußerungskosten und -verluste (zuletzt BFH v. 30.1.2007, XI B 83/06, www.stotax-first.de, m.w.N.).
- Aufwendungen für die **Renovierung** und **Ausstattung** der neuen Wohnung (neue Möbel usw.) sowie für einen **Telefonanschluss** (zuletzt BFH v. 3.8.2012, X B 153/11, www.stotax-first.de, m.w.N.).

keine Sozialversicherungspflicht = (SV)
Sozialversicherungspflicht = (SV)

- **Maklergebühren** für die Vermittlung eines **Einfamilienhauses** oder einer Eigentumswohnung **am neuen Wohnort**; ein Abzug dieser Kosten ist auch insoweit nicht möglich, als sie bei Vermittlung einer vergleichbaren Mietwohnung angefallen wären (BFH v. 24.5.2000, VI R 188/97, BStBl II 2000, 586 sowie R 9.9 Abs. 2 Satz 1 LStR). Maklergebühren für die Vermittlung einer **Mietwohnung** fallen dagegen unter § 9 BUKG und können daher steuerfrei ersetzt werden. Ein Werbungskostenabzug ist auch im Fall einer **fehlgeschlagenen Veräußerung** z.B. für die Maklerkosten möglich, wenn der Arbeitgeber eine Versetzung angekündigt, dann aber wieder rückgängig gemacht hat (BFH v. 24.5.2000, VI R 17/96, BStBl II 2000, 584; BFH v. 23.3.2001, VI R 139/00, www.stotax-first.de).
- **Mietaufwendungen** für die Wohnung, die den Mittelpunkt der Lebensführung darstellt; dies gilt auch für den Zeitraum, um den sich ein beruflich veranlasster Umzug verzögert, z.B. wegen Anfechtung der Abordnungsverfügung des Arbeitgebers (BFH v. 26.5.2003, VI B 13/03, www.stotax-first.de; s. ferner FG Köln v. 20.11.2008, 10 K 4922/05, EFG 2009, 460).
- **Abstandszahlungen** an den bisherigen Mieter der neuen Wohnung für übernommene Gegenstände (BFH v. 2.8.1963, VI 266/62 U, BStBl III 1963, 482).
- Transport- bzw. Reparaturkosten für eine **Segelyacht** (FG Baden-Württemberg v. 22.2.1999, 4 K 123/96, EFG 1999, 768).
- Aufwendungen für die Behebung von **Mietschäden an der alten Wohnung**, wenn sie unabhängig vom berufsbedingten Umzug vom Stpfl. hätten getragen werden müssen (FG Sachsen-Anhalt v. 29.4.2014, 5 K 231/11, www.stotax-first.de).

Weitere Einzelheiten s. das Bundesumzugskostengesetz und die dazu ergangenen Verwaltungsanweisungen (Anhang 8 Lohnsteuer-Handausgabe 2015).

4. Besonderheiten bei Auslandsumzügen

a) Allgemeine Voraussetzungen

Für Auslandsumzüge gelten die Vorschriften der §§ 13, 14 BUKG 2922 i.V.m. der Auslandsumzugskostenverordnung (AUV) v. 26.11.2012 (BGBl. I 2012, 2349). Der Arbeitgeber kann auch in diesem Fall seinen Arbeitnehmern die Umzugskosten **pauschal** bis zu der Höhe erstatten, die nach diesen Vorschriften im **öffentlichen Dienst** höchstens gezahlt werden könnten (vgl. R 9.9 Abs. 2 Satz 1 LStR).

Ein nach § 3 Nr. 16 EStG **steuerfreier Arbeitgeberersatz** ist nur zulässig, soweit der Arbeitgeber entsprechende Aufwendungen als **Werbungskosten** absetzen könnte (R 9.9 Abs. 3 Satz 1 LStR). **Aufwendungen für die Beschaffung klimagerechter Kleidung** (§ 21 AUV) und der sog. **Ausstattungspauschale** nach § 19 AUV können weder als Werbungskosten abgesetzt noch vom Arbeitgeber steuerfrei ersetzt werden (zuletzt BFH v. 12.4.2007, VI R 53/04, BStBl II 2007, 536).

Auslandsumzüge sind Umzüge zwischen Inland und Ausland sowie im Ausland (§ 13 Abs. 1 BUKG). Als Auslandsumzüge gelten **nicht** Umzüge aus Anlass einer Einstellung, Versetzung, Abordnung oder Kommandierung im Inland einschließlich ihrer Aufhebung, wenn die bisherige oder die neue Wohnung im Ausland liegt (§ 13 Abs. 2 Nr. 4 BUKG). Diese Einschränkungen gelten jedoch nicht für die steuerliche Berücksichtigung von Umzugskosten (OFD Düsseldorf v. S 2353 A – St 121, 1982, DB 1982, 1647). Auch der BFH hat für den Werbungskostenabzug zumindest im Schätzungswege die Anwendung der höheren Auslandspauschalen zugelassen (BFH v. 6.11.1986, VI R 135/85, BStBl II 1987, 188; BFH v. 4.12.1992, VI R 11/92, BStBl II 1993, 722). Entsprechendes muss daher für den steuerfreien Arbeitgeberersatz gelten (vgl. R 9.9 Abs. 3 Satz 1 LStR).

> **Beispiel:**
> A ist Führungskraft einer großen japanischen Autofirma, die in Deutschland zwei Niederlassungen in Hamburg und München hat. A wird für zwei Jahre nach Deutschland versetzt: Das erste Jahr verbringt er in Hamburg und das zweite in München. Er zieht jeweils an den neuen Arbeitsort um. Für alle drei Umzüge möchte die Firma ihrem Arbeitnehmer die Pauschvergütung für sonstige Umzugsauslagen nach § 18 AUV steuerfrei erstatten.
>
> Für die Umzüge zwischen Japan und Deutschland kann dem Antrag der Firma entsprochen werden, nicht dagegen für den Umzug von Hamburg nach München. Für diesen darf der Arbeitgeber lediglich die für Inlandsumzüge in Betracht kommenden Beträge steuerfrei ersetzen (s.o.). Vgl. zu einem ähnlichen Fall OFD Koblenz v. 18.7.1996, S 2353 A – St 33 2, www.stotax-first.de; FG Hamburg v. 7.5.1998, V 240/97, EFG 1998, 1387 und FG Hamburg v. 7.5.1998, V 258/96, EFG 1998, 1389.

b) Einzelheiten zur Auslandsumzugskostenverordnung

2923 Will der Arbeitgeber seine steuerfreien Ersatzmöglichkeiten voll ausschöpfen, muss er sich im Detail mit den recht komplizierten Vorschriften der Auslandsumzugskostenverordnung befassen. Erstattungsfähig sind auch hier zunächst die Beförderungsauslagen, evtl. Kosten für das Lagern und Unterstellen von Umzugsgut, Reisekosten, Mietentschädigung, Auslagen zur Erlangung der Wohnung (z.B. Maklerkosten), Beiträge zum Beschaffen technischer Geräte, Auslagen für umzugsbedingten zusätzlichen Unterricht der Kinder sowie Beiträge zum Instandsetzen der Wohnung.

Von besonderer Bedeutung sind folgende Regelungen:

aa) Zusätzlicher Unterricht der Kinder

2924 Benötigt ein berücksichtigungsfähiges Kind auf Grund des Umzugs zusätzlichen Unterricht, werden die Unterrichtskosten für höchstens ein Jahr zu 90 % erstattet. Die Frist beginnt spätestens ein Jahr nach Beendigung des Umzugs des Kindes. Insgesamt wird für jedes berücksichtigungsfähige Kind höchstens ein Betrag in Höhe des zum Zeitpunkt der Beendigung des Umzugs maßgeblichen Grundgehalts der Stufe 1 der Besoldungsgruppe A 14 erstattet. Dies ergibt:

Unterrichtskosten-Höchstbetrag je Kind

Umzug in der Zeit	Höchstbetrag
ab 1.3.2014	3 997 €
ab 1.3.2015	4 085 €

bb) Pauschvergütung für sonstige Umzugsauslagen – Ausland (ohne EU)

2925 Für **sonstige Umzugsauslagen** wird auch hier eine **Pauschvergütung** gewährt (§ 18 AUV). Diese beträgt 21 % des Grundgehalts der Stufe 8 der Besoldungsgruppe A 13. Dies ergibt:

Umzug in der Zeit	Ledige	Verheiratete, Lebenspartner, Gleichgestellte	Erhöhungsbetrag für jede weitere Person
ab 1.3.2014	1 050 €	2 100 €	700 €
ab 1.3.2015	1 073 €	2 146 €	715 €

cc) Pauschvergütung für sonstige Umzugsauslagen – Ausland (nur EU)

2926 Die Pauschvergütung für **Umzüge innerhalb der Europäischen Union** beträgt 20 % des Grundgehalts der Stufe 8 der Besoldungsgruppe A 13. Dies ergibt:

Umzug in der Zeit	Ledige	Verheiratete, Lebenspartner, Gleichgestellte	Erhöhungsbetrag für jede weitere Person
ab 1.3.2014	1 000 €	2 000 €	500 €
ab 1.3.2015	1 022 €	2 044 €	511 €

dd) Sonstiges

2927 Bei einem **Umzug vom Ausland in das Inland (Rückumzug)** beträgt die Pauschvergütung 80 % der o.g. Beträge (§ 18 Abs. 4 AUV).

Die Auslandsumzugskostenverordnung enthält weitere Sonderregelungen über **Zu- und Abschläge** (z.B. bei anderer Stromspannung am neuen Wohnort), auf die hier nicht näher eingegangen werden soll. Dies gilt auch für die Vorschrift des § 26 AUV betr. Ansatz gekürzter Pauschvergütungen bei einer Auslandsverwendung von weniger als zwei Jahren.

Anders als bis zum 31.12.2000 können nach R 9.9 Abs. 2 Satz 1 LStR **ab 1.1.2001 nicht mehr berücksichtigt** werden

– der **Ausstattungsbeitrag** nach § 19 AUV sowie

– der **Beitrag zum Beschaffen klimabedingter Kleidung** nach § 21 AUV,

weil es sich bei diesen Aufwendungen um typische steuerlich nicht abzugsfähige Kosten der Lebensführung (§ 12 Nr. 1 EStG) handelt (zuletzt BFH v. 12.4.2007, VI R 53/04, BStBl II 2007, 536).

5. Umzug von Arbeitnehmern, die vom Ausland zu einem inländischen Arbeitgeber abgeordnet/versetzt werden

2928 Es ist gefragt worden, wie ein Umzug eines Arbeitnehmers, der vom Ausland in ein inländisches Unternehmen versetzt bzw. abgeordnet wird, steuerlich zu behandeln ist. Die Finanzverwaltung vertritt dazu folgende Auffassung:

Handelt es sich um einen beruflich veranlassten Umzug, können die tatsächlichen Umzugskosten grundsätzlich bis zur Höhe der Beträge als Werbungskosten abgezogen werden, die nach dem BUKG und der AUV höchstens gezahlt werden können (R 9.9 Abs. 2 LStR). Ob ein Auslandsumzug vorliegt, bestimmt sich nach dem BUKG. Der Begriff „Auslandsumzug" umfasst danach die Umzüge zwischen Inland und Ausland sowie die Umzüge im Ausland (§ 13 Abs. 1 BUKG). Keine Auslandsumzüge i.S.d. BUKG sind die Umzüge anlässlich einer Einstellung, Versetzung oder Abordnung im Inland einschließlich ihrer Aufhebung, wenn die bisherige oder neue Wohnung im Ausland liegt (§ 13 Abs. 2 Nr. 4 BUKG). **Wird folglich ein ausländischer Staatsangehöriger bei einer deutschen Firma eingestellt und zieht er aus diesem Grund vom Ausland in das Inland um, so handelt es sich zwar um einen beruflich veranlassten Umzug, aber nicht um einen Auslandsumzug i.S.d. Bundesumzugskostenrechts. Danach gelten für diese Fälle grundsätzlich dieselben Regelungen wie bei einem Inlandsumzug.**

Der **BFH** hat jedoch mit Urteil v. 6.11.1986, VI R 135/85, BStBl II 1987, 188 die einem aus beruflichen Gründen in die Bundesrepublik zugezogenen Ausländer entstandenen sonstigen Umzugsauslagen in Höhe der sich aus § 10 Abs. 1 und 2 AUV a.F. v. 25.11.2003 ergebenden **Pauschbeträge für Auslandsumzüge vergleichbarer Beamter als Werbungskosten nach § 162 AO geschätzt** (bestätigt durch BFH v. 4.12.1992, VI R 11/92, BStBl II 1993, 722). Nach Auffassung des BFH widerspricht es dem Grundsatz einer zutreffenden Besteuerung, wenn in derartigen Fällen nur die Pauschbeträge für Inlandsumzüge berücksichtigt würden. Der Anfall höherer sonstiger Umzugsauslagen entspreche den allgemeinen Lebenserfahrungen.

Gerade weil es sich hierbei um eine Schätzung handelt, kann jedoch aus dem Urteil nicht gefolgert werden, dass bei Umzügen vom Ausland in das Inland stets von den für Auslandsumzüge maßgebenden Pauschbeträgen für sonstige Umzugskosten auszugehen ist.

Bei dem betroffenen Personenkreis handelt es sich oftmals um Führungskräfte oder Personen in gehobener beruflicher Position, denen vielfach bereits von ihrem Arbeitgeber eine Erstattung der Umzugskosten zugesagt wurde. Zum Teil bleiben den Stpfl. durch die Fürsorge des Arbeitgebers auch übliche Kosten erspart. **Hat der Stpfl. steuerfreie Erstattungen erhalten**, ist deshalb zu prüfen, ob sich die Erstattung auch auf sonstige Umzugskosten erstreckt oder sich konkrete Anhaltspunkte ergeben, dass sonstige Umzugskosten in Höhe der für Auslandsumzüge maßgebenden Beträge tatsächlich nicht entstanden sein können, so dass eine **Schätzung der sonstigen Umzugskosten in Höhe der vom BFH angenommen Beträge ausscheidet.**

Fehlt es an entsprechenden Anhaltspunkten und hat der Arbeitnehmer keine Erstattungen erhalten, bestehen gegen eine Schätzung der Aufwendungen in Höhe der für Auslandsumzüge maßgebenden Beträge keine Bedenken.

Bei einem Umzug vom Ausland in das Inland ist **Ausgangsgröße die Umzugspauschale i.S.d. § 18 Abs. 4 AUV** (i.d.F. v. 26.11.2012), wenn der Stpfl. mit dem Zuzug in die Bundesrepublik Deutschland in sein Heimatland zurückkehrt. Handelt es sich bei der Bundesrepublik Deutschland nicht um das Heimatland des Stpfl., ist Ausgangsgröße die Umzugskostenpauschale i.S.d. § 18 Abs. 2 oder 3 AUV.

Es ist zu beachten, dass sich bei dem **Bezug einer mit den notwendigen Möbeln und sonstigen Haushaltsgegenständen ausgestatteten Wohnung** nur ein Ansatz i.H.v. 25 % der Beträge nach den Absätzen 2 und 3 für sich und die Person nach § 2 Abs. 2 Satz 1 Nr. 1 oder Nr. 2 AUV ergibt.

Aufwendungen für die Anschaffung notwendiger technischer Geräte (§ 10 Abs. 8 AUV) und für die Anschaffung **klimabedingter Kleidung** (§ 21 AUV) sind nicht als Werbungskosten abziehbar.

Umzugskosten

Dies gilt auch für die **Ausstattungspauschale gem. § 19 AUV** (vgl. R 9.9 Abs. 2 Satz 1 LStR, s.a. BFH v. 6.11.1986, a.a.O., zum damaligen § 13 AUV).

Nach § 19 AUV wird Beamten und ihnen gleichgestellten Personen bei der ersten Verwendung und ggf. auch bei einer neuen Verwendung im Ausland ein Ausstattungsbeitrag gezahlt. Nach der amtlichen Begründung zur AUV berücksichtigt der Ausstattungsbeitrag die besonderen Bedürfnisse des Auslandsdienstes. Er soll dem Berechtigten die Umstellung auf die sich aus seiner dienstlichen Stellung im Ausland ergebenden besonderen Anforderungen auch seiner Familienangehörigen, u.a. hinsichtlich der Ausstattung der Wohnung, der Kleidung (Gesellschaftskleidung) erleichtern.

Danach wird der Ausstattungsbeitrag zur Ergänzung der persönlichen Ausstattung des Stpfl. und seiner Familie gewährt. Es handelt sich damit um die Bestreitung von Lebenshaltungskosten, für die das Aufteilungs- und Abzugsverbot des § 12 Nr. 1 EStG gilt. An dieser Beurteilung ändert auch nichts, dass nach § 19 Abs. 1 Satz 4 AUV eine Erhöhung des Beitrags um 30 % vorgesehen ist, wenn die oberste Dienstbehörde besondere Verpflichtungen der dienstlichen Repräsentation anerkannt hat. Nach der amtlichen Begründung zur AUV berücksichtigt Satz 4 lediglich den Mehrbedarf von Personen in bestimmten Funktionen, etwa als Angehöriger einer Auslandsvertretung oder als Offizier der Bundeswehr.

6. Vorsteuerabzug bei Umzugskosten

2929 Soweit der Unternehmer im Zusammenhang mit einem **Umzug seiner Arbeitnehmer**, der unternehmerisch bedingt ist (z.B. Einsatz des Arbeitnehmers an einem anderen Standort), Leistungen (z.B. eines Umzugsunternehmens) für sein Unternehmen bezieht, kann er die darauf entfallenden Vorsteuerbeträge geltend machen. Der Vorsteuerabzug wird unter den allgemeinen Voraussetzungen des § 15 UStG gewährt. Das bedeutet unter anderem, dass die entsprechenden **Rechnungen auf das Unternehmen ausgestellt** sein müssen (vgl. hierzu BMF v. 18.7.2006, IV A 5 – S 7303a – 7/06, BStBl I 2006, 450).

Unbeschränkte Steuerpflicht

→ *Steuerpflicht: unbeschränkte* Rz. 2794

Unbezahlter Urlaub

1. Arbeitsrecht

2930 Der zumeist im Interesse und auf ausdrücklichen Wunsch des Arbeitnehmers gewährte unbezahlte Sonderurlaub, z.B. zur Kinderbetreuung oder für einen längeren Heimaturlaub bei ausländischen Arbeitnehmern, wird dadurch gekennzeichnet, dass die Pflicht zur Arbeitsleistung einerseits und die Pflicht zur Lohnzahlung andererseits ruhen. Ein allgemeiner Anspruch des Arbeitnehmers auf unbezahlten Sonderurlaub besteht nicht, so dass regelmäßig eine **Vereinbarung** mit dem Arbeitgeber erforderlich ist. Der Arbeitgeber kann über Gewährung oder Nichtgewährung frei nach den betrieblichen Gegebenheiten entscheiden.

Wegen des im unbezahlten Urlaub ruhenden Arbeitsverhältnisses besteht bei **Arbeitsunfähigkeit** kein Anspruch auf Entgeltfortzahlung (vgl. BAG v. 2.10.1974, 5 AZR 507/73, www.stotax-first.de; BAG v. 25.5.1983, 5 AZR 236/80, www.stotax-first.de).

Ebenso besteht bei einem in den unbezahlten Urlaub fallenden **Feiertag** kein Anspruch auf Feiertagsvergütung (vgl. BAG v. 27.7.1973, 3 AZR 604/72, www.stotax-first.de) und für die Zeit unbezahlten Urlaubs in der **Mutterschutzfrist** kein Anspruch auf Mutterschaftsgeldzuschuss (BAG v. 25.2.2004, 5 AZR 160/03, www.stotax-first.de).

Der unbezahlte Urlaub mit wechselseitig ruhenden Hauptpflichten aus dem Arbeitsverhältnis ist demgegenüber ohne Einfluss auf den **Urlaubsanspruch** des Arbeitnehmers; auch während der Dauer des unbezahlten Urlaubs wächst daher der Anspruch auf Erholungsurlaub weiter an (BAG v. 6.5.2014, 9 AZR 678/12, www.stotax-first.de).

2. Lohnsteuer

2931 Lohnsteuerlich ergeben sich bei der Gewährung unbezahlten Urlaubs keine Probleme: Solange das Dienstverhältnis fortbesteht und dem Arbeitgeber die elektronischen Lohnsteuerabzugsmerkmale des Arbeitnehmers zur Verfügung stehen, sind auch solche in den Lohnzahlungszeitraum fallende Arbeitstage mitzuzählen, für die der Arbeitnehmer keinen Lohn bezogen hat (R 39b.5 Abs. 2 Satz 3 LStR). Es entsteht insbesondere **kein** Teillohnzahlungszeitraum mit der Folge, dass die Lohnsteuer nach der Wochen- oder Tageslohnsteuertabelle ermittelt werden müsste (→ *Teillohnzahlungszeitraum* Rz. 2845).

> **Beispiel:**
> A (Steuerklasse III) hat in der Zeit vom 16. bis 31.10.2016 unbezahlten Urlaub erhalten. Sein „normaler" Arbeitslohn beträgt 2 500 €, er erhält für diesen halben Monat nur 1 250 €.
>
> Der Arbeitgeber hat die Lohnsteuer nach dem Monat zu berechnen, auch wenn A nur zwei Wochen gearbeitet hat. Die Lohnsteuer beträgt 0 €, weil bei dieser Steuerklasse erst ab einem Monatslohn von 1 865,09 € Lohnsteuer anfällt.

In den Fällen, in denen zwar das Beschäftigungsverhältnis weiterbesteht, der Anspruch auf Arbeitslohn aber für **mindestens fünf aufeinander folgende Arbeitstage** im Wesentlichen weggefallen ist, hat der Arbeitgeber jeweils den **Großbuchstaben „U"** (U = Unterbrechung) im Lohnkonto und in der elektronischen Lohnsteuerbescheinigung des Arbeitnehmers einzutragen. Der Zeitraum, für den der Arbeitslohnanspruch weggefallen ist, muss nicht eingetragen werden (→ *Lohnkonto* Rz. 1803, → *Lohnsteuerbescheinigung* Rz. 1866).

3. Sozialversicherung

2932 Die Mitgliedschaft versicherungspflichtiger Arbeitnehmer bleibt in der Kranken- und Pflegeversicherung ebenso wie das Beschäftigungsverhältnis i.S. der Renten- und Arbeitslosenversicherung erhalten, solange das Beschäftigungsverhältnis ohne Entgeltzahlung fortbesteht, längstens jedoch für einen Monat. Dauert ein unbezahlter Urlaub (ein unentschuldigtes Fehlen) länger, endet die Mitgliedschaft in der Kranken- und Pflegeversicherung mit Ablauf des Monates; ggf. ist eine freiwillige Kranken- und Pflegeversicherung abzuschließen. Der Arbeitnehmer ist abzumelden und nach seiner Arbeitsaufnahme wieder anzumelden.

Die Zeit des unbezahlten Urlaubs/Fehlens ist keine beitragsfreie Zeit, sie ist vielmehr wegen des Fehlens von Arbeitsentgelt nicht mit Beiträgen „belegt". Sofern in dem Monat des unbezahlten Urlaubs/Fehlens kein Arbeitsentgelt angefallen ist, werden auch keine Beiträge fällig. Im Übrigen ist bei der Beitragsberechnung davon auszugehen, als hätte das Beschäftigungsverhältnis auch während des unbezahlten Urlaubes bestanden. Werden für den Abrechnungszeitraum des unbezahlten Urlaubs/des Fehlens noch Teilentgelte fällig, werden diese auf den gesamten Abrechnungszeitraum verteilt der Beitragsberechnung unterworfen. Einmalige Zuwendungen, die während dieser Zeit gezahlt werden, sind somit nach den allgemeinen Regeln beitragspflichtig.

> **Beispiel 1:**
> Der Arbeitnehmer hat vom 15.11 bis 30.11. unbezahlten Urlaub. Sein Gehaltsanspruch wird für den Monat November auf 1 500 € reduziert.
>
> Beiträge für den gesamten Monat November bemessen sich auf der Grundlage von 1 500 €.

> **Beispiel 2:**
> Der Arbeitnehmer hat im gesamten Monat Juni unbezahlten Urlaub. Laufendes Arbeitsentgelt wird nicht gezahlt, jedoch ein Urlaubsgeld i.H.v. 325 €.
>
> Für dieses Urlaubsgeld besteht im Juni Beitragspflicht.

> **Beispiel 3:**
> Der Arbeitnehmer hat vom 9.4. bis 26.4. unbezahlten Urlaub. Für die verbleibenden Arbeitstage steht ihm ein Lohnanspruch von 325 € zu. Am 17.4. wird eine Gewinnbeteiligung von 400 € gezahlt.
>
> Das beitragspflichtige Entgelt beträgt im April 725 €.

🔒 = keine Lohnsteuerpflicht
🔓 = Lohnsteuerpflicht

Unfallkosten

1. Arbeitnehmereigene Fahrzeuge

a) Allgemeines

2933 Unfallkosten eines **Arbeitnehmers bei beruflichen Fahrten mit seinem eigenen Pkw** (dazu gehören v.a. Fahrten zwischen Wohnung und erster Tätigkeitsstätte, die An- und Abreise bei doppelter Haushaltsführung, Auswärtstätigkeiten) sind bei ihm grundsätzlich als **Werbungskosten** abzugsfähig, und zwar sogar neben der Entfernungspauschale (BMF v. 31.10.2013, IV C 5 – S 2351/09/10002 :002, BStBl I 2013, 1376 Tz. 4) bzw. dem pauschalen km-Satz für Auswärtstätigkeiten, vgl. H 9.5 (Pauschale Kilometersätze) LStH m.w.N. Ein **steuerfreier Arbeitgeberersatz** ist aber nur zulässig, wenn es dafür eine besondere Steuerbefreiungsvorschrift gibt (R 19.3 Abs. 3 Satz 1 LStR). Dies ist aber nur bei **Auswärtstätigkeiten und doppelter Haushaltsführung der Fall** (§ 3 Nr. 13 bzw. 16 EStG), nicht dagegen bei Aufwendungen für Fahrten zwischen Wohnung und erster Tätigkeitsstätte.

Ein Abzug von Unfallkosten als **außergewöhnliche Belastung** nach § 33 EStG kommt ebenfalls nicht in Betracht; eine Ausnahme gilt nur für Unfallschäden gehbehinderter Personen, soweit die Kosten anlässlich beruflicher Fahrten nicht schon als Betriebsausgaben bzw. Werbungskosten abgezogen werden können (BFH v. 24.4.2006, III B 164/05, www.stotax-first.de).

Nicht als Werbungskosten abgezogen werden können Unfallkosten, die anlässlich einer **privaten Fahrt** entstanden sind. Privatfahrten sind auch kurze Abstecher, um auf dem Weg zur Arbeit das Kind in den Kindergarten zu bringen oder Kaffee zum Verzehr am Arbeitsplatz einzukaufen (BFH v. 13.3.1996, VI R 94/95, BStBl II 1996, 375; BFH v. 12.1.1996, VI R 69/95, www.stotax-first.de). Die sozialversicherungsrechtliche Beurteilung eines Unfalls als Berufsunfall ist für die steuerliche Beurteilung der Kosten entweder als abzugsfähige Werbungskosten oder aber als nicht abzugsfähige Kosten der Lebensführung unerheblich (vgl. FG Baden-Württemberg v. 4.11.1998, 12 K 226/95, EFG 1999, 219).

Dasselbe gilt für Unfälle auf einer

- **privaten Umwegstrecke** (BFH v. 18.4.2007, XI R 60/04, BStBl II 2007, 762 betr. Besuch des Weihnachtsmarkts sowie FG Saarland v. 13.9.2005, 1 K 189/01, www.stotax-first.de, betr. eine nicht erforderliche Umwegfahrt zum Betanken des Fahrzeugs),
- **privaten Fahrtunterbrechung** (FG München v. 12.6.2002, 1 K 49/01, www.stotax-first.de, betr. Parken in der zweiten Reihe, um eine Zeitung zu holen),
- beruflichen Fahrt, wenn der Unfall durch **Alkoholeinfluss** des Arbeitnehmers herbeigeführt wurde (zuletzt BFH v. 24.5.2007, VI R 73/05, BStBl II 2007, 766 m.w.N.). Allein „fahrlässiges Verhalten" reicht jedoch für die Versagung des Werbungskostenabzugs nicht aus: Das FG Düsseldorf hat deshalb Unfallkosten eines GmbH-Geschäftsführers auf einer beruflichen Fahrt als Werbungskosten anerkannt, obwohl er durch fahrlässiges Verhalten den Unfall verursacht und den Tod eines anderen Menschen herbeigeführt hat. Begründung: Der einmal begründete berufliche Veranlassungszusammenhang wird durch das fahrlässige Verhalten des Arbeitnehmers nicht unterbrochen. Das Gericht ließ offen, ob eine vorsätzlich begangene Straftat den Veranlassungszusammenhang unterbrechen könnte (FG Düsseldorf v. 11.10.2000, 9 K 4215/99 E, www.stotax-first.de).

Nicht als Betriebsausgaben anerkannt wurden ferner **Schadensersatzleistungen- und Prozesskosten**, die auf einer privaten Gefälligkeit beruhen: Ein Zahnarzt hatte auf einer beruflichen Fahrt (Flug zu einem Kongress mit seinem Privatflugzeug) aus Gefälligkeit Dritte mitgenommen, durch Absturz sind alle ums Leben gekommen (BFH v. 1.12.2005, IV R 26/04, BStBl II 2006, 182). Das Urteil kann auch Bedeutung haben für Fälle, in denen ein Arbeitnehmer anlässlich einer Auswärtstätigkeit oder auf dem Weg zur Arbeit Kollegen oder auch Familienangehörige mitnimmt.

Der Arbeitgeber ist aus seiner Fürsorgepflicht gehalten, dem Arbeitnehmer eine etwa vom Finanzamt verlangte **Bescheinigung** zur berufsbedingten Entstehung der Unfallkosten zu erteilen.

b) Erstattung als Reisenebenkosten

2934 Unfallkosten am **eigenen Fahrzeug** gehören nicht zu den **Gesamtkosten** des Fahrzeugs, vgl. H 9.5 (Einzelnachweis) LStH m.w.N.; sie sind bei Auswärtstätigkeiten jedoch als **Reisenebenkosten** zu berücksichtigen (R 9.8 LStR). Das bedeutet, dass Unfallkosten vom **Arbeitgeber**

- auch im Falle des Einzelnachweises aller Kfz-Kosten **nicht steuerfrei erstattet** werden können, wenn der Arbeitnehmer auf einer **privaten Fahrt** einen Unfall erleidet,
- dagegen umgekehrt bei einem **Unfall auf einer Auswärtstätigkeit usw. in voller Höhe steuerfrei ersetzt** werden können, auch wenn der Arbeitnehmer das Kfz z.T. privat fährt.

Beispiel 1:

A, Handelsvertreter, hat ein eigenes Kfz, das er zu 80 % beruflich nutzt. Auf einer Privatfahrt hat er einen Unfall erlitten, die Kosten haben 10 000 € betragen. Am Jahresende beantragt er von seinem Arbeitgeber die Erstattung folgender Kosten:

Gesamtkosten des Fahrzeugs (Benzin, Wartung, Versicherungen, Absetzungen für Abnutzung usw.)	50 000 €
zzgl. Unfallkosten	10 000 €
tatsächliche Gesamtkosten	60 000 €
davon 80 % beruflicher Anteil	48 000 €

Der Arbeitgeber darf nur 80 % der „bereinigten" Gesamtkosten von 50 000 € = 40 000 € für Auswärtstätigkeiten steuerfrei erstatten, weil die Unfallkosten nicht zu den Gesamtkosten zählen. Die Unfallkosten auf der privaten Fahrt können somit auch nicht anteilig – soweit das Kfz beruflich genutzt wird – steuerfrei erstattet werden.

Beispiel 2:

Beispiel wie oben, der Unfall ist jedoch auf einer Auswärtstätigkeit eingetreten.

Der Arbeitgeber darf in diesem Fall außer den 40 000 € für das Kfz die vollen 10 000 € als Reisenebenkosten steuerfrei erstatten. Eine Kürzung um den privaten Nutzungsanteil des Kfz erfolgt nicht.

c) Abgrenzung der verschiedenen Fahrten

Unfallkosten teilen steuerlich das Schicksal der Fahrt, bei deren **2935** Gelegenheit sich der Unfall ereignet hat (zuletzt BFH v. 13.7.2009, III B 117/08, www.stotax-first.de, m.w.N.). Für die Frage, wann Unfallkosten an **Fahrzeugen des Arbeitnehmers** vom Arbeitgeber steuerfrei erstattet werden können, müssen daher die einzelnen Fallgruppen unterschieden werden:

- Ereignet sich der Unfall während einer **Auswärtstätigkeit**, so können die Unfallkosten als Reisenebenkosten in voller Höhe **steuerfrei ersetzt** werden (§ 3 Nr. 16 EStG). Das Gleiche gilt für Unfälle bei **Vorstellungsreisen oder Umzügen**.

🔒 (SV)

Ein **geldwerter Vorteil** ist jedoch beim Arbeitnehmer zu versteuern, wenn dieser im Zustand der absoluten Fahruntüchtigkeit ein firmeneigenes Kfz beschädigt hat und gleichwohl der Arbeitgeber auf die ihm zustehende **Schadensersatzforderung verzichtet** (zuletzt BFH v. 24.5.2007, VI R 73/05, BStBl II 2007, 766).

- Ereignet sich der Unfall während einer Fahrt zwischen Wohnung und erster Tätigkeitsstätte, stellen die erstatteten Unfallkosten ebenso wie die erstatteten Fahrtkosten selbst **steuerpflichtigen Arbeitslohn** dar.

Der Arbeitgeber kann die Lohnsteuer jedoch nach § 40 Abs. 2 Satz 2 EStG mit einem **Pauschsteuersatz von 15 %** erheben, soweit der Arbeitnehmer diese Erstattungen als Werbungskosten geltend machen könnte. Das heißt, dass die Beschränkungen der Entfernungspauschale (Pauschsatz von 0,30 € je Entfernungskilometer) zu beachten sind. Pauschal besteuerte Bezüge bleiben beim Werbungskostenabzug des Arbeitnehmers außer Betracht (R 40.2 Abs. 5 Satz 3 LStR).

🔓 (SV)

- Ereignet sich der Unfall während einer wöchentlichen **Familienheimfahrt im Rahmen einer beruflich veranlassten doppelten Haushaltsführung**, sind die Ersatzleistungen in voller Höhe steuerfrei. Denn nach § 8 Abs. 2 Satz 5 EStG wird aus Vereinfachungsgründen auf die Erfassung eines geldwerten Vorteils für die Überlassung eines firmeneigenen Kfz verzichtet, wenn der Arbeitnehmer entsprechende Fahrtkosten als Werbungskosten absetzen könnte (d.h. **eine** Familienheimfahrt wöchentlich).

🔒 (SV)

- Ereignet sich der Unfall während einer **Privatfahrt**, liegt bei der Erstattung der Unfallkosten in vollem Umfang steuerpflichtiger

Unfallkosten

Arbeitslohn vor, der „normal" versteuert werden muss (keine Pauschalierung).

[LSt] [SV]

d) Begriff „Unfallkosten"

2936 Erstattungsfähig sind unter den o.g. Voraussetzungen die gesamten zur Beseitigung des Unfalls aufgewendeten Beträge; es kommt dabei nicht darauf an, in welchem Umfang das Fahrzeug üblicherweise privat und beruflich genutzt wird (BFH v. 19.3.1982, VI R 25/80, BStBl II 1982, 442).

Zu den Unfallkosten gehören in erster Linie:

- Die **Reparaturkosten** des eigenen Fahrzeugs sowie des Fahrzeugs des Unfallgegners, wenn der Arbeitnehmer diese unter Verzicht auf die Inanspruchnahme seiner gesetzlichen Haftpflichtversicherung selbst getragen hat; Entsprechendes gilt für **Schadensersatzzahlungen an den Unfallgegner** (z.B. Schmerzensgeld). Bei Schäden am eigenen Fahrzeug, die von der **Vollkaskoversicherung unter Anrechnung der Selbstbeteiligung** erstattet worden sind, kann diese als Unfallkosten berücksichtigt werden (BFH v. 9.8.1963, VI 49/62 U, BStBl III 1963, 502); die Versicherungsentschädigung selbst ist jedoch unabhängig davon von den Unfallkosten abzusetzen, ob die gezahlten Versicherungsprämien als Werbungskosten berücksichtigt wurden oder nicht (zuletzt FG Rheinland-Pfalz v. 29.5.2008, 3 K 1699/05, www.stotax-first.de).

- Die **Wertminderung durch Absetzungen für außergewöhnliche Abnutzung (AfaA)**, wenn der Arbeitnehmer das Fahrzeug nicht reparieren lässt. Die Wertminderung errechnet sich dabei nach dem Buchwert vor dem Unfall und dem Zeitwert nach dem Unfall; der Einholung eines Sachverständigengutachtens zum Zeitwert des Kfz im Zeitpunkt des Unfalls bedarf es deshalb nicht (BFH v. 9.1.2002, VI B 222/01, www.stotax-first.de).

> **Beispiel:**
> A, Handelsvertreter, hat am 2.1.2015 für 54 000 € einen Pkw angeschafft, den er für seine Auswärtstätigkeit nutzt. Der Arbeitgeber erstattet ihm für jeden dienstlich gefahrenen Kilometer den pauschalen km-Satz von 0,30 €. Am 30.6.2016 erleidet A auf einer Auswärtstätigkeit einen Unfall, der Wagen hat laut Sachverständigengutachten danach nur noch einen Schrottwert von 5 000 €.
>
> Die Wertminderung errechnet sich wie folgt (die Nutzungsdauer wird entsprechend BMF v. 15.12.2000, IV D 2 – S 1551 – 188/00, BStBl I 2000, 1532 mit sechs Jahren angenommen):
>
> | | |
> |---|---:|
> | Anschaffungskosten | 54 000 € |
> | AfA für 2015 | ./. 9 000 € |
> | Buchwert zum 31.12.2015 | 45 000 € |
> | AfA bis zum Unfalltag 30.6.2016, d.h. für 6 Monate (1/2 von 9 000 €) | ./. 4 500 € |
> | Buchwert zum 30.6.2016 | 40 500 € |
> | Zeitwert (Verkehrswert) nach dem Unfall | ./. 5 000 € |
> | als Absetzung für außergewöhnliche Abnutzung zu berücksichtigende Wertminderung | 35 500 € |
>
> Der Arbeitgeber darf A außer den sonstigen Unfallkosten die Wertminderung i.H.v. 35 500 € steuerfrei erstatten.

Voraussetzung für den Abzug von AfaA ist danach, dass überhaupt noch ein **abschreibungsfähiger Restbuchwert vorhanden** ist, vgl. H 9.10 (Unfallschäden) LStH. Dies ist bei einem zwölf Jahre alten Fahrzeug unabhängig davon nicht der Fall, ob und in welchem Umfang für das Fahrzeug tatsächlich steuerlich Abschreibungen geltend gemacht wurden; gegen zu rechnen ist ferner ein evtl. **Verkaufserlös** (FG München v. 18.3.1998, 1 K 775/96, EFG 1998, 1083; BFH v. 21.8.2012, VIII R 33/09, BStBl II 2013, 171). In der Regel ist von einer Nutzungsdauer von **acht Jahren** auszugehen (zuletzt BFH v. 8.4.2008, VIII R 64/06, www.stotax-first.de, m.w.N.).

AfaA eines durch Unfall beschädigten Pkw sind nur im **Veranlagungszeitraum des Schadenseintritts** abziehbar. Es besteht kein Wahlrecht, mit der Geltendmachung der AfaA zu warten, bis feststeht, ob und in welcher Höhe der Schaden z.B. durch eine Versicherung ersetzt wird (BFH v. 13.3.1998, VI R 27/97, BStBl II 1998, 443).

- Aufwendungen für die Beseitigung **von Schäden an Kleidung, Gepäck** usw. (vgl. BFH v. 30.6.1995, VI R 26/95, BStBl II 1995, 744).

- Kosten für einen **Mietwagen**, solange der eigene Wagen in der Werkstatt steht.

- Aufwendungen für **Sachverständige, Anwalt, Gericht** usw., jedoch **nicht Geldstrafen oder Bußgelder** (§ 12 Nr. 4 EStG).

- **Zinsen für einen Kredit**, der zur Bezahlung der Unfallkosten aufgenommen wurde (BFH v. 2.3.1962, VI 79/60 S, BStBl III 1962, 192).

- **Nebenkosten**, z.B. für den Abschleppwagen, Taxifahrten zum Anwalt oder Gericht, Telefonkosten.

Keine Unfallkosten sind dagegen

- die in den Folgejahren erhöhten **Beiträge für die Haftpflicht- und Fahrzeugversicherung**, wenn die Versicherung in Anspruch genommen worden ist, sowie

- der sog. **merkantile Minderwert** eines reparierten und weiterhin benutzten Fahrzeugs; vgl. H 9.10 (Unfallschäden) LStH m.w.N.

2. Firmenwagen

a) Allgemeines

Bei der Firmenwagengestellung gehören **Unfallkosten nicht zu den Gesamtkosten eines dem Arbeitnehmer überlassenen Firmenwagens** (R 8.1 Abs. 9 Nr. 2 Satz 11 LStR). Vom Arbeitgeber getragene Unfallkosten sind daher neben dem sich nach der 1 %-Regelung oder der Fahrtenbuchmethode ergebenden geldwerten Vorteil gesondert zu würdigen (R 8.1 Abs. 9 Nr. 1 Satz 9 i.V.m. Nr. 2 Satz 9 bis 16 LStR). **2937**

Bei Unfallkosten, die – bezogen auf den einzelnen Schadensfall und nach Erstattungen von dritter Seite (z.B. Versicherungen) – einen **Betrag von 1 000 € (zzgl. USt) nicht übersteigen, wird es von der Finanzverwaltung nicht beanstandet, wenn sie als Reparaturkosten in die Gesamtkosten einbezogen** werden (R 8.1 Abs. 9 Nr. 2 Satz 12 LStR). Diese Vereinfachungsregelung gilt auch bei Anwendung der 1 %-Regelung, so dass Unfallkosten bis zu einem Betrag von 1 000 € zzgl. USt bei Anwendung der 1 %-Regelung **nicht als gesonderter geldwerter Vorteil anzusetzen** sind. Hintergrund dieser Vereinfachungsregelung ist, dass insbesondere **Leasingfahrzeuge** am Ende der Leasingzeit vom Arbeitgeber bzw. Arbeitnehmer beschädigt an die Leasinggesellschaft zurückgegeben werden, diese dem Arbeitgeber hierfür Reparaturkosten in Rechnung stellt und nicht mehr feststellbar ist, auf welches Ereignis der Schaden an dem Fahrzeug zurückzuführen ist.

> **Beispiel:**
> Anlässlich der Rückgabe eines geleasten Firmenwagens an die Leasinggesellschaft wird eine Beschädigung des Fahrzeugs an der Stoßstange festgestellt. Die Beseitigung des Schadens kostet 800 €.
>
> Auf Grund der vorstehenden Vereinfachungsregelung beanstandet es die Finanzverwaltung nicht, wenn die Aufwendungen i.H.v. 800 € als Reparaturkosten in die Gesamtkosten einbezogen werden. Wird der geldwerte Vorteil aus der Firmenwagengestellung nach der **1 %-Regelung** ermittelt, ist kein weiterer geldwerter Vorteil anzusetzen.
>
> Bei Ermittlung des geldwerten Vorteils nach der **Fahrtenbuchmethode** führt die Einbeziehung der Aufwendungen in die Gesamtkosten letztlich zu einem höheren km-Satz für die Privatfahrten und die Fahrten zwischen Wohnung und erster Tätigkeitsstätte.

Diese Vereinfachungsregel ist auch dann sinngemäß anzuwenden, wenn ein höherer Selbstbehalt als 1 000 € vereinbart ist. Zudem ist die sog. Bagatellregelung der R 8.1 Abs. 9 Nr. 2 Satz 12 LStR anwendbar, d.h., wenn der Schadensersatzverzicht nach R 8.1 Abs. 9 Nr. 2 Satz 15 LStR in Höhe eines Selbstbehalts von 1 000 € anzusetzen ist, kann dieser als Reparaturkosten in die Gesamtkosten einbezogen werden.

b) Verzicht des Arbeitgebers auf Schadensersatz als Arbeitslohn?

Ist der Arbeitnehmer gegenüber dem Arbeitgeber wegen Unfallkosten schadensersatzpflichtig (z.B. Privatfahrten, Trunkenheitsfahrten) und verzichtet der Arbeitgeber auf diesen Schadenersatz, liegt in Höhe dieses Verzichts – **neben dem geldwerten Vorteil aus der Firmenwagengestellung – ein weiterer, zusätzlich zu erfassender geldwerter Vorteil vor** (R 8.1 Abs. 9 Nr. 2 Satz 13 LStR). Erstattungen durch Dritte (z.B. Versicherung) sind unab- **2938** hängig vom Zahlungszeitpunkt des Dritten vorteilsmindernd zu berücksichtigen, so dass der **geldwerte Vorteil regelmäßig in Höhe der vereinbarten Selbstbeteiligung anzusetzen** ist (R 8.1 Abs. 9 Nr. 2 Satz 14 LStR).

Allerdings ist zu beachten, dass eine **Versicherung bei einem vorsätzlich oder grob fahrlässig verursachten Unfall nicht zahlt**. In diesem Fall liegt daher ein geldwerter Vorteil in Höhe des tatsächlichen Schadenverzichts des Arbeitgebers vor.

> **Beispiel 1:**
> Der Arbeitnehmer verursacht auf einer Privatfahrt einen Unfall, der zu einem Schaden an dem vom Arbeitgeber zur Verfügung gestellten Firmenwagen i.H.v. 5 000 € führt. Die Vollkaskoversicherung des Arbeitgebers übernimmt nach Abzug der Selbstbeteiligung von 1 000 € die restlichen Kosten von 4 000 €. Der Arbeitgeber nimmt seinen Arbeitnehmer nicht in Regress.
> Da der Arbeitnehmer gegenüber seinem Arbeitgeber wegen des von ihm verursachten Unfalls schadenersatzpflichtig ist, liegt steuerpflichtiger Arbeitslohn in Höhe der vereinbarten Selbstbeteiligung der Vollkaskoversicherung von 1 000 € vor. Auch die Vereinfachungsregelung nach R 8.1 Abs. 9 Nr. 2 Satz 12 LStR wäre anwendbar (Wahlrecht).

> **Beispiel 2:**
> Wie Beispiel 1. Der Unfall ereignet sich anlässlich einer Trunkenheitsfahrt des Arbeitnehmers.
> Da die Vollkaskoversicherung in diesem Fall wegen des vorsätzlichen bzw. grob fahrlässigen Verhaltens des Arbeitnehmers nicht zahlt, liegt ein steuerpflichtiger geldwerter Vorteil in Höhe des tatsächlichen Schadenersatzverzichts des Arbeitgebers von 5 000 € vor.
> Ein Werbungskostenabzug in Höhe des versteuerten geldwerten Vorteils ist auch dann ausgeschlossen, wenn sich dieser Unfall anlässlich einer Fahrt zwischen Wohnung und erster Tätigkeitsstätte ereignet hat.

Hat der **Arbeitgeber auf den Abschluss einer Vollkaskoversicherung verzichtet** (z.B. bei Arbeitgebern des **öffentlichen Dienstes** mit Firmenwagengestellungen an ihre Arbeitnehmer), ist aus Vereinfachungsgründen so zu verfahren, als bestünde eine Versicherung mit einer Selbstbeteiligung i.H.v. 1 000 €, wenn es bei bestehender Versicherung zu einer Erstattung gekommen wäre (R 8.1 Abs. 9 Nr. 2 Satz 15 LStR). Allerdings ist auch hier zu beachten, dass die Versicherung bei einem vorsätzlichen oder grob fahrlässigen Unfall nicht zahlen würde. Daher liegt in diesem Fall ein geldwerter Vorteil in Höhe des tatsächlichen Schadenersatzverzichts des Arbeitgebers vor. Durch die vorstehenden Regelungen soll eine Gleichbehandlung der Arbeitnehmer unabhängig davon erreicht werden, ob der Arbeitgeber in den Fällen der Firmenwagengestellung eine Vollkaskoversicherung abgeschlossen hat oder nicht.

> **Beispiel 3:**
> Wie Beispiel 2. Der Arbeitgeber hat aber auf den Abschluss einer Vollkaskoversicherung verzichtet.
> Der steuerpflichtige geldwerte Vorteil wird aus Vereinfachungsgründen i.H.v. 1 000 € angesetzt.

Liegt keine Schadenersatzpflicht des Arbeitnehmers vor (z.B. Fälle höherer Gewalt, Verursachung des Schadens durch einen Dritten) oder ereignet sich der Unfall auf einer beruflich veranlassten Fahrt (bei einer Auswärtstätigkeit oder einer Fahrt zwischen Wohnung und erster Tätigkeitsstätte), liegt kein geldwerter Vorteil vor, es sei denn, dem Unfall liegt eine Trunkenheitsfahrt zu Grunde (R 8.1 Abs. 9 Nr. 2 Satz 16 LStR).

> **Beispiel 4:**
> Der Arbeitnehmer stellt den vom Arbeitgeber überlassenen Firmenwagen nachts auf der Straße vor seiner Wohnung ab. Am nächsten Morgen stellt der Arbeitnehmer fest, dass der Wagen in der Nacht von einem unbekannten Dritten beschädigt worden ist.
> Da der Schaden von einem Dritten verursacht worden ist, liegt keine Schadenersatzpflicht des Arbeitnehmers gegenüber seinem Arbeitgeber und damit auch kein steuerpflichtiger geldwerter Vorteil vor.

c) Kein Ansatz eines geldwerten Vorteils

2939 Bei Unfällen auf beruflichen Fahrten verzichtet die Finanzverwaltung – wegen der zumindest im Einkommensteuer-Veranlagungsverfahren möglichen Saldierung von Arbeitslohn und Werbungskosten – auf den Ansatz eines geldwerten Vorteils.

> **Beispiel:**
> Der Arbeitnehmer verursacht auf einer Fahrt zwischen Wohnung und erster Tätigkeitsstätte einen Unfall, der zu einem Schaden an dem ihm von seinem Arbeitgeber zur Verfügung gestellten Firmenwagen i.H.v. 3 500 € führt. Die Vollkaskoversicherung des Arbeitgebers übernimmt nach Abzug der Selbstbeteiligung von 1 000 € die restlichen Kosten von 2 500 €. Der Arbeitgeber nimmt seinen Arbeitnehmer nicht in Regress.
> Da es sich um einen Unfall anlässlich einer beruflichen Fahrt handelt, wird steuerlich auf den Ansatz eines geldwerten Vorteils in Höhe der Selbstbeteiligung in der Vollkaskoversicherung von 1 000 € verzichtet.
> Andererseits kann der Arbeitnehmer – da kein geldwerter Vorteil angesetzt wird – neben der Entfernungspauschale keine Unfallkosten als Werbungskosten bei den Einkünften aus nichtselbständiger Arbeit geltend machen.

d) Werbungskostenabzug

Kosten für Schäden am vom Arbeitgeber oder auf Grund des Dienstverhältnisses von Dritten überlassenen Kraftfahrzeug können in der Einkommensteuerveranlagung i.d.R. **nicht (mehr) als Werbungskosten berücksichtigt** werden: 2940

– Wenn **keine Schadensersatzpflicht des Arbeitnehmers besteht** (z.B. Fälle höherer Gewalt, Verursachung des Schadens durch einen Dritten), wird auch kein geldwerter Vorteil für den Schadensfall erfasst, so dass der Arbeitnehmer wirtschaftlich nicht mit diesen Unfallkosten belastet ist.

– Wenn sich der Unfall auf einer **beruflich veranlassten Fahrt** (Auswärtstätigkeit, Fahrt zwischen Wohnung und erster Tätigkeitsstätte oder auch Familienheimfahrt) ereignet, wird der dem Grunde nach mögliche Werbungskostenabzug bereits im Lohnsteuerabzugsverfahren gegengerechnet (d.h. es wird kein gesonderter geldwerter Vorteil erfasst), so dass der Arbeitnehmer ebenfalls wirtschaftlich nicht mit diesen Unfallkosten belastet ist.

– Wenn es sich um eine sog. (private oder berufliche) **Trunkenheitsfahrt** (= das auslösende Moment für den Verkehrsunfall war die alkoholbedingte Fahruntüchtigkeit) handelt, ist ein Werbungskostenabzug auf Grund der fehlenden beruflichen Veranlassung ausgeschlossen; im Ergebnis verbleibt es bei der Erfassung/Besteuerung eines Schadensersatzverzichts als gesonderter geldwerter Vorteil (BFH v. 24.5.2007, VI R 73/05, BStBl II 2007, 766). Entsprechendes gilt für die sich auf Privatfahrten ereigneten Unfälle, für die eine **Schadensersatzpflicht des Arbeitnehmers besteht**.

Unfallverhütungsprämien

1. Lohnsteuer

Unternehmen führen häufig Wettbewerbe durch, um die Sicherheit am Arbeitsplatz zu erhöhen. Dabei werden am Ende eines Kalenderjahrs in einzelnen Betrieben oder Betriebsteilen die Unfallhäufigkeit festgestellt und Sachprämien an die Mitarbeiter gegeben, bei denen die Zahl der meldepflichtigen Arbeitsunfälle am geringsten ist. 2941

Solche Unfallverhütungs- und Sicherheitsprämien gehören regelmäßig zum steuerpflichtigen Arbeitslohn (BFH v. 11.3.1988, VI R 106/84, BStBl II 1988, 726; → *Belohnungen* Rz. 621).

Diese Prämien werden überwiegend nach § 40 Abs. 1 Satz 1 Nr. 1 EStG pauschal besteuert (→ *Pauschalierung der Lohnsteuer* Rz. 2175).

[LSt] [SV]

2. Sozialversicherung

Für die beitragsrechtliche Behandlung ist zu entscheiden, ob die Prämien als laufendes oder einmalig gezahltes Arbeitsentgelt anzusehen sind. 2942

Einmalige Zuwendungen sind Arbeitsentgelt, das nicht in einem Abrechnungszeitraum, sondern über längere Zeiträume erworben wird. Außerdem hängt die Zahlung einer Unfallverhütungsprämie nicht von der unfallfreien Arbeit eines Einzelnen in einem Abrechnungszeitraum ab, sondern von der einer Gruppe über einen längeren Zeitraum (Jahr). Die Sozialversicherungsträger vertreten die Auffassung, dass Unfallverhütungsprämien als einmalig gezahltes,

Unfallverhütungsprämien

beitragspflichtiges Arbeitsentgelt anzusehen sind, auch wenn die Prämien als Sachbezug und nicht in Geld gewährt werden.

Demnach ist der Geldwert der Sachprämie als Berechnungsgrundlage zu ermitteln. Nach § 3 Abs. 3 SvEV ist es möglich, dem einzelnen Arbeitnehmer den Durchschnittswert des pauschal versteuerten Sachbezugs zuzuordnen und danach den Beitrag zu berechnen, wenn der Wert des Sachbezugs 80 € nicht übersteigt und der Arbeitgeber die Arbeitnehmeranteile an den Sozialversicherungsbeiträgen übernimmt. Dieser vermögenswerte Vorteil ist dem letzten Entgeltabrechnungszeitraum des Kalenderjahrs zuzuordnen.

3. Prämien der Berufsgenossenschaft

2943 Belohnungen, die die **Berufsgenossenschaften** den Arbeitnehmern für Vorschläge zur Verhütung von Unfällen zahlen, sind regelmäßig kein steuerpflichtiger und damit auch kein beitragspflichtiger Arbeitslohn (BFH v. 22.2.1963, VI 165/61 U, BStBl III 1963, 306).

Unfallversicherung: freiwillige

1. Allgemeines

2944 Hat der Arbeitgeber für seine Arbeitnehmer eine Unfallversicherung abgeschlossen und übernimmt er dafür die Beiträge, handelt es sich bei den begünstigten Arbeitnehmern **grundsätzlich um steuerpflichtigen Arbeitslohn**; ausgenommen ist lediglich der Versicherungsschutz für Unfälle bei **Auswärtstätigkeiten**. Steuerlich ist dies so zu bewerten, als ob der **Arbeitgeber dem Arbeitnehmer die Mittel zur Verfügung stellt und dieser sie zum Erwerb des Versicherungsschutzes verwendet** (s. z.B. BFH v. 7.5.2009, VI R 8/07, BStBl II 2010, 194 betr. Umlagezahlungen des Arbeitgebers an die VBL). Beiträge zu **Direktversicherungen** bzw. **Gruppenunfallversicherungen**, in denen der Arbeitgeber als Versicherungsnehmer auftritt, stellen daher **keinen Sachbezug, sondern Barlohn** dar. Die für bestimmte Sachbezüge geltende **44 €-Freigrenze** nach § 8 Abs. 2 Satz 11 EStG (→ *Sachbezüge* Rz. 2605) findet deshalb hier **keine Anwendung** (R 8.1 Abs. 3 Satz 2 LStR).

Ist der **Arbeitgeber selbst der Versicherer** und gewährt er seinen Arbeitnehmern unentgeltlich bzw. verbilligt Versicherungsschutz (es handelt sich dabei um eine **Dienstleistung**), ist dieser Sachbezug nach § 8 Abs. 3 EStG zu bewerten, d.h. dass der **Rabattfreibetrag** bis 1 080 € abgezogen und der **Bewertungsabschlag** von 4 % berücksichtigt werden können (BFH v. 4.11.1994, VI R 81/93, BStBl II 1995, 338).

Räumt ein **Versicherer einem fremden Arbeitnehmer** verbilligten Versicherungsschutz ein, können – wenn der Arbeitgeber an der Verschaffung der Preisvorteile mitgewirkt hat – unter den Voraussetzungen des BMF v. 20.1.2015, IV C 5 – S 2360/12/10002, BStBl I 2015, 143 **Rabatte von dritter Seite** vorliegen, die nach § 8 Abs. 2 Satz 1 EStG zu bewerten sind (→ *Rabatte* Rz. 2359). In diesem Fall ist die 44 €-Freigrenze des § 8 Abs. 2 Satz 11 EStG zu berücksichtigen.

Prämienvorteile, die bei Gruppenversicherungen gegenüber Einzelversicherungen entstehen, gehören nicht zum Arbeitslohn. Die Prämienunterschiede beruhen auf Versicherungsrecht, da für beide Versicherungsarten unterschiedliche Tarife gelten, und führen mithin nicht zu einem lohnsteuerlich zu erfassenden geldwerten Vorteil. Das heißt, dass lohnsteuerlich Gruppenversicherungen nicht mit Einzelversicherungen verglichen werden dürfen. Folglich darf der Beitrag für eine Einzelversicherung nicht automatisch in allen Fällen, in denen Arbeitnehmern im Rahmen einer Gruppenversicherung verbilligter Versicherungsschutz eingeräumt wird, als üblicher Endpreis i.S.d. § 8 Abs. 2 EStG herangezogen werden. Entscheidend ist allein, ob für die **Arbeitnehmer Einzel- oder Gruppenversicherungen abgeschlossen** worden sind. Ein geldwerter Vorteil bemisst sich je nach Art der abgeschlossenen Versicherung (Einzel- oder Gruppenversicherung) danach, ob den Arbeitnehmern dabei Konditionen eingeräumt werden, die von denen abweichen, die fremden Dritten für die gleiche Versicherung (Einzel- oder Gruppenversicherung) gewährt werden. Dies gilt unabhängig, ob es sich um Gruppenversicherungen innerhalb oder außerhalb der Pauschalierungsregelung des § 40b EStG handelt (BMF v. 20.3.1996, IV B 6 – S 2334 – 100/96, www.stotax-first.de).

§ 40b EStG stellt keine besondere Bewertungsvorschrift dar, die § 8 EStG vorgeht, sondern regelt die Möglichkeit der Pauschalierung bei bestimmten Zukunftssicherungsleistungen.

Bei den Beiträgen zu privaten Risikolebensversicherungen, Unfallversicherungen oder Kapitallebensversicherungen handelt es sich nicht um existenziell notwendige Aufwendungen der Daseinsfürsorge, die i.R.d. subjektiven Nettoprinzips steuermindernd zu berücksichtigen wären (BFH v. 9.9.2015, X R 5/13, www.stotax-first.de).

2. BFH-Rechtsprechung

2945 **Der BFH hat in mehreren Urteilen dazu Stellung genommen, wann und in welcher Höhe bei Leistungen aus einer vom Arbeitgeber finanzierten Gruppenunfallversicherung, die dem Arbeitnehmer keinen eigenen Rechtsanspruch auf Leistung einräumt, Arbeitslohn zufließt** (z.B. BFH v. 11.12.2008, VI R 9/05, BStBl II 2009, 385).

Die Kernaussagen lassen sich wie folgt zusammenfassen:

- Die auf Grund einer vom Arbeitgeber abgeschlossenen Gruppenunfallversicherung an den Arbeitnehmer ausgezahlte Versicherungsleistung führt nicht zu Arbeitslohn.
- Steuerpflichtigen Arbeitslohn im Zeitpunkt der Auszahlung einer Versicherungsleistung an den Arbeitnehmer stellen nur die vom Arbeitgeber zur Erlangung des Versicherungsschutzes bis zur Auskehrung der Versicherungsleistung erbrachten Beiträge dar, der Höhe nach begrenzt auf die an den Arbeitnehmer ausgezahlte Versicherungsleistung.
- Über den durch die Beitragsleistung erlangten Vorteil kann der Arbeitnehmer erst bei Eintritt des Versicherungsfalls und Erlangung der Versicherungsleistung verfügen. Dies ist daher der Zuflusszeitpunkt.
- Regelmäßig kann davon ausgegangen werden, dass die Beiträge jeweils hälftig auf das Risiko privater und beruflicher Unfälle entfallen. Der auf das berufliche Risiko entfallende Anteil der Beiträge führt als Werbungskostenersatz wiederum zu Werbungskosten des Arbeitnehmers, mit denen der entsprechende steuerpflichtige Arbeitslohn zu saldieren ist.
- Im Ergebnis sind somit im Zeitpunkt der Versicherungsleistung die auf den Versicherungsschutz entfallenden Beiträge zur Hälfte steuerpflichtig.

Der BFH hat noch darauf hingewiesen, dass ggf. die **Tarifermäßigung** nach § 34 Abs. 1 EStG für außerordentliche Einkünfte in Gestalt von Vergütungen für mehrjährige Tätigkeiten (§ 34 Abs. 2 Nr. 4 EStG) zu gewähren ist (sog. **Fünftelregelung**). Voraussetzung dürfte allerdings sein, dass der Zeitraum der Zugehörigkeit des Arbeitnehmers zum vom Arbeitgeber finanzierten Gruppenunfallversicherungsvertrag bis zur Auszahlung der Versicherungsleistung (maximal aber bis zur Beendigung des Dienstverhältnisses) **mehr als zwölf Monate beträgt** (s. § 34 Abs. 2 Nr. 4 i.V.m. Abs. 1 EStG).

3. Erlass v. 28.10.2009

2946 Der Erlass sieht Folgendes vor (BMF v. 28.10.2009, IV C 5 – S 2332/09/10004, BStBl I 2009, 1275; die Nummerierung folgt der Gliederung dieses Schreibens; ab 2014 ist der Begriff „regelmäßige Arbeitsstätte" durch den neuen Begriff „erste Tätigkeitsstätte" zu ersetzen, s. § 9 Abs. 1 Satz 3 Nr. 4a EStG):

Einkommen-(lohn-)steuerliche Behandlung von freiwilligen Unfallversicherungen

Im Einvernehmen mit den obersten Finanzbehörden der Länder gilt für die einkommen(lohn-)steuerrechtliche Behandlung von freiwilligen Unfallversicherungen Folgendes:

1. Versicherungen des Arbeitnehmers

1.1 Versicherung gegen Berufsunfälle

Aufwendungen des Arbeitnehmers für eine Versicherung ausschließlich gegen Unfälle, die mit der beruflichen Tätigkeit in unmittelbarem Zusammenhang stehen (einschließlich der Unfälle auf dem Weg von und zur regelmäßigen Arbeitsstätte), sind Werbungskosten (§ 9 Abs. 1 Satz 1 EStG).

1.2 Versicherung gegen außerberufliche Unfälle

Aufwendungen des Arbeitnehmers für eine Versicherung gegen außerberufliche Unfälle sind Sonderausgaben (§ 10 Abs. 1 Nr. 3 Buchst. a i.V.m. § 10 Abs. 4 und 4a EStG und ab dem Veranlagungszeitraum 2010 § 10 Abs. 1 Nr. 3a i.V.m. Abs. 4 und 4a EStG).

1.3 Versicherung gegen alle Unfälle

Aufwendungen des Arbeitnehmers für eine Unfallversicherung, die das Unfallrisiko sowohl im beruflichen als auch im außerberuflichen Bereich abdeckt, sind zum einen Teil Werbungskosten und zum anderen Teil Sonderausgaben. Der Gesamtbeitrag einschließlich Versicherungsteuer für beide Risiken ist entsprechend aufzuteilen (vgl. BFH v. 22.6.1990, VI R 2/87, BStBl II 1990, 901). Für die Aufteilung sind die Angaben des Versicherungsunternehmens darüber maßgebend, welcher Anteil des Gesamtbeitrags das berufliche Unfallrisiko abdeckt. Fehlen derartige Angaben, ist der Gesamtbeitrag durch Schätzung aufzuteilen. Es bestehen keine Bedenken, wenn die **Anteile auf jeweils 50 % des Gesamtbeitrags geschätzt** werden.

1.4 Übernahme der Beiträge durch den Arbeitgeber

Vom Arbeitgeber übernommene Beiträge des Arbeitnehmers sind steuerpflichtiger Arbeitslohn. Das gilt nicht, soweit Beiträge zu Versicherungen gegen berufliche Unfälle und Beiträge zu Versicherungen gegen alle Unfälle (Tz. 1.1 und 1.3) auch das Unfallrisiko bei Auswärtstätigkeiten (R 9.4 Abs. 2 LStR) abdecken. Beiträge zu Unfallversicherungen sind als Reisenebenkosten steuerfrei, soweit sie Unfälle bei einer Auswärtstätigkeit abdecken (§ 3 Nr. 13 und 16 EStG). Es bestehen keine Bedenken, wenn aus Vereinfachungsgründen bei der Aufteilung des auf den beruflichen Bereich entfallenden Beitrags/Beitragsanteils in steuerfreie Reisekostenerstattungen und steuerpflichtigen Werbungskostenersatz (z.B. Unfälle auf Fahrten zwischen Wohnung und regelmäßiger Arbeitsstätte) der auf **steuerfreie Reisekostenerstattungen entfallende Anteil auf 40 % geschätzt** wird. Der Beitragsanteil, der als Werbungskostenersatz dem Lohnsteuerabzug zu unterwerfen ist, gehört zu den Werbungskosten des Arbeitnehmers.

2. Versicherungen des Arbeitgebers

2.1 Ausübung der Rechte steht ausschließlich dem Arbeitgeber zu

2.1.1 Kein Arbeitslohn zum Zeitpunkt der Beitragszahlung

Handelt es sich bei vom Arbeitgeber abgeschlossenen Unfallversicherungen seiner Arbeitnehmer um Versicherungen für fremde Rechnung (§ 179 Abs. 1 Satz 2 i.V.m. §§ 43 bis 48 VVG), bei denen die Ausübung der Rechte ausschließlich dem Arbeitgeber zusteht, so stellen die Beiträge im Zeitpunkt der Zahlung durch den Arbeitgeber keinen Arbeitslohn dar (BFH v. 16.4.1999, VI R 60/96, BStBl II 2000, 406; BFH v. 16.4.1999, VI R 66/97, BStBl II 2000, 408).

2.1.2 Arbeitslohn zum Zeitpunkt der Leistungsgewährung

Erhält ein Arbeitnehmer Leistungen aus einem entsprechenden Vertrag, führen die bis dahin entrichteten, auf den Versicherungsschutz des Arbeitnehmers entfallenden Beiträge im Zeitpunkt der Auszahlung oder Weiterleitung der Leistung an den Arbeitnehmer zu Arbeitslohn in Form von Barlohn, begrenzt auf die dem Arbeitnehmer ausgezahlte Versicherungsleistung (BFH v. 11.12.2008, VI R 9/05, BStBl II 2009, 385); das gilt unabhängig davon, ob der Unfall im beruflichen oder außerberuflichen Bereich eingetreten ist und ob es sich um eine Einzelunfallversicherung oder eine Gruppenunfallversicherung handelt. Bei einer Gruppenunfallversicherung ist der auf den einzelnen Arbeitnehmer entfallende Teil der Beiträge ggf. zu schätzen (BFH v. 11.12.2008, VI R 19/06, HFR 2009, 671). Bei dem im Zuflusszeitpunkt zu besteuernden Beiträgen kann es sich um eine Vergütung für eine mehrjährige Tätigkeit i.S.d. § 34 Abs. 1 i.V.m. Abs. 2 Nr. 4 EStG handeln.

Da sich der Vorteil der Beitragsgewährung nicht auf den konkreten Versicherungsfall, sondern allgemein auf das Bestehen von Versicherungsschutz des Arbeitnehmers bezieht, sind zur Ermittlung des Arbeitslohns alle seit Begründung des Dienstverhältnisses entrichteten Beiträge zu berücksichtigen, unabhängig davon, ob es sich um einen oder mehrere Versicherungsverträge handelt. Das gilt auch dann, wenn die Versicherungsverträge zeitlich befristet abgeschlossen wurden, das Versicherungsunternehmen gewechselt wurde oder der Versicherungsschutz für einen bestimmten Zeitraum des Dienstverhältnisses nicht bestanden hat (zeitliche Unterbrechung des Versicherungsschutzes). Bei einem Wechsel des Arbeitgebers sind ausschließlich die seit Begründung des neuen Dienstverhältnisses entrichteten Beiträge zu berücksichtigen, auch wenn der bisherige Versicherungsvertrag vom neuen Arbeitgeber fortgeführt wird. Das gilt auch, wenn ein Wechsel des Arbeitnehmers innerhalb eines Konzernverbundes zwischen Konzernunternehmen mit einem Arbeitgeberwechsel verbunden ist. Bei einem Betriebsübergang nach § 613a BGB liegt kein neues Dienstverhältnis vor.

Beiträge, die individuell oder pauschal besteuert wurden, sind im Übrigen nicht einzubeziehen.

Aus Vereinfachungsgründen können die auf den Versicherungsschutz des Arbeitnehmers entfallenden Beiträge unter Berücksichtigung der Beschäftigungsdauer auf Basis des zuletzt vor Eintritt des Versicherungsfalls geleisteten Versicherungsbeitrags hochgerechnet werden.

Die bei einer früheren Versicherungsleistung als Arbeitslohn berücksichtigten Beiträge sind bei einer späteren Versicherungsleistung nicht erneut als Arbeitslohn zu erfassen. Bei einer späteren Versicherungsleistung sind zumindest die seit der vorangegangenen Auszahlung einer Versicherungsleistung entrichteten Beiträge zu berücksichtigen (BFH v. 11.12.2008, VI R 3/08, HFR 2009, 781), allerdings auch in diesem Fall begrenzt auf die ausgezahlte Versicherungsleistung.

Erhält ein Arbeitnehmer die Versicherungsleistungen in mehreren Teilbeträgen oder ratierlich, so fließt dem Arbeitnehmer solange Arbeitslohn in Form von Barlohn zu, bis die Versicherungsleistungen die Summe der auf den Versicherungsschutz des Arbeitnehmers entfallenden Beiträge erreicht haben. Erhält ein Arbeitnehmer die Versicherungsleistungen als Leibrente, so fließt dem Arbeitnehmer solange Arbeitslohn in Form von Barlohn zu, bis der Teil der Versicherungsleistungen, der nicht Ertragsanteil ist (§ 22 Nr. 1 Satz 3 Buchst. a Doppelbuchst. bb EStG ggf. i.V.m. § 55 EStDV; s.a. u. Tz. 2.1.6), die Summe der auf den Versicherungsschutz des Arbeitnehmers entfallenden Beiträge erreicht hat. Beiträge, die vom Arbeitgeber nach der ersten Auszahlung oder Weiterleitung von Versicherungsleistungen an den Arbeitnehmer gezahlt werden, sind hier aus Vereinfachungsgründen jeweils nicht einzubeziehen; diese Beiträge sind dann bei einem ggf. später eintretenden Versicherungsfall zu berücksichtigen.

> **Beispiel:**
> Nach einem Unfall wird ab dem Jahr 01 eine Versicherungsleistung als Leibrente i.H.v. jährlich 1 000 € ausgezahlt. Der Ertragsanteil beträgt 25 %. An Beiträgen wurden für den Arbeitnehmer in der Vergangenheit insgesamt 2 500 € gezahlt.
>
> Ab dem Jahr 01 sind 250 € (1 000 € × 25 % Ertragsanteil) steuerpflichtig nach § 22 Nr. 1 Satz 3 Buchst. a Doppelbuchst. bb EStG.
>
> Darüber hinaus sind in den Jahren 01 bis 03 jeweils ein Betrag von 750 € und im Jahr 04 ein Betrag von 250 € (2 500 € ./. [3 Jahre × 750 €]) steuerpflichtig nach § 19 EStG. Ab dem Jahr 05 fließt kein steuerpflichtiger Arbeitslohn mehr zu; steuerpflichtig ist dann nur noch die Leibrente mit dem Ertragsanteil von 25 %.

Dem Arbeitnehmer steht bei mehreren Versicherungsleistungen innerhalb verschiedener Veranlagungszeiträume (mehr als ein Versicherungsfall oder bei einem Versicherungsfall, Auszahlung in mehreren Veranlagungszeiträumen) kein Wahlrecht zu, inwieweit die vom Arbeitgeber erbrachten Beiträge jeweils als Arbeitslohn erfasst werden sollen. In diesen Fällen ist für den Arbeitslohn im jeweiligen Veranlagungszeitraum gesondert zu prüfen, ob es sich um eine Vergütung für eine mehrjährige Tätigkeit i.S.d. § 34 Abs. 1 i.V.m. Abs. 2 Nr. 4 EStG handelt.

2.1.3 Steuerfreier Reisekostenersatz und lohnsteuerpflichtiger Werbungskostenersatz

Der auf das Risiko beruflicher Unfälle entfallende Anteil der Beiträge ist zum Zeitpunkt der Leistungsgewährung steuerfreier Reisekostenersatz oder steuerpflichtiger Werbungskostenersatz des Arbeitgebers (dem bei der Veranlagung zur Einkommensteuer Werbungskosten in gleicher Höhe gegenüberstehen). Für die Aufteilung und Zuordnung gelten die Regelungen in Tz. 1.1. bis 1.4.

2.1.4 Schadensersatzleistungen

Bei einem im beruflichen Bereich eingetretenen Unfall gehört die Auskehrung des Arbeitgebers nicht zum Arbeitslohn, soweit der Arbeitgeber gesetzlich zur Schadensersatzleistung verpflichtet ist oder soweit der Arbeitgeber einen zivilrechtlichen Schadensersatzanspruch des Arbeitnehmers wegen schuldhafter Verletzung

Unfallversicherung: freiwillige

arbeitsvertraglicher Fürsorgepflichten erfüllt (BFH v. 20.9.1996, VI R 57/95, BStBl II 1997, 144). Der gesetzliche Schadenersatzanspruch des Arbeitnehmers aus unfallbedingten Personenschäden im beruflichen Bereich wird regelmäßig durch Leistungen aus der gesetzlichen Unfallversicherung erfüllt; diese Leistungen sind § 3 Nr. 1 Buchst. a EStG steuerfrei.

Schmerzensgeldrenten nach § 253 Abs. 2 BGB (bis 31.7.2002: § 847 BGB), Schadensersatzrenten zum Ausgleich vermehrter Bedürfnisse (§ 843 Abs. 1 2 Alternative BGB), Unterhaltsrenten nach § 844 Abs. 2 BGB sowie Ersatzansprüche wegen entgangener Dienste nach § 845 BGB sind ebenfalls nicht steuerbar (vgl. BMF v. 15.7.2009, IV C 3 – S 2255/08/10012, BStBl I 2009, 836).

2.1.5 Entschädigungen für entgangene oder entgehende Einnahmen

Sind die Versicherungsleistungen ausnahmsweise Entschädigungen für entgangene oder entgehende Einnahmen i.S.d. § 24 Nr. 1 Buchst. a EStG (z.B. Leistungen wegen einer Körperverletzung, soweit sie den Verdienstausfall ersetzen; s. H 24.1 EStH), liegen insoweit zusätzliche steuerpflichtige Einkünfte aus nichtselbständiger Arbeit (steuerpflichtiger Arbeitslohn) vor. Wickelt das Versicherungsunternehmen die Auszahlung der Versicherungsleistung unmittelbar mit dem Arbeitnehmer ab, hat der Arbeitgeber Lohnsteuer nur einzubehalten, wenn er weiß oder erkennen kann, dass derartige Zahlungen erbracht wurden (§ 38 Abs. 1 Satz 3 EStG).

Der nach Tz. 2.1.2 zu besteuernde Betrag ist in den Fällen des Absatzes 1 Satz 1 anteilig zu mindern.

> **Beispiel:**
> Nach einem Unfall wird eine Versicherungsleistung i.H.v. 10 000 € ausgezahlt. Hiervon sind 8 000 € die Entschädigung für entgangene oder entgehende Einnahmen. An Beiträgen wurden in der Vergangenheit 2 500 € gezahlt.
>
> Die steuerpflichtigen Leistungen i.S.d. § 24 Nr. 1 Buchst. a EStG betragen 8 000 €. Zusätzlich sind 500 € (= 2 500 € ⁄ [2 500 € × 8 000 € : 10 000 €]) entsprechend der Regelungen in Tz. 2.1.2 und 2.1.3 zu besteuern.

2.1.6 Sonstige Einkünfte nach § 22 Nr. 1 Satz 1 EStG

Wiederkehrende Leistungen aus der entsprechenden Unfallversicherung können Leibrenten nach § 22 Nr. 1 Satz 3 Buchst. a Doppelbuchst. bb EStG sein (s. auch Tz. 2.1.2 letzter Absatz).

2.2 Ausübung der Rechte steht unmittelbar dem Arbeitnehmer zu

2.2.1 Arbeitslohn zum Zeitpunkt der Beitragszahlung

Kann der Arbeitnehmer den Versicherungsanspruch bei einer vom Arbeitgeber abgeschlossenen Unfallversicherung unmittelbar gegenüber dem Versicherungsunternehmen geltend machen, sind die Beiträge bereits im Zeitpunkt der Zahlung durch den Arbeitgeber als Zukunftssicherungsleistungen Arbeitslohn in Form von Barlohn (§ 19 Abs. 1 Satz 1 Nr. 1 EStG, § 2 Abs. 2 Nr. 3 Satz 1 LStDV). Davon ist auch dann auszugehen, wenn zwar der Anspruch durch den Versicherungsnehmer (Arbeitgeber) geltend gemacht werden kann, vertraglich nach den Unfallversicherungsbedingungen jedoch vorgesehen ist, dass der Versicherer die Versicherungsleistung in jedem Fall an die versicherte Person (Arbeitnehmer) auszahlen. Die Ausübung der Rechte steht dagegen nicht unmittelbar dem Arbeitnehmer zu, wenn die Versicherungsleistung mit befreiender Wirkung auch an den Arbeitgeber gezahlt werden kann; in diesem Fall kann der Arbeitnehmer die Auskehrung der Versicherungsleistung letztlich nur im Innenverhältnis vom Arbeitgeber verlangen.

Das gilt unabhängig davon, ob es sich um eine Einzelunfallversicherung oder eine Gruppenunfallversicherung handelt; Beiträge zu Gruppenunfallversicherungen sind ggf. nach der Zahl der versicherten Arbeitnehmer auf diese aufzuteilen (§ 2 Abs. 2 Nr. 3 Satz 3 LStDV). Steuerfrei sind Beiträge oder Beitragsteile, die bei Auswärtstätigkeiten (R 9.4 Abs. 2 LStR) das Unfallrisiko abdecken und deshalb zu den steuerfreien Reisekostenerstattungen gehören. Für die Aufteilung eines auf den beruflichen Bereich entfallenden Gesamtbeitrags in steuerfreie Reisekostenerstattungen und steuerpflichtigen Werbungskostenersatz ist die Vereinfachungsregelung in Tz. 1.4 anzuwenden.

2.2.2 Arbeitslohn zum Zeitpunkt der Leistungsgewährung

Leistungen aus einer entsprechenden Unfallversicherung gehören zu den Einkünften aus nichtselbständiger Arbeit (steuerpflichtiger Arbeitslohn), soweit sie Entschädigungen für entgangene oder entgehende Einnahmen i.S.d. § 24 Nr. 1 Buchst. a EStG darstellen, der Unfall im beruflichen Bereich eingetreten ist und die Beiträge ganz oder teilweise Werbungskosten bzw. steuerfreie Reisenebenkostenerstattungen waren.

Der Arbeitgeber hat Lohnsteuer nur einzubehalten, wenn er weiß oder erkennen kann, dass derartige Zahlungen erbracht wurden (§ 38 Abs. 1 Satz 3 EStG). Andernfalls ist der als Entschädigung i.S.d. § 24 Nr. 1 Buchst. a EStG steuerpflichtige Teil des Arbeitslohns, der ggf. durch Schätzung ermittelt ist, im Rahmen der Veranlagung des Arbeitnehmers zur Einkommensteuer zu erfassen ist.

2.2.3 Sonstige Einkünfte nach § 22 Nr. 1 Satz 1 EStG

Tz. 2.1.6 gilt entsprechend.

3. Arbeitgeber als Versicherer

Gewährt ein Arbeitgeber als Versicherer Versicherungsschutz, handelt es sich um Sachleistungen. Tz. 2 gilt entsprechend. § 8 Abs. 3 EStG ist zu beachten.

4. Werbungskosten- oder Sonderausgabenabzug

Der Arbeitnehmer kann die dem Lohnsteuerabzug unterworfenen Versicherungsbeiträge als Werbungskosten oder Sonderausgaben geltend machen. Für die Aufteilung und Zuordnung gelten die Regelungen in Tz. 1.1. bis 1.3.

5. Lohnsteuerabzug von Beitragsleistungen

Soweit die vom Arbeitgeber übernommenen Beiträge (Tz. 1.4) oder die Beiträge zu Versicherungen des Arbeitgebers (Tz. 2) steuerpflichtiger Arbeitslohn sind, sind sie im Zeitpunkt ihres Zuflusses dem Lohnsteuerabzug nach den allgemeinen Regelungen zu unterwerfen, wenn nicht eine Pauschalbesteuerung nach § 40b Abs. 3 EStG erfolgt. Zu den Voraussetzungen der Lohnsteuerpauschalierung s.a. R 40b. 2 LStR.

6. Betriebliche Altersversorgung

Die lohnsteuerliche Behandlung von Zusagen auf Leistungen der betrieblichen Altersversorgung nach dem Betriebsrentengesetz bleibt durch dieses Schreiben unberührt. Zu den Einzelheiten vgl. BMF v. 24.7.2013, IV C 3 – S 2015/11/10002/IV C 5 – S 2333/09/10005, BStBl I 2013, 1022 unter Berücksichtigung der Änderungen durch BMF v. 13.1.2014, IV C 3 – S 2015/11/10002 :018, BStBl I 2014, 97 und BMF v. 13.3.2014, IV C 3 – S 2257-b/13/10009, BStBl I 2014, 554.

4. Einzelfragen

Der steuerfreie Reisekostenersatz kann nach Tz. 1.4 BMF v. 28.10.2009, IV C 5 – S 2332/09/10004, BStBl I 2009, 1275 mit 20 % der Gesamtleistung angesetzt werden. Das Vorliegen einer beruflich veranlassten Auswärtstätigkeit im Jahr der Versicherungsleistung ist hierfür nicht erforderlich. Somit ist bei allen Arbeitnehmern, für die eine gemischte Unfallversicherung besteht, die auch Unfälle bei einer Auswärtstätigkeit abdeckt, von den nachzuversteuernden Beiträgen ein Abschlag von 20 % zulässig.

> **Beispiel 1:**
> Der Arbeitgeber hat für seinen auch im Außendienst beschäftigten Arbeitnehmer eine freiwillige Unfallversicherung (24-Stunden-Schutz) abgeschlossen. Die Rechte aus dem Versicherungsvertrag stehen ausschließlich dem Arbeitgeber zu. Auf Grund eines Unfalls (im privaten oder beruflichen Bereich) erhält der Arbeitnehmer eine Versicherungsleistung von 50 000 € ausbezahlt. Seit Beginn des Arbeitsverhältnisses hat der Arbeitgeber für den Versicherungsschutz dieses Arbeitnehmers über mehrere Jahre 5 000 € Prämien entrichtet.
>
> Zum Arbeitslohn gehören die auf den Versicherungsschutz entfallenden Beiträge (5 000 €) und nicht die Versicherungsleistung (50 000 €). Der Arbeitslohn ist i.H.v. 1 000 € (20 % der Gesamtbeiträge) steuerfreier Reisekostenersatz und i.H.v. 4 000 € steuerpflichtiger Werbungskosten- bzw. Sonderausgabenersatz, der als Arbeitslohn für mehrere Jahre nach der sog. Fünftelregelung ermäßigt besteuert werden kann. Bei seiner Einkommensteuer-Veranlagung kann der Arbeitnehmer einen Betrag von 1 500 € (30 % des Gesamtbetrags) als Werbungskosten geltend machen. Eine Saldierung von Arbeitslohn (hier: 4 000 €) und Werbungskosten (hier: 1 500 €) im Lohnsteuer-Abzugsverfahren durch den Arbeitgeber ist nicht zulässig.

Leistungen aus einer gemischten Unfallversicherung führen auch dann zum Lohnzufluss, wenn sich der Unfall auf einer Auswärtstätigkeit ereignet hat (Tz. 2.1.2 des o.g. BMF-Schreibens).

Unfallversicherung: freiwillige

Es ist gefragt worden, wie die **Beitragsanteile für den außerberuflichen und beruflichen Anteil zu ermitteln** sind, wenn die Beitragsleistung gem. BFH v. 11.12.2008, VI R 9/05, BStBl II 2009, 385 durch die **Versicherungsleistung gedeckt** werden muss (Tz. 2.1.2 des o.g. BMF-Schreibens) und wie in einem solchen Fall die pauschalen Beträge für die steuerfreie Reisekostenerstattung und den Werbungskostenanteil zu ermitteln sind (Tz. 2.1.3 i.V.m. Tz. 1.1 bis 1.4 des o.g. BMF-Schreibens).

Nach Auffassung der obersten Finanzbehörden gilt Folgendes (s. nachfolgendes Beispiel):

> **Beispiel 2:**
> Ein Arbeitgeber schließt eine Unfallversicherung mit 24-Stunden-Schutz für seine Arbeitnehmer ab. Die Ausübung der Rechte steht ausschließlich dem Arbeitgeber zu. Ein Arbeitnehmer erleidet einen Unfall und erhält eine Versicherungsleistung von 4 000 €. Der Arbeitgeber hatte für den Arbeitnehmer bis zur Leistungsgewährung Beiträge i.H.v. 10 000 € bezahlt.
> Nach BFH v. 11.12.2008, VI R 9/05, BStBl II 2009, 385 führen die auf den Versicherungsschutz des Arbeitnehmers entfallenden Beiträge des Arbeitgebers im Zeitpunkt der Versicherungsleistung zu Arbeitslohn. Dieser Arbeitslohn ist auf die Höhe der Versicherungsleistung zu begrenzen. Erst danach ist eine Aufteilung in einen beruflichen Anteil – steuerfreier Reisekostenersatz und lohnsteuerpflichtiger Werbungskostenersatz – und einen außerberuflichen Anteil vorzunehmen.
> Die Beitragsleistung von 10 000 € ist höher als die Versicherungsleistung. Für die Aufteilung ist demnach die Höhe der Versicherungsleistung von 4 000 € maßgeblich. Damit ergibt sich ein beruflicher Anteil von 2 000 €, der zu 40 % (800 €) steuerfrei ist. Der Arbeitgeber hat demnach 3 200 € dem Lohnsteuerabzug zu unterwerfen und der Arbeitnehmer kann 1 200 € als Werbungskosten geltend machen.

Die Aufteilung der Beiträge in Werbungskosten und Sonderausgaben gilt **nicht für Unfallversicherungen mit Prämienrückgewähr**, bei denen eine reine Unfallversicherung mit einer Zusatzversicherung auf Rückgewähr der eingezahlten Prämien (= Lebensversicherung) kombiniert ist. Der Stpfl. muss dabei ein Mehrfaches der bei einer reinen Unfallversicherung zu zahlenden Prämien aufbringen. Der Versicherer ist verpflichtet, die Prämien ohne Zinsen nach Ablauf des Vertrags oder beim Eintritt bestimmter Ereignisse (z.B. Tod, Invalidität) ohne Abzug für etwa geleistete Unfallentschädigungen zurückzuerstatten. Ein solches Versicherungsverhältnis ist i.d.R. nicht aufteilbar, sondern einheitlich zu beurteilen. Ist der Prämienanteil für die reine Unfallversicherung gegenüber dem Sparanteil gering, so hat der Vertrag wirtschaftlich dieselbe Bedeutung wie eine für die gleiche Zeit abgeschlossene Lebensversicherung mit der Folge, dass ein Werbungskostenabzug ausscheidet.

Der **Sonderausgabenabzug** kommt nur dann in Betracht, wenn die für Versicherungen auf den Erlebens- oder Todesfall geltenden Bestimmungen (z.B. Mindesttodesfallschutz) eingehalten sind.

Der Umstand, dass Schadensersatz-Mehrbedarfsrenten i.S.d. § 843 Abs. 1 Alt. 2 BGB nicht einkommensteuerbar sind (BFH v. 25.10.1994, VIII R 79/91, BStBl II 1995, 121), rechtfertigt es nicht, auch Renten aus einer privaten Unfallversicherung, deren Gewährung nach den Versicherungsbedingungen zwar eine bestimmte Minderung der Erwerbsfähigkeit, nicht aber einen konkreten Mehrbedarf voraussetzt, als nicht steuerbar anzusehen (BFH v. 12.4.2011, X B 132/10, www.stotax-first.de).

5. Lohnsteuerpauschalierung

a) Allgemeine Voraussetzungen

2948 Von den Beiträgen für eine Unfallversicherung des Arbeitnehmers kann der Arbeitgeber die Lohnsteuer mit einem **Pauschsteuersatz von 20 % der Beiträge** erheben, wenn

- **mehrere Arbeitnehmer gemeinsam in einem Unfallversicherungsvertrag versichert** sind und

- der **steuerpflichtige Durchschnittsbeitrag**, der sich bei einer Aufteilung der gesamten Beiträge **nach Abzug der Versicherungssteuer** durch die Zahl der begünstigten Arbeitnehmer ergibt, **62 € im Kalenderjahr nicht übersteigt**. Wird diese Grenze überschritten, ist der steuerpflichtige Durchschnittsbetrag dem normalen Lohnsteuerabzug zu unterwerfen (§ 40b Abs. 3 EStG, R 40b.2 Satz 1 LStR).

Bei der **Steuerberechnung** ist dagegen die **Versicherungssteuer einzubeziehen**, sie bleibt nur für die Berechnung des Durchschnittsbeitrags außer Betracht.

> **Beispiel 1:**
> Der steuerpflichtige Beitrag für zehn in einem Gruppenunfallversicherungsvertrag gemeinsam versicherte Arbeitnehmer beträgt 800 €. Die Versicherungssteuer ist in diesem Betrag i.H.v. 127,73 € enthalten.
> Auf einen Arbeitnehmer entfällt damit ein Teilbetrag ohne Versicherungssteuer von 67,23 €. Eine Pauschalierung der Lohnsteuer durch den Arbeitgeber ist nicht möglich. Der auf den einzelnen Arbeitnehmer entfallende Teilbetrag von 80 € ist deshalb dem Lohnsteuer-Abzug zu unterwerfen.

> **Beispiel 2:**
> Der steuerpflichtige Beitrag für zehn in einem Gruppenunfallversicherungsvertrag gemeinsam versicherte Arbeitnehmer beträgt 720 €. Die Versicherungssteuer ist in diesem Betrag i.H.v. 114,96 € enthalten. Auf einen Arbeitnehmer entfällt nach Abzug der Versicherungssteuer ein Teilbetrag von 60,50 €. Daher ist der gesamte Beitrag von 720 € pauschalierungsfähig.

> **Beispiel 3:**
> Der Beitrag für zwölf in einem Gruppen-Unfallversicherungsvertrag, der auch berufliche Risiken sowie Unfälle der Arbeitnehmer auf Dienstreisen abdeckt, gemeinsam versicherte Arbeitnehmer beträgt ohne Versicherungssteuer 738 €. Davon sind nach der pauschalen Aufteilungsregelung 20 % = 147,60 € als Reisekostenersatz steuerfrei. Da somit auf jeden Arbeitnehmer ein steuerpflichtiger Durchschnittsbeitrag von 49,20 € entfällt [(738 € ./. 147,60 €) : 12], ist eine Pauschalierung der Lohnsteuer durch den Arbeitgeber möglich.

Auf Zukunftssicherungsleistungen des Arbeitgebers i.S.d. § 40b EStG ist BFH v. 14.4.2011, VI R 24/10, BStBl II 2011, 767 nicht anzuwenden. Die 44 €-Freigrenze ist bei einer vom Arbeitgeber abgeschlossenen Unfallversicherung nicht zu berücksichtigen

Gemäß § 40b Abs. 1 Satz 1 EStG kann die Lohnsteuer nur von den **tatsächlichen Beiträgen** pauschal erhoben werden. Dies bedeutet, dass für beitragsbegünstigte Versicherungen in Form einer Direktversicherung nur der tatsächlich geleistete Versicherungsbeitrag pauschal zu versteuern ist. Deshalb ist ein ggf. gewährter geldwerter Vorteil individuell zu versteuern.

> **Beispiel 4:**
> Ein Arbeitgeber schließt eine Direktversicherung für seinen Arbeitnehmer ab, für die er auf Grund wirtschaftlicher Verflechtung mit dem Versicherer nur Beiträge i.H.v. 20 € statt üblicherweise 100 € monatlich zu leisten hat.
> Die gezahlten Beiträge i.H.v. 20 € monatlich stellen steuerpflichtigen Arbeitslohn dar, der nach § 40b EStG pauschal versteuert werden kann. Daneben ist in der Gewährung des verbilligten Versicherungsschutzes ein geldwerter Vorteil (Rabatt durch Dritte) zu sehen, der dem individuellen Lohnsteuerabzug durch den Arbeitgeber unterliegt.
> Nach der Vereinfachungsregelung (R 8.1 Abs. 2 Satz 9 LStR) kann der geldwerte Vorteil wie folgt ermittelt werden:
>
> | | | |
> |---|---:|---|
> | konkreter Endpreis | 100,— € | |
> | abzüglich 4 % | 4,— € | |
> | = üblicher Endpreis | 96,— € | |
> | abzüglich Beitragszahlung | 20,— € | → pauschale LSt 20 % |
> | = geldwerter Vorteil | 76,— € | → individueller Steuersatz |

Ein gemeinsamer Unfallversicherungsvertrag i.S.d. § 40b Abs. 3 EStG liegt außer bei einer Gruppenversicherung auch dann vor, wenn in einem **Rahmenvertrag** mit einem oder mehreren Versicherern sowohl die versicherten Personen als auch die versicherten Wagnisse bezeichnet werden und die Einzelheiten in Zusatzvereinbarungen geregelt sind. Ein Rahmenvertrag, der z.B. nur den Beitragseinzug und die Beitragsabrechnung regelt, stellt keinen gemeinsamen Unfallversicherungsvertrag dar (R 40b.2 Satz 3 und 4 LStR).

b) Berechnung des Durchschnittsbeitrags in Sonderfällen

Bei **konzernumfassenden Gruppenunfallversicherungen** ist der Durchschnittsbeitrag festzustellen, der sich bei Aufteilung der Beitragszahlungen des Arbeitgebers auf die Zahl seiner begünstigten Arbeitnehmer ergibt; es ist nicht zulässig, den Durchschnittsbeitrag durch Aufteilung des Konzernbeitrags auf alle Arbeitnehmer des Konzerns zu ermitteln (R 40b.2 Satz 2 LStR).

2949

Unfallversicherung: freiwillige

c) Versteuerung bei Überschreiten der 62 €-Freigrenze

2950 Ist die Pauschalierungsmöglichkeit ausgeschlossen, weil der Durchschnittsbeitrag die Freigrenze von 62 € übersteigt, muss der Arbeitgeber die Beiträge bei jedem begünstigten Arbeitnehmer **individuell nach dessen Lohnsteuerabzugsmerkmalen** versteuern. Eine Pauschalierung nach § 40 Abs. 1 Satz 1 Nr. 1 EStG mit einem besonders ermittelten Pauschsteuersatz ist nicht möglich (§ 40b Abs. 4 Satz 2 EStG).

Geht aus dem Versicherungsvertrag der auf den einzelnen Arbeitnehmer entfallende Beitrag hervor, ist dieser Betrag zu versteuern (**individueller Jahresbetrag**). Wenn dagegen für die Arbeitnehmer nur ein Gesamtbeitrag bekannt ist, ist der **Durchschnittsbeitrag** maßgebend (§ 2 Abs. 2 Nr. 3 Satz 3 LStDV).

Die Versteuerung erfolgt grundsätzlich nach den Regeln für **sonstige Bezüge**, weil es sich nicht um laufenden Arbeitslohn handelt (vgl. dazu auch R 39b.2 i.V.m. R 39b.6 LStR).

d) Auszahlung einer Versicherungsleistung aus einer Gruppenunfallversicherung

2951 Es ist die Frage gestellt worden, inwieweit die bei Auszahlung einer Unfallversicherungsleistung zu versteuernden Versicherungsbeiträge nach § 40b Abs. 3 EStG pauschal versteuert werden können. Die Finanzverwaltung vertritt dazu folgende Auffassung:

– **Pauschalbesteuerungsmöglichkeit nach § 40b Abs. 3 EStG**

Entsprechend Tz. 5 BMF v. 28.10.2009, IV C 5 – S 2332/09/10004, BStBl I 2009, 1275 ist die Anwendung von § 40b Abs. 3 EStG dem Grunde nach möglich, wenn Arbeitslohn zum Zeitpunkt der Gewährung von Versicherungsleistungen aus einer freiwilligen Gruppenunfallversicherung zufließt.

– **Höchstbetrag von 62 € nach § 40b Abs. 3 EStG**

Eine Pauschbesteuerung ist nur bis zu einem Betrag von 62 € im Kalenderjahr möglich. Die Möglichkeit der Pauschalbesteuerung nach § 40b Abs. 3 EStG besteht somit nicht, soweit die im Leistungsfall zu versteuernden Beiträge (ohne Versicherungsteuer) den Grenzbetrag von 62 € im Kalenderjahr übersteigen.

– **Unfall auf einer Auswärtstätigkeit**

Die Leistung aus einem Unfallversicherungsvertrag des Arbeitgebers nach einem Unfall auf einer Auswärtstätigkeit führt zum Zufluss von Arbeitslohn.

– **Vereinfachungsregelung zum Unfallrisiko bei Auswärtstätigkeiten**

Im Fall einer Unfallversicherung, die auch das Unfallrisiko auf Auswärtstätigkeiten abdeckt, kann der auf die steuerfreie Reisekostenerstattung entfallende Anteil ohne Nachweis beruflich veranlasster Auswärtstätigkeiten entsprechend Tz. 1.4 des o.g. BMF-Schreibens geschätzt werden. Folglich kann bei allen Arbeitnehmern, für die eine Unfallversicherung abgeschlossen wurde, unabhängig von dem Vorliegen einer Auswärtstätigkeit, von den zu versteuernden Beiträgen ein Abschlag von 20 % (= 40 % [Anteil für steuerfreie Reisekosten] von 50 % [Anteil für berufliches Risiko]) vorgenommen werden.

6. Berufsgenossenschaft

2952 Die Berufsgenossenschaften sind die Träger der gesetzlichen Unfallversicherung. Die Beiträge des Arbeitgebers zur Berufsgenossenschaft sind steuerfreier Arbeitslohn (§ 3 Nr. 62 Satz 1 EStG). Die Leistungen aus der gesetzlichen Unfallversicherung sind ebenfalls steuerfrei (§ 3 Nr. 1a EStG).

Sind **Gesellschafter-Geschäftsführer** einer GmbH in der Berufsgenossenschaft versichert, handelt es sich meist um eine freiwillige Unfallversicherung. Die Beiträge sind deshalb nicht nach § 3 Nr. 62 Satz 1 EStG steuerbefreit. Da es sich um eine Versicherung handelt, die ausschließlich berufliche Risiken abdeckt, ist jedoch ein Teilbetrag des Beitrags i.H.v. 40 % als Reisenebenkostenvergütung steuerfrei (§ 3 Nr. 13 und 16 EStG). Die restlichen 60 % des Beitrags sind dem steuerpflichtigen Arbeitslohn zuzurechnen und im Rahmen der Einkommensteuer-Veranlagung als Werbungskosten abzugsfähig.

7. Sozialversicherung

2953 Soweit die Beiträge des Arbeitgebers zu einer Unfallversicherung der Arbeitnehmer bei diesen steuerlich Arbeitslohn darstellen und zu versteuern sind, unterliegen sie auch der **Sozialversicherungspflicht**. Die Spitzenverbände der Sozialversicherungsträger haben beschlossen, der o.g. neuen Rechtsprechung des BFH zur Lohnsteuer zu folgen (Besprechungsergebnis v. 30./31.5.2000, DB 2000, 1467).

Dies gilt allerdings **nicht**, wenn der Arbeitgeber die Lohnsteuer nach § 40b Abs. 3 EStG **mit 20 % pauschal erhebt**. Nach § 1 Abs. 1 Satz 1 Nr. 4 SvEV sind in diesem Fall die Beiträge **nicht dem Arbeitsentgelt** zuzurechnen. Voraussetzung ist allerdings nach dieser Vorschrift, dass die Beiträge **zusätzlich** zu Löhnen und Gehältern gewährt werden. Aus steuerlicher Sicht ist in diesem Fall eine solche Umwandlung möglich (→ *Barlohnumwandlung* Rz. 513).

Unfallversicherung: gesetzliche

1. Sozialversicherung

2954 Die gesetzliche Unfallversicherung ist dem Sozialversicherungsrecht (SGB VII) zuzuordnen. Träger sind die Berufsgenossenschaften (→ *Berufsgenossenschaften* Rz. 641), die sich entsprechend ihren sachlichen Zuständigkeiten in die allgemeine, die landwirtschaftliche und die See-Unfallversicherung gliedern. Primäre **Aufgabe der Unfallversicherungsträger** ist das Verhüten aller arbeitsbedingten Gesundheitsgefahren. Dabei sind die Unfallversicherungsträger ausdrücklich verpflichtet, den Ursachen solcher Gefahren nachzugehen und in diesem Bereich mit den Krankenkassen zusammenzuarbeiten (§§ 1, 14 SBG VII). Nach Eintritt eines Versicherungsfalles entschädigen sie den Verletzten, seine Angehörigen bzw. Hinterbliebenen durch

– Leistungen zur Wiederherstellung der Erwerbsfähigkeit,
– Berufshilfe in Form von Arbeits- und Berufsförderung,
– Erleichterung der Verletzungsfolgen,
– Geldleistungen.

Mitglieder der gesetzlichen Unfallversicherung sind die Unternehmer (Arbeitgeber), nicht die Arbeitnehmer. Die gesetzliche Unfallversicherung tritt mit ihren Leistungen bei Arbeitsunfällen, Wegeunfällen (versicherter Weg zu und von der Arbeitsstelle) und Berufskrankheiten ein.

Darüber hinaus ist der Kreis der in der Unfallversicherung **versicherten Personen** über ihre direkte berufliche Anbindung hinaus erweitert worden. Versichert sind z.B. auch – ohne Bezugnahme zu einem Arbeitsverhältnis –

- Personen,
  - die bei Unglücksfällen oder gemeiner Gefahr oder Not Hilfe leisten oder einen anderen aus Lebensgefahr oder erheblicher Gefahr zu retten versuchen,
  - die von einem öffentlich Bediensteten zur Unterstützung einer Dienstleistung herangezogen werden und Hilfe leisten,
  - die sich bei der Verfolgung oder Festnahme von Verdächtigen oder zum Schutz widerrechtlich Angegriffener persönlich einsetzen,
  - die auf Anforderung oder bei Gefahr im Verzuge Luftschutzdienst leisten, sowie freiwillige Helfer des Bundesluftschutzverbandes und Teilnehmer an entsprechenden Ausbildungsmaßnahmen,
- Blutspender und Spender körpereigener Gewebe,
- für öffentliche Stellen ehrenamtlich Tätige,
- die von einem Gericht oder der Staatsanwaltschaft zur Beweiserhebung herangezogenen Zeugen,
- Kinder während des Besuchs von Kindergärten,
- Schüler während des Besuchs allgemein bildender Schulen,
- Lernende während der beruflichen Aus- und Fortbildung,
- Studierende während der Aus- und Fortbildung an Hochschulen,
- Personen, die beim Bau eines Familienheimes o.Ä. einschließlich der Aufschließung, Kultivierung des Geländes oder der

Herrichtung von Wirtschafts- und Gemeinschaftsanlagen im Rahmen der Selbsthilfe tätig sind, wenn durch das Bauvorhaben öffentlich geförderte oder steuerbegünstigte Wohnungen geschaffen werden,

- zeitlich befristet im Ausland tätige Entwicklungshelfer einschließlich ihrer Vorbereitungszeit im Inland,
- Rehabilitanden u.Ä. der Sozialversicherungsträger,
- Pflegepersonen bei der Pflege eines Pflegebedürftigen, soweit Pflegetätigkeiten im Bereich der Ernährung, der Mobilität sowie der hauswirtschaftlichen Versorgung geleistet werden.

Die **Mitgliedschaft** des Unternehmers in der Unfallversicherung **beginnt** kraft Gesetzes mit der Eröffnung des Unternehmens bzw. der Aufnahme vorbereitender Arbeiten und ist innerhalb von einer Woche der zuständigen Berufsgenossenschaft unter Angabe des Gegenstandes und der Art des Unternehmens, des Eröffnungstags und der Zahl der Versicherten **anzuzeigen**. Der versicherte Unternehmer wird in das Unternehmensverzeichnis der Berufsgenossenschaft aufgenommen und erhält einen Mitgliedschein.

Die Mittel für die Aufgaben der Berufsgenossenschaften werden durch die **Beiträge** der versicherten Unternehmer alleine aufgebracht und richten sich überwiegend nach den Entgelten der Versicherten und dem Grad der Unfallgefahr. Eine finanzielle Beteiligung der Beschäftigten an den Beiträgen zur Unfallversicherung ist nicht vorgesehen.

2. Lohnsteuer

2955 Beiträge des Arbeitgebers zur gesetzlichen Unfallversicherung sind nach § 3 Nr. 62 EStG steuerfrei. Leistungen aus einer gesetzlichen Unfallversicherung sind nach § 3 Nr. 1 Buchst. a EStG steuerfrei.

Beiträge, die ein pflichtversicherter oder nach § 6 SGB VII freiwillig versicherter Einzelunternehmer oder Gesellschafter einer Personengesellschaft an die gesetzliche Unfallversicherung entrichtet, sind als Betriebsausgaben abzugsfähig. Leistungen aus einer solchen Versicherung gehören zu den Betriebseinnahmen, sind aber auf Grund des § 3 Nr. 1 Buchst. a EStG steuerfrei. Das Abzugsverbot bei steuerfreien Einnahmen gem. § 3c Abs. 1 EStG greift in diesen Fällen nicht ein.

Dies gilt entsprechend für die als unternehmerähnliche Personen eingestuften **Geschäftsführer und Vorstände juristischer Personen**. Diese sind steuerlich i.d.R. als **Arbeitnehmer anzusehen**. Die von diesen Personen entrichteten Beiträge an die gesetzliche Unfallversicherung stellen abzugsfähige Werbungskosten dar.

Im Unternehmen ohne arbeitsvertragliche Vereinbarung tätige **Ehegatten** sind steuerlich i.d.R. keine Arbeitnehmer. Deren Beiträge sind als Sonderausgaben abzugsfähig. Die Versicherungsleistungen sind steuerfrei (OFD Magdeburg v. 9.7.2004, S 2144 – 33 – St 211, www.stotax-first.de).

Uniform

→ *Berufskleidung* Rz. 643

Unterarbeitsverhältnisse

→ *Angehörige* Rz. 119

Unterbrechung der Lohnzahlung

1. Lohnsteuer

2956 Fällt der Anspruch auf Arbeitslohn während der Dauer des Dienstverhältnisses für mindestens fünf aufeinander folgende Arbeitstage im Wesentlichen weg, so hat der Arbeitgeber im Lohnkonto den **Großbuchstaben „U"** (U = Unterbrechung) einzutragen (auch → *Lohnkonto* Rz. 1803). Der Anspruch auf Arbeitslohn ist im Wesentlichen weggefallen, wenn z.B. lediglich vermögenswirksame Leistungen oder Krankengeldzuschüsse gezahlt werden. Durch die Unterbrechung der Lohnzahlung entsteht lohnsteuerlich kein Teillohnzahlungszeitraum (→ *Teillohnzahlungszeitraum* Rz. 2844; R 39b.5 Abs. 2 Satz 3 LStR).

2. Sozialversicherung

2957 Bei Arbeitsverhältnissen, die nicht für den vollen Kalendermonat bestehen oder bei denen aus sonstigen Gründen Beiträge nicht für den vollen Kalendermonat zu entrichten sind, werden die Beiträge nur für die auf den Teillohnzahlungszeitraum entfallenden Kalendertage berechnet (weitere Einzelheiten → *Teillohnzahlungszeitraum* Rz. 2836).

Unterbrechungsmeldung

→ *Meldungen für Arbeitnehmer in der Sozialversicherung* Rz. 1989

Unterkunft

→ *Dienstwohnung* Rz. 807

Unterrichtende Tätigkeit

→ *Aufwandsentschädigungen für bestimmte nebenberufliche Tätigkeiten* Rz. 360

Unterstützungen

2958 Unterstützungen sind einmalige oder gelegentliche Zuwendungen an Arbeitnehmer, um sie von bestimmten Aufwendungen (z.B. Krankheitskosten) zu entlasten oder vor bestimmten Aufwendungen zu bewahren (z.B. Vorsorgekuren). Sie können sowohl in der Form von Bar- als auch von Sachzuwendungen gewährt werden.

Bei der steuerlichen Behandlung von Unterstützungen ist zwischen Unterstützungen aus öffentlichen Mitteln und von privaten Arbeitgebern zu unterscheiden. Unterstützungen aus öffentlichen Mitteln sind **in voller Höhe** steuerfrei, während die Steuerfreiheit von Unterstützungen von privaten Arbeitgebern grundsätzlich auf **600 € begrenzt** ist.

1. Beihilfen und Unterstützungen aus öffentlichen Mitteln

2959 Beihilfen und Unterstützungen aus öffentlichen Mitteln, die wegen **Hilfsbedürftigkeit** gewährt werden, sind nach § 3 Nr. 11 EStG steuerfrei (vgl. zu den Voraussetzungen zuletzt FinMin Baden-Württemberg v. 25.2.2004, 3 – S 235.0 / 21, StEd 2004, 204).

Hierunter fallen nach R 3.11 Abs. 1 LStR:

- Beihilfen in Krankheits-, Geburts- oder Todesfällen nach den Beihilfevorschriften des Bundes oder der Länder (→ *Beihilfen* Rz. 544) sowie Unterstützungen in besonderen Notfällen, die aus öffentlichen Kassen gezahlt werden (→ *Öffentliche Kassen* Rz. 2134),
- Beihilfen in Krankheits-, Geburts- oder Todesfällen oder Unterstützungen in besonderen Notfällen an Arbeitnehmer von Körperschaften, Anstalten oder Stiftungen des öffentlichen Rechts auf Grund von Beihilfevorschriften (Beihilfegrundsätzen) oder Unterstützungsvorschriften (Unterstützungsgrundsätzen) des Bundes oder der Länder oder von entsprechenden Regelungen,
- Beihilfen und Unterstützungen an Arbeitnehmer von Verwaltungen, Unternehmen oder Betrieben, die sich überwiegend in öffentlicher Hand (Beteiligung mehr als 50 %) befinden, wenn
  - die Verwaltungen, Unternehmen oder Betriebe einer staatlichen oder kommunalen Aufsicht und Prüfung der Finanzgebarung bezüglich der Entlohnung und der Gewährung der Beihilfen unterliegen und
  - die Entlohnung sowie die Gewährung von Beihilfen und Unterstützungen für die betroffenen Arbeitnehmer ausschließlich nach den für Arbeitnehmer des öffentlichen Dienstes geltenden Vorschriften und Vereinbarungen geregelt sind,

Nach Auffassung des **FG Düsseldorf** ist es für die Steuerbefreiung nach § 3 Nr. 11 EStG unschädlich, wenn die Buchführung nicht nach kameralistischen Grundsätzen erfolgt und wenn außertarifliche Bezüge gezahlt werden. Allerdings muss das haushaltsrechtliche Gebot von Wirtschaftlichkeit und Sparsamkeit gelten und nach öffentlich-rechtlichen Maßstä-

Unterstützungen

ben durchgesetzt werden (FG Düsseldorf v. 3.6.2004, 12 K 210/02 H (L), EFG 2004, 1502 betr. eine kommunale Abfallgesellschaft in der Rechtsform GmbH).

- Beihilfen und Unterstützungen an Arbeitnehmer von Unternehmen, die sich nicht überwiegend in öffentlicher Hand (private Beteiligung mehr als 50 %) befinden, z.B. staatlich anerkannte Privatschulen, wenn
    - hinsichtlich der Entlohnung, der Reisekostenvergütungen und der Gewährung von Beihilfen und Unterstützungen nach den Regelungen verfahren wird, die für den öffentlichen Dienst gelten,
    - die für die Bundesverwaltung oder eine Landesverwaltung maßgeblichen Vorschriften über die Haushalts-, Kassen- und Rechnungsführung und über die Rechnungsprüfung beachtet werden und
    - das Unternehmen der Prüfung durch den Bundesrechnungshof oder einen Landesrechnungshof unterliegt.

Wenn Beihilfen nach diesen Grundsätzen nicht steuerfrei sind, kann aber die Steuerfreiheit dieser Beihilfen in Betracht kommen, soweit die Mittel aus einem öffentlichen Haushalt stammen und über die Gelder nur nach Maßgabe der haushaltsrechtlichen Vorschriften des öffentlichen Rechts verfügt werden kann und ihre Verwendung einer gesetzlich geregelten Kontrolle unterliegt. Ist das Verhältnis der öffentlichen Mittel zu den Gesamtkosten im Zeitpunkt des Lohnsteuerabzugs nicht bekannt, so kann das Verhältnis ggf. geschätzt werden (zuletzt BFH v. 18.5.2004, VI R 128/99, HFR 2005, 12 m.w.N. betr. Beihilfen in Krankheitsfällen an Arbeitnehmer eines teilweise aus Landesmitteln finanzierten Vereins).

Beihilfen und Unterstützungen, die den bei den **Postunternehmen** beschäftigten Beamten gezahlt werden, sind steuerfrei, soweit sie ohne die Neuordnung des Postwesens und der Telekommunikation nach § 3 Nr. 11 EStG steuerfrei gewesen wären (§ 3 Nr. 35 EStG).

Den Bezügen aus öffentlichen Mitteln wegen Hilfsbedürftigkeit gleichgestellt sind Beitragsermäßigungen und Prämienrückzahlungen eines Trägers der gesetzlichen Krankenversicherung für nicht in Anspruch genommene Beihilfeleistungen (§ 3 Nr. 11 Satz 4 EStG). Damit sind die **Beitragsermäßigungen der Angestellten von gesetzlichen Krankenkassen**, die einer Dienstordnung unterliegen, **steuerfrei**.

2. Unterstützungen und Erholungsbeihilfen an Arbeitnehmer im privaten Dienst

a) Unterstützungen

2960 Unterstützungen, die von privaten Arbeitgebern an einzelne Arbeitnehmer gezahlt werden, sind steuerfrei, wenn die Unterstützungen dem Anlass nach gerechtfertigt sind, z.B. in Krankheits- und Unglücksfällen.

Voraussetzung für die Steuerfreiheit ist nach R 3.11 Abs. 2 LStR, dass die Unterstützungen

- aus einer mit eigenen Mitteln des Arbeitgebers geschaffenen, aber von ihm unabhängigen und mit ausreichender Selbständigkeit ausgestatteten Einrichtung gewährt werden; das gilt nicht nur für bürgerlich-rechtlich selbständige Unterstützungskassen, sondern auch für steuerlich selbständige Unterstützungskassen ohne bürgerlich-rechtliche Rechtspersönlichkeit, auf deren Verwaltung der Arbeitgeber keinen maßgebenden Einfluss hat,
- aus Beträgen gezahlt werden, die der Arbeitgeber dem Betriebsrat oder sonstigen Vertretern der Arbeitnehmer zu dem Zweck überweist, aus diesen Beträgen Unterstützungen an die Arbeitnehmer ohne maßgebenden Einfluss des Arbeitgebers zu gewähren,
- vom Arbeitgeber selbst erst nach Anhörung des Betriebsrats oder sonstiger Vertreter der Arbeitnehmer gewährt oder nach einheitlichen Grundsätzen bewilligt werden, denen der Betriebsrat oder sonstige Vertreter der Arbeitnehmer zugestimmt haben.

Diese Voraussetzungen brauchen nicht vorzuliegen, wenn der Betrieb **weniger als fünf Arbeitnehmer** beschäftigt.

Die Unterstützungen sind bis zu einem Betrag von **600 € je Kalenderjahr** steuerfrei. Der 600 € übersteigende Betrag gehört nur dann nicht zum steuerpflichtigen Arbeitslohn, wenn er aus Anlass eines **besonderen Notfalls** gewährt wird. Bei der Beurteilung, ob ein solcher Notfall vorliegt, sind auch die Einkommensverhältnisse und der Familienstand des Arbeitnehmers zu berücksichtigen; drohende oder bereits eingetretene **Arbeitslosigkeit begründet für sich keinen besonderen Notfall** i.S. dieser Vorschrift. Im Rahmen von Billigkeitsmaßnahmen anlässlich von **Unwetterschäden** geht die Finanzverwaltung im Allgemeinen von einem besonderen Notfall aus (vgl. z.B. BMF v. 19.5.2015, IV C 4 – S 2223/07/0015 :013, BStBl I 2015, 466 betr. steuerliche Maßnahmen zur Unterstützung der Opfer des Erdbebens in Nepal).

Anlässe, zu denen der Arbeitnehmer Unterstützungen erhalten kann, sind z.B.

- Krankheitsfälle,
- Unglücksfälle,
- Tod des Arbeitnehmers oder naher Angehöriger,
- Vermögensverluste durch höhere Gewalt (Diebstahl, Hochwasser, Hagel, Sturm, Feuer),
- Inanspruchnahme aus Bürgschaften oder Haftung.

Der Anlass der Unterstützung muss nicht allein in der Person des Arbeitnehmers begründet sein. Unterstützungsleistungen können auch dann gezahlt werden, wenn die Ursache der Unterstützung in der Person naher Angehöriger des Arbeitnehmers liegt und der Arbeitnehmer wirtschaftlich belastet ist. Bei der Prüfung der Frage, ob ein Grund für die Unterstützung vorliegt, verfährt die Finanzverwaltung recht großzügig.

Steuerfrei sind auch Leistungen des Arbeitgebers zur Aufrechterhaltung und Erfüllung eines Beihilfeanspruchs nach beamtenrechtlichen Vorschriften sowie zum Ausgleich von Beihilfeaufwendungen früherer Arbeitgeber im Fall der Beurlaubung oder Gestellung von Arbeitnehmern oder des Übergangs des öffentlich-rechtlichen Dienstverhältnisses auf den privaten Arbeitgeber, wenn Versicherungsfreiheit in der gesetzlichen Krankenversicherung nach § 6 Abs. 1 Nr. 2 SGB V besteht (R 3.11 Abs. 2 Satz 7 LStR).

Die unterschiedliche steuerliche Behandlung der Beihilfezahlungen aus öffentlichen Kassen und vergleichbarer Zahlungen aus privaten Kassen ist verfassungsgemäß (BFH v. 18.5.2004, VI R 128/99, HFR 2005, 12, m.w.N.).

b) Erholungsbeihilfen

2961 Erholungsbeihilfen, soweit sie nicht ausnahmsweise als Unterstützungen anzuerkennen sind (BFH v. 18.3.1960, VI 345/57 U, BStBl III 1960, 237), gehören grundsätzlich zum steuerpflichtigen Arbeitslohn. Das gilt regelmäßig auch dann, wenn die Beihilfen und Unterstützungen von einem Dritten gewährt werden und eine ausreichende Beziehung zwischen dem Dritten und dem Arbeitgeber es rechtfertigt, die Zahlung des Dritten als Arbeitslohn zu behandeln (BFH v. 27.1.1961, VI 249/60 U, BStBl III 1961, 167). Einzelheiten hierzu → *Erholung: Arbeitgeberzuwendungen* Rz. 1167.

Unterstützungskasse

→ *Zukunftssicherung: Betriebliche Altersversorgung* Rz. 3234

Urlaubsabgeltung

1. Arbeitsrecht

2962 Kann der Urlaub wegen **Beendigung des Arbeitsverhältnisses** ganz oder teilweise nicht mehr gewährt werden, so ist er nach § 7 Abs. 4 BUrlG abzugelten, d.h. auszubezahlen.

Voraussetzung für die Urlaubsabgeltung ist also die **Beendigung des Arbeitsverhältnisses**; eine Abgeltung im laufenden Arbeitsverhältnis ist unzulässig, es sei denn, in einem anwendbaren Tarifvertrag sei ausnahmsweise etwas anderes bestimmt (BAG v. 20.4.2012, 9 AZR 504/10, www.stotax-first.de). Ein **beim Tod des Arbeitnehmers** bestehender Urlaubsanspruch **geht nicht unter**

[LSt] = keine Lohnsteuerpflicht
[LSt] = Lohnsteuerpflicht

Urlaubsentgelt

und wandelt sich in einen vererblichen Urlaubsabgeltungsanspruch um (EuGH v. 12.6.2014, C-118/13, www.stotax-first.de; anders noch BAG v. 20.9.2011, 9 AZR 416/10, www.stotax-first.de, und BAG v. 12.3.2013, 9 AZR 532/11, www.stotax-first.de).

Die Urlaubsabgeltung setzt – nach **vollständiger Aufgabe der früheren so genannten Surrogattheorie** – nunmehr die Arbeitsfähigkeit des Arbeitnehmers nicht mehr voraus. Der Anspruch auf Abgeltung des Urlaubs ist sowohl für den Fall der Arbeitsunfähigkeit als auch für den Fall der Arbeitsfähigkeit des aus dem Arbeitsverhältnis ausscheidenden Arbeitnehmers ein **reiner Geldanspruch**; er unterfällt deshalb nicht dem Fristenregime des BUrlG (BAG v. 19.6.2012, 9 AZR 652/10, www.stotax-first.de). Der Arbeitnehmer kann daher auch – nach Beendigung des Arbeitsverhältnisses – auf seinen Anspruch auf Abgeltung von offenem Urlaub **verzichten**, und zwar auch soweit Mindesturlaubsansprüche betroffen sind und auch durch einen Vergleich mit **Ausgleichsklausel** (BAG v. 14.5.2013, 9 AZR 844/11, www.stotax-first.de).

Zu beachten ist, dass nach einer Entscheidung des EuGH (EuGH v. 20.1.2009, C-350/06 und C-520/06, www.stotax-first.de) und der folgenden Grundsatzentscheidung des BAG (BAG v. 24.3.2009, 9 AZR 938/07, www.stotax-first.de, bestätigt mit BAG v. 4.5.2010, 9 AZR 183/09, www.stotax-first.de) **für den gesetzlichen Mindesturlaub** im Hinblick auf krankheitsbedingt nicht genommenen Urlaub anders als bisher die **Verfallfrist** nicht mehr gilt, so dass der nicht verfallene Mindesturlaub des Arbeitnehmers nach allgemeinen Grundsätzen bei Beendigung des Arbeitsverhältnisses abzugelten ist (s. N. Besgen, Das neue Urlaubsrecht nach der geänderten Rechtsprechung des EuGH und des BAG, B+P 2014, 523).

Bei der **Berechnung der Höhe** der Urlaubsabgeltung muss zunächst die Anzahl der offenen Urlaubstage als **Zeitfaktor** angesetzt werden. Dieser Zeitfaktor ist dann mit dem nach § 11 Abs. 1 BUrlG zu berechnenden **Geldfaktor** zu multiplizieren.

Die Tarifvertragsparteien können Urlaubs- und Urlaubsabgeltungsansprüche, die den von Art. 7 Abs. 1 der Arbeitszeitrichtlinie 2003/88/EG gewährleisteten und von §§ 1, 3 Abs. 1 BUrlG begründeten Anspruch auf Mindestjahresurlaub von vier Wochen übersteigen (tariflicher Mehrurlaub), **Ausschlussfristen** unterziehen. Sie dürfen deshalb auch bei fortdauernder Arbeitsunfähigkeit den Verfall von tariflichen Mehrurlaubsansprüchen am Ende des Urlaubsjahres und/oder des Übertragungszeitraums vorsehen (BAG v. 12.4.2011, 9 AZR 80/10, www.stotax-first.de; BAG v. 22.5.2012, 9 AZR 618/10, www.stotax-first.de). Weitergehend kann eine im Arbeitsvertrag oder einem anwendbaren Tarifvertrag geregelte Ausschlussfrist sogar auch den Anspruch auf Urlaubsabgeltung in Gänze erfassen (BAG v. 9.8.2011, 9 AZR 352/10, www.stotax-first.de).

Die Urlaubsabgeltung ist wie Arbeitsentgelt und wie das Urlaubsentgelt **pfändbar** (BAG v. 28.8.2001, 9 AZR 611/99, www.stotax-first.de).

2. Lohnsteuer

2963 Als Urlaubsabgeltung gezahlte Entschädigungen des Arbeitgebers sind **steuerpflichtiger Arbeitslohn** (R 19.3 Abs. 1 Nr. 2 LStR), der als sonstiger Bezug zu versteuern ist (R 39b.2 Abs. 2 Nr. 5 LStR); auch → *Sonstige Bezüge* Rz. 2704. Die Tarifermäßigung nach § 34 EStG kann nicht gewährt werden (FG Münster v. 6.10.2004, 1 K 6311/01 E, EFG 2005, 605).

Zur steuerlichen Behandlung einer finanziellen Abgeltung des bei Beamten wegen Dienstunfähigkeit vor Eintritt in den Ruhestand nicht in Anspruch genommenen Urlaubs vertritt die Finanzverwaltung folgende Auffassung:

> Die Zahlung eines Geldbetrages wegen des Anspruchs auf Abgeltung des krankheitsbedingt nicht angetretenen, unionsrechtlich gewährleisteten Mindesturlaubs von vier Wochen gehört auch bei Beamten zum steuerpflichtigen Arbeitslohn (R 19.3 Abs. 1 Satz 1 und 2 Nr. 2 LStR).
>
> Die Zahlung wird beim Vorliegen der Voraussetzungen des § 34 Abs. 2 Nr. 4 EStG tarifermäßigt besteuert. Wird der Abgeltungsanspruch verzinst, führt dies zu Einnahmen i.S.d. § 20 Abs. 1 Nr. 7 EStG.
>
> Bei einem Beamten in Altersteilzeit lösen die Abgeltungszahlungen grundsätzlich keine Änderung der steuerlichen Behandlung der übrigen Leistungen aus; danach bleibt u.a. der nicht angepasste Altersteilzeitzuschlag in

unveränderter Höhe steuerfrei (§ 3 Nr. 28 EStG i.V.m. § 1 Abs. 3 Satz 2 AltTZG). Der Teil des Abgeltungsanspruchs, der auf die Abgeltung des (steuerfreien) Altersteilzeitzuschlags entfällt, ist mangels Steuerbefreiungsvorschrift steuerpflichtig.

Außerdem kann die Lohnsteuer für die Urlaubsabgeltung auf **Antrag** des Arbeitgebers unter den Voraussetzungen des § 40 Abs. 1 Satz 1 Nr. 1 EStG (sonstige Bezüge in einer größeren Zahl von Fällen) mit einem **Pauschsteuersatz erhoben** werden, Einzelheiten → *Pauschalierung der Lohnsteuer* Rz. 2175.

[LSt]

Abfindungszahlungen, die einen **Urlaubsanspruch mehrerer Jahre abgelten**, können ggf. nach § 34 Abs. 2 Nr. 4 EStG **tarifermäßigt** besteuert werden, sog. Fünftelregelung (vgl. FG Düsseldorf v. 22.8.2002, 15 K 381/01 E, www.stotax-first.de); auch → *Arbeitslohn für mehrere Jahre* Rz. 257.

Entschädigungszahlungen der **Urlaubs- und Lohnausgleichskasse der Bauwirtschaft** für verfallene Urlaubsansprüche sind steuerpflichtig und unterliegen ab 2004 dem Lohnsteuerabzug; auch → *Lohnausgleichskasse* Rz. 1779.

3. Sozialversicherung

Urlaubsabgeltungen, die während eines versicherungspflichtigen Beschäftigungsverhältnisses gezahlt werden, sind beitragspflichtiges Arbeitsentgelt i.S.d. § 14 SGB IV und der SvEV und wie einmalige Zuwendungen dem laufenden Entgelt für die Beitragsberechnung hinzuzurechnen; zu weiteren Einzelheiten → *Einmalzahlungen* Rz. 983. 2964

Bei der Feststellung der Jahresarbeitsentgeltgrenze bleiben erwartete Abgeltungen für nicht in Anspruch genommenen Urlaub außer Betracht, weil hier nicht mit hinreichender Sicherheit und Regelmäßigkeit von einer Zahlung ausgegangen werden kann (BSG v. 9.2.1993, 12 RK 26/90, www.stotax-first.de).

(SV)

Im Hinblick auf die beitragsrechtliche Behandlung von „**Urlaubsabgeltungen**" bei Beendigung des Beschäftigungsverhältnisses durch **Tod des Arbeitnehmers** ist Folgendes zu berücksichtigen: Die an den Ehegatten bzw. die Angehörigen gezahlten Leistungen – selbst wenn sie in den Tarifverträgen oder Betriebsvereinbarungen als Urlaubsabgeltungen bezeichnet werden – unterliegen nicht der Beitragspflicht zur Kranken-, Pflege-, Renten- und Arbeitslosenversicherung (Besprechungsergebnis der Spitzenverbände der Sozialversicherungsträger v. 5./6.3.1986).

Wegen der Rechtsauffassung des EuGH (EuGH v. 12.6.2014, C-118/13, www.stotax-first.de), wonach der arbeitsrechtliche Anspruch auf Urlaubsabgeltung nicht mit dem Ende des Arbeitsverhältnisses auf Grund des Todes verfällt, ist auch eine Änderung der arbeitsgerichtlichen Rechtsprechung zu erwarten. Dann handelt es sich um sozialversicherungsrechtlich relevantes Arbeitsentgelt (s. ausführlich B+P 2014, 732). Die Spitzenorganisationen der Sozialversicherung haben sich in ihrer Besprechung zu Fragen des gemeinsamen Beitragseinzugs darauf verständigt, zunächst am Besprechungsergebnis v. 5./6.3.1986 festzuhalten, bis die Rechtsprechung des BAG der Entscheidung des EuGH angepasst worden ist. Es fehlt für die beitragsrechtliche Neubewertung der angesprochenen Urlaubsabgeltungen als einmalig gezahltes Arbeitsentgelt an einer ausreichend stabilen rechtlichen Grundlage.

[LSt] (SV)

Urlaubsentgelt

1. Arbeitsrecht

Jeder Arbeitnehmer hat in jedem Kalenderjahr (= Urlaubsjahr) Anspruch auf bezahlten Erholungsurlaub, gesetzlich geregelt im Bundesurlaubsgesetz mit einem **Mindestanspruch** von 24 Werktagen, tariflich oder arbeitsvertraglich zumeist mit einem höheren Anspruch. Für die Zeit des Erholungsurlaubs bzw. von Urlaubsabschnitten hat der Arbeitnehmer Anspruch auf Urlaubsvergütung, auf das sog. Urlaubsentgelt (das **Urlaubsgeld** bezeichnet demgegenüber eine zusätzliche freiwillige Leistung des Arbeitgebers, → *Urlaubsgeld* Rz. 2968). 2965

Die **Höhe** des Urlaubsentgelts richtet sich gem. § 11 Abs. 1 BUrlG nach dem **durchschnittlichen Arbeitsverdienst** in den letzten

Urlaubsentgelt

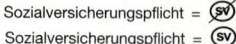

13 Wochen vor Beginn des Urlaubs (**Bezugsmethode**). Abweichende günstigere Regelungen können durch Tarifvertrag, Betriebsvereinbarung oder Einzelarbeitsvertrag geregelt sein. Setzt sich das Arbeitsentgelt aus Grundvergütung und **Provisionen** zusammen, darf sich das Urlaubsentgelt nicht auf das Grundgehalt beschränken; der Provisionsausfall in der Arbeitszeit muss kompensiert werden (EuGH v. 22.5.2014, C-539/12, www.stotax-first.de). Nicht zulässig ist die Verminderung des Urlaubsentgelts wegen **krankheitsbedingter Fehlzeiten** (BAG v. 15.1.2013, 9 AZR 465/11, www.stotax-first.de).

Für die Höhe des Urlaubsentgelts gilt nach den Bestimmungen des Bundesurlaubsgesetzes das Referenzprinzip. Findet für tatsächlich geleistete Arbeitsstunden eine Mindestlohnregelung Anwendung, ist diese jedenfalls dann für die Höhe des Urlaubsentgelts maßgeblich, wenn die Mindestlohnregelung selbst keine abweichenden Regelungen i.S.v. § 13 Abs. 1 Satz 1 BUrlG enthält (BAG v. 13.5.2015, 10 AZR 191/14, www.stotax-first.de).

Überstunden im Bezugszeitraum (Geldfaktor) werden für die Berechnung des Urlaubsentgelts nicht mehr berücksichtigt, wohl aber Überstunden, die im Urlaub selbst angefallen wären (Zeitfaktor), vgl. BAG v. 9.11.1999, 9 AZR 771/98, www.stotax-first.de, und BAG v. 22.2.2000, 9 AZR 107/99, www.stotax-first.de. Zur Bemessungsgrundlage gehört jede Form der Vergütung, die als Gegenleistung für erbrachte Tätigkeiten im Referenzzeitraum gezahlt wird, ausgenommen sind nur zusätzlich für Überstunden geleistete Vergütungen und Einmalzahlungen; es muss immer mindestens das Entgelt sichergestellt sein, das bei Fortführung der Arbeit ohne urlaubsbedingte Freistellung gewöhnlich verdient würde (BAG v. 21.9.2010, 9 AZR 510/09, www.stotax-first.de).

Beim **Wechsel** eines Arbeitnehmers **von Vollzeitarbeit zu Teilzeitarbeit** im Urlaubsjahr gilt allerdings nach einer neueren Entscheidung des EuGH (EuGH v. 22.4.2010, C-486/08, www.stotax-first.de) für die Berechnung des **Urlaubsgelts** nicht die Bezugsmethode gem. § 11 Abs. 1 BUrlG: Ein vor der Arbeitszeitänderung erworbener Urlaubsanspruch, der ganz oder teilweise nach der Arbeitszeitänderung verwirklicht wird, muss noch mit dem Entgelt für die Vollzeitarbeit vergütet werden.

Das Urlaubsentgelt ist im gleichen Umfang **pfändbar** wie Arbeitsentgelt (BAG v. 20.6.2000, 9 AZR 405/99, www.stotax-first.de).

2. Lohnsteuer

2966 Das an die Stelle des „normalen" Arbeitslohns tretende Urlaubsentgelt stellt – im Gegensatz zum Urlaubsgeld – **laufenden Arbeitslohn** dar. Das Urlaubsentgelt ist auch steuerpflichtig, soweit es **Zuschläge für Sonntags-, Feiertags- oder Nachtarbeit enthält**, weil die Steuerfreiheit nach § 3b EStG nur für tatsächlich geleistete Arbeit zu diesen Zeiten in Betracht kommt (R 3b Abs. 6 Satz 1 LStR); auch → *Urlaubsgeld* Rz. 2968.

[LSt]

3. Sozialversicherung

2967 Das Urlaubsentgelt gehört als Entgeltfortzahlung während des Urlaubs zum laufenden Arbeitsentgelt und ist dementsprechend beitragspflichtig in der Sozialversicherung.

[SV]

Urlaubsgeld

1. Arbeitsrecht

2968 Das Urlaubsgeld ist eine grundsätzlich **freiwillige zusätzliche Leistung** des Arbeitgebers über das Urlaubsentgelt hinaus, das meist entweder als Prozentsatz vom Urlaubsentgelt, als fester Gesamtbetrag oder als bestimmter Betrag pro Urlaubstag gewährt wird, für **Teilzeitkräfte** anteilig im Verhältnis zu ihrer Arbeitszeit (→ *Urlaubsentgelt* Rz. 2965). Eine zusammenfassende Darstellung findet sich in B+P 2003, 324.

Bei einem vereinbarten **Freiwilligkeitsvorbehalt** kann der Arbeitgeber bis zur vereinbarten Fälligkeit frei darüber entscheiden, ob und in welcher Höhe er Urlaubsgeld zahlt (BAG v. 11.4.2000, 9 AZR 255/99, www.stotax-first.de).

Ein gesetzlicher Anspruch des Arbeitnehmers auf Urlaubsgeld besteht nicht. Es ergibt sich vielmehr nur aus einer **tariflichen** Regelung eines im Arbeitsverhältnis anwendbaren Tarifvertrags,

aus einer **Betriebsvereinbarung** oder aus einer **einzelvertraglichen Abrede**, ggf. auch aus dem Gleichbehandlungsgrundsatz. Insoweit ist darauf zu achten, ob für den Fall eines vorzeitigen Ausscheidens des Arbeitnehmers bei zu viel genommenem Urlaub oder bei verschuldetem Ausscheiden eine **Rückzahlungsklausel** für Urlaubsgeld vereinbart ist.

Ist das Urlaubsgeld mit der Urlaubsvergütung **akzessorisch** verknüpft, wird es nur geschuldet, wenn auch ein Anspruch auf Urlaubsvergütung besteht (BAG v. 27.5.2003, 9 AZR 562/01, www.stotax-first.de). Der (tarifliche) Anspruch auf Urlaubsgeld folgt den für Urlaubsentgelt geltenden Grundsätzen, wenn er vom Bestand des Urlaubsanspruchs abhängig gemacht wird. Diese Abhängigkeit muss in der Vereinbarung nicht ausdrücklich vorgesehen sein. Sie kann sich aus dem (tariflichen) Regelungszusammenhang ergeben. Ob ein (tarifvertragliches) Urlaubsgeld als urlaubsunabhängige Sonderzahlung ausgestaltet ist oder ob es von der Urlaubsgewährung und dem Urlaubsvergütungsanspruch abhängt, richtet sich nach den (tariflichen) Leistungsvoraussetzungen. Maßgebend sind die normierten Anspruchsvoraussetzungen und Ausschlusstatbestände. Knüpfen die Tarifvertragsparteien den Anspruch auf Urlaubsgeld, das für jeden Urlaubstag zu zahlen ist, an den Antritt des Urlaubs, **verfällt** der Anspruch auf Urlaubsgeld auf Grund dieser Akzessorietät mit dem Verfall des Urlaubs (BAG v. 20.4.2012, 9 AZR 504/10, www.stotax-first.de).

Aus der bloßen Bezeichnung des Anspruchs als „Urlaubsgeld" folgt allerdings noch keine Abhängigkeit vom Bestand des Urlaubsanspruchs (BAG v. 19.5.2009, 9 AZR 477/07, www.stotax-first.de); vielmehr ist anhand der Leistungsvoraussetzungen, d.h. der Anforderungen und Ausschlussgründe, zu ermessen, ob das Urlaubsgeld von den Regelungen zum Urlaub abhängig ist oder bloß eine **saisonale Sonderleistung** darstellt (BAG v. 12.10.2010, 9 AZR 522/09, www.stotax-first.de).

Stellt das Urlaubsgeld als Sonderzahlung die Gegenleistung für erbrachte Arbeit dar, darf die Zahlung nicht davon abhängig gemacht werden, dass der Arbeitnehmer zu einem bestimmten **Stichtag** nicht im ungekündigten Arbeitsverhältnis steht; bei einem pro genommenen Urlaubstag vereinbarten Urlaubsgeld handelt es sich aber nicht um eine Leistung, die vom Arbeitnehmer durch Arbeitsleistung erbracht werden muss (BAG v. 22.7.2014, 9 AZR 981/12, www.stotax-first.de).

2. Lohnsteuer

2969 Das Urlaubsgeld gehört zum steuerpflichtigen Arbeitslohn, ist aber – da es nicht zum laufenden Arbeitslohn gehört – als sonstiger Bezug zu versteuern (R 39b.2 Abs. 2 Nr. 5 LStR).

Außerdem kann die Lohnsteuer für das Urlaubsgeld auf Antrag des Arbeitgebers unter den Voraussetzungen des § 40 Abs. 1 Satz 1 Nr. 1 EStG (sonstige Bezüge in einer größeren Zahl von Fällen) mit einem **Pauschsteuersatz erhoben** werden, Einzelheiten → *Pauschalierung der Lohnsteuer* Rz. 2175.

3. Sozialversicherung

2970 Urlaubsgelder, auch wenn sie in Form einer prozentualen Erhöhung des laufenden Arbeitsentgelts gewährt werden (z.B. im Baugewerbe 30/130 der Urlaubsvergütung, vgl. Besprechungsergebnis der Spitzenverbände der Sozialversicherungsträger v. 11./12.11.1992), gehören zum einmalig gezahlten Arbeitsentgelt und sind demzufolge beitragspflichtig in der Sozialversicherung (zu weiteren Einzelheiten → *Einmalzahlungen* Rz. 983).

[LSt] [SV]

Urlaubsvergütungen im Baugewerbe

1. Lohnsteuer

2971 Ein Bauarbeiter erwirbt jeden Monat einen bestimmten Anspruch an Urlaubstagen. Hierfür zahlt der Arbeitgeber eine Umlage an die **Urlaubskasse**. Nimmt der Arbeitnehmer den angesparten Urlaub in Anspruch, erhält er **vom Arbeitgeber Lohnfortzahlung für Urlaub. Der Arbeitgeber bekommt diese Zahlung von der Urlaubskasse erstattet**. Wechselt der Arbeitnehmer den Arbeitgeber innerhalb einer zuständigen Urlaubskasse, nimmt er seinen Urlaub mit und kann ihn voll beim neuen Arbeitgeber beanspruchen.

Lohnsteuerlich gilt Folgendes:

Die Einzahlungen des Arbeitgebers in die Urlaubskasse sind nicht als Arbeitslohn anzusehen.

Dem Lohnsteuerabzug unterliegt erst das vom Arbeitgeber ausgezahlte an Stelle des Arbeitslohns tretende **Urlaubsentgelt**. Dabei ist das Urlaubsentgelt, das dem weitergezahlten Arbeitslohn entspricht, als **laufender Arbeitslohn** anzusehen und „normal" zu versteuern (→ *Urlaubsentgelt* Rz. 2965).

Das zusätzlich gezahlte Urlaubsgeld ist dagegen als „**sonstiger Bezug**" zu versteuern (→ *Urlaubsgeld* Rz. 2968; → *Sonstige Bezüge* Rz. 2704). Sozialversicherungsrechtlich handelt es sich um einmalige Zuwendungen (→ *Einmalzahlungen* Rz. 983).

Arbeitnehmer im Baugewerbe haben nach dem Tarifvertrag Anspruch auf **Entschädigung für verfallende Urlaubsansprüche oder Urlaubsabgeltungsansprüche** durch die Urlaubs- und Lohnausgleichskasse der Bauwirtschaft. Diese unterliegen nach den gleichen Grundsätzen dem Lohnsteuerabzug wie die Übergangsbeihilfen im Bau- und Gerüstbaugewerbe (FinMin Rheinland-Pfalz v. 26.3.1992, StEd 1992, 237; auch → *Lohnausgleichskasse* Rz. 1779). Entsprechendes gilt für die durch die Gemeinnützige Urlaubskasse für die im Maler- und Lackiererhandwerk in Sonderfällen gezahlte Urlaubsabgeltung (FinMin Sachsen v. 18.9.1992, StEd 1992, 624).

Eine Haftung des Arbeitgebers in Fällen des § 38a Abs. 3 EStG kommt nach § 42d Abs. 9 Satz 4 EStG i.V.m. § 42d Abs. 3 Satz 4 Nr. 1 EStG nur in Betracht, wenn der Dritte die Lohnsteuer für den Arbeitgeber nicht vorschriftsmäßig vom Arbeitslohn einbehalten hat. An einem derartigen Fehlverhalten fehlt es, wenn beim Lohnsteuerabzug entsprechend einer Lohnsteueranrufungsauskunft oder in Übereinstimmung mit den Vorgaben der zuständigen Finanzbehörden der Länder oder des Bundes verfahren wird (BFH v. 20.3.2014, VI R 43/13, BStBl II 2014, 592 betr. von der Urlaubs- und Lohnausgleichskasse der Bauwirtschaft gezahlte Abgeltungszahlungen für **Urlaubsentschädigungen**).

2. Sozialversicherung

2972 Das zusätzliche Urlaubsgeld im Baugewerbe – 30/130 der Urlaubsvergütung – ist als einmalig gezahltes Arbeitsentgelt zu behandeln.

Um den Arbeitgebern die tägliche Praxis zu erleichtern, haben sich die Spitzenverbände der Sozialversicherungsträger darauf geeinigt, bei Urlaubsvergütungen 30/130 als einmalig gezahltes Arbeitsentgelt zu berücksichtigen (Besprechungsergebnis v. 11./12.11.1992). Weitere Einzelheiten → *Einmalzahlungen* Rz. 983.

Veranlagung von Arbeitnehmern

1. Allgemeines

2973 Grundsätzlich ist bei Arbeitnehmern die **Einkommensteuer** mit der vom Arbeitgeber einbehaltenen **Lohnsteuer abgegolten** (§ 46 Abs. 4 EStG). Allerdings kann im Lohnsteuerabzugsverfahren nicht immer die zutreffende Einkommensteuer einbehalten werden. Deshalb muss nach Ablauf des Kalenderjahrs eine **Einkommensteuerveranlagung durchgeführt** werden, wenn der Arbeitnehmer noch **andere Einkünfte** erzielt hat (z.B. aus Vermietung und Verpachtung). Andererseits kann auch der Arbeitnehmer selbst eine Einkommensteuerveranlagung beantragen, wenn im Lohnsteuerverfahren z.B. **nicht alle Werbungskosten, Sonderausgaben usw. berücksichtigt** worden sind oder bei Ehegatten z.B. durch eine ungünstige Steuerklassenkombination eine Überzahlung eingetreten ist. Eine Einkommensteuerveranlagung kann daher sowohl zu Erstattungen als auch zu Nachzahlungen führen, in jedem Fall wird die einbehaltene Lohnsteuer auf die Einkommensteuer angerechnet (§ 36 Abs. 2 Nr. 2 EStG).

Lohnsteuer ist bei der Veranlagung auch anzurechnen, wenn der Arbeitgeber

- die einbehaltenen Lohnsteuerbeträge gegenüber dem Finanzamt **nicht angemeldet und auch nicht abgeführt** hat (BFH v. 1.4.1999, VII R 51/98, HFR 2000, 19; BFH v. 31.7.2002, VI B 290/99, www.stotax-first.de, und zuletzt FG München v. 10.7.2002, 1 K 2164/00, EFG 2002, 1391).

- **Lohnsteuer zu Unrecht einbehalten und abgeführt** hat (zuletzt BFH v. 17.6.2009, VI R 46/07, BStBl II 2010, 72).
- nach Beendigung der unbeschränkten Steuerpflicht von den im Ausland bezogenen Einkünften aus nichtselbständiger Arbeit **(zu Unrecht) Lohnsteuer einbehält** und an ein inländisches Finanzamt abführt (BFH v. 23.5.2000, VII R 3/00, BStBl II 2000, 581).
- für zunächst als steuerfrei behandelten Arbeitslohn **nachträglich Lohnsteuer an das Finanzamt abführt**. Dem Arbeitnehmer fließt hierdurch zusätzlicher Arbeitslohn zu. Das gilt unabhängig davon, ob die nachträglich lohnversteuerten Einkünfte tatsächlich sachlich steuerpflichtig waren oder nicht (BFH v. 29.11.2000, I R 102/99, BStBl II 2001, 195).
- ein **Zufluss völlig gefehlt** und der Arbeitgeber mithin Lohnsteuer zu **Unrecht einbehalten** hat (FG Hamburg v. 15.6.2011, 3 K 135/10, EFG 2011, 1790).

Lohnsteuer ist dagegen nicht anzurechnen, wenn

- der Arbeitgeber **tatsächlich keine Lohnsteuer einbehalten** oder sie im Rahmen einer sog. Nettolohnvereinbarung übernommen hat. Erfüllt der Abzugspflichtige – bewusst oder aus Unkenntnis – seine Abzugspflicht nicht, entfällt die Anrechnung (zuletzt BFH v. 1.2.2007, III B 165/05, www.stotax-first.de, m.w.N.).
- der Lohnsteuerabzug vom Arbeitgeber im Wege des **Lohnsteuerjahresausgleichs** rückgängig gemacht wurde (BVerfG v. 20.10.2007, 2 BvR 1774/07, StEd 2007, 720).
- die zugehörigen **Einkünfte nicht bei der Veranlagung erfasst** worden sind (vgl. zuletzt BFH v. 12.11.2013, VII R 28/12, www.stotax-first.de, betr. nicht abgeführte Lohnsteuer).

Zur Anrechnung von Lohnsteuer in **Schätzungsfällen** s. OFD Frankfurt v. 12.6.2003, S 0335 A – 2 – St II 44, DStZ 2003, 590.

Zu unterscheiden sind die sog. Veranlagung von Amts wegen („**Pflichtveranlagung**") und die Veranlagung auf Antrag des Arbeitnehmers („**Antragsveranlagung**").

Bei der Einkommensteuerveranlagung besteht **keine Bindung an den Inhalt einer Lohnsteuerbescheinigung**, so dass im Veranlagungsverfahren auch Fehler bei Ausstellung der Lohnsteuerbescheinigung korrigiert werden können (zuletzt BFH v. 18.8.2011, VII B 9/11, www.stotax-first.de, m.w.N.).

2. Pflichtveranlagung

2974 Die Pflichtveranlagungstatbestände sind in § 46 Abs. 2 Nr. 1 bis 7 EStG abschließend aufgeführt. Es handelt sich dabei um Sachverhalte, bei denen im Lohnsteuerabzugsverfahren die zutreffende Einkommensteuer nicht erhoben werden kann. Die Pflichtveranlagungstatbestände sind im Wesentlichen folgende:

- **Die positive Summe der Nebeneinkünfte des Arbeitnehmers, die nicht dem Lohnsteuerabzug unterlegen haben, beträgt mehr als 410 €** (§ 46 Abs. 2 Nr. 1 erste Alternative EStG). „Einkünfte" heißt Einnahmen abzüglich Betriebsausgaben/Werbungskosten bzw. Arbeitnehmer-Pauschbetrag. Unter der „Summe der Einkünfte" i.S.d. § 46 Abs. 2 Nr. 1 EStG ist derjenige Saldo zu verstehen, der nach horizontaler und vertikaler Verrechnung der Einkünfte verbleibt. Versagt das Gesetz – wie in § 23 Abs. 3 Satz 8 EStG im Falle eines Verlustes aus privaten Veräußerungsgeschäften – die Verrechnung eines Verlustes aus einer Einkunftsart mit Gewinnen bzw. Überschüssen aus anderen Einkunftsarten, fließt dieser Verlust nicht in die „Summe der Einkünfte" ein (BFH v. 26.3.2013, VI R 22/11, BStBl II 2013, 631). Bei Ehegatten sind die zusammengerechneten Nebeneinkünfte maßgebend, die „Freigrenze" von 410 € verdoppelt sich also nicht (BFH v. 27.9.1990, I R 181/87, BStBl II 1991, 84).

> **Beispiel 1:**
>
> Arbeitnehmer A hat eine vermietete Eigentumswohnung. Die Einnahmen haben im Jahr 12 000 €, die Ausgaben 11 600 € betragen.
>
> Es ergeben sich Einkünfte aus Vermietung und Verpachtung von 400 €, die im Ergebnis „steuerfrei" bleiben. Eine Einkommensteuerveranlagung ist auch nicht nach § 46 Abs. 2 Nr. 1 EStG durchzuführen, weil die „Nettoeinkünfte" den Mindestbetrag von 410 € nicht übersteigen.

> **Beispiel 2:**
>
> Die Eheleute B sind beide berufstätig. Herr B hat Vermietungseinkünfte von 400 €, Frau B Einkünfte aus nebenberuflicher Lehrtätigkeit von ebenfalls 400 €.
>
> Die Eheleute sind zur Einkommensteuer zu veranlagen, weil die zusammengerechneten Nebeneinkünfte 410 € übersteigen.

Veranlagung von Arbeitnehmern

- **Die positive Summe der Einkünfte** (insbesondere ausländische Einkünfte, die nicht der inländischen Besteuerung unterliegen) und Leistungen, die dem Progressionsvorbehalt unterliegen, beträgt **mehr** als 410 € (§ 46 Abs. 2 Nr. 1 zweite Alternative EStG); auch → *Progressionsvorbehalt* Rz. 2331.

    > **Beispiel 3:**
    > Arbeitnehmer A hat von der Krankenkasse Krankengeld von 500 € bezogen.
    >
    > Das Krankengeld ist zwar steuerfrei (§ 3 Nr. 1a EStG), unterliegt jedoch dem sog. Progressionsvorbehalt (§ 32b Abs. 1 Nr. 1 Buchst. b EStG). Dieser kann im Lohnsteuerabzugsverfahren nicht berücksichtigt werden. A muss deshalb zur Einkommensteuer veranlagt werden, weil der Betrag 410 € übersteigt.

- **Der Arbeitnehmer hat nebeneinander von mehreren Arbeitgebern Arbeitslohn bezogen** (§ 46 Abs. 2 Nr. 2 EStG). Es handelt sich dabei regelmäßig um Fälle, in denen Lohnsteuer nach Steuerklasse VI **einbehalten** worden ist. Die Veranlagung ist erforderlich, weil sich durch Zusammenrechnung beider Einkünfte durch den progressiv aufgebauten Steuertarif eine höhere Einkommensteuer ergeben kann als Lohnsteuer einbehalten wurde.

- **Beim Arbeitnehmer ist beim Lohnsteuerabzug eine höhere Vorsorgepauschale berücksichtigt worden als die abziehbaren Vorsorgeaufwendungen**, allerdings nur, wenn der im Kalenderjahr insgesamt erzielte Arbeitslohn 11 000 € übersteigt oder bei Ehegatten, die die Voraussetzungen des § 26 Abs. 1 EStG erfüllen, der im Kalenderjahr von den Ehegatten insgesamt erzielte Arbeitslohn 20 900 € übersteigt (§ 46 Abs. 2 Nr. 3 EStG), → *Vorsorgepauschale* Rz. 3105.

- **Bei Ehegatten, die beide Arbeitslohn bezogen haben, ist einer mindestens für einen Teil des Jahres nach der Steuerklasse V oder VI besteuert** oder bei Steuerklasse IV ist der Faktor (→ *Steuerklassen* Rz. 2764) eingetragen worden (§ 46 Abs. 2 Nr. 3 Buchst. a EStG).

    > **Beispiel 4:**
    > Die Eheleute A sind beide berufstätig und haben die Steuerklassenkombination III/V gewählt. Der Arbeitslohn des Ehemannes hat 100 000 €, der der Ehefrau 10 000 € betragen.
    >
    > Nach Ablauf des Jahres müssen die Eheleute zur Einkommensteuer veranlagt werden. Bei dieser Steuerklassenkombination kann sich dabei eine erhebliche Nachzahlung ergeben, wenn ein Ehegatte erheblich höhere Einkünfte hat als der andere. Dies liegt an der besonders gestalteten Steuerklasse V, die nur zu einem zutreffenden Ergebnis führt, wenn die Arbeitslöhne im Verhältnis 60 : 40 zueinander stehen; Einzelheiten → *Steuerklassen* Rz. 2759.

    Bei Doppelverdienern mit der Steuerklassenkombination IV/IV können sich demgegenüber keine Nachzahlungen ergeben, weil in der Steuerklasse IV, die im Übrigen der Steuerklasse I für allein Stehende entspricht, im Lohnsteuerabzugsverfahren die zutreffende Einkommensteuer einbehalten wird. Eine Veranlagungspflicht besteht daher für diese Fälle nicht.

- **Als Lohnsteuerabzugsmerkmal ist zu Beginn des Jahres ein Freibetrag, z.B. wegen voraussichtlicher erhöhter Werbungskosten, ermittelt worden**, wenn der im Kalenderjahr insgesamt erzielte Arbeitslohn 11 000 € übersteigt oder bei Ehegatten, die die Voraussetzungen des § 26 Abs. 1 EStG erfüllen, der im Kalenderjahr von den Ehegatten insgesamt erzielte Arbeitslohn 20 900 € übersteigt; dasselbe gilt für einen Stpfl., der zum Personenkreis des § 1 Abs. 2 EStG gehört oder für einen beschränkt einkommensteuerpflichtigen Arbeitnehmer, wenn diese Eintragungen auf einer Bescheinigung nach § 39c EStG oder §§ 39 Abs. 3, 39a Abs. 4 EStG erfolgt sind (§ 46 Abs. 2 Nr. 4 EStG).

- **Der Arbeitnehmer hat eine Entschädigung** (→ *Entschädigungen* Rz. 1134) oder eine Vergütung für eine mehrjährige Tätigkeit (→ *Arbeitslohn für mehrere Jahre* Rz. 257) i.S.d. § 34 Abs. 1 und Abs. 2 Nr. 2 und 4 EStG bezogen, für die die Lohnsteuer auf diese sonstigen Bezüge nach § 39b Abs. 3 Satz 9 EStG (sog. Fünftelregelung) ermäßigt ermittelt wurde (§ 46 Abs. 2 Nr. 5 EStG). Hierdurch sollen evtl. Fehler beim Lohnsteuerabzug korrigiert werden (vgl. dazu auch BFH v. 23.3.2005, VI B 62/04, www.stotax-first.de).

3. Formvorschriften

Nach § 25 Abs. 4 EStG sind **ab 2011 Einkommensteuererklärungen elektronisch zu übermitteln**, wenn Gewinneinkünfte erzielt werden (Land- und Forstwirte, Gewerbetreibende, Selbständige und Freiberufler); hierunter fallen auch Arbeitnehmer mit solchen Nebeneinkünften; dies gilt auch für die sog. Anlage EÜR. 2975

Es gibt allerdings eine sog. **Härtefallregelung** (§ 150 Abs. 8 AO, § 25 Abs. 4 Satz 2 EStG), nach der das Finanzamt auf die elektronische Datenübermittlung verzichten kann, wenn sie für den Stpfl. wirtschaftlich oder persönlich unzumutbar ist. Dies ist insbesondere der Fall, wenn der Stpfl. nicht über die erforderliche technische Ausstattung verfügt und die Schaffung der technischen Möglichkeiten für eine Datenfernübertragung des amtlich vorgeschriebenen Datensatzes nur mit einem nicht unerheblichen finanziellen Aufwand möglich wäre. Darüber hinaus ist eine unbillige Härte anzunehmen, wenn der Stpfl. nach seinen individuellen Kenntnissen und Fähigkeiten nicht oder nur eingeschränkt in der Lage ist, die Möglichkeiten der Datenfernübertragung zu nutzen. In der Praxis dürften diese Voraussetzungen insbesondere bei Kleinstbetrieben gegeben sein. Allgemeine Bedenken gegen die Sicherheit einer Datenfernübertragung reichen jedoch nicht zur Annahme einer unbilligen Härte gem. § 25 Abs. 4 Satz 2 EStG aus (FG Rheinland-Pfalz v. 15.7.2015, 1 K 2204/13, www.stotax-first.de).

Der Härtefall-Antrag kann auch konkludent (z.B. in Gestalt der Abgabe einer herkömmlichen Steuer- oder Feststellungserklärung auf Papier) gestellt werden (s. ausführlich BayLfSt v. 30.7.2014, S 0321.1.1 – 3/5 St 42, www.stotax-first.de).

Zur Frage, wie die Finanzverwaltung reagiert, wenn Erklärungen widerrechtlich in Papierform abgegeben werden, s. OFD Koblenz v. 12.8.2013, S 0321/O 2006 A – St 35 2/Z 14 2, www.stotax-first.de.

4. Antragsveranlagung

Wenn der Arbeitnehmer nach diesen Vorschriften nicht ohnehin zur Einkommensteuer veranlagt wird, dann kann er seinerseits beim Finanzamt eine Einkommensteuerveranlagung beantragen, insbesondere **zur Anrechnung von Lohnsteuer auf die Einkommensteuer** (§ 46 Abs. 2 Nr. 8 EStG). Dies kommt insbesondere in Betracht, um 2976

- einen **überhöhten Lohnsteuerabzug**, z.B. auf Grund einer ungünstigen Steuerklassenkombination oder des Abzugs nach der Steuerklasse VI, **korrigieren zu lassen**. Das Gleiche gilt, wenn der Arbeitnehmer **nicht das ganze Jahr** in einem Dienstverhältnis stand oder „schwankenden Arbeitslohn" bezogen und der Arbeitgeber keinen Lohnsteuerjahresausgleich durchgeführt hat.

- Werbungskosten, Sonderausgaben, außergewöhnliche Belastungen oder Freibeträge für Kinder sowie Verluste bei anderen Einkunftsarten steuerlich geltend zu machen.

Für diese Antragsveranlagung gab es **früher eine zweijährige Antragsfrist** (§ 46 Abs. 2 Nr. 8 EStG a.F.). Diese ist jedoch i.R.d. Jahressteuergesetzes 2008 rückwirkend ab dem Veranlagungszeitraum 2005 (und darüber hinaus in allen noch „offenen Fällen") **gestrichen** worden (§ 52 Abs. 55j EStG). Es gilt nunmehr die **allgemeine Verjährungsfrist** von vier Jahren (→ *Verjährung* Rz. 2983).

> **Beispiel:**
> A, ledig, sind im Jahr 2014 Werbungskosten von rund 3 000 € entstanden, außerdem ist ihm Lohnkirchensteuer von 200 € einbehalten worden. Einen Freibetrag als Lohnsteuerabzugsmerkmal hat er aus Bequemlichkeitsgründen nicht beantragt.
>
> A sollte für das Jahr 2014 unbedingt eine Einkommensteuerveranlagung beantragen, weil seine Werbungskosten den Arbeitnehmer-Pauschbetrag von 1 000 € und die einbehaltene Kirchensteuer den Sonderausgaben-Pauschbetrag von 36 € übersteigen. A hätte nach altem Recht die Einkommensteuererklärung 2014 bis spätestens 31.12.2016 beim Finanzamt einreichen müssen. Diese Frist ist jedoch weggefallen; es gilt nunmehr die allgemeine Verjährungsfrist von vier Jahren.

Zu beachten sind jedoch **Formvorschriften**: Durch bloße „ELSTER"-Datenübermittlung bei nicht fristgerechter Abgabe der komprimierten Steuererklärung in Papierform ist die Antragsfrist nicht gewahrt (FG Baden-Württemberg v. 17.8.2015, 9 K 2505/14,

EFG 2015, 1815, 9 K 2505/14, EFG 2015, 1815, Nichtzulassungsbeschwerde eingelegt, Az. beim BFH: VI B 104/15).

5. Härteausgleich

2977 Nach § 46 Abs. 3 EStG werden bei einer Einkommensteuerveranlagung nach § 46 Abs. 2 EStG Nebeneinkünfte bis 410 € von der Einkommensteuer freigestellt (sog. **Härteausgleich**).

> **Beispiel 1:**
> Die Eheleute A müssen zur Einkommensteuer veranlagt werden, weil sie die Steuerklassenkombination III/V gewählt hatten (§ 46 Abs. 2 Nr. 3 Buchst. a EStG). Sie haben außerdem noch Einkünfte aus einer vermieteten Eigentumswohnung von 400 €.
> Bei der Einkommensteuerveranlagung bleiben die Einkünfte aus der Eigentumswohnung außer Betracht.

Darüber hinaus gibt es einen **erweiterten Härteausgleich** (§ 46 Abs. 5 EStG i.V.m. § 70 EStDV):

Bei **Nebeneinkünften zwischen 411 € und 819 €** wird der Betrag vom Einkommen abgezogen, um den die Nebeneinkünfte niedriger sind als 820 €. Dies bewirkt eine stufenweise Überleitung auf die volle Besteuerung. Nebeneinkünfte zwischen 410 € und 820 € werden nur in folgender Höhe tatsächlich erfasst:

Nebeneinkünfte	Abzugsbetrag	zu versteuernde Einkünfte
410 €	410 €	0 €
500 €	320 €	180 €
600 €	220 €	380 €
700 €	120 €	580 €
800 €	20 €	780 €
820 €	0 €	820 €

> **Beispiel 2:**
> Sachverhalt wie Beispiel 1, die Einkünfte aus der vermieteten Eigentumswohnung haben 620 € betragen.
> Als Härteausgleich wird ein Betrag von 200 € (820 € abzüglich 620 €) vom Einkommen abgezogen.

Ab 2014 wurde die Anwendung des Härteausgleichs eingeschränkt: Bei der Grenze von 410 € bzw. 820 € werden **Kapitalerträge** nicht mehr erfasst, die nicht der tariflichen Einkommensteuer gem. § 32d Abs. 6 EStG, sondern lediglich der Abgeltungsteuer mit 25 % unterworfen wurden.

Die Härteausgleichsregelungen sind aus Gleichbehandlungsgründen analog bei solchen Arbeitnehmern anzuwenden, die mit ihrem von einem ausländischen Arbeitgeber bezogenen Arbeitslohn im Inland unbeschränkt steuerpflichtig sind und mangels Vornahme eines Lohnsteuerabzugs nicht gem. § 46 EStG, sondern nach der Grundnorm des § 25 Abs. 1 EStG zu veranlagen sind; weder das DBA Schweiz noch sonstige Gesichtspunkte stehen der analogen Anwendung der Härteausgleichsregelungen zu Gunsten eines in der Schweiz beschäftigten **Grenzgängers** entgegen (BFH v. 27.11.2014, I R 69/13, BStBl II 2015, 793).

Hinweis:
Nach dem auf der Internetseite des BMF veröffentlichten Referentenentwurf des BMF zum Gesetz zur Modernisierung des Besteuerungsverfahrens soll der **Härteausgleich ab 2017 wegfallen**. Ob Bundestag und Bundesrat dem folgen werden, bleibt abzuwarten.

Veranstaltungen

→ *Betriebsveranstaltungen* Rz. 701, → *Betriebsversammlung* Rz. 714

Veranstaltungsgemeinschaften (VG) im Lokalen Hörfunk in NRW

→ *Ehrenamtsinhaber* Rz. 974

Verbesserungsvorschläge

1. Allgemeines

2978 Im Hinblick auf die unterschiedliche Vergütungspflicht von Verbesserungsvorschlägen wird arbeitsrechtlich **unterschieden** zwischen qualifizierten technischen Verbesserungsvorschlägen gem. § 20 ArbnErfG und nicht qualifizierten (**einfachen**) Verbesserungsvorschlägen. Die **qualifizierten technischen** Verbesserungsvorschläge gewähren dem Arbeitgeber eine ähnliche Vorzugsstellung wie bei einem gewerblichen Schutzrecht (z.B. Patent), insofern besteht ein angemessener gesetzlicher **Vergütungsanspruch** nach § 20 Abs. 1 ArbnErfG.

Die Bewertung eingereichter Verbesserungsvorschläge kann in einer Betriebsvereinbarung einem **Paritätischen Ausschuss** zugewiesen werden (BAG v. 19.5.2015, 9 AZR 863/13, www.stotax-first.de).

Eine ausführliche **arbeitsrechtliche Darstellung** zu Arbeitnehmererfindungen und Verbesserungsvorschlägen findet sich bei D. Besgen, B+P 2006, 523.

2. Lohnsteuer

2979 Prämien für Verbesserungsvorschläge sind **wie Erfindervergütungen steuerpflichtiger Arbeitslohn**, die jedoch als sonstige Bezüge (→ *Sonstige Bezüge* Rz. 2704) **tarifmäßigt besteuert** werden können (zuletzt FG Köln v. 12.6.2013, 4 K 759/10, EFG 2013, 1405: Das von einem Beamten i.R.d. Ideenwettbewerbs eines Bundesministeriums vereinnahmte Preisgeld unterliegt der Besteuerung als Einnahmen aus nichtselbständiger Arbeit, wenn nach den Ausschreibebedingungen der Teilnehmerkreis auf die Beschäftigten der Bundesverwaltung beschränkt ist). Voraussetzung für die Anwendung der Tarifmäßigung ist jedoch, dass mit der Prämie eine **mehrjährige Tätigkeit** des Arbeitnehmers **abgegolten** wird, in diesem Fall wird die Lohnsteuer nach der **Fünftelregelung** des § 39b Abs. 3 Satz 9 EStG **ermäßigt** besteuert (→ *Arbeitslohn für mehrere Jahre* Rz. 257).

Die **Tarifmäßigung kommt nicht in Betracht**, wenn die Prämie nicht nach dem Zeitaufwand des Arbeitnehmers, sondern ausschließlich nach der **Kostenersparnis des Arbeitgebers** in einem bestimmten künftigen Zeitraum berechnet wird (BFH v. 16.12.1996, VI R 51/96, BStBl II 1997, 222).

Führt der Arbeitgeber im Rahmen **des betrieblichen Vorschlagswesens eine Verlosung** durch, an der alle Arbeitnehmer teilnehmen können, die einen Verbesserungsvorschlag eingereicht haben, so sind die verlosten Sachpreise Arbeitslohn der jeweiligen Gewinner, der auf Antrag des Arbeitgebers unter den Voraussetzungen des § 40 Abs. 1 Satz 1 Nr. 1 EStG (sonstige Bezüge in einer größeren Zahl von Fällen) mit einem **Pauschsteuersatz** erhoben werden kann (→ *Pauschalierung der Lohnsteuer* Rz. 2175). Die Einräumung der bloßen Gewinnchance führt noch nicht zu einem Zufluss von Arbeitslohn (BFH v. 25.11.1993, VI R 45/93, BStBl II 1994, 254); auch → *Verlosungsgeschenke/Verlosungsgewinne* Rz. 2999.

3. Sozialversicherung

2980 Auch im Beitragsrecht der Sozialversicherung sind Vergütungen für betriebliche Verbesserungsvorschläge als Arbeitsentgelt anzusehen. Da in aller Regel nicht erkennbar sein wird, in welchem Abrechnungszeitraum der Verbesserungsvorschlag erarbeitet wurde, kann nach Auffassung der Sozialversicherungsträger unterstellt werden, dass der Verbesserungsvorschlag nicht in einem Abrechnungszeitraum, sondern über eine längere Zeitspanne entwickelt wurde. Insoweit erscheint die Bewertung als einmalig gezahltes Arbeitsentgelt gerechtfertigt.

Der Arbeitgeber kann nach § 3 Abs. 3 SvEV dem einzelnen Arbeitnehmer den Durchschnittswert des pauschal versteuerten Sachbezuges zuordnen und danach den Beitrag berechnen. Hierzu ist Voraussetzung, dass der Wert der **Prämie 80 € nicht übersteigt** und der Arbeitgeber den Arbeitnehmeranteil an den Sozialversicherungsbeiträgen übernimmt. Der geldwerte Vorteil ist dem letzten Entgeltabrechnungszeitraum des Kalenderjahrs zuzuordnen.

[LSt] [SV]

Verbraucherinsolvenz

→ *Insolvenz des Arbeitnehmers (Verbraucherinsolvenz)* Rz. 1606

Verdeckte Gewinnausschüttung

→ *Gesellschafter/Gesellschafter-Geschäftsführer* Rz. 1401

Verdeckte Gewinnausschüttung

keine Sozialversicherungspflicht = (SV̸)
Sozialversicherungspflicht = (SV)

Verdienstausfallentschädigungen

2981 Entschädigungen, die dem Arbeitnehmer oder seinem Rechtsnachfolger als **Ersatz für entgangenen oder entgehenden Arbeitslohn** gezahlt werden, sind steuer- und beitragspflichtig (§ 2 Abs. 2 Nr. 4 LStDV); → *Entschädigungen* Rz. 1134. Dies gilt auch dann, wenn die Entschädigung von einem **Dritten**, z.B. von einer Versicherung (BFH v. 21.1.2004, XI R 40/02, BStBl II 2004, 716) oder vom Gericht (z.B. Zeugengeld), ausgezahlt wird.

[LSt] (SV)

Soweit **der Arbeitgeber** die Verdienstausfallentschädigung zahlt, sind keine Besonderheiten zu beachten. Der Arbeitgeber hat die gezahlte Verdienstausfallentschädigung zusammen mit dem übrigen Arbeitslohn lohnzuversteuern.

Zahlt ein **Dritter** die Verdienstausfallentschädigung, so ist der Arbeitgeber zum Lohnsteuerabzug verpflichtet, wenn der Arbeitgeber weiß oder erkennen kann, dass derartige Vergütungen erbracht werden (§ 38 Abs. 1 Satz 3 EStG). Damit der Arbeitgeber seine Lohnsteuerabzugsverpflichtung auch erfüllen kann, ist **der Arbeitnehmer gesetzlich verpflichtet**, seinem Arbeitgeber die **von einem Dritten gewährten Bezüge** am Ende des jeweiligen Lohnzahlungszeitraums **anzugeben** (§ 38 Abs. 4 Satz 3 EStG). Einzelheiten → *Lohnzahlung durch Dritte* Rz. 1949.

> **Beispiel:**
> Der angestellte Tiefbau-Ingenieur A wird in einem Baurechtsstreit als Sachverständiger zum Prozesstermin vor Gericht geladen. Nachdem er seine Stellungnahme vorgetragen hat, erhält er vom Gericht eine Verdienstausfallentschädigung i.H.v. 100 € ausgezahlt, weil der Arbeitgeber des A den Monatslohn entsprechend kürzen wird.
> Die Verdienstausfallentschädigung ist steuerpflichtiger Arbeitslohn (§ 2 Abs. 2 Nr. 4 LStDV). Der Arbeitnehmer hat seinem Arbeitgeber die Höhe der gewährten Verdienstausfallentschädigung am Ende des Lohnzahlungszeitraums mitzuteilen, damit dieser den Betrag in die Lohnsteuerberechnung des Lohnzahlungszeitraums mit einbeziehen kann.

Soweit die Verdienstausfallentschädigung allerdings wegen einer **Wehrübung** nach dem Unterhaltssicherungsgesetz gezahlt wird, ist diese kraft ausdrücklicher gesetzlicher Regelung (§ 3 Nr. 48 EStG) steuer- und beitragsfrei, unterliegt allerdings dem Progressionsvorbehalt (→ *Progressionsvorbehalt* Rz. 2331). Steuerfrei sind auch die an **Reservisten der Bundeswehr** i.S.v. § 1 ResG gezahlten Bezüge (§ 3 Nr. 5 EStG); sie unterliegen **nicht** dem Progressionsvorbehalt.

[LSt] (SV̸)

Vereinsbeiträge: Arbeitgeberersatz

2982 Ersetzt der Arbeitgeber einem Arbeitnehmer **Vereinsbeiträge**, handelt es sich im Regelfall um **steuerpflichtigen Arbeitslohn**, selbst wenn

- der Vereinswechsel durch einen **beruflichen Umzug** veranlasst worden ist (FG Münster v. 20.6.1978, VII 3307/77 E, EFG 1979, 16),
- eine **Steuerberatungsgesellschaft** (GmbH) für ihren Geschäftsführer **Beiträge für einen Golfclub übernimmt**. Das gilt – in Abgrenzung zu einer aufgedrängten Bereicherung – auch dann, wenn der (nicht beteiligte) Geschäftsführer nicht selbst Golf spielt, mithin über keine Platzfreigabe verfügt, aber das Anwerben neuer Mandanten auf Grund eines zusätzlichen Arbeitslohns in Form einer Erfolgsprämie in seinem Interesse liegt (BFH v. 21.3.2013, VI R 31/10, BStBl II 2013, 700).

[LSt] (SV)

Kein Arbeitslohn liegt dagegen vor, wenn der **Arbeitgeber** am Beitritt des Arbeitnehmers zu Vereinen usw. ein ganz überwiegendes **eigenbetriebliches Interesse** hat, weil z.B. die Räumlichkeiten des Vereins vom Betrieb des Arbeitgebers für Präsentationen usw. genutzt werden (vgl. BFH v. 20.9.1985, VI R 120/82, BStBl II 1985, 718 sowie FG Niedersachsen v. 31.5.2007, 11 K 555/04, www.stotax-first.de, betr. die Mitgliedschaft des Geschäftsführers einer GmbH in einem Industrie- bzw. Wirtschaftsclub).

Weitere Beispiele → *Beiträge: Übernahme durch Arbeitgeber* Rz. 546 sowie → *Sport* Rz. 2739.

[LSt] (SV̸)

Vergütungen für mehrjährige Tätigkeit

→ *Arbeitslohn für mehrere Jahre* Rz. 257, → *Einmalzahlungen* Rz. 983

Vergütungsbestandteile: Anrechnung auf Mindestlohn

→ *Mindestlohn* Rz. 2028

Verjährung

1. Lohnsteuer

2983 Steueransprüche unterliegen besonderen, in der Abgabenordnung geregelten Verjährungsfristen. Zu unterscheiden sind:

a) Festsetzungsverjährung

2984 Nach Ablauf der Festsetzungsfrist können Steuern sowie Erstattungs- oder Vergütungsansprüche nicht mehr festgesetzt werden. Es dürfen auch keine Änderungen, Aufhebungen oder Berichtigungen wegen offenbarer Unrichtigkeit erfolgen, gleichgültig ob zu Gunsten oder zu Ungunsten des Arbeitgebers oder Arbeitnehmers. Sowohl die Ansprüche des Steuergläubigers als auch die des Erstattungsberechtigten sind mit Ablauf der Festsetzungsfrist erloschen (sog. **Festsetzungsverjährung** nach §§ 169 bis 171 AO).

Die Verjährungsfrist beträgt **im Allgemeinen vier Jahre**, bei leichtfertiger Steuerverkürzung fünf Jahre, bei Steuerhinterziehung jedoch zehn Jahre (§ 169 AO). Die Frist beginnt mit Ablauf des Jahres, in dem die Steuer entstanden ist (§ 170 Abs. 1 AO), für **Lohnsteuer-Anmeldungen** aber erst mit Ablauf des Jahres, in dem diese beim Finanzamt eingereicht werden (§ 170 Abs. 2 Nr. 1 AO). Für den Beginn der die Lohnsteuer betreffenden Festsetzungsfrist ist die Lohnsteuer-Anmeldung (Steueranmeldung) und nicht die Einkommensteuererklärung der betroffenen Arbeitnehmer maßgebend (BFH v. 6.3.2008, VI R 5/05, BStBl II 2008, 597).

> **Beispiel 1:**
> Im Laufe des Jahres 2016 soll eine Lohnsteuer-Außenprüfung bei der Firma A durchgeführt werden, die zuletzt im Jahr 2010 geprüft worden ist. Die Lohnsteuer-Anmeldungen wurden fristgerecht abgegeben.
> Die Festsetzungsfrist beginnt mit Ablauf des Kalenderjahrs, in dem die Lohnsteuer-Anmeldung eingereicht wurde (§ 170 Abs. 2 Nr. 1 AO). Mithin beginnt die Festsetzungsfrist für die Lohnsteuer, die mit der Lohnsteuer-Anmeldung November 2011 (einzureichen bis zum 10.12.2011) angemeldet werden musste, mit Ablauf des 31.12.2011. Die Festsetzungsfrist beträgt vier Jahre, sie endet mit Ablauf des 31.12.2015. Im Kalenderjahr 2016 kann daher grundsätzlich für die Lohnsteuer-Anmeldungszeiträume November 2011 und früher keine Lohnsteuer-Außenprüfung mehr durchgeführt werden.
> Die Lohnsteuer-Anmeldung Dezember 2011 wurde am 10.1.2012 rechtzeitig eingereicht. Für die damit anzumeldenden Steuerabzugsbeträge beginnt die Festsetzungsfrist mit Ablauf des 31.12.2012, sie endet mit Ablauf des 31.12.2016. Im Kalenderjahr 2016 kann daher der Zeitraum Dezember 2011 noch geprüft werden.

> **Beispiel 2:**
> A hatte seinen Arbeitnehmern im Jahre 2009 Aushilfslöhne gezahlt und versehentlich nicht versteuert. Im März 2016 erließ das Finanzamt gegen den Arbeitgeber einen Nachforderungsbescheid, in dem es die pauschale Lohnsteuer anforderte.
> Die pauschale Lohnsteuer entsteht in dem Zeitpunkt, in dem dem Arbeitnehmer der Lohn zufließt, hier also im Jahre 2009. Für die Monate Januar bis November 2009 musste die Lohnsteuer-Anmeldung bis spätestens 10.12.2009 beim Finanzamt abgegeben werden. Die vierjährige Verjährungsfrist läuft damit ab 1.1.2010 und endet mit Ablauf des 31.12.2013. Für den Monat Dezember musste die Lohnsteuer-Anmeldung bis spätestens 10.1.2011 beim Finanzamt abgegeben werden. Die vierjährige Verjährungsfrist läuft damit ab 1.1.2012 und endet mit Ablauf des 31.12.2014. Der Nachforderungsbescheid gegen den Arbeitgeber muss daher aufgehoben werden, weil der Steueranspruch im März 2016 verjährt war (Anmerkung: Dieses Beispiel in aktualisierter Fassung beruht auf BFH v. 6.5.1994, VI R 47/93, BStBl II 1994, 715).

b) Verjährung bei der Lohnsteuer-Anmeldung

2985 Besondere Bedeutung hat der Ablauf der Festsetzungsfrist bei der Steuerfestsetzung unter Vorbehalt der Nachprüfung (§ 164 AO). Eine Steueranmeldung, hier die **Lohnsteuer-Anmeldung, steht stets unter dem Vorbehalt der Nachprüfung** (§ 168 AO). Bei der Vorbehaltsfestsetzung bleibt der gesamte Steuerfall „offen", solange der Vorbehalt wirksam ist. Auch nach Ablauf der Rechtsbehelfsfrist kann eine Vorbehaltsfestsetzung jederzeit und dem Umfang nach uneingeschränkt von Amts wegen oder auf Antrag des Betroffenen aufgehoben oder geändert werden. Stellt der Stpfl. einen Antrag auf Aufhebung oder Änderung der Steuerfestsetzung, so kann die Entscheidung hierüber gem. § 164 Abs. 2 Satz 3 AO bis zur abschließenden Prüfung des Steuerfalles hinausgeschoben werden. Diese Prüfung ist innerhalb einer angemessenen Frist vorzunehmen.

c) Auswirkungen auf den Vorbehalt der Nachprüfung

2986 Führt eine abschließende Lohnsteuer-Außenprüfung nicht zu einer Änderung der angemeldeten Steuer, ist der **Vorbehalt der Nachprüfung gem. § 164 Abs. 3 Satz 3 AO aufzuheben**. Ergeben sich auf Grund der Prüfung gegenüber der angemeldeten Lohnsteuer Änderungen, so ist der Vorbehalt der Nachprüfung ebenfalls aufzuheben. Außerdem ist ein Haftungsbescheid oder auf Grund der Sondervorschriften der §§ 40, 40 a, 40b EStG ein Nachforderungsbescheid zu erlassen, es sei denn, der Arbeitgeber erkennt seine Zahlungsverpflichtung gem. § 42d Abs. 4 EStG an. Das **Anerkenntnis nach § 42d Abs. 4 EStG** steht einer Steueranmeldung gleich (§ 167 Abs. 1 Satz 3 AO) und damit unter dem Vorbehalt der Nachprüfung. Die Aufhebung des Vorbehalts der Nachprüfung nach einer Lohnsteuer-Außenprüfung umfasst deshalb auch gleichzeitig die Aufhebung des Vorbehalts der Nachprüfung hinsichtlich des erklärten Anerkenntnisses.

Die Wirkung des Vorbehalts wird jedoch durch die Festsetzungsfrist eingeschränkt. Mit Ablauf der allgemeinen Festsetzungsfrist (§ 169 Abs. 2 Satz 1 AO) entfällt der Vorbehalt, wenn er in der Zwischenzeit nicht aufgehoben wurde. Zu beachten ist also, dass die Wirksamkeit des Vorbehalts nicht verlängert wird, wenn Lohnsteuer-Abzugsbeträge hinterzogen oder leichtfertig verkürzt worden sind, denn die in diesen Fällen eintretende Erweiterung der Festsetzungsfrist auf 10 bzw. 5 Jahre (§ 169 Abs. 2 Satz 2 AO) gilt hinsichtlich des Vorbehalts nicht (§ 164 Abs. 4 Satz 2 AO). Es ergeben sich aber Auswirkungen auf die Ablaufhemmung nach § 171 Abs. 7 AO.

Zur Wahrung der Festsetzungsfrist kommt es auf den Zugang des Steuerbescheids oder auf den Zeitpunkt der Bekanntgabe nicht an. Nach § 169 Abs. 1 Satz 3 Nr. 1 AO genügt es, dass die Steuerfestsetzung vor Ablauf der Frist den Bereich der zuständigen Finanzbehörde verlassen hat (vgl. BFH v. 31.10.1989, VIII R 60/88, BStBl II 1990, 518 und v. 19.3.1998, IV R 64/96, BStBl II 1998, 556). Die Festsetzungsfrist ist jedoch nicht gewahrt, wenn der Steuerbescheid zwar vor Ablauf der Festsetzungsfrist den Bereich der für die Steuerfestsetzung zuständigen Finanzbehörde verlassen hat, dem Empfänger aber tatsächlich nicht zugeht (BFH v. 25.11.2002, GrS 2/01, BStBl II 2003, 548).

d) Beginn der Festsetzungsfrist

2987 Die Festsetzungsfrist ergibt sich aus § 169 Abs. 2 AO und im Besonderen für den Erlass von Haftungsbescheiden aus § 191 Abs. 3 AO. Die **Festsetzungsfrist beginnt nach § 170 Abs. 1 AO grundsätzlich mit Ablauf des Kalenderjahr, in dem die Steuer entstanden ist** bzw. bei Haftungsbescheiden mit Ablauf des Kalenderjahr, in dem der Tatbestand verwirklicht worden ist, an den das Gesetz die Haftungsfolge knüpft. Der Beginn der Festsetzungsfrist bei anzumeldenden Steuern ist gem. § 170 Abs. 2 AO auf den Ablauf des Kalenderjahr verschoben, in dem die Anmeldungen dem Finanzamt eingereicht werden, spätestens aber auf den Ablauf des 3. Kalenderjahr, das dem Jahr des Entstehens der Steuerschuld folgt (**Anlaufhemmung**). Für den Beginn der die Lohnsteuer betreffenden Festsetzungsfrist ist die Lohnsteuer-Anmeldung und nicht die ESt-Erklärung des betroffenen Arbeitnehmers maßgebend (BFH v. 6.3.2008, VI R 5/05, BStBl II 2008, 597). Das Gleiche gilt, wenn eine gesetzliche Anzeigepflicht besteht, weil das Finanzamt erst durch die Anzeige von der Entstehung des Steueranspruchs Kenntnis erlangt (z.B. § 41c Abs. 4 EStG).

e) Ablauf der Festsetzungsfrist

2988 In einer Vielzahl von Tatbeständen hat der Gesetzgeber in § 171 AO Bestimmungen darüber getroffen, wann der Ablauf der Festsetzungsfrist gehemmt ist. Die **Ablaufhemmung** schiebt das Ende der Festsetzungsfrist hinaus. Die Festsetzungsfrist endet in diesen Fällen meist nicht – wie im Normalfall – am Ende, sondern im Laufe eines Kalenderjahrs.

aa) Ablaufhemmung durch Lohnsteuer-Außenprüfung

2989 **Wird vor Ablauf der Festsetzungsfrist mit einer Lohnsteuer-Außenprüfung begonnen oder wird deren Beginn auf Antrag des Arbeitgebers hinausgeschoben, so läuft die Festsetzungsfrist nach § 171 Abs. 4 Satz 1 AO nicht ab, bevor die auf Grund der Lohnsteuer-Außenprüfung zu erlassenden Bescheide unanfechtbar geworden sind.** Der Antrag auf Verschiebung des Prüfungsbeginns hat diese Wirkung jedoch nur dann, wenn dem Arbeitgeber vorher die Prüfungsanordnung bekanntgegeben worden ist. Dabei ist aber zu beachten, dass ein solcher Antrag auf Verschieben des Prüfungsbeginns den Ablauf der Festsetzungsfrist nicht unbegrenzt hinausschiebt. Spätestens innerhalb von 2 Jahren nach Ablauf des vom Stpfl. beantragten Hinausschiebens der Prüfung muss das Finanzamt mit den Prüfungshandlungen begonnen haben (BFH v. 17.3.2010, IV R 54/07, BStBl II 2011, 7). Die Ablaufhemmung greift nicht bereits bei einer mündlichen Terminabsprache, sondern erst bei konkreten Prüfungs-/Ermittlungshandlungen. Dazu gehören auch das informative Gespräch, das Verlangen nach Belegen und Unterlagen oder Auskünften, ggf. auch von Dritten (BFH v. 24.4.2003, VII R 3/02, BStBl II 2003, 739). Die Prüfungshandlungen brauchen für den Stpfl. nicht erkennbar zu sein; es genügt z.B., dass der Außenprüfer nach Bekanntgabe der Prüfungsanordnung mit dem Studium der den Steuerfall betreffenden Akten beginnt. Bei der Datenträgerüberlassung beginnt die Außenprüfung spätestens mit der Auswertung der Daten (vgl. AEAO zu § 198 AO mit weiteren Rechtsprechungshinweisen).

Führt die **Lohnsteuer-Außenprüfung zu keiner Änderung**, hat eine entsprechende Mitteilung nach § 202 Abs. 1 Satz 3 AO zu erfolgen, nach deren Bekanntgabe die Frist für 3 Monate gehemmt ist (vgl. § 171 Abs. 4 Satz 1 AO). Hierdurch wird dem Stpfl. Gelegenheit gegeben, ggf. noch innerhalb der Festsetzungsfrist einen Antrag auf Änderung der Steuerfestsetzung zu seinen Gunsten zu stellen.

> **Beispiel:**
> Bei der Firma B soll im November 2016 eine Lohnsteuer-Außenprüfung durchgeführt werden. Die Prüfung soll sich auf Zeiträume ab Mai 2012 erstrecken (Anschlussprüfung). Auf Antrag des Arbeitgebers vom 4.12.2016 wird der Beginn der Prüfung auf März 2017 verschoben.
>
> Die Prüfung wird durchgeführt. Sie führt:
>
> a) zu einem Ergebnis. Der Haftungsbescheid wird am 25.6.2017 unanfechtbar.
>
> b) zu keinem Ergebnis. Die entsprechende Mitteilung (§ 202 Abs. 1 Satz 3 AO) wird dem Arbeitgeber am 12.5.2017 bekanntgegeben (§ 122 Abs. 2 Nr. 1 AO).
>
> Die Festsetzungsfrist für die Zeiträume Mai bis November 2012 ist grundsätzlich mit Ablauf des 31.12.2016 abgelaufen. Da der Beginn der Prüfung auf Grund eines vor Ablauf der Festsetzungsfrist eingegangenen Antrags des Arbeitgebers verschoben worden ist, endet die Festsetzungsfrist
>
> – im Fall a) mit Unanfechtbarkeit des Haftungsbescheides, also mit Ablauf des 25.6.2017 (§ 171 Abs. 4 Satz 1 AO).
> – im Fall b) nach Ablauf von 3 Monaten seit Bekanntgabe der Mitteilung nach § 202 Abs. 1 Satz 3 AO, also mit Ablauf des 12.8.2017 (§ 171 Abs. 4 Satz 1 AO).

Der Ablauf der Festsetzungsfrist bleibt wegen des Beginns einer Außenprüfung auch dann gehemmt, wenn das **Finanzamt während der Prüfung einen geänderten Bescheid auf Grund eines Teilprüfungsberichts erlässt**, die Prüfung sodann aber fortführt oder wieder aufnimmt, bevor die reguläre Festsetzungsfrist abgelaufen ist. Die fortgeführte oder wieder aufgenommene Prüfung bedarf keiner erneuten Prüfungsanordnung (BFH v. 20.8.2003, I R 10/03, www.stotax-first.de).

Ist der **Verwaltungsakt, mit dem der Beginn einer Außenprüfung festgesetzt wurde, rechtswidrig** und hat der Stpfl. ihn oder die Prüfungsanordnung angefochten, so beinhaltet ein Antrag auf Aussetzung der Vollziehung der Prüfungsanordnung nicht auch einen Antrag auf Verschiebung des Beginns der Prüfung. Der Lauf der Festsetzungsfrist wird in einem solchen Fall nicht gehemmt (BFH v. 10.4.2003, IV R 30/01, BStBl II 2003, 827).

Der Fristablauf wird nicht gehemmt, wenn das Finanzamt unmittelbar nach dem Beginn einer Prüfung für mehr als 6 Monate aus von ihm zu vertretenden Gründen die Prüfung unterbricht (vgl. § 171 Abs. 4 Satz 2 AO). Entsprechendes gilt, wenn

Verjährung

das Finanzamt tatsächlich keine Außenprüfung durchführt (BFH v. 17.6.1998, IX R 65/95, BStBl II 1999, 4). Eine Außenprüfung ist dann nicht mehr unmittelbar nach ihrem Beginn unterbrochen, wenn die Prüfungshandlungen nach Umfang und Zeitaufwand, gemessen an dem gesamten Prüfungsstoff, erhebliches Gewicht erreicht oder erste verwertbare Prüfungsergebnisse gezeitigt haben (BFH v. 24.10.2006, I R 90/05, HFR 2007, 629).

Die **Wiederaufnahme einer unterbrochenen Außenprüfung** erfordert nach außen dokumentierte oder zumindest anhand der Prüfungsakten nachvollziehbare Maßnahmen, die der Stpfl. als eine Fortsetzung der Prüfung erkennen kann (BFH v. 24.4.2003, VII R 3/02, BStBl II 2003, 739). Das Finanzamt kann allerdings, wenn es eine Prüfung nach ihrem Beginn sofort wieder für einen längeren Zeitraum als 6 Monate unterbrochen hat, mit einer neuen Prüfung beginnen und dadurch die zunächst nicht eingetretene Ablaufhemmung herbeiführen. Die Verjährung ist auch dann gehemmt, wenn bei dieser Prüfung keine neue Prüfungsanordnung erlassen wurde (BFH v. 13.2.2003, IV R 31/01, BStBl II 2003, 552). Die Prüfungsanordnung ist zwar Voraussetzung dafür, dass mit der Prüfung ablaufhemmend begonnen werden kann (BFH v. 21.4.1993, X R 112/91, BStBl II 1993, 649). Maßgebend für den zeitlichen Beginn der Ablaufhemmung ist jedoch allein der (nachhaltige) Beginn der Prüfungshandlungen. Hat das Finanzamt eine Prüfungsanordnung vor Ablauf der Festsetzungsfrist ergänzt, bleibt der Ablauf der Festsetzungsfrist auch dann gehemmt, wenn der Prüfer Prüfungshandlungen für den betroffenen Zeitraum bereits vor dem Erlass der erweiterten Prüfungsanordnung durchgeführt hat (vgl. BFH v. 29.6.2004, X B 155/03, www.stotax-first.de).

bb) Ablaufhemmung bei Haftungsbescheiden

2990 Macht das Finanzamt im Anschluss an eine Lohnsteuer-Außenprüfung gegenüber dem Arbeitgeber **pauschale Lohnsteuer** in einem (formell inkorrekten) Haftungsbescheid geltend, so tritt mit der Aufhebung des angefochtenen Haftungsbescheids durch das Finanzamt eine Unanfechtbarkeit i.S.d. § 171 Abs. 4 Satz 1 AO ein. Der Ablauf der Festsetzungsfrist ist damit nicht mehr gehemmt (vgl. BFH v. 6.5.1994, BStBl II 1994, 715). Das Finanzamt kann in einem solchen Fall den Eintritt der Festsetzungsverjährung vor Geltendmachung des Steueranspruchs dadurch vermeiden, dass es den Haftungsbescheid erst aufhebt, nachdem es zuvor den (formell korrekten) Pauschalierungsbescheid (= Nachforderungsbescheid) erlassen hat.

Das Finanzamt kann im finanzgerichtlichen Verfahren einen angefochtenen Haftungsbescheid, der in formeller Hinsicht fehlerhaft ist, durch den gleichzeitigen Erlass eines neuen Haftungsbescheides aufheben. Nach Ansicht des BFH ist in einem solchen Fall der neue Haftungsbescheid noch innerhalb der nach § 171 Abs. 3a Satz 1 AO gehemmten Festsetzungsfrist ergangen und damit wirksam (vgl. BFH v. 5.10.2004, VII R 18/03, BStBl II 2005, 323).

cc) Umfang der Ablaufhemmung

2991 Der Ablauf der Festsetzungsfrist wird durch die Lohnsteuer-Außenprüfung nur für solche Steuern gehemmt, die in der Prüfungsanordnung als Prüfungsgegenstand genannt sind (vgl. BFH v. 18.7.1991, V R 54/87, BStBl II 1991, 824; BFH v. 25.1.1996, V R 42/95, BStBl II 1996, 338). Wird die Prüfungsanordnung auf bisher nicht einbezogene Steuern bzw. Prüfungsjahre erweitert, ist die Ablaufhemmung nur wirksam, soweit hinsichtlich der Erweiterung noch keine Festsetzungsverjährung eingetreten ist (AEAO zu § 171 Nr. 3). Zu beachten ist die Frist für die Auswertung der Prüfungsfeststellungen (vgl. § 171 Abs. 4 Satz 3 AO).

dd) Wirkung der Ablaufhemmung

2992 Bei der Lohnsteuer-Außenprüfung tritt die Ablaufhemmung sowohl gegenüber dem Arbeitgeber (§ 171 Abs. 4 AO) als auch gegenüber dem Arbeitnehmer ein (§ 171 Abs. 15 AO), vgl. A 5.5.6 - Auswirkungen beim Arbeitnehmer -. Auch wenn der Steueranspruch gegenüber den Arbeitnehmern verjährt und damit erloschen ist, kann gegen den Arbeitgeber noch ein Haftungsbescheid ergehen soweit die Festsetzungsverjährung der Lohnsteuer-Anmeldungen noch nicht eingetreten ist (vgl. BFH v. 6.3.2008, VI R 5/05, BStBl II 2008, 597). Dies gilt auch für die mit Nachforderungsbescheid festzusetzenden Pauschalsteuern nach den §§ 40, 40a und 40b EStG (BFH v. 28.11.1990, VI R 115/87, BStBl II 1990, 488 und v. 6.5.1994, VI R 47/93, BStBl II 1994, 715).

ee) Ablaufhemmung durch sonstige Ermittlungen

2993 Ist bei Stpfl. eine Lohnsteuer-Außenprüfung im Geltungsbereich der AO nicht durchführbar, führen auch Ermittlungen i.S.d. § 92 AO zu einer Ablaufhemmung, die solange andauert, bis die entsprechenden Bescheide unanfechtbar geworden sind (vgl. § 171 Abs. 6 AO).

Dazu gehören:

– Einholung von Auskünften jeder Art von den Beteiligten und anderen Personen,

– Hinzuziehung von Sachverständigen,

– Beiziehung von Urkunden und Akten,

– Einnahme des Augenscheins.

Zu beachten ist jedoch, dass der Stpfl. vor Ablauf der Festsetzungsfrist auf den Beginn der genannten Ermittlungen hingewiesen werden muss.

In diesen Fällen ist die Frist gewahrt, wenn die Mitteilung an den Stpfl. vor Ablauf der Festsetzungsfrist den Bereich der für die Steuerfestsetzung zuständigen Finanzbehörde verlassen hat. Wird dies übersehen, wird der Ablauf der Frist nicht gehemmt.

ff) Auswirkungen beim Arbeitnehmer

2994 Ein erstmaliger Haftungsbescheid kann wegen Akzessorietät der Haftungsschuld zur Steuerschuld grundsätzlich nicht mehr ergehen, wenn der zu Grunde liegende Steueranspruch wegen Festsetzungsverjährung gegenüber dem Steuerschuldner nicht mehr festgesetzt werden darf oder wenn der gegenüber dem Steuerschuldner festgesetzte Steueranspruch durch Zahlungsverjährung oder Erlass erloschen ist (§ 191 Abs. 5 Satz 1 AO). Maßgeblich ist dabei der Steueranspruch, auf den sich die Haftung konkret bezieht. Daher ist bei der Haftung eines Arbeitgebers für zu Unrecht nicht angemeldete und abgeführte Lohnsteuer (§ 42d EStG) auf die vom Arbeitnehmer nach § 38 Abs. 2 EStG geschuldete Lohnsteuer und nicht auf die Einkommensteuer des Arbeitnehmers (§ 25 EStG) abzustellen. Dabei ist für die Berechnung der die Lohnsteuer betreffenden Festsetzungsfrist die Lohnsteuer-Anmeldung des Arbeitgebers und nicht die ESt-Erklärung der betroffenen Arbeitnehmer maßgebend (vgl. BFH v. 6.3.2008, BStBl II 2008, 597). Bei der Berechnung der für die Lohnsteuer maßgebenden Festsetzungsfrist sind Anlauf- und Ablaufhemmungen nach §§ 170, 171 AO zu berücksichtigen, soweit sie gegenüber dem Arbeitgeber wirken (AEAO zu § 191 Nr. 9 und B 8.3.1 - Haftungsbescheide -).

Durch die Ablaufhemmung des § 171 Abs. 15 AO läuft die Festsetzungsfrist beim Arbeitnehmer nicht ab, so lange beim Arbeitgeber noch keine Festsetzungsverjährung eingetreten ist.

> **Beispiel**
>
> Bei einer im Kalenderjahr 2015 begonnenen und im Kalenderjahr 2016 abgeschlossenen Lohnsteuer-Außenprüfung wird festgestellt, dass der Arbeitgeber einem Angestellten im Dezember 2010 einen geldwerten Vorteil zugewandt hat, von dem aus Unkenntnis keine Steuerabzugsbeträge einbehalten worden sind. Der Arbeitnehmer wird zur Einkommensteuer veranlagt (§ 46 Abs. 2 Nr. 1 - 7 EStG). Er hat seine Steuererklärung für 2010 dem Finanzamt in 2011 eingereicht.
>
> Die Festsetzungsfrist der Lohnsteuer-Anmeldung beginnt für den Monat Dezember 2010 mit Ablauf des 31.12.2011 (Abgabe der Lohnsteuer-Anmeldung am 10.1.2011). Somit würde die Festsetzungsfrist mit Ablauf des 31.12.2015 enden. Der Beginn der Lohnsteuer-Außenprüfung löst jedoch eine Ablaufhemmung aus, so dass die Festsetzungsfrist für die Lohnsteuer bis zur Unanfechtbarkeit des Haftungsbescheides nicht abläuft (§ 171 Abs. 4 AO). Ein Haftungsbescheid kann somit noch ergehen.
>
> Bei der Prüfung des Eintritts der Verjährung beim Arbeitnehmer ist auf die mit Ablauf des Veranlagungszeitraums 2010 entstehende Einkommensteuer abzustellen. Die Festsetzungsfrist beginnt durch die Abgabe der Steuererklärung in 2011 erst mit Ablauf des Kalenderjahrs 2011 (§ 170 Abs. 2 Nr. 1 AO). Die 4-jährige Festsetzungsfrist endet mit Ablauf des Kalenderjahrs 2015, so dass im Kalenderjahr 2016 eine Nachforderung beim Arbeitnehmer durch Änderung des ESt-Bescheids grundsätzlich nicht mehr in Betracht kommt. Durch die Ablaufhemmung des § 171 Abs. 15 AO endet die Festsetzungsfrist jedoch nicht vor Ablauf der Festsetzungsfrist beim Arbeitgeber. Dadurch kann der Arbeitnehmer ebenfalls für die nicht einbehaltenen Beträge in Anspruch genommen werden.

f) Zahlungsverjährung

2995 Festgesetzte Ansprüche erlöschen durch die sog. Zahlungsverjährung. Die Verjährungsfrist beträgt **fünf Jahre** und beginnt mit Ablauf des Kalenderjahrs, in dem der Anspruch erstmals fällig geworden ist (§§ 228, 229 AO).

2. Sozialversicherung

2996 **Beitragsansprüche** sowie die darauf entfallenden **Nebenforderungen** wie Mahngebühren, Säumniszuschläge, Vollstreckungs- und Gerichtskosten usw. verjähren in **vier Jahren** nach Ablauf des Kalenderjahrs der Fälligkeit. Ansprüche auf vorsätzlich vorenthaltene Beiträge verjähren in 30 Jahren nach Ablauf des Kalenderjahrs, in dem sie fällig geworden sind.

Beispiele:		
Beiträge für den Monat:	Dezember 2016	Januar 2017
Fälligkeitstag:	28.12.2016	27.1.2017
Ablauf des Kalenderjahrs	31.12.2016	31.12.2017
Verjährung am:	31.12.2020	**31.12.2021**

Für die **Hemmung, Unterbrechung** und Wirkung der **Verjährung** gelten die Vorschriften des BGB (§§ 203 ff. BGB) sinngemäß.

Die Verjährung der Beitragsforderung wird durch das Einlegen eines Rechtsbehelfs gegen einen die Versicherungspflicht oder -freiheit feststellenden Bescheid unterbrochen (BSG v. 18.4.1975, 3/12 RK 10/73, www.stotax-first.de).

Die Verjährung ist nach der Entscheidung des BSG (BSG v. 11.11.1975, 3 RK 8/75, www.stotax-first.de) gehemmt, wenn der Schuldner an den Gläubiger den Antrag stellt, bis zur Klärung einer Rechtsfrage auf den Einzug der Forderung zu verzichten, und der Gläubiger diesen Antrag stillschweigend annimmt.

In entsprechender Anwendung des § 218 Abs. 1 BGB verjähren in 30 Jahren Beitragsforderungen, die durch Feststellung in einem Insolvenzverfahren vollstreckbar geworden sind (BSG v. 10.12.1980, 9 RV 25/80, www.stotax-first.de).

Mit Urteil v. 21.6.1990, 12 RK 13/89, www.stotax-first.de, hat das BSG entschieden, dass es für die Geltung der 30-jährigen Verjährung ausreicht, wenn der Beitragspflichtige die Beiträge mit bedingtem Vorsatz vorenthält, er also eine Beitragspflicht nur für möglich gehalten, die Nichtabführung der Beiträge aber billigend in Kauf genommen hat.

Diese Auffassung wurde vom **BSG** mit Urteil v. 30.3.2000, B 12 KR 14/99 R, www.stotax-first.de, nochmals bekräftigt. Es schätzte jedoch ein, dass für die Beurteilung der Frage, ob auf Grund des Vorliegens eines Lohnsteuerhaftungsbescheids bedingter Vorsatz unterstellt werden kann, **folgende Kriterien** ermittelt werden müssen:

- Handelt es sich um typisches Arbeitsentgelt?
- Besteht zwischen der steuerrechtlichen und der beitragsrechtlichen Behandlung des zu beurteilenden Arbeitsentgelts eine erkennbare Übereinstimmung?
- Wurden die Lohn- und Gehaltsabrechnungen von fachkundigem Personal vorgenommen?

Verkaufsoption

→ *Aktienoption* Rz. 36

Verletztengeld

1. Lohnsteuer

2997 Das aus der gesetzlichen Unfallversicherung bei Arbeitsunfällen gezahlte Verletztengeld ist zwar nach § 3 Nr. 1 Buchst. a EStG steuerfrei, unterliegt jedoch im Rahmen einer Einkommensteuerveranlagung dem sog. Progressionsvorbehalt (§ 32b Abs. 1 Nr. 1 Buchst. b EStG); auch → *Progressionsvorbehalt* Rz. 2331.

2. Sozialversicherung

2998 Die Zahlung von Verletztengeld führt für den Zeitraum der Zahlung – wie das Kranken- oder Mutterschaftsgeld – zur Beitragsfreiheit in der Sozialversicherung.

Diese Beitragsfreiheit bezieht sich jedoch nur auf die vom Arbeitgeber zu zahlenden Arbeitsentgelte.

Zur **Beitragspflicht der "Entgeltersatzleistungen"** → *Lohnersatzleistungen* Rz. 1783.

Verlosungsgeschenke/Verlosungsgewinne

2999 Soweit der Arbeitgeber bei seinen Arbeitnehmern Verlosungen durchführt, führt die **Einräumung einer bloßen Gewinnchance nicht zu einem Zufluss von Arbeitslohn** (BFH v. 25.11.1993, VI R 45/93, BStBl II 1994, 254). Dagegen ist die Steuerpflicht der Losgewinne danach zu beurteilen, ob die Teilnahme an der Verlosung an bestimmte Bedingungen geknüpft ist oder alle Arbeitnehmer Lose erhalten können. Vgl. hierzu auch BFH v. 2.9.2008, X R 8/06, BStBl II 2010, 548 und BFH v. 2.9.2008, X R 25/07, BStBl II 2008, 550 betr. Preise aus betrieblicher Lotterie als Betriebseinnahmen.

1. Wettbewerbspreise

3000 Dürfen an einer betrieblichen Verlosung nur diejenigen Arbeitnehmer teilnehmen, die **bestimmte Voraussetzungen** erfüllen, etwa im Rahmen eines Unternehmenswettbewerbs Verbesserungsvorschläge eingereicht haben, stellen die Gewinne die **Gegenleistung** für ein bestimmtes Verhalten des Arbeitnehmers dar und sind damit **Arbeitslohn**. Dies gilt auch dann, wenn die Verlosung **gelegentlich einer Betriebsveranstaltung** durchgeführt wird und die Bedingungen für die Teilnahme an der Verlosung im Vorfeld der Betriebsveranstaltung erfüllt werden mussten. In einem solchen Fall werden die Gewinne den per Zufall ermittelten Arbeitnehmern für ein bestimmtes Verhalten zugewendet. Der Arbeitslohncharakter des Gewinns wird auch nicht dadurch ausgeschlossen, dass die mit der Verlosung bei den Arbeitnehmern verfolgte Zielsetzung, die Einreichung von Verbesserungsvorschlägen zu erreichen, im betrieblichen Interesse des Arbeitgebers liegt. Insoweit kann nichts anderes gelten, als wenn ein Arbeitgeber im Rahmen eines sog. Sicherheitswettbewerbs Prämien an seine Arbeitnehmer zahlt (→ *Prämien* Rz. 2326).

2. Betriebliche Tombola

3001 Bei einer betriebsinternen für **alle Arbeitnehmer veranstalteten Verlosung**, wie z.B. einer betrieblichen Tombola, kann die Annahme von Arbeitslohn unter dem Gesichtspunkt des ganz überwiegend **eigenbetrieblichen Interesses des Arbeitgebers** ausscheiden (BFH v. 25.11.1993, VI R 45/93, BStBl II 1994, 254).

Die Gewinne aus einer betrieblichen Verlosung anlässlich einer Betriebsveranstaltung gehören zu den **Zuwendungen des Arbeitgebers anlässlich einer Betriebsveranstaltung** und sind bei der Prüfung des Freibetrags von 110 € zu berücksichtigen (§ 19 Abs. 1 Satz 1 Nr. 1a EStG). Eine Differenzierung danach, ob die Losgewinne unter oder über der für Aufmerksamkeiten geltenden Freigrenze von 60 € liegen, ist ab 2015 nicht mehr vorzunehmen. Hierbei ist es unschädlich, wenn an der Verlosung auch **Betriebsfremde** teilnehmen. Einzelheiten → *Betriebsveranstaltungen* Rz. 701.

> **Beispiel:**
> Anlässlich einer Betriebsveranstaltung führt der Arbeitgeber eine Tombola durch. Die Hauptgewinne sind:
> - 1. Preis: Ein Wochenendurlaub im Wert von 300 €,
> - 2. Preis: Ein Navigationsgerät im Wert von 150 €,
> - 3. Preis: Ein Präsentkorb im Wert von 75 €.
>
> Insgesamt wendet der Arbeitgeber für alle Sachpreise 1 000 € einschließlich Umsatzsteuer auf. Die übrigen Aufwendungen der Betriebsveranstaltung betragen insgesamt 4 000 € einschließlich Umsatzsteuer. An der Betriebsveranstaltung nehmen 50 Arbeitnehmer teil.
>
> Bei einer Betriebsveranstaltung sind alle Aufwendungen des Arbeitgebers einschließlich Umsatzsteuer zu berücksichtigen, und zwar mit den Aufwendungen des Arbeitgebers. Diese sind anteilig auf die teilnehmenden Arbeitnehmer zu verteilen (§ 19 Abs. 1 Satz 1 Nr. 1a EStG). Bei Aufwendungen von insgesamt 5 000 € und 50 teilnehmenden Arbeitnehmern entfällt auf jeden Arbeitnehmer 100 €. Dieser Betrag liegt unter dem Freibetrag von 110 € (§ 19 Abs. 1 Satz 1 Nr. 1a Satz 3 EStG), sodass die Arbeitnehmer **keinen Arbeitslohn zu versteuern** haben.

Verlosungsgeschenke/Verlosungsgewinne

3. Entgeltliche Losveranstaltung

3002 Der BFH hat entschieden, dass bei einem **entgeltlichen Loserwerb** die Verknüpfung mit der betrieblichen Tätigkeit gelöst wird und der Losgewinn daher auf der **nicht steuerbaren Vermögensebene** erzielt werde (BFH v. 2.9.2008, X R 8/06, BStBl II 2010, 548). Nach Auffassung der Finanzverwaltung ist das Urteil nur dann anzuwenden, wenn folgende Merkmale erfüllt werden (FinMin Berlin v. 19.7.2010, III B – S 2143 – 1/2009, www.stotax-first.de):

- Das Los wird vom Teilnehmer freiwillig erworben.
- Für die Teilnahme an der Losveranstaltung wird vom Teilnehmer ein Entgelt gezahlt. Die Abkürzung des Zahlungswegs ist dabei zulässig.
- Der Teilnehmer hat die Betriebseinnahmen vollständig – auch das zur Verrechnung einbehaltene Entgelt für die Lose – der Besteuerung unterworfen; der Aufwand für das Losentgelt wurde nicht als Betriebsausgabe abgezogen.
- Nicht jedem Los steht ein Sachgewinn gegenüber.
- Das Entgelt stellt nicht nur einen symbolischen Preis dar. Die für die jeweilige Losveranstaltung vereinnahmten Entgelte decken die Aufwendungen für die bereit gestellten Sachgewinne sowie die sonstigen dem Veranstalter durch die Durchführung der betrieblichen Losveranstaltung entstehenden Aufwendungen ab.
- Die Gewinner werden entsprechend ihrem Loseinsatz in einem Zufallsverfahren ausgewählt.

Werden diese Merkmale **nicht insgesamt erfüllt**, handelt es sich bei den Losgewinnen um betrieblich veranlasste Zuwendungen, die **als Betriebseinnahme** beim Empfänger des Sachgewinns **zu erfassen** sind. Die Aufwendungen für die Lose sind dabei bei der Gewinnermittlung zu berücksichtigen. Für Arbeitnehmer gilt diese Regelung u.E. sinngemäß.

4. Geschenklose

3003 Wenn der Arbeitgeber dem Arbeitnehmer ein Los schenkt, um ihm die Teilnahme an einer von einem fremden Dritten durchgeführten Lotterie zu ermöglichen (Geschenklos), liegt steuerpflichtiger Arbeitslohn vor. Es handelt sich jedoch um einen **Sachbezug**, der nach § 8 Abs. 2 Satz 11 EStG außer Ansatz bleiben kann, wenn – ggf. zusammen mit anderen Vorteilen – die Freigrenze von 44 € nicht überschritten wird.

Ein etwaiger **Losgewinn** stellt keinen steuerpflichtigen Arbeitslohn dar, weil kein Veranlassungszusammenhang zwischen dem Gewinn aus einer von einem fremden Dritten veranstalteten Lotterie und dem Arbeitsverhältnis besteht (FinMin Saarland v. 10.2.2004, B/2 – 4 – 20/04 – S 2334, www.stotax-first.de).

5. Von Dritten veranstaltete Lotterien

3004 Auch der Gewinn aus einer **von einem Dritten durchgeführten Lotterie** ist als Arbeitslohn zu versteuern, wenn der **Gewinn für Dritte**, die nicht eine vergleichbare nichtselbständige Tätigkeit ausüben, **nicht erreichbar** gewesen ist.

> **Beispiel:**
> Der Arbeitnehmer A ist bei dem Reifenhändler B angestellt. B bezog seine Reifen u.a. von der Firma C. C führte für die ihre Produkte vertreibenden Händler eine Goldverlosung (sog. GoldContact) durch. Die Gewinnchance war abhängig von der Abnahmemenge der Reifen. Pro 50 abgenommene Winterreifen wurde ein „Gewinn-Zertifikat" vergeben. Jedes Gewinn-Zertifikat war gewinnberechtigt. Die Aktion „GoldContact" richtete sich ausschließlich an Reifenhändler. C vergab die Gewinn-Zertifikate aber regelmäßig auch an diejenigen Personen, mit denen die tatsächlichen Geschäftskontakte abgewickelt wurden. Pro Reifenhändler war nur eine Person gewinnberechtigt. Die Reifenhändler selbst hatten keinen Einfluss auf die Auswahl der Personen, an welche C Gewinn-Zertifikate vergab. A erhielt ein Gewinn-Zertifikat und sandte es mit seinem Namen versehen an C zurück. Er gewann einen Goldbarren im Werte von 25 000 €.
> Der Goldgewinn gehört als Sachbezug zum Arbeitslohn des A (FG Münster v. 26.3.2002, 15 K 3309/99 E, EFG 2005, 687).

Vermögensbeteiligungen

1. Allgemeines

3005 Zur lohnsteuerlichen Behandlung der **Überlassung von Vermögensbeteiligungen** ist ein Anwendungsschreiben ergangen (BMF v. 8.12.2009, IV C 5 – S 2347/09/10002, BStBl I 2009, 1513). Danach gilt Folgendes:

a) Begünstigter Personenkreis

3006 § 3 Nr. 39 EStG gilt für unbeschränkt und beschränkt einkommensteuerpflichtige Arbeitnehmer, die in einem gegenwärtigen Dienstverhältnis zum Unternehmen stehen. Ein **erstes Dienstverhältnis** ist **nicht Voraussetzung** für die Steuerfreistellung.

In einem gegenwärtigen Dienstverhältnis stehen auch Arbeitnehmer, deren **Dienstverhältnis ruht** (z.B. während der Mutterschutzfristen, der Elternzeit, Zeiten der Ableistung von freiwilligem Wehrdienst) oder die sich **in der Freistellungsphase einer Altersteilzeitvereinbarung** befinden.

Die Überlassung von Vermögensbeteiligungen an **frühere Arbeitnehmer** des Arbeitgebers ist nur steuerbegünstigt, soweit die unentgeltliche oder verbilligte Vermögensbeteiligung weder **im Rahmen einer Abwicklung des früheren Dienstverhältnisses** noch als Arbeitslohn für die tatsächliche Arbeitsleistung überlassen wird. Personen, die ausschließlich Versorgungsbezüge beziehen, stehen nicht mehr in einem gegenwärtigen Dienstverhältnis.

b) Begünstigte Vermögensbeteiligungen

3007 **Steuerbegünstigte Vermögensbeteiligungen** i.S.d. § 3 Nr. 39 EStG sind Vermögensbeteiligungen i.S.d. § 2 Abs. 1 Nr. 1 Buchst. a, b und f bis l und Abs. 2 bis 5 5. VermBG, also

- Aktien,
- Wandel- und Gewinnschuldverschreibungen,
- Genussscheine,
- Genossenschaftsguthaben,
- GmbH-Anteile,
- stille Beteiligungen,
- Darlehensforderungen,
- Genussrechte.

Einzelheiten hierzu → *Vermögensbildung der Arbeitnehmer* Rz. 3029 sowie BMF v. 23.7.2014, IV C 5 – S 2430/14/10002, BStBl I 2014, 1175. **Aktienoptionen sind aber keine Vermögensbeteiligungen.**

Es muss sich um Beteiligungen „**am Unternehmen des Arbeitgebers**" handeln. Unternehmen, die demselben Konzern i.S.v. § 18 AktG angehören, gelten als Arbeitgeber in diesem Sinne (§ 3 Nr. 39 Satz 3 EStG). Der Begriff „Unternehmen des Arbeitgebers" umfasst das **gesamte Betätigungsfeld des Arbeitgebers**.

Anteile an OGAW-Sondervermögen sowie an als Sondervermögen aufgelegten offenen Publikums-AIF nach den §§ 218 und 219 Kapitalanlagegesetzbuch sowie Anteile an bestimmten offenen EU-Investmentvermögen und offenen ausländischen AIF können **nicht steuerbegünstigt überlassen** werden (Ausschluss des § 2 Abs. 1 Nr. 1 Buchst. c 5. VermBG in § 3 Nr. 39 EStG).

Der Erwerb von Vermögensbeteiligungen durch eine **Bruchteilsgemeinschaft** sowie der Erwerb durch eine Gesamthandsgemeinschaft, der jeweils ausschließlich Arbeitnehmer angehören, stellt einen Erwerb i.S.d. § 2 Abs. 1 Nr. 1 5. VermBG dar.

c) Überlassung der Vermögensbeteiligung durch einen Dritten

3008 Die Steuerbegünstigung gilt auch für den geldwerten Vorteil, der bei **Überlassung der Vermögensbeteiligung durch einen Dritten** entsteht, sofern die Überlassung durch das gegenwärtige Dienstverhältnis veranlasst ist. Eine steuerbegünstigte Überlassung von Vermögensbeteiligungen durch Dritte liegt z.B. vor, wenn der Arbeitnehmer die Vermögensbeteiligung unmittelbar erhält von einem

- **Beauftragten des Arbeitgebers** (z.B. Kreditinstitut oder ein anderes Unternehmen) oder
- Unternehmen, das mit dem Unternehmen des Arbeitgebers in einem **Konzern** (§ 18 AktG) verbunden ist (z.B. Ausgabe von Aktien durch eine Konzernobergesellschaft).

Dabei kommt es nicht darauf an, ob der Arbeitgeber in die Überlassung eingeschaltet ist oder ob der Arbeitgeber dem Dritten den Preis der Vermögensbeteiligung oder die durch die Überlassung entstehenden Kosten ganz oder teilweise ersetzt.

Vermögensbeteiligungen

d) Mehrfache Inanspruchnahme

3009 § 3 Nr. 39 EStG ist auf das Dienstverhältnis bezogen. Steht der Arbeitnehmer im Kalenderjahr nacheinander oder nebeneinander in mehreren Dienstverhältnissen, kann die **Steuerbefreiung in jedem Dienstverhältnis in Anspruch** genommen werden.

e) Geldleistungen

3010 Die Steuerbegünstigung gilt nur für den **geldwerten Vorteil**, den der Arbeitnehmer durch die **unentgeltliche oder verbilligte Überlassung der Vermögensbeteiligung** erhält. Deshalb sind **Geldleistungen** des Arbeitgebers an den Arbeitnehmer zur Begründung oder zum Erwerb der Vermögensbeteiligung oder für den Arbeitnehmer vereinbarte vermögenswirksame Leistungen i.S.d. 5. VermBG, die zur Begründung oder zum Erwerb der Vermögensbeteiligung angelegt werden, **nicht steuerbegünstigt**.

f) Nebenkosten

3011 Die Übernahme der mit der Überlassung von Vermögensbeteiligungen verbundenen **Nebenkosten** durch den Arbeitgeber, z.B. Notariatsgebühren, Eintrittsgelder im Zusammenhang mit Geschäftsguthaben bei einer Genossenschaft und Kosten für Registereintragungen, ist **kein Arbeitslohn**.

Ebenfalls **kein Arbeitslohn** sind vom Arbeitgeber übernommene **Depotgebühren**, die durch die Festlegung der Wertpapiere für die Dauer einer vertraglich vereinbarten Sperrfrist entstehen; dies gilt entsprechend bei der kostenlosen Depotführung durch den Arbeitgeber.

2. Weitere Voraussetzungen

3012 Voraussetzung für die Steuerfreiheit ist – unabhängig von der arbeitsrechtlichen Verpflichtung zur Gleichbehandlung –, dass die **Beteiligung mindestens allen Arbeitnehmern offen steht**, die im Zeitpunkt der Bekanntgabe des Angebots **ein Jahr oder länger** ununterbrochen **in einem gegenwärtigen Dienstverhältnis** zum Unternehmen des Arbeitgebers stehen (§ 3 Nr. 39 Satz 2 EStG). Einzubeziehen sind danach z.B. auch geringfügig Beschäftigte, Teilzeitkräfte, Auszubildende und weiterbeschäftigte Rentner. Bei einem Entleiher sind Leiharbeitnehmer nicht einzubeziehen. Arbeitnehmer, die **kürzer als ein Jahr** in einem Dienstverhältnis zum Unternehmen stehen, **können einbezogen** werden. Bei einem Konzernunternehmen müssen die Beschäftigten der übrigen Konzernunternehmen nicht einbezogen werden.

Die Finanzverwaltung beanstandet es nicht, wenn aus Vereinfachungsgründen **ins Ausland entsandte Arbeitnehmer** (sog. Expatriates) **nicht einbezogen** werden. Entsprechendes gilt für **Vorstandsmitglieder**, für **Arbeitnehmer mit gekündigtem Dienstverhältnis** und für **Arbeitnehmer**, die zwischen dem Zeitpunkt des Angebots und dem Zeitpunkt der Überlassung der Vermögensbeteiligung aus sonstigen Gründen aus dem Unternehmen **ausscheiden** (z.B. Auslaufen des Arbeitsvertrags).

Nach Auffassung der Finanzverwaltung bleibt die Steuerfreiheit für die begünstigten Arbeitnehmer unberührt, wenn der Arbeitgeber begründet davon ausgegangen war, dass ein bestimmter Arbeitnehmer oder eine bestimmte Gruppe von Arbeitnehmern nicht einzubeziehen war und sich im Nachhinein etwas anderes herausgestellt hat.

Hinsichtlich der **Konditionen**, zu denen die Vermögensbeteiligungen überlassen werden, **kann bei den einzelnen Arbeitnehmern differenziert** werden (z.B. bezüglich der Höhe einer Zuzahlung oder der Beteiligungswerte). Dies bedarf aus arbeitsrechtlicher Sicht eines sachlichen Grunds.

Voraussetzung für die Steuerfreiheit ist aber nicht, dass die Vermögensbeteiligung zusätzlich zum ohnehin geschuldeten Arbeitslohn überlassen wird. Arbeitnehmer können daher die Vermögensbeteiligung **auch dann steuerbegünstigt erhalten**, wenn diese durch **Entgeltumwandlung finanziert** wird.

3. Bewertung

3013 Als Wert der Vermögensbeteiligung ist **der gemeine Wert** zum Zeitpunkt der Überlassung anzusetzen (§ 3 Nr. 39 Satz 4 EStG). Entsprechend der BFH-Rechtsprechung (BFH v. 7.5.2014, VI R 73/12, BStBl II 2014, 904) können auch die Wertverhältnisse bei Abschluss des für beide Seiten verbindlichen Veräußerungsgeschäfts herangezogen werden. Für die Höhe des Werts wird dabei an die Grundsätze des Bewertungsgesetzes angeknüpft und nicht an die üblichen Endpreise am Abgabeort, wie sie nach § 8 Abs. 2 Satz 1 EStG sonst für die nicht in Geld bestehenden Einnahmen im Regelfall anzusetzen sind.

Die Bewertungsregel nach § 3 Nr. 39 Satz 4 EStG gilt **als spezielle Bewertungsvorschrift** für alle Vermögensbeteiligungen i.S.d. § 3 Nr. 39 EStG, und zwar auch dann, wenn die Steuerbegünstigung nach § 3 Nr. 39 EStG nicht greift. **Nach Auffassung der Finanzverwaltung** sind die 44 €-Freigrenze (§ 8 Abs. 2 Satz 11 EStG) und der **Bewertungsabschlag** von 4 % nach R 8.1 Abs. 2 Satz 9 LStR **nicht anzuwenden**. Der BFH hat demgegenüber – zumindest bei der Vorgängervorschrift des § 19a EStG a.F. – wiederholt entschieden, dass die **44 €-Freigrenze** (§ 8 Abs. 2 Satz 11 EStG) **auch auf Vermögensbeteiligungen anwendbar** ist (BFH v. 10.3.2010, VI R 36/08, www.stotax-first.de; BFH v. 6.7.2011, VI R 35/10, www.stotax-first.de; BFH v. 15.1.2015, VI R 16/12, HFR 2015, 564), denn – so der BFH – **eine vergünstigende Norm darf nicht dazu führen, dass der Stpfl. ungünstiger behandelt wird**, als wenn es diese Vergünstigung nicht gäbe.

Veräußerungssperren mindern den Wert der Vermögensbeteiligung nicht (BFH v. 7.4.1989, VI R 47/88, BStBl II 1989, 608; BFH v. 30.9.2008, VI R 67/05, BStBl II 2009, 282).

Aus Vereinfachungsgründen kann die Ermittlung des Werts der Vermögensbeteiligung beim einzelnen Arbeitnehmer **am Tag der Ausbuchung** beim Überlassenden oder dessen Erfüllungsgehilfen erfolgen; es kann auch auf den Vortag der Ausbuchung abgestellt werden. Bei allen begünstigten Arbeitnehmern kann aber auch **der durchschnittliche Wert der Vermögensbeteiligungen** angesetzt werden, wenn das **Zeitfenster der Überlassung nicht mehr als einen Monat** beträgt. Dies gilt jeweils im Lohnsteuerabzugs- und Veranlagungsverfahren.

4. Ermittlung des steuerfreien geldwerten Vorteils

3014 Der geldwerte Vorteil ergibt sich aus dem Unterschied zwischen dem Wert der Vermögensbeteiligung bei Überlassung und dem Preis, zu dem die Vermögensbeteiligung dem Arbeitnehmer überlassen wird. Der Zeitpunkt der Beschlussfassung über die Überlassung, der Zeitpunkt des Angebots an die Arbeitnehmer und der Zeitpunkt des Abschlusses des obligatorischen Rechtsgeschäfts sind in jedem Fall unmaßgeblich. Bei einer Verbilligung ist es unerheblich, ob der Arbeitgeber einen prozentualen Abschlag auf den Wert der Vermögensbeteiligung oder einen Preisvorteil in Form eines Festbetrags gewährt. Soweit der geldwerte Vorteil den **Betrag von 360 € im Kalenderjahr nicht übersteigt**, ist der Vorteil steuerfrei. Durch die Steuerfreiheit besteht Beitragsfreiheit in der Sozialversicherung (§ 1 Abs. 1 Satz 1 Nr. 1 SvEV).

> **Beispiel 1:**
> Der Arbeitgeber überlässt seinen Arbeitnehmern jeweils Aktien im Wert von 200 € unentgeltlich.
> Die Arbeitnehmer haben jeweils einen geldwerten Vorteil von 200 €. Dieser ist nach § 3 Nr. 39 EStG steuer- und beitragsfrei.

> **Beispiel 2:**
> Der Arbeitgeber überlässt seinen Arbeitnehmer Aktien im Wert von 500 € für 200 €.
> Die Arbeitnehmer haben jeweils einen geldwerten Vorteil von 300 €. Dieser ist nach § 3 Nr. 39 EStG steuer- und beitragsfrei.

Beim **entgeltlichen Erwerb von Aktien** zum Kurswert **unter Draufgabe einer Option** auf den künftigen unentgeltlichen Erwerb weiterer Aktien liegt **kein verbilligter Sachbezug** hinsichtlich der entgeltlich erworbenen Aktien vor (BFH v. 15.1.2015, VI R 16/12, HFR 2015, 564).

5. Pauschalbesteuerung nach § 37b EStG

3015 Sämtliche Vermögensbeteiligungen sind von der Anwendung des § 37b EStG **ausgeschlossen** (§ 37b Abs. 2 Satz 2 EStG). Steuerpflichtige geldwerte Vorteile aus der Überlassung von Vermögensbeteiligungen (z.B. den steuerfreien Höchstbetrag übersteigende geldwerte Vorteile und Fälle, in denen die Steuerfreistellung des § 3 Nr. 39 EStG bereits dem Grunde nach nicht greift) sind danach grundsätzlich individuell zu besteuern.

Vermögensbeteiligungen

6. Zuflusszeitpunkt

3016 Der **Zuflusszeitpunkt** bestimmt sich nach den **allgemeinen lohnsteuerlichen Regelungen**. Zeitpunkt des Zuflusses ist der **Tag der Erfüllung des Anspruchs** des Arbeitnehmers auf Verschaffung der wirtschaftlichen Verfügungsmacht über die Vermögensbeteiligung (BFH v. 23.6.2005, VI R 10/03, BStBl II 2005, 770). Bei Aktien ist dies der Zeitpunkt der **Einbuchung der Aktien in das Depot** des Arbeitnehmers (BFH v. 20.11.2008, VI R 25/05, BStBl II 2009, 382). Zu Vereinfachungsregelungen → Rz. 3013.

Ein Zufluss von Arbeitslohn liegt nicht vor, solange dem Arbeitnehmer eine Verfügung über die Vermögensbeteiligung rechtlich unmöglich ist (BFH v. 30.6.2011, VI R 37/09, BStBl II 2011, 923). Im Gegensatz dazu stehen Sperr- und Haltefristen einem Zufluss nicht entgegen (BFH v. 30.9.2008, VI R 67/05, BStBl II 2009, 282).

Muss der Arbeitnehmer auf Grund der getroffenen Vereinbarung **einen höheren Kaufpreis** als z.B. den Kurswert der Vermögensbeteiligung zahlen, führt dies **nicht zu negativem Arbeitslohn**. Entsprechendes gilt für Kursrückgänge nach dem Zuflusszeitpunkt.

7. Weiteranwendung des § 19a EStG a.F.

3017 § 19a EStG a.F. war weiter anzuwenden, wenn
- die Vermögensbeteiligung vor dem 1.4.2009 überlassen wurde oder
- auf Grund einer am 31.3.2009 bestehenden Vereinbarung ein Anspruch auf die unentgeltliche oder verbilligte Überlassung einer Vermögensbeteiligung bestand sowie die Vermögensbeteiligung vor dem 1.1.2016 überlassen wurde

und der Arbeitgeber bei demselben Arbeitnehmer im Kalenderjahr nicht § 3 Nr. 39 EStG anzuwenden hat.

Die Übergangsregelung ist somit zum 31.12.2015 ausgelaufen.

Vermögensbildung der Arbeitnehmer

Inhaltsübersicht: Rz.
1. Allgemeines 3018
2. Rechtsnatur der vermögenswirksamen Leistungen 3019
3. Steuer- und sozialversicherungsrechtliche Behandlung 3020
4. Begünstigter Personenkreis 3021
5. Begründung von vermögenswirksamen Leistungen 3022
   a) Vereinbarung vermögenswirksamer Leistungen 3022
   b) Durchführung der Vereinbarungen 3023
   c) Anlage von Teilen des Arbeitslohns als vermögenswirksame Leistungen 3024
   d) Form und Inhalt des Antrags 3025
   e) Kontrahierungszwang 3026
   f) Anlage von vermögenswirksamen Leistungen 3027
   g) Insolvenzschutz 3028
6. Anlageformen 3029
   a) Sparvertrag über Wertpapiere oder andere Vermögensbeteiligungen 3030
   b) Wertpapier-Kaufvertrag 3031
   c) Beteiligungs-Vertrag 3032
   d) Beteiligungs-Kaufvertrag 3033
   e) Anlagen nach dem Wohnungsbau-Prämiengesetz 3034
   f) Aufwendungen zum Wohnungsbau 3035
   g) Sparvertrag 3036
   h) Kapitalversicherungsvertrag 3037
   i) Beiträge zur Erfüllung von Verpflichtungen 3038
   j) Gegenüberstellung der Sperrfristen 3039
7. Zeitliche Zuordnung der vermögenswirksamen Leistungen 3040
8. Anlagen auf Verträgen naher Angehöriger 3041
9. Höhe der Arbeitnehmer-Sparzulage 3042
10. Festsetzung und Auszahlung der Arbeitnehmer-Sparzulage 3043
11. Kennzeichnungspflichten des Arbeitgebers 3044
12. Aufzeichnungspflichten des Arbeitgebers 3045
13. Pflichten des Arbeitgebers bei betrieblichen Beteiligungen 3046
14. Elektronische Vermögensbildungsbescheinigung 3047

1. Allgemeines

3018 Die Vermögensbildung der Arbeitnehmer wird durch den Staat gefördert, und zwar einmal dadurch, dass der Arbeitnehmer für vermögenswirksame Leistungen eine **Arbeitnehmer-Sparzulage** erhält, wenn er bestimmte Voraussetzungen erfüllt, und zum anderen durch den **Steuerfreibetrag von 360 €** für Vermögensbeteiligungen, die der Arbeitnehmer vom Arbeitgeber unentgeltlich oder verbilligt erhält. Wegen der unentgeltlichen oder verbilligten Überlassung von Vermögensbeteiligungen durch den Arbeitgeber → *Vermögensbeteiligungen* Rz. 3005. Nachfolgend ist die staatliche Förderung durch das 5. VermBG erläutert.

Die Arbeitnehmer-Sparzulage beträgt für Vermögensbeteiligungen 20 % von höchstens 400 € und zusätzlich 9 % von höchstens 470 € für Anlagen nach dem Wohnungsbau-Prämiengesetz und Aufwendungen zum Wohnungsbau. Die Einkommensgrenze beträgt bei Vermögensbeteiligungen 20 000 €/40 000 € und bei Anlagen nach dem Wohnungsbau-Prämiengesetz und Aufwendungen zum Wohnungsbau – wie bisher – 17 900 €/35 800 €.

In vielen Tarifverträgen ist die Zahlung zusätzlicher vermögenswirksamer Leistungen vorgesehen. Auch wenn der Arbeitnehmer keinen Anspruch auf Arbeitnehmer-Sparzulage hat, weil er die **Einkommensgrenzen** überschreitet, dürfte für ihn die Anlage von vermögenswirksamen Leistungen interessant sein. Denn nur wenn er einen Vertrag über die Anlage vermögenswirksamer Leistungen abschließt, hat er Anspruch auf die vom Arbeitgeber **zusätzlich zum normalen Arbeitslohn** gewährten vermögenswirksamen Leistungen. Schließt er dagegen keinen Vertrag ab, erhält er auch nicht diese zusätzliche Arbeitgeberleistung.

Der Arbeitnehmer steht immer vor der Frage, in **welche Art von Vertrag** er seine vermögenswirksamen Leistungen anlegt. Das Fünfte Vermögensbildungsgesetz sieht hier verschiedene Möglichkeiten vor. So kann der Arbeitnehmer einerseits Vermögensbeteiligungen erwerben. Diese Anlageform ist sicherlich risikoreicher als die Anlage in einem Bausparvertrag. Dafür bietet sie allerdings auch die Möglichkeit, eine höhere Rendite zu erwirtschaften als beim risikolosen Bausparvertrag. Auch für die Höhe der Arbeitnehmer-Sparzulage spielt die Anlageform eine Rolle. Bei Vermögensbeteiligungen beträgt die Arbeitnehmer-Sparzulage **20 %**. Bei Bausparverträgen oder Aufwendungen zum Wohnungsbau beträgt die Arbeitnehmer-Sparzulage dagegen nur **9 %** der vermögenswirksamen Leistungen.

Es besteht auch die Möglichkeit, einen **Sparvertrag oder einen Lebensversicherungsvertrag** mit vermögenswirksamen Leistungen anzusparen. Bei diesen Verträgen gibt es aber **keine Arbeitnehmer-Sparzulage**, denn diese Verträge unterliegen der sog. **Nullförderung**. Das bedeutet, dass der Arbeitnehmer, der einen solchen Vertrag abgeschlossen hat, zwar Anspruch auf vermögenswirksame Leistungen hat, aber in keinem Fall eine Arbeitnehmer-Sparzulage erhält. Diese Anlageformen sind also für Arbeitnehmer interessant, die in jedem Fall die Einkommensgrenzen überschreiten und nur die vermögenswirksamen Leistungen vom Arbeitgeber erhalten wollen.

Letztlich hat der Arbeitnehmer die „Qual der Wahl". Der Arbeitgeber kann seine Arbeitnehmer nur über die verschiedenen Anlageformen und die unterschiedlichen Risiken informieren. Welche Anlageform der Arbeitnehmer dann wählt, bleibt ihm selbst überlassen. Dies sieht das Fünfte Vermögensbildungsgesetz in § 12 ausdrücklich vor. Danach werden vermögenswirksame Leistungen nur dann gefördert, wenn der **Arbeitnehmer die Anlageform und das Anlageunternehmen frei wählen** kann. Seit 1999 steht einer Förderung jedoch nicht entgegen, dass durch Tarifvertrag die Anlage auf Vermögensbeteiligungen und Anlagen nach dem Wohnungsbau-Prämiengesetz oder Aufwendungen zum Wohnungsbau beschränkt wird (§ 12 Satz 2 5. VermBG; BMF v. 23.7.2014, IV C 5 – S 2430/14/10002, BStBl I 2014, 1175, Abschn. 12 Abs. 6).

2. Rechtsnatur der vermögenswirksamen Leistungen

3019 Vermögenswirksame Leistungen sind **Geldleistungen**, die der Arbeitgeber für den Arbeitnehmer in einer der im 5. VermBG genannten Anlageformen anlegt. Der Arbeitgeber hat für den Arbeitnehmer grundsätzlich **unmittelbar an das Unternehmen**, das Institut oder den Gläubiger zu leisten, bei dem nach Wahl des Arbeitnehmers die vermögenswirksame Anlage erfolgen soll.

Vermögenswirksame Leistungen sind **arbeitsrechtlich Bestandteil des Lohns oder Gehalts** (§ 2 Abs. 7 5. VermBG). Der An-

LSt = keine Lohnsteuerpflicht
LSt = Lohnsteuerpflicht

Vermögensbildung der Arbeitnehmer

spruch auf vermögenswirksame Leistungen ist bis zum Betrag von 870 € im Kalenderjahr unabhängig von der Anlageart nicht übertragbar und damit nach § 851 ZPO auch **nicht pfändbar**.

Da die vermögenswirksamen Leistungen Teil des Lohns oder Gehalts sind, sind sie immer dann zu zahlen, wenn der Arbeitnehmer auch sonst Anspruch auf Zahlung von Lohn oder Gehalt hat. Dies gilt z.B. für die **Zeit der Erkrankung** des Arbeitnehmers während der **Entgeltfortzahlung** oder bei **bezahltem Urlaub**. Das bedeutet umgekehrt, dass der Arbeitgeber zur Zahlung vermögenswirksamer Leistungen nicht verpflichtet ist, wenn kein Anspruch auf Zahlung von Arbeitslohn besteht.

Wenn der **Arbeitnehmer vorzeitig über die vermögenswirksamen Leistungen verfügt**, hat der Arbeitgeber grundsätzlich keinen Rückforderungsanspruch für bereits geleistete Zahlungen (BAG v. 30.4.1975, 5 AZR 187/74, www.stotax-first.de).

3. Steuer- und sozialversicherungsrechtliche Behandlung

3020 **Steuerrechtlich** gehören vermögenswirksame Leistungen zu den steuerpflichtigen Einnahmen (§ 2 Abs. 6 5. VermBG). Da nur Arbeitnehmer Anspruch auf vermögenswirksame Leistungen haben, sind die vermögenswirksamen Leistungen Arbeitslohn. Die Versteuerung ist nach den allgemeinen Vorschriften des Lohnsteuerrechts vorzunehmen. Soweit bei Teilzeitbeschäftigte eine Pauschalierung der Lohnsteuer vorgenommen wird, können auch die vermögenswirksamen Leistungen pauschal versteuert werden.

Sozialversicherungsrechtlich sind vermögenswirksame Leistungen Arbeitsentgelt (§ 2 Abs. 6 5. VermBG). Daher sind bei ihnen, wie bei anderem Arbeitsentgelt auch, Sozialversicherungsbeiträge einzubehalten.

4. Begünstigter Personenkreis

3021 Das 5. VermBG gilt für alle **Arbeitnehmer im arbeitsrechtlichen Sinne** sowie für Beamte, Richter und Soldaten. Das Arbeitsverhältnis muss **deutschem Arbeitsrecht** unterliegen (→ *Arbeitnehmer* Rz. 173).

Das 5. VermBG **gilt z.B. auch** bei

- **kurzfristig Beschäftigten,** Aushilfskräften in der Land- und Forstwirtschaft und **geringfügig entlohnten Beschäftigten,** deren Arbeitslohn nach § 40a EStG pauschal versteuert wird (BMF v. 23.7.2014, IV C 5 – S 2430/14/10002, BStBl I 2014, 1175, Abschn. 1 Abs. 2 Nr. 6),
- **deutschen Grenzgängern** (BMF v. 23.7.2014, IV C 5 – S 2430/14/10002, BStBl I 2014, 1175, Abschn. 1 Abs. 4 Nr. 1),
- **Familienangehörigen,** wenn ein „echtes Arbeitsverhältnis" begründet wird (→ *Angehörige* Rz. 119),
- **Heimarbeitern** (§ 1 Abs. 2 Satz 2 5. VermBG),
- **Frauen,** die auf Grund der Schutzfristen des **Mutterschutzgesetzes** nicht arbeiten, aber vom Arbeitgeber einen Zuschuss zum Mutterschaftsgeld erhalten,
- **Arbeitnehmern,** die **während der Elternzeit** vom Arbeitgeber auf Grund vertraglicher Vereinbarung weiterhin vermögenswirksame Leistungen erhalten,
- **Kommanditisten** oder **stillen Gesellschaftern,** soweit sie arbeitsrechtlich Arbeitnehmer sind,
- **freiwillig Wehrdienstleistenden,** wenn sie in einem ruhenden Arbeitsverhältnis stehen, aus dem sie noch Arbeitslohn erhalten,
- **behinderten Menschen,** die sich in **anerkannten Werkstätten** für behinderte Menschen befinden und zu den Werkstätten in einem arbeitnehmerähnlichen Rechtsverhältnis stehen (BMF v. 23.7.2014, IV C 5 – S 2430/14/10002, BStBl I 2014, 1175, Abschn. 1 Abs. 2 Nr. 5),
- **Personen, die aus dem Arbeitsverhältnis ausgeschieden sind,** aber im Rahmen ihrer Abwicklung noch Entgelt für geleistete Arbeit erhalten (BMF v. 23.7.2014, IV C 5 – S 2430/14/10002, BStBl I 2014, 1175, Abschn. 1 Abs. 4 Nr. 2).

Das 5. VermBG **gilt z.B. nicht** bei

- **Vorstandsmitgliedern,**
- **Geschäftsführern** von GmbHs,
- **Mitgliedern** von Aufsichtsräten,
- **Organmitgliedern** von Gemeinden, Kreisen und anderen öffentlichen Körperschaften,
- **Geschäftsführern** von offenen Handelsgesellschaften, Kommanditgesellschaften, BGB-Gesellschaften,
- **Entwicklungshelfern** i.S. des Entwicklungshelfer-Gesetzes,
- **freiwillig Wehrdienstleistenden,** wenn sie **nicht** in einem ruhenden Arbeitsverhältnis stehen,
- Personen, die **einen Freiwilligendienst** i.S.d. § 32 Abs. 4 Satz 1 Nr. 4 Buchst. d EStG (z.B. freiwilliges soziales oder ökologisches Jahr, Internationaler Jugendfreiwilligendienst, Bundesfreiwilligendienst) ableisten,
- **Bediensteten internationaler Organisationen,** deren Arbeitsverhältnis nicht deutschem Arbeitsrecht unterliegt,
- **Rentnern.**

5. Begründung von vermögenswirksamen Leistungen

a) Vereinbarung vermögenswirksamer Leistungen

3022 Vereinbarungen über die Anlage vermögenswirksamer Leistungen können nach § 10 5. VermBG getroffen werden zwischen

- dem Arbeitgeber und einzelnen Arbeitnehmern (= **Einzelverträge**),
- dem Arbeitgeber und dem Betriebsrat (= **Betriebsvereinbarungen**),
- zwischen den Tarifvertragsparteien (= **Tarifvertrag**).

Hinzu kommen die bindenden Festsetzungen für Heimarbeiter sowie eine gesetzliche Regelung für Beamte, Richter und Soldaten.

Bei **tarifvertraglichen Vereinbarungen sind** im Übrigen die Regelungen des § 10 Abs. 2 bis 5 5. VermBG zu beachten.

b) Durchführung der Vereinbarungen

3023 Um die Vereinbarungen über vermögenswirksame Leistungen durchführen zu können, benötigt der Arbeitgeber vom Arbeitnehmer Angaben über die Art und den Zeitpunkt der Anlage sowie über das Unternehmen, bei dem die vermögenswirksamen Leistungen angelegt werden sollen.

Der Arbeitnehmer wird seiner Anzeigepflicht i.d.R. dadurch nachkommen, dass er dem Arbeitgeber einen **Vordruck** des betreffenden Unternehmens oder Anlageinstituts aushändigt, der die entsprechenden Angaben enthält. Soweit der Arbeitnehmer die erforderlichen Angaben nicht macht, ist eine Anlage von vermögenswirksamen Leistungen nicht möglich.

c) Anlage von Teilen des Arbeitslohns als vermögenswirksame Leistungen

3024 Arbeitnehmer, die vom Arbeitgeber keine vermögenswirksamen Leistungen zusätzlich zum Arbeitslohn erhalten, können Teile des noch nicht zugeflossenen Arbeitslohns vermögenswirksam anlegen, um in den Genuss der staatlichen Förderung zu kommen (§ 11 5. VermBG).

Es können nur Teile des Arbeitslohns vermögenswirksam angelegt werden, die zu den Einkünften aus nichtselbständiger Arbeit nach § 19 EStG gehören (Arbeitslohn im steuerlichen Sinne). **Zum Arbeitslohn zählt auch pauschal besteuerter oder steuerfreier Arbeitslohn.** Voraussetzung ist, dass der Arbeitslohn dem Arbeitnehmer noch nicht zugeflossen ist; die **nachträgliche Umwandlung von zugeflossenem Arbeitslohn ist grundsätzlich nicht möglich**. Lediglich bei **Grenzgängern**, bei denen ein Kreditinstitut oder eine inländische Kapitalverwaltungsgesellschaft die Pflichten des Arbeitgebers wahrnimmt, kann der Arbeitslohn auf das Konto des Arbeitnehmers ausgezahlt und anschließend vermögenswirksam angelegt werden.

Kein Arbeitslohn im steuerlichen Sinne sind dagegen:

- Steuerfreie Lohnersatzleistungen (Wintergeld – Mehraufwands-Wintergeld, Zuschuss-Wintergeld –, Insolvenzgeld, Mutterschaftsgeld, Arbeitslosengeld),
- Auslagenersatz i.S.v. § 3 Nr. 50 EStG,
- die Arbeitnehmer-Sparzulage,

Vermögensbildung der Arbeitnehmer

keine Sozialversicherungspflicht = (SV)
Sozialversicherungspflicht = (SV)

– Vergütungen, die ein Kommanditist für seine Tätigkeit im Dienst der Kommanditgesellschaft erhält.

Geldwerte Vorteile aus der verbilligten Überlassung von Vermögensbeteiligungen sind **keine vermögenswirksamen Leistungen** (BMF v. 23.7.2014, IV C 5 – S 2430/14/10002, BStBl I 2014, 1175, Abschn. 2 Abs. 1).

d) Form und Inhalt des Antrags

3025 Soweit der Arbeitnehmer die Anlage von Teilen seines Arbeitslohns als vermögenswirksame Leistungen wünscht, hat er einen **schriftlichen Antrag beim Arbeitgeber** zu stellen (§ 11 Abs. 1 5. VermBG). Wenn der Arbeitnehmer den Arbeitgeber wechselt, so hat er seinen Antrag auf Anlage von vermögenswirksamen Leistungen beim neuen Arbeitgeber zu wiederholen.

Auch hier wird der Arbeitnehmer i.d.R. einen **Vordruck** des betreffenden Unternehmens oder Anlageinstituts einreichen, der die notwendigen Angaben enthält.

e) Kontrahierungszwang

3026 Wenn der Arbeitnehmer die Anlage vermögenswirksamer Leistungen ordnungsgemäß beantragt hat und keine sonstigen Ablehnungsgründe vorliegen, ist der **Arbeitgeber nach Prüfung zum Abschluss des Vertrags verpflichtet** (§ 11 Abs. 1 5. VermBG). Der Arbeitgeber hat dann die sich für ihn daraus ergebenden Pflichten zu erfüllen (z.B. Einbehaltung und Überweisung des Betrags an das Anlageinstitut, Mitteilungspflichten). Deshalb ist der Arbeitgeber **schadensersatzpflichtig**, wenn er einen Antrag ohne hinreichenden Grund nicht annimmt oder den Vertrag nicht ordnungsgemäß durchführt.

Um den Arbeitgeber allerdings vor **allzu großem Verwaltungsaufwand zu schützen**, schränkt das Gesetz die Möglichkeiten des Arbeitnehmers, seine Vertragswünsche zu variieren, ein, vgl. im Einzelnen § 11 Abs. 3 bis 6 5. VermBG.

f) Anlage von vermögenswirksamen Leistungen

3027 Der Arbeitgeber hat nach § 3 Abs. 2 5. VermBG die vermögenswirksamen Leistungen **unmittelbar** an das Unternehmen oder Institut zu überweisen, ohne dass der Arbeitnehmer zwischenzeitlich über die Mittel verfügen darf. Es ist daher nicht möglich, dem Arbeitnehmer Beträge als vermögenswirksame Leistungen zu erstatten, die dieser selbst auf einen begünstigten Vertrag (z.B. Bausparvertrag) einbezahlt hat.

Soweit der Arbeitnehmer vermögenswirksame Leistungen auf Grund eines **Wertpapier-Kaufvertrags**, **Beteiligungs-Vertrags** oder **Beteiligungs-Kaufvertrags** beim Arbeitgeber anlegt, kann dieser die vermögenswirksamen Leistungen verrechnen.

Es ist aber Sache des Arbeitnehmers, mit dem Unternehmen oder Institut **vorher** den für die Anlage erforderlichen Vertrag abzuschließen und dies seinem Arbeitgeber mitzuteilen. Rechtsbeziehungen aus diesem Vertrag bestehen nur zwischen Arbeitnehmer und Unternehmen bzw. Institut, weil der Arbeitgeber stets nur **für den Arbeitnehmer** einzahlt.

Von dem Grundsatz, dass der Arbeitgeber die vermögenswirksamen Leistungen unmittelbar an das Unternehmen oder Institut zu überweisen hat, gibt es **zwei Ausnahmen**:

– Bei einer Anlage zum **Wohnungsbau oder -erwerb** kann der Arbeitgeber die vermögenswirksamen Leistungen direkt dem Arbeitnehmer überweisen, wenn der Arbeitnehmer dem Arbeitgeber eine **schriftliche Bestätigung** seines Gläubigers aushändigt, dass die Anlage die Voraussetzungen als vermögenswirksame Leistung erfüllt (§ 3 Abs. 3 5. VermBG).

– Bei **deutschen Grenzgängern** und bei Arbeitnehmern, die bei diplomatischen oder konsularischen Vertretungen ausländischer Staaten im Inland tätig sind, kann der ausländische Arbeitgeber auch dadurch vermögenswirksame Leistungen anlegen, dass er eine andere Person mit der Überweisung oder Einzahlung in seinem Namen und auf seine Rechnung beauftragt, vgl. im Einzelnen BMF v. 23.7.2014, IV C 5 – S 2430/14/10002, BStBl I 2014, 1175, Abschn. 2 Abs. 3.

Da die höchstmögliche Arbeitnehmer-Sparzulage nur erhalten kann, wer sowohl in Vermögensbeteiligungen als auch in Bausparverträgen bzw. in Anlagen für den Wohnungsbau anlegt, ist der Arbeitgeber verpflichtet, **auch zwei Verträge** zu bedienen (BMF v. 23.7.2014, IV C 5 – S 2430/14/10002, BStBl I 2014, 1175, Abschn. 16 Abs. 4).

g) Insolvenzschutz

3028 Der Arbeitgeber hat **vor der Anlage** vermögenswirksamer Leistungen im eigenen Unternehmen in Zusammenarbeit mit dem Arbeitnehmer Vorkehrungen zu treffen, die der Absicherung der angelegten vermögenswirksamen Leistungen bei einer während der Dauer der Sperrfrist eintretenden Zahlungsunfähigkeit des Arbeitgebers dienen (**Insolvenzschutz**). Vorkehrungen des Arbeitgebers gegen Insolvenz sind nicht Voraussetzung für den Anspruch auf Arbeitnehmer-Sparzulage (BMF v. 23.7.2014, IV C 5 – S 2430/14/10002, BStBl I 2014, 1175, Abschn. 8).

6. Anlageformen

3029 Vermögenswirksame Leistungen können in den nachfolgenden **Anlageformen** angelegt werden. Hierbei ist zu beachten, dass die **Sperrfristen** im 5. VermBG **nicht entfallen** sind.

a) Sparvertrag über Wertpapiere oder andere Vermögensbeteiligungen

3030 Sparverträge über Wertpapiere oder andere Vermögensbeteiligungen i.S.v. § 4 5. VermBG sind Verträge mit **inländischen Kreditinstituten**. In dem Vertrag muss sich der Arbeitnehmer verpflichten, **einmalig** oder für die Dauer von **sechs Jahren laufend**, vermögenswirksame Leistungen **zum Zwecke des Erwerbs von Vermögensbeteiligungen** durch den Arbeitgeber einzahlen zu lassen oder andere Beträge selbst einzuzahlen. Vermögensbeteiligungen in diesem Sinne sind:

– Aktien,
– Wandel- und Gewinnschuldverschreibungen,
– Anteile an OGAW-Sondervermögen sowie an als Sondervermögen aufgelegten offenen Publikums-AIF nach den §§ 218 und 219 Kapitalanlagegesetzbuch sowie Anteile an bestimmten offenen EU-Investmentvermögen und offenen ausländischen AIF,
– Genussscheine,
– Genossenschaftsguthaben,
– GmbH-Anteile,
– stille Beteiligungen,
– Darlehensforderungen,
– Genussrechte.

Einzelheiten hierzu s. § 2 5. VermBG sowie BMF v. 23.7.2014, IV C 5 – S 2430/14/10002, BStBl I 2014, 1175, Abschn. 4.

Der Arbeitnehmer muss bei Vertragsabschluss bereits **die Wahl** treffen, ob er einmalige oder laufende Zahlungen leisten will. Ein **Wechsel der Zahlungsmodalitäten** ist während der Laufzeit des Vertrags nicht möglich, vgl. im Einzelnen BMF v. 23.7.2014, IV C 5 – S 2430/14/10002, BStBl I 2014, 1175, Abschn. 5.

Voraussetzung für die Förderung ist, dass

– die vermögenswirksamen Leistungen spätestens bis zum Ablauf des folgenden Kalenderjahrs zum Erwerb von Vermögensbeteiligungen verwendet und bis zur Verwendung festgelegt werden (**Verwendungsfrist**) und

– die mit den vermögenswirksamen Leistungen erworbenen Vermögensbeteiligungen unverzüglich nach dem Erwerb festgelegt werden und über die Vermögensbeteiligungen bis zum Ablauf der Frist von **sieben Jahren** nicht durch Rückzahlung, Abtretung, Beleihung oder in anderer Weise verfügt wird (**Sperrfrist**).

Die Verwendungsfrist ist auch dann eingehalten, wenn die nicht in Vermögensbeteiligungen angelegten Beträge am Ende eines Kalenderjahrs insgesamt 150 € nicht übersteigen (**Spitzenbeträge**) und bis zum Ablauf der Sperrfrist verwendet oder festgelegt werden.

Die siebenjährige Sperrfrist beginnt für alle auf Grund des Vertrags angelegten vermögenswirksamen Leistungen am **1. Januar** des Kalenderjahrs, in dem der Vertrag abgeschlossen wird. Als Zeitpunkt des Vertragsabschlusses gilt der Tag, an dem die vermögenswirksame Leistung, bei Verträgen über laufende Einzahlungen die erste vermögenswirksame Leistung, beim Kreditinstitut eingeht.

Wird innerhalb der Sperrfrist über das Guthaben durch Auszahlung, Abtretung usw. verfügt, bedeutet dies, dass die Arbeitnehmer-Sparzulage nicht mehr ausgezahlt wird bzw. die schon gewährte **Arbeitnehmer-Sparzulage zurückgezahlt** werden muss. In folgenden Fällen ist die vorzeitige Verfügung über den Vertrag als **unschädlich** zugelassen worden:

- **Tod des Arbeitnehmers, seines Ehegatten** oder **Lebenspartners,**
- **völlige Erwerbsunfähigkeit des Arbeitnehmers, seines Ehegatten** oder **Lebenspartners,**
- **Heirat des Arbeitnehmers** oder **Begründung einer Lebenspartnerschaft,**
- **Arbeitslosigkeit des Arbeitnehmers** (dies gilt auch für Arbeitnehmer, die nach Auslaufen der Zahlung von Krankengeld durch die Krankenkasse wegen Zeitablaufs, sog. **Aussteuerung**, Arbeitslosengeld beziehen; die Jahresfrist für die andauernde Arbeitslosigkeit beginnt jedoch erst, wenn die Zahlung von Krankengeld vor Bezug von Arbeitslosengeld ausgelaufen ist, d.h. die Zeit des Krankengeldbezugs zählt nicht mit),
- **Weiterbildung des Arbeitnehmers, seines Ehegatten** oder **Lebenspartners,**
- **Aufnahme einer selbständigen Tätigkeit,**
- **Umschichtung auf andere Wertpapiere,**
- **Wechsel des Kreditinstituts.**

Einzelheiten s. § 4 Abs. 4 5. VermBG sowie BMF v. 23.7.2014, IV C 5 – S 2430/14/10002, BStBl I 2014, 1175, Abschn. 18 und 19.

b) Wertpapier-Kaufvertrag

3031 Der **Wertpapier-Kaufvertrag** i.S.v. § 5 5. VermBG ist ein Vertrag zwischen dem Arbeitnehmer und dem Arbeitgeber zum Erwerb von **verbrieften Vermögensbeteiligungen** durch den Arbeitnehmer. Verbriefte Vermögensbeteiligungen in diesem Sinne sind:

- Aktien,
- Wandel- und Gewinnschuldverschreibungen,
- Anteile an OGAW-Sondervermögen sowie an als Sondervermögen aufgelegten offenen Publikums-AIF nach den §§ 218 und 219 Kapitalanlagegesetzbuch sowie Anteile an bestimmten offenen EU-Investmentvermögen und offenen ausländischen AIF,
- Genussscheine.

Der Arbeitgeber verpflichtet sich, dem Arbeitnehmer das Eigentum an den Wertpapieren zu verschaffen, die dieser erwerben möchte. Der Arbeitnehmer schuldet den Kaufpreis. Dieser wird durch Verrechnung mit vermögenswirksamen Leistungen oder in anderer Weise gezahlt.

Voraussetzung für die Förderung ist, dass

- mit den vermögenswirksamen Leistungen spätestens bis zum Ablauf des folgenden Kalenderjahrs die Wertpapiere erworben werden **(Verwendungsfrist)** und
- die mit den vermögenswirksamen Leistungen erworbenen Wertpapiere unverzüglich nach dem Erwerb bis zum Ablauf einer Frist von **sechs Jahren** festgelegt werden und über die Wertpapiere bis zum Ablauf der Frist nicht durch Rückzahlung, Abtretung, Beleihung oder in anderer Weise verfügt wird **(Sperrfrist).**

Im Gegensatz zum Sparvertrag über Wertpapiere müssen die vermögenswirksamen Leistungen innerhalb der Verwendungsfrist **vollständig** zum Erwerb von Wertpapieren verwendet werden. Spitzenbeträge sind beim Wertpapier-Kaufvertrag nicht zulässig. Werden innerhalb der Verwendungsfrist die vermögenswirksamen Leistungen nicht oder nicht vollständig zum Erwerb von Wertpapieren verwendet, so entfällt die Zulagebegünstigung für die gesamten vermögenswirksamen Leistungen rückwirkend.

Die sechsjährige Sperrfrist beginnt am **1. Januar** des Kalenderjahrs, in dem die Wertpapiere erworben worden sind. In folgenden Fällen ist die vorzeitige Verfügung über den Vertrag **unschädlich**:

- Tod des Arbeitnehmers, seines Ehegatten oder Lebenspartners,
- völlige Erwerbsunfähigkeit des Arbeitnehmers, seines Ehegatten oder Lebenspartners,
- Heirat des Arbeitnehmers oder Begründung einer Lebenspartnerschaft,
- Arbeitslosigkeit des Arbeitnehmers (dies gilt auch für Arbeitnehmer, die nach Auslaufen der Zahlung von Krankengeld durch die Krankenkasse wegen Zeitablaufs, sog. Aussteuerung, Arbeitslosengeld beziehen; die Jahresfrist für die andauernde Arbeitslosigkeit beginnt jedoch erst, wenn die Zahlung von Krankengeld vor Bezug von Arbeitslosengeld ausgelaufen ist, d.h. die Zeit des Krankengeldbezugs zählt nicht mit),
- Weiterbildung des Arbeitnehmers, seines Ehegatten oder Lebenspartners,
- Aufnahme einer selbständigen Tätigkeit.

Die Möglichkeit einer Umschichtung von Wertpapieren besteht beim Wertpapier-Kaufvertrag – im Gegensatz zum Sparvertrag über Wertpapiere – nicht.

c) Beteiligungs-Vertrag

3032 Der **Beteiligungs-Vertrag** i.S.v. § 6 5. VermBG ist ein Vertrag zwischen dem Arbeitnehmer und dem Arbeitgeber zur **Begründung von nicht verbrieften Vermögensbeteiligungen** durch den Arbeitnehmer. Ein Beteiligungsvertrag ist auch ein Vertrag zwischen dem Arbeitnehmer und

- einer Konzernobergesellschaft,
- einer Mitarbeiterbeteiligungsgesellschaft,
- einer inländischen Genossenschaft, die ein Kreditinstitut oder eine bestimmte Bau- oder Wohnungsgenossenschaft ist.

Nicht verbriefte Vermögensbeteiligungen in diesem Sinne sind:

- Genossenschaftsguthaben,
- GmbH-Anteile,
- stille Beteiligungen,
- Darlehensforderungen,
- Genussrechte.

Wird ein Beteiligungs-Vertrag abgeschlossen, so müssen die nicht verbrieften Vermögensbeteiligungen **an dem Unternehmen** begründet werden, mit dem der Vertrag abgeschlossen wird.

Voraussetzung für die Förderung ist, dass die Verwendungsfrist und die sechsjährige Sperrfrist eingehalten werden. Hier gelten die gleichen Fristen wie beim Wertpapier-Kaufvertrag. Dies gilt auch für die Frage, ob eine unschädliche Verfügung vorliegt (→ Rz. 3031).

d) Beteiligungs-Kaufvertrag

3033 Der **Beteiligungs-Kaufvertrag** i.S.v. § 7 5. VermBG ist ein Vertrag zwischen dem Arbeitnehmer und dem Arbeitgeber oder einer GmbH, die Konzernobergesellschaft des Arbeitgebers ist, zum **Erwerb von nicht verbrieften Vermögensbeteiligungen** durch den Arbeitnehmer. Nicht verbriefte Vermögensbeteiligungen in diesem Sinne sind:

- Genossenschaftsguthaben,
- GmbH-Anteile,
- stille Beteiligungen,
- Darlehensforderungen,
- Genussrechte.

Wird ein Beteiligungs-Kaufvertrag mit dem Arbeitgeber abgeschlossen, so müssen die nicht verbrieften Vermögensbeteiligungen – anders als beim Beteiligungs-Vertrag – **nicht am Unternehmen des Arbeitgebers** begründet werden. Es können daher auch Beteiligungen an fremden Unternehmen erworben werden. Soweit der Vertrag mit der Konzernobergesellschaft abgeschlossen wird, müssen GmbH-Anteile an diesem Unternehmen erworben werden.

Voraussetzung für die Förderung ist, dass die Verwendungsfrist und die sechsjährige Sperrfrist eingehalten werden. Hier gelten die gleichen Fristen wie beim Wertpapier-Kaufvertrag. Dies gilt auch für die Frage, ob eine unschädliche Verfügung vorliegt (→ Rz. 3031).

Vermögensbildung der Arbeitnehmer

e) Anlagen nach dem Wohnungsbau-Prämiengesetz

3034 Für diese Anlageform sieht das 5. VermBG **keine gesonderte Vertragsform** vor, sondern verweist auf das Wohnungsbau-Prämiengesetz. Demnach sind begünstigt:

– Bausparvertrag,
– Ersterwerb von Anteilen von Bau- und Wohnungsgenossenschaften,
– Wohnbau-Sparvertrag,
– Baufinanzierungsvertrag.

In der Praxis ist aber nur der **Bausparvertrag** von größerer Bedeutung. Einzelheiten s. BMF v. 23.7.2014, IV C 5 – S 2430/14/10002, BStBl I 2014, 1175, Abschn. 9.

f) Aufwendungen zum Wohnungsbau

3035 Für vermögenswirksame Leistungen des Arbeitnehmers zum Wohnungsbau sieht das Fünfte Vermögensbildungsgesetz ebenfalls keine besondere Vertragsform vor. Die Aufwendungen können **unmittelbar** für den gewünschten Zweck eingesetzt werden. Bestimmte Verwendungs- oder Sperrfristen müssen nicht eingehalten werden.

Im Einzelnen sind folgende Anlagen zum Wohnungsbau möglich:

– Aufwendungen zum Bau, Erwerb, Ausbau oder Erweiterung,
– Aufwendungen zum Erwerb eines Dauerwohnrechts,
– Aufwendungen zum Erwerb eines Grundstücks,
– Aufwendungen zur Erfüllung von Verpflichtungen in den genannten Fällen, z.B. Darlehenstilgung.

Einzelheiten s. BMF v. 23.7.2014, IV C 5 – S 2430/14/10002, BStBl I 2014, 1175, Abschn. 10.

Keine Anlage in diesem Sinne liegt vor, wenn der Anlage ein von einem Dritten vorgefertigtes Konzept zu Grunde liegt, bei dem der Arbeitnehmer vermögenswirksame Leistungen zusammen mit mehr als 15 anderen Arbeitnehmern anlegen kann (§ 2 Abs. 1 Nr. 5 5. VermBG).

g) Sparvertrag

3036 Für vermögenswirksame Leistungen, die auf Grund eines Sparvertrags nach § 8 5. VermBG angelegt werden, erhält der Arbeitnehmer seit 1990 keine Arbeitnehmer-Sparzulage.

Die Beachtung der Vorschriften des § 8 5. VermBG hat für den Anspruch auf Arbeitnehmer-Sparzulage keine Bedeutung, weil eine Sparzulage nicht gewährt wird. Vielmehr wirkt sich die Beachtung der Vorschriften nur auf die **privatrechtlichen Rechte und Pflichten** aus Verträgen über vermögenswirksame Leistungen (Einzelverträge, Betriebsvereinbarungen oder Tarifverträge) aus. Wenn nämlich ein Sparvertrag den Vorschriften des § 8 5. VermBG entspricht, so kann der Arbeitnehmer verlangen, dass der Arbeitgeber dem Kreditinstitut die vereinbarten vermögenswirksamen Leistungen zur Anlage auf Grund eines Sparvertrags überweist. Der Arbeitgeber kann durch die Überweisung seine Verpflichtung zur Zahlung von vermögenswirksamen Leistungen erfüllen.

Überweist der Arbeitgeber hingegen Leistungen für den Arbeitnehmer auf einen Vertrag, der die Voraussetzungen des § 8 5. VermBG **nicht erfüllt**, so sind dies keine vermögenswirksamen Leistungen; der Arbeitgeber wird daher nicht frei von der Verpflichtung zur Zahlung etwaiger vermögenswirksamer Leistungen.

Sparverträge sind Verträge mit **Kreditinstituten**. In dem Vertrag muss sich der Arbeitnehmer verpflichten, **einmalig** oder für die Dauer von **sechs Jahren laufend** vermögenswirksame Leistungen als Sparbeiträge durch den Arbeitgeber einzahlen zu lassen oder andere Beträge selbst einzuzahlen.

Voraussetzung ist, dass die eingezahlten vermögenswirksamen Leistungen für die Dauer von sieben Jahren festgelegt werden und die Rückzahlungsansprüche aus dem Vertrag weder abgetreten noch beliehen werden **(Sperrfrist)**.

Die siebenjährige Sperrfrist beginnt für alle auf Grund des Vertrags angelegten vermögenswirksamen Leistungen am **1. Januar** des Kalenderjahrs, in dem der Vertrag abgeschlossen wird. Als Zeitpunkt des Vertragsabschlusses gilt der Tag, an dem die vermögenswirksame Leistung, bei Verträgen über laufende Einzahlungen die erste vermögenswirksame Leistung, beim Kreditinstitut eingeht.

In folgenden Fällen ist der Arbeitnehmer zur **vorzeitigen Verfügung** – abweichend von den o.a. Vertragsbestimmungen – berechtigt:

– Tod des Arbeitnehmers, seines Ehegatten oder Lebenspartners,
– völlige Erwerbsunfähigkeit des Arbeitnehmers, seines Ehegatten oder Lebenspartners,
– Heirat des Arbeitnehmers oder Begründung einer Lebenspartnerschaft,
– Arbeitslosigkeit des Arbeitnehmers (dies gilt auch für Arbeitnehmer, die nach Auslaufen der Zahlung von Krankengeld durch die Krankenkasse wegen Zeitablaufs, sog. Aussteuerung, Arbeitslosengeld beziehen; die Jahresfrist für die andauernde Arbeitslosigkeit beginnt jedoch erst, wenn die Zahlung von Krankengeld vor Bezug von Arbeitslosengeld ausgelaufen ist, d.h. die Zeit des Krankengeldbezugs zählt nicht mit),
– Weiterbildung des Arbeitnehmers, seines Ehegatten oder Lebenspartners,
– Aufnahme einer selbständigen Tätigkeit.

Darüber hinaus ist der Arbeitnehmer auch berechtigt, vor Ablauf der Sperrfrist mit den eingezahlten vermögenswirksamen Leistungen bestimmte in § 8 Abs. 4 5. VermBG genannte Vermögensbeteiligungen zu erwerben oder die Überweisung einbezahlter vermögenswirksamer Leistungen auf einen von ihm, seinem Ehegatten oder Lebenspartner abgeschlossenen **Bausparvertrag** zu verlangen (§ 8 Abs. 5 5. VermBG).

h) Kapitalversicherungsvertrag

3037 Für vermögenswirksame Leistungen, die auf Grund eines Kapitalversicherungsvertrags nach § 9 5. VermBG angelegt werden, erhält der Arbeitnehmer seit 1990 keine Arbeitnehmer-Sparzulage.

Die Bestimmungen des § 9 5. VermBG sind daher nur noch von Bedeutung, ob vermögenswirksame Leistungen **überhaupt vorliegen** und ob daher der Arbeitgeber verpflichtet ist, entsprechende Leistungen auf Grund von Einzelverträgen, Betriebsvereinbarungen oder Tarifverträgen zusätzlich zum Arbeitslohn zu gewähren.

Kapitalversicherungsverträge sind Verträge zwischen Arbeitnehmern und Versicherungsunternehmen gegen laufenden Beitrag. Die Kapitalversicherung muss als Versicherung auf den **Erlebens- und Todesfall** abgeschlossen sein. Die Laufzeit des Versicherungsvertrags muss **mindestens zwölf Jahre** betragen.

Wegen der weiteren Voraussetzungen vgl. § 9 Abs. 2 bis 5 5. VermBG.

i) Beiträge zur Erfüllung von Verpflichtungen

3038 Vermögenswirksame Leistungen sind auch Aufwendungen des Arbeitnehmers, der die Mitgliedschaft in einer Genossenschaft oder GmbH nach § 18 Abs. 2 oder 3 5. VermBG gekündigt hat, zur **Erfüllung von Verpflichtungen aus der Mitgliedschaft**, die nach dem 31.12.1994 fortbestehen oder entstehen.

j) Gegenüberstellung der Sperrfristen

3039 Nachfolgend sollen noch einmal die unterschiedlichen Sperrfristen bei den einzelnen Anlageformen dargestellt werden:

Anlageform	Sperrfrist
Sparvertrag über Wertpapiere oder andere Vermögensbeteiligungen (§ 4 5. VermBG)	7 Jahre
Wertpapier-Kaufvertrag (§ 5 5. VermBG)	6 Jahre
Beteiligungs-Vertrag (§ 6 5. VermBG)	6 Jahre
Beteiligungs-Kaufvertrag (§ 7 5. VermBG)	6 Jahre
Anlagen nach dem Wohnungsbau-Prämiengesetz (§ 2 Abs. 1 Nr. 4 5. VermBG)	
– Bausparverträge bei Vertragsabschluss ab 2009 (§ 2 Abs. 1 Nr. 1 WoPG) (bei Bausparverträgen ist die Verwendung zum Wohnungsbau zwingende Voraussetzung)	unbegrenzt
Ausnahme: Bausparer ist bei Vertragsabschluss unter 25 Jahre (gilt nur für **einen** Bausparvertrag!)	7 Jahre

LSt = keine Lohnsteuerpflicht
LSt = Lohnsteuerpflicht

Vermögensbildung der Arbeitnehmer

Anlageform	Sperrfrist
– Bausparverträge bei Vertragsabschluss bis 2008 (§ 2 Abs. 1 Nr. 1 WoPG)	7 Jahre
– Anteile an Bau- und Wohnungsgenossenschaften (§ 2 Abs. 1 Nr. 2 WoPG)	–
– Wohnbau-Sparverträge (§ 2 Abs. 1 Nr. 3 WoPG)	3–6 Jahre
– Baufinanzierungsverträge (§ 2 Abs. 1 Nr. 4 WoPG)	3–8 Jahre
Aufwendungen zum Wohnungsbau (§ 2 Abs. 1 Nr. 5 5. VermBG)	–
Sparvertrag (§ 8 5. VermBG)	7 Jahre
Kapitalversicherungsvertrag (§ 9 5. VermBG)	12 Jahre
Beiträge zur Erfüllung von Verpflichtungen (§ 2 Abs. 1 Nr. 8 5. VermBG)	–

7. Zeitliche Zuordnung der vermögenswirksamen Leistungen

3040 Die Frage, welchem Kalenderjahr die vermögenswirksamen Leistungen **zuzuordnen** sind, ist grundsätzlich nach dem Zuflussprinzip des § 11 EStG zu beantworten. Da die vermögenswirksamen Leistungen steuerrechtlich Arbeitslohn sind, gelten nach § 11 Abs. 1 Satz 3 EStG die speziellen Zuordnungsregeln des § 38a Abs. 1 Satz 2 und 3 EStG. Danach gilt hinsichtlich der Zuordnung Folgendes:

– Laufende vermögenswirksame Leistungen sind – wie laufender Arbeitslohn – dem Lohnzahlungszeitraum zuzuordnen, für den sie gezahlt werden.

– Leistet der Arbeitgeber lediglich **Abschlagszahlungen** und nimmt die Lohnabrechnung für einen längeren Zeitraum vor, so gilt dieser Zeitraum als Lohnzahlungszeitraum, wenn der Zeitraum fünf Wochen nicht übersteigt und die Lohnabrechnung selbst innerhalb von drei Wochen erfolgt. In diesem Fall sind die vermögenswirksamen Leistungen ebenso zu behandeln, d.h., vermögenswirksame Leistungen, die bis zum 21. Januar des neuen Kalenderjahrs erbracht werden, sind dem alten Kalenderjahr zuzuordnen.

– Einmalige vermögenswirksame Leistungen sind – wie sonstige Bezüge – dem Kalenderjahr des Zuflusses beim Arbeitnehmer zuzuordnen.

– Auf den Zahlungseingang der vermögenswirksamen Leistungen beim Anlageinstitut kommt es nicht an.

8. Anlagen auf Verträgen naher Angehöriger

3041 Der Arbeitnehmer kann vermögenswirksame Leistungen nicht nur für sich selbst, sondern auch zu Gunsten **naher Angehöriger** anlegen (§ 3 Abs. 1 5. VermBG), und zwar

– zu Gunsten des **Ehegatten** oder **Lebenspartners**,

– zu Gunsten seiner **Kinder**, soweit sie das 17. Lebensjahr noch nicht vollendet haben,

– zu Gunsten seiner **Eltern**, soweit der Arbeitnehmer das 17. Lebensjahr noch nicht vollendet hat.

Wenn innerhalb eines steuerlich anzuerkennenden **Ehegatten-Arbeitsverhältnisses** vermögenswirksame Leistungen erbracht werden, so können diese sogar zu Gunsten des Arbeitgeber-Ehegatten angelegt werden.

Die Anlage vermögenswirksamer Leistungen zu Gunsten naher Angehöriger ist nicht möglich bei

– Wertpapier-Kaufverträgen,
– Beteiligungs-Verträgen,
– Beteiligungs-Kaufverträgen.

Einzelheiten s. BMF v. 23.7.2014, IV C 5 – S 2430/14/10002, BStBl I 2014, 1175, Abschn. 11.

9. Höhe der Arbeitnehmer-Sparzulage

3042 Für verschiedene Arten von vermögenswirksamen Leistungen gibt es **verschiedene Zulagesätze** und **verschieden hohe Begünstigungsvolumen**. Beide Begünstigungen können nebeneinander gewährt werden (sog. **Zwei-Körbe-Förderung**).

Die Zulageförderung beträgt:

– bei Vermögensbeteiligungen (Sparvertrag über Wertpapiere oder andere Vermögensbeteiligungen, Wertpapier-Kaufvertrag, Beteiligungs-Vertrag, Beteiligungs-Kaufvertrag) **20 %** von höchstens **400 €**,

– bei Anlagen nach dem Wohnungsbau-Prämiengesetz (z.B. Bausparverträge) und Aufwendungen zum Wohnungsbau **9 %** von höchstens **470 €**,

– bei Sparverträgen, Kapitalversicherungsverträgen, die nach dem 31.12.1988 abgeschlossen wurden, und Beiträgen zur Erfüllung von Verpflichtungen **0 %** („Nullförderung").

Hierzu folgende **Übersicht**:

Anlageform	Prozentsatz der Arbeitnehmer-Sparzulage	Begünstigungsvolumen
Vermögensbeteiligungen (Sparvertrag über Wertpapiere oder andere Vermögensbeteiligungen, Wertpapier-Kaufvertrag, Beteiligungs-Vertrag, Beteiligungs-Kaufvertrag)	20 %	400 €
Anlagen nach dem Wohnungsbau-Prämiengesetz (z.B. Bausparverträge)	9 %	470 €
Aufwendungen zum Wohnungsbau	9 %	470 €
Sparvertrag	0 %	0 €
Kapitalversicherungsvertrag	0 %	0 €
Beiträge zur Erfüllung von Verpflichtungen	0 %	0 €

Da die Zulageförderung für Vermögensbeteiligungen **neben** der Zulageförderung beim Wohnungsbau gewährt werden kann, beträgt das Begünstigungsvolumen insgesamt 870 € (400 € + 470 €) und die Arbeitnehmer-Sparzulage insgesamt 123 €, wie folgende Übersicht zeigt:

	Begünstigungsvolumen	Arbeitnehmer-Sparzulage
– Vermögensbeteiligungen (20 %)	400 €	80 €
– Anlagen nach dem Wohnungsbau-Prämiengesetz und Aufwendungen zum Wohnungsbau (9 %)	470 €	43 €
= Insgesamt	870 €	123 €

10. Festsetzung und Auszahlung der Arbeitnehmer-Sparzulage

Die Arbeitnehmer-Sparzulage wird **auf Antrag** durch das zuständige Finanzamt des Arbeitnehmers (Wohnsitzfinanzamt) festgesetzt. Der Antrag ist auf einem **amtlich vorgeschriebenen Vordruck** zu stellen, der mit der **Einkommensteuererklärung verbunden** ist. Arbeitnehmer, die nicht veranlagt werden und auch keinen Antrag auf Veranlagung stellen (z.B. Arbeitnehmer, die nur pauschal besteuerten Arbeitslohn nach § 40a EStG bezogen haben), müssen trotzdem diesen Vordruck verwenden. 3043

Für den Antrag auf Festsetzung der Arbeitnehmer-Sparzulage gilt die **allgemeine Verjährungsfrist** von vier Jahren (→ *Verjährung* Rz. 2983).

Ein Anspruch auf Arbeitnehmer-Sparzulage besteht, wenn das **zu versteuernde Einkommen** des Arbeitnehmers die folgenden Grenzen im Kalenderjahr nicht übersteigt; bei Ehegatten oder Lebenspartnern, die zusammen veranlagt werden, verdoppeln sich die Grenzen, und zwar unabhängig davon, ob nur ein Ehegatte/Lebenspartner Arbeitnehmer ist oder beide:

	Alleinstehende, Verheiratete oder Verpartnerte bei Einzelveranlagung	Verheiratete oder Verpartnerte bei Zusammenveranlagung
– Vermögensbeteiligungen	20 000 €	40 000 €
– Anlagen nach dem Wohnungsbau-Prämiengesetz und Aufwendungen zum Wohnungsbau	17 900 €	35 800 €

Es ist ohne Bedeutung, ob bei Ehegatten oder Lebenspartnern, die zusammen veranlagt werden, der Arbeitnehmer-Ehegatte/Lebenspartner für sich gesehen die Grenzen überschreitet (FG Düsseldorf v. 27.2.1975, II/XI 79/73 P, EFG 1975, 345).

Vermögensbildung der Arbeitnehmer

Maßgebend ist das zu versteuernde Einkommen des Kalenderjahrs, in dem die vermögenswirksamen Leistungen angelegt werden. Dabei werden bei Ehegatten/Lebenspartnern mit Kindern bei der Ermittlung des für die Arbeitnehmer-Sparzulage maßgebenden zu versteuernden Einkommens immer die Freibeträge für Kinder abgezogen, und zwar unabhängig davon, ob diese bei der Einkommensteuerveranlagung berücksichtigt werden oder nicht (§ 2 Abs. 5 Satz 2 EStG und BMF v. 23.7.2014, IV C 5 – S 2430/14/10002, BStBl I 2014, 1175, Abschn. 15 Abs. 5).

Die Auszahlung der Arbeitnehmer-Sparzulage erfolgt erst, nachdem

- die Sperrfristen des **5. VermBG** abgelaufen sind,
- die Sperr- und Rückzahlungsfristen des **Wohnungsbau-Prämiengesetzes** abgelaufen sind,
- der **Bausparvertrag zugeteilt** worden ist oder
- unschädlich über die vermögenswirksamen Leistungen **verfügt** worden ist.

Da bei Aufwendungen des Arbeitnehmers unmittelbar zum Wohnungsbau sowie für den ersten Erwerb von Anteilen an Bau- und Wohnungsgenossenschaften keine Sperrfrist vorgesehen ist, wird hier die Arbeitnehmer-Sparzulage jährlich festgesetzt und ausgezahlt.

Nach Ablauf der Sperrfristen wird die Arbeitnehmer-Sparzulage entweder an den Arbeitnehmer oder an das Anlageinstitut zu Gunsten des Arbeitnehmers überwiesen.

Der Anspruch auf Arbeitnehmer-Sparzulage entfällt **mit Wirkung für die Vergangenheit**, wenn die für die gewählte Anlageform geltenden **Sperr-, Festlegungs- oder Verwendungsfristen nicht eingehalten werden** und auch **keine unschädliche Verfügung vorliegt**.

Zusätzlich bestimmt § 13 Abs. 5 5. VermBG, dass der Anspruch auf Arbeitnehmer-Sparzulage **nicht entfällt**, wenn

- der Arbeitnehmer das **Umtausch- oder Abfindungsangebot** eines Wertpapier-Emittenten annimmt; dies gilt auch, wenn der Arbeitnehmer das Abfindungsangebot einer Holding-GmbH angenommen hat (BMF v. 20.4.1998, IV B 6 – S 2347 – 1/98, www.stotax-first.de),
- Wertpapiere dem Aussteller nach **Auslosung oder Kündigung** durch den Aussteller zur Einlösung vorgelegt werden,
- die mit den vermögenswirksamen Leistungen erworbenen oder begründeten Wertpapiere oder Rechte ohne Mitwirkung des Arbeitnehmers **wertlos** geworden sind;

  Wertlosigkeit ist anzunehmen, wenn der Arbeitnehmer **höchstens 33 %** der angelegten vermögenswirksamen Leistungen zurückerhält (BMF v. 23.7.2014, IV C 5 – S 2430/14/10002, BStBl I 2014, 1175, Abschn. 18),
- der Arbeitnehmer für Weiterbildungszwecke entsprechend den Vorgaben in § 4 Abs. 4 Nr. 4 5. VermBG von mindestens 30 € verfügt.

Die **Kündigung** eines Vertrags ist aber noch keine sparzulagenschädliche Verfügung. Deshalb bleibt die festgesetzte Arbeitnehmer-Sparzulage unverändert bestehen, wenn die Kündigung des Vertrags vor der Rückzahlung der Beträge zurückgenommen wird (BFH v. 13.12.1989, X R 188/87, BStBl II 1990, 220). Eine **Abtretung** stellt hingegen auch dann eine sparzulagenschädliche Verfügung dar, wenn sie später zurückgenommen wird.

Wird nur über einen Teil der vermögenswirksamen Leistungen schädlich verfügt oder wird die Festlegungsfrist nur z.T. aufgehoben, so **gelten die Beträge in folgender Reihenfolge als zurückgezahlt** (§ 6 Abs. 3 VermBDV):

- Beträge, die **keine** vermögenswirksamen Leistungen sind.
- Vermögenswirksame Leistungen, für die **keine** Arbeitnehmer-Sparzulage festgesetzt worden ist.
- Vermögenswirksame Leistungen, für die eine Arbeitnehmer-Sparzulage festgesetzt worden ist.

Diese Reihenfolge ist für den Arbeitnehmer i.d.R. am günstigsten.

11. Kennzeichnungspflichten des Arbeitgebers

3044 Wenn der Arbeitgeber die vermögenswirksamen Leistungen für den Arbeitnehmer unmittelbar an das Unternehmen oder Institut überweist, bei dem sie angelegt werden sollen, so hat der Arbeitgeber die vermögenswirksamen Leistungen unter Angabe der Konto- oder Vertragsnummer des Arbeitnehmers **zu kennzeichnen** (§ 3 Abs. 2 Satz 2 5. VermBG).

Darüber hinaus hat der Arbeitgeber **bei Überweisung** vermögenswirksamer Leistungen **im Dezember und Januar** eines Kalenderjahrs nach § 2 Abs. 1 VermBDV dem Unternehmen oder Institut **das Kalenderjahr** mitzuteilen, dem die vermögenswirksamen Leistungen **zuzuordnen** sind (→ Rz. 3040).

Weiter gehende Kennzeichnungspflichten hat der Arbeitgeber nicht.

Geht bei dem Anlageunternehmen ein vom Arbeitgeber als vermögenswirksame Leistung gekennzeichneter Betrag ein und kann dieser **nicht vermögenswirksam** angelegt werden, weil z.B. ein Anlagevertrag nicht besteht, die Einzahlungsfrist für den Vertrag abgelaufen oder bei einem Bausparvertrag die Bausparsumme ausgezahlt worden ist, so hat das Anlageunternehmen dies dem Arbeitgeber **unverzüglich schriftlich** mitzuteilen. Nach Eingang der Mitteilung darf der Arbeitgeber für den Arbeitnehmer **keine vermögenswirksamen Leistungen** mehr überweisen.

12. Aufzeichnungspflichten des Arbeitgebers

Der Arbeitgeber hat hinsichtlich der Vermögensbildung seiner Arbeitnehmer **keine Aufzeichnungspflichten** zu erfüllen. **3045**

13. Pflichten des Arbeitgebers bei betrieblichen Beteiligungen

Werden vermögenswirksame Leistungen **beim Arbeitgeber** angelegt, z.B. auf Grund eines Wertpapier-Kaufvertrags, eines Beteiligungs-Vertrags oder eines Beteiligungs-Kaufvertrags, so hat der Arbeitgeber über die „normalen" Pflichten eines Arbeitgebers hinaus gewisse Mitteilungs- und Bescheinigungspflichten. Diese sind nicht in seiner Eigenschaft als Arbeitgeber begründet, sondern als „Anlageinstitut". Einzelheiten hierzu s. §§ 2 bis 5, 8 VermBDV. **3046**

Arbeitgeber, die **keine betrieblichen Beteiligungen anbieten**, haben diese Pflichten nicht zu erfüllen.

14. Elektronische Vermögensbildungsbescheinigung

Durch das Amtshilferichtlinie-Umsetzungsgesetz v. 26.6.2013, BStBl I 2013, 802 ist die Datenübermittlung der für die Festsetzung und Auszahlung einer Arbeitnehmer-Sparzulage erforderlichen Angaben eingeführt worden. An Stelle der Anlage VL (in Papierform) soll die elektronische Vermögensbildungsbescheinigung treten. **3047**

Zukünftig soll das Unternehmen, das Institut oder der in § 3 Abs. 3 5. VermBG genannte Gläubiger **spätestens bis zum 28. Februar** des der Anlage der vermögenswirksamen Leistungen **folgenden Kalenderjahrs** nach **amtlich vorgeschriebenem Datensatz** durch Datenfernübertragung nach Maßgabe der Steuerdaten-Übermittlungsverordnung im Rahmen einer **elektronischen Vermögensbildungsbescheinigung** folgende Daten zu übermitteln haben, wenn der Arbeitnehmer gegenüber dem Mitteilungspflichtigen in die Datenübermittlung eingewilligt hat:

- Name, Vorname, Geburtsdatum, Anschrift und Identifikationsnummer des Arbeitnehmers,
- den jeweiligen Jahresbetrag der angelegten vermögenswirksamen Leistungen sowie die Art ihrer Anlage,
- das Kalenderjahr, dem diese vermögenswirksamen Leistungen zuzuordnen sind, und
- das Ende der für die Anlageform vorgeschriebenen Sperrfrist.

Ab wann das elektronische Mitteilungsverfahren gelten soll, ist allerdings **unbestimmt**. Denn nach § 17 Abs. 14 5. VermBG soll das BMF den **Zeitpunkt der erstmaligen Übermittlung** durch ein im Bundessteuerblatt zu **veröffentlichendes BMF-Schreiben mitteilen**. Bis zu diesem Zeitpunkt sind die bisherigen Regelungen weiter anzuwenden.

Vermögensschaden-Haftpflichtversicherung

→ *Directors&Officers-Versicherungen* Rz. 850

Vermögensverluste

→ *Werbungskosten* Rz. 3182

Verpflegung

→ *Mahlzeiten* Rz. 1958, → *Sachbezüge* Rz. 2598, → *Werbungskosten* Rz. 3182, → *Reisekosten: Allgemeine Grundsätze* Rz. 2409, → *Reisekosten: Erstattungen* Rz. 2465

Versichertenälteste

3048 Ein **Versichertenältester** wird entsprechend § 39 SGB IV von der Vertreterversammlung gewählt mit der Aufgabe, eine ortsnahe Verbindung des Versicherungsträgers mit den Versicherten und den Leistungsberechtigten herzustellen (§ 39 Abs. 3 SGB IV i.V.m. der Geschäftsanweisung für die Versichertenältesten). Seine Tätigkeit umfasst ebenso wie die der sog. **Versichertenberater** die Beratung, Auskunft, Betreuung der Versicherten im Bereich der Rentenversicherung und ggf. die Bearbeitung eines Antrags. Auch werden Informationsveranstaltungen abgehalten sowie Informationsschriften erläutert und weitergegeben.

Das Amt ist ein **Ehrenamt**. Der Versichertenälteste/Versichertenberater steht in **keinem Arbeitsverhältnis** zum Versicherungsträger, die Einkünfte sind nach § 18 Abs. 1 Nr. 3 EStG (sonstige selbständige Arbeit) steuerpflichtig (FG Sachsen v. 25.6.2003, 2 K 1945/01, www.stotax-first.de, sowie OFD Frankfurt v. 20.11.2014, S 2248 A – 1 – St 213, www.stotax-first.de).

Die **Aufwandsentschädigungen** bleiben nach § 3 Nr. 12 Satz 2 EStG i.V.m. R 3.12 Abs. 3 LStR steuerfrei (BMF v. 25.11.2008, IV C 4 – S 2121/07/0010, BStBl I 2008, 985 sowie → *Aufwandsentschädigungen im öffentlichen Dienst* Rz. 383), allerdings nur soweit nach § 41 Abs. 1 SGB IV die **Barauslagen ersetzt** werden. Beträge, die als Ersatz für entgangenen Bruttoverdienst oder als Pauschbetrag für **Zeitaufwand** gewährt werden, gehören zu den **steuerpflichtigen Einnahmen** aus der ehrenamtlichen Tätigkeit. Die Pauschalregelung der R 3.12 Abs. 3 LStR darf nicht angewendet werden (OFD Frankfurt v. 20.11.2014, S 2248 A – 1 – St 213, www.stotax-first.de, sowie FG Berlin-Brandenburg v. 19.9.2013, 7 V 7231/13, EFG 2014, 18).

Die **Steuerbefreiung** der § 3 Nr. 26, 26a EStG kommt nicht in Betracht, weil die Versichertenältesten/Versichertenberater keine begünstigte Tätigkeit ausüben und diese zudem nicht zur Förderung gemeinnütziger, mildtätiger oder kirchlicher Zwecke i.S.d. §§ 52 bis 54 AO ausgeübt wird (OFD Frankfurt v. 1.8.2013, S 2245 A – 2 – St 213, www.stotax-first.de, FG Sachsen v. 25.6.2003, 2 K 1945/01, www.stotax-first.de, sowie FG Berlin-Brandenburg v. 1.7.2015, 7 K 7230/13, EFG 2015, 1598, Revision eingelegt, Az. beim BFH: VIII R 28/15). S. auch → *Aufwandsentschädigungen für bestimmte nebenberufliche Tätigkeiten* Rz. 360.

Versicherungsbeiträge

→ *Werbungskosten* Rz. 3182

Versicherungsnummer

3049 Die Rentenversicherungsträger vergeben bei der erstmaligen Aufnahme einer Beschäftigung **auf Antrag** eine Versicherungsnummer. Dieser Antrag wird über die Krankenkasse an den Rentenversicherungsträger weitergeleitet. Seit 1.7.2015 kann der Arbeitgeber oder die Zahlstelle in den Fällen, in denen für eine Meldung keine Versicherungsnummer vorliegt, eine Meldung zur Abfrage der Versicherungsnummer an die Datenstelle der Rentenversicherung übermitteln. Die Datenstelle der Träger der Rentenversicherung übermittelt unverzüglich durch Datenübertragung die Versicherungsnummer oder den Hinweis, dass die Vergabe der Versicherungsnummer mit der Anmeldung erfolgt.

Für die Vergabe der Versicherungsnummer sind die persönlichen Daten des Versicherten wie Name, Vorname, Geburtsdatum und Anschrift, aber auch Geburtsort, Geburtsname, Staatsangehörigkeit und Geschlecht erforderlich.

Aus diesen Daten wird die zwölfstellige Versicherungsnummer gebildet, unter der für den Versicherten das persönliche Versicherungskonto geführt wird. Damit ist die eindeutige Zuordnung der im Laufe des Berufslebens gesammelten Daten (z.B. Jahresentgeltmeldungen, Wehr-/Zivildienstzeiten, Arbeitsunfähigkeits-/Kindererziehungszeiten usw.) für den Versicherten bei einer späteren Leistungsentscheidung sichergestellt.

Die Versicherungsnummer setzt sich zusammen aus:

– Der zweistelligen Bereichsnummer des zuständigen Rentenversicherungsträgers,
– dem Geburtsdatum des Versicherten,
– dem Anfangsbuchstaben des Geburtsnamens des Versicherten,
– einer zweistelligen Seriennummer, wobei männliche Versicherte mit den Seriennummern 00–49 und weibliche oder Personen mit unbestimmten Geschlecht mit Seriennummern von 50–99 gekennzeichnet werden, und
– einer einstelligen Prüfziffer.

Das unter dieser Versicherungsnummer geführte **Versichertenkonto** enthält alle Angaben, die für die Durchführung der Rentenversicherung sowie die Feststellung und Erbringung von Leistungen einschließlich der Rentenauskunft erforderlich sind. Die Daten werden für einen jederzeitigen Abruf auf **maschinell verwertbaren Datenträgern** gespeichert. Dabei hat der Rentenversicherungsträger darauf hinzuwirken, dass die Daten vollständig und geklärt sind.

Über die im Versichertenkonto gespeicherten Daten unterrichtet der Rentenversicherungsträger die Versicherten regelmäßig, soweit es für die Feststellung der Höhe einer Rentenanwartschaft erheblich ist. Der Versicherte ist zur Mithilfe bei der Klärung des Versichertenkontos verpflichtet; insbesondere soll er den Versicherungsverlauf auf Richtigkeit und Vollständigkeit prüfen und alle für eine **Kontenklärung** erheblichen Tatsachen mit Beweisen beibringen.

Bei **ausländischen Versicherten** steht häufig das verbindliche Geburtsdatum nicht fest, so dass ein ungefähres Geburtsdatum, ggf. auch nur das Geburtsjahr, für die Versicherungsnummer verwendet wird. Wird jedoch das Geburtsjahr eines ausländischen Versicherten nach dem Recht seines Heimatlandes geändert, ist damit kein Anspruch auf **Änderung der Versicherungsnummer** verbunden (BSG v. 13.10.1992, 5 RJ 16/92, www.stotax-first.de, und BSG v. 18.1.1995, 5 RJ 20/94, www.stotax-first.de). Insbesondere in dem letztgenannten Urteil stellt das BSG fest, dass kein Anspruch auf die Vormerkung eines bestimmten Geburtsdatums mit der Wirkung einer auch für die Leistungserbringung verbindlichen Feststellung besteht.

Die Spitzenverbände der Sozialversicherungsträger haben sich in ihrer Besprechung v. 7./8.10.1986 auch mit der Frage der **Änderung der Seriennummer (Geschlechtsmerkmal)** in der Rentenversicherungsnummer beschäftigt, wenn der Arbeitnehmer die Änderung des Vornamens nachweist, der im allgemeinen Sprachgebrauch dem anderen Geschlecht zuzuordnen ist.

Nach dem Transsexuellengesetz ist zu unterscheiden zwischen der alleinigen Änderung des Vornamens und der gerichtlichen Feststellung, dass eine Person als dem anderen Geschlecht zugehörig anzusehen ist.

Danach hat die bloße Änderung des Vornamens noch keine rentenversicherungsrechtlich bedeutsamen Folgen. Der Versicherte wird als dem Geschlecht zugehörig angesehen, das im Geburtsregister eingetragen ist, so dass eine Änderung der Versicherungsnummer ausscheidet. Anders verhält es sich in den Fällen, in denen der Arbeitnehmer durch gerichtliche Feststellung als dem anderen Geschlecht zugehörig anzusehen ist. Mit der Rechtskraft der gerichtlichen Entscheidung kann auf Grund der neuen Geschlechtszugehörigkeit eine neue Rentenversicherungsnummer vergeben werden.

Zu weiteren Fragen im Zusammenhang mit der Versicherungsnummer auch → *Meldungen für Arbeitnehmer in der Sozialversicherung* Rz. 1989.

Versorgungsbezüge

1. Lohnsteuer

a) Allgemeines

3050 **Versorgungsbezüge**, die ein aus dem „aktiven Dienst" ausgeschiedener Arbeitnehmer von seinem früheren Arbeitgeber erhält, **ohne zu seiner Versorgung eigene Beiträge geleistet** zu haben, sind grundsätzlich steuerpflichtiger Arbeitslohn (§ 2 Abs. 2 Nr. 2 LStDV) und werden nach Abzug des **Versorgungsfreibetrags und des Zuschlags zum Versorgungsfreibetrag „voll besteuert"**.

Im Gegensatz dazu unterliegen **„Renten"** nur mit dem sog. **Besteuerungsanteil** der Einkommensteuer und können nur im Rahmen einer Einkommensteuerveranlagung steuerlich erfasst werden (→ Altersrenten Rz. 61).

Einzelfragen zur Versteuerung von Versorgungsbezügen sind in BMF v. 19.8.2013, IV C 3 – S 2221/12/10010 :004/IV C 5 – S 2345/08/0001, BStBl I 2013, 1087 unter Berücksichtigung der Änderungen durch BMF v. 10.1.2014, IV C 3 – S 2221/12/10010 :003, BStBl I 2014, 70, BMF v. 10.4.2015, IV C 5 – S 2345/08/10001 :006, BStBl I 2015, 256 und BMF v. 1.6.2015, IV C 5 – S 2345/15/10001, BStBl I 2015, 475 sowie in BMF v. 24.7.2013, V C 3 – S 2015/11/10002/IV C 5 – S 2333/09/10005, BStBl I 2013, 1022 unter Berücksichtigung der Änderungen durch BMF v. 13.1.2014, IV C 3 – S 2015/11/10002 :018, BStBl I 2014, 97 und BMF v. 13.3.2014, IV C 3 – S 2257-b/13/10009, BStBl I 2014, 554 geregelt.

Versorgungsbezüge können auch unter eine **Steuerbefreiungsvorschrift** fallen, so z.B. Versorgungsbezüge der **Kriegerwitwen** (§ 3 Nr. 6 EStG).

Versorgungsbezüge sind nach § 19 Abs. 2 Satz 2 EStG

- **im öffentlichen Dienst**

    das Ruhegehalt, Witwen- oder Waisengeld, der Unterhaltsbeitrag oder ein gleichartiger Bezug

    – auf Grund beamtenrechtlicher oder entsprechender gesetzlicher Vorschriften,

    – nach beamtenrechtlichen Grundsätzen von Körperschaften, Anstalten oder Stiftungen des öffentlichen Rechts oder öffentlich-rechtlichen Verbänden von Körperschaften

- **oder** in anderen Fällen (d.h. **„im privaten Dienst"**)

    Bezüge und Vorteile aus früheren Dienstleistungen wegen Erreichens einer Altersgrenze, verminderter Erwerbsfähigkeit oder Hinterbliebenenbezüge.

Bezüge wegen Erreichens einer **Altersgrenze** gelten erst dann als Versorgungsbezüge, wenn der Stpfl. das 63. Lebensjahr oder, wenn er schwerbehindert ist, das 60. Lebensjahr vollendet hat. Schwerbehindert i.S. dieser Vorschrift ist nur eine Person mit einem Grad der Behinderung von wenigstens 50 (BFH v. 29.6.2001, XI B 143/00, www.stotax-first.de).

Die **Unterscheidung** wird damit begründet, dass sich der mit den Zahlungen verfolgte „Versorgungszweck" im **öffentlichen Dienst** unmittelbar aus den beamten- und versorgungsrechtlichen Vorschriften ergibt. Bei Arbeitnehmern im **privaten Dienst** ist dagegen eine **Mindestaltersgrenze gesetzlich festgelegt** worden, weil andernfalls der Beginn eines Versorgungsbezugs – und damit der Abzug des Versorgungsfreibetrags und des Zuschlags zum Versorgungsfreibetrag – beliebig und willkürlich vereinbart werden könnte. Der allgemeine Gleichheitssatz gebietet es nicht, nach beamtenrechtlichen Vorschriften gewährte Ruhegehälter wie Renten aus der gesetzlichen Sozialversicherung nur mit einem Besteuerungsanteil zu erfassen (BFH v. 7.2.2013, VI R 83/10, BStBl II 2013, 573).

Das FG Niedersachsen hat abweichend von der Verwaltungsauffassung den (alten) Versorgungsfreibetrag auch für einen „unwiderruflich" vom Dienst freigestellten und nach Ruhegehaltssätzen bezahlten 58-jährigen Beamten gewährt (FG Niedersachsen v. 31.3.2004, 7 K 393/99, EFG 2005, 299). Dies gilt auch für die in 1999 erlassene **„58er-Regelung"** in Nordrhein-Westfalen, die Beamten erhalten einen „gleichartigen Bezug" i.S.d. § 19 Abs. 2 Satz 2 Nr. 1 Buchst. a EStG und damit begünstigte Versorgungsbezüge (BFH v. 12.2.2009, VI R 50/07, BStBl II 2009, 460).

Das BMF hat mit Schreiben v. 1.6.2015, IV C 5 – S 2345/15/10001, BStBl I 2015, 475 darauf hingewiesen, dass es sich bei den von den im Schreiben einzeln aufgeführten **internationalen Organisationen** gezahlten Pensionen einschl. der Zulagen (Steuerausgleichszahlung, Familienzulagen und andere) um Versorgungsbezüge i.S.d. § 19 Abs. 2 EStG handelt.

Zur Besteuerung von **Ruhestandszahlungen des Europäischen Patentamts** s. FG München v. 26.3.2015, 13 K 2758/11, EFG 2015, 1192, Revision eingelegt, Az. beim BFH: X R 24/15 und zur Steuerpflicht von Teilausgleichszahlungen s. BFH v. 7.7.2015, I R 38/14, www.stotax-first.de. Im Zusammenhang mit Zahlungen des Europäischen Patentamts ist beim BFH noch ein Revisionsverfahren zur Steuerpflicht von Invaliditätszulagen (Az.: I R 28/14) anhängig.

b) Abgrenzung der Versorgungsbezüge

3051 „Typische" Versorgungsbezüge sind nicht nur die **Pensionen der Beamten**, sondern auch die sog. **Betriebsrenten der Werkspensionäre**, sofern diese Leistungen nicht auf eigenen Beiträgen des Arbeitnehmers beruhen.

Renten liegen dagegen vor, wenn

– der **Arbeitnehmer selbst** während seiner Berufstätigkeit **eigene Beiträge** zur betrieblichen Altersversorgung geleistet hat oder wenn

– zwar der **Arbeitgeber die Beiträge geleistet** hat, diese jedoch **beim Arbeitnehmer als Arbeitslohn erfasst** worden sind. Ob dafür vom Arbeitnehmer tatsächlich Lohnsteuer einbehalten worden ist, ist dagegen unerheblich.

Ob die Versorgungsbezüge **laufend gezahlt** werden, ist unerheblich (BFH v. 8.2.1974, VI R 303/70, BStBl II 1974, 303). Von einem Versorgungsbezug, der zum Abzug eines Versorgungsfreibetrags berechtigt, ist auch dann auszugehen, wenn anstelle eines monatlichen Versorgungsbezugs eine **Kapitalauszahlung oder Abfindung** an den Versorgungsempfänger gezahlt wird (FG Münster v. 30.6.2015, 13 K 3126/13 E, F, EFG 2015, 1706, Revision eingelegt, Az. beim BFH: IX R 33/15).

Eine ausführliche Zusammenstellung der begünstigten Versorgungsbezüge enthalten R 19.8 LStR sowie H 19.8 LStH.

Keine Versorgungsbezüge sind dagegen

– **Übergangsgelder und Wartegelder** nach § 11 SVG an einen in den einstweiligen Ruhestand versetzten Beamten (BFH v. 1.3.1974, VI R 47/71, BStBl II 1974, 490),

– **Nachzahlungen von Arbeitslohn für die aktive Zeit**, selbst wenn sie nach dem Ausscheiden aus dem Arbeitsleben gezahlt werden (BFH v. 27.1.1972, I R 37/70, BStBl II 1972, 459),

– Zahlungen, die als **Gegenleistung** für im gleichen Zeitraum geschuldete oder **erbrachte Dienstleistungen** geleistet werden (BFH v. 19.6.1974, VI R 37/70, BStBl II 1975, 23),

– **Vorruhestandsleistungen**, die nicht wegen Erreichens einer Altersgrenze, sondern im **Hinblick auf die frühere Tätigkeit gezahlt** werden (FG Nürnberg v. 6.3.1985, V 206/84, EFG 1985, 607 sowie BMF v. 3.9.1984, IV B 6 – S 2340 – 5/84, BStBl I 1984, 498),

– geldwerte Vorteile in Form von **Fahrvergünstigungen an Ruhestandsbeamte des Bundeseisenbahnvermögens** (FG Köln v. 22.5.2013, 7 K 3185/12, EFG 2013, 1403). Ob diese Beurteilung zutreffend ist, hat der BFH offen gelassen (BFH v. 26.6.2014, VI R 41/13, BStBl II 2015, 39).

Diese Zuwendungen sind als **laufender Arbeitslohn** zu beurteilen, so dass der höhere Arbeitnehmer-Pauschbetrag von 1 000 € in Betracht kommt.

Ein aus dem aktiven Dienst ausgeschiedener Arbeitnehmer, der **weiterhin oder erneut für seinen Arbeitgeber tätig** ist, kann Versorgungsbezüge und Aktivbezüge nebeneinander beziehen. Der Versorgungsfreibetrag darf dann aber nur von den Versorgungsbezügen abgezogen werden.

Bezieht ein Versorgungsberechtigter Arbeitslohn aus einem gegenwärtigen Dienstverhältnis und werden deshalb, z.B. nach § 53 BeamtVG, die **Versorgungsbezüge gekürzt**, so sind nur die gekürzten Versorgungsbezüge nach § 19 Abs. 2 EStG steuerbegünstigt. Das Gleiche gilt, wenn Versorgungsbezüge nach der **Ehescheidung** gekürzt werden (§ 57 BeamtVG). **Nachzahlungen** von Versorgungsbezügen an **nicht versorgungsberechtigte Erben** eines Versorgungsberechtigten sind nicht nach § 19 Abs. 2 EStG begünstigt (R 19.8 Abs. 2 LStR). Zur Frage, wie Zahlungen von Arbeitslohn an die **Erben oder Hinterbliebenen** eines verstorbenen Arbeitnehmers zu behandeln sind, s. R 19.6 LStR sowie → *Sterbegeld* Rz. 2746.

Ein **gleichartiger Bezug** i.S.d. § 19 Abs. 2 Satz 2 Nr. 1 Buchst. a EStG ist ein Bezug, der nach seinem Zuwendungsgrund mit einem Ruhegehalt, Witwen- und Waisengeld oder Unterhaltsbeitrag vergleichbar ist. Der Tatbestand des § 19 Abs. 2 Satz 2 Nr. 1 Buchst. a EStG folgt der öffentlich-rechtlichen Einordnung der Zuwendung durch das insoweit vorgreifliche Dienstrecht. Ein dem Ruhegehalt gleichartiger Bezug erfordert deshalb, dass dieser Bezug – wie das Ruhegehalt – ebenfalls einem **Versorgungszweck dient**, ihm also die Funktion eines (vorgezogenen) Ruhegehalts zukommt (BFH v. 21.3.2013, VI R 5/12, BStBl II 2013, 611). **Einkünfte, die in der Freistellungsphase im Rahmen der Altersteilzeit nach dem sog. Blockmodell erzielt werden, sind nach diesem Urteil regelmäßig keine Versorgungsbezüge** (s. ausführlich → *Altersteilzeit* Rz. 72).

Die Einordnung als den Ruhegehältern gleichartige Bezüge geschieht unabhängig von dem Erreichen einer Altersgrenze. Entscheidend für die Einordnung einer Leistung als „gleichartiger Bezug" i.S.d. § 19 Abs. 2 Satz 2 Nr. 1 EStG ist, dass die von der Regelung Begünstigten auf Dauer von ihren dienstlichen Verpflichtungen entbunden, also zur Erbringung von Dienstleistungen nicht mehr verpflichtet sind. Damit fehlt den Bezügen das wesentliche Merkmal der in § 19 Abs. 1 Satz 1 Nr. 1 EStG genannten Bezüge, dass sie nämlich Gegenleistung für Dienstleistungen darstellen, die im gleichen Zeitraum geschuldet und erbracht werden (FG Niedersachsen v. 6.5.2015, 2 K 13/15, EFG 2015, 1366 betr. die während eines dem Ruhestand vorgeschalteten Sonderurlaubs gezahlten Bezüge einer Angestellten – Versorgungsbezüge bejaht).

An nichtbeamtete Versorgungsempfänger gezahlte Beihilfen im Krankheitsfall sind Versorgungsleistungen i.S.d. § 19 Abs. 2 EStG mit der Folge, dass lediglich ein Werbungskostenpauschalbetrag von 102 € in Ansatz zu bringen ist (BFH v. 6.2.2013, VI R 28/11, BStBl II 2013, 572). Grund und Zweck von Versorgungsbezügen ist die Versorgung von nicht mehr zu Dienstleistungen Verpflichteten im weiteren Sinne. Hat eine Leistung Versorgungscharakter, kann sie danach ebenso wie das Ruhegehalt als solches als Versorgungsleistung anzusehen sein, auch wenn die Leistungen im Einzelnen an ein spezifisches Risiko anknüpfen, das im Rahmen der Gesamtversorgung des ehemals zu Dienstleistungen Verpflichteten abgedeckt werden soll.

c) Besonderheiten im öffentlichen Dienst

3052 Im öffentlichen Dienst gibt es also **keine Altersgrenze**, maßgebend sind allein die **beamtenrechtlichen Regelungen**. Diese müssen aber **unmittelbar** Anwendung finden; es reicht nicht aus, wenn z.B. ein Vorstandsmitglied einer öffentlich-rechtlichen Körperschaft Versorgungsbezüge „nach „beamtenrechtlichen Grundsätzen" erhält (FG Niedersachsen v. 5.12.1995, XV 288/93, EFG 1996, 374).

Begünstigte Versorgungsbezüge erhalten demnach auch Ruhestandsbeamte, die schon **vor dem 62. Lebensjahr** pensioniert werden (z.B. Soldaten, Polizeibeamte, Feuerwehrbeamte), wenn nach beamtenrechtlichen Regelungen tatsächlich Ruhegehalt oder ein gleichartiger Bezug gezahlt wird, sowie Beamte, die nach einer sog. **„58er-Regelung"** vorzeitig aus dem Dienst ausscheiden (BFH v. 12.2.2009, VI R 50/07, BStBl II 2009, 460 betr. die in 1999 erlassene „58er-Regelung" in Nordrhein-Westfalen).

d) Besonderheiten im privaten Dienst

3053 Bezüge wegen **Berufsunfähigkeit, Erwerbsunfähigkeit oder Hinterbliebenenbezüge** stellen unabhängig vom Alter des Bezugsberechtigten begünstigte Versorgungsbezüge dar. Ob eine Berufsunfähigkeit oder Erwerbsunfähigkeit vorliegt, richtet sich nach sozialversicherungsrechtlichen Grundsätzen. Wird eine Berufsunfähigkeitsrente aus der gesetzlichen Rentenversicherung nicht bezogen, muss der **Nachweis** ggf. durch eine Bescheinigung des zuständigen **Versorgungsamtes** geführt werden. **Hinterbliebene** sind die Witwe und die mit dem früheren Arbeitnehmer verwandten Kinder (§ 32 Abs. 1 Nr. 1 EStG).

Beispiel 1:
Arbeitnehmer A ist mit 40 Jahren wegen Berufsunfähigkeit aus der Firma ausgeschieden und erhält zusätzlich zu einer Berufsunfähigkeitsrente eine Betriebsrente. Am 1.7. verstirbt A, die Betriebsrente wird seiner Witwe weitergezahlt.

Für A handelt es sich um einen begünstigten Versorgungsbezug, weil er berufsunfähig und dies auch durch den Bezug der Berufsunfähigkeitsrente nachgewiesen ist. Unerheblich ist, dass A noch nicht die allgemeine Altersgrenze von 63 Jahren (bei Schwerbehinderten 60 Jahre) erfüllt. Seine Witwe erhält als Hinterbliebene ebenfalls – unabhängig von ihrem Alter – begünstigte Versorgungsbezüge.

Bezüge wegen **Erreichens einer Altersgrenze** gelten erst dann als Versorgungsbezüge, wenn der Arbeitnehmer das **63. Lebensjahr** oder – wenn er **Schwerbehinderter ist – das 60. Lebensjahr** vollendet hat. Dies gilt auch dann, wenn z.B. in Betriebsvereinbarungen eine niedrigere Altersgrenze festgelegt worden ist. Diese Regelung beinhaltet keine Benachteiligung privater Arbeitnehmer gegenüber dem öffentlichen Dienst (BFH v. 7.2.2013, VI R 12/11, BStBl II 2013, 576).

Beispiel 2:
B hat in einem Kaufhaus gearbeitet. Sie ist 60 Jahre alt und scheidet auf eigenen Wunsch aus dem Dienstverhältnis aus und beantragt die vorgezogene Altersrente. Der Arbeitgeber gewährt ihr im Hinblick auf die langjährige Zugehörigkeit zum Betrieb ein Übergangsgeld.

Das Übergangsgeld ist kein begünstigter Versorgungsbezug, weil B weder berufs- noch erwerbsunfähig ist und auch nicht die altersmäßigen Voraussetzungen erfüllt (B ist noch nicht 63 Jahre alt). Das Übergangsgeld kann aber nach § 34 EStG (Fünftelregelung) ermäßigt versteuert werden, weil es seinem Charakter nach als zusätzliches Entgelt für die in der Vergangenheit geleisteten Dienste anzusehen ist. Diese Tarifermäßigung hat der Arbeitgeber bereits beim Lohnsteuerabzug zu berücksichtigen (§ 39b Abs. 3 Satz 9 EStG). Einzelheiten → *Arbeitslohn für mehrere Jahre* Rz. 257.

e) Gesetzliche Steuerbefreiungen

3054 Nach 3 Nr. 6 EStG steuerfrei sind Bezüge, die auf Grund gesetzlicher Vorschriften aus öffentlichen Mitteln versorgungshalber an Wehrdienstbeschädigte, im Freiwilligen Wehrdienst Beschädigte, Zivildienstbeschädigte oder im Bundesfreiwilligendienst Beschädigte oder ihre Hinterbliebenen, Kriegsbeschädigte, Kriegshinterbliebene und ihnen gleichgestellte Personen gezahlt werden, soweit es sich nicht um Bezüge handelt, die auf Grund der Dienstzeit gewährt werden. Gleichgestellte in diesem Sinne sind auch Personen, die Anspruch auf Leistungen nach dem Bundesversorgungsgesetz oder auf Unfallfürsorgeleistungen nach dem Soldatenversorgungsgesetz, Beamtenversorgungsgesetz oder vergleichbarem Landesrecht haben.

2. Sozialversicherung

3055 Für krankenversicherungspflichtige Rentner und versicherungspflichtig Beschäftigte sind von den Versorgungsbezügen (Betriebsrenten, Pensionen usw.) Beiträge zur Kranken- und Pflegeversicherung zu entrichten. Diese Versorgungsbezüge gehören zu den beitragspflichtigen Einnahmen, wenn sie wegen einer Rente wegen verminderter Erwerbsfähigkeit oder zur Alters- oder Hinterbliebenenversorgung gezahlt werden. § 229 SGB V enthält eine **abschließende Aufzählung der Versorgungsbezüge**, die zur Beitragspflicht herangezogen werden:

- Versorgungsbezüge aus einem öffentlich-rechtlichen Dienst- oder Arbeitsverhältnis mit Anspruch auf Versorgung nach beamtenrechtlichen Grundsätzen,
- Bezüge aus der Versorgung der Abgeordneten, Parlamentarischen Staatssekretäre und Minister,
- Renten der Versicherungs- und Versorgungseinrichtungen, die für Angehörige bestimmter Berufe eingerichtet sind,
- Renten und Landabgaberenten nach dem Gesetz über die Altershilfe für Landwirte,
- Renten der betrieblichen Altersversorgung einschließlich der Zusatzversorgung im öffentlichen Dienst und der Hüttenknappschaftlichen Zusatzversorgung.

Weiterhin unterliegen auch Versorgungsbezüge aus dem Ausland oder solche, die von einer zwischenstaatlichen oder überstaatlichen Einrichtung bezogen werden, der Beitragspflicht, wenn sie ansonsten den inländischen Versorgungsbezügen vergleichbar

Versorgungsbezüge

keine Sozialversicherungspflicht = ⓢⓥ
Sozialversicherungspflicht = Ⓢⓥ

sind. **Rentenleistungen ausländischer Rentensysteme** sind jedoch keine Versorgungsbezüge in diesem Sinne.

Wird der Versorgungsbezug durch eine **nicht regelmäßig wiederkehrende Leistung** (z.B. Kapitalabfindung) abgegolten, unterliegt diese ebenfalls der Beitragspflicht in der Weise, dass ein 1/120 der Leistung als monatlicher Zahlbetrag herangezogen wird, längstens jedoch für 120 Monate. Im Ergebnis bedeutet dies eine Verteilung der **Kapitalabfindung** auf zehn Jahre. Werden Versorgungsbezüge für einen kürzeren Zeitraum als zehn Jahre abgefunden und setzt z.B. danach eine laufende Zahlung ein, ist die Abfindung auf den entsprechend kürzeren Zeitraum umzulegen. Diese Regelung galt bisher nur für Kapitalabfindungen, die nach Eintritt des Versicherungsfalles vereinbart wurden.

Durch das Gesetz zur Modernisierung der gesetzlichen Krankenversicherung (GKV-Modernisierungsgesetz – GMG) v. 14.11.2003, BGBl. I 2003, 2190 sind jetzt auch Kapitalabfindungen beitragspflichtig, die vor Eintritt des Versicherungsfalls vereinbart wurden.

Gemeinsames Merkmal der beitragspflichtigen Versorgungsbezüge ist ihr Bezug zu einer früheren Berufstätigkeit. Versorgungsbezüge, die aus anderen Rechtsverhältnissen heraus bezogen werden (z.B. Lebensversicherungen oder Bezüge aus sonstiger privater Vorsorge, Pacht- und Mieteinnahmen oder zugeflossene Erbschaften), unterliegen ebenso wenig der Beitragspflicht wie Entschädigungsleistungen, wie z.B. Unfallrenten.

Für die **Beitragsberechnung** ist bei mehreren Einkommensarten die Rangfolge der zu berücksichtigenden Einnahmen wesentlich, wobei zwischen krankenversicherungspflichtigen Rentnern und Krankenversicherungspflichtigen außerhalb der Krankenversicherung der Rentner zu unterscheiden ist. Nach dem Zahlbetrag der Rente ist ein Versorgungsbezug und ggf. ein daneben erzieltes Arbeitseinkommen beitragspflichtig. Arbeitseinkommen ist hier nach der Begriffsbestimmung des § 15 SGB IV der nach den allgemeinen Gewinnermittlungsvorschriften des Einkommensteuerrechts ermittelte Gewinn aus einer selbständigen Tätigkeit. Dabei bleiben steuerliche Vergünstigungen unberücksichtigt; Veräußerungsgewinne sind abzuziehen.

Bei **krankenversicherungspflichtigen Rentnern** werden für die Beitragsberechnung nacheinander zunächst der Zahlbetrag der Rente, dann der Zahlbetrag des Versorgungsbezuges und schließlich das Arbeitseinkommen angerechnet, wobei die Beitragsbemessungsgrenze (BBG) in der Kranken- und Pflegeversicherung als Obergrenze zu berücksichtigen ist. Wird die BBG durch die Summe der beitragspflichtigen Einnahmen überschritten, werden die einzelnen Einkünfte **nicht in ihrem Verhältnis zueinander anteilig aufgeteilt;** vielmehr wird der Zahlbetrag der Rente zunächst durch den Zahlbetrag des Versorgungsbezuges bis zur BBG aufgestockt. Ist weiterhin Arbeitseinkommen anzurechnen, ist dieser Betrag, ggf. auch nur der Differenzbetrag bis zur BBG, hinzuzurechnen. Bezieht der Rentner neben seiner Rente keine weiteren Versorgungsbezüge, aber Arbeitseinkommen, wird dieser Betrag bis zur BBG hinzugerechnet.

Beispiel 1:
BBG 2016: 4 237,50 €

Art der Einnahmen	mtl. Höhe in €	beitragspflichtig (in €)
Rente	1 200	1 200
Versorgungsbezug	700	700
Arbeitseinkommen	900	900
Summe:	2 800	2 800

Alle Einkommensarten sind unbeschränkt beitragspflichtig.

Beispiel 2:

Art der Einnahmen	mtl. Höhe in €	beitragspflichtig (in €)
Rente	2 000	2 000,—
Versorgungsbezug	1500	1 500,—
Arbeitseinkommen	800	737,50
Summe:	4 300	4 237,50

Das Arbeitseinkommen ist auf den Differenzbetrag bis zur BBG zu kürzen.

Bei **krankenversicherungspflichtig Beschäftigten** werden neben dem Arbeitsentgelt (laufende oder einmalige Einnahmen aus der Beschäftigung) der Zahlbetrag der Rente, die Versorgungsbezüge und evtl. Arbeitseinkommen der Beitragsberechnung zu Grunde gelegt. Dabei ist das Arbeitseinkommen nur dann beitragspflichtig, wenn Rente oder Versorgungsbezüge gewährt werden. Versorgungsbezüge unterliegen auch dann der Beitragspflicht, wenn keine Rente bezogen wird.

Für die **Beitragsberechnung** werden bis zum Höchstbetrag der BBG nacheinander **ohne anteilige Aufteilung** berücksichtigt:

– das Arbeitsentgelt,
– die Versorgungsbezüge,
– das Arbeitseinkommen.

Eine Rente aus der gesetzlichen Rentenversicherung bleibt hier unberücksichtigt, sie wird getrennt von den übrigen Einnahmearten berücksichtigt. Dies kann ggf. dazu führen, dass insgesamt Beiträge von einem Gesamtbetrag über der BBG erhoben werden.

Damit die Versicherten nicht mit Beiträgen über der BBG belastet werden, sieht § 231 SGB V auf Antrag des Betroffenen Regelungen vor, die die Erstattung von Beitragsüberzahlungen aus Versorgungsbezügen und Arbeitseinkommen und die Erstattung von Überzahlungen aus der Rente behandeln.

Für geringe Einnahmen aus Versorgungsbezügen und/oder Arbeitseinkommen besteht keine Beitragspflicht. Liegen die Bezüge aus diesen Einkommensarten unter 1/20 der monatlichen **Bezugsgröße, sind keine Beiträge zu entrichten. Insofern ergibt sich eine Untergrenze für 2016** von 145,25 €. Übersteigt der Gesamtbetrag aller Versorgungsbezüge und des Arbeitseinkommens diesen Grenzwert nicht, werden keine Beiträge fällig. Wird der Grenzwert durch eine einmalige Zuwendung oder Nachzahlung überschritten, unterliegt der Gesamtbetrag im Monat des Überschreitens der Beitragspflicht.

Durch das Gesetz zur Modernisierung der gesetzlichen Krankenversicherung (GKV-Modernisierungsgesetz – GMG) v. 14.11.2003, BGBl. I 2003, 2190 gilt für die Versorgungsbeiträge der volle allgemeine Beitragssatz der jeweiligen Krankenkasse. BSG (Urteil v. 24.8.2005, B 12 K R 29/04 R, www.stotax-first.de) und BVerfG (Beschluss v. 28.2.2008, 1 BvR 2137/06, www.stotax-first.de) haben entschieden, dass die Anwendung des vollen allgemeinen Beitragssatzes rechtmäßig ist und nicht gegen Verfassungsrecht verstößt. Hinsichtlich der **Pflegeversicherung** gilt der **allgemeine Beitragssatz** von 2,35 %. Beiträge aus Versorgungsbezügen und Arbeitseinkommen trägt der Versicherte allein; die Beteiligung Dritter oder eine Zuschussregelung sind nicht vorgesehen.

Die Zahlstellen der Versorgungsbezüge (Betriebe, Versorgungskassen o.Ä.) behalten die Beiträge für die versicherungspflichtigen Rentner an den Versorgungsbezügen ein, weisen sie der Krankenkasse nach und führen sie dorthin ab. Dabei tritt die Fälligkeit, abweichend von den sonstigen Regeln, mit der Auszahlung der Versorgungsbezüge ein.

Die für die Durchführung des Beitragsverfahrens notwendigen Angaben sind den Krankenkassen von den Zahlstellen zu **melden**. Die Krankenkasse hat der Zahlstelle der Versorgungsbezüge und dem Bezieher von Versorgungsbezügen unverzüglich die Beitragspflicht des Versorgungsempfängers und deren Umfang mitzuteilen. Die Krankenkasse hat nach inhaltlicher Prüfung alle fehlerfreien Angaben elektronisch zu übernehmen, zu verarbeiten und zu nutzen. Alle Rückmeldungen der Krankenkasse an die Zahlstelle erfolgen arbeitstäglich durch Datenübertragung.

Auf Grund gesetzlicher Ermächtigung haben die Spitzenverbände der Krankenkassen am 13.10.1994 mit den Zahlstellen bzw. deren Vertretungen Verwaltungsabsprachen zur praxisnahen Umsetzung des Verfahrens getroffen. Einzelheiten ergeben sich aus der „Verfahrensbeschreibung zur Beitragsabführung durch die Zahlstellen".

Zahlstellen mit regelmäßig weniger als 30 beitragspflichtigen Versorgungsempfängern können bei der zuständigen Krankenkasse beantragen, dass die Versorgungsempfänger selbst ihre Beiträge an die Krankenkasse entrichten. In diesem Fall führen die Versorgungsempfänger selbst sowie die Versorgungsempfänger, die keine Rente beziehen, die Beiträge an die Krankenkasse ab.

Der **Beitragseinzug** beim Versicherten fällt auch dann in den Aufgabenbereich der Krankenkasse, wenn der Beitragseinbehalt unterblieben und ein Einzug durch die Zahlstelle nicht mehr möglich ist.

Beiträge aus Arbeitseinkommen hat der Rentner bzw. Versorgungsempfänger selbst bei der Krankenkasse einzuzahlen. Über die Höhe der fälligen Beiträge erteilt die Krankenkasse einen **Beitragsbescheid**. Hinsichtlich der Fälligkeit der Beiträge gilt, dass sie spätestens am 15. des Monats **fällig** sind, der dem Monat folgt, in dem das Arbeitseinkommen erzielt wurde.

Versorgungsfreibeträge

1. Gesetzesänderung ab 2005

a) Allgemeines

3056 Für Versorgungsbezüge nach öffentlich-rechtlichen Grundsätzen gibt es **bis 2004** einen Versorgungsfreibetrag von 40 %, höchstens von 3 072 € (§ 19 Abs. 2 EStG a.F.). Dieser Versorgungsfreibetrag wurde seinerzeit eingeführt, um die steuerliche Belastung der Beamtenpensionäre, die im Verhältnis zu den Rentnern als gleichheitswidrig erkannt worden war, abzumildern. Auch der Arbeitnehmer-Pauschbetrag nach § 9a Satz 1 Nr. 1 EStG diente diesem Zweck.

Nach der Neuregelung über die Besteuerung von Alterseinkünften durch das Alterseinkünftegesetz v. 5.7.2004, BStBl I 2004, 554, wonach die Altersbezüge der Rentner – wenn auch schrittweise – in vollem Umfang zur Steuer herangezogen werden, besteht kein sachlicher Grund mehr, Beamtenpensionären steuermindernde Abzugsbeträge zuzugestehen. Dementsprechend wird der **Versorgungsfreibetrag schrittweise bis zum Jahre 2040 abgebaut**:

Das Gesetz räumt in § 19 Abs. 2 EStG **für Jahre des Versorgungsbeginns bis einschließlich 2005** ein

– einen **Versorgungsfreibetrag** von 40 % der Versorgungsbezüge, maximal 3 000 €,

– sowie einen „**Zuschlag zum Versorgungsfreibetrag**" i.H.v. 900 €. Dieser Zuschlag tritt an die Stelle des bisherigen Arbeitnehmer-Pauschbetrags von 1 000 € nach § 9a EStG, der für Pensionäre abgeschafft wird; sie erhalten nur noch – wie Rentenbezieher – einen Pauschbetrag von 102 €. Der neue Zuschlag zum Versorgungsfreibetrag soll in der Übergangszeit einen Ausgleich dafür bieten, dass die gesetzlichen Renten nur schrittweise in die Steuerpflicht überführt werden.

Die Summe der Pausch- und Freibeträge entspricht somit im Jahre 2005 in etwa denen des Vorjahres 2004, so dass eine steuerliche Schlechterstellung vorerst vermieden wird.

Die Versorgungsfreibeträge beziehen sich nur auf Einnahmen aus einer früheren nichtselbständigen Tätigkeit, kommen also für Einnahmen aus einer früheren selbständigen Tätigkeit als Rechtsanwalt nicht in Betracht (BFH v. 18.10.2006, XI R 45/05, www.stotax-first.de).

Einzelfragen zur Versteuerung von Versorgungsbezügen sind in BMF v. 19.8.2013, IV C 3 – S 2221/12/10010 :004/IV C 5 – S 2345/08/0001, BStBl I 2013, 1087 unter Berücksichtigung der Änderungen durch BMF v. 10.1.2014, IV C 3 – S 2221/12/10010 :003, BStBl I 2014, 70, BMF v. 10.4.2015, IV C 5 – S 2345/08/10001 :006, BStBl I 2015, 256 und BMF v. 1.6.2015, IV C 5 – S 2345/15/10001, BStBl I 2015, 475 sowie in BMF v. 24.7.2013, V C 3 – S 2015/11/10002/IV C 5 – S 2333/09/10005, BStBl I 2013, 1022 unter Berücksichtigung der Änderungen durch BMF v. 13.1.2014, IV C 3 – S 2015/11/10002 :018, BStBl I 2014, 97 und BMF v. 13.3.2014, IV C 3 – S 2257-b/13/10009, BStBl I 2014, 554 geregelt.

b) Übergangsregelung

3057 Im selben Umfang, in dem Rentner während der nächsten 35 Jahre in die nachgelagerte Besteuerung hineinwachsen, will der Gesetzgeber auch die Pensionäre in die volle Besteuerung überführen. Ab 2040 unterliegen Pensionen dann ungeschmälert der Einkommensteuer, allerdings unter Berücksichtigung der dann allgemein üblichen Freibeträge.

Sowohl der Versorgungsfreibetrag als auch der Zuschlag zum Versorgungsfreibetrag werden daher vom Jahr 2005 **bis zum Jahr 2040 auf 0 € abgeschmolzen**. Dazu wird der **Prozentsatz** des Versorgungsfreibetrags in den Jahren 2006 bis 2020 von 40 % um jährlich 1,6 Prozentpunkte auf 16 % abgeschmolzen. In den Folgejahren bis 2040 schmilzt er jährlich um jeweils 0,8 Prozentpunkte weiter ab, so dass er im Jahr 2040 ganz entfällt.

Entsprechend wird auch der **Höchstbetrag abgebaut**; in den ersten 15 Jahren – von 2005 bis 2020 – wird er in Schritten von jeweils 120 € von 3 000 € auf 1 200 € zurückgenommen. Bis zum Jahr 2040 schmilzt er danach in Jahresschritten von jeweils 60 € auf 0 € ab.

In gleicher Weise **schrumpft der Zuschlag zum Versorgungsfreibetrag**. In den Jahren ab 2006 nimmt er bis 2020 in Schritten von 36 € auf 360 € ab, danach reduziert er sich jährlich um 18 €, so dass der Zuschlag zum Versorgungsfreibetrag im Jahr 2040 ebenfalls bei 0 € ankommt.

Auf diese Weise stellt der Gesetzgeber die Gleichbehandlung von Renten und Pensionen her. Die Ausgangsbeträge und die Abschmelzungsschritte können der folgenden **Tabelle** entnommen werden (§ 19 Abs. 2 Satz 3 EStG).

Versorgungsfreibeträge			
Jahr des Versorgungsbeginns	Versorgungsfreibetrag		Zuschlag zum Versorgungsfreibetrag in €
	in % der Versorgungsbezüge	Höchstbetrag in €	
bis 2005	40,0	3 000	900
ab 2006	38,4	2 880	864
2007	36,8	2 760	828
2008	35,2	2 640	792
2009	33,6	2 520	756
2010	32,0	2 400	720
2011	30,4	2 280	684
2012	28,8	2 160	648
2013	27,2	2 040	612
2014	25,6	1 920	576
2015	24,0	1 800	540
2016	22,4	1 680	504
2017	20,8	1 560	468
2018	19,2	1 440	432
2019	17,6	1 320	396
2020	16,0	1 200	360
2021	15,2	1 140	342
2022	14,4	1 080	324
2023	13,6	1 020	306
2024	12,8	960	288
2025	12,0	900	270
2026	11,2	840	252
2027	10,4	780	234
2028	9,6	720	216
2029	8,8	660	198
2030	8,0	600	180
2031	7,2	540	162
2032	6,4	480	144
2033	5,6	420	126
2034	4,8	360	108
2035	4,0	300	90
2036	3,2	240	72
2037	2,4	180	54
2038	1,6	120	36
2039	0,8	60	18
2040	0,0	0	0

Versorgungsfreibetrag und Zuschlag zum Versorgungsfreibetrag werden nur **einmal im Zeitpunkt der erstmaligen Zahlung von Versorgungsbezügen ermittelt** (für bereits Pensionierte sind die Verhältnisse des Jahres 2005 maßgebend) und bleiben dann auch für die Zukunft unverändert.

Beispiel 1:

A ist seit 2004 Pensionär.

A erhält nach der o.g. Tabelle im Jahre 2005 einen Versorgungsfreibetrag von 40 % der Versorgungsbezüge, höchstens 3 000 €, und zusätzlich einen Zuschlag zum Versorgungsfreibetrag i.H.v. 900 €.

Diese „steuerfreien" Beträge von insgesamt 3 900 € werden auf Dauer festgeschrieben.

Beispiel 2:

B tritt im Jahre 2016 in den Ruhestand.

B erhält nach der o.g. Tabelle im Jahre 2016 einen Versorgungsfreibetrag von 22,4 % der Versorgungsbezüge, höchstens 1 680 €, und zusätzlich einen Zuschlag zum Versorgungsfreibetrag i.H.v. 504 €.

Versorgungsfreibeträge

keine Sozialversicherungspflicht = (SV durchgestrichen)
Sozialversicherungspflicht = (SV)

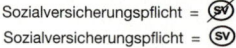

Diese „steuerfreien" Beträge von insgesamt 2 184 € werden auf Dauer festgeschrieben.

2. Berechnung

3058 Ausgangspunkt für die Berechnung des **Versorgungsfreibetrags** ist

- bei **Versorgungsbeginn vor 2005**: das Zwölffache des Versorgungsbezugs für **Januar 2005**,

- bei **Versorgungsbeginn ab 2005**: das Zwölffache des Versorgungsbezugs für den **ersten vollen Monat**.

Sonderzahlungen, auf die ein Rechtsanspruch besteht, werden hinzugerechnet; dies gilt **auch für Sachbezüge**, die ein Arbeitnehmer nach dem Ausscheiden aus dem aktiven Dienst zusammen mit dem Ruhegehalt erhält (H 19.8 [Versorgungsfreibetrag] LStH).

Falls die Versorgungsbezüge nicht während des ganzen Jahres gezahlt werden, ist der Versorgungsfreibetrag und der Zuschlag für **jeden Monat ohne Versorgungsbezug um je ein Zwölftel zu kürzen** (§ 19 Abs. 2 Satz 12 EStG).

Beim Zusammentreffen laufender Versorgungsbezüge mit einer **Abfindung von Versorgungsbezügen**, die nach § 34 EStG tarifermäßigt besteuert werden kann, sind die Versorgungsfreibeträge zu Gunsten der Arbeitnehmer in vollem Umfang von den laufenden Versorgungsbezügen abzuziehen (FG Niedersachsen v. 18.3.2011, 7 K 145/08, B+P 2011, 413).

Weitere **Einzelheiten**, auch zur **Neuberechnung** des Versorgungsfreibetrags und des Zuschlags zum Versorgungsfreibetrag (z.B. wenn andere Versorgungsbezüge hinzutreten, nicht jedoch bei einer normalen Erhöhung der Pension), s. BMF v. 19.8.2013, IV C 3 – S 2221/12/10010:004/IV C 5 – S 2345/08/0001, BStBl I 2013, 1087 unter Berücksichtigung der Änderungen durch BMF v. 10.1.2014, IV C 3 – S 2221/12/10010 :003, BStBl I 2014, 70, BMF v. 10.4.2015, IV C 5 – S 2345/08/10001 :006, BStBl I 2015, 256 und BMF v. 1.6.2015, IV C 5 – S 2345/15/10001, BStBl I 2015, 475 und BMF v. 10.4.2015, IV C 5 – S 2345/08/10001 :006, BStBl I 2015, 256.

3. Zeitpunkt des Versorgungsbeginns

3059 Nach BMF v. 10.4.2015, IV C 5 – S 2345/08/10001 :006, BStBl I 2015, 256, Rdnr. 171a gilt Folgendes:

Das **Jahr des Versorgungsbeginns** (§ 19 Abs. 2 Satz 3 EStG) ist grundsätzlich das Jahr, in dem der Anspruch auf die Versorgungsbezüge (§ 19 Abs. 2 Satz 2 EStG) entstanden ist.

Bei Bezügen wegen Erreichens einer Altersgrenze i.S.d. § 19 Abs. 2 Satz 2 Nr. 2 EStG ist das Jahr des Versorgungsbeginns das Jahr, in dem einen zum einen der Anspruch auf die Bezüge besteht und zum anderen das 60. bzw. 63. Lebensjahr vollendet ist. Der Versorgungsbeginn tritt dagegen nicht ein, solange der Arbeitnehmer von einer bloßen Option, Versorgungsleistungen für einen Zeitraum ab dem Erreichen der maßgeblichen Altersgrenze zu beanspruchen, tatsächlich keinen Gebrauch macht, z.B. weil er die Leistungen erst ab einem späteren Zeitpunkt in Anspruch nehmen will.

Beispiel 1:
Dem Versorgungsempfänger wird im Jahr 2016 eine Abfindung i.H.v. 10 000 € gezahlt.
Der Versorgungsfreibetrag beträgt (22,4 % von 10 000 € = 2 240 €, höchstens) 1 680 €; der Zuschlag zum Versorgungsfreibetrag beträgt 504 €.

Beispiel 2:
Der Versorgungsempfänger vollendet sein 63. Lebensjahr am 1.9.2016. Bereits seit August 2013 bezieht er Versorgungsleistungen des Arbeitgebers aus einer Direktzusage. Die Versorgungsbezüge werden als (Teil)-Kapitalauszahlungen in jährlichen Raten von 4 800 € gewährt, erstmals am 1.8.2013.
Das Jahr des Versorgungsbeginns ist das Jahr 2016, denn erstmals in 2016 besteht kumulativ ein Anspruch auf die Bezüge und das 63. Lebensjahr ist vollendet. Für 2016 sind jedoch keine Freibeträge für Versorgungsbezüge zu berücksichtigen, da die Ratenzahlung am 1.8.2016 vor Vollendung des 63. Lebensjahrs geleistet wird. Der nach dem Versorgungsbeginn in 2016 maßgebende und ab 2017 zu berücksichtigende Versorgungsfreibetrag beträgt aufgerundet 1 076 € (22,4 % von 4 800 €, höchstens 1 680 €); der ab 2017 zu berücksichtigende Zuschlag zum Versorgungsfreibetrag beträgt 504 €; eine Zwölftelung ist nicht vorzunehmen, da es sich bei den Versorgungsbezügen um (Teil)-Kapitalauszahlungen handelt.

In den Jahren 2013 bis 2016 werden keine Freibeträge für Versorgungsbezüge berücksichtigt, da der Versorgungsempfänger erst im Jahr 2017 im Zeitpunkt der Zahlung der Ratenzahlung am 1.8.2017 sein 63. Lebensjahr vollendet hat.

Beispiel 3:
Der Versorgungsempfänger vollendet sein 63. Lebensjahr am 1.8.2015. Er könnte ab diesem Zeitpunkt monatliche Versorgungsleistungen des Arbeitgebers aus einer Direktzusage beziehen. Der Versorgungsempfänger entscheidet sich stattdessen für jährliche (Teil)-Kapitalauszahlungen von 4 800 €. Die erste Rate wird am 1.2.2016 ausgezahlt.
Das Jahr des Versorgungsbeginns ist das Jahr 2015, denn erstmals in 2015 besteht kumulativ ein Anspruch auf die Bezüge und das 63. Lebensjahr ist vollendet. Der ab 2016 zu berücksichtigende Versorgungsfreibetrag beträgt 1 152 € (24,0 % von 4 800 €, höchstens 1 800 €); der ab 2016 zu berücksichtigende Zuschlag zum Versorgungsfreibetrag beträgt 540 €; eine Zwölftelung ist nicht vorzunehmen, da es sich bei den Versorgungsbezügen um (Teil)-Kapitalauszahlungen handelt.
Im Jahr 2015 werden mangels Zufluss keine Freibeträge für Versorgungsbezüge berücksichtigt.

Beispiel 4:
Der Versorgungsempfänger vollendet sein 63 Lebensjahr am 1.8.2015. Er könnte ab diesem Zeitpunkt monatliche Versorgungsleistungen des Arbeitgebers aus einer Direktzusage beziehen. Der Versorgungsempfänger entscheidet sich jedoch dafür, die Versorgungsleistungen erst ab dem 1.8.2016 in Anspruch zu nehmen, um höhere Versorgungsleistungen zu erhalten. Er wählt dabei jährliche (Teil)-Kapitalauszahlungen von 4 800 €. Die erste Rate wird am 1.2.2017 ausgezahlt.
Das Jahr des Versorgungsbeginns ist das Jahr 2016, denn erstmals im Jahr 2016 besteht kumulativ ein Anspruch auf die Bezüge und das 63. Lebensjahr ist vollendet. Der ab 2017 zu berücksichtigende Versorgungsfreibetrag beträgt aufgerundet 1 076 € (22,4 % von 4 800 €, höchstens 1 680 €); der ab 2017 zu berücksichtigende Zuschlag zum Versorgungsfreibetrag beträgt 504 €; eine Zwölftelung ist nicht vorzunehmen, da es sich bei den Versorgungsbezügen um (Teil)-Kapitalauszahlung handelt.
Im Jahr 2016 werden mangels Zufluss keine Freibeträge für Versorgungsbezüge berücksichtigt.

4. Lohnsteuerverfahren

Der **Arbeitgeber** hat den Versorgungsfreibetrag sowie – in den Steuerklassen I bis V – den Zuschlag zum Versorgungsfreibetrag beim laufenden Lohnsteuerabzug **vom Arbeitslohn abzuziehen**, wenn die Voraussetzungen für den Freibetrag erfüllt sind (§ 39b Abs. 2 EStG). Ob die Voraussetzungen erfüllt sind, muss der Arbeitgeber selbst entscheiden, da der Versorgungsfreibetrag sowie den Zuschlag zum Versorgungsfreibetrag nicht als Lohnsteuerabzugsmerkmal berücksichtigt werden.

3060

Der Versorgungsempfänger wird wie jeder andere Arbeitnehmer nach seinen Lohnsteuerabzugsmerkmalen besteuert, ggf. ist die Steuerklasse VI anzuwenden, wenn der Ruheständler noch einer anderen Beschäftigung als Arbeitnehmer nachgeht. Bei der Steuerklasse VI ist allerdings nur der **Versorgungsfreibetrag abzuziehen**; der Zuschlag zum Versorgungsfreibetrag darf **ab 2008** in der Steuerklasse VI nicht mehr berücksichtigt werden (§ 39b Abs. 2 Satz 5 Nr. 1 EStG).

Werden Versorgungsbezüge als **laufender Arbeitslohn** gezahlt, so bleiben höchstens der auf den jeweiligen Lohnzahlungszeitraum entfallende Anteil des Versorgungsfreibetrags sowie in den Steuerklassen I bis V des Zuschlags zum Versorgungsfreibetrag steuerfrei (vgl. ausführlich R 39b.3 Abs. 1 Sätze 1 bis 3 LStR).

Beispiel:
A ist ab 1.11.2016 in den Ruhestand getreten, seine monatlichen Versorgungsbezüge betragen 2 000 €. Vorher hatte er einen Bruttoarbeitslohn von 3 000 €.
Der Versorgungsfreibetrag und der Zuschlag zum Versorgungsfreibetrag sind nach dem Zwölffachen des Versorgungsbezugs für den ersten vollen Monat zu berechnen (und bleiben für die gesamte Laufzeit gleich!), das ergibt

LSt = keine Lohnsteuerpflicht
LSt = Lohnsteuerpflicht

Vertreter

Versorgungsfreibetrag: 22,4 % von (2 000 € × 12 Monate) 24 000 € =	5 376 €
höchstens jedoch	1 680 €
Zuschlag zum Versorgungsfreibetrag	504 €
Summe der Versorgungsfreibeträge	2 184 €
wegen des Versorgungsbeginns im Laufe des Jahres sind die Versorgungsfreibeträge **zeitanteilig zu kürzen** (2/12) =	364 €

Der maßgebende Jahresarbeitslohn ist wie folgt zu ermitteln:

„Normaler" Arbeitslohn für die Monate Januar bis Oktober (10 Monate × 3 000 €) =		30 000 €
Versorgungsbezüge für die Monate November und Dezember (2 Monate × 2 000 €) =	4 000 €	
./. Versorgungsfreibetrag und Zuschlag zum Versorgungsfreibetrag (2 Monate je 182 €)	364 €	3 636 €
Maßgebender Jahresarbeitslohn für den Lohnsteuer-Jahresausgleich des Arbeitgebers		33 636 €

Der dem Lohnzahlungszeitraum entsprechende anteilige Höchstbetrag darf auch dann nicht überschritten werden, wenn in früheren Lohnzahlungszeiträumen desselben Kalenderjahrs wegen der damaligen Höhe der Versorgungsbezüge ein niedrigerer Betrag als der Höchstbetrag berücksichtigt worden ist. Eine Verrechnung des in einem Monat nicht ausgeschöpften Höchstbetrags mit den den Höchstbetrag übersteigenden Beträgen eines anderen Monats ist – mit Ausnahme des permanenten Lohnsteuer-Jahresausgleichs – nicht zulässig (R 39b.3 Abs. 1 Sätze 4 bis 6 LStR). Derartige Schwankungen können erst beim Lohnsteuer-Jahresausgleich durch den Arbeitgeber oder bei einer Veranlagung zur Einkommensteuer ausgeglichen werden.

Werden Versorgungsbezüge als sonstige Bezüge gezahlt, dürfen der Versorgungsfreibetrag und – in den Steuerklassen I bis V – der Zuschlag zum Versorgungsfreibetrag von dem sonstigen Bezug nur abgezogen werden, soweit sie bei der **Feststellung des maßgebenden Jahresarbeitslohns nicht verbraucht** sind (→ Sonstige Bezüge Rz. 2704). Werden laufende Versorgungsbezüge erstmals gezahlt, nachdem im selben Kalenderjahr bereits Versorgungsbezüge als sonstige Bezüge gewährt worden sind, so darf der Arbeitgeber den steuerfreien Höchstbetrag bei den laufenden Bezügen nur berücksichtigen, soweit er sich bei den sonstigen Bezügen nicht ausgewirkt hat (R 39b.3 Abs. 2 Sätze 1 bis 3 LStR).

Vom Arbeitslohn, von dem die Lohnsteuer nach §§ 40 bis 40b EStG **mit Pauschsteuersätzen** erhoben wird, dürfen der **Versorgungsfreibetrag und der Zuschlag zum Versorgungsfreibetrag nicht abgezogen** werden (R 39b.3 Abs. 2 Satz 4 LStR).

Versorgungswerk

→ Apotheker Rz. 162, → Öffentliche Kassen Rz. 2127

Versorgungszusage

→ Rückdeckung/Rückdeckungsversicherung Rz. 2575

Versorgungszuschlag

3061 Bei Beamten, die ohne Dienstbezüge beurlaubt sind, ist die Zeit der Beurlaubung grundsätzlich nicht ruhegehaltsfähig. Nur wenn es sich um einen den öffentlichen Belangen dienenden Urlaub handelt (insbesondere für eine vorübergehende Tätigkeit bei einem anderen Dienstherrn), kann diese Zeit als ruhegehaltsfähige Zeit berücksichtigt werden. Dabei kann die Berücksichtigung dieser Zeiten von der Leistung eines „Versorgungszuschlags" abhängig gemacht werden, der entweder durch den beurlaubten Beamten oder durch die beschäftigende Stelle geleistet wird.

Zahlt der neue Arbeitgeber den Versorgungszuschlag, handelt es sich um **steuerpflichtigen Arbeitslohn**. In gleicher Höhe liegen beim Arbeitnehmer jedoch **Werbungskosten** vor, auf die der Arbeitnehmer-Pauschbetrag anzurechnen ist. Dies gilt auch, wenn der Arbeitnehmer den Versorgungszuschlag zahlt (BMF v. 22.2.1991, IV B 6 – S 2360 – 3/91, BStBl I 1991, 951 sowie FinMin Saarland v. 28.1.2005, B/2 – 4 – 25/2005 – S 2333, www.stotax-first.de, betr. Versorgungszuschläge für Beamte der Deutschen Telekom AG bei Beurlaubung ohne Dienstbezüge – ab 1.4.2010 ist für diesen Personenkreis die Zahlung von Versorgungszuschlägen entfallen).

Vom Bundeseisenbahnvermögen gezahlte Versorgungsbezüge, die ein bis zum Eintritt in den Ruhestand unter Wegfall der Dienstbezüge beurlaubter Beamter der Deutschen Bundesbahn erhält, der während seiner Beurlaubung als Werbungskosten geltend gemachte und der Ruhegehaltsfähigkeit der Beurlaubungszeiten dienende Versorgungszuschläge zahlt, sind nicht lediglich mit dem Ertragsanteil gem. § 22 Nr. 1 EStG, sondern in voller Höhe als Einnahme aus nichtselbständiger Arbeit zu berücksichtigen (FG Köln v. 28.4.2014, 10 K 2115/11, EFG 2014, 1391, Revision eingelegt, Az. beim BFH: X R 39/14).

LSt SV

Verständigungsvereinbarungen

→ Doppelbesteuerungsabkommen: Allgemeines Rz. 855

Vertragsstrafe

→ Werbungskosten Rz. 3182, → Bußgelder Rz. 776

Vertreter

1. Allgemeines

3062 Vertreter (Handelsvertreter, Reisevertreter, Versicherungsvertreter usw.) werden nach den vertraglichen Vereinbarungen als Selbständige oder als freie Mitarbeiter tätig. Gelegentlich verbirgt sich jedoch hinter den schriftlichen Vertragsvereinbarungen nach der tatsächlichen Durchführung der Beziehungen nach betrieblicher Eingliederung des „Vertreters" und Weisungsgebundenheit ein Arbeitsverhältnis; in dieser letztgenannten Fallgestaltung wäre es zutreffender, den Begriff des „Außendienstangestellten" oder auch „Außendienstmitarbeiters" zu verwenden. Darüber hinaus ist oft auch die Bezeichnung „Reisender" oder „Handelsreisender" gebräuchlich.

Man unterscheidet im Übrigen zwischen Außendienstangestellten, die selbst Geschäfte abzuschließen oder zu vermitteln haben, und solchen, die ihrerseits Vermittler anwerben, in ihre Tätigkeit einweisen und einarbeiten sowie bei der Vermittlung von Geschäften unterstützen und betreuen. Die Letzteren werden auch als organisierende oder betreuende Außendienstangestellte bezeichnet. Häufig kommen in der Praxis auch Mischformen zwischen beiden Funktionen vor (Zopf im Handbuch Betrieb und Personal, Fach 10 Rdnr. 201 ff.).

2. Reisevertreter/Handelsvertreter

3063 Bei einem Reisevertreter ist **im Allgemeinen Selbständigkeit** anzunehmen, wenn er die typische Tätigkeit eines Handelsvertreters i.S.d. § 84 HGB ausübt, d.h. Geschäfte für ein anderes Unternehmen vermittelt oder abschließt und ein geschäftliches Risiko trägt (BFH v. 20.12.2007, V R 62/06, BStBl II 2008, 641). **Unselbständigkeit** ist jedoch gegeben, wenn der „Reisevertreter" in das Unternehmen seines Auftraggebers derart eingegliedert ist, dass er dessen Weisungen zu folgen verpflichtet ist. Ob eine derartige Unterordnung unter den geschäftlichen Willen des Auftraggebers vorliegt, richtet sich nach der von dem Reisevertreter tatsächlich ausgeübten Tätigkeit und der Stellung gegenüber seinem Auftraggeber. Der Annahme der **Unselbständigkeit** steht nicht ohne weiteres entgegen, dass die Entlohnung nach dem Erfolg der Tätigkeit vorgenommen wird. Hinsichtlich der Bewegungsfreiheit eines Vertreters kommt es bei der Abwägung, ob sie für eine Selbständigkeit oder Unselbständigkeit spricht, darauf an, ob das Maß der Bewegungsfreiheit auf der eigenen Machtvollkommenheit des Vertreters beruht oder Ausfluss des Willens der Geschäftsherrn ist. Arbeitnehmereigenschaft kann daher anzunehmen sein, wenn Entgeltfortzahlung im Krankheitsfall gewährt wird (BFH v. 7.12.1961, V 139/59 U, BStBl III 1962, 149).

Beim Streit über die Arbeitnehmereigenschaft von Handelsvertretern kann im Rahmen der Gesamtwürdigung auch das Ergebnis eines sozialversicherungsrechtlichen Streits berücksichtigt werden (FG Hamburg v. 12.11.2004, VI 230/02, www.stotax-first.de).

Zur versicherungsrechtlichen Beurteilung von Handelsvertretern s. ausführlich Anlage 2 zum Rundschreiben der Spitzenverbände der Sozialversicherungsträger v. 5.7.2005 (Abgrenzungskatalog), ver-

Vertreter

öffentlicht auf den Internetseiten der Sozialversicherungsträger (z.B. www.deutsche-rentenversicherung.de).

3. Versicherungsvertreter

3064 Versicherungsvertreter, die Versicherungsverträge selbst vermitteln (sog. **Spezialagenten**), sind in vollem Umfang als **selbständig** anzusehen. Das gilt auch dann, wenn sie neben Provisionsbezügen ein geringes Fixum bekommen oder wenn sie nur für ein **einziges Versicherungsunternehmen** tätig sein dürfen. Soweit ein Spezialagent nebenbei auch Verwaltungsaufgaben und die **Einziehung von Prämien oder Beiträgen** übernommen hat, sind die Einnahmen daraus als Entgelte für eine **selbständige Nebentätigkeit** zu behandeln. Es ist dabei einerlei, ob sich z.B. Inkassoprovisionen auf Versicherungen beziehen, die der Spezialagent selbst geworben hat oder auf andere Versicherungen.

Bei den sog. **Generalagenten** kommt eine Aufteilung der Tätigkeit in eine selbständige und in eine unselbständige Tätigkeit im Allgemeinen **nicht** in Betracht. Grundsätzlich ist der Generalagent ein **Gewerbetreibender**, wenn er das Risiko seiner Tätigkeit trägt, ein Büro mit eigenen Angestellten unterhält, trotz der bestehenden Weisungsgebundenheit in der Gestaltung seines Büros und seiner Zeiteinteilung weitgehend frei ist, der Erfolg seiner Tätigkeit nicht unerheblich von seiner Tüchtigkeit und Initiative abhängt und ihn die Beteiligten selbst als Handelsvertreter und nicht als Arbeitnehmer bezeichnen. Diese Voraussetzungen sind bei Versicherungsvertretern, die mit einem eigenen Büro für einen bestimmten Bezirk sowohl den Bestand verwalten als auch neue Geschäfte abzuschließen haben und im Wesentlichen auf Provisionsbasis arbeiten, i.d.R. erfüllt.

Im Gegensatz dazu leistet der **echte Versicherungs-Außendienstangestellte** seine Tätigkeit weisungsgebunden und in persönlicher Abhängigkeit vom Arbeitgeber. Besonderheiten ergeben sich dadurch, dass der Außendienstangestellte i.d.R. außerhalb der Betriebsstätte des Arbeitgebers tätig wird. Darüber hinaus besteht arbeitsvertraglich meist ein gewisser Spielraum für die Gestaltung der Tätigkeit und die Einteilung der Arbeitszeit. Eine indirekte Kontrolle durch den Arbeitgeber erfolgt durch die Rückkopplung über das Entgelt, z.B. eine Provision oder ähnliche erfolgsabhängige Zahlungen (Zopf in Handbuch Betrieb und Personal, Fach 10 Rdnr. 201 f.).

Einzelfälle aus der Rechtsprechung:
Eine **selbständige Tätigkeit** wurde angenommen, wenn

- ein Versicherungsvertreter wie ein **selbständiger Handelsvertreter** (§ 84 HGB) tätig ist. Dem steht nicht entgegen, dass er in gewissem Umfang sachbedingte Weisungen zu befolgen hat, Berichtspflichten erfüllen muss und wettbewerbsrechtlichen Beschränkungen unterliegt, wenn er im Wesentlichen seine Tätigkeit frei gestalten und seine Arbeitszeit bestimmen kann (BAG v. 15.12.1999, 5 AZR 169/99, www.stotax-first.de; BAG v. 20.9.2000, 5 AZR 271/99, www.stotax-first.de);
- sog. **Einfirmenvertreter** nur für ihr eigenes Vertragsunternehmen Geschäfte vermitteln dürfen. Aus dem tatsächlichen Fehlen einer vom Versicherungsvertreter geschaffenen Innen- und Außenorganisation seiner Generalvertretung kann nicht auf seine Arbeitnehmereigenschaft geschlossen werden. Wie sich aus § 84 Abs. 4 HGB ergibt, finden die Vorschriften des 7. Abschnitts des HGB auch Anwendung, wenn das Unternehmen des Handelsvertreters nach Art oder Umfang einen in kaufmännischer Weise eingerichteten Geschäftsbetrieb nicht erfordert (BAG v. 15.12.1999, 5 AZR 566/98, www.stotax-first.de, und BAG v. 15.12.1999, 5 AZR 3/99, www.stotax-first.de);
- ein Versicherungsvertreter **teils auf Provisionsbasis, teils auf Festgehaltsbasis** beschäftigt ist und auf seine Kosten zwei Büros mit jeweils einer Angestellten unterhält, auch wenn das Vertragsverhältnis Merkmale eines Angestelltenverhältnisses enthält wie Urlaubs- und Krankengeldanspruch und eine Altersversorgungsregelung (FG Niedersachsen v. 28.5.1998, XV 478/96, EFG 1999, 130);
- sich mehrere selbständige Versicherungsvertreter zur gemeinsamen Berufsausübung in einer **Agentur** zusammenschließen; die im Gesellschaftsvertrag vereinbarte wechselseitige Verpflichtung der Partner zur Erbringung ihrer vollen Arbeitskraft begründet regelmäßig keine entsprechende Verpflichtung im Verhältnis zu dem Versicherungsunternehmen, mit dem alle Partner individuelle Agenturverträge abgeschlossen haben (BAG v. 20.9.2000, 5 AZR 271/99, www.stotax-first.de);
- die vertraglich vereinbarte Tätigkeit typologisch sowohl in einem Arbeitsverhältnis als auch selbständig erbracht werden kann und die **tatsächliche Handhabung der Vertragsbeziehung nicht zwingend für ein Arbeitsverhältnis spricht**; die Vertragsparteien müssen sich dann grundsätzlich an dem von ihnen gewählten Vertragstypus festhalten lassen (BAG v. 9.6.2010, 5 AZR 332/09, www.stotax-first.de).

4. Bausparkassenvertreter

Die o.g. dargestellten Grundsätze gelten auch für Bausparkassenvertreter: Für die Annahme einer selbständigen Tätigkeit sprechen eine im Wesentlichen freie Gestaltung der Tätigkeit und Bestimmung der Arbeitszeit; dem steht nicht entgegen, dass ein Bausparkassenvertreter bestimmten fachlichen Weisungen seines Auftraggebers unterliegt und im Anstellungsvertrag ein Wettbewerbsverbot vereinbart ist (BAG v. 15.12.1999, 5 AZR 770/98, www.stotax-first.de). **3065**

Als **selbständig** angesehen wurden daher z.B.

- **Bezirksleiter** von öffentlich-rechtlichen Bausparkassen, weil sie bei der Beschäftigung von Mitarbeitern, insbesondere von nebenberuflichen Bezirksvertretern und von Angestellten der Beratungsstellen, keinen wesentlichen Beschränkungen unterliegen. Die Bezirksleiter haben damit die Möglichkeit, die Mitarbeiterzahl und damit ihre Verdienstchancen zu erhöhen (BSG v. 29.1.1981, 12 RK 46/79 und 12 RK 63/79, www.stotax-first.de);
- ein **Vertriebsleiter** im Rahmen eines „Freien Mitarbeitervertrags", wenn er unter erheblichem Kapitaleinsatz Unternehmerinitiative entfaltet und Unternehmerrisiko trägt (FG Rheinland-Pfalz v. 20.3.1996, 1 K 1034/93, NWB Eilnachrichten 1996 Fach 1, 188);
- ein **Bereichsdirektor** (FG Düsseldorf v. 12.10.2001, 18 K 2524/97 G, EFG 2002, 96).

Verwaltungsräte

→ *Aufsichtsratsvergütungen* Rz. 351

Verwirkter Arbeitslohn

→ *Einbehaltene Lohnteile* Rz. 978

Verzögerungsgeld

→ *Lohnsteuer-Außenprüfung* Rz. 1855

Verzugszinsen

→ *Arbeitslohn-ABC* Rz. 255

Videorecorder

→ *Fernsehgerät: Zuwendung an Arbeitnehmer* Rz. 1213, → *Werbungskosten* Rz. 3182

Vorauszahlungen zur Einkommensteuer

Der Stpfl. hat am 10. März, 10. Juni, 10. September und 10. Dezember Vorauszahlungen auf die Einkommensteuer zu entrichten, die er für den laufenden Veranlagungszeitraum voraussichtlich schulden wird. **3066**

Vorauszahlungen auf die Einkommensteuer sind grundsätzlich in vier gleich großen Teilbeträgen zu leisten. Eine Ausnahme hiervon kommt insbesondere nicht in Betracht, soweit der Stpfl. geltend macht, der Gewinn des laufenden Veranlagungszeitraums entstehe nicht gleichmäßig (BFH v. 22.11.2011, VIII R 11/09, BStBl II 2012, 329).

Die Einkommensteuer-Vorauszahlung entsteht jeweils mit Beginn des Kalendervierteljahrs, in dem die Vorauszahlungen zu entrichten sind, oder, wenn die Steuerpflicht erst im Laufe des Kalenderjahrs begründet wird, mit Begründung der Steuerpflicht. Weitere Einzelheiten s. § 37 EStG, R 37 EStR sowie H 37 EStH.

Diese Vorschrift hat auch für **Arbeitnehmer** Bedeutung, da die Festsetzung von Einkommensteuer-Vorauszahlungen auch dann zulässig ist, wenn der Stpfl. ausschließlich Einkünfte aus nichtselbständiger Arbeit erzielt, die dem Lohnsteuerabzug unterliegen. Dass ein Arbeitnehmer neben dem monatlichen Lohnsteuereinbehalt ggf. vierteljährliche Einkommensteuer-Vorauszahlungen zu leisten hat, stellt keinen Verstoß gegen den Verfassungsgrundsatz des Gleichheitsgebots dar (BFH v. 20.12.2004, VI R 182/97, BStBl II 2005, 358).

Vorauszahlung von Arbeitslohn

3067 Der Arbeitslohn unterliegt nach § 38 Abs. 3 EStG bei jeder Lohnzahlung dem Lohnsteuerabzug. Für den Lohnsteuerabzug ist es ohne Bedeutung, ob der Arbeitnehmer den Arbeitslohn bereits verdient hat oder nicht. Aus diesem Grunde ist auch dann der Lohnsteuerabzug vorzunehmen, wenn dem Arbeitnehmer der Lohn im **Voraus** gezahlt wird.

Typische Fälle von Vorauszahlungen sind:
- Abschlagszahlungen,
- Vorschüsse und
- vorschüssige Lohnzahlung.

Bei **Abschlagszahlungen** zahlt der Arbeitgeber den Arbeitslohn für den üblichen Lohnzahlungszeitraum nur in ungefährer Höhe und nimmt eine genaue Lohnabrechnung für einen längeren Zeitraum vor. In diesen Fällen braucht der Arbeitgeber die Lohnsteuer erst bei der Lohnabrechnung einzubehalten, wenn die Voraussetzungen des § 39b Abs. 5 EStG erfüllt sind (→ *Abschlagszahlungen* Rz. 17).

Bei **Vorschüssen** zahlt der Arbeitgeber Arbeitslohn an den Arbeitnehmer, den dieser erst noch zukünftig verdienen muss (→ *Vorschüsse* Rz. 3068).

Bei einer **vorschüssigen Lohnzahlung** zahlt der Arbeitgeber den Monatslohn bereits am Anfang des Monats aus. Im Regelfall ist eine vorschüssige Lohnzahlung in einem Gesetz, Tarifvertrag, einer Betriebsvereinbarung oder in einem Einzelarbeitsvertrag festgelegt, wie z.B. die Auszahlung der Beamtenbezüge. Bei **laufender** vorschüssiger Lohnzahlung ist die Lohnsteuer nach den Lohnsteuerabzugsmerkmalen vorzunehmen, die für den Tag gelten, an dem der Lohnzahlungszeitraum endet (§ 38a Abs. 1 Satz 2 EStG). Werden die Lohnsteuerabzugsmerkmale zwischen Lohnzahlung und Ende des Lohnzahlungszeitraums rückwirkend geändert, so ist der Lohnsteuerabzug evtl. zu berichtigen (→ *Änderung des Lohnsteuerabzugs* Rz. 111).

Die Lohnvorauszahlung ist allerdings von einem **Darlehen des Arbeitgebers** zu unterscheiden. Gewährt der Arbeitgeber dem Arbeitnehmer ein Darlehen, liegt keine Lohnzahlung vor (→ *Darlehen an Arbeitnehmer* Rz. 786).

Vormund/Betreuer

→ *Arbeitnehmer-ABC* Rz. 188; → *Aufwandsentschädigungen für bestimmte nebenberufliche Tätigkeiten* Rz. 360, → *Werbungskosten* Rz. 3182

Vorschüsse

3068 → auch *Abschlagszahlungen* Rz. 16

1. Allgemeines

3069 Vorschüsse sind Lohnzahlungen des Arbeitgebers für eine **Arbeitsleistung, die der Arbeitnehmer erst noch erbringen muss**. Auch Vorschüsse unterliegen dem Lohnsteuerabzug, denn nach § 38 Abs. 3 EStG ist bei jeder Lohnzahlung der Lohnsteuerabzug vorzunehmen. Wegen der Lohnsteuerpflicht besteht auch Beitragspflicht in der Sozialversicherung.

Der Vorschuss ist allerdings von einem **Darlehen** des Arbeitgebers zu unterscheiden. Gewährt der Arbeitgeber dem Arbeitnehmer ein Darlehen, liegt nämlich keine Lohnzahlung vor (→ *Darlehen an Arbeitnehmer* Rz. 786).

2. Vorschüsse als laufender Arbeitslohn

3070 Vorschüsse, die sich **ausschließlich** auf Lohnzahlungszeiträume beziehen, die im Kalenderjahr der Zahlung enden, gehören zum laufenden Arbeitslohn (R 39b.2 Abs. 1 Nr. 6 LStR). Sie sind daher für die Berechnung der Lohnsteuer den Lohnzahlungszeiträumen zuzurechnen, für die sie gezahlt werden.

> **Beispiel:**
> Ein Arbeitnehmer in Hannover (Steuerklasse III, keine Kinder, ev, 22 Jahre) hat einen Monatslohn von 3 500 €. Im Mai 2016 zahlt ihm der Arbeitgeber einen Vorschuss von 5 000 €, der mit den Monatslöhnen der Monate Juni bis Oktober mit jeweils 1 000 € verrechnet wird.
>
> Die Steuern auf den Vorschuss ermitteln sich wie folgt:
>
> **a) Monatslohn für die Monate Juni bis Oktober ungekürzt (3 500 € monatlich):**
> | | |
> |---|---:|
> | Lohnsteuer | 309,50 € |
> | Solidaritätszuschlag (5,5 %) | 17,02 € |
> | Kirchensteuer (9 %) | 27,85 € |
>
> **b) Monatslohn für die Monate Juni bis Oktober gekürzt um Vorschuss (2 500 € monatlich):**
> | | |
> |---|---:|
> | Lohnsteuer | 99,50 € |
> | Solidaritätszuschlag (5,5 %) | 0,— € |
> | Kirchensteuer (9 %) | 8,95 € |
>
> **c) Steuern auf den Vorschuss i.H.v. 5 000 €:**
> | | |
> |---|---:|
> | Lohnsteuer auf den ungekürzten Arbeitslohn | 309,50 € |
> | Lohnsteuer auf den gekürzten Arbeitslohn | 99,50 € |
> | = Differenz | 210,— € |
> | × 5 Monate | |
> | = Lohnsteuer auf den Vorschuss | 1 050,— € |
> | Solidaritätszuschlag auf den ungekürzten Arbeitslohn | 17,02 € |
> | Solidaritätszuschlag auf den gekürzten Arbeitslohn | 0,— € |
> | = Differenz | 17,02 € |
> | × 5 Monate | |
> | = Solidaritätszuschlag auf den Vorschuss | 85,10 € |
> | Kirchensteuer auf den ungekürzten Arbeitslohn | 27,85 € |
> | Kirchensteuer auf den gekürzten Arbeitslohn | 8,95 € |
> | = Differenz | 18,90 € |
> | × 5 Monate | |
> | = Kirchensteuer auf den Vorschuss | 94,50 € |
>
> Darüber hinaus sind für die Monate Juni bis Oktober 2016 nur die Steuern aus dem Betrag von 2 500 € zu errechnen und abzuführen, vgl. oben b).

Nach R 39b.5 Abs. 4 Satz 2 LStR kann jedoch für Vorauszahlungen folgende **Vereinfachungsregelung** in Anspruch genommen werden:

3. Vereinfachungsregelung

3071 Auch wenn die Vorauszahlung nur Lohnzahlungszeiträume des laufenden Kalenderjahrs betrifft, kann die Vorauszahlung **als sonstiger Bezug** versteuert werden, und zwar unabhängig von der Höhe der Vorauszahlung. Dies gilt aber nur, wenn der Arbeitnehmer dieser Regelung nicht widerspricht.

> **Beispiel:**
> Wie vorhergehendes Beispiel, der Arbeitgeber wendet allerdings die Vereinfachungsregelung der R 39b.5 Abs. 4 Satz 2 LStR an und versteuert den Vorschuss als sonstigen Bezug.
>
> Die Steuern auf den Vorschuss ermitteln sich wie folgt:
>
> Jahresarbeitslohn **ohne sonstigen Bezug**
> | | |
> |---|---:|
> | (12 × 3 500 € ./. 5 000 € Vorschuss) | **37 000,— €** |
> | + Vorschuss | 5 000,— € |
> | = Jahresarbeitslohn **mit sonstigem Bezug** | **42 000,— €** |
> | Lohnsteuer (III) von 42 000 € | 3 714,— € |
> | ./. Lohnsteuer (III) von 37 000 € | 2 646,— € |
> | = Lohnsteuer auf den sonstigen Bezug | 1 068,— € |
> | Solidaritätszuschlag (5,5 % von 1 068 €) | 58,74 € |
> | Kirchensteuer (9 % von 1 068 €) | 96,12 € |

4. Vorschüsse als sonstiger Bezug

3072 Vorschüsse, die sich ganz oder teilweise auf Lohnzahlungszeiträume beziehen, die in einem anderen Jahr als dem der Zahlung enden, gehören zu den **sonstigen Bezügen** (R 39b.2 Abs. 2 Nr. 8 LStR). Sie sind daher für die Berechnung der Lohnsteuer als sonstige Bezüge zu behandeln, → *Sonstige Bezüge* Rz. 2704.

5. Vorschüsse als Darlehen

3073 Häufig werden Vorschüsse vom Arbeitgeber wie ein **zinsloses Darlehen** behandelt, ohne dass die Voraussetzungen hierfür vorliegen (→ *Darlehen an Arbeitnehmer* Rz. 786). Das bedeutet, dass der Arbeitgeber den Vorschuss ohne Lohnsteuerabzug auszahlt

Vorschüsse

und die Verrechnung in den laufenden Monaten beim Lohnsteuerabzug nicht berücksichtigt, d.h. die Lohnsteuer vom vereinbarten (ungekürzten) Monatslohn ermittelt. I.d.R. wird diese Verfahrensweise vom Finanzamt nicht beanstandet, zumal diese Handhabung nicht immer günstiger sein muss. Wenn der Arbeitgeber den Vorschuss als zinsloses Darlehen behandelt, muss er dies aber auch **mit allen Konsequenzen** tun. Das heißt, dass bei einem Vorschuss in Höhe des Zinsvorteils ein geldwerter Vorteil für den Arbeitnehmer entsteht, vgl. hierzu → *Zinsersparnisse/Zinszuschüsse* Rz. 3215.

Das FG Saarland sieht dies aber anders: Zahlt ein Arbeitgeber seinen Arbeitnehmern bei der Verdienstabrechnung für den November zusammen mit dem laufenden Lohn einen als „Sonderzahlungsvorschuss" bezeichneten Betrag aus, der seiner Höhe nach und nach dem Zahlungszeitpunkt der Sonderzahlung (Weihnachtsgeld) des Vorjahrs entspricht, so handelt es sich hierbei auch dann nicht um die Auszahlung eines Arbeitgeberdarlehens, sondern um eine vorläufige Lohnzahlung, wenn dies während schwebender Tarifverhandlungen geschieht (FG Saarland v. 14.5.2004, 1 V 56/04, EFG 2004, 1222).

6. Sozialversicherung

3074 Da Vorschüsse auf noch nicht fällige Lohn-/Gehaltszahlungen steuerpflichtigen Arbeitslohn darstellen, sind sie auch als Arbeitsentgelt i.S. der Sozialversicherung zu bewerten. An dieser Beurteilung ändert auch die Tatsache nichts, dass kein Rechtsanspruch auf die Zahlung besteht.

Vorsorgeaufwendungen

1. Allgemeines

3075 Vorsorgeaufwendungen werden in zwei Kategorien unterteilt:

- **Altersvorsorgeaufwendungen** (§ 10 Abs. 1 Nr. 2 EStG)
- **sonstige Vorsorgeaufwendungen** (§ 10 Abs. 1 Nr. 3 und 3a EStG).

Einzelfragen zum Abzug von Vorsorgeaufwendungen sind durch BMF v. 19.8.2013, IV C 3 – S 2221/12/10010 :004/IV C 5 – S 2345/08/0001, BStBl I 2013, 1087 unter Berücksichtigung der Änderungen durch BMF v. 10.1.2014, IV C 3 – S 2221/12/10010 :003, BStBl I 2014, 70, BMF v. 10.4.2015, IV C 5 – S 2345/08/10001 :006, BStBl I 2015, 256 und BMF v. 1.6.2015, IV C 5 – S 2345/15/10001, BStBl I 2015, 475 geregelt worden.

Beiträge an die schweizerische Alters- und Hinterlassenenversicherung können nicht als Sonderausgaben abgezogen werden, wenn sie aus Einkünften stammen, die in Deutschland auf Grund des DBA-Schweiz steuerfrei sind. Die entsprechenden Beiträge können auch nicht bei der Ermittlung des besonderen Steuersatzes i.R.d. Progressionsvorbehaltes berücksichtigt werden (BFH v. 18.4.2012, X R 62/09, BStBl II 2012, 721). Gleiches gilt für **in steuerfreien Lohnersatzleistungen enthaltene Rentenversicherungsbeiträge** (FG Rheinland-Pfalz v. 24.3.2015, 3 K 1443/13, EFG 2015, 1196) und für **Pflichtbeiträge zur niederländischen Krankenversicherung**, die von in den Niederlanden bezogenen Renten einbehalten werden (FG Düsseldorf v. 8.5.2015, 9 K 400/14 E, EFG 2015, 1355).

2. Altersvorsorgeaufwendungen

a) Begriff

3076 Unter Altersvorsorgeaufwendungen fallen Beiträge an

- die **gesetzlichen Rentenversicherungen**,
- die **landwirtschaftlichen Alterskassen**,
- **berufsständische Versorgungseinrichtungen, die den gesetzlichen Rentenversicherungen vergleichbare Leistungen erbringen**,
- **kapitalgedeckte private Leibrentenversicherungen** unter folgenden Voraussetzungen:
  - Die Beiträge des Stpfl. dienen dem Aufbau einer **eigenen, kapitalgedeckten** Altersversorgung.
  - Der Vertrag sieht die Zahlung einer **monatlichen**, gleich bleibenden oder steigenden, auf das Leben des Stpfl. bezogenen **lebenslangen** Leibrente vor.

  - Die Leistungen dürfen **nicht vor Vollendung des 62. Lebensjahrs** des Stpfl. erbracht werden (bei vor dem 1.1.2012 abgeschlossenen Verträgen: 60. Lebensjahr).
  - Die Ansprüche dürfen **nicht vererblich, nicht übertragbar, nicht beleihbar, nicht veräußerbar** und **nicht kapitalisierbar** sein.
  - Über den Anspruch auf Leibrente hinaus darf **kein Anspruch auf Auszahlung** bestehen.

- **ergänzende Erwerbs- und Berufsunfähigkeitsversicherungen**, wenn es sich lediglich um eine „**Zusatzversicherung**" handelt (ergänzende Absicherung im Zusammenhang mit einer Leibrentenversicherung in Abgrenzung zu der eigenständigen Versicherung, die zu den sonstigen Vorsorgeaufwendungen gehört). Eine „Zusatzversicherung" wird unter folgenden Voraussetzungen anerkannt:
  - Die Leistungen aus der Zusatzversicherung werden – wie bei der Altersabsicherung – nur in Form einer Leibrente erbracht.
  - Als Hinterbliebene begünstigt sind der Ehegatte des Stpfl. und die Kinder, für die er Kindergeld oder einen Kinderfreibetrag nach § 32 Abs. 6 EStG erhält. Der Anspruch auf Waisenrente darf längstens für den Zeitraum bestehen, in dem der Rentenberechtigte die Voraussetzungen für die Berücksichtigung als Kind i.S.d. § 32 EStG erfüllt.
  - Die Ansprüche dürfen **nicht vererblich, nicht übertragbar, nicht beleihbar, nicht veräußerbar** und **nicht kapitalisierbar** sein.
  - Über den Anspruch auf Leibrente hinaus darf **kein Anspruch auf Auszahlung** bestehen.

- **Erwerbs- und Berufsunfähigkeitsversicherungen**, wenn der Vertrag nur **die Zahlung einer monatlichen**, auf das Leben des Stpfl. bezogenen **lebenslangen Leibrente** für einen Versicherungsfall vorsieht, der bis zur Vollendung des 67. Lebensjahrs eingetreten ist. Der Vertrag kann die Beendigung der Rentenzahlung wegen eines medizinisch begründeten Wegfalls der Berufsunfähigkeit oder der verminderten Erwerbsfähigkeit vorsehen. Die Höhe der zugesagten Rente kann vom Alter des Stpfl. bei Eintritt des Versicherungsfalls abhängig gemacht werden, wenn der Stpfl. das 57. Lebensjahr vollendet hat. Die Ansprüche dürfen **nicht vererblich, nicht übertragbar, nicht beleihbar, nicht veräußerbar** und **nicht kapitalisierbar** sein. Über den Anspruch auf Leibrente hinaus darf **kein Anspruch auf Auszahlung** bestehen.

Nicht zu den begünstigten Vorsorgeprodukten gehören Anlageprodukte, die je nach ihrer konkreten Ausgestaltung zwar auch der Altersvorsorge dienen können, jedoch nicht zwingend dienen müssen. Bei diesen Anlageformen überwiegt i.d.R. der Charakter einer (frei verfügbaren) Kapitalanlage. Hierzu gehören z.B. Beiträge zur Versorgungsanstalt der Bezirksschornsteinfegermeister (BFH v. 15.5.2013, X R 18/10, BStBl II 2014, 25) oder **Kapitallebensversicherungen**. Beiträge zu Gunsten von Kapitallebensversicherungsverträgen, die vor dem 1.1.2005 abgeschlossen wurden und bei denen bereits ein entsprechender Versicherungsbeitrag vor dem genannten Termin geleistet worden ist, werden als **sonstige Vorsorgeaufwendungen** anerkannt. Außerdem werden die Beitragsleistungen im Rahmen der Günstigerprüfung (→ Rz. 3092) angesetzt.

b) Übergangsregelung

3077 Langfristig sollen Altersvorsorgeaufwendungen in vollem Umfang zum Abzug zugelassen, dafür aber die späteren Erträge (Altersrenten) in vollem Umfang der Einkommensteuer unterworfen werden („**nachgelagerte Besteuerung**"). Der Übergang zu einer vollständigen Abziehbarkeit der entsprechenden Beiträge zur gesetzlichen Rentenversicherung und vergleichbarer Aufwendungen erfolgt jedoch aus Haushaltsgründen schrittweise, für die Kalenderjahre 2005 bis 2024 enthält § 10 Abs. 3 EStG deshalb eine **Übergangsregelung**:

Danach werden grundsätzlich innerhalb eines Rahmens von 20 000 € (**seit 2015 ist das Abzugsvolumen dynamisch an den Höchstbetrag zur knappschaftlichen Rentenversicherung gekoppelt**) zunächst 60 % der individuell getätigten Aufwendungen als abziehbare Aufwendungen berücksichtigt. Dieser Pro-

☒ = keine Lohnsteuerpflicht
☐ = Lohnsteuerpflicht

Vorsorgeaufwendungen

zentsatz steigt im Laufe der Jahre jeweils um 2 Prozentpunkte an, so dass im Jahre 2025 die Beiträge zu 100 % abgesetzt werden können.

im Jahr	Absetzbare Altersvorsorgeaufwendungen bei	
	Alleinstehenden	Verheirateten
2005	60 % der Beiträge, höchstens 12 000 € (60 % von 20 000 €)	60 % der Beiträge, höchstens 24 000 € (60 % von 40 000 €)
2015	80 % der Beiträge, höchstens 17 738 € (80 % von 22 172 €)	80 % der Beiträge, höchstens 35 476 € (80 % von 44 344 €)
2016	82 % der Beiträge, höchstens 18 669 € (82 % von 22 767 €)	82 % der Beiträge, höchstens 37 338 € (82 % von 45 534 €)
ab 2025	100 % der Beiträge, höchstens Höchstbetrag zur knappschaftlichen Rentenversicherung	100 % der Beiträge, höchstens Höchstbetrag zur knappschaftlichen Rentenversicherung × 2

Die beschränkte Abziehbarkeit von Altersvorsorgeaufwendungen ist verfassungsgemäß (BFH v. 9.12.2009, X R 28/07, BStBl II 2010, 348).

c) Höchstbetragsberechnung

aa) Pflichtversicherte Arbeitnehmer

3078 Bei Arbeitnehmern zählen zu den abzugsfähigen Altersvorsorgeaufwendungen nicht nur die **eigenen Beitragsleistungen, hinzuzurechnen** sind auch der nach § 3 Nr. 62 EStG steuerfreie **Arbeitgeberanteil zur gesetzlichen Rentenversicherung** und ein diesem gleichgestellter steuerfreier Zuschuss des Arbeitgebers (§ 10 Abs. 1 Nr. 2 Satz 2 EStG).

Bei gesetzlich pflichtversicherten Arbeitnehmern wird die Höhe der als Sonderausgaben abziehbaren Beträge dann in **drei Schritten ermittelt** (§ 10 Abs. 3 EStG):

– Die Beiträge sind auf den **Höchstbetrag zur knappschaftlichen Rentenversicherung**, aufgerundet auf einen vollen Eurobetrag, beschränkt. Bei zusammen veranlagten **Ehegatten** verdoppelt sich dieser Betrag.

  Für 2016 ergibt sich somit ein **Höchstbetrag von 22 767 €** (91 800 € × 24,8 %) bzw. bei zusammen veranlagten Ehegatten **von 45 534 €**.

– **Nach der Begrenzung der Aufwendungen auf den o.g. Höchstbetrag** (nach dem Vergleich der Aufwendungen mit dem Höchstbetrag wird mit dem niedrigeren Betrag weitergerechnet) findet bis zur vollständigen Abziehbarkeit der Altersvorsorgeaufwendungen im Jahre 2025 die Übergangsregelung Anwendung. Im Jahr 2016 können demnach **82 % der Vorsorgeaufwendungen** berücksichtigt werden. Dieser Prozentsatz steigt dann jährlich um 2 Prozentpunkte an (bis im Jahr 2025 100 % erreicht sind).

– Von diesem Betrag ist der nach § 3 Nr. 62 EStG **steuerfreie Arbeitgeberanteil zur gesetzlichen Rentenversicherung** und ein diesem gleichgestellter steuerfreier Zuschuss des Arbeitgebers abzuziehen.

Beispiel:
A zahlt im Jahr 2016 einen Arbeitnehmeranteil zur gesetzlichen Rentenversicherung von 3 000 €. Der für A geleistete steuerfreie Arbeitgeberanteil beläuft sich dementsprechend auch auf 3 000 €. Zusätzlich hat A noch eine private Leibrentenversicherung abgeschlossen und Beiträge i.H.v. 2 000 € eingezahlt.

Als Sonderausgaben können **im Jahre 2016** folgende Altersvorsorgeaufwendungen angesetzt werden:

Tatsächlicher Arbeitnehmerbeitrag	3 000 €
Tatsächlicher Arbeitgeberbeitrag	3 000 €
Zusatzversicherung	2 000 €
Insgesamt	8 000 €
Höchstbetrag	22 767 €
Ansatz des niedrigeren Betrags	8 000 €
Begrenzung auf 82 % (Übergangsregelung)	6 560 €
abzgl. steuerfreier Arbeitgeberanteil	3 000 €
Verbleibender Betrag	3 560 €

Es können **3 560 €** als Sonderausgaben angesetzt werden.

bb) Nicht pflichtversicherte Arbeitnehmer

Bei Arbeitnehmern, die ohne eigene Beiträge zur Rentenversicherung ganz oder teilweise Anspruch auf eine Altersversorgung erhalten wie z.B. **Beamte, Richter, Soldaten, rentenversicherungsfreie Beschäftigte, Gesellschafter-Geschäftsführer mit Pensionszusage oder Abgeordnete**, wird die Höhe der als Sonderausgaben abziehbaren Beträge in **zwei Schritten ermittelt** (§ 10 Abs. 3 EStG): **3079**

– Die Beiträge sind auf den **Höchstbetrag zur knappschaftlichen Rentenversicherung**, aufgerundet auf einen vollen Eurobetrag, beschränkt. Bei zusammen veranlagten **Ehegatten** verdoppelt sich dieser Betrag.

  Für 2016 ergibt sich somit ein **Höchstbetrag von 22 767 €** (91 800 € × 24,8 %) bzw. bei zusammen veranlagten Ehegatten **von 45 534 €**.

  Der Höchstbetrag vermindert sich um einen **fiktiven Gesamtbeitrag zur gesetzlichen Rentenversicherung** (§ 10 Abs. 3 Satz 3 EStG). Der fiktive Gesamtbeitrag (Arbeitnehmer- und Arbeitgeberanteil) ermittelt sich unter Zugrundelegung des jeweils für das Kalenderjahr gültigen Beitragssatzes zur gesetzlichen Rentenversicherung der Arbeiter und Angestellten (für das Jahr 2016 18,7 %) und der vom Stpfl. aus der betreffenden Tätigkeit erzielten steuerpflichtigen Einnahmen. In diesem Zusammenhang werden – wie bei den in der gesetzlichen Rentenversicherung der Arbeiter und Angestellten Pflichtversicherten – Einnahmen oberhalb der Beitragsbemessungsgrenze nicht angesetzt.

– **Nach der Begrenzung auf den o.g. Höchstbetrag** findet bis zur vollständigen Abziehbarkeit der Altersvorsorgeaufwendungen im Jahre 2025 die Übergangsregelung Anwendung. Im Jahr 2016 können demnach **82 % der Vorsorgeaufwendungen** berücksichtigt werden. Dieser Prozentsatz steigt dann jährlich um 2 Prozentpunkte an (bis im Jahr 2025 100 % erreicht sind).

Beispiel:
Bei dem Arbeitnehmer im o.g. Beispiel handelt es sich um einen **Beamten**, der eine private Leibrentenversicherung abgeschlossen und Beiträge i.H.v. 2 000 € eingezahlt hat. Der fiktive Arbeitnehmer- und Arbeitgeberanteil (§ 10 Abs. 3 Satz 3 EStG) beträgt jeweils 3 000 €.

Als Sonderausgaben können **im Jahre 2016** folgende Altersvorsorgeaufwendungen angesetzt werden:

Tatsächlicher Arbeitnehmerbeitrag	0 €
Tatsächlicher Arbeitgeberbeitrag	0 €
Zusatzversicherung	2 000 €
Insgesamt	2 000 €
Höchstbetrag	22 767 €
./. fiktiver Arbeitnehmeranteil	3 000 €
./. fiktiver Arbeitgeberanteil	3 000 €
Verbleibender Höchstbetrag	16 767 €
Ansatz des niedrigeren Betrags	2 000 €
Begrenzung auf 82 % (Übergangsregelung)	1 640 €
./. steuerfreier Arbeitgeberanteil	0 €
Verbleibender Betrag	1 640 €

Es können **1 640 €** als Sonderausgaben angesetzt werden.

Die Kürzung um einen fiktiven Gesamtbeitrag zur gesetzlichen Rentenversicherung ist auch bei Gesellschafter-Geschäftsführern, die nur eine geringe Pensionszusage erhalten, nicht verfassungswidrig (BFH v. 15.7.2014, X R 35/12, BStBl II 2015, 213).

cc) Geringfügig beschäftigte Arbeitnehmer

Im Zusammenhang mit einer geringfügigen Beschäftigung vom Arbeitgeber erbrachte pauschale Beiträge zur Rentenversicherung schlagen sich kaum im späteren Rentenanspruch nieder. Die Hinzurechnung und der spätere Abzug dieser Beiträge hat sich stets **zu Ungunsten des Arbeitnehmers** ausgewirkt, denn der Abzug für private Vorsorgebeiträge wird gemindert, ohne dass dies mit dem steuerunbelasteten Erwerb entsprechender Anwartschaften in der gesetzlichen Rentenversicherung inhaltlich gerechtfertigt werden kann. **3080**

Pauschale Rentenversicherungsbeiträge nach § 168 Abs. 1 Nr. 1b oder 1c oder nach § 172 Abs. 3 oder 3a SGB VI werden daher nur noch **auf Antrag des Arbeitnehmers** den Altersvorsorgeaufwendungen hinzugerechnet (§ 10 Abs. 1 Nr. 2 Satz 5 EStG). Nur in

Vorsorgeaufwendungen

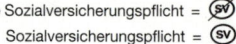

keine Sozialversicherungspflicht = Ⓢᵛ
Sozialversicherungspflicht = Ⓢᵛ

diesem Fall erfolgt eine Minderung der Vorsorgebeiträge (§ 10 Abs. 3 Satz 7 EStG).

3. Basisabsicherung
a) Begriff

3081 Hierunter fallen Beiträge zur:

- **gesetzlichen Krankenversicherung** und **privaten Basiskrankenversicherung** (§ 10 Abs. 1 Nr. 3 Buchst. a EStG),
- **sozialen Pflegeversicherung** und **privaten Pflege-Pflichtversicherung** (§ 10 Abs. 1 Nr. 3 Buchst. b EStG).

aa) Beiträge zur gesetzlichen Krankenversicherung

3082 Die Beiträge zur gesetzlichen Krankenversicherung einschließlich der Beiträge zur landwirtschaftlichen Krankenkasse gehören grundsätzlich zu den **Beiträgen für eine Basiskrankenversicherung**. Hierzu zählt auch der **von der Krankenkasse erhobene kassenindividuelle Zusatzbeitrag**.

Praxisgebühren sind **keine Beiträge zu Krankenversicherungen**, sondern eine Form der Selbstbeteiligung (BFH v. 18.7.2012, X R 41/11, BStBl II 2012, 821). Die Erstattung der Praxisgebühr ist daher nicht wie eine Beitragsrückerstattung zu behandeln (FinMin Schleswig-Holstein v. 6.5.2013, VI 314 – S 2221 – 217, StEd 2013, 316). Auch die Übernahme von Aufwendungen **innerhalb eines sog. Selbstbehalts** sind keine Beiträge zu Krankenversicherungen und deshalb nicht als Vorsorgeaufwendungen abziehbar (FG Köln v. 15.8.2013, 15 K 1858/12, EFG 2014, 1477, Revision eingelegt, Az. beim BFH: X R 43/14).

Entgegen der Auffassung der Finanzverwaltung ist nach Ansicht des FG Rheinland-Pfalz der **Sonderausgabenabzug** der Beiträge für eine Basiskrankenversicherung **nicht** um die von der Krankenkasse geleisteten Bonuszahlungen **zu kürzen**, soweit eine Krankenkasse im **Rahmen eines Bonusprogramms** Zahlungen an den Versicherten leistet (FG Rheinland-Pfalz v. 28.4.2015, 3 K 1387/14, EFG 2015, 1357, Revision eingelegt, Az. beim BFH: X R 17/15). Zur Vermeidung von Einsprüchen ergehen Steuerfestsetzungen insoweit vorläufig (BMF v. 5.11.2015, IV A 3 – S 0338/07/10010, BStBl I 2015, 786).

Nicht der Basisabsicherung zuzurechnen ist der Beitragsanteil, der der **Finanzierung des Krankengelds** dient. Dieser Anteil wird durch einen **pauschalen Abschlag von 4 %** bestimmt (§ 10 Abs. 1 Nr. 3 Buchst. a Satz 4 EStG). Grundlage für die Abschlagshöhe sind die durchschnittlichen Ausgaben der gesetzlichen Krankenversicherung für das Krankengeld in den vergangenen Jahren. Der Abschlag wird allerdings nur dann vorgenommen, wenn dem Grunde nach eine Krankengeldabsicherung besteht. Dies bedeutet, dass z.B. bei den in der gesetzlichen Krankenversicherung versicherten Rentenbeziehern keine Kürzung erfolgt.

Werden über die gesetzliche Krankenversicherung auch Leistungen abgesichert, die **über die Pflichtleistungen hinausgehen**, so sind auch die darauf entfallenden Beitragsanteile **nicht der Basisabsicherung** zuzurechnen. Hierzu gehören Beiträge für Wahl- und Zusatztarife, die Leistungen wie Chefarztbehandlung oder Einbettzimmer abdecken (diese Leistungen können aber bei den sonstigen Vorsorgeaufwendungen berücksichtigt werden, → Rz. 3088).

bb) Beiträge zur privaten Krankenversicherung

3083 Zur **Basisabsicherung in einer privaten Krankenversicherung** dienen die Beitragsanteile, mit denen Versicherungsleistungen finanziert werden, die in Art, Umfang und Höhe den **Pflichtleistungen der gesetzlichen Krankenversicherung vergleichbar** sind und auf die ein Anspruch besteht. Nicht zur Basisabsicherung gehören allerdings – wie bei der gesetzlichen Krankenversicherung – Beitragsanteile, die der Finanzierung von Komfortleistungen (z.B. Chefarztbehandlung, Einbettzimmer), des Krankenhaustagegelds oder des Krankentagegelds dienen (diese Leistungen können aber bei den sonstigen Vorsorgeaufwendungen berücksichtigt werden, → Rz. 3088).

Werden in einem Krankenversicherungstarif auch über eine Basisabsicherung **hinausgehende Leistungen versichert**, dann ist der für den entsprechenden Tarif geleistete Beitrag in einen **abziehbaren und nicht abziehbaren Teil aufzuteilen**. Das Aufteilungsverfahren ist in der **Krankenversicherungsbeitragsanteil-Ermittlungsverordnung** v. 11.8.2009, BGBl. I 2009, 2730, geregelt. Der private Krankenversicherer ermittelt, in welchem Umfang ein privater Krankenversicherungstarif der Basisabsicherung dient. Daraus ergibt sich der steuerlich zu berücksichtigende Beitragsanteil für diesen Tarif.

Steuerfreie Zuschüsse des Arbeitgebers sind **ausschließlich mit Beiträgen für die Basisabsicherung** i.S.d. § 10 Abs. 1 Nr. 3 EStG **zu verrechnen** (BFH v. 2.9.2014, IX R 43/13, HFR 2015, 106).

Die Basisabsicherung ist vom sog. **Basistarif** zu unterscheiden. Der Basistarif ist ein **besonders gestalteter Tarif**, der grundsätzlich von jedem privaten Krankenversicherungsunternehmen angeboten werden muss. Bei einem Basistarif können alle **geleisteten Beiträge** – mit Ausnahme der Beitragsanteile, die auf das Krankentagegeld entfallen – in vollem Umfang angesetzt werden. Für die steuerliche Berücksichtigung der Beiträge zur Basisabsicherung ist der **Abschluss eines Basistarifs aber nicht zwingend**.

cc) Beiträge zu einer Pflegepflichtversicherung

3084 Beiträge zur gesetzlichen Pflegeversicherung und zur privaten Pflege-Pflichtversicherung gehören **in vollem Umfang zur Basisabsicherung** i.S.d. § 10 Abs. 1 Nr. 3 EStG.

b) Abzugsvolumen

3085 Beiträge zu einer Basisabsicherung und zur Pflegepflichtversicherung können **in voller Höhe als Sonderausgaben** angesetzt werden.

Da die Beiträge für die Basisabsicherung aber mit den Beiträgen für die sonstigen Vorsorgeaufwendungen zusammengerechnet werden, verringern sich dadurch die Höchstbeträge für die sonstigen Vorsorgeaufwendungen. Dass die Beiträge zu privaten Risikolebensversicherungen, Unfallversicherungen und Kapitallebensversicherungen steuerlich nicht berücksichtigt werden, wenn die Höchstbeträge bereits durch Beiträge für die Basisabsicherung für den Krankheits- und Pflegefall überschritten werden, begegnet keinen verfassungsrechtlichen Bedenken (BFH v. 9.9.2015, X R 5/13, www.stotax-first.de).

c) Abzugsberechtigung

3086 Abzugsberechtigt ist der Stpfl., der als Versicherungsnehmer für sich selbst, seinen Ehegatten, seine bei ihm steuerlich zu berücksichtigenden Kinder oder seinen eingetragenen Lebenspartner Beiträge leistet.

Ist ein Kind Versicherungsnehmer, für das der Stpfl. einen Anspruch auf einen Freibetrag nach § 32 Abs. 6 EStG oder auf Kindergeld hat, und übernimmt der Stpfl. im Rahmen seiner Unterhaltsverpflichtung die Beiträge für die Basiskrankenversicherung beziehungsweise Pflegepflichtversicherung des Kinds, können die vom Stpfl. gezahlten Beiträge ausnahmsweise als Sonderausgaben angesetzt werden (§ 10 Abs. 1 Nr. 3 Satz 2 EStG). Ein zusätzlicher Abzug der Beiträge beim Kind selbst scheidet dann aus, weil das Kind mit den Beiträgen wirtschaftlich nicht belastet ist. Im Einzelnen gilt hierzu Folgendes (OFD Magdeburg v. 3.11.2011, S 2221 – 118 – St 224, www.stotax-first.de):

- Die Beiträge können **insgesamt nur einmal** steuerlich geltend gemacht werden. Beantragen die Eltern den Abzug der Kranken- und Pflegeversicherungsbeiträge des Kinds in voller Höhe als Sonderausgaben, scheidet ein Sonderausgabenabzug dieser Beiträge beim Kind aus.
- Der Abzug der Beiträge darf aber nach nachvollziehbaren Kriterien **zwischen Eltern und Kind aufgeteilt** werden.
- Für den Sonderausgabenabzug kommt es nicht darauf an, ob **die Eltern tatsächlich die Versicherungsbeiträge bezahlt** haben. Es ist ausreichend, wenn die Unterhaltsverpflichtung der Eltern durch Sachleistungen – wie Unterkunft und Verpflegung – erfüllt wurde.
- Die eigenen **Einkünfte** des Kinds **kürzen nicht** den Sonderausgabenabzug.

Das FG Köln hat die **Verwaltungsregelung abgelehnt** und entschieden, dass die vom Lohn eines sich in Ausbildung befindlichen Kinds einbehaltenen Kranken- und Pflegeversicherungsbeiträge, die sich bei dem Kind steuerlich nicht ausgewirkt haben, nicht nach § 10 Abs. 1 Nr. 3 Satz 2 EStG als im Rahmen der Unterhaltsverpflichtung getragene eigene Beiträge der Eltern als Sonderausgaben zu behandeln sind (FG Köln v. 13.5.2015, 15 K 1965/12, EFG 2015, 1916, Revision eingelegt, Az. beim BFH: X R 25/15)

Die Sonderregelung in § 10 Abs. 1 Nr. 3 Satz 2 EStG gilt **nur für die Basiskranken- und die Pflegepflichtversicherung**. Beiträge für **Komfortleistungen** kann somit **nur der Versicherungsnehmer**, d.h. das Kind, als (weitere) sonstige Vorsorgeaufwendungen (§ 10 Abs. 1 Nr. 3a EStG) abziehen.

d) Abzugszeitpunkt

3087 Beiträge sind grundsätzlich in dem Veranlagungszeitraum zu berücksichtigen, in dem sie abfließen (§ 11 Abs. 2 EStG). Um missbräuchliche Gestaltungen zu vermeiden, gilt folgende eine **Sonderregelung**:

Beiträge, die für nach Ablauf des Veranlagungszeitraums beginnende Beitragsjahre geleistet werden und in der Summe das 2,5-fache der auf den Veranlagungszeitraum entfallenden Beiträge überschreiten, sind in dem Veranlagungszeitraum anzusetzen, für den sie geleistet werden; dies gilt nicht für Beiträge, soweit sie der unbefristeten Beitragsminderung nach Vollendung des 62. Lebensjahrs dienen (§ 10 Abs. 1 Nr. 3 Satz 4 EStG).

Diese Neuregelung bezieht sich nur auf Fallgestaltungen, in denen Beiträge vorausbezahlt werden. Nicht erfasst werden Nachzahlungen für zurückliegende Jahre. Für diese gilt weiterhin das Abflussprinzip des § 11 Abs. 2 EStG.

4. Sonstige Vorsorgeaufwendungen

a) Begriff

3088 Hierunter fallen Beiträge zu

- **Kranken- und Pflegeversicherungen**, soweit sie nicht zur Basisabsicherung (→ Rz. 3081) gehören,
- Versicherungen gegen **Arbeitslosigkeit**,
- **Unfall- und Haftpflichtversicherungen**,
- **Risikoversicherungen**, die nur für den Todesfall eine Leistung vorsehen,
- eigenständigen **Erwerbs- und Berufsunfähigkeitsversicherungen**. Daneben werden Beiträge zu **Kapitallebensversicherungen und Rentenversicherungen**, die bisher als Sonderausgaben begünstigt waren, auch weiterhin als sonstige Vorsorgeaufwendungen anerkannt, wenn die Laufzeit dieser Versicherungen vor dem 1.1.2005 begonnen hat und ein Versicherungsbeitrag bis zum 31.12.2004 entrichtet wurde.

Nicht als Sonderausgaben absetzbar sind nach wie vor Sachversicherungen, also Beiträge zur Kfz-Kaskoversicherung, Hausratversicherung, Rechtsschutzversicherung, Gebäudeversicherungen, Reisegepäckversicherung.

Auch **Praxisgebühren** sind **keine sonstigen Vorsorgeaufwendungen**, sondern eine Form der Selbstbeteiligung (BFH v. 18.7.2012, X R 41/11, BStBl II 2012, 821). Die Erstattung der Praxisgebühr ist daher nicht wie eine Beitragsrückerstattung zu behandeln (FinMin Schleswig-Holstein v. 6.5.2013, VI 314 – S 2221 – 217, StEd 2013, 316). Die Übernahme von Aufwendungen **innerhalb eines sog. Selbstbehalts** sind ebenfalls keine Beiträge zu Krankenversicherungen und deshalb nicht als Vorsorgeaufwendungen abziehbar (FG Köln v. 15.8.2013, 15 K 1858/12, EFG 2014, 1477, Revision eingelegt, Az. beim BFH: X R 43/14).

b) Höchstbetragsberechnung

3089 Bei den **sonstigen Vorsorgeaufwendungen** ist zunächst Folgendes zu beachten:

Rentenversicherungen mit Kapitalwahlrecht und Kapitallebensversicherungen „nach altem Recht" sind ab dem Kalenderjahr 2004 **nur noch mit 88 % der Beiträge** zu berücksichtigen (§ 10 Abs. 1 Nr. 2 Buchst. b Satz 2 EStG a.F.).

Für die sonstigen Vorsorgeaufwendungen – einschließlich der Aufwendungen für die Basisabsicherung – gelten eigenständige Höchstbeträge. Sie können abgezogen werden

- bis zu einem jährlichen Höchstbetrag von **2 800 €** bei Stpfl., die Beiträge für ihre **Krankenversicherung in vollem Umfang allein tragen** müssen, und
- bis zu einem jährlichen Höchstbetrag von **1 900 €** bei Stpfl.,
  - die ganz oder teilweise ohne eigene Aufwendungen einen Anspruch auf volle oder teilweise Erstattung oder Über-

nahme von Krankheitskosten haben (z.B. der **Beihilfeanspruch bei Beamten**) oder

- für deren Krankenversicherung steuerfreie Leistungen i.S.d. § 3 Nr. 62 EStG (z.B. **steuerfreier Arbeitgeberanteil zur Kranken- und Pflegeversicherung**), § 3 Nr. 14 EStG (**Zuschüsse eines Trägers der gesetzlichen Rentenversicherung zu den Aufwendungen eines Rentners für seine Krankenversicherung**), § 3 Nr. 57 EStG (steuerfreie Leistungen der Künstlersozialkasse) oder § 3 Nr. 9 EStG (Erstattungen nach § 23 Abs. 2 Satz 1 Nr. 3 und 4 oder § 39 Abs. 4 Satz 2 SGB VIII) erbracht werden (§ 10 Abs. 4 Satz 2 EStG).

Im Gegensatz zu den Altersvorsorgeaufwendungen werden die sonstigen Vorsorgeaufwendungen in vollem Umfang bis zu den entsprechenden Höchstbeträgen als Sonderausgaben anerkannt (**keine Übergangsregelung** bis zum Jahre 2025!).

Bei **zusammenveranlagten Ehegatten** ergibt sich der gemeinsame Höchstbetrag aus der Summe der jedem Ehegatten zustehenden Höchstbeträge (§ 10 Abs. 4 Satz 3 EStG). Ist also ein Ehegatte Selbständiger und ein Ehegatte Arbeitnehmer, beträgt der gemeinsame Höchstbetrag 4 700 € (2 800 € + 1 900 €); bei einem Beamten und seinem beihilfeberechtigten Ehegatten jedoch nur 3 800 € (BFH v. 23.1.2013, X R 43/09, BStBl II 2013, 608). Übersteigen die Aufwendungen für die Basisabsicherung die sonstigen Vorsorgeaufwendungen, sind diese abzuziehen und ein Abzug von sonstigen Vorsorgeaufwendungen scheidet aus (§ 10 Abs. 4 Satz 4 EStG). Diese Regelung ist verfassungskonform (FG Hamburg v. 21.9.2012, 3 K 144/11, EFG 2013, 26).

c) Beispiele

3090 Die Ermittlung des im Bereich der Basisabsicherung und der sonstigen Vorsorgeaufwendungen steuerlich anzusetzenden Betrags sollen folgende Beispiele erläutern:

Beispiel 1:

Arbeitnehmer A ist ledig und privat krankenversichert. Er hat weder einen Anspruch auf Beihilfe zu seinen Krankheitskosten noch erhält er einen steuerfreien Zuschuss zu seiner Krankenversicherung. Er zahlt im Kalenderjahr 2016 einen Krankenversicherungsbeitrag i.H.v. 2 400 €, wovon 10 % der Finanzierung von Komfortleistungen dienen. Auf die Basiskrankenversicherung entfällt somit ein Beitragsanteil von 2 160 €. Für eine Pflegepflichtversicherung wer den 200 € gezahlt und andere sonstige Vorsorgeaufwendungen i.H.v. 400 € getätigt.

Als Sonderausgaben können **im Jahre 2016** folgende Vorsorgeaufwendungen angesetzt werden:

	Beiträge zur Krankenversicherung	2 400 €
+	Beiträge zur Pflegepflichtversicherung	200 €
+	Weitere sonstige Vorsorgeaufwendungen	400 €
=	Summe	3 000 €
	Höchstens aber	**2 800 €**
	Mindestens jedoch Basiskrankenversicherung	2 160 €
+	Pflegepflichtversicherung	200 €
=	Summe	**2 360 €**
	Anzusetzen ist der höhere Betrag, also	**2 800 €**

Beispiel 2:

Sachverhalt wie Beispiel 1, die Aufwendungen des A für die private Krankenversicherung belaufen sich auf 4 000 €, davon entfallen erneut 10 % auf Komfortleistungen. Auf die Basiskrankenversicherung entfällt somit ein Beitragsanteil von 3 600 €.

Als Sonderausgaben können **im Jahre 2016** folgende Vorsorgeaufwendungen angesetzt werden:

	Beiträge zur Krankenversicherung	4 000 €
+	Beiträge zur Pflegepflichtversicherung	200 €
+	Weitere sonstige Vorsorgeaufwendungen	400 €
=	Summe	4 600 €
	Höchstens aber	**2 800 €**
	Mindestens jedoch Basiskrankenversicherung	3 600 €
+	Pflegepflichtversicherung	200 €
=	Summe	**3 800 €**
	Anzusetzen ist der höhere Betrag, also	**3 800 €**

5. Vorsorgepauschale

3091 Die beim Lohnsteuerabzug zu berücksichtigende Vorsorgepauschale setzt sich **seit dem Kalenderjahr 2010** aus mehreren Teilbeträgen zusammen:

Vorsorgeaufwendungen

keine Sozialversicherungspflicht = (SV̸)
Sozialversicherungspflicht = (SV)

- Teilbetrag für die Rentenversicherung (§ 39b Abs. 2 Satz 5 Nr. 3 Buchst. a EStG),
- Teilbetrag für die gesetzliche Kranken- und soziale Pflegeversicherung (§ 39b Abs. 2 Satz 5 Nr. 3 Buchst. b und c EStG),
- Teilbetrag für die private Basiskranken- und Pflegepflichtversicherung (§ 39b Abs. 2 Satz 5 Nr. 3 Buchst. d EStG).

Einzelheiten → *Vorsorgepauschale* Rz. 3094.

Die Vorsorgepauschale wird seit dem Kalenderjahr 2010 **nur noch im Lohnsteuerabzugsverfahren** berücksichtigt. Bei der Veranlagung zur Einkommensteuer gibt es keine Vorsorgepauschale mehr; hier werden nur die tatsächlichen Aufwendungen angesetzt.

6. Günstigerprüfung in der Übergangsphase

3092 Der Sonderausgabenabzug nach geltendem Recht kann niedriger sein als der Abzug nach „altem" Recht. Deshalb lässt der Gesetzgeber für eine gewisse Zeit zu, dass der Sonderausgabenabzug nach „altem" Recht durchgeführt wird, wenn dieser höher ist (§ 10 Abs. 4a EStG).

Im Rahmen einer Günstigerprüfung werden die sich nach dem neuen Recht ergebenden Sonderausgabenabzugsbeträge für Vorsorgeaufwendungen (Altersvorsorgeaufwendungen und sonstige Vorsorgeaufwendungen) mit den Werten verglichen, die sich nach altem Recht ergeben würden. Es werden allerdings nur diejenigen Aufwendungen in die Günstigerprüfung einbezogen, die nach geltendem Recht den Vorsorgeaufwendungen zuzuordnen sind.

Bei der Vergleichsberechnung nach altem Recht wird der bisherige Vorwegabzug im Rahmen der Höchstbetragsberechnung nach § 10 Abs. 3 EStG a.F. wie folgt abgeschmolzen:

Kalenderjahr	Vorwegabzug für den Stpfl.	Vorwegabzug im Fall der Zusammenveranlagung von Ehegatten
2015	1 500 €	3 000 €
2016	1 200 €	2 400 €
2017	900 €	1 800 €
2018	600 €	1 200 €
2019	300 €	600 €

Die Günstigerprüfung wird **bis zum Jahr 2019 (einschließlich) durchgeführt**, aber seit 2010 nicht mehr im Lohnsteuerabzugsverfahren (→ *Vorsorgepauschale* Rz. 3094). **Ab 2020 gilt insoweit endgültig das neue Recht.**

7. Zusätzliche Altersvorsorge nach § 10a EStG („Riester-Rente")

3093 Der Sonderausgabenabzug für Altersvorsorgeaufwendungen und der (zusätzliche) Sonderausgabenabzug für Beiträge zur sog. Riester-Rente nach § 10a EStG stehen unabhängig nebeneinander.

Die Höhe der steuerlichen Förderung der „Riester-Rente" hat also keinen Einfluss auf die Abziehbarkeit der Vorsorgeaufwendungen. Einzelheiten → *Riester-Förderung* Rz. 2549.

Vorsorgepauschale

1. Allgemeines

3094 Eine **Vorsorgepauschale** wird **ausschließlich im Lohnsteuerabzugsverfahren** berücksichtigt (§ 39b Abs. 2 Satz 5 Nr. 3 und Abs. 4 EStG). Der pauschale Ansatz von Vorsorgeaufwendungen im Veranlagungsverfahren mittels Vorsorgepauschale wurde zum 1.1.2010 abgeschafft (→ *Vorsorgeaufwendungen* Rz. 3091).

Über die Vorsorgepauschale hinaus werden im Lohnsteuerabzugsverfahren **keine weiteren Vorsorgeaufwendungen berücksichtigt**. Die **Günstigerprüfung bei der Vorsorgepauschale** ist im Lohnsteuerabzugsverfahren seit 2010 weggefallen.

Eine Vorsorgepauschale wird grundsätzlich **in allen Steuerklassen berücksichtigt**, also seit 2010 auch in den Steuerklassen V und VI.

Zur Berücksichtigung von Vorsorgeaufwendungen im Lohnsteuerabzugsverfahren über die Vorsorgepauschale gilt Folgendes (BMF v. 26.11.2013, IV C 5 – S 2367/13/10001, BStBl I 2013, 1532):

2. Höhe der Vorsorgepauschale

Die beim Lohnsteuerabzug zu berücksichtigende Vorsorgepauschale setzt sich aus folgenden Teilbeträgen zusammen: **3095**

- Teilbetrag für die **Rentenversicherung** (§ 39b Abs. 2 Satz 5 Nr. 3 Buchst. a EStG),
- Teilbetrag für die **gesetzliche Kranken- und soziale Pflegeversicherung** (§ 39b Abs. 2 Satz 5 Nr. 3 Buchst. b und c EStG),
- Teilbetrag für die **private Basiskranken- und Pflege-Pflichtversicherung** (§ 39b Abs. 2 Satz 5 Nr. 3 Buchst. d EStG).

Ob die Voraussetzungen für den Ansatz der einzelnen Teilbeträge vorliegen, ist **jeweils gesondert zu prüfen**; hierfür ist immer der Versicherungsstatus am Ende des jeweiligen Lohnzahlungszeitraums maßgebend und das Dienstverhältnis nicht auf Teilmonate aufzuteilen. Die **Teilbeträge sind getrennt zu berechnen**; die auf volle Euro aufgerundete Summe der Teilbeträge ergibt die anzusetzende Vorsorgepauschale.

Bemessungsgrundlage für die Berechnung der Teilbeträge für die Rentenversicherung und die gesetzliche Kranken- und soziale Pflegeversicherung ist **der Arbeitslohn**. **Entschädigungen** i.S.d. § 24 Nr. 1 EStG (→ *Entschädigungen* Rz. 1134) sind **nicht als Arbeitslohnbestandteil** zu berücksichtigen (§ 39b Abs. 2 Satz 5 Nr. 3 Teilsatz 2 EStG); aus Vereinfachungsgründen beanstandet es die Finanzverwaltung aber nicht, wenn regulär zu besteuernde Entschädigungen bei der Bemessungsgrundlage für die Berechnung der Vorsorgepauschale berücksichtigt werden. **Steuerfreier Arbeitslohn** gehört ebenfalls **nicht zur Bemessungsgrundlage** für die Berechnung der entsprechenden Teilbeträge (BFH v. 18.3.1983, VI R 172/79, BStBl II 1983, 475). Dies gilt **auch bei der Mindestvorsorgepauschale** für die Kranken- und Pflegeversicherung (§ 39b Abs. 2 Satz 5 Nr. 3 Teilsatz 3 EStG).

Der Arbeitslohn ist für die Berechnung der Vorsorgepauschale und der Mindestvorsorgepauschale seit 2010 **nicht mehr um den Versorgungsfreibetrag** (→ *Versorgungsfreibeträge* Rz. 3056) und den **Altersentlastungsbetrag** (→ *Altersentlastungsbetrag* Rz. 54) **zu vermindern**.

Die jeweilige Beitragsbemessungsgrenze (BBG) ist bei allen Teilbeträgen der Vorsorgepauschale zu beachten. Bei den Rentenversicherungsbeiträgen gilt – abhängig vom Beschäftigungsort i.S.d. § 9 SGB IV – die BBG West und die BBG Ost. Dies gilt auch bei einer Versicherung in der knappschaftlichen Rentenversicherung; deren besondere BBG ist hier nicht maßgeblich. In Fällen, in denen die Verpflichtung besteht, Beiträge zur Alterssicherung **an ausländische Sozialversicherungsträger** abzuführen (→ Rz. 3096), bestimmt sich die maßgebliche BBG nach dem **Ort der lohnsteuerlichen Betriebsstätte** des Arbeitgebers (§ 41 Abs. 2 EStG). Die Gleitzone in der Sozialversicherung für Arbeitslöhne von 450,01 € bis 850 € (→ *Gleitzone* Rz. 1446) ist steuerlich unbeachtlich. Ebenfalls unbeachtlich ist die Verminderung der BBG beim Zusammentreffen mehrerer Versicherungsverhältnisse (§ 22 Abs. 2 SGB IV).

Eine Tabelle mit den BBG für 2016 ist im Anhang abgedruckt, → *Anhang, B. Sozialversicherung* Rz. 3398.

Die Bemessungsgrundlage für die Ermittlung der Vorsorgepauschale (Arbeitslohn) und für die Berechnung der Sozialabgaben (Arbeitsentgelt) kann **unterschiedlich** sein. Für die Berechnung der Vorsorgepauschale ist das **sozialversicherungspflichtige Arbeitsentgelt nicht maßgeblich**.

> **Beispiel:**
> Ein Arbeitnehmer mit einem Jahresarbeitslohn von 60 000 € wandelt im Jahr 2016 einen Betrag von 4 000 € bei einer BBG in der allgemeinen Rentenversicherung von 74 400 € zu Gunsten einer betrieblichen Altersversorgung im Durchführungsweg Direktzusage um.
>
> Bemessungsgrundlage für die Berechnung des Teilbetrags der Vorsorgepauschale für die Rentenversicherung ist der steuerliche Arbeitslohn von 56 000 €. Das sozialversicherungspflichtige Arbeitsentgelt beträgt hingegen 57 024 €, weil 4 % der BBG (2 976 €) nicht als Arbeitsentgelt i.S. der Sozialversicherung gelten (§ 14 Abs. 1, § 115 SGB IV).

a) Teilbetrag für die Rentenversicherung

Der Teilbetrag für die Rentenversicherung beträgt 50 % des Beitrags in der allgemeinen Rentenversicherung unter Berücksichtigung der jeweiligen BBG (§ 39b Abs. 2 Satz 5 Nr. 3 Buchst. a EStG). In den Kalenderjahren 2010 bis 2024 ist der Abzug aber **3096** begrenzt auf einen bestimmten Prozentsatz, der im Kalenderjahr 2010 40 % beträgt und sich in jedem Jahr bis zum Jahr 2025 um 4 % erhöht; im Kalenderjahr 2016 sind daher **64 % des Betrags** anzusetzen (§ 39b Abs. 4 EStG).

Der Arbeitnehmeranteil für die Rentenversicherung eines pflichtversicherten Arbeitnehmers wird auf Grundlage des steuerlichen Arbeitslohns **unabhängig von der Berechnung der tatsächlich abzuführenden Rentenversicherungsbeiträge** typisierend berechnet, wenn der Arbeitnehmer in der gesetzlichen Rentenversicherung pflichtversichert und ein Arbeitnehmeranteil zu entrichten ist. Das gilt auch bei der Versicherung in einer berufsständischen Versorgungseinrichtung bei Befreiung von der gesetzlichen Rentenversicherung (§ 6 Abs. 1 Nr. 1 SGB VI). Das Steuerrecht folgt insoweit der sozialversicherungsrechtlichen Beurteilung, so dass der Arbeitgeber hinsichtlich der maßgeblichen Vorsorgepauschale keinen zusätzlichen Ermittlungsaufwand anstellen muss, sondern auf die ihm insoweit bekannten Tatsachen bei der Abführung der Rentenversicherungsbeiträge – bezogen auf das jeweilige Dienstverhältnis – zurückgreifen kann.

Der **Teilbetrag der Vorsorgepauschale für die Rentenversicherung gilt** daher bezogen auf das jeweilige Dienstverhältnis z.B. **nicht** bei

- **Beamten**,
- **beherrschenden Gesellschafter-Geschäftsführern** einer GmbH,
- **Vorstandsmitgliedern von Aktiengesellschaften** (§ 1 Satz 3 SGB VI),
- **weiterbeschäftigten Beziehern einer Vollrente** wegen Alters oder vergleichbaren Pensionsempfängern, selbst wenn nach § 172 Abs. 1 SGB VI ein Arbeitgeberanteil zur gesetzlichen Rentenversicherung zu entrichten ist,
- Arbeitnehmern, die von ihrem Arbeitgeber nur Versorgungsbezüge i.S.d. § 19 Abs. 2 Satz 2 Nr. 2 EStG (**Werkspensionäre**) erhalten,
- **geringfügig beschäftigten Arbeitnehmern**, bei denen die Lohnsteuer nach den Lohnsteuerabzugsmerkmalen des Arbeitnehmers erhoben wird und für die nur der pauschale Arbeitgeberbeitrag zur gesetzlichen Rentenversicherung entrichtet wird, es sei denn, dass der Arbeitnehmer bei Aufnahme der Beschäftigung vor dem 1.1.2013 durch Aufstockung des pauschalen Arbeitgeberbeitrags zur gesetzlichen Rentenversicherung optiert hat,
- nach § 8 Abs. 1 Nr. 2 SGB IV geringfügig beschäftigten Arbeitnehmern (**versicherungsfreie kurzfristige Beschäftigung**), bei denen die Lohnsteuer nach den Lohnsteuerabzugsmerkmalen des Arbeitnehmers erhoben wird,
- anderen Arbeitnehmern, die nicht in der gesetzlichen Rentenversicherung pflichtversichert sind und deshalb auch keinen Arbeitnehmerbeitrag zur gesetzlichen Rentenversicherung zu leisten haben (z.B. als **Praktikanten** oder aus anderen Gründen),
- Arbeitnehmern, wenn **der Arbeitgeber** nach § 20 Abs. 3 Satz 1 SGB IV **den Gesamtsozialversicherungsbeitrag allein trägt** (u.a. Auszubildende mit einem Arbeitsentgelt von bis zu monatlich 325 €).

Bei Befreiung von der Versicherungspflicht in der gesetzlichen Rentenversicherung auf eigenen Antrag auf Grund einer der in R 3.62 Abs. 3 LStR genannten Vorschriften ist der Teilbetrag für die Rentenversicherung nur in den Fällen des § 3 Nr. 62 Satz 2 Buchst. b und c EStG anzusetzen.

In Fällen, in denen die Verpflichtung besteht, **Beiträge zur Alterssicherung an ausländische Sozialversicherungsträger** abzuführen, hat der Arbeitgeber bei der Berechnung der Vorsorgepauschale einen Teilbetrag für die Rentenversicherung nur zu berücksichtigen, wenn der abzuführende Beitrag – zumindest teilweise – einen Arbeitnehmeranteil enthält und dem Grunde nach zu einem Sonderausgabenabzug führen kann (§ 10 Abs. 1 Nr. 2 Buchst. a EStG). Es ist **nicht erforderlich**, dass Deutschland über das Gemeinschaftsrecht der EU mit dem anderen Staat auf dem Gebiet der Sozialversicherung verbunden oder dass ein Sozialversicherungsabkommen mit dem anderen Staat geschlossen worden ist. Besteht Sozialversicherungspflicht im Inland und parallel im Ausland, bleiben im Lohnsteuerabzugsverfahren die Beiträge an den ausländischen Sozialversicherungsträger unberücksichtigt.

Beispiel 1:
Ein rentenversicherungspflichtiger Arbeitnehmer hat im Kalenderjahr 2016 einen Jahresarbeitslohn von 50 000 €. Der Beitragssatz in der gesetzlichen Rentenversicherung beträgt 18,7 %.

Der Teilbetrag für die Rentenversicherung ermittelt sich wie folgt:

Arbeitslohn 50 000 €	
davon 9,35 % (½ von 18,7 %)	4 675 €
begrenzt auf 64 %	2 992 €

Der Teilbetrag der Vorsorgepauschale für die Rentenversicherung beträgt 2 992 €.

Beispiel 2:
Ein Beamter hat im Kalenderjahr 2016 einen Jahresarbeitslohn von 50 000 €. Der Beitragssatz in der gesetzlichen Rentenversicherung beträgt 18,7 %.

Da ein Beamter nicht rentenversicherungspflichtig ist, ist auch kein Teilbetrag für die Rentenversicherung bei der Vorsorgepauschale zu berücksichtigen.

b) Teilbetrag für die gesetzliche Krankenversicherung

Der Teilbetrag für die gesetzliche Krankenversicherung beträgt 100 % des Beitrags in der gesetzlichen Krankenversicherung, der unter Berücksichtigung der jeweiligen BBG, des ermäßigten Beitragssatzes (§ 243 SGB V) und des kassenindividuellen Zusatzbeitragssatzes der Krankenkasse (§ 242 SGB V) dem Arbeitnehmeranteil eines pflichtversicherten Arbeitnehmers entspricht (§ 39b Abs. 2 Satz 5 Nr. 3 Buchst. b EStG).

3097

Auf Grundlage des steuerlichen Arbeitslohns wird **unabhängig von der Berechnung der tatsächlich abzuführenden Krankenversicherungsbeiträge** typisierend ein Arbeitnehmeranteil für die Krankenversicherung eines pflichtversicherten Arbeitnehmers berechnet, wenn der Arbeitnehmer in der **gesetzlichen Krankenversicherung pflichtversichert oder freiwillig versichert** ist (z.B. bei höher verdienenden Arbeitnehmern). Der typisierte Arbeitnehmeranteil ist auch anzusetzen bei in der gesetzlichen Krankenversicherung versicherten Arbeitnehmern, die die anfallenden Krankenversicherungsbeiträge in voller Höhe allein tragen müssen (z.B. freiwillig versicherte Beamte, Empfänger von Versorgungsbezügen). Der entsprechende Teilbetrag ist jedoch nur zu berücksichtigen, wenn der Arbeitnehmer Beiträge zur inländischen gesetzlichen Krankenversicherung leistet; andernfalls ist für Kranken- und Pflegeversicherungsbeiträge immer die Mindestvorsorgepauschale (→ Rz. 3100) anzusetzen. Besteht Sozialversicherungspflicht im Inland und parallel im Ausland, bleiben im Lohnsteuerabzugsverfahren die Beiträge an den ausländischen Sozialversicherungsträger unberücksichtigt. Den Arbeitnehmeranteil für die Versicherung in der gesetzlichen Krankenversicherung darf der Arbeitgeber nur ansetzen, wenn **er von einer entsprechenden Versicherung Kenntnis** hat (z.B. bei Zahlung eines steuerfreien Zuschusses oder nach Vorlage eines geeigneten Nachweises durch den Arbeitnehmer).

Beispiel 1:
Ein Beamter ist freiwillig gesetzlich krankenversichert. Dies ist jedoch lediglich der Beihilfestelle, nicht aber der Besoldungsstelle bekannt.

Die Besoldungsstelle hat beim Lohnsteuerabzug die Mindestvorsorgepauschale (→ Rz. 3100) zu berücksichtigen.

Beispiel 2:
Ein freiwillig in der gesetzlichen Krankenversicherung versicherter Arbeitnehmer hat im Kalenderjahr 2016 einen Jahresarbeitslohn von 52 000 €. Der allgemeine Beitragssatz in der gesetzlichen Krankenversicherung beträgt 14,6 %, der ermäßigte 14,0 %. Der kassenindividuelle Zusatzbeitrag des Arbeitnehmers beträgt 0,9 % (angenommener Wert).

Der Teilbetrag für die gesetzliche Krankenversicherung ermittelt sich wie folgt:

Arbeitslohn 52 000 €, höchstens aber die BBG von 50 850 €	
davon 7,0 % (½ von 14,0 %, denn maßgebend ist der ermäßigte Beitragssatz)	3 559,50 €
zzgl. des vom Arbeitnehmer allein zu entrichtende kassenindividuellen Zusatzbeitrags von 0,9 % (angenommener Wert)	457,65 €
insgesamt	4 017,15 €

Der Teilbetrag der Vorsorgepauschale für die gesetzliche Krankenversicherung beträgt 4 017,15 €.

Vorsorgepauschale

keine Sozialversicherungspflicht = (SV̶)
Sozialversicherungspflicht = (SV)

Beispiel 3:

Ein nicht in der gesetzlichen Krankenversicherung freiwillig versicherter Beamter hat im Kalenderjahr 2016 einen Jahresarbeitslohn von 52 000 €.

Da der Beamte nicht in der gesetzlichen Krankenversicherung versichert ist, ist auch kein Teilbetrag für die gesetzliche Krankenversicherung bei der Vorsorgepauschale zu berücksichtigen.

Für **geringfügig beschäftigte Arbeitnehmer** (geringfügig entlohnte Beschäftigung sowie kurzfristige Beschäftigung), bei denen die Lohnsteuer nach den Lohnsteuerabzugsmerkmalen des Arbeitnehmers erhoben wird, ist **kein Teilbetrag für die gesetzliche Krankenversicherung** anzusetzen, wenn **kein Arbeitnehmeranteil für die Krankenversicherung zu entrichten** ist. Entsprechendes gilt für andere Arbeitnehmer, wenn kein Arbeitnehmeranteil zu entrichten ist; dies ist i.d.R. bei Schülern und Studenten der Fall.

c) Teilbetrag für die soziale Pflegeversicherung

3098 Der Teilbetrag für die soziale Pflegeversicherung wird bei Arbeitnehmern angesetzt, die in der **inländischen sozialen Pflegeversicherung versichert** sind (§ 39b Abs. 2 Satz 5 Nr. 3 Buchst. c EStG). Der Teilbetrag ist unter Berücksichtigung des Grundsatzes „Pflegeversicherung folgt Krankenversicherung" auch dann anzusetzen, wenn der Arbeitnehmer gesetzlich krankenversichert, jedoch privat pflegeversichert ist. Besteht Sozialversicherungspflicht im Inland und parallel im Ausland, bleiben im Lohnsteuerabzugsverfahren die Beiträge an den ausländischen Sozialversicherungsträger unberücksichtigt.

Länderspezifische Besonderheiten bei den Beitragssätzen wie z.B. der höhere Arbeitnehmeranteil in Sachsen (1,675 % statt 1,175 %) sind zu berücksichtigen.

Der **Beitragszuschlag für Arbeitnehmer ohne Kinder** von 0,25 % ist ebenfalls zu berücksichtigen.

Beispiel 1:

Ein in der sozialen Pflegeversicherung versicherter 30-jähriger Arbeitnehmer aus Köln mit einem Kind hat im Kalenderjahr 2016 einen Jahresarbeitslohn von 44 000 €. Der Beitragssatz in der sozialen Pflegeversicherung beträgt 2,35 %.

In der sozialen Pflegeversicherung haben Arbeitnehmer und Arbeitgeber grundsätzlich jeweils die Hälfte des Beitragssatzes zu tragen (→ *Pflegeversicherung* Rz. 2253). Der Teilbetrag für die soziale Pflegeversicherung ermittelt sich wie folgt:

Arbeitslohn 44 000 €
davon 1,175 % (½ von 2,35 %)   517 €

Der Teilbetrag der Vorsorgepauschale für die soziale Pflegeversicherung beträgt 517 €.

Beispiel 2:

Sachverhalt wie Beispiel 1, der Arbeitnehmer wohnt aber in Sachsen.

Da in Sachsen der Buß- und Bettag als gesetzlicher Feiertag nicht abgeschafft wurde, trägt der Arbeitnehmer 1,675 % und der Arbeitgeber 0,675 % (→ *Pflegeversicherung* Rz. 2253). Der Teilbetrag für die soziale Pflegeversicherung ermittelt sich wie folgt:

Arbeitslohn 44 000 €
davon 1,675 %   737 €

Der Teilbetrag der Vorsorgepauschale für die soziale Pflegeversicherung beträgt 737 €.

Beispiel 3:

Sachverhalt wie Beispiel 1, der Arbeitnehmer ist aber kinderlos.

Für kinderlose Arbeitnehmer ab Vollendung des 23. Lebensjahrs gilt ein Beitragszuschlag von 0,25 %, den der Arbeitnehmer allein zu tragen hat (→ *Pflegeversicherung* Rz. 2253). Der Teilbetrag für die soziale Pflegeversicherung ermittelt sich wie folgt:

Arbeitslohn 44 000 €
davon 1,425 % (½ von 2,35 % = 1,175 % + 0,25 %)   627 €

Der Teilbetrag der Vorsorgepauschale für die soziale Pflegeversicherung beträgt 627 €.

Beispiel 4:

Sachverhalt wie Beispiel 1, der Arbeitnehmer wohnt aber in Sachsen und ist kinderlos.

Da in Sachsen der Buß- und Bettag als gesetzlicher Feiertag nicht abgeschafft wurde, trägt der Arbeitnehmer 1,675 % und der Arbeitgeber 0,675 %. Für kinderlose Arbeitnehmer ab Vollendung des 23. Lebensjahrs gilt ein Beitragszuschlag von 0,25 %, den der Arbeitnehmer allein zu tragen hat (→ *Pflegeversicherung* Rz. 2253). Der Teilbetrag für die soziale Pflegeversicherung ermittelt sich wie folgt:

Arbeitslohn 44 000 €
davon 1,925 % (1,675 % + 0,25 %)   847 €

Der Teilbetrag der Vorsorgepauschale für die soziale Pflegeversicherung beträgt 847 €.

d) Teilbetrag für die private Basiskranken- und Pflege-Pflichtversicherung

Der Teilbetrag für die private Basiskranken- und Pflege-Pflichtversicherung wird bei Arbeitnehmern angesetzt, die **nicht in der gesetzlichen Krankenversicherung und sozialen Pflegeversicherung versichert** sind, z.B. privat versicherte Beamte, beherrschende Gesellschafter-Geschäftsführer und höher verdienende Arbeitnehmer (§ 39b Abs. 2 Satz 5 Nr. 3 Buchst. d EStG). 3099

Es werden die als Sonderausgaben nach § 10 Abs. 1 Nr. 3 EStG abziehbaren privaten Kranken- und Pflege-Pflichtversicherungsbeiträge berücksichtigt. Bei den Krankenversicherungsbeiträgen sind Beiträge und Beitragsteile, die zur Finanzierung von Krankengeld und Zusatzleistungen oder Komfortleistungen aufgewendet werden (z.B. Chefarztbehandlung, Einbettzimmer im Krankenhaus), insoweit nicht berücksichtigungsfähig. Zu Einzelheiten → *Vorsorgeaufwendungen* Rz. 3083.

Es können die dem Arbeitgeber mitgeteilten privaten Basiskranken- und Pflege-Pflichtversicherungsbeiträge berücksichtigt werden. Hiervon ist ein – unabhängig vom tatsächlich zu zahlenden Zuschuss – typisierend berechneter Arbeitgeberzuschuss abzuziehen, wenn der Arbeitgeber nach § 3 Nr. 62 EStG steuerfreie Zuschüsse zu einer privaten Kranken- und Pflegeversicherung des Arbeitnehmers zu leisten hat. Die **BBG** und **länderspezifische Besonderheiten** bei der Verteilung des Beitragssatzes für die Pflegeversicherung wie z.B. der niedrigere Arbeitgeberanteil in Sachsen (0,675 % statt 1,175 %) sind zu berücksichtigen.

Der Teilbetrag für die private Basiskranken- und Pflege-Pflichtversicherung wird bei Arbeitnehmern **nur in den Steuerklassen I bis V** angesetzt, nicht aber bei der Steuerklasse VI.

Beispiel 1:

Ein privat kranken- und pflegeversicherter 30-jähriger Arbeitnehmer aus Köln hat einen Bruttoarbeitslohn von 44 000 €. Er zahlt im Kalenderjahr 2016 einen Krankenversicherungsbeitrag i.H.v. 5 800 €, wovon 600 € auf die Finanzierung von Komfortleistungen (Chefarztbehandlung, Einbettzimmer) entfallen. Für eine Pflege-Pflichtversicherung hat er 550 € im Jahr gezahlt. Der Arbeitgeber zahlt einen steuerfreien Zuschuss.

Der Teilbetrag für die private Basiskranken- und Pflege-Pflichtversicherung ermittelt sich wie folgt:

Beitrag für die private Krankenversicherung	5 800 €	
./. Komfortleistungen	600 €	
= Basiskrankenversicherung	5 200 €	5 200 €
+ Beitrag für die Pflege-Pflichtversicherung		550 €
= Summe		5 750 €
./. typisierend berechneter Arbeitgeberzuschuss Krankenversicherung 7,0 % (½ von 14,0 %, denn maßgebend ist der ermäßigte Beitragssatz) von 44 000 €	3 080 €	
Pflegeversicherung 1,175 % (½ von 2,35 %) von 44 000 €	517 €	3 597 €
= Teilbetrag der Vorsorgepauschale für private Basiskranken- und Pflege-Pflichtversicherung		2 153 €

Beispiel 2:

Sachverhalt wie Beispiel 1, der Arbeitnehmer wohnt aber in Sachsen.

Der Arbeitgeberanteil zur sozialen Pflegeversicherung beträgt in Sachsen lediglich 0,675 % (→ *Pflegeversicherung* Rz. 2253). Der Teilbetrag für die private Basiskranken- und Pflege-Pflichtversicherung ermittelt sich wie folgt:

Vorsorgepauschale

Beitrag für die private Krankenversicherung	5 800 €	
./. Komfortleistungen	600 €	
= Basiskrankenversicherung	5 200 €	5 200 €
+ Beitrag für die Pflege-Pflichtversicherung		550 €
= Summe		5 750 €
./. typisierend berechneter Arbeitgeberzuschuss Krankenversicherung 7,0 % (½ von 14,0 %, denn maßgebend ist der ermäßigte Beitragssatz) von 44 000 €	3 080 €	
Pflegeversicherung 0,675 % von 44 000 €	297 €	3 377 €
= Teilbetrag der Vorsorgepauschale für private Basiskranken- und Pflege-Pflichtversicherung		2 373 €

Beispiel 3:

Sachverhalt wie Beispiel 1, der Arbeitnehmer ist aber beherrschende Gesellschafter-Geschäftsführer. Der Arbeitgeber zahlt daher keinen steuerfreien Zuschuss.

Ein typisierend berechneter Arbeitgeberzuschuss ist nicht abzuziehen, weil der Arbeitgeber keinen steuerfreien Zuschuss zu leisten hat. Der Teilbetrag für die private Basiskranken- und Pflege-Pflichtversicherung ermittelt sich wie folgt:

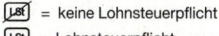

Beitrag für die private Krankenversicherung	5 800 €	
./. Komfortleistungen	600 €	
= Basiskrankenversicherung	5 200 €	5 200 €
+ Beitrag für die Pflege-Pflichtversicherung		550 €
= Teilbetrag der Vorsorgepauschale für private Basiskranken- und Pflege-Pflichtversicherung		5 750 €

3. Mindestvorsorgepauschale für Kranken- und Pflegeversicherungsbeiträge

3100 Für Kranken- und Pflegeversicherungsbeiträge ist eine **Mindestvorsorgepauschale** i.H.v. **12 % des Arbeitslohns**, höchstens aber

– **1 900 €** in den Steuerklassen I, II, IV, V und VI und

– **3 000 €** in der Steuerklasse III

anzusetzen, wenn sie höher ist als die Summe der Teilbeträge für die gesetzliche Krankenversicherung (→ Rz. 3097) und die soziale Pflegeversicherung (→ Rz. 3098) oder die private Basiskranken- und Pflege-Pflichtversicherung (→ Rz. 3099), vgl. § 39b Abs. 2 Satz 5 Nr. 3 Teilsatz 3 EStG.

Die Mindestvorsorgepauschale ist auch dann anzusetzen, wenn für den entsprechenden Arbeitslohn kein Arbeitnehmeranteil zur inländischen gesetzlichen Kranken- und sozialen Pflegeversicherung zu entrichten ist (z.B. **bei geringfügig beschäftigten Arbeitnehmern**, deren Arbeitslohn **nicht** nach § 40a EStG **pauschaliert wird**, und bei Arbeitnehmern, die Beiträge zu einer ausländischen Kranken- und Pflegeversicherung leisten). Die Mindestvorsorgepauschale ist **in allen Steuerklassen** zu berücksichtigen, auch in der Steuerklasse VI.

Neben der Mindestvorsorgepauschale wird der Teilbetrag der Vorsorgepauschale für die Rentenversicherung berücksichtigt, wenn eine **Pflichtversicherung in der gesetzlichen Rentenversicherung** oder wegen der Versicherung in einer berufsständischen Versorgungseinrichtung eine Befreiung von der gesetzlichen Rentenversicherungspflicht vorliegt (→ Rz. 3096).

Beispiel 1:

Ein sozialversicherungspflichtiger Arbeitnehmer (Steuerklasse I, 22 Jahre) aus Hannover hat im Kalenderjahr 2016 einen Bruttoarbeitslohn von 18 000 €.

Die Vorsorgepauschale ermittelt sich wie folgt:

– **Teilbetrag für die Rentenversicherung**		
Arbeitslohn 18 000 €		
davon 9,35 % (½ von 18,7 %)	1 683,— €	
begrenzt auf 64 %	1 077,12 €	1 077,12 €
– **Teilbetrag für die gesetzliche Krankenversicherung**		
Arbeitslohn 18 000 €		
davon 7,0 % (½ von 14,0 %, denn maßgebend ist der ermäßigte Beitragssatz)	1 260,— €	
zzgl. des vom Arbeitnehmer allein zu entrichtende kassenindividuellen Zusatzbeitrags von 0,9 % (angenommener Wert)	162,— €	
– **Teilbetrag für die soziale Pflegeversicherung**		
Arbeitslohn 18 000 €		
davon 1,175 % (½ von 2,35 %)	211,50 €	
Summe		1 633,50 €
– **Mindestvorsorgepauschale**		
12 % von 18 000 €	2 160,— €	
höchstens aber 1 900 €	1 900,— €	
anzusetzen ist der höhere Betrag, also		1 900,— €
= Summe		2 977,12 €
= Vorsorgepauschale (aufgerundet auf einen vollen Euro-Betrag)		2 978,— €

Beispiel 2:

Ein sozialversicherungspflichtiger Arbeitnehmer (Steuerklasse III, 20 Jahre) aus Dresden hat im Kalenderjahr 2016 einen Bruttoarbeitslohn von 30 000 €.

Die Vorsorgepauschale ermittelt sich wie folgt:

– **Teilbetrag für die Rentenversicherung**		
Arbeitslohn 30 000 €		
davon 9,35 % (½ von 18,7 %)	2 805,— €	
begrenzt auf 64 %	1 795,20 €	1 795,20 €
– **Teilbetrag für die gesetzliche Krankenversicherung**		
Arbeitslohn 30 000 €		
davon 7,0 % (½ von 14,0 %, denn maßgebend ist der ermäßigte Beitragssatz)	2 100,— €	
zzgl. des vom Arbeitnehmer allein zu entrichtende kassenindividuellen Zusatzbeitrags von 0,9 % (angenommener Wert)	270,— €	
– **Teilbetrag für die soziale Pflegeversicherung**		
Arbeitslohn 30 000 €		
davon 1,675 %	502,50 €	
Summe	2 872,50 €	
– **Mindestvorsorgepauschale**		
12 % von 30 000 €	3 600,— €	
höchstens aber 3 000 €	3 000,— €	
anzusetzen ist der höhere Betrag, also		3 000,— €
= Summe		4 795,20 €
= Vorsorgepauschale (aufgerundet auf einen vollen Euro-Betrag)		4 796,— €

Beispiel 3:

Ein Beamter (Steuerklasse III) aus Köln hat im Kalenderjahr 2016 einen Bruttoarbeitslohn von 42 000 €. Der Arbeitnehmer ist verheiratet. Seinem Arbeitgeber hat er keine Kranken- und Pflegeversicherungsbeiträge mitgeteilt.

Da ein Beamter nicht rentenversicherungspflichtig ist, ist auch kein Teilbetrag für die Rentenversicherung bei der Vorsorgepauschale zu berücksichtigen. Da er seinem Arbeitgeber auch keine Kranken- und Pflegeversicherungsbeiträge mitgeteilt hat, kann bei ihm kein Teilbetrag für private Basiskranken- und Pflege-Pflichtversicherung berücksichtigt werden. Der Arbeitgeber hat stattdessen die Mindestvorsorgepauschale von 3 000 € als Vorsorgepauschale anzusetzen.

4. Mitteilungsverfahren bei privaten Kranken- und Pflege-Pflichtversicherungsbeiträgen

a) Mitteilung durch den Arbeitnehmer

3101 Damit die Beiträge für die private Basiskranken- und Pflege-Pflichtversicherung im Rahmen der Vorsorgepauschale berücksichtigt werden können, hat der Arbeitnehmer sie dem Arbeitgeber mitzuteilen, und zwar durch eine **Beitragsbescheinigung des Versicherungsunternehmens**. Die mitgeteilten Beiträge hat der Arbeitgeber i.R.d. Lohnsteuerabzugs zu berücksichtigen, wenn sie höher sind als die Mindestvorsorgepauschale. Beitragsbescheinigungen **ausländischer Versicherungsunternehmen** darf der Arbeitgeber **nicht berücksichtigen. Gesetzlich versicherte Arbeitnehmer** können im Lohnsteuerabzugsverfahren **keine Beiträge für eine private Basiskranken- und Pflege-Pflichtversicherung nachweisen**; dies gilt auch hinsichtlich der Beiträge eines privat versicherten Ehegatten/Lebenspartners des Arbeitnehmers.

Wenn der Arbeitnehmer dem Arbeitgeber die abziehbaren privaten Basiskranken- und Pflege-Pflichtversicherungsbeiträge **nicht mitteilt**, kann **lediglich die Mindestvorsorgepauschale** (→ Rz. 3100) berücksichtigt werden.

Vorsorgepauschale

Einbezogen werden können bei privat versicherten Arbeitnehmern folgende Beiträge:

- für die **eigene** private Basiskranken- und Pflege-Pflichtversicherung des **Arbeitnehmers**,
- für den **mitversicherten** nicht dauernd getrennt lebenden, unbeschränkt einkommensteuerpflichtigen **Ehegatten oder Lebenspartner** und
- für **mitversicherte Kinder**, für die der Arbeitnehmer einen Anspruch auf einen Freibetrag nach § 32 Abs. 6 EStG oder auf Kindergeld hat.

Über diesen Weg können **auch private Versicherungsbeiträge** eines selbst versicherten, nicht dauernd getrennt lebenden, unbeschränkt einkommensteuerpflichtigen **Ehegatten/Lebenspartner des Arbeitnehmers berücksichtigt werden**, sofern dieser keine Einkünfte i.S.d. § 2 Abs. 1 Nr. 1 bis 4 EStG erzielt. Der Arbeitgeber hat nicht zu prüfen, ob die Voraussetzungen für die Berücksichtigung der Versicherungsbeiträge des selbst versicherten Ehegatten/Lebenspartners bei der Vorsorgepauschale des Arbeitnehmers erfüllt sind. Sofern eine Korrektur erforderlich ist, wird diese im Rahmen der Pflichtveranlagung (→ Rz. 3105) durchgeführt. Versicherungsbeiträge **selbst versicherter Kinder** sind **nicht zu berücksichtigen**.

Der Arbeitgeber kann die **Beitragsbescheinigung** oder die geänderte Beitragsbescheinigung entsprechend ihrer zeitlichen Gültigkeit beim Lohnsteuerabzug **auch rückwirkend berücksichtigen**. Bereits abgerechnete Lohnabrechnungszeiträume müssen nicht nachträglich geändert werden. Dies gilt nicht nur dann, wenn die Beiträge einer geänderten Beitragsbescheinigung rückwirkend höher sind, sondern auch im Falle niedrigerer Beiträge. Im Hinblick auf die Bescheinigungspflicht des Arbeitgebers nach § 41b Abs. 1 Satz 2 Nr. 15 EStG und die ggf. bestehende Veranlagungspflicht nach § 46 Abs. 2 Nr. 3 EStG ist **keine Anzeige** i.S.d. § 41c Abs. 4 EStG **erforderlich**.

Der Arbeitgeber hat folgende Beitragsbescheinigungen des Versicherungsunternehmens i.R.d. Lohnsteuerabzugs zu berücksichtigen:

- eine bis zum 31. März des Kalenderjahrs vorgelegte Beitragsbescheinigung über die voraussichtlichen privaten Basiskranken- und Pflege-Pflichtversicherungsbeiträge des Vorjahrs,
- eine Beitragsbescheinigung über die voraussichtlichen privaten Basiskranken- und Pflege-Pflichtversicherungsbeiträge des laufenden Kalenderjahrs oder
- eine Beitragsbescheinigung über die nach § 10 Abs. 2a Satz 4 Nr. 2 EStG übermittelten Daten für das Vorjahr.

Eine dem Arbeitgeber vorliegende Beitragsbescheinigung ist auch i.R.d. Lohnsteuerabzugs des Folgejahrs (weiter) zu berücksichtigen, wenn keine neue Beitragsbescheinigung vorgelegt wird.

b) Mitteilung mittels ELStAM

3102 Das ELStAM-Verfahren steht **seit 2013** zur allgemeinen Anwendung zur Verfügung. Im Rahmen dieses Verfahrens wird das Mitteilungsverfahren abgelöst durch eine elektronische Bereitstellung der privaten Basiskranken- und Pflege-Pflichtversicherungsbeiträge (§ 39 Abs. 4 Nr. 4 EStG). Der Verfahrenseinsatz wird vom BMF durch ein im Bundessteuerblatt zu veröffentlichendes BMF-Schreiben mitgeteilt (§ 52 Abs. 50g EStG).

c) Lohnsteuerbescheinigung

3103 In den Zeilen 25 und 26 der elektronischen Lohnsteuerbescheinigung sind Beiträge des Arbeitnehmers zur inländischen gesetzlichen Krankenversicherung und zur inländischen sozialen Pflegeversicherung zu bescheinigen. Beiträge an **ausländische Sozialversicherungsträger** sind **nicht zu bescheinigen** (→ *Lohnsteuerbescheinigung* Rz. 1885).

5. Lohnsteuer-Jahresausgleich durch den Arbeitgeber

3104 Nach § 42b Abs. 1 Satz 3 Nr. 5 EStG darf der Arbeitgeber den Lohnsteuer-Jahresausgleich für den Arbeitnehmer nicht durchführen, wenn die Teilbeträge für die Rentenversicherung, für die gesetzliche Kranken- und soziale Pflegeversicherung oder für die private Basiskranken- und Pflege-Pflichtversicherung sowie der Beitragszuschlag für Kinderlose in der sozialen Pflegeversicherung im Kalenderjahr nur zeitweise berücksichtigt wurden oder sich im Ausgleichsjahr der kassenindividuelle Zusatzbeitragssatz geändert hat (→ *Lohnsteuer-Jahresausgleich durch den Arbeitgeber* Rz. 1929).

Über die in § 42b Abs. 1 Satz 4 Nr. 5 EStG genannten Ausschlusstatbestände hinaus ist nach Auffassung der Finanzverwaltung **ein Lohnsteuer-Jahresausgleich** durch den Arbeitgeber **auch dann ausgeschlossen**, wenn

- der Arbeitnehmer innerhalb des Kalenderjahrs – bezogen auf den Teilbetrag der Vorsorgepauschale für die Rentenversicherung – **nicht durchgängig zu einem Rechtskreis** (West oder Ost) gehörte oder
- für den Arbeitnehmer innerhalb des Kalenderjahrs – bezogen auf den Teilbetrag der Vorsorgepauschale für die Rentenversicherung oder die gesetzliche Kranken- und soziale Pflegeversicherung – **nicht durchgängig ein Beitragssatz anzuwenden** war.

6. Veranlagung zur Einkommensteuer

3105 Es besteht eine **Pflicht zur Veranlagung zur Einkommensteuer**, wenn bei einem Stpfl. die Summe der **beim Lohnsteuerabzug berücksichtigten Teilbeträge** der Vorsorgepauschale für die gesetzliche und private Kranken- und Pflegeversicherung **höher** ist als die bei der Veranlagung als Sonderausgaben **abziehbaren Vorsorgeaufwendungen** nach § 10 Abs. 1 Nr. 3 und 3a EStG (§ 46 Abs. 2 Nr. 3 EStG). Dies gilt auch, wenn die beim Lohnsteuerabzug berücksichtigte **Mindestvorsorgepauschale** (→ Rz. 3100) **höher** ist als die bei der Veranlagung zur Einkommensteuer als Sonderausgaben **abziehbaren Vorsorgeaufwendungen**.

Die **Veranlagungspflicht besteht allerdings nur**, wenn der im Kalenderjahr insgesamt erzielte **Arbeitslohn 11 000 € übersteigt** oder bei **Ehegatten**, die die Voraussetzungen des § 26 Abs. 1 EStG erfüllen, der im Kalenderjahr von den Ehegatten insgesamt erzielte **Arbeitslohn 20 900 € übersteigt** (§ 46 Abs. 2 Nr. 3 EStG).

Sind die im Lohnsteuerabzugsverfahren berücksichtigten Beiträge **niedriger** als die als Sonderausgaben abziehbaren privaten Kranken- und Pflege-Pflichtversicherungsbeiträge, kann der Arbeitnehmer die tatsächlich gezahlten Beiträge **bei der Veranlagung zur Einkommensteuer** geltend machen (§ 46 Abs. 2 Nr. 8 EStG).

Vorsorgeuntersuchung

→ *Ärztliche Betreuung* Rz. 339

Vorsorgeuntersuchungen

→ *Erholung: Arbeitgeberzuwendungen* Rz. 1167

Vorstandsmitglieder

1. Lohnsteuer

a) Arbeitnehmer

3106 Bei der Frage, ob Vorstandsmitglieder berufsständischer Vereine und von Kapitalgesellschaften selbständig und als Unternehmer gem. § 2 Abs. 1 Satz 1 UStG anzusehen sind, sind die einzelnen Merkmale, die für und gegen die sprechen, unter Berücksichtigung des Gesamtbildes der Verhältnisse gegeneinander abzuwägen, wobei entscheidend auf die **Weisungsfreiheit abzustellen** ist (zuletzt BFH v. 10.11.2011, V B 6/11, www.stotax-first.de, m.w.N.).

Vorstandsmitglieder z.B. von **Kapitalgesellschaften**, Genossenschaften und Selbstverwaltungskörperschaften sind steuerlich **Arbeitnehmer**, weil sie in den Organismus des Unternehmens eingegliedert sind.

> **Beispiele:**
> - Vorstand einer **Genossenschaft** (BFH v. 2.10.1968, VI R 25/68, BStBl II 1969, 185).
> - Vorstand einer **Familienstiftung** (BFH v. 31.1.1975, VI R 230/71, BStBl II 1975, 358).

[LSt]

[LSt] = keine Lohnsteuerpflicht
[LSt] = Lohnsteuerpflicht

Vorsteuerabzug

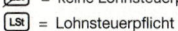

b) Keine Arbeitnehmer

3107 Die Arbeitnehmereigenschaft setzt aber weiter voraus, dass **nicht nur Aufwandsersatz** geleistet wird. Vorstandsvorsitzende von **Vereinen** sind daher im Allgemeinen **keine Arbeitnehmer** (→ *Arbeitnehmer* Rz. 173).

Nicht als Arbeitnehmer angesehen worden sind

- Vorstandsmitglieder der Veranstaltergemeinschaften **lokaler Rundfunksender**, die nicht die laufenden Geschäfte führen, sondern lediglich eine „Überwachungsfunktion" haben.

- ehrenamtliche Vorstandsmitglieder der **Kassenärztlichen Vereinigungen** und der Kassenärztlichen Bundesvereinigung. Dies gilt jedoch **nicht** für die seit 2005 tätigen **hauptamtlichen Vorstände**.

[LSt]

c) „Mischfälle"

3108 Vorstandsmitglieder von **Wasser- und Bodenverbänden** sind

- **selbständig**, wenn ein Geschäftsführer die laufenden Verwaltungsgeschäfte führt, dagegen

[LSt]

- **nichtselbständig**, wenn ihnen nach der Satzung die laufende Verwaltung und Vertretung des Verbandes nach außen obliegt. Das gilt selbst dann, wenn zusätzlich ein Geschäftsführer berufen worden ist, weil dieser seine Aufgaben in diesem Fall nicht kraft eigenen Rechts, sondern im Auftrag des Verbandsvorstehers übernimmt (FinMin Niedersachsen v. 28.8.1991, www.stotax-first.de).

[LSt]

2. Sozialversicherung

3109 Im Gegensatz zur lohnsteuerlichen Behandlung ist bei sozialversicherungsrechtlicher Beurteilung von Vorstandsmitgliedern im Einzelfall stets zu prüfen, ob ein abhängiges Beschäftigungsverhältnis gegen Arbeitsentgelt ausgeübt wird.

a) Arbeitnehmer

3110 Vorstandsmitglieder von **Vereinen** und **Genossenschaften**, die gegen Arbeitsentgelt beschäftigt werden, sind grundsätzlich versicherungspflichtig und damit beitragspflichtig in allen Sozialversicherungszweigen (vgl. zuletzt LSG Baden-Württemberg v. 18.5.2015, L 11 R 2602/14, www.stotax-first.de, zur Wertung der Tätigkeit eines Vorstandsmitglieds einer eingetragenen Genossenschaft – hier: Taxi-Funk-Zentrale – als abhängige versicherungspflichtige Beschäftigung sowie LSG Sachsen v. 28.5.2015, L 1 KR 16/10, www.stotax-first.de, betr. den – kaufmännischen – Vorstand einer Wohnungsgenossenschaft).

Dies gilt gleichermaßen auch für Vorstandsmitglieder von **öffentlich-rechtlichen Körperschaften**, wenn sie fremdbestimmte Arbeit leisten und funktionell in die Organisation der öffentlich rechtlichen Körperschaft eingegliedert sind (s. z.B. LSG Sachsen v. 15.10.2015, L 1 KR 92/10, www.stotax-first.de, betr. den Vorstand einer kirchlichen Stiftung bürgerlichen Rechts).

S. auch → *Gesellschafter/Gesellschafter-Geschäftsführer* Rz. 1401. Die Jahresarbeitsentgeltgrenze ist zu beachten (→ *Anhang, B. Sozialversicherung* Rz. 3398).

(SV)

b) Keine Arbeitnehmer

3111 Dagegen sind Vorstandsmitglieder und stellvertretende Vorstandsmitglieder einer **Aktiengesellschaft** gem. § 1 Satz 4 SGB VI versicherungsfrei in der Rentenversicherung. Dies gilt auch für daneben ausgeübte Beschäftigungen bei anderen Arbeitgebern sowie für mögliche selbständige Tätigkeiten. Für die Arbeitslosenversicherung ergibt sich aus § 27 Abs. 1 Nr. 5 SGB III ebenfalls Versicherungsfreiheit für die ordentlichen und die stellvertretenden Vorstandsmitglieder von Aktiengesellschaften, wobei Konzernunternehmen i.S.d. § 18 AktG als ein Unternehmen gelten. Dies bedeutet für die Arbeitslosenversicherung, dass sich die Versicherungsfreiheit auch auf anderweitige Beschäftigungen **im Konzern** erstreckt. Dagegen unterliegen die Beschäftigungen von Vorstandsmitgliedern bzw. stellvertretenden Vorstandsmitgliedern von Aktiengesellschaften außerhalb von Konzernunternehmen der Arbeitslosenversicherungspflicht.

Gleiches gilt für die ordentlichen und stellvertretenden Vorstandsmitglieder von großen Versicherungsvereinen auf Gegenseitigkeit (→ *Gesellschafter/Gesellschafter-Geschäftsführer* Rz. 1401).

Durch das Zweite Gesetz zur Änderung des SGB VI v. 27.12.2003, BGBl. I 2003, 3013 sind Mitglieder des Vorstands einer AG nur noch in diesem Unternehmen nicht rentenversicherungspflichtig. Mitglieder eines Vorstands, die am 6.11.2003 in einer weiteren Beschäftigung oder selbständigen Tätigkeit nicht versicherungspflichtig waren, bleiben nicht rentenversicherungspflichtig. Sie konnten bis zum 31.12.2004 die Versicherungspflicht mit Wirkung für die Zukunft beantragen (§ 229 Abs. 1a SGB VI).

Vorsteuerabzug

1. Allgemeines

3112 Der Arbeitgeber kann aus Kosten für Reisen seiner Arbeitnehmer grundsätzlich den Vorsteuerabzug in Anspruch nehmen.

2. Übernachtungskosten

3113 Voraussetzung für den Vorsteuerabzug bei Übernachtungskosten seiner Arbeitnehmer ist, dass der **Unternehmer als Empfänger der Übernachtungsleistungen** anzusehen ist (vgl. Abschn. 15.2b UStAE) und die Rechnung mit dem gesonderten Ausweis der Umsatzsteuer dementsprechend auf den Namen des Unternehmers – nicht aber auf den Namen des Arbeitnehmers – ausgestellt ist. In der Praxis kommt es also darauf an, auf wessen Namen die Rechnung ausgestellt ist. Lautet die Übernachtungsrechnung auf den Namen des Arbeitgebers, ist der Vorsteuerabzug daraus möglich, auch wenn zunächst der Arbeitnehmer die Hotelrechnung verauslagt hat. Der Vorsteuerabzug scheidet dagegen aus, wenn die Hotelrechnung auf den Namen des Arbeitnehmers ausgestellt ist. Dies gilt grundsätzlich auch für Rechnungen bis zu einem Gesamtbetrag von 150 € (sog. Kleinbetragsrechnung), wenn sie auf den Namen des Arbeitnehmers ausgestellt sind. Aus solchen **Kleinbetragsrechnungen** i.S.d. § 33 UStDV kann jedoch der Vorsteuerabzug aus Vereinfachungsgründen auch dann gewährt werden, wenn darin kein Leistungsempfänger benannt ist.

Seit dem 1.1.2010 unterliegen Umsätze aus der **Vermietung von Wohn- und Schlafräumen**, die ein Unternehmer **zur kurzfristigen Beherbergung von Fremden** bereithält, **dem ermäßigten Steuersatz von 7 %** (§ 12 Abs. 2 Nr. 11 UStG). Dies gilt aber nicht für Leistungen, die nicht unmittelbar der Vermietung dienen, z.B. für Verpflegungsleistungen, Getränke aus der Minibar, Nutzung von Telefon und Internet (BFH v. 24.4.2013, XI R 3/11, BStBl II 2014, 86) oder auch **für Saunaleistungen**, die nach dem 30.6.2015 erbracht werden (BMF v. 28.10.2014, IV D 2 – S 7243/07/10002-02, BStBl I 2014, 1439). Zur Begriffsbestimmung der Beherbergungsleistung und zur Abgrenzung der nicht unmittelbar der Vermietung dienenden Leistungen vgl. BMF v. 5.3.2010, IV D 2 – S 7210/07/10003/IV C 5 – S 2353/09/10008, BStBl I 2010, 259.

Durch die unterschiedlichen Steuersätze muss in Hotelrechnungen, die für einen Unternehmer ausgestellt werden, das Entgelt entsprechend aufgeteilt werden. Wird für Leistungen, die nicht von der Steuerermäßigung nach § 12 Abs. 2 Nr. 11 Satz 1 UStG erfasst werden, kein gesondertes Entgelt berechnet, ist deren Entgeltanteil zu schätzen. Schätzungsmaßstab kann hierbei beispielsweise der kalkulatorische Kostenanteil zuzüglich eines angemessenen Gewinnaufschlags sein.

Aus Vereinfachungsgründen wird es von der Finanzverwaltung – auch für Zwecke des Vorsteuerabzugs beim Arbeitgeber – nicht beanstandet, wenn in einem Pauschalangebot enthaltene nicht begünstigte Leistungen in der Rechnung **zu einem Sammelposten** (z.B. „Business-Package", „Servicepauschale") **zusammengefasst** werden und der darauf entfallende Entgeltanteil **in einem Betrag ausgewiesen** wird (BMF v. 5.3.2010, IV D 2 – S 7210/07/10003/IV C 5 – S 2353/09/10008, BStBl I 2010, 259). Diese Vereinfachungsregelung gilt **auch für Saunaleistungen**, die nach dem 30.6.2015 erbracht werden (BMF v. 21.10.2015, III C 2 – S 7243/07/10002-03, BStBl I 2015, 835).

Weiterhin beanstandet es die Finanzverwaltung nicht, wenn der auf diese Leistungen entfallende Entgeltanteil mit **20 % des Pauschalpreises** angesetzt wird. Für Kleinbetragsrechnungen gilt

Vorsteuerabzug

dies für den in der Rechnung anzugebenden Steuerbetrag entsprechend.

Verlangt der Arbeitgeber vom Arbeitnehmer keinen Einzelnachweis der Übernachtungskosten, sondern erstattet die sog. Übernachtungsgelder bis 20 € pro Nacht lohnsteuerfrei, kann er hieraus keinen Vorsteuerabzug vornehmen. Die für einen pauschalen Vorsteuerabzug aus Übernachtungsgeldern einschlägigen Rechtsgrundlagen (§ 36 bis 38 UStDV) sind ersatzlos entfallen.

3. Verpflegungskosten

3114 Der Arbeitgeber kann den **Vorsteuerabzug aus Verpflegungskosten** seiner Arbeitnehmer nur in den Fällen in Anspruch nehmen, in denen die Verpflegungsleistungen anlässlich einer unternehmerisch veranlassten Auswärtstätigkeit der Arbeitnehmer (Auswärtstätigkeit und doppelte Haushaltsführung) vom **Arbeitgeber empfangen und in voller Höhe getragen** worden sind (BMF v. 28.3.2001, IV B 7 – S 7303a – 20/01, BStBl I 2001, 251). Trägt der Arbeitgeber die Verpflegungsaufwendungen nicht in voller Höhe, unterstellt die Verwaltung, dass die Verpflegungsleistungen nicht mit rechtlicher Wirkung vom Arbeitgeber empfangen worden sind und versagt in diesen Fällen einen Vorsteuerabzug.

Darüber hinaus müssen die Verpflegungsaufwendungen durch Rechnungen mit gesondertem Ausweis der Umsatzsteuer auf den Namen des Unternehmers oder durch Kleinbetragsrechnungen i.S.d. § 33 UStDV belegt sein.

Erstattet der Arbeitgeber seinem Arbeitnehmer die Verpflegungsmehraufwendungen nicht nach dem durch Rechnungen belegten tatsächlichen Aufwand, sondern anhand von Verpflegungspauschalen, scheidet ein Vorsteuerabzug insoweit aus, weil es hierfür wegen der Streichung der §§ 36 bis 38 UStDV keine Rechtsgrundlage mehr gibt.

4. Fahrtkosten

3115 Vorsteuerbeträge, die auf Fahrtkosten für Fahrzeuge des Personals (arbeitnehmereigene Fahrzeuge) entfallen, sind abziehbar, soweit der Arbeitgeber Leistungsempfänger ist und die übrigen Voraussetzungen für die Vornahme des Vorsteuerabzugs nach § 15 UStG erfüllt sind.

Dem Arbeitgeber steht demgegenüber weiterhin kein Vorsteuerabzug aus der Erstattung der aus Anlass einer Auswärtstätigkeit seines Arbeitnehmers gezahlten Kilometerpauschalen zu, weil es hierfür durch die Streichung der §§ 36 bis 38 UStDV keine Rechtsgrundlage mehr gibt.

Dem Arbeitgeber steht allerdings weiterhin der Vorsteuerabzug beispielsweise aus Kosten für die Benutzung öffentlicher Verkehrsmittel, von Leasing- oder Mietfahrzeugen sowie Taxen durch seine Arbeitnehmer zu. Voraussetzung ist dabei, dass der Arbeitgeber Leistungsempfänger ist und die Rechnung auf seinen Namen lautet. Da die §§ 34 und 35 UStDV nicht geändert wurden, kann der Arbeitgeber weiterhin den Vorsteuerabzug aus Fahrausweisen für seine Arbeitnehmer vornehmen.

5. Stellenbewerber

3116 Der Ausschluss des Vorsteuerabzugs aus Reisekosten erstreckt sich auch auf die im Zusammenhang mit Vorstellungsbesuchen von Stellenbewerbern gezahlten Beträge, die nach dem entfallenen § 38 Abs. 2 UStDV als Auswärtstätigkeiten zu beurteilen waren.

6. Umzugskosten

3117 Soweit der Unternehmer im Zusammenhang mit einem **Umzug seiner Arbeitnehmer**, der unternehmerisch bedingt ist (z.B. Einsatz des Arbeitnehmers an einem anderen Standort), Leistungen (z.B. eines Umzugsunternehmens) für sein Unternehmen bezieht, kann er die darauf entfallenden Vorsteuerbeträge geltend machen. Der Vorsteuerabzug wird unter den allgemeinen Voraussetzungen des § 15 UStG gewährt. Das bedeutet u.a., dass die entsprechenden **Rechnungen** auf das Unternehmen ausgestellt sein müssen (vgl. hierzu BMF v. 18.7.2006, IV A 5 – S 7303a – 7/06, BStBl I 2006, 450).

Vorzugsaktien

→ *Aktien: Zuwendung an Arbeitnehmer* Rz. 53

Wachhund

→ *Hundehaltung* Rz. 1585

Wahlhelfer

Bei politischen Wahlen sind ehrenamtliche Wahlhelfer tätig, die 3118 Aufwandsentschädigungen (sog. **Erfrischungsgelder**) erhalten. Mitglieder der Wahlorgane sind keine Arbeitnehmer, nur die von den Gemeinden gestellten Hilfskräfte. Da nach § 3 Nr. 12 Satz 2 EStG i.V.m. R 3.12 Abs. 3 Satz 3 LStR Aufwandsentschädigungen für ehrenamtliche Tätigkeiten bis mindestens 200 € monatlich steuerfrei bleiben, hat die Einstufung als Arbeitnehmer keine Bedeutung mehr. Ein Lohnsteuerabzug entfällt in jedem Fall. Einzelheiten zur Steuerfreiheit von Erfrischungsgeldern s. FinMin Saarland v. 22.7.2002, B/2 – 4 – 106/02 – S 2337, www.stotax-first.de.

Wahlkampfkosten

→ *Werbungskosten* Rz. 3182

Waisengeld

→ *Arbeitslohn-ABC* Rz. 255

Waldarbeiter

→ *Forstbedienstete* Rz. 1291

Wandelschuldverschreibungen

→ *Aktienoption* Rz. 36

Warengutscheine

1. Lohnsteuer

Erhält der Arbeitnehmer vom Arbeitgeber einen Warengutschein, 3119 so ist dessen lohnsteuerliche Behandlung und der Zuflusszeitpunkt des Arbeitslohns abhängig von der **Ausgestaltung des Warengutscheins**.

a) Warengutscheine als Sachbezug

Vom Arbeitgeber an die Arbeitnehmer ausgegebene Warengutscheine erfüllen nicht in allen Fällen die Voraussetzungen eines Sachbezugs. Üblicherweise wird ein Warengutschein auf den Bezug einer Ware gerichtet sein (z.B. Benzin, Bücher), aber auch Dienstleistungen können Gegenstand von Gutscheinen sein (z.B. Massagen, Fitnesscenter, Sonnenstudio, Tennis- oder Squashplätze). 3120

Der BFH hat zur **Abgrenzung zwischen Barlohn und Sachbezug** folgende Rechtsgrundsätze aufgestellt (BFH v. 11.11.2010, VI R 21/09, BStBl II 2011, 383; BFH v. 11.11.2010, VI R 27/09, BStBl II 2011, 386; BFH v. 11.11.2010, VI R 41/10, BStBl II 2011, 389):

Ob Barlohn oder Sachlohn vorliegt, entscheidet sich nach dem **Rechtsgrund des Zuflusses**. Entscheidend ist, was der Arbeitnehmer vom Arbeitgeber **auf Grundlage der arbeitsvertraglichen Vereinbarungen beanspruchen** kann. Es kommt nicht darauf an, auf welche Art und Weise der Arbeitgeber den Anspruch erfüllt und seinem Arbeitnehmer den zugesagten Vorteil verschafft.

Sachbezug i.S.d. § 8 Abs. 2 Satz 1 EStG ist danach, vgl. H 8.1 (1-4) (Geldleistung oder Sachbezug) LStH:

– jede **nicht in Geld** bestehende Einnahme,

– eine Zahlung des Arbeitgebers an den Arbeitnehmer, die mit der **Auflage verbunden** ist, den empfangenen Geldbetrag **nur in einer bestimmten Weise** zu verwenden,

– ein dem Arbeitnehmer durch den Arbeitgeber **eingeräumtes Recht**, bei einer Tankstelle zu tanken,

– ein **Gutschein über einen in Euro lautenden Höchstbetrag** für Warenbezug.

Hingegen hat der BFH seine Auffassung bestätigt, dass Barlohn und **kein Sachbezug** i.S.d. § 8 Abs. 2 Satz 1 EStG vorliegt, wenn

– der Arbeitnehmer einen Anspruch gegenüber dem Arbeitgeber hat, ihm **an Stelle der Sache den Barlohn auszubezahlen**, selbst wenn der Arbeitgeber die Sache zuwendet,

– es sich um im Inland gültige **gesetzliche Zahlungsmittel** oder Zahlungen in einer gängigen, frei konvertiblen und im Inland handelbaren ausländischen Währung handelt.

b) Warengutscheine des Arbeitgebers

3121 Kann der Warengutschein **nur beim Arbeitgeber** eingelöst werden, so erhält der Arbeitnehmer einen **Sachbezug**, der nach den für Sachbezüge geltenden Regelungen zu bewerten ist. Der Arbeitnehmer erhält mit dem Gutschein lediglich ein Versprechen des Arbeitgebers, dass dieser ihm in Höhe eines bestimmten Geldbetrags einen Sachbezug zukommen lassen will.

Erhält der Arbeitnehmer bei Einlösung des Gutscheins Waren, die vom Arbeitgeber hergestellt oder vertrieben werden, so ist der **Rabattfreibetrag von 1 080 €** anzuwenden. Der Vorteil bleibt steuer- und beitragsfrei, wenn der Betrag von 1 080 € im Kalenderjahr nicht überschritten wird. Maßgebend ist der nach § 8 Abs. 3 EStG um 4 % geminderte Endpreis des Arbeitgebers (→ *Rabatte* Rz. 2345). Wird die Ware nicht vom eigenen Arbeitgeber hergestellt oder vertrieben, ist der Vorteil mit dem üblichen Endpreis am Abgabeort zu bewerten (§ 8 Abs. 2 EStG); in diesem Fall bleibt der Vorteil steuer- und beitragsfrei, wenn die **Freigrenze von 44 €** (§ 8 Abs. 2 Satz 11 EStG) nicht überschritten wird (→ *Sachbezüge* Rz. 2605).

Da der Warengutschein lediglich einen unrealisierten Anspruch gegenüber dem Arbeitgeber dokumentiert, **fließt der Arbeitslohn dem Arbeitnehmer erst zu**, wenn er ihn beim Arbeitgeber einlöst (R 38.2 Abs. 3 Satz 2 LStR), vgl. auch BFH v. 24.1.2001, I R 100/98, BStBl II 2001, 509 und BFH v. 24.1.2001, I R 119/98, BStBl II 2001, 512 betr. Aktienoptionen.

Wird hingegen ein **tariflich festgelegter** Urlaubsgeldanspruch gegen einen beim Arbeitgeber einzulösenden Warengutschein ausgetauscht, fließt dem Arbeitnehmer Barlohn zu, wenn der Arbeitnehmer nicht unter Änderung seines Anstellungsvertrags auf einen Teil seines Barlohns verzichtet (BFH v. 6.3.2008, VI R 6/05, BStBl II 2008, 530).

> **Beispiel:**
> Die Arbeitnehmer eines Möbelhauses können auf Grund einer Vereinbarung mit dem Betriebsrat wählen, ob sie im Juli statt des tarifvertraglich zustehenden Urlaubsgelds einen Warengutschein in gleicher Höhe erhalten wollen, der bis Ende des Jahres einzulösen ist; eine Barauszahlung des Gutscheins ist ausgeschlossen.
>
> Auch wenn der Arbeitnehmer den Warengutschein gewählt hat, ist das in dieser Form gezahlte Urlaubsgeld als Barlohn zu behandeln, denn die Arbeitnehmer haben auf ihren Barlohnanspruch nicht zu Gunsten eines Sachlohns verzichtet, sondern den Barlohn zum Erwerb des Warengutscheins verwendet (BFH v. 6.3.2008, VI R 6/05, BStBl II 2008, 530).

c) Warengutscheine von Dritten

3122 Vom Arbeitgeber ausgegebene Gutscheine, mit denen der Arbeitnehmer den Bezug einer Ware oder Dienstleistung **bei einem Dritten** beanspruchen kann, stellen **Sachbezüge** dar, die im Rahmen der **Freigrenze von 44 €** (§ 8 Abs. 2 Satz 11 EStG) außer Ansatz bleiben (→ *Sachbezüge* Rz. 2605).

Nach Auffassung der Finanzverwaltung ist die Regelung in R 8.1 Abs. 2 Satz 3 LStR, den geldwerten Vorteil mit **96 % des Endpreises** anzusetzen, **nicht anzuwenden**, wenn der Sachbezug durch eine (zweckgebundene) Geldleistung des Arbeitgebers verwirklicht oder ein Warengutschein mit Betragsangabe hingegeben wird, vgl. H 8.1 (1-4) (Warengutscheine) LStH.

> **Beispiel:**
> Der Arbeitgeber räumt seinem Arbeitnehmer das Recht ein, einmalig zu einem beliebigen Zeitpunkt bei einer Tankstelle auf Kosten des Arbeitgebers gegen Vorlage einer Tankkarte bis zu einem Betrag von 44 € zu tanken. Der Arbeitnehmer tankt im Februar 2016 für 46 €; der Betrag wird vom Konto des Arbeitgebers abgebucht.

> Unter der Voraussetzung, dass der Arbeitnehmer von seinem Arbeitgeber nicht an Stelle der ausgehändigten Tankkarte Barlohn verlangen kann, liegt im Februar 2016 ein Sachbezug in Höhe der zugesagten 44 € vor. Er ist steuerfrei nach § 8 Abs. 2 Satz 11 EStG (44 €-Freigrenze), wenn dem Arbeitnehmer in diesem Monat keine weiteren Sachbezüge gewährt werden und der Arbeitgeber die **übersteigenden 2 € vom Arbeitnehmer einfordert**. Ein Abschlag von 4 % ist nicht vorzunehmen.

Ein Sachlohn liegt nach Auffassung der Finanzverwaltung auch dann vor, wenn die Gutscheingewährung mittels „**Guthabenkarten**" erfolgt. Dabei handelt es sich um nicht übertragbare Einwegkarten aus Plastik, die mit einem bestimmten Geldguthaben bestückt werden. Das Guthaben kann bei verschiedenen Vertragspartnern (z.B. Warenhäusern, Baumärkten, Modegeschäften) zum Einkauf von Waren verwendet werden. Eine Barauszahlung des Guthabens darf nicht möglich sein. Die Auszahlung eines evtl. Restguthabens oder eine Bargelderstattung bei Rückgabe der erstandenen Ware muss ebenfalls ausgeschlossen sein. Voraussetzung ist aber auch hier, dass ein arbeitsvertraglicher Anspruch auf eine Ware besteht.

Wird dem Arbeitnehmer oder dessen Angehörigen die „Guthabenkarte" anlässlich eines besonderen persönlichen Ereignisses zugewendet, liegt ebenfalls Sachlohn vor, der als Aufmerksamkeit bis zu einem Wert von 60 € nicht zu Arbeitslohn führt (→ *Annehmlichkeiten* Rz. 151).

Da der Arbeitnehmer mit der Hingabe des Gutscheins durch den Arbeitgeber einen Rechtsanspruch gegenüber dem Dritten erhält, fließt ihm der Arbeitslohn zu diesem Zeitpunkt zu (R 38.2 Abs. 3 Satz 1 LStR).

2. Umsatzsteuer

a) Warengutscheine des Arbeitgebers

3123 Wenn der Arbeitgeber an seine Arbeitnehmer Gutscheine ausgibt, die zum **Erhalt von Produkten des eigenen Unternehmens** eingelöst werden können, liegt entweder eine entgeltliche Leistung (§ 1 Abs. 1 Nr. 1 UStG) oder eine unentgeltliche Leistung (§ 3 Abs. 1b Nr. 2, § 3 Abs. 9a UStG) vor. Da die Gutscheine regelmäßig für Produkte für den privaten Bedarf des Personals eingelöst werden, liegt eine Zuwendung aus überwiegend betrieblichem Interesse des Arbeitgebers nicht vor. Bemessungsgrundlage sind nach § 10 Abs. 4 Nr. 1 UStG die **Einkaufspreise bzw. Selbstkosten** des Arbeitgebers.

> **Beispiel:**
> Die H Warenhaus AG gewährt ihren Arbeitnehmern im Dezember eine Weihnachtsgratifikation i.H.v. 500 €. Diese wird durch Ausgabe von 5 Gutscheinen à 100 € zugewendet, die in dem Warenhaus einzulösen sind, in welchem der jeweilige Arbeitnehmer eingesetzt ist. Die Gutscheine sind bis Ende März des Folgejahrs einzulösen. Danach verfällt der Gutschein. Eine Barauszahlung des Gutscheinbetrags ist ausgeschlossen, ebenso eine Auszahlung von Wechselgeld bei Bezug von Produkten mit geringerem Wert. Die Arbeitnehmer haben keinen Rechtsanspruch auf eine Weihnachtsgratifikation, so dass es jährlich im Ermessen des Arbeitgebers steht, die Gutscheine an das Personal auszugeben.
>
> Der Vorgang ist als unentgeltliche Zuwendung der mit den Gutscheinen eingelösten Produkte an das Personal zu werten (§ 3 Abs. 1b Nr. 2 UStG), weil kein Rechtsanspruch auf die jährliche Ausgabe der Gutscheine besteht und damit keine regelmäßige Zuwendung vorliegt (keine faktische betriebliche Übung, vgl. Abschn. 4.18.1 Abs. 7 UStAE). Bemessungsgrundlage sind nach § 10 Abs. 4 Nr. 1 UStG die Einkaufspreise bzw. Selbstkosten für die durch Einlösung des Gutscheins zugewendeten Produkte. Unmaßgeblich sind der auf dem Gutschein aufgedruckte Wert bzw. die Ladenverkaufspreise der durch Einlösung des Gutscheins zugewendeten Produkte.
>
> Selbst wenn die Ausgabe von Gutscheinen und deren spätere Einlösung für Produkte des Arbeitgebers als entgeltliche Leistung im Rahmen eines tauschähnlichen Umsatzes zu qualifizieren ist, ergibt sich letztlich keine Änderung des umsatzsteuerlichen Ergebnisses im Vergleich zur unentgeltlichen Zuwendung. Denn die als Gegenleistung zu wertende anteilige Arbeitsleistung des Arbeitnehmers orientiert sich an den Einkaufspreisen/Selbstkosten des Arbeitgebers (Abschn. 1.8 Abs. 6 Satz 4 UStAE).

b) Warengutscheine von Dritten

3124 Unabhängig von der lohnsteuerlichen Einordnung und Beurteilung bei der Gewährung von Warengutscheinen (→ Rz. 3122) ist umsatzsteuerlich zu unterscheiden, ob der Warengutschein auf einen Eurobetrag (z.B. Benzingutschein im Wert von 44 €) lautet oder ob

Warengutscheine

er auf eine bestimmte Ware (z.B. Benzingutschein für 25 Liter Superbenzin) ausgeschrieben wird:

> **Beispiel 1:**
> Der Arbeitgeber gibt seinen Arbeitnehmern monatlich Gutscheine aus, die die Arbeitnehmer berechtigen, an einer ortsansässigen Tankstelle für einen entsprechenden Betrag zu tanken. Die Tankstelle rechnet die eingelösten Gutscheine anschließend mit dem Arbeitgeber ab. Die Gutscheine lauten: „Benzingutschein im Wert von 44 €". Die Kraftstoffsorte wird nicht näher definiert.
>
> Bei der Hingabe des Gutscheins an die Arbeitnehmer ist noch nicht absehbar, welche konkrete Leistung die Tankstelle erbringen wird. Dies resultiert aus der fehlenden Spezifizierung der Ware; hier der Kraftstoffsorte. Es liegt im umsatzsteuerlichen Sinne kein Leistungsaustausch, sondern ein Tausch Geld gegen Gutschein vor, der umsatzsteuerlich zunächst unbeachtlich ist. Der Unternehmer (Arbeitgeber) hat keinen Vorsteuerabzug nach § 15 Abs. 1 Nr. 1 UStG, weil er nicht Besteller der konkreten Leistung (z.B. Superbenzin) ist. Eine Besteuerung der unentgeltlichen Wertabgabe an das Personal nach § 3 Abs. 1b Nr. 2 UStG entfällt, weil es sich lediglich um eine Art Geldhingabe handelt und im Übrigen auch kein Vorsteuerabzug vorgelegen hat (§ 3 Abs. 1b Satz 2 UStG).

> **Beispiel 2:**
> Auf den Gutscheinen ist in Absprache mit den jeweiligen Arbeitnehmern bereits der jeweilige genaue Verwendungszweck angegeben, z.B. „nur für den Bezug von 25 Litern Superbenzin gültig". Eine Betragsangabe (Wert in Euro) fehlt. Entsprechend löst die Tankstelle die eingereichten Gutscheine nur für den vorgegebenen Verwendungszweck ein und rechnet mtl. mit dem Arbeitgeber ab.
>
> Bei der Hingabe des Gutscheins an die Arbeitnehmer ist nunmehr die konkrete Leistung festgelegt, die die Tankstelle erbringen wird. Auf Grund der monatlichen Abgabe der Gutscheine ist von einer faktischen betrieblichen Übung und damit von einer zusätzlichen Vergütung für die Arbeitsleistung der Arbeitnehmer auszugehen. Mithin werden durch den Arbeitgeber an seine Arbeitnehmer entgeltliche Benzinlieferungen in Form von z.B. Superbenzin erbracht und insofern keine im umsatzsteuerlichen Sinne unbeachtlichen Geldleistungen. Der Arbeitgeber hat den Vorsteuerabzug nach § 15 Abs. 1 Nr. 1 UStG, weil er gegenüber der Tankstelle der Besteller der konkreten Leistung ist. Die Bemessungsgrundlage für die Benzinlieferungen des Arbeitgebers an die Arbeitnehmer ist in analoger Anwendung von § 10 Abs. 4 Nr. 1 UStG mit den Kosten zu bewerten (Abschn. 1.8 Abs. 6 Satz 4 UStAE).

Nach Auffassung der Finanzverwaltung sind derzeit keine Konsequenzen aus dem EuGH-Urteil v. 29.7.2010, C-40/09, HFR 2010, 1116 auf die deutsche Rechtslage und die bestehende Praxis im Umgang mit Nennwertgutscheinen zu ziehen.

3. Sozialversicherung

3125 Soweit Arbeitnehmer Warengutscheine an Stelle von Arbeitsentgelt erhalten, vertreten die Spitzenverbände der Sozialversicherungsträger folgende Auffassung (Besprechungsergebnis v. 6./7.5.1998):

- Geldwerte Vorteile aus Warengutscheinen und Sachleistungen, die der Arbeitgeber als freiwillige Leistung **zusätzlich zum Arbeitsentgelt** gewährt, fallen unter § 8 Abs. 3 EStG und gehören – soweit sie hiernach steuerfrei sind – nicht zum Arbeitsentgelt i.S. der Sozialversicherung.
- Geldwerte Vorteile aus Warengutscheinen und Sachleistungen, die **an Stelle von in den Vorjahren außervertraglich** (freiwillig) **gezahltem Arbeitsentgelt** gewährt werden, fallen unter § 8 Abs. 3 EStG und gehören – soweit sie hiernach steuerfrei sind – nicht zum Arbeitsentgelt i.S. der Sozialversicherung.
- Geldwerte Vorteile aus Warengutscheinen und Sachleistungen, die **an Stelle von vertraglich vereinbartem Arbeitsentgelt** gewährt werden, fallen nicht unter § 8 Abs. 3 EStG und gehören somit in voller Höhe zum beitragspflichtigen Arbeitsentgelt i.S. der Sozialversicherung.

[LSt] [SV]

Waren: Personalrabatte

→ *Rabatte* Rz. 2345, → *Sachbezüge* Rz. 2598

Wäschegeld

→ *Berufskleidung* Rz. 643

Wasser, Personalrabatte

→ *Strom: verbilligter Bezug* Rz. 2816

Wechselschichtzulage

1. Arbeitsrecht

3126 Wechselschicht ist eine besondere Form der Organisation von Schichtarbeit, die angewendet wird, wenn eine Betriebszeit rund um die Uhr und auch an Wochenenden und Feiertagen zu gewährleisten ist. Eine Definition der Wechselschicht enthält z.B. § 7 TVöD:

„Wechselschichtarbeit ist die Arbeit nach einem Schichtplan, der einen regelmäßigen Wechsel der täglichen Arbeitszeit in Wechselschichten vorsieht, bei denen Beschäftigte durchschnittlich längstens nach Ablauf eines Monats erneut zur Nachtschicht herangezogen werden. Wechselschichten sind wechselnde Arbeitsschichten, in denen ununterbrochen bei Tag und Nacht, werktags, sonntags und feiertags gearbeitet wird."

Der Anspruch des Arbeitnehmers auf die Zahlung von Wechselschichtzulagen kann sich dabei aus einem Gesetz, einer Rechtsverordnung, einem Tarifvertrag, einer Betriebsvereinbarung oder einem Einzelarbeitsvertrag ergeben.

2. Lohnsteuer und Sozialversicherung

a) Allgemeines

3127 Zuschläge für Wechselschichtarbeit, die der Arbeitnehmer für seine Wechseltätigkeit regelmäßig und fortlaufend bezieht, sind dem steuerpflichtigen Grundlohn zugehörig; sie sind auch während der durch § 3b EStG begünstigten Nachtzeit nicht steuerbefreit (BFH v. 7.7.2005, IX R 81/98, BStBl II 2005, 888).

> **Beispiel 1:**
> A ist Krankenpflegerin in einem Pflegeheim und macht wöchentliche Wechselschichten (Früh-, Spät- und Nachtschicht). Sie erhält hierfür eine monatliche Pauschale von 100 €.
>
> Auch wenn 25 % der Tätigkeit auf Nachtdienst entfällt, kann nicht pauschal ein Teilbetrag von 25 € als steuerfreier Zuschlag für Sonntags-, Feiertags- oder Nachtarbeit i.S.d. § 3b EStG angesehen werden.

[LSt] [SV]

Die Steuerbefreiung nach § 3b EStG ist allerdings anzuwenden, wenn eine Wechselschichtzulage **ausschließlich für Arbeit zu den begünstigten Zeiten gezahlt** wird. Das gilt auch, wenn die Zulage als „Wechselschichtzulage" und nicht als „Nachtarbeitszuschlag" bezeichnet wird (R 3b Abs. 1 Satz 5 LStR). Zu Einzelheiten → *Zuschläge für Sonntags-, Feiertags- oder Nachtarbeit* Rz. 3366.

> **Beispiel 2:**
> Auf Grund tarifvertraglicher Vereinbarung erhält ein Arbeitnehmer für die Arbeit in der Zeit von 18 bis 22 Uhr einen Spätarbeitszuschlag.
>
> Der für die Zeit von 20 bis 22 Uhr gezahlte Spätarbeitszuschlag ist ein nach § 3b EStG begünstigter Zuschlag für Nachtarbeit.

[LSt] [SV]

b) Einzelfälle

3128 In folgenden Fällen liegt **kein nach § 3b EStG begünstigter Zuschlag**, sondern steuerpflichtiger Arbeitslohn vor:

aa) Wechselschichtzulagen nach § 33a BAT

3129 Bei der Wechselschichtzulage nach § 33a BAT handelt es sich nicht um einen (pauschalen) Zuschlag für Sonntags-, Feiertags- oder Nachtarbeit i.S.d. § 3b EStG, sondern um eine **steuerpflichtige Erschwerniszulage**. Voraussetzung für die Zahlung der Zulage ist zwar, dass in einem Zeitraum von sieben Wochen durchschnittlich mindestens 40 Nachtarbeitsstunden geleistet werden. Dadurch erlangt die Zulage aber nicht den Charakter einer Zulage für Nachtarbeit. Vielmehr sollen mit ihr ausschließlich die Erschwernisse abgegolten werden, die sich durch ständige Wechselschichtarbeit ergeben. Die Zulage wird z.B. nicht gewährt, wenn Wechselschichtarbeit häufig oder regelmäßig ausgeübt oder wenn nur nachts gearbeitet wird. Dies zeigt, dass die Zahl der geleisteten Nachtarbeitsstunden lediglich Anknüpfungsmerkmal für die Zahl der Zulage, aber nicht der Grund für den tarifvertraglich vereinbarten Anspruch ist. Wären in der Wechselschichtzulage auch

[LSt durchgestrichen] = keine Lohnsteuerpflicht
[LSt] = Lohnsteuerpflicht

Wege zwischen Wohnung und erster Tätigkeitsstätte

Zuschläge für Nachtarbeit enthalten, dann wären Nachtarbeitszuschläge nach § 35 BAT ausgeschlossen (§ 35 Abs. 2 Satz 2 BAT), vgl. OFD Hannover v. 11.7.1995, S 2343 – 82 – StO 211, www.stotax-first.de, sowie FG Düsseldorf v. 6.4.2000, 17 K 1331/97 E, EFG 2000, 918. Die Abspaltung eines Teils der Zulage als nach § 3b EStG steuerfreie Zuschläge für Sonntags-, Feiertags- oder Nachtarbeit ist nicht möglich, vgl. H 3b (Zuschlag zum Grundlohn) LStH.

bb) Wechselschichtzulage/Schichtzulage nach § 11 Abs. 4 und 5 TV-Ärzte/VKA

3130 Bei den beiden Zulagen handelt es sich nicht um Zuschläge für Sonntags-, Feiertags- oder Nachtarbeit. Sie sind folglich steuerpflichtig (OFD Frankfurt v. 26.5.2011, S 2343 A – 37 – St 222, Lohnsteuer-Handausgabe 2015, 146).

cc) Zulage für Dienst zu wechselnden Zeiten nach §§ 17a bis 17d EZulV

3131 Die Zulage für Dienst zu wechselnden Zeiten nach §§ 17a bis 17d EZulV erfüllt **nicht die Voraussetzungen für die Steuerfreiheit nach § 3b EStG**. § 3b EStG verlangt u.a. eine bestimmte (subjektive) Zweckbestimmung der begünstigten Zuschlagszahlungen. Der Zweck der monatlich gezahlten Zulage für Dienst zu wechselnden Zeiten ist – auch wenn sie u.a. eine Mindestzahl tatsächlich geleisteter Nachtdienststunden erfordert – aber nicht ein Zuschlag für Sonntags-, Feiertags- oder Nachtarbeit, sondern ein **Ausgleich für die besonderen Belastungen des Biorhythmus durch häufig wechselnde Arbeitszeiten und einen hohen Anteil von Nachtdienststunden**. Dies ergibt sich aus der systematischen Stellung der §§ 17a bis 17d in Abschnitt 3 „Zulage für Dienst zu wechselnden Zeiten" der EZulV. Ebenso folgt aus der tatbestandlichen Ausgestaltung der Zulage, dass es sich nicht um eine Nachtzulage, sondern um eine Wechselschichtzulage handelt. Die Gewährung der Zulage für Dienst zu wechselnden Zeiten setzt nach § 17a Satz 1 Nr. 1 EZulV voraus, dass Beamte und Soldaten für die Gewährung der Zulage zu Diensten zu wechselnden Zeiten herangezogen werden müssen. Dies hat zur Folge, dass jemand, der nur nachts arbeitet, keinen Anspruch auf die Zulage hat (OFD Nordrhein-Westfalen v. 13.4.2015, Kurzinformation ESt Nr. 10/2015, StEd 2015, 312).

[LSt] (SV)

Wegegelder

3132 Als **Fahrtkostenersatz** gezahlte Wegegelder sind steuerfrei, wenn eine besondere **Steuerbefreiungsvorschrift**, z.B. als Aufwandsentschädigungen aus öffentlichen Kassen oder als Reisekosten bei Auswärtstätigkeiten, in Betracht kommt (vgl. z.B. OFD Hannover v. 25.1.1999, S 2337 – 14 – StO 211, www.stotax-first.de, betr. tarifliche Wege- und Zehrgelder in der Straßenbauverwaltung).

Werden Wegegelder für **Fahrten zwischen Wohnung und erster Tätigkeitsstätte** gezahlt, liegt steuerpflichtiger Arbeitslohn vor, der jedoch ggf. nach § 40 Abs. 2 Satz 2 EStG pauschal mit 15 % besteuert werden kann (→ Wege zwischen Wohnung und erster Tätigkeitsstätte Rz. 3167).

[LSt] (SV)

Wegezeitentschädigungen, die z.B. an Waldarbeiter für lange Anmarschwege gezahlt werden, sind als Entschädigungen für Zeitverlust und Verdienstausfall steuerpflichtiger Arbeitslohn.

[LSt] (SV)

Wege zwischen Wohnung und erster Tätigkeitsstätte

Inhaltsübersicht:	**Rz.**
1. Allgemeines	3133
a) Reform ab 2014	3133
b) Arbeitnehmer-Aufwendungen	3134
c) Möglichkeiten des Arbeitgeber-Ersatzes	3135
d) Anwendungsbereich	3136
2. Werbungskostenabzug	3137
a) Maßgebliche Wohnung	3137
b) Begriff „erste Tätigkeitsstätte"	3142
c) Beschränkung auf einen Weg täglich	3143
d) Verkehrsmittelunabhängige Entfernungspauschale	3144
e) Höhe der Entfernungspauschale	3145
f) Benutzung öffentlicher Verkehrsmittel	3146
g) Höchstbetrag	3147
h) Maßgebende Entfernung	3148
i) Fährverbindungen und Tunnel	3150
j) Fahrgemeinschaften	3151
k) Benutzung verschiedener Verkehrsmittel	3153
l) Mehrere Dienstverhältnisse	3154
m) Abgeltungswirkung	3155
n) Behinderte	3156
o) Anrechnung von Arbeitgeberleistungen	3157
3. Steuerfreie Sammelbeförderung	3160
4. Bildungseinrichtung als „erste Tätigkeitsstätte"	3161
5. Wege zu einem sog. Sammelpunkt	3162
6. Wege zu einem sog. weiträumigen Tätigkeitsgebiet	3163
7. Auswärtstätigkeiten	3164
8. Doppelte Haushaltsführung	3165
9. Fahrtkostenzuschüsse bei Benutzung öffentlicher Verkehrsmittel	3166
10. Pauschalierung der Lohnsteuer	3167
a) Lohnsteuer	3167
b) Sozialversicherung	3175
11. Gestellung eines Firmenfahrzeugs	3176
12. Aufzeichnungs- und Bescheinigungspflichten	3177
13. Verfassungsrechtliche Bedenken	3178

1. Allgemeines

a) Reform ab 2014

3133 Die „Reisekostenreform 2014" hat auch Auswirkungen auf die steuerliche Berücksichtigung von Aufwendungen für Wege zwischen Wohnung und erster Tätigkeitsstätte. Die Vorschrift des § 9 Abs. 1 Satz 3 Nr. 4 EStG, die die Abzugsbeschränkung auf die Entfernungspauschale beinhaltet, galt bisher für „Wege zwischen Wohnung und **regelmäßiger Arbeitsstätte**". Der Begriff „regelmäßige Arbeitsstätte" ist jedoch ab 2014 entfallen, nunmehr beinhaltet § 9 Abs. 1 Satz 3 Nr. 4 EStG „Wege zwischen Wohnung und **erster Tätigkeitsstätte**", wobei der Begriff „erste Tätigkeitsstätte" in § 9 Abs. 4 EStG **gesetzlich umschrieben** ist. Dies dürfte erheblich zur Rechtssicherheit beitragen, da der Begriff „regelmäßige Arbeitsstätte" bisher gesetzlich nicht festgelegt war und ihn die Rechtsprechung wiederholt anders definiert hat.

Inhaltlich haben sich jedoch auch für die Berücksichtigung von Fahrtkosten weitere gravierende Änderungen ergeben, weil die Abzugsbeschränkungen der Entfernungspauschale – abweichend von der bisherigen BFH-Rechtsprechung – auf weitere Sachverhalte erweitert worden sind:

– **Es kommt nicht mehr darauf an, wo der Schwerpunkt der Tätigkeit des Arbeitnehmers liegt.** Vielmehr kann grundsätzlich der Arbeitgeber bestimmen, wo die erste Tätigkeitsstätte des Arbeitnehmers liegen soll (BMF v. 24.10.2014, IV C 5 – S 2353/14/10004, BStBl I 2014, 1412 Rdnr. 3 ff.).

– **„Erste Tätigkeitsstätte" ist auch eine Bildungseinrichtung**, die außerhalb eines Dienstverhältnisses zum Zwecke eines Vollzeitstudiums oder einer vollzeitigen Bildungsmaßnahme aufgesucht wird (BMF v. 24.10.2014, IV C 5 – S 2353/14/10004, BStBl I 2014, 1412 Rdnr. 32 ff.). Hierzu → Rz. 3161.

– Liegt keine erste Tätigkeitsstätte vor und bestimmt der Arbeitgeber durch dienst- oder arbeitsrechtliche Festlegung, dass der Arbeitnehmer sich dauerhaft typischerweise arbeitstäglich an einem festgelegten Ort („**Sammelpunkt**"), der die Kriterien für eine erste Tätigkeitsstätte nicht erfüllt, einfinden soll, um von dort seine unterschiedlichen eigentlichen Einsatzorte aufzusuchen oder von dort seine berufliche Tätigkeit aufzunehmen (z.B. Treffpunkt für einen betrieblichen Sammeltransport, das Busdepot, der Fährhafen), werden die Fahrten des Arbeitnehmers von der Wohnung zu diesem vom Arbeitgeber festgelegten Ort wie Fahrten zu einer ersten Tätigkeitsstätte behandelt; für diese Fahrten darf nur die Entfernungspauschale angesetzt werden. Hierzu → Rz. 3162.

– Soll der Arbeitnehmer auf Grund der Weisungen des Arbeitgebers seine berufliche Tätigkeit typischerweise arbeitstäglich in einem **weiträumigen Tätigkeitsgebiet** ausüben, findet für die Fahrten von der Wohnung zu diesem Tätigkeitsgebiet ebenfalls die Entfernungspauschale Anwendung. Hierzu → Rz. 3163.

Wege zwischen Wohnung und erster Tätigkeitsstätte

S. ausführlich auch → *Reisekosten: Allgemeine Grundsätze* Rz. 2409.

Diese Änderungen wirken sich jedoch nicht für alle Arbeitnehmer nachteilig aus. Wer bisher keine tatsächlichen Fahrtkosten hatte (z.B. Mitglieder einer Fahrgemeinschaft oder Studenten, die mit einem sog. Semesterticket unentgeltlich öffentliche Verkehrsmittel nutzen können), kann nunmehr die aufwandsunabhängige Entfernungspauschale geltend machen. Ein steuerfreier Arbeitgeberersatz ist jedoch insoweit nicht möglich.

b) Arbeitnehmer-Aufwendungen

3134 Seit dem 1.1.2001 werden Aufwendungen für „**Wege**" zwischen Wohnung und Arbeitsstätte bzw. erster Tätigkeitsstätte durch eine **verkehrsmittelunabhängige Entfernungspauschale** berücksichtigt, und zwar ohne Rücksicht darauf, ob überhaupt Kosten anfallen (§ 9 Abs. 1 Satz 3 Nr. 4 EStG). Die Entfernungspauschale sollte ursprünglich einen Ausgleich für die im Jahr 2000 drastisch gestiegenen Benzinpreise bieten und zugleich die (vermeintliche) Benachteiligung von Bahnfahrern, Radfahrern, Fußgängern, Mitgliedern von Fahrgemeinschaften usw. gegenüber Autofahrern beseitigen. Aus Haushaltsgründen ist sie jedoch ab 2004 auf einen einheitlichen Betrag (kein höherer Betrag mehr ab dem 11. km!) von **0,30 € je Entfernungskilometer** abgesenkt worden. Die Kürzung um die ersten 20 Entfernungskilometer ab 2007 ist auf Grund **BVerfG** v. 9.12.2008, 2 BvL 1/07, BGBl. I 2008, 2888, HFR 2009, 180 rückgängig gemacht worden (Gesetz zur Fortführung der Gesetzeslage 2006 bei der Entfernungspauschale v. 20.4.2009, BStBl I 2009, 536).

Die Entfernungspauschale wird auch für die wöchentlichen **Familienheimfahrten** bei einer beruflich veranlassten **doppelten Haushaltsführung** gewährt (§ 9 Abs. 1 Satz 3 Nr. 5 EStG). Hier gilt jedoch die Besonderheit, dass die **Höchstgrenze von 4 500 € nicht zu beachten** ist.

Die obersten Finanzbehörden haben zur Anwendung der Entfernungspauschale ab 1.1.2014 ein **BMF-Schreiben herausgegeben** (BMF v. 31.10.2013, IV C 5 – S 2351/09/10002 :002, BStBl I 2013, 1376).

c) Möglichkeiten des Arbeitgeber-Ersatzes

3135 **Erstattet der Arbeitgeber** seinen Arbeitnehmern Kosten für den Weg zur Arbeit oder stellt er ihnen hierfür einen Firmenwagen zur Verfügung, so handelt es sich **grundsätzlich um steuer- und beitragspflichtigen Arbeitslohn**, da es für den Werbungskostenersatz keine allgemeine Steuerbefreiung gibt (R 19.3 Abs. 3 Nr. 2 LStR sowie FG Hamburg v. 24.7.2002, VI 226/99, EFG 2003, 89: Übernahme von Taxikosten durch den Arbeitgeber auch dann Arbeitslohn, wenn nach Ableistung von Überstunden keine öffentlichen Verkehrsmittel mehr verkehren); s. auch → *Firmenwagen zur privaten Nutzung* Rz. 1226. Hierbei sind jedoch einige Besonderheiten zu beachten:

- Unter bestimmten Voraussetzungen sind die Ersatzleistungen **steuer- und beitragsfrei**, z.B. bei **Sammelbeförderung** nach § 3 Nr. 32 EStG.

- Im Übrigen darf der Arbeitgeber seine Ersatzleistungen nach § 40 Abs. 2 Satz 2 EStG **pauschal mit 15 % versteuern**, soweit seine Erstattungen den Betrag nicht übersteigen, den der Arbeitnehmer als **Werbungskosten** absetzen könnte. Wird der Arbeitgeber-Ersatz der Fahrtkosten **pauschal versteuert**, ist dieser Betrag nicht dem Arbeitsentgelt i.S.d. Sozialversicherung zuzurechnen; in der Kranken-, Pflege-, Renten- und Arbeitslosenversicherung besteht insoweit **Beitragsfreiheit**.

Der **Arbeitgeber** muss sich daher vor einer pauschalen Versteuerung seiner Ersatzleistungen darüber informieren, in welchem Umfang der Arbeitnehmer Fahrtkosten als **Werbungskosten** absetzen könnte. Diese Fragen sind nicht immer einfach zu beurteilen, zumal es eine Fülle von Urteilen des BFH und der Finanzgerichte gibt, auf die an dieser Stelle nicht vollständig hingewiesen werden kann. Bei Zweifeln, ob und in welchem Umfang Fahrtkostenersatz steuerfrei gezahlt oder mit 15 % pauschal versteuert werden darf, haben Arbeitgeber und Arbeitnehmer die Möglichkeit, sich im Wege der **Anrufungsauskunft** (§ 42e EStG) an das zuständige Betriebsstättenfinanzamt zu wenden.

keine Sozialversicherungspflicht = (SV durchgestrichen)
Sozialversicherungspflicht = (SV)

Für den Arbeitgeberersatz ergibt sich folgende Übersicht:

- Erste Tätigkeitsstätte beim eigenen Arbeitgeber oder einem der in § 15 AktG genannten Unternehmen oder einem Dritten (z. B. Kunden) vorhanden?
- Weg zu einer außerhalb des Dienstverhältnisses zum Zwecke eines Vollzeitstudiums oder einer vollzeitigen Bildungsmaßnahme aufgesuchten Bildungseinrichtung?
- Weg zu einem vom Arbeitgeber bestimmten „Sammelpunkt"?
- Weg zu einem „weiträumigen Tätigkeitsgebiet"?

Ja:
Es gelten die ungünstigeren Regeln für **Wege zwischen Wohnung und erster Tätigkeitsstätte**, d.h.
- Ansatz der geringeren Entfernungspauschale von 0,30 € je Entfernungskilometer (km-Satz also nur 0,15 €);
- kein steuerfreier Arbeitgeberersatz möglich;
- lediglich Pauschalversteuerung nach § 40 Abs. 2 Satz 2 EStG mit 15 %

Nein:
Es gelten die günstigeren Regeln für **Auswärtstätigkeiten**, d.h. voller steuerfreier Fahrtkostenersatz möglich, für Kraftfahrzeuge ggf. Ansatz der pauschalen km-Sätze (für Pkw 0,30 €/km)

d) Anwendungsbereich

3136 Die Entfernungspauschale gilt für alle Wege zwischen Wohnung und erster Tätigkeitsstätte, selbst wenn der Arbeitnehmer seine erste Tätigkeitsstätte **nicht zum Zwecke eines Arbeitseinsatzes aufsucht**, sondern z.B. um an einer **Ausbildungs- oder Fortbildungsveranstaltung** teilzunehmen. Besucht ein Auszubildender im Rahmen eines Ausbildungsdienstverhältnisses eine Berufsfachschule, deren Träger sein Arbeitgeber ist und die sich auf demselben Gelände wie der Ausbildungsbetrieb befindet, ist nicht nur der Ausbildungsbetrieb, sondern auch die **Berufsfachschule** regelmäßige Arbeitsstätte i.S.d. § 9 Abs. 1 Satz 3 Nr. 4 Satz 1 EStG a.F. (BFH v. 10.4.2014, III R 35/13, BStBl II 2014, 1011). Für das ab 2014 geltende Recht („erste Tätigkeitsstätte") gilt dieses Urteil u.E. sinngemäß.

Die Abzugsbeschränkung durch die gesetzliche Entfernungspauschale gilt für „Fahrten zwischen Wohnung und erster Tätigkeitsstätte" auch dann, wenn die jeweilige Hin- oder Rückfahrt durch ein **Dienstgeschäft – wie etwa den Hausbesuch eines Arztes – unterbrochen** wird, gleichwohl aber als Ziel und Zweck der Fahrt das Erreichen der Wohnung oder der ersten Tätigkeitsstätte im Vordergrund steht. In solchen Fällen können lediglich die durch das Dienstgeschäft jeweils entstandenen **Mehrkosten** im Umfang der über die gewöhnliche Entfernung von Wohnung und erster Tätigkeitsstätte hinausgehenden Fahrtstrecke – zusätzlich zum Ansatz der Entfernungspauschale – als Werbungskosten berücksichtigt werden (zuletzt BFH v. 19.5.2015, VIII R 12/13, www.stotax-first.de, betr. durch Mandantenbesuche unterbrochene Fahrten zwischen Wohnung oder Betriebsstätte eines Steuerberaters; das Urteil gilt für den Arbeitnehmerbereich sinngemäß).

2. Werbungskostenabzug

a) Maßgebliche Wohnung

aa) Allgemeines

3137 Als „Wohnung" i.S.d. § 9 Abs. 1 Satz 3 Nr. 4 Satz 1 EStG ist jede Unterkunft anzusehen, die vom Arbeitnehmer zur Übernachtung genutzt wird und von der aus er seine erste Tätigkeitsstätte aufsucht (R 9.10 Abs. 1 Satz 1 LStR). Dies gilt nach der BFH-Rechtsprechung allerdings nur für eine **Wohnung, die der Arbeitnehmer am Ort einer ersten Tätigkeitsstätte begründet**. Bei Arbeitnehmern mit **Auswärtstätigkeit, die am Arbeitsort übernachten**, sind alle Fahrtkosten ohne die Abzugsbeschränkung auf die Entfernungspauschale zu berücksichtigen. Weitere Einzelheiten → *Reisekosten: Erstattungen* Rz. 2465.

Der Begriff „Wohnung" in § 9 Abs. 1 Satz 3 Nr. 4 EStG ist weit auszulegen. Unter die Vorschrift fallen grundsätzlich Fahrten von **Unterkünften jeglicher Art**, die von einem Arbeitnehmer zur Übernachtung genutzt werden und von denen aus er seinen Arbeitsplatz aufsucht. Nach der Vorstellung des Gesetzgebers ist eine Wohnung in diesem Sinne aber grundsätzlich nur eine **eigene**

Wohnung des Stpfl., Aufwendungen für Fahrten von einer anderen Stelle zur ersten Tätigkeitsstätte sind nur in Ausnahmefällen zu berücksichtigen. Das ist der Fall, wenn die eigene Wohnung des Stpfl. aus objektiven Gründen überhaupt nicht benutzbar ist, so z.B. beim Übernachten in der Wohnung des Freundes, weil die eigene Wohnung renoviert wird, oder wenn die eigene Wohnung speziell zur Erreichung der ersten Tätigkeitsstätte nicht geeignet ist, so z.B. bei Übernachtung im Hotel, weil die Wohnung vom Arbeitsort zu weit entfernt liegt und der Arbeitnehmer eine Zweitwohnung am Arbeitsort noch nicht gefunden hat. Eigene Wohnung i.S.d. § 9 Abs. 1 Satz 3 Nr. 4 EStG kann auch ein **Zimmer im Haus der Eltern** sein; anders als bei der doppelten Haushaltsführung (§ 9 Abs. 1 Satz 3 Nr. 5 EStG) ist für die Geltendmachung von Werbungskosten gem. § 9 Abs. 1 Satz 3 Nr. 4 EStG **nicht erforderlich, dass in der Wohnung ein eigener Hausstand unterhalten** wird (zuletzt FG Hamburg v. 29.10.2010, 5 K 76/10, www.stotax-first.de, m.w.N.).

bb) Mehrere Wohnungen

3138 Hat der Arbeitnehmer mehrere Wohnungen, können grundsätzlich nur die Wege von der Wohnung berücksichtigt werden, die der **ersten Tätigkeitsstätte am nächsten liegt**. Wege von der weiter vom Beschäftigungsort entfernt liegenden Wohnung zur ersten Tätigkeitsstätte können nur berücksichtigt werden, wenn diese Wohnung

- den **Mittelpunkt der Lebensinteressen** des Arbeitnehmers bildet und

- **nicht nur gelegentlich aufgesucht** wird (§ 9 Abs. 1 Satz 3 Nr. 4 Satz 6 EStG).

Beispiel 1:
A wohnt in einer Großstadt. Während der Sommermonate lebt seine Familie in einer Ferienwohnung an der Nordsee. A fährt freitags unmittelbar nach Arbeitsschluss zur Ferienwohnung und montags von dort unmittelbar zur ersten Tätigkeitsstätte.

Die Ferienwohnung stellt während der Sommermonate den Lebensmittelpunkt dar, so dass auch diese Fahrten steuerlich berücksichtigt werden können (BFH v. 10.11.1978, VI R 127/76, BStBl II 1979, 335).

Nicht ausreichen würde es dagegen, wenn die gesamte Familie nur im Urlaub und an den Wochenenden die Ferienwohnung aufsucht, weil sich dadurch der Lebensmittelpunkt noch nicht an den Ferienort verlagert. Ein Stpfl. hat auch dann nur einen einzigen Mittelpunkt der Lebensinteressen, wenn er mehrere Wohnungen innehat. Wohnen beide Ehegatten während der Woche zusammen in einer Wohnung und nutzen eine weitere gemeinsam am Wochenende sowie im Urlaub, ist im Allgemeinen davon auszugehen, dass ihr Mittelpunkt der Lebensinteressen in der Wohnung ist, von der beide regelmäßig ihre erste Tätigkeitsstätte aufsuchen (BFH v. 4.5.2011, VI B 152/10, www.stotax-first.de).

Nicht als Lebensmittelpunkt anerkannt werden könnte auch ein **Wohnwagen**, der während der Sommermonate auf einem Campingplatz abgestellt wird (FG Düsseldorf v. 26.9.1997, 13 K 2578/93 E, EFG 1998, 185). Dies gilt selbst dann, wenn dort die Ehefrau mit einem Kleinkind in der Zeit von April bis September eines Jahrs verweilt (FG Hamburg v. 16.10.1998, I 46/96, EFG 1999, 222).

Beispiel 2:
A ist als Krankenpfleger in einem Krankenhaus in Hamburg tätig, wo er auch wohnt (anfangs im Wohnheim des Krankenhauses, danach in einer Dreieinhalbzimmerwohnung mit einer Lebensgefährtin). In Hannover unterhält er im Hause seines Bruders eine eigenständige, ca. 45 qm große Wohnung, die von ihm mit eigenen Möbeln ausgestattet wurde. Dort hat A auch seinen Erstwohnsitz gemeldet. Er fährt regelmäßig jedes Wochenende und an allen arbeitsfreien Tagen in seine Wohnung in Hannover, dort wohnen seine Eltern und sein Bruder. Da sein Bruder seit mehreren Jahren psychisch krank ist und daraus seine Arbeitslosigkeit resultiert, sei es unabdingbar, dass er so oft wie möglich bei ihm sei. Auch habe er seinen gesamten Freundeskreis in Hannover. In seiner Einkommensteuererklärung hat A u.a. die Entfernungspauschale für die Fahrten zwischen Hannover und Hamburg geltend gemacht (30 Fahrten x 150 km x 0,30 € = 1 350 €) sowie Unfallkosten von 8 000 € anlässlich einer Heimfahrt. Das Finanzamt hat diese Aufwendungen nicht anerkannt, weil die Wohnung in Hannover nicht der Lebensmittelpunkt des A sei.

Das **FG Baden-Württemberg** hat es einem ähnlichen Fall (Urteil v. 24.6.2014, 4 K 3997/11, www.stotax-first.de, Revision eingelegt, Az. beim BFH: VI R 76/14) für glaubhaft gehalten, dass A weiter seinen Lebensmittelpunkt in Hannover behalten hat und den Werbungskostenabzug gewährt. A habe bei 30 Fahrten seinen Lebensmittelpunkt auch nicht nur gelegentlich aufgesucht. Nach Meinung der Verwaltung soll hierfür bei einem Ledigen bereits das zweimalige Aufsuchen monatlich genügen (R 9.10 Abs. 1 Satz 8 LStR). Unerheblich ist auch, ob der Arbeitnehmer die Fahrt an der näher zur ersten Tätigkeitsstätte gelegenen Wohnung unterbricht.

Neben den o.g. Heimfahrten kann A auch die Entfernungspauschale für die Wege zwischen der Wohnung in Hamburg und seiner ersten Tätigkeitsstätte geltend machen.

Macht ein Arbeitnehmer tägliche Fahrten zu einer **recht weiten ersten Tätigkeitsstätte geltend**, sollte er entsprechende **Nachweise** (Benzinquittungen, Inspektionsrechnungen usw.) aufbewahren. Für Fahrten zwischen Wohnung und erster Tätigkeitsstätte besteht zwar **keine gesetzliche Aufzeichnungspflicht**. Gleichwohl müssen die Darlegungen des Stpfl. hierzu so nachvollziehbar sein, dass sie einem sachverständigen Dritten in vertretbarer Zeit den Umfang der Fahrten plausibel machen. Wer eine große Anzahl von Fahrten über weite Entfernungen von verschiedenen Wohnungen aus geltend macht, ist – will er eine Schätzung vermeiden – **im Eigeninteresse gehalten, entsprechende Aufzeichnungen und Belege (Tankquittungen u.Ä.) vorzulegen**. Bei der Schätzung nach Wahrscheinlichkeitsgrundsätzen ist zu berücksichtigen, dass der Stpfl. zumindest aus Zeit- und Kostengründen die Fahrten auf ein erträgliches Maß reduziert (FG Saarland v. 17.2.2011, 1 K 1468/08, EFG 2011, 1243).

Die Finanzämter prüfen in solchen Fällen gelegentlich, ob der Arbeitnehmer nicht am **Arbeitsort übernachtet** hat (ggf. doppelte Haushaltsführung). So erscheint es z.B. nicht glaubhaft, dass ein Arbeitnehmer bei einer durchschnittlichen täglichen Arbeitszeit von 14 Stunden arbeitstäglich von der Wohnung zur 122 km entfernt liegenden und nahezu ausschließlich über Landstraßen zu erreichenden ersten Tätigkeitsstätte fährt und diesen Weg an vier Tagen pro Woche mit dem Pkw und an einem Tag pro Woche mit dem Vespa-Motorroller zurücklegt (FG Niedersachsen v. 26.8.2005, 16 K 465/02, www.stotax-first.de, bestätigt durch BFH v. 19.10.2010, X R 43/05, www.stotax-first.de).

Dem Werbungskostenabzug steht es nicht entgegen, wenn der Arbeitnehmer seine **Fahrt** von der weiter entfernt liegenden Wohnung, die seinen Lebensmittelpunkt darstellt, zur ersten Tätigkeitsstätte an einer näher zum Arbeitsplatz gelegenen **(Zweit-)Wohnung unterbricht** (BFH v. 16.9.2009, VI B 12/09, www.stotax-first.de, m.w.N. und zuletzt FG Baden-Württemberg v. 24.6.2014, 4 K 3997/11, www.stotax-first.de, Revision eingelegt, Az. beim BFH: VI R 76/14).

cc) Mittelpunkt der Lebensinteressen

Der Mittelpunkt der Lebensinteressen ist nicht gesetzlich definiert, sondern nach den Gesamtumständen zu bestimmen. Es gelten dieselben Grundsätze wie bei der **doppelten Haushaltsführung** (vgl. zuletzt BFH v. 8.10.2014, VI R 16/14, BStBl II 2015, 511 betr. doppelte Haushaltsführung bei beiderseits berufstätigen Lebensgefährten). Maßgebend sind insbesondere persönliche Bindungen, die Dauer des Aufenthalts in der einen und der anderen Wohnung sowie Größe und Ausstattung der Wohnungen. Wenn die Wohnung am Beschäftigungsort der anderen Wohnung entspricht (oder diese gar übertrifft) und es dort an der **melderechtlichen Anmeldung** fehlt, ist regelmäßig vom Lebensmittelpunkt am Beschäftigungsort auszugehen. Dies gilt auch, wenn die „Zweitwohnung" v.a. für **Besuchs- oder Erholungszwecken vorgehalten** wird. Die Entfernungspauschale darf in diesen Fällen jedoch nicht völlig versagt werden; sie ist so anzusetzen, als wären die Fahrten von der Wohnung am Arbeitsort angetreten worden (zuletzt FG München v. 2.4.2008, 9 K 2466/06, www.stotax-first.de).

Wo sich der Mittelpunkt der Lebensinteressen befindet, ist besonders bei **alleinstehenden Arbeitnehmern** oft streitig. Einzelheiten → *Doppelte Haushaltsführung: Allgemeines* Rz. 925 ff.

Bei einem **verheirateten Arbeitnehmer** liegt der Lebensmittelpunkt grundsätzlich dort, wo seine Familie wohnt. Ein Stpfl. hat auch dann nur einen **einzigen Mittelpunkt der Lebensinteressen**, wenn er mehrere Wohnungen innehat (z.B. eine **Ferienwohnung** in einem Ferienhausgebiet und ein Einfamilienhaus am Arbeitsort). Ob die außerhalb des Beschäftigungsortes belegene Wohnung des Arbeitnehmers als **Mittelpunkt seiner Lebensinteressen** anzusehen ist und deshalb seinen Hausstand darstellt, ist anhand einer Gesamtwürdigung aller Umstände des Einzelfalls festzustellen. Das gilt auch dann, wenn beiderseits berufstätige Ehegatten/Lebenspartner/Lebensgefährten während der Woche (und damit den weitaus überwiegenden Teil des Jahres) am Beschäftigungsort zusammenleben. Denn dieser Umstand allein

3139

Wege zwischen Wohnung und erster Tätigkeitsstätte

rechtfertigt es nicht, dort den Lebensmittelpunkt des Stpfl. und seiner (Haupt) Bezugsperson zu verorten. In der Regel verlagert sich indes der Mittelpunkt der Lebensinteressen eines Arbeitnehmers an den Beschäftigungsort, wenn er dort mit seinem Ehegatten/Lebenspartner/Lebensgefährten in eine familiengerechte Wohnung einzieht, auch wenn die frühere Wohnung beibehalten und zeitweise noch genutzt wird (BFH v. 8.10.2014, VI R 16/14, BStBl II 2015, 511).

dd) Zahl der Fahrten

3140 Die weiter entfernt liegende Wohnung wird nach Auffassung der Finanzverwaltung nur dann „nicht nur gelegentlich" aufgesucht i.S.d. § 9 Abs. 1 Satz 3 Nr. 4 Satz 6 EStG, wenn sie

- von einem **verheirateten** Arbeitnehmer **mindestens sechsmal** im Kalenderjahr aufgesucht wird (R 9.10 Abs. 1 Satz 5 LStR). Wird dies nicht erreicht, muss nach den Umständen des Einzelfalls geprüft werden, wo sich der Lebensmittelpunkt befindet (BFH v. 26.11.2003, VI R 152/99, BStBl II 2004, 233).

- von einem **alleinstehenden** Arbeitnehmer durchschnittlich mindestens **zweimal monatlich** aufgesucht wird. Dies gilt auch für Heimfahrten bei einer beruflich veranlassten **doppelten Haushaltsführung**, die wahlweise als Fahrten zwischen Wohnung und erster Tätigkeitsstätte anerkannt werden können. Die Finanzverwaltung unterscheidet dabei nicht, ob sich der Lebensmittelpunkt im **In- oder Ausland** befindet, der Arbeitnehmer also überhaupt in der Lage ist, die geforderte Anzahl von Heimfahrten durchzuführen (vgl. R 9.10 Abs. 1 Sätze 8 und 9 LStR).

Ein **Umkehrschluss**, dass bei weniger Fahrten ausschließlich eine private Veranlassung der Heimfahrten gegeben ist, lässt sich der o.g. Richtlinienregelung jedoch nicht entnehmen (FG Nürnberg v. 25.7.2012, 5 K 1354/2009, www.stotax-first.de: 12 Fahrten einer Alleinstehenden anerkannt). Auch wenige Fahrten können daher ausreichen, wenn dafür der Aufenthalt in der weiter entfernt liegenden, den Mittelpunkt der Lebensinteressen bildenden Zweitwohnung umso länger ist (FG München v. 21.6.1995, 1 K 1250/93, EFG 1996, 744).

> **Beispiel 1:**
> B, ledig, wohnt in Bonn bei seinen Eltern. Er ist von seinem Arbeitgeber nach Berlin versetzt worden und hat dort eine Wohnung gemietet. Er fährt jedes Wochenende nach Hause, weil er in Bonn seinen Freundeskreis hat.
>
> B kann zunächst seine Fahrten zwischen der Zweitwohnung in Berlin und seiner ersten Tätigkeitsstätte in Berlin als Fahrten zwischen Wohnung und erster Tätigkeitsstätte absetzen. Dies gilt aber auch für seine wöchentlichen Heimfahrten nach Bonn, weil B in Bonn seinen Lebensmittelpunkt hat. Dieser wird hier vom Finanzamt ohne Weiteres anerkannt, weil B mindestens zweimal monatlich nach Hause fährt (R 9.10 Abs. 1 Satz 8 LStR).

> **Beispiel 2:**
> C, ledige Kinderkrankenschwester, hat eine Arbeitsstelle in München angetreten, ihr Zimmer im Elternhaus in Würzburg jedoch beibehalten. Sie ist bei jeder sich bietenden Gelegenheit nach Hause gefahren, weil sie ihren gesamten Freundes- und Bekanntenkreis in Würzburg hat und dort auch Mitglied des Gesangvereins ist. Außerdem musste sie ihre Mutter bei der Pflege ihrer querschnittsgelähmten Schwester unterstützen. Wegen der großen Entfernung und häufiger Wochenenddienste konnte sie aber im Jahr nur etwa zehnmal nach Hause fahren. Sie hat dann jedoch die Aufenthalte mit jeweils vier bis fünf Urlaubstagen verlängert und war somit immer durchschnittlich eine ganze Woche zu Hause (bei zehn Fahrten insgesamt 68 Tage).
>
> Da C nicht durchschnittlich zweimal monatlich nach Hause gefahren ist, hat das Finanzamt die Fahrten zwischen Würzburg und München nicht als Fahrten zwischen Wohnung und erster Tätigkeitsstätte anerkannt. Das FG München hat C Recht gegeben (Urteil v. 21.6.1995, 1 K 1250/93, EFG 1996, 744). Begründung: Die Anzahl der Aufenthalte ist zwar ein gewichtiges, aber dennoch **nicht das alleinige Indiz** für die Beurteilung der Frage, wo sich der Mittelpunkt der Lebensinteressen befindet. Mindestens ebenso wichtig ist die jeweilige Verweildauer des Arbeitnehmers am Ort der weiter entfernt liegenden Wohnung. Im vorliegenden Fall hat die Verweildauer im Kalenderjahr 68 Tage betragen. Dies ist länger, als wenn C – wie die Finanzverwaltung es verlangt – jedes zweite Wochenende nur jeweils zwei Tage nach Hause gefahren wäre (24 Heimfahrten × 2 Tage = 48 Tage).
>
> Der BFH hat dieses Urteil bestätigt (BFH v. 12.1.1996, VI R 80/95, n.v.).

ee) Besonderheiten bei ausländischen Arbeitnehmern

Problematisch war besonders bei ausländischen Arbeitnehmern **3141** immer wieder die Anerkennung von **Familienheimfahrten nach Ablauf der** (ab 2003 aufgehobenen) **Zwei-Jahres-Frist für die doppelte Haushaltsführung**, die dann nur noch als „Wege zwischen Wohnung und erster Tätigkeitsstätte" berücksichtigt werden konnten. Voraussetzung ist hierfür einmal, dass der „**Lebensmittelpunkt" im Ausland** anerkannt werden kann. Zum anderen setzt der Abzug voraus, dass der Lebensmittelpunkt „**nicht nur gelegentlich**" aufgesucht wird (§ 9 Abs. 1 Satz 3 Nr. 4 Satz 6 EStG).

Anerkannt als nicht nur gelegentliche Fahrten wurden

- **fünf Heimfahrten** eines türkischen Arbeitnehmers (BFH v. 26.11.2003, VI R 152/99, BStBl II 2004, 233);
- **drei Heimflüge** eines afrikanischen Profi-Fußballspielers (FG Saarland v. 11.3.2008, 2 K 1183/06, www.stotax-first.de).

Nicht anerkannt wurden demgegenüber

- **einmal jährlich** durchgeführte Heimfahrten eines **jordanischen Arbeitnehmers** (BFH v. 8.11.1996, VI R 43/94, HFR 1997, 567);
- **drei Heimfahrten eines slowakischen Arbeitnehmers** (FG München v. 9.10.1997, 10 K 1717/96, EFG 1999, 1054). Der BFH hat dieses Urteil aufgehoben (BFH v. 10.2.2000, VI R 60/98, HFR 2000, 565), weil er offensichtlich schon keine doppelte Haushaltsführung anerkannt hat. Auf die grundsätzliche Frage, ob drei Heimfahrten „nur gelegentlich" sind, brauchte er daher nicht mehr einzugehen.

Nach dem Wegfall der Zwei-Jahres-Frist (ab 2003) dürften die Heimfahrten im Regelfall als „Familienheimfahrten" i.R.d. **doppelten Haushaltsführung** berücksichtigt werden können.

b) Begriff „erste Tätigkeitsstätte"

Der Begriff „erste Tätigkeitsstätte" richtet sich grundsätzlich nach **3142** § 9 Abs. 4 EStG i.V.m. BMF v. 24.10.2014, IV C 5 – S 2353/14/10004, BStBl I 2014, 1412 Rdnr. 2 ff.

Hierzu ausführlich → *Reisekosten: Allgemeine Grundsätze* Rz. 2413.

Hat der Arbeitnehmer überhaupt keine erste Tätigkeitsstätte, liegt eine Einsatzwechseltätigkeit oder Fahrtätigkeit vor mit der Folge, dass der Arbeitgeber die Fahrtkosten ggf. in voller Höhe steuerfrei erstatten kann.

c) Beschränkung auf einen Weg täglich

Seit dem 1.1.2001 darf nur **ein Weg täglich** anerkannt werden, **3143** auch bei Benutzung öffentlicher Verkehrsmittel (§ 9 Abs. 1 Satz 3 Nr. 4 Satz 2 EStG).

Mit der Entfernungspauschale sind auch **mehrere arbeitstägliche Fahrten** zwischen Wohnung und erster Tätigkeitsstätte abgegolten (BFH v. 11.9.2003, VI B 101/03, BStBl II 2003, 893 betr. einen Opernchorsänger mit atypischen Dienstzeiten; Verfassungsbeschwerde nicht zur Entscheidung angenommen, BVerfG v. 26.10.2005, 2 BvR 2085/03, StEd 2005, 736); die Begrenzung des Werbungskostenabzugs auf die Entfernungspauschale für *eine* arbeitstägliche Fahrt zwischen Wohnung und erster Tätigkeitsstätte ist **verfassungsgemäß** (zuletzt BFH v. 11.9.2012, VI B 43/12, www.stotax-first.de). Die frühere Möglichkeit, sog. **Zweitfahrten** wegen eines zusätzlichen Arbeitseinsatzes (z.B. bei Rufbereitschaft) oder einer Unterbrechung der regelmäßigen Arbeitszeit um mindestens vier Stunden (z.B. bei Verkaufspersonal mit geteilter Arbeitszeit) abzusetzen, ist aus Vereinfachungsgründen entfallen (Streichung des § 9 Abs. 1 Satz 3 Nr. 4 Satz 2 EStG a.F.).

Lässt sich ein Arbeitnehmer z.B. vom Ehegatten zur Arbeit bringen und nach Feierabend wieder abholen, weil der Ehegatte tagsüber den Pkw benötigt, sind die „**Leerfahrten**" nicht beruflich veranlasst und damit nicht als Werbungskosten abzugsfähig; dies gilt auch für **Unfallkosten** bei solchen Fahrten (vgl. BFH v. 11.2.1993, VI R 82/92, BStBl II 1993, 518). Ausnahmen gelten bei Behinderten (→ Rz. 3156).

Im Allgemeinen werden bei einer Fünf-Tage-Woche Fahrten an **230 Arbeitstagen** und bei einer Sechs-Tage-Woche an **280 Arbeitstagen** anerkannt.

Zur Berücksichtigung der Aufwendungen für Wege zwischen Wohnung und erster Tätigkeitsstätte bei **mehreren Dienstverhältnissen** → Rz. 3154.

Wege zwischen Wohnung und erster Tätigkeitsstätte

d) Verkehrsmittelunabhängige Entfernungspauschale

3144 Die Entfernungspauschale ist grundsätzlich **unabhängig vom Verkehrsmittel** anzusetzen (wegen der Ausnahme von **Flugzeugen** → Rz. 3146). Sie wird also auch Fußgängern, Radfahrern, Benutzern öffentlicher Verkehrsmittel und Mitgliedern von Fahrgemeinschaften gewährt, selbst wenn ihnen keine oder nur geringe Kosten entstehen. Bei Pkw-Benutzern wird dagegen im Regelfall die Pauschale die tatsächlichen Kosten nicht annähernd abdecken.

Die Entfernungspauschale setzt jedoch **tatsächlich durchgeführte Fahrten** zwischen Wohnung und erster Tätigkeitsstätte voraus (FG Niedersachsen v. 19.4.2005, 11 K 11705/03, EFG 2005, 1676 sowie FG Saarland v. 14.3.2005, 1 K 30/02, www.stotax-first.de, betr. Arbeitnehmer, die die steuerlich geltend gemachten Fahrten teilweise nicht unternommen hatten, weil sie während der Woche in einem möblierten **Zimmer am Arbeitsort wohnten**).

Die Geltendmachung einer großen Anzahl von Fahrten über eine einfache Entfernung mit einer großen Gesamtkilometerzahl zwischen verschiedenen Wohnungen und der ersten Tätigkeitsstätte durch eine an einer Hochschule tätige Fachschulrätin sind bei fehlender Beweisvorsorge durch entsprechende Aufzeichnungen zu **schätzen**. Dies gilt insbesondere bei widersprüchlichen Gesamtkilometerangaben (Steuererklärung rd.: 61 000 km, Klageantrag rd.: 36 000 km), wenn **keine tägliche Präsenz an der ersten Tätigkeitsstätte** erforderlich ist (FG Saarland v. 17.2.2011, 1 K 1468/08, EFG 2011, 1243).

e) Höhe der Entfernungspauschale

3145 Für jeden **vollen Entfernungskilometer** („angebrochene" Kilometer dürfen nicht zu Gunsten des Arbeitnehmers aufgerundet werden!) wird eine **Entfernungspauschale von 0,30 €** je **Entfernungskilometer** berücksichtigt. Die Pauschale gilt für die **einfache Entfernung** zwischen Wohnung und erster Tätigkeitsstätte („Entfernungskilometer"). Um den **„echten" Kilometer-Satz** zu ermitteln, muss daher der Betrag halbiert werden, wenn nur **eine „Hin- oder Rückfahrt"** unternommen wird. Das kann der Fall sein, wenn

- nur die Hin- oder Rückfahrt einen „Weg zwischen Wohnung und erster Tätigkeitsstätte" darstellt, z.B. wenn sich an die Hinfahrt eine **Auswärtstätigkeit** anschließt, die in der Wohnung des Arbeitnehmers endet (zuletzt BFH v. 19.5.2015, VIII R 12/13, www.stotax-first.de, m.w.N.),
- Hin- und Rückfahrt sich auf **unterschiedliche Wohnungen** beziehen (BFH v. 9.12.1988, VI R 199/84, BStBl II 1989, 296),
- der Arbeitnehmer am **Arbeitsort übernachtet** und erst am Folgetag nach Hause fährt oder z.B. schon Sonntagabend an den Arbeitsort zurück fährt, um Montagmorgen pünktlich bei der Arbeit zu sein (FG Baden-Württemberg v. 24.6.2014, 4 K 3997/11, www.stotax-first.de),
- die Hinfahrt mit einem Pkw erfolgt, die Rückfahrt dagegen mit dem **Flugzeug** (für Flugstrecken darf die Entfernungspauschale nicht angesetzt werden).

> **Beispiel:**
> A fährt am 2. Mai mit seinem Pkw zur ersten Tätigkeitsstätte (10 km), lädt dort Material ein und fährt anschließend weiter 20 km zu einer Messe. Nach Messeschluss fährt er direkt zur Wohnung (30 km).
>
> Auch wenn A an diesem Tag eine Messe besucht, stellt die Fahrt zur Arbeit einen **„Weg zwischen Wohnung und erster Tätigkeitsstätte"** dar, für den nur die Entfernungspauschale berücksichtigt werden darf – hier allerdings nur die **halbe Pauschale** von 0,15 € je km.
>
> Die Fahrt von der ersten Tätigkeitsstätte zur Messe und von dort zur Wohnung ist dagegen steuerlich eine **Dienstreise**: Für diese Fahrtkosten kann A entweder die vollen nachgewiesenen Kfz-Kosten oder pauschal 0,30 € je tatsächlich gefahrenem Kilometer absetzen.
>
> Als Werbungskosten werden somit für den „Messetag" berücksichtigt:
>
> a) Weg zwischen Wohnung und erster Tätigkeitsstätte:
>   10 km × 0,15 € (1/2 von 0,30 €) =   1,50 €
> b) Dienstreise: 50 km (20 + 30 km) × 0,30 € =   15,— €
>   zusammen =   16,50 €
>
> Hinzu kommen ggf. noch **Verpflegungsmehraufwendungen**, bei Abwesenheit von der Wohnung und erster Tätigkeitsstätte von mehr als acht Stunden z.B. 12 €.

Fallen **Hin- und Rückfahrt auf verschiedene Arbeitstage**, wird aus Vereinfachungsgründen unterstellt, dass die Fahrten an einem Arbeitstag durchgeführt wurden (d.h. Ansatz der vollen Pauschale); nur in den übrigen der o.g. Fälle ist der halbe Pauschbetrag anzusetzen.

Die vom Stpfl. angegebene Entfernung zwischen Wohnung und erster Tätigkeitsstätte kann der Berechnung seiner als Werbungskosten abzugsfähigen Fahrtkosten nicht zu Grunde gelegt werden, wenn die Überprüfung mit vier verschiedenen **Internet-Routenplanern** jeweils eine wesentlich geringere Entfernung ergibt (FG Düsseldorf v. 18.7.2005, 10 K 514/05 E, EFG 2005, 1852).

f) Benutzung öffentlicher Verkehrsmittel

Auch bei Benutzung öffentlicher Verkehrsmittel wird die Entfernungspauschale angesetzt. Übersteigen die Aufwendungen für die Benutzung öffentlicher Verkehrsmittel **den im Kalenderjahr insgesamt als Entfernungspauschale anzusetzenden Betrag,** können diese übersteigenden Aufwendungen zusätzlich angesetzt werden (§ 9 Abs. 2 Satz 2 EStG). Diese Regelung hat besonders für den sog. **Kurzstreckenverkehr** Bedeutung. Die frühere „**taggenaue**" Berechnung (s. „ABC des Lohnbüros 2011" Rdnr. 3019) ist i.R.d. **Steuervereinfachungsgesetzes 2011** gestrichen worden. **3146**

> **Beispiel 1:**
> A fährt jeden Tag (230 Arbeitstage) mit der Straßenbahn zur Arbeit (Entfernung 5 km); Kosten der Monatskarte 40 €.
>
> Als Entfernungspauschale sind lediglich 345 € zu berücksichtigen (230 Tage × 5 km × 0,30 €). Da die tatsächlichen Kosten der öffentlichen Verkehrsmittel mit 480 € höher sind, kann A zusätzlich zur Entfernungspauschale (345 €) den Differenzbetrag von 135 € als Werbungskosten absetzen.

> **Beispiel 2:**
> Ein Arbeitnehmer benutzt von Januar bis September (an 165 Arbeitstagen) für die Wege von seiner Wohnung zur 90 km entfernten ersten Tätigkeitsstätte und zurück den eigenen Kraftwagen. Dann verlegt er seinen Wohnsitz. Von der neuen Wohnung aus gelangt er ab Oktober (an 55 Arbeitstagen) für die nunmehr nur noch 5 km entfernten ersten Tätigkeitsstätte mit dem öffentlichen Bus. Hierfür entstehen ihm tatsächliche Kosten i.H.v. (3 × 70 € =) 210 €.
>
> Für die Strecken mit dem eigenen Kraftwagen ergibt sich eine Entfernungspauschale von 165 Arbeitstagen x 90 km x 0,30 € = 4 455 €. Für die Strecke mit dem Bus errechnet sich eine Entfernungspauschale von 55 Arbeitstagen x 5 km x 0,30 € = 83 €. Die insgesamt im Kalenderjahr anzusetzende Entfernungspauschale i.H.v. 4 538 € (4 455 € + 83 €) ist anzusetzen, da die tatsächlich angefallenen Aufwendungen für die Nutzung der öffentlichen Verkehrsmittel (210 €) diese nicht übersteigen.

> **Beispiel 3:**
> Ein Arbeitnehmer benutzt an 220 Arbeitstagen für die Fahrten von der Wohnung zur ersten Tätigkeitsstätte den Bus und die Bahn. Die kürzeste benutzbare Straßenverbindung beträgt 20 km. Die Monatskarte für den Bus kostet 50 € und für die Bahn 65 € (= 115 €).
>
> Für das gesamte Kalenderjahr ergibt sich eine Entfernungspauschale von 220 Tagen x 20 km x 0,30 € = 1 320 €. Die für die Nutzung von Bus und Bahn im Kalenderjahr angefallenen Aufwendungen betragen 1 380 € (12x 115 €). Da die tatsächlich angefallenen Kosten für die Benutzung der öffentlichen Verkehrsmittel die insgesamt im Kalenderjahr anzusetzende Entfernungspauschale übersteigen, kann der übersteigende Betrag zusätzlich angesetzt werden; insgesamt somit 1 380 €.

Als „öffentliche Verkehrsmittel" sind auch **Taxikosten** anzusehen. **Ausgenommen** von der Entfernungspauschale sind lediglich **Flugstrecken** (§ 9 Abs. 1 Satz 3 Nr. 4 Satz 3 EStG), weil die tatsächlichen Kosten insbesondere bei „Billigflügen" ins entfernte Ausland (die Entfernungspauschale gilt auch für Familienheimfahrten im Rahmen einer doppelten Haushaltsführung!) erheblich niedriger sind als die Entfernungspauschale; anzusetzen sind die tatsächlichen Flugkosten. Diese Regelung ist verfassungsgemäß (BFH v. 26.3.2009, VI R 42/07, BStBl II 2009, 724). Für die **An- und Abfahrten** zum bzw. vom Flughafen mit dem Pkw oder der Bahn ist jedoch die Entfernungspauschale anzusetzen.

g) Höchstbetrag

Die anzusetzende Entfernungspauschale ist grundsätzlich auf einen **Höchstbetrag von jährlich 4 500 €** begrenzt; diese Kap- **3147**

Wege zwischen Wohnung und erster Tätigkeitsstätte

pungsgrenze ist verfassungsgemäß (BVerfG v. 23.9.2014, 2 BvR 512/12 und 2 BvR 513/12, StEd 2014, 692).

Der Höchstbetrag gilt unabhängig von der Zahl der Arbeitstage im Jahr; er wird also **nicht gezwölftelt**, wenn der Arbeitnehmer erst im Laufe des Jahrs eine Beschäftigung aufgenommen hat. Die Begrenzung auf 4 500 € kommt in der Praxis nur bei **Entfernungen von 66 km** vor (bei 230 Arbeitstagen) und betrifft in erster Linie Bahnfahrer sowie Mitglieder von Fahrgemeinschaften.

Die Beschränkung auf 4 500 € gilt

- wenn der Weg zwischen Wohnung und erster Tätigkeitsstätte mit einem Motorrad, Motorroller, Moped, Fahrrad oder zu Fuß zurückgelegt wird,
- bei Benutzung eines Kraftwagens für die Teilnehmer an einer Fahrgemeinschaft, und zwar für die Tage, an denen der Arbeitnehmer seinen eigenen oder zur Nutzung überlassenen Kraftfahrzeug nicht einsetzt,
- bei Benutzung öffentlicher Verkehrsmittel, soweit im Kalenderjahr insgesamt keine höheren Aufwendungen glaubhaft gemacht oder nachgewiesen werden (§ 9 Abs. 2 Satz 2 EStG).

Die Beschränkung auf 4 500 € gilt dagegen nicht bei Benutzung eines eigenen oder zur Nutzung überlassenen Kraftwagens (z.B. Fahrten mit dem Pkw der Ehefrau oder der Eltern). Ein Kraftfahrzeug ist dem Arbeitnehmer zur Nutzung überlassen, wenn es dem Arbeitnehmer vom Arbeitgeber unentgeltlich oder teilentgeltlich überlassen worden ist (R 8.1 Abs. 9 LStR) oder wenn es der Arbeitnehmer von dritter Seite geliehen, gemietet oder geleast hat. Wird ein Kraftfahrzeug von einer anderen Person als dem Arbeitnehmer, dem das Kraftfahrzeug von seinem Arbeitgeber zur Nutzung überlassen ist, für Wege zwischen Wohnung und erster Tätigkeitsstätte benutzt, kann die andere Person die Entfernungspauschale nach § 9 Abs. 1 Satz 3 Nr. 4 EStG geltend machen; Entsprechendes gilt für den Arbeitnehmer, dem das Kraftfahrzeug von seinem Arbeitgeber überlassen worden ist, für Wege zwischen Wohnung und erster Tätigkeitsstätte im Rahmen eines anderen Dienstverhältnisses (R 9.10 Abs. 2 LStR).

Die Beschränkung der Ausnahmeregelung auf die Nutzer von Kraftwagen ist nicht verfassungswidrig und kann daher **nicht auf Motorräder ausgedehnt** werden (FG Niedersachsen v. 26.7.2005, 13 K 448/02, www.stotax-first.de).

Die sog. **Fernpendler** müssen aber nachweisen oder zumindest glaubhaft machen, dass sie die angegebenen Fahrten zwischen Wohnung und erster Tätigkeitsstätte mit einem eigenen oder zur Nutzung überlassenen Kraftwagen tatsächlich durchgeführt haben. Ein **Nachweis der tatsächlichen Aufwendungen** (z.B. die Vorlage von **Tankquittungen**) oder die Vorlage eines **Fahrtenbuchs** ist hierfür nicht erforderlich. Die Fahrten und die entsprechende Kilometerleistung sollten allerdings in anderer Weise **glaubhaft gemacht** werden, z.B. durch Angabe des Kilometerstands am Anfang sowie am Ende des Jahrs, ggf. auch durch **Inspektionsrechnungen**, die den jeweiligen Kilometerstand ausweisen.

> **Beispiel:**
> A und B fahren täglich zusammen mit dem Pkw des A zur Arbeit (Entfernung Wohnung – erste Tätigkeitsstätte 70 km und 230 Arbeitstage).
> Berechnung der Entfernungspauschale:
> 230 Tage × 70 km × 0,30 € = 4 830 €
> Wenn A glaubhaft macht, dass er das ganze Jahr mit seinem Pkw gefahren ist und eine entsprechende Wegstrecke zurückgelegt hat (die Kilometerleistung kann z.B. anhand der jährlichen **Inspektionsrechnung** nachgewiesen werden), kann A den vollen Betrag von 4 830 € absetzen.
> Bei B ist dagegen die Abzugsbeschränkung auf 4 500 € zu beachten. Diese darf auch dann nicht überschritten werden, wenn B dem A ein Entgelt von mehr als 4 500 € zahlen sollte.

h) Maßgebende Entfernung

aa) Allgemeines

3148 Für die Bestimmung der Entfernung zwischen Wohnung und erster Tätigkeitsstätte ist grundsätzlich die **kürzeste Straßenverbindung** zwischen Wohnung und erster Tätigkeitsstätte maßgebend. Als „Straßenverbindung" i.S.d. § 9 Abs. 1 Satz 3 Nr. 4 Satz 4 EStG ist die kürzeste Strecke zwischen Wohnung und erster Tätigkeitsstätte auf öffentlichen Straßen i.S.d. § 2 des Straßenverkehrsgesetzes, die dem allgemeinen Kraftfahrzeugverkehr dienen, zu Grunde zu legen. Dies gilt auch dann, wenn diese über eine Bundesstraße führt, die gem. § 18 der Straßenverkehrsordnung nur von Fahrzeugen befahren werden darf, deren durch die Bauart bestimmte Höchstgeschwindigkeit mehr als 60 km/h beträgt. Denn die „kürzeste Straßenverbindung" ist unabhängig vom tatsächlich benutzten Verkehrsmittel für alle Fahrzeuge einheitlich zu bestimmen (BFH v. 24.9.2013, VI R 20/13, BStBl II 2014, 259 betr. Fahrten mit einem Moped).

„**Benutzbare Straßenverbindung**" ist auch eine Straßenverbindung, die (ganz oder teilweise) über eine **mautpflichtige Strecke** führt (das kann auch eine Brücke oder ein Tunnel sein, z.B. der Warnow-Tunnel bei Rostock). Gleichwohl ist es abgelehnt worden, eine andere Strecke anzuerkennen oder zumindest die **Mautgebühren** als allgemeine Werbungskosten nach § 9 Abs. 1 Satz 1 EStG neben der Entfernungspauschale zu berücksichtigen (BMF v. 31.10.2013, IV C 5 – S 2351/09/10002 :002, BStBl I 2013, 1376 Tz. 1.4; BFH v. 24.9.2013, VI R 20/13, BStBl II 2014, 259 und v. 12.12.2013, VI R 49/13, www.stotax-first.de).

Nicht „benutzbar" sind hingegen Straßen, die nur für den Anliegerverkehr zugelassen sind, oder Privatstraßen, auch wenn tatsächlich viele Arbeitnehmer solche Abkürzungen nutzen sollten. Ist eine Straßenverbindung überhaupt nicht vorhanden (z.B. bei auf einer Insel tätigen Arbeitnehmern), muss die tatsächlich mit einem Beförderungsmittel (z.B. Schiff) zurückgelegte Strecke angesetzt werden. Ein voller Abzug der Fahrtkosten – d.h. ohne Begrenzung auf die Entfernungspauschale – ist auch in diesen Fällen nicht zulässig (vgl. BFH v. 10.5.2001, IV R 6/00, BStBl II 2001, 575 betr. Fahrten mit einem **Motorboot** vom Festland zur ersten Tätigkeitsstätte auf einer Insel).

Anzusetzen sind nur **volle Kilometer** der Entfernung; „angefangene Kilometer" bleiben ab 2001 unberücksichtigt, d.h., dass nicht mehr wie bis zum Jahre 2000 aufgerundet werden darf, sondern **abgerundet** werden muss. Die Entfernungsbestimmung richtet sich – auch bei **zu Fuß oder mit öffentlichen Verkehrsmitteln** zurückgelegten Wegen – nach der „**Straßenverbindung**", die evtl. längere „**Tarifentfernung**" der Bahn darf also nicht angesetzt werden; dies gilt auch, wenn die Bahnstrecke tatsächlich länger ist als die kürzeste Straßenverbindung (FG Baden-Württemberg v. 30.3.2009, 4 K 5374/08, EFG 2009, 926). Im Regelfall wird die vom Arbeitnehmer erklärte Entfernung ohne weitere Nachprüfung anerkannt, nur in Ausnahmefällen erfolgt eine Überprüfung mit Hilfe der im Internet angebotenen **Routenplaner** (s. dazu FG Düsseldorf v. 18.7.2005, 10 K 514/05 E, EFG 2005, 1852).

Die Entfernungsberechnung ist unabhängig von dem Verkehrsmittel, das tatsächlich für den Weg zwischen Wohnung und erster Tätigkeitsstätte benutzt wird. Deshalb sind auch evtl. **Mehrkilometer**, die sich bei der Kombination von Auto, Bahn und Fußwegen ergeben, nicht anzusetzen; unterschieden wird lediglich zwischen der „kürzesten Straßenverbindung" und der „verkehrsgünstigsten Straßenverbindung" (FG München v. 28.5.2008, 10 K 2680/07, www.stotax-first.de). Teilstrecken mit steuerfreier Sammelbeförderung sind jedoch nicht in die Entfernungsermittlung einzubeziehen.

> **Beispiel:**
> A fährt mit der Bahn zur Arbeit. Durch den Umweg zum Bahnhof, den A zu Fuß zurücklegt, betragen die Wege (Fußwege und Bahnkilometer) 30 km. Die kürzeste Straßenverbindung beträgt nur 25 km.
> Für die Ermittlung der Entfernungspauschale ist eine Entfernung von 25 km anzusetzen.

Dies gilt entsprechend, wenn ein Arbeitnehmer mit einem Kraftfahrzeug zum Bahnhof und anschließend mit der Bahn weiter fährt (**Park & Ride**). Besonderheiten sind hier allenfalls hinsichtlich der **Höchstgrenze** von 4 500 € zu beachten (→ Rz. 3153).

Welche Entfernung anzusetzen ist, hat das Finanzamt erst bei der **Einkommensteuerveranlagung** endgültig zu entscheiden. Es ist nicht gezwungen, eine im Freibetragsverfahren berücksichtigte längere Strecke zu übernehmen (BFH v. 10.4.2007, VI B 134/06, www.stotax-first.de).

Arbeitnehmer, die unentgeltlich einen **Firmenwagen** auch privat nutzen, können beim **Werbungskostenabzug** auch dann eine verkehrsgünstigere längere Strecke angeben, wenn der Arbeitgeber bei der Ermittlung des **Sachbezugswerts** für Fahrten zwischen Wohnung und erster Tätigkeitsstätte die **kürzeste benutzbare Straßenverbindung** zu Grunde gelegt hat (OFD Frankfurt v. 27.6.2006, S 2351 A – 14 – St 211, DStZ 2006, 674 sowie FG Köln v. 22.5.2003, 10 K 7604/98, EFG 2003, 1229).

Falsche Kilometer-Angaben können als **Steuerhinterziehung** gewertet werden. Dem Finanzamt kann nicht ohne Weiteres vorgehalten werden, es hätte die Falschangaben bemerken müssen (FG Rheinland-Pfalz v. 29.3.2011, 3 K 2635/08, www.stotax-first.de).

bb) Verkehrsgünstigere Umwegstrecke

3149 Eine andere als die kürzeste Straßenverbindung kann zu Grunde gelegt werden, wenn diese offensichtlich **verkehrsgünstiger** ist und vom Arbeitnehmer **regelmäßig** für die Wege zwischen Wohnung und erster Tätigkeitsstätte **benutzt** wird (§ 9 Abs. 1 Satz 3 Nr. 4 Satz 4 Halbsatz 2 EStG und zuletzt FG Sachsen v. 5.11.2012, 6 K 204/12, www.stotax-first.de). Eine mögliche, aber vom Stpfl. nicht tatsächlich benutzte Straßenverbindung kann der Berechnung der Entfernungspauschale nicht zu Grunde gelegt werden. Diese Grundsätze gelten auch, wenn der Arbeitnehmer ein öffentliches Verkehrsmittel benutzt, dessen Linienführung direkt über die verkehrsgünstigere Straßenverbindung erfolgt (z.B. öffentlicher Bus).

Nach der **BFH-Rechtsprechung** (zuletzt BFH v. 24.9.2013, VI R 20/13, BStBl II 2014, 259) ist die von dem Arbeitnehmer tatsächlich benutzte Straßenverbindung dann verkehrsgünstiger als die kürzeste Straßenverbindung, wenn mit ihrer Benutzung eine **Zeitersparnis oder sonstige Vorteile** auf Grund von Streckenführung, Schaltung von Ampeln o.Ä. verbunden sind; finanzielle Aspekte (z.B. die Erhebung von Straßenbenutzungsgebühren) sind dabei nicht zu berücksichtigen.

„**Offensichtlich**" verkehrsgünstiger ist die vom Arbeitnehmer gewählte Straßenverbindung dann, wenn ihre Vorteilhaftigkeit so auf der Hand liegt, dass sich auch ein unvoreingenommener, verständiger Verkehrsteilnehmer unter den gegebenen Verkehrsverhältnissen für die Benutzung der Strecke entschieden hätte. Konkrete zeitliche Vorgaben, die erfüllt sein müssen, um eine Straßenverbindung als „offensichtlich verkehrsgünstiger" als die kürzeste Fahrtroute anzusehen, gibt die höchstrichterliche Rechtsprechung nicht vor. **Soweit in der Rechtsprechung der Finanzgerichte eine Zeitersparnis von mindestens 20 Minuten für erforderlich gehalten wird, ist dem nach der o.g. BFH-Rechtsprechung in dieser Allgemeinheit nicht zu folgen.** Insbesondere kann nicht in jedem Fall eine Zeitersparnis von 20 Minuten gefordert werden, weil § 9 Abs. 1 Satz 3 Nr. 4 Satz 4 EStG für jeglichen Arbeitsweg anzuwenden ist und bei einer solchen Auslegung für kürzere Strecken, beispielsweise wenn die Fahrt zwischen Wohnung und erster Tätigkeitsstätte auf der kürzesten Strecke regelmäßig nur etwa 20 Minuten dauert, praktisch keinen Anwendungsbereich mehr hätte, weil in diesem Fall eine zeitliche Verkürzung auf der schnellsten Strecke nicht mehr als 20 Minuten ergeben könnte. Hieraus ist ersichtlich, dass **zeitliche Erfordernisse ins Verhältnis zur Gesamtdauer der Fahrten gesetzt werden müssen**. Entsprechend ist die Frage, ob eine Straßenverbindung als „offensichtlich verkehrsgünstiger" als die kürzeste Route angesehen werden kann, nach den Umständen des Einzelfalls zu bestimmen. Ist allenfalls eine geringfügige Verkürzung von **unter 10 %** der für die kürzeste Verbindung benötigten Fahrzeit zu erwarten, so spricht viel dafür, dass diese minimale Zeitersparnis allein für einen verständigen Verkehrsteilnehmer keinen ausschlaggebenden Anreiz darstellen dürfte, eine von der kürzesten Verbindung abweichende Route zu wählen. Umgekehrt ist eine relativ große zu erwartende Zeitersparnis ein Indiz dafür, eine Verbindung als „offensichtlich verkehrsgünstiger" i.S.d. § 9 Abs. 1 Satz 3 Nr. 4 Satz 4 zweiter Halbsatz EStG anzusehen. Schließlich ist auch zu berücksichtigen, dass das Merkmal der Verkehrsgünstigkeit auch andere Umstände als eine Zeitersparnis beinhaltet. So kann eine Straßenverbindung auch dann „offensichtlich verkehrsgünstiger" sein als die kürzeste Verbindung, wenn sich dies aus Umständen wie Streckenführung, Schaltung von Ampeln o.Ä. ergibt. **Deshalb kann eine „offensichtlich verkehrsgünstigere" Straßenverbindung auch vorliegen, wenn nur eine relativ geringe oder gar keine Zeitersparnis zu erwarten ist, sich die Strecke jedoch auf Grund anderer Umstände als verkehrsgünstiger erweist als die kürzeste Verbindung.** Eine offensichtlich verkehrsgünstigere Straßenverbindung liegt jedoch nicht vor, wenn die Fahrzeitersparnis laut „Google Maps" lediglich 5 Minuten beträgt (FG Sachsen v. 2.4.2014, 8 K 718/11 (Kg), www.stotax-first.de).

Maßgebend für die Entscheidung, ob eine Umwegstrecke offensichtlich verkehrsgünstiger als die kürzeste Straßenverbindung ist, sind die tatsächlichen Verkehrsverhältnisse im jeweiligen Streitjahr. Die Nachweislast für die Feststellung dieser Verhältnisse trägt der Stpfl. Eine **Umwegstrecke ist i.d.R. nicht offensichtlich verkehrsgünstiger, wenn sie nur bei bestimmten Verkehrsverhältnissen Vorteile bieten kann** und die Entscheidung, ob man sie sinnvoll nutzen kann, stets neu nach der dann aktuellen Verkehrslage getroffen werden müsste (FG Rheinland-Pfalz v. 21.2.2013, 4 K 1810/11, EFG 2013, 1100).

In erster Linie werden hiernach Autofahrer die verkehrsgünstigere längere Strecke ansetzen können, aber z.B. auch Nutzer von Linienbussen, die regelmäßig einen ohne Halt über die Autobahn fahrenden „Schnellbus" benutzen. Bei Bahnfahrern verbleibt es dagegen beim Ansatz der kürzesten Straßenverbindung (FG Baden-Württemberg v. 30.3.2009, 4 K 5374/08, EFG 2009, 926).

> **Beispiel:**
> A fährt **jeden Tag** über die Autobahn zur Arbeit (25 km), weil sich auf der (kürzeren) Landstraße bedingt durch viele Ampeln regelmäßig Staus bilden. Die Entfernung Wohnung – erste Tätigkeitsstätte beträgt 20 km.
>
> Wenn A dem Finanzamt glaubhaft machen kann, dass die Strecke über die Autobahn tatsächlich verkehrsgünstiger ist und zu einer Zeitersparnis führt, ist wie bisher die längere verkehrsgünstigere Strecke anzusetzen.
>
> Würde A dagegen nur **gelegentlich** über die Autobahn fahren, z.B. bei Unfällen, wäre trotzdem die kürzere Straßenverbindung über die Landstraße anzusetzen.

i) Fährverbindungen und Tunnel

Eine Fährverbindung ist sowohl bei der Ermittlung der kürzesten Straßenverbindung als auch bei der Ermittlung der verkehrsgünstigsten Straßenverbindung, soweit sie zumutbar erscheint und wirtschaftlich sinnvoll ist, mit in die Entfernungsberechnung einzubeziehen. Die Fahrtstrecke der Fähre selbst ist dann jedoch nicht Teil der maßgebenden Entfernung. An ihrer Stelle können die tatsächlichen Fährkosten berücksichtigt werden (BMF v. 31.10.2013, IV C 5 – S 2351/09/10002 :002, BStBl I 2013, 1376 Tz. 1.4). **3150**

Eine Straßenverbindung kann dann „offensichtlich verkehrsgünstiger" sein als die kürzeste Verbindung, wenn sich dies aus Besonderheiten einer im Rahmen der kürzesten Straßenverbindung zu nutzenden Fährverbindung wie langen Wartezeiten, häufig auftretenden technischen Schwierigkeiten oder Auswirkungen der Witterungsbedingungen auf den Fährbetrieb ergibt. Führen solche Umstände dazu, dass sich der Stpfl. auf den **Fährbetrieb im Rahmen der Planung von Arbeitszeiten und Terminen nicht hinreichend verlassen kann**, so ist dies im Rahmen der Beurteilung der Verkehrsgünstigkeit einer Straßenverbindung zu berücksichtigen. Erweist sich eine vom Stpfl. für Fahrten zwischen Wohnung und erster Tätigkeitsstätte genutzte Straßenverbindung nicht als „offensichtlich verkehrsgünstiger" als die kürzeste Verbindung, so können Kosten für die Fähre nicht als Werbungskosten angesetzt werden, wenn der Stpfl. die Fährverbindung tatsächlich nicht genutzt hat (BFH v. 19.4.2012, VI R 53/11, BStBl II 2012, 802).

> **Beispiel:**
> A wohnt am Rhein, seine erste Tätigkeitsstätte liegt auf der anderen Flussseite. Die Entfernung zwischen Wohnung und erster Tätigkeitsstätte beträgt über die nächstgelegene Brücke 60 km und bei Benutzung einer Autofähre 20 km (einschließlich der Fährstrecke von 0,6 km), die Fährkosten betragen 650 € jährlich.
>
> Für die Entfernungspauschale ist eine Entfernung von 19 km anzusetzen. Neben der Entfernungspauschale können die Fährkosten von 650 € berücksichtigt werden.
>
> Wenn A aber die **Fähre tatsächlich nicht nutzt**, weil ihm z.B. die Wartezeiten zu lang sind oder die Fähre frühmorgens noch nicht verkehrt, ist die längere Straßenverbindung anzusetzen. Das Finanzamt wird allenfalls prüfen, ob A tatsächlich täglich die erheblich längere Strecke fährt.

Die o.g. Grundsätze gelten auch bei der Benutzung **mautpflichtiger Strecken** (Straßen, Brücken, Tunnel); → Rz. 3148.

Wege zwischen Wohnung und erster Tätigkeitsstätte

keine Sozialversicherungspflicht = ⓢⱽ̸
Sozialversicherungspflicht = Ⓢⱽ

j) Fahrgemeinschaften

aa) Allgemeines

3151 Bei Fahrgemeinschaften konnte früher nur der **Fahrer** Fahrtkosten in Höhe der Kilometerpauschale absetzen. Seit 2001 erhalten **alle Teilnehmer** (auch die Mitfahrer!) für die zurückgelegte Strecke **grundsätzlich dieselbe Entfernungspauschale**; dabei spielt es keine Rolle, ob die Mitfahrer unentgeltlich mitfahren oder ein Entgelt zahlen. Allerdings dürfen auch bei sog. wechselnden Fahrgemeinschaften **Umwegstrecken** zur Abholung der Mitfahrer **nicht berücksichtigt** werden (BMF v. 31.10.2013, IV C 5 – S 2351/09/10002 :002, BStBl I 2013, 1376 Tz. 1.5).

> **Beispiel:**
> A und B sind in der derselben Firma tätig und fahren jeden Tag gemeinsam zu der 32 km entfernten ersten Tätigkeitsstätte. A fährt das ganze Jahr mit seinem Pkw und nimmt unterwegs B mit, der 9 km von der ersten Tätigkeitsstätte entfernt wohnt; er muss hierbei einen Umweg von 2 km machen. Die erste Tätigkeitsstätte ist nach kürzester Straßenverbindung 30 km von der Wohnung des A entfernt.
>
> A kann bei Berechnung der Entfernungspauschale nur die **kürzeste Straßenverbindung** von 30 km ansetzen (die **Umwegstrecke** wird nicht berücksichtigt). B kann ebenfalls die Entfernungspauschale in Anspruch nehmen.

Nicht anzuwenden ist auch die frühere Sonderregelung für **Ehegattenfahrgemeinschaften** nach R 42 Abs. 5 Satz 3 LStR 2001, wonach **ein Ehegatte die gesamte Fahrtstrecke** für beide Ehegatten bei sich ansetzen kann; jeder Ehegatte erhält „seine" Entfernungspauschale.

bb) Wechselseitige Fahrgemeinschaften

3152 Probleme ergeben sich bei **wechselseitigen Fahrgemeinschaften** dadurch, dass für die **Mitfahrer der Höchstbetrag von 4 500 €** zu beachten ist. Für den **Fahrer** gilt diese Begrenzung nicht, soweit er einen eigenen oder ihm zur Nutzung überlassenen Kraftwagen benutzt und die Fahrten glaubhaft machen kann (→ Rz. 3147). Aus diesem Grund muss genau geprüft werden, an welchen Tagen der einzelne Teilnehmer der Fahrgemeinschaft „**Fahrer**" und an welchen Tagen er lediglich „**Mitfahrer**" war.

Die **Finanzverwaltung** berechnet in diesen Fällen die Entfernungspauschale zu Gunsten der betroffenen Arbeitnehmer

- zunächst für die „**Mitfahrtage**", wobei höchstens 4 500 € anzusetzen sind,

- und dann die (unbegrenzte) Entfernungspauschale für die Tage, an denen der **Arbeitnehmer selbst gefahren** ist; beide Beträge zusammen ergeben die insgesamt anzusetzende Entfernungspauschale (BMF v. 31.10.2013, IV C 5 – S 2351/09/10002 :002, BStBl I 2013, 1376 Tz. 1.5).

Denn soweit ein Arbeitnehmer **seinen eigenen oder ihm zur Nutzung überlassenen Kraftwagen einsetzt,** kann der **Höchstbetrag von 4 500 € überschritten** werden. Im Ergebnis kann sich somit bei allen Mitgliedern einer wechselseitigen Fahrgemeinschaft eine höhere Entfernungspauschale als 4 500 € ergeben.

> **Beispiel:**
> Bei einer aus drei Arbeitnehmern bestehenden wechselseitigen Fahrgemeinschaft beträgt die Entfernung zwischen Wohnung und erster Tätigkeitsstätte für jeden Arbeitnehmer 100 km. Bei tatsächlichen 210 Arbeitstagen benutzt jeder Arbeitnehmer seinen eigenen Kraftwagen an 70 Tagen für die Fahrten zwischen Wohnung und erster Tätigkeitsstätte.
>
> Die Entfernungspauschale ist für **jeden Teilnehmer** der Fahrgemeinschaft wie folgt zu ermitteln:
>
> 1. Zunächst ist die Entfernungspauschale für die Fahrten und Tage zu ermitteln, an denen der Arbeitnehmer **mitgenommen** wurde:
>   140 Arbeitstage × 100 km × 0,30 € =   4 200 €
>   Der Höchstbetrag von 4 500 € ist nicht überschritten.
> 2. Anschließend ist die Entfernungspauschale für die Fahrten und Tage zu ermitteln, an denen der Arbeitnehmer seinen **eigenen Kraftwagen benutzt** hat:
>   70 Arbeitstage × 100 km × 0,30 € =
>   (abziehbar unbegrenzt)   2 100 €
> 3. Insgesamt anzusetzende Entfernungspauschale
>   (Summe aus Nr. 1 und 2)   6 300 €

k) Benutzung verschiedener Verkehrsmittel

3153 Arbeitnehmer legen die Wege zwischen Wohnung und erster Tätigkeitsstätte oftmals auf unterschiedliche Weise zurück, d.h.,

- für eine Teilstrecke werden der Kraftwagen und für die weitere Teilstrecke öffentliche Verkehrsmittel benutzt (**Park & Ride**) oder

- es werden für einen **Teil des Jahres** der eigene Kraftwagen und für den anderen Teil öffentliche Verkehrsmittel benutzt.

In derartigen **Mischfällen** ist zunächst die maßgebende Entfernung für die kürzeste Straßenverbindung zu ermitteln. Auf der Grundlage dieser Entfernung ist sodann die anzusetzende Entfernungspauschale für die Fahrten zwischen Wohnung und erster Tätigkeitsstätte zu berechnen.

Die Teilstrecke, die mit dem eigenen Kraftwagen zurückgelegt wird, ist in voller Höhe anzusetzen (ggf. Ansatz der verkehrsgünstigeren Strecke). Der verbleibende Teil der maßgebenden Entfernung ist die Teilstrecke, die auf öffentliche Verkehrsmittel entfällt.

Die anzusetzende Entfernungspauschale ist sodann für die Teilstrecke und Arbeitstage zu ermitteln, an denen der Arbeitnehmer seinen eigenen oder ihm zur Nutzung überlassenen Kraftwagen eingesetzt hat. Anschließend ist die anzusetzende Entfernungspauschale für die Teilstrecke und Arbeitstage zu ermitteln, an denen der Arbeitnehmer öffentliche Verkehrsmittel benutzt. Beide Beträge ergeben die insgesamt anzusetzende Entfernungspauschale, so dass auch in Mischfällen ein höherer Betrag als 4 500 € angesetzt werden kann (BMF v. 31.10.2013, IV C 5 – S 2351/09/10002 :002, BStBl I 2013, 1376 Tz. 1.6).

> **Beispiel 1:**
> Ein Arbeitnehmer fährt an 220 Arbeitstagen im Jahr mit dem eigenen Kraftwagen 30 km zur nächsten Bahnstation und von dort 100 km mit der Bahn zur ersten Tätigkeitsstätte. Die kürzeste maßgebende Entfernung (Straßenverbindung) beträgt 100 km. Die Aufwendungen für die Bahnfahrten betragen (monatlich 180 € x 12 =) 2 160 € im Jahr.
>
> Von der maßgebenden Entfernung von 100 km entfällt eine Teilstrecke von 30 km auf Fahrten mit dem eigenen Kraftwagen, so dass sich hierfür eine Entfernungspauschale von 220 Arbeitstagen × 30 km × 0,30 € = 1 980 € ergibt. Für die verbleibende Teilstrecke mit der Bahn von (100 km – 30 km =) 70 km errechnet sich eine Entfernungspauschale von 220 Arbeitstagen × 70 km × 0,30 € = 4 620 €. Hierfür ist der Höchstbetrag von 4 500 € anzusetzen, so dass sich eine insgesamt anzusetzende Entfernungspauschale von 6 480 € ergibt. Die tatsächlichen Aufwendungen für die Bahnfahrten i.H.v. 2 160 € bleiben unberücksichtigt, weil sie unterhalb der für das Kalenderjahr insgesamt anzusetzenden Entfernungspauschale liegen.

> **Beispiel 2:**
> Ein Arbeitnehmer fährt an 220 Arbeitstagen im Jahr mit dem eigenen Kraftwagen 3 km zu einer verkehrsgünstig gelegenen Bahnstation und von dort noch 30 km mit der Bahn zur ersten Tätigkeitsstätte. Die kürzeste maßgebende Straßenverbindung beträgt 25 km. Die Jahreskarte für die Bahn kostet 1 746 €.
>
> Für die Teilstrecke mit dem eigenen Kraftwagen von 3 km ergibt sich eine Entfernungspauschale von 220 Arbeitstagen x 3 km x 0,30 € = 198 €. Für die verbleibende Teilstrecke mit der Bahn von (25 km - 3 km =) 22 km errechnet sich eine Entfernungspauschale von 220 Arbeitstagen x 22 km x 0,30 € = 1 452 €. Die insgesamt im Kalenderjahr anzusetzende Entfernungspauschale beträgt somit 1 650 €. Da die tatsächlichen Aufwendungen für die Bahnfahrten i.H.v. 1 746 € höher sind als die für das Kalenderjahr insgesamt anzusetzende Entfernungspauschale, kann zusätzlich der die Entfernungspauschale übersteigende Betrag angesetzt werden; insgesamt also 1 746 €.

> **Beispiel 3:**
> Ein Arbeitnehmer fährt im Kalenderjahr die ersten drei Monate mit dem eigenen Kraftwagen und die letzten neun Monate mit öffentlichen Verkehrsmitteln zur 120 km entfernten ersten Tätigkeitsstätte. Die entsprechende Monatskarte kostet 190 €.
>
> Die Entfernungspauschale beträgt bei 220 Arbeitstagen: 220 × 120 km × 0,30 € = 7 920 €. Da jedoch für einen Zeitraum von neun Monaten öffentliche Verkehrsmittel benutzt worden sind, ist die Begrenzung auf den Höchstbetrag von 4 500 € zu beachten. Die anzusetzende Entfernungspauschale ist deshalb wie folgt zu ermitteln:
>
> 165 Arbeitstage × 120 km × 0,30 € =   5 940 €
> begrenzt auf den Höchstbetrag von   4 500 €
> (Die tatsächlichen Kosten für die Benutzung der öffentlichen Verkehrsmittel sind nicht höher als die Gesamt-Entfernungspauschale)
> zuzüglich 55 Arbeitstage × 120 km × 0,30 € =   1 980 €
> anzusetzende Entfernungspauschale insgesamt   6 480 €

[LSt] = keine Lohnsteuerpflicht
[LSt] = Lohnsteuerpflicht

Wege zwischen Wohnung und erster Tätigkeitsstätte

Die tatsächlichen Kosten für die Benutzung der öffentlichen Verkehrsmittel (9x 190 € = 1 710 €) sind niedriger; anzusetzen ist also die Entfernungspauschale i.H.v. 6 480 €.

Beispiel 4:

Ein Arbeitnehmer wohnt in Konstanz und hat seine erste Tätigkeitsstätte auf der anderen Seite des Bodensees. Für die Fahrt zur ersten Tätigkeitsstätte benutzt er seinen Kraftwagen und die Fähre von Konstanz nach Meersburg. Die Fahrtstrecke einschließlich der Fährstrecke von 4,2 km beträgt insgesamt 15 km. Die Monatskarte für die Fähre kostet 122,50 €. Bei 220 Arbeitstagen im Jahr ergibt sich eine Entfernungspauschale von:

220 Arbeitstage × 10 km × 0,30 € =	660 €
zzgl. Fährkosten (12 × 122,50 €) =	1 470 €
Insgesamt zu berücksichtigen	2 130 €

l) Mehrere Dienstverhältnisse

3154 Die Entfernungspauschale kann für die Wege zu **derselben ersten Tätigkeitsstätte** für jeden Arbeitstag nur **einmal angesetzt** werden (→ Rz. 3143). Diese Einschränkung gilt aber nur für Arbeitnehmer mit **einer ersten Tätigkeitsstätte, nicht für Arbeitnehmer mit mehreren ersten Tätigkeitsstätten**. Für Letztere gilt Folgendes:

a) Bei Arbeitnehmern, die **in mehreren Dienstverhältnissen stehen** und denen Aufwendungen für die Wege zu mehreren auseinander liegenden ersten Tätigkeitsstätte entstehen, ist die Entfernungspauschale für jeden Weg zur ersten Tätigkeitsstätte anzusetzen, wenn der Arbeitnehmer am Tag **zwischenzeitlich in die Wohnung zurückkehrt**, denn die Einschränkung, dass täglich nur eine Fahrt anzuerkennen ist, gilt nur für eine, nicht aber für mehrere erste Tätigkeitsstätten.

Beispiel 1:

A arbeitet vormittags als Verkäuferin in einem Kaufhaus und abends als Serviererin einer Gaststätte. Den Nachmittag verbringt sie zu Hause.

A kann für beide Wege zur Arbeit die Entfernungspauschale absetzen. Zu beachten ist jedoch die Höchstgrenze von 4 500 € im Jahr, die sich auch dann nicht verdoppelt, wenn ein Arbeitnehmer – wie hier – zwei Fahrten arbeitstäglich absetzen darf und somit eher die Höchstgrenze erreicht.

b) Werden täglich **mehrere erste Tätigkeitsstätten ohne Rückkehr zur Wohnung nacheinander angefahren**, so ist für die Entfernungsermittlung der Weg zur zuerst aufgesuchten „ersten Tätigkeitsstätte" als Umwegstrecke zur nächsten ersten Tätigkeitsstätte zu berücksichtigen. Die für die Ermittlung der Entfernungspauschale anzusetzende Entfernung darf höchstens die Hälfte der Gesamtstrecke betragen.

Beispiel 2:

Ein Arbeitnehmer fährt an 220 Tagen vormittags von seiner Wohnung A zur ersten Tätigkeitsstätte B, nachmittags weiter zur ersten Tätigkeitsstätte C und abends zur Wohnung in A zurück. Die Entfernungen betragen zwischen A und B 30 km, zwischen B und C 40 km und zwischen C und A 50 km.

Die Gesamtentfernung beträgt 30 + 40 + 50 km = 120 km, die Entfernung zwischen der Wohnung und den beiden ersten Tätigkeitsstätten 30 + 50 km = 80 km. Da dies mehr als die Hälfte der Gesamtentfernung ist, sind (120 km : 2) = 60 km für die Ermittlung der Entfernungspauschale anzusetzen. Die Entfernungspauschale beträgt 3 960 € (220 Tage × 60 km × 0,30 €).

Beispiel 3:

Ein Arbeitnehmer fährt mit öffentlichen Verkehrsmitteln an 220 Arbeitstagen vormittags von seiner Wohnung A zur ersten Tätigkeitsstätte B, mittags zur Wohnung A, nachmittags zur ersten Tätigkeitsstätte C und abends zur Wohnung A zurück. Die Entfernungen betragen zwischen A und B 30 km und zwischen A und C 40 km. Die Monatskarte für die öffentlichen Verkehrsmittel kostet 300 € monatlich.

Die Entfernungspauschale beträgt 220 Tage × 70 km (30 km + 40 km) × 0,30 € = 4 620 €, höchstens 4 500 €. Die tatsächlichen Kosten für die Benutzung der öffentlichen Verkehrsmittel (12 × 300 € = 3 600 €) übersteigen die im Kalenderjahr insgesamt anzusetzende Entfernungspauschale nicht; anzusetzen ist also die Entfernungspauschale i.H.v. 4 500 €.

Hiervon zu unterscheiden sind die Fälle, in denen bei **einem Dienstverhältnis mehrere Tätigkeitsstätten** aufgesucht werden:

– Für die Wege zwischen der Wohnung und der ersten Tätigkeitsstätte ist die **Entfernungspauschale** anzusetzen.

– Die Fahrten zwischen der ersten Tätigkeitsstätte und weiteren Tätigkeitsstätten sind dagegen wie **Dienstreisen** zu behandeln mit der Folge, dass die Fahrtkosten insoweit in voller Höhe oder mit dem pauschalen Kilometer-Satz von 0,30 € abgesetzt werden können (→ *Reisekosten: Allgemeine Grundsätze* Rz. 2429).

m) Abgeltungswirkung

Mit der Entfernungspauschale sind nach § 9 Abs. 2 Satz 1 EStG 3155 grundsätzlich **sämtliche Aufwendungen abgegolten**, die durch die Wege zwischen Wohnung und erster Tätigkeitsstätte entstehen (§ 9 Abs. 1 Satz 3 Nr. 4 Satz 2 EStG). Dies gilt z.B. auch für (vgl. BMF v. 31.10.2013, IV C 5 – S 2351/09/10002 :002, BStBl I 2013, 1376 Tz. 4)

– **Mautkosten** für die Benutzung von Straßen, Brücken oder Tunneln (BFH v. 24.9.2013, VI R 20/13, BStBl II 2014, 259 und v. 12.12.2013, VI R 49/13, www.stotax-first.de, sowie → Rz. 3148),

– **Parkgebühren** für das Abstellen des Kraftfahrzeugs während der Arbeitszeit (FG München v. 28.5.2008, 10 K 2680/07, www.stotax-first.de),

– **Finanzierungskosten**,

– Beiträge für **Kraftfahrerverbände**,

– Versicherungsbeiträge für einen **Insassenunfallschutz**,

– Aufwendungen infolge **Diebstahls** (zuletzt FG Hamburg v. 5.7.2006, I 4/06, EFG 2006, 1822 betr. den Diebstahl eines auf einem sog. Pendlerparkplatz abgestellten Pkw),

– die Kosten eines **Austauschmotors** anlässlich eines Motorschadens auf einer Fahrt zwischen Wohnung und erster Tätigkeitsstätte oder einer Familienheimfahrt (zuletzt FG München v. 21.4.2009, 13 K 4357/07, www.stotax-first.de),

– **Leasingsonderzahlungen**, selbst wenn diese in einem Veranlagungszeitraum entstanden sind, als das Fahrzeug noch nicht für Fahrten zwischen Wohnung und erster Tätigkeitsstätte genutzt wurde (BFH v. 15.4.2010, VI R 20/08, BStBl II 2010, 805, Verfassungsbeschwerde durch BVerfG v. 7.4.2011, 2 BvR 1683/10, StEd 2011, 258 nicht zur Entscheidung angenommen),

– Aufwendungen für ein **Job-Ticket** (FinMin Nordrhein-Westfalen v. 21.12.2000, S 2000 – 9 – V B 3, DB 2001, 232).

Neben bzw. an Stelle der Entfernungspauschale berücksichtigt werden können nach BMF v. 31.10.2013, IV C 5 – S 2351/09/10002 :002, BStBl I 2013, 1376 Tz. 1.1 und 4, als allgemeine Werbungskosten nach § 9 Abs. 1 Satz 1 EStG dagegen (abschließende Aufzählung!)

– Aufwendungen für die **Benutzung öffentlicher Verkehrsmittel**, soweit sie den **im Kalenderjahr** insgesamt als Entfernungspauschale abziehbaren Betrag übersteigen (§ 9 Abs. 2 Satz 2 EStG); diese Regelung hat besonders für den sog. Kurzstreckenverkehr Bedeutung. Die frühere „taggenaue" Berechnung ist i.R.d. Steuervereinfachungsgesetzes 2011 gestrichen worden;

– **Unfallkosten**, die auf einer Fahrt zwischen Wohnung und erster Tätigkeitsstätte oder auf einer zu berücksichtigenden Familienheimfahrt entstehen. Diese Ausnahmeregelung ergibt sich allerdings lediglich aus der **Gesetzesbegründung** (s. BT-Drucks. 16/12099). Die Rechtsprechung lehnt – soweit ersichtlich – die Herausnahme der Unfallkosten einhellig ab (zuletzt FG Nürnberg v. 4.3.2010, 4 K 1497/2008, EFG 2010, 1125).

Nach der BFH-Rechtsprechung sind durch die Entfernungspauschale auch **außergewöhnliche Aufwendungen abgegolten** (BFH v. 20.3.2014, VI R 29/13, BStBl II 2014, 849 und v. 19.5.2015, VIII R 12/13, www.stotax-first.de: Kein Abzug von Reparaturaufwendungen infolge der Falschbetankung eines PKW auf der Fahrt zwischen Wohnung und erster Tätigkeitsstätte). Andere „außergewöhnliche" Kfz-Kosten (z.B. vorzeitiger Motor- oder Getriebeschaden, Diebstahl) können daher ebenfalls nicht neben der Entfernungspauschale als Werbungskosten berücksichtigt werden.

Für Strecken mit nach § 3 Nr. 32 EStG **steuerfreier Sammelbeförderung** kann keine Entfernungspauschale gewährt werden (§ 9 Abs. 1 Satz 3 Nr. 4 Satz 5 EStG, s. auch BFH v. 11.5.2005, VI R 70/03, BStBl II 2005, 785; BFH v. 11.5.2005, VI R 25/04, BStBl II 2005, 791 und BFH v. 11.5.2005, VI R 34/04, BStBl II 2005, 793). Dies gilt sowohl für die unentgeltliche als auch für die verbilligte Sammelbeförderung. Im Fall der **verbilligten Sammelbeförderung** sind die Aufwendungen („Zuzahlungen") des Arbeitnehmers jedoch gesondert nach § 9 Abs. 1 Satz 1 EStG als **allgemeine Werbungskosten abzugsfähig** (BMF v. 31.10.2013, IV C 5 – S 2351/09/10002 :002, BStBl I 2013, 1376 Tz. 1.1).

Wege zwischen Wohnung und erster Tätigkeitsstätte

keine Sozialversicherungspflicht = (SV with strikethrough)
Sozialversicherungspflicht = (SV)

n) Behinderte

3156 Behinderte Arbeitnehmer können ebenfalls grundsätzlich die **Entfernungspauschale** in Anspruch nehmen – es gelten dann die allgemeinen Grundsätze (**Höchstbetrag 4 500 €**). Die Entfernungspauschale wird insbesondere dann günstiger sein, wenn bei relativ weiten Entfernungen zur ersten Tätigkeitsstätte die tatsächlichen Kosten für öffentliche Verkehrsmittel z.B. durch sog. Firmenabos (Job-Tickets) relativ gering sind.

Behinderte Arbeitnehmer können jedoch nach § 9 Abs. 2 Satz 3 EStG an Stelle der Entfernungspauschalen die **tatsächlichen Aufwendungen** für die Wege zwischen Wohnung und erster Tätigkeitsstätte ansetzen, sofern der **Grad der Behinderung**

- **entweder mindestens 70** oder

- zwar **weniger als 70, aber mindestens 50** beträgt und sie in ihrer **Bewegungsfähigkeit im Straßenverkehr erheblich beeinträchtigt** sind (Merkzeichen „G" im Schwerbehindertenausweis). Eine Sehbehinderung allein ist nicht ausreichend (FG Rheinland-Pfalz v. 12.4.2005, 2 K 2028/03, www.stotax-first.de).

Bei der Ermittlung der tatsächlichen Aufwendungen sind die nach der **Kraftfahrzeughilfe-Verordnung** für die Beschaffung des Kraftfahrzeugs sowie für eine behinderungsbedingte Zusatzausstattung erhaltenen **Zuschüsse mittels einer Kürzung der AfA-Bemessungsgrundlage zu berücksichtigen** (BFH v. 14.6.2012, VI R 89/10, BStBl II 2012, 835).

Wenn der Einzelnachweis nicht geführt wird, erkennt die Finanzverwaltung aus Vereinfachungsgründen folgende **pauschalen Kilometer-Sätze je tatsächlich gefahrenem Kilometer** an, die den Sätzen für Auswärtstätigkeiten entsprechen (BMF v. 31.10.2013, IV C 5 – S 2351/09/10002 :002, BStBl I 2013, 1376 Tz. 3):

Kraftwagen	0,30 € je Fahrtkilometer
andere motorbetriebene Fahrzeuge	0,20 € je Fahrtkilometer

Bei einem behinderten Arbeitnehmer können ausnahmsweise sogar **Leerfahrten** anerkannt werden, wenn er z.B. von seinem Ehegatten morgens zur Arbeit gefahren und abends wieder abgeholt wird (R 9.10 Abs. 3 Satz 2 LStR).

Bei der Prüfung, ob die **tatsächlichen Kosten in diesen Fällen die Entfernungspauschale übersteigen**, ist grundsätzlich auf das **Kalenderjahr abzustellen** (OFD Koblenz v. 3.3.2004, S 2351 A, www.stotax-first.de). In Fällen eines bereits zu Beginn des Veranlagungszeitraums behinderten Menschen ist immer eine **Jahresbetrachtung** anzuwenden; der behinderte Mensch kann zwischen Entfernungspauschale und den tatsächlichen Kosten wählen.

Bei **Eintritt der Behinderung im Laufe des Kalenderjahrs** kann ab diesem Zeitpunkt zwischen der Entfernungspauschale und den tatsächlichen Kosten gewählt werden. Bis zu diesem Zeitpunkt ist lediglich die Entfernungspauschale anzusetzen. Wird bei einem schwerbehinderten Menschen der Grad der Behinderung von 80 oder mehr auf weniger als 50 **herabgesetzt**, ist dies einkommensteuerrechtlich ab dem im Bescheid genannten Zeitpunkt zu berücksichtigen. Aufwendungen für Fahrten zwischen Wohnung und erster Tätigkeitsstätte sowie Familienheimfahrten im Rahmen einer doppelten Haushaltsführung können daher nicht mehr nach § 9 Abs. 2 Satz 3 Nr. 1 EStG bemessen werden (BFH v. 11.3.2014, VI B 95/13, BStBl II 2014, 525).

Werden die Wege zwischen Wohnung und erster Tätigkeitsstätte mit **verschiedenen Verkehrsmitteln** zurückgelegt, kann das Wahlrecht – Entfernungspauschale oder tatsächliche Kosten – für beide zurückgelegten Teilstrecken nur einheitlich ausgeübt werden (BFH v. 5.5.2009, VI R 77/06, BStBl II 2009, 729). Die Finanzverwaltung lässt jedoch eine taggenaue Berechnung zu (BMF v. 31.10.2013, IV C 5 – S 2351/09/10002 :002, BStBl I 2013, 1376 Tz. 3 mit Beispielen).

> **Beispiel 1:**
> Ein behinderter Arbeitnehmer A (Grad der Behinderung: 90) fährt an 220 Arbeitstagen im Jahr mit dem eigenen Kraftwagen 17 km zu einem behindertengerechten Bahnhof und von dort 82 km mit der Bahn zur ersten Tätigkeitsstätte. Die tatsächlichen Bahnkosten betragen 240 € im Monat. A wählt das günstigste Ergebnis (für 183 Tage die Entfernungspauschale und für 37 Tage den Ansatz der tatsächlichen Kosten).
>
> a) *Ermittlung der Entfernungspauschale*
> Für die Teilstrecke mit dem eigenen Kraftwagen errechnet sich eine Entfernungspauschale von 183 Arbeitstagen x 17 km x 0,30 € = 933,30 €.
> Für die Teilstrecke mit der Bahn errechnet sich eine Entfernungspauschale von 183 Arbeitstagen x 82 km x 0,30 € = 4 501,80 €, höchstens 4 500 €, so dass sich eine insgesamt anzusetzende Entfernungspauschale von 5 434 € (4 500 € + 934 €) ergibt.
>
> b) *Ermittlung der tatsächlichen Kosten*
> Für die Teilstrecke mit dem eigenen Kraftwagen sind 37 Arbeitstage x 17 km x 2 x 0,30 € = 377,40 € anzusetzen (= tatsächliche Aufwendungen mit pauschalem Kilometersatz); für die verbleibende Teilstrecke mit der Bahn 484,36 € (240 € x 12 Monate = 2 880 € : 220 Tage x 37 Tage), so dass sich insgesamt ein Betrag von 862 € (377,40 € + 484,36 €) ergibt.
>
> Insgesamt kann somit ein Betrag von (5 434 € + 862 € =) 6 296 € (183 Tage Entfernungspauschale und 37 Tage tatsächliche Kosten) abgezogen werden.

> **Beispiel 2:**
> Arbeitnehmer A fährt an 220 Arbeitstagen im Jahr mit dem eigenen Kraftwagen 17 km zum Bahnhof und von dort 82 km mit der Bahn zur ersten Tätigkeitsstätte. Die tatsächlichen Bahnkosten betragen 240 € im Monat. Mitte des Jahres (110 Arbeitstage) tritt eine Behinderung ein (Grad der Behinderung von 90). A wählt wieder das günstigste Ergebnis (für 183 Tage die Entfernungspauschale und für 37 Tage während des Zeitraums der Behinderung den Ansatz der tatsächlichen Kosten).
>
> a) *Ermittlung der Entfernungspauschale:*
> Für die Teilstrecke mit dem eigenen Kraftwagen errechnet sich eine Entfernungspauschale von 183 Arbeitstagen x 17 km x 0,30 € = 933,30 €.
> Für die Teilstrecke mit der Bahn errechnet sich eine Entfernungspauschale von 183 Arbeitstagen x 82 km x 0,30 € = 4 501,80 €, höchstens 4 500 €, so dass sich eine insgesamt anzusetzende Entfernungspauschale von 5 434 € (4 500 € + 934 €) ergibt.
>
> b) *Ermittlung der tatsächlichen Kosten:*
> Für die Teilstrecke mit dem eigenen Kraftwagen sind 37 Arbeitstage x 17 km x 2x 0,30 € = 377,40 € anzusetzen (= tatsächliche Aufwendungen mit pauschalem Kilometersatz), für die verbleibende Teilstrecke mit der Bahn 484,36 € (= 240 € x 12 Monate = 2 880 € : 220 Tage x 37 Tage), so dass sich insgesamt ein Betrag von 862 € (377,40 € + 484,36 €) ergibt.
>
> Insgesamt kann auch in diesem Fall ein Betrag von (5 434 € + 862 € =) 6 296 € (183 Tage Entfernungspauschale und 37 Tage tatsächliche Kosten) abgezogen werden.

o) Anrechnung von Arbeitgeberleistungen

aa) Ausschluss bei steuerfreier Sammelbeförderung

3157 Nach § 9 Abs. 1 Satz 3 Nr. 4 Satz 5 EStG wird die Entfernungspauschale nicht für Strecken mit nach § 3 Nr. 32 EStG steuerfreier Sammelbeförderung gewährt (→ Rz. 3160). Das gilt sowohl für die **unentgeltliche** als auch für die **verbilligte** Sammelbeförderung (R 42 Abs. 3 Satz 2 LStR 2005).

bb) Anrechnung

3158 Die folgenden steuerfreien bzw. pauschal versteuerten Arbeitgeberleistungen sind jedoch auf die anzusetzende und ggf. auf 4 500 € begrenzte Entfernungspauschale anzurechnen:

- **Steuerfreie Sachbezüge nach § 8 Abs. 3 EStG, sog. Rabattfreibetrag (§ 9 Abs. 1 Satz 3 Nr. 4 Satz 5 EStG)**

  Dies kann der Fall sein, wenn z.B. ein **Mietwagenverleihunternehmen** dem Arbeitnehmer einen Mietwagen oder ein **Nahverkehrsunternehmen** Mitarbeitern eine Freifahrtberechtigung für Fahrten zwischen Wohnung und erster Tätigkeitsstätte überlässt (zur Bewertung → *Rabatte* Rz. 2345 und → *Sachbezüge* Rz. 2598). Eine Anrechnung erfolgt jedoch nicht, wenn die Fahrten zur Arbeit mit einem anderen Verkehrsmittel (z.B. dem eigenen Pkw) unternommen werden; es ist nicht zulässig, tatsächlich entstandene Aufwendungen um steuerfreie Einnahmen zu mindern, die die Aufwendungen nicht tatsächlich gemindert haben (zuletzt FG Berlin-Brandenburg v. 19.6.2013, 14 K 14140/10, EFG 2013, 1576).

  Nutzt ein Arbeitnehmer für seine Fahrten zwischen Wohnung und erster Tätigkeitsstätte die Jahresnetzkarte, die ihm sein Arbeitgeber, ein Verkehrsunternehmen, unentgeltlich zur Verfügung gestellt hat, ist der darin liegende Sachbezugswert i.S.d. § 8 Abs. 3 EStG gem. § 9 Abs. 1 Satz 3 Nr. 4 Satz 5 EStG vollumfänglich auf die Entfernungspauschale anzurechnen. Die Anrechnung wird nicht begrenzt entsprechend dem Verhältnis der erklärten Arbeitstage zu den Jahrestagen. Für eine tageweise Aufteilung bzw. Umrechnung des auf der Lohnsteuerbescheinigung anzugebenden Werts besteht kein Raum (FG Berlin-Brandenburg v. 19.6.2013, 14 K 14140/10, EFG 2013, 1576).

- **Steuerfreie Sachbezüge nach § 8 Abs. 2 Satz 11 EStG (44 €-Freigrenze)**

  Diese Steuerbefreiung kommt insbesondere bei der Überlassung sog. **Job-Tickets** in Betracht; dazu ausführlich → *Job-Ticket* Rz. 1623. Die Kürzung ist auch dann vorzunehmen, wenn der Arbeitnehmer das steuerfreie Job-Ticket nur für eine **Teilstrecke** zwischen Wohnung und erster Tätigkeitsstätte verwenden kann und er deshalb für eine weitere Teilstrecke seinen eigenen Pkw benutzt.

- **Pauschal versteuerter Ersatz von Aufwendungen durch den Arbeitgeber** bis zur Höhe der Entfernungspauschale von 0,30 €.

> **Beispiel:**
> A wohnt in Göttingen und fährt täglich mit seinem Pkw nach Hannover zur Arbeit (einfache Entfernung 110 km). Der Arbeitgeber gewährt zu den Kosten einen Zuschuss von monatlich 100 €, den er nach § 40 Abs. 2 Satz 2 EStG mit 15 % pauschal versteuert.
>
> A kann folgende Werbungskosten geltend machen:
>
> | | |
> |---|---:|
> | 230 Arbeitstage × 110 km × 0,30 € = | 7 590 € |
> | (kein Höchstbetrag, weil Fahrten mit dem eigenen Pkw durchgeführt werden) | |
> | abzüglich pauschal versteuerter Arbeitslohn | 1 200 € |
> | als Werbungskosten abzugsfähig | 6 390 € |

cc) Keine Anrechnung

3159 Eine Anrechnung erfolgt von vornherein nicht, wenn ein geldwerter Vorteil tatsächlich nicht entsteht (→ *Job-Ticket* Rz. 1625).

Die geldwerten Vorteile aus Freifahrten uniformierter Polizeivollzugs- oder Bundespolizeibeamten in öffentlichen Verkehrsmitteln oder von Mitarbeitern der Deutschen Bahn Sicherheit GmbH in Zügen der Deutschen Bahn AG sind nicht auf die Entfernungspauschale anzurechnen (→ *Freifahrten* Rz. 1332).

3. Steuerfreie Sammelbeförderung

3160 Steuerfrei ist nach § 3 Nr. 32 EStG die unentgeltliche oder verbilligte Sammelbeförderung eines Arbeitnehmers zwischen Wohnung und erster Tätigkeitsstätte sowie bei Fahrten nach § 9 Abs. 1 Satz 3 Nr. 4a Satz 3 EStG (Fahrten zu demselben Ort oder einem weiträumigen Tätigkeitsgebiet) mit einem vom **Arbeitgeber** oder in dessen Auftrag von einem **Dritten** gestellten **Beförderungsmittel** (als „Firmenshuttle" eingesetztes Flugzeug, Omnibus, Kleinbus oder für mehrere Personen zur Verfügung gestellter Pkw), soweit die Sammelbeförderung für den **betrieblichen Einsatz des Arbeitnehmers notwendig** ist (R 3.32 LStR). Auf Grund der Steuerfreiheit ist auch gleichzeitig Beitragsfreiheit in der Sozialversicherung gegeben.

Sammelbeförderung i.S.d. § 3 Nr. 32 EStG ist nur die durch den Arbeitgeber organisierte oder zumindest veranlasste Beförderung mehrerer Arbeitnehmer; sie darf nicht auf dem Entschluss eines Arbeitnehmers beruhen. Das Vorliegen einer Sammelbeförderung bedarf grundsätzlich einer **besonderen Rechtsgrundlage**. Dies kann etwa ein Tarifvertrag oder eine Betriebsvereinbarung sein (BFH v. 29.1.2009, VI R 56/07, BStBl II 2010, 1067 sowie H 3.32 „Sammelbeförderung" LStH).

Die **Notwendigkeit** einer Sammelbeförderung ist z.B. in den Fällen **anzunehmen**, in denen

- die Beförderung mit **öffentlichen Verkehrsmitteln** nicht oder nur mit **unverhältnismäßig hohem Zeitaufwand** durchgeführt werden könnte oder
- der Arbeitsablauf eine **gleichzeitige Arbeitsaufnahme** der beförderten Arbeitnehmer erfordert (R 3.32 LStR).

Mit den LStR 2015 wurde Nr. 2 der R 3.32 (Sammelbeförderung von Arbeitnehmern) gestrichen, der als notwendige und damit steuerfreie Sammelbeförderung die Fälle nannte, in denen die **Arbeitnehmer an ständig wechselnden Tätigkeitsstätten oder verschiedenen Stellen eines weiträumigen Arbeitsgebiets eingesetzt** werden. Die Streichung ist lediglich eine redaktionelle Folgeänderung, da die Steuerfreiheit der Sammelbeförderung von Arbeitnehmern ohne erste Tätigkeitsstätte (mit ständig wechselnden auswärtigen Tätigkeiten) nunmehr von § 3 Nr. 16 EStG erfasst wird und nicht mehr von § 3 Nr. 32 EStG (OFD Frankfurt v. 6.7.2015, S 2353 A – 87 – St 222, www.stotax-first.de).

Die Notwendigkeit der Sammelbeförderung für den betrieblichen Einsatz ist nicht davon abhängig, ob der Arbeitnehmer über ein **eigenes Kfz** verfügt.

Auch bei der Beförderung von nur **zwei Arbeitnehmern** kann schon eine steuerfreie „**Sammelfahrt**" vorliegen.

> **Beispiel:**
> Firma X lässt ihre beiden weit außerhalb wohnenden Abteilungsleiter täglich mit einem Firmenfahrzeug von zu Hause abholen und abends wieder nach Hause bringen, da sie keinen Anschluss an öffentliche Verkehrsmittel haben.
>
> Es handelt sich um eine steuerfreie Sammelbeförderung, auch hinsichtlich der Fahrergestellung. Die Arbeitnehmer können die Entfernungspauschale nicht in Anspruch nehmen (§ 9 Abs. 1 Satz 3 Nr. 4 Satz 5 EStG).

Um sicherzustellen, dass das Finanzamt beim Werbungskostenabzug nicht die Entfernungspauschale gewährt, hat der Arbeitgeber die steuerfreie Sammelbeförderung sowie Fahrten nach § 9 Abs. 1 Satz 3 Nr. 4a Satz 3 EStG (Sammelpunkt, weiträumiges Arbeitsgebiet in der **Lohnsteuerbescheinigung anzugeben**, d.h. Angabe des **Großbuchstabens „F"** (§ 41b Abs. 1 Satz 2 Nr. 9 EStG sowie H 3.32 „Lohnsteuerbescheinigung" LStH).

Eine steuer- und beitragsfreie Sammelfahrt liegt nicht vor, wenn ein Arbeitnehmer mit dem ihm vom Arbeitgeber unentgeltlich gestellten Dienstwagen laufend oder gelegentlich **Kollegen mitnimmt** (BFH v. 29.1.2009, VI R 56/07, BStBl II 2010, 1067).

Soweit ein geldwerter Vorteil anzunehmen ist, weil keine steuerfreie Sammelfahrt anerkannt werden kann, ist bei jedem Arbeitnehmer der **günstigste Fahrpreis für die Benutzung eines öffentlichen Verkehrsmittels** anzusetzen (vgl. sinngemäß zur Umsatzsteuer BMF v. 26.2.1991, IV A 2 – S 7100 – 11/91, DB 1991, 571 unter II 4 Nr. 15).

Zur **umsatzsteuerlichen Behandlung** der Arbeitnehmer-Sammelbeförderung s. → *Sachbezüge* Rz. 2615.

4. Bildungseinrichtung als „erste Tätigkeitsstätte"

3161 „Erste Tätigkeitsstätte" ist ab 2014 auch eine **Bildungseinrichtung, die außerhalb eines Dienstverhältnisses zum Zwecke eines Vollzeitstudiums oder einer vollzeitigen Bildungsmaßnahme aufgesucht** wird (BMF v. 24.10.2014, IV C 5 – S 2353/14/10004, BStBl I 2014, 1412 Rdnr. 32 ff.).

Weitere Einzelheiten, auch zur Abgrenzung gegenüber einem Studium oder einer Bildungsmaßnahme **innerhalb eines Dienstverhältnisses**, für die die Neuregelung nicht gilt, → *Auszubildende* Rz. 493.

5. Wege zu einem sog. Sammelpunkt

3162 Liegt keine erste Tätigkeitsstätte vor **und bestimmt der Arbeitgeber durch dienst- oder arbeitsrechtliche Festlegung, dass der Arbeitnehmer sich dauerhaft typischerweise arbeitstäglich an einem festgelegten Ort („Sammelpunkt"), der die Kriterien für eine erste Tätigkeitsstätte nicht erfüllt, einfinden** soll, um von dort seine unterschiedlichen eigentlichen Einsatzorte aufzusuchen oder von dort seine berufliche Tätigkeit aufzunehmen (z.B. Treffpunkt für einen betrieblichen Sammeltransport, das Busdepot, der Fährhafen), werden die Fahrten des Arbeitnehmers von der Wohnung zu diesem vom Arbeitgeber festgelegten Ort wie Fahrten zu einer ersten Tätigkeitsstätte behandelt; für diese Fahrten darf nur die **Entfernungspauschale** angesetzt werden (BMF v. 24.10.2014, IV C 5 – S 2353/14/10004, BStBl I 2014, 1412 Rdnr. 37 ff.).

> **Beispiel 1:**
> Bus- oder Lkw-Fahrer oder auch Kundendienstmonteure haben regelmäßig keine erste Tätigkeitsstätte. Lediglich, wenn dauerhaft und typischerweise arbeitstäglich ein vom Arbeitgeber festgelegter Ort aufgesucht werden soll, werden die Fahrten von der Wohnung zu diesem Ort/Sammelpunkt gleich behandelt mit den Fahrten von der Wohnung zu einer ersten Tätigkeitsstätte.

Wege zwischen Wohnung und erster Tätigkeitsstätte

keine Sozialversicherungspflicht = ⓢⱽ
Sozialversicherungspflicht = Ⓢⱽ

Beispiel 2:
Der städtische Mitarbeiter M muss auf Anordnung des Arbeitgebers morgens den Betriebshof aufsuchen, um dort seine Kehrmaschine zu übernehmen.

Ohne weitere Festlegung hat M am Betriebshof keine erste Tätigkeitsstätte (keine Zuordnung bzw. zeitliche Kriterien nicht erfüllt). Die Fahrten zum täglichen Sammelpunkt können aber nur mit der Entfernungspauschale abgerechnet werden.

Treffen sich mehrere Arbeitnehmer typischerweise arbeitstäglich an einem bestimmten Ort, um von dort aus gemeinsam zu ihren Tätigkeitsstätten zu fahren (**privat organisierte Fahrgemeinschaft**), liegt kein „Sammelpunkt" im obigen Sinne vor. Es fehlt insoweit an einer dienst- oder arbeitsrechtlichen Festlegung des Arbeitgebers.

Auf die Berücksichtigung von **Verpflegungspauschalen oder Übernachtungskosten** als Werbungskosten oder den steuerfreien Arbeitgeberersatz hierfür hat diese Festlegung hingegen keinen Einfluss, da der Arbeitnehmer weiterhin außerhalb einer ersten Tätigkeitsstätte und somit **auswärts beruflich tätig wird**. Es wird keine erste Tätigkeitsstätte fingiert, sondern nur die Anwendung der Entfernungspauschale für die Fahrtkosten von der Wohnung zu diesem Ort sowie die Besteuerung eines geldwerten Vorteils bei Dienstwagengestellung durch den Arbeitgeber nach § 8 Abs. 2 Satz 3 und 4 EStG festgelegt und der steuerfreie Arbeitgeberersatz für diese Fahrten nach § 3 Nr. 13 oder Nr. 16 EStG ausgeschlossen.

6. Wege zu einem sog. weiträumigen Tätigkeitsgebiet

3163 Soll der Arbeitnehmer auf Grund der **Weisungen des Arbeitgebers seine berufliche Tätigkeit typischerweise arbeitstäglich in einem weiträumigen Tätigkeitsgebiet ausüben**, findet für die Fahrten von der Wohnung zu diesem Tätigkeitsgebiet ebenfalls die **Entfernungspauschale** Anwendung (BMF v. 24.10.2014, IV C 5 – S 2353/14/10004, BStBl I 2014, 1412 Rdnr. 40 ff.).

Ein weiträumiges Tätigkeitsgebiet liegt in Abgrenzung zur ersten Tätigkeitsstätte vor, wenn die vertraglich vereinbarte Arbeitsleistung auf einer festgelegten Fläche und nicht innerhalb einer ortsfesten betrieblichen Einrichtung des Arbeitgebers, eines verbundenen Unternehmens (§ 15 AktG) oder bei einem vom Arbeitgeber bestimmten Dritten ausgeübt werden soll.

Beispiel 1:
In einem weiträumigen Tätigkeitsgebiet werden i.d.R. z.B. Zusteller, Hafenarbeiter und Forstarbeiter tätig.

Hingegen sind z.B. Bezirksleiter und Vertriebsmitarbeiter, die verschiedene Niederlassungen betreuen oder mobile Pflegekräfte, die verschiedene Personen in deren Wohnungen in einem festgelegten Gebiet betreuen, sowie Schornsteinfeger von dieser Regelung nicht betroffen.

Wird das weiträumige Tätigkeitsgebiet immer von **verschiedenen Zugängen aus betreten** oder befahren, ist die Entfernungspauschale aus Vereinfachungsgründen bei diesen Fahrten nur für die kürzeste Entfernung von der Wohnung zum nächstgelegenen Zugang anzuwenden.

Für alle **Fahrten innerhalb des weiträumigen Tätigkeitsgebiets** sowie für die zusätzlichen Kilometer bei den Fahrten von der Wohnung zu einem weiter entfernten Zugang können weiterhin die tatsächlichen Aufwendungen oder der sich am Bundesreisekostengesetz orientierende maßgebliche pauschale Kilometersatz angesetzt werden (für Pkw 0,30 €/km).

Beispiel 2:
Der Forstarbeiter A fährt an 150 Tagen mit dem Pkw von seiner Wohnung zu dem 15 km entfernten, nächstgelegenen Zugang des von ihm täglich zu betreuenden Waldgebiets (weiträumiges Tätigkeitsgebiet). An 70 Tagen fährt A von seiner Wohnung über einen weiter entfernt gelegenen Zugang (20 km) in das Waldgebiet.

Die Fahrten von der Wohnung zu dem weiträumigen Tätigkeitsgebiet werden behandelt wie die Fahrten von der Wohnung zu einer ersten Tätigkeitsstätte. A kann somit für diese Fahrten lediglich die Entfernungspauschale i.H.v. 0,30 € je Entfernungskilometer (= 15 km x 0,30 €) als Werbungskosten ansetzen. Die Fahrten innerhalb des Waldgebiets können mit den tatsächlichen Kosten oder aus Vereinfachungsgründen mit dem pauschalen Kilometersatz i.H.v. 0,30 € je tatsächlich gefahrenem Kilometer berücksichtigt werden.

Bei den Fahrten zu dem weiter entfernt gelegenen Zugang werden ebenfalls nur 15 Kilometer mit der Entfernungspauschale (15 km x 0,30 €) berücksichtigt. Die jeweils zusätzlichen fünf Kilometer für den tatsächlich längeren Hin- und Rückweg, werden ebenso wie die Fahrten innerhalb des weiträumigen Tätigkeitsgebiets mit den tatsächlichen Kosten oder aus Vereinfachungsgründen mit dem pauschalen Kilometersatz i.H.v. 0,30 € je gefahrenem Kilometer berücksichtigt.

Somit sind für 220 Tage jeweils 15 km mit der Entfernungspauschale und die restlichen tatsächlich gefahrenen Kilometer mit den tatsächlichen Kosten oder aus Vereinfachungsgründen mit dem pauschalen Kilometersatz i.H.v. 0,30 € anzusetzen.

Auf die Berücksichtigung von **Verpflegungspauschalen oder Übernachtungskosten** als Werbungskosten sowie den steuerfreien Arbeitgeberersatz hat diese Festlegung „tätig werden in einem weiträumigen Tätigkeitsgebiet" keinen Einfluss, da der Arbeitnehmer weiterhin außerhalb einer ersten Tätigkeitsstätte – und damit auswärts – beruflich tätig wird. Es wird nur die Anwendung der Entfernungspauschale für die Fahrtkosten von der Wohnung zum nächstgelegenen Zugang zu dem weiträumigen Tätigkeitsgebiet sowie die Besteuerung eines geldwerten Vorteils bei Dienstwagengestellung durch den Arbeitgeber nach § 8 Abs. 2 Satz 3 und 4 EStG festgelegt und der steuerfreie Arbeitgeberersatz für diese Fahrten nach § 3 Nr. 13 oder Nr. 16 EStG ausgeschlossen.

Soll der Arbeitnehmer in **mehreren ortsfesten Einrichtungen** seines Arbeitgebers, eines verbundenen Unternehmens oder eines Dritten, die innerhalb eines bestimmten Bezirks gelegen sind, beruflich tätig werden, wird er nicht in einem weiträumigen Tätigkeitsgebiet, sondern an verschiedenen, ggf. sogar **ständig wechselnden Tätigkeitsstätten** tätig.

7. Auswärtstätigkeiten

Es ist zu prüfen, von wo aus der Arbeitnehmer seine Auswärtstätigkeit (Dienstreise, Einsatzwechseltätigkeit, Fahrttätigkeit) beginnt: Sucht er zunächst **den Betrieb auf, der seine erste Tätigkeitsstätte ist**, gelten für die Fahrten zwischen Wohnung und Betrieb die Abzugsbeschränkungen des § 9 Abs. 1 Satz 3 Nr. 4 EStG (Ansatz der niedrigeren **Entfernungspauschale, kein steuerfreier Arbeitgeberersatz**). 3164

Im Übrigen können vom Arbeitgeber grundsätzlich **alle Fahrten** in voller Höhe oder mit pauschalen Kilometer-Sätzen **steuer- und beitragsfrei erstattet** werden, also z.B.

– Fahrten zwischen Wohnung oder erster Tätigkeitsstätte und auswärtiger Tätigkeitsstätte oder Unterkunft einschließlich sämtlicher Zwischenheimfahrten,

– Fahrten zwischen mehreren auswärtigen Tätigkeitsstätten oder

– Fahrten zwischen einer Unterkunft am Ort der auswärtigen Tätigkeitsstätte oder in ihrem Einzugsbereich und auswärtiger Tätigkeitsstätte, vgl. H 9.5 (Allgemeines) LStH.

Für Fahrten zwischen Wohnung und erster Tätigkeitsstätte kann auch dann nur die Entfernungspauschale berücksichtigt werden, wenn sich in der Wohnung ein **häusliches Arbeitszimmer** befindet und die Fahrten (angeblich) vom häuslichen Arbeitszimmer aus angetreten werden. Denn die berufliche Nutzung der Räume löst nicht deren Einbindung in die private Sphäre und lässt den privaten Charakter der Wohnung insgesamt unberührt; die Fahrten sind weiterhin „Fahrten zwischen Wohnung und erster Tätigkeitsstätte" (zuletzt BFH v. 29.4.2014, VIII R 33/10, BStBl II 2014, 777 betr. Fahrten eines Lotsen von seinem häuslichen Büro zur Lotsenstation). Das häusliche Arbeitszimmer des Arbeitnehmers ist keine betriebliche Einrichtung des Arbeitgebers oder eines Dritten und kann daher auch zukünftig **keine erste Tätigkeitsstätte** sein. Dies gilt auch, wenn der Arbeitgeber vom Arbeitnehmer einen oder mehrere Arbeitsräume anmietet, die der Wohnung des Arbeitnehmers zuzurechnen sind (BMF v. 24.10.2014, IV C 5 – S 2353/14/10004, BStBl I 2014, 1412 Rdnr. 3).

Hat der Arbeitnehmer **keine erste Tätigkeitsstätte** (z.B. bei **Handelsvertretern, Verbandsprüfern, Pharmaberatern, Versicherungsvertretern** u.Ä.), liegt insgesamt eine **Auswärtstätigkeit** vor. Auch gelegentliche – wenn auch regelmäßige – Fahrten zum Betrieb sind dann nach den Grundsätzen für Auswärtstätigkeiten zu beurteilen.

8. Doppelte Haushaltsführung

3165 Ein steuerfreier Fahrtkostenersatz durch den Arbeitgeber für **Fahrten zwischen Wohnung bzw. Zweitwohnung am auswärtigen Beschäftigungsort und erster Tätigkeitsstätte** ist auch dann nicht möglich, wenn der Arbeitnehmer einen beruflich veranlassten doppelten Haushalt führt. Einzelheiten → *Doppelte Haushaltsführung: Erstattungsbeträge* Rz. 946.

Hierbei ist allerdings zu beachten, dass nach der neuen BFH-Rechtsprechung (BFH v. 11.5.2005, VI R 7/02, BStBl II 2005, 782) Arbeitnehmer mit **Einsatzwechseltätigkeit, die am Arbeitsort übernachten, nicht mehr unter die „doppelte Haushaltsführung"** fallen mit der Folge, dass künftig alle Fahrtkosten ohne die Abzugsbeschränkung auf die Entfernungspauschale berücksichtigt werden können. Weitere Einzelheiten → *Reisekosten: Erstattungen* Rz. 2465.

9. Fahrtkostenzuschüsse bei Benutzung öffentlicher Verkehrsmittel

3166 Die Steuerbefreiung nach § 3 Nr. 34 EStG a.F. ist mit Wirkung ab 1.1.2004 aufgehoben worden. Die Arbeitgeberleistungen stellen damit steuerpflichtigen Arbeitslohn dar; die Lohnsteuer kann jedoch – soweit der Arbeitnehmer die Fahrtkosten als Werbungskosten absetzen könnte – nach § 40 Abs. 2 Satz 2 EStG mit einem Pauschsteuersatz von 15 % erhoben werden (→ Rz. 3167).

10. Pauschalierung der Lohnsteuer

a) Lohnsteuer

aa) Grundsätze

3167 Der Arbeitgeber kann die Lohnsteuer für

- **Sachbezüge** in Form der unentgeltlichen oder verbilligten Beförderung eines Arbeitnehmers zwischen Wohnung und erster Tätigkeitsstätte oder Fahrten nach § 9 Abs. 1 Satz 3 Nr. 4a Satz 3 EStG (Sammelpunkt, weiträumiges Tätigkeitsgebiet)

- sowie für zusätzlich zum ohnehin geschuldeten Arbeitslohn gezahlte **Zuschüsse** zu den Aufwendungen des Arbeitnehmers für Fahrten zwischen Wohnung und erster Tätigkeitsstätte sowie Fahrten nach § 9 Abs. 1 Satz 3 Nr. 4a Satz 3 EStG (Sammelpunkt, weiträumiges Tätigkeitsgebiet)

pauschal mit 15 % erheben, soweit diese den Betrag nicht übersteigen, den der Arbeitnehmer nach § 9 Abs. 1 Satz 3 Nr. 4 und Abs. 2 EStG als Werbungskosten geltend machen kann (BMF v. 31.10.2013, IV C 5 – S 2351/09/10002 :002, BStBl I 2013, 1376 Tz. 5.1).

Ausschlaggebend für die Höhe des pauschalierbaren Betrags ist demnach der Betrag, den der Arbeitnehmer für die Fahrten zwischen Wohnung und erster Tätigkeitsstätte oder Fahrten nach § 9 Abs. 1 Satz 3 Nr. 4a Satz 3 EStG (Sammelpunkt, weiträumiges Tätigkeitsgebiet) als Werbungskosten geltend machen kann.

Bevor der Arbeitgeber sich für eine Pauschalbesteuerung entschließt, sollte er zunächst prüfen, ob die **Sachbezüge oder Zuschüsse nicht steuerfrei** sind. **Denn steuerfrei ist** die unentgeltliche oder verbilligte **Sammelbeförderung** eines Arbeitnehmers zwischen Wohnung und erster Tätigkeitsstätte (→ Rz. 3160).

bb) Höhe des pauschalierungsfähigen Betrags

3168 Bei ausschließlicher Benutzung eines eigenen oder zur Nutzung überlassenen **Kraftwagens** ist die Höhe der pauschalierungsfähigen Sachbezüge und Zuschüsse des Arbeitgebers auf die Höhe der nach § 9 Abs. 1 Satz 3 Nr. 4 EStG als Werbungskosten abziehbaren **Entfernungspauschale beschränkt, ohne Begrenzung auf den Höchstbetrag von 4 500 €**. Aus Vereinfachungsgründen kann davon ausgegangen werden, dass monatlich an 15 Arbeitstagen Fahrten zwischen Wohnung und erster Tätigkeitsstätte oder Fahrten nach § 9 Abs. 1 Satz 3 Nr. 4a Satz 3 EStG (Sammelpunkt, weiträumiges Tätigkeitsgebiet) erfolgen (BMF v. 31.10.2013, IV C 5 – S 2351/09/10002 :002, BStBl I 2013, 1376 Tz. 5.2).

Bei ausschließlicher Benutzung eines **Motorrads, Motorrollers, Mopeds oder Mofas** sind die pauschalierbaren Sachbezüge und Zuschüsse des Arbeitgebers auf die Höhe der nach § 9 Abs. 1 Satz 3 Nr. 4 EStG als Werbungskosten abziehbaren **Entfernungspauschale, begrenzt auf den Höchstbetrag von 4 500 €, beschränkt**. Aus Vereinfachungsgründen kann hier ebenfalls davon ausgegangen werden, dass monatlich an 15 Arbeitstagen Fahrten zwischen Wohnung und erster Tätigkeitsstätte oder Fahrten nach § 9 Abs. 1 Satz 3 Nr. 4a Satz 3 EStG (Sammelpunkt, weiträumiges Tätigkeitsgebiet) erfolgen.

Bei ausschließlicher Benutzung **öffentlicher Verkehrsmittel**, bei entgeltlicher Sammelbeförderung, für Flugstrecken sowie bei behinderten Menschen ist eine Pauschalierung der Sachbezüge und Zuschüsse in Höhe der **tatsächlichen Aufwendungen des Arbeitnehmers** (§ 9 Abs. 1 Satz 3 Nr. 4 und Abs. 2 EStG) für die Fahrten zwischen Wohnung und erster Tätigkeitsstätte oder Fahrten nach § 9 Abs. 1 Satz 3 Nr. 4a Satz 3 EStG (Sammelpunkt, weiträumiges Tätigkeitsgebiet) zulässig.

Bei der Benutzung **verschiedener Verkehrsmittel** (insbesondere sog. **Park & Ride-Fälle**) ist die Höhe der pauschalierbaren Sachbezüge und Zuschüsse des Arbeitgebers auf die Höhe der nach § 9 Abs. 1 Satz 3 Nr. 4 und Abs. 2 EStG als Werbungskosten abziehbaren **Entfernungspauschale beschränkt**. Eine **Pauschalierung in Höhe der tatsächlichen Aufwendungen des Arbeitnehmers** für die Nutzung öffentlicher Verkehrsmittel kommt erst dann in Betracht, wenn diese die insgesamt im Kalenderjahr anzusetzende Entfernungspauschale, ggf. begrenzt auf den Höchstbetrag von 4 500 €, übersteigen. Aus Vereinfachungsgründen kann auch in diesen Fällen davon ausgegangen werden, dass monatlich an 15 Arbeitstagen Fahrten zwischen Wohnung und erster Tätigkeitsstätte oder Fahrten nach § 9 Abs. 1 Satz 3 Nr. 4a Satz 3 EStG (Sammelpunkt, weiträumiges Tätigkeitsgebiet) erfolgen.

> **Beispiel:**
> B kann als Mitfahrer einer Fahrgemeinschaft eine Entfernungspauschale von 1 000 € als Werbungskosten geltend machen, obwohl er sich an den Fahrtkosten nicht beteiligt. Der Arbeitgeber möchte ihm deshalb zusätzlich zum ohnehin geschuldeten Arbeitslohn diesen Betrag erstatten und beantragt hierfür die Pauschalbesteuerung mit 15 %.
>
> Das Finanzamt wird dies ablehnen, weil nur Zuschüsse des Arbeitgebers zu den **Aufwendungen** des Arbeitnehmers für Fahrten zwischen Wohnung und erster Tätigkeitsstätte unter diese Regelung fallen, B hierfür aber überhaupt keine Aufwendungen hat.
>
> Entsprechendes gilt für Nutzer öffentlicher Verkehrsmittel, bei denen die tatsächlichen Aufwendungen durch kostengünstige Job-Tickets u.Ä. in vielen Fällen weitaus niedriger sind als die Entfernungspauschale. Der Arbeitgeber kann dann nicht bis zur Höhe der (höheren) Entfernungspauschale Zuschüsse zahlen und diese mit 15 % pauschal versteuern.

cc) Zusätzliche Leistungen

3169 Als Fahrtkostenzuschüsse sind nur solche Leistungen des Arbeitgebers anzusehen, die **zusätzlich zum ohnehin geschuldeten Arbeitslohn erbracht** werden. Das bedeutet, dass eine Pauschalierung nur möglich ist, wenn die Zuschüsse zum **arbeitsrechtlich** geschuldeten Arbeitslohn hinzukommen. Eine Umwandlung von Arbeitslohn, auf den der Arbeitnehmer einen **arbeitsrechtlichen** Rechtsanspruch hat, ist nicht möglich. Eine **zusätzliche Leistung liegt aber dann vor**, wenn sie **unter Anrechnung auf eine andere freiwillige Sonderzahlung**, z.B. freiwillig geleistetes Weihnachtsgeld, erbracht wird. **Unschädlich** ist es, wenn der Arbeitgeber **verschiedene zweckgebundene Leistungen zur Auswahl** anbietet oder die übrigen Arbeitnehmer **die freiwillige Sonderzahlung** erhalten (R 3.33 Abs. 5 LStR sowie BMF v. 22.5.2013, IV C 5 – S 2388/11/10001 – 02, BStBl I 2013, 728; auch → *Barlohnumwandlung* Rz. 513).

dd) Ausschluss des Werbungskostenabzugs

3170 Die pauschal besteuerten Bezüge **mindern die abziehbaren Werbungskosten des Arbeitnehmers** (§ 40 Abs. 2 Satz 3 EStG). Nach dem Willen des Gesetzgebers ist der Pauschsteuersatz von 15 % nur gerechtfertigt, wenn gleichzeitig der Werbungskostenabzug beim Arbeitnehmer entfällt.

ee) Angabe in der Lohnsteuerbescheinigung

3171 Damit das Finanzamt feststellen kann, ob der Arbeitnehmer steuerfreie oder pauschal besteuerte Arbeitgeberleistungen erhalten hat, ist der Arbeitgeber **gesetzlich verpflichtet** (§ 41b Abs. 1 Satz 2 Nr. 6 und 7 EStG), diese in der (elektronischen) Lohnsteuerbescheinigung anzugeben (→ *Lohnsteuerbescheinigung* Rz. 1881). Gibt er diese nicht an, obwohl er pauschal besteuerte

Wege zwischen Wohnung und erster Tätigkeitsstätte

Fahrtkostenzuschüsse gezahlt hat, so haftet er nach § 42d Abs. 1 Nr. 3 EStG für die evtl. verkürzte Lohnsteuer.

ff) Zeitpunkt der Pauschalierung

3172 Die Pauschalierung nach § 40a Abs. 2 Satz 2 EStG ist **nur bis zur Ausschreibung oder Übermittlung der Lohnsteuerbescheinigung** möglich, für 2016 also bis zum 28.2.2017. Das Wahlrecht des Arbeitgebers, die Lohnsteuer nach § 40 Abs. 2 Satz 2 EStG zu pauschalieren, wird im Übrigen nicht durch einen Antrag, sondern durch Anmeldung der mit einem Pauschsteuersatz erhobenen Lohnsteuer ausgeübt (BFH v. 24.9.2015, VI R 69/14, www.stotax-first.de).

gg) Berechnungsbeispiele

3173 Die Auswirkungen der Pauschalbesteuerung und des Ausschlusses des Werbungskostenabzugs sollen **an folgenden Beispielen verdeutlicht** werden:

Beispiel 1:

Arbeitnehmer A wohnt in Hameln und arbeitet in Hannover. Die Entfernung zwischen seiner Wohnung und der ersten Tätigkeitsstätte beträgt 45 km. A fährt an 230 Tagen täglich mit dem eigenen Pkw zur Arbeit und zurück. Sein Arbeitgeber zahlt ihm einen monatlichen Fahrtkostenzuschuss von 100 €. Der Arbeitgeber wendet bei der Erhebung der Kirchensteuer die Vereinfachungsregelung an (→ *Kirchensteuer* Rz. 1685).

Der Fahrtkostenzuschuss ist grundsätzlich steuer- und beitragspflichtig.

Der Arbeitgeberzuschuss beträgt 12 × 100 €	1 200,— €
A kann als Werbungskosten geltend machen (230 Tage × 45 km × 0,30 €) pauschalierungsfähig ist der Arbeitgeberzuschuss, maximal der als Werbungskosten zu berücksichtigende Betrag	3 105,— € 1 200,— €

Der Arbeitgeber kann den gesamten Zuschuss mit 15 % pauschalieren, dadurch ist der Zuschuss beitragsfrei in der Sozialversicherung. **Die Pauschalsteuer ermittelt sich wie folgt:**

Fahrtkostenzuschuss	1 200,— €
pauschale Lohnsteuer (15 % von 1 200 €)	180,— €
Solidaritätszuschlag (5,5 % von 180 €)	9,90 €
Kirchensteuer (6 % von 180 €)	10,80 €

Der Arbeitnehmer kann als Werbungskosten geltend machen:

230 Tage × 45 km × 0,30 €	3 105,— €
./. pauschal versteuerter Fahrtkostenzuschuss	1 200,— €
abziehbare Werbungskosten	1 905,— €

Beispiel 2:

Sachverhalt wie Beispiel 1, aber sein Arbeitgeber zahlt ihm einen monatlichen Fahrtkostenzuschuss in Höhe der Entfernungspauschale.

Der Fahrtkostenzuschuss ist grundsätzlich steuer- und beitragspflichtig.

Der Arbeitgeberzuschuss beträgt 230 Tage × 45 km × 0,30 €	3 105,— €
A kann als Werbungskosten geltend machen (230 Tage × 45 km × 0,30 €) pauschalierungsfähig ist der Arbeitgeberzuschuss, maximal der als Werbungskosten zu berücksichtigende Betrag	3 105,— € 3 105,— €

Der Arbeitgeber kann den gesamten Zuschuss mit 15 % pauschalieren, dadurch ist der Zuschuss beitragsfrei in der Sozialversicherung. **Die Pauschalsteuer ermittelt sich wie folgt:**

Fahrtkostenzuschuss	3 105,— €
pauschale Lohnsteuer (15 % von 3 105 €)	465,75 €
Solidaritätszuschlag (5,5 % von 465,75 €)	25,61 €
Kirchensteuer (6 % von 465,75 €)	27,94 €

Der Arbeitnehmer kann als Werbungskosten geltend machen:

230 Tage × 45 km × 0,30 €	3 105,— €
./. pauschal versteuerter Fahrtkostenzuschuss	3 105,— €
abziehbare Werbungskosten	0,— €

Beispiel 3:

Sachverhalt wie Beispiel 1, aber sein Arbeitgeber zahlt ihm einen monatlichen Fahrtkostenzuschuss von 0,30 € je Kilometer, also 0,60 € je Entfernungskilometer.

Der Fahrtkostenzuschuss ist grundsätzlich steuer- und beitragspflichtig.

Der Arbeitgeberzuschuss beträgt 230 Tage × 45 Entfernungs- km × 0,60 €	6 210,— €
A kann als Werbungskosten geltend machen (230 Tage × 45 km × 0,30 €) pauschalierungsfähig ist der Arbeitgeberzuschuss, maximal der als Werbungskosten zu berücksichtigende Betrag	3 105,— € 3 105,— €

Der Arbeitgeber kann den Zuschuss i.H.v. 3 105 € mit 15 % pauschalieren, dadurch ist der Zuschuss in dieser Höhe beitragsfrei in der Sozialversicherung. Der restliche Zuschuss von 3 105 € ist der Regelbesteuerung zu unterwerfen und beitragspflichtig in der Sozialversicherung. Die Pauschalsteuer ermittelt sich wie im Beispiel 2.

Beispiel 4:

Sachverhalt wie Beispiel 1, aber sein Arbeitgeber zahlt ihm einen monatlichen Fahrtkostenzuschuss von 0,30 € je Kilometer, also 0,60 € je Entfernungskilometer. A ist behindert mit einem Grad der Behinderung von 70.

Der Fahrtkostenzuschuss ist grundsätzlich steuer- und beitragspflichtig.

Der Arbeitgeberzuschuss beträgt 230 Tage × 45 Entfernungs- km × 0,60 €	6 210,— €
A kann als Werbungskosten geltend machen (230 Tage × 45 Entfernungs- km × 0,60 €) pauschalierungsfähig sind	6 210,— € 6 210,— €

Der Arbeitgeber kann den gesamten Zuschuss mit 15 % pauschalieren, dadurch ist der Zuschuss beitragsfrei in der Sozialversicherung. **Die Pauschalsteuer ermittelt sich wie folgt:**

Fahrtkostenzuschuss	6 210,— €
pauschale Lohnsteuer (15 % von 6 210 €)	931,50 €
Solidaritätszuschlag (5,5 % von 931,50 €)	51,23 €
Kirchensteuer (6 % von 931,50 €)	55,89 €

Der Arbeitnehmer kann als Werbungskosten geltend machen:

230 Tage × 45 Entfernungs- km × 0,60 €	6 210,— €
./. pauschal versteuerter Fahrtkostenzuschuss	6 210,— €
abziehbare Werbungskosten	0,— €

Beispiel 5:

Sachverhalt wie Beispiel 1, aber für „normale" Fahrten zwischen Wohnung und erster Tätigkeitsstätte zahlt der Arbeitgeber keinen Fahrgeldzuschuss. Für **„Extrafahrten"** im Rahmen von Bereitschaftsdiensten wird aber an 50 Tagen ein Fahrtkostenzuschuss von 0,60 € pro Entfernungskilometer gezahlt.

Der Fahrtkostenzuschuss ist grundsätzlich steuer- und beitragspflichtig.

Der Arbeitgeberzuschuss beträgt 50 Tage × 45 Entfernungs- km × 0,60 €	1 350,— €
A kann als Werbungskosten nur eine Fahrt am Tag geltend machen (230 Tage × 45 km × 0,30 €) pauschalierungsfähig ist der Arbeitgeberzuschuss, maximal der als Werbungskosten zu berücksichtigende Betrag	3 105,— € 1 350,— €

Der Arbeitgeber kann den gesamten Zuschuss mit 15 % pauschalieren, dadurch ist der Zuschuss beitragsfrei in der Sozialversicherung. **Die Pauschalsteuer ermittelt sich wie folgt:**

Fahrtkostenzuschuss	1 350,— €
pauschale Lohnsteuer (15 % von 1 350 €)	202,50 €
Solidaritätszuschlag (5,5 % von 202,50 €)	11,13 €
Kirchensteuer (6 % von 202,50 €)	12,15 €

Der Arbeitnehmer kann als Werbungskosten geltend machen:

230 Tage × 45 km × 0,30 €	3 105,— €
./. pauschal versteuerter Fahrtkostenzuschuss	1 350,— €
abziehbare Werbungskosten	1 755,— €

hh) Günstigerprüfung Pauschalbesteuerung oder Regelbesteuerung

3174 Durch den Ausschluss des Werbungskostenabzugs muss die Pauschalversteuerung **nicht** unbedingt **günstiger** sein als die Regelversteuerung bei gleichzeitigem Werbungskostenabzug.

(1) **Für den Arbeitgeber ist die Pauschalversteuerung günstiger, wenn**

– der **Arbeitnehmer die Beitragsbemessungsgrenze** in der Rentenversicherung **nicht überschreitet** und die Sozialversicherungspflicht der Fahrtkostenzuschüsse den Arbeitgeber-Anteil zur Sozialversicherung erhöhen würde **und**

– die pauschale Lohnsteuer **im Innenverhältnis auf den Arbeitnehmer abgewälzt** wird (→ *Abwälzung der pauschalen Lohnsteuer auf den Arbeitnehmer* Rz. 25).

(2) **Für den Arbeitnehmer ist die Pauschalversteuerung günstiger, wenn**

– der **Arbeitnehmer die Beitragsbemessungsgrenze** in der Rentenversicherung **nicht überschreitet** und die Sozialversicherungspflicht der Fahrtkostenzuschüsse den Arbeitnehmer-Anteil zur Sozialversicherung erhöhen würde **und**

– der Arbeitgeber die pauschale Lohnsteuer auf die Fahrtkostenzuschüsse trägt.

(3) **Für den Arbeitgeber ist die Regelversteuerung günstiger, wenn**

– der **Arbeitnehmer die Beitragsbemessungsgrenze** in der Rentenversicherung **überschreitet** und sich damit die Sozialversicherungspflicht der Zuschüsse nicht auf den Arbeitgeber-Anteil zur Sozialversicherung auswirkt **und**

– die pauschale Lohnsteuer **nicht im Innenverhältnis** auf den Arbeitnehmer **abgewälzt** werden kann.

(4) **Für den Arbeitnehmer ist die Regelversteuerung günstiger, wenn**

– der **Arbeitnehmer die Beitragsbemessungsgrenze** in der Rentenversicherung **überschreitet** und sich damit die Sozialversicherungspflicht der Zuschüsse nicht auf den Arbeitnehmer-Anteil zur Sozialversicherung auswirkt,

– der **Arbeitnehmer** durch andere Werbungskosten **den Arbeitnehmer-Pauschbetrag überschreitet** und sich die als Werbungskosten abziehbaren Aufwendungen für Fahrten zwischen Wohnung und erster Tätigkeitsstätte in der Einkommensteuer-Erklärung **voll** auswirken und

– die pauschale Lohnsteuer **im Innenverhältnis** auf den Arbeitnehmer **abgewälzt** wird (→ *Abwälzung der pauschalen Lohnsteuer auf den Arbeitnehmer* Rz. 25).

b) Sozialversicherung

3175 Steuerpflichtige Fahrtkostenzuschüsse bzw. Fahrtkostenerstattungen sowie die geldwerten Vorteile für die unentgeltliche oder verbilligte Beförderung gehören dann **nicht zum beitragspflichtigen Arbeitsentgelt** i.S.d. Sozialversicherung, **wenn** diese i.R.d. § 40 Abs. 2 EStG **pauschal versteuert** werden.

Diese Regelung kann **auch bei Grenzgängern** angewandt werden, wenn der Arbeitgeber üblicherweise den Ersatz von Fahrtkosten bzw. Zuschüssen zu den Aufwendungen unter den o.a. Voraussetzungen pauschal versteuert und auf Grund eines Doppelbesteuerungsabkommens eine Pauschalversteuerung nicht erfolgen kann (vgl. Besprechungsergebnis der Spitzenverbände der Sozialversicherungsträger v. 28./29.3.1990).

11. Gestellung eines Firmenfahrzeugs

3176 Überlässt der Arbeitgeber oder auf Grund des Dienstverhältnisses ein Dritter dem Arbeitnehmer ein Kraftfahrzeug unentgeltlich für Fahrten zwischen Wohnung und erster Tätigkeitsstätte, ist dieser **geldwerte Vorteil als steuerpflichtiger Arbeitslohn** zu erfassen (R 8.2 Abs. 9 LStR). Zusätzlich ist ggf. die Fahrergestellung zu erfassen (R 8.2 Abs. 10 LStR). Einzelheiten → *Firmenwagen zur privaten Nutzung* Rz. 1226.

12. Aufzeichnungs- und Bescheinigungspflichten

3177 Der Arbeitgeber hat im **Lohnkonto** sowie in der **Lohnsteuerbescheinigung** (Zeilen 17 und 18) steuerfreie sowie pauschal versteuerte Arbeitgeberleistungen für Wege zwischen Wohnung und erster Tätigkeitsstätte anzugeben. Einzelheiten → *Lohnkonto* Rz. 1803 sowie → *Lohnsteuerbescheinigung* Rz. 1880 sowie → *Lohnsteuerbescheinigung* Rz. 1881.

13. Verfassungsrechtliche Bedenken

3178 Die aus umwelt-, verkehrs- und finanzpolitischen Erwägungen vorgenommene Beschränkung des Werbungskostenabzugs für Fahrten mit einem Pkw zwischen Wohnung und erster Tätigkeitsstätte auf relativ geringe Pauschalen wird zwar immer wieder heftig kritisiert, ist aber bisher vom **BVerfG und BFH bestätigt** worden (zuletzt BVerfG v. 9.12.2008, 2 BvL 1/07 u.a., HFR 2009, 180 sowie BFH v. 19.5.2015, VIII R 12/13, www.stotax-first.de). Verfassungswidrig war nach diesem BVerfG-Urteil jedoch die ab 2007 erfolgte Kürzung um die ersten 20 Entfernungskilometer, die der Gesetzgeber durch das Gesetz zur Fortführung der Gesetzeslage 2006 bei der Entfernungspauschale v. 20.4.2009, BStBl I 2009, 536 rückgängig gemacht hat.

Allerdings hat das BVerfG in diesem Urteil deutlich gemacht, dass der **Gesetzgeber einen weiten Gestaltungsspielraum hat**, zumal die Wege zur Arbeit – so ausdrücklich das Gericht – immer auch privat mitveranlasst sind. Hiernach muss wohl auch die Höhe der Entfernungspauschale von zz. 0,30 € je Entfernungskilometer (Kilometer-Satz also nur 0,15 €/km) trotz der in den letzten Jahren drastisch gestiegenen Benzinpreise als verfassungsgemäß angesehen werden.

Eine Verletzung des Gleichheitssatzes des Art. 3 Abs. 1 GG ist nach Auffassung des FG Nürnberg (Urteil v. 29.7.2014, 7 K 784/13, EFG 2015, 1184, Revision eingelegt, Az. beim BFH: VI R 4/15) auch nicht dadurch gegeben, dass die **Vorschrift den Benutzern eines Personenkraftwagens für die Fahrten zwischen Wohnung und erster Tätigkeitsstätte** den vollen Abzug der tatsächlich entstandenen Fahrtaufwendungen versagt, den Benutzern öffentlicher Verkehrsmittel aber gestattet. Die Entscheidung des BFH bleibt abzuwarten.

Wehrdienst

→ *Werbungskosten* Rz. 3182

Weihnachtsfeier

→ *Betriebsveranstaltungen* Rz. 701

Weihnachtsgratifikation

1. Arbeitsrecht

3179 Die Weihnachtsgratifikation bzw. das Weihnachtsgeld (→ *Gratifikationen* Rz. 1460) gehört grundsätzlich zu den freiwilligen zusätzlichen Arbeitgeberleistungen, d.h., es besteht nicht ohne Weiteres ein Rechtsanspruch des Arbeitnehmers auf diese Leistung.

Ein **Rechtsanspruch** des Arbeitnehmers ergibt sich vielmehr erst aus

– einer entsprechenden einzelvertraglichen Vereinbarung,
– einer tarifvertraglichen Regelung nach einem anwendbaren Tarifvertrag,
– einer Betriebsvereinbarung,
– einer betrieblichen Übung oder
– aus dem Gleichbehandlungsgrundsatz.

Ein einzelvertraglicher Gratifikationsanspruch hat grundsätzlich nach dem Günstigkeitsprinzip Vorrang gegenüber den Regelungen einer Betriebsvereinbarung, es sei denn, es ist ein gegenteiliger Vorbehalt vereinbart (BAG v. 5.8.2009, 10 AZR 483/08, www.stotax-first.de).

Aus Zahlungen des Arbeitgebers unter **Freiwilligkeitsvorbehalt** (z.B. bei den jeweiligen Zahlungen oder durch Aushang) ergibt sich im Übrigen kein Rechtsanspruch auf zukünftige Leistungen; der Arbeitgeber bleibt mit anderen Worten in dem betreffenden Jahr bis zur Auszahlung in seiner Entscheidung darüber frei, ob er das Weihnachtsgeld zahlt oder nicht, ggf. in welcher möglicherweise gekürzten Höhe (vgl. BAG v. 5.6.1996, 10 AZR 883/95, www.stotax-first.de; BAG v. 21.1.2009, 10 AZR 219/08, www.stotax-first.de). Insoweit dürfen Arbeitnehmer in Elternzeit ohne Gleichbehandlungsverstoß ausgenommen werden (BAG v. 12.1.2000, 10 AZR 840/98, www.stotax-first.de). Der Freiwilligkeitsvorbehalt berechtigt den Arbeitgeber auch zur Kürzung wegen Krankheitszeiten unter Beachtung der Grenzen nach § 4a EFZG (BAG v. 7.8.2002, 10 AZR 709/01, www.stotax-first.de) und ist auch unter dem Gesichtspunkt der **AGB-Kontrolle** wirksam (BAG v. 30.7.2008, 10 AZR 606/07, www.stotax-first.de). Zu beachten ist aber, dass eine ausdrückliche Zusage der Weihnachtsgeldzahlung nicht in derselben oder einer anderen Vertragsklausel an einen Freiwilligkeitsvorbehalt gebunden werden darf; eine derartig widersprüchliche Vereinbarung hält der AGB-Kontrolle nicht stand (BAG v. 10.12.2008, 10 AZR 1/08, www.stotax-first.de; BAG v. 20.1.2010, 10 AZR 914/08, www.stotax-first.de). Auch eine Verknüpfung von Freiwilligkeitsvorbehalt und Widerrufsvorbehalt in einem Arbeitsvertrag ist wegen **Intransparenz** unwirksam; denn für den Arbeitnehmer ist nicht hinreichend deutlich, dass trotz mehrfacher, ohne weitere Vorbehalte erfolgender Sonderzahlun-

Weihnachtsgratifikation

keine Sozialversicherungspflicht = (SV̸)
Sozialversicherungspflicht = (SV)

gen ein Rechtsbindungswille des Arbeitgebers für die Zukunft ausgeschlossen bleiben soll (z.B. zuletzt BAG v. 8.12.2010, 10 AZR 671/09, www.stotax-first.de). Wird z.B. die Zahlung einer Gratifikation im Arbeitsvertrag als „freiwillige Leistung" bezeichnet, so genügt dieser Hinweis für sich genommen nicht, um einen Anspruch auf die Leistung auszuschließen (BAG v. 17.4.2013, 10 AZR 281/12, www.stotax-first.de; BAG v. 20.2.2013, 10 AZR 177/12, www.stotax-first.de). Behält sich der Arbeitgeber ein **einseitiges Leistungsbestimmungsrecht** zur Entscheidung über die Höhe einer jährlichen Zuwendung vor, hält dies der AGB-Kontrolle nach §§ 305 ff. BGB regelmäßig stand, insbesondere wenn es sich um eine Gratifikation handelt, die nach dem Arbeitsvertrag keinen Entgeltcharakter hat; in derartigen Fällen findet § 315 BGB Anwendung: Die jährlich vom Arbeitgeber zu treffende Leistungsbestimmung muss billigem Ermessen entsprechen (BAG v. 16.1.2013, 10 AZR 26/12, www.stotax-first.de).

Dient eine Sonderzuwendung nicht der Vergütung geleisteter Arbeit und knüpft sie nur an den Bestand des Arbeitsverhältnisses an, stellt es i.S. der AGB-Kontrolle keine unangemessene Benachteiligung gem. § 307 BGB dar, wenn der ungekündigte Bestand des Arbeitsverhältnisses zum Auszahlungstag als Anspruchsvoraussetzung bestimmt wird (BAG v. 18.1.2012, 10 AZR 667/10, www.stotax-first.de). Umgekehrt kann eine Sonderzahlung, die auch **Gegenleistung für** im gesamten Kalenderjahr **laufend erbrachte Arbeit** darstellt, in Allgemeinen Geschäftsbedingungen regelmäßig nicht vom Bestand des Arbeitsverhältnisses am Stichtag 31. Dezember des betreffenden Jahres abhängig gemacht werden (BAG v. 13.11.2013, 10 AZR 848/12, www.stotax-first.de). Vielmehr kann eine Sonderzahlung, die (auch) Vergütung für bereits erbrachte Arbeitsleistung darstellt, nicht vom ungekündigten Bestand des Arbeitsverhältnisses zu einem Zeitpunkt innerhalb oder außerhalb des Jahres abhängig gemacht werden, in dem die Arbeitsleistung erbracht wurde. Bei unterjährigem Ausscheiden aus dem Arbeitsverhältnis ergibt sich zum Fälligkeitszeitpunkt ein zeitanteiliger Anspruch auf die Sonderzahlung (BAG v. 13.5.2015, 10 AZR 266/14, www.stotax-first.de).

Nimmt **andererseits** der Arbeitnehmer mit Anspruch auf Gratifikation nach betrieblicher Übung mindestens **dreijährig nachträgliche Freiwilligkeitsvorbehalte** des Arbeitgebers mit unmissverständlicher Erklärung zur Beendigung der bisherigen Übung vorbehaltlos hin, so ändert sich der Gratifikationsanspruch entsprechend (BAG v. 26.3.1997, 10 AZR 612/96, www.stotax-first.de; BAG v. 4.5.1999, 10 AZR 290/98, www.stotax-first.de). Nach **neuerer Rechtsprechung** des BAG (BAG v. 18.3.2009, 10 AZR 281/08, www.stotax-first.de; BAG v. 25.11.2009, 10 AZR 779/08, www.stotax-first.de) ist allerdings unter dem Gesichtspunkt der **AGB-Kontrolle** eine entsprechende vorherige Vereinbarung der Parteien und ein klarer und transparenter Hinweis erforderlich, so dass im Ergebnis eine gegenläufige betriebliche Übung nicht mehr wirksam praktizierbar erscheint.

Zulässig sind auch sog. **Rückzahlungsklauseln** hinsichtlich des gezahlten Weihnachtsgeldes für den Fall, dass der Arbeitnehmer vor einem bestimmten Zeitpunkt nach Bezug des Weihnachtsgeldes aus dem Arbeitsverhältnis ausscheidet, vorausgesetzt, eine solche Rückzahlungsklausel ist in der Weihnachtsgeldregelung festgelegt. Der Rückzahlungsanspruch des Arbeitgebers richtet sich grundsätzlich auf den **Bruttobetrag** der Gratifikation (BAG v. 15.3.2000, 10 AZR 101/99, www.stotax-first.de; BAG v. 5.4.2000, 10 AZR 257/99, www.stotax-first.de).

Rückzahlungsklauseln sind aber nicht unbegrenzt zulässig. Nach der Rechtsprechung sind **folgende Zeitgrenzen zu beachten**:

– Bei einer Gratifikation jedenfalls bis zu 100 € ist eine Rückzahlungsklausel unwirksam (Bagatellgrenze);

– Gratifikationen von 100 € bis zu einem vollen Monatsbezug lassen eine Rückzahlungsklausel mit Bindung bis zum 31. März des Folgejahrs zu; Ausscheiden zum 31. März muss möglich bleiben (BAG v. 9.6.1993, 10 AZR 529/92, www.stotax-first.de);

– Gratifikationen von einem vollen Monatsbezug und mehr erlauben eine Bindung bis zum 30. Juni des Folgejahrs;

– Eine Bindung über den 30. Juni des Folgejahrs hinaus ist unzulässig.

Eine **aktuelle arbeitsrechtliche Darstellung** der Gratifikationsgrundsätze findet sich bei D. Besgen, Aktuelle Fragen zu Gratifikation/Sonderzahlung/Weihnachtsgeld, B+P 2007, 665 und Jüngst, Sonderzuwendungen – Aktuelle BAG-Rechtsprechung, B+P 2010, 19.

2. Lohnsteuer und Sozialversicherung

Erhält der Arbeitnehmer im Zusammenhang mit dem Weihnachtsfest eine Gratifikation (Weihnachtsgeld), so gehört diese zum steuer- und beitragspflichtigen Arbeitslohn. **3180**

(LSt) (SV)

Beim Weihnachtsgeld handelt es sich lohnsteuerlich um einen **sonstigen Bezug** (→ Sonstige Bezüge Rz. 2704) und sozialversicherungsrechtlich um eine Einmalzahlung (→ Einmalzahlungen Rz. 983).

Muss das Weihnachtsgeld zurückgezahlt werden, so handelt es sich bei der **Rückzahlung um negativen Arbeitslohn** (→ Rückzahlung von Arbeitslohn Rz. 2578).

Das Weihnachtsgeld gehört lohnsteuerlich zu den sonstigen Bezügen (R 39b.2 Abs. 2 Nr. 7 LStR). Die Lohnsteuer ist daher stets in dem Zeitpunkt einzubehalten, in dem der sonstige Bezug **zufließt**. Dabei sind die Lohnsteuerabzugsmerkmale zu Grunde zu legen, die für den Tag des Zuflusses gelten. Die Lohnsteuer für den sonstigen Bezug wird in der Weise ermittelt, dass die Lohnsteuer des voraussichtlichen Jahresarbeitslohns mit und ohne sonstigen Bezug ermittelt wird. Die Differenz ist die Lohnsteuer auf den sonstigen Bezug (im Einzelnen → Sonstige Bezüge Rz. 2704).

Soweit der Arbeitgeber für den Arbeitnehmer einen Lohnsteuer-Jahresausgleich durchführen darf, ist dies nach R 42b Abs. 3 LStR schon bei der Lohnabrechnung für Dezember möglich (→ Lohnsteuer-Jahresausgleich durch den Arbeitgeber Rz. 1926). Der Arbeitgeber kann also bei der Dezember-Abrechnung in einer Berechnung sowohl das Weihnachtsgeld als auch den **Lohnsteuer-Jahresausgleich** berücksichtigen.

Soweit dies arbeitsrechtlich zulässig ist, kann der Arbeitgeber die Weihnachtsgratifikation nicht als Geldbetrag auszahlen, sondern in anderer, steuermindernder Form, z.B. als Sachbezug, um den Rabattfreibetrag von 1 080 € auszuschöpfen (→ Rabatte Rz. 2351), oder als Direktversicherungsbeitrag, um die Steuerfreiheit oder die Lohnsteuerpauschalierung von 20 % zu nutzen (→ Zukunftssicherung: Betriebliche Altersversorgung Rz. 3294 sowie → Zukunftssicherung: Betriebliche Altersversorgung Rz. 3307).

3. Weihnachtsgeldabrechnung

Die Ermittlung der Lohnsteuer und der Sozialversicherungsbeiträge für das Weihnachtsgeld soll anhand des nachfolgenden Beispiels erläutert werden: **3181**

Beispiel:

Ein Arbeitnehmer (Steuerklasse III, keine Kinder, 22 Jahre) in Hannover erhält im Dezember 2016 neben seinem Monatslohn von 5 000 € ein Weihnachtsgeld von 5 000 €. Der Arbeitnehmer hat darüber hinaus im Juli 2016 ein Urlaubsgeld von 5 000 € erhalten.

Die Lohnabrechnung für Dezember 2016 sieht wie folgt aus:

Monatslohn	5 000,— €
+ Weihnachtsgeld	5 000,— €
+ Zuschuss zur Krankenversicherung	309,34 €
+ Zuschuss zur Pflegeversicherung	49,79 €
= Bruttobezüge	10 359,13 €
./. Lohnsteuer (aus 10 000 €)	2 128,— €
./. Solidaritätszuschlag (5,5 %)	117,04 €
./. Kirchensteuer (9 %)	191,52 €
./. Krankenversicherung (Arbeitnehmer- und Arbeitgeber-Anteil)	656,82 €
./. Pflegeversicherung (Arbeitnehmer- und Arbeitgeber-Anteil)	99,58 €
./. Arbeitnehmer-Anteil Rentenversicherung	935,— €
./. Arbeitnehmer-Anteil Arbeitslosenversicherung	150,— €
Nettobetrag	**6 081,17 €**

1. Berechnung der Lohnsteuer

a) Laufender Arbeitslohn

Monatslohn	5 000,— €
Lohnsteuer laut Monatstabelle (III/0)	678,— €
Solidaritätszuschlag (5,5 %)	37,29 €
Kirchensteuer (9 %)	61,02 €

b) Weihnachtsgeld

voraussichtlicher Jahresarbeitslohn
Jahresarbeitslohn **ohne sonstigen Bezug**

(12 × 5 000 € + Urlaubsgeld 5 000 €)	65 000,— €
+ Weihnachtsgeld	5 000,— €
= Jahresarbeitslohn **mit sonstigem Bezug**	70 000,— €
Lohnsteuer (III/0) von 70 000 €	10 986,— €
./. Lohnsteuer (III/0) von 65 000 €	9 536,— €
= Lohnsteuer auf den sonstigen Bezug	1 450,— €
Solidaritätszuschlag (5,5 % von 1 450 €)	79,75 €
Kirchensteuer (9 % von 1 450 €)	130,50 €

c) Dezember insgesamt

Lohnsteuer auf den laufenden Arbeitslohn	678,— €
Lohnsteuer auf das Weihnachtsgeld	1 450,— €
= Lohnsteuer insgesamt für Dezember	2 128,— €
Solidaritätszuschlag auf den laufenden Arbeitslohn	37,29 €
Solidaritätszuschlag auf das Weihnachtsgeld	79,75 €
= Solidaritätszuschlag insgesamt für Dezember	117,04 €
Kirchensteuer auf den laufenden Arbeitslohn	61,02 €
Kirchensteuer auf das Weihnachtsgeld	130,50 €
= Kirchensteuer insgesamt für Dezember	191,52 €

2. Berechnung der Sozialversicherungsbeiträge

a) Kranken- und Pflegeversicherung

Das Jahresarbeitsentgelt des Arbeitnehmers übersteigt sowohl die Beitragsbemessungsgrenze von 50 850 € als auch die Versicherungspflichtgrenze von 56 250 €. Daher ist der Arbeitnehmer nicht kranken- und pflegeversicherungspflichtig.

Krankenversicherung

14,6 % von 4 237,50 €		618,68 €
davon hälftig als Arbeitgeber-Zuschuss	309,34 €	
davon hälftig Arbeitnehmer-Anteil	309,34 €	
zuzüglich kassenindividueller Zusatzbeitrag zur Krankenversicherung (0,9 % [angenommener Wert])	38,14 €	347,48 €

Pflegeversicherung

2,35 % von 4 237,50 €		99,58 €
davon hälftig als Arbeitgeber-Zuschuss	49,79 €	
davon hälftig Arbeitnehmer-Anteil	49,79 €	

Der Zuschuss zur Kranken- und Pflegeversicherung ist steuerfrei (§ 3 Nr. 62 EStG); er ist auch beitragsfrei.

b) Renten- und Arbeitslosenversicherung

Für den Arbeitnehmer besteht aus der Einmalzahlung Beitragspflicht in der Renten- und Arbeitslosenversicherung, weil die Beitragsbemessungsgrenze von 74 400 € nicht überschritten wird.

Beitragsbemessungsgrenze	74 400 €
Von dieser anteiligen Beitragsbemessungsgrenze sind die beitragspflichtigen Entgelte der Monate Januar bis Dezember abzuziehen (5 000 € × 12 Monate)	./. 60 000 €
sowie das Urlaubsgeld von	./. 5 000 €
Verbleiben	9 400 €

Das Weihnachtsgeld i.H.v. 5 000 € ist daher voll beitragspflichtig.

Berechnung der Renten- und Arbeitslosenversicherungsbeiträge:

Monatslohn	5 000,— €	
+ sonstige Bezüge	5 000,— €	
Insgesamt	10 000,— €	
Rentenversicherung		
18,7 % von 10 000 €	1 870,— €	
davon hälftig Arbeitgeber-Anteil		935,— €
davon hälftig Arbeitnehmer-Anteil		935,— €
Arbeitslosenversicherung		
3,0 % von 10 000 €	300,— €	
davon hälftig Arbeitgeber-Anteil		150,— €
davon hälftig Arbeitnehmer-Anteil		150,— €

Weisungsgebundenheit

→ *Arbeitnehmer* Rz. 173

Weiterbildung

→ *Bildungsgutschein* Rz. 755

Weiterverpflichtungsprämie

→ *Arbeitslohn-ABC* Rz. 255

Werbegeschenke

→ *Geschenke* Rz. 1397

Werbeprämien

→ *Prämien* Rz. 2326, → *Preise* Rz. 2327, → *Arbeitnehmer-ABC* Rz. 188

Werbung auf Fahrzeugen des Arbeitnehmers

→ *Arbeitslohn-ABC* Rz. 255

Werbungskosten

1. Allgemeine Grundsätze

a) Allgemeines

Werbungskosten sind nach § 9 Abs. 1 Satz 1 EStG Aufwendungen zur Erwerbung, Sicherung und Erhaltung der Einnahmen. Nach ständiger BFH-Rechtsprechung liegen solche Werbungskosten vor, wenn die Aufwendungen durch den **Beruf oder durch die Erzielung steuerpflichtiger Einnahmen veranlasst** sind. Das ist der Fall, wenn ein **objektiver Zusammenhang** mit dem Beruf besteht und die Aufwendungen **subjektiv** zur Förderung des Berufs getätigt werden (zuletzt BFH v. 8.7.2015, VI R 77/14, www.stotax-first.de, betr. Werbungskosten des Arbeitnehmers aus Bürgschaftsverlusten bei Arbeitgeberinsolvenz).

3182

Im Gesetz sind die wichtigsten als Werbungskosten abzugsfähigen Aufwendungen **beispielhaft** aufgeführt. Dazu gehören Aufwendungen für Wege zwischen Wohnung und erster Tätigkeitsstätte (im Regelfall Ansatz der sog. Entfernungspauschale), Reisekosten bei Auswärtstätigkeiten, notwendige Mehraufwendungen bei beruflich veranlasster doppelter Haushaltsführung, Beiträge zu Berufsverbänden, Arbeitsmittel. Berufsbedingte Kinderbetreuungskosten sind ab 2012 unter bestimmten Voraussetzungen nur noch als Sonderausgaben abzugsfähig (§ 10 Abs. 1 Nr. 5 EStG), ausführlich → *Betreuungskosten* Rz. 686.

Ein **steuerfreier Arbeitgeberersatz** ist für Werbungskosten grundsätzlich **nicht zulässig**, es sei denn, dass es dafür eine besondere Steuerbefreiungsvorschrift gibt (R 19.3 Abs. 3 Satz 1 LStR). Sie können jedoch unter bestimmten Voraussetzungen beim Lohnsteuerabzug als **Freibetrag** berücksichtigt werden. Weitere Einzelheiten → *Lohnsteuer-Ermäßigungsverfahren* Rz. 1905.

Die **Notwendigkeit** von Werbungskosten hat das Finanzamt grundsätzlich nicht zu prüfen. Der Arbeitnehmer kann frei entscheiden, welche Aufwendungen **er** für notwendig hält. Es gibt auch kein „Kargheitsgebot", der Höhe der Aufwendung kommt grundsätzlich keine Bedeutung zu (z.B. BFH v. 9.8.2007, VI R 23/05, BStBl II 2009, 722 betr. Unterkunftskosten bei doppelter Haushaltsführung).

Eine **Angemessenheitsprüfung** ist zwar grundsätzlich **zulässig**; die Finanzverwaltung nimmt eine solche aber nur in **Ausnahmefällen** vor, die Werbungskosten müssen erhebliches Gewicht haben und die Grenze der Angemessenheit erheblich überschreiten wie z.B. Aufwendungen für die Nutzung eines **Privatflugzeugs** zu einer Auswärtstätigkeit (R 9.1 Abs. 1 Satz 3 LStR sowie zuletzt FG Hessen v. 14.10.2014, 4 K 781/12, EFG 2015, 542, Revision eingelegt, Az. beim BFH: VI R 37/15: Kein Werbungskostenabzug der Aufwendungen eines GmbH-Geschäftsführers im Zusammenhang mit der beruflichen Nutzung eines selbst gesteuerten Privatflugzeugs und für den Erwerb einer weitergehenden Fluglizenz) oder der Anschaffung und Unterhaltung **teurer Kraftfahrzeuge** (zuletzt BFH v. 29.4.2014, VIII R 20/12, BStBl II 2014, 679 betr. den Ferrari eines Tierarztes). Denkbar ist eine Angemessenheitsprüfung auch bei der Ausstattung eines Arbeitszimmers mit sehr **teuren Teppichen** (vgl. dazu BFH v. 8.11.1996, VI R 22/96, HFR 1997, 479). Bei **Auslandsreisen** ist – auch wenn die Angemessenheit von Betriebsausgaben/Werbungskosten im Übrigen im Wesentlichen vom Stpfl. selbst zu bestimmen ist – nach der Rechtsprechung des Großen Senats des BFH besonders sorgfältig abzuwägen, ob für die Größe des Betriebs und für die Art seiner Betätigung eine

Werbungskosten

Auslandsreise überhaupt betrieblich veranlasst sein kann; dies ist insbesondere dann fraglich, wenn die Aufwendungen für die Reise im Verhältnis zur Größe und Bedeutung des Betriebs und auch im Hinblick auf die Reisedauer unangemessen erscheinen (zuletzt BVerfG v. 3.4.2015, 2 BvR 295/14, StEd 2015, 260: Kein Abzug von Aufwendungen für Reisen eines Schwerbehinderten zur Erholung und zur Aktualisierung seiner Lehrbücher und von Aufwendungen für seine Begleitperson an ausländische Ferienorte).

Von vornherein vom **Abzug als Betriebsausgaben oder Werbungskosten ausgeschlossen** sind dagegen nach § 4 Abs. 5 Satz 1 Nr. 4 EStG **Aufwendungen für Jagd und Fischerei, für Segel- oder Motorjachten** sowie für ähnliche Zwecke und für die hiermit zusammenhängenden **Bewirtungen**, soweit die damit verfolgten Zwecke nicht selbst Gegenstand einer mit Gewinnabsicht ausgeübten Betätigung des Stpfl. sind (§ 4 Abs. 5 Satz 2 EStG). Nicht abzugsfähig sind hiernach z.B. Aufwendungen

- eines Unternehmers für eine sog. **Regatta-Begleitfahrt** mit Geschäftspartnern anlässlich der Kieler Woche (BFH v. 2.8.2012, IV R 25/09, BStBl II 2012, 824),
- eines Unternehmens der Versicherungsbranche für die **Ausrichtung eines Golfturniers** (einschließlich Bewirtung der Gäste) mit anschließender Abendveranstaltung; es widerspräche dem mit dieser Regelung verfolgten Vereinfachungszweck, wenn für die Frage des Abzugs der im Zusammenhang mit der Ausrichtung des Golfturniers anfallenden Kosten zu prüfen wäre, ob die Anbahnung und Förderung von Geschäftsabschlüssen bzw. die Werbung für das Unternehmen im Vordergrund gestanden hat oder diese der Unterhaltung von Geschäftsfreunden oder Befriedigung einer Neigung des Unternehmens diente. Das Abzugsverbot greift somit immer dann ein, wenn bei typisierender Betrachtung die Möglichkeit besteht, Geschäftsfreunde zu unterhalten oder privaten Neigungen nachzugehen (FG Hessen v. 22.5.2013, 11 K 1165/12, EFG 2013, 1477, Revision eingelegt, Az. beim BFH: IV R 24/13),
- für das **Halten von Reitpferden aus Repräsentationsgründen** (FG Baden-Württemberg v. 6.5.2015, 1 K 3408/13, EFG 2015, 1791).

Steuerfreie Bezüge, auch soweit sie von einem Dritten gezahlt werden (z.B. von der Agentur für Arbeit gezahlte Mobilitätshilfen nach §§ 53 ff. SGB III wie z.B. Reisekosten-, Fahrtkosten-, Trennungskosten- und Umzugskostenbeihilfe) schließen nach § 3c EStG entsprechende Werbungskosten aus; dies gilt z.B. für Ausbildungs-, Bewerbungs- und Umzugskosten für eine **Auslandstätigkeit mit steuerfreien Einkünften**.

Dies gilt jedoch nicht ausnahmslos: Nach § 3c Abs. 1 1. Halbsatz EStG dürfen zwar Ausgaben, soweit sie **mit steuerfreien Einnahmen in unmittelbarem wirtschaftlichem Zusammenhang stehen**, nicht als Betriebsausgaben oder Werbungskosten abgezogen werden. Aus dem Erfordernis des unmittelbaren Zusammenhangs ergibt sich aber, dass nur solche Aufwendungen vom Abzug ausgeschlossen sind, die nach ihrer Entstehung oder **Zweckbestimmung mit den steuerfreien Einnahmen in einem unlösbaren Zusammenhang stehen**, d.h. ohne diese nicht angefallen wären. Entsprechend dem Regelungszweck des § 3c EStG, eine doppelte Begünstigung von Stpfl. durch die steuerliche Freistellung von Bezügen einerseits und den Abzug von Werbungskosten andererseits zu vermeiden, setzt die Anwendung des § 3c Abs. 1 EStG voraus, dass **Bezüge und Aufwendungen konkret einander zuzuordnen sind**. Dies erfordert zwar keinen finalen Zusammenhang zwischen Ausgaben und Einnahmen, verlangt aber doch, dass sie zueinander in einer erkennbaren und abgrenzbaren Beziehung stehen.

Einen solchen unmittelbaren Zusammenhang angenommen (d.h. **Abzugsverbot**) hat der BFH z.B. bei Aufwendungen

- für einen Umzug in das Ausland und der dort beabsichtigten Einkünfteerzielung (z.B. BFH v. 20.9.2006, I R 59/05, BStBl II 2007, 756),
- für die Berufsausübung als Bürgermeister und der dafür erhaltenen steuerfreien Dienstaufwandsentschädigungen (BFH v. 9.6.1989, VI R 33/86, BStBl II 1990, 119).

Keinen solchen unmittelbaren Zusammenhang angenommen (d.h. **kein Abzugsverbot**) hat der BFH dagegen z.B. bei Aufwendungen

- für einen Lehrgangsbesuch im Hinblick auf einen geplanten Auslandseinsatz, auch wenn für den Auslandseinsatz eine nach § 3 Nr. 64 EStG steuerfreie Auslandszulage gezahlt werden sollte (BFH v. 28.10.1994, VI R 70/94, www.stotax-first.de),
- für Fahrten zwischen Wohnung und erster Tätigkeitsstätte (Ansatz der Entfernungspauschale) in dem Zeitraum, für den der Arbeitnehmer steuerfreies Insolvenzgeld erhält (BFH v. 23.11.2000, VI R 93/98, BStBl II 2001, 199).

In welchem Umfang **Werbungskosten steuerfreien Einkünften zuzuordnen** sind, richtet sich nach dem Veranlassungsprinzip. Werbungskosten, die **steuerfreien Einnahmen direkt zugeordnet** werden können, müssen den steuerfreien Einnahmen in voller Höhe gegengerechnet werden. Werbungskosten, die **nicht eindeutig steuerfreien oder steuerpflichtigen Einnahmen zugeordnet** werden können, sind regelmäßig zu dem Teil nicht abziehbar, der dem Verhältnis der steuerfreien Einnahmen zu den Gesamteinnahmen entspricht (vgl. zuletzt BFH v. 11.2.2009, I R 25/08, BStBl II 2010, 536 betr. eine Referendartätigkeit im Ausland). Zum Abzug von Werbungskosten, die in unmittelbarem wirtschaftlichen Zusammenhang mit nach **Doppelbesteuerungsabkommen** steuerfreien Einnahmen stehen, s. zuletzt BMF v. 12.11.2014, IV B 2 – S 1300/08/10027, BStBl I 2014, 1467.

Steuerfreie Reisekosten- und Umzugskostenvergütungen, auf die der Arbeitnehmer einen Rechtsanspruch hat, mindern nach § 3c EStG auch dann die abziehbaren Werbungskosten, wenn der Arbeitgeber die **Reisekosten erst im nächsten Jahr steuerfrei erstattet** (vgl. OFD Hannover v. 17.1.2006, S 2338 – 139 – StO 217, DB 2006, 252 sowie BFH v. 20.9.2006, I R 59/05, BStBl II 2007, 756). Nach Auffassung des BFH ist eine Kürzung von Werbungskosten wegen in späteren Veranlagungszeiträumen zugeflossener steuerfreier Einnahmen dagegen dann noch nicht im Veranlagungszeitraum gerechtfertigt, wenn zwar eine konkrete Aussicht auf steuerfreie Einnahmen besteht, die Erstattung aber noch nicht feststeht; es fehlt dann an einem wirtschaftlichen Zusammenhang der späteren Erstattung mit den im Vorjahr erbrachten Aufwendungen (BFH v. 30.9.2008, VI R 4/07, BStBl II 2009, 111). Hat ein Stpfl. Reisekosten irrtümlich erst in dem Jahr steuerlich geltend gemacht, in dem ihm Reisekosten erstattet wurden, muss ggf. die Veranlagung für das Vorjahr nach § 173 Abs. 1 Nr. 2 AO geändert werden (FG Düsseldorf v. 7.5.2007, 17 K 1156/05 E, EFG 2007, 1744).

Betreffen **Werbungskosten mehrere Einkunftsarten**, sind sie nach Möglichkeit (ggf. durch Schätzung) **aufzuteilen**. Ist eine Aufteilung nicht möglich, sind sie bei der Einkunftsart abzuziehen, zu der sie nach Art und Weise die **engere Beziehung** haben (zuletzt BFH v. 7.5.2015, VI R 55/14, www.stotax-first.de, und v. 8.7.2015, VI R 77/14, www.stotax-first.de, betr. Bürgschaftsverluste).

In vielen Fällen scheitert ein Werbungskostenabzug aber schon daran, dass keine „Aufwendungen" vorliegen, so z.B. bei

- **Eigenleistungen** (vgl. BFH v. 27.8.1993, VI R 7/92, BStBl II 1994, 235 betr. Reparatur eines auf einer Berufsfahrt beschädigten Pkw),
- **unentgeltlich geleisteter Mehrarbeit** im Rahmen eines Sanierungstarifvertrags (FG Nürnberg v. 19.9.2002, I 201/2002),
- **Verzicht auf Urlaub** oder Kürzung des sog. Freischicht- oder Gleitzeitkontos **oder Umwandlung eines sog. Bonusanspruchs in Freizeit**, um sich in den der zusätzlichen Freizeit fortzubilden (zuletzt OFD Düsseldorf, Kurzinformation ESt Nr. 25/2005 v. 23.5.2005, DB 2005, 1250 sowie FG München v. 11.2.2009, 8 K 808/07, EFG 2009, 1012, auch → Fortbildung Rz. 1298),
- einer **Gehaltsminderung** durch Umwandlung von Barlohn in Sachlohn (OFD Münster, aktualisierte Kurzinformation ESt 39/2003 v. 24.8.2010, DB 2010, 2025),
- reinem **Zeitaufwand** (vgl. sinngemäß FG Münster v. 15.4.2015, 11 K 1276/13 E, EFG 2015, 1198 betr. Pflege eines nahen Angehörigen),
- **entgangenen Einnahmen** ebenso wie beim Verzicht auf Einnahmen. Der Werbungskostenabzug setzt eine Belastung mit Aufwendungen voraus. Das ist bei einem in Anlehnung an § 8 Abs. 3 BUKG ermittelten **Mietausfall** nicht der Fall. Als entgangene Einnahme erfüllt er nicht den Aufwendungsbegriff (BFH v. 19.4.2012, VI R 25/10, BStBl II 2013, 699),
- **Familienheimfahrten** des Arbeitnehmers mit einem vom Arbeitgeber überlassenen Dienstwagen, weil dann der Arbeitgeber durch Überlassung eines Dienstwagens im Ergebnis die Aufwendungen des Arbeitnehmers trägt (BFH v. 28.2.2013, VI R 33/11, BStBl II 2013, 629),
- **unentgeltlicher Nutzung eines zum Betriebsvermögen des anderen Ehegatten gehörenden PKW** (BFH v. 15.7.2014, X R 24/12, BStBl II 2015, 132) oder eines **Firmenwagens** (BFH v. 16.7.2015, III R 33/14, www.stotax-first.de).

Werbungskosten

Beispiel:

Arbeitnehmer der X-Bank AG, die mit ihrer Arbeitgeberin eine **Barlohnminderung zu Gunsten der Überlassung eines Dienstfahrzeugs für private Zwecke vereinbart** haben, beantragen im Rahmen der Einkommensteuer-Veranlagung i.H.d. Gehaltsverzichts einen Werbungskostenabzug bei den Einkünften aus § 19 EStG.

Der BFH hat mit Beschluss v. 20.8.1997, VI B 83/97, BStBl II 1997, 667 entschieden, dass nur der tatsächlich ausgezahlte Barlohn zzgl. des geldwerten Vorteils für die Überlassung eines Firmenwagens dem Lohnsteuerabzug zu unterwerfen ist, wenn der Arbeitnehmer unter Änderung des Anstellungsvertrags auf einen Teil seines Barlohns verzichtet und der Arbeitgeber ihm stattdessen einen Firmenwagen zur Privatnutzung zur Verfügung stellt. Von der Möglichkeit der Umwandlung von Barlohn in Sachlohn durch Pkw-Gestellung machen auch Arbeitnehmer der X-Bank AG Gebrauch. Entsprechend der Dienstwagenregelung der Bank beteiligen sich die Mitarbeiter an den Kosten der Beschaffung und des Betriebs des Fahrzeugs durch ein jährlich zu erbringendes Gehaltsäquivalent. Die Arbeitgeberin mindert i.H. des Gehaltsäquivalents, das für den privaten Nutzungsanteil an den Gesamtkosten des Fahrzeugs aus der Jahresleasingrate und eines sog. Mitarbeiteranteils ermittelt wird, den variablen Teil (Bonus/Tantieme) der Jahresbezüge der Arbeitnehmer und versteuert bei den betreffenden Personen entsprechend den Ausführungen im vorgenannten Urteil den gekürzten Barlohn zzgl. des geldwerten Vorteils für die Überlassung des jeweiligen Fahrzeugs.

Soweit die Arbeitnehmer im Rahmen der Einkommensteuer-Veranlagung beantragen, i.H. des **Gehaltsverzichts einen Werbungskostenabzug** bei den Einkünften aus nichtselbständiger Tätigkeit zuzulassen, werden die Finanzämter den **Anträgen nicht entsprechen** (OFD Münster, aktualisierte Kurzinformation ESt 39/2003 v. 24.8.2010, DB 2010, 2025). Einerseits liegt im Ergebnis keine Minderung des Arbeitslohns vor, da der entfallende Barlohn durch eine Sachzuwendung in Form der Pkw-Gestellung ersetzt wurde. Unerheblich ist, dass die Gehaltsminderung i.d.R. höher ist als der auf Grund besonderer Bewertungsvorschriften für steuerliche Zwecke festzusetzende Sachbezugswert. Andererseits ist in § 9 Abs. 1 Satz 1 und 2 EStG geregelt, dass als Werbungskosten nur Aufwendungen zur Erwerbung, Sicherung und Erhaltung der Einnahmen anzuerkennen und bei der Einkunftsart zu berücksichtigen sind, bei der sie entstanden sind. **Keine Aufwendungen und damit keine Werbungskosten liegen vor, wenn Einnahmen dadurch entgehen, dass auf sie verzichtet wird** (BFH v. 21.10.1980, VIII R 190/78, BStBl II 1981, 160).

Ein Werbungskostenabzug ist jedoch möglich, wenn der **Arbeitgeber Kosten übernommen und dem steuerpflichtigen Arbeitslohn zugerechnet** hat, sofern die Zahlungen durch den Arbeitnehmer zu abziehbaren Werbungskosten geführt hätten (R 9.1 Abs. 4 Satz 2 LStR sowie zuletzt BFH v. 3.2.2011, VI R 9/10, www.stotax-first.de, betr. die Gemeinschaftsunterkunft und -verpflegung eines Soldaten).

b) Vorab entstandene Werbungskosten

3183 Werbungskosten können schon vor Aufnahme einer beruflichen Tätigkeit anfallen und sind dann steuerlich abzugsfähig, ggf. im Wege des Verlustabzugs nach § 10d EStG (z.B. BFH v. 23.5.2006, VI R 21/03, BStBl II 2006, 600 betr. Aufwendungen für das **Einrichten eines Telearbeitsplatzes**). Es ist nicht ausgeschlossen, dass auch im Fall einer gegenwärtig ausgeübten Erwerbstätigkeit ein Erwerbsaufwand wirtschaftlich vorrangig durch eine zunächst nur angestrebte andere Erwerbstätigkeit veranlasst und dementsprechend dieser zuzurechnen ist. Eine solche Zurechnung setzt allerdings voraus, dass diese **künftige Erwerbstätigkeit schon hinreichend konkret feststeht**; nur dann kann zwischen dieser und dem Erwerbsaufwand auch ein hinreichend konkreter und objektiv feststellbarer Veranlassungszusammenhang bestehen, der eine entsprechende Zurechnung rechtfertigt (BFH v. 8.7.2015, VI R 77/14, www.stotax-first.de, betr. **Übernahme einer Bürgschaft** im Hinblick auf eine geplante Beteiligung am Unternehmen des Arbeitgebers).

Dies gilt grundsätzlich auch für **Bildungsaufwendungen**, sofern die Aufwendungen in einem hinreichend konkreten, objektiv feststellbaren Zusammenhang mit späteren Einnahmen stehen und der Werbungskostenabzug **nicht nach §§ 9 Abs. 6 EStG ausgeschlossen** ist; ob diese Abzugsbeschränkung verfassungsgemäß ist, wird demnächst das **BVerfG** zu entscheiden haben; s. ausführlich → Fortbildung Rz. 1301.

Beispiel:

A hat in der Zeit vom 1.1. bis 30.6. rund 1 000 € für Bewerbungen und Vorstellungsreisen ausgegeben. Ab 1.10. hat er endlich eine Anstellung gefunden.

A kann die Bewerbungskosten als vorab entstandene Werbungskosten absetzen. Die Vorstellungsreisen kann er wie Dienstreisen „abrechnen" (R 9.4 Abs. 1 Satz 2 LStR, auch R 9.1 Abs. 3 LStR).

Aufwendungen einer Stpfl., die sich in **Elternzeit** befindet, können vorab entstandene Werbungskosten sein. Dabei bedarf der berufliche Verwendungsbezug der Aufwendungen – wenn er sich nicht bereits aus den Umständen von Umschulungs- oder Qualifizierungsmaßnahmen ergibt – einer ins Einzelne gehenden Darlegung (zuletzt BFH v. 2.12.2005, VI R 63/03, BStBl II 2006, 329 m.w.N. betr. Aufwendungen für ein häusliches Arbeitszimmer). Die berufliche Veranlassung geeigneter und planvoller Fortbildungsmaßnahmen hängt zwar grundsätzlich nicht von der **Länge des Zeitraums bis zur Wiederaufnahme der Tätigkeit** ab; ein Abzug als vorab entstandene Werbungskosten scheidet jedoch aus, wenn die Aufwendungen auch der Allgemeinbildung dienen (BFH v. 13.5.2004, IV R 47/02, HFR 2004, 1179 betr. Aufwendungen einer nach der Elternzeit beurlaubten Lehrerin für ein Studium der Numismatik). Das gilt auch, wenn ein Stpfl. sich aus privaten Gründen in den USA aufhalten will und dort nur deshalb ein Studium beginnt, um ein Visa zu erhalten, das er ansonsten nicht erhalten hätte (FG Baden-Württemberg v. 12.5.2010, 7 K 81/07, EFG 2011, 45).

Nicht abzugsfähig sind hingegen im Normalfall Aufwendungen eines **Arbeitslosen** für ein **häusliches Arbeitszimmer** (ausführlich → Arbeitszimmer Rz. 317).

Zur Berücksichtigung vorab entstandener Betriebsausgaben/Werbungskosten im Wege des **Verlustvortrags nach § 10d EStG** s. → Sonderausgaben Rz. 2703.

c) Nachträgliche Werbungskosten

3184 Aufwendungen, die nach Beendigung der Berufstätigkeit anfallen, können ebenfalls noch als Werbungskosten abgezogen werden, wenn sie in einem wirtschaftlichen Zusammenhang mit dem früheren Arbeitsverhältnis stehen, so z.B. **Haftungsschulden** eines ehemaligen GmbH-Gesellschafter-Geschäftsführers (zuletzt FG Sachsen-Anhalt v. 2.7.2013, 4 K 1508/09, EFG 2013, 1651, → Haftung für Lohnsteuer: Allgemeine Grundsätze Rz. 1494) oder eine **Vertragsstrafe** wegen vorzeitiger Kündigung des Arbeitsverhältnisses (BFH v. 22.6.2006, VI R 5/03, BStBl II 2007, 4) oder wenn ein Arbeitnehmer nach seinem Ausscheiden aus einem Arbeitsverhältnis für eine **Bürgschaft** in Anspruch genommen wird, die er für seinen früheren Arbeitgeber zur Sicherung seines Arbeitsplatzes eingegangen ist (FG München v. 24.7.2007, 6 K 3077/05, www.stotax-first.de), oder wenn die Übernahme der Bürgschaftsverpflichtung aus anderen Gründen beruflich veranlasst gewesen ist (zuletzt BFH v. 7.5.2015, VI R 55/14, www.stotax-first.de, und v. 8.7.2015, VI R 77/14, www.stotax-first.de). Allerdings muss schon in dem Zeitpunkt, in dem der Grund für die Aufwendungen gelegt wurde, der dargestellte berufliche Zusammenhang bestehen.

Beispiel:

A war Geschäftsführer einer GmbH. Da er schuldhaft versäumt hatte, Beiträge i.H.v. 18 000 € an die AOK abzuführen, ist er zu einer Strafe von vier Monaten Gefängnis verurteilt worden. Außerdem hat er sich in einem Schuldanerkenntnis verpflichtet, der AOK den ausstehenden Betrag zu zahlen.

Die Zahlungen an die AOK kann A auch nach seinem Ausscheiden aus dem Arbeitsverhältnis als nachträgliche Werbungskosten absetzen, weil sie im Zusammenhang mit seiner früheren Tätigkeit stehen (BFH v. 14.10.1960, VI 45/60 U, BStBl III 1961, 20).

d) Vergebliche Werbungskosten

3185 Vergebliche Werbungskosten liegen vor, wenn beruflich veranlasste Aufwendungen nicht zum beabsichtigten Erfolg führen (s. z.B. BFH v. 22.6.2006, VI R 71/04, www.stotax-first.de, betr. Umschulungs- oder Qualifizierungsmaßnahmen sowie BFH v. 3.5.2007, VI R 36/05, BStBl II 2007, 647 betr. Kosten für die Einräumung später nicht ausgeübter Aktienoptionen).

Beispiel:

A hat rund 3 000 € für Bewerbungen und Vorstellungsreisen ausgegeben. Eine Anstellung hat er leider nicht gefunden. Seine Ehefrau ist berufstätig.

A kann die Bewerbungskosten als Werbungskosten absetzen. Die Vorstellungsreisen kann er wie Dienstreisen „abrechnen" (R 9.4 Abs. 1

Werbungskosten

Satz 2 LStR). Es ergibt sich ein „Verlust" bei den Einkünften aus nichtselbständiger Arbeit, der mit den positiven Einkünften der Ehefrau verrechnet werden kann („Verlustausgleich").

Keine vergeblichen Werbungskosten sind Veräußerungsverluste und Finanzierungskosten beim Verkauf eines Einfamilienhauses auf Grund eines beruflich veranlassten Umzugs, selbst soweit sie auf ein geplantes Arbeitszimmer entfallen (BFH v. 24.5.2000, VI R 28/97, BStBl II 2000, 474), wohl aber Verluste durch einen zunächst geplanten Umzug, von dem aus beruflichen Gründen Abstand genommen wird (vgl. zuletzt BFH v. 23.3.2001, VI R 139/00, www.stotax-first.de, m.w.N.).

e) Nicht abzugsfähige Werbungskosten

3186 Für bestimmte Werbungskosten gelten Abzugsbeschränkungen, so z.B. für das häusliche Arbeitszimmer, Geschenke und Bewirtungskosten (§ 4 Abs. 5 i.V.m. § 9 Abs. 5 EStG), ebenso für Fahrten von der Wohnung zur ersten Tätigkeitsstätte, sog. Entfernungspauschale (§ 9 Abs. 1 Satz 3 Nr. 4 EStG).

Aufwendungen für die erstmalige Berufsausbildung bzw. ein Erststudium sind, auch wenn sie auf die künftige Erzielung von Einnahmen gerichtet sind und es sich daher nach der BFH-Rechtsprechung um vorab entstandene Betriebsausgaben/Werbungskosten handeln kann, nach § 9 Abs. 6 EStG gänzlich vom Abzug als Betriebsausgaben/Werbungskosten ausgeschlossen; diese Frage liegt allerdings dem BVerfG zur Entscheidung vor, s. ausführlich → *Fortbildung* Rz. 1302.

f) Unfreiwillige Aufwendungen

3187 Unfreiwillige Aufwendungen, z.B. Kosten für den Ersatz von Diebstahlsverlusten während einer beruflichen Tätigkeit, können bei beruflicher Veranlassung ebenfalls als Werbungskosten abgezogen werden, vgl. zuletzt BFH v. 18.4.2007, XI R 60/04, BStBl II 2007, 762 m.w.N. betr. Diebstahl eines Pkw während einer beruflichen Fahrt „mit privatem Abstecher" zum Weihnachtsmarkt sowie → *Diebstahl* Rz. 798.

g) Drittaufwand

3188 Voraussetzung für den Werbungskostenabzug ist grundsätzlich, dass der **Arbeitnehmer eigene Aufwendungen tätigt**:

Beispiel 1:
A, Werkzeugmechaniker, lebt noch im Haushalt seiner Eltern. Die Berufskleidung wird von den Eltern in deren Waschmaschine gewaschen.
A kann keine Werbungskosten absetzen, die unentgeltliche Wäsche seiner Arbeitskleidung stellt sich als sog. nicht abzugsfähiger Drittaufwand der Eltern zu Gunsten ihres Sohnes dar.
Ein Abzug wäre nur möglich, wenn A den Eltern die Reinigungskosten erstattet (FG Rheinland-Pfalz v. 22.1.2004, 6 K 2184/02, www.stotax-first.de).

Für den Abzug von Werbungskosten spielt es im Übrigen grundsätzlich keine Rolle, ob der Arbeitnehmer die Aufwendungen aus eigenen Mitteln, mit Kredit oder aus geschenkten Mitteln tätigt. Er muss jedoch eine **eigene Verbindlichkeit tilgen**.

Beispiel 2:
A führt einen doppelten Haushalt. Mieter der Zweitwohnung am Arbeitsort ist sein Vater, der auch die Miete bezahlt.
A kann die Miete nicht als Werbungskosten absetzen, wenn der Vater Mieter der Wohnung ist und deshalb mit Zahlung der Miete eine eigene Verbindlichkeit begleicht (zuletzt FG Niedersachsen v. 26.11.2009, 1 K 405/05, EFG 2010, 417 m.w.N. auf BFH-Rechtsprechung).

Ausgaben eines Dritten können dagegen im Falle der **Abkürzung des Zahlungswegs** als Aufwendungen des Stpfl. zu werten sein. „Abkürzung des Zahlungswegs" bedeutet die Zuwendung eines Geldbetrags an den Stpfl. in der Weise, dass der Zuwendende im Einvernehmen mit dem Stpfl. dessen Schuld tilgt, statt ihm den Geldbetrag unmittelbar zu geben. Dies setzt voraus, dass der Dritte für Rechnung des Stpfl. an dessen Gläubiger leistet (zuletzt BFH v. 16.7.2015, III R 33/14, www.stotax-first.de).

Beispiel 3:
A hat nach einer abgeschlossenen Ausbildung zum Fluglotsen Ausbildungsverträge zum Erwerb der Privatpilotenlizenz, der Verkehrspilotenlizenz sowie der Langstreckenflugberechtigung abgeschlossen (Kosten rund 50 000 €). Die Rechnungen, die auf den Namen des A ausgestellt waren, wurden von den Eltern beglichen.
Da es sich nicht um eine erstmalige Berufsausbildung handelt, kann A kann die Kosten als vorab entstandene Werbungskosten geltend machen. Da ihn die Verpflichtung traf, die Kosten zu begleichen, ist es unerheblich, dass sie tatsächlich von den Eltern beglichen wurden (BFH v. 15.5.2013, IX R 5/11, BStBl II 2014, 143).

Bei **zusammenveranlagten Eheleuten/Lebenspartnern** ist es für den Werbungskostenabzug i.d.R. unerheblich, wenn die von einem Ehepartner geltend gemachten Werbungskosten vom anderen Ehegatten gekauft und gezahlt wurden (z.B. BFH v. 23.5.2006, VI R 56/02, www.stotax-first.de, betr. Umzugskosten und zur Abgrenzung zuletzt BFH v. 20.6.2012, IX R 29/11, HFR 2012, 1253 betr. Abziehbarkeit von Schuldzinsen aus gemeinsamer Ehegatten-Finanzierung zweier Häuser).

Das FG Thüringen wollte diese Grundsätze auch auf in einer **eheähnlichen Gemeinschaft** lebende, gemeinsam wirtschaftende Personen anwenden, der BFH hat diese Auffassung jedoch abgelehnt: Wenn von den zusammen lebenden, nicht miteinander verheirateten Eltern nur ein Elternteil den Vertrag mit der Kindertagesstätte abschließt und das Entgelt von seinem Konto zahlt, dann kann dieses weder vollständig noch anteilig dem anderen Elternteil unter dem Gesichtspunkt des abgekürzten Zahlungs- oder Vertragswegs als von ihm getragener Aufwand zugerechnet werden (BFH v. 25.11.2010, III R 79/09, BStBl II 2011, 450). S. hierzu zuletzt auch FG Düsseldorf v. 21.10.2014, 13 K 1554/12 E, EFG 2015, 709 betr. ein häusliches Arbeitszimmer in einem Einfamilienhaus bei hälftigem Miteigentum; das Gericht hat den auf die Lebensgefährtin entfallenden Anteil der Schuldzinsen auch bei Zahlung allein vom Konto des Stpfl. bei diesem nicht als Betriebsausgabe anerkannt.

Unter bestimmten Voraussetzungen können auch im **„abgekürzten Vertragsweg"** (d.h. eine andere Person schließt im Namen des Stpfl. einen Vertrag ab und zahlt auch selbst) geleistete Zahlungen eines Dritten abzugsfähig sein (zuletzt BFH v. 16.7.2015, III R 33/14, www.stotax-first.de).

Beispiel 4:
A, Unternehmensberater, erzielt Einkünfte aus nichtselbständiger und selbständiger Arbeit. Sein Arbeitgeber hat ihm einen PKW für berufliche, betriebliche und private Fahrten zur Verfügung gestellt (Ansatz der 1 %-Regelung). A macht bei den selbständigen Einkünften u.a. Betriebsausgaben für die betriebliche Nutzung des PKW geltend (Aufteilung im Verhältnis der betrieblichen zu den privaten Fahrten).
Der BFH hat den Betriebsausgabenabzug abgelehnt, weil A für die Pkw-Nutzung keine „Aufwendungen" getragen hat, sondern allein der Arbeitgeber. Die Aufwendungen des Arbeitgebers können A auch nicht unter dem Gesichtspunkt des abgekürzten Vertragswesens zugerechnet werden. Eine Zurechnung von Aufwendungen nach den Grundsätzen der Abkürzung des Vertragswessens setzt voraus, dass die auf Grund des Vertrages zu erbringenden Leistungen eindeutig der Erwerbssphäre des Stpfl. und nicht der des Dritten zuzuordnen sind. Hier will der Arbeitgeber mit dem von ihm getragenen Aufwand für den zur Nutzung überlassenen PKW dem A jedoch nichts zuwenden. Im Gegenteil kommt dieser Aufwand seiner eigenen Erwerbssphäre zugute, weil der PKW zum Einsatz in seinem Unternehmen bestimmt ist. Der Umstand, dass A diesen PKW (auch) außerhalb seines Dienstverhältnisses nutzen darf, ändert hieran nichts (BFH v. 16.7.2015, III R 33/14, www.stotax-first.de).

Beispiel 5:
Herr A lebt mit seiner Lebensgefährtin Frau B und einem gemeinsamen Kind zusammen; beide sind berufstätig. Für die Betreuung des gemeinsamen Kindes hat Frau B 990 € gezahlt, den Vertrag mit dem Kindergarten hat sie allein abgeschlossen.
Der BFH hat es abgelehnt, bei Herrn A antragsgemäß 2/3 der Aufwendungen (= 660 €) wie Werbungskosten nach § 9c Abs. 1 EStG a.F. zu berücksichtigen, weil er die Aufwendungen nicht getragen habe (BFH v. 25.11.2010, III R 79/09, BStBl II 2011, 450).

Der Arbeitnehmer muss auch nicht Eigentümer z.B. des angeschafften Arbeitsmittels werden. Nach der BFH-Rechtsprechung setzt die Berechtigung zur Vornahme von Absetzungen für Abnutzung (AfA) nicht voraus, dass der Stpfl. Eigentümer des Wirtschaftsguts ist, für das er Aufwendungen getätigt hat. Ausschlaggebend ist vielmehr, dass er Aufwendungen im betrieblichen/beruflichen Interesse trägt. Das allen Einkunftsarten zu Grunde liegende **Nettoprinzip**, demzufolge die erwerbssichernden Aufwendungen von den steuerpflichtigen Einnahmen abgezogen werden (vgl. § 2 Abs. 2 i.V.m. §§ 4 ff. und 9 EStG), gebietet grundsätzlich den Abzug der vom Stpfl. zur Einkunftserzielung getätigten Aufwendungen auch dann, wenn und soweit diese Aufwendungen auf in fremdem Eigentum stehende Wirtschaftsgüter erbracht werden (zuletzt BFH v. 19.12.2012, IV R 29/09, BStBl II 2013, 387).

h) Abgrenzung zu Lebenshaltungskosten

3189 Nach dem Beschluss des **Großen Senats des BFH** v. 21.9.2009, GrS 1/06, BStBl II 2010, 672 und dem dazu ergangenen BMF-Schreiben v. 6.7.2010, IV C 3 – S 2227/07/10003 :002, BStBl I 2010, 614 sind Aufwendungen für den Haushalt des Stpfl. und für den Unterhalt seiner Familienangehörigen nach § 12 Nr. 1 Satz 1 EStG vollständig vom Betriebsausgaben-/Werbungskostenabzug ausgeschlossen und demzufolge nicht in einen abziehbaren und nicht abziehbaren Teil aufzuteilen. Sie sind durch die Vorschriften zur Berücksichtigung des steuerlichen **Existenzminimums** (Grundfreibetrag, Freibeträge für Kinder) pauschal abgegolten oder als Sonderausgaben oder als außergewöhnliche Belastungen abziehbar. **Kosten der Lebensführung** in diesem Sinne sind insbesondere Aufwendungen für Wohnung, Ernährung, Kleidung, allgemeine Schulausbildung, Kindererziehung, persönliche Bedürfnisse des täglichen Lebens, z.B. Erhaltung der Gesundheit, Pflege, Hygieneartikel, Zeitung, Rundfunk oder Besuch kultureller und sportlicher Veranstaltungen (vgl. zuletzt FG Münster v. 15.4.2014, 1 K 3696/12 E, EFG 2014, 1571: Schulwegkosten und Fahrtkosten zum Fußballtraining sind typische Aufwendungen der Lebensführung).

Vollumfänglich nicht abziehbar und demzufolge nicht aufzuteilen sind ferner Aufwendungen nach § 12 Nr. 1 Satz 2 EStG. Das sind Aufwendungen für die Lebensführung, die zwar der Förderung des Berufs oder der Tätigkeit dienen können, die aber grundsätzlich die wirtschaftliche oder gesellschaftliche Stellung des Stpfl. mit sich bringt. Hierbei handelt es sich um Aufwendungen, die mit dem persönlichen Ansehen des Stpfl. in Zusammenhang stehen, d.h. der Pflege der sozialen Verpflichtungen dienen (sog. **Repräsentationsaufwendungen**). Ob Aufwendungen Repräsentationsaufwendungen i.S.d. § 12 Nr. 1 Satz 2 EStG oder (zumindest teilweise) Betriebsausgaben/Werbungskosten darstellen, ist stets durch eine Gesamtwürdigung aller Umstände des Einzelfalls festzustellen. Bei Veranstaltungen, die vom Stpfl. ausgerichtet werden, stellt ein persönlicher Anlass (z.B. **Geburtstag, Trauerfeier**) regelmäßig ein bedeutendes Indiz für die Annahme nicht abziehbarer Repräsentationsaufwendungen dar. Auch Aufwendungen für **gesellschaftliche Veranstaltungen** fallen i.d.R. unter § 12 Nr. 1 Satz 2 EStG.

Schwierigkeiten bereitet in der Praxis v.a. die Beurteilung „**gemischter Aufwendungen**", die z.T. beruflich, z.T. aber auch privat veranlasst sind. Hierfür galt nach der BFH-Rechtsprechung bisher ein sog. **Aufteilungs- und Abzugsverbot, an dem der BFH aber nicht mehr festhält** (s. ausführlich BFH v. 21.9.2009, GrS 1/06, BStBl II 2010, 672 sowie BMF v. 6.7.2010, IV C 3 – S 2227/07/10003 :002, BStBl I 2010, 614 und zuletzt BFH v. 8.7.2015, VI R 46/14, www.stotax-first.de, betr. Aufwendungen eines Arbeitnehmers für die Feier des Geburtstags und der Bestellung zum Steuerberater).

Im Einzelnen gilt Folgendes (s. auch R 9.1 Abs. 2 LStR):

– Sind die Aufwendungen so gut wie <u>ausschließlich beruflich veranlasst</u>, sind sie in voller Höhe als Werbungskosten abzugsfähig. Eine „untergeordnete private Mitveranlassung" bis zu etwa 10 % ist „unschädlich" (s. z.B. BFH v. 10.7.2008, VI R 26/07, www.stotax-first.de, betr. Bewirtungskosten, wenn an der Bewirtung in geringem Umfang auch private Gäste teilnehmen).

> **Beispiel 1:**
> Ein Computer wird zu 96,2 % für berufliche Zwecke genutzt (Privatanteil etwa 3,8 %).
>
> Die Aufwendungen können in voller Höhe als Werbungskosten geltend gemacht werden, da die private Nutzung einen Nutzungsanteil von etwa 10 % nicht übersteigt. Eine Kürzung um den (geringen) privaten Nutzungsanteil erfolgt nicht (vgl. sinngemäß BFH v. 24.1.2013, V R 42/11, www.stotax-first.de, zum Kindergeld).

– Sind die Aufwendungen so gut wie <u>ausschließlich privat veranlasst</u> (beruflicher Anteil unter 10 %), sind sie in vollem Umfang nicht als Betriebsausgaben/Werbungskosten abziehbar (BMF v. 6.7.2010, IV C 3 – S 2227/07/10003 :002, BStBl I 2010, 614 und zuletzt BFH v. 10.7.2012, VI B 75/12, www.stotax-first.de).

– Sind die Aufwendungen nur **z.T. beruflich veranlasst** und lässt sich dieser Teil nach objektivierbaren Merkmalen leicht und einwandfrei von dem privaten Teil trennen, ist nur der „berufliche" Anteil abzugsfähig, der ggf. geschätzt werden muss.

> **Beispiel 2:**
> A wäscht seine Berufskleidung zu Hause zusammen mit Privatkleidung.
>
> Der berufliche Anteil ist als Werbungskosten abzugsfähig, er muss ggf. geschätzt werden. Einzelheiten s. → *Berufskleidung* Rz. 651.

Eine Trennung und Aufteilung der Kosten ist außerdem bei **Kraftfahrzeugkosten** (nach Fahrtenbuch), bei **Versicherungsbeiträgen** (nach Auskunft des Versicherungsunternehmens über die Kalkulation seiner Prämien), bei **Computer-, Telefon- und Internetkosten** (z.B. FG Saarland v. 25.6.2012, 2 K 1363/11, www.stotax-first.de: pauschale Anerkennung von 50 %), bei **Reisekosten** (zuletzt BFH v. 9.1.2013, VI B 133/12, www.stotax-first.de, betr. einen Sprachkurs im Ausland) und zuletzt – unter bestimmten Voraussetzungen – bei **Bewirtungskosten** (BFH v. 8.7.2015, VI R 46/14, www.stotax-first.de, betr. Aufwendungen eines Arbeitnehmers für die Feier des Geburtstags und der Bestellung zum Steuerberater) zugelassen worden.

– **Ein Abzug der Aufwendungen kommt insgesamt nicht in Betracht, wenn die – für sich gesehen jeweils nicht unbedeutenden – betrieblichen/beruflichen und privaten Veranlassungsbeiträge so ineinander greifen, dass eine <u>Trennung nicht möglich</u> und eine Grundlage für die Schätzung nicht erkennbar ist.** Das ist insbesondere der Fall, wenn es an objektivierbaren Kriterien für eine Aufteilung fehlt (R 9.1 Abs. 2 Satz 3 Nr. 3 LStR).

> **Beispiel 3:**
> Ein Steuerberater begehrt die hälftige Anerkennung der Kosten eines Abonnements einer überregionalen Zeitung, die er neben der regionalen Tageszeitung bezieht, als Betriebsausgaben, weil die überregionale Zeitung umfassend auch über die steuerrechtliche Entwicklung informiere.
>
> Die Kosten sind insgesamt nicht als Betriebsausgaben abziehbar. Die betrieblichen und privaten Veranlassungsbeiträge greifen so ineinander, dass eine Trennung nicht möglich ist. Soweit die Zeitung nicht bereits durch das steuerliche Existenzminimum abgegolten ist, fehlt es an einer Aufteilbarkeit der Veranlassungsbeiträge. Denn keine Rubrik oder Seite einer Zeitung kann ausschließlich dem betrieblichen Bereich zugeordnet werden, sondern dient stets auch dem privaten Informationsinteresse. Es fehlt damit an einer Möglichkeit zur Aufteilung nach objektivierbaren Kriterien (BMF v. 6.7.2010, IV C 3 – S 2227/07/10003 :002, BStBl I 2010, 614).

> **Beispiel 4:**
> Ein Geschäftsführer unternahm im Zeitraum vom 30.7. bis 20.8.2011 in Begleitung seiner Ehefrau und des gemeinsamen Sohnes eine Rundreise in die USA mit folgenden Reisezielen: New York, Niagara Falls, Boston, Denver, Cheyenne, Keystone, Santa Monica Beach, Yellowstone Nationalpark, Salt Lake City, Moab, Monument Valley, Las Vegas, Los Angeles. Die Reise, die (auch) sein berufliches Informationsbedürfnis über internationale Mitbewerber stillen sollte, fand während seines Jahresurlaubs statt, den er (auch) mit seiner Familie verbringen wollte.
>
> Das FG München (Urteil v. 21.4.2015, 2 K 488/13, www.stotax-first.de) hat den Werbungskostenabzug abgelehnt, weil mit der Reise auch ein allgemein-touristisches Interesse von nicht untergeordneter Bedeutung befriedigt werden sollte und keine einzelnen abgrenzbaren Aufwendungen durch einen ausschließlich betrieblichen (beruflichen) Anlass entstanden sind.

Weitere Beispiele für solche „gemischten" und im Regelfall nicht abzugsfähigen Aufwendungen: **Bekleidung, Bücher mit allgemein bildendem Inhalt, Zeitschriften, Studienreisen, Sprachkurse**, bei denen berufliche und private Zwecke „zusammenfallen".

Soweit der BFH (oder auch die Finanzgerichte) in früheren Urteilen die Abziehbarkeit gemischter Aufwendungen mangels objektivierbarer Aufteilungskriterien abgelehnt hat, ist im Regelfall weiterhin

Werbungskosten

von der Nichtabziehbarkeit auszugehen (BMF v. 6.7.2010, IV C 3 – S 2227/07/10003 :002, BStBl I 2010, 614).

i) Abgrenzung zu Sonderausgaben (insbesondere Ausbildungskosten)

3190 Ausbildungskosten sind steuerlich – anders als z.B. Fortbildungskosten – nicht in voller Höhe als Werbungskosten i.S.d. § 9 EStG abzugsfähig. Ein Abzug kommt ab 2004 grundsätzlich nur noch als **Sonderausgaben** bis zum Höchstbetrag von **6 000 €** (bis 2011: 4 000 €) nach § 10 Abs. 1 Nr. 7 EStG in Betracht. Einzelheiten → *Fortbildung* Rz. 1312.

Besonderheiten gelten bei **Ausbildungsdienstverhältnissen**: Da Gegenstand des Arbeitsvertrags die Ausbildung selbst ist, können auch die damit zusammenhängenden Ausbildungskosten in voller Höhe als Werbungskosten abgezogen werden, vgl. R 9.2 Abs. 1 LStR. Weitere Einzelheiten → *Fortbildung* Rz. 1309.

Hängen die Aufwendungen des Arbeitnehmers mit Tätigkeiten zusammen, die nach § 10 Abs. 1 Nr. 7 EStG als Sonderausgaben begünstigt sind (insbesondere **Ausbildungskosten**), entfällt der Werbungskostenabzug – anders als bei einem Zusammenhang mit sonstigen privaten Tätigkeiten – nicht von vornherein. Die Aufwendungen sind dann allenfalls auf **Werbungskosten und Sonderausgaben aufzuteilen,** sofern eine Aufteilung möglich ist (zuletzt BFH v. 30.4.2008, X B 263/07, www.stotax-first.de). Anderenfalls **geht der Werbungskostenabzug** vor, so dass ggf. ein **voller Abzug** solcher „gemischter Aufwendungen" bei den Einkünften aus der Berufstätigkeit möglich ist (z.B. BFH v. 22.11.2000, VI B 174/00, www.stotax-first.de, m.w.N.).

> **Beispiel 1:**
> A ist als wissenschaftliche Assistentin an einer Hochschule tätig. Sie war nach dem Dienstvertrag verpflichtet, in Forschung und Lehre mitzuwirken. Außerdem sollte sie an einem Forschungsvorhaben mitarbeiten und hierüber eine Dissertation erstellen. In ihrer Einkommensteuererklärung hat sie u.a. Aufwendungen für ein häusliches Arbeitszimmer und für Computer als Werbungskosten geltend gemacht.
> Der BFH hat zu diesem Fall entschieden, dass A ihre gesamten Aufwendungen als Werbungskosten absetzen könne. Denn die Aufwendungen hingen untrennbar sowohl mit ihrer Erwerbstätigkeit als auch mit dem Promotionsvorhaben zusammen (BFH v. 18.4.1996, VI R 54/95, HFR 1996, 663; ebenso FG Münster v. 5.12.1996, 5 K 1253/95 E, EFG 1997, 608 betr. Anerkennung einer **doppelten Haushaltsführung** als Werbungskosten trotz Verbindung der Berufstätigkeit mit einer Promotion). S. auch → *Doktoranden* Rz. 853.

> **Beispiel 2:**
> B hat für sein Studium einen Computer angeschafft, den er zu 50 % gewerblich (Hausverwaltungen) nutzt (Aufteilung nach zeitlicher Nutzung).
> Da hier eine Aufteilung der Kosten möglich erscheint, sind die Kosten auf Betriebsausgaben und Sonderausgaben (Ausbildungskosten) aufzuteilen (→ *Computer* Rz. 784).

j) Zeitpunkt des Abzugs

3191 Werbungskosten müssen grundsätzlich im **Jahr der Zahlung** abgesetzt werden (§ 11 Abs. 2 EStG). Dies ist bei unbarer Zahlung die Hingabe eines Überweisungsauftrags an die Bank (zuletzt BFH v. 7.7.2005, IX R 7/05, BStBl II 2005, 726 m.w.N.), eines Schecks (BFH v. 20.3.2001, IX R 97/97, BStBl II 2001, 482) oder einer Scheck- oder Kreditkarte (H 11 „Scheck, Scheckkarte" EStH sowie FG Rheinland-Pfalz v. 18.3.2013, 5 K 1875/10, EFG 2013, 1029: Beim Kreditkartengeschäft wird mit der Unterschrift des Belastungsbelegs die Leistung gem. § 11 Abs. 2 Satz 1 EStG bewirkt). Die Fälligkeit, das Datum der Rechnung oder der Zeitpunkt der Lieferung sind unerheblich. Die spätere **Erstattung** von Werbungskosten ist „voll steuerpflichtig" (→ *Negative Einnahmen und Werbungskosten* Rz. 2124).

Bei Vorliegen einer **Einzugsermächtigung** gilt eine wirksam geleistete Zahlung als am Fälligkeitstag entrichtet gem. § 224 Abs. 2 Nr. 3 AO (zuletzt OFD Frankfurt v. 16.2.2015, S 2226 A – 93 – St 216, www.stotax-first.de, betr. Umsatzsteuervorauszahlungen als regelmäßig wiederkehrende Ausgaben).

Für **regelmäßig wiederkehrende Ausgaben** (z.B. Beiträge zu Berufsverbänden oder Versicherungen) gilt § 11 Abs. 1 Satz 2 EStG i.V.m. § 11 Abs. 2 Satz 2 EStG entsprechend, so dass diese als in dem Kalenderjahr abgeflossen gelten, zu dem sie wirtschaftlich gehören, wenn der Stpfl. sie kurze Zeit vor Beginn oder kurze Zeit nach Beendigung dieses Kalenderjahrs gezahlt hat. **Kurze Zeit** ist i.d.R. ein Zeitraum bis zu **zehn Tagen**; innerhalb dieses Zeitraums müssen die Zahlungen fällig und geleistet worden sein (H 11 EStH m.w.N. und zuletzt OFD Frankfurt v. 16.2.2015, S 2226 A – 93 – St 216, www.stotax-first.de, betr. Umsatzsteuervorauszahlungen als regelmäßig wiederkehrende Ausgaben).

Bei Wirtschaftsgütern mit einer Nutzungsdauer von mehr als einem Jahr können jedoch nur die jährlichen **Absetzungen für Abnutzung** berücksichtigt werden, ausgenommen sog. geringwertige Wirtschaftsgüter bis 410 € (§ 9 Abs. 1 Satz 3 Nr. 7 Satz 2 EStG sowie R 9.12 Satz 1 LStR).

k) Nachweis

Begehrt ein Stpfl. den Abzug von Werbungskosten, so trägt er die **3192** objektive Beweislast (Feststellungslast) für die Tatsachen, die den Abzug der Werbungskosten dem Grunde und der Höhe nach begründen. Werbungskosten sollten daher vom Arbeitnehmer möglichst durch Rechnungen **nachgewiesen oder zumindest glaubhaft gemacht** werden; es gibt keinen Rechtsanspruch auf die Berücksichtigung pauschal geltend gemachter Beträge (BFH v. 13.4.2010, VIII R 27/08, www.stotax-first.de, betr. Büromaterial und Porti).

Sind die Aufwendungen dem Grunde nach unbestritten, können sie **geschätzt** werden, vgl. zuletzt FG München v. 2.9.2015, 7 K 2393/13, www.stotax-first.de, betr. **Schätzung von Übernachtungskosten** bei einem im internationalen Fernverkehr eingesetzten LKW-Fahrer, der in der Schlafkabine des LKW's übernachtet, anerkannt wurden 5 € je Übernachtung (s. hierzu auch BMF v. 4.12.2012, IV C 5 – S 2353/12/10009, BStBl I 2012, 1249), sowie FG Köln v. 16.1.2013, 3 K 2008/07, EFG 2014, 451, Revision eingelegt, Az. beim BFH: VIII R 64/13; im Urteilsfall hat das FG pauschale Bewerbungskosten i.H.v. 100 € anerkannt.

l) Pauschbeträge

Zur Vereinfachung enthält § 9a Nr. 1 EStG einen sog. **Arbeitneh- 3193 mer-Pauschbetrag** von **1 000 €,** mit dem Werbungskosten bis zu dieser Höhe pauschal abgegolten sind. Der Pauschbetrag ist bereits in die Lohnsteuertabellen der Steuerklassen I bis V eingearbeitet, → *Arbeitnehmer-Pauschbetrag* Rz. 189.

Für bestimmte Berufsgruppen (**Artisten, darstellende Künstler, Journalisten**) wurden zuletzt in R 47 LStR 1999 zusätzlich zum Arbeitnehmer-Pauschbetrag bestimmte Werbungskosten-Pauschbeträge festgesetzt. Diese Regelung ist mit Wirkung **ab 1.1.2000 aufgehoben** worden.

2. Beispiele für Werbungskosten

Die nachstehende Aufzählung kann sich nur auf „Stichworte" be- **3194** schränken. Wenn Sie genauere Informationen wünschen, lesen Sie bitte die angegebenen Rechtsquellen nach.

Abordnung

Bei einer Abordnung mit einer zeitlichen Befristung unter 48 Monaten an eine auswärtige Arbeitsstelle liegt eine sog. **Auswärtstätigkeit** vor. Wird die auswärtige Tätigkeitsstätte zur neuen ersten Tätigkeitsstätte (z.B. durch anschließende Versetzung ohne zeitliche Befristung), kann sich daran eine **doppelte Haushaltsführung** anschließen. Folge: Abzug von Mehraufwendungen für Verpflegung, Fahrtkosten, Unterkunft (s. ausführlich BMF v. 24.10.2014, IV C 5 – S 2353/14/10004, BStBl I 2014, 1412 Rdnr. 20 sowie → *Doppelte Haushaltsführung: Allgemeines* Rz. 901 und → *Reisekosten: Allgemeine Grundsätze* Rz. 2409).

Keine Auswärtstätigkeit liegt regelmäßig bei Abordnungen ohne zeitliche Befristung oder Abordnungen mit dem Ziel der **Versetzung** vor, in diesem Fall wird die neue Arbeitsstätte sofort neue erste Tätigkeitsstätte (BMF v. 24.10.2014, IV C 5 – S 2353/14/10004, BStBl I 2014, 1412 Rdnr. 20). Folge: Abzug von Aufwendungen nur im Rahmen der doppelten Haushaltsführung. Tägliche Fahrten zwischen Wohnung und erster Tätigkeitsstätte können nur mit der Entfernungspauschale berücksichtigt werden.

Absetzungen für Abnutzung

Arbeitsmittel (z.B. Computer, Schreibtisch) können nicht sofort im Jahr der Zahlung als Werbungskosten abgesetzt werden, sondern sind auf die voraussichtliche **Nutzungsdauer zu verteilen,** d.h. dass nur die jährlichen Absetzungen für Abnutzung (AfA) abgesetzt werden dürfen. Die frühere **Vereinfachungsregelung** (volle Jahres-AfA bei Anschaffung in der ersten Jahreshälfte, halbe Jahres-AfA bei Anschaffung in der zweiten Jahreshälfte) ist ab 2004 für nach dem 31.12.2003 angeschaffte oder hergestellte Wirtschaftsgüter gestrichen worden; künftig ist die **AfA immer monatsweise** zu

Werbungskosten

berechnen (§ 7 Abs. 1 Satz 4 i.V.m. § 52 Abs. 21 Satz 3 EStG). Die Nutzungsdauer richtet sich nach der **„AfA-Tabelle für allgemein verwendbare Anlagegüter"** (BMF v. 15.12.2000, IV D 2 – S 1551 – 188/00, BStBl I 2000, 1532). Für **Büromöbel** werden z.B. **dreizehn Jahre**, bei **Computern drei, für Pkw sechs Jahre** und für eine **Einbauküche** (nach Auffassung des FG Niedersachsen soll es sich um eine **Sachgesamtheit**" handeln) und einen **Kühlschrank** in der Wohnung am Arbeitsort bei doppelter Haushaltsführung **10 Jahre** angesetzt, vgl. FG Niedersachsen v. 21.10.2014, 12 K 79/13, www.stotax-first.de, Revision eingelegt, Az. beim BFH: VI R 10/15.

Das **FG Schleswig-Holstein** (Urteil v. 28.1.2015, 2 K 101/13, EFG 2015, 717, Revision eingelegt, Az. beim BFH: IX R 14/15) sieht demgegenüber eine **Einbauküche nicht als einheitliches zusammengesetztes Wirtschaftsgut** an. Die Einbaumöbel (inklusive der Arbeitsfläche), die Spüle, der Herd und weitere Elektrogeräte (z.B. Kühlschrank und Dunstabzugshaube) sind jeweils getrennt voneinander steuerrechtlich zu beurteilen und abzuschreiben. Dies gilt unabhängig davon, ob es sich um eine serienmäßig hergestellte Einbauküche oder eine individuell gefertigte Einbauküche handelt.

Bei einer **Umwidmung des Wirtschaftsguts nach einer vorherigen privaten Nutzung** sind die Anschaffungskosten der betreffenden Wirtschaftsgüter auf die Gesamtnutzungsdauer einschließlich der Zeit vor der Umwidmung zu verteilen. Als AfA in Form von Werbungskosten ist nur der Teil der Anschaffungskosten abziehbar, der auf die Zeit nach der Umwidmung entfällt (FG München v. 29.3.2011, 13 K 2013/09, www.stotax-first.de).

Sog. **geringwertige Wirtschaftsgüter bis 410 €** (mit 19 % Umsatzsteuer 487,90 €) können in voller Höhe im Jahr der Anschaffung abgesetzt werden (§ 9 Abs. 1 Satz 3 Nr. 7 Satz 2 EStG i.V.m. R 9.12 Satz 1 LStR). Voraussetzung ist, dass sie **selbständig nutzungsfähig** sind, so z.B. die einzelnen Elemente von Schrankwänden und Schreibtischkombinationen (BFH v. 9.8.2001, III R 43/98, BStBl II 2002, 100), **nicht** dagegen die Peripheriegeräte einer Computeranlage (zuletzt BFH v. 15.7.2010, III R 70/08, www.stotax-first.de: Ersatz des Druckers kein sofort abzugsfähiger Erhaltungsaufwand) oder die einzelnen Teile einer Einbauküche (FG Niedersachsen v. 21.10.2014, 12 K 79/13, www.stotax-first.de, Revision eingelegt, Az. beim BFH: VI R 10/15; s. aber das o.g. Urteil des FG Schleswig-Holstein).

Wegen weiterer Einzelfragen s. R 9.12 LStR sowie H 9.12 (Absetzung für Abnutzung) LStH.

Aufwendungen für **geleaste Wirtschaftsgüter** sind in voller Höhe abzugsfähig. Zur Abgrenzung zwischen Kauf nach Miete, Mietkauf und Leasing s. OFD Frankfurt v. 5.3.2014, S 2170 A – 103 – St 224, www.stotax-first.de.

Aktenschrank

Als Werbungskosten abzugsfähig, selbst wenn der – eindeutig beruflichen Zwecken dienende – Schrank im Wohnzimmer steht (BFH v. 18.2.1977, VI R 182/75, BStBl II 1977, 464).

Aktentasche, -koffer

Als Werbungskosten abzugsfähig bei so gut wie ausschließlich beruflicher Nutzung (FG Berlin v. 2.6.1978, III 126/77, EFG 1979, 225 betr. Aktentasche eines Betriebsprüfers sowie BFH v. 18.9.1981, VI R 237/77, www.stotax-first.de, betr. den Aktenkoffer eines Gewerkschaftsfunktionärs). S. auch „Koffer".

Aktien

Schuldzinsen für Darlehen, mit denen Arbeitnehmer den Erwerb von Gesellschaftsanteilen an ihrer Arbeitgeberin finanzieren, um damit die arbeitsvertragliche Voraussetzung für die Erlangung einer höher dotierten Position zu erfüllen oder weil sie nach dem Anstellungsvertrag zum Aktienerwerb verpflichtet sind, sind regelmäßig Werbungskosten bei den Einkünften aus Kapitalvermögen. Ein Ansatz bei den Einkünften aus nichtselbständiger Arbeit kommt nicht in Betracht, weil zwischen das Arbeitsverhältnis und die Zinszahlung der Aktienbesitz als eigenständige Erwerbsquelle tritt. Nur ausnahmsweise kann auf dieser Grundlage die Annahme in Betracht kommen, dass der Arbeitnehmer mit dem Erwerb einer Beteiligung nicht die mit der Stellung als Gesellschafter verbundenen Rechte, sondern nahezu ausschließlich die Sicherung seines bestehenden oder die Erlangung eines höherwertigen Arbeitsplatzes erstrebt. Das kann insbesondere bei negativer Überschussprognose und damit erkennbar fehlender Absicht zur Erzielung von Einkünften aus Kapitalvermögen aus einer solchen Beteiligung der Fall sein (zuletzt FG Baden-Württemberg v. 29.7.2014, 6 K 767/14, EFG 2014, 1958 m.w.N.).

Verluste bei Aktien können steuerlich nicht berücksichtigt werden, auch wenn der Arbeitgeber deren Verkauf erzwungen hat (BFH v. 10.11.2005, VI B 47/05, www.stotax-first.de).

Anzeigen

Als Werbungskosten abzugsfähig, wenn sie eindeutig beruflich bedingt sind, z.B. Anzeige bei einer **Stellensuche**.

Arbeitsgemeinschaft

Fahrtkosten usw. sind als Werbungskosten abzugsfähig, wenn die „private" Arbeitsgemeinschaft eindeutig berufliche Themen zum Gegenstand hat, z.B. die Vorbereitung auf eine Meisterprüfung, und dies nachgewiesen werden kann. Ausführlich → *Auszubildende* Rz. 503.

Arbeitsmittel

Als Werbungskosten abzugsfähig, wenn sie **so gut wie ausschließlich** beruflichen Zwecken dienen, d.h. **Privatanteil nicht mehr als 10 %** (H 9.12 LStH sowie zuletzt BFH v. 24.1.2013, V R 42/11, www.stotax-first.de, m.w.N. betr. Computer).

Die Aufwendungen müssen grundsätzlich auf die **Nutzungsdauer** verteilt werden, ausgenommen sog. **geringwertige Wirtschaftsgüter**.

Übersteigen die Aufwendungen im Jahr nicht **110 €, verzichten die Finanzämter** vielfach auf die Vorlage von Belegen (OFD Karlsruhe v. 11.2.2003, S 2270 A – 27 – St 322, www.stotax-first.de). Es handelt sich hier aber lediglich um eine **verwaltungsinterne „Nichtaufgriffsgrenze"** zur Vermeidung von Arbeitsaufwand und Kosten, wenn in jedem Einzelfall die fehlenden Belege angefordert würden. Es gibt daher für den Stpfl. selbst dann **keinen Rechtsanspruch** auf die Anwendung dieser Regelung, wenn das Finanzamt diese in den Vorjahren angewendet haben sollte (zuletzt BFH v. 13.4.2010, VIII R 26/08, www.stotax-first.de, betr. Geltendmachung einer Pauschale i.H.v. 50 € für Büromaterialien).

Eine bundeseinheitliche Verwaltungspraxis gibt es ohnehin nicht, einige Bundesländer lehnen die Gewährung dieser Pauschale ausdrücklich ab, z.B. Sachsen (OFD Chemnitz v. 8.9.2003, S 2355 – 10/2 – St 22, NWB 2003 Fach 1, 301).

Arbeitszimmer

Ein häusliches Arbeitszimmer ist steuerlich nur anzuerkennen, wenn es **so gut wie ausschließlich beruflich genutzt** wird (Privatanteil bis 10 %) und deutlich von den **Privaträumen getrennt** ist. Es darf sich nicht um ein sog. **Durchgangszimmer** handeln. Ob die Tätigkeit des Arbeitnehmers dagegen ein häusliches Arbeitszimmer erfordert, hat das Finanzamt nicht zu prüfen.

Werbungskosten sind insbesondere die

– **anteiligen Raumkosten**, also Miete, Heizung, Strom, Hausratversicherung usw., die nach dem Verhältnis der Fläche des Arbeitszimmers zur Wohnfläche zu ermitteln sind,

– die dem Arbeitszimmer **„direkt" zurechenbaren Aufwendungen** (z.B. für die Renovierung),

– Aufwendungen für die **Einrichtung** (Schreibtisch, Bücherschränke usw.), die ggf. auf die voraussichtliche Nutzungsdauer zu verteilen sind,

– bei einem **eigenen Haus** bzw. Eigentumswohnung an Stelle der Miete die **anteilige Gebäudeabschreibung** (AfA-Satz nach § 7 Abs. 4 EStG im Regelfall 2 % jährlich), **Schuldzinsen, Erhaltungsaufwendungen** (auch z.B. die anteiligen Kosten einer Dachreparatur), Grundsteuer usw.

Zu den Abzugsbeschränkungen → *Arbeitszimmer* Rz. 315.

Ausbildungskosten

Sie können im Gegensatz zu **Fortbildungskosten** und vorab entstandenen Werbungskosten wie z.B. Umschulungskosten grundsätzlich als Werbungskosten abgezogen werden, sind jedoch bis höchstens 6 000 € im Jahr als **Sonderausgaben** abzugsfähig (§ 10 Abs. 1 Nr. 7 EStG). Weitere Einzelheiten → *Fortbildung* Rz. 1302 sowie BMF v. 22.9.2010, IV C 4 – S 2227/07/10002 :002, BStBl I 2010, 721.

Betriebsausflug

Grundsätzlich nur bei den „Organisatoren" als Werbungskosten abzugsfähig. Ein Lehrer (Entsprechendes gilt für andere Arbeitnehmer) kann die Fahrtkosten anlässlich eines Kollegiumsausflugs (Betriebsausflug) dann nicht als Werbungskosten steuerlich berücksichtigen, wenn es sich bei dem Ausflug nicht um eine Pflichtveranstaltung handelte, d.h. die Teilnahme am Ausflug nicht verbindlich angeordnet war. Die Fahrtkosten anlässlich eines Kollegiumsausflugs sind auch privat mitveranlasst. Eine Aufteilung der Aufwendungen ist nicht leicht und einwandfrei möglich (OFD Düsseldorf v. 19.5.1988, S 2354 A – 34 – St II 30, DStR 1988, 685 sowie zuletzt FG Düsseldorf v. 12.1.2004, 10 K 2335/00 E, EFG 2004, 645).

Betriebssport

Grundsätzlich nicht als Werbungskosten abzugsfähig, weil der Sport lediglich der Verbesserung des „Arbeitsklimas" dient (OFD Düsseldorf v. 19.5.1988, S 2354 A – 34 – St II 30, DStR 1988, 685). Weitere Einzelheiten → *Sport* Rz. 2742.

Bewerbungskosten

Als Werbungskosten abzugsfähig, selbst wenn sie erfolglos sind. Vorstellungsreisen sind wie Dienstreisen zu behandeln (R 9.4 Abs. 1 Satz 2 LStR). Die Höhe kann ggf. geschätzt werden (FG Köln v. 16.1.2013, 3 K 2008/07, EFG 2014, 451, Revision eingelegt, Az. beim BFH: VIII R 64/13; im Urteilsfall hat das FG pauschal 100 € anerkannt).

Der von einem Arbeitgeber an einen Stellenbewerber geleistete Reisekostenersatz bleibt steuerfrei, soweit er sich i.R.d. § 3 Nr. 16 EStG bewegt (BMF v. 13.11.1991, IV B 6 – S 2338 – 23/91 II, www.stotax-first.de).

Bewirtungskosten

→ *Bewirtungskosten* Rz. 737.

Bilder

Bilder am Arbeitsplatz oder im häuslichen Arbeitszimmer sind nicht als Werbungskosten abzugsfähig (BFH v. 12.3.1993, VI R 92/92, BStBl II 1993, 506 und zuletzt FG München v. 25.1.2007, 6 K 3326/05, www.stotax-first.de). Ausnahme: Der Arbeitnehmer hat Repräsentationspflichten zu

Werbungskosten

keine Sozialversicherungspflicht = ⓢⓥ
Sozialversicherungspflicht = Ⓢⓥ

erfüllen. Wertvolle Gemälde anerkannter Meister unterliegen keiner Abnutzung (FG Berlin-Brandenburg v. 6.12.2007, 1 K 7418/04 B, EFG 2008, 530).

Brillen

Keine Werbungskosten, allenfalls spezielle Schutzbrillen. Dies gilt auch für eine sog. **Bildschirm-Arbeitsbrille**, die der Korrektur einer Sehschwäche dient, selbst wenn sie nur am Arbeitsplatz getragen wird. Ausnahme: Die Sehbeschwerden können auf die Tätigkeit am Bildschirm zurückgeführt werden oder sind Folge einer typischen Berufskrankheit (BFH v. 20.7.2005, VI R 50/03, www.stotax-first.de). Nicht abzugsfähig sind auch **Kontaktlinsen**, selbst wenn sie ein Sportlehrer ausschließlich für die Berufstätigkeit verwendet und sie unstreitig eine Schutzfunktion erfüllen (FG München v. 6.12.2000, 1 K 1488/99, www.stotax-first.de).

Bücher

Als Werbungskosten abzugsfähig, wenn die Literatur ausschließlich oder zumindest weitaus überwiegend beruflich genutzt wird (zuletzt BFH v. 20.5.2010, VI R 53/09, BStBl II 2011, 723 betr. Bücher und Zeitschriften eines Lehrers).

Aufwendungen für Sammelwerke oder sog. Großkommentare über 410 € (ohne Umsatzsteuer) müssen auf die Nutzungsdauer verteilt werden (FG Köln v. 31.5.1999, 15 K 3241/92, www.stotax-first.de). Großzügiger offensichtlich FG Düsseldorf (Urteil v. 13.11.2000, 11 K 4437/98 E, EFG 2001, 281), wonach jeder einzelne Band eines Sammelwerks ein selbständiges Wirtschaftsgut darstellt und deshalb sofort abgesetzt werden kann.

Bürgschaft

Werden Ausgaben zur Tilgung einer Bürgschaftsverbindlichkeit (einschließlich der damit in Zusammenhang stehenden Nebenleistungen) als (ggf. nachträgliche) Werbungskosten geltend gemacht, muss bereits die Übernahme der Bürgschaftsverpflichtung beruflich veranlasst gewesen sein. Ist der Stpfl. nicht nur Arbeitnehmer einer Gesellschaft, sondern auch deren **Gesellschafter**, kann die Übernahme einer Bürgschaft allerdings auch durch seine **Gesellschafterstellung veranlasst** sein. Stehen Aufwendungen mit mehreren Einkunftsarten in einem objektiven Zusammenhang, sind sie, sofern keine gesetzliche Kollisionsregelung besteht, bei der Einkunftsart zu berücksichtigen, zu der sie nach Art und Weise die engere Beziehung haben. Maßgebend sind insoweit die Gesamtumstände des jeweiligen Einzelfalls (im Zeitpunkt der Übernahme der Bürgschaft). Dabei ist die **Höhe der Beteiligung** – neben anderen Umständen – nur ein wesentliches Sachverhaltselement mit Indizwirkung hinsichtlich des Veranlassungszusammenhangs. Allerdings geht die BFH-Rechtsprechung davon aus, dass die Übernahme einer Bürgschaft oder anderer Sicherheiten durch einen **Gesellschafter-Geschäftsführer mit nicht nur unwesentlicher Beteiligung am Stammkapital der Gesellschaft regelmäßig weniger durch die berufliche Tätigkeit, sondern eher durch die Gesellschafterstellung veranlasst ist**. Denn ein fremder, nicht mit dem Arbeitgeber durch eine Kapitalbeteiligung verbundener Arbeitnehmer wird nur in Ausnahmefällen bereit sein, zu Gunsten seines offenbar gefährdeten Arbeitsplatzes das Risiko einer Bürgschaft zu übernehmen.

Umgekehrt bedeutet dies zugleich, dass bei einem an der Gesellschaft in nur **sehr geringem Umfang beteiligten Arbeitnehmer**, der eine Bürgschaft für seinen Arbeitgeber übernimmt, dies als Indiz dafür gilt, dass diese **Bürgschaftsübernahme durch das Arbeitsverhältnis veranlasst** ist. Dies gilt erst recht, wenn der Arbeitnehmer an der Gesellschaft überhaupt nicht beteiligt ist und durch die Bürgschaftsübernahme – anders als etwa bei einem dem Arbeitgeber gewährten verzinslichen Darlehen – keine weiteren Einkünfte erzielt und dementsprechend damit **ausschließlich seine Lohneinkünfte zu sichern und zu erhalten sucht** (BFH v. 8.7.2015, VI R 77/14, www.stotax-first.de).

Von einer durch das **Arbeitsverhältnis veranlassten Bürgschaftsübernahme** kann im Einzelfall aber auch bei einem Gesellschafter-Geschäftsführer einer GmbH **mit nicht nur unwesentlicher Beteiligung beim Vorliegen besonderer Umstände** ausgegangen werden. Sie kann z.B. gegeben sein, wenn ein Gesellschafter-Geschäftsführer sich im Hinblick darauf verbürgt, dass er sich in seiner spezifischen Funktion als Arbeitnehmer **(Geschäftsführer) schadensersatzpflichtig** gemacht hat, oder wenn er sich im Hinblick auf eine Tätigkeit als Geschäftsführer verbürgt hat, die seine **Inanspruchnahme als Haftender** rechtfertigen würde. Solche besonderen Umstände sind allerdings nicht nur dann anzunehmen, wenn ein Gesellschafter-Geschäftsführer sich in seiner Funktion als Arbeitnehmer schadensersatzpflichtig gemacht hat oder in dieser Funktion als Haftender in Frage kommt; es können vielmehr auch andere Gründe in Betracht kommen. Daher ist nach der BFH-Rechtsprechung auf alle Umstände des jeweiligen Einzelfalles abzustellen. Von den gleichen Grundsätzen ist bei der Übernahme einer Bürgschaft durch einen **Geschäftsführer einer GmbH** auszugehen, der mit der GmbH nicht gesellschaftsrechtlich, sondern durch private (etwa familiäre) Beziehungen verbunden ist (BFH v. 7.5.2015, VI R 55/14, www.stotax-first.de, m.w.N.). S. auch „Darlehen".

Gibt der **Ehegatte eines GmbH-Gesellschafters** eine Bürgschaft, kommt ein Werbungskostenabzug beim Einkunftserzieler-Ehegatten zumindest dann nicht in Betracht, wenn kein Anspruch auf Ersatz der Aufwendungen besteht (BFH v. 27.6.2007, X B 73/06, www.stotax-first.de).

Bußgelder, Geldstrafen, Ordnungsgelder, Verwarnungsgelder

Keine Werbungskosten, selbst wenn die Ursachen im Beruf liegen, ausführlich → *Bußgelder* Rz. 778.

Camcorder

Als Werbungskosten abzugsfähig nur bei detailliertem **Nachweis der so gut wie ausschließlichen beruflichen Nutzung**. Bei Gegenständen der Unterhaltungselektronik gilt im Allgemeinen der Erfahrungssatz, dass sie auch privat verwendet werden können. Da eine eindeutige Trennung des beruflichen bzw. privaten Anteils im Regelfall nicht möglich ist, ist ein Abzug nach § 12 Nr. 1 Satz 2 EStG ausgeschlossen (BFH v. 21.6.1994, VI R 16/94, www.stotax-first.de).

Darlehen

Der Verlust eines an den Arbeitgeber ausgereichten Arbeitnehmerdarlehens kann zu **Werbungskosten** bei den Einkünften aus nichtselbständiger Arbeit führen, wenn der **Arbeitnehmer das Risiko des Darlehensverlusts aus beruflichen Gründen bewusst auf sich genommen** hat. Als Indiz für solche beruflichen Gründe gilt nach der BFH-Rechtsprechung etwa der Umstand, dass ein außenstehender Dritter, insbesondere eine Bank, kein Darlehen mehr gewährt hätte und daher jedenfalls nicht die Nutzung des Geldkapitals zur Erzielung von Zinseinkünften im Vordergrund steht. Allerdings kann auch in diesen Fällen der Stpfl. aus anderen, nicht im Arbeitsverhältnis liegenden Gründen das Darlehen gegeben haben, wenn er etwa mit seinem Arbeitgeber und Darlehensnehmer auch gesellschaftsrechtlich oder auf Grund privater Beziehungen verbunden und das **Darlehen gesellschaftsrechtlich/privat veranlasst** ist. Um in diesen Fällen entscheiden zu können, ob das Darlehen aus im Arbeitsverhältnis, aus im Gesellschaftsverhältnis liegenden oder aus privaten Gründen gewährt worden ist, ist eine Würdigung der Gesamtumstände des Einzelfalls erforderlich. Dabei ist u.a. die Höhe der Beteiligung des Arbeitnehmers bzw. das außersteuerliche Näheverhältnis, das Verhältnis der Höhe der Lohneinkünfte im Vergleich zu den möglichen Beteiligungserträgen (Renditeentwicklungen und -erwartungen) sowie die Frage, welche Konsequenzen sich für den Arbeitnehmer hätten ergeben können (z.B. der Verlust des Arbeitsplatzes), wenn er seinem Arbeitgeber die entsprechende Finanzierungsmaßnahme nicht gewährt hätte, zu berücksichtigen. Auch ist danach zu fragen, ob ein fremder, nicht beteiligter oder nicht privat verbundener Arbeitnehmer nach Maßgabe dieser Grundsätze bereit gewesen wäre, dem Arbeitgeber ein entsprechend risikobehaftetes Darlehen auszureichen. Eine feste Grenze im Hinblick auf ein maximales Verlustrisiko, etwa ein Jahresgehalt, deren Überschreiten einen beruflichen Veranlassungszusammenhang per se ausschließen könnte, gibt es nicht. Eine solche wäre auch nicht mit dem Gebot der Gesamtwürdigung der Umstände des Einzelfalls in Einklang zu bringen. Im Übrigen bleibt das Ziel, die eigene wirtschaftliche Existenz (Arbeitsplatz) zu sichern, unverändert, selbst wenn ein familienangehöriger Arbeitnehmer eher als ein fremder Dritter zu einem risikobehafteten finanziellen Engagement zu Gunsten seines Arbeitgebers bereit sein mag (zuletzt BFH v. 7.5.2015, VI R 55/14, www.stotax-first.de, m.w.N.).

Nach den gleichen Grundsätzen können auch **Aufwendungen eines Geschäftsführers einer GmbH zur Begleichung von Verbindlichkeiten des Arbeitgebers**, beispielsweise von Lieferantenforderungen, Werbungskosten bei den Einkünften aus nichtselbständiger Arbeit sein. Ein (ausschließlich) beruflicher Veranlassungszusammenhang liegt hier insbesondere vor, wenn der Geschäftsführer anderenfalls von den Gläubigern der Gesellschaft wegen einer Verletzung der Insolvenzantragspflicht in Haftung genommen werden könnte. In einem solchen Fall vermag weder ein gesellschaftsrechtliches noch ein privates Näheverhältnis den vorhandenen beruflichen Veranlassungszusammenhang zu verdrängen oder zu überlagern. Denn insoweit wurzelt das Einstehen des Geschäftsführers für die Verbindlichkeiten des Arbeitgebers in seiner beruflichen (Un)Tätigkeit und nicht in der Gesellschafterstellung bzw. der privaten Beziehung des Arbeitnehmers zum Arbeitgeber (zuletzt BFH v. 7.5.2015, VI R 55/14, www.stotax-first.de, m.w.N.).

Berufliche Gründe sind z.B. die **Hingabe eines Darlehens zur Arbeitsplatzsicherung** (s. zur Abgrenzung auch „Aktien" sowie „Schuldzinsen"). Aber auch wenn ein Darlehen aus im **Gesellschaftsverhältnis liegenden Gründen gewährt** worden war, kann der spätere Verzicht darauf durch das zugleich bestehende Arbeitsverhältnis veranlasst sein und dann insoweit zu Werbungskosten bei den Einkünften aus nichtselbständiger Arbeit führen, als die Darlehensforderung noch werthaltig ist (BFH v. 25.11.2010, VI R 34/08, BStBl II 2012, 24 und im Nachgang FG Düsseldorf v. 7.12.2012, 1 K 522/11 E, EFG 2013, 1113: Aufwendungen, die in einem einkommensteuerrechtlich zu berücksichtigenden Veranlassungszusammenhang mit den Lohneinkünften stehen, entstehen nur in Höhe des im Zeitpunkt des Verzichts noch werthaltigen Teils der Darlehensforderung, hier: Wertansatz mit 10 % des Nennwerts).

Abgelehnt wurde auch der Darlehensverlust eines angestellten Angehörigen des Alleingesellschafters, wenn Hintergrund für die Darlehensgewährung die **beabsichtigte Unternehmensnachfolge** war (FG München v. 12.11.2008, 10 K 3779/07, EFG 2009, 565, Nichtzulassungsbeschwerde durch BFH v. 7.5.2009, IX B 221/08, www.stotax-first.de, als unbegründet zurückgewiesen).

Diebstahl

Diebstahlverluste können als Werbungskosten berücksichtigt werden, wenn sie **beruflich veranlasst** sind und der Arbeitnehmer alle erforderlichen **Sicherheitsvorkehrungen** getroffen hatte (BFH v. 30.6.1995, VI R 26/95, BStBl II 1995, 744 betr. den Diebstahl eines Mantels aus dem Auto während einer Dienstreise und zuletzt vom 18.4.2007, XI R 60/04, BStBl II

Werbungskosten

2007, 762 betr. Diebstahl des Pkw während einer beruflichen Fahrt mit „privatem Abstecher" – Abzug abgelehnt!). Dies gilt nicht, wenn Gegenstände der Ehefrau gestohlen wurden, die mitgefahren ist. Der Verlust von **Geld oder Schmuck** auf einer Dienstreise kann nicht berücksichtigt werden (FG München v. 7.7.1999, 1 K 3088/96, EFG 1999, 1216).

Das gilt auch für **Diebstähle am Arbeitsplatz** (vgl. FG Köln v. 8.6.1990, 4 K 23/85, EFG 1991, 193 sowie B+P 2005, 588). Ein Werbungskostenabzug ist allenfalls möglich, wenn es sich um den **Verlust von „Geld des Arbeitgebers"** handelt, das für einen bestimmten Zweck verwendet werden sollte, z.B. als Reisekostenvorschuss oder um Rechnungen des Arbeitgebers zu begleichen, und der Arbeitgeber hierfür Ersatz verlangt (FG Hamburg v. 13.10.1982, II 392/81, EFG 1983, 344).

Nicht berücksichtigt werden kann der Diebstahl eines Kfz anlässlich einer **Fahrt zwischen Wohnung und erster Tätigkeitsstätte**; die Kosten sind mit der **Entfernungspauschale abgegolten** (zuletzt FG Hamburg v. 5.7.2006, I 4/06, EFG 2006, 1822 m.w.N. betr. den Diebstahl eines auf einem sog. Pendlerparkplatz abgestellten Pkw sowie sinngemäß BFH v. 20.3.2014, VI R 29/13, BStBl II 2014, 849: Kein Abzug von Reparaturaufwendungen infolge der Falschbetankung eines PKW auf der Fahrt zwischen Wohnung und erster Tätigkeitsstätte).

Zu den Voraussetzungen für den Werbungskostenabzug s. ausführlich zuletzt BFH v. 9.12.2003, VI R 185/97, BStBl II 2004, 491 betr. den Diebstahl einer als **Arbeitsmittel** genutzten Violine aus der Wohnung einer Orchestermusikerin durch den getrennt lebenden Ehegatten (abzugsfähig ist der sog. **Restwert**).

Doktortitel
→ *Doktoranden* Rz. 853

Ehrenamt
Als Werbungskosten abzugsfähig, wenn die **Übernahme berufsbezogen** ist, z.B. als Mitglied des Personalrats oder der Gewerkschaft (BFH v. 28.11.1980, VI R 193/77, BStBl II 1981, 368). Nicht dagegen ehrenamtliche Tätigkeiten als Schützenkönig (FG Düsseldorf v. 21.5.1970, II 414/68 F, EFG 1971, 127), als Schöffe beim FG (FG Berlin v. 6.12.1979, IV 460/78, EFG 1980, 280) oder als Wahlkonsul (FG Niedersachsen v. 26.2.1975, IV 50/72, EFG 1976, 74). Kein Werbungskostenabzug, wenn nur Verluste anfallen, sog. **Liebhaberei** (vgl. zuletzt FG Hamburg v. 19.7.2012, 3 K 33/11, www.stotax-first.de, betr. die unentgeltliche Lehrtätigkeit von pensionierten Professoren sowie FG Hamburg v. 13.2.2013, 5 K 50/11, www.stotax-first.de, betr. die seelsorgerische Tätigkeit eines Pfarrers im Ruhestand). Es entspricht der Sachgesetzlichkeit des Einkommensteuerrechts, dass Aufwendungen nur abziehbar sind, wenn sie in wirtschaftlichem Zusammenhang mit steuerbaren Einnahmen stehen, deshalb kann für eine unentgeltliche ehrenamtliche Tätigkeit auch kein Freibetrag nach § 3 Nr. 26a EStG gewährt werden (BFH v. 25.4.2012, VIII B 202/11, www.stotax-first.de).

Eigenleistungen
Keine Werbungskosten, weil keine „Aufwendungen" entstehen (vgl. BFH v. 27.8.1993, VI R 7/92, BStBl II 1994, 235 betr. die Reparatur eines auf einer Berufsfahrt beschädigten Pkw).

Einbürgerungskosten
Keine Werbungskosten, selbst wenn die Einbürgerung Voraussetzung für die Übernahme ins Beamtenverhältnis ist (BFH v. 18.5.1984, VI R 130/80, BStBl II 1984, 588).

Erbschaft
Kosten für Rechtsstreitigkeiten im Zusammenhang mit einer Erbschaft sind als Kosten der privaten Lebensführung steuerlich nicht abzugsfähig (FG München v. 19.2.2009, 7 V 3717/08, www.stotax-first.de).

Fehlgelder
Fehlbeträge, die der Arbeitnehmer dem Arbeitgeber ersetzen muss, sind Werbungskosten (BFH v. 11.7.1969, VI 68/65, BStBl II 1970, 69). Läuft durch die chaotische Buchführung des Geschäftsführers einer GmbH ein Kassenfehlbestand auf, so stellen in Höhe des Fehlbetrags an die Gesellschaft geleistete Abstandszahlungen Werbungskosten dar (FG Saarland v. 5.12.2002, 1 K 319/02, www.stotax-first.de).

Fernsehen und Rundfunk
Keine Werbungskosten, selbst wenn der Arbeitnehmer aus beruflichen Gründen (z.B. bei Journalisten) das Tagesgeschehen verfolgen muss und die Geräte im häuslichen Arbeitszimmer stehen (BFH v. 7.9.1989, IV R 128/88, BStBl II 1990, 19). Das **Vorhandensein von Zweitgeräten** in privaten Räumen führt nicht dazu, dass Aufwendungen für entsprechende Geräte im häuslichen Arbeitszimmer als Werbungskosten abziehbar sind; nur bei Nachweis der so gut wie **ausschließlichen beruflichen Nutzung** kommt ein Werbungskostenabzug in Betracht (FG Saarland v. 18.12.1996, 1 K 234/94, EFG 1997, 603). **Rundfunkgebühren** für ein im beruflich genutzten Kfz betriebenes Autoradio sind abzugsfähig (FG Düsseldorf v. 5.7.2000, 15 K 303/98 E, www.stotax-first.de).

Auch ein Profifußballspieler kann Aufwendungen für **Pay-TV** nicht als Werbungskosten abziehen (FG Rheinland-Pfalz v. 18.7.2014, 1 K 1490/12, www.stotax-first.de, sowie FG Münster v. 24.3.2015, 2 K 3027/12 E, www.stotax-first.de).

Filmkamera (und -material)
Es gelten dieselben Grundsätze wie für Camcorder (s.o.).

Friseurkosten
Keine Werbungskosten, selbst wenn berufsbedingt erhöhte Kosten anfallen, z.B. bei einer Schauspielerin und Fernsehansagerin (BFH v. 6.7.1989, IV R 91 - 92/87, BStBl II 1990, 49). Entsprechendes gilt für alle Kosten der Körperpflege, z.B. für Kosmetika.

Führerschein
Keine Werbungskosten, selbst wenn der Führerschein für Fahrten zwischen Wohnung und erster Tätigkeitsstätte benötigt wird (BFH v. 15.2.2005, VI B 188/04, www.stotax-first.de) oder bei Polizeibeamten der Besitz der Fahrerlaubnis der Klasse B (früher Klasse 3) Voraussetzung für den erfolgreichen Abschluss der polizeilichen Ausbildung und u.U. auch für das weitere Verbleiben im Polizeidienst; das Urteil des BFH v. 26.6.2003, VI R 112/98, BStBl II 2003, 886 betr. vom Dienstherrn getragene Führerscheinkosten bei Polizeianwärtern als Arbeitslohn kann nicht auf den Werbungskostenabzug übertragen werden. Der BFH geht davon aus, dass eine einmal erworbene Fahrerlaubnis regelmäßig in nicht unbedeutendem Umfang auch privat genutzt wird (BFH v. 5.9.2007, VI B 15/07, www.stotax-first.de). Ein ausländischer Kaplan, der vorübergehend im Inland tätig ist, kann deshalb Aufwendungen für den Erwerb einer inländischen Fahrerlaubnis selbst dann nicht als Werbungskosten geltend machen, wenn der Erwerb Einstellungsvoraussetzung war, weil die Fahrerlaubnis nach allgemeiner Lebenserfahrung auch für Privatfahrten verwendet wird (FG Münster v. 27.8.2015, 4 K 3243/14 E, www.stotax-first.de).

Auch kein Sonderausgabenabzug als „Ausbildungskosten", weil derartige Aufwendungen der Allgemeinbildung dienen (BFH v. 5.8.1977, VI R 246/74, BStBl II 1977, 834).

Abzugsfähig nur in Ausnahmefällen, wenn z.B.

- der Erwerb des Führerscheins zur **Berufsausübung erforderlich** ist, z.B. Führerschein für Lkw, Busse oder Taxen (FG Baden-Württemberg v. 29.8.2006, 14 K 46/06, EFG 2007, 179);

- der Arbeitgeber den Erwerb des Führerscheins zur **Einstellungsvoraussetzung** gemacht hat, weil der Arbeitnehmer z.B. Dienstreisen mit einem vom Arbeitgeber gestellten Fahrzeug unternehmen soll (vgl. FG Brandenburg v. 7.11.1995, 4 K 1107/94 E, EFG 1996, 310);

- ein **Bautischler**, der im Rahmen seines Arbeitsverhältnisses bereits eine Fahrtätigkeit ausübt, auf Veranlassung seines Arbeitgebers die **Fahrerlaubnis für einen Lkw** erwirbt und eine Nutzung außerhalb des Arbeitsverhältnisses nicht ersichtlich ist (FG Münster v. 25.2.1998, 7 K 5197/96, EFG 1998, 941);

- Aufwendungen für den Erwerb einer **Fahrerlaubnis der Klasse T** durch den Sohn eines Landwirts betrieblich veranlasst sind (FG Niedersachsen v. 6.6.2012, 4 K 249/11, EFG 2012, 1532).

Aufwendungen eines im Außendienst tätigen Projektmanagers für den **Wiedererwerb des Führerscheins** für Pkw (hier: nach Einziehung der Fahrerlaubnis nach einem Verkehrsunfall mit dem Firmenwagen infolge alkoholbedingter absoluter Fahruntüchtigkeit) gehören zu den gemischten Aufwendungen i.S.d. § 12 Nr. 1 EStG und sind nicht als Werbungskosten abziehbar (FG Baden-Württemberg v. 9.11.2006, 6 K 342/05, www.stotax-first.de).

Getränke
Keine Werbungskosten, auch wenn berufsbedingt ein erhöhter Verbrauch gegeben ist (FG Hamburg v. 24.4.1974, VI 15/73, EFG 1974, 416).

Gewerkschaft
Als **Werbungskosten** abzugsfähig sind sowohl die Beiträge selbst als auch Aufwendungen für ehrenamtliche Tätigkeiten in der Gewerkschaft, also z.B. Fahrtkosten zum Besuch von Mitgliederversammlungen, Lehrgängen usw. (R 9.3 LStR sowie → *Betriebsrat* Rz. 695).

Gewerkschaftsbeiträge sind allerdings dann **nicht mehr als Betriebsausgaben/Werbungskosten abzugsfähig**, wenn der Stpfl. infolge Übernahme eines politischen Mandats oder wegen Aufnahme einer selbständigen/gewerblichen Tätigkeit **keinen Arbeitnehmer-Status** mehr hat (OFD Frankfurt v. 5.6.1996, S 2227 A – 21 – St II 2a, www.stotax-first.de).

Rentner können Gewerkschaftsbeiträge ab dem Veranlagungszeitraum, der auf das Kalenderjahr folgt, in dem das Arbeitsverhältnis endete bzw. in dem zuletzt Einkünfte aus nichtselbständiger Arbeit vorlagen, nicht mehr als Werbungskosten bei den Einkünften aus nichtselbständiger Arbeit abziehen, sondern lediglich noch bei den sonstigen Einkünften nach § 22 EStG (FinMin Mecklenburg-Vorpommern v. 14.7.1992, IV 310 – S 2332 – 10, www.stotax-first.de). Bei Stpfl., die zuerst in einem Angestelltenverhältnis standen und später in ein Beamtenverhältnis übernommen wurden und daher neben der **Sozialversicherungsrente auch eine Beamtenpension** beziehen, sind die Gewerkschaftsbeiträge entsprechend den Bruttoeinnahmen aus der Beamtenpension und der Sozialversicherungsrente aufzuteilen und bei den jeweiligen Einkunftsarten als Werbungskosten abzugsfähig (OFD Frankfurt v. 18.9.2002, S 2212 A – 2 – St II 27, www.stotax-first.de).

Keine Werbungskosten sind dagegen Aufwendungen für Ferien- oder Studienreisen mit allgemein-touristischem Inhalt, selbst wenn sie von der Gewerkschaft organisiert worden sind (BFH v. 25.3.1993, VI R 14/90, BStBl II 1993, 559).

Werbungskosten

keine Sozialversicherungspflicht = Ⓢⓥ̸
Sozialversicherungspflicht = Ⓢⓥ

Habilitation
Aufwendungen, die ein wissenschaftlicher Assistent an einer Hochschule für seine Habilitation macht, sind Werbungskosten i.S.v. § 9 EStG (zuletzt FG Bremen v. 25.8.1994, 1 93 004 K 6, EFG 1995, 11 m.w.N.).

Falls die Professur nicht als Beruf ausgeübt wird, werden die Aufwendungen weder als Werbungskosten noch als Sonderausgaben anerkannt. In diesem Fall handelt es sich um Kosten der Lebensführung, weil die Ernennung zum „Professor" die gesellschaftliche Stellung beeinflusst und einen persönlichen Prestigegewinn darstellt. Das gilt beispielsweise für einen Heilpraktiker im Zusammenhang mit seiner Ernennung zum Professor einer südamerikanischen Universität (FG Saarland v. 1.2.1989, 1 K 255/87, EFG 1989, 275).

Haftungsschulden
Zahlungen auf Grund einer Haftung wegen Beihilfe zur Steuerhinterziehung Dritter nach § 71 AO können bei einem GmbH-Gesellschafter-Geschäftsführer als Werbungskosten abgezogen werden (BFH v. 9.12.2003, VI R 35/96, BStBl II 2004, 641). Entsprechendes gilt für Zahlungen eines Gesellschafter-Geschäftsführers einer GmbH auf Grund einer Haftungsinanspruchnahme nach § 69 AO (OFD Düsseldorf v. 29.10.1992, S 2350/S 2244 A – St 114, www.stotax-first.de).

Hochzeitsfeier
Eine Hochzeitsfeier ist eine höchst persönlich motivierte Veranstaltung und steht – anders als Feiern anlässlich eines betrieblichen Jubiläums oder des Ausscheidens aus einem Betrieb – mit der beruflichen Tätigkeit einer Person regelmäßig in keinem Zusammenhang. Die Aufwendungen können nicht als Betriebsausgaben/Werbungskosten abgezogen werden, selbst wenn Geschäftsleute und Kollegen eingeladen werden; eine Aufteilung nach „Gästeliste" ist nicht möglich (FG Köln v. 11.11.2014, 2 K 1706/11, EFG 2015, 635 und zuletzt FG Nürnberg v. 5.12.2014, 7 K 1981/12, EFG 2015, 1188).

Hörapparat
Keine Werbungskosten, auch wenn er nur im Dienst getragen wird (BFH v. 22.4.2003, VI B 275/00, www.stotax-first.de), abzugfähig sind nur die während der Arbeitszeit verbrauchten Batterien. Anders sieht dies das FG Baden-Württemberg (Urteil v. 11.9.1996, 5 K 111/96, EFG 1997, 156).

Impfungen
Aufwendungen für Hepatitis-Impfungen sind – auch wenn diese auf Empfehlung des Arbeitgebers erfolgt sind – nicht als Werbungskosten abziehbar, da solche Impfungen ohne weiteres auch für private Fernreisen nutzbar sind, die erfahrungsgemäß gerade von Angestellten von Fluglinien mitunter unternommen werden (FG München v. 15.4.2005, 15 K 4973/04, www.stotax-first.de). Entsprechendes gilt für Arzneimittel, z.B. Malariaprophylaxe bei Auslandsreisen (streitig!).

Kleidung
Nur als Werbungskosten abzugsfähig, wenn es sich um **typische Berufskleidung** handelt; dazu gehört **nicht sog. bürgerliche Kleidung** (zur Abgrenzung → *Berufskleidung* Rz. 644 ff. In der Praxis ist immer wieder die Beurteilung von **Sportkleidung** als Werbungskosten streitig. Die Rechtsprechung erkennt Werbungskosten an, wenn z.B. ein Sportlehrer glaubhaft machen kann, dass er die Kleidung ausschließlich im Sportunterricht verwendet (vgl. zuletzt BFH v. 18.6.2007, VI B 28/07, www.stotax-first.de, sowie FG Saarland v. 9.7.2008, 2 K 2326/05, www.stotax-first.de, betr. Jacken, Shirts, Trainingsanzüge, Sportschuhe, Inliner eines Sportlehrers). Nicht anerkannt wurde die Sportkleidung eines Profifußballspielers, weil mit der sportlichen Betätigung zugleich seine allgemeine Leistungsfähigkeit und Gesundheit gefördert werde; eine Trennung der Aufwendungen nach beruflichen und privaten Veranlassungsbeiträgen sei daher nicht möglich (FG Rheinland-Pfalz v. 18.7.2014, 1 K 1490/12, www.stotax-first.de).

Koffer
Koffer und andere Reiseutensilien (z.B. Reisewecker) sind im Allgemeinen auch dann keine Werbungskosten, wenn sie aus Anlass einer Auswärtstätigkeit angeschafft werden (R 9.4 Abs. 1 Satz 4 LStR sowie FG Berlin-Brandenburg v. 31.5.2011, 10 K 10202/09, www.stotax-first.de, betr. den Koffer einer Flugbegleiterin). Bei Arbeitnehmern mit umfangreicher Reisetätigkeit können jedoch Aufwendungen für einzelne ausschließlich beruflich genutzte Koffer anerkannt werden (FG Hessen v. 12.10.2006, 13 K 2035/06, www.stotax-first.de, betr. den Vorstand eines globalen Konzerns, der insgesamt neun Reisekoffer besitzt, von denen er drei ausschließlich für berufliche Zwecke nutzt; unerheblich sei, dass in den Koffern auch private Kleidung transportiert werde).

Anerkannt wurde der Pilotenkoffer („Pilotentrolley Flight Kit") eines Flugkapitäns (FG Hamburg v. 23.5.2011, 6 K 77/10, EFG 2011, 2057).

Kontoführungsgebühren
→ *Kontogebühren* Rz. 1690

Konzert-, Theater- und Museumsbesuche
Grundsätzlich keine Werbungskosten (z.B. BFH v. 8.2.1971, VI R 76/68, BStBl II 1971, 368 betr. Konzertbesuche einer Musiklehrerin sowie FG Niedersachsen v. 30.12.1997, XIV 180/96, www.stotax-first.de, betr. Aufwendungen einer Kunsterzieherin bzw. eines Werklehrers für den Besuch von Kunstausstellungen). Ausnahme: Die Besuche sind nachweislich auf den Unterricht ausgerichtet.

Kosmetika
Aufwendungen einer Flugbegleiterin für Schuhe, Strümpfe und Make-up sind nicht als Werbungskosten abziehbar, wenn die Kleidungsstücke und das **Make-up** ohne die Dienstuniform weder als Uniformbestandteile erscheinen noch sonst berufsspezifische Eigenschaften aufweisen und deshalb ohne weiteres als private Kleidung bzw. privates Make-up verwendbar sind (FG München v. 15.4.2005, 15 K 4973/04, www.stotax-first.de).

Krankheits- und Kurkosten
→ *Krankheitskosten* Rz. 1740

Kreditkarte
Die **laufenden Gebühren** sind als Werbungskosten abzugsfähig, soweit die Karte zu beruflichen Zwecken eingesetzt wird, z.B. für den Kauf von Arbeitsmitteln. Es gelten dieselben Grundsätze wie für → *Kontoführungsgebühren* Rz. 1690, allerdings lässt die Finanzverwaltung für Kreditkarten bisher keinen pauschalen Abzug zu.

Die **Grundgebühr** kann dagegen nicht als Werbungskosten anerkannt werden, wenn die Karte regelmäßig auch für private Zwecke mitgenutzt wird (FG Rheinland-Pfalz v. 29.7.1997, 6 K 2916/96, www.stotax-first.de).

Lebensführungskosten
Keine Werbungskosten, auch wenn die Aufwendungen gleichzeitig beruflich veranlasst sind, eine eindeutige Trennung aber nicht möglich ist (§ 12 Nr. 1 Satz 2 EStG sowie R 9.1 LStR). Auch → Rz. 3189.

Liebhaberei
Grundsätzlich kein Werbungskostenabzug, wenn die Aufwendungen auf Dauer die Einnahmen übersteigen (sog. Liebhaberei). Dies kann z.B. bei einer **unentgeltlichen Lehrtätigkeit als Honorarprofessor** der Fall sein (vgl. zuletzt FG Hamburg v. 19.7.2012, 3 K 33/11, www.stotax-first.de) **oder der unentgeltlichen seelsorgerischen Tätigkeit eines Pfarrers im Ruhestand**, die Aufwendungen stehen auch nicht im Zusammenhang mit den Ruhegehaltsbezügen (zuletzt FG Hamburg v. 13.2.2013, 5 K 50/11, www.stotax-first.de). Ggf. ist sogar schon die Arbeitnehmereigenschaft zu verneinen. Dazu → *Arbeitnehmer* Rz. 173 sowie → *Fortbildung* Rz. 1316.

Verluste aus einer Nebentätigkeit können ggf. als **Werbungskosten beim Hauptberuf** abgezogen werden, wenn die Übernahme der Nebentätigkeit Voraussetzung für die Ausübung des Hauptberufs ist (zuletzt BFH v. 16.3.2006, IV B 157/04, www.stotax-first.de, m.w.N., betr. Verluste aus selbständiger künstlerischer Tätigkeit bei positiven Einkünften aus Lehraufträgen) oder sich Haupt- und Nebentätigkeit „gegenseitig befruchten" (vgl. FG Saarland v. 30.9.1988, 2 K 162/87, EFG 1989, 17 betr. einen Dipl.-Ingenieur, der auf seinem Fachgebiet an der Universität gegen geringes Entgelt Vorlesungen abhält). Eine solche Wechselwirkung zwischen Haupt- und Nebentätigkeit ist dagegen nicht allein deshalb anzuerkennen, weil sich ein Arbeitnehmer auf seinem Fachgebiet schriftstellerisch betätigt (FG Düsseldorf v. 30.11.1993, 8 K 430/87 E, EFG 1994, 514).

Meisterstück
Werden zur Vorlage in der Meisterprüfung Aufwendungen zur Herstellung eines marktgängigen abnutzbaren Meisterstücks gemacht, so ist eine steuerliche Berücksichtigung der Herstellungskosten als Werbungskosten nur hinsichtlich des Teiles möglich, der bei gleichmäßiger Verteilung der Kosten (§ 7 Abs. 1 EStG) auf die Zeit der beruflichen und privaten Nutzung auf die berufliche Nutzung entfällt. Ist ein Meisterstück nur zur Vorlage bei der Meisterprüfung geeignet und scheidet eine anschließende berufliche oder private Nutzung durch den Stpfl. wegen der Art des Gegenstandes erfahrungsgemäß aus, so sind die Aufwendungen im Jahr der Ablegung der Meisterprüfung in vollem Umfang nach § 9 Abs. 1 Satz 1 EStG als Werbungskosten abziehbar. Auch bei einem im Wesentlichen aus Gold und Silber bestehenden Schmuckstück ist eine AfA möglich. Zwar wird insofern eine technische AfA wohl kaum in Betracht kommen. Denkbar ist aber ein wirtschaftlicher Wertverzehr, weil auch Schmuckstücke einem Modetrend unterworfen sein können. Die berufliche Nutzung eines als Meisterstück angefertigten Schmuckstücks beginnt mit der Fertigstellung und dauert bis zur Präsentation in der Meisterprüfung fort. Ein etwaiges bloßes Bereithalten des Meisterstücks, um es bei Bedarf erneut präsentieren zu können, ist keine ausreichende berufliche Nutzung, die zur Vornahme einer AfA berechtigt (BFH v. 15.12.1989, VI R 44/86, BStBl II 1990, 692).

Messebesuch
Abzugsfähig, wenn es sich um „reine Fachmessen" handelt (vgl. FG Nürnberg v. 1.10.1993, VII 7/93, www.stotax-first.de, betr. Besuch von Automobilmessen bei dem für den Zubehöreinkauf verantwortlichen Lagerleiter eines Autohauses sowie FG Baden-Württemberg v. 15.7.1997, 6 K 305/96, EFG 1998, 276 betr. die „Klassik-Komm" in Hamburg bei einem Musikredakteur). Nicht anerkannt wurde dagegen der Besuch der Computermesse „CeBit" zuletzt bei einem Bankbetriebswirt, weil diese Messe ein allgemeines Informationsinteresse an moderner EDV-Technik befriedigt und einen gewissen Erlebniswert vermittelt (FG Rheinland-Pfalz v. 15.11.2010, 5 K 1482/08, EFG 2011, 1966).

Mitgliedsbeiträge
Der Mitgliedsbeitrag für einen Golfclub ist auch dann nicht als Werbungskosten abzugsfähig, wenn durch die Mitgliedschaft in dem Verein die berufliche Tätigkeit gefördert werden soll, z.B. durch Anbahnung von Geschäften (zuletzt FG Köln v. 16.6.2011, 10 K 3761/08, EFG 2011, 1782). Die

Übernahme durch den Arbeitgeber ist Arbeitslohn (BFH v. 21.3.2013, VI R 31/10, BStBl II 2013, 700).

Aufwendungen für die Mitgliedschaft in Business-Clubs, die ihren Mitgliedern neben der Möglichkeit zur geschäftlichen Kontaktanbahnung und -pflege ein umfangreiches Programm mit Freizeitcharakter bieten, können insgesamt nicht als Betriebsausgaben bzw. Werbungskosten abgezogen werden, da die berufliche und private Veranlassung der Mitgliedschaft untrennbar miteinander verwoben sind, was eine Aufteilung der Aufwendungen regelmäßig unmöglich macht (FG Hamburg v. 23.6.2015, 2 V 74/15, www.stotax-first.de).

Mobbing, Bossing

Aufwendungen eines Arbeitnehmers für Fahrten zu Gruppenbesprechungen von Mobbing-Selbsthilfegruppen und Mitgliedsbeiträge für solche Gruppen sind als **Werbungskosten** abzugsfähig, wenn das Mobbing durch Arbeitgeber und/oder Kollegen glaubhaft gemacht werden kann (z.B. durch eine Schadensersatzklage gegen den Arbeitgeber) und die Aufwendungen das Ziel verfolgen, das Arbeitsverhältnis trotz der Schikanen aufrecht zu erhalten (BFH v. 1.3.2007, VI B 92/06, www.stotax-first.de).

Krankheitskosten wegen Mobbing sind dagegen **nicht als Werbungskosten** abzugsfähig, wenn die Erkrankung im Wesentlichen auf die persönliche Disposition des Arbeitnehmers zurückzuführen ist (BFH v. 23.1.2008, VI B 91/07, www.stotax-first.de, betr. psychische Beschwerden einer früheren Teamleiterin, bei denen nicht klar abzugrenzen ist, wieweit die Erkrankung tatsächlich auf die berufliche Tätigkeit zurückzuführen ist).

Als **Werbungskosten anerkannt** wurden Krankheitskosten bei dem in einer Verbandsgemeinde tätigen Oberamtsrat auf Grund einer **psychischen Erkrankung** durch „Mobbing" und „Bossing" (FG Rheinland-Pfalz v. 22.8.2012, 2 K 1152/12, www.stotax-first.de).

Musikinstrumente, Musik-CD

Als Werbungskosten abzugsfähig, wenn sie so gut wie ausschließlich **(mindestens 90 %) beruflich genutzt** werden. Vgl. dazu BFH v. 1.3.2002, VI R 141/00, www.stotax-first.de: Restnutzungsdauer einer im Konzertalltag bespielten Meistergeige 100 Jahre; bei neuen Meistergeigen 50 Jahre sowie zuletzt FG München v. 27.5.2009, 9 K 859/08, EFG 2009, 1447: Flügel als Arbeitsmittel einer Musiklehrerin anerkannt. Für die Anerkennung gelten wie bei Unterhaltungselektronik (vgl. BFH v. 27.9.1991, VI R 1/90, BStBl II 1992, 195 betr. Videorecorder) **strenge Grundsätze**.

Auch **Musik-CDs** können deshalb bei einem Musiklehrer regelmäßig nicht als Werbungskosten anerkannt werden (FG München v. 11.5.1999, 16 K 1376/96, EFG 1999, 891).

Nachzahlungszinsen

Nachzahlungszinsen i.S.d. § 233a AO stehen schon deshalb nicht mit einer Einkunftsart in wirtschaftlichem Zusammenhang, weil sie gem. § 12 Nr. 3 EStG dem nicht steuerbaren Bereich zugewiesen sind. § 12 Nr. 3 EStG ordnet an, dass Steuern vom Einkommen sowie die auf diese Steuern entfallenden Nebenleistungen weder bei den einzelnen Einkunftsarten noch vom Gesamtbetrag der Einkünfte abgezogen werden dürfen. Zu den steuerlichen Nebenleistungen gehören nach § 3 Abs. 4 AO auch die Zinsen i.S.v. § 233a AO. Sie dürfen daher nicht als Werbungskosten abgezogen werden (BFH v. 15.6.2010, VIII R 33/07, BStBl II 2011, 503).

Parkplatzkosten

Steuerliche Behandlung wie Garagenkosten, → *Garage* Rz. 1360.

Personal-Trainer

Auch ein Profifußballspieler kann Aufwendungen für einen Personal-Trainer nicht als Werbungskosten abziehen (FG Rheinland-Pfalz v. 18.7.2014, 1 K 1490/12, www.stotax-first.de).

Pilotenschein

Aufwendungen für Erwerb oder Erhaltung der Privatpilotenlizenz (PPL) sind grundsätzlich nicht als Werbungskosten abzugsfähig, weil i.d.R. in nicht unerheblichem Maße die private Lebensführung des Stpfl. betroffen ist, auch wenn die beim Fliegen gewonnenen Erfahrungen für die Berufsausübung oder (spätere) Berufsausbildung nützlich sind. Anders ist es, wenn eigene Flugerfahrungen unerlässlich oder Erwerb oder Erhaltung der PPL und die Durchführung von Flügen unmittelbare Voraussetzungen für die Berufsausübung sind. Allerdings hat der BFH die Kosten für den PPL-Erwerb auch dann als Werbungskosten anerkannt, wenn sie Teil der durchgehenden Ausbildung (Ausbildungs- bzw. Dienstverhältnis) und in diesem Rahmen notwendige Voraussetzung für den Erwerb der Verkehrspilotenlizenz (Airline Transport Pilot Licence – ATPL) gewesen sind (zuletzt BFH v. 15.5.2013, IX R 5/11, BStBl II 2014, 143 m.w.N.).

Prozess- und Strafverteidigungskosten

Strafverteidigungskosten sind nur dann als **Werbungskosten** abziehbar, wenn der strafrechtliche Vorwurf, gegen den sich der Stpfl. zur Wehr setzt, durch sein **berufliches Verhalten veranlasst** gewesen ist. Dies ist der Fall, wenn die dem Stpfl. zur Last gelegte Tat in Ausübung der beruflichen Tätigkeit begangen worden ist. Da es für die berufliche Veranlassung der Strafverteidigungskosten auch nicht darauf ankommt, ob dem Stpfl. der strafrechtliche Vorwurf zu Recht oder im Ergebnis zu Unrecht gemacht wurde, wird die berufliche Veranlassung der Strafverteidigungskosten auch nicht dadurch begründet, dass der Stpfl. für erlittene Strafverfolgungsmaßnahmen eine (steuerpflichtige) **Entschädigung** nach dem Gesetz über die Entschädigung für Strafverfolgungsmaßnahmen (StrEG) erhält (BFH v. 10.6.2015, VI B 133/14, www.stotax-first.de, m.w.N.).

Eine berufliche Veranlassung der Aufwendungen wird jedoch aufgehoben, wenn der Stpfl. nach den ihm gemachten strafrechtlichen Vorwürfen sich oder einen Dritten durch die ihm zur Last gelegten Handlungen bereichern wollte und sein Verhalten somit von **privaten Gründen getragen** wurde (zuletzt FG Thüringen v. 12.2.2014, 3 K 926/13, EFG 2014, 1662, Revision eingelegt, Az. beim BFH: VIII R 43/14).

Ein objektiver steuerrechtlich anzuerkennender wirtschaftlicher Zusammenhang zwischen Aufwendungen des Stpfl. und dessen einkommensteuerrechtlich relevanter Erwerbssphäre besteht insbesondere bei bürgerlich-rechtlichen oder **arbeitsrechtlichen Streitigkeiten**, die das Arbeitsverhältnis betreffen und deshalb der Einkunftsart der nichtselbständigen Arbeit zuzurechnen sind. Sind dem Stpfl. entsprechende Aufwendungen dadurch entstanden, dass allein Zivil- und Arbeitsgerichte mit den streitigen Ansprüchen und Forderungen aus dem Arbeitsverhältnis befasst worden waren, spricht deshalb regelmäßig eine Vermutung dafür, dass diese Aufwendungen in einem hinreichend konkreten, den Werbungskostenabzug rechtfertigenden Veranlassungszusammenhang zu der Berufstätigkeit des Stpfl. stehen. Kam es nicht nur zu keinem strafgerichtlichen Verfahren, sondern hat noch nicht einmal die Staatsanwaltschaft als zuständige Strafverfolgungsbehörde strafrechtliche Ermittlungen durchgeführt, kann ohne hinreichend konkreter gegenteiliger Anhaltspunkte nicht davon ausgegangen werden, dass diese Aufwendungen der Lebensführung i.S.d. § 12 Nr. 1 Satz 2 EStG zuzurechnen sind. Dies gilt auch, wenn Arbeitgeber und Arbeitnehmer zur Vermeidung weiterer Streitigkeiten einen **Vergleich** abgeschlossen haben (BFH v. 9.2.2012, VI R 23/10, BStBl II 2012, 829).

Prozesskosten sind z.B. als **Werbungskosten abzugsfähig**

– bei einem **Arbeitsgerichtsprozess**, einem Dienststrafverfahren (BFH v. 19.2.1982, VI R 31/78, BStBl II 1982, 467), einem Strafprozess wegen Untreue eines Geschäftsführers (BFH v. 18.10.2007, VI R 42/04, BStBl II 2008, 223);

– bei einem **Disziplinarverfahren** (FG Saarland v. 25.3.1993, 1 K 316/91, EFG 1993, 648), sofern der Stpfl. nicht wegen einer vorsätzlich begangenen Straftat verurteilt wurde (FG Münster v. 5.12.2012, 11 K 4517/10 E, EFG 2013, 425);

– im Zusammenhang mit einem Strafverfahren wegen Vorwurfs der **Beihilfe zur Untreue** (zuletzt BFH v. 17.8.2011, VI R 75/10, HFR 2012, 27 betr. Anwaltskosten im Zusammenhang mit einem Strafverfahren).

Prozesskosten sind dagegen z.B. **nicht als Werbungskosten abzugsfähig**, wenn

– der **Arbeitnehmer seinen Arbeitgeber bewusst schädigen wollte, z.B. durch eine Vorteilsannahme** (FG Rheinland-Pfalz v 15.4.2010, 4 K 2699/06, EFG 2010, 1491) oder **sich oder einen Dritten durch die schädigende Handlung bereichert hat** (zuletzt FG Thüringen v. 12.2.2014, 3 K 926/13, EFG 2014, 1662, Revision eingelegt, Az. beim BFH: VIII R 43/14, betr. einen Beamten, der zu Unrecht einen Pkw mit „Behördenrabatt" erworben hat);

– der Arbeitnehmer **Diebstähle** im Betrieb begangen hat (BFH v. 30.6.2004, VIII B 265/03, www.stotax-first.de);

– eine **Altenpflegerin Patienten ermordet** hat, um deren Geld und Wertsachen an sich zu bringen (BFH v. 12.6.2002, XI R 35/01, www.stotax-first.de);

– ein Beamter eine **persönliche Straftat** begangen hat, auch wenn er zusätzlich mit disziplinarrechtlichen Folgen, insbesondere Gehaltskürzungen, rechnen muss (BFH v. 8.9.2003, VI B 109/03, www.stotax-first.de);

– ein Betriebsprüfer auf einer Dienstfahrt einen anderen **Verkehrsteilnehmer (angeblich) beleidigt** hat (FG Baden-Württemberg v. 2.4.2008, 6 K 327/07, www.stotax-first.de);

– einem angestellten Piloten vorgeworfen wird, durch vorsätzlich falsche Angaben über seinen Wohnsitz **Einkommensteuern hinterzogen** zu haben; Steuerhinterziehung ist eine sog. Privattat (FG Hamburg v. 17.12.2010, 6 K 126/10, www.stotax-first.de);

– sich ein Stpfl. eine Anstellung bei einem anderen Arbeitgeber vertraglich zusagen lässt und deshalb nach § 331 StGB wegen **Vorteilsannahme verurteilt wird** (FG Rheinland-Pfalz v. 15.4.2010, 4 K 2699/06, EFG 2010, 1491);

– der **Stpfl. vorsätzlich eine Straftat begangen** hat (hier Subventionsbetrug) durch einen Hochschulprofessor, auch wenn er dadurch seine berufliche Karriere fördern wollte (FG Münster v. 5.12.2012, 11 K 4517/10 E, EFG 2013, 425);

– sie in Zusammenhang mit dem **Vorwurf der Hinterziehung von Einkommensteuern** stehen. Beinhaltet die Lohnsteueranmeldung einer Steuerberatungs-Aktiengesellschaft die als Sonderaufwand Personal ohne Lohnsteuer verbuchte und gegenüber den Vorstandsmitgliedern erfolgte Gewährung von Aktienoptionsrechten bzw. auch nicht deren Verkauf, sind die in Zusammenhang mit dem **Vorwurf der Lohnsteuerhinterziehung** entstandenen Strafverteidigungskosten nicht bei den Vorstandsmitgliedern als Werbungskosten abzugsfähig, wenn die Lohnsteuerhinterziehung des Arbeitgebers eng mit dem Vorwurf der Einkommensteuerhinterziehung gegenüber den Vorstandsmitgliedern

Werbungskosten

verbunden ist, da die Nichterklärung in der Lohnsteueranmeldung der Vorbereitung der Nichtangabe der Einnahmen in der Anlage N der Einkommensteuererklärung diente (FG Hessen v. 12.2.2014, 4 K 1757/11, EFG 2014, 984, Nichtzulassungsbeschwerde durch BFH v. 26.6.2014, VI B 36/14, nicht dokumentiert, als unbegründet zurückgewiesen).

Prozesskosten aus **finanzgerichtlichen Verfahren** können nur als Betriebsausgaben bzw. Werbungskosten abgezogen werden, soweit es z.B. um Fragen der Gewinnermittlung geht. Ein Betriebsausgaben- oder Werbungskostenabzug kommt dagegen nicht in Betracht, wenn die Prozesskosten lediglich mit Sonderausgaben, Veranlagungs- oder Tariffragen oder der mit der bloßen Übertragung in Steuererklärungsvordrucke in Zusammenhang stehen (BFH v. 13.4.2010, VIII R 26/08, www.stotax-first.de, und VIII R 27/08, www.stotax-first.de).

Mit dem AmtshilfeRLUmsG v. 26.6.2013, BStBl I 2013, 802 wurde in § 33 Abs. 2 EStG die steuerliche Berücksichtigung von Zivilprozesskosten als außergewöhnliche Belastung ab 2013 neu geregelt. Danach sind Aufwendungen für die Führung eines Rechtsstreits (Prozesskosten) vom Abzug ausgeschlossen, es sei denn, es handelt sich um Aufwendungen, ohne die der Stpfl. Gefahr liefe, seine Existenzgrundlage zu verlieren und seine lebensnotwendigen Bedürfnisse in dem üblichen Rahmen nicht mehr befriedigen zu können. Dies gilt nach **geänderter BFH-Rechtsprechung** (BFH v. 18.6.2015, VI R 17/14, BStBl II 2015, 800) sinngemäß auch für die Jahre bis einschließlich 2012, es sei denn, dass ein Rechtsstreit einen für den Stpfl. existenziell wichtigen Bereich oder den Kernbereich menschlichen Lebens berührt.

Ob **Scheidungskosten** nach § 33 Abs. 2 Satz 4 EStG i.d.F. des Amtshilferichtlinie-Umsetzungsgesetz ab 2013 weiterhin als außergewöhnliche Belastungen abziehbar sind, ist umstritten (s. die Übersicht in FG Münster v. 19.6.2015, 1 V 795/15 E, EFG 2015, 1611). Mehrere Revisionsverfahren sind anhängig, die Entscheidungen des BFH bleiben abzuwarten.

Anders als Prozesskosten ist eine etwaige **Strafe selbst steuerlich nicht abzugsfähig** (§ 12 Nr. 4 EStG; s. auch R 12.3 EStR sowie ausführlich zuletzt BFH v. 17.8.2011, VI R 75/10, HFR 2012, 27 betr. Anwaltskosten im Zusammenhang mit einem Strafverfahren wegen Vorwurfs der Beihilfe zur Untreue).

Psychologische Seminare

Grundsätzlich keine Werbungskosten, weil sie in erheblichem Maße die private Lebensführung berühren; das gilt auch, wenn der Arbeitgeber Bildungsurlaub gewährt hat (BFH v. 6.3.1995, VI R 76/94, BStBl II 1995, 393). S. hierzu zuletzt FG Rheinland-Pfalz v. 3.6.2013, 5 K 1261/12, www.stotax-first.de, betr. Aufwendungen eines Bankbetriebswirts für die Fortbildung in „Psycho- und Pathophysiognomik".

Werbungskostenabzug nur bei nahezu ausschließlich beruflicher Veranlassung (vgl. zuletzt BFH v. 28.8.2008, VI R 44/04, BStBl II 2009, 106 betr. sog. **NLP-Kurse** und BFH v. 28.8.2008, VI R 35/05, BStBl II 2009, 108 betr. **Supervisionskurse** leitender Angestellter sowie die Hinweise unter → *Fortbildung* Rz. 1315). Das Finanzamt darf die Aufwendungen aber **nicht „pauschal ablehnen"** mit der Begründung, an derartigen Kursen nehmen viele Bürger aus rein privaten Erwägungen teil, sondern muss **Feststellungen** zu den Lehrinhalten und dem Ablauf des Lehrgangs sowie den teilnehmenden Personen treffen (BFH v. 24.8.2001, VI R 40/94, HFR 2002, 16 betr. Supervisionskurs einer Lehrerin). Vgl. ferner OFD Frankfurt v. 10.7.1996, S 2227 A – 15 – St II 20, www.stotax-first.de, sowie ausführlich zuletzt FG Nürnberg v. 25.7.2012, 3 K 376/11, www.stotax-first.de, betr. Besuch der Kurse „Explorations in Human Development" der Ridhwan Teachers, bei denen es sich um Programme zur **Selbstverwirklichung** handelt, sowie BFH v. 18.5.2006, VI B 145/05, www.stotax-first.de, betr. sog. Avatar-Seminare eines angestellten Steuerberaters – die Aufwendungen wurden in beiden Fällen abgelehnt!

Mangels eines objektiven Zusammenhangs zwischen Umsatzsteigerungen und **spirituellen Dienstleistungen** (Kontaktaufnahme zu Gott) können die Aufwendungen hierfür selbst dann nicht als Betriebsausgaben/Werbungskosten geltend gemacht werden, wenn der Unternehmer trotz starker Reduzierung seiner bisherigen Werbeausgaben Umsatzsteigerungen erzielt. Im Gegensatz zu anderen Werbemaßnahmen wie Zeitungsinseraten oder TV-Spots, deren Ausgaben trotz fehlender Zuordnung der konkreten Umsatzsteigerung zu einer einzelnen Maßnahme Betriebsausgaben sind, besteht kein wissenschaftlich fundierter und empirisch belegter Erfahrungssatz, dass durch die Kontaktaufnahme zu einem spirituellen Wesen der geschäftliche Erfolg eines Unternehmens positiv beeinflusst werden kann. Dies gilt selbst dann, wenn die spirituellen Dienstleistungen nach der subjektiven Überzeugung des Geschäftsführers für den Betrieb nützlich gewesen seien (FG Münster v. 22.1.2014, 12 K 759/13 G, F, EFG 2014, 630, Nichtzulassungsbeschwerde durch BFH v. 27.1.2015, IV B 17/14, nicht dokumentiert, als unbegründet zurückgewiesen).

Reisekosten

Bei Auswärtstätigkeiten (Dienstreisen, Einsatzwechseltätigkeit, Fahrtätigkeit) können unter bestimmten Voraussetzungen Aufwendungen für Unterkunft und Verpflegung sowie Fahrtkosten in voller Höhe abgesetzt werden. Es gelten im Wesentlichen dieselben Grundsätze wie für den steuerfreien Arbeitgeberersatz. Einzelheiten → *Reisekosten: Allgemeine Grundsätze* Rz. 2409.

Reitpferd

Aufwendungen für ein Reitpferd können bei einer Reitlehrerin selbst dann nicht als Werbungskosten anerkannt werden, wenn sie zwei Reitpferde hat, von denen eines (angeblich) nur beruflich und das andere nur zu Hobbyzwecken gehalten wird (BFH v. 26.1.2001, VI B 210/00, www.stotax-first.de; BFH v. 27.2.2008, VI B 40/07, www.stotax-first.de; BFH v. 10.1.2012, VI B 80/11, www.stotax-first.de, und zuletzt FG Baden-Württemberg v. 6.5.2015 ,1 K 3408/13, EFG 2015, 1791).

Rückzahlung von Gehalt

→ *Negative Einnahmen und Werbungskosten* Rz. 2124

Schadensersatzleistungen

Als Werbungskosten abzugsfähig, wenn der **Schaden beruflich veranlasst** ist, z.B. bei Zerstörung einer Maschine oder auch Unfallschäden auf dem Weg zur Arbeit. **Nicht** dagegen, wenn die **Verfehlungen privat veranlasst** sind, z.B. bei **Unterschlagungen oder Diebstählen** (vgl. zuletzt FG München v. 30.9.1998, 1 K 774/96, EFG 1999, 108 betr. Schadensersatzleistungen wegen versuchten Versicherungsbetrugs – „Verschwindenlassen" eines beruflich genutzten Pkw) oder wenn der Stpfl., um einen betrieblichen Termin wahrnehmen zu können, das Stromkabel einer (angeblich) defekten Lichtzeichenanlage, die nicht in die Grünphase gewechselt habe, durchtrennt. Diese Exzesshandlung ist mangels objektiver Erforderlichkeit nicht ausschließlich aus der beruflichen bzw. unternehmerischen Tätigkeit heraus erklärbar (FG Rheinland-Pfalz v. 27.6.2008, 4 K 1928/07, EFG 2009, 31).

Im Unterschied zur Strafe selbst können Schadensersatzleistungen auch bei **vorsätzlich begangenen Straftaten und auch bei einer Verurteilung ausnahmsweise als Erwerbsaufwendungen abzugsfähig** sein, wenn der strafrechtliche Vorwurf durch das betriebliche oder berufliche Verhalten des Stpfl. veranlasst gewesen ist. Dies ist dann der Fall, wenn die dem Stpfl. zur Last gelegte Tat in Ausübung der beruflichen bzw. unternehmerischen Tätigkeit begangen worden ist und damit ausschließlich und unmittelbar aus seiner betrieblichen oder beruflichen Tätigkeit heraus erklärbar ist. Es spricht regelmäßig eine Vermutung dafür, dass Aufwendungen für aus dem Arbeitsverhältnis folgende zivil- und arbeitsgerichtliche Streitigkeiten einen Werbungskostenabzug rechtfertigenden konkreten Veranlassungszusammenhang zu den Lohneinkünften aufweisen. Dies gilt grundsätzlich auch, wenn sich Arbeitgeber und Arbeitnehmer über solche streitigen Ansprüche im Rahmen eines arbeitsgerichtlichen Vergleichs einigen (BFH v. 9.2.2012, VI R 23/10, BStBl II 2012, 829 betr. Schadensersatzansprüche des Arbeitgebers wegen des behaupteten Verrats von Betriebsgeheimnissen durch den Stpfl.).

An der für die Berücksichtigung von Aufwendungen zur Tilgung von Schadensersatzforderungen als Werbungskosten erforderlichen ausschließlichen **beruflichen Veranlassung fehlt es jedoch**, wenn der Stpfl. die ihm zur Last gelegte Tat, die zur Schadensersatzpflicht geführt hat, zwar in Ausübung seiner beruflichen Tätigkeit begangen hat, er sich jedoch auch **persönlich bereichert** hat und seinem Handeln somit auch erhebliche **private Gründe** zu Grunde lagen (FG Köln v. 29.10.2014, 5 K 463/12, EFG 2015, 1524, Revision eingelegt, Az. beim BFH: VI R 27/15).

Scheidung

Scheidungskosten sind privat veranlasst und deshalb nicht als Werbungskosten abzugsfähig (§ 12 Nr. 1 EStG).

Ob sie nach § 33 Abs. 2 Satz 4 EStG i.d.F. des Amtshilferichtlinie-Umsetzungsgesetz ab 2013 weiterhin als außergewöhnliche Belastungen abziehbar sind, ist umstritten (s. die Übersicht in FG Münster v. 19.6.2015, 1 V 795/15 E, EFG 2015, 1611). Mehrere Revisionsverfahren sind anhängig, die Entscheidungen des BFH bleiben abzuwarten.

Zum Abzug von Unterhaltsleistungen an den geschiedenen Ehegatten/Lebensgefährten und zum Versorgungsausgleich s. → *Sonderausgaben* Rz. 2696.

Schmiergelder (Bestechungsgelder)

Seit 1.1.1999 generell nicht mehr abzugsfähig (§ 4 Abs. 5 Satz 1 Nr. 10 EStG i.V.m. § 9 Abs. 5 EStG), auch wenn sie eindeutig beruflich veranlasst sind, um z.B. einen Auftrag zu bekommen (vgl. BFH v. 18.5.1990, VI R 67/86, www.stotax-first.de, sowie BMF v. 10.10.2002, IV A 6 – S 2145 – 35/02, BStBl I 2002, 1031). Das für die „Zuwendung von Vorteilen sowie damit zusammenhängende Aufwendungen" geltende Abzugsverbot des § 4 Abs. 5 Satz 1 Nr. 10 EStG erfasst nicht nur die Bestechungsgelder als solche, sondern auch die Kosten eines nachfolgenden Strafverfahrens sowie Aufwendungen, die auf Grund einer im Strafurteil ausgesprochenen Verfallsanordnung entstehen (BFH v. 14.5.2014, X R 23/12, BStBl II 2014, 684).

S. dazu ausführlich OFD Düsseldorf v. 1.11.2004 „Die Behandlung von Vorteilszuwendungen i.S.d. § 4 Abs. 5 Satz 1 Nr. 10 EStG" – Leitfaden der OFD Düsseldorf Stand: November 2004.

Zur steuerlichen Behandlung vereinnahmter Schmiergelder sowie der späteren Rückzahlung an den Arbeitgeber s. → *Schmiergelder* Rz. 2652.

Schreibmaschine

Keine Werbungskosten, weil nicht unerhebliche private Mitverwendung unterstellt wird (FG Baden-Württemberg v. 28.8.1987, IX K 326/85, EFG 1988, 116). Ausnahme: Bei „schreibenden Berufen" wie z.B. bei Richtern und Journalisten kann sie als Arbeitsmittel anerkannt werden (BFH v. 29.1.1971, VI R 31/68, BStBl II 1971, 327).

Werbungskosten

Schreibtisch

Bei nahezu ausschließlich beruflicher Nutzung als Werbungskosten abzugsfähig, selbst wenn er im Wohnzimmer steht (BFH v. 18.2.1977, VI R 182/75, BStBl II 1977, 464) oder es sich um ein antiquarisches Möbelstück handelt, das an sich keinem Wertverzehr unterliegt (BFH v. 31.1.1986, VI R 17/83, BStBl II 1986, 356). Die Aufwendungen müssen auf die **Nutzungsdauer** verteilt werden.

Schulden

Die Abziehbarkeit von Aufwendungen wegen eines abstrakten Schuldanerkenntnisses hängt davon ab, ob die anerkannte Schuld in wirtschaftlichem Zusammenhang mit dem Beruf, mit sonstigen, auf die Erzielung von Einkünften gerichteten Tätigkeiten oder mit außerhalb der Einkunftserzielung liegenden Tätigkeiten stand. Werbungskosten aus nichtselbständiger Arbeit liegen nicht schon deshalb vor, weil die Regulierung bestehender Schulden Voraussetzung für die Anstellung des Arbeitnehmers war. Das gilt auch, wenn der Arbeitslohn zur Tilgung der Schulden verwendet wird (BFH v. 2.3.2005, VI R 36/01, HFR 2006, 145). S. auch „Aktien", „Bürgschaft" „Darlehen" und „Schuldzinsen".

Schuldzinsen

Als **Werbungskosten abzugsfähig**, wenn ein Kredit für berufliche Zwecke aufgenommen worden ist, z.B. zur Anschaffung teurer Arbeitsmittel oder für ein Arbeitgeberdarlehen, wenn Grundlage des Anstellungsvertrags ein Anteilserwerb bzw. ein Erwerb von Aktien der Gesellschaft (Arbeitgeber) ist. Im Regelfall sind jedoch Schuldzinsen zur Finanzierung des Beteiligungserwerbs am Unternehmen des Arbeitgebers den Einkünften aus Kapitalvermögen und nicht den Einkünften aus nichtselbständiger Arbeit zuzurechnen, auch wenn der Arbeitnehmer damit seine Karriere fördern will oder nach dem Anstellungsvertrag sogar verpflichtet ist, Anteile an der Arbeitgeber-Kapitalgesellschaft zu erwerben (zuletzt BFH v. 5.4.2006, IX R 111/00, BStBl II 2006, 654 sowie BFH v. 5.4.2006, IX R 80/01, HFR 2007, 20). Abgezogen werden können ggf. die auf ein häusliches Arbeitszimmer entfallenden Hypothekenzinsen.

Nicht abzugsfähig sind Schuldzinsen, die mit der Anschaffung eines privaten Pkw zusammenhängen, selbst wenn er für Fahrten zur Arbeit genutzt wird – die anteiligen Schuldzinsen sind mit der Entfernungspauschale abgegolten, vgl. H 9.10 (Finanzierungskosten des Kraftfahrzeugs) LStH. Das gilt auch für den Pauschsatz von 0,30 € je Fahrtkilometer, den behinderte Menschen für Fahrten zur Arbeit oder Arbeitnehmer mit Auswärtstätigkeit (z.B. Dienstreisen) geltend machen können (R 9.10 Abs. 7 LStR). Schuldzinsen wirken sich in den letztgenannten Fällen somit nur beim Einzelnachweis der Kfz-Kosten aus.

Das Verbot, private Schuldzinsen als Sonderausgaben abzusetzen, ist verfassungsgemäß (BFH v. 29.7.1998, X R 105/92, BStBl II 1999, 81 sowie BFH v. 15.10.1999, IX R 84/95, www.stotax-first.de).

Schulgeld

Aufwendungen für den Schulbesuch von Kindern sind selbst dann nicht als Werbungskosten abzugsfähig, wenn die Eltern nur zeitlich beschränkt im Inland tätig sind und die Kinder deshalb eine internationale Schule besuchen (BFH v. 23.11.2000, VI R 38/97, BStBl II 2001, 132). Abzugsfähig sind nach einem beruflich veranlassten Umzug zwar Aufwendungen für Nachhilfeunterricht, Sprachkurse u.Ä., nicht jedoch für den Besuch allgemeinbildender Schulen (FinMin Berlin v. 27.6.2006, III A – S 2367 – 1/2006, www.stotax-first.de).

S. auch → *Sonderausgaben* Rz. 2695.

Sprachkurs

Als Werbungskosten abzugsfähig, wenn ein unmittelbarer und konkreter Bezug zu der beruflichen Tätigkeit gegeben ist, z.B. bei Dolmetschern, Sprachlehrern, Exportsachbearbeitern, oder der Sprachlehrgang zum **Erwerb oder zur Sicherung eines Arbeitsplatzes erforderlich** ist (zuletzt BFH v. 10.4.2008, VI R 13/07, www.stotax-first.de). Die Anerkennung eines Sprachkurses bedeutet nicht „automatisch", dass auch die Kosten für **Flug, Unterbringung und Verpflegung** als Werbungskosten anerkannt werden müssten; insbesondere bei **Auslandssprachkursen** wird wegen privater Mitveranlassung regelmäßig eine **Aufteilung vorzunehmen** sein (zuletzt BFH v. 9.1.2013, VI B 133/12, www.stotax-first.de, betr. den Sprachkurs einer Exportsachbearbeitern in Ecuador – nur hälftiger Abzug wegen gleichzeitiger touristischer Interessen). Zur Anwendung der neuen BFH-Rechtsprechung (Wegfall des sog. Aufteilungs- und Abzugsverbots) s.a. BMF v. 6.7.2010, IV C 3 – S 2227/07/10003 :002, BStBl I 2010, 614.

Bei **Auslandssprachkursen innerhalb der EU** darf nicht mehr als Indiz für eine nicht unerhebliche private Mitveranlassung gewertet werden, dass der Sprachkurs im Ausland stattgefunden hat (s. BFH v. 22.7.2008, VI R 2/07, www.stotax-first.de, m.w.N., betr. einen Apothekerkongress in Meran sowie BMF v. 26.9.2003, IV A 5 – S 2227 – 1/03, BStBl I 2003, 447).

Nicht abzugsfähig sind grundsätzlich Aufwendungen eines ausländischen Arbeitnehmers für einen **Deutschsprachkurs**, selbst wenn ausreichende Deutschkenntnisse für einen angestrebten Arbeits- oder Ausbildungsplatz förderlich sind (zuletzt FG Nürnberg v. 23.4.2015, 6 K 1542/14, www.stotax-first.de, m.w.N.).

Weitere Einzelheiten → *Reisekosten: Allgemeine Grundsätze* Rz. 2446.

Stärkungsmittel

Keine Werbungskosten, auch wenn sie nur im Beruf verwendet werden (FG Hessen v. 23.9.1988, 9 K 70/87, EFG 1989, 172).

Steuern

Die Steuern vom Einkommen und sonstige Personensteuern sind nicht als Werbungskosten abzugsfähig (§ 12 Nr. 3 EStG). S. auch „Nachzahlungszinsen".

Steuerberatungskosten

Steuerberatungskosten für die Anfertigung der Einkommensteuererklärung oder auch der Erklärung zur gesonderten und einheitlichen Feststellung von Einkünften sind keine Erwerbsaufwendungen (zuletzt BFH v. 28.5.2015, VIII B 40/14, www.stotax-first.de). Aufwendungen für die Erstellung der Einkommensteuererklärung müssen nach Wegfall des Sonderausgabenabzugs (§ 10 Abs. 1 Nr. 6 EStG a.F.) ab 2006 künftig **aufgeteilt** werden. Nicht mehr abziehbar sind insbesondere die anteiligen Kosten für die Erstellung des sog. Mantelbogens und der Anlage „Kind".

Abziehbar ist dagegen der Teil der Steuerberatungskosten, der mit der Ermittlung und Erklärung der jeweiligen Einkünfte zusammenhängt. Für Arbeitnehmer ist das z.B. die Ermittlung der Einkünfte aus nichtselbständiger Arbeit und das damit verbundene Ausfüllen der **Anlage „N"**. Einzelfragen zur Neuregelung sind in BMF v. 21.12.2007, IV B 2 – S 2144/07/0002, BStBl I 2008, 256 geregelt.

Zur Aufteilung sog. **gemischter Steuerberatungskosten** gelten danach folgende **Vereinfachungsregelungen**:

– Bei Beiträgen an Lohnsteuerhilfevereine, Aufwendungen für steuerliche Fachliteratur und Software wird es nicht beanstandet, wenn diese Aufwendungen i.H.v. 50 % den Betriebsausgaben oder Werbungskosten zugeordnet werden.

– Dessen ungeachtet ist aus Vereinfachungsgründen der Zuordnung des Stpfl. bei Aufwendungen für gemischte Steuerberatungskosten bis zu einem Betrag von 100 € im Veranlagungszeitraum zu folgen. Diese Nichtbeanstandungsgrenze von 100 € ist veranlagungsbezogen und nicht ehegattenbezogen anzuwenden (OFD Frankfurt v. 6.5.2008, S 2227 A – 25 – St 217, www.stotax-first.de).

Der BFH hat entschieden, dass der Wegfall des Sonderausgabenabzugs für private Steuerberatungskosten **verfassungsgemäß** ist (zuletzt BFH v. 28.5.2015, VIII B 40/14, www.stotax-first.de, m.w.N.).

Gebühren für verbindliche Auskünfte sind steuerliche Nebenleistungen i.S.d. § 3 Abs. 4 AO und unterliegen daher den Abzugsbeschränkungen des § 12 Nr. 3 letzter Halbsatz EStG. Dies gilt auch, wenn Aufwendungen des Stpfl. für diese Gebühren bei entsprechender beruflicher oder betrieblicher Veranlassung dem Grunde nach als Werbungskosten oder Betriebsausgaben abgezogen werden können (OFD Münster v. 10.4.2008, Kurzinformation ESt Nr. 15/2008, DB 2008, 958).

Mitgliedsbeiträge an den **Bund für Steuerzahler** können nicht als Betriebsausgaben oder Werbungskosten berücksichtigt werden, soweit dieser allgemeinpolitische Ziele auf dem gesamten Gebiet der Steuergesetzgebung verfolgt und eine Aufteilung im Allgemeinen nicht möglich ist (BFH v. 30.4.2008, X B 263/07, www.stotax-first.de).

Beratungskosten im Zusammenhang mit dem Anfrageverfahren nach § 7a SGB IV (sog. **Statusfeststellungsverfahren** zur Klärung der Arbeitnehmereigenschaft) sind durch das Arbeitsverhältnis veranlasst und deshalb als Werbungskosten bei den Einkünften aus nichtselbständiger Arbeit zu berücksichtigen (BFH v. 6.5.2010, VI R 25/09, BStBl II 2010, 851).

Stille Beteiligung

Der Verlust der im Rahmen der Begründung einer stillen Beteiligung an den Arbeitgeber geleisteten Einlagezahlungen ist als Werbungskosten bei den Einkünften aus nichtselbständiger Arbeit abzugsfähig, wenn dieser in einem einkommensteuerrechtlich erheblichen Veranlassungszusammenhang zum Arbeitsverhältnis steht (hier Sicherung des Arbeitsplatzes als Geschäftsführer) und nicht auf der Nutzung der Beteiligung als Kapitalertragsquelle oder etwaigen Gewinnerwartungen beruht (FG Niedersachsen v. 23.2.2011, 9 K 45/08, EFG 2011, 1148). Das Urteil weicht von FG Rheinland-Pfalz v. 26.11.1997, 1 K 1005/97, www.stotax-first.de, ab.

Studienreisen, Fachkongresse

Werbungskosten, wenn die Reise oder die Teilnahme an dem Kongress so gut wie ausschließlich dem Ziel dient, die beruflichen Kenntnisse zu erweitern oder soweit die Reisekosten einen abgrenzbaren rein beruflichen Teil enthalten. Ausführlich→ *Reisekosten: Allgemeine Grundsätze* Rz. 2446.

Telefonkosten

Als Werbungskosten abzugsfähig, soweit sie auf **berufliche Gespräche** entfallen und die berufliche Nutzung nicht nur von untergeordneter Bedeutung ist. Die Rechtsprechung lässt hier seit jeher eine **Aufteilung** in einen beruflichen und einen privaten Teil zu (zuletzt BFH v. 21.9.2009, GrS 1/06, BStBl II 2010, 672, m.w.N.). Wird im Rahmen der Geltendmachung von Telefonkosten als Werbungskosten lediglich behauptet, es müsse die Möglichkeit bestehen, mit dem Arbeitgeber telefonisch in Kontakt zu treten, aber eine solche Kontaktaufnahme nicht dargelegt, scheidet eine Schätzung beruflich veranlasster anteiliger Telefonkosten aus (FG Saarland v. 8.10.2009, 2 K 1127/07, EFG 2010, 139).

Werbungskosten

Ebenfalls als Werbungskosten abzugsfähig sind Aufwendungen für **Telefonate privaten Inhalts, die nach einer mindestens einwöchigen Auswärtstätigkeit entstehen**. In einem solchen Fall werden die privaten Gründe der Kontaktaufnahme etwa mit Angehörigen oder Freunden durch die beruflich/betrieblich veranlasste Auswärtstätigkeit überlagert (BFH v. 5.7.2012, VI R 50/10, BStBl II 2013, 282 betr. Kosten für Telefongespräche eines Soldaten der Marine während des Einsatzes auf einem Schiff).

Weitere Einzelheiten → *Telekommunikation* Rz. 2852.

Umzugskosten

Umzugskosten können nur bei **beruflicher Veranlassung** als Werbungskosten anerkannt werden, allenfalls bei krankheitsbedingten Umzügen kommt noch eine Berücksichtigung als außergewöhnliche Belastung nach § 33 EStG in Betracht. Die Ausführungen zum steuerfreien Arbeitgeberersatz gelten für den Werbungskostenabzug entsprechend, → *Umzugskosten* Rz. 2903. Die nach dem Bundesumzugskostenrecht steuerfrei erstattungsfähigen Aufwendungen sind jedoch nicht ohne weiteres als Werbungskosten abzugsfähig, da hierbei § 12 Nr. 1 Satz 2 EStG zu beachten ist (zuletzt BFH v. 3.8.2012, X B 153/11, www.stotax-first.de, m.w.N., betr. **Renovierung der neuen Wohnung** bei beruflich veranlasstem Umzug). Wegen eines Umzugs geleistete **doppelte Mietzahlungen** können jedoch beruflich veranlasst und deshalb in voller Höhe als Werbungskosten abziehbar sein (BFH v. 13.7.2011, VI R 2/11, BStBl II 2012, 104).

Der Werbungskostenabzug setzt eine Belastung mit Aufwendungen voraus. Das ist bei einem in Anlehnung an § 8 Abs. 3 BUKG ermittelten **Mietausfall** nicht der Fall. Als entgangene Einnahme erfüllt er nicht den Aufwendungsbegriff (BFH v. 9.4.2012, VI R 25/10, HFR 2012, 952).

Aufwendungen für den **Transport von Arbeitsmitteln** anlässlich eines privaten Umzugs sind keine Werbungskosten (zuletzt BFH v. 22.3.2001, VI B 190/00, www.stotax-first.de, m.w.N. sowie BVerfG v. 12.12.2002, 2 BvR 823/01, StEd 2003, 50).

Unfallkosten

Als Werbungskosten abzugsfähig, wenn der Unfall auf einer **beruflichen Fahrt** eingetreten ist und den Arbeitnehmer hieran kein grobes Verschulden wie z.B. bei Einnahme von Alkohol trifft (BFH v. 24.5.2007, VI R 73/05, BStBl II 2007, 766). Unfallkosten sind neben der Entfernungspauschale als Werbungskosten abzugsfähig (aber → *Wege zwischen Wohnung und erster Tätigkeitsstätte* Rz. 3155).

Vermögensverluste

Wertänderungen in der Vermögenssphäre bleiben bei Arbeitnehmern grundsätzlich außer Betracht (zuletzt BFH v. 30.7.2013, VI B 7/13, www.stotax-first.de, betr. Beteiligungsverlust eines Arbeitnehmers an der ihn beschäftigenden Kapitalgesellschaft, auch wenn der Erwerb der Beteiligung Voraussetzung für die Teilnahme an einem Anreizlohnprogramm war und die Anzahl der erworbenen Aktien dessen Bemessungsgrundlage bildete). Keine Werbungskosten sind z.B. auch Spekulationsverluste eines Bankkaufmanns (FG Rheinland-Pfalz v. 12.11.2002, 2 K 1546/02, www.stotax-first.de), Veräußerungsverluste aus dem Verkauf eines selbst genutzten Eigenheims selbst bei einem beruflich veranlassten Umzug (BFH v. 30.1.2007, XI B 83/06, www.stotax-first.de), Vermögensverluste eines Geschäftsführers, der ein erhebliches finanzielles Engagement bei einem Großkunden seines Arbeitgebers nicht zur Sicherung seines Arbeitsplatzes, sondern zur Begründung einer weiteren Einkunftsquelle eingegangen ist (BFH v. 2.5.2007, VI B 109/06, www.stotax-first.de), Verluste eines angestellten Wirtschaftsprüfers aus der Veräußerung von Aktien und Fondsanteilen, selbst wenn die Verluste auf Verlangen des Arbeitgebers (Wirtschaftsprüfungsgesellschaft) zur Wahrung gesetzlicher Unabhängigkeitsregeln realisiert werden (BFH v. 20.8.2008, VI B 17/08, www.stotax-first.de).

Der Verlust einer aus einer Gehaltsumwandlung entstandenen Darlehensforderung eines Arbeitnehmers gegen seinen Arbeitgeber kann insoweit zu **Werbungskosten** bei den Einkünften aus nichtselbständiger Arbeit führen, als der Arbeitnehmer ansonsten keine Entlohnung für die Arbeitsleistung erhalten hätte, ohne seinen Arbeitsplatz erheblich zu gefährden. Der Umstand, dass ein außenstehender Dritter, insbesondere eine Bank, dem Arbeitgeber kein Darlehen mehr gewährt hätte, ist lediglich ein Indiz für eine beruflich veranlasste Darlehenshingabe, nicht aber unabdingbare Voraussetzung für den Werbungskostenabzug eines Darlehensverlustes bei den Einkünften aus nichtselbständiger Arbeit (BFH v. 10.4.2014, VI R 57/13, BStBl II 2014, 850).

Der **Erwerb von Aktien** führt gewöhnlich zu Einkünften aus Kapitalvermögen, so dass die damit verbundenen Aufwendungen regelmäßig nicht den Werbungskosten bei den Einkünften aus nichtselbständiger Arbeit zuzurechnen sind. Das gilt auch dann, wenn ein Arbeitnehmer eine Beteiligung an seiner Arbeitgeberin erwirbt, selbst wenn er damit auch seine Arbeitnehmertätigkeit fördert. Anderes kommt ausnahmsweise nur dann in Betracht, wenn der Arbeitnehmer mit dem Erwerb einer Beteiligung nicht die mit der Stellung als Gesellschafter verbundenen Rechte, sondern nahezu ausschließlich die Sicherung seines bestehenden oder die Erlangung eines höherwertigen Arbeitsplatzes erstrebt (FG Berlin-Brandenburg v. 22.10.2008, 1 K 6139/05 B, EFG 2009, 327, Nichtzulassungsbeschwerde durch BFH v. 29.4.2009, VI B 126/08, www.stotax-first.de, als unbegründet zurückgewiesen).

Verpflegung

Verpflegungskosten sind mit Ausnahme bei Auswärtstätigkeiten sowie bei doppelter Haushaltsführung grundsätzlich steuerlich **nicht abzugsfähig** (§ 9 Abs. 4a EStG). Dies gilt auch bei mehr als zwölfstündiger Abwesenheit von der Wohnung und sogar bei 24-Stunden-Schichten eines Feuerwehrmannes, der frühere Pauschbetrag von 3 € täglich ist ab 1990 weggefallen (BFH v. 21.1.1994, VI R 112/92, BStBl II 1994, 418 und BFH v. 31.1.1997, VI R 98/94, HFR 1997, 662); nicht abzugsfähig sind auch erhöhte Ernährungskosten eines Leistungssportlers (zuletzt BFH v. 9.4.2014, X R 40/11, HFR 2015, 401 betr. Mehraufwendungen eines Gewichthebers für seine Ernährung). Die **Dreimonatsfrist** für den Abzug bei einer längerfristigen Auswärtstätigkeit an derselben Tätigkeitsstätte oder der doppelten Haushaltsführung ist verfassungsgemäß (zuletzt BFH v. 8.10.2014, VI R 7/13, BStBl II 2015, 336 und BVerfG v. 7.7.2015, 2 BvR 2251/13, StEd 2015, 469).

Abzugsfähig können jedoch in gewissem Umfang Aufwendungen eines **Restaurantkritikers** für Testessen sein (BFH v. 25.8.2000, IV B 131/99, www.stotax-first.de).

Versicherungsbeiträge

Als Werbungskosten abzugsfähig, soweit sie ausschließlich ein **berufliches Risiko** abdecken, z.B. eine Berufs-Haftpflichtversicherung oder eine Arbeitsrechtsschutz-Versicherung.

Gefahren, die in der Person des Arbeitnehmers begründet sind, wie etwa das **allgemeine Lebensrisiko zu erkranken oder Opfer eines Unfalls** zu werden, stellen grundsätzlich **außerberufliche Risiken** dar. Denn das Risiko krankheits- oder unfallbedingter Vermögenseinbußen (Heilbehandlungskosten, Verdienstausfall) ist der privaten Lebensführung zuzurechnen. Eine Ausnahme kommt nur in Betracht, wenn durch die Ausübung des Berufs ein erhöhtes Risiko geschaffen wird und der Abschluss des Versicherungsvertrags entscheidend der Abwendung dieses Risikos dient. Daher sind Versicherungen, die Schutz gegen spezielle berufsspezifische Gefahren (**Berufskrankheiten, Arbeitsunfälle**) gewähren, der **beruflichen Sphäre** zuzurechnen. Gefahren, die darin bestehen, dass beruflich genutzte Gegenstände durch Unfall, Brand, Sturm, Wassereinbruch oder ähnliche Ereignisse zerstört oder beschädigt werden, stellen ebenfalls berufliche Risiken dar (vgl. zuletzt BFH v. 4.8.2011, VIII R 36/09, www.stotax-first.de, betr. die Betriebskostenversicherung eines Zahnarztes).

Beiträge zu **Personenversicherungen** sind i.d.R. Sonderausgaben und nicht Werbungskosten, da die abzudeckende Risikoursache meistens zu einem nicht unwesentlichen Teil auch im privaten Lebensbereich angesiedelt ist (zuletzt BFH v. 19.5.2009, VIII R 6/07, BStBl II 2010, 168 m.w.N. betr. eine sog. Praxisausfallversicherung). Nicht abzugsfähig sind daher Beiträge zu **Risikolebensversicherungen**, mit der der Tod eines Arbeitnehmers/Unternehmers abgesichert werden soll, denn mit dem Tod verwirklicht sich ein allgemeines Lebensrisiko, das der Privatsphäre zuzurechnen ist (zuletzt FG Berlin-Brandenburg v. 7.10.2014, 6 K 6147/12, EFG 2015, 277, Revision eingelegt, Az. beim BFH: IX R 35/14). Auch wenn mit der Risikolebensversicherung die Rückzahlung eines betrieblichen Darlehens der Sozietät oder eines ihrer Gesellschafter hätte sichergestellt werden sollen, wäre eine betriebliche Veranlassung der Prämienzahlungen nicht gegeben.

Bei einer **Berufsunfähigkeits-Versicherung** geht es in ähnlicher Weise wie bei einer **Krankentagegeld-Versicherung** um die Sicherung des Lebensunterhalts, so dass die Prämien nicht als Werbungskosten (auch nicht anteilig), sondern lediglich als Sonderausgaben anerkannt werden können (BFH v. 15.10.2013, VI B 20/13, www.stotax-first.de).

Bei „kombinierten" Versicherungen, die sowohl berufliche als auch private Risiken abdecken (z.B. eine Privat- und Berufs-Haftpflichtversicherung oder eine Familien-Rechtsschutzversicherung, die auch berufliche Risiken abdeckt), kann der berufliche Anteil als Werbungskosten berücksichtigt werden, wenn der Stpfl. eine **Bescheinigung seines Versicherers** darüber beibringt, welcher Anteil der Gesamtprämie nach der Kalkulation auf die berufliche Sphäre betreffenden Versicherungsschutz entfällt. Wenn der Versicherer keine Auskunft gibt und seine Kalkulation nicht offen legt, unterliebt eine Aufteilung mit der Folge, dass nach § 12 Nr. 1 EStG die gesamten Beiträge steuerlich nicht abzugsfähig sind (vgl. BMF v. 23.7.1998, IV B 6 – S 2354 – 33/98, www.stotax-first.de, m.w.N.).

Dies gilt auch für **freiwillige Unfallversicherungen**, die Finanzverwaltung lässt hier allerdings eine schätzungsweise Aufteilung zu (BMF v. 28.10.2009, IV C 5 – S 2332/09/10004, BStBl I 2009, 1275).

Bei „reinen" Kfz-Versicherungen erkennt die Finanzverwaltung zwar eine Aufteilung nach den jeweils gefahrenen Kilometern an. Der auf Wege zwischen Wohnung und erster Tätigkeitsstätte entfallende Anteil ist jedoch mit dem Ansatz der Entfernungspauschale abgegolten (Ausnahme bei behinderten Menschen). Entsprechendes gilt für den Ansatz des Pauschsatzes von 0,30 € je km bei Dienstreisen usw.

Vertragsstrafe

Als Werbungskosten abzugsfähig bei beruflicher Veranlassung, z.B. weil der Arbeitnehmer gegen ein Wettbewerbsverbot verstoßen oder einen vereinbarten Dienstvertrag nicht eingehalten oder eine selbständige Tätigkeit aufgenommen hat (zuletzt BFH v. 7.12.2005, I R 34/05, HFR 2006, 766 betr. die Rückzahlung von Ausbildungskosten wegen vorzeitiger Kündigung des Dienstverhältnisses und BFH v. 22.6.2006, VI R 5/03, BStBl II 2007, 4 betr. eine Vertragsstrafe wegen Aufnahme einer selbständigen Tätigkeit vor Ab-

[LSt] = keine Lohnsteuerpflicht
[LSt] = Lohnsteuerpflicht

lauf der 10-jährigen Verpflichtungszeit zu einer Arbeitnehmertätigkeit im öffentlichen Dienst).

Die sowohl durch einen Auslandseinsatz im Rahmen eines bisherigen Dienstverhältnisses als auch durch das Eingehen eines neuen Arbeitsverhältnisses veranlasste Rückzahlung von Kosten des Auslandseinsatzes an den ehemaligen Arbeitgeber des Stpfl. ist nur bei der Ermittlung der Einkünfte i.R.d. Progressionsvorbehaltes gem. § 32b Abs. 1 Nr. 3 EStG zum Abzug zuzulassen, wenn der Veranlassungszusammenhang der Rückzahlung mit den zuvor i.R.d. Auslandseinsatzes vom Arbeitnehmer steuerfrei erzielten und lediglich dem Progressionsvorbehalt unterliegenden Einnahmen wirtschaftlich vorrangig ist (FG Köln v. 28.1.2015, 12 K 178/12, EFG 2015, 1532, Nichtzulassungsbeschwerde eingelegt, Az. beim BFH: VI B 28/15).

Videorecorder

Nur im **Ausnahmefall** als Werbungskosten abzugsfähig, wenn die nahezu ausschließlich berufliche Verwendung nachgewiesen werden kann (BFH v. 27.9.1991, VI R 1/90, BStBl II 1992, 195). Bei Gegenständen der Unterhaltungselektronik gilt im Allgemeinen der Erfahrungssatz, dass sie auch privat verwendet werden können. Damit ist ein Abzug als Werbungskosten nach § 12 Nr. 1 Satz 2 EStG im Regelfall ausgeschlossen (BFH v. 21.6.1994, VI R 16/94, www.stotax-first.de, betr. Camcorder).

Vormund/Betreuer

Aufwendungen für einen ausschließlich zur Vermögenssorge bestellten Vormund/Betreuer stellen Betriebsausgaben bzw. Werbungskosten bei den mit dem verwalteten Vermögen erzielten Einkünften dar, sofern die Tätigkeit des Vormunds/Betreuers weder einer kurzfristigen Abwicklung des Vermögens noch der Verwaltung ertraglosen Vermögens dient (BFH v. 14.9.1999, III R 39/97, BStBl II 2000, 69).

Wahlkampfkosten

Als Werbungskosten abzugsfähig, auch wenn der Wahlkampf erfolglos war. Das gilt sogar für einen ehrenamtlichen Stadtrat, sofern die sog. Einkunftserzielungsabsicht anerkannt werden kann (BFH v. 25.1.1996, IV R 15/95, BStBl II 1996, 431). „Wahlkampfkosten" sind jedoch regelmäßig nicht Bewirtungskosten (OFD Frankfurt v. 14.8.2015, S 2350 A – 07 – St 212, www.stotax-first.de, betr. steuerfreie Aufwandsentschädigungen und Werbungskosten hauptamtlicher kommunaler Wahlbeamter in Hessen).

Wehrdienst

Aufwendungen für den Freikauf vom türkischen Wehrdienst können nicht als Werbungskosten berücksichtigt werden; unerheblich ist, dass der Arbeitnehmer seiner bisherigen beruflichen Tätigkeit ohne Beeinträchtigung durch die normale Wehrdienstzeit von 18 Monaten nachgehen und so seinen Arbeitsplatz auch für die Zukunft erhalten will (FG Münster v. 12.2.2014, 5 K 2545/13 E, www.stotax-first.de).

Zeitungen, Zeitschriften

Aufwendungen für regionale und überregionale **Tages- und Wochenzeitungen** werden bereits vom **Grundfreibetrag erfasst** und sind grundsätzlich vom Betriebsausgaben- und Werbungskostenabzug ausgeschlossen. Dem Umstand, dass ein Stpfl. neben einer „privat" bezogenen regionalen Tageszeitung noch zwei überregionale Tageszeitungen, eine weitere regionale Tageszeitung und eine wöchentlich erscheinende Zeitungen beruflich bezogen hat, kommt keine Bedeutung. Unerheblich ist auch, wenn der Stpfl. aus solchen Zeitungen beruflich nützliche Informationen sowie Stellenangebote bezieht (zuletzt FG Münster v. 30.9.2010, 5 K 3976/08 E, EFG 2011, 228 m.w.N. betr. Aufwendungen eines Redakteurs für allgemeinbildende Tages- und Wochenzeitungen, ebenso BMF v. 6.7.2010, IV C 3 – S 2227/07/10003 :002, BStBl I 2010, 614).

Nicht abzugsfähig sind ferner die Zeitschriften **Manager-Magazin, Impulse, Wirtschaftswoche** (FG Baden-Württemberg v. 28.3.1996, 6 K 195/95, EFG 1996, 850) „**test**" und „**FINANZtest**" (BMF v. 21.4.1993, IV B 6 – S 2354 – 12/93, n.v.) sowie **Computerzeitschriften** (z.B. Chip, Computerwelt, PC-Welt, CT-Heise), die auch von privaten Nutzern gerne gelesen werden (zuletzt FG Münster v. 21.7.2014, 5 K 2767/13 E, www.stotax-first.de).

Als **Werbungskosten abzugsfähig**, wenn die Literatur ausschließlich oder zumindest weitaus überwiegend beruflich genutzt wird (zuletzt BFH v. 20.5.2010, VI R 53/09, BStBl II 2011, 723 betr. Bücher und Zeitschriften eines Lehrers). Abzugsfähig als Arbeitsmittel sind im Einzelfall auch sog. **Börsenzeitschriften** (hier: Effekten-Spiegel, Depot-Optimierer, Finanztip, Wahrer Wohlstand und Oxford Club) – schon die Vielzahl der Zeitschriften kann für eine berufliche Nutzung sprechen (FG München v. 3.3.2011, 5 K 3379/08, www.stotax-first.de).

Zur Frage, ob Aufwendungen für Großkommentare oder Zeitschriftensammlungen über 410 € sofort abgezogen werden können oder jeder Teilband ein selbständiges, sofort abzugsfähiges Wirtschaftsgut ist, s. zuletzt FG Düsseldorf v. 13.11.2000, 11 K 4437/98 E, EFG 2001, 281.

Hinweis:

Soweit der BFH und die Finanzgerichte in den vorstehend genannten Fällen den Betriebsausgaben- bzw. Werbungskostenabzug unter Hinweis auf das bisher geltende Aufteilungs- und Abzugsverbot des § 12 Nr. 1 Satz 2 EStG abgelehnt haben, gelten diese Urteile auch nach Ergehen des Beschlusses des Großen Senats des BFH v. 21.9.2009, GrS 1/06, BStBl II 2010, 672 grundsätzlich weiter. Denn schon nach der bisherigen Rechtsprechung kam dieses Verbot nur zum Tragen, wenn eine eindeutige Aufteilung der Kosten in Betriebsausgaben/Werbungskosten bzw. Kosten der Lebensführung nach objektivierbaren Kriterien nicht möglich erschien. Die Finanzverwaltung geht davon aus, dass in diesen Fällen auch künftig eine Aufteilung nicht möglich ist, weil die **beruflichen und privaten Veranlassungsbeiträge untrennbar ineinandergreifen** (BMF v. 6.7.2010, IV C 3 – S 2227/07/10003 :002, BStBl I 2010, 614).

Für den Regelfall dürfte diese Annahme zutreffend sein (s. die Beispiele im o.g. BMF-Schreiben), allerdings bleibt die weitere BFH-Rechtsprechung abzuwarten.

Werkstudenten

→ *Studenten* Rz. 2817

Werkswohnung

→ *Dienstwohnung* Rz. 807

Werkvertrag

→ *Arbeitnehmer* Rz. 173, → *Arbeitnehmerüberlassung* Rz. 191

Werkzeuggeld

Zahlt der Arbeitgeber für die betriebliche Benutzung von Werkzeugen des Arbeitnehmers (z.B. Motorsägen der Waldarbeiter) diesem eine Entschädigung (Werkzeuggeld), so ist die Entschädigung nach § 3 Nr. 30 EStG **steuer- und beitragsfrei**, soweit sie die entsprechenden Aufwendungen des Arbeitnehmers nicht offensichtlich übersteigt. 3195

Die Steuerbefreiung nach § 3 Nr. 30 EStG beschränkt sich auf die Erstattung der Aufwendungen, die dem Arbeitnehmer durch die betriebliche Benutzung eigener Werkzeuge entstehen. Eine betriebliche Benutzung der Werkzeuge liegt auch dann vor, wenn die Werkzeuge i.R.d. Dienstverhältnisses außerhalb einer Betriebsstätte des Arbeitgebers eingesetzt werden, z.B. auf einer Baustelle.

Ohne Einzelnachweis der tatsächlichen Aufwendungen sind pauschale Entschädigungen steuerfrei, soweit sie

– die regelmäßigen Absetzungen für Abnutzung der Werkzeuge,
– die üblichen Betriebs-, Instandhaltungs- und Instandsetzungskosten der Werkzeuge sowie
– die Kosten der Beförderung der Werkzeuge

abgelten (R 3.30 Satz 4 LStR).

[LSt] (SV)

Soweit **Entschädigungen für Zeitaufwand** des Arbeitnehmers gezahlt werden, z.B. für die ihm obliegende Reinigung und Wartung der Werkzeuge, gehören sie zum steuerpflichtigen Arbeitslohn.

Als **Werkzeuge** sind nur solche Hilfsmittel anzusehen, die zur leichteren Handhabung, zur Herstellung oder zur Bearbeitung eines Gegenstands verwendet werden und dessen Anschaffungskosten in der weitaus überwiegenden Zahl der Fälle tatsächlich **unter 410 €** liegen (BFH v. 21.8.1995, VI R 30/95, BStBl II 1995, 906).

Keine Werkzeuge sind danach z.B. (vgl. R 3.30 Satz 2 LStR)

– Datenverarbeitungsgeräte des Arbeitnehmers,
– die Musikinstrumente von Musikern,
– Fotokopiergeräte von Journalisten,
– Fotoapparate von Fotoreportern.

Erstattet in diesen Fällen der Arbeitgeber dem Arbeitnehmer die Aufwendungen für die Beschaffung oder den Unterhalt dieser Geräte, so liegt kein steuerfreies Werkzeuggeld vor, sondern steuer- und beitragspflichtiger Arbeitslohn (so z.B. bei → *Home-Office/Mobile-Office/Telearbeit* Rz. 1574).

[LSt] (SV)

Werkzeuggeld

Wertguthaben
→ *Altersteilzeit* Rz. 68

Wertmarken
→ *Arbeitslohn-ABC* Rz. 255

Wettbewerbsverbot

1. Arbeitsrecht

3196 Der Arbeitnehmer ist grundsätzlich **nach Beendigung des Arbeitsverhältnisses** frei, seine Kenntnisse und Fähigkeiten auch im Wettbewerb zu seinem früheren Arbeitgeber zu verwenden. Eine Ausnahme hiervon gilt nur dann, wenn ausdrücklich zwischen Arbeitnehmer und Arbeitgeber ein Wettbewerbsverbot (Konkurrenzverbot) vereinbart ist. Nach der ab 1.1.2003 geltenden neuen Vorschrift des **§ 110 GewO** richtet sich das Wettbewerbsverbot für alle Arbeitnehmer nach §§ 74 ff. HGB.

Das vertragliche Wettbewerbsverbot gilt während der gesamten rechtlichen Dauer des Arbeitsverhältnisses. Ein Arbeitnehmer darf deshalb grundsätzlich auch **nach Zugang** einer von ihm gerichtlich angegriffenen **fristlosen Kündigung** des Arbeitgebers keine Konkurrenztätigkeit ausgeübt haben, falls sich die Kündigung später als unwirksam herausstellt (BAG v. 23.10.2014, 2 AZR 644/13, www.stotax-first.de).

Ein Wettbewerbsverbot muss nach § 74 Abs. 2 HGB die Verpflichtung des Arbeitgebers enthalten, für die Dauer des Wettbewerbsverbots eine Entschädigung zu zahlen, die sog. **Karenzentschädigung**. Diese Entschädigung muss mindestens die Hälfte des vom Arbeitnehmer zuletzt bezogenen Arbeitsentgelts erreichen. Eine Ausschlussfrist (Verfallfrist) erfasst i.d.R. auch die Karenzentschädigung (BAG v. 17.6.1997, 9 AZR 801/95, www.stotax-first.de). Ein vereinbartes Wettbewerbsverbot ohne die Verpflichtung des Arbeitgebers zur Zahlung der Karenzentschädigung ist **unbeachtlich und nichtig**, ebenso auch ein unter Verstoß gegen das Schriftformgebot nach § 74 Abs. 1 HGB mündlich vereinbartes Wettbewerbsverbot. Von der Nichtigkeit ist die bloße **Unverbindlichkeit** des Wettbewerbsverbots zu unterscheiden. Das Wettbewerbsverbot ist unverbindlich, soweit es den Arbeitnehmer in seiner beruflichen Tätigkeit über das zulässige Maß hinaus beschränkt. Das kann der Fall sein, wenn das Verbot bestimmter Tätigkeiten nicht dem Schutz eines berechtigten geschäftlichen Interesses des Arbeitgebers dient oder wenn es für eine längere Zeit als zwei Jahre vereinbart worden ist. In solchen Fällen ist nicht die ganze Vereinbarung unwirksam, das Verbot wird vielmehr nur auf den zulässigen Rahmen reduziert. Der Arbeitnehmer bleibt verpflichtet, solche Wettbewerbstätigkeiten zu unterlassen, deren Verbot in zulässiger Weise vereinbart werden konnte. Ein **Vorvertrag**, der den Arbeitnehmer ohne zeitliche Begrenzung zum Abschluss eines nachvertraglichen Wettbewerbsverbots verpflichtet, ist für den Arbeitnehmer unverbindlich. Auf Grund des unverbindlichen Vorvertrags kann der Arbeitnehmer wie bei einem bedingten Wettbewerbsverbot entweder Wettbewerbsfreiheit ohne Karenzentschädigung oder Wettbewerbsenthaltung zu den Bedingungen des Vorvertrags wählen (BAG v. 14.7.2010, 10 AZR 291/09, www.stotax-first.de).

Unverbindlich ist ein Wettbewerbsverbot aber auch dann, wenn eine zu niedrige Karenzentschädigung vereinbart worden ist oder wenn es unter der Bedingung steht, dass der Arbeitgeber die Einhaltung des Wettbewerbsverbots verlangt, oder wenn die Höhe der Karenzentschädigung in das Ermessen des Arbeitgebers gestellt wird (BAG v. 15.1.2014, 10 AZR 243/13, www.stotax-first.de). In diesen Fällen bedeutet Unverbindlichkeit, dass der **Arbeitnehmer ein Wahlrecht hat**. Er kann einmal die Unverbindlichkeit geltend machen und eine Konkurrenztätigkeit aufnehmen, dann aber auch keine Entschädigung verlangen, oder er kann sich an das Wettbewerbsverbot halten und die vereinbarte eventuell niedrigere – nicht die gesetzliche – Entschädigung verlangen (BAG v. 19.1.1978, 3 AZR 573/77, www.stotax-first.de). Es genügt allerdings (BAG v. 22.5.1990, 3 AZR 647/88, www.stotax-first.de), wenn sich der Arbeitnehmer zu Beginn der Karenzzeit für die eine oder andere Möglichkeit entscheidet. Er braucht dem Arbeitgeber die getroffene Wahl nicht mitzuteilen. Bei einem sog. **überschie**ßenden Wettbewerbsverbot, das teils verbindlich, teils unverbindlich ist, gilt: Der Anspruch auf Karenzentschädigung setzt voraus, dass der Arbeitnehmer das Wettbewerbsverbot insoweit einhält, als es nach § 75a Abs. 1 HGB verbindlich ist. Die Einhaltung auch in seinem unverbindlichen Teil ist nicht erforderlich (BAG v. 21.4.2010, 10 AZR 288/09, www.stotax-first.de).

Ein berechtigtes geschäftliches Interesse des Arbeitgebers an einem Wettbewerbsverbot kann neben dem Schutz von Betriebsgeheimnissen und vor Einbruch eines ausgeschiedenen Mitarbeiters in den Kunden- oder Lieferantenkreis auch bezwecken, dass sich der ausgeschiedene Mitarbeiter nicht in erheblichem wirtschaftlichem Umfang **an einem Konkurrenzunternehmen beteiligt** und so mittelbar in Wettbewerb zum Arbeitgeber tritt. Ein solches nachvertragliches Wettbewerbsverbot, das sich auf jede denkbare Form der Unterstützung eines Konkurrenzunternehmens bezieht, umfasst auch das **Belassen eines zinslosen Darlehens**, das der Arbeitnehmer einem Konkurrenzunternehmen während des bestehenden Arbeitsverhältnisses zum Zweck seiner Gründung ausgereicht hat (BAG v. 7.7.2015, 10 AZR 260/14, www.stotax-first.de).

Eine **Ausgleichsklausel** in einem Vergleich, die sich auf alle Ansprüche aus dem Arbeitsverhältnis bezieht, erstreckt sich regelmäßig auch auf eine Karenzentschädigung aus einem nachvertraglichen Wettbewerbsverbot (BAG v. 24.6.2009, 10 AZR 707/08, www.stotax-first.de).

Zu aktuellen Fragen Hinweis im Übrigen auf D. Besgen, Vertragliches und nachvertragliches Wettbewerbsverbot, B+P 2010, 523.

2. Lohnsteuer und Sozialversicherung

a) Arbeitslohn

3197 Zahlt der Arbeitgeber einem früheren Arbeitnehmer auf Grund eines Wettbewerbsverbots (§§ 74 ff. HGB) eine **Karenzentschädigung**, so gehört diese nach § 2 Abs. 2 Nr. 4 LStDV zum steuerpflichtigen **Arbeitslohn**. Dies gilt auch dann, wenn der Arbeitnehmer nach Abschluss der Vereinbarung ins **Ausland verzieht** (FG Hamburg v. 21.1.1975, II 58/74, EFG 1975, 242). Für die Zeit nach Beendigung des Arbeitsverhältnisses gezahlte Karenzentschädigungen wegen eines Wettbewerbsverbots von längstens zwei Jahren sind trotz der Lohnsteuerpflicht kein Arbeitsentgelt i.S.d. Sozialversicherung.

Wird die Entschädigung als Abgeltung für die Einnahmen mehrerer Jahre gezahlt („**Zusammenballung**"), ist sie als sonstiger Bezug (→ *Sonstige Bezüge* Rz. 2704) **tarifermäßigt** zu versteuern (BFH v. 13.2.1987, VI R 230/83, BStBl II 1987, 386). Ein zusammengeballter Zufluss der Entschädigung i.S.d. § 34 EStG ist auch gegeben, wenn der Stpfl. nur die erste der insgesamt vereinbarten 24 Monatsraten fristgerecht erhalten hat, der Restbetrag hingegen erst in einem späteren Veranlagungszeitraum nach Abschluss eines auf Grund der Zahlungseinstellung des vormaligen Arbeitgebers angestrengten Klageverfahrens als Einmalzahlung zugeflossen ist (FG Köln v. 17.11.2004, 7 K 2006/03, EFG 2005, 444). S. auch → *Entschädigungen* Rz. 1134.

Keine steuerbegünstigte Entschädigung i.S.d. § 34 EStG liegt jedoch vor, wenn der Arbeitnehmer freiwillig aus seinem bisherigen Arbeitsverhältnis ausscheidet und der **künftige Arbeitgeber** an den Arbeitnehmer Zahlungen leistet, weil dieser auf Grund eines Wettbewerbsverbots zu Gunsten seines früheren Arbeitgebers für den neuen Arbeitgeber noch nicht tätig werden darf. (FG Nürnberg v. 23.4.1980, V 189/78, EFG 1980, 444) oder eine **Karenzentschädigung in monatlichen Beträgen über zwei Jahre gezahlt** wird (FG Sachsen-Anhalt v. 22.10.2014, 2 K 272/12, www.stotax-first.de).

b) Kein Arbeitslohn

3198 Eine Karenzentschädigung rührt nicht aus einer im **Inland** ausgeübten nichtselbständigen Tätigkeit und unterliegt damit **nicht dem Lohnsteuerabzug**, wenn sich der Arbeitnehmer weder während der Karenzzeit im Inland aufhält noch die möglichen Wettbewerbshandlungen ihren Schwerpunkt im Inland haben und wenn die Karenzentschädigung auch nicht mehr mit einer früheren inländischen Tätigkeit zusammenhängt (FG Baden-Württemberg v. 22.9.1983, III 412/81, EFG 1984, 183).

Arbeitslohn liegt auch dann nicht vor, wenn eine **eindeutige Zuordnung** zu einer der Einkunftsarten des § 2 Abs. 1 Nr. 1 bis 6 EStG **nicht möglich ist**, weil eine Karenzentschädigung für die Nichtausübung mehrerer unterschiedlich zu qualifizierender Tätigkeiten gezahlt wird. Die Entschädigung gehört dann zu den **sonstigen Einkünften** i.S.d. § 22 Nr. 3 EStG (BFH v. 12.6.1996, XI R 43/94, BStBl II 1996, 516). S. hierzu zuletzt BFH v. 19.3.2013, IX R 65/10, HFR 2013, 780: Werden Stillhalte-, Förder- und Wohlverhaltenspflichten mit dem Ziel übernommen, einen geplanten Börsengang nicht zu stören, kann darin eine steuerbare Leistung i.S.d. § 22 Nr. 3 EStG liegen, wenn ihr eigenständige wirtschaftliche Bedeutung zukommt.

Winterausfallgeld

→ *Saison-Kurzarbeitergeld* Rz. 2625

Winterbeschäftigungs-Umlage

→ *Saison-Kurzarbeitergeld* Rz. 2625

Wintergeld

→ *Arbeitslosenversicherung* Rz. 261, → *Saison-Kurzarbeitergeld* Rz. 2625

Wirtschaftlicher Arbeitgeber

→ *Arbeitgeber* Rz. 164, → *Doppelbesteuerungsabkommen bei Einkünften aus nichtselbständiger Arbeit* Rz. 885

Witwenbezüge

1. Witwengelder und Witwenpensionen

3199 Zum **Arbeitslohn** gehören auch Einnahmen aus einem früheren Dienstverhältnis, selbst wenn sie dem Rechtsnachfolger zufließen (§ 2 Abs. 2 Nr. 2 LStDV). So genannte Witwen- und Waisengelder werden daher in § 19 Abs. 1 Satz 1 Nr. 2 EStG ausdrücklich den Einkünften aus nichtselbständiger Arbeit zugerechnet. Es handelt sich um Versorgungsbezüge (→ *Versorgungsbezüge* Rz. 3050), so dass die Versorgungsfreibeträge (→ *Versorgungsfreibeträge* Rz. 3056) abzusetzen sind (§ 19 Abs. 2 Nr. 1 EStG). Die Witwe wird für die Besteuerung so behandelt, als sei sie **selbst Arbeitnehmerin** (RFH v. 14.5.1930, RStBl 1930, 704). Der Lohnsteuerabzug erfolgt nach den **für sie maßgebenden elektronischen Lohnsteuerabzugsmerkmalen**: Steuerermäßigungen, die dem verstorbenen Ehemann zugestanden hätten (z.B. ein Pauschbetrag für Behinderte), bleiben außer Betracht (BFH v. 29.7.1960, VI 265/58 U, BStBl III 1960, 404). Vgl. im Übrigen R 19.9 LStR sowie → *Pensionäre* Rz. 2227.

Witwenbezüge, die der **Witwe vor ihrem Ableben weder gutgeschrieben noch sonst als ihr zugeflossen anzusehen sind, sind ihrem Erben als eigene Einkünfte** aus nichtselbständiger Arbeit zuzurechnen und nach den in seiner Person gegebenen Besteuerungsmerkmalen zu besteuern (BFH v. 29.7.1960, VI 265/58 U, BStBl III 1960, 404).

Dem Lohnsteuerabzug unterliegen ebenso freiwillige Zahlungen des Arbeitgebers – sog. **Gnadenbezüge** – an die Witwe und andere Hinterbliebene, insbesondere an die Kinder (vgl. FG Berlin v. 24.1.1984, V 168/83, EFG 1984, 406).

2. Witwenabfindungen

3200 Steuerfrei sind nach § 3 Nr. 3 EStG Witwenabfindungen nach § 21 BeamtVG oder nach § 3 Nr. 6 EStG Leistungen nach dem Bundesversorgungsgesetz, z.B. an Kriegerwitwen.

3. Witwenrenten

Witwenrenten aus der Rentenversicherung sind nur mit dem **Besteuerungsanteil als sonstige Einkünfte** einkommensteuerpflichtig; ein Lohnsteuerabzug entfällt (→ *Altersrenten* Rz. 59). 3201

Wochenendheimfahrten

→ *Doppelte Haushaltsführung: Allgemeines* Rz. 901, → *Reisekosten: Allgemeine Grundsätze* Rz. 2409

Wohnsitzbegriff

→ *Steuerpflicht: unbeschränkte* Rz. 2794

Wohnungseigentümergemeinschaften

Wohnungseigentümergemeinschaften beschäftigen häufig **Hausmeister, Reinigungskräfte** usw. Sie sind insoweit – sofern mit diesen Personen ein Arbeitsverhältnis vereinbart wird (hierfür gelten die allgemeinen Regeln, → *Arbeitnehmer* Rz. 173) – **Arbeitgeber**, da auch Personenvereinigungen Arbeitgeber sein können (vgl. BFH v. 17.2.1995, VI R 41/92, BStBl II 1995, 390); s.a. → *Arbeitnehmer-ABC* Rz. 188 Stichwort „Hausmeister". Dies gilt auch, wenn **ein Eigentümer** z.B. als **Hausmeister oder Reinigungskraft** tätig wird; insoweit ist er **Arbeitnehmer** der Wohnungseigentümergemeinschaft. Bei Einkünften aus Gewerbebetrieb gehören zu den Gewinnanteilen der Mitunternehmer zwar auch die Tätigkeitsvergütungen i.S.d. § 15 Abs. 1 Satz 1 Nr. 2 EStG; diese Regelung ist jedoch auf andere Einkunftsarten oder auf Gemeinschaften, die – wie regelmäßig Wohnungseigentümergemeinschaften – als solche keine Einkünfte erzielen, **nicht anwendbar**. 3202

Die Steuervergünstigung des § 35a EStG für haushaltsnahe Beschäftigungsverhältnisse, haushaltsnahe Dienstleistungen und Handwerkerleistungen (→ *Haushaltsnahe Beschäftigungsverhältnisse und Dienstleistungen: Steuerermäßigung* Rz. 1553) wird auch für Wohnungseigentümergemeinschaften gewährt, selbst wenn der Verwalter die Handwerker usw. beauftragt (zuletzt BMF v. 15.2.2010, IV C 4 – S 2296b/07/0003, BStBl I 2010, 140).

Eine Tätigkeit als **Hausverwalter** stellt demgegenüber im Regelfall **keine Arbeitnehmertätigkeit** dar, sondern ist als gewerbliche oder sonstige selbständige Tätigkeit i.S.d. § 18 Abs. 1 Nr. 3 EStG anzusehen (BFH v. 13.5.1966, VI 63/64, BStBl III 1966, 489).

Die lohnsteuerlichen Arbeitgeberpflichten obliegen regelmäßig dem **Verwalter**. Dieser hat grundsätzlich für jede von ihm betreute Wohnungseigentümergemeinschaft eine **gesonderte Lohnsteuer-Anmeldung** abzugeben (OFD Berlin v. 1.2.1999, St 423 – S 2376 – 1/99, www.stotax-first.de). **Ab 2004** kann der Verwalter jedoch mit Zustimmung des Finanzamts die **lohnsteuerlichen Pflichten** für die von ihm betreuten Wohnungseigentümergemeinschaften **übernehmen** (§ 38 Abs. 3a EStG). In diesem Fall muss der Verwalter nur noch eine Lohnsteuer-Anmeldung für alle Wohnungseigentümergemeinschaften abgeben. Einzelheiten → *Lohnsteuerabzug durch Dritte* Rz. 1848.

Zuständiges **Betriebsstättenfinanzamt** für die Anmeldung und Abführung der Lohnsteuer für die Wohnungseigentümergemeinschaft ist regelmäßig das für die Verwaltungsfirma zuständige Finanzamt (dazu im Einzelnen → *Betriebsstätte* Rz. 698).

Wohnungsüberlassung

→ *Dienstwohnung* Rz. 807

Zählgelder

→ *Fehlgeldentschädigung* Rz. 1205

Zahlstellenverfahren

→ *Versorgungsbezüge* Rz. 3050

Zahlstellenverfahren

Zehrgelder

3203 Zahlt der Arbeitgeber seinen Außendienstmitarbeitern **Pauschalentschädigungen** für Reisekosten usw., sind diese in vollem Umfang steuerpflichtig. Der Arbeitnehmer kann jedoch seine Reisekosten – sofern die Voraussetzungen für den Abzug vorliegen – im Rahmen der Einkommensteuererklärung als **Werbungskosten** geltend machen. Dies ist aber im Regelfall ungünstiger, weil sich nur die Werbungskosten steuerlich auswirken, die über den **Arbeitnehmer-Pauschbetrag** von 1 000 € (ab 2011) hinausgehen. Außerdem erfolgt bei der Sozialversicherung keine Korrektur.

Auch im **öffentlichen Dienst** gezahlte Zehrgelder gehören zum steuerpflichtigen **Arbeitslohn**, wenn nicht eine besondere Steuerbefreiungsvorschrift, z.B. als Aufwandsentschädigungen oder als Reisekosten, in Betracht kommt (OFD Hannover v. 25.1.1999, S 2337 – 14 – StO 211, www.stotax-first.de, betr. tarifliche Zehrgelder in der Straßenbauverwaltung; → *Aufwandsentschädigungen im öffentlichen Dienst* Rz. 383; → *Reisekosten: Allgemeine Grundsätze* Rz. 2409).

So genannte **Außendienstpauschalen**, mit denen früher insbesondere Verpflegungsmehraufwendungen für Auswärtstätigkeiten bis **zu sechs Stunden** abgegolten werden sollten, sind in vollem Umfang steuerpflichtig. Denn die Mindestabwesenheitsdauer für den steuerfreien Ersatz von Verpflegungsmehraufwendungen nach § 9 Abs. 4a EStG von – ab 2014 – **mehr** als acht Stunden wird regelmäßig nicht erfüllt sein.

Die Pauschalen bleiben **aber weiterhin** steuerfrei, soweit sie **Reisenebenkosten** (z.B. Parkgebühren) abgelten sollen (in Niedersachsen z.B. pauschal 32 € monatlich bei Steuerfahndungsbeamten).

[LSt] [SV]

Zeitungen: kostenlose Überlassung

3204 Wird Arbeitnehmern von Zeitungsverlagen kostenlos eine Tageszeitung überlassen, so ist dieser Vorteil grundsätzlich steuer- und beitragspflichtig. Es handelt sich nicht um eine steuerfreie Annehmlichkeit (FinMin Berlin v. 29.3.1999, III A 32 – S 2334 – 3/99, www.stotax-first.de).

[LSt] [SV]

Ist der **Rabattfreibetrag** von 1 080 € anzuwenden, weil der Vorteil vom **eigenen Arbeitgeber** gewährt wird, bleibt er steuer- und beitragsfrei, wenn der Betrag von 1 080 € im Kalenderjahr nicht überschritten wird. Maßgebend ist der um 4 % geminderte Endpreis des Arbeitgebers.

> **Beispiel 1:**
> Ein Arbeitnehmer ist bei einem Zeitungsverlag beschäftigt. Er erhält täglich kostenlos eine Tageszeitung im Wert von 1,50 €. Bei sechs Wochentagen und 52 Wochen im Jahr ergibt sich ein Vorteil von insgesamt 468 € (1,50 € × 6 Tage × 52 Wochen).
> Der Vorteil ist steuer- und beitragsfrei, weil der Rabattfreibetrag von 1 080 € nicht überschritten wird.

> **Beispiel 2:**
> Die Arbeitnehmer einer Druckerei erhalten jeweils ein Freiexemplar einer Zeitung. Die Druckerei führt den Satz und den Druck der Zeitung im Auftrag der Schwesterfirma aus, die Herausgeberin der Zeitung ist und den Inhalt und die Satzvorgaben für die Zeitung übermittelt.
> Der Rabattfreibetrag von 1 080 € kann berücksichtigt werden, weil die Druckerei Herstellerin der Zeitung ist. Denn Hersteller einer Ware i.S.d. § 8 Abs. 3 EStG kann auch derjenige Arbeitgeber sein, der im Auftrag und nach den Plänen und Vorgaben eines anderen die Ware produziert (BFH v. 28.8.2002, VI R 88/99, BStBl II 2003, 154).

Ist der Rabattfreibetrag von 1 080 € **nicht** anzuwenden, weil der Vorteil von einem mit dem Arbeitgeber verbundenen Unternehmen gewährt wird, bleibt er nach § 8 Abs. 2 Satz 11 EStG steuer- und beitragsfrei, wenn die **Freigrenze von 44 €** im Kalendermonat nicht überschritten wird (→ *Sachbezüge* Rz. 2605).

[LSt] [SV]

> **Beispiel 3:**
> Ein Arbeitnehmer erhält täglich kostenlos eine Tageszeitung im Wert von 1,50 € von einem mit dem Arbeitgeber verbundenen Zeitungsverlag.

> Bei höchstens 27 Bezugstagen (31 Tage abzüglich vier Sonntage) ergibt sich ein höchstmöglicher Vorteil von 40,50 €. Da dieser Wert die Freigrenze von 44 € nicht übersteigt, bleibt der Vorteil aus dem kostenlosen Bezug der Tageszeitung steuer- und beitragsfrei, wenn keine weiteren Sachbezüge hinzukommen.

Zeitungsausträger

1. Arbeitnehmereigenschaft

Zeitungsausträger sind im Regelfall **Arbeitnehmer (zur Geltung** 3205 **des Mindestlohns § 24 Abs. 2 MiLoG)**, da das Zeitungsaustragen eine einfache Tätigkeit ist, die von vornherein nur geringe Gestaltungsmöglichkeiten zulässt. Die Weisungsgebundenheit ergibt sich hier i.d.R. daraus, dass dem Zusteller ein bestimmter Bezirk mit Kundenliste zugewiesen und ein zeitlicher Rahmen vorgegeben wird (BAG v. 16.7.1997, 5 AZR 312/96, www.stotax-first.de, mit ausführlichen Nachweisen auch der Finanz- und Sozialgerichtsrechtsprechung). Arbeitnehmer sind hiernach regelmäßig Zeitungsausträger, die sechs Tage in der Woche Tageszeitungen zustellen.

Nach ständiger BFH-Rechtsprechung ist die Frage, ob jemand eine Tätigkeit selbständig oder nichtselbständig ausübt, anhand einer Vielzahl in Betracht kommender Kriterien nach dem **Gesamtbild der Verhältnisse** zu beurteilen (→ *Arbeitnehmer* Rz. 175). **Werbeprospektverteiler** können daher je nach Umfang und Organisation der übernommenen Tätigkeit Arbeitnehmer oder Gewerbetreibende sein (BFH v. 9.9.2003, VI B 53/03, HFR 2003, 1181 sowie BFH v. 30.4.2009, VI R 54/07, BStBl II 2010, 996 betr. Rechtsanspruch auf Erteilung einer Anrufungsauskunft, m.w.N.).

Die nachfolgenden Rechtsprechungsnachweise dürfen daher **nicht verallgemeinert** werden.

Ein **Arbeitsverhältnis bejaht** wurde bei

- **Zeitungsausträgerinnen**, selbst wenn sie die Möglichkeit haben, neue Abonnenten zu werben, und ein Inkassorisiko tragen (BFH v. 24.7.1992, VI R 126/88, BStBl II 1993, 155 m.w.N.),
- den für ein Werbemittelunternehmen tätigen **Verteilern von Wurfsendungen** (BFH v. 24.7.1992, VI R 126/88, BStBl II 1993, 155 m.w.N.; ebenso FG Nürnberg v. 19.7.1994, IV 125/91, www.stotax-first.de),
- den **Zustellern von Anzeigenblättern (Wochenblätter) und den Kontrolleuren der Zusteller** (vgl. zuletzt FG Niedersachsen v. 6.5.1999, XI 679/97, EFG 1999, 1015 und BFH v. 9.11.2004, VI B 150/03, www.stotax-first.de, sowie den in → *Arbeitnehmer-ABC* Rz. 188 genannten Abgrenzungskatalog der Spitzenverbände der Sozialversicherungsträger vom 13.4.2010, Stichwort „Verteiler von Anzeigenblättern oder Prospekten"),
- **Werbern von Zeitschriftenabonnements**, deren Tätigkeit durch totale Weisungsgebundenheit, organisatorische Eingliederung, fehlende Unternehmerinitiative und fehlendes Unternehmerrisiko gekennzeichnet ist; dies gilt selbst dann, wenn die Werber ausschließlich erfolgsabhängige Provisionen beziehen (zuletzt FG München v. 1.4.2010, 8 V 3819/09, www.stotax-first.de, betr. sog. Drückerkolonnenchefs m.w.N.),
- **Zeitungszustellern**, wenn sie einem Weisungsrecht hinsichtlich Zeit, Art und Ort der Arbeitsausführung unterliegen, ihnen ein bestimmter Zustellbezirk zugeteilt wurde und sie weder eigenes Kapital oder eigene Betriebsmittel einzusetzen haben bzw. sie auch über keine eigene Betriebsstätte verfügen. Dagegen sprechen auch einige Punkte für eine selbständige Tätigkeit wie z.B. Rechnungsstellung mit Ausweisung der Mehrwertsteuer, Stellen einer Ersatzkraft bei Verhinderung. Die Merkmale, die für ein abhängiges Beschäftigungsverhältnis sprechen, überwiegen jedoch bei weitem (LSG Hessen v. 27.4.2006, L 1 KR 124/05, www.stotax-first.de),
- **Zeitungsausträgern bzw. Zustellern**, sie sind in der Sozialversicherung grundsätzlich als Beschäftigte und nicht als selbständige Unternehmer ("Kleinspediteure") anzusehen (LSG Nordrhein-Westfalen v. 26.7.2006, L 17 U 64/05, www.stotax-first.de).

[LSt] [SV]

Dagegen ist ein **Arbeitsverhältnis abzulehnen,** wenn die Anzahl der auszutragenden Zeitungen so groß ist, dass der Zusteller **Hilfskräfte** einsetzen muss, um das übernommene Arbeitsvolumen in der vorgegebenen Zeit bewältigen zu können (BAG v. 16.7.1997, 5 AZR 312/96, www.stotax-first.de).

Ein **Arbeitsverhältnis abgelehnt** wurde ferner bei

- den Zeitungszustellern einer **Sonntagszeitung**, wenn deren zeitliche Inanspruchnahme – anders als bei Zustellern von Tageszeitungen – nur gering (drei Arbeitsstunden pro Woche) und die Arbeitszeit innerhalb

[LSt] = keine Lohnsteuerpflicht
[LSt] = Lohnsteuerpflicht

Zielvereinbarungen

des zeitlichen Rahmens („sonntags zwischen 6.00 und 9.00 Uhr") nicht genau festgelegt ist (vgl. ArbG Oldenburg v. 7.6.1996, 3 Ca 819/95, www.stotax-first.de, sowie den o.g. Abgrenzungskatalog der Spitzenverbände der Sozialversicherungsträger vom 13.4.2010, Stichwort „Ambulante Sonntagshändler", m.w.N.),
– Vertragsgestaltungen, bei denen die Aushilfszusteller als **selbständige Kleinspediteure** gem. §§ 425 ff. BGB im Verhältnis zum Verlag oder einer selbständigen Vertriebsagentur anerkannt werden können (OFD Magdeburg v. 29.4.2010, S 2331 – 80 – St 225, www.stotax-first.de, sowie BFH v. 30.6.2000, V B 20, 21/00, www.stotax-first.de). An die steuerliche Anerkennung sind jedoch strenge Anforderungen zu stellen,
– **Verteilern von Zeitschriften**, wenn sie in der Organisation und Zeiteinteilung ihrer Tätigkeit völlig frei sind und vom Auftraggeber lediglich vorgegeben wird, dass die Zeitschriften innerhalb von drei Tagen zu verteilen sind (FG Münster v. 23.5.2001, 8 K 158/98 L, EFG 2001, 1200),
– **Werbeprospektverteilern**, wenn weder ein Urlaubsanspruch, ein Anspruch auf Sozialleistungen, auf Fortzahlung der Bezüge im Krankheitsfall noch auf Überstundenvergütung besteht und sie nur in einem sehr eingeschränkten Umfang hinsichtlich Ort, Zeit und Inhalt ihrer Tätigkeit gegenüber dem Werbemittelvertrieb weisungsgebunden sind (BFH v. 9.9.2003, VI B 53/03, HFR 2003, 1181 sowie v. 30.4.2009, VI R 54/07, BStBl II 2010, 996).

Die o.g. Grundsätze gelten auch für die **Sozialversicherung** (s. den o.g. Abgrenzungskatalog der Spitzenverbände der Sozialversicherungsträger vom 13.4.2010, Stichwort „Zeitungszusteller/-austräger").

2. Werbetätigkeit

a) Lohnsteuer

3206 Zeitungsausträger werben oft neben ihrer eigentlichen Tätigkeit neue Abonnenten und erhalten dafür vom Zeitungsverlag Prämien. Diese Prämien sind dann **kein Arbeitslohn**, wenn die Zeitungsausträger **weder rechtlich noch faktisch** zur Anwerbung neuer Abonnenten verpflichtet sind. Dies gilt auch dann, wenn die Werbung neuer Abonnenten ausschließlich innerhalb des eigenen Zustellbezirks der Zeitungsausträger erfolgt und die Belieferung der neuen Abonnenten in der Folgezeit zu einer Erhöhung des Arbeitslohns des Zeitungsausträgers führt (BFH v. 22.11.1996, VI R 59/96, BStBl II 1997, 254). Die steuerliche Regelung unterscheidet sich hier von der sozialversicherungsrechtlichen.

b) Sozialversicherung

3207 Die Spitzenverbände der Sozialversicherungsträger vertreten die Auffassung, dass sich die in → Rz. 3206 dargestellte **steuerliche Handhabung nicht auf das Sozialversicherungsrecht übertragen lässt**. Die vom BFH vorgenommene Trennung zwischen Hauptbeschäftigung (Zeitungsausträger) und Nebenbeschäftigung (Werbung) findet in der Rechtsprechung des BSG keine Stütze. Das BSG hat vielmehr in seinen Entscheidungen (vgl. u.a. BSG v. 3.2.1994, 12 RK 18/93, www.stotax-first.de) für die Beurteilung der Versicherungs- und Beitragspflicht stets auf das Gesamtbild der Tätigkeit abgestellt und keine getrennte Beurteilung einzelner Betätigungsfelder vorgenommen. Im Übrigen dürfte davon auszugehen sein, dass bei Zeitungsausträgern die Austrägerbeschäftigung grundsätzlich gegenüber der Werbetätigkeit überwiegt, so dass sie auch hinsichtlich dieser Werbetätigkeit sozialversicherungsrechtlich als Arbeitnehmer anzusehen sind und die Werbeprämien als Arbeitsentgelt i.S.d. § 14 SGB IV der Beitragspflicht unterliegen (Besprechungsergebnis der Spitzenverbände der Sozialversicherungsträger v. 17./18.11.1998).

3. Gewährung von Nachtzuschlägen

3208 Soweit Zeitungsausträger neben der Zahlung eines Mindeststücklohns **einen Nachtzuschlag** erhalten, **kommt die Steuerfreiheit nach § 3b EStG in Betracht** (→ *Zuschläge für Sonntags-, Feiertags- oder Nachtarbeit* Rz. 3366). Hierzu gilt nach OFD Hannover v. 30.5.1996, S 2343 – 71 – StO 211, www.stotax-first.de, Folgendes:

„Der Zuschlag ist in **voller Höhe begünstigt**, wenn eine **arbeitsvertragliche Verpflichtung** besteht, die Zeitungen bis spätestens 6.00 Uhr morgens auszuteilen und dem Arbeitgeber keine anderslautenden Erkenntnisse über die Austragungszeiten vorliegen. Erfolgt die Zustellung der Zeitungen auch außerhalb der Nachtzeit, ist der Zuschlag in einen nach § 3b EStG begünstigten Nachtzuschlag und in einen steuerpflichtig zu belassenden Zuschlag **aufzuteilen**. Der Nachweis der tatsächlich geleisteten Nachtarbeit ist durch Einzelnachweis oder mit anderen Beweismitteln zu führen (FG Münster v. 14.11.1995, 15 K 3202/93 L, EFG 1996, 209). Dies kann dadurch geschehen, dass der Arbeitgeber entweder die Zahl der durchschnittlich vor 6.00 Uhr und nach 6.00 Uhr zugestellten Zeitungen ermittelt und den Zuschlag in diesem Verhältnis in einen steuerfreien und steuerpflichtigen Teil aufteilt. Dieser Aufteilungsmaßstab trägt dem Umstand Rechnung, dass die Zusteller nach der Zahl der ausgetragenen Zeitungen entlohnt werden. Es ist aber auch nicht zu beanstanden, wenn der Arbeitgeber der Aufteilung die durchschnittlichen Arbeitszeiten vor 6.00 Uhr und nach 6.00 Uhr zu Grunde legt. In diesem Fall ist zum **Lohnkonto** eine Erklärung des Arbeitnehmers zu nehmen, den den Aufteilungsmaßstab enthält sowie eine Versicherung, dass generelle Änderungen in der Zustellungszeit unverzüglich dem Arbeitgeber angezeigt werden."

4. Zustellbezirk als weiträumiges Tätigkeitsgebiet

3209 Zeitungszusteller haben i.d.R. ein weiträumiges Tätigkeitsgebiet. Ein solches weiträumiges Tätigkeitsgebiet liegt in Abgrenzung zur ersten Tätigkeitsstätte vor, wenn die vertraglich vereinbarte Arbeitsleistung auf einer festgelegten Fläche und nicht innerhalb einer ortsfesten betrieblichen Einrichtung des Arbeitgebers, eines verbundenen Unternehmens oder bei einem vom Arbeitgeber bestimmten Dritten ausgeübt werden soll (BMF v. 24.10.2014, IV C 5 – S 2353/14/10002, BStBl I 2014, 1412 Rdnr. 40 ff.).

Für die **Fahrten von der Wohnung zu diesem weiträumigen Tätigkeitsgebiet** ist der Werbungskostenabzug auf die **Entfernungspauschale beschränkt** (§ 9 Abs. 1 Satz 3 Nr. 4a Satz 3 EStG). Diese Fahrten dürfen vom Arbeitgeber nicht steuerfrei ersetzt werden; zulässig ist allenfalls eine pauschale Versteuerung mit 15 %, soweit der Arbeitnehmer nach den Regeln der Entfernungspauschale Werbungskosten absetzen könnte (§ 40 Abs. 2 Satz 2 EStG).

Fahrten innerhalb des weiträumigen Tätigkeitsgebiets sind in voller Höhe bzw. mit den pauschalen km-Sätzen (für Pkw 0,30 €/km) als Werbungskosten abzugsfähig bzw. können vom Arbeitgeber steuerfrei ersetzt werden (§ 9 Abs. 1 Satz 3 Nr. 4a Satz 4 EStG).

Auf die Berücksichtigung von **Verpflegungspauschalen oder Übernachtungskosten** als Werbungskosten oder den steuerfreien Arbeitgeberersatz hat diese Festlegung keinen Einfluss, da der Arbeitnehmer weiterhin außerhalb einer ersten Tätigkeitsstätte und somit **auswärts beruflich tätig** wird. Es wird keine erste Tätigkeitsstätte fingiert, sondern nur die Anwendung der Entfernungspauschale für die Fahrtkosten von der Wohnung zu diesem Ort sowie die Besteuerung eines geldwerten Vorteils bei Firmenwagengestellung durch den Arbeitgeber nach § 8 Abs. 2 Satz 3 und 4 EStG festgelegt und der steuerfreie Arbeitgeberersatz für diese Fahrten nach § 3 Nr. 16 EStG ausgeschlossen (BMF v. 24.10.2014, IV C 5 – S 2353/14/10002, BStBl I 2014, 1412 Rdnr. 44).

Zeitwertkonto

→ *Arbeitszeitmodelle* Rz. 279

Zielvereinbarungen

auch → *Bonus* Rz. 762, → *Prämie* Rz. 2318, → *Tantiemen* Rz. 2827

1. Arbeitsrecht

3210 S. aktuell D. Besgen, Aktuelles zur erfolgsabhängigen Vergütung mit Zielvereinbarung, B+P 2014, 667.

In den letzten Jahren hat sich in der betrieblichen Praxis eine starke Tendenz zur **Flexibilisierung des Arbeitsentgelts** verwirklicht mit einem Schwerpunkt der Verlagerung von Arbeitsentgelt im engeren und weiteren Sinne in einen variablen Bereich mit Abhängigkeit zur Höhe der Leistung von einer Zielvereinbarung (→ *Bonus* Rz. 762, → *Prämien* Rz. 2326). Dies betrifft insbesondere die Aufteilung des Gehalts in **Festgehalt und variable Bezüge**, die Flexibilisierung von Bonusleistungen und die Flexibilisierung von Sonderzahlungen **für den Personenkreis der außertariflichen Arbeitnehmer**. Der hauptsächliche Sinn und Zweck des Instruments der Zielvereinbarung liegt dabei klar auf der Hand: Für den

Zielvereinbarungen

keine Sozialversicherungspflicht = Ⓢ̸Ⓥ
Sozialversicherungspflicht = ⓈⓋ

Mitarbeiter soll über den Anreiz einer gesteigerten Vergütung ein Anreiz zu gesteigerter Leistung gesetzt werden, wobei sich die gesteigerte Vergütung für den Unternehmer durch die materielle oder immaterielle Folge der Steigerung amortisiert; umgekehrt wird bei Zielunterschreitung der Mitarbeiter am graduellen Ausbleiben des Erfolgs beteiligt. Dieses Neuland wirft eine Reihe von rechtlich nicht abschließend geklärten Fragen auf. Maßgeblich für die Klärung von Problemen ist in erster Linie der Inhalt der getroffenen Zielvereinbarung, auf deren Abfassung daher großer Wert gelegt werden sollte.

Die **Bonusleistung** gem. Zielvereinbarung ist eine unmittelbare **Gegenleistung** für die zu erbringende Arbeitsleistung; sie kann deshalb nicht unter die Bedingung gestellt werden, dass das Arbeitsverhältnis zu einem **Stichtag** nach Ablauf des Leistungszeitraums ungekündigt besteht (BAG v. 12.4.2011, 1 AZR 412/09, www.stotax-first.de). Bei **unterjährigem Ausscheiden** aus dem Arbeitsverhältnis ergibt sich zum Fälligkeitszeitpunkt ein **zeitanteiliger Anspruch** auf die Sonderzahlung (BAG v. 13.5.2015, 10 AZR 266/14, www.stotax-first.de). Hat ein Arbeitgeber nach § 315 BGB über einen Bonusanspruch zu entscheiden, der gleichermaßen auf der Ertragslage des Unternehmens wie auf der Leistung des Arbeitnehmers beruht, kommt – wenn der Arbeitnehmer seine durch Zielvereinbarung festgelegten Ziele erreicht hat – eine **Festsetzung auf „Null" nur in Ausnahmefällen** in Betracht (hier: Bankenkrise 2008/2009). Regelmäßig muss ein festzusetzendes Bonusbudget – in Abhängigkeit von der Ertragslage – eine Größenordnung erreichen, die den Leistungsbezug des Bonussystems beachtet und ausreicht, die durch Abschluss von Zielvereinbarungen angestrebten und tatsächlich erbrachten Leistungen angemessen zu honorieren (BAG v. 19.3.2014, 10 AZR 622/13, www.stotax-first.de).

Im Übrigen ist eine **einseitige nachträgliche Änderung** der festgelegten Ziele und der weiteren Zahlungsvoraussetzungen bei variablen Vergütungsbestandteilen mit Zielvereinbarung grundsätzlich unzulässig. Dies gilt auch für die Berechnungsmethode (BAG v. 11.12.2013, 10 AZR 364/13, www.stotax-first.de). Auch darf eine Sonderzahlung, die auch Gegenleistung für im gesamten Kalenderjahr laufend erbrachte Arbeit darstellt, weder von einem auf die Zeit nach Ablauf der Zielperiode bezogenen Stichtag noch vom Bestand des Arbeitsverhältnisses am **Stichtag** 31. Dezember des betreffenden Jahres abhängig gemacht werden (BAG v. 12.4.2011, 1 AZR 412/09, www.stotax-first.de; BAG v. 13.11.2013, 10 AZR 848/12, www.stotax-first.de).

Zu unterscheiden von den eigentlichen Zielvereinbarungen mit (jährlich) einvernehmlichen Festlegungen sind **Zielvorgaben**, die vom Arbeitgeber einseitig festgelegt werden, wobei er die Grenzen billigen Ermessens gem. § 315 BGB zu beachten hat. Dies – billige Ermessen – gilt auch, wenn der Arbeitgeber einseitig einen Bonuspool festsetzen darf (BAG v. 12.10.2011, 10 AZR 649/10, www.stotax-first.de). **Zur Darlegungs- und Beweislast gilt:** Hat der Arbeitgeber über die Höhe eines variablen Vergütungsbestandteils abschließend nach billigem Ermessen (§ 315 BGB) unter Beachtung bestimmter Faktoren zu entscheiden und bestimmt sich die individuelle Leistung des Arbeitnehmers nach dem Erreichen vereinbarter Ziele, so umfasst die Darlegungs- und Beweislast des Arbeitgebers auch den Grad der Zielerreichung (BAG v. 14.11.2012, 10 AZR 783/11, www.stotax-first.de).

Mit Einschränkungen zulässig ist ein **Widerrufsvorbehalt** (oder eine Befristung) hinsichtlich des Bonus mit Zielvereinbarung: Ein Widerrufsvorbehalt ist bis zu einer Grenze von 25 % bis 30 % des Gesamtverdienstes auch betreffend Arbeitsentgelt im engeren Sinne zulässig, wobei allerdings aus Gründen der **AGB-Kontrolle** die Gründe für den Widerruf so konkret wie möglich im Voraus festgelegt sein müssen (BAG v. 12.1.2005, 5 AZR 364/04, www.stotax-first.de; BAG v. 19.12.2006, 9 AZR 294/06, www.stotax-first.de).

Weitgehend ungeklärt erscheint die Frage, ob und unter welchen Voraussetzungen mit welchen gegebenenfalls Einschränkungen der Anspruch des Arbeitnehmers auf einen Bonus mit Zielvereinbarung für **Fehlzeiten** bzw. Ausfallzeiten des Arbeitnehmers anteilig gekürzt werden kann. Insbesondere kann zu diesem Fragenbereich leider nicht auf eine spezifische und aufgefächerte Rechtsprechung zurückgegriffen werden. Gesichert erscheinen allerdings zwei Grundsätze:

– Eine Bonuskürzung für Fehlzeiten oder Ausfallzeiten des Arbeitnehmers, z.B. für Arbeitsunfähigkeitszeiten, Zeiten der vereinbarten Freistellung des Arbeitnehmers, Elternzeiten, Wehrdienstzeiten oder Zeiten unbezahlten Urlaubs, ist nur zulässig, wenn die betreffende Kürzung konkret zu Grund und Höhe mit einer **Kürzungsvereinbarung** (Achtung: AGB-Kontrolle!) vereinbart ist. Oder umgekehrt: **Ohne** entsprechende **Vereinbarung** ist eine Kürzung wegen Fehlzeiten oder Ausfallzeiten ohnehin **unzulässig**.

– Bei **krankheitsbedingten Fehlzeiten** ist eine Kürzung für die Dauer des zwingenden Anspruchs des Arbeitnehmers auf Entgeltfortzahlung für bis zu sechs Wochen nach §§ 3, 4 EFZG unzulässig. Bei über sechs Wochen hinausgehender Arbeitsunfähigkeit würde das Entgeltfortzahlungsrecht einer Kürzung nicht entgegenstehen. Es bedürfte aber, wie zuvor ausgeführt, einer entsprechenden Kürzungsvereinbarung.

Zielvereinbarungen werfen als neues Entgeltinstrument zahlreiche **Konflikt- bzw. Störfallfragen** auf. **Häufigster Störfall** ist die vereinbarte, aber nicht abgeschlossene bzw. nicht ausgefüllte Zielvereinbarung mit der Frage, ob der Arbeitgeber dann überhaupt einen Zielvereinbarungsbonus und ggf. in welcher Höhe schuldet. Insoweit lassen sich folgende **Grundsätze** ableiten (BAG v. 12.12.2007, 10 AZR 97/07, www.stotax-first.de; BAG v. 10.12.2008, 10 AZR 889/07, www.stotax-first.de; BAG v. 12.5.2010, 10 AZR 390/09, www.stotax-first.de):

– Hat der Arbeitnehmer Anspruch auf einen variablen Gehaltsbestandteil, der von der Erreichung zu vereinbarender Ziele abhängig ist, so folgt aus einer solchen Vereinbarung die Verpflichtung des Arbeitgebers, mit dem Arbeitnehmer über die in der jeweiligen Periode zu erreichenden Ziele zu verhandeln (**Verhandlungspflicht**). Er muss nach einer auf den Zeitpunkt des Angebots bezogenen Prognose Ziele vorschlagen, die der Arbeitnehmer in der Zielperiode **erreichen kann**. Insoweit kann sich der Arbeitgeber der Verpflichtung zur Zahlung einer vereinbarten variablen Vergütung nicht dadurch entziehen, dass er zwar verhandelt, aber Ziele anbietet, die der Arbeitnehmer nicht erreichen kann.

– Bei einer vereinbarten durch den Arbeitgeber zu bestimmenden **einseitigen Zielvorgabe** trägt allein der Arbeitgeber die sog. **Initiativlast**; die Ausübung der einseitigen Bestimmung unterliegt einer Billigkeitskontrolle nach § 315 Abs. 3 BGB. Eine Pflichtverletzung führt zur Schadensersatzpflicht des Arbeitgebers, und zwar in Anbetracht der regelmäßig kalendermäßig feststehenden Verpflichtung zur Festlegung von Zielen auch ohne Mahnung des Arbeitnehmers.

– Bei einer vereinbarten gemeinsamen und **einvernehmlichen Zielvereinbarung** sind die Arbeitsvertragsparteien gehalten, durch Verhandlung eben eine Zielvereinbarung als ausfüllenden Vertrag abzuschließen. Insoweit unterliegt diese Vereinbarung als Entgeltregelung grundsätzlich keiner allgemeinen Billigkeits- oder Inhaltskontrolle nach §§ 307 ff. BGB. Allerdings muss die Zielvereinbarung dem Transparenzgebot gem. § 307 BGB entsprechen.

– Für eine einvernehmliche Zielvereinbarung tragen grundsätzlich beide Parteien die **Initiativlast**. Insoweit können die Parteien allerdings vereinbaren, dass die Initiativlast beim Arbeitgeber oder beim Arbeitnehmer liegt. Ob eine derartige Umverteilung der grundsätzlich beiderseitigen Initiativlast gewollt ist, muss erforderlichenfalls durch Auslegung der getroffenen Vereinbarungen ermittelt werden.

– Ein Arbeitgeber kann bei einer nicht abgeschlossenen Zielvereinbarung nach Ablauf der Zielperiode gem. § 280 Abs. 1 und 3 i.V.m. §§ 283 Satz 1, 252 BGB verpflichtet sein, dem Arbeitnehmer wegen der entgangenen Vergütung **Schadensersatz** zu leisten; andererseits kann den Arbeitnehmer ein den Schadensersatz minderndes **Mitverschulden** nach § 254 BGB treffen. Ein vom Arbeitnehmer nicht angenommenes Angebot des Arbeitgebers zur Fortführung einer abgelaufenen Zielvereinbarung kann geeignet sein, ein Verschulden des Arbeitgebers an Nichtzustandekommen einer Zielvereinbarung auszuschließen. Dies setzt allerdings voraus, dass sich die für den Abschluss der abgelaufenen Zielvereinbarung maßgebenden Umstände nicht wesentlich geändert haben und dem Arbeitnehmer das Erreichen der für den abgelaufenen Zeitraum gemeinsam festgelegten Ziele nach wie vor möglich ist.

- Bei unterbliebener Zielvereinbarung mit Schadensersatzpflicht des Arbeitgebers ist die ausgebliebene Bonuszahlung als **entgangener Gewinn** der zu ersetzende Schaden. Dabei ist grundsätzlich davon auszugehen, dass der Arbeitnehmer die Ziele, wären sie vereinbart worden, erreicht hätte; der Schaden besteht daher in der Bonushöhe bei 100 %-iger Zielerreichung. Eine andere Beurteilung ist nur dann gerechtfertigt, wenn besondere Umstände die Annahme ausschließen, dass der Arbeitnehmer vereinbarte Ziele erreicht hätte. Insoweit ist der Arbeitgeber darlegungs- und beweispflichtig für derartige besondere Umstände.

2. Lohnsteuer

3211 Auf Grund von Zielvereinbarungen geleistete Sonderzahlungen gehören grundsätzlich zum steuer- und beitragspflichtigen Arbeitslohn. Sonderzahlungen, die fortlaufend gezahlt werden, gehören zum laufenden Arbeitslohn (→ *Laufender Arbeitslohn* Rz. 1771). Soweit Sonderzahlungen nicht fortlaufend gezahlt werden, gehören sie zu den sonstigen Bezügen (→ *Sonstige Bezüge* Rz. 2704). Deckt die Zielvereinbarung einen Zeitraum von mehr als zwölf Monate ab, kommt eine tarifermäßigte Besteuerung nach § 34 Abs. 2 Nr. 4 EStG in Betracht (→ *Arbeitslohn für mehrere Jahre* Rz. 257).

Lohnsteuerlich werden Sonderzahlungen auf Grund von Zielvereinbarungen damit nicht anders behandelt als allgemeine Bonuszahlungen (→ *Bonus* Rz. 762), Prämien (→ *Prämien* Rz. 2326) oder Tantiemen (→ *Tantiemen* Rz. 2834).

[LSt] [SV]

Zur lohnsteuerlichen Behandlung von Schadensersatzzahlungen des Arbeitgebers bei unterbliebener Zielvereinbarung → *Schadensersatz* Rz. 2639.

3. Sozialversicherung

3212 In der Regel werden Sonderzahlungen auf Grund abgeschlossener Zielvereinbarungen in Form von Einmalzahlungen gewährt und gehören unter Berücksichtigung der entsprechenden Regelungen zum beitragspflichtigen Arbeitsentgelt (→ *Arbeitsentgelt* Rz. 216).

Für den Fall, dass die Zahlungen monatlich erfolgen, kann von laufendem Arbeitsentgelt ausgegangen werden, das ebenfalls der Beitragspflicht unterliegt.

Zinsersparnisse/Zinszuschüsse

1. Allgemeines

3213 Zinsersparnisse und Zinszuschüsse, die der Arbeitnehmer auf Grund seines Dienstverhältnisses erhält, gehören zum steuerpflichtigen Arbeitslohn. **Zinsersparnisse** sind anzunehmen, wenn der Arbeitnehmer vom Arbeitgeber oder von einem Dritten ein Darlehen zu günstigeren als den marktüblichen Konditionen erhält. **Zinszuschüsse** liegen hingegen vor, wenn der Arbeitnehmer ein Darlehen zu marktüblichen Konditionen aufnimmt und der Arbeitgeber dem Arbeitnehmer die Zinsen ganz oder teilweise erstattet.

> **Beispiel 1:**
> Der Arbeitgeber gewährt seinem Arbeitnehmer ein Darlehen zu einem Zinssatz von 5 %. Der übliche Zinssatz für solche Darlehen beträgt 10 %.
> Der Arbeitnehmer erhält ein zinsverbilligtes Darlehen; es liegen Zinsersparnisse beim Arbeitnehmer vor.

> **Beispiel 2:**
> Der Arbeitnehmer nimmt ein Darlehen bei einer Bank mit einem Zinssatz von 10 % auf. Der Arbeitgeber übernimmt die Zinsen, soweit sie mehr als 5 % betragen.
> Der Arbeitnehmer hat ein normalverzinsliches Darlehen aufgenommen und erhält vom Arbeitgeber Zinszuschüsse.

Die **Unterscheidung** zwischen Zinsersparnissen und Zinszuschüssen ist **entscheidend für die steuerliche Behandlung**.

2. Zinszuschüsse

3214 Bei Zinszuschüssen handelt es sich grundsätzlich um Leistungen, die zusätzlich zum ohnehin geschuldeten Arbeitslohn vom Arbeitgeber an den Arbeitnehmer gezahlt werden.

Sie sind – wie alle anderen Barlohnzahlungen auch – mit dem Nominalwert als Arbeitslohn zu besteuern. Bei Zinszuschüssen gibt es weder eine Freigrenze noch eine Geringfügigkeitsgrenze.

[LSt] [SV]

> **Beispiel:**
> Ein Arbeitnehmer hat ein Darlehen bei einer Bank aufgenommen. Der Arbeitgeber zahlt ihm monatlich einen Zinszuschuss von 40 €.
> Der Zinszuschuss i.H.v. 40 € ist dem monatlichen Arbeitslohn in voller Höhe zuzurechnen und lohnzuversteuern.

3. Zinsersparnisse

3215 Bei Überlassung eines **zinslosen oder zinsverbilligten Arbeitgeberdarlehens** ist der geldwerte Vorteil (Zinsvorteil) zu ermitteln, der vom Arbeitnehmer als Arbeitslohn zu versteuern ist. Für die Ermittlung des Zinsvorteils ist zwischen einer Bewertung nach § 8 Abs. 2 EStG (z.B. der Arbeitnehmer eines Einzelhändlers erhält ein zinsverbilligtes Arbeitgeberdarlehen) und einer Bewertung nach § 8 Abs. 3 Satz 1 EStG (z.B. der Bankangestellte erhält von seinem Arbeitgeber ein zinsverbilligtes Arbeitgeberdarlehen mit Ansatz des Rabattfreibetrags) zu unterscheiden. Zur Bewertung der Zinsvorteile nach § 8 Abs. 3 EStG → *Rabatte* Rz. 2373. **Nachfolgend soll die Bewertung nach § 8 Abs. 2 EStG erläutert werden.** Dabei ist nach folgenden Grundsätzen zu verfahren (BMF v. 19.5.2015, IV C 5 – S 2334/07/0009, BStBl I 2015, 484):

a) Allgemeines

3216 Der Arbeitnehmer erlangt **keinen steuerpflichtigen Zinsvorteil**, wenn der Arbeitgeber ihm ein Darlehen zu einem **marktüblichen Zinssatz** (Maßstabszinssatz) gewährt (BFH v. 4.4.2006, VI R 28/05, BStBl II 2006, 781).

Zinsersparnisse liegen auch nicht vor, wenn eine Bank dem Arbeitnehmer auf Grund einer Vereinbarung mit dessen Arbeitgeber ein zinsverbilligtes Darlehen gewährt und **der Arbeitgeber der Bank die Zinsverbilligung erstattet**. Bei wirtschaftlicher Betrachtungsweise kann in diesem Fall nicht von einem zinsverbilligten Darlehen ausgegangen werden, denn die Bank erzielt unter Einbeziehung der Ausgleichszahlungen des Arbeitgebers einen marktüblichen Zins (BFH v. 4.5.2006, VI R 67/03, BStBl II 2006, 914). Die Zinsausgleichszahlungen des Arbeitgebers sind in voller Höhe steuerpflichtiger Arbeitslohn.

Zinsvorteile, die der Arbeitnehmer durch Arbeitgeberdarlehen erhält, sind Sachbezüge. Sie sind als solche zu versteuern, wenn die **Summe der noch nicht getilgten Darlehen** am Ende des Lohnzahlungszeitraums **2 600 € übersteigt**.

> **Beispiel:**
> Ein Arbeitgeber gewährt seinem Arbeitnehmer ein zinsloses Darlehen in Form eines Gehaltsvorschusses i.H.v. 2 000 €.
> Die daraus resultierenden Zinsvorteile sind nicht als Arbeitslohn zu versteuern, weil der Darlehensbetrag am Ende des Lohnzahlungszeitraums die Freigrenze von 2 600 € nicht übersteigt.

b) Bewertung nach § 8 Abs. 2 EStG

3217 Sachbezüge sind mit **den um übliche Preisnachlässe geminderten üblichen Endpreisen am Abgabeort** anzusetzen (§ 8 Abs. 2 Satz 1 EStG). Von einem üblichen Endpreis ist bei einem Darlehen auszugehen, wenn sein Zinssatz mit dem Maßstabszinssatz vergleichbar ist; der pauschale Abschlag i.H.v. 4 % nach R 8.1 Abs. 2 Satz 3 LStR ist vorzunehmen. Solch ein üblicher Endpreis kann sich aus dem Angebot eines Kreditinstituts am Abgabeort ergeben.

Als üblicher Endpreis gilt auch **der günstigste Preis für ein vergleichbares Darlehen mit nachgewiesener günstigster Marktkondition**, zu der das Darlehen unter Einbeziehung allgemein zugänglicher Internetangebote (z.B. Internetangebote von Direktbanken) an Endverbraucher angeboten wird, ohne dass individuelle Preisverhandlungen im Zeitpunkt des Vertragsabschlusses berücksichtigt werden. Bei dieser Ermittlung kommt der

Zinsersparnisse/Zinszuschüsse

pauschale Abschlag i.H.v. 4 % nach R 8.1 Abs. 2 Satz 3 LStR **nicht zur Anwendung**.

Zur Ermittlung des üblichen Endpreises am Abgabeort (§ 8 Abs. 2 Satz 1 EStG), wenn Banken und Sparkassen Darlehen (insbesondere Baufinanzierungen) nicht nur vor Ort in den Geschäftsstellen, sondern auch über **Vermittlungsportale und Vergleichsportale im Internet** anbieten → Rabatte Rz. 2379.

Hat der Arbeitgeber den Zinsvorteil nach dem üblichen Endpreis am Abgabeort bewertet, kann der Arbeitnehmer dennoch die Zinsvorteile **im Rahmen seiner Einkommensteuerveranlagung** mit dem niedrigeren günstigsten Preis am Markt bewerten und dem Finanzamt nachweisen (z.B. durch Ausdruck des in einem Internet-Vergleichsportal ausgewiesenen individualisierten günstigeren inländischen Kreditangebots zum Zeitpunkt des Vertragsabschlusses). Ein solcher Nachweis ist auch dann zulässig, wenn der Arbeitgeber bereits den aus seiner Sicht günstigsten Preis am Markt angesetzt hat und der Arbeitnehmer einen noch niedrigeren günstigsten Preis am Markt berücksichtigen haben möchte.

Das **günstigere inländische Angebot** muss in einem **zeitlichen Zusammenhang** mit der Gewährung des Arbeitgeberdarlehens stehen. **Aus Vereinfachungsgründen** beanstandet es die Finanzverwaltung nicht, wenn dieses Angebot **bis zu zehn Tage vor der Kreditanfrage** beim Arbeitgeber und **bis zu zehn Tage nach dem Vertragsabschluss** des Arbeitgeberdarlehens eingeholt wird.

Der Arbeitgeber hat die Unterlagen für den ermittelten und der Lohnversteuerung zu Grunde gelegten Endpreis sowie die Berechnung der Zinsvorteile zu dokumentieren, als Belege zum Lohnkonto aufzubewahren und dem Arbeitnehmer auf Verlangen formlos mitzuteilen.

c) Ermittlung des Zinsvorteils

3218 Bei nach § 8 Abs. 2 Satz 1 EStG zu bewertenden Zinsvorteilen im Zusammenhang mit Arbeitgeberdarlehen bemisst sich der geldwerte Vorteil nach dem **Unterschiedsbetrag** zwischen dem **Maßstabszinssatz** für vergleichbare Darlehen am Abgabeort **oder dem günstigsten Preis für ein vergleichbares Darlehen am Markt** und dem Zinssatz, der im konkreten Einzelfall vereinbart ist. Vergleichbar in diesem Sinne ist ein Darlehen, das dem Arbeitgeberdarlehen insbesondere hinsichtlich

- der Kreditart (z.B. Wohnungsbaukredit, Konsumentenkredit/Ratenkredit, Überziehungskredit),
- der Laufzeit des Darlehens,
- der Dauer der Zinsfestlegung,
- der zu beachtenden Beleihungsgrenze und
- des Zeitpunktes der Tilgungsverrechnung

im Wesentlichen entspricht. Die Einordung des jeweiligen Darlehens (Kreditart) richtet sich allein nach dem tatsächlichen Verwendungszweck.

Bei Arbeitgeberdarlehen mit Zinsfestlegung ist grundsätzlich **für die gesamte Vertragslaufzeit** der Maßstabszinssatz für vergleichbare Darlehen am Abgabeort oder der günstigste Preis für ein vergleichbares Darlehen am Markt **bei Vertragsabschluss maßgeblich**.

Werden nach Ablauf der Zinsfestlegung die Zinskonditionen desselben Darlehens neu vereinbart (**Prolongation**), ist der **Zinsvorteil neu zu ermitteln**. Dabei ist der neu vereinbarte Zinssatz mit dem Maßstabszinssatz für vergleichbare Darlehen am Abgabeort oder dem günstigsten Preis für ein vergleichbares Darlehen am Markt im Zeitpunkt der Prolongationsvereinbarung zu vergleichen.

Bei **Arbeitgeberdarlehen mit variablem Zinssatz** ist für die Ermittlung des Zinsvorteils im Zeitpunkt der vertraglichen Zinssatzanpassung der neu vereinbarte Zinssatz mit dem jeweils aktuellen Maßstabszinssatz für vergleichbare Darlehen am Abgabeort oder dem jeweils günstigsten Preis für ein vergleichbares Darlehen am Markt zu vergleichen.

Bei der **Prüfung**, ob die für Sachbezüge anzuwendende **44 €-Freigrenze** (§ 8 Abs. 2 Satz 11 EStG) überschritten wird, sind Zinsvorteile aus der Überlassung eines zinslosen oder zinsverbilligten Arbeitgeberdarlehens einzubeziehen, es sei denn, das Arbeitgeberdarlehen übersteigt nicht die Darlehensfreigrenze von 2 600 €.

Ein nach Beachtung der Darlehensfreigrenze von 2 600 € und der 44 €-Freigrenze ermittelter **steuerpflichtiger Zinsvorteil** aus der Überlassung eines zinslosen oder zinsverbilligten Arbeitgeberdarlehens i.S.d. § 8 Abs. 2 EStG **kann nach § 37b EStG pauschal besteuert** werden (→ Pauschalierung der Einkommensteuer bei Sachzuwendungen Rz. 2147). Der Arbeitgeber kann die Entscheidung, § 37b Abs. 2 EStG innerhalb eines Kalenderjahrs anzuwenden, nicht zurücknehmen.

Aus Vereinfachungsgründen beanstandet es die Finanzverwaltung nicht, wenn bei einer Bewertung mit dem Maßstabszinssatzes für die Feststellung des Maßstabszinssatzes die bei Vertragsabschluss **von der Deutschen Bundesbank zuletzt veröffentlichten Effektivzinssätze** – also die gewichteten Durchschnittszinssätze – herangezogen werden, die unter http://www.bundesbank.de/Redaktion/DE/Downloads/Statistiken/Geld_Und_Kapitalmaerkte/Zinssaetze_Renditen/S11BATGV.pdf?__blob=publicationFile veröffentlicht sind (oder einfach www.bundesbank.de – Stichwortsuche: Arbeitgeberdarlehen –).

Von dem sich danach ergebenden Effektivzinssatz kann nach R 8.1 Abs. 2 Satz 3 LStR ein **pauschaler Abschlag von 4 % vorgenommen** werden. Aus der Differenz zwischen diesem Maßstabszinssatz und dem Zinssatz, der im konkreten Einzelfall vereinbart ist, sind die Zinsverbilligung und der Zinsvorteil zu ermitteln, wobei die Zahlungsweise der Zinsen (z.B. monatlich, jährlich) unmaßgeblich ist. Zwischen den einzelnen Arten von Krediten (z.B. Wohnungsbaukredit, Konsumentenkredit/Ratenkredit, Überziehungskredit) ist zu unterscheiden. Zu Überziehungskrediten veröffentlicht die Deutsche Bundesbank eigene Zinssätze.

> **Beispiel:**
> Ein Arbeitnehmer erhält im November 2015 ein Arbeitgeberdarlehen von 30 000 € zu einem Effektivzinssatz von 2 % jährlich (Laufzeit 4 Jahre mit monatlicher Tilgungsverrechnung und monatlicher Fälligkeit der Zinsen). Der bei Vertragsabschluss im November 2015 von der Deutschen Bundesbank für Konsumentenkredite mit anfänglicher Zinsbindung von über einem Jahr bis zu fünf Jahren veröffentlichte Effektivzinssatz (Erhebungszeitraum September 2015) beträgt 4,94 %.
> Nach Abzug des pauschalen Abschlags von 4 % ergibt sich ein Maßstabszinssatz von 4,74 % (Ansatz von zwei Dezimalstellen – ohne Rundung). Die Zinsverbilligung beträgt somit 2,74 % (4,74 % abzüglich 2 %). Danach ergibt sich im November 2015 ein Zinsvorteil von 68,50 € (2,74 % von 30 000 € × 1/12). Dieser Vorteil ist – da die 44 €-Freigrenze überschritten ist – lohnsteuerpflichtig. Der Zinsvorteil ist jeweils bei Tilgung des Arbeitgeberdarlehens für die Restschuld neu zu ermitteln.

d) Einzelanfragen zur Ermittlung des Maßstabszinssatzes

3219 Einzelanfragen zur Ermittlung des Maßstabszinssatzes für vergleichbare Darlehen am Abgabeort sind bei der Deutschen Bundesbank unter https://www.bundesbank.de/Navigation/DE/Service/Kontakt/kontakt_node.html?contact_id=16148 möglich.

e) Zeitpunkt der Versteuerung

3220 **Als Zuflusszeitpunkt** ist der **Fälligkeitstermin der Zinsen** als Nutzungsentgelt für die Überlassung eines zinsverbilligten Darlehens anzusehen. Bei der Überlassung eines zinslosen Darlehens ist der Zufluss in dem Zeitpunkt anzunehmen, in dem das Entgelt üblicherweise fällig wäre. Es kann davon ausgegangen werden, dass das Entgelt üblicherweise zusammen mit der Tilgungsrate fällig wäre.

Wird ein **Arbeitgeberdarlehen ohne Tilgungsleistung** (endfälliges Darlehen) gewährt, kann für die Entscheidung, ob der Zinsvorteil am Ende der Laufzeit oder monatlich, vierteljährlich oder jährlich zufließt, grundsätzlich dem der Vereinbarung zugrundeliegenden Willen der Beteiligten gefolgt werden.

Sind die Zinsen für ein verbilligtes Arbeitgeber-Darlehen daher **monatlich fällig**, ist auch der Sachbezug monatlich lohnzuversteuern. Werden die Zinsen hingegen erst **vierteljährlich fällig**, muss auch der geldwerte Vorteil nur vierteljährlich versteuert werden.

> **Beispiel:**
> Der Arbeitgeber gewährt dem Arbeitnehmer am 20.10.2015 ein Darlehen über 27 500 €. Das Darlehen ist mit 1 % verzinst und mit monatlich 5 000 € zu tilgen, beginnend am 1.11.2015. Der bei Vertragsabschluss im Oktober 2015 von der Deutschen Bundesbank für Konsumentenkredite

mit variablem Zinssatz oder Zinsbindung von bis zu einem Jahr veröffentlichte Effektivzinssatz (Erhebungszeitraum August 2015) beträgt 5,33 %. Nach Abzug eines Abschlags von 4 % ergibt sich ein Maßstabszinssatz von 5,11 %. Die Zinsverbilligung beträgt somit 4,11 % (5,11 % ./. 1 %).

Das Darlehen ist verbilligt, weil der marktübliche Zinssatz unterschritten wird.

Im Einzelnen ergibt sich folgende Bewertung:

- November 2015 (Darlehensstand 27 500 €):
  geldwerter Vorteil (4,11 % von 27 500 € : 12) 94,18 €
- Dezember 2015 (Darlehensstand 22 500 €):
  geldwerter Vorteil (4,11 % von 22 500 € : 12) 77,06 €
- Januar 2016 (Darlehensstand 17 500 €):
  geldwerter Vorteil (4,11 % von 17 500 € : 12) 59,93 €
- Februar 2016 (Darlehensstand 12 500 €):
  geldwerter Vorteil (4,11 % von 12 500 € : 12) 42,81 €
- März 2016 (Darlehensstand 7 500 €):
  geldwerter Vorteil (4,11 % von 7 500 € : 12) 25,68 €
- April 2016 (Darlehensstand 2 500 €):
  Für April 2016 ist kein Sachbezug zu erfassen,
  weil das Darlehen 2 600 € nicht übersteigt 0,— €

Die ermittelten Beträge sind im jeweiligen Lohnzahlungszeitraum neben dem „normalen" Arbeitslohn als laufender Arbeitslohn lohnzuversteuern. Sofern der Arbeitnehmer keine weiteren geldwerten Vorteile i.S.v. § 8 Abs. 2 Satz 1 EStG erhält, bleibt der Vorteil in den Monaten Februar 2016 und März 2016 steuerfrei, weil die 44 €-Freigrenze (§ 8 Abs. 2 Satz 11 EStG) nicht überschritten ist.

f) Versteuerung in Sonderfällen

3221 Erhält der Arbeitnehmer **keinen anderen laufenden Arbeitslohn** (z.B. bei Beurlaubung, Elternzeit), ist der im Kalenderjahr erhaltene Zinsvorteil bei Wiederaufnahme der Arbeitslohnzahlung zu versteuern oder andernfalls spätestens nach Ablauf des Kalenderjahres nach § 41c EStG zu behandeln.

Scheidet der Arbeitnehmer aus dem Dienstverhältnis aus und besteht das vergünstigte Arbeitgeberdarlehen weiter, so hat der Arbeitgeber dies dem Betriebsstättenfinanzamt anzuzeigen, wenn er auf Grund des beendeten Dienstverhältnisses die Lohnsteuer für die Zinsvorteile nicht einbehalten kann (§ 41c Abs. 4 Satz 1 Nr. 1 EStG).

g) Sicherheitenbestellung

3222 Setzt der Zinssatz des vergleichbaren Darlehens eine **Sicherheitenbestellung** (z.B. eine Grundschuldbestellung) voraus, ist der **Verzicht des Arbeitgebers** auf eine solche Bestellung **ein steuerpflichtiger geldwerter Vorteil**. In die Bewertung des geldwerten Vorteils einbezogen werden insbesondere die üblichen Kosten und Gebühren des Grundbuchamts und des Notars für eine dingliche Sicherung des Arbeitgeberdarlehens. Diese Beträge können regelmäßig mit den im Internet bereitgestellten Notar-/Grundbuchkostenrechnern ermittelt werden. Ein Abschlag ist nicht vorzunehmen. Als Zuflusszeitpunkt ist das Auszahlungsdatum des Arbeitgeberdarlehens anzusetzen. Ein geldwerter Vorteil für die ersparte Löschung einer Sicherheitenbestellung ist aus Vereinfachungsgründen nicht anzusetzen.

h) Berücksichtigung der Freigrenze von 44 € auf Zinsersparnisse

3223 Bei der **Prüfung**, ob die für Sachbezüge anzuwendende **44 €-Freigrenze** (§ 8 Abs. 2 Satz 11 EStG) überschritten wird, sind Zinsvorteile aus der Überlassung eines zinslosen oder zinsverbilligten Arbeitgeberdarlehens einzubeziehen, soweit das Arbeitgeberdarlehen als Sachbezug zu versteuern ist, weil die Summe der noch nicht getilgten Darlehen am Ende des Lohnzahlungszeitraums 2 600 € übersteigt.

i) Pauschalierung nach § 37b EStG

3224 Ein nach Beachtung der Darlehensfreigrenze von 2 600 € (→ Rz. 3216) und der 44-€-Freigrenze (→ Rz. 3223) ermittelter steuerpflichtiger **Zinsvorteil** aus der Überlassung eines zinslosen oder zinsverbilligten Arbeitgeberdarlehens i.S.d. § 8 Abs. 2 EStG **kann nach § 37b EStG pauschal besteuert** werden. Einzelheiten hierzu → *Pauschalierung der Einkommensteuer bei Sachzuwendungen* Rz. 2147. Der Arbeitgeber kann die Entscheidung, § 37b Abs. 2 EStG innerhalb eines Kalenderjahrs anzuwenden, nicht zurücknehmen.

j) Berücksichtigung des Rabattfreibetrags

3225 Auch bei der Bewertung des Zinsvorteils aus Zinsersparnissen können die besonderen Bewertungsvorschriften des § 8 Abs. 3 EStG (konkreter Endpreis des Arbeitgebers abzüglich 4 %, Rabattfreibetrag von 1 080 €) zur Anwendung kommen (BFH v. 4.11.1994, VI R 81/93, BStBl II 1995, 338). Voraussetzung ist, dass der Arbeitgeber Darlehen gleicher Art und – mit Ausnahme des Zinssatzes – zu gleichen Konditionen (insbesondere Laufzeit des Darlehens, Dauer der Zinsfestlegung, Zeitpunkt der Tilgungsverrechnung) überwiegend an betriebsfremde Dritte vergibt und der Zinsvorteil nicht nach § 40 EStG pauschal besteuert wird. Diese Voraussetzung dürfte i.d.R. **nur im Bankgewerbe einschließlich Bausparkassen oder bei Versicherungsunternehmen** gegeben sein. Wegen weiterer Einzelheiten zur Anwendung des Rabattfreibetrags → *Rabatte* Rz. 2373.

4. Billigkeitsregelung

3226 Im Rahmen von Billigkeitsmaßnahmen erkennt die Finanzverwaltung **Zinsersparnisse und Zinszuschüsse als Unterstützungen** i.S.v. R 3.11 Abs. 2 LStR an. Dies ist bislang z.B. in folgenden Fällen geschehen:

- Hochwasserkatastrophe im August 2002 (BMF v. 1.10.2002, IV C 4 – S 2223 – 301/02, BStBl I 2002, 960),
- Seebeben-Katastrophe im Dezember 2004 in Indien, Indonesien, Sri Lanka, Thailand, Malaysia, Birma (Myanmar), Bangladesch, auf den Malediven, den Seychellen sowie in Kenia, Tansania und Somalia (BMF v. 14.1.2005, IV C 4 – S 2223 – 48/05, BStBl I 2005, 52),
- Hochwasserkatastrophe im August 2005 in Süddeutschland (BMF v. 6.9.2005, IV C 4 – S 2223 – 175/05, BStBl I 2005, 860),
- Erdbeben-Katastrophe im Januar 2010 in Haiti (BMF v. 4.2.2010, IV C 4 – S 2223/07/0015, BStBl I 2010, 179),
- Flut-Katastrophe Ende Juli 2010 in Pakistan (BMF v. 25.8.2010, IV C 4 – S 2223/07/0015 :004, BStBl I 2010, 678),
- Erd- und Seebeben-Katastrophe im März 2011 in Japan (BMF v. 24.3.2011, IV C 4 – S 2223/07/0015 :005, BStBl I 2011, 293),
- Hungerkatastrophe in Ostafrika (BMF v. 2.8.2011, IV C 4 – S 2223/07/0015 :006, BStBl I 2011, 785),
- Hochwasserkatastrophe im Mai/Juni 2013 (BMF v. 21.6.2013, IV C 4 S 2223/07/0015 :008, BStBl I 2013, 769),
- Katastrophe durch den Taifun „Haiyan" auf den Philippinen (BMF v. 28.11.2013, IV C 4 – S 2223/07/0015 :010, BStBl I 2013, 1503),
- Hochwasserkatastrophe auf dem Balkan (BMF v. 17.6.2014, IV C 4 – S 2223/07/0015 :011, BStBl I 2014, 889),
- Erdbeben-Katastrophe im April 2015 in Nepal (BMF v. 19.5.2015, IV C 4 – S 2223/07/0015 :013, BStBl I 2015, 466).

Zinszuschüsse und Zinsersparnisse bei Darlehen, die zur Beseitigung von Schäden aus diesen Katastrophen aufgenommen worden sind, sind deshalb nach R 3.11 Abs. 2 LStR **steuerfrei**, und zwar während der gesamten Laufzeit des Darlehens. Voraussetzung ist, dass das Darlehen die Schadenshöhe nicht übersteigt. Bei längerfristigen Darlehen sind Zinszuschüsse und Zinsvorteile insgesamt nur bis zu einem Betrag in Höhe des Schadens steuerfrei.

Die steuerfreien Leistungen sind **im Lohnkonto aufzuzeichnen** (§ 4 Abs. 2 Nr. 4 Satz 1 LStDV); dabei ist auch zu dokumentieren, dass der die Leistung empfangende Arbeitnehmer durch die Katastrophe zu Schaden gekommen ist.

5. Sozialversicherung

3227 Nach § 1 Abs. 1 Satz 1 Nr. 1 SvEV sind einmalige Einnahmen, laufende Zulagen, Zuschläge, Zuschüsse sowie ähnliche Einnahmen, die zusätzlich zu Löhnen oder Gehältern gewährt werden, nicht dem Arbeitsentgelt zuzurechnen, soweit sie lohnsteuerfrei sind. Hieraus folgt, dass Zinsersparnisse und Zinszuschüsse, soweit sie lohnsteuerpflichtig sind, auch beitragspflichtig in der Sozialversicherung sind. Bei Zinsersparnissen sind die lohnsteuerlichen Werte maßgebend (→ *Sachbezüge* Rz. 2623).

Zivildienst

3228 Es gelten im Wesentlichen dieselben Grundsätze wie für den **Bundesfreiwilligendienst** (→ *Freiwilligendienste* Rz. 1349).

Zivildienst

keine Sozialversicherungspflicht = (SV)
Sozialversicherungspflicht = (SV)

1. Lohnsteuer

3229 Seit 1.7.2011 wurde die gesetzliche Dienstpflicht zur Ableistung des Wehrdienstes und damit einhergehend die gesetzliche Pflicht zur Ableistung des Zivildienstes ausgesetzt. An die Stelle der gesetzlichen Verpflichtung sind der freiwillige Wehrdienst und der Bundesfreiwilligendienst gerückt.

Die Bezüge für den Freiwilligen Grundwehrdienst und den Freiwilligen Zivildienst sind nach dem Amtshilferichtlinie-Umsetzungsgesetz v. 26.6.2013, BStBl I 2013, 802 nunmehr grundsätzlich steuerpflichtig.

Steuerpflichtig sind
– der Wehrdienstzuschlag,
– besondere Zuwendungen und
– unentgeltliche Verpflegung und Unterkunft.

Steuerfrei sind nach § 3 Nr. 5 EStG weiterhin
– die Geld- und Sachbezüge, die **Wehrpflichtige** während des Wehrdienstes nach § 4 des Wehrpflichtgesetzes erhalten,
– die Geld- und Sachbezüge, die **Zivildienstleistende** nach § 35 des Zivildienstgesetzes erhalten,
– der nach § 2 Abs. 1 des Wehrsoldgesetzes an **freiwillig Wehrdienst Leistende** gezahlte Wehrsold,
– die an **Reservisten** der Bundeswehr i.S.d. § 1 des Reservistinnen- und Reservistengesetzes nach dem Wehrsoldgesetz gezahlten Bezüge,
– die **Heilfürsorge**, die Soldaten nach § 6 des Wehrsoldgesetzes und Zivildienstleistende nach § 35 des Zivildienstgesetzes erhalten (gilt auch für freiwilligen Wehrdienst),
– das an Personen, die einen in § 32 Abs. 4 Satz 1 Nr. 2 Buchst. d EStG genannten **Freiwilligendienst** leisten, u.a. Bundesfreiwilligendienst (BFD), freiwilliges soziales Jahr (FSJ), freiwilliges ökologisches Jahr (FÖJ), entwicklungspolitischer Freiwilligendienst „weltwärts" und Internationaler Jugendfreiwilligendienst (IJFD), gezahlte **Taschengeld** oder eine vergleichbare Geldleistung.

2. Sozialversicherung

3230 Der Bundesfreiwilligendienst entspricht den sozialversicherungsrechtlichen Regelungen des freiwilligen sozialen und freiwilligen ökologischen Jahres. Bestand vorher ein Beschäftigungsverhältnis, dann ist dieses abzumelden. Der Träger der Maßnahme wird dann wie ein Arbeitgeber tätig und meldet die Person entsprechend an; seit 1.1.2012 mit dem Personengruppenschlüssel 123.

Zufluss von Arbeitslohn

1. Lohnsteuer

a) Zuflussprinzip und Auswirkungen

3231 Der Zeitpunkt, zu dem der Arbeitslohn dem Arbeitnehmer zufließt, ist für das Entstehen der Lohnsteuerschuld von Bedeutung. Denn nach § 38 Abs. 2 Satz 2 EStG entsteht die Lohnsteuer in dem Zeitpunkt, in dem der Arbeitslohn dem **Arbeitnehmer zufließt**. Ergänzend hierzu ist in § 38a Abs. 1 Satz 2 EStG festgelegt, dass **laufender Arbeitslohn** als in dem Kalenderjahr **bezogen gilt, in dem der Lohnzahlungszeitraum endet**.

Sonstige Bezüge werden demgegenüber nach § 38a Abs. 1 Satz 3 EStG in dem Kalenderjahr bezogen, in dem der sonstige Bezug dem **Arbeitnehmer zufließt**.

Der **Zuflusszeitpunkt** ist aber auch wichtig für die Frage, welche Fassung des Einkommensteuergesetzes, der Lohnsteuer-Durchführungsverordnung und der Lohnsteuer-Richtlinien anzuwenden ist oder nach welchen Besteuerungsmerkmalen (z.B. Steuerklasse, Familienstand oder Freibeträge) der Lohnsteuerabzug vorzunehmen ist (vgl. BFH v. 4.7.2001, VI R 78/94, HFR 2001, 1168 betr. Lohnzuflüsse im Beitrittsgebiet in den Jahren 1990 und 1991).

Während der Zuflusszeitpunkt beim laufenden Arbeitslohn durch die Bezugnahme auf den Lohnzahlungszeitraum i.d.R. vorgegeben ist, bestehen beim Zufluss von **sonstigen Bezügen Gestaltungsspielräume**, denn hier kommt es allein darauf an, zu **welchem Zeitpunkt der sonstige Bezug an den Arbeitnehmer ausgezahlt wird**.

Beispiel 1:
Der Arbeitgeber zahlt dem Arbeitnehmer das Dezembergehalt für 2015 erst am 13.1.2016 aus.
Da es sich beim Dezembergehalt um laufenden Arbeitslohn handelt, gilt es bereits mit Ende des Lohnzahlungszeitraums als bezogen. Das Dezembergehalt ist trotz der Auszahlung im Januar 2016 bereits im Kalenderjahr 2015 zu versteuern.

Beispiel 2:
Der Arbeitgeber zahlt dem Arbeitnehmer das Weihnachtsgeld, das an sich bereits am 10.12.2015 fällig wäre, erst am 13.1.2016 aus.
Bei dem Weihnachtsgeld handelt es sich um einen sonstigen Bezug, der im Zeitpunkt des Zuflusses zu versteuern ist, also in 2016.

Hat der Arbeitgeber eine mit dem Arbeitnehmer getroffene **Lohnverwendungsabrede** erfüllt, ist Arbeitslohn zugeflossen, wenn der Arbeitnehmer **wirtschaftlich darüber verfügen** kann (R 38.2 Abs. 1 Satz 2 LStR).

Beispiel 3:
Eine Firma gewährt ausgewählten Arbeitnehmern jährlich Bonuszahlungen, die von der Höhe des Geschäftsergebnisses abhängig sind. Noch bevor feststeht, ob und in welcher Höhe für das laufende Geschäftsjahr Bonuszahlungen geleistet werden, kann der einzelne Arbeitnehmer entscheiden, zu welchem Zeitpunkt er die Auszahlung der Bonuszahlung wünscht. Der frühestmögliche Auszahlungszeitpunkt liegt im März des dem Geschäftsjahr folgenden Jahrs. Wünscht der Arbeitnehmer eine spätere Auszahlung (z.B. nach Pensionierung), bleibt die Bonuszahlung im Betrieb „stehen" und wird ab März bis zum Auszahlungszeitpunkt verzinst.

Nach Auffassung der obersten Finanzbehörden ist die Bonuszahlung zum frühestmöglichen Fälligkeitszeitpunkt, also jeweils im März des Folgejahrs, zugeflossen. Die Wahl des Arbeitnehmers stellt eine aufschiebend bedingte Lohnverwendungsabrede dar (vgl. BFH v. 10.7.2001, VIII R 35/00, BStBl II 2001, 646 betr. Kapitalerträge der Fa. Ambros S.A.). Insbesondere die Tatsache, dass der Bonusbetrag ab März verzinst wird, kann als Anzeichen dafür gewertet werden, dass die Beteiligten die Fälligkeit der Bonuszahlung für März annehmen und lediglich die Auszahlung auf einen späteren Zeitpunkt verschieben.

Arbeitslohn ist zugeflossen bei
– **wirtschaftlicher Verfügungsmacht** des Arbeitnehmers über den Arbeitslohn (BFH v. 30.4.1974, VIII R 123/73, BStBl II 1974, 541); dies gilt auch bei **Zahlung ohne Rechtsgrund** (BFH v. 4.5.2006, VI R 19/03, BStBl II 2006, 832) sowie bei **versehentlicher Überweisung**, die der Arbeitgeber zurückfordern kann (BFH v. 4.5.2006, VI R 17/03, BStBl II 2006, 830),
– **Zahlung, Verrechnung oder Gutschrift** (BFH v. 10.12.1985, VIII R 15/83, BStBl II 1986, 342),
– **Hingabe eines Überweisungsauftrags** durch den Arbeitgeber an die Bank (zuletzt BFH v. 7.7.2005, IX R 7/05, BStBl II 2005, 726 m.w.N.),
– **Entgegennahme eines Schecks** oder Verrechnungsschecks, wenn die bezogene Bank im Fall der sofortigen Vorlage den Scheckbetrag auszahlen oder gutschreiben würde und der sofortigen Vorlage keine zivilrechtlichen Abreden entgegenstehen (BFH v. 30.10.1980, IV R 97/78, BStBl II 1981, 305),
– **Einlösung oder Diskontierung** eines zahlungshalber hingegebenen **Wechsels** (BFH v. 5.5.1971, I R 166/69, BStBl II 1971, 624),
– **Verzicht des Arbeitgebers** auf eine ihm zustehende **Schadenersatzforderung** gegenüber dem Arbeitnehmer in dem Zeitpunkt, in dem der Arbeitgeber zu erkennen gibt, dass er **keinen Rückgriff** nehmen wird (BFH v. 27.3.1992, VI R 145/89, BStBl II 1992, 837),
– Hingabe eines **Warengutscheins**, der **bei einem Dritten**, z.B. einem Kaufhaus, eingelöst werden kann (→ Warengutscheine Rz. 3122),
– **Nachentrichtung von Lohnsteuer** im Zahlungsjahr und nicht erst bei der späteren Anrechnung im Rahmen einer Einkommensteuerveranlagung (BFH v. 29.11.2000, I R 102/99, BStBl 2001, 195),
– **Übertragung eines Darlehens nebst Wandlungsrecht** gegen Entgelt auf einen Dritten (BFH v. 23.6.2005, VI R 10/03, BStBl II 2005, 770),
– **Überlassung einer Jahresnetzkarte** mit uneingeschränktem Nutzungsrecht in voller Höhe im Zeitpunkt der Überlassung (BFH v. 12.4.2007, VI R 89/04, BStBl II 2007, 719),
– **Überlassung eines Job-Tickets** als Jahreskarte im Zeitpunkt der Aushändigung der Jahreskarte an die Arbeitnehmer unabhängig von der Zahlung der Gegenleistung und einer Kündigungsmöglichkeit im Laufe der Gültigkeitsdauer (BFH v. 14.11.2012, VI R 56/11, BStBl II 2013, 382),
– **Ausgleichszahlungen**, die der Arbeitnehmer für seine in der Arbeitsphase erbrachten Vorleistungen erhält, wenn ein im **Blockmodell geführtes Altersteilzeitarbeitsverhältnis** vor Ablauf der vertraglich vereinbarten Zeit **beendet** wird (BFH v. 15.12.2011, VI R 26/11, BStBl II 2012, 415),

[LSt] = keine Lohnsteuerpflicht
[LSt] = Lohnsteuerpflicht

Zufluss von Arbeitslohn

- **Abführung der Arbeitnehmeranteile** zur Arbeitslosen-, Kranken-, Pflege- und Rentenversicherung durch den Arbeitgeber, wenn der Arbeitnehmer einen eigenen Rechtsanspruch gegen die Versorgungseinrichtung hat (BFH v. 16.1.2007, IX R 69/04, BStBl II 2007, 579),
- **Ablösung einer vom Arbeitgeber erteilten Pensionszusage**, wenn der Ablösungsbetrag auf Verlangen des Arbeitnehmers zur Übernahme der Pensionsverpflichtung an einen Dritten gezahlt wird (BFH v. 12.4.2007, VI R 6/02, BStBl II 2007, 581),
- Zahlungen des Arbeitgebers auf Grund des **gesetzlichen Forderungsübergangs** nach § 115 SGB X unmittelbar **an die Agentur für Arbeit** (BFH v. 15.11.2007, VI R 66/03, BStBl II 2008, 375),
- **entgeltlichem Verzicht auf ein Aktienankaufs- oder Vorkaufsrecht** im Zeitpunkt des entgeltlichen Verzichts und nicht im Zeitpunkt der Rechtseinräumung (BFH v. 19.6.2008, VI R 4/05, BStBl II 2008, 826),
- **„Umschreibung"** einer die Pensionszusage des Arbeitgebers an den Arbeitnehmer absichernden **Rückdeckungsversicherung** auf den Arbeitnehmer im Zeitpunkt der „Umschreibung" (FG Düsseldorf v. 8.7.2013, 16 K 4097/12 E, www.stotax-first.de),
- **Tantiemen** eines **beherrschenden Gesellschafter-Geschäftsführers mit der Feststellung des Jahresabschlusses**, sofern nicht zivilrechtlich wirksam und fremdüblich eine andere Fälligkeit vertraglich vereinbart wird (BFH v. 3.2.2011, VI R 66/09, BStBl II 2014, 491); vgl. zur Anwendung des Urteils BMF v. 12.5.2014, IV C 2 – S 2743/12/10001, BStBl I 2014, 860,
- **Abtretung einer Forderung**, wenn dem Arbeitnehmer eine bereits fällige, unbestrittene und einziehbare Forderung abgetreten wird (FG Niedersachsen v. 10.3.2015, 12 K 70/14, www.stotax-first.de).

Arbeitslohn ist hingegen **noch nicht zugeflossen** bei

- **Verzicht des Arbeitnehmers** auf Arbeitslohnanspruch, wenn er **nicht mit einer Verwendungsauflage** hinsichtlich der frei werdenden Mittel verbunden ist (BFH v. 30.7.1993, VI R 87/92, BStBl II 1993, 884),
- **Verzicht des Arbeitnehmers** auf Arbeitslohnanspruch **zu Gunsten von Beitragsleistungen** des Arbeitgebers an eine Versorgungseinrichtung, die dem Arbeitnehmer keine Rechtsansprüche auf Versorgungsleistungen gewährt (BFH v. 27.5.1993, VI R 19/92, BStBl II 1994, 246),
- **Gutschriften beim Arbeitgeber** zu Gunsten des Arbeitnehmers auf Grund **eines Gewinnbeteiligungs- und Vermögensbildungsmodells**, wenn der Arbeitnehmer über die gutgeschriebenen Beträge wirtschaftlich nicht verfügen kann (BFH v. 14.5.1982, VI R 124/77, BStBl II 1982, 469),
- **Verpflichtung des Arbeitgebers** im Rahmen eines arbeitsgerichtlichen Vergleichs **zu einer Spendenzahlung**, ohne dass der Arbeitnehmer auf die Person des Spendenempfängers Einfluss nehmen kann; diese Vereinbarung enthält noch keine zu Einkünften aus nichtselbständiger Arbeit führende Lohnverwendungsabrede (BFH v. 23.9.1998, XI R 18/98, BStBl II 1999, 98),
- **Einräumung eines Anspruchs gegen den Arbeitgeber**, sondern grundsätzlich erst durch dessen Erfüllung; dies gilt auch für den Fall, dass der Anspruch – wie ein solcher auf die spätere Verschaffung einer Aktie zu einem bestimmten Preis (**Aktienoptionsrecht**) – lediglich die Chance eines zukünftigen Vorteils beinhaltet (BFH v. 24.1.2001, I R 100/98, BStBl II 2001, 509 und BFH v. 24.1.2001, I R 119/98, BStBl II 2001, 512); das gilt grundsätzlich **auch bei handelbaren Optionsrechten** (BFH v. 20.11.2008, VI R 25/05, BStBl II 2009, 382); Zufluss von Arbeitslohn liegt mithin erst im Zeitpunkt der Ausbuchung der Aktien aus dem Depot des Überlassenden vor und nicht bereits im Zeitpunkt der erstmaligen Ausübbarkeit (BFH v. 20.6.2001, VI R 105/99, BStBl II 2001, 689), auch → Aktienoption Rz. 36,
- **Übertragung einer nicht handelbaren Wandelschuldverschreibung** auf den Arbeitnehmer (BFH v. 23.6.2005, VI R 124/99, BStBl II 2005, 766); bei Ausübung des Wandlungsrechts fließt dem Arbeitnehmer Arbeitslohn erst dann zu, wenn dem Arbeitnehmer durch Erfüllung des Anspruchs das wirtschaftliche Eigentum an den Aktien verschafft wird (→ Aktienoption Rz. 46),
- **rechtlicher Unmöglichkeit der Verfügung** des Arbeitnehmers **über Aktien** (BFH v. 30.6.2011, VI R 37/09, BStBl II 2011, 923 zu vinkulierten Namensaktien); im Gegensatz dazu stehen Sperr- und Haltefristen einem Zufluss nicht entgegen (BFH v. 30.9.2008, VI R 67/05, BStBl II 2009, 282),
- **Einbehalt eines Betrags vom Arbeitslohn** durch den Arbeitgeber und **Zuführung zu einer Versorgungsrückstellung** (BFH v. 20.7.2005, VI R 165/01, BStBl II 2005, 890),
- **Hingabe eines Warengutscheins**, der **nur beim Arbeitgeber** eingelöst werden kann (→ Warengutscheine Rz. 3121),
- **Beitragszahlungen des Arbeitgebers** zu einer **Gruppenunfallversicherung**, wenn die Ausübung der Rechte aus dem Versicherungsvertrag ausschließlich dem Arbeitgeber zusteht; dies gilt selbst dann, wenn zwar der Arbeitnehmer selbst Anspruchsinhaber der Versicherung ist, der Anspruch aber nur vom Arbeitgeber als Versicherungsnehmer geltend gemacht werden kann (BFH v. 16.4.1999, VI R 60/96, BStBl II 2000, 406),
- **Gutschrift** noch nicht fälligen Arbeitslohns auf einem steuerlich anzuerkennenden **Zeitwertkonto** im Zeitpunkt der Gutschrift (BMF v. 17.6.2009, IV C 5 – S 2332/07/0004, BStBl I 2009, 1286),

- einer **einvernehmlichen Verschiebung der Fälligkeit** einer Abfindung **auf das Folgejahr**, selbst wenn die Fälligkeit ursprünglich in einer Betriebsvereinbarung geregelt war (BFH v. 11.11.2009, IX R 1/09, BStBl II 2010, 746),
- **Stundung und späterem Verzicht** des beherrschenden Gesellschafter-Geschäftsführers einer zahlungsunfähigen GmbH auf Gehaltsforderungen (FG Berlin v. 29.4.2002, 9 K 8168/01, EFG 2002, 1088),
- Buchung im Buchführungssystem des Arbeitgeber, wenn dieser im Rahmen einer **Vereinbarung über eine Gehaltsumwandlung** zugesagt hat, die zurückbehaltenen Gehaltsbestandteile erst im Ruhestand auszuzahlen; das kann auch dann gelten, wenn nach der Rechtsauffassung der Finanzverwaltung die **Vorgaben des Gesetzes zur Verbesserung der betrieblichen Altersversorgung nicht in vollem Umfang eingehalten** worden sind, etwa bei der vorgesehenen Altersgrenze oder der Hinterbliebenenversorgung (FG Düsseldorf v. 15.4.2008, 10 K 3840/04 AO, EFG 2008, 1290),
- Verzicht eines **Gesellschafter-Geschäftsführers** gegenüber der Gesellschaft auf bestehende oder künftige Entgeltansprüche, soweit er dadurch eine tatsächliche Vermögenseinbuße erleidet (BFH v. 3.2.2011, VI R 4/10, BStBl II 2014, 493); vgl. zur Anwendung des Urteils BMF v. 12.5.2014, IV C 2 – S 2743/12/10001, BStBl I 2014, 860,
- einer **einvernehmlichen Aufhebung einer arbeitsvertraglichen Zusage** von Weihnachts- und Urlaubsgeld bei einem beherrschenden Gesellschafter-Geschäftsführer, wenn dies vor dem Zeitpunkt der Entstehung der Sonderzuwendungen geschieht (BFH v. 15.5.2013, VI R 24/12, BStBl II 2014, 493); vgl. zur Anwendung des Urteils BMF v. 12.5.2014, IV C 2 – S 2743/12/10001, BStBl I 2014, 860.

Wird **der Anstellungsvertrag** in der Form **geändert**, dass der Barlohn herabgesetzt wird und der Arbeitgeber stattdessen dem Arbeitnehmer einen Sachbezug (z.B. in Form eines Nutzungsvorteils) gewährt, so fließt dem Arbeitnehmer nur der verbleibende Barlohn mit dem Nennwert und der Sachbezug mit den Werten des § 8 Abs. 2 und 3 EStG zu (BFH v. 20.8.1997, VI B 83/97, BStBl II 1997, 667).

Das **bloße Unterlassen der gerichtlichen Durchsetzung** eines Betriebsrentenanspruchs durch den Arbeitnehmer führt **nicht ohne Weiteres** zu einem **Zufluss des Forderungsbetrags auf Grund konkludenter Schuldumwandlung** (Novation). Denn die Nichterfüllung der Forderung bewirkt – wenn nicht besondere Anhaltspunkte für eine anderweitige Interessenlage der Beteiligten, insbesondere des Arbeitgebers, ersichtlich sind – lediglich den Fortbestand der bisherigen Forderung und nicht etwa ihre Umwandlung in eine Darlehensforderung (FG Baden-Württemberg v. 8.2.2011, 4 K 264/09, EFG 2011, 1156).

Hinsichtlich des Zuflusszeitpunkt bei einer **arbeitnehmerfinanzierten Altersversorgung** → Zukunftssicherung: Betriebliche Altersversorgung Rz. 3245.

b) Bedingter Zufluss von Arbeitslohn

Zu unterscheiden sind zwei Fälle: 3232

- Aufschiebende Bedingung

  Bei der aufschiebenden Bedingung wird das Rechtsgeschäft erst mit **Eintritt der Bedingung wirksam** (§ 158 Abs. 1 BGB).

  Beispiel 1:

  Der Bundesligaverein A vereinbart mit seinen Spielern eine sog. Nichtabstiegsprämie, wenn sie den Klassenerhalt doch noch schaffen. Steuerpflichtiger Arbeitslohn fließt erst zu, wenn die Prämie ausgezahlt wird.

- Auflösende Bedingung

  Bei der auflösenden Bedingung tritt die **Wirkung** des Rechtsgeschäfts dagegen **sofort ein**, endet aber mit Eintritt der Bedingung, d.h., der frühere Rechtszustand tritt wieder ein (§ 158 Abs. 2 BGB). Ein Anspruch, der nach den getroffenen Vereinbarungen unter der Bedingung steht, dass das künftige ungewisse Ereignis nicht eintritt, ist regelmäßig nicht auflösend, sondern aufschiebend bedingt.

  Beispiel 2:

  Arbeitgeber A verkauft seinem Arbeitnehmer B ein Haus unter Verkehrswert. Der Vertrag sieht ein durch Auflassungsvormerkung dinglich gesichertes Wiederkaufsrecht u.a. für den Fall vor, dass der Arbeitnehmer vor Ablauf von 15 Jahren das Arbeitsverhältnis kündigt.

  Als geldwerter Vorteil ist zum Zeitpunkt der Grundstücksübereignung die Differenz zum Verkehrswert zu versteuern. Die Belastung durch das Wiederkaufsrecht darf – ebenso wie bei einem unter einer auflö-

Zufluss von Arbeitslohn

keine Sozialversicherungspflicht = (SV)
Sozialversicherungspflicht = (SV)

> senden Bedingung übereigneten Grundstück – nicht durch einen Abschlag berücksichtigt werden. Bei evtl. vorzeitiger Rückgabe des Grundstücks ergeben sich negative Einnahmen aus nichtselbständiger Arbeit (FG Düsseldorf v. 23.6.1978, V 64/73 E, EFG 1979, 121). Dazu → *Rückzahlung von Arbeitslohn* Rz. 2578.

2. Sozialversicherung

3233 Sozialversicherungsbeiträge werden **unabhängig von der Auszahlung** des ihnen zu Grunde liegenden (geschuldeten und fälligen) Arbeitsentgelts an dem in der Satzung der Krankenkasse festgelegten Zahltag fällig. Einmalige Einnahmen sind nur dann beitragspflichtig, wenn sie auch tatsächlich ausgezahlt werden (→ *Phantomentgelt* Rz. 2312).

Zukunftssicherung: Betriebliche Altersversorgung

Inhaltsübersicht: Rz.

1. Vorbemerkung — 3234
2. Allgemeines — 3235
   a) Arbeitsrecht — 3235
   b) Lohnsteuer — 3236
   c) Durchführungswege — 3241
   d) Übersicht — 3242
3. Freiwillige Leistungen des Arbeitgebers — 3243
4. Entgeltumwandlung — 3244
   a) Arbeitsrecht — 3244
   b) Lohnsteuer — 3245
   c) Sozialversicherung — 3252
5. Unverfallbarkeit von Anwartschaften — 3255
   a) Allgemeines — 3255
   b) Übertragung unverfallbarer Anwartschaften — 3256
6. Direktzusagen — 3258
   a) Begriff — 3258
   b) Ablösung von Pensionszusagen — 3259
   c) Übertragung auf Pensionsfonds — 3260
   d) Schuldbeitritt — 3261
   e) Sozialversicherung — 3262
7. Unterstützungskasse — 3263
   a) Begriff — 3263
   b) Zahlungen an eine Unterstützungskasse — 3264
   c) Übertragung auf Pensionsfonds — 3265
   d) Zahlungen aus einer Unterstützungskasse — 3266
   e) Lohnsteuerabzug — 3267
   f) Sozialversicherung — 3268
8. Pensionskasse — 3269
   a) Begriff — 3269
   b) Zahlungen an eine Pensionskasse — 3270
   c) Mitteilungspflichten des Arbeitgebers — 3271
   d) Aufzeichnungspflichten des Arbeitgebers — 3272
   e) Sonderzahlungen — 3273
   f) Zahlungen aus einer Pensionskasse — 3274
   g) Sozialversicherung — 3275
9. Pensionsfonds — 3280
   a) Begriff — 3280
   b) Zahlungen an einen Pensionsfonds — 3281
   c) Mitteilungs- und Aufzeichnungspflichten des Arbeitgebers — 3282
   d) Zahlungen aus einem Pensionsfonds — 3283
   e) Sozialversicherung — 3284
10. Direktversicherung — 3285
    a) Begriff — 3285
    b) Zahlungen an eine Versicherung — 3286
    c) Mitteilungs- und Aufzeichnungspflichten des Arbeitgebers — 3287
    d) Behandlung der Versicherungsleistungen — 3288
    e) Umwandlung einer Rückdeckungsversicherung — 3289
    f) Sammel- oder Gruppenversicherungen — 3290
    g) Pauschalierung der Lohnsteuer — 3291
    h) Sozialversicherung — 3292
11. Unfallversicherung — 3293
12. Steuerfreiheit nach § 3 Nr. 63 EStG — 3294
    a) Begünstigter Personenkreis — 3295
    b) Begünstigte Aufwendungen — 3296
    c) Höhe der Steuerfreiheit — 3297
    d) Begünstigte Auszahlungsformen — 3298
    e) Ausschluss der Steuerfreiheit — 3299
    f) Ausländische betriebliche Altersversorgungssysteme — 3300
    g) Verhältnis von § 3 Nr. 63 EStG und § 3b EStG — 3301
    h) Verzicht auf die Steuerfreiheit — 3302
    i) Vervielfältigungsregelung — 3303
    j) Abgrenzung Altzusage – Neuzusage — 3304
    k) Beiträge an bestimmte Zusatzversorgungskassen — 3305
13. Steuerfreiheit nach § 3 Nr. 56 EStG — 3306
14. Pauschalierung der Lohnsteuer nach neuem Recht — 3307
    a) Allgemeines — 3307
    b) Pauschalbesteuerungsfähige Leistungen — 3308
    c) Pauschalierungsgrenze — 3309
    d) Durchschnittsberechnung — 3310
    e) Vervielfältigungsregelung bei Beendigung des Dienstverhältnisses — 3311
    f) Pflichtpauschalierung für Sonderzahlungen — 3312
15. Pauschalierung der Lohnsteuer nach altem Recht — 3313
    a) Allgemeines — 3313
    b) Pauschalbesteuerungsfähige Leistungen — 3314
    c) Voraussetzungen der Pauschalierung — 3315
    d) Bemessungsgrundlage der pauschalen Lohnsteuer — 3316
    e) Pauschalierungsgrenze — 3317
    f) Durchschnittsberechnung — 3318
    g) Versicherungsleistungen wegen Invalidität — 3319
    h) Umwandlung von Barlohn — 3320
    i) Barzuwendungen an den Arbeitnehmer — 3321
    j) Abgrenzung zwischen dem zusätzlichen Höchstbetrag von 1 800 € und der Pauschalierung der Lohnsteuer nach altem Recht — 3322
    k) Abgrenzung zwischen § 3 Nr. 63 EStG und § 40b Abs. 1 und 2 EStG a.F. — 3323
    l) Pauschalierungsgrenze bei Beendigung des Dienstverhältnisses — 3324
16. Verlust des Bezugsrechts aus einer Direktversicherung — 3327
    a) Allgemeines — 3327
    b) Arbeitslohn aus steuerfreien Bezügen — 3328
    c) Arbeitslohnrückzahlungen aus pauschal versteuerten Beiträgen — 3329
    d) Arbeitslohnrückzahlungen aus individuell und pauschal versteuerten Beiträgen — 3330
    e) Arbeitslohnrückzahlungen aus individuell versteuerten Beiträgen — 3331
    f) Verlust des unwiderruflichen Bezugsrechts — 3332
17. Verrechnung von Gewinnanteilen — 3333
18. Ehegatten-Arbeitsverhältnisse — 3334
    a) Ernsthaftigkeit der Vereinbarung — 3335
    b) Betriebliche Veranlassung — 3336
    c) Keine Überversorgung — 3337
    d) Andere Formen der betrieblichen Altersversorgung — 3338
    e) Geringfügige Beschäftigungsverhältnisse — 3339
19. Gesellschafter-Geschäftsführer — 3340
20. Solidaritätszuschlag — 3341
21. Kirchensteuer — 3342
22. Sozialversicherungsrechtliche Behandlung pauschal besteuerter Zukunftssicherungsleistungen — 3343

1. Vorbemerkung

Unter dem Begriff „Zukunftssicherung" sind **Vorsorgeleistungen** **3234** **des Arbeitgebers** zu verstehen, durch die der Arbeitgeber seine Arbeitnehmer oder diesen nahe stehende Personen für den Fall der **Krankheit**, des **Unfalls**, der **Invalidität**, des **Alters** oder des **Tods** absichert (§ 2 Abs. 1 Nr. 3 LStDV).

Für die Besteuerung ist entscheidend, ob der Arbeitgeber die Beiträge **freiwillig oder auf Grund einer gesetzlichen Verpflichtung** leistet.

Unter diesem Stichwort ist **allein die Zukunftssicherung auf Grund freiwilliger Verpflichtung** (betriebliche Altersversorgung) dargestellt. Wenn Sie sich über die Zukunftssicherung auf Grund gesetzlicher Verpflichtung (**gesetzliche Altersversorgung**) informieren wollen, so sehen Sie bitte unter dem Stichwort → *Zukunftssicherung: Gesetzliche Altersversorgung* Rz. 3344 nach.

Hinweis:

Auf Grund zwischenzeitlicher Gesetzesänderungen ist das BMF-Schreiben v. 24.7.2013, IV C 3 – S 2015/11/10002/IV C 5 – S 2333/09/10005, BStBl I 2013, 1022 in weiten Teilen neu gefasst und präzisert worden (BMF v. 13.1.2014, IV C 3 – S 2015/11/10002 :018, BStBl I 2014, 97 und BMF v. 13.3.2014, IV C 3 – S 2257-b/13/10009, BStBl I 2014, 554). **Im Bereich der betrieblichen Altersversorgung ergeben sich allerdings keine Änderungen.**

2. Allgemeines

a) Arbeitsrecht

3235 Dem Arbeitgeber steht es grundsätzlich frei, ob er betriebliche Versorgungsleistungen erbringt und welche Versorgungsform er wählt. Dabei sind aber bei der Ausgestaltung und Durchführung, insbesondere bei beabsichtigter Kürzung der betrieblichen Altersversorgung, einerseits das Mitbestimmungsrecht des Betriebsrats nach § 87 Abs. 1 Nr. 9 BetrVG und andererseits die Regelungen des Gesetzes zur Verbesserung der betrieblichen Altersversorgung (**BetrAVG**) zu berücksichtigen. Dies bedeutet insbesondere:

- Betriebliche Versorgungsanwartschaften bleiben auch nach dem Ausscheiden des Arbeitnehmers aus dem Unternehmen unter bestimmten Voraussetzungen erhalten (→ Rz. 3255).

- Arbeitnehmer, die vor Vollendung des 65. Lebensjahrs Altersruhegeld der gesetzlichen Rentenversicherung in voller Höhe in Anspruch nehmen, können zugleich auch die Leistungen der betrieblichen Altersversorgung beanspruchen.

- Der Arbeitgeber hat in regelmäßigen Zeitabständen die laufenden Versorgungsleistungen anzupassen bzw. auf eine Anpassung zu überprüfen. Im Rahmen der Anpassungsprüfung nach § 16 Abs. 2 und Abs. 3 BetrAVG ist auf den Kaufkraftverlust abzustellen, der sich aus dem zum Anpassungsstichtag aktuellsten vom statistischen Bundesamt veröffentlichten Verbraucherpreisindex ergibt (BAG v. 28.6.2011, 3 AZR 859/09, www.stotax-first.de).

- Die betriebliche Altersversorgung ist im Falle der Insolvenz des Arbeitgebers dadurch gesichert, dass der Pensions-Sicherungs-Verein in Köln die Zahlungspflicht übernimmt.

b) Lohnsteuer

3236 Die Finanzverwaltung **verzichtet auf eine eigene steuerrechtliche Definition der betrieblichen Altersversorgung**. Stattdessen richtet sich die steuerliche Anerkennung einer betrieblichen Altersversorgung allein nach den Vorschriften des Gesetzes zur Verbesserung der betrieblichen Altersversorgung. Insoweit gilt **kein Abfindungsverbot**. Auch soweit Anwartschaften außerhalb des Rahmens von § 3 BetrAVG abgefunden werden, ist eine betriebliche Altersversorgung anzuerkennen; es darf nur nicht von vornherein eine Abfindung vereinbart worden sein (→ Rz. 3239). Im Einzelnen gilt Folgendes (BMF v. 24.7.2013, IV C 3 – S 2015/11/10002/IV C 5 – S 2333/09/10005, BStBl I 2013, 1022, Rdnr. 284 ff. unter Berücksichtigung der Änderungen durch BMF v. 13.1.2014, IV C 3 – S 2015/11/10002 :018, BStBl I 2014, 97 und BMF v. 13.3.2014, IV C 3 – S 2257-b/13/10009, BStBl I 2014, 554):

aa) Betriebliche Altersversorgung

3237 Eine betriebliche Altersversorgung ist anzunehmen, wenn dem Arbeitnehmer aus Anlass eines Arbeitsverhältnisses vom Arbeitgeber **Leistungen zur Absicherung mindestens eines biometrischen Risikos** (Alter, Tod, Invalidität) zugesagt werden und Ansprüche auf diese Leistungen erst **mit dem Eintritt des biologischen Ereignisses fällig** werden (§ 1 BetrAVG). Die Vereinbarung über eine betriebliche Altersversorgung mit ihren einzelnen Komponenten ist dabei aus steuerlicher Sicht **grundsätzlich als Einheit** zu betrachten. Werden mehrere biometrische Risiken abgesichert, bedeutet dies, dass die gesamte Vereinbarung nur dann als betriebliche Altersversorgung anzuerkennen ist, wenn auch für alle Risiken die nachstehend genannten Vorgaben beachtet werden.

Wenn allerdings bestimmte Anhaltspunkte dafür sprechen, dass es sich nicht um eine einheitliche, sondern um **mehrere Teil-Versorgungszusagen** handelt, hält es die Finanzverwaltung durchaus für vertretbar, jede dieser Zusagen für sich **getrennt zu beurteilen**. Ein solcher Anhaltspunkt wäre z.B. die gleichzeitige Absicherung der einzelnen biometrischen Risiken in verschiedenen Durchführungswegen der betrieblichen Altersversorgung (z.B. Alter über Direktversicherung und Tod über Pensionskasse). Denkbar wäre dies in Einzelfällen auch bei vollkommen getrennt voneinander finanzierten Versorgungsblöcken.

Keine betriebliche Altersversorgung liegt vor, wenn vereinbart ist, dass ohne Eintritt eines biometrischen Risikos die Auszahlung an beliebige Dritte (z.B. die Erben) erfolgt. Dies gilt für alle Auszahlungsformen (z.B. lebenslange Rente, Auszahlungsplan mit Restkapitalverrentung, Einmalkapitalauszahlung und ratenweise Auszahlung).

Wegen der in Betracht kommenden Durchführungswege → Rz. 3241.

bb) Biologisches Ereignis

3238 Das **biologische Ereignis** ist

- bei der **Altersversorgung** das altersbedingte Ausscheiden aus dem Erwerbsleben; als **Untergrenze** für betriebliche Altersversorgungsleistungen bei altersbedingtem Ausscheiden aus dem Erwerbsleben gilt im Regelfall **das 62. Lebensjahr**; in Ausnahmefällen können betriebliche Altersversorgungsleistungen auch schon vor dem 62. Lebensjahr gewährt werden, so z.B. bei Berufsgruppen wie Piloten, bei denen schon vor dem 62. Lebensjahr Versorgungsleistungen üblich sind; ob solche Ausnahmefälle (berufsspezifische Besonderheiten) vorliegen, ergibt sich aus Gesetz, Tarifvertrag oder Betriebsvereinbarung; erreicht der Arbeitnehmer im Zeitpunkt der Auszahlung das 62. Lebensjahr, hat aber seine berufliche Tätigkeit noch nicht beendet, so ist dies i.d.R. unschädlich;

  für Versorgungszusagen, die **vor dem 1.1.2012** erteilt worden sind, tritt an die Stelle des 62. Lebensjahrs regelmäßig das 60. Lebensjahr;

  die Aufzählung der Ausnahmetatbestände „Gesetz, Tarifvertrag, Betriebsvereinbarung" ist als abschließend anzusehen; ein Unterschreiten der Altersgrenze ist folglich nur in berufsspezifischen Ausnahmefällen, also bei einer Mehrzahl von vergleichbaren Fällen zulässig;

  die festgelegte Untergrenze für das altersbedingte Ausscheiden aus dem Erwerbsleben gilt allerdings im Fall einer **arbeitgeberfinanzierten betrieblichen Altersversorgung** nur für solche Versorgungsordnungen, die **nach dem 16.9.2002** (Tag der Veröffentlichung des BMF-Schreibens v. 5.8.2002, IV C 4 – S 2222 – 295/02/IV C 5 – S 2333 – 154/02, BStBl I 2002, 767) **in Kraft getreten sind** (BMF v. 8.7.2003, IV C 5 – S 2333 – 89/03, Steuer-Telex 2003, 522),

- bei der **Invaliditätsversorgung** der **Invaliditätseintritt** (auf den Invaliditätsgrad kommt es nicht an) und

- bei der **Hinterbliebenenversorgung** der **Tod des Arbeitnehmers**; eine Hinterbliebenenversorgung im steuerlichen Sinne darf nur Leistungen an die Witwe des Arbeitnehmers bzw. den Witwer der Arbeitnehmerin, die Kinder i.S.d. § 32 Abs. 3 und 4 Satz 1 Nr. 1 bis 3 und Abs. 5 EStG, den früheren Ehegatten sowie auch an die Lebensgefährtin oder den Lebensgefährten vorsehen; der Arbeitgeber hat bei Erteilung oder Änderung der Versorgungszusage zu prüfen, ob die Versorgungsvereinbarung insoweit generell diese Voraussetzungen erfüllt; ob im Einzelfall Hinterbliebene in diesem Sinne vorhanden sind, ist letztlich vom Arbeitgeber/Versorgungsträger erst im Zeitpunkt der Auszahlung der Hinterbliebenenleistung zu prüfen; als Kind kann auch ein im Haushalt des Arbeitnehmers auf Dauer aufgenommenes Kind begünstigt werden, welches in einem Obhuts- und Pflegeverhältnis zu ihm steht und nicht die Voraussetzungen des § 32 EStG zu ihm erfüllt (Pflegekind/Stiefkind und faktisches Stiefkind); dabei ist es unerheblich, ob noch ein Obhuts- und Pflegeverhältnis zu einem leiblichen Elternteil des Kindes besteht, der ggf. ebenfalls im Haushalt des Arbeitnehmers lebt; es muss jedoch spätestens zu Beginn der Auszahlungsphase der Hinterbliebenenleistung eine schriftliche Versicherung des Arbeitnehmers vorliegen, in der, neben der geforderten namentlichen Benennung des Pflegekinds/Stiefkinds und faktischen Stiefkinds, bestätigt wird, dass ein entsprechendes Kindschaftsverhältnis besteht; Entsprechendes gilt, wenn ein Enkelkind auf Dauer im Haushalt der Großeltern aufgenommen und versorgt wird; der Begriff des Lebensgefährten oder der Lebensgefährtin ist dabei als Oberbegriff zu verstehen, der auch die gleichgeschlechtliche Lebenspartnerschaft mit erfasst; ob eine gleichgeschlechtliche Lebenspartnerschaft eingetragen wurde oder nicht, ist dabei zunächst unerheblich; für Partner einer eingetragenen Lebenspartnerschaft besteht allerdings die Besonderheit, dass sie einander nach § 5 Le-

Zukunftssicherung: Betriebliche Altersversorgung

benspartnerschaftsgesetz zum Unterhalt verpflichtet sind; insoweit liegt eine mit der zivilrechtlichen Ehe vergleichbare Partnerschaft vor; handelt es sich dagegen um eine andere Form der nichtehelichen Lebensgemeinschaft, muss anhand der im BMF v. 25.7.2002, IV A 6 – S 2176 – 28/02, BStBl I 2002, 706 genannten Voraussetzungen geprüft werden, ob diese als Hinterbliebenenversorgung anerkannt werden kann; ausreichend ist dabei regelmäßig, dass spätestens zu Beginn der Auszahlungsphase der Hinterbliebenenleistung eine schriftliche Versicherung des Arbeitnehmers vorliegt, in der neben der geforderten **namentlichen Benennung des Lebensgefährten** oder der Lebensgefährtin bestätigt wird, dass eine **gemeinsame Haushaltsführung** besteht;

die Möglichkeit, **andere Personen als Begünstigte** für den Fall des Tods des Arbeitnehmers zu benennen, führt steuerrechtlich dazu, dass es sich nicht mehr um eine Hinterbliebenenversorgung handelt, sondern von einer **Vererblichkeit der Anwartschaften auszugehen** ist; Gleiches gilt, wenn z.B. bei einer vereinbarten Rentengarantiezeit die Auszahlung auch an andere Personen möglich ist; ist die Auszahlung der garantierten Leistungen nach dem Tod des Berechtigten hingegen ausschließlich an Hinterbliebene im engeren Sinne möglich, ist eine vereinbarte Rentengarantiezeit ausnahmsweise unschädlich; ein Wahlrecht des Arbeitnehmers zur Einmal- oder Teilkapitalauszahlung ist in diesem Fall nicht zulässig; es handelt sich vielmehr nur dann um unschädliche Zahlungen nach dem Tod des Berechtigten, wenn die garantierte Rente in unveränderter Höhe (einschließlich Dynamisierungen) an die versorgungsberechtigten Hinterbliebenen im engeren Sinne weiter gezahlt wird; dabei ist zu beachten, dass die Zahlungen einerseits durch die garantierte Zeit und andererseits durch das Vorhandensein von entsprechenden Hinterbliebenen begrenzt werden; die Zusammenfassung von bis zu zwölf Monatsleistungen in einer Auszahlung sowie die gesonderte Auszahlung der zukünftig in der Auszahlungsphase anfallenden Zinsen und Erträge sind dabei unschädlich; im Fall der Witwe bzw. des Witwers oder der Lebensgefährtin bzw. des Lebensgefährten beanstandet es die Finanzverwaltung nicht, wenn an Stelle der Zahlung der garantierten Rentenleistung in unveränderter Höhe das im Zeitpunkt des Tods des Berechtigten noch vorhandene „Restkapital" ausnahmsweise lebenslang verrentet wird; die Möglichkeit, ein einmaliges **angemessenes Sterbegeld** auch an andere Personen als die oben genannten Hinterbliebenen auszuzahlen, führt **nicht zur Versagung der Anerkennung** als betriebliche Altersversorgung;

darüber hinaus ist es ausschließlich **im Fall der Pauschalbesteuerung** von Beiträgen für eine Direktversicherung nach § 40b EStG a.F. unschädlich, wenn eine beliebige Person als Bezugsberechtigter für den Fall des Tods des Arbeitnehmers benannt wird.

cc) Keine betriebliche Altersversorgung

3239 Keine betriebliche Altersversorgung liegt vor, wenn zwischen Arbeitnehmer und Arbeitgeber die **Vererblichkeit von Anwartschaften** vereinbart ist. Auch Vereinbarungen, nach denen Arbeitslohn gutgeschrieben und ohne Abdeckung eines biometrischen Risikos zu einem späteren Zeitpunkt (z.B. bei Ausscheiden aus dem Dienstverhältnis) ggf. mit Wertsteigerung ausgezahlt wird, sind nicht dem Bereich der betrieblichen Altersversorgung zuzuordnen.

Gleiches gilt, wenn von **vornherein eine Abfindung der Versorgungsanwartschaft**, z.B. zu einem bestimmten Zeitpunkt oder bei Vorliegen bestimmter Voraussetzungen, vereinbart ist und dadurch nicht mehr von der Absicherung eines biometrischen Risikos ausgegangen werden kann. Demgegenüber führt allein die **Möglichkeit einer Beitragserstattung** einschließlich der gutgeschriebenen Erträge bzw. einer entsprechenden Abfindung für den Fall des Ausscheidens aus dem Dienstverhältnis vor Erreichen der gesetzlichen Unverfallbarkeit und/oder für den Fall des Tods vor Ablauf einer arbeitsrechtlich vereinbarten Wartezeit sowie der Abfindung einer Witwenrente/Witwerrente für den Fall der Wiederheirat noch **nicht zur Versagung der Anerkennung als betriebliche Altersversorgung**. Ebenfalls unschädlich für das Vorliegen von betrieblicher Altersversorgung ist die Abfindung vertraglich unverfallbarer Anwartschaften; dies gilt sowohl bei Beendigung als auch während des bestehenden Arbeitsverhältnisses.

Bei Versorgungszusagen, die vor dem 1.1.2005 erteilt wurden, beanstandet es die Finanzverwaltung nicht, wenn in den Versorgungsordnungen die Möglichkeit einer Elternrente oder der Beitragserstattung einschließlich der gutgeschriebenen Erträge im Fall des Versterbens vor Erreichen der Altersgrenze und lediglich für die zugesagte Altersversorgung, nicht aber für die Hinterbliebenen- oder Invaliditätsversorgung die Auszahlung in Form einer Rente oder eines Auszahlungsplans vorgesehen ist (BMF v. 24.7.2013, IV C 3 – S 2015/11/10002/IV C 5 – S 2333/09/10005, BStBl I 2013, 1022, Rdnr. 290 unter Berücksichtigung der Änderungen durch BMF v. 13.1.2014, IV C 3 – S 2015/11/10002 :018, BStBl I 2014, 97 und BMF v. 13.3.2014, IV C 3 – S 2257-b/13/10009, BStBl I 2014, 554).

Eine betriebliche Altersversorgung liegt auch dann **nicht vor**, wenn der Arbeitgeber oder eine Versorgungseinrichtung dem nicht bei ihm beschäftigten **Ehegatten eines Arbeitnehmers eigene Versorgungsleistungen** zur Absicherung seiner biometrischen Risiken (Alter, Tod, Invalidität) verspricht, weil hier keine Versorgungszusage aus Anlass eines Arbeitsverhältnisses zwischen dem Arbeitgeber und dem Ehegatten vorliegt (§ 1 BetrAVG).

dd) Zeitpunkt des Zuflusses

3240 Der **Zeitpunkt des Zuflusses von Arbeitslohn** richtet sich bei einer durch Beiträge des Arbeitgebers (einschließlich Entgeltumwandlung oder anderer Finanzierungsanteile des Arbeitnehmers) finanzierten betrieblichen Altersversorgung **nach dem Durchführungsweg** der zugesagten betrieblichen Altersversorgung. Das bedeutet:

– Bei der Versorgung über eine **Direktversicherung**, eine **Pensionskasse** oder einen **Pensionsfonds** liegt Zufluss von Arbeitslohn **im Zeitpunkt der Zahlung der Beiträge** durch den Arbeitgeber an die entsprechende Versorgungseinrichtung vor („**vorgelagerte Besteuerung**"), soweit der Arbeitslohn nicht nach § 3 Nr. 63 EStG steuerfrei ist. Erfolgt die Beitragszahlung durch den Arbeitgeber vor Versicherungsbeginn, liegt ein Zufluss von Arbeitslohn jedoch erst im Zeitpunkt des Versicherungsbeginns vor. Auch → Rz. 3269, → Rz. 3280, → Rz. 3285.

Die Einbehaltung der Lohnsteuer richtet sich bei der vorgelagerten Besteuerung nach § 38a Abs. 1 und 3 EStG (vgl. hierzu auch R 39b.2, 39b.5 und 39b.6 LStR).

– Bei der Versorgung über eine **Direktzusage** oder **Unterstützungskasse** fließt der Arbeitslohn erst **im Zeitpunkt der Zahlung der Altersversorgungsleistungen** an den Arbeitnehmer zu („**nachgelagerte Besteuerung**"). Zur Abgrenzung von Direktzusagen, Rückdeckungsversicherungen und rückgedeckten Unterstützungskassen von der Direktversicherung vgl. R 40b.1 LStR sowie → Rz. 3258, → Rz. 3263.

c) Durchführungswege

3241 In der betrieblichen Altersversorgung werden **fünf Durchführungswege** unterschieden:

– **Direktzusagen** des Arbeitgebers (→ Rz. 3258),

– Beiträge des Arbeitgebers an eine **Unterstützungskasse** (→ Rz. 3263),

– Beiträge des Arbeitgebers an eine **Pensionskasse** (→ Rz. 3269),

– Beiträge des Arbeitgebers an einen **Pensionsfonds** (→ Rz. 3280) und

– Beiträge des Arbeitgebers an eine **Direktversicherung** (→ Rz. 3285).

Im Wesentlichen unterscheiden sich diese Formen der betrieblichen Altersversorgung dadurch, dass bei der Direktzusage eine unmittelbare, vom Arbeitgeber zu erfüllende Verpflichtung begründet wird, während bei den übrigen Versorgungszusagen der Arbeitgeber sich zur Erfüllung seiner Verpflichtung einer Versicherungsgesellschaft, einer Pensionskasse, einem Pensionsfonds oder einer Unterstützungskasse bedient (**mittelbare Verpflichtung**). Für den Arbeitgeber entscheidet die Wahl der Versorgungsform insbesondere darüber, wann ihn die Versorgungszusage wirtschaftlich belastet, wie sie sich steuerlich auswirkt und inwieweit er mit den bereitzustellenden Mitteln weiterhin im Unternehmen arbeiten kann.

[LSt durchgestrichen] = keine Lohnsteuerpflicht
[LSt] = Lohnsteuerpflicht

Zukunftssicherung: Betriebliche Altersversorgung

Entscheidet sich der Arbeitgeber für eine Durchführung des Versorgungsanspruchs des Arbeitnehmers über einen **Pensionsfonds oder eine Pensionskasse**, so hat **der Arbeitnehmer keine Auswahl**.

Bietet der Arbeitgeber eine **Direktzusage oder eine Unterstützungskassenzusage** an, so kann der Arbeitnehmer dies ablehnen und den Abschluss einer **Direktversicherung verlangen**, unabhängig davon, ob der Arbeitgeber dies anbietet. Dabei obliegt die Auswahl des Versicherungsunternehmens dem Arbeitgeber.

Zu weiteren Einzelheiten vgl. Handbuch Betrieb und Personal, Fach 14, sowie das Handbuch „Altersvorsorge" von Stollfuß Medien, ISBN 978-3-08-352000-9.

d) Übersicht

3242 Je nach Durchführungsweg ergeben sich unterschiedliche steuerliche Rechtsfolgen, wie folgende Übersicht zeigt:

Betriebliche Altersversorgung

Durchführungsweg	Steuerliche Behandlung
Direktversicherung	gegenwärtig zufließender **Arbeitslohn**; steuerfrei bis 4 % der BBG in der RV; Zusage ab 2005: zusätzlich steuerfrei 1 800 €; Zusage bis 2004: Pauschalbesteuerung möglich
Pensionskasse	gegenwärtig zufließender **Arbeitslohn**; steuerfrei bis 4 % der BBG in der RV; Zusage ab 2005: zusätzlich steuerfrei 1 800 €; Zusage bis 2004: Pauschalbesteuerung möglich
Pensionsfonds	gegenwärtig zufließender **Arbeitslohn**; steuerfrei bis 4 % der BBG in der RV; Zusage ab 2005: zusätzlich steuerfrei 1 800 €; Zusage bis 2004: Pauschalbesteuerung nicht möglich!
Direktzusage, Unterstützungskasse	**gegenwärtig kein Arbeitslohn** (nachgelagerte Besteuerung)

Für Direktversicherung, Pensionskasse, Pensionsfonds: spätere Versorgungsleistungen **kein Arbeitslohn**; soweit steuerfrei, in voller Höhe **sonstige Einkünfte**.

Für Direktzusage, Unterstützungskasse: spätere Versorgungsleistungen **Arbeitslohn**; Freibeträge für Versorgungsbezüge sind zu berücksichtigen.

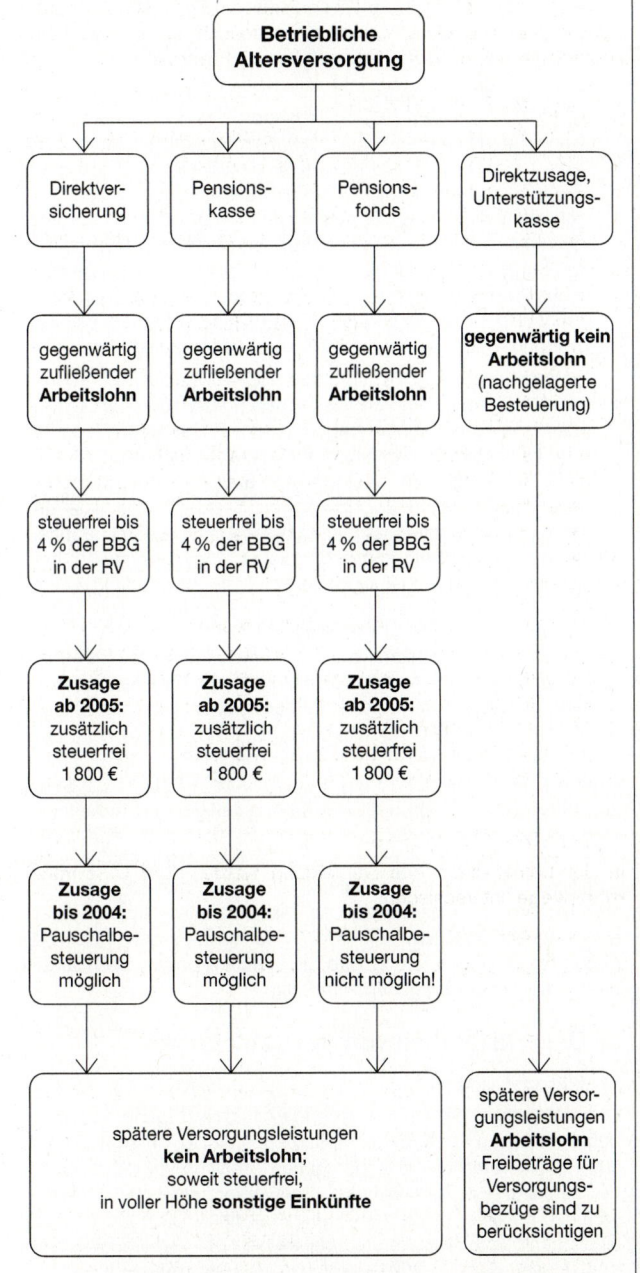

Eine ausführliche Übersicht zur betrieblichen Altersversorgung ist im Anhang abgedruckt (→ *Anhang, A. Lohnsteuer* Rz. 3396).

3. Freiwillige Leistungen des Arbeitgebers

3243 Ausgaben eines Arbeitgebers zur Zukunftssicherung seiner Arbeitnehmer, die er **ohne gesetzliche Verpflichtung** erbringt und die seinen Pflichtbeiträgen auch nicht gleichgestellt sind, gehören nach § 2 Abs. 2 Nr. 3 LStDV grundsätzlich zum steuerpflichtigen Arbeitslohn und sind somit auch beitragspflichtig in der Sozialversicherung.

Der Arbeitgeber kann aber die Lohnsteuer für Aufwendungen für eine Direktversicherung oder für Zuwendungen an eine Pensionskasse nach § 40b EStG mit einem Pauschsteuersatz von 20 % erheben, wenn die Versorgungszusage vor dem 1.1.2005 erteilt wurde und der Arbeitnehmer auf die Steuerbefreiung nach § 3 Nr. 63 EStG verzichtet.

[LSt] [SV]

Es handelt sich um freiwillige Zukunftssicherungsleistungen, wenn

– **der Arbeitnehmer** seiner Zukunftssicherung ausdrücklich und stillschweigend **zustimmt**;
– **der Arbeitgeber** die Ausgaben nicht infolge gesetzlicher, sondern **auf Grund seiner freiwillig eingegangenen Verpflichtung** (Betriebsvereinbarung, Tarifvertrag, Einzelvereinbarung) erbringt;
– die Ausgaben vom Arbeitgeber **unmittelbar an die der Zukunftssicherung dienende Einrichtung** geleistet werden;
– der Arbeitnehmer **einen Rechtsanspruch** auf die späteren Versorgungsleistungen hat.

Für den Arbeitnehmer liegt demnach nach ständiger Rechtsprechung **gegenwärtig zufließender Arbeitslohn** vor, weil die Sache sich – wirtschaftlich betrachtet – so darstellt, als ob der Arbeitgeber dem Arbeitnehmer Beiträge zur Verfügung gestellt und der Arbeitnehmer sie zum Erwerb einer Zukunftssicherung verwendet hätte (BFH v. 16.5.1975, VI R 165/72, BStBl II 1975, 642).

Außerdem muss es sich bei den Leistungen des Arbeitgebers um Beiträge handeln, die **zusätzlich zu dem ohnehin geschuldeten Arbeitslohn** erbracht werden.

Hat der Arbeitnehmer **keinen Rechtsanspruch** auf Versorgung gegen die Versorgungseinrichtung, so begründen Beitragsleistungen des Arbeitgebers an die Versorgungseinrichtung keinen Lohnzufluss. Dies gilt selbst dann, wenn ein Arbeitgeber in der Vergangenheit derartige Beitragsleistungen als steuerpflichtigen Arbeitslohn behandelt hat (BFH v. 27.5.1993, VI R 19/92, BStBl II 1994, 246).

[LSt durchgestrichen] [SV]

4. Entgeltumwandlung

a) Arbeitsrecht

3244 Arbeitnehmer, die in der gesetzlichen Rentenversicherung pflichtversichert sind, haben seit dem 1.1.2002 einen **Anspruch auf** betriebliche Altersversorgung durch **Entgeltumwandlung** (§ 17 BetrAVG). Der Anspruch auf Entgeltumwandlung besteht nach § 1a Abs. 1 BetrAVG bis zur Höhe von 4 % der jeweiligen Beitragsbemessungsgrenze (BBG) in der gesetzlichen Rentenversicherung, für 2016 also in den alten Bundesländern bis zu 2 976 € (4 % von 74 400 €) und in den neuen Bundesländern bis zu 2 592 € (4 % von 64 800 €).

Die Durchführung des Anspruchs auf betriebliche Altersvorsorge durch Entgeltumwandlung erfolgt durch **Vereinbarung zwischen Arbeitnehmer und Arbeitgeber**. Die Vereinbarung kann auf individueller, betrieblicher oder auf tariflicher Grundlage erfolgen. Besteht eine Pensionskasse oder wird ein Pensionsfonds eingerichtet, darf der Arbeitgeber diese Möglichkeit anbieten und den Anspruch hierauf beschränken. Im Übrigen kann der Arbeitnehmer den Abschluss einer Direktversicherung durch den Arbeitgeber verlangen (§ 1a Abs. 1 BetrAVG).

Soweit eine **durch Entgeltumwandlung finanzierte betriebliche Altersversorgung besteht**, ist der Anspruch auf Entgeltumwandlung **ausgeschlossen** (§ 1a Abs. 2 BetrAVG). Hierdurch soll der Höchstbetrag von 4 % der jeweiligen BBG in der gesetzlichen Rentenversicherung für eine Entgeltumwandlung ausgeschöpft werden können, auch wenn bereits in vergangenen Jahren Entgeltumwandlungen für eine betriebliche Altersversorgung vorgenommen wurden.

Wenn Entgeltansprüche auf einem Tarifvertrag beruhen, können sie für eine Entgeltumwandlung nur genutzt werden, wenn ein Tarifvertrag dies vorsieht oder dies durch Tarifvertrag (im Wege der Betriebsvereinbarung oder durch individuelle Vereinbarung) zugelassen ist. Für tarifgebundene Arbeitnehmer und Arbeitgeber besteht ein **Tarifvorrang** für eine arbeitnehmerfinanzierte betriebli-

Zukunftssicherung: Betriebliche Altersversorgung

keine Sozialversicherungspflicht = (SV)
Sozialversicherungspflicht = (SV)

che Altersvorsorge durch Entgeltumwandlung (§ 17 Abs. 5 BetrAVG).

Der Arbeitnehmer kann bei einer Entgeltumwandlung für eine betriebliche Altersversorgung, die über einen Pensionsfonds, eine Pensionskasse oder eine Direktversicherung durchgeführt wird, verlangen, dass die **Voraussetzungen für eine steuerliche Förderung** (Altersvorsorgezulage und Sonderausgabenabzug) **erfüllt werden** (§ 1a Abs. 3 BetrAVG).

b) Lohnsteuer

3245 Für die lohnsteuerrechtliche Behandlung von Zusagen auf Leistungen der betrieblichen Altersversorgung, die im Zusammenhang mit einer Entgeltumwandlung erteilt werden (arbeitnehmerfinanzierte betriebliche Altersversorgung), ist von folgenden Grundsätzen auszugehen (BMF v. 24.7.2013, IV C 3 – S 2015/11/10002/IV C 5 – S 2333/09/10005, BStBl I 2013, 1022, Rdnr. 292 ff. unter Berücksichtigung der Änderungen durch BMF v. 13.1.2014, IV C 3 – S 2015/11/10002 :018, BStBl I 2014, 97 und BMF v. 13.3.2014, IV C 3 – S 2257-b/13/10009, BStBl I 2014, 554):

aa) Entgeltumwandlung zu Gunsten betrieblicher Altersversorgung

3246 Um durch Entgeltumwandlung finanzierte betriebliche Altersversorgung handelt es sich, wenn Arbeitgeber und Arbeitnehmer vereinbaren, **künftige Arbeitslohnansprüche** zu Gunsten einer betrieblichen Altersversorgung herabzusetzen (Umwandlung in eine wertgleiche Anwartschaft auf Versorgungsleistungen – Entgeltumwandlung – § 1 Abs. 2 Nr. 3 BetrAVG). Davon zu unterscheiden sind die eigenen Beiträge des Arbeitnehmers, zu deren Leistung er auf Grund einer eigenen vertraglichen Vereinbarung mit der Versorgungseinrichtung originär selbst verpflichtet ist. Diese eigenen Beiträge des Arbeitnehmers zur betrieblichen Altersversorgung werden aus dem bereits zugeflossenen und versteuerten Arbeitsentgelt geleistet.

Eine Herabsetzung von Arbeitslohnansprüchen zu Gunsten betrieblicher Altersversorgung ist **steuerlich als Entgeltumwandlung auch dann anzuerkennen**, wenn die in § 1 Abs. 2 Nr. 3 BetrAVG geforderte Wertgleichheit außerhalb versicherungsmathematischer Grundsätze berechnet wird. Entscheidend ist allein, dass die Versorgungsleistung zur Absicherung mindestens eines biometrischen Risikos (Alter, Tod, Invalidität) zugesagt und erst bei Eintritt des biologischen Ereignisses fällig wird.

bb) Noch nicht fällige Gehaltsansprüche

3247 Die Herabsetzung von Arbeitslohn (laufender Arbeitslohn, Einmal- und Sonderzahlungen) zu Gunsten der betrieblichen Altersversorgung wird **aus Vereinfachungsgründen** grundsätzlich auch dann als Entgeltumwandlung steuerlich anerkannt, wenn die Gehaltsänderungsvereinbarung bereits erdiente, aber **noch nicht fällig gewordene Anteile** umfasst. Dies gilt auch, wenn eine Einmal- oder Sonderzahlung einen Zeitraum von mehr als einem Jahr betrifft.

cc) Unschädlichkeit eines „Schattengehalts"

3248 Bei der **Herabsetzung künftigen Arbeitslohns** zu Gunsten einer betrieblichen Altersversorgung i.S. des Gesetzes zur Verbesserung der betrieblichen Altersversorgung ist es **unschädlich**, wenn der **bisherige ungekürzte Arbeitslohn weiterhin Bemessungsgrundlage für künftige Erhöhungen** des Arbeitslohns oder anderer Arbeitgeberleistungen, wie z.B. Weihnachtsgeld, Tantieme, Jubiläumszuwendungen, betriebliche Altersversorgung, bleibt (sog. Schattengehalt).

dd) Unschädlichkeit einer Befristung oder eines Widerrufs

3249 Es ist unschädlich, wenn die Gehaltsminderung **zeitlich begrenzt** ist oder vereinbart wird, dass der Arbeitnehmer oder der Arbeitgeber sie für künftigen Arbeitslohn **einseitig ändern** können.

ee) Verwendung des Arbeitszeitkontos für Altersversorgung

3250 Wegen der Verwendung von Arbeitszeitkonten für die Altersversorgung → *Arbeitszeitmodelle* Rz. 284

ff) Entgeltumwandlung bei Altersteilzeit

3251 Bei einem **Altersteilzeitarbeitsverhältnis im sog. Blockmodell** kann sowohl in der Arbeitsphase als auch in der Freistellungsphase Arbeitslohn zu Gunsten einer betrieblichen Altersversorgung umgewandelt werden. Folglich ist auch in der Freistellungsphase steuerlich von einer Entgeltumwandlung auszugehen, wenn vor Fälligkeit (planmäßige Auszahlung) vereinbart wird, den während der Freistellung auszuzahlenden Arbeitslohn zu Gunsten der betrieblichen Altersversorgung herabzusetzen.

c) Sozialversicherung

3252 Bei einer betrieblichen Altersversorgung durch Entgeltumwandlung bzw. durch Eigenbeiträge des Arbeitnehmers (**arbeitnehmerfinanzierte betriebliche Altersversorgung**) ist sozialversicherungsrechtlich von **folgenden Grundsätzen** auszugehen:

aa) Entgeltumwandlung

– Zuwendungen an Pensionskassen und Pensionsfonds sowie Beiträge für Direktversicherungen, die nach dem 31.12.2004 abgeschlossen wurden, sind steuerfrei nach § 3 Nr. 63 Satz 1 EStG und über § 1 Abs. 1 Satz 1 Nr. 9 SvEV bis zu 4 % der BBG der allgemeinen Rentenversicherung auch beitragsfrei in der Sozialversicherung. Diese Aufwendungen können durch Entgeltumwandlung sowohl aus laufendem als auch aus einmalig gezahltem Arbeitsentgelt finanziert werden. **3253**

– Beiträge, die vom Arbeitnehmer im Zusammenhang mit Entgeltumwandlungen zu Direktzusagen des Arbeitgebers und Unterstützungskassen geleistet werden, gelten nach § 14 Abs. 1 Satz 2 SGB IV bis zu 4 % der BBG der allgemeinen Rentenversicherung nicht als Arbeitsentgelt, wobei unerheblich ist, ob die Aufwendungen aus laufendem oder aus einmalig gezahltem Arbeitsentgelt finanziert werden. Die Betragsfreiheit für Entgeltumwandlungen zu Gunsten einer Direktzusage oder einer Unterstützungskasse ist – anders als bei den Durchführungswegen Pensionsfonds, Pensionskasse und Direktversicherung – nicht auf ein erstes Dienstverhältnis begrenzt.

– Entgeltumwandlungen verringern das sozialversicherungsrechtliche Arbeitsentgelt; dies hat – neben der Beitragsbemessung – auch Auswirkungen auf das für die Beurteilung der Krankenversicherungsfreiheit maßgebende Jahresarbeitsentgelt. Eine Entgeltumwandlung kann auch bewirken, dass aus einer sozialversicherungspflichtigen Beschäftigung eine geringfügig entlohnte Beschäftigung wird. Schließlich können durch eine Entgeltumwandlung auch die besonderen beitragsrechtlichen Regelungen der Gleitzone Anwendung finden.

bb) Eigenbeiträge des Arbeitnehmers

3254 Eigenbeiträge des Arbeitnehmers, die von seinem Arbeitgeber an einen Pensionsfonds, eine Pensionskasse oder für eine Direktversicherung zum Aufbau einer kapitalgedeckten betrieblichen Altersversorgung abgeführt werden, sind seit dem 1.1.2011 nach § 3 Nr. 63 EStG steuerfrei. Die Steuerfreiheit nach § 3 Nr. 63 EStG führt – ebenfalls seit dem 1.1.2011 – nach § 1 Abs. 1 Satz 1 Nr. 9 SvEV zur Beitragsfreiheit dieser Finanzierungsanteile des Arbeitnehmers. Zu beachten ist, dass vorrangig vom Arbeitgeber finanzierte Beiträge zu einem Pensionsfonds, einer Pensionskasse oder für eine Direktversicherung beitragsfrei gestellt werden. Der beitragsfreie Umfang der Eigenbeträge des Arbeitnehmers kann dadurch also eingeschränkt sein oder ganz entfallen. Es ergeben sich bei dieser Art der Finanzierung also die gleichen beitragsrechtlichen Folgen wie bei der Entgeltumwandlung.

5. Unverfallbarkeit von Anwartschaften

a) Allgemeines

3255 **Unverfallbarkeit** in der betrieblichen Altersversorgung bedeutet, dass ein einmal erworbener Anspruch erhalten bleibt. Dies gilt auch dann, wenn das Beschäftigungsverhältnis vor dem Beginn der Zahlung einer betrieblichen Altersversorgung endet. Anwartschaften bei einer durch den Arbeitgeber finanzierten Zusage auf eine betriebliche Altersversorgung werden bei Versorgungszusagen, **die seit dem 1.1.2001** erteilt werden, **unverfallbar**, wenn

– die Versorgungszusage **mindestens fünf Jahre** bestanden hat und

– der Arbeitnehmer das **30. Lebensjahr** vollendet hat (§ 1b Abs. 1 BetrAVG).

Dadurch will der Gesetzgeber die Bedingungen für die Mobilität der Beschäftigten verbessern, weil die Mitnahme einmal erworbener Ansprüche erleichtert wird. Außerdem soll die Verkürzung der Unverfallbarkeitsfristen Frauen zu Gute kommen, die bisher oftmals ihre Betriebsrentenansprüche wegen kindererziehungsbedingter Unterbrechungen der Berufstätigkeit verloren haben.

Bei Arbeitnehmern, die bereits **vor dem 1.1.2001 Versorgungszusagen** erhalten haben, wird die Anwartschaft auf die betriebliche Altersversorgung **unverfallbar**, wenn die Zusage seit dem 1.1.2001 fünf Jahre bestanden hat und der Arbeitnehmer bei Beendigung des Arbeitsverhältnisses das 30. Lebensjahr vollendet hat (§ 30f BetrAVG).

Eine Versorgungsanwartschaft auf betriebliche Altersversorgung, die durch **Entgeltumwandlung** erworben wird, ist **sofort gesetzlich unverfallbar** (§ 1b Abs. 5 BetrAVG).

b) Übertragung unverfallbarer Anwartschaften

aa) Arbeitsrecht

3256 **Unverfallbare Anwartschaften** können nach Beendigung des Arbeitsverhältnisses im Einvernehmen des ehemaligen mit dem neuen Arbeitgeber sowie dem Arbeitnehmer in der Weise **übertragen** werden, dass entweder

- die Versorgungszusage vom neuen Arbeitgeber übernommen wird (§ 4 Abs. 2 Nr. 1 BetrAVG) oder
- der Wert der vom Arbeitnehmer erworbenen unverfallbaren Anwartschaften auf betriebliche Altersversorgung auf den neuen Arbeitgeber übertragen wird und dieser dem Arbeitnehmer eine dem Übertragungswert wertgleiche Zusage gibt (§ 4 Abs. 2 Nr. 2 BetrAVG).

Der Arbeitnehmer hat ein **Recht auf Übertragung**, wenn die betriebliche Altersversorgung über einen Pensionsfonds, eine Pensionskasse oder eine Direktversicherung durchgeführt worden ist (**Portabilität**). Der Anspruch auf Übertragung kann vom Arbeitnehmer **innerhalb eines Jahrs** nach Beendigung des Arbeitsverhältnisses geltend gemacht werden. Der Anspruch auf Übertragung ist begrenzt auf Anwartschaften, deren Übertragungswert die BBG in der Rentenversicherung (2016: 74 400 € im Jahr) nicht übersteigen. Wird diese Grenze überschritten, kann auch keine teilweise Mitnahme der Anwartschaft erfolgen. Für die neue Anwartschaft gelten die Regelungen über die Entgeltumwandlung entsprechend, d.h. der neue Anspruch ist sofort unverfallbar (§ 4 Abs. 3 BetrAVG). Das Recht auf Übertragung besteht nur für **Zusagen, die nach dem 31.12.2004 erteilt** wurden (§ 30b BetrAVG).

bb) Steuerrecht

3257 Nach § 3 Nr. 55 EStG ist der nach § 4 Abs. 2 Nr. 2 und Abs. 3 BetrAVG geleistete Übertragungswert **steuerfrei**, wenn die betriebliche Altersversorgung sowohl beim ehemaligen als auch beim neuen Arbeitgeber über einen Pensionsfonds, eine Pensionskasse oder ein Unternehmen der Lebensversicherung durchgeführt wird. Es ist nicht Voraussetzung, dass beide Arbeitgeber auch den gleichen Durchführungsweg gewählt haben. Zwar setzt die Anwendung des § 3 Nr. 55 EStG die Beendigung des bisherigen Dienstverhältnisses und ein anderes Dienstverhältnis voraus. Die Übernahme der Versorgungszusage durch einen Arbeitgeber, bei dem der Arbeitnehmer bereits beschäftigt ist, ist aber betriebsrentenrechtlich unschädlich und steht daher der Anwendung des § 3 Nr. 55 EStG nicht entgegen. § 3 Nr. 55 EStG gilt entsprechend für Arbeitnehmer, die nicht in der gesetzlichen Rentenversicherung pflichtversichert sind (z.B. beherrschende Gesellschafter-Geschäftsführer oder geringfügig Beschäftigte).

Das Gleiche gilt, wenn der Übertragungswert vom ehemaligen Arbeitgeber oder von einer Unterstützungskasse an den neuen Arbeitgeber oder eine andere Unterstützungskasse geleistet wird.

[LSt] [SV]

Die Leistungen des neuen Arbeitgebers, der Unterstützungskasse, des Pensionsfonds, der Pensionskasse oder des Unternehmens der Lebensversicherung **gehören zu den Einkünften**, zu denen die Leistungen gehören würden, **wenn die Übertragung** nach § 4 Abs. 2 Nr. 2 und Abs. 3 BetrAVG **nicht stattgefunden hätte**.

> **Beispiel 1:**
> Der Arbeitgeber hat für seinen Arbeitnehmer die betriebliche Altersversorgung über eine Pensionskasse abgewickelt. Nach Beendigung des Dienstverhältnisses überträgt der alte Arbeitgeber im Einvernehmen mit dem neuen Arbeitgeber und dem Arbeitnehmer den Übertragungswert von 30 000 € an die Pensionskasse des neuen Arbeitgebers.

> Die Übertragung der Anwartschaft ist nach § 3 Nr. 55 Satz 1 EStG steuerfrei. Die späteren Leistungen aus der (neuen) Pensionskasse sind so zu besteuern, als ob keine Übertragung stattgefunden hätte.

> **Beispiel 2:**
> Der Arbeitgeber hat seinem Arbeitnehmer eine Direktzusage erteilt. Nach Beendigung des Dienstverhältnisses überträgt der alte Arbeitgeber im Einvernehmen mit dem neuen Arbeitgeber und dem Arbeitnehmer den Übertragungswert von 30 000 € an den neuen Arbeitgeber, der seinerseits eine Direktzusage in gleicher Höhe erteilt.

> Die Übertragung der Anwartschaft ist nach § 3 Nr. 55 Satz 2 EStG steuerfrei. Die späteren Leistungen aus der (neuen) Direktzusage sind so zu besteuern, als ob keine Übertragung stattgefunden hätte.

Die Steuerfreiheit des § 3 Nr. 55 EStG kommt jedoch **nicht in Betracht**, wenn die betriebliche Altersversorgung beim ehemaligen Arbeitgeber als Direktzusage oder mittels einer Unterstützungskasse ausgestaltet war, während sie beim neuen Arbeitgeber über einen Pensionsfonds, eine Pensionskasse oder eine Direktversicherung abgewickelt wird. Dies gilt auch für den umgekehrten Fall. Ebenso kommt die Steuerfreiheit nach § 3 Nr. 55 EStG bei einem Betriebsübergang nach § 613a BGB nicht in Betracht, weil in einem solchen Fall die Regelung des § 4 BetrAVG keine Anwendung findet.

Wird die betriebliche Altersversorgung sowohl beim alten als auch beim neuen Arbeitgeber über einen Pensionsfonds, eine Pensionskasse oder eine Direktversicherung abgewickelt, liegt im Fall der Übernahme der Versorgungszusage nach § 4 Abs. 2 Nr. 1 BetrAVG lediglich ein Schuldnerwechsel und damit für den Arbeitnehmer kein lohnsteuerlich relevanter Vorgang vor. Entsprechendes gilt im Fall der Übernahme der Versorgungszusage nach § 4 Abs. 2 Nr. 1 BetrAVG, wenn die betriebliche Altersversorgung sowohl beim alten als auch beim neuen Arbeitgeber über eine Direktzusage oder Unterstützungskasse durchgeführt wird. Zufluss von Arbeitslohn liegt hingegen vor im Fall der Ablösung einer gegenüber einem beherrschenden Gesellschafter-Geschäftsführer erteilten Pensionszusage, bei der nach der Ausübung eines zuvor eingeräumten Wahlrechts auf Verlangen des Gesellschafter-Geschäftsführers der Ablösungsbetrag zur Übernahme der Pensionsverpflichtung an einen Dritten gezahlt wird (BFH v. 12.4.2007, VI R 6/02, BStBl II 2007, 581).

6. Direktzusagen

a) Begriff

3258 Direktzusagen, für deren Erfüllung der Arbeitgeber Pensionsrückstellungen nach § 6a EStG bildet, räumen dem Arbeitnehmer zwar **einen Rechtsanspruch auf spätere Versorgungsleistungen** ein; derartige Rückstellungen lösen gleichwohl **keinen Arbeitslohn bei dem versorgungsberechtigten Arbeitnehmer** aus, weil es an einer Ausgabe des Arbeitgebers an einen Dritten fehlt.

[LSt] [SV]

Dagegen stellen die späteren Leistungen des Arbeitgebers bei Eintritt des Versorgungsfalls Arbeitslohn dar. Dies gilt auch für die Auszahlung eines Versorgungsguthabens, das nach Ausscheiden des Arbeitgebers aus der VBL auf Grund einer Direktzusage des Arbeitgebers zur Sicherung der zugesagten Gesamtversorgung gebildet worden ist (BFH v. 7.5.2009, VI R 16/07, BStBl II 2010, 130).

[LSt] [SV]

b) Ablösung von Pensionszusagen

3259 Wird eine **Pensionsrückstellung aufgelöst** und geht die Verpflichtung des Arbeitgebers auf spätere Versorgungsleistungen auf eine Pensionskasse oder durch Abschluss einer Direktversicherung auf ein Lebensversicherungsunternehmen über, so handelt es sich bei den an die Pensionskasse **zuzuführenden Zuwendungen** oder bei den zu leistenden Beiträgen für die Direktversicherung **um gegenwärtig zufließenden Arbeitslohn**, weil der Arbeitnehmer im Zeitpunkt der Übertragung einen unentziehbaren Rechtsanspruch auf die spätere Versorgungsleistung erwirbt. Dies gilt auch dann, wenn der Ablösungsbetrag auf Verlangen des Arbeitnehmers zur Übernahme der Pensionsverpflichtung an einen Dritten gezahlt wird (BFH v. 12.4.2007, VI R 6/02, BStBl II 2007, 581).

[LSt] [SV]

Zukunftssicherung: Betriebliche Altersversorgung

keine Sozialversicherungspflicht = (SV̄)
Sozialversicherungspflicht = (SV)

c) Übertragung auf Pensionsfonds

3260 Die **Übertragung** von Direktzusagen **auf einen Pensionsfonds** führt ebenfalls grundsätzlich zu steuerpflichtigem Arbeitslohn, sie ist jedoch nach § 3 Nr. 66 EStG **steuerfrei**. Die Steuerfreiheit setzt allerdings voraus, dass der Arbeitgeber einen Antrag nach § 4e Abs. 3 EStG stellt und damit die beim Arbeitgeber durch die Übertragung entstehenden zusätzlichen Betriebsausgaben auf zehn Jahre verteilt werden. Die Steuerfreiheit nach § 3 Nr. 66 EStG gilt auch dann, wenn beim übertragenden Unternehmen keine Leistungen i.S.v. § 4e Abs. 3 EStG im Zusammenhang mit der Übernahme einer Versorgungsverpflichtung durch einen Pensionsfonds anfallen. Bei einer **entgeltlichen Übertragung** von Versorgungsanwartschaften aktiver Beschäftigter kommt die Anwendung von § 3 Nr. 66 EStG nur für Zahlungen an den Pensionsfonds in Betracht, die für die bis zum Zeitpunkt der Übertragung bereits erdienten Versorgungsanwartschaften geleistet werden (sog. Past-Service); Zahlungen an den Pensionsfonds für zukünftig noch zu erdienende Anwartschaften (sog. Future-Service) sind ausschließlich im begrenzten Rahmen des § 3 Nr. 63 EStG lohnsteuerfrei (BMF v. 24.7.2013, IV C 3 – S 2015/11/10002/IV C 5 – S 2333/09/10005, BStBl I 2013, 1022, Rdnr. 322 unter Berücksichtigung der Änderungen durch BMF v. 13.1.2014, IV C 3 – S 2015/11/10002 :018, BStBl I 2014, 97 und BMF v. 13.3.2014, IV C 3 – S 2257-b/13/10009, BStBl I 2014, 554).

Zu weiteren Einzelheiten, insbesondere zur

– Abgrenzung von „Past-" und „Future-Service",

– Berücksichtigung von künftigen Rentenanpassungen nach § 16 Abs. 1 BetrAVG bei der Ermittlung der erdienten Versorgungsanwartschaften,

– Ermittlung des erdienten Teils einer Pensionszusage nach § 6a EStG oder einer Zusage auf Unterstützungskassenleistungen nach § 4d EStG bei der Übertragung auf einen Pensionsfonds gemäß § 4e EStG,

– maßgebenden Rückstellung i.S.v. § 4e Abs. 3 Satz 3 EStG,

s. BMF v. 26.10.2006, IV B 2 – S 2144 – 57/06, BStBl I 2006, 709 sowie BMF v. 10.7.2015, IV C 6 – S 2144/07/10003, BStBl I 2015, 544.

Erfolgt im Rahmen eines Gesamtplans zunächst eine nach § 3 Nr. 66 EStG begünstigte Übertragung der erdienten Anwartschaften auf einen Pensionsfonds und werden anschließend regelmäßig wiederkehrend (z.B. jährlich) die dann neu erdienten Anwartschaften auf den Pensionsfonds übertragen, sind die weiteren Übertragungen auf den Pensionsfonds nicht nach § 3 Nr. 66 EStG begünstigt, sondern nur i.R.d. § 3 Nr. 63 EStG steuerfrei.

Die steuerfreie Übertragung von Versorgungszusagen auf Pensionsfonds ist auch dann möglich, wenn der Arbeitnehmer bereits Versorgungsleistungen erhält. Bei Steuerfreiheit nach § 3 Nr. 66 EStG ist die Übertragung auch sozialversicherungsfrei (§ 1 Abs. 1 Satz 1 Nr. 10 SvEV). Erbringt ein Arbeitgeber steuerfreie Leistungen nach § 3 Nr. 66 EStG, so hat er dies dem Pensionsfonds mitzuteilen (§ 6 AltvDV).

(LSt) (SV)

d) Schuldbeitritt

3261 Bei der Übernahme von Pensionsverpflichtungen gegen Entgelt durch Beitritt eines Dritten in eine Pensionsverpflichtung (Schuldbeitritt) oder durch Ausgliederung von Pensionsverpflichtungen – ohne inhaltliche Veränderung der Zusage – handelt es sich um keinen lohnsteuerlich relevanten Vorgang. Denn in allen Fällen kommt es nicht zu einem Wechsel des Durchführungswegs der betrieblichen Altersversorgung. Daher bleibt es in allen Fällen bei den für eine Direktzusage geltenden steuerlichen Regelungen, d.h., es liegt bei Auszahlung der Versorgungsleistungen durch den Dritten bzw. durch die Pensionsgesellschaft an Stelle des Arbeitgebers Arbeitslohn vor. Die entsprechende Versteuerung ist in diesem Fall von den Dritten bzw. der Pensionsgesellschaft nach § 38 Abs. 3a EStG (→ *Lohnsteuerabzug durch Dritte* Rz. 1848) vorzunehmen (BMF v. 3.1.2007, IV C 5 – S 2333 – 105/06 II, DB 2007, 255).

e) Sozialversicherung

3262 Da Rückstellungen zu Direktzusagen keine Einnahmen im steuerrechtlichen Sinne sind, handelt es sich auch nicht um Arbeitsentgelt nach § 14 SGB IV.

Seit 1.1.2002 gehören zum Arbeitsentgelt nach § 14 Abs. 1 Satz 2 SGB IV nur Entgeltbestandteile, die durch Entgeltumwandlung für eine Direktzusage verwendet werden. Dies allerdings nur, soweit sie 4 % der jährlichen BBG der allgemeinen Rentenversicherung (West) übersteigen (2016: 2 976 €). Der die 4 % übersteigende Betrag ist Arbeitsentgelt und unterliegt somit der Beitragspflicht in der Sozialversicherung.

7. Unterstützungskasse

a) Begriff

3263 Eine Unterstützungskasse ist wie die Pensionskasse eine **rechtsfähige Versorgungseinrichtung** (z.B. eine GmbH, Stiftung, eingetragener Verein), die auf ihre Leistungen jedoch keinen Rechtsanspruch gewährt (vgl. R 4d EStR). Es gibt aber auch **nicht rechtsfähige Unterstützungskassen**, z.B. nicht eingetragene Vereine. Die Unterscheidung hat nur für den **Betriebsausgabenabzug** der Zuwendungen des Arbeitgebers an die Unterstützungskasse Bedeutung.

Für die lohnsteuerliche Behandlung ist allein von Bedeutung, dass der Arbeitnehmer keinen Rechtsanspruch auf die Leistungen aus der Unterstützungskasse hat.

b) Zahlungen an eine Unterstützungskasse

3264 Da der Arbeitnehmer gegen die Unterstützungskasse keinen Rechtsanspruch hat, stellen für ihn die Einzahlungen des Arbeitgebers **keinen Arbeitslohn** dar (vgl. BFH v. 27.5.1993, VI R 19/92, BStBl II 1994, 246 m.w.N.), auch nicht bei einem Gehaltsverzicht zu Gunsten von Beitragsleistungen an eine Unterstützungskasse (vgl. OFD Hannover v. 3.9.1998, S 2723 – 26 – StO 214, www.stotax-first.de). Das gilt auch für Zuwendungen an Unterstützungskassen, die nur einmalige Zahlungen gewähren, z.B. Notstandsbeihilfen.

Leistungen des Arbeitgebers an eine Unterstützungskasse sind auch dann beim Arbeitnehmer **nicht sofort als Arbeitslohn zu versteuern**, wenn auf Grund der Rechtsprechung des BAG auf die (späteren) Leistungen der Unterstützungskasse ein **Quasi-Rechtsanspruch** besteht und die Unterstützungskasse eine Insolvenz- und Rückdeckungsversicherung abgeschlossen hat. Zu versteuern sind erst die **späteren Versorgungsleistungen** („nachgelagerte Besteuerung"), vgl. OFD Hannover v. 3.3.2000, S 2373 – 1 – StH 212/S 2373 – 46 – StO 216, DB 2000, 648 sowie BFH v. 16.9.1998, VI B 155/98, www.stotax-first.de.

(LSt) (SV)

c) Übertragung auf Pensionsfonds

3265 Wie bei der Übertragung von Direktzusagen führt die **Übertragung** von Versorgungsverpflichtungen aus einer Unterstützungskasse **auf einen Pensionsfonds** grundsätzlich zu steuerpflichtigem Arbeitslohn, sie ist jedoch ebenfalls nach § 3 Nr. 66 EStG **steuerfrei**. Die Steuerfreiheit setzt voraus, dass der Arbeitgeber einen Antrag nach § 4d Abs. 3 EStG stellt und damit die beim Arbeitgeber durch die Übertragung entstehenden zusätzlichen Betriebsausgaben auf zehn Jahre verteilt werden. Die Steuerfreiheit nach § 3 Nr. 66 EStG gilt auch dann, wenn beim übertragenden Unternehmen keine Zuwendungen i.S.v. § 4d Abs. 3 EStG im Zusammenhang mit der Übernahme einer Versorgungsverpflichtung durch einen Pensionsfonds anfallen (BMF v. 24.7.2013, IV C 3 – S 2015/11/10002/IV C 5 – S 2333/09/10005, BStBl I 2013, 1022, Rdnr. 322 unter Berücksichtigung der Änderungen durch BMF v. 13.1.2014, IV C 3 – S 2015/11/10002 :018, BStBl I 2014, 97 und BMF v. 13.3.2014, IV C 3 – S 2257-b/13/10009, BStBl I 2014, 554). Bei einer **entgeltlichen Übertragung** von Versorgungsanwartschaften aktiver Beschäftigter kommt die Anwendung von § 3 Nr. 66 EStG nur für Zahlungen an den Pensionsfonds in Betracht, die für die bis zum Zeitpunkt der Übertragung bereits erdienten Versorgungsanwartschaften geleistet werden (→ Rz. 3260). Die steuerfreie Übertragung von Versorgungsverpflichtungen aus einer Unterstützungskasse auf Pensionsfonds ist auch dann möglich, wenn der Arbeitnehmer bereits Versorgungsleistungen erhält. Bei Steuerfreiheit nach § 3 Nr. 66 EStG ist die Übertragung auch sozi-

[LSt] = keine Lohnsteuerpflicht
[LSt] = Lohnsteuerpflicht

Zukunftssicherung: Betriebliche Altersversorgung

alversicherungsfrei (§ 1 Abs. 1 Satz 1 Nr. 10 SvEV). Erbringt eine Unterstützungskasse steuerfreie Leistungen nach § 3 Nr. 66 EStG, so hat sie dies dem Pensionsfonds mitzuteilen (§ 6 AltvDV).

d) Zahlungen aus einer Unterstützungskasse

3266 Steuerpflichtiger Arbeitslohn sind die späteren Leistungen aus der Unterstützungskasse, soweit sie **nicht nur von Fall zu Fall** gewährt werden und somit als Unterstützung **steuerfrei** sind (BFH v. 28.3.1958, VI 233/56 S, BStBl III 1958, 268); auch → *Unterstützungen* Rz. 2958. Sofern z.B. die altersmäßigen Voraussetzungen erfüllt sind, können sie unter den allgemeinen Voraussetzungen des § 19 Abs. 2 EStG als Versorgungsbezüge angesehen und um die Freibeträge für Versorgungsbezüge gekürzt werden (→ *Versorgungsbezüge* Rz. 3050; → *Versorgungsfreibeträge* Rz. 3056).

Sind die aus Unterstützungskassen oder Betriebsratskassen (oft auch als „Freud- und Leidkassen" bezeichnet) gezahlten Beträge steuerpflichtig und werden die Kassen sowohl aus Zuwendungen des Arbeitgebers als auch aus eigenen versteuerten Mitteln der Arbeitnehmer (z.B. Restcent bei Lohnabrechnungen) getragen, so ist eine **Steuerpflicht** der Beträge nur in der Höhe des **Anteils (Prozentsatz) des Arbeitgebers** an den Gesamteinzahlungen zur Kasse gegeben.

e) Lohnsteuerabzug

3267 Bei den Leistungen aus der Unterstützungskasse handelt es sich um eine **Lohnzahlung durch Dritte**. Der **Arbeitgeber** hat den **Lohnsteuerabzug vorzunehmen**, wenn er weiß oder erkennen kann, dass derartige Vergütungen erbracht werden (§ 38 Abs. 1 Satz 3 EStG). Dies ist insbesondere der Fall, wenn die Unterstützungskasse nur die Stellung einer „zahlenden Kasse" hat, vgl. H 38.4 (Lohnsteuerabzug) LStH. Damit der Arbeitgeber seine Lohnsteuerabzugsverpflichtung in jedem Fall erfüllen kann, ist **der Arbeitnehmer gesetzlich verpflichtet**, seinem Arbeitgeber die **von einem Dritten gewährten Bezüge**, also auch die Leistungen aus einer Unterstützungskasse, am Ende des jeweiligen Lohnzahlungszeitraums **anzugeben** (§ 38 Abs. 4 Satz 3 EStG). Einzelheiten → *Lohnzahlung durch Dritte* Rz. 1949.

f) Sozialversicherung

3268 Es gelten die gleichen Regelungen wie zur Direktzusage (→ Rz. 3262).

8. Pensionskasse

a) Begriff

3269 Der **Begriff** der Pensionskasse ist in § 1b Abs. 3 BetrAVG definiert. Danach ist eine Pensionskasse eine rechtsfähige **Versorgungseinrichtung**, die dem Arbeitnehmer oder seinen Hinterbliebenen einen Rechtsanspruch auf ihre Leistungen gewährt. Sie kann von einem Arbeitgeber allein oder von mehreren Arbeitgebern errichtet werden und unterliegt der allgemeinen Aufsicht durch die Bundesanstalt für Finanzdienstleistungsaufsicht. Pensionskassen können in der Form einer Kapitalgesellschaft, eines Versicherungsvereins auf Gegenseitigkeit oder einer Stiftung betrieben werden.

Die **Mittel** für die von der Pensionskasse zugesagten Versorgungsleistungen werden entweder ausschließlich durch den Arbeitgeber oder vom Arbeitgeber und den Arbeitnehmern gemeinsam erbracht.

b) Zahlungen an eine Pensionskasse

3270 Laufende Beiträge und laufende Zuwendungen des Arbeitgebers aus einem bestehenden Dienstverhältnis an eine Pensionskasse für eine betriebliche Altersversorgung gehören zum Arbeitslohn (§ 19 Abs. 1 Satz 1 Nr. 3 EStG) und sind daher steuer- und beitragspflichtig (BFH v. 7.5.2009, VI R 8/07, BStBl II 2010, 194 und BFH v. 15.9.2011, VI R 36/09, HFR 2012, 258). Die jeweils **eingelegten Verfassungsbeschwerden sind nicht zur Entscheidung angenommen** worden (BVerfG v. 27.7.2010, 2 BvR 3056/09, StEd 2010, 548 sowie BVerfG v. 14.1.2015, 2 BvR 568/12, StEd 2015, 67). Auch die Übernahme der Verwaltungskosten einer Pensionskasse durch das Trägerunternehmen unterliegt der Lohnsteuer (FG Baden-Württemberg v. 7.2.2000, 12 K 86/98, EFG 2000, 495). Der nach der Satzung der Bahnversicherungsanstalt von einem zusatzversicherten Arbeitnehmer geschuldete, aber vom Bundeseisenbahnvermögen für den Arbeitnehmer übernommene Erhöhungsbetrag hat **darlehensähnlichen Charakter** und führt deshalb **nicht zu Arbeitslohn** (BFH v. 30.7.2009, VI R 54/08, www.stotax-first.de).

Beiträge aus dem **ersten Dienstverhältnis** an eine Pensionskasse zum Aufbau einer kapitalgedeckten betrieblichen Altersversorgung, bei der eine Auszahlung der zugesagten Alters-, Invaliditäts- oder Hinterbliebenenversorgung in Form einer Rente oder eines Auszahlungsplans (§ 1 Abs. 1 Satz 1 Nr. 4 AltZertG) vorgesehen ist, sind nach § 3 Nr. 63 EStG steuerfrei, soweit sie insgesamt im Kalenderjahr 4 % der BBG in der Rentenversicherung der Arbeiter und Angestellten nicht übersteigen und der Arbeitnehmer nicht die individuelle Besteuerung wegen der Altersvorsorgezulage oder den Sonderausgabenabzug verlangt. Werden Beiträge auf Grund einer Versorgungszusage geleistet, die nach dem 31.12.2004 erteilt wurde, so erhöht sich der Höchstbetrag um 1 800 €. Einzelheiten zur Steuerbefreiung nach § 3 Nr. 63 EStG → Rz. 3294. Ist die Pensionskasse **nicht kapitalgedeckt**, kommt die Steuerbefreiung nach § 3 Nr. 56 EStG in Betracht (→ Rz. 3306).

Soweit die Zuwendungen des Arbeitgebers an die Pensionskasse steuerpflichtig sind, kommt u.U. eine **Pauschalierung der Lohnsteuer mit 20 %** in Betracht. Einzelheiten zur Pauschalierung → Rz. 3313. In diesem Fall sind die Leistungen regelmäßig beitragsfrei (§ 1 Abs. 1 Satz 1 Nr. 4 SvEV).

> **Beispiel:**
> Ein Arbeitgeber in Hannover entrichtet für seinen Arbeitnehmer (Steuerklasse III) Beiträge an eine Pensionskasse i.H.v. 500 € im Monat. Die Versorgungszusage wurde am 7.1.2016 erteilt.
>
> Beiträge an Pensionskassen sind gegenwärtig zufließender und zu versteuernder Arbeitslohn. Da der Arbeitnehmer die Steuerklasse III hat, kann der Arbeitgeber davon ausgehen, dass es sich um das erste Dienstverhältnis des Arbeitnehmers handelt (vgl. BFH v. 12.8.1996, VI R 27/96, BStBl II 1997, 143). Von dem monatlichen Betrag von 500 € sind nach § 3 Nr. 63 EStG steuerfrei
>
> – 4 % von 6 200 € = (monatliche BBG in der Rentenversicherung)   248 €
> – zusätzlich 1/12 von 1 800 €   150 €
> Insgesamt   398 €
>
> Der übersteigende Betrag von 102 € ist als laufender Arbeitslohn individuell zu versteuern.
>
> Für den individuell zu versteuernden Beitrag kommt die Altersvorsorgezulage bzw. der Sonderausgabenabzug in Betracht (→ *Riester-Förderung* Rz. 2549).

c) Mitteilungspflichten des Arbeitgebers

3271 Der Arbeitgeber hat der Versorgungseinrichtung (Pensionsfonds, Pensionskasse, Direktversicherung), die für ihn die betriebliche Altersversorgung durchführt, spätestens **zwei Monate** nach Ablauf des Kalenderjahrs oder nach Beendigung des Dienstverhältnisses im Laufe des Kalenderjahrs **gesondert je Versorgungszusage** die für den einzelnen Arbeitnehmer geleisteten und

– nach § 3 Nr. 56 und 63 EStG steuerfrei belassenen,
– nach § 40b EStG a.F. pauschal besteuerten oder
– individuell besteuerten

Beiträge mitzuteilen. Die Mitteilungspflicht des Arbeitgebers kann durch einen Auftragnehmer wahrgenommen werden (§ 5 Abs. 2 LStDV).

Eine **Mitteilung kann unterbleiben** (§ 5 Abs. 3 LStDV), wenn die Versorgungseinrichtung die steuerliche Behandlung der für den einzelnen Arbeitnehmer im Kalenderjahr geleisteten Beiträge bereits kennt oder aus den bei ihr vorhandenen Daten feststellen kann, und dieser Umstand dem Arbeitgeber mitgeteilt worden ist. Unterbleibt die Mitteilung des Arbeitgebers, ohne dass ihm eine entsprechende Mitteilung der Versorgungseinrichtung vorliegt, so hat die Versorgungseinrichtung davon auszugehen, dass es sich

Zukunftssicherung: Betriebliche Altersversorgung

keine Sozialversicherungspflicht = (SV̄)
Sozialversicherungspflicht = (SV)

insgesamt bis zu den in § 3 Nr. 56 oder 63 EStG genannten Höchstbeträgen um steuerbegünstigte Beiträge handelt, die in der Auszahlungsphase als Leistungen i.S.v. § 22 Nr. 5 Satz 1 EStG zu besteuern ist.

d) Aufzeichnungspflichten des Arbeitgebers

3272 Der Arbeitgeber hat bei Durchführung einer kapitalgedeckten betrieblichen Altersversorgung über einen Pensionsfonds, eine Pensionskasse oder eine Direktversicherung ergänzend zu den in § 4 Abs. 2 Nr. 4 und 8 LStDV angeführten Aufzeichnungspflichten gesondert je Versorgungszusage und Arbeitnehmer Folgendes aufzuzeichnen:

- bei Inanspruchnahme der Steuerbefreiung nach § 3 Nr. 63 Satz 3 EStG den Zeitpunkt der Erteilung, den Zeitpunkt der Übertragung nach dem „Abkommen zur Übertragung von Direktversicherungen oder Versicherungen in eine Pensionskasse bei Arbeitgeberwechsel" oder nach vergleichbaren Regelungen zur Übertragung von Versicherungen in Pensionskassen oder Pensionsfonds, bei der Änderung einer vor dem 1.1.2005 erteilten Versorgungszusage alle Änderungen der Zusage nach dem 31.12.2004;

- bei Anwendung des § 40b EStG a.F. den Inhalt der am 31.12.2004 bestehenden Versorgungszusagen, sowie im Fall des § 52 Abs. 4 Satz 10 EStG die erforderliche Verzichtserklärung und bei der Übernahme einer Versorgungszusage nach § 4 Abs. 2 Nr. 1 BetrAVG oder bei einer Übertragung nach dem „Abkommen zur Übertragung von Direktversicherungen oder Versicherungen in eine Pensionskasse bei Arbeitgeberwechsel" oder nach vergleichbaren Regelungen zur Übertragung von Versicherungen in Pensionskassen oder Pensionsfonds im Falle einer vor dem 1.1.2005 erteilten Versorgungszusage zusätzlich die Erklärung des ehemaligen Arbeitgebers, dass diese Versorgungszusage vor dem 1.1.2005 erteilt und dass diese bis zur Übernahme nicht als Versorgungszusage i.S.d. § 3 Nr. 63 Satz 3 EStG behandelt wurde.

e) Sonderzahlungen

3273 Zu den Einkünften aus nichtselbständiger Arbeit gehören auch **Sonderzahlungen**, die der Arbeitgeber **neben den laufenden Beiträgen** und Zuwendungen an eine Versorgungseinrichtung i.S.d. § 19 Abs. 1 Satz 1 Nr. 3 Satz 1 EStG leistet, **mit Ausnahme** der Zahlungen des Arbeitgebers

- zur erstmaligen Bereitstellung der Kapitalausstattung zur Erfüllung der **Solvabilitätsvorschriften** nach den §§ 53c und 114 VAG,

- zur **Wiederherstellung einer angemessenen Kapitalausstattung** nach unvorhersehbaren Verlusten oder zur Finanzierung der Verstärkung der Rechnungsgrundlagen auf Grund einer unvorhersehbaren und nicht nur vorübergehenden Änderung der Verhältnisse, wobei die Sonderzahlungen nicht zu einer Absenkung des laufenden Beitrags führen oder durch die Absenkung des laufenden Beitrags Sonderzahlungen ausgelöst werden dürfen,

- in der **Rentenbezugszeit** nach § 112 Abs. 1a VAG oder

- in Form von **Sanierungsgeldern**.

Sonderzahlungen des Arbeitgebers sind insbesondere Zahlungen, die **an die Stelle** der bei **regulärem Verlauf zu entrichtenden laufenden Zuwendungen** treten oder neben laufenden Beiträgen oder Zuwendungen entrichtet werden und zur Finanzierung des nicht kapitalgedeckten Versorgungssystems dienen. Hierzu gehören beispielsweise Zahlungen, die der Arbeitgeber anlässlich

- seines **Ausscheidens** aus einem umlagefinanzierten Versorgungssystem,

- des **Wechsels** von einem umlagefinanzierten zu einem anderen umlagefinanzierten Versorgungssystem oder

- der **Zusammenlegung** zweier nicht kapitalgedeckter Versorgungssysteme

zu leisten hat (§ 19 Abs. 1 Satz 1 Nr. 3 Satz 2 EStG). Der BFH hält die Erweiterung des Umfangs der Einkünfte aus nichtselbständiger Arbeit durch § 19 Abs. 1 Satz 1 Nr. 3 Satz 2 EStG für verfassungsgemäß (BFH v. 14.11.2013, VI R 49/12, HFR 2014, 230; BFH v. 14.11.2013, VI R 50/12, www.stotax-first.de). Weil er jedoch die Regelung in § 40b Abs. 4 EStG für verfassungswidrig hält, hat er die Sache zur Entscheidung dem BVerfG vorgelegt (Az. beim BVerfG: 2 BvL 7/14 und 2 BvL 8/14).

[LSt] (SV)

In den Fällen des Pensionskassenwechsels ist bei laufenden und wiederkehrenden Zahlungen entsprechend dem periodischen Bedarf nur von Sonderzahlungen auszugehen, soweit die Bemessung der Zahlungsverpflichtungen des Arbeitgebers in das Versorgungssystem nach der Umstellung die Bemessung der Zahlungsverpflichtung zum Zeitpunkt des Wechsels oder der Systemumstellung übersteigt (§ 19 Abs. 1 Satz 1 Nr. 3 Satz 3 EStG).

> **Beispiel 1:**
> Die Zusatzversorgungskasse A wird auf die Zusatzversorgungskasse B überführt. Der Umlagesatz von A betrug bis zur Überführung 6 % vom zusatzversorgungspflichtigen Entgelt. B erhebt nur 4 % vom zusatzversorgungspflichtigen Entgelt. Der Arbeitgeber zahlt nach der Überführung auf B für seine Arbeitnehmer zusätzlich zu den 4 % Umlage einen festgelegten Betrag, durch den die Differenz bei der Umlagenhöhe (6 % zu 4 % vom zusatzversorgungspflichtigen Entgelt) ausgeglichen wird.
> Bei dem Differenzbetrag, den der Arbeitgeber nach der Überführung auf die Zusatzversorgungskasse B zusätzlich leisten muss, handelt es sich um eine steuerpflichtige Sonderzahlung nach § 19 Abs. 1 Satz 1 Nr. 3 Satz 2 Buchst. b EStG, die mit 15 % nach § 40b Abs. 4 EStG pauschal zu besteuern ist.

Zu den **nicht zu besteuernden Sanierungsgeldern** nach § 19 Abs. 1 Satz 1 Nr. 3 Satz 4 EStG gehören **die Sonderzahlungen des Arbeitgebers**, die er **anlässlich der Umstellung der Finanzierung** des Versorgungssystems von der Umlagefinanzierung auf die Kapitaldeckung für die bis zur Umstellung bereits entstandenen Versorgungsverpflichtungen oder -anwartschaften noch zu leisten hat. Gleiches gilt für die Zahlungen, die der Arbeitgeber im Fall der Umstellung auf der Leistungsseite für diese vor Umstellung bereits entstandenen Versorgungsverpflichtungen und -anwartschaften in das Versorgungssystem leistet. Davon ist z.B. auszugehen, wenn

- eine **deutliche Trennung** zwischen bereits entstandenen und neu entstehenden Versorgungsverpflichtungen sowie -anwartschaften sichtbar wird,

- der **finanzielle Fehlbedarf** zum Zeitpunkt der Umstellung hinsichtlich der bereits entstandenen Versorgungsverpflichtungen sowie -anwartschaften ermittelt wird und

- dieser Betrag ausschließlich vom Arbeitgeber als Zuschuss geleistet wird.

[LSt] (SV̄)

> **Beispiel 2:**
> Die Zusatzversorgungskasse A stellt ihre betriebliche Altersversorgung auf der Finanzierungs- und Leistungsseite um. Bis zur Systemumstellung betrug die Umlage 6,2 % vom zusatzversorgungspflichtigen Entgelt. Nach der Systemumstellung beträgt die Zahlung insgesamt 7,7 % vom zusatzversorgungspflichtigen Entgelt. Davon werden 4 % zu Gunsten der nun im Kapitaldeckungsverfahren finanzierten Neuanwartschaften und 3,7 % für die weiterhin im Umlageverfahren finanzierten Anwartschaften einschließlich eines Sanierungsgelds geleistet.
> Die Ermittlung des nicht zu besteuernden Sanierungsgelds erfolgt nach § 19 Abs. 1 Satz 1 Nr. 3 Satz 4 zweiter Halbsatz EStG. Ein solches nicht zu besteuerndes Sanierungsgeld liegt nur vor, soweit der bisherige Umlagesatz überstiegen wird.
>
> | | |
> |---|---|
> | Zahlungen nach der Systemumstellung insgesamt | 7,7 % |
> | Zahlungen vor der Systemumstellung | 6,2 % |
> | nicht zu besteuerndes Sanierungsgeld | 1,5 % |
>
> Ermittlung der weiterhin nach § 19 Abs. 1 Satz 1 Nr. 3 Satz 1 EStG grundsätzlich zu besteuernden Umlagezahlung:
>
> | | |
> |---|---|
> | Nach der Systemumstellung geleistete Zahlung für das Umlageverfahren einschließlich des Sanierungsgelds | 3,7 % |
> | nicht zu besteuerndes Sanierungsgeld | 1,5 % |
> | grundsätzlich zu besteuernde Umlagezahlung | 2,2 % |

Eine Differenzrechnung nach § 19 Abs. 1 Satz 1 Nr. 3 Satz 4 Halbsatz 2 EStG **entfällt**, wenn es an laufenden und wiederkehrenden Zahlungen entsprechend dem periodischen Bedarf fehlt, also das zu erbringende **Sanierungsgeld als Gesamtfehlbetrag feststeht** und lediglich ratierlich getilgt wird.

Soweit die Sonderzahlungen zum steuerpflichtigen Arbeitslohn gehören, hat der Arbeitgeber die Lohnsteuer mit einem **Pausch-**

steuersatz von 15 % zu erheben (§ 40b Abs. 4 EStG). Hierbei handelt es sich um eine **„Pflichtpauschalierung" für den Arbeitgeber**, die nach Auffassung des Gesetzgebers nicht gegen Verfassungsrecht verstößt. Der BFH hält die „Pflichtpauschalierung" aber **für verfassungswidrig** und hat daher die Sache zur Entscheidung dem BVerfG vorgelegt (BFH v. 14.11.2013, VI R 49/12, HFR 2014, 230; BFH v. 14.11.2013, VI R 50/12, www.stotax-first.de, Az. beim BVerfG: 2 BvL 7/14 und 2 BvL 8/14).

Im Rahmen einer betrieblichen Altersversorgung an eine Versorgungseinrichtung erbrachte Sonderzuwendungen des Arbeitgebers sind **kein Arbeitslohn**, wenn sie zur **Verbesserung der Kapitalausstattung** der Versorgungseinrichtung geleistet werden und **wirtschaftlich nicht an die Stelle regulärer Umlagen** treten (BFH v. 13.6.2013, VI R 1/11, www.stotax-first.de).

f) Zahlungen aus einer Pensionskasse

3274 Die nach **Eintritt des Versorgungsfalls** zufließenden Leistungen aus der Pensionskasse sind kein Arbeitslohn, weil sie durch die Lohnversteuerung zumindest teilweise auf eigenen Beitragsleistungen des Arbeitnehmers beruhen (§ 2 Abs. 2 Nr. 2 LStDV). Werden laufende Leistungen in Form einer **Leibrente** gewährt, so sind sie als sonstige Einkünfte – wie die Renten aus der gesetzlichen Rentenversicherung auch – mit dem Besteuerungsanteil zu versteuern (→ *Altersrenten* Rz. 59). Zahlt die Pensionskasse einen kapitalisierten Einmalbetrag, so ist dieser steuerfrei.

Soweit die Beiträge nach § 3 Nr. 63 EStG steuerfrei waren, unterliegen sie in voller Höhe als sonstige Einkünfte nach § 22 Nr. 5 EStG der Einkommensbesteuerung.

g) Sozialversicherung

aa) Kapitalgedeckte Pensionskasse

3275 Steuerfreie Zuwendungen an Pensionskassen zum Aufbau einer kapitalgedeckten betrieblichen Altersversorgung nach § 3 Nr. 63 Satz 1 EStG sind auch beitragsfrei; dies gilt auch für Zuwendungen, die aus Entgeltumwandlungen oder Eigenbeiträgen des Arbeitnehmers stammen. Die Aufwendungen können sowohl aus dem laufenden Arbeitsentgelt als auch aus Einmalzahlungen finanziert werden.

bb) Umlagefinanzierte Pensionskasse (Rechtslage ab 1.1.2008)

3276 Zuwendungen, soweit sie nach § 3 Nr. 56 EStG steuerfrei sind, oder aber nach § 40b EStG pauschal versteuert werden, sind beitragsfrei, wenn sie zusätzlich zum Arbeitsentgelt gewährt werden.

cc) Pensionskassen mit besonderen Versorgungsformen

3277 Für Pensionskassen mit einer besonderen Versorgungsregelung (Versorgungsregelung sieht mindestens bis zum 31.12.2000 vor der Anwendung etwaiger Nettobegrenzungsregelungen eine allgemein erreichbare Gesamtversorgung von mindestens 75 % des gesamtversorgungsfähigen Entgelts und nach dem Eintritt des Versorgungsfalls eine Anpassung nach Maßgabe der Entwicklung der Arbeitsentgelte im Bereich der entsprechenden Versorgungsregelung oder gesetzlicher Versorgungsbezüge vor) wird diese Beitragsfreiheit allerdings eingeschränkt bzw. aufgehoben. In diesen Fällen ist nämlich ein Betrag bis zur Höhe von 2,5 % des maßgebenden Bemessungsentgelts – vermindert um 13,30 € – dem Arbeitsentgelt zuzurechnen. Dem Arbeitsentgelt ist außerdem der 100 € übersteigende Betrag der Summe der steuerfreien bzw. pauschal versteuerten Zuwendung zuzurechnen. Einzelheiten → Rz. 3292.

dd) Übertragung auf eine Pensionskasse

3278 Leistungen des Arbeitgebers oder einer Unterstützungskasse an einen Pensionsfonds zur Übernahme bestehender Versorgungsverpflichtungen oder Versorgungsanwartschaften durch den Pensionsfonds sind nach § 1 Abs. 1 Satz 1 Nr. 10 SvEV nicht dem beitragspflichtigen Arbeitsentgelt zuzurechnen, soweit diese nach § 3 Nr. 66 EStG steuerfrei sind. Bei übertragenen Versorgungsanwartschaften aus einer Unterstützungskasse auf eine Pensionskasse handelt es sich grundsätzlich um steuerpflichtigen Arbeitslohn und somit auch um beitragspflichtiges Arbeitsentgelt. Die Spitzenorganisationen der Sozialversicherung haben sich entsprechend festgelegt und entschieden, dass diese Leistungen als einmalig gezahltes Arbeitsentgelt zu verbeitragen sind (Besprechungsergebnis v. 23./24.11.2011, TOP 8). Dies deshalb, weil es an anderslautenden Regelungen im Beitragsrecht fehlt, die den beitragsrechtlichen Regelungen für Übertragungen von Versorgungsanwartschaften an einen Pensionsfonds vergleichbar wären.

ee) Sonderzahlungen

3279 Sonderzahlungen nach § 19 Abs. 1 Satz 1 Nr. 3 Satz 2 bis 4 EStG zählen seit dem 22.4.2015 nicht zum Arbeitsentgelt im sozialversicherungsrechtlichen Sinne (§ 1 Abs. 1 Satz 1 Nr. 12 SvEV). Durch diese Regelung wird bestimmt, dass alle Formen von Sonderzahlungen, die der Arbeitgeber neben den laufenden Beiträgen und Zuwendungen an einen Pensionsfonds, eine Pensionskasse oder für eine Direktversicherung für eine betriebliche Altersversorgung leistet, beitragsfrei sind. Von der Neufassung sind Sonderzahlungen des Arbeitgebers anlässlich des Ausscheidens aus einer nicht kapitalgedeckten Pensionskasse erfasst. Die Sozialversicherungsträger haben allerdings bereits in der Vergangenheit schon im Vorgriff auf die rechtliche Klarstellung gehandelt. Insofern ergeben sich für die betriebliche Praxis keine Auswirkungen.

9. Pensionsfonds

a) Begriff

3280 Pensionsfonds sind **rechtlich selbständige Einrichtungen**, die gegen Zahlung von Beiträgen eine kapitalgedeckte betriebliche Altersversorgung für den Arbeitgeber durchführen (§ 112 Abs. 1 VAG). Pensionsfonds werden durch die **Bundesanstalt für Finanzdienstleistungsaufsicht überwacht**. Außerdem werden die Ansprüche des Arbeitnehmers über den **Pensions-Sicherungs-Verein** abgesichert.

Bei **Leistungszusagen** ist ein bestimmter monatlicher Betrag garantiert. Sofern sich die zur Erfüllung dieser Leistung vereinbarten Fondsbeiträge wegen Änderungen in der ursprünglichen Kalkulationsgrundlage als nicht mehr angemessen erweisen, müssen sie den veränderten Verhältnissen angepasst werden. Bei **Beitragszusagen** ist die Höhe der Beiträge während der Ansparphase festgelegt. Eine Ablaufleistung über die Beiträge hinaus ist jedoch nicht garantiert, so dass das eigentliche Anlagerisiko beim Arbeitnehmer liegt.

b) Zahlungen an einen Pensionsfonds

3281 Laufende Beiträge und laufende Zuwendungen des Arbeitgebers aus einem bestehenden Dienstverhältnis an einen Pensionsfonds für eine betriebliche Altersversorgung gehören zum Arbeitslohn (§ 19 Abs. 1 Satz 1 Nr. 3 EStG) und sind daher steuer- und beitragspflichtig (vgl. hierzu auch BFH v. 5.7.2007, VI R 47/02, HFR 2007, 982). Soweit die Zuwendungen des Arbeitgebers an einen Pensionsfonds steuerpflichtig sind, kommt eine **Pauschalierung der Lohnsteuer in keinem Fall in Betracht**.

Beiträge aus dem **ersten Dienstverhältnis** an einen Pensionsfonds zum Aufbau einer kapitalgedeckten betrieblichen Altersversorgung, bei der eine Auszahlung der zugesagten Alters-, Invaliditäts- oder Hinterbliebenenversorgung in Form einer Rente oder eines Auszahlungsplans (§ 1 Abs. 1 Satz 1 Nr. 4 AltZertG) vorgesehen ist, sind nach § 3 Nr. 63 EStG steuerfrei, soweit sie insgesamt im Kalenderjahr 4 % der BBG in der Rentenversicherung der Arbeiter und Angestellten nicht übersteigen und der Arbeitnehmer nicht die individuelle Besteuerung wegen der Altersvorsorgezulage oder den Sonderausgabenabzug verlangt. Werden Beiträge auf Grund einer Versorgungszusage geleistet, die nach dem 31.12.2004 erteilt wurde, so erhöht sich der Höchstbetrag um 1 800 €. Einzelheiten zur Steuerbefreiung nach § 3 Nr. 63 EStG → Rz. 3294.

Beispiel:
Ein Arbeitgeber in Köln entrichtet für seinen Arbeitnehmer (Steuerklasse III) jährlich einen Betrag an einen Pensionsfonds i.H.v. 6 000 €. Die Versorgungszusage wurde am 7.1.2016 erteilt.

Beiträge an Pensionsfonds sind gegenwärtig zufließender und zu versteuernder Arbeitslohn. Da der Arbeitnehmer die Steuerklasse III hat, kann der Arbeitgeber davon ausgehen, dass es sich um das erste

Zukunftssicherung: Betriebliche Altersversorgung

keine Sozialversicherungspflicht = ⓢⱽ
Sozialversicherungspflicht = Ⓢⱽ

Dienstverhältnis des Arbeitnehmers handelt (vgl. BFH v. 12.8.1996, VI R 27/96, BStBl II 1997, 143). Von dem Jahresbetrag von 6 000 € sind nach § 3 Nr. 63 EStG steuerfrei:

- 4 % von 74 400 € (BBG in der Rentenversicherung)   2 976 €
- Zusätzlich 1 800 €   1 800 €
- Insgesamt   4 776 €

Der übersteigende Betrag von 1 224 € ist als sonstiger Bezug individuell zu versteuern. Hierfür kommt die Altersvorsorgezulage bzw. der Sonderausgabenabzug in Betracht (→ *Riester-Förderung* Rz. 2549).

c) Mitteilungs- und Aufzeichnungspflichten des Arbeitgebers

3282 Der Arbeitgeber hat gegenüber der Versorgungseinrichtung (Pensionsfonds, Pensionskasse, Direktversicherung), die für ihn die betriebliche Altersversorgung durchführt, nach § 5 Abs. 2 LStDV bestimmte **Mitteilungs- und Aufzeichnungspflichten**. Einzelheiten hierzu → Rz. 3271.

d) Zahlungen aus einem Pensionsfonds

3283 Die nach **Eintritt des Versorgungsfalls** zufließenden Leistungen aus einem Pensionsfonds sind **kein Arbeitslohn**, weil sie durch die Lohnversteuerung zumindest teilweise auf eigenen Beitragsleistungen des Arbeitnehmers beruhen (§ 2 Abs. 2 Nr. 2 LStDV). Werden laufende Leistungen in Form einer **Leibrente** gewährt, so sind sie als sonstige Einkünfte – wie die Renten aus der gesetzlichen Rentenversicherung auch – mit dem Besteuerungsanteil zu versteuern (→ *Altersrenten* Rz. 59). Zahlt der Pensionsfonds einen kapitalisierten **Einmalbetrag**, so ist dieser steuerfrei.

Soweit die Beiträge nach § 3 Nr. 63 EStG steuerfrei waren, unterliegen sie in voller Höhe als sonstige Einkünfte nach § 22 Nr. 5 EStG der Einkommensbesteuerung.

e) Sozialversicherung

3284 Steuerfreie Zuwendungen an einen Pensionsfonds nach § 3 Nr. 63 Satz 1 EStG sind beitragsfrei; dies gilt auch für Zuwendungen, die aus Entgeltumwandlungen stammen. Die Erhöhung des steuerfreien Höchstbetrags (§ 3 Nr. 63 Satz 3 und 4 EStG) für Neufälle ab 1.1.2005 sowie die Möglichkeit der steuerfreien Nutzung von Wertguthaben aus Arbeitszeitkonten für den Aufbau einer kapitalgedeckten betrieblichen Altersversorgung wirken sich beitragsrechtlich nicht aus.

Einzelheiten → Rz. 3292.

10. Direktversicherung

a) Begriff

3285 Eine Direktversicherung ist eine **Lebensversicherung** auf das Leben des Arbeitnehmers, die durch den Arbeitgeber bei einem inländischen oder ausländischen Versicherungsunternehmen abgeschlossen worden ist und bei der der Arbeitnehmer oder seine Hinterbliebenen hinsichtlich der Versorgungsleistungen des Versicherers ganz oder teilweise bezugsberechtigt sind (§ 1b Abs. 2 Satz 1 BetrAVG). Dasselbe gilt für eine Lebensversicherung auf das Leben des Arbeitnehmers, die nach Abschluss durch den Arbeitnehmer vom Arbeitgeber übernommen worden ist.

Eine Direktversicherung liegt danach vor, wenn **folgende Kriterien** erfüllt sind:

- Lebensversicherung,
- Arbeitnehmer als versicherte Person,
- Arbeitgeber als Versicherungsnehmer,
- Arbeitnehmer (oder dessen Hinterbliebene) als Bezugsberechtigter.

Der Abschluss einer Lebensversicherung durch eine mit dem Arbeitgeber verbundene **Konzerngesellschaft** schließt die Anerkennung als Direktversicherung nicht aus, wenn der Anspruch auf die Versicherungsleistungen durch das Dienstverhältnis veranlasst ist und der **Arbeitgeber die Beitragslast** trägt. Als Versorgungsleistungen können Leistungen der Alters-, Invaliditäts- oder Hinterbliebenenversorgung in Betracht kommen (R 40b.1 Abs. 1 LStR).

Die Bezugsberechtigung des Arbeitnehmers oder seiner Hinterbliebenen muss vom Versicherungsnehmer (Arbeitgeber) der Versicherungsgesellschaft gegenüber erklärt werden (§ 159 VVG). Die Bezugsberechtigung kann widerruflich oder unwiderruflich sein; bei widerruflicher Bezugsberechtigung sind die Bedingungen eines Widerrufs steuerlich unbeachtlich. Unbeachtlich ist auch, ob die Anwartschaft des Arbeitnehmers arbeitsrechtlich bereits unverfallbar ist (R 40b.1 Abs. 2 Sätze 9 bis 11 LStR).

Als **Direktversicherung** werden folgende Versicherungsarten anerkannt:

- Kapitalversicherung auf den Todes- und Erlebensfall

  Bei dieser Versicherung wird die Versicherungsleistung beim Tod des Versicherten, spätestens bei Ablauf der vereinbarten Versicherungsdauer, fällig.

- Kapitalversicherung nur auf den Todesfall

  Bei dieser Versicherung wird die Versicherungsleistung nur bei Eintritt des Tods des Versicherten fällig. Auch hier kann ein bestimmter vertraglich festgelegter Zeitraum vereinbart werden.

- Kapitalversicherung mit steigender Todesfallleistung

  Bei dieser Versicherung ist die Todesfallleistung am Anfang der Versicherung niedriger als die Versicherungssumme. Die Todesfallleistung steigt während der Laufzeit der Versicherung kontinuierlich an, bis sie die Versicherungssumme im Erlebensfall erreicht.

  Solche Versicherungen sind als Direktversicherung anzuerkennen, wenn zu Beginn der Versicherung eine Todesfallleistung von mindestens 10 % der Kapitalleistung im Erlebensfall vereinbart und der Versicherungsvertrag vor dem 1.8.1994 abgeschlossen worden ist. Bei einer nach dem 31.7.1994 und vor dem 1.1.1997 abgeschlossenen Kapitallebensversicherung ist Voraussetzung für die Anerkennung, dass die Todesfallleistung über die gesamte Versicherungsdauer mindestens 50 % der für den Erlebensfall vereinbarten Kapitalleistung beträgt (R 40b.1 Abs. 2 Sätze 2 und 3 LStR). Eine **nach dem 31.12.1996** abgeschlossene Kapitallebensversicherung ist als Direktversicherung anzuerkennen, wenn der Todesfallschutz während der gesamten Laufzeit des Versicherungsvertrags mindestens 60 % der Summe der Beiträge beträgt, die nach dem Versicherungsvertrag für die gesamte Vertragsdauer zu zahlen sind (R 40b.1 Abs. 2 Satz 4 LStR).

- Rentenversicherung

  Bei dieser Versicherung ist im Gegensatz zu der Kapitalversicherung grundsätzlich keine einmalige Leistung vorgesehen, sondern eine lebenslängliche Rentenzahlung. Soweit daneben die Möglichkeit der Kapitalabfindung zum Rentenbeginn besteht, ist dieses Wahlrecht unschädlich, solange das Wahlrecht tatsächlich besteht.

- Lebensversicherung mit Wartefrist

  Bei Versicherungen, bei denen der Todesfallschutz erst nach Ablauf einer Wartefrist einsetzt oder stufenweise ansteigt, ist diese Voraussetzung erfüllt, wenn der Todesfallschutz spätestens drei Jahre nach Vertragsabschluss mindestens 60 % der Beitragssumme beträgt (BMF v. 22.8.2002, IV C 4 – S 2221 – 211/02, BStBl I 2002, 827).

- Fondsgebundene Lebensversicherungen

  Auch fondsgebundene Lebensversicherungen werden – im Gegensatz zum Sonderausgabenabzug nach § 10 EStG – als Direktversicherungen anerkannt.

Keine Direktversicherungen sind folgende Versicherungen:

- Ausschluss des Todesfall- und Rentenwagnisses

  Eine Direktversicherung liegt nicht vor, wenn bei einer Versicherung das **typische Todesfallwagnis** und – bereits bei Vertragsabschluss – das **Rentenwagnis** ausgeschlossen worden sind (BFH v. 9.11.1990, VI R 164/86, BStBl II 1991, 189).

- Versicherung für den Ehegatten

  Keine Direktversicherung liegt vor, wenn der Arbeitgeber für den Ehegatten eines verstorbenen früheren Arbeitnehmers eine Lebensversicherung abschließt, vgl. H 40b.1 (Allgemeines) LStH.

- Unfallversicherung

  Eine Unfallversicherung ist keine Direktversicherung, auch wenn bei Unfall mit Todesfolge eine Leistung vorgesehen ist.

☐ = keine Lohnsteuerpflicht
☒ = Lohnsteuerpflicht

Zukunftssicherung: Betriebliche Altersversorgung

Allerdings gehören Unfallzusatzversicherungen und Berufsunfähigkeitszusatzversicherungen, die im Zusammenhang mit einer Lebensversicherung abgeschlossen werden, sowie selbständige Berufsunfähigkeitsversicherungen und Unfallversicherungen mit Prämienrückgewähr, bei denen der Arbeitnehmer Anspruch auf die Prämienrückgewähr hat, zu den Direktversicherungen (R 40b.1 Abs. 2 Sätze 7 und 8 LStR).

Auch Kapitalversicherungen mit einer Vertragsdauer von weniger als fünf Jahren können i.R.d. § 40b EStG pauschaliert werden (FG Baden-Württemberg v. 11.12.2002, 7 K 175/99, EFG 2003, 883).

b) Zahlungen an eine Versicherung

3286 Laufende Beiträge und laufende Zuwendungen des Arbeitgebers aus einem bestehenden Dienstverhältnis für eine Direktversicherung gehören zum Arbeitslohn (§ 19 Abs. 1 Satz 1 Nr. 3 EStG) und sind daher steuer- und beitragspflichtig.

☒ ☒

Beiträge aus dem **ersten Dienstverhältnis** für eine Direktversicherung zum Aufbau einer kapitalgedeckten Altersversorgung, bei der eine Auszahlung der zugesagten Alters-, Invaliditäts- oder Hinterbliebenenversorgung in Form einer Rente oder eines Auszahlungsplans (§ 1 Abs. 1 Satz 1 Nr. 4 AltZertG) vorgesehen ist, sind nach § 3 Nr. 63 EStG steuerfrei, soweit sie insgesamt im Kalenderjahr 4 % der BBG in der Rentenversicherung der Arbeiter und Angestellten nicht übersteigen und der Arbeitnehmer nicht die individuelle Besteuerung wegen der Altersvorsorgezulage oder den Sonderausgabenabzug verlangt. Werden Beiträge auf Grund einer Versorgungszusage geleistet, die nach dem 31.12.2004 erteilt wurde, erhöht sich der Höchstbetrag um 1 800 €. Einzelheiten zur Steuerbefreiung nach § 3 Nr. 63 EStG → Rz. 3294.

☐ ☒

Bei **Zukunftssicherungsleistungen des Arbeitgebers** i.S.v. § 40b EStG ist die Anwendung der 44 €-Freigrenze auch dann nicht möglich, wenn der Arbeitgeber Versicherungsnehmer ist (BFH v. 26.11.2002, VI R 68/01, BStBl II 2003, 492 sowie BMF v. 10.10.2013, IV C 5 – S 2334/13/10001, BStBl I 2013, 1301).

Bei **Direktversicherungen mit gespaltenem Bezugsrecht**, bei denen der Arbeitnehmer ein unmittelbares Bezugsrecht hinsichtlich der Rentenleistungen und der Arbeitgeber ein Bezugsrecht hinsichtlich der erwirtschafteten Gewinnanteile der Versicherungsgesellschaft erwirbt, unterliegt nur der auf die Direktversicherung zu Gunsten des Arbeitnehmers entfallende Teil der Prämien der Lohnsteuer. Die Höhe dieser Anteile muss ggf. geschätzt werden (FG Hamburg v. 8.8.2001, VII 158/97, EFG 2001, 1611).

Zahlungen an eine Direktversicherung werden in dem Zeitpunkt geleistet, in dem der Arbeitgeber **seiner Bank einen entsprechenden Überweisungsauftrag erteilt** (BFH v. 7.7.2005, IX R 7/05, BStBl II 2005, 726).

> **Beispiel:**
> Ein Arbeitnehmer vereinbart mit seinem Arbeitgeber eine Gehaltsumwandlung. Statt den Lohn bar auszuzahlen, muss dieser einen Beitrag von jährlich 1 500 € an eine Direktversicherung leisten, der nach § 40b EStG a.F. pauschal versteuert werden soll. Der Arbeitgeber behält den Beitrag für das Jahr 2004 vom September ein. Nach Zahlungsaufforderung des Versicherungsunternehmens wird der Beitrag im Dezember des Jahrs 2004 mit Postgiroauftrag zur Zahlung angewiesen. Der Betrag wird mit Wertstellung 2.1.2005 vom Konto des Arbeitgebers abgebucht. Weil in 2005 ebenfalls der Versicherungsbeitrag 2005 entrichtet wird, gelangt das Finanzamt zu dem Ergebnis, dass der Grenzwert von 1 752 € (§ 40b Abs. 2 EStG a.F.) im Kalenderjahr 2005 überschritten worden sei, so dass eine Pauschalierung insoweit nicht zulässig gewesen sei.
>
> Der BFH hat jedoch entschieden, dass der Arbeitgeber einen Beitrag für eine Direktversicherung seines Arbeitnehmers grundsätzlich in dem Zeitpunkt leistet, in dem er seiner Bank einen entsprechenden Überweisungsauftrag erteilt. Daher ist der Beitrag für das Kalenderjahr 2004 in 2004 zu versteuern, so dass der Grenzwert von 1 752 € für die Lohnsteuerpauschalierung weder in 2004 noch in 2005 überschritten wird (BFH v. 7.7.2005, IX R 7/05, BStBl II 2005, 726).

c) Mitteilungs- und Aufzeichnungspflichten des Arbeitgebers

3287 Der Arbeitgeber hat gegenüber der Versorgungseinrichtung (Pensionsfonds, Pensionskasse, Direktversicherung), die für ihn die betriebliche Altersversorgung durchführt, nach § 5 Abs. 2 LStDV bestimmte **Mitteilungs- und Aufzeichnungspflichten**. Einzelheiten hierzu → Rz. 3271.

d) Behandlung der Versicherungsleistungen

3288 Bei einer Lebensversicherung mit Bezugsrecht des Arbeitnehmers (z.B. Direktversicherung) gehören **die späteren Versicherungsleistungen** im Versorgungsfall **nicht zum steuerpflichtigen Arbeitslohn**, da bereits die Beiträge zur Versicherung als Arbeitslohn versteuert worden sind. Soweit die späteren Leistungen in Kapitalform zufließen, sind sie unter den Voraussetzungen des § 20 Abs. 1 Nr. 6 EStG einkommensteuerfrei, wenn der Vertrag vor dem 1.1.2005 abgeschlossen wurde. Bei Vertragsabschluss nach dem 31.12.2004 ist die Hälfte des Unterschiedsbetrags zwischen der Versicherungsleistung und der auf sie entfallenden Beiträge zu versteuern. Soweit die späteren Leistungen in Rentenform zufließen, sind sie ggf. nach § 22 Nr. 5 EStG als wiederkehrende Bezüge durch Veranlagung des Arbeitnehmers zu erfassen.

☐ ☐

Soweit die Beiträge nach § 3 Nr. 63 EStG steuerfrei waren, unterliegen sie in voller Höhe als sonstige Einkünfte nach § 22 Nr. 5 EStG der Einkommensbesteuerung.

Im Gegensatz hierzu muss bei einer **Rückdeckungsversicherung** der Berechtigte mit Eintritt des Versorgungsfalls die ihm auf Grund der Versorgungszusage zufließenden Leistungen als Bezüge aus einem früheren Dienstverhältnis versteuern, → *Versorgungsbezüge* Rz. 3050. Zur Abgrenzung zwischen einer Direktversicherung und einer Rückdeckungsversicherung → *Rückdeckung/Rückdeckungsversicherung* Rz. 2575.

☒ ☒

e) Umwandlung einer Rückdeckungsversicherung

3289 Es kommt vor, dass eine **zuerst als Rückdeckungsversicherung** abgeschlossene Lebensversicherung nachträglich **in eine Direktversicherung umgewandelt** wird. In diesem Fall fließt dem Arbeitnehmer im Zeitpunkt der Umwandlung ein geldwerter Vorteil zu.

Scheidet ein Arbeitnehmer wegen Beendigung des Arbeitsverhältnisses aus der Rückdeckungsversicherung aus, hat er es aber **auf Grund eines Fortführungsangebots** in der Hand, ob er sich für eine **Fortführung der Versicherung** oder eine **Auszahlung des Übertragswerts** entscheidet, fließt ihm der sog. Übertragungswert **mit der Übertragung** zu und ist **als Arbeitslohn zu erfassen** (FG Baden-Württemberg v. 7.12.2011, 7 K 3446/08, EFG 2012, 1395).

Als Wert dieses Vorteils und damit als steuerpflichtiger Arbeitslohn ist grundsätzlich **das geschäftsplanmäßige Deckungskapital** zuzüglich einer bis zu diesem Zeitpunkt zugeteilten Überschussbeteiligung i.S.d. § 153 VVG anzusetzen; § 3 Nr. 65 Satz 1 Buchst. c EStG ist nicht anwendbar (R 40b.1 Abs. 3 Satz 3 LStR).

☒ ☒

f) Sammel- oder Gruppenversicherungen

3290 Bei Sammel- oder Gruppenversicherungen ist für jeden einzelnen Arbeitnehmer der Teil der Gesamtprämie als Arbeitslohn zu versteuern, der auf den betreffenden Arbeitnehmer entfällt. Ist jedoch der auf den einzelnen Arbeitnehmer entfallende Teil nicht zu ermitteln (z.B. bei Pauschalzuweisungen an das Versicherungsunternehmen), können nach § 2 Abs. 2 Nr. 3 Satz 3 LStDV die Ausgaben des Arbeitgebers **nach der Zahl der gesicherten Arbeitnehmer** auf diese aufgeteilt werden.

g) Pauschalierung der Lohnsteuer

3291 Beiträge des Arbeitgebers an eine Direktversicherung können nur noch **pauschal mit 20 %** versteuert werden, wenn die Versorgungszusage vor dem 1.1.2005 erteilt wurde und die Voraussetzungen des § 3 Nr. 63 EStG nicht erfüllt sind oder der Arbeitnehmer auf die Steuerbefreiung nach § 3 Nr. 63 EStG verzichtet. Einzelheiten hierzu → Rz. 3313.

h) Sozialversicherung

3292 Auch für den Durchführungsweg Direktversicherung gilt die Regelung des § 3 Nr. 63 EStG. Danach sind bis zu 4 % der BBG der

Zukunftssicherung: Betriebliche Altersversorgung

keine Sozialversicherungspflicht = (SV)
Sozialversicherungspflicht = (SV)

Rentenversicherung (es gilt unabhängig vom Ort der Beschäftigung die Grenze für die alten Bundesländer) steuerfrei. Dieser Betrag ist auch beitragsfrei, wenn aus laufendem Entgelt umgewandelt wird. Dies bedeutet, dass im Jahr 2016 bei einer Entgeltumwandlung ein Betrag von 2 976 € jährlich (248 € monatlich) für eine Direktversicherung steuer- und beitragsfrei ist.

Dies gilt aber nur für die Zuwendungen nach § 3 Nr. 63 Satz 1 und 2 EStG. Die Erhöhung des steuerfreien Höchstbetrags (§ 3 Nr. 63 Satz 3 und 4 EStG) für Neufälle ab 1.1.2005 sowie durch die Möglichkeit der steuerfreien Nutzung von Wertguthaben aus Arbeitszeitkonten für den Aufbau einer kapitalgedeckten betrieblichen Altersversorgung wirken sich beitragsrechtlich nicht aus.

Beiträge und Zuwendungen, die nach § 40b EStG pauschal versteuert werden können, sind nicht dem Arbeitsentgelt in der Sozialversicherung zuzurechnen, vorausgesetzt, sie werden **zusätzlich** zu Löhnen oder Gehältern gewährt. Diese Voraussetzung ist gegeben, wenn sie zusätzlich zu Löhnen und Gehältern gezahlt oder ausschließlich aus Sonderzuwendungen (Weihnachts-, Urlaubsgeld usw.) geleistet werden.

An dieser Regelung hat sich durch das Alterseinkünftegesetz nichts geändert, wenn es sich um bestehende, umlagefinanzierte betriebliche Altersversorgungen handelt, die nicht unter § 3 Nr. 63 EStG fallen. Betroffen sind hiervon insbesondere Direktversicherungen, die vor dem 1.1.2005 abgeschlossen wurden, und die umlagefinanzierten Zusatzversorgungen (z.B. im öffentlichen Dienst).

Einmalzahlungen, die in jedem Kalendermonat zu einem Zwölftel zur Auszahlung gelangen, verlieren ihren Charakter als einmalig gezahltes Arbeitsentgelt und sind somit als laufendes Arbeitsentgelt anzusehen.

Dies hat Auswirkungen auf die beitragsrechtliche Behandlung von Beiträgen zur Direktversicherung, die pauschal versteuert werden. Da pauschal versteuerte Direktversicherungsbeiträge nur dann nicht dem Arbeitsentgelt zuzurechnen sind, wenn es sich um zusätzliche Leistungen des Arbeitgebers handelt, die neben dem laufenden Arbeitsentgelt gezahlt werden, oder wenn sie aus Einmalzahlungen finanziert werden, bedeutet dies, dass bei der Umstellung von Einmalzahlungen auf monatliche Zahlungen diese Beträge auch bei einer vorgenommenen Pauschalbesteuerung der Beitragspflicht zur Sozialversicherung unterliegen. (Besprechungsergebnis der Spitzenverbände der Sozialversicherungsträger über Fragen des Gemeinsamen Beitragseinzugs am 26./27.5.2004).

11. Unfallversicherung

3293 Zu den Aufwendungen für die betriebliche Altersversorgung gehören auch Leistungen des Arbeitgebers, durch die Arbeitnehmer **für den Fall eines Unfalls** abgesichert werden. Einzelheiten → Unfallversicherung: freiwillige Rz. 2944.

12. Steuerfreiheit nach § 3 Nr. 63 EStG

3294 **Beiträge des Arbeitgebers** aus dem ersten Dienstverhältnis **an eine Pensionskasse, einen Pensionsfonds oder für eine Direktversicherung** sind nach § 3 Nr. 63 EStG **steuerfrei**, soweit sie insgesamt im Kalenderjahr 4 % der BBG in der allgemeinen Rentenversicherung nicht übersteigen und der Arbeitnehmer nicht die individuelle Besteuerung wegen der Altersvorsorgezulage oder den Sonderausgabenabzug verlangt (→ Riester-Förderung Rz. 2549). Werden Beiträge auf Grund einer Versorgungszusage geleistet, die nach dem 31.12.2004 erteilt wurde, erhöht sich der Höchstbetrag um 1 800 €. Hierbei ist von folgenden Grundsätzen auszugehen (BMF v. 24.7.2013, IV C 3 – S 2015/11/10002/IV C 5 – S 2333/09/10005, BStBl I 2013, 1022, Rdnr. 301 ff. unter Berücksichtigung der Änderungen durch BMF v. 13.1.2014, IV C 3 – S 2015/11/10002 :018, BStBl I 2014, 97 und BMF v. 13.3.2014, IV C 3 – S 2257-b/13/10009, BStBl I 2014, 554):

a) Begünstigter Personenkreis

3295 Zu dem durch § 3 Nr. 63 EStG begünstigten Personenkreis gehören **alle Arbeitnehmer**, unabhängig davon, ob sie in der gesetzlichen Rentenversicherung pflichtversichert sind oder nicht (z.B. beherrschende Gesellschafter-Geschäftsführer, geringfügig Beschäftigte, in einem berufsständischen Versorgungswerk Versicherte).

Die Steuerfreiheit setzt lediglich ein **bestehendes erstes Dienstverhältnis** voraus. Diese Voraussetzung kann auch erfüllt sein, wenn es sich um ein geringfügiges Beschäftigungsverhältnis (→ Mini-Jobs Rz. 2047, → Pauschalierung der Lohnsteuer bei geringfügig Beschäftigten Rz. 2215) oder eine Aushilfstätigkeit (→ Pauschalierung der Lohnsteuer bei Aushilfskräften Rz. 2190) handelt. Die Steuerfreiheit ist jedoch **nicht bei Arbeitnehmern zulässig**, bei denen der Arbeitgeber den Lohnsteuerabzug nach der **Steuerklasse VI** vorgenommen hat (BFH v. 12.8.1996, VI R 27/96, BStBl II 1997, 143).

b) Begünstigte Aufwendungen

3296 Zu den nach § 3 Nr. 63 EStG begünstigten Aufwendungen gehören nur **Beiträge** an Pensionsfonds, Pensionskassen und Direktversicherungen, die zum Aufbau einer betrieblichen Altersversorgung **im Kapitaldeckungsverfahren erhoben** werden. Für Umlagen, die vom Arbeitgeber an eine Versorgungseinrichtung entrichtet werden, z.B. an die VBL, kommt die Steuerfreiheit nach § 3 Nr. 63 EStG dagegen nicht in Betracht (BFH v. 15.9.2011, VI R 36/09, HFR 2012, 258). Werden sowohl Umlagen als auch Beiträge im Kapitaldeckungsverfahren erhoben, gehören letztere nur dann zu den begünstigten Aufwendungen, wenn eine **getrennte Verwaltung** und Abrechnung beider Vermögensmassen erfolgt (Trennungsprinzip).

Steuerfrei nach § 3 Nr. 63 EStG sind nur Beiträge des Arbeitgebers. Das sind diejenigen Beiträge, die vom Arbeitgeber als Versicherungsnehmer selbst geschuldet und an die Versorgungseinrichtung geleistet werden. Dazu gehören

- die Beiträge des Arbeitgebers, die zusätzlich zum ohnehin geschuldeten Arbeitslohn erbracht werden (**rein arbeitgeberfinanzierte Beiträge**), sowie

- alle im Gesamtversicherungsbeitrag des Arbeitgebers enthaltenen Finanzierungsanteile des Arbeitnehmers (BFH v. 9.12.2010, VI R 57/08, BStBl II 2011, 978 und BMF v. 25.11.2011, IV C 5 – S 2333/11/10003, BStBl I 2011, 1250) wie z.B.
  – eine Eigenbeteiligung des Arbeitnehmers oder
  – die mittels Entgeltumwandlung finanzierten Beiträge (→ Rz. 3245); im Fall der Finanzierung der Beiträge durch eine Entgeltumwandlung ist die **Beachtung des Mindestbetrags** nach § 1a BetrAVG für die Inanspruchnahme der Steuerfreiheit **nicht erforderlich**.

Beiträge des Arbeitnehmers, zu deren Leistung er auf Grund einer eigenen vertraglichen Vereinbarung mit der Versorgungseinrichtung originär selbst verpflichtet ist (sog. eigene Beiträge des Arbeitnehmers), sind dagegen vom Anwendungsbereich des § 3 Nr. 63 EStG ausgeschlossen, auch wenn sie vom Arbeitgeber an die Versorgungseinrichtung abgeführt werden.

Zur Umsetzung der o.a. BFH-Rechtsprechung im öffentlichen Dienst vgl. BMF v. 25.11.2011, IV C 5 – S 2333/11/10003, BStBl I 2011, 1250.

Die Steuerfreiheit nach § 3 Nr. 63 EStG kann nur dann in Anspruch genommen werden, wenn der vom Arbeitgeber zur Finanzierung der zugesagten Versorgungsleistung gezahlte Beitrag **nach bestimmten individuellen Kriterien** dem einzelnen Arbeitnehmer **zugeordnet** wird. Allein die Verteilung eines vom Arbeitgeber gezahlten Gesamtbeitrags nach der Anzahl der begünstigten Arbeitnehmer ist für die Steuerfreiheit nach § 3 Nr. 63 EStG nicht ausreichend. Allerdings ist nicht Voraussetzung, dass sich die Höhe der zugesagten Versorgungsleistung an der Höhe des eingezahlten Beitrags des Arbeitgebers orientiert, weil der Arbeitgeber nach § 1 BetrAVG nicht nur eine Beitragszusage mit Mindestleistung oder eine beitragsorientierte Leistungszusage, sondern auch eine Leistungszusage erteilen kann.

c) Höhe der Steuerfreiheit

3297 **Maßgeblich** für die betragsmäßige Begrenzung der Steuerfreiheit auf 4 % der BBG in der allgemeinen Rentenversicherung ist immer die in dem Kalenderjahr gültige **BBG (West)**, für 2016 also **2 976 € im Kalenderjahr** (4 % von 74 400 €). Zusätzlich zu diesem Höchstbetrag können Beiträge, die vom Arbeitgeber auf Grund einer nach dem 31.12.2004 erteilten Versorgungszusage (Neuzusage) geleistet werden, bis zur Höhe von 1 800 € steuerfrei bleiben.

Dieser zusätzliche Höchstbetrag kann jedoch nur dann in Anspruch genommen werden, wenn für den Arbeitnehmer in dem Kalenderjahr keine Beiträge nach § 40b Abs. 1 und 2 EStG a.F. pauschal besteuert werden. Bei den Höchstbeträgen des § 3 Nr. 63 EStG handelt es sich jeweils um **Jahresbeträge**. Eine zeitanteilige Kürzung der Höchstbeträge ist daher nicht vorzunehmen, wenn das Arbeitsverhältnis nicht während des ganzen Jahrs besteht oder nicht für das ganze Jahr Beiträge gezahlt werden. Die Höchstbeträge können **erneut in Anspruch genommen** werden, wenn der Arbeitnehmer sie in einem vorangegangenen Dienstverhältnis bereits ausgeschöpft hat. Im Fall der Gesamtrechtsnachfolge und des Betriebsübergangs nach § 613a BGB kommt dies dagegen nicht in Betracht.

> **Beispiel 1:**
> Ein Arbeitnehmer in Leipzig hat einen monatlichen Arbeitslohn von 3 000 €. Ab Januar 2016 werden hiervon 240 € in steuerfreie Beiträge nach § 3 Nr. 63 EStG umgewandelt, die der Arbeitgeber an einen Pensionsfonds zahlt.
>
> Der monatliche Beitrag von 240 € ist in voller Höhe steuerfrei, denn auch bei einer Beschäftigung in den neuen Ländern oder Berlin (Ost) gilt für die Steuerfreiheit nach § 3 Nr. 63 EStG die BBG (West).

Beiträge, die die Höchstbeträge übersteigen, sind individuell zu besteuern. Für die individuell besteuerten Beiträge kann eine Förderung durch Zulage und Sonderausgabenabzug in Betracht kommen (→ *Riester-Förderung* Rz. 2549).

Bei monatlicher Zahlung der Beiträge können die **Höchstbeträge in gleichmäßige monatliche Teilbeträge aufgeteilt** werden. Wird vor Ablauf des Kalenderjahrs, z.B. bei Beendigung des Dienstverhältnisses, festgestellt, dass die **Steuerfreiheit** im Rahmen der monatlichen Teilbeträge **nicht in vollem Umfang ausgeschöpft** worden ist oder werden kann, muss eine ggf. vorgenommene **Besteuerung der Beiträge rückgängig** gemacht (spätester Zeitpunkt hierfür ist die Übermittlung oder Erteilung der Lohnsteuerbescheinigung) oder der monatliche Teilbetrag künftig so geändert werden, dass die Höchstbeträge ausgeschöpft werden.

Rein arbeitgeberfinanzierte Beiträge sind steuerfrei, soweit sie die Höchstbeträge (4 % der BBG in der allgemeinen Rentenversicherung sowie 1 800 €) nicht übersteigen. Die Höchstbeträge werden **zunächst durch diese Beiträge ausgefüllt**. Sofern die Höchstbeträge dadurch nicht ausgeschöpft worden sind, sind die verbleibenden, auf den verschiedenen Finanzierungsanteilen des Arbeitnehmers beruhenden Beiträge des Arbeitgebers zu berücksichtigen. Besteht neben einer Altzusage auch eine Neuzusage, wird der Höchstbetrag des § 3 Nr. 63 Satz 1 EStG (4 % der BBG) zunächst durch alle Beiträge auf Grund der Altzusage ausgeschöpft. Soweit die Steuerfreiheit dadurch nicht voll ausgeschöpft wurde, sind die Beiträge auf Grund der Neuzusage zu berücksichtigen. Somit gilt in diesen Fällen für die Ermittlung des höchstmöglichen steuerfreien Volumens im Kalenderjahr folgendes Schema:

Altzusage: rein arbeitgeberfinanzierte Beiträge, sodann auf den verschiedenen Finanzierungsanteilen des Arbeitnehmers beruhende Beiträge

Neuzusage: rein arbeitgeberfinanzierte Beiträge, sodann auf den verschiedenen Finanzierungsanteilen des Arbeitnehmers beruhende Beiträge

> **Beispiel 2:**
> Ein Arbeitgeber hat eine Altzusage und daneben eine Neuzusage erteilt. Es werden zur betrieblichen Altersversorgung folgende Beiträge geleistet:
>
> - auf Grund einer Altzusage an eine Pensionskasse
>   - rein arbeitgeberfinanzierte Beiträge ... 600 €
>   - Finanzierungsanteile des Arbeitnehmers ... 1 800 €
>   - Eigenbeteiligung des Arbeitnehmers ... 600 €
>   - Entgeltumwandlung ... 1 200 €
> - auf Grund einer Neuzusage für eine Direktversicherung
>   - rein arbeitgeberfinanzierte Beiträge ... 1 200 €
>   - Entgeltumwandlung ... 1 200 €
> - Insgesamt (Alt- und Neuzusage) ... 4 800 €
>
> Die BBG in der allgemeinen Rentenversicherung 2016 beträgt 74 400 € und der Höchstbetrag nach § 3 Nr. 63 Satz 1 EStG somit 2 976 €. Von der Vereinfachungsregelung wird Gebrauch gemacht.
>
> Für die Anwendung von § 3 Nr. 63 EStG ergibt sich Folgendes:
>
> - Beiträge auf Grund der Altzusage steuerfrei nach § 3 Nr. 63 Satz 1 EStG i.H.v. (600 € + 1 800 €) ... 2 400 €
> - rein arbeitgeberfinanzierte Beiträge auf Grund der Neuzusage steuerfrei nach § 3 Nr. 63 Satz 1 EStG i.H.v. (2 976 € ./. 2 400 €) ... 576 €
> - verbleibende, rein arbeitgeberfinanzierte Beiträge Neuzusage steuerfrei nach § 3 Nr. 63 Satz 3 EStG i.H.v. (1 200 € ./. 576 €, aber höchstens 1 800 €) ... 624 €
> - Entgeltumwandlung Beiträge auf Grund der Neuzusage (1 200 €, höchstens noch 1 800 € ./. 624 €) ... 1 176 €
> - danach verbleibende Beiträge auf Grund der Neuzusage steuerpflichtig i.H.v. (2 400 € ./. 504 € ./. 1 800 €) ... 24 €

d) Begünstigte Auszahlungsformen

Voraussetzung für die Steuerfreiheit ist, dass die Auszahlung der zugesagten Alters-, Invaliditäts- oder Hinterbliebenenversorgungsleistungen **in Form einer lebenslangen Rente oder eines Auszahlungsplans** mit anschließender lebenslanger Teilkapitalverrentung (§ 1 Abs. 1 Satz 1 Nr. 4 AltZertG) vorgesehen ist. Im Hinblick auf die entfallende Versorgungsbedürftigkeit z.B. für den Fall der Vollendung des 25. Lebensjahrs der Kinder, der Wiederheirat der Witwe/des Witwers, dem Ende der Erwerbsminderung durch Wegfall der Voraussetzungen für den Bezug (insbesondere bei Verbesserung der Gesundheitssituation oder Erreichen der Altersgrenze) ist es **nicht zu beanstanden,** wenn eine Rente oder ein Auszahlungsplan **zeitlich befristet** ist. Von einer Rente oder einem Auszahlungsplan ist auch noch auszugehen, wenn **bis zu 30 % des zu Beginn der Auszahlungsphase** zur Verfügung stehenden Kapitals **außerhalb der monatlichen Leistungen** ausgezahlt werden. Die zu Beginn der Auszahlungsphase zu treffende Entscheidung und Entnahme des Teilkapitalbetrags aus diesem Vertrag führt zur Besteuerung nach § 22 Nr. 5 EStG.

Allein die **Möglichkeit**, an Stelle dieser Auszahlungsformen eine **Einmalkapitalauszahlung** (100 % des zu Beginn der Auszahlungsphase zur Verfügung stehenden Kapitals) **zu wählen**, steht der **Steuerfreiheit noch nicht entgegen**. Die Möglichkeit, eine Einmalkapitalauszahlung an Stelle einer Rente oder eines Auszahlungsplans zu wählen, gilt nicht nur für Altersversorgungsleistungen, sondern auch für Invaliditäts- oder Hinterbliebenenversorgungsleistungen. Entscheidet sich der Arbeitnehmer **zu Gunsten einer Einmalkapitalauszahlung**, so sind **von diesem Zeitpunkt an die Voraussetzungen des § 3 Nr. 63 EStG nicht mehr erfüllt** und die Beitragsleistungen zu besteuern.

Erfolgt die Ausübung des Wahlrechts innerhalb des letzten Jahrs vor dem altersbedingten Ausscheiden aus dem Erwerbsleben, so beanstandet es die Finanzverwaltung aus Vereinfachungsgründen nicht, wenn die Beitragsleistungen weiterhin nach § 3 Nr. 63 EStG steuerfrei belassen werden. Für die Berechnung der Jahresfrist ist dabei auf das im Zeitpunkt der Ausübung des Wahlrechts vertraglich vorgesehene Ausscheiden aus dem Erwerbsleben (vertraglich vorgesehener Beginn der Altersversorgungsleistung) abzustellen. Da die Auszahlungsphase bei der Hinterbliebenenleistung erst mit dem Zeitpunkt des Tods des ursprünglich Berechtigten beginnt, wird es auch in diesem Fall aus steuerlicher Sicht nicht beanstandet, wenn das Wahlrecht im zeitlichen Zusammenhang mit dem Tod des ursprünglich Berechtigten ausgeübt wird. Bei Auszahlung oder anderweitiger wirtschaftlicher Verfügung ist der Einmalkapitalbetrag, soweit er auf steuerfrei geleisteten Beiträgen beruht, gem. § 22 Nr. 5 Satz 1 EStG vollständig zu besteuern. Da es sich bei der Teil- bzw. Einmalkapitalauszahlung nicht um außerordentliche Einkünfte i.S.d. § 34 Abs. 2 EStG handelt (weder eine Entschädigung noch eine Vergütung für eine mehrjährige Tätigkeit) handelt, kommt eine Anwendung der sog. Fünftelregelung des § 34 EStG auf diese Zahlungen nicht in Betracht.

Das sieht das FG Rheinland-Pfalz anders und hat entschieden, dass **atypische Einmalkapitalauszahlungen im Rahmen der betrieblichen Altersvorsorge tarifermäßigt** nach § 34 EStG **zu besteuern** sind, auch soweit die Kapitalabfindung auf steuerfrei geleistete Beträge beruht (FG Rheinland-Pfalz v. 19.5.2015, 5 K 1792/12, EFG 2015, 1441, Revision eingelegt, Az. beim BFH: X R 23/15).

Zukunftssicherung: Betriebliche Altersversorgung

e) Ausschluss der Steuerfreiheit

3299 § 3 Nr. 63 EStG ist bei Beiträgen für eine Direktversicherung **nicht anzuwenden**, wenn die entsprechende **Versorgungszusage vor dem 1.1.2005 erteilt** wurde (Altzusage) und der Arbeitnehmer gegenüber dem Arbeitgeber für diese Beiträge **auf die Anwendung des § 3 Nr. 63 EStG verzichtet** hat. Der Verzicht gilt für die Dauer des Dienstverhältnisses; er war **bis zum 30.6.2005** oder bei einem späteren Arbeitgeberwechsel bis zur ersten Beitragsleistung **zu erklären** (§ 52 Abs. 4 Satz 11 EStG).

Eine Steuerfreiheit der Beiträge kommt ferner **nicht in Betracht**, soweit es sich hierbei nicht um Arbeitslohn im Rahmen eines Dienstverhältnisses, sondern um eine **verdeckte Gewinnausschüttung** handelt. Die allgemeinen Grundsätze zur Abgrenzung zwischen verdeckter Gewinnausschüttung und Arbeitslohn sind hierbei zu beachten.

f) Ausländische betriebliche Altersversorgungssysteme

3300 Bei Beiträgen an ausländische betriebliche Altersversorgungssysteme ist zu entscheiden, ob das ausländische Altersversorgungssystem mit einem Durchführungsweg der betrieblichen Altersversorgung nach dem deutschen Betriebsrentengesetz vergleichbar ist bzw. einem der Durchführungswege als vergleichbar zugeordnet werden kann. Entsprechende Beiträge sind steuerfrei nach § 3 Nr. 63 EStG, wenn

– das ausländische betriebliche Altersversorgungssystem vergleichbar mit dem Pensionsfonds, der Pensionskasse oder der Direktversicherung ist und

– auch die weiteren wesentlichen Kriterien für die steuerliche Anerkennung einer betrieblichen Altersversorgung im Inland erfüllt werden (u.a. Absicherung mindestens eines biometrischen Risikos, enger Hinterbliebenenbegriff, keine Vererblichkeit, begünstigte Auszahlungsformen) und

– die ausländische Versorgungseinrichtung in vergleichbarer Weise den für inländische Versorgungseinrichtungen maßgeblichen Aufbewahrungs-, Mitteilungs- und Bescheinigungspflichten nach dem EStG und der AltvDV zur Sicherstellung der Besteuerung der Versorgungsleistungen im Wesentlichen nachkommt.

g) Verhältnis von § 3 Nr. 63 EStG und § 3b EStG

3301 Zum **Grundlohn i.S.d.** § 3b EStG gehören auch die nach § 3 Nr. 63 EStG **steuerfreien Beiträge des Arbeitgebers**, soweit es sich um laufenden Arbeitslohn handelt (R 3b Abs. 2 Nr. 1 Buchst. c Satz 3 LStR).

> **Beispiel:**
> Ein Arbeitnehmer in Hannover hat einen monatlichen Arbeitslohn von 2 500 €. Ab Januar 2016 werden hiervon 150 € in steuerfreie Beiträge nach § 3 Nr. 63 EStG umgewandelt, die der Arbeitgeber an eine Pensionskasse zahlt.
>
> Auch die nach § 3 Nr. 63 EStG steuerfreien Beiträge gehören zum Grundlohn; dieser beträgt mithin 2 500 €.

h) Verzicht auf die Steuerfreiheit

3302 Auf die Steuerfreiheit können grundsätzlich nur **Arbeitnehmer** verzichten, die in der **gesetzlichen Rentenversicherung pflichtversichert** sind (§§ 1a, 17 Abs. 1 Satz 3 BetrAVG). Alle anderen Arbeitnehmer können von dieser Möglichkeit nur dann Gebrauch machen, wenn der **Arbeitgeber zustimmt**.

Soweit der Arbeitnehmer einen **Anspruch auf Entgeltumwandlung** nach § 1a BetrAVG hat oder andere Finanzierungsanteile zur betrieblichen Altersversorgung erbringt, ist eine individuelle Besteuerung dieser Beiträge **auf Verlangen des Arbeitnehmers** durchzuführen; die Beiträge sind dabei gleichrangig zu behandeln. In allen anderen Fällen der Entgeltumwandlung (z.B. Entgeltumwandlungsvereinbarung aus dem Jahr 2001 oder früher) ist die individuelle Besteuerung der Beiträge hingegen nur auf Grund **einvernehmlicher Vereinbarung** zwischen Arbeitgeber und Arbeitnehmer möglich. Bei rein arbeitgeberfinanzierten Beiträgen kann auf die Steuerfreiheit nicht verzichtet werden.

Die **Ausübung des Wahlrechts** muss bis zu dem Zeitpunkt erfolgen, zu dem die entsprechende Gehaltsänderungsvereinbarung steuerlich noch anzuerkennen ist. Eine nachträgliche Änderung der steuerlichen Behandlung der im Wege der Entgeltumwandlung finanzierten Beiträge ist nicht zulässig.

i) Vervielfältigungsregelung

3303 Beiträge an einen Pensionsfonds, eine Pensionskasse oder für eine Direktversicherung, die der Arbeitgeber **aus Anlass der Beendigung des Dienstverhältnisses** leistet, können i.R.d. § 3 Nr. 63 Satz 4 EStG steuerfrei belassen werden. Die Höhe der Steuerfreiheit ist dabei begrenzt auf den Betrag, der sich ergibt aus 1 800 € vervielfältigt mit der Anzahl der Kalenderjahre, in denen das Dienstverhältnis zum Arbeitgeber bestanden hat; der vervielfältigte Betrag vermindert sich um die nach § 3 Nr. 63 EStG steuerfreien Beiträge, die der Arbeitgeber im Kalenderjahr, in dem das Dienstverhältnis beendet wird, und in den sechs vorangegangenen Jahren erbracht hat. Sowohl bei der Ermittlung der zu vervielfältigenden als auch der zu kürzenden Jahre sind **nur die Kalenderjahre ab 2005 zu berücksichtigen**. Dies gilt unabhängig davon, wie lange das Dienstverhältnis zu dem Arbeitgeber tatsächlich bestanden hat. Die Vervielfältigungsregelung steht jedem Arbeitnehmer aus demselben Dienstverhältnis insgesamt nur einmal zu. Werden die Beiträge statt als Einmalbeitrag in Teilbeträgen geleistet, sind diese so lange steuerfrei, bis der für den Arbeitnehmer maßgebende Höchstbetrag ausgeschöpft ist. Eine **Anwendung der Vervielfältigungsregelung** des § 3 Nr. 63 Satz 4 EStG ist nach § 52 Abs. 4 Satz 12 EStG **nicht möglich**, wenn gleichzeitig die Vervielfältigungsregelung des § 40b Abs. 2 Satz 3 und 4 EStG a.F. auf die Beiträge, die der Arbeitgeber aus Anlass der Beendigung des Dienstverhältnisses leistet, angewendet wird (→ Rz. 3324). Eine Anwendung ist ferner nicht möglich, wenn der Arbeitnehmer bei Beiträgen für eine Direktversicherung auf die Steuerfreiheit der Beiträge zu dieser Direktversicherung zu Gunsten der Weiteranwendung des § 40b EStG a.F. verzichtet hatte.

j) Abgrenzung Altzusage – Neuzusage

3304 Für die Anwendung von § 3 Nr. 63 Satz 3 EStG (Erhöhungsbetrag von 1 800 €) sowie § 40b Abs. 1 und 2 EStG a.F. (Pauschalierung der Lohnsteuer) kommt es darauf an, ob die entsprechenden Beiträge auf Grund einer Versorgungszusage geleistet werden, die vor dem 1.1.2005 (**Altzusage**) oder nach dem 31.12.2004 (**Neuzusage**) erteilt wurde.

Für die Frage, **zu welchem Zeitpunkt eine Versorgungszusage erstmalig erteilt** wurde, ist grundsätzlich die zu einem Rechtsanspruch führende **arbeitsrechtliche bzw. betriebsrentenrechtliche Verpflichtungserklärung** des Arbeitgebers maßgebend (z.B. Einzelvertrag, Betriebsvereinbarung oder Tarifvertrag). Entscheidend ist danach nicht, wann Mittel an die Versorgungseinrichtung fließen. Bei **kollektiven rein arbeitgeberfinanzierten Versorgungsregelungen** ist die Zusage daher i.d.R. mit **Abschluss der Versorgungsregelung** bzw. **mit Beginn des Dienstverhältnisses des Arbeitnehmers** erteilt. Ist die erste Dotierung durch den Arbeitgeber erst nach Ablauf einer von vornherein arbeitsrechtlich festgelegten Wartezeit vorgesehen, so wird der Zusagezeitpunkt dadurch nicht verändert. Im Fall der ganz oder teilweise durch Entgeltumwandlung finanzierten Zusage gilt diese regelmäßig mit Abschluss der erstmaligen Gehaltsänderungsvereinbarung als erteilt. Liegen zwischen der Gehaltsänderungsvereinbarung und der erstmaligen Herabsetzung des Arbeitslohns **mehr als zwölf Monate**, gilt die Versorgungszusage erst im Zeitpunkt der erstmaligen Herabsetzung als erteilt (BMF v. 24.7.2013, IV C 3 – S 2015/11/10002/IV C 5 – S 2333/09/10005, BStBl I 2013, 1022, Rdnr. 350 unter Berücksichtigung der Änderungen durch BMF v. 13.1.2014, IV C 3 – S 2015/11/10002 :018, BStBl I 2014, 97 und BMF v. 13.3.2014, IV C 3 – S 2257-b/13/10009, BStBl I 2014, 554).

Die **Änderung einer solchen Versorgungszusage** stellt aus steuerrechtlicher Sicht unter dem Grundsatz der Einheit der Versorgung insbesondere **dann keine Neuzusage** dar, wenn bei ansonsten unveränderter Versorgungszusage

– die **Beiträge** oder die **Leistungen erhöht oder vermindert** werden,

– die **Finanzierungsform ersetzt oder ergänzt** wird (rein arbeitgeberfinanziert, Entgeltumwandlung, andere im Gesamtversicherungsbeitrag des Arbeitgebers enthaltene Finanzie-

rungsanteile des Arbeitnehmers oder eigene Beiträge des Arbeitnehmers),
- der **Versorgungsträger/Durchführungsweg gewechselt** wird,
- die zu Grunde liegende **Rechtsgrundlage gewechselt** wird (z.B. bisher tarifvertraglich, jetzt einzelvertraglich),
- eine **befristete Entgeltumwandlung** erneut befristet oder unbefristet **fortgesetzt** wird oder
- in einer vor dem 1.1.2012 erteilten Zusage die Untergrenze für betriebliche Altersversorgungsleistungen bei altersbedingtem Ausscheiden aus dem Erwerbsleben um höchstens zwei Jahre bis maximal auf das 67. Lebensjahr erhöht wird; dabei ist es unerheblich, ob dies zusammen mit einer Verlängerung der Beitragszahlungsdauer erfolgt.

Eine Einordnung als Altzusage bleibt auch im Fall der Übernahme der Zusage (Schuldübernahme) nach § 4 Abs. 2 Nr. 1 BetrAVG durch den neuen Arbeitgeber und bei Betriebsübergang nach § 613a BGB erhalten.

Um eine **Neuzusage handelt es sich insbesondere,**
- soweit die bereits erteilte Versorgungszusage um **zusätzliche biometrische Risiken erweitert** wird und dies mit einer Beitragserhöhung verbunden ist,
- im Fall der **Übertragung der Zusage** beim Arbeitgeberwechsel nach § 4 Abs. 2 Nr. 2 und Abs. 3 BetrAVG.

Werden **einzelne Leistungskomponenten** der Versorgungszusage im Rahmen einer von vornherein vereinbarten Wahloption **verringert, erhöht oder erstmals aufgenommen** (z.B. Einbeziehung der Hinterbliebenenabsicherung nach Heirat) und kommt es infolge dessen nicht zu einer Beitragsanpassung, liegt **keine Neuzusage** vor, sondern weiterhin eine Altzusage vor.

Gleichwohl ist es aus steuerlicher Sicht möglich, **mehrere Versorgungszusagen nebeneinander**, also neben einer Altzusage auch eine Neuzusage zu erteilen (z.B. „alte" Direktversicherung und „neuer" Pensionsfonds). Dies gilt grundsätzlich unabhängig davon, ob derselbe Durchführungsweg gewählt wird. Wird neben einer für alle Arbeitnehmer tarifvertraglich vereinbarten Pflichtversorgung z.B. erstmalig nach 2004 tarifvertraglich eine Entgeltumwandlung mit ganz eigenen Leistungskomponenten zugelassen, liegt im Falle der Nutzung der Entgeltumwandlung insoweit eine Neuzusage vor. Demgegenüber ist insgesamt von einer Altzusage auszugehen, wenn neben einem „alten" Direktversicherungsvertrag (Abschluss vor 2005) ein „neuer" Direktversicherungsvertrag (Abschluss nach 2004) abgeschlossen wird und die bisher erteilte Versorgungszusage nicht um zusätzliche biometrische Risiken erweitert wird. Dies gilt auch, wenn der „neue" Direktversicherungsvertrag bei einer anderen Versicherungsgesellschaft abgeschlossen wird.

Wurde vom Arbeitgeber vor dem 1.1.2005 eine Versorgungszusage erteilt (Altzusage) und im Rahmen eines Pensionsfonds, einer Pensionskasse oder Direktversicherung durchgeführt, kann auch **nach einer Übertragung auf einen neuen Arbeitgeber** unter Anwendung des „Abkommens zur Übertragung zwischen den Durchführungswegen Direktversicherungen, Pensionskassen oder Pensionsfonds bei Arbeitgeberwechsel" oder vergleichbarer Regelungen zur Übertragung von Versicherungen in Pensionskassen oder Pensionsfonds weiterhin von einer **Altzusage** ausgegangen werden. Dies gilt auch, wenn sich dabei die bisher abgesicherten biometrischen Risiken ändern, ohne dass damit eine Beitragsänderung verbunden ist. Die Höhe des Rechnungszinses spielt dabei für die lohnsteuerliche Beurteilung keine Rolle. Der neue Arbeitgeber kann die Beiträge für die Direktversicherung oder an eine Pensionskasse weiter pauschal besteuern. Zu der Frage der Novation und des Zuflusses von Zinsen s. BMF v. 22.8.2002, IV C 4 – S 2221 – 211/02, BStBl I 2002, 827, Rdnr. 35, BMF v. 1.10.2009, IV C 1 – S 2252/07/0001, BStBl I 2009, 1172, Rdnr. 88 ff. und BMF v. 6.3.2012, IV C 3 – S 2220/11/10002/IV C 1 – S 2252/07/0001 :005, BStBl I 2012, 238.

Entsprechendes gilt, wenn der (Alt-)Vertrag **unmittelbar vom neuen Arbeitgeber fortgeführt** wird. Auch insoweit kann weiterhin von einer Altzusage ausgegangen werden und die Beiträge nach § 40b EStG a.F. pauschal besteuert werden.

Wird eine vor dem 1.1.2005 abgeschlossene Direktversicherung (Altzusage) oder Versicherung in einer Pensionskasse nach § 2 Abs. 2 oder 3 BetrAVG infolge der Beendigung des Dienstverhältnisses **auf den Arbeitnehmer übertragen** (versicherungsvertragliche Lösung), dann von diesem zwischenzeitlich privat (z.B. während der Zeit einer Arbeitslosigkeit) und **später von einem neuen Arbeitgeber** wieder als Direktversicherung oder Pensionskasse **fortgeführt**, kann unter Berücksichtigung der übrigen Voraussetzungen bei dem neuen Arbeitgeber weiterhin von einer Altzusage ausgegangen werden. Das bedeutet insbesondere, dass der Versicherungsvertrag trotz der privaten Fortführung und der Übernahme durch den neuen Arbeitgeber keine wesentlichen Änderungen erfahren darf. Der Zeitraum der privaten Fortführung und ob in dieser Zeit Beiträge geleistet oder der Vertrag beitragsfrei gestellt wurde, ist insoweit unmaßgeblich. Die Beiträge für die Direktversicherung oder Pensionskasse können vom neuen Arbeitgeber weiter pauschal besteuert werden.

k) Beiträge an bestimmte Zusatzversorgungskassen

3305 Unter den oben genannten Voraussetzungen sind auch die Beiträge des Arbeitgebers an eine Zusatzversorgungskasse (wie z.B. zur Versorgungsanstalt der deutschen Bühnen – VddB –, zur Versorgungsanstalt der deutschen Kulturorchester – VddKO – oder zum Zusatzversorgungswerk für Arbeitnehmer in der Land- und Forstwirtschaft – ZLF –), die er nach der jeweiligen Satzung der Versorgungseinrichtung als Pflichtbeiträge für die Altersversorgung seiner Arbeitnehmer zusätzlich zu den nach § 3 Nr. 62 EStG steuerfreien Beiträgen zur gesetzlichen Rentenversicherung zu erbringen hat, ebenfalls i.R.d. § 3 Nr. 63 EStG steuerfrei. Die Steuerfreiheit nach § 3 Nr. 62 Satz 1 EStG kommt für diese Beiträge nicht in Betracht (§ 3 Nr. 62 Satz 1 zweiter Halbsatz EStG). Die Steuerbefreiung nach § 3 Nr. 63 EStG ist nicht nur der Höhe, sondern dem Grunde nach **vorrangig anzuwenden**; die Steuerbefreiung nach § 3 Nr. 62 EStG ist bei Vorliegen von Zukunftssicherungsleistungen i.S.d. § 3 Nr. 63 EStG daher auch dann ausgeschlossen, wenn die Höchstbeträge des § 3 Nr. 63 EStG bereits voll ausgeschöpft werden (BMF v. 24.7.2013, IV C 3 – S 2015/11/10002/IV C 5 – S 2333/09/10005, BStBl I 2013, 1022, Rdnr. 315 unter Berücksichtigung der Änderungen durch BMF v. 13.1.2014, IV C 3 – S 2015/11/10002 :018, BStBl I 2014, 97 und BMF v. 13.3.2014, IV C 3 – S 2257-b/13/10009, BStBl I 2014, 554).

13. Steuerfreiheit nach § 3 Nr. 56 EStG

3306 Zuwendungen des Arbeitgebers nach § 19 Abs. 1 Satz 1 Nr. 3 Satz 1 EStG aus dem ersten Dienstverhältnis an eine Pensionskasse zum Aufbau einer nicht kapitalgedeckten betrieblichen Altersversorgung sind nach § 3 Nr. 56 EStG steuerfrei, soweit diese Zuwendungen im Kalenderjahr 2 % der BBG in allgemeinen Rentenversicherung, für 2016 also 1 488 € im Kalenderjahr (2 % von 74 400 €) nicht übersteigen.

Voraussetzung für die Steuerfreiheit ist, dass die Auszahlung der zugesagten Alters-, Invaliditäts- oder Hinterbliebenenversorgungsleistungen **in Form einer lebenslangen Rente oder eines Auszahlungsplans** mit anschließender lebenslanger Teilkapitalverrentung (§ 1 Abs. 1 Satz 1 Nr. 4 AltZertG) vorgesehen ist.

Zu den nach § 3 Nr. 56 EStG begünstigten Aufwendungen gehören nur **laufende Zuwendungen** des Arbeitgebers für eine betriebliche Altersversorgung an eine Pensionskasse, die nicht im Kapitaldeckungsverfahren, sondern im Umlageverfahren finanziert wird (wie z.B. Umlagen an die VBL). Soweit diese Zuwendungen nicht nach § 3 Nr. 56 EStG steuerfrei bleiben, können sie individuell oder nach § 40b Abs. 1 EStG pauschal besteuert werden.

Werden von der Versorgungseinrichtung sowohl Zuwendungen/Umlagen als auch Beiträge im Kapitaldeckungsverfahren erhoben, ist § 3 Nr. 56 EStG auch auf die im Kapitaldeckungsverfahren erhobenen Beiträge anwendbar, wenn eine getrennte Verwaltung und Abrechnung beider Vermögensmassen nicht erfolgt.

Erfolgt hingegen eine getrennte Verwaltung und Abrechnung beider Vermögensmassen, ist die Steuerfreiheit nach § 3 Nr. 63 EStG für die im Kapitaldeckungsverfahren erhobenen Beiträge vorrangig zu berücksichtigen. Dies gilt unabhängig davon, ob diese Beiträge rein arbeitgeberfinanziert sind, auf einer Entgeltumwandlung oder anderen im Gesamtversicherungsbeitrag des Arbeitgebers enthaltenen Finanzierungsanteilen des Arbeitnehmers beruhen. Eine Steuerfreiheit nach § 3 Nr. 56 EStG für die Zuwendungen kommt in diesen Fällen nur insoweit in Betracht, als die nach § 3 Nr. 63 EStG

Zukunftssicherung: Betriebliche Altersversorgung

steuerfreien Beiträge den Höchstbetrag des § 3 Nr. 56 EStG unterschreiten. Eine Minderung nach § 3 Nr. 56 Satz 3 EStG ist immer nur in dem jeweiligen Dienstverhältnis vorzunehmen; die Steuerfreistellung nach § 3 Nr. 56 EStG bleibt somit unberührt, wenn z.B. erst in einem späteren ersten Dienstverhältnis Beiträge nach § 3 Nr. 63 EStG steuerfrei bleiben.

> **Beispiel 1:**
> Ein Arbeitgeber zahlt 2016 an seine Zusatzversorgungskasse folgende Beträge
> - 240 € (12 × 20 €) zu Gunsten einer getrennt verwalteten und abgerechneten kapitalgedeckten betrieblichen Altersversorgung und
> - 1 680 € (12 × 140 €) zu Gunsten einer umlagefinanzierten betrieblichen Altersversorgung.
>
> Der Beitrag i.H.v. 240 € ist steuerfrei nach § 3 Nr. 63 EStG, denn der entsprechende Höchstbetrag (2 976 €) wird nicht überschritten.
> Von der Umlage sind 1 248 € steuerfrei nach § 3 Nr. 56 Satz 1 und 3 EStG (1 680 €, aber maximal 1 488 € abzüglich 240 €). Die verbleibende Umlage i.H.v. 432 € (1 680 € abzüglich 1 248 €) ist individuell oder nach § 40b Abs. 1 und 2 EStG pauschal zu besteuern.

Die Finanzverwaltung hat keine Bedenken gegen eine **kalenderjahrbezogene Betrachtung** hinsichtlich der nach § 3 Nr. 56 Satz 3 EStG vorzunehmenden Verrechnung, wenn sowohl nach § 3 Nr. 63 EStG steuerfreie Beiträge als auch nach § 3 Nr. 56 EStG steuerfreie Zuwendungen erbracht werden sollen. Stellt der Arbeitgeber vor Übermittlung der elektronischen Lohnsteuerbescheinigung fest (z.B. wegen einer erst im Laufe des Kalenderjahrs vereinbarten nach § 3 Nr. 63 EStG steuerfreien Entgeltumwandlung aus einer Sonderzuwendung), dass die ursprüngliche Betrachtung nicht mehr zutreffend ist, hat er eine **Korrektur vorzunehmen**.

> **Beispiel 2:**
> Ein Arbeitgeber zahlt ab dem 1.1.2016 monatlich an eine Zusatzversorgungskasse 140 € zu Gunsten einer umlagefinanzierten betrieblichen Altersversorgung; nach § 3 Nr. 63 EStG steuerfreie Beiträge werden nicht entrichtet. Aus dem Dezembergehalt (Gehaltszahlung 15.12.2016) wandelt der Arbeitnehmer einen Betrag i.H.v. 240 € zu Gunsten einer kapitalgedeckten betrieblichen Altersversorgung um (wobei die Mitteilung an den Arbeitgeber am 8.12.2016 erfolgt).
>
> Der Beitrag i.H.v. 240 € ist vorrangig steuerfrei nach § 3 Nr. 63 EStG.
> Von der Umlage wurde bisher ein Betrag i.H.v. 1 364 € (= 11 × 124 € [1 488 €, verteilt auf 12 Monate]) nach § 3 Nr. 56 EStG steuerfrei belassen.
> Im Dezember 2016 ist die steuerliche Behandlung der Umlagezahlung zu korrigieren, denn nur ein Betrag i.H.v. 1 248 € (1 488 € abzüglich 240 €) kann steuerfrei gezahlt werden. Ein Betrag i.H.v. 116 € (1 364 € abzüglich 1 248 €) ist noch individuell oder pauschal zu besteuern. Der Arbeitgeber kann wahlweise den Lohnsteuerabzug der Monate Januar bis November 2016 korrigieren oder im Dezember 2016 den Betrag als sonstigen Bezug behandeln. Der Betrag für den Monat Dezember 2016 i.H.v. 140 € ist individuell oder pauschal zu besteuern.

14. Pauschalierung der Lohnsteuer nach neuem Recht

a) Allgemeines

3307 Nach § 40b EStG können **Zuwendungen zum Aufbau einer nicht kapitalgedeckten betrieblichen Altersversorgung an eine Pensionskasse pauschal mit 20 % versteuert werden**, soweit sie nicht nach § 3 Nr. 56 EStG steuerfrei sind. Eine Pauschalierung ist jedoch **nur bis zur Höhe von 1 752 € im Kalenderjahr möglich**. Übersteigen die Beiträge und Zuwendungen diesen Betrag, so ist der **übersteigende** Betrag grundsätzlich individuell beim Arbeitnehmer zu versteuern. Die Pauschalierung setzt weiterhin voraus, dass die Zuwendungen **aus einem ersten Dienstverhältnis** bezogen werden (§ 40b Abs. 2 Satz 1 EStG). Besonderheiten gelten, wenn mehrere Arbeitnehmer gemeinsam versichert sind (→ Rz. 3310) oder bei Zuwendungen, die aus Anlass der Beendigung des Dienstverhältnisses erbracht werden (→ Rz. 3311). Zum Abflusszeitpunkt der Beiträge beim Arbeitgeber → Rz. 3286.

b) Pauschalbesteuerungsfähige Leistungen

3308 § 40b EStG erfasst nur noch **Zuwendungen des Arbeitgebers** für eine betriebliche Altersversorgung an eine Pensionskasse, die **nicht im Kapitaldeckungsverfahren, sondern im Umlageverfahren finanziert** wird (wie z.B. Umlagen an die VBL). Werden für den Arbeitnehmer solche Zuwendungen laufend geleistet, bleiben diese zunächst i.R.d. § 3 Nr. 56 EStG steuerfrei. Die den Rahmen des § 3 Nr. 56 EStG übersteigenden Zuwendungen können dann nach § 40b Abs. 1 und 2 EStG pauschal besteuert werden. Dies gilt unabhängig davon, ob die Zuwendungen auf Grund einer Alt- oder Neuzusage geleistet werden. Lediglich für den Bereich der kapitalgedeckten betrieblichen Altersversorgung wurde die Möglichkeit der Pauschalbesteuerung nach § 40b EStG grundsätzlich zum 1.1.2005 aufgehoben. Werden von einer Versorgungseinrichtung sowohl Umlagen als auch Beiträge im Kapitaldeckungsverfahren erhoben, ist § 40b EStG auch auf die im Kapitaldeckungsverfahren erhobenen Beiträge anwendbar, wenn eine getrennte Verwaltung und Abrechnung beider Vermögensmassen (Trennungsprinzip) nicht erfolgt.

c) Pauschalierungsgrenze

3309 Die Lohnsteuerpauschalierung ist allgemein **auf Zuwendungen i.H.v. 1 752 € jährlich je Arbeitnehmer begrenzt** (§ 40b Abs. 2 Satz 1 EStG). Die Pauschalierungsgrenze kann auch in den Fällen voll ausgeschöpft werden, in denen feststeht, dass dem Arbeitnehmer bereits aus einem vorangegangenen Dienstverhältnis im selben Kalenderjahr pauschal besteuerte Zuwendungen zugeflossen sind. Soweit die Zuwendungen den Grenzbetrag von 1 752 € überschreiten, müssen sie dem normalen Lohnsteuerabzug unterworfen werden.

d) Durchschnittsberechnung

3310 Sind **mehrere Arbeitnehmer gemeinsam** in einer Pensionskasse versichert, so gilt als Zuwendung für den einzelnen Arbeitnehmer der Teilbetrag, der sich bei einer Aufteilung der gesamten Zuwendungen durch die Zahl der begünstigten Arbeitnehmer ergibt, wenn dieser Teilbetrag 1 752 € nicht übersteigt; hierbei sind Arbeitnehmer, für die Zuwendungen von mehr als 2 148 € im Kalenderjahr geleistet werden, nicht einzubeziehen (§ 40b Abs. 2 Satz 2 EStG).

e) Vervielfältigungsregelung bei Beendigung des Dienstverhältnisses

3311 Für Zuwendungen, die der Arbeitgeber für den Arbeitnehmer **aus Anlass der Beendigung des Dienstverhältnisses** erbracht hat, **vervielfältigt sich der Betrag von 1 752 €** mit der Zahl der Kalenderjahre, in denen das Dienstverhältnis des Arbeitnehmers zum Arbeitgeber bestanden hat. In diesem Fall ist die Durchschnittsberechnung nicht anzuwenden. Der vervielfältigte Betrag **vermindert sich** um die pauschal besteuerten Zuwendungen, die der Arbeitgeber **in dem Kalenderjahr**, in dem das Dienstverhältnis beendet wird, **und in den sechs vorangegangenen Kalenderjahren** erbracht hat (§ 40b Abs. 2 Sätze 3 und 4 EStG).

f) Pflichtpauschalierung für Sonderzahlungen

3312 Wenn der Arbeitgeber Sonderzahlungen an eine Pensionskasse leistet anlässlich

- seines **Ausscheidens** aus einer nicht im Wege der Kapitaldeckung finanzierten betrieblichen Altersversorgung,
- des **Wechsels** von einer nicht im Wege der Kapitaldeckung zu einer anderen nicht im Wege der Kapitaldeckung finanzierten betrieblichen Altersversorgung,

so hat der Arbeitgeber die Lohnsteuer mit einem Pauschsteuersatz i.H.v. **15 % der Sonderzahlungen** zu erheben (§ 40b Abs. 4 EStG). Hierbei handelt es sich um eine Pflichtpauschalierung, d.h. dem Arbeitgeber ist die Möglichkeit verwehrt, die Sonderzahlungen individuell beim Arbeitnehmer zu versteuern. Unerheblich ist, ob an die Versorgungseinrichtung laufenden Beiträge oder Zuwendungen geleistet werden oder nicht.

Der BFH hält die „Pflichtpauschalierung" **für verfassungswidrig** und hat daher die Sache zur Entscheidung dem BVerfG vorgelegt (BFH v. 14.11.2013, VI R 49/12, HFR 2014, 230, BFH v. 14.11.2013, VI R 50/12, www.stotax-first.de, Az. beim BVerfG: 2 BvL 7/14 und 2 BvL 8/14).

15. Pauschalierung der Lohnsteuer nach altem Recht

a) Allgemeines

3313 Auf Beiträge zu Gunsten einer kapitalgedeckten betrieblichen Altersversorgung, die auf Grund von **Altzusagen** geleistet werden, kann § 40b Abs. 1 und 2 EStG a.F. **unter folgenden Voraussetzungen weiter angewendet** werden (BMF v. 24.7.2013, IV C 3 – S 2015/11/10002/IV C 5 – S 2333/09/10005, BStBl I 2013, 1022, Rdnr. 359 unter Berücksichtigung der Änderungen durch BMF v. 13.1.2014, IV C 3 – S 2015/11/10002 :018, BStBl I 2014, 97 und BMF v. 13.3.2014, IV C 3 – S 2257-b/13/10009, BStBl I 2014, 554):

- **Beiträge für eine Direktversicherung, die die Voraussetzungen des** § 3 Nr. 63 EStG **nicht erfüllen**, können weiterhin vom Arbeitgeber nach § 40b Abs. 1 und 2 EStG a.F. pauschal besteuert werden, ohne dass es hierfür einer Verzichtserklärung des Arbeitnehmers bedarf.

- **Beiträge für eine Direktversicherung, die die Voraussetzungen des** § 3 Nr. 63 EStG **erfüllen**, können nur dann nach § 40b Abs. 1 und 2 EStG a.F. pauschal besteuert werden, wenn der Arbeitnehmer zuvor gegenüber dem Arbeitgeber für diese Beiträge auf die Anwendung des § 3 Nr. 63 EStG verzichtet hat; dies gilt auch dann, wenn der Höchstbetrag nach § 3 Nr. 63 Satz 1 EStG bereits durch anderweitige Beitragsleistungen vollständig ausgeschöpft wird. Handelt es sich um rein arbeitgeberfinanzierte Beiträge und wird die Pauschalsteuer nicht auf den Arbeitnehmer abgewälzt, kann von einer solchen Verzichtserklärung bereits dann ausgegangen werden, wenn der Arbeitnehmer der Weiteranwendung des § 40b EStG a.F. bis zum Zeitpunkt der ersten Beitragsleistung in 2005 nicht ausdrücklich widersprochen hat.

  In allen anderen Fällen ist eine Weiteranwendung des § 40b EStG a.F. möglich, wenn der Arbeitnehmer dem Angebot des Arbeitgebers, die Beiträge weiterhin nach § 40b EStG a.F. pauschal zu versteuern, **spätestens bis zum 30.6.2005** zugestimmt hat. Erfolgte die Verzichtserklärung erst nach Beitragszahlung, kann § 40b EStG a.F. für diese Beitragszahlungen nur dann weiter angewendet und die Steuerfreiheit nach § 3 Nr. 63 EStG rückgängig gemacht werden, wenn die Lohnsteuerbescheinigung im Zeitpunkt der Verzichtserklärung **noch nicht übermittelt** oder ausgeschrieben worden war. Im Fall eines **späteren Arbeitgeberwechsels** ist in den Fällen des § 4 Abs. 2 Nr. 1 BetrAVG die Weiteranwendung des § 40b EStG a.F. möglich, wenn der Arbeitnehmer dem Angebot des Arbeitgebers, die Beiträge weiterhin nach § 40b EStG a.F. pauschal zu versteuern, spätestens **bis zur ersten Beitragsleistung zustimmt**, → Rz. 3299.

- **Beiträge an Pensionskassen** können nach § 40b Abs. 1 und 2 EStG a.F. insbesondere dann weiterhin pauschal besteuert werden, wenn die Summe der nach § 3 Nr. 63 EStG steuerfreien Beiträge und der Beiträge, die wegen der Ausübung des Wahlrechts nach § 3 Nr. 63 Satz 2 EStG individuell versteuert werden, 4 % der BBG in der allgemeinen Rentenversicherung übersteigt. Wurde im Fall einer Altzusage bisher lediglich § 3 Nr. 63 EStG angewendet und wird der Höchstbetrag von 4 % der BBG in der allgemeinen Rentenversicherung erst nach dem 31.12.2004 durch eine Beitragserhöhung überschritten, ist eine Pauschalversteuerung nach § 40b EStG a.F. auch für die übersteigenden Beiträge möglich. Der zusätzliche Höchstbetrag von 1 800 € bleibt in diesen Fällen unberücksichtigt, da er nur dann zur Anwendung gelangt, wenn es sich um eine Neuzusage handelt.

Auf Beiträge, die auf Grund von **Neuzusagen** geleistet werden, kann **§ 40b Abs. 1 und Abs. 2 EStG a.F. nicht mehr angewendet** werden. Die Beiträge bleiben jedoch bis zur Höhe von 4 % der BBG in der allgemeinen Rentenversicherung zuzüglich 1 800 € zunächst grundsätzlich steuerfrei.

Nach § 40b EStG a.F. können die **Beiträge zu Direktversicherungen** sowie die **Zuwendungen an Pensionskassen** unter bestimmten Voraussetzungen **pauschal mit 20 % versteuert werden**. Eine Pauschalierung ist jedoch **nur bis zur Höhe von 1 752 € im Kalenderjahr möglich**. Übersteigen die Beiträge und Zuwendungen diesen Betrag, so ist der **übersteigende** Betrag grundsätzlich individuell beim Arbeitnehmer zu versteuern. Die Pauschalierung setzt weiterhin voraus, dass die Zukunftssicherungsleistungen **aus einem ersten Dienstverhältnis** bezogen werden (§ 40b Abs. 2 Satz 1 EStG a.F.). Besonderheiten gelten, wenn mehrere Arbeitnehmer gemeinsam versichert sind (→ Rz. 3318) oder bei Beiträgen oder Zuwendungen, die aus Anlass der Beendigung des Dienstverhältnisses erbracht werden (→ Rz. 3324). Zum Abflusszeitpunkt der Beiträge beim Arbeitgeber → Rz. 3286.

b) Pauschalbesteuerungsfähige Leistungen

3314 Nur die Arbeitgeberleistungen für eine Direktversicherung oder eine Pensionskasse unterliegen der Pauschalbesteuerung nach § 40b Abs. 1 und 2 EStG a.F., die zu Gunsten von Arbeitnehmern oder früheren Arbeitnehmern (BFH v. 7.7.1972, VI R 116/69, BStBl II 1972, 890) und deren Hinterbliebenen erbracht werden. Für diese Leistungen kann **die Lohnsteuerpauschalierung nach § 40 Abs. 1 Satz 1 Nr. 1 EStG nicht vorgenommen werden**, selbst dann nicht, wenn sie als sonstige Bezüge gewährt werden (§ 40b Abs. 4 EStG). Die Pauschalierung der Lohnsteuer nach § 40b Abs. 1 und 2 EStG a.F. ist auch dann zulässig, wenn die Zukunftssicherungsleistung **erst nach Ausscheiden des Arbeitnehmers** aus dem Betrieb erbracht wird und er bereits in einem neuen Dienstverhältnis steht (BFH v. 18.12.1987, VI R 245/80, BStBl II 1988, 554).

Für die Lohnsteuerpauschalierung nach § 40b Abs. 1 und 2 EStG a.F. kommt es nicht darauf an, ob die Beiträge oder Zuwendungen **zusätzlich zu dem ohnehin geschuldeten Arbeitslohn** oder auf Grund einer Vereinbarung mit dem Arbeitnehmer durch Herabsetzung des individuell zu besteuernden Arbeitslohns erbracht werden (R 40b.1 Abs. 5 LStR).

Das bedeutet, dass die Barlohnkürzung immer möglich ist, und zwar unabhängig davon, ob der arbeitsrechtlich zu beanspruchende Arbeitslohn bereits dem Grunde nach rechtlich entstanden ist oder nicht.

> **Beispiel:**
> Der Anspruch auf das 13. Monatsgehalt entsteht gem. Tarifvertrag zeitanteilig nach den vollen Monaten der Beschäftigung im Kalenderjahr und ist am 1.12.2016 fällig. Die Barlohnkürzung vom 13. Monatsgehalt zu Gunsten eines Direktversicherungsbeitrags wird im November des laufenden Kalenderjahrs vereinbart.
> Der Barlohn kann vor Fälligkeit, also bis spätestens 30.11.2016, auch um den Teil des 13. Monatsgehalts, der auf bereits abgelaufene Monate entfällt, steuerlich wirksam gekürzt werden. Auf den Zeitpunkt der Entstehung kommt es nicht an.

Im Einkommensteuergesetz wird die arbeitsrechtlich mögliche **Abwälzung** der pauschalen Lohnsteuer auf den Arbeitnehmer **nicht anerkannt**. Nach § 40 Abs. 3 Satz 2 EStG **gilt die auf den Arbeitnehmer abgewälzte pauschale Lohnsteuer als zugeflossener Arbeitslohn** und mindert nicht die Bemessungsgrundlage (→ *Abwälzung der pauschalen Lohnsteuer auf den Arbeitnehmer* Rz. 25). Dies gilt über die Verweisung in § 40b Abs. 4 Satz 1 EStG auch für die Pauschalierung von Zukunftssicherungsleistungen.

Pauschal besteuerungsfähig sind jedoch nur Zukunftssicherungsleistungen, die der Arbeitgeber auf Grund **ausschließlich eigener rechtlicher Verpflichtung** erbringt (BFH v. 29.4.1991, VI R 61/88, BStBl II 1991, 647).

c) Voraussetzungen der Pauschalierung

3315 Die Lohnsteuerpauschalierung setzt bei Beiträgen für eine Direktversicherung voraus, dass

- die Versicherung **nicht auf den Erlebensfall eines früheren als des 60. Lebensjahrs** des Arbeitnehmers abgeschlossen ist,

- die **Abtretung oder Beleihung** eines dem Arbeitnehmer eingeräumten unwiderruflichen Bezugsrechts **in dem Versicherungsvertrag ausgeschlossen** ist (BMF v. 6.6.1980, IV B 6 – S 2373 – 26/80, BStBl I 1980, 728) und

- eine **vorzeitige Kündigung** des Versicherungsvertrags durch den Arbeitnehmer **ausgeschlossen**

worden ist (§ 40b Abs. 1 Satz 2 EStG a.F.). Der Versicherungsvertrag darf keine Regelung enthalten, nach der die Versicherungsleistung für den Erlebensfall vor Ablauf des 59. Lebensjahrs fällig werden könnte. Lässt der Versicherungsvertrag z.B. die Möglichkeit zu, Gewinnanteile zur Abkürzung der Versicherungsdauer zu verwenden, so muss die Laufzeitverkürzung bis zur Vollendung

Zukunftssicherung: Betriebliche Altersversorgung

des 59. Lebensjahrs begrenzt sein. Der **Ausschluss einer vorzeitigen Kündigung** des Versicherungsvertrags ist anzunehmen, wenn in dem Versicherungsvertrag zwischen dem Arbeitgeber als Versicherungsnehmer und dem Versicherer folgende Vereinbarung getroffen worden ist (R 40b.1 Abs. 6 LStR):

„Es wird unwiderruflich vereinbart, dass während der Dauer des Dienstverhältnisses eine Übertragung der Versicherungsnehmer-Eigenschaft und eine Abtretung von Rechten aus diesem Vertrag auf den versicherten Arbeitnehmer bis zu dem Zeitpunkt, in dem der versicherte Arbeitnehmer sein 59. Lebensjahr vollendet, insoweit ausgeschlossen sind, als die Beiträge vom Versicherungsnehmer (Arbeitgeber) entrichtet worden sind."

Wird anlässlich der Beendigung des Dienstverhältnisses die Direktversicherung auf den **ausscheidenden Arbeitnehmer übertragen**, bleibt die Pauschalierung der Direktversicherungsbeiträge in der Vergangenheit hiervon unberührt. Das gilt unabhängig davon, ob der Arbeitnehmer den Direktversicherungsvertrag auf einen neuen Arbeitgeber überträgt, selbst fortführt oder kündigt (R 40b.1 Abs. 6 Sätze 5 und 6 LStR).

Die Pauschalierung setzt weiterhin voraus, dass die Zukunftssicherungsleistungen **aus einem ersten Dienstverhältnis** bezogen werden (§ 40b Abs. 2 Satz 1 EStG a.F.). Die Pauschalierung ist **bei Arbeitnehmern in der Steuerklasse VI nicht anwendbar** (BFH v. 12.8.1996, VI R 27/96, BStBl II 1997, 143).

Bei **pauschal besteuerten Teilzeitarbeitsverhältnissen** (§ 40a EStG) ist **die Pauschalierung zulässig**, wenn es sich dabei um das **erste Dienstverhältnis handelt** (BFH v. 8.12.1989, VI R 165/86, BStBl II 1990, 398).

Die Pauschalierung setzt außerdem voraus, dass der Arbeitgeber die pauschale Lohnsteuer übernimmt (§ 40b Abs. 4 Satz 1 EStG). Es ist nicht Voraussetzung, dass die Zukunftssicherungsleistungen in einer größeren Zahl von Fällen erbracht werden (R 40b.1 Abs. 6 Satz 7 LStR).

d) Bemessungsgrundlage der pauschalen Lohnsteuer

3316 Die pauschale Lohnsteuer bemisst sich grundsätzlich nach den tatsächlichen Leistungen, die der Arbeitgeber **für den einzelnen Arbeitnehmer** erbringt (R 40b.1 Abs. 7 LStR).

Schließt der Arbeitgeber für den Arbeitnehmer **eine verbilligte Direktversicherung** ab, kann nur der tatsächlich gezahlte Versicherungsbeitrag, nicht aber der geldwerte Vorteil aus der Verbilligung nach § 40b Abs. 1 und 2 EStG a.F. pauschal versteuert werden.

> **Beispiel:**
> Ein Arbeitgeber hat eine Direktversicherung für seinen Arbeitnehmer abgeschlossen, für die er auf Grund wirtschaftlicher Verflechtung mit dem Versicherer nur Beiträge i.H.v. 20 € statt üblicherweise 100 € monatlich zu leisten hat.
>
> Die gezahlten Beiträge i.H.v. 20 € monatlich stellen steuerpflichtigen Arbeitslohn dar, der nach § 40b Abs. 1 und 2 EStG a.F. pauschal versteuert werden kann. Daneben ist in der Gewährung des verbilligten Versicherungsschutzes ein geldwerter Vorteil (Rabatt durch Dritte) zu sehen, der dem individuellen Lohnsteuerabzug durch den Arbeitgeber unterliegt.
>
> Nach der Vereinfachungsregelung der R 8.1 Abs. 2 Satz 3 LStR (→ *Sachbezüge* Rz. 2601) kann der geldwerte Vorteil wie folgt ermittelt werden:
>
> | | |
> |---|---:|
> | „Normaler" Beitrag (= konkreter Endpreis) | 100 € |
> | ./. 4 % Abschlag | 4 € |
> | = üblicher Endpreis aus Vereinfachungsgründen | 96 € |
> | ./. Beitragszahlung | 20 € |
> | = geldwerter Vorteil | 76 € |
>
> Die **Beitragszahlung i.H.v. 20 €** kann nach § 40b Abs. 1 und 2 EStG a.F. **pauschal versteuert** werden. Der geldwerte Vorteil von 76 € ist hingegen der „Regelversteuerung" beim Arbeitnehmer zu unterwerfen. Der Rabattfreibetrag kann nicht berücksichtigt werden, weil der Vorteil nicht vom Arbeitgeber gewährt wird (→ *Rabatte* Rz. 2352).

Versicherungsbeiträge, die **die Verrechnung von Überschussanteilen mit dem Tarifbeitrag** vorsehen, sind versicherungsrechtlich zulässig. Bei Lebensversicherungsverträgen bestehen **zwei Gestaltungsmöglichkeiten**:

- Ein niedriger Tarifbeitrag führt zu einer geringeren Versicherungssumme, die sich durch die Gutschrift von Überschussanteilen erhöht;
- es wird eine höhere Versicherungssumme mit entsprechend höheren Tarifbeiträgen vereinbart, wobei die anfallenden Überschussanteile nicht zur Erhöhung der Versicherungssumme, sondern zur Senkung des Tarifbeitrags verwendet werden.

In beiden Fällen ergibt sich im Ergebnis eine gleich hohe Versicherungssumme, aber ein unterschiedlicher Risikoanteil. Bei einem geringen Tarifbeitrag führt der Risikoanteil im Versicherungsfall vor Ablauf des Versicherungsvertrags ggf. zu einer geringeren Versicherungssumme, während bei einem hohen Tarifbeitrag, der mit Überschüssen verrechnet wird, im Versicherungsfall wegen des höheren Risikoanteils auch eine höhere Versicherungssumme besteht.

Für die Pauschalbesteuerung nach § 40b Abs. 1 und 2 EStG a.F. ist bei beiden Gestaltungsmöglichkeiten auf den vom Arbeitgeber tatsächlich zu **zahlenden** Betrag abzustellen (R 40b.1 Abs. 7 LStR). Bei Verrechnung des Tarifbeitrags mit Überschussanteilen stellt deshalb der ermäßigte Beitrag die Bemessungsgrundlage für die Pauschalbesteuerung dar.

Wird für **mehrere Arbeitnehmer gemeinsam** eine pauschale Leistung erbracht, bei der der Teil, der auf den einzelnen Arbeitnehmer entfällt, nicht festgestellt werden kann, so ist dem einzelnen Arbeitnehmer der Teil der Leistung zuzurechnen, der sich bei einer Aufteilung der Leistung **nach der Zahl der begünstigten Arbeitnehmer ergibt** (§ 2 Abs. 2 Nr. 3 Satz 3 LStDV). Werden Leistungen des Arbeitgebers für die tarifvertragliche Zusatzversorgung der Arbeitnehmer mit einem Prozentsatz der Bruttolohnsumme des Betriebs erbracht, so ist die Arbeitgeberleistung Bemessungsgrundlage der pauschalen Lohnsteuer. Für die Feststellung der **Pauschalierungsgrenze** bei zusätzlichen pauschal besteuerungsfähigen Leistungen für einzelne Arbeitnehmer ist die Arbeitgeberleistung auf die Zahl der durch die tarifvertragliche Zusatzversorgung begünstigten Arbeitnehmer aufzuteilen (R 40b.1 Abs. 7 Sätze 3 bis 5 LStR).

e) Pauschalierungsgrenze

Die Lohnsteuerpauschalierung ist allgemein **auf pauschal besteuerungsfähige Leistungen von 1 752 € jährlich je Arbeitnehmer begrenzt** (§ 40b Abs. 2 Satz 1 EStG a.F.). Die Pauschalierungsgrenze kann auch in den Fällen voll ausgeschöpft werden, in denen feststeht, dass dem Arbeitnehmer bereits aus einem vorangegangenen Dienstverhältnis im selben Kalenderjahr pauschal besteuerte Zukunftssicherungsleistungen zugeflossen sind. Soweit pauschal besteuerungsfähige Leistungen den Grenzbetrag von 1 752 € überschreiten, müssen sie dem normalen Lohnsteuerabzug unterworfen werden (R 40b.1 Abs. 8 LStR). **3317**

> **Beispiel:**
> Ein Arbeitgeber zahlt für seinen Arbeitnehmer monatlich 200 € in eine Direktversicherung.
>
> Eine Pauschalbesteuerung ist nur bis zur Höhe von 1 752 € zulässig. Der Arbeitgeber kann also in den Monaten Januar bis August die Direktversicherungsbeiträge mit 20 % pauschal versteuern (8 × 200 € = 1 600 €). Im September können noch 152 € pauschal versteuert werden, der Restbetrag von 48 € ist mit den übrigen Arbeitslohn „normal" zu versteuern. Dies gilt auch für die Direktversicherungsbeiträge der Monate Oktober bis Dezember.
>
> Eine Pauschalversteuerung nach § 40 Abs. 1 Nr. 1 EStG ist auf Grund der gesetzlichen Regelung in § 40b Abs. 4 EStG nicht möglich.

f) Durchschnittsberechnung

Wenn **mehrere Arbeitnehmer gemeinsam** in einem Direktversicherungsvertrag oder in einer Pensionskasse versichert sind, so ist für die Feststellung der Pauschalierungsgrenze eine Durchschnittsberechnung anzustellen (§ 40b Abs. 2 Satz 2 EStG a.F.). **Ein gemeinsamer Direktversicherungsvertrag** liegt außer bei einer Gruppenversicherung auch dann vor, wenn **in einem Rahmenvertrag** mit einem oder mehreren Versicherern **sowohl die versicherten Personen als auch die versicherten Wagnisse bezeichnet werden** und die Einzelheiten in Zusatzvereinbarungen geregelt sind. Ein Rahmenvertrag, der z.B. nur den Beitragseinzug und die Beitragsabrechnung regelt, stellt keinen gemeinsamen Direktversicherungsvertrag dar (R 40b.1 Abs. 9 LStR). Bestehen neben einer gemeinsamen Versicherung für einzelne oder mehrere Arbeitnehmer Einzeldirektversicherungen, so sind die Einzeldirektversicherungen nicht in die Durchschnittsberechnung einzubeziehen (BFH v. 11.3.2010, VI R 9/08, BStBl II 2011, 183). **3318**

Zukunftssicherung: Betriebliche Altersversorgung

Bei der Durchschnittsberechnung nach § 40b Abs. 2 Satz 2 EStG a.F. bleiben die **gesamten Beiträge i.S.v.** § 3 Nr. 63 EStG **unberücksichtigt**, also neben den Beträgen, die vom Arbeitgeber steuerfrei belassen werden, auch diejenigen Beiträge, die wegen der Ausübung des Wahlrechts nach § 3 Nr. 63 Satz 2 EStG individuell versteuert werden, um die Altersvorsorgezulage oder den Sonderausgabenabzug zu erhalten (→ *Riester-Förderung* Rz. 2549). Das bedeutet im Ergebnis, dass Beiträge bis zum Höchstbetrag des § 3 Nr. 63 EStG (für 2016: 2 976 € im Kalenderjahr) nicht berücksichtigt werden müssen (R 40b.1 Abs. 9 Satz 4 LStR).

Im Übrigen ist nach R 40b.1 Abs. 9 Satz 5 LStR **wie folgt zu verfahren:**

- Sind in der Direktversicherung oder in der Pensionskasse Arbeitnehmer versichert, für die pauschal besteuerungsfähige Leistungen von jeweils **insgesamt mehr als 2 148 €** jährlich erbracht werden, so **scheiden die Leistungen** für diese Arbeitnehmer **aus der Durchschnittsberechnung aus**. Das gilt z.B. auch dann, wenn mehrere Direktversicherungsverträge bestehen und die Beitragsanteile für den einzelnen Arbeitnehmer insgesamt 2 148 € übersteigen. Die Erhebung der Lohnsteuer auf diese Leistungen richtet sich nach den allgemeinen Voraussetzungen für die Lohnsteuerpauschalierung, also Pauschalierungsgrenze 1 752 €, der Restbetrag muss nach den allgemeinen Grundsätzen versteuert werden.
- Die Leistungen für die übrigen Arbeitnehmer sind zusammenzurechnen und durch die Zahl der Arbeitnehmer zu teilen, für die sie erbracht worden sind. **Bei einem konzernumfassenden gemeinsamen Direktversicherungsvertrag** ist der Durchschnittsbetrag durch Aufteilung der Beitragszahlungen des Arbeitgebers **auf die Zahl seiner begünstigten Arbeitnehmer** festzustellen; es ist nicht zulässig, den Durchschnittsbetrag durch Aufteilung des Konzernbeitrags auf alle Arbeitnehmer des Konzerns zu ermitteln.
  - **Übersteigt** der so ermittelte Durchschnittsbetrag **nicht 1 752 €**, so ist dieser für jeden Arbeitnehmer der Pauschalbesteuerung zu Grunde zu legen. Werden für den einzelnen Arbeitnehmer noch weitere pauschal besteuerungsfähige Leistungen erbracht, so dürfen aber insgesamt nur 1 752 € pauschal besteuert werden.
  - **Übersteigt** der Durchschnittsbetrag **1 752 €**, so kommt er **als Bemessungsgrundlage** für die Pauschalbesteuerung **nicht in Betracht**. Der Pauschalbesteuerung sind die tatsächlichen Leistungen zu Grunde zu legen, soweit sie für den einzelnen Arbeitnehmer 1 752 € nicht übersteigen.
- Ist ein **Arbeitnehmer**
  - in mehreren Direktversicherungsverträgen gemeinsam mit anderen Arbeitnehmern,
  - in mehreren Pensionskassen oder
  - in Direktversicherungsverträgen gemeinsam mit anderen Arbeitnehmern und in einer Pensionskasse

  versichert, so ist jeweils der Durchschnittsbetrag aus der Summe der Beiträge für mehrere Direktversicherungen, aus der Summe der Zuwendungen an mehrere Pensionskassen oder aus der Summe der Beiträge zu einer Direktversicherung und der Zuwendungen an eine Pensionskasse zu ermitteln. In diese gemeinsame Durchschnittsbildung dürfen jedoch solche Verträge **nicht einbezogen werden**, bei denen wegen der 2 148 €-Grenze **nur noch ein Arbeitnehmer übrig bleibt**; in diesen Fällen liegt eine gemeinsame Versicherung, die in die Durchschnittsberechnung einzubeziehen ist, nicht vor.

Beiträge i.S.d. § 40b EStG a.F. sind nur solche Leistungen des Arbeitgebers, die als Arbeitslohn zu qualifizieren sind. Sind daher für den Arbeitnehmer Gesamtprämien von mehr als 2 148 € im Kalenderjahr zu zahlen, sind diese Arbeitnehmer dennoch in die Durchschnittsberechnung einzubeziehen, wenn der als Arbeitslohn zu qualifizierende Anteil diesen Betrag nicht übersteigt (BFH v. 12.4.2007, VI R 55/05, BStBl II 2007, 619).

> **Beispiel 1:**
> Der Arbeitgeber schließt bei einer Versicherung einen Gruppenversicherungsvertrag (Direktversicherung) ab. Er ist insoweit Versicherungsnehmer und Beitragsschuldner. Bei den zu zahlenden Versicherungsbeiträgen wird zwischen einem Arbeitgeberanteil von höchstens 2 148 € und einem 20-prozentigen Arbeitnehmeranteil von höchstens 430 € unterschieden; diese werden in einem Gesamtjahresbeitrag von höchstens 2 578 € zusammengefasst.
>
> Da der Arbeitnehmeranteil aus versteuertem Einkommen gezahlt wird und damit nicht als steuerpflichtiger Arbeitslohn zu qualifizieren ist, ist nur der Arbeitgeberanteil in die Durchschnittsberechnung einzubeziehen. Da dieser höchstens 2 148 € beträgt, sind alle Arbeitnehmer bei der Durchschnittsberechnung zu berücksichtigen (BFH v. 12.4.2007, VI R 55/05, BStBl II 2007, 619).

Werden die pauschal besteuerungsfähigen Leistungen nicht in einem Jahresbetrag erbracht, so gilt nach R 40b.1 Abs. 10 LStR Folgendes:

- Die Einbeziehung der auf den einzelnen Arbeitnehmer entfallenden Leistungen in die Durchschnittsberechnung nach § 40b Abs. 2 Satz 2 EStG a.F. entfällt von dem Zeitpunkt an, in dem sich ergibt, dass die Leistungen für diesen Arbeitnehmer **voraussichtlich insgesamt 2 148 € im Kalenderjahr übersteigen** werden.
- Die Lohnsteuerpauschalierung auf der Grundlage des Durchschnittsbetrags entfällt von dem Zeitpunkt an, in dem sich ergibt, dass der **Durchschnittsbetrag voraussichtlich 1 752 € im Kalenderjahr übersteigen** wird.
- Die Pauschalierungsgrenze von 1 752 € ist jeweils insoweit zu vermindern, als sie bei der Pauschalbesteuerung von früheren Leistungen im selben Kalenderjahr bereits ausgeschöpft worden ist. Werden die Leistungen laufend erbracht, so darf die Pauschalierungsgrenze mit dem auf den jeweiligen Lohnzahlungszeitraum entfallenden Anteil berücksichtigt werden.

> **Beispiel 2:**
> Es werden ganzjährig laufend monatliche Zuwendungen an eine Pensionskasse geleistet:
>
> | | |
> |---|---:|
> | (a) für 2 Arbeitnehmer je 250 € | 500 € |
> | (b) für 20 Arbeitnehmer je 175 € | 3 500 € |
> | (c) für 20 Arbeitnehmer je 120 € | 2 400 € |
> | insgesamt | 6 400 € |
>
> Die Leistungen für die Arbeitnehmer zu a) betragen jeweils mehr als 2 148 € jährlich (12 × 250 € = 3 000 €); sie sind daher in eine Durchschnittsberechnung nicht einzubeziehen.
>
> Die Leistungen für die Arbeitnehmer zu b) (12 × 175 € = 2 100 €) und c) (12 × 120 € = 1 440 €) übersteigen jährlich jeweils nicht 2 148 €; es ist daher der Durchschnittsbetrag festzustellen.
>
> Der Durchschnittsbetrag beträgt 147,50 € monatlich (3 500 € + 2 400 € geteilt durch 40 Arbeitnehmer); er übersteigt hiernach 1 752 € jährlich (12 × 147,50 € = 1 770 €) und kommt **deshalb als Bemessungsgrundlage nicht in Betracht**. Der Pauschalbesteuerung sind also in allen Fällen die tatsächlichen Leistungen zu Grunde zu legen. Der Arbeitgeber kann dabei
>
> in den Fällen zu (a) im ersten bis siebten Monat je 250 € und im achten Monat noch 2 € oder monatlich je 146 €,
>
> in den Fällen zu (b) im ersten bis zehnten Monat je 175 € und im elften Monat noch 2 € oder monatlich je 146 €,
>
> in den Fällen zu (c) monatlich je 120 €
>
> pauschal versteuern.

g) Versicherungsleistungen wegen Invalidität

Nach R 40b.1 Abs. 1 LStR kommen als Versorgungsleistungen aus einer Direktversicherung Leistungen der Alters-, Invaliditäts- und Hinterbliebenenversorgung in Betracht. Es handelt sich also auch dann um eine Direktversicherung, wenn nach den vertraglichen Vereinbarungen der **Versorgungsfall wegen Invalidität** eintritt. Die Leistungen für den Fall der Invalidität werden i.d.R. durch eine Zusatzversicherung vereinbart; die Lebensversicherung enthält eine Risiko-(Zusatz-)Versicherung für den Invaliditätsfall.

Der Invaliditätsfall kann auch **vor Ablauf des 59. Lebensjahrs** des Arbeitnehmers eintreten. § 40b Abs. 1 Satz 2 EStG a.F. bestimmt aber, dass eine Pauschalierung nur zulässig ist, wenn die Versicherung nicht auf den Erlebensfall eines nicht vor des 60. Lebensjahrs abgeschlossen ist. **Es erscheint also zweifelhaft**, ob die Beiträge an eine Direktversicherung in Form einer Lebensversicherung mit Risiko-(Zusatz-)Versicherung für den Invaliditätsfall mit 20 % versteuert werden können.

Zukunftssicherung: Betriebliche Altersversorgung

keine Sozialversicherungspflicht = ⓈⓋ
Sozialversicherungspflicht = Ⓢⓥ

Hierzu wird in R 40b.1 Abs. 6 LStR darauf hingewiesen, dass für eine Lohnsteuerpauschalierung der Versicherungsvertrag keine Regelung enthalten darf, nach der die Versicherungsleistung für den Erlebensfall **vor Ablauf des 59. Lebensjahrs** fällig werden könnte. Die Ergänzung in R 40b.1 Abs. 6 LStR könnte zu der Auffassung führen, dass Aufwendungen des Arbeitgebers für eine Direktversicherung, die auch Leistungen für den Fall der Invalidität vorsieht, **nicht pauschal versteuert werden können**. Da andererseits nach R 40b.1 Abs. 1 Satz 4 LStR bei einer Direktversicherung als Versorgungsleistungen ausdrücklich auch Leistungen der Invaliditätsversorgung in Betracht kommen können, ist **gleichwohl in derartigen Fällen eine Pauschalierung der Lohnsteuer möglich**.

Eine andere Auffassung wird dagegen von der Finanzverwaltung vertreten, wenn bei „**ohne Invaliditätsrisiko**" abgeschlossenen Versicherungsverträgen den versicherten Arbeitnehmern arbeitsrechtlich **die Möglichkeit eingeräumt wird**, im Falle der Invalidität **den Versicherungsvertrag aufzulösen**. Soweit Berufsunfähigkeit nicht mitversichert ist, handelt es sich bei Invalidität nicht um einen Versicherungsfall. Die vorgesehene Vereinbarung einer Leistung bei Invalidität stellt keine Leistung aus der Direktversicherung dar; vielmehr liegt eine Erlebensfallleistung vor, die bei Invalidität nur auf Grund einer arbeitsrechtlichen Vereinbarung beansprucht wird. Es handelt sich in diesem Fall um eine vorzeitige Kündigung durch den Arbeitnehmer, **die eine Pauschalierung nach § 40b Abs. 1 und 2 EStG a.F. ausschließt**.

h) Umwandlung von Barlohn

3320 Im Allgemeinen handelt es sich bei den Aufwendungen des Arbeitgebers für die Zukunftssicherung seiner Arbeitnehmer **um zusätzliche Leistungen**, die neben dem vertraglich vereinbarten Barlohn erbracht werden. Das gilt auch für die pauschalierungsfähigen Beiträge zu Direktversicherungen.

Ist der Arbeitgeber nicht bereit, entsprechende Zukunftssicherungsleistungen durch zusätzliche Beiträge an eine Direktversicherung zu erbringen, kann **der Arbeitnehmer Teile des individuell zu besteuernden Arbeitslohns** in Beiträge für eine Direktversicherung umwandeln lassen. In diesem Fall unterliegt **nur der gekürzte Arbeitslohn dem individuellen Lohnsteuerabzug** (R 40b.1 Abs. 5 LStR).

Voraussetzung für eine Direktversicherung ist, dass der Arbeitgeber als Versicherungsnehmer den Vertrag abschließt und die Beiträge an das Versicherungsunternehmen zahlt. Bei einer Umwandlung von Barlohn muss also der **Arbeitgeber mit dieser Maßnahme einverstanden sein**, den Versicherungsvertrag als Versicherungsnehmer abschließen und die Versicherungsbeiträge entrichten.

Für die pauschale Besteuerung nach § 40b Abs. 1 und 2 EStG a.F. ist es daher **ohne Bedeutung**, ob die Leistung **zusätzlich** zum geschuldeten Arbeitsentgelt oder an seiner Stelle durch eine so genannte Barlohnkürzung erbracht wird. Anders aber bei der Sozialversicherung (→ Rz. 3343).

Leistet der Arbeitgeber zu Gunsten seiner Arbeitnehmer Beiträge zu einer Direktversicherung und ist er **zur Übernahme** der von ihm geschuldeten **pauschalen Lohnsteuer** sowie des Solidaritätszuschlags (und ggf. der Kirchensteuer) **nicht bereit**, so ist es **nicht zulässig**, dass der nach den Lohnsteuerabzugsmerkmalen zu versteuernde Arbeitslohn um die pauschale Lohnsteuer und den Solidaritätszuschlag (und ggf. die Kirchensteuer) gekürzt wird. Denn im Einkommensteuergesetz wird die arbeitsrechtlich mögliche Abwälzung der pauschalen Lohnsteuer auf den Arbeitnehmer **nicht anerkannt** (→ *Abwälzung der pauschalen Lohnsteuer auf den Arbeitnehmer* Rz. 25).

Wird die Pauschalsteuer **arbeitsrechtlich zulässig** auf den Arbeitnehmer abgewälzt, so muss der Arbeitgeber die pauschale Lohnsteuer, den Solidaritätszuschlag und die Kirchensteuer **vom Nettoarbeitslohn abziehen**.

Der Vorteil bei der Umwandlung von Barlohn in Beiträge zu einer Direktversicherung besteht für den Arbeitnehmer darin, dass von dem insgesamt geschuldeten Arbeitslohn **nur der geringere Barlohn individuell** zu versteuern ist; dadurch ergibt sich **für den Arbeitnehmer eine steuerliche Entlastung**.

Beispiel:

Ein niedersächsischer Arbeitnehmer (Steuerklasse I, keine Kinderfreibeträge, Religion rk, 20 Jahre) bezieht im Kalenderjahr 2016 einen monatlichen Lohn von 3 000 €. Es ergeben sich folgende Steuerabzugsbeträge:

Lohnsteuer	443,75 €
+ Solidaritätszuschlag (5,5 %)	24,40 €
+ Kirchensteuer (9 %)	39,93 €
= Steuerabzugsbeträge insgesamt	508,08 €

Auf Wunsch des Arbeitnehmers hat der Arbeitgeber eine Direktversicherung i.H.v. 146 € monatlich abgeschlossen (Altzusage). Die Versicherungsprämie sowie die pauschalen Steuern übernimmt der Arbeitnehmer.

Die Abwälzung der pauschalen Steuern auf den Arbeitnehmer mindert **nicht die steuerliche Bemessungsgrundlage für die individuelle Lohnbesteuerung**; die auf den Arbeitnehmer abgewälzte pauschale Lohnsteuer gilt als zugeflossener Arbeitslohn. Wird die Pauschalsteuer arbeitsrechtlich zulässig auf den Arbeitnehmer abgewälzt, so muss der Arbeitgeber die pauschale Lohnsteuer, den Solidaritätszuschlag und die Kirchensteuer vom Nettoarbeitslohn abziehen.

Der Bruttoarbeitslohn von 3 000 € ist daher nur um 146 € zu kürzen, es verbleiben also 2 854 €. Es ergeben sich folgende Steuerabzugsbeträge:

Lohnsteuer	405,50 €
+ Solidaritätszuschlag (5,5 %)	22,30 €
+ Kirchensteuer (9 %)	36,49 €
= Steuerabzugsbeträge	464,29 €

Zu diesen Steuerabzugsbeträgen sind noch die pauschalen Steuerabzugsbeträge auf Grund der Pauschalierung der Direktversicherungsbeiträge zu addieren, die dem Arbeitnehmer **vom Nettoarbeitslohn** abgezogen werden; der Arbeitgeber wendet bei der Erhebung der pauschalen Kirchensteuer das Nachweisverfahren an (→ *Kirchensteuer* Rz. 1685):

pauschale Lohnsteuer	29,20 €
+ pauschaler Solidaritätszuschlag (5,5 %)	1,60 €
+ pauschale Kirchensteuer (9 %)	2,62 €
= Steuerabzugsbeträge insgesamt	497,71 €

Errechnung der Steuerersparnis:

Steuerabzugsbeträge ohne Umwandlung	508,08 €
./. Steuerabzugsbeträge mit Umwandlung	497,71 €
= Steuerersparnis im Monat	10,37 €

Keine Abwälzung der pauschalen Lohnsteuer liegt aber nach Auffassung der obersten Finanzbehörden vor, wenn die **arbeitsrechtliche Bemessungsgrundlage mit allen Konsequenzen herabgesetzt** wird. So müssen sich z.B. zukünftige Gehaltserhöhungen nach dem geminderten Arbeitslohn berechnen. In diesem Fall liegt auch dann keine Abwälzung der pauschalen Lohnsteuer i.S.v. § 40 Abs. 2 Satz 3 EStG a.F. vor, wenn die Gehaltsminderung der pauschalen Lohnsteuer entspricht, die der Arbeitgeber zukünftig trägt (BMF v. 10.1.2000, IV C 5 – S 2330 – 2/00, BStBl I 2000, 138).

Werden im Rahmen eines steuerlich anzuerkennenden Ehegatten-Arbeitsverhältnisses Beiträge zu einer Direktversicherung im Wege der Barlohnumwandlung erbracht, sind diese betrieblich veranlasst und regelmäßig **ohne Prüfung einer sog. Überversorgung** als Betriebsausgabe zu berücksichtigen (BFH v. 10.6.2008, VIII R 68/06, BStBl II 2008, 973), → Rz. 3334.

i) Barzuwendungen an den Arbeitnehmer

3321 Die Anwendung des § 40b Abs. 1 und 2 EStG a.F. setzt entweder Beiträge des Arbeitgebers für eine Direktversicherung oder Zuwendungen des Arbeitgebers an eine Pensionskasse voraus. **Barzuwendungen des Arbeitgebers an den Arbeitnehmer können nicht nach § 40b Abs. 1 und 2 EStG a.F. pauschal versteuert** werden, auch wenn sie der unmittelbaren Altersversorgung des Arbeitnehmers dienen. Das gilt selbst dann, wenn der Arbeitnehmer die Zuwendung des Arbeitgebers dem Versicherungsunternehmen zuführt und die zweckentsprechende Verwendung dem Arbeitgeber durch Vorlage einer Bescheinigung nachweist.

Beispiel:

Der Arbeitnehmer hat für seine Altersversorgung eine befreiende Lebensversicherung abgeschlossen, die Prämie beträgt monatlich 200 €. Der Arbeitgeber zahlt hierzu einen Zuschuss von 100 €. Außerdem hat der Arbeitgeber auf Wunsch des Arbeitnehmers eine Direktversicherung bei dem gleichen Versicherungsunternehmen abgeschlossen, die Versicherungsprämie von 75 € wird dem Arbeitnehmer ersetzt. Der Arbeitnehmer überweist monatlich 275 € an das Versicherungsunternehmen und legt dem Arbeitgeber am Ende des Kalenderjahrs einen Verwendungsnachweis über die geleistete Prämie von monatlich 75 € für die Direktversicherung vor.

Die Pauschalierung der Lohnsteuer für die Versicherungsprämie von 75 € ist nicht zulässig, weil die Beiträge nicht unmittelbar vom Arbeitgeber an das Versicherungsunternehmen überwiesen wurden. Die Zahlung des Zuschusses von 100 € an den Arbeitnehmer ist dagegen für die Steuerfreiheit nach § 3 Nr. 62 EStG unschädlich.

j) Abgrenzung zwischen dem zusätzlichen Höchstbetrag von 1 800 € und der Pauschalierung der Lohnsteuer nach altem Recht

3322 Der **zusätzliche Höchstbetrag von 1 800 €** nach § 3 Nr. 63 Satz 3 EStG für eine Neuzusage **kann nicht in Anspruch genommen** werden, wenn die für den Arbeitnehmer auf Grund einer Altzusage geleisteten Beiträge bereits nach § 40b Abs. 1 und 2 EStG a.F. **pauschal besteuert** werden. Dies gilt unabhängig von der Höhe der pauschal besteuerten Beiträge und somit auch unabhängig davon, ob der Dotierungsrahmen des § 40b EStG a.F. (1 752 €) voll ausgeschöpft wird oder nicht.

Eine **Anwendung des zusätzlichen Höchstbetrags** von 1 800 € kommt aber dann **in Betracht**, wenn z.B. bei einem Beitrag zu Gunsten der Altzusage statt der Weiteranwendung des § 40b Abs. 1 und 2 EStG a.F. dieser Beitrag individuell besteuert wird.

Werden für den Arbeitnehmer **im Rahmen einer umlagefinanzierten betrieblichen Altersversorgung** Zuwendungen an eine Pensionskasse geleistet und werden diese – soweit sie nicht nach § 3 Nr. 56 EStG steuerfrei bleiben – pauschal besteuert, so erfolgt dies immer nach § 40b Abs. 1 und 2 EStG. Dies gilt unabhängig davon, ob die umlagefinanzierten Zuwendungen auf Grund einer Alt- oder Neuzusage geleistet werden. Lediglich für den Bereich der kapitalgedeckten betrieblichen Altersversorgung wurde die Möglichkeit der Pauschalversteuerung nach § 40b EStG grundsätzlich zum 1.1.2005 aufgehoben. Werden von einer Versorgungseinrichtung sowohl Umlagen als auch Beiträge im Kapitaldeckungsverfahren erhoben, wird die Inanspruchnahme des zusätzlichen Höchstbetrags von 1 800 € nach § 3 Nr. 63 Satz 3 EStG für getrennt im Kapitaldeckungsverfahren erhobene Beiträge somit durch nach § 40b EStG pauschal besteuerte Zuwendungen zu Gunsten der umlagefinanzierten betrieblichen Altersversorgung nicht ausgeschlossen (BMF v. 24.7.2013, IV C 3 – S 2015/11/10022/IV C 5 – S 2333/09/10005, BStBl I 2013, 1022, Rdnr. 364 unter Berücksichtigung der Änderungen durch BMF v. 13.1.2014, IV C 3 – S 2015/11/10002 :018, BStBl I 2014, 97 und BMF v. 13.3.2014, IV C 3 – S 2257-b/13/10009, BStBl I 2014, 554).

k) Abgrenzung zwischen § 3 Nr. 63 EStG und § 40b Abs. 1 und 2 EStG a.F.

3323 Leistet der Arbeitgeber nach § 3 Nr. 63 Satz 1 EStG begünstigte Beiträge an **verschiedene Versorgungseinrichtungen**, kann er § 40b EStG a.F. unabhängig von der zeitlichen Reihenfolge der Beitragszahlung anwenden, wenn die Voraussetzungen für die weitere Anwendung der Pauschalbesteuerung dem Grunde nach vorliegen. Allerdings muss zum Zeitpunkt der Anwendung des § 40b EStG a.F. bereits feststehen oder zumindest konkret beabsichtigt sein, die nach § 3 Nr. 63 Satz 1 EStG steuerfreien Beiträge in voller Höhe zu zahlen.

Stellt der Arbeitgeber fest, dass die Steuerfreiheit noch nicht oder nicht in vollem Umfang ausgeschöpft worden ist oder werden kann, muss die Pauschalbesteuerung nach § 40b EStG a.F. – ggf. teilweise – rückgängig gemacht werden; spätester Zeitpunkt hierfür ist die Übermittlung oder Erteilung der Lohnsteuerbescheinigung.

Im Jahr der Errichtung kann der Arbeitgeber für einen **neu eingerichteten Durchführungsweg** die Steuerfreiheit in Anspruch nehmen, wenn er die für den bestehenden Durchführungsweg bereits in Anspruch genommene Steuerfreiheit **rückgängig gemacht** und die Beiträge nachträglich bis zum Dotierungsrahmen des § 40b EStG a.F. (1 752 €) pauschal besteuert hat (BMF v. 24.7.2013, IV C 3 – S 2015/11/10022/IV C 5 – S 2333/09/10005, BStBl I 2013, 1022, Rdnr. 368 unter Berücksichtigung der Änderungen durch BMF v. 13.1.2014, IV C 3 – S 2015/11/10002 :018, BStBl I 2014, 97 und BMF v. 13.3.2014, IV C 3 – S 2257-b/13/10009, BStBl I 2014, 554).

l) Pauschalierungsgrenze bei Beendigung des Dienstverhältnisses

aa) Vervielfältigungsregelung

3324 Für Beiträge und Zuwendungen, die der Arbeitgeber für den Arbeitnehmer **aus Anlass der Beendigung des Dienstverhältnisses** erbracht hat, **vervielfältigt sich der Betrag von 1 752 €** mit der Zahl der Kalenderjahre, in denen das Dienstverhältnis des Arbeitnehmers zu dem Arbeitgeber bestanden hat, wobei angefangene Kalenderjahre voll zu rechnen sind. Der vervielfältigte Betrag **vermindert sich** um die pauschal besteuerten Beiträge und Zuwendungen, die der Arbeitgeber **in dem Kalenderjahr**, in dem das Dienstverhältnis beendet wird, **und in den sechs vorangegangenen Kalenderjahren** erbracht hat (§ 40b Abs. 2 Sätze 3 und 4 EStG a.F.).

Die Beendigung des Dienstverhältnisses i.S.d. § 40b Abs. 2 Satz 3 EStG ist die **nach bürgerlichem (Arbeits-)Recht wirksame Beendigung**. Ein Dienstverhältnis kann daher auch dann beendet sein, wenn der Arbeitnehmer und sein bisheriger Arbeitgeber im Anschluss an das bisherige Dienstverhältnis ein neues vereinbaren, sofern es sich nicht als Fortsetzung des bisherigen erweist. Es liegt keine solche Beendigung vor, wenn das neue Dienstverhältnis mit demselben Arbeitgeber in Bezug auf den Arbeitsbereich, die Entlohnung und die sozialen Besitzstände im Wesentlichen dem bisherigen Dienstverhältnis entspricht (BFH v. 30.10.2008, VI R 53/05, BStBl II 2009, 162).

bb) Weitere Fallgestaltungen

3325 Die Anwendung der Vervielfältigungsregelung ist nur im Zusammenhang mit der Beendigung des Dienstverhältnisses möglich; ein solcher Zusammenhang ist insbesondere dann zu vermuten, wenn der Direktversicherungsbeitrag **bis zu drei Monate vor dem Auflösungszeitpunkt** geleistet wird (R 40b.1 Abs. 11 Satz 1 LStR). **Nach Beendigung des Dienstverhältnisses** gibt es **keine Einschränkung**. Hier kann die Vervielfältigungsregelung ohne zeitliche Beschränkung angewendet werden, wenn sie spätestens bis zum Zeitpunkt der Auflösung des Dienstverhältnisses vereinbart wird (R 40b.1 Abs. 11 Satz 2 LStR). Dies gilt selbst dann, wenn der Arbeitnehmer bereits in einem neuen Dienstverhältnis steht (BFH v. 18.12.1987, VI R 245/80, BStBl II 1988, 554).

Die Vervielfältigungsregelung kommt hingegen nicht zur Anwendung, wenn der Arbeitgeber Beiträge für eine Direktversicherung für zurückliegende Jahre bei fortbestehendem Dienstverhältnis nachzuzahlen hat (BFH v. 18.12.1987, VI R 204/83, BStBl II 1988, 379).

cc) Verhältnis der Vervielfältigungsregelungen nach § 3 Nr. 63 EStG und nach § 40b Abs. 2 EStG a.F.

3326 Begünstigte Aufwendungen, die der Arbeitgeber **aus Anlass der Beendigung des Dienstverhältnisses nach dem 31.12.2004** leistet, können **entweder** nach § 3 Nr. 63 Satz 4 EStG **steuerfrei belassen oder** nach § 40b Abs. 2 Satz 3 und 4 EStG a.F. **pauschal besteuert werden**.

Für die Anwendung der Vervielfältigungsregelung des § 3 Nr. 63 Satz 4 EStG kommt es nicht darauf an, ob die **Zusage vor oder nach dem 1.1.2005 erteilt** wurde; es muss allerdings die Voraussetzungen des § 3 Nr. 63 EStG erfüllen. Die Anwendung von § 3 Nr. 63 Satz 4 EStG ist allerdings **ausgeschlossen**, wenn gleichzeitig § 40b Abs. 2 Satz 3 und 4 EStG a.F. auf die Beiträge, die der Arbeitgeber aus Anlass der Beendigung des Dienstverhältnisses leistet, angewendet wird. Eine Anwendung ist **ferner nicht möglich**, wenn der Arbeitnehmer bei Beiträgen für eine Direktversicherung auf die Steuerfreiheit der Beiträge zu dieser Direktversicherung zu Gunsten der Weiteranwendung des § 40b EStG a.F. verzichtet hatte.

Bei einer Pensionskasse hindert die Pauschalbesteuerung nach § 40b Abs. 1 und 2 Satz 1 und 2 EStG a.F. die Inanspruchnahme des § 3 Nr. 63 Satz 4 EStG nicht. Für die Anwendung der Vervielfältigungsregelung nach § 40b Abs. 2 EStG a.F. ist allerdings Voraussetzung, dass die begünstigten Aufwendungen **zu Gunsten einer Altzusage geleistet** werden. Da allein die Erhöhung der Beiträge und/oder Leistungen bei einer ansonsten unveränderten Versorgungszusage noch nicht zu einer Neuzusage führt, kann die Vervielfältigungsregelung des § 40b EStG a.F. auch dann genutzt werden, wenn der Arbeitnehmer erst nach dem 1.1.2005 aus dem Dienstverhältnis ausscheidet. Die Höhe der begünstigten Beiträge muss dabei nicht bereits bei Erteilung dieser Zusage bestimmt worden sein. Entsprechendes gilt in den Fällen, in denen bei einer Altzusage bisher lediglich § 3 Nr. 63 EStG angewendet wurde und der Höchstbetrag von 4 % der BBG erst durch die Beiträge, die der Arbeitgeber aus Anlass der Beendigung des Dienstverhältnisses nach dem 31.12.2004 leistet, überschritten wird (BMF v. 24.7.2013, IV C 3 – S 2015/11/10002/IV C 5 – S 2333/09/10005, BStBl I 2013, 1022, Rdnr. 365 unter Berücksichtigung der Änderungen durch BMF v. 13.1.2014, IV C 3 – S 2015/11/10002 :018, BStBl I 2014, 97 und BMF v. 13.3.2014, IV C 3 – S 2257-b/13/10009, BStBl I 2014, 554).

16. Verlust des Bezugsrechts aus einer Direktversicherung

a) Allgemeines

3327 Eine **Arbeitslohnrückzahlung** (negative Einnahme) ist anzunehmen, wenn **der Arbeitnehmer sein Bezugsrecht** aus einer Direktversicherung (z.B. bei vorzeitigem Ausscheiden aus dem Dienstverhältnis) ganz oder teilweise ersatzlos verliert und das Versicherungsunternehmen **als Arbeitslohn versteuerte Beiträge an den Arbeitgeber** zurückzahlt. (R 40b.1 Abs. 13 Satz 1 LStR).

Zahlungen des Arbeitnehmers zum Wiedererwerb des verlorenen Bezugsrechts sind der Vermögenssphäre zuzurechnen; sie stellen keine Arbeitslohnrückzahlung dar (R 40b.1 Abs. 13 Satz 2 LStR).

Kein Verlust des Bezugsrechts liegt allerdings vor, wenn ein Unternehmen aus der VBL ausscheidet und die Arbeitnehmer zu diesem Zeitpunkt die Wartezeit von 60 Monaten noch nicht erfüllt haben (BFH v. 7.5.2009, VI R 5/08, BStBl II 2010, 133). Ebenso ist **keine Arbeitslohnrückzahlung anzunehmen**, wenn die Arbeitnehmer infolge des Ausscheidens aus der VBL an Stelle der Anwartschaft auf eine „volle" Versorgungsrente nur die Anwartschaft auf eine zeitanteilig berechnete (niedrigere) Versicherungsrente erhalten (BFH v. 7.5.2009, VI R 37/08, BStBl II 2010, 135).

Auch die Kündigung einer Direktversicherung führt bei **Einsatz des erstatteten Rückkaufswerts für eine andere betriebliche Altersversorgung** des Arbeitnehmers durch den Arbeitgeber **nicht zu einer Lohnrückzahlung** (FG München v. 11.2.2009, 8 K 1412/07, EFG 2009, 1010).

Im Gegensatz zur Verwaltungsauffassung vertritt das FG Niedersachsen die Auffassung, dass die Rückzahlung von bisher pauschal versteuerten Altersvorsorgebeiträgen an den Arbeitgeber nicht zu Arbeitslohnrückzahlungen führen kann und **weder die Erstattung der bisherigen Pauschalsteuern noch eine negative Festsetzung von Pauschalsteuer möglich ist** (FG Niedersachsen v. 15.1.2015, 14 K 91/13, EFG 2015, 957, Revision eingelegt, Az. beim BFH: VI R 18/15).

b) Arbeitslohn aus steuerfreien Bezügen

3328 Soweit Arbeitslohnrückzahlungen aus steuerfreien Beitragsleistungen (§ 3 Nr. 63 EStG) vorliegen, so ist die Rückzahlung als ein außersteuerlicher Vorgang anzusehen. Es können keine negativen Einnahmen in entsprechender Höhe geltend gemacht werden (→ *Rückzahlung von Arbeitslohn* Rz. 2579).

c) Arbeitslohnrückzahlungen aus pauschal versteuerten Beiträgen

3329 Soweit Arbeitslohnrückzahlungen aus pauschal versteuerten Beitragsleistungen vorliegen, **mindern diese die gleichzeitig (im selben Kalenderjahr) anfallenden pauschal besteuerungsfähigen Beitragsleistungen** des **Arbeitgebers**. Übersteigen in einem Kalenderjahr die Arbeitslohnrückzahlungen betragsmäßig die Beitragsleistungen des Arbeitgebers, ist eine **Minderung** der Beitragsleistungen **im selben Kalenderjahr** nur bis auf null möglich. Eine Minderung über die im Kalenderjahr der Verrechnung oder Auszahlung der Gewinnanteile fälligen Beitragsleistungen hinaus, also von Beitragsleistungen des Arbeitgebers aus den Vorjahren, ist nicht möglich. Der **Arbeitnehmer** kann negative Einnahmen aus pauschal versteuerten Beitragsleistungen nicht geltend machen (R 40b.1 Abs. 14 LStR).

d) Arbeitslohnrückzahlungen aus individuell und pauschal versteuerten Beiträgen

3330 Wenn Arbeitslohnrückzahlungen **aus teilweise individuell und teilweise pauschal versteuerten Beitragsleistungen** herrühren, ist der Betrag entsprechend **aufzuteilen**. Aus Vereinfachungsgründen kann **das Verhältnis** zu Grunde gelegt werden, das sich **nach den Beitragsleistungen in den vorangegangenen fünf Kalenderjahren** ergibt. Maßgebend sind die tatsächlichen Beitragsleistungen. Es ist nicht zulässig, die sich nach der Durchschnittsberechnung des § 40b Abs. 2 Satz 2 EStG a.F. ergebenden Beiträge zu Grunde zu legen (R 40b Abs. 15 LStR).

Der auf den **Arbeitnehmer entfallende Anteil** ist bei diesem negativer Arbeitslohn (im Einzelnen → *Rückzahlung von Arbeitslohn* Rz. 2580).

Soweit **die Arbeitslohnrückzahlung dem Arbeitgeber** zuzurechnen ist, richtet sich die steuerliche Behandlung nach den unter → Rz. 3329 dargestellten Grundsätzen.

e) Arbeitslohnrückzahlungen aus individuell versteuerten Beiträgen

3331 **Die Arbeitslohnrückzahlung** ist in Höhe des geschäftsplanmäßigen Deckungskapitals **in voller Höhe dem Arbeitnehmer zuzurechnen** und bei diesem negativer Arbeitslohn (im Einzelnen → *Rückzahlung von Arbeitslohn* Rz. 2580).

f) Verlust des unwiderruflichen Bezugsrechts

3332 Bei Direktversicherungen, deren Beiträge **durch Barlohnumwandlung** finanziert werden, wird dem Arbeitnehmer **regelmäßig ein unwiderrufliches Bezugsrecht** für den Erlebens- und Todesfall eingeräumt. Wird das Vertragsverhältnis durch Kündigung oder Widerruf aufgelöst, z.B. weil der Arbeitnehmer aus dem Dienstverhältnis ausscheidet, zahlt die Versicherungsgesellschaft den Rückkaufswert unmittelbar an den unwiderruflich Bezugsberechtigten, also an den Arbeitnehmer aus.

Für die Pauschalierung nach § 40b Abs. 1 und 2 EStG a.F. ist entscheidend, dass im Zeitpunkt der Zahlung der Versicherungsbeiträge an die Versicherungsgesellschaft die Voraussetzungen für die Pauschalierung der Lohnsteuer nach § 40b Abs. 1 und 2 EStG a.F. vorlagen. War dies der Fall, ergeben sich aus der Kündigung des Lebensversicherungsvertrags dann **keine weiteren lohnsteuerlichen Konsequenzen** (R 40b.1 Abs. 6 Sätze 5 und 6 LStR). Der Arbeitgeber hat keinen Anspruch auf Erstattung der pauschalen Lohnsteuer und der Arbeitnehmer hat den Zufluss des Rückkaufswerts nicht als Arbeitslohn zu versteuern.

Gleiches gilt, wenn die Arbeitnehmer **arbeitsrechtlich bereits einen unverfallbaren Anspruch** auf die jeweils arbeitsvertraglich vereinbarte Altersversorgung erworben haben, den Arbeitnehmern nach den Versicherungsbedingungen **versicherungsrechtlich lediglich ein widerrufliches Bezugsrecht** zusteht und der Insolvenzverwalter im Insolvenzfall die Versicherungsverträge im Hinblick auf das widerrufliche Bezugsrecht der Versicherten kündigt. Der Verlust des durch eine Direktversicherung eingeräumten Bezugsrechts **bei Insolvenz des Arbeitgebers** löst **keine lohnsteuerrechtlichen Folgen** aus. Das folgt aus den Besonderheiten der Insolvenzsicherung gem. § 7 BetrAVG (BFH v. 5.7.2007, VI R 58/05, BStBl II 2007, 774).

17. Verrechnung von Gewinnanteilen

3333 Arbeitslohnrückzahlungen setzen voraus, dass Güter in Geld oder Geldeswert beim Arbeitnehmer abfließen. Schüttet eine Versorgungskasse an ihren Träger, den Arbeitgeber, Gewinne aus, wird damit kein Arbeitslohn zurückgezahlt. **Gewinnausschüttungen** einer Versorgungskasse können daher weder pauschal besteuerbare Beitragsleistungen des Arbeitgebers mindern noch einen Anspruch auf Lohnsteuererstattung begründen (BFH v. 12.11.2009, VI R 20/07, BStBl II 2010, 845).

Gewinnausschüttungen einer betrieblichen Versorgungseinrichtung führen daher **nicht zu einer Arbeitslohnrückzahlung**.

18. Ehegatten-Arbeitsverhältnisse

3334 Auch im Rahmen von Ehegatten-Arbeitsverhältnissen kann der Arbeitgeber **Zukunftssicherungsleistungen für seine Ehefrau mit steuerlicher Wirkung erbringen**, die entweder steuerfrei sind nach § 3 Nr. 63 EStG oder unter den Voraussetzungen des § 40b Abs. 1 und 2 EStG a.F. pauschal versteuert werden können. Zur Anerkennung solcher Aufwendungen des Arbeitgebers genügt es allerdings nicht, dass das Ehegatten-Arbeitsverhältnis die allgemeinen Anforderungen der R 4.8 EStR i.V.m. H 4.8 EStH erfüllt. Finanzverwaltung und Rechtsprechung haben **zusätzliche Anforderungen an die Anerkennung von Zukunftssicherungsleistungen für den Ehegatten** aufgestellt, vgl. im Einzelnen BMF v. 4.9.1984, IV B 1 – S 2176 – 85/84, BStBl I 1984, 495, BMF v. 9.1.1986, IV B 1 – S 2176 – 2/86, BStBl I 1986, 7 und BMF v. 7.1.1998, IV B 2 – S 2176 – 178/97, www.stotax-first.de, sowie BFH v. 16.5.1995, XI R 87/93, BStBl II 1995, 873 m.w.N. Danach sind Direktversicherungen zu Gunsten des mitarbeitenden Ehegatten steuerlich anzuerkennen, wenn

– die **Verpflichtung** aus der Zusage der Direktversicherung **ernstlich gewollt sowie klar und eindeutig vereinbart ist**,
– die Aufwendungen **betrieblich veranlasst sind** und
– die betriebliche Altersversorgung **zu keiner Überversorgung** führt.

a) Ernsthaftigkeit der Vereinbarung

3335 Der Vertrag, mit dem eine Direktversicherung abgeschlossen wird, muss ernsthaft gewollt sowie klar und eindeutig vereinbart sein. **Bei dem Abschluss einer Direktversicherung** zu Gunsten des Arbeitnehmer-Ehegatten bedarf es i.d.R. **keiner Prüfung der Ernsthaftigkeit** der getroffenen Vereinbarungen. Denn in diesen Fällen ist das Vertragsverhältnis geprägt durch die Einschaltung eines Versicherungsunternehmens und durch die Begründung einer bestimmten Rechtsstellung des Bezugsberechtigten (BFH v. 10.11.1982, I R 135/80, BStBl II 1983, 173).

b) Betriebliche Veranlassung

3336 Die Aufwendungen für die Direktversicherung müssen betrieblich veranlasst sein. Dies ist nur dann der Fall, wenn ein Vertragsverhältnis dieser Art auch mit einem familienfremden Arbeitnehmer abgeschlossen worden wäre. Das bedeutet, dass bei Beschäftigung mehrerer Arbeitnehmer im Betrieb diesen Arbeitnehmern, sofern ihre Tätigkeits- und Leistungsmerkmale vergleichbar sind, eine entsprechende betriebliche Altersversorgung eingeräumt oder zumindest ernsthaft angeboten worden ist, sog. **betriebsinterner Vergleich** (BFH v. 20.3.1980, IV R 53/77, BStBl II 1980, 450 sowie zuletzt BFH v. 15.4.2015, VIII R 49/12, www.stotax-first.de).

Bei dem betriebsinternen Vergleich ist es jedoch unschädlich, wenn der Arbeitgeber Direktversicherungen **nur einem bestimmten Kreis von Arbeitnehmern** zusagt. Es kann nicht aus steuerlichen Gründen vorausgesetzt werden, dass alle Arbeitnehmer des Betriebs Versorgungszusagen erhalten. Eine Pensionsregelung kann sich beispielsweise auf den engeren Kreis einer Stammbelegschaft beschränken. Entscheidend ist nur, dass innerhalb des Kreises hinsichtlich der betrieblichen Altersversorgung der Grundsatz der Gleichbehandlung beachtet wird. Werden z.B. Versorgungszusagen nur den Arbeitnehmern einer Spitzengruppe gewährt und gehört der mitarbeitende Ehegatte zu dieser Spitzengruppe, sind die Aufwendungen für die Altersversorgung des Ehegatten betrieblich veranlasst (BFH v. 30.3.1983, I R 209/81, BStBl II 1983, 664).

Daher kann eine betriebliche Altersversorgung zu Gunsten des Ehegatten auch dann als betrieblich veranlasst angesehen werden, **wenn nur dem Ehegatten**, nicht aber den anderen Arbeitnehmern eine betriebliche Altersversorgung eingeräumt wurde, **der Ehegatte aber die Geschäftsleitung innehat** und ihm alle anderen Betriebsangehörigen unterstellt sind (BFH v. 10.3.1993, I R 118/91, BStBl II 1993, 604).

c) Keine Überversorgung

3337 Aufwendungen für eine Direktversicherung, die im Rahmen eines steuerrechtlich anzuerkennenden Ehegatten-Arbeitsverhältnisses geleistet werden, sind der Höhe nach nur insoweit betrieblich veranlasst, als sie **zu keiner Überversorgung führen**. Nach den Grundsätzen der Rechtsprechung des BFH ist zu prüfen, ob die einzelnen Lohnbestandteile (Aktivbezüge und Alterssicherung) zueinander in etwa dem entsprechen, was bei der Entlohnung familienfremder Arbeitnehmer betriebsintern üblich ist. Dabei ist nicht allein die Höhe, sondern auch die Zusammensetzung des Entgelts von Bedeutung. Eine Überversorgung eines mitarbeitenden Ehegatten liegt vor, wenn seine Altersversorgung (z.B. die zu erwartende Rente aus der gesetzlichen Rentenversicherung zuzüglich der Leistungen aus der Direktversicherung) 75 % der letzten Aktivbezüge übersteigt. Aus Vereinfachungsgründen kann aber auf eine genaue Ermittlung der künftigen Altersversorgung verzichtet werden, wenn **sämtliche Versorgungsleistungen 30 % des steuerpflichtigen Arbeitslohns** nicht übersteigen (BFH v. 16.5.1995, XI R 87/93, BStBl II 1995, 873).

Dies gilt allerdings nicht, wenn die Versicherungsbeiträge aus einer echten Barlohnumwandlung stammen. Denn wird in einem steuerlich anzuerkennenden Arbeitsverhältnis zwischen Ehegatten ein Teil des bis dahin bestehenden angemessenen Lohnanspruchs in einen Direktversicherungsschutz umgewandelt ohne Veränderung des Arbeitsverhältnisses im Übrigen (sog. **echte Barlohnumwandlung**), sind die Versicherungsbeiträge betrieblich veranlasst und **regelmäßig ohne Prüfung einer sog. Überversorgung als Betriebsausgabe** zu berücksichtigen (BFH v. 10.6.2008, VIII R 68/06, BStBl II 2008, 973).

d) Andere Formen der betrieblichen Altersversorgung

3338 Die vorstehenden Ausführungen **gelten auch für andere Formen der betrieblichen Altersversorgung**, z.B. für eine Pensionszusage an den mitarbeitenden Ehegatten. In diesen Fällen ist aber insbesondere auch **die Frage nach der Ernsthaftigkeit der Vereinbarung und der Überversorgung zu prüfen**. In Einzelunternehmen ist bei einer Pensionszusage die Zusage auf Witwen- oder Witwerversorgung nicht rückstellungsfähig, weil hier bei Eintritt des Versorgungsfalls Anspruch und Verpflichtung in einer Person zusammentreffen, vgl. H 6a Abs. 9 (Witwen-/Witwerversorgung) EStH.

e) Geringfügige Beschäftigungsverhältnisse

3339 Direktversicherungsbeiträge zu Gunsten des Arbeitnehmer-Ehegatten sind auch möglich, wenn der **Arbeitnehmer-Ehegatte im Rahmen eines geringfügig entlohnten Beschäftigungsverhältnisses** tätig ist. Voraussetzung ist, dass die Direktversicherungsbeiträge pauschal nach § 40b Abs. 1 und 2 EStG a.F. versteuert werden. Denn bei der Prüfung, ob es sich um eine geringfügige Beschäftigung i.S.d. § 8 Abs. 1 Nr. 1 SGB IV handelt, sind beitragsfrei gezahlte Entgelte nicht zu berücksichtigen. Da Beiträge, die nach § 40b Abs. 1 und 2 EStG a.F. pauschal versteuert werden, nicht dem Arbeitsentgelt hinzuzurechnen sind, wenn sie zusätzlich gewährt werden (§ 1 Abs. 1 Satz 1 Nr. 4 SvEV), wird die Arbeitsentgeltgrenze durch die Direktversicherungsbeiträge nicht überschritten; es bleibt ein geringfügiges Beschäftigungsverhältnis i.S.d. § 8 Abs. 1 Nr. 1 SGB IV. Der Arbeitgeber hat in diesem Fall die Pauschalbeträge für das geringfügig entlohnte Beschäftigungsverhältnis i.H.v. 30 % an die Deutsche Rentenversicherung Knappschaft-Bahn-See abzuführen sowie die pauschale Lohnsteuer für die Direktversicherungsbeiträge i.H.v. 20 % an das Betriebsstättenfinanzamt (→ *Pauschalierung der Lohnsteuer bei geringfügig Beschäftigten* Rz. 2218).

19. Gesellschafter-Geschäftsführer

3340 Soweit einem Gesellschafter-Geschäftsführer im Rahmen seines Dienstverhältnisses Zukunftssicherungsleistungen zugesagt werden, sind diese nach § 3 Nr. 63 EStG steuerfrei oder können **unter den Voraussetzungen des § 40b Abs. 1 und 2 EStG a.F.** pauschal besteuert werden. Die „verschärften" Anforderungen, die bei Arbeitnehmer-Ehegatten gelten, sind bei Gesellschafter-Geschäftsführern nicht anwendbar. Es ist lediglich zu prüfen, ob **die Zukunftssicherungsleistungen** – zusammen mit dem übrigen Barlohn – **nicht unangemessen hoch** sind und deshalb eine **verdeckte Gewinnausschüttung** darstellen. Zum Begriff der verdeckten Gewinnausschüttung vgl. R 36 KStR.

Die von der Rechtsprechung zur Frage der Ernsthaftigkeit der Belastung bei Pensionszusagen an Gesellschafter-Geschäftsführer entwickelten Grundsätze, nach denen eine Pensionszusage steuerlich anzuerkennen ist (vgl. R 6a Abs. 8 EStR, R 38 KStR), können nicht sinngemäß angewendet werden. Die **Ernsthaftigkeit der Direktversicherung liegt deshalb vor**, weil der Versicherer die Versicherungsleistung bei ordnungsgemäßer Erfüllung des Versicherungsvertrags unabhängig von der tatsächlichen Pensionie-

Zukunftssicherung: Betriebliche Altersversorgung

rung des Gesellschafter-Geschäftsführers zu erbringen hat. Die Frage, ob die Direktversicherung zu einer verdeckten Gewinnausschüttung führt, bleibt unberührt (BMF v. 30.5.1980, IV B 1 – S 2144a – 7/80, BStBl I 1980, 253).

20. Solidaritätszuschlag

3341 Wird die Lohnsteuer nach § 40b EStG oder nach § 40b Abs. 1 und 2 EStG a.F. pauschaliert, so beträgt **der Solidaritätszuschlag stets 5,5 % der pauschalen Lohnsteuer.**

21. Kirchensteuer

3342 Bei der Pauschalierung nach § 40b EStG oder nach § 40 Abs. 1 und 2 EStG a.F. wird auch eine pauschale Kirchensteuer fällig. Die pauschale Kirchensteuer ist nach dem Betriebsstätten-Prinzip mit dem im jeweiligen Bundesland maßgebenden Pauschsteuersatz von der Lohnsteuer zu erheben (→ *Kirchensteuer* Rz. 1684).

22. Sozialversicherungsrechtliche Behandlung pauschal besteuerter Zukunftssicherungsleistungen

3343 § 1 Abs. 1 Satz 1 Nr. 4 SvEV sieht vor, dass die nach § 40b EStG pauschal besteuerbaren Beiträge und Zuwendungen, die zusätzlich zu Löhnen oder Gehältern gewährt werden, dem Arbeitsentgelt nicht hinzuzurechnen sind (→ *Barlohnumwandlung* Rz. 520). Jedoch schreibt § 1 Abs. 1 Satz 3 SvEV vor, dass die Summe der Zuwendungen nach § 3 Nr. 56 und § 40b EStG, höchstens jedoch 100 € monatlich, die zusätzlich zu Löhnen und Gehältern gewährt werden, bis zur Höhe von 2,5 % (Hinzurechnungsbetrag) des für die Bemessung maßgebenden Entgelts dem Arbeitsentgelt zuzuordnen sind. Die dem Arbeitsentgelt zuzurechnenden Beiträge und Zuwendungen vermindern sich jedoch um 13,30 € monatlich.

Ein solcher Hinzurechnungsbetrag ist für die Bemessung der Sozialversicherungsbeiträge zu bilden, wenn die Versorgungsregelung mindestens bis 31.12.2000 vor der Anwendung etwaiger Nettobegrenzungsregelungen eine allgemein erreichbare Gesamtversorgung von mindestens 75 % des gesamtversorgungsfähigen Arbeitsentgelts und nach Eintritt des Versorgungsfalles eine Anpassung der auf Grund der Beiträge und Zuwendungen i.S.d. § 40b EStG zu erbringenden Versorgung an die Entwicklung der Arbeitsentgelte oder gesetzlicher Versorgungsbezüge vorsieht.

Der **Betrag von 13,30 €** ist für jeden Monat des Jahres in Abzug zu bringen, wenn und soweit in den einzelnen Monaten ein Hinzurechnungsbetrag vorhanden ist. Ein **Jahresausgleich** z.B. für den Fall, dass der Hinzurechnungsbetrag in einem Monat 13,30 € überschreitet, in anderen Monaten dagegen nicht, findet **nicht** statt. Der nicht ausgeschöpfte Teil des Abzugsbetrags kann nicht auf andere Monate übertragen werden.

Der Hinzurechnungsbetrag in der maximalen Höhe von 2,5 % abzüglich 13,30 € ist immer dann anzusetzen, wenn der **Umlagesatz** der Beiträge und Zuwendungen **zu Pensionskassen**, den der Arbeitgeber aufzubringen hat, mindestens 2,5 % beträgt. Ist der Umlagesatz niedriger, wird auch nur der geringere Prozentsatz als Berechnungsfaktor für die Ermittlung des sozialversicherungspflichtigen Hinzurechnungsbetrages angesetzt. Diese Besonderheit ist v.a. für Zusatzversorgungskassen in den neuen Bundesländern zu beachten. Bei einem unterstellten Umlagesatz von 1,4 % und der üblichen pauschalen Besteuerung der Umlage nach § 40b EStG wird der Hinzurechnungsbetrag **wie folgt ermittelt**:

Zusatzversorgungspflichtiges Gehalt	1 400,— €
Umlage (1,4 %)	19,60 €
Ermittlung des beitragspflichtigen Arbeitsentgelts:	
Gehalt:	1 400,— €
Hinzurechnungsbetrag (1,4 % von 1 400 €) =	19,60 €
./.	13,30 €
	6,30 € + 6,30 €
beitragspflichtiges Arbeitsentgelt insgesamt:	1 406,30 €

Die während der Elternzeit oder des freiwilligen Wehrdienstes vom Arbeitgeber weiter gewährten und pauschal versteuerten Direktversicherungsbeiträge sind **kein Arbeitsentgelt i.S. der Sozialversicherung.**

Trotz Wegfall des Arbeitsentgeltsanspruchs handelt es sich um zusätzliche Leistungen des Arbeitgebers (Besprechungsergebnis der Spitzenverbände der Sozialversicherungsträger v. 22./23.11.2000).

Die Regelungen der sozialversicherungsrechtlichen Beurteilung der betrieblichen Altersversorgung für ab dem 1.1.2005 abgeschlossene Verträge sind der nachfolgenden Übersicht zu entnehmen:

Durchführungsweg	Ausgestaltung	Arbeitsentgelt Zeitraum ab 2005
Direktzusage	Entgeltumwandlung bis 4 % der BBG	nein
	vom Arbeitgeber finanziert	nein
Unterstützungskasse	Entgeltumwandlung bis 4 % der BBG	nein
	vom Arbeitgeber finanziert	nein
Direktversicherung	Entgeltumwandlung bzw. Eigenbeiträge des Arbeitnehmers bis 4 % der BBG im Rahmen von § 3 Nr. 63 EStG	nein
	vom Arbeitgeber finanziert bis 4 % der BBG im Rahmen von § 3 Nr. 63 EStG	nein
Pensionskasse; (ohne bes. Versorgungszusage)	Entgeltumwandlung (laufendes Arbeitsentgelt)	ja
	Entgeltumwandlung (Individualsteuer)	ja
	Entgeltumwandlung (Sonderzuwendungen) bis 1 752 €, im Rahmen von § 40b EStG pauschal besteuert	ja
	Entgeltumwandlung bzw. Eigenbeiträge des Arbeitnehmers bis 4 % der BBG im Rahmen von § 3 Nr. 63 EStG	nein
	vom Arbeitgeber finanziert bis 1 752 €, im Rahmen von § 40b EStG pauschal besteuert	nein
	vom Arbeitgeber finanziert bis 4 % der BBG, im Rahmen von § 3 Nr. 63 EStG	nein
Pensionsfonds	Entgeltumwandlung bzw. Eigenbeiträge des Arbeitnehmers bis 4 % der BBG im Rahmen von § 3 Nr. 63 EStG	nein
	vom Arbeitgeber finanziert bis 4 % der BBG im Rahmen von § 3 Nr. 63 EStG	nein

Zukunftssicherung: Gesetzliche Altersversorgung

Inhaltsübersicht: Rz.
1. Vorbemerkung — 3344
2. Leistungen auf Grund gesetzlicher Verpflichtungen — 3345
3. Rentenversicherung — 3346
   a) Versicherungspflichtige Arbeitnehmer — 3346
   b) Nicht versicherungspflichtige Arbeitnehmer — 3347
   c) Arbeitnehmer mit gleichgestellten Zuschüssen — 3348
   d) Syndikusanwälte — 3349
4. Krankenversicherung — 3350
5. Pflegeversicherung — 3351
6. Insolvenzsicherung — 3352
7. Zukunftssicherung auf Grund tariflicher Vorschriften — 3353
8. Irrtümlich angenommene Versicherungspflicht — 3354

1. Vorbemerkung

3344 Unter dem Begriff „Zukunftssicherung" sind **Vorsorgeleistungen des Arbeitgebers** zu verstehen, durch die der Arbeitgeber seine Arbeitnehmer oder diesen nahe stehende Personen für den Fall der **Krankheit**, des **Unfalls**, der **Invalidität**, des **Alters** oder des **Tods** absichert (§ 2 Abs. 1 Nr. 3 LStDV).

Für die Besteuerung ist entscheidend, ob der Arbeitgeber die Beiträge **freiwillig oder auf Grund einer gesetzlichen Verpflichtung** leistet.

Zukunftssicherung: Gesetzliche Altersversorgung

Unter diesem Stichwort ist allein die **Zukunftssicherung auf Grund gesetzlicher Verpflichtung (gesetzliche Altersversorgung)** dargestellt. Wenn Sie sich über die Zukunftssicherung auf Grund freiwilliger Verpflichtung (**betriebliche Altersversorgung**) informieren wollen, so sehen Sie bitte unter dem Stichwort → Zukunftssicherung: Betriebliche Altersversorgung Rz. 3234 nach.

2. Leistungen auf Grund gesetzlicher Verpflichtungen

3345 **Arbeitgeberanteile zur gesetzlichen Sozialversicherung** eines Arbeitnehmers gehören **nicht zum Arbeitslohn**. § 3 Nr. 62 Satz 1 EStG hat insofern **nur deklaratorische Bedeutung** (BFH v. 6.6.2002, VI R 178/97, BStBl II 2003, 34).

Nach § 3 Nr. 62 Satz 1 EStG sind **Zukunftssicherungsleistungen steuerfrei**, soweit der Arbeitgeber dazu **nach sozialversicherungsrechtlichen** oder anderen gesetzlichen **Vorschriften** oder nach einer auf gesetzlicher Ermächtigung beruhenden Bestimmung **verpflichtet** ist. Das Gleiche gilt für die Beitragsteile, die auf Grund einer nach ausländischen Gesetzen bestehenden Verpflichtung an ausländische Sozialversicherungsträger, die den inländischen Sozialversicherungsträgern vergleichbar sind, geleistet werden. Auch Beiträge, zu deren Leistung der Arbeitgeber nach einer zwischenstaatlichen Verwaltungsvereinbarung, die ihrerseits auf einer gesetzlichen Ermächtigung beruht, verpflichtet ist, können steuerfrei sein (BFH v. 14.4.2011, VI R 24/10, BStBl II 2011, 767).

Zuschüsse eines **inländischen Arbeitgebers** an einen Arbeitnehmer für dessen Versicherung in einer **ausländischen gesetzlichen Krankenversicherung** fallen zumindest **innerhalb der EU und des EWR sowie im Verhältnis zur Schweiz** unter den **Anwendungsbereich des § 3 Nr. 62 EStG**, weil auf Grund von Art. 5 Buchst. b der Verordnung (EG) Nr. 883/2004 eine gesetzliche Zuschusspflicht nach § 257 Abs. 1 SGB V besteht. Die Entscheidung des BFH (BFH v. 12.1.2011, I R 49/10, BStBl II 2011, 446) ist daher nicht mehr allgemein anzuwenden, soweit der BFH von anderen Rechtsgrundsätzen ausgegangen ist (BMF v. 30.1.2014, IV C 5 – S 2333/13/10004, BStBl I 2014, 210).

Werden aber Arbeitgeberanteile zur **ausländischen Sozialversicherung auf vertraglicher Grundlage** und damit freiwillig gezahlt, sind sie nicht nach § 3 Nr. 62 EStG steuerfrei (BFH v. 18.5.2004, VI R 11/01, BStBl II 2004, 1014). Hierzu hat der BFH in Einzelfällen Folgendes entschieden:

– Ein Zuschuss, den ein in der Bundesrepublik Deutschland ansässiger Arbeitgeber seinem von der Krankenversicherungspflicht befreiten Arbeitnehmer **mit Wohnsitz in den Niederlanden** für dessen private Krankenversicherung gewährt, ist **Arbeitslohn**, der **nicht** nach § 3 Nr. 62 Satz 1 EStG von der Einkommensteuer **befreit** ist, wenn die Voraussetzungen des § 257 Abs. 2a Satz 1 SGB V nicht erfüllt sind; die Vorlage einer Bescheinigung nach § 257 Abs. 2a Satz 3 SGB V ist allerdings nicht konstitutive Voraussetzung der Steuerbefreiung (BFH v. 22.7.2008, VI R 56/05, BStBl II 2008, 894).

– Zukunftssicherungsleistungen, die ein inländischer Arbeitgeber für einen unbeschränkt steuerpflichtigen **schwedischen Arbeitnehmer** auf vertraglicher Grundlage an niederländische und schwedische Versicherungsunternehmen entrichtet, um auf Grund der Beschäftigung im Inland gegenüber dem Sozialversicherungssystem in Schweden entstehende Nachteile auszugleichen, sind Arbeitslohn, der **nicht** nach § 3 Nr. 62 Satz 1 EStG **von der Steuer befreit** ist (BFH v. 28.5.2009, VI R 27/06, BStBl II 2009, 857),

– **Obligatorische Arbeitgeberbeiträge** zu einer **schweizerischen Pensionskasse** sowie Arbeitgeberleistungen auf Grundlage der schweizerischen Alters- und Hinterlassenenversicherung sowie der schweizerischen Invalidenversicherung sind nach § 3 Nr. 62 Satz 1 EStG **steuerfrei**. Überobligatorische Arbeitgeberbeiträge zu einer schweizerischen Pensionskasse sind als Beiträge i.S. des § 3 Nr. 62 Satz 4 1. Halbsatz EStG innerhalb der Grenzen des § 3 Nr. 62 Satz 3 EStG steuerfrei; auf die danach steuerfreien Arbeitgeberleistungen sind die nach § 3 Nr. 62 Satz 1 EStG steuerfreien Zukunftssicherungsleistungen des Arbeitgebers anzurechnen (BFH v. 24.9.2013, VI R 6/11, HFR 2014, 198 und v. 26.11.2014, VIII R 39/10, HFR 2015, 743).

Beiträge des schweizerischen Arbeitgebers zu einer schweizerischen Anlagestiftung, die **nur im überobligatorischen Bereich** der schweizerischen betrieblichen Altersvorsorge eine Absicherung gewährt und mit der der Grenzgänger eine privatrechtliche Vorsorgevereinbarung abgeschlossen hat, sind **nicht nach § 3 Nr. 62 Satz 1 EStG steuerbefreit**. Für eine Steuerfreistellung nach § 3 Nr. 62 Satz 2 EStG ist – wie im Inlandsfall – Voraussetzung, dass der Grenzgänger von der schweizerischen gesetzlichen Rentenversicherung befreit ist (BFH v. 2.12.2014, VIII R 40/11, HFR 2015, 748).

Die **Übernahme von Beitragsleistungen** durch den Arbeitgeber zur freiwilligen Versicherung **in der gesetzlichen Rentenversicherung oder in einem Versorgungswerk** stellt auch dann **Arbeitslohn** dar, wenn die Leistungen aus der gesetzlichen Rentenversicherung auf die der betriebliche Altersversorgung angerechnet werden (BFH v. 24.9.2013, VI R 8/11, BStBl II 2014, 124).

Nach § 3 Nr. 62 Satz 2 EStG werden auch bestimmte Zuschüsse des Arbeitgebers zu den **Vorsorgeaufwendungen des Arbeitnehmers** den Ausgaben gleichgestellt, die auf Grund gesetzlicher Verpflichtungen geleistet werden, mit der Folge, dass auch diese Leistungen steuerfrei sind (vgl. auch R 3.62 LStR).

Für die Anwendung dieser gesetzlichen Bestimmungen auf die Leistungen des Arbeitgebers zu folgenden Versicherungsarten ergibt sich im Einzelnen Folgendes:

3. Rentenversicherung

a) Versicherungspflichtige Arbeitnehmer

Bei Arbeitnehmern, die in der Rentenversicherung **pflichtversichert** sind, hat der Arbeitgeber i.d.R. die Hälfte des Gesamtbeitrags (Ausnahme: bei knappschaftlicher Rentenversicherung) zu tragen. **Dieser Anteil ist steuerfrei.** 3346

Eine Steuerpflicht bzw. Beitragspflicht kann sich dann ergeben, wenn der Arbeitgeber Leistungen über diesen gesetzlich zu zahlenden Beitrag hinaus erbracht oder er freiwillig auch den Arbeitnehmeranteil ganz oder teilweise übernommen hat (BFH v. 21.2.1992, VI R 41/88, BStBl II 1992, 443).

Anders sieht das bei Auszubildenden aus, deren Arbeitslohn monatlich 325 € nicht übersteigt. In diesen Fällen hat der Arbeitgeber auch die Arbeitnehmeranteile zur Sozialversicherung zu übernehmen (→ Geringverdienergrenze Rz. 1389). Diese Ausgaben des Arbeitgebers beruhen auf einer **gesetzlichen Verpflichtung** (§ 20 Abs. 3 Satz 1 Nr. 1 SGB IV) und sind daher steuer- und beitragsfrei.

b) Nicht versicherungspflichtige Arbeitnehmer

Folgende Arbeitnehmer unterliegen nicht der Versicherungspflicht 3347 in der Rentenversicherung:

– **Vorstandsmitglieder von Aktiengesellschaften** (§ 1 Satz 5 SGB VI),

– **Vorstandsmitglieder von großen Versicherungsvereinen auf Gegenseitigkeit** sowie

– **Gesellschafter-Arbeitnehmer einer GmbH** mit einer Beteiligung von mindestens 50 % (beherrschende Gesellschafter/Gesellschafter-Geschäftsführer) oder einer sog. Sperrminorität (BSG v. 24.11.1983, 3 RK 35/82, www.stotax-first.de).

Dies gilt regelmäßig nicht für einen **angestellten Gesellschafter einer GmbH** (Beteiligungsquote: 50 %), der **kein Geschäftsführer** ist. Denn ein GmbH-Gesellschafter, der in der GmbH angestellt und nicht zum Geschäftsführer bestellt ist, besitzt allein auf Grund seiner gesetzlichen Gesellschaftsrechte nicht die Rechtsmacht, seine Weisungsgebundenheit als Angestellten aufzuheben oder abzuschwächen. Allerdings kann im Einzelfall die rechtliche Abhängigkeit durch die tatsächlichen Verhältnisse so überlagert sein, dass eine Beschäftigung im sozialversicherungsrechtlichen Sinn dennoch ausscheidet (BFH v. 2.12.2005, VI R 16/03, HFR 2006, 470).

Zukunftssicherung: Gesetzliche Altersversorgung

keine Sozialversicherungspflicht = (SV)
Sozialversicherungspflicht = (SV)

Die Frage, ob Sozialversicherungspflicht besteht, ist **allein nach sozialversicherungsrechtlichen Vorschriften** durch den zuständigen Sozialversicherungsträger zu beurteilen. Dabei sind dessen **Entscheidungen** über die Sozialversicherungspflicht von Beschäftigungsverhältnissen im Besteuerungsverfahren **zu beachten**. Zwar ist eine **unmittelbare Rechtswirkung** für das Besteuerungsverfahren durch die Entscheidung des Sozialversicherungsträgers **nicht** ausdrücklich **vorgesehen**. Allerdings müssen Rechtsakte anderer Verwaltungen von den Finanzbehörden grundsätzlich **respektiert** werden, sofern sie **nicht offensichtlich rechtswidrig** sind, sog. Tatbestandswirkung (BFH v. 6.6.2002, VI R 178/97, BStBl II 2003, 34; BFH v. 21.1.2010, VI R 52/08, BStBl II 2010, 703).

Soweit der Arbeitgeber aber **nach Bekanntgabe der Rechtsansicht** des Sozialversicherungsträgers, der Arbeitnehmer sei nicht mehr sozialversicherungspflichtig, Zuschüsse zur Sozialversicherung zahlt, sind diese nicht nach § 3 Nr. 62 EStG steuerfrei (BFH v. 30.4.2002, VI B 237/01, www.stotax-first.de).

Hat sich der Arbeitnehmer auf Antrag von der Versicherungspflicht befreien lassen und tritt später infolge einer Stellung als beherrschender Gesellschafter-Geschäftsführer oder Vorstandsmitglied einer Aktiengesellschaft Versicherungsfreiheit kraft Gesetzes ein, sind Arbeitgeberzuschüsse zu einer befreienden Lebensversicherung nicht nach § 3 Nr. 62 Satz 2 EStG steuerbefreit. Für die Frage der Steuerfreiheit ist der **aktuelle Versicherungsstatus** maßgebend (BFH v. 10.10.2002, VI R 95/99, BStBl II 2002, 886).

Zu weiteren Einzelheiten s. → *Gesellschafter/Gesellschafter-Geschäftsführer* Rz. 1415.

c) Arbeitnehmer mit gleichgestellten Zuschüssen

3348 Seit dem 1.1.1968 besteht grundsätzlich eine Versicherungspflicht in der gesetzlichen Rentenversicherung für Arbeitnehmer. Vor diesem Zeitpunkt bestand jeweils eine bestimmte Versicherungspflichtgrenze. **Arbeitnehmer, deren Arbeitslohn diese Grenze überschritt, waren daher nicht rentenversicherungspflichtig.** Wurde die Versicherungspflichtgrenze erhöht, konnte der einzelne Arbeitnehmer wieder versicherungspflichtig werden.

Arbeitnehmer, die vor dem 1.1.1968 nicht versicherungspflichtig waren, hatten i.d.R. eigene Vorsorgeleistungen erbracht, z.B. durch Abschluss einer Lebensversicherung. Diese Arbeitnehmer konnten sich auf Antrag von der Versicherungspflicht befreien lassen und dafür ihre eigene Lebensversicherung fortführen. Die Befreiungsvorschriften sind in R 3.62 Abs. 3 Nr. 1 bis 8 LStR im Einzelnen aufgeführt.

Nach § 3 Nr. 62 Satz 2 EStG werden Zuschüsse des Arbeitgebers zu einer derartigen sog. **befreienden Lebensversicherung** den Ausgaben des Arbeitgebers für die Zukunftssicherung der Arbeitnehmer, die auf Grund gesetzlicher Verpflichtungen geleistet werden, gleichgestellt, d.h. **derartige Zuschüsse sind steuerfrei**. Hierzu wird in R 3.62 Abs. 3 LStR ausdrücklich klargestellt, dass die Arbeitgeberzuschüsse nur dann steuerfrei sind, wenn der Angestellte auf **eigenen Antrag** oder auf Antrag des Arbeitgebers von der gesetzlichen Rentenversicherung befreit worden ist. Die **Steuerfreiheit beschränkt sich auf den Betrag, den der Arbeitgeber als Arbeitgeberanteil zur gesetzlichen Rentenversicherung aufzuwenden** hätte, wenn der Arbeitnehmer nicht von der gesetzlichen Versicherungspflicht befreit worden wäre.

[LSt] (SV)

Beispiel:
Ein bis 31.12.1968 nicht versicherungspflichtiger Arbeitnehmer hat sich ab 1.1.1969 von der Versicherungspflicht in der gesetzlichen Rentenversicherung befreien lassen, da er bereits eine eigene Lebensversicherung abgeschlossen hat. Der monatliche Beitrag zu der Lebensversicherung beträgt in 2016 1 200 €.
Bei einer Versicherungspflicht des Arbeitnehmers hätte der Arbeitgeber ab 1.1.2016 579,70 € (= 9,35 % der monatlichen Beitragsbemessungsgrenze 2016 von 6 200 €) als Arbeitgeberanteil zu zahlen. Daher ist auch ein Zuschuss des Arbeitgebers zu der befreienden Lebensversicherung bis zu dieser Höhe steuerfrei. Übernimmt der Arbeitgeber die Hälfte des Lebensversicherungsbeitrags (= 600 €), muss er 20,30 € versteuern.

Die Zuschüsse des Arbeitgebers zu einer befreienden Lebensversicherung sind dagegen **nicht steuerfrei**, wenn diese nach **Wegfall der Lohnzahlung** (z.B. im Krankheitsfall nach Ablauf von sechs Wochen oder bei längerem unbezahltem Urlaub) weiter gewährt werden.

[LSt] (SV)

Den **Zuschüssen des Arbeitgebers** zu einer befreienden Lebensversicherung **gleichgestellt** sind die Zuschüsse des Arbeitgebers zu den **Beiträgen des Arbeitnehmers für die freiwillige Versicherung in einer gesetzlichen Rentenversicherung** oder **für eine öffentlich-rechtliche Versicherungs- oder Versorgungseinrichtung seiner Berufsgruppe**.

In diesen Fällen kann der Arbeitgeber die steuerfreien Zuschüsse unmittelbar an den Versicherungsträger oder an den Arbeitnehmer auszahlen. **Bei Auszahlung an den Arbeitnehmer** hat dieser **die zweckentsprechende Verwendung** durch eine entsprechende Bescheinigung des Versicherungsträgers **bis zum 30. April des Jahrs nachzuweisen**, das auf das Jahr der Beitragsleistung folgt. Die Bescheinigung ist als **Unterlage zum Lohnkonto** aufzubewahren. Kann der Beleg nicht vorgelegt werden, so handelt es sich bei den Leistungen des Arbeitgebers um steuerpflichtigen Arbeitslohn.

d) Syndikusanwälte

3349 Das BSG hat entschieden, dass jemand, der als Rechtsanwalt zugelassen und zugleich rentenversicherungspflichtig beschäftigt ist, wegen seiner berufsständischen Versorgung für diese Beschäftigung **nicht von der Versicherungspflicht in der gesetzlichen Rentenversicherung befreit** werden kann (BSG v. 3.4.2014, B 5 RE 13/14 R, B 5 RE 3/14 R, B 5 RE 9/14 R, www.stotax-first.de, Verfassungsbeschwerden eingelegt, Az. beim BVerfG: 1 BvR 2534/14 und 1 BvR 2584/14). Die Deutsche Rentenversicherung **akzeptiert** jedoch nach der Verlautbarung vom 12.12.2014 zur Umstellung der Versicherungsverhältnisse der Betroffenen **eine Befreiung** von der Versicherungspflicht in der gesetzlichen Rentenversicherung.

Die von den **Arbeitgebern für Syndikusanwälte gezahlten Zuschüsse** zur berufsständischen Versorgung sind nach § 3 Nr. 62 Satz 2 Buchst. c EStG **steuerfrei**. Dies gilt für alle auf Grundlage der o.a. Vertrauensschutzregelung in der Vergangenheit geleistete und künftig zu leistende Zuschüsse, jedoch vorbehaltlich einer evtl. gesetzlichen Änderung im anwaltlichen Berufsrecht (BMF v. 12.3.2014, IV C 5 – S 2333/14/10007, n.v.).

Hinweis:

Nach dem Entwurf eines Gesetzes zur Neuordnung des Rechts der Syndikusanwälte (BR-Drucks. 278/15 v. 11.6.2015) ist vorgesehen, die Stellung des Syndikusanwalts als Rechtsanwalt gesetzlich zu regeln mit dem Ziel, dass **Syndikusanwälte wie bisher** – unter bestimmten Voraussetzungen auch rückwirkend – **von der Rentenversicherungspflicht befreit** werden und in den anwaltlichen Versorgungswerken verbleiben können.

Über den Abschluss des Gesetzgebungsverfahrens und eventuelle Abweichungen unterrichten wir Sie unverzüglich durch unseren Online-Aktualisierungsdienst (s. Benutzerhinweise auf S. IV).

4. Krankenversicherung

3350 Der Beitragssatz in der Krankenversicherung beträgt 14,6 %. Hiervon haben Arbeitgeber und Arbeitnehmer jeweils die Hälfte zu tragen. Darüber hinaus können die gesetzlichen Krankenkassen einen kassenindividuellen Zusatzbeitrag (§ 242 SGB V) erheben, den der Arbeitnehmer allein zu tragen hat (→ *Beiträge zur Sozialversicherung* Rz. 566).

Da der **kassenindividuelle Zusatzbeitrag** vom Arbeitnehmer allein zu tragen ist, kann er **nicht vom Arbeitgeber steuerfrei erstattet** werden, vgl. R 3.62 Abs. 2 Nr. 1 Satz 2 LStR.

Im Gegensatz zur Rentenversicherung unterliegen **Vorstandsmitglieder von Aktiengesellschaften**, Versicherungsvereinen auf Gegenseitigkeit und anderen Gesellschaften i.d.R. **der Kranken- und Pflegeversicherungspflicht**. Denn nach dem Besprechungsergebnis der Spitzenverbände der Sozialversicherungsträger vom 20.10.1994 (Sozialversicherungsbeitrag-Handausgabe 1999 Anhang 1) sind Vorstandsmitglieder i.d.R. als abhängig Beschäftigte i.S.v. § 7 Abs. 1 SGB IV anzusehen.

Da die Finanzverwaltung der Entscheidung des Sozialversicherungsträgers zu folgen hat, wenn diese nicht offensichtlich rechtswidrig ist (BFH v. 6.6.2002, VI R 178/97, BStBl II 2003, 34; BFH v. 21.1.2010, VI R 52/08, BStBl II 2010, 703), wird sie die Entscheidung des zuständigen Sozialversicherungsträgers akzeptieren. Wird daher in einem **Statusfeststellungsverfahren** die Versicherungspflicht in der Kranken- und Pflegeversicherung festgestellt, so sind die gezahlten Arbeitgeberbeiträge nach § 3 Nr. 62 EStG lohnsteuerfrei. In Zweifelsfällen sollte der Arbeitnehmer – statt sich mit der Finanzverwaltung auseinander zu setzen – das Anfrageverfahren nach § 7a SGB IV nutzen.

Soweit **Polizeibeamte des Landes Baden-Württemberg und Feuerwehrbeamte** der Kommunen statt freier Heilfürsorge einen Zuschuss zu den Beiträgen für eine Krankenversicherung erhalten, ist dieser Zuschuss **nach § 3 Nr. 62 Satz 1 EStG steuerfrei** (FinMin Baden-Württemberg v. 14.8.2015, 3 – S 233.3/81, StEd 2015, 603).

5. Pflegeversicherung

3351 Der Beitragssatz in der Pflegeversicherung beträgt 2,35 %. Hiervon haben Arbeitgeber und Arbeitnehmer jeweils 1,175 % zu tragen. Da in Sachsen kein stets auf einen Werktag fallender gesetzlicher Feiertag abgeschafft wurde, trägt der Arbeitnehmer 1,675 % und der Arbeitgeber 0,675 %. Für kinderlose Arbeitnehmer ab Vollendung des 23. Lebensjahrs gilt ein Beitragszuschlag von 0,25 %, den der Arbeitnehmer allein zu tragen hat (→ *Pflegeversicherung* Rz. 2253).

In der Pflegeversicherung richtet sich die Steuerfreiheit deshalb nach dem gesetzlichen Beitragsanteil des Arbeitgebers (R 3.62 Abs. 2 Nr. 3 Satz 4 zweiter Halbsatz LStR), vgl. das Beispiel in H 3.62 (Gesetzlicher Beitragsanteil des Arbeitgebers in der Pflegeversicherung) LStH.

> **Beispiel:**
> Ein Arbeitgeber zahlt für einen privat krankenversicherten (nicht kinderlosen) Arbeitnehmer einen Zuschuss zur privaten Pflegeversicherung i.H.v. 50 % des Gesamtbeitrags von 60 €. Die Beitragsbemessungsgrenze 2016 beträgt 50 850 € (monatlich 4 237,50€). Der steuerfreie Betrag errechnet sich wie folgt:
>
> a) Die Betriebsstätte befindet sich in Sachsen
>   (Arbeitnehmeranteil: 1,675 %, Arbeitgeberanteil 0,675 %)
>   **1. Begrenzung**
>   4 237,50 € × 2,35 % = 99,58 € (monatlicher Beitrag zur sozialen Pflegeversicherung)
>   4 237,50 € × 0,675 % = 28,60 € (monatlicher Arbeitgeberanteil)
>   **2. Begrenzung**
>   Privater Pflegeversicherungsbeitrag
>   monatlich   60,— €
>   davon 50 %   30,— €
>   Vergleich
>   1. Begrenzung   28,60 €
>   2. Begrenzung   30,— €
>   Anzusetzen als Zuschuss des Arbeitgebers und damit steuerfrei nach § 3 Nr. 62 EStG   28,60 €
>
> b) Die Betriebsstätte befindet sich im übrigen Bundesgebiet
>   (Arbeitnehmeranteil: 1,175 %, Arbeitgeberanteil 1,175 %)
>   **1. Begrenzung**
>   4 237,50 € × 2,35 % = 99,58 € (monatlicher Beitrag zur sozialen Pflegeversicherung)
>   4 237,50 € × 1,175 % = 49,79 € (monatlicher Arbeitgeberanteil)
>   **2. Begrenzung**
>   Privater Pflegeversicherungsbeitrag
>   monatlich   60,— €
>   davon 50 %   30,— €
>   Vergleich
>   1. Begrenzung   49,79 €
>   2. Begrenzung   30,— €
>   Anzusetzen als Zuschuss des Arbeitgebers und damit steuerfrei nach § 3 Nr. 62 EStG   30,— €

6. Insolvenzsicherung

3352 Die nach dem Gesetz zur Verbesserung der betrieblichen Altersversorgung geregelte Insolvenzsicherung soll Versorgungsempfängern und ihren Hinterbliebenen, deren Ansprüche aus einer Versorgungszusage nicht erfüllt werden können, weil z.B. über das Vermögen **des Arbeitgebers das Insolvenzverfahren eröffnet** worden ist, einen Anspruch auf die zugesagte Leistung gegen den Träger der Insolvenzsicherung (**Pensions-Sicherungs-Verein VVaG, Köln**) verschaffen. Die Mittel über die Durchführung der Insolvenzsicherung werden auf Grund öffentlich-rechtlicher Verpflichtungen **durch Beiträge aller Arbeitgeber** aufgebracht, die Leistungen der betrieblichen Altersversorgung unmittelbar zugesagt haben oder eine betriebliche Altersversorgung über eine Unterstützungskasse oder eine Direktversicherung durchführen. **Die Beiträge an den Träger der Insolvenzsicherung gehören** damit als Ausgaben des Arbeitgebers für die Zukunftssicherung der Arbeitnehmer, die auf Grund gesetzlicher Verpflichtungen geleistet werden, **zu den steuerfreien Einnahmen** i.S.d. § 3 Nr. 62 EStG (R 3.65 Abs. 2 LStR).

Steuerfrei sind nach § 3 Nr. 65 EStG

– **Beiträge des Trägers der Insolvenzsicherung** (§ 14 BetrAVG) zu Gunsten eines Versorgungsberechtigten und seiner Hinterbliebenen **an eine Pensionskasse** oder **ein Unternehmen der Lebensversicherung zur Ablösung von Verpflichtungen**, die der Träger der Insolvenzsicherung im Sicherungsfall gegenüber dem Versorgungsberechtigten und seinen Hinterbliebenen hat,

– Leistungen zur **Übernahme von Versorgungsleistungen** oder unverfallbaren Versorgungsanwartschaften durch eine Pensionskasse oder ein Unternehmen der Lebensversicherung in den in § 4 Abs. 4 BetrAVG bezeichneten Fällen und

– der **Erwerb von Ansprüchen** durch den Arbeitnehmer gegenüber einem Dritten im Fall der Eröffnung des Insolvenzverfahrens oder in den Fällen des § 7 Abs. 1 Satz 4 BetrAVG, soweit der Dritte **neben dem Arbeitgeber** für die Erfüllung von Ansprüchen auf Grund bestehender Versorgungsverpflichtungen oder Versorgungsanwartschaften gegenüber dem Arbeitnehmer und dessen Hinterbliebenen einsteht; dies gilt entsprechend, wenn der Dritte für Wertguthaben aus einer Vereinbarung über die Altersteilzeit nach dem Altersteilzeitgesetz oder auf Grund von Wertguthaben aus einem Arbeitszeitkonto in den im ersten Halbsatz genannten Fällen für den Arbeitgeber einsteht.

In diesen Fällen gehören die Leistungen der Pensionskasse, des Unternehmens der Lebensversicherung oder des Dritten zu den Einkünften, zu denen jene Leistungen gehören würden, die ohne Eintritt des Sicherungsfalls zu erbringen wären. Soweit sie zu den Einkünften aus nichtselbständiger Arbeit i.S.d. § 19 EStG gehören, ist davon Lohnsteuer einzubehalten. Für die Erhebung der Lohnsteuer gelten die Pensionskasse, das Unternehmen der Lebensversicherung oder der Dritte als Arbeitgeber und der Leistungsempfänger als Arbeitnehmer (→ *Arbeitgeber* Rz. 165). Diese Rechtsfolgen treten auch dann ein, wenn die Auszahlungen unmittelbar vom Träger der Insolvenzsicherung an den Versorgungsberechtigten oder seine Hinterbliebenen vorgenommen werden. In diesem Fall ist der Träger der Insolvenzsicherung Dritter i.S.d. § 3 Nr. 65 Satz 4 EStG und daher zum Lohnsteuereinbehalt verpflichtet (BMF v. 24.7.2013, IV C 3 – S 2015/11/10002/IV C 5 – S 2333/09/10005, BStBl I 2013, 1022, Rdnr. 321 unter Berücksichtigung der Änderungen durch BMF v. 13.1.2014, IV C 3 – S 2015/11/10002 :018, BStBl I 2014, 97 und BMF v. 13.3.2014, IV C 3 – S 2257-b/13/10009, BStBl I 2014, 554).

Im Fall der Liquidation einer Kapitalgesellschaft greift die Steuerbefreiung nach § 3 Nr. 65 EStG auch bei der Übertragung von Versorgungszusagen, die an Gesellschafter-Geschäftsführer gegeben worden sind; dies gilt auch dann, wenn es sich um Versorgungszusagen an beherrschende Gesellschafter-Geschäftsführer handelt (R 3.65 Abs. 1 Satz 3 LStR).

7. Zukunftssicherung auf Grund tariflicher Vorschriften

3353 Leistungen des Arbeitgebers für die Zukunftssicherung der Arbeitnehmer, die auf Grund einer tarifvertraglichen Verpflichtung geleistet werden, können den Leistungen auf Grund gesetzlicher Verpflichtungen nicht gleichgestellt werden. Sie gehören vielmehr zum steuerpflichtigen Arbeitslohn. Dies gilt auch für auf vertraglicher Grundlage gezahlte Arbeitgeberanteile zu einer ausländi-

Zukunftssicherung: Gesetzliche Altersversorgung

schen Sozialversicherung (BFH v. 18.5.2004, VI R 11/01, BStBl II 2004, 1014; BFH v. 28.5.2009, VI R 27/06, BStBl II 2009, 857).

Hingegen sind Beiträge eines **nicht tarifgebundenen Arbeitgebers** zur Zukunftssicherung der Arbeitnehmer (hier: an die Zusatzversorgungskasse für Arbeitnehmer in der Land- und Forstwirtschaft) auf der Grundlage **eines für allgemein verbindlich erklärten Tarifvertrags** nach § 3 Nr. 62 Satz 1 EStG steuerfrei (BFH v. 13.9.2007, VI R 16/06, BStBl II 2008, 394).

Eine **Besonderheit** stellen die an die **Versorgungsanstalt deutscher Bühnen** geleisteten Arbeitgeberbeiträge dar. Diese **sind nach § 3 Nr. 62 EStG steuerfrei**, obwohl sie auf der Grundlage der Tarifordnung für die deutschen Theater vom 27.10.1937 i.V.m. der Satzung der Versorgungsanstalt gezahlt werden (BFH v. 27.6.2006, IX R 77/01, HFR 2007, 12). Denn die 1937 erlassene Tarifordnung stellt staatlich gesetztes, ursprünglich auf gesetzlicher Grundlage erlassenes Recht dar.

Nach Auffassung der Finanzverwaltung hat sich die Rechtslage aber geändert. Daher sind die Arbeitgeberbeiträge in beiden Fällen nicht nach § 3 Nr. 62 EStG steuerfrei, sondern nur i.R.d. § 3 Nr. 63 EStG (vgl. § 3 Nr. 62 Satz 1 zweiter Halbsatz EStG sowie BMF v. 24.7.2013, IV C 3 – S 2015/11/10002/IV C 5 – S 2333/09/10005, BStBl I 2013, 1022, Rdnr. 315 unter Berücksichtigung der Änderungen durch BMF v. 13.1.2014, IV C 3 – S 2015/11/10002 :018, BStBl I 2014, 97 und BMF v. 13.3.2014, IV C 3 – S 2257-b/13/10009, BStBl I 2014, 554).

Besondere Regelungen gelten für die Arbeitgeber des Baugewerbes und Baunebengewerbes, die auf Grund tariflicher Regelungen zu Gunsten ihrer Arbeitnehmer Beiträge zu Zusatzversorgungskassen zu leisten haben (→ *Zusatzversorgungskassen* Rz. 3357).

Den meisten tarifvertraglichen Leistungen zur Zukunftssicherung der Arbeitnehmer ist gemeinsam, dass die Beträge für alle Arbeitnehmer in einem pauschalen Betrag je Arbeitnehmer aufgebracht werden.

8. Irrtümlich angenommene Versicherungspflicht

3354 Leistet **eine GmbH** auf Grund einer Entscheidung des Sozialversicherungsträgers, dass der Gesellschafter-Geschäftsführer Beschäftigter i.S.d. Sozialversicherungsrechts ist, nach § 3 Nr. 62 Satz 1 EStG **steuerfreie Beiträge** (Arbeitgeberanteile) zur gesetzlichen Renten-, Kranken-, Pflege- und Arbeitslosenversicherung und wird später von der Finanzverwaltung, z.B. bei einer Lohnsteuer-Außenprüfung, festgestellt, dass der Gesellschafter-Geschäftsführer nach Auffassung der Finanzverwaltung unstreitig nicht in einem abhängigen Beschäftigungsverhältnis zur GmbH steht und folglich **keine Sozialversicherungspflicht** besteht, so ergeben sich hieraus zunächst **keine lohnsteuerlichen Konsequenzen**. Denn die Finanzverwaltung muss wegen der sog. Tatbestandswirkung Rechtsakte der Sozialversicherungsträger respektieren, sofern sie nicht offensichtlich rechtswidrig sind (BFH v. 6.6.2002, VI R 178/97, BStBl II 2003, 34; BFH v. 21.1.2010, VI R 52/08, BStBl II 2010, 703).

Erst wenn der Sozialversicherungsträger seinen Bescheid ändert und die Sozialversicherungsfreiheit feststellt, ist es dem Arbeitgeber verwehrt, künftig weiterhin steuerfreie Zuschüsse zur gesetzlichen Sozialversicherung zu leisten.

Erstattet der Sozialversicherungsträger für die Vergangenheit Sozialversicherungsbeiträge, so ist hierbei lohnsteuerlich von **folgenden Grundsätzen auszugehen** (vgl. OFD Magdeburg v. 1.8.2001, S 2333 – 21 – St 224, www.stotax-first.de):

- Werden **vom Sozialversicherungsträger die Arbeitgeberanteile** zur gesetzlichen Renten- und Arbeitslosenversicherung **an den Arbeitgeber erstattet**, ohne dass sie vom Arbeitgeber an den Arbeitnehmer weitergegeben werden, so ist dieser Vorgang lohnsteuerlich nicht relevant (BFH v. 27.3.1992, VI R 35/89, BStBl II 1992, 663). Eine Änderung der Einkommensteuerbescheide des Arbeitnehmers für die Vorjahre kommt nicht in Betracht.

- Werden **vom Sozialversicherungsträger die gesetzlichen Arbeitnehmeranteile** zur gesetzlichen Renten- und Arbeitslosenversicherung **an den Arbeitnehmer erstattet**, so berührt dies nicht den Arbeitslohn. Ein Abzug der der Erstattung zu Grunde liegenden Beträge als Sonderausgaben kommt nicht in Betracht. Die Einkommensteuer-Veranlagungen sind daher nach § 175 Abs. 1 Nr. 2 AO zu ändern, soweit im Erstattungsjahr keine Verrechnung mit gleichartigen Aufwendungen (hier: Vorsorgeaufwendungen) möglich ist (BFH v. 28.5.1998, X R 7/96, BStBl II 1999, 95). Die (nachträgliche) Mitteilung des Sozialversicherungsträgers, der Stpfl. sei auf Grund dieses Arbeitsverhältnisses mit der GmbH nicht sozialversicherungspflichtig („Freistellung"), stellt ein **rückwirkendes Ereignis** i.S. dieser Vorschrift dar.

- Der **Vorwegabzug** (§ 10 Abs. 3 Nr. 2 EStG a.F.) ist in der Vergangenheit bei den betroffenen Veranlagungen wegen des rückwirkenden Wegfalls der Sozialversicherungspflicht (keine Arbeitgeberleistungen i.S.d. § 3 Nr. 62 EStG) **zu Unrecht gekürzt** worden, soweit nicht ausnahmsweise eine andere Kürzungsvorschrift anzuwenden war. Die **Kürzung des Vorwegabzugs** ist folglich **rückgängig** zu machen (§ 175 Abs. 1 Nr. 2 AO).

- **Kranken-, Pflege- und Rentenversicherungsbeiträge** werden im Gegensatz zu Arbeitslosenversicherungsbeiträgen nach § 26 Abs. 2 SGB IV **nicht erstattet**, wenn für den Arbeitnehmer auf Grund dieser Beiträge oder für den Zeitraum, für den die Beiträge zu Unrecht gezahlt wurden, Leistungen erbracht wurden. In diesem Fall sind die bisher vom Arbeitgeber geleisteten Zuschüsse zur Kranken- und Pflegeversicherung als Arbeitslohn nachträglich der Lohnsteuer zu unterwerfen (FG Köln v. 20.8.2008, 12 K 1173/04, EFG 2009, 117).

Werden Kranken- und Pflegeversicherungsbeiträge des Arbeitgebers erstattet, gelten die Ausführungen zur Renten- und Arbeitslosenversicherung entsprechend.

- Werden die **Arbeitgeberanteile** zur gesetzlichen Renten- und Arbeitslosenversicherung **vom Sozialversicherungsträger an den Arbeitgeber erstattet** und von diesem **an den Arbeitnehmer weitergegeben**, so handelt es sich regelmäßig **um eine verdeckte Gewinnausschüttung** (FG Düsseldorf v. 17.12.1993, 14 K 5416/91 H (L), EFG 1994, 566).

Ist dagegen Arbeitslohn anzunehmen, sind die Arbeitgeberanteile in dem Kalenderjahr zu versteuern, in dem sie an den Arbeitnehmer ausgezahlt werden. Dies gilt auch dann, wenn die erstatteten Beträge von diesem für eine private Lebensversicherung verwendet werden.

- Wird auf die **Rückzahlung der Arbeitgeberbeiträge** zur gesetzlichen Rentenversicherung **durch den Arbeitgeber verzichtet** und werden die Beiträge **für die freiwillige Versicherung des Arbeitnehmers** in der gesetzlichen Rentenversicherung verwendet (Umwandlung), ist ebenfalls zu entscheiden, ob es sich um eine verdeckte Gewinnausschüttung oder um steuerpflichtigen Arbeitslohn handelt (FG Köln v. 21.11.1989, 13 K 3489/87, EFG 1990, 383). Ist steuerpflichtiger Arbeitslohn gegeben, so liegt ein Zufluss **erst im Kalenderjahr der Umwandlung** vor (FG Rheinland-Pfalz v. 13.9.2007, 1 K 2180/06, www.stotax-first.de). Die obersten Finanzbehörden haben entschieden, das Urteil allgemein anzuwenden und an der bisherigen Rechtsauffassung nicht mehr festzuhalten (OFD Karlsruhe v. 19.11.2008, S 2333/77 – St 144, Lohnsteuer-Handausgabe 2015, 121).

Werden künftig **freiwillige Beiträge zur Sozialversicherung** geleistet, obwohl festgestellt wurde, dass keine Sozialversicherungspflicht besteht, so kann in Höhe des Zuschusses des Arbeitgebers **eine verdeckte Gewinnausschüttung** anzunehmen sein (BFH v. 11.2.1987, I R 177/83, BStBl II 1987, 461).

Zulagen

1. Arbeitsrecht

3355 Durch Zulagen (vgl. allgemein und ausführlich D. Besgen, Grundsätze und ABC der Zulagen/Zuschläge, B+P 2012, 379) sollen i.d.R. besondere Leistungen des Arbeitnehmers Berücksichtigung finden. Der Anspruch des Arbeitnehmers auf die Zahlung von Zuschlägen kann sich dabei aus Gesetz, Tarifvertrag oder einzelvertraglicher Vereinbarung ergeben.

Zulagen sind Leistungen des Arbeitgebers, die **zusätzlich zum vereinbarten Arbeitslohn** auf Grund **einzelvertraglicher** Vereinbarung oder auf Grund eines **Tarifvertrags** oder einer **Betriebsvereinbarung** gezahlt werden. Der Anknüpfungspunkt für die Gewährung von Zulagen ist unterschiedlich. Räumt ein Tarifvertrag dem Arbeitgeber ein einseitiges Leistungsbestimmungsrecht ein, so hat der Arbeitgeber umfassend die Interessen des Arbeitnehmers gegen die eigenen abzuwägen. Die getroffene Entscheidung des Arbeitgebers unterliegt der gerichtlichen Billigkeitskontrolle nach § 315 Abs. 3 BGB (vgl. BAG v. 17.10.1990, 4 AZR 138/90, www.stotax-first.de).

Sämtliche Zulagen sind Teil des Arbeitsentgelts und daher im Krankheitsfall weiterzuzahlen. **Zu unterscheiden sind** ohne Anspruch auf Vollständigkeit insbesondere:

– **Allgemeine Zulagen**

Allgemeine Zulagen sind **übertarifliche Leistungen** an Arbeitnehmer eines Betriebs, die der Niveauanhebung des Tariflohns dienen. Hierbei sind insbesondere der Gleichbehandlungs- und der Gleichberechtigungsgrundsatz zu berücksichtigen.

– **Erschwerniszulagen/Gefahrenzulagen**

Diese Zulagen sollen einen Ausgleich für besondere Belastungen bei der Erbringung der Arbeitsleistung bieten. Sie werden auf Grund einzelvertraglicher oder tarifvertraglicher Vereinbarung gezahlt, wobei bei Geltung eines Tarifvertrags eine einzelvertragliche Vereinbarung nur zu Gunsten des Arbeitnehmers von der tarifvertraglichen Vereinbarung abweichen darf. Die Erschwerniszulagen/Gefahrenzulagen berücksichtigen besondere Arbeitsprobleme, nicht den Grad der Arbeitsleistung. Sie werden insbesondere gezahlt für besonders gefährliche oder gesundheitsschädliche oder besonders schmutzige Arbeiten, z.B. Hitze-, Wasser-, Schmutz-, Kälte- oder Gefahrenzulage. Der übertarifliche Teil einer solchen Erschwerniszulage/Gefahrenzulage kann widerrufen und abgebaut werden, wenn ein neuer Tarifvertrag eine leistungsgerechtere Entlohnung beabsichtigt (vgl. BAG v. 30.8.1972, 5 AZR 140/72, www.stotax-first.de).

– **Funktionszulagen**

Funktionszulagen knüpfen an der Übernahme zusätzlicher Verantwortung an. Sie werden für Aufsichts- und Koordinierungsarbeiten zusätzlich gezahlt, die ein Arbeitnehmer ggf. auch nur vorübergehend übernimmt.

– **Leistungszulagen**

Leistungszulagen knüpfen an der Güte des Arbeitsergebnisses an, das nach einem bestimmten Bewertungsschema benotet wird. Je nach der Bewertung der Arbeitsleistung wird eine bestimmte Summe zusätzlich gezahlt.

– **Persönliche Zulagen**

Persönliche Zulagen, mit denen der Arbeitgeber das Verhalten des Arbeitnehmers im Betrieb und seinen Charakter honorieren will, erscheinen zweifelhaft, da insoweit ein Anknüpfungspunkt, bezogen auf die Arbeitsleistung des Arbeitnehmers, fehlt; als allgemeine Zulage sind sie natürlich zulässig.

– **Rufbereitschaftszulagen**

Bei Rufbereitschaften ist die Zeit der Inanspruchnahme mit der Arbeitsvergütung zu bezahlen. Daneben wird regelmäßig für die Stunden der Rufbereitschaft auch ohne Arbeitsleistung eine Zulage geleistet nach Tarifvertrag, Betriebsvereinbarung oder vertraglicher Vereinbarung. Je nach Ausgestaltung der Zulagenvereinbarung besteht der Anspruch auch für Zeiten der Arbeitsleistung in der Rufbereitschaft (BAG v. 9.10.2003, 6 AZR 512/02, www.stotax-first.de) oder nicht für diese Zeiten (BAG v. 20.5.2010, 6 AZR 1015/08, www.stotax-first.de).

– **Sozialzulagen**

Sozialzulagen als besondere Familienzuschläge werden insbesondere als Alters-, Kinder-, Orts- und Verheiratetenzuschlag gezahlt. Dabei ist insbesondere der Gleichbehandlungs- und Gleichberechtigungsgrundsatz zu berücksichtigen.

Für **Teilzeitkräfte** gilt: Eine **Zulage auf geleistete Stunden**, z.B. für Nachtstunden, steht Teilzeitkräften in vollem Umfang zu. Eine **pauschale Zulage**, z.B. eine Wechselschicht- und Schichtzulage mit einem monatlichen Festbetrag, steht **Teilzeitkräften** regelmäßig nur **anteilig** entsprechend dem Anteil der Arbeitszeit zu (BAG v. 25.9.2013, 10 AZR 4/12, www.stotax-first.de).

Von Bedeutung kann auch die Unterscheidung zwischen „übertariflichen" und „außertariflichen" Zulagen sein: Während eine „außertarifliche" Zulage Gegenstände betrifft, die die einschlägigen tariflichen Bestimmungen überhaupt nicht vorsehen, knüpft eine „übertarifliche" Zulage an den tariflichen Gegenstand an, geht aber über die tariflich normierten Mindestbedingungen hinaus (BAG v. 7.2.2007, 5 AZR 41/06, www.stotax-first.de).

Die **Kürzung von Zulagen** ist grundsätzlich nur bei entsprechender Vereinbarung, z.B. bei einer Kürzungsklausel oder einem **Widerrufsvorbehalt**, zulässig. Bei einem Widerrufsvorbehalt ist ggf. auf eine **AGB-Kontrolle** zu achten: Ein Widerrufsvorbehalt in einer Allgemeinen Geschäftsbedingung muss seit Inkrafttreten der §§ 305 ff. BGB den formellen Anforderungen von § 308 Nr. 4 BGB genügen; der Verwender muss die sachlichen Widerrufsgründe vorgeben. Fehlt die Angabe von Widerrufsgründen in einem vor dem 1.1.2002 abgeschlossenen Arbeitsvertrag, kommt eine ergänzende Vertragsauslegung in Betracht (BAG v. 20.4.2011, 5 AZR 191/10, www.stotax-first.de).

Ansonsten bedarf es zur Zulagenkürzung oder Zulagenstreichung einer Änderungskündigung; insbesondere bei der Kürzung von Zulagen durch **Anrechnung von Tariflohnerhöhungen** sind i.d.R. **Mitbestimmungsrechte des Betriebsrats** zu beachten (vgl. die umfassende Darstellung in B+P 1996, 18 ff. und 113 ff.).

Bei Zahlungspflicht für Zulagen für Sonntags-, Feiertags- oder Nachtarbeit trotz **Nichtbeschäftigung**, etwa nach unwirksamer Kündigung, braucht der Arbeitgeber für den **Steuerschaden** des Arbeitnehmers (keine Steuerfreiheit nach § 3b EStG) nicht einzustehen (BAG v. 19.10.2000, 8 AZR 20/00, www.stotax-first.de).

Zur Berücksichtigung von Zulagen beim **Mindestlohn** → *Mindestlohn* Rz. 2028.

2. Lohnsteuer und Sozialversicherung

Zulagen, die der Arbeitgeber zusätzlich zum Arbeitslohn zahlt, **sind grundsätzlich steuer- und beitragspflichtig**. Dabei spielt es **keine Rolle**, ob diese **als Zuschläge oder Zulagen bezeichnet** werden. Nicht entscheidend ist auch, ob die Lohnzuschläge auf Grund eines gesetzlichen Anspruchs, eines Tarifvertrags, einer Betriebsvereinbarung, einer einzelvertraglichen Regelung oder freiwillig gezahlt werden (§ 2 Abs. 2 Nrn. 6 und 7 LStDV sowie R 19.3 Abs. 1 Satz 2 Nr. 1 LStR mit Beispielen). Dies gilt auch für eine sog. Offshore-Zulage (FG Niedersachsen v. 24.9.2015, 14 K 232/14, www.stotax-first.de). 3356

[LSt] [SV]

Von diesem Grundsatz gibt es nur eine Ausnahme: Kraft ausdrücklicher gesetzlicher Regelung sind Zuschläge für Sonntags-, Feiertags- oder Nachtarbeit nach § 3b EStG in bestimmter Höhe steuerfrei (→ *Zuschläge für Sonntags-, Feiertags- oder Nachtarbeit* Rz. 3366).

Zusage: verbindliche

→ *Auskünfte und Zusagen des Finanzamts* Rz. 413

Zusammenballung von Einnahmen

→ *Entschädigungen* Rz. 1134

Zusatzbeitrag

→ *Beiträge zur Sozialversicherung* Rz. 548

Zusatzverpflegung

→ *Arbeitslohn-ABC* Rz. 255

Zusatzverpflegung

keine Sozialversicherungspflicht = ⓈⓋ
Sozialversicherungspflicht = ⓢⓥ

Zusatzversorgungskassen

1. Allgemeines

3357 Die Zusatzversorgungskassen sind **Pensionskassen**, für die steuerliche Behandlung (Anwendung der Steuerbefreiung nach § 3 Nr. 63 EStG oder § 3 Nr. 56 EStG und der Möglichkeit der Pauschalversteuerung nach § 40b EStG; steuerliche Erfassung der späteren Zahlungen aus der Pensionskasse) gelten die allgemeinen Grundsätze (→ *Zukunftssicherung: Betriebliche Altersversorgung* Rz. 3269). Dabei ist zu unterscheiden, ob die Zusatzversorgungskasse

– im **Umlageverfahren** (so z.B. bei der VBL) oder
– im **Kapitaldeckungsverfahren** (so z.B. bei der Zusatzversorgungskasse des Baugewerbes)

betrieben wird (s. ausführlich BMF v. 24.7.2013, IV C 3 – S 2015/11/10002/IV C 5 – S 2333/09/10005, BStBl I 2013, 1022, Rdnr. 291 ff unter Berücksichtigung der Änderungen durch BMF v. 13.1.2014, IV C 3 – S 2015/11/10002 :018, BStBl I 2014, 97 und BMF v. 13.3.2014, IV C 3 – S 2257-b/13/10009, BStBl I 2014, 554).

Wenn der Arbeitgeber Sonderzahlungen an eine Pensionskasse leistet anlässlich

– seines **Ausscheidens** aus einer nicht im Wege der Kapitaldeckung finanzierten betrieblichen Altersversorgung,
– des **Wechsels** von einer nicht im Wege der Kapitaldeckung zu einer anderen nicht im Wege der Kapitaldeckung finanzierten betrieblichen Altersversorgung,

so hat der Arbeitgeber die Lohnsteuer mit einem Pauschsteuersatz i.H.v. **15 % der Sonderzahlungen** zu erheben (§ 40b Abs. 4 EStG). Hierbei handelt es sich um eine Pflichtpauschalierung, d.h., dem Arbeitgeber ist die Möglichkeit verwehrt, die Sonderzahlungen individuell beim Arbeitnehmer zu versteuern.

Bei einer **kapitalgedeckten Zusatzversorgung** können die Arbeitnehmer für diese Beiträge auch die sog. **Riester-Förderung** durch Zulagen bzw. Sonderausgabenabzug (§§ 10a, 79 ff. EStG) in Anspruch nehmen, wenn sie dies nach § 3 Nr. 63 Satz 2 EStG i.V.m. § 1a Abs. 3 BetrAVG verlangen.

Zur steuerlichen Behandlung der Beiträge an die **Hüttenknappschaftliche Zusatzversorgung im Saarland (HZV)** sowie zur Eintragung der Arbeitgeber- bzw. Arbeitnehmerbeiträge in der Lohnsteuerbescheinigung s. FinMin Saarland v. 5.9.2005, B/2 – 4 – 125/2005 – S 2333, www.stotax-first.de, zur Eintragung der Arbeitgeber- bzw. Arbeitnehmerbeiträge in der Lohnsteuerbescheinigung s. → *Lohnsteuerbescheinigung* Rz. 1886.

2. Öffentlicher Dienst

a) Lohnsteuer

3358 Die **Versorgungsanstalt des Bundes und der Länder (VBL)** ist eine **Pensionskasse**, die im **Umlageverfahren** finanziert wird. Arbeitgeber, die an der VBL beteiligt sind, zahlen nach § 64 Abs. 2 der VBL-Satzung eine **monatliche Umlage** i.H.v. insgesamt 7,86 %. Dieser Umlagesatz teilt sich in einen **Arbeitgeberanteil** i.H.v. 6,45 % und einen **Arbeitnehmeranteil** i.H.v. 1,41 % auf (§ 64 Abs. 3 der VBL-Satzung).

Diese monatlichen Umlagen stellen sowohl hinsichtlich der Arbeitgeber- als auch der Arbeitnehmerbeiträge **steuerpflichtigen Arbeitslohn** dar. Eine entsprechende Klarstellung wurde durch das Jahressteuergesetz 2007 in § 19 Abs. 1 Nr. 3 Satz 1 EStG aufgenommen. Der BFH hat allerdings auch schon für die **Vorjahre** Arbeitslohn bejaht (zuletzt BFH v. 15.9.2011, VI R 36/09, HFR 2012, 258 mit Anmerkung, Verfassungsbeschwerde durch BVerfG v. 14.1.2015, 2 BvR 568/12, StEd 2015, 67 nicht zur Entscheidung angenommen).

Bei der **Rheinischen Zusatzversorgungskasse** (RZVK) mit Sitz in Köln beträgt die Umlage 4,25 % des zusatzversorgungspflichtigen Entgelts (§ 62 Abs. 1 der RZVK-Satzung), die in vielen Fällen vom Arbeitgeber allein getragen wird. Eine Eigenbeteiligung der Pflichtversicherten (Arbeitnehmer) kommt aber auch hier in Betracht, wenn sie tarif- oder arbeitsvertraglich vereinbart worden ist (vgl. § 61 der RZVK-Satzung).

Nach der **Steuerbefreiungsvorschrift** des § 3 Nr. 56 EStG sind die Beiträge des Arbeitgebers bis zu 2 % der Beitragsbemessungsgrenze in der Rentenversicherung von 71 400 €, höchstens 1 428 € jährlich bzw. 119 € monatlich, steuerfrei; die steuerfreien Beträge sind um die nach § 3 Nr. 63 EStG steuerfrei gewährten Beträge (Beiträge des Arbeitgebers zum Aufbau einer kapitalgedeckten Versorgung) zu mindern. Der übersteigende Betrag kann § 40b EStG **mit 20 % pauschal versteuert** werden. Ein verbleibender Betrag ist vom **Arbeitnehmer individuell versteuern**.

Beispiel:
Eine Krankenschwester in Hannover hat einen Bruttolohn von 3 500 € monatlich. Der zu versteuernde Arbeitslohn errechnet sich unter Einbeziehung der VBL-Umlagen wie folgt:

Bruttogehalt	3 500,— €
Umlagesatz an VBL insgesamt 7,86 % von 3 500 €	275,10 €
∕ Arbeitnehmer-Anteil 1,41 % von 3 500 € (wird vom Nettogehalt abgezogen)	49,35 €
= Arbeitgeber-Anteil 6,45 % von 3 500 €	225,75 €
hiervon sind steuerfrei nach § 3 Nr. 56 EStG	124,— €
Restbetrag	101,75 €
∕ pauschale Versteuerung durch Arbeitgeber nach § 40b EStG mit 20 % bis zu 92,03 €[1)]	92,03 €
= vom Arbeitnehmer normal zu versteuern	9,72 €
insgesamt zu versteuernder Arbeitslohn	3 509,72 €

[1)] Der Betrag von 92,03 € ergibt sich aus § 37 Abs. 2 des Tarifvertrags-Altersversorgung – ATV.

Entsprechende Umlagebeiträge werden ggf. auch von **anderen Zusatzversorgungskassen** des öffentlichen Dienstes erhoben. Für diese gelten die vorstehenden Ausführungen entsprechend.

Infolge der Schließung des Gesamtversorgungssystems und des Wechsels zum Punktemodell erhebt die VBL entsprechend dem periodischen Bedarf von den Beteiligten ab dem 1.1.2002 pauschale **Sanierungsgelder** zur Deckung eines zusätzlichen Finanzierungsbedarfs, die über die laufenden Umlagen i.H.v. insgesamt 7,86 % (Arbeitgeber- und Arbeitnehmeranteil) hinausgehen und der Finanzierung der vor dem 1.1.2002 begründeten Anwartschaften und Ansprüchen (Altbestand) dienen. Diese Sanierungsgelder stellen **keinen steuerpflichtigen Arbeitslohn** dar (vgl. Kurzinformation der OFD Münster vom 16.6.2010, Kurzinformation ESt Nr. 024/2006, DStR 2010, 1383).

Umlagefinanzierte Zusatzversorgungskassen verlangen von ihren Mitgliedern, die nicht Körperschaften des öffentlichen Rechts sind (z.B. eine gemeinnützige GmbH), nach ihrer Satzung i.d.R. einen **Zuschlag zur Umlage, mit dem das Insolvenzrisiko abgesichert** wird, wenn keine Garantieerklärung einer juristischen Person des öffentlichen Rechts vorliegt. So verlangt z.B. die VBL in den Fällen des § 20 Abs. 3 VBL-Satzung einen Zuschlag von 15 % zur laufenden Umlage. Diesen Zuschlag behandelte das FG Berlin im Urteil v. 28.11.2005, 9 K 8156/02, EFG 2006, 1247 nicht als steuerpflichtigen Arbeitslohn. Nach Auffassung der Finanzverwaltung ist auf Grund der neuen Definition des Arbeitslohnbegriffs bei Arbeitgeberleistungen an betriebliche Versorgungskassen in § 19 Abs. 1 Satz 1 Nr. 3 Satz 1 EStG auch insoweit von einer laufenden Umlage und damit von **steuerpflichtigem Arbeitslohn** auszugehen. Die Zahlung des Umlagezuschlags unterfällt § 19 Abs. 1 Nr. 3 Satz 2 EStG, so dass die **pauschale Besteuerung nach § 40b Abs. 4 EStG** anzuwenden ist.

Mit dem **Jahressteuergesetz 2007** erfolgte mit § 19 Abs. 1 Nr. 3 Satz 2 EStG eine gesetzliche Klarstellung, die für alle Zahlungen, die nach dem 23.8.2006 geleistet wurden, anzuwenden ist. Danach sind nur Sanierungsgelder steuerfrei. Sonderzahlungen (Gegenwertzahlungen und Nachteilsausgleiche) sind mit 15 % nach § 40b Abs. 4 EStG pauschal zu versteuern (vgl. Kurzinformation der OFD Münster v. 16.6.2010, Kurzinformation ESt Nr. 024/2006, DStR 2010, 1383).

Der **BFH hat eine Entscheidung des BVerfG darüber eingeholt**, ob § 40b Abs. 4, Abs. 5 Satz 1 EStG i.d.F. des JStG 2007 insoweit mit Art. 3 Abs. 1 GG unvereinbar ist, als danach der Arbeitgeber auf Sonderzahlungen i.S.d. § 19 Abs. 1 Satz 1 Nr. 3 Satz 2 EStG i.d.F. des JStG 2007 zwangsweise pauschale Lohnsteuer zu zahlen hat, durch die er selbst definitiv belastet wird (BFH v. 14.11.2013, VI R 49/12 und VI R 50/12, HFR 2014, 230 sowie www.stotax-first.de, Az. beim BVerfG: 2 BvL 7/14 und 2 BvL 8/14). Dazu auch → *Zukunftssicherung: Betriebliche Altersversorgung* Rz. 3273.

Im Rahmen einer betrieblichen Altersversorgung an eine Versorgungseinrichtung erbrachte **Sonderzuwendungen des Arbeit-**

gebers sind kein Arbeitslohn, wenn sie zur Verbesserung der Kapitalausstattung der Versorgungseinrichtung geleistet werden und wirtschaftlich nicht an die Stelle regulärer Umlagen treten. Sonderzuwendungen des Arbeitgebers, die Sonderzahlungen i.S.d. § 19 Abs. 1 Satz 1 Nr. 3 Sätze 2 bis 4 EStG i.d.F. des JStG 2007 sind und nach dem 23.8.2006 geleistet wurden (§ 52 Abs. 35 EStG i.d.F. des JStG 2007), zählen zu den Einkünften aus nichtselbständiger Arbeit (BFH v. 3.6.2013, VI R 1/11, www.stotax-first.de).

b) Nachgelagerte Besteuerung

3359 Ab dem Jahr 2008 wurde auch für umlagefinanzierte Versorgungssysteme, wie z.B. die VBL, die sog. nachgelagerte Besteuerung stufenweise eingeführt: Soweit die spätere Betriebsrente auf in der Ansparphase nach § 3 Nr. 56 EStG **steuerfrei belassenen** Umlagebeiträgen oder auf „mit Riester" geförderten Beiträgen beruht (→ Riester-Förderung Rz. 2549), ist sie nicht nur mit dem Ertragsanteil, **sondern in voller Höhe steuerpflichtig** (§ 22 Nr. 5 Satz 1 EStG).

Mit dem **Ausscheiden eines Arbeitgebers aus der VBL** enden gem. § 23 Abs. 1 VBL-Satzung die Pflichtversicherungen der bei ihm beschäftigten Arbeitnehmer. Die zum Zeitpunkt des Ausscheidens bestehenden Ansprüche hat die VBL jedoch zu erfüllen. Ein Versorgungsanspruch für den einzelnen Arbeitnehmer entsteht allerdings erst, wenn eine Wartezeit von 60 Umlagemonaten erreicht ist (§ 38 VBL-Satzung). Das Ausscheiden des Arbeitgebers aus der VBL führt **nicht zu negativem Arbeitslohn**, weil infolge des Ausscheidens keine Bezugsrechte entfallen. Sofern der Arbeitnehmer die Wartezeit nicht erfüllt hat, ist kein Bezugsrecht entstanden, das entfallen könnte. Sofern Anwartschaften erworben wurden, besteht Anspruch auf eine zeitanteilig berechnete Versicherungsrente, die dem Bezugsrecht entspricht (FinMin Hamburg v. 25.3.2002, 52 – S 2333 – 16/97, www.stotax-first.de).

Vom Arbeitgeber einbehaltene Beiträge des Arbeitnehmers zu einer zusätzlichen Altersversorgung für Angestellte und Arbeitnehmer nach dem **Ersten Ruhegeldgesetz der Freien und Hansestadt Hamburg** stellen – anders als Sozialversicherungsbeiträge – noch **keinen Arbeitslohn** dar; mit der Zuführung zur Versorgungsrückstellung fließt dem Arbeitnehmer (noch) kein Arbeitslohn zu, weil er im Zeitpunkt der Einbehaltung keinen unmittelbaren und unentziehbaren Rechtsanspruch gegen einen Dritten erhält (BFH v. 20.7.2005, VI R 165/01, BStBl II 2005, 890).

3. Baugewerbe

3360 Die Arbeitgeber im Baugewerbe haben zur Aufbringung der Mittel für die tariflich festgelegten Leistungen an Urlaub, Lohnausgleich und Zusatzversorgung einen bestimmten Prozentsatz der Bruttolohnsumme aller vom Tarifvertrag erfassten Arbeitnehmer des Betriebs an die Zusatzversorgungskasse, die im **Kapitaldeckungsverfahren** betrieben wird, abzuführen. Zur Anwendung der Steuerbefreiung nach § 3 Nr. 63 EStG s. ausführlich OFD München v. 5.6.2003, S 2333 – 41/St 41, www.stotax-first.de.

Die Beitragszahlungen an die Zusatzversorgungskasse des Baugewerbes sind auch bei **Aushilfskräften als gegenwärtig zufließender Arbeitslohn** anzusehen, selbst wenn der Arbeitnehmer wegen seiner kurzen Beschäftigungsdauer die für die Leistungspflicht der Zusatzversorgungskasse erforderliche Wartezeit voraussichtlich nicht erfüllen wird (FG Nürnberg v. 12.12.2001, III 41/2001, EFG 2002, 824).

Vgl. auch → Lohnausgleichskasse Rz. 1779 sowie → Urlaubsvergütungen im Baugewerbe Rz. 2971.

4. Land- und Forstwirtschaft

3361 Ehemalige Arbeitnehmer in der Land- und Forstwirtschaft (bzw. deren Hinterbliebene) erhalten unter bestimmten weiteren Voraussetzungen zusätzlich zur gesetzlichen Rente Versorgungsleistungen des Zusatzversorgungswerkes für Arbeitnehmer in der Land- und Forstwirtschaft – ZLF VVaG – (ZLF) und/oder der Zusatzversorgungskasse für Arbeitnehmer in der Land- und Forstwirtschaft (ZLA). Für die steuerliche Behandlung gilt Folgendes (OFD Magdeburg v. 20.5.2011, S 2255 – 99 – St 224, www.stotax-first.de):

a) Zusatzversorgungswerk (ZLF)

3362 Das Zusatzversorgungswerk erhebt auf der Grundlage des Tarifvertrags über die Zusatzversorgung für Arbeitnehmer in der Land- und Forstwirtschaft vom 28.11.2000 Beiträge bei den land- und forstwirtschaftlichen Arbeitgebern und finanziert mit diesen Beiträgen im Kapitaldeckungsverfahren Beihilfen zu den gesetzlichen Renten der ehemaligen Arbeitnehmer.

Die Beihilfen des ZLF sind in der Auszahlungsphase wie folgt zu besteuern:

– Soweit die Zahlung auf Beiträge entfällt, die in der Ansparphase nach § 3 Nr. 63 EStG steuerfrei belassen wurden, ist sie in voller Höhe steuerpflichtig (§ 22 Nr. 5 EStG).

– Soweit die Zahlung auf Beiträge entfällt, die in der Ansparphase pauschal (§ 40b EStG a.F.) oder individuell besteuert wurden, ist sie nur in Höhe des Ertragsanteils steuerpflichtig (§ 22 Nr. 1 Satz 3 Buchst. a Doppelbuchst. bb EStG).

Beruhen die Leistungen sowohl auf steuerfreien als auch auf steuerpflichtigen Beitragsleistungen, müssen die Leistungen aufgeteilt werden.

Für die Leistungen der ZLF werden gem. § 22a EStG Rentenbezugsmitteilungen übermittelt.

b) Zusatzversorgungskasse (ZLA)

3363 Die Zusatzversorgungskasse für Arbeitnehmer in der Land- und Forstwirtschaft gewährt nach dem Gesetz über die Errichtung einer Zusatzversorgungskasse für Arbeitnehmer in der Land- und Forstwirtschaft (ZVALG) eine Ausgleichsleistung zur gesetzlichen Rente für ehemalige land- und forstwirtschaftliche Arbeitnehmer.

Die Ausgleichsleistungen der ZLA sind gesetzliche Sozialleistungen, die dazu dienen, ein Mindereinkommen ehemaliger Arbeitnehmer der Land- und Forstwirtschaft, die wegen ihres Alters keine oder nur geringe Ansprüche aus dem Tarifvertrag erwerben können, auszugleichen. Sie sind einkommensteuerrechtlich als **wiederkehrende Bezüge** i.S.d. § 22 Nr. 1 Satz 3 Buchst. b EStG zu erfassen und mit ihrem vollen Betrag der Besteuerung zu unterwerfen. Ein entsprechender Hinweis zur Besteuerung ist im Bescheid der ZLA enthalten.

Da es sich um Leistungen nach § 22 Nr. 1 Satz 3 Buchst. b EStG handelt, werden hierfür keine Rentenbezugsmitteilungen übermittelt.

Zuschläge

1. Arbeitsrecht

3364 Durch Zuschläge sollen besondere Leistungen des Arbeitnehmers Berücksichtigung finden. Der Anspruch des Arbeitnehmers auf die Zahlung von Zuschlägen kann sich dabei aus Gesetz, Tarifvertrag oder einzelvertraglicher Vereinbarung ergeben. Als zuschlagspflichtige besondere Leistungen des Arbeitnehmers in diesem Sinne sind **insbesondere** zu nennen:

– **Überstundenvergütung/Mehrarbeitsvergütung,**

– **Sonn- und Feiertagszuschläge,**

– **Zuschläge für besonders ungünstige Arbeitszeit** (Spätschicht, Wechselschicht, Nachtarbeit),

– **Zeitzuschläge** für Arbeit an Vorfesttagen, z.B. Heiligabend.

Für **Teilzeitkräfte** gilt: Ein **Zuschlag auf geleistete Stunden**, z.B. für Nachtstunden, steht Teilzeitkräften in vollem Umfang zu. Ein **pauschaler Zuschlag**, z.B. ein Wechselschicht- und Schichtzuschlag mit einem Festbetrag, z.B. ein monatlicher pauschaler Wechselschicht- und Schichtzuschlag, steht **Teilzeitkräften** regelmäßig nur **anteilig** entsprechend dem Anteil der Arbeitszeit zu (BAG v. 25.9.2013, 10 AZR 4/12, www.stotax-first.de).

Bei der **Entgeltfortzahlung** im Krankheitsfall ist betr. Zuschläge § 4 Abs. 1a EFZG zu beachten sowie auf tarifvertragliche Besonderheiten zu achten.

2. Lohnsteuer und Sozialversicherung

3365 **Lohnzuschläge**, die der Arbeitgeber zusätzlich zum Arbeitslohn zahlt, **sind grundsätzlich steuer- und beitragspflichtig.** Dabei spielt es **keine Rolle**, ob diese **als Zuschläge oder Zulagen** be-

Zuschläge

zeichnet werden. Nicht entscheidend ist auch, ob die Lohnzuschläge auf Grund eines gesetzlichen Anspruchs, eines Tarifvertrags, einer Betriebsvereinbarung, einer einzelvertraglichen Regelung oder freiwillig gezahlt werden (§ 2 Abs. 2 Nr. 6 und 7 LStDV sowie R 19.3 Abs. 1 Satz 2 Nr. 1 LStR mit Beispielen). **Gefahrenzuschläge**, die ein im Kampfmittelräumdienst Beschäftigter erhält, können nicht im Wege einer verfassungskonformen Auslegung des § 3b EStG von der Einkommensteuer befreit werden (BFH v. 15.9.2011, VI R 6/09, BStBl II 2012, 144). Eine **sog. Offshore-Zulage**, die zur Abgeltung für alle anfallende Mehr-, Wochenend-, Feiertags- und Nacharbeit gezahlt wird, ist **in voller Höhe steuerpflichtig** (FG Niedersachsen v. 24.9.2015, 14 K 232/14, www.stotax-first.de).

[LSt] [SV]

Von diesem Grundsatz gibt es nur eine Ausnahme: Kraft ausdrücklicher gesetzlicher Regelung sind nur die Zuschläge für Sonntags-/Feiertags- oder Nachtarbeit nach § 3b EStG in bestimmter Höhe steuerfrei (→ *Zuschläge für Sonntags-, Feiertags- oder Nachtarbeit* Rz. 3366).

[LSt] [SV]

Zuschläge für Sonntags-, Feiertags- oder Nachtarbeit

Inhaltsübersicht: Rz.
1. Allgemeines   3366
2. Arbeitsrecht   3367
   a) Arbeitsrechtliche Schutzbestimmungen   3367
   b) Sonn- und Feiertagsarbeit   3368
   c) Nachtarbeit   3369
   d) Keine Folgerungen für das Steuer- und Sozialversicherungsrecht   3370
3. Lohnsteuer   3371
   a) Allgemeines   3371
   b) Begünstigter Personenkreis   3372
   c) Zuschlagssätze   3373
   d) Grundlohn   3374
   e) Zuschlag zum Grundlohn   3377
   f) Tatsächlich geleistete Arbeit   3378
   g) Einzelnachweis   3379
   h) Pauschale Abschlagszahlungen mit nachträglicher Einzelabrechnung   3381
   i) Zeitversetzte Auszahlung   3382
   j) Zusammentreffen mehrerer Zuschlagsarten   3383
   k) Berechnungsbeispiel   3386
   l) Werbungskosten   3387
4. Sozialversicherung   3388

1. Allgemeines

3366 Zum Arbeitslohn gehören alle Einnahmen, die der Arbeitnehmer aus dem Dienstverhältnis erzielt (§ 2 Abs. 1 LStDV). Dabei ist unerheblich, unter welcher Bezeichnung oder in welcher Form die Einnahmen gewährt werden. Daher ist auch der Arbeitslohn, der für eine Tätigkeit, die an Sonn- und Feiertagen oder zur Nachtzeit ausgeübt wird, grundsätzlich steuer- und beitragspflichtig.

[LSt] [SV]

Zum **Arbeitslohn** gehören auch besondere Entlohnungen für Dienste, die über die regelmäßige Arbeitszeit hinaus geleistet werden, wie Entlohnungen für Überstunden, Überschichten oder Sonntagsarbeit (§ 2 Abs. 2 Nr. 6 LStDV) oder Lohnzuschläge, die wegen der Besonderheit der Arbeit gewährt werden (§ 2 Abs. 2 Nr. 7 LStDV). Lediglich auf Grund **der ausdrücklichen gesetzlichen Regelung im** § 3b EStG bleiben Zuschläge für Sonntags-, Feiertags- oder Nachtarbeit innerhalb bestimmter Grenzen steuerfrei. Nach § 1 Abs. 1 Satz 1 Nr. 1 SvEV sind die steuerfreien Zuschläge **beitragsfrei in der Sozialversicherung**, soweit das Entgelt, auf dem sie berechnet werden, **nicht mehr als 25 € pro Stunde** beträgt. **In der gesetzlichen Unfallversicherung und in der Seefahrt** sind auch lohnsteuerfreie Zuschläge für Sonntags-, Feiertags- oder Nachtarbeit dem Arbeitsentgelt **zuzurechnen**; dies gilt in der Unfallversicherung nicht für Erwerbseinkommen, das bei einer Hinterbliebenenrente zu berücksichtigen ist (§ 1 Abs. 2 SvEV).

[LSt] [SV]

Nach § 3b EStG sind Zuschläge zum Arbeitslohn ganz oder teilweise steuerfrei, wenn sie für tatsächlich geleistete Sonntags-, Feiertags- oder Nachtarbeit neben dem Grundlohn gezahlt und besonders aufgezeichnet werden. Für den Umfang der Steuerfreiheit wird nicht nach gesetzlichen oder tarifvertraglichen Zuschlägen einerseits und Zuschlägen auf Grund von Betriebsvereinbarungen oder Einzelverträgen andererseits unterschieden.

Allgemein gilt für die **Zuschläge**:

– Pfingstsonntag und Ostersonntag sind **keine Wochenfeiertage**; für Arbeit an diesen Tagen fällt daher der tarifliche Feiertagszuschlag nicht an (BAG v. 13.4.2005, 5 AZR 475/04, www.stotax-first.de; BAG v. 17.3.2010, 5 AZR 317/09, www.stotax-first.de).

– Die in § 11 Abs. 2 ArbZG enthaltene Verweisung auf § 6 Abs. 5 ArbZG hat zur Folge, dass ein Arbeitnehmer, der **an Sonn- und Feiertagen Nachtarbeit** leistet, wegen dieser Nachtarbeit Anspruch auf eine angemessene Zahl bezahlter freier Tage oder einen angemessenen Zuschlag auf das ihm hierfür zustehende Arbeitsentgelt hat. Durch die Verweisung in § 11 Abs. 2 ArbZG entsteht jedoch kein Anspruch auf einen gesetzlichen Sonn- und Feiertagszuschlag. Vielmehr hat der Arbeitnehmer bei Sonn- und Feiertagsarbeit nach § 11 Abs. 3 ArbZG Anspruch auf einen **Ersatzruhetag** (BAG v. 11.1.2006, 5 AZR 97/05, www.stotax-first.de).

– Pausen stellen keine Nacht-, Sonn- oder Feiertagsarbeit dar (BAG v. 18.11.2009, 5 AZR 774/08, www.stotax-first.de).

Zur **Zuschlagshöhe**: Ob die tariflichen Zuschläge für Sonn- und Feiertagsarbeit auf den dem Arbeitnehmer tatsächlich gezahlten oder auf den (niedrigeren) tariflichen Stundenlohn zu zahlen sind, muss durch Auslegung des Tarifvertrags oder der arbeitsvertraglichen Vergütungsvereinbarung ermittelt werden (BAG v. 6.12.2006, 4 AZR 711/05, www.stotax-first.de).

2. Arbeitsrecht

a) Arbeitsrechtliche Schutzbestimmungen

3367 Grundsätzlich können Arbeitgeber und Arbeitnehmer die Arbeitszeit frei vereinbaren, zu der der Arbeitnehmer seiner Verpflichtung zur Arbeitsleistung nachkommt. Um den Arbeitnehmer allerdings vor den Gesundheitsgefahren zu langer Arbeit oder der Arbeit zu ungewöhnlichen Zeiten zu schützen, enthält das Arbeitszeitgesetz bestimmte Regelungen über die Arbeitszeit der Arbeitnehmer. Zweck dieses Gesetzes ist es,

– **die Sicherheit und den Gesundheitsschutz** der Arbeitnehmer bei der Arbeitszeitgestaltung zu gewährleisten und die Rahmenbedingungen für flexible Arbeitszeiten zu verbessern sowie

– den **Sonntag und die staatlich anerkannten Feiertage** als Tage der Arbeitsruhe und der seelischen Erhebung der Arbeitnehmer zu schützen (§ 1 ArbZG).

Dabei ist zu beachten, dass der Sonntag und die anerkannten Feiertage bereits **grundgesetzlich geschützt sind** (Art. 140 GG i.V.m. Art. 139 Weimarer Verfassung). Aus dem Schutzzweck des Arbeitszeitgesetzes folgt, dass es als öffentliches Recht i.d.R. **zwingendes Recht** ist, d.h. Vereinbarungen zwischen Arbeitgeber und Arbeitnehmer, die gegen die Vorschriften des Arbeitszeitgesetzes verstoßen, sind unwirksam. Hierbei ist allerdings zu beachten, dass das Arbeitszeitgesetz selbst an vielen Stellen Ausnahmen durch einen Tarifvertrag oder durch eine Betriebsvereinbarung zulässt (vgl. z.B. § 7 oder § 12 ArbZG).

Durch Tarifvertrag können im Übrigen tarifvertragliche Zuschläge aus der **Entgeltfortzahlung im Krankheitsfall** herausgenommen werden (BAG v. 13.3.2002, 5 AZR 648/00, www.stotax-first.de).

b) Sonn- und Feiertagsarbeit

3368 Nach § 9 ArbZG dürfen Arbeitnehmer an Sonn- und Feiertagen **von 0.00 bis 24.00 Uhr nicht beschäftigt werden**. Dieser Grundsatz wird aber durch eine Vielzahl von Ausnahmen durchbrochen, die in § 10 ArbZG aufgeführt sind. **So ist die Arbeit an Sonn- und Feiertagen z.B. erlaubt:**

– In Not- und Rettungsdiensten sowie bei der Feuerwehr,

– zur Aufrechterhaltung der öffentlichen Sicherheit und Ordnung,

- in Krankenhäusern und anderen Einrichtungen zur Behandlung, Pflege und Betreuung von Personen,
- in Gaststätten und anderen Einrichtungen zur Bewirtung und Beherbergung,
- bei Musikaufführungen, Theatervorstellungen, Filmvorführungen,
- bei Fernsehen, Rundfunk und Presse,
- bei Messen und Ausstellungen,
- in Verkehrsbetrieben,
- in Bäckereien und Konditoreien für bis zu drei Stunden.

Werden Arbeitnehmer an Sonn- und Feiertagen beschäftigt, so darf die Arbeitszeit acht Stunden nicht überschreiten. Sie kann auf zehn Stunden verlängert werden, wenn innerhalb von sechs Kalendermonaten oder innerhalb von 24 Wochen im Durchschnitt acht Stunden nicht überschritten werden (§ 11 Abs. 2 i.V.m. § 3 ArbZG). Als Ausgleich für die Sonn- und Feiertagsbeschäftigung müssen mindestens 15 Sonntage beschäftigungsfrei bleiben (§ 11 Abs. 1 ArbZG). Darüber hinaus müssen Arbeitnehmer, die an einem Sonntag beschäftigt werden, einen Ersatzruhetag haben, der innerhalb von zwei Wochen zu gewähren ist (§ 11 Abs. 3 ArbZG).

c) Nachtarbeit

3369 Auch für Nachtarbeit beinhaltet das Arbeitszeitgesetz bestimmte Regelungen. So ist **Nachtarbeit jede Arbeit, die mehr als zwei Stunden der Nachtzeit** umfasst. Nachtzeit ist dabei die Zeit von 23.00 bis 6.00 Uhr, in Bäckereien und Konditoreien die Zeit von 22.00 bis 5.00 Uhr (§ 2 Abs. 3 und 4 ArbZG).

Die Nachtarbeit darf acht Stunden nicht überschreiten. Sie kann auf zehn Stunden verlängert werden, wenn innerhalb von einem Kalendermonat oder innerhalb von vier Wochen im Durchschnitt acht Stunden werktäglich nicht überschritten werden (§ 6 Abs. 2 ArbZG).

Unter bestimmten Voraussetzungen besteht nach § 6 Abs. 5 ArbZG ein Anspruch auf angemessenen Freizeitausgleich oder auf eine angemessene Vergütung für Nachtarbeit, soweit nicht ohnehin eine tarifvertragliche Regelung eingreift.

d) Keine Folgerungen für das Steuer- und Sozialversicherungsrecht

3370 Folgerungen aus der Definition der Sonntags-, Feiertags- und Nachtarbeit im Arbeitszeitgesetz bzw. aus einem etwaigen Arbeitsverbot **sind im Bereich des Steuer- und Sozialversicherungsrechts nicht zu ziehen**.

3. Lohnsteuer

a) Allgemeines

3371 Das Steuerrecht enthält in **§ 3b EStG eine eigenständige Begriffsdefinition der Sonntags-, Feiertags- oder Nachtarbeit**; nur unter den in § 3b EStG genannten Voraussetzungen kommt eine Steuerbefreiung der Zuschläge für Sonntags-, Feiertags- oder Nachtarbeit in Betracht. Im Steuerrecht gilt deshalb Folgendes:

- **Nachtarbeit** ist die Arbeit in der Zeit **von 20.00 bis 6.00 Uhr** (§ 3b Abs. 2 Satz 2 EStG),
- **Sonntagsarbeit** und **Feiertagsarbeit** ist die Arbeit in der Zeit **von 0.00 bis 24.00 Uhr** des jeweiligen Tags (§ 3b Abs. 2 Satz 3 EStG); als Sonntagsarbeit und Feiertagsarbeit gilt auch die Arbeit in der Zeit von 0.00 bis 4.00 Uhr des auf den Sonntag oder Feiertag folgenden Tags, wenn die Nachtarbeit vor 0.00 Uhr aufgenommen wird (§ 3b Abs. 3 Nr. 2 EStG).

Bei Anwendung dieser steuerlichen Regelungen ist es nicht entscheidend, ob Arbeitgeber und Arbeitnehmer die Vorschriften des Arbeitszeitgesetzes missachten, denn **für die Besteuerung ist es unerheblich**, ob ein Verhalten, das den Tatbestand eines Steuergesetzes ganz oder z.T. erfüllt, **gegen ein gesetzliches Gebot oder Verbot** oder gegen die guten Sitten verstößt (§ 40 AO), vgl. dazu BFH v. 18.2.2005, VI B 86/04, www.stotax-first.de, betr. Prostituierte. Dies gilt selbst dann, wenn der Arbeitgeber wegen vorsätzlichen oder fahrlässigen Verstoßes gegen das Arbeitszeitgesetz mit einer Geldbuße oder Geldstrafe belangt wird oder wenn die Vereinbarung zwischen Arbeitnehmer und Arbeitgeber nach § 134 BGB nichtig ist. Für die Steuerfreiheit der Zuschläge für Sonntags-, Feiertags- oder Nachtarbeit kommt es allein darauf an, dass ein solcher Zuschlag gezahlt wird und die nachfolgenden Voraussetzungen erfüllt sind.

b) Begünstigter Personenkreis

3372 Die Steuerfreiheit nach § 3b EStG setzt voraus, dass die Zuschläge ohne diese Vorschrift den **Einkünften aus nichtselbständiger Arbeit zuzurechnen** wären (BFH v. 19.3.1997, I R 75/96, BStBl II 1997, 577). Begünstigt sind somit alle Arbeitnehmer im einkommensteuerrechtlichen Sinne. Dazu zählen z.B. auch

- **Arbeitnehmer-Ehegatten** im Rahmen eines lohnsteuerlich anzuerkennenden Dienstverhältnisses (→ *Angehörige* Rz. 119),
- Arbeitnehmer, deren Lohn **nach § 40a EStG pauschal versteuert** wird (→ *Pauschalierung der Lohnsteuer bei Aushilfskräften* Rz. 2190, → *Pauschalierung der Lohnsteuer bei geringfügig Beschäftigten* Rz. 2215).

Bei Gesellschafter-Geschäftsführern ist die Zahlung steuerfreier Zuschläge für Sonntags-, Feiertags- oder Nachtarbeit grundsätzlich nicht möglich, denn mit dem Aufgabenbild eines GmbH-Geschäftsführers verträgt sich **keine Vereinbarung über die Vergütung von Überstunden** (BFH v. 19.3.1997, I R 75/96, BStBl II 1997, 577; BFH v. 13.12.2006, VIII R 31/05, BStBl II 2007, 393). Dies gilt erst recht, wenn die Vereinbarung von vornherein auf die Vergütung von Überstunden an Sonntagen, Feiertagen und zur Nachtzeit beschränkt ist und/oder wenn außerdem eine Gewinntantieme vereinbart ist. Die an den Gesellschafter-Geschäftsführer geleisteten Überstundenvergütungen sind **steuerlich als verdeckte Gewinnausschüttungen** i.S.v. § 8 Abs. 3 Satz 2 KStG zu behandeln. S. hierzu auch FG Münster v. 14.4.2015, 1 K 3431/13 E, www.stotax-first.de.

In bestimmten Ausnahmefällen kann die Zahlung von Sonntags-, Feiertags- oder Nachtzuschlägen aber **auch keine verdeckte Gewinnausschüttung** darstellen (BFH v. 14.7.2004, I R 111/03, BStBl II 2005, 307). Im Urteilsfall war die Art des Betriebs – eine nachts und an Sonn- und Feiertagen geöffnete Autobahntankstelle – und der Umstand, dass sämtliche (auch leitende) Mitarbeiter entsprechende Zuschläge erhielten, entscheidungserheblich (betriebsinterner Fremdvergleich). Die Finanzverwaltung weist ausdrücklich darauf hin, dass Gesellschafter-Geschäftsführer nur dann steuerfreie Zuschläge für Sonntags-, Feiertags- oder Nachtarbeit erhalten können, wenn i.R.d. **betriebsinternen Fremdvergleichs** festgestellt wird, dass gesellschaftsfremde Arbeitnehmer

- eine mit dem Geschäftsführer vergleichbare Leitungsfunktion haben und
- eine Vergütung erhalten, die sich in derselben Größenordnung bewegt wie die Gesamtbezüge des Gesellschafter-Geschäftsführers (OFD Düsseldorf v. 7.7.2005, S 2343 A – St 22, www.stotax-first.de).

Ein FG ist im Übrigen durch die Rechtsprechung des BFH nicht gehindert, die gesonderte Vergütung, die ein Gesellschafter-Geschäftsführer einer GmbH für seine Tätigkeit an Sonntagen und Feiertagen von der Kapitalgesellschaft erhält, auch dann als verdeckte Gewinnausschüttung zu würdigen, wenn zwar anderen Arbeitnehmern ebenfalls Sonntagsarbeit und Feiertagsarbeit vergütet wird, deren Funktion oder Vergütung jedoch nicht derjenigen des Gesellschafter-Geschäftsführers entspricht (BFH v. 17.9.2007, I B 65/07, www.stotax-first.de).

c) Zuschlagssätze

3373 Zuschläge, die für tatsächlich geleistete Sonntags-, Feiertags- oder Nachtarbeit neben dem Grundlohn gezahlt werden, sind nur steuerfrei, soweit sie **die folgenden Prozentsätze des Grundlohns nicht übersteigen** (§ 3b Abs. 1 und 3 EStG):

- Für **Nachtarbeit** 25 %,
- für **Nachtarbeit in der Zeit von 0.00 bis 4.00 Uhr**, wenn die Nachtarbeit vor 0.00 Uhr aufgenommen wird, 40 %,
- für **Sonntagsarbeit** 50 %,
- für **Arbeit an den gesetzlichen Feiertagen** 125 %,
- für **Arbeit an Silvester** (31. Dezember) ab 14.00 Uhr 125 %,
- für **Arbeit an Heiligabend** (24. Dezember) ab 14.00 Uhr 150 %,

Zuschläge für Sonntags-, Feiertags- oder Nachtarbeit

keine Sozialversicherungspflicht = (SV̷)
Sozialversicherungspflicht = (SV)

- für **Arbeit am ersten und zweiten Weihnachtsfeiertag** (25. und 26. Dezember) **150 %**,
- für **Arbeit am 1. Mai** **150 %**.

Als Sonntagsarbeit und Feiertagsarbeit gilt auch die Arbeit in der Zeit von 0.00 bis 4.00 Uhr des auf den Sonntag oder Feiertag folgenden Tags, wenn die Nachtarbeit vor 0.00 Uhr aufgenommen wird (§ 3b Abs. 3 Nr. 2 EStG).

Die gesetzlichen Feiertage werden durch die **am Ort der Arbeitsstätte geltenden Vorschriften** bestimmt (§ 3b Abs. 2 Satz 4 EStG), das sind **die Feiertagsgesetze** in den einzelnen Bundesländern, Ausnahme: Der Tag der deutschen Einheit (3. Oktober) ist durch Bundesgesetz geregelt. **Zu den gesetzlichen Feiertagen gehören der Oster- und der Pfingstsonntag** auch dann, wenn sie in den am Ort der Arbeitsstätte geltenden Vorschriften nicht ausdrücklich als Feiertage genannt werden (R 3b Abs. 3 Satz 3 LStR).

Aus den Feiertagsgesetzen der einzelnen Bundesländer ergibt sich folgende Übersicht:

- **Feiertage in allen Bundesländern:**
  - Neujahr,
  - Karfreitag,
  - Ostermontag,
  - 1. Mai,
  - Himmelfahrt,
  - Pfingstmontag,
  - Tag der deutschen Einheit (3. Oktober),
  - 1. Weihnachtsfeiertag,
  - 2. Weihnachtsfeiertag.

- **Feiertage in einzelnen Bundesländern:**
  - Hl. Drei Könige (6. Januar) in Baden-Württemberg, Bayern und Sachsen-Anhalt,
  - Ostersonntag in Brandenburg,
  - Pfingstsonntag in Brandenburg,
  - Fronleichnam in Baden-Württemberg, Bayern, Hessen, Nordrhein-Westfalen, Rheinland-Pfalz, Saarland, Sachsen (in bestimmten Gemeinden in den Landkreisen Bautzen und Westlausitzkreis) und Thüringen (in Gemeinden mit überwiegend katholischer Wohnbevölkerung),
  - Friedensfest (8. August) **nur** in der Stadt Augsburg,
  - Mariä Himmelfahrt (15. August) in Bayern (in Gemeinden mit überwiegend katholischer Bevölkerung) und Saarland,
  - Reformationstag (31. Oktober) in Brandenburg, Mecklenburg-Vorpommern, Sachsen, Sachsen-Anhalt und Thüringen,
  - Allerheiligen (1. November) in Baden-Württemberg, Bayern, Nordrhein-Westfalen, Rheinland-Pfalz und Saarland,
  - Buß- und Bettag in Sachsen.

Bei einer nur **vorübergehenden kurzfristigen Abwesenheit** von der ersten Tätigkeitsstätte (z.B. ein Außendienstmitarbeiter hat an einem Tag, der an seiner ersten Tätigkeitsstätte ein Feiertag ist, einen Auftrag an einem Ort zu erledigen, an dem kein Feiertag ist) sind die Verhältnisse an der ersten Tätigkeitsstätte maßgebend. Bei einer **längerfristigen Abwesenheit** können dagegen je nach den Umständen des Einzelfalls die Verhältnisse am Ort der neuen Tätigkeitsstätte maßgebend sein. Es bestehen keine Bedenken, besonderen tarifvertraglichen Regelungen über die Gewährung von Feiertagen zu folgen (BMF v. 1.3.2004, IV C 5 – S 2353 – 26/04, Steuer-Telex 2004, 218).

d) Grundlohn

aa) Begriff des Grundlohns

3374 Grundlohn ist **der laufende Arbeitslohn**, der dem Arbeitnehmer bei der **für ihn maßgebenden regelmäßigen Arbeitszeit für den jeweiligen Lohnzahlungszeitraum zusteht**; er ist in einen Stundenlohn umzurechnen und **mit höchstens 50 € anzusetzen** (§ 3b Abs. 2 EStG). Maßgebend ist der dem Arbeitnehmer für den Lohnzahlungszeitraum zustehende Grundlohn. Hierbei kommt es auf den im einzelnen Fall tatsächlich vereinbarten Grundlohn an. Werden beispielsweise im einzelnen Fall Abweichungen von tarifvertraglichen Regelungen vereinbart, so sind diese Abweichungen maßgebend. Das gilt auch dann, wenn der Tarifvertrag solche Möglichkeiten nicht vorsieht.

bb) Abgrenzung des Grundlohns

Zum Grundlohn zählt nur der für die regelmäßige Arbeitszeit zustehende laufende Arbeitslohn. Was laufender Arbeitslohn ist, bestimmt sich nach R 39b.2 Abs. 1 LStR (→ *Laufender Arbeitslohn* Rz. 1771), vgl. R 3b Abs. 2 LStR. 3375

Danach gehören zum Grundlohn laufende Geld- und Sachbezüge wie z.B.:

- Monatsgehälter, Wochen- und Tagelöhne,
- nach § 40a und § 40b EStG pauschal besteuerter Arbeitslohn,
- Erschwerniszulagen,
- Lohnzuschläge für Zeiten, die nicht nach § 3b EStG begünstigt sind (z.B. Schicht-, Spät- oder Nachtarbeitszuschläge für die Zeit bis 20.00 Uhr); der BFH hat allerdings entschieden, dass **Zuschläge für Wechselschichtarbeit**, die der Arbeitnehmer für seine Wechselschichttätigkeit regelmäßig und fortlaufend bezieht, **immer zum steuerpflichtigen Grundlohn** gehören; sie sind daher auch während der durch § 3b EStG begünstigten Nachtzeit nicht steuerbefreit (BFH v. 7.7.2005, IX R 81/98, BStBl II 2005, 888),
- geldwerte Vorteile aus der ständigen Überlassung von Kraftwagen zur privaten Nutzung,
- unentgeltliche oder verbilligte Wohnungsüberlassung,
- Zinsersparnisse aus Darlehensgewährung,
- vermögenswirksame Leistungen,
- Nachzahlungen und Vorauszahlungen, wenn sich diese ausschließlich auf Lohnzahlungszeiträume beziehen, die im Kalenderjahr der Zahlung enden,
- steuerfreier Arbeitslohn nach § 3 Nr. 56 oder 63 EStG (R 3b Abs. 2 Nr. 1 Buchst. c Satz 3 LStR).

Nicht zum Grundlohn gehören dagegen:

- Vergütungen für Mehrarbeit,
- Lohnzuschläge für Zeiten, die nach § 3b EStG begünstigt sind,
- sonstige Bezüge i.S. der R 39b.2 Abs. 2 LStR (→ *Sonstige Bezüge* Rz. 2704),
- nach § 40 EStG pauschal besteuerter Arbeitslohn (z.B. Fahrtkostenzuschüsse, Essenszuschüsse, Zuwendungen anlässlich von Betriebsveranstaltungen, Erholungsbeihilfen, Verpflegungsmehraufwendungen, Übereignung von Datenverarbeitungsgeräten und Zuschüsse für die Internet-Nutzung),
- steuerfreie Bezüge (z.B. Reisekostenvergütungen, Umzugskostenvergütungen, Mehraufwendungen wegen doppelter Haushaltsführung, Kurzarbeitergeld, Saison-Kurzarbeitergeld, Trinkgelder, Arbeitgeberanteil zur Sozialversicherung). Die Finanzverwaltung beanstandet es aber nicht, wenn der Sachbezugswert für eine vom Arbeitgeber gestellte Mahlzeit, die auf Grund des Besteuerungsverzichts nach § 8 Abs. 2 Satz 9 EStG (→ *Mahlzeiten aus besonderem Anlass* Rz. 1978) beim Arbeitslohn außer Ansatz bleibt, zum Grundlohn gerechnet wird.

> **Beispiel 1:**
>
> Auf Grund tarifvertraglicher Vereinbarung erhält ein Arbeitnehmer für die Arbeit in der Zeit von 18.00 bis 22.00 Uhr einen Spätarbeitszuschlag.
>
> Der für die Zeit von 18.00 bis 20.00 Uhr gezahlte Spätarbeitszuschlag gehört zum Grundlohn. Nicht zum Grundlohn gehört der Spätarbeitszuschlag von 20.00 bis 22.00 Uhr.

> **Beispiel 2:**
>
> Auf Grund tarifvertraglicher Vereinbarung erhält ein Arbeitnehmer für die Arbeit an Sonntagen einen Sonntagszuschlag von 100 %.
>
> Der Sonntagszuschlag gehört nicht zum Grundlohn, das gilt auch für den steuerpflichtigen Teil des Sonntagszuschlags.

> **Beispiel 3:**
>
> Einem Arbeitnehmer wird auf Grund der Entgeltfortzahlung im Krankheitsfall ein Nachtarbeitszuschlag ausgezahlt.
>
> Der im Rahmen der Entgeltfortzahlung im Krankheitsfall ausgezahlte Nachtarbeitszuschlag ist steuerpflichtig, weil er nicht für tatsächlich geleistete Nachtarbeit gezahlt wird. Der Zuschlag gehört zum Grundlohn.

Zuschläge für Sonntags-, Feiertags- oder Nachtarbeit

cc) Ermittlung des Grundlohns

3376 Zur Ermittlung des Grundlohnanspruchs für den jeweiligen Lohnzahlungszeitraum ist wie folgt zu verfahren (R 3b Abs. 2 Nr. 2 bis 4 LStR):

– **Ermittlung des Basisgrundlohns**

Zunächst ist der Basisgrundlohn zu ermitteln. Hierzu zählen die Teile des vereinbarten laufenden Arbeitslohns, deren Höhe von **im Voraus bestimmbaren Verhältnissen** abhängt.

Werden die für den Lohnzahlungszeitraum zu zahlenden **Lohnzuschläge nach den Verhältnissen eines früheren Lohnzahlungszeitraums** bemessen, ist auch der Ermittlung des Basisgrundlohns der frühere Lohnzahlungszeitraum zu Grunde zu legen. Werden die Zuschläge nach der Arbeitsleistung eines früheren Lohnzahlungszeitraums aber nach dem Grundlohn des laufenden Lohnzahlungszeitraums bemessen (dies gilt z.B. für Zuschläge, die im öffentlichen Dienst gezahlt werden), ist der Basisgrundlohn des laufenden Lohnzahlungszeitraums zu Grunde zu legen. Soweit sich die Lohnvereinbarung auf andere Zeiträume als auf den Lohnzahlungszeitraum bezieht, ist der Basisgrundlohn durch Vervielfältigung des vereinbarten Stundenlohns mit der Stundenzahl der regelmäßigen Arbeitszeit im Lohnzahlungszeitraum zu ermitteln. Bei einem monatlichen Lohnzahlungszeitraum ergibt sich die Stundenzahl der regelmäßigen Arbeitszeit aus dem 4,35-fachen der wöchentlichen Arbeitszeit. Arbeitszeitausfälle, z.B. durch Urlaub oder Krankheit, bleiben außer Betracht (R 3b Abs. 2 Nr. 2 Buchst. a LStR).

– **Ermittlung der Grundlohnzusätze**

Sodann sind die Grundlohnzusätze zu ermitteln. Das sind die Teile des laufenden Arbeitslohns, deren Höhe **nicht von im Voraus bestimmbaren Verhältnissen** abhängt, z.B. der nur für einzelne Arbeitsstunden bestehende Anspruch auf Erschwerniszulagen oder Spätarbeitszuschläge oder der von der Zahl der tatsächlichen Arbeitstage abhängende Anspruch auf nicht pauschal versteuerte Fahrtkostenzuschüsse. Diese Grundlohnzusätze sind mit den Beträgen anzusetzen, die dem Arbeitnehmer für den jeweiligen Lohnzahlungszeitraum tatsächlich zustehen (R 3b Abs. 2 Nr. 2 Buchst. b LStR).

– **Umrechnung des Grundlohnanspruchs**

Basisgrundlohn und Grundlohnzusätze sind zusammenzurechnen. Der sich so ergebende Grundlohnanspruch für den jeweiligen Lohnzahlungszeitraum ist in einen Stundenlohn umzurechnen. Hierzu ist **die errechnete Summe durch die Zahl der Stunden der regelmäßigen Arbeitszeit** im jeweiligen Lohnzahlungszeitraum **zu teilen**. Bei einem monatlichen Lohnzahlungszeitraum ist der Divisor mit dem 4,35-fachen der wöchentlichen Arbeitszeit anzusetzen. Das Ergebnis ist der Grundlohn; er ist für die Begrenzung des steuerfreien Anteils der Zuschläge für Sonntags-, Feiertags- oder Nachtarbeit maßgebend, soweit er die Stundenlohnhöchstgrenze nach § 3b Abs. 2 Satz 1 EStG von 50 € nicht übersteigt (R 3b Abs. 2 Nr. 3 LStR).

Maßgebend ist hierbei die für den Lohnzahlungszeitraum vereinbarte regelmäßige Arbeitszeit, auch wenn der Arbeitnehmer tatsächlich mehr oder weniger gearbeitet hat.

Fehlt eine Vereinbarung der regelmäßigen Arbeitszeit, ist die tatsächlich geleistete Arbeitszeit zu Grunde zu legen.

Bei Stücklohnempfängern kann die Umrechnung des Stücklohns auf einen Stundenlohn unterbleiben.

– **Zeitanteiliger Zuschlag**

Wird ein Zuschlag für Sonntags-, Feiertags- oder Nachtarbeit von **weniger als einer Stunde** gezahlt, so ist bei der Ermittlung des steuerfreien Zuschlags für diesen Zeitraum der Grundlohn entsprechend zu kürzen (R 3b Abs. 2 Nr. 4 LStR).

– **Grundlohn bei Altersteilzeit**

Bei einer Beschäftigung nach dem Altersteilzeitgesetz (→ Altersteilzeit Rz. 68) ist der Grundlohn so zu berechnen, als habe eine Vollzeitbeschäftigung bestanden (R 3b Abs. 2 Nr. 5 LStR).

Mit dieser Regelung soll verhindert werden, dass bei Altersteilzeitmodellen der nach § 3b Abs. 2 EStG berechnete Grundlohn rechnerisch niedriger ist als bei Vollzeitbeschäftigung.

Beispiel 1:

Ein Arbeitnehmer in einem Drei-Schicht-Betrieb hat eine tarifvertraglich geregelte Arbeitszeit von 38 Stunden wöchentlich und einen monatlichen Lohnzahlungszeitraum. Er hat Anspruch – soweit es den laufenden Arbeitslohn ohne Sonntags-, Feiertags- oder Nachtarbeitszuschläge angeht – auf

– einen Normallohn von 8,50 € für jede im Lohnzahlungszeitraum geleistete Arbeitsstunde,
– einen Schichtzuschlag von 0,25 € je Arbeitsstunde,
– einen Zuschlag für Samstagsarbeit von 0,50 € für jede Samstagsarbeitsstunde,
– einen Spätarbeitszuschlag von 0,85 € für jede Arbeitsstunde zwischen 18.00 und 20.00 Uhr,
– einen Überstundenzuschlag von 2,50 € je Überstunde,
– eine Gefahrenzulage für unregelmäßig anfallende gefährliche Arbeiten von 1,50 € je Stunde,
– einen steuerpflichtigen, aber nicht pauschal versteuerten Fahrtkostenzuschuss von 3 € je Arbeitstag,
– eine vermögenswirksame Leistung von 40 € monatlich,
– Beiträge des Arbeitgebers zu einer Direktversicherung von 50 € monatlich.

Im Juni hat der Arbeitnehmer infolge Urlaubs nur an 10 Tagen insgesamt 80 Stunden gearbeitet. In diesen 80 Stunden sind enthalten:

– Regelmäßige Arbeitsstunden	76
– Überstunden insgesamt	4
– Samstagsstunden insgesamt	12
– Überstunden an Samstagen	2
– Spätarbeitsstunden insgesamt	16
– Überstunden mit Spätarbeit	2
– Stunden mit gefährlichen Arbeiten insgesamt	5
– Überstunden mit gefährlichen Arbeiten	1

a) Berechnung des Basisgrundlohns

8,50 € Stundenlohn × 38 Stunden × 4,35	1 405,05 €
0,25 € Schichtzuschlag × 38 Stunden × 4,35	41,33 €
Vermögenswirksame Leistungen	40,— €
Beiträge zur Direktversicherung	50,— €
insgesamt	1 536,38 €

b) Berechnung der Grundlohnzusätze

0,50 € Samstagsarbeitszuschlag × 10 Stunden	5,— €
0,85 € Spätarbeitszuschlag × 14 Stunden	11,90 €
1,50 € Gefahrenzulage × 4 Stunden	6,— €
3 € Fahrtkostenzuschuss × 10 Arbeitstage	30,— €
insgesamt	52,90 €

c) Berechnung des Grundlohns des Lohnzahlungszeitraums insgesamt

Basisgrundlohn	1 536,38 €
+ Grundlohnzusätze	52,90 €
= Grundlohn insgesamt	1 589,28 €

d) Berechnung des Stunden-Grundlohns

$$\frac{\text{Grundlohn}}{\text{Wochenstunden} \times 4{,}35} = \frac{1\,589{,}28\,€}{38\text{ Stunden} \times 4{,}35} = \underline{9{,}61\,€}$$

Beispiel 2:

Bei einem Arbeitnehmer mit tarifvertraglich geregelter Arbeitszeit von 37,5 Stunden wöchentlich und einem monatlichen Lohnzahlungszeitraum, dessen Sonntags-, Feiertags- und Nachtarbeitszuschläge sowie nicht im Voraus feststehende Bezüge sich nach den Verhältnissen des Vormonats bemessen, betragen für den Lohnzahlungszeitraum März

– der Basisgrundlohn 1 638,64 €,
– die Grundlohnzusätze (bemessen nach den Verhältnissen im Monat Februar) 140,36 €,
– im Februar betrug der Basisgrundlohn 1 468,08 €.

Für die Ermittlung des steuerfreien Anteils der Zuschläge für Sonntags-, Feiertags- oder Nachtarbeit, die dem Arbeitnehmer auf Grund der im Februar geleisteten Arbeit für den Lohnzahlungszeitraum März zustehen, ist von einem Grundlohn auszugehen, der sich aus

– dem Basisgrundlohn des Lohnzahlungszeitraums Februar von 1 468,08 €
– und den Grundlohnzusätzen des Lohnzahlungszeitraums März (bemessen nach den Verhältnissen im Februar) 140,36 €

zusammensetzt.

Der für die Berechnung des steuerfreien Anteils der begünstigten Lohnzuschläge maßgebende Grundlohn beträgt also

$$\frac{\text{Grundlohn}}{\text{Wochenstunden} \times 4{,}35} = \frac{(1\,468{,}08\,€ + 140{,}36\,€)}{37{,}5\text{ Stunden} \times 4{,}35} = \underline{9{,}86\,€}$$

Zuschläge für Sonntags-, Feiertags- oder Nachtarbeit

e) Zuschlag zum Grundlohn

3377 Die Steuerfreiheit nach § 3b EStG setzt voraus, dass **neben dem Grundlohn tatsächlich ein Zuschlag für Sonntags-, Feiertags- oder Nachtarbeit gezahlt wird**. Ein solcher Zuschlag kann in einem Gesetz, einer Rechtsverordnung, einem Tarifvertrag, einer Betriebsvereinbarung oder einem Einzelarbeitsvertrag geregelt sein. Die geleisteten Zahlungen müssen eindeutig von dem arbeitsrechtlich geschuldeten Arbeitslohn abgrenzbar sein. Ein Zuschlag wird nicht neben dem Grundlohn gezahlt, wenn er aus dem arbeitsrechtlich geschuldeten Arbeitslohn rechnerisch ermittelt wird, selbst wenn im Hinblick auf eine ungünstig liegende Arbeitszeit ein höherer Arbeitslohn gezahlt werden sollte (BFH v. 28.11.1990, VI R 144/87, BStBl II 1991, 296 sowie BFH v. 16.12.2010, VI R 27/10, BStBl II 2012, 288); infolgedessen dürfen auch aus einer Umsatzbeteiligung keine Zuschläge abgespalten und nach § 3b EStG steuerfrei gelassen werden. Unschädlich ist es jedoch, wenn neben einem Zuschlag für Sonntags-, Feiertags- oder Nachtarbeit, die gleichzeitig Mehrarbeit ist, keine gesonderte Mehrarbeitsvergütung oder ein Grundlohn gezahlt wird, mit dem die Mehrarbeit abgegolten ist (R 3b Abs. 1 LStR).

Beispiel 1:
Ein Arbeitnehmer ist als Ingenieur bei einer Fabrik als Leiter der Produktion angestellt. Nach dem Arbeitsvertrag erhält der Arbeitnehmer ein Gehalt von 4 000 € pro Monat sowie ein 13. Monatsgehalt und Urlaubsgeld. Bestimmungen über zu leistende Arbeitszeit, Vergütungen von Mehr- bzw. Nachtarbeit sowie Arbeit an Sonn- und Feiertagen enthält der Arbeitsvertrag nicht.

Nach einer Bescheinigung seines Arbeitgebers muss der Arbeitnehmer jederzeit für das Unternehmen telefonisch erreichbar sein und nach 21.00 Uhr sowie an Samstagen, Sonntagen und Feiertagen Kontroll- und Inspektionsgänge durchführen. Hierfür wird ihm kein zusätzliches Entgelt gezahlt, sondern in seinem Gehalt sind dafür monatlich 225 € als Sonn- und Feiertagszuschlag vorgesehen.

Der Betrag von 225 € ist nicht nach § 3b EStG steuerfrei, weil er nicht neben dem Grundlohn gezahlt wird (BFH v. 28.11.1990, VI R 144/87, BStBl II 1991, 296).

Beispiel 2:
Ein Pilot, der ausschließlich Langstreckenflüge nach Australien absolviert, erhält eine sog. Flugzulage, die auch die Sonntags-, Feiertags- und Nachtarbeit abgilt.

Da es sich bei der Flugzulage um feste Monatsbeträge handelt, die pauschal für Sonntags-, Feiertags- oder Nachtarbeit als Bestandteil des Grundlohns und ohne Rücksicht auf die tatsächlich geleisteten Arbeitsstunden zu den begünstigten Zeiten gezahlt werden, sind die Voraussetzungen für die Steuerbefreiungsvorschrift des § 3b EStG nicht erfüllt (BFH v. 16.12.2010, VI R 27/10, BStBl II 2012, 288).

Zuschläge für Wechselschichtarbeit, die der Arbeitnehmer für seine Wechselschichttätigkeit regelmäßig und fortlaufend bezieht, sind **nicht nach § 3b EStG steuerbefreit** (→ *Wechselschichtzulage* Rz. 3127). Auch eine sog. **Offshore-Zulage**, die zur Abgeltung für alle anfallende Mehr-, Wochenend-, Feiertags- und Nacharbeit gezahlt wird, ist **in voller Höhe steuerpflichtig** (FG Niedersachsen v. 24.9.2015, 14 K 232/14, www.stotax-first.de).

Bei einem **Fremdgesellschafter einer GmbH** kommt die Steuerfreiheit nach § 3b EStG nur dann in Betracht, wenn in dem Dienstvertrag **eine regelmäßige Arbeitszeit** sowie die **Zahlung von Zuschlägen für Sonntags-, Feiertags- oder Nachtarbeit ausdrücklich vereinbart** worden ist. Enthält der Dienstvertrag aber eine Klausel, nach der der Geschäftsführer seine ganze Arbeitskraft und seine gesamten Kenntnisse und Erfahrungen der GmbH zur Verfügung zu stellen hat, sind von der GmbH gezahlte Zuschläge nicht nach § 3b EStG begünstigt (BFH v. 27.6.1997, VI R 12/97, HFR 1997, 894 sowie BFH v. 9.4.2003, VIII B 124/02, www.stotax-first.de).

Bei einer **Nettolohnvereinbarung** (→ *Nettolöhne* Rz. 2126) ist der Zuschlag nur steuerfrei, wenn er **neben dem vereinbarten Nettolohn** gezahlt wird (R 3b Abs. 1 Satz 3 LStR).

Die **Vereinbarung eines durchschnittlichen Auszahlungsbetrags** pro tatsächlich geleisteter Arbeitsstunde steht der Steuerbefreiung nach § 3b EStG jedoch nicht entgegen, denn der laufende Arbeitslohn (§ 3b Abs. 2 Satz 1 EStG) kann der Höhe nach schwanken (BFH v. 17.6.2010, VI R 50/09, BStBl II 2011, 43).

Beispiel 3:
Der Arbeitgeber betreibt einen Autohof, in dessen Gastronomiebereich Arbeitnehmer in wechselnden Schichten rund um die Uhr beschäftigt sind. Nach den Arbeitsverträgen erhalten die Arbeitnehmer neben einem Basisgrundlohn die aus ihrer Arbeitszeit resultierenden möglichen Zuschläge nach § 3b EStG als Teillohn des vereinbarten durchschnittlichen Effektivlohns pro Stunde für tatsächlich geleistete Arbeitsstunden. Unter dem „durchschnittlichen Effektivlohn" wird der Auszahlungsbetrag verstanden, der sich nach Abzug der nach den persönlichen Besteuerungsmerkmalen ermittelten steuerrechtlichen Abzüge und der Sozialabgaben vom Bruttolohn ergibt. Der Auszahlungsbetrag, der auch alle einzelrelevanten Löhne, wie etwa Urlaubs- und Weihnachtsgeld enthalten soll, wird **in fester Höhe vereinbart**. Für den Fall, dass sich auf Grund der Arbeitszeitplanung ein geringerer durchschnittlicher Auszahlungsbetrag als der vereinbarte ergäbe, wird für den betreffenden Abrechnungsmonat der Basisgrundlohn um eine sog. **Grundlohnergänzung so erhöht**, dass sich hieraus der vereinbarte durchschnittliche Auszahlungsbetrag pro tatsächlich geleisteter Arbeitsstunde errechnet. Wird mit der Summe aus Basisgrundlohn, Urlaubs-, Weihnachtsgeld, dem Arbeitgeberzuschuss zu den vermögenswirksamen Leistungen und den Zuschlägen nach § 3b EStG der durchschnittliche Auszahlungsbetrag bereits erreicht, ist eine Grundlohnergänzung nicht zu gewähren. Auf der Grundlage der getroffenen Vereinbarungen setzt sich der durchschnittliche Auszahlungsbetrag im Regelfall wie folgt zusammen:

    Basisgrundlohn
+ anteiliges Urlaubs- und Weihnachtsgeld
+ Arbeitgeberzuschuss VWL
+ Grundlohnergänzung
= Grundlohn
./. Steuerrechtliche Abzüge
./. Sozialabgaben
= Nettolohn
+ Zuschläge nach § 3b EStG
= **Durchschnittlicher Auszahlungsbetrag**

Ziel der getroffenen Vergütungsvereinbarungen ist es, den in fester Höhe vereinbarten durchschnittlichen Auszahlungsbetrag zu erreichen. Mit der Garantie eines festen Nettostundenlohns sollen Lohnschwankungen ausgeglichen werden, die sich sonst auf Grund unterschiedlicher Arbeitszeitplanung ergäben. Mittels einer Abrechnungssoftware wird der als Bemessungsgrundlage für die Zuschläge nach § 3b EStG dienende „Grundlohn", der zugleich den steuerpflichtigen Bruttoarbeitslohn darstellt, in einem iterativen Verfahren so hochgerechnet, dass sich unter Berücksichtigung aller Lohnbestandteile der vertraglich vereinbarte durchschnittliche Auszahlungsbetrag ergibt.

Dieses Vergütungssystem – konkret die Variabilisierung der Grundlohnergänzung – entspricht § 3b EStG. Es handelt sich um eine zulässige Gestaltungsform in Ausnutzung der rechtlichen Möglichkeiten. Die Beteiligten haben es – bis an die Grenze des Gestaltungsmissbrauchs – in der Hand, durch vertragliche Vereinbarung von einer gesetzlich zulässigen Steuerbefreiung in möglichst hohem Maße Gebrauch zu machen (BFH v. 17.6.2010, VI R 50/09, BStBl II 2011, 43).

f) Tatsächlich geleistete Arbeit

3378 Zuschläge für Sonntags-, Feiertags- oder Nachtarbeit i.S.d. § 3b EStG sind Lohnzuschläge, die **für die Arbeit** in den nach § 3b EStG begünstigten Zeiten gezahlt werden (BFH v. 24.11.1989, VI R 92/88, BStBl II 1990, 315), die **Steuerfreiheit kommt nur für tatsächlich geleistete Arbeit in Betracht**.

Beispiel 1:
Das Pflegepersonal und die Ärzte in Anstalten und Heimen, in denen die betreuten Personen in ärztlicher Behandlung stehen, sind nach den tarifvertraglichen Bestimmungen verpflichtet, sich auf Anordnung des Arbeitgebers außerhalb der regelmäßigen Arbeitszeit an einer vom Arbeitgeber bestimmten Stelle aufzuhalten, um im Bedarfsfall die Arbeit aufzunehmen (**Bereitschaftsdienst**). Zum Zwecke der Vergütungsberechnung wird die Zeit des Bereitschaftsdienstes – unabhängig von der tatsächlich geleisteten Arbeitszeit – mit Prozentsätzen als Arbeitszeit bewertet. Für die so ermittelte Arbeitszeit wird die Überstundenvergütung (Nr. 6 Abschn. B der SR 2a und Nr. 8 SR 2c zu § 17 BAT). Zeitzuschläge (z.B. Zuschläge für Sonntags-, Feiertags- oder Nachtarbeit) werden für die ermittelte Arbeitszeit nicht gezahlt, sie werden jedoch ggf. für die innerhalb der Rufbereitschaft tatsächlich geleistete Arbeitszeit einschließlich einer etwaigen Wegezeit gewährt (§ 35 Abs. 2 BAT). Diese Zeitzuschläge können ggf. pauschaliert werden (§ 35 Abs. 4 BAT).

Im Hinblick darauf, dass nur solche Zuschläge steuerfrei bleiben können, die für tatsächlich geleistete Arbeit **neben dem Grundlohn** gezahlt werden, ist es nicht möglich, die Bereitschaftsdienstvergütungen ganz oder teilweise i.R.d. § 3b EStG steuerfrei zu belassen (BFH v. 24.11.1989, VI R 92/88, BStBl II 1990, 315). Lediglich dann, wenn neben den Bereitschaftsdienstvergütungen (Überstundenvergütungen) Zeitzuschläge für die während des Bereitschaftsdienstes tatsächlich geleistete Arbeitszeit i.S.d. § 35 Abs. 2 BAT gewährt werden, können diese Zeitzuschläge steuerfrei bleiben, wenn die Zuschläge für Sonntags-, Feiertags- oder Nachtarbeit angeordnet werden und der Arbeitgeber über die entsprechenden Einzelanschreibungen verfügt (vgl. hierzu auch FG Baden-Württemberg v. 21.10.2013, 6 K 4246/11, EFG 2015, 106, Revision eingelegt, Az. beim BFH: VI R 61/14).

Allerdings sind bei **angeordneter Rufbereitschaft innerhalb der nach § 3b EStG begünstigten Zeiten Zuschläge zur Rufbereitschaftsentschädigung steuerfrei**, soweit sie die in § 3b EStG vorgesehenen Prozentsätze, gemessen an der Rufbereitschaftsentschädigung, nicht übersteigen (BFH v. 27.8.2002, VI R 64/96, BStBl II 2002, 883). Im Urteilsfall wurde **neben** der Rufbereitschaftsentschädigung ein Zuschlag an Sonntagen von 30 % und an Feiertagen von 100 % gezahlt. Nach Auffassung des BFH ist der geringeren Beeinträchtigung bei Rufbereitschaft gegenüber der Beeinträchtigung bei voller Arbeitserbringung in den begünstigten Zeiten dadurch Rechnung zu tragen, dass sich die Steuerbefreiung bei Rufbereitschaft nur an dem Entgelt zu orientieren habe, das für die Rufbereitschaft gezahlt wird.

Beispiel 2:
Ein Arbeitnehmer erhält einen Stundenlohn von 15 €. Für Zeiten, in denen er Rufbereitschaft zu leisten hat, erhält er eine Entschädigung von 2,50 € pro Stunde Rufbereitschaft. Bei Rufbereitschaft an Sonn- und Feiertagen wird zusätzlich ein Zuschlag von 1,25 € (50 % der Rufbereitschaftsentschädigung) gezahlt.
Der Zuschlag von 1,25 € ist nach § 3b EStG steuerfrei (BFH v. 27.8.2002, VI R 64/96, BStBl II 2002, 883).

Das FG Baden-Württemberg (Urteil v. 4.11.1998, 12 K 37/96, EFG 1999, 214) hat eine **Theaterbetriebszulage**, mit der die im Dienst am Theater verbundenen Aufwendungen und die besonderen Erschwernisse, die gelegentliche Sonn- und Feiertagsarbeit und die üblicherweise unregelmäßige Arbeitszeit mit sich bringen, **nicht als nach § 3b EStG begünstigt** angesehen, weil die Zuschläge nicht (nur) für tatsächlich erbrachte Sonntags-, Feiertags oder Nachtarbeit bestimmt waren.

Auf die Bezeichnung der Lohnzuschläge kommt es allerdings nicht an.

Beispiel 3:
Auf Grund tarifvertraglicher Vereinbarung erhält ein Arbeitnehmer
– für die Arbeit in der Zeit von 18.00 bis 22.00 Uhr einen Spätarbeitszuschlag und
– für die in der Zeit von 19.00 bis 21.00 Uhr verrichteten Arbeiten eine Gefahrenzulage.

Der für die Zeit von 20.00 bis 22.00 Uhr gezahlte Spätarbeitszuschlag ist ein nach § 3b EStG begünstigter Zuschlag für Nachtarbeit, denn der Zuschlag wird wegen der Arbeit zu einer bestimmten Zeit gezahlt. Die Gefahrenzulage wird nicht für die Arbeit zu einer bestimmten Zeit gezahlt und ist deshalb auch insoweit kein Nachtarbeitszuschlag i.S.d. § 3b EStG, als sie für die Arbeit in der Zeit von 20.00 bis 21.00 Uhr gezahlt wird (vgl. BFH v. 15.9.2011, VI R 6/09, BStBl II 2012, 144).

Die **Barabgeltung eines Freizeitanspruchs** oder eines Freizeitüberhangs oder Zuschläge wegen Mehrarbeit oder wegen anderer als durch die Arbeitszeit bedingter Erschwernisse oder Zulagen, die lediglich nach bestimmten Zeiträumen bemessen werden, sind **keine begünstigten Lohnzuschläge** (R 3b Abs. 1 LStR).

Beispiel 4:
Im öffentlichen Dienst werden nach § 35 BAT Zeitzuschläge als Ausgleich für nicht gewährte Freizeit gezahlt. Im Einzelnen sieht § 35 BAT Folgendes vor:
„Der Angestellte erhält neben seiner Vergütung (§ 26) Zeitzuschläge. Sie betragen je Stunde
- für Arbeiten an Wochenfeiertagen, auch wenn diese auf einen Sonntag fallen, sowie am Ostersonntag und am Pfingstsonntag
  – ohne Freizeitausgleich 135 %,
  – bei Freizeitausgleich 35 %,
- soweit nach § 16 Abs. 2 kein Freizeitausgleich erteilt wird, für Arbeit nach 12.00 Uhr an dem Tage vor dem
  – Ostersonntag, Pfingstsonntag 25 %,
  – ersten Weihnachtsfeiertag, Neujahrstag 100 %
der Stundenvergütung."

Die Angestellten A und B leisten an einem Wochenfeiertag (Montag) acht Stunden Feiertagsarbeit. Für die 38,5-Stunden-Woche erhalten beide umgerechnet einen Wochenlohn von 385 € (= Stundenlohn 10 €). Gesonderte Zuschläge für Mehrarbeit werden nicht vergütet.
Der Angestellte A beansprucht am Donnerstag Freizeitausgleich und erhält für die Feiertagsarbeit Zuschläge i.H.v. 28 € (8 Stunden × 35 % × 10 €). Dieser Zuschlag ist nach § 3b EStG **in voller Höhe steuerfrei.**
Der Angestellte B erhält **keinen Freizeitausgleich**. Seine Feiertagszuschläge betragen 108 € (8 Stunden × 135 % × 10 €). Von diesen 108 € sind nach § 3b EStG ebenfalls nur 28 € steuerfrei. Der Erhöhungsbetrag für die nicht gewährte Freizeit von 80 € (8 Stunden × 100 % × 10 €) ist dem Lohnsteuerabzug zu unterwerfen.
Zeitzuschläge im öffentlichen Dienst für Arbeiten an den Tagen **vor** Ostersonntag und Pfingstsonntag (jeweils ganztägig) sowie am 24. bzw. 31. Dezember (jeweils vor 14.00 Uhr) fallen – unabhängig davon, ob sie für nicht gewährte Freizeit gezahlt werden – nicht unter die nach § 3b EStG begünstigten Zeiten, so dass eine Steuerfreiheit dieser Zuschläge stets ausscheidet.

Beispiel 5:
Ein Tarifvertrag sieht folgende Regelung vor:
§ 11 Zeitzuschläge
(1) Für Nachtarbeit sowie für Arbeit an Sonn- und Feiertagen werden nachfolgende Zeitzuschläge gewährt.
(2) Eine pauschale Abgeltung der Zeitzuschläge ist nicht zulässig.
(3) Für Nachtarbeit in der Zeit zwischen 22.00 und 6.00 Uhr beträgt der Zeitzuschlag einheitlich 25 %.
(4) Für Arbeit an Sonn- und Feiertagen in der Zeit zwischen 6.00 und 22.00 Uhr werden folgende Zeitzuschläge gewährt:
– bei Arbeit bis zu vier Stunden eine Stunde Freizeitausgleich,
– bei Arbeit über vier Stunden zwei Stunden Freizeitausgleich.

Bei Arbeit am 24.12. im Zeitraum zwischen 14.00 und 22.00 Uhr, am 25.12. zwischen 6.00 und 22.00 Uhr, am 31.12. zwischen 18.00 und 22.00 Uhr beträgt der Zeitausgleich
– bei Arbeit bis zu vier Stunden 1,5 Stunden,
– bei Arbeit über vier Stunden drei Stunden.

Beim Zusammentreffen mehrerer Zeitzuschläge wird nur der jeweils höchste Zeitzuschlag gewährt.
(5) Die Zeitzuschläge sind innerhalb von drei Monaten vorrangig durch Freizeit auszugleichen. Ist ein Freizeitausgleich innerhalb von drei Monaten nicht möglich, so sind bestehende Überbestände abzugelten.

Mit den Regelungen in § 11 Abs. 1 bis 4 des Tarifvertrags sind aus arbeitsrechtlicher Sicht ausschließlich **Zeit**zuschläge vereinbart worden. Lediglich aus Absatz 5 ergibt sich ein Anspruch des Arbeitnehmers auf Auszahlung bestehender Überbestände, für die keine Freizeit genommen werden konnte. Dieser Anspruch reicht aber nicht aus, um einen Prozentsatz des Grundlohns als Zuschlag für Feiertags- und Nachtarbeit zu fingieren. Da die Steuerfreiheit von Zuschlägen nach § 3b EStG einen **Geldanspruch** voraussetzt, kann die (Bar-)Abgeltung eines Freizeitanspruchs oder eines Freizeitüberhangs nach dem o.b. Tarifvertrag nicht nach § 3b EStG steuerfrei gestellt werden.

Der BFH hat die **Verwaltungsauffassung bestätigt**. Hat der Arbeitnehmer für seine Arbeit an einem Wochenfeiertag einen (tarifvertraglichen) Anspruch auf entlohnten Freizeitausgleich, so ist die Vergütung, die der Arbeitgeber dafür gewährt, dass der freie Tag nicht in Anspruch genommen wird, **nicht nach § 3b EStG steuerfrei** (BFH v. 9.6.2005, IX R 68/03, www.stotax-first.de; BFH v. 7.7.2005, IX R 56/04, www.stotax-first.de; BFH v. 22.9.2005, IX R 55/04, HFR 2006, 446; BFH v. 21.2.2006, IX R 27/05, HFR 2006, 766).

In den Fällen, in denen der Arbeitnehmer auf Grund tarifvertraglicher Regelungen wählen kann, **die Lohnzuschläge** für geleistete Sonntags-, Feiertags- oder Nachtarbeit **in eine entsprechende Zeitgutschrift umzuwandeln**, gilt nach Auffassung der Finanzverwaltung Folgendes:

Für die rechtliche Würdigung, ob ein **Anspruch auf Barlohn oder Sachlohn** besteht, ist auf den **Zeitpunkt abzustellen**, zu dem der Arbeitnehmer **über seinen Lohnanspruch** verfügt. Voraussetzung für die Verfügung über den Lohnanspruch ist, dass dieser **bereits entstanden** ist. Wird bereits **vor der Entstehung des Anspruchs** durch die Entscheidung „Barlohn oder Sachlohn" **der künftige Lohnanspruch konkretisiert**, kann nur noch der **Barlohnanspruch oder der Sachlohnanspruch zur Entstehung kommen** (BFH v. 6.3.2008, VI R 6/05, BStBl II 2008, 530).

Zuschläge für Sonntags-, Feiertags- oder Nachtarbeit

keine Sozialversicherungspflicht = Ⓢ̶Ⓥ̶
Sozialversicherungspflicht = ⓈⓋ

- Entscheidet sich der Arbeitnehmer vor der Entstehung seines Anspruchs **nicht für eine Zeitgutschrift**, entsteht ein Geldanspruch, der im Zeitpunkt der Erfüllung **i.R.d.** § 3b EStG **steuerfrei** ist.
- Entscheidet sich der Arbeitnehmer vor der Entstehung seines Anspruchs **für eine Zeitgutschrift** und wird dieser „Freizeitanspruch" später durch eine Geldzahlung abgegolten, stellt dies die **Abgeltung eines Freizeitanspruchs** dar, die **nicht i.R.d.** § 3b EStG **steuerfrei** ist (R 3b Abs. 1 Satz 6 LStR).

Soweit Zuschläge gezahlt werden, ohne dass der Arbeitnehmer in der begünstigten Zeit gearbeitet hat, sind sie steuerpflichtig, vgl. H 3b (Tatsächliche Arbeitsleistung) LStH. Dies gilt z.B.

- bei **Urlaubsvergütungen** oder **Urlaubsabgeltungszahlungen**,
- bei der **Entgeltfortzahlung an Feiertagen oder im Krankheitsfall**,
- bei der **Entgeltfortzahlung an von der betrieblichen Tätigkeit freigestellte Betriebsratsmitglieder** (BFH v. 3.5.1974, VI R 211/71, BStBl II 1974, 646),
- bei den **während des Mutterschutzes weitergezahlten Zuschlägen für Sonntags-, Feiertags- oder Nachtarbeit** (BFH v. 26.10.1984, VI R 199/80, BStBl II 1985, 57; BFH v. 27.5.2009, VI B 69/08, BStBl II 2009, 730).

Zur vereinbarten und vergüteten Arbeitszeit gehörende **Waschzeiten, Schichtübergabezeiten und Pausen** gelten hingegen als begünstigte Arbeitszeit i.S.d. § 3b EStG, soweit sie in den begünstigten Zeitraum fallen (R 3b Abs. 6 Satz 2 LStR).

Der Grundsatz, wonach nur Zuschläge für tatsächlich geleistete Sonntags-, Feiertags- oder Nachtarbeit steuerfrei sind, **gilt auch für solche Zuschläge, die für Arbeiten an dienstfreien Tagen gezahlt werden**.

> **Beispiel 6:**
> Ein Taxiunternehmen beschäftigt seine Fahrer im Sechs-Tage-Rhythmus. Der dienstfreie siebte Tag fällt turnusmäßig alle sieben Wochen auf einen Sonntag, ansonsten auf die jeweiligen Wochentage. Anlässlich einer Großmesse müssen während einer Woche alle Fahrer eingesetzt werden. Die Fahrer, die dadurch an ihren dienstplanmäßig freien Tagen arbeiten müssen, erhalten einen Zuschlag zu ihrem Grundlohn.
> Der Zuschlag ist steuerpflichtig, soweit er nicht auf einen Sonntag entfällt.

Wird der Zuschlag nicht **„für"** Sonntags-, Feiertags- oder Nachtarbeit gezahlt, sondern aus anderen Gründen, so sind die Zuschläge nicht nach § 3b EStG steuerfrei (FG Münster v. 18.9.2003, 8 K 4659/99 E, L, Ki, EFG 2004, 26 betr. Verpflegungsmehraufwendungen als Nachtarbeitszuschläge, sowie BFH v. 15.9.2011, VI R 6/09, BStBl II 2012, 144 betr. Gefahrenzulagen).

Im Übrigen ist der Arbeitgeber nicht verpflichtet, den **Steuerschaden** eines Arbeitnehmers zu erstatten, der sich aus der fehlenden Steuerbefreiung für den Zuschlag bei Nichtbeschäftigung mit fortbestehender Zuschlagszahlungspflicht ergibt (BAG v. 19.10.2000, 8 AZR 20/00, www.stotax-first.de).

g) Einzelnachweis

aa) Grundsatz

3379 Die tatsächlich geleistete Sonntags-, Feiertags- oder Nachtarbeit **ist grundsätzlich im Einzelfall nachzuweisen**. Wird eine einheitliche Vergütung für den Grundlohn und die Zuschläge für Sonntags-, Feiertags- oder Nachtarbeit, ggf. unter Einbeziehung der Mehrarbeit und Überarbeit, gezahlt, weil Sonntags-, Feiertags- oder Nachtarbeit üblicherweise verrichtet wird, und werden deshalb die sonntags, feiertags oder nachts tatsächlich geleisteten Arbeitsstunden nicht aufgezeichnet, so bleiben die in der einheitlichen Vergütung enthaltenen Zuschläge für Sonntags-, Feiertags- oder Nachtarbeiten **grundsätzlich nicht nach § 3b EStG steuerfrei** (R 3b Abs. 6 Satz 3 und 4 LStR). Denn die Modellrechnung kann den fehlenden Nachweis der tatsächlich erbrachten Arbeitsleistung nicht ersetzen (BFH v. 25.5.2005, IX R 72/02, BStBl II 2005, 725).

Die Form des erforderlichen Einzelnachweises ist dem Arbeitgeber überlassen. **Die Aufzeichnungen müssen jedoch so gestaltet sein**, dass die Finanzverwaltung prüfen kann, ob die **Voraussetzungen für die Steuerfreiheit der gezahlten Zuschläge vorgelegen haben**. Es genügt daher nicht, wenn die steuerfrei gezahlten Zuschläge lediglich auf dem Lohnkonto betragsmäßig gesondert ausgewiesen werden; die Arbeiten zu den begünstigten Zeiten müssen vielmehr aus einer Anlage zum Lohnkonto hervorgehen. Dabei sind regelmäßig folgende Angaben unerlässlich:

- der Arbeitstag (Datum),
- die geleisteten Arbeitsstunden und
- ggf. die Uhrzeit (z.B. bei geleisteter Nachtarbeit).

Als eine solche Anlage mit den erforderlichen Angaben kann **im Allgemeinen der Stundenzettel des einzelnen Arbeitnehmers dienen**, der den Urbeleg für die Bruttolohnabrechnung bildet. Voraussetzung ist allerdings, dass eine Verbindung zwischen Stundenzettel und Lohnkonto leicht und einwandfrei (z.B. über die Personal- oder Stammnummer des Arbeitnehmers) hergestellt werden kann. Das gilt auch bei maschineller Lohnabrechnung. Der Weg vom Urbeleg (Stundenzettel) über Brutto- und Nettolohnabrechnung zum Lohnkonto muss ohne Schwierigkeiten nachvollzogen werden können. Der Nachweis der tatsächlich geleisteten Sonntags-, Feiertags- oder Nachtarbeit ist auch nachträglich möglich (BFH v. 28.11.1990, VI R 56/90, BStBl II 1991, 298).

bb) Ausnahmeregelungen vom Einzelnachweis

3380 **Pauschale Zahlungen zur Abgeltung von Zuschlägen für Sonntags-, Feiertags- oder Nachtarbeit gehören grundsätzlich zum steuerpflichtigen Arbeitslohn.** Eine Steuerfreiheit der Pauschalen kommt selbst dann nicht in Betracht, wenn sie nach dem maßgebenden Tarifvertrag vorgesehen ist. Nach R 3b Abs. 6 Satz 6 bis 9 LStR sind jedoch Ausnahmen möglich:

„Sind die **Einzelanschreibung und die Einzelbezahlung** der geleisteten Sonntags-, Feiertags- oder Nachtarbeit **wegen der Besonderheiten der Arbeit und der Lohnzahlungen nicht möglich**, so darf das Betriebsstättenfinanzamt den Teil der Vergütung, der als steuerfreier Zuschlag für Sonntags-, Feiertags- oder Nachtarbeit anzuerkennen ist, von Fall zu Fall feststellen. Im Interesse einer einheitlichen Behandlung der Arbeitnehmer desselben Berufszweigs darf das Betriebsstättenfinanzamt die Feststellung **nur auf Weisung der vorgesetzten Behörde** treffen. Die Weisung ist der obersten Landesfinanzbehörde vorbehalten, wenn die für den in Betracht kommenden Berufszweig maßgebende Regelung nicht nur im Bezirk der für das Betriebsstättenfinanzamt zuständigen vorgesetzten Behörde gilt. Eine solche Feststellung kommt aber für solche Regelungen nicht in Betracht, durch die nicht pauschale Zuschläge festgesetzt, sondern bestimmte Teile eines nach Zeiträumen bemessenen laufenden Arbeitslohns als Zuschläge für Sonntags-, Feiertags- oder Nachtarbeit erklärt werden."

Eine **Ausnahmeregelung kommt nicht in Betracht**, wenn die Einzelanschreibung und die Einzelbezahlung zwar möglich, **jedoch mit erheblichem Arbeitsaufwand oder Kosten verbunden sind**. Die Finanzverwaltung prüft sehr genau, ob die Voraussetzungen für eine Ausnahmeregelung tatsächlich gegeben sind, denn bei allen Betrieben aller Berufszweige müssen für die Bruttolohnabrechnung der gewerblichen Arbeitnehmer die tatsächlich geleisteten Arbeitsstunden festgehalten werden. Es sind daher nach Auffassung der Finanzverwaltung kaum Fälle denkbar, in denen eine Einzelanschreibung der geleisteten Arbeitsstunden zwar möglich, eine derartige Aufzeichnung der geleisteten Sonntags-, Feiertags- oder Nachtarbeit dagegen unmöglich sein soll.

In folgenden Fällen hat die Finanzverwaltung z.B. **Ausnahmeregelungen zugelassen**:

- **Schichtzulage der Deutschen Lufthansa AG (DLH) und der Condor-Flugdienst GmbH (CFG) für das Bordpersonal**

  Seit 1.1.1990 wird bis auf Weiteres die für das Bordpersonal zu zahlende Schichtzulage i.H.v. **16,3 % der Grundbezüge** (Grundvergütung, Typenzulage bzw. Purserzulage und Zusatzvergütung) steuerfrei belassen (FinMin Bremen v. 4.4.1991, S 2343 – 91 – 140, www.stotax-first.de).

- **Schichtzulage der Deutschen Luftverkehrsgesellschaft GmbH (DLT) für das Bordpersonal**

  Seit 1.1.1990 wird bis auf Weiteres die für das Bordpersonal zu zahlende Schichtzulage i.H.v. **12,9 % des Grundgehalts** steuerfrei belassen (OFD Frankfurt v. 24.10.1991, S 2343 A – 14 – St II 30, www.stotax-first.de).

- **Fanganteile in der Kleinen Hochsee- und Küstenfischerei mit Hochseekuttern**

  Die Fanganteile können wegen der in der Kleinen Hochsee- und Küstenfischerei mit Hochseekuttern vorliegenden besonderen Verhältnisse als steuerfreie Zuschläge für Sonntags-,

LSt = keine Lohnsteuerpflicht
LSt = Lohnsteuerpflicht

Zuschläge für Sonntags-, Feiertags- oder Nachtarbeit

Feiertags- oder Nachtarbeit anerkannt werden (FinMin Berlin v. 8.11.1996, III D 1 – S 2343 – 1/95, Lohnsteuer-Handausgabe 2015, 146):

- In der Krabbenfischerei **12,1 %** der den Kutterbesatzungen gezahlten Fanganteile,
- in der Küstenfischerei der Ostsee **9,7 %** der den Kutterbesatzungen gezahlten Fanganteile,
- in der Kleinen Hochseefischerei einschließlich der Fischerei auf Seezungen mit Krabbenkuttern **12,1 %** der den Kutterbesatzungen gezahlten Fanganteile.

Nach Auffassung der Finanzgerichte (zuletzt FG Hessen v. 27.6.2002, 5 K 5571/00, EFG 2002, 1214) entsprechen allerdings die Verwaltungserlasse betr. Lufthansa und Condor, nach denen ein Teil der tarifvertraglich vereinbarten Mehrflugstundenvergütung u.U. als Zuschlag für Sonntags-, Feiertags- oder Nachtarbeit steuerfrei bleiben kann (Einbeziehung der Schichtzulage in die Berechnung der Mehrflugstundenvergütung), nicht mehr der neueren Rechtsprechung des BFH (z.B. BFH v. 28.11.1990, VI R 144/87, BStBl II 1991, 296). Die Finanzverwaltung sieht jedoch keine Veranlassung, ihre Regelungen aufzuheben bzw. abzuändern.

h) Pauschale Abschlagszahlungen mit nachträglicher Einzelabrechnung

3381 Werden laufende Pauschalen (z.B. Monatspauschalen) **zur Abgeltung von Zuschlägen für Sonntags-, Feiertags- oder Nachtarbeit gezahlt** und wird die Verrechnung mit den steuerfreien Zuschlägen, die für die einzeln nachgewiesenen Zeiten für Sonntags-, Feiertags- oder Nachtarbeit auf Grund von Einzelberechnungen zu zahlen wären, erst später vorgenommen, können die laufenden Pauschalen nach § 3b EStG unter den nachfolgend genannten Voraussetzungen steuerfrei belassen werden (R 3b Abs. 7 LStR):

- Der steuerfreie Betrag wird **nicht nach höheren als den in § 3b EStG genannten Prozentsätzen** berechnet.
- Der steuerfreie Betrag wird **nach dem durchschnittlichen Grundlohn** und der durchschnittlichen im Zeitraum des Kalenderjahrs tatsächlich anfallenden Sonntags-, Feiertags- oder Nachtarbeit bemessen.
- Die Verrechnung mit den einzeln ermittelten Zuschlägen erfolgt jeweils **vor der Erstellung der Lohnsteuerbescheinigung** und somit regelmäßig spätestens zum Ende des Kalenderjahrs oder beim Ausscheiden des Arbeitnehmers aus dem Dienstverhältnis (BFH v. 28.11.1990, VI R 90/87, BStBl II 1991, 293). Für die Ermittlung der im Einzelnen nachzuweisenden Zuschläge ist auf den jeweiligen Lohnzahlungszeitraum abzustellen. Dabei ist auch der steuerfreie Teil der einzeln ermittelten Zuschläge festzustellen und die infolge der Pauschalierung zu wenig oder zu viel einbehaltene Lohnsteuer auszugleichen.
- Bei der Pauschalzahlung ist erkennbar, **welche Zuschläge im Einzelnen** – jeweils getrennt nach Zuschlägen für Sonntags-, Feiertags- oder Nachtarbeit – **abgegolten sein sollen** und nach welchen Prozentsätzen des Grundlohns die Zuschläge bemessen worden sind.
- **Die Pauschalzahlung ist tatsächlich ein Zuschlag**, der neben dem Grundlohn gezahlt wird; eine aus dem Arbeitslohn rechnerisch ermittelte Pauschalzahlung ist kein Zuschlag.

Ergibt die Einzelfeststellung, dass der dem Arbeitnehmer auf Grund der tatsächlich geleisteten Sonntags-, Feiertags- oder Nachtarbeit zustehende Zuschlag **höher ist als die Pauschalzahlung**, so kann **ein höherer Betrag nur steuerfrei sein**, wenn und soweit **der Zuschlag auch tatsächlich zusätzlich gezahlt wird**; eine bloße Kürzung des steuerpflichtigen Arbeitslohns um den übersteigenden Steuerfreibetrag ist nicht zulässig. Diese Regelungen gelten sinngemäß, wenn lediglich die genaue Feststellung des steuerfreien Betrags im Zeitpunkt der Zahlung des Zuschlags schwierig ist und sie erst zu einem späteren Zeitpunkt nachgeholt werden kann.

Beispiel 1:
Ein Arbeitgeber zahlt seinem Arbeitnehmer pauschale Abschlagszahlungen zur Abgeltung von Zuschlägen für Sonntags-, Feiertags- oder Nachtarbeit i.H.v. 175 € monatlich, also 2 100 € im Kalenderjahr. Auf Grund der tatsächlich geleisteten Sonntags-, Feiertags- und Nachtarbeit des Arbeitnehmers ergibt sich unter Berücksichtigung der arbeitsvertraglich vereinbarten Zuschlagssätze ein steuerfreier Jahresbetrag von 2 000 €.
Die Differenz von 100 € (2 100 € ./. 2 000 €) ist steuerpflichtiger Arbeitslohn. Der Ausgleich der zu wenig einbehaltenen Lohnsteuer ist vor Ausstellung der Lohnsteuerbescheinigung vorzunehmen.

Beispiel 2:
Wie Beispiel 1, auf Grund der tatsächlich geleisteten Sonntags-, Feiertags- und Nachtarbeit des Arbeitnehmers ergibt sich unter Berücksichtigung der arbeitsvertraglich vereinbarten Zuschlagssätze ein steuerfreier Jahresbetrag von 2 250 €.
Die pauschale Abschlagszahlung i.H.v. 2 100 € ist in voller Höhe steuerfrei. Die Differenz von 150 € (2 250 € ./. 2 100 €) ist **nur dann zusätzlich steuerfrei**, wenn der Arbeitgeber diesen Betrag zusätzlich als steuerfreien Sonntags-, Feiertags- oder Nachtarbeitszuschlag zahlt.

Der **BFH hat diese Auffassung bestätigt: Pauschale Zuschläge**, die der Arbeitgeber ohne Rücksicht auf die Höhe der tatsächlich erbrachten Sonntags-, Feiertags- oder Nachtarbeit an den Arbeitnehmer leistet, sind **nur dann nach § 3b EStG begünstigt**, wenn sie nach dem übereinstimmenden Willen von Arbeitgeber und Arbeitnehmer **als Abschlagszahlungen oder Vorschüsse auf eine spätere Einzelabrechnung** gem. § 41b EStG geleistet werden. Diese **Einzelabrechnung** zum jährlichen Abschluss des Lohnkontos ist grundsätzlich **unverzichtbar**. Auf sie kann **im Einzelfall nur verzichtet** werden, wenn die Arbeitsleistungen **fast ausschließlich zur Nachtzeit** zu erbringen und die pauschal geleisteten Zuschläge so bemessen sind, dass sie auch unter Einbeziehung von Urlaub und sonstigen Fehlzeiten – aufs Jahr bezogen – die Voraussetzungen der Steuerfreiheit erfüllen (BFH v. 8.12.2011, VI R 18/11, BStBl II 2012, 291, m.w.N.).

Pauschale Zuschläge, die **nicht als Abschlagszahlungen oder Vorschüsse** auf Zuschläge für tatsächlich geleistete Sonntagsarbeit, Feiertagsarbeit oder Nachtarbeit gezahlt werden, sondern **Teil einer einheitlichen Tätigkeitsvergütung** sind, sind **nicht nach § 3b EStG steuerfrei** (BFH v. 16.12.2010, VI R 27/10, BStBl II 2012, 288).

Wird **von einem ausländischen Arbeitgeber** als pauschale Vergütung der Sonntags-, Feiertags- und Nachtarbeit **ein fester monatlicher Betrag bezahlt**, liegt eine einheitliche Entlohnung für die gesamte, auch nachts bzw. an Sonn- und Feiertagen geleistete Arbeit vor, von der **nicht Teile nach § 3b EStG steuerfrei** sind, denn die Steuerfreiheit pauschaler Zuschläge für Sonntags-, Feiertags- oder Nachtarbeit setzt auch bei einem nichtselbständig arbeitenden Grenzgänger in die Schweiz voraus, dass diese Zuschläge nach dem übereinstimmenden Willen von Arbeitgeber und Arbeitnehmer als Abschlagszahlungen oder Vorschüsse auf eine spätere Einzelabrechnung geleistet werden (BFH v. 24.9.2013, VI R 48/12, HFR 2014, 302).

i) Zeitversetzte Auszahlung

3382 Die Steuerfreiheit von Zuschlägen für Sonntags-, Feiertags- oder Nachtarbeit bleibt auch bei **zeitversetzter Auszahlung** grundsätzlich erhalten (R 3b Abs. 8 LStR). Voraussetzung ist jedoch, dass **vor der Leistung** der begünstigten Arbeit bestimmt wird, dass ein steuerfreier Zuschlag – ggf. teilweise – als **Wertguthaben** auf ein Arbeitszeitkonto genommen und **getrennt ausgewiesen** wird, → *Arbeitszeitmodelle* Rz. 288. Dies gilt z.B. in Fällen der **Altersteilzeit** bei Aufteilung in Arbeits- und Freistellungsphase (sog. Blockmodelle), → *Altersteilzeit* Rz. 68.

j) Zusammentreffen mehrerer Zuschlagsarten

aa) Feiertagszuschlag und Sonntagszuschlag

3383 Ist ein Sonntag zugleich Feiertag, kann ein Zuschlag **nur bis zur Höhe des jeweils in Betracht kommenden Feiertagszuschlags** steuerfrei gezahlt werden. Das gilt auch dann, wenn nur ein Sonntagszuschlag gezahlt wird (R 3b Abs. 4 LStR).

Beispiel:
Der Arbeitnehmer arbeitet am Ostersonntag und erhält hierfür sowohl einen Sonntagszuschlag von 40 % als auch einen Feiertagszuschlag von 100 %, insgesamt also 140 %.
Der Zuschlag ist i.H.v. 125 % steuerfrei; ein Zusammenrechnen von Sonn- und Feiertagszuschlag ist nicht möglich.

Zuschläge für Sonntags-, Feiertags- oder Nachtarbeit

keine Sozialversicherungspflicht = ⓢⱽ
Sozialversicherungspflicht = Ⓢᵥ

bb) Nachtarbeitszuschlag und Sonn- und Feiertagszuschlag

3384 Wird an Sonntagen und Feiertagen oder in der zu diesen Tagen gehörenden Zeit (0.00 bis 4.00 Uhr des auf den Sonntag oder Feiertag folgenden Tags) Nachtarbeit geleistet, **kann die Steuerbefreiung für Sonntags- und Feiertagszuschläge neben der Steuerbefreiung für Nachtzuschläge in Anspruch genommen werden**. Dabei ist der steuerfreie Zuschlagssatz für Nachtarbeit mit dem steuerfreien Zuschlagssatz für Sonntags- oder Feiertagsarbeit auch dann zusammenzurechnen, wenn nur ein Zuschlag gezahlt wird. Wenn für die einem Sonntag oder Feiertag folgende oder vorausgehende Nachtarbeit ein Zuschlag für Sonntags- oder Feiertagsarbeit gezahlt wird, ist dieser als Zuschlag für Nachtarbeit zu behandeln (R 3b Abs. 3 LStR).

> **Beispiel:**
> Ein Arbeitnehmer beginnt seine Nachtschicht am Freitag, dem 1.5.2016 um 22.00 Uhr und beendet sie am 2.5.2016 um 7 Uhr. Für diesen Arbeitnehmer sind Zuschläge zum Grundlohn bis zu folgenden Sätzen steuerfrei:
> - **175 %** für die Arbeit am 1.5.2016 in der Zeit von 22.00 bis 24.00 Uhr (25 % für Nachtarbeit und 150 % für Feiertagsarbeit),
> - **190 %** für die Arbeit am 2.5.2016 in der Zeit von 0.00 bis 4.00 Uhr (40 % für Nachtarbeit und 150 % für Feiertagsarbeit),
> - **25 %** für die Arbeit am 2.5.2016 in der Zeit von 4.00 bis 6.00 Uhr (25 % für Nachtarbeit).

Die nachfolgende Tabelle gibt eine Übersicht über die verschiedenen Zuschlagssätze **bei der Kombination Sonntags- und Feiertagszuschlag mit Nachtarbeitszuschlag:**

	Sonntag	Feiertag, Silvester (ab 14.00 Uhr)	Weihnachten, 1. Mai, Heiligabend (ab 14.00 Uhr)
Nachtarbeit von 20.00 bis 6.00 Uhr	75 %	150 %	175 %
Nachtarbeit von 0.00 bis 4.00 Uhr, wenn Nachtarbeit vor 0.00 Uhr aufgenommen wird	90 %	165 %	190 %
Nachtarbeit von 0.00 bis 4.00 Uhr des auf den Sonntag oder Feiertag folgenden Tags, wenn Nachtarbeit vor 0.00 Uhr aufgenommen wird	90 %	165 %	190 %

cc) Mehrarbeitszuschläge und Sonntags-, Feiertags- oder Nachtzuschläge

3385 Hat ein Arbeitnehmer arbeitsrechtlich **Anspruch auf Zuschläge für Sonntags-, Feiertags- oder Nachtarbeit und auf Zuschläge für Mehrarbeit** und wird Mehrarbeit als Sonntags-, Feiertags- oder Nachtarbeit geleistet, bleibt von den gezahlten Zuschlägen grundsätzlich der Betrag steuerfrei, der den jeweils arbeitsrechtlich in Betracht kommenden Zuschlägen für Sonntags-, Feiertags- oder Nachtarbeit entspricht.

Wird beim Zusammentreffen von Sonntags-, Feiertags- oder Nachtarbeit mit Mehrarbeit nur ein Zuschlag für Mehrarbeit gezahlt, liegt ein Zuschlag i.S.d. § 3b EStG nicht vor.

Wird für diese Mehrarbeit ein einheitlicher Zuschlag **(Mischzuschlag)** gezahlt, dessen auf Sonntags-, Feiertags- oder Nachtarbeit entfallender Anteil betragsmäßig nicht festgelegt ist, so ist der Mischzuschlag im Verhältnis der in Betracht kommenden Einzelzuschläge in einen nach § 3b EStG begünstigten und einen nicht begünstigten Anteil aufzuteilen (BFH v. 13.10.1989, VI R 79/86, BStBl II 1991, 8). Dies gilt auch dann, wenn ein Mischzuschlag niedriger als die Summe der Einzelzuschläge ist (R 3b Abs. 5 LStR).

Haben die Einzelzuschläge unterschiedliche Berechnungsgrundlagen, so ist eine abweichende Aufteilung durch Arbeitgeber und Arbeitnehmer nicht zu beanstanden, falls keine rechtsmissbräuchliche Gestaltung vorliegt (BFH v. 23.1.1981, VI R 190/77, BStBl II 1981, 371).

Ist für Sonntags-, Feiertags- oder Nachtarbeit kein Zuschlag vereinbart, weil z.B. Pförtner oder Nachtwächter ihre Tätigkeit regelmäßig zu den begünstigten Zeiten verrichten, so bleibt von einem für diese Tätigkeiten gezahlten Mehrarbeitszuschlag kein Teilbetrag nach § 3b EStG steuerfrei (R 3b Abs. 5 Satz 5 LStR).

Beim Zusammentreffen von Mehrarbeitszuschlägen und Sonntags-, Feiertags- oder Nachtzuschlägen kommen folgende Fälle in Betracht:

(1) Es werden beide Zuschlagsarten **nebeneinander** gezahlt.

> **Beispiel 1:**
> Arbeitsrechtlich sind zwischen Arbeitgeber und Arbeitnehmer folgende Zuschläge vereinbart:
> - Zuschlag für Nachtarbeit 25 %,
> - Zuschlag für Mehrarbeit 10 %.
>
> Beim Zusammentreffen von Nachtarbeit und Mehrarbeit werden beide Zuschläge, also 35 %, gezahlt.
> Steuerfrei bleibt der Zuschlag für Nachtarbeit i.H.v. 25 %.

(2) Es wird **nur der in Betracht kommende Zuschlag für Sonntags-, Feiertags- oder Nachtarbeit** gezahlt, der ebenso hoch oder höher ist als der Zuschlag für Mehrarbeit.

> **Beispiel 2:**
> Arbeitsrechtlich sind zwischen Arbeitgeber und Arbeitnehmer folgende Zuschläge vereinbart:
> - Zuschlag für Nachtarbeit 25 %
> - Zuschlag für Mehrarbeit 10 %.
>
> Beim Zusammentreffen von Nachtarbeit und Mehrarbeit wird nur der Nachtarbeitszuschlag, also 25 %, gezahlt.
> Steuerfrei bleibt der Zuschlag für Nachtarbeit i.H.v. 25 %.

(3) Es wird **nur der Zuschlag für Mehrarbeit** gezahlt (weil er z.B. höher ist als der Zuschlag für Nachtarbeit).

> **Beispiel 3:**
> Arbeitsrechtlich sind zwischen Arbeitgeber und Arbeitnehmer folgende Zuschläge vereinbart:
> - Zuschlag für Nachtarbeit 10 %,
> - Zuschlag für Mehrarbeit 25 %.
>
> Beim Zusammentreffen von Nachtarbeit und Mehrarbeit wird nur der Mehrarbeitszuschlag, also 25 %, gezahlt.
> Der Zuschlag ist in voller Höhe steuerpflichtig.

(4) Es wird ein einheitlicher Zuschlag (**Mischzuschlag**) gezahlt, der höher ist als die jeweils in Betracht kommenden Zuschläge, **aber niedriger als ihre Summe**.

> **Beispiel 4:**
> Arbeitsrechtlich sind zwischen Arbeitgeber und Arbeitnehmer folgende Zuschläge vereinbart:
> - Zuschlag für Nachtarbeit 10 %,
> - Zuschlag für Mehrarbeit 25 %,
> - Mischzuschlag 30 %.
>
> Beim Zusammentreffen von Nachtarbeit und Mehrarbeit wird der Mischzuschlag, also 30 %, gezahlt.
> Der Mischzuschlag ist im Verhältnis der in Betracht kommenden Einzelzuschläge in einen nach § 3b EStG begünstigten Anteil und einen nicht begünstigten Anteil aufzuteilen. Der Zuschlag für Nachtarbeit beträgt 2/7 der Summe aus Nacht- und Mehrarbeitszuschlag
> ($\frac{10\%}{10\% + 25\%} = \frac{10}{35} = \frac{2}{7}$).
> Steuerfrei bleibt der Zuschlag für Nachtarbeit i.H.v. 2/7 des Mischzuschlags von 30 %, also ein Zuschlag i.H.v. 8,57 %.
> Haben die Vertragsparteien eine andere Aufteilung vereinbart, so ist diese grundsätzlich maßgebend.

(5) Es wird ein einheitlicher Zuschlag (**Mischzuschlag**) gezahlt, der **höher ist als die Summe** der jeweils in Betracht kommenden Zuschläge.

> **Beispiel 5:**
> Arbeitsrechtlich sind zwischen Arbeitgeber und Arbeitnehmer folgende Zuschläge vereinbart:
> - Zuschlag für Nachtarbeit 15 %,
> - Zuschlag für Mehrarbeit 25 %,
> - Mischzuschlag 50 %.
>
> Beim Zusammentreffen von Nachtarbeit und Mehrarbeit wird der Mischzuschlag, also 50 %, gezahlt.
> Der Mischzuschlag ist im Verhältnis der in Betracht kommenden Einzelzuschläge in einen nach § 3b EStG begünstigten Anteil und einen nicht begünstigten Anteil aufzuteilen. Der Zuschlag für Nachtarbeit beträgt 3/8 der Summe aus Nacht- und Mehrarbeitszuschlag

☒ = keine Lohnsteuerpflicht
☒ = Lohnsteuerpflicht

Zuschläge für Sonntags-, Feiertags- oder Nachtarbeit

$(\frac{15\%}{15\% + 25\%} = \frac{15}{40} = \frac{3}{8})$.

Steuerfrei bleibt der Zuschlag für Nachtarbeit i.H.v. 3/8 des Mischzuschlags von 50 %, also ein Zuschlag i.H.v. 18,75 %.
Haben die Vertragsparteien eine andere Aufteilung vereinbart, so ist diese grundsätzlich maßgebend.

(6) Es wird ein einheitlicher Zuschlag (**Mischzuschlag**) gezahlt, der höher als der Nachtarbeitszuschlag ist, aber **gleich hoch** wie der Mehrarbeitszuschlag.

Beispiel 6:
Arbeitsrechtlich sind zwischen Arbeitgeber und Arbeitnehmer folgende Zuschläge vereinbart:
- Zuschlag für Nachtarbeit 30 %
- Zuschlag für Mehrarbeit 50 %
- Mischzuschlag 50 %

Beim Zusammentreffen von Nachtarbeit und Mehrarbeit wird der Mischzuschlag, also 50 %, gezahlt.
Der Mischzuschlag ist im Verhältnis der in Betracht kommenden Einzelzuschläge in einen nach § 3b EStG begünstigten Anteil und einen nicht begünstigten Anteil aufzuteilen. Der Zuschlag für Nachtarbeit beträgt 3/8 der Summe aus Nacht- und Mehrarbeitszuschlag

$(\frac{30\%}{30\% + 50\%} = \frac{30}{80} = \frac{3}{8})$.

Steuerfrei bleibt der Zuschlag für Nachtarbeit i.H.v. 3/8 des Mischzuschlags von 50 %, also ein Zuschlag i.H.v. 18,75 %.

(7) Es wird ein einheitlicher Zuschlag (**Mischzuschlag**) gezahlt. Die Einzelzuschläge haben **unterschiedliche Bemessungsgrundlagen**.

Beispiel 7:
Arbeitsrechtlich sind zwischen Arbeitgeber und Arbeitnehmer folgende Zuschläge vereinbart:
- Zuschlag für Nachtarbeit 25 % des Tariflohns von 7,20 €: 1,80 €
- Zuschlag für Mehrarbeit 25 % des Effektivlohns von 8,40 €: 2,10 €
- Mischzuschlag 50 % des Effektivlohns von 8,40 €: 4,20 €

Beim Zusammentreffen von Nachtarbeit und Mehrarbeit wird der Mischzuschlag, also 50 % des Effektivlohns, gezahlt.
Der Mischzuschlag ist im Verhältnis der in Betracht kommenden Einzelzuschläge in einen nach § 3b EStG begünstigten Anteil und einen nicht begünstigten Anteil aufzuteilen. Der Zuschlag für Nachtarbeit beträgt 46 % der Summe aus Nacht- und Mehrarbeitszuschlag

$(\frac{1{,}80\ €}{1{,}80\ € + 2{,}10\ €} = \frac{1{,}80}{3{,}90} = \frac{46}{100})$.

Steuerfrei bleibt der Zuschlag für Nachtarbeit i.H.v. 46 % des Mischzuschlags von 4,20 €, also ein Zuschlag i.H.v. 1,94 €.
Haben die Vertragsparteien eine andere Aufteilung vereinbart, so ist diese grundsätzlich maßgebend.

(8) Es wird **nur der Zuschlag für Mehrarbeit** gezahlt, weil ein **Zuschlag für Nachtarbeit nicht vereinbart** worden ist.

Beispiel 8:
Arbeitsrechtlich sind zwischen Arbeitgeber und Arbeitnehmer folgende Zuschläge vereinbart:
- Zuschlag für Nachtarbeit 0 %
- Zuschlag für Mehrarbeit 25 %

Beim Zusammentreffen von Nachtarbeit und Mehrarbeit wird der Mehrarbeitszuschlag von 25 % gezahlt.
Der Zuschlag ist in voller Höhe steuerpflichtig.

k) Berechnungsbeispiel

3386 Die Ermittlung des nach § 3b EStG steuerfreien Betrags von tarifvertraglich vereinbarten Zuschlägen für Sonntags-, Feiertags- oder Nachtarbeit soll an **folgendem Beispiel verdeutlicht werden**:

Beispiel:
Für einen Arbeitnehmer ist eine regelmäßige Arbeitszeit von 39 Stunden in der Woche vereinbart. Lohnzahlungszeitraum ist der Kalendermonat. Er erhält einen Stundenlohn

- laut Tarif von 15,13 €
- zuzüglich übertarifliche Zahlungen je Stunde von 2,35 €
- insgesamt Stundenlohn von (= Grundlohn laut Tarifvertrag) 17,48 €

An Zuschlägen werden gezahlt für:
- Nachtarbeit für die Zeit von 22.00 bis 6.00 Uhr 25 %,
- Sonntagsarbeit für die Zeit von Sonntag 6.00 Uhr bis Montag 6.00 Uhr 100 %,
- Mehrarbeit je Stunde 25 %,
- Durchfahrzulage je Stunde 5 %,
- Spätschicht für die Zeit von 14.00 bis 22.00 Uhr (Zuschlag auf der Basis von 15,13 €) 5 %.

Essenzuschüsse, Fahrvergütung, Schmutzzulage werden nach dem tatsächlichen Anfall vergütet und nicht pauschal versteuert.

Folgende Arbeitszeiten wurden im Lohnzahlungszeitraum geleistet:
- 6 Frühschichten 6.00 bis 14.00 Uhr je 8 Stunden = 48 Stunden
- 5 Nachtschichten 22.00 bis 6.00 Uhr je 8 Stunden = 40 Stunden
- Spätschichten:
  - 5 Normalspätschichten 14.00 bis 22.00 Uhr je 8 Stunden = 40 Stunden
  - 1 Mehrarbeitsspätschicht 14.00 bis 22.00 Uhr = 8 Stunden
  - 1 Samstagsnachtschicht Samstag 22.00 Uhr bis Sonntag 6.00 Uhr = 8 Stunden
  - 1 Sonntagsnachtschicht Sonntag 18.00 Uhr bis Montag 6.00 Uhr = 12 Stunden
  - 1 Sonntags-Ausfallbezahlung ohne Sonntagszuschlag (= Gesamtlohn lt. Tarifvertrag + Durchfahrzulage + Spätschichtzuschlag) = 12 Stunden
- Gesamtstunden: 168 Stunden

1. Abrechnung und Grundlohnermittlung

Art der Leistung	Zahlung des Arbeitgebers €	Basisgrundlohn €	Grundlohn-Zusätze €
a) Normalarbeit			
160 Stunden à 17,48 € 17,48 € × 39 Stunden × 4,35	2 796,80	2 965,48	–
160 Stunden Durchfahrzulage à 5 % aus 17,48 €	139,84	–	–
5 % aus 17,48 € × 39 Stunden × 4,35		148,27	
Vermögenswirksame Leistungen	40,—	40,—	–
Zuschüsse nach tatsächlichem Anfall	162,—	–	162,—
Spätschichtzulage 5 % aus 15,13 €			
30 Stunden 14.00 bis 20.00 Uhr	22,70	–	22,70
10 Stunden 20.00 bis 22.00 Uhr aus 5 Spätschichten werktags	7,57	–	–[1]
2 Stunden 18.00 bis 20.00 Uhr	1,51	–	1,51
2 Stunden 20.00 bis 22.00 Uhr aus Sonntags-Nachtschicht	1,51	–	–[1]
4 Stunden Sonntag-Ausfallbezahlung	3,03	–	3,03[2]
b) Mehrarbeit			
8 Stunden à 17,48 €	139,84	–	–
8 Stunden Mehrarbeitszuschlag à 25 % aus 17,48 €	34,96	–	–
8 Stunden Durchfahrzulage à 5 % aus 17,48 €	6,99	–	–
Spätschichtzuschlag 5 % aus 15,13 €			
6 Stunden 14.00 bis 20.00 Uhr	4,54	–	–
2 Stunden 20.00 bis 22.00 Uhr	1,51	–	–[1]
Zuschüsse nach tatsächlichem Anfall	21,—	–	–
Summe:	**3 383,80**	**3 153,75**	**189,24**

1) Behandlung als Nachtzuschlag
2) auch für 20.00 bis 22.00 Uhr, weil tatsächlich nicht geleistet

Grundlohn nach § 3b EStG:

$\frac{3\,153{,}75\ € + 189{,}24\ €}{39{,}0\ \text{Stunden} \times 4{,}35} = \underline{\underline{19{,}71\ €\ \text{je Stunde}}}$

Zuschläge für Sonntags-, Feiertags- oder Nachtarbeit

keine Sozialversicherungspflicht = (S̷V̷)
Sozialversicherungspflicht = (SV)

2. Ermittlung der steuerfreien Zuschläge

Sachverhalt/Stunden gleicher Art	Tarif	§ 3b EStG
• 6 Spätschichten Montag bis Samstag 14.00 bis 22.00 Uhr davon Nachtarbeit: **12 Stunden**	5 % von 15,13 € = 0,76 € × 12 Std. = **9,12 €**	25 % von 19,71 € = 4,93 € × 12 Std. = 59,16 € höchstens **9,12 €**
• 5 Nachtschichten Montag bis Freitag 22.00 bis 6.00 Uhr = **40 Stunden**		
a) 0.00 bis 4.00 Uhr = 20 Stunden	25 % von 17,48 € = 4,37 € × 20 Std. = **87,40 €**	40 % von 19,71 € = 7,88 € × 20 Std. = 157,60 €, höchstens **87,40 €**
b) 22.00 bis 0.00 Uhr und 4.00 bis 6.00 Uhr = 20 Stunden	25 % von 17,48 € = 4,37 € × 20 Std. = **87,40 €**	25 % von 19,71 € = 4,93 € × 20 Std. = 98,60 €, höchstens **87,40 €**
• 1 Samstag-Nachtschicht Samstag 22.00 bis Sonntag 6.00 Uhr = **8 Stunden**		
a) Samstag 22.00 bis 0.00 Uhr = 2 Stunden	25 % von 17,48 € = 4,37 € × 2 Std. = **8,74 €**	25 % von 19,71 € = 4,93 € × 2 Std. = 9,86 €, höchstens **8,74 €**
b) Sonntag 0.00 bis 4.00 Uhr = 4 Stunden	25 % von 17,48 € = 4,37 € × 4 Std. = **17,48 €**	40 % + 50 % = 90 % von 19,71 € = 17,74 € × 4 Std. = 70,96 €, höchstens **17,48 €**
c) Sonntag 4.00 bis 6.00 Uhr = 2 Stunden	25 % von 17,48 € = 4,37 € × 2 Std. = **8,74 €**	25 % + 50 % = 75 % von 19,71 € = 14,78 € × 2 Std. = 29,56 €, höchstens **8,74 €**
• 1 Sonntag-Nachtschicht Sonntag 18.00 Uhr bis Montag 6.00 Uhr = **12 Stunden**		
a) Sonntag 18.00 bis 20.00 Uhr = 2 Stunden	100 % von 17,48 € = 17,48 € × 2 Std. = **34,96 €**	50 % von 19,71 € = 9,86 € × 2 Std. = **19,72 €**
b) Sonntag 20.00 bis 22.00 Uhr = 2 Stunden	100 % von 17,48 € + 5 % von 15,13 € = 0,76 € = 18,24 € × 2 Std. = **36,48 €**	25 % + 50 % = 75 % von 19,71 € = 14,78 € × 2 Std. = **29,56 €**
c) Sonntag 22.00 bis 24.00 Uhr = 2 Stunden	25 % + 100 % = 125 % von 17,48 € = 21,85 € × 2 Std. = **43,70 €**	25 % + 50 % = 75 % von 19,71 € = 14,78 € × 2 Std. = **29,56 €**
d) Montag 0.00 bis 4.00 Uhr = 4 Stunden	25 % + 100 % = 125 % von 17,48 € = 21,85 € × 4 Std. = **87,40 €**	40 % + 50 % = 90 % von 19,71 € = 17,74 € × 4 Std. = **70,96 €**
e) Montag 4.00 bis 6.00 Uhr = 2 Stunden	25 % + 100 % = 125 % von 17,48 € = 21,85 € × 2 Std. = **43,70 €** (Sonntagszuschlag gilt als Nachtarbeitszuschlag)	25 % von 19,71 € = 4,93 € × 2 Std. = **9,86 €**
Summen:	**465,12 €**	**378,54 €**

Von den tariflich vereinbarten und ausgezahlten Zuschlägen für Sonntags-, Feiertags- oder Nachtarbeit i.H.v. 465,12 € sind nur Zuschläge i.H.v. 378,54 € nach § 3b EStG steuerfrei. Der Differenzbetrag von 86,58 € ist steuerpflichtiger Arbeitslohn.

l) Werbungskosten

3387 Ausgaben dürfen, soweit sie mit steuerfreien Einnahmen in unmittelbarem wirtschaftlichen Zusammenhang stehen, nicht als Werbungskosten abgezogen werden (§ 3c Abs. 1 EStG). Allerdings besteht nach Auffassung der Finanzverwaltung bei Arbeitnehmern, die nach § 3b EStG steuerfreie Zuschläge erhalten, **kein unmittelbarer wirtschaftlicher Zusammenhang** zwischen den steuerfreien Einnahmen und den Werbungskosten (OFD Rheinland v. 21.5.2008, Kurzinformation ESt Nr. 30/2008, DB 2008, 1408). Eine **Kürzung der Werbungskosten** nach Maßgabe des § 3c EStG ist daher **nicht erforderlich**.

4. Sozialversicherung

3388 Zuschläge für Sonntags-, Feiertags- oder Nachtarbeit sind **nicht beitragsfrei**, soweit das Arbeitsentgelt, aus dem sie berechnet werden, **mehr als 25 € für jede Stunde** beträgt (§ 1 Abs. 1 Satz 1 Nr. 1 zweiter Halbsatz SvEV). In der praktischen Umsetzung wird dies i.d.R. jedoch **nur Auswirkungen auf die Beiträge zur Renten- und Arbeitslosenversicherung** haben. In der Kranken- und Pflegeversicherung wird bei einem Stundenlohn von 25 € und einer üblichen Zuschlagshöhe in aller Regel die maßgebende Beitragsbemessungsgrenze überschritten.

Wird der Freibetrag aus dem Stundengrundlohn von 25 € und den gesetzlichen Zuschlagssätzen überschritten, sind die **auf den übersteigenden Betrag entfallenden Zuschläge** für Sonntags-, Feiertags- oder Nachtarbeit dem Arbeitsentgelt hinzuzurechnen und damit **beitragspflichtig**. Der **Höchstbetrag für die Beitragsfreiheit wird ermittelt**, indem die Anzahl der Sonntags-, Feiertags- oder Nachtarbeitsstunden des Mitarbeiters mit dem Verhältnis des für die entsprechend begünstigte Sonntags-, Feiertags- oder Nachtarbeit zu berücksichtigenden Werts nach § 3b EStG zum Betrag von 25 € vervielfältigt wird. Der sich daraus maximal ergebende beitragsfreie Anteil der Zuschläge für Sonntags-, Feiertags- oder Nachtarbeit ist aus der nachstehenden Tabelle ersichtlich (Gemeinsames Rundschreiben der Spitzenverbände der Sozialversicherungsträger v. 22.6.2006):

	bis 30.6.2006 steuerfrei/ sozialversicherungsfrei	seit 1.7.2006 steuerfrei	seit 1.7.2006 max. sozialversicherungsfrei
Nachtzuschlag 25 %[1]	12,50 €	12,50 €	6,25 €
erhöhter Nachtzuschlag 40 %[1]	20,— €	20,— €	10,— €
Sonntagszuschlag 50 %[1]	25,— €	25,— €	12,50 €
Feiertagszuschlag 125 %[1]	62,50 €	62,50 €	31,25 €
Weihnachten/1. Mai 150 %[1]	75,— €	75,— €	37,50 €

[1] Berechnung auf der Grundlage des steuerlichen Maximalbetrags von 50 € (§ 3b Abs. 2 EStG)

Beispiel:
Ein freiwillig in der gesetzlichen Krankenversicherung und in der Pflegeversicherung nach § 20 Abs. 3 SGB XI versicherter Arbeitnehmer erhält ein laufendes monatliches Arbeitsentgelt von 4 350 €. Die regelmäßige individuelle Wochenarbeitszeit des Arbeitnehmers beträgt 38 Stunden. Dieser Arbeitnehmer arbeitet 20 Stunden im Monat in der Nacht in der Zeit von 20.00 bis 0.00 Uhr. Er erhält einen Nachtarbeitszuschlag von 25 %.

Der beitragspflichtige Anteil wird folgendermaßen ermittelt:

a) **Umrechnung der regelmäßigen wöchentlichen Arbeitszeit:**
38 Stunden × 4,35 = 165,3 Stunden monatlich

b) **Ermittlung des Stundengrundlohns:**
4 350 € : 165,3 Stunden = 26,32 €

c) **Ermittlung des beitragsfreien Anteils des Nachtarbeitszuschlags:**
20 Stunden begünstigte Nachtarbeit × 6,25 € = 125 €.
Der Arbeitgeber kann einen maximalen beitragsfreien Nachtarbeitszuschlag i.H.v. 125 € zahlen.

d) **Ermittlung des beitragspflichtigen Arbeitsentgelts bei einem Nachtarbeitszuschlag von 25 %:**
26,32 € × 25 % = 6,58 €
20 Stunden begünstigte Nachtarbeit × 6,58 € = 131,60 €
131,60 € ./. 125,— € = 6,60 €
Der beitragspflichtige Teil des Nachtzuschlags beträgt 6,60 €. Wegen der in der Kranken- und Pflegeversicherung zu berücksichtigenden Beitragsbemessungsgrenze (2016 = 4 237,50 €) sind Beiträge nur zur Renten- und Arbeitslosenversicherung zu berechnen.

Der Höchstbetrag kann auch dann vollständig ausgeschöpft werden, wenn der Grundlohn mehr als 25 € pro Stunde beträgt und geringere Prozentsätze zu Grunde gelegt werden. Das heißt, dass Beitragsfreiheit bis zu dem Betrag besteht, der sich ergibt, wenn der Höchstgrundlohn (25 €) mit dem für die Steuer festgesetzten Prozentsatz multipliziert wird. So kann u.U. auch ein Zuschlag beitragsfrei bleiben, der von einem Grundlohn von mehr als 25 € berechnet wurde.

Im umgekehrten Fall ist es jedoch nicht möglich, höhere Prozentsätze zu Grunde zu legen, auch dann nicht, wenn der Grundlohn unter 25 € pro Stunde liegt.

Zuschüsse des Arbeitgebers

→ *Beiträge zur Sozialversicherung* Rz. 548, → *Beitragszuschuss zur Krankenversicherung* Rz. 604, → *Krankengeldzuschüsse* Rz. 1705, → *Mutterschaftsgeld* Rz. 2087, → *Reisekosten: Allgemeine Grundsätze* Rz. 2409, → *Zukunftssicherung: Gesetzliche Altersversorgung* Rz. 3344

Zuschüsse des Arbeitgebers zum Kurzarbeitergeld

→ *Kurzarbeitergeldzuschüsse* Rz. 1761

Zuschuss-Wintergeld

→ *Saison-Kurzarbeitergeld* Rz. 2625

Zweites Pflegestärkungsgesetz (PSG II)

→ *Pflegeversicherung* Rz. 2236

Zweitstudium

→ *Fortbildung* Rz. 1296, → *Studenten* Rz. 2817

Zwischenheimfahrten

→ *Doppelte Haushaltsführung: Allgemeines* Rz. 901, → *Reisekosten: Allgemeine Grundsätze* Rz. 2409

Zwölf-Monats-Frist

→ *Entgeltfortzahlung* Rz. 1071

Anhang

A. Lohnsteuer

1. Allgemeine Erläuterungen zur Lohnsteuer

3389 ### 1. Allgemeines

Bei Arbeitnehmern wird die vom Arbeitslohn zu zahlende Einkommensteuer vom Arbeitgeber durch Abzug vom Arbeitslohn erhoben (Lohnsteuer). Mit dem Steuerabzug ist das Besteuerungsverfahren im Allgemeinen abgeschlossen, es sei denn, dass für den Arbeitnehmer nach Ablauf des Kalenderjahrs noch eine Veranlagung zur Einkommensteuer in Betracht kommt oder dass der Arbeitgeber einen Lohnsteuer-Jahresausgleich vornehmen muss. Der Arbeitgeber muss die Lohnsteuer bei jeder Lohnzahlung einbehalten.

Im Laufe des Kalenderjahrs zu viel erhobene Lohnsteuer wird dem Arbeitnehmer nach Ablauf des Jahrs erstattet. Das geschieht im Wege des Lohnsteuer-Jahresausgleichs, den der Arbeitgeber in bestimmten Fällen vornehmen muss. Der Arbeitnehmer hat aber auch die Möglichkeit, eine Einkommensteuer-Veranlagung zu beantragen. Die Antragsveranlagung dient insbesondere zur Anrechnung von gezahlter Lohnsteuer auf die Einkommensteuer. Im Rahmen der Veranlagung zur Einkommensteuer können auch Werbungskosten geltend gemacht werden, die im Lohnsteuer-Abzugsverfahren noch nicht berücksichtigt wurden.

Im Ergebnis werden bei der Veranlagung zur Einkommensteuer zu viel erhobene Steuern erstattet, aber auch zu wenig erhobene Steuern nachgefordert. In bestimmten Fällen ist daher für Arbeitnehmer die Abgabe einer Einkommensteuererklärung gesetzlich vorgeschrieben. Hierbei handelt es sich z.B. um Fälle, in denen der Arbeitnehmer Einkünfte, die nicht dem Lohnsteuerabzug unterlegen haben, von mehr als 410 € im Jahr bezieht. Weitere Einzelheiten s. → *Veranlagung von Arbeitnehmern* Rz. 2973.

Durch den Lohnsteuerabzug gilt die Einkommensteuer bei Einkünften aus nichtselbständiger Arbeit bei beschränkt steuerpflichtigen Arbeitnehmern grundsätzlich als abgegolten. Sofern keine Abgeltung eintritt, sind die beschränkt steuerpflichtigen Arbeitnehmer zur Abgabe einer Steuererklärung verpflichtet. Arbeitnehmer, die Staatsangehörige eines EU/EWR-Mitgliedstaats (EU, Island, Norwegen und Liechtenstein) sind, können die Abgeltungswirkung vermeiden, wenn sie die Einkommensteuer-Veranlagung beantragen. Weitere Einzelheiten s. → *Steuerpflicht* Rz. 2765.

2. Lohnsteuerverfahren

Schuldner der Lohnsteuer ist der Arbeitnehmer. Der Arbeitgeber ist jedoch für die ordnungsgemäße Einbehaltung und Abführung der Lohnsteuer verantwortlich. Stellt das Finanzamt bei einer Prüfung fest, dass zu wenig Lohnsteuer einbehalten wurde, so kann es den Arbeitgeber oder unmittelbar den Arbeitnehmer für die Fehlbeträge in Anspruch nehmen.

Die Lohnsteuer wird so nach dem Arbeitslohn bemessen, dass sie der Einkommensteuer entspricht, die der Arbeitnehmer schuldet, wenn er ausschließlich Einkünfte aus nichtselbständiger Arbeit erzielt. Um möglichst einen zutreffenden Lohnsteuerabzug zu erreichen, werden die Arbeitnehmer abhängig vom Familienstand in unterschiedliche Steuerklassen eingeordnet. Zudem werden bereits beim Lohnsteuerabzug alle gesetzlich zu gewährenden Frei- bzw. Pauschbeträge berücksichtigt.

Der Arbeitgeber führt die Lohnsteuer sämtlicher Arbeitnehmer in einer Summe zu bestimmten Fälligkeitstagen (monatlich, vierteljährlich oder jährlich) an das für den Betrieb zuständige Finanzamt ab.

Dazu muss der Arbeitgeber beim Finanzamt eine Lohnsteuer-Anmeldung einreichen (regelmäßig durch elektronische Übermittlung), in der er lediglich den Gesamtbetrag der einbehaltenen Lohnsteuer erklären muss; weitere Angaben zu den beschäftigten Arbeitnehmern, auf die sich die abgeführte Lohnsteuer bezieht, werden nicht gefordert.

Weitere Einzelheiten s. → *Abführung der Lohnsteuer* Rz. 5 sowie → *Anmeldung der Lohnsteuer* Rz. 139.

3. Arbeitgeber

Der Verpflichtung zur Erhebung und Abführung der Lohnsteuer unterliegt jeder inländische Arbeitgeber. Inländischer Arbeitgeber ist insbesondere, wer Arbeitslohn zahlt und entweder seinen Wohnsitz, seinen gewöhnlichen Aufenthalt, seine Geschäftsleitung, seinen Sitz, eine Betriebsstätte oder einen ständigen Vertreter im Inland hat.

Arbeitgeber können sowohl natürliche als auch juristische Personen oder Personenzusammenschlüsse ohne eigene Rechtspersönlichkeit (z.B. OHG, KG, BGB-Gesellschaft, nichtrechtsfähiger Verein), Stiftungen und sonstige Vermögensmassen sein

Weitere Einzelheiten s. → *Arbeitgeber* Rz. 164.

4. Arbeitnehmer

Lohnsteuer muss bei Arbeitnehmern einbehalten werden, die im Inland unbeschränkt steuerpflichtig sind (§ 1 Abs. 1 bis 3 EStG) oder im Inland nur beschränkt steuerpflichtig sind – also ihren Wohnsitz und gewöhnlichen Aufenthalt im Ausland haben – und Einkünfte i.S.d. § 49 Abs. 1 Nr. 4 EStG beziehen, also z.B. im Inland eine nichtselbständige Tätigkeit ausüben (Grenzpendler), oder deren Tätigkeit im Inland verwertet wird bzw. worden ist oder Arbeitslohn aus inländischen öffentlichen Kassen erhalten.

§ 1 LStDV umschreibt die Begriffe „Arbeitnehmer" und „Arbeitgeber" wie folgt:

„(1) Arbeitnehmer sind Personen, die in öffentlichem oder privatem Dienst angestellt oder beschäftigt sind oder waren und die aus diesem Dienstverhältnis oder einem früheren Dienstverhältnis Arbeitslohn beziehen. Arbeitnehmer sind auch die Rechtsnachfolger dieser Personen, soweit sie Arbeitslohn aus dem früheren Dienstverhältnis ihres Rechtsvorgängers beziehen.

(2) Ein Dienstverhältnis (Absatz 1) liegt vor, wenn der Angestellte (Beschäftigte) dem Arbeitgeber (öffentliche Körperschaft, Unternehmer, Haushaltsvorstand) seine Arbeitskraft schuldet. Dies ist der Fall, wenn die tätige Person in der Betätigung ihres geschäftlichen Willens unter der Leitung des Arbeitgebers steht oder im geschäftlichen Organismus des Arbeitgebers dessen Weisungen zu folgen verpflichtet ist.

(3) Arbeitnehmer ist nicht, wer Lieferungen und sonstige Leistungen innerhalb der von ihm selbständig ausgeübten gewerblichen oder beruflichen Tätigkeit im Inland gegen Entgelt ausführt, soweit es sich um die Entgelte für diese Lieferungen und sonstigen Leistungen handelt."

Ob jemand Arbeitnehmer ist, ist nach Gesamtbild der Verhältnisse zu beurteilen, wobei die arbeitsrechtliche und sozialversicherungsrechtliche Behandlung unmaßgeblich ist. Für die Arbeitnehmereigenschaft sprechen insbesondere

– persönliche Abhängigkeit,

– Weisungsgebundenheit hinsichtlich Ort, Zeit und Inhalt der Tätigkeit,

– feste Arbeitszeiten,

– Ausübung der Tätigkeit gleich bleibend an einem bestimmten Ort,

– feste Bezüge,

– Urlaubsanspruch,

– Anspruch auf sonstige Sozialleistungen,

– Fortzahlung der Bezüge im Krankheitsfall,

– Überstundenvergütung,

– zeitlicher Umfang der Dienstleistungen,

– Unselbständigkeit in Organisation und Durchführung der Tätigkeit,

– kein Unternehmerrisiko,

– keine Unternehmerinitiative,

– kein Kapitaleinsatz,

– keine Pflicht zur Beschaffung von Arbeitsmitteln,

– Notwendigkeit der engen ständigen Zusammenarbeit mit anderen Mitarbeitern,

A. Lohnsteuer

1. Allgemeine Erläuterungen zur Lohnsteuer

- Eingliederung in den Betrieb,
- Schulden der Arbeitskraft und nicht eines Arbeitserfolges,
- Ausführung von einfachen Tätigkeiten, bei denen eine Weisungsabhängigkeit die Regel ist.

Weitere Einzelheiten s. → *Arbeitnehmer* Rz. 173 sowie → *Arbeitnehmer-ABC* Rz. 188.

5. Arbeitslohn

Die Lohnsteuer wird vom Arbeitslohn (sog. Einkünfte aus nichtselbständiger Arbeit) abgezogen. Arbeitslohn sind alle Einnahmen, die dem Arbeitnehmer aus einem Dienstverhältnis oder aus einem früheren Dienstverhältnis zufließen. Zu den Einnahmen zählen nicht nur Barvergütungen, sondern auch Sachbezüge (z.B. Kost und Logis) und andere geldwerte Vorteile (z.B. private Benutzung eines betrieblichen Pkw). Es kommt im Übrigen nicht darauf an, ob es sich um einmalige oder laufende Einnahmen handelt oder ob ein Rechtsanspruch besteht; auch die Bezeichnung oder Form, unter der die Einnahmen gewährt werden, ist unerheblich.

Finanzverwaltung und Rechtsprechung sehen als Arbeitslohn grundsätzlich alle Einnahmen in Geld oder Geldeswert an, die „für eine Beschäftigung" gewährt werden, also als Frucht der Arbeitsleistung für den Arbeitgeber zu betrachten sind. Arbeitslohn liegt danach vor, wenn die Einnahmen dem Empfänger nur mit Rücksicht auf das Dienstverhältnis zufließen und Entlohnungscharakter haben, sie sich also im weitesten Sinne als Gegenleistung für das Zurverfügungstellen der individuellen Arbeitskraft erweisen, d.h. sich für den Arbeitnehmer als Frucht seiner Arbeit für den Arbeitgeber darstellen (R 19.3 Abs. 1 LStR).

Weitere Einzelheiten s. → *Arbeitslohn* Rz. 244 sowie → *Arbeitslohn-ABC* Rz. 255.

6. Lohnsteuerabzugsmerkmale

Um für jeden Arbeitnehmer die Lohnsteuer in zutreffender Höhe einbehalten zu können, braucht der Arbeitgeber einige Informationen über seinen Arbeitnehmer, z.B. die Steuerklasse, eventuelle Freibeträge und gegebenenfalls die Zugehörigkeit zu einer Religionsgemeinschaft, für die Kirchensteuer erhoben wird; sog. Lohnsteuerabzugsmerkmale. Sie werden als Grundlagen des Lohnsteuerabzugs ab 2013 von der Finanzverwaltung in einer Datenbank gespeichert und auf Anforderung dem Arbeitgeber auf elektronischem Weg zur Verfügung gestellt. Deshalb werden sie als **E**lektronische **L**ohn**St**euer**A**bzugs**M**erkmale bezeichnet (abgekürzt ELStAM). Das neue ELStAM-Verfahren hat die letztmals für 2010 in Papierform ausgestellten Lohnsteuerkarten abgelöst. Zuständig für Fragen zur Bildung und für die Änderung der ELStAM, z.B. Wechsel der Steuerklasse oder Eintragung eines Freibetrags, ist das Wohnsitzfinanzamt des Arbeitnehmers.

Damit der Arbeitgeber seinen Arbeitnehmer bei der Finanzverwaltung ordnungsgemäß anmelden und den ELStAM-Abruf vornehmen kann, benötigt er dessen Geburtsdatum und seine steuerliche Identifikationsnummer. Daraufhin prüft die Finanzverwaltung die Abrufberechtigung und bildet die ELStAM. Im nächsten Schritt muss der Arbeitgeber die von der Finanzverwaltung bereitgestellten ELStAM abrufen, sie in das Lohnkonto übernehmen und für die Dauer des Dienstverhältnisses anwenden. Auch etwaige Änderungen stellt die Finanzverwaltung dem Arbeitgeber zum Abruf bereit. Die beim Lohnsteuerabzug berücksichtigten ELStAM müssen in der jeweiligen Lohn-/Gehaltsabrechnung ausgewiesen werden.

Weitere Einzelheiten s. → *ELStAM* Rz. 1007.

7. Lohnsteuerberechnung

Die Lohnsteuerberechnung erfolgt heute primär mittels elektronischer Lohnabrechnungsprogramme (maschinelle Berechnung der Lohnsteuer). Deshalb werden vom BMF keine amtlichen Lohnsteuertabellen mehr herausgegeben. Damit mit den Programmen der verschiedenen Anbieter von entsprechender Software die zutreffende Lohnsteuer ermittelt werden kann, stellt das BMF im Einvernehmen mit den obersten Finanzbehörden der Länder einen Programmablaufplan für die maschinelle Berechnung der Lohnsteuer auf und macht diesen bekannt (§ 39b Abs. 6 EStG). Wegen des stufenlosen Einkommensteuertarifs (§ 32a EStG) erfolgt seit 2004 auch die maschinelle Berechnung der Lohnsteuer stufenlos.

Auch wenn in den meisten Fällen die Lohnsteuer maschinell berechnet wird, besteht in der Praxis das Bedürfnis, das Ergebnis der Steuerberechnung auch in Tabellen nachschlagen zu können (manuelle Berechnung der Lohnsteuer). Diesen Zweck erfüllen die Lohnsteuertabellen privater Tabellenverlage (z.B. des Verlags Stollfuß Medien). Für die Erstellung der Lohnsteuertabellen in Papierform stellt das BMF im Einvernehmen mit den obersten Finanzbehörden der Länder auf der Basis des jeweils aktuellen Einkommensteuertarifs (§§ 32a, 39b EStG) einen Programmablaufplan für die Herstellung von Lohnsteuertabellen mit Lohnstufen zur manuellen Berechnung der Lohnsteuer auf und macht diesen im Bundessteuerblatt bekannt (§ 51 Abs. 4 Nr. 1a EStG).

Die Erhebung der Lohnsteuer kann für den Arbeitgeber mit erheblichen Schwierigkeiten und, da er diese Aufgabe kostenlos wahrnehmen muss, auch mit erheblichen Aufwendungen verbunden sein. Um diesen Schwierigkeiten zu begegnen, sind dem Arbeitgeber eine Reihe von Möglichkeiten zur Pauschalierung der Lohnsteuer eingeräumt worden.

Bei der Pauschalierung der Lohnsteuer handelt es sich um ein Besteuerungsverfahren besonderer Art. Dies zeigt sich daran, dass die individuellen Verhältnisse des Arbeitnehmers auf die Höhe der Steuer keinen Einfluss haben, die pauschal besteuerten Bezüge sowie die pauschale Lohnsteuer bei der individuellen Besteuerung des Arbeitnehmers außer Ansatz bleiben (§ 40 Abs. 3 Satz 3 und 4 EStG) und der Arbeitgeber Schuldner der pauschalen Lohnsteuer ist (§ 40 Abs. 3 Satz 1 und 2 EStG). Der Arbeitnehmer selbst ist in das Pauschalierungsverfahren – das sich auch zu seinem Nachteil auswirken kann – nicht eingeschaltet und wirkt auch nicht an ihm mit.

Weitere Einzelheiten s. → *Berechnung der Lohnsteuer* Rz. 627.

8. Weitere Verfahrensvorschriften

a) Anrufungsauskunft

Für das Lohnsteuerabzugsverfahren ist eine Sonderregelung geschaffen worden. Zur Milderung der aus der Verpflichtung zur Einbehaltung der Lohnsteuer resultierenden besonders hohen Haftungsrisiken hat der Gesetzgeber dem Arbeitgeber mit der sog. Anrufungsauskunft nach § 42e EStG die Möglichkeit eingeräumt, vom Finanzamt verbindlich zu erfahren, wie er im Zweifelsfall beim Lohnsteuerabzug verfahren soll. Eine Anrufungsauskunft ist jederzeit gebührenfrei möglich und kann sich auf alle Fragen im Zusammenhang mit dem Lohnsteuerabzug erstrecken.

Der Arbeitgeber ist zwar gesetzlich nicht verpflichtet, nach der Anrufungsauskunft des Finanzamts zu verfahren, wenn er anderer Rechtsauffassung ist. Wenn sich die Rechtsauffassung des Arbeitgebers aber als unrichtig erweist, haftet er für die zu wenig einbehaltene Lohnsteuer und kann auch strafrechtlich verfolgt werden.

Weitere Einzelheiten s. → *Auskünfte und Zusagen des Finanzamts* Rz. 414.

b) Lohnsteuer-Außenprüfung

Für die Überwachung der ordnungsgemäßen Einbehaltung und Abführung der Lohnsteuer sowohl durch private als auch durch öffentlich-rechtliche Arbeitgeber ist das Betriebsstättenfinanzamt zuständig (§ 42f Abs. 1 EStG). Die Lohnsteuer-Außenprüfung ist eine Außenprüfung i.S.d. §§ 193 ff. AO; durch sie soll festgestellt werden, ob der Arbeitgeber die Lohnsteuer zutreffend einbehalten und abgeführt hat.

Weitere Einzelheiten s. → *Lohnsteuer-Außenprüfung* Rz. 1855.

c) Lohnsteuer-Nachschau

Die 2013 eingeführte Lohnsteuer-Nachschau ist **ein besonderes Verfahren zur zeitnahen Aufklärung** möglicher steuererheblicher Sachverhalte. Steuererheblich sind Sachverhalte, die eine Lohnsteuerpflicht begründen oder zu einer Änderung der Höhe der Lohnsteuer oder der Zuschlagsteuern führen können.

Weitere Einzelheiten s. → *Lohnsteuer-Nachschau* Rz. 1938.

2. Steuerfreier Arbeitgeberersatz bei Auswärtstätigkeit und doppelter Haushaltsführung

3390 • **Auswärtstätigkeiten (Dienstreise, Einsatzwechseltätigkeit, Fahrtätigkeit)**

Fahrtkosten	Verpflegungspauschalen (Hinweis: Einzelnachweis seit 1996 unzulässig!)	Übernachtungskosten
1. Beginn der Auswärtstätigkeit ab Wohnung Steuerfreier Ersatz aller Fahrtkosten, entweder • laut Einzelnachweis (z.B. Rechnung für Bahn, Flugzeug, Taxi oder nachgewiesene Kfz-Kosten) • oder für Kraftfahrzeuge pauschale km-Sätze (z.B. für eigenen Pkw 0,30 €/km) • Erstattung sämtlicher Fahrten, auch sog. Zwischenheimfahrten in der Woche. **2. Beginn der Auswärtstätigkeit ab Betrieb, sofern dieser als erste Tätigkeitsstätte anzusehen ist** **a) Fahrten Wohnung – Betrieb** Kein steuerfreier Arbeitgeberersatz möglich – es gelten die ungünstigeren Regeln für „Wege zwischen Wohnung und erster Tätigkeitsstätte", d.h. • Ansatz der geringeren Entfernungspauschale von 0,30 € je Entfernungskilometer (km-Satz also nur 0,15 €); • kein steuerfreier Arbeitgeberersatz möglich; • lediglich Pauschalversteuerung mit 15 %. **b) Fahrten ab Betrieb (Auswärtstätigkeit)** wie oben Nr. 1 **3. Beginn der Auswärtstätigkeit ab einem vom Arbeitgeber festgelegten „Sammelpunkt"** **a) Fahrten Wohnung – Sammelpunkt** wie oben Nr. 2a **b) Auswärtstätigkeit ab Sammelpunkt** wie oben Nr. 1 **4. Tätigkeit in einem sog. weiträumigen Tätigkeitsgebiet** **a) Fahrten Wohnung – Tätigkeitsgebiet** Wie oben Nr. 2a **b) Fahrten innerhalb des Tätigkeitsgebiets** wie oben Nr. 1	Nur die im Gesetz festgelegten **Verpflegungspauschalen**, d.h. • bei **mehrtägigen** Auswärtstätigkeiten – für Anreise- und Abreisetag: keine Mindestabwesenheit! **12 €** – für sog. Zwischentage: Abwesenheit von der Wohnung 24 Stunden **24 €** • bei **eintägigen** Auswärtstätigkeiten: Abwesenheit von Wohnung und erster Tätigkeitsstätte mehr als 8 Stunden **12 €** Bei länger andauernder Auswärtstätigkeit an derselben Tätigkeitsstätte (z.B. mehrmonatige Baustellen) nur für die **ersten drei Monate** (gesetzliche Abzugsbeschränkung). Bei Fahrten „über Nacht" ohne Übernachtung „**Mitternachtsregelung**" beachten: Ansatz der 12 € für den Kalendertag, an dem der Arbeitnehmer den überwiegenden Teil der insgesamt mehr als 8 Stunden von seiner Wohnung und der ersten Tätigkeitsstätte abwesend war. Besondere pauschale **Auslandstagegelder** lt. nachfolgender „Länderübersicht" (→ Anhang, A. Lohnsteuer Rz. 3391). Berücksichtigung von Verpflegungsmehraufwendungen wie Nr. 1. Sammelpunkt wird nicht als „erste Tätigkeitsstätte" fingiert, sondern nur für die Fahrten Wohnung – Sammelpunkt die Anwendung der Entfernungspauschale angeordnet. Berücksichtigung von Verpflegungsmehraufwendungen wie Nr. 1 Weiträumiges Tätigkeitsgebiet wird nicht als „erste Tätigkeitsstätte" fingiert, sondern nur für die Fahrten Wohnung – Tätigkeitsgebiet die Anwendung der Entfernungspauschale angeordnet.	• Grundsätzlich Abzug der nachgewiesenen Kosten, ggf. nach Abzug der Frühstückskosten. • Nach Ablauf von 4 Jahren (48-Monatsfrist) höchstens noch 1 000 € monatlich (wie bei doppelter Haushaltsführung) Ergeben sich die Frühstückskosten nicht aus der Hotelrechnung, können sie mit **20 % des (vollen) Tagegelds** bzw. des **Sammelpostens für Nebenleistungen** „herausgerechnet" werden. Ohne Einzelnachweis **pauschal 20 €** je Übernachtung, allerdings nicht bei vom Arbeitgeber unentgeltlich gestellter Unterkunft oder – bei Fahrtätigkeit – Übernachtung in einer Schlafkoje. Besondere pauschale **Auslandsübernachtungsgelder** lt. nachfolgender „Länderübersicht" (→ Anhang, A. Lohnsteuer Rz. 3391). Berücksichtigung von Übernachtungskosten wie Nr. 1. Berücksichtigung von Übernachtungskosten wie Nr. 1.

• **Doppelte Haushaltsführung**

Fahrtkosten	Verpflegungspauschalen (Hinweis: Einzelnachweis seit 1996 unzulässig!)	Übernachtungskosten
Für die „**erste und letzte Fahrt**" entweder die • tatsächlichen Kosten oder • für Kraftfahrzeuge pauschale km-Sätze (z.B. für eigenen Pkw 0,30 €/km). Dazwischen nur **eine Familienheimfahrt wöchentlich**, höchstens die **Entfernungspauschale** von 0,30 € je Entfernungskilometer (km-Satz also nur 0,15 €, und keine Beschränkung auf höchstens 4 500 € im Jahr). **Volle Erstattung nur bei Behinderten.** An Stelle einer Familienheimfahrt können auch die Kosten für ein 15-minütiges Telefongespräch erstattet werden.	Je nach Dauer der **Abwesenheit allein von der „Mittelpunktwohnung"** (Heimatwohnung) von mindestens – für Anreise- und Abreisetag (auch Tage mit Familienheimfahrten): keine Mindestabwesenheit! **12 €** – für sog. Zwischentage: Abwesenheit von der Wohnung 24 Stunden **24 €** Für volle Tage in der Heimatwohnung überhaupt keine Pauschalen! Bei länger andauernder doppelter Haushaltsführung nur für die ersten **drei Monate**, vorhergehende „Auswärtstätigkeiten-Zeiten" werden mitgerechnet. Besondere Auslandstagegelder lt. nachfolgender „Länderübersicht" (→ Anhang, A. Lohnsteuer Rz. 3391).	Nachgewiesene Kosten wie bei Auswärtstätigkeiten, höchstens 1 000 € im Monat. Ohne Einzelnachweis pauschal je Übernachtung • **20 €** in den ersten **drei Monaten** und • **5 €** in den **folgenden Monaten**, aber nicht für Übernachtungen in einer vom Arbeitgeber unentgeltlich gestellten Unterkunft. Besondere Auslandsübernachtungsgelder lt. nachfolgender „Länderübersicht" (→ Anhang, A. Lohnsteuer Rz. 3391). Nach Ablauf von drei Monaten 40 % des Auslandsübernachtungsgeldes.

3. Auslandsreisekostenvergütungen 2016

Steuerliche Behandlung von Reisekosten und Reisekostenvergütungen bei betrieblich und beruflich veranlassten Auslandsreisen ab 1.1.2016 (BMF-Schreiben folgt, vorläufige Zahlen). Zum Zeitpunkt des Redaktionsschlusses war das BMF-Schreiben noch nicht veröffentlicht. **Über die Veröffentlichung und eventuelle Abweichungen unterrichten wir Sie unverzüglich durch unseren Online-Aktualisierungsdienst (s. Benutzerhinweise auf S. IV).**

3391

Für das Jahr 2016 gelten die in der nachfolgenden Übersicht ausgewiesenen Pauschbeträge für Verpflegungsmehraufwendungen und Übernachtungskosten für beruflich und betrieblich veranlasste Auslandsdienstreisen.

Bei eintägigen Reisen in das Ausland ist der entsprechende Pauschbetrag des letzten Tätigkeitsorts im Ausland maßgebend. Bei mehrtägigen Reisen in verschiedenen Staaten gilt für die Ermittlung der Verpflegungspauschalen am An- und Abreisetag sowie den Zwischentagen (Tagen mit 24 Stunden Abwesenheit) Folgendes:

- Bei der Anreise vom Inland in das Ausland oder vom Ausland ins Inland, jeweils ohne Tätigwerden, ist der entsprechende Pauschbetrag des Orts maßgebend, der vor 24 Uhr Ortszeit erreicht wird.
- Bei der Abreise vom Ausland ins Inland oder vom Inland ins Ausland ist der entsprechende Pauschbetrag des letzten Tätigkeitsorts maßgebend.
- Für die Zwischentage ist i.d.R. der entsprechende Pauschbetrag des Orts maßgebend, den der Arbeitnehmer vor 24 Uhr Ortszeit erreicht.

S. dazu auch BMF v. 24.10.2014, IV C 5 – S 2353/14/10004, BStBl I 2014, 1412 Rdnr. 51.

Zur Kürzung der Verpflegungspauschale gilt Folgendes:

Bei der Gestellung von Mahlzeiten durch den Arbeitgeber ist i.d.R. die Kürzung der Verpflegungspauschale i.S.d. § 9 Abs. 4a Satz 8 ff. EStG tagesbezogen vorzunehmen, d.h. von der für den jeweiligen Reisetag maßgebenden Verpflegungspauschale für eine 24 stündige Abweisenheit (§ 9 Abs. 4a Satz 5 EStG), unabhängig davon, in welchem Land die jeweilige Mahlzeit zur Verfügung gestellt wurde.

Für die in der Bekanntmachung nicht erfassten Länder ist der für **Luxemburg** geltende Pauschbetrag maßgebend; für nicht erfasste Übersee- und Außengebiete eines Landes ist der für das **Mutterland** geltende Pauschbetrag maßgebend.

Die Pauschbeträge für Übernachtungskosten sind **ausschließlich in den Fällen der Arbeitgebererstattung anwendbar** (R 9.7 Abs. 3 LStR und BMF v. 24.10.2014, IV C 5 – S 2353/14/10004, BStBl I 2014, 1412 Rdnr. 123). Für den **Werbungskostenabzug** sind nur die tatsächlichen Übernachtungskosten maßgebend (R 9.7 Abs. 2 LStR und BMF v. 24.10.2014, IV C 5 – S 2353/14/10004, BStBl I 2014, 1412 Rdnr. 112); dies gilt entsprechend für den **Betriebsausgabenabzug** (R 4.12 Abs. 2 und 3 EStG).

Die Pauschbeträge gelten entsprechend für **doppelte Haushaltsführungen im Ausland** (R 9.11 Abs. 10 Satz 1, Satz 7 Nr. 3 LStR und BMF v. 24.10.2014, IV C 5 – S 2353/14/10004, BStBl I 2014, 1412 Rdnr. 107 ff.).

Land	Pauschbeträge für Verpflegungsmehraufwendungen bei einer Abwesenheitsdauer von mindestens 24 Stunden je Kalendertag €	Pauschbeträge für Verpflegungsmehraufwendungen für den An- und Abreisetag sowie bei einer Abwesenheitsdauer von mehr als 8 Stunden je Kalendertag €	Pauschbetrag für Übernachtungskosten €
A			
Afghanistan	30	20	95
Ägypten	40	27	113
Äthiopien	27	18	86
Äquatorialguinea	36	24	166
Albanien	29	20	90
Algerien	39	26	190
Andorra	34	23	45
Angola	77	52	265
Antigua und Barbuda	53	36	117
Argentinien	34	23	144
Armenien	23	16	63
Aserbaidschan	40	27	120
Australien			
– Canberra	58	39	158
– Sydney	59	40	186
– im Übrigen	56	37	133
B			
Bahrain	45	30	180
Bangladesch	30	20	111
Barbados	58	39	179
Belgien	41	28	135
Benin	40	27	101
Bolivien	24	16	70
Bosnien und Herzegowina	18	12	73
Botsuana	40	27	102
Brasilien			
– Brasilia	53	36	160
– Rio de Janeiro	47	32	145
– Sao Paulo	53	36	120
– im Übrigen	54	36	110
Brunei	48	32	106
Bulgarien	22	15	90
Burkina Faso	44	29	84
Burundi	47	32	98
C			
Chile	40	27	130
China			
– Chengdu	35	24	105
– Hongkong	74	49	145
– Peking	46	31	142
– Shanghai	50	33	128
– im Übrigen	40	27	113
Costa Rica	36	24	69
Côte d'Ivoire	51	34	146
D			
Dänemark	60	40	150
Dominica	40	27	94
Dominikanische Republik	40	27	71
Dschibuti	48	32	160
E			
Ecuador	39	26	55
El Salvador	44	29	119
Eritrea	46	31	81
Estland	27	18	71
F			
Fidschi	32	21	57
Finnland	39	26	136

3. Auslandsreisekostenvergütungen

Land	Pauschbeträge für Verpflegungsmehraufwendungen		Pauschbetrag für Übernachtungskosten
	bei einer Abwesenheitsdauer von mindestens 24 Stunden je Kalendertag	für den An- und Abreisetag sowie bei einer Abwesenheitsdauer von mehr als 8 Stunden je Kalendertag	
	€	€	€
Frankreich			
– Lyon	53	36	83
– Marseille	51	34	86
– Paris*)	58	39	135
– Straßburg	48	32	89
– im Übrigen	44	29	81
G			
Gabun	62	41	278
Gambia	30	20	125
Georgien	30	20	80
Ghana	46	31	174
Grenada	51	34	121
Griechenland			
– Athen	57	38	125
– im Übrigen	42	28	132
Guatemala	28	19	96
Guinea	38	25	110
Guinea-Bissau	24	16	86
Guyana	41	28	81
H			
Haiti	50	33	111
Honduras	44	29	104
I			
Indien			
– Chennai	34	23	87
– Kalkutta	41	28	117
– Mumbai	32	21	125
– Neu Delhi	50	33	144
– im Übrigen	36	24	145
Indonesien	38	25	130
Iran	28	19	84
Irland	44	29	92
Island	47	32	108
Israel	56	37	191
Italien			
– Mailand	39	26	156
– Rom	52	35	160
– im Übrigen	34	23	126
J			
Jamaika	54	36	135
Japan			
– Tokio	53	36	153
– im Übrigen	51	34	156
Jemen	24	16	95
Jordanien	36	24	85
K			
Kambodscha	36	24	85
Kamerun	40	27	130
Kanada			
– Ottawa	35	24	110
– Toronto	52	35	142
– Vancouver	48	32	106
– im Übrigen	44	29	111
Kap Verde	30	20	105
Kasachstan	39	26	109
Katar	56	37	170
Kenia	42	28	223
Kirgisistan	29	20	91
Kolumbien	41	28	126
Kongo, Demokratische Republik	68	45	171
Kongo, Republik	50	33	200
Korea, Demokratische Volksrepublik	39	26	132
Korea, Republik	58	39	112
Kosovo	26	17	65
Kroatien	28	19	75
Kuba	50	33	85
Kuwait	42	28	185
L			
Laos	33	22	67
Lesotho	24	16	103
Lettland	30	20	80
Libanon	44	29	120
Libyen	45	30	100
Liechtenstein	53	36	180
Litauen	24	16	68
Luxemburg	47	32	102
M			
Madagaskar	38	25	83
Malawi	47	32	123
Malaysia	36	24	100
Malediven	38	25	93
Mali	41	28	122
Malta	45	30	112
Marokko	42	28	105
Marshall Inseln	63	42	70
Mauretanien	39	26	105
Mauritius	48	32	140
Mazedonien	24	16	95
Mexiko	41	28	141
Mikronesien	56	37	74
Moldau, Republik	18	12	100
Monaco	41	28	52
Mongolei	29	20	84
Montenegro	29	20	95
Mosambik	42	28	147
Myanmar	46	31	45
N			
Namibia	23	16	77
Nepal	28	19	86
Neuseeland	47	32	98
Nicaragua	36	24	81
Niederlande	46	31	119
Niger	36	24	70
Nigeria	63	42	255
Norwegen	64	43	182
O			
Österreich	36	24	104
Oman	48	32	120
P			
Pakistan			
– Islamabad	30	20	165
– im Übrigen	27	18	68
Palau	51	34	166
Panama	34	23	101
Papua-Neuguinea	36	24	90
Paraguay	36	24	61
Peru	30	20	93
Philippinen	30	20	107

*) Sowie die Departements 92 (Hauts-de-Seine), 93 (Seine-Saint-Denis) und 94 (Val-de-Marne)

A. Lohnsteuer — 3. Auslandsreisekostenvergütungen

Land	Pauschbeträge für Verpflegungsmehraufwendungen bei einer Abwesenheitsdauer von mindestens 24 Stunden je Kalendertag €	Pauschbeträge für Verpflegungsmehraufwendungen für den An- und Abreisetag sowie bei einer Abwesenheitsdauer von mehr als 8 Stunden je Kalendertag €	Pauschbetrag für Übernachtungskosten €
Polen			
– Breslau	33	22	92
– Danzig	29	20	77
– Krakau	28	19	88
– Warschau	30	20	105
– im Übrigen	27	18	50
Portugal	36	24	92
R			
Ruanda	46	31	141
Rumänien			
– Bukarest	26	17	100
– im Übrigen	27	18	80
Russische Föderation			
– Moskau	30	20	118
– St. Petersburg	24	16	104
– im Übrigen	21	14	78
S			
Sambia	36	24	95
Samoa	29	20	57
São Tomé – Principe	42	28	75
San Marino	41	28	77
Saudi-Arabien			
– Djidda	38	25	234
– Riad	48	32	179
– im Übrigen	48	32	80
Schweden	50	33	168
Schweiz			
– Genf	64	43	195
– im Übrigen	62	41	169
Senegal	45	30	128
Serbien	30	20	90
Sierra Leone	39	26	82
Simbabwe	45	30	103
Singapur	53	36	188
Slowakische Republik	24	16	130
Slowenien	30	20	95
Spanien			
– Barcelona	32	21	118
– Kanarische Inseln	32	21	98
– Madrid	41	28	113
– Palma de Mallorca	32	21	110
– im Übrigen	29	20	88
Sri Lanka	40	27	118
St. Kitts und Nevis	45	30	99
St. Lucia	54	36	129
St. Vincent und die Grenadinen	52	35	121
Sudan	35	24	115
Südafrika			
– Kapstadt	27	18	112
– Johannisburg	29	20	124
– im Übrigen	22	15	94
Südsudan	53	36	114
Suriname	41	28	108
Syrien	38	25	140
T			
Tadschikistan	26	17	67
Taiwan	39	26	110
Tansania	47	32	201
Thailand	32	21	120
Togo	35	24	108
Tonga	32	21	36
Trinidad und Tobago	54	36	164
Tschad	47	32	151
Tschechische Republik	24	16	97
Türkei			
– Istanbul	35	24	104
– Izmir	42	28	80
– im Übrigen	40	27	78
Tunesien	33	22	80
Turkmenistan	33	22	108
U			
Uganda	35	24	129
Ukraine	36	24	85
Ungarn	30	20	75
Uruguay	44	29	109
Usbekistan	34	23	123
V			
Vatikanstaat	52	35	160
Venezuela	48	32	207
Vereinigte Arabische Emirate	45	30	155
Vereinigte Staaten von Amerika (USA)			
– Atlanta	57	38	122
– Boston	48	32	206
– Chicago	48	32	130
– Houston	57	38	136
– Los Angeles	48	32	153
– Miami	57	38	102
– New York City	48	32	215
– San Francisco	48	32	110
– Washington, D.C.	57	38	205
– im Übrigen	48	32	102
Vereinigtes Königreich von Großbritannien und Nordirland			
– London	62	41	224
– im Übrigen	45	30	115
Vietnam	38	25	86
W			
Weißrussland	27	18	109
Z			
Zentralafrikanische Republik	29	20	52
Zypern	39	26	90

4. Wichtige lohnsteuerrechtliche Daten und weitere Zahlen im Überblick

Fundstelle	Inhalt	2015	2016
a) Steuerbefreiungen			
§ 3 Nr. 10 EStG a.F. i.V.m. § 52 Abs. 4a Satz 2 EStG	Übergangsbeihilfen bei Soldatinnen und Soldaten auf Zeit, wenn das Dienstverhältnis vor dem 1.1.2006 begründet wurde	10 800 €	10 800 €
§ 3 Nr. 11 EStG, R 3.11 LStR	Beihilfen und Unterstützungen in Notfällen steuerfrei bis	600 €	600 €
§ 3 Nr. 12 EStG, R 3.12 LStR	Aufwandsentschädigungen aus öffentlichen Kassen, z.B. ehrenamtliche Tätigkeiten im kommunalen Bereich	mindestens 200 € monatlich	mindestens 200 € monatlich
§ 3 Nr. 26 EStG	Einnahmen aus nebenberuflichen Tätigkeiten (Übungsleiter, Ausbilder, Erzieher, Betreuer u.a.) steuerfrei bis	2 400 €	2 400 €
§ 3 Nr. 26a EStG	Einnahmen aus anderen nebenberuflichen Tätigkeiten (Platzwarte usw.) steuerfrei bis	720 €	720 €
§ 3 Nr. 26b EStG	Aufwandsentschädigungen nach § 1835a BGB für ehrenamtliche rechtliche Betreuer, Vormünder, Pfleger	2 400 €	2 400 €
§ 3 Nr. 30 u. 50 EStG, R 9.13 LStR	Heimarbeitszuschläge (steuerfrei in % des Grundlohns)	10 %	10 %
§ 3 Nr. 34 EStG	Leistungen des Arbeitgebers zur Verbesserung des allgemeinen Gesundheitszustands und der betrieblichen Gesundheitsförderung	500 €	500 €
§ 3 Nr. 34a EStG	Leistungen des Arbeitgebers zur kurzfristigen Betreuung von Kindern bis zu 14 Jahren oder behinderten Kindern sowie pflegebedürftigen Angehörigen	600 €	600 €
§ 3 Nr. 38 EStG	Sachprämien aus Kundenbindungsprogrammen steuerfrei bis	1 080 €	1 080 €
§ 3 Nr. 39 EStG	Freibetrag für Mitarbeiterkapitalbeteiligungen	360 €	360 €
§ 3 Nr. 56 EStG	Höchstbeitrag für Beiträge aus dem ersten Dienstverhältnis an nicht kapitalgedeckte Pensionskassen steuerfrei bis jährlich (alte und neue Bundesländer!)	1 452 €	1 488 €
§ 3 Nr. 63 EStG	• Höchstbeitrag für Beiträge aus dem ersten Dienstverhältnis an kapitalgedeckte Pensionsfonds, Pensionskassen oder für Direktversicherungen steuerfrei bis jährlich (alte und neue Bundesländer!)	2 904 €	2 976 €
	• Erhöhungsbetrag bei Versorgungszusagen nach dem 31.12.2004	1 800 €	1 800 €
§ 3b EStG	Sonntags-, Feiertags- oder Nachtzuschläge (steuerfrei in % des Grundlohns)		
	• Nachtarbeit	25 %	25 %
	• Nachtarbeit von 0 Uhr bis 4 Uhr (wenn Arbeit vor 0 Uhr aufgenommen)	40 %	40 %
	• Sonntagsarbeit	50 %	50 %
	• gesetzliche Feiertage und Silvester ab 14 Uhr	125 %	125 %
	• Weihnachten, Heiligabend ab 14 Uhr und 1. Mai	150 %	150 %
	• Begrenzung des Grundlohns auf höchstens	50 €	50 €
§ 19a EStG a.F.	Freibetrag für Vermögensbeteiligungen (höchstens aber der halbe Wert) – nur bei Anwendung der Übergangsregelung nach § 52 Abs. 27 EStG	135 €	–
b) Arbeitslohn			
§ 8 Abs. 2 EStG	Freigrenze für bestimmte Sachbezüge monatlich	44 €	44 €
§ 8 Abs. 2 EStG, SvEV	Sachbezüge		
	• Unterkunft (monatlich)	223 €	223 €
	• Mahlzeiten		
	– Frühstück	1,63 €	1,67 €
	– Mittagessen/Abendessen	3,— €	3,10 €
	Weitere Einzelheiten → *Anhang, B. Sozialversicherung* Rz. 3399		
§ 8 Abs. 3 EStG	Rabattfreibetrag	1 080 €	1 080 €
§ 19 EStG, R 19.3 Abs. 1 Nr. 4 LStR	Fehlgeldentschädigungen steuerfrei bis	16 €	16 €
§ 19 EStG, BMF v. 19.5.2015, IV C 5 – S 2334/07/0009, BStBl I 2015, 484	Freigrenze für Arbeitgeberdarlehen	2 600 €	2 600 €
§ 19 EStG, R 19.3 Abs. 2 Nr. 3 LStR	Diensteinführung, Verabschiedung, Arbeitnehmerjubiläum, runder Geburtstag u.Ä.; **Freigrenze** für Sachleistungen je teilnehmender Person einschließlich Umsatzsteuer	110 €	110 €
§ 19 Abs. 1 Satz 1 Nr. 1a EStG	Betriebsveranstaltungen; **Freibetrag** je Arbeitnehmer einschließlich Umsatzsteuer	110 €	110 €
§ 19 EStG, R 19.6 Abs. 1 LStR	Aufmerksamkeiten; Freigrenze für Sachzuwendungen	60 €	60 €
§ 19 EStG, R 19.6 Abs. 2 LStR	Aufmerksamkeiten; Freigrenze für Arbeitsessen	60 €	60 €

A. Lohnsteuer

4. Lohnsteuerrechtliche Daten

Fundstelle	Inhalt	2015	2016
§ 19 Abs. 2 EStG	Versorgungsfreibeträge **ab 2005** (vgl. Tabelle in § 19 Abs. 2 EStG) • **Versorgungsbeginn in 2015** – Prozentsatz – Versorgungsfreibetrag höchstens – Zuschlag zum Versorgungsfreibetrag • **Versorgungsbeginn in 2016** – Prozentsatz – Versorgungsfreibetrag höchstens – Zuschlag zum Versorgungsfreibetrag	 24,0 % 1 800 € 540 € – – –	 24,0 % 1 800 € 540 € 22,4 % 1 680 € 504 €
c) Werbungskosten			

§ 9 Abs. 1 Satz 3 Nr. 4a, 5a und Abs. 4a EStG	Reisekosten bei Auswärtstätigkeiten
	• Fahrtkosten je Kilometer (pauschal, wenn kein Einzelnachweis)
	– Pkw
	– Motorrad oder Motorroller
	– Moped oder Mofa
	– Fahrrad (ab 2014 nur Einzelnachweis!)
	• Verpflegungsmehraufwendungen (nur pauschal, kein Einzelnachweis möglich; Dreimonatsfrist; besondere Auslandstagegelder)
	  a) *mehrtägige* Auswärtstätigkeiten im Inland
	    – An- und Abreisetage (ohne Mindestabwesenheit)
	    – Zwischentage (Abwesenheit 24 Stunden)
	  b) *eintägige* Auswärtstätigkeiten im Inland (Abwesenheit von Wohnung und erster Tätigkeitsstätte mehr als 8 Stunden)
	• Übernachtungskosten (besondere Auslandsübernachtungsgelder)
	– Grundsätzlich Abzug der vollen nachgewiesenen Kosten, nach Ablauf von 48 Monaten jedoch höchstens monatlich
	– Pauschbetrag (nur beim Arbeitgeberersatz!)
	Weitere Einzelheiten → *Anhang, A. Lohnsteuer* Rz. 3390
		
		0,30 €
		0,20 €
		0,20 €
		–
		
		12 €
		24 €
		12 €
		
		1 000 €
		20 €
			
			0,30 €
			0,20 €
			0,20 €
			–
			
			12 €
			24 €
			12 €
			
			1 000 €
			20 €

§ 9 Abs. 1 Satz 3 Nr. 4 EStG	Entfernungspauschale für Wege zwischen Wohnung und erster Tätigkeitsstätte je Entfernungskilometer (einfache Strecke!) • ab dem 1. Kilometer • Höchstbetrag Ausnahme: Keine Beschränkung für Behinderte i.S.v. § 9 Abs. 2 Satz 3 EStG	 0,30 € 4 500 €	 0,30 € 4 500 €

§ 9 Abs. 1 Satz 3 Nr. 5 und Abs. 4a EStG	Mehraufwendungen wegen beruflich veranlasster doppelter Haushaltsführung
	• Fahrtkosten (Pkw)
	– erste und letzte Fahrt je Kilometer (pauschal, wenn kein Einzelnachweis)
	– eine Heimfahrt wöchentlich je Entfernungskilometer
	• Verpflegungsmehraufwendungen (nur pauschal, kein Einzelnachweis möglich; Dreimonatsfrist; besondere Auslandstagegelder)
	– volle Abwesenheitstage von der Heimatwohnung
	– Tage mit Familienheimfahrten
	• Übernachtungskosten (besondere Auslandsübernachtungsgelder)
	– Grundsätzlich Abzug der vollen nachgewiesenen Kosten, jedoch höchstens monatlich
	– Pauschbetrag (nur beim Arbeitgeberersatz!)
	  – 1. bis 3. Monat
	  – ab 4. Monat
	Weitere Einzelheiten → *Anhang, A. Lohnsteuer* Rz. 3390
		
		0,30 €
		0,30 €
		
		24 €
		12 €
		
		1 000 €
		
		20 €
		5 €
			
			0,30 €
			0,30 €
			
			24 €
			12 €
			
			1 000 €
			
			20 €
			5 €

§ 9a Nr. 1a EStG	Arbeitnehmer-Pauschbetrag • allgemein • für Versorgungsempfänger	 1 000 € 102 €	 1 000 € 102 €
d) Sonderausgaben			
§ 10 Abs. 1a Nr. 1 EStG	Unterhaltsleistungen (Realsplitting), abzugsfähig bis (ab 2010 zusätzlicher Abzug von Krankenversicherungsbeiträgen zu Gunsten des geschiedenen oder dauernd getrennt lebenden Ehegatten möglich)	13 805 €	13 805 €
§ 10 Abs. 1 Nr. 5 EStG	Kinderbetreuungskosten (bei allen Eltern) • zwei Drittel der Aufwendungen, höchstens je Kind • Altersgrenze (Ausnahme: behinderte Kinder)	 4 000 € 14 Jahre	 4 000 € 14 Jahre
§ 10 Abs. 1 Nr. 7 EStG	Ausbildungskosten, abzugsfähig höchstens	6 000 €	6 000 €
§ 10 Abs. 1 Nr. 9 EStG	Schulgeld • in % der Aufwendungen • Höchstbetrag	 30 % 5 000 €	 30 % 5 000 €

4. Lohnsteuerrechtliche Daten — A. Lohnsteuer

Fundstelle	Inhalt	2015	2016
§ 10 Abs. 1 Nr. 2, 3, 3a EStG	Altersvorsorgeaufwendungen höchstens		
	• Alleinstehende	17 738 €	18 669 €
	• Ehegatten	35 476 €	37 338 €
	sonstige Vorsorgeaufwendungen höchstens (höhere Beiträge i.S.v. § 10 Abs. 1 Nr. 3 EStG sind **ab 2010** abziehbar!)		
	• allgemein	2 800 €	2 800 €
	• bei Anspruch auf Übernahme von Krankheitskosten usw.	1 900 €	1 900 €
§ 10 Abs. 3 Nr. 1 EStG a.F. Beträge gelten ab 2005 nur im Rahmen der sog. Günstigerprüfung.)	Allgemeiner Höchstbetrag für Vorsorgeaufwendungen (Versicherungsbeiträge)		
	• Alleinstehende	1 334 €	1 334 €
	• Verheiratete	2 668 €	2 668 €
	Hälftiger Höchstbetrag		
	• Alleinstehende	667 €	667 €
	• Verheiratete	1 334 €	1 334 €
	Maximaler Höchstbetrag		
	• Alleinstehende	2 001 €	2 001 €
	• Verheiratete	4 002 €	4 002 €
§ 10 Abs. 3 Nr. 3 EStG a.F.*)	Zusatzhöchstbetrag für Pflegeversicherung	184 €	184 €
§ 10 Abs. 3 Nr. 2 EStG a.F.*)	Vorwegabzug von Versicherungsbeiträgen		
	• Alleinstehende	1 800 €	1 500 €
	• Verheiratete	3 600 €	3 000 €
	• Kürzung des Vorwegabzugs (in % vom Arbeitslohn)	16 %	16 %
§ 10a EStG	Sonderausgabenabzug für Altersvorsorgebeiträge		
	• Alleinstehende	2 100 €	2 100 €
	• Verheiratete (je Ehegatte, der zum begünstigten Personenkreis gehört)	2 100 €	2 100 €
§ 10c EStG	Sonderausgaben-Pauschbetrag		
	• Alleinstehende	36 €	36 €
	• Verheiratete	72 €	72 €
§ 39b Abs. 2 Satz 5 Nr. 3 EStG	Vorsorgepauschale **ab 2010** (die Vorsorgepauschale wird ab 2010 individuell ermittelt)		
	Mindestvorsorgepauschale (in % des Arbeitslohns), höchstens aber in den	12 %	12 %
	– Steuerklassen I, II, IV, V und VI	1 900 €	1 900 €
	– Steuerklasse III	3 000 €	3 000 €

e) Familie und Tarif

Fundstelle	Inhalt	2015	2016
§ 24b EStG	Entlastungsbetrag für Alleinerziehende		
	• bei einem Kind	1 908 €	1 908 €
	• für jedes weitere Kind	240 €	240 €
§ 32 Abs. 6 EStG, § 66 Abs. 1 EStG	• Kinderfreibetrag, bei Geschiedenen usw. sind die Beträge zu halbieren		
	– jährlich	4 512 €	4 608 €
	– monatlich	376 €	384 €
	• Freibetrag für den Betreuungs- und Erziehungs- oder Ausbildungsbedarf oder	2 640 €	2 640 €
	• Kindergeld monatlich für		
	– 1. und 2. Kind	188 €	190 €
	– 3. Kind	194 €	196 €
	– und jedes weitere Kind	219 €	221 €
§ 32a EStG	Grundfreibetrag („steuerfreies Existenzminimum")		
	• Alleinstehende	8 472 €	8 652 €
	• Verheiratete	16 944 €	17 304 €

f) Außergewöhnliche Belastungen

Fundstelle	Inhalt	2015	2016
§ 33a Abs. 1 EStG	Höchstbetrag für den Unterhalt bedürftiger Angehöriger bei gesetzlicher Unterhaltspflicht	8 472 €	8 652 €
	Sog. anrechnungsfreier Betrag für eigene Einkünfte und Bezüge des Unterhaltenen	624 €	624 €
§ 33a Abs. 2 EStG	Freibetrag für Sonderbedarf	924 €	924 €
§ 33b Abs. 3 EStG	Pauschbetrag für Behinderte bei Grad der Behinderung		
	• 25 und 30	310 €	310 €
	• 35 und 40	430 €	430 €
	• 45 und 50	570 €	570 €
	• 55 und 60	720 €	720 €
	• 65 und 70	890 €	890 €
	• 75 und 80	1 060 €	1 060 €
	• 85 und 90	1 230 €	1 230 €
	• 95 und 100	1 420 €	1 420 €
	Blinde und hilflose Personen	3 700 €	3 700 €

A. Lohnsteuer

4. Lohnsteuerrechtliche Daten

Fundstelle	Inhalt	2015	2016
§ 33b Abs. 4 EStG	Hinterbliebenen-Pauschbetrag	370 €	370 €
§ 33b Abs. 6 EStG	Pflege-Pauschbetrag	924 €	924 €
g) Lohnsteuer-Anmeldung			
§ 41a Abs. 2 EStG	Anmeldungszeitraum • Kalenderjahr, wenn Lohnsteuer des Vorjahrs unter • Vierteljahr, wenn Lohnsteuer des Vorjahrs unter • Monat, wenn Lohnsteuer des Vorjahrs über	1 080 € 4 000 € 4 000 €	1 080 € 4 000 € 4 000 €
h) Pauschalierung der Lohnsteuer und Einkommensteuer			
	Pauschalierungssatz für		
§ 37a EStG	• Kundenbindungsprogramme	2,25 %	2,25 %
§ 37b EStG	• Pauschalierung der Einkommensteuer bei Sachzuwendungen	30 %	30 %
§ 39c Abs. 5 EStG	• Lohnsteuerabzug durch Dritte bei tarifvertraglichen Ansprüchen (**keine Abgeltungswirkung!**)	20 %	20 %
§ 40 Abs. 2 EStG	• Kantinenmahlzeiten	25 %	25 %
	• Abgabe von Mahlzeiten aus Anlass von Auswärtstätigkeiten	25 %	25 %
	• Betriebsveranstaltungen	25 %	25 %
	• Erholungsbeihilfen	25 %	25 %
	• Verpflegungszuschüsse	25 %	25 %
	• Übereignung von Datenverarbeitungsgeräten	25 %	25 %
	• Zuschüsse für die Internet-Nutzung des Arbeitnehmers	25 %	25 %
	• Fahrtkostenzuschüsse	15 %	15 %
§ 40a EStG	• Aushilfskräfte	25 %	25 %
	• Geringfügig Beschäftigte – mit pauschalen Rentenversicherungsbeiträgen – ohne pauschale Rentenversicherungsbeiträge	2 % 20 %	2 % 20 %
	• Aushilfskräfte in der Land- und Forstwirtschaft	5 %	5 %
§ 40b EStG	• nicht kapitalgedeckte Pensionskassen und Direktversicherungen bei Versorgungszusage vor 2005	20 %	20 %
	• Unfallversicherungen	20 %	20 %
	• Sonderzahlungen an Pensionskassen Achtung: **Pflichtpauschalierung!**	15 %	15 %
§ 37b EStG	Pauschalierung der Einkommensteuer bei Sachzuwendungen bis zu einem Betrag von	10 000 €	10 000 €
§ 39c Abs. 5 EStG	Pauschalierung von sonstigen Bezügen bis zu einem Jahresarbeitslohn von	10 000 €	10 000 €
§ 40 Abs. 1 Nr. 1 EStG	Pauschalierung von sonstigen Bezügen je Arbeitnehmer höchstens	1 000 €	1 000 €
§ 40 Abs. 2 Satz 1 Nr. 3 EStG	Höchstbetrag für die Pauschalierung von Erholungsbeihilfen • für den Arbeitnehmer • für den Ehegatten • je Kind	156 € 104 € 52 €	156 € 104 € 52 €
§ 40 Abs. 2 Satz 2 EStG	Höchstbetrag für die Pauschalierung von Fahrtkostenzuschüssen bei Fahrten zwischen Wohnung und erster Tätigkeitsstätte je Entfernungskilometer (Ausnahme: Keine Beschränkung für Behinderte i.S.v. § 9 Abs. 2 Satz 3 EStG)	0,30 €	0,30 €
§ 40a Abs. 1 EStG	Voraussetzungen für die Pauschalierung bei kurzfristig Beschäftigten • Dauer der Beschäftigung • Arbeitslohn je Kalendertag (Ausnahme: Beschäftigung zu einem unvorhergesehenen Zeitpunkt) • Stundenlohngrenze	18 Tage 68 € 12 €	18 Tage 68 € 12 €
§ 40a Abs. 3 EStG	Voraussetzungen für die Pauschalierung bei Aushilfskräften in der Land- und Forstwirtschaft • Dauer der Beschäftigung (im Kalenderjahr) • Unschädlichkeitsgrenze (in % der Gesamtbeschäftigungsdauer) • Stundenlohngrenze	180 Tage 25 % 12 €	180 Tage 25 % 12 €
§ 40b Abs. 2 EStG	Voraussetzungen für die Pauschalierung bei nicht kapitalgedeckten Pensionskassen und Direktversicherungen bei Versorgungszusage vor 2005 • Höchstbetrag im Kalenderjahr je Arbeitnehmer • Durchschnittsberechnung möglich bis zu (je Arbeitnehmer)	1 752 € 2 148 €	1 752 € 2 148 €
§ 40b Abs. 3 EStG	Höchstbetrag für die Pauschalierung bei Unfallversicherungen im Kalenderjahr je Arbeitnehmer	62 €	62 €
i) Sonstiges			
§ 24a EStG	Altersentlastungsbetrag (vgl. Tabelle in § 24a EStG), wenn Kalenderjahr nach Vollendung des 64. Lebensjahrs ist • **das Jahr 2015** – Prozentsatz – Höchstbetrag • **das Jahr 2016** – Prozentsatz – Höchstbetrag	 24,0 % 1 140 € – –	 24,0 % 1 140 € 22,4 % 1 064 €

4. Lohnsteuerrechtliche Daten — A. Lohnsteuer

Fundstelle	Inhalt	2015	2016
§ 20 Abs. 9 EStG	Sparer-Pauschbetrag • Alleinstehende • Verheiratete	801 € 1 602 €	801 € 1 602 €
§ 22 Nr. 1 u. 1a, § 9a Nr. 3 EStG	Werbungskosten-Pauschbetrag bei wiederkehrenden Bezügen (insbesondere Renten)	102 €	102 €

§ 35a Abs. 1 EStG	Steuerabzugsbetrag für haushaltsnahe Beschäftigungsverhältnisse in Privathaushalten
	• bei geringfügiger Beschäftigung i.S.d. § 8a SGB IV
	  – in % der Aufwendungen
	  – höchstens aber im Jahr
		
		20 %
		510 €
			
			20 %
			510 €

§ 35a Abs. 2 EStG	• bei anderen Beschäftigungsverhältnissen einschließlich haushaltsnaher Dienstleistungen und Pflege- und Betreuungsleistungen
	  – in % der Aufwendungen
	  – höchstens aber im Jahr
		
		20 %
		4 000 €
			
			20 %
			4 000 €

§ 35a Abs. 3 EStG	Steuerabzugsbetrag für Handwerkerleistungen in Privathaushalten – in % der Aufwendungen – höchstens aber	 20 % 1 200 €	 20 % 1 200 €

j) Solidaritätszuschlag

Fundstelle	Inhalt	2015	2016
§ 3 Abs. 3 und 5 SolzG	Nullzone für Geringverdiener bei der Einkommensteuerveranlagung und beim Lohnsteuer-Jahresausgleich durch den Arbeitgeber • Alleinstehende • Verheiratete	 972 € 1 944 €	 972 € 1 944 €

§ 3 Abs. 4 SolzG	Nullzone für Geringverdiener beim Lohnsteuerabzug
	• Alleinstehende
	  – monatlich
	  – wöchentlich
	  – täglich
	• Verheiratete
	  – monatlich
	  – wöchentlich
	  – täglich
		
		81,— €
		18,93 €
		2,74 €
		
		162,— €
		37,83 €
		5,44 €
			
			81,— €
			18,93 €
			2,74 €
			
			162,— €
			37,83 €
			5,44 €

§ 4 SolzG	Zuschlagssatz	5,5 %	5,5 %

k) Arbeitnehmer-Sparzulage

Fundstelle	Inhalt	2015	2016

§ 13 Abs. 1 5. VermBG	Einkommensgrenze (zu versteuerndes Einkommen)
	• bei Vermögensbeteiligungen
	  – Alleinstehende
	  – Verheiratete
	• bei Bausparverträgen u.Ä., Aufwendungen zum Wohnungsbau
	  – Alleinstehende
	  – Verheiratete
		
		20 000 €
		40 000 €
		
		17 900 €
		35 800 €
			
			20 000 €
			40 000 €
			
			17 900 €
			35 800 €

§ 13 Abs. 2 5. VermBG	Bemessungsgrundlage höchstens • Vermögensbeteiligungen (ab 1999 zusätzliche Bemessungsgrundlage) • Bausparverträge u.Ä., Aufwendungen zum Wohnungsbau	 400 € 470 €	 400 € 470 €
§ 13 Abs. 2 5. VermBG	Höhe der Arbeitnehmer-Sparzulage (in % der Bemessungsgrundlage) • Vermögensbeteiligungen • Bausparverträge u.Ä., Aufwendungen zum Wohnungsbau • sonstige Anlageformen	 20 % 9 % –	 20 % 9 % –

l) Wohnungsbauprämie

Fundstelle	Inhalt	2015	2016
§ 2 Abs. 1 Nr. 1 WoPG	Mindestsparbeitrag (jährlich)	50 €	50 €
§ 2a WoPG	Einkommensgrenze (zu versteuerndes Einkommen) • Alleinstehende • Verheiratete	 25 600 € 51 200 €	 25 600 € 51 200 €
§ 3 Abs. 1 WoPG	Höhe der Wohnungsbauprämie (in % der Bemessungsgrundlage)	8,8 %	8,8 %
§ 3 Abs. 2 WoPG	Bemessungsgrundlage höchstens (ohne vermögenswirksame Leistungen) • Alleinstehende • Verheiratete	 512 € 1 024 €	 512 € 1 024 €

m) Altersvorsorgezulage

Fundstelle	Inhalt	2015	2016
§ 84 EStG	Grundzulage jährlich (zusätzlich: einmaliger „Berufseinsteiger-Bonus" für Sparer unter 25 Jahren)	154 €	154 €
§ 85 EStG	Kinderzulage jährlich je Kind bei Geburt • bis zum 31.12.2007 • ab dem 1.1.2008	 185 € 300 €	 185 € 300 €
§ 86 EStG	Mindesteigenbetrag • Prozentsatz des rentenversicherungspflichtigen Vorjahreseinkommens • höchstens	 4 % 2 100 €	 4 % 2 100 €

A. Lohnsteuer

4. Lohnsteuerrechtliche Daten

Fundstelle	Inhalt	2015	2016
§ 86 EStG	Sockelbetrag		
	• Zulageberechtigter ohne Kinderzulage	60 €	60 €
	• Zulageberechtigter mit 1 Kinderzulage	60 €	60 €
	• Zulageberechtigter ab 2 Kinderzulagen	60 €	60 €

5. Übersichten zur Kirchensteuer

3393 • **Kirchensteuersätze beim Lohnsteuerabzug**

Bundesland	Kirchensteuersatz
Baden-Württemberg	8 %
Bayern	8 %
Berlin	9 %
Brandenburg	9 %
Bremen	9 %
Hamburg	9 %
Hessen	9 %
Mecklenburg-Vorpommern	9 %
Niedersachsen	9 %
Nordrhein-Westfalen	9 %
Rheinland-Pfalz	9 %
Saarland	9 %
Sachsen	9 %
Sachsen-Anhalt	9 %
Schleswig-Holstein	9 %
Thüringen	9 %

• **Kirchensteuersätze bei der Lohnsteuerpauschalierung**

Bundesland	Kirchensteuersatz bei der Lohnsteuerpauschalierung
Baden-Württemberg	6 %
Bayern	7 %
Berlin	5 %
Brandenburg	5 %
Bremen	7 %
Hamburg	4 %
Hessen	7 %
Mecklenburg-Vorpommern	5 %
Niedersachsen	6 %
Nordrhein-Westfalen	7 %
Rheinland-Pfalz	7 %
Saarland	7 %
Sachsen	5 %
Sachsen-Anhalt	5 %
Schleswig-Holstein	6 %
Thüringen	5 %

• **Aufteilung bei der Lohnsteuerpauschalierung**

Seit 2007 wird die Kirchensteuer bei der Lohnsteuerpauschalierung vom Arbeitgeber **nicht mehr aufgeteilt**, sondern **in einer Summe** in der Lohnsteuer-Anmeldung **angegeben** (Zeile 24 der Lohnsteuer-Anmeldung). Die Aufteilung der pauschalen Kirchensteuer auf die erhebungsberechtigten Religionsgemeinschaften wird von der Finanzverwaltung übernommen.

• **Kappung der Kirchensteuer**

Bundesland	Höchstsatz vom zu versteuernden Einkommen	Antrag erforderlich?
Baden-Württemberg	2,75 %[1]	ja[5]
Bayern	–	
Berlin	3 %	
Brandenburg	3 %	
Bremen	3,5 %	
Hamburg	3 %	
Hessen	3,5 %[2]	ja[6][10]
Mecklenburg-Vorpommern	3 %[3]	
Niedersachsen	3,5 %[4]	
Nordrhein-Westfalen	3,5 %[2]	ja[7][10]
Rheinland-Pfalz	3,5 %[2]	ja[8][10]
Saarland	3,5 %[2]	ja[9][10]
Sachsen	3,5 %	
Sachsen-Anhalt	3,5 %	
Schleswig-Holstein	3 %	
Thüringen	3,5 %	

[1] Bei der Evangelischen Landeskirche in Baden und den katholischen Diözesen 3,5 %.

[2] Bei den katholischen Diözesen in Hessen, Nordrhein-Westfalen, Rheinland-Pfalz und im Saarland 4 %.

[3] Nur katholische Kirchensteuer. Bei der Pommerschen Evangelischen Kirche 3,5 % auf Antrag aus Billigkeitsgründen.

[4] Bei der Evangelisch-Lutherischen Kirche in Norddeutschland 3 % und bei der Erzdiözese Paderborn 4 %.

[5] Auf Antrag in den evangelischen Landeskirchen Baden, Württemberg sowie in den Diözesen Freiburg und Rottenburg-Stuttgart.

[6] Auf Antrag in den evangelischen Landeskirchen sowie in den Diözesen Fulda, Limburg, Mainz und Paderborn.

[7] Auf Antrag in den evangelischen Landeskirchen sowie in den Diözesen Aachen, Essen, Münster, Köln und Paderborn.

[8] Auf Antrag in den evangelischen Landeskirchen sowie in den Diözesen Speyer, Mainz, Köln und Limburg.

[9] Auf Antrag in den evangelischen Landeskirchen sowie in der Diözese Speyer.

[10] Im Bereich der evangelischen Kirche im Rheinland sind die entsprechenden Anträge an die für den Wohnsitz des Stpfl. zuständigen Kirchengemeinden bzw. Verbandsvorstände zu richten, im Bereich der evangelischen Kirchen von Westfalen an die Kreiskirchenämter und im Bereich der Lippischen Landeskirche an das Landeskirchenamt. Bei den Diözesen sind die Generalvikariate zuständig.

Der Antrag ist regelmäßig innerhalb eines Jahrs nach Bestandskraft des Steuerbescheids zu stellen.

• **Mindestbetrags-Kirchensteuer**

Bundesland	Mindestbetrag der Kirchensteuer in €			Besonderheiten
	Monat	Woche	Tag	
Baden-Württemberg	–	–	–	–
Bayern	–	–	–	–
Berlin	–	–	–	–
Brandenburg	–	–	–	–
Bremen	–	–	–	–
Hamburg	–	–	–	–
Hessen	–	–	–	–
Mecklenburg-Vorpommern	–	–	–	–
Niedersachsen	–	–	–	–
Nordrhein-Westfalen	–	–	–	–
Rheinland-Pfalz	–	–	–	–
Saarland	–	–	–	–
Sachsen	–	–	–	–
Sachsen-Anhalt	0,30	0,07	0,01	ja[1]
Schleswig-Holstein	–	–	–	–
Thüringen	–	–	–	–

[1] Mindestbetrag nur bei evangelischer Kirchensteuer. Der Mindestbetrag wird nicht erhoben, wenn unter Beachtung von § 51a EStG keine Einkommensteuer (Lohnsteuer) anfällt.

6. Lohnsteuer-Pauschalierung nach § 40a EStG

```
┌─────────────────────────────────────────────────────────────────────┐
│         Pauschale Beiträge (5 % bzw. 15 %) zur Rentenversicherung?  │
└─────────────────────────────────────────────────────────────────────┘
     │                            │
     ▼                            ▼
   nein                          ja  ──►  Pauschsteuer 2 %
     │                                    (einschließlich SolZ und Kirchensteuer)
     ▼
┌─────────────────────────────────────────────────────────┐
│   Aushilfstätigkeit in der Land- und Forstwirtschaft?   │──► ja
└─────────────────────────────────────────────────────────┘     │
     │                                                          ▼
   nein
```

Pauschsteuersatz 5 %, wenn
- typische land- und forstwirtschaftliche Arbeiten ausgeführt werden (bis zur Fertigstellung des Erzeugnisses, kein Vermarkten),
- die ausgeführten Arbeiten nicht ganzjährig anfallen; eine Beschäftigung mit anderen land- und forstwirtschaftlichen Arbeiten ist unschädlich, wenn deren Dauer 25 % der Gesamtbeschäftigungsdauer nicht überschreitet,
- der Arbeitnehmer keine Fachkraft ist,
- die Beschäftigung des einzelnen Arbeitnehmers nicht mehr als 180 Tage im Kalenderjahr beträgt **und**
- der durchschnittliche Stundenlohn im Kalenderjahr 12 € nicht übersteigt.

◄── nein

Beschäftigung in
- geringem Umfang und gegen geringen Arbeitslohn (Monatslohn höchstens **450 €** – § 8 Abs. 1 Nr. 1 SGB IV) oder
- geringfügige Beschäftigung in Privathaushalt (Monatslohn höchstens **450 €** – § 8a SGB IV)

   nein │   ja ──► Pauschsteuersatz 20 %
        ▼

Kurzfristige Beschäftigung **(Aushilfe)**, weil
- der Arbeitnehmer nur gelegentlich, nicht regelmäßig wiederkehrend beschäftigt ist (d.h. Tätigkeit jeweils neu und nicht von vornherein vereinbart),
- die Beschäftigung nicht mehr als 18 zusammenhängende Arbeitstage dauert (ohne arbeitsfreie Samstage, Sonn- und Feiertage, Krankheits- und Urlaubstage),
- der Arbeitslohn während der Beschäftigungsdauer 68 € durchschnittlich je Arbeitstag nicht übersteigt **oder** die Beschäftigung zu einem unvorhersehbaren Zeitpunkt sofort erforderlich wird und
- der Arbeitslohn im Kalenderjahr einen durchschnittlichen Stundenlohn von 12 € nicht übersteigt.

   nein │   ja ──► Pauschsteuersatz 25 %
        ▼

Regelbesteuerung nach den Lohnsteuerabzugsmerkmalen des Arbeitnehmers

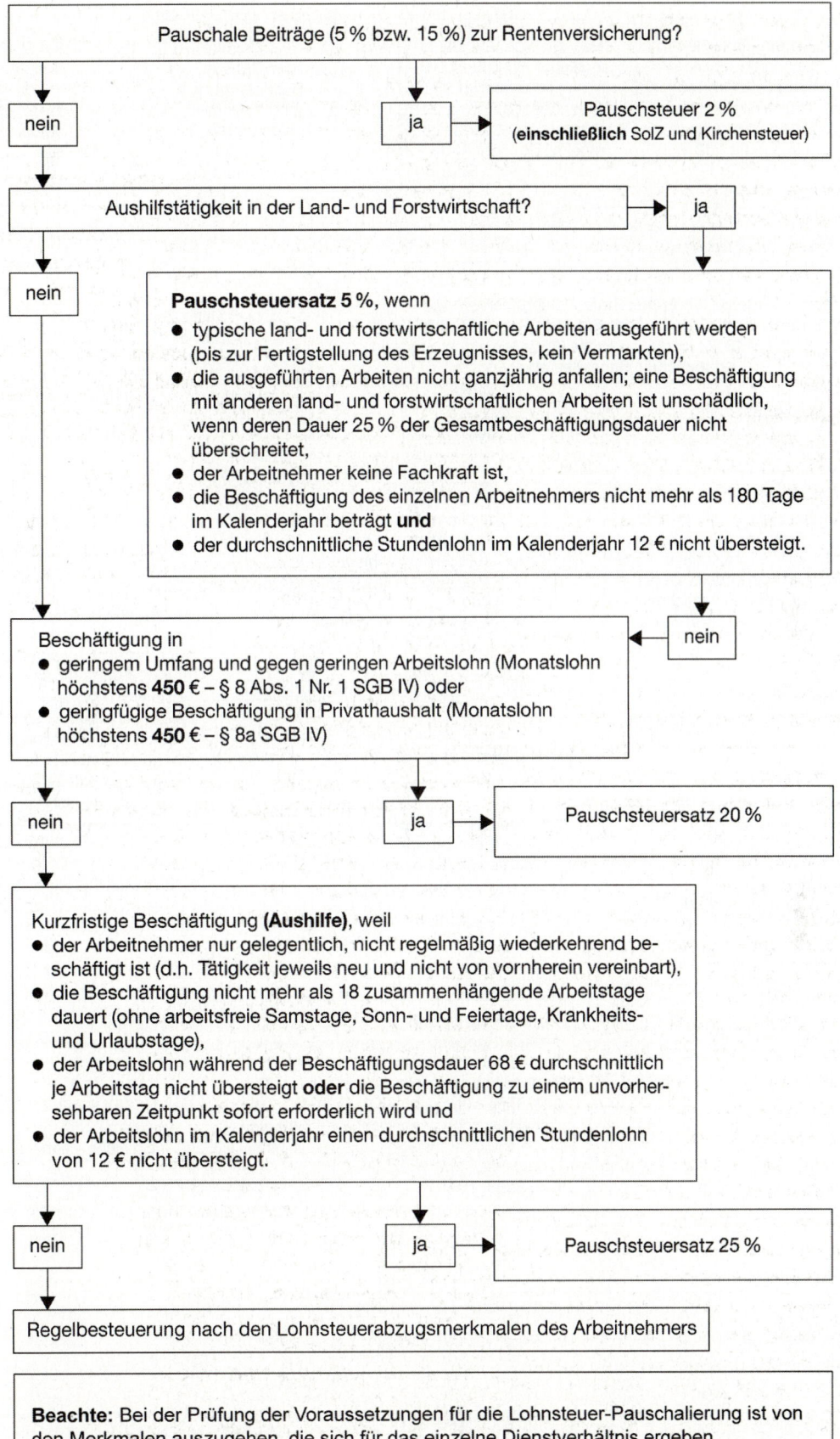

Beachte: Bei der Prüfung der Voraussetzungen für die Lohnsteuer-Pauschalierung ist von den Merkmalen auszugehen, die sich für das einzelne Dienstverhältnis ergeben.
Es ist – im Gegensatz zur Sozialversicherung – **nicht** zu prüfen, ob noch ein Dienstverhältnis zu einem anderen Arbeitgeber besteht.

7. Steuerliche Behandlung von 450 €-Jobs

3395

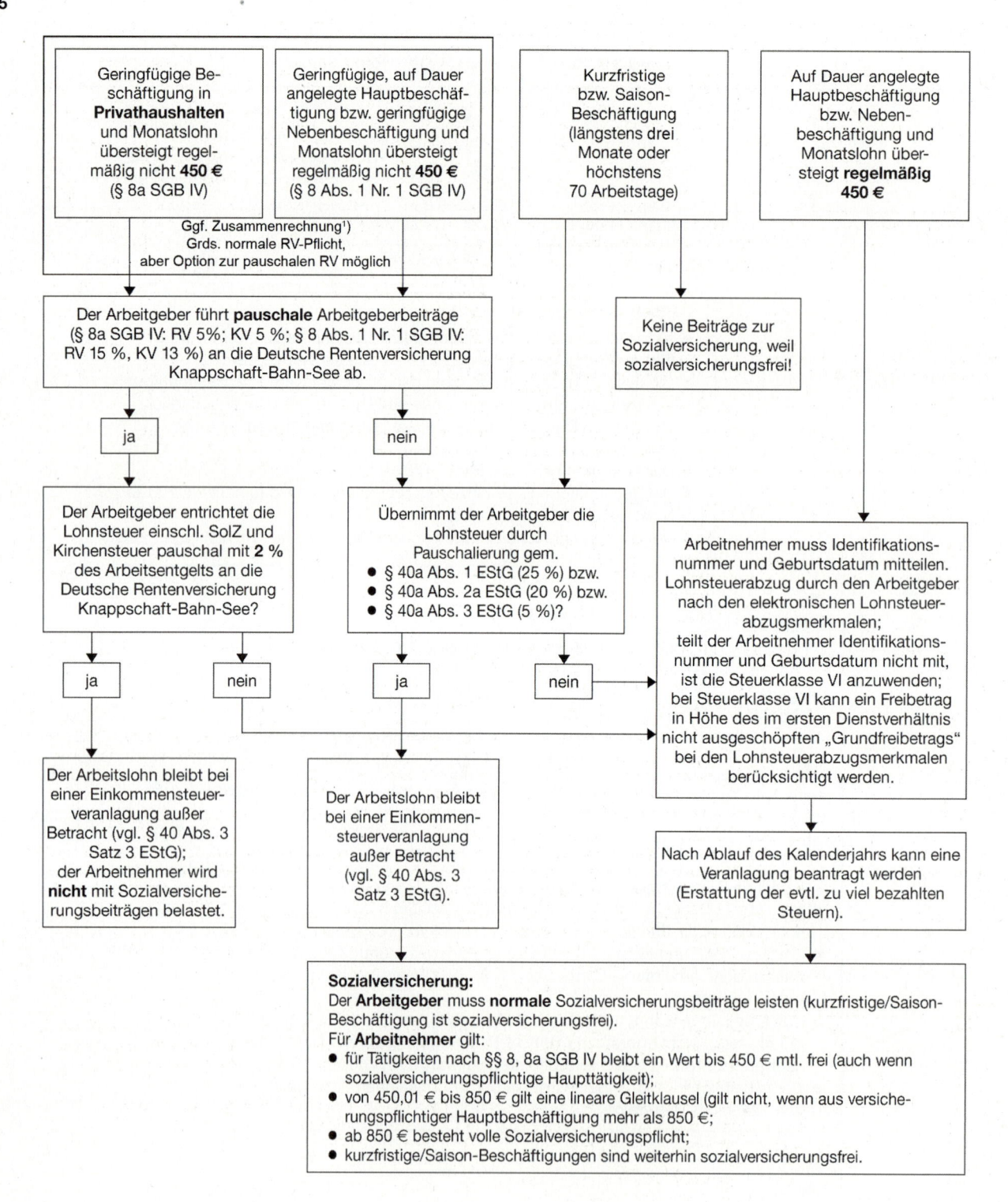

```
┌─────────────────┬─────────────────┬─────────────────┬─────────────────┐
│ Geringfügige Be-│ Geringfügige,   │ Kurzfristige    │ Auf Dauer       │
│ schäftigung in  │ auf Dauer ange- │ bzw. Saison-    │ angelegte       │
│ Privathaushalten│ legte Hauptbe-  │ Beschäftigung   │ Hauptbeschäf-   │
│ und Monatslohn  │ schäftigung bzw.│ (längstens drei │ tigung bzw.     │
│ übersteigt regel-│ geringfügige    │ Monate oder     │ Nebenbeschäfti- │
│ mäßig nicht     │ Nebenbeschäfti- │ höchstens       │ gung und Monats-│
│ 450 €           │ gung und Monats-│ 70 Arbeitstage) │ lohn übersteigt │
│ (§ 8a SGB IV)   │ lohn übersteigt │                 │ regelmäßig      │
│                 │ 450 €           │                 │ 450 €           │
│                 │ (§ 8 Abs. 1 Nr. │                 │                 │
│                 │ 1 SGB IV)       │                 │                 │
└─────────────────┴─────────────────┴─────────────────┴─────────────────┘
```

Ggf. Zusammenrechnung¹)
Grds. normale RV-Pflicht, aber Option zur pauschalen RV möglich

Der Arbeitgeber führt pauschale Arbeitgeberbeiträge (§ 8a SGB IV: RV 5%; KV 5 %; § 8 Abs. 1 Nr. 1 SGB IV: RV 15 %, KV 13 %) an die Deutsche Rentenversicherung Knappschaft-Bahn-See ab.

→ ja / nein

Keine Beiträge zur Sozialversicherung, weil sozialversicherungsfrei!

Der Arbeitgeber entrichtet die Lohnsteuer einschl. SolZ und Kirchensteuer pauschal mit **2 %** des Arbeitsentgelts an die Deutsche Rentenversicherung Knappschaft-Bahn-See?

Übernimmt der Arbeitgeber die Lohnsteuer durch Pauschalierung gem.
- § 40a Abs. 1 EStG (25 %) bzw.
- § 40a Abs. 2a EStG (20 %) bzw.
- § 40a Abs. 3 EStG (5 %)?

→ ja / nein

Arbeitnehmer muss Identifikationsnummer und Geburtsdatum mitteilen. Lohnsteuerabzug durch den Arbeitgeber nach den elektronischen Lohnsteuerabzugsmerkmalen; teilt der Arbeitnehmer Identifikationsnummer und Geburtsdatum nicht mit, ist die Steuerklasse VI anzuwenden; bei Steuerklasse VI kann ein Freibetrag in Höhe des im ersten Dienstverhältnis nicht ausgeschöpften „Grundfreibetrags" bei den Lohnsteuerabzugsmerkmalen berücksichtigt werden.

Der Arbeitslohn bleibt bei einer Einkommensteuerveranlagung außer Betracht (vgl. § 40 Abs. 3 Satz 3 EStG); der Arbeitnehmer wird **nicht** mit Sozialversicherungsbeiträgen belastet.

Der Arbeitslohn bleibt bei einer Einkommensteuerveranlagung außer Betracht (vgl. § 40 Abs. 3 Satz 3 EStG).

Nach Ablauf des Kalenderjahrs kann eine Veranlagung beantragt werden (Erstattung der evtl. zu viel bezahlten Steuern).

Sozialversicherung:
Der **Arbeitgeber** muss **normale** Sozialversicherungsbeiträge leisten (kurzfristige/Saison-Beschäftigung ist sozialversicherungsfrei).
Für **Arbeitnehmer** gilt:
- für Tätigkeiten nach §§ 8, 8a SGB IV bleibt ein Wert bis 450 € mtl. frei (auch wenn sozialversicherungspflichtige Haupttätigkeit);
- von 450,01 € bis 850 € gilt eine lineare Gleitklausel (gilt nicht, wenn aus versicherungspflichtiger Hauptbeschäftigung mehr als 850 €;
- ab 850 € besteht volle Sozialversicherungspflicht;
- kurzfristige/Saison-Beschäftigungen sind weiterhin sozialversicherungsfrei.

---

¹) Übt der Arbeitnehmer **neben einer Hauptbeschäftigung** mit einem Arbeitsentgelt über 450 € mehrere geringfügige Nebentätigkeiten aus, so kann für die zuerst aufgenommene Nebentätigkeit der pauschale Beitrag zur Sozialversicherung (10 %/28 %) zusammen mit der pauschalen Lohnsteuer von 2 % abgeführt werden. Die andere Nebentätigkeit wird mit der Hauptbeschäftigung zusammengerechnet.

8. Übersicht zur betrieblichen Altersversorgung

Durchführungsweg	Einkommensteuer		Sozialversicherung
	Ansparphase	**Auszahlungsphase**	**Ansparphase**
Direktzusage	• Beiträge des Arbeitgebers sowie „Lohnverzicht" des Arbeitnehmers **kein Arbeitslohn**	• Zahlungen des Arbeitgebers beim Arbeitnehmer **Arbeitslohn**; Lohnsteuerabzug nach den Lohnsteuerabzugsmerkmalen des Arbeitnehmers; die Freibeträge für Versorgungsbezüge sind abzuziehen	• **Beitragsfrei**, soweit nicht aus Entgeltumwandlung **Bei Entgeltumwandlung beitragsfrei bis zu 4 %** der Beitragsbemessungsgrenze in der Rentenversicherung (2016: 2 976 €)
Unterstützungskasse	• Beiträge des Arbeitgebers sowie „Lohnverzicht" des Arbeitnehmers **kein Arbeitslohn**	• Zahlungen der Unterstützungskasse beim Arbeitnehmer **Arbeitslohn**; Lohnsteuerabzug nach den Lohnsteuerabzugsmerkmalen des Arbeitnehmers; die Freibeträge für Versorgungsbezüge sind abzuziehen	• **Beitragsfrei**, soweit nicht aus Entgeltumwandlung **Bei Entgeltumwandlung beitragsfrei bis zu 4 %** der Beitragsbemessungsgrenze in der Rentenversicherung (2016: 2 976 €)
Pensionskasse (Kapitaldeckungsverfahren)	• Beiträge des Arbeitgebers **bis zu 4 %** der Beitragsbemessungsgrenze in der allgemeinen Rentenversicherung (2016: 2 976 €) **steuerfrei** • Beiträge des Arbeitgebers **zusätzlich bis zu 1 800 €** steuerfrei, wenn **Versorgungszusage nach 2004** • **Höhere Beiträge** des Arbeitgebers sind individuell nach den Lohnsteuerabzugsmerkmalen des Arbeitnehmers **zu versteuern**; – Arbeitnehmer nimmt **Altersvorsorgezulage** oder Sonderausgabenabzug **in Anspruch** – Arbeitnehmer nimmt **Altersvorsorgezulage** oder Sonderausgabenabzug **nicht in Anspruch** • Beiträge des Arbeitnehmers können auch bis zu 1 752 € mit 20 % **pauschal besteuert** werden, wenn **Versorgungszusage vor 2005** und Verzicht auf Steuerfreiheit (**Wahlrecht!**)	• Zahlungen der Pensionskasse beim Arbeitnehmer als **sonstige Einkünfte voll steuerpflichtig** (§ 22 Nr. 5 EStG) • Zahlungen der Pensionskasse beim Arbeitnehmer als **sonstige Einkünfte voll steuerpflichtig** (§ 22 Nr. 5 EStG) • Zahlungen der Pensionskasse beim Arbeitnehmer als **sonstige Einkünfte voll steuerpflichtig** (§ 22 Nr. 5 EStG) • Zahlungen der Pensionskasse beim Arbeitnehmer als **sonstige Einkünfte mit dem Ertragsanteil steuerpflichtig** (§ 22 Nr. 1 Satz 3 Buchst. a EStG) • Zahlungen der Pensionskasse beim Arbeitnehmer als **sonstige Einkünfte mit dem Ertragsanteil steuerpflichtig** (§ 22 Nr. 1 Satz 3 Buchst. a EStG)	• **Beitragsfrei bis zu 4 %** der Beitragsbemessungsgrenze in der Rentenversicherung (2016: 2 976 €) • **Beitragspflichtig** • **Beitragspflichtig** • **Beitragspflichtig** • **Beitragsfrei** bis zu 1 752 €, wenn zusätzlich zum Arbeitsentgelt
Pensionskasse (Umlageverfahren)	• Beiträge des Arbeitgebers **bis zu 2 %** der Beitragsbemessungsgrenze in der allgemeinen Rentenversicherung (2016: 1 488 €) **steuerfrei**	• Zahlungen der Pensionskasse beim Arbeitnehmer als **sonstige Einkünfte voll steuerpflichtig** (§ 22 Nr. 5 EStG)	• **Beitragsfrei bis zu 2 %** der Beitragsbemessungsgrenze in der Rentenversicherung (2016: 1 488 €)
	• Übersteigende Beiträge des Arbeitgebers können bis zu 1 752 € mit 20 % **pauschal besteuert** werden	• Zahlungen der Pensionskasse beim Arbeitnehmer als **sonstige Einkünfte mit dem Ertragsanteil steuerpflichtig** (§ 22 Nr. 1 Satz 3 Buchst. a EStG)	• **Beitragsfrei**, bis zu 1 752 €, wenn zusätzlich zum Arbeitsentgelt
Pensionsfonds	• Beiträge des Arbeitgebers **bis zu 4 %** der Beitragsbemessungsgrenze in der allgemeinen Rentenversicherung (2016: 2 976 €) **steuerfrei** • Beiträge des Arbeitgebers **zusätzlich bis zu 1 800 €** steuerfrei, wenn **Versorgungszusage nach 2004** • **Höhere Beiträge** des Arbeitgebers sind individuell nach den Lohnsteuerabzugsmerkmalen des Arbeitnehmers **zu versteuern**; – Arbeitnehmer nimmt **Altersvorsorgezulage** oder Sonderausgabenabzug **in Anspruch** – Arbeitnehmer nimmt **Altersvorsorgezulage** oder Sonderausgabenabzug **nicht in Anspruch** • Höhere Beiträge des Arbeitgebers können **nicht pauschal** besteuert werden	• Zahlungen des Pensionsfonds beim Arbeitnehmer als **sonstige Einkünfte voll steuerpflichtig** (§ 22 Nr. 5 EStG) • Zahlungen des Pensionsfonds beim Arbeitnehmer als **sonstige Einkünfte voll steuerpflichtig** (§ 22 Nr. 5 EStG) • Zahlungen des Pensionsfonds beim Arbeitnehmer als **sonstige Einkünfte voll steuerpflichtig** (§ 22 Nr. 5 EStG) • Zahlungen des Pensionsfonds beim Arbeitnehmer als **sonstige Einkünfte mit dem Ertragsanteil steuerpflichtig** (§ 22 Nr. 1 Satz 3 Buchst. a EStG)	• **Beitragsfrei bis zu 4 %** der Beitragsbemessungsgrenze in der Rentenversicherung (2016: 2 976 €) • **Beitragspflichtig** • **Beitragspflichtig** • **Beitragspflichtig**

8. Übersicht zur betrieblichen Altersversorgung — A. Lohnsteuer

Durchführungsweg	Einkommensteuer		Sozialversicherung
	Ansparphase	**Auszahlungsphase**	**Ansparphase**
	• Leistungen des Arbeitgebers oder einer Unterstützungskasse an einen Pensionsfonds **zur Übernahme** bestehender Versorgungsverpflichtungen oder -anwartschaften **steuerfrei**, wenn die hierdurch entstehenden zusätzlichen Betriebsausgaben gleichmäßig auf die folgenden zehn Wirtschaftsjahre verteilt werden	• Zahlungen des Pensionsfonds beim Arbeitnehmer als **sonstige Einkünfte voll steuerpflichtig** (§ 22 Nr. 5 EStG)	• **Beitragsfrei**
Direktversicherung	• Beiträge des Arbeitgebers **bis zu 4 %** der Beitragsbemessungsgrenze in der allgemeinen Rentenversicherung (2016: 2 976 €) **steuerfrei**	• Zahlungen der Versicherung beim Arbeitnehmer als **sonstige Einkünfte voll steuerpflichtig** (§ 22 Nr. 5 EStG)	• **Beitragsfrei bis zu 4 %** der Beitragsbemessungsgrenze in der Rentenversicherung (2016: 2 976 €)
	• Beiträge des Arbeitgebers **zusätzlich bis zu 1 800 €** steuerfrei, wenn **Versorgungszusage nach 2004**	• Zahlungen der Versicherung beim Arbeitnehmer als **sonstige Einkünfte voll steuerpflichtig** (§ 22 Nr. 5 EStG)	• **Beitragspflichtig**
	• **Höhere Beiträge** des Arbeitgebers sind individuell nach den Lohnsteuerabzugsmerkmalen des Arbeitnehmers **zu versteuern**;		
	– Arbeitnehmer nimmt **Altersvorsorgezulage** oder Sonderausgabenabzug **in Anspruch**	• Zahlungen der Versicherung beim Arbeitnehmer als **sonstige Einkünfte voll steuerpflichtig** (§ 22 Nr. 5 EStG)	• **Beitragspflichtig**
	– Arbeitnehmer nimmt **Altersvorsorgezulage** oder Sonderausgabenabzug **nicht in Anspruch**	• Zahlungen der Versicherung beim Arbeitnehmer als **sonstige Einkünfte mit dem Ertragsanteil steuerpflichtig** (§ 22 Nr. 1 Satz 3 Buchst. a EStG)	• **Beitragspflichtig**
	• Beiträge des Arbeitgebers können auch bis zu 1 752 € mit 20 % **pauschal besteuert** werden, wenn **Versorgungszusage vor 2005** und Verzicht auf Steuerfreiheit (**Wahlrecht!**)	• Zahlungen der Versicherung beim Arbeitnehmer als **sonstige Einkünfte mit dem Ertragsanteil steuerpflichtig** (§ 22 Nr. 1 EStG); Kapitalzahlungen sind nicht steuerpflichtig	• **Beitragsfrei** bis zu 1 752 €, wenn zusätzlich zum Arbeitsentgelt

A. Lohnsteuer   9. Ermittlung der ersten Tätigkeitsstätte

9. Übersicht zur Ermittlung der ersten Tätigkeitsstätte nach § 9 Abs. 4 EStG

3397

Zusammenfassendes Schaubild

Soll der ArbN auf Grund arbeits-/dienstrechtlicher Festlegung seine Tätigkeit dauerhaft an einer bestimmten ortsfesten betrieblichen Einrichtungen erbringen? (= zugeordnete Tätigkeitsstätte)

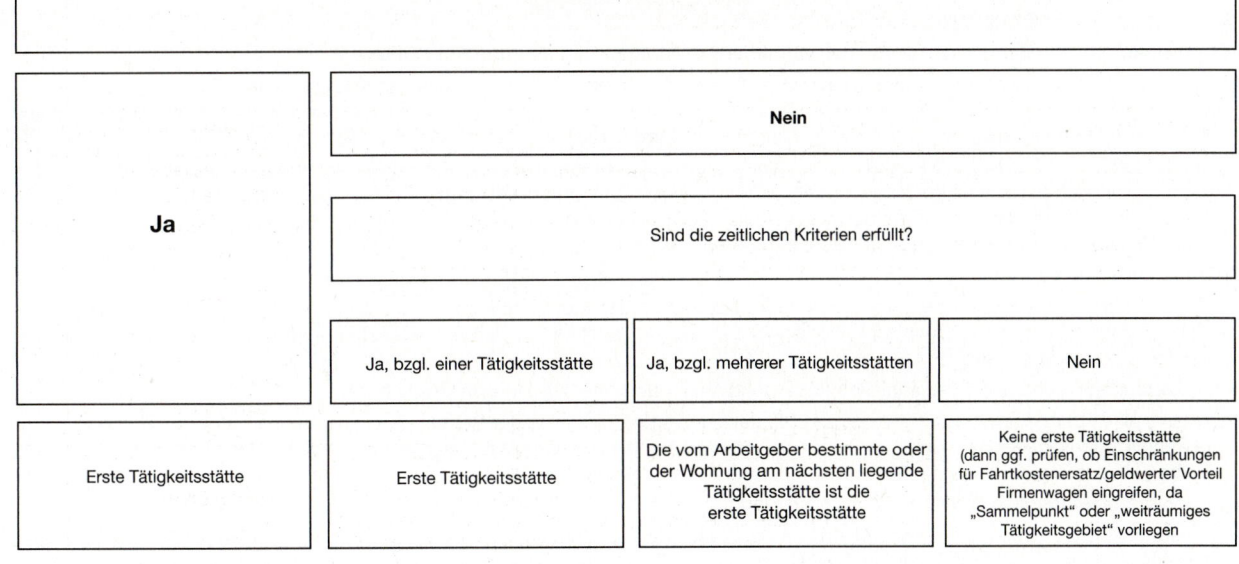

Ja	Nein		
	Sind die zeitlichen Kriterien erfüllt?		
	Ja, bzgl. einer Tätigkeitsstätte	Ja, bzgl. mehrerer Tätigkeitsstätten	Nein
Erste Tätigkeitsstätte	Erste Tätigkeitsstätte	Die vom Arbeitgeber bestimmte oder der Wohnung am nächsten liegende Tätigkeitsstätte ist die erste Tätigkeitsstätte	Keine erste Tätigkeitsstätte (dann ggf. prüfen, ob Einschränkungen für Fahrtkostenersatz/geldwerter Vorteil Firmenwagen eingreifen, da „Sammelpunkt" oder „weiträumiges Tätigkeitsgebiet" vorliegen

Detailprüfung

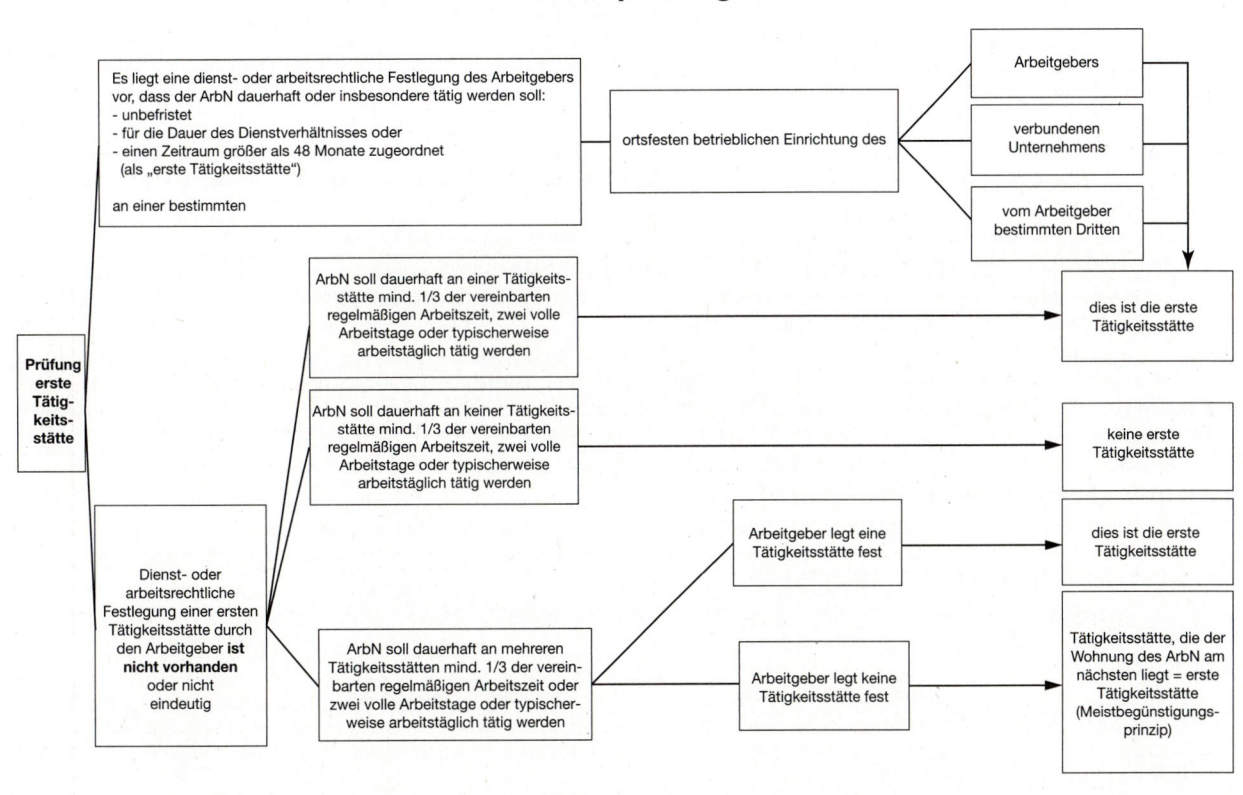

Prüfung erste Tätigkeitsstätte

Es liegt eine dienst- oder arbeitsrechtliche Festlegung des Arbeitgebers vor, dass der ArbN dauerhaft oder insbesondere tätig werden soll:
- unbefristet
- für die Dauer des Dienstverhältnisses oder
- einen Zeitraum größer als 48 Monate zugeordnet
(als „erste Tätigkeitsstätte")

an einer bestimmten ortsfesten betrieblichen Einrichtung des
- Arbeitgebers
- verbundenen Unternehmens
- vom Arbeitgeber bestimmten Dritten

→ ArbN soll dauerhaft an einer Tätigkeitsstätte mind. 1/3 der vereinbarten regelmäßigen Arbeitszeit, zwei volle Arbeitstage oder typischerweise arbeitstäglich tätig werden → dies ist die erste Tätigkeitsstätte

→ ArbN soll dauerhaft an keiner Tätigkeitsstätte mind. 1/3 der vereinbarten regelmäßigen Arbeitszeit, zwei volle Arbeitstage oder typischerweise arbeitstäglich tätig werden → keine erste Tätigkeitsstätte

Dienst- oder arbeitsrechtliche Festlegung einer ersten Tätigkeitsstätte durch den Arbeitgeber ist nicht vorhanden oder nicht eindeutig

→ ArbN soll dauerhaft an mehreren Tätigkeitsstätten mind. 1/3 der vereinbarten regelmäßigen Arbeitszeit oder zwei volle Arbeitstage oder typischerweise arbeitstäglich tätig werden
- Arbeitgeber legt eine Tätigkeitsstätte fest → dies ist die erste Tätigkeitsstätte
- Arbeitgeber legt keine Tätigkeitsstätte fest → Tätigkeitsstätte, die der Wohnung des ArbN am nächsten liegt = erste Tätigkeitsstätte (Meistbegünstigungsprinzip)

B. Sozialversicherung

1. Sozialversicherungs-Rechengrößen 2016

3398 Die nachfolgende, alphabetisch gegliederte Darstellung berücksichtigt den Rechtsstand zum 1.1.2016 gemäß Sozialversicherungs-Rechengrößenverordnung 2016.

Die Tabelle berücksichtigt alle relevanten Rechengrößen:

Arbeitseinkommen in der Krankenversicherung der selbständigen Künstler und Publizisten

1. Erzielt ein selbständiger Künstler oder Publizist nicht mindestens ein voraussichtliches Jahresarbeitseinkommen, das über der gesetzlich festgelegten Grenze liegt, so ist er versicherungsfrei. Das bedeutet, dass weder eine Versicherungspflicht in der gesetzlichen Kranken- und Pflegeversicherung noch in der Rentenversicherung besteht. Die Jahresgrenze beträgt aktuell 3 900 €.
2. Für selbständige Künstler und Publizisten besteht grundsätzlich Kranken- und Rentenversicherungspflicht; es besteht jedoch die Möglichkeit, sich von dieser Versicherungspflicht unter bestimmten Voraussetzungen befreien zu lassen. Man kann sich befreien lassen, wenn man in drei aufeinander folgenden Kalenderjahren insgesamt ein Arbeitseinkommen erzielt hat, das über der Versicherungspflichtgrenze der gesetzlichen Krankenversicherung liegt.

Beitragsbemessungsgrenzen

1. Die Beitragsbemessungsgrenze markiert den Wert, bis zu dem das Monatseinkommen des Beschäftigten zur Bemessung der Versicherungsbeiträge herangezogen wird. Wer also mehr verdient, zahlt für das darüber liegende Entgelt keinen Kranken- und Pflegeversicherungsbeitrag mehr.

   Die Veränderung entspricht der jährlichen Anpassung an die Gehaltsentwicklung in Deutschland.
2. Anders als in der gesetzlichen Kranken- und Pflegeversicherung gibt es in der Renten- und Arbeitslosenversicherung noch immer getrennte Rechtskreise West und Ost. Aber auch hier gilt: Nur bis zum Grenzwert wird das monatliche Gehalt zur Berechnung des Beitrags in der Renten- und Arbeitslosenversicherung zu Grunde gelegt.

Beitragsbemessungsgrundlagen

1. Personen, die wegen der Verlegung ihres Wohnsitzes oder gewöhnlichen Aufenthalts ins Ausland aus der Versicherungspflicht ausscheiden, haben die Möglichkeit der freiwilligen Weiterversicherung in der Pflegeversicherung. Der Antrag auf Weiterversicherung ist spätestens einen Monat nach dem Ausscheiden aus der Versicherungspflicht bei der zuständigen Pflegekasse zu stellen. Zuständig für die Entgegennahme des Antrags ist die Pflegekasse, bei der der Berechtigte bislang versichert war.
2. Für die Berechnung der Beiträge zur Kranken- und Pflegeversicherung für Auszubildende ohne Arbeitsentgelt ist als Beitragsbemessungsgrundlage der für Studenten, die nicht bei ihren Eltern wohnen, festgesetzte monatliche Bedarfssatz anzusetzen. Für die Renten- sowie für die Arbeitslosenversicherung gilt eine fiktive monatliche Mindestbeitragsbemessungsgrundlage, aus der die Beiträge für Auszubildende ohne Arbeitsentgelt zu berechnen sind. Diese monatliche Mindestbeitragsbemessungsgrundlage wird von 1 % der monatlichen Bezugsgröße ermittelt.
3. Für die Teilnehmer an Maßnahmen des Jugendfreiwilligen- oder Bundesfreiwilligendienstes besteht Versicherungspflicht in allen Zweigen der Sozialversicherung. Die Geld- und Sachbezüge stellen die beitragspflichtigen Einnahmen dar. Jedoch gibt es eine Besonderheit in der Arbeitslosenversicherung: Wird im Anschluss an eine versicherungspflichtige Beschäftigung – spätestens innerhalb eines Monats danach – ein Freiwilligendienst abgeleistet, wird bei der Bemessung des Beitrags zur Arbeitslosenversicherung die monatliche Bezugsgröße zu Grunde gelegt. Damit wird verhindert, dass für zuvor versicherungspflichtig beschäftigte Teilnehmer unverhältnismäßig niedrige Beiträge entrichtet werden, da für die Höhe des Arbeitslosengeldes in der Regel das vor dem Freiwilligendienst erzielte Arbeitsentgelt maßgeblich ist.

Beitragssätze

1. Der allgemeine Beitragssatz zur Krankenversicherung ist bei 14,6 % und der ermäßigte Beitragssatz bei 14,0 % festgeschrieben. Kommen die Krankenkassen damit nicht aus, können sie einen einkommensabhängigen Zusatzbeitrag erheben. Der Arbeitgeberanteil beträgt 7,3 % bzw. 7,0 %.
2. Der Beitragssatz zur Arbeitslosenversicherung beträgt 3,0 %, der Arbeitgeberanteil somit 1,5 %.
3. Der Rentenversicherungsbeitragssatz beträgt 18,7 %, der Arbeitgeberanteil beträgt 9,35 %.
4. Der Beitragssatz zur knappschaftlichen Rentenversicherung beträgt 24,8 %. Hier ist die Besonderheit, dass der Arbeitgeberanteil 15,45 % und der Arbeitnehmeranteil 9,35 % beträgt.
5. Der Beitragssatz in der Pflegeversicherung beträgt 2,35 %. Der Arbeitgeberanteil beträgt 1,175 %. Eine Besonderheit gilt im Bundesland Sachsen: Dort wurde seinerzeit der Buß- und Bettag als Feiertag beibehalten. Hieraus ergab sich dann eine andere Beitragstragung zwischen Arbeitgeber und Arbeitnehmer. Der Arbeitgeberanteil ist in Sachsen 0,675 % und der Arbeitnehmeranteil 1,675 %.
6. Der Kinderzuschlag in der Pflegeversicherung beträgt 0,25 %. Dieser ist ausschließlich vom Arbeitnehmer zu tragen.

Beitragszuschuss für privat Versicherte

1. Für privat krankenversicherte Arbeitnehmer zahlt der Arbeitgeber als Zuschuss die Hälfte des Beitrags, den er auch einem freiwillig gesetzlich krankenversicherten Arbeitnehmer zahlen würde. Als Höchstzuschuss gilt für 2016 ein Betrag in Höhe von 309,34 €; für Personen ohne Anspruch auf Krankengeld 296,63 €.
2. Auch in der Pflegeversicherung wird ein Beitragszuschuss gezahlt. Dieser beträgt aktuell 49,79 € und für Arbeitnehmer in Sachsen 28,60 €.

Bezugsgröße

Auf die Bezugsgröße beziehen sich wichtige Grenzwerte in der Sozialversicherung. In der Krankenversicherung sind es z.B. die Einkommensgrenze für die Familienversicherung oder die Mindestbeitragsbemessungsgrundlage für freiwillig Versicherte. Die Bezugsgröße entspricht dem Durchschnittsentgelt der gesetzlichen Rentenversicherung im vorvergangenen Kalenderjahr, aufgerundet auf den nächsthöheren durch 420 teilbaren Betrag.

In der Rentenversicherung ist zu beachten, dass es einen separaten Betrag für die neuen Bundesländer gibt.

Geringfügigkeitsgrenze

Die Geringfügigkeitsgrenze ist der Grenzwert für die Versicherungsfreiheit in einer geringfügig entlohnten Beschäftigung. Übersteigt das Arbeitsentgelt diesen Betrag nicht, liegt Versicherungsfreiheit vor.

B. Sozialversicherung
1. Sozialversicherungs-Rechengrößen 2016

Geringverdienergrenze

Geringverdiener sind Auszubildende mit einem geringen Entgelt (bis zu 325 €), sie gilt einheitlich in allen Sozialversicherungszweigen.

Die Geringverdienergrenze hat nur für die Dauer der Berufsausbildung Bedeutung. Beträgt das beitragspflichtige Arbeitsentgelt auf den Monat bezogen nicht mehr als 325 €, trägt der Arbeitgeber den Beitrag allein, d.h. er muss auch die Arbeitnehmeranteile übernehmen. Der Arbeitgeber ist ebenfalls verpflichtet, den Beitragszuschuss in der Pflegeversicherung und den durchschnittlichen Zusatzbeitragssatz zu tragen.

Wird der Grenzwert von 325 € durch eine Einmalzahlung überschritten, tragen Auszubildender und Arbeitgeber den Beitrag von dem 325 € übersteigenden Teil des Arbeitsentgelts grundsätzlich jeweils zur Hälfte. In diesem Fall trägt der Arbeitnehmer auch den durchschnittlichen Zusatzbeitragssatz und den Beitragszuschlag zur Pflegeversicherung.

Jahresarbeitsentgeltgrenze

1. Die Jahresarbeitsentgeltgrenze bestimmt, ab welchem Betrag ein Arbeitnehmer nicht mehr gesetzlich krankenversichert sein muss. Der Versicherte kann dann entscheiden, ob er in eine private Krankenversicherung wechseln möchte.
2. Wer am 31.12.2002 wegen Überschreitens der Jahresarbeitsentgeltgrenze versicherungsfrei und bei einem privaten Krankenversicherungsunternehmen versichert war, für den gilt eine besondere Jahresarbeitsentgeltgrenze, die ebenfalls jährlich angepasst wird.

Mindestbeitragsbemessungsgrenze in der Kranken- und Pflegeversicherung

1. Das Mindestarbeitsentgelt für versicherungspflichtige behinderte Menschen beträgt 20 % der monatlichen Bezugsgröße.
2. Allgemein gilt für freiwillig Versicherte als beitragspflichtige Einnahme für den Kalendertag mindestens der 90. Teil der monatlichen Bezugsgröße.
3. Die Regeleinstufung eines in der gesetzlichen Krankenversicherung freiwillig versicherten Selbständigen orientiert sich an der Beitragsbemessungsgrenze. Von dieser Einstufung mit dem Höchstbeitrag kann bei Nachweis geringerer Einnahmen abgewichen werden. Der Beitragsbemessung ist dann jedoch für den Kalendertag mindestens der 40. Teil der monatlichen Bezugsgröße zu Grunde zu legen.
4. Bei der Bemessung der Beiträge für Rentenantragsteller ist die gesamte wirtschaftliche Leistungsfähigkeit zu berücksichtigen. Bei der Beitragsberechnung gilt das vorgegebene monatliche Mindesteinkommen i.H.v. 968,33 €, auch wenn die tatsächlichen Einkünfte geringer sind.
5. Die Mindestbeitragsbemessungsgrundlage für selbständige Künstler und Publizisten beträgt monatlich 484,17 €.

Mindestbeitragsbemessungsgrenze in der Rentenversicherung

1. Bei Personen, die zur Berufsausbildung beschäftigt werden, gilt als beitragspflichtige Einnahme mindestens 1 % der monatlichen Bezugsgröße, auch wenn sie kein Arbeitsentgelt erhalten.
2. Für behinderte Menschen, die in geschützten Einrichtungen der Versicherungspflicht unterliegen, gilt als beitragspflichtige Einnahme mindestens 80 % der monatlichen Bezugsgröße.
3. Für Entwicklungshelfer besteht in der Rentenversicherung Versicherungspflicht, wenn der Entwicklungshelfer Entwicklungsdienst oder Vorbereitungsdienst leistet und dies von einer Stelle beantragt wird, die ihren Sitz im Inland hat.
4. Für Mitglieder geistlicher Genossenschaften, Diakonissen und Angehörige ähnlicher Gemeinschaften, denen nach der Ausbildung eine Anwartschaft auf die in der Gemeinschaft übliche Versorgung nicht gesichert wird, gilt als Mindestbeitragsmessungsgrundlage 40 % der monatlichen Bezugsgröße.
5. Beiträge für Künstler und Publizisten werden mindestens aus einem Einkommen i.H.v. 3 900 € jährlich, 325 € monatlich berechnet.

Versorgungsbezüge/Krankenversicherung der Rentner

Beitragsfrei sind Versorgungsbezüge, die eine gesetzlich vorgegebene Untergrenze nicht überschreiten. Diese Untergrenze entspricht einem Zwanzigstel der monatlichen Bezugsgröße.

1. Sozialversicherungs-Rechengrößen 2016

B. Sozialversicherung

	alte Bundesländer (in € bzw. %)				neue Bundesländer (in € bzw. %)			
	Jahr	Monat	Woche	Tag	Jahr	Monat	Woche	Tag
Arbeitseinkommen in der Krankenversicherung der selbständigen Künstler und Publizisten								
• Versicherungsfreiheit kraft Gesetzes	3 900,—	325,—	75,83	10,83	3 900,—	325,—	75,83	10,83
• Versicherungsfreiheit auf Antrag	162 650,—				162 650,—			
Beitragsbemessungsgrenzen								
• Kranken- und Pflegeversicherung	50 850,—	4 237,50	988,75	141,25	50 850,—	4 237,50	988,75	141,25
• Renten- und Arbeitslosenversicherung	74 400,—	6 200,—	1 446,67	206,67	64 800,—	5 400,—	1 260,—	180,—
Knappschaftliche Rentenversicherung	91 800,—	7 650,—	1 785,—	255,—	79 800,—	6 650,—	1 551,67	221,67
Beitragsbemessungsgrundlage								
• Auslands-Weiterversicherung in der Pflegeversicherung		484,17	112,97	16,14		484,17	112,97	16,14
• Auszubildende ohne Arbeitsentgelt								
– Kranken- und Pflegeversicherung		597,—	139,30	19,90		597,—	139,30	19,90
– Renten- und Arbeitslosenversicherung		29,05	6,78	0,97		25,20	5,88	0,84
• Teilnehmer an einem freiw. ökologischen/sozialen Jahr i.S. des Jugendfreiwilligendienstgesetzes Arbeitslosenversicherung		2 905,—	677,83	96,83		2 520,—	588,—	84,—
Beitragssätze								
• Krankenversicherung	14,6 %	14,6 %	14,6 %	14,6 %	14,6 %	14,6 %	14,6 %	14,6 %
• Arbeitslosenversicherung	3,0 %	3,0 %	3,0 %	3,0 %	3,0 %	3,0 %	3,0 %	3,0 %
• Rentenversicherung	18,7 %	18,7 %	18,7%	18,7 %	18,7 %	18,7 %	18,7 %	18,7 %
Knappschaftliche Rentenversicherung[1)]	24,8 %	24,8 %	24,8 %	24,8 %	24,8 %	24,8 %	24,8 %	24,8 %
• Pflegeversicherung	2,35 %	2,35 %	2,35 %	2,35 %	2,35 %	2,35 %	2,35 %	2,35 %
• Pflegeversicherung für Kinderlose	2,6 %	2,6 %	2,6 %	2,6 %	2,6%	2,6 %	2,6 %	2,6 %
Beitragszuschuss für privat Versicherte								
• Krankenversicherung		309,34				309,34		
• Pflegeversicherung außer in Sachsen		49,79				49,79		
• Pflegeversicherung nur in Sachsen						28,60		
Bezugsgröße								
• KV/PV	34 860,—	2 905,—	677,83	96,83	34 860,—	2 905,—	677,83	96,83
• RV/AV	34 860,—	2 905,—	677,83	96,83	30 240,—	2 520,—	588,—	84,—
Geringfügigkeitsgrenze (§ 8 SGB IV)		450,—	105,—	15,—		450,—	105,—	15,—
Geringverdienergrenze								
• allgemein (nur bei Beschäftigten im Rahmen der beruflichen Bildung)		325,—	75,83	10,83		325,—	75,83	10,83
Jahresarbeitsentgeltgrenze								
• Neufälle ab 1.1.2003 und GKV-Versicherte am 31.12.2002	56 250,—				56 250,—			
• PKV-Versicherte am 31.12.2002	50 850,—				50 850,—			

B. Sozialversicherung

1. Sozialversicherungs-Rechengrößen 2016

	alte Bundesländer (in € bzw. %)				neue Bundesländer (in € bzw. %)			
	Jahr	Monat	Woche	Tag	Jahr	Monat	Woche	Tag
Mindestbeitragsbemessungsgrenze								
• in der Kranken- und Pflegeversicherung für								
– Behinderte		581,—	135,57	19,37		581,—	135,57	19,37
– freiwillige Mitglieder		968,33	225,94	32,28		968,33	225,94	32,28
– freiwillig versicherte Selbständige		2 178,75	508,38	72,63		2 178,75	508,38	72,63
– Rentenantragsteller		968,33	225,94	32,28		968,33	225,94	32,28
– selbständige Künstler und Publizisten		484,17	112,97	16,14		484,17	112,97	16,14
• in der Rentenversicherung für								
– Auszubildende und Praktikanten		29,05	6,78	0,97		25,20	5,88	0,84
– Behinderte		2 324,—	542,27	77,47		2 016,—	470,40	67,20
– Entwicklungshelfer		4 133,54	964,49	137,78		3 600,18	840,04	120,01
– Mitglieder geistlicher Genossenschaften ohne Anwartschaft auf Versorgung		1 162,—	271,13	38,73		1 008,—	235,20	33,60
– selbständige Künstler und Publizisten	3 900,—	325,—	75,83	10,83	3 900,—	325,—	75,83	10,83
Versorgungsbezüge/Krankenversicherung der Rentner								
Untergrenze der beitragspflichtigen Einnahmen aus Versorgungsbezügen und Arbeitseinkommen		145,25	33,89	4,84		145,25	33,89	4,84

[1] Die Aufteilung ist Arbeitgeberanteil 15,45 % und Arbeitnehmeranteil 9,35 %

2. Sachbezugswerte 2016

3399 Sachbezugswerte sind Einkünfte, die nicht als Geldleistung gewährt werden und zum beitragspflichtigen Arbeitsentgelt gehören. Zu den Sachbezügen zählen u.a. die Gewährung von Kleidung, Wohnung, Heizung, Beleuchtung usw.

Eine Aufnahme in den Arbeitgeberhaushalt liegt vor, wenn der Arbeitnehmer sowohl in die Wohnungs- als auch in die Verpflegungsgemeinschaft des Arbeitgebers aufgenommen wird. Bei ausschließlicher Zurverfügungstellung von Unterkunft liegt dagegen keine „Aufnahme" in den Arbeitgeberhaushalt vor, so dass der ungekürzte Unterkunftswert anzusetzen ist.

Eine Gemeinschaftsunterkunft stellen z.B. Lehrlingswohnheime, Schwesternwohnheime, Kasernen etc. dar. Charakteristisch für Gemeinschaftsunterkünfte sind gemeinschaftlich zu nutzende Wasch- bzw. Duschräume, Toiletten und ggf. Gemeinschaftsküche oder Kantine. Allein eine Mehrfachbelegung einer Unterkunft hat dagegen nicht die Bewertung als Gemeinschaftsunterkunft zur Folge; vielmehr wird der Mehrfachbelegung bereits durch gesonderte Abschläge Rechnung getragen.

Für freie Wohnung ist kein amtlicher Sachbezugswert festgesetzt. Vielmehr ist für freie Wohnung grundsätzlich der ortsübliche Mietpreis anzusetzen. Eine Wohnung ist im Gegensatz zur Unterkunft eine in sich geschlossene Einheit von Räumen, in denen ein selbständiger Haushalt geführt werden kann. Wesentlich ist, dass eine Wasserversorgung und -entsorgung, zumindest eine einer Küche vergleichbare Kochgelegenheit sowie eine Toilette vorhanden sind. Danach stellt z.B. ein Einzimmerappartement mit Küchenzeile und WC als Nebenraum eine Wohnung dar, während bei Mitbenutzung von Bad, Toilette und Küche lediglich eine Unterkunft vorliegt. Wird mehreren Arbeitnehmern eine Wohnung zur gemeinsamen Nutzung (Wohngemeinschaft) zur Verfügung gestellt, liegt insoweit nicht freie Wohnung, sondern lediglich freie Unterkunft vor.

- **Freie Verpflegung (gültig für alte und neue Bundesländer)**

Personenkreis [Angaben monatlich (mtl.) bzw. kalendertäglich (ktgl.)]		Frühstück €	Mittagessen €	Abendessen €	Verpflegung insgesamt €
Arbeitnehmer einschließlich	mtl.	50,—	93,—	93,—	236,—
Jugendliche und Auszubildende	ktgl.	1,67	3,10	3,10	7,87
volljährige Familienangehörige	mtl.	50,—	93,—	93,—	236,—
	ktgl.	1,67	3,10	3,10	7,87
Familienangehörige vor Vollendung des 18. Lebensjahrs	mtl.	40,—	74,40	74,40	188,80
	ktgl.	1,34	2,48	2,48	6,30
Familienangehörige vor Vollendung des 14. Lebensjahrs	mtl.	20,—	37,20	37,20	94,40
	ktgl.	0,67	1,24	1,24	3,15
Familienangehörige vor Vollendung des 7. Lebensjahrs	mtl.	15,—	27,90	27,90	70,80
	ktgl.	0,50	0,93	0,93	2,36

- **Freie Unterkunft (gültig für alte und neue Bundesländer)**

Unterkunft belegt mit:				Unterkunft allgemein €	Aufnahme im Arbeitgeberhaushalt/ Gemeinschaftsunterkunft €
volljährige Arbeitnehmer	1 Beschäftigtem		mtl.	223,—	189,55
			ktgl.	7,43	6,32
	2 Beschäftigten		mtl.	133,80	100,35
			ktgl.	4,46	3,35
	3 Beschäftigten		mtl.	111,50	78,05
			ktgl.	3,72	2,60
	mehr als 3 Beschäftigten		mtl.	89,20	55,75
			ktgl.	2,97	1,86
Jugendliche/ Auszubildende	1 Beschäftigtem		mtl.	189,55	156,10
			ktgl.	6,32	5,20
	2 Beschäftigten		mtl.	100,35	66,90
			ktgl.	3,35	2,23
	3 Beschäftigten		mtl.	78,05	44,60
			ktgl.	2,60	1,49
	mehr als 3 Beschäftigten		mtl.	55,75	22,30
			ktgl.	1,86	0,74

Erläuterungen

Für die Ermittlung des anzusetzenden Sachbezugswerts für einen Teil-Entgeltabrechnungszeitraum sind die jeweiligen Tagesbeträge mit der Anzahl der Kalendertage zu multiplizieren.

Die Anwendung des Sachbezugswerts für freie Unterkunft ist nur zulässig, wenn es sich um eine Unterkunft i.S.d. SvEV handelt. Für eine als Sachbezug zur Verfügung gestellte Wohnung ist dagegen als Wert der ortsübliche Mietpreis unter Berücksichtigung der sich aus der Lage der Wohnung zum Betrieb ergebenden Beeinträchtigungen anzusetzen.

Ist die Feststellung des ortsüblichen Mietpreises mit außerordentlichen Schwierigkeiten verbunden, kann die Wohnung mit **3,92 € monatlich pro qm** bzw. bei einfacher Ausstattung (ohne Sammelheizung oder ohne Bad oder Dusche) mit 3,20 € monatlich pro qm bewertet werden.

Bei der Gewährung von unentgeltlichen oder verbilligten **Mahlzeiten im Betrieb** (§ 40 Abs. 2 Satz 1 Nr. 1 EStG) sind sowohl für volljährige Arbeitnehmer als auch für Jugendliche und Auszubildende nachstehende Beträge anzusetzen:
– Frühstück 1,67 €
– Mittag-/Abendessen 3,10 €

B. Sozialversicherung   3. Gesellschafter-Geschäftsführer einer GmbH

3. Versicherungsrechtliche Beurteilung von Gesellschafter-Geschäftsführern einer GmbH
(Gemeinsames Rundschreiben der Spitzenverbände der Sozialversicherungsträger v. 13.4.2010, Anlage 3 i.d.F. v. 9.4.2014)   **3400**

Versicherungsrechtliche Beurteilung von Gesellschafter-Geschäftsführern, Fremdgeschäftsführern und mitarbeitenden Gesellschaftern einer GmbH sowie Geschäftsführern einer Familien-GmbH

Für die Beurteilung der Versicherungspflicht von Gesellschafter-Geschäftsführern, Fremdgeschäftsführern und mitarbeitenden Gesellschaftern einer Gesellschaft mit beschränkter Haftung (GmbH) sowie Geschäftsführern einer Familien-GmbH gelten die gleichen Grundsätze, die auch allgemein für die versicherungsrechtliche Beurteilung einer Beschäftigung gegen Arbeitsentgelt maßgebend sind. Die Gesamtbetrachtung hat jedoch zudem unter Berücksichtigung des Gesetzes betreffend die Gesellschaften mit beschränkter Haftung (GmbHG) und der gesellschaftsrechtlichen Regelungen/Vereinbarungen zu erfolgen und bereitet häufig Schwierigkeiten. Begrifflich sind o.g. Personengruppen wie folgt zu unterscheiden:

- Gesellschafter-Geschäftsführer einer GmbH sind am Kapital der Gesellschaft beteiligte Personen, die zugleich als Geschäftsführer bestellt sind.
- Fremdgeschäftsführer einer GmbH sind Personen, die als Geschäftsführer fungieren, aber nicht gleichzeitig Gesellschafter der GmbH sind, d.h. nicht an deren Kapital beteiligt sind.
- Mitarbeitende Gesellschafter sind am Kapital der Gesellschaft beteiligte Personen, die in der GmbH mitarbeiten, aber nicht zu Geschäftsführern bestellt sind.
- Geschäftsführer einer Familien-GmbH sind Personen, die als Geschäftsführer ohne eigene Kapitalbeteiligung an der GmbH ihrer Familie bestellt sind. Bei ihnen erscheint die Bezeichnung „Fremd"geschäftsführer unpassend. Sie unterscheiden sich aber bei der versicherungsrechtlichen Beurteilung nicht (mehr) von den „echten" Fremdgeschäftsführern.

Die Versicherungspflicht in der Kranken-, Pflege-, Renten- und Arbeitslosenversicherung wird nicht dadurch ausgeschlossen, dass eine in einer GmbH beschäftigte Person zugleich Gesellschafter der GmbH ist. Auch Gesellschafter-Geschäftsführer und mitarbeitende Gesellschafter einer GmbH können daher in einem abhängigen und damit sozialversicherungspflichtigen Beschäftigungsverhältnis zur GmbH stehen.

Rechtsprechungsübersicht (Anlage 3 – Anhang 1 i.d.F. v. 9.4.2014)

Lfd. Nr.	BSG-Fundstelle	Sachverhalt/Entscheidung	Urteilstenor/Begründung
1	13.12.1960 – 3 RK 2/56 – (DBIR 711/RVO § 165; BSGE 13, 196; SozR AVG § 1 aF Bl. Aa 2 Nr. 5; Die Beiträge 1961, 212; BR/Meuer 299 A4a71-1-; NJW 1961, 1134)	• Gesellschafter-Geschäftsführer mit 5 % Kapitalanteil • Hauptgläubiger der GmbH • Anstellungsvertrag, wonach die gesamte Arbeitskraft für die GmbH aufgewendet werden muss • Bindung an die Satzung und Anweisungen durch Gesellschafterbeschlüsse • Vergütung: gewinnabhängige Umsatzbeteiligung von 10 % Entscheidung: Kein abhängiges Beschäftigungsverhältnis	• Obwohl der Geschäftsführer einer GmbH Arbeitgeberfunktionen wahrnimmt, kann dennoch eine Arbeitnehmereigenschaft i.S.d. Sozialversicherung vorliegen. • Das RVA hat bei der versicherungsrechtlichen Beurteilung von Gesellschafter-Geschäftsführern nur an die Kapitalbeteiligung angeknüpft. Dem kann nicht voll gefolgt werden. • Die Kapitalbeteiligung ist nur dafür ausschlaggebend, ob nicht von vornherein auf Grund der Mehrheit oder Sperrminorität innerhalb der Gesellschafterversammlung ein abhängiges Beschäftigungsverhältnis grundsätzlich ausgeschlossen ist. • Ist dies nicht der Fall, ist zu prüfen, ob und inwieweit der Gesellschafter-Geschäftsführer weisungsgebunden ist. • Besteht die Weisungsgebundenheit allein darin, dass der Geschäftsführer in seiner Entscheidungsfreiheit bei bestimmten wichtigen Geschäften beschränkt ist, ohne zugleich einem für die persönliche Abhängigkeit ausschlaggebenden – Direktionsrecht des Dienstberechtigten in Bezug auf die Ausführung seiner Arbeit unterworfen zu sein, so ist der Geschäftsführer trotz seiner gesellschaftsrechtlichen Bindung an den in Beschlüssen konkretisierten – Willen der Gesellschaftsmehrheit nicht abhängig beschäftigt.
2	15.12.1971 – 3 RK 67/68 – (DBIR 1724a/AVAVG § 56; USK 71199; SozR Nr. 68 § 165 RVO; Breith. 1972, 537; Die Beiträge 1972, 246; BR/Meuer 663 A19a7-16-; BB 1972, 404)	• Familien-GmbH • Gesellschafter-Geschäftsführer mit 1/3 Kapitalanteil (geschiedene Ehefrau 2/3) • einschlägige Branchenkenntnisse als einziger Gesellschafter • Geschäftsführertätigkeit ohne Gesellschafterbeschluss oder Anstellungsvertrag • monatliches Gehalt Entscheidung: Kein abhängiges Beschäftigungsverhältnis	• Was die Ausführungen der Arbeit angeht, kann die Weisungsgebundenheit insbesondere bei Diensten höherer Art – stark eingeschränkt zur funktionsgerechten, dienenden Teilhabe am Arbeitsprozess verfeinert sein; die Dienstleistung ist trotzdem fremdbestimmt, wenn sie in der von anderer Seite vorgeschriebenen Ordnung des Betriebs aufgeht. • Kann der Dienstnehmer seine Tätigkeit dagegen im Wesentlichen frei gestalten und seine Arbeitszeit bestimmen, so ist er selbständig tätig. • Verfügt der Geschäftsführer in einer Familien-GmbH als einziger Gesellschafter über die für die Führung des Betriebs notwendigen Branchenkenntnisse, gibt seine Meinung bei

3. Gesellschafter-Geschäftsführer einer GmbH — B. Sozialversicherung

Lfd. Nr.	BSG-Fundstelle	Sachverhalt/Entscheidung	Urteilstenor/Begründung
			Gesellschafterbeschlüssen i.d.R. den Ausschlag. Insoweit kann nicht von Weisungsgebundenheit ausgegangen werden. • Das gemeinsame Wirken im Dienst der GmbH ist durch ein gleichberechtigtes Nebeneinander gekennzeichnet. Hinweis: Familiäre Verbundenheit oder Rücksichtnahme ist nach Ansicht des BSG grundsätzlich nicht (mehr) geeignet, die Rechtsmacht, wie sie sich nach dem Gesellschaftsrecht ergibt, gänzlich zu negieren (vgl. dazu lfd. Nr. 35, 36).
3	22.8.1973 – 12 RK 24/72 – (DBlR 1771a/AFG § 168; USK 73122; SozR Nr. 22 § 3 AVG; Breith. 1974, 369; Die Beiträge 1973, 345; BB 1973, 1310; BR/Meuer 663 A19a7-28-; NJW 1974, 207)	• Geschäftsführer ohne Kapitalbeteiligung • Alleinvertretungsbefugnis • Dienstvertrag • monatliches Gehalt, Weihnachtsgeld und Urlaubsvereinbarung • im Übrigen gelten die Bestimmungen des BGB und HGB über die Stellung des Geschäftsführers • der Geschäftsführer hat im Auftrag der Gesellschafterversammlung die Geschäftsordnung, den Organisationsplan und die Arbeitsplatzbeschreibung aufgestellt Entscheidung: Abhängiges Beschäftigungsverhältnis	• Der Sachverhalt ist anders zu beurteilen als bei einem Gesellschafter-Geschäftsführer, da hier das unternehmerische Risiko fehlt. Der Geschäftsführer stellt nur seine Arbeitskraft in den Dienst der GmbH. Hierbei kann die Eingliederung in den Betrieb alleine ausreichend sein, um ein abhängiges Beschäftigungsverhältnis zu bejahen. Allein aus der weisungsfreien Ausführung einer fremdbestimmten Arbeit kann nicht auf eine selbständige Tätigkeit geschlossen werden. • An die Stelle der Weisungsgebundenheit tritt die funktionsgerecht dienende Teilhabe am Arbeitsprozess. • Die Eingliederung liegt hier bereits darin begründet, dass der Geschäftsführer Beschlüsse der Gesellschafter auszuführen hat und auch nur im Rahmen dieser Beschlüsse handeln darf. • Es kommt nicht darauf an, dass die Gesellschafter von ihrer Überwachungsbefugnis gegenüber dem Geschäftsführer tatsächlich Gebrauch machen.
4	31.7.1974 – 12 RK 26/72 – (DBlR 1888a/AFG § 168; USK 7467; BSGE 38, 53; SozR 4600 § 56 Nr. 1; BR/Meuer 663 A19a7-19/1-) (siehe auch Nr. 16)	• zwei GesellschafterGeschäftsführer mit je 1/3 Kapitalanteil • Beschlüsse werden mit 2/3 Mehrheit gefasst • gemeinsame Vertretung der Gesellschaft Entscheidung: Zurückverweisung an das LSG	• Da keine Sperrminorität vorhanden ist, ist ein abhängiges Beschäftigungsverhältnis nicht von vornherein ausgeschlossen. • Wird die Tätigkeit entsprechend den Belangen des Unternehmens, die in Wahrheit mit den Belangen des Geschäftsführers identisch sind, selbst frei bestimmt, liegt kein abhängiges Beschäftigungsverhältnis vor. • Die tatsächlichen Verhältnisse sind für diese Beurteilung entscheidend.
5	22.11.1974 – 1 RA 251/73 – (USK 74139; Die Beiträge 1975, 60; BB 1975, 282; BR/Meuer 663 A19a7-19/6-)	• Gesellschafter-Geschäftsführer mit 50 % Kapitalanteil • Alleinvertretungsbefugnis • Dienstvertrag • monatliches Gehalt, Urlaubs- und Weihnachtsgeld Entscheidung: Kein abhängiges Beschäftigungsverhältnis	• Da der Geschäftsführer über die Sperrminorität innerhalb der Gesellschafterversammlung verfügt und damit einen maßgeblichen Einfluss auf die Entscheidungen der Gesellschaft nehmen kann, ist ein abhängiges Beschäftigungsverhältnis grundsätzlich von vornherein ausgeschlossen. • Die steuerrechtliche Beurteilung ist für die Prüfung der Sozialversicherungspflicht nicht entscheidend.
6	24.6.1982 – 12 RK 45/80 – (DBlR 2812/AFG § 168; USK 82160; SozSich 1983, RNr. 3750)	• vier Gesellschafter-Geschäftsführer mit einer Kapitalbeteiligung jeweils unter 50 % • Anstellungsvertrag • Verteilung der Aufgaben einvernehmlich mit den anderen Geschäftsführern • für bestimmte Geschäfte ist die Zustimmung der Gesellschafterversammlung notwendig • die Arbeitszeit kann frei bestimmt werden • monatliches Gehalt, Urlaubs- und Weihnachtsgeld Entscheidung: Zurückverweisung an das LSG	• Da weder eine Kapitalmehrheit noch Sperrminorität vorliegt, ist ein abhängiges Beschäftigungsverhältnis nicht von vornherein ausgeschlossen. • Das Arbeitsgerichtsgesetz (hier gilt der Geschäftsführer einer GmbH nicht als Arbeitnehmer) hat keine Bedeutung für die Sozialversicherung. • Entscheidend ist das Gesamtbild der Tätigkeit. • Hierbei ist wesentlich, ob der äußere Rahmen der Tätigkeit, insbesondere was Zeit, Dauer und Ort der Arbeitsleistung betrifft, durch einseitige Weisungen der Gesellschaft geregelt wird oder geregelt werden kann.

B. Sozialversicherung
3. Gesellschafter-Geschäftsführer einer GmbH

Lfd. Nr.	BSG-Fundstelle	Sachverhalt/Entscheidung	Urteilstenor/Begründung
			• Von Bedeutung ist auch die Kapitalbeteiligung. Diese wird häufig so hoch sein, dass die Geschäftsführer ein nicht unerhebliches Unternehmerrisiko tragen, so dass sie ihre Tätigkeit nicht für ein ihnen fremdes, sondern im eigenen Unternehmen ausüben. • Es muss ein für ein Arbeitnehmer-/Arbeitgeberverhältnis typischer Interessengegensatz vorhanden sein. Ein solcher ist kaum denkbar, wenn die Geschäftsführer zugleich die alleinigen Gesellschafter sind. Hinweis: Der im Arbeitnehmer-/Arbeitgeberverhältnis (angeblich) fehlende typische Interessengegensatz bei Personenidentität von Geschäftsführern und Gesellschaftern wird vom BSG (vgl. dazu lfd. Nr. 34) nicht (mehr) als geeignetes Abgrenzungskriterium angesehen.
7	24.6.1982 – 12 RK 43/81 – (DBlR 2813/AFG § 168; USK 82166; Die Beiträge 1986, 217; BB 1984, 1049)	• zwei Gesellschafter-Geschäftsführer mit jeweils 50 % Kapitalanteil • Alleinvertretungsbefugnis • ein besonderer Beirat soll errichtet werden, der für bestimmte Geschäfte von den Geschäftsführern angehört werden muss. Entscheidung: Kein abhängiges Beschäftigungsverhältnis	• Auf Grund der Sperrminorität scheidet für beide Geschäftsführer ein abhängiges Beschäftigungsverhältnis aus. • Die Schaffung des besonderen Beirates hat hierauf keinen Einfluss. • Der Gesellschafter-Geschäftsführer mit einem Kapitalanteil von 50 % ist nicht in einem „fremden", sondern in seinem „eigenen" Unternehmen tätig.
8	23.9.1982 – 10 RAr 10/81 – (DBlR 2799a/AFG § 141b; USK 82140; SozR 2100 § 7 Nr. 7; Breith. 1983, 739; BR/Meuer 59 B 39)	• Familien-Komplementär-GmbH • Ehemann Gesellschafter-Geschäftsführer mit 5 % Kapitalanteil (Ehefrau 95 %) • „Kopf und Seele" des Familienunternehmens • vor Umwandlung in GmbH Alleininhaber der Einzelfirma Entscheidung: Zurückverweisung an das LSG	• Die Selbständigkeit eines Gesellschafter-Geschäftsführers ist nicht davon abhängig, dass er gerade über seine Kapitalbeteiligung einen entscheidenden Einfluss auf die Gesellschaft ausüben kann. In einer Familien-GmbH können bei einem GmbH-Geschäftsführer ohne Kapitalbeteiligung die Verhältnisse so liegen, dass Selbständigkeit angenommen werden muss. • Die fachliche Überlegenheit allein reicht für die Annahme einer Weisungsfreiheit nicht aus. • Es ist noch festzustellen, warum die Gesellschaftsgründung durchgeführt worden ist. Sind die gesellschaftsrechtlichen Maßnahmen nur deshalb getroffen worden, weil der Geschäftsführer dadurch haftungsrechtlich oder steuerrechtlich besser zu stehen glaubt, so hat sich an seiner Selbständigkeit wahrscheinlich nichts geändert. • Ergeben die Ermittlungen keine eindeutige Antwort auf die Frage, ob eine abhängige Beschäftigung oder eine selbständige Tätigkeit vorliegt, ist das bisherige Berufsleben als Indiz heranzuziehen. Hinweis: Familiäre Verbundenheit oder Rücksichtnahme ist nach Ansicht des BSG grundsätzlich nicht (mehr) geeignet, die Rechtsmacht, wie sie sich nach dem Gesellschaftsrecht ergibt, gänzlich zu negieren (vgl. dazu lfd. Nr. 35, 36).
9	20.3.1984 – 7 RAr 70/82 – (DBlR 2962a/AFG § 104; USK 8446; SozR 4100 § 168 Nr. 16; Breith. 1985, 158; Die Beiträge 1986, 211; BR/Meuer SGB IV § 7)	• Komplementär-GmbH (zwei Gesellschafter) • Gesellschafter mit 50 % Kapitalanteil an der GmbH und 1,2 % als Kommanditist der KG • GmbH zur Geschäftsführung über die KG berufen • Anstellung als Einkaufsleiter der KG (keine Geschäftsführungsfunktion) Entscheidung: Kein abhängiges Beschäftigungsverhältnis	• Ein Gesellschafter einer Komplementär-GmbH kann nicht gleichzeitig in einem abhängigen Beschäftigungsverhältnis zur KG stehen, wenn er nach seiner Kapitalbeteiligung an der GmbH und nach den Rechten der GmbH an der KG einen bestimmenden Einfluss auf die Entscheidungen der KG hat. • Ein Beschäftigungsverhältnis zur KG wäre nur dann zu bejahen, wenn ein Kommanditist über seinen beherrschenden Stimmanteil nach dem KG-Vertrag jeden ihm genehmen Beschluss auch gegen den Willen der Gesellschafter der Komplementär-GmbH durchsetzen kann.

3. Gesellschafter-Geschäftsführer einer GmbH — B. Sozialversicherung

Lfd. Nr.	BSG-Fundstelle	Sachverhalt/Entscheidung	Urteilstenor/Begründung
			• Mit einer Kapitalbeteiligung von 50 % an der Komplementär-GmbH stehen einem Gesellschafter grundsätzlich Arbeitgeberrechte zu, die ein von seinem Willen unabhängiges Handeln der KG als Arbeitgeber ausschließen. Hinweis: Ein Beschäftigungsverhältnis eines mitarbeitenden Gesellschafters ist von vornherein nur noch ausgeschlossen, wenn er über mehr als 50 % des Stammkapitals verfügt (vgl. dazu lfd. Nr. 17, 33).
10	23.1.1986 – 11a RK 4/84 – (DBlR 3179a/AFG § 168; USK 8606; SozR 5420 § 2 Nr. 35; Die Beiträge 1986, 132; BR/Meuer RVO § 165)	• Familien-GmbH (Mutter, Sohn) • Sohn Gesellschafter-Geschäftsführer mit 1/5 Kapitalanteil (Mutter ebenfalls Gesellschafter-Geschäftsführerin mit 4/5 Kapitalanteil) • Tätigkeit als „Betriebsleiter" nach Weisung der Gesellschaft Entscheidung: Abhängiges Beschäftigungsverhältnis	• Ein Gesellschafter-Geschäftsführer, der auf Grund seiner Kapitalbeteiligung keinen maßgebenden Einfluss auf die Entscheidungen der Gesellschaft hat und ihm übertragene Aufgaben nach Weisung der Gesellschaft durchführt, steht in einem abhängigen Beschäftigungsverhältnis.
11	29.10.1986 – 7 RAr 43/85 – (DBlR 3222a/AFG § 168; USK 86145; Die Beiträge 1987, 17; BR/Meuer AFG § 168; BB 1987, 406)	• Familien-GmbH (Mutter, 2 minderjährige Kinder vertreten durch Pfleger) • Mutter: alleinvertretungsberechtigte Gesellschafter-Geschäftsführerin mit 1/3 Kapitalanteil • Befreiung vom Selbstkontrahierungsverbot nach § 181 BGB • Beschlussfassung mit einfacher Mehrheit • Zustimmung der Gesellschaft für bestimmte Rechtsgeschäfte erforderlich • Weisungsfreie Gestaltung und Ausführung der Geschäftsführung Entscheidung: Kein abhängiges Beschäftigungsverhältnis	• Ist der mit 1/3 am Stammkapital der GmbH beteiligte Geschäftsführer auf Grund der familiären Verhältnisse und seines Sachverstandes lediglich bei bestimmten wichtigen Geschäften in seiner Entscheidungsfreiheit beschränkt, im Übrigen aber keinen Weisungen unterworfen, liegt keine abhängige Beschäftigung vor. • Für die Annahme einer abhängigen Beschäftigung genügt nicht, dass der Geschäftsführer an Weisungen irgendwelcher Art gebunden ist; denn auch wer sich als Selbständiger zur entgeltlichen Geschäftsbesorgung verpflichtet, muss grundsätzlich Weisungen des Dienstberechtigten beachten. • Eingeschränkt war insoweit nur die Sachentscheidungsbefugnis, während Gestaltung und Ausführung der Geschäftsführung keinen Beschränkungen unterlag. Hinweis: Familiäre Verbundenheit oder Rücksichtnahme ist nach Ansicht des BSG grundsätzlich nicht (mehr) geeignet, die Rechtsmacht, wie sie sich nach dem Gesellschaftsrecht ergibt, gänzlich zu negieren (vgl. dazu lfd. Nr. 35, 36).
12	8.12.1987 – 7 RAr 14/86 – (DBlR 3400a/AFG § 168; USK 87150; BR/Meuer AFG § 168; ZIP 1988, 913)	• Familien-GmbH (Ehegatten-GmbH) • Ehemann Gesellschafter-Geschäftsführer mit 1/7 Kapitalanteil • umfassende Fachkenntnisse • Arbeitszeit 40 Stunden wöchentlich • monatliches Gehalt und Urlaubsgeld Entscheidung: Zurückverweisung an das LSG	• Ist der GmbH-Geschäftsführer lediglich bei bestimmten wichtigen Geschäften in seiner Entscheidungsfreiheit beschränkt, ohne einem für die persönliche Anhängigkeit ausschlaggebenden Direktionsrecht der Gesellschaft unterworfen zu sein, liegt eine abhängige Beschäftigung nicht vor. • In einer Familien-GmbH können die Verhältnisse so liegen, dass selbst bei einem Geschäftsführer ohne Kapitalbeteiligung Selbständigkeit angenommen werden muss. Ausschlaggebend ist, ob er seine Tätigkeit im Wesentlichen frei gestalten kann. • Der Umstand, dass der Geschäftsführer möglicherweise fachlich überlegen war, reicht für sich allein nicht aus, um den Schluss zu rechtfertigen, dass er keinerlei Weisungen unterworfen war. Hinweis: Familiäre Verbundenheit oder Rücksichtnahme ist nach Ansicht des BSG grundsätzlich nicht (mehr) geeignet, die Rechtsmacht, wie sie sich nach dem Gesellschaftsrecht ergibt, gänzlich zu negieren (vgl. dazu lfd. Nr. 35, 36).

B. Sozialversicherung 3. Gesellschafter-Geschäftsführer einer GmbH

Lfd. Nr.	BSG-Fundstelle	Sachverhalt/Entscheidung	Urteilstenor/Begründung
13	8.12.1987 – 7 RAr 25/86 – (DBlR 3401a/AFG § 168; USK 87170; BB 1989, 72; BR/Meuer AFG § 168)	• Familien-GmbH (Ein-Personen-GmbH) • Tochter Geschäftsführerin ohne Kapitalbeteiligung • Alleinvertretungsbefugnis • Befreiung vom Selbstkontrahierungsverbot nach § 181 BGB • Zustimmung der Gesellschaft für bestimmte Rechtsgeschäfte erforderlich • Weisungsfreie Wahrnehmung der Unternehmensleitung und der Geschäftsführung • ertragsabhängige Bezüge Entscheidung: Kein abhängiges Beschäftigungsverhältnis	• Ist der GmbH-Geschäftsführer lediglich bei bestimmten wichtigen Geschäften in seiner Entscheidungsfreiheit beschränkt, kann selbst bei fehlender Kapitalbeteiligung Selbständigkeit gegeben sein, wenn er mit den Gesellschaftern familiär verbunden ist und die Höhe der Bezüge u.a. von der Ertragslage abhängt. • Im Einzelfall können familiäre Bindungen dazu führen, dass die Tätigkeit überwiegend durch familienhafte Rücksichtnahme geprägt wird und es an der Ausübung einer Direktion durch die Gesellschafter völlig mangelt. • Führt der Geschäftsführer auf Grund verwandschaftlicher Beziehungen faktisch die Geschäfte nach eigenem Gutdünken, fehlt es an dem Merkmal der persönlichen Abhängigkeit. • Die Teilhabe am Unternehmerrisiko (ertragsabhängige Bezüge) stellt ein gewichtiges Indiz für die Annahme einer selbständigen Tätigkeit dar. Hinweis: Familiäre Verbundenheit oder Rücksichtnahme ist nach Ansicht des BSG grundsätzlich nicht (mehr) geeignet, die Rechtsmacht, wie sie sich nach dem Gesellschaftsrecht ergibt, gänzlich zu negieren (vgl. dazu lfd. Nr. 35, 36).
14	11.1.1989 – 7 RAr 8/87 – (DBlR 3467a/AFG § 168; BR/Meuer AFG § 168)	• Familien-GmbH (Ehefrau Alleingesellschafter-Geschäftsführerin) • Ehemann: Bau-Ingenieur bzw. technischer Betriebsleiter (keine Geschäftsführungsfunktion/alleinige Branchenkenntnisse) • monatliches Gehalt (Nettogehalt wurde zur Tilgung eines der GmbH von der Tochter gewährten Darlehens einbehalten) • Jahreserfolgsprämie von 3 % Entscheidung: Zurückverweisung an das LSG	• Dass die Ehefrau Alleingesellschafter-Geschäftsführerin ist, besagt nichts darüber aus, ob der Ehemann fremdbestimmte Arbeit leistet. • Die Teilhabe am Unternehmensrisiko stellt ein Indiz gegen eine abhängige Beschäftigung dar. Ein Unternehmensrisiko wird indes nur von dem getragen, der auch am Verlust des Unternehmens beteiligt ist. • Verfügt jemand über die alleinigen Fachkenntnisse und führt er auf Grund dieser Stellung ohne Weisung des Alleingesellschafter-Geschäftsführers faktisch wie ein Alleininhaber die Geschäfte der Familien-GmbH nach eigenem Gutdünken, so liegt ein abhängiges Beschäftigungsverhältnis nicht vor. Hinweis: Familiäre Verbundenheit oder Rücksichtnahme ist nach Ansicht des BSG grundsätzlich nicht (mehr) geeignet, die Rechtsmacht, wie sie sich nach dem Gesellschaftsrecht ergibt, gänzlich zu negieren (vgl. dazu lfd. Nr. 35, 36).
15	27.7.1989 – 11/7 RAr 71/87 – (DBlR 3583a/AFG § 168; USK 8951; Die Beiträge 1989, 373; BR/Meuer AFG § 182)	• Gesellschafter-Geschäftsführer mit zunächst 51 %, später 47 % Kapitalanteil (4 % auf Ehefrau übertragen), zugleich Arbeitsvertrag als kaufmännischer Angestellter in der GmbH • Alleinvertretungsbefugnis • Beschlussfassung mit einfacher Mehrheit • Befreiung vom Selbstkontrahierungsverbot nach § 181 BGB • wöchentliche Arbeitszeit 40 Std. • monatliches Gehalt Entscheidung: Kein abhängiges Beschäftigungsverhältnis	• Bei einem Gesellschafter-Geschäftsführer mit einem Kapitalanteil von weniger als 50 % ohne Sperrminorität kann die Arbeitnehmereigenschaft fehlen, wenn sein tatsächlicher Einfluss auf die Gesellschaft wesentlich größer ist, als der ihm auf Grund seines Kapitals zustehende Einfluss. • Hält ein Gesellschafter zusammen mit seinem Ehegatten Geschäftsanteile von mehr als 50 % und kann er damit wesentliche Entscheidungen der Gesellschaft verhindern, ist ein beherrschender Einfluss auf die Gesellschaft anzunehmen, wenn der Ehegatte ansonsten in keiner Weise in die Betriebsführung eingreift und tatsächlich keine konkretisierbaren Arbeitgeberfunktionen ausübt. Hinweis: Familiäre Verbundenheit oder Rücksichtnahme ist nach Ansicht des BSG grundsätzlich nicht (mehr) geeignet, die Rechtsmacht, wie sie sich nach dem Gesellschaftsrecht ergibt, gänzlich zu negieren (vgl. dazu lfd. Nr. 35, 36).

3. Gesellschafter-Geschäftsführer einer GmbH — B. Sozialversicherung

Lfd. Nr.	BSG-Fundstelle	Sachverhalt/Entscheidung	Urteilstenor/Begründung
16	25.10.1989 – 2 RU 12/89 – (USK 8998; BR/Meuer RVO § 543; BG 1990, 357)	• GmbH mit zwei Gesellschafter-Geschäftsführern (Kapitalbeteiligung jeweils 50 %) • gemeinschaftliche Vertretung der Gesellschaft • Beschlussfassung mit einfacher Mehrheit Entscheidung: Kein abhängiges Beschäftigungsverhältnis	• Sind zwei Geschäftsführer einer GmbH mit gleichen Teilen am Stammkapital beteiligt und vertreten sie die Gesellschaft gemeinschaftlich, so haben sie in ihrem notwendigen Zusammenwirken eine das Unternehmen schlechthin „beherrschende" Stellung. • Hat jeder Geschäftsführer insoweit eine die Gesellschaft „beherrschende" Stellung, als ohne seine Zustimmung keine Beschlüsse gefasst werden können, liegt für keinen der Geschäftsführer ein persönliches Abhängigkeitsverhältnis zur Gesellschaft vor.
17	9.11.1989 – 11 RAr 39/89 – (DBlR 3611a/AFG § 168; USK 89102; BSGE 66, 69; SozR 4100 § 104 Nr. 19; Die Beiträge 1990, 183; BR/Meuer AFG § 168)	• Ein-Personen-GmbH mit Fremdgeschäftsführer • Alleingesellschafterin als Kontoristin in der GmbH tätig (keine Branchenkenntnisse) • wöchentliche Arbeitszeit 30 Std. • monatliches Gehalt Entscheidung: Kein abhängiges Beschäftigungsverhältnis	• Ein Alleingesellschafter, der die ihm zustehende beherrschende Rechtsmacht über die GmbH tatsächlich nicht wahrnimmt, steht auch dann nicht in einem abhängigen Beschäftigungsverhältnis zur Gesellschaft, wenn er für diese eine untergeordnete Beschäftigung nach Weisung verrichtet. • Zu den tatsächlichen Verhältnissen gehört unabhängig von ihrer Ausübung - auch die vorhandene Rechtsmacht. Hiernach ist derjenige, der die Rechtsmacht hat, nicht abhängig beschäftigt.
18	8.8.1990 – 11 RAr 77/89 – (DBlR 3733a/AFG § 168; USK 9060; SozR 3-2400 § 7 Nr. 4; Die Beiträge 1991, 206; BR/Meuer AFG § 168)	• Gesellschafter-Geschäftsführer mit 30 % Kapitalanteil • Befreiung vom Selbstkontrahierungsverbot nach § 181 BGB • Tantiemenvereinbarung • keine feste Arbeitszeitregelung, aber jederzeitige Dienstbereitschaft Entscheidung: Zurückverweisung an das LSG	• Ermöglicht die gesellschaftliche Stellung hingegen keinen bestimmenden Einfluss auf die GmbH, kann auch der tatsächlich eingeräumte Einfluss eine abhängige Beschäftigung ausschließen. • Prüfungsmaßstab sind zunächst die im Anstellungs- bzw. Gesellschaftsvertrag getroffenen Regelungen. Weichen die tatsächlichen Verhältnisse hiervon entscheidend ab, ist auf die Umstände des Einzelfalles abzustellen.
19	18.4.1991 – 7 RAr 32/90 – (DBlR 3835a/AFG § 168; USK 9115; SozR 3-4100 § 168 Nr. 5; BR/Meuer AFG § 168; NZA 1991, 869)	• Gesellschafter-Geschäftsführer mit 1/3 Kapitalbeteiligung (Gesellschafter-GmbH als Kreditgeber und Warenlieferant hält ebenfalls 1/3) • Alleinvertretungsbefugnis • Sperrminorität (einstimmige Beschlussfassung) • wöchentliche Arbeitszeit 40 Std. • monatliche Gehalt • Gewinnbeteiligung Entscheidung: Kein abhängiges Beschäftigungsverhältnis	• Ein Gesellschafter-Geschäftsführer, der über weniger als die Hälfte des Stammkapitals verfügt, aber eine Sperrminorität besitzt, steht nicht in einem abhängigen Beschäftigungsverhältnis. • Unerheblich ist, ob der Gesellschafter-Geschäftsführer die ihm zustehende Rechtsmacht tatsächlich ausübt. Etwas anderes könnte allenfalls dann gelten, wenn er an der Ausübung der Sperrminorität gehindert ist. • Das wirtschaftliche Übergewicht eines Gesellschafters (hier: Gesellschafter-GmbH) lässt ohne Hinzutreten weiterer besonderer Umstände nicht die Schlussfolgerung zu, dass ein Strohmann-Geschäft vorliege oder dem Gesellschafter-Geschäftsführer die zustehenden Befugnisse schlechthin abgeschnitten wären.
20	28.1.1992 – 11 RAr 133/90 – (DBlR 3898a/AFG § 168; USK 9201; Die Beiträge 1992, 310; BR/Meuer AFG § 168)	• Familien-GmbH • Gesellschafter-Geschäftsführer mit zunächst 51 %, später 49 % Kapitalanteil (Übertragung von 2 % auf den Ehegatten) • Alleinvertretungsbefugnis • keine Branchenkenntnisse • monatliches Gehalt Entscheidung: Zurückverweisung an das LSG	• Hat ein Gesellschafter-Geschäftsführer auf Grund seiner gesellschaftsrechtlichen Stellung die Rechtsmacht, Entscheidungen der GmbH zu bestimmen oder zu verhindern, so liegt auch dann keine abhängige Beschäftigung vor, wenn er z.B. wegen fehlender Sachkunde - Entscheidungen weitgehend anderen überlässt. • Auch ein selbständiger Unternehmer muss sich Sachzwängen (sachkundigem Rat) unterordnen, die ihm von Fachkräften seines Betriebes vermittelt werden. Eine persönliche Abhängigkeit im Einsatz seiner Arbeitskraft ist damit nicht verbunden. • Mit der Übertragung von Geschäftsanteilen auf den Ehegatten ist eine Verlagerung der Einflussmöglichkeiten denkbar, wenn sich zwischen den Ehegatten eine unterschiedliche wirtschaftliche Interessenlage feststellen lässt

B. Sozialversicherung   3. Gesellschafter-Geschäftsführer einer GmbH

Lfd. Nr.	BSG-Fundstelle	Sachverhalt/Entscheidung	Urteilstenor/Begründung
			und die Gesellschaft dem Geschäftsführer bestimmte Weisungen erteilt oder ihn der für Arbeitnehmer des Betriebes geltenden Ordnung unterstellt. • Kann ein Gesellschafter sich bei bestimmten unternehmerischen Entscheidungen nicht durchsetzen, verliert er dadurch nicht seine Selbständigkeit. Hinweis: Familiäre Verbundenheit oder Rücksichtnahme ist nach Ansicht des BSG grundsätzlich nicht (mehr) geeignet, die Rechtsmacht, wie sie sich nach dem Gesellschaftsrecht ergibt, gänzlich zu negieren (vgl. dazu lfd. Nr. 35, 36).
21	6.2.1992 – 7 RAr 134/90 – und – 7 RAr 36/91 – (DBIR 3893a/AFG § 104; USK 9208; SozR 3-4100 § 104 Nr. 8; BSGE 70, 81; Die Beiträge 1992, 258; BR/Meuer AFG § 168; DB 1992, 1835; BB 1992, 2437)	• Familien-GmbH • Ehemann Gesellschafter-Geschäftsführer mit 45 % Kapitalanteil (Ehefrau 45 %, Bruder 10 %) • Sperrminorität (Beschlussfassung mit mindestens 75 % der Stimmen) • technische und kaufmännische Leitung des Unternehmens Entscheidung: Kein abhängiges Beschäftigungsverhältnis	• Ein Gesellschafter-Geschäftsführer, der über weniger als die Hälfte des Stammkapitals verfügt, aber eine Sperrminorität besitzt, steht nicht in einem abhängigen Beschäftigungsverhältnis. Etwas anderes könnte allenfalls dann gelten, wenn der Gesellschafter-Geschäftsführer an der Ausübung der Sperrminorität gehindert ist.
22	24.9.1992 – 7 RAr 12/92 – (DBIR 3983/AFG § 168; USK 9285; SozR 3-4100 § 168 Nr. 8; BR/Meuer AFG § 168; NZA 1993, 430)	• Gesellschafter-Geschäftsführer mit 48 % Kapitalbeteiligung • Beschlussfassung grundsätzlich mit einfacher Mehrheit; für Festlegung der Unternehmenspolitik, Änderungen des Gesellschaftervertrages und Auflösung der Gesellschaft mit 75 % der Stimmen • Verkaufstätigkeit • vorgeschriebene Arbeitszeit • monatliches Gehalt Entscheidung: Abhängiges Beschäftigungsverhältnis	• Eine Sperrminorität eines Gesellschafter-Geschäftsführers, die sich auf die Festlegung der Unternehmenspolitik, die Änderung des Gesellschaftervertrages und die Auflösung der Gesellschaft beschränkt, schließt die Annahme eines abhängigen Beschäftigungsverhältnisses nicht aus. • Maßgebend bleibt die Bindung des Geschäftsführers hinsichtlich der Ausgestaltung seiner Arbeitsleistung an das willensbildende Organ, i.d.R. die Gesamtheit der Gesellschafter.
23	11.2.1993 – 7 RAr 48/92 – (DBIR 4023a/AFG § 168; USK 9347; Die Beiträge 1993, 521; BR/Meuer AFG § 168)	• Familien-GmbH (Kapitalanteil Ehefrau 48 %, Sohn 41 %, Tochter 11 %) • Ehemann Geschäftsführer ohne Kapitalbeteiligung • Alleinvertretungsbefugnis • Befreiung vom Selbstkontrahierungsverbot nach § 181 BGB • Anstellungsvertrag • Leitung des Gesamtbetriebes • keine feste Arbeitszeitregelung • monatliches Gehalt Entscheidung: Zurückverweisung an das LSG	• Ein Geschäftsführer, der die Geschicke der GmbH mangels Beteiligung am Stammkapital nicht beeinflussen kann, aber die Leitung des Betriebes inne hat, steht dann nicht in einem abhängigen Beschäftigungsverhältnis, wenn er seine Tätigkeit hinsichtlich Zeit, Dauer, Umfang und Ort im Wesentlichen weisungsfrei und wirtschaftlich gesehen nicht für ein fremdes, sondern für ein eigenes Unternehmen ausübt. • Es kommt nicht darauf an, ob für die Gesellschafter die Möglichkeit bestand, auf die Geschäftsführung Einfluss auszuüben, vielmehr ist darauf abzustellen, ob von einer etwaigen Weisungsbefugnis tatsächlich Gebrauch gemacht wurde. Hinweis: Familiäre Verbundenheit oder Rücksichtnahme ist nach Ansicht des BSG grundsätzlich nicht (mehr) geeignet, die Rechtsmacht, wie sie sich nach dem Gesellschaftsrecht ergibt, gänzlich zu negieren (vgl. dazu lfd. Nr. 35, 36).

3. Gesellschafter-Geschäftsführer einer GmbH — B. Sozialversicherung

Lfd. Nr.	BSG-Fundstelle	Sachverhalt/Entscheidung	Urteilstenor/Begründung
24	23.6.1994 – 12 RK 72/92 – (USK 9448; Die Beiträge 1994, 610; BR/Meuer AVG § 2; NJW 1994, 2974)	• GmbH (Gesellschafter A und B mit je 50 % Kapitalanteil) • Übertragung von 20 % Kapitalanteil der Gesellschafterin B auf den Ehegatten • Anstellungsvertrag mit Gesellschafterin B; keine Geschäftsführungsfunktion, lediglich Unterstützung der Geschäftsführung nach dessen Weisung (alleinige Geschäftsführung obliegt der Gesellschafterin A) • monatliches Gehalt • wöchentliche Arbeitszeit 15 Std. Entscheidung: Zurückverweisung an das LSG	• Die vertragliche Verpflichtung eines Gesellschafters zur Verrichtung von Diensten höherer Art in der Gesellschaft (hier: Unterstützung der Geschäftsführung) spricht nicht unbedingt gegen eine abhängige Beschäftigung. • Eine rechtlich bestehende Abhängigkeit kann durch die tatsächlichen Verhältnisse so überlagert sein, dass eine Beschäftigung im sozialversicherungsrechtlichen Sinn dennoch ausscheidet. • Bei einem Gesellschafter, der zusammen mit seinem Ehegatten über einen Stimmanteil von 50 % verfügt, ist eine mittelbare Beeinflussung der Gesellschaft nicht auszuschließen (Verhinderung von Beschlüssen). • Ein enges familienrechtliches Band allein rechtfertigt nicht die Annahme, die Betroffenen würden sich unter allen Umständen gleichgesinnt verhalten, um damit die Gesellschaft mittelbar zu beeinflussen. Hinweis: Familiäre Verbundenheit oder Rücksichtnahme ist nach Ansicht des BSG grundsätzlich nicht (mehr) geeignet, die Rechtsmacht, wie sie sich nach dem Gesellschaftsrecht ergibt, gänzlich zu negieren (vgl. dazu lfd. Nr. 35, 36).
25	8.12.1994 – 11 RAr 49/94 – (DBlR 4200/AFG § 168; USK 9461; SozR 3-4100 § 168 Nr. 18; NZS 1995, 373; Die Beiträge 1995, 568; BR/Meuer AFG § 168)	• Treuhänder-Komplementär-GmbH (Treuhänder: Alleingesellschafter/alleiniger Geschäftsführer der GmbH/einziger Kommanditist der KG) • (formale) Alleinvertretungsbefugnis des Treuhänders • Befreiung vom Selbstkontrahierungsverbot nach § 181 BGB • Anstellungsvertrag • monatliches Gehalt • umfassende Weisungsbefugnis des Treugebers auf Grund des Treuhandvertrages • Treugeber unwiderruflich zur Ausübung des Stimmrechts in der Gesellschaft bevollmächtigt Entscheidung: Zurückverweisung an das LSG	• Bei einem Alleingesellschafter einer GmbH scheidet ein abhängiges Beschäftigungsverhältnis zur Gesellschaft dann nicht von vornherein aus, wenn er auf Grund eines besonders gestalteten Treuhandverhältnisses an der Ausübung seiner Rechte als Gesellschafter gehindert ist. • Zur Beurteilung einer abhängigen Beschäftigung sind stets die tatsächlichen Verhältnisse maßgebend, zu denen auch die vorhandene Rechtsmacht gehört. • Behält sich der Treugeber das Stimmrecht in der Gesellschaft auf Grund einer unwiderruflichen Vollmacht persönlich vor, erscheint es gerechtfertigt, die Gesellschafterstellung nicht nach formal-rechtlichen Kriterien zu bestimmen. • Der Treuhänder-Gesellschafter-Geschäftsführer steht dann in einem abhängigen Beschäftigungsverhältnis zur Gesellschaft, wenn der Treugeber als mittelbarer Gesellschafter dem Treuhänder das Stimmrecht in der Gesellschaft tatsächlich entzogen hat und der Geschäftsführer tatsächlich wie ein Arbeitnehmer in die Gesellschaft eingegliedert ist.
26	9.2.1995 – 7 RAr 76/94 – (DBlR 4201a/AFG § 168; USK 9519; Die Beiträge 1995, 358; BR/Meuer AFG § 168)	• zwei Gesellschafter-Geschäftsführer mit zunächst je 33,3 %, später 48,8 % Kapitalanteil • gemeinschaftliche Vertretung der GmbH • Beschlussfähigkeit mit 75 % des Stammkapitals • Beschlussfassung mit einfacher Mehrheit • Befreiung vom Selbstkontrahierungsverbot nach § 181 BGB • Zustimmung der Gesellschaft für bestimmte Rechtsgeschäfte erforderlich • technische und kaufmännische Leitung des Unternehmens • wöchentliche Arbeitszeit 40 Std. • monatliches Gehalt Entscheidung: Zurückverweisung an das LSG	• Ist Beschlussfähigkeit einer GmbH nur mit den Stimmen des Geschäftsführers gegeben, können die Verhältnisse dennoch so liegen, dass eine abhängige Beschäftigung grundsätzlich nicht ausgeschlossen ist. Dies ist der Fall, wenn innerhalb einer Frist eine zweite Gesellschafterversammlung mit gleicher Tagesordnung einzuberufen ist, die dann ohne Rücksicht auf das vertretene Kapital beschlussfähig ist. • Entscheidend bleibt, ob der Geschäftsführer nach der Gestaltung seiner vertraglichen Beziehung zur GmbH und den tatsächlichen Gegebenheiten hinsichtlich Zeit, Dauer, Ort und Art der Tätigkeit im Wesentlichen weisungsfrei oder weisungsgebunden ist.

B. Sozialversicherung
3. Gesellschafter-Geschäftsführer einer GmbH

Lfd. Nr.	BSG-Fundstelle	Sachverhalt/Entscheidung	Urteilstenor/Begründung
27	5.2.1998> – B 11 AL 71/97 R – (DBlR 4447a/AFG § 104; USK 9816; SozR 3-4100 § 168 Nr. 22; Breith. 1999, 100; Die Beiträge 1999, 109)	• Familien-GmbH (Vater alleinvertretungsberechtigter Geschäftsführer mit 60 % Kapitalanteil, Sohn 40 %) • Beschlussfassung mit 3/4 des Stammkapitals (Sohn Gesellschafter mit Sperrminorität) • Sohn in der GmbH als Speditionskaufmann beschäftigt (keine Geschäftsführungsfunktion) Entscheidung: Abhängiges Beschäftigungsverhältnis	• Die Sperrminorität eines Minderheits-Gesellschafters ohne Geschäftsführungsfunktion schließt eine abhängige Beschäftigung zur Gesellschaft nicht von vornherein aus. • Ein Minderheits-Gesellschafter mit Sperrminorität ist rechtlich nicht in der Lage, seine Weisungsgebundenheit gegenüber dem Geschäftsführer der GmbH aufzuheben oder abzuschwächen. • Entscheidend ist, ob der Gesellschafter auf Grund der vertraglichen Beziehungen und der tatsächlichen Durchführung des Vertrages wie eine fremde Arbeitskraft in den Betrieb eingegliedert ist.
28	30.6.1999 – B 2 U 35/98 R – (SozR 3-2200 § 723 Nr. 4; USK 9942; Breith. 1999, 1033; NZS 2000, 147)	• GmbH mit drei Gesellschaftern (Kapitalanteil A: 59,6 %, B: 30,4 %, C: 10 %) • B Geschäftsführer mit Alleinvertretungsbefugnis • Befreiung vom Selbstkontrahierungsverbot nach § 181 BGB • alleinige Branchenkenntnisse • Geschäftsführervertrag, wonach Arbeitskraft, Kenntnisse und Erfahrungen in den Dienst der Gesellschaft zu stellen sind • monatliches Gehalt, Urlaubs- und Weihnachtsgeld Entscheidung: Abhängiges Beschäftigungsverhältnis	• Weist eine Tätigkeit Merkmale auf, die sowohl auf Abhängigkeit als auch auf Unabhängigkeit hinweisen, ist entscheidend, welche Merkmale überwiegen. • Es sind alle Umstände des Einzelfalles zu berücksichtigen. Maßgebend ist dabei das Gesamtbild, ob der Geschäftsführer von der Gesellschaft persönlich abhängig ist. • Verfügt ein Gesellschafter-Geschäftsführer als Einziger in der Gesellschaft über das besondere „know-how", kann daraus keine selbständige Tätigkeit abgeleitet werden, denn es ist durchaus üblich, dass Geschäftsführer spezielle Fachkenntnisse aufweisen und diese sind vielfach gerade Voraussetzung für die Übertragung dieser Aufgabe.
29	14.12.1999 – B 2 U 48/98 R – (USK 9975; BB 2000, 674)	• Familien-GmbH • Ehemann Gesellschafter-Geschäftsführer mit 44,8 % Kapitalanteil (Ehefrau anderweitig vollbeschäftigt hält 55,2 %) • Alleinvertretungsbefugnis • Befreiung vom Selbstkontrahierungsverbot nach § 181 BGB • umfassende Branchenkenntnisse • Geschäftsführervertrag, wonach die verantwortliche Leitung des gesamten Geschäftsbetriebs dem Geschäftsführer obliegt • monatliches Gehalt, Urlaubs- und Weihnachtsgeld Entscheidung: Kein abhängiges Beschäftigungsverhältnis	• Bei einem Gesellschafter-Geschäftsführer mit einem Kapitalanteil von weniger als 50 % hängt das Vorliegen eines abhängigen Beschäftigungsverhältnisses wesentlich davon ab, ob er nach dem Gesamtbild seiner Tätigkeit einem seine persönliche Abhängigkeit begründenden Weisungsrecht der GmbH unterliegt. • In einer Familien-GmbH können die familiären Verhältnisse dazu führen, dass die Geschäftsführertätigkeit überwiegend durch familienhafte Rücksichtnahmen geprägt wird und es an der Ausübung einer Direktion durch die Gesellschaft völlig mangelt. Hinweis: Familiäre Verbundenheit oder Rücksichtnahme ist nach Ansicht des BSG grundsätzlich nicht (mehr) geeignet, die Rechtsmacht, wie sie sich nach dem Gesellschaftsrecht ergibt, gänzlich zu negieren (vgl. dazu lfd. Nr. 35, 36).
30	17.5.2001 – B 12 KR 34/00 R – (SozR 3-2400 § 7 Nr. 17; USK 2001-40; DBlR 4713, SGB IV/§ 7; NZS 2001, 644; BR/Meuer SGB IV § 7)	• Familien-GmbH (Ehegatten-GmbH, Kapitalanteil je 50%) • Ehefrau: mitarbeitende Gesellschafterin • Ehemann alleiniger Geschäftsführer • Überweisung des Nettoarbeitsentgelts auf ein besonderes Verrechnungskonto der GmbH • nicht in Anspruch genommene Gehaltsgutschriften gelten als zinsloses Darlehen an GmbH Entscheidung: Kein abhängiges Beschäftigungsverhältnis	• Ein nicht zum Geschäftsführer bestellter Gesellschafter mit 50% Kapitalanteil besitzt als Arbeitnehmer der GmbH nicht die Rechtsmacht, seine Weisungsgebundenheit aufzuheben oder abzuschwächen. • Dienstaufsicht und Weisungsrecht über die Arbeitnehmer der GmbH gehören grundsätzlich zur laufenden Geschäftsführung und sind nicht Sache der Gesellschafterversammlung. • Eine rechtlich bestehende Abhängigkeit kann durch die tatsächlichen Verhältnisse so überlagert sein, dass eine Beschäftigung im sozialversicherungsrechtlichen Sinne dennoch ausscheidet. • Eine für ein Arbeitsverhältnis untypische Art der Entgeltzahlung spricht im Zusammenhang mit weiteren für ein Arbeitsverhältnis atypischen Merkmalen gegen eine abhängige Beschäftigung.

Lfd. Nr.	BSG-Fundstelle	Sachverhalt/Entscheidung	Urteilstenor/Begründung
31	18.12.2001 – B 12 KR 10/01 R – (SozR 3-2400 § 7 Nr. 20; USK 2001-60; Breith. 2002, 474; NJWRR 2002, 758; DBlR 4728a, SGB III/§ 25; DAngVers 2002, 438)	• Geschäftsführer ohne Kapitalbeteiligung (Fremdgeschäftsführer) • Geschäftsführervertrag mit Alleinvertretungsbefugnis und Befreiung von den Beschränkungen des § 181 BGB • monatliches Gehalt zuzüglich 13. Monatsgehalt, Fortzahlung des Gehalts im Krankheitsfall, Anspruch auf bezahlten jährlichen Urlaub und betriebliche Altersversorgung • bei positivem Geschäftsergebnis zustehende Jahressonderprämie • keine Beteiligung an Gewinn oder Verlust der GmbH • Geschäftsführung erstreckt sich auf alle Handlungen des gewöhnlichen Geschäftsbetriebs • Geschäftsführer kann im täglichen Dienstbetrieb im Wesentlichen frei walten und schalten sowie was Ort, Zeit und Dauer seiner Arbeitskraft betrifft, weitgehend weisungsfrei agieren • der Geschäftsführer besitzt eine Vollmacht, wonach er das Stimmrecht in der Gesellschafterversammlung wahrnehmen, Gesellschafterbeschlüsse aller Art fassen und für die Muttergesellschaft neue Stammeinlagen übernehmen kann Entscheidung: Abhängiges Beschäftigungsverhältnis	• Bei Organen juristischer Personen wie GmbH-Geschäftsführern ist eine sozialversicherungsrechtliche Beschäftigung nicht bereits deshalb ausgeschlossen, weil sie nach § 5 Abs. 1 Satz 3 Arbeitsgerichtsgesetz (ArbGG) arbeitsrechtlich nicht als Arbeitnehmer der Gesellschaft gelten; das ArbGG hat keine Bedeutung für das Sozialversicherungsrecht. • Eine abhängige Beschäftigung ist regelmäßig zu bejahen bei Geschäftsführern, die nicht am Stammkapital der GmbH beteiligt sind (Fremdgeschäftsführer). • Festgehalt, 13. Monatsgehalt, bezahlter Urlaub, Vergütungsanspruch im Krankheitsfall sind gewichtige Indizien für eine Beschäftigung. • Eine ungewisse Jahressonderprämie ist dem Wagniskapital nicht gleichzusetzen, sondern Ausdruck auch bei Arbeitnehmern verbreiteter leistungsorientierter Vergütungsbestandteile. • Freie Bestimmung über Zeit, Ort und Art der Arbeitsausführung sind bei Diensten höherer Art üblich, die im Rahmen abhängiger Beschäftigung geleistet werden, wenn sie fremdbestimmt bleiben, sie also in einer von anderer Seite vorgegebenen Ordnung des Betriebes aufgehen, d.h. insbesondere die Unternehmenspolitik maßgeblich von anderer Seite vorgegeben wird. • Einer Stimmrechtsvollmacht ist keine besondere Bedeutung beizumessen, da sie jederzeit widerrufbar ist und am Innenverhältnis nichts ändert, da die sich aus dem Geschäftsführervertrag ergebenden Verpflichtungen weiterhin zu erfüllen sind.
32	6.3.2003 – B 11 AL 25/02 R – (SozR 4-2400 § 7 Nr. 1; USK 2003-14)	• Gesellschafter-Geschäftsführer mit Kapitalanteil von 25% • drei weitere mitarbeitende Gesellschafter mit je 25% Kapitalanteil • alleiniger Geschäftsführer mit Alleinvertretungsberechtigung und Befreiung von den Beschränkungen des § 181 BGB • keine festen Arbeitszeiten • Zustimmungsvorbehalt der Gesellschafterversammlung zu bestimmten im Geschäftsführervertrag aufgelisteten Geschäften • Anspruch auf feste monatliche Vergütung zuzüglich Weihnachtsgeld und Tantieme Entscheidung: Abhängiges Beschäftigungsverhältnis	• Gesellschafter-Geschäftsführer ohne maßgeblichen Einfluss auf die Geschicke der GmbH auf Grund ihrer Kapitalbeteiligung sind wie Fremdgeschäftsführer im Regelfall abhängig Beschäftigte. • Eine abweichende Beurteilung kommt nur in Betracht, wenn besondere Umstände den Schluss zulassen, dass keine Weisungsgebundenheit vorliegt. • Für eine kleinere GmbH ist das Alleinvertretungsrecht und die Befreiung von den Beschränkungen des § 181 BGB nicht untypisch und deutet deshalb nicht zwingend auf Selbständigkeit hin. • Ein zeitlicher Einsatz von 50 Wochenstunden ohne Überstundenausgleich (der heute nicht nur bei Geschäftsführern, sondern auch bei leitenden und in vielen Fällen auch bei nicht leitend tätigen Angestellten durchaus üblich ist) ist kein Indiz für eine selbständige Tätigkeit.
33	25.1.2006 – B 12 KR 30/04 R – (USK 2006-8; Die Beiträge Beilage 2006, 149; ZIP 2006, 678)	• Familien-GmbH (Ehemann alleiniger Geschäftsführer) • Ehefrau Alleingesellschafterin • zunächst Anstellungsvertrag, später Teilzeit-Anstellungsvertrag • monatliche Vergütung • schriftliche Vereinbarung von Geschäftsführer und Alleingesellschafterin, die ihm letztlich eine Stellung als faktischer Alleingesellschafter garantiert Entscheidung: Kein abhängiges Beschäftigungsverhältnis	• Ob eine „Beschäftigung" vorliegt, ergibt sich aus dem Vertragsverhältnis der Beteiligten, so wie es i.R.d. rechtlich Zulässigen tatsächlich vollzogen worden ist. Eine im Widerspruch zu ursprünglich getroffenen Vereinbarungen stehende tatsächliche Beziehung und die sich hieraus ergebende Schlussfolgerung auf die tatsächlich gewollte Natur der Rechtsbeziehung geht der nur formellen Vereinbarung vor, soweit eine formlose Abbedingung rechtlich möglich ist. Umgekehrt gilt, dass die Nichtausübung eines Rechts unbeachtlich ist, solange diese Rechtsposition nicht wirksam abbedungen ist. Zu den tatsächlichen Verhältnissen in diesem Sinne gehört daher unabhängig von ihrer Ausübung auch die ei-

Lfd. Nr.	BSG-Fundstelle	Sachverhalt/Entscheidung	Urteilstenor/Begründung
			nem Beteiligten zustehende Rechtsmacht. In diesem Sinne gilt, dass die tatsächlichen Verhältnisse den Ausschlag geben, wenn sie von den Vereinbarungen abweichen. Maßgeblich ist die Rechtsbeziehung so, wie sie praktiziert wird, und die praktizierte Beziehung so, wie sie rechtlich zulässig ist. • Alleingesellschafter haben auf Grund ihrer gesellschaftsrechtlichen Position letztlich auch die Leitungsmacht gegenüber dem Geschäftsführer und unterliegen damit ihrerseits nicht dessen Weisungsrecht. • Die privatschriftliche schuldrechtliche Vereinbarung eines verdeckten Treuhandverhältnisses ist nichtig, da sie der notariellen Form bedarf.
34	4.7.2007 – B 11a AL 5/06 R – und – B 11a AL 45/06 R – (SozR 4-2400 § 7 Nr. 8; USK 2007-107; Breith. 2008, 141; Die Beiträge Beilage 2008, 38; ZIP 2007, 2185)	• drei Gesellschafter-Geschäftsführer mit 1/3 Kapitalanteil • Geschäftsführervertrag mit Alleinvertretungsberechtigung und Befreiung von den Beschränkungen des § 181 BGB • Geschäftsführung in Übereinstimmung mit den Beschlüssen der Gesellschaft • Zustimmung der Gesellschaft für bestimmte Rechtsgeschäfte erforderlich • Leitung der Produktion (andere Geschäftsführer leiten technischen bzw. kaufmännischen Bereich) • unternehmerische Entscheidungen einvernehmlich während der Arbeitszeit im Betrieb Entscheidung: Abhängiges Beschäftigungsverhältnis	• Alleinvertretungsberechtigung und Befreiung vom Selbstkontrahierungsverbot nach § 181 BGB ist bei kleineren GmbH nicht untypisch und spricht deshalb nicht zwingend für eine selbständigen Tätigkeit. • Gesellschafter haben die wesentlichen Entscheidungen während der Arbeitszeit im Betrieb einvernehmlich getroffen, so dass die tatsächliche Ausübung des Einflusses im Sinne einer regelmäßigen Kontrolle der Tätigkeit der Geschäftsführer durch die Gesellschaft gegeben und von einer Bindung an die Entscheidungen der Gesamtheit der Gesellschafter und insoweit von einer Weisungsgebundenheit bei der Tätigkeit als Geschäftsführer auszugehen ist. • Die Personenidentität von Geschäftsführern und Gesellschaftern ändert an der Rechtsmacht der Gesellschafter und der Weisungsgebundenheit der Geschäftsführer nichts. • Auch kein geeignetes Abgrenzungskriterium ist der angeblich fehlende Interessengegensatz im Arbeitgeber-/Arbeitnehmerverhältnis. Ein solcher kann z.B. auch fehlen, wenn der Arbeitnehmer ohne Gesellschafter zu sein durch eine Zielvereinbarung am Unternehmenserfolg beteiligt wird.
35	29.8.2012 – B 12 KR 25/10 R – (BSGE 111, 257; SozR 4-2400 § 7 Nr. 17; USK 2012-145; UV-Recht Aktuell 2013, 101; NZS 2013, 181; Die Beiträge Beilage 2013, 51; BB 2013, 894; DStR 2013, 770; NZA-RR 2013, 252)	• Familien-GmbH • Alleingesellschafter und -geschäftsführer (Vater) • Sohn Anstellungsvertrag; zunächst als Schlosser, später Betriebsleiter • per Gesellschafterbeschluss (§ 48 GmbHG) wurde dem Sohn vom Vater die Leitung des technischen und gewerblichen sowie der Tochter die des kaufmännischen Unternehmensteils übertragen • Tantiemeregelung • Befreiung von den Beschränkungen des § 181 BGB • Verzicht auf das Weisungsrecht des Vaters • Bestimmung der Arbeits- und Urlaubszeit nach Lage der Gesellschaft • Bürgschaft des Sohnes i.H.v. 100.000 DM Entscheidung: Abhängiges Beschäftigungsverhältnis	• Die alleinige Betriebs- bzw. Unternehmensinhaberin war die GmbH, die eine juristische Person mit eigener Rechtspersönlichkeit ist und deshalb unabhängig von den als Gesellschafter dahinterstehenden juristischen oder natürlichen Personen und deren verwandtschaftlichen oder wirtschaftlichen Beziehungen betrachtet werden muss. • Allein weit reichende Entscheidungsbefugnisse eines „leitenden Angestellten", der in funktionsgerecht dienender Teilhabe am Arbeitsprozess einem verfeinerten Weisungsrecht unterliegt, machen diesen nicht schon zu einem Selbständigen. • Sohn unterlag selbst in dem ihm eingeräumten Vollmachtsrahmen gesellschaftsrechtlich zwingend der Kontrolle des Alleingeschäftsführers der GmbH, seines Vaters, der die maßgebliche Rechtsmacht besaß. • Befreiung vom Selbstkontrahierungsverbot nach § 181 BGB ist bei kleineren GmbH nicht untypisch und spricht deshalb nicht zwingend für eine selbständige Tätigkeit. • Die Gewährung einer Tantieme genügt nicht, um eine Beschäftigung auszuschließen. Vor dem Hintergrund, dass die Gewährung einer Tantieme an Arbeitnehmer nicht ungewöhnlich ist, ist deren Gewicht bei der Gesamtwürdigung eher gering.

3. Gesellschafter-Geschäftsführer einer GmbH — B. Sozialversicherung

Lfd. Nr.	BSG-Fundstelle	Sachverhalt/Entscheidung	Urteilstenor/Begründung
			• Eine Bürgschaft für einen fremden Betrieb ist in ihrer Bedeutung gering, denn sie begründet kein mit der Tätigkeit verbundenes Risiko. Bezogen auf die Tätigkeit wurde gerade kein Unternehmerrisiko getragen, denn Gegenleistung für die Tätigkeit war ein Anspruch auf die Zahlung eines regelmäßigen Entgelts, wie dies für Beschäftigte typisch ist. Es bestand wie für jeden anderen Beschäftigten auch allein das Risiko des Entgeltausfalls in der Insolvenz des Arbeitgebers. • Familiäre Verbundenheit oder Rücksichtnahme ist grundsätzlich nicht geeignet, die Rechtsmacht, wie sie sich nach dem Gesellschaftsrecht ergibt, gänzlich zu negieren. Eine bloße „Schönwetter-Selbständigkeit" mit Blick auf zwar bestehende, jedenfalls bis zu einem ungewissen Konfliktfall tatsächlich aber nicht ausgeübte Kontrollrechte scheidet aus.
36	29.8.2012 – B 12 R 14/10 R – (USK 2012-182)	• Komplementär-GmbH • Gesellschafter der Komplementär-GmbH und Kommanditisten der KG Mutter und familienfremde Person • Sohn weiterer Geschäftsführer der GmbH neben dem familienfremden Gesellschafter • Anstellungsvertrag mit eingeräumter Handlungsfreiheit in bestimmten Geschäftsbereichen • Befreiung vom Selbstkontrahierungsverbot nach § 181 BGB • Weisungsrecht der Gesellschafter wurde in der Praxis nicht ausgeübt Entscheidung: Abhängiges Beschäftigungsverhältnis	• Die alleinige Betriebs- bzw. Unternehmensinhaberin war die GmbH & Co. KG, die ein Unternehmen mit eigener Rechtspersönlichkeit ist und deshalb unabhängig von den als Gesellschafter dahinterstehenden juristischen oder natürlichen Personen und deren verwandtschaftlichen oder wirtschaftlichen Beziehungen betrachtet werden muss. • Die Wahrnehmung von Handlungsfreiheiten ist für leitende Angestellte, die in einem Betrieb höhere Dienste leisten, geradezu charakteristisch und werden im Rahmen einer abhängigen Beschäftigung geleistet, wenn sie fremdbestimmt bleiben, weil sie in einer von anderer Seite vorgegebenen Ordnung des Betriebes aufgehen. • Befreiung vom Selbstkontrahierungsverbot nach § 181 BGB ist bei kleineren GmbH nicht untypisch und spricht deshalb nicht zwingend für eine selbständige Tätigkeit. • Allein weit reichende Entscheidungsbefugnisse eines „leitenden Angestellten", der in funktionsgerecht dienender Teilhabe am Arbeitsprozess einem verfeinerten Weisungsrecht unterliegt, machen diesen nicht schon zu einem Selbständigen. • Familiäre Verbundenheit oder Rücksichtnahme ist grundsätzlich nicht geeignet, die Rechtsmacht, wie sie sich nach dem Gesellschaftsrecht ergibt, gänzlich zu negieren. Eine bloße „Schönwetter-Selbständigkeit" mit Blick auf zwar bestehende, jedenfalls bis zu einem ungewissen Konfliktfall tatsächlich aber nicht ausgeübte Kontrollrechte scheidet aus.

# C. Arbeitsrecht

1. Übersicht zur Entgeltfortzahlung: Praxisfragen/Checkliste[1]

3401

```
┌─────────────────────────────────────────────────┐
│ Beginn der Arbeitsunfähigkeit bzw. Beginn der   │
│ Kurmaßnahme                                     │
│ 15.3.2016 (vor Beginn der täglichen Arbeitsaufnahme) │
└─────────────────────────────────────────────────┘
                         │
                         ▼
┌─────────────────────────────────────────────────┐       ┌─────────────────────────────────────────────────┐
│ War der Arbeitnehmer zum Zeitpunkt der Arbeits- │ nein  │ Es besteht ein Anspruch auf Entgeltfortzahlung  │
│ unfähigkeit bereits vier Wochen bei diesem     ├──────▶│ erst vom Beginn der fünften Woche nach Auf-     │
│ Arbeitgeber beschäftigt?                        │       │ nahme der Beschäftigung bis zu sechs Wochen.    │
└─────────────────────────────────────────────────┘       │ Beschäftigungsaufnahme 29.2.2016                │
                         │ ja                              │ Entgeltfortzahlung erst vom 28.3.2016           │
                         ▼                                 │ bis längstens 8.5.2016                          │
                                                           └─────────────────────────────────────────────────┘
┌─────────────────────────────────────────────────┐       ┌─────────────────────────────────────────────────┐
│ War der Arbeitnehmer (im Rahmen dieses Be-      │ nein  │ Es besteht vom Beginn der Arbeitsunfähigkeit an │
│ schäftigungsverhältnisses) in den letzten sechs ├──────▶│ ein Entgeltfortzahlungsanspruch für mindestens  │
│ Monaten vor Beginn der Arbeitsunfähigkeit schon │       │ sechs Wochen.                                   │
│ einmal arbeitsunfähig krank?                    │       │ 15.3.2016 bis längstens 25.4.2016               │
│ Sechs-Monatszeitraum:                           │       └─────────────────────────────────────────────────┘
│ 15.9.2015 bis 14.3.2016                         │
└─────────────────────────────────────────────────┘
                         │ ja
                         ▼
┌─────────────────────────────────────────────────┐ nein
│ War dieselbe Krankheit Auslöser der Arbeits-    ├──────┐
│ unfähigkeit?                                    │      │
│ Vorerkrankung vom 22.11.2015 bis 14.12.2015     │      │
└─────────────────────────────────────────────────┘      │
                         │ ja                             │
                         ▼                                │
┌─────────────────────────────────────────────────┐       ┌─────────────────────────────────────────────────┐
│ Bestand in den letzten zwölf Monaten (und       │ nein  │ Für die aktuelle Arbeitsunfähigkeit besteht nur │
│ außerhalb des Sechs-Monatszeitraums) vor        ├──────▶│ noch dann ein Anspruch auf Entgeltfortzahlung,  │
│ Beginn der aktuellen Arbeitsunfähigkeit wegen   │       │ wenn der Anspruchszeitraum von sechs Wochen     │
│ derselben Krankheit auch Arbeitsunfähigkeit?    │       │ auf Grund der Vorerkrankung(en) noch nicht      │
│ Zwölf-Monatszeitraum:                           │       │ erschöpft ist.                                  │
│ 15.3.2015 bis 14.3.2016                         │       └─────────────────────────────────────────────────┘
└─────────────────────────────────────────────────┘                              ▲
                         │ ja                                                     │
                         ▼                                                        │
┌─────────────────────────────────────────────────┐ nein                          │
│ Bestand zu Beginn dieser Vorerkrankung wegen    ├───────────────────────────────┤
│ derselben Krankheit grundsätzlich ein Anspruch  │                               │
│ auf Entgeltfortzahlung (für sechs Wochen)?      │                               │
│ ┌──────────────────────┬──────────────────────┐ │                               │
│ │ Frühere Vorerkrank.: │ Frühere Vorerkrank.: │ │                               │
│ │ Fall A               │ Fall B               │ │                               │
│ │ 8.2.2015 bis         │ 3.5.2015 bis         │ │                               │
│ │ 23.7.2015            │ 13.6.2015            │ │                               │
│ │ Entgeltfortzahlung   │ Entgeltfortzahlung   │ │                               │
│ │ vom 8.2.2015 bis     │ vom 3.5.2015 bis     │ │                               │
│ │ 20.3.2016            │ 13.6.2015            │ │                               │
│ └──────────────────────┴──────────────────────┘ │                               │
└──────────────┬──────────────────┬───────────────┘                               │
               │ ja               │ ja                                            │
               ▼                  ▼                                               │
┌─────────────────────────────────────────────────┐                               │
│ Vom Beginn der Arbeitsunfähigkeit der früheren  │                               │
│ Vorerkrankungen ist eine Zwölf-Monatsfrist zu   │                               │
│ bilden. Beginnt die aktuelle Arbeitsunfähigkeit │                               │
│ nach der Zwölf-Monatsfrist?                     │                               │
│ ┌──────────────────────┬──────────────────────┐ │                               │
│ │ Zwölf-Monatsfrist:   │ Zwölf-Monatsfrist:   │ │                               │
│ │ Fall A               │ Fall B               │ │                               │
│ │ 8.2.2015 bis         │ 3.5.2015 bis         │ │ nein                          │
│ │ 7.2.2016             │ 2.5.2016             ├─┼───────────────────────────────┘
│ └──────────────────────┴──────────────────────┘ │
└────────────────────────┬────────────────────────┘
                         │ ja
                         ▼
┌─────────────────────────────────────────────────┐
│ Entgeltfortzahlungsanspruch ist für mindestens  │
│ sechs Wochen gegeben.                           │
│ 15.3.2016 bis längstens 25.4.2016               │
└─────────────────────────────────────────────────┘
```

---

[1] Zur besseren Übersicht beinhaltet das Ablaufdiagramm in den dunkel unterlegten Feldern ein Praxisbeispiel.

2. Dokumentation der Arbeitszeit nach dem Mindestlohngesetz

3402

• Allgemeine Erläuterungen

Das Mindestlohngesetz enthält in § 17 Regelungen zu Dokumentations- und Aufzeichnungspflichten. Durch diese Pflicht des Arbeitgebers, die Arbeitszeit der Arbeitnehmer aufzuzeichnen und zu dokumentieren, soll sichergestellt werden, dass der gesetzliche Mindestlohn von 8,50 € je Zeitstunde auch tatsächlich bezahlt wird.

Für wen gilt die Dokumentationspflicht?

Die Dokumentationspflicht nach § 17 Abs. 1 MiLoG gilt für

- **geringfügig Beschäftigte i.S.d. § 8 Abs. 1 SGB IV** (Mini-Jobber und kurzfristig Beschäftigte) mit Ausnahme der geringfügig Beschäftigten in Privathaushalten gem. § 8a SGB IV und

- Arbeitnehmer in den **im Schwarzarbeitsbekämpfungsgesetz genannten Wirtschaftsbereichen** (§ 2a SchwarzArbG), in denen eine besondere Missbrauchsgefahr besteht.

    Hierzu zählen folgende Wirtschaftsbereiche:
    - Baugewerbe,
    - Gaststätten- und Beherbergungsgewerbe,
    - Personenbeförderungsgewerbe,
    - Speditions-, Transport- und Logistikgewerbe,
    - Schaustellergewerbe,
    - Forstwirtschaft,
    - Gebäudereinigungsgewerbe,
    - Messebau,
    - Fleischwirtschaft.

Auch Zeitungszusteller und Beschäftigte bei Paketdiensten müssen regelmäßig ihre Arbeitszeit aufzeichnen.

Was muss dokumentiert und aufgezeichnet werden?

Der Arbeitgeber muss – handschriftlich oder maschinell – notieren (oder notieren lassen):
1. den **Beginn** der Arbeitszeit (für jeden Arbeitstag),
2. das **Ende** der Arbeitszeit (für jeden Arbeitstag),
3. die **Dauer** der täglichen Arbeitszeit (z.B. in Stunden).

Bei der Aufzeichnung der Dokumentation ist vom Arbeitgeber zu berücksichtigen:
- Die Arbeitszeit muss bis zum Ablauf des siebten auf den Tag der Arbeitsleistung folgenden Kalendertages dokumentiert sein, d.h. eine Woche später,
- die Aufzeichnungen über die Dokumentation der Arbeitszeit sind vom Arbeitgeber mindestens zwei Jahre aufzubewahren (gerechnet ab dem Tag der Aufzeichnung),
- Pausenzeiten gehören nicht zur Arbeitszeit,
- es sind keine Unterschriften des Arbeitgebers oder Arbeitnehmers erforderlich.

Der Arbeitgeber muss sicherstellen, dass die Dokumentation korrekt ist. Das Dokument verbleibt zur Aufbewahrung beim Arbeitgeber und muss bei einer Kontrolle durch den Zoll vorgezeigt werden.

Einschränkungen der Dokumentationspflicht

Die Dokumentationspflicht wurde vom Gesetzgeber durch zwei Rechtsverordnungen eingeschränkt: Nach der ab dem 1.8.2015 geltenden **Mindestlohndokumentationspflichtenverordnung** (MiLoDokV) gilt die Pflicht zur Dokumentation der Arbeitszeit nach § 17 MiLoG nicht für Arbeitnehmer,
- deren verstetigtes, regelmäßiges Monatsentgelt mehr als **2 000,00 € brutto** beträgt und
- dieses Monatsentgelt jeweils für die letzten tatsächlich abgerechneten 12 Monate nachweislich gezahlt wurde.

Bei der Beschäftigung von engen Familienangehörigen (Ehegatte, Lebenspartner, Kinder, Elter) sind die Dokumentationspflichten nicht mehr anzuwenden.

Die **Mindestlohnaufzeichnungsverordnung** (MiLoAufzV) regelt, dass ein Arbeitgeber in bestimmten Fällen lediglich die Dauer der tatsächlich geleisteten täglichen Arbeitszeit (d.h. nicht Beginn und Ende) aufzeichnen muss. Dies gilt dann, wenn Arbeitnehmer
- mit ausschließlich mobilen Tätigkeiten beschäftigt sind,
- keinen Vorgaben zur konkreten täglichen Arbeitszeit (Beginn und Ende) unterliegen und
- sich ihre tägliche Arbeitszeit eigenverantwortlich einteilen können.

• Muster-Stundenzettel

Name: _____

Monat: _____

Jahr: _____

Kalendertag	Beginn	Ende	Arbeitszeit netto (abzüglich Pausen)
1			
2			
3			
4			
5			
6			
7			
8			
9			
10			
11			
12			
13			
14			
15			
16			
17			
18			
19			
20			
21			
22			
23			
24			
25			
26			
27			
28			
29			

3. Mindestlohn im Praktikum

3403

• Allgemeine Erläuterungen

Die Regelungen des Mindestlohngesetzes gelten grundsätzlich nur für Arbeitnehmer. Laut § 22 Abs. 1 Satz 2 MiLoG **gelten Praktikanten i.S.d. § 26 BBiG auch als Arbeitnehmer** i.S.d. MiLoG und haben daher Anspruch auf den gesetzlichen Mindestlohn in Höhe von 8,50 € je Zeitstunde.

Das MiLoG definiert den Begriff des Praktikanten wie folgt:

„Praktikantin oder Praktikant ist unabhängig von der Bezeichnung des Rechtsverhältnisses, wer sich nach der tatsächlichen Ausgestaltung und Durchführung des Vertragsverhältnisses für eine begrenzte Dauer zum Erwerb praktischer Kenntnisse und Erfahrungen einer bestimmten betrieblichen Tätigkeit zur Vorbereitung auf eine berufliche Tätigkeit unterzieht, ohne dass es sich dabei um eine Berufsausbildung im Sinne des Berufsbildungsgesetzes oder um eine damit vergleichbare praktische Ausbildung handelt."

In Abgrenzung zu einem regulären Arbeitsverhältnis überwiegt bei einem Praktikum der Ausbildungsaspekt. „Echte" Auszubildende fallen allerdings nicht unter den Anwendungsbereich des MiLoG.

Ein **Anspruch auf den gesetzlichen Mindestlohn** besteht bei:

- Praktikanten außerhalb einer Berufsausbildung oder eines Studiums mit einer abgeschlossenen Berufsausbildung oder einem Studienabschluss,
- freiwilligen Praktika begleitend zu einer Hochschul- oder Berufsausbildung oder zur Orientierung bei der Berufs- und Studienwahl mit einer Dauer von mehr als drei Monaten (Mindestlohnanspruch ab dem ersten Tag!),
- freiwilligen Praktika begleitend zu einer Hochschul- oder Berufsausbildung, wenn bereits ein solches Praktikumsverhältnis mit demselben Arbeitgeber bestanden hat (siehe unten).

Der Gesetzgeber hat **bestimmte Praktikantenverhältnisse** vom Anwendungsbereich des MiLoG ausdrücklich **ausgenommen**. Hierzu zählen:

- Pflichtpraktika im Rahmen von Schule, Ausbildung und Studium,
- freiwillige Praktika begleitend zu einer Berufs- oder Hochschulausbildung bis zu drei Monaten (mit Ausnahmen bei einem zweiten Praktikum – siehe unten),
- freiwillige Orientierungspraktika bis zu drei Monaten, die zur Orientierung bei der Berufs- oder Studienwahl dienen,
- Praxisphasen im Rahmen eines dualen Studiums, ausbildungsintegrierten Studiengängen, praxisintegrierten Studiengängen,
- Praktika im Rahmen einer Einstiegsqualifizierung nach dem SGB III und Maßnahmen einer Berufsausbildungsvorbereitung nach dem Berufsbildungsgesetz.

Vom Mindestlohn ausgenommen ist außerdem jeder unter 18 Jahren ohne Berufsabschluss.

Praktikanten, die Anspruch auf den gesetzlichen Mindestlohn haben, haben ebenfalls Anspruch auf einen schriftlichen Praktikumsvertrag, in dem die Praktikumsziele definiert sind sowie auf ein Zeugnis.

• Zweites Praktikum beim selben Arbeitgeber

Absolviert ein Praktikant ein zweites Praktikum beim selben Arbeitgeber hängt die Mindestlohnpflicht für dieses zweite Praktikum von verschiedenen Faktoren ab. Die folgende Übersicht hilft bei der Beurteilung der Mindestlohnpflicht bei Absolvierung eines solchen zweiten Praktikums beim selben Arbeitgeber.

Erstes Praktikum	Zweites Praktikum beim selben Arbeitgeber	Mindestlohnpflicht?
Pflichtpraktikum	Pflichtpraktikum	Nein (wenn zwei Pflichtpraktika vorgesehen sind)
Pflichtpraktikum	Orientierungspraktikum (maximal drei Monate)	Ja, das zweite Praktikum ist zu vergüten
Pflichtpraktikum	Begleitendes Praktikum (maximal drei Monate)	Nein
Orientierungspraktikum (maximal drei Monate)	Pflichtpraktikum	Nein
Orientierungspraktikum (maximal drei Monate)	Begleitendes Praktikum (maximal drei Monate)	Nein
Orientierungspraktikum (maximal drei Monate)	Orientierungspraktikum (maximal drei Monate)	Ja, Vergütungspflicht für beide Praktika
Begleitendes Praktikum (maximal drei Monate)	Pflichtpraktikum	Nein
Begleitendes Praktikum (maximal drei Monate)	Orientierungspraktikum (maximal drei Monate)	Ja, Vergütungspflicht für beide Praktika
Begleitendes Praktikum (maximal drei Monate)	Begleitendes Praktikum (maximal drei Monate)	Ja, Vergütungspflicht für beide Praktika

Quelle: BMAS, Das Mindestlohngesetz im Detail.

4. Übersicht: Mindestlöhne i.S.d. Arbeitnehmer-Entsendegesetzes (einschließlich der Lohnuntergrenze nach dem Arbeitnehmerüberlassungsgesetz) nach dem Tarifvertragsgesetz[1]

• Mindestlöhne im Sinne des Arbeitnehmer-Entsendegesetzes

Aus- und Weiterbildungsdienstleistungen nach dem Zweiten oder Dritten Buch Sozialgesetzbuch (2. Rechtsverordnung)[1)]

Geltungsbereich	ab	Arbeitnehmer im pädagogischen Bereich[3)]
West mit Berlin	01.07.2013	12,60 €
	01.01.2014	13,– €
	01.01.2015	13,35 €
Ost	01.07.2013	11,25 €
	01.01.2014	11,65 €
	01.01.2015	12,50 €

Maler- und Lackiererhandwerk (8. Rechtsverordnung)[4)]

Geltungs-bereich	ab	Lohngruppe ungelernte Arbeit-nehmer	Lohngruppe gelernte Arbeitnehmer
West	01.08.2014	9,90 €	12,50 €
	01.05.2015	10,– €	12,80 €
	01.05.2016	10,10 €	13,10 €
Berlin	01.08.2014	9,90 €	12,30 €
	01.05.2015	10,– €	12,60 €
	01.05.2016	10,10 €	12,90 €
Ost	01.08.2014	9,90 €	10,50 €
	01.05.2015	10,– €	10,90 €
	01.05.2016	10,10 €	11,30 €

[1)] Quelle: Bundesministerium für Arbeit und Soziales, Stand 1.5.2015.
[2)] Bundesanzeiger vom 28. Juni 2013 (BAnz AT 28.06.2013 V1); Laufzeit: 1.7.2013 bis 31.12.2015.
[3)] Arbeitnehmer im pädagogischen Bereich sind mit der Aus- und Weiterbildung, Vermittlung oder Betreuung von Teilnehmern betraut.
[4)] Bundesanzeiger vom 18.7.2014 (BAnz AT 18.07.2014 V1); Laufzeit: 1.8.2014 bis 30.4.2017.

Baugewerbe (9. Rechtsverordnung)[1]

Geltungsbereich	ab	Mindestlohn I[2]	Mindestlohn II[3]
West	01.01.2014	11,10 €	13,95 €
West	01.01.2015	11,15 €	14,20 €
West	01.01.2016	11,25 €	14,45 €
West	01.01.2017	11,30 €	14,70 €
Berlin	01.01.2014	11,10 €	13,80 €
Berlin	01.01.2015	11,15 €	14,05 €
Berlin	01.01.2016	11,25 €	14,30 €
Berlin	01.01.2017	11,30 €	14,55 €
Ost		einheitlicher Mindestlohn	
Ost	01.01.2014	10,50 €	
Ost	01.01.2015	10,75 €	
Ost	01.01.2016	11,05 €	
Ost	01.01.2017	11,30 €	

Abfallwirtschaft einschließlich Straßenreinigung und Winterdienst (6. Rechtsverordnung)

Geltungsbereich	ab	einheitlicher Mindestlohn
Bundesgebiet	01.10.2014	8,86 €

Gerüstbauerhandwerk (2. Rechtsverordnung)

Geltungsbereich	ab	einheitlicher Mindestlohn
Bundesgebiet	01.09.2014	10,25 €
Bundesgebiet	01.05.2015	10,50 €

Dachdeckerhandwerk (7. Rechtsverordnung)[6]

Geltungsbereich	ab	einheitlicher Mindestlohn
Bundesgebiet	01.01.2014	11,55 €
Bundesgebiet	01.01.2015	11,85 €

---

[1] Bundesanzeiger vom 16.10.2013 (BAnz AT 18.10.2013 V1); 1.1.2014 bis 31.12.2017.
[2] einfache Bau- und Montagearbeiten.
[3] fachlich begrenzte Arbeiten.
[4] Bundesanzeiger vom 29.9.2014 (BAnz AT 29.09.2014 V1); 1.10.2014 bis 30.6.2015.
[5] Bundesanzeiger vom 29.8.2014 (BAnz AT 29.08.2014 V1); 1.9.2014 bis 31.3.2016.
[6] Bundesanzeiger vom 13.12.2013 (BAnz AT 13.12.2013 V1) und vom 21.1.2014 (BAnz AT 21.01.2014 V1); 1.1.2014 bis 31.12.2015.

Gebäudereinigung (5. Rechtsverordnung)[1]

Geltungsbereich	ab	Lohngruppe 1[2]	Lohngruppe 6[3]
West	01.01.2015	9,55 €	12,65 €
Ost	01.01.2015	8,50 €	10,63 €

Elektrohandwerk (Allgemeinverbindlicherklärung)[4]

Geltungsbereich	ab	einheitlicher Mindestlohn
West	01.01.2014	10,– €
West	01.01.2015	10,10 €
Ost mit Berlin	01.01.2014	9,10 €
Ost mit Berlin	01.01.2015	9,35 €

Pflegebranche (2. Rechtsverordnung)[5]

Geltungsbereich	ab	einheitlicher Mindestlohn
West mit Berlin	01.01.2015	9,40 €
West mit Berlin	01.01.2016	9,75 €
West mit Berlin	01.01.2017	10,20 €
Ost	01.01.2015	8,65 €
Ost	01.01.2016	9,– €
Ost	01.01.2017	9,50 €

Wäschereidienstleistungen im Objektkundengeschäft (2. Rechtsverordnung)[6]

Geltungsbereich	ab	einheitlicher Mindestlohn
West	01.02.2014	8,25 €
West	01.10.2014	8,50 €
West	01.07.2016	8,75 €
Ost mit Berlin	01.02.2014	7,50 €
Ost mit Berlin	01.10.2014	8,– €
Ost mit Berlin	01.07.2016	8,75 €

---

[1] Bundesanzeiger vom 19.12.2014 (BAnz AT 19.12.2014 V2); 1.1.2015 bis 31.12.2015.
[2] u.a. Innen- und Unterhaltsreinigungsarbeiten.
[3] u.a. Glas- und Fassadenreinigung.
[4] Bundesanzeiger vom 23.12.2013 (BAnz AT 23.12.2013 B2); 1.1.2014 bis 31.12.2015.
[5] Bundesanzeiger vom 28.11.2014 (BAnz AT 28.11.2014 V1); 1.1.2015 bis 31.12.2017.
[6] Bundesanzeiger vom 31.1.2014 (BAnz AT 31.01.2014 V1); 1.2.2014 bis 30.9.2017

Fleischwirtschaft (1. Rechtsverordnung)[1]

Geltungsbereich	ab	einheitlicher Mindestlohn
Bundesgebiet	01.08.2014	7,75 Euro
	01.12.2014	8,– Euro
	01.10.2015	8,60 Euro
	01.12.2016	8,75 Euro

Friseurhandwerk (1. Rechtsverordnung)[2]

Geltungsbereich	ab	einheitlicher Mindestlohn
West	01.01.2015	8,– €
Ost mit Berlin	01.01.2015	7,50 €

Land- und Forstwirtschaft sowie Gartenbau (1. Rechtsverordnung)[3]

Geltungsbereich	ab	einheitlicher Mindestlohn
West	01.01.2015	7,40 €
	01.01.2016	8,– €
	01.01.2017	8,60 €
	01.11.2017	9,10 €
Ost mit Berlin	01.01.2015	7,20 €
	01.01.2016	7,90 €
	01.01.2017	8,60 €
	01.11.2017	9,10 €

Textil- und Bekleidungsindustrie (1. Rechtsverordnung)[4]

Geltungsbereich	ab	einheitlicher Mindestlohn
West mit Berlin (West)	01.01.2015	8,50 €
	01.01.2016	8,50 €
	01.11.2016	8,50 €
	01.01.2017	gesetzl. Mindestlohn[5]
Ost mit Berlin(Ost)	01.01.2015	7,50 €
	01.01.2016	8,25 €
	01.11.2016	8,75 €
	01.01.2017	gesetzl. Mindestlohn[5], mindestens 8,75 €

---

[1] Bundesanzeiger vom 31.7.2014 (BAnz AT 31. Juli 2014 V1); 1.8.2014 bis 31.12.2017.
[2] Bundesanzeiger vom 10.12.2014 (BAnz AT 10.12.2014 V1); 1.1.2015 bis 31.7.2015.
[3] Bundesanzeiger vom 19.12.2014 (BAnz AT 19.12.2014 V1); 1.1.2015 bis 31.12.2017.
[4] Bundesanzeiger vom 31.12.2014 (BAnz AT 31.12.2014 V1); 1.1.2015 bis 31.12.2017.
[5] Die Mindestlohnkommission hat über eine Anpassung der Höhe des gesetzlichen Mindestlohns erstmals bis zum 30.6.2016 mit Wirkung zum 1.1.2017 zu beschließen (§ 9 Mindestlohngesetz). Die Höhe ist noch nicht bekannt.

4. Übersicht: Mindestlöhne im Sinne des Arbeitnehmer-Entsendegesetzes

• Lohnuntergrenze nach dem Arbeitnehmerüberlassungsgesetz

Lohnuntergrenze in der Arbeitnehmerüberlassung (2. Rechtsverordnung)[1]

Geltungsbereich	ab	Untergrenze
West	01.04.2014	8,50 €
West	01.04.2015	8,80 €
West	01.06.2016	9,– €
Ost mit Berlin	01.04.2014	7,86 €
Ost mit Berlin	01.04.2015	8,20 €
Ost mit Berlin	01.06.2016	8,50 €

• Mindestlöhne nach dem Tarifvertragsgesetz

Schornsteinfegerhandwerk (Allgemeinverbindlicherklärung)[2]

Geltungsbereich	ab	einheitlicher Mindestlohn
Bundeseinheitlich	30.04.2014	12,78 €

---

[1] Bundesanzeiger vom 26.3.2014 (BAnz AT 26.03.2014 V1); 1.4.2014 bis 31.12.2016.
[2] Fundstelle: Bundesanzeiger vom 18.7.2014 (BAnz AT 18.07.2014 B1); 30.4.2014 bis 31.12.2015.

5. Pfändungsfreigrenzen

Die nachfolgende Tabelle weist für den monatlichen Nettolohn den pfändbaren Betrag unter Berücksichtigung der Anzahl unterhaltspflichtiger Personen aus (Gültigkeit ab 1.7.2015).[1]

Nettolohn monatlich	Pfändbarer Betrag bei Unterhaltspflicht für ... Personen					
	0	1	2	3	4	5 und mehr
	in Euro					
bis 1 079,99	–	–	–	–	–	–
1 080,00 bis 1 089,99	4,28	–	–	–	–	–
1 090,00 bis 1 099,99	11,28	–	–	–	–	–
1 100,00 bis 1 109,99	18,28	–	–	–	–	–
1 110,00 bis 1 119,99	25,28	–	–	–	–	–
1 120,00 bis 1 129,99	32,28	–	–	–	–	–
1 130,00 bis 1 139,99	39,28	–	–	–	–	–
1 140,00 bis 1 149,99	46,28	–	–	–	–	–
1 150,00 bis 1 159,99	53,28	–	–	–	–	–
1 160,00 bis 1 169,99	60,28	–	–	–	–	–
1 170,00 bis 1 179,99	67,28	–	–	–	–	–
1 180,00 bis 1 189,99	74,28	–	–	–	–	–
1 190,00 bis 1 199,99	81,28	–	–	–	–	–
1 200,00 bis 1 209,99	88,28	–	–	–	–	–
1 210,00 bis 1 219,99	95,28	–	–	–	–	–
1 220,00 bis 1 229,99	102,28	–	–	–	–	–
1 230,00 bis 1 239,99	109,28	–	–	–	–	–
1 240,00 bis 1 249,99	116,28	–	–	–	–	–
1 250,00 bis 1 259,99	123,28	–	–	–	–	–
1 260,00 bis 1 269,99	130,28	–	–	–	–	–
1 270,00 bis 1 279,99	137,28	–	–	–	–	–
1 280,00 bis 1 289,99	144,28	–	–	–	–	–
1 290,00 bis 1 299,99	151,28	–	–	–	–	–
1 300,00 bis 1 309,99	158,28	–	–	–	–	–
1 310,00 bis 1 319,99	165,28	–	–	–	–	–
1 320,00 bis 1 329,99	172,28	–	–	–	–	–
1 330,00 bis 1 339,99	179,28	–	–	–	–	–
1 340,00 bis 1 349,99	186,28	–	–	–	–	–
1 350,00 bis 1 359,99	193,28	–	–	–	–	–
1 360,00 bis 1 369,99	200,28	–	–	–	–	–
1 370,00 bis 1 379,99	207,28	–	–	–	–	–
1 380,00 bis 1 389,99	214,28	–	–	–	–	–
1 390,00 bis 1 399,99	221,28	–	–	–	–	–
1 400,00 bis 1 409,99	228,28	–	–	–	–	–
1 410,00 bis 1 419,99	235,28	–	–	–	–	–

[1] Auszug aus dem Anhang zur Bekanntmachung zu den §§ 850c und 850f der Zivilprozessordnung (Pfändungsfreigrenzenbekanntmachung 2015) vom 14.4.2015, BGBl. I 2015, 618.

5. Pfändungsfreigrenzen

Nettolohn monatlich	Pfändbarer Betrag bei Unterhaltspflicht für ... Personen					
	0	1	2	3	4	5 und mehr
	in Euro					
1 420,00 bis 1 429,99	242,28	–	–	–	–	–
1 430,00 bis 1 439,99	249,28	–	–	–	–	–
1 440,00 bis 1 449,99	256,28	–	–	–	–	–
1 450,00 bis 1 459,99	263,28	–	–	–	–	–
1 460,00 bis 1 469,99	270,28	–	–	–	–	–
1 470,00 bis 1 479,99	277,28	–	–	–	–	–
1 480,00 bis 1 489,99	284,28	0,98	–	–	–	–
1 490,00 bis 1 499,99	291,28	5,98	–	–	–	–
1 500,00 bis 1 509,99	298,28	10,98	–	–	–	–
1 510,00 bis 1 519,99	305,28	15,98	–	–	–	–
1 520,00 bis 1 529,99	312,28	20,98	–	–	–	–
1 530,00 bis 1 539,99	319,28	25,98	–	–	–	–
1 540,00 bis 1 549,99	326,28	30,98	–	–	–	–
1 550,00 bis 1 559,99	333,28	35,98	–	–	–	–
1 560,00 bis 1 569,99	340,28	40,98	–	–	–	–
1 570,00 bis 1 579,99	347,28	45,98	–	–	–	–
1 580,00 bis 1 589,99	354,28	50,98	–	–	–	–
1 590,00 bis 1 599,99	361,28	55,98	–	–	–	–
1 600,00 bis 1 609,99	368,28	60,98	–	–	–	–
1 610,00 bis 1 619,99	375,28	65,98	–	–	–	–
1 620,00 bis 1 629,99	382,28	70,98	–	–	–	–
1 630,00 bis 1 639,99	389,28	75,98	–	–	–	–
1 640,00 bis 1 649,99	396,28	80,98	–	–	–	–
1 650,00 bis 1 659,99	403,28	85,98	–	–	–	–
1 660,00 bis 1 669,99	410,28	90,98	–	–	–	–
1 670,00 bis 1 679,99	417,28	95,98	–	–	–	–
1 680,00 bis 1 689,99	424,28	100,98	–	–	–	–
1 690,00 bis 1 699,99	431,28	105,98	–	–	–	–
1 700,00 bis 1 709,99	438,28	110,98	–	–	–	–
1 710,00 bis 1 719,99	445,28	115,98	2,72	–	–	–
1 720,00 bis 1 729,99	452,28	120,98	6,72	–	–	–
1 730,00 bis 1 739,99	459,28	125,98	10,72	–	–	–
1 740,00 bis 1 749,99	466,28	130,98	14,72	–	–	–
1 750,00 bis 1 759,99	473,28	135,98	18,72	–	–	–
1 760,00 bis 1 769,99	480,28	140,98	22,72	–	–	–
1 770,00 bis 1 779,99	487,28	145,98	26,72	–	–	–
1 780,00 bis 1 789,99	494,28	150,98	30,72	–	–	–
1 790,00 bis 1 799,99	501,28	155,98	34,72	–	–	–
1 800,00 bis 1 809,99	508,28	160,98	38,72	–	–	–
1 810,00 bis 1 819,99	515,28	165,98	42,72	–	–	–
1 820,00 bis 1 829,99	522,28	170,98	46,72	–	–	–
1 830,00 bis 1 839,99	529,28	175,98	50,72	–	–	–

C. Arbeitsrecht   5. Pfändungsfreigrenzen

Nettolohn monatlich	Pfändbarer Betrag bei Unterhaltspflicht für ... Personen					
	0	1	2	3	4	5 und mehr
in Euro							
1 840,00 bis 1 849,99	536,28	180,98	54,72	–	–	–
1 850,00 bis 1 859,99	543,28	185,98	58,72	–	–	–
1 860,00 bis 1 869,99	550,28	190,98	62,72	–	–	–
1 870,00 bis 1 879,99	557,28	195,98	66,72	–	–	–
1 880,00 bis 1 889,99	564,28	200,98	70,72	–	–	–
1 890,00 bis 1 899,99	571,28	205,98	74,72	–	–	–
1 900,00 bis 1 909,99	578,28	210,98	78,72	–	–	–
1 910,00 bis 1 919,99	585,28	215,98	82,72	–	–	–
1 920,00 bis 1 929,99	592,28	220,98	86,72	–	–	–
1 930,00 bis 1 939,99	599,28	225,98	90,72	0,49	–	–
1 940,00 bis 1 949,99	606,28	230,98	94,72	3,49	–	–
1 950,00 bis 1 959,99	613,28	235,98	98,72	6,49	–	–
1 960,00 bis 1 969,99	620,28	240,98	102,72	9,49	–	–
1 970,00 bis 1 979,99	627,28	245,98	106,72	12,49	–	–
1 980,00 bis 1 989,99	634,28	250,98	110,72	15,49	–	–
1 990,00 bis 1 999,99	641,28	255,98	114,72	18,49	–	–
2 000,00 bis 2 009,99	648,28	260,98	118,72	21,49	–	–
2 010,00 bis 2 019,99	655,28	265,98	122,72	24,49	–	–
2 020,00 bis 2 029,99	662,28	270,98	126,72	27,49	–	–
2 030,00 bis 2 039,99	669,28	275,98	130,72	30,49	–	–
2 040,00 bis 2 049,99	676,28	280,98	134,72	33,49	–	–
2 050,00 bis 2 059,99	683,28	285,98	138,72	36,49	–	–
2 060,00 bis 2 069,99	690,28	290,98	142,72	39,49	–	–
2 070,00 bis 2 079,99	697,28	295,98	146,72	42,49	–	–
2 080,00 bis 2 089,99	704,28	300,98	150,72	45,49	–	–
2 090,00 bis 2 099,99	711,28	305,98	154,72	48,49	–	–
2 100,00 bis 2 109,99	718,28	310,98	158,72	51,49	–	–
2 110,00 bis 2 119,99	725,28	315,98	162,72	54,49	–	–
2 120,00 bis 2 129,99	732,28	320,98	166,72	57,49	–	–
2 130,00 bis 2 139,99	739,28	325,98	170,72	60,49	–	–
2 140,00 bis 2 149,99	746,28	330,98	174,72	63,49	–	–
2 150,00 bis 2 159,99	753,28	335,98	178,72	66,49	–	–
2 160,00 bis 2 169,99	760,28	340,98	182,72	69,49	1,29	–
2 170,00 bis 2 179,99	767,28	345,98	186,72	72,49	3,29	–
2 180,00 bis 2 189,99	774,28	350,98	190,72	75,49	5,29	–
2 190,00 bis 2 199,99	781,28	355,98	194,72	78,49	7,29	–
2 200,00 bis 2 209,99	788,28	360,98	198,72	81,49	9,29	–
2 210,00 bis 2 219,99	795,28	365,98	202,72	84,49	11,29	–
2 220,00 bis 2 229,99	802,28	370,98	206,72	87,49	13,29	–
2 230,00 bis 2 239,99	809,28	375,98	210,72	90,49	15,29	–
2 240,00 bis 2 249,99	816,28	380,98	214,72	93,49	17,29	–
2 250,00 bis 2 259,99	823,28	385,98	218,72	96,49	19,29	–

5. Pfändungsfreigrenzen

Nettolohn monatlich	Pfändbarer Betrag bei Unterhaltspflicht für ... Personen					
	0	1	2	3	4	5 und mehr
	in Euro					
2 260,00 bis 2 269,99	830,28	390,98	222,72	99,49	21,29	–
2 270,00 bis 2 279,99	837,28	395,98	226,72	102,49	23,29	–
2 280,00 bis 2 289,99	844,28	400,98	230,72	105,49	25,29	–
2 290,00 bis 2 299,99	851,28	405,98	234,72	108,49	27,29	–
2 300,00 bis 2 309,99	858,28	410,98	238,72	111,49	29,29	–
2 310,00 bis 2 319,99	865,28	415,98	242,72	114,49	31,29	–
2 320,00 bis 2 329,99	872,28	420,98	246,72	117,49	33,29	–
2 330,00 bis 2 339,99	879,28	425,98	250,72	120,49	35,29	–
2 340,00 bis 2 349,99	886,28	430,98	254,72	123,49	37,29	–
2 350,00 bis 2 359,99	893,28	435,98	258,72	126,49	39,29	–
2 360,00 bis 2 369,99	900,28	440,98	262,72	129,49	41,29	–
2 370,00 bis 2 379,99	907,28	445,98	266,72	132,49	43,29	–
2 380,00 bis 2 389,99	914,28	450,98	270,72	135,49	45,29	0,13
2 390,00 bis 2 399,99	921,28	455,98	274,72	138,49	47,29	1,13
2 400,00 bis 2 409,99	928,28	460,98	278,72	141,49	49,29	2,13
2 410,00 bis 2 419,99	935,28	465,98	282,72	144,49	51,29	3,13
2 420,00 bis 2 429,99	942,28	470,98	286,72	147,49	53,29	4,13
2 430,00 bis 2 439,99	949,28	475,98	290,72	150,49	55,29	5,13
2 440,00 bis 2 449,99	956,28	480,98	294,72	153,49	57,29	6,13
2 450,00 bis 2 459,99	963,28	485,98	298,72	156,49	59,29	7,13
2 460,00 bis 2 469,99	970,28	490,98	302,72	159,49	61,29	8,13
2 470,00 bis 2 479,99	977,28	495,98	306,72	162,49	63,29	9,13
2 480,00 bis 2 489,99	984,28	500,98	310,72	165,49	65,29	10,13
2 490,00 bis 2 499,99	991,28	505,98	314,72	168,49	67,29	11,13
2 500,00 bis 2 509,99	998,28	510,98	318,72	171,49	69,29	12,13
2 510,00 bis 2 519,99	1 005,28	515,98	322,72	174,49	71,29	13,13
2 520,00 bis 2 529,99	1 012,28	520,98	326,72	177,49	73,29	14,13
2 530,00 bis 2 539,99	1 019,28	525,98	330,72	180,49	75,29	15,13
2 540,00 bis 2 549,99	1 026,28	530,98	334,72	183,49	77,29	16,13
2 550,00 bis 2 559,99	1 033,28	535,98	338,72	186,49	79,29	17,13
2 560,00 bis 2 569,99	1 040,28	540,98	342,72	189,49	81,29	18,13
2 570,00 bis 2 579,99	1 047,28	545,98	346,72	192,49	83,29	19,13
2 580,00 bis 2 589,99	1 054,28	550,98	350,72	195,49	85,29	20,13
2 590,00 bis 2 599,99	1 061,28	555,98	354,72	198,49	87,29	21,13
2 600,00 bis 2 609,99	1 068,28	560,98	358,72	201,49	89,29	22,13
2 610,00 bis 2 619,99	1 075,28	565,98	362,72	204,49	91,29	23,13
2 620,00 bis 2 629,99	1 082,28	570,98	366,72	207,49	93,29	24,13
2 630,00 bis 2 639,99	1 089,28	575,98	370,72	210,49	95,29	25,13
2 640,00 bis 2 649,99	1 096,28	580,98	374,72	213,49	97,29	26,13
2 650,00 bis 2 659,99	1 103,28	585,98	378,72	216,49	99,29	27,13
2 660,00 bis 2 669,99	1 110,28	590,98	382,72	219,49	101,29	28,13
2 670,00 bis 2 679,99	1 117,28	595,98	386,72	222,49	103,29	29,13

C. Arbeitsrecht 5. Pfändungsfreigrenzen

Nettolohn monatlich	Pfändbarer Betrag bei Unterhaltspflicht für ... Personen					
	0	1	2	3	4	5 und mehr
	in Euro					
2 680,00 bis 2 689,99	1 124,28	600,98	390,72	225,49	105,29	30,13
2 690,00 bis 2 699,99	1 131,28	605,98	394,72	228,49	107,29	31,13
2 700,00 bis 2 709,99	1 138,28	610,98	398,72	231,49	109,29	32,13
2 710,00 bis 2 719,99	1 145,28	615,98	402,72	234,49	111,29	33,13
2 720,00 bis 2 729,99	1 152,28	620,98	406,72	237,49	113,29	34,13
2 730,00 bis 2 739,99	1 159,28	625,98	410,72	240,49	115,29	35,13
2 740,00 bis 2 749,99	1 166,28	630,98	414,72	243,49	117,29	36,13
2 750,00 bis 2 759,99	1 173,28	635,98	418,72	246,49	119,29	37,13
2 760,00 bis 2 769,99	1 180,28	640,98	422,72	249,49	121,29	38,13
2 770,00 bis 2 779,99	1 187,28	645,98	426,72	252,49	123,29	39,13
2 780,00 bis 2 789,99	1 194,28	650,98	430,72	255,49	125,29	40,13
2 790,00 bis 2 799,99	1 201,28	655,98	434,72	258,49	127,29	41,13
2 800,00 bis 2 809,99	1 208,28	660,98	438,72	261,49	129,29	42,13
2 810,00 bis 2 819,99	1 215,28	665,98	442,72	264,49	131,29	43,13
2 820,00 bis 2 829,99	1 222,28	670,98	446,72	267,49	133,29	44,13
2 830,00 bis 2 839,99	1 229,28	675,98	450,72	270,49	135,29	45,13
2 840,00 bis 2 849,99	1 236,28	680,98	454,72	273,49	137,29	46,13
2 850,00 bis 2 859,99	1 243,28	685,98	458,72	276,49	139,29	47,13
2 860,00 bis 2 869,99	1 250,28	690,98	462,72	279,49	141,29	48,13
2 870,00 bis 2 879,99	1 257,28	695,98	466,72	282,49	143,29	49,13
2 880,00 bis 2 889,99	1 264,28	700,98	470,72	285,49	145,29	50,13
2 890,00 bis 2 899,99	1 271,28	705,98	474,72	288,49	147,29	51,13
2 900,00 bis 2 909,99	1 278,28	710,98	478,72	291,49	149,29	52,13
2 910,00 bis 2 919,99	1 285,28	715,98	482,72	294,49	151,29	53,13
2 920,00 bis 2 929,99	1 292,28	720,98	486,72	297,49	153,29	54,13
2 930,00 bis 2 939,99	1 299,28	725,98	490,72	300,49	155,29	55,13
2 940,00 bis 2 949,99	1 306,28	730,98	494,72	303,49	157,29	56,13
2 950,00 bis 2 959,99	1 313,28	735,98	498,72	306,49	159,29	57,13
2 960,00 bis 2 969,99	1 320,28	740,98	502,72	309,49	161,29	58,13
2 970,00 bis 2 979,99	1 327,28	745,98	506,72	312,49	163,29	59,13
2 980,00 bis 2 989,99	1 334,28	750,98	510,72	315,49	165,29	60,13
2 990,00 bis 2 999,99	1 341,28	755,98	514,72	318,49	167,29	61,13
3 000,00 bis 3 009,99	1 348,28	760,98	518,72	321,49	169,29	62,13
3 010,00 bis 3 019,99	1 355,28	765,98	522,72	324,49	171,29	63,13
3 020,00 bis 3 029,99	1 362,28	770,98	526,72	327,49	173,29	64,13
3 030,00 bis 3 039,99	1 369,28	775,98	530,72	330,49	175,29	65,13
3 040,00 bis 3 049,99	1 376,28	780,98	534,72	333,49	177,29	66,13
3 050,00 bis 3 059,99	1 383,28	785,98	538,72	336,49	179,29	67,13
3 060,00 bis 3 069,99	1 390,28	790,98	542,72	339,49	181,29	68,13
3 070,00 bis 3 079,99	1 397,28	795,98	546,72	342,49	183,29	69,13
3 080,00 bis 3 089,99	1 404,28	800,98	550,72	345,49	185,29	70,13
3 090,00 bis 3 099,99	1 411,28	805,98	554,72	348,49	187,29	71,13

5. Pfändungsfreigrenzen

Nettolohn monatlich	Pfändbarer Betrag bei Unterhaltspflicht für ... Personen					
	0	1	2	3	4	5 und mehr
in Euro						
3 100,00 bis 3 109,99	1 418,28	810,98	558,72	351,49	189,29	72,13
3 110,00 bis 3 119,99	1 425,28	815,98	562,72	354,49	191,29	73,13
3 120,00 bis 3 129,99	1 432,28	820,98	566,72	357,49	193,29	74,13
3 130,00 bis 3 139,99	1 439,28	825,98	570,72	360,49	195,29	75,13
3 140,00 bis 3 149,99	1 446,28	830,98	574,72	363,49	197,29	76,13
3 150,00 bis 3 159,99	1 453,28	835,98	578,72	366,49	199,29	77,13
3 160,00 bis 3 169,99	1 460,28	840,98	582,72	369,49	201,29	78,13
3 170,00 bis 3 179,99	1 467,28	845,98	586,72	372,49	203,29	79,13
3 180,00 bis 3 189,99	1 474,28	850,98	590,72	375,49	205,29	80,13
3 190,00 bis 3 199,99	1 481,28	855,98	594,72	378,49	207,29	81,13
3 200,00 bis 3 209,99	1 488,28	860,98	598,72	381,49	209,29	82,13
3 210,00 bis 3 219,99	1 495,28	865,98	602,72	384,49	211,29	83,13
3 220,00 bis 3 229,99	1 502,28	870,98	606,72	387,49	213,29	84,13
3 230,00 bis 3 239,99	1 509,28	875,98	610,72	390,49	215,29	85,13
3 240,00 bis 3 249,99	1 516,28	880,98	614,72	393,49	217,29	86,13
3 250,00 bis 3 259,99	1 523,28	885,98	618,72	396,49	219,29	87,13
3 260,00 bis 3 269,99	1 530,28	890,98	622,72	399,49	221,29	88,13
3 270,00 bis 3 279,99	1 537,28	895,98	626,72	402,49	223,29	89,13
3 280,00 bis 3 289,99	1 544,28	900,98	630,72	405,49	225,29	90,13
3 290,00 bis 3 292,09	1 551,28	905,98	634,72	408,49	227,29	91,13

Der Mehrbetrag über 3 292,09 Euro ist voll pfändbar.

Stichwortverzeichnis

Die Zahlen hinter den Stichwörtern bezeichnen die entsprechenden Randziffern. Die Fundstellen der entsprechenden Beiträge im ABC-Teil sind in Fettdruck hervorgehoben.

A

Abendessen 1962
Abendgymnasium 2113
Abendkleid 647
Abfindungen **1**, 869, 1106, 1606
Abführung der Lohnsteuer 5
Abgeordnete 9
Abhängigkeit 174
Abkommensstaat 481
Ablaufhemmung 2988
Abschlagszahlungen 16 3067
Abschlussgebühr: Zahlungsverzicht 19
Abschnittsbesteuerung 21
Abstandszahlung 2921
Abtretung 786
Abtretung des Arbeitslohns 22
Abtretung einer Forderung als Arbeitslohn 24
Abwälzung der pauschalen Lohnsteuer auf den Arbeitnehmer 25
Abzugsbetrag 26
AfA-Tabelle 784, 1250, 2870
AGB-Bestimmungen 277
AGB-Kontrolle 786
Agentur für Arbeit 2080
AGG 537
Akkordlohn 33
Aktien: Zuwendung an Arbeitnehmer 53
Aktienankaufsrecht 53, 247
Aktiengesellschaft nach deutschem Recht (AGdR) 1438
Aktienoption **36**, 247, 872
Alleinerziehende 1061, 1112
Allgemeine Lohnsteuertabelle 628, 1948, 2805, 2810
Alter 3234
Altersdiskriminierung 1106
Alterseinkünfte 61, 865, 2540
Altersentlastungsbetrag 54
Altersgrenze 3050
Alterskasse 61
Altersrenten 59
Altersrückstellung 1727
Altersteilzeit **68**, 284, 3251
Altersvermögensgesetz 107
Altersversorgung 104, 3238
Altersvorsorgeaufwendungen 3075
Altersvorsorgezulage 2549
Amateursportler 108, 372
Änderung des Lohnsteuerabzugs 111
Anerkenntniserklärung 1535
Angehörige 119
Anlaufhemmung 2987

Anmeldung der Lohnsteuer 139
Annehmlichkeiten 150
Annexsteuer 26, 111
Anpassungshilfe 153
Anrechnung/Abzug ausländischer Steuern 154
Anrechnungsmethode 861
Anrufungsauskunft 436, 2390
Ansässigkeitsbescheinigung 863, 1470
Ansässigkeitsstaat 867
Antrittsgeld 2330
Anwalt 1249
Anwaltskammer 546
Anwärter 524
Anwärterbezüge 487
Anwesenheitstag 971
Anzeigepflichten des Arbeitgebers 160
Anzug 646
Apotheker 162
Arbeitgeber 164
Arbeitgeber-Darlehen 786
Arbeitgeberbeiträge zur Sozialversicherung 170
Arbeitgeberersatz 754
Arbeitgeberhaftung 185, 1494
Arbeitgeberleistungen: unentgeltliche 172
Arbeitnehmer 173
Arbeitnehmer-ABC 188
Arbeitnehmer-Aufsichtsräte 351
Arbeitnehmer-Pauschbetrag **189**, 1906, 2809
Arbeitnehmer-Sparzulage 3018
Arbeitnehmer-Vertreter 356, 694
Arbeitnehmerbewirtung 727
Arbeitnehmerentsendung 165, 885, 909
Arbeitnehmerjubiläum 258
Arbeitnehmerüberlassung 165, **191**, 886
Arbeitsentgelt 35, **216**, 244
Arbeitserlaubnis 341
Arbeitsessen 233, 702
Arbeitsgemeinschaft 504
Arbeitskammern 240
Arbeitskampf **241**, 2849
Arbeitslohn 233, **244**, 3231
Arbeitslohn für mehrere Jahre 257
Arbeitslohn-ABC 255
Arbeitslosengeld 260
Arbeitslosenversicherung 261
Arbeitsmenge 33
Arbeitsmittel 316, 2693, 2870
Arbeitsmittelpauschale 651
Arbeitsplatz-Startprämie 670
Arbeitsschutzkleidung **269**, 645
Arbeitsschutzverordnung 324

Arbeitsunfähigkeit 1075
Arbeitsunfall 641
Arbeitsunterbrechungen durch Arbeitnehmer 270
Arbeitsvermittlung 198
Arbeitsversuch: missglückter 274
Arbeitsvertrag 275
Arbeitszeitkonto 280
Arbeitszeitmodelle 279
Arbeitszimmer 250, **313**
Architekten 323
Arzt **328**, 638, 1249
Arztjacke 647
Ärztliche Betreuung 339
Asylbewerber, Flüchtlinge 340
Asylsuchende 341
Au-pairs 686
Aufbewahrungspflichten 344
Aufenthaltsdauer 451
Aufenthaltserlaubnis 341
Aufenthaltsgestattung 341
Aufhebungsvertrag 278, 1106
Aufklärungspflichten 346
Auflassungsvollmachten: Notarangestellte 347
Aufmerksamkeiten 150, 253, 1368
Aufnahmeeinrichtung 340
Aufrechnung 348
Aufsichtsrat 1429
Aufsichtsratsmitglied 525, 852
Aufsichtsratsvergütungen 351
Aufsichtsvergütungen 359, 368
Aufstockung 68, 71, 86
Auftraggeber 197
Aufwandsentschädigung 108, 216, 392, 975, 1219, 1292
Aufwandsentschädigungen für bestimmte nebenberufliche Tätigkeiten 360
Aufwandsentschädigungen im öffentlichen Dienst 383
Aufwandsentschädigungen privater Arbeitgeber 401
Aufwandsersatz 177
Aufwandsspende 381
Aufwendungsersatz 249
Aufzeichnungspflicht 2029
Augenarzt 753
Augentraining 754
Ausbildungsbeihilfen 403
Ausbildungsbetrieb 488
Ausbildungsdarlehenszinsen 2693
Ausbildungsdienstverhältnis 853
Ausbildungskosten 487
Ausbildungskostenrückzahlungsvereinbarung 759

Stichwortverzeichnis

Ausbildungsträger 487
Ausbildungsvergütung 133, 485
Ausbuchung 40
Ausfallzeiten 2836
Ausfüllhilfe 1990
Ausgleichsgeld 153
Ausgleichsgeld nach dem FELEG 404
Ausgleichsklausel 786
Ausgleichszahlung 2, 1134
Aushilfe 2744
Aushilfskraft/Aushilfstätigkeit 410, 2048, 2190
Auskünfte und Zusagen des Finanzamts 413
Auskunftspflicht des Arbeitgebers 430
Auslagenersatz 725
Auslagenersatz und durchlaufende Gelder 432
Auslagenpauschale 434
Ausländische Arbeitnehmer 437
Ausländische Lehrkräfte 438
Ausländische Praktikanten 443
Ausländische Studenten 446
Ausländischer Arbeitslohn 445
Auslandsattest 1098
Auslandsbeamte 455
Auslandsdienstbezug 1646
Auslandsjournalisten 457
Auslandslehrer 458
Auslandstagegelder 957
Auslandstätigkeit 462, 2846
Auslandstätigkeitserlass 445, 462, 464, 854, 1344
Auslandsumzüge 2922
Auslandsumzugskostenverordnung 2914
Auslandsverwendungszuschlag 766
Auslandszulagen 476
Auslösungen 477
Ausrüstungsbeihilfe 2080
Außendienstmitarbeiter 323
Außendienstpauschale 3203
Außerhäusliches Arbeitszimmer 321
Aussetzung der Vollziehung 478
Aussperrungsunterstützung 242, 1135
Ausstattungspauschale 2922
Ausstrahlung 466, 480
Auswärtstätigkeit 902, 997, 1471, 2465, 2519, 3137
Auszahlungsbetrag 637
Auszubildende 485
Authentifizierung 1023
Automatenlieferanten 1249
Autotelefon 1229

B

Bachelorstudium 1306
BAföG 485, 491, 1317
bahn.bonus 1745
BahnCard 509
Bahnhofsmission 368

Ballbesuch 512
Barlohnumwandlung 513
Basistarif 609, 1727
Bauabzugssteuer 521
Baugenossenschaften 522
Baugewerbe 192, 208, 215, 2626
Baumschule 2206
Bausparkasse 19
Bausparkassen-Mitarbeiter 523
Bausparvertrag 3034
Baustellenleiter 434
Bauunternehmer 205
Beamte 71, 524
Beamtenwitwe 530
Beerdigungskosten 535
Beförderung 733
Befreiung vom Lohnsteuerabzug 536
Befristung 410
Beherbergung 2608
Behinderte Menschen 537
Behindertendiskriminierung 1106
Behindertentransport 370
Behinderung 3156
Beihilfen 544
Beihilfevorschriften 530
Beiträge zur Sozialversicherung 548
Beiträge: Übernahme durch Arbeitgeber 546
Beitragsbemessungsgrenzen 3398
Beitragserstattung 587
Beitragsfreiheit 597
Beitragsgruppe 2020
Beitragsnachlass 609
Beitragsneuberechnung 608
Beitragsrückerstattung 609
Beitragssätze 3398
Beitragsüberwachung 598
Beitragszuschuss zur Krankenversicherung 604
Beitragszuschuss zur Pflegeversicherung 613
Beköstigung 2608
Beköstigung am Arbeitsort 616
Beköstigungszulage 766
Belegschaftsrabatt 2609
Belegschaftsspenden 617
Belgien 865, 869, 879, 1463
Belohnungen 621
Belohnungsessen 1981, 2605
Belohnungsreise 1597
Benzin: Mitarbeitervergünstigung 625
Beratung 626, 2141
Beratungshonorar 659
Berechnung der Lohnsteuer 627
Bereitschaftsdienst 328, 638, 3378
Bereitschaftsleitung 368
Berufsabschluss 755
Berufsakademie 488
Berufsausbildung 491, 640, 1297
Berufsbegleitendes Studium 490
Berufsberatung 262
Berufsbetreuer 323

Berufsfachschule 507
Berufsfeuerwehr 1220
Berufsgenossenschaften 641, 2134, 2943
Berufsgrundbildungsjahr 1310
Berufshaftpflichtversicherung 546
Berufskleidung 518, 643
Berufskrankheiten 652, 1167
Berufsmäßigkeit 2065
Berufsorganisation 392
Berufsschule 498
Berufssoldat 769
Berufssportler 654
Berufsunfähigkeitsrente 61
Berufsunfähigkeitsversicherung 3076
Berufsverband 546
Beschäftigungsgesellschaften 660, 2141
Beschäftigungsverbot 1079, 2100
Beschränkte Steuerpflicht 2766
Besondere Lohnsteuertabelle 628, 1948, 2805, 2810
Bestechungsgelder 246, 2652
Besteuerungsrecht 2798
Beteiligungs-Vertrag 3027
Betreuungsgeld 673
Betreuungskosten 676
Betriebshaftpflichtversicherung 328, 546
Betriebsprüfer 323
Betriebsrat 693
Betriebsraum 322
Betriebsrente 60, 3051
Betriebssport 2739
Betriebsstätte 696
Betriebsstättenfinanzamt 415, 700
Betriebsveranstaltungen 701, 1638
Betriebsvereinbarung 3355
Betriebsversammlung 714
Bewachung 718
Bewachungsgewerbe 1585
Bewirtung 1983
Bewirtungskosten 724
Bezugsgröße 752
Bildjournalist 323
Bildschirm-Arbeitsbrille 784
Bildschirmarbeit 753
Bildungsgutschein 262, 755
Bildungsmaßnahme 262
Bildungsurlaub 757
Billigkeitsgründe 1148
Billigkeitsmaßnahme 427
Bindungsklausel 759
Binnenschiffer 761
Blindenhund 1586
Blockmodell 68 f., 72, 75
Bonus 762
Bonusleistung 3210
Bordpersonal 469, 897
Branchenball 512
Brutto-Einzelberechnung 1511
Bruttoabfindung 1106

970

Stichwortverzeichnis

Bruttolistenpreis 1267
Bundesamt für Migration und Flüchtlinge 341
Bundeselterngeld- und Elternzeitgesetz 1061
Bundesentschädigungsgesetz 61
Bundeserziehungsgeldgesetz 674, 1061
Bundesfreiwilligendienst 1349, 3228
Bundeskasse 385
Bundespolizei 1332
Bundestag 13
Bundesumzugskostenrecht 2914
Bundesversorgungsgesetz 2896
Bundeswehr 763, 2981
Bürgermeister 12, 771, 977
Burn-Out 1741
Büroeinrichtung 314
Bürokostenzuschuss 434
Buschzulage 383
Busfahrer 774
Business-Kleidung 647
Bußgelder 251, 776

C

Campingfahrzeug 1227
Chefarztbehandlung 1730
Chorleiter/Chormitglieder 780
Compliance 246
Computer 314, 782
corporate identity 647
Croupier 2738

D

Darlehen 3069
Darlehen an Arbeitnehmer 786
Daseinsvorsorge 390
Datenverarbeitungsgerät 782, 2853
Dauerkarte 999
Dauerpflege 793
Denkmalschutz 1482
Deutsche Bundesbank 2134
Deutsche Rentenversicherung 2134
Deutsches Rotes Kreuz 789
Diakon 323, 368
Diakonie-Schwester 796
Diakonissen 796
Diebstahl 798
Diebstahlsicherungssystem 1229
Dienstabzeichen 645
Dienstanweisung 645
Dienstaufsichtsbeschwerde 2398
Dienstaufwandsentschädigung 1219
Dienstausweis 1629
Diensthund 1586
Dienstkleidung 648
Dienstkleidungszuschuss 1291
Dienstmädchenprivileg 1550
Dienstort 455
Dienstreise 3145

Dienstreise-Kaskoversicherung 1643
Dienstsport 2742
Dienstverhältnis 177, 244
Dienstvertrag 174, 198
Dienstwohnung 314, 807
Diplom-Ingenieur 323
Diplomaten und Konsularbeamte 849
Directors&Officers-Versicherungen 546, 850
Direktionsrecht 275
D&O-Versicherung 546, 850
Doktoranden 853
Dokumentarfilmer 323
Dokumentation der Arbeitszeit 2029
Dokumentationspflicht 2037
Dolmetscher 368
Doppelbesteuerung 154, 854
Doppelbesteuerungsabkommen 439, 462, 464, 854, 1344
Doppelbesteuerungsabkommen bei Einkünften aus nichtselbständiger Arbeit 866
Doppelbesteuerungsabkommen: Allgemeines 855
Doppelte Haushaltsführung: Allgemeines 901
Doppelte Haushaltsführung: Erstattungsbeträge 939
Dreiseitiger Vertrag 669
Drittschuldner 1832
Duales Studium 1306, 2826
Duales System 489
Duldung 341
Durchlaufende Gelder 432
Durchschnittsreferenzkurs 156

E

Eheähnliche Lebensgemeinschaft 120, 2132
Ehegatte 125
Ehegatte des Arbeitnehmers 973
Ehegatten-Arbeitsverhältnis 131
Ehegattenfahrgemeinschaft 3151
Ehescheidung 2906
Ehrenamt 177, 693, 3048
Ehrenamtlicher Betreuer 368
Ehrenamtsinhaber 974
Ehrenamtspauschale 360
Ehrenmitgliedschaft 2741
Ehrensold 12
Eigener Hausstand 927
Ein-Euro-Jobs 268, 979
Ein-Mann-Betrieb 201
Ein-Personen-Limited 1435
Einbehaltene Lohnteile 978
Eingangssteuersatz 2808
Eingliederungsmanagement 537
Einkaufspreis 2609
Einkommensteuertabelle 2804
Einkommensverwendung 23
Einmalzahlungen 983
Einordnung 2752

Einrichtung 316
Einsatzfahrzeug 1218
Einsatzwechseltätigkeit 997
Einspruch 2390
Einstellungsfinanzamt 501
Einstrahlung 998
Einstufung Steuerklasse 2755
Eintrittskarten 703, 999
Einzahlungsbeleg 620
Einzelabrechnung 434
Einzelhaushalt 912
Einzelsport 2740
Einzug des Gesamtsozialversicherungsbeitrags/Einzugsstelle 1003
Elektro- und Hybridelektrofahrzeug 1229, 1250
ELENA 1006
ELStAM 1007
ElsterOnline-Portal 1026, 1038
Eltern 123
Elterngeld 597, 1061
Elternzeit 1061, 1065
Emeritenbezüge 1568
Entfernungspauschale 903, 941, 2409, 3134
Entgelt 216
Entgeltersatzleistung 2998
Entgeltfortzahlung 1071
Entgeltmeldung 2016
Entgeltsicherung für ältere Arbeitnehmer 1105
Entgeltumwandlung 518, 682
Entlassungsabfindungen 4
Entlassungsabfindungen/ Entlassungsentschädigungen 1106
Entlassungsentschädigung 1138
Entlastungsbetrag für Alleinerziehende 1112, 2809
Entleiher 203
Entlohnung 246
Entschädigungen 3, 1134
Entschädigungsanspruch 2638
Entsende-Mindestlohn 2031
Entsendung 480
Entstehungsprinzip 984
Entwicklungshelfer 1162
Entwicklungshilfe 469
Erbbaurecht 1487
Erben 2749
Erbschaftsteuer 2878
Erfindervergütungen 622, 1164
Erfolgshonorar 179, 183, 2330
Erfrischungsgelder 3118
Ergänzungspfleger 133
Erhaltungsmaßnahme 1553
Erhebungsbeauftragte 372
Erholung: Arbeitgeberzuwendungen 1167
Erholungsheim 809
Erkrankung von Arbeitnehmern 1174
Erlass 6
Erlass von Lohnsteuer 1175

Stichwortverzeichnis

Ermäßigungsgründe 1510
Erntehelfer 411, 925, 2207
Erschwerniszulage 3355
Erstattung von Lohnsteuer 1180
Erstausbildung 1307
Erste Tätigkeitsstätte 904, 3133
Erste-Hilfe-Kurse 793
Erster Bürgermeister 771
Ersthelfer 793
Erststudium 491, 1297
Erwerbsminderungsrente 63, 2548
Erwerbsunfähigkeitsversicherung 3076
Erziehungsbeistand 368
Erziehungshilfe 434
Erziehungsrente 61
Essen 1971
Euro-Referenzkurs 156
Europäische Aktiengesellschaft 1438
Europäische Schule 460
Europäisches Parlament 13
Existenzminimum 2808

F

Fachhochschule 489
Fachliteratur 1301
Fachstudienreise 2523
Fahrerlaubnis 1355
Fahrgemeinschaft 3152
Fahrlehrer 1249
Fahrrad 1187
Fahrten zwischen Wohnung und Arbeitsstätte 1189
Fahrtenbuch 1247, 3147
Fahrtenbuchmethode 2937
Fahrtenschreiber 1248
Fahrtkosten 2409, 2465, 3132
Fahrtkostenerstattung 434
Fahrtkostenerstattungen/ Fahrtkostenzuschüsse 1190
Fahrtkostenhilfe 2080
Fahrtkostenzuschuss 1623
Fahrzeug-Vollversicherung 1644
Fahrzeugpool 1245
Faktisches Arbeitsverhältnis 276
Faktor 2759, 2764
Fälligkeit der Sozialversicherungsbeiträge 1196
Familienangehörige 120, 138
Familienheimfahrt 942, 2935
Familienhelfer 368
Familienhilfe 1363
Familienkasse 1660
Familienservice 251
Familienstiftung 976
Fangprämie 622
Fehlgeldentschädigung 518, 1205
Feiertage 3373
Feiertagsarbeit 337, 3371
Feiertagslohn 1206
Feiertagslohn und Kurzarbeit 1208

Fensterputzer 411
Ferienbetreuer 368
Ferienwohnung 177
Fernsehanstalt 351
Fernsehgerät: Zuwendung an Arbeitnehmer 1213
Festsetzungsverjährung 1531, 2984
Feuerwehr 368, 370, 527, 1215
Finanzamt 413
Finanzkontrolle Schwarzarbeit der Zollverwaltung 2039
Firmenemblem 647
Firmenjubiläum 258
Firmenkreditkarte 1221, 2605
Firmenlogo 647
Firmenparkplatz 2145
Firmenwagen 2937
Firmenwagen zur privaten Nutzung 1226
Firmenwagengestellung 518
Fiskalische Verwaltung 390
Fitnesscenter 2741
Flatrate 2861
Flexible Arbeitszeit 279
Flexikonto 282
Flugpersonal 867
Flugzeug 469, 3145
Forderung 24
Forderungsübergang 1287
Forderungsverzicht 1290
Formulararbeitsvertrag 277
Forstbedienstete 1291
Förster 322, 1586
Fortbildung 640, 1296
Fortsetzungserkrankung 1084
Fotomodel 1749
Frack 647
Frackgeld 649
Franchisenehmer/Franchiseverträge 1326
Frankreich 865, 1463
Frauenbeauftragte 1328
Freibeträge 1329
Freibetragsverfahren 1906
Freie Mitarbeiter 1331
Freifahrten 1332
Freiflüge 1333
Freistellung 1699, 2273
Freistellungsbescheinigung 475, 863, 1344, 1470
Freistellungsmethode 861
Freiwillige Krankenversicherung 1345
Freiwilligendienste 765, 1346
Fremdgeschäftsführer 1396
Friedensrichter 372
Frühgeburt 2087
Frühstück 1962
Frühstückskosten 959
Führerschein 1355
Fünftelregelung 257, 1134
Funktionszulage 3355
Fürsorgeerwägungen 1148

Fußballverein 177
Futtergeld 1291

G

Garage 250, **1357**
Garagenmiete 433
Garderobengebühren 726
Gaststätte 750
Geburt 1067
Gefährdungshaftung 3, 2640
Gefahrenzulage 766, 3355
Gefahrenzuschläge 3365
Gefälligkeiten 177, 411, **1363**
Gehaltsabrechnung: Manipulation 1498
Gehaltsabzüge 978
Gehaltsanteil 246
Gehaltsausgleichskasse 163
Gehaltskürzung 978
Gehaltsumwandlung 432
Gehaltsverzicht **1364**
Geländewagen 1227
Geldauflage 778
Geldfaktor 33
Geldwerter Vorteil 216, **1367**
Geldzuwendung 151
Gelegenheitsgeschenke **1368**
Gemeindebedienstete **1369**
Gemeindedirektor 525
Gemeindeunfallverband 2134
Gemeinschaftspraxis 328
Gemeinschaftsunterkunft 809
Gemeinschaftsverpflegung 616
Gemischte Tätigkeit **1373**
Genossenschaftsregister 1429
Genussmittel 2614
Genussmittel: Zuwendungen an Arbeitnehmer **1377**
Genussrecht 53
Gerichtsvollzieher **1379**
Geringfügige Beschäftigung 66, 2215
Geringfügigkeitsgrenze 2312, 3398
Geringverdienergrenze **1389**, 3398
Gesamtkilometerstand 1248
Gesamtsozialversicherungsbeitrag 170
Geschäftsbesorgungsvertrag 199
Geschäftseinrichtung 697
Geschäftsfähigkeit 276
Geschäftsfreund 742, 1983
Geschäftsführer 323, **1392**
Geschäftsführerhaftung 140
Geschäftsleitungsfinanzamt 420
Geschenke **1397**, 1641, 2147
Geschenkgutschein 151
Geschlechtsdiskriminierung 2638
Geschwisterbonus 1061
Gesellschafter/Gesellschafter-Geschäftsführer **1401**
Gesundheits-Check 1173
Gesundheitsfonds 1439

Stichwortverzeichnis

Getränke 152, 1959
Gewährleistungsbeträge **1443**
Gewerbebetrieb 1401
Gewinn 3004
Gewinnbeteiligung **1444**
Gewinnchance 2999
Gewinnerzielungsabsicht 975
Gewöhnlicher Aufenthalt 437 f., 2770
GIZ 1162
GKV-Wettbewerbsstärkungsgesetz 1727
Gleichbehandlungsgrundsatz 68, 277
Gleisbauarbeiter **1445**
Gleitzeit 279
Gleitzone **1446**
Gleitzonengrenze 2312
Gnadenbezüge 3199
Golfclub 251
Gratifikationen 248, 987, **1460**
Grenzgänger 865, 867, **1462**
Grenzpendler **1479**
Grenzpendlerregelung 865
Großbritannien 869
Großelternzeit 1065
Grundschule 1655
Grundstücke: verbilligte Überlassung **1481**
Gründungszuschuss 262, **1491**
Gutschein 2598, 3120

H

Habilitationsschrift 487
Haftentschädigung 3
Haftung für Lohnsteuer: Allgemeine Grundsätze **1493**
Haftung für Lohnsteuer: Berechnung der Nachforderung **1509**
Haftung für Lohnsteuer: Verfahrensvorschriften **1528**
Haftung für Sozialversicherungsbeiträge **1542**
Haftungsbescheid 6, 478, 1529, 2390
Halbjahresscheck 2079
Halbtagsbeschäftigung 361
Halbteilungsgrundsatz 2806
Handelsvertreter 323, 1249
Handwerkerleistung 1553
Handy 2870
Hauptarbeitgeber 1029
Hauptwohnung 1239
Hausgewerbetreibende 1562
Haushaltsfreibetrag **1545**
Haushaltsführung 901
Haushaltsgemeinschaft 1113
Haushaltshilfe/Hausgehilfe **1547**
Haushaltsnahe Beschäftigungsverhältnisse und Dienstleistungen: Steuerermäßigung **1553**
Haushaltsscheckverfahren 139, 580, 2073, 2079
Haushaltsvorstand 165
Häusliche Krankenpflege **1556**

Häusliche Sphäre 320
Hausmeister 3202
Hausmeisterwohnung 836
Hausnotruf 370
Haustrunk 1378
Hausverwalter 3202
Heil- und Vorsorgekuren 1171
Heilbehandlung 641
Heilfürsorge 527, 764, 3229
Heiligabend 1206, 3373
Heimarbeit 326, **1561**
Heimarbeiterzuschlag 433
Heimatort 930
Heimfahrt 935, 947
Helfer von Wohlfahrtsverbänden **1566**
Helfertätigkeit 793
Hemmung 2996
Hilfs- und Betriebsstoffe 433
Hilfsbedürftigkeit 2959
Hilfsdienst 793
Hinreisetag 1464
Hinterbliebenenrente 61, 2548
Hinterbliebenenversorgung 3238
Hinzuverdienstgrenzen **1567**
Hobbytätigkeit 177
Hochschullehrer 323, **1568**
Hochwasserkatastrophe 620
Home-Office/Mobile-Office/Telearbeit **1571**
Hongkong 856
Honorarprofessor 975
Hopfentreter 411

I

Humanitäre Hilfsfonds für ehemalige Zwangsarbeiter **1584**
Hundehaltung **1585**
Hypotax **1587**
Ich-AG **1588**
Immatrikulation 2323
Incentive-Reisen 1325, **1590**
Incoming-Freiwilligendienst 1354
Industrie-Strafrechtsschutzversicherungen 851
Industrieclub 546
Infektionsschutz **1598**
Informationsreise **1596**
Insassenunfallschutz 3155
Insolvenz 68
Insolvenz des Arbeitgebers **1600**
Insolvenz des Arbeitnehmers (Verbraucherinsolvenz) **1606**
Insolvenzfall 1996
Insolvenzgeld **1609**
Insolvenzgeldversicherung 552
Inspektionsrechnung 3147
Instrumentengelder 434
Instrumentenversicherung 433
Internet 2870
Internetkosten 2861
Invalidität 3234

Invaliditätsentschädigungen 3
Investitionsbeiträge 2695
ISDN-Anschluss 2864

J

Jahresarbeitsentgeltgrenze 3398
Jahresarbeitsentgeltgrenze in der gesetzlichen Krankenversicherung **1616**
Jahresarbeitszeitkonto 279
Jahreskarte 2605
Jahresmeldung 1996
Jahrestabelle 1948
Jahresticket 1628
Job-Ticket **1623**, 3155, 3158
Job-to-Job 660
Jobsharing 68
Jubiläumsfeier 708, **1637**
Jubiläumsgeschenke **1640**
Jubiläumszuwendung 2714
Jugendfreiwilligendienst 1346
Jugendgruppenleiter 368
Juristische Person 165
Juristische Staatsprüfung 359, 361

K

Kaffeefahrt 727
Kameramann 1749
Kaminfeger/Kaminkehrer **1642**
Kammer 162
Kantine 729, 1959, 2613
Kantinenmahlzeit 2605
Kapitalanlagewahlrecht 289
Kapitalgesellschaft 1413
Kapitalversicherungsvertrag 3039
Karenzentschädigung 1137
Kartengebühr 1222
Kaskoversicherung **1643**
Kassenärztliche Vereinigung 397
Kassenfehlbetrag 1205
kassenindividueller Zusatzbeitragssatz 549
Kassenstaatsprinzips 455
Katastrophenfälle 617
Katastrophenschutzhelfer **1645**
Kaufkraftausgleich **1646**
Kaufoption 36
Kellerraum 321
Key-Account-Manager 323
Kfz-Schutzbrief 1230
Kilometerpauschale 1244
Kinder 123, 133
Kinderbetreuung 676, 686
Kinderbetreuungskosten **1652**, 2686
Kinderbüro 251
Kindergarten **1653**
Kindergeld/Freibeträge für Kinder **1659**
Kirchenbedienstete **1665**
Kirchenmusikdirektor 323

Stichwortverzeichnis

Kirchensteuer 1669
Kittel 647
Klage 2397
Klavierstudio 323
Kleidergeld 649, 1642
Kleiderkasse 645
Kleinbus 1227
Kleinstunternehmen 141
Kommanditist 1408
Kommunaler Spitzenverband 397
Komparse 369
Komplementär 1408
Kontogebühren 433, 1690
Konzerttätigkeit 369
Korrekturassistent 368
Korrespondenten 1692
Kostenpauschale 434
Kraftfahrzeug 1693
Kraftfahrzeug-Rechtsschutz-
 versicherung 2405
Kraftfahrzeugkosten 1244
Krankengeld 1074, 1174
Krankengeld bei Erkrankung
 eines Kindes 1699
Krankengeld/Krankenbezüge 1700
Krankengeldzuschüsse 1705
Krankenhaus 329
Krankenhausaufenthalt 1739
Krankenhauspersonal 1706
Krankenkassenwahlrecht 1707
Krankenschwestern 1712
Krankentagegeld 1714
Krankenversicherung: gesetzliche 1717
Krankheit 1071, 3234
Krankheitskosten 1729
Kredit 786
Kreislauftrainingskuren 339, 1171
Kriegerwitwen 3050
Krisenzulage 766
Küchenmitarbeiter 368
Kundenbindungsprogramme 1745
Kundschaftsessen 728
Kundschaftstrinken 726
Künstler (und verwandte Berufe) 1748
Künstlererlasse 2082
Kurierdienstfahrer 1249
Kur/Kurkosten 339, 1169, 1731, 1750
Kurzarbeitergeld 262, 579, 1751, 2625
Kurzarbeitergeldzuschüsse 1761
Kurzfristig Beschäftigte 2074

L

Lagerraum 322
Land- und Forstwirtschaft 406, 1763
Land- und forstwirtschaftliche Be-
 triebshilfsdienste 1770
Ländergruppeneinteilung 2769
Landeserziehungsgeld 674
Landeskasse 385
Landtag 13

Landwirtschaftliche Alterskasse 404
Lastkraftwagen 1227
Laufender Arbeitslohn 1771
Laufzeit 786
Leasing 1244, 1247, 2937, 3155
Lebensarbeitszeitkonto 279, 282
Lebensgefährte 125
Lebensgemeinschaft 125
Lebensmittelpunkt 918, 920, 927, 3138
Lebenspartner 2132
Lebenspartnerschaft 120
Lebensversicherung 165, 1772
Lebensversicherungsvertrag 3018
Lebenswerk 2327
Lehrbeauftragte 368
Lehrer 460
Lehrgang 502, 1298, 2693
Lehrkraft 323, 2113
Lehrtätigkeit 367
Leibrente 54
Leibrentenversicherung 61, 3076
Leiharbeitnehmer 169
Leiharbeitsvertrag 195
Leistungszulage 3355
Leitende Angestellte 1776
Lektor 368
Lenk- und Ruhezeiten 776
Lernarbeitsgemeinschaft 504
Lernmittel 2693
Liebhaberei 131, 1177
Listenpreis 1227
Lodenmantel 647
Lohnabrechnung 1777
Lohnabrechnungsprogramm 1858
Lohnabrechnungszeitraum 1778
Lohnausgleichskasse 1779
Lohnersatzleistungen 245, 1783
Lohnfortzahlung: Erstattungsverfahren
 für Arbeitgeber 1785
Lohnkirchensteuer 1671
Lohnkonto 1801
Lohnpfändung 1828
Lohnsteuer-Anerkenntnis 1854
Lohnsteuer-Anmeldung 5, 139
Lohnsteuer-Anmeldungszeitraum 142
Lohnsteuer-Außenprüfung 1855
Lohnsteuer-Ermäßigungsverfahren 1905
Lohnsteuer-Jahresausgleich durch den
 Arbeitgeber 1926
Lohnsteuer-Nachforderung 2394
Lohnsteuer-Nachschau 1494, 1938
Lohnsteuerabzug 111
Lohnsteuerabzug durch Dritte 1848
Lohnsteueranrufungsauskunft 478
Lohnsteuerbescheinigung 1863
Lohnsteuerhaftung 166
Lohnsteuertabellen 628, 1948, 2804
Lohnuntergrenze 2036
Lohnverwendungsabrede 3231
Lohnzahlung durch Dritte 1949
Lohnzuschläge 248

Lösegeld 1956
Lösegeldzahlung 722
Loserwerb 3002
Luftfahrt 1334
Luxemburg 865, 869, 1480

M

Macau 856
Mahlzeiten 1958, 2174
Mahlzeiten aus besonderem Anlass 1974
Mahlzeitengestellung 901, 939, 1377, 2409, 2465, 2613
Maklergebühren 2918
Maklerkosten 960
Mandat 10
Mandatsträger 1370
Mankohaftung 2648
Mannschaftssport 108, 2740
Mannschaftssportler 655
Marketing-Club 547
Märzklausel 989
Maschinelle Lohnabrechnung 1984
Massagekosten 152
Masseforderung 68
Masseneinsprüche 2395
Maßstabslohnsteuer 2674
Masterstudium 1307
Mautgebühr 3148
Mehrarbeitsvergütung 693
Mehraufwands-Wintergeld 2625
Mehrfachbeschäftigung 1985
Meisterkurs 1298
Meldefristen 2020
Meldepflicht nach Kündigung bzw. bei
 befristetem Arbeitsverhältnis 1988
Meldungen für Arbeitnehmer in der So-
 zialversicherung 1989
Merkantiler Minderwert 2936
Mietausfall 2917
Mietzuschuss 847
Mietminderung 846
Mietnachlass 807
Mietspiegel 815
Mietvertrag 326, 2921
Mietwagen 2936
Mietwert 314
Migrant 341
Miles & More 1745
Mindestaltersgrenze 3050
Mindestbemessungsgrundlagen 560
Mindestelterngeld 1061
Mindestlohn 110, 485, 1825, **2028**, 2313, 2653, 2850, 3355
Mindestlohnaufzeichnungsverord-
 nung 2029
Mindestlohndokumentationspflichten-
 verordnung 2029
Mindestlohngesetz 2029
Mindesturlaub 2962
Mineralölbranche 625
Mini-Jobs 2047

Minijob-Zentrale 2009, 2079
Minister 11
Mischzuschlag 3385
Mitarbeiter 174
Mitarbeiter-Beteiligungsmodell 250
Mitarbeiterbeteiligung 250
Mitarbeiterbeteiligungsprogramm 49, 53
Mitarbeitertagung 1324
Mitfahrer 3152
Mitgliedsbeitrag 1737
Mittagessen 1962
Mitunternehmer 1444
Mobbing 1742, 2638
Mobilitätshilfen 2080
Modernisierungsmaßnahme 1553
Monatskarte 2605
Monatslohnsteuertabelle 628
Monatsmarke 1627
Monatstabelle 1948
Musiker 2082
Musikveranstaltung 1749
Mütterrente 61
Mutterschaftsgeld 597, **2087**
Mutterschutz 2930
Mutterschutzlohn 2098

N

Nachbarschaftshilfe 1363
Nachbarstaat 1463
Nachforderung 1510
Nachforderung von Steuern und Beiträgen 2102
Nachforderungsbescheid 6, 1500, 1529
Nachtarbeit 3371
Nachtzuschlag 337
Nachweisgesetz 276
Nachwuchsförderpreis 623
Nachzahlungen 2104
NATO: Mitarbeiter 2108
Naturalleistung 2608
Naturkatastrophe 618
Natürliche Person 165
Navigationsgerät 2853
Nebenamt 248
Nebenberufliche Lehr- und Prüfungstätigkeit 2113
Nebenbeschäftigung 248
Nebenkosten 825
Nebentätigkeit 250, 360, **2117**
Negative Einnahmen und Werbungskosten 2124
Netto-Einzelberechnung 1511
Nettoarbeitsentgelt 216
Nettolöhne **2126**
Nettolohnvereinbarung 1494
Netzzugangsalternative 2816
Neubauwohnung 829
Nichteheliche Lebensgemeinschaft 137, **2132**
Nichtrückkehrtag 1464

Niederlande 869
Nobelpreis 2327
Notbetreuung 680, 684
Notebook 784
Notfall 2960
Notfallpraxis 322
Nutzungsentgelt 1244
Nutzungsentschädigung 1572

O

Obligatorium 1477
Obstbau 2206
Oder-Konto 130
Öffentliche Haushalte 2133
Öffentliche Kassen 2134
Öffentliche Körperschaft 165
Öffentliche Verkehrsmittel 1631, 3155
Öffentlicher Dienst 390
Öffnungsklausel 2135
Offshore-Zulage 3365, 3377
Opernchormitglieder 780
Opernsänger 1749
Optionsprämie 36
Optionsrecht 36, 1484
Orchestermusiker 1749
Ordensangehörige 2137
Organist 369, 781
Ortskrankenkasse 2134
Ortsvorsteher 12, 1369
Österreich 869
Outplacement 433, 671, 1140, **2141**

P

Park & Ride 3148
Parkgebühren: Erstattung 2145
Parkplätze: Überlassung 2146
Parlamentarischer Geschäftsführer 10
Pauschalierung der Einkommensteuer bei Sachzuwendungen 2147
Pauschalierung der Lohnsteuer 2174
Pauschalierung der Lohnsteuer bei Aushilfskräften 2190
Pauschalierung der Lohnsteuer bei geringfügig Beschäftigten 2215
Pauschbetrag 189
Payback 1746
Pension 60, 3051
Pensionäre 323, **2227**
Pensionärstreffen 708
Pensionskasse 165, 3357
Permanenter Lohnsteuer-Jahresausgleich 2232
Personalanpassungsmaßnahme 663
Personalberater 323
Personalengpass 2744
Personalführungsgesellschaft 192
Personalpool 192
Personalrabatt 2605
Personalrat 396, 695
Personalversammlung 702

Personengruppenschlüssel 2020
Personenvereinigung 165
Persönlichkeitsrecht 2640
Pfändung 1828
Pfändungs- und Überweisungsbeschluss 1833
Pfändungsfreigrenzen 115
Pfändungsfreigrenzenbekanntmachung 1835
Pfarrdienstwohnungen 830
Pfarrer 71
Pferdesportveranstaltung 368
Pflege des Kindes 2846
Pflegebedürftigkeit 2277
Pflegekasse 2268
Pflegenotruf 370
Pflegestufe 2277
Pflegeversicherung 2236
Pflegezeiten 2273
Pflichtbeitrag 171
Pflichtveranlagung 2758
Phantomentgelt 2312
Pharmaberater 742
Pilotenjacke 647
Plusstundensaldo 280
Polizei 1332
Polizeibeamte 527
Poolarbeitsplatz 324, 1578
Praktikant 2035
Praktikanten 2313
Prämien 2326
Praxis-Consultant 323
Preise 2327
Preisgeld 623
Pressearbeit 368
Presseball 512
Privatfahrt 1239, 2935
Privatnutzung 1243
Probezeit 507
Produktberater 323
Programmablaufplan 1984, 2804
Progressionsvorbehalt 2331
Projekt BEA 1006
Projekt RV-BEA 1006
Projekttage 2655
Promotionsstudium 853, 1307
Provisionen 250, **2340**
Prozess- und Strafverteidigungskosten 778
Prozesskosten: Arbeitgeberersatz 2344
Prüfbericht 431
Prüfung 1855
Prüfungsbericht 1859
Prüfungsgebühren 2693
Prüfungstätigkeit 359, 1569
Prüfungsvergütung 1569
Publikumsverkehr 320

Q

Qualifizierungsmaßnahme 2141

Stichwortverzeichnis

R

Rabatte 2345
Rabattfreibetrag 518, 1001, 1214, 1482, 1624, 2345, 2606, 2816, 3121, 3204
Ratsherrenerlass 12, 393
Raucherentwöhnung 1730
Rechtsbehelfe 2390
Rechtskreise (Ost und West) 2403
Rechtsnachfolger 2404
Rechtsreferendar 323
Rechtsschutzversicherung 2405
Redakteur 1749
Referendare 323, 2406
Regatta-Begleitfahrt 725
Regenerierungskur 339
Regierungsamt 11
Regisseur 1749
Reichensteuer 2808
Reinigungskosten 518
Reinigungskraft 372, 3202
Reisegepäckversicherung 802, 2408
Reisekosten: Allgemeine Grundsätze 2409
Reisekosten: Erstattungen 2465
Reisekostenreform 901, 939, 2465, 2519
Reisekostenvergütungen aus öffentlichen Kassen 2519
Reisenebenkosten 2145, 2408
Reiseroute 1248
Reiseveranstalter: Arbeitnehmerreisen 2523
Religionsgemeinschaft 2134
Remittance-base-Klausel 858
Remunerationen 2735
Renovierungsmaßnahme 1553
Renten 3050
Rentenbezug 62
Rentennachzahlung 61
Rentenversicherung 61, 2531
Rentenwagnis 3285
Rentner 865, 2537
Reparaturkosten 2936
Reservisten 765
Restaurantscheck 518
Restbuchwert 2936
Restschuldbefreiung 1606
Rettungssanitäter 370, 373, 793
Rettungsschwimmer 370
Revierförster 326
Richter 71, 323
Riester-Förderung 2549, 3357
Routenplaner 3148
Rückdeckung/ Rückdeckungsversicherung 2575
Rückfallklausel 515
Rückkaufsrecht 1485
Rückkehr 470
Rückumzugskosten 2912
Rückzahlung von Arbeitslohn 2578
Rückzahlungsvereinbarung 786
Rufbereitschaftsentschädigung 337
Rufbereitschaftszulage 3355
Rufschädigung 1135
Ruhegehalt 177, 3050
Ruhegelder 248
Ruhestandsbeamte 2596
Rundfunkanstalt 351, 2134

S

Saalassistent 2738
Sabbatjahr 279, 2597
Sachbezüge 172, 216, 1623, 1972, 2147, 2598, 3003, 3120
Sachbezugswerte 1367
Sachkostenpauschale 434
Sachleistung 151
Sachlohn 2607
Sachschaden 2638
Sachzuwendung 1400
Saison-Kurzarbeitergeld 2625
Saisonarbeiter 2030
Saisonarbeitnehmer 925
Saisonbedarf 410
Sammelbeförderung 2634
Sammelhaftungsbescheid 1531
Sammellohnkonto 1821
Sammelpunkt 3133
Samstagslehrgang 502
Sanierungsgelder 3358
Sanitätshelfer 791
Säumniszuschlag 7, 2635
Schadensersatz 3, 1135, 2637, 2933
Schätzung 1511
Scheckzahlung 7
Scheinarbeit 121, 274
Scheinaushilfe 410
Scheinfirma 108
Scheinselbständigkeit 173, 175
Schenkung 250
Schichtlohnzuschläge 2651
Schichtzulage 337
Schiedsrichter 372
Schiffspersonal 867
Schlechtwetterzeit 2625
Schlussbesprechung 424, 1859
Schmerzensgeld 3, 1135, 2638
Schmiergelder 434, 2652
Schönheitsreparaturen 829
Schornsteinfeger 1553, 1642
Schuhgeld 647
Schulbusbegleiter 368
Schuldner 24
Schule 458
Schüler 2653
Schulgeld 2693, 2695
Schulprojekt 617
Schulreife 1656
Schulweghelfer 368
Schwager 125
Schwägerin 125
Schwankende Bezüge 2029
Schwarzarbeit 181, 2657
Schweiz 865, 869, 1477
Schwerbehinderte 68, 543
Schwiegermutter 134
Seeschiffe 469
Seeschifffahrt 2664
Selbständigkeit 2667
Selbstverteidigungskurs 722
Selektionsprüfung 602
Silvester 1206, 3373
Smartphone 782, 2853
Smoking 647
Societas Europaea 1438
Software 784
Soldat 532
Solidaritätszuschlag 2672
Sonderausgaben 2686
Sonderausgaben-Pauschbetrag 1906, 2809
Sonderausstattung 1267
Sondermeldung 1996
Sondervermögen 3007
Sonntagsarbeit 3371
Sonntagszeitung 3205
Sonstige Bezüge 2704
Sozialausgleich 2725
Sozialgesetzbuch 2726
Sozialkassen des Baugewerbes 1848
Sozialplan 1106, 1148, 2727
Sozialversicherungsausweis 2003, 2729
Sozialzulage 3355
Sparer-Freibetrag 189
Sparkasse 351
Sparkassenbedienstete: Aufwandsentschädigungen und Remunerationen 2734
Sparvertrag 3018
Spedition 251
Speisen 151 f., 1958
Spenden 619
Spielbank 247
Spielbank: Mitarbeiter 2737
Spielbanktronc 2892
Spitzensteuersatz 2808
Splittingverfahren 1113, 2806
Sport 177, 2739
Sportbekleidung 647
Sporthilfe 108, 655
Sportverein 165
Sprachcomputer 784
Sprachkurse 760, 1298, 2743
Springer 2744
Staatsanwaltschaft 2652
Staatsprüfung 1569
Stadtführer 368
Stammkapital 1412
Standby-Zimmer 2795
Standesorganisation 392
Statusfeststellungsverfahren 266, 2745
Statusklage 185
Sterbegeld 2746, 2880, 3238
Steuerberater 323, 546, 1249, 2398

Steuerberaterkammer 546
Steuerberaterprüfung 359
Steuerberatungskosten 626
Steuerfreiheit von Trinkgeldern 623
Steuerklassen 2751
Steuerklassenwechsel 1013
Steuernummer 5
Steuerordnungswidrigkeit 1861
Steuerpflicht 2765
Steuerpflicht: unbeschränkte 157, 2794
Steuerpflicht: Wechsel 2801
Steuersatz 2331
Steuerschaden 2638, 3355
Steuerstraftat 1861
Steuertarif 2803
Stillhalter 52
Stillzeiten 2098
Stipendien 108, 403, 853, 2811
Strafverfahren 2652
Strafverfahren: Kostenübernahme 2815
Strafverteidigungskosten 777
Streikunterstützung 1135
Streitkräfte 2108
Strom: verbilligter Bezug 2816
Studenten 2817
Studentenbeitrag 505
Studienbeihilfe 403, 487, 1322
Studiengebühren 491, 2693
Studienreisen 760, 2828
Studium 1307
Stundenhonorar 183
Stundung 6, 2829
Subject-to-tax-Klausel 858
Subunternehmer 197
Summenbescheid 2832
Süßigkeiten 703
Switch-over-Klausel 858
Syndikusanwalt 323, 3349

T

Tabakwaren 703
Tabellen-Freibeträge 1329, 1906
Tablet 782
Tag der Deutschen Einheit 1206
Tagegeld 2330
Tageslohnsteuertabelle 628
Tagespflegeperson 689
Tagungspauschale 2499
Taiwan 856
Tallyman 2833
Tankgutschein 625
Tankquittung 3147
Tantiemen 248, 258, 871, 987, 2834
Tarifermäßigung 257
Taschengeld 1347, 2653, 3229
Tätigkeitsgebiet 3133
Tätigkeitsmittelpunkt 323
Tätigkeitsstaat 867
Tätigkeitsstätte 2409
Taxi 1228

Taxifahrer 1249
Teilarbeitsentgelt 1447
Teilfreistellung 2283
Teillohnzahlungszeitraum 2836
Teilrente 2548
Teilzeitbeschäftigte 2850
Teilzeitbeschäftigung 693
Telearbeit 1562, 1573, 2851
Telearbeitsplatz 317, 322, 326
Telefon 2870
Telefonrechnung 2860
Telekommunikation 2852
Territorialitätsprinzip 463, 480
Testament 2878
Theater 1001
Tilgung 786
Tippprovision 2340
Tod 2846, 3234
Tod des Arbeitgebers 2878
Tod des Arbeitnehmers 2879
Todesfallwagnis 3285
Trachtenanzug 647
Trägerzulassung 663
Trainer 2742
Transfer 108
Transfergesellschaft 672
Transferkurzarbeitergeld 660
Transit 878
Treaty override 858
Trennungsgeld 2914
Trennungskostenbeihilfe 2080
Trinkgelder 247, 347, 726, 729, 2886
Tronc 2737
Trümmerfrau 61
Trunkenheitsfahrt 2940
Türkei 865, 2539
Turnierrichter 368

U

Überbrückungsbeihilfen 670, 2894
Überbrückungsgeld 1150
Übergangsgelder/Übergangsbeihilfen 262, 1604, 2895
Überlastquote 68
Überobligatorium 1477
Überschusserzielungsabsicht 177
Überstundenvergütung 258
Übertragung des Grundfreibetrags 2899
Übungsleiterpauschale 360
Umlageverfahren 3357
Umrechnung 156
Umsatzsteuer 2902
Umsatzsteuerschulden 349
Umschulung 1298
Umwandlung 518
Umzugskosten 2903
Umzugskostenbeihilfe 2080
Unbeschränkte Steuerpflicht 157, 2766, 2795
Unbezahlter Urlaub 2930

Unfall 2640, 3234
Unfallkosten 2933
Unfallruhegehalt 527
Unfallverhütungsprämien 2941
Unfallverhütungsvorschriften 1076
Unfallversicherung 641
Unfallversicherung: freiwillige 2944
Unfallversicherung: gesetzliche 2954
Uniform 647
Unterbrechung der Lohnzahlung 2956
Unterbrechungsmeldung 1996
Unterhaltsbeitrag 3050
Unterhaltszahlung 2698
Unterkunft 809
Unternehmer 165
Unternehmerfunktion 1776
Unterrichtskosten 2919
Unterstützungen 2958
Unterstützungskasse 3240
Urlaubsabgeltung 2962
Urlaubsentgelt 2965
Urlaubsgeld 987, 2968
Urlaubsvergütungen im Baugewerbe 2971

V

Veranlagung von Arbeitnehmern 2973
Veranstaltung 708
Verband 547
Verbesserungsvorschläge 2978
Verdienstausfall 108, 975
Verdienstausfallentschädigungen 391, 1137, 2641, 2981
Verein 372
Vereinsbeiträge: Arbeitgeberersatz 2982
Vereinsvorsitzender 108
Verfallklausel 786
Vergleichsmiete 811
Vergütung 35
Verjährung 2983
Verkaufsleiter 323
Verkaufsoption 36
Verkehrsbetrieb 1624
Verleiher 165, 203
Verletztengeld 2997
Verlobte 137
Verlosungsgeschenke/Verlosungsgewinne 2999
Vermittlung 2340
Vermittlungsgutschein 262
Vermögensbeteiligungen 3005
Vermögensbildung der Arbeitnehmer 3018
Vermögensschaden-Haftpflichtversicherung 850
Vermögenswirksame Leistungen 1778
Verpflegungskosten 966
Verpflegungsmehraufwendungen 3145
Verpflegungspauschalen 239
Verpflegungszuschuss 1967

Stichwortverzeichnis

Verpflichtungsprämie 766
Verrechnungsstundung 2829
Verschulden 1494
Versichertenälteste 368, **3048**
Versichertenberater 368
Versicherungsmathematiker 323
Versicherungsnummer **3049**
Versicherungsvertrag 247
Versicherungsvertreter 323
Versorgungsamt 3053
Versorgungsbezüge 72, **3050**
Versorgungseinrichtung 61
Versorgungsfreibeträge 60, 72, 189, **3056**
Versorgungsleistung 2698
Versorgungswerk 162, 390, 2134
Versorgungszuschlag **3061**
Verspätungszuschlag 7, 144
Vertragsamateur 109
Vertragsstrafe 778, 2646
Vertreter **3062**
Vertreterversammlung 1429
Vertriebsingenieur 323
Verwaltungsräte 351
Verwarnungsgeld 777
Verzinsung 786
VIP-Loge 1000
Völklinger Kreis 547
Volkshochschule 364, 2113
Vollkaskoversicherung 2936
Vollrente 66
Vollstreckungsverfahren 1828
Vollzeitschulpflicht 2654
Vollzeitstudium 496
Volontär 2035
Vorausabtretung 22
Vorauszahlung von Arbeitslohn **3067**
Vorauszahlungen zur Einkommensteuer **3066**
Vorbehalt der Nachprüfung 1539
Vorbereitungsdienst 532
Vorkaufsrecht 53, 1482
Vorläufigkeitsvermerk 2396
Vorruhestandsleistung 3051
Vorschulbesuch 686
Vorschule 1655
Vorschüsse **3068**
Vorsorgeaufwendungen **3075**
Vorsorgeleistungen 3234
Vorsorgepauschale 2809, **3094**
Vorsorgeuntersuchungen 152, 339
Vorstand 356, 1429
Vorstandsmitglieder **3106**
Vorsteuer-Guthaben 349
Vorsteuerabzug **3112**
Vortragstätigkeit 367
Vorversicherungszeit 265

W

Wachhund 723, 1585
Wagenpflegepauschale 434
Wahlbeamter 393
Wahlhelfer **3118**
Wahlkampfkosten 772
Waisengeld 248, 3050
Waldarbeiter 1294
Wandelschuldverschreibung 46
Warengutscheine 518 f., **3119**
Wartegelder 248
Wäschegeld 650
Waschgeld 1642
Waschkosten 651
Wechselschichtarbeit 3375
Wechselschichtzulage 337, **3126**
Wege zwischen Wohnung und erster Tätigkeitsstätte **3133**
Wegegelder **3132**
Wegverlegungsfälle 909, 953
Wehrpflichtige 765
Wehrsold 766
Wehrübung 766, 2846, 2981
Weihnachtsfeiertag 3373
Weihnachtsgeld 258, 987, 2714
Weihnachtsgratifikation **3179**
Weinbau 2207
Weinpräsent 433
Weisungsbefugnis 164
Weisungsgebundenheit 178, 181
Weiterbildung 640, 755
Weiterbildungskosten 1297
Weiterverpflichtungsprämie 766
Welteinkommen 2768
Werbebewirtung 726
Werbeeinnahmen 108
Werbegeschenk 1397
Werbeprospektverteiler 3205
Werbungskosten **3182**
Werbungskosten-Pauschbetrag 189
Werkdienstwohnungen 2608
Werkstatt für behinderte Menschen 541
Werkstudent 2035, 2824
Werkvertrag 197, 208, 2657
Werkzeuggeld 1585, **3195**
Wertminderung 2936
Wertpapier-Kaufvertrag 3027
Wettbewerbsverbot **3196**
Widerspruch 2399
Wiedereingliederungsbeihilfe 258
Wiederkaufsrecht 1482
Wiener Übereinkommen 849
Winterbeschäftigungs-Umlage 2632
Winzer 2206
Wirtschafts-Identifikationsnummer 1023
Wirtschaftsclub 546
Wirtschaftsprüfer 198

Witwenbezüge **3199**
Witwengeld 248, 3050
Witwenrente 63
Witwensplitting 1115
Witwerrente 63
Wochenlohnsteuertabelle 628
Wohlverhaltensphase 1606
Wohnförderkonto 2572
Wohnraum 320
Wohnrecht 247, 1488
Wohnsitz 437 f., 2770, 2795
Wohnsitzfinanzamt 415, 475
Wohnsitzstaat 159, 1463
Wohnung 807
Wohnungsbau-Prämiengesetzes 3043
Wohnungseigentümergemeinschaften 3202
Wurfsendung **3205**

Z

Zähldienst 1205
Zahlungsaufforderung 1531
Zahnarzt 328, 368
Zehrgelder **3203**
Zeitungen: kostenlose Überlassung 3204
Zeitungsausträger 3205
Zeitwertkonto 282
Zeitzuschläge 3364
Zielvereinbarungen **3210**
Zigarren-Club 546
Zinsersparnisse/Zinszuschüsse **3213**
Zivildienst **3228**
Zufluss von Arbeitslohn **3231**
Zuflussprinzip 984
Zukunftssicherung: Betriebliche Altersversorgung **3234**
Zukunftssicherung: Gesetzliche Altersversorgung **3344**
Zukunftssicherungsleistung 165
Zulagen **3355**
Zusammenballung 257
Zusatzbedarf 410
Zusatzversorgungskassen **3357**
Zuschläge **3364**
Zuschläge für Sonntags-, Feiertags- oder Nachtarbeit **3366**
Zuschuss-Wintergeld 2625
Zuwendungen 703, 2147
Zwangsruhe 2395
Zwei-Körbe-Förderung 3042
Zweitstudium 1298, 2818
Zweitwohnung 918, 1239
Zwischenheimfahrt 903, 1230
Zwischenpraktikum 2069